CW00369319

LANGENSCHEIDT'S NEW CONCISE GERMAN DICTIONARY

GERMAN-ENGLISH
ENGLISH-GERMAN

LANGENSCHEIDT

First Part

GERMAN-ENGLISH

By

HEINZ MESSINGER

The inclusion of any word in this dictionary is not an expression of the publisher's opinion on whether or not such word is a registered trademark or subject to proprietary rights. It should be understood that no definition in this dictionary or the fact of the inclusion of any word herein is to be regarded as affecting the validity of any trademark.

Reprinted 1989

Printed in Germany

Preface

Pronunciation and grammar

The keynote of this introduction is sackcloth and ashes. The Publishers, having stoutly defended themselves since the Concise Dictionary's first appearance in 1959 against persistent reproaches from the Anglo-Saxon world that insufficient information on grammar and pronunciation is provided, have thrown in the towel (= *das Handtuch* [*-s*, *=er*] *geworfen*). Conceding that German *does* have a grammar as well as a vocabulary and that their defence — the book was intended originally only for the German market — has consequently been cold comfort for British and American users they now, with due humility, compound with their critics.

Designed for English-speaking users

The present "Concise German-English Dictionary" has been specifically prepared for the English-speaking user; it provides the pronunciation and stress of the German entry, states the genitive and plural of nouns and, in the case of verbs, indicates whether they are conjugated with "haben" or "sein". All irregular forms are also given. This meeting of the special problems of the Anglo-Saxon user has manifest advantages over the old, uneasy compromise between the often irreconcilable demands of both German and English-speaking user.

Neologisms

The "Concise German-English Dictionary" has been called by Anglo-Saxon reviewers the "strongest in modern vocabulary". It therefore goes without saying that the present edition has been radically updated by the addition of a great number of newly coined German words and new connotations, such as *Atommüll* (radioactive waste), *Bildplatte* (video disc), *Flugzeugentführung* (hijacking), *hochgestochen* (jumped-up; sophisticated), *Hochrechnung* (projection; projected result), *Kriechspur* (slow lane), *Punktstreik* (strike at selected sites), *Salamitaktik* (piecemeal [*or* salami] tactics), *umfunktionieren* (convert), *verunsichern* (rattle), *Zwergschule* (one-room school).

A practical dictionary, modern and matter-of-fact, without the traditional ballast — this has been the object of the author, Heinz Messinger, whose preface to the first edition applies fully to this present version, both where the author's approach and the user's expectations are concerned:

Fields of knowledge

"It is unavoidable, in so comprehensive a work, that special emphasis should be placed on certain fields of interest. So, in view of their importance, the fields of economics, business, law, administration and politics, have been exhaustively treated. The same applies to such vast domains as general technology and engineering, the various terms having been painstakingly defined. Apart from the inclusion of important technical terms such as *Einzelaufhängung* (independent suspension), *Erstmontage* (green assembly), *Fertigbearbeitung* (finishing, finish machining), *Gemischtbauweise* (composite construction), attention is drawn to the exact treatment of the technical aspects of such innocent-looking words as *Backe, Bügel, Dorn, Hub, Leistung, Schaltung, Spiel.* In like manner, the fields of medicine, chemistry, physics, etc., have been dealt with thoroughly and many new terms have been listed. Due attention has also been given to such areas of general interest as sport, the film industry, television, and military vocabulary.

Idiomatic expressions

Great care has been taken with the large body of words considered in general everyday usage. Each entry word has been carefully analyzed in order to provide exact and vivid translations. On the idiomatic side a multitude of modern words and phrases have been added that one misses in other works or whose various connotations demanded a more exact treatment, e.g. *Aussage, Anliegen* ("message" of a writer, etc.), *gewisse Ansätze zeigen* (show promise), *ein heißes Eisen anfassen* (tackle a hot problem, play with dynamite), *schnellebige Zeit* (giddy-paced times). In each case the stylistic level has been indicated and great pains have been taken to provide the closest equivalent in English.

Everyday speech

The same is true for such German colloquialisms and slang terms as *Masche* or *Tour* (racket, line, trick, dodge), *auf Draht sein* (be on the ball, on one's toes), *durchdrehen* (crack up, go mad), *das haut hin* (that works, does the trick), etc., which are generally and freely used today. A glance over such demanding articles as *Anspruch, Betrieb, Einsatz, Rahmen, Spitze, Zeichen* may give an idea of the scope and thoroughness of the book, and this applies equally to such notorious "tough nuts" as *aktuell, anspruchsvoll, bewährt, disponieren, sich durchsetzen, sich einschalten*, etc.

American English

In the translations American vocabulary has been given due attention, not only by the mention of colourful colloquial and slang expressions, but also to mark differences in terminology, whether commercial, political or otherwise.

Flexible arrangement

In structure the book has been kept flexible and self-explanatory as far as possible, since too strict a subdivision of the various articles would not seem practical in a book of this size. Long and complex articles have, however, been adequately subdivided and arranged. Detailed explanations will enable the user to orient himself quickly and accurately (see *Guide to the Dictionary*, p. 9)."

New appendices

For the special benefit of the English-speaking user the appendices to this new edition have been completely revised and vastly extended. Many hundreds of proper names and abbreviations, all provided with pronunciation, translation, and explanations, enhance the utility of the dictionary. Apart from geographical and historical proper nouns, the appendix also includes the names of German public figures of the seventies, such as *Bloch, Böll, Butenandt, Enzensberger, Grieshaber, Habermas, Heinemann, Scheel, Spranger, Walser*. The Abbreviations, too, have been brought up to date (cf. ARD, BDI, BND, TEE, VDS).

This new, grammar- and pronunciation-oriented edition of the Concise Dictionary should prove a reliable tool to the English-speaking user and to those having English as their second language. We confidently expect it to consolidate old friendships abroad — and to win us new ones.

Contents

Guide to the Dictionary

Hinweise für den Benutzer

I. Arrangement

1. *Alphabetic Order* has been maintained throughout the dictionary.
   This applies equally to
   a) the irregular forms of comparatives and superlatives;
   b) the various forms of pronouns;
   c) the principal parts (infinitive, past tense, and past participle) of both strong and irregular verbs.

   Proper names and abbreviations are set forth in a special list provided at the end of the dictionary.

2. *Entry words*
   a) each entry word is subject to the following sequence of translation:
   primary meaning; secondary or derived meanings; phraseological examples with nouns, adjectives, prepositions, and verbs. As a rule, the alphabetic order has been observed in the translation of the individual entry word, too, while care has been taken not to separate what is logically related.
   b) where an entry word has fundamentally different primary meanings or is derived from different roots, it has been subdivided by means of exponents:

   sieben[1] *v/t.* (pass through a) sieve, sift *etc.*;
   sieben[2] *adj.* seven;

   or Arabic numerals:

   Heft *n* **1.** handle *etc.*; **2.** copy-book *etc.*;

   not so, however, in the case of direct derivatives.

I. Anordnung

1. *Die alphabetische Reihenfolge* der Stichwörter ist durchweg beachtet worden.
   An ihrem alphabetischen Platz sind gegeben:
   a) die unregelmäßigen Formen des Komparativs und Superlativs;
   b) die verschiedenen Formen der Fürwörter;
   c) die Stammformen (Infinitiv, Vergangenheit, Partizip der Vergangenheit) der starken und der unregelmäßigen schwachen Zeitwörter.

   Die Eigennamen und Abkürzungen sind am Schluß des Bandes in einem besonderen Verzeichnis zusammengestellt.

2. *Das Stichwort*
   a) bei der Übersetzung des einzelnen Stichworts wurde folgende Ordnung beachtet:
   Grundbedeutung; abgewandelte Bedeutungen; Anwendungsbeispiele mit Substantiven, Adjektiven, Präpositionen, Verben. In der Regel wurde auch hier die alphabetische Reihenfolge gewahrt, doch wurde darauf geachtet, sinngemäß Zusammengehöriges nicht zu trennen.
   b) weist ein Stichwort grundsätzlich verschiedene Bedeutungen auf, so erfolgt Unterteilung durch Exponenten:

   sieben[1] *v/t.* (pass through a) sieve, sift *etc.*;
   sieben[2] *adj.* seven;

   oder mit arabischen Ziffern:

   Heft *n* **1.** handle *etc.*; **2.** copy-book *etc.*;

   nicht aber, wo sich die andere Wortbedeutung aus dem Ursinn des Grundwortes entwickelt hat.

Further, where a noun denotes a person as well as a thing, the entry word is subdivided by Arabic numerals, e.g.

Anhänger *m* **1.** adherent *etc.* (*a.* **~in** *f*); **2.** pendant *etc.*

II. Swung Dash or Tilde (**~**, **≗**, ~, ≗). Derivatives and compounds with a common root are frequently combined with the aid of the tilde to save room. The bold-faced tilde stands for the entry word or the part of it preceding the vertical line (|) or, respectively, the colon (...:). In the examples printed in lightface or *italics* the simple tilde stands for the preceding entry word, which itself may have been formed with the bold-faced tilde. In order to save room in many cases two such examples have been combined in the following way:

spreizen ...; *sich* ~ sprawl; ... *gegen* (= *sich spreizen gegen*) struggle against, ...

Where the initial letter changes from a capital to a small letter or vice-versa, a circle is added: **≗** or ≗.

Examples:

Brit|e *m*; **~in** *f*; **≗isch** *adj.*; **falt|bar** *adj.*; **≗blatt** *n*; **≗boot** *n*; **höchst...: ≗wert** *m*; **≗zahl** *f*; **~zulässig** *adj.*; **Güterstand** *m*: ehelicher ~ matrimonial regime; **heilig** *adj.* holy *etc.*; der ≗e *Geist* the Holy Ghost; **hängen** *v/i.* hang *etc.*; ≗ *n* hanging; **harsch** *adj.* harsh *etc.*; ≗ *m* crust.

In explanations giving a synonym which is a compound formed of the entry word itself and some other word, the sign ≗ or ~, following or preceding it, stands for the entry word, e.g.

Konserve *f* preserve *etc.*; *Fleisch≗n* preserved meat.

III. Variety of Meanings. The various meanings of the German words are explained

a) by preceding or appended explanations in italics, e.g.

Abfall fall (*of leaves*); defection (*von* from *a party, etc.*); *slaughtering*: offal; **einbringen** bring *or* enter *a motion*;

b) by preceding definitions, abbreviated or written in full (see list on page 12);

c) by stating the antonyms, e.g.

Land (*ant. water*) land; (*ant. town*) country.

The semicolon separates a given meaning from another essentially different meaning.

Umfaßt die Bedeutung eines Hauptwortes gleichzeitig eine Person und eine Sache, so wird auch in diesem Falle mit arabischen Ziffern unterteilt, e.g.

Anhänger *m* **1.** adherent *etc.* (*a.* **~in** *f*); **2.** pendant *etc.*

II. Das Wiederholungszeichen oder die Tilde (**~**, **≗**, ~, ≗). Zusammengehörige oder verwandte Wörter sind häufig zum Zwecke der Raumersparnis unter Verwendung der Tilde zu Gruppen vereinigt. Die fette Tilde vertritt dabei entweder das ganze Stichwort oder den vor dem Strich (|) bzw. vor dem Doppelpunkt (...:) stehenden Teil des Stichworts. Bei den in Auszeichnungsschrift oder *Kursivschrift* gesetzten Redewendungen vertritt die einfache Tilde (~) stets das unmittelbar vorhergehende Stichwort, das auch mit Hilfe der fetten Tilde gebildet sein kann.
Oft wurden aus Gründen der Platzersparnis zwei solcher Redewendungen in folgender Art gekoppelt:

spreizen ...; *sich* ~ sprawl; ... *gegen* (= *sich spreizen gegen*) struggle against, ...

Wenn sich die Anfangsbuchstaben ändern (groß zu klein oder umgekehrt), steht statt der Tilde das Zeichen **≗** oder ≗.

Beispiele:

Brit|e *m*; **~in** *f*; **≗isch** *adj.*; **falt|bar** *adj.*; **≗blatt** *n*; **≗boot** *n*; **höchst...: ≗wert** *m*; **≗zahl** *f*; **~zulässig** *adj.*; **Güterstand** *m*: ehelicher ~ matrimonial regime; **heilig** *adj.* holy *etc.*; der ≗e *Geist* the Holy Ghost; **hängen** *v/i.* hang *etc.*; ≗ *n* hanging; **harsch** *adj.* harsh *etc.*; ≗ *m* crust.

Wird im Stichwortartikel ein sinnverwandtes Wort angegeben, das sich aus dem voraufgegangenen Stichwort und einem anderen Wort zusammensetzt, so vertritt das angehängte oder vorgesetzte Zeichen ≗ oder ~ das Stichwort, e.g.

Konserve *f* preserve *etc.*; *Fleisch≗n* preserved meat.

III. Bedeutungsunterschiede. Die Bedeutungsunterschiede sind gekennzeichnet:

a) durch vorgesetzte oder angehängte Erklärungen, e.g.

Abfall fall (*of leaves*); defection (*von* from *a party, etc.*); *slaughtering*: offal; **einbringen** bring *or* enter *a motion*;

b) durch vorgesetzte ausgeschriebene oder abgekürzte Begriffsbestimmungen (s. Verzeichnis auf S. 12);

c) durch Angabe des Gegensatzes, e.g.

Land (*ant. water*) land; (*ant. town*) country.

Das Semikolon trennt eine gegebene Bedeutung von einer neuen, wesentlich verschiedenen.

IV. Parentheses are used

a) to indicate American spelling, as in *labo(u)r*;

b) in compound words such as

Soll...: ~(l)leistung,
Sperr...: ~(r)ad,

where three like consonants are reduced, according to the orthographical rule, to two (while the third is restored when the compound is divided, e.g. *Soll-leistung*);

c) where a variation of meaning is explained by a synonym (see III);

d) to indicate the abbreviated use of the full translation, e.g. (penny-in-the-)slot machine, wire-hair(ed terrier), tight(ly twisted);

e) in such phrases as (blow up with) dynamite or (play the) clown where the noun (dynamite, clown), now operating as a verb, can be used alone to render the German phrase;

f) where two or more examples have been combined to save space, e.g. *sich vom Dienst (zum Urlaub) abmelden* report off duty (for leave).

V. The **Mark of Reference** has the following diverse uses:

a) direct reference (*see*), e.g. **Fachwissen** *n* → *Fachkenntnis*;

b) for further reference (*see also*) as in **horrend** *adj.* enormous; → *ungeheuer*; before a group of compounds, e.g. **Eisenbahn...:** → *Bahn...*;

c) in a few cases to direct attention to the specific explanations given in the translation of the corresponding verb, etc., e.g. **Anführung** *f* → *anführen*: lead(ership); allegation, statement, etc.; or **lackieren** *v/t.* → *Lack*: lacquer, varnish, etc.

VI. The **Short Hyphen** (-) is placed in entry words

a) before a vowel to mark the glottal stop, as in **Ab-art;** it is omitted, however, where it would coincide with the accent, as in **Be'obachtung;**

b) between two consonants to indicate that they must be pronounced separately, e.g. **Bläs-chen, Klump-fuß.**

VII. The **Gender** of the German nouns is always given: *m* = masculine, *f* = feminine, *n* = neuter.

IV. Die **runde Klammer** wird verwendet:

a) zur Kennzeichnung der amerikanischen Schreibweise, e.g. in *labo(u)r*;

b) bei in Untergruppen auftretenden Kuppelwörtern, in denen drei gleiche Konsonanten aufeinandertreffen, e.g.

Soll...: ~(l)leistung,
Sperr...: ~(r)ad,

entfällt nach der orthographischen Regel der eingeklammerte Konsonant, wird aber bei der Trennung beibehalten (*Soll-leistung*);

c) bei Bedeutungsunterschieden, wo die Erklärung durch ein sinnverwandtes deutsches Wort gegeben wird (s. III);

d) bei Vereinfachung des Gesamtwortes der Übersetzung, e.g. (penny-in-the-)slot machine, wire-hair(ed terrier), tight(ly twisted);

e) bei Wendungen wie (blow up with) dynamite oder (play the) clown, wo das ausgesparte Hauptwort (dynamite, clown) als Verbum verwendet den Sinn der ganzen Wendung wiedergeben kann;

f) zur Raumersparnis bei gekoppelten Anwendungsbeispielen, e.g. *sich vom Dienst (zum Urlaub) abmelden* report off duty (for leave).

V. Das **Verweiszeichen** (→) hat die folgenden, verschiedenen Bedeutungen:

a) direkter Verweis (= *siehe*), e.g. **Fachwissen** *n* → *Fachkenntnis*;

b) zur weiteren Orientierung (= *siehe auch*), e.g. **horrend** *adj.* anormous; → *ungeheuer*; vor Untergruppen: e.g. **Eisenbahn...:** → *Bahn...*;

c) in einigen Fällen zum Verweis auf die im zugehörigen Verbum etc. einzeln gegebenen Erklärungen, e.g. **Anführung** *f* → *anführen*: lead(ership); allegation, statement etc.; oder **lackieren** *v/t.* → *Lack*: lacquer, varnish etc.

VI. Der **verkürzte Bindestrich** (-) steht in Stichwörtern

a) vor einem Vokal zur Bezeichnung des Knacklauts, e.g. **Ab-art;** er entfällt jedoch, wenn die Trennung bereits durch das Betonungszeichen angezeigt wird, wie in **Be'obachtung;**

b) zwischen zwei Konsonanten, um anzuzeigen, daß sie getrennt auszusprechen sind, e.g. **Bläs-chen, Klump-fuß.**

VII. Das **Geschlecht** der deutschen Hauptwörter ist stets angegeben: *m* = männlich, *f* = weiblich, *n* = sächlich.

Abbreviations used in this Dictionary

Im Wörterbuch benutzte Abkürzungen

a. *also;* auch
abbr. *abbreviation;* Abkürzung.
acc. *accusative (case);* Akkusativ, 4. Fall.
adj. *adjective;* Adjektiv, Eigenschaftswort.
adm. *administrative term;* Ausdruck aus der Verwaltungssprache.
adv. *adverb;* Adverb, Umstandswort.
aer. *aeronautics, aviation;* Luftfahrt, Flugwesen.
agr. *agriculture;* Landwirtschaft.
Am. *Americanism;* Sprachliche Eigenheit aus dem oder (besonders) im amerikanischen Englisch.
anat. *anatomy;* Anatomie, Körperbaulehre.
ant. *antonym;* Antonym, Gegenwort.
arch. *architecture;* Architektur, Baukunst.
art. *article;* Artikel, Geschlechtswort.
ast. *astronomy;* Astronomie, Sternkunde.
attr. *attributively;* als Attribut oder Beifügung.
biol. *biology;* Biologie.
bibl. *biblical term;* Ausdruck aus der Bibel.
bot. *botany;* Botanik.
Brit. *British usage;* nur im britischen Englisch gebräuchlich.
b.s. *bad sense;* in schlechtem Sinne.
chem. *chemistry;* Chemie.
cj. *conjunction;* Konjunktion, Bindewort.
collect. *collectively;* als Sammelwort.
colloq. *colloquial;* umgangssprachlich.
comp. *comparative;* Komparativ, zweite Steigerungsstufe.
contp. *contemptuously;* verächtlich.
cul. *culinary, kitchen term;* Ausdruck aus der Kochkunst.
dat. *dative (case);* Dativ, 3. Fall.
dem. *demonstrative;* hinweisend.
eo., *ea.* einander; *one another, each other.*
eccl. *ecclesiastical;* kirchlich, geistlich.
econ. *economics, business term;* Ausdruck aus der Wirtschaftssprache.

e-e, *e-e* } eine; *a (an).*
e.g. *for instance;* zum Beispiel.
el. *electricity;* Elektrizität.
e-n, *e-n* } einen; *a (an).*
e-r, *e-r* } einer; *of a (an), to a (an).*
e-s, *e-s* } eines; *of a (an).*
esp. *especially;* besonders, hauptsächlich.
et., *et.* } etwas; *something.*
etc. *and so on, and the like;* und so weiter, und ähnliches.
f *feminine;* weiblich.
fenc. *fencing;* Fechtkunst.
fig. *figuratively;* figürlich, bildlich.
Fr. *French;* französisch.
gen. *genitive (case);* Genitiv, 2. Fall.
geogr. *geography;* Erdkunde.
geol. *geology;* Geologie.
ger. *gerund;* Gerundium.
gr. *grammar, linguistics;* Grammatik, Sprachwissenschaft.
gym. *gymnastics;* Turnen.
h. haben; *have.*
herald. *heraldry;* Wappenkunde.
hist. *history;* Geschichte.
humor. *humorously;* humoristisch.
hunt. *hunting;* Jagdwesen.
ichth. *ichthyology;* Fischkunde.
impers. *impersonal;* unpersönlich.
indef. *indefinite;* unbestimmt.
inf. *infinitive (mood);* Infinitiv, Nennform.
int. *interjection;* Empfindungswort, Ausruf.
interr. *interrogative;* fragend, Fragewort.
iro. *ironically;* ironisch.
irr. *irregular;* unregelmäßig.
j-d, j-s, j-m, j-n, *j-d, j-s, j-m, j-n* } jemand(es *gen.* of; -em *dat.* to; -en *acc.*) *somebody.*

jur. *juristic, law term;* juristisch, Ausdruck aus der Rechtssprache.
m *masculine;* männlich.
mar. *maritime, nautical term;* seemännisch, Ausdruck aus der Seemannssprache.
math. *mathematics;* Mathematik.
m-e meine; *my.*
med. *medicine;* Medizin.
metall. *metallurgy;* Hüttenwesen.
meteor. *meteorology;* Meteorologie.
mil. *military term;* Ausdruck aus der Militärsprache.
min. *mineralogy;* Mineralogie.
m-m meinem; *to my.*
m-n meinen; *my.*
mot. *motoring;* Kraftfahrwesen.
mount. *mountaineering;* Bergsteigerei.
mus. *music;* Musik.
myth. *mythology;* Mythologie.
n *neuter;* sächlich.
neg. *negative, negated;* verneinend, verneint.
nom. *nominative (case);* Nominativ, 1. Fall.
npr. *proper name;* Eigenname.
n.s. *narrow sense;* im engeren Sinne.
obs. *obsolete;* veraltet.
od., *od.* oder.
opt. *optics;* Optik.
orn. *ornithology;* Vogelkunde.
o.s. *oneself;* sich.
p., *p.* *person;* Person.
paint. *painting;* Malerei.
parl. *parliamentary term;* parlamentarischer Ausdruck.
ped. *pedagogics, school term;* Pädagogik, Schulausdruck.
pers. *personal;* persönlich, Personal...
pharm. *pharmacy;* Pharmazie.
phls. *philosophy;* Philosophie.
phot. *photography;* Photographie.
phys. *physics;* Physik.
physiol. *physiology;* Physiologie.
pl. *plural;* Plural, Mehrzahl.
poet. *poetry;* Dichtkunst.
pol. *politics;* Politik.
poss. *possessive;* besitzanzeigend.
p.p. *past participle;* Mittelwort der Vergangenheit.
p. pr. *present participle;* Mittelwort der Gegenwart.
pred. *predicative;* prädikativ, als Teil der Satzaussage.
pret. *preterit(e);* Präteritum, Vergangenheit.
pron. *pronoun;* Pronomen, Fürwort.
prp. *preposition;* Präposition, Verhältniswort.
psych. *psychology;* Psychologie.
rail. *railway, Am. railroad;* Eisenbahn.
R.C. *Roman-Catholic;* römisch-katholisch.
refl. *reflexive;* reflexiv, rückbezüglich.
rel. *relative;* relativ, bezüglich.
rhet. *rhetoric;* Rhetorik, Redekunst.
scient. *scientific term;* (natur)wissenschaftlicher Ausdruck.
sculp. *sculpture;* Bildhauerkunst.
s-e, *s-e* seine; *his, one's.*
sg. *singular;* Singular, Einzahl.
sl. *slang;* Slang.
s-m, *s-m* seinem; *to his, to one's.*
sn sein (*verb*); *be.*
s-n, *s-n* seinen; *his, ones.*
s-r, *s-r* seiner; *of his, of one's.*
s-s, *s-s* seines; *of his, of one's.*
su. *substantive, noun;* Substantiv, Hauptwort.
sup. *superlative;* Superlativ, 3. Steigerungsstufe.
surv. *surveying;* Landvermessung.
tech. *technology, engineering;* Technik.
th., *th.* *thing;* Ding, Sache.
thea. *theatre, theater;* Theater.
tel. *telegraphy;* Telegraphie, Fernmeldewesen.
TV *television;* Fernsehen.
typ. *typography, printing.*
u., *u.* und; *and.*
univ. *university;* Hochschulwesen, Studentensprache.
usu. *usually;* gewöhnlich, in den meisten Fällen.
v. *von, vom; of, by, from.*
vb. *verb;* Verb(um), Zeitwort.
v/aux. *auxiliary verb;* Hilfszeitwort.
vet. *veterinary medicine;* Tiermedizin.
v/i. *verb intransitive;* intransitives Verb, nichtzielendes Zeitwort.
v/refl. *verb reflexive;* reflexives Verb, rückbezügliches Zeitwort.
v/t. *verb transitive;* transitives Verb, zielendes Zeitwort.
vulg. *vulgar, indecent;* vulgär, unanständig.
w.s. *wider sense;* im weiteren Sinne.
zo. *zoology;* Zoologie.

Key to Pronunciation

The phonetic alphabet used in this German-English dictionary is that of the Association Phonétique Internationale (A. P. I. or I. P. A. = International Phonetic Association). The length of vowels is indicated by [ː] following the vowel symbol, the stress by ['] preceding the stressed syllable. The glottal stop [ˀ] is the forced stop between one word or syllable and a following one beginning with a stressed vowel, as in "beobachten" [bə'ˀoːbaxtən].

Symbol	Examples	Nearest English Equivalents	Remarks
A. Vowels			
a	Mann [man]		short a as in French "carte" or in British English "**ca**st" said quickly
ɑː	Wagen ['vɑːgən]	**fa**ther	long a
e	egal [e'gɑːl]	b**e**d	
eː	Weg [veːk]		unlike any English sound, though it has a resemblance to the sound in "**day**"
ə	Bitte ['bitə]	**a**go	a short sound, that of unaccented e
ɛ	Männer ['mɛnər] Geld [gɛlt]	f**ai**r	There is no *-er* sound at the end. It is one pure short vowel-sound.
ɛː	wägen ['vɛːgən]		same sound, but long
i	Wind [vint]	**i**t	
iː	hier [hiːr]	m**ee**t	
ɔ	Ort [ɔrt]	l**o**ng	
o	Advokat [atvo'kɑːt]	m**o**lest [mo'lest]	
oː	Boot [boːt]		[oː] resembles the English sound in **go** [gou] but without the [u]
øː	schön [ʃøːn]		as in French "**feu**". The sound may be acquired by saying [e] through closely rounded lips.
ø	Ödem [ø'deːm]		same sound, but short
œ	öffnen ['œfnən]		as in French "**neuf**". The sound has a resemblance to the English vowel in "**her**". Lips, however, must be well rounded as for ɔ.
u	Mutter ['mutər]	b**oo**k	
uː	Uhr [uːr]	b**oo**t	
y	Glück [glyk]		almost like the French **u** as in **sur**. It may be acquired by saying i through fairly closely rounded lips.
yː	führen ['fyːrən]		same sound, but long
B. Diphthongs			
aɪ	Mai [maɪ]	l**i**ke	
aʊ	Maus [maʊs]	m**ou**se	
ɔʏ	Beute ['bɔʏtə] Läufer ['lɔʏfər]	b**oy**	
C. Consonants			
b	besser ['bɛsər]	**b**etter	
d	du [duː]	**d**ance	
f	finden ['findən] Vater ['fɑːtər] Photo ['foːto]	**f**ind	

Symbol	Examples	Nearest English Equivalents	Remarks
g	Gold [gɔlt] Geld [gɛlt]	**g**old	
ʒ	Genie [ʒe'ni:] Journal [ʒur'nɑ:l]	mea**s**ure	
h	Haus [haʊs]	**h**ouse	
ç	Licht [liçt] manch [manç] traurig ['traʊriç]		An approximation to this sound may be acquired by assuming the mouth-configuration for [i] and emitting a strong current of breath.
x	Loch [lɔx]	Scotch: lo**ch**	Whereas [ç] is pronounced at the front of the mouth, x is pronounced in the throat.
j	ja [jɑ:]	**y**ear	
k	keck [kɛk] Tag [tɑ:k] Chronist [kro'nist] Cafe [ka'fe:]	**k**ick	
l	lassen [lasən]	**l**ump	pronounced like English initial "clear l"
m	Maus [maʊs]	**m**ouse	
n	nein [naɪn]	**n**ot	
ŋ	klingen ['kliŋən] sinken ['ziŋkən]	si**ng**, dri**nk**	
p	Paß [pas] Weib [vaɪp] obgleich [ɔp'glaɪç]	**p**ass	
r	rot [ro:t]	**r**ot	There are two pronunciations: the frontal or lingual r and the uvular r (the latter unknown in England).
s	Glas [glɑ:s] Masse ['masə] Mast [mast] naß [nas]	mi**ss**	unvoiced when final, doubled, or next a voiceless consonant
z	Sohn [zo:n] Rose ['ro:zə]	**z**ero	voiced when initial in a word or a syllable
ʃ	Schiff [ʃif] Charme [ʃarm] Spiel [ʃpi:l] Stein [ʃtaɪn]	**sh**op	
t	Tee [te:] Thron [tro:n] Stadt [ʃtat] Bad [bɑ:t] Findling ['fintliŋ] Wind [vint]	**t**ea	
v	Vase ['vɑ:zə] Winter ['vintər]	**v**ast	

ã, ɛ̃, ɔ̃ are nasalized vowels. Examples: Ensemble [ɑ̃'sɑ̃:bəl], Terrain [tɛ'rɛ̃:], Feuilleton ['fœjə'tɔ̃:].

List of Suffixes

often given without Phonetic Transcription

Suffix	Phonetic Transcription	Examples	Suffix	Phonetic Transcription	Examples
-bar	-bɑːr	'schein**bar**	-isch	-iʃ	'belg**isch**
-chen	-çən	'Lieb**chen**	-ist	-ist	Pessi'**mist**
-d	-t	'fesseln**d**	-keit	-kaɪt	'Männlich**keit**
-ei	-aɪ	Reede'**rei**	-lich	-liç	'sach**lich**
-en	-ən	zer'stör**en**	-losigkeit	-loːziçkaɪt	'Rücksichts**losigkeit**
-end	-ənt	'ätz**end**	-nis	-nis	'Wirr**nis**
-er	-ər	Trans'port**er**	-sal	-zɑːl	'Trüb**sal**
-haft	-haft	'fabel**haft**	-sam	-zɑːm	'furcht**sam**
-heit	-haɪt	Be'sonder**heit**	-schaft	-ʃaft	'Wähler**schaft**
-ie	-iː	Philolo'**gie**	-ste	-stə	'dreißig**ste**
-ieren	-iːrən	organi'**sieren**	-tät	-tɛːt	Morali'**tät**
		mystifi'**zieren**	-tum	-tuːm	'Wachs**tum**
-ig	-iç	'traur**ig**	-ung	-uŋ	Ge'wöhn**ung**
-ik	-ik	Belle'trist**ik**	-ungs-	-uŋs-	Ge'sinn**ungs**wechsel
-in	-in	'Sänger**in**			

Grammatical References

Parts of speech (adjective, verb, etc.) have been indicated throughout. Entries have been subdivided by Roman numerals to distinguish the various parts of speech.

I. Nouns. The inflectional forms (*genitive singular/nominative plural*) follow immediately after the indication of gender. No forms are given for compounds if the parts appear as separate headwords.

The horizontal stroke replaces that part of the word which remains unchanged in the inflexion: *Affe m* (*-n*; *-n*); *Affäre f* (*-*; *-n*).

The sign ¨ indicates that an Umlaut appears in the inflected form in question: *Blatt n* (*-*[*e*]*s*; *¨er*).

II. Verbs. Verbs have been treated in the following ways:

a) *bändigen v/t.* (*h.*): The past participle of this verb is formed by means of the auxiliary verb *haben*: *er hat gebändigt*.

b) *gehen v/i.* (*... sn*): The past participle of this verb is formed by means of the auxiliary verb *sein*: *er ist gegangen*.

c) *gehen v/i.* (*irr. ...*): *irr.* following the verb refers the reader to the list of irregular German verbs on p. 17 for the principal parts of this particular verb: *er ging*; *er ist gegangen*.

d) *abfallen v/i.* (*irr. ...*): The reference *irr.* indicates that the compound verb *abfallen* is conjugated exactly like the primary verb *fallen* as given in the list of irregular verbs: *er fiel ab*; *er ist abgefallen*.

III. Prepositions. Prepositions governing a headword are given in both languages. The grammatical construction following a German preposition is indicated only if the preposition governs two different cases. If a German preposition applies to all translations it is given only with the first whereas its English equivalents are given after each translation: *schützen* ... defend (*gegen* against, *vor dat.* from); secure ... (against); keep (from); shelter (from); protect (from).

Alphabetical List of the German Irregular Verbs

Infinitive — Preterite — Past Participle

backen - backte (buk) - gebacken
bedingen - bedang (bedingte) - bedungen (*conditional:* bedingt)
befehlen - befahl - befohlen
beginnen - begann - begonnen
beißen - biß - gebissen
bergen - barg - geborgen
bersten - barst - geborsten
bewegen - bewog - bewogen
biegen - bog - gebogen
bieten - bot - geboten
binden - band - gebunden
bitten - bat - gebeten
blasen - blies - geblasen
bleiben - blieb - geblieben
bleichen - blich - geblichen
braten - briet - gebraten
brauchen - brauchte - gebraucht (*v/aux.* brauchen)
brechen - brach - gebrochen
brennen - brannte - gebrannt
bringen - brachte - gebracht
denken - dachte - gedacht
dreschen - drosch - gedroschen
dringen - drang - gedrungen
dürfen - durfte - gedurft (*v/aux.* dürfen)
empfehlen - empfahl - empfohlen
erkiesen - erkor - erkoren
erlöschen - erlosch - erloschen
erschrecken - erschrak - erschrocken
essen - aß - gegessen
fahren - fuhr - gefahren
fallen - fiel - gefallen
fangen - fing - gefangen
fechten - focht - gefochten
finden - fand - gefunden
flechten - flocht - geflochten
fliegen - flog - geflogen
fliehen - floh - geflohen
fließen - floß - geflossen
fressen - fraß - gefressen
frieren - fror - gefroren
gären - gor (*esp. fig.* gärte) - gegoren (*esp. fig.* gegärt)
gebären - gebar - geboren
geben - gab - gegeben
gedeihen - gedieh - gediehen
gehen - ging - gegangen
gelingen - gelang - gelungen
gelten - galt - gegolten
genesen - genas - genesen
genießen - genoß - genossen
geschehen - geschah - geschehen
gewinnen - gewann - gewonnen
gießen - goß - gegossen
gleichen - glich - geglichen
gleiten - glitt - geglitten
glimmen - glomm - geglommen
graben - grub - gegraben
greifen - griff - gegriffen
haben - hatte - gehabt
halten - hielt - gehalten
hängen - hing - gehangen
hauen - haute (hieb) - gehauen
heben - hob - gehoben
heißen - hieß - geheißen
helfen - half - geholfen
kennen - kannte - gekannt
klimmen - klomm - geklommen
klingen - klang - geklungen
kneifen - kniff - gekniffen
kommen - kam - gekommen
können - konnte - gekonnt (*v/aux.* können)
kriechen - kroch - gekrochen
laden - lud - geladen
lassen - ließ - gelassen (*v/aux.* lassen)
laufen - lief - gelaufen
leiden - litt - gelitten
leihen - lieh - geliehen
lesen - las - gelesen
liegen - lag - gelegen
lügen - log - gelogen
mahlen - mahlte - gemahlen
meiden - mied - gemieden
melken - melkte (molk) - gemolken (gemelkt)
messen - maß - gemessen
mißlingen - mißlang - mißlungen
mögen - mochte - gemocht (*v/aux.* mögen)

müssen - mußte - gemußt (*v/aux.* müssen)
nehmen - nahm - genommen
nennen - nannte - genannt
pfeifen - pfiff - gepfiffen
preisen - pries - gepriesen
quellen - quoll - gequollen
raten - riet - geraten
reiben - rieb - gerieben
reißen - riß - gerissen
reiten - ritt - geritten
rennen - rannte - gerannt
riechen - roch - gerochen
ringen - rang - gerungen
rinnen - rann - geronnen
rufen - rief - gerufen
salzen - salzte - gesalzen (gesalzt)
saufen - soff - gesoffen
saugen - sog - gesogen
schaffen - schuf - geschaffen
schallen - schallte (scholl) - geschallt (*for* *erschallen a.* erschollen)
scheiden - schied - geschieden
scheinen - schien - geschienen
scheißen - schiß - geschissen
schelten - schalt - gescholten
scheren - schor - geschoren
schieben - schob - geschoben
schießen - schoß - geschossen
schinden - schund - geschunden
schlafen - schlief - geschlafen
schlagen - schlug - geschlagen
schleichen - schlich - geschlichen
schleifen - schliff - geschliffen
schleißen - schliß - geschlissen
schließen - schloß - geschlossen
schlingen - schlang - geschlungen
schmeißen - schmiß - geschmissen
schmelzen - schmolz - geschmolzen
schnauben - schnob - geschnoben
schneiden - schnitt - geschnitten
schrecken - schrak - *obs.* geschrocken
schreiben - schrieb - geschrieben
schreien - schrie - geschrie(e)n
schreiten - schritt - geschritten
schweigen - schwieg - geschwiegen
schwellen - schwoll - geschwollen
schwimmen - schwamm - geschwommen
schwinden - schwand - geschwunden
schwingen - schwang - geschwungen
schwören - schwor - geschworen
sehen - sah - gesehen
sein - war - gewesen
senden - sandte - gesandt
sieden - sott - gesotten
singen - sang - gesungen
sinken - sank - gesunken
sinnen - sann - gesonnen
sitzen - saß - gesessen
sollen - sollte - gesollt (*v/aux.* sollen)
spalten - spaltete - gespalten (gespaltet)
speien - spie - gespie(e)n
spinnen - spann - gesponnen
sprechen - sprach - gesprochen
sprießen - sproß - gesprossen
springen - sprang - gesprungen
stechen - stach - gestochen
stecken - steckte (stak) - gesteckt
stehen - stand - gestanden
stehlen - stahl - gestohlen
steigen - stieg - gestiegen
sterben - starb - gestorben
stieben - stob - gestoben
stinken - stank - gestunken
stoßen - stieß - gestoßen
streichen - strich - gestrichen
streiten - stritt - gestritten
tragen - trug - getragen
treffen - traf - getroffen
treiben - trieb - getrieben
treten - trat - getreten
triefen - triefte (troff) - getrieft
trinken - trank - getrunken
trügen - trog - getrogen
tun - tat - getan
verderben - verdarb - verdorben
verdrießen - verdroß - verdrossen
vergessen - vergaß - vergessen
verlieren - verlor - verloren
verschleißen - verschliß - verschlissen
verzeihen - verzieh - verziehen
wachsen - wuchs - gewachsen
wägen - wog (wägte) - gewogen (gewägt)
waschen - wusch - gewaschen
weben - wob - gewoben
weichen - wich - gewichen
weisen - wies - gewiesen
wenden - wandte - gewandt
werben - warb - geworben
werden - wurde - geworden (worden*)
werfen - warf - geworfen
wiegen - wog - gewogen
winden - wand - gewunden
wissen - wußte - gewußt
wollen - wollte - gewollt (*v/aux.* wollen)
wringen - wrang - gewrungen
zeihen - zieh - geziehen
ziehen - zog - gezogen
zwingen - zwang - gezwungen

*** only in connection with the past participles of other verbs, *e.g.* *er ist gesehen worden* he has been seen.**

A

A, a [aː] *n* A, a (*a. mus.*); *das A und O* Alpha and Omega, *w.s.* the most important thing (*gen.* of); *von A bis Z* from A to Z, from first to last; *wer A sagt, muß auch B sagen* in for a penny, in for a pound; *mus. A-Dur* A major; *a-Moll* A minor.

à [a] *econ. prp.* at ... each; *5 Zigarren ~ 20 Cent* 5 cigars 20 cents each.

Aal [aːl] *m* (-[e]s; -e) eel; *mil. sl.* (*torpedo*) tin-fish; *sich winden wie ein ~* wriggle like an eel; **'2en** *v/i.* (*h.*) fish for eels; *v/refl. fig. sich ~* (*h.*) laze, lounge about; *sich* (*in der Sonne etc.*) *~* bask (in the sun, *etc.*); **2glatt** *adj.* slippery (as an eel); **'~reuse** *f* eel-buck.

Aar [aːr] *poet. m* (-[e]s; -e) eagle.

Aas [aːs] *n* (-es; -e) carrion, carcass; *tanning*: fleshings *pl.*; *colloq.* (*pl.* Äser) beast; **2en** ['aːzən] *colloq. v/i.* (*h.*): *mit et. ~* squander, waste; **'~fliege** *f* carrion fly; **'2fressend** *adj.* necrophagous; **'~geier** *m* carrion--vulture; *fig.* vulture; **2ig** ['aːziç] **I.** *adj.* carrionlike; *fig.* foul, dirty; *colloq.* beastly; **II.** *adv. colloq.* beastly; *er hat ~ viel Geld sl.* he is lousy with money.

ab [ap] *adv. and prp.* (*dat.*) **1.** *space*: off, down; away (from); *thea.* exit (*Romeo, etc.*), *pl.* exeunt; *Hut ~!* off with your hat(s *pl.*), (*a. fig. vor dir, etc.*) hat(s *pl.*) off (to you, *etc.*); *von da ~* from there; *weit ~* (*von dat.*) far off (*a th. or* from *a th.*); *rail. ~* dep. (= departure); *rail. ~ Brüssel* from Brussels; *econ. ~ Berlin* (*Fabrik, Lager, etc.*) ex Berlin (works, warehouse, *etc.*); *~ dort* loco your town, (to be) delivered at yours; *~ hier* loco here, (to be) delivered here; *die Preise verstehen sich ~ hier* prices are quoted from here; **2.** *time*: from; *adm.* as of, on or after, effective; *~ heute* from today; *von jetzt ~* from now on, in (the) future; *von da ~* from that time; *~ und zu* now and then, off and on, (every) once in a while; **3.** less, deducting; **4.** *colloq. ~ sein* be (quite) exhausted, be all in.

abänder|lich ['apʔɛndərliç] *adj.* alterable, modifiable, (*a. gr.*) variable; *jur.* commutable; **~n** *v/t.* (*h.*) alter, change; vary; modify; correct, rectify; revise, recast; *parl.* amend; *jur.* commute; **2ung** *f* alteration; modification; rectification; revision; *parl.* amendment; **2ungsantrag** *parl. m* amendment; **~ungsfähig** *adj.* modifiable; **2ungspatent** *n* reissue patent.

Abandon-erklärung [abɑ̃ː'dɔ̃ː-] *econ. f* notice of abandonment.

abandonnieren [-dɔ'niːrən] *econ. v/t.* (*h.*) abandon.

'ab-arbeiten *v/t.* (*h.*) work off (*a. debt*); overwork, overtask; wear out; *sich ~* slave, drudge; spare no pains; overwork o.s., work o.s. to the bone; *abgearbeitet* overworked, worn out.

'ab-ärgern: *sich ~* (*h.*) fret o.s. to death.

'Ab-art *f* variety (*a. bot., zo.*), species, modification; *fig.* variety, version; **2en** *v/i.* (*sn*) deviate from type, vary; degenerate; **2ig** *adj.* abnormal.

'ab-ätzen *v/t.* (*h.*) remove (with caustics); corrode; *med.* cauterize.

'abbalgen *v/t.* (*h.*) skin, flay.

'Abbau *m* (-[e]s) pulling-down, demolition (*of buildings, etc.*); *tech.* disassembly; *a. w.s.* (*mil.*) dismantling, stripping; (*pl.* -e) *mining*: **a)** working, exploitation (*of a mine*), mining (*of coal*), **b)** exhaustion (*of a mine*); *~ unter Tage* underground working; *chem.* decomposition, breaking-down; *physiol.* catabolism; *fig.* retrenchment, economies *pl.*, cut, cut-back, slash(es *pl.*); reduction, cut(s *pl.*) (*in prices, wages, etc.*); retrenchment (*of expenses or officials*), staff reduction; *temporary*: laying off; discharge, dismissal (*of employees*); lifting *of restrictions*, relaxation *of controls*; **2en** *v/t. and v/i.* (*h.*) pull (*or* take) down, demolish; *tech.* disassemble; dismantle, strip; work (*a mine*); mine, win (*coal, etc.*); *film*: strike a set; *chem.* break down, disintegrate; *fig.* retrench (*expenses*); reduce, cut (*prices, wages*); retrench, (give the) ax(e) (to) (*offices*); reduce, cut down (*personnel*); dismiss, discharge (*employees*), *temporarily*: lay off; work off (*backlog*); repay (*debt*); *colloq. sports*: wilt; **~feld** *n* working field; **~gerechtigkeit** *f* mining franchise; **~mittel** *chem. n* disintegrant; **~produkt** *chem. n* decomposition product; **2würdig** *adj.* workable.

'abbefördern *v/t.* (*h.*) remove, carry off; evacuate.

'abbeißen *v/t.* (*irr., h.*) bite off.

'abbeiz|en *v/t.* (*h.*) remove (with caustics); pickle, scour (*metal*); dress, taw (*skins*); *med.* cauterize; **2mittel** *n* caustic; *metall.* pickling agent; paint remover.

'abbekommen *v/t.* (*irr., h.*) get off *or* loose; *s-n Teil ~* get (*or* come in for) one's share; *et. ~* come in for a th., *colloq.* get hurt, be hit, *thing*: be damaged.

'abberuf|en *v/t.* (*irr., h.*) call away; recall (*diplomat*); remove (*or* relieve) from office; **2ung** *f* recall; removal, suspension (*from office*).

'abbestell|en *v/t.* (*h.*) *econ.* countermand, cancel (*an order*); discontinue, cancel (*the subscription*); *j-n*: tell *a p.* not to come; **2ung** *f* countermand; cancellation.

'abbetteln *v/t.* (*h.*): *j-m et. ~* wheedle a th. out of a p.

'abbieg|en I. *v/t.* (*irr., h.*) bend off; turn aside; deflect; *fig.* ward off (*danger*); *colloq.* take care of, handle (*a matter*); **II.** *v/i.* (*irr., sn*): *nach rechts* (*links*) *~* turn right (left); *mar., mil.* change course; *road*: branch off, turn off; **2ung** *f* road juncture, fork; bend.

'Abbild *n* copy, duplicate; replica; image (*a. opt.*), effigy; likeness, portrait; *fig. das ~ s-s Vaters* the spit and image of his father; **2en** *v/t.* (*h.*) copy, duplicate; represent, show (*a th.*); take the likeness of, portray, paint (*a p.*); draw; *sculp.* model; *oben abgebildet* shown above; **~ung** *f* representation; picture, illustration; *tech.* diagram, graph, *esp. in caption*: figure (*abbr.* fig.); *mit ~en versehen* illustrate (*a book, etc.*).

'abbinden I. *v/t.* (*irr., h.*) untie, unbind, loosen, remove; *med.* tie off, ligature; apply a tourniquet to (*wound*); wean; *el.* lace (*cable*), lash (*wire*); **II.** *v/i.* (*irr., h.*) *chem.* bond; *cement*: set.

'Abbinden *n* (-s) untying, *etc.*; *med.* ligature; *chem.* bonding; *cement*: setting.

'Abbitte *f* apology; *~ tun or leisten* make one's apology, apologize (*bei j-m wegen et.* to a p. for a th.); **2n** *v/t.* (*irr., h.*): *j-m et. ~* apologize to a p. for a th., beg a p.'s forgiveness.

'abblase|n *v/t.* (*irr., h.*) blow off (*a. steam*) *or* away; *tech.* (sand)blast; *mil.* dust (*toxic agents*), release (*gas*); *fig.* call off, cancel; break off (*an attack*); **2ventil** *n* blowoff valve.

'abblättern I. *v/t.* (*h.*) strip the leaves off, defoliate; **II.** *v/i.* (*sn*), *a. sich* (*h.*) shed the leaves; flake off, peel off; *skin*: desquamate; *bone*: exfoliate.

'abblend|en *v/t.* (*h.*) screen, dim; *mot.* (*a. v/i.*) dim (*or* dip) the headlights; *phot.* stop down; *film, radio*: fade down *or* out; **2en** *n* dimming; *mot.* dipping; *phot.* stop-down; *film, radio*: fading down; **2licht** *n* (-[e]s; -er) passing beam; **2schal-**

ter *m* dip-switch; **2ung** *mot. f* dimming, screening; antidazzling.
ˈ**abblitzen** *v/i.* (*sn*) meet with a rebuff (*bei j-m* from), be sent away; *j-n ~ lassen* send a p. about his business, snub a p. (off).
ˈ**abblühen** *v/i.* (*sn*) droop, wither; *fig.* fade; *abgeblüht sein* be over.
abböschen [ˈ-bœʃən] *v/t.* (*h.*) slope.
ˈ**abbrausen I.** *v/t. and sich ~* (*h.*) douche, shower; *sich ~ a.* have a shower; **II.** *colloq. v/i.* (*sn*) rush off, whiz(z) *or* buzz off.
ˈ**abbrechen I.** *v/t.* (*irr., h.*) break off; pluck, pick (*fruit*); pull down (*houses*), take down (*a. scaffolding*); demolish; break up (*camp*); strike (*tent*); *typ.* break (*line*); *fig.* stop, interrupt; cut short; break off (*relations, etc.*); raise (*a siege*); call off (*a strike*); **II.** *v/i.* (*irr., sn*) break off, snap off; *fig.* stop, cease; be interrupted; *kurz ~* stop short *or* dead, break off (abruptly); interrupt o.s.
ˈ**abbrems|en** *v/t. and v/i.* (*h.*) brake, apply the brakes; make a brake test; *aer.* run up, power-test *the engine*; *fig.* brake, put the brake on; retard, slow down; cushion, absorb; *phys.* moderate; **2vorrichtung** *f* arresting gear.
ˈ**abbrenn|en I.** *v/t.* (*irr., h.*) burn down, destroy by fire; burn off; assart (*the ground*); *metall.* refine; temper (*steel*); *el.* spark; let off (*fireworks*); **II.** *v/i.* (*irr., sn*) burn down *or* to the ground; *person*: lose one's property through a fire, be burnt out; *candle*: burn away; → *abgebrannt*; **2schweißung** *tech. f* flash-butt welding; **2schweißverfahren** *n* gas welding method.
ˈ**abbringen** *v/t.* (*irr., h.*) get off; deflect, divert; *mar.* unmoor; float (*stranded ship*); *fig. j-n ~ von* argue (*or* talk, reason) a p. out of (*a project*), dissuade a p. from *a th.*; *j-n von e-r Gewohnheit ~* break a p. of a habit; *j-n von e-m Thema ~* lead a p. away from a topic; *j-n vom (rechten) Wege ~* (*a. fig.*) lead a p. astray; *sich nicht ~ lassen von et.* cling (*or* stick) to a th., persist in (doing) a th., stick to one's guns; *davon lasse ich mich nicht ~* you won't change my mind about this.
ˈ**abbröckeln** *v/i.* (*sn*) crumble away; *fig. econ. prices*: crumble (away), drop off.
ˈ**Abbruch** *m* pulling down, demolition, taking down; debris, rubble; *mount.* descent; *auf ~ verkaufen* sell for scrap *or* for the material; *fig.* breaking off (*of diplomatic relations, etc.*), discontinuance; rupture; damage, prejudice; *e-r Sache ~ tun* impair, detract from, damage, injure, prejudice *a th.*; **~arbeiter** *m* demolition worker, wrecker; **~höhe** *aer. f* break-off height; **2reif** *adj.* ripe for demolition, dilapidated, derelict; **~unternehmer** *m* housebreaker, *pl. Am.* wrecking company.
ˈ**abbrühen** *v/t.* (*h.*) (par)boil (*poultry, etc.*); scald (*pig*); *fig.* → *abgebrüht.*
ˈ**abbuch|en** *econ. v/t.* (*h.*) charge, debit; write off, get off the books; **2ung** *f* charge, debit (entry); write-off.
ˈ**abbürsten** *v/t.* (*h.*) brush (down) (*clothes*); brush off (*dust*).
ˈ**abbüßen** *v/t.* (*h.*) expiate, atone for; serve *a sentence.*
ˈ**Abbüßen** *n* (-s) expiation, atonement; *nach ~ der Freiheitsstrafe* after expiry of the term of imprisonment.
ABC [ɑːbeˈtseː] *n* (-; -) ABC, alphabet; *fig. the* (first) rudiments; *nach dem ~* alphabetically; **Abc-Buch** *n* spelling-book, primer; **~-Kriegführung** *f* ABC warfare; **Abc-Schüler(in** *f*) *m*, **Abc-Schütze** *m* abecedarian; **~-Waffen** *mil. f/pl.* ABC-weapons.
abdach|en [ˈapdaxən] *v/t.* (*h.*) slope, slant; **2ung** *f* (-; -en) slope, declivity; glacis.
ˈ**abdämm|en** *v/t.* (*h.*) dam up *or* off; embank; *el.* insulate; *fig.* stem off; **2ung** (-; -en) damming up, embankment; insulation.
ˈ**Abdampf** *m* exhaust steam; **2en I.** *v/i.* (*sn*) evaporate; *train*: steam (*or* chuff) off, pull out; *colloq.* beat it; **II.** *v/t.* (*h.*) (*a. ~ lassen*) evaporate, vaporize; **~en** *n* (-s) evaporation.
ˈ**abdämpfen** *v/t.* (*h.*) *cul.* steam; damp, deaden, soften (*sound*).
ˈ**Abdampf...: ~energie** *f* energy in the exhaust steam; **~heizung** *f* waste-steam heating; **~ofen** *m* slip kiln; **~rohr** *n* exhaust pipe; **~turbine** *f* waste-steam turbine.
ˈ**abdank|en I.** *v/t.* (*h.*) discharge, dismiss; *mar.* pay off *the crew*; retire, pension off (*civil servant*); cashier (*officer*); *fig.* lay up (*ship*); **II.** *v/i.* (*sn*) resign (one's office), tender one's resignation, retire; quit the service; *ruler*: abdicate; **2ung** *f* (-; -en) discharge, dismissal; resignation, retirement; abdication.
ˈ**abdarben** *v/refl.* (*h.*): *sich et. ~* deny o.s. a th., stint o.s. of a th.
Abdeck|blech [ˈapdɛk-] *n* cover (-ing) sheet; **~blende** *f* shutter; **2en** *v/t.* (*h.*) uncover; untile (*roof*); unroof (*house*); strip (*bed*); clear (*the table*); *tech.* mask, cover, conceal, shield; *phot.* screen off; flay (*cattle*); *econ.* meet, cover; pay back, repay; *football, etc.*: mark; *boxing*: guard, cover (up).
ˈ**Abdecker** *m* (-s; -) knacker, flayer;
Abdeckeˈrei *f* (-; -en) knacker's yard, knackery, *Am.* bone yard.
ˈ**Abdeck...: ~plane** *f* cover; **~platte** *f* cover plate.
abdeichen [ˈapdaɪçən] *v/t.* (*h.*) → *abdämmen.*
ˈ**abdekantieren** *chem. v/t.* (*h.*) decant.
ˈ**abdestillieren** *chem. v/t.* (*h.*) distil(l) off.
ˈ**abdicht|en** *v/t.* (*h.*) make tight; *tech.* seal, pack; *mar.* caulk; *gegen Gas (Wasser) ~* gasproof (waterproof); → *dichten*; **2ung** *f* sealing, *etc.*; → *Dichtung.*
ˈ**abdienen** *v/t.* (*h.*): *s-e Zeit ~* serve one's time; work off (*debt*).
ˈ**abdorren I.** *v/i.* (*sn*) wither, dry up; **II.** *tech. v/t.* (*h.*) kiln-dry.
ˈ**abdörren** *v/t.* (*h.*) dry up, parch, desiccate.
ˈ**abdräng|en** *v/t.* (*h.*) push off *or* aside, force away; *mot. seitlich ~* side-swipe; *aer., mar.* deflect from course (*wind*); **2ung** *f* (-; -en) *aer.* deflection from course (by wind), drift; *mar.* leeway.
ˈ**abdreh|en I.** *v/t.* (*h.*) twist off; turn off (*the gas, etc.*); *el.* switch off; *tech.* strip (*thread*); true, dress (*polishing disk*); turn off (*or* down) (*work*); face; **II.** *v/i.* (*sn*) *mar.* change one's course, turn off; veer off; *aer.* **a**) break away (*in dogfight*), **b**) go into a nose-dive; **2maschine** *f* finishing machine, lathe; **2spindel** *f* lathe spindle; **2werkzeug** *n* dressing (*or* turning) tool.
Abdrift [ˈapdrift] *f* (-; -en) *aer., mar.* drift; *mar.* leeway; **~anzeiger** *m* drift indicator; **~platz** *m for paratroops*: jump area.
ˈ**abdrosseln** *v/t.* (*h.*) *mot.* throttle (down), stall; *a. el.* choke.
ˈ**Abdruck** *m* (-[e]s; ⸚e) impression, mark, stamp; fingerprint, smudge; cast; *of tooth*: mo(u)ld; fossil remains *pl.*, *of plants*: dendrolite, *of fish*: ichthyolite; *typ.* impression; (*pl.* -e) copy, print; reprint; proof; *of signet, etc.*: mark, stamp; *of coin*: ectype; **2en** *v/t.* (*h.*) *typ.* print (off); *wieder ~* reprint; publish.
ˈ**abdrücken** *v/t.* (*h.*) mo(u)ld; discharge, fire off (*gun*), (*a. v/i.*) pull the trigger (of); hug, squeeze, cuddle; *j-m das Herz ~* break a p.'s heart.
ˈ**Abdruckrecht** *n* right of reproduction, copyright.
ˈ**Abdruckstempel** *typ. m* impression block.
ˈ**abducken** *v/t. and v/i.* (*h.*) dodge, duck.
Abduktion [apduktsiˈoːn] *med. f* (-; -en) abduction.
ˈ**abdunkeln** *v/t.* (*h.*) darken, dim, black out (*light*); deepen, shade down (*colour*); *TV*: blank.
ˈ**abdunst|en** *v/t.* (*h.*) evaporate; **2ung** *f* (-; -en) evaporation.
ˈ**ab-ebben** *v/i.* (*sn*) ebb away; *fig.* ebb, die down, fizzle out.
Abend [ˈɑːbənt] *m* (-s; -e) evening; *poet.* eve; *thea.* night; *mus.* recital; evening party, soirée; *bunter ~* variety show; → *heilig*; *geogr. the* West; *am ~, des ~s* in the evening, at night; *diesen ~, heute 2* this evening, tonight; *morgen (gestern) 2* tomorrow (last) night; *Guten ~!* good evening!; *zu ~ essen* have supper, sup; have dinner, dine (in the evening); *es wird ~* it is getting dark, night is drawing in; *fig. man soll den Tag nicht vor dem ~ loben* don't halloo till you are out of the wood; *es ist noch nicht aller Tage ~* things may take a turn yet.
ˈ**Abend...: ~andacht** *f* evening prayers *pl.*; **~anzug** *m* evening dress; **~ausgabe** *f* evening edition; **~blatt** *n* evening paper; **~börse** *econ. f* evening exchange; **~brot** *n* supper; **~dämmerung** *f* (evening) twilight, dusk; **~essen** *n* supper, dinner; **2füllend** *adj.* full-length (*film*); **~gebet** *n* evening prayer; **~geläute** *n* evening bells *pl.*; **~gesellschaft** *f* evening party, soirée; **~gottesdienst** *m* evening service, *R.C.* vespers *pl.*; **~kasse** *thea. f* box-office; **~kleid** *n* evening gown (*or*

dress); **~kühle** *f* cool of the evening; **~kurs** *m* → *Abendschule*; **~land** *n* (-[e]s) *the* Occident; **2ländisch** ['-lɛndiʃ] *adj.* western, occidental; **2lich** *adj.* evening, of (*or* in) the evening; *~er Wind* evening breeze; **~mahl** *n* (-[e]s; -e) → *Abendessen*; *eccl. the* (Holy) Communion, *the* Lord's Supper; *das ~ empfangen* partake of the Lord's Supper, communicate; *das ~ reichen* administer the sacrament; **~messe** *eccl. f* vespers *pl.*; **~rot** *n*, **~röte** *f* evening (*or* sunset) glow, afterglow.

abends ['ɑ:bənts] *adv.* in the evening; *spät ~* late in the evening; *um 7 Uhr ~* at 7 o'clock in the evening (*or* p.m.); *von ~ bis früh* from nightfall to sunrise; *von morgens bis ~* from dawn to dusk, from morning till night.

'Abend...: **~schule** *f* evening classes *pl.*, night-school; **~seite** *ast. f* western aspect; **~sonne** *f* setting sun; **~stern** *m* evening star, Venus; **~tisch** *m* supper table; **~toilette** *f* evening dress (*or* toilet); **~umhang** *m* evening wrap; **~unterricht** *m* → *Abendschule*; **~wind** *m* evening breeze; **~zeit** *f* night-time; **~zeitung** *f* evening paper.

Abenteuer ['ɑ:bəntɔʏər] *n* (-s; -) adventure; venture; → *galant*; *auf ~ ausgehen* seek adventures; **~geschichte** *f* adventure story; **2lich** *adj.* adventurous; *fig.* strange, quixotic, romantic; wild, fantastic; *ein ~es Leben führen* lead an adventurous life, live by one's wits; **~lichkeit** *f* (-; -en) adventurousness; *fig.* strangeness, quixotry; extravagance; **~lust** *f* (-) spirit of adventure; **2n** *v/i.* (*h.*) lead an adventurous life, knock about.

'Abenteurer *m* (-s; -) adventurer; daredevil; **~in** *f* (-; -nen) adventuress; **~leben** *n* (-s): *ein ~ führen* → *abenteuern*.

aber ['ɑ:bər] **I.** *adv.* again; *~ und abermals* again and again, over and over again; *Tausende und ~ Tausende* thousands and (*or* upon) thousands; **II.** *cj.* but; *~ d(enn)och* (but) yet, still, however; *oder ~* otherwise, (or) else; **III.** *int.*: *~!* now then!; *~, ~!* now, now!, come, come!, how could you!; *~ nein!* no!, on the contrary!; you don't say!, go on!; *~ schnell!* and make it quick!; *~ tüchtig!* and how!

'Aber *n* (-s; -) but, objection; *die Sache hat ein ~* there is a 'but' in it, there is a catch to it; *er hat immer ein (Wenn und) ~* he always has his objection; *ohne Wenn und ~* without any 'ifs' and 'buts'.

'Aber|glaube *m* superstition; **~gläubigkeit** *f* superstitiousness; **2gläubisch** ['-glɔʏbiʃ] *adj.* superstitious.

'ab-erkenn|en *v/t.* (*irr.*, *h.*): *j-m et. ~* deny a p. a th.; *jur.* deprive of (*right*); declare a p. disentitled to, dispossess a p. of *a th.* by judgment; disallow (*damages*); **2ung** *f* denial; *jur.* deprivation; dispossession; abjudication; *~ der bürgerlichen Ehrenrechte* deprivation (*or* loss) of civic rights, civic degradation.

aber|malig ['-mɑ:liç] *adj.* repeated, reiterated, renewed; **~mals** ['-mɑ:ls] *adv.* again, anew, once more.

'ab-ernten *v/t.* (*h.*) reap, harvest.

Aberration [ap'ɛratsi'o:n] *phys. f* (-; -en) aberration.

'Aberwitz *m* (-es) folly, madness, craziness; absurdity; **2ig** *adj.* crazy, mad, frantic; absurd.

'ab-essen I. *v/t.* (*irr.*, *h.*) eat off; clear (*plate*); *e-n Knochen ~* pick a bone; **II.** *v/i.* (*irr.*, *h.*) finish eating.

Abessin|ier [abɛ'si:niər] *m* (-s; -), **~ierin** *f* (-; -nen), **2isch** *adj.* Abyssinian.

abfachen ['apfaxən] *v/t.* (*h.*) partition, divide into compartments.

'abfahren I. *v/i.* (*irr.*, *sn*) leave, start; set out *or* off (*all*: *nach* for); drive off; pedal off; *rail.* pull out (*of the station*); *mar.* clear (*nach* for), depart, (set) sail; *mount.* glissade; *ski*: race downhill, run down; *rail. ~!* ready!, go!; *fig.* meet with a rebuff, be snubbed (off); *j-n ~ lassen, mit j-m ~* snub a p., give a p. the cold shoulder; **II.** *v/t.* (*irr.*, *h.*) cart (*or* carry) off, remove; pass (*or* drive) through, cover, do (*a distance*); patrol; wear out (*tyres*); *ihm wurde ein Bein abgefahren* he lost a leg in a motor-accident.

'Abfahrt *f* departure, start; setting-out; *mar.* sailing (*all*: *nach* for); *mount.* glissade; *ski*: downhill run, descent; *bei ~ des Zuges* at train-time; **~(s)bahnsteig** *m* departure platform; **2bereit** *adj.* ready to leave *or* start; **~(s)hafen** *m* port of departure *or* sailing; **~(s)lauf** *m ski*: downhill race; **~s-läufer(in** *f*) *m* straight-racer; **~s-tag** *m* day of departure; **~s-zeit** *f* time of departure.

'Abfall *m* (-[e]s) falling-off; fall (*of leaves*); steep slope, descent, declivity; *fig.* decrease; *a. el.* drop; defection, secession, backsliding (*von* from *a party, etc.*); desertion (*zu* to); *eccl.* apostasy (*von* from); revolt; *usu. Abfälle pl.* waste; refuse, rubbish, *Am.* garbage; *slaughtering*: offal; *tech.* chips, clippings, filings, shavings *pl.*; *fig.* unfavo(u)rable contrast; **~behälter** *m* refuse bin, *Am.* garbage can; **~eimer** *m* dust-bin, *Am.* ash-can; **~eisen** *n* scrap iron; **2en** *v/i.* (*irr.*, *sn*) fall *or* drop off; *fig.* decrease, fall off, drop; fall away, desert; break away, defect, *Am. a.* bolt (*von* from *a party, etc.*); *eccl.* apostatize (*von* from); *ground*: slope (away); lose flesh, grow thin; *es wird dabei für ihn etwas ~* there will be something in it for him, too; *es fällt sehr ab gegen* (*acc.*) it is far inferior to, it compares badly with; **2end** *adj.* sloping (*ground*); *steil ~* precipitous; *econ.* inferior (*quality*); **~energie** *f* waste energy; **~erzeugnis** *n* waste product; by-product; **~grube** *f* refuse pit; **~händler** *m* junk dealer; **~haufen** *m* refuse heap, dump.

'abfällig I. *adj.* disapproving, critical; disparaging, derogatory, depreciatory; adverse (*criticism*); **II.** *adv.* disparagingly, *etc.*; *~ sprechen über j-n* speak disparagingly of a p., run a p. down; *j-n* (*j-s Bitte*) *~ bescheiden* give a negative answer to a p., refuse (*or* turn down) a p.'s request.

'Abfall...: **~moment** *tech. n* breakdown torque; **~produkt** *n* by-product; **~verwertung** *f* waste utilization, salvage.

'abfälschen *v/t.* (*h.*) *sports*: divert *the ball.*

'abfang|en *v/t.* (*irr.*, *h.*) catch, capture, snatch; intercept (*letter, message, plane, etc.*); check (*attack*); entice (*or* draw) away (*customers*); *sports*: overtake; *mot.* get *a car* under control; *hunt.* kill, stab; *arch.*, *mining*: prop, support; *tech.* absorb, cushion (*shocks*); *aer.* flatten out, pull out (*of a dive*); **2jäger** *aer. m* interceptor.

'abfärben *v/i.* (*h.*, *sn*) lose colo(u)r, stain, bleed, come off; *~ auf* (*acc.*) stain, *fig.* influence, colo(u)r (*a p.*).

abfasen ['apfɑ:zən] *tech. v/t.* (*h.*) chamfer, face.

'abfasern I. *v/t.* (*h.*) string (*beans*); **II.** *v/i.* (*sn*) *fabric*: (*a. sich, h.*) ravel out, fray, fuzz.

'abfassen *v/t.* (*h.*) catch (*a p.*); intercept (*a p., a letter, etc.*); arrest; compose, write, pen; draft; word, formulate; couch (*in dat.* in *careful words, etc.*); draw up, originate; *kurz abgefaßt* concise(ly worded), brief; **'Abfassen** *n* (-s) composition; wording; formulation; drawing up, drafting.

'abfaulen *v/i.* (*sn*) rot (and fall) off.

'abfeder|n *v/t.* (*h.*) pluck (*poultry*); *tech.* spring(-load), suspend; cushion (*against shocks*); *einzeln abgefederte Räder* independently sprung wheels; **2ung** *f* cushioning; *mot.* spring suspension, springing.

'abfegen *v/t.* (*h.*) sweep off.

'abfeilen *v/t.* (*h.*) file off; *fig.* polish.

'abfeilschen (*h.*): *j-m et. ~* bargain a p. out of a th.; *et. vom Preise*: beat down *the price* (in bargaining).

'abfertig|en *v/t.* (*h.*) dispatch (*a. rail, etc.*); *customs*: clear; dispatch, forward, expedite; serve, attend to, deal with (*customers*); deal with *a p.*, *adm.*: *Am.* process; *fig. j-n ~* dismiss a p. without ceremony, send a p. about his business; *j-n kurz ~ a.* treat a p. curtly, snub a p., *a. sports*: make short work of; **2ung** *f* dispatching (*a. aer., rail.*); (customs) clearance; expedition; service; *fig.* snub; **2ungs-schein** *m* customs declaration; *econ.* dispatch note; **2ungsstelle** *f* dispatch office; **2ungs-zeit** *f* handling time; *customs*: hours *pl.* of clearance.

'abfeuern *v/t.* (*h.*) fire off, discharge; *sports*: shoot, let go with.

'abfind|en *v/t.* (*irr.*, *h.*) pay off, satisfy; compound with (*creditors*); buy out (*a partner*); indemnify, compensate (*für* for); portion off (*a child*); *sich mit j-m ~* come to terms with a p., settle (things) with a p.; *sich mit et. ~* resign o.s. to a th., make the best of a th.; *mit j-m or et.*: put up with *a p. or th.*; *sich mit den Gegebenheiten ~ a.* face the facts; **2ung** ['-finduŋ] *f* (-; -en) settlement, arrangement; composition (*mit den Gläubigern* with the creditors); *of employees*: severance pay; satisfaction; indemnification, compensation; **⁀ungs-entschädigung** *f* severance compensation; **⁀ungssumme** *f* sum of indemnity; compensation; **⁀ungsvertrag** *m* (deed of) composition.

'abfischen *v/t.* (*h.*) fish off, empty.

abflachen ['apflaxən] *v/t.* (*h.*) flatten, level; *tech.* truncate (*thread*); *sich* ~ level, flatten, slope down, *water*: become shallow.

abflächen [apflɛçən] *tech. v/t.* (*h.*) face, surface; bevel.

Abflachung ['apflaxuŋ] *f* (-; -*en*) flattening, slope.

abflauen ['apflauən] *v/i.* (*sn*) *wind*: calm down, lull, drop; *fig.* ebb, subside, wane; *prices*: slacken off, give away; *business*: slacken, recede, slump; *interest*: fall off, flag, wane.

'abfliegen I. *v/i.* (*irr.*, *sn*) fly off; *aer.* take off, start; **II.** *v/t.* (*irr.*, *h.*) patrol, cover.

'abfließen *v/i.* (*irr.*, *sn*) flow (*or* run) off, drain off; leak off; ~ *lassen* run (*or* drain) off.

'abfluchten *tech. v/t.* (*h.*) align.

'Abflug *m* take-off, start, departure; ~ *mit Starthilfe* assisted take-off; *im* ~ outbound; **~deck** *n* flight deck.

'Abfluß *m* flowing off, draining off; *a. med.* discharge; outflow, efflux, (foreign) drain (*of money*); sink; gutter, gully; outlet; **~gebiet** *n* catchment area; **~graben** *m* drain (-age ditch); **~hahn** *m* drain cock; **~kanal** *m* discharge conduit; spillway; **~menge** *f* (river) discharge; **~rohr** *n* waste-pipe, drain pipe; *tech.* outlet pipe; **~ventil** *n* drain valve.

'Abfolge *f* succession; sequence; *geol.* origin.

'abfordern *v/t.* (*h.*): *j-m et.* ~ demand (*or* claim) a th. of *or* from a p.; *a. fig.* exact a th. from a p.

'abformen *v/t.* (*h.*) mo(u)ld, model; copy; *tech.* shape, mo(u)ld.

abforsten ['apfɔrstən] *v/t.* (*h.*) deforest, cut down.

'abfragen *v/t.* (*h.*): *j-n et.* ~ question (*Am.* quiz) a p. about; *e-n Schüler die Grammatik* ~ hear a student's grammar; *teleph.* test the line.

'abfräsen *tech. v/t.* (*h.*) mill off.

'abfressen *v/t.* (*irr.*, *h.*) eat off; graze (down), browse on, crop; *tech.* corrode; *geol.* erode; *fig.* gnaw at *a p.'s heart*.

'abfrieren *v/i.* (*irr.*, *sn*) freeze off, be bitten off by cold; *abgefroren* frost-bitten.

'abfühlen *v/t.* (*h.*) touch, feel; *med.* palpate; *tel.* scan.

Abfuhr ['apfu:r] *f* (-; -*en*) removal, hauling off; cartage; *fenc.* disabling; *sports and fig.*: defeat, beating; rebuff; *Am.* brush-off; *fig. e-e* ~ *erteilen* (*dat.*) **a)** *sports*: beat (hollow), trounce, **b)** *fig.* settle *a p.*, snub, rebuff.

'abführen I. *v/t.* (*h.*) lead off *or* away; carry (*or* cart, haul) off; remove, escort away (*prisoner*); drain off (*water, etc.*); *phys.* eliminate; carry off (*heat*); exhaust (*gas*); *econ.* **a)** pay over (*an acc.* to), **b)** pass *to a p.'s credit*, **c)** branch (*or* draw) off, **d)** pay off, clear off, discharge (*debt*); *fenc.* disable; *fig.* snub; **II.** *v/i.* (*h.*) *med.* purge (the system), be aperient, loosen the bowels; **~d** *adj. med.* purgative, aperient, laxative.

'Abfuhr...: ~kosten *pl.* carriage *sg.*; **~lohn** *m* cartage.

'Abführ...: ~mittel *n* aperient, laxative, purgative; **~tee** *m* aperient tea; **~ung** *f* → *abführen*; removal, carriage; payment, settlement, clearance; *med.* purging.

Abfüll|anlage ['apfyl-] *f* filling (*or* bottling) plant; **⁀en** *v/t.* (*h.*) fill; decant; draw (*or* rack) off (*beer, wine, etc.*), bottle; **~station** *f* filling station; **~waage** *f* weigher-filler.

'abfüttern *v/t.* (*h.*) feed; *tech.* line.

'Abgabe *f* delivery; surrender; *sports*: pass; transmission (*of message*); issue; sale; ~ *e-r Erklärung* (making of a) statement; ~ *der Wahlstimme* casting one's vote, voting, polling; tribute; *esp.* customs, duty; tax, impost; (*communal*) rate; **~n** *pl. stock exchange*: sales; *soziale* **~n** *pl.* social contribution *sg.*; *phys.* emission (*of rays, etc.*); *el.* output; release (*of energy*); **⁀nfrei** *adj.* duty-free; tax-exempt; **~nfreiheit** *f* (-) exemption from duties; immunity; **⁀npflichtig** *adj.* dutiable; liable to duty *or* taxes; **~nwesen** *n* (-s) (system of) imposts and taxes; **~pumpe** *mot. f* dispensing pump.

'Abgang *m* departure, start; *mar.* sailing; *thea.* exit; *gym.* dismount; retirement, resignation (*aus* from *a post*); leaving (*von der Schule* school); graduation (from); sale (*of merchandise*); tare; waste, wastage, loss; *at weighing*: deficiency, shortage; *of liquids*: leakage, ullage; decrease; diminution, reduction; *Abgänge pl. of personnel*: separations; dispatch (*of goods*); *banking*: items disposed of; *med.* discharge, flux; *econ. guten* ~ *finden* meet with a ready sale, find a ready market, go off well; *schlechten* ~ *finden* have a poor sale, be a drug in the market.

'abgängig *adj. econ.* **a)** missing, deficient, **b)** sal(e)able, marketable.

'Abgangs...: ~alter *n* school-leaving age; **~hafen** *m* port of clearance; **~mikrophon** *n* sound emission microphone; **~prüfung** *f* leaving examination; **~schüler** *m* school-leaver, graduate; **~station** *f* station of departure; **~verkehr** *m* outgoing traffic; **~zeit** *f* time of departure (*or of goods*: of dispatch); **~zeugnis** *n* (school-)leaving certificate; diploma.

'Abgas *n* waste (*esp. mot.*: exhaust) gas; **~gebläse** *n* exhaust-gas-driven compressors; **~kanal** *m* exhaust flue; **~reinigungs-anlage** *f* waste-gas purification plant; **~turbine** *f* exhaust(-gas) turbine; **~turbolader** ['-turbo'la:dər] *aer. m* (-s; -) exhaust-driven turbosupercharger; **~verwertung** *f* waste-gas utilization.

'abgaunern *v/t.* (*h.*): *j-m et.* ~ trick (*or* cheat) a p. out of a th.

'abge-arbeitet *adj.* toilworn, worn-out, overwrought; *pred.* run down.

'abgeben I. *v/t.* (*irr.*, *h.*) deliver (up), hand over (*an, bei* to); give up, hand over (*ticket, passport*); submit *a document* (to), file (with); hand in; turn in (*tool, etc.*); deposit, leave *one's baggage, etc.*, (with); *abzugeben bei* to be handed to, c/o. (= care of); *s-e Karte bei j-m* ~ leave one's card on a p.; *econ.* supply, let have, (*a. stock exchange*) sell; *blanco* ~ sell bear, *Am.* sell short; give up, dispose of, make over (to); draw *a bill of exchange* (*auf j-n* on); transmit (*message*); detach (*a p.*); *e-e Erklärung* ~ make a statement, *jur. a.* depose, → *eidlich*; *e-e Meinung* ~ give (*or* deliver) an opinion (*über* on), comment (on), pass one's verdict (on); → *hergeben, Stimme*; *e-n Schuß* ~ fire a shot, shoot, *sports*: deliver a shot, shoot; *den Ball* ~ pass the ball; *tech.* give off (*steam*), radiate, emit (*heat, etc.*), deliver (*current*); *abgegebene Leistung* (effective) output; *vending machine, etc.*: dispense, meter out; yield; *von et.* ~ give some of, share a th. (*an* with); *kannst du mir eine Zigarette* ~ can you spare me a cigarette; serve as, *person*: act as; *er würde e-n guten Verkäufer* ~ he would make a good salesman; *sich* ~ *mit et.* deal with, occupy *or* concern o.s. with, have to do with *a th.*, spend (*b.s.* waste) much time on; *mit j-m*: have to do with, have dealings with *a p.*, *socially*: *a.* mix with, associate with, frequent *a p.'s* company; *mit ihm gebe ich mich gar nicht ab* I want no truck with him; **II.** *v/i.* (*irr.*, *h.*) *sports*: pass (the ball).

'abge|brannt *adj.* burnt down; *person*: burnt out; *colloq. fig.* broke; **~brochen** *adj.* broken off; *fig.* broken, abrupt, disjointed; chopped (*speech, style*); **~brüht** ['-gəbry:t] *fig. adj.* hardboiled, hardened, callous; **~droschen** *fig. adj.* commonplace, trite, hackneyed, well-worn (*phrase, etc.*); **~feimt** ['-gəfaɪmt] *adj.* artful, crafty, wily; insidious; **~er** *Spitzbube* out-and-out rascal; **~griffen** *adj.* worn (-out); well-thumbed (*book*); *fig.* → *abgedroschen*; **~hackt** *fig. adj.* → *abgebrochen*; **~härmt** ['-gəhɛrmt] *adj.* care-worn, haggard; **~härtet** ['-gəhɛrtət] *adj.* hardened (*gegen* against), inured (to); weather-beaten.

'abgehen I. *v/i.* (*irr.*, *sn*) go off *or* away; *a. rail, etc.*: leave, start, depart (*nach* for); *ship*: sail (for); *thea.* (*a. fig.*) make one's exit; *geht* (*gehen*) *ab* exit (exeunt); *mail*: leave, go; *med.* be discharged, pass; *button, etc.*: come off; *lane*: branch off; ~ *lassen* dispatch, forward (*shipment*), send out (*ship*); *mit dem Tode* ~ depart this life; *fig. merchandise*: sell; *reißend* ~ sell like hot cakes; *von e-m Amt*: retire (from *an office*), resign; *von der Schule*: leave *school*, *successfully*: graduate from; *von e-r Meinung*: alter (*one's opinion*), change (*one's view*); *von e-m Thema*: digress from *a subject*, swerve from, drop; *von e-m Vorhaben*: drop, abandon (*a project*); *von der Wahrheit*: deviate from, depart from (*the truth*); *vom (rechten) Wege* ~ go astray (*a. fig.*); *vom Preise* ~ *person*: lower the price, grant a reduction (in the price); *nicht* ~ *von* persist in, insist on; *davon gehe ich nicht ab* nothing can change my mind about this; be missing *or* wanting, lack; *was ihm abgeht, ist Mut* what he wants is courage, he has no courage; *davon geht (gehen) ab* deduct (from this), less, minus; *sich nichts* ~ *lassen* deny o.s. nothing, not to stint in any way; *ihm geht nichts ab* he doesn't go short of anything; *ihr soll nichts* ~ she shall not want for anything; *er geht mir sehr ab* I miss him badly; end; *gut* ~ pass off well, succeed; *schlecht* ~ turn out badly, fail; **II.** *v/t.* (*irr.*, *sn*) measure by steps, pace off; patrol.

abge|hetzt ['apgəhɛtst] *adj.* harassed, hardpressed; exhausted, overwrought; *pred.* run down; breathless, panting; **~kämpft** [-kɛmpft] *adj.* battle-weary; *w.s.* worn-out, spent, weak and weary; **~kartet** *adj.* → *abkarten*; **~klärt** [-klɛːrt] *adj.* detached, mellow, wise; **~lagert** *adj.* matured, aged (*wine*); seasoned (*wood*); well-seasoned (*cigar, etc.*); *geol.* deposited; **~lebt** [-leːpt] *adj.* decrepit, effete; **~legen** *adj.* remote, distant, far-away; secluded, retired; out-of-the-way, *pred.* out of the way; **&legenheit** *f* (-) remoteness; seclusion; **~lehrt** *tech. adj.* calibrated.

'**abgelt|en** *v/t.* (*irr.*, *h.*) meet (*expenses*); discharge, compensate (*debt*); **&ung** *f* discharge; settlement; compensation delivery; *zur* ~ *von Barleistungen* in lieu of cash.

'**abgemacht** → *abmachen*.

abgemagert ['apgəmaːgərt] *adj.* emaciated, shrunken; *pred. a.* mere skin and bone.

'**abgemessen** *adj.* measured; *genau* ~ exact, precise, accurate(ly dimensioned); *fig.* measured (*speech, etc.*); **&heit** *f* (-) exactness, accuracy; formality, stiffness; regularity.

'**abgeneigt** *adj.* disinclined *or* unwilling (*dat.* for *or* to *a th.*; *zu inf.* to), averse (to); loath (to *do*); *j-m* ~ ill-disposed towards a p.; *ich bin nicht* ~, *zu inf.* I am quite prepared to *inf.*; **&heit** *f* → *Abneigung*.

abgenutzt ['apgənutst] *adj.* worn-out (*a. fig.*); used up; **~e** *Schneide* blunt edge.

Abge-ordnet|e(r *m*) ['apgəˀɔrdnətə(r)] *f* (-*n*; -*n*; -*en*; -*en*) deputy, delegate, representative; *Brit. parl.* Member of Parliament (*abbr.* M.P.); **~enhaus** *n* chamber of deputies, Lower House; *Great Britain*: House of Commons; *USA*: House of Representatives.

'**abgerissen** *adj.* torn; ragged, in rags and tatters; shabby, threadbare, frayed; *person*: out-at-elbow, seedy; *fig.* abrupt, broken, disjointed (*speech, style*); incoherent, disconnected (*speech, thoughts*); **&heit** *f* (-) raggedness; shabbiness; abruptness; incoherence.

abgerundet ['apgərundət] **I.** *adj.* round (*figure*); *fig.* well-rounded; **II.** *adv.* in round figures.

'**Abgesandte(r** *m*) *f* messenger; *w.s.* delegate; *pol.* envoy; emissary; ambassador (ambassadress *f*).

'**abgeschieden** *adj.* solitary, isolated, secluded, retired; (*dead*) departed, deceased, defunct; **&heit** *f* (-; -*en*) seclusion; retirement.

'**abgeschliffen** *adj. tech.* polished, finished; *fig.* polished, elegant, refined; **&heit** *f* (-) polish, elegance, refinement.

'**abgeschlossen** *adj.* → *abschließen*; *fig.* retired, secluded; ~ *leben* live in seclusion, shut o.s. up, live in an ivory-tower; (*in sich*) ~ self-contained, independent (*dwelling, machine*); complete, well-rounded (*education*); agreed, settled, final; **&heit** *f* (-) seclusion, isolation; privacy; compactness.

abgeschmackt ['apgəʃmakt] *adj.* insipid, tasteless, flat; *fig.* absurd, fatuous; in bad taste, vulgar; garish; mawkish, *Am. sl.* corny; flat, dull, insipid; **&heit** *f* (-; -*en*) absurdity; bad taste; insipidity.

'**abgesehen:** ~ *von* apart (*Am. a.* aside) from, except for, exclusive of, leaving out; ~ *davon, daß* not to mention that, let alone that; *ganz* ~ *davon, daß* quite apart from the fact that; → *absehen*.

'**abgesondert** *adj.* separate (*von* from); *fig.* → *abgeschieden, abgeschlossen*.

'**abgespannt** *adj. fig.* exhausted, weary, run down, washed up; unstrung; *med.* debilitated; **&heit** *f* (-) exhaustion, weariness.

'**abgestanden** *adj.* stale, flat.

'**abgestorben** *adj.* numb (*limbs*); *gänzlich* ~ dead (*a. wood*); *med.* dead, necrotic (*tissue*).

abgestumpft ['apgəʃtumpft] *adj.* blunt(ed), dull (*edge*); *math.* truncated; **~er** *Kegel* truncated cone, frustrum of cone; **~e** *Pyramide* frustrum of pyramid; *chem.* neutralized; *fig.* dull(ed), deadened, indifferent, insusceptible (*gegen* to); **&heit** *f* (-) dullness; apathy; indifference, insensibility (*gegen* to).

abgetakelt ['apgətaːkəlt] *adj. mar.* unrigged; *fig.* → *abgekämpft*.

'**abgetan** → *abtun*.

abgeteilt ['apgətaɪlt] *adj.* divided up, partitioned; **~er** *Raum* compartment.

'**abgetragen** *adj.* worn-out; threadbare, shabby (*clothes*).

'**abgewinnen** *v/t.* (*irr.*, *h.*): *j-m et.* ~ win a th. from (*or* of) a p.; *e-r Sache Geschmack* ~ acquire a taste for a th.; *j-m e-n Vorsprung* ~ get the start of a p., steal a march on a p.; *j-m e-n Vorteil* ~ get the better of a p.

abgewirtschaftet ['apgəvirtʃaftət] *adj.* ruined by mismanagement; *a. person*: exhausted, run down.

'**abgewöhnen** *v/t.* (*h.*): *j-m et.* ~ wean a p. from, break (*or* cure) a p. of *a th.*; *sich (das Rauchen)* ~ give up *or* leave off (smoking); *das muß er sich* ~ he had better drop that.

abgezehrt ['apgətseːrt] *adj.* emaciated, skinny, worn to a shadow.

'**abgießen** *v/t.* (*irr.*, *h.*) pour off; *chem.* decant; *mil.* spray (*toxic agent*); *tech.* cast.

'**Abglanz** *m* reflection; reflected glory *or* splendo(u)r; *colloq.* *ein schwacher* ~ *s-s Vaters* a feeble copy (*or* weak edition) of his father.

'**abgleich|en** *v/t.* (*irr.*, *h.*) equalize, adjust, balance (*all a. tech.*); *econ.* square (*accounts*); level; *el.* balance; *radio, radar*: match, align, trim; *radio*: gang, track; **&fehler** *m* balance error; matching error; **&kondensator** *m* trimming capacitor; **&mittel** *n radio, radar*: matching equipment; **&ung** *f* equalization; adjustment, balancing; level(l)ing; matching, alignment; tracking.

'**abgleiten** *v/i.* (*irr.*, *sn*), '**abglitschen** *v/i.* (*sn*) glide (*or* slide, slip) off; *econ. prices, etc.*: slide down; *weapon*: glance off; *mot.* skid; *aer. seitlich* ~ side-slip; *fig. Vorwürfe, etc., gleiten von ihm ab* he is deaf to reproaches, *etc.*

'**abglühen** **I.** *v/t.* (*h.*) *metall.* heat red-hot; mull (*wine*); **II.** *v/i.* (*sn*) cool off, cease glowing.

'**Abgott** *m* idol; *j-n zu s-m* ~ *machen* idolize a p.

Abgötte'rei *f* (-; -*en*) idolatry; ~ *treiben* worship idols; ~ *treiben mit j-m* idolize a p.

'**abgöttisch** **I.** *adj.* idolatrous; **II.** *adv.*: ~ *lieben* idolize, adore; *of mothers, etc.*: *a.* dote on.

'**Abgottschlange** *f* anaconda.

'**abgraben** *v/t.* (*irr.*, *h.*) dig off *or* away; level; drain (*or* draw) *a river* off; *fig. j-m das Wasser* ~ cut the ground from under a p.'s feet.

'**abgrämen:** *sich* ~ (*h.*) pine away (with grief), grieve, eat one's heart out.

'**abgrasen** *v/t.* (*h.*) graze; cut off; *fig.* hunt, scour.

abgraten ['apgraːtən] *tech. v/t.* (*h.*) trim, (de)burr.

'**Abgrätschen** *n* (-*s*) *gym.* straddle dismount.

'**abgreifen** *v/t. and sich* ~ (*irr.*, *h.*) wear out by constant handling; thumb, wear *book* (at the edges); plot (*map*); *die Entfernung* ~ measure map distances with dividers; → *abgegriffen*.

'**abgrenz|en** *v/t.* (*h.*) mark off, (de-)limit; divide by boundaries, demarcate, *fig.* differentiate; delimitate; define; **&ung** *f* (-; -*en*) demarcation, delimitation; definition; ~ *der Hoheitsgewässer* delimitation of territorial waters; **&ungs-konten** *econ. n/pl.* deferrals and accruals; **&ungsposten** *econ. m/pl.* deferred and accrued items.

'**Abgrund** *m* abyss; precipice; [chasm, gulf.]

abgründig ['apgryndɪç] *adj.* abysmal (*a. fig.*).

'**abgrundtief** *adj.* abysmal, unfathomable (*both a. fig.*).

'**abgucken** *colloq. v/t.* (*h.*) → *absehen*.

'**Abguß** *m* casting, copy; *tech.* (*process*) cast; *chem.* decanting; *typ.* plate.

'**abhaben** *v/t.* (*irr.*, *h.*): *et.* ~ *von* (*dat.*) have a share of, share in; *willst du etwas* ~? do you want some (of it)?; have *one's hat, etc.*, off.

'**abhacken** *v/t.* (*h.*) chop (*or* cut) off; chop (*words*); → *abgehackt.*
'**abhaken** *v/t.* (*h.*) unhook; *in a list*: tick (*or* check) off.
'**abhalftern** *v/t.* (*h.*) take the halter off, unharness; *colloq. fig.* sack, ax(e).
'**abhalt|en I.** *v/t.* (*irr., h.*) hold off *or* back, keep off; ward off; *mil.* check, head off (*the enemy*); *fig.* keep, detain; hinder; prevent; debar; restrain; deter; hold out (*child*); keep out (*rain*); hold (*examination, meeting, etc.*); *abgehalten werden* be held, take place; give (*a lesson*); give, deliver (*lecture*); keep (*school*); hold, celebrate, observe (*feast*); **II.** *v/i.* (*irr., h.*): ~ *auf* make (*or* head) for; *vom Land* ~ bear off from the land; **2ung** *f* hindrance, prevention; holding (*of meeting, etc.*); celebration (*of feast*); conducting (*of lessons*); delivery (*of lecture*); ~ *haben* be otherwise engaged, be prevented; **2ungsgrund** *m* prevention, previous engagement.
'**abhandeln** *v/i.* (*h.*): *j-m et.* ~ **a**) buy (*or* purchase) a th. of (*or* from) a p., **b**) bargain a th. out of a p.; *et. vom Preise* ~ beat down the price, knock something off the price; negotiate, transact; treat of, deal with; discuss, debate; discourse on.
abhanden [ap'handən] *adv.*: ~ *kommen* get lost, be mislaid; ~ *gekommen sein* be lost, be missing.
'**Abhandlung** *f* treatise, essay; dissertation, article; paper; (*doctor's*) thesis; discourse, discussion.
'**Abhang** *m* slope, incline, declivity; precipice; (hill)side.
'**abhängen I.** *v/i.* (*irr., h.*) *teleph.* hang up, restore the receiver; *fig.* ~ *von* (*dat.*) depend (up)on, be dependent (up)on; be contingent (up)on, be conditional on (*circumstances*); *letztlich* ~ *von* hinge *or* pivot (up)on; *vom Zufall* ~ be at the mercy of chance; be subject to (*approval, a rule*); *es hängt von dir ab* it lies (*or* rests) with you, it is for you to decide; **II.** *v/t.* (*h.*) unhang, take down, detach; unhook, unhitch (*a trailer*); *el.* disconnect; *rail.* uncouple; *teleph.* restore (*the receiver*); *colloq. fig.* leave far behind, give the slip to (*pursuer or competitor*).
'**abhängig** *adj.* sloping, declined; *fig.* dependent (*von* [up]on); contingent (up)on (*circumstances*); subject (to) (*approval*); ~ *sein von* → *abhängen*; *voneinander* ~ interdependent; *gr.* ~*e Rede* indirect (*or* oblique) speech; ~*er Satz* subordinate clause; **2keit** *f* (-) slope, declivity; *fig.* dependence; *gegenseitige* ~ interdependence; **2keitsgebiet** *pol. n* dependency; **2keitsverhältnis** *n* dependent condition, state of dependence.
'**abhärmen:** *sich* ~ (*h.*) pine away; *sich* ~ *über* grieve about (*or* for, over); → *abgehärmt.*
'**abhärt|en** *v/t.* (*h.*) harden (*gegen* against), inure (to); → *abgehärtet*; **2ung** *f* hardening, inurement.
'**abhaspeln** *v/t.* (*h.*) reel off.
'**abhauen I.** *v/t.* (*h.*) cut (*or* chop) off *or* down; **II.** *v/i.* (*sn*) *colloq.* be off, buzz off; beat it; turn tail, bolt, *Am. sl.* skedaddle, vamoose, take a powder; *sports*: break away, leave the pack; *hau ab!* off with you!, get out!, beat it!, *Am.* scram!
'**abhäuten** *v/t.* (*h.*) skin, flay.
'**abheben** *v/t.* (*irr., h.*) lift (*or* take) off, remove; *teleph.* lift *or* unhook (the receiver *v/i.*); cut (*cards*); *Sie heben ab!* it is your cut!; *tech.* raise off, remove (*cuttings*); clear (*tool from work*); withdraw, draw (*money*); bring into relief, contrast; *sich* ~ *von* contrast with, *against a background*: stand out against, be set off against, be silhouetted against; *aer.* pull up, become airborne; *fig.* ~ *auf* (*acc.*) aim at, refer to.
abhebern ['aphe:bərn] *v/t.* (*h.*) siphon off.
'**Abhebung** *f* withdrawal (*of money*); ~**sbefugnis** *f* drawing right.
'**abheilen** *v/i.* (*sn*) heal (up).
'**abhelfen** *v/i.* (*irr., h.*) help, remedy (*e-r Sache* a th.); redress; correct (*mistake*); supply, meet (*a want*); remove (*difficulties*); *dem ist nicht abzuhelfen* that cannot be helped.
'**abhetzen** *v/t.* (*h.*) run down, fatigue, harass; overdrive, override (*horse*); *sich* ~ wear *or* tire o.s. out, work under pressure, fight the hands of the clock.
'**Abhilfe** *f* remedy, redress, relief; ~ *schaffen* take remedial measures, afford relief; → *abhelfen*; ~**maßnahme** *f* corrective measure, remedial action.
'**abhobeln** *v/t.* (*h.*) plane off; dress (*parquetry*); *fig.* polish (off).
'**Abhocken** *n* (-*s*) *gym.* squat dismount.
'**abhold** *pred. adj.*: *j-m*: ill-disposed towards (*a p.*); *e-r Sache*: averse to (*a th.*).
Abhol|dienst ['apho:l-] *m* pick-up service; **2en** *v/t.* (*h.*) fetch; call for, come for, pick up; collect; *j-n von der Bahn* ~ go to meet a p. at the station; ~ *lassen* send for; ~**fach** *n* post-office box (*abbr.* **P.O.B.**); ~**ung** *f* (-) fetching; pick-up; collection.
'**abholzen** *v/t.* (*h.*) clear (of timber), cut down, deforest.
'**abhorchen** *v/t.* (*h.*) listen in on; overhear (*secret*); *med.* auscultate, sound; → *abhören.*
Abhör|dienst ['aphø:r-] *m* intercepting service; *tech.* monitoring service; **2en I.** *v/t.* (*h.*): *e-n Schüler* ~ hear a student's lesson; question, *Am. a.* quiz; *med.* auscultate; listen in on, intercept, pick up, overhear (*radio message, etc.*), *teleph. a.* tap *the wire*; monitor; **II.** *v/i.* (*h.*) *radio*: listen in; ~**gerät** *n* listening device, monitor, bug; ~**station** *f* interception station.
'**Abhub** *m* (-[e]s) leavings *pl.*; refuse, waste; *tech.* clearing (*of tool from work*).
'**abhülsen** *v/t.* (*h.*) shell, hull, husk.
'**ab-irr|en** *v/i.* (*sn*) lose one's way, go astray; *fig.* err, deviate (*von* from); **2ung** *f* deviation; *opt.* aberration.
Abitur [abi'tu:r] *n* (-*s*; -*e*) *ped.* final examination; → *Reifezeugnis.*
Abiturient(in *f*) [-turi'ɛnt-] *m* (-*en*; -*en*; -; -*nen*) *ped.* candidate for the final examination; *successful*: graduate from a secondary school.
'**abjagen** *v/t.* (*h.*) override, overdrive (*horse*); rush about (*a p.*); *j-m et.* ~ recover a th. from a p., snatch a th. away from a p.; *sich* ~ → *abhetzen.*
'**abkämmen** *v/t.* (*h.*) comb off; card (*wool*); *fig.* comb.
'**abkanten** *tech. v/t.* (*h.*) round off; chamfer, bevel; fold.
'**abkanzeln** *v/t.* (*h.*) reprimand, lecture, take *a p.* to task, *sl.* tell *a p.* off, give *a p.* a dressing-down.
'**abkappen** *v/t.* (*h.*) *agr.* lop off, clip; *mar.* cut; *phys.* limit (*amplitude*).
'**abkarten** *v/t.* (*h.*) prearrange, concert, plot; *abgekartete Sache* prearranged affair, put-up job.
'**abkauen** *v/t.* (*h.*) chew off; *sich die Fingernägel* ~ bite one's nails.
'**abkaufen** *v/t.* (*h.*): *j-m et.* ~ buy *or* purchase a th. of (*or* from) a p.
Abkehr ['apke:r] *f* (-) turning away (*von* from); departure (from); renunciation (of); estrangement (from); aversion (to); **2en** *v/t.* (*h.*) → *abfegen*; (*a. sich*) turn away (*von* from); *sich von j-m* ~ *a.* turn one's back (up)on a p.
'**abketten** *v/t.* (*h.*) unchain.
'**abkippen I.** *v/t.* (*h.*) tip; dump; **II.** *v/i.* (*sn*) *aer.* pitch down, wing over.
'**abklappen** *v/t.* (*h.*) swing (*or* hinge, let) down.
'**abklappern** *colloq. v/t.* (*h.*) scour; *eine Straße*: go from house to house, call at every door *in a street*; do (*a town, the sights*).
'**abklär|en** *v/t.* (*h.*) clarify, clear, *chem.* decant, filter; *sich* ~ (become) clear; → *aufklären*; *fig.* become detached, mellow; → *abgeklärt*; **2ung** *f* clarification; *chem.* decantation; *fig.* detachment, mellowing.
'**Abklatsch** *typ. m* impression, stereo(type plate); proof(-sheet); *fig.* (*schwacher*) ~ (poor) copy; **2en** *v/t.* (*h.*) *typ.* print off, stereotype; strike off (*proofs*); *fig.* copy.
'**abklauben** *v/t.* (*h.*) pick off.
'**abklemmen** *v/t.* (*h.*) pinch (*or* nip) off; *el.* disconnect from binding-post.
'**abklingeln** *teleph. v/t.* (*h.*) ring off.
'**abklingen** *v/i.* (*irr., sn*) die away, (*a. disease, feeling*) fade away; *fig. a.* subside, ebb.
'**abklopfen I.** *v/t.* (*h.*) beat off, knock off; dust off; knock at, test (by knocking); *med.* percuss; *tech.* rap (*casting*); scale (*boiler*); *mus.* rap to a stop; *colloq.* scour, search high and low; **II.** *v/i.* (*h.*) *mus.* stop the music.
'**abknabbern** *v/t.* (*h.*) nibble off, gnaw off; pick (*bone*).
'**abknallen I.** *v/i.* (*sn*) explode, detonate, go off; **II.** *v/t.* (*h.*) fire off, let off; *sl.* bump off.
abknappen ['apknapən] *v/t.* (*h.*), **abknapsen** ['-knapsən] *v/t.* (*h.*) pinch, stint; *sich et.* ~ stint o.s. in a th.
'**abkneifen** *v/t.* (*irr., h.*) pinch (*or* nip) off.

'**abknicken** *v/t.* (*h.*) snap (*or* crack) off; bend off; kink (*hose*).
'**abknöpfen** *v/t.* (*h.*) unbutton; *colloq. j-m* et. ~ **a**) do a p. out of a th., **b**) make a p. shell out a sum of money.
'**abkochen I.** *v/t.* (*h.*) boil (down); *chem.* decoct; scald (*milk*); **II.** *v/i.* (*h.*) cook (in camp), *Am. a.* cook out.
'**abkommandier|en** *mil. v/t.* (*h.*) detach, detail, assign, order off; second *officer* (for a special task); *abkommandiert sein* be on detached duty; **2ung** *f* (-; -en) detached duty; assignment.
Abkomme ['apkɔmə] *m* (-*n*; -*n*) descendant; ~*n pl. a.* offspring, issue; *jur. ohne leibliche* ~*n sterben* die without issue.
'**abkommen** *v/i.* (*irr.*, *sn*) come away, get away *or* off; *aer.* take off, become airborne; *shooting*: mark; *sports*: *gut* ~ get a good start; *fig. von et.* ~ give up, abandon, drop; *von e-r Ansicht*: alter *one's opinion*, change *one's views*; *von e-m Thema*: digress from, stray from *a subject*; *von e-m Verfahren, etc.*: depart from *a procedure, etc.*; *von der Wahrheit, mar. vom Kurs*: deviate from *the truth, the course*; *vom Wege* ~ lose one's way, go astray; *davon bin ich abgekommen* I have given it up; *davon ist man jetzt abgekommen* **a**) this practice has now been discarded *or* abandoned, **b**) it (*the custom*) has fallen into disuse, **c**) it went out (of fashion); *er kann nicht* ~ he cannot get away.
'**Abkommen** *n* (-s) *sports*: start, take-off; *mil.* point of aim; *das* ~ *melden* call the shot; (-s; -) accord, arrangement, settlement, *a. pol.* agreement; *pol.* pact, convention, treaty; *econ.* composition (*with creditors*); *ein* ~ *treffen* make (*or* enter into) an agreement; ~**schaft** *f* (-) descendants *pl.*, offspring.
abkömmlich ['apkœmliç] *adj.* dispensable; available; *er ist nicht* ~ he cannot be spared, he cannot get away.
Abkömmling ['apkœmliŋ] *m* (-s; -e) → *Abkomme*; *chem.* derivative.
'**Abkomm...:** ~**punkt** *m* point of aim; ~**rohr** *mil. n* subcalibre barrel; ~**schießen** *n* subcalibre firing.
'**abkonterfeien** *v/t.* (*h.*) take *a p.'s* likeness, portray.
'**abkoppeln** *v/t.* (*h.*) uncouple; unleash (*dogs*).
'**abkosten** *v/t.* (*h.*) taste.
'**abkratzen I.** *v/t.* (*h.*) scrape (*or* scratch) off, remove; **II.** *v/i.* (*sn*) *colloq.* kick the bucket, peg out; push off, beat it.
'**abkriegen** *v/t.* (*h.*) → *abbekommen.*
'**abkühl|en** *v/t.* (*h.*) cool (off *or* down), chill; *sich* ~ cool down (*a. fig.*); refresh o.s.; **2ung** *f* cooling; *fig.* damper.
Abkunft ['apkunft] *f* (-) descent; parentage, lineage; extraction, origin; birth; *von guter* ~ of a good family; *von edler* ~ of noble birth; *von niedriger* ~ of humble origin; *deutscher* ~ of German extraction.
'**abkuppeln** *tech. v/t.* (*h.*) uncouple.
'**abkürz|en** *v/t.* (*h.*) shorten; curtail; *math.* reduce (to a lower term); abridge, condense; abridge (*negotiations, etc.*); abbreviate (*word, a. visit*); (*den Weg*) ~ take a short-cut; *eine abgekürzte Fassung von* condensed from; *abgekürztes Verfahren* short-cut; **2ung** *f* shortening; short-cut; *a. typ.* abbreviation; abridgement, condensation; *math.* reduction; **2ungs-taste** *f* abbreviation key; **2ungsweg** *m* short-cut; **2ungs-zeichen** *n* sign of abbreviation; grammalogue.
'**abküssen** *v/t.* (*h.*) kiss away; *j-n*: smother *a p.* with kisses.
'**Ablade|gebühr** *f* discharging fee; ~**kosten** *pl.* unloading charges; **2n** *v/t.* (*irr.*, *h.*) unload, discharge; dump; *vom Lastwagen* (*Zug*) ~ *a.* detruck (detrain); *econ. nach Bremen abgeladen* shipped to Bremen; ~**platz** *m* unloading point; dump (-ing ground); *mar.* port (of discharge); ~**r** *m* (-s; -) unloader; *econ.* shipper.
'**Ablage** *f* place of deposit; warehouse, depot; cloak-room; *of documents*: **a**) filing, **b**) files, records *pl.*
'**ablager|n I.** *v/t. and sich* ~ (*h.*) deposit; store (up); mature (*wine*); season (*tobacco, wood*); settle (*beer*); ~ *lassen* store, season well; → *abgelagert*; **II.** *v/i.* (*sn*) settle, deposit; mature (*wine, etc.*); **2ung** *f geol., med.* deposition; storage; maturing; deposit; *chem., geol.* sedimentation; sediment; (*Rückstand*) residue.
'**ablängen** *v/t.* (*h.*) cut to length.
Ablaß ['aplas] *m* (-sses; ⸗sse) outlet, drain; *econ.* reduction; *eccl.* indulgence; ~**brief** *eccl. m* letter of indulgence; ~**hahn** *tech. m* drain cock; ~**krämer** *m* seller of indulgences; ~**schraube** *tech. f* drain plug; ~**ventil** *n* safety (*or* drain) valve.
'**ablassen I.** *v/t.* (*irr.*, *h.*) let off; blow off (*steam*); start (*train, etc.*); drain off, run off (*water*); drain (*pond*); *mot.* bleed (*air*); deflate (*tyre*); let down, lower; *j-m et.*: **a**) let *a p.* have *a th.*, **b**) sell; *unter dem Selbstkostenpreis* ~ sell below cost-price; et. *vom Preise* ~ allow *or* grant a reduction in the price; **II.** *v/i.* (*irr.*, *h.*) stop, discontinue, cease; ~ *von* (*dat.*) leave off (doing *a th.*), desist from.
Ablativ ['ablati:f] *gr. m* (-s; -e) ablative (case).
'**ablauern** *v/t.* (*h.*) lie in wait for, waylay; *fig.* spy (out).
'**Ablauf** *m* flowing off; outlet, drain; waste-pipe; (kitchen-)sink; gutter; *sports*: start; launch (*of ship*); expiration, lapse, termination; *econ.* maturity (*of bill*); issue; *nach* ~ *von* at the end of, *adm.* at (*or* upon) the expiration of; *vor* ~ *der Woche* before the end of this week; ~ *der Ereignisse* run of events; **2en I.** *v/i.* (*irr.*, *sn*) run *or* flow off (*or* down); drain off; *sports*: start (*a.* ~ *lassen*); *fig.* lapse, expire, terminate; *bill of exchange*: fall (*or* become) due, mature; end, turn out; *gut* ~ come to a good end, come off well; *schlecht* ~ pass off badly; *clock*: run down; *fig. deine Uhr ist abgelaufen* your sands have run out, your hour is come; **II.** *v/t.* (*irr.*, *h.*) wear out (*shoes*); scour, run through (*region*); *sich die Beine* ~ run one's legs off; → *Horn, Rang*; ~ *lassen* **a**) let off, start, **b**) run off, drain off (*water*, **c**) launch (*ship*); *colloq. j-n* ~ *lassen* snub a p. (off); ~**frist** *f* term, time-limit; time of payment; ~**härtung** *metall. f* temper hardening; ~**termin** *m* expiration date, deadline; *bill of exchange*: date of maturity.
'**Ablauge** *tech. f* black (*or* spent) liquor.
'**ablauschen** *v/t.* (*h.*) learn by listening; intercept, listen in on, pick up (*radio message*); *fig. dem Leben abgelauscht* caught from life, life-like.
'**Ablaut** *gr. m* vowel gradation, ablaut; **2en** *v/i.* (*h.*) change the radical vowel; ~*de Zeitwörter* strong verbs.
'**abläuten** *teleph. v/i.* (*h.*) ring off.
'**abläutern** *chem. v/t.* (*h.*) purify, filter; refine (*sugar*); wash (*ore*).
'**ableben** *v/i.* (*sn*) die, pass away; '**Ableben** *n* (-s) death, *a. jur.* decease.
'**ablecken** *v/t.* (*h.*) lick off.
'**abledern** *v/t.* (*h.*) wipe with chamois skin.
Ableg|ekorb ['aple:gə-] *m* letter tray; ~**emappe** *f* letter file; **2en** *v/t.* (*h.*) lay down (*a. arms*), lay off *or* aside, put away; file (*letters, etc.*); take off (*clothes*); leave off, discard (*used clothes*); *abgelegte Kleider* cast-off clothing; *fig.* make (*confession, vow*); give up, leave off (*smoking, etc.*), drop, break oneself of (*a habit*); → *Eid, Probe*; *e-e Prüfung* ~ take (*successfully*: pass) an examination; → *Rechenschaft*; *econ. Rechnung* ~ render an account; → *Zeugnis*; *bitte, legen Sie ab!* take off your things, please!; ~**er** *m* (-s; -) *bot.* layer, shoot, (*a. colloq. fig.*) scion; *colloq. econ., etc.* offshoot, branch; ~**ung** *f* (-) laying down, *etc.*; taking *of an oath*; taking *of an examination*; rendering *of accounts.*
'**ablehn|en I.** *v/t.* (*h.*) decline, refuse; reject; turn down; *parl.* defeat, throw out (*a bill*); disapprove of, object to, view with disfavo(u)r; *jur.* challenge (*witnesses, etc.*); *thea.* condemn, damn (*play*); disclaim, assume no *responsibility*; **II.** *v/i.* (*h.*) refuse; *dankend* ~ decline with thanks, beg to be excused; ~**end** *adj.* negative; critical, censorious; ~ *gegenüberstehen* (*dat.*) disapprove, be antipathetic to, frown upon; **2ung** *f* (-; -en) (*gen.*) refusal; rejection (*a. of ideas and tech.*); disapprobation (of), objection (to), criticism (of); *jur., etc.* dismissal; *econ.* non-acceptance; *thea.* condemnation; *parl. Antrag auf* ~ *e-r Vorlage stellen* move a rejection of a bill; **2ungsbescheid** *m* notice of rejection.
'**ablehren** *tech. v/t.* (*h.*) ga(u)ge; *e-e Bohrung* ~ caliper a hole against standard.
'**ableiern** *fig. v/t.* (*h.*) reel off.
'**ableisten** *v/t.* (*h.*) fulfil(l), perform; pass (*time of service*); complete *one's period of military service*, serve

(*one's time*); e-n *Schwur* ~ take an oath.

ableit|bar ['aplaɪtba:r] *adj.* derivable (*von* from); *phls.* deducible; **~en** *v/t.* (*h.*) lead off, turn aside; divert (*river*); drain off (*water*); *el.* shunt, leak off (*current*); abduct (*heat*); *gr.*, *math.*, *and fig.* derive; deduce; *j-s Herkunft* ~ *von* trace a p.'s descent back to; *abgeleitete Einkommen* derived incomes; **2er** *el. m* conductor; surge suppressor; **2kondensator** *el. m* by-pass capacitor; **2strom** *el. m* leakage current; **2ung** *f* diversion (*of river*); drainage (*of water*); *el.* shunt conductance, leakage; *gr.*, *math.* **a**) derivation, **b**) derivative; deduction, inference; **2ungssilbe** *gr. f* derivative affix.

'**ablenk|en** *v/t.* (*h.*) turn away (*or* aside *or* off); (*a. mil.*) divert, (*a. phys.*, *opt.*, *radio*, *radar*) deflect; diffract (*light*); refract (*sound waves*); take off, divert, distract (*attention*, *thoughts*); avert, ward off (*danger*); avert (*suspicion*); parry (*blow*); **2platte** *tech. f* baffle plate; **2spule** *el. f* deflector coil.

'**Ablenkung** *f* → *ablenken*; turning away *or* off; diversion, distraction; deflection; diffraction; refraction; averting.

'**Ablenkungs...**: **~angriff** *mil. m* diversionary attack; **~manöver** *mil. n* diversionary manoeuvre (*Am.* maneuver), diversion; *fig.* diversionary move, red herring.

Ablese|fenster ['aple:zə-] *tech. n* reading window; **~genauigkeit** *f* reading accuracy; **~gerät** *n* direct-reading instrument; **~marke** *f* reference point, index mark; **2n** *v/t.* (*irr.*, *h.*) gather, pick off; read off (*speech*); read (*map*, *instrument*, *etc.*); *ped. b.s.* crib (*von* from); *j-m et. vom Gesicht* ~ read a th. in a p.'s face; **~strich** *m* graduation mark.

'**Ablesung** *f* reading.

'**ableucht|en** *v/t.* (*h.*) pass a light over, light off; **2lampe** *f* inspection lamp.

'**ableugn|en** *v/t.* (*h.*) deny, disavow, disown; **2ung** *f* (-; -*en*) denial, disavowal; *jur.* traverse.

'**ablicht|en** *v/t.* (*h.*) (make a) photostat (of); **2ung** *f* photostat(ic copy).

'**abliefern** *v/t.* (*h.*) deliver; hand over; surrender.

'**Ablieferung** *f* delivery; *econ. bei or nach* ~ on delivery; **~s-schein** *m* receipt of delivery; **~s-soll** *n* delivery quota; **~s-tag** *m* day of delivery; *stock exchange*: settling day.

'**abliegen** *v/i.* (*irr.*, *h.*) lie at a distance, be far off (*von dat.* from), → *abgelegen*; ripen (in storage); *wine*: mature.

ablisten ['aplɪstən] *v/t.* (*h.*): *j-m et.* ~ trick a p. out of a th., wangle a th. out of a p.

'**ablocken** *v/t.* (*h.*): *j-m et.* ~ coax a p. out of a th.; draw *tears* from a p.

'**ablohn|en** *v/t.* (*h.*) pay off; dismiss; **2ung** *f* (-) payment; dismissal.

'**ablösbar** *adj.* separable, detachable; *econ.* callable (*loan*); redeemable (*debt*, *pension*).

'**ablöschen** *v/t.* (*h.*) extinguish, put out; *tech.* chill, quench; slake (*lime*); temper (*steel*); *phot.* frill (*emulsion*); shade (*colour*); wipe off (*writing*); blot.

'**ablösen** *v/t.* (*h.*) loosen, take off, detach; *fig. mil.* relieve (*guard*, *unit*); supersede, take the place of, take over from, relieve (*official*, *etc.*); discharge (*debt*); redeem (*loan*); *sich* ~ *paint.*, *etc.*: come off; peel (flake, scale) off; *sich* ~ (*bei et.*) relieve one another (at), alternate (in), take turns (at), *bei der Arbeit*: *a.* work in shifts.

'**Ablösung** *f* loosening, detaching; *mil.*, *etc.* relief (*a. unit*); supersession (*in office*); *econ.* discharge (*of debt*); redemption (*of loan*); withdrawal (*of capital*); (working) shift; *turnusmäßige* ~ *von Personal* rotating of personnel; **~s-anleihe** *f* redemption loan; **~s-anstalt** *f* liquidating institution; **~smannschaft** *f* relief (troops); **~swert** *m* surrender value; **~s-zahlung** *f* composition payment.

'**ablotsen**, '**abluchsen** *v/t.* (*h.*) → *ablisten*.

'**Abluft** *tech. f* (-) exhaust air; **~schlitz** *m* air louver; **~stutzen** *m* air vent.

'**abmach|en** *v/t.* (*h.*) undo, loosen, detach; *fig.* settle, arrange, agree (up)on (*deal*); *abgemacht!* agreed!, all right!, it's a bargain!, O.K.!, it's a deal!; **2ung** *f* (-; -*en*) arrangement, settlement; agreement; *vertragliche* ~ conventional agreement; stipulation; *e-e* ~ *treffen* make an agreement, agree (*mit j-m über et.* with a p. on a th.).

abmager|n ['apma:gərn] *v/i.* (*sn*) lose flesh (*or* weight); grow lean *or* thin; → *abgemagert*; **2ung** *f* (-; -*en*) emaciation; **2ungskur** *f* slimming cure.

'**abmähen** *v/t.* (*h.*) mow off *or* down.

'**abmalen** *v/t.* (*h.*) paint, portray; *fig. a.* depict; copy.

'**Abmangel** *m* deficit, deficiency.

'**Abmarsch** *m* departure, marching off, start; *colloq.* ~! off with you!; **2bereit** *adj.* ready to start; **2ieren** *v/i.* (*sn*) march off, depart; file off.

'**Abmaß** *tech. n* **1.** measurement, dimension; **2.** variation, off size.

abmatten ['apmatən] *v/t.* (*h.*) fatigue, exhaust.

'**abmeißeln** *v/t.* (*h.*) chisel off.

'**abmeld|en** *v/t.* (*h.*): *j-n* ~ give notice of a p.'s leaving (*or at a club*, *etc.*: withdrawal); *mil. sich vom Dienst* (*zum Urlaub*) ~ report off duty (for leave); **2ung** *f* notice of departure (*or* withdrawal); leaving-certificate (*of police*).

'**abmess|en** *v/t.* (*irr.*, *h.*) measure (off *or* out); survey; *tech.* ga(u)ge; time; *fig.* measure, ga(u)ge; proportion; *s-e Worte* ~ weigh one's words; → *abgemessen*; **2ung** *f* measurement; dimension; ga(u)ge; proportion; *Gesamtabmessungen pl.* overall dimensions.

'**abmiet|en** *v/t.* (*h.*) hire; rent (*a house*) (*both*: *j-m* from a p.); **2er** *m* tenant, lessee.

'**abmildern** *v/t.* (*h.*) moderate, mitigate.

'**abminder|n** *v/t.* (*h.*) diminish, reduce; **2ung** *f* reduction.

'**abmontieren I.** *v/t.* (*h.*) disassemble; dismantle, strip; detach, remove; *mil.* dismount (*gun*); **II.** *v/i.* (*sn*) *sl. aer.* break up (in the air).

'**abmühen**: *sich* ~ (*h.*) strive hard, sweat and strain, labo(u)r; *sich* ~ *mit* struggle with.

'**abmurksen** *colloq. v/t.* (*h.*) kill, make away with, *Am. sl.* give *a p.* the works, croak.

'**abmustern** *mar. v/t.* (*h.*) pay off.

'**abnagen** *v/t.* (*h.*) gnaw off; *e-n Knochen* ~ pick a bone.

'**abnäh|en** *v/t.* (*h.*) sew edge-wise; tuck; **2er** *m* (-*s*; -) tuck.

Abnahme ['apna:mə] *f* (-) taking down *or* off; removal; *med.* amputation; *eccl.* (*Kreuz2*) *the* Descent; *econ.* taking (*of shipment*); purchase; sale; acceptance; taking over; *der Bilanz*: approval (*of balance-sheet*); administering (*of oath*); *tech.*, *mot.* removal (*of tyres*); (final) inspection, acceptance test, acceptance; weighing-in; decrease, diminution; shrinkage; drop; loss(es *pl.*); shortening (*of days*); waning (*of moon*); loss (*of weight*); deceleration, loss (of speed); *el.* fall in tension; *bei* ~ *von* on orders of; **~be-amte(r)** *m* inspector, testing officer; **~bericht** *m* acceptance report; **~flug** *m* test flight; **~lauf** *m* acceptance run; **~prüfung** *f* acceptance test, specification test; **~station** *tech. f* receiving head end; **~verpflichtung** *econ. f* commitment (to take delivery *of*); **~verweigerung** *f* rejection; **~verzug** *m*: *in* ~ *sein* be in default with taking deliveries; **~vorschrift** *f* quality specification(s *pl.*).

abnehm|bar ['apne:mba:r] *adj.* removable, detachable; **~en I.** *v/t.* (*irr.*, *h.*) take off *or* down, remove; detach; *med.* amputate; take off, doff (*hat*); shave off (*beard*); narrow (*meshes*); gather (*fruit*); *el.* collect (*current*); *teleph. den Hörer* ~ unhook the receiver, answer the telephone; *j-m et.* ~ take away a th. from a p.; *a.* deprive (*or* rob) a p. of a th.; *w.s.* relieve a p. of a th., take a th. off a p.'s shoulders; *ein Versprechen*: make a p. promise a th.; *e-n Eid*: administer an oath to a p.; *j-m zuviel* ~ overcharge a p.; *fig. das nimmt ihm keiner ab* nobody will believe (*or sl.* buy) that; *econ.* take *goods* (*dat.* from), buy *or* purchase (from); *tech.* accept; approve; inspect, (perform an acceptance) test; **II.** *v/i.* (*irr.*, *h.*) decrease, diminish, lessen; (*a. prices*) dwindle, drop, fall (off); shrink; decline; *strength*: begin to fail, dwindle; lose weight; *speed*: slacken (off), slow down, decelerate; *moon*: (be on the) wane; *storm*: abate, subside; *water*: fall, ebb, recede; *fig. power*, *etc.*: decline, wane, decay, crumble; *fig. es nimmt mit ihm ab* he is going downhill.

'**Abnehmer** *econ. m* buyer, purchaser; customer, client; consumer; ~ *sein* be in the market (*von* for); *keine* ~ *finden* find no market (*für* for); **~arm** *el. m* trolley pole (*or* arm); **~kreis** *m* custom(ers *pl.*); **~nation** *f* consumer nation; **~stelle** *f radio*: sound gate, pick-up.

'Abneigung *f* disinclination, reluctance, unwillingness (*vor dat.* to); dislike (to), distaste (for), aversion (to); (*natürliche*) ~ (natural) antipathy, loathing (*gegen* to, for); e-e ~ *fassen* take a dislike (*gegen* to).
'abnieten *tech. v/t.* (*h.*) unrivet.
abnorm [ap'nɔrm] *adj.* abnormal.
Abnormi'tät *f* (-; -*en*) abnormity, anomaly; monstrosity.
'abnötigen *v/t.* (*h.*): *j-m* et. ~ extort (*or* wrench) from a p.; *j-m Bewunderung* ~ compel a p.'s admiration; *er hat mir Bewunderung abgenötigt* I couldn't help admiring him.
'abnutschen *tech. v/t.* (*h.*) filter (by means of suction).
'abnutz|en, 'abnütz|en *v/t.* (*h.*) use up, wear out; *sich* ~ wear (out), get worn out, be subject to wear (and tear); **Ϩbarkeit** *f* (-) wearing capacity, wearability.
'Abnutzung *f* (-; -*en*) wear (and tear); abrasion; *a. mil.* attrition; *of gun barrel*: erosion; depreciation; **~sbeständigkeit** *f* wearability, resistance to wear; **~s-erscheinung** *f* sign of wear; **~skrieg** *m* war of attrition; **~s-prüfung** *f* wearing test; **~sstrategie** *f* strategy of attrition.
Abonnement [abɔnə'mɑ̃:] *n* (-*s*; -*s*) subscription (*auf acc.* to); *a.* = **~s-karte** *f* subscription ticket; *rail.* season-ticket, *Am.* commutation ticket; **~svorstellung** *f* subscription performance.
Abonn|ent [abɔ'nɛnt] *m* (-*en*; -*en*) subscriber; **Ϩieren** *v/t. and v/i.* (*h.*) subscribe (*auf acc.* to), become a subscriber (to); *abonniert sein auf e-e Zeitung*: take in (*a paper*).
'ab-ordn|en *v/t.* (*h.*) delegate, depute, *Am. a.* deputize; **Ϩung** *f* (*act and group*) delegation, deputation.
Abort[1] [a'bɔrt] *m* (-[*e*]*s*; -*e*) water-closet, W. C., lavatory, privy, toilet; men's (ladies') room; *mil.* latrine.
Abort[2] [a'bɔrt] *m* (-*s*; -*e*), **~us** [ap'ʔɔrtus] *m* (-; -) abortion.
'Abortgrube *f* cesspool.
'abpachten *v/t.* (*h.*) lease (*j-m* from a p.).
'abpassen *v/t.* (*h.*) *tech.* fit, adjust; watch for, wait for (*a p., a chance*); waylay (*a p.*); *e-n günstigen Moment* ~ bide one's time; *gut* (*schlecht*) ~ time well (ill).
'abpatroullieren *v/t.* (*h.*) patrol.
'abpfeifen *v/t. and v/i.* (*irr., h.*): (*das Spiel*) ~ stop the game; blow the final whistle.
'abpflöcken *v/t.* (*h.*) mark out with pegs.
'abpflücken *v/t.* (*h.*) pluck off, gather.
'abplacken, 'abplagen: *sich* ~ (*h.*) drudge, slave, work o.s. to death; *sich* ~ (*mit*) struggle (with).
abplatten ['aplatən] *v/t.* (*h.*) flatten (off).
'abprägen *v/t.* (*h.*) stamp; *sich* ~ leave an impress; *es hat sich auf s-m Gesicht abgeprägt* it has left its mark on his face.
'Abprall *m* rebound; *tech.* resilience; *bullet*: (*a.* **~er** *m*, -*s*; -) ricochet; **Ϩen** *v/i.* (*sn*) rebound, bounce off; ricochet; *fig. attack*: be stopped; *smile, etc.*: glance off; *es prallte von ihm ab* it left him cold.
'abpressen *v/t.* (*h.*) squeeze off; *fig. j-m* et. ~ extort a th. from a p.
'abprotzen *mil. v/t.* (*h.*) unlimber.
'abputzen *v/t.* (*h.*) clean (off *or* up); wipe off; polish; rub down (*horse*).
'abquälen: *sich* ~ (*h.*) **a**) worry o.s., fret, **b**) *bodily*: → *abrackern*; *sich* ~ *mit* struggle with.
'abqualifizieren *v/t.* (*h.*) dismiss *a p.* (*als* as).
'abquetschen *v/t.* (*h.*) squeeze (*or* crush) off.
abrackern ['aprakərn]: *sich* ~ (*h.*) drudge, slave, sweat and strain, spare no efforts.
'abrahmen *v/t.* (*h.*) skim (*milk*).
'abrasieren *v/t.* (*h.*) shave off.
'abraspeln *v/t.* (*h.*) rasp off.
'abraten *v/i.* (*irr., h.*) dissuade (*j-m* [*von*] et. a p. from a th.), advise *or* warn (a p. against [doing] a th.).
'Abraum *m* (-[*e*]*s*) *mining*: rubble, waste; overlay shelf.
'abräumen *v/t.* (*h.*) clear (away), remove; *den Tisch* ~ clear the table.
'abreagieren *v/t.* (*h.*) *psych.* abreact, work off (*sich* one's anger, *etc.*); *sich* ~ *a.* let off steam; simmer down.
'abrechnen I. *v/t.* (*h.*) deduct, subtract; *econ.* **a**) deduct, discount, **b**) allow for, **c**) account for (*expenses*); *abgerechnet* apart from, setting aside, discounting, with the exception of; **II.** *v/i.* (*h.*) settle (*or* square) accounts (*mit j-m* with a p.); *fig. a.* get even (with a p.), catch up (with a p.).
'Abrechnung *f* deduction, discount; allowance (for); settlement (of accounts); accountancy; *banking*: clearing; account; *fig.* reckoning, pay-off; ~ *halten* → *abrechnen II*; *auf* ~ on account; *laut* ~ as per account rendered; *nach* ~ *von* after deduction of; *Tag der* ~ day of reckoning; **~s-stelle** *f* clearing-house; **~skurs** *m* rate of settlement; **~s-tag** *m* settling day; **~s-verkehr** *m* clearing (system).
'Abrede *f* agreement, understanding; stipulation; *in* ~ *stellen* deny (*or* question) *a th.*; **Ϩn** *v/i.* (*h.*): *j-m* (*von* et.) ~ dissuade a p. (from a th.), advise *or* warn a p. (against a th).
'abregnen *v/t.* (*h.*) *esp. aero.* spray.
'abreib|en *v/t.* (*irr., h.*) rub off; rub down *the body*, give a rub-down; polish; pumice; *tech.* abrade; wipe, scrape (*one's shoes*); *sich* ~ wear off *or* down; **Ϩung** *f* (-; -*en*) rubbing off; *tech.* abrasion; rubbing-down, sponge-down; *colloq.* (*defeat*) beating; **Ϩungsfestigkeit** *f* resistance to abrasion; **Ϩungsmittel** *tech. n* abrasive.
'Abreise *f* departure (*nach* for); *bei m-r* ~ on my departure; **Ϩn** *v/i.* (*sn*) depart, leave, set out, start (*nach* for).
'abreiß|en I. *v/t.* (*irr., h.*) tear off *or* down; pull (*or* rip) off; pull down (*building*); strip, dismantle (*factory*); wear out (*clothes*); → *abgerissen*; **II.** *v/i.* (*irr., sn*) break off, tear off, snap; *fig.* break off, cease abruptly, come to a dead stop; *das reißt nicht ab* there is no end to it; *die Arbeit reißt nicht ab* there is no end of work; **Ϩkalender** *m* tear-off (*Am.* pad) calendar, date-block; **Ϩknopf** *m* fuse-cord button (*of hand grenade*); **Ϩleine** *f* rip cord (*of parachute*); fuse cord (*of hand grenade*); **Ϩ(notiz)block** *m* tear-off note-block; **Ϩzündung** *mot. f* make-and-break ignition.
'abreiten I. *v/i.* (*irr., sn*) ride away; **II.** *v/t.* (*irr., h.*) override (*horse*); ride down (*the front*); ride (*distance*); patrol (on horseback).
'abrennen I. *v/i.* (*irr., sn*) run off, start; **II.** *v/t.* (*irr., h.*): *sich* (*die Beine*) ~ run o.s. off one's legs.
'abricht|en *v/t.* train (*animal*), teach tricks; break in (*horse*); *j-n zu* et. ~ coach (*or* drill) a p. for a th. *or* to do a th.; *tech.* dress, true; **Ϩer** *m* trainer; *tech.* dressing tool; **Ϩung** *f* training; breaking-in; *tech.* dressing.
'Abrieb *tech. m* abrasion, wear; abraded particles *pl.*, dust; **Ϩbeständig** *adj.* wear-resistant.
'abriegel|n *v/t.* (*h.*) bolt, bar (*door*); block (off) (*street*), *by police*: cordon off; *mil.* block, *by artillery*: box in; seal off (*breach*); **Ϩung** *mil. f* (-; -*en*) interdiction; **Ϩungsfeuer** *mil. n* (box) barrage; **Ϩungsfront, Ϩungsstellung** *mil. f* bolt position.
abrinden ['aprindən] *v/t.* (*h.*) bark, decorticate.
'abringen *v/t.* (*irr., h.*) wrest (*j-m* et. a th. from a p.).
'abrinnen *v/i.* (*irr., sn*) run off *or* down.
'Abriß *m* pulling-down (*of house*); sketch, draft; *fig.* summary, epitome, abstract, brief outlines *pl.*; brief survey; compendium; **~punkt** *mot. m* firing point; **~zündung** *mot. f* make-and-break ignition.
'abrollen I. *v/i.* (*sn*) roll off; **II.** *v/t.* (*h.*) uncoil, unreel; (*a. phot.*) unwind; pay out (*cable*); roll off; *econ.* transport, forward; *sich* ~ unroll, unreel; *fig.* pass off, unroll itself.
'abrücken I. *v/t.* (*h.*) move away (*von* from), remove; **II.** *v/i.* (*sn*) *esp. mil.* march *or* move off, withdraw; *fig.* ~ *von* withdraw from, disassociate from, disavow; **'Abrücken** *n* (-*s*) marching-off, departure.
'Abruf *econ., etc. m* call (*von* for); *auf* ~ on call; recall; **Ϩen** *v/t.* (*irr., h.*): *j-n* ~ call away; recall; *econ.* call; *rail.* call out (*train*).
'abrund|en *v/t.* (*h.*) round (off) (*corners, figures, style*); *tech.* chamfer (*teeth*); blunt (*thread*); → *abgerundet*; **Ϩung** *f* curvature; rounding (off).
'abrupfen *v/t.* (*h.*) pluck off.
abrupt [ap'rupt] *adj.* abrupt.
'abrüst|en I. *v/t.* (*h.*) take down (*scaffolding*); **II.** *v/i.* (*h.*) *mil.* disarm; **Ϩung** *f* disarmament; **Ϩungskonferenz** *f* disarmament conference.
'abrutschen *v/i.* (*sn*) slip off, glide down; *mot.* skid; *aer., ski*: side-slip.
'absäbeln *colloq. v/t.* (*h.*) chop off.
'absack|en I. *v/i.* (*sn*) *arch., mar.* sag, sink; *mot.* bog down; *aer. on landing*: pancake; **II.** *v/t.* (*h.*) pack

in bags; **≈ung** *f* sag; **≈waage** *f* bagging scale.

ˈ**Absage** *f* cancellation; *econ.* countermand; refusal, negative reply; *fig.* disowning (*an* of); break (with); **≈n I.** *v/t.* (*h.*) cancel, call off; *econ.* countermand; (*wieder*) ~ recall (*invitation*); decline; *j-m* ~ *lassen* send a p. word to cancel *a th.*; **II.** *v/i.* (*h.*) cry off; *guest*: decline (the invitation), beg off; renounce.

ˈ**absägen** *v/t.* (*h.*) saw off; *colloq. fig.* (give the) ax(e), oust, sack.

ˈ**absatteln** *v/t.* (*h.*) unsaddle; *mot.* unhitch *a trailer.*

ˈ**Absatz** *m* stop, (*a. mus.*) pause; *typ.* period, break; paragraph (*a. jur.*; *abbr.* para.); *on terrain*: terrace; *in rock*: shelf, ledge; *stairs*: landing; *of shoe*: heel; *mit flachen Absätzen* flat-heeled *shoes*; *econ.* sale(s *pl.*); marketing, distribution; ~ *finden* be sal(e)able, find a ready market; *keinen* ~ *finden* be unsal(e)able, find no sale; *reißenden* ~ *finden* meet with a rapid sale, sell like hot cakes; **~belebung** *f* increase in sales; **~chancen** *f/pl.* sales prospects; **≈fähig** *adj.* sal(e)able, marketable; **~forschung** *f* marketing research; **~gebiet** *n* market(ing area); **~gefüge** *n* marketing structure; **~krise** *f* sales crisis; **~lenkung** *f* market control; **~markt** *m* market, outlet; **~möglichkeit** *f* opening, outlet; *w.s.* marketing potentiality; **~organisation** *f* marketing organization; **~steigerung** *f* increase of trade; **~stockung** *f* falling-off in sales; stagnation (in the market); **~teer** *chem. m* by-product tar; **~umfang** *m* volume of trade; **≈weise** [ˈvaɪzə] *adv.* by paragraphs; *tech.* by steps.

ˈ**absäuer|n** *chem. v/t.* (*h.*) acidify; **≈ungsbad** *n* acid bath.

ˈ**absaufen** *v/i.* (*irr., sn*) *mar.* sink, go down; *glider*: lose height.

ˈ**absaug|en** *v/t.* (*h.*) suck off; exhaust (*gas*); vacuum (*carpet, etc.*); **≈pumpe** *mot. f* scavenge pump; **≈ung** *f* (-; -*en*) sucking off; exhaust.

ˈ**abschab|en** *v/t.* (*h.*) scrape off; abrade, wear off; *abgeschabt* shabby, threadbare (*fabric*); **≈sel** *n/pl.* parings, scrapings.

ˈ**abschaff|en** *v/t.* (*h.*) abolish, discontinue; repeal, abrogate (*law*); redress, suppress (*abuse*); do away with, get rid of (*thing*); give up keeping (*horse, etc.*); **≈ung** *f* abolition; repeal, abrogation; redress, removal; doing away with.

ˈ**abschälen** *v/t.* (*h.*) peel (off), pare; bark; *sich* ~ peel (*or* come) off; scale off.

ˈ**abschalten I.** *v/t.* (*h.*) switch (*or* turn) off *or* out (*the light, etc.*); *el.* break, disconnect, cut off (*contact*); turn off, put out of action, cut (*machine*); **II.** *colloq. v/i.* (*h.*) (*a. v/t. seine Gedanken* ~) turn off one's mind; relax.

ˈ**abschätz|en** *v/t.* (*h.*) estimate; value, rate; appraise, evaluate; assess; (*j-n* ~*d betrachten*) size *a p.* up; **≈er** *m* appraiser; assessor; **~ig** *adj.* disparaging; **≈ung** *f* estimation; appraisal, valuation; assessment.

ˈ**Abschaum** *m* (-[e]s) scum, dross, refuse; *fig.* ~ (*der Menschheit*) scum, dregs of society.

ˈ**abschäumen** *v/t.* (*h.*) skim off, scum.

ˈ**abscheid|en I.** *v/t., a. sich* (*irr., h.*) separate (*von* from); *chem.* disengage, eliminate, *sich* ~ be precipitated; refine (*metal*); *physiol.* secrete; **II.** *v/i.* (*irr., sn*) depart (*von dieser Welt* this world); *die Abgeschiedenen* the departed; → *abgeschieden*; **≈en** *n* death, decease; **≈er** *tech. m* separator; **≈stoff** *chem. m* precipitate; **≈ung** *f* separation; *chem.* precipitation, liberation; *med.* secretion.

ˈ**abscher|en** *v/t.* (*h.*) shear off; cut, crop (*hair*); **≈festigkeit** *tech. f* shearing strength.

ˈ**Abscheu** *m* (-[e]s) abhorrence, horror (*vor dat.* of); loathing (of); disgust (for, against); *j-m* ~ *einflößen* fill a p. with loathing, disgust a p.; *e-n* ~ *haben vor* abhor, detest, loathe.

ˈ**abscheuern** *v/t.* (*h.*) scrub *or* scour (off); wear away; chafe, abrade (*skin*); *sich* ~ wear off; ˈ**Abscheuern** *n* (-*s*) abrasive wear, scuffing.

abˈscheulich *adj.* abominable, horrible, horrid, dreadful, awful (*all a. colloq. fig.*); detestable; heinous, atrocious (*crime*); *colloq.* nasty, beastly; **≈keit** *f* (-; -*en*) abomination, horror; detestableness; heinousness; atrocity.

ˈ**abschicken** *v/t.* (*h.*) send off, dispatch; *Brit.* post, *Am.* mail.

ˈ**abschieben I.** *v/t.* (*irr., h.*) push (*or* shove) off; expel (*vagrant, etc.*); deport (*undesirable aliens*); evacuate (*population*); *colloq. fig.* get rid of, send off (*nach* to); **II.** *v/i.* (*irr., sn*) *colloq.* push off, *Am. a.* shove off.

Abschied [ˈapʃiːt] *m* (-[e]s) departure; parting, leave-taking, farewell; dismissal, *mil.* discharge; resignation; ~ *nehmen* take (one's) leave (*von* of), bid (*a p.*) farewell, say good-by(e) (to); *j-m den* ~ *geben* dismiss (*mil.* discharge) a p., place *officer* on the retired list, *dishonorably*: cashier; *s-n* ~ *erhalten* be dismissed, be retired, get the sack; *mil.* be placed on the retired list, *dishonorably*: be cashiered; *s-n* ~ *nehmen* send in one's resignation, resign, *official*: *a.* quit the service, retire; *mil. a.* resign one's commission; **~s-ansprache** *f* farewell address, (*Am. univ.*) valedictory; **~sessen** *n* farewell dinner, parting treat; **~sfeier, ~sgesellschaft** *f* farewell party; **~sgesuch** *n* resignation; *sein* ~ *einreichen* send in (*or* tender) one's resignation; **~skuß** *m* parting kiss; **~s-schmerz** *m* (-es) wrench.

ˈ**abschießen** *v/t.* (*irr., h.*) shoot off; discharge, fire (off), shoot (off) (*gun*); shoot, let fly (*arrow*); launch (*rocket*); catapult (*plane from ship*); release, *sl.* uncork (*blow*); (*kill*) shoot, pick off, *sl.* bump off; bring down, drop (*bird*); *aer. mil.* (shoot *or* bring) down (*plane*); knock out, disable (*tank*); *colloq. fig. j-n* ~ get rid of (*or* oust) a p., do for a p. → *Vogel.*

abschilfern [ˈapʃilfərn] *v/i.* (*sn*) peel (*or* scale) off.

abschinden *v/t.* (*irr., h.*) flay; → *abschürfen*; *sich* ~ toil and moil, slave, drudge, work o.s. to the bone.

Abschirm|dienst [ˈapʃirm-] *mil. m* counterintelligence; **≈en** *v/t.* (*h.*) shield (*gegen* from), guard (against); *mil. tactically, by smoke*: screen, *by fire*: cover; *el., radio*: screen, *Am.* shield; **~ung** *f* (-; -*en*) screening, shielding.

ˈ**abschirren** *v/t.* (*h.*) unharness.

ˈ**abschlachten** *v/t.* (*h.*) slaughter, butcher.

ˈ**Abschlag** *m econ.* abatement, fall in prices; allowance, reduction; *auf* ~ on account; *auf* ~ *bezahlen* pay by instal(l)ments; *mit e-m* ~ at a discount; *mit* ~ *verkaufen* sell at a reduced price; *soccer*: goal-kick; *golf*: teeshot; *hockey*: bully; **≈en** *v/t.* (*irr., h.*) knock off, beat off, strike off; cut off (*head*); strike (*coin*); cut down (*tree*); slough (*thread*); strike (*camp, tent*); *tech.* take down, disassemble; partition off (*room*); *soccer*: kick off; *golf*: tee off; leave *a runner* far behind, run away from; beat off, repel, repulse (*attack*); parry (*thrust*); *das Wasser* ~ pass water, urinate; decline, refuse, turn down; *er schlug mir die Bitte rundweg ab* he gave me a flat refusal; *Sie dürfen es mir nicht* ~ I will take no refusal; *econ.* et. *vom Preis* ~ grant a reduction.

abschlägig [ˈapʃlɛːgiç] *adj.* negative; ~*e Antwort* negative reply, refusal, denial; *e-e* ~*e Antwort erhalten* meet with a refusal; *e-e Bitte* ~ *bescheiden* reject, refuse, turn down a request; *j-n* ~ *bescheiden* turn down a p.'s request.

ˈ**Abschlags...**: **~dividende** *econ. f* initial (*or* interim) dividend; **~verteilung** *f bankruptcy*: distribution of dividend; **~zahlung** *f* **1.** payment on account; **2.** part payment, (payment by) instal(l)ment.

ˈ**abschlämm|en** *v/t.* (*h.*) decant, clear of mud; wash (*ore*); **≈hahn** *mot. m* (sludge)drain cock.

ˈ**abschleifen** *v/t.* (*irr., h.*) *tech.* grind off *or* down, finish, mill; *fig.* polish, refine; *sich* ~ *fig.* acquire polish.

Abschlepp|dienst [ˈapʃlɛp-] *m* recovery (*or* wrecker) service; **≈en** *v/t.* (*h.*) drag off, haul off; *mot.* (take in) tow, tow off; *sich* ~ struggle under a load; **~kran** *mot. m* towing crane; → *Abschleppwagen*; **~seil** *n* tow rope; **~wagen** *m Brit.* breakdown lorry, recovery vehicle, *Am.* wrecker (truck).

ˈ**abschleudern** *v/t.* (*h.*) hurl off; *aer.* catapult; *tech.* centrifuge.

ˈ**abschließ|bar** *adj.* lockable; **~en I.** *v/t.* (*irr., h.*) lock (up); *tech.* seal (off); *el.* terminate; *fig.* seclude, isolate; end, terminate, (bring to a) close; settle; conclude, close (*letter, speech*); *econ.* negotiate, contract (*loan, etc.*); close, balance (*the books*); settle (*accounts, bills*); *e-n Handel*: transact (*a business*), strike (*a bargain*), close (*a deal*); *e-n Vergleich* ~ compound (*mit Gläubigern* with creditors); effect (*sale*); *e-e*

Versicherung: effect (*insurance*), take out (*a policy*); *e-n Vertrag*: conclude, make, enter into, sign (*an agreement*); *sich ~ fig.* keep aloof, seclude o.s., retire from the world; **II.** *v/i.* (*irr., h.*) *mit j-m ~* come to an arrangement *or* understanding with a p., come to terms with a p.; *mit et. ~ speaker, etc.*: end *or* wind up (by saying), close (with the words); *mit dem Leben ~* settle accounts with life; *ich hatte bereits mit dem Leben abgeschlossen* I thought my hour was come; **~end I.** *adj.* concluding; final, *w.s. a.* definitive; **II.** *adv.* in conclusion; finally.

ˈ**Abschluß** *m* closing; termination, conclusion, end(ing); completion; settlement; *vor dem ~ stehen* be drawing to a close; *zum ~ bringen* bring to a close; *econ.* conclusion, signing (*of contract, deal*); transaction, deal; sale; closing, balancing, settlement (*of books, etc.*); balance; effecting (*insurance*); *jährlicher ~* annual accounts *pl.*; *mehrere Abschlüsse wurden getätigt* several sales were effected; *tech.* seal; *el.* termination; *gasdichter ~* gastight seal; *wasserdichter ~* water seal; **~klasse** *f* graduating class; **~provision** *econ. f* (sales) commission; **~prüfung** *f* final examination, *Am. a.* graduation; *s-e ~ machen* graduate (*an* at, *Am.* from); **~termin** *econ. m* closing date; **~zeugnis** *n* leaving-certificate; diploma.

ˈ**abschmecken** *v/t.* (*h.*) taste.

ˈ**abschmeicheln** *v/t.* (*h.*): *j-m et. ~* coax a th. out of a p.

Abschmelz|dauer [ˈapʃmɛlts-] *f* fusing time; **~draht** *m* fuse wire; **𝔖en I.** *v/t.* (*irr., h.*) melt off; fuse (*metal*); smelt (*ore*); **II.** *v/i.* (*irr., sn*) melt (off); dissolve; *tech.* fuse; *el.* blow; **~schweißung** *tech. f* flash welding; **~sicherung** *el. f* fusible cut-out, fuse.

ˈ**abschmier|en I.** *v/t.* (*h.*) copy carelessly, scribble off; *tech.* lubricate, grease; **II.** *v/i.* (*h.*) give off colour (*or* grease); (*sn*) *aer. sl.* crash; **𝔖fett** *n* lubricating grease; **𝔖nippel** *m* grease nipple.

ˈ**abschminken** *v/t.* (*h.*) remove *a p.'s* make-up.

ˈ**abschmirgeln** *v/t.* (*h.*) finish (*or* rub down) with emery, sandpaper.

ˈ**abschnallen I.** *v/t.* (*h.*) unbuckle, unstrap; *ski*: take off; **II.** *v/i.* (*h.*) *colloq.* be flabbergasted.

ˈ**abschneiden I.** *v/t.* (*irr., h.*) cut off *or* away; clip, *a. tech.* shear off; slice off; *agr.* prune, trim; crop (*hair*); detach (*coupon, etc.*); *j-m die Kehle ~* cut a p.'s throat; *fig.* cut off (*retreat, supply*); *mil. tactically*: isolate; *j-m die Ehre ~* calumniate (*or* backbite) a p.; *j-m e-e Möglichkeit ~* deprive a p. of a chance; *den Weg ~* take a short-cut; *j-m den Weg ~* intercept a p.; *j-m das Wort ~* cut a p. short; **II.** *v/i.* (*irr., h.*) *gut* (*schlecht*) *~* come off (*or* fare) well (badly), do well (badly); ˈ**Abschneiden** *n* (*-s*) performance.

ˈ**abschnellen I.** *v/t.* (*h.*) jerk (*or* flip) off; **II.** *v/i.* (*sn*) *or sich ~* (*h.*) jerk off, bound *or* bounce (off).

ˈ**Abschnitt** *m* cut, section; *math.* segment; *mil.* sector; section, passage, paragraph (*of book*); stage, leg (*of trip, etc.*); phase (*of evolution, etc.*); epoch, period; *econ.* **a)** item, article, **b)** counterfoil, *Am.* stub, **c)** denomination, **d)** coupon, **e)** dividend warrant; *Banknoten in kleinen ~en* bank notes in small denominations; **𝔖sweise** [ˈ-svaɪzə] *adv.* by sectors; in stages.

ˈ**abschnüren** *v/t.* (*h.*) unlace, untie; constrict, strangulate; *med.* → *abbinden*; *fig.* cut off.

ˈ**abschöpfen** *v/t.* (*h.*) skim (off); *econ.* skim off (*profits*); *überschüssige Kaufkraft ~ a.* drain off *or* absorb excessive buying power; → *Rahm*.

ˈ**abschräg|en** *v/t., a. sich* (*h.*) slope, slant; *tech.* bevel, chamfer; **𝔖ung** *f* (-; -en) slant, slope; bevelling.

abschraub|bar [ˈapʃraʊpbaːr] *adj.* unscrewable, detachable; **~en** [ˈ-bən] *v/t.* (*h.*) screw off, unscrew.

ˈ**abschreck|en** *v/t.* (*h.*) scare away; frighten off; deter, discourage (*j-n von et.* a p. from); *metall.*: chill (*a. eggs*), quench; **~end** *adj.* deterrent; forbidding; *~es Beispiel* warning, horrible example; **𝔖ung** *f* (-; -en) deterrance; intimidation; **𝔖ungsmittel** *n* deterrent.

ˈ**abschreib|en I.** *v/t.* (*irr., h.*) copy; transcribe (*from shorthand*); *jur.* engross; *b.s.* plagiarize; *ped., a. author* crib (*von* from); *econ. debts*: **a)** *totally*: write off (*a. fig.*); **b)** *in part*: write down; depreciate (*value*); deduct (*sum*); cancel, countermand (*order*); **II.** *v/i.* (*irr., h.*) send a refusal; **𝔖er** *m* copyist; *b.s.* plagiarist.

ˈ**Abschreibung** *econ. f* writing off, write-off; depreciation; *~en für Devisenverluste* write-offs for losses on foreign exchange; *~en auf Werksanlagen* depreciation on plant equipment; *Konto „Abschreibungen"* depreciation account; *nach ~ aller Verluste* after charging off all losses; **~srücklage** *f* depreciation reserve.

ˈ**abschreiten** *v/t.* (*irr., h.*) pace off; *mil. die Front ~* take the review; receive the military hono(u)rs.

ˈ**Abschrift** *f* copy, duplicate; transcript; *beglaubigte ~* certified copy; *e-e getreue ~* a true copy; *handschriftliche ~* manuscript copy; *e-e ~ nehmen* take a copy; **𝔖lich** *adj.* copied, in duplicate; *adv.* by (*or* as a) copy.

ˈ**abschroten** *v/t.* (*h.*) chip, chop off, crosscut, hew.

ˈ**abschrubben** *v/t.* (*h.*) scour (*the floor*); *tech.* turn roughly; plane off.

ˈ**Abschub** *m* deportation (*of aliens*); evacuation (*of population*).

ˈ**abschuften** → *abrackern*.

ˈ**abschuppen** *v/t.* (*h.*) scale; *sich ~* scale (*or* peel) off, *skin*: desquamate.

ˈ**abschürf|en** *v/t.* (*h.*): *sich die Haut ~* graze (*or* chafe, abrade) one's skin; bark, skin (*one's knee, etc.*); **𝔖ung** *f* abrasion.

ˈ**Abschuß** *m* firing, discharge (*of weapon*); launching (*of rocket, torpedo*); shooting (*of game*); *aer.* downing, victory in aerial combat; knocking-out, disabling (*of tanks*); **~rampe** *f* launching platform.

abschüssig [ˈapʃysɪç] *adj.* sloping; steep, precipitous; **𝔖keit** *f* (-) steepness, declivity.

ˈ**abschütteln** *v/t.* (*h.*) shake off (*a. fig. a pursuer*), cast off; *fig.* get rid of.

ˈ**abschütten** *v/t.* (*h.*) pour off (*or* out).

ˈ**abschützen** *tech. v/t.* (*h.*) shield, screen.

ˈ**abschwäch|en** *v/t.* (*h.*) weaken, lessen, diminish; mitigate; extenuate, find excuses for; qualify (*an expression*); cushion (*a fall*); tone down (*colors*); *phot.* reduce (*a negative*); *sich ~* diminish, decline, fall off; *econ. prices*: weaken, sag, ease off; *die Börse war abgeschwächt* there was a weaker tendency on stock exchange; **𝔖ung** *f* weakening, lessening; decrease; mitigation; extenuation; qualification; sagging (*of prices*); ease (*in money rates*); *phot.* reduction.

ˈ**abschwarten** *v/t.* (*h.*) square (*wood*).

ˈ**abschwatzen** *v/t.* (*h.*): *j-m et. ~* talk a p. out of a th.; *dem Teufel ein Ohr ~* talk the hind leg off a donkey.

ˈ**abschweif|en I.** *v/i.* (*sn*) deviate, depart (*von* from); *von e-m Thema*: digress, stray, wander (*from a topic*); *schweifen Sie nicht ab!* keep to the point!; **II.** *tech. v/t.* (*h.*) scallop; ungum (*silk*); **~end** *adj.* digressive, rambling; **𝔖ung** *f* deviation, digression.

ˈ**abschwelen** *tech. v/t.* (*h.*) carbonize at low temperature.

ˈ**abschwellen** *v/i.* (*irr., sn*) *med.* shrink; *noise*: ebb away.

ˈ**abschwemm|en** *v/t.* (*h.*) wash away (*or* off); erode (*soil*); *tech.* rinse, flush; **𝔖ung** *f* (-; -en) erosion.

ˈ**abschwenken I.** *v/t.* (*h.*) cleanse by rinsing; wash off; **II.** *v/i.* (*sn*) swerve, turn away (*von* from); *mil.* wheel aside; *fig.* veer off.

ˈ**abschwindeln** *v/t.* (*h.*): *j-m et. ~* swindle (*or* cheat) a p. out of a th.

ˈ**abschwör|en** *v/t. and v/i.* (*h.*) abjure, foreswear (*s-m Glauben* one's faith); *colloq.* swear off *alcohol*; *jur.* deny upon oath; recant; **𝔖ung** *f* (-; -en) abjuration.

ˈ**Abschwung** *m gym.* dismount; *aer.* sharp bank.

absedimentieren *geol. v/i.* (*sn*) sediment out.

ˈ**absegeln** *v/i.* (*sn*) sail away, set sail (*nach* for).

absehbar [ˈapzeːbaːr] *adj.* within sight; *fig.* conceivable; possible, potential; *in ~er Zeit* within a measurable (*or* reasonable) space of time; before long, in a near future; *nicht ~* not to be foreseen.

ˈ**absehen I.** *v/t.* (*irr., h.*) (for)see; foretell; *es ist kein Ende abzusehen* there is no end in sight; *die Folgen sind nicht abzusehen* there is no telling what will happen, this may have dire consequences; *j-m et. ~* learn a th. from a p.; *j-m e-n Wunsch an den Augen ~* anticipate a p.'s wish; *es abgesehen haben auf* (*acc.*) be aiming (*or* driving) at, be out for, have an eye on; *es war auf dich abgesehen* it was meant for you; **II.** *v/i.* (*irr.*, *h.*): *von et.* ~ refrain (*or* abstain) from, *von e-m Plan*: abandon (*a plan*), *fig.* disregard, leave out of account; → *abgesehen*.

'**Abseide** *f* flock silk.

'**abseifen** *v/t.* (*h.*) (clean with) soap.

'**abseigern** *v/t.* (*h.*) *metall.* liquate, separate (by fusion); *tech.* plumb.

'**abseihen** *v/t.* (*h.*) filter off, strain.

'**abseilen** *mount. v/t. and sich* ~ (*h.*) rope down.

'**absein** *v/i.* (*irr.*, *sn*) be off, be broken off; be (far) away; be exhausted *or* run down, be all in.

abseits ['apzaɪts] **I.** *adv.* aside, apart; *soccer*: offside; *fig. sich* ~ *halten* keep aloof (*von* from); *soccer*: ~ *stellen* put offside; **II.** *prp.* (*gen. or von*) aside of, off from *the street*; **2falle** *f soccer*: offside trap.

'**absend|en** *v/t.* (*irr.*, *h.*) send off, forward, dispatch, *econ. a.* consign, ship; remit (*money*); mail, post (*letters*); send out *a p.*, *mil.* detach; depute; commission; **2er(in** *f*) *m* sender, *econ.* dispatcher, consignor, forwarder; **2ung** *f* dispatching, *etc.*

absengen *v/t.* (*h.*) singe off, scorch.

'**absenk|en** *v/t.* (*h.*) *agr.* layer; *min.* sink (*a shaft*); **2er** *bot. m* layer, slip, shoot.

'**Absenkformmaschine** *f* drop-plate-type mo(u)lding machine.

absetz|bar ['apzɛtsbaːr] *adj.* removable; *econ.* sal(e)able, marketable; *sum*: deductible; **2behälter** *tech. m* settling tank; **2bewegung** *mil. f* disengagement, withdrawal; **~en** **I.** *v/t.* (*h.*) set *or* put down, deposit; *econ.* strike (*or* write) off, deduct (*item, sum*); cancel (*entry*); *typ.* set up in type; *thea. ein Stück* ~ take a play off (the repertoire); throw (*rider*); drop (*passengers, paratroopers*), put down; remove, dismiss (*officials*); dethrone, depose (*a king*); interrupt, break off; *ohne die Feder abzusetzen* without lifting one's pen; separate (*a word*); begin a new line (*a. v/i.*); *econ.* sell, dispose of; *sich leicht* ~ *lassen* sell readily, meet with a ready sale; *sich schwer* ~ *lassen* go off heavily, sell badly; *chem.* deposit, *sich* ~ *a.* be precipitated, settle; set off (*gegen acc.* against); *sich* ~ stand out (*von dat.* against), contrast, *fig.* retreat, make off, put distance between, *mil. vom Feinde*: disengage o.s. from the enemy; **II.** *v/i.* (*h.*) break off, stop, pause; *ohne abzusetzen* without a break (*or* halt), without let-up, uninterruptedly, *drinking*: at a draught; *es wird et.* ~ we are in for something; **2en** *n* (-*s*) setting down; writing-off, deduction; separating; precipitation; *mil.* disengagement; parachute drop, airborne assault; → *Absatz*; **2ung** *f* (-; -*en*) removal (from office), dismissal; dethronement, deposition.

'**absichern** *v/t.* (*h.*) guard against; *econ.* provide security for *credits*, *etc.*

'**Absicht** *f* (-; -*en*) intention; design; aim, object, end (in view); purpose; *~en haben auf* (*acc.*) have designs upon; *in der* ~ *zu inf.* with the intention of *ger.*, with a view to *ger.*; *in der besten* ~ with the best intention; *jur.* (specific) intent; → *betrügerisch*; *mit e-r bestimmten* ~ for a purpose; *mit der festen* ~ with the determination (to *inf.*); *ich habe die* ~ *zu inf.* I intend to *inf.*, I am planning to *inf.*; **2lich** **I.** *adj.* intentional, deliberate; *jur.* wilful; **II.** *adv.* intentionally, *etc.*; on purpose, designedly; *du scheinst mir* ~ *auf die Nerven zu gehen* you seem to make a point of getting on my nerves; **2slos** *adj.* unintentional.

'**absickern** *v/i.* (*sn*) trickle down (*or* off).

'**absieden** *v/t.* (*h.*) boil, decoct; poach (*eggs*).

'**absingen** *v/t.* (*irr.*, *h.*) sing off (*or* to the end); *vom Blatt* ~ sing at sight.

Absinth [ap'zɪnt] *m* (-[*e*]*s*; -*e*) absinth.

'**absitzen** **I.** *v/i.* (*irr.*, *h.*): *von j-m* (*weit*) ~ sit (far) away from a p.; *vom Pferde*: (*sn*) get off (*a horse*), dismount; **II.** *v/t.* (*irr.*, *h.*) *e-e Strafe* ~ serve a sentence *or* one's time; ~ *lassen chem.* allow to settle, deposit.

absolut [apzo'luːt] **I.** *adj.* absolute (*a. pitch, majority, monarch, chem. alcohol*); *phys. ~e Festigkeit* ultimate strength; *~e Temperatur* degree Kelvin; *~er Unsinn* perfect nonsense; **II.** *adv.* absolutely, positively; *er hat* ~ *keine Skrupel* he has no scruples whatever; *wenn du* ~ *gehen willst* if you insist on going; ~ *nicht* by no means; ~ *trocken tech.* oven-dry; **2e** *n* (-*n*): *das* ~ the absolute.

Absolution [apzolutsi'oːn] *f* (-; -*en*) absolution; *j-m* ~ *erteilen* give absolution to a p.

absolvieren [apzɔl'viːrən] *v/t.* (*h.*) *eccl.* absolve; complete (*one's studies, etc.*); pass, get through graduate from (*school, etc.*); pass (*an examination*).

ab'sonderlich *adj.* peculiar, singular; strange, odd, bizarre; **2keit** *f* (-; -*en*) peculiarity; strangeness, oddity.

'**absondern** *v/t.* (*h.*) set apart, separate (*von* from); detach; isolate; segregate; *physiol.* secrete, discharge; *phls.* abstract; *chem.* separate, eliminate; *sich* ~ withdraw, seclude o.s., keep aloof; dissociate o.s. (*von* from); **~d** *adj. physiol.* secretory.

'**Absonderung** *f* separation (*a. chem.*); detachment; isolation; seclusion; *physiol.* secretion; *phls.* abstraction; **~s-anspruch** *jur. m* claim of exemption; **2sberechtigt** *adj. bankruptcy*: secured; **~sdrüse** *f* secretory gland.

absorbier|bar [apzɔr'biːrbaːr] *adj.* absorbable; **~en** *v/t.* (*h.*) absorb; *on surface*: occlude; *wieder* ~ resorb; **~end** *adj.* absorbing, (*a. su. ~es Mittel*) absorbent.

'**absorgen:** *sich* ~ (*h.*) worry (o.s. to death).

Absorption [apzɔrptsi'oːn] *f* (-; -*en*) absorption; *through surface*: occlusion; **~sfähigkeit** *f* (-), **~skraft** *f* absorptive power; **~skühlmaschine** *f* absorption refrigerator; **~smittel** *n* absorbent; **~svermögen** *n* (-*s*) absorbing power (*a. fig.*).

'**abspalten** *v/t. and sich* ~ (*h.*) split off, cleave off; *a. chem.* separate.

Abspann|draht ['apʃpan-] *tech. m* anchoring (*or* stay) wire; **2en** *v/t.* (*h.*) unbend, unhook; *mus.* slacken (*strings*); unharness, unyoke (*oxen, etc.*); *el.* **a)** terminate (*a wire*), **b)** lower the pressure of (*current*); *tech.* stay, anchor, brace; *fig.* **a)** relax, **b)** exhaust, → *abgespannt*; **~er** *el. m* (step-down) transformer; **~klemme** *f* terminal clamp; **~ung** *f* unbending; relaxation; fatigue; *tech.* staying, anchoring, bracing; *el.* terminating.

'**absparen:** *sich et. vom Mund* ~ (*h.*) stint o.s. of a th., pinch o.s. for a th; pinch and scrape in order to be able to afford a th.

'**abspeisen** *v/t.* (*h.*) feed; *fig.* fob *or* put *a p.* off (*mit leeren Worten* with fair words).

abspenstig ['apʃpɛnstɪç] *adj.* alienated, disloyal, unfaithful; ~ *machen* alienate, estrange, entice away (*von* from); ~ *werden* desert, quit.

'**absperr|en** *v/t.* (*h.*) lock, bolt, shut off; block, barricade (*a street*), *police, etc.*: cordon off; isolate, confine; turn (*or* shut) off (*gas, water, etc.*); **2hahn** *m* stopcock; **2posten** *m/pl.* cordon (of sentries); **2ung** *f* shutting-off; barricade, block(ing), cordon; isolation, separation; stoppage.

'**abspiegel|n** *v/t.* (*h.*) mirror, reflect (*a. fig.*); *sich* ~ be reflected; **2ung** *f* reflection.

'**abspiel|en** *v/t.* (*h.*) *mus. vom Blatt* ~ play at sight; play back (*sound recordings*); wear out *a record, etc.* (by playing); *sich* ~ happen, occur, take place; *thea., etc.*: *die Szene spielt sich in X. ab* the scene is laid in X.; **2kopf** *m* play-back head.

'**absplittern** *v/t.* (*h.*) *and v/i.* (*sn*) splinter off; *v/i. a. sich* ~ (*h.*) come off in splinters, chip (off).

'**Absprache** *f* arrangement, agreement.

'**absprechen** *v/t.* (*irr.*, *h.*) deny, dispute, question; *Talent kann man ihm nicht* ~ there is no denying that he is talented; *jur. j-m et.* ~ dispossess a p. of a th.; disallow (*damages*); *esp. econ.* arrange, agree; **~d** *adj.* disparaging, unfavourable.

'**absprengen** *v/t.* (*h.*) blast (*or* blow) off; *mil.* cut off (*troops*); sprinkle (*flowers*).

'**absprießen** *arch. v/t.* (*h.*) strut, brace.

'**abspringen** *v/i.* (*irr.*, *sn*) jump (*or* leap) off *or* down; dismount, alight (*von* from) (*a horse*); *sports*: take (*or* jump) off; *enamel, chips, etc.*: crack (*or* chip, come) off; *spring, string*: snap; rebound, bounce off; *aer.* parachute, jump; *in emergency*: bale (*or* bail) out; *fig.* (*vom Thema*) drop *or* leave *a subject* abruptly, digress; ~ *von* quit, desert; *von e-m Handel* ~ back out of a bargain; *colloq. und was springt für mich ab?* what's in it for me?

'**abspritzen** *v/t.* (*h.*) cleanse (with a hose), spray off; *tech.* spray-coat.
'**Absprung** *m* jump-off, leap; *sports* (*a. aer.*) take-off; *by parachute*: descent, jump; *phys.* reflection; **~balken** *m sports*: take-off board; **~gebiet** *aer. n* descent area; **~höhe** *f* drop altitude.
'**abspulen** *v/t.* (*h.*) unwind, reel off.
'**abspülen** *v/t.* (*h.*) wash (off), rinse.
abstamm|en *v/i.* (*sn*) descend (*or* be descended) from; come of; *gr. and chem.* derive from; **2ung** *f* (-; -*en*) descent, extraction, birth, origin; ~ *in gerader Linie* lineal descent; ~ *von e-r Seitenlinie* collateral descent; (*von*) *deutscher* ~ of German extraction; *gr.* derivation, etymology; **2ungslehre** *f* theory of evolution; anthropogeny.
'**Abstand** *m* distance (*von* from); space, spacing; *a. time*: interval; gap; *tech. a.* clearance, *of thread*: pitch; *in gleichen Abständen* spaced equidistantly; *in regelmäßigen Abständen* (*time*) at regular intervals, periodically; ~ *halten fig.* keep one's distance; *fig.* mit ~ far and away *better, etc.*; mit ~ *gewinnen* win by a wide margin; *fig.* ~ *nehmen* refrain, desist (*von* from); **~scheibe** *tech. f* spacer washer; **~sgeld** *n*, **~summe** *f* compensation, indemnification, forfeit-money; *stock exchange*: option money; *for employees*: severance pay; **~s-taste** *f* blank (*or* spacing) key; **~zünder** *mil. m* proximity fuse.
abstatten ['apʃtatən] *v/t.* (*h.*) pay, make, give, render; e-*n Bericht* ~ (send in a) report; e-*n Besuch* ~ pay a visit; *Dank* ~ return *or* render thanks.
'**abstauben**, *a.* '**abstäuben** *v/t.* (*h.*) dust; *colloq.* (*steal*) swipe.
'**abstauen** → *abdämmen.*
'**abstech|en I.** *v/t.* (*irr., h.*) prick off; cut (*sods*); *tech.* tap (*furnace*); cut (*canal*); drain (*pond*); draw off, tap (*wine*); *fenc.* disable; (*kill*) stab; stick (*hogs*); **II.** *v/i.* (*irr., h.*): *gegen or von et.* ~ contrast (strongly) with, stand out against *or* from; *mar.* veer off; **2er** *m* (-*s*; -) excursion, (side-)trip (*nach* to); detour; *fig.* digression; **2stahl** *tech. m* cutting blade (*or* tool).
'**absteck|en** *v/t.* (*h.*) unpin, undo (*one's hair*); fit, pin (*a dress*); plot (*a course*); *surv.* mark out, stake out, peg out; trace (*or* lay) out (*ground plan*); demarcate, locate (*boundary*); **2fähnchen** *n* surveyor's flag; **2leine** *f* tracing cord; **2pfahl** *m* picket, stake; **2pflock** *m* (tracing) peg.
'**abstehen** *v/i.* (*irr., h.*) be *or* stand off (*von* from); stand *or* stick out; (*irr., sn*) *fig. von et.* ~ desist (*or* refrain) from, renounce, forgo, waive; get stale, grow flat; ~ *lassen* allow to stand *or* cool off; **~d** *adj.* distant; projecting; prominent, jughandle *ears.*
'**absteif|en** *arch. v/t.* (*h.*) (under-)prop, support; strut; **2ung** *f* (-; -*en*) support; strutting, strut(s *pl.*); reinforcement.
'**absteige|n** *v/i.* (*irr., sn*) descend, climb down (*von* from); get off (one's horse), dismount; alight (from *vehicle*); put up (*at an inn*); *sports*: go down (*club team*); → Ast; **2quartier** *n* night-lodging, accommodation.
Abstell|bahnhof ['apʃtɛl-] *m* railway (*Am.* railroad) yard; **2en** *v/t.* (*h.*) put down, deposit; *tech.* stop, throw *a machine* out of gear; *el., radio*: switch off; stall, cut (*the engine*); turn off (*gas, etc.*); *mot.* cut (*or* switch) off (*the ignition*); park (*a car*); *fig. mil.* → *abkommandieren*; put an end to, redress, remedy; ~ *auf* gear to, make accord with; focus on; *darauf abgestellt sein zu inf.* be designed (*or* calculated) to *inf.*; **~fläche** *f* storage surface; **~gleis** *n* siding; **~hahn** *m* stopcock; **~platz** *m* parking area (*Am. a.* lot); *aer.* apron, tarmac; **~raum** *m* storage room; **~ung** *mil. f* detaching, seconding.
'**abstemmen** *v/t.* (*h.*) chisel off; *sich* ~ push o.s. off.
'**abstempeln** *v/t.* (*h.*) stamp; punch; *mail.* deface, cancel (*stamps*); *min.* prop; *fig. j-n* ~ *als* stamp (*or* label) a p. as.
'**absteppen** *v/t.* (*h.*) quilt.
'**absterben** *v/i.* (*irr., sn*) die away (*or* out); fade (away), wither (*a. colloq. sports*); *med.* mortify (*limb*); get numb; *engine*: conk *or* peter out; → *abgestorben.*
'**Absterben** *n* death, extinction; *med.* mortification; atrophy; numbness.
Abstieg ['apʃti:k] *m* (-[e]s; -e) descent, downward climb; *fig.* decline; *sports*: relegation.
Abstimm|anzeigerröhre ['apʃtim-] *f radio*: tuning indicator valve, *a.* magic eye; **2en I.** *v/t.* (*h.*) *mus., radio*: tune (in) (*auf acc.* to); *fig. aufeinander* ~ harmonize, reconcile; coordinate, bring into line (*auf acc.* with); time, synchronize; adjust (to); shade off (*colours*); *econ.* balance, check (off) (*the books*); **II.** *v/i.* (*h.*) *parl., etc.* vote; *über e-n Antrag* ~ *lassen* put a motion to the vote; **~knopf** *m radio*: tuning knob; **~kondensator** *m* tuning capacitor; **~schärfe** *f* sharpness of tuning, selectivity; **~skala** *f* tuning dial; **~spule** *f* tuning coil.
'**Abstimmung** *f* **1.** voting, poll; *geheime* ~ (voting by) ballot; *namentliche* ~ poll(ing); *offene* ~ vote by open ballot; *durch Handzeichen*: vote by show of hands; *durch Zuruf*: vote by acclamation; *durch Teilung des Hauses*: division; plebiscite, referendum; *zur* ~ *bringen* put to the vote; **2.** harmonizing; coordination; timing, synchronization; *radio*: tuning (control); *feine* (*grobe, unscharfe*) ~ sharp (coarse, flat) tuning.
abstinent [apsti'nɛnt] *adj.* abstemious; teetotal.
Abstinenz [-'nɛnts] *f* (-) (total) abstinence, teetotalism; **~ler(in** *f*) [-lər(in)] *m* (-*s*; -; -; -*nen*) total abstainer, teetotal(l)er.
'**abstoppen** *v/t.* (*h.*) stop (*a. v/i.* = come to a halt); slow down; *with stop watch*: clock, time.
'**abstoß|en** *v/t.* (*irr., h.*) knock (*or* push) off; *soccer*: make a goal-kick; shed (*antlers*); *tech.* plane off (*corners*); flesh (*hides*); wear away, mar; *fig.* repel, disgust, sicken; *econ.* dispose of, get rid of (*goods*); dispose of, unload (*stocks*); discharge (*debt*); → *Horn*; **~end** *fig. adj.* repulsive, disgusting, forbidding; **2ung** *phys. f* (-; -*en*) repulsion.
'**abstottern** *colloq. v/t.* (*h.*) pay by (*Am.* on) instal(l)ments.
'**abstrafen** *v/t.* (*h.*) punish, chastise.
abstrahieren [apstra'hi:rən] *v/t.* (*h.*) abstract.
abstrakt [ap'strakt] **I.** *adj.* abstract; **~e** *Kunst* non-representational (*or* abstract) art; **~e** *Malerei* abstract painting; **II.** *adv.* in the abstract.
Abstraktion [-tsi'o:n] *f* (-; -*en*) abstraction.
Ab'straktum [-tum] *gr. n* (-*s*; -*ta*) abstract noun.
'**abstreb|en** *arch. v/t.* (*h.*) strut, brace; **2ung** *f* (-; -*en*) strutting, bracing.
'**abstreichen** *v/t.* (*irr., h.*) wipe off; *sich die Füße* ~ scrape (*or* wipe) one's shoes; *med.* swab; skim (*foam*); strop (*razor*); *in a list*: tick (*or* check) off; deduct; cancel, strike out; *math.* point off; scour; *mil.* sweep (*with fire, search-lights*).
'**abstreifen I.** *v/t.* (*h.*) slip (*or* strip) off; wipe (*shoes*); cast, shed (*antlers, skin, a. fig.*); patrol, scour; **II.** *v/i.* (*h.*) *fig.* digress, stray (off).
'**abstreiten** *v/t.* (*irr., h.*) dispute, contest; deny.
'**Abstrich** *m writing*: down-stroke; deduction; curtailment, cut; **~e** *machen* make cuts, *fig.* subtract (*von* from); *med.* e-*n* ~ *machen* take a smear from.
abstrus [ap'stru:s] *adj.* abstruse.
'**abstuf|en** *v/t. and sich* ~ (*h.*) form into steps *or* terraces; *fig.* grade, graduate; shade (off), gradate (*colours*); modulate (*sound*); **2ung** *f* (-; -*en*) grad(u)ation, shade; *mus.* modulation; *fig.* nuance.
'**abstumpfen** *v/t.* (*h.*) blunt, take the edge off; truncate (*cone*); *sich* ~ (grow) blunt; *fig. senses*: dull, deaden; → *abgestumpft*; *chem.* neutralize (*acids*).
'**Absturz** *m* (sudden) fall, plunge, *aer.* crash; precipice; *aer. zum* ~ *bringen* (shoot) down, force down.
'**abstürzen** *v/i.* (*sn*) fall down (*kopfüber* headlong), be precipitated; *aer.* go down, crash; *slope*: descend steeply.
'**abstutzen** *v/t.* (*h.*) cut off (*or* short), trim, lop; clip (*wings*); dock (*tail*).
'**abstützen** *v/t.* (*h.*) prop, strut, brace, support; *mar.* shore up.
'**absuchen** *v/t.* (*h.*) search all over (*nach* for); scour, comb; *hunt.* beat; *with radar, searchlight*: sweep; *alles* ~ hunt high and low.
'**Absud** *chem. m* decoction, extract.
absurd [ap'zurt] *adj.* absurd; **~es** *Theater* theater of the absurd.
Absurdi'tät *f* (-; -*en*) absurdity.
Abszeß [aps'tsɛs] *med. m* (-*sses*; -*sse*) abscess.
Abt [apt] *m* (-[e]s; ¨e) abbot.
'**abtakeln** *mar. v/t.* (*h.*) unrig, dismantle; strip (*masts*); lay up (*ship*); *fig. abgetakelt* used up, worn out.

Abtast|dose ['aptast-] *f* pick-up; **2en** *v/t.* (*h.*) feel (with one's fingers); *med.* palpate; *boxing*: feel out, study; *fig.* probe, sound; *sich ~ a.* measure weapons, spar; *el., TV, etc.*: scan; **~strahl** *m* scanning beam.

'**abtauen** *v/i.* (*sn*) thaw off, defrost.

Abtei [ap'taɪ] *f* (-; -*en*) abbey.

'**Abteil** *rail. n* (railway-)compartment; *~ für Raucher* smoking compartment, smoker; → *Abteilung*²; **2bar** *adj.* divisible; **2en** *v/t.* (*h.*) divide; set apart, separate; *by walls, etc.*: partition off; portion out (*quantity*); *econ.* parcel (*goods*); graduate; classify.

'**Abteilung**¹ *f* division, portioning-off; *econ.* parcelling; classification.

Ab'teilung² *f* section; *adm., ped., jur.*: division; *of agency, firm, store, a. univ.*: department; *of hospital*: ward; *mil.* detachment, detail; battalion; *of workmen*: gang; partition; compartment; **~s-chef, ~sleiter, ~svorstand** *m* head of a department, departmental chief.

'**abtelegraphieren** *v/t. and v/i.* (*h.*) cancel (the engagement, *etc.*) by telegram.

'**abteufen** *v/t.* (*h.*) *mining*: sink (*a shaft*).

Äbtissin [ɛp'tisin] *f* (-; -*nen*) abbess.

'**abtön|en** *v/t.* (*h.*) *paint.* shade, tone (down); → *abstufen*; **2ung** *f* shading, shade.

'**abtöten** *v/t.* (*h.*) kill; *fig. a.* deaden; *das Fleisch ~* mortify the flesh.

Abtrag ['aptrɑːk] *m* (-[e]s; ⸚e): *j-m ~ tun* prejudice (*or* injure) a p.; **2en** *v/t.* (*irr., h.*) carry off, remove; *den Tisch ~* clear the table; pull down (*building*); excavate, level (*ground*); *med.* excise (*tumor*); clear off, pay (*debt*); amortize, sink (*mortgage*); wear out (*clothes*).

abträglich ['aptrɛːkliç] *adj.* injurious, detrimental; unfavo(u)rable (*criticism*).

'**Abtrans|port** *m* transport, removal; evacuation; **2portieren** *v/t.* (*h.*) carry off, remove; evacuate.

'**abträufeln** → *abtröpfeln.*

'**abtreib|en I.** *v/t.* (*irr., h.*) drive off; *med.* expel, purge (off) (*worms*); *ein Kind ~* procure abortion, bring on a miscarriage; jade, overdrive (*a horse*); *metall.* refine; *chem.* separate; **II.** *v/i.* (*irr., sn*) *aer. mar.* drift off, be drifted off (the course); **~end** *med. adj.* abortifacient; **2ung** *f* (-; -*en*) *med. of the human fetus*: abortion, *jur.* criminal abortion, foeticide; *selbst herbeigeführte ~* self-induced abortion; *tech.* refining; **2ungsmittel** *n* abortifacient.

'**abtrenn|bar** *adj.* separable, detachable; *nicht ~* non-detachable; **~en** *v/t.* (*h.*) separate; detach (*a. coupon, etc.*); unstitch (*a seam*), rip off; *hier ~!* detach here; **2ung** *f* separation, severance (*von* from); unstitching.

'**abtret|en I.** *v/t.* (*irr., h.*) tread down *or* off; (*a. sich*): wear down (*shoes*); wear off (*steps*); *fig.* cede (*a. territory*), transfer, assign; transfer *property* (*dat.* to), make over (to), sign away; **II.** *v/i.* (*irr., sn*) withdraw; *thea., a. fig.*: (make one's) exit; *mil.* break ranks; *fig.* retire (*von* from), quit; resign, go out of office; **2er** *m* (-*s*; -) door-mat, scraper; *jur.* transferor, assignor; **2ung** *f* (-; -*en*) cession, transfer, assignment; conveyance; *marine insurance*: abandonment; retirement, withdrawal; resignation; abdication (*of throne*); *thea.* exit; **2ungs-urkunde** *f* transfer deed; *for real estate*: deed of conveyance; *bankruptcy*: deed of assignment.

'**Abtrieb** *mot. m* driven end of shaft; **~sdrehzahl** *f* r.p.m. (= revolutions per minute) of the driven side.

'**Abtrift** *f agr.* right of pasture; *aer. mar.* drift, *mar. a.* leeway.

'**Abtritt** *m* withdrawal, retirement; *thea.* exit; → *Abort*¹.

'**abtrocknen I.** *v/t.* (*h.*) dry up, wipe dry; **II.** *v/i.* (*sn*) dry up.

'**abtröpfeln,** '**abtropfen** *v/i.* (*sn*) drip (*or* trickle) off *or* down; *~ lassen* drain (off).

'**abtrotzen** *v/t.* (*h.*): *j-m et. ~* wrest a th. from a p.

'**abtrudeln** *v/i.* (*sn*) *aer.* go into a spin; *colloq.* toddle off.

abtrünnig ['aptryniç] *adj.* unfaithful, disloyal; rebellious; *eccl.* apostate; *~ machen* draw off (*von* from), alienate; *~ werden* → *abfallen*; **2e(r** *m*) ['-gə(r)] *f* (-*n*; -*n*; -*en*; -*en*) deserter, renegade, backslider; *eccl.* apostate; **2keit** *f* (-) disloyalty, desertion; *eccl.* apostasy.

'**abtun** *v/t.* (*irr., h.*) remove, take off; dispose of; settle (*dispute, etc.*); abolish, do away with (*abuse*); dismiss (*als* as); *das ist alles abgetan* that's over and done with; *et. kurz ~* make short work of a th., *in words*: dismiss a th. shortly; *et. mit e-m Achselzucken (Lachen) ~* shrug (laugh) a th. off; kill, dispatch.

'**abtupfen** *v/t.* (*h.*) dab; swab (*wound*).

'**ab-urteil|en** *v/t.* (*h.*) try *a p. or a case*, bring *a p.* to trial; pass sentence upon *a p.*; *fig.* criticize severely, condemn; **2ung** *f* (-; -*en*) trial.

'**abverdienen** *v/t.* (*h.*) work off [(*debt.*).]

'**abverlangen** → *abfordern.*

'**abvermieten** *v/t.* (*h.*) sublet.

'**abwägen** *v/t.* (*h.*) weigh out; level; *fig.* weigh, consider carefully.

'**abwälz|en** *v/t.* (*h.*) roll off *or* down; *fig.* (*von sich*) *~* shift off (from o.s.), clear o.s. of (*a charge, suspicion*); *die Schuld auf j-n ~* lay the blame at a p.'s door; *die Verantwortung auf e-n anderen ~* shift the responsibility to someone else, pass the buck; **2fräsen** *n* (-*s*) self-generating milling; **2fräsmaschine** *f* hobbing machine.

'**abwandel|bar** *gr. adj. substantive*: declinable; *verb*: (in)flexional; **~n** *v/t.* (*h.*) vary, modify; *gr. substantive*: decline, *verb*: conjugate.

'**abwander|n** *v/i.* (*sn*) wander away *or* off; drift away; migrate (*von* from); **2ung** *f* migration; exodus (*a. econ. of capital*); *of scientists, etc.*: (brain-)drain.

'**Abwandlung** *f* modification; *gr.* declension (*of substantive*); conjugation (*of verb*).

'**Abwärme** *tech. f* waste heat.

'**abwarten** *v/t. and v/i.* (*h.*) wait for, await; *das Ende ~* wait to the end (of); *s-e Zeit ~* bide one's time, temporize; *e-e Gelegenheit ~* watch (*or* wait for) one's opportunity; *es ruhig ~* wait and see (what happens); *das bleibt abzuwarten* that remains to be seen; **~d** *adj.* observant, temporizing; *~e Haltung* policy of wait and see; *e-e ~e Haltung einnehmen* assume an observant attitude, temporize.

abwärts ['apvɛrts] *adv.* down, downward(s); *den Fluß ~* down the river, downstream; *fig. mit ihm geht's ~* he is going downhill; *~ schalten mot.* change down; **2bewegung** *econ. f* downward trend, downswing; **2hub** *mot. m* downstroke; **2transformator** *el. m* step-down transformer.

'**abwasch|bar** *adj.* washable; **~en** *v/t.* (*irr., h.*) wash (off); wash down (*body*), bathe; sponge off; wash up (*dishes*); *geol.* wash away; *fig.* wipe off (*disgrace*).

'**Abwasser** *n* (-*s*; ⸚) waste water, sewage.

'**abwassern** *aer. v/i.* (*sn*) take off on water.

'**abwässern** *v/t.* (*h.*) drain.

'**abwechseln** *v/t. and v/i.* (*h.*) alternate; vary; *miteinander or sich ~* alternate with each other; *mit j-m ~* take turns (*bei* in), relieve one another; **~d I.** *adj.* alternate, alternating; varying; periodic; **II.** *adv.* alternately; by turns.

'**Abwechs(e)lung** *f* (-; -*en*) change; alternation; variation; variety, diversity; diversion; *~ bringen in* (*acc.*) relieve, liven up; *zur ~* for a change; **2s-reich, 2svoll** *adj.* varied, diversified; eventful; **2sweise** ['-svaɪzə] *adv.* alternately, by turns.

'**Abweg** *m* by-road; detour; wrong way; *fig. auf ~e führen* lead astray, mislead; *auf ~e geraten* go astray; **2ig** ['-giç] *adj.* devious, misleading; wrong, incorrect; inept, out of place; irrelevant, *pred.* not to the point.

'**Abwehr** *f* (-) defen|ce, *Am.* -se; resistance; guard, protection (*gegen* from, against); *fenc.* parry, (*a. fig.*) warding off; → **~dienst** *mil. m* counter-espionage, military security service; **2en** *v/t. and v/i.* (*h.*) beat back, repulse (*attack*); *fenc.* parry, ward off (*both a. fig.*); *boxing, soccer, etc.*: block; avert, head (*or* stave) off (*disaster*); *fig.* refuse; **2end** *adj.* defensive (*a. biol.*); **~griff** *m wrestling*: counterhold; **~jagdflugzeug** *n* interceptor, pursuit plane; **~kampf** *m mil.* defensive warfare; *physiol.* campaign; **~kraft** *f* power of resistance; **~mittel** *n* means of defen|ce, *Am.* -se; *med.* prophylactic; **~schlacht** *mil. f* defensive battle; **~spiel** *n sports*: defensive play; **~stoff** *biol. m* antibody; **~waffe** *mil. f* counter-weapon.

'**abweichen** *v/i.* (*irr., sn*) deviate, diverge (*von* from); *fig.* deviate, depart (from); swerve (from); *voneinander ~* differ (from one another), *sehr*: differ widely; *phys.* vary; deflect; *compass needle*: decline; **~d** *adj.* divergent, varying, deviating; *a. gr.* irregular; *bot.*, *zo.* aberrant.

'**Abweichung** *f* (-; -en) deviation; difference, discrepancy; *phys.* variation (*a. econ.*), deflection; *of compass needle*, *sun*: declination; *gr. etc.* anomaly; *tech.* allowance, tolerance; *fig.* departure (*von* from *a rule*, *etc.*).

'**abweiden** *v/t.* (*h.*) graze, feed on.

'**abweis|en** *v/t.* (*irr.*, *h.*) refuse, reject, turn down; *jur.* dismiss, nonsuit; *mil.* beat back, repulse (*attack*); *j-n* ~ turn away a p., *curtly*: rebuff; *j-n kurz* ~ send a p. about his business; *glatt abgewiesen werden* meet with a flat refusal; *er läßt sich nicht* ~ he will take no refusal; refuse admittance (*acc.* to); **~end** *adj.* unfriendly, cool; *j-n* ~ *behandeln* be short with a p.: **≈ung** *f* refusal, rejection; *jur.* dismissal, nonsuit; *mil.* repulse; *econ.* non-acceptance; rebuff (*of a p.*).

abwendbar ['apvɛntbɑːr] *adj.* preventable, avertible.

abwend|en ['-dən] *v/t.* (*irr.*, *h.*) turn off (*or* away); *s-e Augen* ~ avert one's eyes; parry (*a thrust*); avert, head (*or* stave) off (*danger*, *etc.*); *sich* ~ turn away (*von* from); *fig.* → *abkehren*; **~ig** → *abspenstig*; **≈ung** *f* averting, prevention.

'**Abwerbung** *econ.* *f* enticing away *an employee*.

'**abwerfen** *v/t.* (*irr.*, *h.*) throw off, (*or* down); *aer.* release (*bombs*), drop (*bomb*, *container*); (para)drop; throw (*rider*); cast, shed (*antlers*, *skin*); shake off (*yoke*); discard (*card*); *econ.* yield (*profit*); bear (*interest*); *es wirft nichts ab* it does not pay.

'**abwert|en** *v/t.* (*h.*) devaluate, devalorize; **≈ung** *f* devaluation.

abwesend ['apveːzənt] *adj.* absent, away; not in; missing; *fig.* absent-minded, (*adv. a.* absently), lost in thought; **≈e(r** *m*) ['-də(r)] *f* (-n; -n; -en; -en) absentee; *die* **~n** *pl.* those absent.

'**Abwesenheit** *f* absence; absenteeism; *in* ~ *von* in the absence of; *jur.* non-attendance, *deliberate*: contumacy; *durch* ~ *glänzen* be conspicous by one's absence; *fig.* absent-mindedness; **~spfleger** *m* trustee in absentia; **~s-urteil** *n* judgment in default.

'**abwetzen** *v/t.* (*h.*) whet, sharpen; rub (*or* wear) off.

'**abwickeln** *v/t.* (*h.*) unwind, reel off, uncoil; *econ.* adjust; liquidate (*debt*); transact (*business*); effect, handle; complete; *jur.* liquidate, wind up; *sich* ~ pass off.

'**Abwick(e)lung** *f* unwinding; *econ.* transaction, settlement; execution, carrying out; *econ.*, *jur.* winding-up, *Am.* wind-up; liquidation; *reibungslose* ~ smooth handling (*or* disposal) *of a matter*; **~sstelle** *f* clearing office.

Abwickler ['apviklər] *jur. m* (-s; -) liquidator.

Abwiege|maschine ['apviːgə-] *f* weighing machine; dosing machine, dispenser; **≈n** *v/t.* (*irr.*, *h.*) weigh out.

'**abwimmeln** *colloq.* *v/t.* (*h.*) brush off *a p.*; shake off, get rid of *a p. or th.*

'**Abwind** *aer. m* down(ward) current, *Am.* downdraft.

'**abwinden** *v/t.* (*h.*) reel off, unwind (*a. sich and fig.*).

'**abwinken** *v/i.* (*h.*) give the starting signal; *fig.* give a sign of refusal (*or* warning).

'**abwinkeln** *v/t.* (*h.*) square off; *sports*: flex, jackknife.

'**abwirtschaften** *v/i.* (*h.*) get ruined *or* ruin o.s. (by mismanagement); → *abgewirtschaftet*.

'**abwischen** *v/t.* (*h.*) wipe off; dust (off); mop; sponge; *sich den Mund* ~ wipe *one's mouth*, *die Stirn*: mop *one's brow*, *die Tränen*: dry *one's tears*.

'**abwracken** *mar.* *v/t.* break up, scrap.

'**Abwurf** *m* throwing off *or* down; *aer.* drop(ping), release; yield, profit; *sports*: goal-throw; **~behälter** *aer. m* aerial delivery container; *for fuel*: slip tank; **~stelle** *f* drop point.

'**abwürgen** *v/t.* (*h.*) strangle, throttle, *mot.* stall, kill.

abzahl|en *v/t.* (*h.*) pay off; pay by (*Am.* on) instal(l)ments; **≈ung** *f* payment (in full), liquidation; payment by (*Am.* in) instal(l)ments; *auf* ~ *kaufen* buy on the instal(l)ment plan, purchase on account; **≈ungsgeschäft** *n* hire purchase business; **≈ungssystem** *n* hire-purchase system, instal(l)ment plan; **≈ungsverpflichtung** *f* hire-purchase commitment.

'**abzählen** *v/t.* (*h.*) count off (*or* out); *an den Fingern* ~ tick off on one's fingers; *fig. das kannst du dir an den Fingern* ~ that's obvious enough; *mil.* ~! count off!

'**abzapfen** *v/t.* (*h.*) tap (*a. barrel*), draw off; *med.* drain (*pus*, *etc.*) draw (*blood*); *j-m Blut* ~ bleed a p.; *fig. j-m Geld*, *etc.*, ~ tap (*or* bleed) a p. for money, *etc.*

'**abzappeln:** *sich* ~ (*h.*) fight the hands of the clock.

'**abzäumen** *v/t.* (*h.*) unbridle.

abzäunen ['aptsɔynən] *v/t.* (*h.*) fence off (*or* in).

'**abzehr|en** *v/t.* (*h.*) consume, waste; emaciate; *sich* ~ waste away; **≈ung** *f* wasting away, consumption; emaciation.

'**Abzeichen** *n* mark of distinction; badge (*of club*, *etc.*; *mil. of rank*); *mil.* stripe; decoration; *pl.* insignia; *national*: emblem, *aer.* marking.

'**abzeichnen** *v/t.* (*h.*) copy, draw, sketch (*von* from); mark off, initial (*document*); check off (*item in list*); *fig. sich* ~ appear in outlines, *danger*: loom; *sich* ~ *gegen* stand out against.

Abzieh|apparat ['aptsiː-] *m* mimeograph; **~bild** *n* transfer-picture; *tech.* decalcomania; **~bilderverfahren** *n* decalcomania, metachromotype process; **~bürste** *f* letterbrush; **≈en I.** *v/t.* (*irr.*, *h.*) draw off, pull down *or* off, remove; strip (*bed*); mimeograph; *typ.* pull off *a proof*; *phot.* print; transfer (*picture*); *tech.* smooth (*knife*), grind, sharpen (*knife*), strop (*razor*); take out (*key*); *das Fell* ~ skin (*animals*); scrape (*hide*); plane off, surface (*parquetry*); bottle (*wine*, *etc.*); drain; *chem.* distil, decant; subtract, deduct (*von* from); *econ.* et. *vom Preise* ~ take something off the price; *fig.* withdraw (*a. money*, *mil. troops*); divert; *s-e Hand von j-m* ~ withdraw one's help (*or* support) from a p.; **II.** *v/i.* (*irr.*, *sn*) go away, depart, march off; *smoke*: escape, disperse; *fig. mit langer Nase* ~ depart with one's tail between one's legs; release *or* pull the trigger (*of a gun*); **~feile** *f* smooth file; **~muskel** *anat. m* abductor; **~papier** *n* duplicating paper; **~riemen** *m* razor strop.

'**abzielen** *v/i.* (*h.*): *auf et.* ~ aim at, have in view; tend to; *worauf zielte er ab?* what was he driving at?

'**abzirkeln** *v/t.* (*h.*) measure (*or* mark) with compasses; *fig.* define precisely.

'**Abzug** *m* departure; *mil.* withdrawal, retreat; *econ.* deduction (*of sum*); allowance, rebate, discount; *in* ~ *bringen* deduct, allow; *nach* ~ *der Kosten* charges deducted; *frei von* ~ net, clear; *tech.* outlet, escape; drain; *on gun*: trigger; *typ.* proof (-sheet); (mimeograph) copy; *phot.* print.

abzüglich ['aptsyːkliç] *adv.* less, minus; deducting, allowing for; ~ *der Kosten* charges deducted.

Abzugs... ['aptsuːks-]: **~bogen** *typ. m* proof (-sheet); **~bügel** *m* trigger guard; **≈sfähig** *adj.* deductible; **~graben** *m* drain, gully; **~kanal** *m* drain; sewer; **~rohr** *n* waste pipe; escape pipe.

'**abzwacken** *v/t.* (*h.*): *fig. j-m et.* ~ squeeze a th. out of a p.

'**Abzweig** *el. m* branch; **~dose** *f* junction box; **≈en** ['-tsvaɪgən] **I.** *v/t.*, *a. sich* (*h.*) branch off (*a. fig.*); *fig.* earmark, put *money* on one side; **II.** *v/i.* (*h.*) branch off; **~klemme** *el. f* branch terminal; **~leitung** *el. f* branch (conduit); **~ung** *f* (-; -en) branching-off; bifurcation; *el.* branch, shunt.

'**abzwicken** *v/t.* (*h.*) pinch (*or* nip) off.

ach [ax] *int.* ah!, *rhet.* alas!; ~ *nein?* you don't say?, is that (really) so?; ~ *so!* oh, I see!; so that's what you mean!; ~ *wo!* certainly not!, not a bit of it!; ~ *was!* tut, tut!

Ach *n* (-s; -): ~ *und Weh schreien* wail of woe, cry murder; *mit* ~ *und Krach* with great difficulty, by the skin of one's teeth, barely.

Achat [a'xɑːt] *m* (-[e]s; -e) agate.

Achilles|ferse [a'xiləs-] *fig. f* vulnerable (*or* soft) spot; **~sehne** *anat. f* Achilles tendon.

achro'matisch *adj.* achromatic.

Achs... ['aks-]: → *Achsen...*

Achse ['aksə] *f* (-; -n) **1.** axis, *pl.* axes; *sich um s-e* ~ *drehen* make a full turn; *die Erde dreht sich um ihre* ~ the earth rotates about its axis; **2.** *tech.* axle(-tree); shaft; *bewegliche* (*feststehende*) ~ articulated (stationary) axle; *econ. per* ~ **a)** by land carriage, **b**) by rail, **c**) by lorry (*Am.* truck); *fig. colloq. auf der* ~ on the move.

Achsel ['aksəl-] *f* (-; -*n*) shoulder; *die* ~ *zucken* shrug one's shoulders; *fig. über die* ~ *ansehen* look down upon; *auf die leichte* ~ *nehmen* make light of; **~bein** *anat. n* shoulder-blade; **~gelenk** *n* shoulder--joint; **~höhle** *f* armpit; **~klappe** *f*, **~stück** *n* → *Schulterklappe, -stück*; **~träger** *m* shoulder-strap.; *fig.* (*person*) timeserver, opportunist; **~zucken** *n* (-*s*) shrug (of the shoulders).

'**Achsen...**: **~abstand** *mot. m* wheel base; **~antrieb** *m* axle drive; **~aufhängung** *f* axle suspension; **~bruch** *m* breakdown of an axle; **~schnitt** *math. m* axial intercept; **~system** *math. n* system of coordinates; **~welle** *f* axle (driving) shaft.

'**achs-parallel** *adj.* axially parallel; *tech.* paraxial, axis parallel.

acht [axt] *adj.* eight; *in* ~ *Tagen* within a week, today week; *vor* ~ *Tagen* a week ago; *alle* ~ *Tage* every other week.

Acht[1] *f* (-; -*en*) (number *or* figure) eight.

Acht[2] *f* (-) outlawry, ban; proscription; *in* ~ *und Bann* under the ban; *in die* ~ *erklären, in* ~ *und Bann tun* outlaw, proscribe; *fig.* ostracize *a p.*, ban *a th.*

Acht[3] *f* (-) attention; *außer* 2 *lassen* disregard, pay no heed to, leave out of account; 2 *geben*, 2 *haben auf* pay attention, be attentive (*or* alert) to; *gib* 2*!* look (*or* watch) out!, careful!; *sich in* 2 *nehmen* take care (of o.s.), be on one's guard (*vor dat.* against); *nimm dich vor dem Hund in* 2*!* mind (*or* beware of) the dog!

'**achtbar** *adj.* respectable, hono(u)rable; **2keit** *f* (-) respectability.

achte ['axtə] *adj.* eighth; **~s** *Kapitel* eighth chapter *or* chapter eight; *Heinrich VIII.* Henry VIII (= the Eighth); *am* (*or den*) **~n** *April* (on) the eighth of April, 8th April, April 8th.

Achteck ['-ˀɛk] *math. n* (-[e]s; -e) octagon; **2ig** *adj.* octagonal.

Achtel ['axtəl] *n* (-*s*; -) eighth (part); *ein* **~***pfund* an eighth of a pound; **~note** *mus. f* quaver, *Am.* eighth note; **~pause** *mus. f* quaver rest, *Am.* eighth rest.

achten ['axtən] **I.** *v/t.* (*h.*) *j-n*: respect, (hold in high) esteem, have a high opinion of *a p.*; observe, abide by (*laws*); respect (*rights*); → *beachten, erachten*; **II.** *v/i.* (*h.*): ~ *auf* pay attention to; *achte auf meine Worte* mark my words; *darauf* ~*, daß* see to it that, take care that; *nicht* ~ *auf* be heedless of, disregard.

ächten ['ɛçtən] *v/t.* (*h.*) outlaw, proscribe; *fig.* ban; *socially*: ostracize.

Achtender ['-ˀɛndər] *hunt. m* (-*s*; -) stag of eight points.

achtens ['axtəns] *adv.* eighth(ly), in the eighth place.

'**achtenswert** *adj.* estimable, respectable.

'**Achter** *m* (-; -) (figure) eight; (*boat*) eight; *skating*: circle eight.

'**achter(n)** *mar. adj.* (ab)aft; **~aus** *adv.* (ab)aft, astern.

'**Achter...**: **~bahn** *f* switchback (railway), *Am.* roller-coaster; **~deck** *n* quarter-deck; **2lei** ['laɪ] *adj.* of eight different kinds (*or* types), eight (different kinds of); **~raum** *m* afterhold; **~rennen** *n*: *das* ~ the Eights *pl.*; **~schiff** *n* stern; **~steven** *m* stern post.

'**acht...**: **~fach, ~fältig** ['-fɛltiç] *adj.* eightfold, octuple; **~flächig** *math. adj.* octahedral; **2füßer** ['-fy:sər] *zo. m* (-*s*; -) octopod.

'**acht|geben, ~haben** → *Acht*[3].

'**acht...**: **~hundert** *adj.* eight hundred; **~jährig** *adj.* eight years old; of eight years.

'**achtlos** *adj.* inattentive, unheeding, careless; inconsiderate; **2igkeit** *f* (-) inattention, carelessness, unconcern, negligence.

'**acht...**: **~mal** *adv.* eight times; **2polröhre** *f radio*: hexagrid valve.

'**achtsam** *adj.* attentive (*auf acc.*) to; careful (of); **2keit** *f* (-) attentiveness; carefulness.

Acht...: **~stundentag** *m* eight-hour day; **2stündig** ['-ʃtyndiç] *adj.* eight--hour; **2tägig** *adj.* eight-day, lasting a week.

'**Achtung** *f* (-) **1.** attention; (*a. mil.*) ~*!* attention!; look out!, *Am.* watch out!; ~ *Stufe!* careful! mind the step!; *on signboards*: danger!, caution!, warning!; **2.** respect, esteem, regard; *alle* ~*!* congratulations!, not (at all) bad!; *bei aller* ~ *vor Ihnen* with due deference to you; ~ *erweisen* (*dat.*) pay respect to; ~ *gebieten* command respect; ~ *hegen für* have a high opinion of; *in hoher* ~ *stehen* be held in high esteem; *sich* ~ *verschaffen* make o.s. respected.

'**Ächtung** *f* (-) outlawing, proscription; *fig.* ban (on); *social*: ostracism.

'**Achtung...**: **2einflößend, 2gebietend** *adj.* inspiring (*or* commanding) respect, authoritative; **~s-erfolg** *m* succes d'estime (*Fr.*); **2svoll** *adj.* respectful.

'**achtzehn** *adj.* eighteen; **~te** *adj.* eighteenth.

achtzig ['axtsiç] *adj.* eighty; *in den* **~er** *Jahren* in the eighties; **2er(in** *f*) ['-gər(in)] *m* (-*s*; -; -; -*nen*) octogenarian; **~jährig** *adj.* eighty (years old), octogenarian; **~ste** ['-stə] *adj.* eightieth.

'**Achtzylindermotor** *m* eight--cylinder engine.

ächzen ['ɛçtsən] *v/i.* (*h.*) moan, groan (*vor dat.* with); 2 *n* (-*s*) groan(s *pl.*), groaning.

Acker ['akər] *m* (-*s*; ¨) field; arable (*or* farm) land; soil, ground; (*measure*) acre.

'**Ackerbau** *m* (-[e]s) agriculture; *n.s.* tillage, arable farming; **~maschine** *f* agricultural machine; **2treibend** *adj.* agricultural.

'**Acker...**: **~bestellung** *f* tillage; **~boden** *m* (arable) soil; **~bohne** *f* broad bean; **~erbse** *f* field pea; **~fläche** *f* acreage; **~furche** *f* furrow; **~gaul** *m* farm-horse; **~gerät** *n* agricultural implements *pl.*, farming tools *pl.*; **~gesetz** *n* agrarian law; **~krume** *f* top soil; **~land** *n* arable land; tilled land.

'**ackern** *v/t. and v/i.* (*h.*) plough (*Am.* plow), till; *fig.* work hard; → *durchackern.*

'**Acker...**: **~schleife** *f* field drag, *Am.* clod crusher; **~schlepper** *m* farm tractor; **~schnecke** *zo. f* field slug; **~scholle** *f* clod; **~walze** *f* land roller; **~winde** *bot. f* lesser bindweed.

a conto [a'kɔnto] *econ. adv.* on account.

Acrylsäure [a'kry:l-] *chem. f* acrylic acid.

ad absurdum [at ap'zurdum]: ~ *führen* reduce to absurdity.

ad acta [at 'akta]: ~ *legen* file away; *fig.* shelve, table *a matter.*

Adam ['ɑ:dam] *m* (-*s*; -*s*) Adam; *fig. den alten* ~ *ausziehen* turn over a new leaf; *nach* ~ *Riese* according to Spoker, *w.s.* obviously enough; **~s-apfel** *anat. m* Adam's apple; **~skostüm** *n*: *im* ~ in one's buff (*or* birthday suit).

addier|en [a'di:rən] *v/t.* (*h.*) add, sum up; **2maschine** *f* adding machine.

Addition [aditsi'o:n] *f* (-; -*en*) addition.

Additiv [-'ti:f] *chem. n* (-*s*; -e) additive.

ade [a'de:] → *adieu.*

Adel ['ɑ:dəl] *m* (-*s*) nobility, aristocracy; *Brit. niederer* ~ *the* gentry; *fig.* noble-mindedness; *von* ~ *sein* be of noble birth.

'**ad(e)lig** *adj.* noble (*a. fig.*), titled, of noble birth; **2e(r** *m*) ['-gə(r)] *f* (-*n*; -*n*; -*en*; -*en*) nobleman, aristocrat, peer; *f* noblewoman, lady of title; *die* **~en** *pl.* the nobles, the nobility.

'**adeln** *v/t.* (*h.*) ennoble (*a. fig.*); *Brit.* knight, raise to the peerage.

'**Adels...**: **~brief** *m* patent of nobility; **~buch** *n* peerage-book; **~krone** *f* coronet; **~prädikat** *n* nobiliary prefix; **~stand** *m* nobility; *Brit.* peerage; *in den* ~ *erheben* knight; **~stolz** *m* aristocratic pride.

Ader ['ɑ:dər] *f* (-; -*n*) *anat.* vein, vessel, artery; *bot., geol., in marble, etc.* (*a. fig., poetic, etc.*) vein; *in wood*: *a.* grain, streak; *of cable*: core; *j-n zur* ~ *lassen* bleed a p. (*a. fig.*); *er hat e-e leichte* ~ he is a happy-go-lucky fellow.

Äderchen ['ɛ:dərçən] *n* (-*s*; -) small vein, veinlet.

'**Aderlaß** ['-las] *m* (-*sses*; ¨*sse*) blood-letting.

'**ädern** *v/t.* (*h.*) vein, streak.

'**Ader...**: **~presse** *f* tourniquet; **~ung** *f* (-; -*en*) veining; *bot.* nervation.

Adhäsion [athɛzi'o:n] *phys. f* (-; -*en*) adhesion.

adieu [a'djø:] *int.* good-by(e), farewell, adieu; **A'dieu** *n* (-*s*; -*s*) farewell, adieu.

Adjektiv ['atjɛkti:f] *gr. n* (-*s*; -e) adjective; **2isch I.** *adj.* adjectival; **II.** *adv.* adjectively.

Adjutant [atju'tant] *m* (-*en*; -*en*) adjutant, *of general*: aide(-de--camp), *Am.* aid.

Adler ['ɑ:dlər] *m* (-*s*; -) eagle; *junger* ~ eaglet; *herald.* (*Doppel*2 double-

-headed) eagle; **~auge** *fig. n*: *mit e-m ~* eagle-eyed; **~horst** *m* aerie; **~nase** *f* aquiline nose.

adlig ['ɑːdliç] *adj.* → *adelig.*

Admiral [atmi'rɑːl] *mar. m* (-s; -e) admiral (*a. butterfly*); **~i'tät** *f* (-; -en) admiralty; **~sflagge** *f* admiral flag; **~s-schiff** *n* flagship; **~stab** *m the* naval staff; **~swürde** *f* admiralship.

adop'tieren *v/t.* (*h.*) adopt.

Adopti'on *f* adoption.

Adoptiv|bruder [adɔp'tiːf-] *m* brother by adoption; **~eltern** *pl.* adoptive parents; **~kind** *n* adoptive child.

Adrenalin [adrena'liːn] *n* (-s) adrenaline.

Adressant [adrɛ'sant] *m* (-en; -en) sender; drawer (*of bill of exchange*).

Adressat ['-sɑːt] *m* (-en; -en) addressee; *of goods*: consignee; *of bill of exchange*: drawee.

Adreßbuch [a'drɛs-] *n* directory.

Adresse [a'drɛsə] *f* (-; -n) address; *per ~* care of (*abbr.* c/o); *falsche ~* misdirection; *econ. money market*: *erste ~* first-class borrower; *fig. an die falsche ~ kommen* go to the wrong shop, *w.s.* come to the wrong address, catch a Tartar; **~nnachweis** *m* address bureau.

adres'sier|en *v/t.* (*h.*) address, direct (*an acc.* to); *econ.* consign (*goods*); *falsch ~* misdirect; **2maschine** *f* addressing machine.

adrett [a'drɛt] *adj.* smart, dressy, neat.

adsorbieren [atzɔr'biːrən] *chem. v/t.* (*h.*) adsorb; *~de Substanz* adsorbate.

Adsorption [-ptsi'oːn] *f* (-; -en) adsorption; **~svermögen** *n* (-s) adsorbing power.

'A-Dur *n* A major.

Advektion [atvɛktsi'oːn] *phys. f* (-; -en) advection.

Advent [at'vɛnt] *eccl. m* (-[e]s) advent; **Adventist** *m* (-en; -en) Adventist.

Ad'vents|sonntag *m* Advent Sunday; **~zeit** *f* Advent season.

Adverb [at'vɛrp] *gr. n* adverb; **2ial** [-bi'ɑːl] *adj.* adverbial; *~e Bestimmung* adverbial qualification; **~i'alsatz** *m* adverb clause.

Advokat [atvo'kɑːt] *m* (-en; -en) advocate, lawyer; **~enkniff** *m* lawyer's trick.

Aero|dy'namik [aero-] *phys. f* aerodynamics *pl.*; **2dy'namisch** *adj.* aerodynamic; streamlined; **~me'chanik** *f* aeromechanics *pl.*; **~'nautik** *f* aeronautics *pl.*; **~sol** [-'zoːl] *n* (-s; -e) aerosol; **~stat** [-'stɑːt] *m* (-en; -en) aerostat; **~'statik** *f* aerostatics *pl.*

Affäre [a'fɛːrə] *f* (-; -n) (*a. love-*) affair; incident; matter, business; case; *sich aus der ~ ziehen* back out (of the business), wriggle out, *adroitly*: master the situation, rise to the occasion.

Affe ['afə] *m* (-n; -n) monkey; ape; *colloq. fig.* **a**) dandy, coxcomb, **b**) silly fool, ass; *sl. mil.* pack, knapsack; *e-n ~n haben sl.* be plastered; *e-n ~n an j-m gefressen haben* be infatuated with a p., be nuts about a p.; *colloq. ich denke, mich laust der ~* well, I'll be hanged.

Affekt [a'fɛkt] *m* (-[e]s; -e) emotion, passion; *im ~* under the urge of passion; *im ~ begangen, ~...* *a.* emotional; **~handlung** *jur. f* act committed in the heat of passion

affek'tier|en *v/t.* (*h.*) affect; **~t** *adj.* affected, artificial; conceited; **2theit** *f* (-) affectation; mannerism.

äffen ['ɛfən] *v/t.* (*h.*) mock, tease; dupe, hoax.

'Affen...: **2artig** ['-ɑːrtiç] *adj.* apish, simian; *colloq. mit ~er Geschwindigkeit* like a greased lightning; **~brotbaum** *m* baobab; **~komödie** *f* → *Affentheater*; **~liebe** *f* (-) doting love; **~mensch** *m* pithecanthropus; **~pinscher** *m* Brussels griffon, pug; **~schande** *f* (-) crying shame; **~theater** *n* complete farce, foolery; *w.s.* crazy business; **~weibchen** *n* → *Äffin.*

'affig *colloq. adj.* foppish; silly.

'Äffin *f* (-; -nen) she-ape, female ape (*or* monkey).

affinieren [afi'niːrən] *chem. v/t.* (*h.*) refine.

Affini'tät *f* (-) affinity.

Afrika ['ɑːfrika] *n* (-s) Africa; **~forscher** *m* African explorer; **Afrika|ner(in** *f*) [afri'kɑːnər-] *m* (-s; -; -; -nen), **2nisch** *adj.* African.

After ['aftər] *anat. m* (-s; -) anus; *ichth., orn.* vent; *mining*: tailings; **~gelehrter** *m* pseudoscholar; **~kritiker** *m* would-be critic; **~lehen** *n* mesne-fief; **~miete** → *Untermiete*; **~pacht** *f* subtenancy; **~rede** *f* slander, calumny.

ägäisch [ɛː'gɛːiʃ] *adj.*: *2es Meer* Aegean sea.

agam [a'gɑːm] *bot., zo. adj.* agamic.

Agat [a'gɑːt] *m* (-[e]s; -e) → *Achat.*

Agave [a'gɑːvə] *bot. f* (-; -n) agave.

Agend|a [a'gɛnda] *f* (-; -den) memorandum-book; **~e** *eccl. f* (-; -n) liturgy.

Agens ['ɑːgɛns] *chem. n* (-) (re-) agent; *fig.* driving force; (decisive) factor.

Agent(in *f*) [a'gɛnt-] *m* (-en; -en; -; -nen) agent; *pol.* (intelligence) agent; confidential agent.

Agentur [agɛn'tuːr] *f* (-; -en) agency; bureau.

Agglomerat [aglome'rɑːt] *n* (-[e]s; -e) *geol.* agglomerate, sinter cake; *fig.* agglomeration.

agglutinieren [agluti'niːrən] *v/i.* (*h.*) agglutinate.

Aggregat [agre'gɑːt] *n* (-[e]s; -e) *phys.* aggregate; *tech.* set (of machines), unit, aggregate; (*admixture*) aggregate; **~zustand** *m* state of aggregation.

Agres|sion [agrɛsi'oːn] *f* (-; -en) aggression; **2siv** [-'siːf] *adj.* aggressive, belligerent.

Ägide [ɛː'giːdə] *f* (-) aegis, protection; *unter der ~* (*gen.*) under the auspices of.

agieren [a'giːrən] *v/i.* (*h.*) act, operate.

agil [a'giːl] *adj.* agile.

Agio ['ɑːdʒo] *econ. n* (-s) premium, agio; **~papiere** *n/pl.* premium bonds; **~'tage** *f* stock-jobbing.

Agitation [agitatsi'oːn] *f* (-; -en) agitation (*a. tech.*).

Agitator [-'tɑːtɔr] *m* (-s; -'toren) agitator, fomenter, rabble-raiser; demagogue; **agitatorisch** [-ta'toːriʃ] *adj.* fomenting, demagogical; seditious.

Agnost|iker [a'gnɔstikər] *m* (-s; -), **2isch** *adj.* agnostic.

Agonie [ago'niː] *f* (-; -n) *med., a. fig.* agony, death-struggle.

Agraffe [a'grafə] *f* (-; -n) clasp, brooch.

Agrar|gesetze [a'grɑːr-] *n/pl.* agrarian laws; **~politik** *f* agrarian policy; **~preise** *m/pl.* prices of farm products, farm prices; **~reform** *f* agrarian reform; **~staat** *m* agrarian state; **~wirtschaft** *f* farming.

Ägypt|en [ɛː'gyptən] *n* (-s) Egypt; *sich nach den Fleischtöpfen ~s sehnen* long for the fleshpots of Egypt; **~er(in** *f*) *m* (-s; -; -; -nen), **2isch** *adj.* Egyptian; *es herrschte eine ägyptische Finsternis* it was pitch-dark.

ah [ɑː] *int.* ah!; pooh!, ugh!; **aha** [a'ha] *int.* aha!, Oh, I see!; there you see!

äh [ɛː] *int.* pooh!, ugh!; er!

Ahle ['ɑːlə] *f* (-; -n) awl, pricker; *typ.* point, bodkin; *tech.* reamer, broach.

Ahn [ɑːn] *m* (-[e]s; -en) ancestor, forbear; grandfather; **~en** *pl. a.* forefathers; ancestry *sg.*

ahnd|en ['ɑːndən] *v/t.* (*h.*) avenge; punish; **2ung** *f* (-; -en) revenge, punishment.

ähneln ['ɛːnəln] *v/i.* (*h.*) (*dat.*) look (*or* be) like, resemble, bear a (remote) resemblance to; take after (*the mother, father*).

ahnen ['ɑːnən] *v/t.* (*h.*) anticipate, foresee; have a presentiment (*or* hunch) of (*or* that); have a foreboding of; divine, sense; suspect; *ohne zu ~, daß* without dreaming that; *wie konnte ich ~* how was I to know (*or* tell); *~ lassen* foreshadow, presage, *w.s.* give an idea of.

'Ahnen...: **~forschung** *f* ancestry research; **~kult** *m* ancestor worship; **~reihe** *f* line of ancestors; **~schein** *m* genealogical chart; **~tafel** *f* genealogical tree, pedigree.

'Ahn|frau *f* ancestress; **~herr** *m* ancestor.

'ähnlich *adj.* resembling; similar (*dat.* to) like, alike; analogous (to), corresponding; *e-e ~e Methode wie die* a method similar to the one *that*; *j-m ~ sehen* look (very much) like a p.; *iro. das sieht dir ganz ~* that's just like you, you would do (*or* say) that; *er wird der Mutter ~* he takes after his mother; → *sprechend*; **2keit** *f* (-; -en) resemblance (*mit* to), likeness (to); *fig.* similarity (to), analogy (to); *viel ~ haben mit* be *or* look very much like, be very similar to, resemble strongly.

'Ahnung *f* (-; -en) presentiment, hunch; foreboding, misgiving; suspicion; idea; *ich hatte keine blasse ~ davon* I had not the faintest notion (*or* idea) of it; *colloq. er hatte keine ~ von Tuten und Blasen* he didn't know the first thing about it; *keine ~!* no idea!; **2slos** *adj.* unsuspecting, without misgivings; innocent; **2svoll** *adj.* full of presentiment; ominous, portentous.

Ahorn ['ɑːhɔrn] *bot. m* (-s; -e)

maple(-tree); **~holz** *n* maple (wood).
Ähre ['ɛ:rə] *bot. f* (-; -*n*) ear; *of flower*: spike, *of grass*: head; *~n lesen* glean; *~n tragend* eared; **~nleser(in** *f*) *m* gleaner.
ais ['ɑ:ʔis] *n* (-) A sharp.
Akademie [akade'mi:] *f* (-; -*n*) academy.
Akademiker [-'de:mikər] *m* (-*s*; -) university(-bred) man, (university) graduate; professional man; academician.
aka'demisch *adj.* academic(ally *adv.*); e-e *~e Frage* an academic problem; *~ gebildet* having a university education, university-bred.
Akazie [a'kɑ:tsiə] *f* (-; -*n*), **~nholz** *n* acacia; **~ngummi** *m* gum arabic.
akklimatisier|en [aklimati'zi:rən] *v/t.* (*h.*) (*a. fig.*) acclimatize, acclimate; **≈ung** *f* (-) acclimatization, acclimation.
Akkord [a'kɔrt] *mus. m* (-[*e*]*s*; -*e*) chord; *fig.* accord, harmony; *econ.* settlement; composition (*with creditors*); *wages*: piece-work; *im ~* by the piece (*or* job); *in ~ geben* (*nehmen* let by (take in) contract; **~arbeit** *f* piece-work; **~arbeiter** *m* piece worker.
Akkordeon [a'kɔrdeɔn] *n* (-*s*; -*s*) accordion.
akkordieren [akɔr'di:rən] **I.** *v/t.* (*h.*) arrange; **II.** *v/i.* (*h.*) agree, compromise (*mit* with, *über* upon); *econ.* arrange, compound (*mit* with, *wegen* for).
Ak'kord...: **~lohn** *m* piece-wages *pl.*; **~satz** *m* piece(-per-hour) rate; **~system** *n* competitive wage system.
akkreditieren [akredi'ti:rən] *v/t.* (*h.*) accredit (*bei* to); *econ.* open a credit in favo[u]r of *a p.*
Akkreditiv [-'ti:f] *econ. n* (-*s*; -*e*) letter of credit (*abbr.* L/C); *bestätigtes ~* confirmed (letter of) credit; *unwiderrufliches ~* irrevocable L/C; *~ mit Dokumentenaufnahme* documentary L/C; *j-m ein ~ eröffnen* open a credit in favo(u)r of a p.; **~gestellung** *f* opening of a credit; **~schreiben** *n* credentials *pl.*
Akku ['aku] *m* (-*s*; -*s*) → *Akkumulator.*
Akku|mulator [akumu'lɑ:tɔr] *tech. m* (-*s*; -'*toren*) (battery) accumulator, storage battery; **~mu'latorelement** *n* storage-battery cell; **~mulatorenfahrzeug** [-mula'to:rən-] *n* accumulator (*or* battery) car; **~mu'latorsäure** *f* accumulator acid, electrolyte.
akkumu'lieren *v/t.* (*h.*) accumulate.
akkurat [aku'rɑ:t] *adj.* accurate.
Akkuratesse [-ra'tɛsə] *f* (-) accuracy.
Akkusativ ['akuza'ti:f] *gr. m* (-*s*; -*e*) accusative, objective case; **~objekt** *n* direct object.
Akontozahlung [a'kɔnto-] *econ. f* payment on account; instal(l)ment; *als ~ erhalten* received on account.
Akquisiteur [akvizi'tø:r] *m* (-*s*; -*e*) agent, canvasser; insurance agent.
Akribie [akri'bi:] *f* (-) scientific precision, meticulosity.
Akridin|farbstoff [akri'di:n-] *m* acridine dye; **~säure** *f* acridic acid.
Akrobat [akro'bɑ:t] *m* (-*en*; -*en*), **~in** *f* (-; -*nen*) acrobat; **~ik** *f* (-) acrobatics *pl.*; **≈isch** *adj.* acrobatic.
Akt [akt] *m* (-[*e*]*s*; -*e*) act; *~ der Verzweiflung* desperate deed; *thea.* act; *physiol.* act (of love), coitus; *paint.* nude.
Akte ['aktə] *f* (-; -*n*) (official) document, (legal) instrument, deed; file, record; *zu den ~n* to be filed; *zu den ~n legen* put on file, *fig.* shelve, pigeon-hole.
'Akten...: **~deckel** *m* folder; **~einsicht** *f* inspection of records; **~hefter** *m* document file; **~klammer** *f* paper clip; **≈kundig** *adj.* on (the) record; **~mappe** *f* document-case, portfolio; brief-case; **≈mäßig** *adj.* documentary; *~ festlegen* place on record; **~mensch** *m* red-tapist; **~notiz** *f* memo(randum); **~papier** *n* foolscap (paper); **~schrank** *m* filing cabinet; **~stoß** *m* bundle (*or* pile) of documents; **~stück** *n* document; file; **~tasche** *f* → *Aktenmappe*; **~zeichen** *n* reference (number), file number.
Aktie ['aktsiə] *econ. f* (-; -*n*) share, *Am.* stock; share (*Am.* stock) certificate; *die ~n stehen gut* shares are at a premium, *colloq. fig.* prospects are fine; *s-e ~n sind gestiegen* (*a. fig.*) his stock has gone up.
Akteur [ak'tø:r] *m* (-*s*; -*e*) *thea. and fig.* actor.
'Aktien...: **~ausgabe** *f* issue of shares (*Am.* stock); **~bank** *f* (-; -*en*) joint-stock (*Am.* incorporated) bank; **~besitz** *m* (share, *Am.* stock) holdings; **~besitzer** *m* shareholder, *esp. Am.* stockholder; **~börse** *f* stock exchange; **~gesellschaft** *f* (public) limited company, *Am.* (stock) corporation; **~kapital** *n* share capital, *Am.* capital stock; **~markt** *m* market for shares, *Am.* stock market; **~mehrheit** *f* majority stock; *die ~ besitzen* hold the control(l)ing interest; **~notierung** *f* quotation of shares; **~paket** *n* block (*or* parcel) of shares; **~schein** *m* share warrant, *Am.* certificate of stock; **~zertifikat** *n* share certificate.
aktinisch [ak'ti:niʃ] *adj. chem.* actinic.
Aktion [aktsi'o:n] *f* (-; -*en*) action; measure; (*advertising, etc.*) campaign, drive; scheme, project; *~en pl.* activities; *in ~* in action; *in ~ setzen* (*treten*) bring (enter) into action.
Aktionär [aktsio'nɛ:r] *m* (-*s*; -*e*) shareholder, *Am.* stockholder; **~versammlung** *f* → *Generalversammlung.*
Akti'ons...: **~bereich** *m* radius (*or* range) of action, *mil. a.* (effective) range; *tech. and fig.* range; **~freiheit** *f* (-) freedom of action; **~radius** *m* → *Aktionsbereich.*
aktiv [ak'ti:f] *adj.* active (*a. participation*; *a. person*); *chem.* activated (*carbon, etc.*); *econ.* favo(u)rable (*balance-sheet*); *~er Dienst* active duty; regular (*soldier, troops*); *~e Konjunkturpolitik* positive counter-cyclical policy; *~es Personal* serving staff *of a bank, etc.*; *~er Student* member of an academic fraternity; *~es Wahlrecht* franchise; *~er Wortschatz* using vocabulary.
Aktiva [ak'ti:va] *econ. n/pl.* assets, resources; *~ und Passiva* assets and liabilities.
Ak'tiv...: **~bestand** *m* assets *pl.*; **~bilanz** *f* favo(u)rable balance; **~geschäft** *n* business on the assets side, credit transaction; **~handel** *m* active trade.
aktivieren [akti'vi:rən] *v/t.* (*h.*) *econ.* enter on the asset side, assetize; *chem. and fig.* activate.
Akti'vierung *f* (-; -*en*) *econ.* entry on the asset side; assigning asset-value (*gen.* to); *w.s.* improvement, surplus; *phys. and fig.* activation.
Akti'vist *m* (-*en*; -*en*) activist.
Aktivi'tät *f* (-) activity.
Ak'tiv...: **~kohle** *f* activated carbon; **~posten** *m* credit item, asset; **~saldo** *m* credit balance; **~seite** *f* asset side; **~zinsen** [-tsinzən] *m/pl.* outstanding interest *sg.*
'Akt|modell *n* nude-model; **~studie** *f* study from the nude.
Aktualität [aktuali'tɛ:t] *f* (-; -*en*) topicality; **~enkino** *n* newsreel cinema.
aktuell [-'ɛl] *adj.* topical, of immediate interest; *report* on current affairs; current-events *lecture*; present-day, immediate, acute *problem*; urgent.
Akust|ik [a'kustik] *f* (-) acoustics; **≈isch** *adj.* acoustic.
akut [a'ku:t] *adj. med.* acute; *fig. a.* burning, pressing.
Akzent [ak'tsɛnt] *m* (-[*e*]*s*; -*e*) accent; stress (*a. fig.*); **≈los** *adj.* without accent; **≈uieren** [-tu'i:rən] *v/t.* (*h.*) accent, (*a. fig.*) accentuate, stress; **~verschiebung** *f* shift of emphasis.
Akzept [ak'tsɛpt] *econ. n* (-[*e*]*s*; -*e*) acceptance; accepted bill; *mangels ~* in default of acceptance; *zum ~ vorlegen* present for acceptance.
akzeptabel [-'tɑ:bəl] *adj.* acceptable (*für* to).
akzep'tieren *v/t.* (*h.*) accept; *econ. a.* hono(u)r (*a bill*); *nicht ~* dishonour.
Akzidenz|druck [aktsi'dɛnts-] *typ. m* (-[*e*]*s*; -*e*) job-printing; **~schrift** *f* job types *pl.*
Akzise [ak'tsi:zə] *f* (-; -*n*) excise.
Alabaster [ala'bastər] *m* (-*s*) alabaster; **~gips** *m* gypseous alabaster.
Alarm [a'larm] *m* (-[*e*]*s*; -*e*) alarm; air-raid warning, alert; → *blind*; *~ blasen or schlagen* sound *or* give the alarm; **~anlage** *f* alarm system; **≈bereit** *adj.* on the alert; **~bereitschaft** *f* alert, stand-by; **~glocke** *f* alarm bell, tocsin.
alar'mieren *v/t.* (*h.*) alarm (*a. fig.*), alert.
A'larm...: **~signal** *n* alarm signal; **~stufe** *f* alert phase; **~zeichen** *n* danger signal (*a. fig.*); **~zustand** *m* (*im ~* on the) alert.
Alaun [a'laun] *m* (-[*e*]*s*; -*e*) alum; **~erde** *f* alumina; **≈haltig** *adj.* aluminous; **~werk** *n* alum-works *pl. and sg.*
Alban|ien [al'bɑ:niən] *n* (-*s*) Albania; **~ier(in** *f*) *m* (-*s*; -; -; -*nen*), **≈isch** *adj.* Albanian.
albern ['albərn] *adj.* foolish, silly,

absurd; *sei nicht ~!* be your age!; **2heit** *f* (-; *-en*) foolishness, silliness.
Albino [al'bi:no] *m* (*-s*; *-s*) albino.
Album ['album] *n* (*-s*; *-ben*) album.
Albumin [albu'mi:n] *n* (*-s*; *-e*) albumen; **~stoff** *m* albuminous substance, protein.
Alchimie [alçi'mi:] *f* (-) alchemy.
Aldehyd [alde'hyt] *n* (*-s*; *-e*) aldehyde.
Alge ['algə] *f* (-; *-n*) alga (*pl.* -ae), seaweed.
Algebra ['algebra] *f* (-) algebra; **algebraisch** [-'brɑ:iʃ] *adj.* algebraic(al).
algerisch [al'ge:riʃ] *adj.* Algerian.
alias ['ɑ:lias] *jur.* alias, also known as.
Alibi ['ɑ:libi] *jur. n* (*-s*; *-s*) alibi; *sein ~ nachweisen* prove one's alibi.
Alimente [ali'mɛntə] *pl.* alimony; **2npflichtig** *adj.* liable to pay alimony.
aliphatisch [ali'fɑ:tiʃ] *chem. adj.* aliphatic.
Alkali [al'kɑ:li] *chem. n* (*-s*; *-en*) alkali; **2artig** [-ɑ:rtiç] *adj.* alkaloid; **2fest** *adj.* alkali-proof; **2sch** *adj.* alkaline; **2'sieren** *v/t.* (*h.*) alkalize.
Alkohol ['alkohol] *m* (*-s*; *-e*) alcohol; *drink: usu.* liquor, spirits *pl.*; **2frei** *adj.* non-alcoholic, soft (*drink*); **~gehalt** *m* alcoholic strength (*or* content); **2haltig** *adj.* alcoholic.
Alkoholiker [-'ho:likər] *m* (*-s*; -) alcoholic, dipsomaniac; **alko'holisch** *adj.* alcoholic; *~e Getränke* alcoholic drinks, spirits; **alkoholi'sieren** *v/t.* (*h.*) alcoholize.
'Alkohol...: **~probe** *mot. f* alcohol test; **~schmuggler** *m* liquor smuggler, bootlegger; **~verbot** *n* Prohibition; **~vergiftung** *f* alcoholic poisoning.
Alkoven [al'ko:vən] *m* (*-s*; -) alcove, recess.
all [al] **I.** *pron.* all; *~e beide* both of them; *~e und jeder* all and sundry; *sie* (*wir*) *~e* all of them (us); *~e außer* all but; *~e die* all who *or* that, whoever, *officially*: any persons who; *das ~es* all that *or* this; **II.** *adj.* all; every, each; any; *~e Augenblicke* ever so often; *~e* (*zwei*) *Tage* every (other) day; *~e acht Tage* once a week; *auf ~e Fälle* in any case, at all events; *ein für ~emal* once for all; *~e Menschen* all men, everybody; *~e Welt* all the world; *in ~er Form* in good and due form; *~es Gute* all the best; → *alle, alles* (*su.*).
All *n* (*-s*) universe, cosmos, world.
all...: **~abendlich** *adv.* every evening; **~bekannt** *adj.* universally known, *b.s.* notorious; *es ist ja ~* it is nobody's secret; **~deutsch** *pol. adj.*, **2deutsche(r** *m*) *f* pan-German.
alle ['alə] *colloq. adv.* at an end, (all) gone; *~ machen* do away with, finish; *~ werden* run out; *die Dummen werden nie ~* fools will never die out, there is a sucker born every minute.
Allee [a'le:] *f* (-; *-n*) avenue; (tree-)lined) walk.
Allegorie [alego'ri:] *f* (-; *-n*) allegory; **allegorisch** [-'go:riʃ] *adj.* allegoric(al).
allein [a'laın] **I.** *adj. pred. and adv.* alone; unassisted, single-handed, by oneself; solo; *für sich ~* separately, individually; only, merely; exclusively; no less than; *dies ~ genügt nicht* this alone won't do; *das schafft er ganz ~* he will do it single-handed; *schon ~ der Gedanke* the mere thought, the very idea; **II.** *cj.* yet, but, however.
Al'lein...: **~besitz** *m* exclusive possession; **~erbe** *m*, **~erbin** *f* sole (*or* universal) heir(ess *f*); **~flug** *m* solo flight; **~gang** *m sports*: solo run; *fig.* et. *im ~ machen* do a th. on one's own; **~herrscher** *m* autocrat, absolute monarch; **~hersteller** *m* sole manufacturer.
al'leinig *adj.* only, sole, exclusive.
Al'lein...: **~sein** *n* loneliness, solitariness; **2seligmachend** *adj. the* only true *or* saving *faith*; **2stehend** *adj.* standing apart, isolated; detached (*building*); *person*: **a**) alone (in the world), **b**) single, unmarried; **~unterhalter** *thea. m* solo entertainer; **~verkauf** *m* monopoly, exclusive right of sale; **~vertreter** *m* sole *or* exclusive agent (*or* distributor); **2vertretungsberechtigt** *adj.* having sole power of representation; **~vertrieb** *m* exclusive distribution.
allemal ['alə'mɑ:l] *adv.* every time, always; *ein für ~* once for all; *colloq. ~!* any time!, you bet!
allenfalls ['alən'fals] *adv.* at all events; if need be; at most, at best; possibly, perhaps.
allenthalben ['alənt'halbən] *adv.* everywhere, on all sides.
aller... ['alər-]: **~art** *adj.* of all kinds *or* sorts, all kinds of; **~äußerst** *adj.* outermost; *fig.* utmost; keenest, (rock)bottom *price*; **~best** *adj.* best of all, very best; *aufs ~e* in the best possible manner, greatly; **~dings** ['-'diŋs] **I.** *adv.* certainly; of course, to be sure; indeed; at any rate; it is true, though; *~!* certainly!, sure!; *das ist ~ wahr* I must admit (*or* as a matter of fact) this is true; **II.** *cj.* though; **~erst** **I.** *adj.* first and foremost, prime; **II.** *adv.*: *zu ~* first of all.
Allergie [alɛr'gi:] *f* (-; *-n*) allergy; **allergisch** [a'lɛrgiʃ] *adj.* allergic(al) (*gegen* to).
'aller...: **~hand** *adj.* all kinds (of), diverse, sundry; *~ Geld* quite a pile of money; *colloq. das ist ~!* **a**) not bad!, **b**) that's a bit thick!; **2'heiligen** *n* (-) All Saints Day; **~'heiligst** *adj.* most holy; **2'heiligste(s)** *n* (*-n*) Holy of Holies; *esp. fig.* inner sanctum; **~höchst** *adj.* highest of all; *auf ~en Befehl* by command of His Majesty; **~höchstens** *adv.* at the very most, *Am. a.* at the outside; **~lei** ['-laı] *adj.* → *allerhand*; **2lei** *n* (*-s*; *-s*) medley; **~letzt** *adj.* very last; latest (*fashion, etc.*); *das 2e* the last word; **~liebst** *adj.* (most) lovely, sweet; *am ~en* best of all; **~mindestens** *adv.* at the very least; **~nächst** *adj.* very next; *in ~er Zeit* in a very near future; **~neu(e)st** *adj.* very newest *or* latest; *die ~e Mode* the latest fashion *or* cry; *das 2e a.* the last word; **2'seelen** *eccl. n* (-) All Souls' Day; **~seits** ['-'zaıts] *adv.* on all sides; to all (of you); **2'weltskerl** *m* devil of a fellow, crackerjack; **~wenigst** *adj.*: *am ~en* least of all; **2werteste(r)** *colloq. m* (*-n*; *-n*) backside, behind.
alles ['aləs] *pron.* all, everything, the whole (of it), the lot, the works; all people, everybody; *~ in allem* all things considered, all told; *~ Amerikanische* all things American; *~ was* all that; *er kann ~* he can do anything; *er ist mein 2* he is my all; *~ zu seiner Zeit* everything at its proper time; *auf ~ gefaßt sein* be prepared for the worst; → *Mädchen*; → *all.*
'alle-samt *adv.* altogether; all of them, to a man.
'alles...: **~fressend** *adj.* omnivorous; **2kleber** *m* hold-all liquid glue.
'allezeit *adv.* all the time, always.
'All|gegenwart *f* omnipresence, ubiquity; **2gegenwärtig** *adj.* omnipresent, ubiquitous.
'allgemein **I.** *adj.* general, common; overall, universal; *~e Redensart* generality; *mit ~er Zustimmung* by common consent; **2es** General (Data); **II.** *adv.* generally, in general; generically; *~ anerkannt* generally accepted; *~ gesprochen* generally speaking; *~ verbreitet* widespread, popular.
Allge'mein...: **~befinden** *n* general condition; **~bildung** *f* general (*or* all-round) education; **2gültig** *adj.* generally accepted; **~gut** *n* public property; *fig. a.* common knowledge; **~heit** *f* (-) generality, universality; general public; **~unkosten** *pl.* overhead (charges); **2verständlich** *adj.* intelligible to all, popular; **~wohl** *n* common weal.
All...: **'~gewalt** *f* omnipotence; **'2gewaltig** *adj.* all-powerful, omnipotent; **~'heilmittel** *n* panacea, cure-all (*a. fig.*).
Allianz [ali'ants] *f* (-; *-en*) alliance.
Alligator [ali'gɑ:tɔr] *m* (*-s*; *-'toren*) alligator.
alliier|en [ali'i:rən]: *sich ~* (*h.*) ally o.s. (*mit* to, with); *alliierte Truppen* allied forces; **2te(r)** [-tə(r)] *m* (*-n*; *-n*) ally; *die ~n pl.* the Allies.
'all...: **~jährlich** *adj.* yearly, annual(ly *adv.*); *adv. a.* every year; **2macht** *f* omnipotence; **~mächtig** *adj.* all-powerful, omnipotent; *der 2e* (*Gott*) our Lord; **~mählich** ['al'mɛ:liç] *adj.* gradual(ly *adv.*); *adv. a.* by degrees, little by little; **~monatlich** *adj. and adv.* monthly; every month.
Allonge [a'lɔŋʒə] *f* (-; *-n*) allonge; *typ.* fly leaf.
Allopath [alo'pɑ:t] *m* (*-en*; *-en*) allopath(ist); **Allopa'thie** *f* (-) allopathy; **allo'pathisch** *adj.* allopathic(ally *adv.*).
Allotria [a'lo:tria] *pl.* pranks *pl.*, merrymaking, *Am. a.* monkeyshines; *~ treiben* make merry, skylark.
'All...: **~parteien...** all-party ...; **~rad-antrieb** *mot. m* all-wheel drive; **2seitig** ['-zaıtiç] *adj.* universal, all-round; **~strom** *m el.* universal current, alternating cur-

rent-direct current (*abbr.* AC-DC); **~strom·empfänger** *m* AC-DC (*or* all-mains) receiver; **~tag** *m* everyday life, workaday routine; **2täglich** *adj.* daily; *fig.* everyday, common, trivial, routine; **~täglichkeit** *f* (-; *-en*) everyday occurrence, triteness, triviality; **~tags...** common(place), everyday, routine; **~tagsleben** *n* (-*s*) everyday (*or* workaday) life; **2umfassend** *adj.* all-embracing, comprehensive.

Allüren [a'ly:rən] *pl.* (grand) airs, mannerisms.

All|wellenempfänger *m* all-wave receiver; **~wetterkarosse'rie** *mot. f* all-weather body; **2wissend** *adj.* all-knowing, omniscient; **~wissenheit** *f* (-) omniscience; **2wöchentlich** *adj.* weekly, hebdomadal; **2zu** *adv.* (much) too, far too; **2zuviel** *adv.* too much, overmuch; ~ *ist ungesund* enough is as good as a feast; **~zweck...** all-purpose ..., general-purpose ..., all-duty ..., universal.

Alm [alm] *f* (-; *-en*) Alpine pasture.

Almanach ['almanax] *m* (-*s*; -*e*) almanac.

Almosen ['almo:zən] *n* (-*s*; -) alms, charity, *contp.* hand-out.

Aloe ['a:loe] *bot. f* (-; *-n*) aloe; **~hanf** *m* agava.

Alp[1] [alp] *m* (-[e]s; -e), **'~drücken** *n* nightmare.

Alp[2], **~e** *f* (-; *-pen*) → *Alm.*

Alpaka [al'paka] *n* (-*s*; -*s*) (*wool*) alpaca; (*alloy*) = **~silber** *n* plated German silver.

al pari [al 'pa:ri] *econ. adv.* at par; **Al-'pari-Emission** *f* at par issue.

Alpen ['alpən] *pl.* Alps; *diesseits der* ~ cisalpine; *jenseits der* ~ transalpine; **~bahn** *f* Alpine railway; **~glühen** *n* (-*s*) alpenglow; **~jäger** *mil. m* chasseur alpin (*Fr.*); **~rose** *f* Alpine rose, rhododendron; **~veilchen** *n* cyclamen.

Alpha ['alfa] *n* (-[*s*]; -*s*) alpha.

Alphabet [-'be:t] *n* (-[e]s; -e) alphabet; **2isch** *adj.* alphabetic(al).

'Alpha|strahlen *phys. m/pl.* alpha rays; **~teilchen** *n* alpha particle.

alpin [al'pi:n] *adj.* Alpine; **Alpi'nist(in** *f*) *m* (-*en*; -*en*; -; -*nen*) Alpinist, mountaineer.

Alraun [al'raun] *bot. m* (-[e]s; -e), **~e** *f* (-; *-n*) mandrake.

als [als] *cj. after comp. and rather, else, other, otherwise*: than; *ich würde eher sterben* ~ I should die rather than; *after neg.*: but, except; *alles andere als hübsch* anything but pretty; as, like: *er behandelte mich* ~ *einen Freund* he treated me as a friend; ~ *Entschuldigung* by way of excuse; ~ *Geschenk* for a present; *er starb* ~ *Held* he died (as) a hero; as, in one's capacity of; *time*: when, as; ~ *er nach Berlin abreiste a.* on leaving for Berlin; ~ *ob* as if, as though; *er ist zu gut erzogen,* ~ *daß er das tun könnte* he is too well-bred to do such a thing; *er bot zu wenig,* ~ *daß ich es hätte annehmen können* he offered too little for me to accept it; ~ *da sind* such as; **~bald** *adv.* forthwith, directly; **~dann** *adv.* then, thereupon.

also ['alzo:] **I.** *adv.* thus, so; **II.** *cj.* therefore, consequently, hence; logically; ~ *doch* after all; *du kommst* ~ *nicht?* you won't come, then?; ~, *los!* well, here goes!

alt [alt] *adj.* old; → *älter, ältest*; aged, advanced in years; ancient, antique; → *altmodisch*; *custom, friendship, etc.*: of long standing; secondhand (*clothes, etc.*), worn; (*ant. fresh*) stale; experienced, seasoned; ~ *werden* → *altern*; *das 2e Testament* the Old Testament; *die ~en Germanen* the ancient Teutons; *2er Herr univ.* old boy, alumnus; *~e Sprachen* ancient languages, classics; *ein 6 Jahre ~er Junge* a boy six years old, a six year-old boy; *wie* ~ *bist du?* what is your age?; *er ist (doppelt) so* ~ *wie ich* he is (twice) my age; *er sieht nicht so* ~ *aus, wie er ist* he does not look his age; *alles bleibt beim ~en* everything stands as it was.

Alt *mus. m* (-*s*; -*e*) alto; counter-tenor.

Altan [al'ta:n] *m* (-[e]s; -e), **~e** *f* (-; *-n*) platform, gallery; balcony.

Altar [al'ta:r] *m* (-[e]s; ⸚e) altar; **~bild, ~blatt, ~gemälde** *n* altar-piece; **~decke** *f*, **~tuch** *n* (-[e]s; ⸚er) altar-cloth; **~raum** *m* chancel.

'alt...: ~backen *adj.* stale; **~bekannt** *adj.* long-known; **~bewährt** *adj.* of long standing, well-proved, tried; **~deutsch** *adj.* Old German.

Alte ['altə] **1. ~r** *m* (-*en*; -*en*) old man, *colloq.* oldster; *die ~n pl.* the old; *hist.* the ancients; ~ *und Junge* old and young; *colloq. der* ~ **a)** (*father*) the old man, **b)** the boss; *er ist immer noch der 2* he is still the same; *er ist wieder ganz der 2* he is quite himself again; **2.** ~ *f* (-*n*; -*n*) old woman; *colloq.* (*wife*) *meine* ~ my old lady; **3. ~(s)** *n* (-*n*) *an* old thing; *das ~e* old things, old time.

'alt...: ~ehrwürdig *adj.* time-honoured; **~eingeführt** ['-'aɪngəfy:rt], **~eingesessen** *adj.* old-established; **2eisen** *n* scrap iron; **2eisenhändler** *m* junk dealer; **~englisch** *adj.* Old English.

Alter ['altər] *n* (-*s*; -) age; old age; *adm.* seniority; *er ist in m-m* ~ he is my age; *im* ~ *von 20 Jahren* at an age of twenty; *von 2s her* of old, from ancient times; *mittleren ~s, von mittlerem* ~ middle-aged.

älter ['ɛltər] *adj.* older; *der ~e Bruder* the elder brother; *ein ~er Herr* an elderly gentleman; *er ist (10 Jahre)* ~ *als ich* he is my senior (by 10 years); *er sieht (20 Jahre)* ~ *aus als er ist* he looks (20 years) more than his age.

'altern I. *v/i.* (*sn*) grow old, age, advance in years; **II.** *v/t.* (*h.*) *tech.* age.

Alternativ|e [altɛrna'ti:fə] *f* (-; *-n*) alternative; *keine* ~ *haben* have no choice.

'Alters...: ~aufbau *m* age structure (*of the population*); **~blödsinn** *med. m* senile dementia; **~erscheinung** *f* symptom of old age; **~genosse** *m*, **~genossin** *f* person of same age, contemporary; **~grenze** *f* age limit; retirement age; **~heim** *n* old-age asylum, home for the aged; **~klasse** *f* age group; **~krankheit** *f* disease of old age; *~en...* geriatric; *Facharzt für ~en* geriatrician; **~präsident** *m* chairman by seniority; **~rente** *f* old-age pension; **2schwach** *adj.* decrepit; **~schwäche** *f* (-) senile decay, decrepitude; **~stufe** *f* stage of life; → *Altersklasse*; **~unterstützung** *f* old age relief; **~versorgung** *f* old-age pension (scheme); **~zulage** *f* superannuation, seniority allowance.

'Altertum *n* (-*s*; ⸚*er*) antiquity.

altertümlich ['-ty:mlɪç] *adj.* ancient, antique; archaic; antiquated.

'Altertums...: ~forscher *m* archaeologist; **~forschung** *f*, **~kunde** *f* (-) archaelogy.

'Alterung *tech. f* (-) seasoning; **2sbeständig** *adj.* non-ag(e)ing; **~sverfahren** *n* ag(e)ing process.

ältest ['ɛltəst] *adj.* oldest; eldest; **2e(r)** *m* (-[e]*n*; -[e]*n*) elder, senior; *mein ~r* my eldest son; **2enrat** *m* (-[e]s; ⸚e) council of elders.

'alt...: ~fränkisch *adj.* old-fashioned, old-world; **~gläubig** *adj.* orthodox; **~'hergebracht, ~'herkömmlich** *adj.* traditional, time-hono(u)red, ancient; **~hochdeutsch** *adj.* Old High German.

Al'tist(in *f*) *m* (-*en*; -*en*; -; -*nen*) alto(-singer).

'alt...: ~jüngferlich *adj.* old-maidish; **~katholisch** *adj.* Old Catholic; **~klug** *adj.* precocious.

'ältlich *adj.* elderly, oldish.

'Alt...: ~material *n* junk, scrap; salvage; **~meister** *m* past master; *sports*: ex-champion; **~metall** *n* scrap metal; **2modisch** *adj.* old-fashioned; outmoded, antiquated; **~papier** *n* waste paper; **~philologe** *m* classical scholar; **~schrift** *typ. f* Roman type; **~silber** *n* oxidized silver; **2sprachlich** *adj.* classical; **~stadt** *f* old town, city; **~stimme** *mus. f* alto (voice); **~warenhändler** *m* secondhand dealer; **~weibersommer** *m* Indian summer; gossamer.

Aluminium [alu'mi:nium] *n* (-*s*) aluminium, *Am.* aluminum; **~hütte** *f* aluminium works *pl. and sg.*; **~oxyd** *n* alumina.

am [am] = **an dem** → *an.*

Amalgam [amal'ga:m] *n* (-*s*; -*e*) amalgam.

amalga'mier|en *chem. v/t.* (*h.*) amalgamate (*a. fig.*); **2ung** *f* (-; *-en*) amalgamation.

Amal'gamsilber *n* native amalgam.

Amateur [ama'tø:r] *m* (-*s*; -*e*) amateur; **~bestimmungen** *f/pl.* amateur rules; **~photograph** *m* amateur photographer; **~sport** *m* amateur athletics.

Amazone [ama'tso:nə] *f* (-; *-n*) [Amazon.]

Amboß ['ambɔs] *m* (-*sses*; -*sse*) anvil; *anat.* incus.

Ambra ['ambra] *f* (-; -*s*) amber; *graue* ~ amber-gris; **2farben** *adj.* amber(-colo[u]red); **~holz** *n* yellow sandalwood.

Ambros|ia [am'bro:zia] *f* (-) ambrosia; **2isch** *adj.* ambrosial.

ambulan|t [ambu'lant] *adj. med.* out-patient (*a. su.* = ~ *behandelter Patient*); *~es Gewerbe* itinerant trade; **2z** [-ts] *f* (-; *-en*) out-patient department; *mot.* ambulance.

Ameise ['ɑːmaɪzə] *f* (-; -*n*) ant; **~n-bär** *m* ant-eater; **~n-ei** *n* ant's egg; **~nhaufen** *m* ant-hill; **~nkönigin** *f* queen-ant; **~nsäure** *chem. f* (-) formic acid.

Amen ['ɑːmən] *int. and n* (-*s*; -) amen.

Amerikan|er [ameri'kɑːnər] *m* (-*s*; -), **~erin** *f* (-; -*nen*), **≈isch** *adj.* American; **amerikanisieren** [-kani'ziːrən] *v/t.* (*h.*) Americanize; **Amerikanismus** [-ka'nismus] *m* (-) Americanism; **Amerika'nistik** *f* (-) (study of) American language and literature.

Amethyst [ame'tyst] *m* (-[e]*s*; -*e*) amethyst; **≈artig** [-'ɑːrtiç], **≈farben** *adj.* amethystine.

Amino|säure [a'miːno-] *chem. f* amino-acid; **~verbindung** *f* amino-compound.

Amme ['amə] *f* (-; -*n*) nurse, *n.s.* wet-nurse; **~nmärchen** *contp. n* old wives' tale, cock-and-bull story.

Ammer ['amər] *orn. f* (-; -*n*) bunting.

Ammoniak [amoni'ak] *chem. n* (-*s*) ammonia; **≈artig** [-ɑːrtiç], **≈haltig** *adj.* ammoniacal; **~gewinnung** *f* ammonia recovery; **~wasser** *n* ammonia water.

Ammonium [a'moːnium] *chem. n* (-*s*) ammonium; *wolframsaures ~* ammonium tungstate.

Amnesie [amne'ziː] *med. f* (-; -*n*) amnesia.

Amnestie [amnɛs'tiː] *f* (-; -*n*) amnesty, general pardon; **≈ren** *v/t.* (*h.*) amnesty, (grant a) pardon.

Amöbe [a'møːbə] *f* (-; -*n*) am(o)eba; **~nruhr** *f* am(o)ebic dysentery.

Amok ['ɑːmɔk] *m* (-*s*): *~ laufen* run amuck; **~läufer** *m* runner amuck.

a-'Moll *n* (-) a minor.

Amor ['ɑːmɔr] *myth. m* (-*s*) Cupid.

amoralisch ['ɑːmorɑːliʃ] *adj.* amoral.

amorph [a'mɔrf] *chem. adj.* amorphous.

Amortisation [amɔrtizatsi'oːn] *f* (-; -*en*) amortization, liquidation; redemption (*of loan*); **~sfonds** *m*, **~skasse** *f* sinking-fund; **~swert** *m* amortized value.

amortisier|bar [-'ziːrbɑːr] *adj.* amortizable, redeemable; **~en** *v/t.* (*h.*) amortize, pay off; redeem (*a loan*).

Ampel ['ampəl] *f* (-; -*n*) hanging (*or* swinging) lamp; traffic light.

Ampere [am'pɛːr] *el. n* (-[*s*]; -) ampere; **~meter** *n* ammeter; **~stunde** *f* ampere-hour; **~zahl** *f* amperage.

Ampfer ['ampfər] *bot. m* (-*s*; -) dock.

Amphib|ie [am'fiːbiə] *zo. f* (-; -*n*) amphibious animal, amphibian; **~ienfahrzeug** *n* amphibian vehicle; **~ienflugzeug** *n* amphibian plane; **~ienpanzerwagen** *m* amphibian tank; **≈isch** *adj.* amphibious, *a. tech.* amphibian.

Amphitheater [am'fiː-] *n* amphitheatre.

Amplitude [ampli'tuːdə] *phys. f* (-; -*n*) amplitude.

Ampulle [am'pulə] *f* (-; -*n*) ampulla; *pharm.* ampoule.

Amputation [amputatsi'oːn] *f* (-; -*en*) amputation; **~sbesteck** *n* surgical instrument case; **~ssäge** *f* amputation saw; **~sstumpf** *m* amputation stump.

ampu'tier|en *v/t.* (*h.*) amputate; **≈ter** [-tər] *m* (-*en*; -*en*) amputee.

Amsel ['amzəl] *f* (-; -*n*) blackbird.

Amt [amt] *n* (-[e]*s*; ¨*er*) office; post; charge, task; official duty, function; office, board, agency, bureau; (law-)court; *die Ämter pl.* the authorities; *teleph.* exchange; → *auswärtig*; → *antreten, bekleiden, entheben, etc.*; *von ~s wegen* ex officio, officially; *kraft meines ~es* by virtue of my office; *es ist nicht meines ~es* it is not in my province, it is not my business; *teleph. ~ bitte!* calling exchange!

am'tieren *v/i.* (*h.*) hold office, be in charge; *~ als* act as; *eccl., a. fig.* officiate; **~d** *adj.* acting, in charge.

'amtlich *adj.* official; *~e Mitteilung* official bulletin, communiqué; *in ~er Eigenschaft* in one's official capacity.

'Amtmann *m* bailiff.

'Amts...: **~anmaßung** *f* (false) assumption of authority; **~anruf** *m* exchange call; **~antritt** *m* entering upon office; **~arzt** *m* public-health officer; **~befugnis** *f* authority, competence; **~bereich, ~bezirk** *m* jurisdiction; **~blatt** *n* official gazette; **~bruder** *m* colleague; **~dauer** *f* term of office; **~delikt** *n* criminal offence committed by a public official in breach of duty; **~diener** *m* beadle, usher, *Am.* marshal; **~eid** *m* oath of office; *den ~ ablegen* be sworn in; **~einführung** *f* inauguration (into an office); **~enthebung** *f* removal from office, dismissal; *vorläufige ~* suspension; **~führung** *f* administration (of an office); **~geheimnis** *n* official secret; **~gericht** *n* District Court (Amtsgericht); **~geschäfte** *n/pl.* (official) functions, (official duties; **~gewalt** *f* (official) authority; **~handlung** *f* official act; **~miene** *f* solemn air; **~mißbrauch** *m* abuse of power; malversation; **~müde** *adj.* weary of one's office; **~niederlegung** *f* resignation; **~periode** *f* term of office; **~richter** *m* district judge; **~schimmel** *m* (-*s*) red tape, red-tapism; **~siegel** *n* official seal; **~sprache** *f* official (*or* administrative) language; *iro.* officialese; **~stunden** *f/pl.* office hours; **~tracht** *f* official attire; *eccl., jur.* robe; *univ.* gown; **~träger** *m* functionary, office-holder; **~überschreitung** *f* official excess; **~unterschlagung** *f* malversation; **~verletzung** *f* misconduct in office; **~vorgänger** *m* predecessor in office; **~vormund** *m* public guardian; **~vorsteher** *m* head official; **~weg** *m*: *auf dem ~* through official channels; **~zeichen** *teleph. n* dial tone; **~zeit** *f* tenure (*or* term) of office.

Amulett [amu'lɛt] *n* (-[e]*s*; -*e*) amulet, charm.

amüs|ant [amy'zant] *adj.* amusing; **~ieren** *v/t.* (*h.*) amuse, entertain; *sich ~* amuse o.s., enjoy o.s., have a good time, have fun; *sich ~ über* (*acc.*) be amused at, *b.s.* gloat over.

an [an] **I.** *prp.* (*where, when? dat.*; *where to? acc.*) at; on, upon; by; against; to; as far as, (*a. numerically*) up to; about, near(ly); in respect to; in the way of; *am 1. März* on March 1st; *am Abend* (*Morgen*) in the evening (morning); *am Tage* by day, during day-time; *am Tage* (*gen.*) on the day of; *am* (*~ das, ans*) *Fenster* at (to) the window; *~ der* (*die*) *Arbeit* at (to) work; *~ der Grenze* at (*or* on) the frontier; *~ der Hand führen* lead by the hand; *am Himmel* in the sky; *~ e-r Krankheit sterben* die of a disease; *~ Land gehen* go on land *or* ashore; *am Leben* alive; *~ e-m Ort* in a place; → *Reihe*; *~ e-r Schule* at a school; *~ der Themse* on the Thames; *~ der Wand* on (*or* against) the wall; *~ die Wand* against (*or* to) the wall; *fünf ~ der Zahl* five in number; *ein Brief ~ mich* a letter to *or* for me; *Schaden am Dach* damage to the roof; *~ sich* in itself, as such; in principle (*or* theory; inherently, properly speaking), → *eigentlich*; *~ und für sich* properly speaking; *es ist ~ dir zu sagen, ob* it is for (*or* up to) you to say whether; *arm* (*reich, gleich*) *~* (*dat.*) poor (rich, equal) in; *am besten* best; *am ehesten* soonest; *denken ~* (*acc.*) think of; → *glauben, leiden, etc.*; **II.** *adv.* on, onward; up; *von heute ~* from today (on); *von nun ~* from now on, henceforth; *mit dem Mantel ~* with his coat on; *das Gas ist ~* the gas is on; *tech. ~ — aus* on — off.

Anachronismus [anakro'nismus] *m* (-; -*men*) anachronism.

analog [ana'loːk] *adj.* analogous (*dat.* to, with); *adv. a.* by analogy.

Analogie [-lo'giː] *f* (-; -*n*) analogy (*mit* to, with).

Analphabet|(in *f*) [anˀalfa'beːt-] *m* (-*en*; -*en*; -; -*nen*) illiterate; **~entum** *n* (-*s*) illiteracy.

Analy|se [ana'lyːzə] *f* (-; -*n*) analysis; **≈'sieren** *v/t.* (*h.*) analyze; **~tiker** [-tikər] *m* (-*s*; -) analyst; **≈tisch** *adj.* analytic(al).

Anämie [ane'miː] *med. f* (-; -*n*) an(a)emia; **anämisch** [a'nɛːmiʃ] *adj.* an(a)emic.

Anamnese [anam'neːzə] *med. f* (-; -*n*) anamnesis.

Ananas ['ananas] *f* (-; -) pine-apple.

'an-arbeiten *v/i.* (*h.*): *~ gegen* (*acc.*) oppose, counteract.

Anarchie [anar'çiː] *f* (-; -*n*) anarchy; **an'archisch** *adj.* anarchic(al); **Anarchismus** [-'çismus] *m* (-) anarchism.

Anar'chist|(in *f*) *m* (-*en*; -*en*; -; -*nen*) anarchist; **≈isch** *adj.* anarchist(ic).

Anästhesie [anɛste'ziː] *med. f* (-; -*n*) an(a)esthesia; **≈ren** *v/t.* (*h.*) an(a)esthetize.

Anatom [ana'toːm] *m* (-*en*; -*en*) anatomist; **Anatomie** [-to'miː] *f* (-) anatomy; *a.* = **~saal** *m* anatomic theatre; dissecting-room; **ana'tomisch** *adj.* anatomical.

'anbahn|en *v/t.* (*h.*) pave the way

for, prepare (the ground for), initiate; open (up) (*negotiations, etc.*); *sich* ~ be in the offing, be at hand *or* under way, *b.s.* be in store (*für j-n* for); **≈er** *m* (-s; -) initiator.
'anbacken I. *v/t.* (*h.*) bake gently; **II.** *v/i.* (*sn*) cake (*an acc.* upon).
anbändeln ['anbɛndəln] *v/i.* (*h.*): *mit j-m* ~ make up to, (*a. fig.*) flirt with; (*seek quarrel*) → *anbinden*.
'Anbau *m* (-[e]s) *agr.* cultivation, growing; tillage; (*pl.* -ten) *arch.* annex, extension, addition; wing; outbuilding; **≈en** *v/t.* (*h.*) *agr.* cultivate, grow, raise; till; *arch.* add, annex (*an acc.* to); *tech.* attach; *sich* ~ (become) settle(d); **≈fähig** *adj.* arable; **~fläche** *f* (arable) acreage; area under cultivation; **~flansch** *tech. m* mounting flange; **~gerät** *tech. n* attachment, mounted implement; **~möbel** *n/pl.* sectional *or* add-on furniture; **~motor** *el. m* built-on motor.
'anbefehlen → *befehlen*.
'Anbeginn *m* earliest beginning, outset; *von* ~ from the outset.
'anbehalten *v/t.* (*irr., h.*) keep on.
an'bei *econ. adv.* herewith, (please find) enclosed; attached.
'anbeißen I. *v/t.* (*irr., h.*) bite at, take a bite of; **II.** *v/i.* (*irr., h.*) bite; *fig.* take the bait; *zum* ≈ very appetizing.
'anbelangen *v/t.* (*h.*) concern, regard, relate to; *was mich anbelangt* as for me, I for one, as far as I am concerned.
'anbellen *v/t.* (*h.*) bark at (*a. fig.*).
'anbequemen: *sich* ~ (*h.*) (*dat.*) accommodate o.s. (to).
anberaum|en ['anbəraumən] *v/t.* (*h.*) appoint, fix, schedule; *jur.* *e-n Termin* ~ set (*or* fix) a date for hearing a case; call (*a meeting*); **≈ung** *f* (-; -en) appointment.
anbet|en *v/t. and v/i.* (*h.*) adore, worship, idolize (*all a. fig.*); **≈er(in** *f*) *m* (-s; -; -; -nen) worship(p)er, adorer; *fig. a.* admirer.
'Anbetracht *m*: *in* ~ (*gen.*) considering, in consideration (*or* view) of.
'anbetreffen *v/t.* (*irr., h.*) → *anbelangen*.
'anbetteln *v/t.* (*h.*) solicit alms of; importune by begging.
Anbetung ['anbe:tuŋ] *f* (-; -en) adoration, worship; **≈swürdig** *adj.* adorable.
anbiedern ['anbi:dərn]: *sich* ~ (*h.*) *mit or bei j-m* chum up to a p.
'anbieten *v/t.* (*irr., h.*) offer, tender; *sich* ~ offer one's services, volunteer; *chance*: present itself.
'anbinden I. *v/t.* (*irr., h.*) bind, tie up, fasten; ~ *an* (*acc.*) tie to; moor (*a boat*); chain up (*a dog*), leash; **II.** *v/i.* (*irr., h.*): *mit j-m* ~ pick a quarrel with a p., start a fight with a p., tangle with a p.; *fig. kurz angebunden sein* be short (*or* curt) (*mit, gegen* with).
'anblasen *v/t.* (*irr., h.*) blow at *or* on; blow, fan (*a fire*); blow in (*a furnace*); *colloq. fig.* blow up.
'anblecken *v/t.* (*h.*) show one's teeth (to).
'Anblick *m* look, sight, view, aspect; spectacle; *beim ersten* ~ at first sight; *ein trauriger* ~ a sorry sight; **≈en** *v/t.* (*h.*) look at; glance at; view; eye.
'anblinzeln *v/t.* (*h.*) blink (*slyly*: wink) at.
'anbohren *v/t.* (*h.*) *tech.* bore, spot-drill; (drill) open (*a tooth*); broach, tap (*a barrel*); scuttle (*a ship*); *colloq. fig. bei j-m* ~ sound a p.
'anbraten *v/t.* (*irr., h.*) roast gently.
'anbrausen *v/i.* (*h.*) come rushing along; approach at full speed.
'anbrechen I. *v/t.* (*irr., h.*) break into, tap (*supplies*); open (*a bottle, etc.*); **II.** *v/i.* (*irr., sn*) begin; *winter, etc.*: *a.* set in; *day*: dawn; *night*: come on.
'anbrennen I. *v/i.* (*irr., sn*) catch fire, (begin to) burn; *meals*: ~ (*lassen*) burn; *angebrannt schmecken* taste burnt; **II.** *v/t.* (*irr., h.*) kindle, burn; light (*a cigar, etc.*).
'anbringen *v/t.* (*irr., h.*) bring in *or* on; fix, *tech.* attach, mount (*an dat.* to); affix (*seal, signature*), set (to); place (*a. money, goods*), settle; *econ.* dispose of, sell, knock off; find a place for (*one's son, etc.*); put forward (*arguments*); put in (*a word*); bring home, land (*a blow*); effect (*improvements*); *e-e Beschwerde* ~ lodge a complaint; *e-e Klage* ~ bring an action; *das ist bei ihm nicht angebracht* that won't do with him; → *angebracht*.
'Anbruch *m* (-[e]s) opening (up), beginning; (*bei*) ~ *des Tages* (at) daybreak; (*bei*) ~ *der Nacht* (at) nightfall; (*pl.* ⸚e) *mining*: **a)** opening (*of a pit*), **b)** open lode.
'anbrühen *v/t.* (*h.*) scald, infuse (*tea*).
'anbrüllen *v/t.* (*h.*) roar (*or* bellow) at.
'anbrummen *colloq. v/t.* (*h.*) growl at, grumble at.
'anbrüten *v/t.* (*h.*) begin to hatch; *halb angebrütet* half-hatched.
Andacht ['andaxt] *f* (-; -en) devotion; prayers *pl.*, service; *s-e* ~ *verrichten* say one's prayers; *mit* ~ *zuhören* listen raptly (*or* absorbedly).
andächtig ['andɛçtiç] *adj.* devout, pious; devotional; *fig.* attentive, absorbed, rapt, religious.
Andante [an'dantə] *mus. n* (-[s]; -s) andante.
'andauern *v/i.* (*h.*) last, continue, keep on; persist; → *anhalten*; **~d** *adj.* lasting, continuous; persistent, incessant, ceaseless.
'Andenken *n* (-s; -) memory, (*a. thing*) remembrance; keepsake, token; souvenir (*an acc.* of); *seligen* ~*s* of blessed memory; *zum* ~ *an* (*acc.*) in memory of; *das* ~ *feiern* commemorate; *ein freundliches* ~ *bewahren* keep in kind remembrance; **~jäger** *m* souvenir hunter.
ander ['andər] **I.** *adj.* other; different; second; next; opposite; *am* ~*n Tag* the next day; *e-n Tag um den* ~*n* every other day; *der* ~*e Strumpf, etc.* the fellow of this sock, *etc.*; → *Ansicht*; *ein* ~*es Hemd anziehen* change one's shirt; → *ein III*; *eine ganz* ~*e Welt* a world quite different from ours; **II.** *pron.* *ein* ~*er, eine* ~*e* another (person); someone else; *die* ~*n* the others; *e-r um den* ~*n* **a)** one by one, **b)** by turns, alternately; *kein* ~*er* **a)** no one else (*als* but), **b)** no less a person (than); ~*es, andres* other things; *alles* ~*e* everything else; *alles* ~*e als* anything but; *unter* ~*em* among other things, including, such as; *sofern nichts* ~*es bestimmt ist* unless otherwise provided; → *anders*.
ander(er)seits ['-(ər)zaɪts] *adv.* on the other side *od.* hand.
ändern ['ɛndərn] *v/t.* (*h.*) change, alter; modify; vary; → *abändern*; *s-n Sinn* ~ change one's mind; *s-n Standpunkt* ~ shift one's ground; *zum Vorteil (Nachteil)* ~ change for the better (worse); *ich kann es nicht* ~ I can't help it; *das ist nicht zu* ~ that cannot be helped; *es ändert nichts an der Tatsache, daß* it does not alter the fact that; *das ändert natürlich die Sache* that puts a different complexion on the matter; *sich* ~ change, alter, vary; *wind, etc.*: shift; fluctuate.
'andern|falls *adv.* otherwise, else; **~teils** *adv.* on the other hand.
anders ['andərs] *adv.* **I.** otherwise; differently; ~ *werden* change; ~ *als seine Freunde* unlike his friends; ~ *Herr X* not so Mr. X; *er spricht* ~ *als er denkt* he says one thing and means another; *das ist nun einmal nicht* ~ it cannot be helped; *ich kann nicht* ~, *ich muß lachen* I can't help laughing; *ich weiß es* ~ I know better; → *besinnen*; *falls nicht* ~ *bestimmt ist* unless otherwise provided; **II.** *with pron.* else; *jemand* ~ somebody (*or* anybody) else; *niemand* ~ *als er* nobody (else) but he; *wer* ~? who else?; **~denkend** *adj.* dissenting, differently minded, (being) of a different opinion; **~farbig** *adj.* of a different colo(u)r; **~ge-artet** *adj.* of another kind; different, heterogeneous; **~gesinnt** *adj.* differently minded; **~gläubig** *adj.* of a different faith, heterodox; **~herum** *adv.* the other way round; **~wo** *adv.* elsewhere, somewhere else; **~woher** *adv.* from elsewhere; **~wohin** *adv.* to another place, elsewhere.
anderthalb ['andərt'halp] *adj.* one and a half; ~ *Pfund* a pound and a half; **≈decker** ['-dɛkər] *aer. m* (-s; -) sesquiplane; **~fach** *adj.* one and a half times; **~jährig** *adj.* eighteen months old.
'Änderung *f* (-; -en) change, alteration; modification; (*a. econ. of prices*) variation; *technische* ~*en* engineering changes; → *Abänderung*; *e-e* ~ *treffen (erfahren)* make (undergo) a change; **~sgesetz** *n* amending law; **~svorschlag** *parl. m* amendment.
ander|wärts ['-vɛrts] *adv.* elsewhere; **~weitig** ['-vaɪtiç] **I.** *adj.* other, further; **II.** *adv.* in another way *or* manner; elsewhere.
'andeuten *v/t.* (*h.*) indicate; hint; intimate, give to understand, imply; suggest; announce, foreshadow; *paint.* outline.
'Andeutung *f* indication; hint (*a. fig.*); *fig.* trace; intimation; suggestion (*an acc., auf acc.* of); innuendo; *paint.* outline; *e-e* ~ *machen* drop a hint, → *andeuten*;

2sweise ['-svaɪsə] *adv.* by way of suggestion, allusively; in outlines.
'**andichten** *v/t.* (*h.*): *j-m et.* ~ ascribe *or* impute a th. (falsely) to a p.
Andienung ['andi:nuŋ] *econ. f* (-; -*en*) tender, offer; delivery.
'**andonnern** *fig. v/t.* (*h.*) thunder at.
'**Andrang** *m* rush, throng; concourse; *econ.* run (*auf acc.* on); *of work*: pressure; *in traffic*: rush hours *pl.*; *med.* congestion.
'**andrängen** *v/i.* (*h.*) crowd, press, rush (*gegen* to *or* against).
'**andreh|en** *v/t.* (*h.*) turn on (*gas, etc.*); switch on (light, *etc.*); start up (*an engine*); *fig.* set going, start; tighten (*a screw*); screw on; *colloq. j-m et.* ~ palm a th. off (up)on a p.; 2**kurbel** *f* starting crank; 2**ritzel** *m* turn pinion.
'**andringen** *v/i.* (*irr.*, *sn*) push forward, press on (*gegen* towards); *enemy, etc.*: draw near, advance; *blood*: *gegen den Kopf* ~ rush to the head.
'**androh|en** *v/t.* (*h.*): *j-m et.* ~ threaten (*or* menace) a p. with a th.; *die vom Gesetz angedrohte Strafe* the punishment laid down in the law; 2**ung** *f* threat, menace; warning; *jur. unter* ~ *von or gen.* under penalty of, on pain of.
'**andrück|en** *v/t.* (*h.*) (*an acc.*) press (against *or* on to); press close (to); 2**walze** *f* feed roll.
anecken ['anʔɛkən] *v/i.* (*sn*) (*bei dat.*) give offen|ce, *Am.* -se, (to).
'**an-eifern** *v/t.* (*h.*) stimulate, incite.
'**an-eign|en** *v/t.*: *sich* (*dat.*) *et.* ~ (*h.*) appropriate (to o.s.), make one's own; contract (*a habit*); adopt (*a view*); acquire (*knowledge*), master (*a language, etc.*); *pol.* annex (*territory*); *unlawfully*: usurp, *jur.* convert to one's own use, misappropriate; 2**ung** *f* appropriation, acquisition; adoption; conversion, misappropriation; annexation.
an-ein'ander *adv.* together; ~**binden** *v/t.* (*irr.*, *h.*) bind together; ~**fügen** *v/t.* (*h.*) join; ~**geraten** *v/i.* (*irr.*, *sn*) clash (*mit* with); fly at each other; come to blows *or* grips; ~**grenzen** *v/i.* (*h.*) be adjacent, border on each other; ~**hängen** *v/i.* (*irr.*, *h.*) cohere, stick together; ~**prallen** *v/i.* (*sn*) collide; ~**reihen** *v/t.* (*h.*) string (*or* join) together; ~**rücken** *v/t.* (*h.*) *and v/i.* (*sn*) move closer together; ~**stoßen** *v/i.* (*irr.*, *sn*) meet; → ~*grenzen*, ~*prallen*.
Anekdote [anɛk'do:tə] *f* (-; -*n*) anecdote; 2**nhaft** *adj.* anecdotal.
an-ekeln *v/t.* (*h.*) disgust, sicken, nauseate; *es ekelt mich an* I am disgusted with it, I loathe it.
Anemone [ane'mo:nə] *f* (-; -*n*) anemone.
'**an-empfehlen** *v/t.* (*irr.*, *h.*) recommend.
'**An-erbe** *jur. m* next heir, heir to entailed property.
'**An-erbieten** *n* (-*s*) offer, proposal; → *Angebot*.
anerkannt ['anʔɛrkant] *adj.* acknowledged, recognized, admitted; accepted; ~*e Tatsache* recognized *or* established fact; *gerichtlich* ~*er Gläubiger* judgment creditor; *staatlich* ~ certified; *ein* ~*es Werk* standard work; *e-e* ~*e Bedeutung* accepted meaning (of a word); ~**ermaßen** ['-ər'ma:sən] *adv.* admittedly.
'**an-erkenn|bar** *adj.* recognizable; ~**en** *v/t.* (*irr.*, *h.*) acknowledge, recognize (*als* as); accept; appreciate; approve; allow (*a claim*); admit (*debt*); hono(u)r, accept (*bill of exchange*); *nicht* ~ repudiate, (*als or für das Seinige etc.*) disown; *sports*: *ein Tor* (*nicht*) ~ signal (disallow) a goal; → *anerkannt*; ~**end** *adj.* approving, appreciative; ~**enswert** *adj.* laudable, commendable, creditable.
'**An-erkennung** *f* acknowledgement, recognition; *in* ~ *s-r Verdienste* in recognition of his merits; appreciation; hono(u)rable mention; tribute (*gen.* to); *jur.* legitimation (*of child*); legalization (*of documents*); acceptance (*of bill*); ~ *finden* win recognition, meet with approval; *j-m* ~ *zollen* pay tribute to; ~**s-schreiben** *n* letter of commendation; ~**s-urteil** *n* consent judgment; ~**szahlung** *f* token payment.
Aneroid [anero'i:t] *n* (-[*e*]*s*; -*e*) aneroid (barometer).
'**an-erziehen** *v/t.* (*irr.*, *h.*): *j-m et.* ~ breed a th. into a p.; *anerzogen* acquired (by education).
anfachen ['anfaxən] *v/t.* (*h.*) fan *or* blow into *a flame*; *fig.* fan, kindle.
'**anfahr|en I.** *v/t.* (*irr.*, *h.*) carry up, convey to the spot; run into, hit; *mar.* **a**) run foul of (*a ship*), **b**) call at (*a port*); *fig. j-n* ~ bellow at, fly at a p., snap a p.'s nose off; **II.** *v/i.* (*irr.*, *sn*) start; start up (*a. machine, reactor*); *angefahren kommen* approach in a vehicle, drive up; 2**t** *f* approach; arrival; *traffic sign*: 'way in'; *to a house*: drive(way).
'**Anfall** *m* attack, *med. a.* fit, seizure, touch; *fig. in e-m* ~ *von Großzügigkeit* in a burst of generosity; yield; accrual (*of interest*); accession (*gen.* to), reversion; amount *produced, etc.*; number *of cases, etc.*; accumulation; 2**en I.** *v/t.* (*irr.*, *h.*) attack, assault, (*a. fig.*) assail; **II.** *v/i.* (*irr.*, *sn*) result, occur; *work, etc.*: *a.* transpire; *interest, profit*: accrue; *angefallene Kosten* costs incurred.
'**anfällig** *adj.* susceptible (*für acc.* to); prone (*für* to *diseases, accidents, etc.*); of delicate health.
'**Anfallsrecht** *jur. n* reversionary interest.
'**Anfang** *m* beginning, start; commencement; origin; opening (*of letter*); *am* (*or im*) ~ in the beginning, at the start (*or* outset); *von* ~ *an* from the beginnung, *etc.*, from the first; ~ *Januar* early in January; ~ *1971* early in 1971; ~ *der dreißiger Jahre* in the early Thirties; *den* ~ *machen* begin, (*a. sports*) lead off; *die Anfänge pl.* (→ ~*sgründe*) elements, rudiments; *in den Anfängen stecken* be in its infancy; *am, zu* ~ → *anfangs*; 2**en** *v/t. u. v/i.* (*irr.*, *h.*) begin; start (*mit et.* on; *zu inf. ger.*); *formally*: commence; set about, take up (*work*); *mit der Arbeit* ~ set to work; do; manage; open (*a business*); *jur. e-n Prozeß* ~ file suit, bring an action; *immer wieder vom gleichen Thema* ~ harp on a th.; *ich weiß nichts damit anzufangen* I don't know what to do with (*fig.* make of) it; *was wirst du morgen* ~? what are you going to do (with yourself) tomorrow?; *das hat er geschickt angefangen colloq.* that was slick work; *da fängst du schon wieder an!* there you go again!
'**Anfänger**(**in** *f*) *m* (-*s*; -; -; -*nen*) beginner; novice, tyro, tiro, *Am. a.* rookie.
anfänglich ['anfɛŋliç] **I.** *adj.* initial; original; **II.** *adv.* → *anfangs*.
anfangs ['anfaŋs] *adv.* in the beginning, at first, originally; *gleich* ~ at the very beginning.
'**Anfangs...**: ~**bestand** *m* → *Anfangskapital*; ~**buchstabe** *m* initial letter; *großer* (*kleiner*) ~ capital (small) letter; ~**gehalt** *n* commencing (*or* initial) salary; ~**geschwindigkeit** *f* initial velocity; ~**gründe** ['-gryndə] *m/pl.* elements, rudiments; *j-n in den* ~*n unterrichten* ground; ~**kapital** *n* opening capital; original (*or* capital) stock; ~**kurs** *m* opening price; ~**punkt** *m* starting point; ~**spannung** *el. f* input voltage; ~**sstadium** *n* initial stage; ~**unterricht** *m* elementary instruction; ~**zeile** *f* first line.
'**anfassen I.** *v/t.* (*h.*) take hold of, grasp, seize; touch, handle; *fig.* treat, handle *a p. or th.*; approach, tackle, set about *a th.*; *sich* ~ → *anfühlen*; (*a. einander* ~) take hands; **II.** *v/i.* (*h.*) (*a. mit* ~) give *or* lend a hand.
'**anfauchen** *v/t.* (*h.*) *cat*: spit at; *fig.* → *anschnauzen*.
'**anfaulen** *v/i.* (*sn*) begin to rot, go bad.
anfecht|bar ['anfɛçtba:r] *adj.* disputable, controversial; contestable, *jur. a.* voidable; 2**barkeit** *f* (-) voidableness; relative nullity; ~**en** *v/t.* (*irr.*, *h.*) contest, *jur. a.* avoid; attack, oppose (*an opinion*); challenge (*juror, validity, etc.*); contest (*last will*); appeal from (*a judgment*); impugn (*a contract*); trouble; *was ficht dich an?* what is the matter with you?; 2**ung** *f* (-; -*en*) contestation; attack; *jur.* avoidance; appeal (*gen.* from); *eccl.* temptation; 2**ungsklage** *f* action to set aside, action of voidance; *patent law*: interference proceedings *pl.*
anfeind|en ['anfaɪndən] *v/t.* (*h.*) bear ill-will to, be hostile to, persecute; 2**ung** *f* (-; -*en*) hostility (*gen.* to), persecution (of).
'**anfertig|en** *v/t.* (*h.*) make, manufacture, fabricate; prepare, *in writing*: *a.* draw up; 2**ung** *f* making, manufacture; preparation.
'**anfetten** *v/t.* (*h.*) grease.
'**anfeuchten** *v/t.* (*h.*) moisten, wet, damp.
'**anfeuer|n** *v/t.* (*h.*) fire, heat; *fig.* fire *or* ginger *or* pep up; *sports*: cheer (on), root (for); ~*de Ansprache* pep-talk; 2**ung** *f* heating; *fig.* incitement, stimulation; *a.* = 2**ungsruf** *m* cheer(s *pl.*), club-yell.
'**anflanschen** *tech. v/t.* (*h.*) flange on.
'**anflehen** *v/t.* (*h.*) implore, beseech.

ˈ**anflicken** *v/t.* (*h.*) (*a. fig.*) patch on (*an acc.* to).

ˈ**anfliegen I.** *v/t.* (*irr.*, *h.*) fly toward, approach; head for, land (*or* call) at (*an airport*); *in feint attack*: buzz; *airline*: provide an air service to (*an area*); **II.** *v/i.* (*irr.*, *sn*): *angeflogen kommen* come flying (along).

ˈ**Anflug** *m aer.* approach; *on target*: run-up; *tech.* film; *metall.* efflorescence; *fig.* touch, tinge; smack (*a. fig.*); ~ *von Bart* down; ~ *von Kenntnissen* smattering; (sudden) fit, attack (*of illness*); *leichter* ~ *von* slight case of; **~hafen** *m* port of call; **~radar** *n* approach control radar (*abbr.* ACR); **~weg** *m* approach route.

ˈ**anforder|n** *v/t.* (*h.*) demand, claim, call for; request; *mil.* requisition; **2ung** *f* demand, claim, call; requirement; *~en pl.* requirements, standard(s), *tech. a.* specifications; *auf* ~ on request; *allen ~en genügen* meet all requirements, qualify, *colloq.* fill the bill; *den ~en nicht genügen* not to qualify, not to be up to standard; *hohe ~en stellen an* (*acc.*) make high demands on *a p. or th.*; tax *a p. or th.* severely; be very exacting about; *die ~en sind hoch* the standard is high.

ˈ**Anfrage** *f* inquiry, question; (*Antrag*) application; *parl.* interpellation; *e-e* ~ *richten an* (*acc.*) address a question to; **2n** *v/i.* (*h.*) inquire (*nach* for; *bei j-m* of a p.; *nach et.* about a th.); ask; apply (*bei* to; *wegen* for).

ˈ**anfressen** *v/t.* (*irr.*, *h.*) gnaw at; *bird*: peck; *chem.* corrode, eat into.

anfreunden [ˈanfrɔʏndən] *v/t. or sich* ~ (*h.*) become friends, fraternize; *sich mit j-m* ~ make friends with a p.

ˈ**anfrieren** *v/i.* (*irr.*, *sn*) freeze on (*an acc.* to).

ˈ**anfüg|en** *v/t.* (*h.*) join, attach, add, annex (*an acc.* to); affix (*one's signature*); **2ung** *f* addition, annex, attachment (*an acc.* to); *tech.* union, (flush) joint.

ˈ**anfühlen** *v/t.* (*h.*) feel, touch; *fig. man fühlt dir an, daß* one feels that you; *sich weich etc.* ~ feel soft, *etc.*; *es fühlt sich kalt an* it is cold to the touch.

Anfuhr [ˈanfu:r] *f* (-; -en) transport(ation); carriage; supply; ~ *zum Bauplatz* transport to building-site.

ˈ**anführ|en** *v/t.* (*h.*) lead (*a. dance*); conduct; *mil.* **a**) command, be at the head of, **b**) spearhead (*a. fig.*); mention, state; specify; allege, put forward (*reasons*); quote, cite, refer to; *falsch* ~ misquote; adduce, produce (*evidence*); *in defense*: invoke *a law, etc.*; *zur Entschuldigung* ~ plead (in excuse); hoax, dupe, fool, take in; **2er(in** *f*) *m* leader; commander; ringleader.

ˈ**Anführung** *f* → *anführen*; lead (-ership); allegation, statement; specification; adduction; quotation, citation; reference (*gen.* to); **~szeichen** *n* quotation mark, inverted comma.

ˈ**anfüllen** *v/t.* (*h.*) fill (up); cram, stuff; *tech.* charge.

ˈ**Angabe** *f* declaration; statement; information; description; specification; detail; *technische ~n pl.* (engineering) data; instruction(s *pl.*); *tennis*: service; *colloq.* showing off; *falsche* ~ misrepresentation; *besondere ~n* particular items; *genauere* (*or nähere*) *~n* particulars, details; *nach* ~ *des Antragstellers* according to the applicant.

ˈ**angaffen** *v/t.* (*h.*) gape at.

ˈ**angängig** *adj.* admissible, permissible; feasible, practicable.

ˈ**angeben I.** *v/t.* (*irr.*, *h.*) give (*facts, reasons, one's name, etc.*); state; specify, particularize; declare; allege (*daß* that); *econ.* show, return; quote (*prices*); indicate (*direction*); denounce, inform against; pretend; *mus.* sound (*a note*); → *Tempo, Ton*; *zu hoch* (*niedrig*) ~ overstate (understate); *falsch* ~ misstate; **II.** *v/i.* (*irr.*, *h.*) *cards*: deal first; *tennis*: serve; *colloq.* show off (*mit a th.*); brag (with), talk big.

ˈ**Angeber(in** *f*) *m* informer; *ped.* sneak; braggart, show-off; **Angebeˈrei** *f* (-; -en) denunciation, talebearing; showing off; ˈ**angeberisch** *colloq. adj.* boastful; showy, ostentatious.

ˈ**Angebinde** *n* gift, present.

angeblich [ˈange:pliç] **I.** *adj.* pretended, alleged; ostensible; *contp.* so-called, self-styled (*artist, etc.*); *~er Wert* nominal value; **II.** *adv.* ostensibly, *etc.*; ~ *ist er* he is said (*or* reported, reputed) to be.

ˈ**angeboren** *adj.* inborn, innate (*dat.* in); *med.* congenital, hereditary.

ˈ**Angebot** *n* offer (*a. econ.*); *auction*: bid, quotation (*of prices*); *in competition*: tender, bid; *of merchandise, a. stock exchange*: supply; ~ *und Nachfrage* supply and demand; *ein* ~ *machen* make an offer, *econ. a.* submit a tender.

ˈ**angebracht** *adj.* advisable; *gut* ~ appropriate, reasonable; apt (*remark*); *schlecht* ~ inappropriate, out of place; ill-timed; *et. für* ~ *halten* see fit to do a th.; → *anbringen*.

ˈ**angedeihen:** *j-m et.* ~ *lassen* grant (*or* afford) a th. to a p.; bestow (*or* confer) a th. on a p.

ˈ**angegossen** *adj. tech.* integrally cast; *fig. wie* ~ *sitzen* fit like a glove, be a perfect fit.

angeheiratet [ˈangəhaɪrɑ:tət] *adj.* (related) by marriage; *~er Vetter* cousin by marriage; *die ~en Verwandten* one's in-laws.

angeheitert [ˈangəhaɪtərt] *adj.* (slightly) tipsy, mellow, half-tight.

ˈ**angehen I.** *v/i.* (*irr.*, *sn*) begin; → *anfangen*; catch fire, burn; *agr.* take root; (*function*) work; be tolerable, be passable, be not so bad (after all); spoil, go bad; *angegangenes Fleisch* tainted meat; be admissible; *das geht* (*nicht*) *an* that will (won't) do; **II.** *v/t.* (*irr.*, *h.*, *sn*) charge, assail, (*a. fig.*) tackle; *fig. j-n* ~ concern, regard a p.; *j-n um et.* ~ apply to (*or* solicit) a p. for a th., approach a p. with *a request*; *was geht das mich an?* what's that to me?; *das geht dich nichts an* that's no concern (*or* business) of yours, that's none of your business; *an alle, die es angeht* to whom it may concern; **~d** *adj.* beginning, incipient; future, would-be (*lawyer, etc.*); prospective (*buyer*); budding (*artist, beauty*); *~er Vater* father to be.

ˈ**angehören** *v/i.* (*h.*) (*dat.*) belong to; be a member of, be affiliated with; sit on (*a committee*); *der Vergangenheit* ~ be a matter of the past.

ˈ**angehörig** *adj.* (*dat.*) belonging to; affiliated with *an organization*; **2e(r** *m*) [ˈ-gə(r)] *f* (-n; -n; -en; -en) member; national; dependant; *nächster* (*nächste pl.*) ~ next of kin; *meine ~n pl.* my relations, my people, *colloq.* my folks.

Angeklagte(r *m*) [ˈangəklɑ:ktə(r)] *f* (-n; -n; -en; -en) defendant.

Angel [ˈaŋəl] *f* (-; -n) → *Angelgerät*; *door*: hinge; *tech.* pivot; *mit ~n versehen* hinged; (*a. fig.*) *aus den ~n heben* unhinge; *aus den ~n geraten* come off the hinges; *fig.* → *Tür*.

ˈ**An·geld** *econ. n* earnest-money.

ˈ**angelegen** *adj.* → *anliegend*; *sich et.* ~ *sein lassen* make a th. one's business, take a matter in hand; *es sich* ~ *sein lassen zu inf.* make a point of *ger.*; **2heit** *f* matter, business, concern, affair; *das ist s-e* ~ that's his concern (*or* business; *kümmere dich um deine ~en* mind your own business; **~tlich I.** *adj.* urgent; earnest; **II.** *adv.* urgently, *etc.*; strongly; warmly.

angelehnt [ˈangəle:nt] *pred. and adv.* ajar.

ˈ**angelernt** *adj.* taught, (mechanically) acquired; *~er Arbeiter* semi-skilled workman.

Angel... [ˈaŋəl-]: **~fliege** *f* (fishing-) fly; **~gerät** *n* fishing gear (*or* tackle); **~haken** *m* fish-hook; **2n** *v/t. and v/i.* (*h.*) fish, angle (*nach* for); *fig.* fish (for); **~platz** *m* fishing nook (*or* water); **~punkt** *m* pivot; *ast.* pole; *fig.* cardinal (*or* pivotal, crucial) point; **~rute** *f* fishing rod.

ˈ**Angel|sachse** *m*, **~sächsin** *f*, **2sächsisch** *adj.* Anglo-Saxon.

ˈ**Angelschnur** *f* fishing-line.

ˈ**angemessen** *adj.* suitable, appropriate, fit; reasonable, fair; adequate; proper, fitting (*conduct*); adapted (*dat.* to), commensurate (with), proportionate (to), in keeping (with); *für* ~ *halten* think fit; **2heit** *f* suitability; adequacy; fitness; propriety.

ˈ**angenehm** *adj.* agreeable, pleasant (*dat., a. für* to); pleasing; comfortable, cosy; restful; welcome; *~es Wesen* engaging manners; *das 2e mit dem Nützlichen verbinden* combine business with pleasure.

ˈ**angenommen** → *annehmen*.

Anger [ˈaŋər] *m* (-s; -) meadow, pasture; common, (village) green.

angeregt [ˈangəre:kt] *adj.* stimulated; animated, lively.

angeschlagen [ˈangəʃlɑ:gən] *adj. boxer*: groggy; chipped, marred (*china, etc.*).

angesäuselt [ˈangəzɔʏzəlt] *colloq. adj.* → *angeheitert*.

Angeschuldigte(r *m*) [ˈangəʃuldiçtə(r)] *f* (-*n*; -*n*; -*en*; -*en*) *jur.* accused.

angesehen ['angəze:ən] *adj.* respected, esteemed, distinguished; *~e Firma* firm of good standing (*or* repute).

'Angesicht *n* face, countenance; → *Schweiß*; *von ~* by sight; *von ~ zu ~* face to face; *dem Tod ins ~ schauen* look death in the face; **2s** *prp.* (*gen.*) in the presence of, (*a. fig.*) in view of; *fig.* considering, seeing that.

'angespannt *adj.* strained, tense, hard; *~e Finanzlage* financial stringency.

angestammt ['angəʃtamt] *adj.* ancestral; hereditary, innate.

Angestellt|e(r *m*) ['angəʃtɛltə(r)] *f* (-*n*; -*n*; -*en*; -*en*) (salaried) employee, white-collar worker; clerk; domestic (servant); *die ~n pl.* the staff, the salaried personnel; **~enversicherung** *f* employees insurance.

angestrengt ['angəʃtrɛŋt] *adj.* → *anstrengen.*

'angetan *p.p.*: *~ mit* (*dat.*) attired in, clad in; (*ganz*) *danach ~, zu* (very) likely (*or* apt) to *inf.*; *~ sein von* be pleased with, have a liking for *a p. or th.*; be taken with *a th.*; *er war von dem Gedanken wenig ~* the idea did not appeal to him; → *antun.*

'angetrunken *adj.* intoxicated, tipsy, tight.

'angewandt *adj.* applied (*art, research, science*).

'angewiesen *pred. and p.p.*: *~ sein auf* (*acc.*) be dependant (*or* be thrown *or* depend) (up)on; *auf sich selbst ~ sein* be left to one's own resources; be on one's own.

'angewöhnen *v/t.* (*h.*): *j-m et. ~* accustom a p. (*or* get a p. used) to a th.; *sich et. ~* get into the habit of a th.; take to *smoking, etc.*

'Angewohnheit *f* (old) habit, custom; *aus ~* from habit.

angewurzelt ['angəvurtsəlt] *adj.*: *wie ~ dastehen* stand rooted to the spot.

Angina [aŋ'gi:na] *med. f* (-) angina; *~ pectoris* angina pectoris, stenocardia.

'angleich|en *v/t. and sich ~* (*irr.*, *h.*) (*dat.*) assimilate (to, with); adapt (*a. tech.*), adjust, approximate (to); **2ung** *f* assimilation; (*a. tech.*) adaptation, adjustment; approximation; (approximate) matching (*of colors*).

Angler(in *f*) ['aŋlər-] *m* (-*s*; -; -; -*nen*) angler.

'anglieder|n *v/t.* (*h.*) (*dat. or an acc.*) link up (with), join; affiliate *an organization* (with), incorporate (in); attach *a p.* (to); annex (*a territory*); integrate (within); **2ung** *f* affiliation, incorporation; annexion.

Anglikan|er(in *f*) [aŋgli'ka:nər-] *m* (-*s*; -; -; -*nen*), **2isch** *adj.* Anglican; *die Anglikanische Kirche* the Anglican Church, the Church of England.

angli'sieren *v/t.* (*h.*) anglicize.

An'glist|(in *f*) *m* (-*en*; -*en*; -; -*nen*) English philologist; professor (*or* student) of English, angli(ci)st; **~ik** *f* (-) English philology; study of English language and philology, Anglistics.

Anglizismus [-'tsismus] *m* (-; -*men*) Anglicism, Briticism.

Anglo... ['aŋglo-] Anglo-...

anglotzen ['anglɔtsən] *v/t.* (*h.*) stare at, goggle at.

Angora|katze [aŋ'go:ra-] *f* Angora cat; **~wolle** *f* mohair.

'angreif|bar *adj.* assailable, open to attack; *fig.* vulnerable; **~en** *v/t.* (*irr.*, *h.*) touch, handle; *fig.* tackle, set about, approach (*a task*); break into, tap (*supplies*), touch, draw on, dip into (*capital, etc.*); *b.s.* embezzle; weaken, exhaust; attack, assail (*both a. fig.*), charge; *mil. im Sturm ~*, *jur. tätlich ~* assault; *er griff ihn mit e-r Axt an* he charged him with an axe; try, strain (*the eyes*); affect, injure, impair (*a p.'s health*); *die Krankheit hat ihn angegriffen* the illness has told on him; *chem.* corrode; *phys. die Kraft greift in einem Punkt an* the force acts on a point; *angegriffen aussehen* look poorly; *sich rauh, etc., ~* feel rough, *etc.*, be rough, *etc.*, to the touch; **~end** *adj.* aggressive, offensive; *physically*: trying, exhausting; *~e Kraft* acting force; *tech. ~es Ende* business end (*of tool*); **2er(in** *f*) *m* (-*s*; -; -; -*nen*) attacker, assailant; *pol.* aggressor.

'angrenzen *v/i.* (*h.*): *~ an* (*acc.*) border (up)on, adjoin; abut (up)on; **~d** *adj.* adjacent, contiguous, adjoining (*an acc.* to).

'Angriff *m* attack (*a. fig. and sports*); assault, charge; offensive; *pol.* aggression; air-raid; low-level attack; ground attack, strafing; *chemischer ~* attack by chemical action, corrosion; *jur. tätlicher ~* assault and battery; *in ~ nehmen* start on, tackle, set about; *zum ~ übergehen* take the offensive.

'Angriffs...: **~fläche** *tech. f* working surface; **~krieg** *m mil.* offensive war(fare); *pol.* war of aggression; **~lust** *f* (-) aggressiveness; **2lustig** *adj.* aggressive; **~punkt** *m mil.* point of attack; *tech.* working point, point of contact; point of wear; **~spitze** *f* spearhead; **~waffe** *f* weapon of attack, offensive weapon; **~welle** *f* assault wave; **~ziel** *n* objective, target.

'angrinsen *v/t.* (*h.*) grin (*or b.s.* leer) at.

Angst [aŋst] *f* (-; ⸚e) fear (*vor dat.* of); anxiety; fright; dread, terror; anguish; *~ haben* be afraid (*vor dat.* of), be in fear (of); *~ haben vor a.* fear, dread; *in ~ geraten* take fright, get scared *or* alarmed; *j-n in ~ versetzen* frighten (*or* terrify) a p., *colloq.* throw a scare in a p.; **2** *pred. adj.*: *mir ist ~* I am afraid (*vor dat.* of); *~ und bange* terribly frightened, *colloq.* scared stiff; **'2erfüllt** *adj.* fearful, terrified; **'~geschrei** *n* screams *pl.* of terror (*or* anguish); **'~hase** *m* coward, poltroon, chicken.

ängstigen ['ɛŋstigən] *v/t.* (*h.*) alarm, frighten, strike with fear; worry; *sich ~* be afraid (*vor dat* of), be alarmed *or* worried (*um* about).

Angstkäufe ['-kɔʏfə] *m/pl.* panic buying *sg.*

'ängstlich *adj.* anxious, fearful; uneasy, nervous, jittery; timid; *fig.* scrupulous; **2keit** *f* (-) anxiety, nervousness; timidity; scrupulousness.

'Angströhre *colloq. f* stovepipe hat.

Angströmeinheit ['aŋstrø:m-] *phys. f* Angstrom unit (*abbr.* A.U.).

'Angst...: **~meier** *m* alarmist, coward; **~neurose** *f* anxiety neurosis; **~schweiß** *m* cold sweat; **2voll** *adj.* fearful, frightened, terrified.

'angucken *v/t.* (*h.*) look at, peek at.

'anhaben *v/t.* (*irr.*, *h.*) have *clothes* on, wear, be dressed in; *fig. j-m et. ~ wollen* have designs on a p.; *sie konnten ihm nichts ~* they could find (*or* do) nothing against him; *er kann mir nichts ~* he has nothing on me; *das kann mir nichts ~* that can't do me any harm.

'anhaften *v/i.* (*h.*) stick, cling, adhere (*dat.* to); *fig. ihm haftete etwas Eigentümliches an* there was something peculiar about him; **~d** *adj.* adhesive.

'anhaken *v/t.* (*h.*) hook *or* hitch on (*an acc.* to); *on a list, etc.*: tick off, check off.

'Anhalt *m* support, hold; footing; *fig.* → *Anhaltspunkt*; *e-n ~ gewähren* give a clue (*für* to); **2en I.** *v/t.* (*irr.*, *h.*) stop; *tech.* arrest, check; *police*: arrest, seize; hold (*one's breath, a note*); *mit angehaltenem Atem* with bated breath; block, hold up, impede (*traffic*); pull up (*a horse, etc.*), stop, halt (*a car*); *j-n ~* accost a p., buttonhole a p.; *j-n ~ zu et.* keep a p. to a th., urge (*or* encourage) a p. to do a th.; *sich ~* cling (*an acc.* to), hold on (to); **II.** *v/i.* (*irr.*, *h.*) stop, halt, come to a stop *or* standstill; *fig.* last, continue, keep on; persist, endure; *die Kältewelle hielt noch an* the cold spell still held; *um ein Mädchen ~* propose to a girl, *colloq.* pop the question; **2end** *adj.* continuous, sustained; persistant; lasting; *~e Bemühungen* prolonged efforts; *~er Fleiß* assiduity; *~er Beifall* rounds and rounds of cheers; **~er** *colloq. m* hitch-hiker; *per ~ fahren* hitch-hike, thumb a ride; **~s-punkt** *m* clue, pointer, lead; criterion; basis; *tech.* reference point.

'Anhang *m* appendage; annex, enclosure, schedule; appendix, supplement (*to a book, etc.*); annex; *of last will*: codicil; adherents *pl.*, following; dependants *pl.*, family.

Anhängelast ['anhɛŋə-] *mot. f* towed load.

'anhangen *v/i.* (*h.*) (*dat.*) adhere to, follow; cling (*or* be attached) to.

'anhängen I. *v/t.* (*h.*) hang on, suspend; append, affix, add (*an acc.* to); *teleph. den Hörer ~* hang up; *fig. j-m et. ~* implicate a p., cast a slur on a p., *sl.* frame a p.; *j-m e-n Prozeß ~* involve a p. in a law-suit; infect with (*a disease*); **II.** *v/i.* (*h.*) *teleph.* hang up, ring off; *fig.* → *anhangen.*

Anhänger ['anhɛŋər] *m* (-*s*; -) **1.** adherent, follower, supporter; *esp. pol.* henchman, partisan, hanger-on; disciple; devotee; (*all a.* **~in** *f*, -; -*nen*); **2.** pendant, locket; *mot.* trailer; label, tag;

~schaft *f* (-) following; adherents *pl.*, → *Anhang.*

'**Anhänge...**: **~schloß** *n* padlock; **~silbe** *gr. f* suffix; **~zettel** *m* tag.

'**anhängig** *jur. adj.* pending; *e-n Prozeß ~ machen gegen j-n* institute legal proceedings against a p.

'**anhänglich** *adj.* attached, devoted (*an acc.* to); affectionate; **2keit** *f* (-) attachment (*an acc.* to); devotion, affection, loyalty.

Anhängsel ['anhɛŋzəl] *n* (-s; -) appendage; label, tag; pendant.

'**anhauchen** *v/t.* (*h.*) breathe on; *die Finger*: blow; *colloq. fig.* blow *a p.* up; *rosig angehauchte Wangen* rosy--tinged cheeks; *er ist künstlerisch angehaucht* he has an artistic turn; *er ist kommunistisch angehaucht* he sympathizes with the Communists, he is pink.

'**anhauen** *colloq. v/t.* (*h.*) accost *a p.*; molest; *j-n ~ um* touch a p. for.

'**anhäuf|en** *v/t.* (*h.*) heap up, (*a. sich*) pile up, accumulate; amass (*money*); hoard up; *econ. sich ~* (*capital*) accumulate, (*a. phys.*) aggregate; *interest*: accrue; **~end** *adj.* accumulative; **2ung** *f* piling-up; accumulation, increase; aggregation.

'**anheben** *v/t.* (*irr.*, *h.*) lift, raise; *fig.* (*a. v/i.*) begin.

'**anheften** *v/t. and sich ~* (*h.*) attach, fasten, affix (*an acc.* to); tack on; pin on; stitch, baste.

'**anheilen** *v/i.* (*sn*) heal on *or* up.

anheimeln ['anhaɪməln] *v/t.* (*h.*): *j-n ~* remind a p. of home, make a p. feel at home; **~d** *adj.* homelike, hom(e)y; cosy, snug.

anheim|fallen [an'haɪm-] *v/i.* (*irr.*, *sn*) (*dat.*) fall to (*a p.'s* share), devolve on, revert to *a p.*; **~geben** (*irr.*, *h.*), **~stellen** *v/t.* (*h.*): *j-m et. ~* leave a th. to a p.('s discretion); *et. dem Urteil j-s ~* submit a th. to a p.'s judgement.

anheischig ['anhaɪʃɪç] *adj.*: *sich ~ machen et. zu tun* undertake (*or* offer, pledge o.s.) to do a th., volunteer to do a th. *or* for a th.

'**anheiz|en** *v/t.* (*h.*) heat up (*a. fig.*); **2kerze** *mot. f* heating plug.

'**anherrschen** *v/t.* (*h.*) address *a p.* gruffly, bark at.

'**anheuern** *v/t.* (*h.*) hire; *sich ~ lassen* sign on.

'**Anhieb** *m*: *auf (den ersten) ~* at the first attempt, right away; *colloq.* right off the bat; *tell, etc.*, off the cuff *or* offhand; at once.

anhimmeln ['anhɪməln] *v/t.* (*h.*) adore, idolize; gush (*or* rave) about *a p.*

'**Anhöhe** *f* rise, height, hill.

'**anhören** *v/t.* (*h.*) listen (*or* attend) to, lend an ear (to), hear; *sich gut (schlecht) ~* sound well (badly); *j-n ~* give a p. a hearing; *j-n ganz ~* hear a p. out; tell (by listening); *man hört ihm den Ausländer an* one can tell by his accent that he is a foreigner; *colloq. hör dir das mal an!* now listen to this!

'**Anhub** *tech. m* lift; **~moment** *n* initial power.

anhydrisch ['anhy:drɪʃ] *chem. adj.* anhydrous.

Anilin [ani'li:n] *n* (-s) anilin(e); **2-blau** *adj.* anilin(e)-blue; **~farbstoff** *m* anilin(e) (*or* coal-tar) dye; **2rot** *adj.* anilin(e)-red, magenta.

animalisch [ani'mɑ:lɪʃ] *adj.* animal; *b.s. a.* brutish.

Animier|dame [ani'mi:r-] *f* hostess, taxi-dancer; **2en** *v/t.* (*h.*) incite, animate, stimulate; encourage, urge; *animierte Stimmung* high spirits.

Animosität [animozi'tɛ:t] *f* (-; -*en*) animosity.

Anion ['anio:n] *phys. n* (-s; -'*onen*) anion.

Anis [a'ni:s] *bot. m* (-es; -e) anise, aniseed; **~likör** *m* anisette.

'**ankämpfen** *v/i.* (*h.*) struggle, battle (*gegen* against), combat.

'**Ankauf** *m* buying, purchase; *w.s.* acquisition; **2en** *v/t.* (*h.*) buy, purchase; *sich ~* buy land, settle.

'**ankeilen** *v/t.* (*h.*) fasten with a wedge.

Anker ['aŋkər] *m* (-s; -) **1.** *mar.* anchor; *vor ~ gehen* cast (*or* drop) anchor; *den ~ lichten* weigh anchor; *vor ~ liegen* ride at anchor; *vor ~ treiben* drag the anchor; **2.** *tech.* anchor, brace, stay; *of watch*: anchor (*or* lever) escapement; *el.* **a**) armature, **b**) rotor, **c**) stator; **~boje** *f* mooring buoy; **~draht** *m* armature wire; *of mast*: stay wire; **~feld** *el. n* armature field; **~gang** *m of watch*: anchor escapement; **~geld** *n* anchorage; **~grund** *m* berth, anchorage; **~hub** *el. m* armature stroke; **~mine** *mar. f* moored mine.

'**ankern** *v/i.* (*h.*) (cast) anchor, moor.

'**Anker...**: **~platz** *m* → *Ankergrund*; **~spill** *n* capstan; **~tau** *n* cable; **~uhr** *f* lever-watch; **~unruhe** *f* anchor escapement; **~wicklung** *el. f* armature winding; **~winde** *f* capstan.

anketteln ['ankɛtəln] *v/t.* (*h.*) stitch on.

'**anketten** *v/t.* (*h.*) (fasten with a) chain (*an acc.* to).

'**ankeuchen** *v/i.* (*sn*): *~, angekeucht kommen* come panting.

'**ankippen** *v/t.* (*h.*) tilt.

'**ankitten** *v/t.* (*h.*) cement (*an acc.* to); (fix with) putty.

'**anklagbar** *adj.* indictable, triable.

'**Anklage** *f* accusation, charge (*gegen* against); *jur. a.* indictment, *formal*: arraignment; *esp. parl.* impeachment; *~ erheben* prefer a charge (*gegen* against), → *anklagen*; *unter ~ stehen* be on trial (*wegen* for), stand trial (for); *unter ~ stellen* place on trial, arraign (*wegen* for); *die ~ vertreten* be counsel for the prosecution; **~bank** *f* (-; ⸚e) (prisoner's) dock; *auf der ~* in the dock; **~behörde** *f* prosecution; **2n** *v/t.* (*h.*) (*gen. or wegen*) accuse (of), charge (with); *jur. a.* indict (for); *parl., etc.*: impeach (of, for); *formally*: arraign (for); **2nd** *adj.* accusing(ly *adv.*); **~punkt** *m* count (of an indictment), charge.

'**Ankläger(in** *f*) *m* accuser; *jur.* plaintiff; *öffentlicher ~* Public Prosecutor, *Am. a.* district attorney.

'**Anklage...**: **~schrift** *f* (bill of) indictment; *esp. mil.* charge-sheet; **~verlesung** ['-fɛrle:zuŋ] *f* (-; -*en*) arraignment; **~vertreter** *m* counsel for the prosecution; **~zustand** *m*: *j-n in ~ versetzen* commit a p. for trial.

'**anklammern** *v/t.* (*h.*) *tech.* clamp (*an acc.* to), cleat (on); peg (out) (*laundry*); clip on (*letter, etc.*); *sich ~* cling (*an acc.* to); hold on for dear life.

'**Anklang** *m mus.* accord; *fig.* undertone; reminiscence, suggestion (*an acc.* of); *~ finden* be well received, meet with approval (*or* a favo[u]rable response); *thea., etc.* catch on, draw; appeal (*bei dat.* to); *merchandise*: go well, take; *keinen ~ finden* meet with no approval; fall flat, (be a) flop.

'**ankleben I.** *v/t.* (*h.*) fasten with adhesive, stick on; paste on; glue on; gum on (*all*: *an acc.* to); post (up) (*a bill, etc.*); **II.** *v/i.* (*sn*) adhere, stick, cling (*an acc.* to).

'**ankleide|n** *v/t. and sich ~* (*h.*) dress (*zum Abendessen* for dinner); **2zimmer** *n* dressing-room.

'**ankleistern** *v/t.* (*h.*) paste on.

'**anklingeln** *v/t.* (*h.*) ring *a p.* up, give *a p.* a ring, call *or* phone *a p.*

'**anklingen** *v/i.* (*irr.*, *sn*): *~ an (acc.)* be suggestive of, suggest, remind slightly of; *~ lassen* evoke, call to mind, call *or* conjure up (*memories*).

'**anklopfen** *v/i.* (*h.*): (*an die Tür ~*) knock *or* rap at the door; *fig. bei j-m ~* sound a p. (*wegen* about).

'**anknipsen** *el. v/t.* (*h.*) turn (*or* switch, flick) on (*the light*).

'**anknöpfen** *v/t.* (*h.*) button on (*an acc.* to).

'**anknüpf|en I.** *v/t.* (*h.*) tie (*an acc.* to); fasten (with a knot); *w.s.* connect, join (to); *fig.* begin, enter into; *e-e Bekanntschaft ~* make a *p.*'s acquaintance, take up with; *Beziehungen ~* establish (*or* form) connections *or* contacts; *ein Gespräch ~* start (*or* enter into) a conversation, engage *a p.* in a conversation; *Verhandlungen ~* enter into negotiations; *wieder ~* resume; **II.** *v/i.* (*h.*): *an et. ~* start (*or* go on) from a th., resume (*or* pick up the threads of) a th.; refer to (*a p.'s words, etc.*); continue (*a tradition*); **2ungs-punkt** *m* point of contact, starting-point.

ankommen I. *v/i.* (*irr.*, *sn*) arrive; reach (*in dat. a place*); *train*: pull in; *worker*: be accepted (*bei* by), get employment (at), get a job (with); *fig.* go down (*bei* with), get across, click, take; *gegen j-n ~* cope (*or* deal) with a p.; *gegen ihn kann man nicht ~* there is no getting at him, he is more than a match for us; *iro. da ist er schön angekommen* he had a nice reception, he came to the wrong address; *bei mir kommst du damit nicht an* that cuts no ice with me; *es kommt mich hart an* I find it hard, it is hard on me; *~ auf (acc.)* depend (up)on; *es kommt darauf an, ob* the question is whether; *worauf es ankommt, ist* what matters is; *darauf kommt es an* that is (just) the point; *es kommt ganz darauf an* it all depends; *es kommt nicht auf den Preis an* it is not a matter of price, money is no object; *es kommt mir viel darauf an* it is very important to me, I set great store by it; es *kommt mir darauf an zu inf.* I am concerned to *inf. or* that, what I want is; es *darauf ~ lassen* run a risk, take a (*or* one's) chance, risk it; **II.** *v/t.* (*impers., irr., sn*) befall, come over *a p.*; es *kam ihm die Lust an zu inf.* he took it in his head to *inf.*, he felt like *ger.*; es *kam ihn die Furcht an* he was seized by fear; **~d** *econ. adj.* incoming.

Ankömmling ['ankœmliŋ] *m* (-s; -e) newcomer, arrival.

'**anköpfen** *tech. v/t.* (*h.*) head.

Ankoppel|kreis ['ankɔpəl-] *el. m* coupling circuit; **2n** *v/t.* (*h.*) couple (*an acc.* to); **~ung** *f radio*: coupling.

'**ankörn|en** *tech. v/t.* (*h.*) center-punch, countersink; **2ung** *f* punch mark.

'**ankotzen** *vulg. fig. v/t.* (*h.*) make *a p.* sick.

ankreiden ['ankraɪdən] *v/t.* (*h.*) chalk up (*j-m* against a p.); *fig. das werde ich ihm ~* I'll make him pay for that.

'**ankreischen** *v/t.* (*h.*) scream at, shrill at.

'**ankreuzen** *v/t.* (*h.*) check off.

'**ankündig|en** *v/t.* (*h.*) announce (*j-m* et. a th. to a p.); proclaim; publish, advertise; *fig.* herald, usher in (*an era, etc.*); **2ung** *f* announcement, notification, proclamation; advertisement; *of book*: prospectus; **2ungskommando** *mil. n* preparatory command.

Ankunft ['ankunft] *f* (-) arrival; *fig. a.* advent; *bei ~, nach ~* on arrival; **~shafen** *m* port of arrival; **~sverkehr** *m* incoming traffic; **~szeit** *f* time of arrival.

'**ankuppeln** *v/t.* (*h.*) couple (*an acc.* to).

'**ankurbeln** *v/t.* (*h.*) *mot.* start, crank up; *fig.* stimulate, ginger up; step up (*production, etc.*).

'**anlächeln,** '**anlachen** *v/t.* (*h.*) smile at, give *a p.* a smile.

'**Anlage** *f* laying-out (*a garden, etc.*); construction; installation; *of novel, etc.*: plot, structure; (manufacturing) plant, works *pl. and sg.*; equipment, facility, installation(s *pl.*); plant, (*machine*) unit; *elektrische ~* electrical system; sport field (*or* facility), athletic grounds *pl.*; pleasure-ground, grounds *pl.*, park; *öffentliche ~* public gardens *pl.*; talent, aptitude, ability; (natural) tendency, bent, *a. med.* (pre)disposition; *~n haben zu et.* be talented *or* gifted for; *econ.* (*capital*) investment; invested capital; employment (*of funds*); *balance-sheet*: *~n pl.* assets; inclosure (*zu* in *a letter*); (*document*) exhibit, schedule; *in der ~* enclosed; **~güter** *n/pl.* capital goods; items of equipment; **~kapital** *n* invested capital; stock (*or* business, original) capital; **~kosten** *pl.* first (*or* prime) cost; cost of construction; **~kredit** *m* investment credit; **~papiere** *n/pl.* investment securities; **~vermögen** *n* fixed assets, invested capital.

'**anlagern** *v/t.* (*h.*) accumulate, store up; *sich ~* add.

'**anlangen I.** *v/i.* (*sn*) arrive (*an dat.*, *bei* in, at), come (to), reach; **II.** *v/t.* (*h.*) concern, regard, relate to; *was ... anlangt* as to (*od.* for); → *anbelangen.*

Anlaß ['anlas] *m* (-sses; ⸚sse) occasion; *a.* motive, reason (*zu* for); cause, ground (*für* for; *zu* to do, to doing); incident; provocation; *aus ~* (*gen.*) on the occasion of; *aus diesem ~* for this reason, to mark the occasion; *bei diesem ~* on this occasion; *beim geringsten ~* at the slightest provocation, at the drop of a hat; *~ geben zu* give rise (*or* occasion) to; *j-m ~ geben zu* give a p. reason for; *allen ~ haben zu* have every reason for; *ohne jeden ~* for no reason at all; *ein besonderer ~* a special occasion *or* event; et. *zum ~ nehmen zu inf.* take occasion to *inf.*; *dem ~ entsprechend* to fit the occasion; **~drehmoment** *tech. n* starting torque; **~druckknopf** *mot. m* self-starter push-button.

'**anlassen** *v/t.* (*irr., h.*) keep on (*dress*); leave on, leave running (*water, etc.*); set going, set in motion, start; start (up) (*the engine*); turn on (*steam, water*); prime (*a pump*); temper (*steel*); *fig. j-n hart ~* rebuke a p. sharply; *sich ~* appear; *sich gut ~* promise well, make good progress; *thing a.* shape (up) well; *wie läßt er sich an?* how is he making out?; *er läßt sich gut an a.* he is quite a success.

Anlasser ['anlasər] *mot. m* (-s; -) starter; starting motor; **~fußschalter** *m* foot-operated starting switch; **~motor** *m* starting motor.

'**anlasten** *v/t.* (*h.*): *j-m* et. *~* charge a p. with a th.

anläßlich ['anlɛsliç] *prp.* (*gen.*) on the occasion of; at.

'**Anlaß...**: **~magnet** *mot. m* starting (*Am.* booster) magneto; **~schalter** *m* starter switch; **~ventil** *n mot.* starting-air valve; **~widerstand** *el. m* (starting) resistance.

'**Anlauf** *m* start (*auf acc.* for), run; *aer.* take-off run; *sports*: approach-run; *Sprung mit ~* running jump; *ski jumping*: **a)** inrun, **b)** slope; onset, charge; *e-n ~ nehmen* take a run (*auf* for); *im ersten ~* at the first attempt (*or* start); **~bahn** *aer. f* runway; *sports*: approach-path; *ski jump*: slope; **2en I.** *v/t.* (*irr., h.*) run *or* rush upon; *mar.* call at, touch at, put into (*a port*); **II.** *v/i.* (*irr., sn*) start; *film*: be started (*or* shown), *at movies*: open; *sports*: take the run (*auf* for); *angelaufen kommen* come running up *or* along; *fig.* become operative; get going, get under way; *~ lassen* set going, set in motion; *mot.* run up; rise; *econ. cost, interest*: accumulate, accrue; *debts*: mount up; *mirror, etc.*: dim, fog, cloud over; *metall*: tarnish; *person*: *rot ~* turn red, blush, flush; **~en** *n* start; increase; accumulation, accrual; dimming, fogging; tarnish; **~hafen** *m* port of call; **~kredit** *m* opening credit; **~leistung** *tech. f* starting output; **~moment** *tech. n* starting torque; **~zeit** *f* initial period; *mot.* machine inertia constant.

'**Anlaut** *gr. m* initial sound, anlaut; *im ~* when initial; **2en** *v/i.* (*h.*) begin (*mit* with).

'**anläuten** *v/t. and v/i.* (*h.*) ring the bell (for); *teleph. bei j-m ~* ring a p. up, give a p. a ring, phone to a p.

'**anlautend** *adj.* initial.

Anlege|brücke ['anle:gə-] *f* landing stage, jetty; **~gebühren** *f/pl.* anchorage *sg.*; **~hafen** *m* port of call; **2n I.** *v/t.* (*h.*) lay *or* put (*an acc.* to, against); put on (*dress, jewelry*); apply (*a standard, med. dressing*); *typ.* feed; lay *a boat* alongside (of); *~ lassen* dock (*a ship*); set *fire* (*an, in* to); level *or* point *a rifle*; → *Hand*; tie up, chain up (*a dog*); lay in (*a stock*); *fig.* design, plan; lay out (*a garden, etc.*); instal(l); construct; set up, erect (*a factory, etc.*); cut (*a canal*); set up (*a card index*); invest (*money*); *mit Zinsen ~* put out at interest; *fest angelegt* permanently invested, safely placed; open (*an account*); found, establish (*a colony, town*); *sich ~ gegen* (*acc.*) lean against; *fig.* es *~ auf* (*acc.*) aim at, make it one's object; *es war darauf angelegt zu inf.* it was calculated to *inf.*; **II.** *v/i.* (*h.*) *shooting*: *~ auf* (*acc.*) (take) aim at; *mar.* land, moor, take berth; lie alongside; **~stelle** *f* landing (-place), moorings *pl.*; → *Anlegebrücke*; pier.

Anlegung ['anle:guŋ] *f* (-; -en) laying out; setting up; application; foundation.

'**anlehn|en** *v/t. or sich ~* (*h.*) lean (*an acc.* against); leave ajar (*door*); *fig. sich ~ an* (*acc.*) lean upon, take pattern from, follow, be model(l)ed on; *der Autor lehnt sich stark an frühere Werke an* the author heavily relies on earlier works; **2ung** *f* (-; -en) contact; *in ~ an* (*acc.*) in imitation of; after, in accordance with.

Anleihe ['anlaɪə] *f* (-; -n) loan; advance; *öffentliche ~* public (*or* government) loan; e-e *~ aufnehmen* raise a loan; e-e *~ lancieren* float a loan; e-e (*kleine*) *~ bei j-m machen* borrow money of a p., *fig.* borrow from a p.; **~kapital** *n* loan capital, *Am.* bonded debt; **~papier** *n* stock, *Am.* bond; **~schuld** *f* funded debt, *Am.* bonded debt.

'**anleimen** *v/t.* (*h.*) glue on (*an acc.* to).

'**anleit|en** *v/t.* (*h.*) guide (*zu* to); *fig.* instruct, school, train (*in dat.* in); **2ung** *f* guidance, instruction, direction; text-book, guide, primer; introduction; *technische ~* (engineering) manual; *Bedienungs2* (operating) instructions *pl.*

Anlenkbolzen ['anlɛŋk-] *m* articulated rod pin.

'**anlern|en** *v/t.* (*h.*) train, instruct, school (*zu* et. in a th.); break *a p.* in, show *a p.* the ropes; *angelernt* acquired (by routine), mechanical; *angelernter Arbeiter* semi-skilled worker; **2ling** ['liŋ] *m* (-s; -e) trainee.

'**anlesen** *v/t.* (*irr., h*). acquire by reading; *angelesenes Wissen* book knowledge.

'**anliefer|n** *v/t.* (*h.*) deliver, supply; **2ung** *f* delivery, supply.

'**anliegen** *v/i.* (*irr., h.*): *~ an* (*dat.*) lie close to, border on, be adjacent to; *tech.* butt *or* rest against; *clothes*: fit well, cling; *mar.* stand to; ♀ *n* (-s; -) request; *w. s.* preoccupation, concern; object; intent, message; *ich habe ein ~ an Sie* I want to ask a favo(u)r of you; **~d I.** *adj.* adjacent, adjoining, neighbo(u)ring; (tight) fitting (*clothes*); **II.** *adv. econ.* inclosed, attached, in the inclosure.

Anlieger ['anli:gər] *m* (-s; -) adjoining owner, abutter; *mot.* local resident; *nur für ~!* closed for non-resident traffic; **~siedlung** *f* factory estate.

'**anlocken** *v/t.* (*h.*) bait; decoy (*birds*); *fig.* allure, attract, entice.

'**anlöten** *v/t.* (*h.*) solder on (*an acc.* to).

'**anlügen** *v/t.* (*irr., h.*): *j-n ~* lie to a p.('s face), tell a p. a lie.

'**anmachen** *v/t.* (*h.*) attach, fix, fasten (*an acc.* to); mix (*mit dat.* with), prepare; temper (*color, lime*); dress (*salad*); make, light (*a fire*); switch on (*the light*).

'**anmalen** *v/t.* (*h.*) paint; *colloq. sich ~* paint one's face.

'**Anmarsch** *m* approach (march); *im ~ sein* (*auf acc.*) be advancing (towards); **♀ieren** *v/i.* (*sn*) approach, advance, march (against *or* towards); **~weg** *m* approach (route).

anmaß|en ['anma:sən]: *sich* et. *~* (*h.*) arrogate a th. to o.s.; assume, usurp (*right, title*); pretend to, presume, have the impudence to; *ich maße mir kein Urteil darüber an* I don't presume (*or* pretend) to give an opinion (on it); *ich würde mir nicht ~, als Experte gelten zu wollen* I would never claim to be an expert; **~end** *adj.* arrogant, presumptuous; overbearing; impudent; **♀ung** *f* (-; -*en*) arrogance; presumption; impudence; *widerrechtliche ~* assumption, usurpation.

Anmelde|formular ['anmɛldə-] *n* registration form; **~frist** *f* period for registration (*or* application); **~gebühr** *f* registration fee; **♀n** *v/t.* (*h.*) announce; notify, report; *econ.* advise (*a shipment*); *jur.* give notice of *appeal*; submit (*a claim*); announce, usher in (*guests*); *teleph.* place *or* book (*a call*); → *Konkurs*; → *Patent*; enrol(l), enter (*a pupil*); *sports*: enter (*zu* for); declare; report (*bei* to *the police*), give notice of *one's arrival*; *sich ~* make an appointment (*bei* with *a doctor*); *sich ~ zu* book for (*participation*), enrol(l) for, *sports*: enter for; apply for; *sich ~ lassen* have o.s. announced, send in one's card (*guest*); **~pflicht** *f* compulsory registration; **♀pflichtig** *adj.* notifiable; **~schein** *m* entry-form; **~termin** *m* → *Anmeldefrist*.

'**Anmeldung** *f* announcement, notification; report; registration; booking; (patent) application; *ped.* enrol(l)ment; *sports*: entry; *customs*: declaration; *nach vorheriger ~* by appointment (only); *hotel*: reception (desk); **~sgegenstand** *m patent*: object of invention.

'**anmerk|en** *v/t.* (*h.*) mark; note (*or* write, jot) down; make an annotation (*or* foot-note); *j-m* et. *~* notice (*or* observe, perceive) a th in a p.; *an et.*: tell (*a th.*) by; *sich nichts ~ lassen* not to show (*or* betray) a th. *or* one's feelings; *laß dir nichts ~!* *colloq.* don't let on!; **♀ung** *f* (-; -*en*) observation, remark (*über acc.* on); comment (on); note; annotation, foot-note; *mit ~en versehen* annotate (*a text*); *Ausgabe mit ~en* annotated edition.

'**anmessen** *v/t.* (*irr., h.*) take the measure for; *j-m e-n Rock ~* measure a p. for a coat; → *angemessen*.

'**anmustern** *v/t.* (*h.*) *mil.* enlist; *mar.* enrol(l); *sich ~ lassen* sign on, be enrolled.

Anmut ['anmu:t] *f* (-) grace(fulness); charm, loveliness, sweetness; **♀en** *v/t.* (*h.*): *j-n ~* seem (*or* appear) to a p.; *j-n seltsam ~* strike a p. as (being) curious; *j-n heimatlich ~* remind a p. of home; **♀ig** *adj.* graceful; charming, lovely, winsome; pleasant (*country*).

'**annageln** *v/t.* (*h.*) nail on (*an acc.* to); *fig. wie angenagelt* as if nailed (*or* riveted, glued) to the spot.

'**annagen** *v/t.* (*h.*) gnaw at.

'**annähen** *v/t.* (*h.*) sew on (*an acc.* to); *med.* suture.

'**annähern** *v/t. u. sich ~* (*h.*) approach, draw near (*dat., an acc.* to); *einander ~* approximate (*two things*); *fig.* approach, approximate; *die Standpunkte ~* bring the views closer (together); **~d I.** *adj.* approximat(iv)e, rough, fairly exact; **II.** *adv.* about, approximately, roughly; *nicht ~* not nearly, far from, not by a far cry.

'**Annäherung** *f* approach (*an acc.* to); *fig. ~en* approaches, advances; *pol.* rapprochement (*Fr.*); approximation; **~s-politik** *f* policy of rapprochement; **~sversuch** *m* attempt at reconciliation; *~e pl.* approaches; *amorous*: advance, pass; **♀sweise** ['-svaɪzə] *adv.* approximately; **~s-wert** *m* approximate value.

Annahme ['anna:mə] *f* (-; -*n*) acceptance (*a. fig.*), reception; adoption (*of child, motion, plan, view*); *parl.* passing *of a bill*, passage; engagement (*of worker*); admission (*of pupil, etc.*); → *Annahmestelle*; assumption; supposition, belief, hypothesis; *~ verweigern* refuse (to accept), reject, dishono(u)r (*a bill of exchange*); *zur ~ vorlegen* present for acceptance; *alles spricht für die ~* there is every reason to believe; *in der ~, daß* on the supposition that, believing that; **~stelle** *f* receiving (*or* collecting) office; *mil.* recruiting office; **~vermerk** *m* acceptance; **~verweigerung** *f* refusal of acceptance, non-acceptance.

Annalen [a'na:lən] *pl.* annals; *in den ~ der Geschichte verzeichnet sein* be on historic record.

annehm|bar ['anne:mba:r] *adj.* acceptable (*für* to); *condition, price*: fair, reasonable; admissible; passable, tolerable; **~en** *v/t.* (*irr., h.*) accept (*a. fig.; a. v/i.*); take, receive; *parl.* carry, adopt (*a motion*); engage, hire, take on (*a worker*); undertake (*a commission*); take (on) (*a tint*); *parl.* pass (*a bill*); take, assume (*shape*); grant (*a petition*); contract, fall into (*a habit*); embrace (*a faith*); take, adopt (*an attitude*); take up (*a challenge*), pick up (*the gauntlet*); adopt (*a child*); admit (*a pupil, etc.*); assume (*a title, etc.*); → *Vernunft*; *econ.* accept, hono(u)r (*a bill*), *nicht ~* dishono(u)r; think, assume, suppose, take it, guess; *nehmen wir an, angenommen* suppose, supposing, (let's) say; et. *als ausgemacht* (*or erwiesen*) *~* take a th. for granted; *sich e-r Sache ~* take care (*or* charge) of, attend to a matter; see about a th.; *sich j-s ~* assist, look after, care for a p.; **♀lichkeit** *f* (-; -*en*) amenity, agreeableness; *~en pl.* amenities, comforts of life.

annektieren [anɛk'ti:rən] *v/t.* (*h.*) annex.

Annex [a'nɛks] *m* (-es; -e) annex, inclosure (to); **~bau** *m* (-[e]s; -*ten*) annex.

Annexion [anɛksi'o:n] *f* (-; -*en*) annexation.

'**anniet|en** *tech. v/t.* (*h.*) rivet on (*an acc.* to); **♀mutter** *f* (-; -*n*) rivet nut.

Anno ['ano] *adv.* in the year (of); *~ Domini* in the year of our Lord; *~ dazumal* erstwhile, in the olden times; *von ~ dazumal* of yore.

Annon|ce [a'nõsə] *f* (-; -*n*) advertisement, ad; → *Anzeige*; **♀'cieren** *v/t. u. v/i.* (*h.*) advertise, insert.

Annuität [anui'tɛ:t] *f* (-;-*en*) annuity; *lebenslängliche ~* life annuity.

annulier|en [anu'li:rən] *v/t.* (*h.*) annul, nullify, *jur. a.* declare null and void; set aside (*judgment*); *econ.* cancel (*an order*); *soccer*: *ein Tor ~* disallow a goal; **♀ung** *f* (-; -*en*) annulment; cancellation; **♀ungsgebühr** *aer. f* cancellation fee.

Anode [a'no:də] *el. f* (-; -*n*) anode, *Am.* plate.

anöden ['anˀø:dən] *colloq. v/t.* (*h.*) bore to death; get on *a p.'s* nerves; rib.

An'oden...: **~batterie** *f* anode (*Am.* plate) battery; **~gleichrichter** *m* anode bend detector; **~kreis** *m* anode circuit; **~stecker** *m* anode plug; **~strahlen** *m/pl.* anodal rays; **~strom** *m* anode (*Am.* plate) current.

an'odisch *el. adj.* anodic, anodal.

anomal ['anoma:l] *adj.* anomalous; **Anoma'lie** *f* (-; -*n*) anomaly.

anonym [ano'ny:m] *adj.* anonymous; **♀ität** *f* (-) anonymity.

Anorak ['anorak] *m* (-s; -s) parka, anorak, anarak.

'**an-ordn|en** *v/t.* (*h.*) (*a. tech.*) arrange, design, group, *a. mil.* dispose; *tech. hintereinander angeordnet* in tandem arrangement; order, direct; instruct; **♀ung** *f* arrangement; *a.* design, *Am.* layout; *a. mar.* disposition; grouping; structure; pattern, scheme; order, direction, instruction; regulation, rule; *~en treffen* give orders *or* instructions; make arrangements, arrange *that*; *auf ~ von* by order of, at the instance of.

'**an-organisch** *chem. adj.* inorganic.

'**anormal** *adj.* abnormal, anomalous.

'**anpacken** *v/t.* (*h.*) lay hold of, seize, grasp; tackle (*problem, task, etc.*);

mit ~ lend a (helping) hand, do one's share; *e-e Sache anders* ~ approach (*or* set about) a th. differently.

'**anpass|en** *v/t.* (*h.*) fit (on), adapt, accommodate (*dat.* to); adjust, tune (to *a norm, purpose*); proportion; *in colour, etc.*: match; *der Gelegenheit angepaßt* to fit the occasion; *sich* ~ adapt (*or* accommodate) o.s., conform (*dat.* to); **2ung** *f* (-) adaptation, adjustment (*a. psych.*); accommodation; matching; *tech.* ~ *an den Körper* body conformity; **~ungsfähig** *adj.* adaptable, flexible; versatile; **2ungsfähigkeit** *f* (-) adaptability; **2ungskreis** *el. m* matching circuit.

'**anpeil|en** *v/t.* (*h.*) take the bearings of, locate; **2ung** *f* direction finding, location.

'**anpfeifen** *v/t.* (*irr., h.*) *sports*: *das Spiel* ~ give the starting signal; *colloq. j-n* ~ blow a p. up.

'**Anpfiff** *m sports*: starting signal; *colloq. fig.* dressing-down.

'**anpflanz|en** *v/t.* (*h.*) plant, cultivate; **2ung** *f* planting, cultivation; plantation.

anpflaumen ['anpflaumən] *colloq. v/t.* (*h.*) pull *a p.'s* leg, kid, rib.

'**anpflöcken** *v/t.* (*h.*) peg (*an acc.* to).

'**anpicken** *v/t.* (*h.*) peck.

'**anpinseln** *v/t.* (*h.*) paint *a th.* over.

'**anpirschen:** *sich* ~ creep up (*an acc.* to).

anpöbeln ['anpø:bəln] *v/t.* (*h.*) abuse, molest, mob.

'**Anprall** *m* impact, *a. mil.* shock; *den ersten* ~ *aushalten* bear the brunt (of attack); **2en** *v/i.* (*sn*) bound, strike, bump (*an acc.* against), impinge (on).

anpranger|n ['anpraŋərn] *v/t.* (*h.*) pillory, denounce, brand; **2ung** *f* (-; -*en*) denunciation.

'**anpreis|en** *v/t.* (*irr., h.*) (re)commend; extol; *by advertising*: boost, crack up, *b.s.* puff up, *Am.* push; **2ung** *f* (-; -*en*) praising; boosting; puffing; *a. w.s.* claptrap, ballyhoo.

'**Anprob|e** *f* try-on, fitting; **2ieren** *v/t.* (*h.*) try (*or* fit) on.

anpumpen *colloq. v/t.* (*h.*) *j-n*: touch *a p.* (*um* for).

Anrainer ['anraınər] *m* (-*s*; -) → *Anlieger.*

anranzen ['anrantsən] *colloq. v/t.* (*h.*) blow a *p.* up.

'**anraten** *v/t.* (*irr., h.*) advise (*j-m* et. a p. to do a th.); recommend.

'**Anraten** *n* (-*s*): *auf sein* ~ at his suggestion, on his advice.

'**anrauchen** *v/t.* (*h.*) blow (*or* puff) smoke against; begin to smoke (*a cigar*); season, colo(u)r (*a pipe*), break in (*a new pipe*).

'**anrechn|en** *v/t.* (*h.*): *j-m et.* ~ charge (*or* put) to a p.'s account, pass to a p.'s debit; *j-m zuviel* ~ overcharge a p.; credit; deduct, allow, credit against, set off against; *jur.* make allowance for, deduct (*detention pending trial*); *fig. j-m* et. *als Verdienst* ~ credit a p. for a th.; *hoch* ~ value highly, appreciate; *j-m* et.: *a.* think highly of a p. for a th.; *ich rechne es mir zur Ehre an* I consider it an hono(u)r; **2ung** *f* charge, debiting; *j-m et. in* ~ *bringen* → *anrechnen*; *jur. unter* ~ *der Untersuchungshaft* the time of detention pending trial being deducted from the sentence.

'**Anrecht** *n* right, title, claim (*auf acc.* to); qualification, eligibility; (*ein*) ~ *haben auf* have a right (*or* legitimate claim) to, be entitled to; be eligible to.

'**Anrede** *f* address; *in letters*: salutation; **2n** *v/t.* (*h.*) address, speak to, accost.

'**anreg|en** *v/t.* (*h.*) touch, handle; *fig.* suggest; incite, animate, encourage; stimulate; *es regt den Appetit an* it gives an edge to the appetite; → *angeregt*; **~end** *adj.* stimulating, inspiring, exciting; **2ung** *f* stimulation, encouragement; impulse; *a. med.* stimulus; suggestion; *erste* ~ first impulse, stimulus; *auf* ~ *von* at the suggestion (*or* instigation) of; **2ungsmittel** *n* stimulant.

anreicher|n ['anraıçərn] *chem. v/t.* (*h.*) enrich; concentrate; *sich* ~ accumulate, grow rich; **2ung** *f* (-; -*en*) enrichment; concentration.

'**anreihen** *v/t.* (*h.*) add; string (*pearls, etc.*); arrange (*or* attach) in a series, align; *sich* ~ join, rank; form a queue (*Am.* line), queue (*Am.* line) up; *fig. sich würdig* ~ be a worthy successor (*dat.* of).

'**anreiß|en** *v/t.* (*irr., h.*) tear off; *colloq. fig.* → *anbrechen*; mark out, trace, delineate; tout (*customers*); **2er** *econ. m* tout; **2lehre** *f* margin ga(u)ge; **2nadel** *f* marking tool, scriber; **2schablone** *f* stencil, template; **2winkel** *m* square.

'**anreiten** *v/i.* (*irr., sn*): ~, *angeritten kommen* come riding up, approach (on horseback); ~ *gegen* (*acc.*) charge.

'**Anreiz** *m* incentive (*a. econ.*), stimulus, impulse; incitement; **2en** *v/t.* (*h.*) incite, stimulate; induce; *jur.* abet; *el.* energize, excite; **2end** *adj.* incentive.

'**anrempeln** *v/t.* (*h.*) jostle against, run (*or* bump) into, elbow; *fig.* bait, provoke, pick a quarrel with.

'**anrennen I.** *v/t.* (*irr., h.*) run against, jostle (against); ~ *gegen a. mil.* assault, charge; *fig.* assail, run full tilt against; **II.** *v/i.* (*irr, sn*): *angerannt kommen* come running (along).

'**anrichte|n** *v/t.* (*h.*) dress, prepare (*dishes*); serve, dish up (*a meal*); *es ist angerichtet!* dinner, *etc.*, is served!; cause, do (*damage, harm, etc.*); work (*mischief*), cause (*havoc*); *da hast du was Schönes angerichtet* now you have put your foot in it; **2**(**tisch** *m*) *f* (-; -*n*) sideboard; *kitchen*: dresser.

'**Anriß** *techn. m* (superficial) fissure, crack.

'**anrollen** *v/i.* (*sn*) approach, be under way; *merchandise, etc.*: be on track; *aer.* taxi.

'**anrosten** *v/i.* (*sn*) (begin to) rust.

anrüchig ['anryçiç] *adj.* disreputable, notorious, shady; infamous.

'**anrücken** *v/i.* (*sn*) approach, draw near; *mil.* advance.

'**Anruf** *m* call; *mil. of guard*: challenge; *teleph.* call, ring; **2en** *v/t.* (*irr., h.*) call; *mil.* challenge; *teleph.* call *or* ring (up), phone; *wieder* ~ call back; hail (*a ship, taxi*); implore, invoke, appeal to; *jur. ein höheres Gericht* ~ appeal to a higher court; *j-n zum Zeugen* ~ call a p. to witness; **~ung** *f* (-; -*en*) invocation; *jur., etc.*: appeal (*gen.* to).

'**anrühren** *v/t.* (*h.*) touch, handle; mix, stir (up); temper (*paints*); *fig.* touch (upon); *ich konnte keine Speise* ~ I couldn't touch the food; *ich rühre keinen Alkohol mehr an* I am off the stuff for good.

ans [ans] = **an das** → *an.*

'**Ansage** *f* announcement (*a. radio, etc.*), notification; *cards*: bidding; **2n** *v/t.* (*h.*) announce, notify; *sich* ~ announce one's visit; *radio etc.*: announce; *thea., etc.* present, *Am.* emcee; *j-m den Kampf* ~ challenge, fling down the gauntlet to a p; *cards*: call; *Trumpf* ~ declare trumps; **~r(in** *f*) *m* (-*s*; -; -; -*nen*) announcer (*a. radio*); compère, *Am.* Master of Ceremony (*abbr.* M.C.).

'**ansamm|eln** *v/t., a. sich* (*h.*) collect; *a. persons*: gather, assemble, concentrate (*troops*); amass, hoard (*or* pile) up (*treasures, etc.*); *interest*: *sich* ~ accrue, accumulate; **2lung** *f* collection; accumulation, accrual; heap, pile; *of people*: gathering; assembly (*a. jur.*), crowd; *of troops*: concentration, massing.

ansässig ['anzεsiç] *adj.* resident; settled; ~ *in a.* domiciled at *or* in; *nicht* ~ non-resident; *sich* ~ *machen*, ~ *werden* settle (down), take up residence; **2e**(**r** *m*) ['-gə(r)] *f* (-*n*; -*n*; -*en*; -*en*) resident.

'**Ansatz** *m tech.* extension; shoulder, neck; *anat.* appendage; peg (*of heel, nose*); *wind instruments*: **a**) embouchure, lipping; **b**) mouthpiece; *geol.* deposit, sediment, crust; *zo.* rudiment; *usu. pl.* trace(s *pl.*); disposition; start; *math.* statement; *econ. in a bill*: rate, charge; *j-m et. in* ~ *bringen* charge (*or* debit) a p. with; estimate, assessessment; *in an estimate*: appropriation, amount budgeted; *er* (*es*) *zeigt gewisse Ansätze* he (it) shows some promise; **~punkt** *m* starting point, point of departure; **~rohr** *n* connecting tube; **~säge** *f* tenonsaw; **~stück** *tech. n* extension, attachment.

'**ansäuern** *v/t.* (*h.*) leaven (*dough*); *chem.* acidify, acidulate.

'**ansaug|en** *v/t.* (*h.*) suck in; *med.* aspirate; prime (*a pump*); **2hub** *mot. m* suction stroke; **2leistung** *f* suction capacity; **2leitung** *f* intake manifold; **2luft** *f* (-) induction air; **2rohr** *n* induction pipe; **2ventil** *n* suction valve.

'**anschaff|en** *v/t.* (*h.*) procure, provide; buy, purchase; *sich et.* ~ *a.* supply (*or* furnish, provide) o.s. with a th.; **2ung** *f* procurement; purchase, acquisition; **2ungskosten** *pl.* prime cost, purchase cost *sg.*; **2ungspreis** *m* cost price; *zum* ~ at cost; **2ungswert** *m* cost value.

'**anschalten** *v/t.* (*h.*) switch on, turn on (*the light, etc.*); *tech.* connect, wire up; → *einschalten.*

'**anschau|en** *v/t.* (*h.*) look at, view

(*both a. fig.*); **~lich** *adj.* graphic(ally *adv.*); clear, vivid; concrete; *~ machen* demonstrate, illustrate, give a clear idea of; *~ schildern* give a vivid description of; **2lichkeit** *f* (-) clearness, vividness.

Anschauung [ˈanʃauuŋ] *f* (-; -*en*) view, opinion; perception, notion, idea; conception; *phls.* intuition; approach, point of view.

ˈ**Anschauungs...:** **~material** *n* illustrative material; audiovisual aids *pl.*; **~unterricht** *m* visual instruction; object teaching; *fig.* object lesson; **~vermögen** *n* (-*s*) intuitive faculty; **~weise** *f* approach, point of view; mentality.

ˈ**Anschein** *m* (-[*e*]*s*) appearance; look, semblance; probability; *allem ~ nach* to all appearances, apparently; *den ~ erwecken* give the impression; *es hat den ~ als ob* it looks (*or* seems) as if; *sich den ~ geben* assume the appearance, pretend *or* make out *to be*, pose *as*, make believe; **2end** *adj.* (*and adv.*) apparent(ly), seeming(ly).

ˈ**anschichten** *v/t.* (*h.*) pile up in layers, stratify.

ˈ**anschicken:** *sich ~* (*h.*) *zu* get ready for, prepare o.s. *to do*, set about *doing a th.*; proceed *to do*; be going to, be on the point of *ger.*

ˈ**anschieben I.** *v/t.* (*irr.*, *h.*) push (*an acc.* against); give a shove *or* push; **II.** *v/i.* (*irr.*, *h.*) *skittles*: have the first throw.

ˈ**anschielen** *v/t.* (*h.*) squint at; cast a sidelong glance at, look at *a p.* from the corner of one's eyes; leer at.

ˈ**anschienen** *med. v/t.* (*h.*) splint.

ˈ**anschießen I.** *v/i.* (*irr.*, *sn*) shoot first; *chem.* crystallize; **II.** *v/t.* (*irr.*, *h.*) shoot, wound; wing (*a bird*; *a p.*, *esp. in the arm*); test, try (*a rifle*).

ˈ**Anschießen** *n chem.* crystallization; *mil.* firing test.

ˈ**anschimmeln** *v/i.* (*sn*) go mouldy.

ˈ**anschirren** *v/t.* (*h.*) harness.

ˈ**Anschlag** *m* **1.** stroke; impact; *~ der Wellen* breaking of waves; *mus.* touch; *alarm-clock*: striking; *of key*: depression, *typing*: stroke; *hockey*: bully; *swimming*: touch; *tennis*: service; **2.** placard, poster, bill; notice, announcement; *e-n ~ machen* post up a notice; **3.** *rifle*: aiming (*or* firing) position; *im ~ halten auf* (*acc.*) level (*or* point) at; **4.** *tech.* stop, detent; *rückwärtiger ~* backstop; **5.** plot, scheme; attempt(ed assassination); *e-n ~ verüben auf* make an attempt on; **6.** estimate, valuation, (*esp. tax*) assessment; calculation; *in ~ bringen* take into account; allow for; *nicht in ~ bringen* leave out of account; **~brett** *n* noticeboard, *Am.* bulletin board, billboard.

ˈ**anschlagen I.** *v/t.* (*irr.*, *h.*) strike, knock, beat (*an acc.* at *or* against); → *angeschlagen*; fasten, (af)fix, nail; stick (*or* put, post) up; *mus.* touch, strike; sound, ring, toll (*a bell*); strike (*the hour*); *den Ton ~* give the key-note; *fig. e-n anderen Ton ~* change one's tone *or* tune; *e-n tragischen Ton ~* strike a tragic note; level *rifle*, aim (*auf acc.* at); calculate; estimate, value, rate; *zu hoch ~* overestimate, overrate; *zu niedrig ~* underrate; **II.** *v/i.* (*irr.*, *h.*) strike (*or* beat, butt, dash) (*an acc.* against); *mit dem Kopf an die Wand ~* strike one's head against the wall; *waves*: break; *dog*: bark, give tongue; *swimmer*: touch; *tennis*: serve; *medicament*: take (effect) (*bei j-m* on); *food*: agree (with).

ˈ**Anschlag...:** **~fläche** *tech. f* stop face; **~platte** *f* impact plate; **~raste** *f* quantity stop; **~ring** *m* stop ring, end collar; **~säule** *f* advertisement pillar, *Am.* advertising pillar, pillar post; **~schraube** *f* stop screw; **~stellung** *mil. f* firing position; **~stift** *m* stop pin; **~tafel** *f* → *Anschlagbrett*; **~zettel** *m* bill, placard, poster; **~zünder** *m* percussion fuse.

ˈ**anschließen** *v/t.* (*irr.*, *h.*) fasten with a lock (*an acc.* to); chain (to); *tech.* connect, join (to), link up (with); *el.* connect, wire (to); plug in; add, join (to); attach, annex (to); affiliate (to), link up (with), incorporate; *sich ~* (*dat.*) **a**) join, attach o.s. to, befriend *a p.*, **b**) take *a p.'s* side, side with, **c**) agree with, subscribe to, endorse, follow (*a view*), **d**) (*j-s*) *Beispiel*: follow (suit *v/i.*), **e**) join (*a p.'s company*, *demand*, *etc.*), **f**) *jur.* concur with (*a judgment*); *clothes*: *sich* (*eng*) *~* fit close, be a tight fit; border on, be adjacent to; follow; *an den Vortrag schloß sich e-e Diskussion an* the lecture was followed by a discussion; **~d** *adj. space*: adjacent, next, neighbo(u)ring; *time*: subsequent(-ly *adv.*; *an acc.* to), following, ensuing.

ˈ**Anschluß** *m* joining; *el.*, *rail*, *teleph.* connection; *teleph. a.* line; (*gas*, *water*, *etc.*) supply; *pol.* **a**) union, **b**) annexation; *teleph. ~ bekommen* get through; *sports*: pull up to; *rail. ~ haben* **a**) communicate, correspond, **b**) meet a train, make connections with a train; *s-n ~ erreichen* get one's connection; *den ~ verpassen* miss one's connection, *fig.* miss the bus; *~ suchen* seek company; *~ finden* meet company, make friends (*bei* with); *im ~ an* following, subsequent to; in connection with; *im ~ an mein Schreiben vom* referring (*or* reverting) to my letter of.

ˈ**Anschluß...:** **~auftrag** *econ. m* follow-up order; **~bahn** *rail. f* branch (*or* feeder) line; **~berufung** *jur. f* cross-appeal; **~dose** *el. f* junction box, (wall) socket; **~gerät** *n* connector set; **~gleis** *n* siding; **~kabel** *n* connection cable, *teleph.* subscriber's cable; **~klemme** *f* (connecting) terminal; **~leitung** *f* connection (pipe); *el.* lead (wire); *teleph.* subscriber's line; **~linie** *aer.*, *rail. f* feeder line; **~muffe** *f* jointing sleeve; **~mutter** *f* (-; -*n*) union nut; **~nippel** *m* connection fitting; **~schnur** *f* (connection) cord, flex(ible cord); **~station** *rail. f* junction; **~stecker** *m* (wall) plug; **~strecke** *rail. f* feeder line; **~stutzen** *m* pipe union; **~szene** *f film*: connecting scene; **~zapfen** *tech. m* male connection; **~zug** *m* corresponding train, connection.

ˈ**anschmachten** *v/t.* (*h.*) cast sheep's eyes at.

ˈ**anschmieden** *v/t.* (*h.*) forge on (*an acc.* to); chain up (*a criminal*).

ˈ**anschmiegen** *v/t.* (*h.*) join closely, adapt (*an acc.* to); *sich ~ an* nestle against, snuggle up to; *dress*: cling to; *fig.* conform to.

ˈ**anschmieren** *v/t.* (*h.*) (be)smear, daub; grease; *colloq. fig.* cheat, take in.

ˈ**anschmutzen** *v/t.* (*h.*) soil.

ˈ**anschnall|en** *v/t.* (*h.*) strap on (*an acc.* to), buckle on; *sich ~ aer.* fasten the seat belt, strap o.s. in; *bitte ~!* fasten seat belts!; **2gurt** *aer.*, *mot. m* safety-belt, seat belt.

ˈ**anschnauz|en** *colloq. v/t.* (*h.*) snarl *or* snap at; blow up, *Am.* bawl out; **2er** *colloq. m* blowing-up, dressing-down.

ˈ**anschneiden** *v/t.* (*irr.*, *h.*) cut (from); *das Brot ~* cut a fresh loaf; *fig.* broach, bring up (*a topic*, *etc.*), raise (*a question*); chamfer (*castings*); *mil.* locate by intersections.

ˈ**Anschnitt** *m* first cut *or* slice; *roast meat*: outside slice; *tech. casting*: gate; *road construction*: side cutting; *screw tap*: chamfer.

ˈ**anschrauben** *v/t.* (*h.*) bolt, screw on (*an acc.* to); fasten (*a screw*).

ˈ**anschreiben** *v/t.* (*irr.*, *h.*) write down, book; chalk up; *econ.* write to *a p*; *at games*: score (*a. v/i.*); charge (*a debt*); *j-m et. ~* debit a p. with, put to a p.'s account; *~ lassen* buy *or* take *a th.* on credit; *fig. bei j-m gut angeschrieben sein* be in a p.'s good books, be in good with a p.; *bei j-m schlecht angeschrieben sein* be in a p.'s bad books; ˈ**Anschreiben** *n econ.* cover note.

ˈ**anschreien** *v/t.* (*irr.*, *h.*) shout (*or* yell) at.

ˈ**Anschrift** *f* address.

anschuhen [ˈanʃuːən] *tech. v/t.* (*h.*) shoe, tip with iron; lengthen.

anschuldig|en [ˈanʃuldigən] *v/t.* (*h.*) accuse (*gen.* of), charge (with), incriminate; **2ung** *f* (-; -*en*) accusation, charge, incrimination.

ˈ**anschüren** *v/t.* (*h.*) → *schüren*.

ˈ**Anschuß** *m* first (*or* sighting) shot; *chem.* crystallization.

ˈ**anschütten** *v/t.* (*h.*) fill (*or* heap) up.

ˈ**anschwärz|en** *v/t.* (*h.*) blacken; *fig.* blacken, denigrate, calumniate; denounce, sneak against; **2ung** *f* (-; -*en*) blackening; calumny.

ˈ**anschweißen** *v/t.* (*h.*) weld on (*an acc.* to).

ˈ**anschwell|en** *v/i.* (*irr.*, *sn*) swell (*a. mus.*); bag, bulge, puff; *river*: rise; *fig.* swell up, increase; **~end** *mus. adj. and adv.* crescendo; **2ung** *f* swelling (*a. med.*).

ˈ**anschwemm|en** *v/t.* (*h.*) wash ashore; deposit (*soil*); *angeschwemmtes Land* alluvium; *angeschwemmtes Wrackgut* flotsam and jetsam; **2ung** *f* (-; -*en*) wash; (alluvial) deposit, alluvium; *~ der Eiszeit* glacial drift.

ˈ**anschwimmen** *v/i.* (*irr.*, *sn*): *gegen den Strom ~* swim against the current.

'**anschwindeln** *v/t.* (*h.*): *j-n* ~ lie to a p.; tell a p. a (white) lie.

'**ansegeln I.** *v/i.* (*sn*) open the yachting season; *angesegelt kommen* come up (sailing), draw near; **II.** *v/t.* (*h.*) make for (*a port*).

'**ansehen** *v/t.* (*irr.*, *h.*) look at *or* (up)on; view; inspect, examine (closely), scrutinize; *sich et.* (*genau*) ~ *a.* take *or* have a (close) look at; watch; *et. mit* ~ witness, look on, (stand by and) watch; *fig. ich kann es nicht länger mit* ~ I cannot bear (*or* stand) it any longer; *j-m et.* ~ read a th. in a p.'s face, tell (a th.) by a p.'s face; *man sieht ihm sein Alter nicht an* he doesn't look his age; *fig.* ~ *für or als* look upon as, regard as, think (to be), consider; *wrongly*: take for; treat as; *j-n finster* ~ scowl (*or* frown) at; *j-n giftig* ~ look daggers at; → *schief, Schulter, etc.*; *et. mit anderen Augen* ~ see a th. in a different light; *wie ich die Sache ansehe* as I see it; *colloq. sieh mal einer an!* look at that now!, what do you know!; → *angesehen*.

'**Ansehen** *n* appearance, aspect, look(s *pl.*); credit, prestige; authority, standing; repute, reputation; *berufliches* ~ professional standing; *j-n von* ~ *kennen* know a p. by sight; *dem* ~ *nach urteilen* judge by appearances; *dem* ~ *nach zu urteilen* on the face of it; *in hohem* ~ *stehen* enjoy (*or* be held in) great esteem; ~ *verlieren* be discredited, lose prestige (*or* face); *sich ein* ~ *geben* give o.s. airs; *ohne* ~ *der Person* without respect of persons.

'**ansehnlich** *adj.* imposing; stately; fine-looking (*person*); considerable, important (*amount, etc.*); sizeable; ample; handsome (*sum, etc.*); notable, eminent.

'**Ansehung** *f* (-): *in* ~ (*gen.*) in consideration of, considering, in respect of; on account of.

anseilen ['anzaɪlən] *mount. v/t.* (*h.*) rope.

'**ansengen** *v/t.* (*h.*) singe.

'**ansetz|en I.** *v/t.* (*h.*) (*an acc.*) put *or* set on (to); add, piece on (to); fasten (to); sew on (to); put *a cup etc.* to one's lips; apply *leeches* (to); take up, put *the flute, etc.* to one's lips; *die Feder* ~ take up pen, set pen to paper; make, prepare, brew, mix (*vinegar, liqueur, etc.*); *for cooking*: put on; fix, appoint, schedule, set (*a date*); *thea. ein Stück* ~ put on a play; rate, value, assess; *zu hoch* ~ overstate; *zu niedrig* ~ understate; *econ.* fix, quote (*prices*), charge; *zum Verkauf* ~ put up for sale; *math.* put up (*an equation*); develop, produce, form; put forth (*leaves, etc.*); put on *flesh*; *Fett* ~ grow fat; *Rost* ~ gather rust; *wrestling*: *e-n Griff* ~ secure a hold; *e-n Schlag* ~ deliver a blow; **II.** *v/i.* (*h.*) try; *zu et.* ~ begin to do a th., prepare to do a th.; → *Landung*; *zum Sprung* ~ **a**) prepare (*or* get ready) for the jump, **b**) take a run (before leaping); grow fat, put on flesh *or* weight; *sich* ~ *chem.* (leave a) deposit, be deposited; crystallize; **2ung** *f* (-; -*en*) application; quotation (*of prices*); appointment, fixing (*of date*).

'**Ansicht** *f* (-; -*en*) view, sight; *econ. zur* ~ on approval, for inspection; *tech.* ~ *im Aufriß*, ~ *von der Seite* side view, elevation; ~ *im Grundriß* plan view; ~ *im Schnitt* sectional view; ~ *von oben* top plan view, *w.s.* bird's eye view; ~ *von unten* worm's eye view; *schematische* ~ diagram; ~*en pl. von London* views of London; *fig.* opinion, view, notion; conviction, persuasion; *anderer* ~ *sein* differ; *ich bin anderer* ~ I beg to differ, I cannot quite agree with you; *anderer* ~ *werden* change one's mind; *die* ~*en sind geteilt* opinion is divided; *sich e-e* ~ *bilden* form an opinion; *der* ~ *sein, daß, die* ~ *vertreten, daß* be of opinion that, take the view that, hold that; *zu der* ~ *kommen, daß* decide that; **2ig** *adj.*: *j-s* ~ *werden* catch sight of a p., spot a p.; ~**s-(post)karte** *f* picture postcard; ~**s-sache** *f* matter of opinion; ~**s-sendung** *f* consigment (sent) for inspection *or* on approval.

'**ansied|eln** *v/t. and sich* ~ (*h.*) settle, colonize; establish o.s.; *fig.* place *the scene of novel, etc.* (*in dat.* in); **2ler(in** *f*) *m* settler, colonist; **2lung** *f* settlement; colony; colonization.

'**Ansinnen** *n* (-*s*; -) (*unzumutbares*: unfair *or* strange) demand, (unreasonable) request; *ein* ~ *stellen an j-n* put a demand to a p., expect a th. of *or* from a p.

'**ansitzen** *v/i.* (*irr.*, *h.*) be (firmly) attached; *clothes*: be a tight fit, fit close.

'**anspann|en** *v/t.* (*h.*) stretch; put to, harness up, *esp. Am.* hitch (up) (*horses*); ~ *lassen* order the carriage; *fig.* tense (*a. sich*), strain, tax; flex, tense (*muscles*); tax (*resources*); strain (*credit*); *aufs äußerste* ~ strain to breaking-point; *alle Kräfte* ~ strain every nerve, do one's utmost, exert o.s.; *colloq. j-n* ~ make a p. work; **2ung** *f fig.* tension, strain, exertion; *econ.* ~ *des Geldmarktes* monetary strain; ~ *des Notenumlaufs* overissue of currency notes; ~ *der Reserven* drain on reserves.

'**anspeien** *v/t.* (*irr.*, *h.*) spit at *or* (up)on.

'**Anspiel** *n soccer*: kick-off; *cards*: lead; **2en I.** *v/i.* (*h.*) play first, lead; *sports*: lead off; *soccer*: kick off; *cards*: have the lead; *tennis*: serve; *fig.* ~ *auf* (*acc.*) allude to, hint at, insinuate; **II.** *v/t.* (*h.*) lead (*a card*); *soccer*: pass (the ball) to *a player*; ~**ung** *f* (-; -*en*) allusion (*auf acc.* to), hint, insinuation; *versteckte* ~ innuendo.

'**anspinnen** *v/t.* (*irr.*, *h.*) join (*thread*); *fig. sich* ~ develop, arise, spring up.

'**anspitzen** *v/t.* (*h.*) point, sharpen.

'**Ansporn** *m* (-[*e*]*s*) spur (*dat. or für j-n* to), incitement, stimulus, encouragement; incentive; **2en** *v/t.* (*h.*) give spurs to; *fig.* spur, goad (on), stimulate, incite.

'**Ansprache** *f* address, speech (*an acc.* to); *e-e* ~ *halten* deliver an address.

ansprech|bar ['anʃprɛçba:r] *adj.* responsive; ~**en** *v/t.* (*irr.*, *h.*) speak to, address; *in the street*: accost, *b.s.* solicit; *j-n um et.* ~ beg a th. of a p., ask a p. for a th.; *fig. with advertising, etc.*: reach; ~ *als* consider, regard as; *et. für gut* ~ declare *a th.* to be good; appeal to (*a p.*), interest, please; ~ *auf* (*acc.*) respond to, be susceptible to; *tech.* respond; *el.* be actuated; *sofort* ~ give instant response; **2en** *mot.* engine response; ~**end** *adj.* appealing, attractive; engaging; impressive, considerable (*performance*).

'**anspringen I.** *v/t.* (*irr.*, *h.*) jump on, pounce on; leap against; **II.** *v/i.* (*irr.*, *sn*) jump, pounce (*gegen* on); *shot-put*: (do the) shift; *engine*: start, catch; '**Anspringen** *n mot.*: *leichtes* ~ starting ability; *schlechtes* ~ hard starting.

'**anspritzen** *v/t.* (*h.*) splash; bespatter; spray, (be)sprinkle (*mit* with).

'**Anspruch** *m* (*auf acc.*) claim (to), *unfounded*: pretension (to); demand (for); *jur.* title, legal claim (to; *aus dat.* under); (*patent*) claim; *älterer* ~ prior claim; *verjährter* ~ stale claim; ~ *auf Schadenersatz* claim for damages; *fig. kein leerer* ~ no idle boast; *fig. bescheidene Ansprüche* modest pretensions; *hohe Ansprüche* high demands; *starke Ansprüche stellen an* make heavy demands on, tax severely; *große Ansprüche machen* be exacting, be heard to please; ~ *erheben or machen auf, für sich in* ~ *nehmen* lay claim to, claim *a th.*, claim to be, *unfoundedly*: *a.* pretend to, *jur.* enter a claim for; ~ *haben auf* be entitled to, have a right to, *jur.* have a title (*or* legitimate claim) to; *e-n* ~ *geltend machen* assert (*or* lodge) a claim; *in* ~ *nehmen* **a**) → ~ *erheben auf*, **b**) call on (*a p.*, *a p.'s services or help*); retain, employ (*a lawyer*); tax (*a p.'s patience*); have recourse to (*a p.'s kindness*); draw on (*a p.'s strength, means*); take up (*attention, credit, time*); *es nimmt mir zuviel Zeit in* ~ it takes up too much of my time; *ganz in* ~ *nehmen* engross; *ganz und gar für sich in* ~ *nehmen* monopolize (*a. the conversation, a p., etc.*); *die Arbeit nimmt mich sehr in* ~ this job is making heavy calls on my time, it keeps me very busy; (*sehr*) *in* ~ *genommen* engrossed, absorbed, wrapped up (*von* in), *by work*: very much engaged, very busy.

'**anspruchs|los** *adj.* unpretending, unpretentious; unassuming, modest, simple, plain; *food*: frugal; **2losigkeit** *f* (-) unpretentiousness, modesty; frugality; ~**voll** *adj.* pretentious; exacting, hard to please; fastidious, discriminating; fussy; *of things*: ambitious; demanding (*music, etc.*), sophisticated, high-brow (*literature, etc.*).

'**anspucken** *v/t.* (*h.*) spit at *or* (up)on.

'**anspülen** *v/t.* (*h.*) → *anschwemmen*.

'**anstacheln** *v/t.* (*h.*) goad on, prod, spur on, incite.

Anstalt [ˈanʃtalt] *f* (-; -*en*) establishment, institution; institute; *öffentliche* ~ public institution; *med.* sanatorium, (*Am. often* sanitarium), asylum; *ped.* educational establishment, school; home; (experiment) station; ~*en pl.* **a**) preparations, **b**) measures; ~*en machen zu* get ready for, prepare for *or* to *do*; *fig. er machte keine* ~*en zu gehen* he would not budge; ~*en treffen zu* make arrangements for, arrange for; ~**s-arzt** *m* resident (*or* house) physician; ~**sfürsorge** *f* institutional care; ~**sinsasse** *m* in-patient, inmate.

ˈ**Anstand** *m hunt.* stand; *mine*: ore in sight; *fig.* (-[e]s) good behavio(u)r *or* breeding *or* manners *pl.*; bearing, deportment; decency, propriety, decorum; *den* ~ *verletzen* offend against decency; *mit* ~ decently, properly; *mit* ~ *verlieren* lose with a good grace, be a good loser; *j-n* ~ *lehren* teach a p. manners; pause, delay; objection (*an dat.* to); *keinen* ~ *nehmen a.* make no bones (about *a th.*).

anständig [ˈanʃtɛndiç] **I.** *adj. generally*: decent; proper, seemly; respectable; *price, etc.*: reasonable, fair; sufficient; comfortable (*living*); handsome, generous (*sum, etc.*); *colloq.* ~*es Essen* decent food; *ein* ~*es Stück* a sizeable piece, quite a hunk; **II.** *adv.* decently, *etc.*; fair and square, *Am. sl.* on the level; thoroughly, soundly, awfully; *sich* ~ *benehmen* behave (o.s.); *es regnet* ~ it's raining pretty hard; **⁀keit** *f* (-) decency; propriety; respectability; fairness.

ˈ**Anstands...**: ~**besuch** *m* formal call; ~**dame** *f* chaperon; ~**formen** *f/pl.* proprieties; ~**gefühl** *n* (-[e]s) sense of propriety; delicacy, tact; **⁀halber** *adv.* for decency's sake; **⁀los** *adv.* unhesitatingly, readily, promptly, without objection (*or* further ado); freely; ~**regel** *f* (rule of) etiquette; ~**schenkung** *jur. f* donation based on moral considerations; **⁀widrig** *adj.* indecent, improper, unseemly.

ˈ**anstarren** *v/t.* (*h.*) stare at.

anˈstatt I. *prp.* (*gen.*) instead of, in the place of, in lieu of, in preference to; **II.** *cj.*: ~ *daß er kam*, ~ *zu kommen* instead of coming.

ˈ**anstau|en** *v/t.* (*h.*) dam (*or* pen) up; *sich* ~ accumulate; **⁀ung** *f* damming up; accumulation.

ˈ**anstaunen** *v/t.* (*h.*) gaze *or* stare at (in wonder), gape (at).

ˈ**anstechen** *v/t.* (*irr.*, *h.*) prick; broach, tap (*a barrel*); *frisch angestochen* fresh on tap; *tech.* tap off (*a furnace*); prime (*a pump*); *med.* pierce, puncture.

ˈ**anstecken I.** *v/t.* (*h.*) stick on; pin on (*a badge, etc.*); put (*or* slip) on (*a ring*); set on fire; kindle (*a fire*); light (*a candle, cigar*); *med.* infect (*mit dat.* with); *fig.* contaminate; *angesteckt werden* catch a disease, be infected; **II.** *v/i.* (*h.*) be catching *or* infectious; ~**d** *adj.* infectious, communicable; contagious; *fig.* infectious, catching.

Ansteckung [ˈanʃtɛkuŋ] *f* (-; -*en*) *med.* infection; contagion; **⁀sfrei** *adj.* free from infection; ~**sherd** *m* cent|re (*Am.* -er) of infection; ~**sstoff** *m* infectious matter, virus.

ˈ**anstehen** *v/i.* (*irr.*, *h.*) stand in a queue, queue up *or* on (*nach* for), *Am.* stand in line, line up (for); *fig. j-m* ~ suit (*or* become, fit) a p.; *es steht ihm schlecht an* it ill becomes him; last; be delayed *or* deferred; ~ *lassen* put off, delay, defer; defer payment of (*a debt*); hesitate, waver; be to be expected, impend; *zur Entscheidung* ~ be up for decision; *ich stehe nicht an, zu sagen* I am quite prepared to say; ˈ**Anstehen** *n* delay; hesitation; (standing in a) queue.

ˈ**ansteigen** *v/i.* (*irr.*, *sn*) *terrain*: rise, slope; *a. rank, tone, etc.*: ascend; *fig.* increase, rise, mount; *jäh* ~ sky-rocket, *Am. sl.* zoom; *air pressure*: surge; ˈ**Ansteigen** *n* rising, rise; ascending, ascent; increase, rise; surge.

ˈ**anstell|en** *v/t.* (*h.*) place (*an acc.* against); engage, employ, appoint, take on, *Am. a.* hire (*applicants*); *angestellt bei* in the employ of, (employed) with; start, set *a machine* going (*or* in motion); turn (*or* switch) on (*the light, radio, etc.*); carry out, conduct; make; do, cause (*mischief*); → *Betrachtung*; → *Vergleich*; *wie hast du das angestellt?* how did you manage that?; *was hast du wieder angestellt?* what have you been up to again?; *colloq. was hast du die letzte Woche angestellt?* what have you been doing with yourself last week?; *sich* ~ (*nach*) queue (*Am.* line) up (for); act, behave; *sich* ~ *als ob* pretend to *inf.*, act as if; *sich (un)geschickt* ~ go (*or* set) to work cleverly (clumsily); *stell dich nicht so an!* don't make such a fuss!; ~**ig** *adj.* able, handy, skil(l)ful; clever; *er ist sehr* ~ *a.* he can turn his hand to anything; **⁀ung** *f* employment, appointment; position, situation, place, job; **⁀ungsbedingungen** *f* condition of employment; ~**ungsfähig** *adj.* qualified for a post; **⁀ungsprüfung** *f* qualifying test.

ˈ**anstemmen** *v/t.* (*h.*) stem *or* press against; *sich* ~ *gegen* (*acc.*) stem *a th.*; *fig.* oppose, resist, set one's face against.

ˈ**ansteuer|n** *mar. v/t.* (*h.*) steer *or* head *or* make for; shape a course for; **⁀ungsfeuer** *aer. n* approach beacon.

ˈ**Anstich** *m of barrel*: broaching; *frischer* ~ fresh tap; *in fruits*: worm-bite, canker.

Anstieg [ˈanʃtiːk] *m* (-[e]s) ascent; *rail., road*: gradient, *Am.* grade; *fig.* rise, increase; progress.

ˈ**anstieren** *v/t.* (*h.*) stare (*or* glare) at.

ˈ**anstift|en** *v/t.* (*h.*) cause, set on foot; provoke, stir up; instigate; *j-n zu et.* ~ *a.* set a p. on (*or* put a p. up) to a th.; *jur.* abet, instigate; suborn (*a witness*); *tech.* peg, pin (on); **⁀er(in** *f*) *m* (prime) author; instigator, *jur. a.* abettor, accessary before the fact; ringleader; **⁀ung** *f* instigation; incitement; abetment, subornation; *auf* ~ *von* at the instigation of.

ˈ**anstimmen** *v/t.* (*h.*) strike up (*a tune*); tune (*an instrument*); *den Grundton* ~ give the key-note; → *Klagelied.*

ˈ**Anstoß** *m soccer*: kick-off; *hockey*: bully; *weight lifting*: jerk; *fig.* impulse, impetus; *den (ersten)* ~ *geben zu* start, initiate; take the initiative in; offen|ce, *Am.* -se; → *Stein*; ~ *erregen* (*bei j-m*) give *or* cause offence (to a p.), scandalize (a p.); *an et.* ~ *nehmen* take offence at, be scandalized at, take exception to, disapprove; impediment, snag; *ohne* ~ **a**) without hesitation, **b**) fluently; *tech.* point of contact; *bündiger* ~ flush joint; *el.* impulse.

ˈ**anstoßen I.** *v/t.* (*irr.*, *h.*) push, strike, knock, bump (*acc. or an acc.* against); nudge; *soccer*: kick off; *el.* impulse (*the circuit*); **II.** *v/i.* (*irr.*, *sn*) bump, knock, stumble (*an acc.* against); *mit dem Kopf* ~ *an* knock one's head against; *mit den Gläsern* ~ touch (*or* clink) glasses; *auf j-s Wohl* ~ drink a p.'s health; *beim Sprechen* ~ stammer, stutter; *mit der Zunge* ~ lisp; ~ *an fig.* border on, abut on; *bei j-m* ~ offend, shock, scandalize (*a p.*); ~**d** *adj.* adjoining, adjacent, contiguous (*an acc.* to).

anstößig [ˈanʃtøːsiç] *adj.* objectionable, offensive; indecent; shocking, scandalous; **⁀keit** *f* (-) offensiveness; indecency; scandalousness.

ˈ**anstrahlen** *v/t.* (*h.*) irradiate, shed rays on, beam on; flood(light); *angestrahlt* floodlit; *fig.* beam at, give a sunny smile.

ˈ**anstreben** *v/t.* (*h.*) aim at, aspire to, strive for (*or gegen* against).

ˈ**anstreich|en** *v/t.* (*irr.*, *h.*) paint, coat; whitewash; mark, underline (*a mistake, etc.*); check (*or* tick) off; *fig. das werde ich dir* ~ I'll make you pay for this; **⁀er** *m* (-s; -) (house-)painter; **⁀gerät** *n* spray diffuser; **⁀spritzpistole** *f* paint-spraying pistol, spray gun; **⁀technik** *f* painting (*or* coating) practice.

ˈ**anstreifen** *v/i.* (*h.*): ~ *an* (*acc.*) brush against, touch lightly, graze *a th.*

anstreng|en [ˈanʃtrɛŋən] **I.** *v/t.* (*h.*) exert; tax, try, exhaust, strain (*body, mind*); *übermäßig* ~ overtax; fatigue, tire (out), be a strain to (*a p.*); *sich* ~ exert o.s., tax one's energies, *Am. a.* drive o.s.; over-exert o.s., overdo it; make every effort (*zu inf.*, to *inf.*), endeavo(u)r (to *inf.*), strive hard (to *inf.*); *streng dich mal an!* pull yourself together!; *alle Kräfte* ~ strain every nerve, do one's utmost; *angestrengt* strenuous, strained, intense; *angestrengt arbeiten (nachdenken)* work (think) hard; *jur.* bring (*an action*) (*gegen* against); **II.** *v/i.* (*h.*): *das strengt an* it is a strain (*or* hard work), it is rather trying; ~**end** *adj.* fatiguing, exhausting, strenuous, hard; trying (*für* to; *für die Augen* for the eyes); back-breaking; **⁀ung** *f* (-; -*en*) strain, stress, exertion; exhaustion, fatigue; effort, *w.s. a.*

endeavo(u)r, attempt; *mit äußerster* ~ by supreme effort; *ohne* ~ → *mühelos*.

'**Anstrich** *m* painting, coating; whitewash; paint, colo(u)r; coat (-ing); film; *fig.* veneer, varnish; tinge; air, appearance; *sich den* ~ *geben gen. or von* give o.s. the air of.

'**anstücken** *v/t.* (*h.*) piece on (*an acc.* to); patch (on to); *tech.* join, joint, connect.

'**Ansturm** *m* assault, charge, onset, onslaught; *erster* ~ (first) onset *or* shock; *fig.* onset; ~ *auf* (*acc.*) rush for, *econ.* run on (*a bank*).

'**anstürmen** *v/i.* (*sn*) assault, assail, charge, storm, rush (*gegen, auf acc.* against).

'**anstürzen** *v/t.* (*h.*) arrive in hot haste.

'**ansuchen** *v/i.* (*h.*): (*bei j-m*) *um et.* ~ apply (to) *or* ask (a p.) for a th; solicit, request, petition (*um* for).

'**Ansuchen** *n* (*-s; -*) request, application, petition; *auf* ~ by (*or* on) request; *auf j-s* ~ at a p.'s request.

Antarkt|is [ant'ʔarktis] *f the* Antarctic; **2isch** *adj.* antarctic, south-polar.

'**antasten** *v/t.* (*h.*) touch, handle, finger; *fig.* touch; draw (*capital*); break into (*supplies*); infringe (*or* encroach) upon (*a p.'s rights*); offend, injure; attack; question, dispute.

'**Anteil** *m* part, portion, *a. legitimate*: share; *jur.* portion (*of heir*); *econ.* interest; share (certificate), *Am.* share of stock; participating share; share in profits, interest; share (of contribution); allotment; quota; *fig.* interest; sympathy; ~ *haben an* (*dat.*) **a**) share (*or* participate) in, **b**) take an active part in; ~ *nehmen an* **a**) take an interest in, **b**) sympathize (*or* feel) with; **2ig**, **2mäßig** *adj.* proportionate; **~nahme** ['-na:mə] *f* (*-*) interest; sympathy; **~schein** *m* share certificate, *Am.* share of stock; **~s-eigner** *m* → *Aktionär*.

'**antelephonieren** *v/t.* (*h.*) (telephone, ring (*or* call) up, give *a p.* a ring.

Antenne [an'tɛnə] *f* (*-; -n*) aerial, *Am.* antenna; *abgeschirmte* ~ screened aerial; *abgestimmte* ~ tuned aerial; *ausziehbare* ~ telescope aerial.

Antennen...: **~ableitung** *f* aerial down-lead; **~abstimmung** *f* aerial tuning; **~draht** *m* aerial wire; **~kreis** *m* aerial circuit; **~leistung** *f* aerial output, *Am.* antenna power, aerial input; **~mast** *m* aerial mast (*or* tower); **~stab** *m* aerial rod.

Anthologie [antolo'gi:] *f* (*-; -n*) anthology.

Anthrazit [antra'tsi:t] *min. m* (*-s; -e*) anthracite, carbonite, *Am. a.* hard coal; **2farben** *adj.* charcoal (*dress, etc.*).

Anthropo|'loge [antropo'lo:gə] *m* (*-n; -n*) anthropologist; **~logie** [-lo'gi:] *f* (*-*) anthropology; **2'logisch** *adj.* anthropological; **2morph** [-'mɔrf] *adj.* anthropomorphous.

Anti..., anti... [anti-] anti...

'**Anti-alkoholiker(in** *f*) *m* total abstainer, teetotaller.

Antibiotikum [antibi'o:tikum] *med. n* (*-s; -ka*) antibiotic.

Antiblendungsfarbe [anti'blɛndʊŋs-] *f* antiglare paint.

antichambrieren [antiʃam'bri:rən] *v/i.* (*h.*) wait in the anteroom; *fig.* dance attendance upon.

Antifa'schi|smus *m* antifascism; **~st** *m*, **2stisch** *adj.* antifascist.

Antifriktionslager [antifriktsi'o:ns-] *tech. n* antifriction bearing.

antik [an'ti:k] *adj.* antique, classical; **2e** *f* (*-; -n*) (*work of art*) antique; (*epoch*) (*-*) *die* ~ the (classical) antiquity.

Antiklopf|brennstoff [anti'klɔpf-] *mot. m* antiknock fuel; **~mittel** *n* anti-knock agent.

'**Antikörper** *physiol. m* antibody.

Antilope [anti'lo:pə] *f* (*-; -n*) antelope.

Antimon [anti'mo:n] *chem. n* (*-s*) antimony; **2artig** [-ɑ:rtiç] *adj.* antimonial; **~blei** *n* antimonial lead; **~blende** *f* kermesite; **~glanz** *m* antimony glance, stibnite; **~silber** *n* antimonial silver, dyscrasite.

Anti-oxydati'onsmittel *n* antioxydant.

Antipathie [antipa'ti:] *f* (*-; -n*) antipathy (*gegen* against, to), dislike, aversion (to).

Antipod|e [anti'po:də] *m* (*-n; -n*) antipode; **2isch** *adj.* antipodal.

'**antippen** *colloq. v/t.* (*h.*) tap, touch lightly; *fig.* touch upon; *bei j-m* ~ sound (*or* pump) a p.

Antipyrin [antipy'ri:n] *n* (*-s*) antipyrine.

Antiqua [an'ti:kva] *typ. f* (*-*) Roman (type).

Antiquar [anti'kva:r] *m* (*-s; -e*) secondhand bookseller; → *Antiquitätenhändler*; **~iat** [-kvari'a:t] *n* (*-[e]s; -e*) second-hand bookshop; **2isch** *adj. u. adv.* second-hand.

Antiquitäten [antikvi'tɛ:tən] *f/pl.* antiques; **~händler** *m* antique dealer; **~laden** *m* antique shop; **~sammler** *m* collector of antiques.

Anti|se'mit *m* anti-Semite; **2se'mitisch** *adj.* anti-Semitic; **~semitismus** [-zemi'tismus] *m* (*-*) anti-Semitism.

anti'septisch *adj.* antiseptic.

Anti'these *f* antithesis.

Antizy'klon *meteor. m* anticyclon, high pressure area.

Antlitz ['antlits] *n* (*-es; -e*) face, countenance.

Antrag ['antra:k] *m* (*-[e]s; ⸚e*) offer, proposal (*a. of marriage*), proposition; petition, application (*auf acc.* for); *parl.* **a**) *in session*: motion, **b**) bill; *jur.* petition, prayer; complaint; ~ *auf Entmündigung* petition in lunacy; *auf* (*den*) ~ *von* on the application of, on the motion of, *jur. a.* ex parte, at the suit of; ~ *stellen auf* (*acc.*) make (*or* file) an application for, apply for, *parl. and in assemblies*: make (*or* bring forward) a motion for, move for, *jur.* move for *or* that, petition for; *e-n* ~ *durchbringen* carry a motion; *e-n* ~ *unterstützen* second a motion; *e-r Dame e-n* ~ *machen* propose to a lady; **2en** *v/t.* (*irr., h.*) offer, propose; ~ *auf* (*acc.*) *parl.* move for; **~sformular** *n* application form; **~steller(in** *f*) ['-ʃtɛlər-] *m* (*-s; -; -; -nen*) proponent, *parl.* mover; applicant, *jur. mostly* petitioner; claimant; appellant; *in court*: party moving.

'**antreffen** *v/t.* (*irr., h.*) *a th.*: meet with, find; come across, chance (*or* hit) upon; *a p.*: meet, find (*a. p. well, in a good mood, etc.*).

'**antreiben I.** *v/t.* (*irr., h.*) drive (*or* push) on; urge on (*a horse*); drive (*a machine, vehicle*), *a.* propel; power (*an airplane, etc.*); *med.* spur (*glands*), stimulate (*the heart*); *fig.* impel, urge (*or* goad, egg) on; drive, sweat; hurry; **II.** *v/i.* (*irr., sn*) come floating; drift (*or* float) ashore.

'**antreten I.** *v/i.* (*irr., sn*) take one's place; *mil.* line up, fall in; *angetreten!* fall in!; *cycling*: jump; *zum Kampf* ~ enter the lists (*gegen* against), *sports*: participate (in a competition); ~ *gegen* compete against (*a team, etc.*); **II.** *v/t.* (*irr., h.*) start up (*a motorcycle*); *ein Amt* ~ enter upon (*or* take up) an office, assume one's duties; *den Beweis* ~ offer (*or* tender) evidence, undertake to prove *a th.*; *die Arbeit* (*den Dienst*) ~ report for work (duty); *e-e Erbschaft* ~ enter upon an inheritance, succeed (to an estate); *die Regierung* ~ come into power, take over (the administration); *monarch*: accede to the throne; *jur. e-e Strafe* ~ begin to serve a sentence; *e-e Reise* ~ set out (*or* leave, start) on a trip.

'**Antrieb** *m* **1.** impulse; motive, inducement; incentive; *phys.* impetus (*a. fig.*); *fig.* stimulus; *neuen* ~ *verleihen* give fresh impetus (*dat.* to); *aus eigenem* ~ of one's own accord *or* initiative, spontaneously; *aus innerem* ~ by impulse, from inclination; **2.** *tech.* drive, propulsion; motive power; power source; *elektrischer* ~ electric drive; *mit eigenem* ~ *versehen* self-powered; *mit Raketen2 versehen* rocket-powered.

'**Antriebs...:** **~achse** *f* driving axle; **~aggregat** *n* engine unit, prime mover; **~kraft** *f* motive power, driving force; **~kupplung** *f* driving clutch; **~motor** *el. m* drive motor; **~organ** *n* driving element; **~rad** *n* driving gear; **~riemen** *m* driving belt; **~ritzel** *n* driving pinion; **~welle** *f* driving shaft.

'**antrinken:** *sich e-n Rausch* ~ (*irr., h.*) get o.s. drunk; *sich Mut* ~ fire one's courage by a drink, *colloq.* get bottle courage, *Am.* get Dutch courage; → *angetrunken*.

'**Antritt** *m* (*-[e]s*) *sports*: **a**) start; **b**) spurt; *fig.* commencement, beginning; first step; ~ *e-s Amtes* entrance upon (*or* assumption of) an office; ~ *e-r Erbschaft* entry upon (*or* accession to) an inheritance; ~ *der Macht* accession to power; ~ *e-r Reise* start of (*or* setting out on) a journey; **~s-audienz** *f* first audience; **~sbesuch** *m* first visit; **~srede** *f* inaugural speech; *parl.* maiden speech; **~svorlesung** *f* inaugural lecture.

'**antrocknen** *v/i.* (*sn*) begin to dry,

dry on; '**Antrocknen** *n* (-*s*) surface drying (*of lacquer*).

'**antun** *v/t.* (*irr., h.*) put on, don (*clothes*); *fig. j-m et.* ~ do a th. to a p., inflict a th. on a p.; *j-m Ehre* ~ do honor *or* credit to a p.; → *Gewalt*; *j-m Schaden* ~ harm a p., do a p. harm; *sich et.* (*or ein Leid*) ~ lay hands upon o.s.; → *Zwang*; *es j-m* ~ bewitch (*or* charm) a p.; *sie hat's ihm angetan* he is under her spell, *colloq.* he is smitten by her, he has got her under his skin; → *angetan*.

Antwort ['antvɔrt] *f* (-; -*en*) answer, reply (*auf acc.* to); (*sharp*) retort; *fig.* answer, reaction, response, echo; *abschlägige* ~ negative reply, refusal; → *schlagfertig*; *in* ~ *auf* (*acc.*) in answer to; *um* ~ *wird gebeten* an answer is requested (R.S.V.P.); (*j-m*) *keine* ~ *schuldig bleiben* have an answer to everything (*a p. says*), give tit for tat; *er weiß immer eine* ~ he is never at a loss for an answer; *keine* ~ *ist auch e-e* ~ silence gives consent; Ձ**en** *v/i.* (*h.*) answer, reply, give an answer (*auf acc.* to); retort; react, respond (*mit* with); ~**karte** *f* reply card; ~**schein** *m* (international) reply coupon; ~**schreiben** *n* (written) reply, answer (in writing).

'**anvertrauen** *v/t.* (*h.*) confide, entrust (*dat.* to); *j-m et.* ~ *a.* trust a p. with a th., put a th. into a p.'s hands, commit a th. to a p.'s care *or* custody; *jur.* (deliver in) trust; *anvertrautes Gut* trust; *fig. sich j-m* ~ confide in a p., unbosom o.s. to a p., make a p. one's confidant.

'**anverwandt** *adj.* related; Ձ**e**(**r** *m*) *f* relation.

'**anvisieren** *v/t.* (*h.*) *mil.* sight, take aim (*acc.* at); *surv.* align sights on; *mar.* take bearing on.

'**anwachs|en** *v/i.* (*irr., sn*) take root; grow on (*an acc.* to; together); *fig.* grow, increase, augment, (*a. river*) rise; accumulate, *interest*: accrue; *sum*: ~ *auf* run up to; *mus.* swell; Ձ**en** *n* (-*s*) growing, growth, increase, augmentation; *im* ~ *begriffen* on the increase, waxing; Ձ**ung** *f* (-; -*en*) *econ.* accretion, increment.

Anwalt ['anvalt] *m* (-[e]s; ⸚e) lawyer, solicitor, *esp. Am.* attorney; *pleading at the bar*: barrister, *Am.* counselor-at-law; *in court*: counsel (*des Angeklagten* for the defence); *klägerischer* ~ plaintiff's counsel; *private law*: agent, proxy, attorney-in-fact; *fig.* advocate, champion; *als* ~ *zugelassen werden* be called to the bar; *e-n* ~ *befragen* consult a lawyer, take counsels opinion; *e-n* ~ *nehmen* retain counsel; ~**schaft** *f* (-) attorneyship; *collect. the* Bar; ~**sgebühr** *f* attorney's fee; retainer; ~**skammer** *f* Bar Association; ~**szwang** *m* (-[e]s) compulsion to be represented by counsel.

'**anwand|eln** *v/t.* (*h.*) befall, seize; come over *or* upon; *was wandelte dich an?* what has come over you?; *ihn wandelte die Lust an, zu* the fancy took him to *inf.*; Ձ**lung** *f med. etc.* fit, touch; *fig. a.* (*plötzliche* ~ sudden) impulse; *in e-r* ~ *von Schwäche* in a weak moment; *in e-r* ~ *von Großzügigkeit* in a burst (*or* fit) of generosity.

'**anwärmen** *v/t.* (*h.*) warm up (*a. mot.*), take the chill off; *tech.* preheat.

'**Anwärteri(n** *f*) *m* (-*s*; -; -; -*nen*) aspirant (*a. sports*; *auf acc.* to *a title*), candidate (for); *jur.* **a**) expectant, **b**) reversioner, **c**) claimant; applicant.

Anwartschaft ['anvartʃaft] *f* (-) (*auf acc.*) candidacy, qualification (for); *jur.* (legal) expectancy; reversion(ary interest); *insurance*: qualifying period; claim (to); prospect (of).

'**anwassern** *aer. v/i.* (*h.*) alight on water.

'**anwässern** *tech. v/t.* (*h.*) moisten slightly, dampen.

'**anwehen** *v/t.* (*h.*) blow *or* breathe upon *or* against; *snow, etc.*: (*a. v/i., sn*) drift (against).

'**anweis|en** *v/t.* (*irr., h.*) teach, instruct; direct, order; assign, allot; show *a p.* to (*a seat*); *angewiesen sein* have orders (*or* instructions) to; *fig.* → *angewiesen*; *econ.* make *a sum* payable at (*a bank*); Ձ**ung** *f* direction, instruction, order; regulation, specification; *of money*: assignment, remittance, transfer; cheque, *Am.* check, draft; *mail.* money-order.

anwendbar ['anvɛntbaːr] *adj.* applicable (*auf acc.* to); feasible, practicable; relevant; *allgemein* ~ of universal application; *leicht* ~ easy-to-apply; ~ *sein* apply (to); Ձ**keit** *f* (-) applicability, *of a law*: *a.* operation; feasibility.

'**anwenden** *v/t.* (*irr., h.*) (*zu dat.*) apply (to), employ (for), use (for); make use of, utilize; apply *a law, principle, etc.* (*auf acc.* to); bring *influence, etc.* to bear (on); *et. falsch* ~ misapply a th.; *et. gut* ~ make good use of a th.; *et. nützlich* ~ turn a th. to good account; *et. sparsam* ~ economize a th.; *Vorsicht* ~ take precautions; *sich* ~ *lassen* be applicable (*auf acc.* to); *Gewalt* ~ use force; *ohne Gewalt anzuwenden* without resort to force; → *angewandt*.

'**Anwendung** *f* employment, application, use, utilization; *zur* ~ *bringen* → *anwenden*; ~ *finden* be used, *law, principle, etc.*: apply, be applicable (to); ~**sbereich** *m* scope, range of application; ~**sgebiet** *n* field of application; ~**smöglichkeit** *f* applicability, use; ~**sweise** *f* mode (*or* method) of application.

'**anwerb|en** *v/t.* (*irr., h.*) *mil.* enlist, recruit, levy, *Am. a.* enrol(l); recruit, engage (*labour*); *sich* ~ *lassen* enlist; sign on; Ձ**ung** *f* enlistment, recruitment, *Am.* enrol(l)ment; recruitment, recruiting drive, engagement (*of labour*).

'**anwerf|en I.** *v/i.* (*irr., h.*) have the first throw; **II.** *v/t.* (*irr., h.*) *mot.* crank *or* start (up); *aer.* swing (*the propeller*); *arch.* roughcast; Ձ**kurbel** *f* starting crank.

'**Anwesen** *n* property, real estate, premises *pl.*; *agr.* farm; estate.

anwesen|d ['anveːzənt] *adj.* present (bei at); ~ *sein* attend, be present, *Am. a.* be on hand; *die* Ձ*en pl.* those (*or* the persons) present; *jeder* Ձ*e* everyone present; Ձ*e ausgenommen* present company excepted; *Verehrte* Ձ*e!* Ladies and Gentlemen!; Ձ**heit** *f* (-) presence; attendance; *in* ~ (*gen.*) in the presence of; Ձ**heitsliste** *f* attendance list (*for labour*: sheet).

'**anwidern** → *anekeln*.

Anwohner(in *f*) ['anvoːnər-] *m* (-*s*; -; -; -*nen*) neighbo(u)r; → *Anlieger*.

'**Anwurf** *m* throw-off; *arch.* roughcast; *fig.* aspersion; ~**schalter** *el. m* motor-starting switch.

'**anwurzeln** *v/i.* (*sn*) strike (*or* take) root; → *angewurzelt*.

'**Anzahl** *f* (-) number, quantity; *e-e große* ~ a great number (*or* many), a multitude.

'**anzahl|en** *v/t.* (*h.*) pay on account; *et.* ~ pay a first instal(l)ment *or* a deposit on a th; Ձ**ung** *f* payment on account; (first) instal(l)ment; deposit, downpayment.

'**anzapfen** *v/t.* (*h.*) tap, broach (*a barrel*); *tech. el. teleph.* tap; *colloq. j-n* ~ (*um Geld*) touch a p. (for money).

'**Anzeichen** *n* sign, indication, mark; *a. med.* symptom (*für* of); omen, warning.

'**anzeichnen** *v/t.* (*h.*) mark, note; index.

Anzeige ['antsaɪgə] *f* (-; -*n*) announcement, notification, notice; *econ.* advice; *jur.* notice; *bei der Polizei*: information with, denunciation to *the police*; → *erstatten*; advertisement, ad; insertion; *kleine* ~*n pl.* classified ads; → *Annonce*; *tech.* signal; (instrument) reading; ~**bereich** *tech. m* indicating range; ~**gerät** *n* indicator, indicating instrument; ~**lampe** *f* pilot lamp; Ձ**n** *v/t.* (*h.*) notify (*j-m et.* a p of a th.), give notice of, announce; *econ.* advise; *fig.* be indicative (*or* symptomatic) of, point to; insert, advertise, publish; *jur.* (bei) report (*a p. or th.*) (to), inform against (with), denounce (to), bring a charge against (with); *tech.* record, register; *mil.* mark (*a shot*); *fig. angezeigt* indicated, advisable; *für angezeigt halten* think fit (*or* expedient); ~**n-annahme** *f*, ~**nbüro** *n* advertising agency *or* office; ~**ngebühr** *f* ad(vertising) rate; ~**nteil** *m* advertisements *pl.*, classified section; Ձ**pflichtig** *adj.* notifiable, reportable; ~**r**(**in** *f*) *m* (-*s*; -; -; -*nen*) *jur.* informer; *mil.* marker (*of shots*); *tech.* indicator; (*newspaper, a.* ~**nblatt** *n*) advertiser; *official*: gazette; ~**röhre** *tech. f* visual indicator valve (*Am.* tube); ~**vorrichtung** *tech. f* indicating (*or* recording) device.

'**anzetteln** *v/t.* (*h.*) plot, scheme, hatch, engineer; *e-e Verschwörung* ~ *gegen* plot against; *tech.* warp.

'**anzieh|en I.** *v/t.* (*irr., h.*) draw, pull (on *or* in); stretch; pull, apply (*the brakes*); tighten (*a screw*), *fig.* → *Schraube*; *Zügel*: draw in (*the reins*); put on, don (*clothes*), *hastig* ~ slip (*or* fling) on; *j-n or sich* ~ dress; *fig.* attract (*a. magnet*; *econ. capital*), appeal to; quote, cite, refer to (*an example, etc.*); **II.** *v/i.* (*irr., h.*) *chess, etc.*: make the first move; *econ.*

prices, etc.: rise, advance, stiffen; **~end** *adj.* attractive, charming, interesting; **2er** *anat. m* adductor.

'**Anziehung** *f* (*a. phys.*) attraction; **~skraft** *f phys.* attractive power, magnetism; *of moon, etc.*: pull; *of the earth*: gravitation (*or* pull); *fig.* attraction, appeal, magnetism; sex appeal; **~s-punkt** *m* centre (*Am.* center) of attraction; chief attraction.

'**Anziehvermögen** *mot. n* (-*s*) starting (*or* snap) power.

'**Anzug** *m* dress, clothing, garb, apparel; *of men*: suit; *mil.* dress, uniform; *of troops*: approach, advance; *im ~e sein* draw near, approach; *es ist et. im ~e* there is something in the wind (*or* brewing) *chess*: opening (move); *mot.* (*a.* **~skraft** *f*) getaway power, *sl.* zip.

anzüglich ['antsy:kliç] *adj.* suggestive, personal; risqué (*Fr.*); *~ werden* become personal; *~e Redensart* → **2keit** *f* (-; -*en*) suggestive (*or* personal) remark; *pl.* personalities; suggestiveness.

'**Anzugs-stoff** *m* suiting.

'**anzünd|en** *v/t.* (*h.*) light, kindle; ignite; strike (*a match*); set on fire, set fire to (*a house*); **2er** *m* lighter.

'**anzweifeln** *v/t.* (*h.*) doubt, (call in) question, dispute.

Aorta [a'ɔrta] *anat. f* (-; -*ten*) aorta.

apart [a'part] *adj.* exquisite.

Apathie [apa'ti:] *f* (-) apathy, listlessness; **apathisch** [a'pa:tiʃ] *adj.* apathetic, listless.

aperi'odisch *el. adj.* aperiodic.

Apfel ['apfəl] *m* (-*s*; ¨) apple; *~ im Schlafrock* apple dumpling; *fig. in den sauren ~ beißen* swallow the bitter pill; *der ~ fällt nicht weit vom Stamm* like father, like son; **~baum** *m* apple-tree; **~blüte** *f* apple blossom; **~kern** *m* pip; **~kuchen** *m* apple flan (*Am.* cake); **~most** *m* (new) cider; **~mus** *n* apple-sauce; **~pastete** *f* apple-pie; **~saft** *m* apple juice; **~säure** *chem. f* malic acid; **schale** *f* apple-peel; **~schimmel** *m* (-*s*; -) dapple-grey horse; **~schnitz** *m* apple-slice.

Apfelsine [-'zi:nə] *f* (-; -*n*) orange; **~nbaum** *m* orange-tree; **~nsaft** *m* orange juice.

Apfel...: **~torte** *f* apple-tart; **~wein** *m* cider.

Aphoris|mus [afo'rismus] *m* (-; -*men*) aphorism; **2tisch** *adj.* aphoristic(ally *adv.*).

Aphrodisiakum [afrodi'zi:akum] *n* (-*s*; -*ka*) aphrodisiac.

Apokalyp|se [apoka'lypsə] *f* (-; -*n*) apocalypse; **2tisch** *adj.*: *die 2en Reiter* the horsemen of the apocalypse.

Apostel [a'pɔstəl] *m* (-*s*; -) apostle; **~geschichte** *f the* Acts *pl.* (of the Apostles); **apostolisch** [apɔ'sto:liʃ] *adj.* apostolic; *das 2e Glaubensbekenntnis* The Apostles' Creed, The Belief; *R.C. der 2e Stuhl* the Apostolic See.

Apostro|ph [apɔ'stro:f] *m* (-*s*; -*e*) apostrophe; **2'phieren** *v/t.* (*h.*) apostrophize.

Apotheke [apo'te:kə] *f* (-; -*n*) chemist's shop; *Am.* pharmacy, apothecary.

Apo'theker|(in *f*) *m* (-*s*; -; -; -*nen*) (dispensing) chemist, pharmacist; *Am.* apothecary, druggist; **~gehilfe** *m* chemist's assistant; **~gewicht** *n* apothecaries' (*or* troy) weight; **~waren** *f/pl.* (medicinal) drugs.

Apparat [apa'ra:t] *m* (-[e]*s*; -*e*) *generally*: apparatus; (*precision*) instrument; device, appliance; machine, mechanism; telephone; *phot.* camera; (wireless, *Am.* radio) set; *teleph.*: *am ~!* speaking!; *am ~ bleiben* hold the line (*Am.* wire); *fig.* apparatus, organization; *political, party* machine; **~ebau** *m* (-[e]*s*) manufacture of instruments.

Apparatur [apara'tu:r] *f* (-; -*en*) equipment, mechanical outfit, device; fixtures *pl.*

Appell [a'pɛl] *m* (-*s*; -*e*) *mil.* **a)** roll-call, **b)** inspection, muster, parade; *fig.* appeal (*an acc.* to).

Appellation [-atsi'o:n] *jur. f* (-; -*en*) appeal; **~sgericht** *n* court of appeal.

appel'lieren *v/i.* (*h.*) (make an) appeal (*an acc.* to).

Appetit [ape'ti:t] *m* (-[e]*s*; -*e*) appetite (*a. fig.*; *auf acc.* for); *~ haben auf* (*acc.*) have an appetite for; *~ bekommen* get an appetite (for); *~ machen* give an (*or* whet the) appetite; *j-m den ~ verderben* take away (*or* spoil) *a p.'s* appetite; *den ~ verlieren* lose one's appetite; **2anregend** *adj.* appetizing; **~bissen** *m*, **~happen** *m* appetizer, canapé (*Fr.*); **2lich** *adj.* appetizing, delicious (*both a. person*); savo(u)ry; **2los** *adj.* having no appetite; **~losigkeit** *f* (-) loss (*or* lack) of appetite.

applaudieren [aplaʊ'di:rən] *v/i.* (*h.*) *j-m*: applaud.

Applaus [a'plaʊs] *m* (-*es*) applause; → *Beifall*.

Applikatur [aplika'tu:r] *mus. f* (-; -*en*) fingering.

applizieren [-'tsi:rən] *v/t.* (*h.*) apply.

apport! [a'pɔrt] *to dog*: go fetch!

appor'tieren *v/t.* (*h.*) retrieve, fetch.

Apres-Ski-Kleidung [aprɛ:'ʃi:-] *f* after-ski clothing.

appre|tieren [apre'ti:rən] *v/t.* (*h.*) dress, finish (*cloth*); glaze (*paper*); **2tur** [-'tu:r] *f* (-; -*en*) dressing, finish; *paper*: glazing.

approbiert [apro'bi:rt] *adj.* qualified, *Am.* licensed (*doctor*); *~er Mediziner* licensed medical practitioner.

Aprikose [apri'ko:zə] *f* (-; -*n*) apricot; **~nbaum** *m* apricot-tree.

April [a'pril] *m* (-[*s*]; -*e*) April; *der erste ~* the first of April, *a.* All Fools' Day; *j-n in den ~ schicken* make an April fool of a p.; *~, ~!* April-fool!; **~scherz** *m* April-fool prank.

Apsis ['apsis] *f* (-; -'*siden*) apse.

Aquamarin [akvama'ri:n] *m* (-*s*; -*e*) aquamarine.

Aquarell [akva'rɛl] *n* (-*s*; -*e*) water-colo(u)r (painting); **~farbe** *f* water-colo(u)r; **~maler** *m* aquarellist, water-colo(u)rist; **~male'rei** *f* water-colo(u)r(s *pl.*).

Äquator [ɛ'kva:tɔr] *m* (-*s*) equator, *the* line; **2ial** [-i'a:l] *adj.* equatorial; **~taufe** *f* ducking on ‚crossing the line'.

äquivalent [ɛkviva'lɛnt] *adj. and 2 n* (-[e]*s*; -*e*) equivalent.

Ar [a:r] *n* (-*s*; -[*e*]) are (= 119,6 *square yards*).

Ära ['ɛ:ra] *f* (-; -*ren*) era.

Araber ['arabər] *m* (-*s*; -) Arab, Arabian; Arab (horse); **~in** *f* (-; -*nen*) Arabian (woman).

Arabeske [ara'bɛskə] *f* (-; -*n*) arabesque.

Arab|ien [a'ra:biən] *n* (-*s*) Arabia; **2isch** *adj.* Arabian, Arabic.

Arbeit ['arbaɪt] *f* (-; -*en*) work; labo(u)r, toil, hard work, *tech.* heavy duty; effort, trouble, pains *pl.*; employment, occupation, job; *a. ped.* task, assignment; *econ.* order in hand; *scientific* paper, treatise; operation, activities *pl.*; business, concern; service; *phys. mechanics*: work; *el.* energy; *tech.* performance, output; functioning, operation; working operation; make, product, piece of work; project; workmanship, craftsmanship; *gute* (*schlechte*) *~* good (bad) piece of work, good (bad) job; *~ und Kapital* Capital and Labo(u)r; *geistige ~* brainwork; (*un*)*gelernte ~* (un)skilled work; *hochwertige ~* high-class workmanship; *körperliche ~* manual work; *öffentliche ~en* public works; *an od. bei der ~* at work, *tech. a. machine, etc.*: in action (*or* operation); *ohne ~* unemployed, out of work, jobless; *die ~ aufnehmen* start work, go (*or* set) to work, *wieder*: resume work; *in ~ geben* (*nehmen*) put (take) *a th.* in hand; *an die ~ gehen, sich an die ~ machen* go (*or* set) to work, buckle down to work, *Am. a.* get busy; *die ~ einstellen* cease (*or* stop) work; *gute ~ leisten* make a good job of it; *j-m ~ machen* put a p. to trouble; *bei j-m in ~ stehen* be employed with; *~ suchen* seek employment, look for a job; *~ vergeben* (*an acc.*) give out work (to), place contracts (with); *~ macht das Leben süß* no sweet without sweat.

'**arbeiten I.** *v/i.* (*h.*) work (*an acc.* at), be at work (on); *schwer ~* work hard, labour, toil, drudge, slave; *bei j-m ~* be employed with, be in the employ of, work for; *mit e-r Firma* (*geschäftlich*) *~* deal with, do (*or* transact) business with; *im Bankfach ~* be in the banking business; *mit Gewinn ~* operate at a profit; operate (on); serve; make, produce, manufacture, fabricate; *machine*: function, work, operate; *facial muscles*: work; *wood*: warp; *capital*: operate, yield profit (*or* bear interest); *~ lassen* employ, invest (*capital*); *cider*: ferment; *dough*: rise; *an et. ~* be working on, be busy with; *an j-m ~* work on a p.; *sich durch den Schlamm ~* work one's way through the mud; **II.** *v/t.* (*h.*) work, fashion; *die ~den Klassen pl.* the working classes; *tech. ~de Maschinenteile* moving parts; '**Arbeiten** *n* (-*s*) working, labo(u)ring; functioning, performance; *einwandfreies ~* efficiency, smooth running; *schlechtes ~* malfunctioning.

'**Arbeiter** *m* (-*s*; -) worker (*a. zo.*);

workman; labo(u)rer, hand; (machine) operator, attendant; → *angelernt, ungelernt*; *geistiger* ~, ~ *der Stirn* brainworker; *collect. die* ~ *pl.* labo(u)r *sg.*; manpower *sg.*; ~ *pl. und Unternehmer* labo(u)r and management; → *Arbeiterin.*

'**Arbeiter...:** ~**belegschaft** *f* labo(u)r force; ~**bewegung** *f* labo(u)r movement; ~**familie** *f* working-class family; ♀**feindlich** *adj.* anti-labo(u)r; ~**frage** *f* labo(u)r question; ~**führer** *m* labo(u)r leader (*or colloq.* boss); ~**fürsorge** *f* workers' relief, (industrial) welfare work; ~**gewerkschaft** *f* trade union, labo(u)r union; ~**in** *f* (-; *-nen*) (female) worker; *a.* working woman, workwoman; factory girl; *zo.* **a**) worker ant, **b**) worker bee; ~**klasse** *f* working class(es *pl.*); ~**mangel** *m* (*-s*) manpower shortage; ~**partei** *f* Labo(u)r Party; ~**rat** *m* works council; ~**schaft** *f* (-) → *Arbeiterbelegschaft; Arbeiterstand*; ~**schutz** *m* protection of labo(u)r; ~**siedlung** *f* workers' settlement; ~**stand** *m* working class(es *pl.*); *esp. pol.* labo(u)r; ~**vertreter** *m* labo(u)r representative; ~**viertel** *n* working-class district.

'**Arbeit...:** ~**geber** *m* employer; ~**geber-anteil** *m social insurance*: employer's contribution; ~**geberverband** *m* employers' association; ~**nehmer** *m* employé(e *f*), employee; ~**nehmerverband** *m* employees' association.

'**arbeitsam** *adj.* industrious, diligent, hardworking, active.

'**Arbeits...:** ~**abgabe** *el. f* power output; ~**amt** *n* Labour Exchange; ~**anfall** *m* volume of work (arising); ~**angebot** *n* offer of employment; ~**anzug** *m* working clothes; overalls; ~**auftrag** *m* job order; ~**aufwand** *m* expenditure of work, energy expended; *econ.* labo(u)r cost; ~**ausfall** *m* loss of working hours; ~**ausschuß** *m* working committee, study group; ~**bedingungen** *f/pl.* conditions of work; *tech.* operating conditions; ~**bereich** *m* → *Arbeitsfeld*; ~**beschaffung** *f* provision of work; *Maßnahmen zur* ~ work-providing measures; ~**beschaffungsprogramm** *n* works program(me), employment scheme; ~**bescheinigung** *f* certificate of employment; ~**bewertung** *f* job evaluation; ~**blatt** *n* work sheet; *for wages*: time sheet; ~**buch** *n* employment record; workmen's passport; *for work done*: time book; ~**dienst** *m* labo(u)r service; *mil.* fatigue duty; ~**dienstpflicht** *f* industrial conscription; ~**einheit** *tech. f* unit of work; ~**einkommen** *n* earned income; ~**einsatz** *m* mobilization (*or* allocation) of labo(u)r; → *Arbeitsdienstpflicht*; ~**einstellung** *f* stoppage of work; *of plant*: closure, shutdown; strike, *Am. a.* walkout; ~**erlaubnis** *f* work permit; ~**ersparnis** *f* labo(u)r saving; ~**ertrag** *m* yield of work; ~**essen** *n* working dinner; ♀**fähig** *adj.* able (*or* fit) to work, able-bodied; ~*e Mehrheit* working majority; ~**fähigkeit** *f* (-) fitness for work; ~**feld** *n* field (*or* scope) of work *or* activity; *tech.* radius of action; ~**freude** *f* (-) zest for work; ♀**freudig** *adj.* willing to work; ~**frieden** *m* industrial peace; ~**gang** *m* working process; pass; *of machine*: (cycle *or* phase of) operation, service; *in e-m* ~ in a single operation; ~**gemeinschaft** *f* working pool; working (*or* study) group; team; *ped.* seminar group; ~**gericht** *n* labo(u)r (*or* industrial) court; ~**gruppe** *f* working (*or* study) group, team; ~**haus** *n* workhouse; ~**hub** *tech. m* power (*or* expansion) stroke; ~**kleidung** *f* work clothes *pl.*, overalls *pl.*; ~**kollege** *m* workmate, associate; ~**kommando** *mil. n* fatigue party, detail; ~**kontakt** *el. m* make contact; ~**kopie** *f film*: studio print; ~**kosten** *pl.* operating cost, labo(u)r cost *sg.*; ~*anteil* work cost per unit; ~**kraft** *f* working power, capacity for work; worker, *pl. collect.* labo(u)r, manpower; *volle* ~ full-time worker; ~**lager** *n* labo(u)r camp; ~**leistung** *f* working capacity, efficiency, productivity; *tech., a. of person*: performance; *tech., factory, a. of person*: output; man-hours *pl.*; ~**lohn** *m* wage(s *pl.*), pay; ♀**los** *adj.* unemployed, out of work, idle; ~ *machen* put out of work; ~**lose**(**r** *m*) ['-lo:zə(r)] *f* (*-n*; *-n*; *-en*; *-en*) unemployed (person); ~**losenfürsorge** *f* unemployment relief; ~**losen-unterstützung** *f* unemployment benefit (*or* pay), dole; ~ *beziehen* be on the dole; ~**losenversicherung** *f* (-) unemployment insurance; ~**losigkeit** *f* (-) unemployment; ~**markt** *m* labo(u)r market; *Lage auf dem* ~ job situation; ~**maschine** *tech. f* machine; ~**medizin** *f* industrial medicine; ~**methode** *f* working (*or* operating) method; ~**minister** *m* Minister of Labour, *Am.* Secretary for Labor; ~**ministerium** *n* ministry of labour, *Am.* Department of Labor; ~**moral** *f* (working) morale; ~**nachweis**(**stelle** *f*) *m* employment registry office; ~**niederlegung** *f* strike, *Am. a.* walkout; ~**papiere** *n/pl.* working papers; ~**pause** *f* intermission, interval, break; ♀**pflichtig** *adj.* liable to work; ~**plan** *m* working plan; production schedule; *tech.* functional diagram; tooling layout; ~**planung** *f* production scheduling; ~**platz** *m* place of work (*or* employment); workshop place; situation, job; *freier* ~ vacancy; *tech.* operator's position; *Sicherung des* ~*es* job security; ~**prozeß** *m* (*-sses*) working process; *in den* ~ *eingliedern* rehabilitate, give a job; ~**psychologie** *f* industrial psychology; ~**raum** *m* workroom; ~**recht** *n* (*-[e]s*) industrial law; ♀**reich** *adj.* busy; ♀**scheu** *adj.* work-shy, unwilling to work; ~**scheu** *f* aversion to work; ~**scheue**(**r** *m*) ['-ʃɔʏə(r)] *f* (*-n*; *-n*; *-en*; *-en*) shirker, work dodger; ~**schicht** *f* shift; ~**schutz** *m* protection of labo(u)r; ~**soll** *n* target; ~**spannung** *el. f* working voltage; ♀**sparend** *adj.* labo(u)r-saving; ~**stahl** *m* cutting tool; ~**streckung** *f* spreading(-over), spread-work system; ~**streitigkeit** *f* labo(u)r dispute *or* conflict; ~**stück** *tech. n* work(piece); ~**stunden** *f/pl.* working hours; hours of work, man-hours; ~**tag** *m* working-day, *Am.* workday; ~**tagung** *f* technical meeting, symposium; ~**takt** *mot. m* power stroke; ~**therapie** *med. f* ergotherapy; ~**teilung** *f* division of labo(u)r; ~**tier** *colloq. n* glutton (*or* demon) for work; ♀**unfähig** *adj.* unfit for work; (permanently) disabled; ~**unfähigkeit** *f* temporary (*or* permanent) disablement; ~**unfall** *m* industrial accident; ~**urlaub** *m* working holiday; ~**vereinfachung** *f* job simplification; ~**verdienst** *m* wage-earnings *pl.*; ~**verfahren** *n* working method, technique, manufacturing process; ~**verhältnis** *n* contractual relation between employer and employee; *pl. a.* labo(u)r conditions, *tech.* shop conditions; ~**verlangsamung** *f* go-slow strike; ~**vermittlungsbüro** *n* employment agency; ~**verpflichtung** *f* industrial conscription; ~**versäumnis** *n* absenteeism; ~**vertrag** *m* employment contract; ~**vorbereitung** *f* operations scheduling; tool engineering; ~**vorgang** *m* operation; ~**weise** *f* (mode of) operation; *of person, department, etc.*: practice; ~**willige**(**r**) ['-viligə(r)] *m* (*-n*; *-n*) non-striker; ~**woche** *f* working week; ~**zeit** *f* working time; working hours; *tech.* operating time; machining time; production time; *garantierte* ~ contract hours *pl.*, guaranteed employment; ~**zeitverkürzung** *f* reduction of working hours; ~**zeug** *n* tools *pl.*; ~**zimmer** *n* study.

Arbitrage [arbiˈtrɑ:ʒə] *econ. f* (-; *-n*) arbitrage.

archaisch [arˈça:iʃ] *adj.* archaic.

Archäo|loge [arçεoˈlo:gə] *m* (*-n*; *-n*) archaeologist; ~**logie** [-loˈgi:] *f* (-) archaeology; ♀ˈ**logisch** *adj.* archaeologic(ally *adv.*).

Arche [ˈarçə] *f* (-; *-n*) ark; ~ *Noah* Noah's ark.

Archipel [arçiˈpe:l] *m* (*-s*; *-e*) archipelago.

Archi|tekt [arçiˈtεkt] *m* (*-en*; *-en*) architect; *film*: *a.* art director; ♀**tektonisch** [-tεkˈto:niʃ] *adj.* architectural, architectonic; ~**tektur** [-tεkˈtu:r] *f* (-; *-en*) architecture.

Archiv [arˈçi:f] *n* (*-s*; *-e*) record-office, archives *pl.*, records *pl.*; *newspaper*: morgue.

Archivar [arçiˈvɑ:r] *m* (*-s*; *-e*) keeper of public records, registrar, archivist.

Arˈchiv-aufnahme *f film*: stock shot.

Areal [areˈɑ:l] *n* (*-s*; *-e*) area.

Arena [aˈre:na] *f* (-; *-nen*) arena (*a. fig.*); bullring.

arg [ark] **I.** *adj.* bad (*comp.* worse, *sup.* worst); utter; (*morally*) bad, wicked, evil; malicious; → *schlimm*; grave, gross (*mistake*); hopeless (*sinner*); *sein ärgster Feind* his worst enemy; *das ist* (*doch*) *zu* ~ that's too much (of a good thing); *im* ~*en liegen* be in a sad (*or* sorry, deplorable) state, be in a bad way; **II.** *adv.* badly, severely, utterly, awfully;

immer ärger worse and worse, from bad to worse; → *mitspielen*; **Arg** *n* (-*s*) malice, harm; *er ist ohne* ~ he is a kindly soul; ~*es denken von* (*dat.*) think ill of; *nichts* ~*es denken bei* et. mean no harm by a th.

Argentin|ien [argen'ti:niən] *n* (-*s*) Argentina, *the* Argentine (Republic); ~**ier(in** *f*) *m* (-*s*; -; -; -*nen*) Argentine; ᴤ**isch** *adj.* Argentine, Argentinian.

Ärger ['ɛrgər] *m* (-*s*) annoyance, vexation, irritation, chagrin (*über acc.* at); anger; *j-m zum* ~ to spite a p.; *j-m* ~ *machen* give a p. trouble; *s-n* ~ *an j-m auslassen* vent one's spite on a p.; *viel* ~ *haben mit* have a good deal of trouble with; ᴤ**lich** *adj.* angry, annoyed, vexed, irritated, *Am. a.* mad (*auf, über et. acc.* at, about *a th.*, *j-n* with *a p.*); *thing*: annoying, irritating, vexing, aggravating; ~*e Sache* nuisance; *wie* ~! oh bother!, how awkward!; ᴤ**n** *v/t.* (*h.*) make angry, anger, annoy, vex, irritate, exasperate, madden; provoke, nettle; tease, chaff; *sich* ~ (*über acc.*) be *or* feel angry (*or* annoyed) (at, about *a th.*; with *a p.*), be vexed (by), fret (at); *ärgere dich nicht!* take it easy!, keep your hair on!; ~**nis** *n* (-*ses*; -*se*) scandal, offen|ce, *Am.* -se; annoyance, vexation; bother; nuisance; ~ *erregen* give offence; create a scandal; ~ *nehmen an* (*dat.*) be scandalized at; *öffentliches* ~ *jur.* public nuisance.

'**Arg|list** *f* (-) craftiness, deceitfulness, malice; *jur.* fraud; ᴤ**listig** *adj.* crafty, malicious, insidious; *jur.* fraudulent, mala fide; ~*e Täuschung* wil(l)ful deceit; ᴤ**los** *adj.* guileless; artless, innocent, harmless; unsuspecting; unsuspicious; ~**losigkeit** *f* (-) guilelessness; harmlessness; innocence.

Argu|ment [argu'mɛnt] *n* (-[*e*]*s*; -*e*) argument, contention; *ein* ~ *vortragen* make a point; ᴤ**men'tieren** *v/i.* (*h.*) argue (*über acc.* about; *mit* with), reason.

Arg|wohn ['arkvo:n] *m* (-[*e*]*s*) suspicion (*gegen acc.* of), mistrust, distrust; ~ *erregen* arouse suspicion; ~ *fassen* grow suspicious; ~ *hegen* (*gegen j-n*) suspect (a p.); ᴤ**wöhnen** ['-vø:nən] *v/t.* (*h.*) suspect, be suspicious of; ᴤ**wöhnisch** *adj.* suspicious, distrustful (*gegen* of).

Arie ['ɑ:riə] *mus. f* (-; -*n*) aria.

Arier(in *f*) ['ɑ:riər-] *m* (-*s*; -; -; -*nen*), '**arisch** *adj.* Aryan.

Aristo|krat(in *f*) [aristo'krɑ:t] *m* (-*en*; -*en*; -; -*nen*) aristocrat; ~**kratie** *f* (-; -*n*) aristocracy; ᴤ'**kratisch** *adj.* aristocratic.

Arithmet|ik [arit'me:tik] *f* (-) arithmetic; ~**iker** *m* (-*s*; -) arithmetician; ᴤ**isch** *adj.* arithmetic(al); ~*e Reihe* arithmetic progression.

Arkade [ar'kɑ:də] *f* (-; -*n*) arcade.

Arkt|is ['arktis] *f* (-) *the* Arctic; ᴤ**isch** *adj.* arctic; ~*e Kaltluft* arctic (*or* polar) air.

arm [arm] *adj. generally*: poor (*an dat.* in); ~ *an a.* wanting in, lacking in, destitute of; needy, indigent; penniless, impecunious, poverty-stricken; *fig.* poor, meagre (*Am.* meager), deficient; poor, low-grade, cheap (*quality*); *chem.* weak; *mein* ~*es Kind* my poor child; ~ *machen* impoverish, pauperize; ᴤ**e(r** *m*) *f* (-*n*; -*n*; -*en*; -*en*) poor man (*f* woman), pauper; *die* ~*n pl.* the poor; *der* ~! poor (*or* wretched) fellow!; *ich* ~*r!* poor me!

Arm [arm] *m* (-[*e*]*s*; -*e*) arm; *of river*: branch, tributary; *of chandelier*: branch; *tech.* arm, bracket, support; *of wheel*: spoke; *of scales*: beam; *der* ~ *des Gesetzes* the arm of the law; ~ *in* ~ *gehen* go arm in arm (*or* arms linked); *in die* ~*e schließen* clasp in one's arms, embrace; *auf den* ~ *nehmen* **a**) take *a child* in one's arms, **b**) *fig.* pull *a p.'s* leg; *j-m unter die* ~*e greifen* give a p. a lift, help a p. (out); *j-m in den* ~ *fallen* restrain a p.; *j-n mit offenen* ~*en empfangen* receive a p. with open arms; *j-m in die* ~*e laufen* bump into a p.; *er hat e-n langen* ~ he casts a long shadow, *Am. a.* he has a lot of pull.

Armatur [arma'tu:r] *f* (-; -*en*) *el.* armature; *tech.* (*a.* ~**en** *pl.*) fittings, mountings *pl.*; accessories *pl.*; joints, connections *pl.*; valves *pl.*; ~**enbrett** *mot.*, *aer. n* dashboard, instrument panel *or* board; *vom* ~ *aus regelbar* dash-controlled.

'**Arm...**: ~**band** *n* (-[*e*]*s*; ⸚*er*) bracelet, *of watch*: *a.* watch band (*or* strap); *for protection*: wristlet; ~**band-uhr** *f* wrist-watch; ~**band-wecker** *m* wrist alarm; ~**bein** *anat. n* humerus; ~**binde** *f* armlet, brassard; *med.* (arm) sling; ~**blatt** *n* dress-shield; ~**bruch** *med. m* fracture of the arm, fractured arm; ~**brust** *f* crossbow.

Armee [ar'me:] *f* (-; -*n*) army; ~**befehl** *m* army field order; ~**korps** *n* army corps.

Ärmel ['ɛrməl] *m* (-*s*; -) sleeve; *mit kurzen* ~*n* short-sleeved; *aus dem* ~ *schütteln* do *a th.* offhand; ~**abzeichen** *n* sleeve badge; ~**aufschlag** *m* cuff; ~**kanal** *m* (-*s*) *the* (English) Channel; ᴤ**los** *adj.* sleeveless; ~**schoner** *m* sleeve-protector, oversleeve; ~**streifen** *m* stripe.

Armen... ['armən-]: ~**anstalt** *f* almshouse; → *Armenhaus*; ~**anwalt** *jur. m* poor litigants' counsel; ~**haus** *n* poorhouse; *modern*: public assistance institution; ~**kasse** *f* poor-box; relief fund; ~**pflege** *f* poor relief; ~**pfleger** *m* guardian of the poor; ~**recht** *n* (-[*e*]*s*) *jur.* poor law, forma pauperis; *unter* ~ *klagen* sue in forma pauperis; ~**schule** *f* charity school.

Arme'sündergesicht *n* hang-dog look.

'**Armhöhle** *f* armpit.

ar'mier|en *v/t.* (*h.*) *mil.* arm, equip; *tech.* shield, sheath; reinforce (*concrete*); *of cable, hose*: armo(u)r; ᴤ**ung** *f* (-; -*en*) armament, equipment; *tech.* armo(u)ring, sheathing, reinforcement.

...armig [-armiç] ...-armed, ...-branched.

'**Arm...**: ~**lehne** *f* arm-rest; ~**leuchter** *m* chandelier; *colloq.* idiot.

ärmlich ['ɛrmliç] *adj.* poor; shabby; *fig.* paltry, scanty, meag|re, *Am.* -er; poor, wretched, miserable; shabby, stingy, mean; ᴤ**keit** *f* (-) poorness; shabbiness, misery.

'**Arm...**: ~**schiene** *med. f* splint; ~**schlinge** *f* arm sling; ᴤ**selig** *adj.* → *ärmlich*; ~**sessel** *m* arm-chair; ~**spange** *f* bracelet; ~**stuhl** *m* arm-chair; ~**stütze** *f* arm rest.

Armut ['armu:t] *f* (-) poverty; destitution, indigence, penury, distress; lack, deficiency; *in* ~ *geraten* be reduced to penury; ~**szeugnis** *n fig.*: *sich ein* ~ *ausstellen* demonstrate one's incapacity, give a poor account of o.s.

Armvoll ['-fɔl] *m* (-; -) armful.

Aroma [a'ro:ma] *n* (-*s*; -*men*) aroma, flavo(u)r; fragrance.

aromatisch [aro'mɑ:tiʃ] *adj.* aromatic; spicy; fragrant.

Arrak ['arak] *m* (-*s*; -*e*) arrack.

arrangieren [arɑ̃'ʒi:rən] *v/t.* (*h.*) arrange; *econ. sich* ~ *mit Gläubigern* compound with *creditors* (*über acc.* for).

Arrest [a'rɛst] *m* (-*es*; -*e*) arrest (*a. mil.*), detention (*a. ped.*), confinement; *jur.* (*dinglicher*) ~ attachment, distraint; *mar.* embargo; *in* ~ *halten* hold under detention; *mit* ~ *belegen* distrain, attach, seize; *mit* ~ *bestrafen* put under arrest.

Arrestant(in *f*) [-'tant] *m* (-*en*; -*en*; -; -*nen*) prisoner.

Ar'rest...: ~**befehl** *m jur.* warrant of arrest; writ of attachment; ~**lokal** *n* detention room, guardhouse (cell); ~**strafe** *f* (sentence of) confinement, detention.

arretieren [are'ti:rən] *v/t.* (*h.*) arrest, take into custody; *tech.* arrest, stop, lock.

arrogant [aro'gant] *adj.* arrogant.

Arsch [arʃ] *vulg. m* (-*es*; ⸚*e*) arse; backside, bottom, behind; *leck mich am* ~! go to hell!, *Am. sl.* nuts to you!; *der* ~ *der Welt* the back of beyond; '~**backe** *f* buttock; '~**kriecher** *m* arse-crawler.

Arsenal [arze'nɑ:l] *n* (-*s*; -*e*) arsenal, armo(u)ry.

Arsen(ik) [ar'ze:n(ik)] *chem. n* (-*s*) arsenic.

Art [ɑ:rt] *f* (-; -*en*) kind, sort, *esp. biol.*: species, variety, class; race, breed, stock; type; style; manner, way, fashion, mode, style; method, procedure; model, pattern; behavio(u)r, manners *pl.*; nature, quality, character; e-e ~ *Dichter* a poet of sorts; *ein Mann s-r* ~ a man of his stamp; *einzig in s-r* ~ unique; *Fortpflanzung der* ~ propagation of the species; *Geräte jeder* ~ tools of every description; *auf die(se)* ~ in this way; *auf irgendeine* ~ somehow or other; *er auf s-e* ~ he in his way; *auf keine* ~ nowise, in no way; *nach der* ~ *des* along the lines of; *aus der* ~ *schlagen* go one's own ways, degenerate; 'ᴤ**eigen** *adj.* proper, true to type, characteristic.

'**arten** *v/i.* (*sn*): *nach j-m* ~ take after (*or* resemble) a p.; *gut geartet* well-bred; *schlecht geartet* ill-behaved.

Arterie [ar'te:riə] *f* (-; -*n*) artery; ~**nverkalkung** *f* arteriosclerosis.

'**art|fremd** *adj.* alien, of alien blood;

~gemäß *adj.* → *arteigen*; **⁀gewicht** *n* specific gravity.
Arthritis [ar'tri:tis] *med. f* (-; -i'tiden) arthritis.
artig ['ɑ:rtiç] *adj. of children*: well-behaved, good; *sei ~!* be good!, be (*or* there's) a good boy (*or* girl); civil, polite, courteous; nice, pretty; **⁀keit** *f* (-; -en) good behaviour (*or* manners); civility, politeness, courteousness; niceness, prettiness; *j-m ~en sagen* pay a p. compliments.
Artikel [ar'ti:kəl] *m* (-s; -) *gr.* article; *in books, etc.*: article, section; *econ.* article, commodity, line, item; (press) article, (news) item.
artikulieren [artiku'li:rən] *v/t.* (h.) articulate.
Artillerie [artilə'ri:] *f* (-; -n) artillery; *bespannte ~* horse-drawn artillery; *motorisierte ~* mechanized artillery; *reitende ~* horse artillery; **~beobachter** *m* artillery observer, spotter; **~beschuß** *m*, **~feuer** *n* artillery bombardment *or* fire, shelling, cannonade; **~flieger** *m* artillery spotting pilot; **~flugzeug** *n* (artillery) spotting (air)plane; **~führer** *m* (division) artillery commander; **~geschoß** *n* artillery projectile, shell; **~geschütz** *n* gun, piece of ordnance; **~schießplatz** *m* artillery range; **~vorbereitung** *f* preparatory bombardment.
Artille'rist *m* (-en; -en) artilleryman, gunner.
Artischocke [arti'ʃɔkə] *f* (-; -n) artichoke.
Artist [ar'tist] *m* (-en; -en), **~in** *f* (-; -nen) acrobat, variety artiste, circus performer; **⁀isch** *adj.* acrobatic(ally *adv.*).
'**Artmerkmal** *n* characteristic of the species.
'**Artung** *f* (-; -en) character, nature.
'**artverwandt** *adj.* of related stock.
Arznei [arts'naı] *f* (-; -en) medicine, medicament, *colloq.* physic; drug; **~buch** *n* pharmacopoeia; **~flasche** *f* medicine bottle; **~formel** *f* prescription; **~gabe** *f* dose; **~glas** *n* phial; **~kasten** *m* → *Arzneischrank*; **~kraut** *n* medicinal herb; **~kunde**, **~kunst** *f* (-) pharmaceutics *pl.*; **~mittel** *n* medicine, medicament, drug; remedy; → *Arzneiwaren*; **~mittellehre** *f* pharmacology; **~schrank** *m* medicine-chest; **~trank** *m* potion, draught; **~verordnung** *f* prescription; **~waren** *f/pl.* drugs, pharmaceutics, medical supplies.
Arzt [ɑ:rtst] *m* (-es; ⸚e) physician; medical practitioner, doctor, *colloq.* medical man; *praktischer ~* general practitioner; surgeon; specialist; '**~hilfe** *f* medical secretary; '**~honorar** *n* doctor's fee.
Ärzt|in ['ɛ:rtstin] *f* (-; -nen) lady (*or* woman) doctor *or* physician; **⁀lich** *adj.* medical; *~e Behandlung* medical treatment; *in ~er Behandlung* under medical care; *~e Hilfe* medical assistance; *~e Verordnung* medical prescription; *~es Zeugnis* medical certificate.
As[1] [as] *n* (-ses; -se) *cards*: ace (*a. fig.*).
As[2] *mus. n* (-; -) A flat; *As-Dur (as-Moll)* A flat major (minor).
Asbest [as'bɛst] *m* (-es; -e) asbestos; **~anzug** *m* asbestos suit; **~dichtung** *tech. f* asbestos gasket; **~faserstoff** *m* asbestos fib|re (*Am.* -er); **~pappe** *f* asbestos millboard.
aschblond ['aʃ-] *adj.* ash-blonde.
Asche ['aʃə] *f* (-; -n) ash, ashes *pl.*; *glühende ~* embers *pl.*; cinders *pl.*; *fig.* ashes *pl.*, dust, (mortal) remains *pl.*; *in ~ verwandeln* reduce to ashes, incinerate; *in ~ legen* lay in ashes; *Friede s-r ~!* may he rest in peace.
'**Aschen...**: **~bahn** *f* cinder track, *mot.* dirt-track; **~bahnrennen** *mot. n* dirt-track racing; **~becher** *m* ash-tray; **~brödel** ['-brø:dəl] *n* (-s; -) Cinderella (*a. fig.*); **~kasten** *m* dustbin, ash-can; **~puttel** ['-putəl] *m* (-s; -) → *Aschenbrödel*; **~lauge** *f* lye from ashes; **~urne** *f* cinerary urn.
'**Aschermittwoch** *m* Ash-Wednesday.
'**asch...**: **~fahl** *adj.* ashen, ashy-pale; **~farben** *adj.* ash-colo(u)red; **~grau** *adj.* ash-grey (*Am.* -gray).
Ascorbinsäure [askɔr'bi:n-] *f* ascorbic acid.
'**As-Dur** *mus. n* (-) A flat major.
äsen ['ɛ:zən] *v/i. and v/t.* (h.) *hunt.* graze, browse; feed (et. on a th.).
a'septisch *adj.* aseptic.
Asiat [azi'ɑ:t] *m* (-en; -en), **~in** *f* (-; -nen), **⁀isch** *adj.* Asiatic.
Asien ['ɑ:ziən] *n* (-s) Asia.
Aske|se [as'ke:zə] *f* (-) asceticism; **~t** *m* (-en; -en) ascetic; **⁀tisch** *adj.* ascetic.
Askorbinsäure [askɔr'bi:n-] *f* ascorbic acid.
Äskulapstab [ɛsku'lɑ:p-] *m* caduceus.
as-Moll *mus. n* (-) a flat minor.
'**asozial** *adj.* anti-social.
Aspekt [as'pɛkt] *m* (-[e]s; -e) aspect.
Asphalt [as'falt] *m* (-[e]s; -e) asphalt; **~beton** *m* asphaltic concrete.
asphal'tieren *v/t.* (h.) asphalt.
A'sphalt...: **~lack** *m* black japan; **~presse** *f* yellow press; **~straße** *f* asphalt (bitumen) road.
aß [ɑ:s] *pret. von essen.*
Assekuranz [aseku'rants] *f* (-; -en) insurance.
Assel ['asəl] *f* (-; -n) isopod; wood-louse.
Assessor [a'sɛsɔr] *m* (-s; -'oren) assessor, *jur.* assistant judge; **~examen** *n* final State Examination.
Assimilation [asimilatsi'o:n] *f* (-; -en) assimilation; **~skraft** *f* assimilative power.
assimi'lieren *v/t.* (h.) assimilate.
Assist|ent(in *f*) [asis'tɛnt-] *m* (-en; -en; -; -nen) assistant, aid; **~enzarzt** [-'tɛnts-] *m* assistant-surgeon, doctor's assistant; *Am. at hospital*: intern; **⁀ieren** *v/t.* (h.) assist, aid.
Assozi|ation [asotsiatsi'o:n] *f* (-; -en) association; *econ.* partnership; **~ati'onsaufreihung** *f* stream of consciousness; **⁀'ieren** *v/t.* (h.) associate; *sich ~ mit j-m* enter into a partnership *with a p.*; **⁀'iert** [-'i:rt] *econ. adj.* associate(d), co-operant.
Ast [ast] *m* (-es; ⸚e) bough; branch (*a. fig. or anat.*); *in wood*: knot; *ballistics*: *absteigender (aufsteigender) ~* descending (ascending) branch; *fig. er ist auf dem absteigenden ~* he is going downhill, he is on the downgrade; → *lachen.*
Ästchen ['ɛstçən] *n* (-s; -) twig.
Aster ['astər] *bot. f* (-; -n) aster.
Asthenie [aste'ni:] *med. f* (-; -n) asthenia; **Astheniker** [a'ste:nikər] *m* (-s; -) asthenic person.
Ästhet|ik [ɛs'te:tik] *f* (-) (a)esthetics; **~iker** *m* (-s; -) (a)esthete; **⁀isch** *adj.* (a)esthetic(al).
Asth|ma ['astma] *n* (-s) asthma; **~matiker(in** *f*) [-'mɑ:tikər-] *m* (-s; -; -; -nen), **⁀'matisch** *adj.* asthmatic.
astigmatisch [astig'mɑ:tiʃ] *adj.* astigmatic.
'**Astloch** *n* knothole.
Astralleib [as'trɑ:l-] *m* astral body.
'**astrein** *adj.* branchless; *wood*: free from knots; *colloq. fig. nicht ganz ~* not quite the thing.
Astro|loge [astro'lo:gə] *m* (-n; -n) astrologer; **~logie** [-lo'gi:] *f* (-) astrology; **⁀'logisch** *adj.* astrological; **~naut** [-'naut] *m* (-en; -en) astronaut; **~'nautik** *f* (-) astronautics *pl.*; **~nom** [-'no:m] *m* (-en; -en) astronomer; **~nomie** [-no'mi:] *f* (-) astronomy; **⁀'nomisch** *adj.* astronomic(al) (*a. fig.*); '**~photographie** *f* astrophotography; **~phy'sik** *f* astrophysics *pl.*; **~'physiker** *m* astrophysicist.
'**Astwerk** *n* branches, boughs *pl.*; *arch.* branch work.
'**Äsung** *f* (-; -en) pasture; *hunt.* grazing, browsing; food.
Asyl [a'zy:l] *n* (-s; -e) asylum, refuge; asylum, home; *fig.* sanctuary; *~ suchen* seek asylum; **~recht** *n* (-[e]s) right of asylum.
'**asymmetrisch** *adj.* asymmetric(al).
'**asynchron** *el. adj.* asynchronous.
Atavis|mus [ata'vismus] *m* (-; -men) atavism; **⁀tisch** *adj.* atavistic.
Atelier [atəli'e:] *n* (-s; -s) studio; *film*: *ins ~ gehen* go into production; **~arbeiter** *m* stage hand; **~aufnahme** *f* studio shot.
Atem ['ɑ:təm] *m* (-s) breath; breathing, respiration; *außer ~* out of breath, panting; *~ holen* draw breath, pause for breath; *den ~ anhalten* hold one's breath; *mit angehaltenem ~* with bated breath; *außer ~ kommen* get out of breath, get winded; *wieder zu ~ kommen* recover one's breath; *j-n in ~ halten* **a)** keep a p. busy, **b)** keep a p. in suspense; *j-m den ~ benehmen* take a p.'s breath away; **~beschwerde** *f* difficulty of breathing; **~einsatz**, **~filter** *m gas mask*: filter (element); **~gerät** *n* oxygen (*or* breathing) apparatus, respirator; **~geräusch** *n* respiratory sounds *pl.*; **~gymnastik** *f* → *Atemübungen*; **~holen** *n* (-s) respiration, breathing; **~lähmung** *f* respiratory paralysis; **⁀los** *adj.* breathless (*a. fig.*); out of breath, panting; **~not** *f* shortness of breath; asthma; **~pause** *f* breathing-time; breathing-space, breather; *fig. a.* reprieve; **⁀raubend** *adj.* breath-taking (*a. fig.*); **~übungen** *f/pl.* breathing exercises; **~wege** ['-ve:gə] *m/pl.*

respiratory ducts (*or* tract *sg.*); **~zug** *m* breath, respiration; *bis zum letzten ~* to the last gasp; *den letzten ~ tun* breathe one's last; *in e-m ~* in one breath.

Atheis|mus [ate'ʔismus] *m* (-) atheism; **~t** *m* (-*en*; -*en*), **~tin** *f* (-; -*nen*) atheist; **≈tisch** *adj.* atheistic(al).

Athen [a'te:n] *n* (-*s*) Athens; → *Eule.*

Äther ['ɛ:tər] *m* (-*s*; -) *phys. and chem.* ether; *radio*: *a.* air; *über den ~* on the air; *mit ~ betäuben* etherize.

ätherisch [ɛ'te:riʃ] *adj. poet.* ethereal; *phys., radio*: etheric; *chem.* volatile; *~e Öle* quick-drying (*or* essential) oils.

'Äther...: **~krieg** *m* radio war; **~narkose** *f* etherization; **~recht** *n* broadcasting law; **~welle** *phys. f* ether wave.

Äthiop|ien [ɛti'o:piən] *n* (-*s*) Ethiopia; **~ier(in** *f*) *m* (-*s*; -; -; -*nen*), **≈isch** *adj.* Ethiopian.

Athlet [at'le:t] *m* (-*en*; -*en*), **~in** *f* (-; -*nen*) athlete; **~enherz** *med. n* athlete's heart; **~ik** *f* (-) athletics; **≈isch** *adj.* athletic.

Äthyl [ɛ'ty:l] *chem. n* (-*s*) ethyl; **Äthylen** [ɛty'le:n] *n* (-*s*) ethylene.

Atlant [at'lant] *geogr. m* (-*en*; -*en*) atlas.

At'lantik *m* (-*s*) *the* Atlantic (Ocean); **~verkehr** *m* transatlantic traffic.

at'lantisch *adj.* Atlantic; → *Atlantik.*

Atlas ['atlas] *m* (-; -*se*) *geogr. and myth.* Atlas; (*maps*) atlas (*a. anat. vertebra*); satin; (*cotton*) sateen; **≈artig** ['-a:rtiç] *adj.* satiny; **~brokat** *m* brocaded satin; **~papier** *n* satin paper.

atmen ['a:tmən] **I.** *v/i.* (*h.*) breathe, respire; *schwer ~* breathe hard, gasp; *tief ~* breathe deep, draw a deep breath, *fig.* swallow hard; **II.** *v/t.* (*h.*) breathe (*a. fig.*); inhale; **'Atmen** *n* (-*s*) breathing, breath, respiration.

Atmosphär|e [atmɔ'sfɛ:rə] *f* (-; -*n*) atmosphere (*a. fig.*); **~endruck** *m* (-[*e*]*s*; ᵘ*e*) atmospheric pressure; **≈isch** *adj.* atmospheric(al); *~e Störungen radio*: atmospherics, statics; **~enüberdruck** *m* (-[*e*]*s*; ᵘ*e*) (*abbr. atü*) plus pressure.

'Atmung *f* (-) breathing, respiration; **~s-organ, ~swerkzeug** *n* respiratory organ; *Erkrankungen der ~e* respiratory diseases; **~sstoffwechsel** *m* respiratory exchange; **~szentrum** *n* respiratory cent|re, *Am.* -er.

Atoll [a'tɔl] *n* (-*s*; -*e*) atoll.

Atom [a'to:m] *n* (-*s*; -*e*) atom; **~antrieb** *m* atomic propulsion.

atomar [ato'ma:r] *adj.* atomic, nuclear.

A'tom...: **~artillerie** *f* atomic artillery; **~batterie** *f* atomic pile; **~bombe** *f* atomic bomb, atom bomb, A-bomb; **≈bombensicher** *adj.* atom-bomb-proof; **~brenner** *m* → *Atombatterie*; **~energie** *f* (-) atomic (*or* nuclear) energy; **~energie-ausschuß** *m* Atomic Energy Commission (*abbr.* AEC); **~forscher** *m* nuclear scientist, A-man; **~forschung** *f* nuclear research; **~gemeinschaft** *f* (-) Atomic Pool; *Europäische ~* (*Euratom*) European Atomic Energy Community; **~geschoß** *n*, **~granate** *f* atomic shell; **~geschütz** *n*, **~kanone** *f* atomic cannon (*or* gun); **~gewicht** *n* atomic weight; **~hülle** *f* electron shell; **≈isch** *adj.* atomic; **~kern** *m* atomic nucleus; **~kernforschung** *f* nuclear research; **~kraft** *f* atomic power (*or* energy); *mit ~ betrieben* atomic-powered; **~kraftwerk** *n* nuclear power station; **~krieg** *m* atomic (*or* nuclear) warfare; **~lehre** *f* atomic theory; **~meiler** *m* atomic pile; **~modell** *n* atom model; **~müll** *m* radioactive waste; **~physik** *f* atomic (*or* nuclear) physics *pl.*; **~reaktor** *m* atomic reactor; **~regen** *m* (atomic) fall-out; **~schlag** *m* nuclear strike; **~spaltung** *f* atomic fission; atom-splitting; **~strahlenspürtrupp** [-ʃtra:lən'ʃpy:rtrup] *m* radiation detection team; **~stützpunkt** *m* atomic base; **~teilchen** *n* atomic particle; **~treibstoff** *m* atomic fuel; **~unterseeboot** *n* atomic submarine; **~versuch** *m* atomic test; **~waffe** *f* atomic (*or* nuclear) weapon; **~wissenschaft** *f* (-) atomics *pl.*, nuclear science; **~zahl** *f* atomic number; **~zeitalter** *n* (-*s*) atomic age; **~zerfall** *m* atomic disintegration *or* decay; **~zertrümmerer** [-tsɛr'trymərər] *m* (-*s*; -) atom-smasher; cyclotrone; **~zertrümmerung** *f* atom-smashing; → *Atomspaltung.*

atonal ['atona:l] *mus. adj.* atonal.

Atonali'tät *mus. f* (-) atonality.

ätsch! [ɛ:tʃ] *int.* serves you right!; surprise, surprise!

Attaché [ata'ʃe:] *m* (-*s*; -*s*) attaché.

Attacke [a'takə] *f* (-; -*n*), **atta'ckieren** *v/t.* (*h*). attack, charge.

Atten|tat [atɛn'ta:t] *n* (-[*e*]*s*; -*e*) attempted assassination (*or* murder), attempt *on a p.'s life*; *fig.* outrage; *ein ~ auf j-n verüben* make an attempt on a p.'s life, (attempt to) assassinate a p.; **~'täteri(n** *f*) *m* assassin, *humor.* perpetrator.

Attest [a'tɛst] *n* (-*es*; -*e*) attest(ation), certificate; *ärztliches ~* medical certificate; *ein ~ ausstellen* grant a certificate.

atte'stieren *v/t.* (*h.*) attest, certify.

Attraktion [atraktsi'o:n] *f* (-; -*en*) attraction.

attraktiv [-'ti:f] *adj.* attractive.

Attrappe [a'trapə] *f* (-; -*n*) *econ.* dummy, display package; *mil.* dummy; trap; *Versuchs≈* test model, *Am.* mock-up.

Attribut [atri'bu:t] *n* (-[*e*]*s*; -*e*) characteristic, property.

attributiv [-bu'ti:f] *adj.* attributive.

atü [a'ty:] → *Atmosphärenüberdruck.*

'atypisch *adj.* non-typical.

atz|en ['atsən] *v/t.* (*h.*) feed; **≈ung** *f* (-; -*en*) feeding; food.

Ätz|druck ['ɛts-] *m* (-[*e*]*s*; -*e*) etching, engraving; **≈en** *v/t.* (*h.*) corrode, eat into; *tech.* etch; *med.* cauterize; **≈end** *adj.* caustic (*a. fig.*), corrosive, mordant; *~er Kampfstoff* vesicant (agent); **~kali** *n* caustic potash; **~kraft** *f* corrosive power; **~mittel** *n*, **~stoff** *m* corrosive; *med.* caustic; **~natron** *n* caustic soda, sodium hydroxide; **~ung** *f* (-; -*en*) corrosion; *med.* cauterization; *arts*: etching; **~wirkung** *f* corrosive action.

au! [aʊ] *int.* oh!, ouch!

auch [aʊx] *cj. and adv.* also; too; as well; likewise; even; at that; *wenn ~* even if, even though, although; really; indeed; *ich glaube es — ich ~! I believe it* — so do I!, *colloq.* me too!; *ich kann es nicht — ich ~ nicht! I cannot do it* — nor (*or* neither) can I!; *nicht nur ..., sondern ~* not only ..., but also; *sowohl ... als ~* both ... and; *wo ~* (*immer*) wherever; *wer es ~ sei* whoever it may be, no matter who it is; *mag er ~ noch so reich sein* let him be ever so rich, however rich he may be; *so sehr ich ~ bedaure* much as I regret; *was er ~* (*immer*) *sagen mag* whatever he may say; *ohne ~ nur zu fragen* without so much as asking; *da können wir ~ daheim bleiben* we may as well stay at home; *ich gebe dir das Buch, nun lies es aber ~!* now mind you read it!; *wirst du es ~* (*wirklich*) *tun?* are you really going to do so?; *ist es ~ wahr?* is it really true?; *haben Sie ihn ~* (*wirklich*) *gesehen?* are you sure you saw him?; *so ist es ~!* so it is indeed!

Audienz [aʊdi'ɛnts] *f* (-; -*en*) audience (*bei dat.* with); interview; hearing.

Audion ['aʊdiɔn] *n* (-*s*; -*s*) grid-leak detector; **~empfänger** *m* audion receiver.

Auditorium [aʊdi'to:rium] *n* (-*s*; -*ien*) auditorium, lecture-hall; audience.

Aue ['aʊə] *f* (-; -*n*) (rich) pasture; meadow, *poet.* mead; green, common.

Auer|hahn ['aʊər-] *m* capercaille, wood-grouse; **~henne** *f*, **~huhn** *n* mountain-hen; **~ochs** *m* aurochs.

auf [aʊf] **I.** *prp.* **a)** *with dat.*: on, upon; in, at; of; by; *auf dem Tische* (up)on the table; *~ Erden* on earth; *~ der Welt* in the world; *~ der Ausstellung* (*der Post*) at the exhibition (the post-office); *~ e-m Balle* (*e-r Schule, Universität*) at a ball (a school, university); *~ dem Markte* in the market, at market; *~ der Stelle* on the spot, forthwith; *~ der Straße* in (*Am.* on) the street, on the road; *~ s-r Seite* at (*or* by) his side, *fig.* on his side; *~ Seite 15* on page 15; *~ s-m Zimmer* in his room; *~ dem nächsten Wege* by the nearest way; *~ (in)direktem Wege* (in)directly; *~ der Jagd* hunting; *~ Reisen* travel(l)ing, on a journey; *~ der Geige, etc., spielen* play on the violin, *etc.*; **b)** *with acc.*: on; in; at; to; towards (*a. ~ zu*); up; *~ den Tisch* on the table; *~ die Leinwand* on(to) the screen; *~ Bestellung* to order; *~ englisch* in English; *~ e-e Entfernung von* at a distance (*or* range) of; *~ die Erde fallen* fall to the ground; *~ die Jagd gehen* go (a-)hunting; *auf die Post, etc., gehen* go to the post-office, *etc.*; *~s Land gehen* go into the country; *~ sein Zimmer gehen* go to one's room; *es geht ~ neun* (*Uhr*) it is getting on to nine; *~ ... hin* **a)** on the strength of, **b**) in answer to, **c**) as a result of, following; ~ *m-e Bitte* at my request; ~ *m-n Befehl* by my order; ~ *s-e Gefahr* at his risk; ~ *s-e Veranlassung* at his instance; ~ *s-n Vorschlag* at his suggestion; ~ *Jahre hinaus* for years to come; ~ *einige Tage* for some days; ~ *Lebenszeit* for life; ~ *ewig* for ever (and ever); ~ *die Minute* to the minute; ~ *morgen* **a**) for tomorrow, **b**) till tomorrow; ~*s beste* in the best way, wonderfully; ~*s höchste* in the highest degree; *alle bis* ~ *einen* all but one; *es hat nichts* ~ *sich* it does not matter (much), it is of no consequence; **II.** *adv.* up, upwards; open; awake; astir, up (and doing); ~ *und ab gehen* walk up and down *or* to and fro; ~ *und davon gehen* run away, make off; **III.** *cj.* ~ *daß* (in order) that; ~ *daß nicht* that not, for fear that, to avoid that, lest; **IV.** *int.* ~! (get) up!, up (and doing)!; *colloq.* go it!, step on it!; hurry up!, let's go! come on!, cheer up!

ˈ**auf-arbeit|en** *v/t.* (*h.*) work (*or* clear) off (*backlog*); *tech.* work (*or* furbish) up; *colloq.* do up (*a dress*); renovate; *tech.* recondition; dress (*a tool*); use up; **2ung** *f* (-; -en) working up; renovating; reconditioning, dressing.

ˈ**auf-atmen** *v/i.* (*h.*) draw a deep breath; *fig.* breathe again *or* freely; *erleichtert* ~ heave a sigh of relief; *fig. wieder* ~ (*können*) recover, revive.

ˈ**Aufatmen** *n* sigh of relief.

aufbahr|en [ˈaʊfbaːrən] *v/t.* (*h.*) put *coffin* on the bier; lay out *body* (in state); **2ung** (-; -en) laying-out; laying-in-state.

ˈ**Aufbau** *m* (-[e]s) building(-up), erection, construction; → *Wieder*2; disposition, arrangement, set-up; *tech.* assembly, mounting; *mar.*, *rail.* (*pl.* -ten) superstructure; *mot.* (*pl.* -ten) (car) body; *chem.* synthesis; structure, system; grouping(s *pl.*); *of drama, etc.*: construction; *im* ~ *begriffen* in the process of organization, in the initial stages; ~**deck** *mar. n* superstructure deck; **2en** *v/t.* (*h.*) build up, erect, construct; *tech.* assemble, mount, set up; *chem.* synthesize; arrange; group; *fig.* build up *an existence, a theory, etc.* (*auf acc.* on); base, found (on); establish, organize, set up (*an organization*); construct (*a drama, etc.*); *sich* ~ *auf* be based (up)on; *er baute sich vor mir auf* he planted himself before me; **2end** *adj.* constructive; developing.

ˈ**aufbäumen** *v/t.* (*h.*) **1.** *sich* ~ *horse*: rear (up), prance; *aer.* buck; *person*: struggle up; *fig.* rebel (*colloq.* kick) (*gegen* against); **2.** *weaving*: roll *the warp* on the beam, take up.

ˈ**Aufbau...:** ~**mittel** *med. n* roborans, restorative; ~**programm** *n* developing program(me); ~**rahmen** *mot. m* body frame.

ˈ**aufbauschen** *v/t.* (*h.*) puff (up), swell (up); *fig.* exaggerate, overstate, magnify, play up.

ˈ**Aufbau...:** ~**schule** *f* continuation school; ~**ten** [ˈ-tən] *m/pl. mar.* superstructure; *film*: set *sg.*

ˈ**aufbegehren** *v/i.* (*h.*) flare up, bluster, start up in anger; protest, revolt (*gegen* against).

ˈ**aufbehalten** *v/t.* (*irr.*, *h.*) keep on (*one's hat*); keep *one's eyes* open.

ˈ**aufbekommen** *v/t.* (*irr.*, *h.*) get *the door, etc.* open; get *a knot* undone; eat up, *sl.* polish off (*a meal*); be given *a task.*

ˈ**aufbereit|en** *tech. v/t.* (*h.*) prepare, work up; refine, separate; dress (*hides, ore*); process (*food*); prepare (*coal*); **2ung** *f* preparation; treatment; dressing; processing.

ˈ**aufbesser|n** *v/t.* (*h.*) raise, increase (*salary*); improve (*prices*); **2ung** *f* rise, *Am.* raise, increase (of pay); improvement (*of prices*).

ˈ**aufbewahren** *v/t.* (*h.*) keep; preserve; *bank*: deposit for safekeeping; store (up); *gut aufbewahrt* in safe keeping.

ˈ**Aufbewahrung** *f* keeping, preservation, storage; *sichere* ~ safe keeping; *j-m et. zur* ~ *geben* entrust a th. to a p.('s custody), deposit a th. with a p.; ~**sgebühr** *f* charge for storage (*or rail.* for left luggage); *for securities*: safe-deposit charges *pl.*

ˈ**aufbiet|en** *v/t.* (*irr.*, *h.*) proclaim; publish (*or* put up) the banns of (*engaged couple*); call up, summon; *mil.* raise, levy, mobilize (*troops*); muster, summon (*courage, resources, strength, etc.*); *alle s-e Kräfte* ~, *alles* ~ make every (possible) effort, do one's utmost, move heaven and earth; → *Einfluß* **2ung** *f* (-) summoning; proclamation; mobilization; *unter* ~ *aller Kräfte* with all one's might; by supreme effort, with the utmost exertion; *attr.* all-out (*campaign, etc.*).

ˈ**aufbinden** *v/t.* (*irr.*, *h.*) untie, undo, loosen; tie up; truss up, turn up; *fig. j-m et.* (*od. e-n Bären*) ~ hoax a p., impose on a p., put a th. over on a p.; *er läßt sich alles* ~ he swallows anything.

ˈ**aufblähen** *v/t.* (*h.*) blow out, swell, puff up; blow up, (*a. fig. or econ.*) inflate; *sich* ~ *med.* balloon, *sail*: fill, belly out, *fig.* be puffed up (*vor dat.* with), swagger, strut.

ˈ**aufblasen** *v/t.* (*irr.*, *h.*) blow up, inflate; *fig. sich* ~ puff o.s. up; → *aufgeblasen.*

ˈ**aufbleiben** *v/i.* (*irr.*, *sn*) remain open; *person*: stay (*or* sit) up (*spät* late); (*immer*) *lang* ~ keep late hours.

ˈ**aufblenden I.** *v/t.* (*h.*) *film*: fade in, light up; **II.** *v/i.* (*h.*) *mot.* turn on the headlights.

ˈ**aufblicken** *v/i.* (*h.*) look *or* (glance) up, raise one's eyes (*zu* to); *fig. zu j-m* ~ look up to a p.

ˈ**aufblitzen** *v/i.* (*sn*, *h.*) flash, flare (up).

ˈ**aufblühen** *v/i.* (*sn*) (burst into) blossom *or* bloom, open; *fig.* blossom (out); *culturally, etc.*: flourish, thrive, prosper; *wieder* ~ revive, be rejuvenated; ˈ**Aufblühen** *n* (-s) blossoming; *fig.* rise, growth, flourishing.

ˈ**aufbocken** *tech. v/t.* (*h.*) jack up, prop up.

ˈ**aufbohren** *tech. v/t.* (*h.*) bore open; rebore.

ˈ**aufbrauchen** *v/t.* (*h.*) use up, consume, exhaust.

ˈ**aufbrausen** *v/i.* (*sn*; *h.*) bubble up, (*a. chem.*) effervesce, fizz; *sea*: surge, (*a. fig. laughter, etc.*) roar; *fig.* fly in(to) a passion, bridle up; *er braust leicht auf* he fires (*or* flares) up quickly; **2** *n* effervescence; fermentation; roar; *fig.* (burst of) passion, fit of temper; ~**d** *adj.* effervescent; *fig.* hot-headed, irascible, boisterous.

ˈ**aufbrechen I.** *v/t.* (*irr.*, *h.*) break open, force open; open (*a letter*); pick (*a lock*); *hunt.* disembowel; **II.** *v/i.* (*irr.*, *sn*) burst open; (*boil*) break (open); *skin*: crack, chap; start, depart, set out (*nach* for); *mil.* move off, break camp.

ˈ**aufbringen** *v/t.* (*irr.*, *h.*) bring up, produce; apply, *paint. a.* coat on; get open; find, procure; muster (*a. fig.*); raise (*money*); meet, defray (*expenses*); start, introduce (*fashion*); summon up, muster (*courage*); *mar.* capture (*ship*); *fig.* provoke, infuriate, anger; vex, exasperate.

ˈ**Aufbruch** *m* departure, start, setting-out (*nach, zu* for); *fig. pol.* awakening, uprising; fundamental change; *hunt.* bowels, entrails *pl.*

ˈ**aufbrühen** *v/t.* (*h.*) scald.

ˈ**aufbügeln** *v/t.* (*h.*) iron, press; *colloq.* brush up (*knowledge*).

aufbürden [ˈaʊfbyrdən] *v/t.* (*h.*): *j-m et.* ~ burden (*or* saddle) a p. with a th.; impute a th. to a p., charge a p. with a th.

ˈ**aufdecken I.** *v/t.* (*h.*) uncover, (lay) bare; *fig.* lay bare, unveil, reveal, expose; detect; clear up, *colloq.* crack; show; → *Karte*; turn down the sheets of (*bed*); spread (*cloth*); **II.** *v/i.* (*h.*) lay the cloth (*or* table).

ˈ**aufdrängen** *v/t.* (*h.*) force, intrude, obtrude (*j-m* [up]on a p.); *person*: *a.* press, urge ([up]on a p.); *sich* ~ force o.s., obtrude o.s., intrude o.s. (*dat.* [up]on); *der Gedanke drängte sich auf* the idea suggested itself.

ˈ**aufdrehen I.** *v/t.* (*h.*) untwist, unravel (*thread, etc.*); turn on (*the gas, etc.*); loosen (*a screw*), unscrew; **II.** *v/i.* (*h.*) *mot. colloq. sl.* step on the gas, let her rip; *sports*: open up, *sl.* go it; *w.s.* let go (*or* loose); *er war mächtig aufgedreht* he was in high spirits (*or sl.* all pepped up).

ˈ**aufdringen** → *aufdrängen.*

ˈ**aufdringlich** *adj.* obtrusive (*a. thing*), importunate, *colloq.* pushing; *colour, etc.*: gaudy, showy; **2keit** *f* obtrusiveness, importunity.

ˈ**Auf|druck** *m* (-[e]s; -e) *typ.* imprint, impression; *on postcards*: surcharge; **2drucken** *v/t.* (*h.*) (im-)print (*auf acc.* on); stamp; **2drükken** *v/t.* (*h.*) press (*or* push) open; squeeze open; impress, affix, put *a seal, etc.* (*dat. or auf acc.* on).

aufeinander [aʊfˀaɪˈnandər] *adv.* one on top of the other; one against the other; one after another, one by one; **2folge** *f* (-) succession; series, round (*of events*); *in rascher* ~ in rapid succession; ~**folgen** *v/i.* (*sn*) succeed (one another); ~**folgend** *adj.* successive, consecutive; *während drei* ~*er Tage* for three days running; **~häufen** *v/t.* (*h.*) pile (*or* heap) up; **~prallen, ~stoßen** *v/i.* (*sn*) collide; *fig. persons, views*: clash; *things*: meet, touch, rest against each other.

Aufenthalt ['aufɛnthalt] *m* (-[e]s; -e) stay, sojourn; whereabouts; (place of) residence, abode, domicile; halt, delay, stop(page), hindrance; *rail, etc.*: stop; *ohne* ~ without delay, *attr.* non-stop (*train*); *wie lange haben wir* ~? how long do we stop here?; **~sbestätigung** *f* residence certificate; **~sdauer** *f* (duration of) stay; **~sgenehmigung** *f* residence permit; **2slos** *adj.* non-stop; **~s-ort** *m* (-[e]s; -e) stay, abode; (place of) residence, domicile; *sein gegenwärtiger* ~ *ist unbekannt* his present whereabouts is unknown; **~sraum** *m* lounge; recreation (*or* day) room.

'**auf-erleg|en** *v/t.* (*h.*): *j-m als Pflicht* ~ enjoin on a p. (et. a th.; *zu inf.* to *inf.*); impose (*a condition, duty, tax, task, one's will, etc.*) (*j-m* on a p.); inflict, impose (*a penalty*); (*j-m* on a p.); → *Zwang*; **2ung** *f* (-) imposition, infliction.

'**auf-ersteh|en** *v/i.* (*irr., sn*) rise (from the dead); **2ung** *f* resurrection; **2ungsfest** *n* Resurrection-Day.

'**auf-erweck|en** *v/t.* (*h.*) raise (from the dead); restore to life, resuscitate; **2ung** *f* raising; resuscitation.

'**auf-essen** *v/t.* (*irr., h.*) eat up; consume; *schnell* ~ gobble off.

auffädeln ['auffɛ:dəln] *v/t.* string (*pearls*).

'**auffahren I.** *v/i.* (*irr., sn*) rise, ascend; drive up, pull up; *mil.* drive into position; drive *or* run (*auf acc.* against, into); ~ *auf* ram, run on; *ship*: (*auf Grund*) ~ run aground; *person*: **a)** (*angrily*) flare up, fly out, **b)** (*frightened*) start (*or* jump) up, give a start; **II.** *v/t.* (*irr., h.*) range up, array; park (*car*); bring *guns* into action, bring up, place; (*a.* ~ *lassen*) dish up (*meal, etc.*); *fig.* adduce (*evidence*); churn (*or* cut) up (*road*); **~d** *adj.* vehement, irascible, irritable.

'**Auffahrt** *f mine*: ascent; driving up; approach; drive(way *Am.*).

'**Auffahr-unfall** *m* front-end collision.

'**auffallen I.** *v/i.* (*irr., sn*) fall (*auf acc.* upon), hit; *fig.* be conspicuous, attract attention; *j-m* ~ strike a p., *n.s.* catch a p.'s eye; astonish, surprise; *er fiel unangenehm auf* he made a bad impression; *es fiel allgemein auf* it was generally noticed; **II.** *v/t.* (*irr., h.*) (*sich*) *das Knie, etc.* ~ bark, skin (*one's knee, etc.*); '**~d,** '**auffällig** *adj.* striking; *b.s.* blatant; conspicuous, eye-catching; spectacular; peculiar, strange; shocking; *clothes, colours, etc.*: eccentric, gaudy, showy, loud (in pattern), *colloq.* flashy; ~ *gekleidet* showily dressed.

'**auffang|en** *v/t.* (*irr., h.*) catch (up), snatch; *a. tech.* collect; intercept (*letter, radio message, etc.*); cushion (*fall, shock*); parry (*attack, blow*), *boxing*: block; *aer.* pull out (*of a dive*); pick up (*news, etc.*); *econ., etc.* cushion, absorb, head off (*adverse development*); **2elektrode** *el. f* collector electrode; **2lager** *n* reception camp; **2schale** *tech. f* collecting reservoir, drip pan; **2stellung** *mil. f* (prepared) rear position.

'**auffärben** *v/t.* (*h.*) redye; lift, touch up.

'**auffassen I.** *v/t.* (*h.*) *fig.* conceive; understand, comprehend, grasp; interpret, construe, read; *thea., etc.* interpret (*rôle*); *falsch* ~ misunderstand, misconceive; **II.** *v/i.* (*h.*) *leicht* ~ be quick of understanding (*or* in the uptake); *schwer* ~ be slow (of apprehension), be slow in the uptake; *et. anders* ~ see a th. differently.

'**Auffassung** *f* conception; interpretation, reading; apprehension, grasp; opinion, view; *falsche* ~ misconception; *nach m-r* ~ as I take it, from my point of view; *die* ~ *vertreten, daß* take the view that, hold (*or* argue) that; **~svermögen** *n* (-s) intellectual grasp, intelligence.

auffind|bar ['auffintba:r] *adj.* discoverable, traceable; **~en** ['-dən] *v/t.* (*irr., h.*) find out, trace, discover, locate; **2ung** *f* (-) discovery, finding.

'**auffischen** *v/t.* (*h.*) fish (up); *fig.* pick up.

'**aufflackern** *v/i.* (*sn*) flare up (*a. fig.*).

'**aufflammen** *v/i.* (*sn*) blaze (*or* flame) up, burst into flames; *chem.* deflagrate; *fig.* flare up, flame out.

'**aufflechten** *v/t.* (*irr., h.*) untwine, untwist; unbraid (*hair*).

'**auffliegen** *v/i.* (*irr., sn*) fly up; *bird*: soar, take wing, flush; *aer.* ascend, take off; *door*: fly open; *mine, etc.*: explode; *fig.* be dissolved; *undertaking*: fail, end in smoke, explode; ~ *lassen* blow up; spring (*a mine*); *fig.* clear out, crack.

'**aufforder|n** *v/t.* (*h.*) call (up)on *a p.* (*zu inf.* to *inf.*); ask, request; approach (for); bid, order; urge, exhort; encourage; invite, ask; call in; *to fight*: challenge; *jur.* summon; *zur Zahlung* ~ demand (*or* call for) payment, dun; **~nd** *adj. glance*: provocative, challenging, come-hither; **2ung** *f* call, request; order; urging; invitation; challenge; *jur.* summons *sg.*; instigation.

aufforst|en ['aufforstən] *v/t.* (*h.*) afforest; restock with seedlings; **2ung** *f* (-; -en) afforestation.

'**auffressen** *v/t.* (*irr., h.*) devour, eat up; *colloq. mit den Augen* ~ look hungrily at, devour with one's eyes.

'**auffrisch|en** *v/t., a. sich* (*h.*) freshen up (*a. wind*), refresh; touch up (*paintings*); varnish, do up (*furniture, etc.*); renew, regenerate; replenish (*stocks*); *mot.* purify (*oil*); revive (*memories, sorrow*); refresh (*one's memory*); brush up (*knowledge*); '**2ungskurs(us)** *m* refresher course.

aufführ|bar ['auffy:rba:r] *thea. adj.* actable; **~en** *v/t.* (*h.*) build, erect; enumerate; enter, book; *in a list*: state, show, list, set out; *einzeln* ~ specify, *Am.* itemize; *thea.* perform, play, act, (put on the) stage; *a. film*: present, show; produce (*witness*); *sich* (*schlecht*) ~ (mis)behave, → *benehmen*; **2ung** *f* construction; *thea.* representation, performance, *film*: showing, presentation; (variety, *etc.*) show; *in a list*: entry, specification; *of witnesses*: production; behavio(u)r, conduct; **2ungsrecht** *n thea.* performing rights *pl.*

'**auffüll|en** *v/t.* (*h.*) fill (*or* top) up; refill; replenish (*supply, etc.*); restock.

'**auffüttern** *v/t.* (*h.*) feed up, rear.

'**Aufgabe** *f* **1.** task, operation, job, assignment; business, concern; duty, responsibility, function; mission; problem; *ped.* task, problem, lesson; homework; exercise; **2.** (-) delivery, surrender; *of letters*: posting, *Am.* mailing; *of luggage*: registration, booking, *Am.* checking; *of telegrams*: handing in, dispatch; advice, communication; *tennis*: service; **3.** (-) discontinuation; *of an office*: resignation; *of business, shop*: giving up, closing down; *sports*: giving up, withdrawal; *of a right*: relinquishment, waiver; abandonment; sacrifice; *e-e* ~ *lösen* solve a problem; *e-e* ~ *übernehmen* accept a task, take over (*or* assume) a function; *j-m e-e* ~ *stellen* set a p. a task; *er machte es sich zur* ~ he made it his business; *es ist nicht m-e* ~ it is not my office (*or* business); *econ. laut* ~ as per advice.

'**aufgabeln** *v/t.* (*h.*) pick up.

'**Aufgabe...:** **~nbereich** *m*, **~ngebiet** *n* field (of activity), scope (of duties), functions *pl.*; **~nheft** *n* exercise book; **~nkreis** *m* → *Aufgabenbereich*; **~ort** *m* (-[e]s; -e) place of dispatch; **~schein** *m* certificate of delivery, receipt; **~stempel** *m* date stamp; **~trichter** *m* feeding hopper; **~vorrichtung** *tech. f* feed mechanism.

'**Aufgang** *m* rising, ascent; *of stars*: rising, rise; staircase, stairs, *Am.* stairway; *agr.* germination (*of seed*).

'**aufgeben** *v/t.* (*irr., h.*) give up, deliver; post, *Am.* mail (*a letter*); book, register, *Am.* check (*luggage*); hand in, send, dispatch (*telegram*); *econ.* give, place (*an order*); insert, run (*ad*); *tech.* charge; *tennis*: serve; *econ.* advise, give notice of, let know; quote (*prices*); *j-m et.* ~ order (*or* commission) a p. to do a th., charge a p. with a th.; ask, set (*riddle*); *ped.* set, assign (*task*); abandon, lose (*hope*); give up (*patient*), despair of (*a p.'s* recovery); give up, abandon (*a. mil.*); do without, renounce; resign; waive, relinquish (*claim*); forgo (*advantage, pleasure*); discontinue, cease; drop, have done with (*acquaintance*); leave, quit (*service, work*); give up, close (*shop, etc.*), retire from (*business*); discard, drop (*habit*); *es* (*or den Kampf, das Spiel*) ~, *a. v/i.* give up (*or* in), capitulate, *boxing and fig.*: throw in the towel, throw up the sponge; give up (*the ghost*).

aufgeblasen ['aufgəbla:zən] *adj.* puffed up, inflated; *fig. a.* arrogant, conceited, bumptious; 2**heit** *f* (-) arrogance, conceit.

'**Aufgebot** *n* public notice, citation; (publication of the) banns, banns *pl.* of marriage, *Am.* official wedding notice; *das* ~ *bestellen* ask the banns; array; *mil.* levy, conscription; *allgemeines* ~ levée en masse; body (of men); posse; *letztes* ~ last reserves; *mit starkem* ~ *erscheinen* turn up in full force; *fig. unter* ~ *aller Kräfte* with the utmost exertion, with might and main, by supreme effort; ~**sverfahren** *n jur.* public citation; *for securities*: cancellation proceedings *pl.*

'**aufgebracht** *adj.* angry (*gegen* with; *über acc.* at, about); upset (by); furious, sore, stung to the soul.

aufgedonnert ['aʊfgədɔnərt] *adj.* dressed up (to the nines), in full feathers, *Am. a.* dolled up.

'**aufgedunsen** *adj.* bloated, puffed up.

'**aufgehen** *v/i.* (*irr., sn*) *curtain, dough, star*: rise; *plants, seed*: come up, shoot up (*or* forth); open; *knot, etc.*: come undone, get loose; *seam*: come open; *ice, boil, etc.*: break (up); *flower*: unfold; *math.* leave no remainder; *fig.* prove right; *4 geht in 12 auf* 4 goes into 12 without remainder; *9 geht nicht in 5 auf* 9 will not divide into 5; *gegeneinander* ~ compensate each other; *fig.* ~ *in* (*dat.*) be(come) merged (*or* incorporated) in (*a company, community*), *intellectually*: be absorbed (*or* deeply engrossed) in, be wrapt up in *work, one's family, etc.*; → *Flamme, Licht, Rauch*; *die Wahrheit ging mir auf* the truth dawned (*or* burst, flashed) upon me.

aufgeklärt ['aʊfgəklɛːrt] *adj.* enlightened; *sie ist ganz* ~ she knows all the facts of life; 2**heit** *f* (-) enlightenment.

aufgeknöpft ['aʊfgəknœpft] *colloq. adj.* communicative, chatty, expansive.

aufgekratzt ['aʊfgəkratst] *colloq. adj.* cheerful, in high spirits, chipper.

aufgelaufen ['aʊfgəlaufən] *adj. feet*: sore, blistered, chafed; *econ. interest*: accumulated, accrued.

'**Aufgeld** *econ. n* premium, agio; *stock exchange*: contango; earnest-money; extra-charge.

aufgelegt ['aʊfgəleːkt] *adj.*: ~ *zu* disposed (for, *a th.*; to *do*); inclined (to *do*); *zu et.* ~ *sein* feel like (doing) a th.; *ich bin heute nicht dazu* ~ I am not in the mood for it today; *ich bin nicht zum Arbeiten* ~ I don't feel like working; *econ. zur Zeichnung* ~ open for subscription; *ship*: laid up; *colloq. ein* ~*er Schwindel* a barefaced (*or* blatant) swindle.

aufgelöst ['aʊfgəløːst] *fig. adj.* upset, hysterical.

aufgeräumt ['aʊfgərɔʏmt] *fig. adj.* cheerful, jovial, in high spirits, expansive.

aufgeregt ['aʊfgəreːkt] *adj.* excited, nervous, flustered; upset; excitable.

'**aufgeschlossen** *fig. adj.* open (*dat.* to), alert (to); open-minded, free-minded; communicative; enlightened; 2**heit** *f* (-) open-mindedness.

'**aufgeschmissen** *colloq. adj.*: ~ *sein* be stuck; be in an awful fix.

'**aufgeschossen** → *aufschießen*.

aufgestaut ['aʊfgəʃtaʊt] *adj.* pent-up (*feelings, econ. demand, etc.*).

'**aufgeweckt** *adj.* intelligent, bright, alert, quick-witted.

'**aufgeworfen** *adj.* pouting (*lips*); turned-up (*nose*).

'**aufgießen** *v/t.* (*irr., h.*) pour (*auf acc.* upon); *chem.* infuse; *tea*: *a.* make.

Aufgleitfront ['aʊfglaɪt-] *f meteor.* warm front.

'**aufglieder|n** *v/t.* (*h.*) split up, subdivide, *Am.* break down; analyse; specify, *Am.* itemize; departmentalize; 2**ung** *f* subdivision, *Am.* breakdown; analysis; departmental classification; structure.

'**aufgraben** *v/t.* (*irr., h.*) dig up.

'**aufgreifen** *v/t.* (*irr., h.*) snatch up, seize *a th.*; pick up, seize *a p.*; *fig.* take up (*a subject, etc.*).

'**Aufguß** *m* infusion; ~**tierchen** *biol. n/pl.* infusoria.

'**aufhaben I.** *v/t.* (*h.*) have on, wear (*a hat, etc.*); have *the door* open; have *homework* to do; **II.** *v/i.* (*h.*): *das Geschäft hat auf* the shop is open.

'**aufhacken** *v/t.* (*h.*) hoe up; cut open.

'**aufhaken** *v/t.* (*h.*) unhook, undo.

aufhalsen ['aʊfhalzən] *v/t.* (*h.*) thrust (*dat.* upon); saddle (with *a duty, etc.*); palm *wares, etc.* off (on).

'**aufhalten** *v/t.* (*irr., h.*), keep *the door* open; stop, *fig. a.* check, stay, stem, arrest, *Am. a.* halt; delay, retard, brake; hold up (*a p., a car, traffic*), detain *a p.*; waste (*or* trespass on) *a p.'s* time; *mil.* hold, stop, delay (*the enemy*); *sich* ~ **a**) stop, **b**) stay; live, be (*all*: *in dat.* at; *bei* with), **c**) *fig.* dwell (*bei* on), **d**) linger (*fig. bei* over *or* upon); *sich* ~ *über* find fault with, criticise, take exception to; *ich kann mich damit nicht* ~ I cannot spend (*or* waste) any time on it; *ich brauche mich bei diesem Punkt nicht aufzuhalten* I need not belabo(u)r this point; *lassen Sie sich* (*von mir*) *nicht* ~! don't let me keep you!

'**aufhäng|en** *v/t.* (*h.*) hang up; *tech.* suspend (*an dat.* from); *j-n* ~ hang a p. (by the neck); *sich* ~ hang o.s.; *fig. j-m et.* ~ → *aufhalsen*; 2**er** *m* (-s; -) tab; *colloq.* peg (on which to hang *a story, etc.*), gimmick; 2**ung** *f* (-; -en) suspension; *mot.* (*halb*)*starre* ~ (semi-) rigid suspension; *elastische* (*vollschwebende*) ~ flexible (fully floating) suspension.

'**aufhäuf|en** *v/t.* (*h.*) heap up, (*a. sich*) pile up, accumulate; *treasures, etc.*: amass; 2**ung** *f* accumulation.

'**aufheben** *v/t.* (*irr., h.*) take up, pick up; lift (up), raise; hold up (*one's hand, etc.*); help *a p.* up; keep, preserve; store, warehouse; stop, end; raise (*blockade, siege, measure*); remove, cancel (*decree, prohibition*), lift (*a ban*); call off (*boycott, strike*); dissolve (*organization*); break (*silence*); break up, dismiss, adjourn (*a meeting*); break off (*an engagement*); *math.* reduce (*a fraction*); abolish; revoke; supersede; declare null and void, invalidate, cancel; annul (*a. marriage*); suspend; repeal, abrogate (*a law*); rescind, terminate (*a contract*); *jur.* quash, reverse, set aside (*a judgment*); balance, set off, *Am.* offset; cancel, neutralize, negative (*an effect*); *sich gegenseitig* ~ neutralize each other, cancel each other out; *die Tafel* ~ rise from the table; *gut* (*or sicher*) *aufgehoben sein* be in safe keeping, *person*: be in good hands (*bei* with), be well looked after (*or* taken care of) (by); '**Aufheben** *n*: *viel* ~*s* (*von et.*) *machen* make a great fuss (about a th.); *viel* ~*s um nichts* much ado about nothing.

'**Aufhebung** *f* raising (*of siege, etc.*); removal, lifting (*of restrictions, etc.*); abolition; cancellation, nullification; suspension; annulment (*of marriage*), (judicial) separation (*of conjugal community*); repeal, abrogation (*of laws*); rescission, termination (*of contract*); *jur.* reversal (*of judgment*); ~ *e-r Klage* withdrawal of an action, nonsuit; dissolution (*of organisation*); breaking up, adjournment (*of meeting*); neutralization (*of an effect*).

aufheiter|n ['aʊfhaɪtərn] *v/t.* (*h.*) cheer *a p.* up; *sich* ~ *weather*: clear up, *sky*: clear, (*a. face*) brighten; 2**ung** *f* (-; -en) cheering up; amusement; *weather*: clearing up, brightening; *zeitweise* ~ bright periods *pl.*, sunny spell.

'**aufhelfen** *v/i.* (*irr., h.*): *j-m* ~ help a p. up.

aufhellen ['aʊfhɛlən] *v/t.* (*h.*) clear, brighten, light up; *fig.* enlighten, throw light upon, illuminate; *sich* ~ brighten, *weather*: *a.* clear up.

'**aufhetz|en** *v/t.* (*h.*) instigate, incite, stir up; 2**er**(**in** *f*) *m* instigator; *pol.* agitator, fomenter; 2**ung** *f* (-; -en) instigation, incitement; *pol.* agitation, fomenting.

'**aufhol|en I.** *v/t.* (*h.*) *mar.* haul up; *sailing*: bring close to the wind; *fig.* make up (for *lost time, etc.*); **II.** *v/i.* (*h.*) gain (*gegen* on); *sports*: *a.* pull up, close the gap; recover lost ground, make up leeway; 2**konjunktur** *econ. f* backlog boom.

'**aufhorchen** *v/i.* (*h.*) prick (up) one's ears, listen attentively; *fig.* sit up and take notice.

'**aufhören** *v/i.* (*h.*) cease; ~ *zu inf.* cease to *inf., or ger.*; stop, leave off, *Am.* quit *ger.*; have done (with *ger.*); discontinue; subside, ebb; ~ *zu arbeiten* knock off work; *ohne aufzuhören* incessantly, without let-up; *der Sturm hat aufgehört* the storm has calmed down *or* blown over; *colloq. da hört doch alles auf!* that's the limit!, that beats everything!; *hör auf damit!* stop it!, *sl.* cut it out!

'**aufjagen** *v/t.* (*h.*) start, raise (*game*).

'**aufjauchzen**, '**aufjubeln** *v/i.* (*h.*) shout with joy, jubilate.

'**Aufkauf** *econ. m* buying up; *speculative*: cornering, forestalling; 2**en** *v/t.* (*h.*) buy up; *speculative*: corner (*goods or the market*), forestall (*the market*); discount (*bill of exchange*).

ˈ**Aufkäufer** *m* wholesale buyer; buying agent; speculative buyer, forestaller.

ˈ**aufkeimen** *v/i.* (*sn*) bud, burgeon, germinate, sprout (*all a. fig.*); **~d** *adj. fig.* budding, nascent.

aufklapp|bar [ˈaʊfklapbaːr] *adj.* hinged, collapsible; **~en** *v/t.* (*h.*) open; *knife*: *a.* unclasp; put up the folds of (*table*).

ˈ**aufklär|en** *v/t.* (*h.*) clear up (*a. weather*: *sich ~*); clarify (*liquid*); *fig.* clear up, clarify; throw light on, illuminate *a th.*; enlighten *a p.* (*über acc.* on); inform, instruct, orient; solve, *colloq.* crack (*crime, secret*); enlighten on sexual matters, explain the facts of life to; *mil.* (*a. v/i.*) reconnoit|re, *Am.* -er, scout; *j-n über e-n Irrtum ~* correct a p.'s mistake, undeceive a p.; **2er** *m* (*-s*; -) enlightener, pioneer of progress (*a.* **2erin** *f*, -; *-nen*); *mil.* scout; → *Aufklärungsflugzeug.*

ˈ**Aufklärung** *f* clearing-up; *fig.* enlightenment, *hist.* the Enlightenment; educational work; explanation; information; clarification; *sexuelle ~* sex enlightenment, sex--instruction; *of crime, etc.*: solution; *weather*: bright period, sunny spell; *mil.* reconnaissance, scouting; **~s-abteilung** *mil. f* reconnaissance detachment; **~s-arbeit** *f* educational work (*or* campaign); **~sfahrzeug** *mar. n* scout vessel; **~sfeldzug** *m* campaign of enlightenment; **~sflugzeug** *n* reconnaissance plane, observation aircraft, scout; **~s-schrift** *f* informative pamphlet; **~s-tätigkeit** *f* reconnaissance activity; **~s-zeitalter** *n* (*-s*) Age of Enlightenment.

ˈ**aufklauben** *v/t.* (*h.*) pick up, glean.

ˈ**auf|kleben, ~kleistern** *v/t.* (*h.*) stick on, paste on; gum *or* glue on; affix, put *post-stamp* on (*auf acc.* to, on); **~klebe-etikett** *n* adhesive label, *Am.* sticker.

ˈ**aufklingen** *v/i.* (*irr.*, *sn*) resound, ring out.

ˈ**aufklinken** *v/t.* (*h.*) unlatch (*a door*).

ˈ**aufknacken** *v/t.* (*h.*) crack (open) (*a. sl. a safe*).

ˈ**aufknöpfen** *v/t.* (*h.*) unbutton; → *aufgeknöpft.*

ˈ**aufknüpfen** *v/t.* (*h.*) tie up; untie, undo; hang *a p.*

ˈ**aufkochen** *v/i.* (*sn*) *and v/t.* (*h.*) boil (up); *v/t. ~* (*lassen*) bring to the boil.

ˈ**aufkommen** *v/i.* (*sn*) rise, get up; *weather*: come up; *wind*: spring up; *fig.* spring up, arise; *custom, etc.*: come into fashion (*or* vogue, use); spread; *thought, etc.*: arise; *med.* recover; *für et. ~* answer (*or* be responsible, liable) for a th.; *für die Kosten ~* pay, defray the expenses; *für den Schaden ~* compensate for, make good the damage; make o.s. liable for (*debts, losses*); *gegen j-n ~* prevail against, cope with, *sports*: gain on a p., decrease the gap; *Zweifel ~ lassen* give rise to doubts; *nicht ~ lassen* suppress, control *a th.*, give *a p.* no chance; *niemand ~ lassen* admit (*or* suffer) no rival; *gegen ihn kann ich nicht ~* I am no match for him; ˈ**Aufkommen** *n* recovery; origin, rise; coming into fashion, introduction; revenue; *tax*: yield.

ˈ**aufkratzen** *v/t.* (*h.*) scratch up (*or* open); card (*wool*); *sich ~* scratch o.s. sore; → *aufgekratzt.*

aufkrempeln [ˈaʊfkrɛmpəln] *v/t.* (*h.*) turn up (*brim, trousers*); roll up (*sleeves*).

ˈ**aufkreuzen** *v/i.* (*sn*) *mar.* bear to windward; *fig.* turn up, appear (on the scene).

ˈ**aufkriegen** *v/t.* (*h.*) → *aufbekommen.*

ˈ**aufkündig|en** *v/t.* (*h.*) → *kündigen*; *j-m die Freundschaft ~* renounce a p.'s friendship, break with a p.; refuse (*obedience*); *econ.* call in, foreclose (*mortgage*); recall (*capital*); cancel (*a purchase*); give notice of termination of, revoke (*contract*); **2ung** *f* warning, notice; recall(ing); termination, revocation.

ˈ**auflachen** *v/i.* (*h.*) burst out laughing, give a laugh.

ˈ**auflad|en** *v/t.* (*irr.*, *h.*) load, lade; *mot.* boost, supercharge; *el.* charge, *wieder ~* recharge; *fig. j-m et. ~* burden (*or* charge) a. p. with a th.; *sich et. ~* saddle o.s. with a th.; **2er** *m* (*-s*; -) loader, packer; *mot.* (*a.* **2e-gebläse** *n*) supercharger, *Am.* booster.

ˈ**Auflage** *f* imposition, levy; tax, duty; direction, instruction; condition; (*official*) order, injunction; *of a book*: **a)** edition, **b)** number of copies, **c)** reprint; *of newspaper*: circulation; *tech.* support, rest, seat; lining; coat(ing); layer; *shooting*: rest; **~fläche** *f* bearing (*or* contact) surface; **~r** *tech. n* support, bearing, seat; **~ziffer** *f* circulation, issue, run (*of newspaper*).

ˈ**auflass|en** *v/t.* (*irr.*, *h.*) leave open; *jur.* convey, cede (*real estate*); abandon (*a pit*); send up (*a balloon*); **2ung** *f* (-; *-en*) *jur.* conveyance.

ˈ**auflauern** *v/i.* (*h.*): *j-m ~* waylay (*a. w.s. or humor.*) *or* (lie in) wait for a p.

ˈ**Auflauf** *f* (*jur.* unlawful) assembly, crowd; tumult, commotion, riot; *food*: soufflé; **~bremse** *mot. f* overrunning brake; **2en I.** *v/i.* (*irr.*, *sn*) rise, swell; *money*: accumulate, *a. bill*: run up, mount up; *interest, etc.*: accrue, accumulate; *mar.* run aground; **II.** *v/t.* (*irr.*, *h.*) *sich die Füße ~* get footsore.

ˈ**aufleben** *v/i.* (*sn*): (*wieder*) *~* (*lassen*) revive (*a. rights*); come to life again; ˈ**Aufleben** *n* (*h.*) revival.

ˈ**auflecken** *v/t.* (*h.*) lick (*or* lap) up.

ˈ**aufleg|en** *v/t.* (*h.*) lay, put (*auf acc.* on); put on (*coal, etc.*); *teleph.* restore (the receiver), hang up (*a. v/i.*); lay, spread (*the table-cloth*); apply (*a plaster, etc.*); lay on (*paint*); publish, print (*books*); *wieder ~* reprint, republish; lay out (*magazins, etc.*); lay up (*goods*), display (for sale); lay up (*a ship*); impose (*a burden*) (*j-m* on a p.); inflict (*a penalty*); *econ.* bring out (*an issue*); (*zur Zeichnung*) *~* invite subscriptions for (*a loan*), offer for subscription; *sich ~* lean (*auf acc.* on); → *aufgelegt*; **2ung** *f* (-; *-en*) imposition; infliction.

ˈ**auflehn|en** *v/t., a. sich ~* (*h.*) lean (*or* rest) (*auf acc.* on); *fig. sich ~* (*gegen*) rebel, revolt, *colloq.* kick (against); oppose; **2ung** *f* (-; *-en*) rebellion, revolt, mutiny; opposition, resistance.

ˈ**aufleimen** *v/t.* (*h.*) glue (*auf acc.* on to).

ˈ**auflesen** *v/t.* (*irr.*, *h.*) gather, pick up (*a. colloq. fig.*).

ˈ**aufleuchten** *v/i.* (*h.*) flash (*or* light) up.

ˈ**aufliegen I.** *v/i.* (*irr.*, *h.*) lie *or* rest (*auf dat.* upon); weigh (on); be laid out (*zu* for *inspection*); *goods*: be exposed (for sale); *zur Zeichnung ~* be offered for subscription; **II.** *v/t. sich ~* (*irr.*, *h.*) get bedsore.

ˈ**auflockern** *v/t., a. sich* (*h.*) loosen; *agr.* break (up), loosen (*soil*); *mil.* disperse (*a. industrial centres*); *tech.* disaggregate; aerate; *sports*: limber up; *fig.* loosen up (*a p.*); relax, slacken; *aufgelockerte Bebauung* low-density housing.

ˈ**auflodern** *v/i.* (*sn*) (*a. fig.*) blaze (*or* flare, flame) up.

ˈ**auflös|bar** *adj.* (dis)solvable; *chem.* soluble; **~en** *v/t.* (*h.*) loosen, untie; disentangle, unravel; *chem.* (*a. sich ~*) **a)** dissolve, melt, **b)** disintegrate, resolve, break up, **c)** decompose; solve (*equation, parenthesis, riddle, task*); *chem., gr.* analyse; *math.* reduce (*fractions*); sever, break up (*relations*); dissolve (*club, marriage, parliament, etc.*); cancel, annul (*contract*); liquidate, wind up (*a company*); dissolve, break up (*a meeting*); disband (*an organization, troops, etc.*), *Am. mil.* phase out; → *aufgelöst, Träne, Wohlgefallen.*

ˈ**Auflösung** *f* loosening; disentanglement; solution (*a. chem., math.*); *of a novel, etc.*: denouement; decomposition, disintegration; *chem.* analysis; *mus.* resolution; *med.* break-up, final stage; death, decease; dissolution (*of a marriage, Parliament, etc.*); disintegration (*a. fig.*); *econ.* liquidation, winding-up; closing (*of accounts*); *mil.* disbandment, *Am.* phase-out; severance (*of relations*); annulment, cancellation (*of contract*); *in der ~ begriffen* in the process of disintegration; *phot. Aufnahmen mit großer ~* photographs faithful to minute details; **~smittel** *n* (dis)solvent; **~svermögen** *n* (*-s*) *chem.* solvent power; *opt.* resolving power; *phot.* acuity of image; *film*: fineness of grain; **~s-zeichen** *mus. n* natural.

ˈ**auflöten** *v/t.* (*h.*) solder on; unsolder.

ˈ**aufmach|en** *v/t.* (*h.*) open; *die Augen ~* watch out; *die Ohren ~* listen attentively, prick one's ears; unlock; answer *the door*; get up, raise (*steam*); uncork (*a bottle*); undo (*dress, knot*); undo, unpack (*parcel*); put up (*curtain, umbrella*); unlace; unbutton, unfasten; make up, get up, pack attractively; open, set up, establish (*a business*); draw up, make out (*a bill*); *sich ~ wind*: rise, *person*: (*nach acc.*) set out, start (for), make (for); **2ung** *f* (-; -en) make-up, (*a. of book, newspaper*) get-up; *of a page*: layout, make-up; *w.s.* style, presentation; *fig.* display, window-dressing, splash; *et. in großer ~ herausbringen* feature, highlight.

'Aufmarsch *m* marching-up; line--up; *mil.* **a**) initial assembly, (strategic) concentration, **b**) deployment; parade, march-past; **~bewegung** *f* assembly (*or* concentration) movement; **~gebiet** *mil. n* concentration (*or* marshalling) area; deployment zone.

'aufmarsch|ieren *v/i.* (*sn*) draw (*or* march, form) up; *mil.* assemble, *tactically*: deploy (*a. v/t. ~ lassen*); **2plan** *m* operational plan.

'aufmerk|en *v/i.* (*h.*) attend, pay attention (*auf acc.* to); → *aufhorchen*; **~sam** *adj.* attentive (*auf acc.* to); watchful, vigilant; keen; *fig.* obliging, courteous, kind (*gegen acc.* to); *j-n ~ machen auf* call (*or* draw) a p.'s attention to, point *a th.* out to a p.; *~ werden auf* become aware of (*or* alert to), notice; *~ verfolgen* follow closely; *~ zuhören* be all ears; **2samkeit** *f* (-) attention, attentiveness; watchfulness, alertness, vigilance; (-; -en) courtesy, civility, kindness; **e-e** *kleine ~* a small token (*or* gift), a little attention; *~ erregen* attract attention; *s-e ~ richten auf* (*acc.*) direct one's attention to; *~ schenken* (*dat.*) pay attention (to *a p. or th.*); *er überschüttete sie mit ~en* he showered her with his attentions.

aufmöbeln ['aʊfmø:bəln] *colloq.* (*h.*) buoy (*or* ginger) up, *Am. sl.* pep up.

aufmunter|n ['aʊfmuntərn] *v/t.* (*h.*) rouse; *fig. a.* encourage, reassure, buoy up, *Am. sl.* pep up; cheer up; animate; **2ung** *f* (-; -en) encouragement, uplift.

'aufnageln *v/t.* (*h.*) nail down (*auf acc.* on).

'aufnäh|en *v/t.* (*h.*) sew (*auf acc.* on); tuck; **2er** (-s; -) tuck.

Aufnahme ['aʊfna:mə] *f* (-) taking up, lifting up; absorption (*a. fig. econ. of the market, of supply*), uptake; *physiol. or fig.* assimilation; accommodation (*of guests, etc.*); starting, initiation; assumption (*of activity*); integration (*in dat.* within), incorporation (into), inclusion (into); reception; admission, admittance; enrol(l)ment, registration; listing, entry; *econ.* raising, floatation (*of a loan*); assessment (*of damage*); contraction (*of debts*); establishing (*relations*); stock-taking, inventory; taking up (*of capital*), borrowing, loan; intake (*of food, etc.*); drawing up (*of minutes, etc.*), record(ing); (-; -n) *film*: **a**) shooting, **b**) shot; *phot.* **a**) taking (*or* shooting) (*a picture*), **b**) photo(graph), picture, shot; snapshot; recording (*of gramophone record*); reception, (*intellectual*) grasp; *geogr.* mapping-out; (*topographical*) survey, plotting; *el.* input; *j-m e-e freundliche ~ bereiten* receive a p. kindly; *~ finden* be admitted (*bei dat.* to, into); *fig.* e-e *herzliche* (*kühle*) *~ finden* meet with a warm (cool) reception (*bei* from); e-e *~ machen phot.* take a picture, *film*: take a shot, *gramophone disc, etc.*: make a recording; *film*: Achtung, *~!* Action!, camera!; **~atelier** *n* (film) studio; **~bedingungen** *f/pl.* terms of admission; **2fähig** *adj.* capacious; *chem.* absorbable; *fig.* receptive (*für* of); *econ.* active (*market*); **~fähigkeit** *f* capacity (of absorption, *a. econ.*); (*intellectual*) receptivity; **~gebühr** *f* admission (*Am.* initiation) fee; **~gerät** *n sound*: recording equipment, recorder; *phot.* camera; *film*: pickup unit; *surv.* surveying apparatus; **~leiter** *m film*: production manager; *radio*: recording manager; **~objektiv** *n* photographic field lens; **~prüfung** *f* entrance examination; **~raum** *m*, **~studio** *n* studio; **~vermögen** *n* (-s) (absorption) capacity; (*intellectual*) receptivity; **~wagen** *m* recording van, *Am.* pickup truck.

'aufnehmen *v/t.* (*irr., h.*) take up (*a. a mesh*), lift up, raise; pick up; (*a. in sich ~*) absorb (*a. intellectually*; *a. econ. market*), assimilate, take up; *intellectually*: take in; grasp, comprehend, make *a th.* one's own; receive; *fig. a.* welcome; accept; accommodate, shelter; hold, contain, carry; store; include (*in acc.* into), integrate (within), incorporate (in), embody (in); insert (*a clause*); list, enter; *in e-n Verein, etc.*: admit to (*club*), enrol(l); catalogue; *Inventar*: make *an inventory*, take *stock*; *Schaden*: assess *damages*; take up, start (*den Betrieb* operation), enter into (*Verhandlungen* negotiations); *Beziehungen*: establish (*relations*); → *Verbindung*; *et. wieder ~* resume; borrow (*money*); raise, float (*a loan*); raise (*a mortgage*); take up (*capital*); contract (*debts*); hono(u)r (*bill of exchange*); take (down) (*dictation, etc.*), *das Protokoll*: draw up *the minutes*, record; *geogr.* map out; survey; photograph; shoot, take (*j-n* a p.'s picture), take pictures of; shoot (*a film*), photograph (*details, scene*); record (*music, disk*); copy (*telegram*); e-e *Spur ~* follow a trail, pick up the scent; *fig. es mit j-m ~* be able to cope with (*or* be a match for) a p.; *gut ~* take *a th.* well, take in good part; et. *übel ~* take a th. ill (*or* amiss).

'aufnotieren *v/t.* (*h.*) note (down).

aufoktroyieren ['aʊf'ɔktroa'ji:rən] *v/t.* (*h.*) force upon, impose on (from above).

'auf-opfer|n *v/t.* (*h.*) (*für or dat.*) sacrifice (to); **~nd** *adj.* sacrificing, devoted; **2ung** *f* (self-) sacrifice; devotion.

'aufpacken *v/t.* (*h.*) pack up, load (*auf acc.* on); *j-m et. ~* load a p. with a th.; → *aufbürden*; unpack, undo.

'aufpäppeln *v/t.* (*h.*) bring up by hand; (*a. fig.*) spoon-feed.

'aufpass|en I. *v/i.* (*h.*) *~ auf* (*acc.*) attend to, take care of, look after, mind; watch; be attentive, be all ears, pay attention; look (*Am.* watch) out, be on one's guard, be on the alert; *aufgepaßt!, paßt auf!* attention!, look (*Am.* watch) out!; *colloq. paß* (*mal*) *auf!* look (*Am.* see) here!, listen!; **II.** *v/t.* (*h.*) adapt, fit on; **2er(in** *f*) *m* (-s; -; -; -nen) watcher, overseer, watch-dog; spy.

'aufpeitschen *v/t.* (*h.*) whip up (*the heart, etc.*); stimulate (*the nerves*); lash *a p.* into a fury; *by drugs, a. w.s.* stimulate, rouse, fire; arouse, whip up (*passions*), *pol.* foment, agitate.

'aufpflanzen *v/t.* (*h.*) set up; *mil.* fix (*the bayonet*); *sich vor j-m ~* plant o.s. before a p.

'aufpfropfen *v/t.* (*h.*) graft (*auf acc.* on).

'aufpicken *v/t.* (*h.*) pick up.

'aufplatzen *v/i.* (*sn*) burst (open), crack.

aufplustern ['aʊfplu:stərn] *v/t.*: *sich ~* (*h.*) *bird*: ruffle one's feathers; *fig.* puff o.s. up.

'aufpolieren *v/t.* (*h.*) polish up (*a. colloq. fig.*), refurbish, refinish.

'aufpräg|en *v/t.* (*h.*) impress, stamp (*auf acc.* on); **2ung** *f* impress, embossing.

'Aufprall *m* bound; impact; **2en** *v/i.* (*sn*) bounce, (re)bound (*auf acc.* against); *auf den Boden ~* strike the ground; *~ lassen* bounce.

'Aufpreis *econ. m* additional price, surcharge, premium.

'aufprobieren *v/t.* (*h.*) try on.

aufpulvern ['aʊfpulfərn] *colloq. v/t.* (*h.*) ginger (*or* pep) up.

'aufpumpen *v/t.* (*h.*) pump up; blow up, inflate (*tyres*).

'aufputschen *v/t.* (*h.*) incite; *sl.* pep up.

'Aufputz *m* finery, attire, *colloq.* get-up; **2en** *v/t.* (*h.*) dress up, deck out, smarten up; clean (*or* mop) up.

'aufquellen I. *v/i.* (*irr., sn*) well (*or* bubble) up; swell up, rise; **II.** *v/t.* (*irr., h.*) soak, steep.

'aufraffen *v/t.* (*h.*) snatch up; *sich ~* struggle to one's feet; *fig.* rouse (*or* brace) o.s., pull o.s. together (*zu* for); recover, rally; *ich konnte mich nicht dazu ~* I couldn't bring myself to do it.

'aufragen *v/i.* (*h.*) rise (on high), loom (up), tower (up), jut.

'aufrauhen *tech. v/t.* (*h.*) roughen, buff; nap (*cloth*); card (*wool*).

'aufräum|en *v/t. and v/i.* (*h.*) remove, clear away; put in order; tidy up, *Am.* straighten up (*a room*); *fig. mit et. ~* do away with, make a clean sweep of; *~ unter* (*dat.*) decimate, play havoc among *the population*; *mil.* mop up; → *aufgeräumt*; **2ung** *f* removal, clearing-up; *mil.* mopping-up (operation); **2ungsarbeiten** *f/pl.* clearance; salvage work.

'aufrechn|en *v/t. and v/i.* (*h.*) reckon (*or* count) up; charge, credit (*gegen* against); balance, square, settle; set off (*Am.* offset) (*gegen* against); *jur.* compensate; **2ung** *f* balancing, squaring; *jur.* compensation.

'aufrecht *adj. and adv.* upright, erect; *~ sitzen* sit up; *~ stehen* stand erect; *fig.* upright, trustworthy; **~(er)halten** *v/t.* (*irr., h.*) hold upright; *fig.* maintain; adhere to; uphold, sustain (*a doctrine, custom, judgment*); 𝔖(**er**)**haltung** *f* (-) maintenance; support; ~**stehend** *adj.* upright.

'**aufreg|en** *v/t.* (*h.*) excite, agitate; stir up; alarm, disturb, worry; irritate, exasperate; *sich* ~ *über* (*acc.*) get excited (*or* alarmed, upset) about, get all worked up about; *reg dich nicht auf!* don't get excited!, take it easy!; ~**end** *adj.* stirring, exciting, thrilling, hair-raising; 𝔖**ung** *f* excitement, agitation; irritation; fuss.

'**aufreiben** *v/t.* (*irr., h.*) rub off; *med.* rub sore (*or* open), gall, chafe; *tech.* ream out, broach; wear away; *mil.* annihilate, wipe out; *fig.* exhaust, wear out; (*sich*) ~ wear (o.s.) out; worry (o.s.) to death; ~**d** *adj.* exhausting, harassing, trying.

'**aufreihen** *v/t.* (*h.*) string, thread (*auf acc.* on).

'**aufreißen I.** *v/t.* (*irr., h.*) rip (*or* tear) up *or* open; wrench (*or* fling) open (*the door*); open *one's eyes* wide; gap; **II.** *v/i.* (*irr., sn*) split, open, burst, crack; *skin*: chap.

'**aufreiz|en** *v/t.* (*h.*) incite, provoke, stir up, instigate, *colloq.* egg on; ~**end** *adj.* provocative; inflammatory (*speech, etc.*); 𝔖**ung** *f* incitement, provocation, instigation.

'**aufrichten** *v/t.* (*h.*) raise, set up, erect; help (*or* lift) up; *mar.* right; *aer.* **a**) pull out (*from a dive*), **b**) level off (*before landing*); establish, found; *fig.* comfort, console; *sich* ~ arise, stand up; straigthen o.s.; *in bed*: sit up; *sich an j-m* ~ take heart from a p.('s words).

'**aufrichtig** *adj.* sincere (*a. regret, etc.*); candid, frank; honest, upright; 𝔖**keit** *f* sincerity, cando(u)r, frankness; honesty, uprightness.

'**aufriegeln** *v/t.* (*h.*) unbar, unbolt, open.

'**Aufriß** *m* draught (*Am.* draft), layout; sketch; *arch.* **a**) elevation, **b**) front elevation (*or* view); *math.* vertical section.

'**aufritzen** *v/t.* (*h.*) slit (*or* rip) open; scratch open.

'**aufrollen** *v/t., v/i. a. sich* ~ (*h.*) roll (*or* coil) up; reel in; curl (*hair*); *mil.* roll up; turn the (*enemy's*) flank; unroll, unfurl (*a flag, etc.*; *a. fig.*).

'**aufrücken** *v/i.* (*sn*) move up, advance (*a. fig.*); *sports*: close in, gain ground; *mil.* close the ranks; *in rank*: be promoted, rise.

'**Aufruf** *m* call, summons; call-up; *of government*: proclamation; *for assistance*: appeal; *e-n* ~ *erlassen* (make an) appeal (*an acc.* to); *of bank-notes*: withdrawal (from circulation); 𝔖**en** *v/t.* (*irr., h.*) call up (*a. mil. an age-grade*); give public notice; call over (*names*); call in (*bank-notes*); *zur Einzahlung auf Aktien* ~ make a call on shares (*Am.* stock); *fig. j-n* ~ *zu inf.* call upon a p. to *inf.*; *zum Streik* ~ call a strike.

Aufruhr ['aufru:r] *m* (-[e]s; -e) rebellion, revolt, sedition, insurrection; mutiny; riot (*a. jur.*), tumult, unrest; *a. fig.* uproar; ~**stifter** *m* agitator, rabble-rouser.

'**aufrühren** *v/t.* (*h.*) stir up, rouse; *fig.* rake up (*old stories*); revive (*memories*); stir, inflame (*passions*).

Aufrührer ['aufry:rər] *m* (-*s*; -), ~**in** *f* (-; -*nen*) rebel, insurgent, mutineer; *pol.* agitator, fomenter; 𝔖**isch** *adj.* rebellious, insurgent, mutinous; seditious, inflammatory (*speeches, etc.*).

'**aufrunden** *v/t.* (*h.*) round off.

'**aufrüst|en** *v/t. and v/i.* (*h.*) *mil.* (re)arm; *tech.* assemble; 𝔖**ung** *f* (re)armament. '**aufrütteln** *v/t.* (*h.*) shake up; *fig. a.* shake into action; rouse (*from sleep, inaction, etc.*).

'**aufsagen** *v/t.* (*h.*) say, repeat; recite; → *aufkündigen.*

'**aufsammeln** *v/t.* (*h.*) gather (up), pick up, collect.

aufsässig ['aufzɛsiç] *adj.* restive; rebellious; refractory, wayward.

'**Aufsatz** *m* treatise, essay; *ped.* composition, paper; (newspaper) article; headpiece, top; *of table*: centre- (*Am.* center)piece, epergne; *tech.* fixture, attachment; *artillery*: quadrant elevation; ~**fernrohr** *n* telescopic sight; ~**thema** *n* subject (for an essay), theme.

'**aufsaug|en** *v/t.* (*h.*) suck up (*or* in), aspirate; *chem.* (*a. fig.*) absorb; ~**end** *adj.* absorbent; 𝔖**ung** *f* (-) absorption.

'**auf|scharren** *v/t.* (*h.*) scrape up; ~**schauen** *v/i.* (*h.*) look up (*zu* to; *a. fig.*); glance up; ~**schäumen** *v/i.* (*sn*) foam up, froth, effervesce; ~**scheuchen** *v/t.* (*h.*) scare, frighten (up); *hunt.* startle, scare away; ~**scheuern** *v/t.* (*h.*) scour, scrub; *med.* rub (*sich* o.s.) sore, chafe (*the skin*).

'**aufschicht|en** *v/t.* (*h.*) stack (*or* pile) up, staple; arrange in layers; *geol.* stratify; 𝔖**ung** *geol. f* stratification.

'**aufschieben** *v/t.* (*irr., h.*) push (*or* shove) open; *fig.* put off; defer, postpone; delay; adjourn; *es läßt sich nicht* ~ it brooks no delay; ~**d** *jur. adj.* suspensive.

'**aufschießen** *v/i.* (*irr., sn*) *bot.* shoot up, sprout; *flame*: leap (*or* blaze) up; *fig.* rise, spring up; grow up rapidly, grow tall; *hoch aufgeschossen* lanky, tall, gangling.

'**Aufschlag** *m on sleeve*: cuff; *mil.* facing; *on trousers*: turn-up; *on jacket*: lapel, facing, revers; striking; *of a bomb, etc.*: impact; (*noise*; *a. aer.*) crash; *econ.* **a**) advance, rise, **b**) additional (*or* extra) charge, **c**) premium, **d**) surtax, additional duty; *tennis*: (*a.* ~**ball** *m*) service, serve; 𝔖**en I.** *v/i.* (*irr., sn*) hit, strike; *aer.* strike ground, crash; *dumpf* ~ thud; *flames*: leap (*or* blaze) up; *tennis*: serve; *goods*: rise, go up (in price); **II.** *v/t.* (*irr., h*). break open; crack (*an egg*); turn up (*sleeves, etc.*); open (*one's eyes*); raise, cast up (*one's eyes*); set (*or* put) up (*the bed*); open (*a book*); erect, put up (*a scaffold*); bruise (*one's knee, etc.*); charge (*costs*); increase, raise (*prices*); take up (*one's residence*), make (*one's home*); pitch (*camp, tent*); *sein Hauptquartier* ~ *in* (*dat.*) make one's headquarters at; *sich den Kopf, etc.* ~ bruise one's head, *etc.*; ~**spiel** *n* service game; ~**ventil** *n* kickoff valve; ~**zünder** *m* percussion (*or* impact) fuse.

'**aufschließen I.** *v/t.* (*irr., h.*) unlock, open; *chem.* disintegrate, break up; *a. mining*: develop (*an area*); *econ.* open up, develop (*markets*); *fig. sich* ~ open (*or* pour out) one's heart, unbosom o.s. (*dat.* to); **II.** *v/i.* (*irr., sn*) *mil.* close (the) ranks; join up (*with a unit*).

'**aufschlitzen** *v/t.* (*h.*) slit, rip up *or* open.

'**aufschluchzen** *v/i.* (*h.*) (give a loud) sob.

'**Aufschluß** *m fig.* explanation, information, data *pl.* (*über acc.* about); ~ *geben über* (*acc.*) give information about, explain *a th.*; *chem.* disintegration; *geol.* exposure; *mining*: open lode, outcrop; 𝔖**reich** *adj.* informative, instructive; *w.s.* revealing, illuminating, tell-tale.

'**aufschlüsseln** *v/t.* (*h.*) subdivide, break down; distribute *costs* (in a fixed ratio), allocate.

'**aufschmieren** *v/t.* (*h.*) smear *or* spread (*auf acc.* on).

'**aufschnallen** *v/t.* (*h.*) buckle *or* strap on (*auf acc.* to); unbuckle, unstrap.

'**aufschnappen I.** *v/t.* (*h.*) snap up, snatch; *fig.* pick up; **II.** *v/i.* (*sn*) spring open.

'**aufschneid|en I.** *v/t.* (*irr., h.*) cut up (*or* open); cut up, carve (*meat*); slice; cut the leaves of *a book*; *med.* lance; **II.** *v/i.* (*irr., h.*) boast, brag, show off; exaggerate, talk big; 𝔖**er** *m* braggart, boaster, show-off; 𝔖**e'rei** *f* bragging, boast(ing), exaggeration, tall talk; ~**erisch** *adj.* boastful, exaggerated.

aufschnellen *v/i.* (*sn*) bound up.

'**Aufschnitt** *m* (-[e]s) cut; *kalter* ~ (slices *pl.* of) cold meat, *Am.* cold cuts *pl.*

'**aufschnüren** *v/t.* (*h.*) lace, tie (*auf acc.* on); untie; unlace (*shoes*); undo (*knots*).

'**aufschrauben** *v/t.* (*h.*) screw on (*auf acc.* to); unscrew.

'**aufschrecken I.** *v/t.* (*h.*) startle, frighten up; rouse (*aus* from); **II.** *v/i.* (*sn*) start (up), jump.

'**Aufschrei** *m* cry, yell; scream, shriek; *fig.* outcry.

'**aufschreiben** *v/t.* (*irr., h.*) write (*or* take) down, record; make a note of, note *or* jot down; *at games*: score; *econ.* **a**) put to a p.'s account, **b**) book, enter; *j-n polizeilich* ~ take a p.'s name.

'**aufschreien** *v/i.* (*irr., h.*) cry out, give a yell; scream, shriek, screech.

'**Aufschrift** *f* inscription, legend; *on letter*: address, direction; *on bottle, etc.*: label, ticket; heading.

'**Aufschub** *m* deferment; delay; postponement; adjournment; *jur.* stay (*of execution*), arrest (*of judgment*), reprieve (*of death sentence*); *econ.* respite, grace; *e-n* ~ *bewilligen* allow (*od.* grant) respite; *ohne* ~ without delay; *die Sache duldet keinen* ~ the matter is urgent (*or* brooks no delay).

'**aufschürfen** *v/t.* (*h.*) graze, abrade (*one's skin*); bark, skin (*one's knee*).

'**aufschütteln** *v/t.* (*h.*) shake up.

'**aufschütt|en** *v/t.* (*h.*) heap up;

pour on; store up; charge, fill, feed; throw up, raise (*a dam*); deposit (*earth*); coat *a road* (with broken stones); **2ung** *f* (-; -en) *geol.* accumulation, deposit; storage; embankment, barrier.

'aufschwatzen *colloq. v/t.* (*h.*): *j-m et.* ~ talk a p. into buying a th.; palm off a th. on a p.

'aufschwellen *v/i.* (*irr., sn*) swell (up).

'aufschwemmen *v/t.* (*h.*) bloat.

'aufschwingen *v/t.*: *sich* ~ (*irr., h.*) swing o.s. up; *birds*: soar (up); *fig.* make one's way; *sich zu et.* ~ brace o.s. up for a th., bring o.s. to do a th.

'Aufschwung *m gym.* upward circle, swing-up; *fig.* impetus, stimulus; improvement, recovery; progress, rise, advance; *esp. econ.* boom, *Am. a.* upswing; elevation, uplift (*of soul*); *e-n neuen* ~ *nehmen* receive a fresh impetus, revive; *econ.* be booming; *neuen* ~ *verleihen* give a fresh impetus (*dat.* to).

'aufsehen *v/i.* (*irr., h.*) look up; → *aufblicken*; 2 *n* sensation, stir; ~ *erregen* cause (*or* create) a sensation, make a stir; *um* ~ *zu vermeiden* to avoid notice; **~erregend** *adj.* startling, sensational.

'Aufseher(in *f*) *m factory, etc.*: overseer, foreman; *public service, etc.*: supervisor, inspector; *museum, park, etc.*: guardian; *parking-place*: attendant; *department store*: shopwalker, *Am.* floorwalker.

'aufsein *v/i.* (*irr., sn*) be up; be open.

'aufsetzen I. *v/t.* (*h.*) set (*or* pile) up; put on (*hat, kettle, patch, etc.*); draw up (*in writing*), compose, word; draft (*document, telegram*); → *abfassen*; *tech.* attach, mount; superimpose; *aufgesetzte Taschen pl.* patch pockets; *fig. ein Gesicht* ~ make (*or* pull) a face; *s-n Kopf* ~ be obstinate, remain adamant; → *Horn*; **II.** *v/i.* (*h.*) *aer.* touch down; *sich* ~ sit up.

'aufseufzen *v/i.* (*h.*): (*tief*) ~ heave a (deep) sigh.

'Aufsicht *f* (-; -en) supervision, inspection, control; superintendence; (police) surveillance; *jur.* guardianship, tutorage; care, custody; *tech.* top plan view; *die* ~ *führen über* (*acc.*) superintend, be in charge of; *unter* ~ *stehen* be under supervision, *by police*: under surveillance, *prisoner*: be in custody, *mental patient*: be under restraint; **2führend** *adj.* superintending, control(l)ing; **~s-be-amte(r)** *m* supervisor, inspector; **~sbehörde, ~s-instanz** *f*, **~s-organ** *n* supervisory authority, board of control; **~sdame** *f*, **~s-herr** *m econ.* shop-(*Am.* floor)walker; **~s-personal** *n* superintending staff; **~srat** *econ. m* (-[e]s; ¨e) supervisory board (*of German-type corporation*); **~sratsmitglied** *n* member of the supervisory board; **~sratsvorsitzender** *m* chairman (of the supervisory board).

'aufsitzen *v/i.* (*irr., sn, h.*) sit (*auf dat.* on); *at night*: sit up; get on horseback, mount; ~!, *aufgesessen!* mount!; *tech.* rest, be seated; *mil. das Ziel* ~ *lassen* aim at the bottom edge of the target; *fig. colloq.* be dished, be taken in; *j-n* ~ *lassen* leave a p. in the lurch.

'aufspalt|en *v/t. or sich* ~ (*h.*) split, cleave, break up; *chem.* disintegrate; **2ung** *f* splitting, split-up, division; dispersion; *biol.* fission (*of cell*); *chem.* disintegration.

'aufspann|en *v/t.* (*h.*) stretch; mount (*map, etc.*); *tech.* fix, clamp (*the work*); put on (*strings*); put up, open (*umbrella*); spread (*sail*); pitch (*tent*); **2vorrichtung** *f* clamping device, jig.

'aufsparen *v/t.* (*h.*) save, put *or* lay by (*zu, für* for); (keep in) reserve; *fig.* reserve.

'aufspeicher|n *v/t.* (*h.*) store up (*a. fig.*); *a.* warehouse; hoard; *el.* store, accumulate; **2ung** *f* storage (*of electricity*); accumulation (*of energy*); impounding (*of water*).

'aufsperren *v/t.* (*h.*) unlock; open (wide); *fig.* → *Mund.*

'aufspielen *v/t. and v/i.* (*h.*) strike up; *zum Tanz*: play (to the dance); *sports*: (*ganz groß*) ~ give a demonstration (of); *sich* ~ give o.s. (*or* put on) airs, show off; *sich* ~ *als* pose as, set up for.

'aufspießen *v/t.* (*h.*) spit; pierce; gore; impale; run through, spear.

'aufsprengen *v/t.* (*h.*) burst (*or* force) open; blow up.

'aufspringen *v/i.* (*irr., sn*) jump up, leap up, bound up, spring to one's feet; *ski jump, etc.*: land; *auf e-n Zug* ~ jump (on) a train; *ball*: bounce, rebound; *hands*: chap; *buds*: burst; *lips, varnish, etc.*: crack; *door*: fly (*or* burst) open.

'aufspritzen I. *v/t.* (*h.*) spray (on), squirt on; **II.** *v/i.* (*sn*) splash up.

'aufsprudeln *v/i.* (*sn*) bubble up.

'Aufsprung *m* bounce; *sports*: landing; **~bahn** *f* landing slope.

'aufspulen *v/t.* (*h.*) wind, spool, reel (up; *auf acc.* onto).

'aufspüren *v/t.* (*h.*) hunt up (*or* out), track down, trace (out), ferret out.

'aufstacheln *v/t.* (*h.*) goad (*a. fig.*); *fig.* spur (on), incite, stimulate; rouse (*passions*); *b.s.* instigate.

'aufstampfen *v/i.* (*h.*) stamp one's foot (*or* feet); *tech.* tamp down.

'Aufstand *m* revolt, rebellion, insurrection, uprising; mutiny.

aufständisch ['aufʃtɛndiʃ] *adj.* rebellious, insurgent; **2e(r** *m*) *f* (-n; -n; -en; -en) rebel, insurgent.

'aufstapeln *v/t.* (*h.*) pile (*or* stack, heap) up; *econ.* store (up).

'aufstäuben *v/t.* (*h.*) dust, spray, atomize (*auf acc.* on).

'aufstechen *v/t.* (*irr., h.*) pierce, prick open, puncture; lance (*a boil*).

'aufsteck|en *v/t.* (*h.*) put (*or* stick) up; fix; pin up; put (*or* do) up (*curtains, one's hair*); *tech.* attach, slip on; → *Licht*; *colloq.* chuck up, (*a. v/i.*) give up, throw up the sponge; **2kamm** *m* dressing-comb; **2kappe** *tech. f* slip-on cap; **2rohr** *n* extension tube.

'aufstehen *v/i.* (*irr., sn, h.*) stand *or* be open; *door*: (*a. halb* ~) be ajar; rise, get up (*a. from bed*); *a.* rise to one's feet, stand up; *von e-r Krankheit*: recover (from *an illness*); rise (in arms), revolt.

'aufsteigen *v/i.* (*irr., sn*) go up, rise; *alpinist, balloon*: ascend; *aer.* take off, take the air; climb; *rider*: mount; *bird*: soar; *fig. menace, etc.*: loom; *feeling*: well up; *storm*: come up; *sports*: go up (into higher league); *ein Gedanke stieg in mir auf* a thought struck (*or* occured to) me; *ein Verdacht stieg in mir auf* I had a suspicion.

'aufstell|en *v/t.* (*h.*) set up, put up; *mil.* range, draw up; line up; organize (*a unit*); emplace (*a gun*); post, station (*guards*); erect (*buildings*); set (*a trap*); raise (*a ladder*); set up, assemble, install (*a machine*); park (*cars*); expose, display (*goods*); *fig.* make (*an assertion*); set (*an example*); make up, prepare (*balance-sheet*); lay down (*a principle*): nominate (*candidate*); specify, *Am.* itemize (*costs, etc.*); propound, advance (*theories, etc.*); make out, prepare (*a list*); make out *od.* up (*a bill*); state; establish, set (up) (*a record*); appoint (*an arbiter*); organize, raise (*armed forces*); establish (*a system*); compile (*a table, etc.*); *sports*: nominate, put *a player* on *the team*; compose (*a team*); produce (*witnesses*) *sich* ~ take one's stand, station (*od.* place) o.s., *mil.* form up, fall in (line); *sich* ~ *lassen* für *e-n Sitz im Parlament*: stand for (*Parliament*), *Am.* run for (*Congress*); **2ung** *f* setting up; *tech.* assembly, installation; *mil.* drawing up; alignment; arrangement, (*a. mil.*) formation, disposition; *sports*: team composition; list, schedule, statement; table, tabulation; survey; report; specification, *Am.* itemization; inventory; nomination; assertion (*of argument*); preparation (*of balance-sheet, etc.*).

'aufstemmen *v/t.* (*h.*) force (*or* prize) open; open with a chisel (*or* crowbar); *sich* ~ lean (up)on *a th.*

Aufstieg ['aufʃti:k] *m* (-[e]s; -e) ascent, *Am. mst.* ascension; *aer. a.* take-off; *fig.* rise; promotion; *sozialer* ~ advancement; **~smöglichkeit** *f* promotional opportunity.

'aufstöbern *v/t.* (*h.*) stir up; start, rouse (*game*); *fig.* hunt up, ferret out, unearth, discover.

'aufstocken I. *v/t.* (*h.*) *arch.* raise (*by one story or more*); **II.** *v/i.* (*h.*) *econ.* raise additional funds; increase; stockpile.

'aufstören *v/t.* (*h.*) stir up; disturb.

'aufstoßen I. *v/t.* (*irr., h.*) push open; (*sich*) *das Knie* ~ bruise one's knee; ~ *auf* (*acc.*) knock against; **II.** *v/i.* (*irr., sn*) ~ *auf* (*acc.*) knock *or* run against; *mar.* run aground; *food*: rise, repeat; *person*: belch; *fig. j-m* ~ occur to a p., come across a p.'s mind; → *sauer*; **'Aufstoßen** *n* (-s) belch(ing), eructation; *med. saures* ~ heart-burn.

'aufstreben *v/i.* (*sn*) rise, soar, tower up; *fig.* aspire (*zu* to).

'aufstreichen *v/t.* (*irr., h.*) lay (*or* brush, coat) on; *on bread*: spread.

'aufstreifen *v/t.* (*h.*) tuck (*or* turn) up (*sleeves, etc.*); slip on (*a ring, etc.*).

'aufstreuen *v/t.* (*h.*) strew *or* sprinkle (*auf acc.* upon).

ˈ**Aufstrich** *m writing*: upstroke; *mus.* up-bow; *on bread*: spread; *of colour*: coat, layer.

ˈ**aufstülpen** *v/t.* (*h.*) tuck (*or* turn) up (*sleeves, etc.*); *sich den Hut* ~ clap on one's hat; *tech.* slip on (*or* over); *aufgestülpte Nase* turned-up nose.

ˈ**aufstützen** *v/t.* (*h.*) (*auf acc.*) prop up (with), support (by); *sich* ~ lean (up)on; prop o.s. up.

ˈ**aufsuchen** *v/t.* (*h.*) seek out, search for, locate; *j-n* ~ go to see a p., call on a p., look up a p.; see, consult (*a doctor, etc.*); visit, go (*or* resort) to (*a place*); *in a book*: look up.

ˈ**auftakeln** *v/t.* (*h.*) *mar.* rig up; *colloq. fig. sich* ~ rig *or* tog o.s. up; *aufgetakelt* → *aufgedonnert*.

ˈ**Auftakt** *mus. m* upward beat, arsis (*a. poet*); *fig.* prelude (zu to).

ˈ**auftanken** *v/t. and v/i.* (*h.*) refuel.

ˈ**auftauchen** *v/i.* (*sn*) rise up, emerge; *U-boat*: surface; *fig.* appear suddenly, emerge, turn up; spring up, *colloq.* pop up; *question, etc.*: arise, crop up.

ˈ**auftauen** *v/i.* (*sn*) *and v/t.* (*h.*) thaw (*a. fig.*).

ˈ**aufteil|en** *v/t.* (*h.*) divide (up), split up, partition; distribute, apportion, *esp. land*: parcel out, allot; **2ung** *f* division, partition(ing); allotment; distribution.

auftischen [ˈaʊftiʃən] *v/t.* (*h.*) dish up (*a. fig.*), serve up; *j-m et.* ~ regale a p. with a th., treat a p. to a th.

Auftrag [ˈaʊftraːk] *m* (-[e]s; ⸚e) commission; charge; mission (*a. mil.*); task (*a. mil.*); errand; message; *jur.* contract of agency, mandate; *econ.* order, indent; *arch., etc.* contract; appointment; direction, instruction; *of paint*: application, laying on; *im* ~ (*i.A.*) on instruction, for, *adm.* by order; *im* ~ *von* by order (*or* on behalf) of; *im* ~ *und auf Rechnung von* by order and for account of; *in besonderem* ~ on a (special) mission; *e-n* ~ *ausführen* execute (*or* fill) an order; *e-n* ~ *erteilen* place an order (*dat.* with); *im* ~ *handeln von j-m* act on (*or* in) behalf of a p.; *in* ~ *geben* put in hand (*bei* with); order (from); **2en** [ˈ-gən] **I.** *v/t.* (*irr., h.*) serve (up), dish up (*food*); coat (*or* lay) on, apply (*paint*); *typ.* distribute, roll on; *surv.* plot, protract; wear out (*clothing*); *road building*: embank, fill; *j-m et.* ~ charge a p. with a th., instruct *or* direct a p. to do a th.; *er trug mir Grüße an dich auf* he asked me to give you his regards; **II.** *v/i.* (*irr., h.*) *fig. dick* ~ exaggerate, *sl.* lay it on thick.

ˈ**Auftrag...**: **~geber(in** *f*) *m* employer; orderer; customer, client; *jur.* mandator; *stock exchange*: principal; **~nehmer(in** *f*) *m* consignee; contractor, supplier; **~sbestand** *m* orders in hand, unfilled orders; **~sbestätigung** *f* confirmation of order; **~sbuch** *n* order-book; **~seingang** *m* orders received, incoming orders; **~s-erteilung** *f* placing of order; conferring of contract; *call for tenders*: award; **~sformular** *n* order form (*Am.* blank); **2sgemäß** *adv.* as ordered; **~srückstand** *m* backlog of orders; **~swalze** *typ. f* inking roller; **~szettel** *m* order slip.

ˈ**auftreff|en** *v/i.* (*irr., sn*) strike, hit, impinge (*auf acc.* on); **2punkt** *m* point of impact; **2winkel** *m* angle of incidence.

ˈ**auftreiben** *v/t.* (*irr., h.*) drive up; *game*: rouse, start; swell (*or* blow) up, distend; find, hunt (*or* dredge) up, get hold of; raise (*money*).

ˈ**auftrennen** *v/t.* (*h.*) rip (up *or* open); undo, unpick (*a seam*).

ˈ**auftreten I.** *v/i.* (*irr., sn*) step, tread (*auf acc.* on); appear (*a. thea. als* as); *thea., n.s.* enter; *zum ersten Mal* ~ make one's debut (*a. fig.*); *speaker, singer*: take the floor; *als Schriftsteller* ~ come forward as an author; act, proceed, behave; ~ *als* act as, *b.s.* pose as; *jur. als Kläger* ~ appear as plaintiff, bring an action; *als Zeuge* ~ appear as witness, *Am.* take the (witness-)stand; ~ *gegen* rise against, oppose; *energisch* ~ take a firm stand, put one's foot down; *fig.* occur, happen, arrive; *doubts, fears*: arise; *consequences*: result, ensue; *difficulties*: set in, be encountered; crop up; **II.** *v/t.* (*irr., h.*) kick open *a door, etc.*; ˈ**Auftreten** *n* (-*s*) appearance; occurrence, *a. of disease*: incidence; behavio(u)r, bearing; *sicheres* ~ aplomb; *thea.* performance; *erstes* ~ debut.

ˈ**Auftrieb** *m* driving of cattle to the Alpine pastures; *econ.* cattle-supply; *phys. and fig.* buoyancy; *aer.* (aerodynamic) lift; *fig.* impetus, stimulus, encouragement, tonic, *Am.* lift; *e-n* ~ *geben* (*dat.*) *a.* buoy up; *neuen* ~ *verleihen* give a fresh impetus.

ˈ**Auftritt** *m* step, foothold; *thea.* **a**) appearance, **b**) scene; *fig.* scene; *e-n* ~ *haben mit j-m* have a row with a p.; *j-m e-n* ~ *machen* make a p. a scene.

ˈ**auftrocknen** *v/t.* (*h.*) *and v/i.* (*sn*) dry up; mop up.

ˈ**auftrumpfen** *fig. v/i.* (*sn, h.*) put one's foot down.

ˈ**auftun** *v/t.* (*irr., h.*) open; *sich* ~ open (*a. fig.*), *flower*: expand, *abyss*: yawn; *colloq. club, etc.*: form, get started.

ˈ**auftupfen** *v/t.* (*h.*) mop up, dab up.

ˈ**auftürmen** *v/t.* (*h.*) heap (*or* pile) up; *sich* ~ tower (*or* loom) up; accumulate, mount (up).

ˈ**aufwachen** *v/i.* (*sn*) awake(n), wake up.

ˈ**aufwachsen** *v/i.* (*irr., sn*) grow up.

ˈ**aufwall|en** *v/i.* (*sn*) bubble up; boil up; effervesce; *fig. blood, passion*: boil, surge up; **2ung** *f* bubbling up, boiling; *chem.* ebullition; *phys.* surge; *fig.* emotion, flush; exuberance, transport; outburst, (fit of) passion.

ˈ**aufwalzen** *v/t.* (*h.*) roll on.

Aufwand [ˈaʊfvant] *m* (-[e]s) cost, expense, expenditure; expenditure (*an dat.* of *energy, money, time*); *unnützer* ~ waste; pomp, extravagance, splurge; display; volubility, profusion; *der* ~ *an Material war beträchtlich* a considerable amount of material was applied; *großen* ~ *treiben* live in grand style; **~s-entschädigung** *f* expense allowance; **~steuer** *f* excess consumption tax.

ˈ**aufwärmen** *v/t.* (*h.*) warm up; *fig.* bring up again, rake up, rehash.

Aufwartefrau [ˈaʊfvartə-] *f* charwoman.

ˈ**aufwarten** *v/i.* (*h.*) *j-m*: wait (up)on, attend on *a p.*; *at table*: wait; ~ *mit* offer, *fig. a.* come up with, show.

aufwärts [ˈaʊfverts] *adv.* upward(s), up; uphill; *den Fluß* ~ up-stream; *von 4 Millionen* ~ from 4 million up; *mit ihm geht es* ~ he is getting on, *patient*: he is improving; **2bewegung** *f* upward movement (*econ. a.* tendency); *tech.* upstroke; **2flug** *m* climbing flight; **2haken** *m boxing*: uppercut; **~schalten** *mot. v/i.* (*h.*) change up, shift into higher gear; **2wandler** *el. m* step-up transformer.

ˈ**Aufwartung** *f* attendance, service; (formal) visit; *j-m s-e* ~ *machen* pay a visit (*or* one's respects) to a p.

ˈ**aufwasch|en** *v/t.* (*irr., h.*) wash up; **2küche** *f* scullery; **2wasser** *n* (-*s*; ⸚) dish-water.

ˈ**aufwecken** *v/t.* (*h.*) rouse (from sleep), waken, wake up; *fig.* rouse, animate, enliven.

ˈ**aufwehen** *v/t.* (*h.*) blow up *or* open.

ˈ**aufweichen I.** *v/t.* (*h.*) soften, mollify; soak, moisten; temper (*colours*); **II.** *v/i.* (*sn*) grow soft, soften; **~d** *adj.* softening, emollient.

ˈ**aufweisen** *v/t.* (*irr., h.*) show, present; have; *et. aufzuweisen haben* boast a th.; *er hatte nichts aufzuweisen* he had nothing to show for it.

ˈ**aufwend|en** *v/t.* (*h.*) spend, expend; use, employ, apply, devote; take *pains*, bestow (*great*) *efforts* (*auf acc.* on); *viel Geld* ~ go to great expense; **~ig** *adj.* costly, expensive; large-scale; **2ungen** *f/pl.* expenditure(s), expense(s).

ˈ**aufwerfen** *v/t.* (*irr., h.*) throw open (*the door*); raise (*blisters*); throw up (*a dam*); toss (*one's head*); *fig.* raise, pose, start (*a question*); *sich* ~ *zu et.* set o.s. up as, constitute o.s. *a judge*; → *aufgeworfen*.

ˈ**aufwert|en** *v/t.* (*h.*) revalorize; **2ung** *f* revalorization.

ˈ**aufwickeln** *v/t. or sich* ~ (*h.*) roll (*or* turn) up; curl up (*hair*); wind, spool (*auf acc.* onto); take up (*film*); unwind, unfold; unwrap (*parcel*); let down (*one's hair*).

aufwiegel|n [ˈaʊfviːgəln] *v/t.* (*h.*) stir up, foment, incite, instigate; **2ung** *f* (-) instigation, agitation, sedition.

ˈ**aufwiegen** *v/t.* (*irr., h.*) *fig.* offset, compensate for, make up for.

Aufwiegler [ˈaʊfviːglər] *m* (-*s*; -), **~in** *f* (-; -*nen*) agitator, fomenter, demagogue; instigator; **2isch** *adj.* seditious, agitating; inflammatory.

ˈ**Aufwind** *aer. m* up-wind, up-current, anabatic wind.

ˈ**aufwinden** *v/t.* (*irr., h.*) wind up; lift, jack up; hoist; raise (*by crane*); weigh (*anchor*).

ˈ**aufwirbeln** *v/t.* (*h.*) whirl up (*a. v/i., sn*); raise (*dust*); *fig. viel Staub*

~ make quite a stir, create a sensation.

ˈ**aufwisch|en** *v/t.* (*h.*) wipe up, mop up; clean; **2lappen** *m* mop, floor-cloth; dishcloth.

ˈ**aufwühlen** *v/t.* (*h.*) turn up (*earth*); *swine*: root (*or* grub) up; toss up (*the sea*); *fig.* move, stir, agitate (*the soul*); → *aufwiegeln*; **~d** *adj. fig.* heart-stirring, haunting.

ˈ**Aufwurf** *m* embankment, mound.

ˈ**aufzähl|en** *v/t.* (*h.*) count up; *fig.* enumerate, *Am. a.* call off; list, specify, *Am.* itemize; count down (*money*); **2ung** *f* addition; enumeration, specification.

ˈ**aufzäumen** *v/t.* (*h.*) bridle; → *Pferd.*

ˈ**aufzehr|en** *v/t.* (*h.*) eat up, consume (*a. fig.*); *phys. and fig.* absorb; **2ung** *f* consumption.

ˈ**aufzeichn|en** *v/t.* (*h.*) draw (*auf acc.* upon), sketch; note (*or* write, take) down; register, record (*a. tech. instrument*); enter, book; *historically*: chronicle, record; *tech.* plot; **2ung** *f* drawing; note; entry; record; *tech.* recording.

ˈ**aufzeigen** *v/t.* (*h.*) show, present, set forth; demonstrate, make evident; point out (*mistakes, etc.*); disclose.

ˈ**aufziehen I.** *v/t.* (*irr., h.*) draw (*or* pull) up; lift, hoist (*a. flag*), wind up, raise; *mar.* weigh (*anchor*); open, draw (*or* pull) open; uncork (*bottles*); mount, paste on (*pictures, etc.*); bring up (*a child*); rear, breed (*animals, children*); cultivate, grow, raise (*plants*); fit on (*tyres*); put on (*strings*); *fig. andere Saiten ~* change one's tune; *gelindere Saiten ~* relent, come down a peg or two; set, hoist up (*sails*); wind up (*clock, etc.*); *Spielzeug zum 2* clockwork toys *pl.*; *fig.* arrange, organize, stage (*an enterprise, etc.*); *j-n ~* tease (*or* chaff, rally, *sl.* kid) a p., pull a p.'s leg; **II.** *v/i.* (*irr., sn*) march up, appear; *mil.* draw up; *auf Wache ~* mount guard; *storm*: come up, gather.

ˈ**Aufzucht** *f* breeding, rearing.

ˈ**Aufzug** *m* procession, cortège, pageant, parade; attire, appearance, *colloq.* get-up; show, pomp; *thea.* act; lift, *Am.* elevator; *tech.* hoist; crane; *weaving*: warp; *phot.* winding-key; *watch*: winder; *arch.* second coat; *gym.* pull-up; **~kabine** *f* cage; **~schacht** *m* lift (*or* elevator) shaft.

ˈ**auf|zwängen** *v/t.* (*h.*) force open; → **~zwingen** *v/t.* (*irr., h.*): *j-m et. ~* force a th. upon a p.; push a th. down a p.'s throat; *j-m s-n Willen ~* impose one's will on a p.

Augapfel [ˈaʊk-] *m* eyeball; *fig.* apple of one's eye, darling.

Auge [ˈaʊgə] *n* (*-s; -n*) eye; (eye-)sight; *bot.* bud; *on dress, etc.*: eye, eyelet; *tech.* lug, boss; *on cards, dice*: pip, spot; grease drop; *of potato*: eye; *das ~ des Gesetzes* the eye of the law; *bewaffnetes ~* aided eye; *mit dem bloßen ~* with the naked eye; *blau(geschlagen)es ~* black eye; *künstliches ~* artificial (*or* glass)eye; *in die ~n fallend* evident, obvious, striking; *in die ~n springend* salient, eye-catching; *~ um ~* an eye for an eye; *in meinen ~n* in my view, as I see it; *mit verbundenen ~n* blindfolded; *nur fürs ~* mere window-dressing, just for show; *unter vier ~n* face to face, in private; *vor aller ~n* openly, publicly, in full view; *aus den ~n verlieren* lose sight (*fig. a.* track) of; *aus den ~n, aus dem Sinn* out of sight, out of mind; *das ~ beleidigen* offend the eye, be an eyesore; *die ~n offenhalten* keep one's eyes open, keep a sharp lookout; (*sich*) *die ~n verderben* spoil one's eyes; *die ~n verdrehen* turn up the whites of one's eyes; *die ~n verschließen* shut one's eyes (*vor* to); *die ~n weiden an* feast one's eyes on; *ein ~ haben auf* have an eye upon; *bei et. ein ~ zudrücken* wink at, connive at, turn a blind eye to; *große ~n machen* open one's eyes (wide), goggle, gape; *gute* (*schlechte*) *~n haben* have good (bad) eyes; *et. im ~ behalten* keep one's eye on, keep track of, keep in mind; *im ~ haben* have in view (*or* mind); *ins ~ sehen* (*dat.*) **a)** look *a p.* full in the face, face *a p.*, **b)** *fig.* (look in the) face, envisage (*a danger, fact*); *ins ~ fallen* attract (*or* catch, strike) the (*or* a p.'s) eye, stand out; *fig. ins ~ fassen* consider, envisage; *in die ~n springen, deutlich vor ~n stehen* stare *a p.* in the face; *j-m* (*schöne*) *~n machen* make eyes at a p., give a p. the glad eye; *j-m die ~n öffnen* open a p.'s eyes, undeceive a p.; *a thing*: *a.* be an eye-opener; → *verbinden*; *kein ~ zutun* not to sleep a wink (all night); *mit anderen ~n ansehen* take a different view (of); *mit e-m blauen ~ davonkommen* get off cheaply; *nicht aus den ~n lassen* keep one's eyes upon; *sich vor ~n halten* realize, bear in mind; *vor ~n führen* demonstrate, point out; *das sieht man doch mit einem ~* you can see that with half an eye; *die ~n gehen mir auf* I am seeing daylight; *geh mir aus den ~n!* get out of my sight; *ich traute meinen ~n nicht* I did not believe (*or* trust) my eyes; *wie die Faust aufs ~* like a square peg in a round hole.

äugeln [ˈɔʏgəln] **I.** *v/i.* (*h.*) ogle (*mit* at); **II.** *v/t.* (*h.*) *bot.* graft, bud.

ˈ**Augen...:** **~abstand** *m* interpupillary (*of instruments*: interoculary) distance; **~arzt** *m* oculist, eye-doctor; **~binde** *f* bandage; **~blick** *m* moment, instant; *entscheidender ~* critical moment; *richtiger ~* psychological moment; *alle ~e* every now and then; *im ~* **a)** at the moment, **b)** in an instant, in the twinkling of an eye, in no time; *im ersten ~* on the spur of the moment; *in diesem ~* at this moment *or* instant; **2blicklich I.** *adj.* instantaneous; immediate; momentary; present; **II.** *adv.* at the moment, at (*or* for the) present, just now; instant(aneous)ly, immediately; **~blicksaufnahme** *phot. f* instantaneous photograph, snapshot; **~blickserfolg** *m* short-lived success; **~blickswirkung** *f* momentary effect; **~braue** *f* eyebrow; **~brauenstift** *m* eyebrow pencil; **~entzündung** *f* inflammation of the eye, opthalmia; **2fällig** *adj.* conspicuous, eye-catching; *fig.* evident, obvious; **~farbe** *f* colo(u)r of the eye; **~glas** *n* (*-es; ⸚er*) eye-glass; *opt.* eyepiece; **~heilkunde** *f* ophthalmology; **~höhe** *f*: *in ~* at eye-level; **~höhle** *f* eye socket, orbit(al cavity); **~klappe** *f* patch, eye-shield; **~klinik** *f* ophthalmic (*or* eye-)hospital, *Am.* eye-clinic; **~leiden** *n* eye-disease, eye trouble; **~licht** *n* (*-[e]s*) eyesight; **~lid** *n* eyelid; **~maß** *n* sense of proportion; *ein gutes ~ haben* have a sure eye; *nach dem ~* by eye; **~merk** [ˈ-mɛrk] *n* (*-[e]s*) attention; aim; *sein ~ auf et. richten* direct one's attention to, *fig. a.* have a th. in view, aim at a th.; **~nerv** *m* optic nerve; **~reim** *m* sight rhyme; **~salbe** *f* ointment for the eyes; **~schein** *m* (*-[e]s*) appearance, evidence; *dem ~ nach* to all appearances; inspection, examination; *in ~ nehmen* inspect, examine, view; **2scheinlich** *adj.* evident, obvious, apparent; **~scheinlichkeit** *f* (*-*) obviousness; **~schirm** *m* eye-shade; **~spiegel** *m* ophthalmoscope; **~sprache** *f* language of the eyes; **~stern** *m* pupil; **~täuschung** *f* optical illusion; **~trost** *bot. m* eye-bright; **~wasser** *n* eye-lotion; **~weide** *f* (*-*) feast for the eyes, sight for sore eyes; **~wimper** *f* eyelash; **~winkel** *m* corner of the eye; **~zahn** *m* eye-tooth; **~zeuge** *m* eyewitness; **~zeugenbericht** *m* eyewitness report.

...äugig [-ɔʏgiç] ...-eyed.

August [aʊˈgʊst] *m* (*-[e]s; -[e]*) (month of) August.

Auktion [aʊktsiˈoːn] *f* (*-; -en*) (sale by) auction, public sale; *in die ~ geben* put up for auction; *zur ~ kommen* be sold by auction; **Auktionator** [-oˈnɑːtɔr] *m* (*-s; -ˈtoren*) auctioneer; **Auktiˈonslokal** *n* sale-room.

Aula [ˈaʊla] *f* (*-; -len*) great (*or* assembly-)hall, *Am.* auditorium.

aus [aʊs] **I.** *prp.* (*dat.*) out of; from; of; by; through; on, upon; in; off; *~ Achtung* out of respect; *~ Berlin* of Berlin, *kommend*: from Berlin; *~ Ehrgeiz* through ambition; *~ Erfahrung* by experience; *~ guter Familie* from a good family; *~ dem Fenster* out of the window; *~ dem Französischen* from (the) French; *~ Furcht vor* for (*or* from) fear of; *gebürtig sein ~* be a native of, come from; *~ Gehorsam zu* in obedience to; *~ diesem Grunde* for this reason; *~ e-m Glas trinken* drink out of (*or* from) a glass; *~ Grundsatz* on principle; *~ Haß* through hatred, out of spite; *~ Holz* (made *or* consisting) of wood; *~ Liebe* from love; *~ Liebe zu* out of love to, for the love of; *~ Mangel an* for want of; *~ Mitleid* out of pity; *~ unserer Mitte* from our midst, from among us; *~ Notwendigkeit* out of necessity; *~ guter Quelle* on good authority; *~ Shakespeare* from (*or* out of) Shakespeare; *~ Scherz* for (*or* in) fun; ~ *Unwissenheit* from ignorance; ~ *bloßem Verdacht* on mere suspicion; ~ *Versehen* by mistake; ~ *der Zeit Cromwells* from the time of Cromwell; ~ *der Zeitung* from the newspaper; ~ *Ihrem Schreiben ersehe ich* I see by (*or* from) your letter; *was ist* ~ *ihm geworden?* what has become of him?; **II.** *adv.* out; over; finished, done with; ~ *sein* be at an end; *die Kirche ist* ~ church is over; *von Grund* ~ thoroughly, radically; *von mir* ~ for all I care; *auf* et. ~ *sein* be set (*or* bent, keen) on, be anxious *or* eager to do a th.; *es ist* ~ *mit ihm* it is all over (*or* up) with him, he is done for; *das Spiel ist* ~! the game is up!; *er weiß weder ein noch* ~ he is at his wit's end; *tech. an* — ~ on — off.

'aus-arbeit|en *v/t.* (*h.*) work out; elaborate; prepare, draw up; compose, formulate, write; perfect, finish; **2ung** *f* (-; -*en*) preparation; working out; elaboration; composition; *tech.* finish(ing); *physical*: workout.

'aus-art|en *v/i.* (*sn*) degenerate (*in acc.* into); *game, party, etc.*: turn rowdy, get out of hand; **2ung** *f* degeneration.

ausästen ['aus?estən] *v/t.* (*h.*) prune, trim.

'aus-atm|en *v/i. and v/t.* (*h.*) breathe out, exhale; breathe one's last; **2ung** *f* exhalation.

'ausbaden *v/t.* (*h.*) *fig.* pay (*or* suffer) for; *die Sache* ~ face the music.

'ausbaggern *v/t.* (*h.*) dredge, excavate.

'ausbalancieren *v/t.* (*h.*) balance (out), counterbalance, counterpoise.

'Ausbau *m* (-[e]s) completion; extension, enlargement; development, improvement; consolidation; *arch.* (*pl.* -*ten*) **a)** outbuilding, **b)** timbering, walling, **c)** inside finish; *tech.* removal, dismounting.

ausbauch|en ['ausbauxən] *v/t. or sich* ~ (*h.*) bulge (out), belly out; **2ung** *f* (-; -*en*) bulge.

'ausbau|en *v/t.* (*h.*) complete; extend, enlarge; develop, improve; cultivate; consolidate; *arch. finish*; *tech.* remove, dismount, disassemble; **~fähig** *adj.* extensible; detachable; promising, progressive, offering scope.

'ausbedingen *v/t.* (*irr., h.*) stipulate; *sich et.* ~ reserve *a th.* to o.s.; insist on, make a point of, make it a condition *that.*

'ausbeißen *v/t.* (*irr., h.*) bite out; *sich e-n Zahn* ~ break a tooth.

'ausbesser|n *v/t.* (*h.*) mend, repair, *Am. a.* fix; *tech.* overhaul; patch up; darn; restore (*work of art*); touch up (*a picture*); **2ung** *f* repair, mending, patching.

'Ausbesserungs|arbeit *f* repair work; **2bedürftig** *adj.* in need of repair; **2fähig** *adj.* reparable; **~werkstatt** *f* repair shop.

ausbeulen ['ausbɔylən] *v/t.* (*h.*) bulge, bag; *tech.* beat out, round out, take out dents in.

'Ausbeut|e *f* gain, profit; yield, output (*a. tech. or mining*); **2en** *v/t.* (*h.*) exploit (*a. b.s.*); *mining*: work; sweat (*labour*); *fig.* make the most of, take advantage of; exhaust, deplete (*the soil*); **~er(in** *f*) (-s; -; -; -*nen*) exploiter; sweater, slave-driver; **~ertum** *n* (-s) sweating (system), slave-driving; **~ung** *f* (-; -*en*) exploitation (*a. b.s.*); *mining*: working; *fig.* spoliation; *of workers*: sweating.

'ausbezahl|en *v/t.* (*h.*) pay out, pay off (in full); **2ung** *f* payment; paying off.

'ausbiegen I. *v/t.* (*irr., h.*) bend out(wards), deflect; **II.** *v/i.* (*irr., sn*) turn aside; *j-m, e-m Auto usw.*: make way for, avoid *a p., a car, etc.*

'ausbieten *v/t.* (*irr., h.*) offer *or* exhibit (*zum Verkauf* for sale).

'ausbild|en *v/t.* (*h.*) form, develop; cultivate, educate; instruct, train, *mil. a.* drill; *sports*: train, *Am.* coach; *tech.* design; form, develop; *sich* ~ train, study (*zu* for); acquire a knowledge (in): perfect o.s. (in); → *ausgebildet*; **2er(in** *f*) *m* (-s; -; -; -*nen*) instructor; *mil.* (drill) instructor; **2ung** *f* formation, development; instruction, education; training (*a. mil.*); physical training; *praktische* ~ practical (*Am.* on-the-job) training.

'Ausbildungs...: ~bataillon *n* training battalion; **~beihilfe** *f* education grant, training benefit; **~lager** *n* training camp; **~lehrgang** *m* course of instruction, training course; **~leiter** *m* chief instructor; **~möglichkeiten** *f/pl.* training facilities; **~zeit** *f* period of training.

'ausbitten *v/t.* (*irr., h.*): *sich* et. ~ ask (*or* request) a th., beg for a th.; *das bitte ich mir aus* **a)** I must insist on this, **b)** I won't have it.

'ausblasen *v/t.* (*irr., h.*) blow out; blow down (*a furnace*); exhaust (*steam*); → *Lebenslicht.*

'ausbleiben *v/i.* (*irr., sn*) stay away (*or* out), fail to appear *or* come; (*nicht*) *lange* ~ be (not) long in coming, **b)** be overdue; *es konnte nicht* ~, *daß* it could not be helped that, it was inevitable that; be wanting; *puls, etc.*: stop; **'Ausbleiben** *n* non-appearance, absence; non-arrival; *jur.* default.

'ausbleichen I. *v/t.* (*irr., h.*) bleach (out); **II.** *v/i.* (*irr., sn*) bleach out, fade.

'ausblenden *v/t.* (*h.*) *radio, film*: fade out; *tech.* diaphragm out, mask.

'Ausblick *m* outlook, prospect, view (*auf acc.* of), (*a. fig.*) vista (of); *opt.* objective lens; *fig.* outlook (*in acc.* on *the future*), prospect.

'ausblühen *v/i.* (*h.*) cease blooming, fade; *min.* effloresce; *ausgeblüht haben* be over.

'ausblut|en I. *v/i.* (*sn*) *wound*: cease bleeding; *person*: bleed to death; ~ *lassen* allow to bleed (*a wound*); **II.** *v/t.* (*h.*) bleed to death; **2ungsschlacht** *f* battle of attrition.

'ausbohren *v/t.* (*h.*) bore.

ausbomben ['ausbɔmbən] *v/t.* (*h.*) bomb out.

ausbooten ['ausbo:tən] *v/t.* (*h.*) put into boats, disembark; *fig.* oust; *w.s.* put out of the running.

'ausborgen *v/t.* (*h.*): *sich* et. ~ borrow a th. (*von* from); *j-m et.* ~ lend a th. (out) to a p.

'ausbrech|en I. *v/t.* (*irr., h.*) break out; quarry out (*stones*); clear (*a furnace*); *med.* vomit; **II.** *v/i.* (*irr., sn*) break out (*or* loose); *fig. disease, fire, war, etc.*: break out; *prisoner*: break out (*aus* of), escape (from); *mil.* sally forth, make a sortie; *horse*: bolt; *volcano*: break out, erupt; *in Schweiß* ~ break into a sweat; *fig. in Beifall* ~ break into applause; *in Tränen* ~ burst out crying, burst into tears → *Gelächter*; **2er** *m* prison- (*Am.* jail-) breaker.

'ausbreit|en *v/t.* (*h.*) spread (out); extend, expand (*a. business, power, etc.*); unfold, display; spread (*news, etc.*), circulate, disseminate; propagate (*a doctrine, etc.*); *a. phys.* diffuse; *sich* ~ spread; extend, expand; gain ground, make headway; *wave*: propagate, travel; scatter; *tech.* flatten, plate out; *fig.* go into details; *sich über ein Thema* ~ enlarge upon; **2ung** *f* (-) spread(ing); extension, expansion; propagation, circulation; diffusion.

'ausbrennen I. *v/t.* (*irr., h.*) burn out; bake (*bricks*); *med.* cauterize; cut out, weld; **II.** *v/i.* (*irr., sn*) cease burning, go out; *house, etc.*: be burnt out; *mil. gun barrel*: erode; *ausgebrannt* extinct (*volcano*), gutted (*house*), spent (*bulb*).

'ausbringen *v/t.* (*irr., h.*) bring out; *mar.* hoist out; yield, produce; *j-s Gesundheit* ~ propose a p.'s health, toast a p.; **'Ausbringen** *tech. n* (-s) output, capacity.

'Ausbruch *m* outbreak (*a. fig. of disease, war*); eruption (*of vulcano*; *a. fig.*); escape, *Am. a.* jailbreak; *mil.* breakout; *fig.* outburst, paroxysm, *of joy*: ecstasy, transport, *of passion*: blaze, *of anger*: explosion; *zum* ~ *kommen* break out, come to a head; **~sversuch** *m* attempted escape; *mil* sally, sortie.

'ausbrühen *v/t.* (*h.*) scald (out).

'ausbrüt|en *v/t.* (*h*). brood, hatch (*a. fig.*); *artificially*: incubate; *fig.* hatch, plot; **2ung** *f* (-) hatching, incubation.

'ausbuchen *v/t.* (*h.*) *econ.* cancel, get off the books; transfer.

Ausbuchtung ['ausbuxtuŋ] *f* (-; -*en*) convexity, (*a. mil.*) bulge; protrusion; indentation.

'ausbuddeln *colloq. v/t.* (*h.*) dig out.

'ausbügeln *v/t.* (*h.*) iron out (*a. fig.*).

'Ausbund (-[e]s) pattern, model; *fig.* paragon *of beauty, etc.*; ~ *von Gelehrsamkeit* prodigy of learning; *ein* ~ *von Bosheit* a regular demon, an out-an-out rascal.

ausbürger|n ['ausbyrgərn] *v/t.* (*h.*) deprive of citizenship; expatriate; **2ung** *f* (-; -*en*) expatriation.

'ausbürsten *v/t.* (*h.*) brush (out).

'ausdampfen *v/i.* (*sn*) evaporate.

'ausdämpfen *v/t.* (*h.*) steam out.

'Ausdauer *f* perseverance; endurance (*a. tech.*); stamina, staying-power; patience; persistence, tenacity; **2n** *v/i.* (*h.*) hold out, last; *fig.* persevere, persist; **2nd** *adj.* persevering, unflagging; enduring, patient; assiduous, plodding; persistent, tenacious; *bot.* perennial.

'ausdehn|bar *adj.* extensible, expansible; **~en** *v/t., a. sich ~ (h.)* extend (*auf acc.* to; *a. fig.*); *a. phys. u. fig.*: expand; *tech.* stretch, elongate; enlarge; *med.* dilate; → *ausgedehnt*; **2ung** *f* extension (*a. phys.*), expansion, spread; extent, scope, range; *tech.* stretching, elongation; *math.* dimension, increase in volume; deformation; *med.* dilatation; **2ungszahl** *f* co-efficient of expansion.

'ausdenken *v/t. (irr., h.)* think out; *sich et. ~* think *a th.* out (*Am.* up), invent, contrive, devise, cook up; imagine, think of; *nicht auszudenken* inconceivable; *w.s. es ist nicht auszudenken* it would be disastrous.

'ausdeuten *v/t. (h.)* interpret, explain.

'ausdienen *v/i. (h.)* serve (*or* complete) one's time; → *ausgedient.*

'ausdocken *mar. v/t. (h.)* undock.

'ausdorren *v/i. (sn)* dry up.

'ausdörren *v/t. (h.)* dry up, parch (*a. throat*); scorch; season (*wood*); *ausgedörrt* arid.

'ausdrehen *v/t. (h.)* turn off (*tech.* out) (*gas, lamp, etc.*); *el.* switch off; *tech.* hollow.

'Ausdruck *m* (-[e]s; ⸗e) *generally*: expression, (*a. of face*; *a. fig.*); phrase; word, term; *bildlicher ~* figure of speech; *fachlicher ~* technical term; *gemeiner ~* vulgarism; *veralteter ~* archaism; *~ geben (dat.)* give utterance (*or* voice) to *a feeling, etc.*; *zum ~ bringen* give expression to, express, voice; *zum ~ kommen* be expressed, manifest itself; **2en** *typ. v/t. (h.)* print out (*or* in full).

'ausdrück|en *v/t. (h.)* press (out), squeeze out; stub (out) (*cigarette*); *fig.* utter, express, voice; *sich ~* express o.s.; *sich kurz ~* be brief; **2lich** *adj.* express, explicit; strict (*order*); intentional, on purpose.

'Ausdrucks...: 2fähig *adj.* expressionable; **~kraft** *f* (-) expressiveness; **2los** *adj.* inexpressive, expressionless; blank, vacant; *~es Gesicht* pokerface, *Am. sl.* deadpan; **~tanz** *m* expressional dance; **2voll** *adj.* expressive, full of expression; *style*: *a.* pithy; **~weise** *f* (mode of) expression; diction, style; *w.s.* language.

ausdünnen ['ausdynən] *v/t. (h.)* thin out.

ausdunst|en ['ausdunstən], **'ausdünst|en** *v/i. (sn) and v/t. (h.)* evaporate; *body*: transpire (*a. bot.*), perspire; *v/t.* exhale; sweat out; **2ung** *f* (-; -en) evaporation; exhalation; perspiration.

aus-ein'ander *adv.* asunder, apart; separate(d); *weit ~* wide (*colloq.* miles) apart; **~brechen** *v/t. (irr., h.) and v/i. (irr., sn)* break asunder (*or* in two); **~bringen** *v/t. (irr., h.)* separate, sever; **~fallen** *v/i. (irr., sn)* fall asunder *or* to pieces; disintegrate; **~falten** *v/t. (h.)* unfold; **~gehen** *v/i. (irr., sn)* go asunder; come apart; *persons*: part (company), separate; *crowd*: disperse; *assembly*: break up; *roads*: branch off; *opinions*: differ, be divided, diverge (*a. math.*); *~d* divergent; **~halten** *v/t. (irr., h.)* keep asunder *or* apart; *fig.* distinguish between, tell apart *or* one from the other; **~jagen** *v/t. (h.)* scatter; **~kommen** *v/i. (irr., sn)* be separated; lose (sight of) each other; *mit j-m ~* fall out with a p.; **~laufen** *v/i. (irr., sn)* → *auseinandergehen*; **~leben** *v/t.*: *sich ~ (h.)* drift apart; **~liegen** *v/i. (irr., h.)* lie apart; **~nehmen** *v/t. (irr., h.)* take to pieces; dismember; *tech.* disassemble, strip; knock down; **~reißen** *v/t. (irr., h.)* tear asunder; **~setzen** *v/t. (h.)* put *or* place asunder; *fig.* explain, make clear, point out; *sich mit j-m ~* argue (*or* have an explanation) with a p., have it out with a p.; come to an understanding (*or* to terms) with a p. (*über acc.* about), settle (a matter) with a p.; *econ.* arrange (*or* compound) with *a creditor*; *sich mit e-m Problem ~* get down to (*or* tackle) a problem; *sich mit et. ~* (*hostilely*) take issue with a th.; **2setzung** *f* (-; -en) explanation, exposition, analysis; discussion; arrangement, settlement; *econ.* composition (*with creditors*); separation; *jur. of estate*: partition; argument, difference, altercation; (*a. kriegerische ~* armed) conflict; *endgültige ~ colloq.* showdown; **~sprengen** *v/t.* burst asunder; disperse, scatter (*crowd, enemy*); **~treiben I.** *v/i. (irr., sn)* drift apart; **II.** *v/t. (irr., h.)* disperse, scatter; *with wedge*: cleave asunder; **~wickeln** *v/t. (h.)* disentangle; **~ziehen** *v/t. (irr., h.)* draw asunder; (*a. sich*) stretch; *mil.* deploy, spread (out); disperse (*vehicles*); *sich ~ column*: string out.

'aus-erkoren *adj.* chosen, select(ed), elect.

'aus-erlesen I. *v/t. (irr., h.)* → *ausersehen*; **II.** *adj. persons*: chosen, (hand-)picked; exquisite, choice.

'aus-ersehen *v/t. (irr., h.)* choose, select, pick; designate, destine, earmark (*für, zu* for).

'aus-erwählen *v/t. (h.)* choose (out), select; *auserwählt* elect, chosen; *s-e Auserwählte* the girl of his choice *or* his bride elect; *das Auserwählte Volk* the chosen people.

'aus-essen *v/t. (irr., h.)* eat up; clear, empty (*dish*); *colloq. fig.* pay for.

'ausfahren I. *v/i. (irr., sn)* drive out, go for a drive (*or* spin); *rail.* pull out; *mar.* leave (port), put to sea; *miners*: ascend; **II.** *v/t. (irr., h.) j-n ~* take out for a drive; *aer. das Fahrgestell ~* lower (*or* extend) the undercarriage; *mar. das Sehrohr ~* lift the periscope; *mot.* run (*the engine*) up to top speed; round (*a curve*); wear out, rut (*roads*); *ausgefahrener Weg* rutted *or* bumpy road.

'Ausfahrt *f a. mar.* departure; *mining*: ascent; drive, (motor-)trip; excursion; doorway, gateway; *in traffic*: exit; *~!* out!; *of port*: mouth.

'Ausfall *m* falling out; *of hair*: thinning; loss; deficit; deficiency, shortage; *mil. Ausfälle pl.* casualties *pl.*, loss in men and material; result, outcome; *chem.* precipitate; (*radioactive*) fall-out; *tech.* failure, breakdown; *of factory*: stoppage; *el.* cutting out of the circuit; waste, scrap; *fenc.* pass, lunge, (long) thrust; *mil.* sally, sortie; *fig.* attack; invective; **~bürgschaft** *f* deficit guarantee, *Am.* (indemnity) bond; **2en** *v/i. (irr., sn)* fall out (*or* off); *teeth*: come out; be omitted; not (*or* fail) to take place, not to come off, be cancelled (*or* called off); *~ lassen* drop (*a lesson, meeting, etc.*); *die Schule fällt heute aus* there is no school today; *tech.* fail, break down, get out of commission; *sports, etc.*: be eliminated, drop out; *chem.* precipitate, be deposited; *result*: turn out, prove; *gut (schlecht) ~* turn out well (badly), be a success (failure); *nach Wunsch ~* answer one's expectations, be satisfactory; *mil.* sally out, make a sortie; *fenc.* (make a) lunge.

'ausfällen *chem. v/t. (h.)* precipitate.

'aus|fallend, ~fällig *adj.* aggressive; insulting; *~ werden* become personal *or* abusive.

'Ausfall...: ~muster *econ. n* outturn (*or* type) sample; **~s-erscheinung** *med. f* withdrawal symptom; **~straße** *f* arterial road; **~winkel** *phys. m* angle of reflection.

'ausfasern I. *v/t. (h.)* unravel; **II.** *v/i. (sn) or sich ~ (h.)* fray (out), ravel out.

'ausfechten *v/t. (irr., h.)* fight out; *et. mit j-m ~* fight a th. out with a p.

'ausfegen *v/t. (h.)* sweep out.

'ausfeilen *v/t. (h.)* file out; *fig.* file, give the finishing touches.

'ausfertig|en *v/t. (h.)* dispatch, expedite; draw up (*a document*), *jur.* execute; exemplify, issue (*a certified copy*); make out (*a bill*), *passport a.* issue; **2ung** *f* dispatch; drawing up; making out; *jur.* execution; (certified) copy; *of passport*: issue; *erste ~* original (script); *in doppelter ~* in duplicate, in two copies; → *dreifach, etc.*; **2ungstag** *m* date of issue.

'ausfindig: *~ machen* find out; discover; locate; ferret out, trace (out).

'ausflicken *v/t. (h.)* patch up.

'ausfliegen *v/i. (irr., sn)* fly out (*or* away); *birds*: leave the nest; *fig.* leave home; make an excursion, go on a trip; *der Vogel ist ausgeflogen* the bird is flown.

'ausfließen *v/i. (irr., sn)* flow out, discharge, drain; leak, escape; *phys. or fig.* emanate (*von* from).

'Ausflucht *f* (-; ⸗e) evasion, subterfuge, shift; excuse, pretext; *Ausflüchte machen* prevaricate, shuffle, dodge, hedge; **2en** *tech. v/t. (h.)* align; **2ung** *f* (-) alignment.

'Aus|flug *m* excursion, outing, trip; *a.* hike; *e-n ~ machen* go for (*od.* on) an excursion; **~flügler** ['-fly:glər] *m* (-s; -) excursionist, tripper.

'Ausfluß *m* outflow, effluence; *med. of pus*: discharge; *of vagina*: flux; *of glands*: secretion; outlet, mouth; drain, outlet; *phys.* emanation (*a. fig.*); *fig.* result; **~rohr** *n* discharge (*or* wash) pipe; **~ventil** *n* discharge valve.

'ausfolgen *v/t. (h.)* deliver up, hand over; pay (up).

'ausforschen *v/t. (h.)* search out,

explore; investigate, inquire into; *j-n* ~ sound (*or* pump) a. p., draw a p. out.

'**Ausfracht** *econ. f* outward freight.

'**ausfragen** *v/t.* (h.) interrogate, question; *esp. Am.* quiz; sound, draw out, *colloq.* pump; cross-examine.

'**ausfransen** *v/i.* (*sn*) fray (out).

'**ausfräsen** *tech. v/t.* (h.) mill out, ream; notch, recess.

'**ausfressen** *v/t.* (*irr.*, h.) clear, empty; *geol.* erode; *chem.* corrode; *colloq. was hat er ausgefressen?* what has he been up to?; *er hat wieder etwas ausgefressen* he has been up to mischief again.

Ausfuhr ['ausfu:r] *econ. f* (-; -en) export(ation), export trade; exports *pl.*; **~artikel** *m* export(ed) article.

ausführbar ['ausfy:rba:r] *adj.* practicable, feasible, workable; *econ.* exportable; **2keit** *f* (-) practicability.

'**Ausfuhr...: ~beschränkung** *f* restriction(s *pl.*) on export; **~bestimmungen** *f/pl.* export regulations; **~bewilligung** *f* export permit.

'**ausführen** *v/t.* (h.) take *a p.* out; *econ.* export, ship (*nach* to); carry out, perform; effect, execute, *Am. a.* fill (*orders*); commit, perpetrate (*crimes*); realize; erect, construct; *tech.* design; finish; *fig.* explain, point out, argue, say; specify.

Ausfuhr...: ~güter *n/pl.* exports *pl.*; **~hafen** *m* shipping port; **~handel** *m* export trade; **~kontingent** *n* export quota; **~land** *n* exporting country.

'**ausführlich I.** *adj.* detailed, ample; full(-length); comprehensive, exhaustive; circumstantial; **II.** *adv.* in detail; fully, *etc.*; *sehr* ~ at full (*or* great) length, in great detail; *ziemlich* ~ at some length; ~ *(be)schreiben* write fully, give full details (*über acc.* about); **2keit** *f* (-) minuteness of detail; particuliarity; comprehensiveness; copiousness.

'**Ausfuhr...: ~prämie** *f* (export) bounty; **~schein** *m* export permit; **~sperre** *f* embargo on export; **~tätigkeit** *f* export activity; **~überschuß** *m* export surplus.

'**Ausführung** *f* carrying-out, effectuation; realization (*of a plan*); execution (*of orders, etc.*), *a. of a contract*: performance; implementation (*of a law, order*); construction, completion (*of building project*); *jur.* perpetration (*of crime*); *tech.* **a)** design, finish, **b)** type, model, version; make; style, pattern, **c)** workmanship, quality; explanation, (detailed) statement; comment (*zu, über acc.* on); **~en** *pl.* words, representations, arguments; *zur ~ bringen* put into effect *or* execution, put into practice; **~sbeispiel** *n patent law*: embodiment, applications; **~sbestimmungen** *f/pl.* regulations, implementing statutes; **~skommando** *mil. n* command of execution.

'**Ausfuhr...: ~verbot** *n* embargo on exports; **~waren** *f/pl.* export(ed) goods, exports; **~zoll** *m* export duty.

'**ausfüllen** *v/t.* (h.) fill out *or* (*a. time*) up; stuff, pad; fill in (*Am.* out), complete (*a formular*); stop, fill (*a gap*); fill (*a position*); employ, occupy (*time*); absorb, engross *a p.*

'**ausfüttern** *v/t.* (h.) line (*a. tech.*); fur; pad, upholster.

'**Ausgabe** *f* delivery (*of letters, etc.*); distribution; edition; *neue ~* reprint; *bearbeitete ~* revised edition; copy (*of a book*); issue (*of stamps*); *econ.* emission, issue (*of loans, notes, shares*); expense, expenditure (*of money*); outlay, disbursement; cost *sg.*; *kleine ~n pl.* petty expenses; *Neben2n pl.* incidentals; *einmalige ~n* non-recurrent expenses; *laufende ~n* current expenses, running costs; *unvorhergesehene ~n pl.* contingencies; → *Ausgabestelle*; **~bank** *f* (-; -en) bank of issue; **~kurs** *m* rate of issue, issue; **~nbuch** *n* cash-book; **~posten** *m* expense item; **~stelle** *f econ.* issuing office; *mil.* supply point; *rail.* booking-office.

'**Ausgang** *m* going out, exit, egress; way out, exit; outlet; day (*or* afternoon, evening) off *or* out; *econ.* export; *of goods*: outgo, outturn; *Ausgänge pl. mail.* outgoing mail, *econ.* outgoing stocks; *Ausgänge machen* go shopping; *el. Schalter mit fünf Ausgängen* five-point switch; *fig.* end(ing), close; upshot, issue, result; *Unfall mit tödlichem ~* fatal accident; *~ haben* (*servant*) have one's day off; *e-n guten ~ nehmen* turn out well.

'**Ausgangs...: ~baumuster** *tech. n* prototype; **~element** *phys. n* parent element; **~erzeugnis** *n* initial product; **~impedanz** *el.* output impedance; **~kapital** *n* original investment; **~leistung** *el. f* power output; **~material** *n* original material; **~produkt** *n* primary product; **~punkt** *m* (*a. fig.*) starting point, point of departure; **~stellung** *f* starting-position, *mil.* line of departure; **~stufe** *el. f* output stage; **~zoll** *m* export duty.

'**ausgeben I.** *v/t.* (*irr.*, *h.*) give out; distribute; issue (*orders, tickets*); deliver; deal (*cards*); spend, expend (*money*); *econ.* issue, emit (*shares*); issue, circulate (*bank-notes*); *zuviel ~* overspend, overissue; *sich ~* **a)** run out of money, **b)** *fig.* spend (*or* extend) o.s. (*bei* in); *sich ~ als, für* pass o.s. off for, pose as, claim (*or* pretend) to be; → *Runde*; **II.** *v/i.* (*irr.*, *h.*) yield well, be thrifty.

ausgebeult ['ausgəbɔylt] *adj.* baggy.

'**ausgebildet** *adj.* trained (*a. lawyer, etc.*), skilled; *voll ~* fully qualified.

ausgebombt ['ausgəbɔmpt] *adj.* bombed(-)out.

'**Ausgeburt** *fig. f* (monstrous) product, monstrosity; phantom, illusion; *~ der Hölle* fiend.

ausgedehnt ['ausgəde:nt] *adj.* expansive, vast, extensive, wide(-spread); *fig.* extensive, lengthy.

ausgedient ['ausgədi:nt] *adj. person or thing*: superannuated; *~er Soldat* ex-service man, veteran; *civil servant*: retired, pensioned-off; *professor*: emeritus; *thing*: past use, worn out.

'**ausgefallen** *adj.* eccentric, unusual, odd, (*Fr.*) outré.

ausgefeilt ['ausgəfaılt] *adj. fig.* elaborate, flawless.

'**ausgeglichen** *adj.* → *ausgleichen*; *fig.* balanced, elegant (*style*); *mind, person*: well-balanced, (well-)-poised, equable, harmonious; **2heit** *f* (-) roundness (*of style*), harmony; poise, mental balance.

Ausgehanzug ['ausgə:-] *m* lounge-suit, outdoor-dress; *mil.* dress uniform.

'**ausgehen** *v/i.* (*irr.*, *sn*) go out; go for (*or* take) a walk; go out, *colloq.* step out, *Am.* go places; *mein Vater ist ausgegangen* my father is out (*or* not in); end (*auf acc.* in); come to an end (*or* close); *gut etc. ~* turn out well, *etc.*; fail; *hair*: fall out; *colour*: fade; *fire, light*: go out; *money, supply*: run short, give out; *mir ging das Geld aus* I ran short (*or* out) of money; *merchandise*: give (*or* sell) out; *die Geduld geht mir aus* that's about all I can stand, that's the last straw; *phys.* emanate, irradiate (*von* from), *fig.* derive (*or* result, emanate) from; *von j-m ~ plan, etc.*: come from; *die Sache ging von ihm aus a.* it was his idea, it was suggested *or* initiated by him; *von et. ~* start (*or* proceed) from, base (one's considerations) on; *wenn wir davon ~, daß* proceeding on the assumption that; *frei ~* go unpunished, get off scot-free; *leer ~* come away empty-handed, get nothing; *auf et. ~* **a)** go in quest (*or* search) of, seek *a th.*, **b)** aim at, have in view, *colloq.* be out (*or* in the market) for; **~d** *adj.* outgoing; *mar.* outward-bound; *~e Fracht* outward freight; ending, waning; *of time*: late.

Ausgehverbot ['ausgə:-] *mil. n* confinement to barracks; *w.s.* curfew.

ausgeklügelt ['ausgəkly:gəlt] *adj.* ingenious, clever.

ausgekocht ['ausgəkɔxt] *fig. adj.* hardboiled, out-and-out; seasoned.

'**ausgelassen** *adj.* frolicsome, rollicking, frisky; boisterous, tumultuous; unrestrained, unruly; **2heit** *f* (-) exuberance, high spirits *pl.*, hilarity; noisiness; unruliness.

ausgeleiert ['ausgəlaıərt] *adj.* worn out; *~es Gewinde a.* (*nut with*) slipped thread; *fig.* hackneyed, trite.

ausgemacht ['ausgəmaxt] *p.p. and adj.* settled, perfect; confirmed, established, positive; *~e Sache* foregone conclusion; *et. als ~ ansehen* take a th. for granted; thorough, downwright, out-and-out (*fool, etc.*).

ausgemergelt ['ausgəmɛrgəlt] *adj.* [emaciated.]

'**ausgenommen I.** *adv.* except, with the exception of, save; *alle, ~ ihn* all but him; *Anwesende ~* present company excepted; *du nicht ~* not excepting you; **II.** *cj. ~, daß* except, saving that; unless.

ausgeprägt ['ausgəprɛ:kt] *adj.* distinct, marked, pronounced.

ausgerechnet ['ausgərɛçnət] *adv. fig.* just, exactly; *~ er* he of all people; *~ heute* today of all days; *~ das* this of all things.

ausgereift ['ausgəraɪft] *adj.* mature; *tech.* perfected, fully developed.
ausgeruht ['ausgəru:t] *adj.*: ~ *aussehen* look rested.
ausgeschaltet ['ausgəʃaltət] *adj.* out of gear (*or* action); *on apparatus*: off.
'**ausgeschlossen** *adj.* impossible, out of the question; *int.* ~! impossible!, not on your life!, nothing doing!, *Am. sl.* no soap.
'**ausgeschnitten** *adj. Kleid*: (*tief* ~) low(-necked).
Ausgesiedelte(r *m*) ['ausgəzi:dəltə(r)] *f* (*-n*; *-n*; *-en*; *-en*) evacuee.
'**ausgesprochen** *adj.* decided, pronounced, positive.
'**ausgestalt|en** *v/t.* (*h.*) shape; develop, design; arrange, organize; 2**ung** *f* shaping; arrangement, design.
Ausgestoßene(r *m*) ['ausgəʃto:sənə(r)] *f* (*-n*; *-n*; *-en*; *-en*) outcast.
'**ausgesucht** *adj.* exquisite, choice; *person*: (hand-)picked; *words*: well-chosen; studied, *politeness*: *a.* exquisite.
ausgetreten ['ausgətre:tən] *adj.* trodden-down (*shoes*); *fig.* ~*er Weg* beaten path.
'**ausgewachsen** *adj.* full-grown; full-fledged; *fig. a.* full-blown.
Ausgewiesene(r *m*) ['ausgəvi:zənə(r)] *f* (*-n*; *-n*; *-en*; *-en*) expellee.
'**ausgewogen** *adj.* well-balanced.
'**ausgezeichnet** *adj.* distinguished, decorated; excellent, outstanding, first-class; splendid, capital, fine.
ausgiebig ['ausgi:biç] **I.** *adj.* → *reichlich, ergiebig*; **II.** *adv.*: ~ *Gebrauch machen von* make full (*or* good) use of.
'**ausgieß|en** *v/t.* (*irr.*, *h.*) pour out; empty; spill; fill up; 2**ung** *eccl.* (-) *des Heiligen Geistes*: effusion *of the Holy Spirit.*
Ausgleich ['ausglaɪç] *m* (-[e]s; -e) arrangement, settlement, compromise; *econ.* **a**) balance, balancing, **b**) set-off, *Am.* offset, **c**) (final) settlement, **d**) adjustment (*a. of taxes*), **e**) compensation; *zum* ~ *unseres Kontos* in settlement of (*or* in order to balance) our account; *zum* ~ *unserer Tratte* as cover for our draft; equalization; *tech. el.* compensation, balance; *sports*: handicap; *soccer, etc.*: equalization; *tennis*: deuce.
'**ausgleich|en** *v/t.* (*irr.*, *h.*) make even; equalize (*a. tech. pressure, el. frequencies*; *econ. burden*; *a. sports*); outweigh; make up for, compensate (*a loss*); *econ.* balance, square, settle (*accounts*); compound (*a debt, etc.*); cover; set off, *Am.* offset (*contra accounts*); settle (*differences*), adjust, smooth over; *tech.* balance, adjust, level; *el.* balance (out), compensate; *mot.* synchronize (*speed*); ~*de Gerechtigkeit* poetical justice; → *ausgeglichen*; 2**getriebe** *mot. n* differential (gear); 2**skondensator** *el. m* balancing capacitor; 2**s-spule** *el. f* compensating coil; 2**s-strom** *el. m* balance current; 2**ung** *f* equalization; adjustment; settlement; balancing, compensation; → *Ausgleich*; 2**ungsfehler** *tech. m* balance error, unbalance; 2**zahlung** *f* equalization payment.
'**ausgleiten** *v/i.* (*irr.*, *sn*) slip (*a. fig.*), slide, lose one's footing; *vehicle*: skid.
'**ausglühen I.** *v/i.* (*sn*) cease glowing, cool down; **II.** *v/t.* (*h.*) *metall.* anneal; *chem.* calcine.
'**ausgrab|en** *v/t.* (*irr.*, *h.*) dig out (*or* up), unearth (*all a. fig.*); exhume, disinter (*a corpse*); *arch.* excavate (*a. ruins*); 2**ung** *f* (-; -en) excavation; exhumation.
'**ausgreifen** *v/i.* (*irr.*, *h.*) *horse*: step out; ~**d** *adj. fig.*: *weit* ~ far-reaching.
'**ausgrübeln** *v/t.* (*h.*) puzzle out.
Ausguck ['ausguk] *mar. m* (-[e]s; -e) look-out, crow's nest.
'**Ausguß** *m kitchen*: sink; *mar.* rubbish-shoot; *of vessels*: spout, lip; gutter; *tech.* outlet, drain; delivery, discharge; ~**eimer** *m* slop-pail; ~**röhre** *f* drain-pipe.
'**aushacken** *v/t.* (*h.*) hew (*or* hack) out; *agr.* grub (*or* hoe) up.
'**aushaken** *v/t. or sich* ~ (*h.*) unhook.
'**aushalten I.** *v/t.* (*irr.*, *h.*) endure, suffer, bear; stand (*attack, comparison, heat, test, etc.*); *kannst du es* ~? can you take it?; *nicht zum* 2 beyond endurance; sustain, hold (*a. mus.*); support; keep (*a woman*); **II.** *v/i.* (*irr.*, *h.*) endure, last, hold out; *fig.* persevere; *er hält es nirgends lange aus* he never stays (*or* lasts) long in one place.
'**aushandeln** *v/t.* (*h.*) bargain (for); negotiate; settle.
aushändig|en ['aushendigən] *v/t.* (*h.*) hand *a th.* over (*j-m* to a p.); *a. econ.* deliver (up), surrender; 2**ung** *f* (-) delivery, surrender, handing over.
'**Aushang** *m* notice, bulletin; placard, poster.
Aushänge|bogen ['aushɛŋə-] *typ. m* clean sheet; 2**n** *v/t.* (*h.*) hang out (*a. v/i.*); post (up), put up (*placard*); unhinge (*door*); display, show (*goods*); unhook; *sich* ~ (*dress*) smooth out; ~**schild** *n* sign(-board), shop sign, *Am. a.* shingle; *fig.* front, cover, preten|ce, *Am.* -se, show-place.
'**ausharren** *v/i.* (*h.*) persevere; hold out, endure to the end; *auf s-m Platz* ~ stick to one's place.
'**aushärten** *tech. v/t.* (*h.*) harden, cure.
'**aushauchen** *v/t.* (*h.*) exhale, breathe out; *sein Leben* ~ breathe one's last.
'**aushauen** *v/t.* (*h.*) clear, thin (*a wood*); hew *stones, etc.* (*aus dat.* out of); hew (*or* chisel) out, carve.
'**aushebe|en** *v/t.* (*irr.*, *h.*) lift out; take *a door* off the hinges; (*sich*) *die Schulter*: dislocate, put *one's shoulder* out (of joint); dig, excavate; *mil.* levy *troops*, enrol(l), enlist, *esp. Am.* draft (*recruits*); capture (*sentry*); clear out, raid (*nest of criminals*); 2**ung** *f* levy, recruiting, conscription, draft(ing).
aushebern (*h.*) siphon out.
'**aushecken** *fig. v/t.* (*h.*) hatch, concoct, cook (*Am. a.* think) up.
'**ausheilen** *v/t.* (*h.*) *and v/i.* (*sn*) heal (up); cure completely.
'**aushelfen** *v/i.* (*irr.*, *h.*) help out, assist; supply, *colloq.* fix *a p.* up (*mit* with).
'**Aushilf|e** *f* (temporary) help, assistance, aid; makeshift, substitute, stopgap; *with money*: accommodation; *person*: help, auxiliary, handyman, *Am.* hired man; ~**skraft** *f* occasional (*or* relief) worker, temp(orary); ~**skraftwerk** *n* emergency power station; ~**smädchen** *n* between-maid, part-time girl; 2**sweise** ['-svaɪzə] *adv.* as a makeshift (*or* stopgap); temporarily.
aushöhl|en ['aushø:lən] *v/t.* (*h.*) hollow out, excavate; *tech.* groove (out); *fig.* sap, undermine, erode; 2**ung** *f* excavation; grooving; sapping.
'**ausholen I.** *v/i.* (*h.*) swing (back) (*for a blow, throw, etc.*); *a. swimming*: strike out; *fig.* (*weit*) ~ go far back; **II.** *v/t.* (*h.*) draw *a p.* out, sound, pump.
'**aushorchen** *v/t.* (*h.*) → *ausholen II.*
'**Aushub** *m* (-[e]s) excavated material.
aushülsen ['aushylzən] *v/t.* (*h.*) hull, husk, shell.
'**aushungern** *v/t.* (*h.*) starve (out); *ausgehungert* famished, starved.
'**aushusten** *v/t.* (*h.*) cough (*or* bring) up, expectorate.
'**ausjäten** *v/t.* (*h.*) weed out.
'**auskämmen** *v/t.* (*h.*) comb out (*a. fig.*); *tech.* card, comb.
'**auskämpfen** *v/t.* (*h.*) fight out.
'**auskehl|en** *tech. v/t.* (*h.*) flute, groove, chamfer, hollow out; 2**ung** *f* (-; -en) fillet, groove, flute.
'**auskehren** *v/t.* (*h.*) sweep (out), (sweep) clean.
'**auskeilen I.** *v/t.* (*h.*) *tech.* wedge out; *mining*: (*a. sich*) peter out; **II.** *v/i.* (*sn*) *horse*: lash out, kick.
'**auskeimen** *v/i.* (*sn*) germinate.
'**auskeltern** *v/t.* (*h.*) press (out).
'**auskennen:** *sich* ~ (*irr.*, *h.*) (*in dat.*) know (one's way about) *a place*; *fig.* be versed (*or* quite at home) in; know all about *a th.*; *er kennt sich aus* he knows what's what; *ich kenne mich nicht mehr aus* I am completely at a loss.
auskernen ['auskɛrnən] *v/t.* (*h.*) take out the kernel (*or* pips) of (*apples*); stone; shell (*pulse*).
'**auskippen** *v/t.* (*h.*) dump (*or* pour) out.
'**ausklammern** *v/t.* (*h.*) *fig.* leave out of consideration.
'**Ausklang** *mus. m* final notes; *fig.* end, finale, (fall of the) curtain.
ausklappbar ['ausklapba:r] *adj.* swinging out, hinged.
'**ausklarieren** *mar. v/t.* (*h.*) clear out.
'**ausklauben** *v/t.* (*h.*) pick out; *fig.* puzzle out.
'**auskleiden** *v/t.* (*h.*) undress; *sich* ~ *a.* take off one's clothes; *tech.* line, coat, plate.
'**ausklingen** *v/i.* (*irr.*, *sn*) die (*or* fade) away; *fig.* end (*in acc.* in).
'**ausklinken** *v/t.* (*h.*) disengage (*the clutch*); release (*a. aer. bombs, glider*); unlatch (*door*).
'**ausklopfen** *v/t.* (*h.*) beat out; scale (*boiler*); dust (*clothes*); knock out (*pipe*).
'**ausklügeln** *v/t.* (*h.*) puzzle out; contrive; → *ausgeklügelt.*

'**auskneifen** *v/i.* (*irr.*, *sn*) decamp, bolt, cut and run, *Am. sl.* take a powder.

'**ausknipsen** *v/t.* (*h.*) *el.* switch off, flick out.

'**ausknobeln** *v/t.* (*h.*) dice (*or* toss) for; *fig.* puzzle out, *Am. a.* figure out.

'**auskochen** *v/t.* (*h.*) boil (out); decoct, extract (*juice*); scald (*vessels*); → *ausgekocht.*

auskommen *v/i.* (*irr.*, *sn*) come out; *fire*: break out; *mit et.* ~ do with, manage with, get by with; *mit s-m Geld* ~ manage to live within one's money, make both ends meet; *ohne et.* ~ manage (*or* do, get along) without, be able to dispense with; *mit j-m* ~ get on (*or* along) with a p., be on friendly terms with a p., hit it off well with a p.; '**Auskommen** *n* competency, living, livelihood; *sein* ~ *haben* make a living; have a competency, be in easy circumstances; *es ist kein* ~ *mit ihm* there is no getting on with him.

auskömmlich ['auskœmliç] *adj.* sufficient.

'**auskosten** *v/t.* (*h.*) enjoy to the full, *a. iro.* taste fully; *iro. ich habe es ausgekostet* I had my fill of it.

'**auskramen** *v/t.* (*h.*) rummage up; *fig.* dig up; trot out (*knowledge*).

'**auskratz|en I.** *v/t.* (*h.*) scrape out; rake out; *med.* curette; **II.** *colloq. fig. v/i.* (*sn*) bolt, hook (*or sl.* beat) it; **2ung** *med. f* (-; -en) curettage.

'**auskriechen** *v/i.* (*irr.*, *sn*) come (*or* creep) forth; be hatched.

'**auskugeln** *v/t.* (*h.*): *sich den Arm* ~ dislocate one's arm.

auskultieren [auskul'ti:rən] *med. v/t.* (*h.*) auscultate.

'**auskundschaften** *v/t.* (*h.*) explore, spy out, ferret out; *mil.* scout, reconnoit|re, *Am.* -er.

Auskunft ['auskunft] *f* (-; ⸚e) information; inquiry-office, *Am.* information desk; *teleph.* inquiries; *nähere* ~ details *pl.*; *nähere* ~ *bei or in* see (*or* consult); ~ *einholen* seek (*or* obtain) information; ~ *erteilen* give (*or* supply) information; *Auskünfte einziehen lassen* have inquiries made; **Auskunf'tei** *f* (-; -en) inquiry office, *esp. Am.* information bureau.

'**Auskunfts...:** **~beamter** *m*, **~beamtin** *f* inquiry clerk; *teleph.* information operator; **~mittel** *n* expedient; **~person** *f* informant; **~pflicht** *f* obligation to give information; **~stelle** *f* information bureau.

'**auskuppeln** *v/t. and v/i.* (*h.*) uncouple; disconnect, release; *mot.* disengage (the clutch), declutch, put into neutral gear.

'**auslachen** *v/t.* (*h.*): *j-n* ~ laugh (*or* jeer) at, deride a p. (*wegen gen.* for); *sich* ~ laugh one's fill.

Auslade|bahnhof ['auslɑ:də-] *m* railhead, *mil. a.* detraining point; **2n I.** *v/t.* (*irr.*, *h.*) discharge, unload; *mar.* discharge, clear, lighten; disembark, land (*passengers, troops*); *mil. rail.* detrain; debus; *aer.* deplane; *Am.* detruck; *j-n* ~ cancel a p.'s invitation, ask a p. not to come; **II.** *v/i.* (*irr.*, *h.*) jut out, project; **~hafen** *m* port of discharge; **~r** *m* (-s; -) stevedore, unloader; *mar.* stevedore, lighterman, *Am.* longshoreman; *el.* conducting arc; **~rampe** *f* handling (*or* loading) platform.

'**Ausladung** *f* discharge, unloading; *arch.* projection; *tech.* radial range, working radius; *of machine tool*: overhang; *of swing crane*: length of jib; *of plate shears*: depth of throat.

'**Auslage** *f* outlay, disbursement, advance; expenses *pl.*; *j-m s-e* ~*n zurückerstatten* reimburse a p. (for his expenses); *of goods*: display, show; goods exhibited; (shop-) window; *die* ~*n ansehen gehen* go window-shopping; *fenc. or boxing*: on-guard position, guard; *Links*2 left-hand guard; *rowing*: coming forward; **~kästchen** *n of jeweller, etc.*: tray.

'**auslagern** *v/t.* (*h.*) store outdoors; evacuate, disperse; *tech.* settle (*beer*); age(-harden) (*aluminium*).

'**Auslagewerbung** *f* window display; counter display.

'**Ausland** *n* (-[e]s) foreign country; foreign countries *pl.* (*or* parts, nations *pl.*); *ins* ~, *im* ~ abroad; *im* ~ *geboren* foreign born; *vom* ~ from abroad; *fürs* ~ *bestimmt* outward bound.

Ausländ|er(in *f*) ['auslɛndər(in)] *m* (-s; -; -; -nen) foreigner; *jur.* alien; *feindlicher* ~ enemy alien; *unerwünschte* ~ *pl.* undesirable aliens; **2isch** *adj.* foreign; *econ. a.* external; *jur.* alien; *bot.* exotic; *fig.* exotic, outlandish, strange; ~*e Besucher* visitors from abroad.

'**Auslands...:** **~abteilung** *econ. f* Foreign Department; **~anleihe** *f* external loan; **~aufenthalt** *m* stay abroad; **~bank** *f* (-; -en) foreign bank, *Am.* overseas bank; **~berichterstatter** *m* foreign correspondent; **~deutsche(r** *m*) *f* German abroad; **~dienst** *m* foreign service; **~filiale** *f* foreign branch; **~geschäft** *n* foreign business; **~gespräch** *teleph. n* international foreign call; **~guthaben** *n/pl.* deposits *pl.* in foreign countries; **~korrespondent(in** *f*) *m* foreign correspondent; **~paß** *m* foreign passport; **~patent** *n* foreign patent; **~presse** *f* (-) foreign press; **~reise** *f* trip (*or* tour) abroad, outward journey; **~vermögen** *n* external assets *pl.*, property abroad; **~verschuldung** *f* foreign debt; **~zahlungsverkehr** *m* external exchange of payments; **~zulage** *f* foreign service allowance.

Auslaß ['auslas] *m* (-sses; ⸚sse) outlet, exit, discharge, delivery, exhaust.

'**auslass|en** *v/t.* (*irr.*, *h.*) let out (*or* off); let (*or* blow) off (*steam*); melt, render down, extract (*fat*); strain (*honey*); let out; leave out, omit (*a word, etc.*); skip (*a page, etc.*); delete, strike (out), cancel, cut (out); *fig. s-e Gefühle* ~ give vent to one's feelings; *s-n Zorn an j-m* ~ vent one's anger on a p.; *er ließ s-e Wut (darüber) an ihr aus* he took it out on her; *sich* ~ (*über acc.*) express o.s. (about); *sich weitläufig* ~ *über* expatiate (*or* enlarge, dilate) upon; *er ließ sich nicht weiter aus* he did not explain himself further; **2ung** *f* (-; -en) omission; deletion; remark, utterance; *gr.* ellipsis, elision; **2ungszeichen** *n* apostrophe.

'**Auslaßventil** *n* exhaust valve; escape valve; ~ *für Luft* air vent.

'**auslasten** *tech. v/t.* (*h.*) balance, equalize (*loads*); *fig.* employ to capacity.

'**Auslauf** *m* outflow, discharge; outlet, drain; mouth (*of river*); *for animals*: run; *mar.* sailing; *aer.* landingrun; *skiing*: outrun; *swimming*: glide; *tennis*: margin; *arch.* projection; **2en** *v/i.* (*irr.*, *sn*) run (*or* flow) out; *vessel*: leak (out), trickle out; *mar.* sail, put to sea, clear (the port); *aer.* taxi (to a standstill); *colour*: run, blur; *fig.* (come to an) end, expire; slow down, die out; *engine*: run down, *car*: coast; *arch.* project; ~ *in or auf* (*acc.*) end (*or* terminate, result) in; *in ein Vorgebirge* ~ run out into a promontory; *spitz* ~ taper (off); *Produktion* ~ *lassen* taper off production; *sich* ~ *person*: have a good run; **2end** *adj. mar.* outward bound; *fig.* ending.

'**Ausläufer** *m* errand-boy; *bot.* runner, offshoot; *mining*: branch lode; *of mountain*: spur, foot-hills *pl.*; *of town*: outskirts *pl.*; *fig.* branches, ramification.

'**Auslauf...:** **~hahn** *m* drain cock; **~strecke** *aer. f* landing run *or* distance; **~stutzen** *m* drain plug.

'**auslaugen** *v/t.* (*h.*) lixiviate, extract; *geol.* leach out; *mining*: wash.

'**Auslaut** *gr. m* final (*or* terminal) sound; *im* ~ when final; **2en** *gr. v/i.* (*h.*) terminate, end (*auf acc.* in).

'**ausläuten I.** *v/i.* (*h.*) cease ringing; **II.** *v/t.* (*h.*) ring out.

'**ausleben:** *sich* ~ (*h.*) enjoy life to the full; sow one's wild oats.

'**auslecken** *v/t.* (*h.*) lick out *or* clean.

'**ausleeren** *v/t.* (*h.*) empty, clear (out); drink up, drain; *med.* evacuate; void (*the bladder*); *fig. sein Herz* ~ pour out one's heart.

'**auslegen** *v/t.* (*h.*) lay out, spread; *econ.* display, exhibit, expose *goods* (for sale); lay open (*a patent specification*); lay out (*a corpse*); run, lay (*a cable*); line, cover; floor; design, plan; inlay, lay out; *ausgelegte Arbeit* inlaid work; advance, disburse, pay (*für* for); interpret, construe, explain; *wie legst du diesen Satz aus?* how do you read this sentence?; *falsch* ~ misinterpret, misconstrue; *gut (schlecht)* ~ put a good (bad) construction on *a th.*; *j-m et. als Eitelkeit* ~ set a th. down to a p.'s vanity.

Ausleger ['ausle:gər] *m* (-s; -) expositor, interpreter, commentator; *tech. of crane*: derrick, jib; *arch.* cantilever; *of machine tool*: arm; *arch.* outrigger; **~arm** *tech. m of crane*: jib; *of machine tool*: arm; **~boot** *n* outrigger; **~brücke** *f* cantilever bridge.

Auslegeschrift *f* patent specification.

'**Auslegung** *f* (-; -en) laying out; explanation; interpretation, construction; *eccl.* exegesis; reading; *falsche* ~ misinterpretation, erroneous construction; publication.

'ausleiden *v/i.* (*irr.*, *h.*): *er hat ausgelitten* his sufferings are over.

'ausleihen *v/t.* (*irr.*, *h.*) lend (out), hire out, *esp. Am.* loan; *econ. Kapital auf Zinsen* ~ put out principal at interest; *sich et.* ~ borrow a th.

'auslernen *v/i.* (*h.*) finish learning; complete one's apprenticeship (*or* training); *man lernt nie aus* we live and learn.

'Auslese *f* sorting; choice, selection; *literary*: *a.* digest; *natürliche* ~ natural selection; wine made from the choicest late-gathered grapes; *fig. die* ~ the pick (*or* cream, flower, élite); **2n** *v/t.* (*irr.*, *h.*) select, choose, pick out; *econ.* sort, grade; read through, finish (*a book*); *von A bis Z* ~ read from cover to cover.

'ausleucht|en *v/t.* (*h.*) *tech. film*: illuminate; **2ung** *f* (-; -*en*) illumination.

'ausliefer|n *v/t.* (*h.*) deliver (up), hand (*or* turn) over (*dat.* to); *econ.* deliver (*goods*); *jur.* **a)** surrender, **b)** extradite (*criminals*); restore; *j-m ausgeliefert sein* be at the mercy (*or* in the power, clutches) of a p.; **2ung** *f* delivery; *jur.* **a)** surrender, **b)** restitution, **c)** extradition.

'Auslieferungs...: **~auftrag** *m* delivery order; **~lager** *n* delivery stores *pl.*, supply depot; **~schein** *m* delivery order, bill of delivery; **~stelle** *f* distribution cent|re, *Am.* -er; **~vertrag** *m* extradition treaty.

'ausliegen *v/i.* (*irr.*, *h.*) be displayed (*or* exhibited), be on show; *zur Einsichtnahme* ~ be exposed (*or* open) to inspection; *newspapers*: be kept.

Auslobung ['auslo:buŋ] *f* (-; -*en*) public reward.

'auslochen *tech. v/t.* (*h.*) punch out.

'auslöffeln *v/t.* (*h.*) spoon (*or* ladle) out; *fig.* → *Suppe*.

'auslösch|en *v/t.* (*h.*) extinguish, put out (*fire, etc.*; *a. fig.*); *el.* switch off, turn out; stub (*or* put) out (*a cigarette*); efface, obliterate, blot out (*writing*); wipe out (*a. fig.*), erase; cancel, delete; **2ung** *f* extinction; obliteration; deletion.

Auslöse|feder ['auslø:zə-] *tech. f* release (*or* tripping) spring; **~hebel** *m* release (*or* trip) lever; **~knopf** *m* release button.

'auslosen *v/t.* (*h.*) draw lots for; toss for; *with dice*: raffle for; distribute by lot, allot; *econ.* draw (by lot); *ausgeloste Obligation* drawn bond.

'auslös|en *v/t.* (*h.*) loosen, release; *tech.* disengage, throw out of gear; *el.* break the circuit; release (*a. bombs, torpedo*), actuate, trip; redeem, ransom (*prisoners*); redeem (*a pawn*), take out of pledge; *econ.* redeem, cash (*a bill of exchange*); *fig.* start, spark, trigger; unleash; draw (*applause*), call forth, arouse (*a. enthusiasm*); engender (*feelings*); produce (*an effect*); **2er** *tech. m* (-*s*; -) release (lever), *esp. phot.* trigger; *el.* **a)** release, **b)** circuit-breaker; **2evorrichtung** *f* release (gear *or* mechanism), tripping device; *aer.* (bomb-)release control; **2ung** *econ. f* redemption; severance pay; ransom; *tech.* release; → *Auslösevorrichtung*; *of watches*: detent.

'Auslosung *f* draw(ing of lots); *econ.* drawing of bonds; allotment; *tennis*: draw; **~s-schein** *m* letter of allotment; drawing certificate.

'ausloten *mar. v/t.* (*h.*) sound (*a. fig.*).

'auslüften *v/t.* (*h.*) air, ventilate.

'ausmachen *v/t.* (*h.*) put out, extinguish (*a fire*); *el.* switch (*or* turn) out; open, shell (*oysters*); gut (*fish*); draw (*poultry*); husk, shell (*pulse*); dig up (*potatoes*); make out, sight, spot; locate; *fig.* stipulate, (make it a) condition; settle, decide; fight out (*unter sich* between themselves); arrange, settle, agree; make up, constitute, form; amount (*or* come, run) to, total; *das macht nichts aus* it does not matter, it is of no consequence, never mind; *es macht viel aus* it matters a great deal; *würde es Ihnen et.* ~, *wenn?* would it make any difference to you if?, would you mind (*ger.*)?

'ausmahlen *v/t.* (*h.*) grind up, extract.

'ausmalen *v/t.* (*h.*) paint (*a room*); illuminate, colo(u)r (*a picture*); *fig.* depict, picture (*dat.* to); amplify, embroider; *sich et.* ~ picture a th. to o.s.

'ausmanövrieren *v/t.* (*h.*) outmanoeuvre, *Am.* outmaneuver.

'Ausmarsch *m* marching out, departure; **2ieren** *v/i.* (*sn*) march out, depart.

'Ausmaß *n* measurement(s *pl.*), dimension(s *pl.*), size; *fig.* extent; scale; degree; *in großem* ~ on a large scale, *fig.* to a great extent; *erschreckende* ~*e annehmen* assume alarming proportions.

'ausmauern *v/t.* (*h.*) wall (*or* brick) up; line with brick.

'ausmeißeln *v/t.* (*h.*) chisel out; sculpture, carve; *tech.* chase.

'ausmergeln *v/t.* (*h.*) emaciate; *fig.* impoverish, exhaust.

ausmerzen ['ausmɛrtsən] *v/t.* (*h.*) *agr.* cull, weed out; cast off, reject; expunge, strike out; eliminate; eradicate, wipe out; efface, blot out.

'ausmess|en *v/t.* (*irr.*, *h.*) measure (out); survey (*land*); gauge (*vessel*); **2ung** *f* measuring, measurement; survey; ga(u)ge.

'ausmisten *v/t.* (*h.*) clear *a stable* (of manure); *colloq. fig.* (*esp. v/i.*) clear up the mess.

ausmitt|eln ['ausmitəln] *v/t.* (*h.*) *math.* form the average; *fig.* identify, determine; **~ig** *tech. adj.* eccentric, off-cent|re, *Am.* -er.

'ausmünden *v/i.* (*h.*): ~ *in* (*acc.*) *river*: fall (*or* discharge, empty) into; *road, etc.*: open (*or* lead) into.

'ausmünzen *v/t.* (*h.*) coin, stamp, mint.

'ausmuster|n *v/t.* (*h.*) discard, reject; scrap (*a machine*); *aer. mil.* discharge (as unfit); **2ung** *f* rejection; discharge; **2ungsgeld** *n* mustering-out pay.

Ausnahme ['ausna:mə] *f* (-; -*n*) exception; exemption; *mit* ~ *von* or *gen.* except(ing), with the exception of, save; *ohne* ~ without exception, all of them; *e-e* (*keine*) ~ *machen* make an (admit of no) exception; *die* ~ *bestätigt die Regel* the exception proves the rule; *e-e* ~ *von der Regel* an exception to the rule; **~bestimmung** *f* saving clause; **~fall** *m* exceptional case, exception; **~zustand** *m* (state of) emergency; *mil.* (state of) martial law; *den* ~ *verhängen* establish martial law.

ausnahms|los ['ausna:ms-] *adv.* without exception; **~weise** ['-vaɪzə] *adv.* exceptionally, by way of exception; for once.

'ausnehmen *v/t.* (*irr.*, *h.*) take out; disembowel; gut (*fish*); draw (*poultry*); *fig.* except, exclude; exempt (*von* from); *sich gut* (*schlecht*) ~ look well (bad); *er nahm sich schlecht aus* he cut a poor figure; **~d I.** *adj.* exceptional; **II.** *adv.* exceptionally, exceedingly.

'ausnutz|en, ausnütz|en *v/t.* (*h.*) utilize (fully), profit by, make the best (*or* most) of, turn to account; take advantage of (*a. b.s.*); *a. mil., mining*: exploit; *workers*: *a.* drive, sweat; *er nützte ihre Schwäche aus* he practised (*or* played) on her weakness; **2ung** *f* utilization; exploitation.

'auspacken I. *v/t.* (*h.*) unpack; uncase; **II.** *v/i.* (*h.*) *colloq. fig.* speak up, speak one's mind, not to mince words.

'auspeitschen *v/t.* (*h.*) whip, flog.

'auspfänden *v/t.* (*h.*): *j-n* ~ seize a p.'s goods, distrain (up)on a p.

'auspfeifen *v/t.* (*irr.*, *h.*) *thea.* hiss off the stage; hoot, catcall; *sports, etc.*: boo.

'auspflanzen *v/t.* (*h.*) transplant, bed out; pot out.

'auspichen *v/t.* (*h.*) (coat with) pitch; *fig. ausgepicht* seasoned, hardened.

Auspizien [au'spi:tsiən] *pl.* auspices.

'ausplätten *v/t.* (*h.*) iron (*or* smooth) out.

'ausplaudern *v/t.* (*h.*) blab (*or* let) out.

'ausplündern *v/t.* (*h.*) ransack, loot, pillage; rob, clean out; *j-n* ~ rob (*or* fleece) a p.; *bis aufs Hemd* ~ strip to the skin.

'auspolstern *v/t.* (*h.*) stuff, pad; wad; *tech.* lag, line.

'ausposaunen *colloq. v/t.* (*h.*) trumpet (*or* blazon) forth, noise abroad.

'ausprägen *v/t.* (*h.*) coin, stamp, mint; *sich* ~ show (*or* reveal) itself, find its expression (*in dat.* in); → *ausgeprägt*.

'auspressen *v/t.* (*h.*) press (*or* squeeze) out; crush.

'ausprobieren *v/t.* (*h.*) try (out), (put to the) test; sample, taste (*wine*).

'Auspuff *mot. m* (-[e]*s*; -*e*) exhaust; **~gas** *n* exhaust gas; **~hub** *m* exhaust stroke; **~klappe** *f* exhaust valve; **~krümmer** *m*, **~leitung** *f* exhaust manifold; **~rohr** *n* exhaust pipe; **~takt** *m* exhaust cycle (*or* stroke); **~topf** *m* silencer, *Am.* (exhaust) muffler.

'**auspumpen** *v/t.* (*h.*) pump out, evacuate; *phys. air*: exhaust, rarefy; *colloq. fig. ausgepumpt* exhausted; panting; in a sweat.

auspunkten ['aʊspuŋktən] *v/t.* (*h.*) *boxing*: beat by points, outpoint.

'**auspusten** *v/t.* (*h.*) blow out.

'**Ausputz** *m* adornment; trimmings *pl.*; **≈en** *v/t.* (*h.*) clean (out); prune (*trees*); trim (*vine*); adorn, decorate; *sich* ~ dress up; **~er** *m soccer*: sweeper(-up).

ausquartier|en ['aʊskvarti:rən] *v/t.* (*h.*) dislodge; *mil.* billet out; *sich* ~ change one's quarters; **≈ung** (-; -en) *mil.* billeting out; change of quarters.

'**ausquetschen** *v/t.* (*h.*) squeeze (*or* crush) out; *fig. colloq.* pump, grill, cross-examine.

'**ausradieren** *v/t.* (*h.*) erase; (*a. fig.*) rub out.

'**ausrangieren** *v/t.* (*h.*) *rail.* shunt off; scrap; *fig.* discard, cast off; shelve (*officials*).

'**ausrauben** *v/t.* (*h.*) rob; ransack.

'**ausrauchen** *v/t.* (*h.*): *s-e Pfeife* ~, *etc.* finish one's pipe, *etc.*

'**ausräuchern** *v/t.* (*h.*) fumigate; smoke out (*bees, fox, enemy*).

'**ausraufen** *v/t.* (*h.*) pull (*or* tear) out; *fig. sich die Haare* ~ tear one's hair.

'**ausräumen** *v/t.* (*h.*) empty, evacuate, clear; remove (*furniture, etc.*); *econ.* clear off (*goods*); *tech.* broach.

'**ausrechn|en** *v/t. or sich* ~ (*h.*) calculate, compute; *a. fig.* reckon out, *Am.* figure out; do *a sum*; *falsch* ~ miscalculate; → *ausgerechnet*; **≈ung** *f* calculation, computation.

'**ausrecken** *v/t.* (*h.*) stretch (out), extend; *sich* ~ stretch (*or* draw) out; *sich den Hals* ~ crane one's neck.

'**Ausrede** *f* excuse, pretext, evasion; subterfuge; → *faul*; ~*n machen a.* be evasive, quibble, shuffle; *er weiß immer e-e* ~ he is never at a loss for an excuse; **≈n I.** *v/i.* (*h.*) finish speaking; *j-n* ~ *lassen* hear a p. out; *lassen Sie mich* ~ *a.* let me have my say; *j-n nicht* ~ *lassen* cut a p. short; **II.** *v/t.* (*h.*): *j-m et.* ~ dissuade a p. from doing a th., talk (*or* argue) a p. out of a th.; *sich* ~ speak one's mind, have one's say.

'**ausreiben** *v/t.* (*irr., h.*) rub out; *tech.* ream.

'**ausreichen** *v/i.* (*h.*) suffice, be sufficient (*or* enough); do, last; *das wird kaum* ~ that will hardly do; *es wird für eine Woche* ~ it will last you a week; *mit et.* ~ make a th. do, manage with a th.; **~d** *adj.* sufficient.

'**ausreifen** *v/i.* (*sn*) ripen *or* mature (thoroughly); → *ausgereift.*

'**Ausreise** *f* departure, exit; *mar.* voyage out; **~genehmigung** *f* exit permit; **~visum** *n* exit visa.

'**ausreißen I.** *v/t.* (*irr., h.*) tear (*or* pluck, pull) out; pull up (*a tree*); uproot; pull out, extract (*teeth*); *colloq.* → *Bein*; **II.** *v/i.* (*irr., sn*) run away, decamp; *a. horse*: bolt.

'**Ausreißer** *m* fugitive, runaway, deserter; *mil.* stray shot.

'**ausreiten I.** *v/i.* (*irr., sn*) ride out (on horseback), go for (*or* take) a ride; **II.** *v/t.* (*irr., h.*) take out, exercise (*horses*).

ausrenken ['aʊsrɛŋkən] *v/t.* (*h.*) dislocate (*sich den Arm* ~ one's arm); disjoint.

'**ausricht|en** *v/t. or sich* ~ (*h.*) straighten; *tech.* true; adjust (*a. one's behaviour, etc.*; *nach* to); align; *mil.* dress (*ranks*); orient (*a map*); *fig.* coordinate, align; *pol.* orientate, bring into line, *b.s.* streamline; organize (*event*); do, effect; accomplish; succeed (*acc.* in); obtain; *nichts* ~ fail; *damit richtet er nichts aus* that won't get him anywhere; *gegen sie konnte er nichts* ~ he was no match for her; execute (*orders, etc.*); deliver (*message, etc.*); *richten Sie ihm meinen Gruß aus* give him my kind regards; *kann ich et.* ~? can I take a message? *fig. ausgerichtet auf* (*acc.*) keyed to; **≈ung** *f* alignment, adjustment; *fig.* orientation, coordination.

'**ausringen** *v/t.* (*irr., h.*) wring (out); *fig. er hat ausgerungen* his struggles are over.

'**Ausritt** *m* ride.

'**ausroden** *v/t.* (*h.*) root out, stub up; clear (*woods*).

'**ausrollen I.** *v/t.* (*h.*) roll out (*dough*); run out (*cable*); **II.** *v/i.* (*sn*) *aer.* taxi to a stop; '**Ausrollen** *aer. n* landing-run.

'**ausrott|en** *v/t.* (*h.*) root out (*plants*; *a. fig.*); *fig.* extirpate, eradicate, stamp out; exterminate (*a people*); **≈ung** *f* (-; -en) uprooting; extirpation, eradication; extermination, *pol. a.* genocide.

'**ausrück|en I.** *v/i.* (*sn*) march (*or* turn) out, depart; *colloq.* run away, make off, bolt; **II.** *v/t.* (*h.*) *tech.* disengage, disconnect, throw out (of gear), unmesh; declutch, shift (*clutch*); **≈er** *m* (-s; -) disengaging gear, releasing lever; **≈stellung** *tech. f* disengaged position; **≈ung** *tech. f* (-; -en) disengagement.

'**Ausruf** *m* (out)cry; exclamation; *gr.* interjection; proclamation; **≈en I.** *v/i.* (*irr., h.*) cry (*or* call) out, exclaim; **II.** *v/t.* (*irr., h.*) proclaim; call out, cry, hawk (*goods*); *j-n* ~ *als or zu* proclaim a p. *a th.*; *et.* ~ *lassen* publish a th., have a th. proclaimed (by the town-crier); **~er** *m* (-s; -) public (*or* town-)crier, bellman; *at fairs*: tout, *Am.* barker; **~ung** *f* (-; -en) proclamation; **~ungswort** *gr. n* (-[e]s; ⸚er) interjection; **~ungszeichen** *n* exclamation mark (*Am.* point).

'**ausruhen I.** *v/i. or sich* ~ (*h.*) rest (*von* from), take (a) rest; repose (*auf dat.* on); relax, take breath; *ausgeruht* rested; fresh; → *Lorbeer*; **II.** *v/t.* (*h.*) *a.* ~ *lassen* (give a) rest; '**Ausruhen** *n* rest, repose, recreation.

'**ausrupfen** *v/t.* (*h.*) pull (*or* pluck) out.

'**ausrüst|en** *v/t.* (*sich* o.s.) (*h.*) furnish, provide, supply; fit out (*mit* with); *mil.* arm, equip; *mar.* rig (*or* fit) out, man; *tech.* finish (*cloth, paper*); *fig.* endow, equip; **≈ung** *f* fitting out; *sports, etc.*: outfit, *a. mil.* equipment, *of soldier*: kit; *tech.* equipment; appliance, device; accessories *pl.*, fittings *pl.*; attachment; *of paper*: finish(ing); *mar.* armament.

'**ausrutsch|en** *v/i.* (*sn*) slip (*auf dat.* on), lose one's footing; *esp. mot., etc.*: skid; '**≈er** *m* (-s; -) slip.

'**Aussaat** *f* sowing; seed.

'**aussäen** *v/t.* (*h.*) *agr.* sow; *fig.* disseminate, spread.

'**Aussage** *f* statement, assertion, declaration; *gr.* predicate; *of author*: message, statement, what *an author* has to say; *s-r* ~ *nach* according to his statement, from what he says; *jur.* **a**) evidence, **b**) deposition, **c**) testimony, **d**) *of the parties*: pleadings *pl.*; *eidliche* ~ sworn evidence, affidavit; ~ *verweigern* refuse to give evidence; *e-e* ~ *machen* testify, give evidence; **≈n** *v/t. and v/i.* (*h.*) state, declare, assert; *jur.* testify (*gegen* against), give evidence, depose; *the parties*: plead, allege; *eidlich* ~ attest (*or* depose) on oath; **≈nd** *gr. adj.* predicatory.

'**aussägen** *v/t.* (*h.*) saw out.

'**Aussage|satz** *gr. m* affirmative proposition; **~zwang** *jur. m* compellability of witnesses.

aussaigern ['aʊszaɪgərn] *chem. v/t.* (*h.*) segregate, liquate.

'**Aus|satz** *m med.* leprosy; *vet.* scab; *billiards*: lead; **≈sätzig** ['-zɛtsɪç] *adj.* leprous; **~sätzige(r** *m*) ['-gə(r)] *f* (-n; -n; -en; -en) leper.

'**aussaugen** *v/t.* (*h.*) suck out; **suck** (*fruit, wound*); *fig.* drain, exhaust; *j-n* ~ bleed a p. white.

ausschacht|en ['aʊsʃaxtən] *v/t.* (*h.*) excavate; sink (*a well, shaft*); **≈ung** *f* (-; -en) excavation.

'**ausschälen** *v/t.* (*h.*) peel (*apples, etc.*); shell (*beans, etc.*).

'**ausschalt|en** *v/t.* (*h.*) eliminate (*a. fig.*); dispose of (*a th.*); compensate for, correct; *el. tech.* switch off, turn off *or* out; break, cut out (*current*); *tech.* disengage, throw out (*the clutch*); *mil.* neutralize; **≈er** *el. m* circuit-breaker, cut-out; **≈stellung** *tech. f* off position; **≈ung** *f* elimination, exclusion, disposal; *el.* circuit break, switching off.

'**Ausschank** *m* retail *of liquor*; (retail-)bar, *colloq.* pub; retail-licence.

'**ausscharren** *v/t.* (*h.*) dig up, rake (*or* scratch) up.

'**Ausschau** *f*: ~ *halten nach* (*dat.*) watch out for, be on the look-out for; **≈en** *v/i.* (*h.*) look (*or* watch) out (*nach* for); → *aussehen.*

'**ausschaufeln** *v/t.* (*irr., h.*) shovel out.

'**ausscheiden I.** *v/t.* (*irr., h.*) eliminate, separate; remove, exclude, rule out; *chem., math.* **a**) eliminate, **b**) extract, **c**) settle out, precipitate, **d**) liberate; *physiol.* secrete; *med.* excrete, discharge, pass; **II.** *v/i.* (*irr., sn*) *aus e-m Amt*: retire *from an office*; (*a. aus e-m Verein, etc.*) withdraw (*from a club, etc.*); *sports, etc.*: be eliminated, drop out; *chem.* deposit; *das scheidet aus* that's out (of the question); '**Ausscheiden** *n* elimination, removal; retirement, resignation.

ˈ**Ausscheidung** *f* elimination, removal, separation; *med.* secretion, excretion; *chem.* precipitation, deposit; *sports*: elimination (contest), trials *pl.*; **~skampf** *m* elimination (*or* qualifying) contest, tie; **~smittel** *chem. n* separating agent, precipitant; **~s-prüfung** *f* elimination test; **~s-spiel** *n* eliminating game, try-out, tie.

ˈ**ausschelten** *v/t.* (*irr.*, *h.*) chide, scold, upbraid, *Am.* berate.

ˈ**ausschenken** *v/t. and v/i.* (*h.*) pour out; *publican*: retail; sell (*liquor*).

ˈ**ausscheren** *v/i.* (*sn*) *aer.*, *mar.* leave formation, fall out; *mar.*, *mot. a.* veer out.

ˈ**ausschicken** *v/t.* (*h.*) send out (*nach* for), dispatch.

ˈ**ausschießen I.** *v/t.* (*irr.*, *h.*) shoot out; shoot for (*a prize*); reject, cast out; *typ.* impose; *mining*: clear (by blasting); **II.** *v/i.* (*irr.*, *sn*) *bot.* shoot (forth), sprout.

ˈ**ausschiff|en** *v/t. or sich* ~ (*h.*) disembark, debark, put ashore, land; discharge (*cargo*); **2ung** *f* (-; -en) disembarkation, debarkation.

ˈ**ausschimpfen** *v/t.* (*h.*) → *ausschelten.*

ˈ**ausschirren** *v/t.* (*h.*) unharness.

ˈ**ausschlachten** *v/t.* (*h.*) cut up; *tech.* take to pieces for reutilization; scrap, salvage, cannibalize; *fig.* exploit, make the most of, capitalize on.

ˈ**ausschlacken** *v/t.* (*h.*) (clear of) slag.

ˈ**ausschlafen I.** *v/i.* (*irr.*, *h.*) sleep one's fill; **II.** *v/t.* (*irr.*, *h.*) → *Rausch.*

ˈ**Ausschlag** *m med.* eruption, rash, pimples *pl.*; *tech.* deflection (response), beat (*of pointer*); turn *of the scale(s)*; swing (*of pendulum*); *mot.* steering lock; *phys.* amplitude; scum, exudation; lining; *fig.* decisive factor; *of price barometer, etc.*: movement; *den* ~ *geben* decide the issue, settle it, turn the scale; **2en I.** *v/t.* (*irr.*, *h.*) knock (*or* beat, dash) out; line, face, cover; *tech.* flatten out (*metal*); *mining*: crush and sift; refuse, decline, *Am. a.* pass up; decline (*inheritance*); **II.** *v/i.* (*irr.*, *h.*) *horse*: kick, lash out; *pointer*: deflect; *scales*: turn; *pendulum*: swing; grow moist (*or* damp); *bot.* sprout, bud; *trees*: break into leaf; *fig.* result, turn out; *es schlug zu seinem Nachteil aus* it went against him; **2gebend** *adj.* decisive, determining (*factor*); ~*e Stimme* casting vote; **~ung** *jur f* (-; -en) disclaimer (*of inheritance*).

ˈ**ausschleifen** *tech. v/t.* (*irr.*, *h.*) grind out.

ˈ**ausschließ|en** *v/t.* (*irr.*, *h.*) shut (*or* lock) out; *fig.* exclude, preclude; rule out; expel; bar (*aus* from); *eccl.* excommunicate; *from society, etc*: ostracize; lock out (*workers*); *sports*: disqualify, suspend; *typ.* justify; *sich* ~ exclude o.s. (*von* from); *sich ausgeschlossen fühlen* feel left out in the cold; → *ausgeschlossen*; **~lich I.** *adj.* exclusive; **II.** *prp.* (*gen.*) exclusive of; **2lichkeit** *f* (-) exclusivity; **2ung** *f* exclusion, expulsion; *sports*: disqualification, suspension; *econ.* lockout; → *Ausschluß*; **2ungsfrist** *f* time limit; **2ungsverfahren** *jur. n* foreclosure proceedings *pl.*

ˈ**ausschlüpfen** *v/i.* (*sn*) slip out; *aus dem Ei*: hatch out (*of the egg*).

ˈ**ausschlürfen** *v/t.* (*h.*) sip up.

ˈ**Ausschluß** *m* exclusion, expulsion; exemption; *sports*: disqualification; *eccl.* excommunication; *typ.* spaces *pl.*; *jur.* **a)** preclusion, foreclosure, **b)** estoppel (*of demurrer*); *unter* ~ *der Öffentlichkeit* in camera, in closed session; *mit* ~ *von* with the exception of.

ˈ**ausschmelzen I.** *v/t.* (*irr.*, *h.*) melt out; fuse (*ore*); render (*fat*); try (*tallow*); **II.** *v/i.* (*irr.*, *sn*) melt out; fuse.

ausschmieren *v/t.* (*h.*) smear (*mit* with); point (up) (*joints*); grease.

ˈ**ausschmück|en** *v/t.* (*h.*) adorn, decorate, ornament; trim (*dress*); *colloq.* trick out; *fig.* embroider, embellish; **2ung** *f* (-; -en) adornment, decoration, ornamentation; *fig.* embellishment, embroidering.

ˈ**ausschnauben** *v/t.* (*h.*): *sich die Nase* ~ blow one's nose.

ˈ**ausschnaufen** *v/i.* (*h.*) recover one's breath; *fig.* relax, take breath.

ˈ**ausschneiden** *v/t.* (*irr.*, *h.*) cut out, clip; *med.* excise; prune (*trees*); *tief ausgeschnitten* low-necked *dress.*

ˈ**Ausschnitt** *m* cut (*a. fig.*); (*newspaper*) cutting, *Am.* clipping; *on dresses*: neck, *w.s.* neck-line, décolleté (*Fr.*); *tech.* cutout, notch, aperture; *math.* (*Kreis*2) sector, segment; *fig.* part, section.

ˈ**ausschnitzen** *v/t.* (*h.*) carve out.

ˈ**ausschnüffeln** *colloq. v/t.* (*h.*) nose (*or* ferret) out.

ˈ**ausschöpfen** *v/t.* (*h.*) scoop, ladle out, empty; bale out (*a boat*); *tech.* drain; *fig.* exhaust (*a topic*).

ˈ**ausschreib|en** *v/t.* (*irr.*, *h.*) write out; write *a letter, etc.* to the end, finish; write *a word, etc.* in full; expand (*abbreviation, figure*); *shorthand*: extend; *econ.* make out, draw up (*a bill, etc.*); copy; plagiarize, pirate; *thea.* write out, transcribe (*a part*); announce; advertise (*a post*), invite applications for; convoke; *e-n Wettbewerb*: invite entries for (*a competition*), invite tenders (*or* bids) for; *Wahlen* ~ issue the writs for elections; impose (*taxes*); *sich* ~ *author*: write o.s. out, run dry; **2ung** *f* making out; announcement; convocation; imposition (*of taxes*); advertisement (*of post*); call for tenders, invitation to bid; *sports*: invitation to a competition; **2ungsverfahren** *n* competitive procurement procedure.

ˈ**ausschreien** *v/t.* (*irr.*, *h.*) cry out; proclaim; *colloq. er schrie sich den Hals aus* he yelled his lungs out.

ˈ**ausschreit|en I.** *v/i.* (*irr.*, *sn*) step (*or* strike) out, stride (out), take long strides; **II.** *v/t.* (*irr.*, *h.*) pace; measure by steps; **2ung** *f* (-; -en) excess; outrage, transgression; *mostly* ~*en pl.* riots *pl.*, rioting *sg.*

ˈ**Ausschuß** *m* refuse, waste, scrap; *econ.* low-quality goods *pl.*, rejects *pl.*; damaged goods; *med.* exit wound; committee, board, commission, panel; *beratender (leitender, ständiger)* ~ advisory (executive, standing) committee; *e-m* ~ *angehören* sit on a committee; *e-m* ~ *übergeben* refer to a committee; **~mitglied** *n* member of a committee; **~sitzung** *f* committee meeting; **~ware** *f* defective rejects *pl.*; damaged goods *pl.*; sub-standard goods; **~wunde** *med. f* exit wound.

ˈ**ausschütteln** *v/t.* (*h.*) shake out.

ˈ**ausschütt|en** *v/t.* (*h.*) pour (*or* dump) out; empty; spill; *econ.* distribute, pay (*dividends*); divide (*bankrupt's estate*); (*j-m*) *sein Herz* ~ pour out (*or* open, unburden) one's heart (to a p.), unbosom o.s.; *sich vor Lachen* ~ split one's sides with laughter; **2ung** *f* (-; -en) (*atomic*) fallout.

ˈ**ausschwärmen** *v/i.* (*sn*) swarm (out); *mil.* ~ (*lassen*) extend, deploy, fan out.

ˈ**ausschwatzen** *v/t.* (*h.*) blab out.

ˈ**ausschweben** *v/i.* (*sn*) *aer.* flatten out; ~ *lassen* flatten out, hold off.

ˈ**ausschweif|en I.** *v/i.* (*sn*) *fig.* roam about, stray; digress; lead a dissolute (*or* fast) life; **II.** *v/t.* (*h.*) rinse, wash; *tech.* scallop, curve; **~end** *adj.* extravagant, excessive; debauched, dissipated, licentious, fast; ~*es Leben* life of dissipation; **2ung** *f* extravagance; aberration; dissipation; excess, orgy.

ˈ**ausschweigen**: *sich* ~ (*irr.*, *h.*) say nothing, persist in silence; *a. fig.* be silent (*über acc.* on).

ˈ**ausschwenken** *v/t.* (*h.*) rinse; swing (over *or* out) *a crane, etc.*

ˈ**ausschwitz|en** *v/t.* (*h.*) exude; sweat out; **2ung** *f* (-; -en) exudation.

ˈ**aussehen** *v/i.* (*irr.*, *h.*): *nach j-m* ~ look out for a p.; look, appear; have the appearance (*wie* of); *er sieht blaß aus* he looks pale; *gesund* ~ look well; *gut* (*schlecht*) ~ be good-looking (bad-looking); *wie du nur aussiehst!* what a sight you are!; *colloq. ich sah vielleicht aus!* I did look a sight!; *wie sieht er aus?* what does he look (*or* is he) like?; *so siehst du aus!* not on your life!, that's what you say (*or* think)!; *es sieht nach Regen aus* it looks like rain; *er sieht wie ein Narr aus* he looks a fool; *er sieht ganz danach aus* he looks it; ~, *als ob* look as if; *nach et.* ~ *fig.* make a great show; *damit es nach et. aussieht* just for looks; *wie sieht es bei dir aus?* how are you getting on?; *es sieht schlecht mit ihm aus* he is in a bad way.

ˈ**Aussehen** *n* appearance, exterior, look(s *pl.*); air, aspect; *tech.* finish, make-up; *dem* ~ *nach* in appearance, to outward view, on the face (of it); *dem* ~ *nach urteilen* judge by appearances.

außen [ˈausən] *adv.* out; without, (on the) outside; out of doors; ~ *und innen* without and within, outside and inside; *nach* ~ (*hin*) outward(s), externally; *von* ~ from (the) outside, from without; **2abmessung** *f* external dimension; **2abteilung** *f* outlying agency; **2ansicht** *f* outside view, exterior; **2antenne** *f* outdoor aerial (*Am.* antenna); **2aufnahme** *f film*: location shot, exterior (shot); *auf* ~ on location;

~be-amte(r) *m* field officer, field man; **Ջbezirk** *m* outlying district; ~e *pl.* outskirts *pl.*; **~bilanz** *f* balance of payments; **Ջbordmotor** *m* outboard motor.

'**aussenden** *v/t.* (*h.*) send out, dispatch; transmit (*radio message*); *phys.* send out, emit.

'**Außen...:** **~dienst** *m mil.* field duty; *w.s.* field service; **~durchmesser** *m* outside diameter; **~fläche** *f* face, surface; periphery; **~gewinde** *n* external thread; **~hafen** *m* outport, outer harbo(u)r; **~handel** *m* foreign (*or* export) trade; **~handelsbilanz** *f* balance of trade; **~haut** *f mar.* outer skin, hull plating; *aer.* covering wing fabric; *anat.* epidermis; **Ջliegend** *adj.* outlying, external; **~luft** *f* outside air; **~luftdruck** *m* barometric pressure; **~maß** *n* outside (*or* external) measurement; **~minister** *m* foreign minister; *Brit.* Foreign Secretary, Secretary of State for Foreign Affairs, *Am.* Secretary of State; **~ministerium** *n* Foreign Ministry; *Brit.* Foreign Office; *Am.* Department of State; **~politik** *f* foreign policy; **Ջpolitisch** *adj.* of (*or* referring, *adv.* with regard to) foreign affairs; international; **~seite** *f* outside, exterior, surface; periphery; *an der ~ befindlich* peripheral; **~seiter** ['-zaɪtər] *m* (-s; -) *sports or fig.*: outsider, dark horse; **~stände** ['-ʃtɛndə] *econ. pl.* outstanding debts, *Am.* accounts receivable; **~stehender** ['-ʃteːəndər] *m* (-en; -en) outsider, looker-on; **~stelle** *f* branch office; field agency; **~stürmer** *m soccer*: wing-forward, winger; **~tasche** *f* outer pocket; **~temperatur** *f* outdoor temperature; **~wand** *f* outer wall; **~welt** *f* (-) outer (*or* outside) world; **~wirtschaft** *f* foreign trade (and payments).

außer ['ausər] **I.** *prp. space*: out of, outside; beyond, beside; beside(s), apart from, not counting, *Am.* aside from; in addition to; except, save, but, other than; → *Betrieb, Dienst, Frage, etc.*; *alle ~ einem* all but one; *alle ~ den hier erwähnten Personen* all persons other than those named here; *~ sich sein or geraten* be *or* get beside o.s. (*vor Freude* with joy); *seien Sie ~ Sorge* don't worry; **II.** *cj. ~ daß* except (*or* save, but) that; *~ wenn* if not, unless; **~amtlich** *adj.* non-official, unofficial, private; **~beruflich** *adj.* extra-professional; **~betrieblich** *adj.* external; **Ջbetriebsetzung** ['-zetsuŋ] *f* (-; -en) putting out of operation; stoppage; **~dem** *adv.* besides, moreover; what is more; **~dienstlich** *adj.* unofficial, private; off-duty; **Ջdienststellung** *f* putting out of commission; laying off; retirement.

äußere ['ɔʏsərə] *adj.* outer, outward, exterior, external; *~r Durchmesser* outside diameter; '**Äußere(s)** *n* (-[e]*n*) outside, exterior, outward appearance; *a. fig.* surface; *nach dem ~n zu urteilen* judging by appearances, on the face of it; *Minister des ~n* → *Außenminister.*

'**außer...:** **~ehelich** *adj.* illegitimate, *child* born out of wedlock; extramarital (*intercourse*); **~etatsmäßig** *adj.* extra-budgetary, extraordinary; **~europäisch** *adj.* extra- (*or* non-) -European; **~fahrplanmäßig** *adj.* special, non-scheduled; **~gerichtlich** *adj.* extra-judicial, private; *~e Regelung* settlement out of court; *j-n gerichtlich und ~ vertreten* represent in and out of court; **~gewöhnlich** *adj.* extraordinary; → *außerordentlich*; *nichts Ջes* nothing out of the way *or* ordinary; **~halb** **I.** *prp.* (*gen.*) out of, outside; beyond; *~ der Geschäftsstunden* out of office hours; → *außer*; **II.** *adv.* externally, (on the) outside; *live* outside the town; *von ~* **a)** from outside, **b)** from abroad; **Ջkurssetzung** [-zɛtsuŋ] *f* (-; -en) withdrawal from circulation, demonetization; **~lehrplanmäßig** *adj.* extracurricular.

äußerlich ['ɔʏsərliç] *adj.* external, exterior, outward; *med. ~es Mittel* topical remedy; *zum ~en Gebrauch* to be applied externally; *fig.* apparent, seeming; superficial; shallow; sham, insincere; *rein ~ betrachtet* on the face of it; **Ջkeit** *f* (-; -en) exterior, external appearance; *fig.* formality, matter of form; superficiality; insincerety; *~en pl.* externals; formalities.

äußern ['ɔʏsərn] *v/t.* (*h.*) utter, express, voice; advance; show, manifest; *sich or s-e Meinung ~* (*über acc.*) express o.s. (on), give (*or* voice) one's opinion (on); comment (on), submit one's comments (on); *thing*: *sich ~* manifest itself, be expressed, become apparent; make itself felt.

'**außer-ordentlich** *adj.* extraordinary, uncommon, unusual, exceptional, singular; amazing, remarkable; eminent, outstanding; enormous, immense, extreme; extraordinary, special; *~e Ausgaben* extras *pl.*; *~es Gericht* special court; *~er Professor* senior lecturer, *Am.* associate professor; *Ջes leisten* do (*or* work) wonders.

'**außerparlamentarisch** *adj.*: *~e Opposition* extra-parliamentary opposition.

'**außerplanmäßig** *adj.* extraordinary, additional; unscheduled; supernumerary (*civil servant*); extra-budgetary.

äußerst ['ɔʏsərst] **I.** *adj. space*: outermost, extreme; farthest, most remote; *time*: last, latest, final, closing; *fig.* utter, utmost, extreme; *~es Ende* extreme end; *~e Grenze* utmost limit, deadline; *~er Preis* lowest (*or* rockbottom) price; *im ~en Falle* at the worst; *mit ~er Anstrengung* by supreme effort; *mit ~er Kraft* at full speed, *fig.* at top- -speed; at full pressure; *von ~er Wichtigkeit* of utmost importance; **II.** *adv.* extremely, exceedingly, utterly, highly, most; **Ջe(s)** *n* (-[e]*n*) extremity, extreme (case); *auf das ~ treiben* push (*matters*) to extremes; drive *a p.* to extremities; *bis zum ~n gehen* go to extremes, *Am.* go the limit; *sein ~s tun* do one's very best (*or* one's utmost); *aufs ~* to the utmost, for all it is worth; *bis zum ~n* to the bitter end; *auf das ~ gefaßt* prepared for the worst; *zum ~n entschlossen* desperate.

außerstande [-'ʃtandə] *adj. pred.* unable, not in a position (*zu inf.* to *inf.*).

Äußerung ['ɔʏsəruŋ] *f* (-; -en) utterance, statement, declaration; remark, observation, comment; *w.s.* manifestation; demonstration, expression.

'**aussetzen** **I.** *v/t.* (*h.*) put out, set out; *mar.* disembark, put ashore, land; maroon *a p.*; lower, launch (*boats*); post, station (*sentries*); release (*fish*); expose (*a child*; *a. fig. dat. a p. to weather, danger, etc.*); *fig. dem Gelächter ~* expose (*or* turn) to ridicule, make *a p.* the laughing- -stock (*of the town, etc.*); *sich e-r Gefahr ~* expose o.s. to danger, run a risk, take a chance; offer, hold out, promise (*a prize, reward*); set *a price on a p.'s head or life*; bequeath; settle *a sum, etc.* (*j-m* on), allow; *ausgesetzter Betrag* allowance; intermit, interrupt; discontinue, stop; *e-n Tag ~* take a day off; *jur.* **a)** arrest, suspend *judgment*, **b)** stay *proceedings*; suspend *payment*; defer, postpone; put off; adjourn; *et. ~, et. auszusetzen haben an* (*dat.*) find fault with, object to, criticize; *was ist daran auszusetzen?* what's wrong with it?; *was haben Sie an ihm auszusetzen?* what is your objection to him?, what's wrong with him?; *ich habe nichts daran auszusetzen* I cannot find anything wrong with it; **II.** *v/i.* (*h.*) fail; pause, stop, break off; *in games*: miss a turn; *mit et. ~* discontinue, interrupt; *pulse, heart*: miss a beat, skip, *often*: be irregular; *mot.* stall, misfire; *person*: take a rest, have a breather, pause; *~ müssen* lose a turn (*at game*); *ohne auszusetzen* without interruption (*or* let-up), without stopping; '**Aussetzen** *n* (-s) interruption, cessation, stoppage; failure; *of ignition spark*: misfiring; *med. of pulse*: intermittence.

'**aussetz|end** *adj.* discontinuous, intermittent; **Ջung** *f* (-; -en) *of children, to danger, weather, etc., a. jur.*: exposure (*dat.* to); *mar.* disembarkation; bequest, settlement; settlement (*of annuity, etc.*); offer, promise (*of prize*); *jur.* **a)** *der Strafvollstreckung*: suspension, arrest *of judgment*, **b)** *e-s Verfahrens*: stay *of proceedings*, **c)** *der Zahlungen*: suspension (*of payments*); deferment, postponement; adjournment; criticism, objection, censure.

'**Aussicht** *f* (-; -en) view (*auf acc.* of), outlook; *fig.* prospect, chance (*auf* of), outlook (for); *weite ~* vista; *~ haben auf* (*in acc., über acc.*) look down on (into, over), command a view of; *j-m die ~ versperren* obstruct a p.'s view; *~en haben auf* be in the running (*Am.* in line) for, be in a fair way to; *gute* (*schlechte*) *~ haben* have good (poor) chances; *in ~ nehmen* consider, contemplate, plan; *in ~ haben* have in prospect; *in ~ sein* be in the offing; *in ~ stellen* promise, hold out a prospect of; *er hat nicht die geringste ~* he has not the

slightest chance; **2slos** *adj.* hopeless, desperate; *~er Kampf a.* losing fight; **~slosigkeit** *f* (-) hopelessness, futility; **~s-punkt** *m* spot commanding a good view; vantage point; **2sreich** *adj.* promising, full of promise; **~s-turm** *m* look-out (*or* observation) tower, *Am.* observatory; **2svoll** *adj.* → *aussichtsreich*; **~swagen** *m* observation car.
'aussieben *v/t.* (*h.*) sift (*or* sieve) out; screen, filter; *radio*: filter (out); *fig.* screen.
'aussied|eln *v/t.* (*h.*) evacuate, transfer (compulsorily); **2lung** *f* compulsory transfer, evacuation.
'aussinnen *v/t.* (*irr.*, *h.*) think out, *Am.* up; invent, contrive; devise.
aussöhn|en ['auszø:nən] *v/t. or v/refl.* (*h.*) *j-n* (*sich*) *~ mit et. or j-m* (*a. fig.*) reconcile a p. (o.s.) to a th. *or* with a p.; *sich ~ mit a.* make (one's) peace with, make it up with; **2ung** *f* (-; -*en*) reconciliation.
'aussonder|n *v/t.* (*h.*) sort (out), single out, select; separate; → *ausscheiden*; *bankruptcy*: recover; **2ung** *f* selection; separation; *med.* secretion; excretion; **2ungsrecht** *n* right of separation.
'aussortieren *v/t.* (*h.*) sort (*or* pick, single) out, select; classify.
'ausspähen I. *v/t.* (*h.*) spy out; *mil.* scout, reconnoitre; **II.** *v/i.* (*h.*): *~ nach* peer *or* look out for.
'ausspann|en I. *v/t.* (*h.*) stretch, extend; spread; unharness (*horses*); unyoke (*oxen*); *tech.* release, unclamp (*work*); *fig. j-m et. ~* do a p. out of a th.; steal a p.'s *girl*, cut a p. out with; **II.** *v/i.* (*h.*) (take a) rest, relax, *Am.* take it easy; **2ung** *f* relaxation, recreation, rest.
'ausspar|en *v/t.* (*h.*) leave open (*or* vacant); *tech.* recess; **2ung** *f* (-; -*en*) recess, notch, cutout.
'ausspeien *v/t. and v/i.* (*irr.*, *h.*) spit out, expectorate; *fig.* vomit.
'aussperr|en *v/t.* (*h.*) shut (*a. workers*: lock) out; **2ung** *f of workers*: lock-out.
'ausspielen I. *v/t.* (*h.*) play to the end, finish; play (*a card*); play for (*a prize*); *fig. j-n ~ gegen j-n* play a p. off against; → *Trumpf*; **II.** *v/i.* (*h.*) finish playing; *cards*: lead; *wer spielt aus?* whose lead is it?; *fig. ausgespielt haben* be played out; *er hat ausgespielt* he is done for, his goose is cooked.
'ausspinnen *v/t.* (*irr.*, *h.*) *fig.* spin (*or* draw) out; think out, devise.
'ausspionieren *v/t.* (*h.*) spy out.
'ausspotten *v/t.* (*h.*) → *verspotten*.
'Aussprache *f* pronunciation, accent; *deutliche or genaue ~* distinct articulation; *fremdartige ~* (foreign) accent; discussion, talk, exchange of views; debate; *freundschaftliche ~* heart-to-heart talk; **~bezeichnung** *f* phonetic transcription; **~wörterbuch** *n* pronouncing dictionary.
aussprechbar ['ausʃprɛçba:r] *adj.* pronounceable, speakable.
'aussprechen I. *v/t.* (*irr.*, *h.*) pronounce, *distinctly*: articulate; speak to the end, finish; voice, express, utter; give, express, submit (*an opinion*); *jur.* pronounce, deliver, pass (*judgment*); *gr. nicht ausgesprochen werden* be silent *or* mute; *sich ~* speak one's mind, express o.s. *or* one's opinion (*über acc.* about, on); unburden o.s., make a clean breast of it; declare o.s. (*für* for, *gegen* against); *er sprach sich für den Plan aus* he advocated (*or* supported, endorsed) the plan; *sie sprachen sich gegen die Politik aus* they rejected (*or* opposed, warned against) the policy; *sich mit j-m über et. ~* talk a th. over with a p.; → *ausgesprochen*; **II.** *v/i.* (*irr.*, *h.*) finish speaking; *laß mich ~* let me finish, let me have my say.
'ausspreizen *v/t.* (*h.*) spread (out), stretch apart, extend, distend.
'aussprengen *v/t.* (*h.*) blast out; *fig.* spread (*a rumour, etc.*).
'ausspringen *v/i.* (*irr.*, *sn*) snap out; *~der Winkel* salient angle.
'ausspritzen I. *v/t.* (*h.*) squirt out, spout; *med.* syringe (*ear*); inject (*wound*); *tech.* flush (out); **II.** *v/i.* (*sn*) spurt (*or* gush) out.
'Ausspruch *m* utterance, saying; remark, observation, dictum; *jur., etc.*: → *Spruch*.
'ausspucken *v/i. and v/t.* (*h.*) spit out (*vor j-m* in front of a p.).
'ausspülen *v/t.* (*h.*) wash out, rinse; flush (*a basin*); *tech.* flush, scavenge; *sich den Mund ~* rinse one's mouth; *geol.* wash away, erode.
'ausspüren *v/t.* (h.) track (down), trace.
'ausstaffier|en *v/t.* (*h.*) equip, fit out, furnish (*mit* with); trim, garnish; dress up, rig out; **2ung** *f* (-; -*en*) equipment, outfit; dressing up, garnishing.
'Ausstand *m* strike, *Am. a.* walkout; *in den ~ treten* go on strike, *Am. a.* walk out; *econ. Ausstände pl.* outstanding debts *pl.*, *Am.* accounts receivable; liabilities.
'ausständig *adj.* on strike, striking; *econ.* outstanding, in arrears; **2e(r** *m*) ['-gə(r)] *f* (-*n*; -*n*; -*en*; -*en*) striker.
'ausstanzen *tech. v/t.* (*h.*) punch out.
ausstatt|en ['ausʃtatən] *v/t.* (*h.*) provide, furnish, equip, fit out, supply (*mit* with); give a dowry to *daughter*, portion (off); get up (*a book, etc.*); furnish (*a room*); *with personnel*: staff; *econ. with funds*: capitalize; *fig.* vest (*with powers*); endow, equip; *sich mit et. ~* provide (*or* supply) o.s. with a th., fit o.s. out with a th.; **2ung** *f* (-; -*en*) equipment, outfit; provision, supply; furniture, appointments *pl.*; dowry; trousseau; decoration; *of books, etc.*: get-up, make-up; *thea.* scenery, settings, décor (*Fr.*); *tech.* fittings *pl.*, mountings *pl.*; *econ.* terms *pl.* (*of an issue, etc.*); allocation; **2ungsfilm** *m* spectacle picture; **2ungsstück** *n thea.* spectacular show; (*object*) fitment.
'ausstäuben *v/t.* (*h.*) dust.
'ausstechen *v/t.* (*irr.*, *h.*) dig; cut (out) (*peat, etc.*); put out (*eyes*); core (*apples*); *tech.* engrave, carve; prick out (*pattern*); pay out (*cable*); slacken (*chain*); *fig.* cut out, supplant; excel, outdo, put in the shade, eclipse.
'ausstehen I. *v/i.* (*irr.*, *h.*) *payments*: be outstanding (*or* owing), be in arrears; *shipment*: be overdue; *~de Forderungen* outstanding debts, arrears, *Am.* accounts receivable; *Geld ~ haben* have money owing; *die Nachricht steht noch aus* the message has not yet arrived; *die Entscheidung steht noch aus* the matter is still pending; **II.** *v/t.* (*irr.*, *h.*) endure, bear, stand; *er hat viel auszustehen* he has a great deal to put up with; *ich kann ihn nicht ~* I can't bear (*or* stand, stomach) him.
'aussteifen *v/t.* (*h.*) stay, strut, brace.
'aussteigen *v/i.* (*irr.*, *sn*) get out (*a. colloq. fig.*), *esp. Am.* get off; alight (*aus dat.* from); *mar.* disembark, land; *aer.* deplane, disembark; *colloq.* bale (*esp. Am.* bail) out.
aussteinen ['ausʃtaınən] *v/t.* (*h.*) stone, *Am. a.* pit.
'ausstell|en *v/t.* (*h.*) put out (*or* forth); expose (to view); show, display, exhibit; draw up, issue, execute (*documents*); issue, make out (*bill, cheque, passport*); make *a cheque* payable (*auf j-n* to); give (*receipt*); write out (*prescription*); *Wechsel auf j-n ~* draw upon a p.; **2er(in** *f*) *m* (-*s*; -; -; -*nen*) issuer; *of bill of exchange*: drawer; *at trade fair*: exhibitor; **2fenster** *n* ventipane.
'Ausstellung *f* exhibition, show, *Am.* exposition; fair; *of goods*: show, display; *of documents*: issue, *Am.* issuance, drawing up, execution; *of bill, passport*: making out; *of bill of exchange*: drawing; censure, criticism (*an acc.* of); *~en machen an* (*dat.*) find fault with, criticize; **~s-datum** *n* date of issue; **~sgelände** *n* exhibition grounds *pl.*; **~shalle** *f* exhibition hall, pavilion; **~sraum** *m* show-room; **~sstand** *m* exhibition stand (*or* booth); **~sstück** *n* exhibit; **~s-tag** *m* date of issue.
'ausstemmen *v/t.* (*h.*) *tech.* chisel out; slide *skis* into stem position.
Aussterbe-etat ['ausʃtɛrbə-] *m*: *auf den ~ kommen* be destined to die (out); *office*: lapse; *auf dem ~ stehen* be doomed.
'aussterben *v/i.* (*irr.*, *sn*) die out (*a. fig.*); *esp. family*: become extinct; *fig.* become deserted; *wie ausgestorben* deserted; **'Aussterben** *n* extinction; *im ~* dying out.
'Aussteuer *f* trousseau, outfit; dowry, (marriage) portion; **2n** *v/t.* (*h.*) → *ausstatten*; *radio*: modulate; **~ung** *f radio*: modulation, level control; **~versicherung** *f* endowment insurance.
Ausstieg ['ausʃti:k] *m* (-[e]s; -e) trap door, manhole.
'ausstochern *v/t.* (*h.*): *sich die Zähne ~* pick one's teeth.
'ausstopf|en *v/t.* (*h.*) stuff; *mit Watte*: wad, pad; **2er** *m* (-*s*; -) taxidermist.
'Ausstoß *m* (-*es*) *fenc.* thrust, pass; *of barrel*: tapping; *econ.* output, production; *tech.* ejection; *mar.* discharge (*of torpedo*); **2en I.** *v/t.* (*irr.*, *h.*) push (*or* thrust) out; knock (*or* gouge) out (*eyes*); stave in, tap (*barrel*); expel, exclude, oust, turn

out; *mil.* cashier; *eccl.* excommunicate; banish, exile ; *socially*: ostracize; *math.* eliminate; *gr.* drop, suppress (*letters*), elide (*vowels*); *physiol.* excrete, discharge; *tech.* exhaust, blow off (*gases, etc.*); *phys.* emit, give off; *tech.* eject, throw out; extrude; *mar.* discharge, launch (*torpedo*); utter, give (*cry, oath*); heave (*a sigh*); **II.** *v/i.* (*irr., h.*) *fenc.* thrust, lunge; *swimming*: strike out; **~rohr** *mar. n* torpedo tube; **~ung** *f* (-; -en) expulsion, ejection; *eccl.* excommunication; banishment; *social*: ostracism; *mil.* cashiering; *gr.* **a**) suppression, **b**) elision; **~vorrichtung** *tech. f* ejector, throw-out; **~zahlen** *f/pl.* production (*or* output) figures.

ˈ**ausstrahl|en I.** *v/t.* (*h.*) (ir)radiate, emit, beam (*or* give) forth; *radio*: beam, broadcast; *fig.* radiate; **II.** *v/i.* (*sn*) radiate, emanate (*a. fig.*); *pain*: extend (*zu* to); **2ung** *f* (ir)radiation, emission, emanation (*a. fig.*); vibration, oscillation; wave; **2ungsvermögen** *n* (-*s*) radiating power.

ˈ**ausstreben** *v/t.* (*h.*) strut, brace.

ˈ**ausstrecken** *v/t.* (*h.*) stretch (out); *die Hand* ~ hold (*or* extend, reach) out one's hand (*nach* for); *mit ausgestreckten Händen* with outstretched hands; put out (*feelers*); stretch, elongate; *sich* ~ stretch o.s. (out); sprawl.

ˈ**ausstreich|en** *v/t.* (*irr., h.*) strike (*or* score, cross) out; cancel, delete; smooth (down); grout, point (*joints*); paint; grease; **2messer** *tech. n* smoothing blade, scraper.

ˈ**ausstreuen** *v/t.* (*h.*) scatter; spread (*rumours*).

ˈ**ausström|en I.** *v/i.* (*sn*) stream (*or* flow, gush) forth, issue; *gas, steam*: escape, exhaust; *phys. light, rays*: emanate (*a. fig.*), radiate; *gas*: effuse; **II.** *v/t.* (*h.*) pour out (*or* forth); emit, give forth; ~ *lassen* discharge, drain (off) (*water*); *fig.* spread, breathe, exude; **2ung** *f* outflow, issue; discharge; *of gas*: escape; *of light*: emanation; *phys.* radiation.

ˈ**ausstudieren I.** *v/i.* (*h.*) complete one's studies; take one's degree, *esp. Am.* graduate; **II.** *v/t.* (*h.*) study thoroughly, explore.

ˈ**aussuchen** *v/t.* (*h.*) search; choose, select, pick (*or* single) out; *suchen Sie sich nur et. aus* take your pick, just pick and choose; → *ausgesucht.*

ˈ**austäfeln** *v/t.* (*h.*) wainscot, panel.

ˈ**austapezieren** *v/t.* (*h.*) paper.

ˈ**austast|en** *v/t.* (*h.*) *TV*: blank; **2ung** *f* (-; -*en*) blanking.

ˈ**Austausch** *m* (-es) (*a. cultural*) exchange; *of goods*: *a.* barter; interchange (*or* exchange) of ideas; *im* ~ *gegen* in exchange for; **2bar** *adj.* interchangeable, exchangeable; **~barkeit** *f* (-) interchangeability; **2en** *v/t.* (*h.*) exchange (*gegen* for); interchange; barter, truck, swap; exchange (*looks, words*), bandy; exchange (*ideas*), compare (*notes*); substitute; **~programm** *n* exchange program(me); **~stahl** *m* substitute steel; **~stück** *tech. n* duplicate (*or* spare) part; **~student(in** *f*) *m* exchange student; **~werkstoff** *m* alternat(iv)e material, substitute.

ˈ**austeil|en** *v/t.* (*h.*) distribute, hand out (*an, unter acc.* to, among); allot (to); dispense; give, issue (*orders*); serve out (*food*); bestow (*grace*); deal out (*blows*); deal (out) (*cards*); *eccl. das Abendmahl* ~ administer the Sacrament; *den Segen* ~ impart the blessing; **2ung** *f* distribution; allotment; administration.

Auster [ˈaustər] *f* (-; -*n*) oyster; **~nbank** *f* (-; ⸚e) oyster bed; **~nfang** *m*, **~nfischeˈrei** *f* oyster-dredging; **~nhändler** *m* oyster-man; **~nschale** *f* oyster shell; **~nzucht** *f* oyster-culture.

ˈ**austilg|en** *v/t.* (*h.*) efface, obliterate, wipe out; exterminate, eradicate, wipe out; *esp. fig.* extirpate (*vice, etc.*); **2ung** *f* obliteration; extermination, extirpation.

ˈ**austoben I.** *v/i.* (*h.*) cease raging, calm down, abate; **II.** *v/t.* (*h.*) give full vent to (*one's rage, etc.*); *sich* ~ *youth*: sow one's wild oats, have one's fling; *w.s.* let off steam.

ˈ**austollen**: *sich* ~ (*h.*) frolic, (have a good) romp, have one's fling.

Austrag [ˈaustra:k] *m* (-[e]s) decision, settlement; *zum* ~ *bringen* settle (*vor Gericht* in court); *fig.* bring to a head; *zum* ~ *kommen* come up for decision, come off (*or* to a head); *bis zum* ~ *der Sache* while the matter is pending; **2en** *v/t.* (*irr., h.*) carry out (*or* round); deliver (*letters*); carry *a child* to term; wear out (*clothes*); *econ.* **a**) transfer, **b**) cancel; *fig.* retail; gossip, spread, circulate (*rumours*); determine, settle; hold, stage (*competition*).

ˈ**Austräger(in** *f*) *m* carrier, roundsman; errand-boy; *b.s. fig.* telltale.

Austral|ien [auˈstra:liən] *n* (-*s*) Australia; **~ier(in** *f*) *m* (-*s*; -; -; -*nen*), **2isch** *adj.* Australian.

ˈ**austreib|en** *v/t.* (*irr., h.*) drive out (*cattle, a. wedge*); expel, oust; exorcize (*devil*); *med.* extrude (*baby*); *tech.* beat out; *fig. j-m et.* ~ take a th. out of a p.; *ich werde ihm das schon* ~ I'll cure him of that; **2ung** *f* (-; -*en*) expulsion; exorcism.

ˈ**austreten I.** *v/t.* (*irr., h.*) tread out; stamp out (*fire*); wear out (*shoes*), *new ones*: break in; wear down (*or* out) (*stairs*); → *ausgetreten*; **II.** *v/i.* (*irr., sn*) come forth; *med. blood from vessels*: extravasate; *hernia*: protrude; *light*: emerge; *river*: overflow (its banks), be flooded; retire *or* withdraw (*aus* from); leave (*a firm, school*); *eccl.* secede (*aus* from); *physiol.* ease o.s., go somewhere, wash one's hands; ~ *aus* leave (*a party*); resign membership of (*a society, club, etc.*).

ˈ**austrinken** *v/t. and v/i.* (*irr., h.*) drink up; empty, drain, finish (one's glass).

ˈ**Austritt** *m* retirement, withdrawal, resignation; *eccl.* secession, leaving; *of air, gas*: exit, egress; *of light*: emergence; *tech.* outlet, vent, port; *med. of blood*: extravasation; *of nerve, vessel*: exit; *of groin*: protrusion.

ˈ**Austritts...**: **~düse** *f* outlet nozzle; **~erklärung** *f* notice of withdrawal; **~geschwindigkeit** *f* discharge velocity, *mil.* muzzle velocity; **~phase** *med. f* third stage (*of birth*); **~ventil** *n* outlet valve.

ˈ**austrocknen I.** *v/t.* (*h.*) dry up, dessicate (*a. med.*); parch (*soil, throat*); drain; season (*wood*); wipe dry; **II.** *v/i.* (*sn*) dry up, become (*or* run) dry.

ˈ**austrommeln** *v/t.* (*h.*) publish by beat of drum; *fig.* noise abroad.

ˈ**austrompeten** *v/t.* (*h.*) → *ausposaunen.*

ˈ**auströpfeln** *v/i.* (*sn*) trickle (*or* [drip) out.]

ˈ**austüfteln** *v/t.* (*h.*) puzzle out; think out, contrive.

ˈ**aus-üb|en** *v/t.* (*h.*) exercise (*power, right, supervision, etc.*); exert (*influence*); practise (*law, medicine, etc.*); carry on (*a trade*); conduct, perform, carry on (*activity*); → *Druck*; *ein Verfahren* ~ (*Patent Law*) perform a system; commit, perpetrate (*a crime*); → *Rache*; **~end** *adj.* practising; *~er Arzt* (general) practitioner; *~e Gewalt* executive power; **2ung** *f* exercise; practice; performance, execution (*of duty*); perpetration (*of a crime*); *in* ~ *des Dienstes* in performance of one's duty, *Am.* in line of duty; *in* ~ *s-s Berufes* in pursuance of one's vocation.

ˈ**Ausverkauf** *m* selling off; clearance sale; seasonal sale; bargain sale; *fig.* sellout; *et. im* ~ *kaufen* buy a th. at a clearance sale; **2en** *v/t.* (*h.*) sell out; sell off, clear (off the stocks), *Am. a.* close out; *ausverkauft* sold out, out of stock, *thea.* sold out, filled to capacity, (*notice*) "house full"; *vor ausverkauftem Hause spielen* play to a full house.

ˈ**auswachsen I.** *v/i.* (*irr., sn*) *bot.* sprout; *person*: grow up, reach one's full growth; *b.s.* grow deformed; grow hunchbacked; *med.* heal up; *colloq.* *es war zum* 2 **a**) it was frightfully boring, **b**) it was enough to drive you crazy; **II.** *v/t.* (*irr., h.*) outgrow (*clothes*); *sich* ~ *zu* (*dat.*) grow *or* develop into.

ˈ**auswägen** *v/t.* (*irr., h.*) → *auswiegen.*

ˈ**Auswahl** *f* choice, selection; *econ.* assortment, collection; *market research*: sample; *e-e reiche* ~ a great variety (*or* wide choice, range) *of goods, etc.*; *e-e* ~ *treffen* make a selection, take one's choice; *Hunderte von Büchern zur* ~ hundreds of books to choose from; choice articles *pl.*, the pick (of the bunch); *of people*: élite, cream, pick; *of poems*: anthology; *of condensed books*: digest.

ˈ**auswählen** *v/t.* (*h.*) choose, select (*aus* from, from among), *carefully*: *a.* pick (*or* single) out; *wähl dir das Beste aus!* take your pick!

ˈ**Auswahl...**: **~mannschaft** *f sports*: select (*or* representative) team; **~prinzip** *phys. n* selection principle; **~sendung** *econ. f* samples *pl.* (sent for selection).

'**auswalzen** *metall. v/t.* (*h.*) roll out.
'**Auswander|er(in** *f*) *m* emigrant; **2n** *v/i.* (*sn*) emigrate (*von* from, *nach* to); *birds, tribes*: migrate; *ballistics*: get out of range.
'**Auswanderung** *f* emigration; migration; *fig.* exodus; **~sbehörde** *f* board of emigration.
auswärtig ['aʊsvɛrtiç] *adj.* out-of--town; non-resident; foreign; external; *das 2e Amt* → *Außenministerium*; *~e Angelegenheiten* foreign (*or* external) affairs; *~er Ausschuß* foreign relations committee.
auswärts ['aʊsvɛrts] *adv.* outward(s); away from home; out of doors; out of town; abroad; *~ wohnend* non-resident; *~ essen etc.* dine, *etc.*, out; **2spiel** *n sports*: away (*or* out) match.
'**auswaschen** *v/t.* (*irr., h.*) wash out, cleanse; rinse; *med.* bathe; *geol.* erode.
'**auswässern** *v/t.* (*h.*) (soak in) water.
auswechsel|bar ['aʊsvɛksəl-] *adj.* interchangeable, exchangeable; replaceable; **~n** *v/t.* (*h.*) exchange, interchange; replace (*all a. tech.*); change (*battery, tyre, wheel*); *fig. sich wie ausgewechselt fühlen* feel a new (wo)man; **2ung** *f* (-; -*en*) exchange, interchange; replacement; changing.
'**Ausweg** *m* way out; *tech.* exit, vent; *das Wasser sucht sich e-n ~* the water seeks an outlet; *fig.* way out, loophole; alternative; expedient, shift; *letzter ~* last resort; *ich sehe keinen ~ mehr* I am at my wits' end; **2los** *adj.* hopeless.
Ausweich|bewegung ['aʊsvaɪç-] *mil. f* evading movement; **2en** *v/i.* (*irr., sn*) turn (*or* step) aside, make way (*dat.* for); avoid; dodge; *boxing*: **a**) duck, **b**) side-step; *mil.* withdraw, avoid contact (by an evading movement); *fig.* elude; avoid, dodge; evade, shirk (*a duty*); evade *or* side-step (*the issue*); be evasive, hedge; switch over (*auf acc.* to); **2end** *adj.* evasive, non--committal; **~flugplatz** *m* alternative airfield; **~frequenz** *f* alternative frequency; **~klausel** *f* escape clause; **~krankenhaus** *n* out (*or* reserve) hospital; **~lager** *n* reserve store; **~manöver** *mil. n* evading movement; **~plan** *m* alternative plan; **~schritt** *m* side-step; **~stelle** *f mot.* by-pass; out-office; **~stellung** *mil. f* alternate position; **~stoff** *m* alternate, substitute, ersatz; **~ung** *tech. f* (-; -*en*): *plastische ~* plastic flow; *seitliche ~* lateral flow (*or* deformation); **~ziel** *mil. n* alternat(iv)e target.
'**ausweiden** *v/t.* (*h.*) disembowel, eviscerate (*game*); gut (*fish*); draw (*poultry*).
'**ausweinen I.** *v/i.* (*h.*) cease weeping; **II.** *v/t. and sich ~* (*h.*): *sich* (*or s-n Kummer*) *~* relief one's grief by weeping; *sich* (*ordentlich*) *~* cry one's fill, have a good cry; *sich die Augen ~* cry one's eyes out.
Ausweis ['aʊsvaɪs] *m* (-*es*; -*e*) voucher; documentary proof, evidence; (bank) return, *Am.* statement; *of balance*: report; statement (of account); certificate; identity card, *Am.* identification (card); → *Ausweiskarte*; **2en** *v/t.* (*irr., h.*) expel, eject; banish, exile; deport (*undesirable aliens*); *jur.* evict (*aus dat.* from *dwelling, lease, etc.*); *econ.* show, present, prove, *in books*: set out, give an account (of); *j-n* (*sich*) *als ~* identify a p. (o.s.) as; *sich ~* prove (*or* establish) one's identity, show one's papers, *fig.* prove (*or* show) o.s. *a good diplomat, etc.*; *ordentlich ausgewiesen* duly evidenced (*or* identified); well authenticated; **~karte** *f* identity card, *Am.* identification (card); (admission) ticket; *w.s.* pass, permit; **2lich** *prp.* (*gen.*) as shown in, as evidenced by, according to; **~papiere** *n/pl.* identity papers *pl.*, documents *pl.*; **~ung** *f* expulsion; deportation; eviction; proof of identity; **~ungsbefehl** *m* order of expulsion; *for aliens*: deportation warrant.
'**ausweit|en** *v/t. or sich ~* (*h.*) widen; expand, extend (*all a. fig.*); stretch (*gloves, shoes*); *fig.* spread; extend (*a. econ. credit*), expand; **2ung** *f* widening; expansion; extension (*a. des Krieges* of warfare).
'**auswendig** *adj.* (*and adv.*) outward(ly), external(ly), outside; *~ angebracht* mounted externally; *fig.* by heart; by rote; *~ lernen* learn by heart, commit to memory, memorize; et. *~ können* **a**) know by heart, **b**) know a th. inside out; *~ spielen* play from memory.
'**auswerf|en** *v/t.* (*irr., h.*) throw (*or* cast) out; cast (*fishing-line, anchor*); eject, vomit (*lava*); *med. Blut*: expectorate, bring up (*blood, phlegm*); allow, grant, allot, fix (*a sum*); *tech.* **a**) reject, discard, **b**) discharge (*a. mil. cartridges*); eject; **2er** *tech. m* knock-out, *esp. mil.* ejector.
'**auswert|en** *v/t.* (*h.*) evaluate (*data, results*); analyze, interpret; estimate; utilize, make (full) use of, (*a. commercially*) exploit (*a film, patent*); **2estelle** *f* computing (*or* plotting) station; **2everfahren** *n* evaluation method; **2ung** *f* evaluation; analysis; interpretation; utilization; (*a. commercial*) exploitation; *~ der Versuchsergebnisse* analysis of the data obtained; *zeichnerische ~* graphical solution.
'**auswetzen** *v/t.* (*h.*) grind out; *fig.* → *Scharte*.
'**auswickeln** *v/t.* (*h.*) unwrap, unfold; unswathe (*a baby*).
'**auswiegen** *v/t.* (*irr., h.*) weigh (out); balance out; → *ausgewogen*.
'**auswinden** *v/t.* (*irr., h.*) wring out.
Auswinterungsschäden ['aʊsvintərʊŋsʃɛ:dən] *m/pl.* winter killing.
'**auswirk|en** *v/t.* (*h.*) work out; knead (*dough*); *fig.* effect, bring about; *sich ~* take effect, operate, make itself felt; *sich ~ auf* (*acc.*) affect; bear (*or* tell) on; *es wirkte sich ungünstig aus* it worked out badly, it had unpleasant consequences; → *einwirken*; **2ung** *f* effect; bearing (*auf* on); result, outcome; implication; consequence, impact, aftermath, repercussion.
'**auswischen** *v/t.* (*h.*) wipe out; wipe off, obliterate, efface; sponge out; *sich die Augen ~* wipe one's eyes; *colloq. j-m eins ~* **a**) paste a p. one, *a. fig.* land on a p., **b**) play a trick on a p., put one over on a p.
'**auswittern I.** *v/i.* (*sn*) effloresce (*ore, salts, etc.*); decompose, decay (*wood*); **II.** *v/t.* (*h.*) (*a. ~ lassen*) season (*wood*).
'**auswringen** *v/t.* (*irr., h.*) wring out.
'**Auswuchs** *m* (-*es*; ⁼*e*) outgrowth (*a. fig.*); *med.* excrescence, protuberance; *of bones*: exostosis; deformity; hunch, hump; *bot.* tumo(u)r; *fig. Auswüchse pl.* **a**) aberrations, products (*of a morbid imagination*), **b**) abuse, excrescence, exaggeration.
'**auswuchten** *tech. v/t.* (*h.*) balance out.
'**auswühlen** *v/t.* (*h.*) dig (*or* grub, root) up; undermine.
'**Auswurf** *m* throwing out; *tech.* discharge, ejection; *of volcano*: eruption; *med.* expectoration, sputum; ejection (*of blood*); *ohne ~* (*cough*) unproductive; refuse; rubbish, trash; *fig. ~* (*der Menschheit*) the dregs *pl. or* scum (of society).
'**auszacken** *v/t.* (*h.*) jag; *tech.* indent, tooth.
'**auszahlen** *v/t.* (*h.*) pay (out), disburse; *in bar ~* pay cash down; *voll ~* pay in full; pay off (*workers, creditors, etc.*); buy out; *fig. sich ~* pay.
'**auszählen I.** *v/t.* (*h.*) *parl., boxing, etc.*: count out; *boxing*: *ausgezählt werden* take the count; **II.** *v/i.* (*h.*) count to the end.
'**Auszahlung** *f* payment, disbursement; pay-off, discharge; *to creditors*: reimbursement; *telegraphische ~* telegraphic (*or* cable) transfer; **~s-anweisung** *f* disbursing order; **~ssperre** *f* stop-payment order; **~sstelle** *f* paying office.
'**auszahnen** *tech. v/t.* (*h.*) tooth, indent.
'**auszanken** *v/t.* (*h.*) scold, upbraid.
'**auszehr|en** *v/t.* (*h.*) waste, consume; impoverish, drain (*a country*); *sich ~* pine away (*vor* with), eat one's heart out; **2ung** *med. f* consumption, phthisis.
'**auszeichn|en** *v/t.* (*h.*) mark (out); label, ticket, price (*goods*); *fig.* **a**) distinguish, make stand out *a p. or a th.*; *das zeichnet ihn aus* that does him credit; *was diesen Artikel auszeichnet ist* the special merits (*or* features) of this article are, **b**) hono(u)r, treat with distinction; *j-n mit ~* award *a prize, etc.* to a p.; *with an order*: decorate a p.; *sich ~* distinguish o.s., excel (*als* as; *durch* by; *in* at, in); *dieser Wagen zeichnet sich durch ... aus* this car stands out for (*or* is superior by); **2ung** *f* marking; *econ.* label(l)ing, ticketing; pricing; *fig.* distinction, hono(u)r (*für* to); *mit ~ bestehen* pass with distinction, take first-class hono(u)rs; hono(u)rable mention, award of hono(u)r, citation; decoration, medal; award, prize.
'**auszieh|bar** *tech. adj.* extensible,

telescopic, pull-out; removable; **~en I.** *v/t.* (*irr.*, *h.*) draw (*or* pull) out; take off, doff (*clothes*); draw off (*gloves*); undress, strip, *fig.* fleece *a p.*; *sich* ~ take off one's clothes, undress, strip; *chem. math.* extract (*aus* from); *aus e-m Buch, etc.*: make an abstract of, extract from *a book, etc.*, summarize, epitomize *a book, etc.*; make out (*an account*), make a statement of; ink in (*a drawing*), trace (*with Indian ink*); stretch; *chem.* ~ *lassen* infuse; **II.** *v/i.* (*irr.*, *sn*) march off, set out, depart; *aus e-r Wohnung*: (re)move (from *a dwelling*); *colour*: fade; **♀leiter** *f* extension ladder; **♀platte** *f of table*: leaf; **♀rohr** *n* telescopic tube; **♀sicherung** *f* pull-out (*or* push-in) fuse; **♀tisch** *m* pull-out (*or* extension) table; **♀tusche** *f* drawing ink; **♀ung** *chem. f* extraction.

'auszimmern *v/t.* (*h.*) timber, frame; *mining*: prop *the shaft.*

'auszirkeln *v/t.* (*h.*) measure (*or* mark out) with compasses.

'auszischen *thea. v/t.* (*h.*) hiss (at).

'Auszug *m* departure, *mil.* marching out; *bibl. or fig.* exodus; *aus e-r Wohnung*: removal (*from dwelling*); evacuation; *chem.* extract, essence; *phot.* separation; *from a book, etc.*: abstract, extract, excerpt; abridgement, condensation; epitome; summary, compendium; *econ. from a bill*: abstract; statement (of account); **~mehl** *n* super-fine flour; **♀sweise** ['-svaɪzə] *adv.* by (way of) extract, in extracts, in the form of an abstract; ~ *darstellen or wiedergeben* epitomize.

'auszupfen *v/t.* (*h.*) pluck out; *tech.* unravel (*silk, threads*); pick, bur (*wool*).

autark [aʊ'tɑːrk] *adj.* self-supporting, self-sufficient, independent; **Autar'kie** *f* (-; -*n*) autarky, autarchy, self-sufficiency.

authentisch [aʊ'tɛntiʃ] *adj.* authentic(ally *adv.*); genuine; *von ~er Seite* on good authority.

Auto ['aʊto] *n* (-*s*; -*s*) (motor-)car, *Am. a.* auto(mobile); motor-vehicle; *n.s.* passenger car; ~ *fahren* drive (a car), go (*or* travel) by car; go motoring; *sich im ~ mitnehmen lassen* hitch-hike; **~ausstellung** *f* motor-show; **~bahn** *f* motorway, *Am.* superhighway; autobahn; **~büche'rei** *f* bookmobile.

'Autobio|gra'phie *m* autobiography; **♀'graphisch** *adj.* autobiographic(al).

'Auto...: ~brille *f* (motor) goggles *pl.*; **~bus** *m* (motor-)bus, *Am.* (auto)bus; motor coach; trolley-bus; **~bus-haltestelle** *f* bus stop.

'Autochrom *n* autochrome.

Autodidakt [aʊtodi'dakt] *m* (-*en*; -*en*) self-taught person, autodidact.

'Auto...: ~droschke *f* taxi(-cab), cab; **~'dyn-empfänger** *m* autodyne oscillator; **~empfänger** *m* car radio (receiver); **♀e'rotisch** *psych. adj.* auto-erotic; **~fahrer** *m* motorist, (car-)driver; **~falle** *f* police trap; **~flugzeug** *n* road-going aircraft, air car.

autogen [aʊto'geːn] *adj.* autogenous; *~e Schweißung* autogenous welding.

'Autogiro *n* gyroplane, autogiro.

Auto|'gramm *n* (-*s*; -*e*) autograph; **~'grammjäger** *m* autograph hunter; **~graphie** [-gra'fiː] *typ. f* (-; -*n*) autography, autographical printing.

'Auto...: ~händler *m* car dealer; **~hof** *m* motor-court, auto court; **~hupe** *f* horn; **~industrie** *f* motor industry, *Am.* automotive industry; **~karte** *f* road map (for motorists); **~kino** *n* drive-in (cinema); **~koffer** *m* motor-car trunk; **~kolonne** *f* motor-vehicle column; motor cavalcade, *Am.* motorcade.

Auto|krat [aʊto'krɑːt] *m* (-*en*; -*en*) autocrat; **♀'kratisch** *adj.* autocratic; **~kratie** [-kra'tiː] *f* (-; -*n*) autocracy.

Automat [aʊto'mɑːt] *m* (-*en*; -*en*) automatic machine; *a. fig.* automaton, robot; automatic lathe; trip fuse; automatic vending machine, (penny-in-the-)slot machine, *Am.* vendomat; musical automaton, *Am.* juke box; **~enrestaurant** *n* self-service restaurant, *Am.* cafeteria, automat; **~enstahl** *m* free-cutting steel; **~ion** [-matsi'oːn] *f* (-) automation; **♀isch** *adj.* automatic(ally *adv.*), mechanic, self-acting; push-button; **~ik** *f* (-) automatism; *tech.* automatic; *radio*: automatic (sharp) tuning means; **♀i'sieren** *v/t.* (*h.*) automate; **~i'sierung** *f* (-; -*en*) automation; **~tismus** [-ma'tismus] *m* (-) automatism.

'Auto...: ~mechaniker *m* car-mechanic; **~mobil** [-mo'biːl] *n* (-*s*; -*e*) → *Auto*; **~mo'bilausstellung** *f* motor-show; **~mo'bilbau** *m* (-[*e*]*s*) motor (*Am.* automotive) industry.

auto|nom [aʊto'noːm] *adj.* autonomous (*a. fig.*, *econ.*), self-governing; **♀nomie** [-no'miː] *f* (-; -*n*) autonomy.

'Auto...: ~pi'lot *aer. m* autopilot; **~reifen** *m* tyre, *Am.* tire; **~rennbahn** *f* racing track; **~rennen** *n* motor race.

Autor ['aʊtɔr] *m* (-*s*; -'*toren*), **Autorin** [aʊ'toːrin] *f* (-; -*nen*) author(ess *f*), writer; **♀isieren** [-tori'ziːrən] *v/t.* (*h.*) authorize, empower; license; *autorisierte Übersetzung* authorized translation; **♀itär** [-i'tɛːr] *adj.* authoritarian; **~i'tät** *f* (-; -*en*) authority; expert (*auf dem Gebiete gen.* of), authority (on); **♀itativ** [-ita'tiːf] *adj.* authoritative.

'Auto...: ~schleppstart *m* auto-towed take-off; **~schlosser** *m* car-mechanic; **~schuppen** *m* car-shed; **~straße** *f* motor-road, *Am.* highway; **~suggesti'on** *f* auto-suggestion; **~technik** *f* (-) automobile (*Am.* automotive) engineering; **~typie** [-ty'piː] *typ. f* (-; -*n*) half-tone engraving; **~unfall** *m* motoring accident, motor-crash; **~verkehr** *m* motor traffic; **~vermietung** *f* car-hiring service; **~versicherung** *f* motor-car insurance; **~wäsche** *f* car wash; **~zubehör** *n* automotive accessory parts *pl.*

Aval [a'val] *econ. m* (-*s*; -*e*) surety, guarantee, guaranty; **~akzept** *n* guaranteed bill of exchange, collateral acceptance; **ava'lieren** *v/i.* (*h.*) stand security, guarantee (payment).

Avancen [a'vɑ̃ːsən] *f/pl.*: *j-m ~ machen* make advances to a p.

avan'cieren *v/i.* (*sn*) be promoted, rise (in rank).

avantgardistisch [avɑ̃ːgar'distiʃ] *adj.* avant-garde.

Avers [a'vɛrs] *m* (-*es*; -*e*) obverse (*of coin*).

Avis [a'viː] *econ. n* (-; -) advice; *laut ~* as advised; **avisieren** [avi'ziːrən] *v/t.* (*h.*) advise, notify.

axial [aksi'ɑːl] *adj.* axial; **♀beanspruchung** *f* axial stress; **♀druck** *m* (-[*e*]*s*) axial pressure; **♀turbine** *f* axial flow turbine.

axiomatisch [aksio'mɑːtiʃ] *adj.* axiomatic(al).

Axt [akst] *f* (-; ⸚*e*) ax(e); hatchet.

Azalee [atsa'leːə] *bot. f* (-; -*n*) azalea.

Azetat [atse'tɑːt] *n* (-*s*; -*e*) acetate; **~seide** *f* acetate (*or* cellulose) silk.

Azetylen [atsety'leːn] *n* (-*s*) acetylene; **~gas** *n* oxyacetylene; **~schweißung** *f* oxyacetylene welding.

Azimut [atsi'muːt] *n* (-*s*; -*e*) azimuth.

Azoren [a'tsoːrən] *pl. the* Azores.

Azur [a'tsuːr] *m* (-*s*) *min.* lapis lazuli; (*colour*) azure, sky-blue; **♀(e)n** *adj.* azure, sky-blue.

azyklisch [a'tsyːkliʃ] *adj.* acyclic.

B

B [be:], **b** *n* B, b; *mus.* B flat; (*symbol*) flat.

babbeln ['babəln] *v/i.* (*h.*) babble, prattle.

Baby|artikel ['be:bi-] *m/pl.* baby goods; **~ausstattung** *f* layette.

Bacchant [ba'xant] *m* (*-en*; *-en*), **~in** *f* (*-*; *-nen*) bacchant(e *f*); **2isch** *adj.* bacchanal.

Bach [bax] *m* (*-[e]s*; *⁼e*) brook, rivulet, *Am. a.* run; '**~e** *f* (*-*; *-n*) wild sow; '**~forelle** *f* brook trout.

Bächlein ['bɛçlaɪn] *n* (*-s*; *-*) brooklet, rill.

Bachstelze ['-ʃtɛltsə] *f* (*-*; *-n*) wagtail.

back [bak] *mar. adv.* aback; **2** *f* (*-*; *-en*) *mar.* forecastle; mess tin; mess (table).

'**Back|apfel** *m* baking-apple; **~aroma** *n* aromatic essence, flavo(u)r; **~blech** *n* baking tin.

'**Backbord** *n a. m* port(side), larboard; **2** *adv.* aback; *~ achteraus* port aft; *~ voraus* on the port bow; **~motor** *m* port engine.

backbrassen ['-brasən] *mar. v/t.* (*h.*) heave to.

Backe ['bakə] *f* (*-*; *-n*) cheek; *of rifle-butt*: cheek (piece); *of ski*: toe piece (*or* iron); *tech.* **a)** jaw, **b)** chuck jaw, **c)** *for cutting*: die; *e-e dicke ~ haben* have a swollen cheek; *mit vollen ~n kauen* munch (heartily).

backen ['bakən] *v/t. and v/i.* (*h.*) bake; fry; dry (*fruit*); burn, fire (*brick*); *clay, mud, etc.*: cake (together); **2** *n* (*-s*) baking, *etc.*

'**Backen...**: **~bart** *m* (side-)whiskers *pl.*, *Am.* sideburns *pl.*; **~bein** *anat. n* jawbone; **~bremse** *mot. f* shoe brake; **~futter** *tech. n* jaw chuck; *auswechselbares ~* jaw liner; **~knochen** *m* cheek-bone; **~sessel** *m* wing-chair; **~streich** *m* box on the ear(s); **~tasche** *zo. f* cheek-pouch; **~zahn** *m* molar (tooth).

Bäcker ['bɛkər] *m* (*-s*; *-*) baker.

Bäckerei [-'raɪ] *f* (*-*; *-en*) bakehouse, bakery; → *Bäckerladen.*

'**Bäcker...**: **~geselle** *m* journeyman baker; **~laden** *m* baker's (shop), *Am.* bakery; **~meister** *m* master baker.

'**Back...**: **~fett** *n* cooking fat, *Am.* shortening; **~fisch** *m* fried fish; *fig.* girl in her teens, flapper, teenager, *Am.* bobbysoxer; **~form** *f* baking tin, (pastry-)mo(u)ld; **~hähnchen** *n*, **~huhn** *n* fried chicken; **~kohle** *f* bituminous (*or* caking) coal; **~mannschaft** *mar. f* mess (party); **~mulde** *f* kneading-trough; **~obst** *n* dried fruit; **~ofen** *m* (baking) oven; **~pfeife** *f* box on the ear(s); **~pflaume** *f* prune; **~pulver** *n* baking powder; **~stein** *m* brick; **~steinmauer** *f* brickwall; **~teig** *m* batter; **~trog** *m* kneading-trough; **~vermögen** *n* coking quality (*of coal*); **~ware** *f* baker's ware; **~werk** *n* (*-[e]s*) pastries.

Bad [ba:t] *n* (*-[e]s*; *⁼er*) bath (*a. chem.*); *outdoors*: bathe, dip, swim; *tech.* dip, dye; *ein ~ nehmen* take (*or* have) a bath; → *Badeanstalt, Badeort, Schwimmanstalt*; → *Kind.*

Bade...: **~anstalt** ['ba:də-] *f* bathing establishment, baths *pl.*; '**~anzug** *m* bathing costume (*or* suit), swim(ming) suit; '**~arzt** *m* spa-doctor; '**~gast** *m* visitor (at a spa); *at swimming pool*: bather; '**~hose** *f* bathing trunks (*or* shorts) *pl.*; '**~kabine** *f* bathing-cabin (*or* cubicle); '**~kappe** *f* bathing-cap; '**~kur** *f* course of treatment at a spa; *die ~ in X. nehmen* take the waters at X.; '**~mantel** *m* bathing-gown, bathrobe; '**~meister** *m* bath attendant; swimming instructor.

baden ['ba:dən] *v/t. and v/i.* (*h.*) bath, *Am. a.* bathe; *sich ~* bathe; bathe, go swimming; *in tub*: take a bath; bath (*a child*); **2de(r** *m*) *f* (*-n*; *-n*; *-n*; *-n*) bather.

'**Bade...**: **~ofen** *m* bath-heater, geyser, *Am.* hot-water heater; **~ort** *m* watering-place; spa; **~salz** *n* bath-salts *pl.*; **~schuhe** *m/pl.* bathing slippers; **~strand** *m* bathing beach; **~tuch** *n* bath-towel; **~wanne** *f* bath, (bath-)tub; **~wärter** *m* bath attendant; **~wasser** *n* bath-water; **~zimmer** *n* bathroom, bath.

baff [baf] *colloq.*: (*ganz*) *~ sein* be dumbfounded, be flabbergasted.

Bagage [ba'ga:ʒə] *f* (*-*) luggage, *Am. or mil.* baggage; *fig. contp.* rabble, lot, pack.

Bagatell|e [baga'tɛlə] *f* (*-*; *-n*) trifle, trifling matter, bagatelle; **2i'sieren** *v/t.* (*h.*) minimize (the importance of), make light of, belittle, play down; **~sache** *jur. f* petty case; summary offen|ce, *Am.* -se; **~schaden** *m* petty damage.

Bagger ['bagər] *m* (*-s*; *-*) dredge(r), excavator; power shovel; **~eimer** *m* (dredging) bucket; **~löffel** *m* shovel; **2n** *v/i. and v/t.* (*h.*) dredge, excavate.

bähen ['bɛ:ən] **I.** *v/t.* (*h.*) *med.* foment; **II.** *v/i.* (*h.*) *sheep*: bleat.

Bahn [ba:n] *f* (*-*; *-en*) course; path, track; road, way; *fig. a.* career; railway, *Am.* railroad, *n.s.* line; *mot.* lane; *ballistics*: trajectory; *of paper*: web; *of cloth, etc.*: width; *ast.* course; *of electron, planet, etc.*: orbit; *of comet*: path; *sports*: (cinder-)track; *racing, skiing, swimming*: course; *of individual runner, etc.*: lane; (ice-)rink; (bowling) alley; (shooting) range, *covered*: shooting gallery; *Golfplatz mit 10 Bahnen* 10-hole course; *tech.* face (*of anvil, hammer, plane*); set (*of saw*); edge, cutting point (*of cutting tool*); *~ brechen* pave (*or* prepare) the way (*dat.* for); *sich ~ brechen* force one's way (*zu* to), forge ahead; *auf die schiefe ~ geraten* go astray, get into evil ways; *in die richtigen ~en lenken* direct into the right channels; *j-n zur ~ bringen* see a p. off; *zur ~ gehen* go to the station; *an der ~* at the station; *in der ~* on the train; *mit der ~* by train, *econ.* by rail.

'**Bahn...**: (→ *Eisenbahn...*); **~anlagen** *f/pl.* railway installations; **~anschluß** *m* rail connection; **~arbeiter** *m* railway worker; **~be-amte(r)** *m* railway official; **2brechend** *adj.* pioneer(ing), epoch-making; *~ wirken* blaze a trail; **~brecher** *m* (*-s*; *-*) pioneer, trailblazer; *art*: avant-gardist; **~damm** *m* railway embankment.

bahnen ['ba:nən] *v/t.* (*h.*) *Weg*: beat, clear, open (up) *a path*; *fig. den Weg ~* (*dat.*) prepare (*or* pave) the way (for), pioneer, blaze the trail; smooth the way (for), facilitate; *sich e-n Weg ~* force (*or* work) one's way; elbow one's way (*durch* through).

'**Bahn...**: **~fahrt** *f* train journey; **~fracht** *f* rail(way) carriage, *Am.* rail(road) freight; **~frachtsätze** *m/pl.* railway rates; **2frei** *econ. adv.* free station; **~gleis** *n* track.

'**Bahnhof** *m* (railway-)station; junction; *auf dem ~* at the station; *diplomacy*: *großer ~* red carpet treatment; **~shalle** *f* station hall, *Am.* concourse; **~smission** *f* Travellers Aid (Society); **~svorsteher** *m* station-master, *Am.* station agent; **~swirtschaft** *f* station restaurant.

'**Bahn...**: **~körper** *m* permanent way, road-bed; **2lagernd** *adv.* to be collected from the station; **~lieferung** *f* rail shipment (*or* consignment); **2mäßig** *econ. adv.*: *~ verpackt* packed for rail transport; **~polizei** *f* railway police; **~post** *f* railway postal service; **~postamt** *n* railway post-office; **~postwagen** *m* mail-van, *Am.* mail car; **~schranke** *f* railway-barrier; **~schwelle** *f* sleeper, *Am.* tie.

'**Bahnsteig** *m* platform; **~karte** *f* platform ticket; **~schaffner** *m* ticket collector, *Am.* gateman; **~sperre** *f* (platform) barrier *or* gate; **~unterführung** *f* platform underpass.

'**Bahn...**: **~strecke** *f* line, section, *esp. Am.* track; **~transport** *m* railway transport(ation); **~überführung** *f* railway-surpass; **~übergang** *m* level (*Am.* grade) crossing; **~verbindung** *f* → *Bahnanschluß*; **~verkehr** *m* railway traffic; **~versand** *m* railway dispatch, forwarding (*Am.* shipping) by rail; **~wärter** *m* linesman; gate-keeper; **~wärter-häus-chen** *n* signal-box.

Bahr|e ['ba:rə] *f* (*-*; *-n*) barrow; stretcher, litter; *for corpses*: bier; → *Wiege*; **~tuch** *n* pall.

Bähung ['bɛ:uŋ] *med. f* (*-*; *-en*) fomentation, stupe; **~smittel** *n* fomentation agent.

Bai [baɪ] *f* (*-*; *-en*) bay.

Baiser [bɛ'ze:] *n* (*-s*; *-s*) meringue.

Baisse ['bɛ:sə] *econ. f* (*-*; *-n*) slump, depression (of the market), bear market; fall (of prices); *auf ~ spekulieren* speculate (*or* operate) for a fall, (sell) bear, sell short; **~an-**

griff *m* bearish operations *pl.*, *Am.* bearish demonstrations *pl.*; **~klausel** *f* depression clause; **~spekulant** *m* bear; **~spekulation** *f* bear speculation (*or* operation); **~tendenz** *f* downward tendency, bearish tone.

Baissier [bɛsi'e:] *econ. m* (-s; -s) bear.

Bajazzo [ba'jatso] *m* (-s; -s) buffoon.

Bajonett [bajo'nɛt] *mil. n* (-[e]s; -e) bayonet; *das ~ aufpflanzen* fix the bayonet; **~angriff** *m* bayonet charge; **~fassung** *el. f* bayonet socket; **~stoß** *m* bayonet thrust; **~verbindung** *tech. f*, **~verschluß** *m* bayonet catch.

Bake ['bɑ:kə] *mar. f* (-; -n) beacon.

Bakelit [bakə'li:t] *n* (-s) bakelite.

Baken... ['bɑ:kən]: **~antenne** *f* beacon antenna, radio-range aerial; **~blindlandesystem** *aer. n* blind approach beacon system; **~boje**, **~tonne** *f* beacon buoy.

Bakterie [bak'te:riə] *f* (-; -n) bacterium (*pl.* -ia), microbe, germ; **2nartig** *adj.* bacteroid; **~nforschung** *f* bacteriological research; **~ngift** *n* bacterial toxin; **2nhaltig** *adj.* containing bacteria; **~nkrieg** *m* bacterial (*or* germ) warfare; **2nreich** *med. adj.* rich in causative organisms; **2nsicher** *adj.* germ-proof; **~nstamm** *m* strain; **2ntötend** *adj.* bactericidal; *~es Mittel* bactericide; **~nzucht** *f* culture of bacteria.

Bakteriolog|e [-terio'lo:gə] *m* (-n; -n), **~in** *f* (-; -nen) bacteriologist; **Bakteriolo'gie** *f* (-) bacteriology.

Balance [ba'laŋsə] *f* (-; -n) balance; → *Gleichgewicht*.

balancier|en [-'si:rən] *v/t.* (*h.*) *and v/i.* (*sn*) balance, poise; **2stange** *f* balancing-pole.

bald [balt] *adv.* soon; shortly, directly; before long, in a near future; almost, nearly; early, in good time; *so ~ als möglich* as soon as possible; *~ darauf* soon (*or* shortly) after, presently; *~, ~* sometimes ..., sometimes ...; now ..., now ...; now ..., then ...

Baldachin ['baldaxi:n] *m* (-s; -e) canopy (*a. aer.*).

Bälde ['bɛldə] *f*: *in ~* soon, before long, in a near future.

bald|ig ['baldiç] *adj.* early, speedy; **'~igst**, **'~möglichst** *adv.* as soon as possible; at your earliest convenience (*or* opportunity).

Baldrian ['baldriɑ:n] *m* (-s; -e) valerian; **~säure** *f* valeric acid; **~tropfen** *m/pl.* valerian drops.

Balg [balk] *m* (-[e]s; ⸚e) skin; *of snakes*: slough; *of a doll*: body; *colloq.* (*child*) [*pl. Bälger*] brat, urchin; *of organ*: bellows *pl.*; *phot.* (*usu.* **'~en** *m* [-s; -]) bellows *pl.*; **'~drüse** *f* follicular gland; **'~(en)-auszug** *m phot.* bellow extension.

balge|n ['balgən] (*h.*): *sich ~* wrestle, scuffle, scramble, tussle (*um* for); *children*: *a.* romp; **2rei** [-'raɪ] *f* (-; -en) scuffle, tussle, scramble (*um* for); *of children*: romp.

Balken ['balkən] *m* (-s; -) beam; girder; joist; rafter; *of balance*: beam; *mus.* bar; *her.* chevron; *anat.* corpus callosum cerebri; *bibl. der ~ im eigenen Auge* the beam in one's own eye; *Wasser hat keine ~* the sea is not planked over; *er log, daß sich die ~ bogen* he lied like a trooper; **'~brücke** *f* girder bridge; **'~decke** *f* timbered ceiling; **'~gerüst** *n* scaffolding of girders; timber-work; **'~holz** *n* squared timber; beam, joist; **'~träger** *m* plate girder; **'~überschrift** *f* banner headline; **'~waage** *f* beam balance, steelyard; **'~werk** *n* (-[e]s) beams and joists, timber-work.

Balkon [bal'kɔŋ] *m* (-s; -s) balcony; *thea.* dress circle, balcony; **~tür** *f* French window.

Ball[1] [bal] *m* (-[e]s; ⸚e) ball; *geogr.*, *ast. a.* globe; *sports*: *scharfer ~* hard ball.

Ball[2] *m* (-[e]s; ⸚e) ball, dance; fancy-ball; *auf dem ~* at the ball; *auf den ~ gehen* go to a ball.

Ballade [ba'lɑ:də] *f* (-; -n) ballad.

Ballast [ba'last] *m* (-es) ballast; *fig.* drag, burden, dead weight; **~ladung** *f* dead freight; **~stoff** *m* bulk material; **~widerstand** *el. m* fixed resistance.

Ball...: **~auslöser** *phot. m* (-s; -) bulb release; **~behandlung** *f* ball work; **~beherrschung** *f* ball control; **~dame** *f* (lady) partner at a dance.

ballen ['balən] *v/t.* (*h.*) *or sich ~* (form into a) ball; clench, double (*fist*); *fig.* cluster; *a. bacteria, cells*: conglomerate; → *geballt*.

'Ballen *m* (-s; -) **1.** *anat.* ball; *med. entzündeter Fuß2* bunion; **2.** *econ.* bale, pack, bundle; *~ Papier* ten reams *pl.* (*or* 5,000 sheets of paper); basil; **~packmaschine** *f* baler; **~presse** *f* baling press; **~waren** *f/pl.* baled goods *pl.*; **2weise** *adv.* by the bale, in bales.

ballern ['balərn] *colloq. v/i.* (*h.*) bang (away).

Ballett [ba'lɛt] *n* (-[e]s; -e) ballet; corps de ballet (*Fr.*); **~meister** *m* maître de ballet (*Fr.*); **~röckchen** *n* tutu; **~tänzer(in** *f*) *m* ballet dancer, *f a.* ballerina; (*a.* = **~ratte** *colloq. f*) chorus-girl.

'Ball...: **2förmig** ['-fœrmiç] *adj.* spherical, globular; **~hupe** *f* bulb horn.

Ballisti|k [ba'listik] *f* (-) ballistics *pl.*; **2sch** *adj.* ballistic.

'Ball...: **~kleid** *n* ball-dress; **~königin** *f* belle of the ball; **~künstler** *m soccer*: ball wizard.

Ballon [ba'lɔŋ] *m* (-s; -s) balloon; *chem.* carboy; demijohn; *colloq.* (*head*) *sl.* nut; **~führer** *m* balloon pilot; **~hülle** *f* balloon cover; **~korb** *m* car, nacelle; **~reifen** *m* balloon tyre (*Am.* tire); **~seide** *f* balloon silk; **~sperre** *f* balloon barrage.

'Ball...: **~saal** *m* ball-room; **~schuhe** *m/pl.* dancing-shoes; **~senden** *n* (-s) *radio*: rebroadcasting; **~sender** *m* rebroadcast station; **~spiel** *n* ball game.

Ballung ['baluŋ] *f* (-; -en) agglomeration; concentration *or* massing (*a. mil.* of troops); **'~sgebiet** *n* overcrowded region.

Balsaholz ['balza-] *n* balsa(wood).

Balsam ['balzɑ:m] *m* (-s; -e) balsam, (*a. fig.*) balm.

balsamieren [-za'mi:rən] *v/t.* (*h.*) embalm.

balsamisch [-'zɑ:miʃ] *adj.* balmy.

baltisch ['baltiʃ] *adj.* Baltic; *das 2e Meer* the Baltic (Sea).

Balustrade [balus'trɑ:də] *f* (-; -n) balustrade; parapet.

Balz [balts] *f* (-; -en) pairing (time), mating; **'2en** *v/i.* (*h.*) pair, mate; call; display.

Bambus ['bambus] *m* (-ses; -se) bamboo; **'~rohr** *n* bamboo (cane); **'~stab** *m sports*: bamboo pole; **'~vorhang** *pol. m the* Bamboo Curtain; **'~zucker** *m* tabasheer.

Bammel ['baməl] *colloq. m* (-s): *mächtig ~ haben sl.* be in a blue funk; *~ bekommen sl.* get cold feet; **'2n** *v/i.* (*h.*) dangle.

banal [ba'nɑ:l] *adj.* banal, commonplace, trite; trivial; **Banali'tät** *f* (-; -en) banality; commonplace; triviality.

Banane [ba'nɑ:nə] *f* (-; -n) banana; **~nbaum** *m* banana-tree; **~nstecker** *el. m* banana plug.

Banaus|e [ba'naʊzə] *m* (-n; -n) philistine; vulgarian, low-brow, cad; **2isch** *adj.* philistine; low-brow, caddish.

Band [bant] **1.** *n* (-[e]s; ⸚er) string, cord; (*insulating, measuring, recording, etc.*) tape; (*watch, etc.*) band, bracelet; (*leather*) strap; elastic band; webbing; (*shoe*) lace, *Am. a.* string; (*decoration*) ribbon (*a. typewriter*), riband; (*frequency*) band; *das Blaue ~* the Blue Riband; *mit Bändern versehen* ribboned; streamer; *anat.* **a)** ligament, ligature, **b)** cord, band; *med.* bandage; *of barrel*: band, hoop; *of saw*: blade, web; (*fastening*) tie, bond; *of conveyor*: belt; (assembly-)line; *fig.* **a)** *usu. Bande pl.* fetters, trammels, chains, **b)** *of friendship, etc.*: tie, bond, link; *am laufenden ~ tech.* on the assembly-line, *fig.* without intermission, continuously, incessantly; **2.** *m* (-[e]s; ⸚e) (*book*) volume; tome; *das spricht Bände fig.* that speaks volumes (*für* for).

band [bant] *pret. von binden.*

Bandage [ban'dɑ:ʒə] *f* (-; -n) bandage.

bandagieren [-da'ʒi:rən] *v/t.* (*h.*) (apply a) bandage.

'Band...: **~antenne** *f* tape antenna, band aerial; **~arbeit** *f* moving-belt production; **~aufnahme** *f* tape recording; **~breite** *f radio*: band width; *statistics*: spread; **~breitenregelung** *f* band-width control; **~bremse** *f* band brake.

Bändchen ['bɛntçən] *n* (-s; -) small ribbon; (*book*) small volume.

Bande ['bandə] *f* (-; -n) company, troop, team; *of criminals*: band, gang, ring; *contp.* horde, bunch, pack; clan; *die ganze ~* the whole lot; *e-e schöne ~!* a fine lot!; *billiard, etc.*: cushion.

Band-eisen ['bant-] *n* band (*or* strip) iron.

'Banden...: **~führer** *m* chief(tain), gang (*or* ring) leader; **~krieg** *m* guerilla (warfare).

bändern ['bɛndərn] *v/t.* (*h.*) form into ribbons (*or* stripes); stripe, streak.

Banderole [bandə'ro:lə] *f* (-; -n) revenue stamp; *of cigar*: band.

'**Band...:** **~fabrikation** *f* assembly--line production; **~feder** *tech. f* flat coil spring; **~filter** *m radio*: band(-pass) filter; **~förderer** *m* (-s; -) belt conveyor; **~führung** *f typewriter*: ribbon guide.

bändig|en ['bɛndigən] *v/t.* (*h.*) tame; break in (*horse*); *esp. fig.* subdue, restrain, master; *a. Naturkräfte*: control, harness; **2er(in** *f*) *m* (-s, -; -, -nen) tamer; conqueror; **2ung** *f* (-; -en) taming; breaking-in; *fig.* subduing; control; harnessing; subjugation.

Bandit [ban'di:t] *m* (-en; -en) bandit.

'**Band...:** **~maß** *n* measuring tape; **~mikrophon** *n* ribbon microphone; **~nudel** *f* ribbon-macaroni; **~säge** *f* band- (*or* ribbon-)saw; **~scheibe** *anat. f* (intervertebral) disc; **~scheibenschaden** *med. m* damaged intervertebral disc; **~scheibenvorfall** *m* prolapse of disc, slipped disc; **~stahl** *m* strip steel; **~waren** *f/pl.* small wares, ribbons; **~wurm** *m* tape-worm, t(a)enia.

bang [baŋ] *adj.*, '**~e** *pred.* anxious (*um* about); worried, uneasy (about), concerned (for); alarmed; disquieting, alarming; *e-e ~e Stunde* an anxious hour; *e-e ~e Sekunde lang* for one bad moment; *j-m ~e machen* frighten (*or* scare) a p., make a p. afraid; *mir ist ~ davor* I dread it; (*haben Sie*) *keine Bange!* don't worry!; '**2emacher** *m* (-s; -) alarmist; '**~en** *v/i.* (*h.*) be afraid (*vor dat.* of), dread; *sich ~ um* be anxious (*or* worried) about; *er bangt um sein Leben* he trembles for his life; *nach et. ~* long (*or* yearn) for a th.; '**2igkeit** *f* (-) anxiety, uneasiness.

bänglich ['bɛŋliç] *adj.* (somewhat) anxious.

Banjo ['banjo] *n* (-s; -s) banjo; **~spieler** *m* banjoist.

Bank [baŋk] *f* **1.** (-; ⸚e) bench, seat; settee; *school*: form; *church*: pew; *for sales*: stand; *geol.* layer; seam, bed; → *Sand2*; *tech.* work-bench; → *Dreh2*; *wrestling*: mat position; *auf der ersten ~* in the front row; *colloq. durch die ~* without exception, all of them (*or* it), down the line; *auf die lange ~ schieben* put off, postpone; shelve, pigeonhole; **2.** (-; -en) *econ.* bank, banking establishment (*or* house); *bei e-r ~ zahlbar* payable at a bank; *wir haben unsere ~ angewiesen* we have instructed our bankers; *Geld auf der ~* money in the bank; **3.** gaming-table, bank; *~ halten* keep bank; *die ~ sprengen* break the bank.

'**Bank...:** **~agent** *m* exchange broker; **~aktie** *f* bank share (*Am.* stock); **~akzept** *n* bank(er's) acceptance; **~anweisung** *f* cheque, *Am.* check; **~aufsichtsbehörde** *f* bank supervisory authority; **~ausweis** *m* bank return (*Am.* statement); **~aval** ['-a'va:l] *m* (-s; -e) bank guarantee (*Am.* guaranty); **~beamte(r)** *m* bank official (*or* clerk); **~betrieb** *m* banking operations *pl.*; **~buch** *n* bank book; passbook; **~depot** *n* bank deposit, *for securities*: safe custody (account), *Am.* custodianship (account); **~direktor** *m* bank director (*or* manager); **~diskont** *m* bank(er's) discount; bank rate; **~einlage** *f* deposit.

Bänkelsänger ['bɛŋkəl-] *m* ballad--singer.

Bank(e)rott [baŋk(ə)'rɔt] *m* (-[e]s; -e) bankruptcy (*a. fig.*); insolvency; (business *or* commercial) failure, smash, crash; *betrügerischer* (*einfacher*) *~* fraudulent (simple) bankruptcy; *den ~ erklären* declare o.s. bankrupt; *~ machen* go (*or* become) bankrupt, *Am. sl.* (go) bust; *2 adj.* bankrupt, insolvent; *sich für ~ erklären* declare o.s. bankrupt (*or* insolvent), file one's petition in bankruptcy; *jur. j-n für ~ erklären* adjudge a p. a bankrupt; **~erklärung** *f* declaration of bankruptcy.

Bank(e)rotteur [-'tø:r] *m* (-s; -e) bankrupt.

Bankett [baŋ'kɛt] *n* (-[e]s; -e) banquet, dinner; *tech.* (*a.* **~e** *f* [-; -n]) *of road*: banquette, *Am.* shoulder; *of walls*: footings *pl.*; berm; *rail.* side-space.

'**Bank...:** **~fach** *n* banking (business); safe (deposit box); **2fähig** *adj.* bankable; negotiable; **~feiertag** *m* bank holiday; **~filiale** *f* branch bank; **~geheimnis** *n* banker's discretion; **~geschäft** *n* bank(ing house *or* company); banking business; banking operation *or* transaction; **~guthaben** *n* bank balance; (*Bar2*) cash in the bank; **~halter** *m* (-s; -) *gaming*: banker.

Bankier [baŋki'e:] *m* (-s; -s) banker; financier.

'**Bank...:** **~kapital** *n* bank stock; **~konsortium** *n* banking syndicate; **~konto** *n* bank(ing) account; *ein ~ haben bei* bank with; **~krach** *m* bank failure; **~kredit** *m* bank(er's) credit; **2mäßig** *adj.* banking; *securities*: negotiable; **~note** *f* (bank-)note, *Am.* bill; **~notenausgabe** *f* issue of bank-notes, note issue; **~notenumlauf** *m* note circulation, notes *pl.* in circulation; **~obligationen** *f/pl.* bank bonds; **~rott** [-'rɔt] *m*, **2rott** *adj.* → *Bank(e)rott, etc.*; **~satz** *m* bank rate; **~scheck** *m* bank cheque (*Am.* check); **~spesen** *pl.* bank charges; **~tratte** *f* bank draft; **~verbindung** *f* bank(ing) account; **~verkehr** *m* banking (operations *pl.*); **~vollmacht** *f* banking authority; power of attorney; **~vorstand** *m* board of the management (of a bank); bank manager; **~wechsel** *m* bank(er's) bill *or* draft; **~werte** *m/pl.* bank shares (*Am.* stocks); **~wesen** *n* banking; **~woche** *f* bank-return week; **~zinsen** *m/pl.* banking interest.

Bann [ban] *m* (-[e]s; -e) ban; proscription; *eccl.* anathema; excommunication, interdict; *in den ~ tun* put under the ban; banish, outlaw; proscribe; *eccl.* anathemize; excommunicate; *socially*: ostracize; *econ.* boycott; *fig.* charm, spell; *unter dem ~ stehen von or gen.* be under the spell (*or* influence) of, be spell--bound (*or* fascinated, captivated) by; → *gebannt*; '**~bulle** *f* bull of excommunication; '**2en** *v/t.* (*h.*) banish (*a. fig.*); avert, obviate, keep (*or* stave) off (*danger*); lay, conjure (up) (*a ghost*); cast out, exorcize (*the devil*); *eccl.* excommunicate; *fig.* captivate, fascinate, spellbind; *on paper, etc.*: record; → *gebannt*.

Banner ['banər] *n* (-s; -) banner; standard (*both a. fig.*), flag; *fig. unter dem ~ gen.* under the standard of; '**~träger** *m* standard-bearer.

'**Bann...:** **~fluch** *m* anathema; **~kreis** *m* boundary, precinct; *fig.* sphere (of influence), spell; **~meile** *f* boundary, precinct; *of building*: neutral zone; **~strahl** *eccl. m* anathema; **~ware** *f* contraband (goods *pl.*).

Bantamgewicht ['bantam-] *n*, **~ler** *m* (-s; -) *sports*: bantam-weight.

bar [ba:r] *adj.* **I.** (*gen.*) *of things*: destitute (*or* devoid, void) of, innocent of, completely lacking in; *jeder Hoffnung ~* utterly hopeless; *~ jedes Interesses* void of any interest; bare, naked; pure, downright, blatant; *~er Unsinn* sheer nonsense; **II.** *adj. and adv.*: *~es Geld* ready money, cash; *~ bezahlen* pay in cash, pay cash (down); *gegen ~* for cash, cash down, on cash terms; *~ gegen 2% Diskont* cash less 2% discount; *fig.* → *Münze*.

Bar[1] [ba:r] *f* (-; -s) bar; night club.

Bar[2] *phys. n* (-s; -s) *barometry*: bar.

Bär [bɛ:r] *m* (-en; -en) (he-)bear; *ast. der Große ~* the Great Bear, *Am.* the Big Dipper; *der Kleine ~* the Little (*or* Lesser) Bear, *Am.* the Little Dipper; *tech.* rammer, pile-driver; → *aufbinden*.

'**Bar-abfindung** *f* cash settlement.

Baracke [ba'rakə] *f* (-; -n) barrack, hut, *Am. a.* shack; **~nlager** *n* hutted camp, hutment; **~nzelt** *n* barrack tent.

'**Bar...:** **~anschaffung** *f* cash remittance; **~auslage** *f* cash disbursement (*or* outlay), out-of-pocket expenses *pl.*; **~auszahlung** *f* payment in cash.

Barbar [bar'ba:r] *m* (-en; -en), **~in** *f* (-; -nen) barbarian.

Barbarei [-ba'raɪ] *f* (-; -en) barbarism; barbarity, savagery.

barbarisch [-'ba:riʃ] **I.** *adj.* barbarian; *b.s.* barbarous; savage, cruel; *fig. contp.* barbaric (*taste, etc.*); **II.** *colloq. adv.* fearfully, awfully, beastly.

Barbe ['barbə] *ichth. f* (-; -n) barbel.

'**bärbeißig** *adj.* bearish, surly.

'**Bar...:** **~bestand** *m* cash balance; ready money, cash in hand; *of a bank*: cash holdings *pl.*; **~betrag** *m* amount in cash, cash value.

Barbier [bar'bi:r] *m* (-s; -e) barber; **2en** *v/t.* (*h.*) shave; *fig.* → *Löffel*.

Barchent ['barçənt] *m* (-s; -e) fustian.

Bardame ['ba:r-] *f* barmaid.

Barde ['bardə] *m* (-n; -n) bard, minstrel.

'**Bar...:** **~deckung** *f* cash in hand available for cover; cash reimbursement; **~dividende** *f* cash bonus; **~eingang** *m* cash receipts *pl.*; cash item; **~einlage** *f* cash deposit (*or* investment); **~einnahme** *f* cash receipts *pl.*; **⁓ertrag** *m* net proceeds, takings *pl.*

Bären... ['bɛːrən]: **⁓dienst** *m*: *j-m e-n ⁓ leisten* do a p. a disservice; **⁓führer** *m* (*a. fig.*) bearleader; **⁲haft** *adj.* like a bear, bearish; **⁓hatz** *f* bear-baiting; **⁓haut** *f* bearskin; *auf der ⁓ liegen* → *faulenzen*; **⁓hunger** *m* ravenous hunger; **⁓höhle** *f* den of a bear; **⁓jäger** *m* bear-hunter; **⁓mütze** *mil. f* bearskin; **⁲stark** *adj.* strong as an ox, Herculean; **⁓zwinger** *m* bear pit.

Barett [ba'rɛt] *n* (-[e]s; -e) biretta, beret, cap.

bar|fuß ['bɑːr-], **⁓füßig** ['-fyːsiç] *adj. and adv.* barefoot(ed).

barg [bark] *pret. von bergen.*

'**Bar...**: **⁓geld** *n* cash, ready money; **⁲geldlos** *adj.* cashless; paid by cheque (*Am.* check); **⁓er** *Zahlungsverkehr* cashless money transfers; **⁓geschäft** cash business (*or* transaction); **⁓guthaben** *n* cash balance; **⁲häuptig** ['-hɔʏptiç] *adj. and adv.* bareheaded, uncovered; **⁓hocker** *m* bar stool.

Bärin ['bɛːrin] *f* (-; *-nen*) she-bear.

Bariton ['bɑːritɔn] *m* (-*s*; -e) baritone.

Barkasse [bar'kasə] *mar. f* (-; *-n*) (motor) launch.

'**Barkauf** *m* cash purchase.

Barke ['bɑːrkə] *mar. f* (-; *-n*) barque, barge; *poet.* bark.

'**Bar...**: **⁓kredit** *m* cash credit; **⁓lohn** *m* wages in cash, *Am.* take-home pay.

Bärme ['bɛːrmə] *f* (-) barm, yeast.

barmherzig [barm'hɛrtsiç] *adj.* merciful, lenient; compassionate; charitable; **⁲e** *Schwester* sister of mercy; → *Samariter*; **⁲keit** *f* (-) mercy; compassion, charity; *an j-m ⁓ üben* show mercy to a p.

'**Barmittel** *n/pl.* cash (funds *pl.*).

barock [ba'rɔk] *adj.* baroque; eccentric, quaint; **Ba'rock** *n* (-*s*), **⁓stil** *m* Baroque, baroque style.

Barometer [baro'meːtər] *n* (-*s*; -) barometer (*a. fig.*), weather-glass; *das ⁓ steigt* the glass is going up; *das ⁓ fällt* the glass is falling; *das ⁓ steht hoch* (*tief*) the barometer is high (low); **⁓säule** *f* barometric column; **⁓stand** *m* barometer reading; **baro'metrisch** *adj.* barometric(al).

Baron [ba'roːn] *m* (-*s*; -e) baron.

Baronesse [-ro'nɛsə] *f* (-; *-n*), **Ba'ronin** *f* (-; *-nen*) baroness.

'**Barpreis** *m* cash price.

Barre ['barə] *f* (-; *-n*) bar.

Barren ['barən] *m* (-*s*; -) billet; (*gold, silver*) bar, ingot, bullion; *⁓ Gold* gold bar; *gym.* parallel bars; **⁲förmig** ['-fœrmiç] *adj.* ingot-shaped; **⁓gold** *n* bullion.

Barriere [bari'ɛːrə] *f* (-; *-n*) barrier; railing; gate.

Barrikade [bari'kɑːdə] *f* (-; *-n*) barricade; *⁓n errichten* raise barricades; **⁓nkampf** *m* barricade-fighting.

Barsch [barʃ] *m* (-es; -e) perch.

barsch *adj.* gruff, rough, brusque (*gegen* to).

Bar...: **⁓schaft** ['bɑːrʃaft] *f* (-; *-en*) ready money (*or* cash), cash; '**⁓scheck** *m* open *or* uncrossed cheque (*Am.* check).

Barschheit ['barʃhaɪt] *f* (-) gruffness, bluntness.

Barschuldner ['bɑːr-] *m/pl. balance-sheet of bank*: advances.

barst [barst] *pret. von bersten.*

Bart [bɑːrt] *m* (-[e]s; ⁼e) beard; *bot., ichth.* barb, beard; *of cock*: wattle; whiskers *pl.* (*a. of cat*); moustache; (key-)bit; *tech.* bur; *of casting*: seam; *sich e-n ⁓ stehen lassen* grow a beard; *fig. in den ⁓ brummen* mumble to o.s.; *j-m um den ⁓ gehen* curry favo(u)r with a p., wheedle *or* cajole a p.; → *Kaiser*; *colloq. Witz mit ⁓* chestnut; *so ein ⁓!* that's an old one!; '**⁓flechte** *f med.* barber's rash, sycosis; *bot.* beardmoss; '**⁓haar** *n* hair of the beard; *erste ⁓e pl.* fluff.

bärtig ['bɛːrtiç] *adj.* bearded; whiskered; *bot., zo.* barbate.

'**Bart...**: **⁲los** *adj.* beardless; **⁓nelke** *f* sweet-william.

'**Bar...**: **⁓vergütung** *f* compensation in cash; (*dividend*) cash bonus; **⁓verkauf** *m* cash sale; **⁓verkehr** *m* cash trade; **⁓wert** *m* cash (*or* actual) value; **⁓zahlung** *f* cash payment; *sofortige ⁓* prompt cash; *nur gegen ⁓* terms strictly cash; **⁓zahlungsgeschäft** *n* cash and carry store; **⁓zahlungsrabatt** *m* cash discount.

Basalt [ba'zalt] *m* (-[e]s; -e) basalt; **⁲en** *adj.* basalt(ic).

Basar [ba'zɑːr] *m* (-*s*; -e) bazaar.

Base[1] ['bɑːzə] *f* (-; *-n*) (female) cousin.

'**Base**[2] *chem. f* (-; *-n*) base.

Basedow ['bɑːzədoː] *med. n* Graves' disease, exophthalmic goit|re (*Am.* -er).

basieren [ba'ziːrən] **I.** *v/t.* (*h.*) base *or* found (*auf dat.* upon); **II.** *v/i.* (*h.*) be based *or* founded (upon), rest upon.

Basis ['bɑːzis] *f* (-; *-sen*) *arch.* base, basement, substructure; *chem., math.* base; *mil.* base; (missile) site; *surv.* datum-line; *fig.* basis, footing; *auf gesunder ⁓* on a sound basis; *auf gleicher ⁓* on equal terms.

'**bas|isch** *chem. adj.* basic; *ein⁓* monobasic, *zwei⁓* dibasic; **⁲izität** [bazitsi'tɛːt] *f* (-) basicity.

Baskenmütze ['baskən-] *f* beret.

baß [bas] *adv.*: *⁓ erstaunt* very much (*or* greatly) surprised, taken aback.

'**Baß** *mus. m* (-*sses*; *Bässe*) bass, bass voice; *erster ⁓* baritone; *zweiter ⁓* contrabass; **⁓anhebung** *f radio*: bass control; **⁓ausgleich** *m* bass compensation; **⁓balken** *m* bass bar; **⁓bariton** *m* bass-baritone; **⁓geige** *f* bass-viol, double bass, contrabass.

Bassin [ba'sɛŋ] *n* (-*s*; -*s*) basin, reservoir, tank; swimming-pool.

Bassist [ba'sist] *m* (-*en*; *-en*) bass (singer *or* player).

Baß...: **⁓pfeife** *f* bassoon; **⁓regelung** *f radio*: automatic bass control; **⁓saite** *f* bass-string; **⁓schlüssel** *m* bass clef; **⁓stimme** *f* bass voice; bass part.

Bast [bast] *m* (-es; -e) bast; *zo.* velvet.

basta! ['basta] *int.* finished!, enough!; *und damit ⁓!* so that's that!; not another word!

Bastard ['bastart] *m* (-[e]s; -e) bastard, natural child; *bot., zo.* hybrid, cross (breed), mongrel; **⁓feile** *f* flat file.

bastardieren [-'diːrən] *v/t.* (*h.*) *or sich ⁓* mix, cross, hybridize.

Bastei [bas'taɪ] *f* (-; *-en*) bastion, bulwark.

Bastel|arbeit ['bastəl-] *f* craftwork, amateur construction; handicraft, technical hobby; '**⁲n** *v/t. and v/i.* (*h.*) tinker, potter, *Am.* putter (*an dat.* at); rig up; *w.s.* fumble (with); *selbstgebastelter · Apparat* home-assembled set; *generally*: be a hobbyist, work at a hobby.

'**Bast...**: **⁓faser** *f* bast-fib|re (*Am.* -er); **⁓hut** *m* chip-hat.

'**Bastler(in** *f*) *m* (-*s*, -; -, *-nen*) handicraft worker, amateur constructor, hobbyist, home-mechanic; radio amateur.

'**Bastseide** *f* raw silk.

bat [bɑːt] *pret. of bitten.*

Bataillon [batal'joːn] *n* (-*s*; -e) battalion; **⁓sgefechtsstand** *m* battalion command post; **⁓skommandeur** *m* battalion commander; **⁓sstab** *m* battalion staff; *a.* → **⁓sstabsquartier** *n* battalion headquarters *pl.*

Batate [ba'tɑːtə] *f* (-; *-n*) sweet potato.

Batik ['bɑːtik] *f* (-) batik.

Batist [ba'tist] *m* (-[e]s; -e) cambric.

Batterie [batə'riː] *f* (-; *-n*) *el., mil.* battery (*a. fig.*); *el.* storage battery; *tech.* group, set (*of machines*); *aus e-r ⁓ betreiben* run from a battery; **⁓betrieb** *m* battery operation; **⁓element** *n* battery cell; **⁓empfänger** *m* battery receiver; **⁓führer** *mil. m* battery commander; **⁲gespeist** [-gəʃpaɪst] *adj.* battery-operated; **⁓kohle** *f* battery carbon; **⁓ladegerät** *n* battery charger; **⁓prüfer** *m* battery tester.

Batzen ['batsən] *m* (-*s*; -) lump, caked mass; *das kostet e-n ⁓* that costs a tidy penny.

Bau [baʊ] *m* (-[e]s; *-ten*) building, construction, erection; *of machines, etc.*: manufacture, construction; *mining*: working; building, edifice, structure; structure, *tech.* design; *agr.* cultivation; *zo.* (*pl.* ⁓e) burrow, *of fox*: earth; *of beast of prey*: den (*a. fig.*); *of body, etc.*: build, frame; *⁓ten pl. film, thea.*: scenery, setting *sg.*; *im ⁓* under construction; *das Haus ist im ⁓ a.* the house is building (*or* being built); '**⁓abschnitt** *m* building section; '**⁓akademie** *f* school of architecture; '**⁓amt** *n* construction office, *Brit.* Surveyor's Office; '**⁓arbeiten** *f/pl.* construction work *sg.*; '**⁓art** *f* architecture, style; *tech.* **a)** design, construction, **b)** type, model; *mar.* class, type; '**⁓aufsichts-amt** *n* building supervisory board; '**⁓baracke** *f* building shed; '**⁓bedarf** *m* building materials *pl.*; '**⁓beschreibung** *f* building specification; '**⁓bewilligung** *f* building permit; '**⁓block** *m* building block.

Bauch [baʊx] *m* (-[e]s; ⁼e) belly; *anat.* abdomen; stomach; *contp.*

pot-belly, paunch; *of violin, etc.*: body; *of ship*: bottom; bulge, belly; *auf dem ~e liegen* lie flat on one's face; *e-n ~ bekommen* develop a paunch; *sich den ~ halten vor Lachen* roar with laughter; '**~atmung** *f* diaphragmatic breathing; '**~binde** *f* abdominal bandage; *on cigars*: cigar band; *round books*: blurb; '**~decke** *f* abdominal wall; '**~fell** *n* peritoneum; '**~fellentzündung** *f* peritonitis; '**~flosse** *f* ventral fin; '**~freiheit** *mot. f* ground (*or* belly) clearance; '**~gegend** *f* abdominal region; '**~gurt** *m* belly-band; '**~höhle** *f* abdominal cavity; '**&ig** *adj.* bellied, bulgy; convex; '**~laden** *m* vendor's tray; '**~lage** *f gym.*: prone lying; *swimming*: prone position; *wrestling*: closed mat position; '**~klatscher** *m* (-s; -) *swimming*: belly-flopper (dive); '**~landung** *f* belly landing; '**~muskel** *m* abdominal muscle; '**~partie** *f* midriff; '**&reden** *v/i.* (h.) ventriloquize; '**~redner(in** *f*) *m* ventriloquist; '**~schmerzen** *m/pl.* abdominal pain, belly-ache, gripes *pl.*; '**~schuß** *m* abdominal gunshot wound; '**~speicheldrüse** *f* pancreas; '**~tanz** *m* belly-dance; '**~ung** *f* (-; -en) convexity; bulge; swelling, inflation; '**~weh** *n* stomach-ache.

bauen ['baʊən] *v/t. and v/i.* (h.) build, construct; erect, raise; manufacture, fabricate, make, build; design; *agr.* cultivate, grow; till; *mining*: work; *fig. ~ auf (acc.)* trust in; rely (*or* build, count, depend) on; base (*or* rest) *one's hopes, judgement* upon; *sich ~ auf* be founded (*or* based) on, be grounded in, rest (up)on.

Bauer[1] ['baʊər] *m* (-n; -n) peasant, farmer; countryman; *fig. contp.* boor, yokel; *tech.* builder; *chess*: pawn; *cards*: knave.

'**Bauer**[2] *n* (-s; -) (bird-)cage.

Bäuer|in ['bɔyərin] *f* (-; -nen) peasant woman, farmer's wife; **&isch** *adj.* rustic; boorish; churlish.

'**Bau-erlaubnis** *f* building permit.

'**bäuerlich** *adj.* rural, rustic.

'**Bauern...:** **~brot** *n* (coarse) brown bread; **~bursche** *m* young peasant, country lad; **~dirne** *f* country lass; **~fänger** *m* (-s; -) sharper, confidence man; **~fänge'rei** *f* (-; -en) trickery, confidence trick (*Am.* game); **~gut** *n* peasant's holding, farm; **~haus** *n* farm-house; **~hochzeit** *f* country wedding; **~hof** *m* farm, farmstead; **~lümmel** *m* country-bumpkin, boor, *Am. a.* hick; **~regel** *f* peasant's proverb, weather maxim; **~schaft** *f* (-) peasantry; **&schlau** *adj.* shrewd, cunning, wily; **~schläue** *f* cunning; **~stand** *m* (-[e]s) peasantry; **~stolz** *m* peasant's (*fig.* foolish) pride; **~tölpel** *m* yokel; **~tracht** *f* peasant-dress; **~verband** *m* farmer's union.

'**Bau...:** **~fach** *n* (-[e]s) architecture; building trade; **&fällig** *adj.* out of repair, dilapidated, tumble-down, ramshackle; **~fälligkeit** *f* (-) dilapidated condition, decay; **~firma** *f* (firm of) builders and contractors, building enterprise; **~flucht** *f* alignment; **~fluchtlinie** *f* building line; **~führer** *m* building supervisor (*or* foreman); **~gelände** *n* building land; *n.s.* building site; **~genehmigung** *f* building permit; **~genossenschaft** *f* cooperative building society; **~gerüst** *n* scaffold(ing); **~geschäft** *n* building trade; **~gesellschaft** *f* building society; **~gesuch** *n* application for building permit; **~gewerbe** *n* (-s) building trade; **~grube** *f* excavation; **~grund** *m* foundation soil; *w.s.* building plot; **~grundstück** *n* building plot (*or* site); **~handwerker** *m* craftsman in the building trade; **~herr** *m* building owner; **~höhe** *tech. f* overall height, headroom; **~holz** *n* timber, *Am.* lumber; **~hypothek** *f* building loan mortgage; **~ingenieur** *m* constructional engineer; *für Tiefbau*: civil engineer; *für Hochbau*: structural engineer; **~jahr** *n* year of construction; *~ 1968* 1968 model; **~kasten** *m* box of bricks; construction set; meccano; **~kastensystem** *tech. n* unitized construction; **~klotz** *m* brick; *colloq. da staunt man Bauklötze* that bowls you over; **~körper** *m* body of a building; **~kosten** *pl.* building expenses, cost of construction; production costs; **~kostenvoranschlag** *m* builder's estimate; **~kostenzuschuß** *m* contribution to building expenses; **~kredit** *m* building loan; **~kunst** *f* (-) architecture; **~land** *n* (-[e]s) building land; **~länge** *f* overall length; **~leiter** *m* superintendent of construction; **~leitung** *f* building supervision; **&lich** *adj.* architectural; constructional, structural; *in gutem ~em Zustand* in (good) repair; **~lichkeit** *f* (-; -en) building, edifice, structure.

Baum [baʊm] *m* (-[e]s; ¨e) tree; *junger ~* sapling, young tree; *fig. der ~ der Erkenntnis* the tree of knowledge; *tech.* beam; *on cart, plough*: perch; pole, shaft; derrick; *mar.* boom; '**&artig** *adj.* tree-like, arborescent.

'**Baumaterial** *n* building material(s *pl.*).

'**Baum...:** **~bestand** *m* stock of trees (*or* timber); **~blüte** *f* blossom of a tree; blossom(-time).

Baumégrad [bo'me:-] *phys. m* degree Baumé.

Baumeister ['bau-] *m* master builder; architect.

baumeln ['baʊməln] *v/i.* (h.) dangle, bob, swing (*an dat.* from); *mit den Beinen ~* swing one's legs; *colloq. on gallows*: swing.

bäumen ['bɔymən] **I.** *v/t.* (h.) *weaving*: *die Kette ~* beam the warp; **II.** *sich ~ horse*: rear, prance; *person*: writhe (*with pain*).

'**Baum...:** **~fraß** *m* (-es) tree-blight; **~frevel** *m* damaging of trees; **~garten** *m* orchard; **~grenze** *f* timber-line; **~gruppe** *f* group (*or* cluster) of trees; **~harz** *n* resin(ous exudate); **~krone** *f* tree-top; **~kuchen** *m* pyramid cake; **~kunde** *f* (-) dendrology; **&lang** *adj.* as tall as a lamppost; **~läufer** *zo. m* wood-pecker, tree-creeper; **~laus** *f* tree-louse; **&los** *adj.* treeless; **~marder** *m* pinemarten; **~öl** *n* olive-oil; **~pfahl** *m* prop, stay; **~säge** *f* pruning saw; **~schere** *f* pruning shears *pl.*; **~schlag** *m* (-[e]s) tree-felling; *paint.* foliage; **~schule** *f* (tree) nursery; **~sperre** *mil. f* abatis; **~stamm** *m* stem, trunk; **&stark** *adj.* robust, *Am.* husky, (as) strong as an ox; **~stumpf** *m* stump, stub; **~stütze** *f* tree-prop.

Baumuster ['bau-] *n* model, type of construction.

'**Baumwoll...:** **~abfall** *m* cotton waste; **~baum** *m* cotton-tree; **~e** *f* cotton; **&en** *adj.* (of) cotton; **~faser** *f* cotton fib|re (*Am.* -er); **~garn** *n* cotton yarn (*or* twine); **~gewebe** *n* cotton fabric (*or* goods, textiles *pl.*); **~kämme'rei** *f* cotton combing; **~köper** *m* cotton twill; **~samen** *m* cotton seed; **~samt** *m* cotton velvet, velveteen; **~spinne'rei** *f* cotton-mill; **~staude** *f* cotton-plant; **~stoff** *m* cotton-cloth; **~waren** *f/pl.* cottons; **~zwirne'rei** *f* cotton twist mill.

'**Baum...:** **~zucht** *f* arboriculture; **~züchter** *m* arborist, nurseryman.

'**Bau...:** **~nummer** *f* serial number; **~ordnung** *f* building regulations *pl.*; **~plan** *m* architect's plan; *tech.* working drawing, blueprint; **~plastik** *f* (-; -en) architectural sculpture; **~platz** *m* building site (*or* plot), *Am.* location; **~polizei** *f* Surveyors' Office; **~programm** *n* building program(me), construction schedule; production program(me); **~rat** *m* (-[e]s; ¨e) government surveyor (of works); **&reif** *adj.* developed; **~reihe** *f* range, class, series, model; **~sand** *m* building sand.

Bausch [bauʃ] *m* (-es; ¨e) pad, bolster; *of cotton*: wad; *on sleeve, for powdering*: puff; *med.* swab, tampon, compress; *in ~ und Bogen* in the lump (*a. fig.* = altogether), in the bulk, wholesale; '**&en I.** *v/i. or sich ~* (h.) swell (*or* bulge) out, bag; **II.** *v/t.* (h.) puff (out), inflate; '**&ig** *adj.* puffy, swelled, baggy; '**~preis** *econ. m* bulk price.

'**Bau...:** **~schlosser** *m* building fitter, locksmith; **~schule** *f* school of architecture; **~schutt** *m* rubble; **~sparer(in** *f*) *m* building share investor; **~sparkasse** *f* building society, *Am.* building and loan association; **~sparvertrag** *m* building society savings agreement; **~stahl** *m* structural steel; **~stein** *m* brick; building stone; *fig., tech.* element, building block; **~stelle** *f* building site; **~stil** *m* (architectural) style; **~stoff** *m* building (*or* structural) material; **~tätigkeit** *f* building activity; **~technik** *f* structural engineering; **~techniker** *m* constructional engineer; **~teil** *m* structural member, component part; **~ten** *m/pl.* buildings, structures; **~tischler** *m* building joiner; **~träger** *m* builder; **~trupp** *m* construction team (*or* gang); **~unternehmer** *m* building contractor; → *Baufirma*; **~vorhaben** *n* building project; **~vorschrift** *f* building regulations (*or* specifications *pl.*);

~weise *f* (method of) construction; → *Bauart*; **~werk** *n* building, edifice, structure; **~wesen** *n* (-*s*) architecture, construction engineering, building industry; **~zeichnung** *f* construction drawing.
Bayer ['baıər] *m* (-*n*; -*n*), **~in** *f* (-; -*nen*), '**bay(e)risch** *adj.* Bavarian; '**Bayern** *n* (-*s*) Bavaria.
Bazillen|herd [ba'tsilən-] *m* focus of bacilli; **~stamm** *m* strain of bacillus; **2tötend** *adj.* germicidal; **~träger** *med. m* carrier.
Bazillus [ba'tsilus] *m* (-; -*llen*) bacillus (*pl.* -*i*); germ.
'**B-Dur** *mus. n* (-) B flat major.
beabsichtigen [be'ʔapziçtigən] *v/t.* (*h.*) intend, mean, propose (*zu tun* to do, doing); have in view (to do); contemplate, aim at (doing), *Am.* plan (to do); → *absichtlich.*
be'acht|en *v/t.* (*h.*) pay attention to, heed; note, notice, take notice of; observe; take care, mind (*daß* that); consider, bear in mind, take into account; *nicht* ~ disregard, ignore, take no notice of; *bitte zu* ~ kindly note; **~enswert** *adj.* noteworthy, remarkable; **~lich** *adj.* noticeable, marked, considerable; remarkable.
Be'achtung *f* (-) attention, notice; consideration, regard; observance; ~ *finden* be noticed (*or* taken notice of); ~ *schenken* (*dat.*) pay attention (to), regard; *keine* ~ *schenken* disregard, ignore, overlook, pay no attention (to); ~ *verdienen* be worthy of note; *unter* ~ *von* subject to (*regulations*); *zur* ~! Notice!
be'ackern *v/t.* (*h.*) till, cultivate; *fig.* go over, work up; range over *a wide field.*
Beamte(r) [bə'ʔamtə(r)] *m* (-*n*; -*n*) official; functionary, officer, executive; Government official, public servant, *Brit.* Civil Servant; employee; clerk; *teleph.* operator; *police, customs, of company*: officer.
Be'amten...: **~beleidigung** *f* insult to an official (on duty); **~herrschaft** *f* (-) bureaucracy; **~laufbahn** *f* official career; public (*or* civil) service; **~schaft** *f* (-), **~tum** *n* (-*s*) civil servants *pl.*; *a. contp.* officialdom.
Be'amtin *f* (-; -*nen*) → *Beamter.*
be'ängstig|en *v/t.* (*h.*) make anxious (*or* uneasy), worry, alarm, frighten; **~end** *adj.* alarming, disquieting; fearful, appalling; **2ung** *f* (-) anxiety, uneasiness, worry.
beanspruchen [bə'ʔanʃpruxən] *v/t.* (*h.*) claim, demand; claim, lay claim to, enter a claim for (*a right, etc.*); *unjustified*: pretend to; require, take (up), call for (*care, room, time, etc.*); make use (*or* avail o.s.) of; strain, try, tax; *tech.* stress; *es hat mich stark beansprucht a.* it has kept me very busy; **2ung** *f* (-; -*en*) claim; pretension (*gen.* to); demand (*gen.* on *strength, time, money market, etc.*); drain; strain; *tech.* **a)** stress, strain, load, **b)** wear and tear, **c)** working conditions *pl.*; *für hohe* ~ for high-duty service; *für alle* ~*en im Betrieb* to suit all shop conditions.
beanstand|en [bə'ʔanʃtandən] *v/t.* (*h.*) object (*et.* to); take exception to, complain of, frown upon; demur to (*a claim, etc.*); contest, oppose (*an election, etc.*); reject, refuse (acceptance of), complain about (*merchandise*); **2ung** *f* (-; -*en*) objection, complaint, protest; *econ.* reclamation, complaint, rejection; ~*en erheben* raise objections.
beantragen [bə'ʔantra:gən] *v/t.* (*h.*) apply for; *econ., parl.* move, make a motion; propose.
be'antwort|en *v/t.* (*h.*) answer (*a. fig. mit* with), reply to; **2ung** *f* (-; -*en*) answer(ing), reply; *in* ~ *gen.* in answer (*or* reply) to.
be'arbeit|bar *tech. adj.* workable, machinable; **~en** *v/t.* (*h.*) work at; *agr.* work, till, cultivate; *tech.* fashion, model; work (*wood*); dress (*leather*); hew, face; work (*metal*), *by cutting*: machine, tool; process; dress; *chem.* treat (*mit* with); *fig.* treat, deal with; work up; attend to, handle; be in charge of; act upon; consider, treat, *Am. a.* process (*files, petitions*); work out, prepare; *econ.* canvass (*customers*); *jur. e-n Fall* ~ prepare a case; re-edit, revise (*books*); *for film, the stage, etc.*: adapt (*nach* from), *esp. mus.* arrange; *j-n* ~ **a)** work on a p., belabo(u)r a p., **b)** batter a p., *sl.* beat a p. up, work a p. over; et. *mit den Fäusten (Füßen)* ~ pound (kick) a th.; **2er(in** *f*) *m* official responsible (*or* in charge); examiner, inspector; *of books*: editor, revisor; *thea.* adapter; **2ung** *f* (-; -*en*) *agr.* working, cultivation; *of files, etc.*: treatment, consideration, *Am.* processing; preparation; *of customers*: canvassing; *of books*: revision, revised edition; *thea.* adaptation, *esp. mus.* arrangement; *tech.* mechanical treatment; *non-cutting*: working; *cutting*: machining, tooling; processing; dressing; *chem.* treatment.
Be'arbeitungs|grad *m* workability; **~kosten** *pl.* tooling costs; **~plan** *m* operation plan; **~verfahren** *n* method of treatment; *metal*: tooling method; **~vorgang** *m* machining operation.
be'argwöhnen *v/t.* (*h.*) suspect, be suspicious of.
beaufsichtig|en [bə'ʔaufziçtigən] *v/t.* (*h.*) supervise, superintend, control; watch over; look after (*a child*); **2ung** *f* (-; -*en*) supervision, superintendence, surveillance, inspection.
beauftrag|en [bə'ʔauftra:gən] *v/t.* (*h.*): *j-n mit et.* ~ charge (*or* entrust) a p. with a th.; direct (*or* instruct, order) a p. to do a th.; put a p. in charge of a th.; appoint; authorize, empower, commission; retain (*a lawyer*); **2te** [-tra:ktə] *m, f* (-*n*, -*n*; -*n*, -*n*) commissioner (for); delegate, deputy, authorized representative; agent, proxy, attorney(-in-fact).
be'bau|en *v/t.* (*h.*) *agr.* farm, till, cultivate; *arch.* build (up)on; *bebaute Fläche* tilled (*or* cultivated) area; *bebautes Gelände* built-up area; **2ung** *f* (-) *agr.* cultivation; *arch.* house-building, *Am.* development.
beben ['be:bən] *v/i.* (*h.*) shake, tremble; shiver, shudder; quiver, shake, tremble (*all*: *vor dat.* with *fear, etc.*); *earth*: quake; vibrate; **~d** *adj.* shaking, *etc.*; *voice a.* tremulous.
bebildern [bə'bildərn] *v/t.* (*h.*) illustrate.
bebrillt [bə'brilt] *adj.* bespectacled.
be'brüten *v/t.* (*h.*) sit on, hatch.
Becher ['bɛçər] *m* (-*s*; -) cup (*a. fig. des Leidens* of sorrow); beaker; *without foot*: tumbler, mug; drinking-cup; *bot.* cup, calix; *of dredger*: bucket; **2förmig** ['-fœrmiç] *adj.* cup-shaped; '**~glas** *chem. n* glass beaker; '**~kette** *f* conveyor (*or* bucket) chain; '**2n** *colloq. v/i.* (*h.*) tipple, booze; '**~werk** *n* bucket elevator.
Becken ['bɛkən] *n* (-*s*; -) basin, *Am. a.* bowl; *mus.* cymbal(s *pl.*); *anat.* pelvis; *tech.* basin (*a. of port*), reservoir; '**~knochen** *m/pl.* pelvic bones.
bedachen [bə'daxən] *v/t.* (*h.*) roof.
bedacht [-'daxt] *adj.* thoughtful, considerate; ~ *auf* intent (*or* keen, bent) on; *darauf* ~ *sein, zu inf.* be careful (*or* anxious) to *inf.*; *auf alles* ~ with an eye to everything.
Be'dacht *m* (-[e]*s*) consideration, deliberation; caution, circumspection, care; *mit* ~ advisedly, deliberately; ~ *nehmen auf* et. consider a th., take a th. into consideration; *mit* ~ *zu Werke gehen* proceed with care.
bedächtig [-'dɛçtiç] *adj.* cautious, guarded; deliberate; circumspect, prudent; gingerly (*a. adv.*); slow, measured; **2keit** *f* (-) cautiousness; circumspection; deliberation.
bedachtsam [-'daxtza:m] *adj.* thoughtful, considerate; → *bedächtig.*
Be'dachung *f* (-; -*en*) roofing.
be'danken: *sich* ~ (*h.*) (*bei j-m; für et.*) thank (a p.; for a th.), express (*or* return) one's thanks (to a p.; for a th.); decline with thanks; *iro. dafür bedanke ich mich* thank you for nothing.
Be'darf *m* (-[e]*s*) need, want (*an dat.* of); *econ.* demand (for); requirements *pl.*; *Geld2* financial requirements *pl.*; ~ *an Wasser* water requirements *pl.*; (necessary) supply, supplies *pl.*, material, stock; consumption; *Güter des gehobenen* ~*s* luxuries and semi-luxuries; high-quality products; *bei* ~ if required; *nach* ~ as (*or* when) required, as occasion demands; ~ *haben an* (*dat.*) be in need of, want, be in the market for; *den* ~ *decken* meet (*or* supply) the demand, satisfy the needs; *s-n* ~ *decken* cover one's requirements, supply o.s.; *e-n* ~ *schaffen* create a need; **~s-artikel** *m* article of consumption, commodity; *pl.* commodities, consumer goods, requisites; **~sdeckung** *f* satisfaction (*or* supply) of needs; commodity supply; **~sfall** *m* requirement; *im* ~*e* if required, in case of need; **~sgüter** *n/pl.* essential commodities; **~shaltestelle** *f* request stop; **~slenkung** *f* consumption control, distribution of supply; **~s-träger** *m* consumer; **~sweckung** *f* (-) creation of needs, consumptionism.

bedauerlich [bəˈdauərliç] *adj.* regrettable, deplorable, sad; *es ist sehr* ~ it is a great pity; **~erweise** *adv.* unfortunately, regrettably; sorry to say.

beˈdauern *v/t.* (*h.*): *j-n* ~ sympathize with a p.; feel (*or* be) sorry for a p.; pity a p.; et. ~ (feel) regret (at), deplore, lament; *ich bedaure sehr, daß* I am very sorry for *or* that; *wir* ~, *sagen zu müssen* we regret (*or* are sorry) to say; *er ist zu* ~ he is to be pitied; *bedaure!* (I am) sorry!; **2** *n* (*-s*) regret (*über acc.* at, for); pity, compassion (*mit* for); sympathy (*wegen* in); *mit* ~ regretfully; *zu m-m (großen)* ~ (much) to my regret; *et. mit* ~ *ablehnen müssen* regret to decline a th.; **~swert, ~swürdig** *adj.* pitiable, deplorable, unfortunate.

beˈdeck|en *v/t.* (*h.*) cover; screen; coat (*mit* with *colour, etc.*); shelter, protect; *mil.* escort; *mar.* convoy; *sich* ~ cover o.s.; *sky*: cloud; *fig. sich mit Ruhm (Schande)* ~ cover o.s. with glory (shame); **~t** *adj.* covered (with); littered (*or* cluttered up) with; *sky*: overcast; **2ung** *f* (*-; -en*) cover(ing); protection, safeguard; *mil.* escort; *mar.* convoy.

beˈdenken I. *v/t.* (*irr., h.*) consider; think over, deliberate on; remember, (bear in) mind; *die Folgen* ~ weigh the consequences; *zu* ~ *geben* argue; *wenn man sein Alter bedenkt* considering his age; provide, supply; → *Testament*; **II.** *sich* ~ deliberate, reflect; think it over; hesitate, waver; *sich anders* ~ change one's mind; **2** *n* (*-s; -*) consideration, deliberation; objection; doubt, scruple; *pl. a.* second thoughts; concern, misgivings *pl.*; *kein* ~ *tragen* make (*or* have) no scruples (*wegen* about); *ohne* ~ without hesitation, unhesitatingly; **~los I.** *adj.* unscrupulous; **II.** *adv.* without hesitation.

beˈdenklich *adj.* doubtful; diffident; *character*: dubious, doubtful, objectionable; critical, grave, serious, disquieting; precarious, risky; delicate, ticklish; *es stimmt* ~ it is disquieting; **2keit** *f* (*-*) doubtfulness, dubiosity; precariousness, critical state.

Beˈdenkzeit *f* time for reflection; respite; *ich gebe dir bis morgen* ~ I give you till tomorrow.

beˈdeut|en *v/t.* (*h.*) signify, mean; imply; represent; be important, matter; portend, (fore)bode; direct, enjoin, advise (*j-m* a p.); intimate, suggest; give (*j-m* a p.) to understand, make it clear (to); *was bedeutet dieses Symbol?* what does this symbol stand for?; *das bedeutet sicherlich Verdruß* it spells trouble; *sie bedeutet mir alles* she is (*or* means) everything to me; *was soll das denn* ~*!* what's the idea (of this)?; *es hat nichts zu* ~ it does not matter, it is of no consequence; **~end I.** *adj.* important, major; considerable; distinguished, eminent, great; remarkable; **II.** *adv.* considerably, much, a great deal; **~sam** *adj.* significant, suggestive.

Beˈdeutung *f* (*-; -en*) meaning, significance; *of word a.*: acceptation; importance, consequence, bearing; import, *b.s.* portent; *von* ~ *sein* be of importance (*or* consequence), matter; be relevant (*für* to); ~ *beimessen* attach importance (*dat.* to); *nichts von* ~ nothing to speak of; **2slos** *adj.* insignificant, of no account; meaningless; **~slosigkeit** *f* (*-; -en*) insignificance; harmlessness; **2svoll I.** *adj.* significant; *words*: pregnant, fraught with meaning; weighty, of great consequence, momentous; **II.** *adv.* meaningly, with meaning; **~swandel** *m* semantic change.

beˈdien|en I. *v/t.* (*h.*) serve, wait on; *econ.* attend (up)on; *tech.* attend, work, operate, control, manipulate (*a machine*); *mil.* serve (*a gun*); *teleph.* answer; *sich* ~ *at table*: help o.s.; *sich e-r Sache* ~ use (*or* make use of, avail o.s. of) a th.; ~ *Sie sich!* help yourself! *iro. ich bin bedient!* I had my fill!; **II.** *v/i.* wait (at table); *cards*: (*Farbe*) ~ follow suit, *nicht* ~ revoke; **2stete(r** *m*) *f* (*-n, -n; -n, -n*) employé(e *f*) *m*, employee; **2te(r)** *m* (*-n; -n*) (man-)servant, valet; lackey, footman; **2tenseele** *f* flunkey.

Beˈdienung *f* (*-*) service (*a. mil.*), *usu. econ.* attendance; servants *pl.*, domestics *pl.*; *at restaurant, etc.*: service; waiter (*f* waitress); *tech.* working, operation, control; manipulation; **~s-anleitung, ~s-anweisung** *f* operating instructions *pl.*, directions *pl.* for use; **~sfeld** *el. n* control panel; **~shebel** *m* control (*or* operating) lever; **~sknopf** *m* control knob; **~smann** *tech. m* (*-[e]s; -leute*) attendant, *Am.* operator; **~smannschaft** *mil. f* gun crew, gunners *pl.*; **~s-pult** *n* control panel; **~sstand** *m* control station; operator's stand; **~svorschrift** *f* → → *Bedienungsanleitung*.

beding|en [bəˈdiŋən] *v/t.* (*h*). condition, stipulate, fix by contract; require, necessitate, call for; presuppose, postulate; imply, involve; cause, occasion; → *aus*~; **~t** *adj.* conditional (*durch* on); dependent *or* contingent (on); limited; *right, etc.*: qualified; *jur.* ~*e Freilassung* (release on) probation; ~*er Straferlaß* conditional pardon; ~*e Verurteilung* suspended sentence; ~ *arbeitsfähig* fit for limited service; ~ *sein durch* be conditioned by; **2theit** *f* (*-*) limitation (by); relativity.

Beˈdingung *f* (*-; -en*) condition; provision, clause, stipulation, term (*of contract*); requirement; ~*en pl. econ.* terms; (*weather, etc.*) conditions; restriction, qualification, proviso; ~*en stellen* make one's terms; *es zur* ~ *machen* make it a condition; *unter der* ~, *daß* on condition that, provided (that); *econ. unter günstigen* ~*en* on easy terms; *unter keiner* ~ on no account; **2slos** *adj.* unconditional; **~ssatz** *gr. m* conditional clause; **2sweise** *adv.* conditionally; **~swort** *n* (*-[e]s; ¨er*) *gr.* conditional.

beˈdräng|en *v/t.* (*h.*) press hard; *fig. a.* afflict, beset; vex, harass; *in bedrängter Lage* in (great) distress, *financially*: *a.* in straitened circumstances; *schwer bedrängt* hard-pressed; **2nis** *f* (*-; -se*) affliction; distress, trouble, plight; (*financial*) embarrassment.

beˈdroh|en *v/t.* (*h.*) threaten, menace (*mit* with); **~lich** *adj.* threatening; ominous; **2ung** *f* (*-; -en*) threat, menace (*gen.* to); *jur.* threat, assault.

beˈdrucken *v/t.* (*h.*) print (on); *bedruckt* printed.

beˈdrück|en *v/t.* (*h.*) oppress, harass, crush; *mentally*: oppress, depress, afflict, prey on *a p.'s* mind; **2er(in** *f*) *m* (*-s, -; -, -nen*) oppressor; **~t** *adj.* depressed, dejected, worried, gloomy; **2ung** *f* (*-; -en*) oppression; depression, dejection.

beˈdürf|en *v/t.* (*irr., h.*) (*gen.*) need, want, require; be (*or* stand) in need of; *es bedarf großer Anstrengungen* it calls for a great effort; **2nis** *n* (*-ses; -se*) need, want; necessity, requirement; *econ.* demand; urge; ~*se pl.* necessaries; *die dringendsten* ~*se des Lebens* the bare necessities; *e-m* ~ *abhelfen* supply a want; *(s)ein* ~ *verrichten* relieve nature, ease o.s., wash one's hands; *es ist mir ein* ~ *zu sagen* I feel bound to say, I cannot help saying; **2nis-anstalt** *f* public convenience; **~nislos** *adj.* having few wants; frugal; **2nislosigkeit** *f* (*-*) absence of wants; frugality.

beˈdürftig *adj.* needy, poor, indigent; (*gen.*) in need of, requiring; **2keit** *f* (*-*) neediness, indigence, destitution.

Beefsteak [ˈbiːfsteːk] *n* (*-s; -s*) steak; *deutsches* ~ hamburger.

beˈehren *v/t.* (*h.*) hono(u)r; *a. econ.* favo(u)r (*mit* with *orders, etc.*); *ich beehre mich zu inf.* I have the hono(u)r (*or* privilege) to, *econ.* I beg to *inf.*; *er beehrte mich mit seinem Besuch* he gave me the favo(u)r of a visit.

beeidig|en [bəˈˀaidigən] *v/t.* (*h.*) affirm by oath, take one's oath upon, swear to *a th.*; administer an oath to, swear *a p.*; *beeidigte Aussage* sworn evidence (*or* testimony), affidavit; *beeidigter Buchprüfer* chartered (*Am.* certified) public accountant; *beeidigter Dolmetscher* sworn interpreter; **2ung** *f* (*-; -en*) affirmation by oath; → *Vereidigung*.

beˈeilen *v/t.* (*h.*) hasten, quicken (*one's steps*); *sich* ~ hasten, hurry, make haste, *Am. a.* hustle; *beeil dich!* be quick!, hurry up!, step on it!

beeindruck|en [bəˈaindrukən] *v/t.* (*h.*) make an impression upon, impress; **~bar** *adj.* impressionable, susceptible.

beeinflu|ßbar [bəˈainflusbaːr] *adj.* susceptible; impressionable; **~ssen** *v/t.* (*h.*) influence, exercise an influence on, control; *adversely*: affect; bias, prejudice, warp (*a p.'s judgement*); **2ssung** *f* (*-; -en*) influence; *jur. ungebührliche* ~ undue influence; *radio*: **a)** control, modulation, **b)** interference; *gegenseitige* ~ interaction.

beeinträchtig|en [bəˈaintreçtigən]

v/t. (*h.*) impair, injure, affect (adversely); prejudice, infringe (*or* encroach) upon, interfere with (*a p.'s rights*); detract from (*beauty, etc.*); (*behindern*) hamper, handicap; **2ung** *f* (-; -*en*) impairment (*gen.* of); injury, prejudice (to); encroachment (on), infringement (of); detraction (from); handicap.

be'end(ig)|en *v/t.* (*h.*) (bring to an) end, finish, complete; terminate (*a. contract*); close, wind up, conclude (*speech, meeting, etc.*); **2ung** *f* (-) ending; termination; conclusion, close; completion; *jur.* ~ *des Vertragsverhältnisses* termination (*or* lapse, expiry) of the agreement.

beengen [bə'ʔɛŋən] *v/t.* (*h.*) cramp, narrow; choke; *fig. a.* confine, restrain, hamper; *sich beengt fühlen* feel cramped (*or* ill at ease).

be'erben *v/t.* (*h.*): *j-n* ~ be a p.'s heir, succeed to a p.'s property, inherit (a th.) from a p.

beerdig|en [bə'ʔɛ:rdigən] *v/t.* (*h.*) bury, inter; **2ung** *f* (-; -*en*) burial, funeral, interment.

Be'erdigungs...: **~institut** *n* undertaker's (establishment), *Am.* funeral home; **~kosten** *pl.* funeral expenses; **~unternehmer** *m* undertaker.

Beere ['be:rə] *f* (-; -*n*) berry; **~nobst** *n* soft fruit, berries *pl.*

Beet [be:t] *agr. n* (-[e]s; -e) bed; border.

befähig|en [bə'fɛ:igən] *v/t.* (*h.*) enable (*to do*); qualify (*zu* for); **~t** *adj.* fit (*zu* for), capable (of); talented, gifted, (cap)able; **2ung** *f* (-; -*en*) qualification, fitness (for); aptitude, gift, talent; skill; efficiency; competence; ~ *zum Richteramt* qualification for holding judicial office; **2ungsnachweis** *m* certificate of qualification.

befahl [bə'fɑ:l] *pret. of befehlen.*

befahr|bar [bə'fɑ:r-] *adj.* passable, practicable, *Am. a.* trafficable; *mar.* navigable; *nicht* ~ impassable, *mar.* unnavigable; **~en** *v/t.* (*irr., h.*) travel (*or* ride, drive) on, pass over; *mar.* ply *or* navigate (on); sail along (*the coast*); *mining*: descend (into *the pit*); *mit Kies* ~ unload (*or* cover with) gravel; *eine sehr* ~*e Straße* a much frequented road.

Be'fall *m* attack, infestation, (insect) pest; **2en** *v/t.* (*irr., h.*) beset, befall, attack; *fear*: seize; *disease*: strike; ~ *werden* be attacked (*or* struck) (*von* by *a disease, etc.*), be seized (*or* taken) with; be infested with (*or* invaded by) *parasites*; *von Tuberkulose* ~*es Gebiet* tuberculosis-ridden area; *von Schrecken* ~ panic-stricken.

be'fangen *adj.* shy, timid, self-conscious; confused, embarrassed; partial, *a. jur.* bia(s)sed, prejudiced; *in e-m Irrtum* ~ *sein* labo(u)r under a delusion, be mistaken; **2heit** *f* (-) shyness; embarrassment; nervousness; partiality, prejudice, bias; *jur. wegen* ~ *ablehnen* challenge *a p.* for bias.

be'fassen *v/t.* (*h.*) touch, handle; *fig. sich* ~ *mit* (*dat.*) deal with, attend to, engage in, occupy (*or* concern) o.s. with; *contp.* meddle with; study, examine, consider, go into *a matter*; *der Aufsatz befaßte sich mit Gegenwartsproblemen* the article dealt with present-day problems.

befehden [bə'fe:dən] *v/t.* (*h.*) make war upon, fight; *fig.* attack; *sich* ~ carry on a feud with one another; be at strife (*or* loggerheads).

Befehl [bə'fe:l] *m* (-[e]s; -e) command (*über acc.* of); order, bidding; *jur. richterlicher* ~ (judicial) order, warrant; *auf* ~ *von or gen.* by order of, on the orders of; *bis auf weiteren* ~ till further orders; *den* ~ *haben zu inf.* be ordered (*or* under orders) to *do a th.*; *den* ~ *übernehmen* assume the command; **2en** *v/t. and v/i.* (*irr., h.*) (*dat.*; *über acc.*) command; order, direct, instruct, tell, bid; decree; *sich dem Schutze j-s* ~ commend (*or* entrust) o.s. to a p.; *ich lasse mir von ihm nichts* ~ I won't be ordered about (*or* dictated to, *Am. a.* bossed around) by him; *wie Sie* ~ as you wish; **2end** *adj.* mandatory; *voice, etc.*: commanding, imperative; **2erisch** *adj.* imperious, dictatorial, peremptory, *sl.* bossy; **2igen** [-igən] *v/t.* (*h.*) command, be in command of, have under one's command, lead.

Be'fehls...: **~ausgabe** *f* issuance of orders, briefing; **~bereich** *m* (area of) command; **~form** *gr. f* imperative (mood); **2gemäß** *adv.* as ordered, according to instructions; **~gewalt** *f* (authority of) command, authority; **~haber** [-hɑ:bər] *m* (-s; -) commander-in-chief, commander; → *Kommandeur*; **2haberisch** *adj.* imperious, dictatorial; **~notstand** *jur. m* (acting under) binding orders; **~stand** *m*, **~stelle** *f* command post, headquarters *pl.*; **~verweigerung** *f* refusal to obey an order; **~wagen** *m* command (*or* staff) car; **2widrig** *adj.* contrary to orders; **~zentrale** *f* control room.

be'festig|en *v/t.* (*h.*) fasten, fix, attach (*an dat.* to); *tech. a.* mount (on); secure (to); clamp, cleat; *aneinander* ~ couple, connect; *mil.* fortify; *fig.* strengthen, secure, solidify, consolidate; *econ. sich* ~ *prices*: harden, stiffen; *befestigte Startbahn* hard-surface runway; **2ung** *f* (-; -*en*) fixing, fastening; *tech.* mounting, clamping; *mil.* fortification; *fig.* strengthening, consolidation, reinforcement; *econ.* strengthening, hardening; **2ungsanlagen** *f/pl.*, **2ungswerke** *n/pl.* fortifications, defences; **2ungsschraube** *f* clamping bolt, set-screw.

befeucht|en [bə'fɔʏçtən] *v/t.* (*h.*) moisten, damp, *stärker*: wet; *tech. a.* humidify; **2ung** *f* (-; -*en*) moistening, damping.

Be'feuerung *aer. f* (-; -*en*) (airway) lighting.

Beffchen ['bɛfçən] *eccl. n* (-s; -) bands *pl.*

befiedert [bə'fi:dərt] *adj.* feathered.

be'finden I. *v/t.* (*irr., h.*) find, deem, think; *sich* ~ be, be found; be contained; *Am. a.* be located; *tech.* be positioned; *as to health*: be, feel; *wie* ~ *Sie sich?* how are you?; **II.** *v/i.* decide, rule; ~ *über* (*acc.*) adjudicate on, hear and decide (*a case*); → *schuldig*; **2** *n* (-s) (state of) health, condition; (*expert*) opinion; discretion; decision, ruling; *sich nach j-s* ~ *erkundigen* inquire after a p.'s health.

befindlich [bə'fintliç] *adj.*: ~ *sein* → (*sich*) *befinden.*

be'flaggen *v/t.* (*h.*) flag.

befleck|en [bə'flɛkən] *v/t.* (*h.*) stain, spot, soil; *fig.* tarnish, sully, besmirch; *mit Blut befleckt* blood-stained; **2ung** *f* (-; -*en*) tarnishing, staining; *fig. a.* defilement.

befleißigen [-'flaɪsigən] (*h.*): *sich e-r Sache* ~ apply o.s. to *a th.*; exercise (great) care (*or* take pains) to *inf.*, be studious to *inf.*; *sich großer Höflichkeit* ~ be studiously polite.

be'fliegen *v/t.* (*irr., h.*): *Strecken* ~ fly routes.

beflissen [-'flisən] *p.p. and adj.* studious (*gen.* of); eager, assiduous, zealous; **2e(r** *m*) *f* (-*n*, -*n*; -*n*, -*n*) (eager) student; **2heit** *f* (-) assiduity, devotion; studiousness.

beflügel|n [-'fly:gəln] *v/t.* (*h.*) lend wings to (*a p.'s steps*), quicken, accelerate; *fig.* inspire; *es beflügelte s-e Phantasie* it fired his imagination; **~t** *adj.* winged.

befluten [-'flu:tən] *v/t.* (*h.*) flood.

befohlen [-'fo:lən] *p.p. of befehlen.*

be'folg|en *v/t.* (*h.*) follow, take (*advice*); obey, observe, comply with (*rules*); adhere to, abide by (*principles*); *nicht* ~ disregard, ignore; **~enswert** *adj.* worth following, sound; **2ung** *f* (-; -*en*) (*gen.*) following, observance (of); compliance (with), adherence (to).

be'förder|n *v/t.* (*h.*) convey, carry; transport, *goods a.*: haul; forward, consign; *mar., Am. generally*: ship; *j-n schnell* ~ bundle (*or* rush) a p. (*in acc., zu* to, into); *colloq. j-n hinaus* ~ chuck a p. out; → *Jenseits*; hasten; *fig.* further, promote; *in rank, etc.*: prefer (*zu* to), *a. mil.* promote, advance (*zum Major, etc.* to be major, *etc.*); **2ung** *f* (-; -*en*) carriage, conveyance; transport(ation *Am.*); shipment; dispatch; *mail.* transmission; advancement, furtherance; *in rank*: preferment, advancement, promotion; ~ *zum Offizier* commissioning; acceleration.

Be'förderungs...: **~art** *f* mode of conveyance (*Am.* shipment); **~gebühr** *f* postage, charges *pl.*; **~kosten** *pl.* charges for conveyance (*or* of transport); carriage; railway charges; **~liste** *f* promotion list; **~mittel** *n* means of transport(ation *Am.*); *tech.* material-handling equipment; **~schein** *m* waybill.

befracht|en [-'fraxtən] *v/t.* load; *mar.* charter, freight; **2er** *econ. m* consignor; *mar.* charterer, freighter; **2ung** *f* (-; -*en*) *econ.* loading; *mar.* charterage, affreightment; **2ungsvertrag** *m* charter, charterparty.

be'frag|en *v/t.* (*h.*) question, query, interview; (take a) poll (among); examine, interrogate; consult, turn to, see; **2te(r** *m*) *f* (-*n*, -*n*; -*n*, -*n*) interviewee; **2ung** *f* (-; -*en*) inquiry, query, interview; *jur.* examination, interrogation; consultation; poll; referendum.

be'frei|en I. *v/t.* (*h.*) (von from) free, deliver; liberate (*a country, etc.*); set free (*or* at liberty); release, discharge (*von* from *a liability*); rescue; excuse, dispense (*from a duty*); *officially*: exempt; relieve (*from burden, worry*); rid (of *troublesome th. or p.*); clear (of), exonerate (from *a charge*); unwrap, strip; **II.** *sich* ~ free o.s. (from), rid o.s. (*od.* get rid) of; shake off; extricate o.s., disentangle (*aus* from *difficulties*); *wrestling*: break a hold; **2er(in** *f*) *m* (-s, -; -, -nen) liberator; **~t** *adj.* freed, liberated; at liberty; relieved; exempt (*von* from *military service, taxes, etc.*); **2ung** *f* (-; -en) (*von* from) deliverance; liberation; release; exemption; **2ungsgriff** *m swimming*: releasing trick; **2ungskrieg** *m* war of liberation (*or* independence).

befremd|en [-'frɛmdən] *v/t.* (*h.*) astonish, surprise, appear strange to; *befremdet sein über et. a.* be disturbed at; *s-e Antwort hat mich etwas befremdet* his answer took me aback somewhat; **2en** *n* (-s) surprise, astonishment, displeasure, indignation (*all*: *über acc.* at); **~lich** [-'frɛmt-] *adj.* strange, surprising, disturbing.

befreund|en [-'frɔʏndən]: *sich* ~ (*h.*) become friends, make friends with one another; *sich mit j-m* ~ make friends with a p.; *sich mit et.* ~ get reconciled (*or* reconcile o.s.) to a th.; come to like (*or* warm to, get used to) a th.; **~et** *adj.* friendly; *pred.* on friendly (*or* intimate) terms (*mit* with); *e-e* ~*e Nation* a friendly nation; *econ.* ~*e Firma* friendly firm, business connection (*or* friends *pl.*); *wir sind eng* ~ we are close (*or* intimate) friends.

be'fried|en *v/t.* (*h.*) pacify, bring peace to; **2ung** *f* pacification.

befriedig|en [-'fri:digən] *v/t.* (*h.*) satisfy, give satisfaction (to), please; appease, satisfy, gratify (*desire, hunger*); meet, answer, come up to (*expectations*); serve, supply, provide for (*requirements*); *econ.* meet (*a demand*); satisfy (*claim, creditors*); appease; *schwer zu* ~ hard to please, exacting; **~end** *adj.* satisfying, satisfactory; ~ *ausfallen* prove satisfactory; **2ung** *f* (-; -en) satisfaction (*a. jur. of claims*), appeasement; (*feeling*) satisfaction, gratification; → *Zufriedenheit.*

Be'friedung *f* (-) pacification.

be'frist|en *v/t.* (*h.*) limit in time; fix a period for, set a time-limit on, *Am.* put a deadline on, deadline; **~et** *adj.* limited as to time; temporary; for a fixed period; *jur.* ~*es Rechtsgeschäft* act subject to a stipulation as to time; ~*e Sichtwechsel* sight drafts limited in time; ~*e Verbindlichkeiten* time liabilities; **2ung** *f* (-; -en) (setting a) time-limit, *Am. a.* deadline.

be'frucht|en *v/t.* (*h.*) fecundate, fertilize, fructify (*all a. fig.*); pollinate (*a blossom*); impregnate; **~end** *adj.* fertilizing; **2ung** *f* (-; -en) fecundation, fertilization, fructification; pollination; impregnation; *künstliche* ~ **a)** *bot.* artificial pollination, **b)** *med., zo.* artificial insemination.

befug|en [-'fu:gən] *v/t.* (*h.*) empower, authorize, entitle; **2nis** *f* (-ses; -se) authority, power, right; privilege; *handelsrechtliche* ~ *e-r Gesellschaft* corporate authority; competence, jurisdiction; warrant; *j-m* ~ *erteilen* authorize *or* empower a p. (*zu inf.* to *do*); **2t** *adj.* authorized, empowered, entitled (*zu* to); competent (for a th., to do a th.), having jurisdiction (over); *er ist dazu nicht* ~ he has no right to do so.

be'fühlen *v/t.* (*h.*) feel, touch, handle.

Be'fund *m* state, condition; finding(s *pl.*) (*a. jur.*); result, outcome; facts, data *pl.*; opinion, report; *med.* findings *pl.*, medical evidence; (*je*) *nach* ~ according to circumstances.

be'fürcht|en *v/t.* (*h.*) fear, apprehend; suspect; *das Schlimmste ist zu* ~ we must be prepared for the worst; *dies ist nicht zu* ~ there is no fear (*or* danger) of that; **2ung** *f* (-; -en) fear, apprehension, misgivings *pl.*; suspicion.

befürwort|en [-'fy:rvɔrtən] *v/t.* (*h.*) speak *or* plead for; advocate, recommend; support, endorse, second, back; favo(u)r, sponsor; **2er(in** *f*) *m* (-s, -; -, -nen) advocate, supporter, backer; **2ung** *f* (-; -en) recommendation; endorsement, support.

begab|en [-'gɑ:bən] *v/t.* (*h.*): ~ *mit* endow with, bestow *a th.* upon; **~t** *adj.* gifted, endowed (*mit* with); talented (*für* for); able, clever; **2ung** *f* (-; -en) aptitude, gift; talent(s *pl.*); endowment(s *pl.*).

be'gaffen *v/t.* (*h.*) gape (*or* stare) at.

begann [-'gan] *pret. of beginnen.*

begatt|en [-'gatən] *v/t.* (*h.*) (*a. sich* ~) couple, copulate (with); have sexual intercourse (with); *orn.* mate, pair (with); **2ung** *f* (-; -en) copulation, sexual intercourse, coition; *orn.* pairing, mating; **2ungsorgan** *n* copulative organ; ~*e pl.* genital apparatus *sg.*

be'gaunern *v/t.* (*h.*) cheat, swindle, victimize.

begebbar [-'ge:pbɑ:r] *econ. adj.* negotiable; transferable; marketable; **2keit** *f* (-) negotiability; transferability.

be'geb|en I. *sich* ~ (*irr., h.*) **1.** go, proceed, repair, betake o.s. (*nach, zu* to); *zu a.* join (*a p., one's regiment, etc.*); *sich an die Arbeit* ~ set to work; *sich auf die Flucht* ~ take to flight; *sich auf die Reise* ~ set out *or* start (on one's journey); → *Gefahr, Ruhe*; *sich unter den Schutz j-s* ~ place o.s. under the protection of; **2.** happen, occur, take place; *bibl. und es begab sich* and it came to pass; **3.** *sich e-r Sache* ~ give up, resign, renounce *a th.*; *sich e-s Rechts* ~ forgo (*or* divest o.s. of) a right, *jur.* waive a right; **II.** *v/t. econ.* **4.** issue, float (*a loan*); negotiate (*bill of exchange*); endorse; dispose of, sell (*goods*); **2enheit** *f* (-; -en), **2nis** *n* (-ses; -se) occurrence, incident, happening, event, affair; **2ung** *econ. f* (-; -en) negotiation; *of a loan*: issue; *jur.* waiver.

begegn|en [bə'ge:gnən] *v/i.* (*sn*) (*dat.*) meet (*a p.*); meet with, run (*or* bump) into; come across, happen (up)on (*a. a th.*); encounter (*enemy, difficulties*); happen to, befall; face, fight, counter; ~ *mit* answer with; anticipate, obviate; meet (*the demand, a danger, etc.*); *j-m freundlich* (*grob*) ~ treat a p. kindly (rudely); *sich* ~ meet; **2ung** *f* (-; -en) meeting; encounter.

be'gehen *v/t.* (*irr., h.*) walk (on); go (*or* pass) along; frequent; inspect; celebrate, commemorate; observe (*a holiday*); make, commit (*a mistake*); *ein Unrecht* ~ do wrong; commit, perpetrate (*a crime*).

Begehr [-'ge:r] *m* (*or n*) (-s) desire, wish; **2en** *v/t. and v/i.* (*h.*): *et. von j-m* ~ ask (*or* request, apply to) a p. for a th.; demand, require; clamo(u)r for; wish, desire, crave; covet; long (*or* yearn) for, hanker after; *sehr begehrt* in great (*or* much in) demand (*a. fig.*); *jur.* pray for (*divorce, etc.*); **2enswert** *adj.* desirable; **2lich** *adj.* desirous, covetous (of); greedy; **~lichkeit** *f* (-) greed(iness), covetousness, cupidity.

Be'gehung *f* (-) inspection; *of feast* celebration; commemoration; *of holiday*: observance; *of crimes*: commission, perpetration.

be'geifern *v/t.* (*h.*) beslobber, beslaver; *fig.* asperse, vituperate.

be'geister|n *v/t.* (*h.*) inspire, fill with enthusiasm, enthuse; electrify, carry away, send (*the audience*) into raptures; *sich* ~ be(come) (*or* feel) enthusiastic (*für* for; *über acc.* about, at); be fascinated (*or* thrilled); **~nd** *adj.* inspiring, rousing, heart-stirring; sensational; **~t** *adj.* enthusiastic(ally *adv.*); passionate, fervent, zealous; *poet.* inspired; *für die Fliegerei* ~ air-minded; *für den Fußball* ~ soccer-conscious *town, etc.*; *sie sprach* ~ *von der Gesellschaft* she raved about the party; *er war* ~ *von dem Plan* he was enthusiastic about (*or* heart and soul for) the project; **2ung** *f* (-) enthusiasm, inspiration, passion (*für* for, about); rapture, ecstasy; applause; *ein Sturm der* ~ a frenzy of enthusiasm; *mit* ~ with enthusiasm, enthusiastically.

Be'gier *f* (-), **~de** *f* (-; -n) desire, appetite (*nach* for); greed (after); sensual (*or* carnal) appetite, lust; eagerness, intentness, zeal; yearning, craving (*nach* for); passion (for); **2ig** *adj.* (*nach, auf acc.*) desirous (of); covetous (of); eager, anxious, impatient (*zu inf.* to *do*); eager, zealous, ardent; *ich bin* ~, *zu erfahren* I am anxious to know.

be'gießen *v/t.* (*irr., h.*) water, sprinkle; pour (*water, etc.*) over (*mit Wasser etc.*); baste (*the meat*); *colloq.* celebrate, wet (*a bargain, etc.*).

Beginn [bə'gin] *m* (-[e]s) beginning, commencement, outset, start; *of school, proceedings, etc.*: opening; → *Anfang*; **2en** *v/t. and v/i.* (*irr., h.*)

begin, start, commence; start, lead off; → *anfangen*; **~en** *n* (-s) undertaking, enterprise, venture.

beglaubig|en [-'glaubigən] *v/t.* (*h.*) confirm, corroborate, testify to; attest, certify, verify; *officially*: legalize, authenticate; notarize; *pol.* accredit *an ambassador* (*bei* to); **~t** *adj.* certified, attested; witnessed; notarized; *~e Abschrift* certified copy; **Ꝯung** *f* (-; -*en*) attestation, certification; legalization, authentication; *of ambassador*: accrediting; *der öffentlichen ~ bedürfen* require public certification; **Ꝯungsschreiben** *n* letter of credence, credentials *pl.*

be'gleich|en *econ. v/t.* (*irr.*, *h.*) balance, pay, settle; **Ꝯung** *f* (-) settlement, payment.

Be'gleit...: ~adresse *f* [bə'glait-] declaration form, *Am.* pass-bill; **~brief** *m* covering letter; **Ꝯen** *v/t.* (*h.*) accompany (*a. mus. auf* on *the piano, etc.*); *officially*: attend (*a. fig.*); *a. mil.* escort; *mar.*, *mot.* escort, convoy; *j-n heim~*, *hinaus~*, *zur Bahn ~ etc.* see a p. home, out, off, *etc.*; *~d* accompanying; attendant; **~er(in** *f*) *m* (-*s*, -; -, -*nen*) companion, attendant (*gen.* to *or* of); *mus.* accompanist; escort; assistant; *ast.* satellite; **~erscheinung** *f* attendant symptom, concomitant (*or* secondary) phenomenon, accompaniment; **~flugzeug** *n* escort plane; **~jäger** *aer. m* escort fighter; **~mannschaft** *f* escort (party); **~musik** *f* accompanying music; *film, etc.*: incidental music; *fig.* obbligato; **~schein** *econ. m* way-bill; *customs*: pass-bill, permit; **~schiff** *n* escort vessel, convoy; **~schreiben** *n* covering note, accompanying letter; **~schutz** *m* (*aer.* fighter) escort; **~umstand** *m* attendant circumstance, concomitant; **~umstände** *m/pl.* concomitant (*or* attendant) circumstances; **~ung** *f* (-; -*en*) company; attendants *pl.*; train, retinue; *usu. mil.* escort; *mar.* convoy; *mus.* accompaniment; *in ~ von or gen.* accompanied (*or* attended) by, in the company of; **~wort** *n* (-[e]s; -e) word of explanation; **~zettel** *econ. m* way-bill.

be'glück|en *v/t.* (*h.*) make happy; fill with happiness, delight; bless (*mit* with); **~end** *adj.* gladsome, pleasant, enchanting; **~t** *adj.* happy, blissful; *mit et. ~ werden* be favo(u)red (*or* blessed) with a th.; **~wünschen** *v/t.* (*h.*) congratulate *or* felicitate (*zu*, *wegen* on); *sich* (*selbst*) *~* congratulate (*or* hug) o.s.; **Ꝯwünschung** *f* (-; -*en*) congratulation, felicitation (*zu* on).

be'gnadet *adj.* highly gifted, ingenious; *~er Künstler* inspired artist, genius; *~ sein mit* be blesses (*or* endowed) with.

begnadig|en [-'gna:digən] *v/t.* (*h.*) pardon, reprieve; *pol.* amnesty; **Ꝯung** *f* (-; -*en*) pardon, reprieve, clemency; *pol.* amnesty; **Ꝯungsgesuch** *n* petition for mercy (*or* clemency); **Ꝯungsrecht** *n* right of pardon.

begnügen [-'gny:gən] (*h.*): *sich ~ mit* content o.s. (*or* put up) with, be satisfied (*or* content) with.

Begonie [be'go:niə] *bot. f* (-; -*n*) begonia.

begonnen [bə'gɔnən] *p.p. of beginnen.*

begönnern [-'gœnərn] *v/t.* (*h.*) patronize.

be'graben *v/t.* (*irr.*, *h.*) bury (*a. fig.*); inter, entomb; *s-e Hoffnungen ~* bury one's hopes; → *Hund*; *colloq. du kannst dich ~ lassen!* go and be hanged!

Begräbnis [-'grɛ:pnis] *n* (-*ses*; -*se*) burial, interment; funeral; obsequies *pl.*; **~kosten** *pl.* funeral expenses.

begradigen [-'gra:digən] *tech. v/t.* (*h.*) straighten (*a. mil. the front*); align.

be'greif|en *v/t.* (*irr.*, *h.*) feel, touch, handle, finger; include, comprise; understand, conceive, comprehend, realize, grasp, catch on to, get; *schnell* (*schwer*) *~* be quick (slow) of comprehension, be quick (slow) in the uptake; *ich kann das nicht ~ a.* that's beyond me; *ich kann nicht ~, weshalb er* I can't imagine (*or* I fail to see) why he; → *begriffen*; **~lich** *adj.* comprehensible, conceivable, understandable, natural; *j-m et. ~ machen* make a p. understand a th., make a th. clear to a p., bring a th. home to a p.; **~licherweise** *adv.* logically, naturally, of course.

be'grenz|en *v/t.* (*h.*) mark off, delimit; bound, form the boundary of, border; *fig.* limit, confine, restrict, narrow (*auf* to); circumscribe, determine, define; *begrenzte Mittel* limited means; *begrenzter Verstand* limited horizon, narrow mind; **Ꝯer** *el. m* (-*s*; -) limiter; **Ꝯtheit** *f* (-) limitation; *fig.* narrowness; **Ꝯung** *f* (-; -*en*) bounds *pl.*, limit; limitation; *tech.* stop; **Ꝯungsfeuer** *aer. n* boundary light; **Ꝯungslicht** *mot. n* position (*or* side) light.

Begriff [-'grif] *m* (-[e]s; -e) conception, idea, notion; *phls.* concept; term, word; *falscher ~* misconception; *im ~ sein, zu inf.* be about (*or* going) to *inf.*, be on the point of *ger.*, be thinking of *ger.*; *schwer von ~* dense, slow in the uptake; *sich e-n ~ machen von* get (*or* form) an idea of, imagine, visualize *a th.*; *du machst dir keinen ~!* you have no idea!; *ist Ihnen das ein ~?* does that mean anything to you?, does that sound familiar to you?; *das übersteigt alle ~e* imagination boggles at it, that beats everything; *das geht über m-e ~e* that passes my comprehension, that's beyond me; *nach allgemeingültigen ~en* according to common standards; *nach m-n ~en* according to my judgement; *nach unseren ~en* according to our standards; *unser Fabrikat ist ein ~* our make is a byword for quality; **Ꝯen** *p.p. and adj.*: *~ sein in et.* be engaged in (*or* busy doing) a th.; *im Anmarsch ~* approaching; *im Schreiben ~* writing; *im Fortgehen ~* leaving; *im Entstehen ~* forming, growing, in (the process of) formation, *chem.* nascent; **Ꝯlich** *adj.* abstract, notional, conceptual; *~es Denken* abstract reasoning; **~sbestimmung** *f* definition; **Ꝯsstutzig** *adj.* dense, slow; **~svermögen** *n* (-*s*) intelligence, comprehension, grasp; **~sverwirrung** *f* confusion (of ideas).

be'gründ|en *v/t.* (*h.*) establish, found, set up; create, constitute; *jur.* create, give rise to, vest (*a right, etc.*); give reasons for, substantiate, prove, make good; argue (*or* state one's case) for, *jur. a.* show cause why; motivate, explain; account for, justify (*an action*); **Ꝯer(in** *f*) *m* founder, initiator, originator; **~et** *adj.* well-founded, substantiated, justified; legitimate, valid (*claim, reason*); *~e Rechte* vested rights; *~er Verdacht* (*Zweifel*) reasonable suspicion (doubt); **Ꝯung** *f* (-; -*en*) foundation, establishment; initiation; argument(ation), reason(s *pl.*), substantiation; motivation; proof(s *pl.*), statement of arguments; *jur.* **a)** *accusation*: statement of reasons, **b)** *judgement*: opinion, reasons *pl.*, **c)** creation (*of right, etc.*); *mit der ~, daß* on the grounds that; *zur ~* (*gen.*) in support of.

begrüß|en *v/t.* (*h.*) greet, salute, receive (*mit* with); welcome; hail (*all a. fig.*); **~enswert** *adj.* to be welcomed, welcome; **Ꝯung** *f* (-; -*en*) greeting, salutation; welcome; *fenc.* salute; **Ꝯungs-ansprache** *f* welcoming speech.

begünstig|en [-'gynstigən] *v/t.* (*h.*) favo(u)r; promote, foster, encourage; benefit; patronize; prefer (*a. a creditor*), favo(u)r; act as an accessory after the fact to *a p.'s* crime; **~t** *adj.* favo(u)red; *jur.* beneficiary, benefiting; **Ꝯte(r** *m*) *f* (-*n*, -*n*; -*n*, -*n*) beneficiary; *of letter of credit*: payee; **Ꝯung** *f* (-; -*en*) promotion, encouragement; preference, preferential treatment, patronage, favo(u)ritism; aid, support, protection; *jur.* acting as an accessory after the fact; **Ꝯungsklausel** *f* benefit clause; **Ꝯungstarif** *m* preferential tariff.

be'gutacht|en *v/t.* (*h.*) give an opinion (*or* one's judgement) on; give an expert's opinion on; examine; appraise (*damage*); *~ lassen* obtain expert opinion on, submit *a th.* to an expert; **Ꝯer(in** *f*) *m* expert, referee; appraiser; **Ꝯung** *f* (-; -*en*) examination; appraisement; *concrete*: → *Gutachten.*

begütert [-'gy:tərt] *adj.* rich, wealthy, well-to-do; propertied.

begütigen [-'gy:tigən] *v/t.* (*h.*) soothe, calm, appease, placate.

behaart [-'ha:rt] *adj.* hairy; *zo.* hirsute; *bot. and zo.* pilose.

behäbig [-'hɛ:biç] *adj.* sedate; phlegmatic, comfort-loving; *figure*: portly; **Ꝯkeit** *f* (-) portliness; sedateness.

be'haftet *adj.*: *~ mit e-r Krankheit etc.* be afflicted (*or* affected, infected) with *disease, etc.*; subject to; covered with (*hair, etc.*); *mit Schulden ~* loaded with (*or* involved in) debt, *real estate*: encumbered.

behag|en [-'ha:gən] *v/i.* (*h.*) (*dat.*)

suit, please, be pleasing to; *das behagt mir nicht* I don't like it; **2en** *n* (-*s*) comfort, ease, luxury; pleasure, delight, relish; ~ *finden an* revel (*or* delight, luxuriate) in, relish a th.; *mit* ~ with relish; **~lich** [-'hɑ:k-] *adj.* comfortable; cosy, snug; *sich* ~ *fühlen* feel at one's ease; **2lichkeit** *f* (-) comfort(ableness), ease; cosiness, snugness.

be'halten *v/t.* (*irr.*, *h.*) keep (for oneself), retain; *im Gedächtnis*: remember, retain; *math.* carry (*a figure*); *recht* ~ be right (in the end), be confirmed (*in an opinion*); et. *für sich* ~ keep a th. to o.s.; *behalte das für dich!* keep it under your hat!

Behält|er [-'hɛltər] *m* (-*s*; -), **~nis** *n* (-*ses*; -*se*) container, receptacle; case, box; bin; hopper; *for liquids*: tank, reservoir, holder; basin.

Be'hälter...: **~verkehr** *rail. m* container system; **~wagen** *m* tank wagon (*Am.* car).

be'hand|eln *v/t.* (*h.*) *generally*: treat; deal with (*a. a topic*); (*a. fig.*) handle; manage; manipulate; *tech.* treat, process; *med.* treat; attend (to *a p.*), dress (*a wound*); *schlecht* ~ ill-treat, use ill; **2lung** *f* (-; -*en*) treatment; *med. a.* medical attention; therapy; *tech. a.* processing; handling; manipulation; → *ärztlich*; **2lungsweise** *f* (method of) treatment.

Be'hang *m* (-[*e*]*s*; ⸚*e*) appendage; *on wall*: hangings *pl.*; drapery; decorations *pl.*; *of dog*: lop-ears *pl.*

be'hängen *v/t.* (*h.*) hang, drape (*mit* with); adorn, deck out (*mit* with).

be'harr|en *v/i.* (*h.*) persevere, continue; stand firm; persist (*auf dat.* in); ~ *auf a.* abide by, adhere (*or* cling, stick) to; ~ *bei* maintain, stand (*or* stick) to *one's opinion, statement, etc.*; hold on (*auf dat.* to *one's principle*); **~lich** *adj.* persevering, persistent, unwavering; constant, steady, steadfast; pertinacious, stubborn, dogged; **2lichkeit** (-), **2ung** *f* (-) perseverance, persistence, patience; pertinacity, tenacity, doggedness; determination; **2ungsvermögen** *phys. n* inertia; **2ungszustand** *m* state of inertia, steady condition.

be'hauen *v/t.* (*irr.*, *h.*) (rough-)hew; trim, dress; square; *sculp.* chisel; cut (*stone*).

behaupt|en [-'hauptən] *v/t.* (*h.*) maintain, hold; → *Feld*; *sich* ~ hold one's own, stand one's ground, weather the storm, *econ.*, *prices*: remain steady *or* firm; ~, *daß* maintain (*or* hold) that; state, declare; assert, contend, claim; aver, assure; → *steif* II.; protest; *wrongly*: pretend; (*a. jur.*) allege; *ich habe nicht behauptet* I didn't say; *man behauptet von ihm, daß* he is said to *inf.*; **2ung** *f* (-; -*en*) assertion; statement, declaration; contention, allegation; conjecture; affirmation, assurance; *e-e* ~ *aufstellen* → *behaupten*.

Behausung [-'hauzuŋ] *f* (-; -*en*) habitation, housing, accommodation; lodging, dwelling, quarters *pl.*

be'heb|en *v/t.* (*irr.*, *h.*) *generally*: remove; clear away, eliminate overcome (*difficulties, obstacles*); remedy (*grievance*); repair (*damage*); dispel (*doubts*); ease, relieve, check (*pain, etc.*); **2ung** *f* (-) removal; elimination; redress; relief.

be'heimatet *adj.* domiciled (*in dat.* in); *er ist in X.* ~ he is a native of (*or* comes from) X.

be'heizen *v/t.* (*h.*) heat.

Behelf [-'hɛlf] *m* (-[*e*]*s*; -*e*) expedient, (make)shift; → *Notbehelf, Rechtsbehelf*; **2en:** *sich* ~ (*irr.*, *h.*) manage; *sich mit et.* ~ make shift (*or* manage) with a th., make a th. do; make both ends meet; *sich ohne et.* ~ do (*or* go, manage) without a th.; **~s-antenne** *f* auxiliary (*or* makeshift) aerial *or* antenna; **~s-brücke** *f* temporary bridge; **~s-heim** *n* temporary home; **~skonstruktion** *f* makeshift design; **~s-lösung** *f* → *Behelf*; **2smäßig I.** *adj.* makeshift, improvised, emergency, temporary, provisional; **II.** *adv.* by way of an expedient (*or* makeshift); temporarily.

behellig|en [-'hɛligən] *v/t.* (*h.*) bother, molest, importune (*mit* with); **2ung** *f* (-; -*en*) trouble, bother, molestation.

behend [-'hɛnt], **~e** [-də] *adj.* nimble, agile, quick; dexterous, adroit, handy; quick-witted, smart; **2igkeit** *f* nimbleness, agility, quickness; dexterity; smartness.

beherberg|en [-'hɛrbɛrgən] *v/t.* (*h.*) lodge, house, accommodate, put up, take in, (give) shelter (to); *fig.* harbo(u)r; **2ung** *f* (-) housing, lodging; shelter; accommodation.

be'herrsch|en *v/t.* (*h.*) rule (over), reign over, govern; hold sway over; *fig.* dominate, command, control (*the situation, etc.*) (*all a. mil.*); master, (keep in) check, (keep under) control (*passions, etc.*); know *one's trade*; have complete command (*or* grasp) of *a th.*; be master of *a subject*; have command of *a language*; *mountain, etc.*: command, dominate (*an area, etc.*); influence, sway; *sich* ~ control (*or* restrain) o.s., keep one's temper; **2er(in** *f*) *m* ruler, sovereign (*gen.* over, of); *fig.* master (*f* mistress) (over, of); **~t** *adj. person*: restrained, disciplined, selfpossessed; **2ung** *f* (-) rule, sway, domination, control; *mil.* supremacy; *fig.* command, mastery, grasp; self-control.

beherzig|en [bə'hɛrtsigən] *v/t.* take to heart, (bear in) mind; → *beachten*; **~enswert** *adj.* worth remembering.

be'herzt *adj.* courageous, brave, plucky; determined; **2heit** *f* (-) courage, pluck, gameness.

be'hexen *v/t.* (*h.*) bewitch.

behilflich [-'hilfliç] *adj.*: *j-m* ~ *sein* help *or* assist a p., lend a p. a helping hand (*bei* in); be of service to a p.

be'hinder|n *v/t.* (*h.*) hinder, hamper; handicap, impede; restrain, check; obstruct (*a. traffic, view, etc.*); **2ung** *f* (-; -*en*) hindrance, handicap, impediment, obstacle (*gen.* to); *sports*: bodychecking; *med.* disability.

be'horchen *v/t.* (*h.*) overhear.

Behörd|e [-'hø:rdə] *f* (-; -*n*) (public) authority, *usu. pl.* the authorities; *n.s.* administrative body, board, agency, office; **~en-apparat** *m* official machinery; **2lich** [-'hø:rt-] *adj.* official.

Be'huf *m* (-[*e*]*s*; -*e*): *zu diesem* ~ for this purpose, to this end; **2s** *prp.* (*gen.*) for the purpose of, with a view to, in order to; on behalf of.

be'hüten *v/t.* (*h.*) look after, watch over; guard, keep, protect, preserve (*vor dat.* from); *behüte!* dear me, no!, by no means!; *Gott behüte!* God forbid!

behutsam [-'hu:t-] *adj.* cautious, careful, wary; gentle, gingerly; **2keit** *f* (-) caution, care(fulness).

bei [bai] *prp.* (*dat.*) **1.** *as to place*: ~ *Berlin* near Berlin; *dicht* ~ *dem Haus* close to the house; **~m** *Bache* by the brook; *die Schlacht* ~ *Waterloo* the Battle of Waterloo; ~ *Hofe* at court; **~m** *Buchhändler* at the bookseller's; ~ *m-n Eltern* at my parents', with my parents; *address*: ~ *Schmidt* care of (*abbr.* c/o) Schmidt; ~ *Tisch* at table; ~ *der Hand* at hand; *Besuch* ~ visit to; ~ *den Griechen* with (*or* among) the Greeks; *ich habe kein Geld* ~ *mir* I have no money about me; *man fand e-n Brief* ~ *ihm* a letter was found on him; *er hatte s-n Hund* ~ *sich* he had his dog with him; *Stunden nehmen* ~ take lessons from (*or* with) a p.; ~ *Schiller* (*we read*) in Schiller; ~ *Katzen ist das nicht so* it is not so with cats; *das ist oft so* ~ *Kindern* you will often find this in children; **2.** *as to time, circumstance*: ~ *m-r Ankunft* (*Abfahrt*) on my arrival (departure); ~ *Tagesanbruch* at dawn; ~ *Nacht* at night; ~ *Tag* by day; **~m** *ersten Anblick* at first sight; ~ *Gelegenheit* on occasion; ~ *der ersten Gelegenheit* at the first opportunity; ~ *e-m Glase Wein* over a glass of wine; ~ *Strafe von 5 Dollar* under penalty of five dollars; *econ.* ~ *Verfall* at maturity, when due; ~ *Unfällen* in case of accidents; **3.** *as to conditions, quality*: ~ *Appetit sein* have a healthy appetite; ~ *der Arbeit* at work; ~ *guter Gesundheit* in good health; ~ *offenem Fenster* with the window open; ~ *Geld* in cash; ~ *schönem Wetter* in fine weather; **~m** *Spiel* at play; **~m** *Lesen* while reading; **4.** *hold*: ~ *der Hand etc. fassen* take by the hand; *j-n* **~m** *Namen nennen* call a p. by his name; **5.** *allowance*: ~ *so vielen Schwierigkeiten* considering (*or* in view of, in the face of, under) so many difficulties; ~ *all s-r Vorsicht* despite (*or* with, for) all his care; **6.** *invocation*: *schwören* ~ swear by; ~ *Gott!* by God!; ~ *m-r Ehre!* (up)on my hono(u)r!; **7.** ~ *weitem* by far.

'beibehalt|en *v/t.* (*irr.*, *h.*) retain, maintain, keep up; adhere to, abide by (*principle, etc.*); **2ung** *f* (-) (*gen.*) retention (of), maintenance (of), adherence (to).

'Beiblatt *n* supplement (*zu* to).

'Beiboot *n* dinghy.

'beibring|en *v/t.* (*irr.*, *h.*) bring forward; obtain, procure; adduce, produce, supply, furnish (*proof,* *etc.*); produce (*witnesses*); submit, allege (*reasons*); *j-m* et. ~ **a)** impart a th. to a p. (*a. knowledge*), break a th. (gently) to a p., **b)** teach a p. a th., show a p. how to do a th., **c)** make a th. clear to, explain a th. to a p., **d)** bring a th. home to a p., give a p. to understand (that); inflict *defeat, losses, wound, etc.*, on a p.; administer *poison, etc.*, to a p.; land *a blow* on a p.; *colloq. dir werd' ich's schon noch* ~! I'll teach you what's what!; **&ung** *jur. f* (-) production.

Beicht|e [ˈbaɪçtə] *f* (-; -*n*) confession; ~ *ablegen* confess; *j-m die* ~ *abnehmen* confess a p.; *zur* ~ *gehen* go to confession; ˈ**&en** *v/t. and v/i.* (*h.*) confess (*bei* to); *fig. a.* (*v/i.*) make a clean breast of it; ˈ**~geheimnis** *n* confessional secret; seal of confession; ˈ**~kind** *n* penitent; ˈ**~stuhl** *m* confessional; ˈ**~vater** *m* father confessor.

beid|armig [ˈbaɪt-] *adj. sports*: two-handed, double; ˈ**~äugig** *adj.* binocular.

beide [ˈbaɪdə] *adj.* both; the two; either (*sg.*); *m-e* ~*n Brüder* **a)** both my brothers, **b)** my two brothers; *wir* ~ both of us; we two, the two of us; *alle* ~ both of them; *in* ~*n Fällen* in either case; *kein(e)s von* ~*n* neither (of the two); *zu* ~*n Seiten* on both sides; on either side *sg.*; ˈ**~mal** *adv.* both times.

beider|lei [ˈ-dərlaɪ] *adj.* (of) both kinds, (of) either sort; ~ *Geschlechts* of either sex, *gr.* of common gender; ˈ**~seitig** *adj.* on both sides; mutual, common; reciprocal; *contract*: bilateral; ˈ**~seits I.** *prep.* (*gen.*) on both sides of; **II.** *adv.* on both sides; mutually, reciprocally.

Beid|händer [ˈbaɪthɛndər] *m* (-s; -) ambidexter; **&händig** *adj.* ambidextrous; *sports*: *a.* two-handed.

ˈ**beidrehen** *mar. v/i.* (*h.*) heave to.

ˈ**beidrücken** *v/t.* (*h.*): *sein Siegel* ~ (*dat.*) affix one's seal (to).

bei-ein'ander *adv.* together.

ˈ**Beifahrer(in** *f*) *m* driver's mate; *a. racing*: co-driver; pillion-rider; sidecar-rider.

ˈ**Beifall** *m* (-[e]s) approval, approbation; applause, clapping; acclaim, (loud) cheers *pl.*; ~ *ernten or finden* **a)** meet with approval, **b)** earn (*or* get) applause; ~ *spenden* applaud, clap; cheer, acclaim; *stürmischen* ~ *hervorrufen* provoke thunders of applause, *Am. a.* get a big hand; *thea.* bring down the house.

ˈ**beifällig I.** *adj.* approving, complimentary; favo(u)rable; **II.** *adv.* approvingly; *j-m* ~ *zulächeln* smile one's approval to a p.

ˈ**Beifalls|ruf** *m* shout of applause, *a. pl.* acclaim; *pl.* cheers; **~sturm** *m* thundering applause.

ˈ**Beifilm** *m* supporting film.

ˈ**beifolgend** *adj.* (*a. adv.*) enclosed, inclosed; annexed, attached; ~ *sende ich* enclosed please find.

ˈ**beifüg|en** *v/t.* (*h.*) add, join (*dat.* to); enclose, annex (*to letter*); attach; **&ung** *f* (-; -*en*) addition; *gr.* attribute; enclosure.

ˈ**Beifuß** *bot. m* (-es) mugwort.

ˈ**Beigabe** *f* extra; (free) gift; *als* ~ *a.* into the bargain.

beige [be:ʒ] *adj.* beige.

ˈ**beigeben I.** *v/t.* (*irr., h.*) add *or* attach *or* join (*dat.* to); *j-m e-n Gehilfen* ~ give a p. an assistant, assign an assistant to a p.; **II.** *v/i.* (*irr., h.*) give in, yield; *klein* ~ eat humble pie, knuckle under.

ˈ**Beige-ordnete(r** *m*) *f* (-*n*, -*n*; -*n*, -*n*) assistant (*gen.* to), deputy; ~ *des Bürgermeisters* deputy mayor.

ˈ**Beigericht** *n* side-dish.

ˈ**Beigeschmack** *m* (peculiar) flavo(u)r *or* taste; smack (*von* of); *fig.* tinge, smack; *e-n* ~ *haben von* be tinged with, smack of.

ˈ**beigesellen** *v/t.* (*h.*) add, join (*dat.* to), associate (with); *sich j-m* ~ join (*or* associate with) a p.

ˈ**Beihilfe** *f* aid, assistance, support; relief; allowance; (government) subsidy, grant (in aid); *jur.* aiding and abetting; ~ *leisten* aid and abet, act as accessory before the fact.

ˈ**beiholen** *mar. v/t.* (*h.*) haul aft.

ˈ**beikommen** *v/i.* (*irr., sn*): *j-m* (*or e-r Sache*) ~ get at (*or* reach, lay hold of) a p., *fig.* get the better of (*or* catch up with) a p., find a p.'s weak spot; *e-r Sache beizukommen suchen* tackle (*or* cope with) a th.; *ihm ist nicht beizukommen* there is no getting at him.

Beil [baɪl] *n* (-[e]s; -e) hatchet; *of butcher*: cleaver; *of executioner*: ax(e).

ˈ**Beilag|e** *f* addition; enclosure (*gen.* to *a letter*); annex, appendix; supplement (*gen.* to *newspaper*); *advertising*: (loose) inset; *cul.* garnishing, vegetables *pl.*; **~scheibe** *tech. f* washer.

ˈ**beiläufig I.** *adj.* casual; occasional, incidental; **II.** *adv.* casually; incidentally, by the way; ~ *erwähnen* mention in passing; → *ungefähr.*

ˈ**beileg|en I.** *v/t.* (*h.*) add, adjoin (*dat.* to); enclose (with *a letter*); attribute, ascribe (to), credit (*a p.*) with; *b.s.* impute (to); confer *or* bestow *title* (on); give (*a name*); *e-r Sache Wert* ~ attach importance to a th.; settle (*a quarrel*); *sich e-n Titel etc.* ~ assume; **II.** *v/i.* (*h.*) *mar.* heave to, lie to; **&ung** *f* (-; -*en*) addition; attribution, imputation; settlement; assumption.

beileibe [-ˈlaɪbə] *adv.*: ~ *nicht!* certainly not!, by no means!; ~ *kein Narr* certainly no fool.

Beileid [ˈ-laɪt] *n* (-[e]s) condolence; *w.s.* sympathy; *j-m sein* ~ *bezeigen* offer a p. one's condolences, express one's sympathy with a p.; **~sbesuch** *m* visit of condolence; **~sbezeigung** *f* (-; -*en*) condolence, expression of sympathy; **~skarte** *f* condolatory card; **~sschreiben** *n* letter of condolence.

ˈ**beiliegen** *v/i.* (*irr., h.*) be enclosed (*e-m Brief* with a letter); *mar.* lie to; **~d** *adv.* → *beifolgend.*

ˈ**beimengen** *v/t.* (*h.*) → *beimischen.*

ˈ**beimessen** *v/t.* (*irr., h.*): *j-m* et. ~ ascribe a th. to a p., credit a p. with a th.; *j-m die Schuld* ~ put the blame on a p., blame a p. (*an dat.* for); *e-r Sache Glauben* ~ give credence (*or* credit) to a th.; *e-r Sache Bedeutung* ~ attach importance to a th.

ˈ**beimisch|en** (*h.*) *v/t.*: *e-r Sache* et. ~ mix a th. with a th.; admix *or* add a th. to a th.; **&ung** *f* admixture, addition; impurity; *mit e-r* ~ *von a.* with a dash of; *fig.* tinge, smack, dash.

Bein [baɪn] *n* (-[e]s; -e) leg (*a. of table, trousers, etc.*); bone; *sich auf den* ~*en halten* keep on one's feet; → *bringen*; *j-m auf die* ~*e helfen* set a p. on his feet, *fig.* give a p. a leg up; *j-m ein* ~ *stellen* trip a p. (up *a. fig.*); *dauernd auf den* ~*en sein* be always on the move (*or* trot); *fig.* et. *auf die* ~*e stellen* set a th. on foot; start *or* launch a th., raise (*an army*); *wieder auf die* ~*e kommen* recover, come round, pick o.s. up again; *colloq. j-m* ~*e machen* make a p. find his legs; *sich auf die* ~*e machen* start, be (*or* toddle) off, *sl.* get a move on; *die* ~*e in die Hand nehmen* take to one's heels; (*früh*) *auf den* ~*en sein* be up (and doing); *er reißt sich dabei kein* ~ *aus* he doesn't kill himself over the job; *die ganze Stadt war auf den* ~*en* all the town had turned out.

ˈ**beinah(e)** *adv.* almost, nearly; well-nigh, all but; et. ~ *tun* come near doing a th.; ~ *unmöglich* next to impossible; *es ist* ~ *e-e Million a.* it is little short of a million; ~ *dasselbe* much the same thing.

ˈ**Beiname** *m* surname; nickname, sobriquet; *j-m e-n* ~*n geben* surname (*or* nickname) a p.

ˈ**Bein...:** **~arbeit** *f boxing*: footwork; *swimming, wrestling*: legwork; **~ausheber** *m wrestling*: leg pick-up; **~bruch** *m* fracture of the leg; **~fäule** *f* caries; **~griff** *m* leg hold.

beinhalten [bəˈʔinhaltən] *v/t.* (*h.*) contain; say, express; imply.

ˈ**Bein...:** **~haus** *n* charnel-house; **~kleid(er** *pl.*) *n* trousers, *Am.* pants *pl.*; **~ling** *m* (-s; -e) leg of a stocking; **~prothese** *f* artificial leg; **~schere** *f wrestling*: leg scissors *pl.*; **~schiene** *f hist.* greaves; *sports*: leg guard, pad; *med.* (leg-)splint; **~stellen** *n* (-s) tripping; **~verkürzung** *f* short(ening of a) leg.

ˈ**bei-ordn|en** *v/t.* (*h.*) adjoin; coordinate (*a. gr.*); *j-n* ~ assign a p. (*dat.* to), appoint a p. as assistant (to); **&ung** *f* coordination; assignment.

ˈ**beipacken** *v/t.* (*h.*) pack up with, add.

beipflicht|en [ˈ-pfliçtən] *v/i.* (*h.*) (*dat.*) agree with *a p.*; assent to, concur with (*an opinion*); approve (of), endorse *an action*; **&ung** *f* (-; -*en*) agreement, assent; approbation.

ˈ**Beiprogramm** *n film*: supporting program(me).

ˈ**Beirat** *m* (-[e]s; ⸚e) adviser, counsel(l)or; advisory board.

beirren [bəˈʔirən] *v/t.* (*h.*) confuse, mislead; disconcert, fluster; divert; *sich* ~ *lassen* allow o.s. to be discouraged; falter, waver; *er läßt sich nicht* ~ he stands firm, he sticks to his guns.

beisammen [baɪˈzamən] *adv.* together; *s-e Gedanken ~ haben* have one's wits about one; *colloq. schlecht ~ sein* be poorly, feel seedy; **ᛝsein** *n* (-s) being together; reunion; *geselliges ~* (social) gathering, social.

'Beisatz *m* admixture; *metall.* alloy; *gr.* apposition.

'Bei|schlaf *m* cohabitation, coition, sexual intercourse; **ᛝschlafen** *v/i.* (*irr.*, *h.*) (*dat.*) sleep (*or* lie) with; **~schläfer(in** *f*) *m* bedmate, lover.

'beischließen *v/t.* (*irr.*, *h.*) enclose.

'bei|schreiben *v/t.* (*irr.*, *h.*) add (*or* note) on the margin (*dat.* of), annotate; **ᛝschrift** *f* marginal note, annotation; postscript.

'Beisegel *n* studding sail.

'Beisein *n* (-s) presence; *im ~ von* (*or gen.*) in the presence of, before.

bei'seite *adv.* aside, apart; *thea.* aside; *Scherz ~!* joking apart!; *~ gehen* step aside; *~ lassen* leave aside; disregard; *~ legen* put (*or* set) aside; discard, junk; put (*or* lay) by, save; *~ schaffen* remove, take away; make away with; remove, liquidate, do for *a p.*; *~ schieben* push aside; *fig.* brush aside; *~ setzen* set aside, overrule; *~ stellen* put (*or* place) aside; earmark.

'beisetz|en *v/t.* (*h.*) lay at rest, bury, inter (*corpse*); add; *chem. a.* admix; *mar.* spread (*sails*); *alle Segel ~* crowd all sail; **ᛝung** *f* (-; -en) burial, funeral.

'beisitz|en *v/i.* (*irr.*, *h.*) sit by; *esp. jur.* sit in (*court, committee*); **ᛝer(in** *f*) *m* (-s, -; -, -nen) *jur.* assessor, court associate; associate judge; layjudge; member (*of a committee*).

'Beispiel *n* (-[e]s; -e) example; model; instance; precedence; illustration; demonstration; *warnendes ~* awful example; *zum ~* (*z.B.*) for instance, for example (*abbr.* e.g.); *ich zum ~* I for one; *wie zum ~* as for instance, such as; *ein ~ geben* set an example; *sich ein ~ nehmen an* take example by *a p.*, take a leaf out of *a p.'s* book; *sich ein warnendes ~ nehmen an* take warning from; *mit gutem ~ vorangehen* set a good example (*dat.* to); → *folgen*; **ᛝhaft** *adj.* exemplary; *attr.* model; *~ für* representative of; **ᛝlos** *adj.* unexampled, unprecedented, unparalleled, unheard of; peerless, matchless; **~losigkeit** *f* (-) singularity; matchlessness; **ᛝsweise** *adv.* for (*or* by way of) example, for instance.

'beispringen *v/i.* (*irr.*, *sn*): *j-m ~* hasten (*or* come) to a p.'s aid; stand by a p.; help a p. (out).

beiß|en ['baɪsən] *v/t. and v/i.* (*irr.*, *h.*) bite (*auf, in acc. a th.*); gnaw (*an dat.* at); chew; *insect, pepper, etc.*: sting, bite; burn; itch; smart; *nach j-m ~* snap at; → *Apfel, Gras; Lippe*; *die Farben ~ sich* the colo(u)rs clash; *iro. er wird dich schon nicht ~* he won't bite you; **~end** *adj.* biting, pungent, caustic (*all a. fig.*); hot; *fig.* sarcastic, trenchant; biting, cutting (*cold, wind*); gnawing (*pain*); **ᛝkorb** *m* muzzle; **ᛝzange** *f* (e-e ~ a pair of) pliers *pl.*, pincers *pl.*

'Beistand *m* (-[e]s; ⸚e) aid, help, assistance, support; (*person*) assistant, standby; adviser; *jur.* → *Rechtsbeistand*; *j-m ~ leisten* lend a p. assistance, aid a p., *med.* attend to a p.; **~s-pakt** *m* pact of mutual assistance.

'beistehen *v/i.* (*irr.*, *sn*): *j-m ~* stand by, assist, help a p.; stand up for, plead for a p.; **ᛝde(r)** ['-də(r)] *m* (-n; -n) bystander, onlooker.

'Beisteuer *f* contribution; **ᛝn** *v/t. and v/i.* (*h.*) contribute (*zu* to).

'beistimm|en *v/i.* (*h.*) (*dat.*) agree (*or* concur) with *a p.*; assent (*or* agree, accede) to, fall in with (*a view, etc.*); **ᛝung** *f* (-) agreement (with), assent (to); approval (to).

'Beistrich *gr. m* comma.

Beitrag ['-trɑːk] *m* (-[e]s; ⸚e) contribution; subscription; share, quota; portion; *insurance*: premium; membership fee (*or* dues *pl.*); *e-n ~ leisten* make a contribution (*zu* to); *schriftliche Beiträge liefern* write (articles) for, contribute to; **ᛝen** *v/t. and v/i.* (*irr.*, *h.*) contribute (*zu* to); *fig. a.* be conducive (to), promote, help; *wesentlich zu et. ~ a.* be instrumental in, go a long way towards a. th. *or ger.*; *das trägt nur dazu bei, zu inf.* that will only serve to *inf.*; **~s-anteil** *m* subscription-fee; share, quota; **ᛝs-frei** *jur. adj.* non-contributory; without dues; **ᛝs-pflichtig** *adj.* liable to contribution; **~s-pflichtige(r** *m*) *f* (-n, -n; -n, -n) contributory.

beitreib|bar ['-traɪpbɑːr] *adj.* recoverable; **~en** *v/t.* (*irr.*, *h.*) collect, enforce payment of (*money*); recover (*debts*); exact, collect (*taxes*); **ᛝung** *f* (-) recovery; enforcement (of payment); collection; exaction.

'beitreten *v/i.* (*irr.*, *sn*) (*dat.*) agree (*or* assent) to, concur with (*an opinion, etc.*); accede to (*a. contract*); join, enter, become a member of (*a party, etc.*).

'Beitritt *m* accession (*zu* to); entry (into); joining; **~s-erklärung** *f* application for membership; enrol(l)ment; declaration of accession (*zu* to *a treaty*).

'Beiwagen *m* sidecar; trailer; **~fahrer(in** *f*) *m* sidecar-rider; **~maschine** *f* (motorcycle) combination.

'Beiwerk *n* accessories *pl.*

'Beiwert *m* coefficient.

'beiwohn|en *v/i.* (*h.*) (*dat.*) assist (*or* be present) at, attend; witness; *sexually*: cohabit (*or* sleep) with; **ᛝung** *f* presence, attendance; sexual intercourse.

'Beiwort (-[e]s; ⸚er) *n* epithet; *gr.* adjective.

Beize ['baɪtsə] *f* (-; -n) corrosion, etching; staining (*of wood*); (*agent*) *chem.* corrosive, mordant; *agr.* disinfectant, dressing; *for wood*: stain; *dyeing*: mordant; *tanning*: bate; *etching*: aqua fortis; *metall.* pickle; *typ.* etching solution; *tobacco*: sauce; *med.* caustic; *hunt.* hawking.

beizeiten [baɪ'tsaɪtən] *adv.* early, betimes; in good time, on time.

beiz|en ['baɪtsən] *v/t.* (*h.*) corrode; stain, *schwarz ~* ebonize (*wood*); bate (*hides*); *dyeing*: (steep in) mordant; *metall.* pickle, dip; sauce (*tobacco*); *agr.* disinfect, dress; *med.* cauterize; *hunt.* hawk; **'~end** *adj.* corrosive; caustic; *metall.* pickling; *dye*: mordant; **'ᛝmittel** *n* → *Beize*.

bejah|en [bə'jɑːən] *v/t.* (*h.*) answer in the affirmative (*a. v/i.*), affirm; grant, concede; *fig. et. ~* accept (*or* welcome) a th., say yes to a th.; **~end I.** *adj.* affirmative (*a. gr.*); positive; **II.** *adv.* in the affirmative.

bejahrt [-'jɑːrt] *adj.* aged, elderly.

Be'jahung *f* (-; -en) affirmation, affirmative answer; *fig.* acceptance.

be'jammern *v/t.* (*h.*) bewail, bemoan; deplore, lament; **~swert** *adj.* deplorable, lamentable.

be'kämpf|en *v/t.* (*h.*) fight (against), combat; resist, struggle against; attack, oppose, *Am. a.* battle (*an opinion, etc.*); subdue, (strive to) control, (keep in) check (*passions*); **ᛝung** *f* (-) fight(ing), combat, struggle (*gen.* against); control (*a. of insect-pests*).

bekannt [bə'kant] *adj.* known (*dat.* to); well-known, noted (*wegen gen.* for); notorious; *mit j-m ~ sein* be acquainted with a p.; *mit et. ~ sein* be familiar (*or* acquainted, conversant) with; *j-n mit e-r Person ~ machen* introduce a p. to a p.; *j-n mit et. ~ machen* acquaint a p. with (*or* initiate a p. into) a th.; *sich ~ machen* make o.s. known; make o.s. a name; *sich mit j-m ~ machen* introduce o.s. to a p.; *sich mit et. ~ machen* acquaint o.s. (*or* make o.s. familiar, familiarize o.s.) with a th.; *et. als ~ voraussetzen* take a th. for granted; *er ist ~ als* he is known to be (*or* for being); *es ist allgemein ~* it is generally known (*or* common knowledge); *dies dürfte Ihnen ~ sein* you are probably aware of it; **ᛝe(r** *m*) *f* (-n, -n; -n, -n) acquaintance, friend; **ᛝenkreis** *m* (circle of) acquaintances *or* friends; **ᛝgabe** *f* → *Bekanntmachung*; **~geben** *v/t.* (*irr.*, *h.*) → *bekanntmachen*; **~lich** *adv.* as you know, as everybody knows; **~machen** *v/t.* (*h.*) make known, report, disclose; notify, give notice (of); make public, publish; announce, proclaim; promulgate (*a law*); advertise; *es wird hiermit bekanntgemacht* notice is hereby given; *j-n mit j-m or et. ~* → *bekannt*; **ᛝmachung** *f* (-; -en) publication, notification; announcement, proclamation; promulgation; disclosure, communiqué; advertisement, announcement; public notice, bulletin; poster; **ᛝschaft** *f* (-; -en) acquaintance (*mit* of); familiarity (with); *w.s.* acquaintance(s), friend(s); *flüchtige ~* speaking acquaintance; *mit j-m ~ schließen* become acquainted with a p., make a p.'s acquaintance; scrape acquaintance with a p.; *bei näherer ~* on closer acquaintance; **~werden** *v/i.* (*irr.*, *sn*) become acquainted (*mit* with); *publicly*: become known; get abroad, come to light; leak out, transpire, *Am. a.* develop; become famous; acquire a reputation.

be'kehr|en *v/t.* (*h.*) convert; *sich ~ zu* become a convert to; adopt, make *a th.* one's own; *fig. sich ~* mend one's ways, turn over a new leaf; **ᛝte(r** *m*) *f* (-n, -n; -n, -n) convert; proselyte; **ᛝung** *f* (-; -en) conversion (*zu* to); christianization; reclamation (*of a sinner*); 2**ungssucht** *f* proselytism.

be'kenn|en *v/t.* (*irr., h.*) admit; confess, acknowledge; *sich schuldig* ~ confess one's guilt, *esp. jur.* plead guilty; → *Farbe*; *sich* ~ *zu* **a)** declare o.s. for *a. p or th.*, **b)** confess to, own up to *a deed*, **c)** stand by *a p.*; *sich zu e-r Religion* ~ profess a religion; 2**er** *m* (*-s*; -) confessor.

Be'kenntnis *n* (*-ses*; *-se*) confession; creed; denomination; ~**christ** *m* professed Christian; ~**freiheit** *f* religious freedom; ~**schule** *f* denominational school.

be'klagen *v/t.* (*h.*) lament, deplore; bewail, bemoan; pity; *sehr zu* ~ much to be regretted, most deplorable; *Menschenleben sind nicht zu* ~ there were no casualties; *sich* ~ complain (*über acc.* of, about), make complaints (about); ~**swert** *adj.* deplorable, lamentable; pitiable, poor.

Beklagte(r) [-'klɑːktə(r)] *m, f* (*-n*; *-n*) defendant; *divorce*: respondent; *appeal*: appellee, respondent.

be'klatschen *v/t.* (*h.*) applaud, clap.

be'kleben *v/t.* (*h.*) paste *a th.* over (*mit* with); label; paper, line.

be'kleckern, be'klecksen *v/t.* (*h.*) blotch, stain; spatter; dirty; *with ink*: blot; *with mud*: bespatter.

be'kleid|en *v/t.* (*h.*) clothe, dress; attire, array; drape; *tech.* → *verkleiden*; hold, occupy, fill *an office*; ~ *mit* invest with *an office, etc.*; 2**ung** *f* clothing, clothes *pl.*; dress; attire; wearing apparel; draping; *tech.* → *Verkleidung*; *fig.* **a)** investiture; **b)** tenure, holding, exercise (*of an office*).

Be'kleidungs...: ~**amt** *mil. f* clothing depot; ~**gegenstände** *m/pl.* articles of clothing, wearing apparel *sg.*; ~**industrie** *f* clothing industry; ~**vorschrift** *mil. f* dress regulation.

be'klemm|en *v/t.* (*h.*) constrict, oppress; *fig.* oppress, weigh upon; *sich beklemmt fühlen* feel oppressed (*or* uneasy, anxious, heavy at heart); ~**end** *adj.* oppressive, suffocating (*air*); *fig.* depressing; anxious, uneasy; 2**ung** *f* (*-*; *-en*) constriction, oppression; *fig.* anguish, anxiety.

beklommen [-'klɔmən] *adj.* oppressed; anxious, uneasy; 2**heit** *f* (-) uneasiness; anxiety.

be'klopfen *v/t.* (*h.*) tap; *med.* percuss.

bekloppt [-'klɔpt] *colloq. adj.* batty, barmy.

bekohl|en [-'koːlən] *mar., rail. v/t.* (*h.*) coal; 2**ungsanlage** *f* coaling facility.

be'kommen I. *v/t.* (*irr., h.*) *generally*: get, receive; obtain; acquire; come by; have, be given; get (*a disease*); contract, catch (*an infection*); have (*children*; *zo. young*); *Zähne* ~ cut one's teeth; *e-n Bauch* ~ develop a paunch; *Hunger* (*Durst*) ~ get hungry (thirsty); *e-n Orden* ~ be awarded an order, be decorated; catch (*a train*); *wir werden Regen* ~ we'll have rain; *es ist nicht zu* ~ it is not to be had; *was* ~ *Sie?* what can I do for you?; *wieviel* ~ *Sie?* how much is it (*or* do I owe you)?; ~ *Sie schon?* are you being attended to?; *ich habe es geschenkt* ~ I had it as a gift; *ich bekomme es zugeschickt* I have it sent to me; **II.** *v/i.* (*irr.*, *sn*): *j-m* (*gut*) ~ agree with a p.; *es bekommt ihm gut* it serves him well, it does him good, he feels all the better for it; *nicht* (*or schlecht*) ~ disagree with; *es wird ihm schlecht* ~ he will fare badly with it, he will suffer for it; *wohl bekomm's!* your health!, cheers!, *iro.* I wish you joy.

bekömmlich [-'kœmliç] *adj.* wholesome, beneficial (*dat.* to); salubrious (*air, climate*); easily digestible, light.

beköstig|en [-'kœstigən] *v/t.* (*h.*) board, feed; *sich selbst* ~ find o.s.; 2**ung** *f* (-) board(ing), food; maintenance, keep; *Wohnung und* ~ board and lodging; *ohne* ~ without meals.

be'kräftig|en *v/t.* (*h.*) confirm, affirm; corroborate, substantiate; ratify (*contract*), *eidlich* ~ affirm upon one's oath; emphasize; 2**ung** *f* (*-*; *-en*) confirmation, affirmation; corroboration, substantiation; *zur* ~ *s-r Worte* in support of his words.

be'kränzen *v/t.* (*h.*) wreathe, garland; festoon.

be'kreuz(ig)en: *sich* ~ (*h.*) cross o.s., make the sign of the cross.

be'kriegen *v/t.* (*h.*) make war (up)on, wage war against, fight; *sich* ~ be at war with one another.

be'kritteln *v/t.* (*h.*) carp *or* cavil at, criticize, find fault with.

be'kritzeln *v/t.* (*h.*) scribble (*or* scrawl) on *or* over.

be'kümmer|n *v/t.* (*h.*) afflict, grieve; trouble, alarm, distress; concern; *bekümmert sein über* (*acc.*) be grieved at; be concerned about; fret over; → *kümmern*; 2**nis** *f* (*-*; *-se*) affliction, grief; distress, trouble.

bekund|en [-'kundən] *v/t.* (*h.*) state; *jur. a.* testify, depose; manifest, demonstrate, reveal, show; 2**ung** *f* (*-*; *-en*) manifestation, demonstration, evidence; statement, testimony.

be'lächeln *v/t.* (*h.*) smile at.

be'lachen *v/t.* (*h.*) laugh at *or* over.

be'laden *v/t.* (*irr., h.*) load, lade, freight, charge (*mit* with); *fig.* burden, charge.

Belag [-'lɑːk] *m* (*-[e]s*; *⸚e*) cover(-ing); coat(ing); lining (*a. of brake, clutch*); flooring, planking; *of mirror*: foil; *of road*: surface; deposit; incrustation; *med. of tongue*: fur; *on teeth*: film; *bot.* scald; *on bread*: spread, relish.

Belager|er [-'lɑːgərər] *m* (*-s*; -) besieger; 2**n** *v/t.* (*h.*) beleaguer, besiege (*both a. fig.*), lay siege to; *fig. a.* throng, *Am.* crowd; ~**ung** *f* (*-*; *-en*) siege; ~**ungszustand** *m* state of siege; → *Ausnahmezustand.*

Belang [-'laŋ] *m* (*-[e]s*; *-e*) importance; concern, matter, issue; ~**e** *pl.* interests, concerns; *von* ~ of importance *or* consequence (*für* to); relevant, pertinent (to); *von finanziellem* ~ of financial interest; *ohne* ~ of no account; irrelevant, immaterial; *das ist hier ohne* ~ that does not matter (*or* count) here; 2**bar** *jur. adj.* triable, liable to criminal prosecution; actionable; 2**en** *v/t.* (*h.*) hold *a p.* responsible; *jur.* sue, prosecute, go to law with, take legal action against *a p.*; concern; *was mich belangt* as for me; 2**los** *adj.* unimportant, insignificant; negligible, small, petty; irrelevant, immaterial; inconsequential; ~**losigkeit** *f* (*-*; *-en*) insignificance; irrelevance; 2**reich** *adj.* important, of (great) consequence; major, considerable; relevant; ~**ung** *f* (*-*; *-en*) prosecution, legal action.

be'lassen *v/t.* (*irr., h.*): *et. an s-m Platz* ~ leave a th. in its place; *j-n in s-r Stellung* ~ retain a p., allow a p. to stay; *alles beim alten* ~ leave things unchanged (*or* as they are).

be'last|bar *tech. adj.* having a load capacity (*bis zu* of); *hoch* ~ heavy-duty; 2**barkeit** *tech. f* (-) loading capacity, *el.* power rating; ~**en** *v/t.* (*h.*) burden (*mit* with); load, charge (*both a. el., tech.*); *tech.* stress, load; weight; *fig.* burden, saddle (*mit* with); weigh on *a p.*; *sich* (*den Geist*) ~ *mit* encumber one's mind with; *econ. j-s Konto mit e-r Summe* ~ charge (*or* debit) a sum to a p.'s account, place a sum to a p.'s debit; encumber, mortgage (*house, etc.*); *jur.* incriminate (*sich selbst* o.s.), charge (*mit* with); oppress, weigh (up)on, prey on *the mind*; → *erblich*; *politisch belastet* politically incriminated; ~**end** *adj.* irksome, onerous; *jur.* incriminating.

belästig|en [-'lɛstigən] *v/t.* (*h.*) molest, annoy; trouble, bother, inconvenience; pester, harass; importune; 2**ung** *f* (*-*; *-en*) molestation; annoyance, bother, nuisance.

Be'lastung *f* (*-*; *-en*) load, burden; *el., tech.* load, stress; *zulässige* ~ maximum permissible load, *aer.* safe load; *fig.* burden, drag; encumbrance, handicap; worry; (*a. econ., etc.*) strain (*gen.* on); *econ.* debit; encumbrance, charge, mortgage; *jur.* incrimination; incriminatory evidence; *politische* ~ political incrimination; → *erblich*; ~**s-anzeige** *f* debit advice (*or* note); ~**sfähigkeit** *f* (-) load-carrying capacity, maximum load; ~**smaterial** *jur. n* incriminatory evidence; ~**s-probe** *f tech.* load test; *fig.* (severe) test; ~**sspitze** *f* peak load; ~**szeuge** *m* witness for the prosecution.

belaub|en [-'laubən]: *sich* ~ (*h.*) come into leaf; ~**t** [-'laupt] *adj.* leafy.

be'lauern *v/t.* (*h.*) watch, spy on.

be'laufen (*h.*): *sich* ~ *auf* amount to, come (*or* run up) to; work out at; total, aggregate; number.

be'lauschen *v/t.* (*h.*) overhear, listen to; eavesdrop on.

be'leb|en *fig. v/t.* (*h.*) enliven, liven up, animate, vivify; stimulate; envigorate; brighten (*colours, face*); *neu* ~ put new life into; → *wieder*~; ~**end** *adj.* animating; stimulating, envigorating; *med.* restorative (*a. su.* ~*es Mittel*); ~**t** *adj.* animated (*a. econ.* = brisk); busy, bustling (*scene*); frequented, crowded (*street, etc.*); 2**ung** *f* (-) *fig.* animation; stimulation; variegation; *econ.* upward movement, rise, increase *in*

sales, growth *in exports*; upswing *in economic activity*; *neue* ~ revival; → *Wieder*2.
be'lecken *v/t.* (*h.*) lick; *fig. von der Kultur kaum beleckt* with hardly a trace of culture.
Beleg [-'le:k] *m* (-[e]s; -e) (authentic) record; (documentary) evidence *or* proof; voucher; (supporting) document, exhibit; receipt; example, instance, illustration; authority; **2bar** *adj.* provable, verifiable; **2en** [-gən] *v/t.* (*h.*) cover, (over)lay (*mit* with); line; coat; *mit Fliesen* ~ flag; *mit Dielen* ~ floor; *mit Teppichen* ~ carpet; *zo.* cover (*a mare*); *mil. mit Beschuß* ~ cover; *mit Bomben* ~ bomb; *mit Soldaten* ~ quarter *or* billet troops on; *mit e-r Garnison* ~ garrison; occupy, *mil.* requisition (*a dwelling*); *mining*: work (*a pit*); engage, reserve, book (*a seat, etc.*); *sports*: *den ersten, zweiten etc. Platz* ~ be placed (*first, second, etc.*); *univ. e-e Vorlesung* ~ to enrol(l) for a course (of lectures); *mit Abgaben* ~ impose taxes (up)on, tax; → *Beschlag*; *mit e-r Strafe* ~ inflict a penalty (up)on; prove, verify, support by documentary evidence; *mit Beispielen* ~ illustrate, exemplify; *med. sich* ~ *tongue*: fur; → *belegt*.
Be'leg...: **~exemplar** *n* voucher copy; author's copy; file copy; **~schaft** *f* (-; -*en*) personnel, staff; labo(u)r force, workers *pl.*; shift; **~schein** *m* voucher; receipt; **~stelle** *f* reference, authority; **2t** *adj.* coated, furred (*tongue*); husky, thick (*voice*); *~es Brot* sandwich; *room, seat, etc.*: engaged, reserved; *teleph.* engaged, *Am.* busy; **~ung** *f* (-) occupancy; reservation, booking; *mil.* billeting; verification; illustration.
be'lehn|en *v/t.* (*h.*) invest with a fief, enfeoff; **2ung** *f* (-; -*en*) enfeoffment.
be'lehr|en *v/t.* (*h.*) instruct; advise, apprise (*über* of); enlighten; *jur.* ~ *über* warn (*or* advise) of, caution as to; → *Bessere(s)*; *sich* ~ *lassen* take advice, listen to reason; **~end** *adj.* instructive; didactic; **2ung** *f* (-; -*en*) instruction; information, advice; correction.
beleibt [-'laɪpt] *adj.* corpulent, stout, fat; portly; **2heit** *f* (-) corpulence, stoutness; portliness.
beleidig|en [-'laɪdigən] *v/t.* (*h.*) offend (*a. fig. the eye, etc.*), give offen|ce (*Am.* -se) to; injure, hurt; insult, *jur. a.* defame, libel, slander; → *tätlich*; *fig.* offend, shock, outrage; *sich beleidigt fühlen* feel hurt (*durch* by), take offence (at); *ich wollte Sie nicht* ~ no offence meant; **~end** *adj.* offensive, insulting, injurious, abusive; *jur.* defamatory; libellous, slanderous; **2er(in** *f*) *m* (-s, -; -, -*nen*) offender, insulter; **2ung** *f* (-; -*en*) offen|ce (*Am.* -se); insult, injury; affront; *jur.* defamation; *verleumderische* ~ calumny; libel, slander; **2ungsklage** *f* action for defamation (*or* libel *or* slander).
be'leihen *v/t.* (*irr.*, *h.*) (grant a) loan on, lend (money) on.
be'lesen *adj.* well-read; **2heit** *f* (-) (extensive) reading; *ein Mann von großer* ~ a man of wide reading.
be'leucht|en *v/t.* (*h.*) light (up), illumine, *a. festively*: illuminate (*a. fig.*); *fig.* throw light on, illustrate; *näher* ~ examine (more closely); **2er** *m* (-s; -) *thea.*, *film*: lighter.
Be'leuchtung *f* (-; -*en*) lighting (system); illumination; lights *pl.* (*a. paint.*); *tech.* irradiance (in lux *or* candle-meter units); *fig.* elucidation, illumination, illustration; **~sanlage** *f* lighting system *or* installation; **~skörper** *m* light(ing fixture), lamp (fitting); **~smesser** *m* lux (*or* illumination) meter; **~smittel** *n* illuminant; **~ungsstärke** *f* illumination (value); **~s-technik** *f* lighting engineering.
beleum(un)det [-'lɔʏm(un)dət] *adj.*: *gut* (*schlecht*) ~ in good (bad) repute, well (ill) reputed; of good (bad) report.
Belg|ien ['bɛlgiən] *n* (-s) Belgium; **'~ier(in** *f*) *m* (-s, -; -, -*nen*), **'2isch** *adj.* Belgian.
belichten [-'liçtən] *v/t.* (*h.*) irradiate; *phot.* expose.
Be'lichtung *f* (-; -*en*) illumination; *phot.* exposure; **~smesser** *m* exposure meter; **~s-tabelle** *f* exposure(-time) table; **~szeit** *f* exposure time.
be'lieben I. *v/t.* (*h.*) deign, choose; **II.** *v/i.* (*h.*) please; *wie es Ihnen beliebt* as you please; *tu ganz was dir beliebt* do as you like (*or* please), suit yourself; *wie beliebt?* I beg your pardon?; **Be'lieben** *n* (-s) will, pleasure, discretion; *nach* ~ at will (*or* pleasure); *es steht in Ihrem* ~ it rests with you; I leave it to you(r discretion).
be'liebig I. *adj.* any (you like), whatever (you choose); optional, arbitrary, discretionary; *jeder* ~*e* anyone, anybody; *jedes* ~*e* anything; *zu jeder* ~*en Zeit* at any time (that will suit); **II.** *adv.* at will (*or* pleasure); ~ *viele* as many as you like, any number.
beliebt [-'li:pt] *adj.* liked, favo(u)rite; popular (*bei* with); sought-after, in request (*goods*); ~ *sein* be in vogue; ~ *werden* come into vogue; *sich bei j-m* ~ *machen* ingratiate o.s. (*or* make o.s. popular) with a p.; **2heit** *f* (-) popularity (*bei* among); vogue; favo(u)r; *sich großer* ~ *erfreuen* enjoy great popularity.
be'liefer|n *v/t.* (*h.*) supply, furnish (*mit* with); cater for; **2er** *m* (-s; -) supplier; caterer; **2ung** *f* (-) supply; catering.
bellen ['bɛlən] *v/t.* (*h.*) bark (*a.fig.*).
Belletrist [bɛlə'trist] *m* (-*en*; -*en*) literary man, belletrist; **~ik** *f* (-) belles-lettres; **2isch** *adj.* belletristic; ~*e Zeitschrift* literary magazine.
be'lob(ig)|en *v/t.* (*h.*) praise, commend; **2ung** *f* (-; -*en*) praise, commendation; **2ungsschreiben** *n* laudatory letter.
be'lohn|en *v/t.* (*h.*) reward (*für* for); **2ung** *f* (-; -*en*) reward.
be'lüften *v/t.* (*h.*) ventilate, aerate.
Be'lüftung *f* ventilation, aeration; **~s-anlage** *f* ventilating system; **~sklappe** *f* ventilating flap; **~sschraube** *f* breather screw; **~sventil** *n* air-bleed valve.
be'lügen *v/t.* (*irr.*, *h.*): *j-n* ~ lie to a p., tell a p. a lie (*or* lies).
belustig|en [-'lustigən] *v/t.* (*h.*) amuse, divert, entertain; *sich* ~ make merry, enjoy (*or* amuse) o.s.; be amused (*über acc.* with, at, by); **~end** *adj.* amusing, entertaining, funny; **2ung** *f* (-; -*en*) amusement, entertainment.
bemächtigen [-'mɛçtigən] (*h.*): *sich e-r Person or Sache* ~ seize, take (*or* get hold of) a p. *or* a th. (*a. fig.*); take possession (*or* possess o.s.) of, get control of *a th.*; *b.s.* usurp (*the throne, etc.*).
be'mäkeln *v/t.* (*h.*) cavil (*or* carp) at, find fault with.
be'malen *v/t.* (*h.*) paint (over); decorate; *colloq. sich* ~ paint one's face.
bemängel|n [-'mɛŋəln] *v/t.* (*h.*) find fault with, criticize; cavil at; **2ung** *f* (-; -*en*) (*gen.*) faultfinding (with), criticism (of).
bemann|en [-'manən] *v/t.* (*h.*) man; *ungenügend* ~ underman; *bemannter Raumflug* manned space flight; **2ung** *f* (-; -*en*) manning; crew.
bemäntel|n [-'mɛntəln] *v/t.* (*h.*) cloak, disguise, hide; palliate, gloss over, make excuses for; **2ung** *f* (-; -*en*) cloak(ing); palliation.
be'meistern *v/t.* (*h.*) master, conquer, subdue; *sich* ~ restrain (*or* check) o.s.
be'merk|bar *adj.* observable, perceptible; noticeable; *sich* ~ *machen person*: attract attention; *es macht sich* ~ it makes itself felt; *die Anstrengung machte sich bei ihm* ~ the strain told on him; **~en** *v/t.* (*h.*) perceive, observe, notice, note; *ich habe das bemerkt* I am aware of that; observe, remark; say; mention; **~enswert** *adj.* remarkable (*wegen, durch* for), noteworthy; **2ung** *f* (-; -*en*) remark, observation; comment; note; annotation; ~*en machen über* remark (*or* comment) on.
be'mess|en I. *v/t.* (*irr.*, *h.*) proportion (*nach* to); time; *tech.* dimension (*or* design, calculate); rate (*performance*); adjust; estimate, assess, rate; *fig.* measure *or* judge (*nach* by); **II.** *adj.* measured, adjusted; dimensioned; *meine Zeit ist knapp* ~ I am short of time; **2ung** *f* proportioning (*nach* to); dimensioning, design; rating.
bemitleiden [-'mitlaɪdən] *v/t.* (*h.*) pity, commiserate, be sorry for; *er ist zu* ~ he is to be pitied; **~swert** *adj.* pitiable, poor.
bemittelt [-'mitəlt] *adj.* well-off, well-to-do; *pred.* well off.
be'mogeln *v/t.* (*h.*) cheat, trick.
bemoost [-'mo:st] *adj.* mossy; *colloq.* ~*es Haupt* old boy.
bemüh|en [-'my:ən] *v/t.* (*h.*) trouble (*j-n mit or wegen or in et.* a p. for a th.); *sich* ~ endeavo(u)r, take pains, strive, exert o.s., try hard; *sich für j-n* ~ exert o.s. (*or* intervene) on behalf of a p.; *sich um et.* ~ exert o.s. (*or* strive, labo[u]r) for a th.; apply for *or* seek a th.; *sich um e-n Verletzten* ~ attend to a wounded

man; *sich um j-s Gunst or um j-n* ~ court a p.'s favo(u)r, woo a p.; *sich zu j-m* ~ betake o.s. to a p.; *bemüht sein, zu inf.* be anxious to; be endeavo(u)red to *inf.*; *darf ich Sie (darum)* ~? may I trouble you (for it)?; ~ *Sie sich nicht!* don't trouble (*or* bother)!; **2ung** *f* (-; -*en*) trouble, pains *pl.*; effort (*um* for, toward); endeavo(u)r; exertion.

bemüßigt [-'my:siçt] *adj.*: *sich* ~ *fühlen inf.* feel bound (*or* obliged) to.

be'muster|n *v/t.* (*h.*) *econ.* supply samples of, sample (*goods*); send samples to *a p.*; **2ung** *f* sampling.

bemuttern [-'mutərn] *v/t.* (*h.*) mother, baby.

be'nachbart *adj.* neighbouring; adjoining, adjacent (*dat.* to).

benachrichtig|en [-'nɑ:xriçtigən] *v/t.* (*h.*) inform (*von* of; *daß* that) send *a p.* word *or* let *a p.* know (that); notify; *econ.* advise; give *a p.* warning *or* notice (*von* of); **2ung** *f* (-; -*en*) information; notification; *econ.* advice; warning, notice; report; **2ungsschreiben** *econ. n* letter of advice.

benachteilig|en [-'nɑ:xtaıligən] *v/t.* (*h.*) place *a p.* at a disadvantage, handicap; discriminate against *a p.*; prejudice, injure, wrong; **2ung** *f* (-; -*en*) (*gen.*) disadvantage, handicap (to); discrimination (against); prejudice, injury (to).

be'nagen *v/t.* (*h.*) gnaw at, nibble at.

benebel|n [-'ne:bəln] *v/t.* (*h.*) (be-)fog (*a. fig.*); **~t** *colloq. adj.* fuddled.

benedeien [bene'daıən] *v/t.* (*h.*) bless.

Benediktiner [benedik'ti:nər] *m* (-*s*; -) Benedictine (*a. liqueur*); **~orden** *m* Benedictine Order.

Benefiz [bene'fi:ts] *n* (-*es*; -*e*) benefit; **~vorstellung** *f* benefit performance.

be'nehmen *v/t.* (*irr.*, *h.*) take away (*j-m den Atem etc.* a p.'s breath, *etc.*); *j-m die Hoffnung etc.* ~ deprive a p. of; *den Kopf* ~ make *a p.'s* head swim; → *benommen*; *sich* ~ behave, conduct (*or* deport, demean) o.s.; *sich* ~ *gegen j-n* act (*or* show o.s.) towards a p., treat a p. *kindly*, *etc.*; *benimm dich!* behave yourself!; *er weiß sich nicht zu* ~ he has no manners; **Be'nehmen** *n* (-*s*) behavio(u)r, conduct, demeano(u)r; (*gutes*) ~ (good) manners *pl.*; attitude, manner (of acting); *im* ~ *mit* in agreement (*or* conjunction) with; *sich ins* ~ *setzen mit j-m* contact (*or* get in touch with) a p.; confer (*or* consult) with a p. (*über acc.* about).

be'neiden *v/t.* (*h.*) envy *or* grudge (*j-n um et.* a p. a th.); be envious (*j-n um et.* of a p.'s th.); *ich beneide dich um deine Ruhe* I envy (you) your calm; **~swert** *adj.* enviable.

be'nenn|en *v/t.* (*irr.*, *h.*) name, call (*nach* after); designate, denominate, term; fix (*a day*); *math. benannt* concrete; **2ung** *f* naming, denomination; name, designation, term; nomenclature; *econ.* title (*of security*); *falsche* ~ misnomer.

be'netzen *v/t.* (*h.*) moisten, wet, sprinkle; bedew.

bengalisch [bɛŋ'gɑ:liʃ] *adj.*: ~*e Beleuchtung* Bengal light(s *pl.*).

Bengel ['bɛŋəl] *m* (-*s*; -) boor, booby; rascal, rogue; urchin, little rascal; silly fool; *typ.* bar; '**2haft** *adj.* boorish; clownish.

benommen [-'nɔmən] *adj.* benumbed, dazed, dizzy; **2heit** *f* (-) numbness, dizziness.

be'nötigen *v/t.* (*h.*) want, need, require; *dringend* ~ want badly, be in urgent want of; *die benötigten Mittel* the necessary funds.

benummern [-'numərn] *v/t.* (*h.*) number.

be'nutz|en, be'nütz|en *v/t.* (*h.*) use, make use of; employ, utilize; profit by, turn to account, capitalize on; seize, avail o.s. of (*an opportunity*); take, go by (*bus, etc.*); **2er** *m* (-*s*; -) user; *teleph., etc.*: subscriber; **2ung** *f* (-) use; utilization; *mit or unter* ~ *von* with the aid of; **2ungsrecht** *n* right of use.

Benzin [bɛn'tsi:n] *n* (-*s*; -*e*) *chem.* benzine; *mot.* petrol, *Am.* gas(oline); *mit* ~ *fahren* run on petrol; → *Kraftstoff*; **~behälter** *m* petrol (*Am.* gas) tank; **~hahn** *m* petrol tap, *Am.* fuel cock; **~kanister** *m* petrol (*Am.* gas) container; **~leitung** *f* petrol pipe, *Am.* gasoline line; **~-Luft-Gemisch** *n* petrol-air mixture; **~messer** *m* fuel gauge; **~motor** *m* petrol (*or* gasoline) engine; **~tank** *m* petrol *or* gasoline tank; fuel tank; **~uhr** *f* fuel gauge; **~verbrauch** *m* fuel consumption.

Benzoe ['bɛntsoe] *f* (-) benzoin; **~säure** *f* benzoic acid.

Benzol [bɛn'tso:l] *n* (-*s*; -*e*) *chem.* benzene; *econ.* benzol(e).

beobacht|en [bə'ʔo:baxtən] *v/t.* (*h.*) observe; watch, keep an eye on; scan, survey (*the horizon, etc.*); shadow; *et. an j-m* ~ observe (*or* notice) a th. in a p.; *fig. et. mit Besorgnis* ~ view a th. with concern; observe, be observant of, respect (*a law, etc.*); observe, obey, follow, comply with (*an instruction*); observe (*a holiday*); **2er(in** *f*) *m* (-*s*, -; -, -*nen*) observer; *aer.* navigator; *artillery*: spotter.

Be'obachtung *f* (-; -*en*) observation; *fig.* (*gen.*) observance (of), compliance (with); **~sfenster** *tech. n* viewing window; **~sflugzeug** *n* observation plane; **~sgabe** *f* (-) (power of) observation; **~s-posten** *mil. m* observation post, sentinel; **~sstation** *f med.* observation ward; *ast.* observatory.

be'ordern *v/t.* (*h.*) order, direct, commission; summon (*zu* to); order away (*or* assign) (*nach* to); *wir haben ihn nach X. beordert a.* we have arranged for him to proceed to X.

be'packen *v/t.* (*h.*) pack (*or* load, weight) (*mit* with).

be'pflanzen *v/t.* (*h.*) plant (*mit* with).

bequem [bə'kve:m] **I.** *adj.* comfortable; restful; cosy, snug; commodious (*für* for); *es sich* ~ *machen* make o.s. comfortable *or* at home, relax; effortless, (*a. econ.*) easy (*terms, etc.*); convenient, suitable; soft (*job*); handy; *person*: comfort-loving; easy-going, indolent; lazy; **II.** *adv.* easily; ~ *in drei Tagen* easily in three days; **~en** (*h.*): *sich* ~ *zu* comply with, submit to; *sich dazu* ~, *et. zu tun* come round, condescend to do a th.; **2lichkeit** *f* (-; -*en*) convenience, facility; comfort, ease; indolence; laziness.

berappen [-'rapən] *v/t.* (*h.*) pay up, fork out.

be'rat|en *v/t. and v/i.* (*irr.*, *h.*) advise, counsel (*a p.*); deliberate (on), discuss, debate *a th.*; ~ *werden* be under consideration; *sich* ~ deliberate (*über acc.* on, about); *mit j-m*: consult, confer with a p.; *sich* ~ *lassen von* (*dat.*) take the advice of, consult; *gut* (*schlecht*) ~ *sein* be well (ill) advised; **~end** *adj.* advisory, consultative; ~*e Versammlung* deliberative assembly; ~*er Ingenieur* consulting engineer; *in* ~*er Eigenschaft* in an advisory capacity; **2er(in** *f*) *m* (-*s*, -; -, -*nen*) adviser, counsel(l)or; consultant; **~schlagen** *v/i.* (*h.*) → (*sich*) *beraten.*

Be'ratung *f* (-; -*en*) deliberation (*über acc.* on), consideration (of), discussion, debate; conference, consultation (*mit j-m* with a p.); advice, counsel (*j-s* to a p.); (*occupational, marriage, etc.*) guidance; *ärztliche* ~ medical advice; **~sgegenstand** *m* subject (of deliberation), item; **~sstelle** *f* advisory board; information cent|re, *Am.* -er; *med.* health centre; welfare centre; guidance office; **~szimmer** *n* conference-room.

be'raub|en *v/t.* (*h.*): *j-n e-r Sache* ~ rob (*or* strip) a p. of a th.; dispossess (of); divest (of *a right*); *fig.* deprive, bereave (of); *beider Eltern beraubt* bereaved (bereft) of both his parents; *jeder Romantik beraubt* shorn of all romance; **2ung** *f* (-; -*en*) robbery; deprivation; bereavement.

be'räuchern *tech. v/t.* (*h.*) fumigate.

be'rausch|en *v/t.* (*h.*) make drunk, intoxicate, inebriate (*all a. fig.*); fuddle, make tipsy; *sich* ~ get drunk; *fig. sich* ~ *an* (*dat.*) be enraptured (*or* intoxicated) with; **~end** *adj.* alcoholic, heady; intoxicating (*a. fig.*); ~*e Schönheit* ravishing (*or* dazzling) beauty; **~t** *adj.* drunk, intoxicated (*von* with; *a. fig.*).

be'rechenbar *adj.* calculable.

be'rechn|en *v/t.* (*h.*) calculate (*a. fig.*), compute; account, reckon, *Am. a.* figure (out); sum (*or* total) up; determine; value, estimate (*auf acc.* at); *econ. j-m et.* ~ charge a p. for a th.; invoice; price, quote; *darauf berechnet sein zu inf.* be calculated to *inf.*; *für j-n berechnet sein* be meant (*or* intended, calculated) for a p.; *für et.*: *tech.* be designed (*or* calculated) for a th.; **~end** *adj.* calculating, selfish; **2ung** *f* calculation, computation; figure(s *pl.*); estimate; *econ.* charge; invoicing; debit; quotation, pricing; *fig.* expediency, policy; *mit* ~ deliberately, judiciously; *er tat es aus* ~ it (= his action) was well calculated; **2ungstabelle** *f tech.* chart; *insurance*: experience table.

berechtig|en [-'rɛçtigən] **I.** *v/t.* (*h.*)

j-n: entitle *a p.* (*zu et.* to *a th. or inf.*); give *a p.* a right (*or* claim) to; authorize, empower (to *inf.*); qualify (to), make eligible (for); **II.** *v/i.* (*h.*) *zu et.*: justify, warrant *a th.*; constitute (*claims*); → *Hoffnung*; **~t** *adj.* entitled (*zu* to); qualified (to), eligible (for); authorized (to *inf.*); justified (in *ger.*); legitimate (*claim, hope, etc.*); competent; **2te(r** *m*) *f* qualifying person; claimant; beneficiary; licensee; registered holder (*or* user); **~terweise** *adv.* legitimately; **2ung** *f* (-) right *or* title (*zu* to); authorization (to); power, warrant; licence; qualification *or* eligibility (for); justification; competence; **2ungsschein** *m* qualification certificate, permit; *econ.* licence; *for dividends, interest*: warrant.

be'red|en *v/t.* (*h.*) talk *a th.* over, discuss, debate; *sich mit j-m ~ über et.* (*acc.*) confer *or* consult with a p. about a th.; persuade *a p.*, talk *a p.* over; **2samkeit** [-'reːt-] *f* (-) eloquence; **~t** *adj.* eloquent (*a. fig.*); *~e Zunge* glib tongue.

Be'reich *m* (-[e]s; -e) reach; area, region; *fig.* range, reach (*a. mil.*); scope, purview; field, domain, sphere, area; orbit; *im ~ der Möglichkeit* within the range of possibility; *es fällt nicht in meinen ~* it is not within my province.

bereicher|n [-'raɪçərn] *v/t.* (*h.*) enrich; enlarge (*one's knowledge*); *sich ~* enrich o.s., *b.s. a.* feather one's nest; **2ung** *f* (-; -en) enrichment.

bereifen[1] [-'raɪfən] *v/t.* (*h.*) cover with hoarfrost, rime, frost (over).

be'reif|en[2] *v/t.* (*h.*) hoop (*a barrel*); tyre, *Am.* tire (*a wheel*).

be'reift *adj.* rimy.

Be'reifung *f* (-; -en) *mot.* (set of) tyres, *Am.* tires *pl.*; *doppelte ~* dual tyres.

be'reinig|en *v/t.* (*h.*) settle (*a quarrel*; *econ. account*); validate (*securities*); clear up, remove (*misunderstanding*); smooth *or* iron out; **2ung** *f* (-; -en) settlement; validation; *fig.* restoration (*or* creation) of healthy conditions.

be'reisen *v/t.* (*h.*) travel, tour (*a country*); visit (*a fair*); *econ. ein Gebiet ~ (lassen)* work a district.

bereit [bə'raɪt] *adj.* (*pred.*) ready, prepared (*zu, für* for; to *inf.*); willing; disposed (to *inf.*); *econ. wir sind gern ~ zu inf.* we shall be pleased (*or* are quite prepared) to *inf.*; *sich ~ erklären zu* (*et.*; *inf.*) agree (*or* consent) to (*a th.*; *inf.*); volunteer for (*a th.*; to *inf.*); *sich ~ finden, et. zu tun* agree (*or* consent, choose, deign, condescend) to do a th., see one's way to doing a th.; *sich zu et. ~ finden* be prepared to do (*or* make, give, *etc.*) a th.; deign a th.; **~en** *v/t.* (*h.*) make (*or* get) ready, prepare; prepare, make; *agr.* work; dress, curry (*leather*); *fig.* cause, make; → *Empfang*; give, afford (*pleasure*); *j-m Kummer ~* grieve a p.; inflict *a defeat* (*dat.* upon); *j-m den Untergang ~* work (*or* bring about) a p.'s ruin.

be'reit...: **~halten** *v/t.* (*irr.*, *h.*) keep ready *or* in readiness (*für* for; *zu* to *inf.*); *für j-n*: *a.* hold at the disposal of a p.; *fig.* have in store for; **~legen** *v/t.* (*h.*) lay out, prepare; **~machen** *v/t.* (*h.*): *sich ~ zu* (*dat.*) get ready (*or* prepare o.s.) for; **~s** *adv.* already; previously; **2schaft** *f* (-) readiness, preparedness; willingness; (*police*) (*pl.* -en) squad; *in ~ sein* be ready (*or mil.* on the alert, at standby); **2schaftsdienst** *m* skeleton (*or* stand-by) service; **2schaftspolizei** *f* stand-by police; **~stehen** *v/i.* (*irr.*, *h.*) be ready *or* in readiness; *mil., etc.*: stand by (*für* for); be available; **~stellen** *v/t.* (*h.*) make available, provide, supply; apportion, allocate (*funds*); reserve, earmark (*reserves*); *mil.* assemble, place (*troops*) in readiness; **2stellung** *f* (-; -en) preparation; provision, procurement, supply; *of funds*: appropriation, provision; *mil.* (final) assembly, concentration; **2ung** *f* (-; -en) preparation; *of leather*: dressing; manufacture, making; **~willig** *adj.* ready, willing; eager; obliging; **2willigkeit** *f* (-) readiness; willingness, *etc.*; *mit großer ~* with alacrity.

be'rennen *v/t.* (*irr.*, *h.*) storm, assault.

be'reuen *v/t. and v/i.* (*h.*) repent (*acc.* of); regret, be sorry (for); rue.

Berg [bɛrk] *m* (-[e]s; -e) mountain; hill; *in die ~e gehen* go into the mountains; *über ~ und Tal* over hill and dale; *fig. usu. pl. ~e von* heaps (*or* piles, *sl.* oodles) of; *~e versetzen* move mountains; *j-m goldene ~e versprechen* promise a p. wonders (*or* the world); *über den ~ kommen* turn the corner; *vor e-m ~e stehen* be up against a great difficulty; *wir sind noch nicht über den ~* we are not yet out of the wood; *hinterm ~ halten mit et.* hold *a th.* back, keep *a th.* dark; *er hielt damit nicht hinterm ~* he was very outspoken, he made no bones about it; *über alle ~e* off and away; *die Haare standen ihm zu ~e* his hair stood on end.

'Berg...: → *Gebirgs...*; **2'ab** *adv.* downhill (*a. fig.*); **~abhang** *m* (mountain-)slope, hillside; **~akademie** *f* mining college; **~amt** *n* Mining Office; **2'an** *adv.* uphill (*a. fig.*), up(wards); **~arbeiter** *m* miner; pitman; collier; **2'auf** *adv.*: *fig. es geht wieder ~* things are looking up; → *bergan*; **~bahn** *f* mountain railway; **~bau** *m* (-[e]s) mining (industry); **~bewohner(in** *f*) *m* highlander.

Berge|geld *n* ['bɛrgə-] salvage (money); **~dienst** *m* recovery service; **'2hoch** *adj.* mountain-high, sky-high; **'2n** *v/t.* (*irr.*, *h.*) save *or* shelter (*sich* o.s.) (*vor dat.* from); recover (*a. mot.*); *mar.* salvage; furl, take in (*sails*); hold, contain; *fig.* harbo(u)r; conceal, hide; involve (*danger*); → *geborgen*.

'Berg...: **~enge** *f* defile; **~fach** *min. n* (-[e]s) mining; **~fahrt** *f* mountain tour; *mot.* hill-climb; *of river-boats*: up-passage; **2freudig** *mot. adj.* quick on the upgrade; **~freudigkeit** *mot. f* (-) (good) hill-climbing ability; **~führer** *m* mountain guide; **~gipfel** *m* mountain-top, summit; **~grat** *m* ridge; **~halde** *f* mountain-slope; *mining*: spoil-dump, tip; **2ig** ['-giç] *adj.* mountainous, hilly; **~ingenieur** *m* mining engineer; **~kamm** *m* crest; **~kette** *f* chain of mountains, mountain range; **~knappe** *m* miner; **~krankheit** *f* (-) mountain sickness; **~kristall** *m* rock crystal; **~land** *n* mountainous *or* hilly country; highland; **~mann** (-[e]s; *-leute*) *m* → *Bergarbeiter*; **~predigt** *f* (-) Sermon on the Mount; **~recht** *n* (-[e]s) miners' statutes, mining laws *pl.*; **~rennen** *mot. n* mountain race; **~rücken** *m* ridge; **~rutsch** *m* landslip, (*a. fig.*) landslide; **~salz** *n* (-es) rock salt; **~sattel** *m* saddle; **~schuh** *m* climbing boot; **~spitze** *f* mountain peak; **~steiger(in** *f*) *m* (mountain-)climber, mountaineer, alpinist; **~steigerei** *f* [-'raɪ] mountaineering; **~stock** *m* alpenstock; *geol.* massif; **~straße** *f* mountain road; **~sturz** *m* → *Bergrutsch*; **~tour** *f* mountain tour, climb; **~- und Tal-Bahn** *f* switchback (railway), *Am.* roller-coaster.

Bergung ['bɛrguŋ] *f* (-) *mar.* salvage, *a. mot.* recovery; *of persons*: rescue; **'~s-arbeiten** *f/pl.* salvage operations; rescue work *sg.*; **'~s-dampfer** *m* salvage steamer; **'~s-fahrzeug** *n mot.* recovery vehicle, *Am.* wrecker truck; *aer.* crash tender; *mar.* salvage vessel; **'~s-kosten** *pl.* salvage charges; recovery costs; **'~smannschaft** *f* rescue party.

'Berg...: **~volk** *n* highlanders *pl.*; **~wacht** *f* mountain rescue service; **~wand** *f* steep mountain-side, rock face; **~welt** *f* alpine world.

'Bergwerk *n* mine; pit; *ein ~ betreiben* work a mine; **~s-aktie** *f* mining share (*Am.* stock); **~s-arbeiter** *m* → *Bergarbeiter*; **~s-gesellschaft** *f* mining company; **~s-ingenieur** *m* mining engineer.

'Berg|wesen *n* (-s) mining (industry); **~zinn** *m* mine (*or* pure) tin.

Bericht [bə'riçt] *m* (-[e]s; -e) report (*a. econ.*), account (*über acc.* on, of); minutes *pl.*; (official) statement, disclosure, communiqué, bulletin; commentary; narrative, relation, story; information, *econ.* advice; *kurzer ~* summary, survey; *statistische ~e pl.* official returns; *~ erstatten* (make *or* hand in a) report; → *berichten*; *e-n ~ einreichen* submit a report; *laut ~* as advised; **2en** *v/t. and v/i.* (*h.*) report (*über acc.* on; *j-m* to a p.); *press*: *a.* cover (*über et. acc.* a th.); give an account, give full particulars; narrate, relate; *j-m et. ~* inform (*or* advise) a p. of a th., tell a p. a th.; **~erstatter(in** *f*) *m* (-s, -; -, -nen) *press*: reporter, correspondent; informant; *radio*: commentator; *adm., etc.* reporter, *esp. Am.* referee; **~erstattung** *f* reporting, *in the press a.* coverage; report, information.

berichtig|en [-'riçtigən] *v/t.* (*h.*) rectify, set right, remedy (*a th.*); correct (*a p. or th.*); emend (*a text*);

tech. adjust; *econ.* settle, square; *e-e Buchung* ~ adjust an entry; 2**ung** *f* (-; -*en*) rectification; correction; settlement; adjustment.

Be'richtigungs|anzeige *f* notice of error; ~**beiwert** *m* corrective factor; ~**posten** *econ.* adjusting entry, valuation item; ~**wert** *m* correction value.

Be'richtsjahr *econ. n* year under review (*or* report).

be'riechen *v/t.* (*irr., h.*) smell (*or* sniff) at; *colloq. fig. sich* ~ size one another up.

be'riesel|n *v/t.* (*h.*) irrigate, water; sprinkle, spray; 2**ung** *f* (-) irrigation; overhead irrigation; 2**ungsanlage** *f* irrigation works *pl.*; *against fires*: sprinkling system.

beritten [-'ritən] *adj.* mounted, on horseback; ~ *machen* mount, horse.

Berliner [bɛr'li:nər] **I.** *m* (-s; -), ~**in** *f* (-; -*nen*) Berlinian, Berliner; **II.** ~ *adj.* Berlin; ~ *Pfannkuchen* jelly doughnut; ~ **Blau** *n* Berlin blue.

Berme ['bɛrmə] *f* (-; -*n*) berm.

Bernstein ['bɛrnʃtaın] *m* (-[e]s) amber; *schwarzer* ~ jet; 2**farben** *adj.* amber.

berst|en ['bɛrstən] *v/i.* (*irr., sn*) burst (*fig. vor dat.* with); *ice, glass, etc.*: break, crack; *bomb, etc.*: explode, detonate; *zum* 2 *voll von* bursting with; 2**festigkeit** *tech. f* bursting strength.

berüchtigt [-'ryçtiçt] *adj.* notorious (*wegen* for); ill-famed, ill-reputed.

be'rücken *v/t.* (*h.*) captivate, charm, bewitch; ~**d** *adj.* captivating, charming; bewitching (*eyes, smile*); ~**e** *Schönheit* ravishing beauty.

berücksichtig|en [-'rykziçtigən] *v/t.* (*h.*) have regard (*or* respect) to *a th.*; consider, take into consideration; bear in mind, heed; allow (*or* make allowance) for, take into account; grant; consider *a p.*; give preference to; 2**ung** *f* (-) consideration, regard; ~ *finden* be considered; *unter* ~ *gen.* in consideration of, with regard to; *unter* ~ *aller Vorschriften* with due regard to all regulations; *unter* ~ *eventueller Rückschläge* allowing for any setbacks that may occur; *in* ~, *daß* considering that.

Beruf [bə'ru:f] *m* (-[e]s; -e) calling; occupation, job; pursuit; trade; business; line; office, duty; career; profession; calling, vocation, mission; *in allen* ~*n a.* in all walks of life; *freier* ~ liberal profession; *von* ~ by occupation, by trade, by profession; *e-n* ~ *ausüben* practise a profession; *e-n* ~ *ergreifen* go into a trade; enter a profession; enter upon a career; *e-m* ~ *nachgehen* pursue *or* follow a profession (*or* trade); *s-n* ~ *verfehlt haben* have missed one's vocation.

be'rufen I. *v/t.* (*irr., h.*) call; convoke, convene, call (*assembly*); *j-n zu e-m Amt* ~ call (*or* appoint *or* nominate) a p. to an office; ~ *werden* receive a call; *sich* ~ *auf j-n* appeal to; *sich auf j-n* (*als Zeugen*) ~ call a p. to witness; *sich auf et.* ~ refer to *a th.*; quote, rely on *a th.*; plead; *sich auf s-e Unkenntnis* ~ plead one's ignorance; *darf ich mich auf Sie* ~? may I use your name?; **II.** *adj.* called; authorized (*zu* to); competent (to); qualified (for); *sich* ~ *fühlen* feel called upon *or* competent (*zu* to *inf.*).

be'ruflich I. *adj.* vocational, occupational; professional; **II.** *adv.*: ~ *verreist* away on business; ~ *verhindert* professionally prevented.

Be'rufs...: ~**ausbildung** *f* vocational (*or* professional) training; ~**auslese** *f* vocational (*or* professional) selection; ~**beamtentum** *n* officialdom, civil service; ~**beamter** *m* civil servant; ~**berater** *m* vocational counsel(l)or; ~**beratung(sstelle)** *f* vocational guidance (office); ~**boxer** *m* prize fighter, professional boxer; ~**eignung** *f* vocational aptitude, qualification; ~**fahrer** *m* commercial driver; *Radsport*: professional (cyclist); ~**geheimnis** *n* professional secret *or* secrecy; ~**genossenschaft** *f* professional association; trade association; employers' liability insurance association; ~**gruppe** *f* occupational group (*or* category); ~**heer** *n* professional army; ~**kleidung** *f* work(ing) clothes *pl.*; ~**krankenkasse** *f* vocational sick fund; ~**krankheit** *f* occupational disease; ~**leben** *n* professional (*or* active) life; ~**lenkung** *f* (-) vocational guidance; 2**mäßig** *adj.* professional; ~**offizier** *m* career (*or* regular) officer; ~**schule** *f* vocational school; ~**soldat** *m* professional soldier, regular (soldier); ~**spieler,** ~**sportler** *m* professional, pro; ~**sportlertum** *m* (-s) professionalism; 2**ständisch** [-ʃtɛndiʃ] *adj.* corporate; 2**tätig** *adj.* working; (gainfully) employed; practising a profession; ~**tätigkeit** *f* (-) professional activity; occupation; ~**verband** *m* vocational association *or* federation; ~**verbrecher** *m* professional criminal; ~**vertretung** *f* professional representation *or* association; ~**wahl** *f* (-) choice of a profession (*or* vocation, trade); ~**zweig** *m* professional field (*or* branch, line).

Be'rufung *f* (-; -*en*) (*inner*) call (*zu* to); calling, vocation (*zu* for); appointment, nomination (*zu* to); convocation, summoning; reference (*auf acc.* to), reliance (on); *jur.* ~ *einlegen* appeal (*bei* to; *gegen* from, against); file (*or* lodge) an appeal, give notice of appeal; *e-r* ~ *stattgeben* allow an appeal; *e-e* ~ *verwerfen* dismiss an appeal; *unter* ~ *auf* with reference (*or* referring) to; ~**sbeklagte(r** *m*) *f* appellee, respondent (to an appeal); ~**sgericht** *n* appellate court; court of appeal(s); ~**sgerichtsbarkeit** *f* appellate jurisdiction; ~**s-instanz** *f* → *Berufungsgericht*; ~**sklage** *f* (action of) appeal; ~**skläger(in** *f*) *m* appellant; ~**srecht** *n* (-[e]s) right of appeal; patronage; ~**srichter** *m* appellate judge; ~**sverfahren** *n* procedure (*concrete*: proceedings *pl.*) of appeal.

be'ruhen *v/i.* (*h.*): ~ *auf* (*dat.*) rest (*or* be founded, be based) on; depend on; be due (*or* owing) to; *et. auf sich* ~ *lassen* let a th. rest *or* pass *or* be; *lassen wir die Sache auf sich* ~ let's leave it at that; let us forget the whole matter.

beruhig|en [-'ru:igən] *v/t.* (*h.*) quiet, calm; lull (*a. fig.*); appease, soothe, placate, mollify; (set at) ease, reassure, comfort; assuage, soothe, still, alleviate (*pains, etc.*); *sich* ~ **a)** calm down, cool (off), **b)** reassure o.s., **c)** compose o.s., **d)** *situation*: stabilize, **e)** *chem.* abate; *er beruhigte sich bei dem Gedanken, daß* he found comfort in the thought that; ~ *Sie sich!* compose yourself!, take it easy!; ~**end** *adj.* soothing, *etc.*; reassuring; *med.* sedative; 2**ung** *f* (-) calming (down), quieting; appeasement, soothing; reassurance, comfort, relief; *of pains*: soothing, mitigation; *of situation*: stabilization; *of country*: pacification; *das wird zu s-r* ~ *beitragen* that will ease his mind; *zu unserer großen* ~ much to our relief; 2**ungsmittel** *med. n* sedative; 2**ungspille** *f* sedative; *fig.* soporific, placebo.

berühmt [-'ry:mt] *adj.* famous, famed (*wegen* for); noted; *b.s.* notorious; celebrated; renowned, illustrious, eminent; *sich* ~ *machen* make a name for o.s., rise to fame, distinguish o.s. (*mit* by); *colloq. nicht* ~ nothing to shout about, *Am. sl.* not so hot; 2**heit** *f* (-) fame, renown, eminence; *person* (*pl.* -*en*): celebrity, lion, hero; *film, sport, etc.*: star; ~ *erlangen* achieve eminence, rise to fame, *a.* make the headlines.

be'rühren *v/t.* (*h.*) touch (*a. sich* ~ meet); handle, finger; (*a. sich* ~) be (*or* come) in contact with; graze; *fig.* border on, meet; *math.* be tangent of; touch (up)on, mention, allude to, refer to *a th.* briefly; concern, affect *a p.'s interests, etc.*; pass through (*a place*); call at, touch (*a port*); *j-n (un)angenehm* ~ produce an (un)pleasant impression (up)on a p.; (dis)please a p.; *(un-)angenehm berührt* (un)pleasantly affected; *es berührt seltsam, daß* it is strange that.

Be'rührung *f* (-; -*en*) touch, contact, contiguity; reference *or* allusion (*gen.* to), mention (of); *mit j-m in* ~ *bleiben* keep in touch with; *mit j-m in* ~ *kommen* come into contact with, get in touch with; *bei der leisesten* ~ at the slightest touch; ~**s-ebene** *math. f* tangent(ial) plane; ~**s-elektrizität** *f* contact electricity; ~**sfläche** *f* contact surface, *chem.* interface; *fig.* area of contact; ~**s-linie** *math. f* tangent; ~**s-punkt** *m* point of contact (*a. fig.*); ~**s-schutz** *m* contact safety device.

berußen [-'ru:sən] *v/t.* (*h.*) (cover with) soot.

be'sabbern *colloq. v/t.* (*h.*) slobber over.

be'säen *v/t.* (*h.*) sow.

be'sagen *v/t.* (*h.*) say, purport; mean, signify; *die Vorschrift besagt, daß* the regulation says that; *es besagt noch etwas anderes* it implies something else yet; *es will nicht viel* ~ it little matters; → *bedeuten*.

besaiten [-ˈzaɪtən] *v/t.* (*h.*) string; *fig. zart besaitet* thin-skinned, sensitive, touchy.

besam|en [-ˈzaːmən] *biol. v/t.* (*h.*) inseminate; **2ung** *f* (-; -*en*) insemination; *bot.* pollination.

besänftig|en [-ˈzɛnftigən] *v/t.* (*h.*) calm, appease, placate, soothe, assuage; *sich* ~ calm down; *nicht zu* ~ implacable; **~end** *adj.* calming, soothing; **2ung** *f* (-; -*en*) soothing, appeasement; → *Beruhigung.*

Besanmast [beˈzaːn-] *mar. m* mizzen-mast.

beˈsät *adj. fig.* covered, studded, dotted (*mit* with); littered *or* strewn (with); crawling (*or* alive) (*mit* with); *mit Sternen* ~ star-spangled.

Beˈsatz *m* trimming, border; braid (-ing); edging; flounce; piping; *of shoe*: vamp; **~leder** *n* trimming leather.

Beˈsatzung *f mil.* garrison; crew; occupation; **~sbehörde** *f* occupation authorities *pl.*; **~sheer** *n* army of occupation; **~skosten** *pl.* occupation costs; **~smacht** *f* occupying power; **~sstatut** *n* (-[e]s) Occupation Statute; **~sstreitkräfte** *f/pl.* occupation forces.

beˈsaufen: *sich* ~ get drunk; → *besoffen.*

beˈschädig|en *v/t.* (*h.*) damage; injure, disable; **~t** *adj.* damaged, injured; *ship*: disabled, averaged; *veteran*: war-disabled; **2ung** *f* (-; -*en*) damage, injury (*gen.* to); defect; *mar.* average.

beˈschaffen[1] *v/t.* (*h.*) *or sich* ~ procure, provide, make available; obtain, secure; furnish, supply; *econ.* provide (*cover*); find (*capital, work*).

beˈschaffen[2] *adj.* constituted, conditioned; *gut* (*schlecht*) ~ well-(ill-) -conditioned, in good (bad) condition *or* repair; *wie ist die Straße* ~? how is the road?; *die Sache ist so* ~ the matter stands thus; **2heit** *f* (-) state, condition; quality; property, characteristic; nature, character; design, structure, composition; *of body*: constitution; *glatte* (*rauhe*) ~ *der Oberfläche* smoothness (roughness) of surface.

Beˈschaffung *f* (-) procuring, procurement; providing; supply; acquisition; *econ.* provision (*of cover, etc.*); **~skosten** *pl.* cost of acquisition; **~sstelle** *f* procurement office.

beschäftig|en [-ˈʃɛftigən] *v/t.* (*h.*): *j-n* ~ keep a p. busy; employ, engage, give work to; apply (*mit* to); *sich* ~ *mit* be busy (*or* occupy o.s.) with, be engaged in, work at, be busy *ger.*; consider, examine; deal with, be concerned with; engage, engross, absorb, preoccupy (*a p.'s attention, etc.*); *der Gedanke beschäftigte ihn ständig* the thought was forever on his mind (*or* haunting him); **~t** *adj.* busy (*mit* with), engaged (in); *mentally*: preoccupied (with), absorbed (in); ~ *sein bei* be employed with, be in the employ of, work for; **2ung** *f* (-; -*en*) occupation, pursuit, work, activity; business; employment, engagement, job; *labo(u)r market*: employment; *industry*: activity; **2ungslage** *f* labo(u)r situation (*or* market); **~ungslos** *adj.* unemployed, out of work; **2ungslosigkeit** *f* (-) unemployment; inactivity, idleness; **2ungsnachweis** *m* certificate of employment; **2ungs-politik** *f* policy of promoting employment; **2ungs-therapie** *f* occupational therapy.

beˈschäl|en *v/t.* (*h.*) cover, serve (*mare*); **2er** *m* (-s; -) stallion.

beˈschäm|en *v/t.* (*h.*) (put to) shame, make ashamed; embarrass, confuse, put to the blush; eclipse, throw into the shade; humiliate; **~end** *adj.* shameful, disgraceful; **~t** *adj.* ashamed (*über acc.* of); **2ung** *f* (-) abashment, humiliation; confusion; shame; disgrace.

beschatten [-ˈʃatən] *v/t.* (*h.*) shade, overshadow, throw a shadow on; (*pursue*) shadow, *Am. a.* tail; *fig.* dim, cast a gloom over.

Beˈschau *f* (-) examination, inspection; *phls.* contemplation; **2en** *v/t.* (*h.*) (*sich*) *et.* ~ (have a) look at, view *a th.*; examine, inspect; contemplate; **~er(in** *f*) *m* (-s, -; -, -*nen*) observer, spectator, looker-on; → *Fleisch2*; **2lich** *adj.* contemplative, meditative; tranquil, peaceful; comfortable, leisurely; **~lichkeit** *f* (-) contemplativeness; tranquillity; leisure(liness).

Bescheid [bəˈʃait] *m* (-[e]s; -e) answer, reply; information, advice; direction, instruction; decision, ruling; *of arbiter*: award; *adm.* notice; *abschlägiger* ~ negative reply, rejection, refusal; *bis auf weiteren* ~ until further orders; ~ *erhalten* be informed, receive word (*or* notice); ~ *geben* send (*j-m* a p.) word, *j-m*: *a.* let *a p.* know, inform *a p.* (*über acc.* about); ~ *hinterlassen* leave word (*bei* with, at); *j-m gehörig* ~ *sagen* give a p. a piece of one's mind, *sl.* tick a p. off (properly); *j-m* ~ *tun* pledge (*or* toast) a p.; ~ *wissen mit or in* (*dat.*) *or über* (*acc.*) be acquainted (*or* conversant) with; be (fully) informed (*or* cognizant, aware) of; be in the secret, *Am.* in the know; know (how to *inf.*); *in e-r Sache genau* ~ *wissen* know the ins and outs of a th.; *ich weiß hier* ~ I know this place (*or* my way about here).

bescheiden[1] [-ˈʃaɪdən] *v/t.* (*irr., h.*) *j-m et.*: allot, assign, award (to a p.); *j-n*: inform, notify a p., give notice to a p. (of), let a p. know; order, direct; instruct (*zu* to); summon; → *abschlägig*; *sich* ~ moderate o.s., be content; *sich* ~ (*mit et.*) resign o.s. (to), acquiesce (in), be satisfied (with); *es ist mir beschieden* it has fallen to my lot; *es war mir nicht beschieden* it was not granted to me.

beˈscheiden[2] *adj.* modest, unassuming, self-effacing; shy; unpretentious, simple, plain; frugal; humble; moderate, discreet, reserved; limited, restricted; small, modest; **2heit** *f* (-) modesty, humility; unpretentiousness; frugality; moderateness, discretion, reserve.

beˈscheinen *v/t.* (*irr., h.*) shine (up)on, irradiate; *von der Sonne beschienen* sunlit, sunny.

bescheinig|en [-ˈʃaɪnigən] *v/t.* (*h.*) certify (*j-m* to a p.), attest; verify, vouch for, authenticate; *den Empfang* ~ acknowledge receipt of *a letter*, give a receipt for, receipt *a sum*; *es wird hiermit bescheinigt, daß* this is to certify that; **2ung** *f* (-; -*en*) attestation, certification; certificate; receipt; voucher; acknowledgement; declaration; *as heading*: To Whom It May Concern.

beˈscheißen *vulg. v/t.* (*irr., h.*) cheat.

beˈschenk|en *v/t.* (*h.*): *j-n* ~ make a p. a present (*mit* et. of a th.), present a p. (with a th.); make a donation (of a th.) to a p.; *reichlich* ~ shower with gifts; **2te(r** *m*) *f* (-*n*, -*n*; -*n*, -*n*) recipient, *jur.* donee.

beˈscher|en *v/t.* (*h.*) (*dat.*) (give as a) present to, bestow upon (*a p.*); allot (*or* grant) to, mete out to; **2ung** *f* (-; -*en*) (giving of) Christmas presents *or* boxes; *iro. e-e schöne* ~! a fine business (this)!, a nice mess!; *da haben wir die* ~! there you are!, now we are in for it!; *die ganze* ~ the whole bag of tricks.

beˈschick|en *v/t.* (*h.*) send deputies to (*a congress, etc.*); *econ.* supply *market* (with goods); contribute to, exhibit (*or* expose) at an exhibition, send goods to, be represented at *a fair*; *tech.* feed, charge; *metall.* alloy; **2er(in** *f*) *m* (-s, -; -; -*nen*) exhibitor; **2ung** *f* (-; -*en*) sending of delegates (*gen.* to); representation (at); supply (to); *tech.* **a**) charging, feeding, **b**) charge, batch; **2ungs-anlage** *f* charging equipment; **2ungsgut** *metall. n* charge, melting stock.

beˈschieß|en *v/t.* (*irr., h.*) fire (up)on *or* at; bombard (*a. phys.*), shell; cover, rake with fire; machine-gun; *low-flying aircraft*: strafe; **2ung** *f* (-) bombardment, shelling, fire.

beˈschiffen *v/t.* (*h.*) navigate (on); sail.

beˈschilder|n *v/t.* (*h.*) signpost; **2ung** *f* (-; -*en*) signposting.

beˈschimpf|en *v/t.* (*h.*) insult, abuse, revile, swear at, call *a p.* names; disgrace, dishono(u)r; **2ung** *f* (-; -*en*) insult (*gen.* to), abuse; affront, outrage; *fig.* disgrace (*gen.* to).

beˈschirmen *v/t.* (*h.*) protect, shield, shelter (*vor dat.* from).

beˈschlafen *colloq. v/t.* (*irr., h.*): *et.* ~ sleep on a th., take counsel of one's pillow.

Beˈschlag *m tech.* (*usu. Beschläge pl.*) metal fitting(s *pl.*), hardware; *of box*: band; *of gun*: mounting; *of cane*: ferrule(s); *of shoe*: nails *pl.*; *of book*: clasp; *of horse*: shoe(ing); *arch.* mountings, fixtures *pl.*; *phys.* deposit; *on metal*: tarnish, *chem.* efflorescence; mo(u)ld; moisture, damp; *jur.* seizure; → *~nahme*; *in* ~ *nehmen, mit* ~ *belegen*, ~ *legen auf* (*acc.*) *jur.* seize, impound; attach, distrain upon (*debtor's assets*); confiscate; *mil.* requisition; lay an embargo on, embargo (*a ship*);

secure (*seats*); *fig.* claim, *impudently*: hog; monopolize (*conversation, etc.*); absorb, engross (*attention*); 2**en I.** *v/t.* (*irr., h.*) cover, overlay (*mit* with); fit, mount; sheathe; shoe (*a horse*); tip *or* stud (*a stick*); square (*wood*); furl (*sail*); **II.** *v/i.* (*irr., sn*) *or sich ~ mirror, etc.*: cloud over, mist, dim; *wall*: sweat; *metal*: oxidize, effloresce, (be) tarnish(ed); grow mo(u)ldy; **III.** *adj.*: *mit Eisen (Silber) ~er Stock* iron-tipped (silver-mounted) stick; *mit Messingnägeln ~er Sessel* brass-studded armchair; *glass*: dimmed, clouded, steamed; *fig.* experienced; *in e-r Sache gut ~ sein* be well versed (*or* up) in, have a sound knowledge of, be (a) good (hand) at a th.; **~enheit** *f* (-) experience, (profound) knowledge (*in dat.* of); **~nahme** *f* (-; -*n*) seizure; attachment, sequestration; garnishment; confiscation; *mar.* embargo; *mil.* requisition; 2**nahmen** *v/t.* (*h.*) seize, attach, distrain; confiscate; *mil.* requisition, commandeer; *mar.* embargo; **~teile** *m/pl.* fittings.

be'schleichen *v/t.* (*irr., h.*) sneak (*or* steal) up to, surprise *a p.*; stalk (*game*); *fig. fear, sleep, etc.*: steal (*or* creep) (up)on *or* over, seize, overcome.

beschleunig|en [-'ʃlɔynigən] *v/t.* (*h.*) accelerate; speed up, hasten; hurry along, expedite, push ahead; *das Tempo ~* increase one's speed, force one's pace; *s-e Schritte ~* quicken one's steps; *dies beschleunigte nur die unvermeidliche Katastrophe* it only precipitated the inevitable disaster; 2**er** *mot., phot. m* (-*s*; -) accelerator (*a. nuclear physics*); **~t** *adj.* accelerated; speedy, expeditious; 2**ung** *f* (-; -*en*) acceleration (*a. phys.*), speeding up, expedition; 2**ungskraft** *f* (-) accelerative force; 2**ungsmoment** *n* moment of acceleration; 2**ungsvermögen** *mot. n* (-*s*) accelerating power, engine response.

be'schließen *v/t.* (*irr., h.*) end, close, conclude, finish, terminate, wind up; settle; *a marching column, etc.*: bring up the rear; determine, decide (*both a. jur.* decree, rule); resolve, make up one's mind (*et. or über acc.* on *or* to do *or* that); *parl.* vote; *e-n Antrag ~* carry a motion, *in assemblies*: pass a resoluton.

beschlossen [-'ʃlɔsən] *adj.* agreed, settled; **~ermaßen** *adv.* as agreed.

Be'schluß *m* decision, resolution, *Am.* resolve; *jur.* (*court*) order, decree; *parl. e-n ~ fassen* pass a resolution; 2**fähig** *adj.*: *~ sein* be (*or* constitute) a quorum; *~e Anzahl* (*Versammlung*) quorum; *das Haus ist (nicht) ~* there is a (no) quorum; **~fähigkeit** *f* (-) quorum; competence; **~fassung** *f* (-) (passing of a) resolution.

be'schmieren *v/t.* (*h.*) (be)smear; daub (over); grease; tar; spread *bread* (*mit* with), butter; scrawl, scribble (over); → *beschmutzen.*

be'schmutzen *v/t.* (*h.*) soil, dirty; stain, smudge; bespatter, splash; *fig.* soil, besmirch, sully; → *Nest.*

Be'schneide|hobel *m bookbinding*: cutting knife; **~maschine** *f for paper, etc.*: trimming machine; 2**n** *v/t.* (*irr., h.*) clip, cut; lop, prune (*trees*); trim (*hedge*); dress (*vine*); pare (*finger-nails*); cut (*books*); *vierkantig ~* square (*timber*); circumcise (*child*); *fig.* cut (down), curtail, reduce, *Am.* curb, slash; → *Flügel*; **~presse** *f* cutting press.

Be'schneidung *f* (-; -*en*) clipping, trimming, lopping; circumcision; *el.* cut-off; *fig.* curtailment, cut, reduction.

be'schneit *adj.* snowy, snow-covered (*or* -capped).

be'schnüffeln, be'schnuppern *v/t.* (*h.*) smell *or* sniff (at); *fig. alles ~* poke one's nose into everything.

beschönig|en [-'ʃø:nigən] *v/t.* (*h.*) colo(u)r; *fig.* gloss over, palliate, extenuate, find excuses for; *er beschönigte nichts* he did not mince matters; **~end** *adj.* palliative; 2**ung** *f* (-; -*en*) palliation, extenuation, excuse.

beschotter|n [-'ʃɔtərn] *v/t.* (*h.*) ballast, gravel, metal; *neu ~ rail.* reballast; 2**ung** *f* (-; -*en*) metal(l)ing, ballast(ing).

beschränk|en [-'ʃrɛŋkən] *v/t.* (*h.*) confine, limit, restrict (*auf acc.* to); restrain, curb, narrow; *sich ~ auf* **a)** confine o.s. to, **b)** *thing*: be confined, *etc.* to; **~end** *adj.* restrictive; **~t** *adj.* limited, confined, restricted; narrow; *~ sein durch* be bounded by; *~e Mittel* restricted means; *~e Sicht* low visibility; *~e Verhältnisse* straitened (*or* narrow) circumstances; *econ. ~e Annahme* conditional acceptance; *~es Giro* restrictive endorsement; *~e Haftung* limited liability; *~ lieferbar* in short (*or* limited) supply; *mentally*: dull, dense, obtuse; narrow-minded, hidebound; *~e Ansichten* narrow views; 2**theit** *f* (-) limitedness, restrictedness; narrowness, scantiness; *as to time*: shortness; *fig.* dul(l)ness, stupidity; narrow-mindedness, narrowness; 2**ung** *f* (-; -*en*) limitation, confinement; restriction, restrictive measure, restraint (*gen.* upon); curtailment; brevity; *~en auferlegen* (*dat.*) impose (*or* place) restrictions (up)on; *e-e ~ aufheben* lift a restriction (*or* ban).

be'schreib|en *v/t.* (*irr., h.*) write (up)on, cover (*or* fill) with writing; *fig.* describe *a circle, etc.*, trace; describe, give a description of; characterize; picture, depict, portray; relate; *genau ~* go into detail (about), particularize, *a. econ. or tech.* specify; *nicht zu ~* indescribable, past (*or* beyond) all description; **~end** *adj.* descriptive; 2**ung** *f* (-; -*en*) description; representation; depiction, portrayal; *kurze ~* sketch, outlines *pl.*; account, narration; *econ. or tech.* specification; *es spottet jeder ~* it beggars all description; *er entsprach der ~* he answered the description; *Güter jeder Art und ~* goods of any kind and description.

be'schreiten *v/t.* (*irr., h.*) walk (*or* tread) on; step over; *fig. e-n Weg ~* follow a course; *neue Wege ~* apply new methods; → *Rechtsweg.*

beschrift|en [-'ʃriftən] *v/t.* (*h.*) inscribe, letter; mark (*boxes, etc.*), label; 2**ung** *f* (-; -*en*) lettering; inscription; legend, caption; *econ.* marking.

beschuhen [-'ʃu:ən] *v/t.* (*h.*) shoe (*mostly in p.p.* shod).

beschuldig|en [-'ʃuldigən] *v/t.* (*h.*) accuse (*gen.* of), *esp. jur.* charge (with); *j-n e-r Sache ~ a.* impute a th. to a p., blame a p. for a th.; 2**te(r** *m*) *f* (-*n*, -*n*; -*n*, -*n*) accused; 2**ung** *f* (-; -*en*) accusation, charge.

be'schummeln *colloq. v/t.* (*h.*) cheat, trick (*um* out of).

Be'schuß *mil. m* (-*sses*) (gun) fire; *artillery*: *a.* shelling, (*a. phys.*) bombardment; *unter ~ halten* keep under fire; *unter ~ nehmen* → *beschießen.*

be'schütten *v/t.* (*h.*) *mit et.*: throw (*or* cast) a th. on *or* over; pour *liquid* on (*or* over); *mit Kies ~* gravel.

be'schütz|en *v/t.* (*h.*) (*vor dat., gegen*) protect, guard, shield, shelter (from); defend (against); watch over; escort (*a. mil.*); 2**er(in** *f*) *m* (-*s*, -; -, -*nen*) protect|or (*f* -ress), defender; guard; guardian angel; 2**ung** *f* (-) protection; → *Schutz.*

be'schwatzen *v/t.* (*h.*): *j-n zu et. ~* persuade a p. to *inf.*, talk a p. into *ger.*; wheedle (*or* coax) a p. into *ger.*

Beschwerde [bə'ʃve:rdə] *f* (-; -*n*) burden, hardship; trouble, annoyance; *med.* complaint, trouble, ailment, discomfort; *~n pl. des Alters* infirmities of old age; complaint (*über acc.* about), protest (against); grievance; *jur.* appeal (from), petition for review; *public*: remonstrance; *~ erheben or führen (gegen acc.)* lodge a complaint (about; *bei* with); (enter a) protest (against), appeal from; *j-m ~n machen* give a p. trouble, *food*: disagree with a p.; **~ausschuß** *m* grievance committee; **~buch** *n* complaints book; 2**führend** *jur. adj.* appealing, appellant; **~führer(in** *f*) *m* complainant; *jur.* petitioner; **~punkt** *m* (subject of) complaint, grievance; **~schrift** *f* plaint, petition (for review); **~stelle** *f* complaint department (*or* desk); **~verfahren** *n* appeal procedure (*or* proceedings *pl.*); *patent law*: injunction method.

beschwer|en [-'ʃve:rən] *v/t.* (*h.*) burden, charge (*a. fig.*); weight; *fig.* weigh on, be a load on; *sich ~* complain (*über acc.* about, of; *bei* to), → *Beschwerde führen*; **~lich** *adj.* burdensome, onerous; fatiguing; troublesome, annoying; inconvenient, awkward; hard, heavy, difficult; *j-m ~ fallen* be a burden to (*or* trouble, inconvenience) a p.; 2**lichkeit** *f* (-; -*en*) inconvenience; troublesomeness; difficulty; 2**ung** *f* (-) load(ing), weight(ing).

beschwichtig|en [-'ʃviçtigən] *v/t.* (*h.*) soothe, appease, pacify; silence (*a. one's conscience*), quiet, hush; 2**ung** *f* (-; -*en*) appeasement, pacification; silencing.

be'schwindeln *v/t.* (*h.*) swindle, cheat, trick, *sl.* bamboozle (*um* out of).

beschwingt [-'ʃviŋt] *adj.* winged; *fig.* wing-footed; elated, buoyant, animated; ~e *Melodien* racy melodies, pulsating rhythms.

beschwipst [-ˈʃvipst] *adj.* tipsy, mellow, gay, fuddled.

beˈschwör|en *v/t.* (*irr., h.*) confirm *a th.* by oath, swear to, take an oath on *or* that; raise, conjure (*spirits*); exorcize, conjure away; *fig.* banish (*danger*); entreat, implore *a p.*; **2ung** *f* (-; -*en*) confirmation by oath, swearing; conjuration; exorcism; imploring, entreaty; **2ungsformel** *f* incantation.

beseel|en [-ˈzeːlən] *v/t.* (*h.*) animate, inspire, fill (*mit* with); **~t** *adj.* animated; inspired (*playing, etc.*); soulful (*look*); **2ung** *f* (-; -*en*) animation, inspiration.

beˈsehen *v/t.* (*irr., h.*) (*a. sich et.* ~) (have a) look at, view; inspect, examine, look over; → *Licht.*

beseitig|en [-ˈzaɪtigən] *v/t.* (*h.*) *generally*: remove; abolish, do away with, get rid of; dispose of (*a. fig.*); secrete, conceal (*assets, documents*); redress (*evil*); remedy (*a wrong*); cure, eliminate (*errors*); clear away, overcome (*obstacles*); settle (*a dispute*); remove, get rid of (*opponent*), (*kill*) do away with, *pol.* liquidate, purge; **2ung** *f* (-; -*en*) removal, disposal, elimination; redress; liquidation, purge.

beselig|en [-ˈzeːligən] *v/t.* (*h.*) make happy, fill with bliss; *eccl.* beatify, bless; **~t** [-liçt] *adj.* blissful; **2ung** *f* (-) bliss, rapture.

Besen [ˈbeːzən] *m* (-*s*; -) broom; besom; *kleiner* ~ brush, → *Hand2*, *etc.*; *fig. mit eisernem ~ auskehren* rule with a rod of iron; *neue ~ kehren gut* a new broom sweeps clean; *colloq. ich fresse e-n ~, wenn* I'll eat my hat if; **~binder** *m* broom-maker; **2rein** *adj.* well-swept; **~schrank** *m* broom cabinet; **~stiel** *m* broom-stick; *colloq. steif wie ein* ~ (as) stiff as a ramrod.

besessen [bəˈzɛsən] *adj.* possessed (*von* by); *fig.* obsessed (with); frantic; *wie* ~ like mad; **2e(r** *m*) *f* (-*n*, -*n*; -*n*, -*n*) man (woman) possessed; maniac; **2heit** *f* (-) possession; obsession; madness, frenzy.

beˈsetz|en *v/t.* (*h.*) trim (*dress, etc.*); fur; border; lace; *mit Edelsteinen etc.* set *or* stud with gems, *etc.*; *bot.* plant; *tech.* tamp (*blast-hole*); charge (*furnace*); *mil.* occupy (*country*), garrison (*town*), man (*position, etc.*), take (*enemy position*); populate, people; engage, occupy (*seat*); fill (*office, vacancy*); *thea. die Rollen* ~ cast the parts; **~t** *adj.* occupied (*area, house, room, etc.*); *teleph.* engaged, *Am.* busy; (*full*) crowded, packed, *colloq.* crammed (full); *bus, etc.*: ~! full up!; *mit Diamanten* ~ studded with diamonds; *meine Zeit ist* ~ my time is occupied; *gut ~es Stück* well-cast play; **2tzeichen** *teleph. n* "engaged (*Am.* busy)" signal; **2ung** *f* (-; -*en*) occupation; appointment (*gen.* to), filling (of *office, etc.*); staff, personnel; *thea.* cast(ing) (*of parts*), *of the house*: attendance; *sports*: field, team composition; *tech.* charge (*of furnace*); → *Besatz.*

besichtig|en [bəˈziçtigən] *v/t.* (*h.*) view, survey, look over; examine; inspect (*a. mil.*); visit; *zu ~ sein* to be on view; **2ung** *f* (-; -*en*) sightseeing, visit (*gen.* to); examination; inspection (*a. mil.*); review; **2ungsfahrt** *f* sightseeing tour; *mil., etc.*: tour of inspection.

beˈsiedel|n *v/t.* (*h.*) colonize, settle; populate; *dicht besiedelt* densely populated; **2ung** *f* (-) colonization, settlement; **2ungsdichte** *f* density of population.

beˈsiegeln *v/t.* (*h.*) seal (*a. fig.*); *sein Schicksal ist besiegelt* his fate is sealed.

beˈsieg|en *v/t.* (*h.*) conquer, vanquish; *a. sports*: defeat, beat, whip, *sl.* lick; worst, outdo, *im Laufen* (*Boxen*) *etc.* outrun, (outbox), *etc.*; *fig.* conquer, overcome; *sich für besiegt erklären* give in, throw up the sponge, *Am. sl.* cry uncle; **2er** *m* conqueror, victor; **2te(r** *m*) *f* (-*n*, -*n*; -*n*, -*n*) defeated person, loser; **2ung** *f* (-) defeat.

beˈsingen *v/t.* (*irr., h.*) sing (of); *fig.* sing the praises of, celebrate.

beˈsinn|en: *sich ~* (*irr., h.*) reflect (*über acc.* on), consider; *sich ~ auf* (*acc.*) recall, remember, call to mind, hit on; come to think of; *sich anders or e-s anderen ~* change one's mind; *sich e-s Besseren ~* think better of it; *sich hin und her ~* rack one's brain; *ohne sich* (*lange*) *zu ~* without thinking twice; on the spur of the moment; *~ Sie sich mal!* try to remember!, think back!; **~lich** *adj.* thoughtful, reflective, contemplative; *book, etc.*: contemplative, thought-provoking; profound; *ein heiter-~er Film* a film of whimsically contemplative content.

Beˈsinnung *f* (-) reason; reflection; consideration; stock-taking; consciousness; *Stunde der ~* hour of meditation; *bei ~ bleiben* retain one's consciousness, *fig.* keep a cool head; *die ~ verlieren* lose consciousness, faint, *fig.* lose one's head; (*wieder*) *zur ~ kommen* recover consciousness, come to, *fig.* come to one's senses; *j-n zur ~ bringen fig.* bring a p. to his senses; **2slos** *adj. med.* unconscious, insensible; *fig.* insensate, senseless; blind; **~slosigkeit** *f* (-) unconsciousness; *fig.* senselessness, blindness.

Besitz [bəˈzits] *m* (-*es*) possession (*gen., an dat., von* of); *concrete*: possession(s *pl.*); property, estate; *of land*: *a.* tenure, holding; *of shares, securities*: holdings *pl.*; *im ~ sein von* be in possession of, be the holder of, hold; *in ~ nehmen, ~ ergreifen von* take possession of, *von j-m*: take hold of a p.; *in den ~ e-r Sache gelangen* come into possession of *a th.*; obtain possession of, get hold of; *in j-s ~ übergehen* pass into a p.'s hand; *econ. im ~ Ihres Schreibens* in receipt of your letter; *in staatlichem ~* state-owned; **~anspruch** *m* claim of ownership; *jur.* possessory title; **2anzeigend** *gr. adj.* possessive; *~es Fürwort* possessive (pronoun); **~dauer** *f* tenure.

beˈsitzen *v/t.* (*irr., h.*) possess, be in possession of; own, hold, be holder of, have; be endowed with, have (*talent, etc.*); be provided (*or* equipped) with; boast *a th.*; *die ~den Klassen* the propertied classes.

Beˈsitzer(in *f*) *m* (-*s*, -; -, -*nen*) possessor, holder; occupant; owner; propriet|or (-ress *f*); *den ~ wechseln* change hands.

Beˈsitz...: **~ergreifung** *f* taking possession (*von* of), entry (upon); occupation; *forcible*: seizure; *wrongful*: usurpation; **2erisch** *adj.* possessive; **2erlos** *adj.* abandoned; **~instinkt** *m* possessive instinct; **~klage** *f* possessory action; **2los** *adj.* unpropertied; **~nahme** [-naːmə] *f* (-) → *Besitzergreifung*; **~recht** *n* possessory right; **~stand** *m* (-[e]s) ownership, possessory title; *econ.* assets *pl.*; **~störung** *f* trespass; private nuisance; **~titel** *m* possessory title; title-deed; **~tum** *n* (-*s*; ¨er) possession(s *pl.*), property, estate; **~übertragung** *f* conveyance (*or* transfer) of title; **~ung** *f* (-; -*en*) → *Besitztum*; *~en pl. pol.* possessions; **~urkunde** *f* title-deed; **~wechsel** *m* change of ownership.

besoffen [-ˈzɔfən] *vulg. adj.* (dead) drunk, tight, *sl.* plastered; *total ~* drunk as a lord, roaring drunk, *Am. sl.* stinko; **2heit** *f* (-) drunkenness.

beˈsohlen *v/t.* (*h.*) sole; *mot.* retread (*tyres*); *neu ~* resole.

besold|en [-ˈzɔldən] *v/t.* (*h.*) pay, (pay a) salary; **~et** *adj.* salaried; stipendiary.

Beˈsoldung *f* (-) pay, salary; **~sdienstalter** *n* pay seniority; **~sordnung** *f* pay regulations *pl.*; **~sstelle** *f* cashier's (*or* paymaster's) office; **~swesen** *n* (-*s*) pay and allowance system.

besonder [bəˈzɔndər] *adj.* particular, special; specific, peculiar; distinct(ive); separate; singular, unique; exceptional; *~e Kennzeichen* distinctive marks; *~e Wünsche* individual wishes; *ohne ~e Begeisterung* without any marked enthusiasm; **2e(s)** *n* (-*n*): et. ~ **a)** something apart, **b)** something special (*or* out of the common, out of the way); *nichts ~s* nothing unusual *or* out of the way, *contp.* nothing to write home about; *im ~n* in particular, above all; *das ~ daran ist* the remarkable thing about it is; **2heit** *f* (-; -*en*) particularity, characteristic, special feature (*or* quality); peculiarity, individuality; *esp. econ.* speciality, *Am.* specialty; **~s** *adv.* especially, particularly, in particular; above all; chiefly, mainly; separately, apart; exceptionally, singularly; expressly, specially; *nicht ~* (*schön*) not so very beautiful, *sl.* not so hot; *ich bin nicht ~ zufrieden damit* I am not over-pleased with it.

besonnen [-ˈzɔnən] *adj.* sensible, sober, level-headed; prudent, circumspect, cautious; discreet; **2heit** *f* (-) considerateness, soberness; composure, self-possession; prudence, caution; presence of mind.

beˈsonnt *adj.* sunny, sunlit.

beˈsorg|en *v/t.* (*h.*) apprehend, fear; get (*j-m et. ~* a p. a th., a th. for a p.), procure (a th. for a p.), provide *or* supply (a p. with a th.); *j-m e-e*

Stelle ~ find a p. a job; take care of, look after; attend to, see to, handle; undertake; carry out (*orders*); conduct *or* manage (*a p.'s affairs*); manage, run (*household*); post (*letters*); do; *colloq. dem habe ich es besorgt* I gave him what for; **2nis** *f* (-; -se) apprehension, fear, alarm, concern, anxiety (*über acc.* about, at; *um* for); ~*se pl.* misgivings; *ernste* ~ grave concern; ~ *erregen* cause (*or* give rise to) concern; *in* ~ *geraten* get alarmed; **~nis-erregend** *adj.* alarming, disquieting; **~t** [-kt] *adj.* alarmed (*um* for; *wegen* at, about); uneasy, worried, concerned (about); anxious, solicitous (*um* for, about); **2theit** *f* (-) anxiety, uneasiness, concern; solicitude (*um* about); **2ung** *f* (-; -*en*) care, attention; procurement, provision; performance, handling; errand, commission; management, conduct (*of business*); ~*en machen* go shopping.

be'spann|en *v/t.* (*h.*) put (the horses) to; *mus.* string; *mit Stoff* ~ cover with fabric; **~t** *adj.* horse-drawn; **2ung** *f* (-; -*en*) team (of horses); (covering) fabric; *aer.* wing covering.

be'speien *v/t.* (*irr., h.*) spit (*acc.* at, on).

be'spicken *v/t.* (*h.*) lard; *fig. bespickt mit* full of, larded *or* bristling with.

be'spiegeln: *sich* ~ look at o.s. (*or* admire o.s.) in a mirror; *fig.* admire o.s.

be'spitzeln *v/t.* (*h.*) spy on *a p.*

be'spötteln *v/t.* (*h.*) ridicule; scoff (*or* mock, gibe) at.

be'sprech|en *v/t.* (*irr., h.*) discuss, talk *a th.* over; arrange, agree (up)on; cure *a disease* by magic, conjure away; review (*a book*); *thea., etc.*: criticize, comment (up)on; make a recording on (*disc, tape*); *sich* ~ *mit* confer *or* consult with (*über acc.* about), deliberate (*über acc.* on); **2er(in** *f*) *m* (-s, -; -, -*nen*) reviewer (*of books, etc.*); **2ung** *f* (-; -*en*) discussion, talk; conference, interview; deliberation; negotiation; review (*of book*); *thea., etc.*: critique; commentary; charming *or* conjuring away; recording; **2ungs-anlage** *f* sound pickup outfit; **2ungs-exemplar** *n* reviewer's copy; **2ungsraum** *m* conference room; *radio*: (sound) studio.

be'sprengen *v/t.* (*h.*) sprinkle, spray.

be'spritzen *v/t.* (*h.*) squirt at; spray; (be)spatter, splash.

be'spucken *v/t.* (*h.*) spit at *or* (up)on.

be'spulen *el. v/t.* (*h.*) load.

be'spülen *v/t.* (*h.*) wash (against *shore, etc.*); beat (*or* ripple) against (*rocks*); rinse.

besser ['bɛsər] *adj. and adv.* better; improved; superior; better-class, respectable (*family, etc.*); *um so* ~ all the better; ~ *gesagt* or rather, properly speaking; ~ *als nichts* better than nothing, *Am. colloq.* better than a kick in the pants; *je eher, desto* ~ the sooner, the better; ~ *ist* ~ (it is best) to be on the safe side; let's play it safe; → *Hälfte*; ~ *sein als* be better than, be superior *or* preferable to *a th.*; *et.* ~ *machen* make better, improve; *es* ~ *können* do better (*als* than); ~ *werden* improve; *es* ~ *wissen* know better; *es geht ihm heute* ~ he is better today; *es geht* ~ things are looking up; *er hat es* ~ *als ich* he is better off than I; *ich täte* ~ (*daran*), *zu gehen* I had better go; *er ist nur ein* ~*er Friseur* he is merely a better sort of (*or* a glorified) barber; **2e(s)** *n* (-*n*) something better (*or* superior); ~*s leisten* do better; *j-n e-s* ~*n belehren* set a p. right, open a p.'s eyes; → *besinnen*; *Sie könnten nichts* ~*s tun* you could not do better; → *Wendung*; *ich habe* ~*s zu tun* I have other fish to fry.

'bessern *v/t.* (*h.*) (make) better, improve; ameliorate; *morally*: reform; *sich* ~ grow better, improve; change for the better; *morally*: amend, reform, mend one's ways, turn over a new leaf, *as to health*: recover, improve (*a. econ. market*); *econ. prices*: advance, rise, gain; *weather*: clear up, brighten.

'Besserung *f* (-; -*en*) amelioration, improvement; change for the better; *morally*: amendment, reform; *jur.* reformation (*of convicts*); *med.* improvement (in a p.'s health), recovery; *econ.* improvement, recovery; *of prices*: advance, rise, gain; *auf dem Wege der* ~ convalescing, on the way to recovery, on the mend; *gute* ~! I wish you a speedy recovery!; **~sanstalt** *f* corrective institution; *for juveniles*: reformatory, *Brit. a.* approved school, *Am. usu.* reform school; **2sfähig** *adj.* improvable; **~smaßregel** *jur. f* corrective measure.

'Besserwisser *m* (-s; -) know-all, prig, *sl.* smart aleck.

best [bɛst] *adj. and adv.* best (*a. econ. price*); *am* ~*en* best; *im* ~*en Falle* at best, at the most; *aufs* ~*e*, ~*ens* in the best (possible) manner *or* way; ~*ens!* fine!; *auf dem* ~*en Wege sein zu inf.* be well on the (*or* in a fair) way to *inf.*; *der erste* ~*e* the first comer; *im* ~*en Alter* in the prime of life; *in* ~*em Zustand* in prime condition; *nach* ~*en Kräften* to the best of one's power; → *Wissen, Willen*; *zum* ~*en geben* **a)** oblige with *a song*, **b)** tell *or* relate *a story*; *j-n zum* ~*en haben* make fun of a p., pull a p.'s leg, hoax a p.; *sich von der* ~*en Seite zeigen* show o.s. (*or* be) at one's best; *es wäre am* ~*en, wenn ich jetzt ginge* I had best go; *empfehlen Sie mich* ~*ens!* remember me most kindly!; *ich danke* ~*ens!* **a)** thank you very much, **b)** I would rather be excused, *contp.* thank you for nothing; **2e(s)** *n* (-*n*; -*n*) the best (thing); *das* ~*e, die* ~*en pl.* the pick (of the bunch), the cream, the flower; *zu Ihrem* ~*en* in your interest, to your advantage; *zum* ~*en der Armen* for the benefit of the poor; *sein* ~*es geben* do one's best; *das* ~*e herausholen* make the best of it.

bestall|en [bəˈʃtalən] *v/t.* (*h.*): *j-n* ~ *in* (*dat.*) install a p. in, appoint a p. to, invest a p. with *an office*; **2ung** *f* (-; -*en*) appointment, installation; **2ungsurkunde** *f* certificate of appointment.

Be'stand *m* (-[e]s; ⸚e) existence; continuance, duration; stability, durability; consisten|ce, -cy; *a. Bestände pl.* (physical) stock, supply, store(s *pl.*), resources *pl.*; livestock; (sheep, cattle, swine, *etc.*) population (*of a country*); *agr.* crop, *Am. a.* stand; stock of trees, stand; tree population; *econ.* stock on hand, *balance-sheet*: inventory; cash (*or* balance) in hand, *of a bank*: cash (*or* liquid) assets *pl.*; *of securities*: holdings *pl.*; *of capital*: assets *pl.*; *of vehicles*: rolling stock, fleet; *mil.* (effective) strength; *von* ~ *sein,* ~ *haben* be durable, last (*or* be lasting), endure; ~ *aufnehmen* take stock (of); **2en** *adj.* successful (*examination*), *pred.* passed; *mit Bäumen* ~ covered (*road*: lined) with trees.

be'ständig *adj.* constant, steady; unchanging, invariable, unvarying; lasting, permanent, stable; constant, continual, persistent; persevering, persistent; steadfast, sta(u)nch (*friend, etc.*); *meteor.* settled; *on barometer*: set fair; *tech.* resistant; → *feuer*~, *hitze*~ *etc.*; fast (*colours*); *econ.* steady, stable (*demand, stock exchange, etc.*); ~*e Valuta* stable currency; **2keit** *f* (-) constancy, steadiness; invariability; permanence, durability; continuance; perseverance; steadfastness; persistency, stability; resistence.

Be'stands...: **~aufnahme** *f* stock-taking (*a. fig.*), *Am.* (physical) inventory; **~buch** *n* stock-book; **~erhebung** *f* survey; **~liste** *f* stock list, inventory; **~meldung** *f* stock report; **~prüfung** *f* stock check.

Be'standteil *m* component, constituent (part); ingredient; element; *wesentlicher* ~ essential part; part, member; *die festen* ~*e des Eis* egg solids *pl.*; *sich in s-e* ~*e auflösen* disintegrate.

be'stärk|en *v/t.* (*h.*) *j-n*: confirm, strengthen, fortify, encourage, support *a p.* (*in dat.* in); *et.*: reinforce, lend force to *a th.*; confirm, corroborate, support; **2ung** *f* (-) confirmation; strengthening; encouragement; support.

bestätig|en [-ˈʃtɛːtigən] *v/t.* (*h.*) confirm; certify, attest; legalize; *jur.* confirm, uphold (*judgment*); probate (*last will*); *j-n* (*im Amt*) ~ confirm a p., ratify the appointment of a p.; corroborate, bear out; verify (*statement, etc.*); approve, endorse; authorize; ratify (*contract, law*); validate; *econ.* confirm (*orders*); acknowledge (*receipt of*); *sich* ~ be confirmed, prove (*or* come) true; **~end** *adj. and adv.* affirmative(ly), approving(ly); **2ung** *f* (-; -*en*) confirmation; attestation; corroboration; endorsement; verification; ratification; acknowledgement; probate; **2ungsschreiben** *n* letter of confirmation.

bestatt|en [-ˈʃtatən] *v/t.* (*h.*) bury, inter; cremate; **2ung** *f* (-; -*en*) burial, funeral, interment; cremation; → *Beerdigungs...*

be'stäub|en *v/t.* (*h.*) cover with dust; *agr., etc.*: dust, spray; *bot.* pollinate; **2ung** *f* (-) dusting, spraying; *bot.* pollination; **2ungsmittel** *n* spray.

be'staunen *v/t.* (*h.*) gaze at in wonder, marvel (*or* gape) at.

be'stech|en *v/t. and v/i.* (*irr., h.*) bribe, corrupt, *colloq.* grease (*a p.'s* palm), *Am. a.* buy (off); *jur.* embrace (*jury*), suborn (*witnesses*); *sich ~ lassen* take bribes, be open to bribery; *fig.* fascinate, impress; **~end** *adj.* brilliant, fascinating, impressive; **~lich** *adj.* bribable, corrupt (-ible), venal; *pred.* open to bribery; **2lichkeit** *f* (-) corruptibility, venality; **2ung** *f* (-; -en) bribery, corruption; *aktive ~* offer of bribe to public officer; *passive ~* taking of bribes, bribery; **2ungsgeld** *n* bribe; hush-money; **2ungsversuch** *m* attempt at bribery.

Besteck [bə'ʃtɛk] *n* (-[e]s; -e) *med.* set of (surgical) instruments; (set of) knife, fork and spoon; (complete set of) cutlery; *~e pl.* cutlery, silverware; *sechsteiliges ~* six-piece set; *tech.* set of tools; *mar.* reckoning; *gegißtes ~* (ship's position found by) dead reckoning; *das ~ machen* prick the chart.

be'stecken *v/t.* (*h.*) stick *or* prick (*mit* with); garnish; *bot.* plant (*mit* with).

be'stehen I. *v/t.* (*irr., h.*) undergo, endure, go through *a th.*; get over, overcome (*dangers*); resist; *den Kampf ~* come off victorious, emerge as winner; stand (*the test*); pass (*an examination*); *e-e Prüfung nicht ~* fail in an examination; weather (*crisis, storm*); **II.** *v/i.* (*irr., h.*) be, exist, be in existence; *~ von* subsist *or* live on *food*; continue, last, endure; (*noch*) *~* remain, be extant, (have) survive(d); *law, etc.*: be in force, operate; *~ aus* (*dat.*) be made (*or* composed) of, consist of; *~ in* (*dat.*) consist in, lie in; *~ auf* (*dat.*) insist (up)on, persist in, make a point of; stand on (*one's right*); *gegen j-n ~* stand one's ground, hold one's own (against a p.); *~ bleiben* hold good, stand; *er bestand unerbittlich darauf* he was adamant (on it); *sie besteht auf ihrer Ansicht* she sticks to her opinion (*or* to her guns); *diese Marke kann neben unserem Erzeugnis nicht ~* this brand cannot compare with our make; **III. 2** *n* (-s) existence; continuance, duration; overcoming (*dangers*); passing (*an examination*); (*j-s*) *~ auf* (*acc.*) insistence (by a p.) on; *seit ~ unserer Firma* ever since our firm was established; **~d** *adj.* existing; present, current; prevailing; *prices*: *a.* ruling; *noch ~* extant, surviving.

be'stehlen *v/t.* (*irr., h.*) rob, steal from.

be'steig|en *v/t.* (*irr., h.*) ascend, climb (up), conquer (*mountain*); mount (*horse, etc.*); (go on) board (*of a ship*); enter, board (*car, etc.*); ascend (*the throne*); **2ung** *f* (-; -en) ascent, conquest; accession (*to the throne*).

Bestell|bezirk [bə'ʃtɛl-] *m* postal district; **~buch** *econ. n* order-book; **2en** *v/t.* (*h.*) order; *econ. a.* give (*or* place) an order for; subscribe to (*newspaper*); book, *Am.* reserve, ask for reservation of (*room, seat, etc.*); *jur.* **a**) appoint (*guardian, etc.*), **b**) create (*mortgage, right, etc.*); ask *a p.* to come, send for, make an appointment with; appoint (*zum Statthalter etc.* governor, *etc.*); attend to, carry out (*orders*); deliver (*letters*); give (*greetings, regards*); *agr.* till, cultivate (*fields*); → *Haus*; *econ. bestellt sein* be on order; *es ist schlecht um ihn* (*darum*) *bestellt* he (it) is in a bad way *or* sorry state; *haben Sie et. an ihn zu ~?* have you any message for him?; *colloq. er hatte nichts gegen ihn zu ~* he was no match for him; **~er** *m* (-s; -) orderer; customer, buyer; subscriber (*of newspaper*); deliverer; **~gebühr** *f*, **~geld** *n* charge for delivery, carrier's fee; postage; *for newspapers*: postal subscription fee; **~liste** *f* order list; **~nummer** *f* reference number; **~schein** *m* order form; **~ung** *f* (-; -en) *agr.* cultivation, tillage; delivery (*of letters, etc.*); message; appointment (*gen.* with); appointment (*zum* to the post of); order (*von or gen.* for), commission, indent; subscription (*gen.* to *newspaper*); booking; *auf ~ arbeiten* (*anfertigen*) work (make) to order; *auf ~ gemacht* made to order, *Am.* custom-made; *~en machen* give orders, *econ.* place orders (*auf acc.* for; *bei* with); **~zettel** *econ. m* order form (*or* slip).

'bestenfalls *adv.* at best; at the most.

'bestens *adv.* → *best.*

be'steuer|bar *adj.* taxable, assessable; **~n** *v/t.* (*h.*) impose *or* levy a tax (*or* duty) on, tax; assess (*mit* at); *zu hoch ~* overtax; **2ung** *f* (-; -en) taxation, assessment; **2ungsfähigkeit** *f* (-) taxable capacity; **2ungsfreigrenze** *f* tax immunity limit; **2ungsgrenze** *f* limit of taxation.

bestial|isch [bɛsti'ɑːliʃ] *adj.* bestial, brutish; atrocious, heinous; *colloq.* awful; **2ität** *f* (-) bestiality; atrocity.

be'sticken *v/t.* (*h.*) embroider.

Bestie ['bɛstiə] *f* (-; -n) beast; *fig.* (*person*) bestial person, beast, brute.

bestimm|bar [bə'ʃtimbɑːr] *adj.* determinable, definable, ascertainable; **~en I.** *v/t.* (*h.*) determine, decide; fix, appoint, set (*time, etc.*); fix (*place, price*); direct, prescribe, order, ordain; *law*: lay down, provide; ascertain, *a. chem., phys., etc.* determine; pin-point; *med.* diagnose; evaluate; define; *et. näher ~* specify; *in advance*: predestine, predestinate; choose, designate; *j-n zu, für*: destine (*or* intend) *a p.* for, *et.*: *a.* earmark *a th.* for; *j-n ~ et. zu tun* determine (*or* arrange for, direct) a p. to do a th., prevail on a p. to do a th., talk a p. into (doing) a th., induce (*or* motivate) a p. to do a th.; *sich von et. ~ lassen* be determined (*or* influenced, swayed) by a th; **II.** *v/i.*: *über et.* (*acc.*) *~* dispose of *a th.*, have *a th.* at one's disposal, be master of *a th.*; **~end** *adj.* determinant; decisive; *gr.* determinative.

be'stimmt I. *adj.* appointed, fixed, stated, specified; *fatefully*: destined (*zu* for); certain; *math.* determinate (*equation*); strict, exact, precise; (*a. gr.*) definite; clear, distinct, well-defined; decided, determined; firm, resolute, peremptory; *industrially, etc.*, minded; *~ sein für or zu* be intended (*or* meant, destined) for, *thing*: *a.* be earmarked for, be directed to; *mar., etc.*: *~ nach* bound for; certain, sure; **II.** *adv.* certainly, surely, without doubt; for certain; *ganz ~* (most) decidedly, positively; without fail; *et. ~ wissen* be positive about a th., know a th. for sure; *er kommt ~* he is sure to come; *er wird ~ gewinnen* he is safe to win; **2heit** *f* (-) determination, firmness; exactitude, accuracy, precision; certainty, positiveness; strictness; *mit ~* **a**) certainly, definitely, positively, **b**) confidently, **c**) emphatically, categorically.

Be'stimmung *f* (-; -en) decision, determination; *place*: destination; appointment, fixing (*of date, etc.*); designation (*of purpose*); disposition; determination; *chem. a.* analysis; definition (*of term, etc.*); evaluation; *med.* diagnosis; *nähere ~* specification, particulars *pl.*; *gr.* attribute; regulation, direction, rule; *of contract*: term, stipulation, clause; provision (*of law, will, etc.*); vocation, mission; destiny, fate.

Be'stimmungs...: **~gleichung** *math. f* conditional equation; **2gemäß** *adj. and adv.* as directed (*or* agreed); **~größe** *f* defining quantity; **~hafen** *m* port of destination; **~land** *n* country of destination; **~ort** *m* (place *or* point of) destination; **~satz** *gr. m* determinative clause; **~zweck** *m* designation.

bestirnt [bə'ʃtirnt] *adj.* starry.

'Bestleistung *f* record, best (*or* peak) performance; best mark (*or* time).

'bestmöglich *adj.* best possible; optimum.

be'stoßen *v/t.* (*irr., h.*) damage, mar; *tech.* smooth, trim; rough-plane; rough-file; *typ.* dress.

be'straf|en *v/t.* (*h.*) punish (*wegen, für* for; *mit* with); *jur. a.* sentence (*mit* to), *a. sports*: penalize; chastise; castigate; *Zuwiderhandlungen werden bestraft* violations will be prosecuted; **2ung** *f* (-; -en) punishment; penalty; *esp. sports*: penalization; *jur. a.* prosecution.

be'strahl|en *v/t.* (*h.*) shine (up)on; irradiate (*a. med.*); **2ung** *f* (-; -en) irradiation; exposure to radiation; *med.* ray treatment (*or* therapy); radiotherapy; **2ungslampe** *f* radiation lamp.

be'streb|en: *sich ~* (*or bestrebt sein*) *zu inf.* endeavo(u)r (*or* strive) to *inf.*; make an effort to *inf.*; aim at *ger.*; be anxious *or* eager to *inf.*; **2ung** *f* (-; -en) endeavo(u)r, effort, attempt, aspiration.

be'streichen *v/t.* (*irr., h.*) spread (over), smear; coat, paint (*mit* with); *mit Butter* ~ butter; *mit Fett (Öl)* ~ grease (oil), lubricate; *mil.* (*mit Feuer*) ~ rake, sweep.

bestreikt [-ˈʃtraikt] *adj.* struck, strikebound.

beˈstreit|bar *adj.* contestable, disputable, challengeable; **~en** *v/t.* (*irr., h.*) contest, dispute, challenge; deny; doubt; defray, bear, pay (for) (*expenses, etc.*); cover, meet; supply (*wants*); fill (*programme*); *sie bestritt die Unterhaltung allein* she did all the talking; **2ung** *f* (-) contestation; argument; defrayal, payment.

beˈstreuen *v/t.* (*h.*) strew (*mit* with), cover; *mit Kies* ~ gravel; *cul.* sprinkle (*mit* with); *mit Mehl* ~ dredge, powder; *mit Zucker* ~ sugar; *mit Pfeffer* ~ pepper.

beˈstricken *v/t.* (*h.*) *fig.* ensnare; charm, fascinate, bewitch; **~d** *adj.* fascinating, bewitching, seductive.

bestück|en [bəˈʃtykən] *v/t.* (*h.*) arm (with guns); **2ung** *f* (-) armament, guns *pl.*

Beˈstuhlung *f* seating, seats *pl.*

beˈstürm|en *v/t.* (*h.*) storm, assail, assault; *fig. mit Bitten* ~ assail (*or* beset) with requests, implore; *mit Fragen* ~ assail (*or* ply, overwhelm) with questions; *diese Gedanken bestürmten mich* all these thoughts thronged in upon me; **2ung** *f* (-) storming (*gen.* of), assault (on).

beˈstürz|en *v/t.* (*h.*) dismay, startle, take *a p.* aback; **~t** *adj.* dismayed (*über acc.* at); dum(b)founded, thunderstruck, taken aback; perplexed, confused; ~ *dastehen* stand aghast; *e-e* **~e** *Miene machen* look aghast; **2ung** *f* (-) dismay, alarm, consternation.

ˈBestwert *m* optimum value.

Besuch [bəˈzuːx] *m* (-[e]s; -e) visit (*gen., bei, in dat.* to); call (*bei* on; *in dat.* at); frequentation (*gen.* of *restaurant, etc.*); attendance (at *meeting, school, etc.*); stay; visit (*gen.* to); visitor(s *pl.*), company; attendance; *auf or zu* ~ on a visit; *e-n* ~ *machen* (*bei*) pay a visit (to) *or* call (on); **2en** *v/t.* (*h.*) go (*or* come) to see *a p.*; visit, pay a visit (to); call on, drop in on, look *a p.* up; visit, resort to (*a place*); *habitually*: frequent; patronize; go to, attend (*lecture, meeting, school, etc.*); *ich habe ihn besucht* I have been to see him; *gut* (*schwach*) *besucht* well (poorly) attended; *der Ort wird viel besucht* the place is much frequented; **~er(in** *f*) *m* (-s, -; -, -nen) visitor (*gen.* to), caller; guest; frequenter, habitué (*Fr.*); sightseer; spectator(s *pl.*), *pl. a.* audience; cinema-goer, theatre-goer; **~erliste** *f* visiting list; **~erzahl** *f* number of visitors, attendance; **~s-karte** *f* (visiting) card; **~s-tag** *m* (regular) visiting-day; *of lady*: at-home (day); **~szeit** *f* visiting hours *pl.*; **~szimmer** *n* drawing room, *Am.* parlor.

beˈsudeln *v/t.* (*h.*) dirty, soil; scrawl (*or* scribble) over *or* on; *fig.* (be)foul, besmirch; sully; defile.

betagt [-ˈtaːkt] *adj.* aged, advanced (*or* stricken) in years.

beˈtakeln *mar. v/t.* (*h.*) rig.

beˈtast|en *v/t.* (*h.*) touch, feel, finger; *med.* palpate; *colloq.* paw; **2ung** *f* (-; -en) touch(ing); *med.* palpation.

Betastrahlen [ˈbeːta-] *phys. m/pl.* beta rays.

beˈtätig|en *v/t.* (*h.*) *tech.* manipulate; set in motion (*or* going); actuate, operate (*brake, etc.*); control; *sich* ~ bestir (*or* busy) o.s.; *sich* ~ *an or bei* participate in, take an active part in; *sich* ~ *als* act (*or* be active, work) as; **2ung** *f* (-; -en) manifestation, display; activity, work; (active) participation; *körperliche* ~ physical exercise; *tech.* actuation, operation; control; **2ungsfeld** *n* sphere of activity; field (of action); **2ungshebel** *m* operating (*or* control) lever.

betäub|en [-ˈtɔʏbən] *v/t.* (*h.*) *by noise*: deafen, din, stun; *by a blow, etc.*: *a. fig.* stun, daze; render insensible; drug; stupefy (*a. fig.*); *med.* an(a)esthetize, narcotize; (be-)numb (*muscles, etc.*); deaden (*nerves, pain*); blunt, dull; drug *one's conscience, sorrow, etc.*; *with drink*: drown; *sich* ~ divert o.s.; **~end** *adj.* deafening (*noise*); stunning *blow* (*a. fig.*); *med.* an(a)esthetic, narcotic (*a. smell*); pain--killing, analgesic; **2ung** *f* (-; -en) deafening; stunning; state of insensibility; *med.* **a)** narcotization, an(a)esthetization, **b)** (*condition*) narcosis, an(a)esthesia; *örtliche* ~ local an(a)esthesia; coma; torpor; numbness; deadening, soothing (*of nerves*); lethargy; stupefaction; distraction; **2ungsmittel** *n* narcotic, an(a)esthetic.

beˈtau|en *v/t.* (*h.*) *and sich* ~ bedew; **~t** *adj.* dewy.

Bete [ˈbeːtə] *bot. f* (-; -n) beetroot.

beteilig|en [bəˈtaɪligən] *v/t.* (*h.*): *j-n* ~ give a p. a share *or* interest (*an dat., bei dat.* to, in); *econ. a.* make a p. a partner; *sich* ~ *an dat. or bei* take part (*or* participate) in; join in, enter; contribute to; cooperate in; *beteiligt sein an* be interested (*or* concerned) in, *econ.* have an interest (*or* share) in; share in profits; be involved in; *jur.* be a party to (*a cause or an offence*); **2te(r** *m*) [-çtə(r)] *f* (-n, -n; -n, -n) participant; party (in interest), person concerned *or* involved; partner, associate; *jur.* party to an offence *or* cause; **2ung** [-guŋ] *f* (-; -en) (*an dat., bei dat.* in) participation (*a. econ. and jur.*), partnership; share, interest (*all a. econ.*); investment; holdings *pl.*; *maßgebliche* ~ control(l)ing interest; *tätige* ~ active share; (*number*) attendance; *in elections, etc.*: *a.* turn-out; cooperation; *sports*: participation, entry; support (of), contribution (to); **2ungsfonds** *m* participation fund; **2ungsgesellschaft** *f* associated company; **2ungsquote** *f* quota, share.

beten [ˈbeːtən] **I.** *v/i.* (*h.*): (*zu Gott*) ~ pray (to God); say one's prayer; *at table*: say grace; *um et.* ~ pray for a th.; **II.** *v/t.* (*h.*): *das Vaterunser* ~ say the Lord's prayer; → *Rosenkranz.*

beteuer|n [bəˈtɔʏərn] *v/t.* (*h.*) protest (*s-e Unschuld* one's innocence; *daß* that); swear (*zu inf.* to *ger.*); assert, aver; assure of, affirm (solemnly); **2ung** *f* (-; -en) protestation; assertion; solemn declaration; *jur. eidesgleiche* ~ affirmation (in lieu of oath).

betiteln [bəˈtiːtəln] *v/t.* (*h.*) entitle; give a title to, name; call, style; *betitelt sein* be (en)titled, bear the title of.

Beton [beˈtɔŋ] *m* (-s; -s) concrete; *armierter* ~ reinforced concrete; *gegossener* ~ cast concrete; *gestampfter* ~ rammed concrete; **~bauweise** *f* concrete construction.

betonen [bəˈtoːnən] *v/t.* (*h.*) stress, accent(uate); *fig.* stress; emphasize, declare emphatically, underline; → *betont.*

Betonie [beˈtoːniə] *bot. f* (-; -n) betony.

betonier|en [betoˈniːrən] *v/t.* (*h.*) (build with) concrete; **2en** *n* (-s), (*a.* **2ung** *f* [-; -en]) concreting, concrete work.

Beˈton...: ~mischmaschine *f* concrete mixer; **~platte** *f* concrete slab.

betont [bəˈtoːnt] **I.** *adj. gr.* stressed; *fig.* emphatic, insistent; *mit* **~er** *Höflichkeit* (*Gleichgültigkeit*) with studied politeness (unconcern); ~ *einfach* insistently simple; **II.** *adv.* emphatically, insistently.

Beˈtonung *f* (-; -en) accentuation; *of syllables*: stress, emphasis (*both a. fig.*); intonation; *die* ~ *liegt auf der zweiten Silbe* the stress is on the second syllable.

betör|en [-ˈtøːrən] *v/t.* (*h.*) befool; delude, beguile; infatuate, bewitch, turn *a p.'s* head; **~des** *Lächeln* seductive smile; **2ung** *f* (-; -en) infatuation; delusion.

Betracht [bəˈtraxt] *m* (-[e]s): *et. außer* ~ *lassen* leave a th. out of consideration (*or* account), set a th. aside, disregard a th.; *außer* ~ *bleiben* be out (of the question); *in* ~ *kommen* **a)** come into question, **b)** be concerned (*or* involved), **c)** be eligible *or* qualified; *in* ~ *ziehen* **a)** consider, take into consideration (*or* account), **b)** allow (*or* make allowance) for; **2en** *v/t.* (*h.*) (have a) look at; view (*a. fig.*); inspect, examine; *j-n prüfend* ~ look a p. over, size a p. up, scrutinize a p.; observe, watch; contemplate, reflect on; ~ *als* regard *or* look (up)on as, consider; *genau betrachtet* strictly speaking; **~er(in** *f*) *m* (-s, -; -, -nen) viewer, onlooker, spectator.

beträchtlich [-ˈtrɛçtliç] *adj.* considerable, important, substantial; ample; heavy (*costs, losses*); *sein Auftreten erregte* **~es** *Aufsehen* his appearance caused quite a stir.

Beˈtrachtung *f* (-; -en) view (*gen.* of), inspection; contemplation, meditation; consideration (of), reflection (on); study; *bei näherer* ~ looked at more closely; *in* ~ *versunken* lost in contemplation, absorbed; **~en** *anstellen* reflect (*über acc.* on); **~sweise** *f* approach (*gen.* to).

Betrag [-ˈtraːk] *m* (-[e]s; ¨e) amount, sum; (sum) total, aggregate; *bookkeeping*: item; value (*a. cheque*);

im ~e von amounting to, to the amount of; *receipt*: *~ erhalten* payment (*or* value) received.

be'tragen I. *v/t.* (*irr.*, *h.*) amount (*or* come) to, run (up) to; total, aggregate; *wieviel beträgt die Rechnung?* how much is the bill?, what does the bill run to?; **II.** *v/refl. sich ~* behave (o.s.), conduct (*or* deport) o.s.; *sich ~ gegen* (*acc.*) behave *or* (show o.s.) towards; *sich schlecht ~* misbehave; **III.** 2 *n* behavio(u)r, conduct.

be'trauen *v/t.* (*h.*): *j-n mit et. ~* entrust (*or* charge) a p. with a th.; *mit e-m Amt ~* appoint to an office; *betraut mit* entrusted with, in charge of.

be'trauern *v/t.* (*h.*) mourn for *a p.*; mourn *or* deplore (the loss of).

Betreff [-'trɛf] *m* (-[e]s; -e): *in ~ or* **2s** (*gen.*) with (*or* in) regard *or* respect to; concerning; as to; *in letters* (*abbr. Betr.*): re:, subject:; *jur.* in re, in the matter of; *der im ~ erwähnte Auftrag* referenced order; **2en** *v/t.* (*irr.*, *h.*) *disaster, etc.*: befall, come upon, visit; *fig.* affect, touch; concern; *matter*: *a.* apply to; refer *or* relate to; deal (*or* be concerned) with; *was mich betrifft* as for me, as far as I am concerned; *was das betrifft* as for that, for that matter; → *betroffen*; **2end** *adj.* concerning, regarding, respecting; → *Betreff*; *das ~e Geschäft* the business in question *or* referred to; *die ~e Person* the person concerned; said; *matter* in hand, under consideration; respective; relevant; proper, competent.

be'treiben *v/t.* (*h.*) hasten, urge on, push forward *or* ahead; prosecute, follow up; carry on (*business*); manage, run (*enterprise, etc.*); follow, practise (*profession*); pursue (*policy, studies, trade*); cultivate (*arts*); **Be'treiben** *n* (-s) carrying on; management; → *Betrieb*; pursuit (*of profession, policy, studies*), cultivation (*of arts*); *auf sein ~* at his instigation.

be'treten[1] *v/t.* (*irr.*, *h.*) step (*or* tread) on; set foot on *or* in; enter (*room*); cross (*threshold*); trespass on; 2 *verboten!* keep off!, no trespassing!, no entrance!, *mil. Brit.* out of bounds, *Am.* off limits.

be'treten[2] *adj.* beaten (*track*); *fig.* confused, embarrassed, awkward; *mit ~em Lächeln* with a sheepish grin.

betreu|en [-'trɔʏən] *v/t.* (*h.*) care for, have the care of; attend to, look after, nurse; assist, relieve; be in charge of, supervise, handle; **2er(in** *f*) *m* (-*s*, -; -, -*nen*) attendant, caretaker; relief worker; *sports*: coach; second; **2te(r** *m*) *f* (-*n*, -*n*; -*n*, -*n*) charge; **2ung** *f* (-) care (*gen.* of, for); **2ungsdienst** *m* welfare service; **2ungsstelle** *f* welfare cent|re, *Am.* -er.

Betrieb [bə'tri:p] *m* (-[e]s; -e) management; working, running, *esp. Am.* operation; enterprise, business, firm, concern; *produzierender ~* production unit; *landwirtschaftlicher ~* farm; *öffentlicher ~* public enterprise, (*traffic, etc.*) service, public utility; factory, manufacturing plant, works *usu. sg.*, mill; workshop; *tech.* manufacture; engineering practice; plant; system; operation, working; *fig.* activity, (hustle and) bustle, fuss; *in ~* working, in operation; *in vollem ~* in full action (*or* swing); *in ~ setzen* set in operation; start, actuate; open; *außer ~* out of operation (*or* service), inoperative, out of function; *außer ~ setzen* put out of operation; *rail.* close *a line*; **2lich** *adj.* operational; internal; company's ...

be'triebsam *adj.* active, busy, bustling; industrious, hard-working; **2keit** *f* (-) activity, bustle; industry.

Be'triebs...: **~anlage** *f* (manufacturing) plant; **~anleitung, ~anweisung** *f* operating instructions *pl.*; **~arzt** *m* company physician; **~ausflug** *m* works outing; **~ausgabe** *f* operating expenditure; **~ausstattung** *f* plant equipment; **2bedingt** *adj.* operational; **~bedingungen** *f/pl.* operating conditions; **~berater** *m* business adviser, industrial management consultant; **~buchführung** *f* internal accounting; **~chemiker** *m* industrial chemist; **~dauer** *f* working time; service life (*of machine*); **2eigen** *adj.* factory-owned; **~einnahmen** *f/pl.* operating income, (business) receipts; **~einschränkung** *f* cutting down a firm's activities; short-time working; **~einstellung** *f* closing down, shutdown; discontinuation of operations; **2fähig** *adj.* in working condition, serviceable; **~ferien** *pl.* works holidays; **2fertig** *adj.* ready for use (*or* service); **2fremd** *adj.* outside; **~führer** *m* general (*or* works) manager; **~führung** *f* management; **~gas** *n* fuel gas; **~geheimnis** *n* trade secret; **~gewinn** *m* operational profits *pl.*; **~handwerker** *m* staff craftsman (*e.g.* staff electrician); **~ingenieur** *m* production engineer; **~jahr** *n* working (*or* business) year; **~kapital** *n* working capital; **~klima** *n* working conditions *pl.*; **~kosten** *pl.* running *or* working expense(s), *Am.* operating cost(s); **~krankenkasse** *f* firm's sick-fund; **~leistung** *f* output, operating efficiency; **~leiter** *m* works manager; **~leitung** *f* management; **~material** *n* working-stock; factory supplies *pl.*; equipment; *rail.* rolling-stock; **~mittel** *n/pl.* working funds; → *Betriebsmaterial*; **~obmann** *m* workmen's representative, shop steward; **~ordnung** *f* rules and regulations *pl.*; **~personal** *n* staff, employees *pl.*; *tech.* operating personnel; **~rat** *m* (-[e]s; ¨e) (member of the) works committee; **~schließung** *f* closing down, closure (of works); **2sicher** *adj.* safe (to operate); reliable (in service); *mot. a.* roadworthy; **~sicherheit** *f* safety (in operation); reliability (in operation); **~spannung** *f* working voltage; **~stellung** *tech. f* operating position; **~stilllegung** *f* shutdown; **~stockung** *f* interruption (of service); **~stoff** *m* (power) fuel; **~stoffwechsel** *physiol. m* catabolism; **~störung** *f* stoppage, breakdown; operating trouble; **~strom** *el. m* working current; **2technisch** *adj.* operational, technical; manufacturing; **~unfall** *m* industrial accident, accident suffered while at work; **~unkosten** *pl.* operating expenses; *allgemeine ~* overhead costs; **~veranstaltung** *f* staff party; **~verhältnisse** *pl.* shop-conditions; *tech.* operating conditions; **~versammlung** *f* workshop meeting; **~wirtschaft** *f* (industrial) management; **~wirtschaftler** *m* industrial management expert; **2wirtschaftlich** *adj.* related to operational economy *or* operating efficiency; business..., management ...; **~wirtschaftslehre** *f* (-) (science of) industrial management; **~zeit** *f* working period; **~zweig** *m* branch of manufacture *or* industry.

be'trinken: *sich ~* (*irr.*, *h.*) get drunk; → *betrunken*.

betroffen [bə'trɔfən] *adj.* afflicted, visited (*von* by), stricken (with); shocked, stunned, startled, taken aback; → *betreffend*; **2heit** *f* (-) shock, bewilderment.

betrüb|en [bə'try:bən] *v/t.* (*h.*) grieve, afflict, sadden; *sich ~* grieve (*über acc.* at, over); **~lich** [-'try:p-] *adj.* sad, distressing, deplorable; **2nis** *f* (-; -se) grief, sorrow, affliction, sadness; **~t** *adj.* grieved, distressed, afflicted (*über acc.* at); sad, sorrowful.

Be'trug *m* (-[e]s) cheat; *jur., a. fig.* fraud; *usu. fig.* deceit, deception; swindle, trickery; imposture, confidence game (*Am.* trick); ruse; delusion.

be'trügen *v/t.* (*irr.*, *h.*) deceive (*a. one's husband or wife*); cheat, dupe, victimize; *jur.* defraud; *sl.* bamboozle; double-cross (*an accomplice*); *j-n um et. ~* cheat (*or* do, trick) a p. out of a th.; *sich ~* deceive (*or* cheat, delude) o.s.; *in s-n Hoffnungen betrogen werden* be disappointed in one's hopes.

Be'trüger(in *f*) *m* (-*s*, -; -, -*nen*) *jur.* defrauder; cheat, fraud, deceiver, impostor, confidence man; swindler, trickster, crook.

Betrügerei [-'raɪ] *f* (-; -*en*) cheating, deceit(fulness), fraud(ulence); → *Betrug*.

be'trügerisch *adj.* deceitful, fraudulent; *jur. in ~er Absicht* with intent to defraud; *~er Bankrott* fraudulent bankruptcy.

betrunken [bə'truŋkən] *adj.* drunken, *pred.* drunk; intoxicated, inebriated; *jur. in ~em Zustand fahren* drive under the influence of alcohol; → *besoffen*; **2e(r)** *m* (-*n*; -*n*) drunken man; **2heit** *f* (-) drunkenness, intoxication.

Bet|saal ['be:t-] *m* chapel, oratory; **'~schwester** *f* churchy woman; **'~stuhl** *m* praying-desk.

Bett [bɛt] *n* (-[e]s; -en) bed (*a. geol.*); bedstead; cot; *med.* sick-bed; *mar., rail.* berth; *tech.* bed, base; *anat., bot.* thalamus; *am ~* at the bedside; *im ~* in bed; *sich zu ~ legen* go to bed, turn in, *Am. a.* hit the hay, *due to illness*: take to one's bed;

das ~ hüten (müssen) be laid up, be bedridden, be confined to (one's) bed; *j-n zu ~ bringen* put a p. to bed, tuck a p. in; *das ~ machen* make the bed; '**~bezug** *m* bed-linen; sheets and pillow-cases *pl.*; '**~couch** *f* bed couch; '**~decke** *f* coverlet, beadspread; blanket; quilt.

Bettel ['bɛtəl] *m* (-s) begging; *fig.* trash, rubbish, trumpery; *der ganze ~* the whole show; '**2arm** *adj.* desperately poor, poverty-stricken; '**~brief** *m* begging letter.

Bettelei [-'laɪ] *f* (-; -en) begging, mendicancy.

'**bettel...:** **~haft** *adj.* beggarly; **2kram** *m* → *Bettel*; **2mönch** *m* mendicant friar; **~n** *v/t. and v/i.* (*h.*) beg (*um* for); cadge, *Am. a.* bum; *~ gehen* go begging; **2orden** *m* order of mendicant friars; **2stab** *m*: *an den ~ bringen* reduce to beggary, ruin.

betten ['bɛtən] *v/t.* (*h.*) put *a p.* to bed; *fig.* embed; *tech.* bed, seat; *rail.* ballast; *sich ~* make one's bed; *wie man sich bettet, so liegt man* as you make your bed, so you must lie on it.

'**Bett...:** **~flasche** *f* hot-water bottle; **~genosse** *m* bedfellow; **~gestell** *n* bedstead; **~himmel** *m* canopy; **~jacke** *f* bed jacket; **~kissen** *n* pillow; **~lade** *f* bedstead; **2lägerig** ['-lɛːgəriç] *adj.* confined to bed, bedridden, laid up; *~er Patient* bed patient; **~lägerigkeit** *f* (-) confinement to bed; **~laken** *n* sheet; **~lektüre** *f* bedside books *pl.*

'**Bettler** *m* (-s; -), **~in** *f* (-; -nen) beggar(-woman), mendicant; tramp; *zum ~ machen* beggar, pauperize, ruin; **~oper** *f the* Beggar's Opera; **~stolz** *m* beggar's pride.

'**Bett...:** **~nässen** *med. n* (-s) bed-wetting; **~nässer** *m* (-s; -) bed-wetter; **~ruhe** *f* bed rest; **~schlitten** *tech. m* carriage; **~schüssel** *f* bed-pan; **~sofa** *n* sofa bed; **~statt**, **~stelle** *f* bedstead; **~(t)uch** *n* sheet; **~überzug** *m* pillow-case, bed-tick; **~ung** *f* (-; -en) *tech.* bed(ding); bed-plate; *mil.* platform (*of gun*); *rail.* roadbed; ballast; **~vorleger** *m* bed-side rug; **~wanze** *f* bed-bug; **~wäsche** *f* bed-linen, bed-clothes *pl.*; **~zeug** *n* bedding.

betulich [bə'tuːliç] *adj.* obliging, considerate; officious.

be'tupfen *v/t.* (*h.*) dab, *med.* swab; dot, spot.

Beuge ['bɔʏgə] *f* (-; -n) *gym.* bend; (*curve*) bend; flexure; **~haft** *jur. f* coercive detention; **~muskel** *m* flexor.

beug|en ['bɔʏgən] *v/t.* (*h.*) bend, bow, flex; *sich (nieder)~* bow *or* bend (down), stoop; *phys.* deflect, diffract; *fig.* humble (*pride*); *by grief*: bow, afflict, crush; *das Recht ~* pervert justice; *sich ~* bow, submit, yield (*dat. or vor dat.* to); *gr.* inflect; decline (*noun*); conjugate (*verb*); *von Kummer gebeugt* bowed down by grief, broken-hearted, *vom Alter gebeugt* bowed by age; '**2ung** *f* (-; -en) bend(ing), flexion; flexure; *phys.* diffraction; *gr.* inflection.

Beule ['bɔʏlə] *f* (-; -n) bump, lump, swelling; boil, tumo(u)r; chilblain; *in metal, etc.*: dent; '**~npest** *f* bubonic plague.

beunruhig|en [bə'ˀunruːigən] *v/t.* (*h.*) disturb, trouble; *mil.* harass; *fig.* disquiet, worry, alarm; *sich ~ über* (*acc.*) be alarmed (*or* troubled, uneasy) about, worry about; **~end** *adj.* disturbing, disquieting, alarming; **2ung** *f* (-) disturbance; uneasiness, anxiety, alarm; trouble, worry.

beurkund|en [-'ˀuːrkundən] *v/t.* (*h.*) attest, certify; authenticate, verify; legalize; notarize; witness; **2ung** *f* (-; -en) certification; authentication.

beurlaub|en [-'ˀuːrlaubən] *v/t.* (*h.*) give (*or* grant) leave (of absence); suspend (*vom Amt* from office); *sich ~* take one's leave; **~t** [-pt] *adj.* (absent) on leave; **2tenstand** *mil. m* (-[e]s) reserve status; **2ung** [-buŋ] *f* (-; -en) (granting of a) leave; suspension.

be'urteil|en *v/t.* (*h.*) judge (*nach* by); pronounce (*or* pass) judg(e)ment (up)on; criticize, comment on; review, discuss (*book, etc.*); rate (*performance, value*); estimate, assess; view; *et. ernst ~* view a th. with concern, take a grave view of; *falsch ~* misjudge; **2er** *m* (-s; -) judge, critic; reviewer; **2ung** *f* (-; -en) judg(e)ment, opinion (*gen.* of, on); critical examination, criticism; review; assessment; rating; *of staff*: confidential (*Am.* efficiency) report; *fig.* view (*gen.* of).

Beute ['bɔʏtə] *f* (-) *mil.* booty, captured matériel; *a. of thieves*: loot, plunder; catch; *mar.* prize; *hunt.* bag; *zo.* prey, quarry; *fig.* prey, victim (*gen.* to); *~ machen, auf ~ ausgehen* go marauding *or* plundering; *zur ~ fallen* (*dat.*) be captured by, fall into the hands of, *fig.* fall prey to; '**2gierig** *adj.* eager for plunder; '**~gut** *mil. n* captured (enemy) matériel, booty.

Beutel ['bɔʏtəl] *m* (-s; -) bag; purse; *mail, zo.* (*a. tobacco*) pouch; *billiard*: pocket; *biol.* sac; *med.* cyst; '**2ig** *adj.* baggy; '**2n I.** *v/t.* (*h.*) shake; bolt, sift (*flour*); **II.** *v/i. and sich ~ clothes*: bag; bulge; '**~ratte** *f* opossum; '**~schneider** *m* cutpurse; → *Betrüger*; **~schneide'rei** *f* swindling, trickery; '**~tier** *n* marsupial.

'**Beutezug** *m* marauding expedition, raid.

bevölkern [bə'fœlkərn] *v/t.* (*h.*) people, populate, settle; *fig.* frequent, throng, swarm in (*street, etc.*); *sich ~* become inhabited, grow populous, *fig.* become alive (*mit* with); *dicht bevölkert* densely populated.

Be'völkerung *f* (-; -en) population; inhabitants, people *pl.*; populace.

Be'völkerungs...: **~aufbau** *m* (-[e]s) structure of the population; **~dichte** *f* density of population; **~druck** *m* (-[e]s) population pressure; **~politik** *f* population policy; **2politisch** *adj.* demographic, population *measures*; **~stand** *m* (-[e]s) (level of) population; **~statistik** *f* demography; population (*Am.* vital) statistics *pl.*; census; **~überschuß** *m* surplus population; **~zunahme** *f* increase in population.

bevollmächtig|en [-'fɔlmɛçtigən] *v/t.* (*h.*) authorize, empower; invest *a p.* with powers; *jur.* give *a p.* power of attorney; appoint and constitute *a p.* one's lawful agent and attorney; **~t** [-içt] *adj.* authorized; having power of attorney; *diplomacy*: *~er Minister* (minister) plenipotentiary; **2te(r** *m*) *f* (-n, -n; -n, -n) authorized representative, deputy; agent, proxy, attorney-in-fact; trustee; *pol.* plenipotentiary; **2ung** [-guŋ] *f* (-) authorization; *jur.* power of attorney; *durch ~* by proxy; *jur.* by power of attorney; → *Vollmacht.*

be'vor *cj.* before; *poet.* ere; *nicht ~* not until (*or* till).

bevormund|en [bə'foːrmundən] *v/t.* *fig.* hold in leading-strings, keep in tutelage, patronize; **2ung** *f* (-; -en) tutelage; patronizing; regimentation.

be'vorrat|en [-rɑːtən] *v/t.* stock up; **2ung** *f* (-) stocking, stockpiling, provision of reserves; stocks, supplies *pl.*

bevorrecht|(ig)en [-'foːrɛçt(ig)ən] *v/t.* (*h.*) privilege, grant privileges (to); **~igt** [-tiçt] *adj.* privileged; preferential (*claim, etc.*); *~er Gläubiger* preferential (*Am.* preferred) creditor; **2(ig)ung** *f* (-) (granting of a) privilege *or* prerogative; preference.

be'vorschuss|en [-ʃusən] *v/t.* (*h.*) advance money (*j-n für et.* to a p. on a th.); **2ung** *f* (-; -en) advance.

be'vorstehen *v/i.* (*irr., h.*) be near (*or* forthcoming, approaching, at hand), lie ahead; *danger*: be imminent, impend, threaten; *j-m*: be in store for, await *a p.*; *ihm steht e-e große Enttäuschung bevor* he is in for a bad disappointment; **2** *n* prospect, perspective; *of danger, etc.*: imminence; **~d** *adj.* forthcoming, approaching; next *week, etc.*; *danger*: impending, imminent.

be'vorzug|en [-tsuːgən] *v/t.* (*h.*) prefer; favo(u)r (*vor dat.* before, above), patronize; *jur.* privilege; **~t** *adj.* (specially) favo(u)red; privileged; favo(u)rite; *~e Behandlung* (*Forderung*) preferential treatment (claim); *~e Zuteilung* allocation by priority; *et. ~ behandeln* give a th. preference (*or* precedence); → *bevorrechtigt*; **2ung** *f* (-; -en) preference *given to a p.*; favo(u)r *shown to a p.*; favo(u)ritism; *unstatthafte ~* undue preference.

be'wach|en *v/t.* (*h.*) watch (over), guard; shadow; *sports*: mark, cover; **2ung** *f* (-; -en) guard; custody; *untre strenger ~* in close custody; *sports*: marking, covering.

be'wachsen *adj.*: *~ mit* grown over (*or* covered, stocked) with.

be'waffn|en *v/t.* (*h.*) *and* (*sich ~*) arm (o.s.); provide *or* equip (o.s.) with arms *or* weapons; *bewaffnete Intervention* armed intervention; *mit bewaffneter Hand* by force of arms; **2ung** *f* (-) arming; arms, weapons *pl.*; *mar.* armament; equipment.

Be'wahr-anstalt *f* day-nursery.
be'wahren *v/t.* (*h.*) keep, preserve (*usu. fig.*: *memory, secret, silence, etc.*); *j-n* (*sich*) ~ *vor* (*dat.*) save (*or* protect, preserve, guard, keep) a p. (o.s.) from; (*Gott*) *bewahre!* Heaven forbid!; far from it!
be'währen *v/t.* (*h.*) prove, verify; *sich* ~ stand the test; prove good *or* useful *or* a success; *principle*: hold good; *sich nicht* ~ prove a failure; → *bewährt*.
Be'wahrer(in *f*) *m* (-s, -; -, -*nen*) keeper, custodian.
bewahrheiten [bə'vaːrhaɪtən] *v/t.* (*h.*) verify; *sich* ~ prove (to be) true.
bewährt [-'vɛːrt] *adj.* (well) tried, tested, proved; *tech. a.* service--proved; successful; trustworthy, reliable; deserving *employees*; true, genuine; e-e ~e *Kraft* a capable (*or* experienced) man, an old hand; *ein* ~es *System* an approved (*or* sound) system.
Be'wahrung *f* keeping; preservation (*vor dat.* from).
Be'währung *f* (-) verification; (putting to the) proof *or* test; trial, crucial test; *jur.* (release on) probation, conditional discharge; ~**sfrist** *f* (period of) probation; ~ *von zwei Jahren erhalten* be put on a two-year probation, be bound over for two years; *auf* ~ *entlassen* release on probation.
bewaldet [-'valdət] *adj.* wooded, woody.
bewältig|en [-'vɛltigɛn] *v/t.* (*h.*) get under control; master (*a. subject*), manage, handle; overcome, cope with (*difficulties*); conquer (*mountain*); accomplish, complete, dispose of (*work*); do, cover (*distance*); 2**ung** *f* (-) mastering; overcoming; conquest; accomplishment.
bewandert [-'vandərt] *adj.* (*in dat.*) experienced, skilled (in); well acquainted (with), conversant (with), versed (in), at home (in), proficient (in), well up (in); well-read.
Bewandtnis [-'vantnis] *f* (-; -se): *damit hat es folgende* ~ the matter is as follows; *das hat* e-e *ganz andere* ~ the matter is quite different; *das hat s-e eigene* ~ that is a matter apart; there is a special reason for that; thereby hangs a tale.
be'wässer|n *v/t.* (*h.*) water; irrigate; 2**ung** *f* (-; -*en*) watering; irrigation; 2**ungsanlage** *f* irrigation plant; 2**ungsgraben** *m* feeder; 2**ungskanal** *m* irrigation canal.
bewegen[1] [-'veːgən] *v/t.* (*h.*) (*a. sich*) move, stir; set in motion (*or* going); carry, convey; *econ. prices*: fluctuate, vary; *sich in freier Luft* ~ take outdoor exercise; *sich im Kreise* ~ move in a circle, gyrate; *ast. sich* ~ *um* revolve around (*the sun, etc.*); *sich nicht von der Stelle* ~ (*lassen*) not to budge *or* stir; *fig. sich in feinen Kreisen* ~ move in good society; *die Kosten* ~ *sich zwischen 50 und 80 Dollar* the costs range between $50 and $80; stir, rouse, agitate; move, touch; *sich* ~ *lassen* be moved (*von, durch* with *pity, etc.*); give way, yield, relent; ~[2] *v/t.*: *j-n zu et.* ~ induce (*or* get, bring) a p. to *inf.*; *was bewog ihn dazu?* what made him do it?; *sich nicht* ~ *lassen* stand firm, be adamant; *sich bewogen fühlen* feel moved (*or* urged, bound) to; ~**d** *adj.* moving; ~e *Kraft* motive power; *sich selbst* ~ self-acting; *fig.* moving, touching.
Beweg|grund [-'veːk-] *m* motive (*für* for); inducement; ~**kraft** *f* motive power.
be'weglich *adj.* movable, moving, mobile; *tech. a.* flexible; portable; ~e *Belastung* live load; ~e *Teile* moving parts; *jur.* ~es *Eigentum* personal property, movables *pl.*; *fig.* active; agile, nimble, elastic, flexible; versatile; voluble, glib (*tongue*); moving, touching; 2**keit** *f* (-) mobility, movableness; flexibility (*a. fig.*); nimbleness, agility (*a. fig.*); *of the tongue*: volubility, quickness; versatility; sprightliness; *mot. and sports*: flexibility, man(o)euvrability.
be'wegt *adj.* rough, heavy (*sea*); *fig.* moved, touched; *voice*: choked, trembling; *conversation*: lively; excited, heated; *life*: **a**) restless, **b**) adventurous, eventful; exciting, thrilling; *times, etc.*: stirring, turbulent, troubled, hectic; 2**heit** *f* (-) agitation, turbulence; emotion.
Bewegung (-) *f* (-; -*en*) movement; motion (*a. phys.*); move; stir; jerk; gesture; *körperliche* ~ exercise; *fig. pol., etc.*: movement; *Lohn*2 wage drive; *Jugend*2 youth activities *pl.*; trend; *econ. rückläufige* ~ downward *or* retrograde movement (*or* trend); emotion, agitation; *in* ~ *tech.* in motion; *fig.* astir, stirring, on the move; *in* ~ *setzen* start, set going (*or* in motion); → *Hebel*; *sich in* ~ *setzen* move, start, get going; *er machte keine* ~ *zu gehen* he made no move to go.
Be'wegungs...: ~**energie** *f* kinetic energy; 2**fähig** *adj.* capable of movement, mobile; ~**fähigkeit** *f* (-) mobility; ~**freiheit** *f* (-) freedom of movement; clear space of action, room to move; *fig.* liberty of action; elbow-room, leeway; ~**kraft** *f* (-) motive force; ~**krieg** *m* mobile warfare; ~**lehre** *f* (-) kinematics *sg.*; 2**los** *adj.* motionless, immobile; ~**losigkeit** *f* (-) immobility; ~**spiel** *n* active game; ~**studie** *f* motion study; 2**unfähig** *adj.* unable to move, immobilized, out of action; ~**zustand** *m* (-[e]s) state of motion.
be'wehren *v/t.* (*h.*) arm; *tech.* reinforce, armo(u)r, sheath; *bewehrtes Kabel* armo(u)red cable.
beweibt [bə'vaɪpt] *adj.* married, wedded.
beweihräuchern [-'vaɪrɔʏçərn] *v/t.* (*h.*) (in)cense; *fig.* adulate, flatter.
be'weinen *v/t.* (*h.*) weep for, deplore, lament, mourn; ~**swert** *adj.* deplorable, lamentable.
Beweis [bə'vaɪs] *m* (-es; -e) proof (*für* of), evidence (*esp. jur. a. pl.*); argument; exhibit; demonstration (*a. math.*); mark, sign, token; *zum* ~ in proof *or* support (*gen.* of); *den* ~ *für et. antreten* undertake to prove a th.; *den* ~ *erbringen für* prove, furnish proof of, *jur.* produce evidence of; demonstrate; *als* ~ *vorlegen* offer (*or* submit) in evidence; *als* ~ *zulassen* admit in evidence; *als* ~ *s-r Zuneigung* in token of his affection; *als* ~ *nenne ich Shakespeare* witness Shakespeare; *zum* ~e *dessen* in support of this; *er hat alle* ~e *beisammen* his case is complete; *er hat keine* ~e *gegen uns* he has no case against us, he hasn't a leg to stand on.
Be'weis...: ~**aufnahme** *f* hearing (*or* taking) of evidence; 2**bar** *adj.* provable, demonstrable; 2**en** [-zən] *v/t.* (*irr., h.*) prove, show, evidence; establish; demonstrate; substantiate; *jur. a.* furnish evidence (of); show, manifest; *zu* ~ *suchen, daß* argue that; *wenn du das Gegenteil* ~ *kannst* if you can disprove this; *dies beweist zur Genüge, daß* this is ample evidence that; ~**ergebnis** *n* *the* evidence (taken); 2**erheblich** *adj.* evidentiary, material; ~**erhebung** → ~*aufnahme*; ~**führung** *f* argumentation, reasoning; ~**grund** *m* argument; ~**kraft** *f* (-) argumentative force, conclusiveness; *ohne* ~ inconclusive; 2**kräftig** *adj.* conclusive; ~**last** *f* burden of proof, onus; ~**material**, ~**mittel** *n* *or pl.* evidence; 2**pflichtig** *adj.*: ... *ist* ~ the burden of proof lies with ...; ~**sicherung** *f* preservation of evidence. ~**stück** *n* (piece of) evidence; *in court*: *a.* exhibit; voucher.
be'wenden *v/i.*: es ~ *lassen bei* (*dat.*) leave it at, acquiesce in; *wir wollen es dabei* ~ *lassen* we'll leave it (*or* let it go) at that, let it rest there; **Be'wenden** *n* (-s): *damit hat es sein* ~ there the matter rests.
be'werb|en *sich* ~ *um* apply (*bei* to *a p.*) for, seek; stand for, *Am. a.* run for; canvass (*votes*); *econ.* solicit (*orders*); *in competitions*: bid *or* tender for (*a contract*); *sich um e-n Preis* ~ compete *or* enter for a prize; *sich um e-e Dame* ~ court, woo a lady; 2**er** *m* (-s; -) applicant (*um* for); candidate, aspirant (to); *econ.* bidder, competitor; *sports*: entrant, competitor; contender [for; *all a.* 2**erin** *f* (-; -*nen*)]; suitor, wooer; → *Thron*2; 2**ung** *f* (-; -*en*) application (*um* for); candidature (for); solicitation (of); competition (for), *sports*: *a.* entry (for); courtship, wooing (of); 2**ungsschreiben** *n* (letter of) application.
be'werfen *v/t.* (*irr., h.*): *j-n mit et.* ~ throw a th. at a p.; pelt (*or* pepper) a p. with a th.; *mit Bomben* ~ bomb; *arch.* plaster, rough-cast.
bewerkstellig|en [-'vɛrkʃtɛligən] *v/t.* (*h.*) manage, accomplish, contrive, bring about, effect, engineer, bring *a th.* off; 2**ung** *f* (-) effecting, accomplishment, realization.
be'wert|en *v/t.* (*h.*) value (*auf acc.* at; *nach* by); price; assess, estimate, appraise; rate, grade; *zu hoch* ~ overrate; *sports*: judge; *dieser Sprung wird mit 7 Punkten bewertet* this jump rates 7 points; 2**ung** *f* (-; -*en*) valuation; estimation, assessment; *of performance, etc.*: rating; *sports*: scoring, (awarding of) marks *or* points, judgment.
bewillig|en [-'viligən] *v/t.* (*h.*) grant,

allow, accord; license; *parl.* vote (for); appropriate; allocate, allot; concede; consent (*or* agree) to, approve; ²**ung** *f* (-; -*en*) grant, allowance; vote, appropriation; allocation, allotment; concession, licence; ²**ungs-ausschuß** *m* Authorizing Committee.

bewillkommn|en [-ˈvilkɔmnən] *v/t.* (*h.*) welcome, greet, receive; ²**ung** *f* (-; -*en*) welcome, reception.

beˈwirken *v/t.* (*h.*) effect; cause (*daß j-m tut* a p. to do; *daß et. geschieht* a th. be done); produce, give rise to, result in; occasion, provoke.

bewirten [-ˈvirtən] *v/t.* (*h.*) entertain (*mit* with), treat (to); *glänzend* ~ (*mit*) regale (with).

beˈwirtschaft|en *v/t.* (*h.*) *agr.* cultivate, till (*field*), manage, run (*estate*); administer; ration, control; *bewirtschaftete Waren* commodities subject to control, rationed goods; *das Hotel ist bewirtschaftet* the hotel is open; ²**ung** *f* (-) cultivation; management, running; administration; control, rationing; ~ *der Lebensmittel* controlled supply; ~ *des Wohnraums* control over housing space; *unter* ~ *stellen* put under government control, put on the ration list; *die* ~ (*gen.*) *aufheben* decontrol, deration.

Beˈwirtung *f* (-) entertainment, reception; *restaurant*: attendance; fare, food.

beˈwitzeln *v/t.* (*h.*) joke at.

bewog [bəˈvoːk] *pret. von bewegen*[2].

beˈwogen [-gən] *p.p. von bewegen*[2].

bewohn|bar [-ˈvoːnbaːr] *adj.* (in-)habitable; ²**barkeit** *f* (-) habitable condition; ~**en** *v/t.* (*h.*) inhabit, live in; reside in; occupy; ²**er**(**in** *f*) *m* (-*s*, -; -, -*nen*) inhabitant, resident; citizen; occupant, inmate (*of house*); tenant; *of room*: lodger, *Am.* roomer.

bewölk|en [-ˈvœlkən] *v/t.* (*h.*) cloud; *sich* ~ cloud over, become cloudy (*or* overcast); *fig.* darken (*a. sich*), overshadow; ~**t** *adj.* clouded, cloudy; *sky*: *a.* overcast; *fig.* dark, gloomy; ²**ung** *f* (-) clouding; cloudiness, clouds *pl.*

Bewunder|er [-ˈvundərər] *m* (-*s*; -), ~**in** *f* (-; -*nen*) admirer; ²**n** *v/t.* (*h.*) admire (*wegen* for), marvel at; ²**nswert,** ²**nswürdig** *adj.* admirable, wonderful; ~**ung** *f* (-) admiration (*gen.* of); → *abnötigen.*

Beˈwurf *arch. m* plaster(ing); rough-cast; second coat.

bewußt [-ˈvust] *adj.* conscious; known; deliberate, intentional; *sich e-r Sache* ~ *sein* be conscious (*or* aware) of, be alive to a th.; *sich e-r Sache* ~ *werden* realize (*or* awaken to) a th.; *soviel mir* ~ *ist* as far as I know; *er war sich dessen nicht mehr* ~ he did not remember; *die* ~*e Angelegenheit* the matter in question; ~**los** *adj.* unconscious; ~ *werden* lose consciousness, faint; ~ *schlagen* knock out (*or* unconscious); ²**losigkeit** *f* (-) unconsciousness, insensibility; *fig. bis zur* ~ to breaking-point, *Am.* to beat the band, *bore, etc.* to distraction (*or* death); *ein Wort bis zur* ~ *benützen* use a word ad nauseam; ²**sein** *n* (-*s*) consciousness; awareness, knowledge; sense (*of duty, responsibility*); *in dem* ~ conscious (*gen.* of; *daß* that); *bei* ~ *sein* be conscious; *das* ~ *verlieren* lose consciousness, faint; *j-n zum* ~ *bringen* restore a p. to consciousness, bring a p. round; *wieder zu(m)* ~ *kommen* recover consciousness, come round *or* to; *j-m et. zu(m)* ~ *bringen* bring a th. home to a p.; *j-m zu(m)* ~ *kommen* come home (*or* dawn upon) a p.; ²**seinsschwelle** *f* threshold of consciousness; ²**seinsspaltung** *f* schizophrenia; split personality; ²**seinsstörung** *f* disturbance of consciousness; *jur.* temporary insanity.

beˈzahl|en *v/t. u. v/i.* (*h.*) pay; pay for (*goods*); pay off, discharge, settle (*debt*); hono(u)r (*bill of exchange*); *nicht* ~ leave unpaid; dishono(u)r; pay, remunerate, compensate (*person*); fee; *schlecht* ~ underpay *a p.*; *fig. et. teuer* ~ pay dear for a th.; ²**er**(**in** *f*) *m* (-*s*, -; -; -*nen*) payer; ~**t** *adj.* paid, remunerated; salaried; *schlecht* ~ ill--paid, underpaid; *sich* ~ *machen* pay (dividends), pay for o.s. (*or* one's way); *es macht sich bezahlt, zu inf.* it pays to *inf.*; ²**ung** *f* (-; -*en*) payment; (full) settlement; (doctor's, etc.) fee, remuneration; pay; salary; wages *pl.*; *gegen* ~ against payment; *bei* ~ *von* on payment of.

beˈzähmen *v/t.* (*h.*) tame; *fig.* restrain, control, (keep in) check, bridle; *sich* ~ control (*or* restrain) o.s.

beˈzauber|n *v/t.* (*h.*) bewitch, enchant (*a. fig.*); *fig.* charm, captivate, fascinate; ~**nd** *adj.* charming, enchanting, bewitching; lovely; ~**t** *adj.*: ~ *von* (*dat.*) enchanted (*or* enraptured) with; ²**ung** *f* (-; -*en*) enchantment, spell; fascination.

beˈzechen: *sich* ~ get drunk.

beˈzeichn|en *v/t.* (*h.*) mark (*goods, path, etc.*); label; designate (*als* as), name, call, term; point out (*dat.* to), show; characterize; *näher* ~ define, specify; denote, signify, stand for; *er bezeichnete sich als Arzt* he styled himself a doctor; *er wurde sofort als Egoist bezeichnet* he was promptly stamped (*or* labelled) as an egotist; ~**end** *adj.* characteristic, typical (*für* of); indicative (of); ²**ung** *f* (-; -*en*) marking; label; designation; name, term, expression; characterization; mark, sign; symbol; *math., mus.* notation.

beˈzeig|en *v/t.* (*h.*) show, express, exhibit, manifest; ²**ung** *f* (-; -*en*) expression, manifestation.

bezetteln [-ˈtsɛtəln] *v/t.* (*h.*) label.

beˈzeug|en *v/t.* (*h.*) *jur. or fig.* testify (to); bear witness to; attest, certify; *j-m s-e Achtung* ~ pay one's respects to a p.; ²**ung** *f* (-; -*en*) testimony, attestation.

bezichtigen [-ˈtsiçtigən] *v/t.* (*h.*): *j-n e-r Sache* ~ accuse a p. of a th.; → *beschuldigen.*

beˈzieh|bar *adj.* habitable, ready for occupancy (*house*); *econ.* obtainable, to be had (*von* of) (*goods*); ~**en** *v/t.* (*irr., h.*) (*neu* ~ re)cover (*umbrella, etc.*); string (*violin, etc.*); put clean sheets on (*bed*); move into, occupy (*dwelling*); enter, go up to (*university*); frequent, visit (*market, fair*); *mil.* take up, move into (*a position*); *ein Lager* ~ encamp; → *Quartier*; *Wache* ~ mount guard; *econ.* obtain, procure, get, buy *goods* (*von* from); take in, subscribe to (*newspaper*); subscribe to, take up (*shares*); draw (*money, salary*); *fig. Schläge etc.* ~ get (*a beating*); ~ *auf* (*acc.*) connect with, apply (*or* refer) to; *er bezog es auf sich* he took it personal (*or* as meant for him); *sich* ~ *sky*: cloud over, become overcast; *sich* ~ *auf* (*acc.*) refer to, *matter*: *a.* have reference to, relate to; *sich auf j-n* ~ use a p.'s name as (a) reference; *bezogen auf* corresponding to, as compared with; ²**er**(**in** *f*) *m* (-*s*, -; -, -*nen*) subscriber (*gen.* to); *econ.* importer; buyer, customer; *of bill of exchange*: drawer.

Beˈziehung *f* (-; -*en*) reference, relation (*zu* to); connection (with); bearing (on); *gegenseitige* ~ relationship, interrelation (*zwischen* between, of); *persönliche* ~*en pl.* relations (*zu* with); connections, contacts; *gute* ~*en haben* be well connected, have a lot of pull; *in dieser* ~ in this respect (*or* connection); *in mancher* ~ in some respects; *in gewisser* ~ in a way; *in jeder* ~ in every respect; *in* ~ *auf* (*acc.*) with regard to; *in politischer, wirtschaftlicher, etc.* ~ politically, economically, *etc.*; *in* ~ *setzen* bring in relation (*mit* to); *in* ~ *stehen zu* (*matter*) be related to; *in guten, etc.* ~*en stehen* be on good, *etc.*, terms (*zu* with); ²**slos** *adj.* irrelative, unconnected; ²**svoll** *adj.* suggestive; ²**sweise** *adv.* (*abbr. bzw.*) respectively (*abbr.* resp.); or (rather); *die Papiere bzw. Reisepässe* the papers or passports respectively; ~**swort** *gr. n* (-[e]s; ⸚er) antecedent.

beziffer|n [-ˈtsifərn] *v/t.* (*h.*) mark with figures, number; figure, estimate (*auf* at); *sich* ~ *auf* amount to, figure (*or* work) out at; ²**ung** *f* (-; -*en*) estimate, figures *pl.*

Bezirk [-ˈtsirk] *m* (-[e]s; -e) district; ward; *Am.* (*police, election*) precinct; *fig.* → *Bereich*; ~**sgericht** *n* local court; ~**snotariat** *n* (office of the) district notary.

Bezogene(**r**) [bəˈtsoːgənə(r)] *m, f* (-*n*; -*n*) *econ.* drawee.

Beˈzug *m* (-[e]s; ⸚e) cover(ing), case; *pillow*: slip; *violin, etc.*: set of strings; *of goods*: purchase, procurement, supply; order (*von* for); subscription (*gen.* to *newspaper, shares*); *bei* ~ *von* on orders for *25 pieces*; *Bezüge pl.* emoluments; drawings; income *sg.*; salary, pay; *insurance*: benefits; supplies, imports; *fig.* reference; *in* ~ *auf* (*acc.*) with regard (*or* reference) to, as to; ~ *haben auf* have reference to, refer to; bear (up)on; ~ *nehmen auf* refer (*or* make reference) to.

bezüglich [-ˈtsyːkliç] **I.** *adj.*: ~ *auf* (*acc.*) relative to; *gr.* ~*es Fürwort* relative pronoun; **II.** *prp.* (*gen.*) regarding, concerning, in regard (*or* respect) of, referring to, relating to.

Beˈzugnahme [-naːmə] *f* (-) reference; *unter* ~ *auf* (*acc.*) with reference to, referring to.

Be'zugs...: **~bedingungen** *f/pl.* terms of delivery; **2berechtigt** *adj.* entitled to receive goods (*or* benefits); **~berechtigte(r** *m* [-*n*; -*n*]) *f* (-*n*; -*n*) beneficiary; **~ebene** *f* datum plane; **2fertig** *adj.* ready for occupancy (*dwelling*); **~preis** *m* *newspaper*: subscription price; purchase price, prime cost; **~quelle** *f* source (of supply); **~recht** *n* subscription privilege; (right of) option (*für* on *shares*); **~schein** *m* *for shares*: subscription warrant; *for rationed goods*: purchase permit, priority voucher; **2scheinpflichtig** *adj.* rationed; **~stoff** *m* cover fabric, covering; **~wert** *m* relative value.

bezwecken [-'tsvɛkən] *v/t.* (*h.*) aim at, have in view (*or* for object).

be'zweifeln *v/t.* (*h.*) doubt, (call in) question, refuse to believe; *nicht zu* ~ unquestionable, beyond doubt.

be'zwing|en *v/t.* (*irr.*, *h.*) defeat, *sports a.* beat; master, overcome (*difficulties, etc.*), restrain, control (*feelings, etc.*); subdue, conquer (*people, passions*); conquer (*mountain*); *sich* ~ restrain (*or* control, check) o.s.; **2er(in** *f*) *m* (-*s*, -; -, -*nen*) conqueror, subduer; *sports*: winner (*gen.* against); **2ung** *f* (-) mastering; conquest.

Bibel ['bi:bəl] *f* (-; -*n*) Bible; **~auslegung** *f* exegesis; **2fest** *adj.* well-versed in the Scriptures; **~forscher** *m* Bible student; **~gesellschaft** *f* Bible Society; **~sprache** *f* (-) scriptural language; **~spruch** *m* verse from the Bible, (Scripture, biblical) text; **~stelle** *f* scriptural passage, text.

Biber ['bi:bər] *m* (-*s*; -) beaver; **~bau** *m* (-[*e*]*s*; -*e*) beaver's lodge; **~geil** ['-gaɪl] *n* (-[*e*]*s*) castoreum; **~pelz** *m* beaver (fur); **~schwanz** *m* *arch.* flat (*or* plain) tile.

Biblio|graph [biblio'gra:f] *m* (-*en*; -*en*) bibliographer; **~graphie** [-gra'fi:] *f* (-; -*n*) bibliography; **2graphisch** [-'gra:fiʃ] *adj.* bibliographical.

Bibliothek [-'te:k] *f* (-; -*en*) library.

Bibliothekar [-te'ka:r] *m* (-*s*; -*e*), **~in** *f* (-; -*nen*) librarian.

biblisch ['bi:bliʃ] *adj.* biblical, scriptural; *2e Geschichte ped.* scripture.

Bichromat ['bi:kroma:t] *chem.* *n* (-[*e*]*s*; -*e*) dichromate.

Bickbeere ['bik-] *f* bilberry, whortleberry.

bieder ['bi:dər] *adj.* honest, upright, (*a. iro.*) worthy; loyal, true; simple, gullible, naive; **2keit** *f* (-) honesty, uprightness; straightforwardness, probity; loyalty; gullibility, artlessness; **2mann** *m* (-[*e*]*s*; ⸗*er*) honest man; good fellow; *iro.* worthy (gentleman), *contp.* dupe; philistine.

'Biege|beanspruchung *tech.* *f* bending stress; **~festigkeit** *f* bending strength.

biegen ['bi:gən] **I.** *v/t.* (*irr.*, *h.*) *and sich* ~ bend, bow; flex (*limbs*); curve; camber (*wood*), *b.s.* warp; *metal*: buckle; distort; *tech.* *im kalten* (*warmen*) *Zustand* ~ cold-(hot-)bend; → *beugen*; → *Lachen*; **II.** *v/i.* (*irr.*, *sn*): *um e-e Ecke* ~ turn (round) a corner; *auf 2 oder Brechen* by hook or by crook, do or die.

'Biegewelle *tech.* *f* flexible shaft.

'biegsam ['-kza:m] *adj.* pliable, flexible (*a. voice*); *tech.* malleable, ductile; supple, lithe (*figure*); *fig.* pliant, pliable (*mind*); malleable (*character*); **2keit** *f* (-) pliability; flexibility; suppleness.

'Biegung ['-guŋ] *f* (-; -*en*) bend (-ing); *of path, river*: bend, turn (-ing); curve; curvature, flexure; *tech.* **a**) bend, set, **b**) *elastic*: deflection; arch; sag(ging); → *Beugung*; **~s-elastizität** *f* flexional elasticity; **~sfestigkeit** *f* bending strength.

Biene ['bi:nə] *f* (-; -*n*) bee; *männliche* ~ drone; *fig.* *fleißig wie e-e* ~ (as) busy as a bee.

'Bienen...: **~fleiß** *m* assiduity, sedulousness; **~haus** *n* apiary; **~königin** *f* queen-bee; **~korb** *m* beehive; **~maske** *f* bee veils *pl.*; **~orchis** ['-ɔrçis] *bot.* *f* (-; -) bee-orchis; **~schwarm** *m* swarm of bees; **~stand** *m* apiary; **~stock** *m* (-[*e*]*s*; ⸗*e*) beehive; **~wabe** *f* honeycomb; **~wabenkühler** *mot.* *m* honeycomb radiator; **~wachs** *n* beeswax; **~weisel** ['-vaɪzəl] *m* (-*s*; -) queen-bee; **~zelle** *f* cell (in a beehive); **~zucht** *f* bee-keeping, apiculture; **~züchter** *m* bee-keeper, apiarist.

Bier [bi:r] *n* (-[*e*]*s*; -*e*) beer; *helles* ~ pale beer, *Brit.* ale; *dunkles* ~ dark beer, *Brit.* stout, *leichter*: porter; ~ *vom Faß* beer on draught; lager (beer); **'~bankpolitiker** *m* pothouse politician; **'~bankstratege** *m* pothouse strategist; **'~baß** *m* deep bass, beery voice; **'~brauer** *m* brewer; **'~braue'rei** *f* brewery; **'~eifer** *m* great zeal; **'~faß** *n* beer-barrel; **'~filz** *m* beer-mat; **'~flasche** *f* beer-bottle; **'~garten** *m* open-air restaurant, beer-garden; **'~glas** *n* beer-glass; **'~hefe** *f* brewer's yeast, barm; **'~keller** *m* beer-cellar; **'~krug** *m* beer-mug, *Am.* stein; **'~kutscher** *m* drayman; **'~reise** *f* pub-crawl; **'~ruhe** *f* imperturbable calm; **'~schank** *m* licence for (retailing) beer; **'~schenke**, **'~wirtschaft** *f* public house, pub, *Am.* beer-parlor (*or* -saloon); **'~wagen** *m* brewer's dray; **'~zeitung** *f* comic paper.

Biese ['bi:zə] *f* (-; -*n*) *esp. mil.* piping.

Biest [bi:st] *n* (-*es*; -*er*) beast (*a. colloq. fig.*); **'~milch** *f* beestings *pl.*

bieten ['bi:tən] *v/t.* (*irr.*, *h.*) offer (*j-m et.* a p. a th. *or* a th. to a p.); treat (*j-m et.* a p. to a th.); present (*difficulties*); afford (*pleasure, etc.*); (pr)offer, hold out; *econ.* bid (*für* for); *mehr* (*weniger*) ~ *als* outbid (underbid); *sich* ~ (*opportunity*) present (*or* offer) itself; *j-m e-n guten Morgen* ~ bid a p. a good morning; *j-m den Rücken* ~ turn one's back on a p.; → *Schach*, *Stirn*; *es bot sich uns eine feine Gelegenheit* a fine opportunity came our way; *das läßt er sich nicht* ~ he won't stand (for) that.

'Bieter(in *f*) *m* (-*s*, -; -, -*nen*) bidder.

Bigam|ie [biga'mi:] *f* (-; -*n*) bigamy; **~ist** (-*en*; -*en*) *m* bigamist.

bigott [bi'gɔt] *adj.* bigoted; **2e'rie** *f* (-; -*n*) bigotry.

Bijouterie [biʒutə'ri:] *f* (-; -*n*) costume jewelry.

Bilanz [bi'lants] *f* (-; -*en*) balance; balance-sheet, *Am.* statement (of condition); *aktive* ~ credit balance; *fig.* result, outcome; review; estimation; *die* ~ *ziehen* strike the balance; *e-e* ~ *aufstellen* prepare a balance-sheet, make up the accounts; **~analyse** *f* analytical study of balance-sheet, *Am.* statement analysis; **~aufstellung** *f* (preparation of the) balance-sheet; **~auszug** *m* abstract of balance-sheet; **~buch** *n* balance ledger, *Am.* statement book; **~buchhaltung** *f* balance-sheet department.

bilanzieren [-'tsi:rən] **I.** *v/i.* (*h.*) make out a balance-sheet; **II.** *v/t.* (*h.*) show *item* in the balance-sheet; balance (*accounts*).

Bi'lanz...: **~konto** *n* balance account; **~posten** *m* balance-sheet item; **~prüfer** *m* chartered accountant, *Am.* auditor; **~prüfung** *f* balance-sheet audit; **~verschleierung** *f* window-dressing; **~wert** *m* balance-sheet value.

Bild [bilt] *n* (-[*e*]*s*; -*er*) *generally*: picture; *a. TV* image; painting; portrait, likeness; drawing, sketch; engraving; illustration; *cards*: court-card; photo(graph); *on coin*: effigy; *thea.* scene, setting; *econ.* trade symbol; *tech.* diagram, chart; *in captions, usu. with number*: figure (*abbr.* fig.); *typ.* face; *fig.* sight, view; idea, notion, picture; picture, description, sketch, portrait; *rhet.* metaphor, figure (of speech); simile; *ein* ~ *des Elends* a picture of misery; *ein* ~ *von e-m Mädchen* a girl as pretty as a picture; *ein* (*anschauliches*) ~ *entwerfen von et.* draw a picture of (*or* portray) a th.; *im* ~*e sein* (be in the) know, be in the picture; *im* ~*e sein über* (*acc.*) be aware of (*or* informed about, conversant with) *a th.*; *jetzt bin ich im* ~*e* now I see; *ich bin über dich im* ~*e* I've got you, *Am. sl.* I've got your number; *j-n ins* ~ *setzen* inform a p., put a p. in the picture; *sich ein* ~ *von et. machen* picture a th. to o.s., visualize (*or* imagine) a th.; *sich ein klares* ~ *von et. machen* have a clear idea of a th., see a th. clearly; *du machst dir kein* ~ you can't imagine.

'Bild...: **~abtastung** *f* *TV*: scanning; **~archiv** *n* photographic archives (*or* files) *pl.*; **~aufklärung** *aer.* *f* photo(graphic) reconnaissance; **~aufnahmeröhre** *f* image pickup tube; **~auswertung** *aer.* *f* photo(graphic) interpretation; **~band** *m* (-[*e*]*s*; ⸗*e*) book of plates; **~bandgerät** *n* *TV*: video tape recorder; **~bericht** *m* picture-story; *film*: documentary film; **~berichterstatter** *m* press photographer, photo reporter.

bilden ['bildən] *v/t.* (*h.*) *generally*: (*a. sich* ~) form; shape, fashion, design; model, mo(u)ld; create; organize, set up, establish; form, constitute, be (*border, constituent, etc.*); cultivate, improve, educate (*the mind*); *sich* ~ **a)** improve one's mind; → *gebildet*, **b)** form, develop; arise, spring up; *e-e neue Organisation bildete sich* a new organization came into being; *die Hauptattraktion bildete ein Ballett* the chief attraction was a ballet; *e-e Parade bildete den Abschluß des Festes* a parade marked the end of the festival; **~d** *adj.* formative, forming; component, constituent; creative; instructive, broadening; educational, educating; *~e Kunst* pictorial art; *die ~en Künste* the visual arts, the plastic and graphic arts.

'**Bilder...**: **~anbetung** *f* image-worship, iconolatry; **~bogen** *m* picture-sheet; **~buch** *n* picture-book; **~galerie** *f* picture-gallery; **~geschichte** *f* strip cartoon; **~rahmen** *m* picture-frame; **~rätsel** *n* picture-puzzle, rebus; **2reich** *adj.* rich in pictures, amply illustrated; *fig.* flowery, ornate; **~schrift** *f* hieroglyphics *pl.*; *tech., etc.* pictography; **~sprache** *f* imagery; **~stürmer** *m* iconoclast; **2stürmerisch** *adj.* iconoclastic.

'**Bild...**: **~feld** *phot. n* image field; **~fenster** *n* aperture; **~fernschreiber** *m* facsimile teletype; **~fläche** *f* perspective plane; *TV*: image area; *paint.* canvas; *fig. auf der ~ erscheinen* appear on the scene, turn up; *von der ~ verschwinden* vanish, disappear, drop out of sight; **~folge** *f* succession of pictures; *phot.* time interval between exposures; *film*: sequence; **~format** *n phot.* size of prints; *TV*: size of image; **~frequenz** *f* image frequency; **~funk** *m* (wireless) picture transmission; facsimile transmission; television (broadcasting); **~gießer** *m* bronze-founder; **2haft** *adj.* plastic; **~hauer(in** *f*) *m* sculpt|or (ress); **~haue'rei** *f* sculpture; **2hübsch** *adj.* (as) pretty as a picture, lovely; **~karte** *f* photographic map; *cards*: court-card; **2lich** *adj.* pictorial, graphic; figurative, metaphorical; **~marmor** *m* figured marble; **~material** *n* pictures *pl.*; **~ner** ['biltnər] *m* (-s; -), **~in** *f* (-; -nen) sculpt|or (-ress); mo(u)lder; **~nis** *n* (-ses; -se) image; portrait, picture, likeness; *esp. on coins*: effigy; **~platte(nspieler** *m*) *f TV*: video disc (player); **~röhre** *f* picture tube; **2sam** *adj. a. fig.* plastic; malleable; **~säule** *f* statue; **~schärfe** *f* definition (*or* sharpness) of a picture; **~schirm** *m* (viewing) screen, telescreen; **~schnitzer(in** *f*) *m* (wood-)carver; **~schnitze'rei** *f* (wood-)carving; **2schön** *adj.* most beautiful, of breath-taking (*or* ravishing) beauty; **~seite** *f of coin*: face, obverse, head; **~sendung** *f tel.* picture-transmission; television broadcast, telecast; **~stock** *m* (-[e]s; ¨e) *typ.* cut, electro, block; *eccl.* wayside shrine; **~streifen** *m* film strip; strip cartoon; **~sucher** *phot. m* finder; **~tafel** *f* (book) plate; **~telegraphie** *f* photo-telegraphy; **~telegramm** *n* phototelegram(me), wirephoto; **~teppich** *m* tapestry, gobelin; **~tongerät** *phot. n* sound camera; **~übertragung** *f* picture transmission.

Bildung ['bilduŋ] *f* (-; -en) *generally*: formation (*a. phys., biol., etc.*); development; structure; growth; form, shape; creation; foundation; organization, establishment; constitution, setting-up (*of committee*); formation (*of cabinet*); education, training; culture; knowledge, information; learning, scholarship, erudition; refinement, good breeding; *höhere ~* higher education; *von hoher ~* highly cultivated; *ohne ~* uncultured, unrefined.

'**Bildungs...**: **~anstalt** *f* educational establishment; **2beflissen** *adj.* studious, zealous for learning; **2fähig** *adj.* capable of development; cultivable; **~gang** *m* course of education; **~gewebe** *n* formative tissue, meristem; **~grad** *m* educational standard; **~lücke** *f* gap in *a p.'s* education; **~monopol** *n* monopoly of learning; **~roman** *m* educational novel; **~stätten** *f/pl.* educational institutions, cultural facilities; **~stufe** *f* degree of culture; **~trieb** *m* thirst for knowledge, desire for learning; creative urge; **~wärme** *phys. f* heat of formation; **~wesen** *n* (-s) education; **~zelle** *f* embryonic cell.

'**Bild...**: **~unterschrift** *f* caption; **~wand** *f* projection screen; **~wandler** *m* image converter tube; *TV*: image section; **~werfer** *m* (still) projector; **~weite** *f* focal length; **~werbung** *f* pictorial advertising; **~werk** *n* sculpture, imagery; book of plates; **~wirkung** *f* pictorial (*or* photographic) effect; **~wörterbuch** *n* pictorial dictionary; **~zeichen** *n* symbol; **~zerlegung** *f* scanning.

Billard ['biljart] *n* (-s; -e) billiards *pl.*; billiard-table; *~ spielen* play (at) billiards; **~beutel** *m*, **~loch** *n* pocket; **~kugel** *f* billiard ball; **~stock** *m* billiard cue; **~tisch** *m* billiard table; **~zimmer** *n* billiard room.

Billett [bil'jɛt] *n* (-[e]s; -e) ticket; **~ausgabe** *f*, **~schalter** *m* ticket-office; → *Karten...*

Billiarde [bili'ardə] *f* (-; -n) *a* thousand billions, *Am.* quadrillion.

billig ['biliç] *adj.* equitable, fair, just; reasonable, acceptable; cheap, inexpensive, low-priced; low, moderate, agreeable (*price*); *ein ~er Kauf* a bargain; *~es Ermessen jur.* reasonable discretion; *iro. ~ und schlecht* cheap and nasty; *fig. contp.* cheap; → *recht*; **~denkend** *adj.* fair-minded, just, reasonable.

billigen ['-ligən] *v/t.* (*h.*) approve (of), consent (*or* agree) to; sanction; *stillschweigend ~* condone.

'**billiger|maßen**, '**~weise** *adv.* fairly, in all fairness, justly.

Billigkeit ['-liç-] *f* (-) fairness, equity, justness; reasonableness; *of price*: moderateness; cheapness, low price; *aus ~sgründen* from reasons of fairness; *jur.* on grounds of equity; **~srecht** *n* equity; **~ssinn** *m* fair-mindedness, fairness.

Billigung ['-guŋ] *f* (-) approval, approbation, sanction (*gen.* of); consent (to); condonement.

Billion [bili'o:n] *f* (-; -en) billion, *Am.* trillion.

Bilsenkraut ['bilzən-] *n* (-[e]s) henbane.

Biluxlampe ['bi:luks-] *el. f* two-filament lamp.

bimbam ['bimbam] *int.*, 2 *n* (-s) ding-dong.

Bimetal|l ['bi:-] *n* bimetal; **~'lismus** *econ. m* (-) bimetallism.

bimmeln ['biməln] *colloq. v/i.* (*h*) tinkle, jingle; *telephone, etc.*: ring.

bimsen ['bimzən] *v/t.* (*h.*) (rub with) pumice; *fig. mil.* drill.

'**Bimsstein** *m* pumice (stone).

Binde ['bində] *f* (-; -n) *generally*: band; *anat.* fascia; *med.* bandage, ligature; sling; sash, *med.* abdominal binder; *elastische ~* elastic roller, *med. a.* swathe; sanitary towel, *Am.* napkin; (neck-)tie; *head*: fillet; *forehead*: bandeau; *arm*: badge, band; *arch.* plinth; *j-m e-e ~ vor die Augen tun* blindfold a p.; *fig. j-m die ~ von den Augen nehmen* open a p.'s eyes; *die ~ fiel ihm von den Augen* the scales fell from his eyes; *colloq. e-n hinter die ~ gießen* wet one's whistle, hoist one; '**~balken** *arch. m* tie-beam, girder; '**~draht** *m* binding wire; '**~fähigkeit** *tech. f* (-) bonding strength; *of cement, etc.*: binding property; '**~garn** *n* (binding-)twine; '**~gewebe** *anat. n* connective tissue; '**~glied** *n* connecting link; '**~haut** *anat. f* conjunctiva; '**~hautentzündung** *f* conjunctivitis; '**~kraft** *f* (-) → *Bindefähigkeit*; '**~mäher** *agr. m* reaper and binder (machine); '**~mittel** *n tech.* binder, bonding material, cement; *cul.*: thickening.

'**binden I.** *v/t.* (*irr., h.*) bind, tie, fasten, attach (*an acc.* to); wire; cord; bind (*book*); tie (*knot, laces, etc.*); make (*broom, bouquet*); pack (*bales*); hoop (*barrel*); bundle; bind (*sounds*); *mus.* tie, slur (*notes*); thicken (*soup*); *chem.* combine, bind; absorb; store up (*heat*); *econ.* tie up (*capital*); *mil.* engage (*enemy forces*); *fenc. die Klinge ~* bind the blade; *fig.* bind, oblige, commit; → *Nase, Seele*; *sich ~* bind (*or* engage, oblige, commit) o.s.; *gebunden sein* be bound (*an acc.* to); *ich fühle mich immer noch an die Klausel gebunden* that clause remains binding on me; *das bindet mir die Hände* this ties my hands; → *gebunden*; **II.** *v/i.* (*irr., h.*) *cement*: bind; *glue, plastic*: bond; *paint*: set; *mortar*: set, cement well; **~d** *adj.* binding, bonding, adhesive; *fig.* binding (*für* upon).

'**Binder** (-s; -) *m* tie; *arch.* header, binder; *agr.* → *Bindemäher*.

'**Binde...**: **~stoff** *m* binding agent; **~strich** *m* hyphen; *mit ~ schreiben* hyphen(ate); **~wort** *gr. n* (-[e]s; ¨er) conjunction; **~zeichen** *mus. n* tie, legato sign; **~zeit** *tech. f* setting (*or* bonding) time.

Bindfaden ['bint-] *m* twine, (pack-) thread; (piece of) string, cord; *es regnet Bindfäden* it's raining cats and dogs.

Bindung ['-duŋ] *f* (-; -en) *tech.* bond(ing); cross-weaving; *chem.* **a**) combination, **b**) compound, **c**) absorption, *of gases*: mixing; *biol.* linkage; *med.* agglutination; *mus.* slur, tie, ligature; *ski*: binding; *fenc. and mil.* engagement; *econ.* tying up, inactivation (*of capital*); *fig.* engagement, obligation, commitment (*a. pol.*); *~en pl.* bonds, ties; '**~s-energie** *f* binding energy; '**~skraft** *f* cohesive force; '**~s-wärme** *f* heat of absorption (*or* combination).

binnen ['binən] *prp.* (*dat., a. gen.*) within; *~ kurzem* shortly, before long, in a near future.

'**Binnen...:** **~gewässer** *n* inland water; **~hafen** *m* close port; inner harbo(u)r; **~handel** *m* inland (*or* domestic, home) trade; **~land** *n* (-[e]s; ⸚er) inland, interior; **~markt** *m* home (*Am.* domestic) market; **~meer** *n* inland sea; **~reim** *m* internal rhyme; **~schiffahrt** *f* inland navigation; **~see** *m* inland lake; **~verkehr** *m* inland traffic; **~währung** *f* internal currency; **~wanderung** *f* inland migration; **~wasserstraße** *f* inland waterway; **~zoll** *m* inland duty.

binokular [binoku'lɑ:r] *adj.* binocular.

Binom [bi'no:m] *math. n* (-s; -e), **⁓isch** *adj.* binomial.

Binse ['binzə] *bot. f* (-; -n) rush; *colloq. fig. in die ~n gehen* go phut (*or* to pot); **~nwahrheit** *f* truism.

Bio|chemie [bioçe'mi:] *f* biochemistry; **~'chemiker** *m* biochemist; **⁓'chemisch** *adj.* biochemical.

bio|gen [-'ge:n] *adj.* biogenic; **⁓ge'nese** *f* (-; -n) biogenesis.

Bio|graph(in *f*) [-'grɑ:f] *m* (-en, -en; -, -nen) biographer; **~graphie** [-'fi:] *f* (-; -n) biography; **⁓graphisch** [-'grɑ:fiʃ] *adj.* biographical.

Bio|loge [-'lo:gə] *m* (-n; -n) biologist; **~logie** [-lo'gi:] *f* (-) biology; **⁓logisch** [-'lo:giʃ] *adj.* biological; *~e Kriegführung* biological warfare.

Biophy'sik *f* (-) biophysics *sg.*

Biose [bi'o:zə] *chem. f* (-; -n) biose.

Bioskop [bio'sko:p] *n* (-s; -e) bioscope.

Bio'sphäre *n* biosphere.

Birke ['birkə] *f* (-; -n) birch-tree; **⁓n** *adj.* birch(en); **~nholz** *n* birch (wood); **~nteer** *m* birch oil; **~nwald** *m* birch wood (*or* grove).

'**Birk|hahn** *m* black cock; **~henne** *f*, **~huhn** *n* grey-hen.

Birnbaum ['birn-] *m* pear tree.

Birne ['birnə] *f* (-; -n) *bot.* pear; *el.* (electric) bulb; *metall.* converter; *boxing*: punching-ball; *colloq.* (*head*) pate, nut, bean; *colloq. e-e weiche ~ haben* be soft in the head; **~nfassung** *el. f* lamp socket; **⁓nförmig** [-fœrmiç] *adj.* pear-shaped; **~nmost, ~nwein** *m* perry.

bis [bis] **I.** *prp.* **1.** *as to time*: till, until; until such time as; by; *adm. a.*: on or before, not later than; *~ heute* till today, up to this day, *Am. a.* todate; *~ jetzt* till now, up to the present, so (*or* thus) far, hitherto; *~ jetzt noch nicht* not as yet; *~ auf weiteres* until further notice; for the present; *~ zur endgültigen Regelung* pending final settlement; *econ. ~ zur Verfallzeit* till due; *~ in die Nacht* (far) into the night; *fast ~ Mitternacht* till near midnight; *~ gegen Mittag* till about noon; *~ zum späten Nachmittag* till late in the afternoon; *~ zum Tode* till death; *~ vor wenigen Jahren* until some few years back; *~ über Weihnachten* (*hinaus*) beyond Christmas; *~ zum Ende* (right) to the end; *~ wann wird es dauern?* how long will it go (*or* last)?; *~ wann ist es fertig?* by what time will it be finished?; *in der Zeit vom 1. Mai ~ 31. Juli* during the period between ... and ...; *vom Montag ~ einschließlich Samstag* from Monday to Saturday inclusive(ly), *Am.* from Monday thru Saturday; *alle ~ 31. Dezember* erteilten *Genehmigungen* any licences granted before ...; *~ morgen!* see you tomorrow!; **2.** *as to space*: to, up to, as far as; *~ hierher* up to here, thus far; *~ dahin* as far as that place, up to there; *~ wohin?* how far?; *~ ans Knie* up to the knee; *~ zum Himmel* up to the sky; *~ (nach) Berlin* as far as Berlin; *von hier ~ Japan* from here to Japan; **3.** *with figures*: *sieben ~ zehn Tage* from seven to ten days; *fünf ~ sechs Wagen* five or six cars; *~ zu hundert Mann* as many as a hundred men; *~ zu neun Meter hoch* as high as 27 ft.; *~ auf vier zählen* count up to four; *~ auf das letzte Stück* (down) to the last piece; **4.** *as to degree*: *~ aufs höchste* to the utmost; *~ ins kleinste* down to the smallest detail; *~ zur Tollkühnheit* to the point (*or* extent) of rashness; **5.** *~ auf* except, with the exception of; *alle ~ auf einen* all but one; **II.** *cj.* *~ (daß)* till, until; *~ er Präsident wurde* until (*or* up to the time) he became President; *es wird lange dauern, ~ er es merkt* it will be long before he finds out, it will take him long to find out.

Bisam ['bi:zam] *zo. m* (-s; -e) musk; (*fur*) musquash; **~katze** *f* civet-cat; **~kraut** *n* (-[e]s) musk-root; **~ratte** *f* muskrat.

Bischof ['biʃɔf] *m* (-s; ⸚e) bishop.

bischöflich ['-ʃø:fliç] *adj.* episcopal.

'**Bischofs...:** **~amt** *n* episcopate; **~hut** *m*, **~mütze** *f* mitre; **~sitz** *m* episcopal see; cathedral town; **~stab** *m* crosier; **~würde** *f* episcopal dignity.

bisexuell ['bi:-] *adj.* bisexual.

bisher [bis'he:r] *adv.* hitherto, till (*or* up to) now, so (*or* thus) far; *~ (noch) nicht* not as yet; *wie ~* as in the past; **~ig** *adj.* hitherto existing; former; present, prevailing; *~e Tätigkeit a.* list of past employers.

Biskaya [bis'kɑ:ja] *f* (-) Biscay; *Golf von ~* Bay of Biscay.

Biskuit [bis'kvi:t] *n* (-[e]s; -s) biscuit, *Am. a.* cracker; *a.* **~kuchen** *m* sponge-cake; **~rolle** *f* Swiss cake.

bis'lang *adv.* → *bisher.*

Bison ['bi:zɔn] *zo. m* (-s; -s) bison.

biß [bis] *pret. of beißen.*

Biß *m* (*Bisses; Bisse*) bite.

bißchen ['bisçən] *adj., adv., n*: *ein ~* a little; a (little) bit; a trifle; somewhat, slightly; *kein ~* not a bit; *auch nicht ein ~* not the least bit; *ein ~ viel* rather much; *das ist ein ~ zuviel verlangt* that's asking a bit too much; *das ~ Einkommen* that measly income; *ein ganz kleines ~* a wee bit; *ein ~ Wahrheit* a grain (*or* element, atom) of truth; *warten Sie ein ~* wait a minute; *mein ~ Geld* what little money I have, my little all.

Bissen ['bisən] *m* (-s; -) bit, morsel; mouthful, bite; (*savoury*) titbit; sop; *sich den ~ vom Mund absparen* stint o.s. (*für* for); *fig. ein fetter ~* a fine catch; '**⁓weise** *adv.* by bits.

'**bissig** *adj.* biting; *dog*: snappish; *dieser Hund ist nicht ~* this dog doesn't bite; *fig.* waspish, snappy; biting, cutting, sarcastic; **⁓keit** *f* (-) snappishness; bitingness; sarcasm.

'**Bißwunde** *f* bite.

Bis-tum ['bistu:m] *eccl. n* (-s; ⸚er) bishopric, diocese.

bisweilen [-'vaılən] *adv.* sometimes, at times; now and then, occasionally.

Bitte ['bitə] *f* (-; -n) request; entreaty; supplication, prayer; petition; invitation; *auf m-e ~* at my request; *e-e ~ richten an j-n* make a request to a p.; *e-e ~ gewähren* grant a request; *ich habe e-e ~ an Sie* I want to ask you a favo(u)r.

'**bitten** *v/t. and v/i.* (*irr., h.*): *j-n um et. ~* ask a p. for a th. (*or* a th. of a p.); request; invite; beg, entreat; implore, beseech; trouble *a p.* (*um* for); *econ. um Aufträge ~* solicit orders; → *Erlaubnis, Verzeihung*; *j-n zu sich ~* ask a p. to come; *sich (lange) ~ lassen* want a lot of asking; *~ für j-n* plead (*or* intercede) for a p.; *sollen wir ihn zum Tee ~?* should we ask him to tea?; *es wird gebeten,* (*daß*) it is requested (*that*); *wenn ich ~ darf* if you please; *ich lasse Herrn X. ~* please show Mr. X. in; *da muß ich doch sehr ~!* now then, really!, be careful what you are saying!; *darf ich Sie um Ihren Namen ~?* may I ask your name?; *ich bitte um Verzeihung* I beg your pardon; excuse me; (I am) sorry; *ich bitte um Ruhe!* silence, please!; *bitte* please; *bitte, gib mir die Zeitung* hand me the paper, please (*or* will you?), would you kindly (*or* be kind enough to) give me the paper; *encouragingly*: (*Aber*) *bitte!* Please, do!, *Am. a.* go (right) ahead!; *wie bitte?* (I beg your)pardon?; *Bitte (sehr)!* (*affirmative answer*) yes, thank you, (*after "danke [schön]"*) don't mention it!, (you are) welcome; never mind!, (*offering a. th.*) here you are!

bitter ['bitər] *adj. and adv.* bitter; *~ schmecken* taste bitter, have a bitter taste; *fig.* bitter; *~e Armut* abject poverty; *~e Enttäuschung* bitter (*or* sad) disappointment; *aus ~er Erfahrung* from bitter experience; *~er Feind* deadly foe; *~e*

Wahrheit sad truth; *~er Ernst* bitter earnest; *es ist mein ~er Ernst* I mean (every word of) it; *~es Lächeln* bitter smile; *~ notwendig* urgently necessary, imperative; *das ist ~* that's hard (*or* tough); *~e Tränen weinen* weep bitterly; **~böse** *adj.* furious, fuming; very wicked; **2e(r)** *m* (-*n*; -*n*) bitters *pl.*; **2erde** *chem. f* magnesia; **~ernst** *adj.* dead serious; **2holz** *n* quassia(-wood); **2kalk** *m* magnesian lime-stone, dolomite; **~kalt** *adj.* bitter cold; **2keit** *f* (-) bitterness; *fig. a.* acrimony, sarcasm; bitter feeling, rancor, bad blood; **2klee** *bot. m* buck-bean; **~lich I.** *adj.* bitterish; **II.** *adv.*: *~ weinen* weep bitterly; **2ling** *bot. m* (-*s*; -*e*) yellow-wort; **2mandelöl** *n* oil of bitter almonds; *chem.* benzaldehyde; **2mittel** *n* bitter(s); **2salz** *n* Epsom salts *pl.*, *chem.* magnesium sulphate; **2spat** *min. m* magnesite; **~süß** *adj.* bitter-sweet; **2wasser** *n* bitter mineral water.

'Bitt|gebet *n* petitionary prayer; **'~gesuch** *n*, **'~schrift** *f* petition; **'~steller(in** *f*) *m* (-*s*, -; -, -*nen*) petitioner.

Bitum|en [bi'tumən] *n* (-*s*; -) bitumen; **2inös** [-'nø:s] *adj.* bituminous.

bizarr [bi'tsar] *adj.* bizarre.

Bizeps ['bi:tsɛps] *m* (-*es*; -*e*) biceps.

bläh|en ['blɛ:ən] **I.** *v/t.* (*h.*) swell, puff up, inflate; (*a. sich ~*) belly (*or* swell) out; *fig. sich ~* puff o.s. up; *mit et.*: brag of, be puffed up about *a th.*; **II.** *v/i.* (*h.*) *med.* cause flatulence; **~end** *med. adj.* flatulent; **2ung** *med. f* (-; -*en*) wind, flatulence.

blam|abel [bla'mɑ:bəl] *adj.* disgraceful, shameful; **2age** [-'mɑ:ʒə] *f* (-; -*n*) disgrace, shame; **~ieren** *v/t.* (*h.*) make *a p.* look like a fool, (expose to) ridicule, show *a p.* up; *sich ~* make a fool of o.s., make o.s. ridiculous; put one's foot in it.

blank [blaŋk] **I.** *adj.* bright (*a. tech.*), shining; polished; naked; bare (*a. tech.*); clean; smooth; blank (*sheet*); glossy, shiny; *~e Elektrode* bare electrode; *~e Waffe* cold steel; *fig.* pure, mere; *~er Unsinn* sheer nonsense; *colloq.* broke; **II.** *adv.*: *~ ziehen* draw (one's sword); *tech. ~ polieren* finish, polish, furbish; *~ glühen* bright-anneal; *~ scheuern* scour.

Blankett [blaŋ'kɛt] *n* (-[*e*]*s*; -*e*) blank form, *Am. a.* blank; → *Blankovollmacht.*

blanko ['blaŋko] *econ.* **I.** *adj.* blank, uncovered; **II.** *adv.* in blank; *stock exchange*: *~ verkaufen* bear, *Am.* sell short; **2abgaben** *f/pl.* bearish operations, *Am.* short sales; **2akzept** *n* blank acceptance; **2formular** *n* blank (form); **2giro** *n on bills of exchange*: blank endorsement; *on securities*: blank transfer; **2kredit** *m* blank (*or* open) credit; **2scheck** *m* blank cheque (*Am.* check); **2vollmacht** *f* full discretionary power, carte blanche (*Fr.*); **2wechsel** *m* blank bill.

'Blankvers *poet. m* blank verse.

Bläs-chen ['blɛ:sçən] *n* (-*s*; -) small bubble; *anat.*, *bot.* vesicle; *med.* **a)** vesicle, (small) blister, **b)** pustule, pimple; **~flechte** *med. f* herpes; **2förmig** ['-fœrmiç] *adj.* vesicular.

Blase ['blɑ:zə] *f* (-; -*n*) bubble; *anat.* bladder; *med.* blister, vesicle; *tech.* flaw, *raised*: blister, *inside*: bubble, *in glass*: bleb, seed; *chem.* still, alembic; inner-tyre (*Am.* tire); *colloq. contp.* set, gang, clan; *mit ~n bedeckte Füße* blistered feet; *~n werfen* bubble; *~n ziehen* raise blisters, vesicate; **~balg** *m* (-[*e*]*s*; ⸚*e*) (*ein ~* a pair of) bellows *pl.*

'blasen *v/i. and v/t.* (*irr.*, *h.*) blow (*a. tech*); *wind a.*: waft; *mus.* play, blow; sound (*a. mil.*, *zum Angriff* the charge); → *Trübsal.*

'Blasen...: 2artig *adj.* bladderlike, *med.* vesicular; **~ausschlag** *m* pemphigus; **~bildung** *f* bubble formation, blistering; **~entzündung** *f* inflammation of the bladder, cystitis; **~grieß** *m* urinary gravel; **~katarrh** *m* cystic catarrh; **~leiden** *n* bladder trouble; **~sonde** *f* catheder; **~stein** *m* (cystic) calculus; **2ziehend** *adj.* blistering, *med.* vesicant.

Bläser ['blɛ:zər] *m* (-*s*; -) *mus.* player of a windinstrument; *die ~ pl.* (*orchestra*) the wind; *tech.* blower; fan, ventilator.

'Blas(e)rohr *n* blow-pipe (*a. tech.*); pea-shooter.

blasiert [bla'zi:rt] *adj.* blasé (*Fr.*).

blasig ['blɑ:ziç] *adj.* bubbly; like blisters; *med.* blistered (*a. tech.*), vesicular.

'Blas...: ~instrument *n* wind-instrument; *die ~e pl.* (*orchestra*) the wind; **~kapelle** *f* brass-band.

Blasphemie [blasfe'mi:] *f* (-; -*n*) blasphemy; **blasphemisch** [-'fe:miʃ] *adj.* blasphemous.

blaß [blas] *adj.* pale (*vor dat.* with); pallid, colo(u)rless; sallow; *~rot etc.* pale red, *etc.*: *~ werden* turn pale, blanch; *colo(u)r*: fade; *fig. blasser Neid* green envy; *blasse Erinnerung* dim recollection; *keine blasse Ahnung* not the faintest idea.

Blässe ['blɛsə] *f* (-) paleness, pallor.

'bläßlich *adj.* palish, pallid.

Blatt [blat] *n* (-[*e*]*s*; ⸚*er*) *bot.* leaf; *of grass*: blade; *of flower*: petal; *of calyx*: sepal; *of mushroom*: gill, lamella; *of book*: leaf; sheet (*of paper*); page; (news)paper, daily, weekly; *art*: drawing, engraving, print; *mus.* sheet of music; *tech.* plate, lamina; *metal*: foil; blade (*of oar, saw, shovel, etc.*); *arch.* scarf; *weaving*: reed; (table) leaf; *zo.* shoulder, blade-bone; *cards*: *ein gutes ~* a good hand; *mus. vom ~ spielen* play at sight; *fig. ein unbeschriebenes ~* an unknown quantity, a dark horse; *kein ~ vor den Mund nehmen* not to mince matters, be plain-spoken; *das steht auf e-m andern ~* that's quite a different thing (*or* another story); *das ~ hat sich gewendet* the tide has (*or* the tables are) turned; **~ader** *f* leaf-vein, nerve; **~ansatz** *m* stipule; **2artig** *adj.* leaf-like, foliaceous.

Blättchen ['blɛtçən] *n* (-*s*; -) small leaf, leaflet; *anat.*, *bot.*, *chem.* lamella; *tech.* foil; membrane; flake, scale.

'blätt(e)rig *adj. bot.* leafy, foliated; *in compounds*: ...leaved; *tech.* laminated.

'Blätter...: ~kohle *f* lamellar coal; **~kuchen** *m* puff(-pastry); **~magnet** *el. m* lamellar magnet.

Blattern ['blatərn] *med. f/pl.* small-pox *sg.*; *of sheep*: rot; *of swine*: measles.

blättern ['blɛtərn] *v/i.* (*h.*) turn over the leaves (*in e-m Buch* of a book); flake *or* scale (off).

'Blatter...: ~narbe *f* pock-mark, pit; **2narbig** *adj.* pock-marked, pitted (with small-pox); **~ngift** *n* vaccine virus; **~n-impfung** *f* vaccination.

'Blätter...: ~pilz, ~schwamm *m* agaric; **~tabak** *m* leaf tobacco; **~teig** *m* puff-paste.

'Blatt...: ~feder *tech. f* plate-spring; *mot.* leaf-spring; **2förmig** ['-fœrmiç] *adj.* leaf-shaped, lamelliform; **~gold** *n* gold leaf; **~grün** *bot. n* (-*s*) chlorophyll; **~halter** *m* (-*s*; -) *typ.* catch, viscorium; *of saw, etc.*: blade holder; *typewriter*: copy-holder; **~knospe** *f* leaf-bud; **~laus** *f* plant-louse, aphid; **2los** *adj.* leafless; *of flowers*: apetalous; **~metall** *n* sheet metal, foil; **~pflanze** *f* foliage plant; **~rippe** *f* nerve (*or* vein); **~schreiber** *m* page printer; **~silber** *n* silver leaf; **~stiel** *m* leaf stalk; **~vergoldung** *f* leaf-gilding; **2weise** *adv.* leaf by leaf; **~werk** *n* (-[*e*]*s*) foliage; **~wespe** *f* saw-fly; **~zinn** *n* tinfoil.

blau [blau] *adj.* blue; azure; *~(geschlagen)es Auge* black eye; *~er Fleck* bruise, blue mark; *mar. das 2e Band* the Blue Riband; *tech. ~ anlaufen lassen* blue, temper; *~ geglühter Flußstahl* blue annealed soft steel; *fig.* drunk, *sl.* tight, plastered; *colloq. ~e Bohne* bullet, *Am.* blue pill; *~er Montag* Saint Monday; *~ machen* take a day off; *mit e-m ~en Auge davonkommen* get off cheaply; → *Dunst, Wunder*; *er hat ~es Blut in s-n Adern* he is blue-blooded; **2** *n* (-*s*) blue, blue colo(u)r; *Dame in ~* lady in blue; *das ~e vom Himmel herunterlügen* lie shamelessly; *ins ~e hineinreden* talk at random; *Fahrt ins ~e* random trip, mystery trip; *Schuß ins ~e* random shot; **'~äugig** ['-ʔɔʏgiç] *adj.* blue-eyed; **'2bart** *m* Bluebeard; **'2beere** *f* bilbery, *Am.* blueberry; **'~blütig** ['-blytiç] *adj.* (*fig.*) blue-blooded; **'2buch** *pol. n* blue book.

Bläue ['blɔʏə] *f* (-) blue(ness); blue colo(u)r; azure (*of sky*); *for laundry*: blue.

blauen ['blauən] *v/i.* (*h.*) be blue; turn blue.

bläuen ['blɔʏən] *v/t.* (*h.*) (dye) blue.

'blau...: 2felchen ['-fe:lçən] *ichth. m* (-*s*; -) blue char; **2fuchs** *zo. m* blue (*or* arctic) fox; **~grau** *adj.* bluish grey, livid; **~grün** *adj.* bluish green, glaucous; **2holz** *n* logwood; **2kohl** *m*, **2kraut** *n* (-[*e*]*s*) red cabbage; **2kreuz** *mil. n* (-*es*) blue-cross shell-gas.

'bläulich *adj.* bluish, *esp. med.* livid.

'blau...: 2meise *f* blue titmouse; **2papier** *n* carbon paper; **2pause** *f* blueprint; **2säure** *f* (-) prussic (*or* hydrocyanic) acid; 2**specht** *m* nuthatch; 2**stift** *m* blue pencil; *mit ~ anstreichen, etc.* blue-pencil; 2**strumpf** *fig. m* blue-stocking; 2**wal** *zo. m* blue whale.

Blech [blɛç] *n* (-[e]s; -e) sheet metal; (*product*) metal sheet; sheet steel; sheet iron; plate; foil; *colloq. fig.* stuff, rubbish, *sl.* bosh; *rede doch kein ~ sl.* don't talk rot; **~bearbeitung** *f* tin-plate work(ing); **~bearbeitungsmaschine** *f* sheet-metal working machine; **~belag** *m* plate covering; **~beplankung** *aer., tech. f* (sheet-)metal skin; **~büchse, ~dose** *f* tin (box), *Am.* (tin) can; *in ~n verpackt* tinned, *Am.* canned; **~druck** *typ. m* tin-printing.

ˈ**blechen** *colloq. v/t. u. v/i.* (*h.*) pay (up), fork (*or* shell) out, *sl.* cough up.

ˈ**blechern** *adj.* (of) tin; tinny, brassy (*sound*).

ˈ**Blech...: ~erzeugnisse** *n/pl.* plate products; **~geschirr** *n* tinware, tin-plate vessels *pl.*; **~instrument** *mus. n* brass instrument; *die ~e pl.* (*orchestra*) the brass; **~kanister** *m* canister, metal container; **~kanne** *f* tin-can; **~konstruktion** *f* tin-plate construction; **~lehre** *f* sheet metal ga(u)ge; **~marke** *f* tin control plate; **~musik** *f* (music of a) brass band; **~orden** *m contp.* putty medal; **~schere** *f* plate-shears *pl.*; gate shears; lever shears; **~schmied** *m* tinsmith; sheet-metal worker; **~streifen** *m* sheet-metal strip, tinband; **~tafel** *f* sheet panel; 2**umhüllt** *adj.* metal-sheathed; **~verkleidung** *f* sheeting; **~walzwerk** *n* plate rolling mill, sheet mill; **~ware(n** *pl.*) *f* tinware.

blecken [ˈblɛkən] *v/t.* (*h.*): *die Zähne ~* show one's teeth; *animal*: bare one's fangs.

Blei[1] [blaɪ] *ichth. m* (-[e]s; -e) bream.

Blei[2] *n* (-[e]s; -e) lead; *aus ~* (of) lead, leaden; *mot. in petrol*: tetraethyl lead (*abbr.* TEL); *mar.* plummet, lead; (lead) pencil; *gun*: shot; *fig. es lag ihm wie ~ in den Gliedern* his limbs were leaden.

ˈ**Blei...: ~ader** *f* lead vein; **~arbeiter** *m* plumber; 2**artig** *adj.* leadlike, plumbeous; **~bad** *n* lead bath; **~barren** *m* lead pig; **~benzin** *n* leaded petrol (*Am.* gasoline).

Bleibe [ˈblaɪbə] *f* (-) shelter, place to stay, *sl.* digs; accommodation; *keine ~ haben* have no home, have no roof over one's head.

ˈ**bleiben** *v/i.* (*irr., sn*) remain; stay; continue, keep; be left, remain; *in battle*: fall; *zu Hause ~* stay in; *fern ~* keep away; *draußen ~* stay out; *gesund ~* continue in good health, keep healthy; *ernsthaft ~* keep one's countenance; *ruhig ~* **a)** keep quiet, **b)** keep one's temper; *unbestraft ~* go unpunished; *sich gleich ~* be always the same; *treu ~* remain faithful; *bei et. ~* keep (*or* stick) to, abide by, persist in *one's opinion, etc.*; *am Leben ~* remain alive, survive; *ohne Folgen ~* be without (*or* have no) consequences; → *Sache*; *für sich ~* keep to o.s.; *dabei muß es ~* there the matter must rest; *dabei wird es nicht ~* matters won't stop there; *es bleibt babei!* agreed!; that's final!; *das bleibt unter uns* that's between ourselves, that's strictly confidential; *es bleibt abzuwarten* it remains to be seen; *wo bist du so lange geblieben?* where have you been all this time?; *wo ist sie nur geblieben?* what has become of her?; *colloq. und wo bleibe ich?* and where do I come in?; *zwei von sieben bleibt fünf* two from seven leaves five; *teleph. ~ Sie in der Leitung!* hold the line, please; *typ. bleibt!* let stand, stet; 2 *n* (-s) stay; *hier ist meines ~s nicht länger* I cannot stay here any longer; **~d** *adj.* lasting, enduring, permanent; everlasting; *colour*: fast; *~er Eindruck* lasting impression; *~er Zahn* permanent tooth; → *Stätte*; **~lassen** *v/t.* (*irr., h.*) leave *a th.* alone; *laß das bleiben!* don't do it!; leave it alone!; do nothing of the kind!; stop that (*noise, etc.*)!

ˈ**Bleibergwerk** *n* lead mine.

bleich [blaɪç] *adj.* pale (*vor dat.* with), pallid, wan; faint, faded; *~ werden* turn pale, blanch.

ˈ**Bleiche** *f* (-; -n) paleness, pallor; *of laundry*: bleaching; → *Bleichplatz*; 2**n I.** *v/t.* (*h.*) bleach, blanch; whiten; **II.** *v/i.* (*sn*) bleach; turn white, blanch; lose colo(u)r, fade; **~n** *n* bleaching.

ˈ**Bleich...: ~gesicht** *n* paleface; **~mittel** *n* bleaching agent; **~platz** *m* bleaching ground; **~sucht** *med. f* (-) greensickness, chlorosis, an(a)emia; 2**süchtig** *adj.* greensick, chlorotic, an(a)emic.

bleiern [ˈblaɪərn] *adj.* (of) lead, leaden; *fig.* leaden, as heavy as lead.

ˈ**Blei...: ~erz** *n* lead ore; **~essig** *m* lead vinegar, basic acetate of lead; **~farbe** *f* lead paint; 2**farbig** *adj.* lead-colo(u)red, livid; **~folie** *f* lead foil; 2**frei** *adj. petrol*: unleaded; **~gelb** *n* massicot, yellow lead; **~gewicht** *n* sinker, plummet; **~gießer** *m* lead smelter; **~gießeˈrei** *f* lead-works *pl.*; **~glanz** *min. m* lead glance, galena; **~glas** *n* lead (*or* crystal) glass; 2**haltig** [ˈ-haltiç] *adj.* plumbiferous; **~hütte** *f* lead-works *pl.*; **~kabel** *n* lead-covered cable; **~kugel** *f* lead bullet; **~legierung** *f* leadbase alloy; **~lot** *n arch.* plumb (-line); *mar.* plummet; **~mantel** *tech. m* lead sheathing; **~oxyd** *chem. n* lead oxide; **~plombe** *f* lead seal; **~rohr** *n* lead pipe; **~salbe** *f* lead ointment; **~säure** *chem. f* plumbic acid; 2ˈ**schwer** *adj.* heavy as lead; *a. fig.* leaden; **~sicherung** *el. f* lead fuse; **~soldat** *m* tin soldier.

ˈ**Bleistift** *m* lead pencil; **~halter** *m* (-s; -), **~hülse** *f* pencil case; **~spitzer** *m* (-s; -) pencil sharpener; **~zeichnung** *f* pencil-drawing.

ˈ**Blei...: ~vergiftung** *f* lead poisoning; **~verhüttung** *f* lead smelting; **~wasser** *pharm. n* goulard water; **~weiß** *chem. n* white lead, ceruse; **~zucker** *m* lead acetate.

Blende [ˈblɛndə] *f* (-; -n) blind; *arch.* **a)** blind window; **b)** blind front wall, dead face; **c)** niche, recess; *of horse*: blinker, eye-flap; blind, screen; *mil.* (gun) mantlet; *mar.* dead-light; *headlight*: shutter; *opt., phot.* diaphragm, stop; *phot. bei ~ 8* stop-opening of f 8; *in jets, etc.*: orifice; *min.* blende, blackjack; lantern; *on dress*: trimming, braiding, stripe.

ˈ**blenden I.** *v/t.* (*h.*) *generally*: blind (*a. fig.*); put (*or* gouge) out the eyes; dazzle (*a. fig.*); screen; plate; dye dark (*fur*); *fig.* deceive, delude, hoodwink; dazzle, fascinate; **II.** *v/i.* (*h.*) glare, dazzle (the eyes); 2 *n* (-s) *mot.* headlight glare; **~d** *adj.* glaring, dazzling; *fig.* delusive; brilliant; splendid, excellent, marvellous; *e-e ~e Schönheit* a dazzling beauty.

ˈ**Blenden...: ~einstellung** *phot. f* diaphragm setting; **~öffnung** *f* diaphragm aperture; **~scheibe** *f opt.* diaphragm; *tech.* orifice plate.

ˈ**Blender** *fig. m* (-s; -) bluff(er), dazzler.

Blend [blɛnt]**...:** ˈ2**frei** *adj.* dazzle-free; ˈ**~glas** *opt. n* moderating glass; ˈ**~holz** *n* facing board; ˈ**~laterne** *f* dark lantern; ˈ**~ling** *m* (-s; -e) mongrel, bastard, hybrid; ˈ**~rahmen** *m* blind frame; ˈ**~scheibe** *f opt.* disk diaphragm, stop; *mot.* anti-glare shield; ˈ**~schutz** *mot. m* headlight dimming, anti-dazzle device; ˈ**~schutzglas** *n* anti-glare glass; ˈ**~schutzscheibe** *mot. f* anti-glare screen, *Am.* visor; ˈ**~stein** *m* facing brick.

Blendung [ˈ-duŋ] *f* (-; -en) blinding; *w.s.* dazzling, glare; *fig.* deception; delusion.

Blendwerk [ˈblɛnt-] *n* (optical) delusion, illusion, mirage; deception; jugglery; eyewash.

Blesse [ˈblɛsə] *f* (-; -n) blaze, white spot; horse with a blaze.

Bleuel [ˈblɔʏəl] *m* (-s; -) mallet, beetle.

bleuen [ˈblɔʏən] *v/t.* (*h.*) beat (black and blue).

Blick [blik] *m* (-[e]s; -e) look (*auf acc.* at); *flüchtiger ~* glance (at), glimpse (of); *durchbohrender ~* glare; *finsterer ~* scowl; *starrer ~* gaze; *der böse ~* the evil eye; *~ in die Zukunft* forward look; view (of), *weiter ~* vista; *mit ~ auf* with a view of, overlooking, facing; *auf den ersten ~* at first sight, at a glance; *das sieht man doch auf den ersten ~* you can see that with half an eye; *e-n ~ werfen auf* (*acc.*) take a look at, cast a glance at; *j-m e-n ~ zuwerfen* give a p. a look; *j-n mit den ~en durchbohren* look daggers at a p.; *e-n ~ für et. haben* have an eye for a th.; 2**en** *v/i.* (*h.*) look, glance (*auf acc.* at); *finster ~* scowl; *starr ~* gaze; *sich ~ lassen* show o.s., appear, put in an appearance; *er läßt sich nicht mehr ~* he makes himself scarce; *das läßt tief ~* that's very significant, that speaks volumes; *Mitleid blickte aus ihren Augen* her eyes looked compassion; **~fang** *m* eye-catcher; **~feld** *n* field of vision; *fig.* range (of vision), horizon; **~feuer** *n* signal light; 2**los** *adj.* sightless(ly *adv.*); **~punkt** *m* point of vision; *fig.* focus; *im ~ stehen* be in the cent|re (*Am.* -er) of interest, be in the limelight; **~richtung** *f* line of sight; **~winkel** *m* visual

angle; *fig.* point of view, viewpoint.
blieb [bli:p] *pret. von bleiben.*
blies [bli:s] *pret. von blasen.*
blind [blint] **I.** *adj.* blind (*a. fig. gegen, für* to; *vor dat.* with); sightless; *völlig* ~ stone-blind; *metal, etc.*: dim, dull, tarnished; *arch.* blind, sham, dead; *mil.* blank (*cartridge*); *auf e-m Auge* ~ blind of (*or* in) one eye; *fig.* blind, implicit (*faith, obedience*); blind (*fury, love*); ~*es Glück* mere chance; ~*er Alarm* false alarm; ~*er Passagier* stowaway, *rail.* deadhead; ~*es Werkzeug* mere tool; ~*schreiben* type by touch; ~*fliegen* fly blind (*or* on instruments); ~ *schießen* fire blank cartridges; *j-n* ~ *machen* blind a p. (gegen to); *sie ist* ~ *für* she shuts her eyes to; ~*er Eifer schadet nur* haste makes waste; **II.** *adv.* → *blindlings.*
'**Blind...:** ~**boden** *m arch.* dead floor; ~**darm** *anat. m* blind gut, caecum; appendix; ~**darmentzündung** *med. f* appendicitis.
'**Blindekuh** *f* (-) blind-man's buff.
'**Blinden...:** ~**anstalt** *f* blind asylum, home for the blind; ~**(führ)hund** *m* blind-man's dog, guide-dog, *Am.* seeing-eye dog; ~**schrift** *f* braille; ~**schreibmaschine** *f* braille typewriter.
'**Blinde(r** *m*) *f* (-n, -n; -n, -n) blind (wo)man, blind person; *die* ~*n pl.* the blind; *das sieht doch ein* ~*r* you can see that with half an eye.
Blind...: ['blint-] ~**flug** *m* instrument (*or* blind) flying; ~**gänger** ['-gɛŋər] *m* (-s; -) *mil.* blind shell, blind bomb, dud; *colloq. fig.* washout; ♀**geboren** *adj.* born blind; ~**heit** *f* (-) blindness; *fig. mit* ~ *geschlagen* struck with blindness; ~**landung** *aer. f* instrument landing, blind approach; ~**leistung** *el. f* reactive volt-amperes *pl.*, *Am.* reactive power; ♀**lings** ['-liŋs] *adv.* blindly; rashly, recklessly; at random; implicitly; ~**schleiche** ['-ʃlaiçə] *zo. f* (-; -n) slow-worm, blind-worm; ~**schreiben** *n* (-s) touch typing; ~**strom** *el. m* reactive current; ~**widerstand** *el. m* reactance.
Blink|bake ['bliŋk-] *aer. f* flash beacon; '♀**en** *v/i.* (*h.*) glitter, gleam, sparkle, flash; *esp. stars*: twinkle; (*a. v/t.*) signal (with lamps), flash; '~**er** *mot. m* (-s; -) flashing trafficator; '~**feuer,** '~**licht** *n* intermittent (*or* flashing) light; *mot.* → *Blinker*; '~**gerät** *n* lamp-signal(l)ing apparatus, blinker; '~**spruch** *m* blinker(-signal)message; '~**zeichen** *n* lamp (*or* flashlight) signal; ~ *geben* flash.
blinzeln ['blintsəln] *v/i.* (*h.*) blink (one's eyes), twinkle; wink.
Blitz [blits] *m* (-es; -e) lightning; flash (of lightning); *der* ~ *schlug ein* the lightning struck; *vom* ~ *getroffen* struck by lightning; *fig. wie der* ~ like lightning; → *blitzschnell*; *colloq. wie ein geölter* ~ like a greased lightning; *wie vom* ~ *getroffen* thunderstruck; *ein* ~ *aus heiterem Himmel* a bolt from the blue; '~**ableiter** *m* (-s; -) lightning-conductor (*or* rod); '♀**artig** *adj.* lightninglike; abrupt; → *blitzschnell*; '♀**blank** *adj.* shining, *pred.* spick and span.
'**blitzen** *v/i. and v/impers.* (*h.*) lighten, flash; *es blitzt* it is lightning; *fig.* glitter, flash, sparkle; *s-e Augen blitzten* his eyes flashed (*vor Zorn* with anger), *vor Vergnügen*: glittered (*or* sparkled) with amusement.
'**Blitzesschnelle** *f* lightning-speed.
'**Blitz...:** ~**gerät** *phot. n* flash attachment; flash gun; ~**gespräch** *teleph. n* special priority call; ~**krieg** *m* lightning war(fare), blitz(krieg); ~**licht** *phot. n* flash-light; flash bulb; *mit* ~ *photographieren* flash-photograph; ~**lichtaufnahme** *f* flash-light photo(graph), photoflash picture; ~**lichtbirne** *f* flash bulb, photo-flash; ~**lichtlampe** *f* flashlamp; ~**offensive** *mil. f* lightning offensive; ♀**sauber** *adj.* neat as a pin, spick and span; very pretty; ~**schaden** *m* damage caused by lightning; ~**schlag** *m* lightning-stroke; ♀**schnell I.** *adj.* lightning; *mot.* ~*es Starten* split-second starting; **II.** *adv.* with lightning speed, like a shot, in a flash; abruptly, all of a sudden; *es verbreitete sich* ~ it spread like wildfire; *es trocknet* ~ it dries like magic; ~**schutzsicherung** *el. f* lightning protection fuse; ~**strahl** *m* flash of lightning; ~**telegramm** *n* special priority telegram(me); ~**zug** *m* express train.
Block [blɔk] *m* (-[e]s; ⸚e) block (*a. rail; a. of houses* [*pl.* -s]); log; block, boulder; bar (*of chocolate, soap*); (writing) pad, block; book (*of tickets*); *of book*: stitched pack; (*executioner's*) block; stocks *pl.*; *parl. pol.*, *econ.* bloc; *metall.* ingot, pig; *vorgewalzter* ~ cogged ingot, *Am.* bloom; *tech.* (pulley-)block; *mot.* radiator core.
Blockade [blɔ'kɑ:də] *f* (-; -n) blockade; *die* ~ *aufheben* raise the blockade; *die* ~ *brechen* run the blockade; *typ.* turned letter(s *pl.*); ~**brecher** *m* (-s; -) blockade-runner.
'**Block...:** ~**bauart** *f* unitized construction; ~**druck** *typ. m* (-[e]s; -e) block printing; ♀**en** *v/t.* (*h.*) *rail.* block *a line* (by block-signal); block (*hats*); stretch (*shoes*); *boxing*: *e-n Schlag* ~ block a blow; ~**flöte** *f* recorder; ♀**frei** *pol. adj.* non-aligned (*nations*); ~**haus** *n* log-house; *mil.* blockhouse; ~**heftmaschine** *f* book stitching machine.
blo'ckier|en *v/t.* (*h.*) block (up); lock (*wheels*); jam (*line, machine, etc.*); clog; *typ.* turn (*letters*); ♀**ung** *f* (-; -en) blocking; *mil.* blockade.
'**Block...:** ~**kondensator** *el. m* block(-ing) condenser; ~**konstruktion** *f* unit construction; ~**säge** *f* pit-saw; ~**satz** *typ. m* grouped style; ~**schrift** *f* (-) block letters *pl.*; *typ.* Egyptian type; *in* ~ *schreiben* print (in block letters); ~**stelle** *rail. f* signal box.
blöd(e) [blø:t, 'blø:də] *adj.* imbecile, feeble-minded, barmy; stupid, dull, half-baked; foolish, silly; timid, bashful, shy; awkward, stupid (*matter*); ~*er Kerl* silly fool, idiot; ♀**heit** *f* (-) imbecility; stupidity; dullness; silliness; ♀**igkeit** *f* (-) timidity, bashfulness; ♀**sinn** *m* (-[e]s) imbecility, idiocy; nonsense, rubbish; antics, tricks *pl.*; ~! *sl.* bosh!, rot!; ~**sinnig** *adj.* idiotic, imbecile, crazy, silly; *adv. colloq.* awfully.
blöken ['blø:kən] *v/i.* (*h.*) *cattle*: low; *sheep, a. person*: bleat.
blond [blɔnt] *adj.* blond(e *f*); fair (-complexioned); light-colo(u)red, light; ♀**e** ['-də] *econ. f* (-; *n*) blonde (lace).
Blondine [-'di:nə] *f* (-; -n) blonde.
'**Blondkopf** *m* fair-haired person *or* child, *Am. colloq.* blondie.
bloß [blo:s] **I.** *adj.* bare, naked, uncovered; *mit* ~*en Füßen* barefoot(ed); *mit* ~*en Händen* with naked hands; *mit* ~*em Kopf* bare-headed; *mit dem* ~*en Auge* with the naked eye; mere, simple, sheer; ~*e Worte* mere (*or* empty) words; ~*er Neid* sheer envy; *der* ~*e Gedanke* the mere (*or* very) idea; *auf den* ~*en Verdacht hin* on the mere suspicion; **II.** *adv.* merely, simply, only, just, but; *es kostet* ~ *zwei Dollar* it's only two dollars; ~ *ein Mechaniker* a mere mechanic; *komm* ~ *nicht hier herein!* don't you (*or* dare you) come in here!; *wie machst du das* ~! how on earth are you doing it?; *wo sie* ~ *bleibt?* I wonder what has become of her; ~ *jetzt nicht!* not now, of all times! → *nur.*
Blöße ['blø:sə] *f* (-; -n) bareness, nakedness; clearing, glade; *tanning*: smoothed skin; *fig.* weak spot, weak side; *sports*: opening; *fenc. e-e* ~ *bieten* expose, uncover; *boxing*: drop one's guard, *a. fig. sich e-e (empfindliche)* ~ *geben* leave o.s. (wide) open.
'**bloß...:** ~**legen** *v/t.* (*h.*) lay bare, expose; *fig.* (lay) bare, reveal, unveil, bring to light; ~**stellen** *v/t.* (*h.*) expose, unmask, compromise, show *a p.* up; *sich* ~ compromise o.s., lose face; ♀**stellung** *f* exposure.
blühen ['bly:ən] *v/i.* (*h.*) bloom, blossom, flower (*a. fig.*); be in bloom (*or* blossom); *fig.* flourish, prosper, thrive, *econ. a.* boom; *wer weiß, was uns noch blüht* who knows what is in store for us; *ihm blüht e-e Tracht Prügel* he is in for a sound thrashing; *das kann uns auch* ~ that may well happen to us, too; ~**d** *adj.* blooming, flowering; *fig.* rosy (*looks*); vigorous (*health*); *im* ~*en Alter* in the prime of life, in his (her) prime; ~*er Unsinn* perfect nonsense, *sl.* tommy-rot; flourishing, *etc.* (*town, trade, etc.*).
Blümchen ['bly:mçən] *n* (-s; -) little flower, floweret; ~**kaffee** *m colloq.* water bewitched.
Blume ['blu:mə] *f* (-; -n) flower; *fig. of wine*: aroma, bouquet; *of beer*: froth; *hunt.* tail, brush; *fig.* flower, pick, choice; flower of speech, metaphor; et. *durch die* ~ *sagen* say a th. under the rose, hint at a th.; *laßt* ~*n sprechen* say it with flowers.
'**Blumen...:** ~**ausstellung** *f* flower-show; ~**beet** *n* flower-bed; ~**blatt** *n* petal; ~**draht** *m* florist's wire; ~**erde** *f* garden mo(u)ld; ~**garten** *m*

flower-garden; **~gärtner** *m* florist; **~händler(in** *f*) *m* florist; **~handlung** *f* flower-shop, florist's; **~kasten** *m* window-box; **~kelch** *m* calyx; **~kohl** *m* cauliflower; **~korso** ['-kɔrzo] *m* (*-s*; *-s*) battle of flowers; **~krone** *bot. f* corolla; **~laden** *m* → *Blumenhandlung*; **~liebhaber(in** *f*) *m* lover of flowers, flower-fancier; **~mädchen** *n* flower-girl; **~muster** *n* floral design; **2reich** *adj.* abounding in flowers; flowery (*a. fig.*); **~schale** *f* flower-bowl; **~ständer** *m* flower-stand; **~stengel, ~stiel** *m* flower-stalk, peduncle; **~stetigkeit** *f of bees*: preference for one flower; **~strauß** *m* (*-es*; *⸚e*) bunch (*or* bouquet) of flowers; nosegay; **~topf** *m* flower pot; **~vase** *f* flower-vase; **~zucht** *f* floriculture; **~züchter(in** *f*) *m* florist; **~zwiebel** flower-bulb.

'**blumig** *adj.* flowery (*a. fig.*); flowered *pattern, etc.*

Bluse ['blu:zə] *f* (*-*; *-n*) blouse; *mil.* field jacket.

Blut [blu:t] *n* (*-[e]s*) blood; *geronnenes ~* coagulated (*or* clotted) blood, gore; *fig.* blood; race, breed; *junges ~* young blood (*or* thing); → *blau*; *heißes ~* passionate (*or* hot) temper; *bis aufs ~* to the quick (*or* marrow), (almost) to death; *~ lecken* taste blood; *~ schwitzen* sweat blood; *~ vergießen* shed blood; *böses ~ machen* breed bad blood, arouse ill feeling; *es liegt bei ihm im ~* it runs in his blood; *immer ruhig ~!* keep cool!, take it easy!

'**Blut...:** **~ader** *f* vein; **~alkohol** *m* blood alcohol; **~andrang** *m* rush of blood (to the head), congestion; **2arm** *adj.* bloodless, an(a)emic (*a. fig.*); *fig.* ['blu:t'arm] (utterly) destitute, penniless; **~armut** *med. f* an(a)emia; **~auswurf** *m* sputum containing blood; **~bad** *n* carnage, massacre, butchery, slaughter; **~bahn** *f* blood stream; **~bank** *f* (*-*; *-en*) blood bank; **2befleckt** *adj.* blood-stained; **~bild** *n* blood-picture, blood count; **2bildend** *adj.* blood-forming; **~bildung** *f* formation of blood, h(a)emopoiesis; **~blase** *f* blood blister; **~buche** *bot. f* copper-beech; **~druck** *m* (*-[e]s*) blood-pressure; *den ~ messen* take the blood-pressure; **~druckmesser** *m* sphygmomanometer, blood-pressure apparatus; **~drüse** *f* endocrine gland; **~durst** *m* bloodthirst(iness); **2dürstig** *adj.* bloodthirsty.

Blüte ['bly:tə] *f* (*-*; *-n*) blossom, bloom; *esp. fig.* flower; *fig.* prosperity; heyday, climax, height; flower, élite; prime (of life); flush (of youth); *in (voller) ~* in (full) bloom; *~n treiben* put forth blossoms; *fig. sonderbare Blüten treiben* give rise to queer practices; *e-e neue ~ erleben* go through a time of revival; *zur ~ gelangen* come to fruition.

'**Blut-egel** *m* leech; *~ setzen* apply leeches (*an dat.* to).

'**bluten** *v/i.* (*h.*) bleed (*aus* from); *aus der Nase ~* bleed at the nose; *fig.* bleed, pay up; *schwer ~ müssen* pay through the nose; *j-n ~ lassen* bleed a p. (white); *mein Herz blutet* my heart bleeds (*um* for; *bei* at); *~den Herzens* with a heavy heart, with great reluctance.

'**Blüten...:** **~becher** *bot. m* cupula; **~blatt** *n* petal; **~boden** *m* receptacle, torus; **~dolde** *f* umbel; **~honig** *m* honey of blossoms and flowers; **~kätzchen** *n* catkin; **~kelch** *m* calyx; **~kelchblatt** *n* sepal; **~knospe** *f* flower bud; **~lese** *fig. f* selection, anthology; **~stand** *m* inflorescence; **~staub** *m* pollen; **~stecher** *m* anthonomus; **~stengel** *m* peduncle.

'**Blut-entnahme** *f* taking of blood samples.

'**blütentragend** *adj.* floriferous.

'**Bluter** *med. m* (*-s*; *-*) bleeder, h(a)emophiliac.

'**Blut-erguß** *med. m* blood effusion.

'**Bluter-krankheit** *med. f* (*-*) h(a)emophilia.

'**Blütezeit** *f* flowering time (*a. fig.*); *fig.* heyday, golden season.

'**Blut...:** **~farbe** *f* blood-colo(u)r, (dark) crimson; **~farbstoff** *m* (*-[e]s*) blood pigment, h(a)emoglobin; **~faserstoff** *m* (*-[e]s*) fibrin; **~fink** *m* bullfinch; **~fleck** *m* bloodstain; **~fluß** *med. m* (*-sses*) h(a)emorrhage; **~gefäß** *anat. n* blood-vessel; **~gerinnsel** *n* clot of blood, thrombus; **~gerüst** *n* scaffold; **~geschwür** *med. n* furuncle; phlegmon; **2getränkt** *adj.* blood-drenched; **2gierig** *adj.* bloodthirsty, murderous; **~gifte** *n/pl.* blood-toxins; **~gruppe** *f* blood group; **~gruppenbestimmung** *f* blood-grouping (test); **~hochzeit** *f*: *die Pariser ~* the Massacre of St. Bartholomew; **~hund** *m* bloodhound; **~husten** *med. m* h(a)emoptysis; **2ig** *adj.* bloody, blood-stained; bleeding (*wound*); sanguinary *or* bloody (*battle*); *fig.* cruel; *~er Anfänger* rank beginner, greenhorn; *~er Ernst* dead earnest; *~e Tränen* bitter tears; '**2'jung** *adj.* very young; **~klumpen** *med. m* blood clot; **~konserve** *f* conserved blood; blood plasma; **~körperchen** *n* blood corpuscle; *weißes ~* leucocyte; *rotes ~* erythrocyte; **~körperchenzählung** *f* blood count; **~krankheit** *f* blood disease; **~kreislauf** *m* (*-[e]s*) blood circulation; **~lache** *f* pool of blood; **~lassen** *n* (*-s*) bloodletting; **~laugensalz** *n* potassium ferrocyanide; **2leer, 2los** *adj.* bloodless (*a. fig.*), an(a)emic; **~leere** *f* bloodlessness; local an(a)emia; *~ im Gehirn* cerebral an(a)emia; **~mangel** *m* (*-s*) deficiency of blood, hyp(a)emia; **~orange** *f* blood orange; **~plasma** *n* blood plasma; **~probe** *f* blood test; *aufgenommene ~* blood sample; **~rache** *f* blood revenge, vendetta; **~rausch** *m* bloodlust; **2reinigend** *adj.* purifying the blood, depurative; **~reinigungsmittel** *n* depurative; **2rot** *adj.* red as blood, blood red, (dark) crimson; **~rot** *physiol. n* h(a)emoglobin; **2rünstig** ['-rynstiç] *adj.* bloody; *~e Geschichte* blood-curdling story; **~sauger** *m* blood-sucker, vampire; **~schande** *f* incest; **~schänder(in** *f*) *m* incestuous person; **2schänderisch** *adj.* incestuous; **~schuld** *f* (*-*) blood-guiltiness, murder; **~senkung** *f* blood sedimentation; **~senkungsgeschwindigkeit** *f* (blood-) sedimentation rate; **~serum** *n* blood serum; **~spender(in** *f*) *m* blood-donor; **~spucken** *n* (*-s*) spitting of blood, h(a)emoptysis; **~spur** *f* track (*or* mark) of blood; **~stauung** *f* vascular congestion; **~stein** *min. m* bloodstone, hematite; **2stillend** *adj.* blood-sta(u)nching, styptic; *~es Mittel* styptic; **~stropfen** *m* drop of blood; **~sturz** *m* (violent) h(a)emorrhage; **2sverwandt** *adj.* related by blood (*mit* to), consanguineous; **~sverwandte(r** *m*) *f* blood-relation; *jur. der nächste ~* next of kin; **~sverwandtschaft** *f* consanguinity, kinship; **~tat** *f* bloody deed, murder; **2triefend** *adj.* dripping with blood; **2überströmt** *adj.* bloody, covered with blood; **~übertragung** *f* blood transfusion; **~umlauf** *m* (*-[e]s*) circulation of the blood; **~ung** *f* (*-*; *-en*) h(a)emorrhage; **2unterlaufen** *adj.* bloodshot; **~untersuchung** *f* blood test; **~vergießen** *n* (*-s*) bloodshed; **~vergiftung** *f* blood-poisoning, sepsis; **~verlust** *m* loss of blood; **~wärme** *f* blood-heat; **~wasser** *n* lymph, serum; **~weg** *m* blood stream; *Verbreitung auf dem ~* blood-spread; '**2'wenig** *adj.* wretchedly little, next to nothing; **~wurst** *f* black pudding; **~wurz** ['-vurts] *bot. f* (*-*) bloodwort; **~zeuge** *m* martyr; **~zoll** *m* toll; *e-n schweren ~ fordern* take a heavy toll (of lives); **~zucker** *med. m* blood sugar; **~zuckerspiegel** *m* blood-sugar level.

b-Moll *mus. n* B flat minor.

Bö [bø:] *f* (*-*; *-en*) squall, gust; *aer.* bump.

Boa ['bo:a] *f* (*-*; *-s*) boa.

Bob [bɔp] (*really*: '**~schlitten**) *m* (*-s*; *-s*) bob(sleigh), bobsled; *~ fahren* bob; *Zweier2* two-seater bob; '**~bahn** *f* bob(sleigh) run; '**~fahrer** *m* bobsleigh driver, bobsledder, bobber; '**~mannschaft** *f* bobsleigh team; '**~rennen** *n* bob race.

Bock [bɔk] *m* (*-[e]s*; *⸚e*) buck; ram; he-goat, billy-goat; *tech.* trestle, jack, stand, support; *gym.* buck (-horse); driver's seat, (coach-)box; *fig. alter ~* old goat; *steifer ~* clumsy fellow, gawk; *~ springen* play (at) leap-frog; *e-n ~ schießen* commit a blunder *or* bloomer, *Am. a.* pull a boner; *den ~ zum Gärtner machen* set the fox to watch the geese; '**2beinig** ['-bamiç] *adj. fig.* stubborn (as a mule), pigheaded, mulish; '**~bier** *n* bock (beer).

Böckchen ['bœkçən] *n* kid.

bock|en ['bɔkən] *v/i.* (*h.*) *horse*: buck, prance; *fig.* be refractory, kick; sulk; *mot.* buck, conk; '**~ig** *adj.* stubborn, obstinate, pigheaded; sulky; *aer.* bumpy (*weather*); '**2leder** *n*, '**~ledern** *adj.* buckskin; '**2leiter** *f* step-ladder; '**2sattel** *m* hussar saddle; '**2sbart** *m* goat's beard (*a. bot.*); *of man*: goatee; '**2sbeutel** *m* flagon; '**2shorn** *n fig.*: *j-n ins ~ jagen* intimidate (*or* bully) a p.; frighten a p. out of his wits,

Am. a. throw a scare into a p.; '2**springen** *n* (-*s*) leap-frog; '2**sprung** *m gym.* buck-horse vaulting; *fig. Bocksprünge machen* caper, gambol.

Boden ['bo:dən] *m* (-*s*; ⸚) ground; *agr.* soil; *auf britischem* ~ on British soil; *Grund und* ~ landed property, real estate; *of sea, vessel*: bottom; *of car, room, etc.*: floor; garret, attic, loft; hay-loft; *ammunition*: base; *watch*: frame; *angeschwemmter* ~ alluvial deposits *pl.*; *doppelter* ~ false bottom; *mit flachem* ~ flat bottomed; *fester* ~ firm ground; *fruchtbarer* ~ fertile soil (*a. fig.*); (*festen*) ~ *fassen* get a (firm) footing; ~ *gewinnen* (*verlieren*) gain (lose) ground; *den* ~ *unter den Füßen verlieren* lose the ground under one's feet, *fig.* go beyond one's depth; *j-m* ~ *abgewinnen* gain ground (up)on a p.; *j-m den* ~ *unter den Füßen wegziehen* cut the ground from under a p.'s feet; *sich auf den* ~ *der Tatsachen stellen* take a realistic view, face the facts; *der* ~ *brennt ihm unter den Füßen* the place (*or* it) is getting too hot for him; *boxing*: *zu* ~ *gehen* go down; *zu* ~ *schlagen* (knock) down, *Am. a.* floor; *er war bis drei am* ~ he took count to three; *fig. zu* ~ *drücken* crush, overwhelm; *er bringt sie noch unter den* ~ he will be the death of her yet; → *stampfen.*

'**Boden...**: ~**abstand** *mot. m* ground clearance; ~**abwehr** *mil. f* ground defen|ce, *Am.* -se; ~**angriff** *aer. m* ground attack *or* strafing; ~**art** *f* soil type; ~**auswaschung** *f* soil erosion; ~**belag** *m* floor covering; ~**beschaffenheit** *f* soil condition; condition of the ground; ~**bewegung** *f arch.* earth work; *geol.* soil shifting; ~**bö** *f* ground squall; ~/**Bord-Verbindung** *aer. f* ground-to-aircraft communication; ~**chemie** *f* agricultural chemistry; ~**decke** *f* ground cover; *agr.* herbaceous soil-covering; ~**erhebung** *f* rise, elevation; ~**ertrag** *m* produce of the soil, crop yield; ~**falte** *f* furrow, gully; ~**fenster** *n* garret-window; dormer-window; ~**fläche** *f* area, acreage; *of room, a. tech.* floor space; ~**fräse** *agr. f* rotary hoe; ~**freiheit** *mot. f* (-) ground clearance; ~**frost** *m* ground frost; ~**gestaltung** *f* topographical features *pl.*; ~**haftung** *mot. f* ground adhesion; ~**kammer** *f* garret, attic; ~**kreditanstalt** *f* land mortgage bank, real estate credit institution; ~**krume** *f* surface soil; ~**kunde** *f* (-) soil science; 2**los** *adj.* bottomless; *fig. a.* enormous; indescribable, incredible; ~**matte** *f* floor mat; ~**nähe** *aer. f* zero altitude; ~**nährstoff** *m* soil nutrient; ~**nebel** *m* ground fog; ~**organisation** *aer. f* ground organization; ~**personal** *aer. n* ground personnel, *Am.* ground crew; ~**platte** *mil. f of mortar*: base plate; ~**raum** *m* attic, garret; ~**reform** *f* agrarian reform; ~**rente** *f* ground-rent; ~**satz** *m* bottom settlings; grounds, dregs *pl.*; *chem.* (bottom) sediment; ~**schätze** *m/pl.* treasures of the soil, mineral resources; ~**see** *geogr. m* (-*s*) Lake Constance; ~**sicht** *aer. f* ground visibility; 2**ständig** *adj.* native, rooted to the soil; permanent, static; *mil.* internal, home (*defence*); ~**streitkräfte** *f/pl.* ground forces; ~**turnen** *n gym.* mat-work; ~**verbesserung** *agr. f* soil improvement.

Bodmerei [bo:dmə'raɪ] *econ. f* (-; -*en*) bottomry.

bog [bo:k] *pret. of biegen.*

Bogen ['bo:gən] *m* (-*s*; -) bow; *of river, etc.*: bend, curve; *ast., math.* arc; *arch.* arch, vault; *tech.* curvature; *of wood*: camber; *pipe*: bend; *skiing*: turn; *skating*: curve, circle; sheet (*of paper*); *of violin, a. weapon*: bow; *den* ~ *spannen* bend the bow; *fig. den* ~ *überspannen* go too far, overdo it; *e-n großen* ~ *um j-n machen* give a p. a wide berth, keep clear of a p.; *colloq. er hat den* ~ *raus* he has got the hang of it; *colloq. er spuckt große* ~ he talks big, he puts on airs; *er flog in hohem* ~ *hinaus* he was turned out on his ear; ~**achter** *m* (-*s*; -) *skating*: curve (*or* circle) eight; ~**anleger** *typ. m* (-*s*; -) layer-on; ~**brücke** *f* arched bridge; ~**fenster** *n* bow-window; 2**förmig** ['-fœrmɪç] *adj.* arched; ~**führung** *mus. f* (-) bowing (technique); ~**gang** *arch. m* arcade; archway; ~**gewölbe** *arch. n* (arched) vault; ~**lampe** *f* arc-lamp; ~**licht** *el. n* arc-light; ~**linie** *f* circular line, curve; ~**pfeiler** *arch. m* arched (*or* flying) buttress; ~**säge** *f* bow-saw; ~**schießen** *n* (-*s*) archery; ~**schütze** *m* archer, bowman; ~**sehne** *f* bow-string; ~**strich** *mus. m* stroke of the bow; *w.s.* bowing; ~**zirkel** *m* bow compasses *pl.*

Bohle ['bo:lə] *f* (-; -*n*) plank, (thick) board; '2**n** *v/t.* (*h.*) line with planks, plank, board; '~**nbelag** *m* plank bottom, planking.

Böhm|e ['bø:mə] *m* (-*n*; -*n*), ~**in** *f* (-; -*nen*) Bohemian; 2**isch** *adj.* Bohemian; *das sind mir* ~*e Dörfer* that's all Greek to me.

Bohne ['bo:nə] *f* (-; -*n*) bean; *grüne* ~*n pl.* French (*Am.* string-)beans; *weiße* ~*n pl.* haricot beans; *welsche* ~ kidney-bean; *Kaffee in* ~*n* unground coffee-beans; → *blau*; *keine* ~ *wert* not worth a straw; *nicht die* ~! not a word of it!, not in the least!; *er kümmert sich nicht die* ~ *darum* he doesn't care a rap for it; '~**nhülse** *f* bean pod; '~**nkaffee** *m* pure coffee; '~**nranke** *f* beanstalk; '~**nstange** *f*, '~**nstecken** ['-ʃtɛkən] *m* (-*s*; -) beanpole (*a. colloq. fig.*); *colloq. fig. sie ist die reinste Bohnenstange* she is as tall as a lamp-post; '~**nstroh** *n* bean straw; *colloq. fig. dumm wie* ~ infernally stupid; *grob wie* ~ very rude, gruff.

Bohner ['bo:nər] *m* (-*s*; -) floor-polisher; ~**bürste** *f* polishing-brush; ~**lappen** *m* rubbing-cloth; ~**maschine** *f* floor conditioner; 2**n** *v/t.* (*h.*) polish, wax, rub; ~**wachs** *n* floorpolish.

Bohr|arbeiten ['bo:r-] *tech. f/pl.* drilling work, drilling; '~**automat** *m* automatic boring (*or* drilling) machine; '~**bank** *f* (-; ⸚e) boring lathe; '2**en** *v/t. and v/i.* (*h.*) drill; bore; bore (*wood*); sink, bore (*well*); drive (*tunnel*); *nach Öl* ~ prospect (*or* bore, drill) for oil; *mar. in den Grund* ~ sink, scuttle; pierce, dig (*in acc.* into); *in der Nase* ~ pick one's nose; *fig. eyes*: bore (*in acc.* into); bore, probe; press, pester, harass; *pain*: gnaw, rack; *hatred, etc.*: rankle; '~**er** *tech. m* (-*s*; -) borer, drill; auger; gimlet; piercer; terrier, ground auger; *med.* trepan, perforator; dentist's drill, burr; (*workman*) borer, drilling-machine worker; '~**erspitze** *f* drill bit; '~**futter** *n* (boring *or* drilling) jig; '~**gerät** *n* boring *or* drilling instrument (*or* tool); '~**käfer** *m* death-watch; '~**ladung** *f* blasting charge; '~**loch** *tech. n* drill-hole; bore-hole (*a. in wood*); *mining*: blast hole; '~**löffel** *m* scoop; '~**maschine** *f tech.* drilling (*or* boring) machine, drill; (dentist's) drill, dental engine; '~**schneide** *f* cutter, bit; '~**stahl** *m* (-[e]s) boring tool; '~**turm** *m* derrick; '~**ung** *f* (-; -*en*) boring, drilling; bore(-hole); (drilled) hole; diameter (of bore); *mot.* bore (*of cylinder*); calibre; '~**wurm** *m* wood fretter, ship's worm.

bö-ig ['bø:ɪç] *adj.* squally, gusty; *aer.* bumpy.

Boiler ['bɔʏlər] *m* (-*s*; -) *tech.* boiler; *household*: **a**) boiler, **b**) waterheater.

Boje ['bo:jə] *f* (-; -*n*) buoy.

Böller ['bœlər] *m* (-*s*; -) small mortar, saluting gun.

Bollwerk ['bɔl-] *n mil.* bastion, (*a. fig.*) bulwark; *mar.* mole.

Bolschewis|mus [bɔlʃe'vɪsmus] *m* (-) Bolshevism; ~**t**(**in** *f*) *m* (-*en*, -*en*; -, -*nen*) Bolshevist; 2**tisch** *adj.* Bolshevist(ic).

Bolzen ['bɔltsən] *m* (-*s*; -) bolt, dart; *tech.* bolt, pin; pivot; screw-bolt; *arch.* dowel, peg, pin; *mining*: prop; *mit* ~ *befestigen* bolt (*an dat.* to); '2**ge'rade** *adj.* bolt upright.

Bombardement [bɔmbardə'mɑ̃:] *n* (-*s*; -*s*) bombardment (*a. phys.*); bombing; shelling.

bombardieren *v/t.* [-'di:rən] *v/t.* (*h.*) bomb; shell, (*a. fig. u. phys.*) bombard; *colloq.* plaster.

Bombast [bɔm'bast] *m* (-*es*) bombast, inflated style; 2**isch** *adj.* bombastic, pompous, inflated.

Bombe ['bɔmbə] *f* (-; -*n*) bomb; time bomb; ~*n abwerfen* drop bombs (*auf acc.* on); *mit* ~*n belegen* bomb; *fig.*: *es schlug wie eine* ~ *ein* it fell like a bombshell; *soccer*: cannon ball.

'**Bomben...**: ~**abwurf** *m* bombing, bomb release; *gezielter* ~ precision (*or* pinpoint) bombing; ~**abwurfvorrichtung** *f* bomb release gear; ~**angriff** *m* bomb-raid; *on town*: *a.* blitz; ~**anschlag** *m*, ~**attentat** *n* bomb attempt (*or* outrage); 2**beschädigt** *adj.* bomb-damaged; ~**erfolg** *colloq. m* huge (*or* howling) success, *sl.* smash hit; ~**flugzeug** *n* bombing plane, bomber; → *Bomber*; ~**geschädigte**(**r** *m*) *f* sufferer from bomb-damage; **~geschäft** *colloq. n* roaring trade; gold mine; **~geschwader** *n* bomber group (*Am.* wing); **~reihe** *f* bomb train; **~sache** *colloq. f* stunner, *Am.* knockout, humdinger; **~schacht** *m* bomb-bay; **~schaden** *m* bomb-damage; **~schütze** *m* bombardier; **2sicher** *adj.* bomb-proof; *colloq. fig.* dead sure, *Am.* sure-fire; **~splitter** *m* bomb splinter; **~teppich** *m* bomb carpet; **~teppichwurf** *m* carpet (*or* pattern) bombing; **~trichter** *n* bomb crater; **~visier** *n* bomb-sight; **~wurf** *m* bombing, bomb release; *gezielter ~* precision bombing; **~zielgerät** *n* bomb-sight.

Bomber ['bɔmbər] *aer. m* (-*s*; -) bomber; *leichter* (*mittlerer, schwerer*) *~* light (medium, heavy) bomber; **~flotte** *f* bomber force; **~geschwader** *n* bomber group (*Am.* wing); **~gruppe** *f* bomber wing (*Am.* group); **~staffel** *f* bomber squadron; **~verband** *m* bomber formation.

Bon [bɔŋ] *econ. m* (-*s*; -*s*) coupon; voucher; credit note.

Bonbon [bɔŋ'bɔŋ] *m* (*n*) (-*s*; -*s*) bonbon, sweet(meat), goody, *Am.* (hard) candy; **~laden** *m* sweet-shop, *Am.* candy-store.

Bonbonniere [bɔŋbɔni'ɛ:rə] *f* (-; -*n*) sweetmeat box.

Bonifikation [bonifikatsi'o:n] *econ. f* (-; -*en*) compensation, allowance; *on securities*: bonus.

Bonität [boni'tɛ:t] *f* (-) *econ.* **a**) credit, solvency, soundness, **b**) *of goods*: (superior) quality; *agr.* yield power; security; intrinsic value.

Bonus ['bo:nus] *econ. m* (-; -) bonus, premium; extra dividend, *Am. sl.* melon.

Bonze ['bɔntsə] *colloq. m* (-*n*; -*n*) bigwig, big bug, big shot; *pol.* (party-)boss; **~ntum** *n* (-*s*) bossdom.

Boot [bo:t] *n* (-[*e*]*s*; -*e*) boat; *flaches ~* punt; *großes ~* launch, long-boat; *leichtes ~* gig; barge; *ein ~ voll Heringe* a boat-load of herring; *ein ~ aussetzen* lower a boat; *sports*: *das ~ führen* cox the boat.

'**Boots...:** **~bau** *m* (-[*e*]*s*; -*ten*) boat-building; **~besatzung** *f* crew; **~fahrt** *f* boating; **~führer** *m sports*: coxswain; **~haken** *m* boat-hook; **~haus** *n* boat-house; **~länge** *f* boat-length; **~leine** *f* tow-rope; **~maat** *m* boatswain's mate; **~mann** *m* (-[*e*]*s*; -*leute*) boatswain, *mil.* Petty Officer; **~rennen** *n* boat-race; **~steg** *m* landing stage; **~werft** *f* boat yard, boat builders *pl.*

Bor [bo:r] *chem. n* (-*s*) boron.

Borax ['bo:raks] *chem. m* (-*es*) borax; '**~säure** *f* bor(ac)ic acid.

Bord[1] [bɔrt] *n* (-[*e*]*s*; -*e*) *for books*: shelf; **~**[2] *m* (-[*e*]*s*; -*e*) border, edge, rim; *aer., mar.* board; *an ~* on board (ship), aboard; *an ~ der „United States"* on board the "United States"; *econ. frei an ~* free on board (*abbr.* f.o.b.); *an ~ bringen* take on board, ship; *an ~ gehen* go on board (*or* aboard), board a ship, embark; *an ~ nehmen* take aboard (*or* in); *~ an ~ liegen* lie alongside; *über ~ gehen* go by the board; *über ~ werfen* throw overboard (*a. fig.*); jettison; *Mann über ~!* man overboard!; **~anlagen** *mil. f/pl.* airborne equipment; **~buch** *aer., mar. n* log book.

Bordell [bɔr'dɛl] *n* (-*s*; -*e*) brothel; **~viertel** *n* red-light district.

bördel|n ['bœrdəln] *tech. v/t.* (*h.*) flange, border; **2presse** *f* flanging press; **2schweißung** *f* double-flanged butt weld.

'**Bord...:** **~flugzeug** *n* ship-borne aircraft, ship-plane; **~funker** *aer., mar. m* wireless (*Am.* radio) operator; **~kanone** *aer. f* aircraft cannon; **~/-Land-Verbindung** *f* ship-to-shore communication; **~monteur** *aer. m* aircraft (*Am.* flight) mechanic; **~personal** *n* air-crew; **~radar** *aer. n* airborne radar; **~schütze** *m* (air)gunner; **~schwelle** *f*, **~stein** *m* kerb(stone), *Am.* curb (-stone); **~steinfühler** *mot. m* kerb (*Am.* curb) feeler.

Bordüre [bɔr'dy:rə] *f* (-; -*n*) trimming, edging; *of book*: border.

'**Bord...:** **~verständigungsanlage** *aer. f* intercom(munication system); **~waffen** *f/pl.* aircraft weapons; tank armament; *Erdziele mit ~ beschießen* strafe; **~wand** *mar. f* ship's side; **~wart** *m* flight engineer; **~werkzeuge** *aer., mot. n/pl.* tool kit.

Borg [bɔrk] *m*: *auf ~* on credit, *sl.* on tick; **2en** ['-gən] *v/t.* (*h.*) take on credit; *et. von j-m ~* borrow a th. of (*or* from) a p.; *j-m et. ~* lend, advance (*Am. a.* loan) a th. to a p. *or* a p. a th.

Bork|e ['bɔrkə] *f* (-; -*n*) bark, rind; crust; *med.* scab; **~enflechte** *med. f* ringworm; **~enkäfer** *m* bark-beetle; **2ig** *adj.* barky; *med.* scabby.

Born [bɔrn] *poet. m* (-[*e*]*s*; -*e*) spring, well, *fig. a.* fountain (*of life, etc.*); salt-well.

borniert [bɔr'ni:rt] *adj.* narrow-minded, ignorant, dense; **2heit** *f* (-; -*en*) narrow-mindedness; denseness.

'**Bor...:** **~salbe** *f* (-) borax ointment; **~säure** *f* boric acid.

Börse ['bœrzə] *f* (-; -*n*) purse; *econ.* stock exchange, Exchange; money-market; *an der ~ notierte Aktien* shares officially quoted on Stock Exchange, *Am.* listed stocks; *an der ~ gehandelt werden* be dealt in on the (Stock) Exchange.

'**Börsen...:** **~bericht** *m* Exchange (*or* market) report; *in newspaper*: City article *or* news; **~blatt** *n* financial newspaper; financial section; **~drucker** *m* (quotation) ticker; **2fähig** *adj.* admitted to the (Stock) Exchange, *Am.* listed; negotiable, marketable; **2gängig** *adj.* quoted on (Stock) Exchange; *~es Wertpapier* stock exchange security; **~geschäft** *n* (Stock) Exchange transaction (*or* operation), bargain; **~index** *m* stock-price averages *pl.*; **~krach** *m* collapse *or* crash (of the stock market); **~kurs** *m* Exchange rate, market price; **~makler** *m* stock-broker; **~manöver** *n* market-rigging, *Am.* campaign; **2mäßig** *adj.* in conformity with (Stock) Exchange rules; customary on (Stock) Exchange; **~notierung** *f* quotation; **~ordnung** *f* (Stock) Exchange regulations *pl.*; **~papiere** *n/pl.* Stock Exchange securities, *Am.* listed securities; stocks; **~preis** *m* → *Börsenkurs*; **~schluß** *m* close of the Exchange; trading unit, full lot; **~spekulant** *m* stock-jobber; **~spiel** *n* stock-jobbing; **~telegraph** *m* → *Börsendrucker*; **~termingeschäft** *n* trading in futures (on Stock Exchange), forward operation; **~vorstand** *m* governing committee (of a stock exchange); **~zeitung** *f* financial paper; **~zettel** *m* stock-list, market report.

Borst|e ['bɔrstə] *f* (-; -*n*) bristle; *bot.* seta; fissure, crack; '**2enartig** *adj.* bristly, *bot.* setaceous; '**~enbesen** *m* hair-broom; '**~enpinsel** *m* bristle brush; '**~envieh** *n* swine, pig(s *pl.*); '**2ig** *adj.* bristly; *fig.* surly, gruff; *~ werden* bristle, fire up.

Borte ['bɔrtə] *f* (-; -*n*) border; braid, lace; galloon; *mit ~n besetzt* braided, gallooned.

bös [bø:s] *adj.* → *böse*; '**~artig** *adj.* ill-natured, malicious, *Am. a.* ugly, mean; venomous; *animal*: vicious; *med.* malignant, virulent; '**2artigkeit** *f* (-) ill-nature, malevolence, viciousness; *med.* malignity.

Böschung ['bœʃuŋ] *f* (-; -*en*) slope, bank; embankment; *mil.* scarp, escarpment; **~swinkel** *m* angle of slope, gradient.

böse ['bø:zə] *adj. generally*: bad; evil, wicked; malevolent, malicious, spiteful; pernicious, hurtful; bad, naughty, mischievous; angry, cross, *Am.* mad (*über et.* at, about; *auf acc.* with); malignant (*disease*), sore (*finger, tooth, throat, etc.*); *~ Erkältung* bad cold; *~r Fehler* bad mistake; *~ Folgen* dire consequences; *e-e ~ Sache* a bad (*or* nasty) business; → *Blick, Blut, Geist, etc.*; *es sieht ~ aus* things look bad; *er ist ~ dran* he is in a bad way; *sind Sie mir ~, wenn?* do you mind if?; *ich habe es nicht ~ gemeint* I meant no harm; **2**(**r** *m*) *f* (-*n*, -*n*; -*n*, -*n*) bad (*or* wicked) person, evil-doer; *die ~n pl.* the wicked; *der ~* the Evil One, the foul fiend; **2**(**s**) *n* (-*n*) evil; mischief; *~s tun* do evil (*or* ill); *j-m et. ~s antun* do a p. harm; *~s ahnen* have dark forbodings (*or* misgivings); *~s im Sinne haben* have evil intentions, be up to (some) mischief; *~s reden über* (*acc.*) speak ill of; *~s mit Gutem vergelten* return good for evil; **2wicht** *m* (-[*e*]*s*; -*e*[*r*]) villain, rascal, rogue (*all a. fig., iro.*).

'**bos|haft** *adj.* malicious; mischievous; gloating; spiteful, vicious; **2haftigkeit**, **2heit** *f* (-; -*en*) malice, malignity, wickedness; spite; naughty trick; *aus ~* out of spite.

Bosn|ien ['bɔsniən] *n* (-*s*) Bosnia; '**~ier(in** *f*) *m* (-*s*, -; -, -*nen*), '**2isch** *adj.* Bosniac, Bosnian.

bossieren [bɔ'si:rən] *tech. v/t.* (*h.*) emboss.

'**böswillig I.** *adj.* malevolent; *jur.* malicious, wilful; *~e Absicht* malice prepense; *~es Verlassen* wilful desertion; **II.** *adv. jur.* with malice aforethought, wilfully; **2keit** *f* (-) malevolence, ill-will.

bot [bo:t] *pret. von bieten.*

Botan|ik [bo'tɑ:nik] *f* (-) botany; **~iker** *m* (-s; -) botanist; **2isch** *adj.* botanical.

botanisier|en [-ni'zi:rən] *v/t.* (*h.*) botanize; **2trommel** *f* vasculum.

Bote ['bo:tə] *m* (-n; -n) messenger; errand-boy; commissionaire; carrier; *geheimer ~* emissary; courier, express; *fig.* envoy; apostle; herald; *durch ~n!* By Bearer!; **'~ngang** *m* errand; *Botengänge machen* run errands; **'~nlohn** *m* messenger's fee; porterage; **'~nzustellung** *f* delivery by messenger.

'botmäßig *adj.* subject; obedient; **2keit** *f* (-; -en) dominion, jurisdiction; rule, sway; *unter s-e ~ bringen* bring under one's sway.

'Botschaft *f* (-; -en) message (*a. fig.*), communication (*an acc.* to); news; *frohe ~* glad tidings, good news; *eccl. die frohe ~* the Word of God, the Gospel; intelligence; errand, mission; *pol.* embassy; *e-e ~ übermitteln* deliver a message; **~er(in** *f*) *m* (-s, -; -, -nen) ambassa|dor (-dress *f*); **~srat** *m* (-[e]s; ⸗e) council(l)or of Embassy.

Böttcher ['bœtçər] *m* (-s; -) cooper.

Böttcherei [-'raɪ] *f* (-; -en) cooper's workshop; cooper's trade.

Bottich ['bɔtiç] *m* (-[e]s; -e) tub, vat.

Bouillon [bul'jɔ̃:] *f* (-; -s) broth, beef-tea; **~würfel** *m* beef-tea cube.

Bowdenzug ['baudən-] *tech. m* bowden wire.

Bowle ['bo:lə] *f* (-; -n) bowl, tureen; (*drink*) (claret-, champagne-)cup.

Box [bɔks] *f* (-; -en) **1.** (*a.* **~e**) *for horses*: box; *for racing car*: pit; **2.** *phot.* box camera.

boxen ['bɔksən] *v/i.* (*h.*) (*and sich ~*) box, (have a) fight; spar.

'Boxen *n* (-s) boxing; pugilism.

'Boxer (-s; -) *m* boxer, fighter; → *Berufsboxer*; *zo.* boxer (dog); **2isch** *adj.* boxing, pugilistic; **~motor** *m* opposed cylinder-type engine.

'Box...: **~handschuh** *m* boxing-glove; **~kampf** *m* box(ing) match, fight, bout; **~kunst** *f* (-) art of boxing; **~ring** *m* ring; **~sport** *m* boxing; **~stellung** *f* boxing stance.

Boykott [bɔʏ'kɔt] *m* (-[e]s; -e), **boykot'tieren** *v/t.* (*h.*) boycott.

brabbeln ['brabəln] *v/i.* (*h.*) babble; mumble.

brach[1] [brɑ:x] *pret. von brechen.*

'brach[2] *agr. adj.* fallow, uncultivated (*both a. fig.*); *~ legen* lay fallow; *~liegen* lie fallow, *fig.* lie idle, run to waste; *et. ~liegen lassen* neglect a th., let a th. go to waste; **2acker** *m*, **2feld** *n* fallow (land); **2e** *f* (-; -n) fallow(ness); *fig.* idleness, stagnant state.

Brachialgewalt [braxi'ɑ:l-] *f* (-) (*mit ~* by) main force.

'Brach...: **~land** *n* fallow (land); **~monat** *m* June; **~schnepfe** *f*, **~vogel** *m* curlew.

brachte ['braxtə] *pret. of bringen.*

Brack [brak] *econ. n* (-[e]s; -e) refuse.

Bracke ['brakə] *m* (-n; -n) spaniel, hound, pointer.

'brack|ig *adj.* brackish; **2vieh** *n* cast-off cattle; **2wasser** *n* brackish water.

Brahman|e [bra'mɑ:nə] *m* (-n; -n), **2isch** *adj.* Brahman; **~entum** *n* (-s) Brahmanism.

Braille-Alphabet ['brɑ:j-] *n* (-[e]s) Braille system.

bramarbasieren [bramarba'zi:rən] *v/i.* (*h.*) brag, swagger, bluster.

Bramsegel ['brɑ:m-] *n* topgallant sail.

Branche ['brɑ̃:ʃə] *econ. f* (-; -n) branch, line, trade, industry; **'2nbedingt** *adj.* due to conditions in the particular trade; **'~nkenntnis** *f* knowledge of the trade; **'2(n)kundig** *adj.* experienced in the trade; **'2n-üblich** *adj.* usual in the industry concerned; **'~nverzeichnis** *n teleph.* classified directory.

Brand [brant] *m* (-[e]s; ⸗e) burning, combustion; fire, conflagration; blaze; *tech.* batch; *ceramics*: *a.* baking; *surgery*: cauterization; *med.* gangrene, (*kalter ~*) mortification; *of bones*: necrosis; *agr.*, *bot.* blight, mildew, smut; scorching heat; *colloq.* parched throat, thirst; *fig.* ardo(u)r, burning passion; *in ~* on fire, in flames, ablaze; *in ~ geraten* catch fire; *et. in ~ stecken* set a th. on fire, set fire to a th., ignite, kindle a th; light (*cigarette*); **'~bekämpfung** *f* fire fighting; **'~binde** *f* bandage (for burns); **'~blase** *f* blister; **'~bombe** *f* incendiary bomb; **'~brief** *m* threatening letter; *w.s.* urgent letter; begging-letter; **'~direktor** *m* fire-brigade superintendent, *Am.* fireward(en); **'2en** *v/i.* (*h.*) surge (*a. fig.*), break (*gegen* against); **'~er** *mar. m* (-s; -) fire-ship; **'~fackel** *f* incendiary torch, firebrand; *fig.* torch of war; **'~fäule** *agr. f* brown rot; **'2fest** *adj.* fire-proof; **'~flasche** *mil. f* incendiary bottle; Molotov cocktail; **'~flekk(en)** *m* burn; *med.* gangrenous spot; **'~fuchs** *m* sorrel (horse); **'~geruch** *m* burnt smell; **'~gold** *n* refined gold; **'~granate** *f* incendiary shell; **'2ig** *adj. agr.*, *bot.* blighted, blasted, rusty; *med.* gangrenous; *~ riechen* (*schmecken*) have a burnt smell (taste); **'~kasse** *f* fire(-insurance) office; **'~mal** *n* (-[e]s; -e) brand; *fig.* stigma; **~male'rei** *f* poker-work, pyrography; **'2marken** *v/t.* (*h.*) brand; *fig. a.* stigmatize, denounce; **'~markung** *fig. f* (-; -en) branding, stigmatization; denouncement; **~mauer** *f* fire-proof wall, partition wall; **'~meister** *m* fire chief; **'~opfer** *n* burnt-offering; **'~pilz** *bot. m* smut fungus; **'~rede** *f* inflammatory speech; **'~salbe** *f* anti-burn ointment; **'~schaden** *m* damage caused by fire; **'2schatzen** ['-ʃatzən] *v/t. and v/i.* (*h.*) lay under contribution; sack, pillage; **'~schatzung** *f* (-; -en) (war-)contribution; pillage, ravage; **'~schiefer** *m* bituminous shale; **'~schiff** *n* → *Brander*; **'~sohle** *f* insole; **'~silber** *n* refined silver; **'~stätte**, **'~stelle** *f* scene of fire; **'~stifter(in** *f*) *m* incendiary, *jur.* arsonist; *Am. colloq.* firebug; **'~stiftung** *f* arson; **'~tür** *f* fireproof door.

Brandung ['-duŋ] *f* (-; -en) surf, surge, breakers *pl.*; **'~sboot** *n* surf boat; **'~swelle** *f* breaker, surging billow.

'Brand...: **~wache** *f* fire-watch; **~wunde** *f* burn; scald; **~zeichen** *n* brand.

brannte ['brantə] *pret. von brennen.*

Branntwein ['brant-] *m* brandy, spirits *pl.*; **'~brenner** *m* distiller; **~brenne'rei** *f* distillery.

Brasil [bra'zi:l] *f* (-; -) Brazil cigar.

Brasilian|er [brazili'ɑ:nər] *m* (-s; -), **~erin** *f* (-; -nen), **2isch, bra'silisch** *adj.* Brazilian.

Brasilien [-'zi:liən] *n* (-s) Brazil.

Brasse ['brasə] *mar. f* (-; -n) brace; **'2n** *v/t.* (*h.*) brace.

'Brassen *ichth. m* (-; -) bream.

Brat-apfel *m* ['brɑ:t-] baked apple.

'braten *v/t. and v/i.* (*irr.*, *h.*) roast, frizzle; *im Ofen*: bake; grill, broil; fry; *am Spieß ~* roast on a spit, barbecue; (*zu*) *wenig* (*stark*) *gebraten* underdone (overdone); *gut* (*durch*)*gebraten* well done; *colloq.* (*v/i.*) roast (*in the sun*).

'Braten[1] *n* (-s) roasting.

'Braten[2] *m* (-s; -) roast (meat); joint; *Gänse2* roast goose; *Kalbs2* roast veal; *fig. fetter ~* fat morsel; worthwile catch; *den ~ riechen* smell a rat, get wind of it; **~fett** *n* dripping; **~rock** *m* frock-coat; **~schüssel** *f* meat dish; **~soße** *f* gravy; **~wender** *m* (-s; -) roasting jack.

'Brat...: **~fisch** *m* fried fish; **~hering** *m* grilled herring; **~huhn** *n* roaster, broiler; **~kartoffeln** *f/pl.* fried potatoes; **~ofen** *m* (kitchen) oven; **~pfanne** *f* frying-pan; **~röhre** *f* → *Bratofen*; **~rost** *m* gridiron, grill.

Bratsche ['brɑ:tʃə] *mus. f* (-; -n) viola; **'~r** *m* (-s; -) violist.

'Brat...: **~spieß** *m* spit; **~spill** *mar. n* windlass; **~wurst** *f* frying sausage; fried sausage.

Bräu [brɔʏ] *n* (-[e]s; -e) brew; brewery.

Braubottich ['brau-] *m* (brewing-)-vat.

Brauch [braux] *m* (-[e]s; ⸗e) custom; use, habit; practice; *esp. econ.* usage; *herkömmlicher ~* tradition; *es ist ~ zu inf.* it is the custom to *inf.*

'brauchbar *adj.* useful; *person*: *a.* able, efficient, reliable; *things*: *a.* serviceable, handy, *tech.* workable (*machine, method, plan*); **2keit** *f* (-) usefulness; fitness; serviceability.

brauchen ['brauxən] *v/t.* (*h.*) be in want (*or* need) of, want, need; require, take (*time, etc.*); use, make use of; → *gebrauchen, verbrauchen*; *wozu brauchst du einen Schirm?* what do you want with an umbrella?; *wir ~ es nicht länger* we have no use for it any more; we have done with it; we can do without it now; *Sie ~ drei Tage dazu* it will take you three days; *wie lange wird er ~?* how long will he take (*or* will it take him)?; *du brauchst* (es) *mir nicht zu sagen* you need not tell me; *er brauchte nicht zu kommen* he did not have to come; *er hätte nicht zu kommen ~* he need not have come.

'Brauch|tum *n* (-s; ⸗er) customs

pl.; folklore; **⁲tümlich** *adj.* customary, traditional.

Braue ['braʊə] *f* (-; -*n*) eyebrow.

'**brau|en I.** *v/t.* (*h.*) brew; *fig.* brew, concoct, hatch; **II.** *v/i.* (*h.*) *fig. mischief, etc.*: brew, gather; **⁲er** *m* (-*s*; -) brewer; **⁲e'rei** *f* (-; -*en*) brewery; **⁲gerste** *f* brewing barley; **⁲haus** *n* brewery; **⁲kessel** *m* coop; **⁲malz** *n* brewing malt; **⁲meister** *m* master brewer.

braun [braʊn] *adj.* brown; tan, tawny; *from the sun*: *a.* tanned, bronze; ~*e Butter* fried butter; ~*es Mädchen* dark(-complexioned) girl, brunette; ~*es Pferd* bay; ~*e Schuhe* tan shoes; ~ *braten* brown up; ~ *werden* brown, get brown; *person*: *a.* become sunburnt, get tanned (*or* a tan); '**⁲(e)** *n* (-*n*) brown; **~äugig** ['-ɔʏgiç] *adj.* brown-eyed; '**⁲bär** *m* brown bear; '**~beizen** *v/t.* (*h.*) brown; '**⁲e(r)** *m* (-*n*; -*n*) bay (horse).

Bräune ['brɔʏnə] *f* (-) brownness; *med.* quinsy, angina; *häutige* ~ croup.

'**Braun-eisen|erz** *n* (-es), **~stein** *m* (-[e]s) brown iron ore, limonite.

'**bräunen I.** *v/i.* (*sn*) (*a. sich* ~) grow (*or* become, turn) brown; *skin*: *a.* become sunburnt *or* bronzed, get a tan; **II.** *v/t.* (*h.*) brown (*a. cul., dying*); *metall.* brown, burnish; burn (*sugar*); tan, bronze (*person, skin*).

'**braun...**: **~gelb** *adj.* yellowish brown, tan; **~haarig** *adj.* brown-haired; **⁲holz** *n* brazilwood; **⁲kohl** *m* broccoli; **⁲kohle** *f* brown (*Am.* soft) coal, lignite; *bituminose* ~ bituminous lignite; **⁲kohlenschwelung** *f* lignite (low temperature) carbonization.

bräunlich ['brɔʏnliç] *adj.* brownish, tawny.

Braunsche Röhre ['braʊnʃə] *tech. f* cathode-ray tube.

Braunschweig ['-ʃvaɪk] *n* (-*s*) Brunswick.

'**Braunstein** *min. m* mangane (ore).

Braus [braʊs] *m* → *Saus.*

Brause ['-zə] *f* rose, sprinkling nozzle; fizzy lemonade, pop; *a.* '**~bad** *n* shower(-bath), douche; '**~kabine** *f* shower cabinet; '**~kopf** *m* spray head; *fig.* hothead, hotspur; '**~limonade** *f* fizzy lemonade, pop.

'**brausen I.** *v/i.* (*h.*) roar, bluster; boom, hum, buzz; *organ*: peal; rush, sweep; rage, storm; fizz, foam; *chem.* effervesce; ferment; (*a. sich* ~) douche, take a shower-bath; *fig. feelings*: surge; *blood*: boil; *die Ohren* ~ *mir* I have a buzzing in my ears; **II.** *v/t.* (*h.*) spray; shower; **⁲** *n* (-*s*) roar(ing), raging; *chem.* effervescence; surge; **~d** *adj.* roaring, boisterous; humming; *chem.* effervescent; ~*er Beifall* thunders of applause, ringing cheers *pl.*; ~*e Jugend* impetuous youth.

'**Brause...**: **~pulver** *n* sherbet powder; **~salz** *n* effervescent salt; **~würfel** *m* effervescent tablet, sparklet.

Braut [braʊt] *f* (-; ⸚e) fiancée, bride-to-be, (*my, etc.*) betrothed; *on wedding-day*: bride; *sie ist s-e* ~ she is engaged to him; '**~ausstattung** *f* trousseau; '**~bett** *n* bridal bed; '**~führer** *m* best man.

Bräutigam ['brɔʏtigam] *m* (-*s*; -*e*) fiancé, betrothed; *on wedding-day*: bridegroom, *Am. a.* groom.

'**Braut...**: **~jungfer** *f* bridesmaid; **~kleid** *n* wedding-dress; **~kranz** *m* bridal garland; **~leute** *pl.* → *Brautpaar.*

bräutlich ['brɔʏtliç] *adj.* bridal.

'**Braut...**: **~nacht** *f* wedding-night; **~paar** *n* engaged couple, *on wedding-day*: bride and bridegroom, bridal pair; **~schatz** *m* dowry; **~schau** *f*: *auf die* ~ *gehen* look out for a wife; **~schleier** *m* bridal veil; **~vater** *m* the bride's father; *den* ~ *machen* give the bride away; **~zug** *m* bridal procession.

brav [braːf] *adj.* honest, upright, worthy; brave; good, well-behaved; ~ *gemacht!* well done!, good work!; *sei* ~ *und geh zu Bett!* go to bed like a good boy!; '**⁲heit** *f* (-) honesty, uprightness; good behavio(u)r.

bravo! ['braːvo] *int.* bravo!; cheers!; well done!, *Am. colloq.* attaboy!; **⁲rufen** *n* (-*s*) shouts *pl.* of bravo, cheers *pl.*

Bravour [bra'vuːr] *f* (-) bravado; dash; *mit* ~ brilliantly, elegantly; **~arie** *mus. f* bravura-aria; **~stück** *n* feat of daring, stunt; *mus.* bravura.

brech|bar ['brɛçbaːr] *adj.* breakable; *opt.* refrangible; '**⁲bohnen** *f/pl.* broken French beans; '**⁲durchfall** *med. m* (-[e]*s*) diarrh(o)ea with vomiting, summer-cholera; '**⁲eisen** *tech. n* crowbar.

'**brechen I.** *v/t.* (*irr., h.*) *generally*: break (*a. fig. ice, oath, record, silence, spell, will*); crack, snap; rupture; smash (to pieces); crush; (*med., a. sich* ~) vomit; pluck, pick (*flowers, etc.*); beat (*flax*); fold, crease (*paper*); break, quarry (*stones*); refract (*ray of light*); *fig. die Ehe* ~ commit adultery; break, violate (*contract, law*); run (*a blockade*); break, crush (*resistance*); *es brach ihr das Herz* it broke her heart; → *Genick*; *sich* ~ break; *med.* be sick; *opt.* be refracted; *sich den Arm* ~ break one's arm; → *Bahn, Flasche, Knie, Stab, etc.*; **II.** *v/i.* (*irr., sn*) break (*a. cold, resistance, voice, etc.*); fracture, snap; abate; break down, collapse; burst (forth); *tears, etc.*: gush (*aus* from); *eyes*: grow dim; *mit j-m* ~ break with a p., sever one's connection with a p.; *boxing*: ~! break!; → *gebrochen.*

'**Brechen** *n* (-*s*) breaking; *opt.* refraction; *med.* vomiting; breach, violation (*of contract, one's word*); *zum* ~ *voll* cram-full, jammed; → *Bruch.*

'**Brecher** *m* (-*s*; -) *tech.* crusher, breaker; *mining*: grinding mill; *mar.* (*wave*) breaker.

'**Brech...**: **~koks** *m* crushed coke; **~mittel** *n med.* emetic; *colloq. fig.* pest; **~nuß** *f* vomit-nut; **~reiz** *m* (-es) nausea; retching; **~ruhr** *f* → *~durchfall*; **~stange** *f* crowbar.

'**Brechung** *f* (-; -*en*) breaking; *opt.* refraction; *gr.* fracture (of vowels); **~s-ebene** *f* plane of refraction; **~swinkel** *m* angle of refraction; **~szahl** *f* refractive index.

Brei [braɪ] *m* (-[e]s; -e) *for children*: pap; porridge; *Am.* mush; paste; mash; pulp, squash; *tech.* (*paper*) pulp; *zu* ~ *machen* mash, pulp, squash; *zu* ~ *kochen* cook to a pulp; *colloq. zu* ~ *schlagen* beat *a p.* to a pulp; → *Katze, Koch*; '**⁲ig** *adj.* pasty, pulpy.

breit [braɪt] *adj.* broad, (*a. tech.*) wide; square (*chin, shoulders*); large, vast, spacious; *zwei Zoll* ~ two inches wide (*or* in width); *fig.* diffuse, long-winded; ~*er Akzent* broad accent; ~*es Grinsen* broad grin; *die* ~*e Masse* the populace, the masses *pl.*; *ein* ~*es Publikum* a wide public; → *Rücken, breitmachen, breittreten*; '**⁲band** *n radio*: wide-band; '**~beinig** *adj.* straddle-legged; *adv. a.* squarely; ~ *stehen auf* straddle *a th.*; ~ *gehen* straddle; '**~drücken** *v/t.* (*h.*) flatten *or* spread (out).

'**Breite** *f* (-; -*n*) breadth, width; spaciousness; *ast., geogr.* latitude; *tech.* width (*of machine, material*); *Arbeits⁲* working width; *rail.* ga(u)ge; *mar.* beam; *fig.* breath, wideness, extent; diffuseness, verbosity; *in die* ~ *gehen* grow broader, get stout; *fig.* be diffuse (*or* long-winded), ramble; **~nfeuer** *mil. n* traversing fire; **~ngrad** *m* (degree of) latitude; **~nkreis** *m* parallel (of latitude).

'**breit...**: **~füßig** *adj.* broad-footed; **⁲hacke** *f* mattock; **~hüftig** *adj.* broad-hipped; **~krempig** *adj.* broad-brimmed; **⁲leinwand** *f film*: wide screen; **~machen:** *sich* ~ spread o.s. out; *fig.* obtrude o.s., do as if one owned the place, *Am.* throw one's weight around; **~randig** *adj.* broad-brimmed (*hat*); *book* with wide margins; **~schlagen** *colloq. v/t.* (*irr., h.*): *j-n* ~ talk (*or* bring) a p. round; *zu et.*: talk a p. into a th.; *sich* ~ *lassen* let o.s. be talked (zu into *ger.*), come round; **~schult(e)rig** *adj.* broad-shouldered; **⁲schwanz** *m* (*fur*) broadtail; **⁲seite** *mar. f* broadside; **~spurig** *adj. rail.* broad ga(u)ge; *skiing*: broad-track; *fig.* arrogant, swaggering, bumptious; **⁲spurigkeit** *f* (-) arrogance, bumptiousness; **~treten** *fig. v/t.* (*irr., h.*) expatiate (*or* enlarge, dwell) on; **⁲wand** *f film*: wide screen.

'**Brei-umschlag** *m* poultice.

Brems|anlage *f* ['brɛms-] brake system; '**~ausgleich** *m* brake compensator; '**~backe** *f* brake shoe; '**~band** *n* brake band; '**~belag** *m* brake lining; *den* ~ *erneuern* reline the brakes; '**~dauer** *f* braking period.

Bremse[1] ['brɛmzə] *zo. f* (-; -*n*) gad-fly; horse-fly.

'**Bremse**[2] *f* (-; -*n*) brake; *vet.* barnacles *pl.*; *die* ~ *betätigen* (*ziehen*) apply the brake(s *pl.*), put on the brake.

'**bremsen I.** *v/t.* (*h.*) brake; *fig. a.* retard; check, curb; cushion; **II.** *v/i.* (*h.*) apply (*or* pull, put on) the brake(s *pl.*); *fig.* act as a brake (on *v/t.*); go slow; **⁲prüfung** *f* brake test.

ˈ**Bremser** *m* (-*s*; -) brake(s)man; **~häuschen** *n* brakeman's cabin, *Am.* caboose.

ˈ**Brems...:** **~fallschirm** *m aer.* brake parachute; **~feder** *f* brake spring; **~feld** *el. n* retarding field; **~flüssigkeit** *f* brake fluid; **~fußhebel** *m* brake pedal; **~gitter** *el. n* suppressor grid; **~klotz** *m* brake block, *aer.* chock, *Am.* chock block; **~leistung** *f* brake horse power (*abbr.* B.H.P.); **~leuchte** *f*, **~licht** *n* stoplight; **~moment** *n* braking moment; **~öl** *n* brake fluid; **~pedal** *n* brake pedal; **~schuh** *m* brake shoe; **~spur** *f* skid mark; **~stand** *m* (-[e]s) (brake) test stand; **~ung** *f* (-) braking (effect); **~vorrichtung** *f* brake-mechanism; **~weg** *m* braking distance; **~welle** *f* brakeshaft; **~wirkung** *f* (-) braking effect; **~zug** *m* brake cable; **~zylinder** *m* brake-cylinder; *mil.* recoil cylinder.

brennbar [ˈbrɛnbɑːr] *adj.* combustible, burnable; inflammable; ˈ**2keit** *f* (-) combustibility; inflammability.

ˈ**Brenn|dauer** *f* burning-time; lighting hours *pl.*; **~ebene** *opt. f* focal plane; **~eisen** *n* branding iron; *for hair:* curling-irons *pl.* (*or* -tongs *pl.*).

brennen [ˈbrɛnən] **I.** *v/t.* (*irr.*, *h.*) burn; singe; distil(l *Am.*) (*brandy*); curl, wave (*hair*); roast (*coffee, flour*); burn, calcine (*lime*); burn, bake, fire (*porcelain, etc.*); burn (*light*); bream (*ship*); brand, mark (*cattle*); cauterize (*wound*); burn, bake (*bricks*); **II.** *v/i.* (*irr.*, *h.*) burn; be ablaze (*a. fig.*); *das Haus brennt* the house is on fire; *es brennt* there is a fire; fire!; *fig. eyes, wound*: burn, smart; *nettle*: sting; *pepper, etc.*: bite, be hot; *vor Ungeduld etc.* ~ burn (*or* be consumed) with impatience, *etc.*; *darauf* ~ *zu inf.* be dying (*or* itching) to *inf.*; → *Boden, Nägel*; *colloq. wo brennt's?* what's the hurry?, where's the fire?; *da* ~ *Sie sich aber* you are greatly mistaken, *Am.* that's where you make your big mistake.

ˈ**Brennen** *n* (-*s*) burning; *of brandy*: distillation; *med.* cauterization; heartburn; *of lime*: calcination.

ˈ**brennend** **I.** *adj.* burning (*a. fig. passion, question, thirst*); on fire, in flames, ablaze; *candle*: lighted, *cigarette*: *a.* live; *med.* caustic; *fig.* burning, searing, scorching (*heat*); burning (*thirst*); glaring (*colour*); acute, pungent (*pain*); **II.** *adv.*: *es interessiert ihn* ~ he is taking a keen interest in it; *es interessiert mich* ~, *ob* I am dying to know if.

ˈ**Brenner** *m* (-*s*; -) distiller; *tech.* (gas) burner; torch, blowpipe; (atomic) pile.

Brennerei [-ˈraɪ] *f* distillery.

ˈ**Brenn...:** **~gas** *n* fuel gas; **~gemisch** *mot. n* combustible mixture; **~glas** *n* burning-glass; **~holz** *n* (-es) firewood; **~kammer** *f* combustion chamber; **~material** *n* fuel; **~(n)essel** *f* (-; -*n*) stinging nettle; **~ofen** *m* furnace, kiln, (baking) oven; **~öl** *n* (-[e]s) lamp-oil; fuel oil; **~punkt** *m phys. and fig.* focus, focal point; *of oil, etc.*: fire point; *mit zwei ~en versehene Linse* bifocal lens; *in den ~ rücken* bring into focus (*a. fig.*); *im ~ des Interesses stehen* be the cent|re (*Am.* -er) of attraction, be in the limelight, hold the spotlight; *Berlin stand im ~ des Interesses* all eyes were focused on Berlin; **~schere** *f* curling-irons *pl.* (*or* -tongs *pl.*); **~schneider** *tech. m* oxy-acetylene cutter; **~spiegel** *m* burning-reflector, concave mirror; **~spiritus** *m* methylated spirit; **~stelle** *el. f* lighting point.

ˈ**Brennstoff** *m* combustible; *esp. mot.* fuel; *cigarette-lighter*: fluid; → *Kraftstoff...*; **~düse** *f* fuel jet (*Diesel*: nozzle); **~einspritzung** *f* fuel injection; **~pumpe** *f* fuel pump; **~verbrauch** *m* fuel consumption; **~zuführung** *f* fuel feed.

ˈ**Brenn|strahl** *opt. m* focal ray; **~stunde** *f* lamp hour; **~weite** *opt. f* focal distance; **~wert** *m* calorific value; **~zünder** *m* (-*s*; -) (time-) fuse.

brenzlig [ˈbrɛntslɪç] *adj.* burnt (*smell, taste*); *colloq. fig.* precarious, ticklish; *es war ein ~er Augenblick* it was touch and go.

Bresche [ˈbrɛʃə] *f* (-; -*n*) breach, gap; *e-e ~ legen or schießen* make a breach (in); *e-e ~ schlagen* break through, clear the way; *fig. in die ~ springen* stand in (*or* enter) the breach.

Brett [brɛt] *n* (-[e]s; -er) board; plank; shelf; tray; *for games*: board, table; *sports*: springboard; *colloq. pl. ~er* skis, woods; *boxing*: *auf die ~er schicken* (knock) down, drop for a count; *thea. die ~er pl.* the boards, the stage; *das Stück geht über die ~er* the play is acted; *mit ~ern belegen* board, plank, floor; *mit ~ern verschalen* board; *fig. ein ~ vor dem Kopf haben* be blockheaded; → *Stein*; *er kann durch ein ~ sehen* he can see through a brick-wall; ˈ**~chen** *n* (-*s*; -) small (*or* thin) board.

ˈ**Bretter...:** **~bude** *f* booth, shed; shanty, shack; **~dach** *n* board roof; **~fußboden** *m* boarded floor; **~verkleidung** *f* boarding, planking; **~verschlag** *m*, **~wand** *f* boarding, partition; **~zaun** *m* hoarding, *Am.* board-fence.

ˈ**Brett...:** **~nagel** *m* plank nail; **~säge** *f* pit-saw; **~schneider** *m* sawyer; **~spiel** *n* game played on a board, board game.

Brevier [breˈviːr] *n* (-*s*; -e) breviary.

Brezel [ˈbreːtsəl] *f* (-; -*n*) pretzel.

Brief [briːf] *m* (-[e]s; -e) letter; note, *colloq.* a few lines; epistle; document, charter, letters patent; *econ. on stock exchange list*: offered, seller; ~ *Nadeln* paper of needles *or* pins; *~e pl. a.* correspondence; *mit j-m ~e wechseln* correspond with a p.; *unter ~ und Siegel* under (*my*) hand and seal.

ˈ**Brief...:** **~aufgabestempel** *m* date stamp, postmark; **~aufschrift** *f* address; **~beschwerer** *m* (-*s*; -) paperweight; **~beutel** *m* letter-bag, *Am.* mailbag; **~bogen** *m* sheet of note-paper; **~fach** *n* pigeonhole; post-office box (*abbr.* P.O.B.); **~geheimnis** *n* privacy of letters; **~hypothek** *f* certified mortgage; **~karte** *f* letter-card; **~kasten** *m* letter-box, *Am.* mail-box; *in newspapers*: Question and Answer Column; *den ~ leeren* clear the letter-box, *Am.* collect the mail; **~klammer** *f* letter- (*or* paper-)clip; **~korb** *m* letter tray; **~kopf** *m* letter-head; **~kurs** *econ. m* asked price, selling rate; **2lich** *adj. and adv.* by letter, in writing; *~er Verkehr* correspondence; *er teilte uns ~ mit, daß a.* he sent us a letter to the effect that, he wrote us that; **~mappe** *f* portfolio, writing-case.

ˈ**Briefmarke** *f* (postage) stamp; **~nalbum** *n* stamp album; **~nhändler** *m* stamp dealer; **~nsammler** *m* stamp-collector, philatelist; **~nsammlung** *f* stamp collection; **~nserie** *f* issue of stamps.

ˈ**Brief...:** **~muster** *n* specimen letter; **~öffner** *m* (-*s*; -) letter-opener; **~ordner** *m* (-*s*; -) letter-file; **~papier** *n* note-paper, stationery; **~porto** *n* postage; **~post** *f* mail, post, *Am. a.* first-class matter; **~schaften** *f/pl.* letters, correspondence *sg.*; papers; **~schalter** *m* → *Briefkasten*; **~schreiber(in** *f*) *m* letter-writer; **~schulden** *f/pl.* arrears of correspondence; **~steller** *m* (-*s*; -) letter-writer; (*book*) letter-writer's guide; **~stempel** *m* postmark; **~stil** *m* epistolary style; **~tasche** *f* wallet; pocket-book, *Am. a.* billfold; **~taube** *f* carrier pigeon, homing pigeon; **~telegramm** *n* letter telegram, *Am.* lettergram; **~träger** *m* postman, *Am. a.* mailman; **~umschlag** *m* envelope, (letter)cover; **~verkehr** *m* correspondence; **~waage** *f* letter-balance; **~wechsel** *m* exchange of letters, correspondence; *mit j-m im ~ stehen* exchange letters (*or* correspond) with a p., be in correspondence with a p.; **~zensur** *f* postal censorship.

briet [briːt] *pret. of braten.*

Brigade [briˈgɑːdə] *mil. f* (-; -*n*) brigade; **~kommandeur** *m* brigadier, brigade commander.

Brigant [-ˈgant] *m* (-en; -en) brigand.

Brigg [brik] *mar. f* (-; -*s*) brig.

Brikett [briˈkɛt] *n* (-[e]s; -*s*) briquette, pressed coal.

Briketˈtierungsanlage *f* briquetting plant.

brillant [brilˈjant] *adj.* brilliant.

Brilˈlant *m* (-en; -en) brilliant, diamond; *typ.* four to pica; **~feuerwerk** *n* cascade; **~nadel** *f* diamond pin; **~ring** *m* diamond ring; **~schrift** *typ. f* (-) four to pica.

Brille [ˈbrilə] *f* (-; -*n*) (*eine ~* a pair of) spectacles *pl.*, (eye)glasses *pl.*, specs *pl.*; goggles *pl.*; (toilet) seat; *e-e ~ tragen* wear spectacles; *die ~ aufsetzen* (*abnehmen*) put on (take off) one's glasses; *ein Herr mit ~* a spectacled gentleman; *fig. durch e-e schwarze ~ betrachten* take a gloomy view of; → *rosig*; ˈ**~netui** *n*, ˈ**~nfutteral** *n* spectacle case; ˈ**~ngestell** *n* spectacle-frame; ˈ**~nglas** *n* lens; ˈ**~nschlange** *f* (spectacled) cobra; *humor.* bespectacled person; ˈ**2ntragend** *adj.* spectacled; ˈ**~nträger(in** *f*) *m* wearer of glasses.

brillieren [bril'ji:rən] *v/i.* (*h.*) *esp. fig.* be brilliant, sparkle.

Brimborium [brim'bo:rium] *colloq. n* (*-s*) fuss.

bringen ['briŋən] *v/t.* (*irr., h.*) bring; take; *bringe mir fünf Zigarren* bring (*or* get) me five cigars; *was* ~ *Sie* (*Neues*)? what's the news?; *bringe dieses Paket ins Haus* take (*or* carry, put) this parcel inside; *er wurde ins Krankenhaus gebracht* he was taken to the hospital; conduct, lead, take; *ich bringe dich zur Bahn* I'll see you off; *thea., etc.* present, show; *newspaper*: contain, mention, say; bring (about *or* forth), cause, result in; *Gewinn* ~ yield a profit; *Zinsen* ~ bear (*or* yield) interest; *Glück* (*Unglück*) ~ bring good (bad) luck; *Verdruß* ~ cause (*or* give rise to) trouble; *with adv.*: *es dahin* ~, *daß* manage (*or* contrive) to *inf.*; *j-n dahin* ~ induce (*or* persuade) a p. (to *inf.*); → *weit*; *es so weit* ~, *daß* bring things to such a pass that; *with prp.*: *an sich* ~ acquire, appropriate, take possession of; → *Bühne, Herz, Mann, Tag, etc.*; *auf die Beine* ~ raise, set up, organize; *j-n wieder auf die Beine* ~ bring a p. round; *j-n auf et.* ~ suggest a th. to a p., give a p. the idea of a th.; *das bringt mich auf etwas* that reminds me (of something); *es* (*bis*) *auf achtzig Jahre* ~ live to be eighty; *er brachte es auf zwanzig Siege* he achieved (*or* scored) twenty wins; → *Nenner*; *auf die Spur* ~ put on the track; *die Rede auf et.* ~ broach a subject, turn the conversation to a th.; *j-n außer sich* ~ enrage (*or* infuriate) a p.; → *Fassung*; *es bis zum Major etc.* ~ rise to the rank of major, *etc.*; *in Aufregung* ~ excite, agitate; → *Licht, Mode, Rechnung, Verruf*; *es mit sich* ~, *daß* involve, entail; require, necessitate; *die Umstände* ~ *es mit sich* the circumstances call for it *or* make it unavoidable; *über die Lippen* ~ utter; *Unglück über j-n* ~ bring down misfortune upon a p.; *j-n um et.* ~ make a p. lose a th.; deprive (*or* rob) a p. of a th.; cheat (*or* do) a p. out of a th.; → *Verstand*; *unter die Leute* ~ **a**) spend *money* freely (*or* lavishly), **b**) set *a rumo(u)r* afloat, spread (abroad), circulate; *unter sich* (*or s-e Gewalt*) ~ get control over *a th.*; *vom Fleck, von der Stelle* ~ remove; *er ist nicht vom Fleck zu* ~ he won't stir (*or* budge); (*bis*) *vor* ... ~ take (right) up to; *vor Gericht* ~ bring before the court, go to law with; *j-n dazu* ~, *et. zu tun* induce a p. to do a th.; *zu Ende* ~ bring to a close; *j-n zum Lachen* (*Weinen*) ~ make a p. laugh (cry); → *Papier, Schweigen, Vernunft, Verzweiflung, Welt*; *es zu et.* ~ succeed in life, make one's way, make a career for o.s.; *es zu nichts* ~ fail (in life), be a failure.

'**Bringschuld** *f* debt to be discharged at creditor's domicile.

brisan|t [bri'zant] *adj.* high-explosive; **⁓z** [-ts] *f* (-; *-en*) explosive effect; *Sprengstoffe geringer* ~ mild explosives; **⁓zmunition** *f* high-explosive (*abbr.* H.E.) ammunition.

Brise ['bri:zə] *f* (-; *-n*) breeze, (light) wind; *steife* ~ strong wind.

Britannien [bri'taniən] *n* (*-s*) Britain; *poet.* Britannia.

Brit|e ['britə] *m* (*-n*; *-n*), **~in** *f* (-; *-nen*) Briton, English(wo)man, *Am.* Britisher; *die* ~*en pl.* the British; '**⁓isch** *adj.* British; ⁓*e Inseln* British Isles; *das* ⁓*e Weltreich* the British Empire.

Bröck|chen ['brœkçən] *n* (*-s*; -) little morsel, bit, crumb; **⁓elig** *adj.* crumbly, friable; crumbling (away); brittle; crisp; **⁓eln** *v/t.* (*h.*) *and v/i.* (*sn*) crumble.

Brocken ['brɔkən] *m* (*-s*; -) (small) piece; crumb (*a. fig.*); bit, scrap; morsel; lump, hunk; *fig.* snatches *pl. of conversation*, scraps *pl. of French*; *colloq. mil. dicke* ~ heavy bombs (*or* shells), *boxing*: big punches, piledrivers; *ein harter* ~ a hard nut (*to crack*), *Am. sl.* a toughie; **⁓weise** *adv.* bit by bit, in lumps, piecemeal.

brodeln ['bro:dəln] *v/i.* (*h.*) bubble, simmer; seethe (*a. fig.*); *el.* hum; *es brodelte im Volk* there was a growing unrest among the masses.

Brodem ['bro:dəm] *m* (*-s*; -) steam, vapo(u)r, fumes *pl.*; exhalation.

Brokat [bro'ka:t] *m* (*-[e]s*; *-e*) brocade; **⁓en** *adj.* brocade(d); **~papier** *n* brocade paper.

Brom [bro:m] *chem. n* (*-s*) bromine; *phot. mit* ~ *behandeln* bromize.

Brombeer|e ['brɔmbe:rə] *f* blackberry; '**~hecke** *f* brambles *pl.*; '**~strauch** *m* blackberry-bush, bramble.

'**Brom...:** **~'kalium** *chem. n* potassium bromide; **~öldruck** *phot. m* (*-[e]s*) bromoic print; **⁓sauer** *adj.* bromate; ~*es Natron* sodium bromate; **~säure** *f* bromic acid; **~silber** *n* silver bromide; **~silberpapier** *phot. n* bromide paper; **~verbindung** *f* bromide.

Bronchialkatarrh [brɔnçi'a:lkatar] *med. m* bronchial catarrh.

Bronchien ['-çiən] *anat. f/pl.* bronchia.

Bronchitis [-'çi:tis] *f* (-; *-i'tiden*) bronchitis.

Bronze ['brɔ̃sə] *f* (-; *-n*) bronze, gun metal; **~farbe** *f* bronze; bronze paint; **⁓farben** *adj.* bronze(-colo[u]red); **~lack** *m* bronze varnish; **~medaille** *f* bronze medal; **⁓n** *adj.* (of) bronze; **~zeit** *f* (-) Bronze Age.

bronzieren [-'si:rən] *v/t.* (*h.*) bronze (over).

Brosame ['bro:za:mə] *f.* (-; *-n*) crumb (*a. fig.*).

Brosche ['brɔʃə] *f* (-; *-n*) brooch.

Brös-chen ['brø:sçən] *n* (*-s*; -) *cul.* (calf's) sweet-bread.

broschier|en [brɔ'ʃi:rən] *v/t.* (*h.*) stitch, sew; **~t** *adj.* stitched, in paper cover(s *pl.*); *steif*: in stiff cover, in boards *pl.*

Broschüre [-'ʃy:rə] *f* (-; *-n*) brochure, booklet, pamphlet.

Brösel ['brø:zəl] *m* (*-s*; -) crumb; **⁓n** *v/t.* (*h.*) crumble.

Brot [bro:t] *n* (*-[e]s*; *-e*) bread; loaf; *zwei* ~*e pl.* two loaves (of bread); → *belegt, frisch*; *geröstetes* ~ toast; *fig.* bread, living, livelihood; *das tägliche* (*or liebe*) ~ the daily bread; *der Kampf ums* ~ the struggle for life; *ein hartes* ~ *essen* have to work hard (for a living); *sein eigenes* ~ *essen* be one's own master; *fremdes* ~ *essen* serve (other people); *sein* ~ *haben* have a (modest) competence; *sein* ~ *verdienen* earn one's living; *j-m et. aufs* ~ *schmieren* reproach a p. for a th., rub it in; *j-n um sein* ~ *bringen* rob a p. of his livelihood.

'**Brot...:** **~aufstrich** *m* spread; **~bäcker** *m* baker; **~baum** *m* bread-fruit-tree; **~beutel** *m* bread-bag, haversack.

Brötchen ['brø:tçən] *n* (*-s*; -) roll; *belegtes* ~ sandwich.

'**Brot...:** **~erwerb** *m* (*-[e]s*) bread-winning, (earning one's) livelihood; **~getreide** *n* bread grain; **~herr** *m* master, employer, principal; **~kasten** *m* bread-bin; **~korb** *m* bread-basket; *fig. j-m den* ~ *höher hängen* put a p. on short rations, keep a p. short; **~krume** *f* bread-crumb; **~laib** *m* loaf (*pl.* loaves); **⁓los** *fig. adj.* unemployed, out of work; unprofitable, not worthwhile; unavailing, useless; ~*e Kunst* lost art, waste of time; *j-n* ~ *machen* rob a p. of his livelihood, throw a p. out of work; **~marke** *f* bread coupon; **~messer** *n* bread-knife; **~neid** *m* trade (*or* professional) jealousy; **~rinde** *f* crust; **~röster** *m* (*-s*; -) toaster; **~schneidemaschine** *f* bread-cutter; **~schnitte** *f* slice of bread; **~schrift** *typ. f* (-) body-type; **~studium** *n* bread-winning study; **~teig** *m* dough (for bread).

brr! [br] *int.* whoa!, wo!; ugh!

Bruch[1] [brux] *m* (*n*) (*-[e]s*; *⁼e*) marsh(y land), fen, bog.

Bruch[2] *m* (*-[e]s*; *⁼e*) breach (*a. fig. of friendship, promise, etc.*); break (-ing); *med.* **a**) fracture; *einfacher* (*komplizierter*) ~ simple (compound) fracture, **b**) rupture, hernia; *tech. in steel*: failure, break, rupture; bursting; *min.* fracture; crack, crevice, fissure; *of machine*: failure, breakdown; *aer., mot.* smash-up, crack-up; *aer.* ~ *machen* crash, crash-land; *mining*: downfall; thrust; *in cloth*: crease; *in paper*: fold; breakage, wreckage; scrap; *math.* fraction; *gewöhnlicher* ~ vulgar fraction; (*un*)*echter* ~ (im-)proper fraction; *unendlicher* ~ recurring decimal; *fig.* violation (*of oath, peace, etc.*); violation, infringement, infraction (*of a law, etc.*); *e-r Verbindung*: breach, rupture (*of relations*); ~ *mit der Vergangenheit* (clean) break with the past; *colloq. contp.* trash, rubbish; *in die Brüche gehen* be broken up, come to grief, go to pot, *esp. marriage*: go on the rocks; *es kam zwischen uns zum offenen* ~ it came to an open quarrel between us.

'**Bruch...:** **~band** *med. n* (*-[e]s*; *⁼er*) (hernial) truss; **~belastung** *tech. f* ultimate load; **~bude** *colloq. f* tumble-down shanty, ramshackle house; **~dehnung** *tech. f* elongation at rupture; **~festigkeit** *tech. f* (-) ultimate strength; **~fläche** *f* (surface of) fracture; 2**frei** *adj.* free from breakage; ~**gleichung** *math. f* fractional equation.

brüchig ['bryçiç] *adj.* fragile, tender; brittle; crumbly, friable; broken; cracked, burst; ~*e Stimme* cracked voice; ~ *werden* crack, develop cracks.

'**Bruch...:** ~**landung** *aer. f* crash landing; e-e ~ *machen* crash-land, smash up; ~**operation** *med. f* herniotomy; ~**rechnung** *f* fractional arithmetic, fractions *pl.*; ~**schaden** *m* breakage; 2**sicher** *adj.* unbreakable; shatterproof; ~**stein** *m* quarry stone; ~**stelle** *f* site of fracture (*or* rupture); ~**strich** *math. m* fraction stroke; ~**stück** *n* fragment (*a. fig.*); *econ. of share*: fractional certificate; ~*e pl. a.* scraps; snatches (*of song*); 2**stückhaft** *adj.* fragmentary; ~**teil** *m* fraction; *im* ~ *e-r Sekunde* in a split second; ~**zahl** *f* fractional number.

Brücke ['brykə] *f* (-; -*n*) bridge (*a. el., gym., mar., wrestling*); *schwimmende* ~ floating (*or* pontoon) bridge; (floor) rug; *anat.* pons; dental arch, bridge; half-hat; *fig.* bridge, link (*zwischen* between); e-e ~ *schlagen über* build (*or* throw) a bridge across, bridge (*a river*); *sports*: back-bend; *die* ~ *machen* bridge; *fig. die* ~*n hinter sich abbrechen* burn one's boats; *dem Gegner goldene* ~*n bauen* leave the door open for reconciliation, make it easy for one's opponent.

'**Brücken...:** ~**bahn** *f* floor (of a bridge); ~**balken** *m* bridge beam, girder; ~**bau** *m* (-[e]*s*; -*ten*) bridge-building; ~**bogen** *m arch*; girder; ~**boot** *n* pontoon, *Am.* ponton; ~**geländer** *n* bridge railing, side rail; ~**geld** *n* bridge-toll; ~**joch** *n* panel, bay; ~**kopf** *mil. m* bridge-head; ~**last** *f* bridge capacity; ~**oberbau** *m* (-[e]*s*; -*ten*) (bridge) superstructure; ~**pfeiler** *m* bridge pier; ~**steg** *m* foot-bridge; ~**tragwerk** *n* supporting structure of a bridge; ~**waage** *f* weighing-machine; platform scale; weighbridge; ~**wärter** *m* bridge tender; ~**widerlager** *n* abutment; ~**zoll** *m* bridge-toll.

Brüden ['bry:dən] *tech. m* (-*s*; -) water vapo(u)r.

Bruder ['bru:dər] *m* (-*s*; ¨) brother; *Brüder pl.* brothers, *eccl.* brethren; friar; *colloq.* fellow, bloke, *Am.* guy; *ein lustiger* ~ jolly fellow; *gleiche Brüder, gleiche Kappen* **a)** we are all in the same boat, **b)** share and share alike; *soviel ist es unter Brüdern wert* that's a bargain (*or* a fair price).

Brüderchen ['bry:dərçən] *n* (-*s*; -) little brother.

'**Bruder...:** ~**krieg** *m* fratricidal war; ~**kuß** *m* brotherly kiss.

'**brüderlich** *adj.* brotherly, fraternal; 2**keit** *f* (-) brotherliness, fraternity.

'**Bruder...:** ~**liebe** *f* brotherly love; ~**mord** *m*, ~**mörder**(**in** *f*) *m* fratricide; 2**mörderisch** *adj.* fratricidal.

'**Brüderschaft** *f* (-; -*en*) brotherhood, fellowship; ~ *schließen* fraternize, make close friends (*mit* with); ~ *trinken* pledge close friendship.

'**Bruder...:** ~**volk** *n* sister nation, cousins *pl.*; ~**zwist** *m* fraternal strife.

Brühe ['bry:ə] *f* (-; -*n*) broth, beef-tea; sauce; gravy; (soup) stock; juice; slop, wash, soup; *tech.* liquor.

'**brüh|en** *v/t.* (*h.*) scald; *laundry*: soak; '~'**heiß** *adj.* scalding (*or* boiling) hot, scalding; 2**kartoffeln** *f/pl.* potatoes boiled in broth; 2**kessel** *m* scalding-tub; '~'**warm** *fig. adj. news, etc.*: quite fresh, red hot, hot from the presses, *Am.* hot off the griddle; *j-m et.* ~ *wiedererzählen* take a story straight away to a p.; 2**würfel** *m* beef-cube.

Brüll-affe ['bryl-] *m* howling monkey.

'**brüllen** *v/i.* (*h.*) roar; *cattle*: bellow; low; *person*: roar, (*a.* = *weep*) howl, bawl; *vor Lachen etc.* ~ roar with laughter, *etc.*; ~ *des Gelächter* roar of laughter; *er* (*es*) *ist zum* 2 *sl.* he (it) is a (perfect) scream.

Brumm|bär ['brum-] *fig. m* grumbler, growler, *Am.* grouch; ~**baß** *mus. m of organ*: bourdon; *stringed instrument*: double bass; *voice*: rumbling bass.

'**brummen** *v/i. and v/t.* (*h.*) hum, buzz, drone; *engine*: *a.* purr, boom; *animal*: growl; *person*: growl, grumble, grunt (*et.* a th.; *über acc.* at, about); *colloq. in jail*: do time, do a stretch; *ped.* be kept in; *mir brummt der Kopf* my head is buzzing *or* throbbing; → *Bart.*

'**Brumm...:** ~**er** *m* (-*s*; -) meat fly, bluebottle; dung-beetle; 2**frei** *el. adj.* hum-free; 2**ig** *adj.* grumbling, grumpy, gruff; ~**kreisel** *m* humming-top; ~**schädel** *colloq. m* headache; hangover, head; ~**ton** *el. m* (alternating-current) hum.

brünett [bry'nɛt] *adj.* dark(-haired), dark-complexioned, *woman*: brunette (*a.* 2*e f* [-*n*; -*n*]).

Brunft [brunft] *hunt. f* (-; ¨*e*), 2**en** *v/i.* (*h.*) rut; 2**ig** *adj.* rutting; ~**schrei** *m* bell; ~**zeit** *f* rutting-season.

brünier|en [bry'ni:rən] *tech. v/t.* (*h.*) brown; *tech.* burnish; 2**stein** *m* burnishing stone; 2**ung** *f* (-; -*en*) browning.

Brunnen ['brunən] *m* (-*s*; -) well; spring; fountain (*all a. fig.*); *med.* mineral spring, (mineral) waters *pl.*; *e-n* ~ *graben* sink a well; (*den*) ~ *trinken* take the waters; ~**becken** *n* basin; ~**kresse** *f* watercress; ~**kur** *f* mineral-water cure; e-e ~ *machen* take the waters (*or* a course); ~**loch** *n* well-pit; ~**vergiftung** *fig. f* vitiating the political atmosphere; calumny.

Brunst [brunst] *f* (-; ¨*e*) *zo. of male*: rut, *of female*: heat; *of person*: lust, sexual desire; → *Inbrunst.*

brünstig ['brynstiç] *adj. zo.* rutting, *of female* in heat; bullish; *person*: lustful, hot, *woman a.* in heat; *fig.* → *inbrünstig.*

brüsk [brysk] *adj.* brusque, curt, abrupt, blunt; rough, gruff.

brüskieren [-'ki:rən] *v/t.* (*h.*) snub, provoke, affront.

Brüssel ['brysəl] *n* (-*s*) Brussels; ~*er Spitzen* Brussels lace.

Brust [brust] *f* (-; ¨*e*) breast; chest, *anat.* thorax; *of woman*: breast(s *pl.*), bosom, bust, mamma(e *pl.*); *die* ~ *betreffend etc. med.* pectoral, thoracic; *cul.* breast; shirt-front; *fig.* breast, bosom, heart; *die Brüste der Weisheit* the breasts of wisdom; ~ *an* ~ shoulder to shoulder, neck and neck, abreast; *aus voller* ~ at the top of one's voice, lustily; (*dat.*) *die* ~ *geben* give the breast to, suckle, nurse; *ohne* ~ *aufziehen* dry-nurse; *es auf der* ~ *haben* have chest trouble; *schwach auf der* ~ *sein* have a weak chest, *colloq. fig.* be hard up; *sich reuevoll an die* ~ *schlagen* beat one's breast; *sich in die* ~ *werfen* give o.s. airs, bridle (up); *komm an meine* ~ come to my heart; ~**atmung** *f* chest-breathing; ~**beere** *f* jujube; ~**bein** *n* breastbone, sternum; *of fowl*: wish-bone; ~**beschwerden** *f/pl.* chest-trouble; ~**beutel** *m* money-bag; ~**bild** *n* half-length portrait *or* photo; ~**bonbon** *m* pectoral lozenge, cough-drop; ~**bräune** *med. f* (-) angina pectoris; ~**breite** *f sports*: *um* ~ *gewinnen* win by a whisker, nose out; ~**drüse** *anat. f* mammary gland; ~**drüsenentzündung** *f* mastitis.

brüsten ['brystən]: *sich* ~ boast, brag, give o.s. airs, strut; *sich mit et.* ~ pride (*or* plume) o.s. on a th., vaunt a th.; *sich* ~ *als* pose as.

'**Brust...:** ~**fell** *anat. n* pleura; ~**fellentzündung** *f* pleurisy; ~**flosse** *f* pectoral fin; ~**höhe** *f* breast-height; ~**höhle** *f* thoracic cavity.

...brüstig [brʏstiç] *adj.* ...breasted, ...chested.

'**Brust...:** ~**kasten**, ~**korb** *m* chest, thorax; ~**kind** *n* breast-fed child; 2**krank** *adj.* suffering from the chest; consumptive; ~**krankheit** *f* chest-trouble, pectoral complaint; ~**kraul** *n* crawl (stroke); ~**krebs** *med. m* (-*es*) cancer of the breast, breast cancer; ~**leiden** *n* → *Brustkrankheit*; ~**mittel** *n* pectoral (remedy); ~**muskel** *m* pectoral muscle; ~**nadel** *f* breast-pin; ~**pulver** *n* pectoral powder; ~**röhre** *f* thoracic duct; ~**scheibe** *mil. f* half-figure target; ~**schild** *n* breast-plate; ~**schmerz** *m* pain in the chest; ~**schwimmen** *n* breast-stroke; ~**stimme** *f* chest-voice; ~**stück** *n zo.* thorax; *meat*: brisket; ~**tasche** *f* breast-pocket; inside pocket; ~**tee** *m* pectoral herb-tea; ~**ton** *m* ([e]*s*; ¨*e*) *mus.* chest-note; *fig.* ~ *der Überzeugung* true ring of conviction; ~**umfang** *m* → *Brustweite.*

Brüstung ['brʏstuŋ] *f* (-; -*en*) balustrade, parapet; sill.

'**Brust...:** ~**warze** *f* nipple; ~**wassersucht** *f* (-) pectoral dropsy, hydrothorax; ~**wehr** *f* (-; -*en*) breastwork, parapet; ~**weite** *f* width of chest, *of woman*: bust (measurement); ~**wirbel** *m* dorsal vertebra.

Brut [bru:t] *f* (-; -*en*) hatch(ing), incubation; brood; spawn; *fig. of persons*: brood, spawn; *b.s.* scum, (vicious) lot, pack.

brutal [bru'tɑ:l] *adj.* brutal, brutish.

Brutalität [-taliˈtɛ:t] *f* (-; -*en*) brutality.

ˈ**Brut...:** ~**anstalt** *f* hatchery; ~**apparat** *m* incubator.

Brüt-ei *n* [bry:t-] egg for hatching.

ˈ**brüten I.** *v/i.* (*h.*) brood, sit (on eggs); incubate; *fig.* ~ *über* (*dat.*) brood (*or* pore) over, ponder on; **II.** *v/t.* (*h.*) *fig.* hatch, brew, scheme; ~*de Sonne*(*nhitze*) brooding heat of the sun.

ˈ**Brut...:** ~**henne** *f* sitting-hen; ~**kasten** *m* incubator; ~**stätte** *f* breeding-place; *fig. a.* hotbed.

brutto [ˈbruto] *econ. adv.* gross, in (the) gross; ˈ**2betrag** *m* gross amount; ˈ**2einkommen** *n* gross income (*or* earnings *pl.*); ˈ**2gewicht** *n* gross weight; ˈ**2gewinn** *m* gross profit, gross proceeds *pl.*; ˈ**2preis** *m* gross price; ˈ**2registertonne** (B.R.T.) *f* gross register ton (*abbr.* G.R.T.); ˈ**2sozialprodukt** *pol. n* gross national product.

Bübchen [ˈby:pçən] *n* (-*s*; -) little boy; baby-boy.

Bube [ˈbu:bə] *m* (-*n*; -*n*) boy, lad; *cards*: knave, jack; *b.s.* knave, rascal, rogue; ~**nstreich** *m*, ~**nstück** *n* boyish prank, lark; *b.s.* knavish trick, knavery, piece of villainy.

Bubikopf [ˈbu:bi-] *m* bobbed hair; e-*n* ~ *schneiden* bob the hair.

Bübin [ˈby:bin] *f* (-; -*nen*) knavish woman.

ˈ**bübisch** *adj.* mischievous, roguish; *b.s.* knavish, villainous.

Buch [bu:x] *n* (-[*e*]*s*; ⸚*er*) book; volume; ~ *Papier* (*24—25 sheets*) quire; *econ.* book, *pl. a.* records; ledger; *eccl. das* ~ the Book, the Bible; *das erste* ~ *Moses* Genesis; *betting*: book; *cards*: full suit; *fig. das* ~ *des Schicksals etc.* the book of fate, *etc.*; *econ.* ~ *führen* keep book (*or* accounts *pl.*), do (the) bookkeeping; ~ *führen über* (*acc.*) keep book on, keep a record of; *in ein* ~ *eintragen* book, enter in a book; *zu* ~ *stehen mit* be valued at ... (as per books); *über den Büchern sitzen* be poring over one's books; *wie ein* ~ *reden* talk like a book; *wie es im* ~ *steht* as (it) should be, perfect; *das ist mir ein* ~ *mit sieben Siegeln* that's all Greek (*or* a sealed book) to me; ~**abschluß** *econ. m* closing of books; ~**ausstattung** *f* get-up of a book; ~**beschneidemaschine** *f* (book) trimmer; ~**besprechung** *f* book review; ~**binder** *m* (-*s*; -) bookbinder; ~**binderei** [-ˈraɪ] *f* (-; -*en*) bookbinder's (work)shop, (book)bindery; bookbinding; ~**bindergold** *n* gold leaf; ~**block** *m* (-[*e*]*s*; ⸚*e*) inner book; ~**deckel** *m* book cover, binding; ~**drama** *n* book drama, closet play.

ˈ**Buchdruck** (-[*e*]*s*) *m* letterpress printing, typography; ~**er** *m* (-*s*; -) (letterpress) printer; ~**erei** [-ˈraɪ] *f* (-; -*en*) printing office, *Am.* printing-plant; printing (of books); ~**eˈreimaschine** *f* printing machine; ~**erkunst** *f* (-) art of printing, typography; ~**erschwärze** *f* (-) printer's ink; ~**presse** *f* letterpress.

Buch|e [ˈbu:xə] *f* beech(-tree); ~**ecker** [ˈ-ˀɛkər] *f* (-; -*n*) beech-nut.

ˈ**Bucheinband** *m* (-[*e*]*s*; ⸚*e*) binding, cover.

buchen[1] [ˈbu:xən] *v/t.* (*h.*) enter (*or* pass) into the books, make an entry of; post (*into ledger*); book, reserve; *fig.* record, register, list; et. *als Erfolg* ~ put (*or* write) a th. down as a success.

ˈ**buchen**[2] *adj.* beech(en); **2farn** *m* beech fern; **2holzteer** *m* beech tar; **2wald** *m* beech wood.

Bücher...: ~**abschluß** [ˈby:çər-] *econ. m* closing of the books; ~**brett** *n* bookshelf.

Bücherei [-ˈraɪ] *f* (-; -*en*) library; *fahrbare* ~ *Am.* bookmobile.

ˈ**Bücher...:** ~**freund**(**in** *f*) *m* book-lover, bibliophile; ~**kunde** *f* (-) bibliography; ~**mappe** *f* satchel; ~**mensch** *m* bookish person, scholar; ~**narr** *m* bibliomaniac; ~**regal** *n* bookshelf; ~**revisor** *m* auditor; *vereidigter* ~ chartered accountant, *Am.* certified public accountant; ~**sammlung** *f* collection of books; ~**schau** *f* book review(s *pl.*); ~**schrank** *m* bookcase; ~**stand** *m* bookstall, *Am.* bookstand; ~**ständer** *m* (*drehbarer* revolving) bookcase, bookstand; ~**stütze** *f* book-end; ~**verzeichnis** *n* catalog(ue *Brit.*) *or* list of books; ~**weisheit** *f* book-learning; ~**wurm** *m* bookworm.

ˈ**Buch...:** ~**fink** *m* chaffinch; ~**forderungen** *econ. f/pl.* book claims, *Am.* accounts receivable; ~**format** *n* size of a book; ~**führer** *m* → *Buchhalter*; ~**führung** *f* bookkeeping, accounting; *amerikanische* ~ tabular (*or* columnar) bookkeeping; ~**führungspflicht** *f* statutory obligation to keep books; ~**geld** *n* money of transfer; ~**gemeinschaft** *f* book club; ~**gewerbe** *n* (-*s*) book trade; ~**gewinn** *m* book profit; ~**halter** *m* (-*s*; -) bookkeeper, accountant; ~**halterei** [-ˈraɪ] *f* (-; -*en*), ~**haltung** *f* bookkeeping department; → *Buchführung*; ~**haltungsmaschine** *f* bookkeeping machine; ~**handel** *m* book trade; *nicht im* ~ not for sale; ~**händler** *m* bookseller; ~**handlung** *f* book-shop, *Am.* book-store; ~**hülle** *f* dust-cover; ~**hypothek** *f* inscribed mortgage; ~**kredit** *m* book credit; ~**laden** *m* → *Buchhandlung*.

Büchlein [ˈby:çlaɪn] *n* (-*s*; -) small book, booklet.

ˈ**Buch...:** ~**leinen** *n* book linen; ~**macher** *m* (-*s*; -) bookmaker, bookie; ~**malerei** *f* illumination; **2mäßig** *adj. and adv.* as shown by the books; *attr.* bookkeeping..., accountancy...; ~**prüfer** *m* auditor, accountant; → *Bücherrevisor*; ~**prüfung** *f* audit; ~**rücken** *m* spine; ~**saldo** *m* book balance.

Buchsbaum [ˈbuks-] *m* box(-tree); ~**holz** *n* boxwood.

ˈ**Buch...:** ~**schmuck** *m* book ornamentation; ~**schuld** *f* book debt.

Buchse [ˈbuksə] *tech. f* (-; -*n*) bush(ing); sleeve; *cylinder*: liner; (grease) cup; *el.* socket.

Büchse [ˈbyksə] *f* (-; -*n*) box, case, container; tin (box), *Am.* can; rifle, carbine; *in* ~*n verpackt etc.* tinned, potted, *Am.* canned.

ˈ**Büchsen...:** ~**fleisch** *n* tinned (*Am.* canned) meat; ~**lauf** *m* rifle (*or* gun) barrel; ~**licht** *hunt. n* (-[*e*]*s*) shooting light; ~**macher** *m* (-*s*; -) gunsmith, *mil.* armo(u)rer; ~**milch** *f* tinned (*or* evaporated) milk, *Am.* canned milk; ~**öffner** *m* (-*s*; -) tin-opener, *Am.* can opener; ~**schuß** *m* gunshot; ~**waren** *f/pl.* tinned (*Am.* canned) goods.

Buchstabe [ˈbu:xʃta:bə] *m* (-*ns*; -*n*) letter; character; *typ.* type; sub-paragraph; *großer* (*kleiner*) ~ capital (small) letter; *fetter* ~ bold face; *dem* ~*n nach* literally; *bis zum letzten* ~*n* to the letter; *colloq. die vier* ~*n* bottom, behind.

ˈ**Buchstaben...:** ~**bezeichnung** *f* lettering; ~**form** *typ. f* type mo(u)ld; ~**folge** *f* (-) alphabetical order; ~**glaube** *m* literalism; ~**gleichung** *math. f* algebraic equation; ~**mensch** *m* pedant; ~**rätsel** *n* anagram; ~**rechnung** *f* (-) algebra; ~**schloß** *n* puzzle lock.

buchstabieren [-ʃtaˈbi:rən] *v/t.* (*h.*) spell; *laboriously*: spell out; *falsch* ~ misspell.

buchstäblich [ˈ-ʃtɛ:pliç] **I.** *adj.* literal, verbatim; *fig. a.* sheer, downright; **II.** *adv.* literally, word for word, verbatim; to the letter, exactly; virtually; ~ *wahr* literally true.

ˈ**Buchstütze** *f* book-end, book-rest.

Bucht [buxt] *f* (-; -*en*) bay, inlet; bight, creek; gulf; *anat.*, *bot.* sinus; *of rope*: bight; box; *die Deutsche* ~ Heligoland Bight; ˈ**2en**: *sich* ~ form (*or*) widen into a bay; ˈ**2ig** *adj.* indented, creeky; *bot.* sinuate.

ˈ**Buch...:** ~**titel** *m* title of a book; ~**umschlag** *m* wrapper, jacket.

ˈ**Buchung** *econ. f* (-; -*en*) booking, posting; entry, item passed to account; *e-e* ~ *berichtigen* adjust an entry; *e-e* ~ *machen* make an entry.

ˈ**Buchungs...:** ~**fehler** *m* error in the books; ~**maschine** *f* booking-machine; ~**methode** *f* accounting method; ~**nummer** *f* number of entry; ~**posten** *m* entry, item.

ˈ**Buch...:** ~**weizen** *m* buckwheat; ~**wert** *m* book-value; ~**wissen** *n* book-learning, book-knowledge; ~**zeichen** *n* bookmark; ex libris.

Buckel[1] [ˈbukəl] *m* (-*s*; -) boss; knob, stud.

ˈ**Buckel**[2] *m* hump, hunch; humpback, hunchback; stoop; *colloq.* back; hummock, knoll, hump; bulge; *e-n* ~ *machen* stoop, *cat*: put up (*or* arch) its back; *fig. sich e-n* ~ *lachen* split one's sides; *colloq. du kannst mir den* ~ *runter rutschen!* *sl.* go to blazes!, nothing doing!; *colloq. er hat einen breiten* ~ he has a broad back.

ˈ**buck**(**e**)**lig** *adj.* humpbacked, hunchbacked; humped, hunched; **2e**(**r** *m*) *f* (-*n*, -*n*; -*n*, -*n*) hunchback, humpback.

bücken [ˈbykən] *v/t.* (*h.*) *and sich* ~ bend, stoop; *fig. sich vor j-m* ~ bow to, *contp.* cringe to (*or* bow and scrape before) a p.; submit to a p.; *gebückte Haltung* stoop; *er bückte sich nach einem Stein* he stooped to pick up a stone.

Bück(l)ing ['byk(l)iŋ] *m* (-s; -e) red herring, bloater, kipper.
'**Bückling** *m* (-s; -e) bow, obeisance.
buddeln ['budəln] *colloq. v/i. and v/t.* (*h.*) dig.
Bud|dhismus [bu'dismus] *m* (-) Buddhism; **~'dhist(in** *f*) *m* (-en, -en; -, -nen), **2'dhistisch** *adj.* Buddhist.
Bude ['bu:də] *f* (-; -n) stall, booth; shop; hut, cabin, *colloq.* hovel, shanty, *Am.* shack; *of student*: den, digs *pl.*; *colloq. die ~ zumachen* close down; *j-m auf die ~ rücken* drop in on a p., *sl.* blow in; *fig. j-m auf die ~ steigen* come down on a p., give a p. hell; *Leben in die ~ bringen* make things lively; '**~nbesitzer** *m* stall-holder; '**~nzauber** *m* rag.
Budget [by'dʒe:] *n* (-s; -s) budget, (annual) estimates *pl.*; *das ~ vorlegen* present the budget; et. *im ~ vorsehen* budget for a th.; **~beratung** *f* debate on the budget.
Büfett [by'fe:] *n* (-[e]s; -s) sideboard, buffet; refreshment-bar, buffet; (snack-)counter; *kaltes ~* cold buffet; **~fräulein** *n* barmaid.
Büfettier [-feti'e:] *m* (-s; -s) barman, *Am.* bartender.
Büffel ['byfəl] *m* (-s; -) buffalo; *colloq. fig.* lout, oaf; **~leder** *n* buff (-skin); **2n** *colloq. v/i.* (*h.*) grind, *Am. colloq.* bone; (*a. v/t.* [*h.*]) cram, *sl.* swot.
Bug [bu:k] *m* (-[e]s; ⸚e) *mar.* bow; *aer.* nose; bend; *zo.* **a**) joint (of the leg), **b**) hock, **c**) shoulder(-blade); *cul.* shoulder; '**~anker** *m* bow-anchor.
Bügel ['by:gəl] *m* (-s; -) bow; stirrup; (clothes-)hanger; *tech.* bow; strap; (curved) handle; clamp, bracket; shackle; *el.* bow (collector); *concrete*: loop; *headpiece*: harness; *spectacles*: bow, side-piece; *compasses*: gimbal; *gauge, saw, etc.*: frame; *rifle*: trigger-guard; *fenc.* (sabre) guard; '**~brett** *n* ironing-board; '**~eisen** *n* flat-iron; electric iron; pressing iron; '**~falte** *f* crease; '**2frei** *adj.*: *~es Hemd* drip-dry shirt; '**2n** *v/t.* (*h.*) iron; press; smooth; '**~riemen** *m* stirrup-strap; '**~säge** *f* hacksaw; '**~schraube** *f* stirrup bolt; '**~stromabnehmer** *m* bow collector.
'**Bug...**: **~figur** *f* figure-head; **2lahm** *adj.* splay-shouldered; **2lastig** *aer. adj.* nose-heavy.
Bugsier|dampfer [bu'ksi:r-] *m* (steam-)tug; **2en** *v/t.* (*h.*) tow; *fig.* steer, man(o)euvre.
Bug...: **~spriet** ['bu:kʃpri:t] *mar. n* (-[e]s; -e) bowsprit; **~welle** *f* bow wave.
Buhl|e ['bu:lə] *poet. m* (-n; -n), *f* (-; -n) lover; paramour; **2en** *v/i.* (*h.*) *mit j-m*: make love to, live in sin with a p.; *fig. um et. ~* woo, court, strive for a th.; *um j-s Gunst ~* curry favo(u)r with a p.; **~erei** [-'raɪ] *f* (-; -en) love-making, illicit intercourse (*mit* with); coquetry; *fig.* courting (*um* of), rivalry (for); fawning; **~erin** *f* (-; -nen) courtesan, paramour; wanton; **2erisch** *adj.* amorous, wanton.
Buhne ['bu:nə] *f* (-; -n) groyne, breakwater.
Bühne ['by:nə] *f* (-; -n) scaffold; platform (*a. tech.*); *thea.* stage (*a. w. s.*); *fig.* stage, scene, arena; *auf der ~* on the stage; *hinter der ~* off the stage, behind the scenes, *Am.* backstage; *auf die ~ bringen* bring on (*or* to) the stage, stage, produce; *über die ~ gehen* be put on the stage, be enacted (*a. fig.*); *zur ~ gehen* go (*or* take to) the stage; *er trat von der politischen ~ ab* he quitted the political scene.
'**Bühnen...**: **~anweisung** *f* stage direction; **~ausstattung** *f* scene (-ry), decor; **~bearbeitung** *f* adaptation for the stage; **~bild** *n* décor; **~bildner(in** *f*) *m* stage designer; **~dichter** *m* playwright, dramatist; **~dichtung** *f* dramatic poetry; dramatic work; **~erfahrung** *f* stage-craft; **~erfolg** *m* stage-success; **2fähig** *adj.* stage-worthy; **2gerecht** *adj.* actable; **~held(in** *f*) *m* hero(ine); **~kritiker** *m* stage-critic; **~laufbahn** *f* stage career; **~leiter** *m* stage manager; **~licht** *n* limelight, footlights *pl.*; **~maler** *m* scene-painter; **~requisiten** *pl.* stage-properties (*abbr.* props) *pl.*; **~schriftsteller** *m* → *Bühnendichter*; **~star** *m* star of the stage; **~stück** *n* stage-play; **2technisch** *adj.* theatrical, scenic; **~werk** *n* dramatic work, stage-play; **2wirksam** *adj.* effective on the stage; **~wirkung** *f* stage-effect.
buk [bu:k] *pret. von backen.*
Bukarest [buka'rɛst] *n* (-s) Bucharest.
Bukett [bu'kɛt] *n* (-[e]s; -e) bouquet, nosegay; *of wine*: bouquet, aroma.
Bulette [bu'lɛtə] *f* (-; -n) rissole, meat-ball.
Bulgar|e [bul'gɑ:rə] *m* (-n; -n), **~in** *f* (-; -nen) Bulgarian; **~ien** *n* (-s) Bulgaria; **2isch** *adj.* Bulgarian.
Bull|auge ['bul-] *mar. n* bull's-eye, porthole; **~dog** ['-dɔk] *mot. m* (-s; -s) tractor; **~dogge** ['-dɔgə] *f* (-; -n) bulldog, mastiff.
Bulle[1] ['bulə] *m* (-n; -n) bull; *colloq. fig.* he-man, brawny fellow; cop (-per).
'**Bulle**[2] *f* (-; -n) seal; *eccl.* (*päpstliche* papal) bull.
'**Bullen|beißer** *m* (-s; -) bulldog; **~hitze** *colloq. f* awful heat; **~kalb** *n* bull-calf.
bullern ['bulərn] *colloq. v/i.* (*h.*) rumble; *fire in stove*: roar.
Bulletin [byl'tɛ̃:] *m* (-s; -s) bulletin.
bullig ['buliç] *adj.* beefy.
bum(m)! [bum] *int.* bang!, boom!
Bumerang ['bu:məraŋ] *m* (-s; -e) boomerang.
Bummel ['buməl] *colloq. m* (-s; -) stroll; spree, binge; *e-n ~ machen* go for a stroll; *auf den ~ gehen* go on the spree.
Bummelei [-'laɪ] *f* (-; -en) dawdling; loafing; carelessness, slackness.
'**bummel|ig** *adj.* dawdling, slothful; careless, slack; sluggish; **2leben** *n* idle life, loafing; **~n** *v/i.* (*h.*) stroll, saunter; go for a stroll; loaf, lounge (about), take it easy; dawdle, be sluggish, hang back; (be) idle; be on a spree; **2streik** *m* go-slow strike; **2zug** *m* slow train.
'**Bumm|ler** *m* (-s; -) stroller; dawdler; idler, loafer; sluggard, slowpoke; **2lig** *adj.* → *bummelig.*
bums! [bums] *int.* bump!, bounce!, bang!, pop!; **2** *m* (-es; -e) bang, bump, thump; **~en** *v/i.* (*h.*) bang, bump (*gegen* against); *er bumste geradewegs gegen die Wand* he ran smack into the wall; '**2landung** *aer. f* bumpy *or* pancake landing; '**2lokal** *colloq. n* low dance-hall, *Am. sl.* honky-tonk, dive.
Bund [bunt] **1.** *n* (-[e]s; -e) bundle; *zwei ~ Holz* two bundles of sticks; bunch (*of keys*); truss, bottle (*of hay, straw*); hank (*of flax*); knot (*of yarn*); rope (*of onions*); **2.** *m* (-[e]s; ⸚e) band, tie; waistband; *tech.* collar (*of shaft*); rod-stop; flange; *bookbinding*: cording; *fig.* union (*a. marriage*); *pol.* alliance; federation, confederacy; Federal Republic *or* Government; association, league, organisation, federation; *eccl.* covenant; *im ~e mit* allied with, in league with; *e-n ~ schließen mit* (*dat.*) enter into an alliance with, ally o.s. with; *er steht in engem ~e mit dem Parteiführer* he is hand in glove with the party-boss.
Bündel ['byndəl] *n* (-s; -) bundle, bunch; sheaf; *econ.* packet, parcel; *anat.* fascicle; beam (*of rays, etc.*); → *Bund 1*; *sein ~ schnüren* pack up; '**2n** *v/t.* (*h.*) bundle (up), bunch (together); '**~ung** *el. f* (-) focusing, beaming; *a. phys.* bunching; '**2weise** *adv.* by (*or* in) bundles.
Bundes...: **~anwalt** *jur. m* attorney of the Federal Supreme Court; **~ausgleichs-amt** *n* Federal Equalization Office; **~bahn** *f* Federal Railway(s *pl.*); **~behörde** *f* Federal authority (*or* agency); **~bruder** *univ. m* fellow member of student's society, *Am.* fraternity brother; **~ebene** *f*: *auf ~* at the Federal level; **2eigen** *adj.* belonging to the Federal Government; Federal-owned; **~gebiet** *n* Federal territory; **~genosse** *m* confederate, (*a. fig.*) ally; **~gericht** *n* Federal Court; **~gerichtsbarkeit** *f* Federal jurisdiction; **~grenzschutz** *m* Federal Border Police; **~kanzler** *m* Federal Chancellor; **~lade** *eccl. f* (-) Ark of the Covenant; **~post** *f* Federal Postal Administration, *Am.* Federal Mails *pl.*; **~präsident** *m* President of the Federal Republic; **~rat** *m* Federal Council; *parl.* Upper House; **2rechtlich** *adj.* under Federal law; **~regierung** *f* Federal Government; **~republik** *f* **Deutschland** Federal Republic of Germany; **~staat** *m* federal state; (con)federation; **2staatlich** *adj.* federal; **~straße** *f* Federal Highway; **~tag** *m* (-[e]s) Federal Diet; Lower House; **~verfassung** *f* federal constitution; **~verfassungsgericht** *n* Federal Constitutional Court; **~wehr** *mil. f* (-) (German) Federal Armed Forces.
bündig ['byndiç] *adj.* binding, valid; obligatory; conclusive; concise, terse (*speech, style*); precise; curt; *tech.* flush; *kurz und ~* to the point, succinctly, point-blank; bluntly; '**2keit** *f* (-) validity; conclusiveness; conciseness, terseness.

ˈbündisch *adj.* confederate, federated.

Bündnis [ˈbyntnis] *n* (*-ses*; *-se*) alliance, league; → *Bund* 2; agreement, pact.

Bunker [ˈbuŋkər] *m* (*-s*; *-*) *mar.* bunker; bin, hopper; silo; shelter; *mil.* concrete dug-out, pill-box, *a.* bunker; air-raid shelter; *sl.* clink, tank; ˈ**~kohle** *f* bunker coal; ˈ**2n** *v/t.* (*h.*) bunker (*coal*); (re)fuel (*oil*).

bunt [bunt] *adj.* (many-)colo(u)red, colo(u)rful, varicolo(u)red, *tech.* multicolo(u)r(ed); variegated, spotted; motley; gay; gaudy, loud; chequered; *fig.* mixed, motley; varied, variegated; *~es Glas* stained glass; *~e Wiesen* meadows gay with flowers; *~e Menge* motley crowd; *in ~er Folge* in colo(u)rful succession; *~er Abend, ~e Unterhaltung* variety program(me); musical medley; *~e Reihe machen* pair off, mix the sexes; *colloq. das wird mir doch zu ~!* that's going too far!; *er treibt es zu ~* he goes too far; *er ist bekannt wie ein ~er Hund* he is known all over the place; *es ging ~ zu* there were fine goings-on, everything was at sixes and sevens; *~ durcheinander* in a happy jumble; ˈ**2druck** *m* (*-[e]s*; *-e*) colo(u)r printing; colo(u)r-print, chromolithograph; ˈ**~fleckig** *adj.* spotted, speckled; ˈ**~gefiedert** *adj.* of gay plumage; ˈ**2gewebe** *n* colo(u)red fabric, dyed cloth; ˈ**2heit** *f* (*-*) gayness, gay colo(u)rs *pl.*; *fig.* variety, motley; ˈ**2kreuz-Kampfstoff** *m* colo(u)red cross gas; ˈ**2metall** *n* nonferrous metal; ˈ**2papier** *n* colo(u)red (*or* fancy) paper; ˈ**2sandstein** *m* (*-[e]s*) new red sandstone, *Am.* brownstone; ˈ**~scheckig** *adj.* variegated; spotted, dappled; piebald (*horse*); motley (*crowd*); ˈ**~schillernd** *adj.* irridescent, opalescent; ˈ**2specht** *m* spotted woodpecker; ˈ**2stift** *m* colo(u)red pencil, crayon.

Bürde [ˈbyrdə] *f* (*-*; *-n*) burden (*a. fig.*: *für j-n* to), load, charge; *phys.* apparent ohmic resistance; *unter der ~ der Jahre* under the weight of years; *j-m e-e ~ auferlegen* impose a burden on a p., burden a p.

Bure [ˈbuːrə] *m* (*-n*; *-n*) Boer; **~nkrieg** *m* (*-[e]s*) *the* Boer-War.

Bürette [byˈrɛtə] *f* (*-*; *-n*) burette.

Burg [burk] *f* (*-*; *-en*) castle; (*a. fig.*) citadel.

Bürge [ˈbyrgə] *m* (*-n*; *-n*) *criminal law*: bail, bailsman, surety; *civil law*: security, surety, guarantor (*a. fig.*); *Am. for immigrants, etc.*: sponsor; reference; *e-n ~n stellen* offer bail (*or* surety); ˈ**2n** *v/i.* (*h.*) *für j-n*: *jur.* go bail for, stand surety for, *Am.* bond *a p.*; *generally*: vouch for; *für et.*: guarantee, warrant *a th.*, answer (*or* vouch) for *a th.*; *mit s-m Wort ~* pledge one's word.

ˈ**Bürger** *m* (*-s*; *-*), **~in** *f* (*-*; *-nen*) citizen; townsman, *f* townswoman, *pl.* townsfolk; *w.s.* inhabitant; commoner; civilian; *contp.* bourgeois; *~ e-r Stadt werden* get the freedom of a city; **~eid** *m* civic oath; ˈ**~krieg** *m* civil war; ˈ**~kunde** *f* (*-*) civics *pl.*

ˈ**bürgerlich** *adj.* civil, civic; middle-class; *contp.* bourgeois; untitled, common; civilian; plain, simple; *~e Küche* plain cooking; *Verlust der ~en Ehrenrechte* loss of civil rights; *~es Gesetzbuch* (*German*) Civil Code; *~e Pflicht* civic duty, *one's* duty as a citizen; *~es Recht* civil law; *~es Drama* domestic drama; **2e(r** *m*) *f* (*-n*, *-n*; *-n*, *-n*) commoner.

ˈ**Bürger...**: **~meister** *m* mayor; burgomaster; **~meisteramt** *n* mayor's office; **~pflicht** *f* civic duty, *one's* duty as a citizen; **~recht** *n* civic rights *pl.*; *n.s.* freedom of a city, municipal citizenship; **~schaft** *f* (*-*; *-en*) citizens *pl.*, citizenry, townsfolk; **~sinn** *m* (*-[e]s*) public spirit; **~stand** *m* (*-[e]s*) *the* middle classes *pl.*; *contp.* bourgeoisie; **~steig** [ˈ-ʃtaɪk] *m* (*-[e]s*; *-e*) pavement, causeway, *Am.* sidewalk; **~stolz** *m* civic pride; **~tum** *n* (*-s*) citizenship; *the* middle classes *pl.*; *the* citizens *pl.*; **~versammlung** *f* town meeting; **~wehr** *f* militia.

ˈ**Burg...**: **~flecken** *m* borough; **~frau** *f* lady of the castle; **~friede** *m* precinct; *fig.* public peace; *pol.* party truce; *~n schließen* make truce; **~graben** *m* castle-moat; **~graf** *m* burgrave; **~herr** *m* lord of the castle.

Bürgschaft [ˈbyrk-] *f* (*-*; *-en*) security, surety, guarantee, *Am.* guaranty; bond, bail; *Am.* sponsorship (*for a p.*), assurance (*for immigrant*); *~ leisten* give security, provide (*or* stand) surety; guarantee (*für a bill of exchange*); *criminal law*: **a**) go bail, **b**) give bail (*accused*); *durch ~ aus der Haft befreien* bail *a p.* out; *gegen ~ freilassen* release on (*or* admit to) bail.

ˈ**Bürgschafts...**: **2fähig** *adj.* bailable (*offence*); **~leistung** *f* suretyship, *Am. a.* sponsorship; giving security (*or* bail); **~provision** *econ. f* commission on bank guarantee (*Am.* guaranty); **~schein** *m* surety bond; *jur.* bail-bond; **~summe** *f* (amount of) security; bail; **~vertrag** *m* contract of surety; **~wechsel** *m* guaranteed bill of exchange.

Burgund [burˈgunt] *n* (*-s*) Burgundy; **~er(in***f*) *m*, (*-s*, *-*; *-*, *-nen*), **2isch** *adj.* Burgundian; **~er(wein)** *m* Burgundy.

ˈ**Burg...**: **~verlies** *n* dungeon, keep; **~vogt** *m* castellan, steward.

burlesk [burˈlɛsk] *adj.* burlesque, farcical; **2e** *f* (*-*; *-n*) burlesque.

Burnus [ˈburnus] *m* (*-[ses]*; *-se*) burnous(e).

Büro [byˈroː] *n* (*-s*; *-s*) office; **~angestellte(r** *m*) *f* clerk, clerical employee; office-worker; black-coated (*Am.* white-collar) worker; **~arbeit** *f* clerical (*or* desk-)work; office routine; **~bedarf(sartikel** *m/pl.*) *m* office supplies *pl.*; **~chef** *m* head (*or* senior) clerk; **~diener** *m* office-boy; **~einrichtung** *f* office equipment; **~klammer** *f* (paper-) clip.

Bürokrat [-roˈkrɑːt] *m* (*-en*; *-en*) bureaucrat, red-tapist.

Bürokrat|ie [-kraˈtiː] *f* (*-*; *-n*), **~ismus** [-ˈtismus] *m* (*-*) bureaucracy, officialism; officialdom; red-tapism.

büroˈkratisch *adj.* bureaucratic.

Büˈro...: **~maschine** *f* office machine; **~mensch** *m* office-drudge; **~möbel** *n/pl.* office furniture; **~personal** *n* office personnel, clerical staff; **~schluß** *m* (*-sses*) closing-time; **~schrank** *m* office cabinet; **~stunden** *f/pl.* office-hours, *Am. a.* duty hours; **~vorsteher** *m* → *Bürochef.*

Bursch(e) [ˈburʃ(ə)] *m* (*-[e]n*; *-[e]n*) youth, boy, lad, youngster; fellow, bloke, chap, *Am.* guy; *univ.* **a**) senior man, **b**) *obs.* student; errand-boy; *mil.* batman, orderly; *ein feiner ~* a fine chap, a good egg, *Am. a.* quite a guy; *ein kluger ~* a bright boy, a clever fellow; *ein seltsamer ~* a queer bird; *ein übler ~* a bad egg, *Am. a.* a tough customer.

Bürsch|chen [ˈbyrʃçən], **~lein** [ˈ-laɪn] *n* (*-s*; *-*) little boy, laddie, *Am.* kid; little rascal, brat, whipper-snapper.

ˈ**Burschen|herrlichkeit** *f* (*-*) good old student days *pl.*; **~schaft** *f* (*-*; *-en*) students' association.

burschiˈkos *adj.* pert.

Bürste [ˈbyrstə] *f* (*-*; *-n*) brush (*a. el., tech.*); crew cut; ˈ**2n** *v/t.* (*h.*) brush; *sich die Haare ~* brush one's hair.

ˈ**Bürsten...**: **~abzug** *typ. m* brush-proof; **~binder** *m* brush-maker; **~haarschnitt** *m* crew cut; **~halter** *tech. m* (*-s*; *-*) brush holder; **~walze** *f* rotary brush; **~waren** *f/pl.* brushware.

Bürzel [ˈbyrtsəl] *m* (*-s*; *-*) *orn.* rump; *cul.* parson's nose; *hunt.* tail.

Bus [bus] *m* (*-ses*; *-se*) bus; ˈ**~haltestelle** *f* bus stop.

Busch [buʃ] *m* (*-es*; *⸚e*) bush (*a. geogr.*); shrub; copse, thicket, *Am.* brush; brushwood; tuft, wisp; shock (*of hair*); *fig. auf den ~ klopfen* draw a bow at a venture, *bei j-m*: sound *a p.*, feel *a p.'s* pulse; *hinterm ~ halten* temporize, shilly-shally, *Am.* sit on the fence; *sich (seitwärts) in die Büsche schlagen* slip away.

Büschel [ˈbyʃəl] *n* (*-s*; *-*) bunch; bundle; tassel; tuft, wisp (*of hair, etc.*); cluster, fascicle (*of flowers, fruits, leaves*); tuft (*of feathers*); *zo.* crest, plume; aigrette (*a. phys.*); ˈ**~entladung** *el. f* brush discharge; ˈ**2förmig** [ˈ-fœrmiç] *adj.* tufted, tasseled, (*a. tech.*) clustered, *bot.* fascicular; ˈ**2weise** *adv.* in bunches, *etc.*

ˈ**Busch...**: **~hemd** *n* jacket-shirt; **~holz** *n* brushwood, underwood.

ˈ**buschig** *adj.* bushy; shrubby; dendroid.

ˈ**Busch...**: **~klepper** *m* (*-s*; *-*) bandit, footpad; **~krieg** *m* bush-fighting; **~mann** *m* (*-[e]s*; *⸚er*) bushman; **~messer** *n* machete; **~neger** *m* maroon; **~obst** *n* bush fruit; **~werk** *n* (*-[e]s*) bushes *pl.*, shrubbery, *Am.* brush; **~windrös-chen** [ˈ-røːsçən] *n* (*-s*; *-*) wood-anemone.

Busen [ˈbuːzən] *m* (*-s*; *-*) gulf, bay; *anat.* bosom, breast(s *pl.*); *fig.*

bosom, breast, heart; *im ~ hegen* harbo(u)r, cherish (in one's heart); '**~freund**(**in** *f*) *m* bosom-friend.
Bussard ['busart] *m* (-[e]s; -e) buzzard.
Buße ['bu:sə] *f* (-; -n) penitence, penance; repentance; satisfaction; atonement, expiation; sanction, penalty, forfeit; fine; *~ tun* do penance; *für et.*: atone (*w.s.* make amends *pl.*) for *a th.*; *er wurde zu e-r ~ von 10 Dollar verurteilt* he was fined $ 10.
büßen ['by:sən] *v/t. and v/i.* (*h.*) *für et.*: atone for, *w.s.* make amends *pl.* for *a th.*; expiate (*a crime*); *fig.* suffer (*or* pay) for; *er büßte es mit s-m Leben* he paid for it with his life; *das sollst du mir ~* I'll make you pay for this; *er hat es ~ müssen* he has paid the penalty; do penance; repent.
'**Büßer** *m* (-s; -), **~in** *f* (-; -nen) penitent; **~bank** *f* penitent bench; **~gewand** *n* penitential robe; **~hemd** *n* hair-shirt.
'**buß...**: **~fertig** *adj.* penitent, repentant; contrite; **2fertigkeit** *f* (-) repentance; contrition.
Bussole [bu'so:lə] *mar. f* (-; -n) (nautical) compass.
'**Buß...**: **~predigt** *f* penitential sermon; **~tag** *m* day of penance; *Buß- und Bettag* day of repentance and prayer.
Büste ['bystə] *f* (-; -n) bust; '**~nformer** *m/pl.* pre-shaped brassière; '**~nhalter** *m* (-s; -) brassière, bra; '**~nhebe** ['-he:bə] *f* (-; -n) uplift brassière.
Butan [bu'tɑ:n] *chem. n* (-s) butane.
Butt [but] *ichth. m* (-[e]s; -e) butt, plaice.
Butte ['butə], **Bütte** ['bytə] *f* (-; -n) butt; tub, vat.
Büttel ['bytəl] *m* (-s; -) bailiff, beadle.
Bütten|papier ['bytən-] *n* hand--made paper; '**~rand** *m* deckle--edge.
Butter ['butər] *f* (-) butter; *braune* (*frische, gesalzene*) *~* fried (fresh, salt) butter; *mit ~ bestreichen* (spread with) butter; *colloq. alles in ~* everything is okay; '**~birne** *f* butterpear; '**~blume** *f* buttercup; '**~brot** *n* (slice *or* piece of) bread and butter; *belegtes ~* sandwich; *fig. für ein ~* for a song, dirt-cheap; '**~brotpapier** *n* greaseproof paper; '**~creme** *f* butter-cream; '**~dose** *f* butter-dish; '**~faß** *n* butter-tub; churn; '**~maschine** *f* butter churn; '**~messer 1.** *n* butter-knife; **2.** *m chem.* butyrometer; '**~milch** *f* buttermilk; '**2n I.** *v/t.* (*h.*) churn; (spread with) butter; **II.** *v/i.* (*h.*) turn to butter; '**~säure** *chem. f* butyric acid; '**~schmalz** *n* run butter; '**~schnitte** *f* → *Butterbrot*; '**~soße** *f* melted butter; '**~teig** *m* short pastry, puff-paste; **~wecken** ['-vɛkən] *m* (-s; -) bun, butter roll; '**2weich** *adj.* (as) soft as butter.
Butylalkohol [bu'ty:lʔ-] *chem. m* (-s) butyl alcohol.
Butzen ['butsən] *m* (-s; -) core (*of apple, etc.*); clump; **~mann** *m* (-[e]s; ¨er) bog(e)yman; **~scheibe** *f* bull's-eye pane.
Byzantin|er [bytsan'ti:nər] *m* (-s; -), **~erin** *f* (-; -nen), **2isch** Byzantine; **~ismus** [-ti'nismus] *m* (-) *fig.* Byzantinism.
Byzanz [-'tsants] *n* (-) Byzantium.

C

C [tse:], **c** *n* C, c; *see also under K, Sch and Z*; **C, c** *mus. n* C.
Cadmium ['katmium] *n* (-s) cadmium; **2haltig** *adj.* cadmiferous.
Café [ka'fe:] *n* (-s; -s) café, coffee--house.
Campingplatz ['kɛmpiŋ-] *m* camping (*or* caravan) site.
Canaille [ka'naljə] *f* (-; -n) canaille, rabble, mob; rascal, scoundrel.
Cape [ke:p] *n* (-s; -s) cape.
Caritasverband ['kɑ:ritas-] *m* (-[e]s) (Catholic) Charity Organization Society.
Cäsar ['tsɛ:zar] *m* (-en; -en) Caesar.
Cäsaren|herrschaft [tsɛ'zɑ:rən-] *f* (-), **~tum** *n* (-[e]s) Caesarism; **~wahn**(**sinn**) *m* Caesarean madness; **cä'sarisch** *adj.* Caesarean.
C-Dur ['tse:du:r] *n* (-) C major.
Cellist [(t)ʃɛ'list] *m* (-en; -en) cellist, (')cello player.
Cello ['(t)ʃɛlo] *n* (-s; -s) (')cello.
Cellophan [tsɛlo'fɑ:n] *n* (-s) cellophane.
Celsius ['tsɛlzius] *m* (degree) centigrade (*abbr.* °C); **~thermometer** *n* centigrade (*or* Celsius) thermometer.
Cembalo ['tʃɛmbalo] *n* (-s; -s) harpsichord.
Ces [tsɛs] *mus. n* (-; -) C flat.
'**Ces-Dur** *n* C flat major.
Cetanzahl [tse'tɑ:n-], **Cetenzahl** [-'te:n-] *mot. f* cetane number (*or* rating).
Ceylon ['tsaılɔn] *n* (-s) Ceylon; *Einwohner von ~* Cingalese; **~tee** *m* Ceylon tea.
Chagrinleder [ʃa'grɛ̃-] *n* shagreen (leather).
Chaiselongue [ʃɛ:zə'lɔ̃:g] *f* (-; -n) lounge-chair.
Chamäleon [ka'mɛ:leɔn] *zo. n* (-s; -s) chameleon; **~lösung** *chem. f* potassium permanganate solution.
chamois [ʃamo'a] *adj.* tan, buff; **2leder** *n* chamois(-leather), shammy.
Champagner [ʃam'panjər] *m* (-s; -) champagne.
Champignon ['ʃampinjɔŋ] *m* (-s; -s) (field) mushroom.
Chance ['ʃɑ̃s(ə)] *f* (-; -n) chance, break; prospect; *geringe ~n pl.* small (*or* slim) chances; *nicht die geringste ~* not the least chance, not an earthly (chance), not a dog's chance; *j-m e-e ~ geben* give a p. a chance (*or* break); *die ~n stehen gleich* the odds are even; *die ~n stehen gut für uns* the odds are in our favo(u)r.
changeant [ʃɑ̃'ʒɑ̃:] *adj.* irredescent; shot(-colo[u]red) (*silk*).
changieren [-'ʒi:rən] *v/i.* (*h.*) change; *of horse*: change step; be irredescent; *silk*: be shot.
Chaos ['kɑ:ɔs] *n* (-) chaos.
chaotisch [ka'o:tiʃ] *adj.* chaotic.
Charakter [ka'raktər] *m* (-s; -'tere) character, nature, disposition; character, moral strength, backbone; characteristic feature(s *pl.*); stamp, quality; title, (official) rank, capacity; *mil.* brevet rank; *literary*: character; *thea.* part, rôle; *typ.* character, letter; *ein Mann von ~* a man of character; *der öde ~ dieser Landschaft* the dreariness of this landscape; **~bild** *n* character sketch, portrait; **2bildend** *adj.*, **~bildung** *f* character-forming (*or* -building); **~darsteller** *thea. m* character actor; **~darstellerin** *f* character actress; **~darstellung** *f* portraiture of *a p.'s* character; *thea.* character--work; **~erziehung** *f* character--training; **~fehler** *m* fault (*or* defect) in *a p.'s* character; weakness, drawback; **2fest** *adj.* of firm character, high-principled, incorruptible, steadfast; **~festigkeit** *f* firmness of character, moral strength, backbone.
charakteri'sier|en *v/t.* (*h.*) characterize, be characteristic (*or* typical) of; characterize, describe (*als acc.* as); depict, delineate; **2ung** *f* (-; -en) characterization; description, delineation.
Charakteristik [-'ristik] *f* (-; -en) characterization, character sketch, analysis; *tech.* characteristic (*a. of a logarithm*), diagram; **~um** *n* (-s; -ka) characteristic (feature).
charakte'ristisch *adj.* characteristic, typical (*für* of); *~e Eigenschaft* characteristic (feature *or* property).
Cha'rakter...: **~kopf** *m* characteristic head, fine head; **~kunde** *f* (-) characterology; **2lich I.** *adj.* personal, moral; *~e Anlage* strain; *~e Mängel* character defects; *s-e ~en Vorzüge pl.* his commendable character *sg.*; **II.** *adv.* in character; personally; *~ einwandfrei* of impeccable character; **2los** *adj.* of weak character, unprincipled, corrupt, spineless; **~losigkeit** *f* (-) lack of principle; **~rolle** *thea. f* character part; **~schilderung** *f* character-sketch; **~schwäche**, (**~stärke**) *f* weakness (strength) of character; **~stück** *thea. n* character-play; **~studie** *f* character-study; **2voll** *adj.* full of character; of strong personality; **~zug** *m* characteristic, trait, feature, strain.
Charge ['ʃarʒə] *f* (-; -n) *mil.* ap-

pointment, post; rank; official, officer, *esp.* non-commissioned officer; *tech. metall.* charge, heat; *thea.* (small) character part; **~ndarsteller** *m* character actor.

chargier|en [ʃar'ʒi:rən] *v/t.* (*h.*) *tech.* charge; *thea.* overact, overdo; **2te(r)** *univ. m* (*-n*; *-n*) office-bearer.

charmant [ʃar'mant] *adj.* charming, winning, engaging.

Charme [ʃarm] *m* (*-s*) charm, personality.

Charmeur [-'mø:r] *m* (*-s*; *-e*) charmer.

Charta ['karta] *f* charter, deed; grant of rights; *die ~ der Vereinten Nationen* the United Nations Charter.

Chartepar'tie ['ʃartə-] *mar., econ. f* (*-*; *-n*) charter-party.

chartern ['ʃartərn] *v/t.* (*h.*) charter.

Chassis [ʃa'si:] *n* (*-*; *-*) *mot., radio*: chassis.

Chauffeur [ʃɔ'fø:r] *m* (*-s*; *-e*) driver, chauffeur.

Chaussee [ʃo'se:] *f* (*-*; *-n*) main (*or* high) road, thoroughfare; *Am.* highway.

chaussieren [-'si:rən] *v/t.* (*h.*) macadamize.

Chauvi|nismus [ʃovi'nismus] *m* (*-*) chauvinism; jingoism; **~'nist(in *f*)** *m* (*-en, -en*; *-, -nen*), **2'nistisch** *adj.* chauvinist; jingo.

Chef [ʃɛf] *m* (*-s*; *-s*) chief, head; *econ.* principal, employer; *colloq.* governor, boss; (head) manager; senior partner; *of kitchen*: chef; *mil. ~ des Stabes* Chief of Staff; **~arzt** *m* medical superintendent, head physician; **~ingenieur** *m* chief engineer; **~konstrukteur** *m* chief designer; **~pilot** *m* chief pilot; **~redakteur** *m* chief editor.

Chemie [çe'mi:] *f* (*-*) chemistry; *analytische ~* analytical chemistry; *angewandte ~* applied chemistry; *anorganische ~* inorganic chemistry; *organische ~* organic chemistry; *technische ~* industrial chemistry, chemical engineering; **~aktien** *f/pl.* chemical shares (*Am.* stocks), chemicals; **~faser** *f* chemical fib|re, *Am.* -er.

Chemi|graph [-'gra:f] *typ. m* (*-en*; *-en*) chemigrapher; **~graphie** [-gra'fi:] *f* (*-*) chemigraphy; chemigraph.

Chemikalien [çemi'ka:liən] *pl.* chemicals; *pharm.* chemical drugs.

Chemiker ['çe:mikər] *m* (*-s*; *-*), **~in** *f* (*-*; *-nen*) (analytical) chemist.

chemisch ['çe:miʃ] **I.** *adj.* chemical; *~e Erzeugnisse* chemicals; *~e Kampfstoffe* chemical (warfare) agents; *~e Reinigung* dry-cleaning; *~e Wirkung* chemical action; **II.** *adv.*: *~ rein* chemically pure.

Chemo|'techniker(in *f*) [çe:mo-] *m* laboratory technician; **2'technisch** *adj.* chemicotechnical; **~thera'pie** *med. f* (*-*) chemotherapeutics *pl.*; chemotherapy.

Cherub ['çe:rup] *m* (*-s*; *-im*) cherub; *pl.* cherubs *or* cherubim.

Chesterkäse ['tʃɛstər-] *m* Cheshire cheese.

Chiffre ['ʃifrə] *f* (*-*; *-n*) cipher; *in ~n schreiben* cipher, (en)code; *ad*: *unter der ~* under box number; **~nummer** *f* box number; **~schlüssel** *m* cipher code; **~schrift** *f* cryptography; (secret) code.

Chiffreur [ʃi'frø:r] *m* (*-s*; *-e*) code clerk.

chiffrier|en [ʃi'fri:rən] *v/t.* (*h.*) cipher, (en)code; **2maschine** *f* cipher(ing) machine, converter; **2offizier** *m* cipher officer; **2schlüssel** *m* cipher code, code key; **2ung** *f* (*-*; *-en*) coding.

Chile ['tʃi:lə] *n* (*-s*) Chile; **Chilen|e** [-'le:nə] *m* (*-n*; *-n*), **~in** *f* (*-*; *-nen*), **2isch** *adj.* Chilian.

'Chilesalpeter *m* Chile saltpetre, nitrate of soda.

China ['çi:na] *n* (*-s*) China; **~baum** *m* Peruvian bark tree, chinchona tree; **~rinde** *f* Peruvian bark.

Chines|e [çi'ne:zə] *m* (*-n*; *-n*) Chinese, *iro.* Chinaman, *sl.* Chink; **~enviertel** *n* Chinatown; **~in** *f* (*-*; *-nen*) Chinese (woman).

chi'nesisch *adj.* Chinese; *die 2e Mauer* the Great Wall of China; *~-japanisch* Chino- (*or* Sino-) Japanese; *~es Grün* Chinese green; *~es Papier* India paper; *~e Tusche* Indian ink; *das 2e* Chinese, the Chinese language.

Chinin [çi'ni:n] *n* (*-s*) quinine.

Chintz [tʃints] *m* (*-es*; *-e*) chintz.

Chiromant [çiro'mant] *m* (*-en*; *-en*) chiromancer, palmist; **Chiromantie** [-'ti:] *f* (*-*; *-n*) chiromancy, palmistry.

Chirurg [çi'rurk] *m* (*-en*; *-en*) surgeon; **Chirurg|ie** [-'gi:] *f* (*-*; *-n*) surgery; **'2isch** *adj.* surgical.

Chlor [klo:r] *n* (*-s*) chlorine; **'~aluminium** *n* chloride of alumin(i)um; **'~ammonium** *n* ammonium chloride.

Chlorat [klo'ra:t] *n* (*-[e]s*; *-e*) chlorate.

'chloren *v/t.* (*h.*) chlorinate.

'Chlor...: **~gas** *n* chloric gas; **2haltig** *adj.* chloridic, containing chlorine.

Chlorid [klo:'ri:t] *n* (*-s*; *-e*) chloride.

chlo'rier|en *v/t.* (*h.*) chlorinate; **2ung** *f* (*-*; *-en*) chlorination.

'chlorig *adj.* chlorous.

Chlorit [-'rit] *n* (*-s*; *-e*) chlorite.

'Chlor...: **~kalium** *n* potassium chloride; **~kalk** *m*, **~kalzium** *n* chloride of lime, calcium chloride; **~natrium** *n* chloride of sodium.

Chloroform [kloro'fɔrm] *n* (*-s*), **chlorofor'mieren** *v/t.* (*h.*) chloroform.

Chlorophyll [-'fyl] *n* (*-s*) chlorophyll, leaf-green.

'Chlor...: **2sauer** *adj.* chloric; *~es Kali* chlorate of potash; **~säure** *f* chloric acid; **~säuresalz** *n* chlorate; **~silber** *n* chloride of silver; **~verbindung** *f* chloride; **~wasserstoff** *m* chlorhydric acid.

Cholera ['ko:lera] *f* (*-*) cholera; **~erreger** *m* cholera bacillus; **~gift** *n* choleraic virus; **~schutzimpfung** *f* cholera inoculation.

Choler|iker [ko'le:rikər] *m* (*-s*; *-*) choleric (*or* irascible) person; **2isch** *adj.* choleric, irascible, temperamental.

Chor [ko:r] *m* (*-[e]s*; *¨e*) *thea.* chorus; *mus.* choir; *arch.* (*a. n*) *hoher ~* chancel, choir; *colloq. contp. das ~* pack, lot, gang; *im ~ einfallen* (*singen*) sing (*or* join) in chorus; *fig. im ~* in chorus; *im ~ sprechen* speak in chorus.

Choral [ko'ra:l] *m* (*-s*; *¨e*) choral(e), hymn; **~buch** *n* hymn-book.

'Chor...: **~altar** *m* high altar; **~amt** *n* cathedral service.

Choreographie [koreogra'fi:] *f* (*-*; *-n*) choreography.

'Chor...: **~gang** *m* aisle; **~gesang** *m* choral (*or* choir) singing *or* song, chorus; **~gestühl** *n* (choir-)stalls *pl.*; **~hemd** *n* surplice; **~herr** *m* canon.

Chorist [ko'rist] *m* (*-en*; *-en*), **~in** *f* (*-*; *-nen*) member of a choir; *thea.* chorus-singer.

'Chor...: **~knabe** *m* choir-boy; **~konzert** *n* choral concert; **~leiter** *m* choirmaster, *Am.* chorister; **~nische** *f* apse; **~rock** *m* cope; **~sänger(in *f*)** *m* → *Chorist*; **~stuhl** *m* (choir) stall; **~us** ['ko:rus] *m* (*-*; *Chöre*) chorus; *im ~* in chorus; **~verein** *m* choral society.

Christ [krist] **1.** *m* (*-*) → *Christus*; *der Heilige ~* Christmas; **2.** **'~(in *f*)** *m* (*-en, -en*; *-, -nen*) Christian; → *Weihnachts...*; **'~abend** *m* Christmas Eve; **'~baum** *m* Christmas tree; *sl. aer.* target marker; **'~baumschmuck** *m* Christmas tree decoration; **'~dorn** *bot. m* (*-[e]s*) Christ's thorn, holly.

'Christen...: **2feindlich** *adj.* anti-christian; **~glaube** *m* Christian faith; **~heit** *f* (*-*): *die ~* Christendom, the Christian world; **~pflicht** *f* Christian's duty; *es ist mir e-e ~* it is my duty as a Christian; **~tum** *n* (*-s*) Christianity; *das ~ annehmen* adopt (*or* espouse) the Christian faith; *sich zum ~ bekennen* profess Christianity; *zum ~ bekehren* christianize; **~verfolgung** *f* persecution of Christians.

'Christ...: **~fest** *n* Christmas; **~kind** *n* (*-[e]s*) Infant Jesus, Christ child.

'christlich *adj.* Christian; *~e Nächstenliebe* charity; *2er Verein Junger Männer* (*abbr.* C.V.J.M.) Young Men's Christian Association (*abbr.* Y.M.C.A.); *2e Wissenschaft* Church of Christ, Christian Science.

'Christ...: **~messe, ~mette** *f* Christmas matins *pl.*; **~nacht** *f* night before Christmas, Christmas Eve.

'Christus *m* (*-ti*) Christ; *vor Christi Geburt* (*abbr. v. Chr.*) before Christ (*abbr.* B.C.); *nach Christi Geburt* (*abbr. n. Chr.*) Anno Domini (*abbr.* A.D.); **~bild** *n* image of Christ; crucifix.

Chrom [kro:m] *n* (*-s*) *metal.* chromium; *paint*: chrome, potassium dichromate.

Chromat [kro'ma:t] *n* (*-[e]s*; *-e*) chromate.

Chromatik [kro'ma:tik] *f* (*-*) *mus. and opt.* chromatics *pl.*

Chromatin [-ma'ti:n] *biol. n* (*-s*) chromatin.

chro'matisch *mus. and opt. adj.* chromatic; *~e Tonleiter* chromatic scale.

'Chrom...: ≈gelb *adj.* chrome-yellow; **~gerben** *tech. n* (-s) chrome tanning; **≈haltig** *adj.* containing chromium, chromiferous; **~karbid** *n* chromium carbide; **~nickelstahl** *m* (-[e]s) chrome-nickel steel.

Chromo|lithogra'phie [kromo-] *typ. f* chromolithography; (*picture*) chromo(lithograph); **'~papier** *n* chromo paper.

Chromosom [-'zo:m] *biol. n* (-s; -en) chromosome; **~en-anordnung** *f* arrangement of chromosomes.

Chromo'sphäre *phys. f* (-) chromosphere.

Chromotypie [-'ty'pi:] *f* (-) chromotype.

'Chrom...: ≈sauer *adj.* chromic, chromate of; *~es Kali(um)* potassium chromate; **~säure** *f* chromic acid; **~stahl** *m* chromium (*or* chrome) steel; **~wolframstahl** *m* chrome-tungsten steel.

Chronik ['kro:nik] *f* (-; -en) chronicle; *eccl.* the Chronicles *pl.*; *in e-r ~ aufzeichnen* chronicle.

'chronisch *med. adj.* chronic (*a. fig.*).

Chronist [kro'nist] *m* (-en; -en) chronicler.

Chronograph [krono'gra:f] *m* (-en; -en) chronograph.

Chronologe [-'lo:gə] *m* (-n; -n) chronologist.

Chronologie [-lo'gi:] *f* (-) chronology.

chronologisch [-'lo:giʃ] *adj.* chronologic(al).

Chrono'meter *n* (-s; -) chronometer.

Chronoskop [-'sko:p] *n* (-s; -e) chronoscope.

Chrysanthem|e [kryzan'temə] *f* (-; -n), **~um** [-'zantemum] *n* (-s; -'themen) *bot.* chrysanthemum.

Chrysoberyll [kryzobe'ryl] *min. m* (-[e]s; -e) chrysoberyl.

Chrysolyth [-'lyt] *min. m* (-en; -en) chrysolite.

Chrysopras [-'pra:s] *min. m* (-es; -e) chrysoprase.

Ciceroschrift ['tsi:tsero-] *typ. f* (-) pica.

Cirruswolke ['tsirus-] *f* → *Zirruswolke.*

circa ['tsirka] → *zirka.*

Cis [tsis] *n* (-; -) C sharp; **Cis-Dur** *n* (-) C sharp major; **cis-Moll** *n* (-) c sharp minor.

Claque ['klakə] *f* (-) claque.

Clearing ['kli:riŋ] *econ. n* (-s; -s) clearing; **~haus** *n* clearing-house; **~verkehr** *m* clearing (system).

Clique ['klikə] *f* (-; -n) clique, coterie, gang; clan; **~nwirtschaft** *f* (-) cliquism.

Clou [klu:] *m* (-s; -s) chief attraction, highlight; climax; point.

c-Moll *n* (-) C minor.

Code [ko:t] *m* (-s; -s) code (*a. law-book*).

Cœur [kø:r] *n* (-[s]; -[s]) *cards*: hearts *pl.*

Comer See ['ko:mər-] *m* Lake Como.

Compoundmotor [kɔm'paunt-] *m* compound(-wound D.C.) motor.

Communiqué [kɔmyni'ke:] *n* (-s; -s) → *Kommuniqué.*

Conférencier [kõferɑ̃si'e:] *m* (-s; -s) compère, *esp. Am.* master of ceremony (*abbr.* M. C.), emcee; *e-e Veranstaltung als ~ leiten* compère (*Am.* emcee) a show.

Conterganskind [kɔnter'ga:n-] *n* thalidomide child.

Couch [kautʃ] *f* (-; -es) couch.

Coulomb [ku'lõ:] *phys. n* (-s; -) coulomb; *~sches Gesetz* Coulomb's law; *~sche Waage* Coulomb's (*or* torsion) balance; **~zähler** *m* Coulomb meter.

Coupé [ku'pe:] *n* (-s; -s) *a. mot.* coupé; compartment.

Couplet [ku'ple:] *n* (-s; -s) comic (*or* music-hall) song; topical song.

Coupon [ku'põ:] *m* (-s; -s) coupon; *econ.* (interest) coupon, dividend-warrant; *in cheque-book*: counterfoil; **~bogen** *m* coupon-sheet; **~steuer** *f* tax on coupons.

Cour [ku:r] *f at court*: levee; *e-r Dame die ~ machen or schneiden* court, pay court to, flirt with a lady; **'~macher** *m* (-s; -), **'~schneider** *m* (-s; -) ladies' man, philanderer; admirer.

Courage [ku'ra:ʒə] *f* (-) courage, pluck.

Courtage [kur'ta:ʒə] *econ. f* (-; -n) brokerage; **~satz** *m* commission rate.

Cousin [ku'zɛŋ] *m* (-s; -s) cousin; → *Kusine.*

Crack|anlage ['krɛk-] *f* cracking plant; **~benzin** *n* cracked petrol (*Am.* gasoline); **~verfahren** *n* cracking method.

Creme [krɛ:m] *f* (-; -s) cream; → *Krem*; **≈farben** *adj.* cream-colo(u)red; **~torte** *f* cream(-)tart.

Cumuluswolke ['ku:mulus-] *f* → *Kumuluswolke.*

Cutaway ['katəve:] *m* (-s; -s), **Cut** [kat] *m* (-s; -s) morning coat, cutaway.

Cutter ['katər] *m* (-s; -) *film*: cutter.

D

D, d [de:] *n* D, d; **D, d** *mus. n* (-; -) D.

da [da:] **I.** *adv.* **a)** *as to place*: **1.** there; *~ wo* where; *~ oben (unten)* up (down) there; *~ draußen, ~ hinaus* out there; *~ drinnen, ~ hinein* in there; *~ drüben, ~ hinüber* over there; *~ und ~* at such and such a place; *hier und ~* here and there; *mil. wer ~?* who goes there?; *von ~* from there, thence; *~ ungefähr* thereabouts; **2.** here; *~ und dort* here and there; *der (das) ~* that one; *~ bin ich* here I am; *ich bin gleich wieder ~* I'll be back in a minute; *~ (hast du)!* here you are!; *~ haben wir es!* there we are!; **3.** in existence; there, here; *~ sein* be there (→ *dasein*); have (*or* be) arrived; → *dazu*; **4.** *int. sieh ~!* look (there)!, *surprised*: look at that now!, *iro.* lo and behold!; *nichts ~!* nothing of the kind!, nothing doing!; **5.** *expletive*: *als ~ sind* such are (for instance), such as; *als ich ihn sah, ~ lachte er* when I saw him he laughed; *es gibt Leute, die ~ glauben* there are people who do believe; *was ~ kommen mag* whatever may happen; **b)** *as to time*: then, at that time; *~ erst* only then, not till then; *von ~ an* from that time (on), from that moment, since then; *hier und ~* now and then, now and again; *~ gab es noch kein elektrisches Licht* there was no electric light then; **c)** in that case, this being so, under the circumstances; *was läßt sich ~ machen* what can be done in such a case (*or* there); *~ irren Sie sich* you are mistaken there; *~ wäre ich (doch) dumm* that would be silly of me; **II.** *cj.* **1.** *as to time*: as, when, while; *in dem Augenblick, ~* at the moment when; *nun, ~ du es einmal gesagt hast* now (that) you have mentioned it; **2.** *causal*: because, as, inasmuch as; *~ ja, ~ doch* since (indeed); *~ dem so ist* such being the case; *~ ich keine Nachricht erhalten hatte, ging ich weg* having received no news, I went away; **3.** *antithetic*: *~ aber, ~ jedoch* but since, but considering (that); *~ hingegen* whereas.

dabei [da'baɪ] (*emphatic*: 'dabei) *adv.* **1.** near (at hand), close by; *ein Haus und ein Park ~* a house and a park attached to it; **2.** about *or* going to (*do a th.*), on the point of (*doing a th.*); *ich war gerade ~ zu packen* I was just packing; at the same time, in doing so; *~ sah er mich scharf an* saying so, he looked at me keenly; *essen und ~ stehen* eat while standing; **3.** besides; *er ist zurückhaltend und ~ freundlich* he is reserved and friendly as well; *sie ist hübsch und ~ auch noch klug* she is pretty and intelligent into the bargain; **4.** nevertheless, yet, for all that; *und ~ ist er doch schon alt* yet he is an old man, after all; *~ könnte er längst Doktor sein* he could long have taken his degree, for that matter; *~ konnte ich ihn nicht ausstehen* and all the time I couldn't stand him; **5.** present, there; *~sein* **a)** be there, **b)** take part, **c)** witness, watch; *darf ich ~sein?* may I join the party?; *ich bin ~!* agreed!, count me in!, I'm on!; *ich war ~, als er verunglückte* I was there when he had the accident; *sie war (auch) ~* she was one of the party; **6.** on the occasion, then; by it *or* that, thereby, as a result; *~ kam es zu einer heftigen Auseinandersetzung* this occasioned (*or* gave rise to, resulted in) a heated argument; es *kommt nichts ~ heraus* it's no use, it's not worth the trouble, it doesn't pay; *~ dürfen wir nicht vergessen* in this connection (*or* here) we must not forget; *jegliche ~ entstehenden Unkosten* any costs incident thereto; *alle ~ erzielten Gewinne* all profits accruing therefrom; **7.** *generally*: *ich dachte mir nichts Böses ~* I meant no harm (by it); *ich dachte mir nichts ~* (*at his words, etc.*) I gave it no thought, I paid no attention to it; *was ist schon ~?* what harm is there in that?, what does it matter?, what of it?; *lassen wir es ~* let's leave it at that.

da'bei...: ~bleiben *v/i.* (*irr., sn*) persist in it, abide by it, keep (*or* stick) to it; *ich bleibe dabei, daß* I maintain that; *es bleibt dabei!* (it is) settled!, (we are) agreed!, done!; *dabei blieb's* there the matter ended; and that was all; **~sein** *v/i.* (*irr., sn*) be there, be present, attend; *fig. ich bin ~* I am with you, I have no objection, I am on; → *dabei*; **~stehen** *v/i.* (*irr., h.*) stand by, stand near; *idly*: look on; *die Dabeistehenden* the bystanders.

'dableiben *v/i.* (*irr., sn*) stay, remain; *bleib doch noch ein Weilchen da* why not stay a little longer?

da capo [da 'kɑ:po] *adv.* encore!; *~ rufen* (call for an) encore.

Dach [dax] *n* (-[e]s; ⸗er) roof (*a. fig. house*); *mot.* top, roof; *Wagen mit festem ~* hard-top car; *anat.* **a**) cranial vault, **b**) roof (of mouth); *fig.* shelter; *ohne ~* roofless; *ein ~ über dem Kopf haben* have a roof over one's head; *unter demselben ~ wohnen* live under the same roof; *unter ~ und Fach* safely under cover, in safety; et. *unter ~ und Fach bringen* **a**) shelter (*or* house) a th., **b**) *fig.* get (everything) settled *or* arranged, **c**) secure, **d**) complete, bring to completion; *colloq. eins aufs ~ bekommen* get a thorough dressing-down, *w.s.* suffer a hard blow; *j-m aufs ~ steigen* come down on a p.

'Dach...: ~antenne *f* roof aerial; **~balken** *m* roof-tree; rafter; **~belag** *m* roofing; **~binder** *m* roof truss; **~boden** *m* loft; **~decker** ['-dekər] *m* (-s; -) roofer; tiler; slater; shingler; thatcher; **~deckerarbeit** *f* roofing; **~fenster** *n* dormer window, skylight; **~first** *m* ridge (of a roof); **2förmig** ['-fœrmiç] *adj.* roofshaped, rooflike; **~garten** *m* roof-garden; **~geschoß** *n* attic story, loft; **~gesellschaft** *econ. f* holding company; **~gesims** *n* cornice; **~giebel** *m* gable; **~kammer** *f* attic, garret; **~korn** *n of rifle*: blade foresight, point sight; **~latte** *f* roof lath; **~leiste** *mot. f* roof cleat; **~luke** *f* → *Dachfenster*; **~organisation** *f* parent organization, control unit; **~pappe** *f* roofing felt; **~pfanne** *f* pantile; **~platte** *f* tile; slate; shingle; lead; **~reiter** *arch. m* ridge turret; **~rinne** *f* gutter.

Dachs [daks] *zo. m* (-es; -e) badger; *fig. wie ein ~ schlafen* sleep like a top; **'~bau** *m* (-[e]s; -e) badger's earth.

'Dach...: ~schiefer *m* roofing slate; **~schaden** *m* damage to the roof; *colloq. fig. e-n ~ haben* be not quite right in one's upper story; **~schindel** *f* shingle.

'Dachshund *m* badger-dog, dachshund.

'Dach...: ~sparren *m* rafter; **~stube** *f* attic, garret; **~stuhl** *m* roof framework; **~stuhlbrand** *m* fire in the woodwork (of a roof).

dachte ['daxtə] *pret. von denken.*

Dach...: ~traufe *f* eaves *pl.*; **~werbung** *econ. f* sky-sign advertising; **~werk** *n* (-[e]s) roofing; **~wohnung** *f* garret; **~ziegel** *m* (roofing) tile.

Dackel ['dakəl] *m* (-s; -) dachshund, badger-dog; *colloq.* idiot, numskull.

dadurch [da'durç] (*emphatic*: *'dadurch*) **I.** *adv.* **1.** through there, that way; **2.** *fig.* by it, through it, thereby; in this manner (*or* way), by that means, thus; *was hat er ~ erreicht?* what did he get by it?; *alle ~ verursachten Schäden* any damage caused thereby; **II.** ['dadurç] *cj.*: *~ daß* owing to *or* thanks to the fact that; by *ger.*; as, because, in that.

dafür [da'fy:r] (*emphatic*: *'dafür*) **I.** *adv.* for it, for that; instead (of it), in lieu of it; in return (for it), in exchange; *~ aber* but, but then; *arm, ~ aber glücklich* poor but happy; *er ist vielleicht jung, ~ aber sehr gescheit* he may be young, but then he is very intelligent; *~ sein* be in favo(u)r of it, advocate, support, endorse it, vote for it; *~ sein, et. zu tun* be for (*or* advocate) doing a th.; *es läßt sich vieles ~ und dagegen sagen* much may be said for and against it; *er kann nichts ~* it is not his fault (*or* doing); *ich kann nichts ~, daß ich lachen etc. muß* I can't help it, I can't help *laughing, etc.*; in this case; *~ wird e-e besondere Regelung getroffen* this matter will be subject to a special arrangement; **II.** ['dɑ:fy:r] *cj. ~ daß*: *er wurde ~ bestraft, daß er gelogen hatte* he was punished for having told a lie.

Da'fürhalten *n*: *nach m-m ~* in my opinion; as I see it.

dagegen [da'ge:gən] (*emphatic*: *'dagegen*) **I.** *adv.* **1.** against it (*or* that); *s-e Gründe ~* his objections to it; *~ sein* be against (*or* opposed to) it; *~ stimmen* vote against it; *er sprach sich sehr ~ aus* he strongly opposed (*or* argued against) it; *haben Sie et. ~, wenn ich rauche?* (do you) mind if I smoke?, would you mind my smoking (a cigarette)?; *wenn Sie nichts ~ haben* if you don't mind, *iro.* if you please; *ich habe nichts ~* I have no objection (to it); I don't mind; *~ hilft nichts* there is no help (*or* remedy) (for it), *w.s.* it can't be helped; **2.** in return *or* exchange (for it); **3.** in comparison with it, compared to it; *unsere Qualität ist nichts ~* our quality can't compare with it; **4.** on the other hand, however; **II.** *cj.* on the contrary, but then; whereas, whilst, while.

da'gegenhalten *v/t.* (*irr., h.*) hold *a th.* against (it); *fig. a.* argue; reply (*dat.* to); contrast, compare (*dat.* to, with).

daheim [da'haım] *adv.* at home; at one's house; in one's own (*or* native) country, back home; *ist er ~?* is he in?; *er wird bald ~ sein* he will be home soon; *~ ist ~* there's no place like home; *fig. er ist in dieser Materie ~* he is at home in this field;

Da'heim *n* (-s) home.

daher [da'he:r] (*emphatic*: *'daher* ['dɑ:he:r]) **I.** *adv.* from there, from that place, thence; *fig. causal*: from this, hence; *~ (stammt) die ganze Verwirrung* hence the confusion; *~ kam es, daß* thus (*or* in that way) it happened that; **II.** *cj.* therefore, for that reason; that is why; accordingly; consequently, as a result.

da'her...: *in compounds* along, *e. g.* **~fliegen (~kommen)** *v/i.* (*irr., sn*) fly (come) along; **~reden** *v/i.* (*h.*): *dumm ~* talk nonsense (*or* rot), babble.

daherum ['dɑ:hɛrum] *adv.* thereabouts.

dahin [da'hin] (*emphatic*: *'dahin*) *adv.* **1.** *as to space*: there, to that place, thither; *fig. das gehört nicht ~* that's beside the point (*or* irrelevant), that has no bearing on the subject; **2.** *as to time*: *bis ~* until then, up to that time; *hoffentlich bist du bis ~ fertig* I hope you will have finished by then; **3.** *purpose*: *sich ~ äußern, daß* speak to the effect that; *~ arbeiten, daß* endeavo(u)r (*or* make every effort) to *inf.*, aim at *ger.*; *man hat sich ~ geeinigt, daß* it has been agreed (upon) that, we have agreed that; *m-e Meinung geht ~, daß* my opinion is that; **4.** *es ~ bringen, daß* carry matters so far that; *j-n ~ bringen, daß* bring a p. to *inf.*, make a p. do *a th.*; *ist es ~ gekommen?* has it come to that?; *nun ist es ~ gekommen, daß* things have come to such a pass that; **5.** away; past, over, gone; gone, lost; dead and gone; gone, broken.

dahin... ['dɑ:hin-]: **~auf** *adv.* up there; **~aus** *adv.* out there, out that way; *fig. will er ~?* is that what he is driving at?

da'hineilen *v/i.* (*sn*) hurry along; *time*: pass swiftly, fly.

dahinein ['dɑ:hinaın] *adv.* in there.

da'hin...: ~fahren *v/i.* (*irr., sn*) travel (*or* drive, rush) along; **~fliegen** *v/i.* (*irr., sn*) fly along; *time*: pass swiftly, fly; **~fließen** *fig. v/i.* (*irr., sn*) flow on (smoothly, easily); **~gehen** *v/i.* (*irr., sn*) go along; *time*: pass; (*die*) pass on (*or* away), depart this life.

'dahingehend [-ge:ənt] *cj.*: *~, daß* to the effect that; saying that.

da'hin...: ~gestellt [-gəʃtɛlt] *adj.*: *~ sein lassen* leave undecided *or* in the air; leave out of account; not to go (further) into *a matter*; *es bleibt ~* it remains to be seen; *es sei ~, ob* no matter whether ... or not; **~leben** *v/i.* (*h.*): *so ~* vegetate; **~raffen** *fig. v/t.* (*h.*) carry off; **~rasen** *v/i.* (*sn*) speed (*or* race, dash, rush) along; **~schwinden** *v/i.* (*irr., sn*) dwindle (*or* melt) away; *person, from grief*: pine away; *beauty*: fade; **~siechen** *v/i.* (*sn*) waste away; **~stehen** *v/i.* (*impers., irr., h.*) be uncertain; es

steht noch dahin it is not yet decided, it remains to be seen.
dahinten [da'hintən] *adv.* back there.
dahinter [da'hintər] (*emphatic*: '*dahinter*) *adv.* behind it (*or* that), at the back of it, *Am.* back of it; *fig.* at the bottom of it, behind it; **~'her** *adv.*: (*sehr*) ~ *sein* be after (*or* out for) it; make a point of (*zu inf. ger.*); spare no efforts.
da'hinter...: ~klemmen *colloq.*: *sich* ~ (*h.*) buckle to it; **~kommen** *v/i.* (*irr.*, *sn*) discover, find out; get to the bottom of it; **~machen, ~setzen**: *sich* ~ (*h.*) set to (work); buckle to it; **~stecken** *fig. v/i.* (*h.*) be at the bottom of it; *da muß et.* ~ there is more in it than meets the eye; *es steckt nichts dahinter* there is nothing in it.
dahinunter ['da:hinuntər] *adv.* down there.
da'hin...: ~welken *v/i.* (*sn*) fade (*or* wither) away; **~ziehen** *v/i.* (*irr.*, *sn*) go (*or* move, travel) along.
Dahlie ['da:liə] *bot. f* (-; -*n*) dahlia.
Dakapo [da'ka:po] *n* (-*s*; -*s*) encore; → *da capo.*
Daktylus ['daktylus] *m* (-; -*ylen*) dactyl.
'**daliegen** *v/i.* (*irr.*, *h.*) lie there; *ausgestreckt* ~ sprawl.
Dalmatien [dal'ma:tsiən] *n* (-*s*) Dalmatia; **Dalmatiner**(**in** *f*) [dalma'ti:nər(in)] *m* (-*s*, -; -, -*nen*), **dalma'tinisch, dal'matisch** *adj.* Dalmatian.
damalig ['da:ma:liç] *adj.* then, of that time (*or* period); *der* ~*e Besitzer* the then owner; *sein* ~*es Versprechen* the promise then given by him.
damals ['da:ma:ls] *adv.* then, at that time; in those days.
Damast [da'mast] *m* (-*es*; -*e*), **ꝸen** *adj.* damask.
Damaszenerklinge [damas'tse:nər-] *f* Damascus blade.
damaszieren [-'tsi:rən] *v/t.* (*h.*) *cloth*: damask; *steel*: damascene.
Dambock ['dam-] *m* fallow buck.
'**Dam(e)brett** *n* draught- (*Am.* checker-)board.
Dämchen ['dɛ:mçən] *n* (-*s*; -) little lady, damsel.
Dame ['da:mə] *f* (-; -*n*) lady; *dancing*: partner; *die* ~ *des Hauses* the hostess; *address*: *m-e* ~ Madam; *m-e Damen und Herren!* ladies and gentlemen!; *draughts*: king; *e-e* ~ *machen* crown a man; ~ *spielen* play at draughts, have a game at draughts; *chess*: queen; *sich e-e* ~ *ziehen* queen a pawn; *cards*: queen.
'**Damen...: ~besuch** *m* lady-visitor(s *pl.*); **~binde** *f* sanitary towel (*Am.* napkin); **~doppel(spiel)** *n tennis*: (the) women's doubles *pl.*; **~einzel (-spiel)** *n* (the) women's singles *pl.*; **~frisör** *m* ladies' hairdresser; **ꝸhaft** *adj.* ladylike; **~hemd** *n* lady's vest; **~hut** *m* lady's hat; **~kleidung** *f* ladies' garments *pl.*, women's wear; **~konfektion** *f* ladies' ready-made clothes *pl.*, *Am.* ladies' ready-to--wear; **~mannschaft** *f sports*: woman team; **~mantel** *m* lady's coat; **~salon** *m* ladies' room, *Am.* ladies' parlor; **~sattel** *m* side--saddle; **~schneider(in** *f*) *m* ladies' tailor (*f* -ess, dressmaker); **~unterwäsche** *f* ladies' underwear; lingerie; **~wahl** *f* ladies' choice; **~welt** *f* (-) *the* ladies *pl.*, *the* fair sex.
'**Dame|spiel** *n* draughts, *Am.* checkers *pl.*; **~stein** *m* man (at draughts).
Damhirsch ['dam-] *m* fallow-deer.
damit [da'mit] (*emphatic*: '*damit*) **I.** *adv.* with that *or* it (*pl.* those *or* them), therewith, herewith; by that *or* it (*pl.* those *or* them), thereby; *was will er* ~ *sagen?* what does he mean by it?; *was soll ich* ~? what am I to do with it?, what good is that?; *wie steht es* ~? how about it?; *es ist nichts* ~ it won't do, it's no go; *wir sind* ~ *einverstanden* we agree to it; *jegliche* ~ *verbundenen Ausgaben* any expenditure connected therewith (*or* incident thereto); *er fing* ~ *an, daß er versuchte zu inf.* he began by trying to *inf.*; ~ *war ein neues Zeitalter angebrochen* this marked the beginning of a new epoch; **II.** (*only*: *da'mit*) *cj.* (in order) that, in order to *inf.*; with the object to *ger.*; so (that); ~ *nicht* lest, (in order) that ... not, (so as) to avoid that; for fear that; ~ *es alle sehen können a.* for all the world to see.
dämlich ['dɛ:mliç] *colloq. adj.* stupid, silly, idiotic; **ꝸkeit** *f* (-) silliness.
Damm [dam] *m* (-[*e*]*s*; ⸚*e*) dam; dike, dyke; *rail.* embankment; *of river*: embankment, *Am.* levee; *of road*: **a**) bank, **b**) roadway; pier, mole, jetty; breakwater; *through moor*: causeway; *anat.* perineum; *fig.* barrier; *colloq. fig. auf dem* ~ *sein* feel up to it, be in good shape; be on the ball *or* beam; *j-n wieder auf den* ~ *bringen* set a p. up, put a p. on his feet again; *ich bin heute nicht auf dem* ~ I don't feel up to the mark today; '**~bruch** *m* bursting of a dam; break in a dam, *Am.* crevasse; → *Dammriß.*
dämmen ['dɛmən] *v/t.* (*h.*) dam (up), dike; stem; embank, *Am.* levee (*river*); *fig.* stem, check, curb.
Dämmer ['dɛmər] *m* (-*s*) dusk, twilight; **ꝸig** *adj.* dusky; dim, obscure (*light*); **~licht** *n* (-[*e*]*s*) twilight; grey dawn of day; *w.s.* dim light; **ꝸn** *v/i.* (*h.*) dawn; grow dusky; *es dämmert* **a**) it is dawning, the day breaks, **b**) it is getting dark, night is coming on; *fig. es dämmert bei ihm* it is beginning to dawn on him; *vor sich hin*~ doze, drowse; **~schein** *m* → *Dämmerlicht*; **~schlaf** half-sleep; *med. m* twilight sleep; **~stunde** *f* hour of twilight; **~ung** *f* (-; -*en*) **a**) dawn(ing); *bei* ~ at dawn (*or* daybreak); **b**) twilight, dusk; *in der* ~ by twilight, at dusk (*or* nightfall); **~zustand** *med. m* twilight *or* semi-conscious state.
'**Damm...: ~riß** *med. m* perineal rupture; **~weg** *m* causeway.
Dämon ['dɛ:mɔn] *m* (-*s*; -'*monen*) demon; **dämonisch** [dɛ'mo:niʃ] *adj.* demoniacal; (*supernatural*) demonic, daemonic.
Dampf [dampf] *m* (-[*e*]*s*; ⸚*e*) steam, *w.s.* vapo(u)r; smoke, reek; exhalation; (*chemische*) *Dämpfe pl.* vapo(u)rs, fumes; *vet.* broken wind; ~ *ablassen* let off steam (*a. colloq. fig.*); *mit* ~ *behandeln* steam; *colloq. fig.* ~ *bekommen sl.* get cold feet; ~ *dahinter machen* put on steam, put pressure behind it; '**~antrieb** *m* steam drive; '**~bad** *n* steam-bath; '**~bagger** *m* steam shovel; '**~betrieb** *m* steam drive (*or* power); '**~boot** *n* steamboat; '**~druck** *m* (-[*e*]*s*) steam pressure; '**~druckmesser** *m* steam ga(u)ge.
'**dampfen** *v/i.* (*h.*) steam, emit (*or* give off) steam *or* vapo(u)r; smoke (*a. person*), fume.
dämpfen ['dɛmpfən] *v/t.* (*h.*) steam (*a. food*); *fig.* damp; deaden, muffle, subdue (*sounds*); *mus.* mute; muffle (*drum*); *teleph.*, *nuclear physics*: attenuate; subdue, soften (*colour, light*); soft (*film*); cushion (*shock, etc.*); *aer.* stabilize; absorb (*vibrations*); soothe, assuage (*pain*); quench, put out; damp(en), put a damper on, throw cold water on (*enthusiasm, etc.*); subdue, check (*passion*); suppress; *mit gedämpfter Stimme* under one's breath, in an undertone, sotto voce.
'**Dampfer** *m* (-*s*; -) steamer; → *Dampfschiff.*
'**Dämpfer** *m* (-*s*; -) damper (*a. on piano*); *mus.*, *esp. for violin*: mute; *loudspeaker*: baffle; *mot.* silencer, *Am.* muffler; *tech.* shock-absorber; *aer.* stabilizer; *nuclear physics*: moderator; *cul.* steam (*esp. Am.* pressure) cooker, autoclave; *fig. j-m e-n* ~ *aufsetzen* **a**) damp a p.'s enthusiasm, **b**) take a p. down a peg or two; *e-r Sache e-n* ~ *aufsetzen* put a damper on a th.
'**Dampfer...: ~flotte** *f* steam-fleet; **~linie** *f* steamship line.
'**Dampf...: ꝸförmig** ['-fœrmiç] *adj.* vaporous; **~gebläse** *n* steam blower (*or* blast); **~hammer** *m* steam hammer; **~heizung** *f* steam heating.
'**dampfig** *adj.* steamy, vaporous.
'**dämpfig** *adj.* sultry, sweltering; *vet.* broken-winded (*horse*).
'**Dampf...: ~kessel** *m* boiler; **~kochtopf** *m* pressure cooker, autoclave; **~kraft** *f* (-) steam power; **~kraftwerk** *n* steam-power plant; **~leitung** *f* steam piping; **~maschine** *f* steam-engine; **~messer** *m* (-*s*; -) manometer, steam ga(u)ge; **~nudeln** *f/pl.* stewed dumplings; **~pfeife** *f* steam-whistle; **~pflug** *m* steam plough (*Am.* plow); **~rohr** *n*, **~röhre** *f* steam pipe; **~schiff** *n* steamship, steamboat, steamer; *mit dem* ~ by steamer; **~schiffahrt** *f* steam-navigation; **~schiffahrtsgesellschaft** *f* steamship line; **~strahl** *m* steam jet; **~turbine** *f* steam turbine.
'**Dämpfung** *f* (-; -*en*) damping, *etc.*; → *dämpfen*; *phys.*, *el.*, *of energy*: loss; *of transmission line*: attenuation (*a. nuclear physics*); *of oscillating circuit*: damping; *aer.* stabilization; *fig.* suppression; slowing down; **~sflosse** *aer. f* stabilizer.
'**Dampf...: ~wäsche'rei** *f* steam laundry; **~walze** *f* steam-roller.
Damwild ['dam-] *n* fallow-deer.
danach [da'na:x] (*emphatic*: '*da-*

nach) adv. after that *or* it, *pl.* after them; afterwards, later on; subsequently, thereupon; according to it; accordingly; *er trägt ein Verlangen* ~ he has a desire for it; *ich sehnte mich* ~, *heimzukehren* I longed to return; *ich fragte ihn* ~ I asked him about it; *ich frage nichts* ~ I don't care; *er handelte genau* ~ he acted in strict adherence to it; *iro. er sieht ganz* ~ *aus* he looks very much like it; *es ist aber auch* ~ don't ask what it is like.

Danaergeschenk ['dɑːnaər-] *fig. n* Greek gift.

Däne ['dɛːnə] *m* (-n; -n) Dane.

daneben [da'neːbən] *adv.* beside (*or* near) it, next to it; *dicht* ~ close (*or* hard) by it; besides, moreover, in addition (to that); at the same time, parallel to it; beside the mark; **~gehen** *v/i.* (*irr., sn*) *shot, etc.*: miss (the mark), fail to hit, go astray; *fig.* go amiss, miscarry, fail; **~hauen** *v/i.* (*h.*) miss; *fig.* miss one's guess, be very wrong; **~schießen, ~schlagen, ~treffen** *v/i.* (*irr., h.*) miss (the mark), fail.

Dänemark ['dɛːnəmark] *n* (-s) Denmark.

dang [daŋ] *pret. von dingen.*

daniederliegen [da'niːdərliːgən] *v/i.* (*irr., h.*) be laid up (*an dat.* with); *trade, etc.* languish, stagnate.

Dän|in ['dɛːnin] *f* (-; -nen) Dane; **⁊isch** *adj.* Danish.

dank [daŋk] *prp.* (*gen. or dat.*) owing to, (*a. iro.*) thanks to.

'**Dank** *m* (-[e]s) thanks *pl.*; gratitude; reward; acknowledgement; *schlechter* ~ ingratitude, small thanks; *besten or schönen* ~*!* many thanks!, thank you very much; *in letters*: *a.* accept my (kindest) thanks; *j-m* ~ *sagen* thank a p., return (*or* render, express one's) thanks to a p.; *j-m* ~ *schulden* be indebted to a p.; *j-m* ~ *wissen* be *or* feel obliged (*or* grateful) to a p.; *ist das der* ~ *für m-e Mühe?* is that the return for all my trouble?; *iro. das ist der (ganze)* ~*!* that's all the thanks one gets!; *zum* ~ *für s-e Dienste* as an acknowledgement for (*or* in recognition of) his services; **~adresse** *f* vote of thanks.

'**dankbar** *adj.* thankful; grateful; obliged; worthwhile; profitable, paying; satisfactory; *e-e* ~*e Aufgabe* a rewarding task; *wir wären für e-e schnelle Erledigung* ~ we should appreciate an early settlement; *iro. ich wäre Ihnen* ~, *wenn Sie* I would thank you for *ger.*; **⁊keit** *f* (-) gratitude, gratefulness, thankfulness (*gegen* towards); *aus* ~ *für* in gratitude for.

'**Dankbrief** *m* letter of thanks.

'**danken I.** *v/i.* (*h.*) thank (*j-m für et.* a p. for), return thanks; decline with thanks; *danke (schön)!* (many) thanks, thank you (very much); *danke(, ja)!* thank you!; *refusal*: no, thank you, thanks; *nichts zu* ~*!* don't mention it!, you are welcome!, not at all!; *iro. na, ich danke!* thank you for nothing!; → *Obst*; **II.** *v/t.* (*h.*): *j-m et.* ~ **a)** reward a p. for a th., **b)** owe a th. to a p.; *ihm* ~ *wir, daß* we owe it to him that, it is due (*or* thanks) to him that; **~d** *adv.* with thanks; **~swert** *adj.* deserving (of thanks), commendable, meritorious.

'**dankerfüllt** *adj.* filled with (*or* full of) gratitude.

'**Dankes|bezeigung, ~bezeugung** *f* mark (*or* proof) of gratitude; **~schuld** *f* (-) debt of gratitude, indebtedness; **~worte** *n/pl.* words of gratitude.

'**Dank...**: **~fest** *n* thanksgiving (festival); *Am.* Thanksgiving Day; **~gebet** *n* thanksgiving (prayer); **~gottesdienst** *m* thanksgiving service; **~opfer** *n* thanks-offering; **~sagung** ['-zɑːguŋ] *f* (-; -en) (expression of) thanks, *eccl.* thanksgiving; **~schreiben** *n* letter of thanks.

dann [dan] *adv.* then; thereupon; after that, afterwards; in that case, then; besides, moreover, then; ~ *und* ~ at such and such a time; ~ *und wann* now and then, occasionally; once in a while; here and there; *was geschah* ~*?* what happened next?; *selbst* ~ even then; *selbst* ~, *wenn es wahr wäre* even if it were true.

'**dannen** *adv.*: *von* ~ *gehen or ziehen* go away, leave, march off.

daran [da'ran] (*emphatic*: '*daran*), *colloq.* **dran** [dran] *adv.* at (*or* by, in, on, to) that *or* it; thereby; thereon; ~ *erkennst du ihn* by that you may know him; *befestige die Stange* ~ fasten (*or* attach) the rod to it; *nahe* ~ near it, close by it; *fig. nahe* ~ *sein zu inf.* be on the point of *ger.*, be near *ger.*; be all set to *inf.*; *es liegt mir viel* ~ it is very important to me, I am very much interested in it; *was liegt* ~*?* what does it matter?; *es liegt daran, daß* the reason is that; *es ist nichts* ~ there is nothing in it; *colloq. da ist alles dran* it's fantastic; *er ist gut (übel) dran* he is well (badly) off; *wie ist er mit Kleidern* ~*?* how is he off (*Am.* fixed) for clothes?; *wer ist dran?* whose turn is it?; *ich bin dran* it's my turn; *colloq. fig. jetzt ist er dran* now he is in for it; *er tut gut* ~ *zu inf.* he does well to *inf.*; ~ *ist nicht zu denken* that is out of the question; *er denkt nicht* ~, *es zu tun* he wouldn't dream of doing it; *ich dachte nicht* ~, *ihn zu beleidigen* I never meant to insult him; *jetzt weiß ich, wie ich dran bin* now I know where I stand; **~gehen** *v/i.* (*irr., sn*), **~machen:** *sich* ~ (*h.*) set to work, get busy; set about (*zu inf. ger.*); **~nehmen** *v/t.* (*irr., h.*) call *a p.* up; *fig.* let *a p.* have it; **~setzen** *v/t.* (*h.*) stake, risk, hazard; *fig. alles* ~ (*zu inf.*) spare no effort, do one's utmost (to *inf.*).

darauf [da'rauf] (*emphatic*: '*darauf*), *colloq.* **drauf** [drauf] *adv. as to space*: on it *or* that (*pl.* them); on top of it; there(up)on; *gerade* ~ *zu* straight towards (*or* up to) it; *as to time*: thereupon, after that, afterwards, then; *bald* ~ soon after (that); *gleich* ~ directly afterwards; *am Tage (or den Tag)* ~ the day after, the next (*or* following) day; *zwei Jahre* ~ two years later; *fig* on it (*or* that); → *oben, auf, etc.*; *drauf und dran sein zu inf.* be on the point of *ger.*, be just about (*or* going) to (*inf.*), be all set to (*inf.*); *wenn es drauf und dran geht* if things come to a head; ~ *steht Todesstrafe* it is a capital crime; ~ *kommt es an* that's what matters, that's the main point; *ich lasse es* ~ *ankommen* I'll risk it, I'll take a chance; **~folgend** *adj.* ensuing, subsequent, (then) following; → *drauf...*

darauf'hin *adv.* after that, thereupon; as a result, on the strength of it; in answer to it; *er arbeitete* ~ *zu inf.* he endeavo(u)red to *inf.*, he aimed at *ger.*, his efforts were directed to *ger.*

daraus [da'raus] (*emphatic*: '*daraus*), *colloq.* **draus** [draus] *adv.* from this *or* that (*pl.* them); of it; thence; therefrom; *es folgt* ~ hence it follows; *es kann nichts* ~ *werden* nothing can come of it; ~ *wird nichts!* that's out (of the question)!, nothing doing!; *was ist* ~ *geworden?* what has become of it?; *was soll* ~ *(nur) werden?* what will come of it?; *ich mache mir nichts* ~ I don't care (about it), I am not particularly keen on it; ~ *können wir schließen* from this (*or* hence) we may infer; *jegliche* ~ *erwachsenden Schwierigkeiten* any difficulties arising therefrom.

darben ['darbən] *v/i.* (*h.*) suffer want (*or* privations), be in want; starve (*a.* ~ *lassen*).

darbiet|en ['dɑːr-] *v/t.* (*irr., h.*) offer, present (*dat.* to); present, perform, play; *fig. sich* ~ offer (*or* present) itself (*pl.* themselves), arise, emerge; **⁊ung** *f* (-; -en) *thea., etc.*: performance, (re)presentation; *w.s.* entertainment, program(me); event.

'**darbring|en** *v/t.* (*irr., h.*) offer, present, give; make (*a sacrifice*); *als Opfer*: offer (up), sacrifice; **⁊ung** *f* (-; -en) presentation, offering.

Dardanellen [darda'nɛlən] *pl. the* [Dardanelles *pl.*]

darein [da'raın] (*emphatic*: '*darein*), *colloq.* **drein** [draın] *adv.* into it *or* that, therein; **~finden** (*irr., h.*), **~fügen:** *sich* ~ (*h.*) put up with it, resign o.s. (to it); **~geben** *v/t.* (*irr., h.*) give into the bargain; **~mischen:** *sich* ~ (*h.*) meddle (with it); interfere; intervene; **~reden** *v/i.* (*h.*) interrupt; *fig.* interfere; **~schauen** *v/i.* (*h.*): *ernst etc.* ~ look grave, *etc.*; **~schicken** (*h.*) → *dareinfinden*; **~schlagen** *v/i.* (*irr., h.*) strike (hard), inflict (*or* shower) blows, lay about one; **~willigen** *v/i.* (*h.*) consent (to it).

darin [da'rin] (*emphatic*: '*darin*), *colloq.* **drin** [drin] *adv.* in it, in that, *pl.* in them; in there, therein; *was ist* ~*?* what is inside?; *only darin*: in this respect; ~ *irren Sie sich* there you are mistaken; ~ *kann ich Ihnen nicht zustimmen* I can't agree with you there (*or* on this score); *dieses Material unterscheidet sich von anderen* ~, *daß es* this material differs from others in that it ...; *only drin*: *colloq. es ist für ihn nicht* ~, *zu inf.* it is not on the cards for him to *inf.*

darleg|en ['da:r-] *v/t.* (*h.*) lay open, expose, disclose; set forth, show; explain; represent, demonstrate; interpret, expound; state, point out; (state in) detail, specify, particularize; unfold; **⁓ung** *f* (-; -en) exposition, exposé; showing; explanation; representation; statement.

Darleh(e)n ['da:rle:(ə)n] *n* (-s; -) loan; advance; ⁓ *auf Hypotheken* mortgage loan; ⁓ *auf Pfandwerte* loan against security; ⁓ *auf Zinsen* loan on interest; *befristetes* ⁓ time loan; *jederzeit kündbares* ⁓ demand (*or* call) loan; *ein* ⁓ *aufnehmen* borrow money, raise a loan; *ein* ⁓ *geben* grant a loan; advance (*or* lend) *a p.* money; **⁓sbank** *f* (-; -en) loan bank; **⁓sgeber** *m* lender; **⁓s-gesellschaft, ⁓skasse** *f*, **⁓skassenverein** *m* (mutual) loan society, *Am.* credit corporation; **⁓snehmer** *m* borrower; **⁓sschuld** *f* debt in the nature of an advance.

Darm [darm] *m* gut, intestine; *Därme pl.* intestines, bowels; *for sausages*: skin; **'⁓bein** *n* ilium; **'⁓blutung** *med. f* intestinal h(a)emorrhage; **'⁓entleerung** *f* evacuation of the bowels; **'⁓entzündung** *f* inflammation of the bowels, enteritis; **'⁓fistel** *f* intestinal fistula; **'⁓flora** *f* intestinal flora; **'⁓geschwür** *n* intestinal ulcer; **'⁓grimmen** *n* colic; **'⁓höhle** *f* intestinal cavity; **'⁓inhalt** *m* f(a)ecal matter; *of small intestine*: intestinal contents *pl.*; **'⁓katarrh** *m* enteritis; **'⁓krankheit** *f*, **'⁓leiden** *n* intestinal disease; **'⁓krebs** *m* (-es) intestinal cancer; **'⁓saft** *m* intestinal juice; **'⁓saite** *f* catgut string; **'⁓tätigkeit** *f* (-) bowel function; **'⁓trägheit** *f* constipation; **'⁓tuberkulose** *f* intestinal tuberculosis; **'⁓verschlingung** *f* twisting of the bowels; **'⁓verschluß** *med. m* ileus; **'⁓wand** *f* intestinal wall.

darnach [dar'na:x] *etc.* → *danach.*

darnieder [dar'ni:dər] *etc.* → *danieder.*

Darre ['darə] *f* (-; -n) kiln-drying; (drying-)kiln; *orn.* roup.

darreichen ['da:r-] *v/t.* (*h.*): *j-m et.* ⁓ reach (*or* hand) a p. a th., (pr)offer (*or* hold out, present) a th. to a p.; *med. and eccl.* administer.

darr|en ['darən] *tech. v/t.* (*h.*) kiln-dry; **⁓malz** *n* kiln-dried malt; **⁓ofen** *m* (drying-)kiln; **⁓sau** *f* kiln heating system.

darstell|bar ['da:rʃtɛlba:r] *adj.* representable; **⁓en** *v/t.* (*h.*) *generally*: represent; show, depict, delineate, portray; describe, picture; *falsch* ⁓ misrepresent; *thea.* (im-)personate, play the part of, do; *graphically*: figure, plot, chart; *math.* describe; skeletonize; outline; *tech.* prepare, produce; *chem. a.* disengage, liberate; constitute, represent, mean, be; symbolize; *colloq.* do, manage; *was stellt dieses Zeichen dar?* what does that symbol stand for; *sich* ⁓ present itself; **⁓end** *adj.* representative (of); ⁓*e Geometrie* descriptive geometry; ⁓*e Kunst* interpretative art; **⁓er(in** *f*) *m* (-s, -; -, -nen) actor (*f* actress), performer, player; **⁓erisch** *adj.* acting, mimic, theatrical; **⁓ung** *f* (-; -en) presentation; representation, description; delineation, portrayal; statement; *falsche* ⁓ misrepresentation, *jur. des Sachverhaltes*: incorrect recital of fact; *thea.* (im)personation, acting, performance; *of play*: production; *graphische* ⁓ diagram, figure, graph(ic representation); *tech.* preparation; *chem. a.* disengagement; *math.* construction; *nach Ihrer* ⁓ *des Falles* as you describe it, as you present the case; **⁓ungskraft** *f* (-) descriptive power; **⁓ungskunst** *f* acting; **⁓ungsverfahren** *chem. n* process of preparation; **⁓ungsweise** *f* style (*or* manner) of representation.

dartun ['da:r-] *v/t.* (*irr.*, *h.*) prove, show; substantiate; *praktisch* ⁓ demonstrate; set forth.

darüber [da'ry:bər] (*emphatic*: *'darüber* ['da:ry:bər]), *colloq.* **drüber** ['dry:bər] *adv.* over that *or* it, *pl.* over them; above it; on top of it; across it; *as to time*: meanwhile, in the meantime; before that; on that point (*or* account, score, matter), about that; ⁓ *hinaus* beyond (*or* past) it, *fig.* in addition (to it), over and above it, on the top of it; *zwei Pfund* ⁓ two pounds more; *drei Jahre und* ⁓ three years and upward; *es geht nichts* ⁓ there is nothing like it; ⁓ *werden Jahre vergehen* it will take years; *wir sind* ⁓ *hinweg* we got over it; ⁓ *vergaß ich meine eigenen Sorgen* it made me forget my own cares; *darüber wird morgen verhandelt* this matter will be discussed tomorrow; *er beklagt sich darüber, daß er betrogen worden sei* he complains of having been deceived; **⁓stehen** *v/i.* (*irr.*, *h.*) be (*or* stand) above it.

darum [da'rum] (*emphatic*: *'darum* ['da:rum]), *colloq.* **drum** [drum] *adv.* **1.** around that *or* it, *pl.* around them; *fig.* about that; *er weiß* ⁓ he knows about it, he is aware of it; *es ist mir nur* ⁓ *zu tun* all I ask (*or* my only object) is (zu to); *es ist mir sehr* ⁓ *zu tun, daß* I am very anxious to *inf.*, I set great store by *ger.*; *er kümmert sich nicht* ⁓ he does not care (about it); *es handelt sich* ⁓ *festzustellen* the point is to find out; **2.** therefore, for that reason, on that account; ⁓ *ist er nicht gekommen* that's (the reason) why he did not come; ⁓ *eben!* that's just the reason!, that's precisely why!; ⁓ *handelt es sich* (*eben*) that's (just) the point; *why have you done it?* ⁓*!* because!

darunter [da'runtər] (*emphatic*: *'darunter* ['da:runtər]), *colloq.* **drunter** ['druntər] *adv.* under that *or* it, *pl.* under them; underneath, beneath it; below; among them; including; less; *zwei Jahre und* ⁓ two years and under; *was verstehst du* ⁓? what do you understand by it?; ⁓ *kann ich mir nichts vorstellen* it doesn't mean anything to me, I can't make head or tail of it; *alles ging drunter und drüber* all was topsyturvy (*or* at sixes and sevens).

das [das] → *der.*

dasein ['da:-] *v/i.* (*irr.*, *sn*) be there; be present; exist, be in existence; be available; *noch nie dagewesen* unprecedented, without precedent, unheard-of, unparalleled; *es ist alles schon dagewesen* there is nothing new under the sun; ⁓ *n* (-s) existence, being, life; presence; *ins* ⁓ *treten* come into being; **⁓sberechtigung** *f* right to exist, raison d'être (*Fr.*); **⁓skampf** *m* (-[e]s) struggle for existence *or* life.

da'selbst [da-] *adv.* there, in that very place; *in books, etc.*: ibidem; *wohnhaft* ⁓ residing at the same (*or* said) place *or* address.

dasitzen ['da:-] *v/i.* (*irr.*, *h.*) sit there.

dasjenige ['dasje:nigə] → *derjenige.*

daß [das] *cj.* that; *so* ⁓ so that; *nicht* ⁓ not that, lest; *es sei denn,* ⁓ unless; *ohne* ⁓ without (*ger.*); *auf* ⁓ in order that *or* to; *er entschuldigte sich,* ⁓ *er zu spät kam* he apologized for being late; *entschuldigen Sie,* ⁓ *ich Sie störe* excuse my disturbing you; ⁓ *es doch wahr wäre!* would (*or* I wish) it were true; *nicht* ⁓ *ich wüßte* not that I know of; *nicht* ⁓ *es etwas ausmachte* not that it mattered; ⁓ *du dich ja nicht rührst!* don't you move!; ⁓ *du ja kommst!* be sure to come!; *es muß so formuliert sein,* ⁓ *es (nicht) den Eindruck erweckt* it should be so worded as (not) to give the impression; *es sind zwei Jahre,* ⁓ *ich ihn nicht gesehen habe* it is two years now that I haven't seen him!

dasselbe [das'zɛlbə] → *derselbe.*

dastehen ['da:-] *v/i.* (*irr.*, *h.*) stand (there); *fig. gut* ⁓ be in a splendid position, *w.s.* appear in a favo(u)rable light, *business*: be on a sound footing, flourish; *einzig* ⁓ stand alone, have no equal, be unrival(l)ed; *colloq. wie stehe ich nun da!* what a fool I look now!

Daten ['da:tən] *n/pl.* data (*a. tech.*), facts; *of person*: particulars; **⁓verarbeitend** *tech. adj.*, **⁓verarbeitung** *f* data processing.

datieren [da'ti:rən] **I.** *v/t.* (*h.*) date; *falsch* ⁓ misdate; *datiert sein* bear the date (*von* of), be dated *or* date (as of); **II.** *v/i.* (*sn*) be dated, date (*von* from); *dieses Dokument datiert aus der Zeit vor der Revolution* this document dates back to the time (*or* dates from) before the revolution.

Dativ ['da:ti:f] *gr. m* (-s; -e) dative (case); *a.* **⁓objekt** *n* indirect object.

dato ['da:to] *econ. adv.*: *drei Monate* ⁓ three months (after) date; *bis* ⁓ hitherto, till now; **⁓wechsel** *m* bill after date.

Dattel ['datəl] *f* (-; -n) date; **⁓baum** *m* → *Dattelpalme*; **⁓kern** *m* date-kernel; **⁓palme** *f* date-tree, date-palm; **⁓pflaume** *f* persimmon.

Datum ['da:tum] *n* (-s; -ten) date; → *Daten pl.*; *gleichen* ⁓*s* of same date; *heutigen* ⁓*s* of this date, of today; *ohne* ⁓ undated; *neueren* ⁓*s* of recent date; *unter demselben* ⁓

under same date; *welches ~ haben wir heute?* what is today's date?, which day of the month is it?; **~stempel** *m* date stamp; dater.

Daube ['daʊbə] *f* (-; *-n*) stave.

Dauer ['daʊər] *f* (-) duration; continuance; permanence; period, length (of time), *esp. econ., jur.* term, life; durability, lastingness; *die ~ der Rundfunksendung* the length of the broadcast; *auf die ~* in the long run; *für die ~ von* for a period (*or* term) of; *für die ~ gearbeitet* made to last; *während der ~ dieses Vertrags* during the term hereof; *von ~* lasting, permanent, durable; *von kurzer ~* of brief duration, short-lived; *von langer ~* of long duration (*or* standing); *von ~ sein* last; *cloth, dye*: wear well; **~anlagen** *econ. f/pl.* permanent investments; **~apfel** *m* keeping-apple, winter-apple; **~auftrag** *econ.*, **~befehl** *mil. m* standing order (*a. to a bank, etc.*); **~belastung** *f* constant load; **~betrieb** *m* continuous working (*or* operation); permanent service; **~brandofen**, **~brenner** *m* slow-combustion stove; **~erfolg** *m* continuing success; **~ertrag** *m* sustained yield; **~fahrer** *m cycling*: stayer; **~fahrt** *f* endurance run; **~feuer** *mil. n* continuous (*or* sustained *or* automatic) fire; **~fleisch** *n* preserved meat; **~flug** *m* endurance (*or* duration) flight; non-stop flight; **~gast** *m* permanent guest; *colloq.* permanent fixture; **~geschwindigkeit** *f* cruising speed; **2haft** *adj.* durable, lasting, *as to time*: *a.* long-term; stable, resistant; fast (*dye*); long-wearing (*cloth*); *~ gearbeitet* made to last; **~haftigkeit** *f* (-) durability, lastingness; solidity; stability; *tech.* durability, resistance, long service life; *of cloth*: wear; **~karte** *f* season ticket, *Am.* commutation ticket; **~kredit** *m* permanent loan; **~lauf** *m* long-distance (*or* endurance) run; jog-trot; **~leistung** *f tech.* normal rating, continuous output; *aer., mot.* cruising power; **~marsch** *m* forced march; **~mieter** *m* permanent lodger; **~milch** *f* sterilized milk.

'**dauern I.** *v/i.* (*h.*) continue, last; take, require (*time*); *die Prüfung dauerte 5 Stunden* the examination took five hours; *es wird lange ~, bis er kommt* it will take him long to come *or* he will take long in coming; *es dauerte über e-e Woche, bis er schrieb* it was over a week before he wrote; *es wird nicht lange ~, dann* it won't be long before; **II.** *v/t.* (*h.*) *er (es) dauert mich* I feel sorry for him (it); I pity him; → *bedauern*; **~d** *adj.* lasting, permanent; durable, enduring; continuous, constant; incessant; *er lachte ~* he kept laughing.

'**Dauer...:** **~pflanze** *f* perennial (plant); **~prüfung** *tech. f* endurance test; **~redner** *m* marathon speaker; **~regen** *m* constant rain; **~schlaf** *m med.* cataphora; **~schmierung** *f* self-lubrication; **~stellung** *f* permanency, permanent position (*or* employment); **~strich** *teleph. m* long dash; **~strom** *el. m* constant current; **~ton** *m* (-[e]s; *"e*) continuous tone, steady hum; *teleph.* continued buzz; **~überweisung** *econ. f* standing order of remittance; **~welle** *f* permanent wave, perm; *sich ~n machen lassen* have one's hair permed; **~wirkung** *f* lasting effect; **~wurst** *f* hard sausage; **~zustand** *m* permanent condition.

Daumen ['daʊmən] *m* (*-s*; -) thumb; *tech.* cam; *fig. j-m den ~ halten* keep one's fingers crossed for a p.; *j-n unter dem ~ halten* keep a p. under one's thumb; *die ~ drehen* twiddle one's thumbs; *über den ~ (gepeilt)* at a guess, roughly; **~abdruck** *m* thumb-print; **~breite** *f* thumb's breadth; **~einschnitt** *m* → *Daumenregister*; **~nagel** *m* thumb-nail; **~rad** *tech. n* cam wheel; **~register** *n* side (*or* thumb) index; **~scheibe** *tech. f* cam disc; **~schraube** *f* thumbscrew (*a. fig.*); *j-m ~n anlegen* put the screw on a p.

Däumling ['dɔʏmlɪŋ] *m* (*-s*; *-e*) thumb-stall; *fig.* Tom Thumb.

Daune ['daʊnə] *f* (-; *-n*) down; **~ndecke** *f* eiderdown; down-quilt; **2nweich** *adj.* downy.

davon [da'fɔn] (*emphatic*: '*davon*) *adv.* of that *or* it, *pl.* of them; thereof; by that *or* it, thereby; off, away; about it, of it; *was habe ich ~?* what does it get me?; *das kommt ~!* that comes of it!, that's what happens!; *jegliche ~ betroffenen Rechtsansprüche* any legal claims thereby affected; **~eilen** *v/i.* (*sn*) hurry (*or* hasten) away *or* off; **~fliegen** *v/i.* (*irr.*, *sn*) fly off *or* away; **~kommen** *v/i.* (*irr.*, *sn*) get away (*or* off); escape, survive; *mit knapper Not ~* have a narrow escape (*or* close shave, *Am. a.* close call), escape by the skin of one's teeth; *wird er ~?* will he live?; → *Schrekken*; **~laufen** *v/i.* (*irr.*, *sn*) run away; take to one's heels; *es ist zum 2!* it's enough to drive you mad; **~machen:** *sich ~* (*h.*) make off; **~schleichen** *v/i.* (*irr.*, *sn*) *and sich ~* (*h.*) sneak off, steal away; **~tragen** *v/t.* (*irr.*, *h.*) carry off (*a. price*); *fig.* incur, sustain, suffer; get, catch (*disease*); → *Sieg*.

davor [da'fo:r] (*emphatic*: '*davor* ['da:fo:r]) *adv.* before (*or* in front of) it *or* that, *pl.* them; *fig. er fürchtet sich ~* he is afraid of it; *er bewahrte mich ~* he saved (*or* kept) me from it.

dazu [da'tsu:] (*emphatic*: '*dazu* ['da:tsu:]) *adv.* to that *or* it, *pl.* to them; thereto; for it *or* that, for that purpose, to that end, therefor; besides, in addition; *noch ~* at that; into the bargain, on the top of that; *~ gehört Zeit* it requires time; *~ kommt* add to this; *~ ist er da* that's what he is here for; *er ist ~ da zu inf.* it is his duty (*or* job) to *inf.*; *ich riet ihm (sehr) ~* I (strongly) advised him to do it; *er hat das Geld ~* he can afford it; *jegliche ~ erforderlichen Unterlagen* any documents and data required therefor; **~gehören** *v/i.* (*h.*) belong to it (*or* them), appertain to it; **~gehörig** *adj.* belonging to it, forming part of it; pertinent; **~kommen** *v/i.* (*irr.*, *sn*) come along; *er kam gerade dazu, als* he happened to arrive at the very moment when; *illness, etc.*: supervene; *dazu kommt* add to this; *ich kam nie dazu, zu inf.* I never found the time to *inf.*, I never got around to *ger.*

dazumal ['da:tsuma:l] *adv.* at that time, in those days; → *Anno*.

dazutun [da'tsu:-] *v/t.* (*irr.*, *h.*) add (to); *colloq.* hurry up; *ohne sein 2* without his intervention; without so much as lifting a finger.

dazwischen [da'tsvɪʃən] *adv.* between (them), in between; in between, between times; **~fahren** *v/i.* (*irr.*, *sn*), **~funken** *v/i.* (*h.*) interfere, *Am. a.* butt in; cut in, interrupt; **~kommen** *v/i.* (*irr.*, *sn*) come (*or* stand) between; *event*: intervene, happen, turn up; *wenn nichts dazwischenkommt* if nothing happens; **2kunft** ['-kunft] *f* (-; *"e*) *f* intervention, interference; **~liegend** *adj.* intermediate, *fig. a.* intervening; **~treten** *v/i.* (*irr.*, *sn*) *fig.* intervene, interfere; intercede, step in; **2treten** *n* (*-s*) → *Dazwischenkunft*; **~werfen** *v/t.* (*irr.*, *h.*) *fig.* interpose, interject, throw in.

'**D-Dur** *n* (-) D major.

Debakel [de'ba:kəl] *n* (*-s*; -) breakdown; collapse; disaster.

Debatte [de'batə] *f* (-; *-n*) debate; discussion (*über acc.* on); *e-e erregte ~* a heated debate; *e-e ~ eröffnen* open a debate; *in e-e ~ eintreten* enter into a discussion; *zur ~ stehen* be under discussion *or* at issue; *das steht hier nicht zur ~* that's beside the point, that's not the issue here.

debat'tier|en I. *v/t.* (*h.*) debate, discuss; **II.** *v/i.* (*h.*) debate, deliberate (*über acc.* on); **2klub** *m* debating society.

Debet ['de:bɛt] *econ. n* (*-s*; *-s*) debit; *im ~ stehen* be on the debit side; **~note** *f* debit note; **~posten** *m* debit entry (*or* item); **~saldo** *m* debit balance, balance due; *mein gegenwärtiger ~* the balance standing to my debit.

Debit [de'bi:] *econ. m* (*-s*) sale, market.

debi'tieren *econ. v/t.* (*h.*) charge, debit; *j-m e-n Betrag ~* pass (*or* place) an amount to the debit of a p., charge a sum to a p.'s account.

Debitoren [debi'to:rən] *econ. m/pl.* debtors; receivables, advances.

Debüt [de'by:] *n* (*-s*; *-s*) first appearance, début.

Debütant(in *f*) [-by'tant(ɪn)] *m* (*-en, -en*; *-, -nen*) beginner, débutant(e *f*); deb; **debü'tieren** *v/i.* (*h.*) make one's début; come out.

Dechant [dɛ'çant] *eccl. m* (*-en*; *-en*) dean.

dechif'frieren [de-] *v/t.* (*h.*) decipher, decode.

Deck [dɛk] *n* (-[e]s; *-s*) *mar.* deck; *an or auf ~* on deck; *unter ~* below deck; *of car*: top, roof; '**~adresse** *f* cover (address); '**~anstrich** *m* finishing coat; '**~aufbau** *mar. m* (-[e]s) superstructure; '**~bett** *n* feather-bed; '**~blatt** *n of cigar*: wrapper; *bot.* bract; *for books, etc.*:

correction sheet, errata slip; *transparent*: overlay.

Decke ['dɛkə] *f* (-; -n) cover(ing); surface; coverlet; counterpane, quilt, *Am.* comforter; blanket; rug; cover, cloth; awning; tarpaulin; ceiling; envelope; (*book*) jacket, wrapper; lining; layer, coat; *on liquids*: head, top; *anat.*, *bot.* (in-) tegument; *hunt.* skin; *mot.* outer cover, (tyre) casing; *mining*: roof; *mit fester* ~ hard-surfaced (*parking place, etc.*); *fig. sich nach der* ~ *strecken* make both ends meet, cut one's coat according to one's cloth; make the best of it; *unter e-r* ~ *stecken* conspire together, be hand in glove (*mit* with), be in league (*Am. sl.* in cahoots) (*mit* with).

Deckel ['dɛkəl] *m* (-s; -) lid, (*a. book*) cover; top, cap; watch-cap; *typ.* tympan; ~ *zum Aufklappen* hinged lid, flap; ~ *zum Aufschrauben* screw-top (*or* cap); *colloq.* (*hat*) lid; *bot.*, *zo.* operculum; *colloq. j-m eins auf den* ~ *geben* give a p. a dressing-down; **~korb** *m* basket with (a) lid, hamper; **~krug** *m* tankard.

decken ['dɛkən] **I.** *v/t.* (*h.*) cover (*a. zo.*); cover, tile, slate, thatch (*a roof*); *den Tisch* ~ lay the cloth *or* table, *für sechs Personen* ~ lay covers for six persons; *mil.* shield, *a. chess, etc.*: cover, protect; escort, convoy; *artillery*: straddle; *boxing*: cover; *soccer, etc.*: cover, mark; *fenc.* parry, guard; *fig. j-n* ~ shield a p.; *econ.* cover (*costs, etc.*); reimburse; meet, cover, supply (*demand*); make good (*damage*); meet, provide with security (*bill of exchange*); *hinlänglich gedeckt sein* have sufficient security; *sich* ~ protect o.s.; *fig.* coincide (*mit* with) (*a. math.*), correspond *or* tally *or* be identical (with one another); *econ.* cover o.s., insure o.s.; *fenc.* guard (*a. fig. gegen* against); **II.** *v/i.* (*h.*) *colour, a. sports*: cover; *boxing*: cover, keep one's guard up.

'Decken...: **~beleuchtung** *f* ceiling lighting *or* lamp(s *pl.*); **~gemälde** *n* ceiling fresco; **~licht** *n* (-[e]s) skylight; overhead light; *mot.* dome light; **~schalter** *m* ceiling switch.

'Deck...: **~farbe** *f* body (*or* opaque) colo(u)r; **~gewebe** *anat. n* epithelial tissue; **~hülle** *f* covering; **~konto** *n* fictitious account; **~kraft** *f* (-) covering power (*of paint*); **~lack** *m* coating varnish; **~ladung** *f* deck cargo; **~landeflugzeug** *n* carrier-borne airplane; **~mantel** *m* cloak, mask, disguise; *unter dem* ~ *gen.* under the cloak of; posing as; **~name** *m* cover (*or* assumed) name, pseudonym, alias; *mil.* code name; **~offizier** *mar. m* warrant officer; **~platte** *f* cover plate.

'Deckung *f* (-; [-en]) covering; *mil., etc.* cover, shelter, (*a. mil., tactical*) protection; concealment, camouflage; *sports*: **a)** covering, **b)** defen|ce, *Am.* -se; *boxing, chess, fenc.*: guard; *unter* ~ under cover; ~ *suchen* take (*or* make for) cover; *mil.* ~! (take) cover!; *boxing*: *s-e* ~ *vernachlässigen* leave o.s. open, drop one's guard; *econ.* cover (*of costs, etc.*); reimbursement; payment; supply (*of the demand*); cover, security, collateral (security); margin; funds *pl.*; *ohne* ~ unsecured, without funds in hand; *genügende* ~ ample security; *mangels* ~ *zurück* returned for want of funds; *j-n mit* ~ *versehen* provide a p. with funds; **~sbetrag** *econ. m* margin (of loss), cover; **Ꞩsfähig** *adj.* valid as legal cover; reimbursable; **~sforderung** *f* covering claim; **Ꞩsgleich** *adj. math.* congruent; *tech.* non-overlapping; **~sgraben** *mil. m* shelter trench; **~skauf** *econ. m* covering purchase, bear (*Am.* short) covering; **~sklausel** *f* covering clause; **~sloch** *mil. n* foxhole; **Ꞩslos** ['-lo:s] *adj.*: *~es Gelände* open ground; **~smittel** *pl.* funds for reimbursement; cover fund(s).

'Deck...: **~weiß** *n* zinc white; **~wort** *n* (-[e]s; ⸚er) code word.

Dedikation [dedikatsi'o:n] *f* (-; -en) dedication; **~s-exemplar** *n* presentation copy.

dedizieren [dedi'tsi:rən] *v/t.* (*h.*): *j-m et.* ~ dedicate a th. to a p.

Deduk|tion [deduktsi'o:n] *f* (-; -en) deduction; **Ꞩtiv** [-'ti:f] *adj.* deductive; **deduzieren** [dedu'tsi:rən] *v/t.* (*h.*) deduce (*aus* from).

Defätis|mus [defɛ'tismus] *m* (-) defeatism; **~t** *m* (-en; -en), **Ꞩtisch** [-'tistiʃ] *adj.* defeatist.

defekt [de'fɛkt] *adj.* defective; faulty; damaged; **Ꞩ** *m* (-[e]s; -e) defect (*an dat.* in); *typ.* imperfection; **Ꞩbogen** *m/pl.* imperfect sheets; **Ꞩbuchstabe** *m* batter.

defensiv [defɛn'zi:f] *adj.* defensive; *sich* ~ *verhalten* be (*or* act, stand) on the defensive; **Ꞩe** *f* (-; -n) defensive; *in der* ~ on the defensive.

defilieren [defi'li:rən] *v/i.* (*h., sn*) defile, pass in review; march past.

definier|bar [-'ni:rba:r] *adj.* definable; **~en** *v/t.* (*h.*) define; **Definition** [-nitsi'o:n] *f* (-; -en) definition; **definitiv** [-'ti:f] *adj.* definite, positive; definitive, final.

Defizit ['de:fitsit] *econ. n* (-s; -e) deficit, deficiency, shortage; *ein* ~ *decken* make good a deficiency; *ein* ~ *von* **$ 100** *haben* be **$** 100 short; *mit e-m* ~ *abschließen* show a deficit.

Deflation [deflatsi'o:n] *f* (-; -en) deflation; **~sbewegung** *f* deflationary movement.

Deformati'on *f* deformation, *tech. a.* distortion.

defor'mier|bar *adj.* deformable; **~en** *v/t.* (*h.*) deform; distort; **Ꞩung** *f* (-; -en) deformity.

Defraudant [defrau'dant] *m* (-en; -en) defrauder, embezzler; **Defraudation** [-tsi'o:n] *f* (-; -en) embezzlement.

defrau'dieren *v/t.* (*h.*) defraud; embezzle.

deftig ['dɛftiç] *colloq. adj.* robust (*person, humour, etc.*); juicy (*story*); mighty, heavy (*blow, etc.*).

Degen ['de:gən] *m* (-s; -) sword; *fenc.* épée (*Fr.*); warrior.

Degeneration [degeneratsi'o:n] *f* (-; -en) degeneration; degeneracy; **degene'rieren** *v/i.* (*sn*) degenerate; *degeneriert* degenerate(d); *ein Degenerierter* a degenerate.

'Degen...: **~fechten** *n* épée-fencing; **~griff** *m* sword-hilt; **~knopf** *m* pommel; **~scheide** *f* scabbard.

degradier|en [degra'di:rən] *v/t.* (*h.*) degrade (*zu* to), reduce (in grade *or* rank), *Am.* demote; *mar.* disrate; **Ꞩung** *f* (-; -en) degradation, *Am.* demotion.

Degression [degrɛsi'o:n] *econ. f* (-; -en) lowering (*of costs, etc.*).

degressiv [-'si:f] *adj.* degressive; declining.

dehnbar ['de:nba:r] *adj.* extensible; flexible, elastic; ductile, malleable (*metal*); extensible (*leather*); *fig.* vague, wide (*term*); elastic (*conscience*); **Ꞩkeit** *f* (-) extensibility; flexibility; ductility; *fig.* vagueness; ambiguity.

'dehn|en *v/t.* (*h.*) extend; stretch (*both a. sich* ~ *and fig.*); strain; malleate (*metal*); lengthen (*syllable, vowel*); drawl (*words*); *sich* ~ *person*: stretch o.s., give a stretch; *phys. sich* ~ expand, dilate; **Ꞩfestigkeit** *f* tensile strength; **Ꞩfuge** *f* expansion joint; **Ꞩung** *f* (-; -en) extension, stretch(ing); *tech.* extension; *elastische* ~ stretch; longitudinal stress; *verformende* ~ elongation; *bleibende* ~ permanent extension; *phys.* expansion, dilatation; *gr.* lengthening (*of vowel*); **Ꞩungsfuge** *f* expansion joint; **Ꞩungshub** *m* expansion stroke; **Ꞩungsmesser** *m* (-s; -) dilatometer; extensometer.

dehy'drieren [de-] *chem. v/t.* (*h.*) dehydrate.

Deich [daɪç] *m* (-[e]s; -e) dike, dyke, dam; *of river*: embankment, *Am.* levee; **'~bruch** *m* breaking (*or* rupture) of a dike; **'~hauptmann** *m* dike-reeve.

Deichsel ['daɪksəl] *f* (-; -n) shaft, pole; thills *pl.*; drawbar, *Am.* tractor hitch; **Ꞩn** *colloq. v/t.* (*h.*) manage, handle, wangle, engineer.

dein [daɪn] **1.** *adj. and pron.* your; *eccl., poet.* thy; *e-r ~er Freunde* a friend of yours; **2.** *pred.* yours; *eccl., poet.* thine; *ich bin* ~ I am yours; **3.** (*gen. of du*) of you, *eccl., poet.* of thee; *ich werde ~(er) gedenken* I shall remember you; *ich wurde ~er ansichtig* I caught sight of you; **4.** *~er m*, *~e f*, *~es n*, *der* (*die, das*) *~(ig)e* yours, *eccl. poet.* thine; *dieser Hut ist der ~e* this hat is yours; *immer der ~e* Yours ever; *die Ꞩ(ig)en pl.* your family (*or* folks, people); **~erseits** ['-ərzaɪts] *adv.* for (*or* on) your part; **~esgleichen** ['-əsglaɪçən] *pron.* your like(s *pl.*), the like of you.

deinet|halben ['-əthalbən], **'~wegen, (um) '~willen** *adv.* on your account, because of you; for your sake, on your behalf.

Deis|mus [de'ʔismus] *m* (-) deism; **~t(in** *f*) [de'ʔist(in)] *m* (-en, -en; -, -nen) deist; **Ꞩtisch** *adj.* deistical.

Dekade [de'ka:də] *f* (-; -n) decade; ten-day period.

dekaden|t [deka'dɛnt] *adj.* decadent; *biol.* degenerate; **Ꞩz** [-'dɛnts] *f* (-) decadence; *biol.* degeneracy.

Dekan [de'ka:n] *eccl. and univ. m* (-s; -e) dean; **Dekanat** [deka'na:t] *n* (-[e]s; -e) deanery; deanship.

dekantieren [dekan'ti:rən] *v/t.* (*h.*) decant.

dekarboni'sieren *v/t.* (*h.*) decarbonize.
dekatieren [deka'ti:rən] *v/t.* (*h.*) hot-press, shrink.
Deklamation [deklamatsi'o:n] *f* (-; -*en*) declamation, recitation; **Deklamator** [-'mɑ:tɔr] *m* (-*s*; -'*toren*) declaimer, reciter; **deklamatorisch** [-ma'to:riʃ] *adj.* declamatory; **dekla'mieren** *v/t. and v/i.* (*h.*) recite; declaim, spout.
Deklaration [-ratsi'o:n] *f* (-; -*en*) declaration, entry; **dekla'rieren** *v/t.* (*h.*) declare, enter.
deklas'sieren *v/t.* (*h.*) outclass, trounce.
Deklination [deklinatsi'o:n] *f* (-; -*en*) *gr.* declension; *ast.* declination.
deklinier|bar [-'ni:rbɑ:r] *gr. adj.* declinable; **~en** *v/t.* (*h.*) decline.
Dekolleté [dekɔl'te:] *n* (-*s*; -*s*) neckline; *tiefes* ~ low-necked dress, low neckline.
dekolletiert [-'ti:rt] *adj. dress*: low(-necked), décolleté; *lady*: décolletée (*Fr.*).
Dekor [de'ko:r] *m* (-*s*; -*s*) decoration, design.
Dekorateur [dekora'tø:r] *m* (-*s*; -*e*) (painter and) decorator; upholsterer; window-dresser; *thea.* scene-painter.
Dekoration [-tsi'o:n] *f* (-; -*en*) decoration (*a.* = medal); window-dressing; *thea.* scenery, setting; **~smaler** *m* (painter and) decorator; *thea.* scene-painter; **~sstoff** *m* furnishing fabric.
dekorativ [-'ti:f] *adj.* decorative.
deko'rieren *v/t.* (*h.*) decorate (*a. with a medal*), adorn; drape dress (*shop-window*).
Dekret [de'kre:t] *n* (-[e]*s*; -*e*), **dekre'tieren** *v/t. and v/i.* (*h.*) decree.
Delegation [delegatsi'o:n] *f* (-; -*en*) delegation.
dele'gier|en *v/t.* (*h.*) delegate; **2te(r** *m*) *f* (-*n*, -*n*; -*en*, -*en*) delegate.
delikat [deli'kɑ:t] *adj.* delicate, dainty; delicious, savo(u)ry, exquisite; *fig.* delicate, ticklish.
Delikatesse [delika'tɛsə] *f* (-; -*n*) delicacy (*a. fig.*); dainty, titbit; *pl. a. esp. Am.* delicatessen; **~nhandlung** *f* delicatessen (store) *sg.*
Delikt [de'likt] *n* (-[e]*s*; -*e*) delict, offen|ce, *Am.* -se; tort(ious act).
Delinquent(in *f*) [deliŋ'kvɛnt(in)] *m* (-*en*, -*en*; -, -*nen*) delinquent, offender.
delirieren [deli'ri:rən] *v/i.* (*h.*) be delirious, rave.
Delirium [de'li:rium] *n* (-*s*; -*rien*) delirium; *fig. a.* ecstasy; ~ *tremens* delirium tremens (*abbr.* d.t.).
Delkredere [dɛl'kre:dere] *econ. n* (-; -) del credere, guaran|tee, *Am.* -ty; ~ *stehen* stand surety, guarantee payment; **~fonds** *m*, **~konto** *n* del credere (*or* contingent) fund; **~versicherung** *f* credit insurance.
Delle ['dɛlə] *f* (-; -*n*) dent, depression.
Delphin [dɛl'fi:n] *m* (-*s*; -*e*) dolphin.
Delta ['dɛlta] *n* (-*s*; -*s*) delta; **2förmig** ['-fœrmiç] *adj.* deltaic, deltoid; '**~metall** *n* delta metal; '**~muskel** *anat. m* deltoid; '**~schaltung** *el. f* delta connection.
dem [de:m] *dat./sg. of der, das*: to *the*; *as rel. pron.*: to whom, to which; ~ *steht nichts im Wege* that can be arranged, that's all right; *es ist an* ~ it is (actually) the case; *nach* ~, *was ich gehört habe* from what I have heard; *wenn* ~ *so ist* if that is true; *wie* ~ *auch sei* be that as it may.
Demagog|e [dema'go:gə] *m* (-*n*; -*n*) demagogue; **~entum** *n* (-*s*) demagogy, demagogism; **2isch** *adj.* demagogic.
Demarkationslinie [demarkatsi'o:ns-] *f* line of demarcation.
demas'kieren [de-] *v/t.* (*h.*) unmask.
Dementi [de'mɛnti:] *n* (-*s*; -*s*) (official) denial; **demen'tieren** *v/t.* (*h.*) deny, contradict.
dem... ['de:m-]: **~entsprechend**, **~gemäß** *adv.* according to that, accordingly, correspondingly; **~gegenüber** *adv.* in contrast, on the other hand, compared with this.
Demission [demisi'o:n] *f* (-; -*en*) resignation; **demissio'nieren** *v/i.* (*sn*) resign (office), tender (*or* hand in) one's resignation.
'**dem...:** **~nach** *adv.* therefore, hence, consequently; accordingly; **~nächst** *adv.* soon, shortly, before long, in a near future; ~ *stattfindend, etc.* forthcoming.
demobili'sier|en [de-] *v/t. and v/i.* (*h.*) demobilize, demob; **2ung** *f* (-; -*en*) demobilization.
demodu'lieren [de-] *v/t.* (*h.*) demod(ulat)e.
Demokrat(in *f*) [demo'krɑ:t(in)] *m* (-*en*, -*en*; -, -*nen*) democrat; **Demokratie** [-kra'ti:] *f* (-; -*n*) democracy; **demo'kratisch** *adj.* democratic; **demokratisieren** [-ti'zi:rən] *v/t.* (*h.*) democratize.
Demonstrant(in *f*) [demɔn'strant(-in)] *m* (-*en*, -*en*; -, -*nen*) demonstrator; **Demonstration** [-stratsi'o:n] *f* (-; -*en*) demonstration; **demonstrativ** [-'ti:f] *adj.* demonstrative (*a. gr.*); **demon'strieren** *v/t. and v/i.* (*h.*) demonstrate.
Demont|age [-'tɑ:ʒə] *f* (-; -*n*) disassembly; dismantling; **2ierbar** [-'ti:rbɑ:r] *adj.* removable, separable; **2ieren** *v/t.* (*h.*) disassemble, take apart; dismantle, pull down, strip.
demoralisieren [demorali'zi:rən] *v/t.* (*h.*) demoralize.
Demoskopie [-sko'pi:] *f* (-; -*n*) opinion poll(ing).
Demut ['de:mu:t] *f* (-) humility; submissiveness, meekness.
demütig ['de:my:tiç] *adj.* humble; submissive, *iro.* meek; **~en** ['-gən] *v/t.* (*h.*) humble, humiliate; mortify; *sich* ~ humble o.s. (*vor dat.* before); abase o.s., grovel (before); **2ung** ['-guŋ] (-; -*en*) humiliation; mortification.
demzufolge ['de:mtsu'fɔlgə] *adv.* accordingly.
den [de:n], **denen** ['de:nən] → *der.*
denaturier|en [denatu'ri:rən] *chem. v/t.* (*h.*) denature; *denaturierter Alkohol* methylated spirit, *Am.* denatured alcohol; **2ungsmittel** *n* denaturant.
dengeln ['dɛŋəln] *v/t.* (*h.*) sharpen, whet.
Denk(ungs)art ['dɛŋk(uŋs)ˀɑ:rt] *f* way of thinking; turn of mind, mentality; *edle* ~ high-mindedness.
denkbar ['dɛŋkbɑ:r] **I.** *adj.* conceivable, thinkable, imaginable, possible; *in der* ~ *kürzesten Zeit* in the shortest time imaginable *or* possible; **II.** *adv.*: *das ist* ~ *einfach* it's most simple, it's simplicity itself.
'**denken** *v/t.*, *v/i. and sich* ~ (*irr.*, *h.*) think; reflect; *phls.* cogitate; reason; think, believe, suppose; consider, think of (*doing a th.*); intend, propose; *sich et.* ~ imagine, fancy, visualize; ~ *an* (*acc.*) think of; remember; ~ *über* (*acc.*) think about, reflect on; *j-m zu* ~ *geben* set a p. thinking, give a p. food for thought, bemuse (*or* puzzle) a p.; ~ *Sie nur!* just imagine (*or* fancy)!; *ich denke* (*schon*) I think so; *das habe ich mir gedacht* I thought as much; *das kann ich mir* ~, *das läßt sich* ~, I can well imagine; *daran ist nicht zu* ~ that's out of the question; *ich denke nicht daran!* I wouldn't think of it!; *er denkt daran heimzugehen* he is thinking of going home; *es war für dich gedacht* it was meant (*or* intended) for you; *an was du jetzt wohl* ~ *magst* a penny for your thoughts; *wie denkst du über?* what are your views on?, what do you say to?; *wie Sie* ~ as you like, whatever you say; *wo* ~ *Sie hin?* what are you thinking of?, not on your life!, impossible!; *solange ich* ~ *kann* so long as I can remember; *der Mensch denkt, Gott lenkt* man proposes, God disposes; '**Denken** *n* (-*s*) thinking, thought; *phls.* cogitation; reasoning; way of thinking.
'**denkend** *adj.* thinking, reasoning, rational.
'**Denker** *m* (-*s*; -) thinker, philosopher.
'**Denk...:** **2fähig** *adj.* intelligent, rational; **~fähigkeit** *f* (-) thinking faculty, intelligence; **2faul** *adj.* too lazy to think, mentally inert; **~fehler** *m* false reasoning; **~freiheit** *f* (-) freedom of thought; **~gewohnheit** *f* habit of thought; **~kraft** *f* (-) → *Denkvermögen*; **~mal** *n* monument (*a. fig.*); memorial; statue; **~malpfleger** *m* curator of monuments; **~münze** *f* commemorative medal; **~prozeß** *m* process of reasoning; **~schrift** *f* memorial; *pol.* memorandum; memoir; **~sport** *m* mental exercise (*or* gymnastics *sg. or pl.*); **~sportaufgabe** *f* intelligence test, problem, brain twister, *Am.* quiz; **~spruch** *m* motto, sentence; aphorism; **~stein** *m* memorial stone; **~übung** *f* mental exercise; **~vermögen** *n* (-*s*) intellectual (*or* reasoning, brain) power; intelligence; **~weise** *f* → *Denkart*; **2würdig** *adj.* memorable (*wegen* for); **~würdigkeit** *f* memorableness; **~en** *pl.* memorabilia; memoirs, reminiscences; **~zettel** *fig. m* reminder, lesson.
denn [dɛn] **I.** *cj. causal*: for; *after comp.* than; *mehr* ~ *je* more than ever; **II.** *adv.* *wo* ~? where else?; *es sei* ~, *daß* unless, except; (*unstressed*) then; *wo* ~? where (then)?; *wo war es* ~? where (then) was

it?; *dies zeigt uns* ~ *doch* this shows us, after all; *ist er* ~ *so arm?* is he really so poor?; *was* ~? what is it now?; *wieso* ~? how so?, but why?; *es gelang ihm* ~ *auch* he succeeded after all; *wo bleibt er* ~? what may be keeping him, I wonder?

'**dennoch** *adv. and cj.* yet, still, however, nevertheless, for all that; though; ~ *bist du mir lieber* I like you better, though.

Dentist(in *f*) [dɛn'tist(in)] *m* (*-en, -en; -, -nen*) dentist.

Denunziant(in *f*) [denuntsi'ant (-in)] *m* (*-en, -en; -, -nen*) informer; **Denunziation** [-tsiatsi'o:n] *f* (-; *-en*) denunciation; **denun'zieren** *v/t.* (*h.*) inform against, denounce.

Depesche [de'pɛʃə] *f* (-; *-n*) dispatch; telegram, wire; wireless, radio; cablegram, cable message; **depe'schieren** *v/i.* (*h.*) telegraph, wire; cable.

deplaciert [depla'si:rt] *adj.* out of place.

depolarisieren [depolari'zi:rən] *el., phys. v/t.* (*h.*) depolarize.

Deponens [de'po:nɛns] *gr. n* (-; *-'nentia*) deponent (*verb*).

Depon|ent(in *f*) [depo'nɛnt(in)] *m* (*-en, -en, -, -nen*) depositor; **2'ieren** *v/t.* (*h.*) (place on) deposit; **~'ierung** *f* (-) deposition.

Deport [de'pɔrt] *econ. m* (*-s; -s*) backwardation.

Deportation [depɔrtatsi'o:n] *f* (-; *-en*) deportation; *Brit.* transportation.

depor'tieren *v/t.* (*h.*) deport; *econ.* transact backwardation business.

Depositar [depozi'tɑ:r], **Depositär** [-'tɛ:r] *econ. m* (*-s; -e*) depositary, trustee.

Depositen [-'zi:tən] *econ. pl.* deposits; **~bank** *f* (-; *-en*) deposit bank; **~gelder** [-gɛldər] *n/pl.* deposits; **~geschäft** *n* deposit banking; **~kasse** *f* branch office (of a bank); deposit department; **~konto** *n* deposit account.

Depot [de'po:] *n* (*-s; -s*) *econ.* deposit; *for securities*: safe custody (account), *Am.* custodianship (account); depository, warehouse, (*a. mil.*) depot; *customs*: bonded warehouse; *in* ~ *geben* place *money* on deposit, deposit *papers* for safe custody; **~abteilung** *f* safe custody department, *Am.* customers' securities department; **~schein** *m* deposit receipt; **~wechsel** *m* bill on deposit.

Depression [deprɛsi'o:n] *f* (-; *-en*) depression, *econ. a.* slump.

deprimieren [depri'mi:rən] *v/t.* (*h.*) depress.

Deputat [depu'tɑ:t] *n* (*-[e]s; -e*) (extra) allowance, emolument.

Deputation [-tatsi'o:n] *f* (-; *-en*) deputation, delegation; **depu'tieren** *v/t.* depute; **Depu'tierte(r** *m*) *f* (*-n, -n; -en, -en*) deputy.

der [de:r] *m*, **die** [di:] *f*, **das** [das] *n*, *pl.* **die I.** *art.* the; *der arme Hans* poor John; *die Königin Elisabeth* Queen Elizabeth; *die Oxford Straße* Oxford Street; *die Chemie* chemistry; *das Fernsehen* television; *ich wusch mir das Gesicht* I washed my face; *zwei Dollar das Pfund* two dollars a (*or* the) pound; **II.** *dem. pron.* that, this; he, she, it; *pl.* these, those, they, them; *der Mann hier* this man; *der* (*or die*) *mit der Brille* the one with the glasses; *nimm den hier!* take that one!; *sind das Ihre Bücher?* are those your books?; *das sind Sie* it is you; *das, was er sagt* what he says; *das waren Chinesen* they were Chinese; *zu der und der Zeit* at such and such a time; *es war der und der* it was Mr. So-and--So; *der und baden gehen?* go bathing?, not he!; → **dem**; **III.** *rel. pron.* who, which, that; *das Mädchen, mit dem (mit dessen Vater) ich sprach* the girl to whom (to whose father) I spoke; *das Material, dessen Eigenschaften* the material, whose properties (*or* the properties of which); *ich, der ich Zeuge davon war* I who witnessed it; *der Bezirk, der e-n Teil von X. bildet* the district forming part of X.; *er war der erste, der es fertigbrachte* he was the first to succeed; *keiner (jeder), der* no one (any one) that; *alle, die davon betroffen sein können* all that may be concerned.

derart ['de:r'ʔɑ:rt] *adv.* in such a manner (*or* way), to such a degree, to such an extent; ~ *daß a.* such as to; *ich war* ~ *zornig, daß* I was so (*colloq.* that) angry that; ~ *groß war seine Freude* so great (*or* such) was his joy that; **~ig** *adj.* such, of such a kind, of that kind; *e-e* ~*e Politik* such a policy, a policy such as this; *etwas (nichts)* 2*es* something (nothing) of the kind; *er sagte etwas* 2*es* he said some words to that effect.

derb [dɛrp] *adj.* firm, solid; robust, stout, sturdy; coarse, rough, uncouth; blunt; earthy (*humour*); coarse, gross, broad (*joke*); strong; severe (*rebuke*); **2heit** *f* (-; *-en*) compactness, solidity; robustness, sturdiness, roughness, bluntness; severity; ~*en pl.* rough words; coarse jokes.

der'einst *adv.* some day, in days to come; **~ig** *adj.* future.

deren ['de:rən] → *der.*

derent|halben ['de:rənthalbən], **~'wegen, (um) ~'willen** *adv.* for her (their) sake; on her (their) account *or* behalf; *die Leute,* ~ *er sprach* the people on whose behalf (*or* for whom) he spoke; *die Ware,* ~ *er gekommen war* the merchandise for which he had come.

dergestalt ['de:rgə'ʃtalt] *adv.* → *derart.*

dergleichen ['de:r'glaɪçən] *adv.* such, suchlike, of that kind; *substantival*: the like, such a thing, something like that; *nichts* ~ no such thing, nothing of the kind (*or* sort), *und* ~ (*mehr*) (*abbr. u. dgl.*) and the like, and so forth (*or* on) (*abbr.* etc.).

Derivat [deri'vɑ:t] *n* (*-[e]s; -e*) derivate.

'**der-,** '**die-, dasjenige** ['-je:nigə] *dem. pron.* he who, she who; that which; the one who; *pl. diejenigen* they *or* those who; the ones who.

derlei ['de:r'laɪ] *adv.* → *dergleichen.*

dermaßen ['de:r'mɑ:sən] *adv.* → *derart.*

Dermatologie [dɛrmatolo'gi:] *f* (-) dermatology.

Dermatose [-'to:zə] *f* (-; *-n*) dermatosis.

Derm(at)o'plastik [-m(at)o-] *med. f* dermotaplasty.

der-, die-, dasselbe [-'zɛlbə] *dem. pron.* the same; he, she, it; *ein und* ~ one and the same; *ziemlich dasselbe* much the same (thing); *auf dieselbe Weise wie* the same (way) as; *es kommt auf dasselbe heraus* it comes to the same thing.

derweil ['de:r'vaɪl] *cj.* whilst; **~e(n)** *adv.* meanwhile.

Derwisch ['dɛrviʃ] *m* (*-[e]s; -e*) dervish.

'**derzeit** *adv.* at present, at the moment, now, for the time being; **~ig** *adj.* **1.** present, current, actual; **2.** then, of (*or* at) that time.

des [dɛs-] (*minor*), **Des** (*major*) *n* (-; -) d, D flat.

'**Des-Dur** *n* (-) D flat major.

Desert|eur [dezɛr'tø:r] *m* (*-s; -e*) deserter, runaway; **2ieren** *v/t.* (*sn*) desert, run away.

des'gleichen *adv.* the like, such a thing; also, likewise; as well; *econ.* ditto, same; *ich stand auf und mein Freund tat* ~ *I got up* and so did my friend.

deshalb ['dɛshalp] *adv.* therefore, for that reason, on this account; that is why; for the purpose, to that end; *er ist* ~ *keineswegs gesünder* he isn't any healthier for it; *ich tat es nur* ~, *weil* I did it only because; *er tat es gerade* ~ he did it just because of it.

Des-infekti'on *f* disinfection; **~s-kraft** *f* (-) disinfecting power; **~s-mittel** *n* disinfectant; antiseptic.

des-infi'zieren *v/t.* (*h.*) disinfect, sterilize; **~d** *adj.* disinfectant.

Designer [di'zaɪnər] *m* (*-s; -*) designer.

Desintegration [-integratsi'o:n] *f* (-; *-en*) disintegration.

desinteressiert [-intere'si:rt] *adj.* indifferent.

desodorisier|en [-odori'zi:rən] *v/t.* (*h.*) deodorize; **2ungsmittel** *n* deodorant.

'**Des-organisati'on** *f* disorganization.

Des-oxydati'on *f* deoxidation.

despektierlich [despɛk'ti:rliç] *adj.* disrespectful.

Despot [dɛs'po:t] *m* (*-en; -en*), **~in** *f* (-; *-nen*) despot; **2isch** *adj.* despotic; **Despotismus** [-po'tismus] *m* (-) despotism, tyranny.

dessen ['dɛsən] **I.** *rel. pron.* whose, of whom, of which; *sein Bekannter und* ~ *Frau* his friend and his (the latter's) wife; **II.** *dem. pron.*: ~ *bin ich sicher* I am quite certain of that; *bist du dir* ~ *bewußt?* are you aware of that?

dessen'ungeachtet *adv.* notwithstanding (that), nevertheless, for all that; → *dennoch.*

Dessert [dɛ'se:r] *n* (*-s; -s*) dessert.

Dessin [dɛ'sɛ̃:] *n* (*-s; -s*) design, pattern.

Destillat [dɛsti'lɑ:t] *n* (*-[e]s; -e*) distillate.

Destillation [-latsi'o:n] *f* (-; *-en*) distillation.

Destillier|apparat [-ˈliːr-] *m* distilling apparatus, still; **2bar** *adj.* distillable; **~blase** *f* distilling vessel, (shell) still, retort; **2en** *v/t. and v/i.* (*h.*) distil; **~kolben** *m* distilling flask, retort.

desto [ˈdɛsto] *adv.* the; ~ *besser* all (*or* so much) the better, *as cj.* the better; ~ *weniger* the less; *je mehr,* ~ *besser* the more the better.

destruktiv [dɛstrukˈtiːf] *adj.* destructive.

deswegen [ˈdɛsˈveːgən] *adv.* → *deshalb.*

Detail [deˈtaɪ] *n* (-s; -s) detail; *ins* ~ *gehen* go into details (*or* particulars); *bis ins kleinste* ~ (down) to the last detail; *econ. im* ~ *verkaufen* (sell by) retail; **~bericht** *m* detailed statement; **~geschäft** *n,* **~handel** *m* retail business (*or* trade); retail shop; **~händler** *m* retail dealer, retailer.

detaillier|en [detaˈjiːrən] *v/t.* (*h.*) particularize, specify, *Am. a.* itemize; give a detailed description of; *econ.* (sell by) retail; **~t** *adj.* detailed, stating full particulars.

Deˈtail...: **~preis** *m* retail price; **~schilderung** *f* detail; particularization, detailed description; **~verkauf** *m* retail; **~zeichnung** *tech. f* detail drawing.

Detekt|ei [detɛkˈtaɪ] *f* (-; -en) detective agency, private investigators *pl.*; **~iv** [-ˈtiːf] *m* (-s; -e) detective; *of police: a.* plain-clothes man; *Am. colloq.* sleuth, gumshoe; **~ivroman** *m* detective story, *Am.* mystery, *sl.* whodunit.

Detektor [deˈtɛktɔr] *m* (-s; -ˈ*toren*) *radio*: detector; **~empfänger** *m* (wireless) detector, crystal set; **~röhre** *f* detector valve (*Am.* tube).

Detonation [detonatsiˈoːn] *f* (-; -en) detonation; **~sdruck** *m* blast (pressure); **~skapsel** *f* detonator; **~sladung** *f* detonation charge; **~swert** *m nuclear physics*: yield.

detoˈnieren *v/t.* (*h.*) detonate.

Deut [dɔʏt] *m*: *keinen* ~ *wert* not worth a fig (*or* farthing); *er kümmerte sich keinen* ~ *darum* he didn't care a rap about it.

Deutelei [dɔʏtəˈlaɪ] *f* (-; -en) sophistry, quibble, hair-splitting.

deuteln [ˈdɔʏtəln] *v/t. and v/i.* (*h.*) subtilize, split hairs; quibble (*an dat.* at).

deuten [ˈdɔʏtən] **I.** *v/i.* (*h.*): ~ *auf* (*acc.*) point at (*or* to); *mit dem Finger* ~ point one's finger (at); *fig.* point to, indicate, suggest; (fore-) bode, portend; *alles deutet darauf hin, daß* there is every indication that; **II.** *v/t.* (*h.*) interpret, construe; read; *falsch* ~ misinterpret; *j-m et.* ~ explain (*or* point out) a th. to a p.

Deuterium [dɔʏˈteːrium] *chem. n* (-s) deuterium, heavy hydrogen.

Deuteron [ˈdɔʏterɔn] *phys. n* (-; -ˈ*ronen*) deuteron.

deutlich [ˈdɔʏtliç] *adj.* clear, distinct, plain; intelligible; articulate; legible; evident, obvious, clear; blunt, plain(-spoken), outspoken; ~*er Wink* broad hint; et. ~ *machen* make a th. clear (*or* plain); *j-m: a.* explain (*or* point out) a th. to a p., bring a th. home to a p.; *e-e* ~*e Sprache führen* be plain-spoken, not to mince matters; **2keit** *f* (-) clearness, distinctness, plainness; bluntness, plain speaking.

deutsch [dɔʏtʃ] *adj.* German; *das* 2 *Reich* the (German) Reich, Germany; ~*er Abstammung* of German extraction (*or* stock); **Deutsch(e)** *n* (-[*n*]) German, the German language; *fig.* 2 *reden* speak plainly, not to mince matters; *auf gut* 2 in plain English.

ˈDeutsch...: **~amerikaner(in** *f*) *m,* **2amerikanisch** *adj.* German-American; **2blütig** [ˈ-blyːtiç] *adj.* of German blood; **~e(r** *m*) *f* (-*n*, -*n*; -en, -en) German; **2feindlich** *adj.* anti-German, Germanophobe; **2freundlich** *adj.* pro-German, Germanophile; **~land** *n* (-s) Germany; **2sprechend** *adj.* German-speaking; **~tum** *n* (-s) German character, Germanity; *the* Germans *pl.*

ˈDeutung *f* (-; -en) interpretation, explanation, construction; *falsche* ~ misinterpretation; *der Text läßt noch e-e andere* ~ *zu* the text admits of another construction.

Devalorisierung [devaloriˈziːruŋ] *econ. f* (-; -en) devalorization.

Devalvation [devalvatsiˈoːn] *econ. f* (-; -en) devaluation, depreciation.

Devinkulierung [deviŋkuˈliːruŋ] *f* (-; -en) conversion *of registered bonds* into bearer bonds.

Devise [deˈviːzə] *f* (-; -*n*) device, motto, maxim; *econ.* foreign bill; ~*n pl.* foreign exchange(s *Brit.*), foreign currency; *1000 Mark in* ~*n* 1,000 marks of foreign exchange.

Devisen...: **~abkommen** *n* foreign exchange clearing agreement; **~abschlüsse** [-apʃlysə] *m/pl.* exchange commitments; **~ausgleichsfonds** *m* exchange equalization funds; **~ausländer** *m* non-resident; **~bank** *f* (-; -en) exchange bank; **~bestand** *m* foreign exchange holdings; **~bestimmungen** *f/pl.* (foreign) exchange regulations; **~bewirtschaftung** *f* foreign exchange control; **~bilanz** *f* balance of foreign exchange payments; **~geschäfte** *n/pl.* foreign exchange operations, exchange deals; **~inländer** *m* resident; **~kontrollbehörden** *f/pl.* foreign exchange control authorities; **~kurs** *m* rate of exchange; **2politisch** *adj.* foreign exchange *margin, etc.*; **2rechtlich** *adj.* under exchange control legislation; ~*e Genehmigung* exchange control approval; **~schmuggel** *m* currency smuggling; **~sperre** *f* exchange embargo; **~vergehen** *n* currency offen|ce, *Am.* -se.

devot [deˈvoːt] *adj.* humble, submissive.

Dextrin [dɛksˈtriːn] *n* (-s; -e) dextrin(e), starch-gum.

Dezember [deˈtsɛmbər] *m* (-[s]; -) December.

Dezennium [deˈtsɛnium] *n* (-s; -*nien*) decade.

dezent [deˈtsɛnt] *adj.* unobtrusive; subdued, mellow (*colour, light*); discreet (*language, taste*).

dezentraliˈsieren *v/t.* (*h.*) decentralize; departmentalize.

Dezernat [detsɛrˈnaːt] *n* (-[e]s; -e) department.

Dezigramm [detsi-] *n* decigram.

deziˈmal *adj.* decimal; **2bruch** *m* decimal fraction; **2rechnung** *f* decimal arithmetic; **2stelle** *f* decimal place; **2system** *n* decimal system; metric system; *auf das* ~ *umstellen* decimalize; **2waage** *f* decimal balance; **2zahl** *f* decimal.

Deziˈmeter *n radio*: decimeter; **~welle** *f* decimetric wave, microwave, *in frequencies*: ultra-high frequency wave (*abbr.* UHF).

dezimier|en [-ˈmiːrən] *v/t.* (*h.*) decimate; **2ung** *f* (-; -en) decimation; *fig. a.* drastic reduction.

Dia [ˈdiːa] *n* (-s; -s) → *Diapositiv.*

Diabe|tes [diaˈbeːtɛs] *med. m* (-) diabetes; **~tiker** [-ˈbeːtikər] *m* (-s; -), **2tisch** *adj.* diabetic.

diabolisch [diaˈboːliʃ] *adj.* diabolic(al), fiendish.

Diadem [diaˈdeːm] *n* (-s; -e) diadem.

Diagnose [-ˈgnoːzə] *f* (-; -*n*) diagnosis; **Diagnostiker** [-ˈgnɔstikər] *m* (-s; -) diagnostician; **diagnostizieren** [-stiˈtsiːrən] **I.** *v/t.* (*h.*) diagnose, state; **II.** *v/i.* (*h.*) make a diagnosis.

diagonal [-goˈnaːl] *adj.*, **2e** *f* (-; -*n*) diagonal.

Diaˈgramm *n* diagram, graph(ical representation); *in Form e-s* ~*s* diagrammatically.

Diakon [-ˈkoːn] *m* (-s; -e[*n*]), **Diakonus** [diˈaːkonus] *m* (-; -ˈ*kone*[*n*]) deacon.

Diakonis|se [diakoˈnisə] *f* (-; -*n*), **~sin** [-ˈnisin] *f* (-; -*nen*) deaconess.

Dialekt [-ˈlɛkt] *m* (-[e]s; -e) dialect; ~ *sprechen* speak dialect; **~ausdruck** *m* dialectism; **2frei** *adj.* pure, standard (*language*); **~ik** *phls. f* (-) dialectic(s *pl.*); **~iker** *m* (-s; -) dialectician; **2isch** *adj.* dialectal; *phls.* dialectic(al).

Dialog [-ˈloːk] *m* (-[e]s; -e) dialogue; **2isch** [-giʃ] *adj.* dialogic; **~regie** *f film*: direction of dialogues.

Diamant [-ˈmant] *m* (-en; -en) (*a. tech. and typ.*) diamond; *geschliffener* (*ungeschliffener*) ~ cut (rough) diamond; *fig. schwarzer* ~ black diamond, carbon; **2en** *adj.* diamond; ~*e Hochzeit* diamond wedding; **~schleifer** *m* diamond cutter; **~schneider** *tech. m* diamond cutting point; **~schrift** *typ. f* diamond.

diametral [-meˈtraːl] *adj.* diametric(al); ~ *entgegengesetzt* diametrically opposed.

diaphan [-ˈfaːn] *adj.* diaphanous.

Diapositiv *phot. n* (lantern) slide, (colour) transparency.

Diarrhöe [-ˈrøː] *f* (-; -*n*) diarrh(o)ea.

Diaspora [diˈaspora] *eccl. f* (-) diaspora.

Diät [diˈɛːt] *f* (-) (special) diet, regimen; *parl. Diäten pl.* (daily) allowance *sg.*; 2 *leben* diet o.s.; *strenge* ~ *halten* observe a strict regimen; *j-n auf* ~ *setzen* put a p. on a diet.

Diätet|ik [dieˈteːtik] *f* (-; -en) dietetics *pl.*; **~iker** *m* (-s; -) dietician; **2isch** *adj.* dietetic.

Diˈätfehler *m* dietetic error, faulty diet.

Diathermie [diaterˈmiː] *med. f* (-) diathermy.

Di'ät...: **~kost** *f* dietary; **~kur** *f* dietetic treatment, regimen.

dich [diç] *pron.* (*acc. of du*) you; *eccl., poet.* thee; *as rel.pron.* yourself, *after prp.*: you; *beruhige ~!* calm yourself!; *sieh hinter ~!* look behind you!

dicht [diçt] **I.** *adj.* tight (*a. fig.*), impervious; leakproof; close(ly packed), compact (*a. tech.*); *phys. and fig.* dense (*fog, population, traffic, wood, etc.*); thick (*crowd, foliage, hair*); thick, close (*fabric*); **II.** *adv.*: *~ an or bei* (*dat.*) close (*or* next) to; *~ aneinander* close together; *dress*: *~ anliegend* tight(ly fitting); *~ dabei* close (*or* hard) by; *~ hinter j-m her* close at (*or* hot on) a p.'s heels; *~ hintereinander* in rapid succession; **~be'haart** *adj.* thick with hair, hirsute; **~be'laubt** *adj.* thick with leaves; '**≗e** *f* (-; *-n*) (*a. phys.*) density; *chem.* concentration; → *Dichtheit.*

dichten[1] ['diçtən] *v/t.* (*h.*) make tight; *tech.* pack, seal; flush (*joint*); lute; *mar.* ca(u)lk.

'**dichten**[2] **I.** *v/t.* (*h.*) compose, write; **II.** *v/i.* (*h.*) compose (*or* write) poetry, make verses, rhyme; '**Dichten** *n* (-*s*) composition (*or* writing) of poetry; *sein ganzes ~ und Trachten* all his thoughts and desires.

'**Dichter|(in** *f*) *m* (-*s*, -; -, -*nen*) poet(ess *f*); *w.s.* author(ess *f*), writer; **≗isch** *adj.* poetic(ally *adv.*); *~e Freiheit* poetic licence; **~ling** ['-liŋ] *m* (-[e]*s*; -*e*) would-be poet, poetaster.

'**dicht...:** **~gedrängt** *adj.* closely packed, compact; **~halten** *colloq. v/i.* (*irr., h.*) keep mum; *jemand hat nicht dichtgehalten* there must have been a leak.

'**Dicht|heit** *f* (-), **~igkeit** *f* (-) → *dicht*: tightness; compactness; density; closeness; *of liquids*: consistency; *auf ~ prüfen* test for leaks.

'**Dichtkunst** *f* (-) poetry, poetic art.

dichtmachen *colloq. v/i.* (*h.*) lock up; (*a. v/t. den Laden ~*) shut up shop.

'**Dichtung**[1] *tech. f* (-; -*en*) sealing; seal; packing; gasket; washer; lute; ca(u)lking.

'**Dichtung**[2] *f* (-; -*en*) poetry; fiction; poem, poetical work; work of fiction; *fig.* fiction, invention; *~ und Wahrheit* fact and fiction.

'**Dichtungs...:** **~kitt** *m* lute; **~manschette** *f* gasket; **~masse** *f* sealing compound; *in tyres, etc.*: sealant; **~material, ~mittel** *n* sealing (*or* packing) material; **~muffe** ['-mufə] *f* (-; -*n*) *f* packing sleeve.

dick [dik] *adj.* thick; big, large, bulky; voluminous, stout; swollen; stout, corpulent, fat; viscid, sirupy; *~e Milch* curdled milk; *~e Luft* close air, *fig. colloq. ~e Luft!* trouble's brewing!, something is up (*or* in) the wind!; *~e Freunde* close friends, *they are* as thick as thieves; → *Ende*; *colloq.* (*sich*) *~ tun* talk big; *mit et.*: brag of a th.; *~ auftragen* lay it on thick; *durch ~ und dünn* through thick and thin; **~bäckig** ['-bɛkiç] *adj.* chubby; '**≗bauch** *m* pot-belly, paunch; **~bäuchig** ['-bɔʏçiç] *adj.* big-bellied; '**≗darm** *m* great gut, colon; '**≗e** *f* (-*n*; -*n*) thickness; bigness, bulk(iness); corpulence, stoutness; thickness; diameter; (*metal sheet, wire*) ga(u)ge; *chem.* consistency; viscosity; '**≗er** (**-chen** *n*) *m* (-*en*, -*en*; -*s*, -) *colloq.* fatty; **~fellig** ['-fɛliç] *adj.* thick-skinned; '**≗felligkeit** *f* (-) *fig.* stolidity, callousness; '**~flüssig** *adj.* viscid, viscous, syrupy; *~es Öl* high-viscosity oil; **≗häuter** ['-hɔʏtər] *zo. m* (-*s*; -) pachyderm; **≗icht** ['-içt] *n* (-[e]*s*; -*e*) thicket; '**≗kopf** *m* pig-headed (*or* headstrong) fellow, mule; **~köpfig** ['-kœpfiç] *adj.* pig-headed, obstinate, mulish; **~leibig** ['-laɪbiç] *adj.* corpulent; *fig.* bulky; '**≗wanst** *m* paunch, belly.

Didak|tik [di'daktik] *f* (-) didactics *pl.*; **≗isch** *adj.* didactic.

die [di:] → *der.*

Dieb [di:p] *m* (-[e]*s*; -*e*) thief; burglar; *jur.* larcenist; *haltet den ~!* stop thief!; → *Gelegenheit*; **~erei** [di:bə'raɪ] *f* (-; -*en*) thieving, thievery.

Diebes... ['di:bəs-]: **~bande** *f* gang of thieves; **~gut** *n* stolen goods *pl.*; **≗sicher** *adj.* theft-proof; burglar-proof; **~sprache** *f* thieves' cant.

diebisch ['di:biʃ] *adj.* thievish; *~e Elster* pilfering magpie; *fig.* fiendish, awful (*pleasure*); *sich ~ freuen* gloat (*über acc.* over), be tickled pink.

Diebstahl ['di:pʃta:l] *m* (-[e]*s*; ⸚e) theft, *jur. a.* larceny; *leichter ~* petty larceny; *schwerer ~* aggravated (*or* grand) larceny; *räuberischer ~* theft attended with violence; *~ geistigen Eigentums* plagiarism.

Diele ['di:lə] *f* (-; -*n*) board; plank; floor; hall, vestibule; **≗n** *v/t.* (*h.*) board, plank (*the floor*); floor (*room*).

dielektrisch [di-] *adj.* dielectric; *~er Verlust* power loss.

dienen ['di:nən] *v/i.* (*h.*) serve (*j-m* a p.; *als* as; *zu* for; *dazu, zu* to *inf.*); *zu et. ~* be conducive (*or* contribute) to, make for a th.; *mil.* serve one's time; *bei der Marine ~* serve in (*or* with) the Navy; *damit ist mir nicht gedient* that is of no use to me; *womit kann ich ~?* what can I do for you?; *welchem Zweck dient das?* what is the use of this?, what is that good for?; *es dient dazu* (*zu inf.*) it serves the purpose (of *ger.*); *es kann dazu ~, die Lage völlig zu verändern* it is apt to alter the situation completely; → *Warnung.*

'**Diener** *m* (-*s*; -) (man-)servant; footman, valet; *fig.* servant; *~ Gottes* servant (*or* man) of God; reverence, bow (*vor dat.* to); *stummer ~* (*table*) dumb-waiter, **~in** *f* (-; -*nen*) maid-servant, maid; *fig.* handmaid; **≗n** *v/i.* (*h.*) bow and scrape; **~schaft** *f* (-) servants, domestics *pl.*

'**dienlich** *adj.* useful, serviceable (*j-m* to); expedient, suitable, handy; salutary, wholesome; *e-r Sache ~ sein* be conducive (*or* contribute) to a th., promote a th.; *jegliche für ~ erachteten Maßnahmen* any measures that may be deemed fit; *es war mir sehr ~* it was very helpful (*or* of great help) to me.

Dienst [di:nst] *m* (-*es*; -*e*) service; duty, function; situation, post, employment; *öffentlicher ~* **a**) Civil Service, **b**) service, *e.g. Telephon≗* telephone service; *pol. gute ~e* good offices; *im* (*außer*) *~* on (off) duty; *außer ~* retired, in retirement; *Hauptmann außer ~* (*abbr.* a. D.) retired (*abbr.* rtd) captain, captain on half-pay; *~ haben* be on duty; *~ am Kunden* prompt service to the customer; *mil. in aktivem ~* on active service; *in Ausübung des ~es* in line of duty; *Offizier vom ~* officer of the day (*abbr.* O.D.); *Unteroffizier vom ~* charge of quarters (*abbr.* C.Q.); *j-m e-n guten ~ leisten or erweisen* render a p. a good service, do a p. a good turn; *gute ~e leisten* render good services; *~ tun* serve, be on duty; *in ~ nehmen* engage, *Am.* hire; *in ~ stellen mar.* commission; *außer ~ stellen* inactivate, *mar.* lay up; *in j-s ~ treten* enter a p.'s service; *sich zum ~ melden* report for duty; *sich in den ~ e-r Sache stellen* devote o.s. to a th., embrace a cause; *j-m zu ~en stehen* be at a p.'s service (*or* command).

Dienstag ['di:nsta:k] *m* (-[e]*s*; -*e*) Tuesday; **≗s**, *an ~en* on Tuesdays.

'**Dienst...:** **~alter** *n* length of service, seniority, *Am.* time-in-grade; *nach dem ~* by seniority; **≗ältest** ['-ɛltəst] *adj.*, **~älteste(r)** *m* (-[e]*n*; -[e]*n*) senior; **~antritt** *m* installation; entrance into (*or* on) one's office; entering upon service; **~anweisung** *f* service instruction(s *pl.*); **~anzug** *m* service dress (*a. mil.*), *Brit. mil.* battle dress; *großer ~* dress uniform; *kleiner ~* semidress; **~aufsichtsbeschwerde** *f* complaint; **≗bar** *adj.* subservient (*dat.* to); *~er Geist fig.* factotum; *s-n Zwecken ~ machen* make *a p. or th.* serve one's purpose; harness, utilize (*natural forces*); **~barkeit** *f* (-) subjection, servitude, bondage; **~befehl** *m* routine order; **≗beflissen** *adj.* zealous, assiduous (in office); obliging; officious; **≗bereit** *adj.* ready for service; obliging; **~beschädigung** *f* injury (*or* damage) sustained while on duty; **~bezüge** ['-bətsy:gə] *m/pl.* official income *sg.*; **~bote** *m* domestic (servant), *Am.* help; **~eid** *m* oath of office; *den ~ leisten* be sworn in; **~eifer** *m* obligingness; zeal; *b.s.* officiousness; **≗eifrig** *adj.* → *dienstbeflissen*; **~entlassung** *f* dismissal (*or* discharge) from service; suspension; **≗fähig** *adj.* → *diensttauglich*; **~fahrt** *f* official trip; **≗fertig** *adj.* → *dienstbeflissen*; **≗frei** *adj.*: *~ sein* be off duty; *~er Tag* off day; **~gebrauch** *m*: *zum ~* for official purposes; *nur zum ~!* restricted!; **~geheimnis** *n* official secret; **~gespräch** *teleph. n* official (*or* service) call; **~grad** *m* rank; *Am. of enlisted personnel*: grade; *mar.* rating; **~gradabzeichen** *n/pl.* insignia of rank; **≗habend** *adj.* (on) duty; **~herr** *m* master, employer, principal; **~jahre** *n/pl.* years of service;

ℒ**leistend** *econ. adj.* service-rendering; ~**leistung** *f* service; ~*en pl. econ.* (*a.* ~**leistungsverkehr** *m*, ~**leistungswirtschaft** *f*) services; ~**leitung** *teleph. f* service line; ℒ**lich** *adj.* official; *adv. a.* in official capacity; ~ *verhindert* prevented by official duties; ~**mädchen** *n* maid (-servant), domestic helper, *Am. a.* help; ~**mann** *m* out-porter, commissionaire; ~**mütze** *mil. f* service cap; ~**ordnung** *f* service regulations *pl.*; ~**pferd** *mil. n* troop horse; ~**pistole** *f* service pistol; ~**pflicht** *f* official duty; *mil.* compulsory (military) service; ℒ**pflichtig** *adj.* liable to conscription; ~**pflichtige(r)** *m* (-[e]*n*; -[e]*n*) conscript, *Am.* draft registrant; ~**plan** *m* duty roster, service schedule; ~**prämie** *f* (service) gratuity; ~**raum** *m* office; ~**reise** *f* official journey (*or* trip); ~**sache** *f* official matter; (*imprint*) *Brit.* On Her Majesty's Service (*abbr.* O.H.M.S.), *Am.* Official Business; ~**siegel** *n* official seal; ~**stelle** *f* agency, office; administrative department; police station; *mil.* headquarters *pl.*; ~**stellung** *f* appointment, official function; service grade (*or* rank); ~**strafe** *f* disciplinary punishment; ~**strafsache** *f* disciplinary action; ~**stunden** *f/pl.* office (*or* business) hours, hours of attendance; ℒ**tauglich** *adj.* fit for active service, able-bodied (*abbr.* A.B.); ℒ**tuend** ['-tu:ənd] *adj.* on duty; acting, in charge; ~*er Offizier* officer of the day; ℒ**unfähig,** ℒ**untauglich** *adj.* unfit for service; disabled; ~**vergehen** *n* official misdemeano(u)r; ~**verhältnis** *n* employment, service (*a.* military) status; ~*se pl.* conditions of service; terms of employment; ℒ**verpflichtet** *adj.* drafted (*or* conscripted) for essential service; ~**verpflichtung** *f* labo(u)r conscription, compulsory direction; *mil.* commandeering; ~**vertrag** *m* service contract; contract of employment; labo(u)r contract; ~**vorschrift** *f* (service) regulations *pl.*; ~**wagen** *m* official car; ~**weg** *m* official channels *pl.*; *auf dem* ~ through official channels; ℒ**willig** *adj.* → *dienstbereit*; ~**wohnung** *f* official residence; ~**zeit** *f of officials*: length of service; tenure; *mil.* period of service; → *Dienststunden*; ~**zeugnis** *n* (service) certificate; testimonial; *for domestic servants*: character.

diesbezüglich ['di:s-] *adj.* referring (*or* relating) to this *or* thereto, relevant, pertinent (to this); *e-e* ~*e Erklärung* a statement on this matter (*or* in this connection).

Diesel|antrieb ['di:zəl-] *m* Diesel propulsion (*or* operation); *mit* ~ Diesel-driven (*or* -powered); ~**kraftstoff** *m* Diesel fuel-oil; ~**motor** *m* Diesel engine; ~**öl** *n* Diesel oil.

dies|er ['di:zər], '~**e**, '~**es** *or* **dies** [di:s], *pl.* **diese** *dem.pron.* **1.** *adj.* this, that; *pl.* these; those; *dies alles* all this; *dieses Scheusal!* that monster!; *dieser Tage* the other day, *future*: one of these days; *diese Ihre Beobachtung* this observation of yours; **2.** *substantival*: this (*or* that) one; he, she; *pl.* these, those; the latter; *dieser ist* es this is the one; *diese sind* es these are the ones; *dies sind m-e Schwestern* these are my sisters; *dieser und jener* this one and that (one); *econ. am dritten dieses* (*Monats*) (*3.* d. M.) the third instant (*abbr.* 3rd inst.); *der Schreiber dieses* the present writer, the undersigned.

diesig ['di:ziç] *adj.* hazy, misty.

dies|jährig ['di:s-] *adj.* this year's, of this year; ~**mal** *adv.* this time; for (this) once; ~**malig** *adj.* this, present; today's; ~**seitig** ['-zaıtiç] *adj.* on this (*or* our) side; ~**seits** ['-zaıts] *adv. and prp.* (*gen.*) on this side (of); ℒ**seits** *n*: *das* ~ this life (*or* world).

Dietrich ['di:triç] *m* (-*s*; -*e*) picklock, skeleton key; *mit e-m* ~ *öffnen* pick (*a lock*).

diffamier|en [difa'mi:rən] *v/t.* (*h.*) defame, calumniate, slander; ~**end** *adj.* defamatory; ℒ**ung** *f* (-; -*en*) defamation.

Differential [difərentsi'a:l] *n* (-*s*; -*e*) differential; ~**achse** *mot. f* live axle; ~**getriebe** *mot. n* differential gear; ~**gleichung** *f* differential equation; ~**rechnung** *f* differential calculus; ~**rente** *econ. f* differential profit.

Diffe'renz *f* (-; -*en*) difference; balance; surplus; difference, disagreement, tiff; ~**geschäft** *econ. n* speculation for differences; *Am.* margin business (*or* transaction).

differen'zieren *v/t.* (*h.*) differentiate; refine; *differenzierter Geschmack* discriminating taste.

diffe'rieren *v/t.* (*h.*) differ, be different (*um* by).

diffus [di'fu:s] *el. adj.* diffuse(d).

Diffusion [difuzi'o:n] *f* (-) diffusion; ℒ**sfähig** *adj.* diffusible.

Digitalrechengerät [digi'ta:l-] *n* digital computer.

Diktat [dik'ta:t] *n* (-[e]*s*; -*e*) dictation; dictate; *nach* ~ from dictation; *ein* ~ *aufnehmen* take a dictation; ~**or** *m* (-*s*; -'*toren*) dictator; **diktatorisch** [-ta'to:riʃ] *adj.* dictatorial; **Diktatur** [-'tu:r] *f* (-; -*en*) dictatorship (*des Proletariats* of the proletariat).

dik'tier|en *v/t. and v/i.* (*h.*) dictate; ℒ**gerät** *n* dictating machine.

dilatorisch [dila'to:riʃ] *adj.* dilatory.

Dilemma [di'lɛma] *n* (-*s*; -*s*) dilemma; *sich in e-m* ~ *befinden* be on the horns of a dilemma.

Dilettant(in *f*) [dile'tant(in)] *m* (-*en*, -*en*; -, -*nen*) dilettante, amateur, dabbler; smatterer; ℒ**isch** *adj.* amateurish, dilettante; **Dilettantismus** [-'tismus] *m* (-) dilettantism, amateurishness.

Dill [dil] *bot. m* (-[e]*s*; -*e*) dill.

Dimension [dimɛnzi'o:n] *f* (-; -*en*) dimension; *fig. a.* proportion.

dimensio'nier|en *v/t.* (*h.*) dimension; ℒ**ung** *f* (-) dimensioning; design.

Diner [di'ne:] *n* (-*s*; -*s*) dinner(-party).

Ding [diŋ] *n* (-[e]*s*; -*e*) thing; object; matter, affair; *phls. das* ~ *an sich* the thing in itself; *das arme* ~ the poor thing (*or* creature); *guter* ~*e* in good spirits; *sei guter* ~*e!* cheer up!; *vor allen* ~*en* first of all, above all, primarily; *aller guten* ~*e sind drei* all good things go by threes; *das geht nicht mit rechten* ~*en zu* there is something wrong (*or* funny, *sl.* fishy) about it; *es ist ein* ~ *der Unmöglichkeit* it's a physical impossibility, it's quite impossible; → *Lauf*; *wie die* ~*e liegen* as matters stand; *colloq. ein* ~ *drehen sl.* pull a job.

'**dingen** *v/t.* (*h.*) hire (*a. criminals*), engage; bribe.

'**dingfest** *adj.*: *j-n* ~ *machen* arrest a p., take a p. in custody.

'**dinglich** *jur. adj.* real; ~*er Anspruch* ad rem claim; ~*er Arrest* attachment; ~*e Klage* real action; ~*es Recht* real right; ~ *berechtigt* holding interests in rem.

Dings [diŋs] *colloq.* **1.** *n* (-; -*ger*) thing, thingumbob, what's-its--name; gadget, *sl.* contraption; **2.** *m*, *f* (-; -) *a.* **Dingsda** ['diŋsda:] what's-his-(her-, its-)name, thingumbob.

di'nieren *v/i.* (*h.*) dine.

Dinkel ['diŋkəl] *bot. m* (-*s*; -) spelt.

Diode [di'o:də] *el.* (-; -*n*) diode, two-electrode valve; ~**ngleichrichter** *m* diode detector.

Dio'xyd *chem. n* dioxide.

Diözese [diø'tse:zə] *eccl. f* (-; -*n*) diocese.

Diphtherie [difte'ri:] *f* (-; -*n*) diphtheria.

Diphthong [dif'tɔŋ] *gr. m* (-*s*; -*e*) diphthong.

Diplom [di'plo:m] *n* (-[e]*s*; -*e*) diploma, certificate, patent; → *diplomiert*.

Diplomat [diplo'ma:t] *m* (-*en*; -*en*) diplomat; *w.s.* diplomatist; ~**enlaufbahn** *f* diplomatic career.

Diplomatie [-ma'ti:] *f* (-) diplomacy.

Diplo'matik *f* (-) diplomatics *pl.*

diplo'matisch *adj.* diplomatic (*a. fig.*); ~*es Korps* diplomatic body (*or* corps); ~*er Schritt* démarche (*Fr.*); ~*e Vertretung* diplomatic mission *of a state*; *die* ~*en Beziehungen abbrechen* (*wiederaufnehmen*) sever (restore) diplomatic relations.

diplomiert [-'mi:rt] *adj.* diplomaed, certificated, graduated.

Di'plomingenieur *m* certificated (*Am.* graduated) engineer.

Dipol [di:-] *el. m* dipole.

dir [di:r] *pron. pers.* (*dat. of du*) **1.** (to) you, *eccl.*, *poet.* (to) thee; *refl.* you; *er wird* ~ *helfen* he will help you; *ich werde es* ~ *erklären* I'll explain it to you; *nach* ~*!* after you!; *wasche* ~ *die Hände!* wash your hands; **2.** *colloq. das war* ~ (*vielleicht*) *ein Durcheinander!* there was a mess for you!

direkt [di'rɛkt] **I.** *adj.* direct; immediate; lineal (*descent*); first-hand, inside (*information*); decided, perfect, plain; actual; ~*e Rede* direct speech; ~*er Wagen* (*Zug*) through carriage (train) (*nach* for); ~*er Wahnsinn* sheer madness; **II.** *adv.* direct, straight (*zu* to); directly, presently, right (away); directly, exactly, right; point-blank; ~ *proportional* directly proportional; ~ *vom Hersteller* direct from the producer; *das ist ja ~ unangenehm* that's rather *or* downright awkward; *er rannte ~ gegen e-e Mauer* he ran smack into a wall.

Direktion [-ktsi'o:n] *f* (-; -*en*) direction; management, administration; board of directors, management; **~s-assistent** *m* assistant manager; **~ssekretär(in** *f*) *m* executive secretary.

Direktive [-'ti:və] *f* (-; -*n*) directive; (general) instruction, rule.

Direktor [-'rɛktɔr] *m* (-*s*; -'*toren*) director, manager, *Am. a.* vice-president; managing director; *of a bank*: governor, *Am.* president; *of a jail*: prison governor, *Am. a.* warden; *ped.* headmaster, *Am.* principal.

Direktorat [-'rɑ:t] *n* (-[e]*s*; -*e*) directorship; → *Direktorium*; *ped.* headmaster's office.

Direktorium [-'to:rium] *n* (-*s*; -*ien*) directorate, *Am.* directory; management committee; *econ.* board of directors, managing board.

Direktrice [-'tri:sə] *f* (-; -*n*) directress, manageress; *ped.* headmistress, *Am.* principal.

Di'rektübertragung *f radio*: live program(me).

Dirigent [diri'gɛnt] *m* (-*en*; -*en*) director, manager; *mus.* conductor, leader; **~enstab, ~stock** *m* baton.

diri'g|ieren *v/t.* (*h.*) direct, manage; control, rule; steer; *econ.* conduct; **2ismus** [-'gismus] *m* (-) *pol.* regimentation; *econ.* controlled economy.

Dirndl [dirndəl] *n* (-*s*; -) → *Dirne* **1.**; (*a.* '**~kleid** *n*) dirndl, Bavarian costume.

Dirne ['dirnə] *f* (-; -*n*) **1.** girl, lass, maid; **2.** *b.s.* prostitute, street-walker, hussy.

dis [dis] (*minor*), **Dis** (*major*) *mus. n* (-; -) d, D sharp.

Disagio [dis'ʔɑ:dʒo] *econ. n* (-) discount.

Dis-Dur *n* D-sharp major.

Disharmo'nie *f mus.* disharmony, dissonance, discord (*all a. fig.*); **dishar'monisch** *adj.* discordant, dissonant.

Diskant [-'kant] *mus. m* (-*s*; -*e*) treble, soprano; **~schlüssel** *m* descant clef.

Dis'kont|(o) *econ. n* discount, rebate; bank-rate, discount, *Am.* rediscount; *e-n ~ gewähren* allow a discount; *in ~ nehmen* take on discount; *Wechsel zum ~ hereinnehmen* accept bills for discount; **~bank** *f* (-; -*en*) discount bank; **~bestand** *m*, **~en** *pl.* bills discounted, *Am.* discount holdings; **~erhöhung** *f* increase *or* rise in the bank-rate (*Am.* rediscount rate); **2fähig** *adj.* discountable; *Am.* eligible (for rediscount); **~geschäft(e** *pl.*) *n* discounting (business); **~herabsetzung** *f* reduction in the discount (*Am.* rediscount).

diskontieren [diskɔn'ti:rən] *v/t.* (*h.*) discount.

Dis'kont...: **~markt** *m* discount (*or* bill) market; **~politik** *f* (*Am.* rediscount policy; **~satz** *m* bank-rate, rate of discount, *Am.* rediscount rate; *den ~ erhöhen* raise the bank-rate; *den ~ herabsetzen* cut (*or* lower) the bank-rate; **~wechsel** *m/pl.* bills discounted, discounts.

Diskothek [disko'te:k] *f* (-; -*en*) discotheque.

diskredi'tieren *v/t.* (*h.*) discredit, throw discredit upon.

Diskrepanz [diskre'pants] *f* (-; -*en*) discrepancy.

diskret [dis'kre:t] *adj.* discreet, tactful.

Diskretion [-kretsi'o:n] *f* (-) discretion.

diskriminier|en [-krimi'ni:rən] *v/t.* (*h.*) discriminate (*acc.* against); **~end** *adj.* discriminatory; **2ung** *f* (-; -*en*) discrimination.

Diskus ['diskus] *m* (-; -*ken*) discus; ~ *werfen* throw (*or* hurl, toss) the discus.

Diskussion [-kusi'o:n] *f* (-; -*en*) discussion, debate; *zur ~ stehend* under discussion; **~s-teilnehmer(in** *f*) *m TV, etc.*: panel member; **~sveranstaltung** *f* discussion meeting, *Am.* forum.

'**Diskus|werfer(in** *f*) *m* discus-thrower; **~wurf** *m* discus-throw (-ing).

diskutabel [-'tɑ:bəl] *adj.* discussible; *nicht ~* out of the question, preposterous.

disku'tieren *v/t. and v/i.* discuss, debate, argue.

dis-Moll *n* d-sharp minor.

Dispens [-'pɛns] *m* (-*es*; -*e*) dispensation, exemption; ~ *erteilen* grant dispensation.

dispen'sieren *v/t.* (*h.*) dispense, exempt (*von* from).

Dispon|ent [-po'nɛnt] *econ. m* (-*en*; -*en*) manager, managing clerk; *banking*: dealer; **2ibel** [-'ni:bəl] *adj.* available, disposable, at (one's) disposal; **2ieren** *v/i.* (*h.*) make arrangements; plan ahead; dispose (*über acc.* of); place orders; **2'iert** *adj.*: *gut* (*schlecht*) ~ in good (bad) form.

Dispositi'on *f* disposition (*a. fig. inclination*), arrangement, preparation; disposal; instruction(s *pl.*); *laut ~* according to instructions; **~en** *pl. a.* planning ahead; action *sg.* taken; placing of orders; *s-e ~en treffen* make one's dispositions *or* arrangements; *mil. zur ~ stellen* place on half-pay.

Disput [-'pu:t] *m* (-[e]*s*; -*e*) dispute; **Disputation** [-putatsi'o:n] *f* (-; -*en*) controversy, debate; **dispu'tieren** *v/i.* (*h.*) (*über acc.*) dispute (about), debate *or* argue (a th.).

Disqualifikati'on *f* disqualification; ineligibility.

disqualifi'zieren *v/t.* (*h.*) disqualify.

Dissertation [dizɛrtatsi'o:n] *f* (-; -*en*) dissertation; (*doctorate*) *a.* thesis.

Dissident(in *f*) [disi'dɛnt(in)] *m* (-*en*, -*en*; -, -*nen*) dissident.

Dissonanz [diso'nants] *f* (-; -*en*) *mus.* dissonance; *fig. a.* discordant note.

Distanz [di'stants] *f* (-; -*en*) distance (*a. fig.*); ~ *halten* keep one's distance, remain aloof, be exclusive; *sports*: distance; leeway, gap; *boxing*: *in der ~* at long range; **~boxer** *m* outfighter.

distan'zier|en *v/t.*: *sich ~* (*h.*) keep one's distance, *fig.* dis(as)sociate o.s. (*von* from); *sports*: *j-n mit fünf Metern ~* win by five yards against a p.; **~t** *adj. fig.* detached.

Di'stanz...: **~ritt** *m* long-distance ride, speed test; **~scheck** *m* out-of-town cheque (*Am.* check); **~wechsel** *econ. m* out-of-town bill.

Distel ['distəl] *f* (-; -*n*) thistle; **~fink** *m* goldfinch.

Distichon ['distiçɔn] *n* (-*s*; -*chen*) distich.

distinguiert [distiŋ'gi:rt] *adj.* distinguished.

Distrikt [dis'trikt] *m* (-[e]*s*; -*e*) district; → *Bezirk.*

Disziplin [distsi'pli:n] *f* (-; -*en*) discipline; branch, department; *sports*: event, competition.

Disziplinar|gewalt [-li'nɑ:r-] *f* disciplinary power (*über acc.* over); **2isch** *adj.* disciplinary; ~ *vorgehen* take disciplinary action; **~strafe** *f* disciplinary punishment; **~verfahren** *n* disciplinary action (*or* proceedings *pl.*); **~vergehen** *n* infraction of discipline.

diszipli'niert *adj.* disciplined.

diszi'plinlos [-lo:s] *adj.* undisciplined, disorderly, unruly; **2igkeit** *f* (-) lack of discipline.

dito ['di:to] *adv.* ditto, (the) same (*abbr.* do).

Diva ['di:va] *f* (-; -*s*) star, prima donna.

divergieren [divɛr'gi:rən] *v/i.* (*h.*) diverge (*von* from).

divers [di'vɛrs] *adj.* sundry; **2es** [-'vɛrzəs] *n* (-*en*) sundries *pl.*

Dividend [divi'dɛnt] *math. m* (-*en*; -*en*) dividend; **~e** [-də] *econ. f* (-; -*n*) dividend; dividend rate; *e-e ~ ausschütten* pay (*or* distribute) a dividend; *e-e ~ erklären* declare a dividend; *einschließlich ~* cum dividend, *Am.* dividend on; *ohne ~* ex dividend, *Am.* dividend off; **~enausfall** *m* dividend omission; **~enausschüttung** *f* payment (*or* distribution) of dividend, *Am.* dividend disbursement; **2enberechtigt** *adj.* ranking for dividend; **~enbogen** *m* coupon sheet; **2enlos** [-'lo:s] *adj.* ex dividend; **~enpapiere** *n/pl.* shares, *Am.* stocks; **~ensatz** *m* dividend rate; **~enschein** *m* dividend warrant (*or* coupon).

divi'dieren *v/t.* (*h.*) divide (*durch* by).

Divis [di'vi:s] *typ. n* (-*es*; -*e*) hyphen.

Division [divizi'o:n] *math., mil. f* (-; -*en*) division; **~s-abschnitt** *m* division combat sector; **~sbefehl** *m* division (combat) order; **~skommandeur** *m* division(al) commander; **~szeichen** *math. n* divisional mark.

Divisor [di'vi:zɔr] *math. m* (-*s*; -'*soren*) divisor.

Diwan ['di:van] *m* (-*s*; -*e*) divan, *Am.* davenport.

d-Moll *n* d minor.

doch [dɔx] *cj. and adv.* however, yet, still, for all that; all the same, nevertheless; after all; surely; *und*

~ and yet; *er kam also ~?* then he did come, after all; but; *setz dich ~!* do sit down; *after negative question*: *don't you see it?* ~! yes, I do; *won't you come?* ~! O, yes, I will!; *ja ~!* yes, indeed!, of course!, by all means!, *Am.* sure (thing)!; *nicht ~!* **a)** don't!, **b)** certainly not!; *du weißt ~, daß* surely (*or* I am sure) you know that; *du kommst ~?* you will come, won't you?; *das kann ~ nicht dein Ernst sein?* you don't really mean that, do you?; *das ist ~ zu arg!* that's really too bad!; *wenn er ~ käme* if only he would come; *wenn es ~ wahr wäre* I wish it were true; *hättest du das ~ gleich gesagt!* if you had but said so at once!

Docht [dɔxt] *m* (-[e]s; -e) wick; '**~schmierung** *mot. f* wick-feed lubrication.

Dock [dɔk] *mar. n* (-[e]s; -s) dock, dockyard; *auf ~ legen* (put into) dock; *ins ~ gehen* (go into) dock; '**~arbeiter** *m* docker, *Am.* longshoreman.

Docke ['dɔkə] *f* (-; -n) *tech.* mandril, arbor; baluster; skein, hank; bundle (*tobacco, etc.*); doll.

'**docken** *mar. v/t. and v/i.* (*h.*) dock.

Doge ['do:ʒə] *m* (-n; -n) doge; **~n-palast** *m* ducal palace.

Dogge ['dɔgə] *zo. f* (-; -n) bulldog; *deutsche ~* Great Dane; *englische ~* mastiff.

Dogma ['dɔgma] *n* (-s; -men) dogma; *zum ~ erheben* dogmatize.

Dogma|tik [-'ma:tik] *f* (-; -en) dogmatics *pl.*; **~tiker** *m* (-s; -) dogmatist; **⌒tisch** *adj.* dogmatic; **~'tismus** [-'tismus] *m* (-) dogmatism.

Dohle ['do:lə] *orn. f* (-; -n) (jack-) daw.

doktern ['dɔktərn] *colloq. v/i.* (*h.*) doctor.

Doktor ['dɔktɔr] *m* (-s; -'toren) doctor, → *Dr.* (*in annexed list of abbreviations*); *den ~ machen or colloq. bauen* take one's (doctor's) degree; doctor, medical man.

Doktorand [dɔkto'rant] *m* (-en; -en) candidate for a doctor's degree, doctorand.

'**Doktorarbeit** *f* (doctorate) thesis.

Doktorat [dɔkto'ra:t] *n* (-[e]s; -e) doctorate.

'**Doktor...:** **~diplom** *n* doctor's diploma; **~examen** *n* examination for a doctor's degree; **~frage** *fig. f* vexed question, poser; **~grad** *m* doctor's degree.

Doktorin [dɔk'to:rin] *f* (-; -nen) woman (*or* lady) doctor.

'**Doktorwürde** *f* doctorate; *j-m die ~ verleihen* confer the degree of doctor on a p.

Doktrin [dɔk'tri:n] *f* (-; -en) doctrin; **doktrinär** [-tri'nɛ:r] *adj.*, ⌒ *m* (-s; -e) doctrinaire.

Dokument [doku'mɛnt] *n* (-[e]s; -e) document; (legal) instrument, deed; record.

Dokumentarfilm [-'ta:r-] *m* documentary (film).

dokumen'tarisch *adj.* documentary.

Dokumentation [-tatsi'o:n] *f* (-; -en) documentation.

Doku'menten|akkreditiv *n* documentary letter of credit; **~inkasso** *n* collection of documents; **~papier** *n* bond paper; **~tratte** *f* documentary draft.

dokumen'tieren *v/t.* (*h.*) document; establish by documentary evidence; *fig.* demonstrate, reveal.

Dolch [dɔlç] *m* (-[e]s; -e) dagger; *mil.* dirk; '**~messer** *n* case-knife, *Am.* bowie knife; '**~stich**, '**~stoß** *m* stab (*or* thrust) with a dagger; *pol. Dolchstoßlegende* myth of the "stab in the back".

Dolde ['dɔldə] *bot. f* (-; -n) umbel; **~n-erbse** *f* crown pea; **~ngewächse** *n/pl.* umbellate plants, umbellifers.

Dole ['do:lə] *f* (-; -n) drain, sewer.

Dollar ['dɔlar] *m* (-s; -s) dollar, *Am. sl.* buck; **~bilanz** *f* dollar balance of payment; **~-Lücke** *f* dollar gap; **~-Raum** *m* dollar area; **~schwund** *m* dollar drain.

Dolle ['dɔlə] *mar. f* (-; -n) thole, rowlock.

Dolmetsch ['dɔlmɛtʃ] *fig. m* (-es; -e) interpreter, spokesman, champion; **⌒en** *v/i.* (*h.*) interpret (*a. v/t.*); act as interpreter; **~er(in** *f*) *m* (-s, -; -, -nen) interpreter.

Dolomit [dolo'mi:t] *min. m* (-s; -e) dolomite.

Dom [do:m] *m* (-[e]s; -e) cathedral; *fig.* dome, arch.

Domäne [do'mɛ:nə] *f* (-; -n) domain, (state) demesne; *fig.* domain, province.

'**Dom...:** **~chor** *m* cathedral choir; **~herr** *m* canon, prebendary.

Dominant|e [domi'nantə] *f mus.* dominant; *fig.* dominant factor; **~akkord** *m* dominant-chord.

dominieren *v/i.* (*h.*) *person*: dominate, lord it (*über acc.* over): have the upper hand; *matter*: (pre)dominate, prevail; **~d** *adj.* dominating, preponderant, commanding.

Dominikaner|(in *f*) [-ni'ka:nər(in)] *eccl. m* (-s, -; -, -nen) Dominican (friar, *f* nun); **~orden** *m* (-s) Order of St. Dominic, *the* Dominicans *pl.*

Domino ['do:mino] **1.** *m* (-s; -s) *a.* **~maske** *f* domino; **2.** *n* (-s; -s) *a.* **~spiel** *n* (game of) dominoes *pl.*; *~ spielen* play at dominoes; **~stein** *m* domino.

Domizil [domi'tsi:l] *n* (-s; -e) domicile (*a. econ.*); **domizilieren** [-tsi'li:rən] *econ. v/t.* (*h.*) domicile, domicilate *a bill* (*bei j-m* with a p.; *bei e-r Bank* at a bank).

Domi'zilwechsel *econ. m* domiciled bill.

'**Dom...:** **~kapitel** *n* chapter (of a cathedral); **~pfaff** [-pfaf] *orn. m* (-en; -en) bullfinch; **~prediger** *m* preacher at a cathedral; **~propst** *m* provost of a cathedral; **~stift** *n* chapter; seminary.

Dompteur [dɔmp'tø:r] *m* (-s; -e) tamer, trainer.

Donau ['do:naʊ] *f* (-) Danube; *in compounds*: Danubian.

Donner ['dɔnər] *m* (-s; -) thunder; *wie vom ~ gerührt* thunder-struck; **~getöse** *n* rolling of thunder; *fig.* thundering noise; **⌒n** *v/i.* (*h.*) thunder (*a. fig., person or thing*); *es donnert* it thunders, it is thundering; **⌒nd** *adj.* thundering, thunderous; **~schlag** *m* peal (*or* crash) of thunder, thunderclap (*a. fig.*).

'**Donners-tag** *m* Thursday; **⌒s**, *an ~en* on Thursdays.

'**Donner...:** **~stimme** *f* thundering voice; **~wetter** *n* thunderstorm; *colloq. fig. wie ein ~ dreinfahren* raise the roof, raise hell; *zum ~!* confound it!, hang it all!, damn it! *~! surprised*: wow!

doof [do:f] *colloq. adj.* boring, dull; goofy, *Am. sl.* dopey.

dopen ['dɔpən] *v/t.* (*h.*) *sports*: dope.

Doppel ['dɔpəl] *n* (-s; -) duplicate; *tennis*: doubles *pl.*; *gemischtes ~* mixed doubles; **~adler** *m* double eagle; **~belichtung** *phot. f* double exposure; **~bereifung** *f* dual tyres (*Am.* tires); **~besteuerung** *f* double taxation; **~betrieb** *el. m* duplex operation; **~bett** *n* double bed, twin-bed; **~boden** *m* double (*or* false) bottom; **~decker** ['-dɛkər] *m* (-s; -) *aer.* biplane; *bus, etc.*: double-decker; **~deckung** *f boxing*: covering up; **~ehe** *f* bigamy; **⌒fädig** ['-fɛ:diç] *tech. adj.* bifilar; **~fehler** *m tennis*: double fault; **~fenster** *n* double window; **~fernrohr** *n* binocular telescope; **~flinte** *f* double-barrel(l)ed gun; **~gänger** ['-gɛŋər] *m* (-s; -) double; **⌒gängig** *adj.* double-threaded (*screw*); **~gleis** *n* double rail (*or* track); **⌒gleisig** ['-glaɪziç] *adj.* doubletrack; **~griff** *mus. m* double-stop; **~haus** *n* double house; semi-detached house; **~kinn** *n* double chin; **⌒kohlensauer** *adj.* bicarbonate of; → *doppeltkohlensauer*; **~kolbenmotor** *m* opposed-piston engine; **~kreuz** *mus. n* double sharp; **~lauf** *m* double barrel; **~laut** *gr. m* diphthong; **~leitung** *f el.* twin conductor; *teleph.* loop circuit; **~mord** *m* double murder; **⌒n** *v/t.* (*h.*) double; **~name** *m* compound name; **⌒polig** *adj.* bipolar; **~posten** *mil. m* double sentry; **~punkt** *m* colon; **~rad** *n* twin wheel; **~reifen** *mot. m* dual tyre (*Am.* tire); **~reihe** *f* double row; *mil.* double file, column by twos; **~rumpf** *aer. m* twin-fuselage; **~schalter** *el. m* duplex switch; **⌒schichtig** *adj.* two-layered; **~schlußmotor** *el. m* compound(-wound D.C.) motor; **⌒seitig** ['-zaɪtiç] *adj.* double-sided, bilateral; reversible (*fabric, etc.*); *med. ~e Lungenentzündung* double pneumonia; *~ bespielte Schallplatte* two-sided record; **~sieg** *m* double win; **~sinn** *m* (-[e]s) double meaning, ambiguity; **⌒sinnig** *adj.* ambiguous, equivocal; **~sitzer** *m* (-s; -) two-seater; **~sohle** *f* clump sole; **~spiel** *n tennis*: → *Doppel*; *fig.* double game (*or* dealing); **~stecker** *el. m* two-pin plug, two-way adapter; **~steuerung** *aer. f* dual control; **~stück** *n* duplicate.

'**doppelt I.** *adj.* double; twofold; duplicate; twin (*engines, etc.*); → *Buchführung*; *in ~er Ausführung* in duplicate, in two copies; *ein ~es Spiel spielen* play a double game, *mit j-m*: *sl.* double-cross a p.; **II.** *adv.* double, twice; *before adj.*: doubly; *~ schmerzlich* doubly painful; *~ so alt wie ich* twice my age;

ich habe das Buch ~ I have two copies of the book; ≗e(s) *n* (-[e]*n*) *the* double; *das* ~*e des Betrages* double (*or* twice) the amount; *um das* ~*e größer* double the size; ~**kohlensauer** *adj.*: ~*es Natron* bicarbonate of soda.

'**Doppel...**: ~**tür** *f* double-door; folding door; ~**ung** *f* doubling; ~**verdiener** *m* dual income recipient, double wage-earner; two-job man; ~**währung** *f* double standard; ~**zentner** *m* quintal; ~**zimmer** *n* double(-bedded) room; twin-bedded room; ~**zündung** *f* dual ignition; ≗**züngig** [-tsyŋiç] *adj.* double-faced, double-dealing; ~**züngigkeit** *f* (-) double-dealing.

Dorf [dɔrf] *n* (-[e]s; ⸚er) village; '~**bewohner(in** *f*) *m* villager.

Dörfchen ['dœrfçən] *n* (-*s*; -) little village; hamlet.

'**dörflich** *adj.* village, *e.g.* ~*es Leben* village life; rustic.

'**Dorf...**: ~**pfarrer** *m* country parson; ~**schenke** *f* village inn; ~**trottel** *m* village idiot.

Dorn [dɔrn] *m* (-[e]s; ⸚er) thorn (*a. fig.*); (*pl.* -en) prickle, spine; *sports*: spike; *of buckle*: tongue; *tech.* (*pl.* -e) pin, bolt, stem; reamer; mandril; spike; *er ist ihnen ein* ~ *im Auge* he is a thorn in their sides; '~**busch** *m* brier, bramble; '~**enhecke** *f* thorn hedge; '~**enkrone** *f* crown of thorns; ≗**enlos** ['-lo:s] *adj.* thornless; '~**enpfad** *m* thorny path; '≗**envoll** *adj.* thorny; '≗**ig** *adj. bot., zo.* spinous, spiny; (*a. fig.*) thorny; ~**röschen** ['-rø:sçən] *n* (-*s*; -) Sleeping Beauty; '~**strauch** *m* brier.

dorren ['dɔrən] *v/i.* (*sn*) dry (up), wither; parch.

dörr|en ['dœrən] *v/t.* (*h.*) dry, desiccate, dehydrate; kiln-dry; ≗**fleisch** *n* dried meat; ≗**gemüse** *n* dried vegetables *pl.*; ≗**obst** *n* dried fruit.

Dorsch [dɔrʃ] *m* (-es; -e) cod (-fish).

dort [dɔrt] *adv.* there; *econ.* at your end; ~ *drüben* over there, yonder; ~ *oben* up there; *von* ~ → '~**her** *adv.* from there, thence; '~**hin** *adv.* there, that way, to that place, thither; '~**hinaus** *adv.* out there; *colloq. fig. bis* ~ awfully; '~**hinein** *adv.* in there.

'**dortig** *adj.*: *die* ~*en Filmtheater* the cinemas there *or* of that place; *econ. die* ~*en Verhältnisse* the conditions at your end.

Dose ['do:zə] *f* (-; -*n*) box; *package*: tin, *Am.* can; *el.* (plug) socket; box, *e.g. Abzweig*≗ distribution box; *in* ~*n einmachen* tin, *Am.* can.

dösen ['dø:zən] *v/i.* (*h.*) doze.

'**Dosen...**: ~**öffner** *m* tin-opener, *Am.* can opener; ~**sicherung** *el. f* box fuse; ~**stecker** *m* infinity plug.

dosier|en [do'zi:rən] *v/t.* (*h.*) dose, measure out; ≗**ung** *f* (-; -*en*) dosage; dosing.

'**dösig** ['dø:ziç] *colloq. adj.* dozy, drowsy, sleepy; → *doof.*

Dosis ['do:zis] *f* (-; -*sen*) dose (*a. fig.*); *zu große* ~ overdose; *zu kleine* ~ underdose; *fig. mit e-r leichten* ~ *Sarkasmus* with a dash of sarcasm.

Dotation [dotatsi'o:n] *f* (-; -*en*) dotation, endowment.

dotier|en [do'ti:rən] *v/t.* (*h.*) endow; ≗**ung** *f* (-; -*en*) endowment; allocation (of funds).

Dotter ['dɔtər] *m and n* (-*s*; -) yolk (of an egg); *bot.* gold-of-pleasure; ~**blume** *f* marsh-marigold.

Double ['du:bəl] *n* (-*s*; -*s*) *film*: double, *Am.* stand-in.

Doyen [doa'jɛ̃:] *m* (-*s*; -*s*) (*Fr.*): ~ *des diplomatischen Korps* doyen, Dean of the Diplomatic Corps.

Doz|ent [do'tsɛnt] *m* (-*en*; -*en*) university lecturer, reader, *Am.* assistant professor, instructor; ≗**ieren** *v/t. and v/i.* (*h.*) lecture (*über acc.* on); *fig. contp.* hold forth (on), pontificate.

Drache|(n) ['draxə(n)] *m* (-*n*, -*n*; -*s*, -) dragon; kite; *e-n* ~*n steigen lassen* fly a kite; *fig.* termagant, shrew; ~**nblut** *n* dragon's blood; ~**nsaat** *fig. f* dragon-seed, dragon's teeth; ~**ntöter** *m* (-*s*; -) dragon-slayer.

Drachme ['draxmə] *f* (-; -*n*) drachm(a); (*weight*) dram.

Dragée [dra'ʒe:] *n* (-*s*; -*s*) dragée, sugar-coated pill (*or* fruit), coated tablet.

Dragoner [dra'go:nər] *m* (-*s*; -) *mil.* dragoon; *colloq. fig.* virago, tough type.

Draht [drɑ:t] *m* (-[e]s; ⸚e) wire; filament; conductor; *sl.* (*money*) cash, brass; ~ *unter Strom* live wire; *toter* ~ idle wire; *fig. direkter* ~ pipe-line; *pol. heißer* ~ hot wire; *mit* ~ *befestigen, etc.* wire; *teleph. per* ~ *antworten* reply by wire, wire back; *colloq. auf* ~ *sein* be in good form, be on one's toes, be on the ball *or* beam, know one's stuff; *ich bin heute nicht ganz auf* ~ I don't feel quite up to the mark today.

'**Draht...**: ~**anschrift** *f* cable address; ~**antwort** *f* telegraphic (*or* wire) reply; ~**auslöser** *phot. m* cable release; ~**bericht** *m* telegraphic report, wire; ~**bürste** *f* wire brush; ~**eisen** *n* drawing plate; ≗**en** *v/t.* (*h.*) telegraph, wire, cable; ~**funk** *m* wired wireless (*Am.* radio), wire broadcasting, carrier transmission; *hochfrequenter* ~ carrier rediffusion; ~**gaze** *f* wire gauze; ~**geflecht** *n* wire netting; ~**gewebe** *n* wire-cloth, wire fabric; ~**gitter** *n* wire grating (*or* fence), *Am.* wire grille; ~**glas** *n* wired *or* armo(u)red glass; ≗**haarig** *adj.* wire-haired; ~**haarterrier** [-tɛriər] *zo. m* (-*s*; -) wire-hair(ed terrier); ~**hefter** *m* wire stitcher; ≗**ig** *adj.* (*a. person*) wiry; ~**kern** *m* wire core; ~**lehre** *f* wire ga(u)ge; ≗**lich** *adj. and adv.* telegraphic(ally), by wire, wired; ~**litze** *f* wire strand; ≗**los** [-lo:s] **I.** *adj.* wireless, radio-...; ~*e Nachricht* wire(less), radio(gram); ~*e Telegraphie* wireless telegraphy, radio-telegraphy; **II.** *adv.*: ~ *senden, telegraphieren* wireless, radio; ~**nachricht** *f* telegraphic message, wire; ~**netz** *n* wire netting; *el.* wiring; ~**öse** *f* staple; ~**puppe** *f* puppet, marionette; ~**saite** *f* wire string; ~**schere** *f* wire-shears *pl.*; ~**seil** *n* wire rope, cable; ~**seilakrobat** *m* wire-walker; ~**seilbahn** *f* cable railway, funicular (railway); ~**sieb** *n* wire sieve (*or* screen); ~**spule** *f* wire spool, *Am.* wire reel; ~**stärke** *f* wire ga(u)ge; ~**stift** *m* wire tack; ~**telegraphie** *f* line telegraphy; ~**ung** *f* (-; -*en*) wire message, telegram, radiogram; ~**verbindung** *f teleph.* wire communication (*or* connection); *el.* wiring; ~**verhau** *mil. m* wire-entanglement; ~**walzwerk** *n* wire mill; ~**wurm** *m* wire-worm; ~**zange** *f* wire-cutters *pl.*; ~**zaun** *m* wire fence; ~**zieher** *m tech.* wire-drawer; *fig.* wire-puller; *der* ~ *sein* pull the wires; ~**ziehe'rei** *f tech.* wire (drawing) mill; *fig.* wire-pulling.

Drain... → *Drän...*

Draisine [drai'zi:nə] *f* (-; -*n*) draisine; *rail.* trolley.

drakonisch [dra'ko:niʃ] *adj.* Draconian, draconic.

drall [dral] *adj.* tight(ly twisted) (*thread*); *fig.* buxom, strapping (*girl*); **Drall** *m* (-[e]s; -e) *of thread*: twist; *of bullet, etc.*: twist; *of rifle*: rifling; *of ball*: spin; *phys.* moment of momentum.

Drama ['drɑ:ma] *n* (-*s*; -*men*) drama.

Dramatik [dra'mɑ:tik] *f* (-) dramatic art; drama (*a. fig.*); ~**er** *m* dramatist.

dra'matisch *adj.* dramatic(ally *adv.*); ~*e Pause* stage-wait.

dramatisieren [dramati'zi:rən] *v/t.* (*h.*) dramatize (*a. fig.*), adapt for the stage.

Dramaturg [-'turk] *m* (-*en*; -*en*) dramatic adviser; *film*: scenario editor; **Dramaturgie** [-tur'gi:] *f* (-; -*n*) dramaturgy.

dran [dran] → *daran.*

Dränage [drɛ'nɑ:ʒə] *f* (-; -*n*) drainage (*a. med.*).

Drang [draŋ] *m* (-[e]s; [⸚e]) pressure (*of business*); rush, stress; hurry; impetus, impulse; urge, drive, yearning; distress; *physiol. e-n heftigen* ~ *verspüren* feel a motion coming, need the lavatory badly.

drang *pret. of dringen.*

'**drängeln** *colloq. v/i.* (*h.*) press, push, jostle.

drängen ['drɛŋən] **I.** *v/t.* (*h.*) press, push, shove; *j-n in die Ecke* ~ drive a p. into a corner; *fig.* press, urge; press *debtor* for payment; hurry, urge; *ich lasse mich nicht* ~ I won't be rushed; *sich* ~ crowd, throng, mill; *sich durch e-e Menge* ~ force (*or* elbow) one's way through a crowd; *sich aneinander* ~ press closely together, *fearfully, etc.*: huddle (together); *sich um j-n* ~ crowd *or* press (a)round a p.; *sich zu e-r Sache* ~ volunteer for a th. *or* to do a th., go all out after a th.; *es drängt mich zu inf.* I feel moved to *inf.*; **II.** *v/i.* (*h.*) be pressing *or* urgent; *die Sache drängt a.* the matter presses (*or* admits of no delay); *die Zeit drängt* time presses; ~ *auf* (*acc.*) insist (up)on, urge; → *gedrängt*; '**Drängen** *n* (-*s*) pressing, pushing; crowd, crush; *fig.* pressure, insistence; urging, urgent request(s).

Drangsal ['draŋzaːl] *f* (-; -e) affliction, distress, ordeal; ~e *pl.* hardships; **drangsa'lieren** *v/t.* (h.) harass, vex; torment, bully; persecute.
dränieren [drɛ'niːrən] *v/t.* (h.) drain.
drapier|en [dra'piːrən] *v/t.* (h.) drape; ♀ung *f* (-; -en) draping, drapery.
Dräsine [drɛ'ziːnə] *f* (-; -n) → *Draisine.*
drastisch ['drastiʃ] *adj.* drastic(ally *adv.*).
drauf [draʊf] **I.** *adv.* → *darauf*; **II.** *int.* ~! at it!, go it!, let him have it!; ♀**gänger** ['-gɛŋər] *m* (-s; -) daredevil, plucky fellow; go-ahead fellow, *Am.* go-getter; *in love*: he-man, Casanova; **~gängerisch** *adj.* daredevil, reckless; aggressive; plucky; go-ahead, *Am.* go-getting; '♀**gängertum** *n* (-s) recklessness; pluck, dash; aggressiveness; go-aheadedness; '**~gehen** *colloq. v/i.* (*irr.*, *sn*) go west (*or* up in smoke); be lost, *money a.* go down the drain; go to pot; be killed, hand in one's dinner-pail, *Am. sl.* kick the bucket.
'**Draufgeld** *n* earnest-money.
drauf'los|arbeiten *v/i.* (h.) work away (*an dat.* at); **~gehen** *v/i.* (*irr.*, *sn*) make straight for it, make a beeline for it; **~reden** *v/i.* (h.) talk at random, ramble; **~schlagen** *v/i.* (*irr.*, *h.*) hit wildly (*or* blindly), let fly; **~wirtschaften** *v/i.* (h.) spend recklessly.
'**Draufsicht** *f* top (*Am.* plan) view.
draußen ['draʊsən] *adv.* out, outside, without; out of doors, outdoors, in the open (air); abroad; ~ *und drinnen* without and within; *da* ~ out there; ~ *im Garten* out in the garden; ~ *auf dem Lande* out in the country; ~ *in der Welt* out in the world.
Drechsel|bank ['drɛksəl-] *f* (-; ⸚e) turning-lathe; ♀**n** *v/t. and v/i.* (h.) turn; *fig.* elaborate.
Drechsler ['-lər] *m* (-s; -) turner.
Dreck [drɛk] (-[e]s) dirt; mud, muck, mire; filth (*a. fig.*); *fig.* rubbish, trash; *vulg.* shit; *in den* (*aus dem*) ~ *ziehen* drag in (out of) the mud; *colloq. er kümmert sich um jeden* ~ he pokes his nose into everything; *er kümmert sich e-n* ~ *darum* he doesn't care a damn (about it); *das geht dich e-n* ~ *an!* that's none of your business!; *du verstehst e-n* ~ *davon* you don't know the first thing about it; *er hat Geld wie* ~ *sl.* he is lousy with money; '**~fink** *m* mudlark; '♀**ig** *adj.* dirty; filthy (*both a. fig.*); *colloq. es geht ihm* ~ he is badly off; ~ *lachen* laugh nastily; '**~(ᵉ)kerl** *m* swine, skunk, *Am. sl.* heel, louse.
Dreh [dreː] *colloq. m* (-[e]s; -s) twist; *e-r Geschichte e-n heiteren* ~ *geben* give a story an amusing twist; trick, knack; *jetzt hat er den* ~ *weg* now he has got the hang of it.
'**Dreh...**: **~achse** *f* axis of rotation; **~arbeiten** *f/pl. film*: shooting *sg.*; **~automat** *m* automatic lathe; **~bank** *f* (-; ⸚e) (turning-)lathe; ♀**bar** *adj.* revolving, rotating, rota(to)ry; swivel(l)ing; ~ *eingesetzt* pivoted; **~be-anspruchung** *f* torsional strain; **~beginn** *m film*: start of shooting; **~bewegung** *f* rotation; twisting motion; **~bleistift** *m* propelling pencil; **~bohrer** *m* rotary drill; **~bolzen** *m* pivot pin; **~brücke** *f* swing (*or* turning) bridge; **~buch** *n film*: scenario, script; **~buchverfasser** *m* scenario (*or* script, screen) writer; **~bühne** *thea. f* revolving stage.
drehen ['dreːən] *v/t. and v/i.* (h.) turn (*a. tech.*); *round an axis*: *a.* rotate, swivel; twist, twine; roll (*cigarette*); grind (*organ*); shoot (*film*); dial; → *Ding*; *sich* ~ turn, spin, gyrate, rotate, pivot; *wind*: shift, veer; *fig.* twist; *sich* ~ *um* revolve round *a centre, on an axis*; *fig.* (be) center(ed) round; *es dreht sich darum, ob* the point is whether; *die Frage dreht sich um* the question hinges on; *das Gespräch drehte sich um* the conversation was about; *mir dreht sich alles im Kopfe* my head swims; *sich* ~ *und wenden* wriggle like an eel.
'**Dreh...**: **~er** *tech. m* (-s; -) turner, lathe-hand; **~feder** *f* torsion spring; **~feld** *el. n* rotating field; **~feldmotor** *el. m* revolving field motor; **~flügelflugzeug** *n* gyroplane, autogyro; **~gelenk** *tech. n* swivel joint; **~geschwindigkeit** *f* rotating speed; **~gestell** *n* bogie, *Am.* truck; **~griff** *m* turning handle; *motorcycle*: control grip; **~knopf** *m* (control) knob; **~kondensator** *m* variable condenser; **~kraft** *f* torsional force; torque; **~kran** *m* swing crane; **~krankheit** *vet. f* staggers *pl.*; **~kranz** *m* circular track; *mil.* skate mount; **~kreuz** *n* turnstile; *tech.* capstan handle; **~kuppel** *mil. f* revolving turret; **~moment** *n* torque; **~orgel** *f* barrel-organ; **~punkt** *m tech.* cent|re (*Am.* -er) of rotation, fulcrum point; *fig.* pivot; **~schalter** *el. m* turn (*or* rotary) switch; **~scheibe** *f* turntable; potter's wheel; *teleph., etc.* dial; **~schemel** *m bridge-building*: rolling segment; *rail., mot.* bogie; *tractor*: fifth wheel; **~schieber** *m* rotary slide valve; **~schranke** *f* revolving (*or* swing) gate; **~sinn** *tech. m* sense of rotation; **~spindel** *f* (head-stock) spindle; **~spule** *el. f* moving coil; **~stahl** *m* turning tool; **~strom** *el. m* three-phase current; **~strommotor** *m* three-phase A.C. motor; **~stuhl** *m* swivel-chair; **~tag** *m film*: shooting day; **~teil** *tech. n* lathe work; **~tisch** *m tech.* revolving (*or* index) table; *opt.* revolving stage; **~tür** *f* revolving door; **~turm** *mar., mil. m* revolving turret; **~ung** *f* (-; -en) turn; *circular*: *a.* gyration; rotation (*um on an axis*); revolution (*um* round *a body*); torsion, twist; **~ungsfestigkeit** *f* torsional strength; **~wähler** *m* rotary selector (*or* switch); **~zahl** *mot. f* speed, number of revolutions, revolutions per minute (*abbr.* r.p.m.); **~zahlbereich** *m* speed range; **~zahlmesser** *m* (-s; -) revolution indicator, tachometer; **~zahlregler** *m* speed governor; **~zapfen** *m* pivot; trunnion; *rail.* bogie pin, *Am.* truck center pin; *of crane*: slewing journal.
drei [draɪ] three; ~ *Uhr* three o'clock; ~*viertel zehn* a quarter to ten; *halb* ~ half past two; *sie waren ihrer* ~ there were three of them, they were three (in number); *ehe man bis* ~ *zählen konnte* in the twinkling of an eye, in a jiffy; *er sieht aus, als ob er nicht bis* ~ *zählen könnte* he looks as if butter would not melt in his mouth; ~ *Schritte vom Leib!* keep (*or* hands) off!; ♀ *f* (-; -en) (number) three.
'**drei...**: ♀**achser** ['-aksər] *mot. m* (-s; -) six-wheeler; ♀**achteltakt** *mus. m* three-eight time; ♀**akter** ['-aktər] *thea. m* (-s; -) three-act play; **~armig** *adj.* three-armed; **~atomig** *adj.* triatomic; **~bändig** ['-bɛndiç] *adj.* (consisting) of three volumes, three-volume; **~basisch** *chem. adj.* tribasic; ♀**bein** *n* tripod; **~beinig** *adj.* three-legged; ♀**blatt** *bot. n* trefoil; **~blätterig** ['-blɛtəriç] *adj.* three-leaved; ♀**bund** *pol. m* (-[e]s) Triple Alliance; ♀**decker** ['-dɛkər] *m* (-s; -) *mar.* three-decker; *aer.* triplane; **~dimensional** *adj.* three-dimensional; *sound*: *a.* stereophonic; ♀**eck** ['-ˀɛk] *n* (-s; -e) triangle; ♀**eckgeschäft** *econ. n* triangular transaction; **~eckig** *adj.* three-cornered; triangular, trigonal, V-shaped; ♀**eckschaltung** *el. f* delta connection; ♀**ecksverhältnis** *fig. n* triangle; **~einig** *adj.* triune; ♀**einigkeit** *eccl. f* Trinity; ♀**einigkeits...** Trinitarian; **~erlei** ['draɪərlaɪ] *adj.* of three kinds, three sorts of; *auf* ~ *Art* in three (different) ways; **~fach** *adj.* threefold, treble, triple; *in* ~*er Ausfertigung* in triplicate, in three copies; ♀**fachkondensator** *el. m* three-gang condenser; ♀**fachschalter** *m* three-point switch; ♀**fachschnur** *el. f* triple cord (*or* flex); ♀**fachstecker** *el. m* three-pole pin plug; ♀**fachverstärker** *m* three-phase amplifier; ♀**fadenlampe** *f* three-filament (incandescent) lamp; **~fältig** ['-fɛltiç] *adj.* → *dreifach*; ♀**faltigkeit** [-'faltiçkaɪt] *eccl. f* (-) Trinity; ♀**farbendruck** *m* (-[e]s; -e) three-colo(u)r print (-ing); ♀**farbenphotographie** *f* three-colo(u)r photography; **~farbig** *adj.* three-colo(u)r(ed), trichromatic; ♀**felderwirtschaft** *agr. f* three-field system; ♀**fuß** *m* tripod; **~füßig** ['-fyːsiç] *adj.* three-footed, tripedal; ♀**ganggetriebe** *n* three-speed gear (*or* transmission); **~gängig** *tech. adj.* triple-threaded (*screw*); ♀**gespann** *n* three-horse carriage; *fig.* trio; ♀**gestirn** ['-gəʃtirn] *n* (-[e]s; -e) triumvirate; **~gestrichen** *mus. adj.* three-marked; ♀**gitterröhre** *f radio*: three-grid valve (*Am.* tube); **~glied(e)rig** ['-gliːd(ə)riç] *math. adj.* trinominal; *w.s.* triangular; **~hundert** *adj.* three hundred; **~hundertjährig** *adj.* tercentenary; **~hundertst** *adj.*, ♀**hundertstel** *n* three hundredth; **~jährig** *adj.* three-year-old; of three years, three years', three-year; **~jährlich I.** *adj.* triennial; **II.** *adv.*

every three years; 2**kampf** *m sports*: triathlon; **~kantig** *adj.* three-edged, three-cornered; 2**käsehoch** *colloq. m* (-s; -[s]) whipper-snapper, hop-o'-my-thumb; 2**klang** *mus. m* triad; 2**königsfest** *n* Epiphany; 2**mächteabkommen** *pol. n* tripartite agreement; **~mal** *adv.* three times, thrice; **~malig** *adj.* done (*or* repeated) three times, triple; *sein ~er Versuch* his three attempts; 2**master** *mar. m* (-s; -) three-master; (*hat*) three-cornered hat; 2**meilenzone** *f* three-mile limit; **~monatig** ['-mo:natiç] *adj.* of three month, three months', three-month; **~monatlich I.** *adj.* three-monthly, quarterly; **II.** *adv.* every three months; **~motorig** *adj.* three-engined.

drein [draın] → *darein.*

'**drei...**: **~phasig** ['-fa:ziç] *el. adj.* three-phase; **~polig** ['-po:liç] *adj.* three-pole, triple-pole; **~prozentig** *econ. adj.* bearing three per cent (interest); *~e Papiere* three-per-cents; 2**rad** *n* (*a.* child's) tricycle; *mot.* (2**radwagen** *m*) three-wheeler; **~räd(e)rig** ['-rɛ:d(ə)riç] *adj.* three-wheeled; **~reihig** ['-raıiç] *adj.* (placed) in three rows *or* lines, triple-row; 2**ruderer** *m* trireme; 2**satz** *math. m* rule of three; **~säurig** ['-zɔyriç] *chem. adj.* triacid; **~schichtig** ['-ʃiçtiç] *adj.* three-layered; *wood*: three-ply; **~seitig** ['-zaıtiç] *adj.* three-sided, trilateral; **~silbig** ['-zilbiç] *adj.* trisyllabic; **~sitzig** ['-zitsiç] *adj.*, 2**sitzer** *m* three-seater; **~spaltig** ['-ʃpaltiç] *adj.* three-columned; 2**spänner** ['-ʃpɛnər] *m* (-s; -) → *Dreigespann*; **~spännig** ['-ʃpɛniç] *adj.* with (a team of) three horses; **~sprachig** ['-ʃpra:xiç] *adj.* in three languages, trilingual; 2**springer** *m sports*: triple jump man; 2**sprung** *m sports*: triple jump; hop, step (*Am.* skip), and jump.

dreißig ['draısiç] *adj.* thirty; *im Alter von ~ Jahren* at the age of thirty; *tennis*: *zu ~* thirty all; 2 *f* (-; -en) (number) thirty; **~er** ['-gər] *adj.*: *in den* 2*n* (*age*), *in den ~ Jahren* (*period*) in the thirties; 2**er(in** *f*) *m* (-s, -; -, -nen) man (woman) of thirty *or* in his (her) thirties; **~jährig** *adj.* thirty-years-old; of thirty years; *der* 2*e Krieg* the Thirty Years' War; **~ste** *adj.*, 2**stel** [-stəl] *n* (-s; -) thirtieth.

dreist [draıst] *adj.* bold, audacious; impudent, cheeky, saucy; *ich darf ~ behaupten* I make bold to say.

'**dreistellig** *adj.* of three places (*or* digits); *~e Zahl a.* three-figure number.

'**Dreistigkeit** *f* (-) boldness, audacity; impudence, cheek; *die ~ haben zu inf.* have the face to *inf.*

'**drei...**: **~stimmig** ['-ʃtimiç] *adj.* for (*or* in) three voices; **~stöckig** ['-ʃtœkiç] *adj.* three-storied; **~stufig** ['-ʃtu:fiç] *adj.* with three steps; *tech.* three-stage (*a. rocket*); three-speed (*engine*); **~stündig** ['-ʃtyndiç] *adj.* of three hours, three hours', three-hour; **~tägig** *adj.* of three days, three days', three-day; **~teilig** *adj.* (consisting) of three parts, tripartite; three-piece (*dress, etc.*); 2**viertelmehrheit** *f* three-quarter majority; 2**vierteltakt** *mus. m* three-four time; 2**zack** ['-tsak] *m* (-[e]s; -e) trident; *bot.* arrow-grass; **~zehn** *adj.* thirteen; *jetzt schlägt's aber ~!* that's the limit!; **~zehnte** *adj.* thirteenth; 2**zylindermotor** *m* three-cylinder engine.

Drell [drɛl] *m* (-s; -e) → *Drillich.*

Dresch|e ['drɛʃə] *colloq. f* (-; -n) thrashing; 2**en** *v/t. and v/i.* (*irr., h.*) thresh; (*beat*) thrash; → *Phrase, Stroh*; **~er** *m* (-s; -) thresher; **~flegel** *m* flail; **~maschine** *f* threshing-machine.

Dress|eur [drɛ'sø:r] *m* (-s; -e) trainer; tamer; 2**ieren** *v/t.* (*h.*) train; break in (*horse*); *fig.* drill; *tech.* finish; **~ur** [drɛ'su:r] *f* (-; -en) training; breaking-in.

dribb|eln ['dribəln] *v/i.* (*h.*), 2**ling** [-liŋ] *n* (-s; -s) *soccer*: dribble.

Drill [dril] *mil. m* (-[e]s) drill (*a. fig.*).

'**Drillbohrer** *m* (screw) drill.

'**drillen** *v/t.* (*h.*) *mil.* drill (*a. fig.*); *tech.* **a)** twist, **b)** drill.

Drillich ['driliç] *m* (-[e]s; -e) drill (cloth), tick(ing); **~anzug** *m* fatigue uniform, denims *pl.*; **~zeug** *n* fatigue clothes *pl.*

Drilling ['driliŋ] *m* (-s; -e) (*child*) triplet; *hunt., mil.* three-barrel(l)ed gun; **~turm** *mil. m* triple turret.

drin [drin] → *darin.*

dringen ['driŋən] *v/i.* (*irr., sn*) *durch et.*: force one's way through, break (*or* get) through (*a th.*); penetrate, pierce; pass through; *aus et.*: break forth from, *noise*: come from; *in et.*: penetrate into: invade, enter (by force), force one's way into; *fig.* search into, go to the bottom of; *in die Öffentlichkeit ~* get abroad, spread, leak out; *in j-n ~* urge (*or* press) a p., prevail on (*or* entreat) a p.; *er drang nicht weiter* (*in sie*) he didn't press the point any further; *bis zu et.*: get (*or* go, advance) as far as, reach; *zum Herzen ~* go (straight) to a p.'s heart; (*irr., h.*) *~ auf* (*acc.*) insist on, press for; urge, demand; → *gedrungen*; **~d I.** *adj.* urgent, pressing; priority; imminent, instant (*danger*); strong (*suspicion*); *~es Gespräch teleph.* emergency call; **II.** *adv.* urgently; *~ notwendig* imperative; *~ verdächtig* highly suspect; *~ abraten* (*zu inf., von*) strongly advise against; *~ bitten* plead hard (*acc.* with), request *a p.* earnestly, entreat; *~ brauchen* be in urgent need of, want badly.

dringlich ['driŋliç] *adj.* pressing, urgent; 2**keit** *f* (-) urgency; priority.

'**Dringlichkeits...**: **~antrag** *m* application (*parl.* motion) of urgency; **~bescheinigung** *f* certificate of priority; **~fall** *m* case of (special) emergency; **~liste** *f* priority list; **~stufe** *f* priority (class); *höchste ~* top priority; **~vermerk** *m* priority note.

drinnen ['drinən] *adv.* inside, within; indoors.

dritt|(e) ['drit(ə)] *adj.* third; *aus ~er Hand* at third-hand, indirectly; *wir waren zu ~* we (*or* there) were three of us; *das ist sein ~es Wort* that's his pet saying; 2**e(r)** *m* (-[e]n; -[e]n) *the* third; *jur.* third party; *Heinrich III.* (*der ~*) Henry III (the Third); third best; *er erreichte das Ziel als ~r* he came in third; 2**el** *n* (-s; -) *and* **~el** *adj.* third; *zwei Drittel* two(-)thirds; **~eln** *v/t.* (*h.*) divide into three (parts); **~ens** *adv.* thirdly, in the third place; **~letzt** *adj.* last but two; 2**schuldner** *m* third-party debtor.

droben ['dro:bən] *adv.* above (there), up there; on high.

Droge ['dro:gə] *f* (-; -n) drug; **Drogerie** [drogə'ri:] *f* (-; -n) chemist's (shop), *Am.* drugstore.

Droge'riewaren *f/pl.* drugs.

Drogist [-'gist] *m* (-en; -en) druggist.

Drohbrief ['dro:-] *m* threatening letter.

drohen ['dro:ən] *v/i.* (*h.*) (*dat.*) threaten, menace; *mit der Faust*: shake a fist at; *mit Krieg ~* threaten war, rattle the sabre; warn; shake a warning finger at; *danger, etc.*: threaten, impend, approach, loom (up); *er weiß noch nicht, was ihm droht* he doesn't know yet what is in store for him; *die Firma drohte zusammenzubrechen* the firm threatened to collapse *or* was near (*or* in danger of) going bankrupt *or* was on the verge of failure; **~d** *adj.* threatening, menacing; imminent, impending.

Drohne ['dro:nə] *f* (-; -n) drone (*a. fig.*); **~nschlacht** *f* slaughter of the drones.

dröhnen ['drø:nən] *v/i.* (*h.*) rumble; *engine, gun, voice, etc.*: boom, roar; *machine, voice, etc.*: drone, hum; *thunder, etc.*: roll; *steps*: thud; *room*: resound, ring, echo (*von* with); *mir dröhnt der Kopf* my head is ringing; quake, shake.

'**Drohrede** *f* threatening speech.

Drohung ['dro:uŋ] *f* (-; -en) threat (*mit et.* of a th.; *gegen j-n* to a p.), menace; intimidation; *leere ~* bluff.

drollig ['drɔliç] *adj.* droll, funny, comical; 2**keit** *f* (-) drollery, drollness.

Dromedar [drome'da:r] *n* (-s; -e) dromedary.

drosch [drɔʃ] *pret. of dreschen.*

Droschke ['drɔʃkə] *f* (-; -n) cab, taxi(-cab); **~ngaul** *m* cab-horse; **~nhalteplatz** *m* cab-stand; **~nkutscher** *m* cabman.

Drossel ['drɔsəl] *f* (-; -n) *orn.* thrush; song-thrush, *poet.* mavis; *hunt.* throat; *mot.* throttle; *el.* choking coil, choke; **~ader** *anat. f* jugular vein; **~hebel** *mot. m* throttle (lever); **~klappe** *f* throttle(-valve); 2**n** *v/t.* (*h.*) throttle, choke (*a. mot. and fig.*); **~spule** *el. f* choke coil; **~ung** *fig. f* (-) throttling, curb (-ing); **~ventil** *n* → *Drosselklappe.*

drüben ['dry:bən] *adv.* over there, on the other side, yonder.

drüber ['dry:bər] → *darüber.*

Druck [druk] *m* (-[e]s; [-e]) **1.** (*pl.* ⸚e) pressure (*a. med., tech.*); squeeze (*of hand*); *phys.* **a)** (surface) pressure, compression, **b)** *axial*: thrust, **c)** load, **d)** stress;

atmosphärischer ~ atmospheric pressure; blast; *Dampf unter* ~ live steam; ~ *und Gegendruck* action and reaction; *fig.* pressure; strain, stress; oppression; burden, weight; nightmare; ~ *ausüben auf* (*acc.*) exert pressure on, bring pressure to bear on; *j-n unter* ~ *setzen* put pressure (*or* the screw) on a p.; *colloq. im* ~ *sein* be rushed; **2.** (*pl.* -e) *typ.* impression, print; printing; copy, issue; *großer* (*kleiner*) ~ large (small) print *or* type; *im* ~ *erscheinen* appear in print, be published; *im* ~ *sein* be printing (*or* in the press); *in* ~ *senden* (*gehen*) send (go) to the press; ~ *und Verlag L.* Printers and Publishers L.; '**~anzug** *aer. m* pressure suit; '**~beanspruchung** *f* compressive stress; '**~behälter** *m* pressure tank; '**~bogen** *typ. m* (-s; -) printed sheet; '**~buchstabe** *m* block letter; *in* ~*n schreiben* print, write in block letters.

Drückeberger ['drykəbɛrgər] *colloq. m* (-s; -) shirker, dodger; malingerer; **Drückeberge'rei** *f* (-) shirking; absenteeism.

'**Druck...**: **≈dicht** *tech. adj.* tight, pressurized; **≈empfindlich** *adj.* sensitive to pressure, *med a.* tender.

'**drucken** *v/t.* (*h.*) print; ~ *lassen* have *a th.* printed, bring out, publish; *er lügt wie gedruckt* he lies by the book.

drücken ['drykən] **I.** *v/t.* (*h.*) press; depress (*key, lever*); *j-m die Hand* ~ shake hands with a p., press (*or* squeeze) a p.'s hand; *j-m et.* (*heimlich*) *in die Hand* ~ slip a th. into a p.'s hand; *j-n an sich* ~ press (*or* clasp) a p. to one's breast, give a p. a hug; *fig.* oppress, weigh down, depress, lie (*or* weigh) heavily (up)on; *shoe*: pinch; depress, bring (*or* force) down (*market, prices*); lower, better *a record* (um by); *aer.* nose down; **II.** *v/refl.* (*h.*): *colloq. sich* ~ sneak (*or* slip) away, *Am. a.* beat it, duck; *sich von e-r Pflicht* ~ shirk a duty; *sich* ~ *um* evade, dodge; back out of; *mil.* malinger; *du willst dich nur* ~! you only want to get out of it!; **III.** *v/i.* (*h.*): ~ *auf* (*acc.*) press, touch; *auf den Knopf* ~ press the button; → *drückend, gedrückt*; ≈ *n* (-s) → *Druck*; *weight-lifting*: (*beidarmiges*) (two-hands) clean and press; *gym.* press-up; **~d** *adj.* heavy, oppressive (*a.* ~ *heiß* = sultry, sweltering); ~*e Last fig.* onerous charge; ~*e Armut* grinding poverty.

'**Drucker** *typ. m* (-s; -) printer (*a. device, e.g. Blatt*≈ page-printer).

'**Drücker** *m* (-s; -) latch; latchkey; *on rifle*: trigger; *tech. a.* thumb-release; press-button.

'**Druckerarbeit** *f* press-work.

Drucke'rei *f* (-; -en) printing-office, *Am.* printery, printing shop.

'**Druck-erlaubnis** *f* printing licen|ce, *Am.* -se, imprimatur.

'**Drucker...**: **~presse** *f* (printing-) press; **~schwärze** *f* printer's ink; **~zeichen** *n* printer's mark.

'**Druck...**: **~fahne** *typ. f* (galley-) proof; **~farbe** *f* (printing-)ink; **~feder** *f* tension spring; **~fehler** *m* misprint, typographical error; **~fehlerteufel** *m* gremlin who causes misprints; **~fehlerverzeichnis** *n* errata *pl.*; **≈fertig** *adj.* ready for the press; **≈fest** *adj.* pressure-proof; **~festigkeit** *tech. f* compressive strength; **~füllstift** *m* automatic pencil; **~gas** *n* pressure gas; **~gefälle** *n* pressure drop; **~kabine** *f* pressurized cabin; **~knopf** *m tech.* push-button, press button; *on dress*: patent (*or* snap) fastener; **~knopfanlasser** *mot. m* push-button starter; **~knopfgetriebeschaltung** *mot. f* push-button drive (selection); **~knopfsteuerung** *f* push-button control; **~last** *f* load; **~legung** *f* (-; -en) printing, going to press; **~leitung** *f* pressure line; **~luft** *f* (-) compressed air; **~luftbehälter** *m* compressed air cylinder; **~luftbremse** *f* air(-pressure) brake; **~maschine** *typ. f* printing machine; **~messer** *tech. m* (-s; -) pressure ga(u)ge; *steam*: manometer; **~papier** *n* printing paper; **~platte** *f* printing plate; *el.* armature head; **~posten** *colloq. m* soft job; **~presse** *f* printing-press; **~pumpe** *f* pressure pump; **~punkt** *m tech.* working (*or* straining) point; *rifle, etc.*: pull-off; ~ *nehmen* **a**) take first pressure, **b**) *colloq. fig.* → *sich drücken*; **~raster** *m* (printer's) screen; **~regler** *tech. m* pressure governor; **≈reif** *adj.* ready (*fig.* ripe) for the press.

drucksen ['druksən] *colloq. v/i.* (*h.*) hem and haw, beat about the bush, hesitate.

'**Druck...**: **~sache(n** *pl.*) *f* printed matter, *Am. a.* second-class (matter); *parl.* Document; **~sachenwerbung** *f* direct-mail advertising; **~schmierpresse** *f* grease gun; **~schmierung** *tech. f* forced-feed lubrication; **~schraube** *aer. f* pusher airscrew; *Flugzeug mit* ~ pusher (plane); **~schrift** *f* print, type; publication; **~stock** *m* (-[e]s; -stöcke) (printing) block, cut, electro(type); **~taste** *f* press key; **~telegraph** *m* (type) printing telegraph; **~umlaufschmierung** *mot. f* forced oil circulation, flooding system; **~ventil** *n* reduction (*hydraulics*: delivery) valve; **~verband** *med. m* pressure dressing; **~verfahren** *n* printing process (*or* method); **~walze** *f typ.* printing roller, cylinder; *agr.* press(ing) roll; **~waren** *pl.* printed goods, prints; **~wasser** *n* pressure water; *in compounds*: hydraulic; **~welle** *f* blast, pressure wave; **~zylinder** *m* pressure-cylinder; *typ.* impression; (*offset*: rubber) cylinder.

Drudenfuß ['dru:dən-] *m* pentagram; *bot.* clubmoss.

drum [drum] *adv.* → *darum*; *das* ≈ *und Dran* everything (*or* all the little things) connected with it, the paraphernalia; *mit allem* ≈ *und Dran* with all the trimmings.

drunten ['druntən] *adv.* down there, below (there); downstairs.

drunter und drüber *adv.* upside down, topsy-turvy, higgledy-piggledy; *alles ging* ~ everything was at sixes and sevens.

Druse ['dru:zə] *f* (-; -n) *min.* druse, geode; *vet.* strangles, glanders *pl.*

Drüse ['dry:zə] *f* (-; -n) *anat. f* gland; ~*n pl. mit innerer Sekretion* endocrine glands.

'**Drüsen...**: **~entzündung** *f* adenitis; **~krankheit** *f* glandular disease, scrofula; **~schwellung** *f* glandular swelling; **~tätigkeit** *f* (-) glandular activity.

Dryade [dry'ɑ:də] *f* (-; -n) dryad.

Dschungel ['dʒuŋəl] *m* (-s; -) jungle; **~fieber** *n* jungle-fever.

Dschunke ['dʒuŋkə] *f* (-; -n) junk.

du [du:] *pron. pers.* you; *eccl., poet.* thou; *bist* ~ *es?* is it you?; *auf* ~ *und* ~ *stehen* be on intimate terms (*mit* with).

Dualismus [dua'lismus] *m* (-) dualism.

Dübel *tech. m* ['dy:bəl] *m* (-s; -) dowel, peg, plug.

Dublee [du'ble:] *n* (-s; -s) rolled gold.

Dublette [du'blɛtə] *f* (-; -n) duplicate, double (specimen); *gr.* doublet; *hunt.* right-and-left (shot); *boxing*: doublette.

ducken ['dukən] *v/t.* (*h.*) duck (*one's head*); *fig.* take *a p.* down a peg or two; *sich* ~ **a**) stoop, cower, crouch, **b**) duck, **c**) *fig.* cringe, cower, knuckle under (*vor dat.* to).

Duckmäuser ['-mɔyzər] *m* (-s; -) sneak, cringer, *Am. sl.* pussyfoot; hypocrite; **≈ig** *adj.* cringing, sneaking; hypocritical.

Dudelei [du:də'laɪ] *f* (-) tootling; **dudeln** ['du:dəln] *v/i. and v/t.* (*h.*) tootle; thrum, strum; skirl.

'**Dudelsack** *m* bagpipe; *auf dem* ~ *spielen* play (on) the bagpipe, skirl; **~pfeifer** *m* bagpiper.

Duell [du'ɛl] *n* (-s; -e) duel; ~ *auf Pistolen* duel with pistols; **Duellant** [-'lant] *m* (-en; -en) duellist; **duellieren:** *sich* ~ (*h.*) (fight a) duel.

Duett [du'ɛt] *n* (-[e]s; -e) duet.

Duft [duft] *m* (-[e]s; ⸚e) exhalation, haze; pleasant smell, fragrance, perfume, aroma, (sweet) scent; waft, whiff; **≈en** *v/i.* exhale fragrance, have a perfume, smell sweet; ~ *von* be scented (*or* fragrant, sweet) with; be redolent with; '**≈end** *adj.* fragrant, sweet-smelling (*or* -scented), aromatic; '**≈ig** *adj.* fragrant; filmy, dainty; hazy; '**~stoff** *m* odorous substance, perfume, scent; *chem.* odiferous agent.

Dukaten [du'kɑ:tən] *m* (-s; -) ducat; **~gold** *n* ducat (*or* fine) gold.

duld|en ['duldən] *v/t.* (*h.*) bear (patiently), endure, suffer; tolerate, permit, put up with, shut one's eyes to; → *Aufschub*; *ich dulde nicht, daß* I won't have it that; **≈er(in** *f*) *m* (-s, -; -, -nen) sufferer; **~sam** *adj.* tolerant (*gegen* of), indulgent (to), patient (with), forbearing; **≈samkeit** *f* (-) tolerance (*gegen* of), forbearance; **≈ung** *f* (-) toleration, sufferance.

dumm [dum] *adj.* stupid, dull, dense, *Am. a.* dumb; idiotic, brainless, blockheaded; silly, foolish; imprudent, unwise; fatuous; awkward (*thing*); dizzy, giddy (*von, vor dat.* with); ~*er Junge* young shaver, jackanapes; e-e ~*e Sache* an awkward business; ~*er Streich* foolish prank; ~*es Zeug!* nonsense!, rubbish!, bosh!; ~*es Zeug reden* talk nonsense (*or* through one's hat, *or* hot air); ~ *machen, für* ~ *verkaufen* dupe, *Am. sl.* play *a p.* for a sucker; *sich* ~ *stellen* play the fool; *er ist nicht so* ~ he is no fool; *so* ~ *müßte ich sein!* catch me doing that!; *das ist zu* ~*!* how awkward!, what a nuisance (*or* bore)!; *schließlich wurde es mir zu* ~ at last I got tired of all this; *das war* ~ *von mir* how stupid of me; '**2e(r)** *m* (-[e]*n*; -[e]*n*) fool; *der* ~ *sein* be the loser (*or* dupe), (have to) pay the piper; *die* ~*n werden nicht alle* fools never die out, *Am.* there's a sucker born every minute; '**~dreist** *adj.* impudent, impertinent, saucy; '**2heit** *f* (-; -*en*) stupidity, dullness; foolishness, silliness; ignorance; imprudence; folly; blunder; foolish prank; indiscretion, faux pas (*Fr.*); e-e ~ *begehen or machen* do a foolish thing, put one's foot in it, *sl.* drop a brick; ~*en* (*pl.*) *treiben* cut capers, (play the) clown; '**2kopf** *m* blockhead, duffer, stupid, *Am. sl.* sap(head), dumbbell; fool.

dumpf [dumpf] *adj.* hollow, dull, muffled (*sound*); ~*er Aufprall, etc., a.* ~ *aufprallen, etc.* thud; heavy, sultry, close (*air*); muggy, stifling (*weather*); stuffy, fusty; mo(u)ldy, musty; *fig.* dull; gloomy; dim, faint; e-e ~*e Ahnung, ein* ~*es Gefühl* a dark feeling.

'**dumpfig** *adj.* damp, dank; mouldy, musty; close, stuffy, fusty; sultry, stifling.

Düne ['dy:nə] *f* (-; -*n*) dune, sandhill; '**~ngras** *n* beach grass.

Dung [duŋ] *m* (-[e]s) dung, manure.

Düngemittel ['dyŋə-] *n* fertilizer.

'**düngen** *v/t.* (*h.*) dung, manure; fertilize.

'**Dünger** *m* (-s; -) dung, manure; fertilizer.

'**Dung...: ~erde** *f* vegetable earth, mo(u)ld, compost; **~grube** *f* manure pit; **~haufen** *m* dunghill.

'**Düngung** *f* (-) manuring, fertilizing.

dunkel ['duŋkəl] *adj. generally*: dark; dim, murky; dusky; gloomy, somb|re, *Am.* -er; *fig.* dark, obscure, deep, mysterious; vague, dim, hazy (*feeling, memory*); ~ *machen* darken; ~ *werden* get (*or* grow) dark, darken, dim; shady, dubious, obscure (*dealings, existence, etc.*); *das dunkle Mittelalter* the Dark Ages *pl.*; → *Punkt*; '**Dunkel** *n* (-s) *the* dark, darkness, gloom; *fig.* darkness, obscurity, mystery; *im* ~ *der Nacht* in the depth of night; *j-n im 2n lassen* leave a p. in the dark (*über acc.* about); *im* ~*n tappen* grope in the dark.

Dünkel ['dyŋkəl] *m* (-s) (self-)conceit, arrogance.

'**dunkel...: ~blau** *adj.* dark-blue; **~braun** *adj.* dark-brown; tan(ned), tawny.

'**dünkelhaft** *adj.* (self-)conceited, arrogant.

'**dunkel...: ~häutig** *adj.* swarthy; dark(-skinned); **2heit** *f* (-) darkness; *tiefe* ~ blackness, *of skin*: *a.* swarthiness; *fig.* obscurity; darkness, gloom; *in* ~ *hüllen* plunge into darkness, *fig.* wrap in obscurity, spread a veil of mystery over; *bei anbrechender* ~ at nightfall; **2kammer** *phot. f* dark room; **2mann** *m* obscurant(ist); shady character; **~n** **I.** *v/i.* (*h.*) grow dark, darken; **II.** *v/t.* (*h.*) darken, deepen (*colours*); **~rot** *adj.* dark-red; **2schalter** *m* dimmer switch; **2ziffer** *f* estimated figure of unknown cases.

dünken ['dyŋkən] *v/i.* (*h.*) seem, appear; *es dünkt mich* (*a. mir*) it seems to me; *es dünkt mich etwas seltsam* it strikes me as being a little odd; *sich weise* ~ fancy (*or* imagine, think) o.s. wise.

dünn [dyn] *adj. generally*: thin (*a. voice*); fine, delicate; flimsy; sheer (*fabric*); slight, slender, slim; lean, spindly; weak, dilute(d) (*liquid*); *phys.* rare (*air*); ~ *bevölkert* thinly (*or* sparsely) populated; ~ *machen* (make) thin; *colloq. sich* ~*e machen* make o.s. scarce; ~ *werden* grow thin; '**2blech** *n* light-ga(u)ge steel sheet; '**2bier** *n* small beer; '**2darm** *m* small intestine (*or* gut); '**2druckpapier** *n* India paper; '**2e**, '**2heit** *f* (-) thinness; fineness; flimsiness; slenderness; weakness (*of liquid*); *phys.* rarity (*of air*); '**~flüssig** *adj.* thinly liquid, watery, fluid; light, thin-bodied (*oil*); **~gesät** ['-gəsɛ:t] *adj.* thin-sown, thinly scattered; *fig.* sparse, scarce; '**~wandig** *adj.* thin-walled.

Dunst [dunst] *m* (-es; ⸚e) exhalation; vapo(u)r, steam; smoke; fume; haze, mist; *fig. j-m e-n blauen* ~ *vormachen* throw dust into a p.'s eyes, humbug a p.; *er hat keinen* (*blassen*) ~ *davon* he hasn't the foggiest idea about it.

dünsten ['dynstən] **I.** *v/t.* (*h.*) stew; **II.** *v/i.* (*h.*) stew; vapo(u)r, steam, smoke.

'**dunstig** *adj.* vaporous; damp; hazy, misty; → *dumpfig*.

'**Dunstkreis** *m* atmosphere.

'**Dünst-obst** *n* stewed fruit.

'**Dunstschleier** *m* haze.

Dünung ['dy:nuŋ] *f* (-; -*en*) swell, surf.

Duodez [du:o'de:ts] *typ. n* (-es) duodecimo; **~band** *m* (-[e]s; ⸚e) duodecimo (volume); **~fürst** *m* petty prince, princeling.

Duodezi'malsystem *n* duodecimal system.

düpieren [dy'pi:rən] *v/t.* (*h.*) dupe.

Duplex|bremse ['du:plɛks-] *mot. f* duplex brake; **~betrieb** *el. m* duplex operation; **~leitung** *f* duplex circuit.

Duplik [du'pli:k] *jur. f* (-; -*en*) (defendant's) rejoinder.

Duplikat [dupli'ka:t] *n* (-[e]s; -e) duplicate; (identical) copy; *arts*: replica; **~s-quittung** *f* duplicate receipt.

Duplizität [-litsi'tɛ:t] *f* (-) duplicity.

Dur [du:r] *mus. n* (-; -) major.

'**Dur-alumin(ium)** *n* duralumin.

durch [durç] **I.** *prp.* (*acc.*) through, *Am. a.* thru; across; ~ *ganz England* throughout (*or* all over) England; through, by, by means (*or* the agency) of; → *wegen*; through(out), during; *das ganze Jahr* ~ throughout the year, the whole year through; *den ganzen Tag* ~ all day (long), the clock round; *die ganze Nacht* ~ all night long; **II.** *adv.*: *es ist drei* (*Uhr*) ~ it is past three; *hast du das Buch schon* ~? have you finished the book?; ~ *und* ~ through and through, thoroughly, completely, *fig. a. person*: to the backbone; *ein Politiker* ~ *und* ~ a dyed-in-the-wool (*or* engrained) politician; ~ *und* ~ *ein Ehrenmann* a thorough gentleman; ~ *und* ~ *naß* wet (*or* drenched) to the skin.

'**durch-ackern** *fig. v/t.* (*h.*) plough through.

'**durch-arbeiten I.** *v/t.* (*h.*) work through; study thoroughly; exercise, train, give *the body* a work-out; work *or* knead (thoroughly); complete, finish; *sich* ~ work (*or* make) one's way through; **II.** *v/i.* (*h.*) work without a break.

durch'aus *adv.* throughout, thoroughly; through and through, out and out; absolutely, quite, positively, definitely, by all means; downright; ~ *nicht* not at all, not in the least, by no means; ~ *nicht reich* far from rich; *wenn du es* ~ *willst* if you insist on (*or* make a point of) it; *sie wollte es* ~ *so haben* she wouldn't do it otherwise.

'**durchbacken** *v/t.* (*irr., h.*) bake thoroughly; *durchgebacken* well done.

durch'beben *v/t.* (*h.*) thrill (through), pervade, go through.

'**durch|beißen** *v/t.* (*irr., h.*) bite through (*or* in two); *fig. sich* ~ fight it out, struggle through; weather the storm; **~betteln:** *sich* ~ (*h.*) beg one's way; live by alms; **~biegen:** *sich* ~ (*irr., h.*) bend through, sag; **~bilden** *v/t.* (*h.*) educate (*or* train) thoroughly; improve, perfect, develop fully (*or* to perfection); design; **~blättern** *v/t.* (*h.*) glance (*or* skim) through (*a book*), *Am.* leaf (*or* thumb) through; **~bleuen** *v/t.* (*h.*) beat soundly, thrash, give a sound hiding; **2blick** *m* (*auf or in acc.* of), view, vista, perspective; peep; **~blicken** *v/i.* (*h.*) look (*or* peer) through; *fig.* become apparent, peep out, show; *colloq.* get it; ~ *lassen* give to understand, hint.

durch'bluten *v/t.* (*h.*) supply with blood.

durch'bohren I. *v/t.* (*h.*) pierce; stab; run through; perforate; *fig.* → *Blick*; **II.** *v/i.* (*h.*) '*durchbohren* bore through; *sich* ~ bore one's way (through); **~d** *adj.* piercing, keen (*glance*); gnawing (*pain*); **~boxen** *colloq. v/t.* (*h.*) push *a th.* through; *sich* ~ struggle through.

'**durch|braten** *v/t.* (*irr., h.*) roast thoroughly; *durchgebraten* well done; **~brechen**[1] **I.** *v/t.* (*irr., h.*) break through (*or* in two), snap; *ein Loch* ~ make *or* cut a hole; **II.** *v/i.* (*irr., sn*) break (*or* crash) through, force one's way (through); appear, show; break (*or* come) out; *blossoms*: come (*or* spring) forth; *teeth*: cut; **~'brechen**[2] *v/t.* (*irr., h.*) break through, pierce; run (*blockade*); perforate; *fig.* break, be contrary to; **~brennen** *v/t.* (*irr.*, *h.*) *and v/i.* (*irr.*, *sn*) burn through; burn a hole in; *el.* fuse, blow; burn out; *colloq. fig.* run away, bolt (*mit et.* with); *sie brannte mit ihm durch* she eloped with him; **~bringen** *v/t.* (*irr.*, *h.*) bring (*or* get) through; see *a th. or p.* safely through; pull *a patient* through, bring *a p.* round; bring up, rear (*children*); pass (*law*) → *durchdrücken*; squander, *sl.* blue (*money*); *sich ~* support o.s., make both ends meet; *sich ehrlich ~* make an honest living; *sich kümmerlich ~* make a poor living, scrape through.

durchbrochen [-ˈbrɔxən] *adj.* pierced, perforated; *~e Arbeit* pierced work, *sewing*: openwork, *of goldsmith*: filigree(-work).

ˈ**Durchbruch** *m mil.* break-through, penetration; rupture, bursting (*of dam, etc.*); gap, breach, opening; *med.* eruption; *of teeth*: cutting; *of road*: piercing, cutting; *fig.* break-through, ultimate success; *zum ~ kommen* appear, show, burst forth; **~sschlacht** *mil. f* break-through battle; **~s-stelle** *mil. f* point of penetration; **~sversuch** *mil. m* attempted break-through, *Am.* probe.

durchdacht [-ˈdaxt] *adj.*: *gut ~* well--reasoned, well weighed; well--devised.

durchˈdenken *v/t.* (*irr.*, *h.*) think (*or* reason) out; think *a th.* over, turn *a th.* over in one's mind.

ˈ**durch|drängen** *v/t.* (*h.*) force (*or* press) through; *sich ~* force (*or* squeeze, elbow, push) one's way through; **~drehen I.** *v/t.* (*h.*) crank *the engine* (through); *aer.* swing; pass *meat* through the mincer, mince; **II.** *colloq. v/i.* (*sn*) go mad, crack up; **~dringen I.** *v/i.* (*irr.*, *sn*) get through, penetrate; *liquid*: permeate, ooze through; *news*: get abroad, leak out; *fig. person*: succeed, carry one's point, win through; *opinion*: prevail; **II.** *v/t.* (*irr.*, *h.*) *durchˈdringen* penetrate, pierce; permeate, pass through; *fig.* penetrate; fill, imbue, inspire (*mit* with); **~d** *adj.* penetrating, piercing; piercing, cutting (*cold, wind*); piercing, shrill (*voice*); *~er Schrei* scream, shriek; penetrating, keen (*intelligence*).

Durchdringung [-ˈdriŋuŋ] *f* (-) penetration, pervasion; *pol. friedliche ~* peaceful penetration; **~svermögen** *n* penetrating power.

ˈ**durchdrücken** *v/t.* (*h.*) press (*or* squeeze) through; straighten (*knee, etc.*); *fig.* → *durchsetzen*; *pol.* rush (*or* railroad) *a bill* through.

durchdrungen [-ˈdruŋən] *adj.* imbued, impressed, inspired (*von* with).

durchˈeilen *v/t.* (*h.*) (*v/i.* [*sn*] ˈ*durcheilen*) hasten (*or* hurry, rush) through, pass through *or* across in haste; *sports*: cover (*a distance*).

durcheinˈander *adv.* in confusion; in a jumble, pell-mell, higgledy--piggledy; promiscuously; *ganz ~ sein person*: be all mixed up, be all upset; **&** *n* (-s; -) confusion; disorder, disarray; muddle, jumble; medley of voices; **~bringen** *v/t.* (*irr.*, *h.*) muddle up; *j-n*: upset, bewilder a p.; mix up (*ideas*); **~geraten** *v/i.* (*irr.*, *sn*) get mixed up; **~reden** *v/i.* (*h.*) talk (*or* speak) simultaneously *or* confusedly, speak all in a crowd; **~werfen** *v/t.* (*irr.*, *h.*) throw into disorder, jumble up; *fig.* mix up.

ˈ**durchfahren I.** *v/i.* (*irr.*, *sn*) pass (*or* drive *or mar.* sail *or rail.* run) through; go through (without stopping, *mar.* landing); *unter e-r Brücke*: shoot a bridge; **II.** *v/t.* (*irr.*, *h.*) *durchˈfahren* pass through, → *I.*; *das Meer ~* sail *or* cross the sea; *fig.* go (*or* run, rush) through; *der Gedanke durchfuhr mich* the idea flashed upon me.

ˈ**Durchfahrt** *f* passage (through); thoroughfare; gate(-way); channel; *~ verboten!* no thoroughfare!; **~shöhe** *f* clearance (height); **~srecht** *n* right of passage (*or* way); **~szoll** *m* transit-duty, toll.

ˈ**Durchfall** *m med.* diarrh(o)ea; *fig.* failure, *thea., etc. sl.* flop; **&en I.** *v/i.* (*irr.*, *sn*) fall through; *ped. etc.* fail, be rejected, flunk; *in election*: be unsuccessful, be defeated; *thea. sl.* turn out a flop; *~ lassen* reject, flunk; *thea.* damn; **II.** *v/t.* (*irr.*, *h.*) *durchˈfallen* fall (*or* drop) through.

ˈ**durch|faulen** *v/i.* (*sn*) rot through; **~fechten** *v/t.* (*irr.*, *h.*) fight (*or* battle, see) *a th.* through, fight it out; carry one's point; *sich ~* fight one's way through; **~feilen** *v/t.* (*h.*) file through; *fig.* polish, give the last finish to.

durchˈfeuchten *v/t.* (*h.*) wet thoroughly, soak.

ˈ**durchfinden:** *sich ~* (*irr.*, *h.*) find one's way through; *er findet sich nicht mehr durch* he is at his wit's end (*or* completely at a loss).

durchˈflechten *v/t.* (*irr.*, *h.*) interlace, interweave, intertwine.

durchˈfliegen I. *v/t.* (*irr.*, *h.*) fly through; fly (*or* cover) *a distance*; *fig.* skim over, run (*or* glance) through; **II.** *v/i.* (*irr.*, *sn*) ˈ*durchfliegen* fly through *a book*; *colloq.* fail, get ploughed in, flunk *an examination.*

durchˈfließen *v/t.* (*irr.*, *h.*) flow (*or* run) through (*a. fig.*); *el.* pass, traverse.

ˈ**Durchflug** *m* flying through, transit by air.

ˈ**Durchfluß** *m* flow(ing through), passage; *tech.* flow, discharge; **~erhitzer** *m* flow heater; **~geschwindigkeit** *f* velocity of flow (*or* circulation); **~menge** *f* rate (*or* quantity) of flow; **~messer** *m* (-s; -) flow meter.

durchˈfluten *v/t.* (*h.*) flow (*or* run) through; *fig. a.* flood, pervade.

durchˈforsch|en *v/t.* (*h.*) search through, investigate; scrutinize; explore (*country*); **&ung** *f* search, investigation; scrutiny; exploration.

durchforsten [-ˈfɔrstən] *v/t.* (*h.*) thin (*a forest*).

ˈ**Durchfracht** *econ. f* through freight; **~brief** *m* through way-bill; **~konossement** *n* through bill of lading.

ˈ**durchfragen:** *sich ~* (*h.*) ask one's way through.

ˈ**durchfressen** *v/t.* (*irr.*, *h.*) eat through; *chem., geol.* corrode.

ˈ**durchfrieren** *v/i.* (*irr.*, *sn*) freeze (*or* chill) through.

Durchfuhr [ˈ-fuːr] *econ. f* (-) transit.

ˈ**durchführ|bar** *adj.* practicable, feasible, workable; **&barkeit** *f* (-) practicability, feasibility, workability; **~en** *v/t.* (*h.*) lead (*or* convey, take) through *or* across; pass *a wire* through; *fig.* carry through *or* out; conduct, effect (*investigation, etc.*); *parl.* implement, (*a. jur.*) enforce (*a law*); complete, accomplish; realize, go ahead with.

ˈ**Durchfuhr...:** **~handel** *m* transit trade; **~schein** *m* permit of transit.

ˈ**Durchführung** *f* carrying-out, execution; performance; completion; realization; implementation, (*a. jur.*) enforcement (*of law*); *tech.* passing through, wall entrance; **~sbestimmungen** *f/pl.* implementing regulations; **~sverordnung** *f* regulation.

ˈ**Durchfuhr...:** **~verbot** *n* transit embargo; **~zoll** *m* transit duty.

durchfurcht [-ˈfurçt] *adj.* furrowed.

ˈ**durchfüttern** *v/t.* (*h.*) feed through the winter; *j-n*: feed, support *a p.*; *sich ~ lassen von j-m* live (*or* sponge) on a p.

ˈ**Durchgabe** *f* transmission; special announcement.

ˈ**Durchgang** *m* passage; passage-way, gateway, alley; *a. aer.* gangway, *Am.* aisle; *tech.* connecting passage; *of valve*: gate, diameter; *ast., econ.* transit; *sports*: round, heat, run; *kein ~!* no thoroughfare!, private (road)!

Durchgäng|er [ˈ-gɛŋər] *m* (-s; -) bolter, runaway (horse); *person*: (*a. ~in*) absconder, runaway; **&ig I.** *adj.* general, universal; uniform (*prices*); **II.** *adv.* generally, as a rule.

ˈ**Durchgangs...:** **~bahnhof** *m* through-station; **~güter** *n/pl.* transit goods *pl.*; **~handel** *m* transit trade; **~konto** *n* transit account; **~lager** *n* transit camp; **~schein** *m* permit (of transit); **~straße** *f* thoroughfare, through road; **~verkehr** *m* through traffic; *mot.* non--resident traffic; transit trade; **~visum** *n* transit visa; **~wagen** *m* corridor carriage, through carriage; **~zoll** *m* transit duty; **~zug** *m* through (*or* express) train; corridor train.

ˈ**durchgeben** *v/t.* (*irr.*, *h.*) pass on *news*, pass *the word*; *teleph.* transmit, *radio*: announce.

ˈ**durchgehen I.** *v/i.* (*irr.*, *sn*) go (*or* walk) through, pass (through); go through, penetrate; abscond, run away, *lovers*: elope; *horse*: bolt; *tech., mot.* race, run away; *bill, motion*: pass, be carried; pass, be tolerated; *et. ~ lassen* let pass, overlook, close one's eyes to; *j-m nichts ~ lassen* pass a p. nothing; *mit j-m ~* (*feeling, etc.*) run away with a p.; **II.** *v/t.* (*irr.*, *sn*) *fig.* go through *a th.*; go over *a th.*; **~d I.** *adj.* through; continuous; *~er Dienst* twenty-four--hour service; *~er Zug* through (*or* non-stop) train; ~*e Fahrkarte* through-ticket; *e-e* ~*e Fahrkarte lösen* book through; **II.** *adv.* generally, usually; throughout; ~ *geöffnet* open throughout.

durch'geistigt *adj.* spiritual, highly intellectual.

'durch|gießen *v/t.* (*irr.*, *h.*) pour through; filter, strain; **~gleiten** *v/i.* (*irr.*, *sn*) glide (*or* slide, slip) through; **~glühen** *v/t.* (*h.*) make red-hot; *tech.* anneal thoroughly; *el.* burn out (*bulb*); *fig. durch'glühen* inflame, inspire; *durchglüht von a.* glowing with; **~graben** *v/t.* (*irr.*, *h.*) dig through, pierce; *sich* ~ dig one's way through; **~greifen** *v/i.* (*irr.*, *h.*) pass one's hand through; *fig.* take rigorous action, resort to drastic measures, use a strong hand; **~greifend** *adj.* drastic; radical, sweeping; **~halten** *v/t.* and *v/i.* (*irr.*, *h.*) hold out (to the end); see it through, stick (*or* sweat) it out; *verzweifelt* ~ hang on for dear life; *sports*: *a.* stay, last out; *das Tempo* ~ stand the pace; **2haltevermögen** *n* (*-s*) stamina, staying power; **2hang** *m* sag; **~hauen** *v/t.* (*h.*) cut (*or* hew) through; cleave, split; cut (*or* chop, hew) in two; flog, give *a p.* a thrashing; *sich* ~ hack one's way through; **~hecheln** *v/t.* (*h.*) *fig.* gossip about *a p.*; run down, pull to pieces; **~helfen** *v/i.* (*irr.*, *h.*) (*dat.*) help through; see *a p.* through, help *a p.* out of a difficulty; *sich* ~ get by, manage; **~hocken** *v/i.* (*h.*), **2hocken** *n* (*-s*) *gym.* squat through.

durch'irren *v/t.* (*h.*) wander (*or* rove) through.

'durch|jagen I. *v/i.* (*sn*) rush (*or* race, tear) through; **II.** *v/t.* (*h.*) drive (*or* chase) through; *country*: (*durch'jagen*) hunt through *or* across; *fig.* → *I.*; **~kämmen** *v/t.* (*h.*) comb (thoroughly); *fig. mil.*, *etc.* comb (out); *pol.* screen; **~kämpfen** *v/t.* and *sich* ~ (*h.*) → *durchfechten*; **~kauen** *v/t.* (*h.*) chew through; *fig.* ruminate over *a th.*; repeat *a th.* over and over again, belabo(u)r *a th.*; **~kneten** *v/t.* (*h.*) knead (*or* work) thoroughly; **~kochen** *v/t.* (*h.*) boil thoroughly; *durchgekocht* well done; **~kommen** *v/i.* (*irr.*, *sn*) come (*or* get) through; *fig.* (manage to) get through, succeed; *ped.* pass; *patient*: pull through; *mit et.* ~ get along (*or* by) with a th., do (*or* manage) with a th.; *kümmerlich* ~ scrape through, make both ends meet; *damit kommst du bei ihm nicht durch sl.* that cuts no ice with him; **~kosten** *v/t.* (*h.*) taste one *dish*, *etc.*, after the other; *fig.* go through; endure, undergo.

durch'kreuzen *v/t.* (*h.*) cross; *fig. a.* thwart, foil, frustrate.

'durchkriechen *v/i.* (*irr.*, *sn*) creep (*or* crawl) through.

Durch|laß ['durçlas] *m* (*-sses*; *⸚sse*) passage; outlet, opening; conduit, duct; culvert; (*sluice*) gate; filter; *um* ~ *bitten* ask for permission to pass; ~ *erhalten* be allowed to pass; **2lassen** *v/t.* (*irr.*, *h.*) let (*or* allow to) pass, let through; pass (*examinee*, *motion*); *phys.* be pervious *or* permeable to; transmit (*light*); *Wasser* ~ leak; filter, strain; *fig.* let pass; → *durchgehen lassen*; **2lässig** *adj.* permeable, pervious (to); porous; leaky; translucent, diaphanous; **~lässigkeit** *f* permeability, perviousness; porosity; leakiness; translucence; *opt.* transmission factor; *elektrische* ~ electric constant.

Durchlaucht ['-lauxt] *f* (*-*; *-en*) (Serene) Highness; *Seine* ~ His Grace; **durchlauchtig(st)** [-'lauxtiç(st)] *adj.* (most) serene, illustrious.

'durchlauf|en I. *v/i.* (*irr.*, *sn*) run through, pass through (quickly); *liquid*: percolate, filter, ooze through; *econ.* ~*de Kredite* loans granted on a trust basis; ~*de Mittel* transitory monies; **II.** *v/t.* (*irr.*, *h.*) wear (*or* go) through (*shoes*); *sich die Füße* ~ walk one's feet sore (*or* off); *durch'laufen* run through (*a. fig. feeling*, *shudder*); traverse; *a. phys.*, *tech.* travel through; *sports*: *e-e Strecke* ~ cover a distance; *fig.* pass through (*a school*, *etc.*); spread (*over a town*); **~end** *adj.* continuous (*a. tech.*); **2erhitzer** *m* continuous-flow water heater; **2schmierung** *f* total-loss lubrication.

durch'leben *v/t.* (*h.*) go (*or* pass, live) through, experience.

'durch|leiten *v/t.* (*h.*) lead (*or* conduct, channel) through; **~lesen** *v/t.* (*irr.*, *h.*) read through *or* over, peruse; **~leuchten I.** *v/i.* (*h.*) shine through; *fig.* come to light, become apparent, show; **II.** *v/t.* (*h.*) *durch'leuchten* (flood with) light; *med.* X-ray, screen; *fig.* fill with light, illumine; investigate, analyze; clear up.

Durch'leuchtung *f* (*-*; *-en*) illumination; *med.* X-ray screening, radio(scopy); **~sschirm** *m* fluorescent screen.

'durchliegen: *sich* ~ (*irr.*, *h.*) get bed-sore.

durch'lochen *v/t.* (*h.*) punch (*tickets*, *etc.*); puncture.

durchlöcher|n [-'lœçərn] *v/t.* (*h.*) make holes into, perforate, punch; pierce; riddle (*with bullets*); **~t** *adj.* full of holes; perforated; punctured; riddled.

durch'lüft|en *v/t.* (*h.*) air, ventilate; **2ung** *f* airing, ventilation.

'durchmachen *v/t.* (*h.*) go (*or* pass) through; go through (suffering, *etc.*); endure, suffer.

'Durchmarsch *m* passage *of troops*, march(ing) through; **2ieren** *v/i.* (*sn*) march through.

durch'messen *v/t.* (*irr.*, *h.*) traverse, pass over; cover, travel (*distance*); walk; *er durchmaß das Zimmer mit langen Schritten* he paced the floor.

'Durchmesser *m* (*-s*; *-*) diameter; *äußerer* (*innerer*) ~ outside (inside) diameter.

'durch|mischen *v/t.* (*h.*) mix thoroughly, intermix; **~müssen** *v/i.* (*irr.*, *h.*) have (*or* be obliged) to pass; **~mustern** *v/t.* (*h.*) pass in review; scrutinize, scan.

durch'nässen *v/t.* (*h.*) wet through, soak, drench; *ganz durchnäßt* wet to the skin, soaked, drenched.

'durch|nehmen *v/t.* (*irr.*, *h.*) go through *or* over, deal with, treat (*subject*); *b.s.* → *durchhecheln*; **~numerieren** *v/t.* (*h.*) number consecutively; **~pausen** [-pauzən] *v/t.* (*h.*) trace, calk; **~peitschen** *v/t.* (*h.*) whip (soundly); *fig.* hurry (*or* rush) through; *parl.* rush (*or* hustle, *Am. a.* railroad) *a bill* through; **~pressen** *v/t.* (*h.*) press (*or* squeeze) through; *cul.* pass through; strain; **~prüfen** *v/t.* (*h.*) examine (*or* test) thoroughly; scan, screen; **~prügeln** *v/t.* (*h.*) beat soundly, thrash.

durchpulst [-'pulst] *fig. adj.*: ~ *von* (*dat.*) pulsating (*or* vibrating) with.

durchquer|en [durç'kve:rən] *v/t.* (*h.*) pass through, cross, traverse; *fig.* → *durchkreuzen*; **2ung** *f* (*-*; *-en*) crossing.

'durchquetschen *v/t.* and *sich* ~ (*h.*) squeeze through.

durch'rasen *v/t.* (*h.*) (*and v/i.* [*sn*] *'durchrasen*) race (*or* rush, tear) through.

'durch|räuchern *v/t.* (*h.*) smoke thoroughly; fumigate (*air*, *etc.*); **~rechnen** *v/t.* (*h.*) count (*or* calculate, go) over, check; **~reiben** (*irr.*, *h.*) → *durchscheuern*; **2reiche** [-raiçə] *f* (*-*; *-n*) (service) hatch; **~reichen** *v/t.* (*h.*) pass (*or* hand, reach) through; **2reise** *f* passage, transit; *auf der* ~ on one's way through; **~reisen I.** *v/i.* (*sn*) travel (*or* pass) through; **II.** *v/t.* (*h.*) *durch'reisen* travel over, tour (*a country*); **2reisende(r** *m*) *f* travel(l)er, *Am. a.* transient; *rail.* through passenger; **2reisevisum** *n* transit visa; **~reißen I.** *v/i.* (*irr.*, *sn*) tear, get torn, break; **II.** *v/t.* (*irr.*, *h.*) *a. durch'reißen* tear asunder (*or* in two), rend; → *Zielband*.

'durchreiten I. *v/t.* (*irr.*, *h.*) gall *a horse* by riding; *sich* ~ chafe o.s. by riding; *durch'reiten* ride through, pass over (*or* cross) on horseback; **II.** *v/i.* (*irr.*, *sn*) ride through.

durch'rennen I. *v/t.* (*irr.*, *h.*) run (*or* race, dash) through; *j-n* ~ run a p. through; **II.** *v/i.* (*irr.*, *sn*) *'durchrennen* run through.

durch'rieseln I. *v/t.* (*h.*) trickle (*or* flow) through; *brook*: *poet.* murmur through; *fig.* run through, thrill *a p.*; **II.** *v/i.* (*sn*) *'durchrieseln* run through; trickle through.

'durchringen: *sich* ~ (*irr.*, *h.*) win (*or* struggle) through (*zu et.* to), fight one's way through; *sich zu e-m Entschluß* ~ make up one's mind (after long inner struggles).

'durch|rosten *v/i.* (*sn*) rust through; **~rühren** *v/t.* (*h.*) stir (*or* mix) thoroughly; **~rutschen** *v/i.* (*sn*) slide (*or* slip) through; **~rütteln** *v/t.* (*h.*) shake up *or* thoroughly; **~sacken** *aer. v/i.* (*sn*) pancake; **2sage** *f*, **~sagen** *v/t.* (*h.*) → *Durchgabe*, *durchgeben*; **~sägen** *v/t.* (*h.*) saw through.

durch'säuern *v/t.* (*h.*) make sour; *chem.* acidify; leaven (*dough*).

'durchschalten *v/i.* (*h.*) *mot.* shift the gears through their full range; *teleph.* connect (*Am.* put) through.

'durchschauen I. *v/i.* (*h.*) look (*or* peer) through; **II.** *v/t.* (*h.*) *fig. durch'schauen* see through, find out, get to the bottom of.

durch'schauern *v/t.* (*h.*) shudder; *fig.* thrill (through); *es durchschauerte ihn* a cold shiver ran through him.

'durch|scheinen *v/i.* (*irr., h.*) shine through; **~scheinend** *adj.* translucent, transparent, diaphanous; **~scheuern** *v/t.* (*h.*) rub through, gall, chaff; wear through; *sich ~* get chafed; **~schießen I.** *v/i.* (*irr., h.*) shoot through; dash through; **II.** *v/t.* (*irr., h.*) shoot through; *typ. durch'schießen* interline, space (out); interleave.

durch'schiffen *v/t.* (*h.*) sail across (*or* through), cross, traverse.

'durchschimmern *v/i.* (*h.*) gleam (*or* shine) through.

'Durchschlag *m* colander, strainer; *typing*: (carbon-)copy, duplicate, carbon; *tech.* punch, drift pin; *mot.* puncture; *el.* disruptive discharge, *Am.* puncture, *dielectric*: breakdown; *of fuse*: blow-out; **2en I.** *v/i.* (*irr., h.*) break (*or* pass, get) through, penetrate; *fig.* take (*or* have) effect, *med. a.* operate; *paper*: blot, run; *colour*: show through; *el.* break down; spark; *fig.* be dominant; become apparent, show, tell; **II.** *v/t.* (*irr., h.*) strain; *sich ~* fight one's way through, *fig.* scrape through, live from hand to mouth; *durch'schlagen* beat (*or* knock) through; pierce, penetrate, *bullet*: *a.* go through; cut (*or* slash) in two; **2end** *adj.* effective, telling, thorough; conclusive, irrefutable (*proof*); sweeping (*victory*); **~er** *Erfolg* striking (*or* sensational) success; **~festigkeit** *el. f* disruptive strength; **~papier** *n* carbon paper; → *Durchschreibepapier*; **~sicherung** *el. f* puncture cut-out; **~skraft** *f* (-) penetrating power, penetration; *fig.* force, impact; **~stoff** *m road-construction*: aggregate.

'durch|schlängeln: *sich ~* (*h.*) *river, etc.*: wind (*or* meander) through; *person*: thread one's way through, *fig.* wriggle through; **~schleichen:** *sich ~* (*irr., h.*) sneak (*or* steal) through; **~schleppen** *v/t.* (*h.*) drag (*or* pull) through; *sich ~* drag o.s. along, pull through; **~schleusen** *v/t.* (*h.*) pass *a vessel* through a lock; *fig. j-n*: guide (*or* get, see) through; *adm.* channel through, *Am.* process, stage; **~schlüpfen** *v/i.* (*sn*) slip through; **~schmelzen** *v/t.* (*irr., h.*) *and v/i.* (*irr., sn*) melt, fuse; **~schmoren** *el. v/i.* (*sn*) char through, *Am.* scorch; **~schneiden** *v/t.* (*irr., h.*) cut through (*or* in two); *durch'schneiden* cut; *fig.* intersect (*a. math.*); cross, traverse; cleave, plough (*the waves*).

'Durchschnitt *m* cutting through; *tech.* section, profile; *math.* intersection; *rail.* cutting; mean, average; *fig.* average, standard; *der ~ der Leute* the common run of men; *im ~* on an average; *über* (*unter*) *dem ~* above (below) average *or* standard; *im ~ erzielen, etc.* average; *den ~ nehmen* strike an average; **2lich I.** *adj.* average, mean; medium (*price, quality*); common, ordinary; mediocre; middling, second-rate; **II.** *adv.* on an average; *~ betragen, leisten, verdienen, etc.* average; *er raucht ~ zehn Zigaretten am Tage* he smokes an average of ten cigarettes a day.

'Durchschnitts...: *in compounds usu.* average; **~einkommen** *n* average income; **~geschwindigkeit** *f* average speed; **~linie** *math. f* line of intersection; **~mensch** *m* average person; man in the street; **~qualität** *f* fair average quality, standard quality; **~wert** *m* average (*or* mean) value; **~zeichnung** *tech. f* profile (*or* cross-section) drawing.

'Durchschreibe|block *m* (-[e]s; ⸚e) carbon-copy pad; **~buch** *n* copying (*or* duplicating) book; **~feder** *f* manifold pen; **2n** *v/t.* (*irr., h.*) copy; **~papier** *n* duplicating paper; **~verfahren** *n* copying process.

'durchschreiten *v/i.* (*irr., sn and v/t.* [*irr., h.*] *durch'schreiten*) stride (*or* step, walk) through, pass (through); cross.

'Durchschrift *f* (carbon) copy; *econ. ~ an* carbon copy (*abbr.* c.c.) to.

'Durchschuß *m weaving*: weft; *typ.* lead, slug; *med.* shot-through, through and through (bullet) wound; *Arm2* shot through the arm; **~blatt** *n* interleaf.

'durchschütteln *v/t.* (*h.*) shake thoroughly; *cold, etc.*: *durch'schütteln* shake; *das Fieder durchschüttelte ihn* he was shivering with fever.

durch'schwärmen *v/t.* (*h.*) roam (*or* swarm) through (*streets*); *die Nacht ~* make a night of it.

durch'schweifen *v/t.* (*h.*) wander through, roam.

'durchschwimmen I. *v/i.* (*irr., sn*) swim (*thing*: float) through *or* across; **II.** *v/t.* (*irr., h.*) *durch'schwimmen* swim through *or* across, cross; swim (*a distance*).

'durchschwitzen *v/t.* (*h.*) soak with sweat; *durchgeschwitzt sein* (*person*) be all in a sweat.

durch'segeln I. *v/t.* (*h.*) sail, cross; sail through *or* across; **II.** *colloq. v/i.* (*sn*) *'durchsegeln candidate*: be ploughed, flunk.

'durch|sehen I. *v/i.* (*irr., h.*) see (*or* look) through; **II.** *v/t.* (*irr., h.*) look *a th.* over, go over *a th.*; glance over; examine, inspect, review; read (*proofs*); revise (*edition*); **~seihen** *v/t.* (*h.*) strain, (pass through a) filter, percolate; **~setzen** *v/t.* (*h.*) **1.** carry through, put through, succeed with; enforce; *s-n Kopf ~* have one's way; *~, daß j-d et. tut* compel *or* force a p. to do a th., make a p. do a th.; *~, daß et. geschieht* cause a th. to be done; *sich ~* assert o.s.; carry one's point (*bei* with); win through *or* recognition, succeed, prevail; *novel, etc.*: take; *Am.* (*person*) get there; make one's way; *product*: prevail on the market (*or* over competing articles); **2.** *durch'setzen* intersperse, mix, saturate (*mit* with).

'Durchsicht *f* perspective, vista; *fig.* looking over, perusal; examination, inspection, check(ing); *typ.* reading; revision (*of edition*); *bei* (*der*) *~ unserer Bücher* on examining our books; **2ig** *adj.* transparent (*a. fig.*); *fig.* perspicuous, lucid; **~igkeit** *f* (-) transparency (*a. fig.*); *fig.* perspicuity, lucidity; **~ssucher** *phot. m* direct view finder.

'durchsickern *v/i.* (*sn*) trickle (*or* ooze, seep) through; percolate; *fig. mil.* infiltrate; *news*: leak out, seep, transpire; **2** *n* (-s) seepage; leakage (*a. fig.*).

'durchsieben *v/t.* (*h.*) **1.** sift, screen (*both a. fig.*); sieve; bolt (*flour*); **2.** *durch'sieben* riddle.

'durch|spielen *v/t.* (*h.*) *mus.* play through *or* over; play to the end; *sports*: *sich ~* dribble through; **~sprechen** *v/t.* (*irr., h.*) talk over, discuss; **~starten** *aer. v/i.* (*sn*) go round again; **~stechen I.** *v/i.* (*irr., h.*) pierce through; perforate; **II.** *v/t.* (*irr., h.*) prick (*with needle*); (*copy*) pounce; cut, dig through (*dam*); *durch'stechen* → *durch'bohren*.

Durchsteche'rei *f* (-; *-en*) underhand dealing(s *pl.*); *Am. pol.* log-rolling.

'durch|stecken *v/t.* (*h.*) pass (*or* stick, put) through; **~stehen** *v/t.* (*irr., h.*) see *a th.* through; → *durchhalten*; **2stich** *m* cut (*a. rail., road-construction, etc.*); canal.

durch'stöbern *v/t.* (*h.*) ransack, rummage through (*nach* for); scour (*area*).

'durchstoßen I. *v/i.* (*irr., sn*) *mil.* penetrate, *a. sports*: break through; **II.** *v/t.* (*irr., h.*) **a)** push (*or* thrust) through; **b)** *durch'stoßen* pierce; → *durch'bohren*; *mil.* break through; fly through (*clouds*).

'durchstreichen *v/t.* (*irr., h.*) **1.** cross (*or* strike) out, cancel; **2.** *durch'streichen* roam (through).

durch'streifen *v/t.* (*h.*) roam, rove, wander through; scour; prowl.

'durchströmen *v/i.* (*sn*) (*and v/t.* [*h.*] *durch'strömen*) flow (*or* run) through; *fig. a.* thrill through.

durch'such|en *v/t.* (*h.*) search (all over); ransack, hunt (*nach* for); comb, scour (*area*); search, *sl.* frisk (*person*); **2ung** *f* (-; -en) search; **2ungsbefehl** *m* search warrant.

'durchtanzen *v/t.* (*h.*) dance through; wear *shoes* out by dancing.

durch'toben *v/t.* (*h.*) roar through.

durch'tränken *v/t.* (*h.*) impregnate (*mit* with); soak.

'durchtrainiert *adj.* well-trained; in splendid condition, *Am.* in shape.

'durchtreten *v/t.* (*irr., h.*) wear out (*shoes*); *mot.* floor (*pedal*); kick (*starter*).

durchtrieben [durç'tri:bən] *adj.* artful, cunning, sly, crafty; mischievous, roguish; **2heit** *f* (-) cunning, craftiness, slyness.

'durchverbinden *v/t.* (*irr., h.*) connect (*teleph. a.* put, extend) through.

durch'wachen *v/t.* (*h.*) pass *the night* waking; lie awake (*die Nacht* all night).

'durchwachsen[1] *v/i.* (*irr., sn*) grow through.

durch'wachsen[2] *adj.* streaky, marbled (*meat*).

'durch|wagen: *sich ~* (*h.*) venture through; **~wählen** *v/i.* (*h.*) *teleph.*

dial through; **~walken** ['-valkən] *v/t.* (*h.*) *tech.* full well; *fig.* thrash.

durch'wandern *v/t.* (*h.*) wander (*or* pass) through (*a. v/i.* [*sn*] '*durchwandern*); traverse, cross.

durch'wärmen *v/t.* (*h.*) warm through.

durch'waten *v/t.* (*h.*) (*and v/i.* [*sn*] '*durchwaten*) wade through, ford.

durch'weben *v/t.* (*h.*) interweave; *fig. a.* intersperse (*mit* with); '*durchgewebter Stoff* reversible fabric.

Durchweg ['durçve:k] *m* (-[e]s; -e) passage, way through.

durchweg ['durçvɛk] *adv.* throughout, down the line; without exception; all of them, (*persons a.*) every manjack.

durch'weich|en *v/t.* (*h.*) soften; soak, drench; **~t** *adj.* soaked, sodden, soggy.

'durchwinden: *sich* ~ (*irr.*, *h.*) wind (*or* meander) through; *person*: worm (*or* thread) one's way through; *fig.* wriggle through; struggle through.

durch'wirken *v/t.* (*h.*) interweave (*mit* with).

durch'wühlen *v/t.* (*h.*) rake (*or* root) up, burrow (*the ground*); search, rummage; ransack; *sich* '*durchwühlen* burrow through; *fig.* work one's way through.

'durchwursteln: *sich* ~ (*h.*) muddle through.

durch'würzen *v/t.* (*h.*) season (*mit* with; *a. fig.*); scent.

'durch|zählen *v/t.* (*h.*) count over; **~zeichnen** *v/t.* (*h.*) trace.

'durchziehen I. *v/t.* (*irr.*, *h.*) **1.** draw (*or* pull) through; drag through; pass *thread* through; run *ditch, etc.* through; *aer.* pull out (of a dive); *arch.* lay (*beam, etc.*); *sich* ~ run (*or* extend) through, *fig.* pervade; **2.** *durch'ziehen* pass (*or* march, travel) through, traverse; interlace; *fig.* pervade, thread; **II.** *v/i.* (*irr.*, *sn*) pass (*or* march) through.

durch'zucken *v/t.* (*h.*) flash through.

'Durchzug *m* passage, march through; draught, *Am.* draft; circulation; ~ *machen* let in fresh air; *arch.* girder; *of bridge*: intermediate tie; **~skraft** *mot. f* engine (*or* tractive) power.

'durch|zwängen *v/t.* (*h.*), **~zwingen** *v/t.* (*irr.*, *h.*) force (*or* sqeeze) through; *sich* ~ squeeze o.s. through, force one's way through.

dürfen ['dyrfən] *v/i.* (*irr.*, *h.*) be permitted *or* allowed, have the right (*zu* to *inf.*); *ich darf* I may; *du darfst nicht* you must not; *darf man?* is it allowed to?; *es darf niemand herein* no one is admitted; *das hättest du nicht sagen* ~ you ought not to have said that; dare; *ich darf sagen* I dare say, I am correct in saying; *man darf wohl annehmen* it is safe to assume; *wir* ~ *es bezweifeln* we have reason to doubt it; *man darf erwarten* it is to be expected; *es dürfte leicht sein* it should be easy; *es dürfte sich erübrigen* it would seem superfluous; *es dürfte zu e-r Krise führen* it is likely (*or* apt) to cause a crisis; *das dürfte Herr X. sein* that would be Mr. X. *or* this is Mr. X., I suppose; *er dürfte mein schlimmster Feind sein* he may well be (*or* is probably) my worst enemy.

durfte ['durftə] *pret. of dürfen.*

dürftig ['dyrftiç] *adj.* needy, indigent; *fig.* poor, inadequate; scanty, meag|re (*Am.* -er), skimpy; slim (*chance*); paltry, measly (*income, etc.*); humble, shabby; *in* ~*en Verhältnissen* in needy circumstances; *ein* ~*er Badeanzug* a scanty (*or* skimpy) bathing-suit; **'℞keit** *f* (-) neediness, indigence; poverty, *fig. a.* poorness, inadequacy; scantiness, paltriness.

dürr [dyr] *adj* dry; arid, barren, sterile (*soil*); gaunt, lean, skinny, spindly; *mit* ~*en Worten* in plain terms, in so many words.

'Dürre *f* (-) dryness; aridity, barrenness; drought; leanness, gauntness.

Durst [durst] *m* (-es) thirst (*nach* for; *a. fig.*); ~ *bekommen* (*haben*) get (be) thirsty; ~ *machen* make thirsty; *s-n* ~ *löschen* quench one's thirst.

dürsten ['dyrstən] *v/i.* (*h.*) be thirsty; *mich dürstet* I feel thirsty; *fig.* thirst *or* crave (*nach* for).

'durstig *adj.* thirsty (*nach* for); dry.

'durst|stillend *adj.* thirst-quenching; **℞strecke** *fig. f* long pull, rough going.

'Dur-tonart *f* major key *or* mode.

Dusch|e ['du:ʃə] *f* (-; -*n*) douche, shower; shower bath; *med.* douche; feminine syringe; *fig.* e-e *kalte* ~ *verabreichen* cast a damp on, throw cold water on; *s-e Rede wirkte wie e-e kalte* ~ *auf sie a.* his words brought them down to earth (with a bang); **℞en** *v/t. and v/i.* (*h.*) douche, shower; (*v/i.*) have *or* take a shower; **~raum** *m* shower room.

Düse ['dy:zə] *f* (-; -*n*) *tech.* nozzle; jet (*a. colloq. plane*); *metall.* blast pipe; *mot.* high speed nozzle; injector.

Dusel ['du:zəl] *colloq. m* (-*s*) dizziness, giddiness; fuddle; luck, fluke; ~ *haben* be in luck, be lucky; *da haben wir noch einmal* ~ *gehabt* that was a close shave; **℞ig** *adj.* dizzy; drowsy; **℞n** *v/i.* (*h.*) doze, be half asleep; be daydreaming.

'Düsen|antrieb *m* jet propulsion; *mit* ~ jet-powered *or* propelled; **~bomber** *aer. m* jet(-propelled) bomber; **~flugzeug** *n* jet(-propelled) aircraft; jet-plane; **~jäger** *aer. m* jet-fighter; **~triebwerk** *n* jet engine (*or* unit); **~vergaser** *mot. m* jet (*or* spray) carburet(t)or.

Dussel ['dusəl] *colloq. m* goof, sap.

düster ['dy:stər] *adj.* dark, gloomy, sombre (*all a. fig.*); dusky; dim (*light*); *fig.* sad, melancholy; dismal, depressing; shady; *ein* ~*es Licht werfen* cast a lurid light (*auf acc.* on); **℞heit** *f* (-), **℞keit** *f* (-) gloom(iness).

Dutzend ['dutsənt] *n* (-*s*; -*e*) dozen (*abbr.* doz.); *ein* (*zwei*) ~ *Gläser* a (two) dozen glasses; ~*e von Leuten* dozens of people; *im* ~ *billiger* cheaper by the dozen; **℞(e)mal** *adv.* dozens of times; **~mensch** *m* commonplace (*or* mediocre) person; **℞weise** ['-vaɪzə] *adv.* by the dozen.

Duz|bruder ['du:ts-] *m*, **~schwester** *f* intimate friend, crony, pal; **℞en** *v/t.* (*h.*) (thee and) thou; call *a p.* by his Christian name; *sich mit j-m* ~ be on intimate terms with a p.

dwars [dvars] *mar. adv.* abeam; **℞linie** *f* line abreast; **℞wind** *m* beam wind.

Dyn [dy:n] *phys. n* (-*s*; -) dyne.

Dynam|ik [dy'nɑ:mik] *f* (-) dynamics *pl.*; *fig.* dynamic force; vitality; **℞isch** *adj.* dynamic(al); progressive (*pension, etc.*).

Dynamismus [dyna'mismus] *phls. m* (-) dynamism.

Dynamit [-'mi:t] *n* (-*s*) dynamite; *mit* ~ *sprengen* (blow up with) dynamite; **~patrone** *f* dynamite cartridge.

Dynamo [dy'nɑ:mo] *m* (-*s*; -*s*), **~maschine** *f* dynamo (machine), generator; **~meter** *n* dynamometer.

Dynastie [dynas'ti:] *f* (-; -*n*) dynasty; **dynastisch** [dy'nastiʃ] *adj.* dynastic(al).

Dysenterie [dyzente'ri:] *med. f* (-; -*n*) dysentery.

Dyspepsie [dyspɛ'psi:] *med. f* (-; -*n*) dyspepsia.

Dystrophie [dystro'fi:] *med. f* (-; -*n*) dystrophy.

D-Zug *m* corridor train, *Am. a.* vestibule train; express train.

E

E, e [e:] *n* E, e; **E, e** *mus. n* (-; -) E.
Ebbe ['ɛbə] *f* (-; *-n*) ebb(-tide), low tide; ~ *und Flut* high tide and low tide, the tides *pl.*, *a. fig.* ebb and flow; *es ist* ~ the tide is out *or* down; *die* ~ *tritt ein* the tide is going out; *colloq. fig. in m-m Geldbeutel ist* ~ my purse is at low ebb; **≗n** *v/i. (h.)* ebb; *es ebbt* it is ebb-tide.
eben ['e:bən] **I.** *adj.* even; level, flat, plain; *math.* plane; smooth; **II.** *adv.* evenly; exactly, precisely; ~! exactly!, quite!; *as to time*: just; *das wollte ich* ~ *sagen* that's just what I was going to say; ~ *damals* just then (*or* at that time); ~ *erst* (only) just now; *er wollte* ~ *gehen* he was just about (*or* going) to leave; *das* ~ *suche ich* that's the very thing I am looking for; *er kam* ~ *recht* he came in the (very) nick of time; *sie ist nicht* ~ *schön* she is not exactly a beauty; *es wird* ~ *reichen* it will just (*or* barely) do; *as expletive*: *er ist* ~ *schon alt* he is an old man after all; *da läßt sich* ~ *nichts machen* it can't be helped, I'm afraid; *es ist* ~ *zu gefährlich* it's too risky, there is no getting away from that; *das nun* ~ *nicht* not precisely that; **≗bild** *n* image, (exact) likeness; *das* ~ *Gottes* God's image; *das* ~ *s-s Vaters* the very picture (*or* the spit and image) of his father; **~bürtig** ['-byrtiç] *adj.* of equal birth (*dat.* with); *fig.* equal, of equal rank *or* value *or* quality; *j-m* ~ *sein* be a p.'s equal, be a match for a p.; *ein* ~*er Nachfolger* a worthy successor; **~da**(**selbst**) *adv.* at the very (same) place, just there; *in books*: ibidem (*abbr.* ib., ibid); **~der, ~die, ~das**(**selbe**) *adj.* the very same (person, thing).
eben'deswegen *adv.* for that very reason; that's just why.
Ebene ['e:bənə] *f* (-; *-n*) plain; level (*or* flat) land *or* ground; *math.* plane; *tech.* plane surface; *schiefe* ~ inclined plane, gradient, slope; *fig.* level, plane; *Besprechungen auf höherer* ~ high-level talks; *auf staatlicher* ~ at government level; *auf gleicher Ebene liegen mit* (*dat.*) be on a level with; *auf die schiefe* ~ *geraten* slide downhill, *Am.* be on the downgrade.
'eben...: ~erdig *adj.* on the ground (*Am.* first) floor; at road level; **~falls** *adv.* likewise, also; too, as well; ~ *nicht* (*kein*) neither, not ... either, nor; → *auch*; **≗heit** *f* (-; -*en*) evenness; smoothness; **≗holz** *n* ebony; **≗maß** *n* symmetry, due proportion; harmony; shapeliness, beauty; **~mäßig** *adj.* symmetrical, well proportioned; harmonious; shapely, beautiful.
'ebenso *adv.* equally, just so; ~ *wie* just as ..., in the same way as ...; *in Amerika* ~ *wie in England* in America no less than in England; likewise; → *auch*; **~gut** *adv.* (just) as well; *wir können* ~ *wegbleiben* we may as well stay away; **~gern** *adv.* just as soon, rather; **~lange** *adv.* just as long; **~oft** *adv.* just as often, as many times (*wie* as); **~sehr, ~viel** *adv.* just as much, no less than; **~wenig** *adv.* just as little, no more than.
Eber ['e:bər] *m* (-*s*; -) (wild) boar; **~esche** *f* mountain-ash, rowan (-tree).
ebnen ['e:bnən] *v/t.* (*h.*) make even, level, plane, smooth; grade; *fig. j-m den Weg* ~ smooth (*or* pave) the way for a p.; *e-r Sache*: *a.* prepare the ground for *a th.*
Ebonit [ebo'ni:t] *n* (-*s*) ebonite.
Echo ['ɛço:] *n* (-*s*; -*s*) echo; reverberation; *ein* ~ *geben* echo, resound, reverberate; *fig.* echo, response; *ein lebhaftes* ~ *finden* meet with a lively response; **≗en** *v/i.* (*h.*) echo; **≗frei** *adj.* anechoic; **~lot** *n mar.* echo depth sounder; *aer.* sonic altimeter.
echt [ɛçt] *adj.* genuine (*a. fig.*); true; real; pure; unadulterated, *metal*: unalloyed; legitimate, lawful; fast (*colour*); fadeless, unfading; natural (*hair*); authentic (*document, etc.*); *math.* ~*er Bruch* proper fraction; *ein* ~*er Engländer* a regular *or* true-born Englishman; *ein* ~*er Freund* a true friend; ~*e Gefühle* genuine feelings; *ein* ~*er Rembrandt* a genuine Rembrandt; *das ist* ~! that's typical (of him), that's him all over! → *durch* (*und durch*); **'≗heit** *f* (-) genuineness; authenticity; purity; sterling quality; legitimacy; fastness.
Eck|ball ['ɛk-] *m soccer*: corner (-kick); *waterpolo, etc.*: corner throw; **~blech** *tech. n* gusset, sheet-iron corner plate.
'Ecke *f* (-; -*n*) corner (*a. fig. region*); angle; edge; nook, recess; *arch.* quoin; *cheese*: wedge; turning; short distance; *an allen* ~*n und Enden* (here, there, and) everywhere; *in die* ~ *drängen a. fig.* corner; *colloq. fig. um die* ~ *bringen* murder, *sl.* bump off; *um die* ~ *gehen* turn (round) the corner, *colloq. fig.* bite the dust, kick the bucket; **~nsteher** *m* loafer.
Ecker ['ɛkər] *bot. f* (-; -*n*) acorn.
'Eck...: ~fenster *n* corner-window; **~haus** *n* corner-house.
'eckig *adj.* angular, cornered; ~*e Klammer* bracket; *fig.* awkward, clumsy; unpolished.
'Eck...: ~laden *m* corner-shop; **~lohn** *m* basic wage; **~pfeiler** *m* corner pillar; *of bridge*: abutment pier; *fig.* corner-stone; **~stein** *m* corner-stone; kerbstone, *Am.* curbstone; *cards*: diamond; **~zahn** *n* eye-tooth, canine tooth; **~zimmer** *n* corner-room.
edel ['e:dəl] *adj.* noble, aristocratic; *von edler Herkunft* of noble birth, highborn; thoroughbred (*horse*); *fig.* noble, lofty (*mind*), → *edeldenkend*; *anat.* vital (*parts*); precious, noble (*metal*); generous; *die edle Kunst der Selbstverteidigung* the noble art of self-defen|ce, *Am.* -se; **~denkend** *adj.* noble- (*or* high-)minded; **≗fäule** *f* overripeness; **≗fichte** *f* silver pine; **≗frau** *f* noblewoman, titled lady; **≗gas** *n* rare gas; **~gesinnt** *adj.* → *edeldenkend*; **≗hirsch** *m* stag, red deer; **≗holz** *n* rare wood; **≗kastanie** *f* sweet (*or* edible) chestnut; **≗knabe** *m* page; **≗mann** *m* (-*es*; -*leute*) noble(man), aristocrat; *pl. Edelleute* noblemen, nobility; gentry;
Edle(**r**) ['e:dlə(r)] *m* (-[*e*]*n*; -[*e*]*n*)→ *Edelfrau, Edelmann.*
E-Dur *n* (-) E major.
'Efeu ['e:fɔʏ] *m* (-*s*) ivy; **≗umrankt** *adj.* ivyclad, ivied.
Effeff ['ɛf'ʔɛf] *colloq. n*: *et. aus dem* ~ *können* have a th. at one's finger-ends, know the ins and outs of a th.
Effekt [ɛ'fɛkt] *m* (-[*e*]*s*; -*e*) effect; *tech. a.* efficiency; *weaving*: design; *nach* ~ *haschen* aim at effect, play to the gallery (*Am.* grandstand); *auf* ~ *angelegt* calculated for effect.
Ef'fekten *pl.* effects, movables, goods and chattels; *econ.* securities; bonds; stocks; **~börse** *f* stock exchange; **~geschäft** *n* stock-exchange transaction; **~handel** *m* dealing in stocks, stock-exchange business; **~händler** *m* stock jobber, *Am.* security dealer *or* trader; **~makler** *m* stock broker; **~markt** *m* stock market.
Ef'fekthascherei [-haʃə'raɪ] *f* (-; -*en*) straining after effect, sensationalism, *Am.* grandstand-playing, showmanship; claptrap.
effektiv [ɛfɛk'ti:f] *adj.* effective (*a. el., tech.*), real, actual; *econ.* ~*er Preis* cash price; ~*er Wert* effective value; ~*e Verzinsung* net yield; **≗bestand** *econ. m* actual balance; **≗leistung** *tech. f* actual power, effective output, brake horse power; **≗lohn** *m* actual wage; **≗stärke** *mil. f* effective strength.
effektuieren [-tu'i:rən] *v/t.* (*h.*) effect; execute, carry out, *Am. a.* fill *orders*.
ef'fektvoll *adj.* effective, impressive; sensational, spectacular.
Effet [ɛ'fe:] *m* (-*s*; -*s*) *sports*: spin; **~ball** *m* spin ball.
egal [e'gɑ:l] *adj.* equal, uniform; *colloq. das ist* ~ that makes no difference; *das ist mir* ~ it's all the same to me, I don't care; *ganz* ~ *wo* no matter where; over and over again.
egalisieren [egali'zi:rən] *v/t.* (*h.*) equalize.
Egel ['e:gəl] *zo. m* (-*s*; -) leech.
Egge ['ɛgə] *f* (-; -*n*) harrow; *road-building*: tamping roller; **≗n** *v/t.* (*h.*) harrow.
Ego|ismus [ego'ʔismus] *m* (-; -*men*) selfishness, egotism; *esp. phls.* egoism; **~'ist**(**in** *f*) *m* (-*en*, -*en*; -, -*nen*) selfish person, egotist;

ȿ'istisch *adj.* selfish, egotistic(al); *phls.* egoistic(al); ȿzentrisch [-'tsɛntriʃ] *adj.* self-centred, egocentric.

ehe ['eːə] *cj.* before, *poet.* ere; → *eher, ehestens.*

'**Ehe** *f* (-; -*n*) marriage; *a.* matrimony, married state *or* life, wedlock; union; *wilde* ~ concubinage, common-law marriage; *zerbrochene* ~ broken home; *aus erster* ~ by one's first marriage, by the first husband *or* wife; → *brechen*; *e-e* ~ *schließen (mit dat.)* contract a marriage (with), get married (to); **~anbahnung** *f* (-; -*en*) matchmaking; **~berater** *m* marriage guidance counsellor; **~beratung** *f* marriage guidance; **~bett** *n* marriage-bed; **ȿbrechen** *v/i.* (*only inf.*) commit adultery; **~brecher(in** *f*) *m* (-*s*, -; -, -*nen*) adulterer (*f* adulteress); **ȿbrecherisch** *adj.* adulterous; **~bruch** *m* adultery; ~ *begehen* commit adultery; **~delikt** *n* matrimonial offen|ce, *Am.* -se.

'**ehedem** *adv.* formerly.

'**Ehe...**: **~fähigkeit** *f* (-) **1.** fitness *or* freedom to marry; **2.** → *~mündigkeit*; **~frau** *f* wife, spouse; married woman; **~gatte** *m*, **~gattin** *f* spouse, marital partner; → *Ehemann, Ehefrau*; *Ehegatten pl. a.* husband and wife (*a. jur.*); **~glück** *n* connubial, domestic felicity; **~hälfte** *f* better half; **~hindernis** *n* impediment to marriage; **~leben** *n* (-*s*) married life; **~leute** *pl.* (married) couple, spouses, husband and wife; **ȿlich I.** *adj.* conjugal, matrimonial; wedded, married (*life*); legitimate (*child*), born in wedlock; *~e Gemeinschaft (Pflichten)* conjugal community (duties); *~er Verkehr* marital intercourse; *für ~ erklären* legitimate; **II.** *adv.*: ~ *verbinden* join in marriage; **ȿlichen** *v/t.* (-) marry; **~lichkeit** *f* legitimacy (*of child*); **~lichkeitserklärung** *f* declaration of legitimacy; **~losigkeit** *f* (-) single life, celibacy.

ehe|malig ['-maːliç] *adj.* former, erstwhile, ex-..., *Am. a.* one-time; old; (*dead*) late; *~er König (Sträfling)* ex-king (ex-convict); **~mals** ['-maːls] *adv.* formerly, in former times, once; of old, in the old days.

'**Ehe...**: **~mann** *m* husband; **ȿmündig** *adj.* of marriageable age; **~mündigkeit** *jur. f* marriageable age; **~paar** *n* married couple; **~pflicht** *f* conjugal duty.

eher ['eːər] *adv.* sooner, earlier; rather, sooner; *alles ~ als das* anything but that; *um so ~ als* all the more so that; *je ~, desto lieber* the sooner the better; *ich würde ~ sterben* I would rather die (*als* than); *das ist ~ möglich* that's more likely; *das läßt sich ~ hören* that sounds better.

'**Ehe...**: **~recht** *n* (-[e]*s*) marriage law; **~ring** *m* wedding-ring.

ehern ['eːərn] *adj.* brazen, of brass; *fig.* firm, unshakeable, adamant; brazen; *~es Gesetz* iron rule; *mit ~er Stirn* brazen-faced.

'**Ehe...**: **~scheidung** *f* divorce; **~scheidungsklage** *f* petition for divorce; divorce-suit; **~schließung** *f* (contraction of) marriage; → *Trauung*; **~stand** *m* (-[e]*s*) matrimony, wedlock, married state; **~standsdarlehen** *n* (state) marriage loan.

ehestens ['eːəstəns] *adv.* as soon as possible, at the earliest (date *or* opportunity *or* convenience).

'**Ehe...**: **~stifter(in** *f*) *m* matchmaker; **~streit** *m* domestic dispute; **~trennung** *f* judicial separation; **~versprechen** *n* promise of marriage; **~vermittler(in** *f*) *m* matchmaker, marriage broker; **~vertrag** *m* marriage contract (*or* settlement); **~weib** *n* wife, spouse; **ȿwidrig** *adj.* constituting a matrimonial offen|ce, *Am.* -se; adulterous (*relations*).

Ehrabschneider(in *f*) ['eːrˀapʃnaɪdər(in)] *m* (-*s*, -; -, -*nen*) calumniator, slanderer.

'**ehrbar** *adj.* hono(u)rable, upright, respectable; honest; **ȿkeit** (-) honesty, respectability, integrity.

'**Ehrbegier(de)** *f* → *Ehrgeiz.*

Ehre ['eːrə] *f* (-; -*n*) hono(u)r; distinction; self-respect, dignity, pride; reputation, credit, prestige; glory; *~n pl.* hono(u)rs; *es sich zur ~ anrechnen* consider it an hono(u)r *or* privilege; → *antun*; *j-m ~ erweisen* pay hono(u)r *or* tribute to a p.; *j-m die ~ erweisen* do a p. the hono(u)r; *j-m die letzte ~ erweisen* pay a p. the last hono(u)rs; *j-m (keine) ~ machen* be a (no) credit to a p.; *j-m zur ~ gereichen* do a p. credit; *in ~n halten* hold in hono(u)r; *mit ~n bestehen* acquit o.s. creditably at; *s-e ~ darein setzen zu inf.* make it a point of hono(u)r to *inf.*; *wieder zu ~n kommen* come back into favo(u)r; *~, wem ~ gebührt* hono(u)r to whom hono(u)r is due; *ich hatte noch nicht die ~* you have the advantage of me; *Ihr Wort in ~n* with due deference to you; *ihm zu ~n* in his hono(u)r; *mit wem habe ich die ~?* whom have I the pleasure to address?; *ihm zu ~n* in his hono(u)r; *zu ~n des Tages* in hono(u)r of the day; *zur ~ Gottes* to the glory of God.

'**ehren** *v/t.* (*h.*) hono(u)r; pay hono(u)r *or* tribute to; respect, esteem; revere; *sein Vertrauen, etc., ehrt mich* his trust, *etc.*, is an hono(u)r to me, I feel hono(u)red by his confidence in me; *das ehrt dich* it does you credit.

'**Ehren...**: **~amt** *n* honorary post *or* office; dignity; **ȿamtlich** *adj.* honorary; unpaid, unsalaried; **~bezeigung, ~bezeugung** *f* mark of respect, tribute; *mil.* salute; *~en pl.* hono(u)rs; **~bürger** *m* freeman, honorary citizen; **~bürgerrecht** *n* (honorary) freedom of a city; **~dame** *f* maid of hono(u)r; **~doktor** *m* honorary doctor; **~erklärung** *f* (full) apology; amende honorable (*Fr.*); **~gast** *m* guest of hono(u)r; **~geleit** *n* escort of hono(u)r; **~gericht** *n* court of hono(u)r; **ȿhaft** *adj.* hono(u)rable, high-principled, honest; **~haftigkeit** *f* (-) honesty, uprightness, integrity; **ȿhalber** ['-halbər] *adv.* for hono(u)r's sake; *univ. Doktortitel ~* honorary degree (of); **~handel** *m* affair of hono(u)r; duel; **~jungfrau** *f* maid of hono(u)r; **~karte** *f* complimentary ticket; **~kompanie** *mil. f* hono(u)r-guard company; **~kodex** *m* code of hono(u)r; **~kränkung** *f* insult to a p.'s hono(u)r, affront; → *Verleumdung*; **~legion** *f* Legion of Hono(u)r; **~mal** *n* monument; (war) memorial, cenotaph; **~mann** *m* man of hono(u)r, gentleman; **~mitglied** *n* honorary member; **~pflicht** *f*: *et. für s-e ~ halten* be in hono(u)r bound; **~pforte** *f* triumphal arch; **~platz** *m* place of hono(u)r; **~preis** *m* prize; *bot.* speedwell; **~recht** *n*: *Verlust der bürgerlichen ~e* loss of civil rights, civil degradation; **~rettung** *f* vindication (of a p.'s hono[u]r); rehabilitation; **ȿrührig** *adj.* defamatory; **~sache** *f* affair of hono(u)r; *das ist ~!* it's a point of hono(u)r to me; *colloq.* ~! you can rely (*or* count) on me!; **~salve** *f* volley; **~schuld** *f* debt of hono(u)r; **~sold** *m* honorary pay; **~tafel** *f* memorial tablet; *mil.* roll of hono(u)r; **~tag** *m* day of glory; (one's) great day; **~titel** *m* honorary title; **ȿvoll** *adj.* hono(u)rable; glorious, creditable; **~wache** *f* guard of hono(u)r; **ȿwert** *adj.* hono(u)rable, respectable; **~wort** *n* (-[e]*s*; -*e*) word of hono(u)r, *mil.* parole (of hono[u]r); (*auf*) *mein ~!* upon my hono(u)r, hono(u)r bright!; *sein ~ geben* pledge one's word; *auf ~ entlassen* release *a p.* on parole; **ȿwörtlich** *adv.* on one's word of hono(u)r; **~zeichen** *n* badge of hono(u)r; decoration, medal.

'**ehr...**: **~erbietig** ['-ˀɛrbiːtiç] *adj.* respectful, deferential (*gegen* towards); **ȿerbietigkeit** *f* (-), **ȿerbietung** *f* (-) respect (-fulness), deference; veneration; **ȿfurcht** *f* awe (*vor dat.* of), respect, reverence (for); ~ *einflößen* (*dat.*) (inspire with) awe; *von ~ gepackt* awestruck; **~furchtgebietend** *adj.* awe-inspiring, awesome; **~fürchtig** ['-fyrçtiç] **I.** *adj.* reverential, respectful; awestruck, awed; **II.** *adv.*: ~ *lauschen* listen in awe; **~furchtslos** *adj.* irreverent, disrespectful; **~furchtsvoll** *adj.* → *ehrfürchtig*; **ȿgefühl** *n* (-[e]*s*) sense of hono(u)r; self-respect; **ȿgeiz** *m* ambition; **~geizig** *adj.* ambitious; high-flying.

'**ehrlich I.** *adj.* honest; → *ehrbar*; fair, *pred.* aboveboard, on the square (*Am. colloq.* level); sincere; genuine; open, frank, candid; reliable, loyal; good (*name*); ~ *währt am längsten* honesty is the best policy; *seien wir ~!* let's face it!; **II.** *adv.*: ~ *gesagt* frankly, to tell the truth; *er freute sich ~ darüber* he was genuinely pleased about it; *er meint es ~ (mit uns)* his intentions (towards us) are good, he can be trusted to act on the square; **ȿkeit** *f* (-) honesty; uprightness; reliability, loyalty; fairness, plain dealing.

'**ehr...**: **~los** *adj.* dishono(u)rable, infamous; **ȿlosigkeit** *f* (-) dishono(u)rableness, infamy; perfidy; **~sam** *adj.* → *ehrbar*; **ȿsucht** *f* (-) (inordinate) ambition; **~süchtig** *adj.* (over-)ambitious; **ȿung** *f* (-; -*en*) hono(u)r (conferred on a p.), tribute (*gen.* to); **~vergessen** *adj.* unprincipled, disgraceful, infamous; **2verlust** *m* (-es) → *Ehrenrecht*; **2würden** ['-vyrdən] *m* (-s; -): *Ew.* ~ Reverend Sir; *Seine* ~ the Reverend (*abbr.* Rev.); **~würdig** *adj.* venerable (*a. R.C.*), reverend; patriarchal; *alt*~ time-hono(u)red; **2würdigkeit** *f* (-) venerableness.

ei [aɪ] *int.* ah!, indeed!; ~, ~! now, now!, *iro.* fancy that!, is that really so?; ~ *wer kommt denn da!* look who is here!

Ei *n* (-[e]s; -er) egg; *physiol.* ovum; *altes (frisches, rohes)* ~ stale (new-laid, raw) egg; *eingelegte* ~*er* water-glass (*or* preserved) eggs; *faules* ~ rotten (*or* addled, bad) egg; *hart (weich) gekochtes* ~ hard (soft) boiled egg; *verlorene* ~*er* poached eggs; *aus dem* ~ *kriechen* creep out (of the shell); *fig. das* ~ *des Kolumbus* a solution of striking simplicity, a pat solution, simplicity itself; *wie auf* ~*ern gehen* walk gingerly; *wie ein* ~ *dem andern gleichen* be alike as two peas; *wie ein rohes* ~ *behandeln* handle *a p.* most gingerly (*Am.* with kid gloves); *wie aus dem* ~ *gepellt* as neat as a pin, spick and span; *will das* ~ *klüger sein als die Henne?* go and teach your grandmother how to suck eggs; '**~ausstoßung** *physiol. f* expulsion of the ovum.

Eibe ['aɪbə] *f* (-; -n) yew(-tree); **~nholz** *n* yew(-wood).

Eibisch ['aɪbiʃ] *bot. m* (-es; -e) marsh-mallow.

Eichamt ['aɪçˀamt *n* (-[e]s; ⸚er) Office of Weights and Measures, *Am.* Bureau of Standards.

'**Eich-apfel** *m* oak-apple, gall-nut.

Eiche ['aɪçə] *f* (-; -n) oak (tree); *junge* ~, *kleine* ~ oakling.

Eichel ['aɪçəl] *bot. f* (-; -n) acorn; *anat.* glans (penis); *cards*: club; **2förmig** ['-fœrmiç] *adj.* acorn-shaped; **~häher** *m* jay.

eichen[1] ['aɪçən] *adj.* oaken, (of) oak.

'**eichen**[2] *v/t.* (*h.*) ga(u)ge; adjust (to standard), standardize; calibrate; *fig.* condition; → *geeicht.*

'**Eichen...**: **~blatt** *m* oak leaf; **~holz** *n* oak(-wood); **~laub** *n* oak leaves *pl.* (*a. mil.*); **~lohe** *f* tanbark.

'**Eich...**: **~gewicht** *n* standard weight; **~hörnchen, ~kätzchen** *zo. n* squirrel; **~lampe** *f* ga(u)ge lamp; **~maß** *n* ga(u)ge, standard (measure); **~meister** *m* ga(u)ger; calibrator; *for weights*: sealer; **~stab** *m* ga(u)ging rod; **~stempel** *m* ga(u)ger's stamp; **~ung** *tech. f* (-; -en) ga(u)ging; standardization; calibration; **~wert** *m* standard value.

Eid [aɪt] *m* (-[e]s; -e) oath; *falscher* ~ false oath, perjury; *an* ~*es Statt* in lieu of oath, → *eidesstattlich*; *unter* ~ under oath, → *eidlich*; *e-n* ~ *leisten* take an oath (*auf acc.* on), swear (to); *e-n falschen* ~ *schwören* foreswear (*or* perjure) o.s.; *j-m e-n* ~ *abnehmen* administer an oath to a p., swear a p. in; *unter* ~ *aussagen* testify (*or* give evidence) on oath; *darauf lege ich jeden* ~ *ab* I'll swear to that.

Eidam ['aɪdam] *m* (-[e]s; -e) son-in-law.

Eid... ['aɪt]: **~bruch** *m* breaking *one's* oath; **2brüchig** *adj.* oath-breaking; ~*werden* break one's oath.

Eidechse ['aɪdɛksə] *f* (-; -n) lizard.

Eider|daunen ['aɪdər-] *f/pl.* eider-down; **~ente, ~gans** *f* eider(-duck).

Eides|abnahme ['aɪdəs-] *f* administering of an oath; **~formel** *f* form of (an) oath; **2gleich** *adj.* → *Beteuerung*; **2stattlich** *adj.* in lieu of oath; ~*e Erklärung* statutory declaration; affidavit; → *eidlich.*

Eid... ['aɪt-]: **~genossenschaft** *f* confederacy; (*Schweizer* ~) Swiss Confederation; **2genössisch** ['-gənœsiʃ] *adj.* confederate, Federal; *n.s.* Swiss.

'**eidlich I.** *adj.* sworn; ~*e Aussage* sworn statement (*or* testimony), deposition, affidavit; *e-e* ~*e Erklärung abgeben* swear an affidavit; **II.** *adv.* by (*or* upon, under) oath; ~*bezeugen* testify on oath; ~ *verpflichten* bind by oath, swear (*zur Geheimhaltung* to secrecy), swear in; ~ *verpflichtet sein* be under oath.

Eier... ['aɪər-]: **~becher** *m* egg-cup; **~brikett** *n* egg coal; **~handgranate** *mil. f* Mill's bomb (*or* grenade); **~kette** *el. f* chain of egg insulators; **~kognak** *m* egg-nog (*or* flip); **~kuchen** *m* omelet, pancake; **~kürbis** *m* vegetable marrow; **~landung** *aer. f* three-point landing; **~laufen** *n* egg-and-spoon race; **2legend** *adj.* laying (eggs), oviparous; **~löffel** *m* egg-spoon; **~pflaume** *f* mirabelle-plum; **~punsch** *m* → *Eierkognak*; **~schale** *f* egg-shell; **~schnee** *m* whipped white of eggs; **~speise** *f* dish made of eggs; **~stock** *anat. m* (-[e]s; ⸚e) ovary; *den* ~ *betreffend* ovarian; **~tanz** *m* egg-dance.

Eifer ['aɪfər] *m* (-s) zeal, eagerness; *glühender* ~ ardo(u)r, fervo(u)r; enthusiasm, devotion; assiduity; officiousness; *blinder* ~ rashness; passion; *blinder* ~ *schadet nur* haste is waste; *in* ~ *geraten* fire (*or* flare) up; *im* ~ *des Gefechtes* in the heat of the moment.

'**Eiferer** *m* (-s; -), '**Eiferin** *f* (-; -nen) zealot, fanatic.

'**eifern** *v/i.* (*h.*) be zealous *or* eager (*nach* for), strive *or* strain (for); declaim, inveigh (*gegen* against), lash out (at).

'**Eifersucht** *f* (-) jealousy (*auf acc.* of).

Eifersüchtelei [-zyçtə'laɪ] *f* (-; -en) petty jealousy.

'**eifersüchtig I.** *adj.* jealous (*auf acc.* of); **II.** *adv.*: ~ *wachen über et.* guard a th. jealously.

eiförmig ['-fœrmiç] *adj.* oval, egg-shaped.

eifrig ['aɪfriç] *adj.* eager, zealous, keen; passionate, ardent, fervent; enthusiastic; assiduous, studious; officious, fussy; ~ *bestrebt sein zu* (*inf.*) be very anxious to (*inf.*), be keenly intent on (*ger.*); *sich* ~ *bemühen* make strenuous efforts (*um* for), do one's best *or* utmost.

'**Eigelb** *n* (-[e]s; -e) (egg-)yolk.

eigen ['aɪgən] *adj.* own, of one's own; particular, special; particular; fussy; proper, inherent; peculiar, odd, queer; squeamish; *j-m*: peculiar *or* special (to a p.), characteristic (of a p.); *in compounds*: -owned, *e.g. staats*~ state-owned; ~*e Ansichten* personal (*or* individual, independent) views; *ein* ~*es Zimmer* a room of one's own, a separate (*or* private) room; *econ.* ~*e Aktien* own shares, *Am.* treasury stock; ~*e Order* my (our) order; ~*er Wechsel* promissory note; *mil.* ~*e Truppe(n)* friendly troops; *auf or für* ~*e Rechnung* for (*or* on) one's own account; → *Antrieb*; *aus* ~*er Erfahrung* from personal experience; *sich et. zu* ~ *machen* make a th. one's own; adopt, endorse (*opinion*); *dies ist mein* ~ this is my own *or* mine.

'**Eigen...**: **~antrieb** *tech. m* self-propulsion; *mit* ~ *versehen* self-propelled, self-powered; **~art** *f* peculiarity, individuality, (peculiar) character *or* feature; *artistic, etc.*: originality; **2artig** ['-ɑːrtiç] *adj.* peculiar; odd, queer; characteristic; individual, special, original; **2artigerweise** ['-gərvaɪzə] *adv.* strange to say, oddly enough; **~artigkeit** *f* → *Eigenheit*; **~bedarf** *m* one's own requirements (*or* needs) *pl.*; home *or* domestic requirements *pl.* (*of country*) **~bericht** *m* special report; ~ *unserer Zeitung* report from our correspondent; **~besitz** *jur. m* possession in fact and law; **~betrieb** *m*: *im* ~ *verwalten* run under (one's) own administration; **~brötler** ['-brøːtlər] *m* (-s; -) odd *or* eccentric person, crank; **2brötlerisch** *adj.* odd, eccentric, cranky; **~dünkel** *m* self-conceit; **~erzeugung** *f* domestic production; **~fabrikat** *n* self-produced article; **~geräusch** *n radio*: background noise; valve noise; **~gesetzlichkeit** *f* autonomy; *w.s.* inherent laws *pl.*; pattern; **~geschwindigkeit** *aer. f* air speed; **~gewicht** *n phys.* specific gravity; *tech.* dead (*or* net) weight; *of bridge*: own weight; *container*: weight empty, tare; *econ.* net weight; **2händig** ['-hɛndiç] *adj. and adv.* with one's own hand(s *pl.*); autograph (*letter*); holographic (*will*); *signature* in one's own hand; ~ *übergeben* deliver personally; **~heim** *n* separate home, homestead; owner-occupied house; **~heit** *f* (-; -en) peculiarity; oddity; idiom(atic turn); idiosyncrasy; mannerism; **~kapital** *econ. n* privately owned capital, capital stock and reserve; capital resources *pl.*; **~leben** *n* (-s) individual existence; inner life; **~liebe** *f* (-) self-love, egotism; **~lob** *n* self-praise; ~ *stinkt!* don't blow your own trumpet!; **~macht** *f* → *Eigenmächtigkeit*; *jur. verbotene* ~ trespass; **2mächtig I.** *adj.* arbitrary, high-handed; unauthorized; independent; **II.** *adv.*: ~ *handeln* act on one's own initiative, act off one's own bat; **~mächtigkeit** *f* (-; -en) arbitrariness; unauthorized action; *grobe* ~ grossly high-handed action; **~name** *m* proper name; **~nutz** *m* self-interest, selfishness; *jur. aus grobem* ~ from grossly selfish motives; **2nützig**

['-nytsiç] *adj.* selfish, self-interested.

'eigens *adv.* expressly, on purpose; particularly; ~ *zu diesem Zweck* for that very (*or* particular) purpose; *er nahm sie* ~ *mit* he made it a point to take her along.

'Eigenschaft *f* (-; -*en*) quality; attribute, (distinctive) feature, characteristic; *chem., phys.* property; nature; peculiarity; *jur.* (*legal*) status; *gute* ~ (*a. tech.*) virtue; *gute* (*schlechte*) ~*en pl.* good (bad) points *pl.*; *in s-r* ~ *als* in his capacity of (*or* as), acting as; **~swort** *gr. n* (-[e]s; ¨er) adjective.

'Eigen...: ~sinn *m* (-[e]s) wil(l)fulness; obstinacy, stubbornness; caprice; **2sinnig** *adj.* wil(l)ful; obstinate, stubborn, headstrong, pigheaded; dogged; capricious; **~staatlichkeit** *f* (-) (autonomous) statehood, sovereignty; **2ständig** *adj.* independent, self-reliant.

eigentlich ['aɪgəntliç] **I.** *adj.* real, true, actual, virtual; essential; precise, proper; intrinsic (*value, etc.*); *das* ~*e England* England proper; *im* ~*en Sinne* (*des Wortes*) in the true (*or* strict, literal) sense (of the word); **II.** *adv.* really, actually, as a matter of fact; originally; exactly; strictly speaking; by rights; to tell the truth; *was wollen Sie* ~? what do you want anyhow?; *wo geschah das* ~? where exactly did it happen?; ~ *ist er ganz vernünftig* he is quite reasonable, after all; ~ *nicht* not really.

'Eigentor *n sports*: own goal.

'Eigentum *n* (-s) property; *jur.* ~ (*an dat.*) (absolute) ownership (of) *or* title (to); → *beweglich, geistig, etc.*; *sich das* ~ *vorbehalten* reserve title (to); *das ist mein* ~ this is my property, it is mine *or* my own, it belongs to me.

Eigentümer(in *f*) ['aɪgənty:mər(in)] *m* (-s, -; -, -*nen*) owner, proprie|tor (-tress *f*); *econ.* holder (*of securities, etc.*).

'eigentümlich I. *adj.* peculiar, special (*j-m* to a p.); characteristic, specific; inherent (*dat.* in); peculiar, odd, strange, queer; **II.** *adv.*: *j-n* ~ *berühren* make a peculiar impression upon a p.; **2keit** *f* (-; -*en*) peculiarity; oddity; characteristic, (peculiar) feature, (special) trait.

'Eigentums...: ~nachweis *m* evidence of ownership; abstract of title; **~recht** *n* proprietary right, title (*an dat.* to); ownership; copyright; *sich das* ~ *vorbehalten* reserve the right of property; **~übertragung** *f* transfer (of property *or* title), assignment; conveyance; **~vergehen** *n* offen|ce (*Am.* -se) against property; **~verhältnisse** *n/pl.* property relations, (status of) ownership *sg.*; **~vorbehalt** *m* reservation of title; **~wohnung** *f* freehold flat.

'Eigen...: ~vermögen *n* separate property (*of wife*); **~versorgung** *f* domestic supply; self-supply, self-sufficiency; **~wärme** *f* specific heat; body heat; **~wechsel** *econ. m* promissory note (*abbr.* P/N); **~wert** *m* (-[e]s) intrinsic value; **~wille** *m* selfwill, wil(l)fulness; **2willig** *adj.* selfwilled, wil(l)ful; *fig.* individual, characteristic, original.

eignen ['aɪgnən] **I.** *sich* ~ (*h.*) *für j-n* suit (*or* fit) *a p.*; *für et.*: be suited (*or* suitable) for *a th.*; *person*: be qualified for; *er würde sich zum Arzt* ~ he would make a good physician; **II.** *v/i.* (*h.*) *j-m*: be peculiar (*or* inherent) in *a p.*; → *geeignet.*

'Eigner *m* (-s; -) owner, proprietor.

'Eignung *f* (-; -*en*) *person*: qualification, fitness, aptitude (*zu, für* for); *thing*: suitability, applicability; **~sprüfung** *f* aptitude test.

Eiland ['aɪlant] *n* (-[e]s; -e) island, isle.

Eil|auftrag ['aɪl-] *m* rush order; **~bestellung** *f* express (*Am.* special) delivery; **~bote** *m*: *durch* ~*n* (by) express (messenger), *Am.* by special delivery; **~brief** *m* express letter, *Am.* special delivery (letter).

'Eile *f* (-) haste; *große* ~ hurry, rush; speed; dispatch, expedition; urgency; ~ *haben person*: be in a hurry, be pressed for time; *matter*: be urgent; *es hat keine* ~ there is no hurry (about it), there is plenty of time; *in aller* ~ **a)** in great haste, **b)** with great expedition, with the utmost dispatch; *in der* ~ in the rush; ~ *mit Weile* more haste less speed.

'Eileiter *anat. m* oviduct, Fallopian tube.

'eilen *v/i.* (*sn*) *and* (*h.*) *sich* ~ make haste, hasten, hurry; hustle, bustle; rush, scurry; ~ *zu or nach* hasten (*or* rush) to; *matter*: be urgent (*or* pressing); *er eilte nicht sehr damit* he took his own time about it; *es eilt nicht* (*damit*)! there is no hurry (about it)!; *die Zeit eilt* time flies; *inscription*: *Eilt!* Urgent!, Immediate!; **~d** *adj.* hurrying, hurried; **~ds** ['-ts] *adv.* in a hurry, hastily; in (great *or* hot) haste, posthaste.

'eilfertig *adj.* hasty; rash; **2keit** *f* (-) hastiness, rashness.

'Eil...: ~fracht *f* express goods *pl.*, *Am.* fast freight; express (forwarding); **~gebühr** *f* express fee; **~gespräch** *teleph. n* express call; **~gut** *n* → *Eilfracht*; ~! by express!; *als* ~ *befördern* send by express.

'eilig *adj.* hasty, speedy, hurried; urgent, pressing; prompt; *es* ~ *haben* be in a hurry (*et. zu tun* to do a th.); *wohin so* ~? what's the hurry?, where's the fire?; *liegt et.* 2*es vor?* are there any urgent matters?; **~st** *adv.* with utmost dispatch, with greatest expedition; in great (*or* hot) haste, posthaste; *er wurde* ~ *ins Krankenhaus gebracht* he was rushed to the hospital.

'Eil...: ~marsch *mil. m* forced march; **~post** *f* express (*Am.* special) delivery; **~sache** *f* urgent matter; **~schrift** *f* high-speed shorthand; **~schritt** *m*, **~tempo** *n*: *im* ~ at high speed, quickly; **~zug** *m* semi-fast train.

Eimer ['aɪmər] *m* (-s; -) pail; bucket (*a. tech.*); **~kette** *f dredger*: bucket chain; **2weise** ['-vaɪzə] *adv.* by buckets, in bucketfuls.

ein [aɪn] **I.** *adj.* one; *um* ~*s* at one (o'clock); ~ *für allemal* once for all; ~ *und derselbe* one and the same, the (very) same; *er ist ihr* ~ *und alles* he means everything to her; *in* ~*em fort* incessantly, continuously; ~*s sein mit j-m* agree with a p., see eye to eye (*or* be of one mind) with a p.; *sich* ~*s werden mit j-m* agree (*or* come to terms, settle) with a p.; *die beiden Begriffe sind* ~*s* the two terms are identical; ~*s gefällt mir nicht* there is one thing I don't like; ~*s trinken* have a glass, take a drop; *j-m* ~*s versetzen* deal a p. a blow, paste a p. one; *noch* ~*s!* one thing more; *es kommt alles auf* ~*s heraus* it (all) comes to the same thing; *es ist mir alles* ~*s* I don't care at all; **II.** *indef. art.* a, an; ~ *Berg* a mountain; ~ *Abend* an evening; ~ *Europäer* a European; ~ *jeder* each one; ~*es Tages* one day; *die Beredsamkeit* ~*es X.* the eloquence of a man like X.; *welch* ~ *Glück* what luck; ~ *Bernard Shaw* a Bernard Shaw; ~ (*gewisser*) *Herr Braun* a (*or* one) Mr. Brown; **III.** *indef. pron.* **a)** someone, **b)** something; ~*er m-r Freunde* a friend of mine; ~*er von beiden* either of them; ~*er nach dem andern* one after the other, one by one; *manch* ~*er* many a one; *so* ~*er* such a one; *wenn* ~*er behauptet* if a fellow says; *das tut* ~*em gut* that does one good; ~*s ums andere* by turns, alternately; **IV.** *adv.*: *nicht* ~ *und aus wissen* be at one's wits' end, be (completely) at a loss; ~ *und aus gehen* come and go, *bei j-m*: frequent a p.('s house); *on apparatus*: ~! on!

ein|achsig ['-ˀaksiç] *adj. vehicle*: two-wheel(ed); *bogie*: single-axle; *phys.* uniaxial; **2akter** ['-ˀaktər] *m* (-s; -) one-act play.

ein'ander *adv.* each other; one another; mutually; *sie sind* ~ *im Wege* they are in each other's way; → *an-, auf-, auseinander, etc.*

'ein-arbeit|en *v/t.* (*h.*): (*sich*) ~ *in* (*acc.*) make (o.s.) acquainted with, familiarize (o.s.) with; work *or* break (o.s.) in; → *anlernen, einführen*; **2ungszeit** *f* period of vocational adjustment, initial period.

'ein...: ~armig *adj.* one-armed; *anat.* one-branched; ~*er Handstand* one-hand balance; ~*er Hebel* one-armed lever; *machine-tool*: throat-type; **~äschern** ['-ˀɛʃərn] *v/t.* (*h.*) incinerate; reduce (*or* burn) to ashes *or* cinders; lay in ashes; cremate; *chem.* calcine; **2äscherung** *f* (-; -*en*) incineration; cremation; *chem.* calcination; **~atmen** *v/t.* (*h.*) *and v/i.* inhale, breathe (in); *tief* ~ draw a deep breath; **2atmung** *f* inhalation; **~atomig** ['-ˀato:miç] *adj.* monatomic; **~ätzen** *v/t.* (*h.*) etch in; **~äugig** *adj.* one-eyed.

'Ein...: ~bahnstraße *f* one-way street; **2bahnig** ['-ba:niç] *adj.* single-lane; *esp. rail.* single-track; **2balsamieren** *v/t.* (*h.*) embalm; **~balsamierung** *f* (-; -*en*) embalming; **~band** *m* (-[e]s; ¨e) binding; cover; **2bändig** [-bɛndiç] *adj.* in one volume, one-volume; **2basig** ['-ba:ziç] *chem. adj.* monobasic.

'Einbau *tech. m* (-[e]s; -*ten*) building in, installation, fitting, mounting, insertion, incorporation; **2en** *v/t.* (*h.*) build in(to *in acc.*), incorporate, install, mount, fit (into); insert (into); **~möbel** *n/pl.* built-in *or* unit furniture *sg.*; **~motor** *m* built-in motor.

'Einbaum *m* (log-)canoe, dug-out.

'ein...: ~begreifen *v/t.* (*irr.*, *h.*): (*mit*) ~ comprise (*or* include); be inclusive of; (*mit*) (*e*)*inbegriffen* including; inclusive (of); **~behalten** *v/t.* (*irr.*, *h.*) keep back, retain, withhold; **~beinig** ['-baɪnɪç] *adj.* one-legged.

'einberuf|en *v/t.* (*irr.*, *h.*) call, convene (*assembly*); *parl.* convoke, summon; *mil.* call up, *Am.* draft, induct (into military service); **2ene(r)** *m* (-[e]*n*; -[e]*n*) conscript, *Am.* draftee, inductee; **2ung** *f* convocation, summoning; *mil.* call-up, *Am.* draft, conscription, induction; **2ungsbescheid** *mil. m* call-up order, *Am.* induction order.

'ein...: ~betonieren *v/t.* (*h.*) set (*or* embed) in concrete; **~betten** ['-bɛtən] *v/t.* (*h.*) embed (*a. tech.*).

Einbett|kabine ['aɪnbɛt-] *f* single-berth cabin; **~zimmer** *n* single (-bedded) room.

'ein...: ~beulen ['-bɔʏlən] *v/t.* (*h.*), **2beulung** *f* (-; -*en*) dent; **~beziehen** *v/t.* (*irr.*, *h.*) include, cover; incorporate (*in acc.* in); **2beziehung** *f* inclusion, incorporation (*in acc.* into); **~biegen I.** *v/t.* (*irr.*, *h.*) bend *or* turn in(wards); **II.** *v/i.* (*irr.*, *sn*) turn (*or* swing) (*in acc.* into *a street*); *links* ~ make a left turn, turn left.

'einbilden: *sich et.* ~ (*h.*) fancy, imagine; think, believe; *iro.* flatter o.s. with the belief (*daß* that), labo(u)r (*or* be) under the delusion (*daß* that); *sich et. steif und fest* ~ be firmly convinced of a th.; *sich viel* ~ be full of conceit, have a high opinion of o.s.; *sich et.* ~ *auf* (*acc.*) pride (*or* pique) o.s. on a th.; *bilde dir ja nicht ein, daß* don't (you) think that; *darauf brauchst du dir nichts einzubilden* that's nothing to be proud of; *darauf kannst du dir et.* ~ that's a feather in your cap; *ich bilde mir nicht ein, ein Genie zu sein* I don't pretend (*or* claim) to be a genius; → *eingebildet.*

'Einbildung *f* fancy; imagination; idea; illusion, delusion, hallucination; conceit; presumption; *nur in der* ~ *existierend* only imaginary; **~skraft** *f* (-), **~svermögen** *n* (-*s*) (power of) imagination.

'ein...: ~binden *v/t.* (*irr.*, *h.*) bind (*book*); **~blasen** *v/t.* (*irr.*, *h.*) blow in(to *in acc.*); *tech. a.* inject (into); *med.* insufflate (*with a th.*); *fig. j-m et.* ~ whisper (*or* prompt) a th. to a p.

'Einbläser *m* prompter.

'Einblattdruck *typ. m* (-[e]s; -e) broadsheet.

'ein...: ~blenden *v/t.* (*h.*) fade in (*picture, sound*); *radar*: crossfade; **~bleuen** *v/t.* (*h.*) *j-m et.*: beat into; pound (*or* hammer, drum) *a th.* into *a p.'s* head (*or* skull).

'Einblick *m* view (*in acc.* into); *fig.* insight (into); glimpse (of); *opt.* eyepiece; ~ *gewinnen* (*in acc.*) gain an insight (into); ~ *gewähren* give (*or* afford) an insight (into); give a general idea of; ~ *nehmen* look (into), inspect; *er hat* ~ *in die internen Vorgänge* he is in a position to observe the internal affairs.

'ein...: ~booten ['-bo:tən] *v/t.* (*h.*) embark; **~brechen I.** *v/t.* (*irr.*, *h.*) break (*or* force) open, smash (in); **II.** *v/i.* (*irr.*, *sn*) break (*or* sink) in, give way, collapse; *person*: enter forcibly; *thief*: break into (*in acc. a flat*), burgle, commit burglary, *Am.* burglarize; *bei ihm wurde eingebrochen* his house was broken into; *mil.* penetrate; invade (*in acc. a country*); *die Nacht bricht ein* night is falling; *bei* ~*der Nacht* at nightfall.

'Einbrecher *m* housebreaker; burglar; **2isch** *adj.* burglarious.

'ein...: ~brennen *v/t.* (*irr.*, *h.*) burn in(to *in acc.*); anneal (*colours*); bake (*lacquer*); *ein Zeichen* ~ (*dat.*) (mark with a) brand; cauterize; **2brennlack** *m* baking (*or* stove) enamel; **~bringen** *v/t.* (*irr.*, *h.*) bring in; gather in, house (*harvest*); *parl.* bring *or* enter *a motion*; introduce *a bill*; *econ.* pay in, contribute, invest (*capital*); *jur.* bring, file (*an action*); yield net (*profit*); *j-m et.* ~ bring (*or* earn, win) a p. a th.; fetch *a prize* (*j-m* ~ for a p.); *das bringt nichts ein* it does not pay; make up for *time*; *typ.* get in *line*; *jur. eingebrachtes Gut* property brought in (*by a spouse*) upon marriage; **~brocken** ['-brɔkən] *v/t.* (*h.*) crumble (*in acc.* into); *fig. j-m et.* ~ land a p. in trouble; *sich et.* ~ get (o.s.) into trouble; *das hast du dir selbst eingebrockt* that's your own doing; *jetzt hat er sich aber et. eingebrockt* now he is in for it.

'Einbruch *m mil.* **a**) invasion (*of country*), **b**) penetration, breach (*in acc.* of *line, position*); *a. fig.* inroad (*in acc.* into); housebreaking, burglary; break-in; ~ *verüben* commit burglary; *econ.* fall, reduction; *stock exchange*: break, setback; ~ *der Nacht* nightfall, dusk; **~sdiebstahl** *m* housebreaking; burglary; **~sfront** *f meteor.* cold front; *mil.* frontage of penetration; **2ssicher** *adj.* burglar-proof; **~sversicherung** *f* insurance against burglary and theft.

'einbucht|en *v/t.* (*h.*) indent; *colloq.* lock up, jug *a p.*; **2ung** *f* (-; -*en*) bay, inlet, indentation; dent.

'ein...: ~buddeln *colloq. v/t.* (*h.*) (*mil.*) *sich* ~ dig in; **~bürgern** ['-byrgərn] *v/t.* (*h.*) naturalize (*a. fig. foreign word, etc.*); *sich* ~ become naturalized, settle down; *fig.* be (generally) adopted, take root; come into use; *fig. sich fest eingebürgert haben* have come to stay; **2bürgerung** *f* (-) naturalization; *fig.* (general) adoption *or* acceptance.

'Einbuße *f* loss, damage; *das tut s-m Ansehen keine* ~ that won't injure (*or* detract from) his good reputation.

'ein...: ~büßen I. *v/t.* (*h.*) forfeit, lose; **II.** *v/i.* (*h.*) lose; suffer (*or* sustain) losses; **~dämmen** *v/t.* (*h.*) dam up *or* in, embank; dike, dyke (*land*); *a. fig.* stem; check, locate (*fire*); *fig.* check, restrain; **~dampfen** *v/t.* (*h.*) evaporate; **~decken** *v/t.* (*h.*) cover; *mil.* straddle; *econ.* buy back, cover (*securities*); *sich* ~ provide o.s. (*mit* with), get a supply (of), stock up (on), buy heavily; *eingedeckt sein mit* be supplied (*or* provided) with; *stock exchange*: be long of.

Eindecker ['-dɛkər] *aer. m* (-*s*; -) monoplane.

'ein...: ~deichen *v/t.* (*h.*) dike, dyke; **~deutig** ['-dɔʏtɪç] *adj.* unequivocal, definite, clear-cut; clear, plain; *s-e Stellungnahme ist* ~ his comment leaves no doubt; *er wurde* ~ *geschlagen* he was clearly defeated; **~deutschen** *v/t.* (*h.*) Germanize; **~dicken** *v/t.* (*h.*) thicken; *chem.* condense, concentrate, inspissate; **~dosen** *v/t.* (*h.*) tin, *Am.* can; **~drängen:** *sich* ~ (*h.*) intrude (*in acc.* into), crowd in; **~drehen I.** *v/t.* (*h.*) turn in; **II.** *v/i.* (*sn*) *aer.* swing on a new course, *for attack*: close in; **~drillen** *v/t.* (*h.*) → *einexerzieren.*

'eindring|en *v/i.* (*irr.*, *sn*) enter forcibly *or* by force; break *or* burst in (*in acc.* into); intrude (into *company*), crash the gate; *sl.* muscle in; invade (*a country*); penetrate; *liquid*: soak in(to), ooze in(to), (*a. mil., pol.*) infiltrate; pierce, penetrate; *fig.* fathom (*or* delve into) (*in acc. a matter*); *auf j-n*: rush upon a p.; *fig. problems, etc.*: press, crowd (*auf j-n* upon a p.); *feelings*: throng in (upon a p.); **2en** *n* (-*s*) forcible (*jur.* unlawful) entry; invasion, inroad; penetration, infiltration; **~lich** *adj.* insistent, urgent, emphatic; striking, impressive, forcible; **2lichkeit** *f* insistence, urgency; force(fulness); **2ling** ['-lɪŋ] *m* (-[e]s; -e) intruder; invader.

'Eindruck *m* (-[e]s; ⸚e) imprint, impress(ion), mark; *fig.* impression; appeal; *bleibender* (*schlechter*) ~ lasting (poor) impression; ~ *machen auf* (*acc.*) impress, make (*or* leave) an impression on; appeal to; *den* ~ *erwecken, daß* give (*or* produce) the impression that; *ich habe den* ~, *daß* I have (*or* am under) the impression that, I have a feeling that; *colloq.* ~ *schinden* show off; *nur um* ~ *zu schinden* only for show; **2en** *v/t.* (*h.*) imprint; print on.

'ein...: ~drücken *v/t.* (*h.*) press in; flatten, compress; crush, squash; dent, cave in; *mil.* break into (*the front*); *wrestling*: *die Brücke* ~ break the bridge; force, crash (*door*) break in (*window*); **~drucksfähig** *adj.* impressionable; **~drucksvoll** *adj.* impressive, spectacular, striking, appealing; **~dünsten** *v/t.* (*h.*) stew down, evaporate; → *dünsten*; **~ebnen** *v/t.* (*h.*) level, plane, grade; **2ehe** *f* monogamy.

'einen *v/t. and sich* ~ (*h.*) unite.

ein...: ~eiig ['-ˀaɪɪç] *anat. adj.* uniovular; ~*e Zwillinge usu.* identical twins; **'~engen** *v/t.* (*h.*) constrict; confine, narrow (down), hem in, limit; cramp.

'einer I. *pron.* (some)one, somebody; → *ein*; **II. 2** *m* (-*s*; -) *arith.* unit, digit; (*boat*) single (sculler); **~lei** *adj.* (one and) the same, of one (*or* the same) kind; indifferent, immaterial; *es ist ganz ~* it makes no difference; *es ist mir ~* it's all one (*or* the same) to me, I don't care; *~ ob* no matter (*or* regardless) whether; *~ wer, etc.* whoever, *etc.*, no matter who, *etc.*; *~, wir gehen hin!* all the same, let's go there!; **2lei** ['-'laɪ] *n* (*-s*) sameness, uniformity; monotony, humdrum.

'**einernten** *v/t.* (*h.*) gather in, harvest; *fig.* gain, win.

einerseits ['-zaɪts], '**einesteils** *adv.* on the one hand (*or* side).

'**einexerzieren** *v/t.* (*h.*) drill (*or* train) thoroughly; *fig.* coach; drill (*task, etc.*).

einfach ['-fax] **I.** *adj.* **1.** single; *~e Buchführung* book-keeping by single entry; *~e Fahrkarte* single (ticket), *Am.* one-way ticket; **2.** simple; *~er Bruch med.* simple fracture; *~er Bankrott* simple bankruptcy; **3.** simple, plain, homely; frugal, plain (*food*); *~er Soldat* private (soldier), *Am. a.* enlisted man, buck private; **4.** easy, simple; elementary; **II.** *adv.* simply, plainly; just; *das ist ~ herrlich* that's simply (*or* just) wonderful; *es ist ~ verbrecherisch* it's outright criminal; *es ist ~ unglaublich* it is fantastic; **2heit** *f* (*-*) simplicity; plainness, frugality; *der ~ halber* to simplify matters; **~wirkend** *tech. adj.* single-acting.

'**ein...:** **~fädeln** ['-fɛːdəln] *v/t.* (*h.*) thread (*needle, a. film, tape*); *fig.* start, set afoot; contrive, arrange, engineer; **~fahrbar** *aer. adj.* retractable (*landing gear*); **~fahren I.** *v/i.* (*irr., sn*) drive in(to *in acc.*); enter, come in, arrive; *train*: *a.* pull in; *mining*: descent; **II.** *v/t.* (*irr., h.*) cart in; carry *or* bring in; retract (*landing gear, periscope*); run in, *esp. Am.* break in (*car*); **2fahrt** *f* entrance, arrival; *mining*: descent; entrance; *of port*: mouth; *mining*: pit-head; gateway, drive(-way).

'**Einfall** *m* → *Einsturz*; *mil.* irruption, inroad, raid (*in acc.* into), invasion (of); *phys.* incidence (*of light*); *fig.* inspiration, idea, notion; *glücklicher ~* brain-wave; *witziger ~* flash of wit; whim; *er kam auf den ~* the idea occured to him, *iro. a.* he took it in his head; **2en** *v/i.* (*irr., sn*) fall in; *light*: be incident; *mil.* invade (a country); *mus.* chime (*or* join) in; *conversationally*: interrupt, cut short, *affirmatively*: chime in; collapse, tumble down; *j-m ~* come into a p.'s mind, occur to a p.; *dabei fällt mir et. ein* that reminds me of something; *es fällt mir jetzt nicht ein* I can't remember (*or* think of) it now; → *Traum*; *was fällt dir ein!* what are you thinking of?, what's the idea!; *wie es ihm gerade einfiel* as the humo(u)r seized him; *sich et. ~ lassen* **a)** take a th. into one's head, **b)** think of a th., *Am.* think a th. up; *laß dir das ja nicht ~!* don't (you) dare to do that; **2end** *phys. adj.* incident; **2slos** *adj.* unimaginative; dull, pointless; **2sreich** *adj.* imaginative, inventive; **~sreichtum** *m* (*-s*) wealth of invention; **~swinkel** *m* angle of incidence.

'**Ein...:** **~falt** ['-falt] *f* (*-*) simplicity, naïveté (*Fr.*); innocence; silliness; **2fältig** ['-fɛltɪç] *adj.* simple(-minded); innocent, naïve; silly, foolish; **~faltspinsel** *m* simpleton, nincompoop, *Am.* dum(b)bell; **~familienhaus** *n* one-family house; **2fangen** *v/t.* (*irr., h.*) catch, seize; capture, apprehend (*criminal*); *fig.* ensnare, entrap *a p.*; capture (*mood, etc.*); **2farbig** *adj.* one-colo(u)red, unicolo(u)red; plain (*cloth*); *typ.* monochromatic; **2fassen** *v/t.* (*h.*) enclose; fence (in); border, edge, line; frame (*picture*); set (*gem*); **~fassung** *f* enclosure; fence; railing; rim; border, edge; *of dress*: *a.* trimming; *of shoe*: welt; *of gem*: setting; *picture, window, etc.*: frame; **2fetten** *v/t.* (*h.*) grease; oil; **~fetten** *n* (*-s*) greasing, lubrication; **2finden:** *sich ~* (*irr., h.*) appear (on the scene); arrive, turn up; attend; assemble; **2flechten** *v/t.* (*irr., h.*) interlace, weave in, work into; plait, braid (*hair*); *fig.* put in, insert, mention casually; weave in(to), insert *story*; **2flicken** *v/t.* (*h.*) patch in; *fig.* add, insert; **2fliegen** *aer.* **I.** *v/i.* (*irr., sn*) fly into, enter (by air); penetrate, intrude; **II.** *v/t.* (*irr., h.*) make test-flights with, test out; **~flieger** *m* test pilot; **2fließen** *v/i.* (*irr., sn*) flow in(to *in acc.*); *fig. mit ~ lassen* drop in, mention in passing; **2flößen** *v/t.* (*h.*) infuse, pour in(to *in acc.*); *med.* administer (*dat.* to); feed (*j-m* a p. with *food*); *fig. j-m et. ~* inspire (*or* fill) a p. with a th.; command (*respect, etc.*); kindle (*desire*); **2fluchten** *v/t.* (*h.*) align.

'**Einflug** *m aer.* approach (flight), entrance (by air); *mil.* intrusion; raid; **~erlaubnis** *f* entry-permit, clearance; **~schneise** *f* air corridor, lane of approach.

'**Einfluß** *m* flowing in, influx; *fig.* influence (*auf acc.* on, *bei* with), *esp. pol. a.* pull; power, control, sway (over), grip (on); effect; *~ haben auf* (*acc.*) influence; affect, have a bearing on; sway; *e-n ~ ausüben* (*auf*) exercise an influence (on); bring one's influence to bear (on); *unter dem ~ von j-m or et.* under the influence of *a p. or th.*; **~bereich** *m* sphere of influence, orbit; **2reich** *adj.* influential; *er ist sehr ~ a.* he casts a long shadow, he has a lot of pull.

'**ein...:** **~flüstern** *v/t.* (*h.*) *j-m et.*: whisper (*fig. a.* suggest, insinuate) a th. to a p., prompt a th. to a p.; **2flüsterung** *f* (*-; -en*) prompting; suggestion, insinuation; **~fordern** *econ. v/t.* (*h.*) call in, demand payment of (*debts*); call for (*or* in) (*capital*); collect (*taxes*); **2forderung** *f* calling-in, demand; call (for funds); collection (*of taxes*); **~förmig** ['fœrmɪç] *adj.* uniform; → *eintönig*; **2förmigkeit** *f* (*-*) uniformity, monotony; **~fressen:** *sich ~ in* (*irr., h.*) eat into, corrode; **~fried(ig)en** ['-friːd(ɪg)ən] *v/t.* (*h.*) enclose; hedge (wall, fence) in; **2friedigung** *f* (*-; -en*) enclosure; **~frieren** *v/i.* (*irr., sn*) *water, econ. assets*: freeze; *sea, ship*: freeze in; *eingefroren* frozen (up); *ship*: *a.* ice-bound; *credit, etc.*: frozen; **~fugen** *v/t.* (*h.*) dovetail, rabbet; **~fügen** *v/t.* (*h.*) put (*or* fit) in, insert (*in acc.* into); sandwich in; *sich ~* fit in (well); *person*: *a.* adapt o.s., fall in (with others); **2fügung** *f* fitting in, insertion; interpolation; adaptation; **~fühlen:** *sich ~* (*h.*) (*in acc.*) feel one's way (into); acquire an insight (into); grasp (*by intuition*); feel (with) *a p.*; **2fühlungsvermögen** *n* (*-s*) sympathetic understanding; flair, intuition(al grasp); insight into people's nature; empathy.

Einfuhr ['-fuːr] *f* (*-; -en*) *econ.* import(ation); imports *pl.*; *~ und Ausfuhr* imports and exports; **~artikel** *m* import(ed) article, *pl.* imports; **~beschränkung** *f* import restriction; **~bestimmungen** *f/pl.* import regulations *pl.*; **~bewilligung** *f* import licen|ce (*Am.* -se).

'**einführ|bar** *adj.* importable; **~en** *v/t.* (*h.*) introduce; set, launch (*fashion*); initiate, adopt (*measures*); establish, set up (*institutions*); import (*goods*); obtain quotation of, *Am.* list (*securities*); introduce *a p.* (*bei j-m* to a p., *in acc.* into) (*a company*); present (*bei Hofe* at court); *j-n in et. ~* initiate into; install, inaugurate in *an office*; *med., tech., etc.*: introduce, insert *a th.* (into); *el.* lead in; feed in(to); *gut eingeführt person, merchandise*: well introduced, *business*: well established.

'**Einfuhr...:** **~erlaubnis, ~genehmigung** *f* import licence (*or* permit); **~hafen** *m* port of entry; **~handel** *m* import trade; **~kontingent** *n* import quota; **~land** *n* importing country; **~lizenz** *f* import licence; **~prämie** *f* bounty on imports; **~schein** *m* import permit; bill of entry; **~sperre** *f*, **~stop** *m* embargo on imports, import ban.

'**Einführung** *f generally*: introduction; presentation (*bei j-m* to a p., *bei Hofe* at court); initiation; installation, inauguration (*into an office*); introduction, adoption (*of measures, etc.*); establishment (*of institutions*); *econ.* importation; *el.* lead-in; **~sgesetz** *n* introductory law; **~skabel** *el. n* leading-in cable; **~skursus** *m* introductory course; **~sreklame** *f* introductory campaign; **~sschreiben** *n* letter of introduction.

'**Einfuhr...:** **~verbot** *n* import ban (*or* prohibition); **~waren** *f/pl.* import(ed) goods, imports; **~zoll** *m* import duty; **~zollschein** *m* bill of entry.

'**einfüll|en** *v/t.* (*h.*) fill *or* pour in(to *in acc.*); bottle; **2stutzen** *mot. m* filler-cap; **2trichter** *m* funnel; *tech.* feed hopper.

'**Ein...:** **~gabe** *f* petition, application, memorial (*an acc.* to, *um* for); *e-e ~ machen* submit *or* file a petition, apply (*um* for); **2gabeln** *v/t.* (*h.*) *mil.* bracket, straddle (*target*).

'**Eingang** *m* entrance, doorway, way in; entering, entry; access; introduction, opening; preamble; *econ.*

arrival, entry (*of goods*); receipt (*of letter, sum*); *Eingänge pl.* goods (payments) received; receipts, takings *pl.*; entries *pl.* (*of bookings, etc.*); *bei ~, nach ~* on receipt; *kein ~!* no entrance!; no admittance!; *j-m ~ gewähren* give a p. access (*zu dat.* to); *sich ~ verschaffen* obtain entry (*or* access), gain admission (to).

eingangs ['aɪngaŋs] *adv.* at the beginning *or* outset; by way of introduction; **2anzeige, 2bestätigung** *f* notice of arrival; acknowledg(e)ment (*or* advice) of receipt; **2buch** *n* book of entries; **2datum** *n* date of arrival (*or* entry); *of cheque*: value date; **2formel** *f* preamble; **2halle** *f* entrance-hall; **2kreis** *m radio*: input circuit; **2spannung** *el. f* input voltage; **2stempel** *m* entry stamp; **2tor** *n* (entrance-)gate; **2zoll** *m* import duty.

'ein...: ~gebaut ['-gəbaʊt] *tech. adj.* built-in, integral, installed, incorporated, mounted; **~geben** *v/t.* (*irr., h.*) give, administer *drug* (*dat.* to); submit (*petition*), hand in, → *einreichen*; *fig. j-n* (*zur Beförderung, etc.*): recommend (for *promotion, etc.*); *j-m* (*e-n Gedanken, etc.*) give, inspire *a p.* with (*an idea*), prompt (*or* suggest) *a th.* to; **2gebung** *f* (-; -en) inspiration; bright idea, brain-wave; **~gebildet** *adj.* imaginary (*disease, etc.*); *person*: conceited (*auf acc.* about), priggish; arrogant; **~geboren** *adj.* only-begotten (*son of God*); native, indigenous; inborn, innate; **2geborene(r** *m*) *f* (-n, -n; -en, -en) native; *~e pl. a.* aborigines; **~gedenk** ['-gədɛŋk] *adj.* mindful (*gen.* of), remembering; *e-r Sache ~ sein* (*bleiben*) bear (keep) a th. in mind, remember a th.; **~gefallen** *adj.* dilapitated (*house*); *med.* emaciated, shrunken; hollow-cheeked; sunken (*eyes*); **~gefleischt** ['-gəflaɪʃt] *adj.* incarnate; *fig.* inveterate, engrained, dyed-in-the-wool; *~er Junggeselle* confirmed bachelor.

'eingehen I. *v/i.* (*irr., sn*) *eccl.* go in, enter; *letters, goods*: come in (*or* to hand), arrive; *money*: be received *or* cashed; *bot., zo.* die; *colloq. fig.* die on the vine, wilt; cease (to exist); *factory*: close down; *enterprise*: fizzle out; *newspaper*: perish; *~ lassen* give up; *am 2 sein* (*a. matter*) be on one's last legs; *~ auf* (*acc.*) consent (*or* agree) to; comply with; accept (*proposal*); show interest for *a th.*; *auf Einzelheiten ~* go into details; *auf j-s Ansichten ~* enter into (*or* chime in with) a p.'s views; *auf j-n*: respond to a p., *indulgently*: humo(u)r; *j-m*: go down with a p.; → *Geschichte*; **II.** *v/t.* (*irr., h., sn*) contract (*marriage*); run *a risk*, take *a chance*; come to *an arrangement*; incur, enter into (*obligation*); make, enter into (*contract*); lay *a wager*, make *a bet*; **~d** *adj.* incoming; exhaustive, thorough, detailed; close (*inspection*); *nicht ~* shrink-proof (*fabric*).

'ein...: ~gelassen *tech. adj.* sunk, flush(-mounted); countersunk (*screw*); **~gelegt** ['-gəle:kt] *adj.*: *~e Arbeit* inlaid work, inlay; *~e Eier* water-glass eggs; **2gemachte(s)** ['-gəmaxtə(s)] *n* (-[e]*n*) preserves *pl.*; preserved fruit; pickles *pl.*; **~gemeinden** ['-gəmaɪndən] *v/t.* (*h.*) incorporate (*dat.* into); **2gemeindung** *f* (-; -en) incorporation; **~genommen** *adj. für j-n*: prepossessed (*or* biassed) in favo(u)r of *a p.*, *von j-m*: fond of, taken with *a p.*; *gegen j-n*: prejudiced (*or* biassed) against; *für et.*: partial to, enthusiastic about, heart and soul for *a th.*; *von sich ~* conceited, having a high opinion of o.s.; *head*: dull, heavy; **2genommenheit** *f* (-) prepossession, bias (*für* in favo[u]r of); fondness (of); prejudice (*gegen* against); (self-)conceit; **~gerostet** ['-gərɔstət] *adj.* rusty (*a. fig.*); **2gesandt** ['-gəzant] *n* (-s; -s) Letter to the Editor; **~geschlechtig** *bot. adj.* unisexual; **~geschnappt** ['-gəʃnapt] *colloq. adj.* cross, piqued, peeved; **~gesehen** *mil. adj.* exposed (to observation); **~gesessen** ['-gəzɛsən] *adj.* resident, domiciled; **2gesessene(r** *m*) *f* (-n, -n; -en, -en) resident, inhabitant; **~gestandenermaßen** ['-gəʃtandənər'ma:sən] *adv.* avowedly, admittedly; **2geständnis** *n* avowal, confession, admission; **~gesteh(e)n** *v/t.* (*irr., h.*) avow, confess, admit, own (up).

Eingeweide ['-gəvaɪdə] *n/pl. anat.* viscera; bowels, entrails, guts, intestines; **~bruch** *m* hernia.

'ein...: ~geweiht ['-gəvaɪt] *adj.* → *einweihen*; **2geweihte(r** *m*) *f* (-n, -n; -en, -en) initiate(d person), insider; *pl.* the initiated; **~gewöhnen** *v/t. and sich ~* (*h.*) accustom (o.s.) (*in acc.* to), acclimatize, *Am.* acclimate (to); get used to; **2gewöhnung** *f* acclimatization; familiarization; **~gewurzelt** ['-gəvurtsəlt] *adj.* deep-rooted; engrained, inveterate; **~gezahlt** ['-gətsa:lt] *econ. adj.* paid-up (*capital, stock*).

'ein...: ~gießen *v/t.* (*irr., h.*) pour in(to *in acc.*); infuse; pour out; *tech.* cast in; **2glas** *n* monocle; **~gleisig** ['-glaɪziç] *adj.* single-line, single-track; **~gliedern** *v/t.* (*h.*) incorporate, integrate (*in acc.* into); classify (into); assign (to); annex (*territory*); enrol(l) (*in acc.* in), make a member (of); *sich ~* fit in, become a part (*person*: member) (*in acc.* of); **2gliederung** *f* integration, incorporation; annexation; enrolment; **~graben** *v/t.* (*irr., h.*) dig in(to *in acc.*); bury; hide in the ground; engrave (*in acc.* upon *steel, etc.*; *a. one's memory*); *sich ~ animal*: burrow in(to *in acc.*); *mil.* dig in, entrench o.s.; *fig. ins Gedächtnis*: engrave o. s. (on one's memory); **~gravieren** *v/t.* (*h.*) engrave (*in acc.* on); **~greifen** *v/i.* (*irr., h.*) *tech.* engage (*in acc.* in *or* with); gear in(to *in acc.*), mesh; *fig.* take action, step in; *mil.* come into action; intervene; interfere, meddle (*in* with); *in j-s Rechte ~* encroach (up)on a p.'s rights; *in ein Gespräch ~* engage (*or* join) in a discussion, cut in; **2greifen** *n* (-s) *tech.* engagement; gearing, meshing; *fig.* action; intervention; interference; **~greifend** *adj. fig.* → *durchgreifend*; **2greifgeschwader** *mil.* flying squadron; **2griff** *m med.* operation, surgical treatment; *tech.* gearing, contact; *ständiger ~* constant mesh; *im ~* in gear, engaged; *fig.* action; intervention; interference; encroachment.

'ein...: ~hacken *v/i.* (*h.*) *bird*: *~ auf* (*acc.*) peck at; *fig.* pick at, pester; **~haken** *v/t.* (*h.*) hook in(to *in acc.*), fasten; *sich ~ bei* link arms with; *eingehakt* arm in arm; *fig.* cut in; *bei et.*: take a th. up; **2halt** *m*: *~ gebieten or tun* (*dat.*) stop, check, call a halt to; **~halten I.** *v/t.* (*irr., h.*) stop, check; *fig.* observe, adhere to, follow (*custom, contract*); keep (to *a term*, within *a time-limit*), *Am.* meet (*a deadline*), be punctual; keep (*promise*); meet (*obligation*); **II.** *v/i.* (*irr., h.*) stop, leave off; pause; *mit dem Lesen ~* stop reading; *halt ein!* stop!, leave off!; **2haltung** *f* (*gen.*) observance (of); adherence (to); compliance (with); **~hämmern** *v/t.* (*h.*) drive *a nail* in(to *in acc.*); *fig. j-m et. ~* hammer (*or* drum, pound) a th. into a p.'s head; **~handeln** *v/t.* (*h.*) purchase, buy; trade in, barter; get, obtain, chisel out; **~händig** ['-hɛndiç] *adj.* one-handed; **~händigen** ['-gən] *v/t.* (*h.*) *j-m et.*: hand (over) to, deliver to; **~hängen I.** *v/t.* (*h.*) hang *or* hook in(to *in acc.*); *tech.* suspend (into); hang up; put *door* on its hinges; replace, restore *telephone receiver*; *sich bei j-m ~* → *einhaken*; **II.** *v/i.* (*h.*) *teleph.* hang up, clear the line; **~hauchen** *fig. v/t.* (*h.*) inspire (*j-m et.* a p. with a th.); *j-m neues Leben ~* breathe new life into a p.; **~hauen I.** *v/i.* (*h.*): *~ auf* (*acc.*) fall upon, pitch into; *fig. at table*: fall to, tuck in; **II.** *v/t.* (*h.*) break in (*or* open); cut open; sink (a hole) in; **~heften** *v/t.* (*h.*) sew *or* stitch in(to *in acc.*); file; **~hegen** *v/t.* (*h.*) fence in, enclose; **~heimisch** *adj.* native; indigenous (*a. bot.*); *econ.* home, domestic, inland, home-made; *~er Markt* home-market; *~es Vieh* home-bred livestock; *~es Agrarprodukt* home-grown produce; endemic (*disease*); vernacular (*speech*); *die 2en* the natives; **~heimsen** ['-haɪmzən] *v/t.* (*h.*) reap; pocket, rake in; **2heirat** *f*: *~ in* (*acc.*) marriage into *a family or business firm*; **~heiraten** *v/i.* (*h.*): *~ in* (*acc.*) marry into.

Einheit ['-haɪt] *f* (-; -en) unity; oneness; uniformity; *math., phys., mil.* unit (*mil. Am. a.* outfit), *stock exchange*: unit of trade, *Am.* full lot; *thea. die drei ~en* the dramatic unities; *zu e-r ~ verbinden* unify; **2lich** *adj.* uniform; homogeneous; standardized; undivided; *econ.* regular (*prices*); central(ized) (*government*); **~lichkeit** *f* (-) uniformity, conformity to standard.

'Einheits...: ~bauart *tech. f* standard type; **~bestrebungen** *f/pl.* unitary tendencies (*or* movement); **~front** *f* united front; **~gewicht** *n* standard weight; **~kurs** *econ. m* standard quotation; **~kurzschrift** *f* standard shorthand system; **~partei** *f* unity party; **~preis** *econ. m* uniform (*or* standard, flat) price;

~schule *f* comprehensive school; **~staat** *m* centralized state; **~strafe** *jur. f* global punishment; **~tarif** *m* uniform tariff; **~vordruck** *m* standard printed form; **~währung** *f* standard currency; **~wert** *m* standard (*or* unit) value; *tax*: rateable value; **~zeit** *f* standard time.

'ein...: ~heizen *v/i.* (*h.*) make (*or* light) a fire; heat a stove (*or* room); *fig. j-m*: make it hot for *a p.*, give *a p.* hell; **~hellig** ['-hɛlɪç] *adj.* unanimous; **2helligkeit** *f* unanimity.

ein'her...: *in compounds* ... along, *e.g.* **~gehen** *v/i.* (*irr.*, *sn*), (**~schreiten** *v/i.*, *irr.*, *sn*, **~stolzieren** *v/i. sn*) walk (stride, strut) along.

'ein...: ~holen I. *v/t.* (*h.*) bring in, collect; go to meet; *mar.* strike (*sail*, *flag*), haul down, lower (*flag*), haul in (*rope*), tow in (*ship*); buy, fetch; overtake, (*a. fig.*) catch up with; *sports*: *a.* pull up to; call for; obtain, procure; ask (*or* apply) for; make *inquiries* (*über acc.* about); take (*orders*); seek *or* take *advice*; make up for (*lost time*); **II.** *v/i.* (*h.*): *gehen* go shopping; **2horn** *n* unicorn; **2hufer** ['-hu:fər] *zo. m* (-s; -) solid-hoofed animal, soliped; **~hüllen** *v/t.* (*h.*) wrap up (*in acc.* in), envelop in; cover; *tech.* encase, sheathe, coat; *in Dunkel (Schweigen) gehüllt* wrapped in darkness (silence).

'einig *adj.* united; *~ sein mit (dat.)* agree with, be at one (*or* in agreement) with; *(sich) ~ werden* come to terms *or* an agreement (*über acc.* about); *die Fachwelt ist sich einig darüber, daß* there is agreement (*or* consensus) among the experts that, the experts are agreed that; *er ist sich selbst nicht ~, was er tun soll* he can't make up his mind, either; **~e** *indef. pron.* several, some, a few; *Am.* a couple of; *vor ~n Tagen* the other day; (*about*) some; *~ hundert Jahre* some hundred (*or* hundred odd) years; **~es** ['aɪnɪgəs] *indef. pron.* something; *ich könnte dir ~ erzählen* I could tell you a thing or two; → *allerhand*; **~emal** *adv.* several times.

ein-igeln ['aɪnʔi:gəln]: *mil. sich ~* (*h.*) set up a hedgehog defen|ce, *Am.* -se.

'einig...: ~en ['-gən] *v/t.* (*h.*) unite, unify; conciliate; *sich ~* agree (*über acc.* on), come to an agreement *or* terms (about); settle (*mit* with); *Am. colloq.* get together; **~ermaßen** ['-gər'ma:sən] *adv.* to some (*or* a certain) extent; somewhat; rather, fairly; **~gehen** *v/i.* (*irr.*, *sn*) agree *or* concur (*mit* with), be in agreement with; **2keit** *f* (-) unity, union, concord, harmony; unanimity; agreement, consensus; *~ macht stark* union is strength; **2ung** ['-guŋ] *f* (-; -*en*) *pol.* unification, union; agreement, settlement, understanding; *e-e ~ erzielen* come to an agreement; **2ungs-amt** *n* conciliation board; **2ungs-stelle** *f* settlement board.

'ein-impf|en *v/t.* (*h.*) *med.* inoculate (*j-m* into); *fig. j-m et.*: inoculate (*or* indoctrinate) with, implant in; **2ung** *f* inoculation (*a. fig.*).

'einjagen *v/t.* (*h.*): *j-m Furcht ~* scare (*or* frighten, terrify) a p., strike fear into a p.

'einjährig *adj.* (one-)year-old; *duration*: of one year, one year's, one-year; annual (*plant*); **2e(s)** ['-gə(s)] *n* (-[e]*n*) lower school-leaving certificate.

'ein...: ~kalkulieren *v/t.* (*h.*) take into account, allow for; **~kapseln** *v/t.* (*h.*) *tech.* encase, enclose; *med.* (*a. sich ~*) encyst; *fig. sich ~* retire into one's shell; **~kassieren** *v/t.* (*h.*) cash, collect; **2kassierung** *f* (-) encashment; collection.

'Ein|kauf *m* purchase; bargain; *econ.* purchasing (department); *Einkäufe machen* go shopping, shop; **2kaufen I.** *v/t.* (*h.*) buy, purchase; shop for; procure; lay in, stock (*supply*); *sich ~* buy o.s. in; **II.** *v/i.* (*h.*) make purchases, shop (*bei* at); **~käufer(in** *f*) *m* purchaser, buyer; shopper; *econ.* buying agent.

'Einkaufs...: ~abteilung *f* purchasing department; **~genossenschaft** *f* co-operative purchasing society; **~leiter** *m* head of purchasing department; **~netz** *n* string bag; **~preis** *m* (*zum* at) cost price, prime (*or* first) cost; **~tasche** *f* shopping bag; **~zentrum** *n* shopping centre (*Am.* center).

Einkehr ['aɪnke:r] *f* (-) (*bei*, *in dat.*) putting up (at an inn); *fig.* contemplation, introspection, self-communion; *~ halten bei sich* hold communion with o.s., take stock of o.s.; **2en** *v/i. bei j-m*: call on (*or* stay with) a p.; *in e-m Gasthofe*: put up (*or* stop) at an inn; *fig. bei sich ~* commune with o.s., search one's soul.

'ein...: ~keilen *v/t.* (*h.*) wedge in; *fig.* hem in; **~kellern** *v/t.* (*h.*) lay in (the cellar), (store in the) cellar; **~kerben** *v/t.* (*h.*), **2kerbung** *f* (-; -*en*) notch, indent; **~kerkern** *v/t.* (*h.*) imprison, incarcerate, cast into prison; **~kesseln** *mil. v/t.* (*h.*) encircle, pocket, trap; **2kesselung** *f* (-; -*en*) encirclement; **~kitten** *v/t.* (*h.*) cement in(to *in acc.*), fix with putty; **~klagbar** *jur. adj.* actionable; **~klagen** *v/t.* (*h.*) sue for, file suit for, take legal proceedings for the recovery of *a th.*; **~klammern** *v/t.* (*h.*) *tech.* cramp; *typ.* bracket, put in parentheses (*or* brackets), parenthesize.

'Einklang *m mus.* unison; *radio*: syntony; *fig.* unison, accord, harmony; *in ~ bringen* reconcile, square, bring into line (*mit* with); *im ~ stehen mit* be compatible (*or* in keeping) with; correspond to, coincide (*or* tally) with; *nicht im ~ stehen mit* be at variance with.

'ein...: ~kleben *v/t.* (*h.*) paste in; **~kleiden** *v/t.* (*h.*) clothe; *mil.* issue clothing to, fit out; *fig.* clothe, couch (*thoughts*); **~klemmen** *v/t.* (*h.*) pinch; squeeze (in); jam (*or* wedge) in; *tech. a.* screw down, clamp (fast); *fig.* sandwich in; **2klemmung** *f* (-; -*en*) jamming; *med.* strangulation; **~klinken** *v/t. and v/i.* (*h.*) latch (*door*); *eingeklingt* on the latch; *tech.* engage, catch, clinch; **~knicken I.** *v/t.* (*h.*) bend in; fold (*paper*); crease (*cloth*); **II.** *v/i.* (*sn*) bend, break; *a. knees*: buckle, give way; **~kochen** *v/t.* (*h.*) *and* (*sn*) *v/i.* boil down, thicken by boiling; (make) preserve; make jam.

'einkommen *v/i.* (*irr.*, *sn*) *bei j-m*: make an application, (present a) petition, apply to *a p.* (*um* for); *um s-n Abschied ~* hand in (*or* tender) one's resignation; *gegen et.*: protest (*or* lodge a complaint) against *a th.*; *funds*: come in, be paid in; **2** *n* (-s) income; *pol.* revenue; *~ aus Arbeit* earned income, earnings *pl.*; *~ aus Kapital* unearned income; *festes ~* fixed income; **2steuer** *f* income-tax; **2steuererklärung** *f* income-tax return; **2stufe** *f* income-class (*Am.* bracket).

'einköpfen *v/t. and v/i.* (*h.*) *soccer*: head (the ball) home.

'Einkreis-empfänger *m radio*: single-circuit receiver.

'einkreis|en *v/t.* (*h.*) *mil.* encircle (*a. pol.*), envelop, outflank, surround; *w.s.*, *a. pol.* isolate; **2ung** *f* (-; -*en*) encirclement; **2ungs-politik** *f* policy of encirclement; **2ungsschlacht** *f* battle of encirclement.

einkremen ['-kre:mən] *v/t.* (*h.*) cream, apply cream to.

'Einkünfte ['-kynftə] *pl.* proceeds, receipts, takings; profit; income; *pol.* revenue *sg.*; *of judge*, *etc.*: emoluments.

'einkuppeln *tech. v/t.* (*h.*) couple, clutch; *mot.* throw into gear, engage (the clutch *v/i.*).

'einlad|en *v/t.* (*irr.*, *h.*) load (in); *mar.* ship, embark; *mot.* entruck; *rail.* entrain; *aer.* emplane; *j-n*: invite *or* ask *a p.* (*zu* to); **~end** *adj.* inviting; enticing, tempting; appetizing; **2ung** *f* invitation; *auf die ~ von* at the invitation of; **2ungskarte** *f* invitation-card; **2ungsschreiben** *n* (letter of) invitation.

'Einlage *f in letter*: enclosure, accompanying document(s *pl.*); *tailoring*: pad(ding); *in shoe*: **a)** insole, **b)** *med.* arch-support; *in tooth*: temporary filling; *tech.* intermediate layer, ply; *mot.* inside tyre (*Am.* tire) protector; *econ.* investment, share; (savings) deposit; *gambling*: stake; *thea.* extra (number); inserted song; *cul.* garnish (*for soup*), *w.s.* side-dish; entree; **~kapital** *n* capital invested (*or* paid in).

'einlager|n *v/t.* (*h.*) *econ.* warehouse, store (up), put into stock; **2ung** *f* warehousing, storage.

Einlaß ['-las] *m* (-sses; ⸗sse) admission, admittance, entrance (*zu* to); *tech.* inlet, intake; → *Eintritt*; *gewähren.*

'einlassen *v/t.* (*irr.*, *h.*) let in, admit, open the door(s *pl.*) to; insert; *tech. ~ in* let (*or* fit, sink) into, imbed in; → *eingelassen*; take in (*dress*); *sich ~* let o.s. in; *fig. sich ~ auf or in (acc.)* engage in, enter into (*a. conversation*); venture (*or* embark) on (*enterprise*); fool (*or* meddle) with; agree to, entertain; *jur. sich auf eine Klage ~* defend an action, put in an appearance; *laß dich nicht darauf ein* don't go in on it!, leave it alone!; *ich lasse mich nicht darauf ein* I will not have anything to do with it;

sich ~ *mit* (*dat.*) associate (*or* have dealings) with, *hostilely*: join issue (*or* grapple) with, *amorously*: get involved with, have an affair with.

'**Einlaß...:** ~**karte** *f* admission ticket; ~**öffnung** *tech. f* inlet; ~**rohr** *n* inlet pipe.

'**Einlassung** *jur. f* (-; -en) (entering an) appearance; averment, defen|ce (*Am.* -se); ~**s-erklärung** *jur. f* notice of one's intention to defend; ~**sfrist** *jur. f* time for entering an appearance.

'**Einlaßventil** *n* inlet valve.

'**Einlauf** *med. m* enema, clyster; *w.s.* → *Eingang*.

'**einlaufen I.** *v/i.* (*irr.*, *sn*) come in, arrive; *w.s.* → *eingehen*; *in e-n Hafen*: enter, put into *a port*; *fabric*: shrink; *nicht* ~*d* unshrinkable; *das Bad(ewasser)* ~ *lassen* run the bath; **II.** *v/t.* (*irr.*, *h.*): *j-m das Haus* ~ besiege a p.'s house, pester a p.; *mot.* ~ (*lassen*) run in; *sich* ~ *sports* warm up; '**Einlaufen** *n* (*-s*) coming in, arrival; *of cloth*: shrinkage.

'**ein...:** ~**läufig** ['-lɔʏfiç] *adj.* single-barrel (-led); ~**läuten** *v/t.* (*h.*) ring in; ~**leben:** *sich* ~ (*h.*) accustom o.s. (*in acc.* to); settle down (in), acclimatize; *fig.* become familiar(ized) with, enter into the spirit of *a th.*; 2**legearbeit** *f* inlaid work; ~**legen** *v/t.* (*h.*) lay (*or* put) in(to *in acc.*); enclose (in *a letter*); insert (*dance, etc.*); deposit (*money*); insert (*film, paper, etc.*); *cul.* preserve; pickle; salt; pot; couch (*lance*); immerse, soak, steep; *tech.* inlay *with ivory, etc.*; *eingelegte Arbeit* inlaid work, marquetry; *fig.* → *Berufung, Verwahrung, Veto, Wort*; *Ehre* ~ *mit* et. gain hono(u)r *or* credit by; *mit ihm wirst du keine Ehre* ~ he will do you no credit; 2**leger** *m* (*-s*; -) *bank*: depositor; *company*: investor; *typ.* feeder, layer-on; 2**legesohle** *f* slip sole, (cork) sock.

'**einleit|en** *v/t.* (*h.*) start; initiate, introduce; launch, set on foot; *mus.* prelude (*a. fig.*); preface *a book* (*mit* by); open (*talks, etc.*); usher in (*era, etc.*); *jur.* institute (*investigation, proceedings*); *e-n Prozeß* ~ bring an action (*gegen* against); ~**end** *adj.* introductory, opening, preliminary; ~*e Maßnahmen, etc.* preliminaries *pl.*; *adv.* by way of introduction; ~**ung** *f* introduction; preface, preamble (*gen.* to); *mus.* prelude (*a. fig.*); preliminaries *pl.*; starting, opening, *jur.* institution; preamble, caption.

ein...: ~**lenken** *v/i.* (*h.*) turn in(to, *in acc.*); *fig.* give in, come round; change one's note; ~*d adv.* peaceably, reasonably; ~**lernen** *v/t.* (*h.*) → *anlernen*; *sich et.* ~ learn a th. thoroughly (*or* by heart); *j-m et.* ~ teach a p. a th., drum a th. into a. p.; ~**lesen:** *sich* ~ (*irr.*, *h.*) read o.s. into; familiarize o.s. with; read up (*subject*); ~**leuchten** *v/i.* (*h.*) be clear (*or* obvious, evident, plausible) (*j-m* to a p.); *es leuchtet mir nicht ein* I cannot see that, it does not make sense (to me); ~**leuchtend** *adj.* clear, obvious, evident, plausible; ~**liefern** *v/t.* (*h.*) deliver (up); *j-n*: transfer a p. (*in acc.* to); *ins Krankenhaus* ~ take to the hospital, hospitalize; *ins Gefängnis* ~ send (*or* commit to) prison; 2**lieferung** *f* delivery; hospitalization; commitment (to prison, *etc.*); 2**lieferungsschein** *m* receipt of posting; paying-in slip; ~**liegend** *adj.* enclosed; ~**lochen** *v/t.* (*h.*) *golf*: put(t), hole (out); *colloq.* put behind bars, *sl.* put in jug; ~**logieren** *v/t.* (*h.*) → *einmieten*; ~**lösbar** ['-lø:sba:r] *adj.* collectible; due, payable; redeemable; *nicht* ~ irredeemable; convertible; 2**lösbarkeit** *f* (-) redeemableness; convertibility.

'**einlös|en** *v/t.* (*h.*) redeem (*mortgage, securities*); withdraw *banknote* from circulation; collect; convert; discharge, pay (*bills*); meet, take up (*acceptance, bill of exchange*); hono(u)r, *nicht* ~ dishono(u)r (*cheque, sight draft*); take out of pawn; cash; ransom (*prisoner*); *fig.* redeem, keep (*promise, etc.*); 2**ung** *f* redemption (*a. fig.*); withdrawal; payment; discharge; cashing; 2**ungsfrist** *f* term of redemption; 2**ungs-termin** *m* date of maturity; date of redemption.

'**ein|löten** *tech. v/t.* (*h.*) solder in(to *in acc.*); ~**lullen** *v/t.* (*h.*) lull to sleep; *fig.* lull.

'**einmach|en** *v/t.* (*h.*) preserve; pickle; pot; tin, *Am.* can; → *Eingemachtes*; 2**glas** *n* preserving jar; 2**zucker** *m* preserving sugar.

'**einmal** *adv.* once; (*in future*) one day, some day; for once; ~ *eins ist eins* once one is one; ~ *hell*, ~ *dunkel* now bright, now dark; ~ *weil* first because; *auf* ~ **a)** all at once, all of a sudden, **b)** at the same time; *es war* ~ once (upon a time) there was; *das war* ~ that's a matter of the past, that's all gone; *nicht* ~ not even, not so much as; *noch* ~ once more (*or* again); *noch* ~ *so alt* twice (*or* double) a p.'s age; *haben Sie schon* ~ ...? did you ever ...?; *ich bin* ~ *so* I can't help being as I am; *es ist nun* ~ *so* that's how it is (and nothing can be done about it); *hör* ~! (just) listen!, look here!; *stell dir* ~ *vor* just imagine *or* fancy; ~ *ist keinmal* one and none is all one.

Einmal'eins *n* (-; -) multiplication table; *großes* (*kleines*) ~ compound (simple) multiplication.

'**einmalig I.** *adj.* solitary; *nach* ~*em Durchlesen* after reading it once; non-recurring (*expenditure, payment*); *fig.* unprecedented, unparalleled, matchless; ~*e Gelegenheit* unique opportunity; **II.** *adv.*: ~ *schön* of singular beauty, simply wonderful.

'**Ein...:** ~**manngesellschaft** *econ. f* one-man company; ~**manntorpedo** *mil. n* one-man torpedo; ~**marsch** *m* march(ing) in, entry; 2**marschieren** *v/i.* (*sn*) march in(to *in acc.*), enter; 2**mauern** *v/t.* (*h.*) wall in, immure; fix in a wall, (*a. fig.*) imbed; 2**meißeln** *v/t.* (*h.*) chisel in(to *in acc.*); 2**mengen** *v/t.* (*h.*) mix in, intermix, add; *fig. sich* ~ (*in acc.*) interfere, intervene, meddle (with), *colloq.* butt in; 2**mieten** *v/t.* (*h.*) (*a. sich*) take lodgings *or* rooms (*bei* with, *j-n* for a p.); pit, stack up (*potatoes, etc.*); silo (*grain*); 2**mischen** *v/t.* (*h.*) → *einmengen*; ~**mischung** *f* interference, meddling; *esp. pol.* intervention; 2**motorig** ['-mo'to:riç] *adj.* single-engine(d); 2**motten** ['-mɔtən] *v/t.* (*h.*) mothball (*a. ship, etc.*); 2**mummen** ['-mumən] *v/t. and sich* ~ (*h.*) muffle (up); 2**münden** *v/i.* (*sn, h.*): ~ *in* (*acc.*) *river*: discharge (*or* empty, flow) into; *tributary*: join; *street*: join, run into; *anat. veins*: inosculate with; ~**mündung** *f* mouth, estuary (*of river*); *of road*: junction; 2**mütig** ['-my:tiç] *adj.* unanimous, of one mind; *adv. a.* as one man, with one voice, solidly; ~**mütigkeit** *f* (-) unanimity, full accord.

'**einnähen** *v/t.* (*h.*) sew in(to *in acc.*); sew up in.

Einnahme ['-na:mə] *f* (-; -*n*) *mil.* taking, capture; occupation, conquest; *econ.* receipts, takings *pl.*, return; proceeds *pl.*; earnings; income, *pol.* revenue; *parl.* ~*n und Ausgaben pl.* revenues and expenditures; ~**buch** *n* receipt-book; ~**quelle** *f* source of income (*or pol.*: of revenue).

einnebeln ['-ne:bəln] *v/t.* (*h.*) (smoke-)screen, smoke; *sich* ~ lay a smoke-screen.

einnehmen *v/t.* (*irr.*, *h.*) *mar.* take in (*or* on board), ship; take; have (*food*), take (*a. drug, etc.*); receive, take, cash, register (*money*); collect (*taxes*); earn, make; *mil.* take (possession of), capture; occupy, conquer (*country*); occupy, fill (*post*); *s-n Platz* ~ take one's seat; *j-s Stelle* ~ take (*or* succeed to) a p.'s place, replace a p.; *fig. e-e Haltung* ~ assume an attitude; *e-e hervorragende Stelle* ~ hold an eminent place, rank high; *zuviel Platz* ~ take *or* occupy too much room; *fig.* captivate, charm; *j-n für sich* ~ win the heart of a p.; *j-n gegen sich* ~ prejudice (*or* bias, set) a p. against one; ~**d** *adj.* engaging, winning, taking.

'**Ein...:** ~**nehmer** *m* receiver, collector; 2**nicken** *v/i.* (*sn*) fall asleep, nod (*or* drop) off; 2**nisten:** *sich* ~ (*h.*) (*in dat.*) build one's nest (*or* nestle) in; *parasites*: nest in; *fig.* settle down (in), make o.s. at home (in).

'**Ein...:** ~**öde** *f* desert, waste, wilderness, solitude; 2**ölen** *v/t.* (*h.*) oil, lubricate; 2**ordnen** *v/t.* (*h.*) arrange (*in acc.*); range in; pigeonhole; file; classify; integrate *or* incorporate (*into a whole*); *sich* ~ adjust o.s.; *pol.* toe the (*or* fall into) line; fit *a th.* in; *mot. sich rechts* ~ move to the right lane of traffic; *sich* ~ get in lane.

'**ein...:** ~**packen I.** *v/t.* (*h.*) pack (up); wrap up; do up (*parcel*); wrap *a p.* (up); **II.** *v/i.* (*h.*) pack up; *colloq. fig. da können wir* ~ we might as well pack up and go home; ~**passen** *tech. v/t.* (*h.*) fit in(to *in acc.*); ~**pauken** *colloq. v/t.* (*h.*) cram, drum in(to *in a p.*); 2**peitscher** *parl. m* (*-s*; -) (party-)whip; ~**pendeln** *fig.*: *sich* ~ (*h.*) even out, level off (*bei* at), come right; **~pfählen** *v/t.* (*h.*) fence (in with pales), pale in, palisade; **2pfählung** *f* (-; -en) paling, palisade, stockade; **~pferchen** *v/t.* (*h.*) pen in; *fig.* cram, crowd together, coop up; *wie Schafe eingepfercht* packed like sardines; **~pflanzen** *v/t.* (*h.*) plant; *fig.* implant (*j-m* in a p.'s mind); → *einimpfen*; **~pfropfen** *v/t. bot.* engraft; cram in(to *in acc.*); **2phasen...**, **~phasig** *el. adj.* single-phase, monophase; **~planen** *v/t.* (*h.*) include (in the planning), programme, allow for; **~pökeln** *v/t.* (*h.*) pickle, salt; cure (*meat*); **~polig** *el. adj.* unipolar, single-pole; one-pin (*plug*); **~prägen** *v/t.* (*h.*) impress, imprint; *fig. j-m et.* ~ impress (*or* enjoin, urge) a th. upon a p.; *sich j-m* ~ stamp itself upon a p.'s memory; *words*: sink in; *sich et.* ~ take a (mental) note of; commit to one's memory, memorize; **~prägsam** [ˈ-prɛːkzaːm] *adj.* impressible; easily remembered; impressive; **~pressen** *v/t.* (*h.*) press (*or* squeeze) in(to *in acc.*); **~prob(ier)en** *v/t.* (*h.*) *thea.* rehearse; **~pudern** *v/t.* (*h.*) powder; **~puppen:** *sich* ~ (*h.*) pupate.

ˈ**einquartier|en** *v/t.* (*h.*) quarter, billet (*in e-m Ort, bei j-m*: on *a town, a person*; *in acc.* in *a house*); *sich* ~ take up quarters (in, at; *bei dat.* with); **2ung** *f* (-; -en) *mil.* quartering, billeting; soldier(s *pl.*) quartered (on *a p.*, in *a house*).

ˈ**ein...:** **~rahmen** *v/t.* (*h.*) frame; **~rammen** *v/t.* (*h.*) ram in(to *in acc.*) *or* down; drive in (*stakes*); **~rasten** *v/i.* (*sn, h.*) engage, click into place; **~räuchern** *v/t.* (*h.*) smoke; fill with smoke.

ˈ**einräum|en** *v/t.* (*h.*) place (*or* put) in *furniture*; put the furniture in *a room*; clear (*or* stow) away; put in order; give up *or* cede (*dat.* to); concede (*right*); *econ.* grant, allow (*credit, etc.*); admit, concede, grant (*dat.* to); **~end** *gr. adj.* concessive; **2ung** *fig. f* concession; allowance; admission; **2ungssatz** *gr. m* concessive clause.

ˈ**einrechnen** *v/t.* (*h.*) include, reckon (*or* count) in; allow for, take into account; (*nicht*) *eingerechnet* (not) including.

ˈ**Einrede** *f* objection; remonstrance; contradiction; *jur.* defen|ce, *Am.* -se, demurrer; *prozeßhindernde* ~ demurrer to action.

ˈ**ein...:** **~reden I.** *v/t.* (*h.*): *j-m et.* ~ talk (*or* argue) a p. into a th., make a p. believe a th.; persuade a p. (*daß* that); *sich et.* ~ talk o.s. into a th., take a th. into one's head; *das lasse ich mir nicht* ~ I refuse to believe that; **II.** *v/i.* (*h.*): *auf j-n* ~ talk insistently to (*or* buttonhole) a p.; urge a p.; **~regnen:** *eingeregnet sein* be caught by the rain; *sich* ~ (*h.*) settle in for rain; **~regulieren** *tech. v/t.* (*h.*) adjust, regulate; time; **~reiben** *v/t.* (*irr., h.*) rub in(to *in acc.*); *mit Fett* ~ grease; *sich den Arm* ~ *mit* rub one's arm with; **2reibung** *f* rubbing in; embrocation; **2reibungsmittel** *n* ointment; **~reichen** *v/t.* (*h.*) hand in, deliver; file, submit, send in, present (*petition, etc.*); *s-n Abschied*: tender, hand in (*one's resignation*); *e-e Klage*: file, bring (*an action*), prefer (*charges*); *econ. Forderung*: lodge (*a claim*); **2reichung** *f* (-; -en) handing in; submittal, tender; presentation; filing; **~reihen** *v/t.* (*h.*) range (*in acc.* among), insert (in); class (with), classify (into); *mil., etc.*: enrol, enlist, incorporate, allot; → *eingliedern*; *sich* ~ fall into line; join, become a member; **~reihig** [ˈ-raɪɪç] *adj.* single-breasted (*suit*); *tech.* single-row; **2reise** *f* entry; **2reisegenehmigung** *f* entry permit; **~reißen I.** *v/t.* (*irr., h.*) tear, rend; pull (*or* take) down, demolish (*house, etc.*); **II.** *v/i.* (*irr., sn*) tear, be torn; *fig. abuses*: spread, come into use; *immer mehr* ~ get worse and worse; **~reiten I.** *v/i.* (*irr., sn*) come riding in; **II.** *v/t.* (*irr., h.*) break in (*horse*); **~renken** *v/t.* (*h.*) *med.* set; *fig.* set right, *Am.* straighten out; *sich* ~ come right; **~rennen** *v/t.* (*irr., h.*) smash open, crash through, force (*door*); *fig. offene Türen* ~ force an open door; *sich den Kopf* ~ run one's head against the wall; *j-m das Haus* ~ besiege a p.'s house, pester a p.

ˈ**einrich|ten** *v/t.* (*h.*) arrange, organize, regulate; *es* ~, *daß* arrange (*or* see to it) that; *es läßt sich* ~ it can be arranged; *med.* set (*arm, etc.*); fit (*Am.* fix) up, decorate, furnish (*house*); *gut eingerichtet* well furnished (*or* appointed); establish, set up (*business, school*); found; *tech.* install; equip; adjust; set (*machine tool*); *typ. Seiten* ~ lay pages; *mil.* lay (*gun*); set, orient (*map*); *sich* ~ establish o.s.; *auf et.*: prepare for a th.; *nach et.*: accommodate o.s. to a th.; plan (carefully), economize, make both ends meet; *es so* ~, *daß* arrange it that; → *häuslich*; **2tung** *f* arrangement, organization, set-up; disposition; design; establishment, setting-up; furniture; furnishings, appointments *pl.*, (interior) decoration; *of shop*: fittings *pl.*; *tech.* equipment, facilities *pl.*; installation; setting; adjustment; plant, installation; apparatus, appliance, device, mechanism; (*public*) institution, *w.s.* facility; agency; *med.* setting; **2tungsgegenstände** [ˈ-geːgənʃtɛndə] *m/pl.* fixtures, fitments, appointments.

ˈ**ein...:** **~rollen** *v/t.* (*h.*) roll up (*or* in); curl; **~rosten** *v/i.* (*sn*) rust (in), (*a. fig.*) get rusty.

ˈ**einrück|en I.** *v/t.* (*h.*) insert, put in(to *in acc.*), publish (*ad*); *tech.* engage, trip; throw into gear, engage (*clutch*); shift (*gears*); *typ.* indent (*line*); **II.** *v/i.* (*sn*) march in(to *in acc.*), enter; *recruit*: report for active duty, join the services; **2ung** *f* (-; -en) insertion, publication; **2hebel** *tech. m* engaging lever.

ˈ**einrühren** *v/t.* (*h.*) stir, mix in (*or* with); beat up (*eggs*); *Kalk* ~ temper; *colloq. fig.* → *einbrocken*.

Eins [aɪns] *f* (-; -en) (number) one; *ped.* alpha, grade one; **eins** one thing; → *ein*.

ˈ**ein...:** **~sacken** *v/t.* (*h.*) put (*or* fill) into sacks, sack, bag; *fig.* pocket, bag; **~salben** *v/t.* (*h.*) rub with ointment, anoint, apply a salve to; **~salzen** *v/t.* (*h.*) salt; cure (*meat*); **~sam** *adj.* (*a. person*) lonely, lonesome, solitary; *thing, a. life*: secluded, isolated, retired; forlorn; **2samkeit** *f* (-) loneliness, lonesomeness; solitude; seclusion, isolation; **~sammeln** *v/t.* (*h.*) gather (in); collect (*money, etc.*); *fig.* win, reap; **~sargen** [ˈ-zargən] *v/t.* (*h.*) (put into a) coffin; *colloq. fig.* abandon (*hope*).

ˈ**Einsatz** *m* inset; (*table*) leaf; *on dress*: insertion; shirt-front; *in suitcase*: tray; *metall.* charge; case; (*filter*) element; *gambling*: stake; *cards*: pool; *fig. mus.* striking in, entry; share; use, application, employment; *mil.* action, engagement; mission, commitment; *aer.* ~ *fliegen* fly a sortie *or* mission; *taktischer* ~ tactical employment; war activity; ~ *von Arbeitskräften* assignment (*or* mobilization) of labo(u)r; *im* ~ in action, *tech. a.* in practical service (*or* operation); effort; hard work; risk, venture; *mit vollem* ~ all out; *unter* ~ *des Lebens* at the risk of one's life; **~befehl** *mil. m* combat *or* operation(al) order; **2bereit** *adj.* ready for action (*tech.* service, operation); *mil. a.* combat-ready; self-sacrificing, devoted; daring, gallant; **~bereitschaft** *f* readiness for action (*or* service), preparedness; fighting (*or* working) morale; **2fähig** *adj.* usable, workable; available; in good working condition; *mil.* operational; *person*: fit for employment, able-bodied; **~flug** *m* (operational) sortie, mission; **~gruppe** *mil. f* task force; **~härtung** *tech. f* case-hardening; **~rennen** *n* sweepstake; **~stück** *tech. n* insert; → *Einsatz*; **~zug** *m* relief train.

ˈ**ein...:** **~säuern** *v/t.* (*h.*) *chem.* acidify; leaven (*bread*); pickle *meat* (in vinegar); ensilage (*green fodder*); **~saugen** *v/t.* (*h.*) suck in; *fig.* absorb, imbibe; **~säumen** *v/t.* (*h.*) hem (in); **~schalten** *v/t.* (*h.*) insert, put (*or* slip, thrust) in; interpolate (*words*); intercalate (*day*); *el.* connect up (*or* with a circuit), switch on (*light*); turn on (*radio, etc.*); tune in (*station*); throw in (*clutch*); *mot.* put in, start; *j-n*: call a p. in, bring a p. in(to play); *sich* ~ step in, intervene; engage *in conversation*, join in, *a. teleph.* cut in.

ˈ**Ein- u. Ausschalter** *tech. m* on-off switch.

ˈ**Einschalt|hebel** *m* switch lever; **~stellung** *f* on-position; **~strom** *el. m* starting current; **~ung** *f* insertion; interpolation; intercalation; *gr.* parenthesis; *el., tech.* switching (*or* turning) on; *fig.* intervention; participation; engagement.

ˈ**ein...:** **~schärfen** *v/t.* (*h.*): *j-m et.* ~ enjoin (*or* urge, impress) a th. upon a p.; **~scharren** *v/t.* (*h.*) bury; **~schätzen** *v/t.* (*h.*) assess, appraise, estimate (*auf acc.* at); *a. fig.* value, rate; *j-n*: *a.* size a p. up; *hoch* ~ value highly, rate high; *zu hoch* (*niedrig*) ~ overrate (underrate);

~schenken *v/t. and v/i.* (*h.*) pour out *or* in(to *in acc.*); *j-m* (*ein Glas*) *Wein* ~ help a p. to (a glass of) wine; *sich* ~ pour o.s. (*or* help o.s. to) a drink; *fig.* → *Wein*; **~schicken** *v/t.* (*h.*) send in; → *einsenden*; **~schieben** *v/t.* (*irr.*, *h.*) shove (*or* push, slip) in; insert, interpolate (*words, etc.*); intercalate (*day*); introduce; **≈schiebsel** [ˈaɪnʃiːpsəl] *n* (-s; -), **≈schiebung** *f* insertion; interpolation.

ˈ**Einschienenbahn** *f* monorail.

ˈ**ein...: ~schießen** *v/t.* (*irr.*, *h.*) *mil.* shoot (*or* batter) down; test, try (*gun*); put *or* shove *bread* in(to the oven); *weaving*: shoot; *sports*: score, net; *fig.* contribute, invest (*money*); *mil. sich* ~ *auf* (*acc.*) find the range of, bracket, straddle; **≈schießen** *n mil.* adjustment fire; bracketing; **~schiffen** *v/t.* (*h.*) embark, ship; *sich* ~ embark (*nach* for), go on board; **≈schiffung** *f* (-) embarkation; **~schirren** *v/t.* (*h.*) harness; **~schlafen** *v/i.* (*irr.*, *sn*) fall asleep, drop off; *limbs*: go to sleep, become numb; *fig.* (*die*) pass away; *correspondence, etc.*: be dropped, flag, fizzle out; *custom*: die out; ~ *lassen* drop, discontinue; **~schläfrig** [ˈ-ʃlɛːfrɪç] *adj.* single (*bed*); **~schläfern** *v/t.* (*h.*) lull to sleep; *med.* narcotize, *colloq.* put to sleep; *fig.* lull into security; **~schläfernd** *adj.* lulling, somnolent; *med.* soporific, narcotic; **≈schläferung** *f* (-) lulling to sleep; *med.* soporification, narcotization.

ˈ**Einschlag** *m* wrapper, cover, envelope; *on dress, etc.*: tuck, fold; *weaving*: weft, woof; *of lightning*: striking; *mil.* impact, strike (*of projectile*); *forestry*: felling; *mot.* turning angle; *vollständiger* ~ steering lock; *fig.* strain, streak; touch, suggestion (*von* of); **≈en I.** *v/t.* (*irr.*, *h.*) drive (*or* knock) *nail* in(to *in acc.*); break, smash; crack (*egg*); bash in (*skull*); envelope, wrap (*or* do) up; fold, tuck in; take (*road*), *fig.* pursue *or* adopt (*a course*); enter upon, choose (career); **II.** *v/i.* (*irr.*, *h.*) strike, hit; *fig.* (*wie e-e Bombe*) ~ cause a sensation, fall like a bomb-shell; succeed, be a succees (*or* hit); *thea. and econ.* take (well); *in j-s Hand*: shake hands (with a p.); *fig.* agree; *auf j-n* ~ fall upon a p., shower a p. with blows.

einschlägig [ˈ-ʃlɛːgɪç] *adj.* pertinent, relevant, relative (to); respective; ~*e Literatur* literature on the subject; bibliography; *jur.* ~*er Fall* relevant precedent; ~*es Geschäft* business dealing in that article.

ˈ**Einschlag...: ~papier** *n* wrapping paper; **~winkel** *m mot.* turning angle; *mil.* angle of impact.

ˈ**ein...: ~schleichen** *v/i.* (*irr.*, *sn*) *and sich* ~ (*irr.*, *h.*) creep (*or* sneak, steal) in(to *in acc.*); *mistake*: creep (*or* slip) in; *sich in j-s Vertrauen* ~ worm one's way into a p.'s confidence; **~schleifen** *tech. v/t.* (*irr.*, *h.*) grind in (*valves*); rebore (*piston*); **~schleppen** *v/t.* (*h.*) drag in; bring in, import (*disease*); **~schleusen** *fig. v/t.* (*h.*) channel (*or* let) in; *spies*: infiltrate; **~schließen** *v/t.* (*irr.*, *h.*) lock in *or* up; *j-n*: *a.* turn the key on, confine a p.; (*a. in letter*) enclose; *tech.* encase, house; *mil.* surround, encircle; invest (*town*); *fig.* include, comprise, embrace; be inclusive of; *unsere Preise schließen Ihre Provision ein a.* our prices reflect your commission; *j-n ins Gebet* ~ remember a p. in one's prayer; **~schließlich** *adj.* (*gen.*) inclusive of; including, comprising; *econ.* ~ *Verpackung* packing included; **≈schließung** *jur. f* (-) hono(u)rable corrective detention; **~schlummern** *v/i.* (*sn*) fall into a slumber, doze off; *fig.* (*die*) pass (quietly) away; **~schlürfen** *v/t.* (*h.*) sip in; *fig.* drink in, *iro.* lap up; **≈schluß** *m* inclusion; *mit* ~ *von* → *einschließlich*; **-schmeicheln:** *sich bei j-m* ~ (*h.*) ingratiate o.s. with a p., curry favo(u)r with (*or* fawn upon) a p.; **~schmeichelnd I.** *adj.* ingratiating, fawning; **II.** *adv. a.* cooingly; **≈schmeichelung** *f* (-; -en) ingratiation, cajolery, honeyed words; **~schmelzen** *v/t.* (*irr.*, *h.*) *and v/i.* (*irr.*, *sn*) melt (down); **~schmieren** *v/t.* (*h.*) smear; cream; *tech.* grease, lubricate; **-schmuggeln** *v/t.* (*h.*) smuggle in; plant; *sich* ~ sneak in; **~schnappen** *v/i.* (*sn*) catch, click; snap in, engage; *colloq.* take offen|ce, *Am.* -se (*wegen* at), get sore (about); **~schneiden I.** *v/t.* (*irr.*, *h.*) cut in(to *in acc.*); notch; indent; carve *name, etc.* (*in acc.* in), engrave; **II.** *v/i.* (*irr.*, *h.*) cut (*a. w.s. collar, etc.*); make an incision (*in acc.* in); **~schneidend** *adj. fig.* incisive, trenchant, drastic; **~schneien** *v/i.* (*sn*) to be snowed up (*or* in); *eingeschneit a.* snow-bound; **≈schnitt** *m* cut, incision; notch; *terrain*: cut, cleft; *rail.* cutting; *fig.* (decisive) turning-point; **~schnüren** *v/t.* (*h.*) lace; strangle; tie (*or* cord) up; → *einengen*.

ˈ**einschränk|en** *v/t.* (*h.*) restrict (*a. right*), confine, limit (*auf acc.* to); reduce, retrench, curtail, cut down (*expenditures*); reduce (*production, volume*); qualify (*statement*); *sich* ~ economize, cut down expenses; **~end** *adj.* restrictive; **≈ung** *f* (-; -en) restriction; reduction, curtailment, cut; qualification; *ohne* ~ without reservation, unreservedly.

ˈ**einschrauben** *v/t.* (*h.*) screw in(to *in acc.*), screw home *or* in(to position).

ˈ**Einschreibe|brief** *m* registered letter; **~gebühr** *f* registration fee.

ˈ**einschreib|en** *v/t.* (*irr.*, *h.*) enter; book; *as member*: enrol(l); *mil.* enlist, enrol(l); *mail* register; *e-n Brief* ~ *lassen* have a letter registered; ≈! Registered; *sich* ~ enter (*or* inscribe) one's name (*in acc.* in); *univ.* matriculate, *Am.* enroll; **≈ung** *f* entering, entry; registration; enrol(l)ment; matriculation.

ˈ**ein...: ~schreiten** *v/i.* (*irr.*, *sn*) *fig.* step in, interfere, intervene; ~ *gegen* (*acc.*) take (drastic) steps against; *jur.* proceed against, prosecute; **≈schreiten** *n* (-s) interference, intervention; *action* **~schrumpfen** *v/i.* (*sn*) shrink; shrivel (up); **~schub** *m* insertion; *el.* plug-in unit; *gr.* epenthesis; **~schüchtern** [ˈ-ʃyçtərn] *v/t.* (*h.*) intimidate, cow; bully, browbeat; bluff; **≈schüchterung** *f* (-; -en) intimidation; **≈schüchterungsversuch** *m* attempt at intimidation; **≈schulung** *f* enrol(l)ment (in elementary school); **≈schuß** *m* hit; entry-hole; *med.* wound of entry; *econ.* capital invested (*or* paid in), injection (of money); margin; *weaving*: woof, weft; **≈schußgarn** *n* woof (*or* weft) yarn; **~schütten** *v/t.* (*h.*) pour in(to *in acc.*); **~schwärzen** *v/t.* (*h.*) blacken; **~schwenken I.** *v/i.* (*sn*) *mil.* wheel (inwards); ~ *in* (*acc.*) turn (*or* swing) into; come round to, fall into line with, conform to; **II.** *v/t.* (*h.*) swing *or* move (*in acc.* into); **~segnen** *v/t.* (*h.*) consecrate; confirm (*child*); **≈segnung** *f* consecration; confirmation; **~sehen** *v/t.* (*irr.*, *h.*) look into *or* over; have a look at; inspect, examine; *mil.* observe; *fig.* see, understand; realize; appreciate; *ich sehe nicht ein, weshalb* I don't see why; **≈sehen** *n*: *ein* ~ *haben* have *or* show consideration; be reasonable; *weather*: be favo(u)rable; **~seifen** *v/t.* (*h.*) soap; lather (*beard*); *colloq. fig.* dupe, *sl.* take in, bamboozle; **~seitig** [ˈ-zaɪtɪç] *adj.* one-sided (*a. fig.*); *jur., pol., med.* unilateral; partial, bias(s)ed; exclusive; ~*e Ernährung* unbalanced nutrition; ~*e Lungenentzündung* single pneumonia; **≈seitigkeit** *f* (-) one-sidedness; **~senden** *v/t.* (*irr.*, *h.*) send in; transmit; submit, file, hand in; *soccer*: net, drive *the ball* home; **≈sender(in** *f*) *m* sender, transmitter; *to newspaper*: contributor; **≈sendung** *f* sending in, transmittal; contribution; letter; **~senken** *v/t.* (*h.*) sink (*or* let) in; **≈senkung** *f* depression.

Einser [ˈaɪnzər] *m* (-s; -) → *Eins*.

ˈ**einsetz|en I.** *v/t.* (*h.*) set (*or* put) in; insert; institute; set up (*committee, etc.*); *mil.* engage, put into action; stake (*money*); install *official*: (*in acc.* in), appoint (to); appoint, constitute (*j-n als* a p. [as] *agent, heir, chairman, etc.*); use, employ, apply, *fig. a.* bring into action (*or* play); assign *labo(u)r* (*zu* to); risk, stake (*one's life*); *sich* ~ *für* (*acc.*) **a)** stand up for, **b)** plead for, advocate, **c)** champion; *sich voll* ~ do one's utmost, pull one's weight, work hard; *für j-n*: go the limit for a p.; **II.** *v/i.* (*h.*) *mus.* strike (*or* chime) in; *fever, tide, weather, etc.*: set in; *wieder* ~ recommence, revive; **≈ung** *f* (-; -en) insertion; institution; appointment; installation; → *Einsatz*.

ˈ**Einsicht** *f* inspection; examination; *fig.* insight; understanding, discernment, judgement; understanding, reasonable view; ~ *nehmen in* (*acc.*) inspect, examine; *zur* ~ *kommen* listen to reason; **≈ig** *adj.* → *einsichtsvoll*; **~nahme** [ˈ-naːmə] *f* (-; -n): (*zur* ~ for) inspection; *nach* ~ on sight; **≈slos** [ˈ-loːs] *adj.* injudicious; unreasonable; **≈svoll** *adj.*

judicious, prudent; reasonable, sensible.

ˈ**ein...: ~sickern** [ˈ-zikərn] *v/i.* (*sn*) soak in(to *in acc.*); ooze (*or* trickle, seep) in; (*a. mil., etc.*) infiltrate; **2siedeˈlei** [-ziːdəˈlaɪ] *f* (-; -*en*) hermitage; **2siedler(in** *f*) *m* hermit; **~siedlerisch** *adj.* solitary; **~silbig** [ˈ-zilbiç] *adj.* monosyllabic; taciturn; curt, short; *~es Wort* monosyllable; **2silbigkeit** *f* (-) *fig.* taciturnity, curtness; **~sinken** *v/i.* (*irr., sn*) sink in(to *in acc.*); *ground, etc.*: subside, cave in; **~sitzen** *jur. v/i.* (*irr., h.*) serve time, be detained; **2sitzer** *m* (-*s*; -) single-seater; **~sitzig** [ˈ-zitsiç] *adj.* single-seated.

ˈ**Einsonderungsdrüse** *anat. f* endocrine gland.

ˈ**ein...: ~spannen** *v/t.* (*h.*) stretch (*in e-n Rahmen*: in a frame); harness, put in (*horse*); *tech.* clamp, chuck; *fig.* harness; make *a p.* work; **2spänner** [ˈ-ʃpɛnər] *m* (-*s*; -) one-horse carriage; *fig.* bachelor; outsider, recluse; **~spännig** *adj.* one-horse; **~sparen** *v/t.* (*h.*) save up, economize; **2sparung** *f* (-; -*en*) saving(s *pl.*); economizing, economies *pl.*; **~speicheln** *v/t.* (*h.*) salivate; **~speisen** *tech. v/t.* (*h.*) feed; **~sperren** *v/t.* (*h.*) lock (*or* shut) in, turn the key on *a p.*; gaol (*esp. Am.* jail), lock up, put behind bars; cage (up); **~spielen** *v/t.* (*h.*) *mus.* practise; *tech.* (*a. sich*) balance out; *film*: realize, net; *sich ~ sports*: warm up; *fig. sich aufeinander ~* become co-ordinated; *sich ~* (*matter*) get into its stride; *sie sind gut aufeinander eingespielt a. fig.* they are a fine team (*or* show excellent teamwork); *es hat sich gut eingespielt* it is functioning well *or* running smoothly.

ˈ**Einspiel-ergebnisse** *n/pl. film*: box-office returns.

ˈ**einspinnen** *v/t.* (*irr., h.*) spin in(to *in acc.*); *zo. sich ~* (form a) cocoon; *fig.* lead a solitary life, keep to o.s.; *eingesponnen in* (*acc.*) absorbed (*or* wrapped up) in; → *einlochen.*

ˈ**Einsprache** *f* → *Einspruch.*

ˈ**ein...: ~sprechen I.** *v/t.* (*irr., h.*): *j-m Mut ~* encourage a p.; *j-m Trost ~* comfort a p.; **II.** *v/i.* (*irr., h.*): *auf j-n ~* talk insistently to (*or* buttonhole) a p.; urge a p.; **~sprengen** *v/t.* (*h.*) burst open; sprinkle (*mit* with *water, etc.*); admix; *geol.* interstratify; intersperse (*a. fig.*); **~springen** *v/i.* (*irr., sn*) jump in(to *in acc.*); *tech.* catch, snap; *cloth*: shrink; bend in; *fig.* help out, step in(to the breach); *für j-n ~* substitute (*Am. a.* pinch-hit) for a p.; relieve a p.; *thea.* understudy for a p.; *~ auf* (*acc.*) fly at, fall upon; *~der Winkel* re-entrant angle.

ˈ**Einspritz|düse** *mot. f Diesel*: injection nozzle; *carburettor*: jet; **2en** *v/t.* (*h.*) inject (*in acc.* into); **~motor** *m* fuel injection engine; **~pumpe** *mot. f* (fuel) injection pump; **~ung** *f* (-; -*en*) injection.

ˈ**Einspruch** *m* objection, protest, veto; *jur.* objection, demurrer, appeal; *patent law*: opposition; *~ erheben* enter a protest (*gegen* against); veto (*a th.*); *jur.* demur (to), file an objection (against); **~srecht** *n* (right of) veto.

einspurig [ˈaɪnʃpuːriç] *adj.* single-track.

einst [aɪnst] *adv.* once, at one time, erstwhile; in the days of old; (*future*) one (*or* some) day, in days to come.

ˈ**ein...: ~stampfen** *v/t.* (*h.*) stamp *or* ram in(to *in acc.*); *tech. a.* tamp in; pulp (*publications*); **2stand** *m* entrance; *tennis*: deuce; *den ~ geben* pay (for) one's footing; **2standspreis** *m* cost price; **~stäuben** *v/t.* (*h.*) dust, powder; **~stechen** *v/t.* (*irr., h.*) prick, puncture; stick in (*needle*); *tech. machine tool*: cut, recess; make a hole in, pierce; engrave; **~stecken** *v/t.* (*h.*) put (*or* stick) in; pocket; sheathe (*sword*); *fig.* pocket, clean up (*profit*); pocket, swallow, put up with (*rebuke, etc.*); take, get caught by *a blow*; *colloq. er kann viel ~* he can take a lot (of punishment).

ˈ**Einsteck|kamm** *m* dress comb; **~lauf** *mil. m* subcalibre barrel, *Am. a.* liner; **~schloß** *n* mortise-lock.

ˈ**ein...: ~stehen** *v/i.* (*irr., sn*): *~ für* (*acc.*) answer (*or* vouch, be responsible) for, guarantee; **~steigen** *v/i.* (*irr., sn*) get in(to *in acc.*), board (*vehicle*); *rail. alle ~!* take your seats, please!, *Am.* (all) aboard!; climb (*or* slip) in, enter; **2steigdieb** *m* sneak thief, cat-burglar; **2steigloch** *n* manhole.

ˈ**einstell|bar** *adj.* adjustable; **~en** *v/t.* (*h.*) put in; garage (*car*); *mil.* recruit, enlist; engage, employ (*workers, etc.*); adjust *mechanism* (*a. fig., auf acc.* to), set; *radio*: tune in (to), syntonize; *chem.* standardize; *opt., a. fig.* focus (*auf acc.* on); time; put into service (*or* operation); *sports*: *e-n Rekord ~* tie a record; give up, drop, stop, leave off, discontinue, cease; stop, suspend (*payment*); *mil.* suspend (*hostilities*), cease (*fire*); → *Arbeit*; suspend (*work*), stop (*operations*); *den Betrieb ~* shut down; *jur.* stay *or* quash (*proceedings*), dismiss (*a case*); withdraw (*a suit*); *sich ~* appear, turn up; *weather, etc.*: set in; *consequences*: be (*or* make o.s.) felt; *thought, word*: suggest itself; *fig. sich ~ auf* (*acc.*) adjust (*or* adapt) o.s. to; study (*an opponent*); *auf et.*: **a**) prepare for, **b**) set one's mind on a th.; *sozial etc., eingestellt* socially, *etc.*, minded; *eingestellt auf et.* prepared for *a. th.*, to *inf.*; keyed to, geared to; *eingestellt gegen* (*acc.*) opposed to.

ˈ**einstellig** *adj.* of one place *or* figure; *~e Zahl* unit, one-digit number.

ˈ**Einstell|knopf** *m radio*: tuning control (*or* knob); **~marke** *tech. f* reference mark, index; **~scheibe** *f* dial; *phot.* focussing screen.

ˈ**Einstellung** *f mil.* recruiting, enlistment; *of labo(u)r, etc.*: engagement; *tech.* adjustment, setting; *mot. of ignition, valve, a. bomb*: timing; *chem.* standardization; *opt., phot.* focus(sing); *film*: angle; cessation, discontinuance; *of operations*: stoppage, *a. of hostilities, payment*: suspension; strike, *Am. a.* walkout; *jur.* stay (*of proceedings*), nolle prosequi; withdrawal (*of a charge*); (mental *or* personal) attitude (*zu dat.* to[wards]); view (of); approach (to); outlook (on).

ˈ**einstemmen** *v/t.* (*h.*) *tech.* mortise; chisel out (*hole*); *die Arme eingestemmt* arms akimbo.

einstens [ˈaɪnstəns] *adv.* → *einst.*

ˈ**einsticken** *v/t.* (*h.*) embroider (*in acc.* into *or* on).

einstig [ˈaɪnstiç] *adj.* future; former, *Am. a.* one-time; (*dead*) late.

ˈ**einstimm|en** *mus. v/i.* (*h.*) chime (*or* join) in; *in ein Lied ~* join in a song; *fig.* agree (*in acc.* to); chime in (with); **~ig** *adj. mus.* of (*or* for) one voice; *fig.* unanimous; **2igkeit** *f* (-) unanimity.

einstmals [ˈaɪnstmaːls] *adv.* → *einst.*

ˈ**ein...: ~stöckig** *adj.* one-storied; **~stopfen** *v/t.* (*h.*) stuff *or* cram in(to *in ac.c*); **~stöpseln** *v/t.* (*h.*) plug in; **~stoßen** *v/t.* (*irr., h.*) push (*or* thrust) in; smash (in); **~streichen** *v/t.* (*irr., h.*) pocket (*money*); **~streuen** *v/t.* (*h.*) strew in(to *in acc.*); *fig.* intersperse, slip in; **~strömen** *v/i.* (*sn*) stream (*or* flow) in(to *in acc.*); **~studieren** *v/t.* (*h.*) study; *thea.* rehearse, produce (*play*), get up (*part*); *einstudiert werden* be in rehearsal.

ˈ**einstuf|en** *v/t.* (*h.*) classify (*in acc* into, *als* as), grade, rate; *hoch ~* rate high; **~ig** *tech. adj.* single-stage; **2ung** *f* (-; -*en*) classification, rating.

ˈ**Einsturz** *m* collapse, crash.

einstürzen *v/i.* (*sn*) fall in, break (*or* tumble) down, collapse; cave in; *fig. auf j-n*: overwhelm *a p.*

ˈ**Einsturzgefahr** *f* danger of collapse.

einstweil|en [ˈaɪnstˈvaɪlən] *adv.* meanwhile, in the meantime; for the present, for the time being; **~ig** *adj.* temporary, provisional; interim; *jur. ~e Verfügung* interlocutory decree, injunction.

ˈ**eintägig** *adj.* one day's, one-day; *bot., zo., med.* ephemeral.

ˈ**Eintagsfliege** *f* day-fly, ephemera; *fig.* ephemeral success, flash in the pan.

ˈ**Eintänzer** *m* gigolo; taxi-dancer (*a.* **~in** *f*).

ˈ**ein...: ~tauchen I.** *v/t.* (*h.*) dip in(to *in acc.*), immerse (in); sop, steep in; **II.** *v/i.* (*sn*) dive *or* plunge (*in acc.* into); **~tauschen** *v/t.* (*h.*) exchange, barter (*both*: *gegen* for); trade in *a th.*; **~teilen** *v/t.* (*h.*) (sub)divide (*in acc.* into); arrange (in); distribute, parcel out; graduate; plan, map out; bugdet; time; classify, grade, group; dispose of; *zur Arbeit*: detail, assign (to *work*); **~teilig** *adj.* one-part, one-piece; *~er Badeanzug* one-piece (swimming-suit).

ˈ**Einteilung** *f* division; arrangement; distribution; plan(ning); schedule; budget; classification; grouping; graduation, scale.

eintönig [ˈ-tøːniç] *adj.* monotonous; *fig. a.* drab, humdrum; **2keit** *f* (-) monotony.

ˈ**Eintopfgericht** *n* hot-pot.

ˈ**Ein...: ~tracht** *f* (-) harmony, concord, peace; **2trächtig** [ˈ-trɛçtiç]

I. *adj.* harmonious, peacable; → *einmütig*; **II.** *adv.*: ~*beisammen* (*sitzend, liegend*) cheek by jowl; **~trag** ['-tra:k] *m* (-[e]s; ⸚e) entry, item; *fig.* prejudice; damage; ~ *tun* (*dat.*) prejudice, injure, affect, detract from; **⁀tragen** *v/t.* (*irr., h.*) enter (*in acc.* into); book, list, record; (*a. sich* ~ *lassen*) register (*bei* with); *as member*: enrol(l) (with); incorporate (*company, society*); insert; *sich* ~ (*person*) enter (*or* inscribe) one's name, register (*bei* with); bring in, yield (*profit*) *rein* ~ net; *fig.* bring *misfortune, etc.* on (*j-m* a p.); *dies trug ihm den Haß s-r Kollegen ein* by this he incurred the hatred of his colleagues; *eingetragenes Warenzeichen* registered trade-mark; **⁀träglich** ['-trɛ:kliç] *adj.* profitable, lucrative; remunerative, paying, worthwhile; *agr., mining*: productive; **~träglichkeit** *f* (-) profitableness, *etc.*; **~tragung** *f* (-; -*en*) entry; registration (*bei* with); item; insertion; **⁀tränken** *v/t.* (*h.*): *ich werde es ihm* ~ I'll make him pay for it; **⁀träufeln** *v/t.* (*h.*) instil(l) (*in acc.* into), pour in drop by drop (*or* in drops); **⁀treffen** *v/i.* (*irr., sn*) arrive; → *eingehen*; *als erster (zweiter)* ~ come in first (second); happen, come about, arrive; come true, be fulfilled; **~treffen** *n* arrival, appearance; **⁀treiben** *v/t.* (*irr., h.*) drive in *or* home (*cattle, nail*); collect (*debts, taxes*); recover, *jur.* enforce (*payment*); **~treibung** *f* (-; -*en*) collection, recovery.

'eintreten I. *v/i.* (*irr., sn*) enter (*in ein Haus* a house), step (*or* come) in; *fig. in* (*acc.*): enter (*a profession, a. p.'s services*); join (*army, club, business*); *als Teilhaber* ~ enter into partnership (*j-s* with a p.); enter on (*an office*); enter into, open (*negotiations*); open (*proceedings*); enter into (*a p.'s rights or obligations*); happen, occur, take place, come about; *case, necessity, circumstances*: arise; *liability, etc.*: accrue; *darkness, silence*: fall; *weather, etc.*: set in; *death*: occur; *der Tod trat auf der Stelle ein* death was instantaneous; *für j-n*: answer for, stand up (*or* intercede) for a p. *für et.*: advocate a th., → *befürworten*; **II.** *v/t.* (*irr., h.*) stamp in(to the ground); kick open, crash (*door*); *sich et.* ~ run a th. into one's foot; **~denfalls** ['-dən'fals] *adv.* in that case, should the case arise.

eintrichtern ['-triçtərn] *v/t.* (*h.*) pour in through a funnel; *fig. j-m et.* ~ drum (*or* hammer) a th. into a p.'s head.

'Eintritt *m* entry, entrance; admission, access; beginning; *of weather, etc., a. med., etc.*: setting in, onset; ~ *frei!* free entrance!; ~ *verboten!* no admittance!, keep out!; **~sgeld** *n* entrance-fee; **~skarte** *f* (admission) ticket.

'ein...: ~trocknen *v/i.* (*sn*) dry in *or* up; shrivel up; **~trüben:** *sich* ~ (*h.*) become cloudy *or* overcast; **⁀trübung** *f* cloudiness, overcast sky; **~tunken** *v/t.* (*h.*) dip *or* steep in(to *in acc.*); sop; **~üben** *v/t.* (*h.*): *et.* (*a. sich*) practise *a th.*; *j-n*: train, coach, drill *a p.*

einverleib|en ['aınfɛrlaıbən] incorporate (*dat. or in acc.* in, with); embody (in); annex *land* (to); **⁀ung** *f* (-) incorporation, inclusion; annexation.

Einvernahme ['-fɛrna:mə] *jur. f* (-; -*en*) interrogation, examination (*of witnesses*).

Einvernehmen ['-fɛrne:mən] *n* (-*s*) agreement, (good) understanding, harmony; *in gutem* ~ on friendly terms (*mit* with); *im* ~ *mit* (*dat.*) in agreement with; *sich mit j-m ins* ~ *setzen* come to an understanding with a p.

'einverstanden *adj.*: ~ *sein* agree, be agreeable; *mit et.*: agree (*or* consent) to, approve of a th.; ~! agreed!; all right!, that's a bargain!, *sl.* O.K. (*or* okay)!

'Einverständnis *n* agreement, understanding; → *Einvernehmen*; assent, consent (*zu* to), approval; *geheimes* ~ secret understanding, *esp. jur.* collusion.

'ein...: ~wachsen I. *v/i.* (*irr., sn*) grow in(to *in acc.*); *eingewachsener Nagel* ingrown nail; **II.** *v/t.* (*h.*) wax (*floor*); **⁀wand** ['-vant] *m* (-[e]s; ⸚e) objection (*gegen* to), argument (against); *jur.* defen|ce, *Am.* -se; → *Einspruch*; **⁀wanderer** *m* immigrant; **~wandern** *v/i.* (*sn*) immigrate (*in acc.* into); **⁀wanderung** *f* immigration; **~wandfrei I.** *adj.* unobjectionable; incontestable, unassailable; completely accurate; blameless, impeccable; sound (*alibi*); ~*e Führung* irreproachable conduct; faultless, flawless, trouble-free, perfect; **II.** *adv.*: ~ *der Beste* absolutely (*or* undeniably) the best; **~wärts** ['-vɛrst] *adv.* inward(s); **~weben** *v/t.* (*h.*) weave (*or* work) in(to *in acc.*); *fig.* interweave (*in acc.* in); **~wechseln** *v/t.* (*h.*) change; exchange (*gegen* for); cash; **~wekken** *v/t.* (*h.*) → *einmachen*; **⁀wegbahn** *f* monorailway; **~weichen** *v/t.* (*h.*) soak, steep, macerate.

'einweih|en *v/t.* (*h.*) *eccl.* consecrate; inaugurate, *Am.* dedicate (*monument, etc.*), open (formally); ~ *in* (*acc.*) initiate into; *j-n in ein Geheimnis* ~ let a p. into a secret; *eingeweiht sein* be in the secret (*or* know); **⁀ung** *f* (-; -*en*) consecration; ordination; inauguration, (formal) opening, dedication; initiation; **⁀ungsrede** *f* inaugural address.

'einweis|en *v/t.* (*irr., h.*) direct, guide; install (*in acc.* in *an office*); assign in(to *in acc.*); *aer.* vector (*a plane*); brief (*personnel*); **⁀er** *m* guide; **⁀ung** *f* guidance; installation; assignment; vectoring; briefing.

'einwend|en *v/t.* (*irr., h.*) object (*gegen* to), oppose (*gegen a th.*); ~, *daß* argue that; *es läßt sich nichts dagegen* ~ there is nothing to be said against it; **⁀ung** *f* objection, exception; protest; argument; ~*en erheben gegen* (*acc.*) raise objections to, argue against, oppose.

'ein...: ~werfen *v/t.* (*irr., h.*) throw in (*a. v/i. soccer*); smash, break (*window*); post, *Am.* mail (*letter*); *fig.* interject, throw in (*remarks*); object; **~wertig** *chem. adj.* monovalent; **~wickeln** *v/t.* (*h.*) wrap (up), envelope (*in acc.* in); swaddle, swathe (*child, patient*); *fig.* trick, dupe; butter *a p.* up, *Am. sl.* soft-soap; **⁀wickelpapier** *n* wrapping paper; **~wiegen** *v/t.* (*h.*) rock *child* to sleep; *fig.* lull.

'einwillig|en *v/i.* (*h.*) consent, agree (*in acc.* to), acquiesce (in), approve (of); **⁀ung** *f* (-; -*en*) consent, approval.

'einwirk|en *v/i.* (*h.*): ~ *auf* (*acc.*) act (*med. a.* = operate) (up)on, *a. w.s.* have an effect (up)on; affect; influence, work on *a p.*; ~ *lassen chem.* allow to react; **⁀ung** *f* action, operation, effect; influence.

Einwohner ['-vo:nər] *m* (-*s*; -), **~in** *f* (-; -*nen*) inhabitant, resident; **~meldeamt** *n* registration office; **~schaft** *f* (-) inhabitants *pl.*, population; **~zahl** *f* number of inhabitants, (total) population.

'Einwurf *m soccer*: throw-in; *for letters, etc.*: opening, slit; *for coins*: slot; *fig.* objection.

'einwurzeln: *sich* ~ (*h.*)take root; *fig.* become deeply rooted; → *eingewurzelt*.

'Einzahl *gr. f* (-) singular (number).

'einzahl|en *v/t.* (*h.*) pay in (*auf acc.* to *an account*); *voll eingezahlt* fully paid-up; **⁀er(in** *f*) *m* depositor; **⁀ung** *f* payment; deposit; instal(l)ment; *econ. e-e* ~ *auf Aktien leisten* pay a call on shares; **⁀ungsschein** *m* pay(ing)-in slip, *Am.* deposit slip.

einzäun|en ['-tsɔʏnən] *v/t.* (*h.*) fence in; **⁀ung** *f* (-; -*en*) enclosure; fence.

'einzeichn|en *v/t.* (*h.*) draw (*or* mark) in; enter; plot; insert; *sich* ~ enter one's name, subscribe; **⁀ung** *f* mark, entry; subscription.

Einzel|akkord ['aıntsəl-] *m* individual contract work; **~aufhängung** *mot. f* independent suspension; **~aufstellung** *f* detailed enumeration, specification, *Am. a.* itemized schedule; **~ausgabe** *f* separate edition; **~beratung** *parl. f*: *in* ~ *eintreten* go into committee; **~betrag** *m* single amount, item; **~darstellung** *f* detailed presentation, separate treatment; **~fall** *m* individual (*or* isolated) case; **~fertigung** *f* single-part production, single-piece work; **~feuer** *mil. n* independent fire; *machine-gun*: single(-shot fire); **~firma** *f* private firm, one-man business; **~gänger** ['-gɛŋər] *fig. m* (-*s*; -) lone wolf (*or* hand); outsider; **~haft** *f* solitary confinement; **~handel** *m* retail trade; **~handelspreis** *m* retail price; **~händler** *m* retailer; retail dealer; **~haus** *n* detached house; **~heit** *f* (-; -*en*) particular point, detail, item; isolated fact; *bis in alle* ~*en* down to the smallest detail; *mit allen* ~*en* with full particulars *or* details; *sich mit* ~*en befassen* go into detail(s); **~kampf** *m mil.* single (*or* hand-to-hand) combat; *aer.* dog-fight; *sports*: individual competition; **~kosten** *pl.* itemized costs *pl.*;

~leben *n* (-s) individual (*or* solitary) life; **~leistung** *f* individual performance.
einzellig ['aɪntsɛliç] *adj.* unicellular.
'**Einzellohn** *m* individual wage.
einzeln ['aɪntsəln] **I.** *adj.* single, solitary; particular, special; individual; isolated; separate; detached; odd (*shoe, etc.*); *die ~en Teile* the several parts; *jeder ~e* each one; down to the last man, every man-jack; *~es* some (things *or* parts); → *einige*; *im ~en* **a**) in detail, **b**) in particular; *ins ~e gehen* go into detail(s); **II.** *adv.* single; individually; separately; severally; one by one; *~ angeben or aufführen* specify, itemize; *econ. ~ verkaufen* (sell by) retail; **2e(r)** *m* (-[e]*n*; -[e]*n*): *der ~e* the individual.
'**Einzel...:** **~persönlichkeit** *f* individual; **~prokura** *econ. f* power of procuration; **~richter** *jur. m* judge sitting singly; **~spiel** *n tennis*: single; **2stehend** *adj.* isolated; detached (*building*); scattered; **~teil** *m* component (part); *Lieferant von ~en* parts supplier; **~unternehmen** *n* → *Einzelfirma*; **~unternehmer** *m* individual entrepreneur, sole proprietor; **~unterricht** *m* private lessons *pl.*; **~verkauf** *m* sale by retail; **~verpackung** *f* unit packing; **~wertberichtigung** *econ. f* ad hoc value adjustment; **~wesen** *n* individual (being); **~zeichnung** *f* detail drawing; **~zelle** *f biol.* isolated cell; *in prison*: solitary cell; **~zimmer** *n* single (room).
einzieh|bar ['aɪntsi:bɑ:r] *adj. tech.* retractable; recoverable, collectible (*money*); seizable (*goods*); **~en I.** *v/t.* (*irr., h.*) draw in; *esp. aer., tech.* retract; strike (*flag*); take in, furl (*sail*); insert; *typ.* indent; *mil.* call up, conscript, *Am.* draft, induct; *mil.* withdraw (*sentry*); *jur.* seize, confiscate; collect (*tax, etc.*); cash; withdraw *bank-notes, etc.* (from circulation), call in; *Erkundigungen ~* → *erkundigen*; **II.** *v/i.* (*irr., sn*) come in, enter, march in(to *in acc.*); *lodger*: move in(to *in acc.*); *bei j-m*: take lodgings with a p.; *liquid*: soak in, be absorbed; **2ung** *f mil.* call-up, *Am.* drafting, induction; *jur.* confiscation, seizure, forfeiture; *econ.* collection; withdrawal (*of coins, etc.*; *mil. of sentries*).
einzig ['aɪntsiç] **I.** *adj.* only; single; sole; unique, peerless; **II.** *adv.*: *~ und allein* solely, purely and simply; *nicht ein ~es Mal* never once; *mein ~er Gedanke* my one thought; *~ dastehen* be unique, stand alone, be second to none; *der ~e* the only one; *unser 2er* our only son; *kein ~er* not a single person; *das ~e wäre, zu inf.* the only thing would be to *inf.*; **~artig** ['-ˀɑ:rtiç] **I.** *adj.* unique, singular; unparalleled; **II.** *adv.*: *~ schön* of rare (*or* singular) beauty, marvel(l)ous.
'**einzuckern** *v/t.* (*h.*) sugar.
'**Einzug** *m* entry, entrance, march (-ing) *or* procession in(to *in acc.*); moving in(to *in acc.*), occupation (*of a house*); *s-n ~ halten in* (*acc.*) → *einziehen* **II.** *fig. of season, etc.*: coming, advent; → *Einziehung*; *typ.* indentation.
'**einzwängen** *v/t.* (*h.*) squeeze (*or* jam, force) in; *fig.* constrain, strait-jacket.
'**Eipulver** *n* dried egg.
E-is ['e:ˀis] *mus. n* (-; -) E sharp.
Eis [aɪs] *n* (-es) ice; ice(-cream); *von ~ eingeschlossen* ice-bound; *auf ~ legen* ice, *a. fig.* put on ice (*or* into cold storage); *fig. das ~ brechen* break the ice; *j-n aufs ~ führen* dupe a p., take a p. in.
'**Eis...:** **~bahn** *f* skating-rink, (ice-) rink; **~bär** *m* polar (*or* white) bear; **2bedeckt** *adj.* ice-covered; **~bein** *n* pickled knuckle of pork (in jelly); **~berg** *m* iceberg; **~beutel** *m* ice-bag; **~blick** *m*, **~blink** ['-bliŋk] *m* (-[e]s; -e) iceblink; **~block** *m* (-[e]s; ¨e) ice-block; **~blume** *f* frost-flower (*on window*); **~bombe** *f* ice-cream bombe; **~brecher** *m* ice-breaker; *of bridge*: ice-apron; **~decke** *f* sheet of ice; **~diele** *f* ice-cream parlo(u)r.
'**eisen** (-s; -) *v/t.* (*h.*) ice.
'**Eisen** *n* (-s; -) iron; *tech.* iron tool; horseshoe; → *Bügel2*, *Guß2*, *Roh2*, *etc.*; *j-n in ~ legen* put a p. in irons; *fig. heißes ~ anfassen* tackle a hot problem, play with dynamite, tread on delicate ground; *altes ~* scrap iron; *zum alten ~ werfen* consign to the scrap-heap, scrap, *fig. j-n*: throw *a p.* on the (economic) scrap-heap; shelve; *zwei ~ im Feuer haben* have two strings to one's bow; (*man muß*) *das ~ schmieden, solange es heiß ist* strike the iron while it is hot, make hay while the sun shines; *ein Mann aus ~* a man of iron; **~abfälle** [-apfɛlə] *m/pl.* iron scrap; **2artig** ['-ɑ:rtiç] *adj.* ferruginous; **~azetat** *chem. n* ferric acetate.
'**Eisenbahn** *f* railway, *Am.* railroad; train; *mit der ~* by rail, by train; → *Bahn*; *colloq. es ist die höchste ~* it is high time.
'**Eisenbahn...:** → *Bahn...*; **~abteil** *n* compartment; **~betriebsmaterial** *n* rolling stock; **~er** *m* (-s; -) railwayman, *Am.* railroader; **~knotenpunkt** *m* (railway) junction; **~netz** *n* railway (*Am.* railroad) network; **~obligationen** *econ. f/pl.* railway (debenture) stocks, *Am.* railroad bonds *pl.*; **~schaffner** *m* railway guard; **~station** *f* railway (*Am.* railroad) station, *Am. a.* depot; **~tarif** *m* railway tariff; **~transport** *m* transport(ation *Am.*) by rail; **~unglück** *n* railway accident, train disaster; **~wagen** *m* railway carriage *or* coach, *Am.* railroad car; **~zug** *m* train.
'**Eisen...:** **~band** *n* (-[e]s; ¨er) iron hoop, steel band; **~bau** *m* (-[e]s; -ten) iron (*or* steel) structure; **~bergwerk** *n* iron mine, iron-pit; **~beschlag** *m* iron mountings *pl.*, hardware; **2beschlagen** *adj.* iron-bound; **~beton** *m* reinforced (*or* armo[u]red) concrete; **2bewehrt** ['-bəve:rt] *adj.* reinforced, armo(u)red; **~blech** *n* sheet iron; **~chlorid** *chem. n* ferric chloride; **~erz** *n* iron-ore; **~fresser** *fig. m* bully, fire-eater; **~gieße'rei** *f* iron-foundry; **~glanz** *m* iron glance, h(a)ematite; **~guß** *m* iron casting; cast iron; **2haltig** *adj.* ferruginous; **~hammer** *m* iron-works *pl.*; **~handel** *m* iron trade; **2hart** *adj.* (as) hard as iron; **~hut** *bot. m* aconite, monk's-hood; **~hütte** *f* ironworks *pl.*; **~kohlenstoff** *m* iron carbide; **~konstruktion** *f* iron construction; steel structure; **~kraut** *bot. n* (-[e]s) vervain; **~manganerz** *n* manganiferous iron-ore; **~mennige** *f* red och|re, *Am.* -er; **~oxyd** *chem. n* ferric oxide; **2schaffend** *adj.*: *~e Industrie* iron and steel producing industry; **~späne** ['ʃpɛ:nə] *m/pl.* iron filings; **~spat** *min. m* spathic iron, siderite; **~stange** *f* iron (*or* steel) rod; **~träger** *m* iron girder; **~walzwerk** *n* iron rolling mill; **~waren** *f/pl.* ironware, *esp. Am.* hardware; **~warenhändler** *m* ironmonger, *Am.* hardware dealer; **~warenhandlung** *f* ironmonger's (shop), *Am.* hardware store; **~werk** *n* iron-work; (*plant*) iron-works *pl.*; **~zeit** *f* (-) Iron Age.
eisern ['aɪzərn] *adj.* iron, of iron; *fig. a.* cast-iron, robust; hard, inflexible, rigid; → *Besen, Lunge, Ration, Faust, etc.*; *~er Bestand* permanent stock; *~er Fleiß* indefatigable industry; *~er Grundsatz* hard and fast principle; *~er Wille* iron will; *mit ~er Stirn* undaunted, *b.s.* with brazen effrontery.
'**Eis...:** **~fläche** *f* ice surface; sheet of ice; **2frei** *adj.* free from ice, ice-free; **~gang** *m* (-[e]s) ice-drift; **2gekühlt** ['-gəky:lt] *adj.* iced; **~glas** *n* frosted glass; **~glätte** *f* icy road conditions; **2grau** *adj.* hoary; **~heilige** *pl.* Ice Saints; **~hockey** *n* ice-hockey; **~hockeyscheibe** *f* puck; **~hockeyschläger** *m* ice-hockey stick; **~hockeyspieler** *m* ice-hockey player.
eisig ['aɪziç] *adj.* icy, glacial; *fig. a.* chilly.
'**Eis...:** **~kaffee** *m* iced coffee; **2kalt** *adj.* icy-cold; *fig.* icy-nerved; brazen, cool; glacial, icy; **~kasten** *m* ice-box; **~keller** *m* ice-cellar; **~krem** *f* ice-cream; **~kunstlauf** *m* figure skating; **~kunstläufer(in** *f*) *m* figure skater; **~lauf** *m* skating; **2laufen** *v/i.* (*irr., sn*) skate; **~läufer(in** *f*) *m* skater; **~maschine** *f* ice-machine; **~meer** *n* polar sea; *Nördliches* (*Südliches*) *~* Arctic (Antarctic) Ocean; **~pickel** *m* ice-ax(e); **~punkt** *m* freezing point; **~schicht** *f* coating of ice, ice layer; **~schießen** *n* curling; **~schnellauf** *m* speed-skating; **~schnelläufer** *m* speed-skater; **~scholle** *f* ice-floe; **~schrank** *m* refrigerator, *Am. a.* ice-box; **~segeln** *n* ice-yachting; **~sport** *m* ice-sport; **~tanz** *m* ice dance; **~vogel** *m* kingfisher; **~waffel** *f* ice-cream bar; **~wasser** *n* iced water; **~würfel** *m* ice-cube; **~zapfen** *m* icicle; **~zeit** *f* glacial period, ice-age; **~zone** *f* frigid zone.
eitel ['aɪtəl] *adj.* vain (*auf acc.* of); conceited; vain, empty; mere, sheer, nothing but; vain, futile; *eitles Gerede* idle talk; *eitles Gold* pure gold; *eitle Hoffnung* idle hope; *eitle Versprechungen* empty promises; **2keit** *f* (-; -en) vanity; vainness, futility.

Eiter ['aɪtər] *m* (-s) matter, pus; **~beule** *f* abscess, boil, *fig.* canker, festering sore; **~bildung** *f* suppuration; **~bläs-chen** *n* pustule; **~erreger** *m* pyogenic organism; **~herd** *m* suppurative focus; **2ig** *adj.* purulent, suppurative; **2n** *v/i.* (*h.*) fester, discharge pus, suppurate; **~pfropf, ~stock** *m* core; **~ung** *f* (-; -*en*) festering, suppuration.

'**Eiweiß** *n* (-es; -e) white of egg, albumen, protein; **2arm** *adj.* poor in albumen; *~e Ernährung* low albumen diet; **2haltig** *adj.* albuminous; **~körper** *m* protein, albuminous body; **~mangel** *m* protein deficiency; **~stoff** *m* albumen.

'**Eizelle** *f* egg-cell, ovum.

Ekel ['e:kəl] **1.** *m* (-s) disgust (*vor dat.* of), loathing (at), aversion (to); nausea; *~ empfinden über* (*acc.*) be nauseated at, shudder *or* sicken at; *~ erregen* nauseate, sicken; → *ekeln*; **2.** *n* (-s; -) *colloq.* nasty (*or* loathsome) person, (perfect) horror, pest; **2erregend** *adj.* nauseating, sickening; **2haft, 2ig** *adj.* nauseous, disgusting, revolting, loathsome; *fig.* nasty, beastly; **2n** *v/refl. and impers.* (*h.*): *es ekelt mich or mich ekelt or ich ekle mich davor* (*dat.*) I loathe it, it disgusts me, it sickens me (*or* makes me sick).

eklatant [ekla'tant] *adj.* striking, brilliant, sensational; blatant, flagrant.

eklig ['e:kliç] *adj.* → *ekelig.*

Eksta|se [ɛk'stɑ:zə] *f* (-; -*n*) ecstasy; *in ~ geraten über* (*acc.*) go into ecstasies over; **2tisch** *adj.* ecstatic (-ally *adv.*).

Ekzem [ɛk'tse:m] *med. n* (-s; -e) eczema.

Elan [e'lɑ̃:] *m* (-s) élan (*Fr.*), spirit, dash; → *Schwung.*

elastisch [e'lastiʃ] *adj.* elastic(ally *adv.*) (*a. fig.*); resilient, springy; (*a. mot. or fig.*) flexible.

Elastizi'tät [elastitsi'tɛ:t] *f* (-) elasticity (*a. fig.*); resilience, springiness; (*a. tech., mot. or fig.*) flexibility.

Elch [ɛlç] *m* (-[e]s; -e) elk; moose.

Elefant [ele'fant] *m* (-*en*; -*en*) elephant; *fig. ~ im Porzellanladen* bull in a china shop; *aus e-r Mücke e-n ~en machen* make a mountain out of a molehill; **~enrüssel** *m* elephant's trunk, proboscis; **~enzahn** *m* elephant's tusk.

elegan|t [ele'gant] *adj.* elegant (*a. fig.*), stylish, fashionable, smart; dressy; **2z** [-'gants] *f* (-) elegance; stylishness.

Elegie [ele'gi:] *f* (-; -*n*) elegy; **elegisch** [e'le:giʃ] *adj.* elegiac; *fig. a.* melancholy, sad.

elektrifizier|en [elɛktrifi'tsi:rən] *v/t.* (*h.*) electrify; **2ung** *f* (-) electrification.

Elektriker [e'lɛktrikər] *m* (-s; -) electrician.

e'lektrisch I. *adj.* electric(al); *~er Antrieb* electric drive; *~er Apparat* electrical apparatus; *~e Bahn* electric railway; *~e Beleuchtung* electric lightning; *~e Energie* electrical energy; *~er Schlag* electric shock; *~er Strom* electric current; *~er Stuhl* electric chair; *~e Uhr* electric clock; **II.** *adv.*: *~ betreiben* run by electricity; *~ beheizt* electric (*blanket, radiator, etc.*); *~ betätigt* electrically operated; **2e** *colloq. f* (-*n*; -*n*) (electric) tram, *Am.* streetcar.

elektrisier|bar [-'zi:rbɑ:r] *adj.* electrifiable; **~en** *v/t.* (*h.*) electrify (*a. fig.*); **2maschine** *f* electrical (*or* electrostatic) machine; **2ung** *f* (-; -*en*) electrification; electrization.

Elektrizität [-tsi'tɛ:t] *f* (-) electricity; (electric) current; **~sgesellschaft** *f* electricity-supply company; **~smessung** *f* electrometry; **~sversorgung** *f* electric supply; **~swirtschaft** *f* electro-economics *pl.*, (public) electricity supply; **~szähler** *m* electricity meter.

Elektro|analyse [e'lɛktro-] *f* electro-analysis; **~chemie** *f* electro-chemistry; **2chemisch** *adj.* electro-chemical.

Elektrode [elɛk'tro:də] *f* (-; -*n*) electrode; plate, element; *negative ~* cathode; *positive ~* anode; **~nabstand** *m* electrode spacing, *mot.* spark plug air gap; **~nmetall** *n* filler metal.

E'lektro...: **~dynamik** *f* electrodynamics *pl.*; **2dynamisch** *adj.* electrodynamic; **~gerät** *n* electrical appliance; **~geschäft** *n* electrical supply shop; **~herd** *m* electric range; **~ingenieur** *m* electrical engineer; **~kardiogramm** *n* electrocardiogram; **~karren** *m* electric truck.

Elektroly|se [-'ly:zə] *f* (-; -*n*) electrolysis; **~t** *m* (-*en*; -e) electrolyte; **2tisch** *adj.* electrolytic.

E'lektro...: **~magnet** *m* electromagnet; **~mechanik** *f* electromechanics *pl.*; **~mechaniker** *m* electrician; **2mechanisch** *adj.* electro-mechanic(ally *adv.*); **~meter** *n* electrometer; **~mobil** [-mo'bi:l] *n* (-s; -e) electromobile; **~motor** *m* (electric) motor; **2motorisch** *adj.* electromotive.

Elektron [e'lɛktrɔn] *n* (-s; -'onen) electron.

Elektronen... [-'tro:nən]: **~aussendung, ~emission** *f* emission of electron; **~blitz(gerät** *n*) *m phot.* electronic flash; **~gehirn** *n* electronic brain; **~hülle** *f* electron shell; **~kamera** *f* electron camera; **~mikroskop** *n* electron microscope; **~rechner** *m* computer; **~röhre** *f* electron *or* thermionic valve (*Am.* tube).

Elektro|nik [elɛk'tro:nik] *f* (-) electronics *pl.*; **2nisch** *adj.* electronic (-ally *adv.*).

E'lektro...: **~ofen** *m* electric stove; *metall.* electric furnace; **~physik** *f* electrophysics *pl.*; **2plattieren** *v/t.* (*h.*) electroplate; **~rasierer** *m* (-s; -) electric razor; **~schock** *med. m* electro-shock; **~schweißung** *f* electric welding.

Elektroskop [-'sko:p] *n* (-s; -e) electroscope.

E'lektrostahl *m* electric steel.

Elektro'sta|tik *f* electrostatics *pl.*; **2tisch** *adj.* electrostatic(ally *adv.*).

Elektro'tech|nik *f* (-) electrical engineering; **~niker** *m* electrical engineer, electro-technician; **2nisch** *adj.* electrotechnical; electrical (*industry, part, etc.*).

Elektrothera|'peutik *f* electrotherapeutics *pl.*; **2'peutisch** *adj.* electrotherapeutic(al); **~'pie** *f* electrotherapy.

elektro'thermisch *adj.* electrotherm|al (*or* -ic).

Elektrotypie [-ty'pi:] *f* (-) electrotype.

Element [ele'mɛnt] *n* (-[e]s; -e) (*a. phys., chem., tech.*) element; *el. a.* cell, battery; *fig.* (*nicht*) *in s-m ~ sein* be in (out of) one's element; *~e pl.* elements, rudiments *pl.*; *schlechte ~e* (*persons*) bad elements.

elementar [-'tɑ:r] *adj.* elemental; *fig.* elementary, rudimentary, primary; primitive; *~e Gewalt* elemental force; **2buch** *n* primer; **2gewalt** *f* elemental force; **2schule** *f* elementary (*or* primary, *Am.* grade) school; **2stoff** *m* element(ary matter); **2teilchen** *n* elementary (*or* sub-atomic) particle; **2unterricht** *m* elementary instruction.

Elen ['e:lɛn] *m and n* (-s; -), **~tier** *n* elk.

Elend ['e:lɛnt] *n* (-[e]s) misery, wretchedness; distress, need; poverty, penury; squalor; *ins ~ geraten* fall into misery; *im* (*größten*) *~ leben* live in (utter) misery; → *stürzen*; *das heulende ~* the horrors *pl.*, the blues; *es ist schon ein ~ mit ihm* it's no end of trouble with him.

'**elend I.** *adj.* miserable, wretched; distressed, poverty-stricken; pitiable, pitiful; miserable, base; terrible; **II.** *adv. colloq.* awfully, terribly; *~ aussehen* look very poorly; *sich ~ fühlen* feel miserable (*or* wretched, seedy); **~iglich** ['-dikliç] *adv.* miserably, wretchedly.

'**Elendsviertel** *n* slum(s *pl.*).

Elev|e [e'le:və] *m* (-*n*; -*n*), **~in** *f* (-; -*nen*) trainee.

elf [ɛlf] *adj.* eleven; '**Elf**[1] *f* (-; -*en*) *soccer*: eleven, team.

'**Elf**[2] *m* (-*en*; -*en*), **~e** *f* (-; -*n*) elf, fairy, pixie.

'**Elfenbein** *n* (-[e]s) ivory; **2ern** *adj.* (of) ivory; ivorylike; *~er Turm* ivory tower; **2farbig** *adj.* ivory-colo(u)red; **~küste** *geogr. f* (-) Ivory Coast; **~schnitze'rei** *f* ivory carving.

'**Elfen...:** **~königin** *f* elf-queen; **~reich** *n* fairyland.

'**elf...:** **~fach** *adj.* elevenfold; **~mal** *adv.* eleven times; **2meter(ball)** [-'-] *m soccer*: penalty kick; **2metermarke** [-'-] *f* penalty spot.

elfte ['-tə] *adj.* eleventh; **2l** *n* (-s; -) eleventh (part); **~ns** *adv.* in the eleventh place, eleventh.

eliminieren [elimi'ni:rən] *v/t.* (*h.*) eliminate.

Elite [e'li:tə] *f* (-; -*n*): *die ~* the élite (*Fr.*), the pick (*or* cream, flower); **~truppen** *f/pl.* picked (*or* crack) troops; **~vorstellung** *thea. f* star performance.

Elixier [eli'ksi:r] *n* (-s; -e) elixir.

Elle ['ɛlə] *f* (-; -*n*) yard; *anat.* ulna.

'**Ell(en)bogen** *m* (-s; -) elbow; *mit dem ~ stoßen* elbow; *sich mit den ~ den Weg bahnen* elbow one's way (*durch* through); **~freiheit** *f* (-) elbow-room; **~gelenk** *n* elbow-joint.

'**Ellen...:** 2**lang** *adj.* one yard in length; *fig.* very long; lengthy, endless; ~**maß** *n* yardstick; ~**waren** *f/pl.* drapery *sg.*, *Am.* dry-goods; 2**weise** ['-vaɪzə] *adv.* by the yard.
Ellip|se [ɛ'lɪpsə] *f* (-; -*n*) *math.* ellipse; *gr.* ellipsis; 2**tisch** *adj.* elliptic(al).
Elmsfeuer ['ɛlms-] *n* St. Elmo's fire, corposant.
Eloxalverfahren [elɔ'ksa:l-] *n* anodizing process.
elo'xieren *v/t.* (*h.*) anodize.
Elritze ['ɛlrɪtsə] *ichth. f* (-; -*n*) minnow.
Elsaß ['ɛlzas] *n* (-): *das* ~ Alsace; ~**-Lothringen** ['-'lo:trɪŋən] *n* (-s) Alsace-Lorrain.
Elsäss|er ['ɛlzɛsər] *m* (-*s*; -), ~**erin** *f* (-; -*nen*), 2**isch** *adj.* Alsatian.
Elster ['ɛlstər] *f* (-; -*n*) magpie.
elterlich ['ɛltərlɪç] *adj.* parental; *jur.* ~*e Gewalt* parental authority.
'**Eltern** *pl.* parents; *colloq. nicht von schlechten* ~ not half bad, terrific; ~**beirat** *m* Parents' Council; ~**haus** *n* house of one's parents, home; ~**liebe** *f* (-) parental love; 2**los** *adj.* parentless, orphan(ed); ~**schaft** *f* (-) parentage; the parents *pl.*; ~**teil** *m* parent.
Email [e'ma:j] *n* (-*s*; -*s*), ~**le** [e'maljə] *f* (-; -*n*) enamel; ~**arbeiter** *m* enamel(l)er; ~**farbe** *f* enamel paint; ~**geschirr** *n* enamel ware; ~**lack** *m* enamel varnish.
emaillieren [ema(l)'ji:rən] *v/t.* (*h.*) enamel.
Emanation [emanatsi'o:n] *phys. f* (-; -*en*) emanation.
Emanzipation [emantsipatsi'o:n] *f* (-; -*en*) emancipation; **emanzi'pieren** *v/t.* (*h.*) emancipate.
Embargo [ɛm'bargo] *n* (-*s*; -*s*) embargo; *ein* ~ *legen auf* (*acc.*) lay an embargo on *a th.*, lay *a th.* under an embargo.
Embolie [ɛmbo'li:] *med. f* (-; -*n*) embolism.
Embryo ['ɛmbryo] *m* (-*s*; -*s*) embryo; **Embryologie** [-lo'gi:] *f* (-) embryology; **embryonal** [-'na:l] *adj.* embryonic, embryo.
emeritieren [emeri'ti:rən] *univ. v/t.* (*h.*) retire.
Emigrant [emi'grant] *m* (-*en*; -*en*) emigrant; **emi'grieren** *v/i.* (*sn*) emigrate.
eminen|t [emi'nɛnt] *adj.* eminent, distinguished, outstanding; 2**z** [-'nɛnts] *eccl. f* (-; -*en*): *Seine* ~ His Eminence.
Emission [emisi'o:n] *f* (-; -*en*) *phys.* emission; *econ.* issue; ~**sbank** *f* (-; -*en*) bank of issue, issuing house; ~**sgeschäft** *n* issuing transaction; ~**skurs** *m* rate of issue.
emittieren [emi'ti:rən] *econ. v/t.* (*h.*) issue.
e-Moll *n* (-) e minor.
emotional [emotsio'na:l], **emotionell** [-'nɛl] *adj.* emotional; **Emotionen** [-tsi'o:nən] *pl.* emotions.
empfahl [ɛm'pfa:l] *pret. of empfehlen.*
Empfang [ɛm'pfaŋ] *m* (-[e]*s*; ⸗e) reception (*a. radio*); receipt; *nach* (*or bei*) ~ *von* (*gen.*) on receipt (*or* delivery) of; *j-m e-n guten* (*schlechten*) ~ *bereiten* give a p. a kind (cold) reception *or* welcome; *den* ~ *bestätigen* acknowledge receipt; *in* ~ *nehmen* receive; *auf* ~ *bleiben teleph.*, *radio*: stand by; 2**en I.** *v/t.* (*irr.*, *h.*) receive; welcome; see (*a p.*); accept; draw (*salary, etc.*); **II.** *v/i.* (*irr.*, *h.*) conceive, become pregnant.
Empfänger [ɛm'pfɛŋər] *m* (-*s*; -) receiver (*a. teleph.*, *radio*), recipient; payee; consignee; addressee; acceptor (*of bill of exchange*); transferee; beneficiary (*of credit*).
emp'fänglich *adj.* susceptible (*für* to), receptive (to), responsive (to); *med.* predisposed *or* prone (to); impressionable; 2**keit** *f* (-) susceptibility, receptivity; impressionableness; *med.* predisposition, proneness (*für* to).
Emp'fängnis *f* (-; -*se*) conception; 2**verhütend** *adj.* contraceptive; ~*des Mittel* contraceptive, prophylactic; ~**verhütung** *f* contraception.
Emp'fangs...: ~**antenne** *f* receiving aerial (*Am.* antenna); ~**bereich** *m radio*: service area, range of reception; ~**bescheinigung** *f* receipt; ~**bestätigung** *f* advice (*or* acknowledgement) of receipt; ~**chef** *m* reception (*Am.* room) clerk; ~**dame** *f*, ~**herr** *m* receptionist; ~**gerät** *n* receiving set; ~**schein** *m* receipt; ~**stärke** *f* reception intensity; ~**station** *f econ.*, *rail.* point of destination; *radio*: receiving station; ~**störung** *f radio*: interference, jamming(s *pl.*); statics, atmospherics *pl.*; ~**tag** *m* at-home (day); ~**zimmer** *n* reception-room, parlo(u)r.
empfehlen [ɛm'pfe:lən] *v/t.* (*irr.*, *h.*) recommend (*als* as, *für* for); commend (*dat.* to); *sich* ~ *thing*: commend itself (*für* for); *sich j-m* ~ present one's respects (*or* compliments) to a p.; ~ *Sie mich* (*dat.*) please remember me to; *sich* ~ *method, etc.*: suggest itself; *iro.* take one's leave; → *französisch*; *es empfiehlt sich, zu inf.* it is recommendable (*or* advisable) to *inf.*; ~**swert** *adj.* (re)commendable.
Emp'fehlung *f* (-; -*en*) recommendation; *auf* ~ on recommendation; *gute* ~*en haben* be highly recommended, have good references; *meine besten* ~*en an* (*acc.*) my best regards (*or* compliments) to; ~**sschreiben** *n* letter of recommendation.
empfinden [ɛm'pfɪndən] *v/t.* (*irr.*, *h.*) feel (*a. v/i.*); *et. als lästig, etc.* ~ feel a th. to be troublesome, *etc.*; perceive, sense; experience.
emp'findlich I. *adj.* sensitive (*a. phot.*, *tech. gegen* to); *med. a.* allergic (to); delicate, tender; vulnerable; squeamish; irritable, testy; touchy; sensible; severe (*cold*); grievous (*affront*); critical (*want*); acute (*pain*); severe, drastic (*pain*); heavy, bad (*loss*); susceptible; *s-e* ~*ste Stelle* his sore spot; **II.** *adv.*: *phot.* ~ *machen* sensitize; ~ *getroffen* severely *or* badly hit; 2**keit** *f* (-; -*en*) sensitiveness; allergy; delicacy; irritability; touchiness; severity.
emp'findsam *adj.* sensitive, tender; sentimental; 2**keit** *f* (-; -*en*) sensitiveness; sentimentality.
Emp'findung *f* (-; -*en*) sensation; perception; *w.s.* feeling, sense; *ich habe die* ~, *daß* I have a feeling that; 2**slos** *adj.* insensitive (*für*, *gegen* to); insensible; numb (*limb*); *b.s. fig.* unfeeling, hardhearted; ~**slosigkeit** *f* (-) insensitiveness (*für*, *gegen* to), insensibility; apathy; numbness; ~**svermögen** *n* (-s) sensitive (*or* perceptive) faculty; ~**szelle** *f* sensory cell.
empfohlen [ɛm'pfo:lən] *p.p. of empfehlen.*
Empha|se [ɛm'fa:zə] *f* (-; -*n*) emphasis; 2**tisch** [-tɪʃ] *adj.* emphatic(ally *adv.*).
Empir|ik [ɛm'pi:rɪk] *f* (-) empiricism; ~**iker** *m* (-*s*; -) empiric; 2**isch** *adj.* empiric(al).
empor [ɛm'po:r] *adv.* up, upwards; *poet.* aloft, on high; ~**arbeiten:** *sich* ~ (*h.*) work one's way up; ~**blicken** *v/i.* (*h.*) look up (*zu* to).
Empore [ɛm'po:rə] *arch. f* (-; -*n*) choir loft, gallery.
empören [ɛm'pø'rən] *v/t.* (*h.*) (rouse to) anger, incense; offend, insult; shock, scandalize; *sich* ~ revolt, rebel, rise (in arms), grow furious, flare up, boil with indignation; *empört* furious, fuming; indignant; shocked, scandalized (*über acc.* at); ~**d** *adj.* outrageous; shocking, scandalizing.
Em'pörer *m* (-*s*; -), ~**in** *f* (-; -*nen*) insurgent, rebel; 2**isch** *adj.* rebellious, mutinous.
em'por...: ~**heben** *v/t.* (*irr.*, *h.*) lift (up), raise; ~**kommen** *v/i.* (*irr.*, *sn*) rise, get up; *fig.* rise (in the world); 2**kömmling** [-kœmlɪŋ] *m* (-*s*; -*e*) upstart, parvenu (*Fr.*); ~**ragen** *v/i.* (*sn*) tower, loom, rise (*über acc.* above); ~**schießen** *v/i.* (*irr.*, *sn*) *plants*: shoot (*or* spring) up; *water*: gush up; *fig. überall* ~ mushroom up; rocket up; ~**schnellen** *v/i.* (*sn*) *and sich* ~ (*h.*) jerk (*or* bounce, bound) up; *a. prices*: jump (up); ~**schrauben:** *sich* ~ (*h.*) spiral up (*a. prices*); ~**schwingen:** *sich* ~ (*irr.*, *h.*) soar up, rise (aloft); ~**steigen** *v/i.* (*irr.*, *sn*) rise, ascend; soar; ~**streben** *v/i.* (*h.*) strive (*or* tend) upwards; *fig.* aspire, aim high; ~**treiben** *v/t.* (*irr.*, *h.*) force (*or* drive) up(wards).
Empörung [ɛm'pø:ruŋ] *f* (-; -*en*) revolt, rebellion, insurrection; mutiny; indignation, resentment (*über acc.* at).
emsig ['ɛmzɪç] *adj.* busy, active, bustling; assiduous, sedulous, hard-working; eager, keen, zealous; indefatigable; 2**keit** *f* (-) activity; industry, assiduity; zeal, eagerness.
emul|gieren [emul'gi:rən] *chem. v/i.* (*sn*) *and v/t.* (*h.*) emulsify; 2**sion** [-zi'o:n] *f* (-; -*en*) emulsion.
End|abnehmer ['ɛnt-] *econ. m* ultimate buyer; ~**absicht** *f* end (in view), ultimate object; ~**bahnhof** *m* terminus, railhead, *Am.* terminal; ~**be-arbeitung** *f* finishing; ~**betrag** *m* sum total, grand total, aggregate; ~**buchstabe** *m* final letter.
Ende ['ɛndə] *n* (-*es*; -*n*) end; *of time*: close; *film, etc.*: ending; termina-

tion; result, outcome, upshot; *zo.* antler, point; *äußerstes* ~ extreme end, extremity; ~ *Januar* late in January; ~ *der dreißiger Jahre* in the late thirties; *am* ~ **a**) at (*or* in) the end, **b**) after all, **c**) perhaps, maybe, **d**) eventually; in the long run; *bis zum bitteren* ~ to the bitter end; *letzten* ~*s* in the final analysis, strictly speaking, when all is said and done; *e-r Sache ein* ~ *machen* put an end to a th.; *zu* ~ *führen* bring to an end, complete; *zu* ~ *gehen* (come to an) end, draw to a close, → *enden*; *supplies*: run short; *zu* ~ *sein* be at an end, be over; ~ *gut, alles gut* all's well that ends well; *das dicke* ~ *kommt nach* the disagreeable part is yet to come; *die Arbeit geht ihrem* ~ *entgegen* the work is nearing completion; → *Weisheit*; *es geht mit ihm zu* ~ he is going *or* sinking fast, he is on his last legs; *es ist noch ein gutes* ~ *bis dahin* it's a long way off yet; *ohne daß ein* ~ *abzusehen wäre* with no end in sight; *alles muß einmal ein* ~ *haben* there is an end to everything; *das nimmt kein* ~ that goes on and on.

endemisch [ɛnˈdeːmiʃ] *med. adj.* endemic(al).

ˈ**enden I.** *v/t.* (*h.*) → *beend(ig)en*; **II.** *v/i.* (*h.*) (come to an) end, close, terminate; cease, finish, stop; *speaker*: wind up *or* close (*mit den Worten* by saying); die, meet one's death; *nicht* ~ *wollend* unending, rounds and rounds of (*applause*).

ˈ**End...**: ~**ergebnis** *n* final result, upshot; ~**es-unterzeichnete**(**r** *m*) *f the* undersigned; ♀**gültig** *adj.* final, definitive; definite (*answer*); conclusive (*proof*); *jur.* ~*es Scheidungsurteil* decree final (*or* absolute).

ˈ**endigen** *v/t. and v/i.* (*h.*) → *enden*; *gr.* ~ *auf* (*acc.*) terminate in.

Endivie [ɛnˈdiːviə] *bot. f* (-; -*n*) endive.

End... [ˈɛnt-]: ~**kampf** *m sports*: final; finish; ~**lauf** *m* final (heat *or* run).

ˈ**endlich I.** *adj.* final, ultimate; limited; *phls. and math.* finite; **II.** *adv.* at last, at length, finally; ~ *doch* after all; ♀**keit** *f* (-) finiteness.

ˈ**endlos** *adj.* endless, interminable; boundless, infinite; *tech.* continuous, endless; ♀**papier** *n* continuous paper.

ˈ**End...**: ~**lösung** *f* final solution; ~**montage** *f* final assembly; ~**preis** *m* price to ultimate consumer; ~**produkt** *n* end (*or* final, finished) product; ~**punkt** *m* final (*or* extreme) point; ~**reim** *m* end-rhyme; ~**resultat** *n* final result, upshot; ~**runde** *f sports*: final; ~*nteilnehmer* (-*in*) finalist; ~**silbe** *f* final syllable; ~**spiel** *n sports*: final; ~**spurt** *m* final spurt, finish; ~**station** *f* terminus, railhead, *Am.* terminal; ~**stück** *n* end piece; ~**stufe** *el. f* output *or* final stage; ~**summe** *f* (sum) total.

Endung [ˈɛnduŋ] *f* (-; -*en*) ending, termination.

End... [ˈɛnt-]: ~**urteil** *n* final decision; ~**verbraucher** *m* ultimate consumer; ~**röhre** *f radio*: output valve; ~**wert** *m* final value; ~**ziel** *n* final aim (*or* objective), ultimate end; ~**zweck** *m* ultimate object, final aim (*or* purpose).

Energetik [enerˈgeːtik] *phys. f* (-) energetics *pl.*

Enerˈgie *f* (-; -*n*) energy, power; *fig. a.* vigo(u)r, force, drive; ~ *der Lage* potential energy; *mit* ~ *erfüllen* energize; ~**aufspeicherung** *f* accumulation (*or* storage) of energy; ~**einheit** *f* unit of energy; ♀**geladen** *fig. adj.* dynamic, bursting with energy; ♀**los** *adj.* lacking (in) energy, weak, slack; ~**losigkeit** *f* (-) lack of energy, weakness; ~**quelle** *f* source of energy; *el., etc.* power source; ~**umwandlung** *f* transformation of energy; ~**wirtschaft** *f* power industry; power economy.

energisch [eˈnɛrgiʃ] *adj.* energetic (-ally *adv.*), vigoro(u)s, dynamic; assertive; sharp, imperative; ~ *werden* put one's foot down.

eng [ɛŋ] **I.** *adj.* narrow (*a. fig.*); tight (*shoe, etc.*); clinging; crowded, (closely) packed; close; (*innig*) intimate, close; ~ *befreundet sein* be great friends; ~*er machen* tighten, take in (*clothes*); *im* ~*eren Sinne* in a restricted sense, strictly speaking; → *Wahl*; **II.** *adv.*: ~ *zusammenlegen* fold compactly.

Engagement [ãgaʒəˈmɑː] *n* (-*s*; -*s*) engagement; *econ. and fig.* commitment.

engaˈgieren *v/t.* (*h.*) engage (*sich* o.s.); employ, take in, *Am. a.* hire; *fig. sich* ~ commit o.s.; *gegen*: join issue with; *econ.* invest, tie up (*capital*); *engagiert* committed (*writer, etc.*); *sehr engagiert sein* be very busy, have a crowded schedule.

engbrüstig [ˈɛŋbrystiç] *adj.* narrow-chested; → *kurzatmig*.

Enge [ˈɛŋə] *f* (-) narrowness (*a. fig.*); closeness; tightness; narrow passage, (*a. fig.*) bottleneck; (*pl.* -*n*) (*of sea*) strait; *fig.* tight spot; *in die* ~ *treiben* (drive into a) corner; *in die* ~ *getrieben* cornered, with one's back to the wall.

Engel [ˈɛŋəl] *m* (-*s*; -) angel; *guter* (*gefallener, rettender*) ~ good (fallen, preserving) angel; *colloq. die* ~ *im Himmel singen hören* see stars; *du bist ein* ~! you are an angel (*or* a dear)!; ~**chen** *n* (-*s*; -) little angel, cherub; ♀**haft** *adj.* angelic; ~**schar** *f* host of angels; ~**sgeduld** *f* patience of Job; ~**szunge** *f*: *mit* ~*n reden* speak with the tongues of angels; ~**wurz** [ˈ-vurts] *bot. f* (-; -*en*) angelica.

Engerling [ˈɛŋərliŋ] *m* (-*s*; -*e*) grub (*or* larva) of the cockchafer, white worm.

ˈ**engherzig** *adj.* narrow(-minded), hidebound; ♀**keit** *f* (-) narrow(-minded)ness, pettiness.

England [ˈɛŋlant] *n* (-*s*) England; ♀**feindlich** *adj.* anti-British; ~**freund** *m* Anglophile; ~**hasser** *m* Anglophobe.

Engländer [ˈɛŋlɛndər] *m* (-*s*; -) Englishman, *Am. a.* Britisher; *pl. the* English; *tech.* (adjustable) spanner, monkey-wrench; ~**in** *f* (-; -*nen*) Englishwoman.

ˈ**englisch**[1] *eccl. adj.*: ♀*er Gruß* angelic salutation; Ave Maria.

ˈ**englisch**[2] *adj.* English; *w.s.* British; ~*e Kirche* Anglican church; ~*e Krankheit* rickets *pl. or sg.*; ~*es Pflaster* court-plaster; *cul.* ~ (*gebraten*) underdone, *Am.* rare; ♀ *n* (-[s]): *das* ~(e) English, the English language; *auf* ♀ in English; *aus dem* ~*en* from (the) English; *ins* ~*e* into English; ~**-deutsch** *adj.* Anglo-German; English-German (*dictionary*); ♀**horn** *mus. n* (-[e]s; ⸚er) English horn; ♀**leder** *n* moleskin; ~**sprechend** *adj.* English-speaking.

engmaschig [ˈɛŋmaʃiç] *adj.* close-meshed; *soccer*: close.

ˈ**Engpaß** *m* (narrow) pass, defile, *Am. a.* notch; *fig.* bottleneck; ~**material** *n* critical material.

Engramm [ɛnˈgram] *med. n* (-*s*; -*e*) engram.

engros [ãˈgroː] *adv.* wholesale; ♀**handel** (♀**händler**, ♀**preis**) *m* wholesale business (dealer, price).

engstirnig [ˈɛŋʃtirniç] *adj.* narrow(-minded), insular, hidebound.

Enkel [ˈɛŋkəl] *m* (-*s*; -) (~*kind*) grandchild; (~*sohn*) grandson; *w.s.* descendant; ~**in** *f* (-; -*nen*) granddaughter.

Enklave [ɛnˈklɑːvə] *f* (-; -*n*) enclave.

enorm [eˈnɔrm] *adj.* enormous, huge; *colloq.* terrific, great.

Enquete [ãˈkɛːt(ə)] (*Fr.*) *f* (-; -*n*) investigation, inquiry.

Ensemble [ãˈsãːbəl] *mus., thea. n* (-*s*; -*s*) ensemble; cast.

entart|en [ɛntˈʔɑːrtən] *v/i.* (*sn*) degenerate; deteriorate; ~**et** *adj.* degenerate, abnormal; *fig.* decadent, debased; ♀**ung** *f* (-; -*en*) degeneration; deterioration; abnormity; *fig.* decadence; corruption, depravation.

entˈäußern *v/t.* (*h.*): *sich* ~ (*gen.*) dispose (*or* get rid) of; divest o.s. of, part with, discard; → *veräußern*.

entbehr|en [ɛntˈbeːrən] *v/t.* (*h.*) lack, miss, want; do (*or* go) without, dispense with; *ich kann ihn nicht* ~ I can't spare him; *die Beschuldigung entbehrt jeder Grundlage* the charge is entirely unfounded; ~**lich** *adj.* dispensable; non-essential; unnecessary, needless; superfluous; ♀**lichkeit** *f* (-) superfluity, needlessness; ♀**ung** *f* (-; -*en*) privation, want.

entˈbieten *v/t.* (*irr., h.*): *j-m s-n Gruß* ~ present (*or* send) one's compliments to a p.; *j-m e-n guten Morgen* ~ bid a p. a good morning; *j-n zu sich* ~ send for (*or* summon) a p.

entˈbind|en *v/t.* (*irr., h.*) dispense, release, excuse (*von* from); *chem.* disengage, liberate, set free; deliver *woman*; *entbunden werden* (*von*) be delivered (of), give birth (to); ♀**ung** *f* dispensation, release, exemption (*von* from); *med.* delivery, accouchement (*Fr.*); ♀**ungsanstalt** *f* lying-in (*or* maternity) hospital, *Am.* maternity home.

ent'blättern *v/t.* (*h.*) strip of leaves, defoliate; *sich* ~ shed *its* leaves.
entblöden [ɛnt'bløːdən]: *sich nicht* ~ (*h.*) *zu inf.* not to be ashamed to *inf.*, have the impudence to *inf.*
entblöß|en [-'bløːsən] *v/t.* (*h.*) bare, denude, strip (to the skin); uncover (*one's head*); draw (*sword*); *med.*, *mil.* expose; *sich* ~ strip (*gen.* of); *fig.* divest, strip (*gen.* of); *entblößt* bare, naked, nude; *fig.* destitute, stripped (of); **2ung** *f* (-; *-en*) denudation; *med.*, *mil.* exposure; *fig.* deprivation; destitution.
ent'brennen *v/i.* (*irr.*, *sn*) be inflamed (*in Liebe zu j-m* with love for a p.); *anger*: blaze up; *fight, etc.*: break out; start.
ent'deck|en *v/t.* (*h.*) discover; strike (*oil, etc.*); detect, find out, spot; reveal, expose; disclose; et. *zufällig* ~ stumble (up)on a th.; *sich j-m* ~ confide in a p., unbosom o.s. to a p.; **2er** *m* (-*s*; -), **2erin** *f* (-; *-nen*) discoverer; **2ung** *f* (-; *-en*) discovery; detection; disclosure, exposure; **2ungsreise** *f* voyage of discovery, expedition.
Ente ['ɛntə] *f* (-; *-n*) duck; *junge* ~ duckling; *fig. newspaper*: canard, hoax.
ent'ehr|en *v/t.* (*h.*) dishono(u)r (*a. a woman*), disgrace, degrade; **~end** *adj.* dishono(u)ring, disgraceful; degrading; **2ung** *f* (-; *-en*) dishono(u)ring; disgrace; degradation.
ent'eign|en *v/t.* (*h.*) expropriate, dispossess; **2ung** *f* (-; *-en*) expropriation.
ent'eilen *v/i.* (*sn*) hasten away, be gone; escape; *time*: slip away.
ent'eis|en *v/t.* (*h.*) free from ice; *mot., etc.* defrost; *aer.* de-ice; **2ung** *f* defrosting; de-icing, ice eliminating; **2ungs-anlage** *f* defroster; de-icing equipment.
'Enten...: ~braten *m* roast duck; **~ei** *n* duck's egg; **~jagd** *f* duck-shooting; **~schnabel** *m* duck's bill; *med.* speculum; **~teich** *m* duck-pond.
Enterbeil ['ɛntər-] *mar. n* boarding-ax(e).
ent'erb|en *v/t.* (*h.*) disinherit, cut a p. off with a shilling (*Am.* cent); **2ung** *f* (-; *-en*) disinheriting.
'Enterhaken *mar. m* grapnel.
Enterich ['ɛntəriç] *m* (-*s*; -*e*) drake.
entern ['ɛntərn] *v/t.* (*h.*) board, grapple.
entfachen [ɛnt'faxən] *v/t.* (*h.*) kindle, set ablaze; *fig. a.* arouse, call forth, provoke.
ent'fahren *v/i.* (*irr.*, *sn*): *j-m* ~ escape a p.
ent'fallen *v/i.* (*irr.*, *sn*) fall (*or* slip, drop) (*den Händen* from one's hands); *fig. j-m* ~ escape a p., slip a p.'s memory; be inapplicable; *in formular*: entfällt not applicable; *auf j-n* ~ fall to a p.('s share), be allotted to; *auf Einzelhändler* ~ *60%* the share of retailers is 60 per cent.
ent'falt|en *v/t.*, *a. sich* (*h.*) unfold; expand, spread; unroll; unfurl (*flag*); *mil.* (*a. sich*) deploy, spread out; *fig.* (*a. sich*) expand, unfold, develop (*zu* into); display, exhibit; develop (*faculties*); launch into (*activity*); *dabei kann ich mich nicht recht* ~ this cramps my style; **2ung** *f* (-) unfolding; *mil.* deploy; display (*of pomp, etc.*); development; *zur* ~ *kommen* develop, display o.s.
ent'färb|en *v/t.* (*h.*) discolo(u)r; *tech.* decolo(u)r(ize); bleach; *sich* ~ → *verfärben*; **2ung** *f* (-) decolo(u)rization; bleaching; **2ungsmittel** *n* decolo(u)rant; bleaching agent.
ent'fasern *v/t.* (*h.*) divest of fib|res, *Am.* -ers; ravel out (*fabric*); string (*beans*).
entfern|en [-'fɛrnən] *v/t.* (*h.*) *generally*: remove (*von* from); take away, put aside; clear away; take out (*spot*); strike out (*in a list*); *sich* ~ go away, withdraw, retire, absent o.s. (*von* from); deviate, depart (from); **~t I.** *adj.* remote, distant (*a. relative*); far(away); *e-e Meile von X.* ~ a mile off X., within a mile from X.; *fig.* remote, faint (*similarity, etc.*); *weit* ~! far from it!; *weit* ~ *davon, zu inf.* far from *ger.*; **II.** *adv.*: *fig. nicht* ~ not by a long way; *es ist nicht* ~ *so gut* it can't touch it, it can't compare with it; *nicht im* ~*esten* not in the least; **2ung** *f* (-; *-en*) removal; distance, remoteness; *in e-r* ~ *von* at a distance of; *aus der (einiger)* ~ from the (a) distance; *mil. aus kurzer (großer)* ~ at close (long) range; → *unerlaubt*; **2ungsmesser** *m* (-*s*; -) range-finder (*a. phot.*), telemeter; *person*: range-taker; **2ungsskala** *phot. f* focussing scale.
ent'fessel|n *v/t.* (*h.*) unchain; *fig. a.* set loose; unleash (*war, etc.*); **~t** *adj.* raging (*elements*); uncontrol(l)ed (*passions*).
ent'fett|en *v/t.* (*h.*) remove the fat from, degrease, scour; **2ung** *f* (-) removal of fat, scouring; **2ungskur** *f* slimming-cure; **2ungsmittel** *n* *med.* slimming (*or* anti-fat) drug; *chem.* degreasing agent, detergent.
ent'flamm|bar *adj.* inflammable; **~en I.** *v/t.* (*h.*) set ablaze; *fig.* inflame, kindle; rouse (*a p.'s anger*), incense (*a p.*); **II.** *v/i.* (*sn*) *phys.* flash; *fig.* → *entbrennen*; **~end** *adj.* inflammatory; **2ungspunkt** *m* flash point.
ent'flecht|en *v/t.* (*irr.*, *h.*) disentangle; *econ.* decartelize, **2ung** *f* (-; *-en*) decartelization.
ent'fliegen *v/i.* (*irr.*, *sn*) fly away (*dat.* from).
ent'fliehen *v/i.* (*irr.*, *sn*) flee, escape, run away (*dat.* from); *time*: fly.
ent'fließen *v/i.* (*irr.*, *sn*) flow (*dat.* from); *fig.* spring *or* emanate (from).
entfremd|en [-'frɛmdən] *v/t.* (*h.*) estrange, alienate (*j-m* from a p.); *sich* ~ become estranged, drift apart; **2ung** *f* (-) estrangement, alienation (of affections).
entfritten [-'fritən] *v/t.* *radio*: decohere.
Entfroster [-'frɔstər] *mot. m* (-*s*; -) defroster.
ent'führ|en *v/t.* (*h.*) carry off; elope (*or* run away) with (*girl*); abduct, kidnap; hijack (*a plane*); **2er(in** *f*) *m* abductor, kidnapper; hijacker; **2ung** *f* abduction, kidnapping; elopement; hijacking.
entgas|en [-'gaːzən] *v/t.* (*h.*) degas; deaerate; decontaminate; **2ung** *f* (-) degassing.
ent'gegen *adv.*, *prp.* (*dat.*) **a)** in opposition to; contrary to; in the face of; against; ~ *allen Erwartungen* contrary to all expectations; **b)** towards, against; **~arbeiten** *v/i.* (*h.*) work against, counteract, oppose, inhibit (*e-r Sache* a th.; *j-m* a p.); **~bringen** *v/t.* (*irr.*, *h.*): *j-m et.* ~ carry towards a p.; *fig.* meet a p. with, show, offer (*feeling, etc.*); **~eilen** *v/i.* (*sn*) (*dat.*) hasten to meet; rush into (*one's ruin*); **~gehen** *v/i.* (*irr.*, *sn*) (*dat.*) go to meet (*a p.*); *fig.* approach; face, be in for (*danger, future, etc.*); *dem Ende* ~ be drawing to a close; **~gesetzt** *adj.* opposite; *fig. a.* contrary, opposed (*dat.* to); antagonistic (to); antipodal; **~halten** *v/t.* (*irr.*, *h.*) hold out *or* against; *fig.* object (*dat.* to); contrast (*e-r Sache et. anderes* a th. with another); cite *patent* in opposition; **2haltung** *f patent law*: prior art (reference); **~handeln** *v/i.* (*h.*) (*dat.*) act against; **~kommen** *v/i.* (*dat.*) (*irr.*, *sn*): (come to) meet (*a p.*); *fig.* co-operate (*dat.* with); meet, comply with (*wishes*); *j-m auf halbem Wege* ~ meet a p. halfway, **2kommen** *n* obligingness; co-operation; friendly advance; concession(s *pl.*); **~kommend** *adj.* obliging, accommodating, co-operative; oncoming (*traffic, vehicle*); **~laufen** *v/i.* (*dat.*) (*irr.*, *sn*) run to meet, run up to (*a p.*); *fig.* run counter to; **2nahme** [-'geːgənnaːmə] *f* (-; *-n*) acceptance, receipt; **~nehmen** *v/t.* (*irr.*, *h.*) receive, accept, take; **~rücken** *mil. v/i.* (*sn*) advance *or* march (*dat.* against); **~schlagen** *v/i.* (*irr.*, *h.*) (*dat.*) *heart*: go out to; **~sehen** *v/i.* (*irr.*, *h.*) expect, await; *e-r Sache freudig* ~ look forward to a th.; face, brace o.s. for (*danger*); *e-r baldigen Antwort* ~*d* awaiting (*or* in anticipation of) an early reply; **~setzen** *v/t.* (*h.*) oppose (*dat.* to); contrast (with); put up (*resistance*); → entgegengesetzt; **~stehen** *v/i.* (*irr.*, *h.*) be opposed (*dat.* to); stand in the way (of); face (*opponent, etc.*); *jur.* controvert, defeat (*a claim*), bar, preclude (*acc.*); ~*d* contradictory, conflicting; **~stellen** *v/t.* (*h.*) set (*or* pit) against; → *entgegensetzen, -halten*; **~stemmen:** *sich* ~ (*dat.*) (*h.*) set o.s. (*or* one's face) against, oppose, resist, battle against; **~strecken** *v/t.* (*h.*) hold (*or* stretch) out (*dat.* to); **~stürzen** *v/i.* (*sn*) (*dat.*) rush towards; **~treten** *v/i.* (*irr.*, *sn*) (*dat.*) meet (*or* step up to) *a p.*; *fig.* confront, face (*a. a danger*); → *entgegenstemmen*; **~wirken** *v/i.* (*h.*) → *entgegenarbeiten*; **~ziehen** *v/i.* (*irr.*, *sn*) advance (*or* march) (*dat.* towards).
entgegn|en [-'geːgnən] *v/i.* (*h.*) reply, return; retort; **2ung** *f* (-; *-en*) reply; retort, repartee.
ent'gehen *v/i.* (*irr.*, *sn*) escape (*j-m* a p.; *e-r Sache* from a th.); elude; *fig. j-m* ~ escape a p.('s notice); ~ *lassen* let slip, miss; *sich die Gelegenheit* ~ *lassen* miss one's opportunity; *er ließ sich die Gelegenheit nicht* ~ he seized the opportunity; *es kann ihm nicht* ~, *daß* he

cannot fail to notice that; *ihm entging wenig* he didn't miss much.

ent'geistert [-'gaɪstərt] *adj.* aghast, thunderstruck, flabbergasted.

Entgelt [ɛnt'gɛlt] *n* (-[e]s) equivalent; (*contractual*) consideration, remuneration, compensation, recompense; reward; *gegen* ~ for reward; *ohne* ~ free (of charge), gratuitously, gratis; **2en** *v/t.* (*irr.*, *h.*) atone (*or* suffer, pay) for; *j-n et.* ~ *lassen* make a p. suffer (*or* pay) for a th.; **2lich** *adj.* against payment.

entgift|en [ɛnt'giftən] *v/t.* (*h.*) *chem.* detoxicate; *of gas, etc.*: decontaminate; *fig.* clear, decontaminate (*the atmosphere*); **2ung** *f* (-) detoxication; decontamination (*a. fig.*); **2ungsmittel** *n* detoxicating agent; decontaminant.

entgleis|en [ɛnt'glaɪzən] *v/i.* (*sn*) run off the rails, be derailed; ~ *lassen* derail, throw off the rails; *fig.* (make a) slip; commit a faux pas; **2ung** *f* (-; -*en*) derailment; *fig.* slip, faux pas (*Fr.*), (social) blunder.

ent'gleiten *v/i.* (*irr.*, *sn*) slip (*dat.* from); slip away.

entgräten [-'grɛ:tən] *v/t.* (*h.*) bone.

ent'haar|en *v/t.* (*h.*) unhair; depilate; **2ungsmittel** *n* depilatory.

ent'halten I. *v/t.* (*irr.*, *h.*) contain; hold; *w.s. a.* comprise, embody; *mit* ~ *sein in* (*dat.*) be included in; *4 ist in 12 dreimal* ~ 4 goes into 12 three times; **II.** *sich* ~ (*irr.*, *h.*, *gen.*) abstain *or* refrain from; *parl. sich der Stimme* ~ abstain from voting; *er konnte sich des Lachens nicht* ~ he could not help laughing.

ent'haltsam *adj.* abstinent, abstemious; moderate, *in drinking*: temperate, sober; *sexually*: continent; **2keit** *f* (-) abstinence, abstemiousness; moderation; temperance, sobriety; continence.

Ent'haltung *f* (-) abstention (*a. parl.*); forbearance.

ent'härt|en *v/t.* (*h.*) soften (*water*); **2ungsmittel** *n* water softener.

enthaupt|en [ɛnt'haʊptən] *v/t.* (*h.*) behead, decapitate; **2ung** *f* (-; -*en*) beheading, decapitation; execution.

ent'häuten *v/t.* (*h.*) skin, flay.

ent'heb|en *v/t.* (*irr.*, *h.*) (*gen.*) relieve (of); release (*or* exempt, dispense, excuse) (from *a duty, etc.*); remove (*from office*), oust; suspend (from); **2ung** *f* (-; -*en*) relief; exemption; removal; suspension.

ent'heilig|en *v/t.* (*h.*) profane, desecrate; **2ung** *f* (-; -*en*) profanation, desecration.

ent'hüll|en *v/t.* (*h.*) uncover, bare; unveil (*face, monument*); show; unveil; *fig.* reveal, disclose, divulge; bring to light, expose; unmask; *sich* ~ reveal o.s. (*als* as); **2ung** *f* (-; -*en*) uncovering; unveiling; *fig.* revelation, disclosure; exposure.

enthülsen [ɛnt'hylzən] *v/t.* (*h.*) shell, husk.

Enthusias|mus [ɛntuzi'asmus] *m* (-) enthusiasm; **~t** *m* enthusiast; (*sports, etc.*) fan; **2tisch** *adj.* enthusiastic(ally *adv.*) (*über acc.* about, at).

ent'jungfer|n [-'juŋfərn] *v/t.* (*h.*) deflower; **2ung** *f* (-; -*en*) defloration.

ent'kalken *v/t.* (*h.*) decalcify.

ent'keimen I. *v/i.* (*sn*) germinate, sprout; *fig.* arise *or* spring (*dat.* from); **II.** *v/t.* (*h.*) degerminate; disinfect; sterilize, pasteurize; free *potatoes* from buds.

entkernen [-'kɛrnən] *v/t.* (*h.*) stone; core (*apple*).

ent'kleiden *v/t.*, *a. sich* (*h.*) undress, strip; take *a p.'s* (one's) clothes off; *fig. e-r Sache* ~ divest (*or* strip) of a th.

ent'kohlen *tech. v/t.* (*h.*) decarbonize.

ent'kommen *v/i.* (*irr.*, *sn*) escape (*j-m* a p.; *aus* from), get away (*or* off); → *knapp I.* **Ent'kommen** *n* escape, get-away.

ent'koppeln *v/t.* (*h.*) *el.* uncouple; *radio*: tune out, neutralize.

ent'korken *v/t.* (*h.*) uncork.

ent'körnen *tech. v/t.* (*h.*) shell, gin.

ent'kräft|en [-'krɛftən] *v/t.* (*h.*) weaken, enfeeble, debilitate; enervate; exhaust; *fig. jur.* invalidate, defeat, refute; **2ung** *f* (-) weakening, enfeeblement, debilitation; *fig. jur.* invalidation; refutation.

ent'kuppeln *v/t.* (*h.*) uncouple, disconnect; *mot.* declutch; (*v/i.*) disengage the clutch.

ent'laden *v/t.* (*irr.*, *h.*) unload (*a. rifle, etc.*), unlade, dump (*goods*); (*esp. el., a. sich*) discharge; *sich* ~ *storm, etc.*: burst, break, *rifle, etc.*: go off, *dynamite, etc.*: explode, detonate; *fig.* pour out (*or* give vent to) *one's anger*; *sein Zorn entlud sich über uns* he vented his anger on us, he took it out on us.

Ent'lade...: **~rampe** *f* unloading ramp *or* platform; **~spannung** *el. f* discharge current.

Ent'ladung *f* unloading; discharge; explosion; *fig.* explosion, eruption; *zur* ~ *bringen* explode, detonate.

ent'lang *adv. and prp.* along; *die Straße* ~ along (*or* down) the street; *den ganzen Weg* ~ the whole lenght of the lane; *an e-m Feld* ~ *gehen* (*fahren, reiten*) skirt a field; *hier* ~, *bitte!* this way, please!

entlarv|en [ɛnt'larfən] *v/t.* (*h.*) unmask, expose; **2ung** *f* (-; -*en*) unmasking, exposure.

ent'lassen *v/t.* (*irr.*, *h.*) dismiss; discharge (*soldier, patient, juror, etc.*) (*aus* from); release, set free (*prisoner*); dismiss (*employee*); remove, oust (*official*); pension off, retire; put *officer* on the retired list, put on half-pay, *b.s.* cashier; discharge, demobilize (*soldiers*); disband (*troops*); *mar.* pay off.

Ent'lassung *f* (-; -*en*) dismissal, discharge; release; removal (from office); retirement; cashierment; demobilization; → *Abschied*; **~sgeld** *mil. n* discharging (*Am.* mustering-out) pay; **~sgesuch** *n* resignation; *jur.* petition for release (from custody); **~s-papiere** *n/pl.* discharge papers; **~sschein** *m* certificate of discharge; **~sschreiben** *n* letter of dismissal.

ent'lasten *v/t.* (*h.*) unburden, take the weight off, ease; relieve (*von* of); *jur. von e-r Anklage*: exonerate, clear, release (*from a charge*); *econ.* approve of the actions of, release; discharge (*the Board*); *j-n für e-n Betrag* ~ credit a p. for a sum.

Ent'lastung *f* (-; -*en*) relief; discharge; exoneration; *econ.* credit (to *a p.*'s account); improvement, easing; *jur. zu s-r* ~ *führte er an* in his defen|ce, *Am.* -se *he argued*; *econ. j-m* ~ *erteilen* → *entlasten*; **~s-angriff** *m*, **~s-offensive** *f* diversionary (*or* relief) attack; **~sstraße** *f* by-pass (road); **~sventil** *n* safety (*or* relief) valve; **~szeuge** *m* witness for the defen|ce, *Am.* -se; **~szug** *m* relief train.

entlaubt [-'laʊpt] *adj.* stripped of its leaves, leafless.

ent'laufen *v/i.* (*irr.*, *sn*) run away (*dat.* from).

ent'laus|en *v/t.* (*h.*) delouse; **2ungsanstalt** *f* delousing station.

entledig|en [-'le:digən] *v/t.* (*h.*) release, exempt (*gen.* from); *sich* ~ (*gen.*) rid o.s. (*or* get rid) of (*a p. or th.*); acquit o.s. of, discharge (*a duty*); take *one's clothes* off, strip; **2ung** *f* (-) release; *fig.* discharge, execution, performance.

ent'leer|en *v/t.* (*h.*) empty, drain, deplete; *phys. and physiol.* evacuate; deflate (*balloon, etc.*); **2ung** *f* emptying, depletion; evacuation.

entlegen [-'le:gən] *adj.* remote, distant, far-away; out-of-the-way (*village*); **2heit** *f* (-) remoteness, distance.

ent'lehnen *v/t.* (*h.*) borrow (*dat.* of; from *a fig.*).

entleiben [-'laɪbən]: *sich* ~ (*h.*) commit suicide, kill o.s.

ent'leihen *v/t.* (*irr.*, *h.*) → *entlehnen.*

ent'lob|en: *sich* ~ (*h.*) break off one's engagement; **2ung** *f* (-; -*en*) disengagement.

ent'locken *v/t.* (*h.*) draw *or* elicit (*dat.* from); *j-m ein Geheimnis* ~ worm a secret out of a p.

ent'lohn|en *v/t.* (*h.*) pay (off); **2ung** *f* (-; -*en*) pay(ing off); → *Entgelt.*

ent'lüft|en *v/t.* (*h.*) evacuate the air from; *chem.* de-aerate; *mot.* bleed (*brake*); air, ventilate; **2er** *mot. m* air exhauster; *of brake*: bleeder; air vent; **2ung** *f* evacuation of air (*gen.* from); deaeration; ventilation; **2ungsanlage** *f* ventilation system; **2ungsrohr** *mot. n* vent pipe.

entmachten [-'maxtən] *v/t.* (*h.*) deprive *a p.* of *his* power.

entmagneti'sieren *v/t.* (*h.*) demagnetize; (*ship*) degauss.

entmann|en [-'manən] *v/t.* (*h.*) castrate; *fig.* unman; **2ung** *f* (-; -*en*) castration, (*a. fig.*) emasculation.

entmateriali'sieren *v/t.* (*h.*) dematerialize.

entmenscht [-'mɛnʃt] *adj.* inhuman, brutish.

entmilitari'sier|en *v/t.* (*h.*) demilitarize; **2ung** *f* demilitarization.

entminen [-'mi:nən] *mil. v/t.* (*h.*) clear of mines.

ent'mischen *chem. v/t.* (*h.*) disintegrate, decompose.

entmündig|en [-'myndigən] *v/t.* (*h.*) put under tutelage (*or* restraint), incapacitate; **~t** *adj.* legally incapacitated, under restraint; **2ung** *f* (-; -*en*) legal incapacitation.

entmutig|en [-'mu:tigən] *v/t.* (*h.*) discourage, dishearten; *entmutigt a.*

downhearted; **2ung** *f* (-) discouragement; damper.

Ent'nahme [-'nɑ:mə] *f* (-; -n) taking (out); drawing, withdrawal (*of money*); *econ. bei ~ von* by taking *or* ordering; **~kreis** *el. m* load circuit.

entnazifizier|en [-natsifi'tsi:rən] *v/t.* (*h.*) denazify; **2ung** *f* (-; -en) denazification.

entnebeln *v/t.* (*h.*) free from mist (*or* fog).

ent'nehmen *v/t.* (*irr., h.*) take, remove (*dat.* from); produce from (*one's pocket*); draw, withdraw (*money*); draw, borrow from (*a book, etc.*), quote from; *fig.* learn (*dat. or aus* from); gather, infer (from); *ich entnehme Ihren Worten, daß Sie* I take it that you; *econ. nicht entnommene Gewinne* undistributed profits.

entnerven [-'nɛrfən] *v/t.* (*h.*) enervate, unnerve.

ent'öl|en *v/t.* (*h.*) free from oil, remove the oil from, drain of oil; **2er** *m* (-s; -) oil trap.

entpuppen [-'pupən]: *sich ~* (*h.*) burst (from) the cocoon; *fig. sich ~ als* reveal o.s. as, turn out to be.

ent'rahmen *v/t.* (*h.*) skim; *centrifuge*: separate.

ent'raten *v/i.* (*irr., h.*) (*gen.*) do without, dispense with.

ent'rätseln *v/t.* (*h.*) solve, unravel, puzzle out; decipher.

entrecht|en [-'rɛçtən] *v/t.* (*h.*): *j-n ~* deprive a p. of his (own) rights; **2ung** *f* (-) deprivation of rights.

Entree [ɑ̃'tre:] *n* (-s; -s) entrance money.

ent'reißen *v/t.* (*irr., h.*) tear *or* snatch (away) (*dat.* from); *a. fig.* wrench (*or* wrest) from; save (*or* rescue) from (*death, etc.*).

ent'richt|en *v/t.* (*h.*) pay (off), discharge; **2ung** *f* payment, discharge.

entrinden [-'rindən] *tech. v/t.* (*h.*) decorticate.

ent'ringen *v/t.* (*irr., h.*): *j-m et. ~* wrest a th. from a p.; *sich j-s Lippen, etc. ~* escape (*or* break) from a p.'s lips, *etc.*

ent'rinnen *v/i.* (*irr., sn*) escape, get away (*dat.* from); *e-r Gefahr ~* escape a danger; **Ent'rinnen** *n* (-s) escape.

ent'rollen I. *v/i.* (*sn*) roll (down) (*dat.* from); **II.** *v/t., a. sich* (*h.*) unroll; *flag, sail, etc.*: unfurl; *fig. ein Bild von et. ~* unfold a picture of a th.

ent'rosten *v/t.* (*h.*) derust.

ent'rück|en *v/t.* (*h.*) remove (*dat.* from), whisk (*or* spirit) off *or* away; *den Blicken entrückt werden* be carried out of sight, vanish; *fig.* enrapture, ecstasize; **~t** *adj.* entranced; lost in thought.

entrümpel|n [ent'rympəln] *v/t.* (*h.*) clear of junk; **2ung** *f* (-) attic clearing.

ent'rüst|en *v/t.* (*h.*) fill with indignation; anger, incense, provoke; shock, scandalize; *sich ~* become indignant *or* angry (*über acc.* at *a th.*; with *a p.*), flare up; be shocked *or* scandalized (*über acc.* at); **~et** *adj.* indignant, angry; furious, incensed; shocked, scandalized; **2ung** *f* (-; -en) indignation; anger; exasperation.

ent'sag|en *v/i.* (*h., dat.*) renounce; waive, resign, abandon (*claim*); *dem Throne ~* abdicate; relinquish; **2ung** *f* (-) renunciation; resignation; abdication; (self-)abnegation; **~ungsvoll** *adj.* resigned(ly *adv.*); sacrificing.

Ent'satz *mil. m* (-es) relief.

ent'schädig|en *v/t.* (*h.*): *für* (*acc.*) indemnify for; make good (*loss, etc.*) to *a p.*; compensate (*or* pay, remunerate) for (*services rendered*); reimburse for, repay *a p.* (*outlays*); *sich ~ für* reimburse o.s. for, indemnify o.s. for, (re)cover (*für e-n Verlust* a loss); **2ung** *f* (-; -en) indemnification, indemnity; compensation, consideration; reimbursement; *jur. ~ verlangen* claim damages; → *Schadenersatz.*

ent'schärfen *v/t.* (*h.*) disarm, unprime, de-cap (*bomb, etc.*); deactivate (*ammunition*).

Entscheid [-'ʃaɪt] *jur. m* (-[e]s; -e) decree, decision; → *Entscheidung.*

ent'scheiden *v/t. and v/i.* (*irr., h.*) decide, determine; *jur.* settle; *a.* decree, rule, adjudge; *sich ~ matter*: be decided *or* settled, *person*: decide, vote (*für, gegen, über acc.* for, against, on), make up one's mind; *er entschied sich* (*schließlich*) *für den teueren Wagen* he settled on the more expensive car; *damit war die Sache entschieden* that settled (*or* clinched) it; *du mußt dich ~* make up your mind; *wir haben uns entschieden, nicht hinzugehen* we have decided against going there; **~d** *adj.* decisive; conclusive; final; crucial; critical (*moment*); **~e** *Stimme* casting vote; *~ sein für* **a)** be decisive for *a p.*, **b)** be decisive of, decide *a th.*

Ent'scheidung *f* (-; -en) decision (*gen.* of; *über acc.* on), determination; *jur.* decision, ruling, finding, decree; → *Urteil*; *of jury*: verdict; award; *e-e ~ treffen* take (*or* come to) a decision, decide; *die letzte ~ haben* have the final say; *zur ~ bringen* bring to a head; *zur ~ kommen* come to a head; *sports*: *Kampf ohne ~* no decision contest; **~sbefugnis** *f* competence, jurisdiction; **~sgrund** *m* decisive factor; **~skampf** *m sports*: final; *fig. Am.* showdown; **~sschlacht** *f* decisive battle; **~sspiel** *n sports*: play-off; final; **~sstunde** *f* critical hour; **2svoll** *adj.* decisive; crucial, critical; fateful.

entschieden [-'ʃi:dən] **I.** *adj.* decided; determined, resolute; marked, distinct, definite; emphatic(ally *adv.*); peremptory, authoritative (*tone*); *ein ~er Gegner von* (*dat.*) a declared (*or* decided) enemy of; **II.** *adv.* firmly, resolutely; decidedly, definitely, unquestionably; **2heit** *f* (-) determination, resoluteness; peremptoriness; *mit ~* decidedly, categorically; *mit ~ ablehnen* refuse flatly.

ent'schlack|en *v/t.* (*h.*) remove cinders *or* slag from; separate the dross *or* slag from (*the metal*); *med.* purge; **2ung** *med. f* (-) purge, catharsis.

ent'schlafen *v/i.* (*irr., sn*) fall asleep; *fig.* die, pass away; **2e(r** *m*) *f* (-n, -n; -en, -en) *the* deceased (*or* departed).

entschleiern [-'ʃlaɪərn] *v/t.* (*h.*) unveil; *fig. a.* reveal.

ent'schließ|en: *sich ~* (*irr., h.*) decide, determine (*für, zu et.* on; *zu tun* to do), resolve (to do); make up one's mind; *sich anders ~* change one's mind; **2ung** *f* resolution; → *Beschluß.*

entschlossen [-'ʃlɔsən] *adj.* resolute, determined; *~ sein, zu inf.* be determined to *inf.*; *kurz ~* without a moment's hesitation; abruptly; **2heit** *f* (-) determination, resoluteness; energy.

ent'schlummern *v/i.* (*sn*) fall into a slumber, doze off; (*die*) pass away.

ent'schlüpfen *v/i.* (*sn*) slip away (*dat.* from); escape (*dat.* from), give *a p.* the slip; *fig. word*: slip out; *dem Gedächtnis ~* slip from one's memory.

Ent'schluß *m* resolve, resolution; decision; determination; *zu e-m ~ kommen* come to a decision, make up one's mind; *zu dem ~ kommen zu inf.* make up one's mind to *inf.*; **~kraft** *f* (-) determination, strength of purpose, initiative.

entschlüsseln [-'ʃlysəln] *v/t.* (*h.*) decipher, decode.

entschuldbar [-'ʃult-] *adj.* excusable, pardonable.

entschuldig|en [-'ʃuldigən] *v/t.* (*h.*) excuse, pardon; justify; *sich ~* excuse o.s., apologize (*bei j-m* to a p.; *für et.* for a th.); *j-n ~ bei* (*dat.*) make a p.'s excuses to; *sich ~ lassen* beg to be excused; *es läßt sich nicht ~* it admits (*or* allows) of no excuse; *er entschuldigte sich mit Unwissenheit* he pleaded ignorance; *~ Sie!* excuse me!, I beg your pardon!; (I am) sorry!; *ich bitte mich zu ~* I would rather not; **~end** *adj.* apologetic(ally *adv.*); **2ung** *f* (-; -en) excuse; apology; excuse, pretext; *als or zur ~ für* (*acc.*) in excuse of; *dafür gibt es keine ~* it is inexcusable, there is no excuse for it; **2ungsgrund** *m* excuse; **2ungsschreiben** *n* letter of excuse, written apology.

Ent'schuldung *f* (-; -en) liquidation of a p.'s indebtedness; *of real estate*: disencumberment.

ent'schweben *v/i.* (*sn*) → *entschwinden.*

ent'schwefeln *v/t.* (*h.*) desulphurize.

ent'schwinden *v/i.* (*irr., sn*) disappear, vanish, pass out of sight; *dem Gedächtnis ~* slip one's memory.

ent'seelt [-'ze:lt] *adj.* dead, lifeless.

ent'senden *v/t.* (*irr., h.*) send off, dispatch; *als Vertreter ~* delegate, depute.

ent'setzen *v/t.* (*h.*) dismiss, remove, oust (*gen.* from *office*); *mil.* relieve (*fortress*); frighten, horrify, terrify; appal(l), shock; *sich ~* be terrified (*or* dismayed, appalled) (*über acc.* at), be shocked *or* scandalized (at); shudder (at).

Ent'setzen *n* (-s) terror, fright, horror, dismay.

ent'setzlich I. *adj.* dreadful, terrible, horrible, horrid (*all a. colloq.*); shocking, heinous, atrocious; disastrous; **II.** *adv.* dreadfully, *etc.*; ~ *langweilig* awfully boring; ~ *dumm* infernally stupid; **⁀keit** *f* (-) frightfulness; heinousness; atrocity.

Ent'setz|ung *f* (-; -*en*) dismissal, removal; *mil.* relief.

entseuch|en [-'zɔyçən] *v/t.* (*h.*) decontaminate; disinfect; **⁀ung** *f* (-; -*en*) decontamination; disinfection; **⁀ungsmittel** *n* decontaminant; disinfecting agent.

ent'sichern *mil. v/t.* (*h.*) unlock, release the safety-catch of.

ent'siegeln *v/t.* (*h.*) unseal.

ent'sinken *v/i.* (*irr.*, *sn*) drop (*dat.* from); *fig. der Mut entsank ihm* his courage failed, his heart sank.

ent'sinnen: *sich* ~ (*irr.*, *h.*) (*gen.*) remember, recall, recollect; *wenn ich mich recht entsinne* if my memory serves me right.

entsittlich|en [-'zitliçən] *v/t.* (*h.*) demoralize, deprave, corrupt; **⁀ung** *f* (-) demoralization.

ent'spann|en *v/t.* (*h.*) *tech.* relieve the tension (*or* stress) on; release (*spring*); expand (*gases, etc.*); slacken (*rope*); unbend (*bow*); relax, let go limp (*muscles*); *fig.* relax, unbend (*nerves, mind*); *sich* ~ *person, face*: relax; *situation*: ease; **⁀ung** *f tech.* release (from tension); *fig.* relaxation (*a. w.s.*), rest; diversion; *w.s.* easing (*a. econ. am Geldmarkt* of money rates); *pol.* détente (*Fr.*), relaxation of tension; *eine* ~ *der politischen Lage trat ein* the political tension eased up (a little).

ent'spinnen: *sich* ~ (*irr.*, *h.*) arise, develop (*aus* from); ensue.

ent'sprech|en *v/i.* (*irr.*, *h.*) (*dat.*) correspond to *or* with, be in accordance (*or* keeping) with; be equivalent to; coincide (*or* tally) with; suit, match; fulfil; meet, answer, come up to (*requirements*); meet, comply with (*wish*); come (*person a.*: live) up to (*expectations*); comply with, follow (*rules*); answer, serve (*purpose*); *nicht* ~ fall short of; fail to meet (*or* come up to); *er entsprach der Personenbeschreibung* he answered the description; **~end** **I.** *adj.* corresponding (*dat.* to); adequate (to); equivalent (to); analogous (to); proportionate *or* commensurate (with); suitable (to *or* for); respective; *jur. Paragraph 10 findet ~e Anwendung* Article 10 shall apply analogously (*or* mutatis mutandis); **II.** *adv.* (*dat.*) according to, in accordance (*or* conformity) with; in compliance with, following; *er verhielt sich* ~ he acted accordingly; ~ *den besonderen Umständen* in keeping with the special circumstances; **⁀ung** *f* (-; -*en*) equivalent counterpart; analogy.

ent'sprießen *v/i.* (*irr.*, *sn*) sprout, spring up (*dat.* from); *fig.* → *entstammen.*

ent'springen *v/i.* (*irr.*, *sn*) escape (*dat.*, *aus* from); *river*: rise (in, at), spring (from); *fig.* spring (*or* arise, come) (from); originate (from *or* in); → *entstammen.*

entstaatlich|en [-'ʃtaːtliçən] *v/t.* (*h.*) denationalize; **⁀ung** *f* (-; -*en*) denationalization.

ent'stammen *v/i.* (*sn*, *dat.*) be descended from; *fig.* come from *or* of, originate from.

ent'stauben *v/t.* (*h.*) (free from) dust.

ent'stehen *v/i.* (*irr.*, *sn*) come into being, spring up; grow (*aus* out of), develop, emerge (from); arise, take its rise (*aus* from), originate (from, in); ~ *durch* (*acc.*) be caused by, be due to, result from; *costs, etc.*: *a.* be incurred by, accrue from; *fire*: break out; *daraus entstand eine Notlage* this gave rise to an emergency; *im* ⁀ *begriffen* in the making, in process of development; nascent; *a. med.* incipient.

Ent'stehung *f* (-; -*en*) origin, beginning; coming into being, rise, emergence; birth, genesis; formation; **~sgeschichte** *f* genesis; **~slehre** *f* genetics *pl.*

ent'steigen *v/i.* (*irr.*, *sn*) emerge (*dat.* from); alight from (*a car, etc.*); *fig. vapours, etc.*: rise (*or* issue) from.

entsteinen [-'ʃtaɪnən] *v/t.* (*h.*) stone.

ent'stell|en *v/t.* (*h.*) disfigure, deform; deface; mar; *von Wut entstelltes Gesicht* face distorted with rage; *fig.* distort (*facts, etc.*); garble (*report*); pervert (*truth*); **⁀ung** *f* disfigurement, deformation; distortion, misrepresentation, garbled account; perversion (of truth).

ent'stör|en *v/t.* (*h.*) *teleph.* clear, dejam; *radio*: radio-shield, screen; *entstört* interference-free; **⁀er** *m* interference suppressor; **⁀gerät** *n* anti-interference device; **⁀ung** *f* radio interference suppression, fault-clearing.

ent'strahlen *v/t.* (*h.*) decontaminate (*radioactive area, etc.*).

ent'strömen *v/i.* (*sn*) flow *or* stream (*dat.* from); gush (from); *gas, water, etc.*: escape, issue (from).

entsumpfen [-'zumpfən] *v/t.* (*h.*) drain.

ent'täusch|en *v/t.* (*h.*) disappoint; let *a p.* down; *psych.* frustrate; **~t** *adj.*: ~ *sein über* (*acc.*) *or von* (*dat.*) be disappointed at; *angenehm* ~ agreeably disappointed; **⁀ung** *f* (-; -*en*) disappointment, let-down; disillusion(ment).

ent'thron|en *v/t.* (*h.*) dethrone; **⁀ung** *f* (-; -*en*) dethronement.

entvölker|n [-'fœlkərn] *v/t.* (*h.*) depopulate, unpeople; *entvölkert* depopulated, deserted; **⁀ung** *f* (-) depopulation.

ent'wachsen *v/i.* (*irr.*, *sn*) (*dat.*) outgrow, grow out of.

ent'waffn|en *v/t.* (*h.*) disarm (*a. fig.*); **~end** *fig. adj.* disarming; **⁀ung** *f* (-) disarming; *of country*: disarmament.

entwalden [-'valdən] *v/t.* (*h.*) clear of forest, deforest.

ent'warn|en *v/i.* (*h.*) *mil.* sound the "all-clear" (signal); **⁀ung** *f* "all-clear" (signal).

ent'wässer|n *v/t.* (*h.*) drain; **⁀ung** *f* drainage, draining; **⁀ungsanlagen** *f/pl.* drainage; **⁀ungsgraben** *m* drainage ditch.

entweder [ɛnt'veːdər] *cj.*: ~ ... *oder* either ... or.

ent'weichen *v/i.* (*irr.*, *sn*) *person*: escape (*j-m*; *aus* from), run *or* get away, abscond; *gas*: escape; *a. liquid*: leak.

ent'weih|en *v/t.* (*h.*) desecrate, profane; violate; drag in the dust; **⁀ung** *f* (-; -*en*) desecration, profanation; defilement.

ent'wend|en *v/t.* (*h.*) purloin, misappropriate, steal, pilfer, *sl.* swipe; embezzle; **⁀ung** *f* purloining, theft, pilfering; embezzlement.

ent'werf|en *v/t.* (*irr.*, *h.*) trace (out), project; sketch, outline (*all a. fig.*); design (*construction, pattern*); lay out, plan (*garden*); draw up, draft (*contract, etc.*); chart (*programme*); make, devise (*plan*); **⁀er** *tech. m* designer.

ent'wert|en *v/t.* (*h.*) depreciate, devaluate (*currency, etc.*); demonetize, call in, withdraw (*money*), cancel, deface (*stamps*); *fig.* render valueless, devaluate; **⁀ung** *f* depreciation, devaluation; withdrawal, demonetization; defacement, cancellation.

ent'wick|eln *v/t.*, *a. sich* (*h.*) develop (*a. phot., tech.*), evolve, form, grow; generate, produce (*a. gases*); set forth, unfold, outline; elaborate; display, show, give proof of (*energy, etc.*); develop, achieve (*speed, etc.*); *mil.* (*a. sich*) deploy; *sich aus et. zu et.* ~ develop from a th. into a th.; *der Streitfall entwickelte sich zu e-r ernsten Krise* the dispute assumed the proportions of a serious crisis; *das Unternehmen entwickelt sich gut* the project is shaping well; **⁀ler** [-'viklər] *m* (-s; -) *phot.* developer.

Ent'wicklung *f* (-; -*en*) development; (*a. biol.*) evolution; formation (*a. phys.*), growth; generation; *chem.* extrication; *phot.* developing; *mil.* deployment; display (*of courage, etc.*); trend.

Ent'wicklungs...: **~bad** *phot. n* developing bath; **⁀fähig** *adj.* capable of development; developable; progressive (*post, etc.*); promising; *biol.* viable; **~gang** *m* course of development, evolution; **~geschichte** *f* history of (the) development; *biol.* biogenetics; **⁀geschichtlich** *adj.* developmental; biogenetic(ally *adv.*); **~hilfe** *f* economic aid to developing countries; **~ingenieur** *m* development engineer; **~jahre** *n/pl.* formative years (*fig.* period), puberty; **~land** *n* developing country; **~lehre** *f* theory of evolution; **~möglichkeit** *f* (developmental) possibility; **~stadium** *n* nascent stage; **~störung** *f* developmental disturbance, disturbed development; **~stufe** *f* stage of development, phase; **~tendenz** *f* trend; **~zeit** *f* period of development.

ent'winden *v/t.* (*irr.*, *h.*): *j-m et.* ~ wrest a th. from a p.; *sich* ~ extricate o.s. (*aus* from).

entwirren [-'virən] *v/t.* (*h.*) disentangle, unravel, unsnarl (*a. fig.*).

ent'wischen *v/i.* (*sn*) slip away (*dat.* from); escape (*j-m* a p., *aus* from); *j-m* ~ give a p. the slip, elude a p.

entwöhn|en [-'vøːnən] *v/t.* (*h.*) disaccustom (*gen.* to); break *a p.* (of *a habit*); wean *a child, drunkard,* *etc.* (from); ≈**ung** *f* (-; -*en*) weaning.

ent'wölken *v/t.* (*h.*) uncloud; *sich* ~ clear, *fig. a.* brighten.

ent'würdig|en *v/t.* (*h.*) degrade, disgrace, abase; ~**end** *adj.* degrading, disgraceful; ≈**ung** *f* degradation, debasement, disgrace.

Ent'wurf *m* design; sketch, draft; model; plan, project, outline, sketch, blueprint; rough copy, draft; draft agreement; *im* ~ *sein* be in the planning stage; ~**sstadium** *tech. n* blueprint stage.

ent'wurzel|n *v/t.* (*h.*) uproot, unroot, deracinate; *fig.* uproot; ≈**ung** *f* (-) uprooting.

ent'zauber|n *v/t.* (*h.*) disenchant; ≈**ung** *f* (-) disenchantment.

ent'zerr|en *v/t.* (*h.*) *phot.* rectify; *teleph.* correct (*a distortion*), equalize; ≈**ung** *f phot.* rectification; *teleph.* correction.

ent'zieh|en *v/t.* (*irr., h.*): *j-m et.* ~ withdraw a th. from a p.; deprive (*or* strip, rob) a p. of a th.; take a th. away from a p.; withhold a th. from a p.; forbid (*j-m den Alkohol* a p. to drink); *j-m s-e Befugnisse* ~ divest (*or* strip) a p. of his powers; *j-m das Wort* ~ *parl.* rule a p. out of order; *chem.* abstract, extract; *Kohlensäure* ~ decarbonate; *sich* ~ (*dat.*) avoid, escape; shirk, evade (*duty*); elude (*pursuers*); flee from (*or* evade) *justice*; *es entzieht sich m-r Beurteilung* (*m-r Kenntnis*) it is beyond my judgment (knowledge); *es entzieht sich m-r Zuständigkeit* it exceeds my authority; *es entzieht sich jeder Berechnung* it defies calculation; ≈**ung** *f* withdrawal; deprivation; denial; prohibition; *chem.* extraction; *of suffrage*: disfranchisement; *of civil rights*: civic degradation; *jur. zeitweilige* ~ suspension; ≈**ungsanstalt** *f* institution for alcoholics or drug addicts; ≈**ungskur** *f* withdrawal treatment.

entziffer|bar [-'tsifərbɑːr] *adj.* decipherable; ~**n** *v/t.* (*h.*) decipher, decode; solve (*or* break) the key of, cryptoanalyze; *fig.* make (*or* puzzle) out; ≈**ung** *f* (-; -*en*) deciphering; decoding.

ent'zück|en *v/t.* (*h.*) charm, enchant, captivate, (fill with) delight; enrapture, ravish, thrill; ≈**en** *n* (-*s*) →*Entzückung*; ~**end** *adj.* charming, enchanting, delightful, captivating; lovely, sweet; ~**t** *adj.* delighted, enchanted (*über acc.* at, *von* with), charmed (by), thrilled (at); ≈**ung** *f* (-; -*en*) delight; rapture, transport; ecstasy; raptures, transports *pl.*; *in* ~ *geraten* (*versetzen*) go (send) into raptures (*über acc.* over).

Entzug [-'tsuːk] *m* (-[e]s) → *Entziehung*.

entzündbar [ɛnt'tsyntbɑːr] *adj.* inflammable (*a. fig.*); ≈**keit** *f* (-) inflammability.

ent'zünd|en *v/t.* (*h.*) kindle, ignite, light, set on fire; *fig.* inflame (*a. med.*), kindle, spark; *sich* ~ catch fire, ignite; blaze up; *med. or fig.* be(come) inflamed; ~**lich** *adj.* inflammatory; ≈**ung** *f* kindling; ignition; *med.* inflammation; ≈**ungsherd** *med. m* focus of inflammation.

ent'zwei *adj.* in two, asunder, in half; broken, in (*or* to) pieces; (*zerrissen*) torn; ~**brechen** *v/t.* (*irr., h.*) *and v/i.* (*irr., sn*) break in two (*or* asunder); ~**en** *v/t.* (*h.*) disunite, divide, separate, set at variance; *sich* ~ split *or* break *or* fall out (*mit* with); quarrel (with); ~**gehen** *v/i.* (*irr., sn*) go to pieces, break; ~**reißen I.** *v/t.* (*irr., h.*) tear asunder (*or* to pieces, to rags); **II.** *v/i.* (*irr., sn*) tear; ~**schlagen** *v/t.* (*irr., h.*) smash, shatter; ~**schneiden** *v/t.* (*irr., h.*) cut in two (*or* pieces); ≈**ung** *f* (-; -*en*) disunion; division, split, rupture; quarrel.

Enzian ['ɛntsiɑːn] *m bot.* gentian; (*Schnaps*) Enzian.

Enzyklika [ɛn'tsyːklika] *eccl. f* (-; -*ken*) encyclic(al).

Enzyklopädie [ɛntsyklopɛ'diː] *f* (-; -*n*) (en)cyclop(a)edia; **enzyklopädisch** [-'pɛːdiʃ] *adj.* (en)cyclop(a)edic(ally *adv.*); **Enzyklopädist** [-pɛ'dist] *m* (-*en*; -*en*) encyclop(a)edist.

Enzym [ɛn'tsyːm] *biol. n* (-*s*; -*e*) enzyme.

Epaulett [epo'lɛt] *n* (-*s*; ´-*s*), ~**e** [-lɛtə] *f* (-; -*n*) epaulet(te).

ephemer [efe'meːr] *adj.* ephemeral (*a. fig.*).

Epidemie [epide'miː] *f* (-; -*n*) epidemic (disease); **epidemisch** [-'deːmiʃ] *adj.* epidemic(ally *adv.*).

Epigone [epi'goːnə] *m* (-*n*; -*n*) successor; epigon(e), imitator; ≈**nhaft** *adj.* epigonous.

Epigramm [epi'gram] *n* (-*s*; -*e*) epigram; **epigrammatisch** [-gra-'mɑːtiʃ] *adj.* epigrammatic.

Epigraph [epi'grɑːf] *n* (-*s*; -*e*) epigraph.

Epik ['eːpik] *f* (-) epic poetry; ~**er** *m* (-*s*; -) epic poet.

Epikure|er [epiku'reːər] *fig. m* (-*s*; -) epicure(an); ≈**isch** *adj.* epicurean.

Epilepsie [epilɛp'siː] *f* (-; -*n*) epilepsy.

Epilep|tiker(in *f*) [-'lɛptikər(in)] *m* (-*s*, -; -, -*nen*), ≈**tisch** *adj.* epileptic; ~*er Anfall* epileptic fit.

Epilog [-'loːk] *m* (-*s*; -*e*) epilog(ue).

episch ['eːpiʃ] *adj.* epic.

Episod|e [epi'zoːdə] *f* (-; -*n*) episode; ≈**enhaft,** ≈**isch** *adj.* episodic(al).

Epistel [e'pistəl] *f* (-; -*n*) epistle.

Epitaph [epi'tɑːf] *n* (-*s*; -*e*) epitaph.

Epithel [epi'teːl] *biol. n* (-*s*; -*e*) epithelium; ~**gewebe** *n* epithelial tissue.

epochal [epɔ'xɑːl] *adj.* epochal.

Epoche [e'pɔxə] *f* (-; -*n*) epoch, era, period; ~ *machen* mark an epoch, create a sensation, make a stir; ≈**machend** *adj.* epoch-making, epochal.

Epos ['eːpɔs] *n* (-; *Epen*) epic (poem).

Eppich ['ɛpiç] *bot. m* (-[e]s; -*e*) **1.** celery; **2.** ivy.

Equipage [ek(v)i'pɑːʒə] *f* (-; -*n*) carriage, equipage.

er *pers. pron.* he; ~ *selbst* he himself; *er ist es* it is he, it's him; *of things*: it; *of moon*: she.

er'achten *v/i.* (*h.*) consider, judge, deem, think; *et. für unnötig* ~ consider (*or* deem) a th. unnecessary.

Er'achten *n* (-*s*) opinion, judg(e)ment; *m-s* ~*s* in my opinion, to my mind, as I see it; *nach s-m* ~ *a.* he holds *or* takes the view *that.*

er'arbeiten *v/t.* (*h.*) gain (*or* acquire, achieve) by working; acquire (*knowledge*), make *a th.* one's own; extract, collect, compile.

Erb|adel ['ɛrpˀɑːdəl] *m* (-*s*) hereditary nobility; ~**anlage** *f* hereditary disposition (*or* factors *pl.*), gene; ~**anspruch** *jur. m* hereditary title, claim to an inheritance; *bedingter* ~ contingent remainder; ~**anteil** *m* → *Erbteil.*

erbarmen [ɛr'barmən] *v/t. j-n* (*h.*): move *a p.* (to pity); *er erbarmt mich* I pity (*or* feel sorry for) him; *sich j-s* ~ pity (*or* take pity on) a p., show mercy to a p.; *eccl. Herr, erbarme Dich unser* Lord, have mercy upon us.

Er'barmen *n* (-*s*) pity, compassion, commiseration; mercy; *er hatte kein* ~ he was pitiless, he had no pity (*or* mercy); *zum* ~ → ≈**swert,** ≈**swürdig** *adj.* pitiable, pitiful, wretched.

erbärmlich [ɛr'bɛrmliç] **I.** *adj.* (*a. contp.*) pitiful, pitiable; miserable, wretched; paltry; mean, base; **II.** *adv.* terribly, awfully; ≈**keit** *f* (-) pitiableness, misery; *fig.* wretchedness; *b.s.* meanness, baseness.

erbarmungs|los [ɛr'barmuŋsloːs] *adj.* pitiless, merciless; relentless; ~**voll** *adj.* full of pity, compassionate.

er'bau|en *v/t.* (*h.*) build (up), construct, raise, erect; *fig.* edify; *sich* ~ *an* (*dat.*) be edified by, find delight in; *colloq. er ist nicht besonders erbaut davon* he is not exactly enthusiastic about it; ≈**er** *m* (-*s*; -) builder, constructor; founder; ~**lich** *adj.* edifying (*a. iro.*), elevating; devotional; ≈**ung** *f* (-; -*en*) building, construction, erection; foundation; *fig.* edification, *Am.* uplift; ≈**ungsbuch** *n* devotional book; ≈**ungsschrift** *f* (religious) tract; ≈**ungsstunde** *f* hour of devotion.

Erb... ['ɛrp-]: ~**begräbnis** *n* family vault; ≈**berechtigt** *adj.* entitled to inherit; ~**bild** *biol. n* genotype.

Erbe ['ɛrbə] **1.** *m* (-*n*; -*n*) heir, successor (*j-s of or* to a p.; *e-s Vermögens* to an estate); beneficiary (under a will); legatee; devisee; *gesetzlicher* ~ heir-at-law; *leiblicher* ~ heir of one's body; *ohne leibliche* ~*n* without issue; *mutmaßlicher* ~ heir presumptive; *j-n zum* ~*n einsetzen* make (*or* appoint, constitute) a p. one's heir; **2.** *n* (-*s*) inheritance, (*a. fig.*) heritage; legacy; *fig. j-s* ~ *antreten* enter into the heritage of a p.

er'beben *v/i.* (*sn*) shake, tremble (*vor Furcht* with fear), quake, quiver.

erb-eigen ['ɛrp-] *adj.* inherited, hereditary; ≈**schaft** *f* hereditary quality.

erben ['ɛrbən] *v/t.* (*h.*) inherit (*von* from), be (*or* fall) heir to, succeed to *a p.'s property*, *only v/i.* take (under a will); come into (*a fortune*, *a little money*); *colloq. da ist nichts zu* ~ there's nothing to be got here.

'Erben|gemeinschaft *f* community of heirs, coparcenary; **~haftung** *f* liability of the heir (*to the debts of the deceased*).

er'betteln *v/t., a. sich* (*h.*) get by begging, cadge; wheedle *a th.* (*von j-m* out of a p.).

erbeuten [ɛr'bɔʏtən] *v/t.* (*h.*) capture, take as booty, carry off; *erbeutetes Feindmaterial* captured enemy matériel.

Erb... ['ɛrp-]: **2fähig** *adj.* inheritable; (legally) capable of inheriting; **~faktor** *m* gene; **~fall** *m* accrual of an inheritance; **~fehler** *m* hereditary defect; **~feind** *m* traditional enemy; (*devil*) *the* Foe; **~folge** *f* (-) succession; *gesetzliche* ~ intestate succession; ~ *in gerader Linie* lineal descent; **~folgekrieg** *m* war of succession; **2gesund** *adj.* of healthy stock; **~gut** *n* (ancestral) manor; (inherited) estate; *fig.* heritage; **~hof** *m* hereditary farm, freehold.

er'bieten: *sich* ~ (*irr., h.*) offer (*or* volunteer) *to do.*

Erbin ['ɛrbin] *f* (-; *-nen*) heiress; → *Erbe 1.*

er'bitten *v/t.* (*irr., h.*) beg *or* ask for, request;

erbitter|n [ɛr'bitərn] *v/t.* (*h.*) embitter, exasperate, incense; **~t** *adj.* embittered, *etc.* (*auf acc.* at, by); resentful (against); fierce; bitter (*enemy, etc.*); et. ~ *begämpfen* fight a th. tooth and nail; **2ung** *f* (-; *-en*) exasperation, bitterness; embitterment, animosity; vehemence.

erbkrank ['ɛrp-] *adj.* afflicted with a hereditary disease; **2heit** *f* hereditary disease.

erblassen [ɛr'blasən] *v/i.* (*sn*) (grow *or* turn) pale, blanch, lose colo(u)r.

Erb... ['ɛrp-]: **~lasser(in** *f*) [-lasər(in)] *m* (-s, -; -, *-nen*) testa|tor (-trix *f*), *the* deceased, *Am. a.* decedent; **~lehre** *f* genetics *pl.*

erbleichen *v/i.* (*sn*) → *erblassen.*

erblich ['ɛrpliç] *adj.* hereditary, inheritable; ~*e Belastung* hereditary taint; ~ *belastet* tainted with a hereditary disease; **2keit** *f* (-) heredity, hereditary character.

er'blicken *v/t.* (*h.*) see, perceive; discover, catch sight of, spot; catch a glimpse of; *fig. et. in j-m or e-r Sache* ~ see a th. in a p. *or* th., regard *or* look upon a p. *or* th. as; → *Licht.*

erblind|en [ɛr'blindən] *v/i.* (*sn*) grow (*or* go) blind, lose one's light; *glass*: dull, dim; **2ung** *f* (-; *-en*) loss of (one's) sight; blindness.

er'blühen *v/i.* (*sn*) → *aufblühen.*

Erb... ['ɛrp-]: **~masse** *f jur.* (inherited) estate *or* assets *pl.*; *physiol.* hereditary factors *pl.*; idioplasm; **~onkel** *m* wealthy uncle.

erbosen [ɛr'bo:zən] *v/t.* (*h.*) irritate, infuriate; *sich* ~ grow angry (*über acc.* at), get (*or* be) exasperated (at, by), fume.

erbötig [ɛr'bø:tiç] *adj.*: *zu et.* ~ ready (*or* willing, prepared) to do a th.

Erb... ['ɛrp-]: **~pacht** *f* hereditary tenancy; **~pächter** *m* hereditary tenant; **~prinz** *m* hereditary prince.

er'brechen *v/t.* (*irr., h.*) break open; force (*door*); open (*letter*); *med.* vomit, bring up; *sich* ~ vomit, retch, be sick; **Er'brechen** *n* breaking open, *etc.*; *med.* vomiting.

Erbrecht ['ɛrp-] *n* law of succession (*Am.* descent); right of succesion, hereditary title.

er'bringen *v/t.* (*irr., h.*) produce, furnish, *jur. a.* adduce (*evidence*).

'Erbschaft *f* (-; *-en*) inheritance; estate; legacy; **~s-anspruch** *m* claim (*of rightful heir*) to surrender of the inheritance; **~s-ausschlagung** *f* (-; *-en*) disclaimer of inheritance; **~ssteuer** *f* estate duty, *Am.* succession tax.

'Erb...: **~schein** *m* certificate of heirship; **~schleicher(in** *f*) *m* legacy-hunter; **~schleiche'rei** *f* legacy-hunting.

Erbse ['ɛrpsə] *f* (-; *-n*) pea; **2nförmig** [-fœrmiç] *adj.* pea-shaped, pisiform; **~nmehl** *n* peasemeal; **~nschote** *f* pea-pod; **~nsuppe** *f* pea-soup.

'Erb...: **~stück** *n* heirloom; **~sünde** *f* original sin; **~tante** *f* wealthy aunt; **~teil** *n* (distributive) share *or* portion; **~übergang** *m* transfer of title at death; **~vertrag** *m* contract of inheritance; **~verzicht** *m* waiver of succession rights.

Erd|achse ['e:rt-] *f* axis of the earth; **~anschluß** *el. m* earth (connection), *Am.* ground(ing); **~antenne** *f* ground aerial *or* antenna; **~apfel** *m* potato; **~arbeit** *f* earthwork, excavation work; **~arbeiter** *m* digger, excavator, *esp. rail.* navvy, *Am.* laborer; **2artig** ['-ɑ:rtiç] *adj.* earthy; **~aufklärung** *mil. f* ground reconnaissance; **~bahn** *f* orbit of the earth; **~ball** *m* (terrestrial) globe **~batterie** *mil. f* ground battery; **~beben** *n* (-s) earthquake; **~bebengebiet** *n* seismic area; **~bebenkunde** *f* (-) seismology; **~bebenmesser** *m* (-s; -) seismograph; **~beere** *f* strawberry; **~be-obachtung** *mil. f* ground observation; **~bewegung** *tech. f* moving of earth, earthworks *pl.*; **~bewohner** *m* inhabitant of the earth, terrestrial; **~biene** *f* ground-bee; **~boden** *m* ground, soil; (surface of the) earth; *dem* ~ *gleichmachen* level to (*or* with) the ground, raze, flatten; **~bohrer** *m* earth borer (*or* auger); **~damm** *m* embankment, mound; **~draht** *el. m* earth (*Am.* ground) lead.

Erde ['e:rdə] *f* (-) earth; soil, ground; mo(u)ld; *el.* → *Erdung*; *lockere* ~ dirt; *seltene* ~*n pl.* rare *or* noble earths; (*planet*) *the* earth *or* world, *our* planet; *auf* ~*n* on earth, here below; *auf der ganzen* ~ all the world over; *über der* ~ above ground; *unter der* ~ under ground, subterraneous; *zu ebener* ~ on the ground-floor, at street-level; *zur* ~ *gehörig* terrestrial; *j-n unter die* ~ *bringen* be the death of a p.

'erden *el. v/t.* (*h.*) earth, *Am.* ground.

'Erden|bürger *m* earthly being, mortal; **~glück** *n* earthly happiness.

erdenk|en [ɛr-] *v/t.* (*irr., h.*) think out, devise; invent; → *erdichten*; **~lich** *adj.* imaginable, conceivable; possible; *sich alle* ~*e Mühe geben* do one's best (*or* utmost), spare no efforts.

Erdenleben ['e:rdən-] *n* earthly life.

Erd... ['e:rt-]: **2fahl, 2farben** *adj.* clay-colo(u)red, livid; **~ferne** *ast. f* apogee; **~floh** *m* flea-beetle; **~funkstelle** *f* ground signal station; **~gas** *n* natural gas; **~geist** *m* (-es; -er) gnome; **~geruch** *m* earthy smell; **~geschoß** *n* ground-floor, *Am.* first floor; **~gürtel** *m* zone; **~hälfte** *f* hemisphere; **2haltig** *adj.* containing earth, earthy; **~harz** *n* asphalt; **~haufen** *m* heap of earth.

er'dicht|en *v/t.* (*h.*) invent, *b.s. a.* fabricate, trump up; **~et** *adj.* invented, imaginary; fictional; fictitious; fabricated, trumped-up; **2ung** *f* fiction; figment; invention; fabrication.

erdig ['e:rdiç] *adj.* earthy.

Erd... ['e:rt-]: **~innere** *n* interior of the earth; **~kabel** *n* buried (*or* underground) cable; **~kampf** *mil. m* ground fighting; **~karte** *f* map of the world; **~klemme** *el. f* earth (*Am.* ground) terminal; **~klumpen** *m* clod; **~körper** *m* terrestrial body; **~kreis** *m* (-es): *der ganze* ~ the whole world; **~krume** *f* surface soil, topsoil; **~krümmung** *f* earth curvature; **~kruste** *f* → *Erdrinde*; **~kugel** *f* (terrestrial) globe; **~kunde** *f* (-) geography; **~leiter** *el. m* earth wire, *Am.* ground wire; **~leitung** *el. f* earth-connexion, *Am.* ground connection; **~loch** *mil. n* foxhole; **~magnetismus** *m* terrestrial magnetism; **~massen** *f/pl.* earth masses; **~maus** *f* field mouse; **~messung** *f* geodesy; **~metall** *n* earth metal; **~mine** *mil. f* land mine; **~moos** *n* club-moss; **2nahe** *fig. adj.* close to earth, earthy; **~nähe** *ast. f* perigee; *fig.* earthiness; **~nuß** *f* peanut, groundnut; **~oberfläche** *f* surface of the earth; **~öl** *n* mineral oil, petroleum; *Am. a.* kerosene.

erdolchen [ɛr'dɔlçən] *v/t.* (*h.*) stab (with a dagger).

Erd... ['e:rt]: **~pech** *n* mineral pitch, bitumen; **~pol** *m* pole (of the earth); **~probe** *f* soil (test) sample; **~reich** *n* (-[e]s) earth, ground, soil.

erdreisten [ɛr'draɪstən]: *sich* ~ (*h.*) dare, presume; have the impudence (*or* face, cheek) to *do a th.*

Erdrinde ['e:rt-] *f* (-) earth's crust, lithosphere.

er'dröhnen *v/t.* (*h.*) → *dröhnen.*

er'drossel|n *v/t.* (*h.*) strangle, throttle; **2ung** *f* strangulation, throttling.

er'drücken *v/t.* (*h.*) squeeze to death, crush; *fig.* crush; smother, choke; ~*des Beweismaterial* damning evidence; ~*de Mehrheit* overwhelming evidence; *von Arbeit fast erdrückt werden* be swamped with work; *von Sorgen erdrückt werden* be oppressed (*or* beset) by worries.

Erd... ['e:rt-]: **~rutsch** *m* landslip, *esp. Am.* landslide (*a. fig.*); **~salz** *n* rocksalt; **~satellit** *m* earth satellite; **~schicht** *f* layer of earth; stratum; subsoil; **~schluß** *el. m* earth (contact); *Am.* ground (leakage); *aus-*

setzender ~ intermittent earth; **~scholle** *f* clod; **~sicht** *aer. f* visibility of the ground; **~spalte** *f* crevice, chasm; **~stecker** *el. m* earthing plug; **~stoß** *m* seismic shock; **~strich** *m* region, zone; **~strom** *m* earth current; **~teil** *m* part of the world; *geogr.* continent; **~truppen** *mil. f/pl.* ground forces.

er'duld|en *v/t.* (*h.*) endure; suffer; → *dulden*; **2ung** *f* endurance (*gen.* of); submission (to), toleration (of).

Erd... ['e:rt-]: **~umdrehung** *f* rotation of the earth; **~umfang** *m* circumference of the earth.

Erdung ['e:rduŋ] *el. f* (-; -*en*) earth(ing), *Am.* ground(ing); **~schalter** *m* earthing switch.

Erd... ['e:rt-]: **2verlegt** ['-fɛrle:kt] *adj.*: *~e Kabel pl.* underground cables; **~verwehung** *f* soil-drift; **~wall** *m* earth wall, embankment, mound.

er'eifer|n: *sich ~* (*h.*) get excited *or* flushed (*über acc.* over); work up a rage, fly into a passion; lash out (at); **2ung** *f* (-) excitement; passion, exasperation, vehemence.

ereignen [ɛr'ʔaɪgnən]: *sich ~* (*h.*) happen, come to pass (*or* about), occur, take place.

Er'eignis [-nis] *n* (-*ses*; -*se*) event; occurrence, incident, happening; affair; phenomenon; *freudiges ~* (*birth*) happy event; **2los** *adj.* uneventful; dull, monotonous; **2reich** *adj.* eventful.

er'eilen *v/t.* (*h.*) overtake, *a. fig.* catch up with.

Eremit [ere'mi:t] *m* (-*en*; -*en*) hermit.

er'erb|en *v/t.* (*h.*) inherit (*von* from); **~t** *adj.* inherited, *biol. a.* hereditary.

er'fahren I. *v/t.* (*irr.*, *h.*) come to know, learn, hear; be told (*or* informed); experience, go through; suffer; receive, get; *er erfuhr von dem Anschlag* he got wind of the plot; *die Produktion erfuhr e-e Steigerung* the production (was) increased; **II.** *adj.* experienced, expert (*in dat.* in, at); seasoned (*soldier, etc.*); skilled; well versed (in), at home (in); proficient (in); *er ist in diesen Dingen sehr erfahren* he is an old hand at such things; **2heit** *f* (-) experience.

Er'fahrung *f* (-) (*event*) experience; *w.s.* experience, practice; practical knowledge; *technische ~* know-how; *aus ~* from (*or* by) experience; *auf dem Wege praktischer ~* by trial and error; *durch ~ klug werden* learn it the hard way; *in ~ bringen* learn, find out, ascertain; *nach s-r ~* in his experience; *s-e ~en machen* gain experience; *wir haben mit dem Gerät gute ~en gemacht* the device has been quite a success (*or* has proved quite satisfactory); *die ~ hat gezeigt, daß* previous experience has shown that.

Er'fahrungs...: **~austausch** *m* exchange (*or* sharing) of experience; **2gemäß** *adv.* according to (*my, our*) experience; *a.* **2mäßig** *adj.* empiric(ally *adv.*); **~satz** *m* empirical theorem; **~wissenschaft** *f* empirical science; **~zahl** *f* empirical coefficient.

er'fass|en *v/t.* (*h.*) seize, grasp, catch (*all a. fig.* = comprehend); catch (*or* lay) hold of; clutch, (*a. fig.*) grip; realize; *statistically*: register, record, list; *mil.* mobilize, muster; cover, comprise; consider; apply to; *von e-m Verlangen, etc., erfaßt werden* be seized by a desire, *etc.*; **2ung** *f* registration, recording, listing; consideration; **2ungsstelle** *f* registration office; collecting cent|re, *Am.* -er.

er'finden *v/t.* (*irr.*, *h.*) invent, devise; discover, hit upon; invent, make up, *b.s. a.* concoct, cook up.

Er'finder *m* inventor; **~geist** *m* (-*es*) inventive genius, ingenuity; **~in** *f* inventress; **2isch** *adj.* inventive, ingenuous; imaginative; creative; resourceful; → *Not.*

Er'findung *f* (-; -*en*) invention; discovery; device; fiction, invention, *b.s. a.* fabrication; **~sgabe** *f* (-) inventive faculty (*or* genius), inventiveness; imagination; **~s-patent** *n* inventor's patent; **2sreich** *adj.* → *erfinderisch.*

er'flehen *v/t.* (*h.*) implore, invoke; obtain by entreaty.

Erfolg [ɛr'fɔlk] *m* (-[*e*]*s*; -*e*) result; outcome, issue, consequence; effect (*a. jur.*); *glücklicher ~* success, hit; achievement; *~ haben* succeed, be (*or* score) a success, be successful; *keinen ~ haben* be unsuccessful, fail; *thea. a.* fall flat, be a flop; *enterprise*: *a.* come to grief, be abortive; *efforts*: *a.* be *or* prove fruitless (*or* unavailing); *von ~ gekrönt* crowned with success; **2en** *v/i.* (*sn*) ensue, follow, result (*aus* from); happen, take place, occur; come, arrive, be forthcoming; *es ist noch keine Antwort erfolgt* no answer has been received as yet; *die Zahlung muß sofort ~* payment must be made (*or* effected) immediately; **2los I.** *adj.* unsuccessful, ineffective, vain, unavailing, fruitless, abortive; **II.** *adv.* unsuccessfully, *etc.*; in vain, without success; **~losigkeit** *f* (-) unsuccessfulness, failure; **2reich** *adj.* successful (*in dat.* in), effective; crowned with success; **~s-anteil** *econ. m* share in results; **~sbuch** *n* best seller; **~sfilm** *m* success film; **~smensch** *m* careerist, hustler, *Am. sl.* go-getter; **~srechnung** *econ. f* profit and loss account; **2versprechend** *adj.* promising.

erforderlich [ɛr'fɔrdərliç] *adj.* necessary, requisite, required (*für* to); *unbedingt ~* indispensable, imperative, essential; *falls ~* if required; *dazu sind erhöhte Zuschüsse ~* this requires (*or* calls for) higher subsidies; **~enfalls** *adv.* if need be, if necessary.

er'forder|n *v/t.* (*h.*) require, demand; exact; call for, necessitate; take up, require; **2nis** *n* (-*ses*; -*se*) requirement; *urgent*: exigency, necessity; (pre)requisite (*all für* for).

er'forsch|en *v/t.* (*h.*) explore *land* (*a. fig.*); inquire into, investigate; fathom, sound; *scient.* research, investigate, study; **2er** *m* explorer; investigator; **2ung** *f* exploration; investigation; fathoming.

er'fragen *v/t.* (*h.*) ascertain; *zu ~ bei* (*dat.*) inquire at, apply to.

erfrechen [ɛr'frɛçən]: *sich ~* (*h.*) *zu inf.* have the impudence to *inf.*, dare to *inf.*

er'freuen *v/t.* (*h.*) gladden, please, give pleasure to; delight; gratify; *ich bin darüber erfreut* I am glad of it, I am pleased to hear it; *sich ~ an* (*dat.*) rejoice (*or* delight, take pleasure) in, enjoy *a th.*; *sich e-r Sache ~* enjoy a th.

er'freulich *adj.* delightful, pleasing, agreeable; glad, welcome, fine, pleasant (*news, etc.*); encouraging; gratifying, satisfactory; **~erweise** [-vaɪzə] *adv.* fortunately, happily; (much) to my (our) pleasure *or* relief.

er'frier|en *v/i.* (*irr.*, *sn*) freeze to death, die from cold *or* exposure; *plants*: be killed by frost, be blighted; *sich die Ohren ~* have one's ears frozen; *erfroren* frozen (to death), *plant, etc.*: frost-bitten; **2ung** *f* (-; -*en*) death from exposure (to cold); *local*: frostbite.

erfrisch|en [ɛr'friʃən] *v/t.* (*h.*) refresh, freshen; cool; give new life to, revive; *~d* refreshing (*a. fig.*), cooling; **2ung** *f* (-; -*en*) refreshment; **2ungsraum** *m* refreshment-room.

er'füllen *v/t.* (*h.*) fill (*mit* with); *fig. a.* inspire (*or* strike) with (*fear, etc.*); fulfil(l); accomplish (*task*); comply with, meet (*condition, request*); meet, come up to (*expectations*); do, carry out (*duty*); keep, make good (*promise*); perform (*contract*); answer, serve (*purpose*); *sich ~* be fulfilled, materialize, come true; *erfüllt sein von* (*dat.*) be imbued *or* inspired with, be full of.

Er'füllung *f* fulfil(l)ment; accomplishment; performance; compliance (with); realization; *in ~ gehen* → (*sich*) *erfüllen*; **~s-ort** *econ. m* (-[*e*]*s*; -*e*) place of performance; domicile (of the contracting parties for the purposes of a contract); **~s-politik** *f* policy of fulfilment; **~s-tag** *econ. m* settling-day.

Erg [ɛrk] *phys. n* (-*s*; -) erg(on).

ergänzen [ɛr'gɛntsən] *v/t.* (*h.*) complete, complement; replace; fill up, supply; *econ.* replenish (*stocks*); make up (*sum*); supplement (*mit* by, with); restore; *sich* (*gegenseitig*) *~* complement one another; **~d** *adj.* supplementary, supplemental, complementary (*all acc.* to); integral; additional.

Er'gänzung *f* (-; -*en*) completion; restoration; supplementation; replenishment; supplement, *gr.* complement; *to a law*: amendment.

Er'gänzungs...: **~band** *m* (-[*e*]*s*; ⸚*e*) supplement(ary volume); **~farbe** *f* complementary colo(u)r; **~mannschaften** *mil. f/pl.* replacements; **~teil** *n* integral (*or* supplementary) part; **~wahl** *f* by-election.

ergattern [ɛr'gatərn] *v/t.* (*h.*) (manage) to get hold of, secure, bag; cadge; hunt up (*news*).

er'gaunern *v/t.* (*h.*) obtain (by sharp practices); swindle (*von j-m*: out of).

er'geben I. *v/t.* (*irr.*, *h.*) **a)** result in; amount to; yield, produce; show, prove, reveal; **b)** *sich* ~ *mil.* surrender (*dat.* to), capitulate, lay down one's arms; *sich e-r Sache* ~ devote o.s. to; take to, become addicted to; *sich* ~ *difficulties, etc.*: arise, emerge, ensue; *sich* ~ *aus* (*dat.*) result (*or* follow) from; be a function of; *sich* ~ *in* (*acc.*) resign o.s. (*or* submit) to, acquiesce in (*fate*); *daraus ergibt sich* hence follows, this goes to prove; **II.** *adj.* devoted (*dat.* to); addicted (to *a vice*); loyal; resigned (to); humble; ~*er Diener* obedient servant; **~st** respectfully; *in letters*: Yours faithfully (*Am.* very truly); **2heit** *f* (-) devotion; loyalty; submission; resignation.

Ergebnis [ɛr'ge:pnis] *n* (-ses; -se) result, outcome; issue, upshot; consequence; effect; *sports, etc.*: score; finding(s *pl.*); → *Ertrag*; **2los** *adj.* resultless, ineffective; fruitless, futile; negative; unsuccessful; without result; ~ *bleiben* give no result; fail, come to nothing.

Er'gebung *f* (-) *mil.* surrender; *fig.* resignation, submission; *voll* ~ resigned(ly *adv.*).

er'gehen *v/i.* (*irr., sn*) *law, etc.*: be published *or* issued, come out; *invitation, etc.*: be sent (out); *jur. sentence*: be pronounced, be handed down; ~ *lassen* publish, issue; pass (*a resolution, sentence*); extend (*invitation*); give out, issue (*instructions*); *über sich* ~ *lassen* submit to, endure; *sich* ~ (*im Garten*) stroll about (*in the garden*); *fig. sich* ~ *in* (*dat.*) indulge in; break out in, pour forth (*oaths, etc.*); *sich* ~ expatiate *or* hold forth (*über acc.* on); *es würde ihm schlecht* ~ he would come off badly *or* fare ill; *wie mag es ihm ergangen sein?* I wonder what has become of him; *wie ist es dir ergangen?* how did you fare?; **Er'gehen** *n* (state of) health; condition.

ergiebig [ɛr'gi:biç] *adj.* productive; fertile; rich *or* abounding (*an dat.* in); *business*: profitable, lucrative, paying; *paint, etc.*: yielding; **2keit** *f* (-) productiveness; fertility; richness, abundance; lucrativeness; *tech.* yield value.

er'gießen *v/t.* (*irr., h.*) pour out, gush forth; *sich* ~ *in acc.* flow into; *river*: *a.* discharge (*or* empty, fall) into; *sich* ~ *über* (*acc.*) pour over.

er'glänzen *v/i.* (*sn, h.*) shine forth; gleam, sparkle.

er'glühen *v/i.* (*sn*) glow; *face*: *a.* blush, flush (*vor dat.* with); *fig.* ~ *vor* (*dat.*) be flushed with (*enthusiasm*).

ergötz|en [ɛr'gœtsən] *v/t.* (*h.*) delight; amuse, entertain; *sich* ~ enjoy o.s.; *sich* ~ *an* (*dat.*) take delight in; be amused by; feast one's eyes on; *b.s.* gloat over; **2en** *n* (-*s*) delight; amusement; *zu j-s* ~ to a p.'s amusement; **~lich** *adj.* delightful, delectable; amusing, comical.

er'grauen *v/i.* (*sn*) (become *or* turn) grey, *Am.* gray.

er'greifen *v/t.* (*irr., h.*) seize, grasp, grip; lay hold of; pick up; take up (*pen, weapon*); apprehend, arrest, pick up (*criminal*); *fig.* choose, take up (*profession*); seize, avail o.s. of (*opportunity*); move, touch, affect, stir (*the heart, soul*); take, adopt, apply (*measure*); → *Besitz, Flucht, Partei, etc.*; **~d** *adj.* moving, touching, (soul-) stirring.

ergriffen [ɛr'grifən] *adj.* moved, touched, deeply stirred, affected (*von* by); *von Fieber* (*Panik*) ~ struck with (*fever*), seized with (*panic*); **2heit** *f* (-) emotion.

er'grimmen *v/i.* (*sn*) become angry *or* furious, flare up, fly into a rage.

er'gründ|en *v/t.* (*h.*) fathom; *fig. a.* penetrate, get to the bottom of; explore, probe; **2ung** *f* fathoming, penetration.

Er'guß *m* discharge; *physiol.* effusion; *fig.* effusion, outpour.

erhaben [ɛr'hɑ:bən] *adj.* raised, elevated; *tech.* ~*e Arbeit* embossed (*or* raised) work, relief; *ganz* ~*e Arbeit* high-relief, alto-relievo; *halb* ~*e Arbeit* half-relief, demi-relievo; *fig.* sublime, exalted, lofty; illustrious, eminent; grand, magnificent; ~ *über* (*acc.*) above (*a th. or* doing *a th.*), superior to; → *Tadel*; *das* **2e** *phls. n* (-*n*) the sublime; **2heit** *f* (-) elevation; *fig.* sublimity; loftiness; grandeur; eminence.

Er'halt *m* receipt; → *Empfang*.

er'halten I. *v/t.* (*irr., h.*) get, obtain (*a. chem.*); receive (*news, etc.*); be awarded (*or* given) *a prize, thing a.* fetch; preserve, keep (*am Leben* alive); maintain, retain (*custom*); maintain, preserve (*peace*); support (*sich selbst* o.s.), maintain; *sich* ~ *von* (*dat.*) subsist on; *sich gesund* ~ conserve one's health; *econ. e-n besseren Preis* ~ secure (*or* fetch) a higher price; **II.** *p.p. gut* (*schlecht*) ~ in good (bad) condition *or* repair; ~ *bleiben* be preserved, survive; *noch* ~ *sein* remain, be left, survive; *econ. Wert* ~ value received; *zu* ~ → *erhältlich*.

Er'halter(in *f*) *m* (-*s*, -; -, -*nen*) preserver; supporter, breadwinner.

erhältlich [ɛr'hɛltliç] *adj.* obtainable, available; *nicht* ~ not obtainable (*or* available), not to be had; *schwer* ~ hard to come by.

Er'haltung *f* (-) preservation; maintenance (*a. of peace, machinery*); support (*of a family*); conservation (*of energy, etc.*); upkeep (*of buildings*).

er'handeln *v/t.* (*h.*) get by bargaining *or* haggling; buy, purchase.

er'hängen *v/t.* (*h.*) hang (*sich* o.s.).

er'härt|en *v/t.* (*h.*) harden, set; *fig.* confirm, corroborate, substantiate; *eidlich* ~ affirm upon oath, swear to; **2ung** *f fig.* confirmation, corroboration; proof.

er'haschen *v/t.* (*h.*) snatch, catch, seize; *e-n flüchtigen Blick von et.* ~ catch a glimpse of a th.

er'heben *v/t.* (*irr., h.*) raise, lift (up); *fig.* elevate; exalt, extol; ascertain, investiagte; *math.* raise to a higher power; levy, impose, collect (*taxes*); ascertain, record; raise (*objection*); → *Anspruch*; *e-e Forderung* ~ enter (*or* put in) a claim; *e-e Frage* ~ start a question, bring up a point; → *Geschrei, Klage, Protest, Quadrat*; *auf den Thron* (*in den Adelsstand*) ~ raise to the throne (to peerage); *s-e Hand* ~ *gegen* (*acc.*) lift up one's hand against; *s-e Stimme* ~ raise one's voice; *sich* ~ **a)** rise, get up, **b)** *noise, problem, question*: arise; *wind*: spring up; *bird*: soar up; *sich* ~ *gegen* (*acc.*) rise (in arms) against, revolt (*or* rebel) against; *sich* ~ *über* (*dat.*) tower above, *fig.* rise (*or* soar) above, surmount; **~d** *adj. fig.* elevating, edifying; impressive.

erheblich [ɛr'he:pliç] **I.** *adj.* considerable; serious, grave, heavy (*losses, etc.*); important; *jur.* relevant; **II.** *adv.* considerably; ~ *besser* much better; **2keit** *f* (-) importance; relevance.

Er'hebung *f* rising ground, elevation; *fig.* elevation, promotion; *of taxes*: imposition; *jur.* filing (*of action*); *math.* involution; investigation, (official) inquiry *or* survey; ~*en pl. a.* statistics, data (collected); ~*en anstellen über* (*acc.*) investigate (*or* inquire) into; ~ *ins Quadrat* squaring; *seelische* ~ elevation, elation, *Am.* uplift; *pol.* upheaval, uprising, rebellion, revolt.

er'heischen *v/t.* (*h.*) require, demand, exact; command (*respect*).

erheiter|n [ɛr'haɪtərn] *v/t.* (*h.*) cheer (up), exhilarate; amuse; brighten (*face*); *sich* ~ *face*: brighten, light up; **2ung** *f* (-; -*en*) amusement.

erhell|en [ɛr'hɛlən] **I.** *v/t.* (*h.*) light up, illuminate; brighten (*colours*); *fig.* clear up, elucidate, shed light (up)on; **II.** *v/i.* (*h.*) become evident; *daraus erhellt* hence it appears; **2ung** *f* (-; -*en*) illumination.

erhitz|en [ɛr'hitsən] *v/t.* (*h.*) heat (*auf acc.* to); make hot; pasteurize; *fig.* rouse, inflame (*passions*); fire (*the imagination*); *sich* ~ get (*or* grow) hot; *fig. conversation, or mind*: become heated; *feelings*: be roused; *person*: flush (with anger), work up a rage; *die Gemüter erhitzen sich* tempers run high; **2er** *m* (-*s*; -) heater; **~t** *adj.* heated; hot, *person a.* flushed; *fig.* heated (*debate*); flushed, excited; **2ung** *f* (-; -*en*) heating.

er'hoffen *v/t.* (*h.*) hope for, expect.

erhöh|en [ɛr'hø:ən] *v/t.* (*h.*) raise, lift; elevate; *fig.* raise, increase, augment (*auf acc.* to; *um* by); intensify; whet, sharpen (*appetite*); deepen (*impression*); raise (*price*); advance, mark up, *Am.* lift; enhance, heighten, add to, boost (*effect*); *in rank*: exalt; *sich* ~ increase, be increased (*or* raised, enhanced, *etc.*); heighten (*suspense*).

Er'höhung *f* (-; -*en*) raising; elevation; hill(ock); *fig.* increase; enhancement; heightening; *of wages*: rise, *Am.* raise; *of prices*: increase, advance, rise; improvement; **~szeichen** *mus. n* sharp.

er'hol|en : *sich* ~ (*h.*) recover (*von* from; *a. fig.*), get better *or* well, recuperate; rally (*a. fig.*), come round; (take a) rest; relax; *econ. prices, market*: recover, rally; **~sam** *adj.* restful.

Er'holung *f* (-; -*en*) recovery, recuperation, convalescence; rest, recreation, relaxation; *econ.* recovery, rally; rehabilitation; 2*bringend* recreative; holiday, *esp. Am.* vacation; *zur ~ in X. weilen* stay for a rest in X.

Er'holungs...: 2bedürftig *adj.* wanting a rest, run down; **~heim** *n* convalescent home; recreation home, rest cent|re, *Am.* -er; **~kur** *f* rest-cure; **~ort** *m* (-[e]*s*; -e) (health *or* holiday) resort; **~pause** *f* (pause for) rest, respite; breather; **~reise** *f* recreation trip, (pleasure-)trip; **~stunde** *f* hour of recreation, leisure hour; **~urlaub** *m* holiday, (recreation) leave, *Am.* vacation; *med.* convalescent (*or* sick-)leave.

er'hör|en *v/t.* (*h.*) hear *or* grant (*request*); yield to, accept (*lover*); **2ung** *f* (-; -*en*) hearing; granting.

Erika ['e:rika] *bot. f* (-; -*ken*) heather.

erinnerlich [ɛr'ˀinərliç] *adj.* present to one's mind, recallable; *soviel mir ~ ist* as far as I can remember (*or* recollect); *es ist mir nicht ~* I do not remember it.

er'innern I. *v/t.* (*h.*): *j-n ~ an* (*acc.*) remind a p. of, call *a th.* (back) to a p.'s mind; draw a p.'s attention to, point *a th.* out to a p.; *j-n daran ~, daß or wie, etc.* remind a p. that *or* how, *etc.*; *das erinnert mich an e-e Geschichte* that reminds me (*or* makes me think) of a story; *sich ~* (*gen. or an acc.*) remember; recall, recollect, call to mind; *wenn ich mich recht erinnere* if I remember rightly; *soviel ich mich ~ kann* as far as I can remember; **II.** *v/i.* (*h.*): *~ an* (*acc.*) be reminiscent (*or* suggestive) of, make *a p.* think of.

Er'innerung *f* (-; -*en*) remembrance, recollection (*an acc.* of); reminder; memory; *~en pl.* reminiscences; memoirs; *j-m et. in ~ bringen* → *erinnern I*; *die ~ wachrufen an* (*acc.*) call *a th.* back to mind, call (*or* conjure) up, be reminiscent of, evoke *a th.*; *zur ~ an* (*acc.*) in memory of; → *Gedächtnis.*

Er'innerungs...: ~medaille *f* commemorative medal; **~tafel** *f* memorial tablet; **~tag** *m* commemoration day; **~vermögen** *n* (-*s*) power of recollection, memory; **~werbung** *f* follow-up advertising; **~wert** *m* sentimental personal value; *balance-sheet* pro memoria figure; **~zeichen** *n* keepsake, souvenir.

er'jagen *v/t.* (*h.*) hunt down; *fig.* catch, secure, lay hold of.

erkalten [ɛr'kaltən] *v/i.* (*sn*) get cold, cool (down); *fig.* cool (off).

erkält|en [ɛr'kɛltən] *v/t.* (*h.*) chill; *sich ~* catch *or* take (a) cold; *sich den Magen erkältet haben* have a chill on the stomach; *er ist stark erkältet* he has a bad cold; **2ung** *f* (-; -*en*) cold, chill, catarrh; **2ungskrankheit** *f* catarrhal disease.

er'kämpfen *v/t.* (*h.*) gain by force, force; *er mußte sich s-e Stellung hart ~* he had to fight (*or* struggle) hard for his position.

er'kaufen *v/t.* (*h.*) buy, purchase; *fig. et. teuer ~ müssen* (have to) pay dearly for a th.

er'kennbar *adj.* recognizable; perceptible, discernible; distinguishable; identifiable; **2keit** *f* (-) recognizability.

er'kennen I. *v/t.* (*irr.*, *h.*) recognize (*an dat.* by); perceive, discern; detect, spot; *med.* diagnose; know (*an dat.* by); realize, see; → *durchschauen*: *econ. j-n ~ für* (*acc.*) credit a p. with (*a sum*); *jur. für* (*nicht*)-*schuldig*: adjudge *or* find *a p.* (not) guilty; return a verdict of (not) guilty; *~ lassen* suggest, show, reveal; *zu ~ geben* signify, indicate, give to understand; *sich zu ~ geben* disclose one's identity, *fig.* declare o.s., come out into the open, show one's real face; **II.** *v/i.* (*irr.*, *h.*): *jur. ~ auf* (*acc.*) pass a sentence of, impose; *das Gericht erkennt daher für Recht* it is therefore ordered, adjudged, and decreed.

er'kenntlich *adj.* perceptible; grateful (*dat.* to); *sich j-m ~ zeigen für* (*acc.*) reciprocate for, return a p.'s *favo(u)r*; **2keit** *f* (-; -*en*) thankfulness, (sign of) gratitude.

Er'kenntnis 1. *f* (-; -se) knowledge; perception; realization; understanding, recognition; *phls.* cognition; *neueste wissenschaftliche ~se pl.* latest scientific findings; *zu e-r ~ gelangen* arrive at a conclusion; *zur ~ kommen* realize one's mistake(s *pl.*), listen to reason; **2.** *jur. n* (-ses; -se) judg(e)ment, sentence, finding; *of jury*: verdict; *~ auf Todesstrafe* imposition of the death penalty; **~theorie** *f* theory of cognition; **~vermögen** *n* perceptive faculty, intellect.

Erkennung [ɛr'kɛnuŋ] *f* (-; -*en*) recognition; identification; detection; **~sdienst** *m* criminal identification department; **~smarke** *mil. f* identity disk, *Am.* identification tag, dog-tag; **~swort** *n* watchword, password; **~szeichen** *n* sign of recognition; distinctive mark, characteristic; *med.* diagnostic symptom; badge; *aer.* aircarft markings *pl.*

Erker ['ɛrkər] *m* (-*s*; -) alcove, bay; **~fenster** *n* oriel, bay-window; **~zimmer** *n* corner-room.

erkiesen [ɛr'ki:zən] *poet. v/t.* (*irr.*, *h.*) choose, (s)elect.

erklär|bar [ɛr'klɛ:rba:r] *adj.* explainable, explicable; **~en** *v/t.* (*h.*) explain; interpret; define; illustrate, demonstrate; account for; declare, state; depose; profess; *sich ~ durch matter*: explain itself by, be due to; *so erklärt sich* that accounts for (*a th. or ger.*); *sich ~ person*: declare o.s., speak one's mind; *sich ~ für, gegen* (*acc.*) declare (*or* pronounce) for, against; *den Krieg ~* declare war (*dat.* on); *ich kann es mir nicht ~* I don't understand it; *erklärter Gegner, etc.* declared enemy, *etc.*; **~end** *adj.* explanatory, illustrative; **~lich** *adj.* → *erklärbar*; understandable; evident, obvious; *aus ~en Gründen* for obvious reasons; *das ist leicht ~* that can easily be accounted for; **2ung** *f* explanation (*für acc.* of); interpretation; definition; reasons *pl.*; comment; illustration; declaration, statement (*a. pol.*), *jur. a.* deposition, testimony; → *eidesstattlich*; *econ.* declaration, announcement (*of a dividend*); **e-e ~** *abgeben* make a declaration *or* statement; *zur ~ dieser Maßnahme* in explanation of this measure; *dies wäre e-e ~ für s-e Handlungsweise* that would explain his way of acting; **2ungs-tag** *m stock exchange*: contango day.

erklecklich [ɛr'klɛkliç] *adj.* considerable, substantial; *e-e ~e Summe* a tidy penny.

er'klettern *v/t.* (*h.*), **er'klimmen** *v/t.* (*irr.*, *h.*) climb (up); ascend, conquer (*mountain*); scale; *fig. a.* rise to.

er'klingen *v/i.* (*irr.*, *sn*) (re)sound, ring (out), be heard; *~ lassen* sound.

erkor [ɛr'ko:r] *pret. of erkiesen.*

erkoren[1] [ɛr'ko:rən] *pp. of erkiesen.*

er'koren[2] *adj.* chosen, (s)elect.

erkrank|en [ɛr'kraŋkən] *v/i.* (*sn*) fall ill *or* sick, be taken ill (*an dat.* with), contract a disease; *organ*: disease, be affected; **2ung** *f* (-; -*en*) falling ill, illness, sickness; disease, affection (*of organ*); *im ~sfalle* in case of illness.

erkühnen [ɛr'ky:nən]: *sich ~* (*h.*) make bold, venture, presume (*zu* to *inf.*).

erkunden [ɛr'kundən] *v/t.* (*h.*) explore, spy out; *mil.* reconnoit|re (*Am.* -er), scout.

erkundig|en [ɛr'kundigən]: *sich ~* (*h.*) inquire (*nach et.* a th., for a th., after a th. *or* p.; *bei j-m* of a p.), make inquiries (*über acc.* about); *sich ~ über a.* gather information on; **2ung** *f* (-; -*en*) inquiry; *~en einziehen* → (*sich*) *erkundigen* (*über*).

Er'kundung *mil. f* (-; -*en*) reconnaissance; → *Aufklärung.*

erkünsteln [ɛr'kynstəln] *v/t.* (*h.*) affect.

erlahmen [ɛr'la:mən] *v/i.* (*sn*) become lame; *fig.* grow weary, tire; *person*: relax, slacken (*a. econ.*); *interest, etc.*: wane, flag.

er'lang|en *v/t.* (*h.*) reach, attain (to), achieve; obtain, get, secure; acquire; gain (*entry, etc.*); *wieder ~* recover, retrieve, get back; **2ung** *f* reaching; attainment, achievement; acquisition.

Erlaß [ɛr'las] *m* (-sses; -sse) dispensation, exemption, release (*gen.* from); remission (*of debt, sin, penalty*); decree, ordinance; enactment, promulgation (*of law*); *econ.* → *Nachlaß.*

er'lassen *v/t.* (*irr.*, *h.*) remit, cancel (*debt*); remit (*punishment, sin*); release, dispense, excuse, let off (*j-m et.* a p. from a th.); issue, publish (*decree, etc.*); enact, promulgate (*law*).

erläßlich [ɛr'lɛsliç] *adj.* remissible; pardonable (*sin*); dispensable.

Er'lassung *f* (-; -*en*) → *Erlaß.*

erlauben [ɛr'laubən] *v/t.* (*h.*) allow, permit; suffer, tolerate; *j-m et. ~* allow *or* permit a p. (to do) a th.; give a p. permission (*or* leave) to do a th.; *sich ~ zu inf.* venture to *inf.*, take the liberty of *ger.*, be so free as to *inf.*; *econ. a.* beg to *inf.*; → *erdreisten*; *sich et. ~* indulge in a th., treat o.s. to a th.; *sich Frechheiten ~* take liberties; *wenn Sie ~* by your permission, if you don't mind; *m-e*

Mittel ~ *mir das or* (*a. w.s.*) *ich kann mir das* ~ I can afford it; *was* ~ *Sie sich?* how dare you?

Erlaubnis [ɛrˈlaupnis] *f* (-) permission, leave; licen|ce, *Am.* -se; authority; *j-n um* ~ *bitten* ask a p.'s permission (*or* a p. for permission) *to do a th.*; beg leave *to inf.*; *j-m* ~ *erteilen* → *erlauben*; *er erhielt die* ~ *zur Besichtigung der Fabrik* he was authorized (*or* granted permission) to inspect the works; **~schein** *m* permit, licen|ce, *Am.* -se.

erˈlaubt *adj.* allowed, permitted; admissible, permissible.

erlaucht [ɛrˈlauxt] *adj.* illustrious, noble.

erˈlauschen *v/t.* (*h.*) overhear.

erˈläuter|n *v/t.* (*h.*) explain, elucidate, expound; comment (up)on; illustrate, exemplify; **~nd** *adj.* explanatory; illustrating; **2ung** *f* explanation, elucidation; illustration; comment(ary); note, annotation.

Erle [ˈɛrlə] *bot. f* (-; -*n*) alder.

erˈleb|en *v/t.* (*h.*) live to see; experience; pass through, meet with; go through; undergo (*changes*); see, witness, be witness of; have, spend (*nice days, etc.*); *er hat viel erlebt* he has had a great many adventures; *ich habe es oft erlebt* I've often seen it happen; *hat man schon so etwas erlebt! colloq.* can you beat that?; *er will et.* ~ he wants to see things; *colloq. na, er soll et.* ~ just let him come!; **2ensfallversicherung** *f* pure endowment assurance; **2nis** *n* (-ses; -se) experience; event, occurrence, episode; accident; adventure; *es war ein großes* ~ it was a wonderful experience.

erledig|en [ɛrˈle:digən] *v/t.* (*h.*) finish, bring to a close; carry (*or* see) through, effect, execute; dispose of; settle, wind up (*transaction*); settle (*dispute*); remove (*doubt*); *j-n* ~ dispose of (*or* do for) a p., settle a p.'s hash; finish a p. off; *ich werde die Sache* ~ I'll attend to (*or* deal with, handle) this matter; *sich* ~ be settled; *damit* ~ *sich die übrigen Punkte* this disposes (*or* takes care) of the remaining questions; *würden Sie das für mich* ~ would you do this for me (*or* take this off my hands); **~t** *adj.* finished, settled; vacant (*office*); *das wäre* ~ that's settled then, that was that; *fig.* played out, done (*or* all) in, ready to drop; *er ist* ~ he is done for; his goose is cooked; he is down, out and finished; he is at the end of his tether; *du bist für mich* ~ I am through with you; **2ung** *f* (-; -*en*) settlement; consideration, treatment, handling; discharge; liquidation; *umgehende* ~ immediate attention.

erˈlegen *v/t.* (*h.*) kill, shoot.

erleichter|n [ɛrˈlaiçtərn] *v/t.* (*h.*) make *a task* easy, facilitate; lighten (*a burden*); relieve, alleviate (*pain, misery*); ease (*one's conscience*); ease, relieve (*a. p., one's mind*); *sich* ~ relieve nature; *sich das Herz* ~ disburden one's mind; *er erleichterte mich um m-n Geldbeutel* he eased me of my purse; *erleichtert aufatmen* heave a sigh of relief, breathe freely; **2ung** *f* (-; -*en*) lightening; facilitation; ease (*von* from); relief (*über acc.* at); alleviation; **~en** *pl. esp. econ.* facilities *pl.*; *taxation*: easements *pl.*

erˈleiden *v/t.* (*irr.*, *h.*) suffer, endure, bear; sustain, suffer, incur (*defeat, damage, loss*); suffer *death*; undergo (*changes*).

erˈlern|bar [ɛrˈlɛrnba:r] *adj.* learnable; **~en** *v/t.* (*h.*) learn, acquire, master.

erˈlesen I. *v/t.* (*irr.*, *h.*) acquire by reading; select, choose, pick; **II.** *adj.* select; choice, exquisite.

erˈleucht|en *v/t.* (*h.*) light (up), illumin(at)e; *fig.* enlighten; **2ung** *f* (-; -*en*) illumination; *fig.* enlightenment; *a. eccl.* illumination; inspiration, bright idea, brain-wave.

erˈliegen *v/i.* (*irr.*, *sn*) succumb (*dat.* to *illness, temptation, etc.*); fall victim to; *unter e-r Last* ~ sink under a burden; *mining*: *zum* 2 *kommen* be worked out (*pit*).

erlisten [ɛrˈlistən] *v/t.* (*h.*) obtain by artifice, manage to get, wangle.

erlogen [ɛrˈlo:gən] *adj.* → *erlügen*.

Erlös [ɛrˈlø:s] *m* (-es; -e) proceeds *pl.*; net profits(*pl.*).

erlosch [ɛrˈlɔʃ] *pret. of erlöschen.*

erˈlöschen *v/i.* (*irr.*, *sn*) be extinguished, go out; *fig.* become extinct, cease to exist, die out; *eyes*: dim; *life, passion*: be extinguished; *contract, patent*: expire; *claim, etc.*: lapse; *mit* ~*der Stimme* with a failing voice.

Erˈlöschen *n* (-*s*) extinction; expiration, lapse.

erloschen[1] [ɛrˈlɔʃən] *p.p. of erlöschen.*

erˈloschen[2] *adj.* extinct, extinguished; ~*e Rechte* lapsed interests.

erˈlös|en *v/t.* (*h.*) *esp. eccl.* redeem, save (*von* from); deliver, release, free (from); realize, net, get; *das erlösende Wort sprechen* break the ice; **2er** *eccl. m* (-*s*) *the* Redeemer, *the* Saviour; **2ung** *f* (-; -*en*) *eccl.* redemption; *fig.* deliverance, release; relief.

erˈlügen *v/t.* (*irr.*, *h.*) invent, fabricate; *erlogen a.* false, untrue, trumped up; *das ist (erstunken und) erlogen* that's a (filthy) lie.

ermächtig|en [ɛrˈmɛçtigən] *v/t.* (*h.*) empower, authorize; vest *a p.* with authority *or* powers; *ermächtigt sein zu inf.* be authorized *or* empowered to *inf.*, have authority *or* power to *inf.*; **2ung** *f* (-; -*en*) authorization; authority; power; warrant, licen|ce (*Am.* -se); **2ungsgesetz** *n* Enabling Act.

erˈmahn|en *v/t.* (*h.*) admonish (*j-n zum Fleiß, etc.* a p. to be diligent, *etc.*), exhort; expostulate (*acc.* with); urge; caution, warn; **~end** *adj.* hortatory, admonishing; **2ung** *f* admonition, exhortation; *a* word to the wise.

erˈmangel|n *v/i.* (*h.*, *gen.*) lack, want; be lacking *or* wanting (in); fail; *es an nichts* ~ *lassen* spare no trouble *or* pains; *ich werde nicht* ~ *zu inf.* I shall not fail to *inf.*; *er ermangelte jeglichen Feingefühls* he was innocent of any delicacy; **2ung** *f* (-): *in* ~ *e-r Sache* in default (*or* in the absence) of a th., failing a th.; *in* ~ *e-s Besseren* for want of something better.

ermannen [ɛrˈmanən]: *sich* ~ (*h.*) take heart, pluck up courage; pull o.s. together.

erˈmäßig|en *v/t.* (*h.*) abate, reduce, lower; mark down, *Am.* cut (down) *prices*; *zu ermäßigten Preisen* at reduced prices; *sich* ~ be reduced; **2ung** *f* (-; -*en*) reduction, lowering, *Am.* cut; (tax) relief.

ermatt|en [ɛrˈmatən] **I.** *v/t.* (*h.*) tire, fatigue, exhaust, wear down; **II.** *v/i.* (*sn*) tire (*vor dat.* with), be exhausted, give out; *mentally*: (grow) weary; slacken; *interest, etc.*: wane, flag; **~et** *adj.* fatigued, exhausted, spent, worn out; weary, jaded; **2ung** *f* (-; -*en*) fatigue, exhaustion; weariness, lassitude.

erˈmessen *v/t.* (*irr.*, *h.*) estimate; calculate; judge; weigh, consider; conceive, appreciate, realize; infer, conclude (*aus* from).

Erˈmessen *n* estimate, judg(e)ment; *freies* ~ (free) discretion; *nach m-m* ~ in my opinion, as I see it; *nach menschlichem* ~ in all probability; *ich stelle es in Ihr* ~ I leave it to you(r discretion); *nach bestem* ~ to the best of one's judg(e)ment; *nach dem* ~ *des Gerichtes* at the discretion (*or* pleasure) of the court; **2sentscheidung** *jur. f* discretionary decision; **2smißbrauch** *jur. m* abuse of power of discretion.

ermitteln [ɛrˈmitəln] *v/t.* (*h.*) determine (*a. chem., etc.*); ascertain, establish; investigate; find out, discover; locate; *j-s Identität* ~ identify a p.

Erˈmitt(e)lung *f* (-; -*en*) ascertainment; *chem., etc.*: determination; discovery; investigation, inquiry; ~*en pl.* findings, facts; information *sg.*; ~*en anstellen über* (*acc.*) make inquiries about, inquire into, investigate; **~s-ausschuß** *m* fact-finding committee; **~sbeamter** *m* investigator; **~sverfahren** *jur. n* judicial inquiry.

ermöglichen [ɛrˈmø:kliçən] *v/t.* (*h.*) make (*or* render) possible *or* feasible; enable (et. a th. *or* a th. to be done); *j-m et.* ~ make it possible for (*or* enable) a p. to do a th.; allow.

erˈmord|en *v/t.* (*h.*) murder; assassinate; **2ung** *f* (-; -*en*) murder; assassination.

ermüden [ɛrˈmy:dən] *v/t.* (*h.*) *and v/i.* (*sn*) → *ermatten*; **~d** *adj.* fatiguing; tiresome, wearisome.

Erˈmüdung *f* (-) fatigue (*a. tech.*), tiredness; exhaustion; weariness; **~serscheinung** *f* symptom of fatigue; **~sfestigkeit** *metall. f* fatigue strength; **~sgrenze** *tech. f* endurance limit; **~sstoff** *m* fatigue toxine.

ermunter|n [ɛrˈmuntərn] *v/t.* (*h.*) awake, rouse; *fig.* rouse, stir up; encourage *or* stimulate (*zu et.* to do a th.); cheer (up); animate, enliven, stimulate; *sich* ~ take heart, cheer up; **2ung** *f* (-; -*en*) encouragement; stimulation; fillip; incentive; stimulus.

ermutig|en [ɛrˈmu:tigən] *v/t.* encourage (*j-n zu et.* a p. to do a th.); hearten, embolden; **~end** *adj.* encouraging, reassuring; ♀ung *f* (-) encouragement.

er'nähr|en *v/t.* (*h.*) nourish, feed; keep, support, maintain; *sich ~ von* (*dat.*) live (*or* subsist, feed) on; *fig.* live (*or* make a living) by; *schlecht ernährt* ill-fed, malnourished; **♀er(in** *f*) *m* (*-s, -; -, -nen*) bread-winner.

Er'nährung *f* (-) nourishing, feeding; food, nourishment, *med.* nutrition, alimentation; diet; maintenance, support.

Er'nährungs...: ~amt *n* Food Office; **~güter** *n/pl.* foods, foodstuffs; **~faktor** *m* nutritive factor; **~krankheit** *f* nutritional disease; **~kunde** *f* (-) dietetics *pl.*; **~spezialist(in** *f*) *m* dietician, nutritionist; **~therapie** *f* trophotherapy; **~weise** *f* nutrition, feeding habit; *verordnete ~* diet, regime; **~wirtschaft** *f* food and fodder production and trade; **~wissenschaft** *f* dietetics *pl.*; **~zustand** *m* nutritional condition.

Ernannte(r *m*) [ɛr'nantə(r)] *f* (*-n, -n; -en, -en*) nominee.

er'nenn|en *v/t.* (*irr.*, *h.*) nominate, appoint, constitute; *er wurde zum Vorsitzenden ernannt* he was appointed chairman; **♀ung** *f* appointment, nomination, designation; *s-e ~ zum Konsul* his appointment to be (*or* to the post of) consul; **♀ungsurkunde** *f* letter of appointment; commission.

erneuern [ɛr'nɔʏərn] *v/t.* (*h.*) renew, renovate; *tech.* recondition; renew, prolong (*contract, etc.*); refresh (*colours*); restore (*painting*); replace; *mot.* change (*oil*); retread (*tyre*); renew, repeat; (*a. sich*) revive; reinstate (*patent*).

Er'neuerung *f* (*-; -en*) renewal, renovation; reconditioning; restoration; replacement; revival; reinstatement; reiteration; **~sfonds** *econ. m* depreciation reserve; **~srate** *econ. f* renewal rate; **~sschein** *econ. m* talon.

erneut [ɛr'nɔʏt] **I.** *adj.* renewed, repeated, fresh; *jur.* *~e Verhandlung* rehearing; **II.** *adv.* anew, again.

erniedrig|en [ɛr'ni:drigən] *v/t.* (*h.*) degrade; humble, humiliate; *mus.* flat; *econ.* reduce, lower (*prices*); *sich ~* degrade (*or* demean) o.s.; humble o.s.; *zu et.*: stoop to doing a th.; **~end** *adj.* abasing, humiliating, degrading; **♀ung** (*-; -en*) *f* degradation; abasement; humiliation; *mus.* flattening; *econ.* reduction.

Ernst [ɛrnst] *m* (*-es*) seriousness, earnest; earnestness; seriousness, gravity; severity, sternness; gravity, solemnity; *allen ~es* quite seriously, in all seriousness; *~ machen mit* put *a th.* into practice, go ahead with *a th.*, set about doing *a th.*; et. *im ~ meinen* be in earnest, be serious, mean it; *es ist mein voller ~* I am in good earnest, I am perfectly in earnest; *ist das Ihr ~?* do you really mean it; *wollen Sie im ~ behaupten?* you don't mean to say?

ernst *adj.* serious, earnest; grave, critical; solemn, grave; severe, stern; grave, weighty; gloomy; *ein ~er Rivale* a serious rival; et. *~ meinen* be serious (*or* in earnest) about a th., mean it; *et. ~ nehmen* take a th. seriously; *ich nehme die Sache ~* I regard the matter as serious.

'Ernst...: ~fall *m* emergency; *im ~* in case of emergency; if things come to a head; if need be; *mil.* in case of (actual) war; **♀gemeint** ['-gəmaɪnt] *adj.* serious, meant in earnest; **♀haft** *adj.* serious, earnest, grave; **♀lich** *adj.* (*and adv.*) earnest(ly), serious(ly); *~ besorgt* very anxious, alarmed; *~ krank* seriously ill.

Ernte ['ɛrntə] *f* (*-; -n*) harvest (*a. fig.*); crop, produce; *~ auf dem Halm* standing crop; **~arbeit** *f* harvest work; **~arbeiter(in** *f*) *m* reaper, harvester; **~ausfall** *m* crop failure; **~aussichten** *f/pl.* crop prospect; **~dankfest** *n* harvest-festival, *Am.* Thanksgiving Day; **~ertrag** *m* crop yield, produce; **~jahr** *n* crop year; **~maschine** *f* harvester; **~monat** *m* harvest-month, August.

'ernten *v/t.* (*h.*) *and v/i.* (*h.*) harvest, gather (in), reap; *fig.* reap, earn.

'Ernte...: ~schäden ['-ʃɛ:dən] *m/pl.* damages to the crop; **~segen** *m* rich harvest; **~wagen** *m* harvest-wag(g)on; **~zeit** *f* harvest(-time).

ernüchter|n [ɛr'nyçtərn] *v/t.* (*h.*) sober; *fig. a.* disillusion, bring *a. p.* down to earth; *sich ~* sober down, *fig. a.* come down to earth; *~d wirken* have a sobering effect; **♀ung** *f* (*-; -en*) sobering; disillusionment, disenchantment.

Erober|er [ɛr'ˀo:bərər] *m* (*-s; -*) conqueror; **♀n** *v/t.* (*h.*) conquer (*a. fig.*); *mil.* capture, take; → *Sturm*; **~ung** *f* (*-; -en*) conquest, capture (*both a. fig.*); *a. fig.* *e-e ~ machen* make a conquest; **~ungskrieg** *m* war of conquest; **~ungszug** *m* (warlike) expedition; invasion, inroad.

er'öff|nen *v/t.* (*h.*) open (*a. account, credit, hostilities, operations, session, etc.*); inaugurate; *das Feuer ~* open fire; open, start, set up (*business*); institute (*bankruptcy proceedings*); probate (*a will*); *fig.* start, launch; open (up) *prospects*; *j-m et. ~* disclose (*or* reveal, *formally*: notify) a th. to a p., inform a p. of a th.; *sich ~ opportunity*: offer (*or* present) itself; *sich j-m ~* open o.s. to a p., take a p. into one's confidence; **♀nung** *f* opening; inauguration; disclosure, information, notification.

Er'öffnungs...: ~ansprache *f* opening (*or* inaugural) address; **~beschluß** *m jur.* order to proceed; **~bilanz** *econ. f* opening balance-sheet; **~feier** *f* opening ceremony; **~kurs** *econ. m* opening price; **~sitzung** *f* initial meeting, *parl.* opening session.

erogen [ero'ge:n] *physiol. adj.* erogenous.

erörter|n [ɛr'ˀœrtərn] *v/t.* (*h.*) discuss, debate, argue; discuss in detail, thrash out; **♀ung** *f* (*-; -en*) discussion, debate, argument; *zur ~ stehen* be under discussion.

Ero|tik [e'ro:tik] *f* (-) eroticism; **♀tisch** *adj.* erotic.

Erpel ['ɛrpəl] *m* (*-s; -*) drake.

erpicht [ɛr'piçt] *adj.*: *~ auf* (*acc.*) intent (*or* bent, keen) on; mad for (*or* after); greedy for; *darauf ~ sein, zu inf.* be intent, *etc.*, on *ger.*; be anxious to *inf.*

er'press|en *v/t.* (*h.*) extort (*von* from); blackmail *a p.*; squeeze *money* (*von j-m* out of); **♀er(in** *f*) *m* (*-s, -; -, -nen*) extortioner, blackmailer; **♀ung** *f* (*-; -en*) extortion; blackmail; **♀ungsversuch** *m* attempted extortion.

er'prob|en *v/t.* (*h.*) try, test, prove; put to the test; **~t** *adj.* tried, tested; approved; experienced; reliable; **♀ung** *f* (*- ;-en*) trial, test, try-out; **♀ungsflieger** *m* test pilot; **♀ungsflug** *aer. m* proving flight.

erquick|en [ɛr'kvikən] *v/t.* (*h.*) refresh; (re)invigorate, brace; *s-e Augen ~ an* (*dat.*) feast one's eyes on; **~end, ~lich** *adj.* refreshing; delightful, agreeable; **♀ung** *f* (*-; -en*) refreshment; delight, treat.

er'raten *v/t.* (*irr.*, *h.*) guess; divine; hit upon (*answer*).

erratisch [ɛ'ra:tiʃ] *geol. adj.* erratic.

er'rechnen *v/t.* (*h.*) reckon out, calculate, compute.

erreg|bar *adj.* excitable, irritable; nervous, high-strung; **♀barkeit** *f* (-) excitability, irritability; **~en** [ɛr're:gən] *v/t.* (*h.*): *j-n*: excite, agitate, upset *a p.*; irritate; infuriate, incense, madden; cause, give rise to, call forth; inspire (*fear, etc.*); (a)rouse, stir up (*passion, suspicion*); create (*a sensation, a scandal*); provoke (*anger*); *el.* excite, *Am.* energize; *sich ~* be excited (*etc.*); get all worked up (*über* about); flare up, (fly into a) rage; **~end** *adj.* exciting, thrilling; stirring; *med.* (*a. ~es Mittel*) excitant, stimulant; → *besorgnis~, etc.*; **♀er** *m* (*-s; -*) cause; *el.* exciter; *med.* causative organism; virus; germ; **♀erenergie** *el. f* field energy; **♀erspannung** *el. f* exciting voltage; **♀erstrom** *el. m* exciting current; **~t** *adj.* excited; agitated, in a state; heated (*discussion, etc.*); stirring, turbulent (*times*); **♀ung** *f* excitement, agitation; emotion; exasperation, rage, fury; *el., a. med. of nerve, a. sexual*: excitation; *freudige ~* thrill (*or* ecstasy) of joy; *jur.* *~ öffentlichen Ärgernisses* disorderly conduct.

erreichbar [ɛr'raɪçba:r] *adj.* within reach *or* call, get-at-able; available; *fig.* attainable, achievable; *leicht ~* within easy reach; *zu Fuß (mit dem Auto) leicht ~* within easy walking (driving) distance.

er'reich|en *v/t.* (*h.*) reach; catch, *Am.* make (*a train*); arrive at, get to (*a place*); make (*the shore, etc.*); come up with, draw up to; *j-n telephonisch ~* get a p. on the phone; *von der Bahn leicht zu ~* within easy reach of the station; *fig.* achieve, attain, reach; obtain, secure, get; equal, match; come up to; *ein hohes Alter ~* live to a great age; → *Ziel, Zweck*; *alles, was dabei erreicht wurde, war* the only result of it was; *ich erreichte, daß* I managed to *inf.*, I succeeded in *ger.*; *nichts wurde erreicht* it was all in vain, we didn't get anywhere; ≈**ung** *f* (-) reaching; attainment, achievement.

er'rett|en *v/t.* (*h.*) save, rescue (*von, aus* from); deliver (from); ≈**er** *m*, ≈**erin** *f* rescuer, savio(u)r (*a. eccl.*); ≈**ung** *f* rescue, deliverance; *eccl.* salvation, redemption.

er'richt|en *v/t.* (*h.*) erect, build, raise; → *Lot*; *fig.* found, establish; open, set up (*business*); draw up, make (*last will*); ≈**ung** *f* erection, building, construction; foundation, establishment.

er'ringen *v/t.* (*irr., h.*) obtain; achieve, gain (*fame, success*); win, carry off (*prize*); → *Sieg*; *er errang den zweiten Platz* he was second, *runner*: he came in (*or* ran) second.

erröten [ɛr'røːtən] *v/i.* (*sn*) blush, flush, colo(u)r (*vor dat.* with) (*über acc.* at); **Er'röten** *n* (-s) blush(ing); *j-n zum ~ bringen* put a p. to the blush.

Errungenschaft [ɛr'ruŋənʃaft] *f* (-; -en) acquisition; *fig.* achievement; feat, triumph; **~sgemeinschaft** *jur. f* community of after-acquired property.

Ersatz [ɛr'zats] *m* (-es) compensation; indemnification; damages *pl.*, indemnity; reparation; restitution; alternative; replacement, substitute, ersatz (*für* for); *mil.* replacements, reinforcements *pl.*; recruits *pl.*; → *Ersetzung*, *~mann*, *~mittel*, *~teil*; *als ~ für* (*acc.*) as (*or* by way of) compensation for; in exchange (*or* by way of compensation) for; in exchange (*or* return) for; *~ leisten für* (*acc.*) compensate (*or* make compensation, amends) for, make restitution of; **~anspruch** *m* claim for compensation; **~bataillon** *n* depot (*Am.* replacement training) battalion; **~batterie** *el. f* refill; **~brennstoff** *m* substitute fuel; **~dienst** *mil. m* → *Wehrersatzdienst*; **~einheit** *mil. f* replacement *or* reserve unit; **~erbe** *m* substitute heir; **~fahrer** *m* substitute driver; **~geld** *n* token money; **~handlung** *psych. f* redirection activity; **~heer** *n* reserve army; **~kaffee** *m* ersatz coffee; **~kasse** *f* (private) sickness insurance society; **~leder** *n* imitation leather; **~leistung** *f* compensation, indemnification, payment of damages; **~lieferung** *f* compensation delivery; **~mann** *m* substitute, *Am. a.* alternate; *sports*: emergency man, sub(stitute), spare; **~mine** *f* refill; **~mittel** *n* substitute, surrogate; ersatz; **~pflicht** *f* liability (to pay damages); ≈**pflichtig** *adj.* liable to compensation; **~rad** *mot. n* spare wheel; **~reifen** *m* spare tyre, *Am.* tire; **~reserve** *mil. f* supplementary reserve; **~spieler** *m thea.* understudy, *Am. a.* stand-in; *sports*: → *Ersatzmann*; **~strafe** *jur. f* alternative punishment; **~teil** *tech. m* replacement part; spare (part); *~liste* parts list; *~lager* spare parts store; **~wahl** *f* by-election; **~wesen** *mil. n* (-s) recruitment; ≈**weise** [-vaɪzə] *adv.* by (way of) substitution, *etc.*; alternatively; **~zahn** *m* permanent tooth.

er'saufen *colloq. v/i.* (*irr., sn*) be drowned; *thing*: be flooded.

ersäufen [ɛr'zɔʏfən] *v/t.* (*h.*) drown (*a. colloq. fig. s-e Sorgen im Alkohol* one's sorrows in drink).

er'schaff|en *v/t.* (*irr., h.*) create; produce, make; ≈**er**(**in** *f*) *m* (-s, -; -, -nen) creator; *God*: *the* Creator; ≈**ung** *f* creation.

er'schallen *v/i.* (*irr., sn*), (*a. ~ lassen*) (re)sound, ring; echo.

er'schauern *v/i.* (*sn*) thrill; tremble, shiver, shudder (*all*: *über acc.* at; *vor dat.* with).

er'scheinen *v/i.* (*irr., sn*) appear (*a. ghost*: *j-m* to a p.); come (along), turn up; put in a (personal) appearance; *vor Gericht ~* appear (*or* attend) in court; *nicht ~* fail to appear; *nicht erschienen sein* be absent; emerge (*aus* from); show o.s.; *book*: appear, come out, be published; *soeben erschienen* just published (*or* out); *~ lassen* publish, bring out; seem, appear, look; *es erscheint mir merkwürdig* it strikes me as (being) funny; *es erscheint ratsam* it appears advisable.

Er'scheinen *n* (-s) appearance; apparition (*of ghost*); publication (*of book*); *im ~ begriffen* forthcoming (*book*); *beim ~* when published.

Er'scheinung *f* (-; -en) appearance; phenomenon; spectacle; apparition; spectre, phantom; vision; indication, sign; symptom, manifestation; (outward) appearance; *e-e glänzende ~ sein* cut a fine figure; *in ~ treten* make one's appearance, *fig.* appear, emerge, show, enter the picture, come to the fore; be (*or* make itself) felt.

Er'scheinungs...: **~bild** *biol. n* ph(a)enotype; **~fest** *eccl. n* Epiphany; **~form** *f* (outward) shape, manifestation, embodiment; *biol.* genotype; **~jahr** *n* year of publication; **~welt** *f* physical world.

Er'schienene(r *m*) [ɛr'ʃiːnənə(r)] *f* (-n, -n; -en, -en) *notary's office*: deponent, appearer.

er'schieß|en *v/t.* (*irr., h.*) shoot (dead); *~ lassen* have *a p.* shot; *sich ~* shoot o.s.; ≈**ung** *f* (-; -en) shooting; (military) execution; ≈**ungskommando** *n* firing squad.

erschlaff|en [ɛr'ʃlafən] **I.** *v/i.* (*sn*) *muscle*: go limp, relax; *person*: tire, be exhausted (*or* weary); *fig.* slacken, languish, flag; **II.** *v/t.* (*h.*) relax; fatigue, exhaust; enervate; ≈**ung** *f* (-; -en) relaxation; enervation; prostration.

er'schlagen I. *v/t.* (*irr., h.*) slay, kill; *der Blitz hat ihn ~* he was killed by lightning; **II.** *colloq. adj.*: *wie ~ sein* **a)** be dum(b)founded, **b)** be dead tired, *sl.* be all in.

er'schleich|en *v/t.* (*irr., h.*) obtain surreptitiously (*or* by fraud, by false pretences); *sich j-s Gunst ~* creep into a p.'s favo(u)r; ≈**ung** *jur. f* (-) obtaining by false pretences.

er'schließ|en *v/t.* (*irr., h.*) open, make accessible; open up, throw open (*markets*); develop, tap, exploit (*resources*); develop (*building area*); infer (*aus* from); derive *word* (from); disclose, reveal, unfold; *sich ~* open (*j-m* to a p.); ≈**ung** *f* opening (up), development.

er'schmeicheln *v/t.* (*h.*): *et. von j-m ~* coax a th. out of a p.; *sich j-s Gunst ~* wheedle o.s. into a p.'s favo(u)r.

er'schöpf|en *v/t.* (*h.*) exhaust, wear out, take it out of *a p.*; drain, deplete, exhaust (*supplies, etc.*); exhaust (*a subject*), treat exhaustively; *sich ~* exhaust o.s., wear o.s. out; *writer*: write o.s. out, run dry; *matter*: be exhausted, peter out; **~end** *adj.* exhausting, punishing; exhaustive, full (*treatment, etc.*); **~t** *adj.* exhausted (*von* by), spent, done in; run-down (*battery*); ≈**ung** *f* exhaustion, weariness, prostration; depletion, exhaustion (*of supplies*); *bis zur ~* to the point of exhaustion.

er'schrecken I. *v/t.* (*h.*) frighten, scare, terrify, dismay; startle, (give a) shock, alarm; *j-n zu Tode ~* frighten a p. out of his (her) wits, give a p. the shock of his (her) life; **II.** *v/i. and sich ~* (*irr., h.*) be frightened (*über acc.* at); be startled *or* alarmed (by); *sie erschrak beim kleinsten Geräusch* she started at the slightest noise; ≈ *n* shock, fright, alarm; **~d I.** *adj.* alarming, startling, terrible; **II.** *adv.*: *~ wenige, etc.* appallingly (*or* alarmingly) few, *etc.*

erschrocken[1] [ɛr'ʃrɔkən] *p.p. of erschrecken.*

er'schrocken[2] *adj.* frightened, scared, terrified; startled.

erschütter|n [ɛr'ʃʏtərn] *v/t.* (*h.*) shake, rock, stagger; *fig.* shake (*decision, health, trust, etc.*); shock, upset; move (*a p. or a p.'s* heart), affect *a p.* deeply; *das konnte ihn nicht ~* it left him cold; **~nd** *adj.* shocking, pitiable, distressing; moving, (heart-)stirring, heart-wrenching; ≈**ung** *f* (-; -en) concussion, shock, jolt; *tech. a.* vibration; *fig.* shock, jolt; blow; emotion; **~ungsfrei** *tech. adj.* free from vibrations, smooth.

erschwer|en [ɛr'ʃveːrən] *v/t.* (*h.*) render (more) difficult, complicate; impede, obstruct; aggravate; **~end** *adj.* complicating; *esp. jur.* aggravating; ≈**ung** *f* (-; -en) impediment (*gen.* to); complication, handicap; aggravation.

er'schwindeln *v/t.* (*h.*) obtain by trickery (*or* fraud); *von j-m ~* swindle (*or* cheat) out of a p.

er'schwing|en *v/t.* (*irr., h.*) afford; *ich kann es nicht ~* I cannot afford it; **~lich** *adj.* within a p.'s means (*or* reach); *zu ~en Preisen* at reasonable (*or* agreeable) prices.

er'sehen *v/t.* (*irr., h.*) see (*aus* by, from); note, observe; learn *or* understand (from); gather (from); *daraus ist zu ~, daß* hence it appears that, this shows that.

er'sehnen *v/t.* (*h.*) long (*or* yearn, crave) for, hanker after.

ersetz|bar [ɛr'zɛtsbaːr] *adj.* replaceable (*a. tech.*); reparable; *loss*: *a.* recoverable, retrievable; **~en** *v/t.* (*h.*) et.: replace a th., substitute *a th.* for a th.; take the place of, supersede; *j-n*: *a.* replace a p.; fill a p.'s place; repair; indemnify, compensate (for), make good; reimburse, refund (*expenses*); *j-m et. ~* indemnify (*or* reimburse) a p.

for a th.; *den Schaden ersetzt bekommen* recover damages; *sie ersetzte ihm die Eltern* she was father and mother to him; *er ersetzte mangelndes Talent durch Fleiß* he compensated (*or* made up for) a lacking talent by his industry; *er kann ihn nicht ~* he can't fill his shoes; **≈ung** *f* (-; -*en*) replacement; substitution; supersession; compensation, indemnification.

er'sichtlich *adj.* clear, obvious, evident; *ohne ~en Grund* for no obvious reason; *daraus wird ~* hence it appears, this shows.

er'sinnen *v/t.* (*irr.*, *h.*) devise, contrive, think out (*Am.* up); invent.

er'sitz|en *jur. v/t.* (*irr.*, *h.*) acquire by prescription, usucapt; **≈ung** *f* positive prescription; **≈ungsfrist** *f* prescriptive period.

er'spähen *v/t.* (*h.*) espy, catch sight of, spot.

er'spar|en *v/t.* (*h.*) save, put by (*money*); *j-m Kosten, Zeit, etc. ~* save a p. money, time, *etc.*; *j-m e-e Demütigung, etc. ~* spare a p. a humiliation, *etc.*; *erspare dir deine Bemerkungen* keep your remarks to yourself; *mir bleibt nichts erspart* I am spared nothing; **≈nis** *f* (-; -*se*) saving (*an dat.* in, of).

ersprießlich [ɛr'ʃpri:sliç] *adj.* useful; profitable, worthwhile; fruitful; beneficial, advantageous (*für* to); **≈keit** *f* (-; -*en*) usefulness; profitableness; beneficialness; positive results *pl.*

erst [e:rst] **I.** *adv.* first; at first, at the outset, originally; first, before, previously; only, just, but; only, not before, not till *or* until; as late as; (*eben*) *~* just; *~ als* only when; *~ dann* only (*or* not till) then; *~ gestern* only (*or* but) yesterday; *~ jetzt* only (*or* not until) now; *~ nach der Vorstellung* not until after the performance; *~ sagtest du, du würdest es tun* first you said you would (do so); *~ recht* more than ever, all the more (so); *jetzt ~ recht!* now with a vengeance!; *jetzt ~ recht nicht* now less than ever; *das macht es ~ recht schlimm* that makes it even (*or* all the) worse; *wäre er ~ hier!* if only he were here!; **II.** *adj.* → erste.

erstark|en [ɛr'ʃtarkən] *v/i.* (*sn*) grow strong(er), gather (*or* gain) strength, strengthen; **≈ung** *f* (-) strengthening.

er'starr|en *v/i.* (*sn*) grow stiff, stiffen; *limbs*: become numb (*or* torpid); *with cold*: be chilled; *chem.*, *etc.*: solidify; *fat*: congeal; *cement*: set; *blood*: coagulate; freeze; *fig. vor Schreck ~* be paralysed with fear, freeze with horror; *j-s Blut ~ lassen* make a p.'s blood curdle; *sein Gesicht erstarrte* his face froze; **~t** *adj.* stiff; numb, torpid; *fig.* paralysed; **≈ung** *f* (-; -*en*) stiffness; numbness, torpor, torpidity (*all a. fig.*); *chem.* solidification; *blood*: coagulation; *fat*: congelation; *cement*: setting; **≈ungs-punkt** *phys. m* solidification point; *of blood*: coagulation point.

erstatt|en [ɛr'ʃtatən] *v/t.* (*h.*) restore, return; repay, refund; *Anzeige ~* **a)** give notification (*über acc.* of), report, **b)** *jur.* inform (*gegen* against *a p.*), report *a p.* (to the police); → *Bericht*; *ersetzen*; **≈ung** *f* (-; -*en*) restitution, return; compensation; reimbursement, refund; sending in (*or* delivery) *of a report*; **~ungspflichtig** *adj.* liable to make restitution; reimbursable (*cost*).

Erstaufführung ['e:rst-] *f thea.* first (*or* opening) night, première; *film*: *a.* first run.

er'staunen I. *v/i.* (*sn*) be astonished *or* amazed (*über acc.* at); be surprised (at); **II.** *v/t.* (*h.*) → *in ≈ setzen*; **Er'staunen** *n* astonishment, amazement, surprise; stupefaction; *in ~ geraten* → *erstaunen I.*; *in ~ setzen* astonish, surprise (*durch* by), astound, amaze, fill with amazement; (*sehr*) *zu m-m ~* to my (great) astonishment, (much) to my surprise.

er'staun|lich *adj.* astonishing, amazing, surprising; remarkable; stupendous; **≈es** amazing thing(s); **~t** *adj.* astonished, amazed, surprised (*über acc.* at).

Erst... ['e:rst-]: **~ausfertigung** *f* original (copy); **~ausführung** *tech. f* prototype; **~ausgabe** *f*, **~druck** *m* (-[e]s, -e) first edition; **~ausstattung** *f* initial issue; **≈beste** *adj.* → *erste beste*; **~besteigung** *f* first ascent.

erste ['e:rstə] *adj.* first; *Karl der ≈* (*Karl I.*) Charles the First (Charles I); *der ≈ des Monats* the first day of the month; *fig.* first, foremost, prime, leading; *~ Güte* prime quality; → *Hand*, *Hilfe*; *der* (*die*) *~ beste* the first comer; *das ~ beste* anything, the first *or* next (thing); *er war der ~, der* he was the first to *inf.*; *ped.* der (die) *≈* the top boy (girl); *in ~r Linie*, *an ~r Stelle* in the first place, first of all, primarily; *fürs ~* for the present (*or* moment), for the time being; → *Mal*; *zum ~n, zweiten, zum dritten!* going, going, gone!; *der ~re, der letztere* the former, the latter.

er'stechen *v/t. irr.*, *h.*) stab.

er'steh|en I. *v/t.* (*irr.*, *h.*) buy, purchase, get; **II.** *v/i.* (*irr.*, *sn*) arise, rise, come into being; **≈er(in** *f*) *m* (-*s*, -; -, -*nen*) successful purchaser (*or* bidder); **≈ung** *f* (-; -*en*) purchase.

ersteig|bar [ɛr'ʃtaɪkba:r] *adj.* climbable; **~en** [-gən] *v/t.* (*irr.*, *h.*) ascend, mount; climb, scale; *fig. den Gipfel des Ruhms, etc. ~* rise to the zenith of fame, *etc.*; **≈ung** *f* ascent, climbing.

Ersteinlage ['e:rst-] *econ. f* original investment.

er'stellen *v/t.* (*h.*) provide, make available, supply; erect, construct, build.

erstenmal ['e:rstən-] *adv.*: *zum ~* for the first time.

erstens ['e:rstəns] *adv.* first(ly), in the first place; to begin with, for one thing.

'erster → erste.

er'sterben *v/i.* (*irr.*, *sn*) die (away), expire; *fig. sound, etc.*: die, fade (away).

erst... ['e:rst-]: **~geboren** *adj.* first-born, eldest; **≈geburt** *f* first-born child; → **≈geburtsrecht** *n* birthright, (right of) primogeniture; **~genannt** *adj.* first-named, aforesaid; former.

er'stick|en I. *v/t.* (*h.*) suffocate, choke (*a. fig.*); stifle, smother (*a. fig.*); *med.*, *mil.* asphyxiate; → *Keim*; **II.** *v/i.* (*sn*) suffocate, choke (*a. fig. vor dat.* with), be choked; *fig. in Arbeit ~* be snowed under with work; *mit erstickter Stimme* in a choked voice; *zum ≈* (*heiß*) suffocating, stifling(ly hot); **~end** *adj.* suffocating, stifling (*a. fig.*); asphyxiating; **≈ung** *f* (-; -*en*) suffocation; asphyxiation; **≈ungs-anfall** *m* fit of choking; **≈ungstod** *m* death from suffocation; asphyxia.

erst... ['e:rst-]: **~instanzlich** *jur. adj.* of the trial court, (*a. adv.*) at first instance; *~e Gerichtsbarkeit* original jurisdiction; **~klassig** *adj.* first-class, first-rate, *pred.* of the first order; *econ. a.* prime, top-quality, high-grade; gilt-edged (*securities*); *colloq.* A-l, *esp. Am.* dandy, great.

erstlich *adv.* → *erstens*.

Erstling ['e:rstlɪŋ] *m* (-*s*; -*e*) first-born (child); *zo.* firstling; *fig.* first production, first fruits *pl.*; **~s-arbeit** *f* first work; **~s-ausstattung** *f* layette; **~sfrüchte** ['-fryçtə] *f/pl.* first fruit (of the season); **~sgefieder** *n* nestling plumage; **~sversuch** *m* first attempt; → *Jungfern...*

'erst...: **~malig** ['-ma:liç] **I.** *adj.* first; **II.** *adv. a.* **~mals** for the first time.

'Erst...: **~meldung** *f* exclusive news (*or* story), scoop; **~montage** *f* green assembly; **≈rangig** ['-raŋiç] *adj.* of the first order; → *erstklassig*.

er'streben *v/t.* (*h.*) strive after (*or* for), aspire to; desire, covet; **~swert** *adj.* desirable, worth the effort.

er'strecken: *sich ~* (*h.*) extend, stretch, reach, range (*bis zu* to; *über acc.* over); *fig. a. sich ~ auf* (*acc.*) refer to, concern, be concerned with; *sich ~ über* (*acc.*) cover.

er'stürm|en *v/t.* (*h.*) take by storm *or* assault, storm; **≈ung** *f* (-; -*en*) taking (by assault), storming.

er'suchen I. *v/t.* (*h.*): *j-n um et. ~* request (*or* call upon) a p. to do a th.; entreat, beseech, request urgently; **II.** *v/i.* (*h.*): *um et. ~* request a th.; petition for a th.

Er'suchen *n* (-*s*) request; petition; *auf sein ~ hin* at his request; *auf sein dringendes ~* at his insistence.

er'tappen *v/t.* (*h.*) catch, surprise (*bei et.* at); *beim Stehlen ~* catch stealing; → *Tat*; *fig. sich bei et. ~* catch o.s. doing a th.

er'teil|en *v/t.* (*h.*) give (*a. advice, information, lessons*); confer *or* bestow (*dat.* on); place *orders* (*dat.* with), give; grant (*patent*); administer (*punishment, etc.*) (*dat.* to); → *Vollmacht*, *Wort*, *etc.*; **≈ung** *f* giving, grant(ing), conferring; placing.

er'tönen *v/i.* (*sn*) (re)sound, ring (out); *~ lassen* sound; raise (*one's* *voice*); ~ *von* (*dat.*) resound with, echo with.

er'töten *v/t.* (*h.*) deaden, stifle.

Ertrag [ɛr'trɑ:k] *m* (-[e]s; ⸚e) yield, produce; *mining*: output; proceeds, returns, profits *pl.*; **2en** [-gən] *v/t.* (*irr.*, *h.*) bear, endure; suffer, support, stand; tolerate, suffer, put up with; **2fähig** *adj.* productive, yielding a return; **~fähigkeit** *f* (-) productiveness.

erträglich [ɛr'trɛ:kliç] *adj.* bearable, endurable; passable, tolerable (*adv.* tolerably well); **2keit** *f* (-) bearableness.

ertraglos *adj.* unproductive, unprofitable.

Er'trägnis *n* (-ses; -se) → *Ertrag.*

Er'trag...: **2reich** *adj.* productive, rich (in yield); profitable, paying (*transaction, etc.*); **~sfähigkeit** *f* (-) productive capacity, earning power; **~srechnung** *f* profit and loss account, income account; **~ssteuer** *f* profits tax.

er'tränken *v/t.* (*h.*) drown.

er'träum|en *v/t.* (*h.*) dream of, imagine, vision; **~t** *adj.* imaginary, visionary.

er'trinken *v/i.* (*irr.*, *sn*) be drowned, drown; *ertrunken* drowned; *ein Ertrinkender* a drowning man.

Er'trinken *n* drowning.

er'trotzen *v/t.* (*h.*) extort *or* wring (*et. von j-m* a th. from a p.), force a th. (out of a p.).

ertüchtig|en [ɛr'tyçtigən] *v/t.* (*h.*) make fit, train; strengthen, harden, steel; **2ung** *f* (-) training, strengthening, hardening; *körperliche* ~ physical training.

erübrigen [ɛr'ʔy:brigən] *v/t.* (*h.*) save (*money*); spare (*time*); *sich* ~ be unnecessary (*or* useless); be superfluous; *es dürfte sich* ~ it will hardly be necessary; *es erübrigt sich jedes Wort* there is nothing more to be said.

eruieren [eru'i:rən] *v/t.* (*h.*) find out, elicit.

Eruption [eruptsi'o:n] *f* (-; -en) eruption.

Eruptivgestein [erup'ti:f-] *n* volcanic rock.

er'wachen *v/i.* (*sn*) awake(n), wake (up); start up; ~ *an* (*dat.*) be roused by; *fig. feelings*: wake, be roused; *day*: dawn; *zu neuem Leben* ~ awaken to new life.

Er'wachen *n* (-s) (a)wakening.

er'wachsen I. *v/i.* (*irr.*, *sn*) arise, develop, spring (*aus* from); (*dis-*)*advantage, expense, etc.*: accrue (*dat.* to, *aus* from); *daraus können uns große Schwierigkeiten* ~ this may cause us great difficulties; **II.** *adj.* grown-up, adult (*both a.* **2e[r** *m*] *f*, *-n, -n*; *-en, -en*); full-grown; of age; **2enbildung** *f* (-) adult education; **2heit** *f* (-) maturity; adulthood.

er'wäg|en *v/t.* (*irr.*, *h.*) weigh; consider, deliberate; examine; take into account; ~ *et. zu tun* consider (*or* contemplate) doing a th.; **2ung** *f* (-; *-en*) consideration; reflection; deliberation; *in* ~ *ziehen* take into consideration; *in der* ~, *daß* considering that.

er'wählen *v/t.* (*h.*) choose, select, pick; elect, vote for.

er'wähn|en *v/t.* (*h.*) mention, refer to, make mention of (*or* reference to); **~enswert** *adj.* worth mentioning, worthy of note; **2ung** *f* (-; *-en*) mention (*gen.* of), reference (to).

er'wärm|en *v/t.* (*h.*) warm, heat; *sich* ~ (grow) warm; *fig. sich* ~ warm up; *für*: warm (up) to, take a lively interest in (*a p. or th.*); **2ung** *f* (-; *-en*) warming.

er'warten *v/t.* (*h.*) expect (*von* of, from); look forward to; wait for, await; anticipate; *et. kaum* ~ *können* be eagerly looking forward to a th.; → *Kind*; *es ist zu* ~ it is expected; *wie zu* ~ as was to be expected; *wenn er wüßte, was ihn erwartet* if he knew what is in store for him; *das war mehr, als er erwartet hatte* that was more than he had bargained for; *von ihm kann man noch allerhand* ~ he is a man to watch; *über* (*wider*) 2 beyond (contrary to) expectation.

Er'wartung *f* expectation; hope, anticipation; expectancy; *in* ~ (*gen.*) in anticipation of, looking forward to, awaiting (*your reply*); *den* ~*en entsprechen* come up to *a p.'s* expectations; **2svoll** *adj. and adv.* full of expectation, expectant(ly).

er'weck|en *v/t.* (*h.*) wake, rouse (*a p.*); resuscitate, recall to life, raise (from the dead); *fig.* awaken; rouse, stir up (*feelings*); raise (*hope, memory*); arouse, excite (*interest*); inspire (*fear*); *bei j-m den Glauben* ~, *daß* make a p. believe that; → *Anschein, Eindruck, etc.*; **2ung** *f* (-; *-en*) resuscitation, revival; *fig.* awakening, arousing, raising.

er'wehren: *sich* ~ (*h.*, *gen.*) keep (*or* ward, fend) off; resist; *sich der Tränen* ~ restrain (*or* keep back) one's tears; *ich konnte mich des Lachens nicht* ~ I could not help laughing; *man konnte sich des Eindrucks nicht* ~ you could not help feeling.

er'weich|en *v/t.* (*h.*) soften; *fig. j-n*: *a.* mollify; move, touch; *sich* ~ *lassen* relent, yield, give in; **~end** *adj.* softening; *med.* (*a.* ~*es Mittel*) emollient; **2ung** *f* (-; *-en*) softening; *fig. a.* mollification.

er'weis|en *v/t.* (*irr.*, *h.*) prove, show; render (*dat.* to *a p.*); → *Achtung, Dienst, Ehre, Gefallen*[1], *Gunst*; *sich* ~ show o.s.; become apparent (*or* clear); *sich* ~ *als* prove (o.s. to be), turn out to be; *dieses Mittel hat sich als unwirksam erwiesen a.* this drug has been found to be ineffective; **~lich I.** *adj.* provable, demonstrable; **II.** *adv.* provably, as can be proved.

erweiter|n [ɛr'vaɪtərn] *v/t. and sich* ~ (*h.*) widen, enlarge, expand, extend (*all a. fig.*); *med.* dilate; *gr. erweiterter Satz* compound sentence; *erweiterter Sinn* extended sense; *erweiterte Vollmachten* extended powers; **2ung** *f* (-; *-en*) widening, expansion, enlargement, *a gr.*, *a. of factory*: extension; *med.* dila(ta)tion; **2ungsbau** *m* (-[e]s; -ten) annex(e), extension, addition.

Erwerb [ɛr'vɛrp] *m* (-[e]s; -e) acquisition; purchase; earnings *pl.*; living; **2en** [-bən] *v/t.* (*irr.*, *h.*) acquire; purchase; earn; (*sich*) ~ gain (*riches*); make (*a fortune*); *econ.* secure (*interests*); *sich sein Brot* ~ earn one's living; *fig.* acquire (*knowledge, rights, etc.*); earn, gain, win (*a p.'s respect, etc.*); → *Verdienst* 2; **~er(in** *f*) *m* (-s, -; -, -nen) acquirer, purchaser; transferee, assign.

erwerbs... [ɛr'vɛrps-]: **~behindert** *adj.* disabled (for work); **2betrieb** *m* business undertaking; **~fähig** *adj.* capable of gainful employment; **2gesellschaft** *f* trading company, *Am.* corporation; **2leben** *n* (-s) gainful activity; labo(u)r market; **~los** *adj. etc.* → *arbeitslos etc.*; **2minderung** *f* reduction in earning capacity; **2mittel** *n* means of living; **2quelle** *f* source of income; **2sinn** *m* (-[e]s) business sense; acquisitiveness; **2steuer** *f* profit and income tax; **~tätig** *adj.* working (for a living), gainfully employed; **2tätige(r** *m*) *f* (-n, -n; -en, -en) gainfully employed person; **2tätigkeit** *f* gainful employment; occupational activities *pl.*; **2trieb** *m* (-[e]s) → *Erwerbssinn*; **~unfähig** *adj.* incapable of earning one's living, disabled; **2unfähigkeit** *f* (-) incapacity of earning one's living, disability; **2urkunde** *jur. f* title-deed; **2zweig** *m* branch of industry (*or* trade); line (of business), trade.

Er'werbung *f* acquisition.

erwider|n [ɛr'vi:dərn] *v/t.* (*h.*) return, reciprocate; requite, retort; (*a. v/i.* [*h.*]) reply, answer (*auf acc.* to), *jur.* rejoin; retort; *auf m-e Frage erwiderte er* in reply to my question he said; **2ung** *f* (-; *-en*) return, reciprocation; retaliation; reply, (*a. jur.*) answer; retort, repartee.

erwiesen [ɛr'vi:zən] → *erweisen*; **~ermaßen** [-'mɑ:sən] *adv.* provedly, as has been proved (*or* shown).

er'wirken *v/t.* (*h.*) obtain, procure, effect, bring about.

er'wischen *v/t.* (*h.*) catch; get (hold of); → *ertappen*; *sich* ~ *lassen* get caught; *colloq. ihn hat's erwischt* he has got it.

erwünscht [ɛr'vynʃt] *adj.* desired, wished-for; desirable; *das ist mir sehr* ~ that suits me well.

er'würgen *v/t.* (*h.*) strangle, throttle; choke (the life out of).

Er'würgen *n* (-s) strangling, strangulation.

Erz [e:rts] *n* (-es; -e) ore; metal; brass; bronze; '**~ader** *f* mineral (*or* ore) vein, lode.

erzähl|en [ɛr'tsɛ:lən] *v/t.* (*h.*) tell; relate, report, give an account of; narrate; *man hat mir erzählt* I have been told; *man erzählt sich* people (*or* they) say; *man erzählte von ihr* it was told of her (that), she was said (to be *or* to have); *wem* ~ *Sie das!* you are telling me!; **~end** *adj.* narrative; epic; **2er(in** *f*) *m* (-s, -; -, *-nen*) narrator, relator; story--teller; writer (of tales), author (of fiction); **2ung** *f* narration; report, account; tale, story, narrative; **2ungskunst** *f* narrative power, story-telling genius.

Erz... ['e:rts-]: **~aufbereitung** *f* ore dressing; **~bergwerk** *n* ore mine.

'Erz|bischof *m* archbishop; **2bischöflich** *adj.* archiepiscopal; **~bistum** *n* archbishopric.

'Erz...: ~bösewicht, ~bube *m* arrant rogue; **2dumm** *adj.* infernally stupid; **~engel** *m* archangel.

er'zeug|en *v/t.* (*h.*) beget (*children*); produce; *agr. a.*: grow; manufacture, make; *chem., phys.* generate; form; breed (*fever*); *fig.* cause, give rise to, bring about; engender, produce (*feeling, state*); **2er** *m* (-s; -) begetter, progenitor, father; producer, manufacturer, maker; *el.* generator; **2erin** *f* (-; -nen) mother; *econ.* (*firm*) manufacturers, makers *pl.*; **2erland** *n* country of origin; **2erpreis** *m* producer's price; **2nis** *n* (-ses; -se) product; *agr. usu.* **~se** *pl.* produce; *chem., econ.* product; *econ. a.* make, article; *eigenes* ~ my, *etc.*, own make; *Deutsches* ~ Made in Germany; production (*of intellect, of art*), *iro.* brain-child; product (*of imagination*).

Er'zeugung *f* begetting, procreation; *chem., phys.* generation; *w.s.* production; manufacture, making; formation; *fig.* creation, generation, production; **~skosten** *pl.* prime cost, cost of production; **~skraft** *f* generative force.

Erz... ['e:rts-]: **~feind** *m eccl.* arch-fiend; *a. w.s.* arch-enemy; **~gang** *m* → *Erzader*; **~gauner** *m* arrant swindler, rascal; **~gießer** *m* brass-founder; **~gieße'rei** *f* brass-foundry; **~grube** *f* (ore) mine, pit; **2haltig** *adj.* ore-bearing, metalliferous; **~herzog(in** *f*) *m* archduke (*f* archduchess); **2herzoglich** *adj.* archducal; **~herzogtum** *n* archduchy; **~hütte** *f* smelting works *pl.*

er'zieh|en *v/t.* (*irr., h.*) bring up, raise, rear; educate; ~ *zu et.* bring up to, train to; *wohlerzogen* well-bred, well-educated; *schlecht erzogen* ill-bred; **2er** *m* educator, educationalist; teacher; (private) tutor; **2erin** *f* (-; -nen) lady teacher; governess; **~erisch** *adj.* educational, pedagogic(al).

Er'ziehung *f* bringing up, rearing; *a. w.s.* up-bringing; education, cultivation (of the mind); training; breeding; manners *pl.*; *von guter* ~ well-bred; *er hat e-e gute* ~ *genossen* he has had a good education; **~s-anstalt** *f* educational establishment; → *Besserungsanstalt*; **~sbeihilfe** *f* education allowance; **~s-fach** *n*, **~skunde** *f* (-) pedagogics *pl.*, pedagogy; **~smethode** *f* educational method; **~swesen** *n* (-s) education(al system *or* matters *pl.*).

er'zielen *v/t.* (*h.*) obtain, attain, get; achieve, score (*success*); realize, make, secure (*profit*); fetch (*prize*); score (*hit*); reach, come to, arrive at (*an understanding*); produce (*an effect*).

er'zittern *v/i.* (*sn*) tremble, shake, shiver (*vor dat.* with).

Erz... ['e:rts-]: **~ketzer** *m* arch-heretic; **~lager** *n* ore deposit; **~lügner** *m* arch-liar; **~metalle** *n/pl.* heavy metals; **~narr** *m* arrant fool; **~priester** *m* archpriest; **~probe** *f* ore assay; **~scheider** ['-ʃaɪdər] *m* (-s; -) ore separator; **~schelm** *m* arrant knave; **~stahl** *m* ore (*or* mine) steel; **~stift** *eccl. n* archbishopric.

er'zürnen *v/t.* (*h.*) anger, make angry, irritate, incense, enrage; *sich* ~ *über* (*acc.*) grow angry at, lose one's temper over; *sich* ~ *mit* (*dat.*) quarrel (*or* fall out) with.

Erz... ['e:rts-]: **~vater** *m* patriarch; **~verhüttung** *f* ore smelting.

er'zwingen *v/t.* (*irr., h.*) force; *esp. legally*: enforce; compel (*obedience*); et. *von j-m* ~ force (*or* extort, wring) a th. from a p.; *e-e Entscheidung* ~ force an issue; *Liebe läßt sich nicht* ~ love cannot be commanded; *erzwungen* forced (*smile, etc.*).

es[1] [ɛs] *pers. pron.* **1.** *as subject*: it; ~ *ist auf dem Tisch* it (*the knife, etc.*) is on the table; *impers.* ~ *schneit* it is snowing; ~ *ist kalt* it is cold; ~ *friert mich* I am cold; ~ *tut mir leid* I am sorry; *who is the boy?* ~ *ist mein Bruder* he is my brother; *who are these girls?* ~ *sind m-e Schwestern* they are my sisters; *who has called?* ~ *war mein Freund* it was my friend; ~ *war einmal ein König* once (upon a time) there was a king; ~ *gibt zu viele Menschen* there are too many people; ~ *wird erzählt* they say, it is said; ~ *heißt in der Bibel* it says in the Bible; ~ *lebe der König!* long live the king!; **2.** *as object*: it; *ich nahm* ~ I took it; *ich halte* ~ *für unnütz* I think it useless; *da hast du* ~ there you are; *ich weiß* ~ I know; **3.** *to replace or supplement the predicate*: so; *er ist reich, ich bin* ~ *auch he is rich*, so am I; *ich hoffe* ~ I hope so; *er hat* ~ *mir gesagt* he told me so; *er sagte, ich sollte gehen, und ich tat* ~ *he told me to go*, and I did so; *ich bin's* it is I *or* me; *sie sind* ~ it is they; *are you ready?* — *ja, ich bin* ~ yes, I am; *are you ill?* — *nein, ich bin* ~ *nicht* no, I am not; *ich kann (darf, will)* ~ I can (may, will); *ich will* ~ *versuchen* I will try; *ich ziehe* ~ *vor zu gehen* I prefer to go; **4.** *as gen.*: *ich habe* ~ *satt* (*bin* ~ *müde*) I am tired of it.

es[2], **Es** *mus. n* (-; -) e, E flat.

Esche ['ɛʃə] *f* (-; -n) ash-tree; **2n** *adj.* ash(en); **~n-ahorn** *m* box elder; **~nholz** *n* ash (wood).

'Es-Dur *n* (-) E-flat major.

Esel ['e:zəl] *m* (-s; -) ass, donkey; *männlicher* ~ he-ass, jackass; *colloq.* silly ass, jackass, fool; *alter* ~ old fool, silly ass; *wenn dem* ~ *zu wohl wird, geht er aufs Eis* pride will have a fall.

Eselei [e:zə'laɪ] *f* (-; -en) stupidity, stupid thing, folly.

'eselhaft *adj.* asinine, stupid.

'Eselin *f* (-; -nen) she-ass, jenny-(-ass).

'Esels|brücke *f ped.* crib, *Am.* pony; **~ohr** *n in book*: dog's ear; *ein Buch mit* **~en** a dog-eared book.

Eskadron [ɛska'dro:n] *mil. f* (-; -en) squadron.

Eskalation [ɛskalatsi'o:n] *mil. f* (-) escalation.

Eskapade [ɛska'pɑ:də] *f* (-; -n) escapade.

Eskimo ['ɛskimo] *m* (-[s]; -[s]) Eskimo.

Eskorte [ɛs'kɔrtə] *f* (-; -n) *mil.* escort; *mar.* convoy.

eskor'tieren *v/t.* (*h.*) escort; convoy.

es-Moll *mus. n* (-) e-flat minor.

esoterisch [ezo'te:riʃ] *adj.* esoteric (-ally *adv.*).

Espe ['ɛspə] *f* (-; -n) asp(en); **~nlaub** *n* aspen leaves *pl.*; *wie* ~ *zittern* tremble like an aspen-leaf.

Eß|apfel ['ɛs-] *m* eating-apple, dessert apple; **2bar** *adj.* eatable, edible; **~er** *Pilz* (edible) mushroom; **~e** *Sachen* eatables; **~besteck** *n* → *Besteck*.

Esse ['ɛsə] *f* (-; -n) chimney, flue, funnel; forge.

essen ['ɛsən] *v/t. and v/i.* (*irr., h.*) eat; *mil.* mess; *zu Mittag* ~ lunch, dine (early), have dinner; → *Abend*; *auswärts* ~ eat (*or* dine) out; *gern* ~ like, be fond of; *leer* ~ empty, clean (*one's plate*); *sich satt* ~ eat one's fill; *tüchtig* ~ eat heartily; *zuviel* ~ overeat (F stuff) o.s.; *wann (wo)* ~ *Sie?* when (where) do you take (*or* have) your meals?; *haben Sie schon gegessen?* have you had your lunch, *etc.*, yet?; *man ißt dort ganz gut* the food isn't bad there.

'Essen *n* (-s) eating; food; meal, repast; lunch, dinner; supper; *mar., mil.* mess, *Am.* chow; dinner, banquet; ~ *und Trinken* food and drink.

'Essenszeit *f* mealtime; lunch-hour; dinner-time.

Essenz [ɛ'sɛnts] *f* (-; -en) essence; *fig. a.* gist, pith.

'Esser(in *f*) *m* (-s, -; -, -nen): *starker* (*schwacher*) ~ great (poor) eater; *er ist ein guter* ~ he plays a good knife and fork.

'Eß...: ~gefäß *n Am.* dinner-pail; **~geschirr** *n* dinner-service; *mil.* mess-tin, *Am.* mess kit; **~gewohnheiten** *f/pl.* eating habits; **~gier** *f* gluttony; **2gierig** *adj.* greedy.

Essig ['ɛsiç] *m* (-s; -e) vinegar; *fig. damit ist es* ~ it's no go, it's out; **~äther** *m* acetic ether, ethyl acetate; **~bildung** *f* (-) acetification; **~ester** *m* acetic ester; **~gurke** *f* pickled cucumber, gherkin; **2sauer** *chem. adj.* acetic; **~es** *Ammonium* ammonium acetate; **~e** *Tonerde* acetate of alumina; **~säure** *f* acetic acid; **~- und Ölständer** *m* cruet.

Eß... ['ɛs-]: **~kastanie** *f* edible chestnut; **~korb** *m* hamper; **~löffel** *m* tablespoon; *zwei* ~ two tablespoonfuls; **~lust** *f* (-) appetite; **~marke** *f* mealticket; **~nische** *f* dining alcove, *Am.* dinette; **~saal** *m* dining-hall; **~tisch** *m* dining-table; **~waren** *f/pl.* eatables, victuals, provisions; foodstuff; **~zimmer** *n* dining-room.

Est|e ['e:stə] *m* (-n; -n), **~in** *f* (-; -nen), **2nisch** *adj.* Est(h)onian.

Ester ['ɛstər] *chem.* (-s; -) ester.

Estland ['e:st-] *n* (-s) Est(h)onia.

Estrade [ɛs'trɑ:də] *f* (-; -n) estrade, dais, platform.

Estrich ['ɛstriç] *m* (-s; -e) stone floor; cement (*or* plaster *or* asphalt) floor(ing).

etablieren [eta'bli:rən] *v/t. and sich* ~ (*h.*) establish (o.s.), settle down (*als* as); *sich* (*geschäftlich*) ~ set up in (*or* start a) business.

Etablissement [-blisə'mɑ̃:] *n* (-s; -s) establishment.

Etage [e'tɑ:ʒə] *f* (-; *-n*) floor, stor(e)y; *tech.* deck, tier; → *~n-wohnung*; **~nbett** *n* bunk bed; **~n-chef** *econ. m* floor manager; **≗n-förmig** [-fœrmiç] *adj.* storeyed, in tiers; **~nheizung** *f* floor heating; **~nkessel** *tech. m* multiple stage boiler; **~n-ofen** *m* shelved kiln; **~nventil** *n* step valve; **~nwohnung** *f* flat, *Am.* apartment.

Etagere [eta'ʒɛ:rə] *f* (-; *-n*) bracket, shelf, whatnot.

Etappe [e'tapə] *f* (-; *-n*) *mil.* communications zone; base; *fig.* stage, leg; day's march; stop; **~nschwein** *n mil. colloq.* base wallah; **≗nweise** [-vaɪzə] *adv.* by stages.

Etat [e'tɑ:] *m* (-*s*; -*s*) balance-sheet; budget, *parl. a. the* Estimates *pl.*; supplies *pl.*; *den ~ aufstellen* make up the budget, draw up the estimates; *nicht im ~ vorgesehen* not budgeted for; **~ausgleich** *m* budget balance; **≗mäßig** *adj.* budgetary; *adm.* permanent (*post, etc.*); **~mittel** *n/pl.* voted funds; **~sjahr** *n* fiscal (*or* financial) year; **~stärke** *mil. f* authorized strength.

etepetete [e:tape'te:tə] *colloq. adj.* finicky, over-fastidious; over-nice.

Eth|ik ['e:tik] *f* (-; [-*en*]) ethics *pl.*; **≗isch** *adj.* ethical.

Ethno|graph [ɛtno'grɑ:f] *m* (-*en*; -*en*) ethnographer; **~graphie** [-gra'fi:] *f* (-; -*n*) ethnography; **≗'graphisch** *adj.* ethnographic(ally *adv.*); **~loge** [-'lo:gə] *m* (-*n*; -*n*) ethnologist; **~logie** [-lo'gi:] *f* (-; -*n*) ethnology.

Etikett [eti'kɛt] *n* (-[*e*]*s*; -*e*) label, ticket; tag; *Am. a.* sticker.

Etikette [-'kɛtə] *f* (-; -*n*) etiquette, ceremonial.

etiket'tier|en *v/t.* (*h.*) label; **≗maschine** *f* label(l)ing machine.

etliche ['ɛtliçə] *indef. pron. pl.* some, several; a few, sundry; *~s sg.* various things *pl.*, a thing or two.

Etüde [e'ty:də] *mus. f* (-; -*n*) étude (*Fr.*), study.

Etui [e'tvi:] *n* (-*s*; -*s*) case.

etwa ['ɛtva] *adv.* about, approximately, in the neigbo(u)rhood of; *Am. a.* around; or so, or thereabouts; perhaps, by (any) chance, possibly; for instance, for example; (let us) say; *nicht ~, daß* not as if, not that (*it mattered*); *ist das ~ besser?* is that any better?; *denken Sie ~ nicht, daß!* don't think for a moment that!; **~ig** ['-vaˀiç] *adj.* possible, contingent; *~e Unkosten* any expenses (that may be incurred).

etwas ['ɛtvas] **I.** *indef. pron.* something; anything; *da liegt ~* there is something; *~ Merkwürdiges* a strange thing; *~ anderes* something (*or* anything) else; *~, was* something that; *ohne ~ zu sagen* without saying anything; *ich habe nie so ~ gehört* I have never heard anything like it; *aus ihm wird ~* he is getting on, he will go a long way; **II.** *adj.* some; any; *hast du ~ Geld?* have you some (*or* any) money?; *ich möchte ~ Milch* I want some milk; **III.** *adv.* somewhat; rather; a little, a bit; **IV.** ≗ *n* (-; -): *ein gewisses ~* a certain something; *so ein kleines ~* such a little thing.

Etymo|loge [etymo'lo:gə] *m* (-*n*; -*n*) etymologist; **~logie** [-lo'gi:] *f* (-; -*n*) etymology; **≗'logisch** *adj.* etymological.

euch [ɔʏç] *pers. pron.* (*acc. and dat. of du*) you, to you; *refl.*: yourselves, *after prep.*: you; setzt *~!* sit down!; *hinter ~* behind you.

euer ['ɔʏər] **1.** *pers. pron.* of you; *ich gedenke ~* I am thinking of you; **2.** *poss. pron.* your; *der* (*die, das*) eu(e)re yours; *dieses Buch ist das ~e* this book is yours.

Eugen|ik [ɔʏ'ge:nik] *f* (-) eugenics *sg.*; **≗isch** *adj.* eugenic(ally *adv.*).

Eule ['ɔʏlə] *f* (-; -*n*) owl; *fig. ~n nach Athen tragen* carry coals to Newcastle; **~nspiegel** *m* Owlglass; **~nspiege'lei** *f* roguish trick.

Eunuch [ɔʏ'nu:x] *m* (-*en*; -*en*) eunuch.

Euphemis|mus [ɔʏfe'mismus] *m* (-; -*men*) euphemism; **≗tisch** *adj.* euphemistic(ally *adv.*).

Euphorie [ɔʏfo'ri:] *f* (-) euphory.

euphorisch [ɔʏ'fo:riʃ] *adj.* euphoric.

Eurasien [ɔʏ'rɑ:ziən] *n* (-*s*) Eurasia.

Eu'rasier *m* (-*s*; -), **~in** *f* (-; -*nen*), **eu'rasisch** *adj.* Eurasian.

eure ['ɔʏrə] → **euer**.

eurerseits ['ɔʏrər'zaɪts] *adv.* on your part.

euresgleichen ['-'glaɪçən] *pron.* the likes of you.

euret|halben ['-rət'halbən], **~wegen**, *um* **~willen** *adv.* for your sake, on your account (*or* behalf).

'**eurig** *poss. pron.*: *der* (*die, das*) *~e* yours; → **euer**.

Europa [ɔʏ'ro:pa] *n* (-*s*) Europe.

Europä|er [ɔʏro'pɛ:ər] *m* (-*s*; -), **~erin** *f* (-; -*nen*), **≗isch** *adj.* European.

europäi'sieren [-pɛi'zi:rən] *v/t.* (*h.*) Europeanize.

Eurythmie [ɔʏryt'mi:] *f* (-) eurythmy.

Euter ['ɔʏtər] *n* (-*s*; -) udder.

Euthanasie [ɔʏtana'zi:] *f* (-) euthanasia, mercy killing.

evakuier|en [evaku'ˀi:rən] *v/t.* (*h.*) evacuate (*a. med., phys.*); **≗te(r** *m*) *f* (-*n*, -*n*; -*en*, -*en*) evacuee; **≗ung** *f* (-; -*en*) evacuation.

evangelisch [evaŋ'ge:liʃ] *adj.* evangelic(al); Protestant; **Evange'list** [-ge'list] *m* (-*en*; -*en*) evangelist; (*preacher*) *a.* revivalist; **Evangelium** [-'ge:lium] *n* (-*s*; -*ien*) gospel; *Matthäus≗ the* Gospel according to St. Matthew.

Evastochter ['e:fɑ:s-] *f* daughter of Eve.

Eventualität [evɛntuali'tɛ:t] *f* (-; -*en*) eventuality, contingency.

eventuell [-'ɛl] **I.** *adj.* possible; contingent; **II.** *adv.* possibly, perhaps; if necessary.

Evolution [evolutsi'o:n] *f* (-; -*en*) evolution; **~s-theorie** *f* Theory of Evolution.

Ewer ['e:vər] *mar. m* (-*s*; -) lighter; **~führer** *m* lighterman.

ewig ['e:viç] **I.** *adj.* eternal; everlasting, perpetual (*happiness, peace, etc.*); endless, unending; eternal, incessant; *der ~e Jude* the Wandering Jew; *der ≗e* (*God*) the Eternal; *das ≗e* the eternal; *seit ~en Zeiten* from times immemorial, *colloq.* for ages; *colloq. du mit deinem ~en Jammern* you and your (eternal) lamentations; **II.** *adv.* eternally; constantly; *auf ~* for ever; *~ lange* an eternity, for ages; *es ist ~ schade* it's just too bad; **≗keit** *f* (-; -*en*) eternity; everlastingness, perpetuity; *bis in alle ~* to all eternity, to the end of time; *es ist e-e ~, seit* it's ages since; *ich wartete e-e ~* I waited for ages; **~lich** ['e:vikliç] *adv.* eternally; for ever.

ex [ɛks]: *~* (*trinken*)*!* bottoms up!

Ex... [ɛks-] *in compounds* ex-..., former..., late..., one-time...

exakt [ɛ'ksakt] *adj.* exact, accurate; *die ~en Wissenschaften* the exact sciences; **≗heit** *f* (-; -*en*) exactitude; accuracy.

exaltiert [ɛksal'ti:rt] *adj.* over-excited, highly strung; exaggerated.

Examen [ɛ'ksɑ:mən] *n* (-*s*; -) examination; *ins ~ gehen* go in (*or* sit) for one's examination; → *Prüfung*; **~s-arbeit** *f* examination-paper; thesis.

Examin|and [ɛksami'nant] *m* (-*en*; -*en*) examinee, candidate; **~ator** [-'nɑ:tɔr] *m* (-*s*; -*t'oren*) examiner; **≗'ieren** *v/t.* (*h.*) examine; test; *fig.* question, catechize, quiz.

Exegese [ɛkse'ge:zə] *f* (-; -*n*) exegesis.

exekut|ieren [-ku'ti:rən] *v/t.* (*h.*) execute; **≗ion** [-tsi'o:n] *f* (-; -*en*) execution; **~iv** [-'ti:f] *adj.*, **≗ive** [-'ti:və] *f* (-) executive; **≗ivgewalt** *f* executive power; **≗ivorgan** *n* law-enforcement agency.

Exempel [ɛ'ksɛmpəl] *n* (-*s*; -) example, instance; *math.* sum, problem; *ein ~ an j-m statuieren* make an example of a p.

Exemplar [ɛksɛm'plɑ:r] *n* (-*s*; -*e*) specimen; copy (*of book*); number, issue; sample, pattern; *colloq. er ist ein prächtiges ~* he is a fine specimen; **≗isch I.** *adj.* exemplary; **II.** *adv.*: *j-n ~ bestrafen* punish a p. severely, make an example of a p.

exerzier|en [ɛksɛr'tsi:rən] *v/t. and v/i.* (*h.*) drill (*a. fig.*); **≗en** *n* (-*s*) drill; **≗munition** *f* dummy (*or* drill) ammunition; **≗patrone** *f* blank (*or* dummy) cartridge; **≗platz** *m* drill-ground.

Exhibitionismus [ɛkshibitsio'nismus] *m* (-) exhibitionism.

exhumieren [ɛkshu'mi:rən] *v/t.* (*h.*) exhume.

Exil [ɛ'ksi:l] *n* (-*s*; -*e*) exile, banishment; *im ~* in exile; *im ~ lebende Person* exile; *ins ~ gehen* go into exile; *ins ~ schicken* (send into) exile; **~regierung** *f* government-in-exile.

Existentialist [ɛksistɛntsia'list] *m* (-*en*; -*en*) existentialist.

Existentialphilosophie [-tsi'ɑ:l-] *f* existential philosophy, existentialism.

Existenz [ɛksis'tɛnts] *f* (-; -*en*) existence; living, (means of) livelihood; *sichere ~* established position; *verkrachte ~* (*person*) failure; *dunkle ~* shady character; **~berechtigung** *f* right to exist; raison d'être (*Fr.*); **≗fähig** *adj.* capable of existence; viable, *econ. a.* paying; **~grundlage** *f* basis of subsistence;

~kampf *m* struggle for existence *or* life; **~minimum** *n* subsistence minimum, living wage; **~mittel** *n* means of existence.

exi'stieren *v/i.* (*h.*) exist, be in existence; live, subsist (*von* on); *noch ~* be extant, survive.

Exklave [ɛks'klɑːvə] *f* (-; -*n*) exclave.

exklusiv [ɛksklu'ziːf] *adj.* exclusive; **~e** [-'ziːvə] *adv.*: *~ Mahlzeiten, etc.* exclusive of, excluding; **Exklusivität** [-zivi'tɛːt] *f* (-) exclusiveness.

Exkommunikation [ɛkskɔmunikatsi'oːn] *f* (-; -*en*) excommunication; **exkommunizieren** [-ni'tsiːrən] *v/t.* (*h.*) excommunicate.

Exkremente [ɛkskre'mɛntə] *n/pl.* excrements.

Exkret [ɛks'kreːt] *physiol. n* (-[e]s; -e) excretum (*pl.* excreta); **Exkretion** [ɛkskretsi'oːn] *f* (-; -*en*) excretion.

Exkurs [ɛks'kurs] *m* (-es; -e) digression, excursion (*in acc.* into); appendix.

Exkursion [-kurzi'oːn] *f* (-; -*en*) study trip, excursion.

Exlibris [-'liːbriːs] *n* (-; -) ex-libris, book-plate.

exmatrikulieren [ɛksmatriku'liːrən] *v/t.* (*h.*) *univ.* strike off the register.

'Exmeister *m* ex-champion.

exmittieren [-mi'tiːrən] *v/t.* (*h.*) evict, eject.

exogen [ɛksɔ'geːn] *adj.* exogenous.

ex'otisch *adj.* exotic.

Ex'pander [ɛks'pandər] *m* (-s; -) *gym.* (chest-)expander.

Expansion [ɛkspanzi'oːn] *f* (-; -*en*) expansion.

Expansi'ons...: **~hub** *mot. m* expansion stroke; **~kraft** *phys. f* expansive force; **~politik** *f* expansionism; **~politiker** *m* expansionist; **~ventil** *n* expansion valve.

Expedient [ɛkspedi'ɛnt] *econ. m* (-*en*; -*en*) forwarding agent (*or* clerk); **expe'dieren** *v/t.* (*h.*) dispatch, forward; **Expediti'on** [-ditsi'oːn] *f* (-; -*en*) dispatch, forwarding; forwarding department; (newspaper-)office; *mil. scient., etc.* expedition; **~skorps** *n* expeditionary force.

Experiment [ɛksperi'mɛnt] *n* (-[e]s; -e) experiment; **experimental** [-'tɑːl] *adj.* experimental; **experimentell** [-'tɛl] *adj.* experimental; **experimen'tieren** *v/i.* (*h.*) experiment, make experiments (*an dat.* on; *mit* with).

Experte [ɛks'pɛrtə] *m* (-*n*; -*n*) expert.

explodieren [ɛksplo'diːrən] *v/i.* (*sn*) explode, burst.

Explosion [ɛksplozi'oːn] *f* (-; -*en*) explosion; *zur ~ bringen* detonate.

Explosi'ons...: **~druck** *m* explosion pressure, blast; **⁓fähig** *adj.* explosive; **⁓geschützt** *adj.* → *explosionssicher*; **~gefahr** *f* danger of explosion; **~motor** *m* internal combustion engine; **⁓sicher** *adj.* explosion-proof; **~takt** *mot. m* work (*or* explosion) stroke; **~welle** *f* wave of explosion.

explosiv [-plo'ziːf] *adj.* explosive; **⁓geschoß** *n* explosive missile; **⁓stoff** *m* explosive (substance); *fig.* dynamite.

Expon|ent [ɛkspo'nɛnt] *m* (-*en*; -*en*) *math.* (*a. fig.*) exponent; **⁓ieren** *v/t.* (*h.*) explain, expound; (*a. phot.*) expose (*dat.* to); *sich ~* expose o.s. (*dat.* to).

Export [ɛks'pɔrt] *m* (-[e]s; -e) export(ation); exports *pl.*; → *Ausfuhr*; **~abteilung** *f* export department; **~artikel** *m* export article *or* item, *pl. a.* exports; **~ausführung** *f* export version.

Exporteur [-'tøːr] *m* (-s; -e) exporter.

Ex'port...: **~geschäft** *n* export transaction; export trade; *a.* **~haus** *n* export house (*or* firm).

expor'tieren *v/t.* (*h.*) export (*nach* to).

Ex'port...: **~land** *n* exporting country; country of destination; **~kaufmann** *m* export merchant, exporter; **~leiter** *m* export manager; **~quote** *f* export ratio; **~verpakkung** *f* export packing; **~vergütung** *f* bounty; → *Ausfuhr*.

Exposé [ɛkspo'zeː] *n* (-s; -s) exposé (*Fr.*).

expreß [ɛks'prɛs] *adv.* expressly; *~ schicken* send express; **⁓gut** *n* express goods *pl.*, *Am.* fast freight.

Expressionis|mus [-prɛsio'nismus] *m* (-; [-*men*]) expressionism; **~t(in** *f*) *m* (-*en*, -*en*; -, -*nen*), **⁓tisch** *adj.* expressionist.

ex tempore [-'tɛmpore] *adv.* extempore, offhand; **extemporieren** [-'riːrən] *v/t. and v/i.* (*h.*) extemporize, improvise, *Am. a.* adlib.

extensiv [ɛkstɛn'ziːf] *adj.* extensive.

extern [ɛks'tɛrn] *adj.* external; **⁓e(r** *m*) *f* (-*n*, -*n*; -*en*, -*en*) day-pupil (*or* scholar).

exterritori'al *adj.* extraterritorial.

extra ['ɛkstra] **I.** *adj.* extra; **II.** *adv.* extra, specially; (*obendrein*) in addition, into the bargain; *~ angefertigt* made-to-order; **⁓...** extra..., special..., additional...; **⁓blatt** *n* extra (editions); **⁓dividende** *econ. f* superdividend, bonus; **~fein** *adj.* extra-fine, superfine.

extrahieren [ɛkstra'hiːrən] *v/t.* (*h.*), **Extrakt** [ɛks'trakt] *m* (-es; -e) extract.

Extra-ordi'narius *univ. m* reader; *Am.* associate professor.

extravagant [-va'gant] *adj.* extravagant.

extravertiert [-vɛr'tiːrt] *adj.* extrovert.

Extrawurst *colloq. f* something special.

extrem [ɛks'treːm] *adj.* extreme; **Ex'trem** *n* (-s; -e) extreme; *von e-m ~ ins andere fallen* go from one extreme to the other.

Extremitäten [ɛkstremi'tɛːtən] *f/pl.* extremities.

Exzellenz [ɛkstsɛ'lɛnts] *f* (-; -*en*) (*Ew. ~* Your) Excellency.

Exzenter|presse [ɛks'tsɛntə-] *tech. f* eccentric press; **~scheibe** *f* eccentric disk.

exzentrisch [-'tsɛntriʃ] *adj.* eccentric; **Exzentrizität** [-tsɛntritsi'tɛːt] *tech. f* (-; -*en*) eccentricity, out-of-balance.

Exzerpt [ɛks'tsɛrpt] *n* (-[e]s; -e) excerpt, extract.

Exzeß [ɛks'tsɛs] *m* (-*sses*; -*sse*) excess; violence, outrage, riot.

F

F, f [ɛf] *n* F, f; **F, f** *mus. n* F, *a.* fa.

Fabel ['fɑːbəl] *f* (-; -*n*) fable; *of drama, etc.*: *a.* plot, story; *fig.* cock-and-bull story, tall tale, fable; **~dichter** *m* fabulist.

Fabe'lei *f* (-; -*en*) fantastic story, yarn; imagination gone wild.

'fabel...: **~haft I.** *adj.* fabulous, amazing; capital, excellent; marvellous, phenomenal, stunning; *ein ~er Kerl* an excellent fellow, *Am. colloq.* a great guy; **II.** *adv.* fabulously, *etc.*; **~n** *v/i.* (*h.*) tell tales *or* stories (*von* about), spin a yarn; → *faseln*; **⁓tier** *n* fabulous (*or* legendary, mythical) animal *or* beast; **⁓welt** *f* fabulous (*or* mythical) world; domain of legend; **⁓wesen** *n* fabulous creature.

Fabrik [fa'brik] *f* (-; -*en*) (manu-) factory, mill; works (*pl.*, *often sg.*); **~anlage** *f* (manufacturing) plant, works *pl.*

Fabrikant [-bri'kant] *m* (-*en*; -*en*) factory (*or* mill-)owner; manufacturer, maker.

Fa'brik...: **~arbeit** *f* (-) work in a factory, factory work; → *Fabrikware*; **~arbeiter** *m* factory (*or* industrial) worker, mill-hand; workman, operative; **~arbeiterin** *f* factory girl, female operative.

Fabri'kat [-'kɑːt] *n* (-[e]s; -e) manufacture(d article), product, make, brand; fabric(s *pl.*); *eigenes ~* my, *etc.*, own make.

Fabrikation [-katsi'oːn] *f* (-; -*en*) manufacture, production, making, fabrication; output; *in* (*die*) *~ geben* put into production.

Fabrikati'ons...: **~fehler** *m* flaw; **~gang** *m* course of manufacture; operation; **~geheimnis** *n* manufacturing secret; **~nummer** *f* serial number; **~programm** *n* manufacturing schedule; *w.s.* range of manufacture; **~stätte** *f* production plant; **~teil** *n* production part; **~zweig** *m* manufacturing branch.

Fa'brik...: **~besitzer(in** *f*) *m* factory owner, mill-owner; **~betrieb** *m* factory management; working (*or* operating) of a factory; → *Fabrik*; **~direktor** *m* managing director, superintendent; **2fertig** *adj.* factory-built, prefabricated; **2frisch** *adj.* brand-new; **~gebäude** *n* factory building, premises *pl.* (of a factory); **~mädchen** *n* factory girl; **~marke** *f* trade mark, brand; **2mäßig** *adj.* industrial; ~ *hergestellt* factory-made, manufactured; **2neu** *adj.* brand-new; **~nummer** *f* serial number; **~preis** *m* factory price, prime-cost; **~stadt** *f* manufacturing town; **~ware** *f* manufactured goods *pl. or* article; **~zeichen** *n* trade mark, brand.

fabrizieren [fabriˈtsiːrən] *v/t.* (*h.*) manufacture, make, produce; *fig.* fabricate.

fabulieren [fabuˈliːrən] *v/i.* (*h.*) → *fabeln*.

Facette [faˈsetə] *f* (-; -*n*) facet; **~nauge** *n* compound eye.

Fach [fax] *n* (-[e]s; ⸚er) compartment, partition, division; partition (*of cupboard, suitcase, etc.*); *in desk*: pigeonhole; drawer; *bookcase, etc.*: shelf; *door, wall*: panel; *typ.* box; *anat.*, *bot.* cell; *arch.* **a**) bay, **b**) *in ceiling*: coffer; *fig.* department, province, branch, field (*of* activity); business, trade, line; specialty; *ped.* subject; *thea.* rôle, part; *Mann vom* ~ expert, specialist; *sein* ~ *verstehen* know one's business; *das schlägt nicht in mein* ~ that's not in my line.

...fach [-fax] *in compounds* ... times, ...fold, *e.g. zehn*~ ten times, tenfold.

ˈ**Fach...:** **~arbeit** *f* expert (*or* skilled) work; **~arbeiter(in** *f*) *m* skilled (*or* trained, expert) worker, specialist; *pl.* skilled labo(u)r; **~arzt** *m* (medical) specialist (*für* in); **~ausbildung** *f* special(ized) training; professional training; **~ausdruck** *m* technical term; **~ausschuß** *m* technical *or* professional committee; **~berater** *m* technical adviser, consultant; **~bildung** *f* → *Fachausbildung*.

fächeln [ˈfeçəln] **I.** *v/t.* (*h.*) (*sich*) fan (o.s.); **II.** *v/i.* (*h.*) *wind*: waft; *in the wind*: flutter gently.

ˈ**Fächer** *m* (-s; -) fan; **~antenne** *f* fan(-shaped) aerial, *Am.* antenna; **~fenster** *n* fanlight; **2förmig** [-fœrmiç] *adj.* fan-shaped; *sich* ~ *ausbreiten, verteilen, etc.* fan out; **~motor** *m* fan-type (*or* double V) engine; **~palme** *f* fan-palm; **~schuß** *m torpedo*: spread salvo.

ˈ**Fach...:** **~gebiet** *n* (special) field *or* subject, specialty; **~gelehrte(r** *m*) *f* specialist, expert; **2gemäß, 2gerecht** *adj.* workmanlike, competent, skil(l)ful; **~geschäft** *n* special(-line) shop; *a.* specialized dealer, stockist; **~größe** *f* authority; **~gruppe** *f* trade association; vocational group; **~ingenieur** *m* specialist engineer, engineering specialist; **~kenntnis(se)** *f* (*pl.*) technical (*or* specialized, expert) knowledge; **~kräfte** *f/pl.* trained workers, specialists; technical personnel; **~kreis** *m*: *in* ~*en* among experts; **2kundig** *adj.* expert, competent; **~lehrer** *ped. m* subject (*or* specialist) teacher; **2lich** *adj.* professional, special, technical; **~literatur** *f* technical (*or* trade) literature; **~mann** *m* expert, specialist (*in dat.* in, at; *für* on); authority (on); **2männisch** [ˈ-mɛnɪʃ] *adj.* expert(ly *adv.*), specialist; workmanlike, competent (*work*); ~*es Auge* expert's eye; ~*es Urteil* expert opinion; **~normen-ausschuß** *m* engineering standards committee; **~personal** *n* → *Fachkräfte*; **~presse** *f* technical press; **~redakteur** *m* special editor; **~schaft** *f* (-; -*en*) all the students of a university department; → *Fachgruppe*; **~schule** *f* technical (*or* vocational) school; **~simpelei** [-zimpəˈlaɪ] *f* (-; -*en*) shop-talk; **2simpeln** *v/i.* (*h.*) talk shop; **~sprache** *f* technical language *or* terminology; **~studium** *n* specialized studies *pl. or* training; **~verband** *m* professional (*or* trade, industrial) association; **~welt** *f* profession, trade, experts *pl.*; **~werk** *n* framework, half-timbering; **~werkhaus** *n* timber-framed house; **~wissen** *n* → *Fachkenntnis*; **~wissenschaft** *f* special branch of science; speciality; **~wort** *n* (-[e]s; ⸚er) technical term; **~wörterbuch** *n* technical dictionary; **~zeitschrift** *f* trade journal, special periodical.

Fackel [ˈfakəl] *f* (-; -*n*) torch (*a. fig.*), flare; **2n** *v/i.* (*h.*) *fig.* waver, shilly-shally; *er fackelte nicht lange* he lost no time, he made short work of it (*or* them); **~schein** *m* (-[e]s) torchlight; **~träger** *m* torch-bearer; **~zug** *m* torchlight procession.

Fädchen [ˈfɛːtçən] *n* (-s; -) small thread, filament.

fade [ˈfaːdə] *adj.* tasteless, insipid; stale; *fig.* insipid; dull, boring, jejune, flat; ~*r Kerl* bore, wet blanket.

Faden [ˈfaːdən] *m* (-s; ⸚) thread; twine; fib|re, *Am.* -er; *el.*, *tech.* filament; *opt.* hairline; *mar.* fathom; *mit Fäden durchziehen* thread; *Fäden ziehen* rope; *fig. den* ~ *verlieren* lose the thread; *den* ~ *wiederaufnehmen* pick up the thread; *keinen trockenen* ~ *am Leibe haben* not to have a dry stitch on one; *alle Fäden in der Hand halten* hold all the strings in one's hand; *sie ließ keinen guten* ~ *an ihm* she had not a good word to say for him; *es hing an e-m* ~ it hung by a thread, it was touch and go; **2förmig** [-fœrmiç] *adj.* thread-shaped, filiform; **~kreuz** *n opt.* reticule, cross-hairs *pl.*, spider lines *pl.*; *weaving*: lease; **~nudeln** *f/pl.* vermicelli *pl.*; **~rolle** *f* reel of thread; **2scheinig** [ˈ-ʃaɪniç] *adj.* threadbare (*a. fig.*), sleazy, shabby; *fig.* thin, poor (*excuse*); **~stärke** *f* count of yarn; **~wurm** *m* nematode; **2ziehend** *adj.* stringy, ropy.

Fadheit [ˈfaːthaɪt] *f* (-) tastelessness, insipidity, flatness; staleness; *fig.* dullness, flatness, insipidity.

Fading [ˈfeːdiŋ] *n* (-s) *radio*: fading; **~regelung** *f* automatic gain control.

Fagott [faˈgɔt] *mus. n* (-[e]s; -e) bassoon; **~bläser, Fagotˈtist** *m* (-en; -*en*) bassoonist.

fähig [ˈfɛːiç] *adj.* capable (*zu et.* of a th.; *zu inf.* of *ger.*), able (to *inf.*) qualified, fit; liable *or* apt (to *inf.*); competent, efficient; clever, ingenious; ~ *machen* (*zu*) enable (to); *usu. b.s. zu allem* ~ capable of anything; **2keit** *f* (-; -*en*) (cap)ability; qualification (*zum Richteramt* to hold judicial office), competence, efficiency; capacity; talent, (*a. physiol.*) faculty.

fahl [faːl] *adj.* fallow, dun; pale, livid (*a. sky*); sallow (*face*); lurid; faded; **~gelb** *adj.* fallow; **~grau** *adj.* grayish, livid; **~rot** *adj.* fawn.

Fähnchen [ˈfɛːnçən] *n* (-s; -) small flag; pennant (*a. mus.*), streamer; *sports*: (course) marker; *fig.* cheap (*or* flimsy) summer-dress.

fahnd|en [ˈfaːndən] *v/i.* (*h.*): *nach j-m* ~ search for; **2ung** *f* (-; -*en*) search; **2ungsstelle** *f* criminal investigation service.

Fahne [ˈfaːnə] *f* (-; -*n*) flag; standard; banner; *mar.*, *mil.*, *fig.* colo(u)rs *pl.*; *fig.* banner; trail (of smoke); *on files*: tab; *typ.* (galley) proof; *bei der* ~ *dienen* serve with the colo(u)rs; *die* ~ *hochhalten* keep the flag flying; *mit fliegenden* ~*n* with flying colo(u)rs; *mit fliegenden* ~*n untergehen* go down with one's colo(u)rs flying.

ˈ**Fahnen...:** **~eid** *m* oath of allegiance; **~flucht** *f* (-) desertion; **2flüchtig** *adj.* deserting; **~flüchtige(r)** *m* deserter; **~junker** *m* cadet officer; **~stange** *f*, **~stock** *m* flag-staff, *Am. a.* flagpole; **~träger** *m* standard-bearer (*a. fig.*); **~tuch** *n* bunting; **~weihe** *mil. f* consecration of the colo(u)rs.

Fähnlein [ˈfɛːnlaɪn] *n* (-s; -) → *Fähnchen*; *fig.* squad, troop.

Fähnrich [ˈ-riç] *m* (-[e]s; -e) *mil.* ~ *zur See* midshipman; *hist.* ensign.

Fahr|ausweis [ˈfaːr-] *m* → *Fahrkarte*; **~bahn** *f* roadway, *Am.* driveway; lane; *Straße mit 2* ~*en* two-lane road; **2bar** *adj.* passable, practicable; *mar.* navigable; *tech.* mobile, travel(l)ing, portable; **~barkeit** *f* (-) practicability; navigableness; mobility; **~bereich** *mar. m* radius of action, cruising radius; **2bereit** *adj.* ready to start; in running order; **~bereitschaft** *f* motor pool; **~damm** *m* roadway, *Am.* pavement; **~dienstleiter** *m* traffic superintendent.

Fähre [ˈfɛːrə] *f* (-; -*n*) ferry(-boat); *fliegende* ~ flying bridge; *in e-r* ~ *übersetzen* (*v/t. and v/i.*) ferry across *or* over.

ˈ**Fahr-eigenschaften** *mot. f/pl.* driving properties, road performance *sg.*

ˈ**fahren I.** *v/i.* (*irr.*, *sn*) go, travel (*mit* by); drive; ride (*on bicycle, train, etc.*); *mot.* drive, motor; *mar.* sail, cruise; *zwischen zwei Häfen etc.* ~ ply between; *car, ship*: go, run; be moving; *in et.* ~ *bullet, knife, etc.*: go into; *mit der Bahn* ~ go by train *or* rail; *erster Klasse* ~ go first (class); *mit dem Omnibus* ~ go (*or* travel, ride) by bus; *über e-n Fluß* (*Platz*) ~ cross a river (square); *aus dem Hafen* ~ clear the port; *auf den Grund* ~ run aground; *gen Himmel* ~ ascend to heaven; *zur Hölle* ~ descend (*or* go) to hell; *aus dem Bette* ~ start up from one's bed; *in* die Kleider ~ slip on (or into) one's clothes; mit der Hand ~ über (acc.) pass one's hand over; aus der Hand ~ slip from (or jump out of) one's hand; → Haut; ~ lassen a) run (boat, train, etc.), b) let go (or slip), c) fig. abandon, renounce, give up; gut (schlecht) ~ bei fare well (ill) at or with; er ist sehr gut (schlecht) dabei ge~ he did very well (badly) out of it; was ist in ihn ge~? what has come over him?; es fuhr mir durch den Sinn it flashed across my mind; er kann ~ he can (or knows how to) drive, he is a good driver; rechts ~! keep to the right!; **II.** v/t. (irr., h.) drive, steer; mar. navigate, sail; row; convey, carry, Am. a. ship; cart; ein Schiff auf den Grund (in e-e Bucht) ~ run a ship aground (into a bay); e-e Strecke ~ cover (or traverse, run through) a distance; j-n an e-n Ort ~ drive a p. to a place; es fährt sich gut hier it is good driving here, the going is good here; er fuhr die beste Zeit he clocked (or made) the best time; ♀ n (-s) travel(l)ing, going, riding; driving; motoring; navigating, sailing, steering; **~d** adj. travel(l)ing, roaming, vagrant, itinerant; ~er Ritter knight errant; ~es Volk vagrants pl., wayfaring people.

'**Fahrer** m (-s; -), **~in** f (-; -nen) driver; mot. a. chauffeur; (motorcycle, etc.) rider; motorist; rücksichtsloser ~ road-hog, speed-demon; **~flucht** f (-) driving away from an accident; hit-and-run offen|ce, Am. -se.

'**Fahr...:** **~erlaubnis** f → Führerschein; **~gast** m passenger; **~gastschiff** n liner, passenger-boat; **~geld** n fare.

'**Fährgeld** n ferriage, fare.

'**Fahr...:** **~gelegenheit** f conveyance; **~geschwindigkeit** f (driving) speed; **~gestell** n mot. chassis; aer. undercarriage, landing gear; humor. (legs) pins, shafts pl.

'**fahrig** adj. erratic, fickle, flighty; fidgety, nervous; inattentive.

'**Fahrkarte** f ticket (a. fig.); einfache ~ single (Am. one-way) ticket; durchgehende ~ through-ticket; ~ hin u. zurück return-ticket; e-e ~ lösen nach book (or take a ticket) for.

'**Fahrkarten...:** **~ausgabe** f booking- or ticket-office (window); **~kontrolleur** m ticket-inspector; **~schalter** m → Fahrkartenausgabe; **~verkäufer** m booking-clerk.

'**Fahrkilometer** m/pl. mileage sg.

'**fahrlässig** adj. careless, reckless, (a. jur.) negligent; ~e Tötung manslaughter (in the second degree Am.); ♀**keit** f (-) carelessness, recklessness, negligence; grobe ~ gross negligence.

'**Fahr...:** **~lehrer** mot. m driving instructor; **~leistung** mot. f road performance.

'**Fährmann** m ferryman.

'**Fahrnis** jur. f (-; -se) chattels pl. personal, movables pl.; **~gemeinschaft** f community of movables.

'**Fahr...:** **~plan** m time-table, Am. schedule; ♀**planmäßig I.** adj. regular, Am. scheduled; **II.** adv. to time, esp. Am. (according) to schedule; der Zug fährt (kommt) ~ ab (an) um 12 Uhr the train is scheduled to leave (is due) at 12 o'clock; **~praxis** f driving experience; **~preis** m fare; **~preisanzeiger** m taximeter; **~preis-ermäßigung** f reduction of fare; **~prüfung** mot. f driving-test; **~rad** n bicycle, cycle, bike, Am. a. wheel; **~rinne** f mar. fairway, shipping channel or lane; (inland) water-way; on road: wheel track, rut; **~schein** m ticket; **~scheinheft** n book of tickets, coupons pl.; **~schule** mot. f driving school; **~schüler(in** f) m learner (abbr. L); **~sicherheit** f safe driving; road safety; **~straße** f highway; → Fahrdamm; **~strecke** f tour, itinerary; distance; → zurücklegen; **~stuhl** m lift, Am. elevator; wheel (or Bath)-chair; **~stuhlführer** m lift-boy (or -man); Am. elevator operator; **~stuhlschacht** m well, Am. elevator shaft; **~stunde** mot. f driving lesson.

Fahrt [fa:rt] f (-; -en) drive, ride; journey, tour, trip; mar. voyage, passage, cruise; outing, excursion, hike; ~ ins Blaue mystery trip; mar. course; speed; in voller ~ (at) full speed; freie ~! clear road!, open drive!; rail. freie ~ geben clear the line; freie ~ haben have a free course, have the green light (a. fig.); gute ~! bon voyage (Fr.)!; mar. große (halbe, kleine, volle) ~ three quarter (half, deadslow, full) speed; ~ aufnehmen gather speed; ~ verlieren lose headway; in ~ kommen get under way, get up speed, fig. get into one's stride, swing into action; in (voller) ~ sein be in (full) swing; '**~ausweis** m ticket.

Fährte ['fɛ:rtə] f (-; -n) track, trace, trail, a. fig. scent; auf der falschen ~ sein be on the wrong track, be barking up the wrong tree.

'**Fahrten|buch** mot. n (driver's) logbook; **~schreiber** mot. m tachograph.

Fahrt...: **~messer** aer. m (-s; -) airspeed indicator; **~richtung** f direction (of motion or traffic); **~richtungsanzeiger** mot. m direction indicator; **~unterbrechung** f break of a journey, Am. stopover; **~wind** m air stream.

'**Fahr...:** **~vorschrift** f rule(s pl.) of the road, driving regulations pl.; **~wasser** mar. n (-s) navigable water; → Fahrrinne; fig. track; tendency; im richtigen ~ sein be in one's element; in ein politisches ~ geraten take a political turn; **~weg** m → Fahrbahn; wag(g)on road; drive, Am. driveway; **~weise** mot. f driving (habit or style); **~werk** n tech. travel(l)ing gear; aer. → Fahrgestell; of tank: suspensions and tracks pl.; **~zeit** f running time; duration (of a trip, etc.); hours pl. of operation; engine mileage; **~zeug** n vehicle; mar. vessel, craft; **~zeughalter** m car-owner; **~zeugkolonne** f column of vehicles; **~zeugmotor** m automotive engine; **~zeugpapiere** n/pl. registration papers; **~zeugpark** m mot. fleet; rail. rolling stock; **~zeugverkehr** m vehicular (or wheeled) traffic.

Faible ['fɛ:bəl] (Fr.) n (-[s]; -s) soft spot (für for).

fäkal [fɛ'ka:l] adj. f(a)ecal.

Fä'kalien [-iən] pl. f(a)eces pl., f(a)ecal matter, sewage.

Fakir ['fa:ki:r] m (-s; -e) fakir.

Faksimile [fak'zi:milə] n (-s; -s) facsimile; **~telegraphie** f facsimile telegraphy.

Faktion [faktsi'o:n] pol. f (-; -en) faction.

'**faktisch I.** adj. factual, real, actual; **II.** adv. actually, in fact, de facto.

faktitiv [-ti'ti:f] gr. adj. factitive.

Faktor ['faktɔr] m (-s; -'toren) math. factor; econ. a) manager, b) (agent) factor; steward; foreman (a. typ.); fig. factor (a. biol.); bestimmender ~ determinant; tech. veränderliche ~en variables.

Fakto'rei econ. f (-; -en) factory; (foreign) trading post.

Faktotum [-'to:tum] n (-s; -s) factotum.

Fak|tum ['faktum] n (-s; -ten) fact; **~ten** pl. facts; data.

Faktur(a) [fak'tu:r(a)] econ. f (-; -en), **fakturieren** [-tu'ri:rən] v/t. (h.) invoice; **Faktu'rist** m (-en; -en) invoice clerk.

Fakultät [fakul'tɛ:t] univ. f (-; -en) faculty, Am. department.

fakultativ [-ta'ti:f] adj. optional.

falb [falp] adj. fallow, dun; ♀**e(r)** ['-bə(r)] m (-[e]n; -[e]n) dun horse.

Falbel ['falbəl] f (-; -n) flounce, furbelow.

Falke ['falkə] m (-n; -n) falcon, hawk (a. pol.); **~n-auge** n fig. hawk's eye; **~nbeize**, **~njagd** f falconry, hawking; **Falkenier** [-'ni:r] m (-s; -e), '**Falkner** m (-s; -) falconer, hawker.

Fall[1] [fal] m (-[e]s; ⸚e) fall; drop, tumble; of parachutist: descent; of barometer: fall, drop; → Gefälle; fig. downfall, overthrow, ruin; decay; mil. fall, surrender (of fortress, etc.); econ. fall, drop, slump (of prices); case, matter, affair; instance; gr., jur., med. case; im ~e Müller u. Genossen in the case (or matter) of Müller et al.; auf alle Fälle at all events, in any case, at any rate; by all means; to be on the safe side; auf keinen ~ on no account, in no case, by no means; gesetzt den ~ suppose, supposing; im ~e, daß in case (he came), in the event of (his coming); im ~e des Versagens in case of failure; im besten ~e at best; im schlimmsten ~e if the worst comes to the worst, in the last resort; in den meisten Fällen in most instances; in diesem ~e in that case; von ~ zu ~ from time to time, according to circumstances; zu ~ bringen give a fall, trip up, bring down; fig. trip up, cause the downfall of, ruin; parl. defeat (a motion); zu ~ kommen have a (bad) fall; fig. come to grief, collapse; das ist ganz mein ~ that's just my cup of tea; das ist auch bei ihm der ~ this is the case with (or true for) him, too.

Fall[2] mar. n (-[e]s; -en) halyard.

fällbar ['fɛlba:r] chem. adj. precipitable.

ˈ**Fall...:** ~**behälter** *m* gravity tank; ~**beil** *n* guillotine; ~**beschleunigung** *f* gravitational acceleration; ~**bö** *aer. f* air pocket, down gust; ~**brücke** *f* drawbridge.

Falle [ˈfalə] *f* (-; -*n*) trap; snare; pitfall (*all a. fig.*); *tech.* latch; *colloq.* bed, bunk; *j-m e-e ~ stellen* set a trap for; *in die ~ gehen* **a**) walk into the trap, **b**) *colloq.* turn in, hit the hay; *in die ~ locken* lure into the trap.

ˈ**fallen** *v/i.* (*irr., sn*) fall, drop; tumble (down); (have a) fall; *mil. fortress, etc.*: fall, be taken; *soldier*: fall, be killed in action; *barometer*: (be) fall(ing); *water*: subside; *mus.* descend; *fig.* abate, decline, subside; *prices, etc.*: fall, drop, go down, slump; *~de Tendenz* bearish (*or* downward) trend; be heard, become audible; *Schüsse fielen* shots were fired; *remark*: fall (*über j-n* about a p.); *holiday, etc.*: fall (*auf* on); *~ in (e-e Kategorie) or unter (ein Gesetz, etc.)* come under (*a category, law, etc.*), fall within (the scope of), be covered by; *an j-n ~ inheritance*: fall to, devolve on, come (*or* go) to a p.; *~ lassen* drop, let fall (*a. fig. a person, a remark*); release (*bomb*); dismiss, drop (*idea*); abandon, drop, give up (*plan*); drop, waive (*claim*); → *Arm, Rede*; *j-m in die Hände ~* fall into a p.'s hands; *j-m zu Füßen ~* throw o.s. at a p.'s feet; *das Kleid fällt hübsch* the dress drapes beautifully; *mein Auge fiel auf sie* my eye fell (*or* lighted) upon her; *das Los fiel auf mich* the lot fell upon me; *es fällt mir schwer* it is difficult for me, it goes hard with me, *spiritually*: it is hard on me; → *Auge, Extrem, Nerven, Opfer, Ungnade etc.*

ˈ**Fallen** *n* (-s) fall(ing); *of terrain*: slope, descent, dip; *fig.* decline; *of prices*: fall, drop, slump; decline, downward movement.

fällen [ˈfɛlən] *v/t.* (*h.*) fell, cut down (*tree*); fell (*animal, opponent*); *mil.* lower (*the bayonet*); *chem.* precipitate; → *Lot*; drop, draw; *jur. Urteil ~* pronounce (*or* pass) sentence (*über acc.* on); *a. fig.* pass judg(e)ment (on).

Fallensteller [ˈ-ʃtɛlər] *m* (-s; -) trapper.

ˈ**Fall...:** ~**gatter** *n* portcullis; ~**geschwindigkeit** *phys. f* velocity (*or* rate) of fall; ~**gesetz** *n* law of falling bodies; ~**grube** *f* (*a. fig.*) pitfall, *Am.* deadfall; ~**hammer** *m* drop hammer; pile driver; ~**höhe** *f* height of fall; ~**holz** *n* fallen wood.

falˈlieren *econ. v/i.* (*h.*) fail, become insolvent, go bankrupt.

fällig [ˈfɛliç] *adj.* due; payable; *taxes*: *a.* collectible; *bill of exchange*: *a.* mature; *längst ~* overdue; *wenn ~* at maturity, when due; *~ werden* become due *or* payable, mature; expire; 2**keit** *f* (-) maturity; expiration; *bei ~* at maturity, when due; 2**keits-tag,** 2**keitstermin** *m* due date, maturity (date).

Falliment [faliˈmɛnt] *n* (-s; -e) failure, bankruptcy.

ˈ**Fall...:** ~**kippe** *f gym.* drop upstart; ~**klinke** *f* (falling) latch; ~**kurve** *f* flight path, trajectory; ~**obst** *n* windfall; ~**recht** *jur. n* case law; ~**reep** *mar. n* gangway; ~**rinne** *f* chute; ~**rohr** *tech. n* down-pipe.

falls [fals] *cj.* in case; if; in the event of (*ger.*); suppose, supposing; provided (that).

ˈ**Fallschirm** *m* parachute; *mit ~ abspringen, absetzen* parachute; paradrop; *in emergency*: bail *or* bale out; ~**absprung** *m* parachute jump (*or* descent); ~**jäger** *m* paratrooper; ~**jägerdivision** *f* paratroop division; ~**kombination** *f* parasuit; ~**leuchtbombe** *f* parachute flare; ~**springen** *n* parachute jumping; ~**springer(in** *f*) *m* parachutist; ~**truppen** *f/pl.* paratroops.

ˈ**Fall...:** ~**strick** *m* snare; *fig. a.* trap, pitfall; ~**stromvergaser** *mot. m* down-draught (*Am.* -draft) carburet(t)or; ~**sucht** *med. f* (-) falling sickness, epilepsy; 2**süchtig** *adj.*, ~**süchtige(r** *m*) *f* epileptic; ~**tank** *mot. m* gravity tank; ~**treppe** *f* trap stairs, fold-away stairs *pl.*; ~**tür** *f* trap-door.

ˈ**Fällung** *chem. f* (-; -*en*) precipitation; ~**smittel** *n* precipitant.

ˈ**Fall...:** ~**wind** *m* katabatik wind; ~**winkel** *m* angle of inclination; *arch., mil.* dip, incline; *of missile*: angle of descent *or* impact.

falsch [falʃ] **I.** *adj.* false; wrong, incorrect; erroneous; *~e Anwendung* misapplication; *~e Bezeichnung* misnomer; *~e Darstellung* misrepresentation; *mus. ~er Ton* false note; spurious, imitated, bogus, *Am.* fake, phon(e)y; false (*hair*); false, artificial (*teeth*); forged; counterfeit, bad (*money*); adulterated; *~e Angabe* false statement; *~er Eid* false oath; *~er Name* false (*or* fictitious) name; deceitful, fraudulent; false, insincere, treacherous (*friend*); *~er Prophet* false prophet; *~e Rippe* floating rib; *~e Schlange* snake in the grass; *~es Spiel* foul play, double-dealing, *Am.* double-cross; *~er Würfel* loaded dice; *unter ~er Flagge* under false colo(u)rs; angry, venomous, *Am.* mad; vicious (*horse*); *~e Scham* false shame; *~er Stolz* false pride; **II.** *adv.*: *~ antworten* answer wrong; *~ auffassen* misconceive, misunderstand, get wrong; *~ aussprechen* pronounce incorrectly *or* wrongly, mispronounce; *watch*: *~ gehen* go wrong; *~ schreiben* write incorrectly, misspell; *~ singen* sing out of tune (*or* off-key); *~ geraten!* wrong!; *~ verbunden teleph.* sorry, wrong number; *~ schwören* perjure (*or* forswear) o.s.; *~ spielen* cheat (at cards).

Falsch *m* (-s) falseness; *ohne ~* without guile, guileless, harmless.

ˈ**Falsch...:** ~**aussage** *jur. f* false testimony; ~**be-urkundung** *jur. f* making false entry; ~**buchung** *f* fraudulent entry; ~**eid** *m* false oath.

fälsch|en [ˈfɛlʃən] *v/t.* (*h.*) falsify; forge, fake (*document, signature*); counterfeit, forge; *jur. a.* make falsely, alter fraudulently; *econ.* tamper with, doctor (*books, etc.*); adulterate (*food*); fake (up) (*painting*); 2**er(in** *f*) *m* (-s, -; -, -*nen*) falsifier; forger, counterfeiter; faker; adulterator.

ˈ**Falschgeld** *n* counterfeit (*or* false, bogus) money, *Am. a.* queer.

ˈ**Falschheit** *f* (-) falseness, falsity; *of person*: *a.* insincerity, duplicity, insidiousness; *of action*: *a.* treachery, double-dealing.

ˈ**fälschlich** *adj.* (*and adv., a.* ~**erweise** [-ərˈvaɪzə]) false(ly); fraudulent(ly); incorrect(ly), wrong(ly); erroneous(ly), by mistake.

ˈ**Falsch...:** ~**luft** *tech. f* infiltrated air, air leak; ~**meldung** *f* false report; canard, hoax; ~**münzer(in** *f*) *m* (-s, -; -, -*nen*) counterfeiter; ~**münzeˈrei** *f* (-; -*en*) counterfeiting; ~**spieler(in** *f*) *m* card-sharper, cheat.

ˈ**Fälschung** *f* (-; -*en*) falsification; faking; forging, forgery; counterfeiting; adulteration; *thing*: forgery; counterfeit; fake.

Falsett [falˈzɛt] *n* (-[e]s; -e) falsetto (voice).

falt|bar [ˈfaltbɑːr] *adj.* foldable; 2**blatt** *n* folder; 2**boot** *n* collapsible boat, folding canoe; 2**dach** *mot. n* folding roof, collapsible top.

ˈ**Falte** *f* (-; -*n*) fold; wrinkle; *on forehead*: *a.* furrow; *in cloth*: **a**) wrinkle, crinkle, crease, **b**) pleat, plait; crease; *of terrain*: fold; *~n werfen* pucker; *schöne ~n werfen* drape beautifully; *die Stirn in ~n ziehen* knit one's brow, frown; *in ~n legen* → *falten.*

fältel|n [ˈfɛltəln] *v/t., a. sich* (*h.*) gather, pleat, plait; frill; 2**ung** *f* (-; -*en*) pleat(ing).

ˈ**falten** *v/t.* (*h.*) fold; pleat, plait; crease; shir(r); *sich ~* wrinkle, crinkle, crease; *es läßt sich mühelos ~* it folds easily; *die Hände ~* join (*or* fold, clasp) one's hands.

ˈ**Falten|gebirge** *n* folded mountains *pl.*; 2**los** *adj.* without folds (*or* pleats); unwrinkled, smooth; ~**rock** *m* pleated skirt; ~**wurf** *m* drapery.

ˈ**Falter** *m* (-s; -) butterfly, moth.

ˈ**faltig** *adj.* folded; plaited, pleated; wrinkled, puckered.

ˈ**Falt...:** ~**prospekt** *m* folder; ~**schachtel** *f* folding box; ~**stuhl** *m* folding chair; ~**ung** *f* (-; -*en*) folding; plaiting; wrinkling; doubling; *bot.* vernation (*of leaves*).

Falz [falts] *m* (-es; -e) fold; *tech.* welt, (turned-over) edge; *bookbinding*: guard, fold; *woodworking*: rabbet; groove, notch; ˈ~**bein** *n* paper-knife, folder; ˈ~**blech** *n* metal-sheet with good bend properties; ˈ2**en** *v/t.* (*h.*) fold; rabbet; groove; welt, bead; ˈ~**fräser** *m* rabbeting (*or* notching) cutter; ˈ~**hobel** *m* rabbet plane; ˈ~**maschine** *f bookbinding*: folding-machine; *tech.* seaming machine; ˈ~**ziegel** *m* grooved tile.

Fama [ˈfɑːma] *f* (-) rumo(u)r; fame.

familiär [familiˈɛːr] *adj.* familiar; intimate; *~er Ausdruck* colloquialism.

Familie [faˈmiːliə] *f* (-; -*n*) family (*a. bot., zo.*); *von guter ~* of a good family; *e-e ~ gründen* (marry and) settle down; ~ *haben* have children; *er hat* ~ he is a family man; *es liegt in der* ~ it runs in the family; *das kommt in den besten* ~*n vor* accidents will happen in the best regulated families.

Fa'milien...: **~ähnlichkeit** *f* family likeness; **~album** *n* family album; **~angelegenheit** *f* family affair; **~anschluß** *m*: *mit* ~ as one of the family; **~bad** *n* mixed bathing; **~bande** *n/pl.* family ties; **~beihilfe** *f* family allowance, *Am.* dependents benefits *pl.*; **~forschung** *f* genealogical research; **~glück** *n* domestic happiness; **~gruft** *f* family vault; **~haupt** *n* → *~vater*; **~kreis** *m* family circle; **~leben** *n* (-*s*) family life; **~mitglied** *n* member of the family; **~nachrichten** *f/pl. newspaper*: births, marriages, and deaths; **~name** *m* family name, surname, *Am. a.* last name; **~packung** *econ. f* family size package; **~planung** *f* family planning; **~rat** *m* family council; **~roman** *m* saga novel; **~stammbuch** *n* family register; **~stand** *m* family status; marital status; **~stiftung** *f* private trust; **~stück** *n* heirloom; **~unterstützung** *f* family allowance; **~vater** *m* paterfamilias, head of the family; **~zulage** *f* → *~beihilfe*; **~zuwachs** *m* addition to the family; ~ *haben* have a little newcomer.

famos [fa'mo:s] *adj.* excellent, capital, great.

Fanal [fa'nɑ:l] *n* (-*s*; -*e*) (light-) signal; *fig.* beacon, torch.

Fana|tiker(in *f*) [fa'nɑ:tikər-] *m* (-*s*, -; -, -*nen*) fanatic; **2tisch** *adj.* fanatic(al); **fanati'sieren** *v/t.* (*h.*) fanaticize; **Fanatismus** [fana'tismus] *m* (-) fanaticism.

fand [fant] *pret. of finden.*

Fanfare [fan'fɑ:rə] *f* (-; -*n*) fanfare, flourish of trumpets.

Fang [faŋ] *m* (-[*e*]*s*; ⸚*e*) capture, catch(ing); *hunt.* bag; *fishing*: catch, haul (*both a. fig.*); *hunt.* coup de grâce (*Fr.*) (*a. fig.*); *zo.* fang; *of boar*: tusk; *Fänge pl. orn.* claws, talons *pl.*; *e-n guten* ~ *tun* make a good catch; *in s-n Fängen halten* hold *a th. or p.* in one's clutches; '**~arm** *zo. m* tentacle; '**~ball** *m* catch-ball; '**~eisen** *n* (steel) trap.

'**fangen** *v/t.* (*irr.*, *h.*) catch; capture, seize, *mil. a.* take prisoner; (en-) trap; net; *Feuer* ~ catch fire (*a. fig.*); *sich* ~ be caught, catch; *sich wieder* ~ regain one's composure, rally (*a. sports*), *aer.* flatten (*or* straighten) out; *sich* ~ *lassen* walk into the trap, get caught. [→ *Fangzahn.*]

Fänger ['fɛŋər] *m* (-*s*; -) catcher;

'**Fang...:** **~leine** *f mar.* painter; *aer.* grappling rope; parachute cord; *hunt. of dog*: leash; **~messer** *n* hunting-knife; **~zahn** *zo. m* fang; *of boar*: tusk.

Fant [fant] *m* (-[*e*]*s*; -*e*) fop, dandy; coxcomb.

Fantasie [fanta'zi:] *mus. f* (-; -*n*) fantasia; **2ren** *v/i.* (*h.*) improvise.

Farb|anstrich ['farp-] *m* coat of paint, painted surface; **~band** *n* (-[*e*]*s*; ⸚*er*) typewriter (*or* ink) ribbon; **~diapositiv** *n* colo(u)red slide.

Farbe ['farbə] *f* (-; -*n*) colo(u)r; hue; tint; shade; pigment; *tech.* colo(u)r, paint; dye; *typ.* (printer's) ink; stain; *facial*: complexion, colo(u)r, hue; *cards*: suit; ~ *bekennen* follow suit, *fig.* lay one's cards on the table, declare o.s.; *die* ~ *wechseln* change colo(u)r, *fig.* change sides; *e-r Sache* ~ *verleihen* lend colo(u)r to *a th.*; *s-n* ~*n treu bleiben* stick to one's colo(u)rs.

'**farb-echt** *adj.* fast, fadeless; *film*: orthochromatic.

Färbe|faß ['fɛrbə-] *n* dye-vat; **~flüssigkeit** *f* dyeing liquid; staining liquid; **~kraft** *f* tinting strength; **~mittel** *n* dye, colo(u)ring agent.

'**färben** *v/t.* (*h.*) colo(u)r, tinge (*both a. fig.*); (*cloth, hair*) dye; stain (*glass, paper*); *mit Blut gefärbt* blood-stained; tint; *sich* ~ colo(u)r; *sich rot* ~ turn red, redden; *sich* ~ *lassen* dye; *gefärbter Bericht* colo(u)red report.

'**Farben|abstufung** *f* colo(u)r gradation; **~band** *n* (-[*e*]*s*; ⸚*er*), **~bild** *phys. n* spectrum; **~beständigkeit** *f* colo(u)r stability; **2blind** *adj.* colo(u)r-blind; **~druck** *typ. m* (-[*e*]*s*; -*e*) colo(u)r printing, chromotypy; (*picture*) colo(u)r-print, chromotype; **2empfindlich** *adj.* colo(u)r-sensitive; *phot.* orthochromatic; **2freudig, 2froh** *adj.* colo(u)rful, gay(ly colo[u]red); **~händler** *m* dealer in dyes and paints; **~kasten** *m* colo(u)r (*or* paint) box; **~kleckser** *m* dauber; **~kreis** *m* colo(u)r disk; **~lehre** *phys. f* theory of colo(u)rs, chromatics *pl.*; **~messer** *m* (-*s*; -) colorimeter; **2prächtig** *adj.* colo(u)rful, gorgeous; **2reich** *adj.* richly colo(u)red; **~reinheit** *f* chromatic purity; **~skala** *f* colo(u)r chart; **~spiel** *n* play of colo(u)rs; iridescence; opalescence; **~zerstreuung** *f* colo(u)r dispersion; **~zusammenstellung** *f* colo(u)r scheme.

'**Färber(in** *f*) *m* (-*s*, -; -, -*nen*) dyer; stainer.

Färbe'rei *f* (-; -*en*) dye-house; dye-works *pl.*; dyer's trade.

'**Farb...:** **~fernsehen** *n* colo(u)r television; **~film** *m* colo(u)r film; **~filter** *phot. m* colo(u)r filter; **~gebung** ['-ge:buŋ] *f* (-) colo(u)ring, colo(u)ration; **~holz** *n* dye-wood.

farbig ['farbiç] *adj.* colo(u)red; chromatic; stained (*glass, leather, paper*); *~es Herrenhemd* fancy-shirt; *fig.* colo(u)rful; → *bunt*; **2e(r** *m*) ['-gə(r)] *f* (-*n*, -*n*; -*en*, -*en*) colo(u)red (gentle)man (*f* woman); *pl.* colo(u)red people.

'**Farb...:** **~kissen** *n* ink(ing)-pad; **~körper** *m* colo(u)ring matter, pigment (*a. biol.*); **~lack** *m* lake, lacquer; **2los** *adj.* colo(u)rless (*a. fig.*); *opt.* achromatic; pale, pallid; **~losigkeit** *f* (-) colo(u)rlessness (*a. fig.*); *opt.* achromatism; pallor; **~mine** *f* colo(u)red lead; **~muster** *n* colo(u)r pattern; **~photographie** *f* colo(u)r photography, chromophotography; (*picture*) chromophotograph; **~stift** *m* colo(u)red pencil (*or* crayon); **~stoff** *m* → *Farbkörper*; *tech.* dye(-stuff); *in food*: colo(u)ring matter; **~stufe** *f* colo(u)r gradation; shade; **~ton** *m* (-[*e*]*s*; ⸚*e*) tone; hue; tint; shade; **2tonrichtig** *phot. adj.* orthochromatic; **~topf** *m* paint-pot.

'**Färbung** *f* (-; -*en*) colo(u)ring, colo(u)ration; pigmentation (*of skin, etc.*); hue, tinge (*both a. fig.*).

'**Farb...:** **~walze** *f* ink(ing)-roller; **~waren** *f/pl.* colo(u)rs, paints, dyes; **~werk** *typ. n* inking apparatus; **~wert** *m* chromaticity value; **~wiedergabe** *f*: *treue* ~ colo(u)r fidelity; **~zelle** *f* pigment cell.

Farce ['farsə] *f* (-; -*n*) *cul.* stuffing, forcemeat; *thea.* burlesque, farce (*a. fig.*); **far'cieren** *v/t.* (*h.*) stuff.

Farinzucker [fa'ri:n-] *m* (-*s*) powder(ed) sugar.

Farm [farm] *f* (-; -*en*) farm; ranch; '**~er** *m* (-*s*; -) farmer; rancher.

Farn [farn] *bot. m* (-[*e*]*s*; -*e*), '**~kraut** *n* fern.

Farre ['farə] *m* (-*n*; -*n*) young bull, steer.

Färse ['fɛrzə] *f* (-; -*n*) young cow, heifer.

Fasan [fa'zɑ:n] *m* (-[*e*]*s*; -*e*[*n*]) pheasant.

Fa'sanen...: **~braten** *m* roast pheasant; **~garten** *m* pheasantry; **~hahn** *m* cock-pheasant; **~henne** *f* hen-pheasant; **~jagd** *f* pheasant shooting; **~zucht** *f* pheasant-breeding.

Fasane'rie *f* (-; -*n*) pheasantry.

Faschine [fa'ʃi:nə] *f* (-; -*n*) fascine.

Fasching ['faʃiŋ] *m* (-*s*; -*e*) carnival, Shrovetide; → *Fastnacht.*

Faschis|mus [fa'ʃismus] *m* (-) Fascism; **~t(in** *f*) *m* (-*en*, -*en*; -, -*nen*), **2tisch** *adj.* Fascist.

Fase ['fɑ:zə] *tech. f* (-; -*n*) chamfer; *spiral drill*: land.

Faselei [fɑ:zə'laɪ] *f* (-; -*en*) silly talk, twaddle, gibberish.

'**Fasel|hans** *m* (-[*es*]; -*e*) drivel(l)er; scatter-brain; **2ig** *adj.* silly, scatter-brained; **2n** *v/i.* (*h.*) drivel, babble, talk at random.

Faser ['fɑ:zər] *f* (-; -*n*) *anat.*, *bot.* fib|re, *Am.* -er; thread; *dünne* ~ filament; *of beans*: string; *of wood*: grain; *fig. mit jeder* ~ *s-s Herzens* with every fibre of his heart; **2artig** ['-ɑ:rtiç] *adj.* fibroid, fibrous.

Fäserchen ['fɛ:zərçən] *n* (-*s*; -) fibril, filament; *loose*: fluff, *Am.* lint.

'**Faser...:** **~gewebe** *n* fibrous tissue; **~holzplatte** *f* fibreboard, *Am.* fiberboard; **2ig** *adj.* fibrous, filamentous, stringy; fuzzy; **2n I.** *v/t.* (*h.*) unravel, unweave; mottle (*paper*); **II.** *v/i.*, *a. sich* (*h.*) ravel (out), fray, fuzz; **2nackt** *adj.* stark naked; **~stoff** *m* fibrous material, fibrin; **~strang** *m* cord of fib|res, *Am.* -ers; **~ung** *f* (-; -*en*) fibrillation; *in wood*: grain; *in paper*: mottling; fraying, fuzzing.

Faß [fas] *n* (-*sses*; ⸚*sser*) cask, barrel; keg; vat, tub; *Bier vom* ~ beer on draught; *Wein vom* ~ wine from the wood; *in Fässer füllen* barrel, cask; *das schlägt dem* ~ *den Boden aus!* that's the limit (*or* last straw)!

Fassade [fa'sɑ:də] *f* (-; -*n*) façade, front (*a. fig.*); **~nkletterer** *m* cat burglar.

faßbar ['fasba:r] *adj.* tangible; comprehensible; *schwer* ~ elusive.
'**Faß...:** ~**bier** *n* draught beer; ~**binder** *m* cooper.
Fäßchen ['fɛsçən] *n* (-*s*; -) small barrel (*or* cask), keg.
fassen ['fasən] **I.** *v/t.* (*h.*) seize, grasp, take (*or* lay) hold of; catch, apprehend, seize; ~ *bei* (*dat.*) seize (*or* take, tackle) by; *am Kragen* ~ (seize by the) collar; *an or bei der Hand* ~ take by the hand; *fig.* seize (mentally), grasp; conceive, understand; *mil.* draw, fetch (*food, etc.*); *tech.* mount; set, enchase (*jewel, etc.*); put in(to *in acc.*), *in Säcke*: sack; *room, etc.*: hold, have a capacity of; accommodate, seat; contain; *fig. in sich* ~ include, comprise, embrace; *e-n Gedanken* ~ form *or* conceive an idea; → *Beschluß, Fuß, Neigung, Vorsatz, Wurzel, etc.*; *j-n bei der Ehre* ~ appeal to a p.'s hono(u)r; *in Worte* ~ put into (*or* express, clothe, couch in) words, formulate; *sich* ~ *an die Stirn, etc.*: touch, feel, put one's hand to *one's forehead, etc.*; *fig. sich* ~ compose (*or* collect) o.s., master one's feelings; *sich schnell wieder* ~ rally quickly; → *Geduld*; *sich kurz* ~ (~ *Sie sich kurz!*) be brief (!), make it short (!); **II.** *v/i.* (*h.*) *tool, etc.*: bite; ~ *nach* (*dat.*) grasp (*or* clutch) at; *es ist nicht zu* ~! it's incredible!, it baffles me!; *to dog*: *faß!* sick him! → *gefaßt*.
'**faßlich** *adj.* comprehensible, conceivable; ⌂**keit** *f* (-) comprehensibility, conceivability.
Fasson [fa'sɔ̃] *f* (-; -*s*) form, shape, design, style; *tech. a.* cut, section; *fig.* fashion, manner, way; *nach* ~ *gearbeitet* fully fashioned; ~**arbeit** *tech. f* shaping, profiling; ~**draht** *m* section wire.
fassonieren [faso'ni:rən] *v/t.* (*h.*) form, shape, profile.
Fas'sonstahl *m* shaping tool.
faßreif *adj.* vatted.
'**Faßreif(en)** *m* hoop.
'**Fassung** *f* (-; -*en*) *tech.* mounting, frame, support; frame (*of spectacles*); lamp holder, socket; setting (*of jewel*); *fig.* draft(ing); wording, version, formulation; style, diction; *jur. in der jeweils geltenden* ~ as (hereafter) amended; composure, poise, self-command; *aus der* ~ *bringen* disconcert, upset, put out, *sl.* rattle; *die* ~ *bewahren* keep one's head; *die* ~ *verlieren* lose one's self-control (*or* head, poise), lose one's temper; *die* ~ *wiedergewinnen* recover one's self-possession, rally; *er war ganz außer* ~ he was completely beside himself; ~**skraft** *f* (power of) comprehension, mental capacity, grasp; ⌂**slos** *adj.* disconcerted, perplexed; aghast, speechless; *ich war völlig* ~ you could have knocked me down with a feather; ~**slosigkeit** *f* (-) bewilderment, perplexity; shock, dismay; ~**sraum** *m*, ~**svermögen** *n* (-*s*) (carrying *or* seating *or* volumetric) capacity; *fig.* → *Fassungskraft*.
'**Faß...:** ~**wein** *m* wine in (*or* from) the wood; ⌂**weise** ['-vaɪzə] *adv.* by the barrel.

fast [fast] *adv.* almost; nearly; → *beinahe*; ~ *nichts* next to nothing; ~ *nie* hardly ever.
fasten ['fastən] *v/i.* (*h.*) fast, abstain from food.
'**Fasten** *n* (-*s*) fast(ing), abstinence; ~**predigt** *f* Lent sermon; ~**speise** *f* Lenten fare; ~**zeit** *f* Lent.
'**Fastnacht** *f* (-) Shrove Tuesday, Mardi gras; Shrovetide, carnival; ~**skostüm** *n* carnival dress; ~**sscherz** carnival joke.
'**Fasttag** *m* day of fasting.
Faszikel [fas'tsi:kəl] *m* (-*s*; -) fascicle; file.
faszinieren [fastsi'ni:rən] *v/t.* (*h.*) fascinate.
fatal [fa'ta:l] *adj.* unfortunate; fatal (*mistake, etc.*); awkward, embarrassing.
Fatalis|mus [fata'lismus] *m* (-) fatalism; ~**t(in** *f*) *m* (-*en*, -*en*; -, -*nen*) fatalist; ⌂**tisch** *adj.* fatalist(ic).
Fatali'tät *f* (-; -*en*) misfortune, adversity.
Fatum ['fa:tum] *n* (-*s*; -*ta*) fate, destiny, lot.
Fatzke ['fatskə] *colloq. m* (-*n*; -*n*) fop, dandy; fool, goof.
fauchen ['fauxən] *v/i.* (*h.*) *cat, etc.*: spit; snarl; *engine*: whiz(z), hiss, puff; *person*: snarl, hiss, spit.
faul [faul] *adj.* rotten; foul, putrid; rotten, bad (*egg*); brittle (*metal, stones*); rotten, decayed, carious (*teeth*); *fig. econ.* worthless (*a. bill of exchange, etc.*), inferior; unsound (*business firm*); shady, *sl.* fishy; *sports*: foul, unfair; lazy, indolent, idle, slothful; ~*e Ausrede* lame (*or* poor, thin) excuse; ~*er Kunde* bad (*or* shady) customer; ~*e Redensarten* empty words, idle talk; ~*e Sache* queer (*or* fishy) business; ~*er Witz* poor (*or* stale) joke; ~*e Witze machen* talk rot; → *Zauber*; *sich auf die* ~*e Haut legen* → *faulenzen*; *an der Sache ist etwas* ~ I smell a rat.
'**Faul...:** ~**baum** *m* black alder; ~**bett** *n*: *sich aufs* ~ *legen* → *faulenzen*; ~**brand** *agr. m* (-[*e*]*s*) smut; ~**bruch** *metall. m* shortness; brittleness; ⌂**brüchig** *adj.* short, brittle.
Fäule ['fɔʏlə] *agr. f* rot; → *Fäulnis*.
'**faulen** *v/i.* (*h.*) rot, decay, putrefy.
'**Faulen** *n* (-*s*) decay(ing), rotting, putrefaction; *tech. of paper*: fermenting.
faulen|zen ['faulɛntsən] *v/i.* (*h.*) lead an idle life, idle; be lazy, laze; take it easy, loaf; ⌂**zer(in** *f*) *m* (-*s*, -; -, -*nen*) sluggard, dawdler, lazybones *sg.*; idler, loafer; (*only m*) easy-chair; ⌂**ze'rei** *f* (-; -*en*) lazy (*or* idle) life, laziness; lounging.
'**Faul...:** ~**fieber** *n* putrid fever, *fig.* fit of laziness; ~**heit** *f* (-) laziness, idleness, sluggishness; ⌂**ig** *adj.* rotten; putrid; mo(u)ldy; rotting, putrescent.
'**Fäulnis** *f* (-) rottenness; putrefaction; decay, decomposition; putrescence; *med.* **a**) sepsis, **b**) caries; *in* ~ *übergehen* rot, putrefy; ⌂**beständig** *adj.* decay-resistant; ⌂**erregend** *adj.* putrefactive; septic; ~**erreger** *m* putrefactive agent (*or* bacterium).

'**Faul...:** ~**pelz** *m* → *Faulenzer*; ~**tier** *zo. n* sloth (*a. fig.*).
Faun [faun] *m* (-[*e*]*s*; -*e*) faun.
Fauna ['fauna] *f* (-; -*nen*) fauna.
Faust [faust] *f* (-; ⸚*e*) fist; *e-e* ~ *machen* make a fist; *die* ~ *ballen* clench one's fist; *j-m e-e* ~ *machen* shake a fist at a p.; *fig. auf eigene* ~ on one's own (account), off one's own bat; *mit eiserner* ~ with an iron hand; *mit der* ~ *auf den Tisch schlagen* plant one's fist on the table, *fig.* put one's foot down; → *Auge*.
Fäustchen ['fɔʏstçən] *n* (-*s*; -) small fist; *fig. sich ins* ~ *lachen* laugh up one's sleeve; gloat (*über acc.* over).
'**faustdick** *adj.* as big as a fist; *fig. e-e* ~*e Lüge sl.* a whopping lie; *er hat es* ~ *hinter den Ohren* he is a sly dog, he is a deep one; *es kommt immer gleich* ~ it never rains but it pours.
'**fausten** *v/t. and v/i.* (*h.*) *sports*: punch *or* fist (the ball).
'**Faust...:** ⌂**groß** *adj.* (as) big as (*or* the size of) a fist; ~**handschuh** *m* mitt(en); ~**kampf** *m* fist fight; boxing-match; pugilism, boxing; ~**kämpfer** *m* pugilist; boxer; ~**keil** *m* hand-axe; ~**pfand** *n* dead pledge; ~**recht** *n* (-[*e*]*s*) club-law, law of the jungle; ~**regel** *f* rule of thumb; ~**schlag** *m* blow with the fist, punch; ~**skizze** *f* rough sketch.
Favorit(in *f*) [favo'ri:t] *m* (-*en*, -*en*; -, -*nen*) favo(u)rite.
Faxe ['faksə] *f* (-; -*n*) foolery, antic, (silly) prank; ~*n machen* clown, (play the) fool; ~*n schneiden* grimace, make faces; ~**nmacher** *m* clown, buffoon.
Fazit ['fa:tsit] *n* (-*s*; -*e*) result, upshot; sum total; *das* ~ *ziehen* sum (it) up.
F-Dur ['ɛf-] *n* (-) F major.
Februar ['fe:brua:r] *m* (-[*e*]*s*; -*e*) February.
Fecht|bahn ['fɛçt-] *f* fencing strip; ~**boden** *m* fencing-room; ~**degen** *m* épée (*Fr.*), rapier.
'**fechten** *v/i.* (*irr., h.*) fence; fight (*a. v/t.*); gesticulate; *colloq.* beg one's way, cadge; *mil.* ~*de Truppe* combat forces *pl.*
'**Fechten** *n* (-*s*) fencing; fighting.
'**Fechter(in** *f*) *m* (-*s*, -; -, -*nen*) fighter; fencer, swordsman; *colloq.* beggar, cadger, *Am.* bum.
'**Fecht...:** ~**kunst** *f* (art of) fencing; ~**meister** *m* fencing-master; ~**schule** *f* fencing-school; ~**turnier** *n* fencing tournament.
Feder ['fe:dər] *f* (-; -*n*) feather; down; plume; pen, nib; quill; *fenc.* foible; *tech.* spring; tongue; ~ *und Nut* **a**) *wood*: tongue and groove, **b**) *metal*: slot and key; *sich mit fremden* ~*n schmücken* adorn o.s. with borrowed plumes; *die* ~ *ergreifen* take up pen, set pen to paper; *e-e scharfe* ~ *führen* wield a formidable pen; *in die* ~ *diktieren* dictate; *colloq. noch in den* ~*n liegen* be still in bed; ⌂**artig** ['-a:rtiç] *adj.* featherlike, plumaceous; springlike; ~**ball** *m* shuttlecock; (*game*) badminton; ~**bein** *mot. n* telescopic fork; shock-absorbing strut; ⌂**be-**

lastet *adj.* spring-loaded; **~bett** *n* feather-bed; **~blatt** *tech. n* spring leaf; **~bolzen** *m* spring bolt; **~brett** *n gym.* springboard; **~busch** *m* tuft of feathers, plume; *zo.* crest; **~decke** *f* eiderdown, featherquilt, *Am.* comforter; **~druck** *tech. m* spring load; **~fuchser** ['-fuksər] *m* (-s; -) quill-driver, scribbler; **~führend** *adj.* managing, authorized, in charge; **~führung** *f* centralized administration; leadership; *unter der ~ (gen.)* under the control of; **~gabel** *mot. f* spring-fork; **~gehäuse** *n watch*: springbox; **~gewicht(ler** *m*, -s; -) *n sports*: featherweight; **~halter** *m* penholder; **~ig** *adj.* feathery; **~kasten** *m* pencil box; **~kiel** *m* quill; **~kissen** *n* feather-pillow; **~kraft** *f* springiness, resilience, elasticity; **~krieg** *m* literary feud; **~leicht** *adj.* (as) light as a feather, *Am.* featherweight; **~lesen** *n* (-s): *fig. nicht viel ~s machen mit* make short work of; **~messer** *n* penknife.

¹federn I. *v/i., a. sich (h.) bird*: mo(u)lt, shed one's feathers; be elastic (*or* resilient), be cushioned; *mot., etc. gut gefedert* well-sprung; *sports*: bend up and down, spring; jerk, bounce; **II.** *v/t. (h.)* pluck, feather; *tech.* fit with springs, spring; *woodworking*: tongue; **~d** *adj.* springy, elastic, resilient, flexible, anti-vibration; *~ angebracht* spring-mounted.

¹Feder...: ~ring *tech. m* spring washer; **~schloß** *n* spring-lock; **~spannung** *tech. f* spring tension; *unter ~* spring-loaded; **~spitze** *f* nib, *Am.* (pen-)point; **~stahl** *m* spring steel; **~strich** *m* stroke of the pen (*a. fig.*); **~ung** *f* (-; -en) *tech.* springing, springs *pl.*; cushioning; *mot. a.* spring suspension; → *Federkraft*; **~vieh** *n* poultry; **~waage** *f* spring-balance; **~werk** *n* spring mechanism; **~wild** *n* winged game; **~wisch** *m* feather-duster; **~wolke** *f* cirrus (cloud); **~zeichnung** *f* pen-and-ink drawing; **~zirkel** *m* spring-callipers *pl.*; **~zug** *m* → *Federstrich*; *tech.* spring pull.

Fee [fe:] *f* (-; -n) fairy: *böse ~* wicked fairy; *gute ~* good fairy, Lady Bountiful.

Feen... [fe:ən-]: **~haft** *adj.* fairylike; *fig.* magic(al), romantic; marvel(l)ous; **~könig(in** *f*) *m* fairy-king (-queen); **~kreis** *m* fairy-ring; **~land** *n* fairyland.

Fegefeuer ['fe:gə-] *n* (-s) purgatory.

¹fege|n I. *v/t. (h.)* furbish, rub; clean, wipe; scour; sweep; *agr.* winnow; *stag*: *das Geweih ~* fray its head; sweep *or* tear off; **II.** *v/i. (sn)* sweep, rush, race, flit; **~sand** *m* scouring sand.

Feh [fe:] *n* (-[e]s; -e) grey (Siberian) squirrel.

Fehde ['fe:də] *f* (-; -n) feud; *in ~ liegen mit* be at feud (*or* war) with; *j-m ~ ansagen* throw down the gauntlet to a p.; **~brief** *m* challenge; **~handschuh** *m* gauntlet; *den ~ aufnehmen* take up the gauntlet.

fehl [fe:l] *adj.* false, wrong; *~ am Platze* out of place, inappropriate.

¹Fehl *m* (-) blemish, flaw, fault; **~anzeige** *f* negative report, *a. mil.* nil return; **~ball** *m tennis*: fault; **~bar** *adj.* fallible; **~barkeit** *f* (-) fallibility; **~besetzung** *thea. f* miscasting; *w.s. the* wrong man; **~bestand** *m* deficiency, shortage; **~betrag** *m* deficit, deficiency; **~bezeichnung** *f* misnomer; **~bitte** *f*: *e-e ~ tun* meet with a refusal, be turned down; **~blatt** *n cards*: inferior (*or* bad) card; **~bogen** *typ. m* imperfect sheet; **~diagnose** *f* false diagnosis; **~disposition** *f* misguided action; **~druck** *typ. m* (-[e]s; -e) misprint, foul impression.

¹fehlen *v/i. (h.)* be absent (*in dat., bei* from); have failed to come (*or* appear, attend); be missing; fail, lack, be wanting (*or* lacking); *j-m et.*: be in need of, be short of; *es ~ lassen an (dat.)* fail in, be wanting in; *es an nichts ~ lassen* spare no pains (*or* expense), leave nothing undone; err, sin, do wrong; *~ gegen (acc.)* offend against, violate; miss (*a. v/t.*); *weit gefehlt!* far off the mark! you are quite wrong!; *fehlt Ihnen etwas?* is anything the matter (*or* wrong) with you? what ails you?; *es fehlte nicht viel und* it was touch and go that, a little more and; *das fehlte gerade noch!* what next!, it only wanted that!, that's the last straw!; *es fehlte an jeder Zusammenarbeit* there was no co-operation whatsoever; *es fehlte ihm nie an e-r Ausrede* he was never at a loss for an excuse; *an mir soll es nicht ~* it shall not be my fault; *du hast uns sehr gefehlt* we have missed you badly; *er fehlte an allen Ecken und Enden* his absence was painfully felt everywhere; *wo fehlt's denn?* what's wrong (*or* the trouble)?; **~** *n* (-s) want, absence; nonattendance; absenteeism; **~d** *adj.* lacking, missing; **~es** what is missing *or* lacking; *econ.* deficit, deficiency, shortage; *der (die)* **~e** the absentee.

¹Fehl-entscheidung *f a. sports*: incorrect (*or* wrong) decision.

¹Fehler *m* (-s; -) defect; drawback, *Am. a.* shortcoming; *of character, etc.*: *a.* failing, fault, imperfection; weakness; blemish; *körperlicher ~* bodily defect, infirmity; *tech.* defect (*an, in dat.* in), fault, flaw; *shooting*: miss; *sports*: fault; mistake; error; blunder; *e-n ~ machen* make a mistake, commit an error, blunder; *w.s.* make a faux pas, put one's foot in it; *das war allein sein ~* that was entirely his fault; *jeder hat s-e ~* we all have our little failings; *das war gerade der ~ an der Sache* that was just the trouble (with it); **~frei** *adj.* faultless, perfect; *tech.* flawless (*a. fig.*), trouble-free; **~grenze** *f* margin of error, tolerance; **~haft** *adj.* faulty; defective, deficient; incorrect; *jur.* wrongful (*possession, etc.*); *~e Stelle* flaw, blemish (*in fabric, etc.*); **~los** *adj.* → *fehlerfrei*; **~losigkeit** *f* (-) faultlessness, flawlessness; **~quelle** *f* source of error (*or tech.* trouble); **~verzeichnis** *n* (list of) errata *pl.*

¹Fehl...: ~farbe *f cards*: non-trump card; *econ.* off shade; **~fracht** *f* dead freight; **~geburt** *f* miscarriage, abortion; **~gehen** *v/i. (irr., sn)* miss one's way, (*a. fig.*) go wrong; *shot*: miss (its mark); *fig.* fail, go amiss (*or* wrong); **~gewicht** *n econ.* short weight; **~greifen** *v/i. (irr., h.)* miss one's hold; *fig.* make a mistake; **~griff** *m fig.* mistake, blunder; **~investition** *f* misinvestment, misconceived capital project; **~jahr** *agr. n* bad year, off year; **~kalkulation** *f* miscalculation; **~kauf** *m* bad bargain; **~konstruktion** *f* faulty design (*or* construction); **~landung** *aer. f* balked landing; **~leistung** *f* slip, blunder; **~leiten** *v/t. (h.)* misdirect, mislead; miscarry, *Am.* misthrow (*letters*); **~prognose** *f* false prognosis; **~punkt** *m sports* bad point (*or* mark), penalty; **~schießen** *v/i. (irr., h.)* miss one's aim (*or* the mark); **~schlag** *m* miss; *fig.* failure; disappointment; setback; **~schlagen** *v/i. (irr., sn)* miss (one's blow); *fig.* fail, miscarry, come to nothing, *Am. sl.* backfire; **~schluß** *m* false inference, wrong conclusion, fallacy, paralogism; **~schuß** *m* miss; **~spekulation** *f* bad speculation; **~spruch** *jur. m* miscarriage of justice; judicial error; false verdict; **~start** *m* false start; **~stoß** *m* miss; **~treten** *v/i. (irr., sn)* make a false step, miss one's footing, stumble; **~tritt** *m* false step, slip; *fig.* blunder, faux pas (*Fr.*); *moral*: slip, lapse; **~urteil** *n* misjudg(e)ment; → *Fehlspruch*; **~zünden** *v/i. (h.)* **~zündung** *mot. f* misfire, backfire.

feien ['faɪən] *poet. v/t. (h.)* charm (*gegen* against), make proof (against); → *gefeit*.

Feier ['faɪər] *f* (-; -n) rest; holiday; celebration; ceremony; festival, fête; party; *zur ~ des Tages* in hono(u)r of the day, to mark *or* celebrate the occasion; **~abend** *m econ.* closing-time; leisure-time, spare time (*or* hours), *in compounds a.* after-work; *~ machen* leave (*or* knock) off work; *(machen wir) ~!* let's call it a day!

¹feierlich *adj.* solemn; festive; ceremonious; *~ begehen* celebrate; **~keit** *f* (-) solemnity; ceremoniousness; ceremony; *~en pl.* ceremonies, *Am. a.* exercises *pl.*; pomp.

¹feier|n I. *v/t. (h.)* celebrate (*feast, victory, etc.*); keep, observe (*holiday*); commemorate; celebrate, hono(u)r, extol, praise; *j-n*: *a.* fête *a p.*; **II.** *v/i. (h.)* rest (from work), make holiday; *~ müssen* be out of work, be idled, be laid off; *fig.* take it easy; **~schicht** *f* idle shift; *~en einlegen* drop shifts; **~stunde** *f* hour of rest (*or* recreation), leisure hour; festive hour; ceremony; solemnity, hour of meditation; **~tag** *m* holiday, red-letter day; *gesetzlicher ~* public (*Am.* legal) holiday; *eccl.* feast(-day); festive day.

feig(e) [faɪk, '-gə] *adj.* cowardly, white-livered, yellow; fainthearted, timid; dastardly, mean; *sich ~ zeigen* quail, show the white feather, funk, have cold feet.

Feige ['faɪgə] *f* (-; -n) fig; **~nbaum** *m* fig-tree; **~nblatt** *n* fig-leaf.

¹Feig...: ~heit *f* (-) cowardice, cowardliness, funk; ℒ**herzig** *adj.* faint-hearted, pusillanimous; **~ling** ['-liŋ] *m* (-s; -e) coward.

feil [faıl] *adj.* on (*or* for) sale, to be sold; *fig.* mercenary, venal; '**~bieten** *v/t.* (*irr.*, *h.*) offer (*or* put up) for sale; *contp.* prostitute.

Feile ['faılə] *f* (-; -n) file; rasp; *fig.* file, finish; *die letzte ~ legen an* (*acc.*) give the finishing touches to; ℒ**n** *v/t.* (*h.*) file; *fig.* (*a.* ~ *an dat.*) file, polish, finish (off).

'**feilhalten** *v/t.* (*irr.*, *h.*) have on sale.

'**Feilheit** *f* (-) venality; corruptibility.

feilschen ['faılʃən] *v/i.* (*h.*) bargain (*um* for), haggle (about); ℒ *n* (-s) bargaining, haggling.

'**Feilscher** *m* (-s; -) bargainer, haggler.

Feim(en) ['faım(ən)] *agr. m* (-[e]s, -e; -s, -) stack, rick.

fein [faın] *adj.* fine; delicate, dainty; minute; graceful; distinguished, *iro.* genteel; refined; elegant, smart; choice, exquisite; *colloq.* excellent, splendid, great; accurate, precise, fine (*tuning*); fancy (*pastries*); delicate, subtle (*feeling*); fine(ly chiselled) (*face*); *~es Gold* fine gold; sensitive, sharp (*ear, etc.*); drizzling (*rain*); *~er Ton* good form; *~er Unterschied* nice (*or* subtle, fine) distinction; *sich ~ machen* smarten (*or* spruce) o.s. up; *er ist ~ heraus* he is well out of it, *w.s.* he is a lucky fellow.

'**Fein...**: **~abstimmung** *f radio*: fine tuning; **~arbeit** *f* delicate (*or* precision) work; **~bäcke'rei** *f* fancy-bakery, confectionery; **~blech** *n* thin sheet (*or* plate).

Feind [faınt] *m* (-[e]s; -e), **~in** ['-din] *f* (-; -nen) enemy (*a. mil.*); *rhet.* foe; adversary, opponent, antagonist; rival; *eccl. der böse ~* the Fiend, the Evil One; *Freund und ~* friend and foe; *sich ~e machen* make enemies; *ein ~ e-r Sache sein* → **feind** *pred. adj.*: (*dat.*) *~ sein* be an enemy of *or* to; be hostile (*or* opposed) to; hate, loathe.

'**Feind...**: **~berührung** *mil. f* contact with the enemy; **~einwirkung** *f* enemy action; **~eshand** ['-dəshant] *f* (-): *in ~ fallen* fall into the enemy's hands; **~esland** ['-dəslant] *n* (-[e]s) enemy country *or* territory; **~fahrt** *mar. f* operational cruise; **~flug** *aer. m* (combat) mission, sortie; ℒ**frei** *adj.* clear of the enemy; ℒ**lich I.** *adj. mil.* hostile, enemy('s *fire, lines, etc.*); *~e Truppen* enemy forces; *~er Ausländer* enemy alien; *person*: hostile, adverse, inimical, antagonistic, opposed, unfriendly (gegen to); **II.** *adv.*: *~ gesinnt* hostile (*dat.* to), ill-disposed (towards); **~lichkeit**, **~schaft** *f* (-; -en) enmity, animosity, hostility; antagonism; ranco(u)r; hatred; illwill; feud, quarrel, strife; discord; *in Feindschaft leben mit* (*dat.*) be at enmity (*or* variance, daggers drawn) with; ℒ**selig** *adj.* hostile (*gegen* to); → *böswillig*; **~seligkeit** *f* (-; -en) hostility; malevolence; → *Feindlichkeit*; *mil. die ~en eröffnen* (*einstellen*) commence (suspend) hostilities.

'**Fein...**: **~einsteller** *tech. m* (-s; -) vernier; **~einstellung** *f* fine adjustment; ℒ**fühlend**, ℒ**fühlig** ['-fy:liç] *adj.* sensitive; delicate; tactful; **~gefühl** *n* (-[e]s) sensitiveness; delicacy; tact; **~gehalt** *m* standard (*of coin*); **~gehaltsstempel** *m* hall-mark; ℒ**gesponnen** *adj.* fine(ly)-spun (*a. fig.*); **~gold** *n* fine (*or* refined) gold; **~heit** *f* (-; -en) fineness; delicacy, daintiness; grace (-fulness); elegance; refinement, elegance, polish (*of manners, style*); delicacy, tact; subtlety, finesse; exquisiteness, superior quality; purity; size, grist (*of yarn*); *~en pl.* niceties, delicacies, finer points *pl.* *die letzten ~en* the last touches; ℒ**hörig** *adj.* quick of hearing, having a quick (*or* sensitive) ear; **~keramik** *f* fine ceramics *pl.*; ℒ**körnig** *adj.* fine grained; **~korn** *n* (-[e]s) *shooting*: fine sight; *phot.* fine grain; **~kost** *f* → *Delikatessen*; ℒ**maschig** *adj.* fine-meshed; **~mechanik** *f* precision engineering; **~mechaniker** *m* precision-instrument maker; precision mechanic; ℒ**mechanisch** *adj.* fine mechanical, precision; **~messer** *m* (-s; -) micrometer; ℒ**porig** ['-po:riç] *adj.* finely porous; **~schliff** *tech. m* finishing, final rub; **~schmecker(in** *f*) *m* (-s, -; -, -nen) gourmet, epicure; *für die ~* for the fastidious palates; **~schnitt** *m* (-[e]s) *tobacco*: fine cut; **~seife** *f* toilet soap; **~silber** *n* fine (*or* refined) silver; **~sinn** *m* (-[e]s) subtle sense, delicacy; ℒ**sinnig** *adj.* subtle, delicate; sensitive; **~stbearbeitung** *tech. f* superfinish; microfinish; **~stellschraube** *f* micrometer screw; **~struktur** *phys. f* microstructure; **~waage** *f* precision balance; **~wäsche** *f* (dainty) lingerie; fine laundering; **~zucker** *m* refined sugar.

feist [faıst] *adj. hunt.* in grease, fat; *person*: fat, stout; plump, chubby (*cheeks, etc.*); *mit ~em Lachen* with a fat laugh.

feixen ['faıksən] *colloq. v/i.* (*h.*) grin; sneer.

Feld [fɛlt] *n* (-[e]s; -er) field (*a. agr. heraldry, mil., mining, sports, TV*); ground, soil, land; *arch.* panel, compartment; *of ceiling*: coffer; *chess*: square; *phys. elektrisches* (*magnetisches, etc.*) *~* electric (magnetic, *etc.*) field; *~ der Ehre* field of honour; *fig.* field, domain, department; scope; *aus dem ~e schlagen* drive from the field, *fig.* defeat, outstrip, rout, eliminate (*a competitor*); *das ~ behaupten* hold the field, stand one's ground; *das ~ räumen* retreat, fall back, *fig.* make off, clear out; quit; *das ~ bestellen* till the ground; *ins ~ führen fig.* advance (*arguments*); *mil. ins ~ rücken, ziehen* take the field, go to the front; *auf freiem ~e* in the open (field); (*noch*) *weit im ~e* a long way off; *er hat freies ~* he has full (free) scope *or* a clear field.

'**Feld...**: **~arbeit** *f* field-work; **~artillerie** *f* field artillery; **~ausrüstung** *mil. f* field-equipment; **~bahn** *f* field-railway; **~bau** *m* (-[e]s) agriculture, tillage; **~becher** *m* canteen cup; **~befestigung** *mil. f* field-fortification, fieldwork; **~bett** *n* camp-bed; **~bischof** *mil. m* chief of chaplains; **~blume** *f* wild flower; **~bluse** *mil. f* service blouse; **~bohne** *f* horse bean; **~dienst** *mil. m* field duty; ℒ**dienstfähig** *adj.* fit for active duty; **~dienstübung** *f* field exercise; ℒ**einwärts** *adv.* across the fields; **~elektron** *n* field electron; **~erbse** *f* field pea; **~flasche** *mil. f* waterbottle, canteen; **~flugplatz** *mil. m* advanced airfield; **~früchte** ['-fryçtə] *f/pl.* fruit *sg.* of the earth, field-produce; **~geistliche(r)** *m* army chaplain; **~gendarm** *m* military policeman; **~gendarmerie** *f* military police (*abbr.* M.P.); **~gericht** *n* field court martial; **~geschrei** *n* war-cry; password; **~geschütz** *n* field gun; ℒ**grau** *mil. adj.* field-grey; *die ℒen pl.* the German soldiers; **~haubitze** *f* field-howitzer; **~heer** *n* Army field forces *pl.*; **~herr** *m* general; commander-in-chief; strategist; **~herrnkunst** *f* (-) strategy, generalship; **~herrnstab** *m* baton; **~hockey** *n* field hockey; **~huhn** *n* common partridge; **~hüter** *m* field-guard; **~küche** *f* field-kitchen; **~lager** *n* bivouac, (military) camp; **~lazarett** *n* casualty clearing station, *Am.* evacuation hospital; **~lerche** *f* skylark; **~marschall** *m* field-marshal; ℒ**marschmäßig** *adj.* in heavy marching order; **~maus** *f* field mouse; **~messer** *m* (-s; -) surveyor; **~mütze** *f* field-cap, forage-cap; **~post** *f* armypost, army postal service; **~post-amt** *n* army post office (*abbr.* APO); **~postbrief** *m* field-post letter; **~regler** *el. m* field rheostat; **~rübe** *f* rape; **~salat** *m* lamb's lettuce; **~schaden** *m* damage to crops; **~scher** ['-ʃər] *hist. m* (-s; -e) army-surgeon; **~schlacht** *f* battle; **~schlange** *hist. f* culverin; **~schmiede** *f* portable forge; **~schütz** *m* field-guard; **~spannung** *el. f* field voltage; **~spat** *min. m* feldspar; **~spiel(er** *m*) *n* outfield play(er); **~stärke** *phys. f* field-strength; **~stecher** *m* field-glass; **~stein** *m* field-stone; erratic block; landmark; **~stuhl** *m* camp-stool, folding chair; **~telephon** *n* field-telephone; **~theorie** *phys. f* field theory; **~truppen** *f/pl.* field-troops *pl.*; **~verbandsplatz** *m* field dressing station; **~wache** *f* outpost, picket; **~webel** ['-ve:bəl] *m* (-s; -) sergeant; **~weg** *m* field-path, country-lane; **~wicklung** *el. f* field coil; **~zeichen** *n* ensign, standard; **~zeugdepot** *n* ordnance depot; **~zeugmeister** *m* master of the ordnance; **~zug** *m mil.* campaign, expedition; *fig.* campaign, *Am. a.* drive; **~zugsplan** *m* plan of operations.

Felge ['fɛlgə] *f* (-; -n) *tech.* felloe, felly; *spec. mot.* rim; *agr.* (ploughing of) fallow land; *gym.* circle; **~nabziehhebel** *mot. m* rim tool; **~nbremse** *f* rim (*bicycle*: calliper) brake; **~nrand** *m* rim edge.

Fell [fɛl] *n* (-[e]s; -e) coat; hide; skin; pelt; fur; *of men*: skin, hide; *das ~ abziehen* (*dat.*) skin; *fig. ein dickes ~ haben* be thick-skinned, have a thick hide; → *gerben, jukken*; *j-m das ~ über die Ohren ziehen* fleece (*or* flay) a p.; *fig.* *s-e ~e davonschwimmen sehen* see all one's plans (*or* hopes) wrecked; '**~händler** *m* dealer in hides, furrier; '**~zeichnung** *f* coat pattern; '**~zurichter** *m* hide-dresser.

Fels [fɛls] *m* (*-en*; *-en*) → *Felsen*; '**~block** *m* (-[e]s; ⸗e) (piece of) rock, block, boulder; '**~boden** *m* rock soil.

Felsen ['fɛlzən] *m* (*-s*; -) rock; crag; cliff, crag; **~abhang** *m* rocky declivity, precipice; **~bewohner(in** *f*) *m* crags (wo)man; **⁀fest** *adj.* as firm as a rock, rocklike; unshakeable, unwavering; *ich bin ~ davon überzeugt* I am absolutely convinced of it; **~gebirge** *n* Rocky Mountains *pl.*; **~grund** *m* rock-bed; **~huhn** *n* stone grouse; **~klippe** *f* cliff; **~küste** *f* rocky coast; **~masse** *f* mass of rocks; **~riff** *n* reef; **~wand** *f* wall (*or* face) of rock.

'**Fels...**: **~geröll** *n* rock debris; **~glimmer** *m* mica; **~grat** *m* rocky ridge; **⁀ig** *adj.* rocky, cragged, craggy; rock-like; **~spalte** *f* crevice; **~spitze** *f* crag, peak; **~sturz** *m* rock-slip; **~vorsprung** *m* ledge.

Fem|e ['fe:mə] *f* (-; *-n*) vehme; **~gericht** *n* vehmic court.

Femininum [femi'ni:num] *gr.* *n* (*-s*; *-na*) feminine noun.

Fenchel ['fɛnçəl] *m* (*-s*) fennel; **~holz** *n* sassafras (wood).

Fenn [fɛn] *n* (-[e]s; -e) fen, bog.

Fenster ['fɛnstər] *n* (*-s*; -) window; *fig. pol.* gate; *mit ~n versehen* window (*adj.* -ed); *Geld zum ~ hinauswerfen* throw money down the drain.

'**Fenster...**: **~bogen** *m* bow of a window; **~brett** *n* window-sill; **~briefumschlag** *m* window envelope; **~brüstung** *f* breast-wall; **~chen** ['-çən] *n* (*-s*; -) small window; **~flügel** *m* casement (*or* wing) of a window; **~gitter** *n* window-grate, lattice; **~glas** *n* window (*or* broad) glass; **~griff** *m* window knob; **~jalousie** *f* Venetian blind; **~kitt** *m* putty; **~kreuz** *n* cross-bar(s *pl.*); **~krone** *f on tooth*: window crown; **~kurbel** *mot. f* window crank; **~laden** *m* shutter; **~leder** *n* chamois (leather); **⁀los** *adj.* windowless; **~nische** *f* embrasure; **~pfeiler** *m* pier; **~pfosten** *m* mullion; **~platz** *m* seat by the window; **~putzer** *m* window cleaner; **~rahmen** *m* window-frame; sash; **~rose** *arch. f* rose window; **~scheibe** *f* (window-) pane; **~sims** *m* window-sill; **~spiegel** *m* window-mirror; **~sturz** *m* lintel.

Ferien ['fe:riən] *pl.* holidays; *esp. jur., univ. or Am.* vacation; *parl.* recess; *die großen ~* the long vacation; *~ machen* take (*or* go for) one's holidays, *Am.* take a vacation, go (*or* be) vacationing; → *Urlaub*; **~heim** *n* holiday home; **~kolonie** *f*, **~lager** *n* holiday camp; **~kurs(us)** *m* vacation course; **~reise** *f* holiday-trip *or* -tour; **~reisende(r** *m*)*f* holiday-maker, *Am.* vacationist; **~zeit** *f* holiday time.

Ferkel ['fɛrkəl] *n* (*-s*; -) young pig, piglet; sucking pig, sucker; *fig.* pig; **Ferke'lei** *f* (-; *-en*) dirtiness; filthy (*or* dirty) joke, obscenity, smut; '**ferkeln** *v/i.* (*h.*) farrow, pig; *fig.* talk smut.

Fermate [fɛr'mɑ:tə] *mus.* *f* (-; *-n*) pause, hold.

Ferment [fɛr'mɛnt] *n* (*-s*; *-e*) ferment, enzyme; **Fermentation** [-tatsi'o:n] *f* (-; *-en*) fermentation; **fermen'tieren** *v/t.* (*h.*) *and v/i.* (*sn*) ferment.

fern [fɛrn] *adj.* far (*a. adv.*); far off, distant, remote (*a. as to time*); *der ⁀e Osten* the Far East; *~e Ähnlichkeit* remote (*or* distant) resemblance; *von ~* from afar, from (*or* at) a distance; *in nicht* (*allzu*) *~er Zukunft* in a not too distant future, before long; *das sei ~ von mir!* far be it from me!, by no means!

'**Fern...**: **~amt** *teleph. n* trunk (*Am.* long-distance *or* toll) exchange; **~anruf** *m* trunk (*Am.* long-distance *or* toll) call; **~antrieb** *m* remote drive (*or* control); **~anzeigegerät** *n* remote indicating instrument; **~aufklärung** *mil. f* long-range (*or* strategical) reconnaissance; **~aufklärungsflugzeug** *n* long-range reconnaissance plane; **~aufnahme** *f* long-shot, telephoto(graph); **~auslöser** *phot. m* distance release; **~beben** *n* (*-s*) distant earthquake; **~bedienung** *tech. f* remote control; **⁀betätigt** *adj.* → *ferngesteuert*; **~bild** *n* telephoto; **⁀bleiben** *v/i.* (*irr.*, *sn*) keep away (*dat.* from), absent o.s., not to come (*or* appear, attend); **~bleiben** *n* nonappearance, absence; *econ.* absenteeism; **~blick** *m* distant view, vista; **~bomber** *m* long-range bomber; **~drucker** *tel. m* teleprinter.

Ferne ['fɛrnə] *f* (-; *-n*) distance, remoteness; *aus der ~* from a distance, from afar; *in der ~* in the (*or* at a) distance; *fig.* (*noch*) *in weiter ~* (still) a long way *or* a far cry off; *das liegt noch in weiter ~ a.* there is a long way to go yet; *in der ~ verschwinden* pass out of sight, fade into the distance.

'**Fern-empfang** *m* (-[e]s) *radio*: long-distance reception.

'**ferner** **I.** *adj.* further; farther; **II.** *adv.* further(more); moreover, besides, in addition; and then; *~ liefen sports*: also ran (*a. fig.*); **~hin** *adv.* for the (*or* in) future, henceforth; *auch ~ tun* continue to do, keep doing.

'**Fern...**: **~fahrer** *mot. m* long-distance lorry (*Am.* truck) driver; **~fahrt** *f* long-distance trip (*or* run, *mar.* cruise); long haul; **~flug** *m* long-distance flight; **~funk** *m* long-distance broadcast; **~gang** *mot. m* overdrive; **~gasversorgung** *f* grid gas supply; **⁀gelenkt** *adj.* → *ferngesteuert*; **~geschütz** *n* long-range gun; **~gespräch** *teleph. n* trunk (*Am.* long-distance) call; **⁀gesteuert** *adj.* remote-control(l)ed; radio-control(l)ed; pilotless; *~es Geschoß* guided missile; **~glas** *n* binocular(s *pl.*); → *Fernrohr*; **⁀halten** *v/t.* (*irr.*, *h.*) keep away, hold off; *j-n von sich ~* keep a p. at a distance, fend a p. off; *et. von j-m ~* keep a th. from a p., protect (*or* shield) a p. from a th.; *sich ~* keep away (*von* from); keep aloof (from); steer clear (of); **~heizung** *f* district heating; **⁀her** *adv.* from afar; **~kabel** *n* long-distance cable; **~kamera** *f* telecamera; **~kampfartillerie** *f* long-range artillery; **~kurs(us)** *m* correspondence course; **~laster** *m* long-distance lorry (*Am.* truck); **~lastverkehr** *m* long-distance road haulage; **~lastzug** *m* long-distance road train; **~leitung** *f teleph.* trunk-line, *Am.* long-distance line; *el.* transmission line; pipeline; **~lenkpult** *n* control desk; **~lenkung** *f* remote (*or* distant) control; wireless (*Am.* radio) control; **~licht** *mot. n* (-[e]s) full headlight beam, high beam (position); **⁀liegen** *v/i.* (*irr.*, *h.*): *es liegt mir fern, zu inf.* I am far from *ger.*, far be it from me to *inf.*; *der Gedanke liegt mir fern* that's far from my thoughts; **~d** → *fern*.

Fernmelde|bataillon ['fɛrnmɛldə-] *n* signal battalion; **~dienst** *m* telecommunication service; **~netz** *n* telecommunication system; **~technik** *f* telecommunications *pl.* (engineering); **~wesen** *n* (*-s*) telecommunication(s *pl.*).

'**Fern...**: **⁀mündlich** *adj.* telephonic, by telephone; **~ost...**, **⁀östlich** *adj.* Far-Eastern; **~photographie** *f* telephoto(graphy); **~rohr** *n* telescope; **~ruf** *m* telephone call; → *Fernanruf*; *on letters, etc.*: Telephone (*abbr.* Tel.); **~schalter** *m* remote control switch; **~schnellzug** *m* long-distance express train; **⁀schreiben** *v/i.* (*irr.*, *h.*) teleprint, *Am.* teletype (a message); **~schreiben** *n* teleprint (*Am.* teletype[d]) message; **~schreiber** *m* teletype(writer); teleprinter (*a. person*), telex; **~schuß** *m* long(-range) shot.

Fernseh|antenne ['fɛrnze:-] *f* television aerial (*Am.* antenna); **~apparat** *m* → *Fernsehempfänger*; **~auge** *n* television eye; **~band** *n* television band; **~bild** *n* television (*abbr.* TV) image (*or* picture); **~bildschirm** *m* telescreen, (viewing) screen; **~empfang** *m* (-[e]s) television reception; **~empfänger** *m* television (*abbr.* TV) receiver (*or* set, viewer), telly; (*person*) televiewer, *pl.* television audience; **~en** *n* (*-s*) television (*abbr.* TV), *Am. a.* video; *farbiges ~* colo(u)r television; *im ~* on television; *im ~ übertragen* televise, telecast; *durch ~ miterleben* watch on television, (*a.* **⁀en** *v/i.*, *irr.*, *h.*) teleview; **~film** *m* telefilm; **~er** *m* televisor, televiewer; *a.* **~gerät** *n* → *Fernsehempfänger*; **~kamera** *f* television camera; **~kanal** *m* television channel; **~kassette** *f* video cassette; **~kofferempfänger** *m* portable television receiver; **~publikum** *n* television audience; **~röhre** *f* television tube; *of camera*: iconoscope, pickup tube; **~sehschirm** *m* → *Fernsehbildschirm*; **~sender** *m* television broadcast station; *durch ~ übertragen* telecast, televise; **~sendung** *f* television (*abbr.* TV) broadcast, telecast; **~studio** *n* telestudio; **~technik** *f* television engineering; **~techniker** *m* television engineer; **~teilnehmer(in** *f*) *m* televiewer, *pl.* television audience; **~telephon** *n* television telephone; **~turm** *m* television tower; **~übertragung** *f* television transmission, telecast.

¹Fern...: ~sicht *f* (distant) view, visual range; perspective (view); **2sichtig** *adj.* long-sighted.

Fernsprech|amt ['fɛrnʃprɛç-] *n* telephone exchange; **~anschluß** *m* telephone connection, subscriber's line; **~apparat** *m* telephone set, (tele)phone; **~auftragsdienst** *m* automatic telephone answering service; **~automat** *m* coin-box telephone, *Am.* pay station; **~buch** *n* telephone directory; **2en** *v/i.* (*irr., h.*) telephone, phone; **~er** *m* telephone, phone; *öffentlicher ~* public telephone (station), *Am.* pay station; *am ~* at *or* on the (tele-) phone; *durch den ~* on (*or* over) the telephone, by telephone; **~gebühren** *f/pl.* telephone-fees; **~leitung** *f* telephone line; **~netz** *f* telephone network; **~nummer** *f* telephone number; **~stelle** *f* (*öffentliche ~* public) call-office, → *Fernsprechzelle*; **~teilnehmer(in** *f*) *m* telephone subscriber; **~teilnehmerverzeichnis** *n* telephone directory; **~wesen** *n* (-s) telephony; **~zelle** *f* telephone box, call-box, *Am.* (telephone-booth; **~zentrale** *f* (telephone)exchange.

¹Fern...: ~spruch *m* telephone message; **2stehen** *v/i.* (*irr., h.*) (*dat.*) be a stranger to, have no contacts with; **~stehende(r** *m*) ['-də(r)] *f* -*n*, -*n*; -*en*, -*en*) outsider, onlooker; **~steuerung** *f* remote (*or* distant) control; **~studium** *n* (study by) correspondence course; **~thermometer** *n* telethermometer; **~transport** *m* long-distance (*or* long-haul) transport; **~trauung** *f* marriage by proxy; **~unterricht** *m* correspondence course (*or* tuition), postal course; **~verkehr** *m* long-distance traffic; *tel.* long-distance communication; **~verkehrs-omnibus** *m* long-distance (*or* cross-country) bus; **~verkehrsstraße** *f* trunk-road, highway; **~waffe** *f* long-range weapon; **~wahl** *teleph. f* trunk (*Am.* direct distance) dial(l)ing; **~weh** *n* (-[e]s) wanderlust; **~wirkung** *f* distant effect; radiation effect; telepathy; **~ziel** *n* long-range objective; **~zug** *m* long-distance train; **~zündung** *f* distant ignition.

Ferri|ammonsulfat ['fɛriˀamon-] *n* ammonium ferric sulphate; **~azetat** *n* ferric acetate; **~chlorwasserstoff** *m* ferrichloric acid.

Ferro|azetat ['fɛro-] *n* ferrous acetate; **~chlorid** *n* ferrous chloride; **~legierung** *f* ferroalloy; **~zyanid** ['-tsya'ni:t] *n* (-s) ferrocyanide.

Ferse ['fɛrzə] *f* (-; -*n*) heel; (*dat.*) (*dicht*) *auf den ~n folgen* follow (hot) on the heels of; *j-m auf den ~n sein* be at (*or* on) a p.'s heels, follow a p. closely, run a p. close; *sich an j-s ~n heften* dog a p.'s footsteps, *sports*: tuck (*or* drop) in behind a p.; **~nbein** *n* heel-bone; **~ngeld** *n*: *~ geben* take to one's heels, show a clean pair of heels, turn tail; **~nsehne** *f* tendon of Achilles.

fertig ['fɛrtiç] *adj.* ready; finished, done; complete; ready, skilled, dexterous; accomplished, perfect; fluent (*talker*); mature; ready-made, reach-me-down (*clothes*); ready-to-eat, instant (*food*); *tech.* prefabricated, ready-built; *fix und ~* **a**) quite ready, **b**) tired to death, played out, ready to drop, all in, **c**) ruined, lost, broken, at the end of one's tether, done for; → *fertigmachen*; *~ werden* get ready, *mit et. or j-m*: manage, handle, deal (*or* cope) with *a p. or th.*, get over (*one's grief, etc.*); *~ sein* **a**) be ready, **b**) *mit et. or j-m*: have finished *or* done (doing *a th. or* with *a th.*, with *a p.*), be through with; *ohne j-n or et. ~ werden* get along (*or* manage, do) without *a p. or th.*; *das Essen ist ~* dinner is ready; *sports*: *~!* ready!, get set!; *laß ihn sehen, wie er damit ~ wird* let him look out for himself, that's his outlook (*or Am.* funeral); *colloq. nun bin ich aber ~!* you don't say!, that's the limit!; **2bauweise** *tech. f* prefab(ricated) construction; **2bearbeitung** *f* finishing, finish machining; **~bringen** *v/t.* (*irr., h.*) finish, complete; bring about, accomplish, achieve; *es ~ zu inf.* manage (*or* contrive) to *inf.*, succeed in *ger.*; *ich brachte es nicht fertig* I couldn't do it, I failed, I didn't make it; *er bringt es nicht fertig, ihr die Wahrheit zu sagen* he has not the heart to tell her the truth; *er bringt es (glatt) fertig* he is capable of it, I shouldn't put it past him; **~en** *v/t.* (*h.*) manufacture, make, fabricate, produce; **2erzeugnis** *n*, **2fabrikat** *n* finished product; **2haus** *n* prefabricated house, prefab; **2keit** *f* (-; -*en*) dexterity; skill, art, facility; proficiency (*in dat.* in); fluency; practice; *~en pl.* accomplishments; *e-e große ~ haben in* (*dat.*) be highly proficient in, be very good at; **2kleidung** *f* ready--to-wear (*or* ready-made) clothing; **~kriegen** *v/t.* (*h.*) → *fertigbringen*; **~machen** *v/t.* (*h.*) finish, complete, get ready; *typ.* adjust; *fig.* finish; fix, do for; shatter; *colloq. den habe ich fertiggemacht* I settled his hash; *sich ~* get ready, prepare (*zu* for); **2montage** *f* final assembly; **2produkt** *n* finished product; **~stellen** *v/t.* (*h.*) finish, complete; **2stellung** completion; **2stellungs-termin** *m* completion date; **2ung** *f* (-; -*en*) manufacture, production, making, fabrication; output; → *Herstellungs...*; **2ungs-auftrag** *m* production order; **2ungsbetrieb** *m* factory, finishing plant; **2ungsfehler** *m* manufacturing defect; **2ungs-ingenieur** *m* production engineer; **2ungsjahr** *n* year of manufacture; **2ungsstraße** *f* production line; **2ungs-teil** *m* prefabricated part; **2ungszeit** *f* production time; **2waren** *f/pl.* finished goods (*or* products), ready-made articles.

fes [fɛs], **Fes** *mus. n* (-; -) f, F flat.

fesch [fɛʃ] *colloq. adj.* smart, natty, chic (*Fr.*), stylish; dashing.

Fessel ['fɛsəl] *f* (-; -*n*) fetter, shackle, chain; *fig. a.* trammels *pl.*; *pl.* handcuffs, manacles; *wrestling*: lock, tie-up; *anat.* ankle, *vet.* fetlock, pastern; *j-m ~n anlegen* **a**) → *fesseln*, **b**) *fig.* lay fetters on, fetter, trammel; *die ~n abschütteln* shake off one's chains; *j-m die ~n abnehmen* unfetter (*or* unshackle, release) a p.; **~ballon** *m* captive balloon; **~gelenk** *vet. n* pastern-joint.

¹fessel|n *v/t.* (*h.*) fetter, shackle, chain, put in irons; tie, bind, pin; *fig. mil.* contain (*enemy forces*); captivate, fascinate, enthrall; catch, arrest, rivet (*attention, eye, etc.*); *j-n an sich ~* attract a p., attach (*or* draw) a p. to one; confine (*an acc.* to *bed, one's room, etc.*); *ans Bett gefesselt* confined to one's bed, bed-ridden, laid-up; **~nd** *adj.* captivating, fascinating, spell-binding; gripping, thrilling; absorbing; **2ung** *f* (-; -*en*) shackling, chaining up; *wrestling*: lock, tie-up; *mil.* containing.

fest [fɛst] *adj.* firm; *a. phys.* solid; *~er Körper phys.* solid; *~ werden* solidify, harden; compact, hard; strong, sturdy; fixed, rigid, *tech. a.* stationary, positive (*stop*); solid (*coupling*); surfaced (*road*); fast; *~ anbringen* fasten (*or* attach, secure) (*an dat.* to); tight; *~er machen, ziehen* tighten; close (*fabric*); permanent (*domicile, position, structure*); sound (*sleep*); *~ schlafen* be fast asleep; *mil.* fortified, strong (*place*); *~er Platz* fortress, stronghold; constant; firm, steady, inflexible, unshakable; stable, durable, lasting (*peace, friendship, etc.*); steady, firm (*look*); robust (*health*); heavy, sound (*blow, etc.*); *econ.* steady, firm (*market, price, etc.*); fixed (*costs, income, price, salary*); regular (*customer*); *~es Angebot* firm (*or* binding) offer; *~es Geld* time-money, fixed deposits *pl.*; *~ angelegtes Geld* tied-up funds; *~ bleiben prices*: keep firm; *~ werden* harden, stiffen; *~er Gewahrsam* safe custody; *~en Fuß fassen* gain a (firm) footing; *~ beharren auf* (*dat.*) insist on, make a point of; → *steif II.*; *ich bin ~ davon überzeugt, daß* I am perfectly convinced that, I am positive that; *~ abgemacht* definitely agreed; *~ entschlossen* firmly resolved; *~ sein in* (*dat.*) be well grounded (*or* versed) in (*a subject*); *~ sein gegen* (*acc.*) be proof against; *colloq.* (*immer*) *~e!* go it!

Fest [fɛst] *n* (-es; -e) festival, celebration; holiday, *eccl.* feast; festivities *pl.*; party; feast, banquet; fête; *ein ~ begehen* keep (*or* have) a festival, celebrate; *ein frohes ~!* a pleasant holiday!; *colloq. es war mir ein ~!* it was a real pleasure (*or* a picnic)!; *man muß die ~e feiern, wie sie fallen* Christmas comes but once a year.

¹Fest...: ~abend *m* (festive) night; **~akt** *m* ceremony; **~antenne** *f* fixed aerial (*or* antenna); **~aufführung** *f* festival production; **~aus-**

schuß *m* organizing (*or* festival) committee; **2backen** *tech. v/i.* (*sn*) cake (together); **2bannen** *v/t.* (*h.*) fix (*or* rivet) to the spot; **~beleuchtung** *f* festive illumination; **2besoldet** *adj.* salaried; **2binden** *v/t.* (*irr., h.*) fasten (*an dat.* to), tie up, bind fast; **2bleiben** *v/i.* (*irr., sn*) remain firm; **2drehen** *v/t.* (*h.*) turn fast (*or* tight), tighten; **~e** *f* (-; -*n*) *mil.* → *Festung*; firmament; **~essen** *n* feast, banquet, public (*or* gala) dinner; **2fahren** *v/i.* (*irr., sn*) *and sich* ~ (*h.*) *mar.* run aground; *sich* ~ stick fast, get stuck (*in dat.* in); *festgefahren sein* be stalled, *fig.* be at a deadlock; **2fressen** *tech.*: *sich* ~ (*irr., h.*) seize, freeze; **~gedicht** *n* festive poem; **~gelage** *n* feast, banquet; **~geläute** *n* festive peal (of bells); **~gelder** ['-gɛldər] *n/pl.* deposits at fixed date; **~gesang** *m* festive song; **~halle** *f* → *Festsaal*; **2halten I.** *v/t.* (*irr., h.*) hold fast (*or* tight); *jur.* arrest, seize; detain, keep in custody; *j-n* ~ (*conversationally*) buttonhole a p.; hold, withhold, retain; *fig.* record; capture; *sich* ~ hold fast *or* on (*an dat.* to), cling (to); **II.** *v/i.* (*irr., h.*): ~ *an* (*dat.*) adhere (*or* cling, keep) to; **~halten** *n* adherence (*an dat.* to); **2igen** ['-igən] *v/t.* (*h.*) *fig.* secure; strengthen, steel, fortify; establish (firmly), consolidate (*power, etc.*); stabilize (*currency*); *sich* ~ strengthen, grow stronger, consolidate; **~igung** *f* (-) strengthening; establishment; consolidation; stabilization.

Festigkeit ['-içkaɪt *f* (-) → *fest*; firmness, solidity, compactness; *phys., tech.* strength, resistance; ruggedness, stability; *econ.* firmness, steadiness; stability (*of currency*); *of person*: firmness, determination; steadfastness.

'**Festigkeits...**: **~eigenschaften** *f/pl.* mechanical (*or* stress) properties; **~grad** *m* degree of firmness; **~grenze** *f* breaking strength (*or* point); **~lehre** *f* (-) (science of) strength of materials; **~prüfung** *f* strength test.

'**fest...**: **~keilen** *v/t.* (*h.*) fasten by wedges, *tech.* key; **~klammern** *v/t.* (*h.*) fasten with clamps *or* pegs; clamp fast; clinch; *sich* ~ *an* (*dat.*) cling (*or* hold on) to, clutch; **~kleben I.** *v/i.* (*sn*) adhere, stick (*an dat.* to); **II.** *v/t.* (*h.*) fasten (*or* stick) with glue *or* gum, glue (to); **2kleid** *n* festive robe, holiday-dress; **~klemmen** *v/t.* (*h.*) *tech.* clamp; *b.s.* (*a. sich*) jam; **~knüpfen** *v/t.* (*h.*) tie fast; **2konto** *n* (deposit) account at fixed date; blocked account; **2land** *n* mainland, continent; **~ländisch** ['-lɛndiʃ] *adj.*, **2lands...** continental; **~legen** *v/t.* (*h.*) fix, determine, establish, mark out; set *a date, Am.* schedule (*auf* on); stipulate; lay down (*principle, rule, etc.*); *mar.* plot (*course*); *econ.* tie (*or* lock) up, sink, freeze; *fig. sich auf et.* ~ commit (*or* bind, pledge) o.s. to a th.; *j-n auf et.* ~ pin a p. down to a th.; **2legung** ['-le:guŋ] *f* (-; -*en*) → *Festsetzung*.

'**festlich** *adj.* festive; solemn; splendid; ~ *begehen* celebrate, solemnize; ~ *bewirten* fête, entertain liberally; **2keit** *f* (-; -*en*) festivity; solemnity; splendo(u)r; → *Fest*.

'**fest...**: **~liegen** *v/i.* (*irr., h.*) be stuck; *patient*: be laid up; **~d** fixed; **~des** *Kapital* tied-up (*or* frozen) capital; **~machen I.** *v/t.* (*h.*) fix, attach, fasten (*an dat.* to); *mar.* moor; *fig.* fix, settle; close, clinch (*bargain*); **II.** *v/i.* (*h.*) *mar.* moor; **2mahl** *n* feast, banquet; **2meter** *n* cubic meter (*of timber*); **~nageln** *v/t.* (*h.*) nail fast (*or* down); *fig. j-n auf et.* ~ nail (*or* pin) a p. down to a th.; **2nahme** ['-na:mə] *f* (-; -*n*) apprehension, capture; detention, arrest; **~nehmen** *v/t.* (*irr., h.*) apprehend, (put under) arrest, take into custody; **2ordner** *m* steward; **2ordnung** *f*, **2programm** *n* festival program(me), table of events; **2platz** *m* festival ground; **2preis** *m* fixed price; **2punkt** *m* fixed point, base; **2rede** *f* speech of the day; **2redner** *m* official speaker; **2saal** *m* (festival) hall; banqueting-hall; **~schnallen** *v/t.* (*h.*) buckle fast, strap (*an acc.* to); **~schnüren** *v/t.* (*h.*) tie fast; **~schrauben** *v/t.* (*h.*) bolt, fasten with screws, screw on (*or* down); **2schrift** *f* commemorative publication; **~setzen** *v/t.* (*h.*) establish, settle, arrange; regulate; appoint, prescribe; lay down, stipulate (*condition*); fix, appoint (*place, time*); set *a date* (*auf acc.* for), *Am.* schedule (on); fix *a price* (at); assess (*damage, tax*); agree upon; take into custody, imprison; *sich* ~ establish o.s., settle (*a. med.*), gain a footing (*in dat.* in); **2setzung** ['-zɛtsuŋ] *f* (-; -*en*) appointment, fixing; establishment, arrangement, regulation; laying down, stipulation, provision; assessment; agreement; imprisonment; **~sitzen** *v/i.* (*irr., h.*) sit fast; *clothes, tech.*: fit tightly; be stuck *or* stalled; *ship*: be stranded *or* aground; be ice-(snow-)bound; **2spiel** *n* festival (performance); *pl.* **~e** (*a.* **2spielwoche** *f*) Festivals; **~stampfen** *v/t.* (*h.*) stamp (*or* ram; *tech. a.* tamp) down; **~stehen** *v/i.* (*irr., h.*) stand firm (*or* fast), be steady; *fig.* be certain (*or* positive), be a fact; **~stehend** *adj. tech.* stationary; fixed, dead (*axle*); established, settled (*custom, etc.*); established, positive (*fact*).

'**feststell|bar** *adj.* ascertainable, detectable; noticeable; identifiable; determinable; *tech.* lockable, securable; **2bremse** *mot. f* parking brake; **~en** *v/t.* (*h.*) establish; state; declare; ascertain, detect, find out; *a. chem.* determine; assess (*damage*); locate (*fault, place*); notice, observe; *tech.* lock, secure (in position), set; **2er** *m* (-*s*; -) *of typewriter*: shift lock; **2schraube** *tech. f* setscrew; **2ung** *f* → *feststellen*; establishment; ascertainment; location; *jur, etc.* finding(s *pl.*); identification; statement, comment; observation; determination; assessment; *tech.* locking, securing; detent, stop, locking device; **2ungsklage** *jur. f* action for declaratory judgment; **2ungs-urteil** *n* declaratory judgment.

'**Fest...**: **~stoffrakete** *f* solid fuel rocket; **~tag** *m* festive (*or* high) day; festival, holiday; *eccl.* feast; red-letter day; **2täglich** *adj.* festive; **2treten** *v/t.* (*irr., h.*) tread (*or* stamp, trample) down.

'**Festung** *f* (-; -*en*) fortress; fort; citadel.

'**Festungs...**: **~bau** *m* (-[*e*]*s*; -*ten*) fortification; (building of) fortifications *pl.*; **~graben** *m* moat; **~gürtel** *m* ring of forts; **~haft** *f* confinement in a fortress; **~krieg** *m* siege warfare; **~werk** *n* fortification.

'**fest...**: **~verzinslich** *econ. adj.* fixed interest bearing; **2vorstellung** *f* festive performance; **2wagen** *m* pageant car, *Am.* (street-parade) float; **2wert** *m* standard value; *phys., math.* constant; co-efficient; **2wiese** *f* fairground; **2woche** *f*: *Berliner* ~ Berlin Festival; **~wurzeln** *v/i.* (*sn*) become deeply rooted; *festgewurzelt dastehen* be firmly rooted to the spot; **2zug** *m* procession, pageant, parade.

Fetisch ['fe:tiʃ] *m* (-*es*; -*e*) fetish, idol; **~anbeter(in** *f*) ['-anbe:tər-] *m* (-*s*, -; -, -*nen*) fetishist; **Fetischismus** [feti'ʃismus] *m* (-) fetishism.

fett [fɛt] *adj.* fat; corpulent, obese; greasy; grimy; oily; rich (*food, mixture*); fertile, rich, fat (*soil*); bituminous, fat (*coal*); *typ.*: fat, extra bold; *fig.* fat, rich, lucrative; ~ *machen* fatten; ~ *werden* grow (*or* run to) fat; *fig. davon kann man nicht* ~ *werden* that doesn't pay.

Fett *n* (-[*e*]*s*; -*e*) fat; grease (*a. tech.*); dripping(s *pl.*); shortening; ~ *ansetzen* put on flesh (*or* weight); *fig. j-m sein* ~ *geben* let a p. have it, settle a p.'s hash; *der hat sein* ~ that will teach him.

'**Fett...**: **~ansatz** *m* (incipient) corpulence; **2arm** *adj.* poor in fats; **~auge** *n* speck of fat; **~bauch** *m* → *Fettwanst*; **~bestandteil** *m* fatty constituent; **~druck** *typ. m* (-[*e*]*s*; -*e*) extra bold print, heavy-faced type; **2en** *v/t.* (*h.*) grease, lubricate; compound (*oil*); **~fleck** *m* spot of grease; **~gas** *n* oil gas; **2gedruckt** *adj.* boldface, heavily printed; **~gehalt** *m* fat content; **~gewebe** *n* fatty tissue; **2glänzend** *adj.* greasy, shiny; **2haltig** *adj.* containing fat, fatty; **~heit** *f* (-) fatness; **2ig** *adj.* fat(ty); greasy; **~igkeit** *f* (-) fatness; greasiness; **~kohle** *f* fat coal; **2leibig** ['-laɪbiç] *adj.* corpulent, obese; **~leibigkeit** *f* (-) corpulence, obesity; **2löslich** *adj.* fat-soluble; **~magen** *zo. m* fourth stomach (of ruminants); **~näpfchen** *n*: *fig. ins* ~ *treten* put one's foot in it, drop a brick; **~papier** *n* grease-proof paper; **~polster** *n* cushion of fat, subcutaneous fatty layer; **~presse** *mot. f* grease gun; **~salbe** *f* greasy ointment; **~säure** *chem. f* fatty acid; **~schicht** *f* layer of fat; **2spaltend** *chem. adj.* fat-splitting, lipolytic; **~spritze** *f* grease gun; **~sucht** *f* (-) obesity, fatty degeneration; **~wolle** *f* yolk (*or* grease) wool; **~wanst** *m* fat belly, paunch; **~wulst** *f* (-; ¨*e*) roll of fat.

Fetzen ['fɛtsən] *m* (*-s*; -) shred; rag, *Am. a.* frazzle; *ein* ~ *Papier* a scrap of paper; scrap, wisp (*of smoke, cloud*); *contp.* (*dress*) rag; *in* ~ in rags; in shreds (and tatters); *in* ~ *reißen* tear to shreds; *in* ~ *gehen* go to pieces; *colloq. daß die* ~ *fliegen* with a vengeance, like blazes.

feucht [fɔʏçt] *adj.* moist (*von* with), damp, *esp. phys.* humid (*air*); wet (*paint*); clammy (*hands*); dank (*cellar*); ~*e Augen* moist eyes; '**2e** *f* (-) → *Feuchtigkeit*; '~**en** *v/t.* (*h.*) moisten, damp; ~**fröhlich** *adj.* hilarious; alcoholic, boozy.

'**Feuchtigkeit** *f* (-) moisture, dampness; humidity; clamminess; dankness; *physiol.* humo(u)r (*of the eye, etc.*); *vor* ~ *schützen!* keep dry!; ~**sgehalt** *m* moisture content; ~**sgrad** *m* degree of moisture (*of air*: humidity); ~**smesser** *m* (*-s*; -) hygrometer.

'**feucht|kalt** *adj.* clammy, dank; ~**warm** *adj.* moist and warm.

feudal [fɔʏ'dɑːl] *adj.* feudal; *fig.* aristocratic, exclusive; grand, magnificent, sumptuous, tip-top, *Am. a.* swank(y); **Feudalismus** [fɔʏda'lismus] *m* (-) → *Feudalsystem*.

Feu'dal...: ~**recht** *n* feudal law; ~**system** *n* feudal system, feudalism.

Feuer ['fɔʏər] *n* (*-s*; -) fire; → *anstecken, anmachen, auslöschen, etc.*; *tech. of furnace*: heat; *j-m* ~ *geben* give a p. a light; *mar.* light; beacon; *mil.* fire, firing; *gezieltes* (*massiertes*) ~ aimed (massed) fire; ~ *bekommen* be fired at; *das* ~ *eröffnen* open fire; *im* ~ *stehen* be under fire; *unter* ~ *nehmen* fire at; ~! fire!; *am* ~ *kochen* cook over a fire; *auf langsamem or schwachem* ~ on a slow fire; *fig.* fire, sparkle, brilliance; fire, ardo(u)r, fervo(u)r; fire, spirit, mettle (*a. of horses*); *of wine*: body, vigo(u)r; ~ *und Flamme sein für* (*acc.*) be enthusiastic about, be heart and soul for; *in* ~ *geraten* catch (*or* take) fire (*über acc.* at), kindle (at), get excited (about); *mit dem* ~ *spielen* play with (the) fire; *durchs* ~ *gehen für* (*acc.*) go through fire and water for; ~ *machen hinter* (*acc.*) put pressure (*or* steam) behind; *mit* ~ *und Schwert* with fire and sword; *zwischen zwei* ~*n* between two fires, between the devil and the deep (blue) sea; → *Kastanie, Öl, etc.*

'**Feuer...:** ~**alarm** *m* fire-alarm; ~**anbeter**(**in** *f*) ['-anbeːtər-] *m* (*-s*, -; -, *-nen*) fire-worshipper; ~**ball** *m* fire ball; ~**befehl** *mil. m* fire order *or* command; ~**bekämpfung** *f* fire-fighting; **2bereit** *mil. adj.* ready (for action); **2beständig** *adj.* fire-proof (*or* resistant); refractory; ~**beständigkeit** *f* fire-proof quality; **2bestatten** *v/t.* (*h.*) cremate; ~**bestattung** *f* cremation; ~**bohne** *bot. f* scarlet runner; ~**brand** *m* firebrand (*a. fig.*); ~**eifer** *m* (ardent) zeal, ardo(u)r; ~**einstellung** *f mil.* cessation of fire; cease fire; ~**eröffnung** *mil. f* opening of fire; ~**esse** *f* chimney; forge; **2farben, 2farbig** *adj.* flame-colo(u)red; **2fest** *adj.* fire-proof, incombustible; refractory; ~*er Ton* fire(-)clay; ~*er Ziegel* fire(-)brick; ~**festigkeit** *f* (-) fire-proof quality, heat resistance, refractoriness; **2flüssig** *adj.* liquid at high temperature, molten; ~**fresser** *m* fire-eater; ~**garbe** *mil. f* sheaf *or* cone of fire; ~**gefahr** *f* → *Feuersgefahr*; **2gefährlich** *adj.* inflammable, hazardous; ~**gefecht** *mil. n* gun-battle (*or* -fight); ~**geist** *m* fiery spirit; ~**geschwindigkeit** *f* rate of fire; ~**glocke** *f* alarm-bell, tocsin; *mil.* box-barrage; ~**hahn** *m* fire-plug, hydrant; **2hemmend** *adj.* fire-retarding; ~**herd** *m* fireplace, hearth; ~**kraft** *mil. f* fire-power; **2lackiert** *adj.* black enamel(l)ed; ~**leiter** *f* fire-ladder; fire-escape; ~**lilie** *f* tiger-lily; ~**löschboot** *n* fire-tug; ~**löscher** *m* fire-extinguisher; ~**löschgerät** *n* fire-fighting equipment; ~**löschmittel** *n* fire-extinguishing substance; ~**löschteich** *m* static water tank; ~**mal** *n* n(a)evus flammeus; ~**material** *n* fuel; ~**meer** *n* sea of flames, sheet of fire; ~**melder** ['-mɛldər] *m* (*-s*; -) fire-alarm; **2n I.** *v/i.* (*h.*) make (*or* light) a fire; *mit Holz* (*Kohlen*) ~ burn wood (coal); *mil.* fire (*auf acc.* at, upon); *el.* flash, spark; **II.** *v/t.* (*h.*) fire (*stove, mil. salute, etc.*); *fig.* fling, hurl; ~**n** *n* (*-s*) firing; ~**nelke** *bot. f* scarlet lychnis; ~**pause** *mil. f* pause *or* break in firing; ~**probe** *f hist.* ordeal by fire; *fig.* crucial (*or* acid) test; *die* ~ *bestehen* stand the test; ~**rad** *n* Catherine-wheel; ~**raum** *tech. m* fire-box, combustion chamber, furnace; ~**regen** *m* rain of fire (*mil.* of steel); ~**risiko** *n* fire hazard (*or* risk); **2rot** *adj.* fiery, blazing-red; ~*werden* turn crimson (*in the face*); ~**salamander** *m* fire-salamander; ~**säule** *f* column of fire; ~**sbrunst** *f* (great) fire, conflagration; ~**schaden** *m* damage caused by fire; *gegen* ~ *versichert* insured against fire; ~**schein** *m* glare (*or* reflection) of fire; ~**schiff** *mar. n* lightship; ~**schirm** *m* fire-screen; fire-guard; ~**schlag** *mil. m* → *Feuerüberfall*; ~**schlund** *poet. m* fire-spitting mouth; ~**schutz** *m* fire protection (*or* prevention); *mil.* protective fire, fire support; ~**schutzmittel** *n* fire-proofing agent; ~**sgefahr** *f* danger (*or* risk) of fire, fire hazard; ~**sglut** *f* burning heat; **2sicher** *adj.* fire-proof; ~**snot** *f* danger from fire; **2speiend** *adj.* fire-spitting; volcanic; ~*er Berg* volcano; ~**spritze** *f* fire-engine; ~**stätte,** ~**stelle** *f* fireplace, hearth; scene of a fire; ~**stein** *m* flint; ~**stellung** *mil.* firing position, gun emplacement; *in* ~ *bringen* emplace; ~**stoß** *mil. m* burst of fire; ~**strahl** *m* flash of fire, *mil. a.* gun flash; back-blast; ~**taufe** *mil. f*: *die* ~ *erhalten* receive the baptism of fire; ~**tod** *m* death by fire; ~**ton** *m* (-[e]s) fire(-)clay; ~**treppe** *f* fire-escape; ~**überfall** *mil. m* surprise fire, sudden concentration.

'**Feu(e)rung** *f* (-; *-en*) firing, heating; furnace; fuel; ~**sbedarf** *m* fuel requirement; ~**smaterial** *n* fuel; ~**sraum** *m* fire-box, furnace; *mar.* stoke-hole.

'**Feuer...:** ~**unterstützung** *mil. f* fire support; ~**vereinigung** *mil. f* concentration of fire; ~**vergoldung** *f* hot gilding; ~**verhütung** *f* fire prevention; ~**versicherung**(**sgesellschaft**) *f* fire insurance (company); ~**versicherungspolice** *f* fire-policy; **2verzinken** *v/t.* (*h.*) hot-galvanize; **2verzinnt** *adj.* fire-tinned, tin-coated; ~**verzinnung** *f* (-) hot plate tinning, tin-coating; ~**vogel** *m* copper (butterfly); *myth.* phoenix; ~**vorhang** *m thea.* fire-curtain; *mil.* fire-screen, curtain of fire; ~**wache** *f* fire-station; fire-watch; ~**waffe** *f* fire-arm, gun; ~**walze** *mil. f* creeping barrage; ~**wasser** *n* (*-s*) fire-water; ~**wehr** *f* fire-brigade, *Am. a.* fire department; ~**wehrmann** *m* fireman, *Am. a.* firefighter; ~**wehrschlauch** *m* fire-hose; ~**wehrwagen** *m* fire-engine, *Am.* fire-truck, hook-and-ladder (truck); ~**werk** *n* fireworks *pl.* (*a. fig.*); ~**werker** ['-vɛrkər] *m* (*-s*; -) pyrotechnician; *mil.* ordnance technician, artificer; ~**werke'rei** *f* (-; *-en*) pyrotechnics *pl.*; ~**werkskörper** *m* firework; ~**werkskunst** *f* pyrotechnics *pl.*; ~**zange** *f* fire-tongs *pl.*; ~**zeichen** *n* fire-signal; *mar.* beacon(-fire), signal-light; ~**zeug** *n* (cigarette-, *or* cigar-, pocket-)lighter; ~**zeugbenzin** *n* lighter fluid; ~**zug** *m* flue.

Feuilleton ['fœjə'tõː] *n* (*-s*; *-s*) feuilleton (*Fr.*); features section; **Feuilleto'nist**(**in** *f*) *m* (*-en*, *-en*; -, *-nen*) feuilleton writer; **feuilleto'nistisch** *adj.* feuilletonistic.

feurig ['fɔʏriç] *adj.* fiery, burning; sparkling, flashing, burning (*eyes*); *fig.* fiery, ardent, impetuous; fiery, mettlesome (*horse*); heady, strong (*wine*); flaming, glowing, impassioned (*speech*).

Fex [fɛks] *m* (*-es*; *-e*) faddist; *in compounds* ... fan, enthusiastic ...

Fez [feːts] *m* (*-es*; *-e*) fez; *colloq.* (*-es*) lark; *sich e-n* ~ *machen* have a lark.

ff. *abbr.* et sequ.; *econ.* first-rate, superior; → *Effeff*.

Fiaker [fi'akər] *m* (*-s*; -) cab; cabman.

Fiasko [fi'asko] *n* (*-s*; *-s*) (complete) failure, fiasco, flop; ~ *machen* prove a (complete) failure, break down, flop.

Fibel ['fiːbəl] *f* (-; *-n*) **1.** primer, spelling-book; **2.** fibula, brooch.

Fiber ['fiːbər] *f* (-; *-n*) fib|re, *Am.* -er, filament; → *Faser*.

Fibrille [fi'brilə] *f* (-; *-n*) fibril.

Fibrin [fi'briːn] *n* (*-s*) fibrin; **2haltig** *adj.* containing fibrin, fibrinous.

fibrös [fi'brøːs] *adj.* fibrous.

Fichte ['fiçtə] *f* (-; *-n*) spruce.

'**Fichten...:** ~**harz** *n* spruce resin; ~**holz** *n* spruce(-wood); ~**nadelbad** *n* pine-needle bath; ~**nadelextrakt** *m* pine-neddle extract; ~**zapfen** *m* spruce-cone.

Fideikom'miß [fiːdei-] *jur. n* (*-sses*; *-sse*) entail(ed estate).

fidel [fi'deːl] *adj.* cheerful, merry, jolly.

Fidibus ['fiːdibus] *m* (*-ses*; *-se*) spill.

Fieber ['fiːbər] *n* (*-s*) fever (*a. fig.*); *gelbes* ~ yellow fever; *hitziges* ~ inflammatory fever; *hohes* ~ high temperature; *kaltes* ~ ague; *schlei-*

chendes ~ slow fever; *vom* ~ *befallen* fever-stricken; ~ *haben* be feverish, have (*or* run) a temperature; **~anfall** *m* attack of fever; **≈artig** ['-ɑːrtiç] *adj.* feverish, febrile; **≈erregend** *adj.* producing fever, febrifacient; **~flecken** *m/pl.* fever-spots; **≈frei** *adj.* free from fever, afebrile; **~frost** *m* chill; ~ *haben* be shivering with fever; **≈gerötet** *adj.* flushed with fever; **≈haft, ≈ig** *adj.* feverish (*a. fig.*), febrile; *fig.* ~*e Spannung, etc.* fever; **~haftigkeit** ['-haftiçkaɪt] *f* (-) feverishness; *fig. a.* feverish activity; **~hitze** *f* feverish heat, fever-heat; **≈krank** *adj.* feverish, febrile, down with fever; **~kranke(r** *m*) *f* fever-patient; **~kur** *f* fever treatment; **~kurve** *f* temperature curve; → *Fiebertabelle*; **~mittel** *n* febrifuge, antipyretic; **≈n** *v/i.* (*h.*) be in fever (*a. fig.*), have (*or* run) a temperature; be delirious, rave (*a. fig.*); ~ *nach* (*dat.*) yearn for; *er fieberte dem Tag entgegen* he awaited the day in a fever of anticipation; **~phantasie** *f* delirium; **~rinde** *f* Peruvian bark; **~schauer** *m* shivering fit, shivers *pl.*; **~tabelle** *f* temperature chart; **~thermometer** *n* clinical thermometer; **~traum** *m* feverish dream; **≈vertreibend** *adj.* febrifuge; **~wahn** *m* delirium; *im* ~ delirious; **~zustand** *m* febrile state.

Fied|el ['fiːdəl] *f* (-; -*n*) fiddle; **~elbogen** *m* fiddle-stick; **≈eln** *v/i. and v/t.* (*h.*) fiddle; **~ler** *m* (-*s*; -) fiddler.

fiel [fiːl] *pret. von fallen.*

fies [fiːs] *adj. colloq.* nasty.

Figur [fi'guːr] *f* (-; -*en*) figure (*a. dancing, skating*); shape, appearance; waist-line; *cards*: court-card; *chess*: chessman, piece; *arts*: figure, statue; figurine, statuette; *math., tech.* figure, diagram, graph(ical representation); figure of speech, metaphor; *von guter* ~ well-proportioned, well made, shapely; *e-e gute* (*schlechte*) ~ *machen* cut a fine (poor) figure; *komische* ~ figure of fun.

figural [figu'rɑːl] *mus. adj.* florid, figural.

Figurant(in *f*) [-'rənt-] *m* (-*en*, -*en*; -, -*nen*) *thea.* super, walker-on.

Fi'guren|laufen *n* figure skating; **~tanzen** *n* figure dancing.

figu'rieren *v/i.* (*h.*) figure (*als* as).

Figurine [-'riːnə] *f* (-; -*n*) figurine.

figürlich [fi'gyːrliç] *adj.* figurative.

Fiktion [fiktsi'oːn] *f* (-; -*en*) fiction.

fiktiv [fik'tiːf] *adj.* fictitious.

Filet [fi'leː] *n* (-*s*; -*s*) netting; *cul.* fillet (*of beef, fish*), sirloin (*of beef*), *Am.* tenderloin; **~arbeit** *f* netting, network; **~braten** *m* roast fillet.

Filial|bank [fili'ɑːl-] *f* (-; -*en*) branch bank; **~e** *f* (-; -*n*) branch (office *or* establishment), subsidiary; **~geschäft** *n* → *Filiale*; multiple shop, chain store; **~leiter** *m* branch manager.

Filigran(arbeit *f*) [fili'grɑːn-] *n* -*s*; -*e*) filigree.

Film [film] *m* (-[*e*]*s*; -*e*) film, thin coat(ing); *phot.* (roll of) film; *e-n* ~ *einlegen* load a camera; (cinematographic) film, (moving) picture, *Am. a.* motion picture, movie; feature film; *the* films *pl.*, *the* pictures, *the* movies *pl.*; *the* screen; *beim* (*or im*) ~ on the films *pl.* (*or* screen); *e-n* ~ *drehen* shoot a film; *über et.*: film (*or* screen, picturize) a th.; *e-n* ~ *herstellen* produce a film; *e-n* ~ *vorführen* show a film; *zum* ~ *gehen* become a screen-actor (*f* -actress).

'**Film...**: **~atelier** *n* film studio; **~aufnahme** *f* shooting (of a film); (*of scene*) shot, take; **~autor** *m* film author, *Am.* screen writer; **~band** *n* (-[*e*]*s*; ⸚*er*) film strip; **≈bar** *adj.* filmable; **~bauten** *pl.* sets; **~bearbeitung** *f* film (*Am.* screen) adaptation; **~bericht** *m* film report; **~besucher** *m* cinema-goer, *Am.* movie goer; **~diva** *f* film star; **≈en I.** *v/t.* (*h.*) film, shoot, reel; → *verfilmen*; **II.** *v/i.* (*h.*) be filming, take shootings; be on location; **~enthusiast, ~freund** *m* film fan, *Am.* movie fan; **~festspiele** *n/pl.* film festivals; **~gelände** *n* studio (*or* filming) lot; **~gesellschaft** *f* film (*Am.* motion-picture) company; **~größe** *f* film star; **~held** *m* film (*Am.* movie) hero; **~hersteller** *m* film producer; **~herstellung** *f* film production; **~industrie** *f* film industry, *the* films (*or* pictures, *Am.* movies) *pl.*; **≈isch** *adj.* filmic; **~kamera** *f* film camera, cine-camera, *Am.* motion-picture (*or* movie) camera; **~kassette** *phot. f* film pack; **~komiker(in** *f*) *m* screen comedian (*f* comedienne); **~kopie** *f* print, copy; **~kunst** *f* (-) cinematics *pl.*, filmic art; **~leinwand** *f* screen; **~magazin** *n* film magazine; **~manuskript** *n* film script; **~pack** *m* film pack; **~preis** *m* film award (*or* prize); **~prüfer** *m* film censor; **~prüfstelle** *f* film censorship office; **~regisseur** *m* film director; **~reklame** *f* screen advertising *or* publicity; **~reportage** *f* screen record; **~schauspieler(in** *f*) *m* film *or* screen actor (*f* actress); **~spule** *f* film spool; reel of film; **~star** *m* (-*s*; -*s*) film star, *Am. a.* movie star; **~sternchen** *n* starlet; **~streifen** *m* film strip; reel; **~studio** *n* film studio; **~theater** *n* cinema, *Am.* motion picture theater; **~transport** *m* film transport (*or* feed); **~verleih, ~vertrieb** *m* film distribution; film distributors *pl.*; **~vorführer** *m* projectionist; **~vorführgerät** *n* film projector; **~vorführung, ~vorstellung** *f* cinema show, *Am.* movie (*or* picture) show; **~vorschau** *f* (film) trailer; **~welt** *f* (-) film world, filmland, screendom, *Am. a.* movieland; **~werbung** *f* → *Filmreklame*; **~zähler** *m* footage counter.

Filter ['filtər] *m and tech. n* (-*s*; -) filter, strainer; *el. a.* sifter; *phot.* yellow screen; **~anlage** *f* filtration plant; **~einsatz** *m*, **~element** *n* filter element; **~gaze** *f* filter gauze; **~gerät** *n* filter; **~kaffee** *m* drip coffee; **~kanne** *f* percolator; **~kohle** *f* filter charcoal; **~mundstück** *n* filter-tip; **≈n** *v/t.* (*h.*) filter; strain, percolate; **~n** *n* (-*s*) filtering, filtration, percolation; **~papier** *n* filter paper; **~rückstand** *m* (filter) sludge; **~zigarette** *f* filter-tip(ped cigarette).

Filtrat [fil'trɑːt] *n* (-[*e*]*s*; -*e*) filtrate.

Filtrier|apparat [fil'triːr-] *m* filtering apparatus, filter, percolator; **≈bar** *adj.* filterable; **≈en** → *filtern*; **~trichter** *m* filtering-funnel; **~tuch** *n* (-[*e*]*s*; ⸚*er*) filtering cloth; **~ung** *f* (-) filtering, filtration; percolation.

Filz [filts] *m* (-*es*; -*e*) felt; *typ.* blanket; *bot.* tomentum; *colloq.* felt-hat; skinflint; rebuke; '**~dichtung** *tech. f* felt packing; '**≈en I.** *v/t.* (*h.*) felt; *sl.* search, *Am. sl.* frisk; **II.** *v/i.* (*h.*) be stingy; → *verfilzen*; '**~hut** *m* felt-hat; '**≈ig** *adj.* felt-like; of felt, felt; felted; matted (*hair*); *bot.* tomentous, downy; *colloq.* stingy; '**~laus** *f* crab louse; '**~pantoffel** *m* felt slipper; '**~schreiber** *m* felt-tip(ped) pencil; '**~sohle** *f* felt-sole; '**~stiefel** *m/pl.* felt boots; '**~stift** *m* → *~schreiber.*

Fimmel ['fiməl] *m* (-*s*) fimble hemp; *tech.* miner's wedge; *colloq.* craze; *e-n* ~ *haben* have a bee in one's bonnet; *er hat den Fußball*≈ he is a football fan, he is wild (*or* crazy) about football.

Finale [fi'nɑːlə] *n* (-*s*; -) *mus.* finale; *sports*: final (heat, round), finals *pl.*

Finanz|abteilung [fi'nants-] *f* finance section (*or* department), treasury; **~amt** *n* (inland) revenue office; **~anpassung** *f*, **~ausgleich** *m* financial adjustment; **~ausschuß** *m* finance committee, *parl.* Committee of Ways and Means; **~beamte(r)** *m* fiscal officer, revenue-officer; **~bedarf** *m* financial requirements *pl.*; **~bericht** *m* fiscal report; **~blatt** *n* financial newspaper; **~en** *pl.* finances; **~gebarung** *f* fiscal policy, (conduct of public) finances; **~geschäft** *n* financing; investment banking; **~e** *pl.* financial affairs.

finanziell [-tsi'ɛl] *adj.* financial; pecuniary (*circumstances, difficulties*); *in* ~*er Hinsicht* financially.

finan'zier|en *v/t.* (*h.*) finance; subsidize; float (*loans, etc.*); sponsor (*radio programme, etc.*); **≈ung** *f* (-; -*en*) financing; **≈ungsgesellschaft** *f* finance company; loan society.

Fi'nanz...: **~jahr** *n* fiscal year; **~kammer** *f* revenue board; **~kontrolle** *f* financial control; **~lage** *f* (-) financial state (*or* condition, standing); pecuniary circumstances *pl.*; **~mann** *m* (-[*e*]*s*; -*leute*) financier; **~minister** *m* Minister of Finance; *Brit.* Chancellor (of the Exchequer), *Am.* Secretary of the Treasury; **~ministerium** *n* Ministry of Finance; *Brit.* (Board of) Exchequer; *Am.* Treasury Department; **~periode** *f* budgetary (*or* fiscal) period; **~politik** *f* financial (*or* fiscal) policy; **≈schwach** *adj.* financially weak; **≈technisch** *adj.* financial, fiscal; **~verwaltung** *f* administration of the finances; Board of Inland Revenue; **~wechsel** *m* finance bill, bank-bill; accommodation bill; **~welt** *f* (-) financial world, the financiers; **~wesen** *n* (-*s*) (public) finance, finances *pl.*; financial concerns *pl.*; **~wirtschaft** *f* (-) financial management; **~wissenschaft** *f* public finance; **~zölle** [-tsœlə] *m/pl.* revenue-raising duties.

Findel|haus ['findəl-] *n* foundling hospital; **~kind** *n* foundling.

finden ['findən] *v/t.* (*irr.*, *h.*) find; meet with; discover, chance upon, come across; find, think, consider; *sich ~* **a)** *thing*: be found, **b)** *person*: find o.s.; *sports team, etc.*: get into one's stride, rally; *sich ~ in (acc.)* accommodate o.s. to; resign (*or* reconcile) o.s. to, put up with; → *Anerkennung, Beifall, Gefallen, Gnade, etc.*; *et. gut (schlecht) ~* find a th. good (bad); *s-n Tod ~* meet one's death; *Trost ~ in (acc.)* find comfort in; *wir fanden ihn bei der Arbeit* we found him at work; *er fand sich umzingelt* he found himself surrounded; *ich habe noch keine Zeit dazu gefunden* I haven't yet found time to do it; *wir fanden in ihm e-n Freund* we found a friend in him; *ich finde keine Worte* I am at a loss for words; *~ Sie nicht?* don't you think so?; *ich kann das nicht ~* I am afraid I can't agree with you; *ich finde es schön* I find it beautiful; *wie ~ Sie das Buch?* how do you like (*or* what do you think of) the book?; *ich finde, daß es unangebracht wäre* I think it would be inappropriate; *es wird sich ~* we shall see, (you) wait and see; *es fanden sich nur wenige Freiwillige* there were but few volunteers.

'**Finder** *m* (-s; -), **~in** *f* (-; -nen) finder; **~lohn** *m* finder's reward.

'**findig** *adj.* resourceful, ingenious, clever; **2keit** *f* (-) resourcefulness, ingenuity, cleverness.

Findling ['fintliŋ] *m* (-s; -e) foundling; *geol.* (**~sblock** *m*, -[e]s; ⸗e) erratic block, boulder.

Finesse [fi'nɛsə] *f* (-; -n) finesse; **~n** *pl.* wiles, tricks, ruses.

fing [fiŋ] *pret. of fangen.*

Finger ['fiŋər] *m* (-s; -) finger; *an den ~n abzählen* count on one's fingers; *fig. j-m auf die ~ klopfen* rap a p.'s knuckles; → *saugen*; *j-m (scharf) auf die ~ sehen* keep a strict eye on a p.; *j-m durch die ~ sehen* close one's eyes to (*or* wink at) a p.'s faults; *j-n um den kleinen ~ wickeln* twist a p. round one's little finger; *mit dem ~ auf j-n weisen* point at a p.; *sich die ~ verbrennen (a. fig.)* burn one's fingers; *sich in den ~ schneiden* cut one's finger, *fig.* be greatly mistaken; *er rührte keinen ~* he lifted no finger; *er hat überall s-e ~ im Spiel* he has a finger in every pie; *laß die ~ davon* keep your hands off, (*a. fig.*) leave it alone; *das kannst du dir an den ~n abzählen* that's obvious enough (*or* as clear as daylight); → *lecken*²; **~abdruck** *m* finger-print; *e-n ~ (von j-m) nehmen* take (a p.'s) finger-print(s), finger-print (a p.); **2breit, 2dick** *adj.* (as) thick as a finger, a finger's breadth; **~druck** *m* (-[e]s; ⸗e) pressure of the finger; **2fertig** *adj.* dext(e)rous, deft, nimble-fingered; **~fertigkeit** *f* dexterity, manual skill, nimble fingers *pl.*; **2förmig** ['-fœrmiç] *adj.* finger-shaped; **~glied** *n* finger-joint; **~hut** *m* thimble; *bot.* foxglove, digitalis; *ein ~voll* a thimbleful; **~ling** ['-liŋ] *m* (-s; -e) finger-stall; **2n** *v/t.* (*h.*) finger; *colloq.* manage, wangle; **~nagel** *m* finger-nail; **~ring** *m* finger-ring; **~satz** *mus. m* fingering; **~schale** *f* finger bowl; **~spitze** *f* finger-tip; **~spitzengefühl** *n* (-[e]s) *fig.* sure instinct, subtle intuition, flair, smooth touch; **~sprache** *f* finger-language, dactylology; **~zeig** ['-tsaɪk] *m* (-[e]s; -e) cue; hint, tip, pointer.

fingier|en [fiŋ'gi:rən] *v/t.* (*h.*) feign, sham, simulate; **~t** *adj.* fictitious, imaginary.

Fink [fiŋk] *m* (-en; -en) finch.

Finne¹ ['finə] *f* (-; -n) *ichth.* fin; *med.* pimple, pustule, blotch; *vet.* (pig's) measles; bladder worm; *tech.* pane, peen (*of hammer*).

Finn|e² ['finə] *m* (-n; -n), **~in** *f* (-; -nen) Finn.

'**finnig** *adj.* pimpled; *vet.* measly.

'**finnisch** *adj.* Finnish; *~er Meerbusen* Gulf of Finland.

'**Finnwal** *m* fin-back, finner.

finster ['finstər] *adj.* dark, obscure; gloomy, dim, murky; *fig.* gloomy, dark; ominous; stern; grim; sinister; *colloq.* awful; *das ~e Mittelalter* the Dark Ages *pl.*; *~e Gedanken* dark thoughts; *~er Blick* scowl; *j-n ~ ansehen* scowl at a p.; *es wird ~* it is getting dark; *es sieht ~ aus* things look bad (*or* black, hopeless); **2e(s)** *n* (-[e]n) darkness, gloom; *im Finstern tappen (a. fig.: im finstern)* grope in the dark; **2ling** ['-liŋ] *m* (-s; -e) obscurant; **2nis** *f* (-; -se) darkness, obscurity, gloom, *fig. a.* blackness; *ast.* eclipse.

Finte ['fintə] *f* (-; -n) feint; *fig. a.* stratagem, ruse, trick; **fin'tieren** *v/i.* (*h.*) feint.

Firlefanz ['firləfants] *m* (-es; -e) frippery; gew-gaws *pl.*; nonsense, (tom)foolery; *~ treiben* play the fool.

firm [firm] *adj.* → *beschlagen* (*fig.*).

Firma ['firma] *f* (-; -men) firm, (commercial) house, enterprise, business, company; firm(-name), style; *die ~ W.* the firm of W.; *unter der ~ W.* under the firm (*or* style) of W.; *in letters*: *(An) ~ Langenscheidt* Messrs. Langenscheidt.

Firmament [firma'mɛnt] *n* (-[e]s; -e) firmament, sky.

firme(l)n ['firmə(l)n] *eccl. v/t.* (*h.*) confirm.

Firmen... ['firmən-]: **~ansehen** *n*: *~ und Kredit* goodwill; **~bezeichnung** *f* → *Firmenname*; **~inhaber** *m* owner of a firm; principal; **~name** *m* firm(-name), style; **~register** *n* register of companies; **~schild** *n* sign(-board), facia; *on machine*: name-plate; **~stempel** *m* firm's stamp, company stamp; **~vertreter** *m* manufacturer's agent; **~verzeichnis** *n* trade-directory; **~wert** *m* goodwill; intangible assets *pl.*; **~zeichen** *n* (maker's) emblem.

fir'mieren *v/i. and v/t.* (*h.*) have (*or* use) the firm-name of; sign (for).

Firm|ling ['-liŋ] *m* (-s; -e) confirmand; **~ung** *f* (-; -en) confirmation.

Firn [firn] *m* (-[e]s; -e) firn (snow), névé; '**~ewein** *m* last year's (*or* well-seasoned) wine.

Firnis ['firnis] *m* (-ses; -se) linseed oil; varnish; *fetter ~* oil varnish; *fig.* varnish, veneer; **~papier** *n* varnished paper; **2sen** *v/t.* (*h.*) varnish.

'**Firnschnee** *m* → *Firn.*

First [first] *m* (-es; -e) ridge (*of roof, mountain*); peak, top; *mining*: back, roof; top; '**~ziegel** *m* ridge-tile.

fis, Fis [fis] *mus. n* (-; -) f, F sharp.

Fisch [fiʃ] *m* (-es; -e) fish; *~e pl. ast.* Fishes, Pisces; *colloq. kleine ~e Am.* small potatoes; *faule ~e* lame excuses; *gesund wie ein Fisch im Wasser* sound as a bell; *stumm wie ein ~* (as) mute as a maggot; *das ist weder Fisch noch Fleisch* that's neither fish nor fowl.

'**Fisch...:** **~adler** *m* osprey, *Am.* fish-hawk; **2ähnlich** *adj.* fishlike, fishy; **~behälter** *m* fish-tank, reservoir; **~bein** *n* (-[e]s) whalebone; **~blase** *f* fishbladder; **~blut** *n* fish-blood; *~ haben* be fishblooded; **~bratküche** *f* fried-fish shop; **~brut** *f* fry; **~dampfer** *m* steam-trawler.

'**fischen** *v/t. and v/i.* (*h.*) fish; angle; *~ nach (dat.)* fish for (*a. fig.*); → *trüb(e).*

'**Fischen** *n* (-s) fishing; angling.

'**Fischer** (-s; -) fisherman; **~boot** *n* fishing-boat; **~dorf** *n* fishing-village; **~flotte** *f* fishing fleet.

Fische'rei *f* (-; -en) fishing; fishery.

'**Fisch...:** **2essend** *adj.* piscivorous; **~fang** *m* fishing; **~filet** *n* fillet of fish; **~flosse** *f* fin; **~gabel** *f* fish-fork; **~gerät** *n* fishing-tackle; **~gericht** *n* fish dish *or* course; **~geruch,** (**~geschmack**) *m* fishy smell (taste); **~gräte** *f* fish-bone; **~grätenmuster** *n* herring-bone (pattern); **~gründe** ['-gryndə] *m/pl.* fishing grounds; **~händler** *m* fish-merchant; fish-monger, *Am.* fish-dealer; **~händlerin** *f* fishwife; **~handlung** *f* fish-shop; **~haut** *f* fish-skin; **2ig** *adj.* fishy; **~kelle** *f* fish slice; **~köder** *m* bait; **~konserve(n** *pl.*) *f* tinned (*Am.* canned) fish; pickled fish; **~kunde** *f* (-) ichthyology; **~kutter** *m* fishing-smack; **~laich** *m* spawn; **~leim** *m* fish-glue; **~mehl** *n* fish-meal; **~milch** *f* milt, soft roe; **~netz** *n* fishing net; drag (*or* sweep) net; (casting-)net; **~otter** *zo. f* otter; **~platz** *m* fishing-ground; **2reich** *adj.* abounding in fish, fishy; **~reiher** *m* (common) heron; **~reuse** *f* fish pot; **~rogen** *m* roe; **~schuppe** *f* fish-scale; **~stäbchen** *cul. n* fish finger; **~teich** *m* fish-pond; **~tran** *m* train-oil; **~treppe** *f* fish way; **~vergiftung** *f* fish-poisoning; **~weib** *n* fishwife; **~zucht** *f* pisciculture, fish-hatching; **~zuchtanstalt** *f* fish-hatchery, nursery pond; **~züchter** *m* fish-farmer, pisciculturist; **~zug** *m* catch, haul, draught (of fish); shoal (of fish).

'**Fis-Dur** *n* F sharp major.

fiskalisch [fis'ka:liʃ] *adj.* fiscal.

Fiskus ['fiskus] *m* (-) Exchequer, *Am.* Treasury; Government.
fis-Moll *n* f sharp minor.
Fissur [fi'su:r] *med. f* (-; -*en*) fissure, cleft.
Fistel ['fistəl] *med. f* (-; -*n*) fistula; **⁀artig** ['-ɑ:rtiç], **fistulös** [fistu'lø:s] *adj.* fistulous; **~stimme** *f* falsetto.
Fittich ['fitiç] *m* (-[e]s; -e) wing, pinion; *j-n unter s-e ~e nehmen* take a p. under one's wings.
fix [fiks] **I.** *adj.* fixed (*costs, prices, salary*); *chem. ~es Salz* fixed salt; *~e Idee* fixed idea; *fig.* quick, deft, sharp, clever; *ein ~er Junge* a smart fellow; *mach ~!* make it snappy!; **II.** *adv.*: *~ hatte er den Reifen gewechselt* in a jiffy the tyre was changed; → *fertig*.
Fixativ [fiksa'ti:f] *n* (-s; -e) fixative.
'**fix|en** *econ. v/i.* (*h.*) (sell) bear, operate (*or* speculate) for a fall, *Am. a.* sell short; **⁀er** *m* (-s; -) bear; **⁀geschäft** *n* time-bargain; **⁀kauf** *m* time purchase.
Fixier|bad [fi'ksi:r-] *phot. n* fixing bath, fixer; **⁀en** *v/t.* (*h.*) (*a. phot.*) fix; → *festlegen*; *j-n ~* stare at a p.; **~mittel** *n* fixative; **~natron** *n* sodium hyposulphite, hypo; **~salz** *n* fixing salt; **~schraube** *f* setscrew; **~ung** *f* (-; -*en*) fixation.
'**Fixstern** *m* fixed star.
Fixum ['fiksum] *n* (-s; -*xa*) fixed sum; fixed salary.
Fjord [fjɔrt] *m* (-[e]s; -e) fiord, fjord.
flach [flax] **I.** *adj.* flat; plain, level, even; *math.* plane; shallow (*a. fig.* = superficial), shoal; low; *mar.* flat-bottomed (*boat*); *phot., etc.*: soft, with contrast; flat (*hue*); *~e Böschung* gentle slope; *~e Hand* flat of the hand, palm; *~er Motor* flat-type engine; *mil. mit der ~en Klinge* with the flat of one's sabre; *~ machen* flatten; *~ werden* flatten out, level off; **II.** *adv.*: *opt. ~ auftreffend* incident at small angle.
'**Flach...**: **~bahn** *f tech.* square guide way; *mil.* flat trajectory; **~bahngeschütz** *mil. n* flat trajectory gun; **~bettfelge** *mot. f* flat-base rim; **~boot** *n* flat-bottomed boat; **~dach** *n* flat roof; **~draht** *m* flat wire; **~druck** *typ. m* (-[e]s; -e) flat-bed printing.
Fläche ['flɛçə] *f* (-; -*n*) surface, *math. a.* plane; face (*of crystal*); facet (*of jewel*); expanse; sheet (*of water, etc.*); area, space; *tech. bearbeitete ~* machined surface.
'**Flacheisen** *tech. n* flat iron (*or* bar).
'**Flächen...**: **~abwurf** *mil. m* pattern bombing; **~antenne** *f* flat-top (*or* sheet) antenna *or* aerial; **~ausdehnung** *f* square dimension; **~bedarf** *tech. m* floor space required; **~belastung** *aer. f* wing load; **~blitz** *m* sheet lightning; **~brand** *m* area conflagration; **~druck** *m* (-[e]s; -e) pressure per unit area, surface pressure; **~einheit** *f* unit of area; **~inhalt** *m* area, superficies, surface (area); acreage; **~maß** *n* square *or* surface measure(ment); **~messer** *m* (-s; -) planimeter; **~messung** *f* planimetry; **~raum** *m* → *Flächeninhalt*; **~winkel** *m* plane angle; **~ziel** *mil. n* area target.

'**flach...**: **~fallen** *colloq. v/i.* (*irr., sn*) be off (*or* out); **~gedrückt** *adj.* flat(tened down); **⁀gewinde** *tech. n* flat thread; *of screw*: square thread; **⁀hang** *m* gentle slope; **⁀heit** *f* (-) flatness; *fig.* shallowness, insipidity; triviality; platitude; **⁀kolben** *tech. m* flat(-top) piston; **~köpfig** ['-kœpfiç] *adj.* (*a. tech.*) flatheaded; **⁀kopfschraube** *f* countersunk screw; **⁀küste** *f* low-lying coast; **⁀land** *n* plain (*or* flat, level) country, plain; **⁀meißel** *tech. m* flat chisel; **⁀paß** *m soccer*: low pass; **⁀relief** *n* bas-relief; **⁀rennen** *n* flat race.
Flachs [flaks] *m* (-es) flax; *~ brechen* break flax; '**~bau** *m* (-[e]s) cultivation of flax.
'**Flachschuß** *m sports*: low ball.
flachsen *colloq. v/i.* (*h.*) be kidding.
'**Flachs...**: **⁀farben** *adj.* flaxen; **~feld** *n* flax-field; **⁀haarig** *adj.* flaxen-haired; **~hechel** *f* flax-comb; **~kopf** *m* flaxen-haired person; **~spinne'rei** *f* flax-mill.
'**Flach...**: **~spule** *f* flat coil; **~zange** *f* flat-nose(d) pliers *pl.*; **~ziegel** *m* flat (*or* plain) tile.
flackern ['flakərn] *v/i.* (*h.*) flare; flicker (*a. light, eyes*); flutter; *voice*: shake, quaver.
'**Flackern** *n* (-s) flaring; flickering.
Fladdermine ['fladər-] *mil. f* contact *or* land mine.
Fladen ['flɑ:dən] *m* (-s; -) flat cake.
Flagge ['flagə] *f* (-; -*n*) flag, colo(u)rs *pl.*; → *Fahne*; *die ~ hissen* (*streichen*) hoist (strike) the flag; *e-e ~ führen* fly a flag; *unter falscher ~* under false colo(u)rs; **⁀n I.** *v/i.* (*h.*) hoist (*or* show, fly) one's flag; **II.** *v/t.* (*h.*) dress; signal (with flags).
'**Flaggen...**: **~gruß** *m* colo(u)r-salute; **~parade** *f* flag parade; **~signal** *n* flag signal; **~tuch** *n* (-[e]s) bunting.
Flagg... ['flak-]: **~leine** *f* flag-line; **~offizier** *m* flag officer; **~schiff** *n* flag-ship.
Flak [flak] *mil. f* (-; -s) (*abbr. of Fliegerabwehrkanone*) anti-aircraft gun (*abbr.* A.A. gun); *w.s.* → *Flugabwehr*; **~artillerie** *f* anti-aircraft artillery (*abbr.* AAA.); **~feuer** *n* anti-aircraft fire; **~granate** *f* anti-aircraft shell; **~gürtel** *m* cordon of anti-aircraft fire; **~rakete** *f* → *Fla-Rakete*; **~sperre** *f* anti-aircraft barrage.
Flakon [fla'kɔ̃:] *n* (-s; -s) small bottle, phial.
Flam|e ['flɑ:mə] *m* (-*n*; -*n*) Fleming; **~in** *f* (-; -*nen*) Flemish woman.
Flamingo [fla'miŋgo] *m* (-s; -s) flamingo.
flämisch ['flɛ:miʃ] *adj.* Flemish.
Flämmchen ['flɛmçən] *n* (-s; -) little flame.
Flamme ['flamə] *f* (-; -*n*) flame (*a. colloq.* loved person); blaze; *in ~n* in flames, ablaze; *in ~n aufgehen* go up in flames; *in ~n ausbrechen* burst into flames; *fig. die ~n der Leidenschaft* the flames of passion.
'**flammen I.** *v/i.* (*h.*) flame, blaze, flare; *fig.* flash, shine, sparkle; *face*: flame up; *person*: flame (*vor dat.* with); **II.** *v/t.* (*h.*) *tech.* sear, singe; water (*cloth*); *~d* flaming (*a. fig.*), *etc.*; *fig. a.* glowing (*speech*), stirring (*appeal*).
'**Flammen...**: **⁀beständig** *adj.* flame-proof; **~meer** *n* sea of flames; **~muster** *n* wavy pattern; **~schrift** *f fig. the* hand on the wall; **~schwert** *n* flaming sword; **~tod** *m* death in the flames; **~werfer** *mil. m* flame-thrower (*or* -projector); **~zeichen** *n* signal fire; *fig.* oriflamme.
Flammeri ['flaməri] *m* (-[s]; -s) blancmange.
'**flammig** *adj.* flame-like; *tech.* watered (*cloth*); waved (*design*).
'**Flamm...**: **~ofen** *m* reverbatory furnace; **~punkt** *m* flash point; **~rohr** *n* flame tube, flue; **~rohrkessel** *m* flue boiler.
Fland|ern ['flandərn] *n* (-s) Flanders; **⁀risch** *adj.* Flemish.
Flanell [fla'nɛl] *m* (-s; -e) flannel; **⁀en** *adj.* (made of) flannel; **~hemd** *n* flannel shirt; **~hose** *f* flannel trousers, flannels *pl.*
flanieren [fla'ni:rən] *v/i.* (*sn*) saunter, stroll about.
Flanke ['flaŋkə] *f* (-; -*n*) flank (*a. arch., mil., mount., tech.*); *tennis*: side; *gym.* side-vault; *soccer*: **a)** wing, **b)** centre (pass); *in die ~ fallen* attack in flank; **⁀n** *v/i.* (*h.*) *soccer*: centre; **~n-angriff** *mil. m* flank attack; **~nball** *m* centre (pass); **~nbewegung** *f* flanking movement; **~ndeckung** *f* flank protection; **~nfeuer** *n* flanking fire; **~nmarsch** *m* flanking march; **~nsicherung** *f* flank protection; **~nstellung** *f* flanking position.
flan'kieren *v/t.* (*h.*) flank; *mil.* **a)** (out)flank, **b)** *by fire*: flank, enfilade, **c)** (*protect*) flank.
Flansch [flanʃ] *tech. m* (-es; -e) flange; '**~dichtung** *f* gasket; '**⁀en** *v/t.* (*h.*) flange; '**~motor** *m* flange(-mounted) motor; '**~rohr** *n* flange(d) pipe; '**~verbindung** *f* flanged joint (*or* coupling); '**~welle** *f* flanged shaft.
Flaps [flaps] *colloq. m* (-es; -e) boor, lout.
Fla-Rakete ['flɑ:-] *f* anti-aircraft rocket, ground-to-air missile.
Fläschchen ['flɛʃçən] *n* (-s; -) small bottle, flask; *pharm.* phial; *for babies*: feeding-bottle.
Flasche ['flaʃə] *f* (-; -*n*) bottle; flask; *el. Leidener ~* electric (*or* Leyden) jar; *tech. Preßluft~* compressed-air bottle; casting-box; pulley case; *colloq. sports, etc.*: dud, wash-out; *e-e ~ Wein* a bottle of wine; *in ~n füllen, auf ~n ziehen* bottle; *e-r ~ den Hals brechen* crack a bottle; *mit der ~ aufziehen* bring up on the bottle.
'**Flaschen...**: **~batterie** *el. f* battery of bottle cells; **~bier** *n* bottled beer; **~bürste** *f* bottle brush; **~füllmaschine** *f* bottling-machine; **~gas** *n* liquid gas; **⁀grün** *adj.* bottle-green; **~hals** *m* neck of a bottle; **~kind** *n* bottle-fed baby; **~kürbis** *bot. m* bottle-gourd; **~milch** *f* bottled milk; **~öffner** *m* bottle-opener; **~post** *f* bottle post, message-in-bottle; **⁀reif** *adj.* fit for bottling; **~spüler** ['ʃpy:lər] *m* (-s; -), **~spül-**

maschine *f* bottle washer; **~wein** *m* bottled wine; **2weise** ['-vaɪzə] *adv.* by the bottle, in bottles; **~zug** *tech. m* pulley block, block (and tackle); electric chain hoist; trolley block.

Flaschner ['flaʃnər] *tech. m* (-s; -) plumber, fitter.

Flatter|geist ['flatər-] *m* **1.** fickle person, flibbertygibbet, gad-about; **2.** *a.* **~sinn** *m* (-[e]s) fickleness, flightiness.

'**flatterhaft** *adj.* fickle, flighty, inconstant; skittish; **2igkeit** *f* (-) fickleness, flightiness, inconstancy.

'**flattern** *v/i.* (*h., sn*) flutter, flit; beat *or* flap the wings; *fig. flag, etc.*: flutter, float, wave, fly; *hair*: stream; *im Winde ~* flutter before the wind; *zu Boden ~* flutter (*or* float) to the floor; *tech.* flutter; *mot. wheels*: shimmy, wobble.

flau [flaʊ] *adj.* weak, feeble, faint; lax, listless; stale, flat (*drink*); dull, flat (*colour*); lukewarm (*feeling*); *econ.* dull, lifeless, slack; *~e Zeit* slack season; *phot.* weak, fuzzy; *~ werden* **a)** *wind*: lull, calm down, **b)** *stock exchange*: turn dull; *mir ist ganz ~* I have butterflies in my stomach, I feel queasy; '**2heit** *f* (-) feebleness, faintness; staleness; flatness; *econ.* dul(l)ness, stagnation, depression.

Flaum [flaʊm] *m* (-[e]s) down, fluff; fuzz.

'**Flau·macher** *m* pessimist, alarmist, *pol. a.* defeatist; killjoy, wet blanket.

Flau·mache'rei *f* (-) defeatism.

'**Flaum...**: **~bart** *m* fluff; **~feder** *f* down; **2ig** *adj,* downy, fluffy.

Flaus [flaʊs] *m* (-es; -e), **Flausch** [flaʊʃ] *m* (-es; -e) fleece, tuft; pilot-cloth; pilot coat; duffle-coat.

Flause ['flaʊzə] *f* (-; *-n*) fib, shift, taradiddle; nonsense, humbug, funny idea; *~n machen* tell fibs, prevaricate; **~nmacher(in** *f*) *m* shuffler, quibbler, humbug.

Flaute ['flaʊtə] *f* (-; *-n*) dead calm, lull; *econ.* slackness, stagnation, recession.

Flechs|e ['flɛksə] *f* (-; *-n*) sinew, tendon; **2ig** *adj.* sinewy.

Flechte ['flɛçtə] *f* (-; *-n*) braid, plait, *of hair*: *a.* tress; *bot.* lichen; *med.* herpes, tetter; ring-worm; **2n** *v/t.* (*irr., h.*) twist, strand (*rope*); wreathe, bind (*wreath*); weave, plait (*basket*); cane (*chair*); plait, braid (*hair*); *sich ~* twine, wind (*um* round).

'**Flechtwerk** *n* plaiting; wicker-work; wattle.

Fleck [flɛk] *m* (-[e]s; -e) spot, place; patch (*of leather, land, etc.*); blot, spot, smudge, stain; heel(-piece); *med., zo.* spot, speck, patch, dot, blue mark; flaw; *fig.* blemish, blot, blur; *am falschen ~* in the wrong place; *auf dem ~, vom ~ weg* on the spot; *schöner ~ Erde* beauty spot; *nicht vom ~ kommen* not to get on, make no headway; *sich nicht vom ~ rühren* not to stir (*or* budge); *er hat das Herz auf dem rechten ~* his heart is in the right place; '**~chen** *n* (-s; -) fleck, speck; place, spot.

'**flecken I.** *v/t.* (*h.*) spot (*a. artillery*); patch (*shoe*); **II.** *v/i.* (*h.*) make stains, stain, blot; spot easily; *fig. colloq. das fleckt!* good work!; *es will nicht ~* the work is not getting on.

'**Flecken** *m* (*-s*; -) → *Fleck*; market-town, borough; **2los** *adj.* spotless; *fig. a* stainless; **~reiniger** *m* (-s; -) → *Fleckenwasser*; **~reinigung** *f* spot (*or* stain) removal; dry-cleaning; **~wasser** *n* stain (*or* spot) remover.

'**Fleck|fieber** *med. n* spotted fever; **2ig** *adj.* spotted, speckled; stained, smudgy; *face*: freckled; *~ machen* spot, stain, soil; *~ werden* spot, stain; *fruit*: show spots; **~mittel** *n* stain-remover; **~schuß** *m* point-blank shot; **~typhus** *m* (spotted) typhus; **~wasser** *n* spot remover.

fleddern ['flɛdərn] *v/t.* (*h.*) plunder, rob.

Fleder|maus ['fle:dər-] *f* bat; **~wisch** *m* (feather-)duster, whisk.

Flegel ['fle:gəl] *m* (-s; -) *agr.* flail; *fig.* boor, lout, hooligan; **~alter** *n* (-s) awkward age.

Flege'lei *f* (-; *-en*) rudeness, churlishness.

'**Flegel...**: **2haft** *adj.* boorish, ill-behaved, rude; impudent, saucy; **~jahre** *n/pl.* awkward age *sg.*; **2n:** *sich ~* (*h.*) sprawl, loll.

flehen ['fle:ən] *v/i.* (*h.*): *zu j-m ~* implore (*or* beseech, entreat) a p. (*um et.* for a th.); *zu j-m um Hilfe ~* implore a p.'s aid; *zu Gott ~* pray to God; **2** *n* (-s) supplication, entreaty, prayer(s *pl.*); **~tlich I.** *adj.* suppliant, imploring(ly *adv.*), beseeching(ly *adv.*); urgent (*request*); fervent (*prayer*); **II.** *adv.*: *j-n ~ bitten* → *flehen.*

Fleisch [flaɪʃ] *n* (-es) flesh; meat; *of fruit*: pulp, flesh; → *wild*; *fig. the* flesh; *~ ansetzen* put on flesh; *das eigene ~ und Blut* one's own flesh and blood; *in ~ u. Blut* in the the flesh; *j-m in ~ und Blut übergehen* become second nature with a p.; *den Weg alles ~es gehen* go the way of all flesh; *sich ins eigene ~ schneiden* do o.s. an ill favo(u)r, turn the tables on o.s.

'**Fleisch...**: **~bank** *f* (-; ⸚e) butcher's stall, shambles *pl.*; *Am.* meat-counter; **~beschau** *f* meat inspection; **~beschauer** *m* meat inspector; **~brühe** *f* (meat-)broth; beef tea.

'**Fleischer** *m* (-s; -) butcher; **~geselle** *m* butcher's man; **~hund** *m* mastiff; **~laden** *m*, **Fleische'rei** *f* (-; *-en*) butcher's (*Am.* butcher) shop.

'**Fleischeslust** *f* carnal desire, lust.

'**Fleisch...**: **~extrakt** *m* meat extract, bovril; **~farbe** *f* flesh-colo(u)r; **2farbig** *adj.* flesh-colo(u)red; **~faser** *f* muscle fib|re, *Am.* -er; **~fliege** *f* meat-fly, blow-fly; **2fressend** *adj.* carnivorous; **~fresser** *m* carnivore; **~gericht** *n* dish of meat; *on menu*: *~e pl.* meats; **2geworden** *adj.* incarnate; **~gift** *n* meat toxin, ptomaine; **~hackmaschine** *f* mincing-machine, mincer, *Am.* meat grinder; **~hauer** *m* butcher; **2ig** *adj.* fleshy; meaty; *bot.* pulpous, pulpy; **~kloß** *m* meat-ball; **~konserven** *f/pl.* preserved (*or* potted, tinned, *Am.* canned) meat; **~kost** *f* meat diet; **2lich** *adj.* carnal, sensual; **2los** *adj.* fleshless; *diet*: meatless; **~made** *f* maggot; **~mehl** *n* meat-meal; **~messer** *n* carving knife; **~pastete** *f* meat-pie; **~saft** *m* gravy; **~schnitte** *f* slice of meat; steak; **~speise** *f* (course *or* dish of) meat; **~ton** *m* flesh-tint; **~topf** *m* fleshpot; *fig. die Fleischtöpfe Ägyptens* the fleshpots of Egypt; **~vergiftung** *f* ptomaine poisoning; **~waage** *f* meatscales *pl.*; **~ware** *f* meat (product); *~n pl.* meats; **~werdung** ['-ve:rdʊŋ] *f* (-) incarnation; **~wolf** *m* → *Fleischhackmaschine*; **~wunde** *f* flesh-wound; **~wurst** *f* sausage.

Fleiß [flaɪs] *m* (-es) diligence, industry; application, assiduity; pains *pl.*, hard work; *viel ~ verwenden auf* (*acc.*) take great pains with; *ohne ~ kein Preis* no pains, no gains; *mit ~* intentionally, on purpose, deliberately; '**2ig I.** *adj.* diligent, industrious, hard-working; assiduous, sedulous, active, busy; painstaking; frequent, regular (*visitor, churchgoer, etc.*); **II.** *adv.*: *~ studieren* study hard; *~ besuchen* frequent.

flektieren [flɛk'ti:rən] *gr. v/t.* (*h.*) inflect.

flennen ['flɛnən] *v/i.* (*h.*) cry, blubber.

fletschen ['flɛtʃən] *v/t.* (*h.*): *die Zähne ~* show one's teeth, snarl; *animal*: *a.* bare one's fangs.

Flexion [flɛksi'o:n] *gr. f* (-; *-en*) inflection; **~s...** *in compounds*: inflexional ...

Flexor ['flɛksər] *anat. m* (-s; -'oren) flexor.

Flick|arbeit ['flik-] *f* patchwork; **2en** *v/t.* (*h.*) mend, patch (up), repair; *contp.* botch; → *Zeug*; **~en** *m* (-s; -) patch; **~endecke** *f* crazy quilt.

'**Flicker(in** *f*) *m* (-s, -; -, *-nen*) patcher, mender.

Flicke'rei *f* (-; *-en*) patching, patchwork.

'**Flick...**: **~korb** *m* work-basket; **~schuster** *m* cobbler; **~werk** *n* (-[e]s) patchwork; **~wort** *n* (-[e]s; ⸚er) expletive; **~zeug** *n* sewing kit; *mot., etc.* repair outfit (*or* kit).

Flieder ['fli:dər] *bot. m* (-s; -) elder; lilac; **~beere** *f* elderberry; **~tee** *m* elder-tea.

Fliege ['fli:gə] *f* (-; *-n*) fly; imperial (beard); bow-tie; *tech. spinning*: traveller, runner; *von ~n beschmutzt* fly-blown; *zwei ~n mit e-r Klappe schlagen* kill two birds with one stone; *er tut keiner ~ was zuleide* he wouldn't hurt a fly; *wie die ~n sterben* die like flies.

'**fliegen I.** *v/i.* (*irr., sn*) fly; *flags, etc.*: *a.* stream; flutter; *~ nach* fly to, go by air to; *in die Höhe ~* soar up; *in die Luft ~* blow up, be blown up, explode; *fig.* fly, rush; *colloq.* get the sack, *Am.* get fired; *student*: flunk (the exam); **II.** *v/t.* (*irr., h.*) fly (*an airplane*), pilot; fly, cover (*a distance, route*); → *Einsatz*; *~ lassen* fly (*a kite*); **2** *n* (-s) flying; aviation; *~ im Verband* formation flying; **~d** *adj.* flying (*bomb, fish, hospital, etc.*); → *Holländer*; *aer.*

~es *Personal* flight echelon, flying personnel; ~er *Händler* kerbstone trader; pedlar; ~er *Buchhändler* itinerant bookseller; *sports*: ~er *Start* flying (*or* running) start; ~er *Salto* flying somersault; → *Fahne*; *tech.* ~e *Achse* floating axle; ~e *Anlage* temporary plant; ~ *angeordnet* in overhung position, overhung.

'**Fliegen...:** ~**dreck** *m* flyblow; ~**fänger** *m* fly-paper; ~**fenster** *n* fly-screen; ~**gewicht(ler** *m*, -*s*; -) *n* (-[e]s) *boxing*: fly-weight; ~**klappe**, ~**klatsche** *f* fly-flap, *Am.* fly-swatter; ~**kopf** *typ. m* turned letter; ~**netz** *n* fly-net; ~**pilz** *m* toadstool, fly agaric; ~**schrank** *m* meat-safe; ~**schwamm** *m* → *Fliegenpilz*.

'**Flieger** *m* (-*s*; -) flyer; *aer. a.* airman, aviator, pilot; *mil. Brit.* aircraftman 2nd class, *Am.* Airman Basic; *cycling, horse racing*: sprinter; → *Flugzeug*; ~**abwehr** *f* anti-aircraft (*or* air) defen|ce, *Am.* -se; *in compounds*: anti-aircraft ... (*abbr.* A.A.); ~**abwehrgeschütz** *n* anti-aircraft gun; ~**abzeichen** *n* flying badge, wings *pl.*; ~**alarm** *m* air-raid warning, air alert; ~**angriff** *m* air raid, aerial (*or* air) attack; blitz; ~**aufnahme** *f* aerial photo (-graph); ~**bombe** *f* aircraft bomb; ~**dreß** ['-drɛs] *m* (-sses; -sse) flying suit, overalls *pl.*

Fliege'rei *f* (-) flying, aviation.

'**Flieger...:** ~**geschädigte(r** *m*) *f* sufferer from air raids; ~**hauptmann** *m Brit.* flight-lieutenant, *Am.* -captain; ~**held** *m* ace; ~**horst** *m* air station, *Brit.* R.A.F.-station, *Am.* air base; ~**in** *f* (-; -*nen*) air woman, aviatrix, woman pilot; ♀**isch** *adj.* flying, piloting, aeronautic(al); ~**karte** *f* aeronautical (*or* flying) map; ~**korps** *n* air corps, air force; ~**krankheit** *f* aviator's disease, air-sickness; ~**leutnant** *m Brit.* pilot officer, *Am.* second lieutenant; ~**offizier** *m* air force officer; ~**schaden** *m* air-raid damage; ~**schule** *f* flying school; ~**schütze** *m* air gunner; ~**sprache** *f* aviator slang; ~**staffel** *f* flying squadron; ~**-Such-aktion** *f* aerial search; ~**tätigkeit** *f* air activity; ~**tauglichkeit** *f* fitness for flying; ~**truppe** *f* → *Fliegerkorps*; ~**tuch** *n* ground panel.

fliehen ['fli:ən] **I.** *v/i.* (*irr.*, *sn*) flee, run away, turn tail, take to one's heels; escape; *zu j-m* ~ take (*or* seek) refuge with a p.; *time*: fly; **II.** *v/t.* (*irr.*, *h.*) avoid, shun, flee (from); ~**d** *adj.* fleeing, fugitive; receding (*chin, etc.*).

'**Fliehkraft** *phys. f* centrifugal force; ~**beschleunigung** *f* centrifugal acceleration; ~**regler** *m* centrifugal governor.

Flies|boden ['fli:s-] *m* flagged floor, flagging; ~**e** ['fli:zə] *f* (-; -*n*) flag (-stone), tile; *mit* ~*n belegen* flag, tile; ~**enleger** ['-zənle:gər] *m* (-*s*; -) floor-tiler.

Fließ|arbeit ['fli:s-] *f* assembly-line work, flow production; ~**band** *n* (-[e]s; -er) assembly line, production line; conveyor belt; ~**bandfertigung** *f* → *Fließarbeit*; ~**bandmontage** *f Am.* progressive assembly.

'**fließen** *v/i.* (*irr.*, *sn*) flow, run; pour, gush, stream; *river*: ~ *in* flow (*or* run, fall) into; *nose*: run; *paper*: blot; *tech. material*: flow, pass; *fig. conversation, etc.*: flow (smoothly *or* easily); *es wird Blut* ~ blood will flow, there will be bloodshed; ♀ *n* (-*s*) flow, flowing; ~**d** **I.** *adj.* flowing; ~*es Wasser* running water; *fig.* fluid; fluent, easy, smooth (*style*); *in* ~*em Englisch* in fluent English; **II.** *adv.*: ~ *schreiben* (*sprechen*) write (speak) fluently.

'**Fließ...:** ~**fähigkeit** *f* (-) filterability, cold-flowing properties *pl.*; ~**fett** *n* semi-fluid grease; ~**heck** *mot. n* fast-back; ~**papier** *n* blotting-paper; ~**produktion** *f* flow production.

Flimmer ['flimər] *m* (-*s*; -) glitter, glimmer; ♀**n** *v/i.* (*h.*) glitter, glimmer, scintillate; *film*: flicker; *stars*: twinkle; *es flimmert mir vor den Augen* my head swims.

flink [fliŋk] *adj.* quick, nimble, light-footed, brisk; bright, alert; ~ *wie ein Wiesel* quick as a flash, swift(ly *adv.*); '♀**heit** *f* (-) quickness, nimbleness, agility.

Flinte ['flintə] *f* (-; -*n*) gun, rifle, *hist.* musket; shot-gun; *fig. die* ~ *ins Korn werfen* throw up the sponge; lose courage, resign; ~**nkugel** *f* bullet; ~**nlauf** *m* gun-barrel; ~**nschuß** *m* gunshot; ~**nweib** *colloq. n* gun-woman, woman soldier.

flirren ['flirən] *v/i.* (*sn*) flicker, whirr, vibrate.

Flirt [flirt] *m* (-[e]s; -s) flirtation; flirt; '♀**en** *v/i.* (*h.*) flirt.

Flitter ['flitər] *m* (-*s*; -) spangle, tinsel; *fig.* frippery, tinsel; ~**glanz** *m* false splendo(u)r *or* lust|re, *Am.* -er; ~**gold** *n* tinsel, leaf-brass; ~**kram** *m* frippery, tawdry finery, gew-gaws *pl.*, tinsel; ♀**n** *v/i.* (*h.*) glitter, glisten; ~**staat** *m* (-[e]s) tawdry finery; ~**wochen** *f/pl.* honeymoon; *in den* ~ *befindlich* honeymooning.

Flitzbogen ['flits-] *m* boy's bow.

'**flitzen** *v/i.* (*sn*) flit, whisk, nip.

flocht [flɔxt] *pret. of flechten.*

Flock|e ['flɔkə] *f* (-; -*n*) flake (*of snow*); flock (*of wool*); *cul. pl.* corn flakes *pl.*; ♀**en** *v/i.* (*h.*) form flakes *or* flocks, flake; fuzz; ~**enbildung** *f* flocculation; ~**enblume** *f* centaury; ~**enerz** *n* mimetite; ♀**ig** *adj.* flaky, flocky, fluffy; flocculent; ~**wolle** *f* flock wool.

flog [flo:k] *pret. of fliegen.*

floh [flo:] *pret. of fliehen.*

Floh [flo:] *m* (-[e]s; -e) flea; *j-m e-n* ~ *ins Ohr setzen* put ideas into a p.'s head; ~**biß**, ~**stich** *m* flea-bite; ~**zirkus** *m* flea-circus.

Flor[1] [flo:r] *m* (-*s*; -e) bloom, blossom(ing); *fig.* bloom, prime; display (*or* abundance) of flowers; *fig.* bevy (*of ladies*).

Flor[2] *tech. m* (-*s*; -e) *on velvet, etc.*: nap, pile; gauze; → *Florband*.

Flora ['flo:ra] *f* (-; -*ren*) flora.

'**Flor|band** (-[e]s; -er) *n*, ~**binde** *f* crape-band.

Florett [flo'rɛt] *n* (-[e]*s*; -e) foil, fleuret; ~**fechten** *n* foil fencing; ~**seide** *f* floss-silk.

florieren [flo'ri:rən] *v/i.* (*h.*) flourish, prosper, thrive.

'**Flor...:** ~**schleier** *m* gauze veil; ~**strumpf** *m* lisle stocking.

Floskel ['flɔskəl] *f* (-; -*n*) flower of speech, flourish; *contp.* ~*n pl.* empty phrases.

floß [flɔs] *pret. of fließen.*

Floß [flo:s] *n* (-es; -e) raft, float; '~**brücke** *f* floating bridge.

Flosse ['flɔsə] *f* (-; -*n*) *ichth.* fin; flipper *of whale, etc.*; *aer.* stabilizer fin; *metall.* pig iron; *colloq.* (*hand*) fin, flapper; (*foot*) trotter.

flößen ['flø:sən] *v/t.* (*h.*) float, raft.

Flossen|füßer ['-fy:sər] *zo. m* (-*s*; -) fin-footed animal; ~**kiel** *mar. m* fin keel.

'**Flößer** *m* (-*s*; -) raftsman, rafter; '**Flößholz** *n* float(ed) timber.

Flöte ['flø:tə] *f* (-; -*n*) flute; whistle; *cards*: flush; ♀**n** *v/t. and v/i.* (*h.*) play (on) the flute; *fig.* flute; ~**nbläser(in** *f*) *m* flute-player, flutist; ♀**ngehen** *colloq. v/i.* (*irr.*, *sn*) get lost, go to the dogs *or* to pot; ~**nstimme** *f* flutepart; ~**nton** (-[e]s; -e) *m* note (*or* tone) of a flute; sweet (*or* silvery) note; *colloq. fig. j-m die Flötentöne beibringen* teach a p. what's what; ~**nzug** *m organ*: flute-stop.

Flö'tist(in *f*) *m* (-en, -en; -, -nen) → *Flötenbläser(in)*.

flott [flɔt] *adj. mar.* floating, afloat; ~ *sein* be afloat; *fig.* gay; quick, snappy; smart, chic, stylish (*dress, etc.*); lively (*dance*); good, brisk, lively (*business*); ~*er Bursche* dashing fellow; ~*er Tänzer* good dancer; *adv.* ~ *leben* lead a gay and easy life, go the pace; *es ging* ~ *vonstatten* it went off smoothly, there was no hitch to it; *den Hut* ~ *auf dem Kopfe* the hat at a jaunty angle.

Flotte ['flɔtə] *f* (-; -*n*) *mar.* fleet; navy; *tech.* dye liquor, liquor-bath.

'**Flotten...:** ~**abkommen** *n* naval agreement; ~**bauprogramm** *n* naval program(me); ~**chef** *m* fleet commander; ~**manöver** *n/pl.* naval manoeuvres, *Am.* maneuvers; ~**parade**, ~**schau** *f* naval review; ~**station** *f* naval station; ~**stützpunkt** *m* naval base; ~**verband** *m* naval formation.

'**flottgehend** *adj.* brisk, lively, flourishing (*business*).

Flottille [flɔ'tilə] *mar. f* (-; -*n*) flotilla; ~**n-admiral** *m Brit.* Commodore, *Am.* Rear Admiral.

'**flott...:** ~**machen** *v/t.* (*h.*) float, set afloat; ~**weg** *adv.* promptly, briskly, smoothly, without a hitch.

Flöz [flø:ts] *n* (-es; -e) *geol., mining*: layer, stratum; seam; coal seam.

Fluch [flu:x] *m* (-[e]s; -e) curse, malediction; imprecation; *eccl.* anathema; blasphemy; (profane) oath, profanity, curse, swear-word, *Am.* cuss word; *fig.* curse, bane, plague; *e-n* ~ *legen auf* (*acc.*) lay a curse upon; *unter e-m* ~*e stehen* be under a curse; ~ *dem Verräter!* curse(d be) the traitor!; *e-n* ~ *ausstoßen* → *fluchen*; '♀**beladen** *adj.* under a curse, accursed; '♀**en** *v/i.*

(*h.*) curse and swear, swear; utter imprecations *or* oaths; *j-m* ~ curse a p.; *auf j-n* ~ swear at a p.; '**~er** *m* (-*s*; -) curser, swearer.

Flucht [fluxt] *f* (-; -*en*) flight (*vor dat.* from); escape; *wilde* ~ rout, stampede; range, row, series; suite *of rooms*; flight *of stairs*; *arch.* alignment, straight line; play; *auf der* ~ fleeing, flying, on the run; *die* ~ *ergreifen* → *flüchten*; *in die* ~ *schlagen* put to flight, rout, drive away; **≈artig** ['-ɑːrtiç] **I.** *adj.* hasty, hurried, headlong; **II.** *adv.* precipitately, head over heels, helter--skelter.

'**fluchten** *arch. v/t.* (*h.*) align.

flüchten ['flyçtən] *v/i.* (*sn*) flee (*a. sich*; *nach, zu* to); run away; take to flight, turn tail; escape; *sich* ~ take (*or* seek) refuge *or* shelter (*zu j-m* with a p.); → *Öffentlichkeit.*

'**Flucht ..:** **~gelder** ['-gɛldər] *n/pl.* fugitive funds, flight money; **≈gerecht** *arch. adj.* truly aligned, flush (*dat.* with).

'**flüchtig I.** *adj.* fugitive (*a. fig.*), absconding, runaway; *chem.* volatile; fleeting, passing, transitory, short-lived; transient (*effect*); hasty; careless (*person, work*), cursory (*inspection, perusal*); flighty, fickle; *~e Bekanntschaft* passing (*or* nodding) acquaintance; *~e Bemerkung* passing remark; *~er Besuch* flying visit; *e-n ~en Besuch machen* drop in (*bei j-m* to see a p.); *~er Blick* glance; *~es Lächeln* fleeting smile; **II.** *adv.* fleetingly, *etc.*; ~ *bemerken* mention in passing; ~ *werden jur.* abscond; ~ *durchlesen* skim (through); ~ *niederschreiben* jot down; ~ *zu Gesicht bekommen* catch a glimpse of; **≈e(r** *m*) ['-gə(r)] *f* (-*n*, -*n*; -*en*, -*en*) fugitive, runaway; **≈keit** *f* (-; -*en*) fleetingness, transitoriness; hastiness; carelessness; cursoriness; *chem.* volatility; **≈keitsfehler** *m* slip (of the pen, *etc.*), oversight.

Flüchtling ['-liŋ] *m* (-*s*; -e) fugitive, runaway; *pol.* refugee; expellee; **~slager** *n* refugee camp.

'**Flucht...:** **~linie** *f arch.* alignment, face line; *opt.* vanishing line; **~punkt** *m* vanishing point; **~verdacht** *m*: *es besteht* ~ the prisoner is likely to attempt an escape; **≈verdächtig** *adj.* suspected of planning an escape; **~versuch** *m* attempt to escape.

'**fluchwürdig** *adj.* damnable, accursed, execrable.

Flug [fluːk] *m* (-[e]s; ⸚e) flight; *birds*: *a.* swarm, flock; *aer.* flight, air travel; *im ~e* flying, in flight, on the wing; *fig.* quickly, rapidly; *tennis, soccer*: *den Ball im ~e schlagen* volley.

'**Flug...:** **~abkommen** *n* air agreement; **~abwehr** *f* air defen|ce, *Am.* -se; *in compounds*: anti-aircraft; **~apparat** *m* flying machine; **~asche** *tech. f* fly (*or* flue) ash; **~bahn** *f* trajectory, flight (path); *aer.* flight path; **~ball** *m sports*: volley; **≈begeistert** *adj.* air-minded; **~bereich** *m* flying range, radius of action; **≈bereit** *adj.* ready to take off, in flying order; **~betrieb** *m* → *Flugverkehr*; **~blatt** *n* leaflet (*a. mil.*), pamphlet; handbill; **~boot** *n* flying boat; **~deck** *n* flight deck; **~dienst** *m* air-service; **~eigenschaften** *aer. f/pl.* flying characteristics.

Flügel ['flyːgəl] *m* (-*s*; -) wing; *aer. a.* aerofoil, *Am.* airfoil; *of propeller, fan, etc.*: blade, vane; *of bomb*: fin; *of windmill*: sail; *bot.* side-petal; *anat. of lung*: lobe; *of window*: casement; *of door*: leaf; *of building*: wing, aisle; *of altar*: side-piece; *mus.* grand-piano; *mil., sports*: wing, flank; *die* ~ *hängen lassen* droop one's wings, *fig.* droop, lose heart, be downcast; *j-m die* ~ *beschneiden* clip a p.'s wings; *j-m* ~ *verleihen* lend wings to a p.

'**Flügel...:** **~abstand** *aer. m* wing gap; **~adjutant** *mil. m* aide-de--camp; **~angriff** *m* wing attack; **~an-ordnung** *aer. f* wing setting; **~decke** *zo. f* wing-case; **~fenster** *n* casement-window; **≈förmig** ['-fœrmiç] *adj.* wing-shaped; **≈lahm** *adj.* broken-winged; *fig.* lame; dejected; **≈lastig** *aer. adj.* wing-heavy; **≈los** *adj.* wingless; **~mann** *m* marker; flank man; *rechter* ~ right hand man; *sports*: wing-forward, winger; **~mine** *mil. f* vaned bomb; **~mutter** *tech. f* (-; -*n*) wing nut; **≈n** *v/i. and v/t.* (*h.*) wing; **~pumpe** *f* oscillating pump; **~rad** *n* screw wheel, propeller; **~rad-antrieb** *m* impeller drive; **~radpumpe** *f* vane-type pump; **~schlag** *m* wing-stroke, flapping (*or* beat) of wings; **~schraube** *f* wing bolt, butterfly (*or* thumb) screw; **~schraubenmutter** *f* butterfly nut; **~spannweite** *aer. f* wing spread, *Am.* wing span; **~stürmer** *m sports*: → *Flügelmann*; **~tür** *f* folding-door; **~ventil** *n* butterfly valve; **~verstrebung** *f* wing bracing; **~wechsel** *m soccer*: wing-change.

'**Flug...:** **~erfahrung** *f* flying experience; **≈fähig** *adj.* airworthy; **~feld** *n* → *Flugplatz*; **~gast** *m* air--passenger.

flügge ['flygə] *adj.* fledged; *noch nicht* ~ unfledged (*both a. fig.*); ~ *werden* fledge (*a. fig.*).

'**Flug...:** **~gelände** *n* flying terrain; **~gepäck** *n* (air) baggage; **~geschwindigkeit** *f* flying speed, air speed; *phys.* travelling velocity; **~gesellschaft** *f* airline (company); **~gewicht** *n* loaded weight; **~hafen** *m* airport; **~halle** *f* hangar; **~haut** *zo. f* flying membrane, patagium; **~höhe** *aer. f* altitude, flying height; *höchste* ~ absolute ceiling; *ballistics*: ordinate *of a trajectory*; **~hörnchen** *zo. n* flying squirrel; **~kapitän** *m* (aircraft) captain; **~karte** *f* **a)** air-travel ticket, **b)** aviation chart; **≈klar** *adj.* ready to take off; **~körper** *m* missile; **~lehrer** *m* flying instructor; **~leistung** *f* flight performance; **~leitung** *f* air-traffic control; **~linie** *f* → *Flugbahn*; *aer.* air-route; airline; **~loch** *n of bees*: entrance to the hive; pigeon-hole; **~maschine** *f* flying-machine; → *Flugzeug*; **~meldedienst** *m* aircraft reporting service; **~motor** *m* aircraft engine; **~objekt** *n*: *unbekanntes* ~ unidentified flying object; **~ortung** *f* aerial position finding; **~plan** *m* time-table, (flying) schedule; **~platz** *m* aerodrome, airfield, *Am. a.* airdrome; **~platzbefeuerung** *f* airfield lighting; **~post** *f* air-mail; **~richtung** *f* direction of flight; **~route** *f* flight (*or* air-)route.

flugs [fluːks] *adv.* quickly, swiftly, in a jiffy; at once, instantly.

'**Flug...:** **~sand** *m* quicksand; **~schein** *m* air-travel ticket; **~schlag** *m sports*: volley; **~schlepp** ['-ʃlɛp] *m* (-*s*) airplane towing; **~schneise** *f* air lane; **~schrift** *f* pamphlet; **~schüler** *m* pilot pupil, trainee pilot; **~sicherheit** *f* (-) flying safety; **~sicherung** *f* air-traffic control; **~sicht** *f* flight visibility; **~sport** *m* aviation, sport flying; **~staub** *m* airborne dust; **~steig** *m* gate; **~strecke** *f* flight route; distance flown *or* covered; **~stützpunkt** *m* air base; **~technik** *f* aeronautics *pl.*; aircraft engineering; *of pilot*: flying technique, airmanship; **~techniker** *m* aeronautical engineer; **≈technisch** *adj.* aeronautical; **≈tüchtig** *adj.* airworthy; **~verbot** *n* grounding; **~verkehr** *m* air traffic; air service; **~versuch** *m* flight test (*or* experiment); **~weg** *m* flight path; **~weite** *f* → *Flugbereich*; **~wetter** *n* flyable weather; **~wetterdienst** *m* aviation weather service; **~wissenschaft** *f* aeronautics *pl.*; **~zeit** *f* flying time, time of flight.

'**Flugzeug** *n* aeroplane, plane, *Am.* airplane, plane; aircraft (*a. ~e pl.*); *im ~ ankommen* arrive by air; *im ~ reisen* go *or* travel by aeroplane (*or* air), fly, take a plane (*nach* for); **~abwehr** *f* anti-aircraft defen|ce, *Am.* -se; **~bau** *m* (-[e]s) aircraft construction; **~bauingenieur** *m* aircraft engineer; **~besatzung** *f* air crew; **~entführung** *f* hijacking (*of plane*); **~erkennungsdienst** *m* aircraft recognition service; **~fabrik** *f* aircraft factory; **~führer** *m* pilot; *zweiter* ~ co-pilot; **~führerschein** *m* pilot's licen|ce, *Am.* -se; **~halle** *f* hangar; **~industrie** *f* aircraft industry; **~kanone** *f* (aircraft) cannon; **~kommandant** *m* aircraft commander, captain; **~konstrukteur** *m* aircraft designer; **~modell** *n* model aeroplane (*Am.* airplane); **~motor** *m* aircraft (*or* aero)engine; **~mutterschiff** *n* aircraft tender; **~rumpf** *m* fuselage, body; **~schlepp** ['-ʃlɛp] *m* (-*s*) aircraft towing; **~schleuder** *f* aircraft catapult; **~schuppen** *m* aircraft shed; **~stewardeß** *f* air hostess; **~träger** *m* aircraft carrier; **~treibstoff** *m* aviation fuel; **~trümmer** *pl.* aircraft wreckage *sg.*; **~unfall** *m* flying accident, air disaster *or* crash; **~verband** *m* aircraft formation; **~wart** *m* aircraft mechanic; **~werk** *n* aircraft factor.

Fluidum ['fluːidum] *n* (-*s*; -*da*) fluid; *fig.* atmosphere, aura, air.

fluktuieren [fluktu'iːrən] *v/i.* (*h.*) fluctuate.

Flunder ['flundər] *f* (-; -*n*) flounder.

Flunkerei [fluŋkə'raɪ] *f* (-; -*en*) fib, (cock-and-bull) story; fibbing, story-telling; bragging; '**flunkern** *v/i.* (*h.*) fib, tell fibs (*or* stories), spin a yarn; brag.

Fluor ['flu:o:r] *n* (-*s*) fluorine; **~ammonium** *n* ammonium fluoride.

Fluoresz|enz [fluorɛs'tsɛnts] *f* (-) fluorescence; **2ieren** *v/i.* (*h.*) fluoresce; **2ierend** *adj.* fluorescent.

Fluoroskop [fluoro'sko:p] *med. n* (-[e]*s*; -*e*) fluoroscope.

'**Fluor...**: **~säure** *f* fluoric acid; **2wasserstoffsauer** *adj.* fluoride of ...; **~wasserstoffsäure** *f* hydrofluoric acid.

Flur[1] [flu:r] *f* (-; -*en*) field, plain; pasture, meadow.

Flur[2] *m* (-[e]*s*; -*e*) (entrance-)hall; passage, corridor; *of staircase*: landing.

'**Flur...**: **~bereinigung** *agr. f* consolidation (of farmland); **~garderobe** *f* hall-stand; **~namen** *m/pl.* names of parcels (of land); **~register** *n* agricultural land register; **~schaden** *m* damage to crops; **~schütz** *m* field guard.

Fluß [flus] *m* (-*sses*; ⸗*sse*) river, stream; rivulet, *Am.* creek; flow (-ing); *fig.* fluency (*of speech*); flow (*a. of traffic, etc.*); *metall.* melting, fusion; *tech.* flux; *med.* flux(ion), catarrh; *weißer ~ med.* leucorrhoea; *geol.* fluor spar; *im ~ fig.* in a state of flux; *in ~ bringen tech.* fuse, flux, *fig.* set going *or* in motion; *in ~ kommen* begin to melt, *fig.* get under way, get going *or* into full swing; **2'abwärts** *adj.* down the river, downstream; **2'aufwärts** *adv.* upstream; '**~bad** *n* river-bath; '**~bett** *n* river-bed, channel.

Flüßchen ['flysçən] *n* (-*s*; -) rivulet, streamlet, *Am.* creek.

'**Fluß...**: **~eisen** *n* ingot steel; **~gebiet** *n* river basin.

flüssig ['flysiç] *adj.* fluid, liquid; molten, melted; *econ.* available, ready (*money*); *~es Kapital* liquid assets; flowing (*style*); → *fließend*; *~ machen* liquefy, melt (*a. ~ werden*); *econ.* realize (*values*); disengage, convert into cash.

'**Flüssigkeit** *f* (-; -*en*) liquid, fluid; liquor; liquidity, fluidity (*a. fig.*).

'**Flüssigkeits...**: **~aufnahme** *physiol. f* fluid intake; **~bremse** *mot. f* hydraulic brake; **~druck** *m* hydrostatic pressure; **~getriebe** *mot. n* fluid transmission; **~grad** *m* viscosity; **~kompaß** *m* floating compass; **~kühler** *mot. m* liquid radiator; **~maß** *n* liquid measure; **~messer** *m* (-*s*; -) liquid meter, flowmeter; **~säule** *f* column of liquid; **~spiegel** *m* surface of a liquid; *physiol.* fluid-balance.

'**Flüssig|machen** *n* (-*s*) liquefaction; *econ.* realization; **~werden** *n* fusion, fusing; **2d** liquescent.

'**Fluß...**: **~kies** *m* river gravel; **~krebs** *m* (river) crayfish; **~lauf** *m* course of a river; **~mittel** *tech. n* flux; **~mündung** *f* mouth (of a river), estuary; **~netz** *n* network of rivers *or* watercourses; **~pferd** *n* hippopotamus, river-horse; **~säure** *chem. f* hydrofluoric acid; **~schiff** *n* river-boat; **~schiffahrt** *f* river-navigation; **~spat** *min. m* fluor-spar, fluorite; **~stahl** *m* ingot steel; **~übergang** *m* river-crossing, ford; **~ufer** *n* river-bank, riverside.

Flüster|bariton ['flystər-], **~tenor** *m* whispering baritone (tenor); **~galerie** *f* whispering gallery.

'**flüstern** *v/i. and v/t.* (*h.*) (speak in a) whisper, speak under one's breath; *colloq. dem werde ich was ~* I'll tell him a thing or two; **2** *n* (-*s*) whisper(ing).

'**Flüster...**: **~parolen** *f/pl.* whisperings, *Am.* grapevine; **~propaganda** *f* whispering campaign; **~ton** *m* (-[e]*s*; ⸗*e*) whisper, undertone.

Flut [flu:t] *f* (-; -*en*) flood; high tide, flood-tide; waves *pl.*, billows *pl.*; inundation, flood; *fig.* flood, spate, deluge; *~ von Tränen* flood of tears; *~ von Worten* torrent of words; *die ~ kommt (geht)* the tide is coming in (going out); *es ist ~* the tide is up; *fig. mit e-r ~ von Zuschriften überschüttet werden* be flooded (*or* deluged) with letters; '**2en I.** *v/i.* (*h.*) flow, flood; swell, surge; **II.** *v/t.* (*h.*) *mar.* flood (*the tanks*); '**~grenze** *f* high-water mark; '**~hafen** *m* tidal harbo(u)r; '**~licht** *n* (-[e]*s*) floodlight; '**~lichtspiel** *n sports*: floodlit match; '**~wechsel** *m* turn of the tide; '**~welle** *f* tidal wave; '**~zeit** *f* flood-tide.

flutschen ['flutʃən] *v/i.* (*h.*) slip; *fig. work*: go swimmingly.

'**f-Moll** *n f* minor.

Fobklausel ['fɔb-] *econ. f* F.O.B. clause.

focht [fɔxt] *pret. of fechten.*

Fock [fɔk] *f* (-; -*en*), '**~mast** *m* foremast; '**~segel** *n* foresail.

Föderal|ismus [fø:dəra'lismus] *m* (-) federalism; **~ist** *m* (-*en*; -*en*) federalist; **2istisch** *adj.* federalist; federal.

Födera|tion [-tsi'o:n] *f* (-; -*en*) (con)federation, confederacy; **2tiv** [-'ti:f] *adj.* federative; **~'tivstaat** *m* federal state, confederation.

fohlen ['fo:lən] *v/i.* (*h.*) foal.

'**Fohlen** *n* (-*s*; -) foal, colt; filly.

Föhn [fø:n] *m* (-[e]*s*; -*e*) föhn, foehn.

Föhre ['fø:rə] *f* (-; -*n*) pine(-tree), Scotch fir.

Fokus ['fo:kus] *phys. m* (-; -*se*) focus.

Folge ['fɔlgə] *f* (-; -*n*) sequence, succession; continuation, sequel (*a. of novel, etc.*); number, edition; series; set, suit; (*time*) sequel, future; consequence, result, upshot; aftermath; consequence; → *Folgerung*; *in der ~* in the sequel, subsequently; *in bunter ~* in colo(u)rful succession; *die ~n tragen* take the consequences; *zur ~ haben* result in, entail, bring in its wake, lead to; *die ~ war, daß* the result was, as a result; *~ leisten* (*dat.*) obey; comply with (*request, rule*); grant (*petition*); accept (*invitation*); take, follow (*advice*); **~brief** *econ. m* follow-up letter; **~erscheinung** *f* sequel, after-effect (*both a. med.*); result.

'**folgen** *v/i.* (*sn, dat.*) follow; succeed (*a p., auf acc.* to); follow, ensue (*aus* from); obey; → *befolgen*; *j-m auf Schritt u. Tritt ~* dog a p.'s footsteps, shadow (*Am. a.* tail) a p.; *j-s Beispiel ~* follow a p.'s example, follow suit; *j-s Rat ~* follow (*or* take, act upon) a p.'s advice; *daraus folgt, daß* hence (*or* from this) follows that; *wie folgt* as follows; *Fortsetzung folgt* to be continued; *können Sie ~?* can you follow?; *er folgte der Unterhaltung nicht* he did not follow the conversation; **~d** *adj.* following; ensuing; subsequent; next; *am ~en Tage* next day, the following day, the day after; *~en Inhalts a letter* running as follows, saying; *aus ~em* from what follows; *im ~en* in the following; *es handelt sich um ~es* the matter is this; **~dermaßen** ['-dər'ma:sən], **~derweise** ['-dər'vaɪzə] *adv.* as follows, in the following manner, like this; **~schwer** *adj.* of grave consequence, grave, momentous.

'**folgerichtig** *adj.* logical, consistent; **2keit** *f* logic(al consistency).

'**folger|n** *v/t.* (*h.*) infer, deduce, conclude, gather (*aus* from); **2ung** *f* (-; -*en*) inference, deduction, conclusion; e-e *~ ziehen* draw a conclusion, *etc.*

'**Folge...**: **~satz** *gr. m* consecutive clause; *math.* corollary; **~schäden** ['-ʃɛ:dən] *jur. m/pl.* consequential damages; **2widrig** *adj.* illogical; inconsistent, inconsequential; **~widrigkeit** *f* inconsistency; **~wirkung** *f* consequent effect; **~zeit** *f* following period, sequel; future.

folglich ['fɔlkliç] *adv. and cj.* consequently; therefore, hence; thus, so.

folgsam ['fɔlkza:m] *adj.* obedient; docile, submissive, unresisting; **2keit** *f* (-) obedience; docility.

Foliant [foli'ant] *m* (-*en*; -*en*) folio (-volume), tome.

Folie ['fo:liə] *f* (-; -*n*) foil, film; background; *fig. als ~ dienen* serve as a foil (*dat.* to); **foliieren** [foli'i:rən] *v/t.* (*h.*) foliate; silver (*mirror*); page (*book*).

Folio ['fo:lio] *n* (-*s*; -*lien*), **~blatt** *n* folio; **~format** *n* folio (size), foolscap.

Folklore [fɔl'klo:r(ə)] *f* (-) folklore.

Folter ['fɔltər] *f* (-; -*n*) rack; torture; *auf die ~ spannen* put to the rack; *fig. a.* tantalize, keep in suspense (*or* on tenter-hooks); **~bank** *f* (-; ⸗*e*) rack; **~instrument** *n* instrument of torture; **~kammer** *f* torture-chamber; **~knecht** *m* torturer; **2n** *v/t.* (*h.*) (put to *or* on the) rack, torture, torment; **~qual** *f* torture, *fig. a.* torment; **~werkzeug** *n* instrument of torture.

Fön [fø:n] *m* (-[e]*s*; -*e*) hair-dryer.

Fond [fõ:] *m* (-*s*; -*s*) foundation; background; *mot.* back (of the car), back seat.

Fondant [fõ'dã:] *m* (-*s*; -*s*) fondant.

Fonds [fõ:] *econ. m* (-; -) fund; pool; funds *pl.*, capital; government funds (*or* stocks, securities), *Am.* government bonds *pl.*; *fig.* fund; '**~börse** *f* stock exchange; '**~makler** *m* stock (*Am.* bond) broker.

Fontäne [fɔn'tɛ:nə] *f* (-; -*n*) fountain; jet of water.

Fontanelle [fɔnta'nɛlə] *anat. f* (-; -*n*) fontanel(le).

foppen ['fɔpən] *v/t.* (*h.*) tease, chaff, pull *a p.'s* leg, kid; hoax, fool; **Foppe'rei** *f* (-; *-en*) teasing, chaff, leg-pull(ing), kidding.

forcieren [fɔr'si:rən] *v/t.* (*h.*) force; *forciert* forced.

Förder|anlage ['fœrdər-] *f* conveying plant (*or* equipment), conveyor system; **~band** *n* (-[e]s; ⸗er) conveyor belt; **~er** *m* (-s; -), **~in** *f* (-; *-nen*) furtherer, patron (*f* -ess), *Am.* sponsor, promoter; **~gerät** *n* conveyor; **~gerüst** *mining*: *n* (pit-) head frame; **~gut** *n* material (delivered *or* to be transported); *mining*: output; **~hund** *m* → *Förderwagen*; **~kohle** *f* pit-coal; **~korb** *m* cage; **~leistung** *f* conveying capacity; *mining*: output, production; *of pump*: delivery; **~leitung** *f* feed pipe.

'**förderlich** *adj.* conducive (*dat.* to), promotive (of); useful, profitable; effective; beneficial.

'**Förder...:** **~maschine** *f* *mining*: winding engine; **~menge** *f* quantity delivered, delivery, output; → *Förderleistung*.

fordern ['fɔrdərn] *v/t.* (*h.*) *a. fig.* demand, require (*von j-m* of a p.); call (ask) for, exact; *jur.* claim; ask (for), charge (*price*); *zuviel* ~ overcharge; *vor Gericht* ~ summon before a court; *zum Duell*: challenge (*auf Pistolen* to a duel with pistols).

'**fördern** *v/t.* (*h.*) further, advance, promote; encourage; stimulate; aid, assist; → *förderlich* (*sein*); patronize, support, *Am. a.* sponsor; *~des Mitglied* supporting (*or* subscribing) member; *mining*: haul, raise; *pump*: deliver; convey, transport; *tech.* feed; speed up, expedite; → *zutage*.

'**Förder...:** **~schacht** *m* *mining*: winding shaft; **~schnecke** *f* worm conveyor; **~-Soll** *n* planned output; **~turm** *m* winding tower.

'**Forderung** *f* (-; *-en*) demand (*nach* for, *an acc.* on); call (for); claim (for); (title to a) debt, debt claim; *adm.* requisition; challenge (*to a duel*); *of price*: charge; → *ausstehen*; *gerichtlich anerkannte* ~ judg(e)ment debt; *~en pl.*: *buchmäßige ~en* accounts receivable; *bevorrechtigte ~en* secured claims.

'**Förderung** *f* (-; *-en*) furtherance, promotion, advancement; encouragement; assistance, support; dispatch; *mining*: **a**) drawing, extraction, hauling, **b**) output, production; *tech.* conveyance, transport, delivery.

'**Förder...:** **~wagen** *m* (mine) tub *or* car; **~winde** *f* drawing winch.

Forelle [fo'rɛlə] *f* (-; *-n*) trout; **~nbach** *m* trout-brook; **~nfang** *m* trout-fishing.

forensisch [fo'rɛnziʃ] *adj.* forensic.

Forke ['fɔrkə] *agr.* *f* (-; *-n*) (pitch-) fork.

Form [fɔrm] *f* (-; *-en*) form; shape, appearance, figure; style, cut (*of dress*); *esp. tech.* design; *of ship*: lines *pl.*; type, model; profile, section; *for hats*: block; *tech.* mo(u)ld; die; *for cakes*: tin, mo(u)ld; *typ.* form(e), chase; *for shoes*: block, last; *gr.* form, voice; mode, manner; *sports*: form, condition, shape; form, ceremony, usage; *gute* ~ good form; formality; ~ *annehmen* take shape; *merkwürdige ~en annehmen* assume strange aspects; *die ~ wahren* keep up appearances; *in aller* ~ in due form; *in höflicher* ~ in polite terms; *der ~ halber* for form's sake, pro forma, to keep up appearances; *sports*: *in ~ sein* be fit (*or* in form, in good condition *or* shape); *fig. a.* be at one's best; *nicht in ~ sein* be off form, be in bad shape (*or* not up to the mark); *in ~ kommen* (*bleiben*) get into (keep in) form.

formal [fɔr'mɑ:l] *adj.* formal, technical; *~e Ausbildung* formal training, *mil.* drill, *Brit.* physical training; *aus ~en Gründen* on technical grounds.

'**Form-aldehyd** *chem.* *n* formaldehyde.

Formalien [-'mɑ:liən] *pl.* formalities.

Formalin [fɔrma'li:n] *chem.* *n* (-s) formalin.

Formalist [fɔrma'list] *m* (-en; -en) formalist.

Formali'tät *f* (-; *-en*) formality.

Format [fɔr'mɑ:t] *n* (-[e]s; -e) size, form(at); *von mittlerem* ~ medium-sized; *fig.* importance, stature, weight, calib|re *or* -er.

Formation [fɔrmatsi'o:n] *geol.*, *mil.* *f* (-; *-en*) formation; unit.

'**formbar** *adj.* plastic, mo(u)ldable, workable; *metall.* malleable; **Ƨkeit** *f* (-) plasticity, workability; *metall.* ductility, malleability.

'**Formblatt** *n* (blank) form, blank.

Formel ['fɔrməl] *f* (-; *-n*) form, formula; **~buch** *n* formulary; **~-wagen** *mot.* *m* formula car.

formell [fɔr'mɛl] *adj.* formal; → *Recht*.

'**formen** *v/t.* (*h.*) form, model, fashion, (*a. tech.*) mo(u)ld, shape.

'**Formen|lehre** *gr.* *f* accidence; **~mensch** *m* formalist.

'**Former** *m* (-s; -) former, mo(u)lder.

'**Form...:** **~fehler** *m* informality; irregularity; *jur.* formal defect; breach of etiquette, social blunder, faux pas (*Fr.*); **~gebung** ['-ge:buŋ] *tech.* *f* (-; *-en*) shaping, styling, design(ing); **Ƨgerecht** *adj. tech.* accurate to size; *jur.* in due form, duly; **~gestalter** *m* (industrial) designer.

for'mieren *v/t.* (*h.*) form; array, *a.* line up; *sich* ~ fall into line; form up.

förmlich ['fœrmliç] **I.** *adj.* formal; ceremonious; punctilious; literal, veritable, regular; **II.** *adv.* literally, practically, almost; **Ƨkeit** *f* (-; *-en*) formality; ceremoniousness; ceremony.

'**Form...:** **Ƨlos** *adj.* formless, shapeless, amorphous; informal (*a. jur.*); unceremonious, unconventional; unpolished, rude; **~losigkeit** *f* (-) formlessness, shapelessness; informality; crudeness, rudeness; **~-mangel** *jur.* *m* formal defect; **~-maschine** *f* mo(u)lding machine; **~sache** *f* matter of form, formality; **~sand** *m* mo(u)lding sand; **Ƨschön** *adj.* of graceful design, elegant; streamlined; **~stahl** *m* structural steel; steel section; **~stück** *n* shape(d part).

Formular [fɔrmu'lɑ:r] *n* (-s; -e) (printed) form, blank, schedule; → *Fragebogen*.

formu'lier|en *v/t.* (*h.*) formulate, word, define; **Ƨung** *f* (-; *-en*) formulation; wording; definition.

'**Formung** *f* (-) formation; forming, shaping, mo(u)lding; *spanabhebende* ~ metal cutting; *spanlose* ~ non-cutting shaping.

'**Form...:** **~veränderung** *f* change of form; modification; deformation; **Ƨvollendet** *adj.* perfect (in form), finished; **~vorschriften** *f/pl.* formal requirements; **Ƨwidrig** *adj.* irregular; *fig.* offensive, informal; **~zahl** *f* form factor.

forsch [fɔrʃ] *adj.* vigorous, energetic, enterprising; smart, dashing; breezy, brisk.

forschen ['fɔrʃən] **I.** *v/i.* (*h.*): ~ *nach* (*dat.*) inquire after, search for, seek, investigate for; ~ *in* (*dat.*) investigate, explore, search, examine; *scient.* do research work; **II.** Ƨ *n* (-s) search, investigation, inquiry; **~d** *adj.* inquiring, speculative, searching (*glance*).

'**Forscher** *m* (-s; -), **~in** *f* (-; *-nen*) inquirer, seeker, investigator; researcher, research worker, scientist; explorer; **~blick** *m* (-[e]s) searching glance; **~drang** *m* (-[e]s) zeal for research, scientific curiosity, inquiring mind; **~geist** *m* (-es) spirit of research, scholarliness.

'**Forschung** *f* (-; *-en*) investigation, research, research work.

'**Forschungs...:** **~abteilung** *f* research department; **~anstalt** *f* research institute; **~arbeit** *f* research work; **~gebiet** *n* field of research; **~ingenieur** *m* research engineer; **~reise** *f* exploring expedition; **~-reisende(r)** *m* explorer.

Forst [fɔrst] *m* (-es; -e[n]) forest; '**~akademie** *f* school of forestry; '**~amt** *n* forest superintendent's office; '**~beamter** *m* forest-officer.

Förster ['fœrstər] *m* (-s; -) forester, forest ranger.

Förste'rei *f* (-; *-en*) forester's house.

'**Forst...:** **~fach** *n* forestry; **~frevel** *m* infringement of forest-laws; **~gesetz** *n* forest-law; **~haus** *n* → *Försterei*; **~mann** *m* forester; **~meister** *m* forest superintendent; **~revier** *n* forest district; **~verwaltung** *f* forest administration; **~wesen** *n* (-s), **~wirtschaft** *f* forestry; **Ƨ-wirtschaftlich** *adj.* forest (*property, etc.*); **~wissenschaft** *f* (-) (science of) forestry.

Fort [fo:r] *mil.* *n* (-s; -s) fort.

fort [fɔrt] *adv.* away, gone; on; gone, lost; *in einem* ~ uninterruptedly, ceaselessly, on and on; *und so* ~ and so forth *or* on; ~ *mit dir!* be gone (*or* off)!, clear out!, *sl.* go to blazes!; *sie sind schon* ~ they have already left; *ich muß* ~ I must be off.

'**fort...:** (→ *compounds with weg...*) **~an** *adv.* henceforth, from now on; **Ƨbestand** *m* continuance; survival; **~bestehen** *v/i.* (*irr.*, *h.*) continue, persist, survive; **~bewegen** *v/t.* (*h.*) move on (*or* away); propel, drive; *sich* ~ move, move along *or* away; *sich nicht* ~ not to move (*or* budge, stir); **2bewegung** *f* locomotion, progression; **~bilden:** *sich* ~ (*h.*) continue one's studies, perfect *or* improve o.s.; **2bildung** *f* further training (*or* education); improvement; *ärztliche* ~ graduate medical education; **2bildungs|anstalt** (*or* **-schule**) *f* continuation school *or* classes *pl.*; **~bleiben** *v/i.* (*irr.*, *sn*) keep (*or* stay) away; fail to return; **~bringen** *v/t.* (*irr.*, *h.*) carry (*or* take) away, remove; see *a p.* off (*or* to the station, *etc.*); *sich* ~ keep the pot boiling; **2dauer** *f* continuance; **~dauern** *v/i.* (*h.*) continue, last, persist; **~dauernd** *adj.* lasting, permanent; constant, continuous, incessant; recurrent (*payments*, *etc.*); **~denken** → *wegdenken*; **~eilen** *v/i.* (*sn*) hasten (*or* hurry) away, dash off; **2entwick(e)lung** *f* continued growth, further development; **~erben:** *sich* ~ (*h.*) be hereditary; be passed on by hereditance; *fig.* go down to posterity; *sich* ~ *von* ... *auf* (*acc.*) descend from ... to; **~fahren** *v/i.* (*irr.*, *sn*) drive away, depart, leave, start; continue (*et. zu tun* to do a th. *or* doing a th.), go on *or* keep (doing a th.); **2fall** *m* (-[e]s) → *Wegfall*; **~fallen** → *aus-*, *wegfallen*; **~fliegen** *v/i.* (*irr.*, *sn*) fly away, *aer.* take off; **~führen** *v/t.* (*h.*) lead away, walk (*or* march) *a p.* off; remove; go on with, continue, keep on; carry on (*business*, *war*); **2führung** *f* continuation; carrying on; resumption; **2gang** *m* (-[e]s) departure, leaving; → *Fortdauer*, *Fortschritt*; *den* ~ *der Sache abwarten* see how matters develop; **~gehen** *v/i.* (*irr.*, *sn*) go (away), leave; go on; proceed; continue; **~geschritten** *adj.* advanced, progressed; *Kurs für* 2*e* advanced course; **~gesetzt** *adj.* continual, constant, incessant; **~helfen** *v/i.* (*irr.*, *h.*): *j-m* ~ help a p. to get away; *fig.* help a p. on; **~hin** *adv.* → *fortan*; **~jagen** *v/t.* (*h.*) turn (*or* drive) away; turn *a p.* out (on his ear), kick *a p.* out; expel (*aus dat.* from); **~kommen** *v/i.* (*irr.*, *sn*) get away (*or* off); *mach, daß du fortkommst!* be off!, *sl.* beat it!; *fig.* get on (*or* ahead), prosper; **2kommen** *n* getting on, progress; living, livelihood; **~lassen** *v/t.* (*irr.*, *h.*) let *a p.* go, allow *a p.* to go; leave *a th.* out, omit, drop; **~laufen** *v/i.* (*irr.*, *sn*) run away ([*vor*] *j-m* from a p.); run on, be continued; **~laufend** *adj.* continuous, running; consecutive (*number*, *numbering*); serial (*number*); *econ.* ~*e Notierung* consecutive quotation; ~*er Bericht* serial report, sequel; **~leben** *v/i.* (*h.*) live on; survive (*in dat.* in *one's work*); **2leben** *n* (-*s*) survival; life after death, after-life; **~machen** *v/i.* (*h.*) go on, carry on; *colloq.* make off; **~pflanzen** *v/t. and sich* ~ (*h.*) propagate; *phys. a.* transmit, communicate; *disease*: *a.* spread; *zo. a.* reproduce, multiply.

'**Fortpflanzung** *f* (-) propagation; *phys. a.* transmission, communication; *zo. a.* reproduction; *of disease*: *a.* spread; **~s-apparat** *m* reproductive organs; **2sfähig** *adj.* reproductive; *phys.* transmissible; **~sfähigkeit** *f* (-) reproductiveness; *phys.* transmissibility; **~sgeschwindigkeit** *f* velocity of propagation *or* transmission; **~s-trieb** *m* reproductive instinct; **~svermögen** *n* (-*s*) reproductive power; **~szelle** *f* propagative cell, spore.

'**fort...:** **~reisen** *v/i.* (*sn*) depart, leave, go away; **~reißen** *v/t.* (*irr.*, *h.*) → *wegreißen*; *fig. j-n mit sich* ~ carry a p. away with one; *sich von* (*or durch*) *et.* ~ *lassen* allow o.s. to be carried away by; **2satz** *m* projection; *anat.*, *med.* process; **~schaffen** *v/t.* (*h.*) carry away, transport off; rush *or* whisk off *or* away; remove, get rid off; **~schätzen** *econ. v/t.* (*h.*) estimate ahead; **~schicken** *v/t.* (*h.*) send off; **~schleichen** *v/i.* (*irr.*, *sn*), *a. sich* (*irr.*, *h.*) steal away, sneak off; **~schleppen** *v/t.* (*h.*) drag away; *sich* ~ drag (o.s.) along; **~schreiben** *v/t.* (*irr.*, *h.*) *statistics*: project to subsequent dates, extrapolate; **~schreiten** *v/i.* (*irr.*, *sn*) proceed, advance, progress; **~schreitend** *adj.* progressive; *mit* ~*er Zeit* with the passage of time; **2schritt** *m* progress (*in dat.* in), headway; advance(ment); improvement; *technische* ~*e* engineering progress; ~*e machen* make progress *or* headway; *große* ~*e machen* make great strides, forge ahead; **2schrittler(in** *f*) ['-ʃritlər-] *m* (-*s*, -; -, -*nen*) progressionist; **~schrittlich** *adj.* progressive, advanced; modern, up-to-date; *person*: progressive, progress-minded; **~schwemmen** *v/t.* (*h.*) wash away; **~sehnen:** *sich* ~ (*h.*) wish o.s. away; **~setzen** *v/t.* (*h.*) continue (*a. sich*), pursue; *wieder* ~ resume; **2setzung** ['-zetsuŋ] *f* (-; -*en*) continuation, sequel; pursuit, carrying on; resumption; *in* ~*en abdrucken* serialize (*novel*); ~ *folgt* to be continued; ~ *von Seite* 2 continued from page two; **~stehlen:** *sich* ~ (*irr.*, *h.*) steal (*or* sneak) away *or* off; **~stoßen** *v/t.* (*irr.*, *h.*) push away; **~tragen** *v/t.* (*irr.*, *h.*) carry away *or* off; **~treiben** **I.** *v/t.* (*irr.*, *h.*) drive away; *fig.* carry on, go on with; **II.** *v/i.* (*irr.*, *sn*) drift away *or* off.

Fortuna [fɔr'tu:na] *f* (-) Fortune.

'**fort...:** **~wagen:** *sich* ~ (*h.*) venture away (*von* from); **~währen** *v/i.* (*h.*) last, continue, persist; **~während** **I.** *adj.* continual, continuous, constant, perpetual, incessant; **II.** *adv.* constantly, incessantly, *etc.*; all the time; *sie lächelte* ~ she kept smiling; **~werfen** *v/t.* (*irr.*, *h.*) throw away; **~ziehen** **I.** *v/t.* (*irr.*, *h.*) draw (*or* drag, pull) away; **II.** *v/i.* (*irr.*, *sn*) *tenant*, *etc.*: move on, remove; *mil.* march off; *birds*: migrate.

Forum ['fo:rum] *n* (-*s*; -*ren*) forum, tribunal; (public) forum, public discussion.

fossil [fɔ'si:l] *geol. adj.* fossil.

Fos'sil *geol. n* (-*s*; -*ien*) fossil, petrifaction.

fötal [fœ'tɑ:l] *anat. adj.* f(o)etal.

Foto... ['fo:to-]: → *Photo...*

Fötus ['fœ:tus] *m* (-*ses*; -*se*) f(o)etus.

Foxterrier ['fɔksteriər] *m* (-*s*; -) fox terrier.

'**Foxtrott** *m* foxtrot.

Foyer [foa'je:] *n* (-*s*; -*s*) *thea.* foyer; *Am. and parl.* lobby; *of hotel*: foyer, lounge.

Fracht [fraxt] *f* (-; -*en*) load, freight, goods *pl.*; *mar.* cargo, shipload; air freight; (*transport*, *rate*) carriage, *Am.* freight(age); *mar.* freightage; *durchgehende* ~ through-rate; cartage; *in* ~ *geben* (*nehmen*) freight (charter).

'**Fracht|aufschlag** *m* extra carriage, *mar. and Am.* extra freight; **~aufseher** *m* supercargo; **~brief** *m* way-bill; consignment-note; *mar. and Am.* bill of lading; **~dampfer** *m* cargo-steamer, freighter; **~empfänger** *m* consignee; **2en** *v/t.* (*h.*) consign, ship; load, freight; **~er** *m* (-*s*; -) freighter; **~flugzeug** *n* (air) freighter, cargo airplane; **2frei** *adj.* carriage paid, *Am.* freight paid, prepaid; *mar.* freight-free; **~führer, ~fuhrmann** *m* carrier, *Am. a.* teamster; **~gebühr** *f*, **~geld** *n* carriage, *Am.* freight(age); cartage; *mar.* freightage; **~geschäft** *n* carrying trade; **~gut** *n* freight, goods *pl.*, *Am.* ordinary freight; *mar.* cargo, shipload; *als* ~ by goods (*Am.* freight) train; **~gutsendung** *f* consignment; **2intensiv** *adj.*: ~*e Massengüter* bulkgoods on which the freight is heavy; **~kahn** *m* barge, freight boat; **~kosten** *pl.* freight charges, freightage, carriage; **~liste** *f* freight list; **~raum** *m* cargo compartment, hold; freight capacity; **~rechnung** *f* freight account (*or* bill); **~satz** *m* rate of freight, freightage; **~schiff** *n* cargo-ship, freighter; **~spediteur** *m* freight forwarder; **~stück** *n* package, parcel; bale; **~tarif** *m* freight tariff; **~verkehr** *m* goods (*Am.* freight) traffic; **~versicherung** *f* freight insurance; **~vertrag** *m* freight contract; *mar.* charter-party; **~vorschuß** *m* advance freight; **~wagen** *m* goods wag(g)on; **~zuschlag** *m* → *Frachtaufschlag*.

Frack [frak] *m* (-[e]s; ⸚e) dress- (*or* tail-)coat; *im* ~ in full evening dress, in tails; '**~anzug** *m* dress-suit; '**~hemd** *n* dress-shirt.

Frage ['fra:gə] *f* (-; -*n*) question (*über acc.* about); *gr.*, *rhet.* interrogation; query; inquiry; *fig.* problem, question, point (in question); *e-e* ~ *tun or stellen* ask (*or* put) a question; *außer* ~ *stehen* be beyond question; *in* ~ *kommen* come into question, be in consideration, be suitable; *in* ~ *kommende Personen* eligible persons; *in* ~ *stellen* make dubious *or* uncertain, jeopardize; *in* ~ *ziehen* (call in) question, query, challenge; *das ist e-e* ~ *der Zeit* that's a matter (*or* question) of time; *das ist e-e andere* ~ that's another question (*or* matter); *das ist eben die* ~ that's just the point; *das ist gar keine* ~ there is no doubt about that; *das kommt* (*gar*) *nicht in* ~ that's out of the question; *der* *in ~ stehende Punkt* the point in question; *die ~ ist, ob* the point is whether; *es erhebt sich die ~* the question arises; *ohne ~* beyond question, undoubtedly, doubtless; **~bogen** *m* questionnaire; **~form** *gr. f* interrogative form; **~fürwort** *gr. n* interrogative (pronoun).

'**fragen** *v/t. and v/i.* (*h.*) ask; question, query, interrogate; inquire (*nach* after); (*j-n*) et. ~ ask (a p.) a question; (*j-n*) ~ *nach* (*dat.*) ask (a p.) for; *j-n nach s-m Namen, dem Wege, etc.*, ~ ask a p. his name, the way, *etc.*; *nach j-s Befinden ~* inquire after a p.'s health; *j-n um Rat ~* ask a p. for advice, consult a p.; *es fragt sich, ob* it is doubtful (*or* a question) whether; *ich frage mich, warum* I wonder why; *er fragt nicht danach* he doesn't care; *2 kostet nichts* there is no harm in asking; *wenn ich ~ darf* if I may ask; *econ.* (*stark*) *gefragt* in (great) demand; **~d** *adj.* interrogative; inquiring (*look*); *j-n ~ ansehen* look at a p. inquiringly.

'**Fragenkomplex** *m* complex of questions.

'**Frager(in** *f*) *m* (-s, -; -, -*nen*) questioner, interrogator.

'**Frage...**: **~satz** *gr. m* interrogative sentence; **~steller** ['-ʃtɛlər] *m* (-s; -) questioner; **~stellung** *f* (formulation of the) question; *fig.* statement of a problem; **~stunde** *parl. f* question-time; **~-und-Antwort-spiel** *n radio*: quiz; **~wort** *n* (-[e]s; ¨er) interrogative; **~zeichen** *n* question-mark, interrogation mark; (*a. fig.*) query.

fraglich ['frɑːkliç] *adj.* questionable, doubtful, problematic(al), uncertain; in question, under consideration (*or* discussion); *die ~e Klausel* the clause in question; *es ist ~, ob* it is open to question (*or* it is questionable) whether.

fraglos ['frɑːkloːs] **I.** *adj.* unquestionable, indisputable; **II.** *adv.* beyond (all) question, beyond dispute, unquestionably; decidedly.

Fragment [frag'mɛnt] *n* (-[e]s; -e) fragment; **fragmentarisch** [-'tɑːriʃ] *adj.* fragmentary.

fragwürdig ['frɑːk-] *adj.* questionable, dubious, *b.s. a.* shady.

Fraktion [fraktsi'oːn] *parl. f* (-; -en) (parliamentary) group; **~sbeschluß** *m* fractional motion; **~sführer** *m* parliamentary leader of a party, *Brit.* whip, *Am.* floor leader; **2slos** *adj.* nonpartisan, independent; **~svorsitzende(r)** *m* → **~sführer**; **~szwang** *m*: *bei der Abstimmung gab es keinen ~* voting was on non-party lines.

fraktio'nier|en *chem. v/t.* (*h.*) fractionate; **2kolonne** *f* fractionating column; **2ung** *f* (-) fractionating.

Fraktur [frak'tuːr] *f* (-; -*en*) *typ.* Gothic *or* German type; *med.* fracture; *mit j-m ~ reden* talk in plain English to a p., *Am.* talk turkey with a p.

frank [fraŋk] *adv.*: *~ und frei* quite frankly, openly, without restraint.

Franke ['fraŋkə] *m* (-*n*; -*n*) Franconian; *hist.* Frank; **~n**[1] *n* (-s) Franconia.

'**Franken**[2] *m* (-*s*; -) (*coin*) franc.

fran'kier|en *v/t.* (*h.*) prepay, stamp; **2maschine** *f* franking machine; **~t** *adj.* prepaid, post-paid, stamped, post-free; *nicht genügend ~* underpaid; **2ung** *f* (-; -*en*) prepayment.

Fränk|in ['frɛŋkin] *f* (-; -*nen*), **2isch** *adj.* Franconian.

franko ['fraŋko] *adv.* post-paid, prepaid; *parcel*: carriage paid.

'**Frankreich** *n* (-s) France.

Franse ['franzə] *f* (-; -*n*) fringe; **2n** *v/i.* (*h.*) fray, frazzle.

Franz [frants] *aer. sl. m* (-es; -e) observer.

'**Franz|band** *m* (-[e]s; ¨e) calf-binding; **~branntwein** *m* surgical spirit.

Franziskaner [frantsis'kɑːnər] *m* (-s; -), **~in** *f* (-; -*nen*) Franciscan friar (*f* nun); **~orden** *m* (-s) Order of St. Francis.

'**Franzmann** *m* Frenchman, *sl.* frog.

Franzose [fran'tsoːzə] *m* (-*n*; -*n*) Frenchman; *die ~n pl.* the French; *tech.* monkey-wrench; **~nfeind(in** *f*) *m* Francophobe; **2nfeindlich** *adj.* anti-French; **~nfreund(in** *f*) *m*, **2nfreundlich** *adj.* Francophil(e).

Französin [fran'tsøːzin] *f* (-; -*nen*) Frenchwoman.

fran'zösisch *adj.* French; *~e Spracheigenheit* Gallicism; *die ~e Sprache, das 2(e)* the French language, French; *er spricht gut 2* he speaks good French; *auf ~, ins 2e* in, into French; *sich ~ empfehlen* take French leave; **~-deutsch** *adj.* Franco-German (*relations, etc.*); French-German (*dictionary*).

frap|pant [fra'pant], **~pierend** [-'piːrənt] *adj.* striking.

Fräs|arbeit ['frɛːs-] *f* milling work; **~art** *f* milling method; **~e** *f* (-; -*n*) milling cutter (*or* tool); *agr.* rotary hoe; **2en** *v/t. and v/i.* (*h.*) mill; **~er** *m* (-s; -) milling cutter (*or* tool); metal-cutting-machine operator; **~maschine** *f* milling machine; **~messer** *n* cutter blade; **~vorrichtung** *f* milling fixture (*or* jig).

fraß [frɑːs] *pret. of* **fressen**.

Fraß *m* (-es) *sl.* grub; *for animals*: feed; *med.* caries; *chem.* corrosion.

Fratz [frats] *m* (-es; -e[n]): *kleiner ~* little rascal, brat; *niedlicher ~* poppet, darling.

'**Fratze** *f* (-; -*n*) grimace, distorted face; (*face*) *sl.* mug; caricature; *e-e ~ schneiden* make a grimace; *~n schneiden* make grimaces *or* faces; **2nhaft** *adj.* distorted, grotesque.

Frau [frau] *f* (-; -*en*) woman; female; mistress; lady; wife; *before name*: Mrs.; *gnädige ~!* madam!; *wie geht es Ihrer ~?* how is Mrs. X.?; *Ihre ~ Mutter* your mother; *eccl. Unsere Liebe ~* Our (blessed) Lady; *zur ~ geben* give in marriage; *zur ~ nehmen* marry, take in marriage; '**~chen** *n* (-s; -) little woman; wifey, old girl.

'**Frauen...**: (→ *compounds with Damen...*) **~arbeit** *f* women's work; **~arzt** *m* gyn(a)ecologist; **~bewegung** *f* (-) feminist movement; **~feind** *m* woman-hater, misogynist; **2haft** *adj.* womanly; **~heilkunde** *f* gyn(a)ecology; **~herrschaft** *f* matriarchy; *contp.* petticoat government; **~klinik** *f* hospital for women; **kloster** *n* nunnery; **~krankheit** *f* women's disease; **~leiden** *n* women's complaint; **~rechte** *n/pl.* women's rights; **~rechtlerin** ['-rɛçtlərin] *f* (-; -*nen*) suffragette; **~rolle** *thea. f* female part; **~schuh** *bot. m* (-[e]s) lady's slipper; **~spiegel** *bot. m* Venus's looking-glass; **~sport** *m* (-[e]s) women's sports *pl.*; **~stimmrecht** *n* women's suffrage; **~tum** *n* (-s) womanhood; **~welt** *f* (-) womankind, women *pl.*; **~zeitschrift** *f* women's magazine; **~zimmer** *n usu. contp.* female, woman; petticoat, *sl.* skirt, *Am. a. sl.* broad.

Fräulein ['frɔylaɪn] *n* (-s; -) young lady; unmarried (*or* single) woman *or* lady; *title*: Miss; *Ihr ~ Tochter* your daughter; governess; shop-girl, sales-girl, *when addressed*: Miss; *teleph. ~ vom Amt* operator.

'**fraulich** *adj.* womanly, womanlike; **2keit** *f* (-) womanhood, womanliness.

frech [frɛç] *adj.* impudent, insolent, saucy, cheeky, *Am. sl.* fresh; forward, pert; daring, bold, audacious; *e-e ~e Lüge* a brazen lie; *mit ~er Stirn* brazen-facedly; *colloq. ~ wie Oskar* bold as brass, cool as a cucumber; '**2dachs** *colloq. m* cheeky fellow; *kleiner ~* whipper-snapper; '**2heit** *f* (-; -*en*) impudence, insolence, sauciness, cheek, *sl.* nerve; boldness; *~en pl.* impudent remarks; *sich ~en erlauben* take liberties (*mit j-m* with a p.); *er hatte die ~, zu inf.* he had the impudence (*or* cheek) to *inf.*; so *e-e ~!* confound (*or* damn) your impudence (*or* cheek)!, the insolence of it!; *sl.* what a nerve!

Fregatte [fre'gatə] *f* (-; -*n*) frigate; **~nkapitän** *m* commander.

frei [fraɪ] *adj.* free (*von* from, of); independent; exempt (*von* from *taxes, etc.*); frank, open, candid; at liberty, *criminal, etc.*: at large; blank; unrestrained, unhampered; *road, etc.*: clear; free and easy; free, licentious; gratuitous, gratis, free (of charge); (pre)paid, postfree, *parcel*: carriage-paid; *chem.* uncombined; open (*field, sky*); free-lance (*artist, etc.*); *teleph.* disengaged, vacant, *Am.* not busy; vacant, open (*post*); loose, free (*translation*); *~e Ansichten* liberal views; *~er Beruf* liberal (*or* independent) profession; *~er Eintritt* free admission; → *Fahrt*; *~e Künste* liberal arts; *~e Liebe* free love; *~e Stadt* free city; *~e Stelle* vacancy, opening; *~er Nachmittag* half-holiday, afternoon off; *~er Tag* off day, day off, holiday; *~e Zeit* → *Freizeit*; *econ. ~ von Kosten* free of expense, all charges paid; *~ von Schulden* clear of debt; *~ Haus* free domicile; *~ an Bord* free on board (*abbr.* f.o.b.); *im ~en Handel* in the shops; *~er Markt* free market, *stock exchange*: unofficial (*or* open) market; *~e Wirtschaft* free economy; *~ von Bewirtschaftung* non-rationed; *~ heraus* **a)** frankly, plainly, **b)** bluntly, point-blank; → *Fuß, Stück, Wille(n)*; *im 2en, unter ~em Himmel* in the open (air); *~ sprechen* speak openly, *speaker*: speak offhand (*or* extempore, without notes); *sich ~ bewegen* move freely; *~e Hand haben, etc.* → *Hand*; *den Dingen ~en Lauf lassen* let things take their course; *ich bin so ~* I take the liberty (*zu inf.*, of *ger.*), I venture (to *inf.*), I don't mind if I do; *ich bin so ~, Sie zu erinnern* permit me to remind you; *Straße ~!* road clear!; *aer., rail. 20 Pfund Gepäck ~ haben* be allowed 20 pounds of luggage; *tech. ~ aufliegend* freely supported; *~ schwingen* swing clear; *~ finanziert* privately financed.

'**Frei...**: **~antenne** *f* free (*or* outdoor) aerial *or* antenna; **~antwort** *f* prepaid reply; **~bad** *n* open-air bath, *Am.* outdoor swimming pool; **~ballon** *m* free balloon; **~bank** *f* (-; ⁼e) cheap-meat department; **≈beruflich** *adj.* professional; free-lance (*artist, journalist, etc.*); **~betrag** *m* allowance, tax-exempt amount; **~beuter** *m* (-s; -) freebooter, filibuster, buccaneer; **~beute'rei** *f* (-) freebooting, filibustering, piracy; **≈beweglich** *tech. adj.* freely moving, mobile; **~billett** *n* → *Freikarte*; **≈bleibend** *econ. adj. and adv.* subject to being sold (*or* to alteration without notice), without engagement; **~bord** *mar. m* freeboard; **~börse** *f* → *Freiverkehrsbörse*; **~brief** *m* charter; privilege; (letters *pl.*) patent; *fig.* passport (*für* to), warrant (for); **~denker(in** *f*) *m* freethinker; **≈denkerisch** *adj.*, **~denkertum** *n* (-s) freethinking.

'**Freie 1.** **~(r** *m*) *f* (-n, -n; -en, -en) freeman, freewoman, free-born citizen; **2.** **~** *n* (-n) the open country (*or* field); *im ~n* in the open (air), out of doors, outdoors; *Spiele im ~n* outdoor games; *im ~n lagern* (*übernachten*) camp out.

'**freien I.** *v/i.* (*h.*): *~ um* (*acc.*) court, make love to, *rhet.* woo; **II.** *v/t.* (*h.*) → *heiraten*.

'**Freien** *n* (-s) courting, courtship, wooing.

'**Freier** *m* (-s; -) suitor; wooer; **~sfüße** ['-sfy:sə] *pl.*: *auf ~n gehen* go courting, be looking for a wife.

'**Frei...**: **~exemplar** *n* free (*or* presentation) copy, specimen (copy); author's copy; **~fahrschein** *rail. m* free (travel) ticket; **~fläche** *f* open space; **≈fliegend** *tech. adj.* cantilever, overhang; **~flughafen** *m* customs-free airport; **~frau** *f* baroness; **~gabe** *f* release; decontrol; *aer.* clearance; **≈geben** *v/t.* (*irr., h.*) release; *prisoner*: set free; *für den Verkehr ~* open to the traffic; *aer., rail.* clear; decontrol; deblock (*account*); *j-m ~* (*v/i.*) give time off; *e-e Woche ~* give a week's holiday; **≈gebig** ['-ge:biç] *adj.* liberal (*mit* of); generous, open-handed; *~ sein* have an open hand; **~gebigkeit** *f* (-) liberality, generosity, open-handedness; **≈geboren** *adj.* free-born; **~geist** *m* freethinker; **≈geistig** *adj.* freethinking; **~gepäck** *n* free (*or* allowed) luggage; **~grenze** *f* limit of tax-free income, free quota; **~gut** *n econ.* duty-free goods *pl.*; *hist.* freehold (property); **≈haben** *v/i.* (*h.*) have a holiday; have a day off; *heute habe ich frei* this is my day off; **~hafen** *m* free port; **≈halten** *v/t.* (*irr., h.*) treat *a p.* (*mit* to), pay for *a p.*; keep *a seat* free, *the road* clear; keep open (*an offer*); **~handel** *m* free trade; **~handelszone** *f* free trade area; **≈händig** *adj. and adv.* offhand, without support; *jur.* by private contract, privately; direct (*sale, ordering*); *~er Verkauf* sale *of securities* in the open market, *Am.* over the counter trade; **~handzeichnen** *n*, **~handzeichnung** *f* freehand drawing; **≈hängend** *tech. adj.* freely suspended.

'**Freiheit** *f* (-; -en) liberty, freedom (*von* from); exemption (from); *bürgerliche ~* civil liberty, franchise; licen|ce, *Am.* -se; *dichterische ~* poetic licen|ce, *Am.* -se; scope, latitude; *volle ~ haben* have full scope; *~ der Meere* freedom of the seas; → *Rede≈, Presse≈, etc.*; *in ~ sein* be free (*or* at liberty), *criminal*: be at large; *in ~ setzen* set free (*or* at liberty), release, liberate; *sich die ~ nehmen, zu inf.* take the liberty of *ger.*, venture to *inf.*; *sich ~en erlauben or herausnehmen* take liberties (*gegen* with), make free (with); **≈lich** *adj.* liberal, free.

'**Freiheits...**: **~beraubung** *jur. f* deprivation of liberty, *im Amt*: false imprisonment; **~drang** *m* desire for liberty (*or* independence); **~entzug** *jur. m* detention; **~grad** *tech. m* degree of freedom; **~kampf** *m* struggle for freedom (*or* political independence); revolt; **~krieg** *m* war of independence; **~liebe** *f* love of liberty; **≈liebend** *adj.* freedom-loving; **~strafe** *jur. f* prison sentence; imprisonment.

'**Frei...**: **≈heraus** *adj.* frankly; **~herr** *m* baron; **~herrin** *f* baroness; **≈herrlich** *adj.* baronial; **≈herzig** *adj.* open-hearted, frank; **~in** *f* (-; -nen) → *Freiherrin*; **~karte** *f* free pass (*or* ticket), *thea. a.* complimentary ticket; **~kirche** *f* free church; **≈kommen** *v/i.* (*irr., sn*) get free; *jur. a.* be released *or* acquitted; **~körperkultur** *f* (-) nudism; **~korps** *mil. n* volunteer corps; **~kuvert** *n* stamped envelope; **~lager** *n* bivouac; *econ.* dump; **≈lassen** *v/t.* (*irr., h.*) release, liberate, set free (*or* at liberty); emancipate (*slaves*); → *Kaution*; *in formulars*: leave blank; **~lassung** *f* (-; -en) release, liberation; **~lauf** *m* free-wheeling, *Am.* coasting; *im ~ fahren* freewheel, coast; (*device*) → **~laufnabe** *f* freewheel hub, *Am.* coaster-hub; **≈legen** *v/t.* (*h.*) lay open (*or* bare), expose; uncover; **~leitung** *el. f* overhead line.

'**freilich** *adv.* certainly, to be sure, quite so; *ja ~!* yes, indeed (*or* of course)!, by all means!; *concessively*: it is true, of course, though; *dies ist ~ nicht ganz richtig* this is not quite correct, though.

'**Frei...**: **~lichtaufnahme** *phot. f* outdoor (*or* exterior) shot; **~lichtbühne** *f*, **~lichttheater** *n* open-air stage, open-air theat|re, *Am.* -er; **~lichtmale'rei** *f* plein-air painting; **≈liegen** *v/i.* (*irr., h.*) be open *or* bare, be exposed; **~liste** *econ. f* free list (*for duty-free goods*); **~los** *n* free (*or* gratuitous) lottery-ticket; *sports*: bye; **~luft...** open-air..., outdoor...; **≈machen** *v/t.* (*h.*) get free, disengage, extricate (*von* from); clear (*road, etc.*); *fig. die Bahn ~ für* (*acc.*) clear (*or* pave) the way for; prepay, stamp (*letters*); *sich ~* (*employee*) take time off; *sich e-n Tag ~* take a day off; **~machung** *f* (-; -en) freeing, disengagement, extrication, release; clearing; evacuation; *mail.* prepayment, stamping; **~marke** *f* (postage-)stamp.

'**Freimaure|r** *m* freemason; **~'rei** *f* (-) freemasonry; **≈risch** *adj.* masonic; **~rloge** *f* freemasons' (*or* masonic) lodge.

'**Frei...**: **~mut** *m*, **~mütigkeit** ['-my:tiçkaɪt] *f* (-) frankness, cando(u)r, openness; **≈mütig** *adj.* frank, candid, open; **≈nehmen** *v/t.* (*irr., h.*): (*sich*) *e-n Tag ~* take a day off; **~plastik** *f* free-standing sculpture; **~platz** *m* → *Freistelle*; **≈religiös** *adj.* secular, non-dogmatic; **~sasse** *m* freeholder, yeoman; **≈schaffend** *adj.*: *~er Künstler* free-lance artist; **~schar** *mil. f* volunteers corps, irregulars *pl.*; **~schärler** ['-ʃɛ:rlər] *m* (-s; -) volunteer; irregular, gue(r)rilla; **~schein** *m* licen|ce, *Am.* -se; **~schule** *f* free school; **~schüler(in** *f*) *m* free scholar; **≈schwebend** *tech. adj.* → *freitragend*; **≈schwimmen**: *sich ~* (*irr., h.*) pass one's 15 minute swimming test; **~sinn** *m* (-[e]s) liberalism; **≈sinnig** *adj.* liberal; **≈spielen** *soccer*: *sich ~* (*h.*) dribble o.s. free; **≈sprechen** *v/t.* (*irr., h.*) *esp. eccl.* absolve (*von* from); *jur.* acquit (of), discharge (on); exonerate (from *guilt*); clear (*of suspicion*); release *apprentice* from his articles; **~sprechung** ['-ʃprɛçuŋ] *f* (-; -en) absolution; exoneration; release *of an apprentice*; *jur.* → **~spruch** *m* acquittal; verdict of not guilty; **~staat** *m* free state; republic; **~statt**, **~stätte** *f* asylum, sanctuary, refuge; **≈stehen** *v/i.* (*irr., h.*): *es steht Ihnen frei, zu inf.* you are free (*or* at liberty), it is free for (*or* to) you to *inf.*; **≈stehend** *adj.* isolated; detached (*house, etc.*); *sports*: *~er Spieler* unmarked player; **~stelle** *f ped.* free place, scholarship; **≈stellen** *v/t.* (*h.*) exempt (*von* from; *a. mil.*); *j-m et. ~* leave a th. to a p.('s discretion); *freigestellt* optional; **~stellung** *mil. f*: *~ im öffentlichen Interesse* exemption (from military service).

'**Freistil** *m* (-[e]s) *sports*: free style; **~ringen** *n* free-style wrestling; catch-as-catch-can; **~ringer** *m* free-style (*or* catch-as-catch-can) wrestler; **~schwimmen** *n* free-style swimming.

'**Frei...**: **~stoß** *m soccer*: free kick; **~stunde** *f* leisure hour; *ped.* free period; **~tag** *m* Friday; *Stiller ~, Kar≈* Good Friday; **~tod** *m* voluntary death, suicide; **≈tragend** *tech. adj.* cantilever, self-supporting; floating (*axle*); *el. ~er Mast* pylon;

~treppe *f* outside staircase, perron, *Am.* stoop; **~übungen** *f/pl.* free standing exercises, light (*Am.* free) gymnastics; callisthenics; **~umschlag** *m* stamped envelope; **~verkehr** *econ. m* unofficial (*Am.* curb) trading; *im ~* in the open market, *Am.* over the counter; **~verkehrsbörse** *econ. f* kerb (*or* inofficial) market, *Am.* curb market; **2werden** *v/i.* (*irr., sn*) become free; *mil. troops, chem.* become disengaged; **~wild** *n* fair game (*a. fig.*); **2willig** *adj.* voluntary, spontaneous; *adv. a.* of one's own free will; *sich ~ erbieten or melden* volunteer, *mil. a.* enlist, enroll; *jur. ~e Gerichtsbarkeit* non-contentious litigation; **~willige(r** *m*) ['-viligə(r)] *f* (*-n, -n; -en, -en*) volunteer; **~willigkeit** *f* voluntariness, spontaneity; **~zeichen** *teleph. n* dial(l)ing tone; **~zeichnung** *econ. f* exoneration (*of liability*); public subscription (*to shares*); **~zeichnungsklausel** *f* exoneration clause; **~zeit** *f* free (*or* spare, leisure, off) time; **~zeitgestaltung** *f* recreational (*or* spare time) activities *pl.*, planned recreation; **~zeitlager** *n* holiday camp; **~zone** *f* free zone; **2zügig** *adj.* free to move; *fig.* unhampered; permissive; **~zügigkeit** *f* freedom of movement; permissiveness.

fremd [frɛmt] *adj.* strange; foreign; alien; exotic; extraneous; → *~artig*; unknown, unfamiliar; *econ. ~e Gelder banking*: deposits by customers; *~e Mittel* outside funds; *~es Gut* other people's property; *~e Hilfe* outside help; *in ~en Händen* in other (*or* strange) hands; *unter e-m ~en Namen* under an assumed name, incognito; *ich bin hier (selbst) ~* I am a stranger here (myself); *er ist mir nicht ~* he is no stranger to me; *diese Gedankengänge sind ihm ~* such thoughts are alien to him; *sie tat so ~* she acted very cool (*or* distant); **'2arbeit** *f* outside labo(u)r; **'2arbeiter** *m* outside worker; *pl.* foreign labo(u)r; **~artig** ['-ɑːrtiç] *adj.* strange, heterogeneous; odd, strange, outlandish, exotic; **'2artigkeit** *f* (*-; -en*) heterogeneity; strangeness, oddness; **'2befruchtung** *bot. f* cross-fertilization; **'2bestäubung** *f* cross-pollination.

Fremd|e ['frɛmdə] **1.** *f* (-) foreign country *or* parts *pl.*; *in die (der) ~* abroad; **2. ~e(r** *m*) *f* (*-n, -n; -en, -en*) stranger; foreigner; alien; tourist; guest, visitor; **2eln** [-əln] *v/i.* (*h.*) act strange, be reserved (*or* shy).

Fremden... ['frɛmdən-]: **~buch** *n* visitors' book; **2feindlich** (**2freundlich**) *adj.* hostile (friendly) to foreigners; **~führer** *m* guide; **~haß** *m* xenophobia; **~heim** *n* boarding-house, private hotel; **~industrie** *f* tourist trade (*or* industry); **~legion** *mil. f* Foreign Legion; **~verkehr** *m* tourist traffic, tourism; *den ~ heben* attract tourists; **~verkehrs-ort** *m* (*-[e]s; -e*) tourist cent|re, *Am.* -er; **~zimmer** *n* spare (bed-)room, guest-room.

'Fremd...: ~erträge ['-ɛrtrɛːgə] *m/pl.* extraneous income *sg.*; **~finanzierung** *f* outside financing; **~herrschaft** *f* alien rule; **~kapital** *n* outside (*or* borrowed) capital; **~körper** *m* foreign body (*or* substance, matter); *fig.* alien element; **2ländisch** ['-lɛndiʃ] *adj.* foreign, *bot.* exotic; **~ling** ['-liŋ] *m* (*-s; -e*) stranger; **2rassig** *adj.* alien (to the race); **~sprache** *f* foreign language; **~sprachenkorrespondent(in** *f*) *m* foreign correspondence clerk; **~sprachensekretärin** *f* linguist-secretary; **2sprachig** *adj.* speaking a foreign language, foreign-language; **2sprachlich** *adj.* foreign-language; **2stämmig** *adj.* alien (to the race), (of a) foreign (race); **~stoff** *m* → *Fremdkörper*; impurity; **~strom** *el. m* extraneous current; **~wort** *n* (*-[e]s; ⸚er*) foreign word; **~zündung** *mot. f* spark ignition; *b.s.* uncontrol(l)ed ignition.

frenetisch [fre'neːtiʃ] *adj.* frenzied, frantic.

frequentieren [frekvɛn'tiːrən] *v/t.* (*h.*) frequent; patronize (*shop, etc.*).

Frequenz [fre'kvɛnts] *f* (*-; -en*) *phys.* frequency; (*visitors*) attendance; traffic; **~abstand** *m radio*: frequency, separation; **~band** *n* (*-[e]s; ⸚er*) frequency band; service band; **~bereich** *m* range of frequencies; **~messer** *m* (*-s; -*) frequency meter; **~modulation** *f radio*: frequency modulation (*abbr.* F.M.); **2moduliert** *adj.* frequency-modulated; **~schreiber** *m* frequency recorder; **~wandler** *m* frequency converter.

Fresk|e ['frɛskə] *f* (*-; -n*), **~o** *n* (*-s; -ken*) fresco; **~engemälde** *n* fresco-painting; **~enmale'rei** *f* painting in fresco.

Freßbeutel ['frɛs-] *m* nose-bag.

Fresse ['frɛsə] *vulg. f* (*-; -n*) (*mouth*) jaws *pl.*, potato-trap; (*face*) *sl.* mug, map; *meine ~!* God's teeth! → *Maul.*

'fressen *v/t. and v/i.* (*irr., h.*) eat, feed; devour; *colloq. person*: gorge (*a. v/i.*), guzzle; *chem.* corrode; *tech.* pit; *piston*: freeze; *bearing*: stick; *fig.* swallow, consume; *e-m Tier (Gras, etc.) zu ~ geben always*: feed an animal (on grass, *etc.*), *once*: feed (grass, *etc.*) to an animal; *fig. an j-m ~* prey on a p.'s mind; *der Neid frißt ihn* he is eaten (up) with envy; *er fraß sie mit s-n Augen* he devoured her with his eyes; **'Fressen** *n* (*-s*) feed(ing), food; *das ist ihm ein gefundenes ~* that was just what he wanted.

'Fresser(in *f*) *m* (*-s, -; -, -nen*) glutton, gormandizer, guzzler.

Fresse'rei *f* (*-; -en*) gluttony, gormandizing, guzzling.

'Freß...: ~gier *f* greediness, gluttony, voracity; **2gierig** *adj.* greedy, gluttonous, voracious; **~napf** *m* feeding dish; **~trog** *m* trough, manger; **~werkzeuge** *n/pl.* masticating apparatus *sg.*

Frettchen ['frɛtçən] *n* (*-s; -*) ferret.

Freude ['frɔʏdə] *f* (*-; -n*) joy (*an dat.* in, *über acc.* at), gladness; pleasure; delight, glee; *~ haben (or finden) an (dat.)* take pleasure (*or* delight) in; *j-m ~ bereiten* give pleasure (*or* joy) to a p., please a p.; *j-m die ~ verderben* spoil a p.'s joy; *vor ~ weinen* weep for (*or* with) joy; *außer sich vor ~* beside o.s. with joy, overjoyed; *mit ~n* gladly, with pleasure; *es war e-e ~, sie tanzen zu sehen* it was a pleasure (*or* treat) to see her dance; *zu m-r großen ~* to my great (*or* much to my) pleasure.

'Freuden...: *in compounds usu.* ... of joy; **~botschaft** *f* glad tidings *pl.*; **~fest** *n* rejoicing, festival, feast; **~feuer** *n* bonfire; **~geschrei** *n* shouts *pl.* of joy, cheers *pl.*; **~haus** *n* disorderly house, brothel; **~mädchen** *n* prostitute; **~rausch** *m* transports *pl.* (*or* ecstasy) of joy, raptures *pl.*; **~schrei** *m* cry of joy; **~tag** *m* day of rejoicing, red-letter day; **~tanz** *m*: *e-n ~ aufführen* dance with joy; **~taumel** *m* → *Freudenrausch*; **~tränen** *f/pl.* tears of joy.

freude|strahlend *adj.* radiant, beaming with joy; **~trunken** *adj.* rapturous, exulting.

'freudig *adj.* joyful, joyous; glad; enthusiastic(ally *adv.*), keen, ... -conscious, ... -minded; *~es Ereignis* happy event; *~ stimmen* gladden, cheer, elate; *et. ~ erwarten* look forward to a th.; **2keit** *f* (-) joyousness; enthusiasm, keenness, willingness.

freudlos ['frɔʏtloːs] *adj.* joyless, cheerless.

freuen ['frɔʏən] *v/t.* (*h.*) → *erfreuen*; *es freut mich, zu inf.* I am glad (*or* pleased, happy) to; *es freut mich, daß du gekommen bist* I am glad you have come; *deine Antwort freut mich* I am pleased with (*or* glad of, happy about) your answer; *sich ~ (über acc.; zu inf.)* be glad (of, at; to *inf.*), be pleased (with; to *inf.*), be happy (about; to *inf.*), rejoice (at; to *inf.*; *daß* that); *sich ~ an (dat.)* delight in, enjoy, take (*or* find) pleasure in; *sich ~ auf (acc.)* look forward to (*a th. or doing a th.*).

Freund [frɔʏnt] *m* (*-[e]s; -e*), **~in** ['-din] *f* (*-; -nen*) (gentleman, lady, *or* boy, girl) friend; chum, *sl.* pal, *Am. sl.* buddy; *alter ~* old friend, crony, *when addressing*: old man (*or* chap); *vertrauter ~* intimate (*or* bosom-)friend, other self; admirer, beau; → *dick, eng*; *~ der Musik, etc.* lover of music, *etc.*; *~ sein von* be fond of, be partial to, like *a th.*; *sich j-n zum ~e gewinnen* make friends with a p.; *~ und Feind* friend and foe; **~chen** *iro. n* (*-s; -*) old man, old chap, laddie, *Am. sl.* buddy; **~eskreis** ['-dəs-] *m* (circle of) friends *pl.*; **2lich** *adj.* friendly, kind (*gegen* to); amiable, pleasant, genial; obliging; affable; gracious; fair, bright (*weather*); mild, genial (*climate*); cheerful (*room*; *a. stock exchange*); *das macht das Zimmer ~er* that brightens the room; *~ empfangen give a p.* a friendly welcome, receive kindly; *in ~en Farben malen* paint a happy picture of; *phot. bitte recht ~!* smile, please!; *~e Grüße* kind regards (*an acc.* to); *mit ~er Genehmigung* by courtesy of; **~lichkeit** *f* (-; *-en*) friendliness, kindness; amiability; affability; pleasantness; brightness; *j-m e-e ~ erweisen* do a p. a favo(u)r (*or* a good turn); *haben Sie die ~, zu inf.* have the kindness to, be kind enough to *inf.*

ˈ**freundlos** *adj.* friendless.

ˈ**Freundschaft** *f* (-; *-en*) friendship; *~ schließen mit* make friends with; *aus ~* out of friendship; **2lich I.** *adj.* friendly, amicable; *~e Beziehungen* friendly relations; **II.** *adv.*: *~ gesinnt gegen* (*acc.*) friendly to, well-disposed to; pro-(*German, etc.*); *auf ~em Fuße stehen mit j-m* be on friendly terms with a p.

ˈ**Freundschafts...**: **~bande** [ˈ-bandə] *n/pl.* ties of friendship; **~besuch** *pol. m* goodwill visit; **~bezeigung** *f* mark of friendship; **~dienst** *m* good offices *pl.*, good turn; *j-m e-n ~ erweisen* do a p. a good turn; **~pakt** *m* treaty of friendship; **~spiel** *n sports*: friendly game; **~wechsel** *econ. m* accommodation-bill.

Frevel [ˈfre:fəl] *m* (*-s*; -) *eccl.* sacrilege (*a. fig.* = solecism; social crime); blasphemy; misdeed, crime, outrage (*an dat., gegen on*); wantonness; wickedness; vandalism; **2haft** *adj.* sacrilegious; criminal, outrageous; wanton; wicked, impious; **~mut** *m* wantonness, wickedness; **2n** *v/i.* (*h.*) commit an outrage; trespass; *~ an* (*dat.*), *~ gegen* (*acc.*) outrage; blaspheme; **~tat** *f* outrage, crime.

freventlich [ˈ-fəntliç] *adj.* → *frevelhaft.*

ˈ**Frevler** *m* (*-s*; -), **~in** *f* (-; *-nen*) evil-doer, transgressor, offender; blasphemer; **2isch** *adj.* → *frevelhaft.*

Friede(n) [ˈfri:də(n)] *m* (*-[n]s*; *-[n]*) peace; harmony; tranquillity, peace (*of mind*); *fauler ~* hollow truce; *im ~n* at peace (*mit* with); in peacetimes; *~n haben vor* (*dat.*) be safe from; *~n schließen* make peace; *den ~n bewahren* keep the peace; *mit aller Welt in ~n leben* be at peace with everybody; *laß mich in ~n!* leave me alone!; *dem ~n traue ich nicht* there is something in the wind, I smell a rat.

ˈ**Friedens...**: *in compounds* ... of (the) peace, peace-..., peacetime ...; pre(-)war ...; **~angebot** *n* peace-offer; overtures *pl.* of peace; **~bedingungen** *f/pl.* conditions of peace, peace-terms; **~brecher(in** *f*) *m* (*-s*, -; -, *-nen*) peace-breaker; **~bruch** *m* breach of (the) peace; **~forschung** *f* peace (*or* conflict) research; **~fürst** *eccl. m* Prince of Peace; **~gericht** *n* → *Friedensrichter*; **~konferenz** *f* peace conference; **2mäßig** *adj.* peacetime (*production, etc.*), as (it was) in peace-times; *~e Qualität* pre(-)war quality; **~pfeife** *f* pipe of peace; **~politik** *f* pacific (*or* peace) policy; **~preis** *m* pre(-)war price; **~produktion** *f* peacetime production; **~richter** *m* arbitrator; **~schluß** *m* conclusion of peace; **~stärke** *mil. f* peacetime strength, *Brit.* peace establishment; **~stifter(in** *f*) *m* peacemaker; **~störer(in** *f*) *m* disturber of the peace, peace-breaker; **~taube** *f* dove of peace; **~verhandlungen** *f/pl.* peace-negotiations; **~vertrag** *m* peace-treaty; **~ware** *f* pre(-)war goods *pl.*; **~wille** *m* (*-ns*) will to peace; **~zeit** *f* time(s *pl.*) of peace; *in ~en a.* in peacetime.

fried|fertig [ˈfri:t-] *adj.* peaceable, pacific; **2fertigkeit** *f* (-) peaceableness; **2hof** *m* churchyard, cemetery, *Am. a.* graveyard; **~lich** *adj.* peaceable; peaceful, untroubled, tranquil; *~ stimmen* pacify, mollify; **2lichkeit** *f* (-) peaceableness; peacefulness; **~liebend** *adj.* peace-loving; **~los** *adj.* peaceless, without peace; **~sam** *adj.* → *friedlich.*

frieren [ˈfri:rən] *v/i. and impers.* (*irr., h.*) freeze; *mich friert or es friert mich* I am (*or* feel) cold, I am freezing; *mich friert an den Füßen* my feet are cold; *es friert* it is freezing; *der Fluß ist gefroren* the river is frozen over.

ˈ**Frieren** *n* (*-s*) freezing, congelation; chill, shivering.

Fries [fri:s] *m* (*-es*; *-e*) *arch.* (*a. cloth*) frieze.

Fries|e [ˈfri:zə] *m* (*-n*; *-n*), **~in** *f* (-; *-nen*), **2isch** *adj.*; **~länder** [ˈfri:slɛndər] *m* (*-s*; -), **~länderin** *f* (-; *-nen*) Frisian, Friesian.

Friesel(n *pl.*) [ˈfri:zəl(n)] *m* (*-s*; *-n*) miliary vesicles.

frigide [friˈgi:də] *adj.* frigid; **Frigidiˈtät** *f* (-) frigidity.

Frikadelle [frikaˈdɛlə] *f* (-; *-n*) rissole, meat ball.

Frikass|ee [frikaˈse:] *n* (*-s*; *-s*), **2ieren** *v/t.* (*h.*) fricassee.

Friktionsgetriebe [friktsiˈo:ns-] *n* friction gear(ing).

frisch [friʃ] **I.** *adj.* fresh; new (*bread*); new-laid, fresh (*egg*); clean (*laundry*); fresh, new; recent; vigorous; bright (*colour*); cool, chilly; brisk, lively; alert; *~ und munter* fresh as a daisy, alive and kicking, wide awake; *mit ~er Kraft* with renewed strength, refreshed; *von ~em* afresh; *noch in ~er Erinnerung* fresh in (my) memory; *~er werden wind*: freshen, stiffen; *~en Mut fassen* take fresh courage; → *Tat*; **II.** *adv.*: *~ gestrichen!* wet (*Am.* fresh) paint!; *~ zu!* on!, go it!, at it!, look lively!; *~ gewagt ist halb gewonnen* a good start is half the battle; ˈ**2arbeit** *f metall.* fining (process); puddling process; ˈ**2blei** *n* refined lead; ˈ**2dampf** *m* live steam; ˈ**2e** *f* (-) freshness; coolness, chill(iness); briskness, liveliness; ruddiness; vigo(u)r; *in alter ~* as fresh as ever; ˈ**2ei** *n* new-laid (*or* fresh) egg; shell egg; ˈ**2eisen** *metall. n* (re)fined iron; ˈ**~en** *v/t.* (*h.*) *metall.* (re)fine, puddle; reduce (*lead*); revive (*copper*); reclaim (*oil*).

Frischeˈrei *tech. f* (-; *-en*) (re-)finery.

ˈ**Frisch...**: **~esse** *f* refining furnace, refinery; **~fleisch** *n* fresh meat; **~gewicht** *n* fresh weight; **~haltepackung** *f* vacuum package; *in ~* vacuum-packed; **~haltung** *f* preservation; refrigeration, cold storage; **~ling** [ˈ-liŋ] *m* (*-s*; *-e*) young wild boar; **~luftheizung** *mot. f* fresh-air heating system; **~stahl** *m* natural (*or* furnace-)steel; **~wasser** *n* (*-s*) fresh water.

Friseur [friˈzø:r] *m* (*-s*; *-e*) hairdresser; barber; **~laden** *m* hairdresser's shop, *Am. a.* barbershop.

Friseuse [-ˈzø:zə] *f* (-; *-n*) ladies' hairdresser, coiffeuse (*Fr.*).

friˈsieren *v/t.* (*h.*): *j-n ~* dress (*or* do) a p.'s hair; *fig.* cook, doctor; *mot. Am. sl.* soup up, hot up; *frisierter Motor a.* hot-rod engine.

Friˈsieren *n* (*-s*) hairdressing; *fig.* cooking; window-dressing.

Friˈsier|mantel *m* dressing-gown, peignoir (*Fr.*); **~salon** *m* hairdressing saloon, *Am. a.* barbershop; **~tisch** *m* dressing- (*or* toilet-)table, *Am.* dresser.

Frist [frist] *f* (-; *-en*) appointed time, (prescribed) period, (set) term; time-limit, date (of completion, *etc.*), *äußerste ~* final date, *Am.* deadline; interval; time allowed, extension, prolongation; respite; reprieve; *econ., jur. drei Tage ~* three day's grace; *in Jahres2* in a year's time, within a year; *in kürzester ~* at a very short notice, without delay; *innerhalb e-r ~ von 10 Tagen* within a ten-day period; *e-e ~ innehalten* observe a term, meet a time-limit (*or* deadline); *e-e ~ gewähren* grant a respite (*or three day's* grace); *die ~ ist abgelaufen* the period has expired (*or* lapsed); *deine ~ ist abgelaufen* your time is up; ˈ**~ablauf** *m* lapse of time; expiry; maturity; ˈ**2en** *v/t.* (*h.*) delay, put off; → *befristen*; *sein Leben ~* just manage to live, make a bare living, vegetate; ˈ**2gerecht** *adj.* in time, timely, within the period prescribed; ˈ**~gesuch** *n* petition for respite; ˈ**2los** *adj. and adv.* without notice; *~e Entlassung* summary dismissal; **~setzung** [ˈ-zɛtsuŋ] *f* (-; *-en*) appointment (*or* fixing) of a term; → *Frist*; ˈ**~verlängerung** *f* extension (of time), prolongation of a term; extension of term of payment; ˈ**~versäumnis** *f* default.

Frisur [friˈzu:r] *f* (-; *-en*) hairdressing; hair-style, coiffure (*Fr.*), hair-do; hair cut.

Fritter [ˈfritər] *m* (*-s*; -) *radio*: coherer.

frivol [friˈvo:l] *adj.* frivolous, flippant.

Frivoliˈtät *f* (-; *-en*) frivolity, flippancy.

froh [fro:] *adj.* joyful, glad; cheerful, blithe, in good spirits; merry; gay (*a. colour*); relieved; *~e Botschaft* glad tidings, good news *pl.*; *~es Ereignis* happy event; *über et. ~ sein* be glad of (*or* about) a th., be happy about a th.; *er wird s-s Lebens nicht mehr ~* he has no end of trouble; **~gemut** [ˈ-gəmu:t] *adj.* cheerful, happy.

fröhlich [ˈfrø:liç] *adj.* merry, gay, cheerful, chipper; *~ machen* cheer, gladden, elate; **2keit** *f* (-) joyfulness; mirth, gaiety, cheerfulness.

frohˈlocken *v/i.* (*h.*) shout for joy, be jubilant; exult (*über acc.* at); triumph (over); *b.s.* gloat (over); **2** *n* (*-s*) jubilation, exultation;

triumph; gloating; **~d** *adj.* jubilant, exultant.

'Frohsinn *m* (-[e]s) cheerfulness, gaiety.

fromm [frɔm] *adj.* pious, religious, devout, godly; gentle, meek (as a lamb); quiet, steady (*horse*); *~e Lüge* pious (*or* white) lie; *~er Betrug* pious fraud; *~er Wunsch* idle wish, wishful thinking.

Frömmelei [frœmə'laɪ] *f* (-; -en) affected piety, bigotry; **'frömmeln** *v/i.* (*h.*) affect piety, be bigoted; *~de Sprache* cant.

'frommen *v/i.* (*h.*): *j-m ~* profit a p., be of use to a p.; → *nutzen.*

'Frommen *n*: *zu Nutz und ~* (*gen.*) *or von* (*dat.*) for the good (*or* benefit) of.

'Frömmigkeit *f* (-) piety, devoutness, godliness.

'Frömmler(in *f*) *m* (-s, -; -, -nen) bigot(ed person), devotee; hypocrite.

Fron [fro:n] *f* (-; -en), **'~arbeit** *f*, **'~dienst** *m* compulsory labo(u)r *or* service; *hist.* soc(c)age; *fig.* drudgery; **'2en** *v/i.* (*h.*) do compulsory labo(u)r, *hist.* do soc(c)age-service; *fig.* slave.

Fronde ['frɔ̃:də] *f* (-; -n) fronde, rebels *pl.*

frönen ['frø:nən] *v/i.* (*h.*, *dat.*) indulge in; be a slave to, be addicted to.

Fron'leichnamsfest *n* Corpus Christi (Day).

Front [frɔnt] *f* (-; -en) *arch.* front, face; *mil.* front, front-line; *meteor.* front; *an der ~* at the front; *hinter der ~* behind the line; *die ~ der Arbeiterschaft* the labour front; *an die ~ gehen* go to the front; *fig. ~ machen gegen* (*acc.*) turn against; *sports*: *in ~ gehen* take the lead, set ahead; **'~abschnitt** *m* front sector.

frontal [frɔn'tɑ:l] *adj.* frontal (*attack, etc.*); *mot., etc. ~er Zusammenstoß* head-on collision.

'Front...: **~angriff** *m* frontal attack; **~antrieb** *mot. m* front-wheel drive; **~arterie** *anat. f* frontal artery; **~bericht** *m* front-line report; **~berichtigung** *f* correction of the front; **~dienst, ~einsatz** *m* front-line service, combat duty; **~flug** *aer. m* combat sortie, mission.

Frontispiz [frɔnti'spi:ts] *arch., typ. n* (-es; -e) frontispiece.

'Front...: **~kämpfer** *m* front-line fighter, combatant; ex-serviceman, *Am.* (combat) veteran; **~linie** *f* front-line; **~seite** *arch. f* frontispiece; **~soldat** *m* → *Frontkämpfer*; **~truppen** *f/pl.* combat troops; **~urlaub** *m* leave (*or* furlough) from the front; **~wechsel** *m* change of front, *fig.* about-face.

'Fronvogt *hist. m* task-master.

fror [fro:r] *pret. of frieren.*

Frosch [frɔʃ] *m* (-es; ⸚e) frog; *tech.* cam, bracket; detonating *or* frog rammer; pile-driver; *typ.* adjustable slide; *mus. on violin*: nut; *firework*: cracker, squib; *med. ~ im Hals* frog-in-the-throat; *fig. sei kein ~!* come on now!, be a sport!; **'~hüpfen** *n* (-s) leap-frog; **'~laich** *m* frog-spawn; **'~perspektive** *f* worm's-eye view; **'~schenkel** *m* frog's (hind-)leg; **'~teich** *m* frog-pond.

Frost [frɔst] *m* (-es; ⸚e) frost; chill, coldness; *med.* cold, shivers *pl.*; **'2beständig** *adj.* frost-resistant; **'~beule** *f* chilblain.

frösteln ['frøstəln] *v/i.* (*h.*) feel chilly, shiver (with cold).

'Frösteln *n* (-s) (cold) shiver.

'frostig *adj.* frosty, chilly (*a. fig.*).

'Frost...: **~salbe** *f* chilblain ointment; **~schaden** *m* frost damage; *med.* frostbite; **~schutzmittel** *mot. n* antifreezing solution; **~schutzscheibe** *mot. f* antifrost screen; **2sicher** *adj.* frost-resistant; **~wetter** *n* frosty weather.

Frottee [frɔ'te:] *n* (-[s]; -s) terry cloth.

frot'tier|en *v/t.* (*h.*) rub; **2(hand)tuch** *n* Turkish towel.

Frucht [fruxt] *f* (-; ⸚e) fruit; corn; *physiol.* f(o)etus; *fig.* fruit, product, result; *jur.* revenue; *Früchte tragen* bear fruit; **'2bar** *adj.* fruitful (*esp. a. fig.*); (*a. biol.*) fecund, fertile, prolific (*all a. fig.*; *an dat.* in); *~ machen* fertilize; **'~barkeit** *f* (-) fruitfulness; fertility, fecundity; productivity; **'~baum** *m* fruit-tree; **'~boden** *bot. m* receptacle; **'~bonbon** *m* fruit-lozenge (*or* -drop).

Früchtchen ['fryçtçən] *n* (-s; -) small fruit; *fig. colloq. sauberes ~* young scamp, scapegrace, (young) rascal.

'Frucht...: **~eis** *n* ice-cream, sundae; **2en** *v/i.* (*h.*) *fig.* bear fruit; be of use, have effect; *nicht(s) ~* be of no avail *or* use, be in vain; **~fleisch** *n* fruit pulp; **~folge** *agr. f* crop rotation; **~hülle** *anat. f* f(o)etal membrane; **~knoten** *bot. m* seed vessel; **2los** *adj.* fruitless; *fig. a.* unavailing, ineffective; **~losigkeit** *f* (-) fruitlessness; **~presse** *f* fruit-press, juicer; **~saft** *m* fruit-juice; **~säure** *f* fruit acid; **2tragend** *adj.* fruit-bearing, fructiferous; **~wasser** *anat. n* (-s) amniotic fluid; **~wechsel** *m* → *Fruchtfolge*; **~zucker** *m* fruit-sugar, d-fructose.

frugal [fru'gɑ:l] *adj.* frugal.

früh [fry:] *adj.* early; (*adv.*) *a.* in good time; early on; premature, untimely; in the morning; *heute ~* (early) this morning; *von ~ bis spät* from morning till night; *~er* earlier; former, previous, *adv.* earlier, sooner; formerly, in former times; *~ als a.* prior to; *~er oder später* sooner or later; *~est* earliest, soonest; *in ~esten Zeiten* in most distant (*or* remote) ages, at the dawn of history; *~estens* at the earliest; *~e Morgenstunden* the small hours; *zu ~ kommen* be early; **'2apfel** *m* summer apple; **'2aufsteher(in** *f*) *m* (-s, -; -, -nen) early riser, early bird; **'2beet** *n* hotbed.

'Frühe *f* (-) early hour *or* morning; daybreak, dawn; *in aller ~* quite early, early in the morning, at daybreak.

'früher, frühest ['-əst] → *früh.*

'Früh...: **~geburt** *f* premature birth; **~gemüse** *n* early vegetables *pl.*; **~geschichte** *f* (-) early history; **~gottesdienst** *m* morning service; **~jahr** *n* spring; **~jahrsmüdigkeit** *f* spring lassitude; **~jahrsputz** *m* spring cleaning; **~kartoffeln** *f/pl.* early potatoes; **~konzert** *n* morning concert.

Frühling ['-liŋ] *m* (-s; -e) spring, springtime; **~s-anfang** *m* commencement of spring; **2shaft** *adj.* spring-like; **~sluft** *f* vernal air; **~swetter** *n* spring-weather; **~szeit** *f* springtime.

'Früh...: **~messe** *f* morning prayer, matins *pl.*; **2morgens** *adv.* early in the morning; **~obst** *n* early fruit; **2reif** *adj.* early(-ripe), forward; *fig.* precocious; **~reife** *f* earliness; precocity; **~saat** *f* first sowing; **~schoppen** *m* morning pint; **~sport** *m* early morning exercises *pl.*; **~start** *m sports*: false start; **~stück** *n* breakfast; *zweites ~* mid-morning snack; **2stücken** *v/i.* (*h.*) (have) breakfast; **~zeit** *f* (-) early epoch, dawn (of history); **2zeitig** *adj.* early, in good time; untimely, premature; **~zeitigkeit** *f* (-) earliness; untimeliness; **~zug** *m* early train; **~zündung** *mot. f* pre-ignition, advanced ignition.

Frustration [frustratsi'o:n] *psych. f* (-; -en) frustration; **fru'striert** *adj.* frustrated.

Fuchs [fuks] *m* (-es; ⸚e) fox (*a. fig.*); *männlicher ~* he-fox, *weiblicher ~* (**Füchsin** ['fyksin] *f*, -; -nen) she-fox, vixen; *fig. schlauer ~* sly fox (*or* dog); sorrel (horse); *univ.* freshman; *tech.* main flue; *wo sich ~ und Hase gute Nacht sagen* in the backwoods; **'~bau** *m* (-[e]s; -ten) fox-earth; **'~eisen** *n* fox-trap; **'2en** *colloq. v/t.* (*h.*) madden; *sich ~* fret (and fume), be mad (*über acc.* at); **'~falle** *f* → *Fuchseisen.*

Fuchsie ['fuksiə] *bot. f* (-; -n) fuchsia.

'Fuchs...: **2ig** *adj.* foxy; *colloq.* furious, mad; **~jagd** *f* fox-hunt(ing); **~pelz** *m* (fur of a) fox; **2rot** *adj.* foxy red, sorrel; **~schwanz** *m* fox-tail (*a. bot.*), brush; *tech.* pad-saw; **2teufelswild** *colloq. adj.* mad with rage, foaming.

Fuchtel ['fuxtəl] *f* (-; -n) rod; *fig. j-n unter der ~ halten* keep a p. under one's thumb; *unter j-s ~* under a p.'s thumb; **2n** *v/i.* (*h.*): *~ mit* (*dat.*) wave *a th.* about, fidget with; brandish; *mit den Händen ~* gesticulate, saw the air.

fuchtig *adj.* furious.

Fuder ['fu:dər] *n* (-s; -) cart-load; tun (*of wine*).

Fug [fu:k] *m*: *mit ~ und Recht* with full right; by rights, justly; *mit ~ und Recht kann er behaupten* he is fully justified in saying.

Fuge ['fu:gə] *f* (-; -n) **1.** *tech.* joint; seam; slit; rabbet, groove; mortise; *aus den ~n bringen* disjoint, put out of joint; *aus den ~n gehen* go out of joint, come apart, *fig.* come off the hinges; **2.** *mus.* fugue; **2n** *v/t.* (*h.*) joint; groove; point up; **~nkelle** *f* pointing trowel; **2nlos** *adj.* jointless; seamless.

füg|en ['fy:gən] *v/t.* (*h.*) → *an-, hinzu-, zusammenfügen*; *fig.* decree, ordain, dispose; *sich ~* (*dat.*) *or in* (*acc.*) yield to, submit to, comply with; resign o.s. to, put up with;

accommodate o.s. to, reconcile o.s. to; es *fügt sich* it (so) happens; **~lich** ['fy:kliç] *adv.* conveniently, rightly, justly, (very) well; **~sam** ['fy:kza:m] *adj.* pliant, supple; tractable, manageable, docile; obedient; **2samkeit** *f* (-) pliancy; docility; obedience; **2ung** ['-guŋ] *f* (-; -*en*) dispensation (of Providence), providence, decree; coincidence; fate; *~ in (acc.)* resignation to, submission to.

fühlbar ['fy:lba:r] *adj.* sensible; tangible, palpable; perceptible, noticeable; distinct, marked; considerable, appreciable; *~er Mangel* felt want; *~er Verlust* serious loss; *sich ~ machen* make itself felt; be (much) in evidence; **2keit** *f* (-) sensibility; tangibleness; perceptibility; seriousness.

'**fühlen I.** *v/t.* (*h.*) feel; have a sense of, sense; perceive; be aware of; *j-m den Puls ~* feel a p.'s pulse (*a. fig.*); *j-n et. ~ lassen* make a p. feel a th.; *sich glücklich, etc., ~* feel happy, *etc.*; *er fühlte sich mehr u. mehr bedroht* he had a growing sense of being in danger; **II.** *v/i.* (*h.*) feel; *mit j-m ~* feel for (*or* sympathize with) a p.; → *Zahn.*

'**Fühlen** *n* (-*s*) feeling; → *Gefühl.*

'**Fühl|er** *m* (-*s*; -) feeler, antenna; tentacle; *fig. s-e ~ ausstrecken* put out a feeler; **~horn** *n* (-[*e*]*s*; ¨*er*) feeler, horn; **2los** *fig. adj.* unfeeling; **~ung** *f* (-) touch, contact (*a. mil.*); *~ haben (verlieren) mit (dat.)* be in (lose) touch with; *~ nehmen mit* get into touch with, establish contacts with, contact *a p.*; **~ungnahme** ['-na:mə] *f* (-; -*en*) (entering into) contact; approach; first (*or* preliminary) step *or* talks *pl.*

fuhr [fu:r] *pret. of fahren.*

Fuhre ['fu:rə] *f* (-; -*n*) conveyance, carriage, carting; (cart-)load.

führen ['fy:rən] **I.** *v/t.* lead (*nach, zu* to); direct; take (to); conduct, guide, escort; usher (*a p. to his seat*); march (*a p. to the door, the troops uphill, etc.*); *mil.* command; captain (*aircraft, enterprise, team*); carry (*a. mar.*); *bei sich ~* carry *or* have with (*money*: about) one; drive; steer, pilot; manage, control, superintend; hold (*office*); keep (*books*); *in den Büchern ~* carry on the books; carry on, manage, run (*business*); hold (*a conversation*); carry on (*law-suit*), try (*a case*), conduct (*a case*); bear, go by *or* under (*a name*); hold, bear (*title*); bear, have (*coat-of-arms*); wield (*weapon, pen*); *econ.* **a**) carry (in stock), keep, **b**) deal in, sell, have for sale, keep, *Am. a.* carry; strike (*a blow*); use (*bad language*); *el.* carry, conduct (*current*); *sich gut ~* conduct o.s. *or* behave well; *hinein~* show (*or* usher) in (*visitor*); *durch das Haus ~* show over the house; *zum Munde ~* raise to one's lips; *die Aufsicht ~ über (acc.)* superintend; *(j-m) den Haushalt (or die Wirtschaft) ~* keep house (for a p.); *Krieg ~ mit (dat.)* wage war with, make war upon, be at war with; *ein Leben ~* lead (*or* live) a life; *j-s Sache ~* plead a p.'s cause; → *Beweis, Klage, Krieg, Licht, Protokoll, Schild, Vorsitz, Wort, etc.*; *tech.* → *einführen*; *über et. ~* pass *a tool, etc.* over; **II.** *v/i.* (*h.*) lead (*nach, zu* to); *fig. ~ zu (dat.)* lead to, result (*or* end) in, entail; *sports*: (hold the) lead; be ahead (*e.g. 6:2*); *wer führt?* who is ahead?; *die Straße führt nach X.* this road leads to X.; *wohin soll das (bloß) ~?* where is that going to lead us?, what (earthly) good can come of it?; *das führt zu nichts* that leads us nowhere; **~d** *adj.* leading, prominent, (top-)ranking; *~e Stellung* position of authority; *~ sein* (hold the) lead, rank in first place, be at the top.

'**Führer** *m* (-*s*; -), **~in** *f* (-; -*nen*) leader; chief, head; conductor; director; guide (*a. book*); manager (-ess *f*); *mil.* commander; leader; *sports*: captain; driver (*of vehicle*); *aer.* pilot; *b.s.* ring-leader; *tech.* guide; **~eigenschaften** *f/pl.* qualities of leadership; **~flugzeug** *n* flight leader; **~haus** *mot., rail. n* driver's cab; **2los** *adj.* without a leader, guideless; driverless, abandoned (*car*); *~es Flugzeug* pilotless aircraft; **~prinzip** *n* authoritarian principle; principle of (totalitarian) leadership; **~schaft** *f* (-) leadership; *the* leaders *pl.*; **~raum** *aer. m* cockpit; **~schein** *m mot.* driving licence, *Am.* driver's license *or* permit; *aer.* pilot's certificate; **~sitz** *m mot.* driver's seat; *aer.* pilot's seat, cockpit; **~stand** *m of crane*: driver's stand (*or* cabin); *aer., mar.* control cabin; *rail.* cab; **~stellung** *f* leadership, conductorship; **~tum** *n* (-*s*) leadership.

'**Fuhr...**: **~geld** *n*, **~lohn** *m* cartage, carriage; **~herr** *m* jobmaster; **~mann** *m* (-[*e*]*s*; -*leute*) carter, carrier; driver; **~park** *m* (transport) park, *Am. a.* vehicle pool; fleet.

'**Führung** *f* (-) leadership; conduct, direction, management; *mil.* command; control; *mil. innere ~* moral leadership; guidance; *in museum, etc.* (*pl.* -*en*): tour of inspection, showing round; use (*of a title*); *mot.* driving, steering; *aer.* piloting, pilotage; house-keeping; conduct, demeano(u)r; *schlechte ~* misconduct; *tech.* guide, slide; → *Bogenführung*; *unter der ~ von (dat.)* under the direction (*or* guidance, *mil.* command of), headed by; *die ~ übernehmen* take charge (*or* the initiative); take the lead (*a. sports*); *in ~ sein* be in the lead, be leading.

'**Führungs...**: **~bahn** *tech. f* (guide-)way, guide(-track); **~bolzen** *tech. m* guide pin; **~kraft** *f* executive; manager; leader; **~leiste** *f* cam groove; **~lineal** *n* guide rule; *of milling machine*: gib; **~rolle** *tech. f* guide roller; **~schiene** *f* guide rail; **~stab** *mil. m* operations staff; **~zeugnis** *n* certificate of (good) conduct; police clearance; *for domestics*: character, reference.

'**Fuhr...**: **~unternehmen** *n* haulage contracting firm, *Am.* trucking company; **~unternehmer** *m* carrier, haulage contractor, hauler, *Am. a.* trucker, teamster; **~werk** *n* vehicle, conveyance; cart, wag(g)on; *for passengers*: carriage; **~wesen** *n* (-*s*) conveyance; carrying (*Am.* trucking) trade, hauling business.

Füll|bleistift ['fyl-] *m* mechanical (*or* propelling) pencil; **~e** *f* (-) fullness (*a. fig.*); plenty, wealth, abundance, profusion, overflow; stoutness, corpulence, plumpness; *of voice*: richness; *e-e ~ von Einfällen (Eindrücken, etc.)* a wealth of ideas (impressions, *etc.*); → *Hülle.*

'**füllen** *v/t.* (*h.*) (*a. sich ~*) fill; inflate; stuff, cram; load, charge; replenish; stop, fill (*tooth*); stuff (*meat, etc.*); *auf Flaschen ~* bottle; *in Fässer ~* barrel; *in Säcke ~* sack, put into bags; *persons*: fill, crowd, throng (*a room, etc.*); *die Kirche füllte sich* the church filled.

Füllen ['fylən] *n* (-*s*; -) foal; colt; filly.

'**Füll...**: **~er** *m* (-*s*; -), **~feder(halter** *m*) *f* fountain-pen; **~horn** *n* (-[*e*]*s*; ¨*er*) horn of plenty, cornucopia; **2ig** *adj.* full; well rounded, plump; **~masse** *f* filling compound (*or* paste), filler; **~material, ~mittel** *n* filling material, filler; **~order** *econ. f* stopgap order; **~rumpf** *m* storage bin *or* hopper; **~schraube** *mot. f* filler cap; **~sel** ['-səl] *n* (-*s*; -) *cul.* stuffing; *fig.* stopgap; *in writings, etc.*: padding; **~steine** *arch. m/pl.* rubble, filling-in stone *sg.*; **~stift** *m* → *Füllbleistift*; **~stoff** *m* → *Füllmaterial*; **~stutzen** *m* filler neck; **~trichter** *m* (filling) funnel; (feeding) hopper; **~ung** *f* (-; -*en*) filling; *cul.* stuffing; *tech.* padding, stuffing; *of door*: panel; *for processing*: charge, batch; *of tooth*: filling, stopping; **~vorrichtung** *f* filling device; **~wort** *n* (-[*e*]*s*; ¨*er*) expletive.

fulminant [fulmi'nant] *adj.* phantastic, terrific.

fummeln ['fuməln] *colloq. v/i.* (*h.*) fumble (*an dat.* with), fiddle (with, at); pet.

Fund [funt] *m* (-[*e*]*s*; -*e*) finding, discovery; find; *jur.* object found; *e-n ~ tun* make a find *or* discovery.

Fundament [funda'mɛnt] *n* (-[*e*]*s*; -*e*) *arch.* foundation(s *pl.*), base (*a. of mountain*), ground work; *tech.* foundation- (*or* bed-)plate; *fig.* foundation, basis, ground work; *das ~ legen zu (dat.)* → *fundamentieren*; **fundamental** [-'ta:l] *adj.* fundamental, basic; **fundamen'tieren** *v/t.* (*h.*) lay the foundation of.

'**Fund...**: **~büro** *n* lost property office, *Am.* lost package bureau; **~gegenstand** *m* object found; **~grube** *fig. f* rich source, mine, bonanza, storehouse.

fundieren [fun'di:rən] *v/t.* (*h.*) found, establish; *econ.* fund (*loan*); *fundierte Schuld* funded (*or* consolidated) debt; consols *pl.*; *gut fundiert* **a**) well-established, sound (*business*), **b**) well-grounded (*knowledge*).

'**Fund...**: **~ort** *m* (-[*e*]*s*; -*e*) place of discovery; *bot., etc.*: *a.* habitat, locality; **~unterschlagung** *jur. f* larceny by finder.

fünf [fynf] *adj.* five; *fig.* ~ *gerade sein lassen* stretch a point; *fig.* ~ *Minuten vor zwölf* at the eleventh hour; *es ist* ~ *Minuten vor zwölf* it is high time; *nimm deine* ~ *Sinne zusammen* pay attention!, look alive!; *tennis*: ~ *(für) beide* games-all, five all.

Fünf *f* (-; *-en*) (number) five; *on dice*: cinque.

'**fünf...**: **~aktig** *adj.* in five acts, five-act (play); **~atomig** *adj.* pentatomic; **~blätt(e)rig** *bot. adj.* five-leaved; **2eck** ['-ɛk] *n* (-[e]s; -e) pentagon; **~eckig** *adj.* pentagonal; **2er** *m* five; **~erlei** ['-ərlaɪ] *adj.* of five (different) kinds; ~ *Typen* five different types; **~fach, ~fältig** ['-fɛltɪç] *adj.*, **2fache(s)** *n* (*-n*) five-fold, quintuple; **~hundert** *adj.* five hundred; **2'jahresplan** *m* five-year plan; **~jährig** *adj.* five-year-old; of (*or* lasting) five years, five-year; **~jährlich** *adj.* every five years, quinquennial; **2kampf** *m sports*: *(moderner)* ~ (modern) pentathlon; **2linge** ['-lɪŋə] *m/pl.* quintuplets; **~mal** *adv.* five times; **~malig** *adj.* done (*or* occurring) five times; *nach* ~*em Versuch* after five attempts; **2polröhre** *f radio*: pentode; **~prozentig** *adj.* of (*or* at *or* bearing) five per cent; *econ.* ~*e Papiere* five per cents; **~seitig** *adj.* pentahedral; **~stellig** *adj. number*: of five digits; **~stöckig** *adj.* five-storied; **2tagewoche** *f* five-day week; **~tägig** *adj.* of five days, five-day; **~tausend** *adj.* five thousand; **~te** ['-tə] *adj.* (the) fifth; → *achte*; *fig. das* ~ *Rad am Wagen sein* be quite superfluous, be the fifth wheel on the coach; **~teilig** *adj.* having five parts, five-piece (set); **2tel** ['-təl *n* (-s; -) fifth (part); **~tens** ['-təns] *adv.* fifthly, in the fifth place; **2uhrtee** *m* five-o'clock tea; **~wertig** *adj.* pentavalent.

'**fünfzehn** *adj.* fifteen; *tennis*: ~ *zu* ~ fifteen all; **~jährig** *adj.* fifteen-year-old; **~te** *adj.* fifteenth; **2tel** *n* fifteenth (part).

fünfzig ['-tsɪç] *adj.* fifty; **2** *f* (-; *-en*) (number) fifty; **2er(in** *f*) ['-gər] *m* (-s, -; -, *-nen*) man (woman) in his (her) fifties, quinquagenarian; **~jährig** *adj.* fifty-year-old, *man* of fifty; fiftieth *anniversary*; **~ste** ['-stə] *adj.* fiftieth.

fungieren [fuŋ'gi:rən] *v/i.* (*h.*): ~ *als* act (*or* officiate) as, function as.

Funk [fuŋk] *m* (-s) wireless, radio; → *Rundfunk, Radio*; '**~anlage** *f* → *Funkeinrichtung*; '**~apparat** *m* wireless (*or* radio) set; '**~ausstellung** *f* radio show; '**~bake** *f* radio beacon; '**~bastler** *m* radio amateur (*or* fan); '**~bearbeitung** *f* radio adaptation (*of play, etc.*); '**~bericht** *m* broadcast; '**~bild** *n* photoradiogram, facsimile (broadcast); '**~brief** *m* radiogram.

Fünkchen ['fyŋkçən] *n* (-s; -) small spark; *fig.* → *Funke*.

'**Funkdienst** *m* wireless (*or* radio) service.

'**Funke** *m* (*-ns*; *-n*), **~n** *m* (*-s*; -) spark; flash; *elektrischer* ~ electric spark; *fig.* spark; grain, atom, particle (*of truth, etc.*); ray, gleam, flicker (*of hope*); grain, vestige (*of reason, etc.*); ~*n sprühen* spark, emit sparks, scintillate.

'**Funk-einrichtung** *f* wireless (*or* radio) installation *or* equipment; *mit* ~ *versehen* radio-equipped.

funkeln ['fuŋkəln] *v/i.* (*h.*) sparkle (*a. fig. wit*); flash; scintillate; glint, glisten, glitter, *stars*: *a.* twinkle; *eyes*: flash.

'**Funkeln** *n* (*-s*) sparkling, sparkle; scintillation; glitter; twinkling.

'**funkelnagelneu** *adj.* brand-new.

'**funken** *v/i. and v/t.* (*h.*) radio, broadcast.

'**Funken**[1] *n* (*-s*) wireless (*or* radio) transmission.

'**Funken**[2] *m* (*-s*; -) → *Funke*; **~bildung** *f* sparking; **~entladung** *f* spark discharge; **~fänger** *m* spark catcher; **~induktor** *m* induction coil; **2sprühend** *adj.* giving off (*or* emitting) sparks; **~strecke** *f* spark gap; **~telegraphie** *f* wireless telegraphy.

'**Funk...**: **2entstört** *adj.* radio-screened; **~entstörung** *f* interference suppression; (*device*) static screen; **~er** *m* (*-s*; -) wireless (*or* radio) operator; **2ferngesteuert** *adj.* wireless- (*or* radio-)controlled; **~fernschreiber** *m* radio teleprinter (*or* teletype); **~fernsprecher** *m* radiotelephone; **~feuer** *n* radio beacon; **~gerät** *n* → *Funkapparat*; **~haus** *n* broadcasting cent|re, *Am.* -er (*or* studio); **~meldung, ~nachricht** *f* → *Funkspruch*; **~navigation** *f* radio navigation; **~offizier** *m* wireless officer (*abbr.* W.O.), radio officer; **~ortung** *f* radio location; **~peilgerät** *n* radio direction finder (*abbr.* RDF); **~peilstelle** *f* D/F (= direction finder) station; **~peilung** *f* radio bearing; **~senden** *n* (*-s*), **~sendung** *f* wireless (*or* radio) transmission; **~signal** *n* radio signal; **~sprechgerät** *n* radiophone; walkie-talkie; **~sprechverkehr** *m* radiotelephony; **~spruch** *m* wireless (*or* radio) message, radiogram, signal; **~station, ~stelle** *f* radio (*or* wireless) station; broadcasting station; **~steuerung** *f* radio remote control; **~stille** *f* radio (*or* wireless) silence; **~störung** *f* radio jamming; **~streife** *f*, **~streifenwagen** *m* radio patrol (car), squad car; **~technik** *f* wireless (*or* radio) engineering; **~techniker** *m* radio engineer *or* technician; **~telegramm** *n* → *Funkspruch*; **~telephonie** *f* radiotelephony.

Funktion [fuŋktsi'o:n] *f* (-; *-en*) function; *in* ~ *treten* act, take charge (*or* over *or* action); **Funktionär** [-tsio'nɛ:r] *m* (*-s*; *-e*) functionary, official; **funktionell** [-'nɛl] *physiol. adj.* functional; **funktio'nieren** *v/i.* (*h.*) function, operate, work (*a. fig.*).

Funkti'ons|probe *el. f* function test; **~störung** *med. f* functional disturbance.

'**Funk...**: **~trupp** *m* radio squad; **~turm** *m* radio tower; **~verbindung** *f* wireless (*or* radio) connection *or* contact; **~verkehr** *m* wireless (*or* radio) communication *or* traffic; **~wagen** *m* radio car *or* truck; → *Funkstreifenwagen*; **~weg** *m*: *auf dem* ~ by wireless (*or* radio); **~wesen** *n* (*-s*) broadcasting; radiotelegraphy; **~zeitung** *f* radio magazine.

Funzel ['funtsəl] *colloq. f* (-; *-n*) dim (*or* miserable) lamp.

für [fy:r] *prp.* (*acc.*) for; in exchange (*or* return) for; in favo(u)r of; instead of, in lieu of; in *a p.'s* place, on behalf of *a p.*; *Jahr* ~ *Jahr* year by year; *Schritt* ~ *Schritt* step by step; *Stück* ~ *Stück* piece by piece; *Tag* ~ *Tag* day by (*or* after) day; day in, day out; ~ *immer* (*a.* ~ *und* ~ *adv.*) for ever, for good; ~ *dich* for you, for your sake; *ich,* ~ *m-e Person* I for one, as for me; ~*s erste* first, for a start, for the present; ~ *eigene Rechnung* on one's own account; ~ *sich* in an undertone, *thea.* aside; ~ *sich leben* live by o.s.; *sich* ~ *sich halten* stand (*or* keep) aloof; *an und* ~ *sich* **a)** in (*or* of) itself; **b)** properly speaking; *e-e Sache* ~ *sich* quite another matter, a separate question; *das hat viel* ~ *sich* there is something in that, much can be said for it; *sie sind ein Völkchen* ~ *sich* they are a race to themselves (*or* apart); *ich halte es* ~ *unklug* I think it unwise; *ich habe (esse) es* ~ *mein Leben gern* I like it above all things; *was* ~ *(ein)?* what (kind of)?

Für *n*: *das* ~ *und Wider* the pros and cons *pl.*

Furage [fu'ra:ʒə] *mil. f* (-) forage, fodder; **fura'gieren** *v/i.* (*h.*) forage.

fürbaß ['-bas] *adv.* on, further, forward.

'**Fürbitte** *f* intercession; ~ *einlegen* intercede, plead (*für* for; *bei* with).

Furche ['furçə] *f* (-; *-n*) furrow; *tech.* groove; rut; **2n** *v/t.* (*h.*) furrow (*a. face, forehead*); ridge; rut.

Furcht [furçt] *f* (-) fear (*vor dat.* of); apprehension (of), anxiety; dread (of), fright; terror; awe; *aus* ~ *vor* for (*or* from) fear of; ~ *einflößen* frighten, terrify; → *einjagen*; ~ *haben vor* be afraid of, stand in fear of; → *fürchten*; *in* ~ *geraten* take fright *or* alarm; *keine* ~! no (*or* never) fear!; '**2bar** *adj.* fearful; dreadful, frightful, formidable; horrible, terrible (*all a. colloq. enormous*); *colloq.* awful, tremendous.

fürchten ['fyrçtən] *v/t. and v/i.* (*h.*) (*a. sich* ~ *vor dat.*) fear; be afraid (*or* apprehensive) of; dread, be in dread of; be terrified by; *für j-n* ~ fear for (*or* be anxious about) a p.; *Gott* ~ fear God; *sich* ~ *zu inf.* fear *ger.*, be afraid of *ger.*, dread to *inf.*; *ich fürchte, du hast nicht recht* I am afraid you are not right.

'**fürchterlich** *adj.* horrible, terrible; appalling; → *furchtbar*.

'**furcht|erregend** *adj.* awful, formidable; alarming; → *furchtbar*; **~los** *adj.* fearless, intrepid; undaunted, unflinching; **2losigkeit** *f* (-) fearlessness, intrepidity; **~sam** *adj.* timid, timorous, fearful, faint-hearted; **2samkeit** *f* (-) timidity, faint-heartedness.

fürder(hin) ['fyrdər-] *adv.* → *ferner(hin)*.

Furie ['fu:riə] *f* (-; *-n*) Fury; *fig.* fury, termagant, hell-cat.

Furier [fu'ri:r] *mil.* *m* (-s; -e) quartermaster sergeant (*abbr.* QM), *Am.* ration N.C.O. (= noncommissioned officer).
furios [furi'o:s] *adj.* furious, vehement.
Furnier [fur'ni:r] *tech.* *n* (-s; -e) veneer; **ℒen** *v/t.* (*h.*) veneer, inlay; **~holz** *n* plywood, veneers *pl.*; **~säge** *f* veneer saw; **~ung** *f* (-; -en) veneering; inlaid work, inlaying.
fürliebnehmen [fy:r'li:p-] *v/i.* (*irr.*, *h.*): ~ *mit* (*dat.*) be content with, put up with.
Furore [fu'ro:rə] *f* (-) *or n* furore; sensation; ~ *machen* cause (*or* create) a sensation, make a splash.
'Fürsorge *f* (-) care (*für* for); solicitude; *ärztliche* ~ medical care *or* attention; *öffentliche* ~ public assistance, public relief, welfare service (*or* work); *soziale* ~ social welfare (work); *Kinder*ℒ child welfare; ~ *für Strafentlassene* after-care (for discharged prisoners); **~amt** *n* welfare cent|re, *Am.* -er, public relief office; **~anstalt** *f* reformatory; **~arbeit** *f* social work; **~arzt** *m* welfare service doctor; **ℒberechtigt** *adj.* eligible for public relief; **~empfänger(in** *f*) *m* recipient of public relief, public charge; **~r(in** *f*) *m* (-s, -; -, -nen) welfare officer, social worker; **~erziehung** *f* trustee (*or* correctional) education; **~wesen** *n* (-s) welfare work.
'fürsorglich *adj.* careful, thoughtful, solicitous.
'Fürsprache *f* intercession (*für* for, *bei dat.* with); advocacy, plea; recommendation; mediation; ~ *einlegen* intercede *or* plead (*für j-n* for a p., *bei j-m* with a p.).
'Fürsprecher *m* intercessor; advocate.
Fürst [fyrst] *m* (-en; -en) prince; sovereign; **'~bischof** *m* prince-bishop; **'~engeschlecht**, **'~enhaus** *n* dynasty (of princes); **'~enstand** *m*, **'~enwürde** *f* princely rank, princedom; **'~entum** *n* principality; **'~in** *f* (-; -nen) princess; **'ℒlich I.** *adj.* princely (*a. fig. income*); *fig.* noble, magnificent, grand; *~es Trinkgeld* generous tip; *~es Mahl* sumptuous dinner; **II.** *adv.*: ~ *leben* live in grand style; **'~lichkeit** *f* (-; -en) princeliness; *~en pl.* princely personages, royalties.
Furt [furt] *f* (-; -en) ford.
Furunkel [fu'ruŋkəl] *med.* *m* (-s; -) boil, furuncle; **furunkulös** [-ku'lø:s] *adj.* furuncular; **Furunkulose** [-'lo:zə] *f* (-; -n) furunculosis.
für'wahr *adv.* indeed, truly.
'Für|witz *m* (-es) → *Vorwitz*; **~wort** *gr.* *n* (-[e]s; ¨er) pronoun.
Furz [furts] *vulg.* *m* (-es; ¨e), **'furzen** *v/i.* (*h.*) fart.
Fusel ['fu:zəl] *m* (-s; -) bad liquor (*or* brandy), *sl.* rotgut; **~öl** *n* fusel oil.
füsilieren [fyzi'li:rən] *mil.* *v/t.* (*h.*) execute (by firing squad), shoot.
Fusion [fuzi'o:n] *f* (-; -en) *chem.* fusion; *fig. econ. a.* amalgamation, merger, *Am. a.* consolidation; **fusio'nieren** *v/t.*, *a. sich* (*h.*) amalgamate, merge, *Am. a.* consolidate (*mit dat.* with).
Fuß [fu:s] *m* (-es; ¨e) foot; *Füße pl.* feet; *cul.* (*pig's, etc.*) trotters *pl.*; (*measure*) foot (= 30,48 cm); *zehn* ~ *lang* ten feet long; *fig.* foot, bottom (*of list, page, mountain*); base, pedestal (*of column*); foot, stem (*of wine-glass*); leg (*of chair, table*); (*festen*) ~ *fassen* (*a. fig.*) get a firm footing, gain a foothold; *auf dem ~e folgen* (*dat.*) follow on the heels of (*or* in the wake of); *auf die Füße fallen fig.* fall on one's feet; *auf freien ~ setzen* set at liberty, release; *auf eigenen Füßen stehen* be independent, be on one's own; *auf schwachen Füßen stehen* rest on a weak foundation, be built on sand; *auf großem ~e leben* live in grand style; *auf gutem* (*schlechtem*) *~e stehen mit* (*dat.*) be on good (bad) terms with; *mit beiden Füßen auf der Erde stehen* keep both feet on the ground; *mit Füßen treten* tread under foot, trample upon; *ungeduldig von e-m ~ auf den anderen treten* kick one's heels; *zu ~* on foot; *zu ~ gehen* walk; *zu ~ erreichbar* within walking distance; *gut zu ~ sein* be a good walker.
'Fuß...: **~abstreifer** *m* (-s; -) door-scraper *or* -mat; **~abdruck** *m* footprint; **~angel** *f* mantrap; *hist. mil.* caltrop; **~antrieb** *m* treadle (*or* pedal) drive; **~bad** *n* foot-bath; **~ball** *m* football, soccer ball; (*game*) (association) football, soccer; *amerikanischer* (*australischer, irischer*) ~ American (Australian, Gaelic) football; **~ballanhänger** *m* football (*or* soccer) devotee *or* fan; **~ballen** *m* ball of the foot; **~ballklub** *m* football club; **~ballmannschaft** *f* football team; **~ballplatz** *m* football field (*or* stadium); **~ballspiel** *n* → *Fußball*; soccer game (*or* match); **~ballspieler** *m* football (*or* soccer) player; **~balltoto** *n* football pool(s *pl.*); **~ballverband** *m* football association; **~ballverein** *m* → *Fußballklub*; **~bank** *f* (-; ¨e) footstool; **~bekleidung** *f* footwear; **~betrieb** *tech.* *m* (-[e]s) treadle drive (*or* operation); **~boden** *m* floor(ing), ground; **~bodenbelag** *m* floor covering, flooring; **~bodenfläche** *f* flooring, floorage; **~bodenwachs** *n* floor polish; **~breit** *m*: *keinen ~ weichen* not to budge an inch; **~breite** *f* foot-breadth; **~bremse** *mot.* *f* footbrake, pedal brake; **~eisen** *n* → *Fußangel*.
Fussel ['fusəl] *colloq.* *f* (-; -n) fluff, fuzz, *Am. a.* lint; **ℒn** *v/i.* (*h.*) fuzz.
füßeln ['fy:səln] *colloq.* *v/i.* (*h.*) make small steps, toddle; play footsie (*under the table*).
'fußen *v/i.* (*h.*): ~ *auf* (*dat.*) rest (*or* rely) upon, be based upon; *~d auf* basing upon.
'Fuß...: **~ende** *n* foot(-end); **~fall** *m* prostration; *e-n ~ tun vor j-m* prostrate o.s. before a p., hurl o.s. at a p.'s feet; **ℒfällig I.** *adj.* prostrate; **II.** *adv.* on one's knees; → *kniefällig*; **ℒfrei** *adj.*: *~er Rock* ankle-length skirt; **~gänger(in** *f*) ['-gɛŋər-] *m* (-s, -; -, -nen) pedestrian, walker; *für ~!* cross here!; **~gängerbrücke** *f* foot-bridge; **~gängerfurt** *f* pedestrian crossing; **~gängerunterführung** *f* pedestrian subway, *Am.* underpass; **~gängerverkehr** *m* pedestrian traffic; **~gashebel** *mot.* *m* accelerator (pedal), *Am.* gas pedal; **~gelenk** *n* ankle joint; **~gestell** *tech.* *n* pedestal, base; trestle; **~gicht** *med.* *f* podagra; **~hebel** *m* pedal; **ℒhoch** *adj.* one foot high; *der Schnee liegt ~* the snow is a foot deep; **~knöchel** *m* ankle(-bone); **ℒkrank** *adj.* footsore; **~kupplung** *mot.* *f* foot-operated clutch; **~leiden** *med.* *n* foot complaint; **~leiste** *f* skirting (board).
Füßling ['fy:sliŋ] *m* (-s; -e) foot (*of stocking, etc.*).
'Fuß...: **~note** *f* footnote; **~pfad** *m* footpath; **~pflege** *f* pedicure, chiropody; **~pfleger(in** *f*) *m* chiropodist; **~pilz** *m* dermatophyte; athlete's foot; **~puder** *m* foot-powder; **~punkt** *m ast.* nadir; *math.* foot; **~raste** *f* foot rest; **~reise** *f* journey on foot, tramp; **~sack** *m* foot-muff; **~schalter** *m* foot-operated switch; **~schaltung** *mot.* *f* pedal gear-change; **~schemel** *m* footstool; **~schweiß** *m* sweating of the feet; sweaty feet; **~sohle** *f* sole of the foot; **~soldat** *m* foot-soldier, infantryman; **~spezialist** *med.* *m* podiatrist; **~spitze** *f* point of the foot; *auf den ~n gehen* (*stehen*) walk (stand) (on) tiptoe; **~spur** *f* footprint; *Reihe von ~en* track; **~stapfe** *f* footstep; *in j-s ~ treten* follow a p.'s footsteps; **~steig** *m* footpath, pavement, *Am.* sidewalk; **~steuerung** *f* foot (*or* pedal) control; **~stütze** *f* foot rest; *med.* instep-raiser, arch-support; **~tritt** *m* footstep; footboard; *tech.* treadle; footstool; kick; *j-m e-n ~ versetzen* give a p. a kick, kick a p., *fig. e-n ~ bekommen* be kicked out, get the boot; → *Fußspur*; **~volk** *n* foot, infantry; *fig. the* rank and file; **~wanderung** *f* walking-tour, hike; **~wärmer** ['-vɛrmər] *m* (-s; -) foot-warmer; **~weg** *m* footpath, footway; **~wurzel** *anat.* *f* tarsus; **~wurzelgelenk** *n* tarsal joint.
futsch [futʃ] *colloq.* *adj. pred.* lost, gone; broken, *Am. sl.* busted; *person*: done for; ~ *gehen* go to pot, go phut *or* west.
Futter[1] ['futər] *n* (-s) food, *sl.* grub, *Am.* chow; *agr.* feed, fodder.
'Futter[2] *n* (-s; -) lining; *arch.* casing; *tech.* lining, casing; *of machine tool*: chuck.
Futteral [-'ra:l] *n* (-s; -e) case; box; sheath.
'Futter...: **~blech** *tech.* *n* lining plate; **~beutel** *m* nose-bag; **~boden** *m* hay-loft; **~bohne** *f* fodder bean; **~erbse** *f* fodder pea; **~gabe** *f* feeding dose; **~gerste** *f* barley for cattle; **~getreide** *n* feed grain; **~kasten** *m* feed-box; **~klee** *m* red clover; **~knecht** *m* ostler; **~krippe** *f* crib, manger; *fig. an der ~ sitzen* feed at the public trough; **~krippenjäger** *pol.* *m* placeman, *Am.* spoilsman; **~krippensystem** *pol.* *n Am.* spoils system; **~leinen** *n* linen for lining; **~mittel** *n* feed(ing)-

-stuff; ♀**n** *colloq. v/t.* (*h.*) eat heartily, feed, *sl.* tuck in.
füttern ['fytərn] *v/t.* (*h.*) feed; *tech.* line (*a. coat, etc.*); *arch.* case; fur; pad, stuff; lead; sheathe.
'**Futter...**: **~napf** *m* feeding dish; **~neid** *m* envy, (professional) jealousy; **~pflanzen** *f/pl.* forage crops, fodder plants; **~rübe** *f* turnip; **~schneidemaschine** *f* fodder chopping machine; **~seide** *f* silk for lining; **~stoff** *m* lining (material); **~trog** *m* feeding trough, manger.
'**Fütterung** *f* (-; *-en*) **1.** feeding, foddering, forage; **2.** *tech.* lining; *arch.* casing; padding.
'**Futter...**: **~zeug** *n* lining (material); **~zustand** *m*: *in gutem* ~ well-meated.
Futur|ismus [futu'rismus] *m* (-) futurism; **~ist(in** *f*) *m* (*-en, -en*; *-, -nen*), ♀**istisch** *adj.* futurist.
Futurologie [-olo'gi:] *f* (-) futurology.
Futur(um) [fu'tu:r(um)] *gr. n* (*-s, -e*; *-s, -ra*) future (tense).

G

G, g [ge:], *n* G, g; **G, g** *mus. n* G.
gab [gɑ:p] *pret. of geben.*
Gabardine ['gabardin] *m* (*-s*) *or* (-) gaberdine.
Gabe ['gɑ:bə] *f* (-; *-n*) gift, present; donation, gratuity; *milde* ~ alms; *um e-e milde* ~ *bitten* ask for charity; offering; *med.* dose; *fig.* gift, talent, endowment; skill, knack.
Gabel ['gɑ:bəl] *f* (-; *-n*) fork (*a. on bicycle*); *agr.* (pitch)fork, prong; *teleph.* cradle; *of waggon*: shafts *pl.*; *of road, etc.*: fork; *bot.* **a**) tendril, **b**) crotch (*of branches*); *artillery*: bracket; **~bildung** *f* forking, bifurcation; *artillery*: bracketing; **~bissen** *m* cocktail snack; **~deichsel** *f* shafts, thills *pl.*; ♀**förmig** ['-fœrmiç] *adj.* forked, bifurcated; **~frühstück** *n* early lunch; **~hirsch** *m* brocket; ♀**ig** *adj.* → *gabelförmig*; ♀**n** *v/t.* (*h.*) fork; *sich* ~ fork (off *or* out), bifurcate, divide; **~stapler** ['-ʃtɑ:plər] *m* (*-s*; -) fork-lift truck; **~stütze** *f* forked support; *mil.* thill prop; bipod; **~ung** *f* (-; *-en*) forking, bifurcation; *of tree* crotch; **~weihe** *orn. f* kite; **~zinke** *f* prong (of a fork).
'**Gabentisch** *m* table of presents.
gackern ['gakərn] *v/i.* (*h.*), ♀ *n* (*-s*) cackle (*a. fig.*).
gacksen ['gaksən] *v/t.* (*h.*) *and v/i.* stutter; hem and haw.
Gaffel ['gafəl] *mar. f* (-; *-n*) gaff; **~schoner** *m* fore-and-aft(er) (schooner); **~segel** *n* gaff-sail.
gaffen ['gafən] *v/i.* (*h.*) gape; stare.
'**Gaffer(in** *f*) *m* (*-s, -*; *-, -nen*) gaper.
Gagat [ga'gɑ:t] *min. m* (*-[e]s*; *-e*), **~kohle** *f* jet.
Gage ['gɑ:ʒə] *f* (-; *-n*) *esp. thea.* salary.
gähnen ['gɛ:nən] *v/i.* (*h.*) yawn.
'**Gähnen** *n* (*-s*) yawn(ing); ♀**d** *adj.* yawning (*a. fig.*).
Gala ['gala] *f* (-) gala; pomp, state; *in (großer)* ~ in full dress; **~anzug** *m* dress- (*od.* gala) suit; **~kleid** *n* gala-dress.
Galalith [gala'li:t] *n* (*-s*) galalith.
Galan [ga'lɑ:n] *m* (*-s*; *-e*) gallant, lover, squire, beau, *iro.* swain.
galant [ga'lant] *adj.* gallant, amatory; courteous; **~es** *Abenteuer* love affair *or* adventure.
Galante'rie *f* (-; *-n*) gallantry; courtesy; **~arbeit** *tech. f*, **~waren** *f/pl.* fancy goods, *Am.* notions *pl.*
'**Gala...**: **~uniform** *f* full dress (uniform); **~vorstellung** *thea. f* gala performance.
Galeere [ga'le:rə] *f* (-; *-n*) galley; **~nsklave**, **~nsträfling** *m* galley-slave.
Galerie [galə'ri:] *f* (-; *-n*) gallery (*a. tech.*); picture-gallery; *für die* ~ *spielen* play to the gallery, *Am.* play to the grandstand.
Galgen ['galgən] *m* (*-s*; -) gallows *sg.* (*a. film*), gibbet; *tech.* cross-beam; horse; *of well*: post, tree; *am* ~ on the gallows; *an den* ~ *kommen* come to the gallows, be hanged; *dafür soll er an den* ~ he shall swing for it; **~frist** *f* last respite, short grace; *ich gebe dir bis morgen* ~ I give you till tomorrow; **~gesicht** *n* gallows-bird face; **~humor** *m* grim humo(u)r; **~strick**, **~vogel** *m* gallows-bird; scalawag, good-for-nothing.
Galilä|a [gali'lɛ:a] Galilee; **~er(in** *f*) *m* (*-s, -*; *-, -nen*), ♀**isch** *adj.* Galilean.
Galionsfigur [gali'o:ns-] *f* figure-head.
gälisch ['gɛ:liʃ] *adj.*, ♀**e** *n* (*-n*) [Gaelic.]
Galiz|ien [ga'li:tsiən] *n* (*-s*) Galicia; **~ier(in** *f*) *m* (*-s, -*; *-, -nen*), ♀**isch** *adj.* Galician.
Gall-apfel ['gal-] *m* gall-nut, oak-apple; **~beize** *f tech.* gall steep.
Galle ['galə] *f* (-; *-n*) *anat.* (*a.* **~nsaft** *m*) bile; *zo., a. bot. and vet.*: gall; *tech.* flaw, blister; *fig.* bile, gall, venom, bitterness; *s-e* ~ *ausschütten* vent one's spite (*über acc.* upon); *ihm lief die* ~ *über* his blood boiled, he saw red.
'**Gall-eiche** *f* gall oak.
'**gallen** *v/t.* (*h.*) gall out (*fish*); *tech.* treat with gall-nut, gall; **~bitter** *adj.* (as) bitter as gall, acrid (*a. fig.*); ♀**blase** *f* gall-bladder; *med. Entfernung der* ~ cholecystectomy; *Entzündung der* ~ cholecystitis; ♀**fieber** *n* bilious fever; ♀**gang** *anat. m* bile-duct; **~grün** *adj.* biliverdin; ♀**kolik** *f* biliary colic; ♀**leiden** *n* bilious complaint; ♀**stein** *m* gall-stone, biliary calculus; ♀**steinoperation** *f* cholecystotomy; ♀**weg** *m* bile-duct.
Gallert ['galərt] *n* (*-[e]s*; *-e*), **Gallerte** [ga'lɛrtə] *f* (-; *-n*) gelatine; *cul. usu.* jelly; ♀**artig** *adj.* gelatinous, jelly-like, colloid(al).
Gall|ien ['galiən] *n* (*-s*), **~ier(in** *f*) *m* (*-s, -*; *-, -nen*) Gaul.
'**gallig** *adj.* gall-like, biliary; *fig.* bilious, acrid, bitter.
'**gallisch** *adj.* Gallic, Gaulish.
Gallizismus [gali'tsismus] *m* (-; *-men*) Gallicism.
Gallone [ga'lo:nə] *f* (-; *-n*) (*Brit.* Imperial) gallon (= 4,54 l), (*Am.* U.S.) gallon (= 3,78 l).
'**Gallwespe** *f* gall-fly.
Galopp [ga'lɔp] *m* (*-s*; *-s*) gallop; (*dance*) galop; *kurzer or leichter* ~ canter; *gestreckter (starker, versammelter)* ~ full (extended, collected) gallop; *im* ~ at a gallop, *fig.* at a lope; *w.s.* in (hot) haste, hurry-skurry; *im* ~ *reiten* gallop; *in* ~ *verfallen* break into a gallop;
galop'pieren *v/i.* (*h., sn*) gallop; (ride at a) canter; *med.* **~de** *Schwindsucht* galloping consumption.
Galoschen [ga'lɔʃən] *f/pl.* galoshes, *Am.* rubbers.
galt [galt] *pret. of gelten.*
galvanisch [gal'vɑ:niʃ] *adj.* galvanic(ally *adv.*); ~ *gefällt* electrodeposited, electrolytic; **~es** *Element* galvanic cell; **~e** *Kette* voltaic cell (*or* couple); **~e** *Metallisierung* galvanic metallization; **~e** *Plattierung* electroplating; **~e** *Säule* pile; **~e** *Vergoldung* electro-gilding.
Galvaniseur [galvani'zø:r] *m* (*-s*; *-e*) galvanizer.
Galvanisier|anstalt [-'zi:r-] *f* galvanizing (*or* electroplating) plant; ♀**en** *v/t.* (*h.*) galvanize, electroplate.
Galvanismus [-'nismus] *m* (-) galvanism.
Galvano [-'vɑ:no] *typ. n* (*-s*; *-s*) electrotype.
Galvano|'meter *n* galvanometer; **~'plastik** *f* galvanoplasty, electrotyping; **~'technik** *f* electroplating.
Gamasche [ga'maʃə] *f* (-; *-n*) gaiter; spat; legging; puttee; *colloq.* **~n** *haben vor* (*dat.*) be scared of.
Gambit [gam'bit] *n* (*-s*; *-s*) *chess*: gambit.
Gamet [ga'me:t] *biol. m* (*-en*; *-en*) gamete.
'**Gammastrahlen** ['gama-] *phys. m/pl.* gamma rays.
gammeln ['gaməln] *colloq. v/i.* (*h.*) loaf; behave like a beatnick.
Gamsbart ['gams-] *m* chamois tufts *or* brush.
Gammler *colloq. m* (*-s*; -) beatnick, layabout.
Gang [gaŋ] *m* (*-[e]s*; *⸚e*) going, walk(ing); gait, walk; *of horse*: pace; *fig.* motion; *of machine*: *a.* movement, running, operation, action; walk, stroll; errand, commission; way; arcade; colonnade; passage; corridor, gallery, hall; gangway, *Am.* aisle; *rail.* corridor, *Am.* aisle; *anat.* duct, canal; *tech.*

duct (*of pipe*); worm, thread; → *tot*; *mot.* speed; *erster* ~ first *or* bottom (*Am.* low) gear, first speed; *zweiter* ~ second gear; *im dritten* ~ in third; *ruhiger* ~ smooth running; *mining*: tunnel, gallery; lode, vein; *fig.* course; course of business; routine; process of manufacture, operation; *cul.* course; *Essen mit zwei Gängen* two-course dinner; *sports*: heat, run; *fenc.* bout; *der* ~ *der Ereignisse* the course (*or* march) of events; *das ist der* ~ *der Welt* that's the way of life; *e-n* ~ *tun* go on an errand; *Gänge besorgen* run errands; *vergeblicher* ~ fool's errand; *mot. den* ~ *wechseln* change (*Am.* shift) gear; *den dritten* ~ *einschalten* shift into third; *in* ~ *bringen or setzen* start, set going *or* in motion, *fig. a.* launch, set on foot; *tech. a.* throw into gear, put into operation; *in* ~ *halten* keep going; *in* ~ *kommen* get going (*or* under way), get into one's stride; *in* ~ *sein* be in motion, *machine, etc.*: *a.* be on *or* in gear, be working *or* running; *fig.* be going on, be in progress (*or* afoot, under way); *s-n* ~ *gehen* take its course; *es ist et. im* ~*e* something is up (*or* going on, in the wind); *in vollem* ~*e* in full swing.

gang: ~ *und gäbe* customary, usual, the usual thing; *durchaus* ~ *und gäbe* nothing unusual.

'**Gang...:** ~**an-ordnung** *mot. f* gear-change diagram, arrangement of gears; ~**art** *f* gait, walk; *of horse*: pace; *tech.* working pace; ♀**bar** *adj.* practicable, passable (*road*); current (*coin*); sal(e)able, marketable, popular (*goods*); ~*ste Nummern* best selling numbers; *fig.* practicable, workable; ~**barkeit** *f* (-) practicability (*a. fig.*); *of coin*: currency; *econ.* sal(e)ability, marketableness.

Gängel|band ['gɛŋəlbant] *n* (-[e]s) leading-strings *pl.*; *am* ~ *führen* keep in leading-strings; *sich am* ~ *führen lassen* be in leading-strings; ♀**n** *v/t.* (*h.*) *fig.* lead by the nose.

'**Gang...:** ~**hebel** *m* → *Gangschalter*; ~**höhe** *tech. f of screw*: pitch; *of multiple thread*: lead.

gängig ['gɛŋiç] *adj. horse*: swift; ~*er Ausdruck* current term; *econ.* → *gangbar*.

Ganglien ['gaŋgliən] *anat. n/pl.* ganglia; ♀**förmig** ['-fœrmiç] *adj.* gangliform; ~**system** *n* ganglious system.

Gangrän [gaŋ'grɛ:n] *med. n* (-[e]s; -e) gangrene; **gangränös** [-'nøs] *adj.* gangrenous.

'**Gang...:** ~**schalter,** ~**schalthebel** *mot. m* gear(-change) lever, *Am.* gear-shift lever; ~**schaltung** *mot. f* gear-change, *Am.* gear shift.

Gangster ['gɛŋstər] *m* (-*s*; -) gangster; ~**bande** *f* gang (of criminals); ~**tum** *n* (-*s*) gangsterism.

'**Gang...:** ~**werk** *n of watch*: movement; ~**wähler** *mot. m* gear selector; ~**zahl** *f mot.* number of gears; *thread*: number of threads.

Ganove [ga'no:və] *colloq. m* (-*n*; -*n*) crook.

Gans [gans] *f* (-; ⸚e) goose, *pl.* geese; *junge* ~ gosling; *fig. dumme* ~ (silly) goose.

Gänschen ['gɛnsçən] *n* (-*s*; -) gosling; *fig. dummes* ~ goosey, ninny.

Gänse... ['gɛnzə-]: ~**blümchen** *n* daisy; ~**braten** *m* roast goose; ~**feder** *f* (goose-)quill; ~**fett** *n* goose-fat (*or* dripping); ~**füßchen** ['-fy:sçən] *n/pl.* quotation-marks, inverted commas; ~**haut** *f* goose-skin; *fig.* goose-flesh, goose-pimples *pl.*; *ich bekam e-e* ~ my flesh began to creep, it gave me the creeps; ~**kiel** *m* quill; ~**klein** *n* (-*s*) (goose-)giblets *pl.*; ~**leberpastete** *f* (goose-)liver pie, pâté de foie gras (*Fr.*); ~**marsch** *m* (-*es*): *im* ~ in single (*or* Indian) file; ~**rich** ['-riç] *m* (-[e]s; -e) gander; ~**schmalz** *n* → *Gänsefett*; ~**wein** *m humor.* Adam's ale.

Gant [gant] *f* (-; -*en*) → *Auktion, Konkurs.*

ganz [gants] **I.** *adj.* all; whole, entire, undivided; complete, total, full; intact; ~ *Deutschland* all (*or* the whole of) Germany; *die* ~*e Stadt* **a)** the whole town, **b)** all the town; *über* ~ *Amerika* all over America; *in der* ~*en Welt* all the world over; *die* ~*e Welt betreffend* world-wide; *den* ~*en Staat betreffend* state-wide; *tech.* ~*e Länge* total (*or* overall) length; ~*e Note mus.* semibreve, whole note; ~*e Zahl* whole number; ~*e zwei Stunden* for fully two hours; ~*e drei Pfund* just (*or* merely) three pounds; *ein* ~*er Mann* a true (*or* real) man; *von* ~*em Herzen* with all my heart; *meine* ~*en Schuhe* all my shoes; *den* ~*en Morgen* (*Tag*) all the morning (day), *Am.* all morning (day); *die* ~*e Nacht* (*hindurch*) all through the night, all night long; *das* ~*e Jahr* throughout the year; *die* ~*e Zeit* all the time; *der* ~*e Betrag* the full amount; **II.** *adv.* quite; all; entirely, wholly; completely; fully; all, very; ~ *Auge* (*Ohr*) all eyes (ears); ~ *und gar nicht* not at all, not in the least, by no means; *et.* ~ *anderes* quite another thing; *nicht* ~ *dasselbe* not quite the same thing; ~ *durch* throughout; ~ *gewiß* most certainly *or* assuredly, absolutely; ~ *gut* (*or nett*) not bad; ~ *naß* wet all over; ~ *oder teilweise* in whole or in part; ~ *meine Meinung* I quite agree (with you); ~ *bezahlen* pay in full; ~ *der Vater* the (very) image of his (her) father; *nicht* ~ *zehn* just under ten; *er war* ~ *Freude* he was overjoyed; *das ist mir* ~ *gleich* that's all the same to me, I don't care; ~ *gleich, was du denken magst* no matter what you may think; ~ *wie du willst* just as you like; ~ *besonders, weil* especially since, all the more so as; *im* ~*en* on the whole, taken all together, *econ.* in the lump, wholesale; *er gewann im* ~*en 70 Preise* he fetched a total of 70 prizes; *im großen und* ~*en* on the whole, generally speaking, by and large; **Ganze**(*s*) *n* (-*n*) whole; total (amount), sum total; totality, entirety; *aufs* ~ *gehen* go all out, go all lengths, *Am.* go the whole hog; *jetzt geht's ums* ~ it's do or die (*or* all or nothing) now.

Gänze ['gɛntsə] *f* (-): *zur* ~ entirely, in its entirety.

'**Ganz...:** ~**aufnahme** *f*, ~**bild** *n* full-length (portrait); ~**automat** *tech. m* fully automatic machine; ~**fabrikat** *n* finished product; ~**heit** *f* (-) entirety, entireness; totality; ~**heitsmethode** *ped. f* "look and say" method; ~**holz** *n* round timber, logwood; ~**holzbauweise** *f* all-wood construction; ♀**jährig** *adj.* all-year; *mot.* all-season (*oil*); ~**leder** *n*: *in* ~ *gebunden* in whole-leather binding; ~**lederband** *m* whole-leather binding; ~**leinenband** *m* full cloth binding.

gänzlich ['gɛntsliç] **I.** *adj.* complete, total, entire, utter; **II.** *adv.* wholly, completely, entirely; totally, absolutely, utterly; in every respect.

'**Ganz...:** ~**metallkonstruktion** *f* all-metall construction; ~**seide** *f* pure silk; ~**seitig** *adj.* full-page; ♀**tägig** *adj.* all-day; full-time; ~**tagsbeschäftigung** *f* full-time job; ♀**wollen** *adj.* all-wool; ~**zeug** *tech. n paper*: stuff.

gar [ga:r] **I.** *adj. food*: (well) done; dressed (*leather*); refined (*steel*); carbonized (*coke*); *nicht* (*ganz*) ~ *meat*: underdone; **II.** *adv.* quite, entirely, very; even; ~ *keiner* not a single one, none whatever; ~ *niemand* not a soul; ~ *mancher* many a man; ~ *nicht* not at all; ~ *nichts* not a thing, nothing at all; ~ *zu sehr* overmuch, → *allzu*(...); ~ *kein Zweifel* not the least doubt; *das fällt mir* ~ *nicht ein* I wouldn't dream of doing that; *oder* ~ to say nothing of, let alone; *warum nicht* ~! and why not, indeed!

Garage [ga'ra:ʒə] *f* (-; -*n*) garage; *in e-e* ~ *einstellen* garage.

Garant [ga'rant] *m* (-*en*; -*en*) guarantor; → *Bürge*.

Garantie [-'ti:] *f* (-; -*n*) guaran|tee (*a. fig.*), -ty; *of seller*: warranty; surety; *ein volles Jahr* ~ guaranteed one full year; *ohne* ~ without obligation; ♀**ren** *v/t.* (*h.*) guarantee, warrant; *econ.* underwrite (*issue of securities*); ~**lohn** *m* guaranteed wage(s *pl.*); ~**schein** *m* certificate of guarantee, *Am.* surety bond; *of seller*: certificate of warranty; ~**syndikat** *n* underwriters *pl.*; ~**verpflichtung** *f* warranty of quality; ~**versprechen** *n*, ~**vertrag** *m* guarantee contract; ~**wechsel** *m* security bill.

Garaus ['ga:rˀaus] *m*: *j-m den* ~ *machen* finish (dispatch, do for) a p.; *fig. e-r Sache den* ~ *machen* put an end (*or* give the deathblow) to a th.

Garbe ['garbə] *f* (-; -*n*) *agr.* sheaf; *bot.* milfril, yarrow; *mil.* sheaf, cone of fire; *in* ~*n binden* sheave, bundle.

Gärbottich [gɛ:r-] *m* fermenting-vat.

Garde ['gardə] *mil. f* (-; -*n*) *the* Guard(s *pl.*); ~ *zu Fuß the* Foot-Guards *pl.*; *fig. die alte* ~ the old guard; ~**regiment** *n* regiment of the Guards; ~**reite'rei** *f* Horse-Guards *pl.*

Garderobe [gardə'ro:bə] *f* (-; -*n*)

wardrobe; cloak-room, *Am.* check-room; *thea.* dressing-room.

Garde'roben...: **~frau** *f* cloak-room attendant, *Am.* hat-check girl; **~haken** *m* wardrobe hook; **~marke** *f* cloak-room ticket, *Am.* check; **~schrank** *m* wardrobe; **~ständer** *m* hat (*or* hall) stand.

Garderobiere [-robi'ɛ:rə] *f* (-; *-n*) → *Garderobenfrau*; *thea.* wardrobe mistress.

Gardine [gar'di:nə] *f* (-; *-n*) curtain; → *schwedisch.*

Gar'dinen...: **~predigt** *f* curtain lecture; **~stange** *f* curtain rod.

Gardist [gar'dist] *m* (*-en*; *-en*) guardsman.

Gare ['gɑ:rə] *f* (-) *agr.* mellowness, friable condition of soil; *metall.* finished state.

gären ['gɛ:rən] *v/i.* (*irr.*, *h.*) ferment; effervesce; *fig. es gärt im Volke* there is unrest among the people; '**Gären** *n* (*-s*) fermentation; *fig.* agitation, unrest.

'**Gärfutter** *agr. n* silage.

'**Garküche** *f* cook-shop, (cheap) eating-house.

'**Gärmittel** *n* ferment.

Garn [garn] *n* (-[e]s; -e) yarn; thread; cotton; net; twine; worsted; *fig. ins ~ gehen* fall into the snare; *ins ~ locken* ensnare, decoy, trap; *ein ~ spinnen* spin a yarn.

Garnele [gar'ne:lə] *ichth. f* (-; *-n*) shrimp.

garnier|en [gar'ni:rən] *v/t.* (*h.*) trim; *cul.* garnish; **2ung** *f* (-; *-en*) trimming; *cul.* trimmings *pl.*, garnish, garniture.

Garnison [garni'zo:n] *mil. f* (-; *-en*) garrison; **2dienstfähig** *adj.* fit for garrison duty *or* limited service; **~lazarett** *n* military hospital; **~stadt** *f* garrison-town.

Garnitur [garni'tu:r] *f* (-; *-en*) trimming; *tech.* fittings *pl.*; mountings *pl.*; set; *mil.* complete uniform; *erste ~* No. 1 dress; → *Ausrüstung*; *fig. die erste ~* the (very) best, the élite (*of writers, clubteam, etc.*).

'**Garn...:** **~knäuel** *m or n* ball of yarn; **~rolle** *f* reel; **~spinnerei** *f* yarn spinning mill; **~spule** *f* bobbin, spool; **~strähne** *f* hank (*or* skein) of yarn; **~winde** *f* → *Garnrolle.*

garstig ['garstiç] *adj.* nasty, loathsome, foul, vile; filthy, foul; ugly *er war sehr ~ zu mir* he was very nasty to me.

'**Gärstoff** *m* ferment.

Gärtchen ['gɛrtçən] *n* (*-s*; -) little garden.

Garten ['gartən] *m* (*-s*; ¨) garden; *botanischer (zoologischer) ~* botanical (zoological) gardens *pl.*; **~anlage** *f* garden-plot; public garden, (pleasure-)grounds *pl.*; **~arbeit** *f* gardening; **~architekt** *m* landscape gardener, *Am.* landscape architect; **~bau** *m* (-[e]s) horticulture; **~bau-ausstellung** *f* horticultural show; **~erde** *f* garden-mo(u)ld; **~fest** *n* garden (*Am. a.* lawn) party; **~geräte** *n/pl.* gardening tools; **~gestaltung** *f* horticulture; landscaping; **~gewächse** *n/pl.* garden produce; **~haus** *n* summer-house; **~land** *n* garden-plot; **~laube** *f* arbo(u)r, bower; *fig.* sentimental trash; **~lokal** *n* beer- (*or* tea-) garden; **~messer** *n* pruning knife; **~schau** *f* horticultural show; **~schere** *f* pruning shears *pl.*; **~schirm** *m* sunshade, beach umbrella; **~stadt** *f* garden city; **~stuhl** *m* lawn chair; **~wirtschaft** *f* → *Gartenlokal*; **~zaun** *m* garden fence.

Gärtner ['gɛrtnər] *m* (*-s*; -), **~in** *f* (-; *-nen*) gardener.

Gärtne'rei *f* (-; *-en*) gardening, horticulture; nursery(-garden); market-garden, *Am.* truck garden (*or* farm); '**gärtnerisch** *adj.* horticultural; *~ gestalten* landscape; '**gärtnern** *v/i.* (*h.*) do gardening.

Gärung ['gɛ:ruŋ] *f* (-; *-en*) fermentation; *med.* zymosis; *fig.* ferment(ation); unrest, agitation, tumult; *zur ~ bringen* ferment; *sich in ~ befinden* (*a. fig.*) be in a state of ferment.

'**Gärungs...:** **~lehre** *f* zymology; **~mittel** *n* ferment; **~pilz** *m* yeast-plant; **~prozeß** *m* process of fermentation; **~stoff** *m* ferment.

Gas [gɑ:s] *n* (*-es*; *-e*) gas; *mot. ~ geben* step on the accelerator, *Am. a. fig.* step on the gas; *~ wegnehmen* throttle down, cut off the gas; *in ~ verwandeln* gasify; *mit ~ vergiften* gas.

'**Gas...:** **~angriff** *mil. m* gas-attack; **~anstalt** *f* gas-works *pl.*; **~anzünder** *m* gas lighter; **~arbeiter** *m* gas-fitter; **2artig** ['-ɑ:rtiç] *adj.* gaseous; **~austritt** *m* gas leakage; gas outlet; **~automat** *m* coin-operated gas-meter; **~backofen** *m* gas oven; **~behälter** *m* gas-holder *or* -container, gasometer; **2beheizt** *adj.* gas-fired; **~beleuchtung** *f* gas-light(ing); **~bereitschaft** *mil. f* gas alert; **~bombe** *f* gas bomb; **~brenner** *m* gas-burner; **2dicht** *adj.* gas-tight; **~druck** *m* gas pressure; **2en** *v/i.* (*h.*) (develop) gas; **~entwickler** *m* gas generator; **~entwicklung, ~erzeugung** *f* gas production; **~fabrik** *f* → *Gasanstalt*; **~feuerung** *f* gas firing; **~flamme** *f* gas-jet; **~flasche** *f* gas cylinder; **2förmig** ['-fœrmiç] *adj.* gaseous; **~förmigkeit** *f* (-) gaseity; **~fußhebel** *mot. m* → *Gaspedal*; **~gebläse** *n* gas blower; **~gemisch** *n* gas(eous) mixture; **~geruch** *m* odo(u)r of gas; **~gewinnung** *f* gas production; **~glühlicht** *n* incandescent (gas-)light; **~granate** *f* gas-shell; **~hahn** *m* gas tap; **~hebel** *mot. m* throttle hand lever; → *Gaspedal*; **~heiz-ofen** *m* gas-stove; **~heizung** *f* gas heating; **~herd** *m* gas-range (*or* -stove); **~kammer** *f* gas chamber; **~kampfstoff** *m* poison gas; **~kessel** *m* → *Gasbehälter*; **~kocher** *m* gas cooker, gas range; **~koks** *m* gas coke; **2krank** *adj.* gassed; **~krieg** *m* chemical warfare; **~lampe, ~laterne** *f* gaslamp; **~leitung** *f* gas main (*or* conduit); **~licht** *n* gas-light; **~lichtpapier** *phot. n* gas-light paper; **~-Luftgemisch** *n* gas-air mixture; **~mann** *m* gas-man; **~maske** *f* gas mask; **~messer** *m* (*-s*; -) gas-meter; **~motor** *m* gas-engine; **~ofen** *m* gas-stove.

Gasolin [gazo'li:n] *chem. n* (-[e]s) gasolene, gasoline.

Gaso'meter *m* gas-holder, gasometer.

'**Gas...:** **~pedal** *mot. n* accelerator (pedal), *Am.* gas pedal; **~rohr** *n* gas-pipe; **~schweißbrenner** *m* autogenous welding torch.

Gäßchen ['gɛsçən] *n* (*-s*; -) narrow alley *or* lane.

Gasse ['gasə] *f* (-; *-n*) (narrow) street *od.* passage; (*a. fig.*) lane; *schmale ~* narrow lane, alley; *e-e ~ bilden* form a lane; **~nbube, ~njunge** *m* street arab, urchin, guttersnipe; **~nhauer** *m* street-ballad, popular song.

Gast [gast] *m* (*-es*; ¨e) guest; visitor, caller; customer, frequenter, → *Stammgast*; boarder; stranger; tourist; *thea.* guest (artist); *ungebetener ~* intruder; *ein seltener ~* quite a stranger; *Gäste haben* have company; *j-n bei sich zu ~ haben* entertain a p.; *j-n zu ~e bitten* invite a p.; *bei j-m zu ~ sein* be a p.'s guest, be staying with a p.; '**~arbeiter** *m* foreign worker; '**~bett** *n* spare (bed); '**~dirigent** *mus. m* guest conductor.

Gäste|buch ['gɛstə-] *n* visitors' book; guest book; **~heim** *n* guest-house, boarding-house.

'**Gast...:** **2frei** *adj.* hospitable; **~freiheit** *f* hospitality; **~freund** *m* guest; → *Gastgeber*; **2freundlich** *adj.* hospitable; **~freundschaft** *f* hospitality; **~geber** *m* host; **~geberin** *f* hostess; **~geberstaat** *m* host nation; **~haus** *n*, **~hof** *m* restaurant; inn, hotel; **~hörer(in** *f*) *univ. m* guest (*or* extramural) student, *Am. a.* auditor.

ga'stieren *thea. v/i.* (*h.*) be a guest star, give a guest performance.

'**Gast...:** **~land** *n* host country; **2lich** *adj.* hospitable; *~ aufnehmen* receive as a guest; **~lichkeit** *f* (-) hospitality; **~mahl** *n* feast, banquet; **~professor** *m* visiting professor; **~recht** *n* (-[e]s) right to hospitality.

gastrisch ['gastriʃ] *med. adj.* gastric;

Gastritis [gas'tri:tis] *f* (-) gastritis.

Gastrologie [gastrolo'gi:] *med. f* (-) gastrology.

'**Gastrolle** *thea. f* guest part; *fig. e-e kurze ~ geben* pay a flying visit; → *gastieren.*

Gastronom [gastro'no:m] *m* (*-en*; *-en*) gastronom|er, -ist; **2isch** *adj.* gastronomic(al).

'**Gast...:** **~spiel** *thea. n* guest performance; **~spielreise** *f* tour; **~spieltruppe** *f* road company; **~stätte** *f* restaurant; **~stättengewerbe** *n* catering trade; **~stättenwesen** *n* (*-s*) hotels and restaurants *pl.*; **~stube** *f* (bar) parlo(u)r; **~vorlesung** *f* guest lecture; **~vorstellung** *thea. f* guest performance; **~wirt** *m* landlord, host, innkeeper, *Am.* saloon keeper; **~wirtin** *f* landlady, hostess; **~wirtschaft** *f* → *Gasthaus*; **~zimmer** *n* lounge; *w.s.* spare (bed)room.

'**Gas...:** **~uhr** *f* gas-meter; **2vergiftet** *adj.* gassed, gas-poisoned; **~vergiftung** *f* gas-poisoning; **~ver-**

sorgung *f* gas supply; **~werk** *n* gasworks *pl.*; **~wolke** *f* gas cloud (*or* wave); **~zähler** *m* gas-meter; **~zufuhr** *f* gas supply.
Gatt [gat] *mar. n* (-[e]*s*; -*en*) hole.
Gatte ['gatə] *m* (-*n*; -*n*) husband, *poet.* mate, spouse (*a. jur.*); **~n** *pl.* married couple, husband and wife; **~nliebe** *f* conjugal love; **~nwahl** *biol. f* assortative mating.
Gatter ['gatər] *n* (-*s*; -) railing fence; grating; lattice, trellis; **~säge** *f* frame saw; **~tor** *n*, **~tür** *f* lattice gate, barrier; **~werk** *n* lattice-work.
'**Gattin** *f* (-; -*nen*) wife, *poet.* spouse, mate; *Ihre* ~ your wife, *formally*: Mrs. X.
Gattung ['gatuŋ] *f* (-; -*en*) *bot.*, *zo.* genus, race, family, species; *fig.* kind, sort, type, class; *arts*: *a.* genre (*Fr.*); *von jeder* ~ of every (kind and) description; **~sbegriff** *m* generic term; **~sname** *m* generic name; *gr.* appellative, common noun.
Gau [gaʊ] *m* (-[e]s; -e) district, region, province.
Gaudi ['gaʊdi] *f* (-) → *Gaudium*;
Gaudium ['-um] *n* (-*s*) (bit of) fun; *zum allgemeinen* ~ to the general amusement.
Gaukelbild ['gaʊkəl-] *n* illusion, phantasm, mirage. [*kelspiel.*]
Gaukelei [-'laɪ] *f* (-; -*en*) → *Gau-*
'**gaukel|haft** *adj.* juggling, *fig.* delusive; **⁓spiel**, **⁓werk** *n* jugglery, sleight-of-hand, legerdemain; trickery, hocus-pocus, deception.
'**gaukeln** *v/i.* (*h.*) juggle, do tricks; flutter about; sway (to and fro), rock; → *vorgaukeln.*
Gaukler(in *f*) ['gaʊklər(in)] *m* (-*s*, -; -, -*nen*) juggler, conjurer, illusionist; buffoon, clown; charlatan.
Gaul [gaʊl] *m* (-[e]*s*; ⸚e) (farm-) horse, nag; *contp. alter* ~ (old) jade; *fig. e-m geschenkten* ~ *sieht man nicht ins Maul* never look a gift horse in the mouth.
Gaumen ['gaʊmən] *m* (-*s*; -) palate, roof of the mouth; *harter* (*weicher*) ~ hard (soft) palate; *feiner* (*verwöhnter*) ~ delicate (fastidious) palate; *j-s* ~ *kitzeln* tickle a p.'s palate; *den* ~ *betreffend* palatal; **~laut** *m* palatal (sound); **~platte** *f* *dentistry*: (dental) plate; **~segel** *n* soft palate, velum; *~laut* velar; **~zäpfchen** *n* uvula.
Gauner ['gaʊnər] *m* (-*s*; -), **~in** *f* (-; -*nen*) swindler, sharper, trick(st)er, crook; scoundrel, *humor.* scamp, scalawag; **~bande** *f* gang of swindlers.
Gaune'rei [-'raɪ] *f* (-; -*en*) swindling, sharp practice, trickery, *Am. a.* skulduggery.
'**gauner|haft** *adj.* knavish, crooked, dishonest; **~n** *v/i.* (*h.*) cheat, swindle; **⁓sprache** *f* thieves' cant; **⁓streich** *m*, **⁓stück** *n* swindle, imposture; → *Gaunerei.*
Gaze ['gɑːzə] *f* (-; -*n*) gauze; cheesecloth; *tech.* wire gauze (*or* mesh); **⁓artig** ['-ɑːrtiç] *adj.* gauzy; **~bausch** *m* gauze pad; **~binde** *f* gauze bandage; **~fenster** *n* gauze-screened window, screen; **~sieb** *n* gauze sieve.
Gazelle [ga'tsɛlə] *f* (-; -*n*) gazelle.
'**G-Dur** *n* G-major.

Geächtete(r *m*) [gə'ʔɛːçtətə(r)] *f* (-*n*, -*n*; -*en*, -*en*) outlaw.
Geächze [gə'ʔɛçtsə] *n* (-*s*) groaning, groans *pl.*
Geäder [gə'ʔɛːdər] *n* (-*s*) veins *pl.*, veined structure; blood vessels; *in wood*: graining; **⁓t** *adj.* veined, veiny; *wood, etc.*: grained, marbled.
geartet [gə'ʔɑːrtət] *adj.* natured, disposed, conditioned; *anders* ~ *sein* be of a different nature.
Geäst [gə'ʔɛst] *n* (-*es*) branches *pl.*, branch work.
Gebäck [gə'bɛk] *n* (-[e]*s*; -e) baker's ware; pastry, fancy cakes, cookies *pl.*
Gebälk [gə'bɛlk] *n* (-[e]s) frame-work, timber-work, framing; beams *pl.*; *of columns*: entablature.
geballt [gə'balt] *adj.* balled, clenched (*fist*); *fig.* concentrated; *mil.* *~es Feuer* concentric fire; *~e Ladung* concentrated charge.
gebannt [gə'bant] *adj. and adv.* fascinated(ly), spellbound.
gebar [gə'bɑːr] *pret. of gebären.*
Gebärde [gə'bɛːrdə] *f* (-; -*n*) gesture; *heftige* ~ gesticulation; **⁓n:** *sich* ~ (*h.*) behave, act (*wie* like); **~nspiel** *n* gesticulation, gestures *pl.*; *thea.* pose; pantomime, dumb show (*a. fig.*); **~nsprache** *f* language of gestures, sign-language.
gebaren: *sich* ~ (*h.*) behave, act, deport o.s.
Gebaren [gə'bɑːrən] *n* (-*s*) deportment, demeano(u)r, behavio(u)r, conduct.
gebären [gə'bɛːrən] *v/t.* (*irr.*, *h.*) bear, bring forth (*a. fig.*), give birth to, be delivered of (*a child*); *fig.* produce, beget, breed; *geboren werden* be born; *ich wurde geboren am* I was born on; → *geboren*; **⁓** *n* (-*s*) child-bearing, parturiation; **~d** *adj.* being in labo(u)r, parturient.
Ge'bärmutter *f anat.* womb, uterus; *die* ~ *betreffend* uterine; **~hals** *m* cervix uteri; **~senkung** *f* uterine descent.
Ge'barung *econ. f* (-; -*en*) management; policy.
Gebäude [gə'bɔʏdə] *n* (-*s*; -) building, structure; edifice; *fig.* structure, framework; edifice (*of ideas*); **~entschuldungssteuer** *f* rental tax; **~komplex** *m* complex of buildings.
gebefreudig ['geːbə-] *adj.* open-handed.
Gebein [gə'baɪn] *n* (-[e]s; -e) bones *pl.*; skeleton; *~e pl.* (mortal) remains.
Gebelfer [gə'bɛlfər] *n* (-*s*) yelping, yapping.
Gebell [gə'bɛl] *n* (-[e]*s*) barking.
geben ['geːbən] *v/t.* (*irr.*, *h.*): *j-m et.* ~ give a p. a th., give a th. to a p.; hand a p. a th., hand a th. over to a p.; present a p. with a th.; bestow (*or* confer) a th. on a p.; *e-r Sache et.* ~ impart a th. to a th.; grant, allow (*esp. a. econ.*); allot, apportion; add; give (*a party, etc.*), hold, stage; *tel.* transmit, send; *tennis*: serve (*v/i.*); *thea.* perform, show; play, do (*a part*); *gegeben werden* be on; yield (*income, etc.*); *cards*: deal (*a. v/i.*); *et.* (*nichts*) ~ *auf* (*acc.*) set (no) store by; → *Anlaß*, *Beispiel*, *Druck*, *Verwahrung*, *Zeugnis*, *verstehen*, *etc.*; *sich* ~ yield, stretch; settle (down), abate, *passion, zeal*: *a.* cool; *person*: behave, act; *sich* ~ *als* pretend to be, try to pass off for, give o.s. the air of; *sich gefangen* ~ surrender, give o.s. up; → *Mühe*; *sich verloren* ~ give o.s. up for lost; *sich zu erkennen* ~ make o.s. known, reveal one's identity; *von sich* ~ give out, emit; utter (*sound*); *chem.* give off, evolve; bring up, vomit (*food*); pour forth (*oaths*); deliver (*speech*); *sich* ~ *in* resign o.s. to; *viel auf sich* ~ be particular about one's person; *es gibt* there is, there are; *was gibt es?* what is the matter?, what is it?; *colloq. was es nicht alles gibt!* it takes all kinds; *so etwas gibt es nicht* there is no such thing; *das gibt es nicht!* that's out!, nothing doing!; *das gibt keinen Sinn* it makes no sense; *ein Wort gab das andere* one word led to the other; *es gibt viel zu tun* there is a lot to do; *wir* ~ *Ihnen zu bedenken, daß* we would have you consider that; *das gibt mir zu denken* that gives me a new thought; *es wird sich schon* ~ it will pass, it will be all right; *das Stück wurde 7 Wochen lang gegeben* the play had a run of 7 weeks; *ich gäbe was drum, zu erfahren* I would give my eye-teeth to know; *es wird heute noch etwas* ~ there will be (*or* we are in for) a storm (row, *etc.*); *cards*: *wer gibt?* whose deal is it?; *ich habe es ihm tüchtig gegeben* I gave him a piece of my mind, I gave it him hot; → *gegeben*; *gib's ihm!* let him have it!; *gebe Gott!* God grant!
'**Geben** *n* (-*s*) giving; *cards*: *am* ~ *sein* (have the) deal; *es ist alles ein* ~ *und Nehmen* it's all a matter of give and take; ~ *ist seliger denn Nehmen* it is more blessed to give than to receive.
'**Geber** *m* (-*s*; -), **~in** *f* (-; -*nen*) giver, donor (*a. jur.*); *econ.* ~ *und Nehmer* sellers and buyers; *cards*: dealer; *tel.* transmitter; dispenser; **~laune** *f* (-) generous mood, burst of generosity.
Gebet [gə'beːt] *n* (-[e]*s*; -e) prayer; *sein* ~ *verrichten* say one's prayers; *fig. j-n ins* ~ *nehmen* question a p. closely, catechize a p., take a p. to task, call *or* have a p. on the carpet, give a p. a (good) talking-to; **~buch** *n* prayer-book.
ge'beten *p.p. of bitten.*
Ge'bet...: **~mühle** *f* prayer-wheel; **~s-teppich** *m* prayer-rug.
Gebiet [gə'biːt] *n* ([e]*s*; -e) territory; soil, ground; district, region; zone; area; terrain; tract; *econ.* (contractual) territory *or* district; *fig. jur.* jurisdiction; field, domain; province, department; subject; sphere, scope, range; *Fachmann auf dem* ~ *der Kernspaltung* authority on (*or* in the field of) nuclear fission; **⁓en I.** *v/t.* (*irr.*, *h.*) *j-m et.* ~ order (*or* command, tell, bid) a p. *to do* a th.; enjoin; direct, instruct; require, call for, command (*respect*, *etc.*); impose (*silence*); **II.** *v/i.* (*irr.*, *h.*) rule (*über acc.* over), govern; (*dat.*) check, control (*one's passions*,

etc.); have at one's disposal, command; → *geboten*; **~er** *m* (*-s*; -) master, lord, governor, ruler, commander; **~erin** *f* (-; *-nen*) mistress; **$\mathfrak{L}$erisch** *adj.* commanding; imperious, authoritative, dictatorial; categoric, peremptory (*tone*).

Ge'biets...: **~abtretung** *f* cession of territory; **~anspruch** *m* territorial claim; **~hoheit** *f* territorial sovereignty; **~körperschaft** *f* area authority; **$\mathfrak{L}$weise** *adj.* local(ly *adv.*).

Gebilde [gə'bildə] *n* (*-s*; -) thing; creation; product; form, shape; structure; *econ., jur.* entity, instrumentality; *a. geol.* formation; *weaving*: pattern, figure.

ge'bildet *adj.* educated, well-bred, cultivated, cultured, refined; accomplished; well-informed; well--read; *die Gebildeten pl. the* educated classes, *the* intelligentsia.

Gebimmel [gə'biməl] *n* (*-s*) (continual) ringing *or* tinkling.

Gebinde [gə'bində] *n* (*-s*; -) bundle; *agr.* sheaf; skein (*of yarn, etc.*); *arch.* truss; container; barrel, cask.

Gebirg|e [gə'birgə] *n* (*-s*; -) mountain-range (*or* -chain); mountains *pl.*; *mining*: ground, rock; *festes* (*schwimmendes*) ~ solid (shifting) rock; **$\mathfrak{L}$ig** *adj.* mountainous.

Gebirgs... [gə'birks-]: **~artillerie** *f* mountain artillery; **~ausläufer** *m* spur (of a mountain-range); **~bahn** *f* mountain railway; **~bewohner(in** *f*) *m* mountain-dweller, highlander; **~gegend** *f* mountainous region; **~geschütz** *mil. n* mountain gun; **~grat** *m* mountain-ridge; **~jäger** *mil. m* mountain infantryman; *pl.* mountain troops; **~kamm** *m* → *Gebirgsgrat*; **~kette** *f* chain of mountains; **~kunde** *f* (-) orology; **~land** *n* mountainous country; **~paß** *m* mountain-pass; **~rücken** *m* → *Gebirgsgrat*; **~truppen** *f/pl.* mountain troops; **~volk** *n* mountain-tribe; highlanders *pl.*; **~wand** *f* wall of a mountain; **~zug** *m* mountain-range; → *Berg...*

Gebiß [gə'bis] *n* (*-sses*; *-sse*) (set of) teeth; denture, set of artificial (*or* false) teeth; *for horse*: bit.

gebissen [gə'bisən] *p.p. of beißen*.

Gebläse [gə'blɛ:zə] *tech. n* (*-s*; -) blast (engine), blower; *mot.* supercharger; *of furnace*: air-pipe; bellows *pl.*; wind projector, ventilator; **~brenner** *tech. m* blow pipe; **~luft** *f* (-) blast air; **~motor** *m* forced induction engine; **~ofen** *m* blast furnace; **~rad** *n* blower (*Am.* fan) wheel.

geblieben [gə'bli:bən] *p.p. of bleiben*.

Geblök [gə'blø:k] *n* (-[e]s) bleating (*of sheep*); lowing (*of cattle*).

geblümt [gə'bly:mt] *adj.* flowered, flowery; *econ. a.* sprigged, with floral design.

Geblüt [gə'bly:t] *n* (-[e]s) blood; lineage, race; *von edlem* ~ of noble birth (*or* descent); *Prinz von* ~ prince of the blood.

gebogen[1] [gə'bo:gən] *p.p. of biegen*.

ge'bogen[2] *adj.* bent, curved; convex.

geboren [gə'bo:rən] *adj.* (*p.p. of gebären*) born; *~er Deutscher* German by birth; *in Deutschland* ~ German-born; *~e Schmidt* née Schmidt; *sie ist eine ~e Schmidt* her maiden name was Schmidt; *zu et.* ~ *sein* be born to a th. (*or* to be a th., to do a th.), be cut out for (*a profession, etc.*); *ein ~er Geschäftsmann* a born businessman.

geborgen[1] [gə'bɔrgən] *p.p. of bergen*.

ge'borgen[2] *adj.* safe, sheltered (*vor dat.* from).

Ge'borgenheit *f* (-) safety, security.

geborsten [gə'bɔrstən] *p.p. of bersten*.

Gebot [gə'bo:t] *n* (-[e]s; -e) order, command; rule; *econ.* bid; *die Zehn ~e pl.* the Ten Commandments; *das ~ der Vernunft* the dictates *pl.* of reason; *j-m zu ~e stehen* be at a p.'s disposal (*or* command); *ihm stehen reiche Hilfsquellen zu ~e* he has (*or* commands, can rely on) rich resources; *Not kennt kein* ~ necessity knows no law; *dem ~ der Stunde gehorchen* fit in with the needs of the moment; **$\mathfrak{L}$en** *adj.* requisite, necessary; *pred.* required; *dringend* ~ imperative; indicated; due; *jur.* mandatory; **~s-schild** *n* mandatory sign.

gebracht [gə'braxt] *p.p. of bringen*.

gebrannt [gə'brant] *p.p. of brennen*.

Gebräu [gə'brɔʏ] *n* (-[e]s; -e) brewage, brew; *fig.* (*usu. contp.*) mixture, concoction.

Gebrauch [gə'braux] *m* (-[e]s) use; employment, *esp. med., pharm.* application; (-[e]s; ⸚e) custom; usage, practice; *heilige Gebräuche pl.* sacred rites; *von et. ~ machen* make use (*or* avail o.s.) of a th.; *in ~ kommen* come into use; *im ~ sein* be in use; *außer ~ kommen* go out of use, fall into disuse; *außer ~ setzen* supersede, discard, invalidate; *allgemein in ~* in common use; *der ~ seines linken Arms* the use of his left arm; *zum äußeren* (*inneren*) ~ for external (internal) application; *vor ~ schütteln* to be shaken before taken; **$\mathfrak{L}$en** *v/t.* (*h.*) use, make use of, avail o.s. of; employ (*für* for), apply (to); handle; take (*medicine*); *Gewalt ~* employ force, have recourse to violence; *sich ~ lassen zu* lend o.s. to; *ich kann es gut ~* I have a good use for it, it's just what I needed; *ich kann es nicht ~* it is of no use (*or* useless) to me; *ich könnte e-n Schirm ~* I could do with an umbrella; *er ist zu allem zu ~* he can turn his hand to anything; *er ist zu nichts zu ~* he's good for nothing; *äußerlich zu ~!* for outward application!; *gebrauchte Kleider, etc.* second-hand clothes, *etc.*; *gebrauchte Wagen a.* used cars; → *brauchen*.

gebräuchlich [gə'brɔʏçliç] *adj.* in use; current, commonly used (*words, etc.*); ordinary, common; customary, usual (*bei* with); *nicht mehr ~* no longer used; out-dated, obsolete; *~ werden* come into use (*or* fashion, vogue).

Ge'brauchs...: **~anmaßung** *jur. f* unauthorized use of pledged articles; **~anweisung** *f* directions *pl.* for use, instructions *pl.* (for use); **~artikel** *m* commodity, necessary, personal article; **~diebstahl** *m of car*: stealing a ride; **$\mathfrak{L}$fähig** *adj.* usable, serviceable; **~fahrzeug** *n* utility vehicle; **$\mathfrak{L}$fertig** *adj.* ready for (*or* to) use; instant (*coffee, soup, etc.*); **~gegenstand** *m* commodity, utility article; **~graphik** *f* commercial art; **~graphiker** *m* commercial (*or* industrial) artist; **~güter** *n/pl.* commodities, necessaries; **~hund** *m* all-round dog; **~möbel** *n/pl.* utility furniture; **~muster** *n* registered design (*or* pattern); **~musterschutz** *m* legal protection for registered designs; **~spannung** *el. f* service voltage; **~vorschrift** *f* → *Gebrauchsanweisung*; **~wert** *m* utility value.

ge'braucht *adj.* second-hand, used; worn, old (*clothes*); **$\mathfrak{L}$wagen** *m* used car, second-hand car; **$\mathfrak{L}$waren** *f/pl.* second-hand articles.

gebräunt [gə'brɔʏnt] *adj.* tanned; *tief ~* bronzed; *tech.* burnished.

Gebraus [gə'braus] *n* (*-es*) → *Brausen*.

ge'brechen *v/i.* (*irr., h.*) → *fehlen, (er)mangeln*.

Ge'brechen *n* (*-s*; -) (physical *or* bodily) defect *or* handicap; infirmity; affliction, ailment; *fig.* shortcoming, handicap.

ge'brechlich *adj.* fragile, brittle; rickety; *person*: feeble, frail; decrepit, infirm, shaky; **$\mathfrak{L}$keit** *f* (-) fragility; frailty; infirmity, decrepitude.

gebrochen[1] [gə'brɔxən] *p.p. of brechen*.

ge'brochen[2] *adj.* broken (*a. fig.*); *mit ~er Stimme* in a broken voice; *mit ~em Herzen* broken-hearted; *~es Englisch* broken English.

Gebrodel [gə'bro:dəl] *n* (*-s*) boiling, bubbling.

Gebrüder [gə'bry:dər] *pl.* brothers; *econ. ~* (*Gebr.*) *Wolfram* Wolfram Brothers (*abbr.* Bros.).

Gebrüll [gə'bryl] *n* (-[e]s) roaring; *of cattle*: lowing.

gebückt [gə'bykt] *adj.* bent, stooped; *~e Haltung* stoop.

Gebühr [gə'by:r] *f* (-; *-en*) due; (*usu. ~en pl.*) duty, tax(es *pl.*), toll; fee(s *pl.*), charge(s *pl.*) dues *pl.*; rate, scale; royalty; *econ.* commission; *prozentuale ~* percentage; → *Anwalts$\mathfrak{L}$, Aufnahme$\mathfrak{L}$, Lizenz$\mathfrak{L}$, etc.*; *for motorway*: toll; *mail. ermäßigte ~* reduced rate; *nach ~* duly, properly, deservedly; *über ~* unduly, immoderately, excessively.

ge'bühren *v/i.* (*h.*) (*dat.*) be due to, belong to; *sich ~* be becoming *or* fitting *or* proper; *gib ihm, was ihm gebührt* give him his due; → *Ehre*; *dies gebührt sich nicht für einen Ausländer* it ill becomes a foreigner; **~d I.** *adj.* due (*dat.* to); becoming, seemly; proper (*answer, etc.*); **II.** *adv.* (*a.* **~dermaßen** [-ma:sən], **~derweise** [-vaɪzə]) duly, properly.

Ge'bühren...: **~einheit** *f* tariff unit; **~erlaß** *m* remission of fees; **~ermäßigung** *f* reduction of fees (*or* rates, charges); **$\mathfrak{L}$frei** *adj.* free of charges, no-charge; duty-free; **~freiheit** *f* exemption from payment of charges; **~marke** *f* revenue stamp, fee-stamp; **~ordnung** *f* schedule (*or* scale) of fees, tariff; **2pflichtig** *adj.* chargeable, liable to a fee, dutiable; subject to postage; *~e Autostraße* turnpike road, *Am.* toll road; **~satz** *m* rate (of fees); **~stempel** *m* fee stamp.

ge'bührlich *adj.* → *gebührend.*

gebunden[1] [gə'bundən] *p.p. of binden.*

ge'bunden[2] *adj.* bound; → *Ganzleder*; *chem.* combined (*an acc.* with); *phys.* latent (*heat*); *fig.* controlled (*a. currency, price*); directed, subject to supervision; tied (*capital*), earmarked; blocked; *vertraglich ~* bound by contract; *~er Zahlungsverkehr* payment through clearing channels; metrical (*speech*); → *binden*; **2heit** *f* (-) constraint, restraint; subordination; dependence.

Geburt [gə'bu:rt] *f* (-; -en) birth; delivery, confinement; parturition; *w.s.* birth, extraction, descent; *fig.* birth, creation, rise; *leichte ~* easy confinement; *Deutscher von ~* → *gebürtig*; *von vornehmer ~* of (noble) birth; *colloq. e-e schwere ~* a tough job.

Ge'burten...: **~beihilfe** *f* maternity benefits *pl.*; **~beschränkung, ~kontrolle** *f* birth-control; **~regelung** *f* birth-control; planned parenthood; **~rückgang** *m* declining birth-rate; **2schwach,** (**2stark**) *adj.* having a low (high) birth-rate; **~überschuß** *m* excess of births; **~ziffer** *f* birth-rate.

gebürtig [gə'byrtiç] *adj.*: *~ aus Deutschland, ein ~er Deutscher* born in Germany, a native of Germany, German-born.

Ge'burts...: **~anzeige** *f* announcement of birth; **~fehler** *m* congenital defect; **~haus** *n* house where a p. was born, birthplace; **~helfer** *m* obstetritian; **~helferin** *f* midwife; **~hilfe** *f* midwifery, obstetrics *pl.*; **~jahr** *n* year of birth; **~jahrgang** *m* age class; **~land** *n* native country; **~ort** *m* birthplace, native place; *~ und Geburtstag* place and date of birth; **~schein** *m* birth certificate; **~stadt** *f* native town; **~stunde** *f* hour of birth; **~tag** *m* birthday; date of birth; (*ich*) *gratuliere zum ~* (I wish you) many happy returns of the day; **~tagsfeier** *f* birthday party; **~tagsgeschenk** *n* birthday present; **~tagskind** *n* person celebrating his (her) birthday; **~urkunde** *f* → *Geburtsschein*; **~vorgang** *med. m* parturition; **~wege** *med. m/pl.* genital tract *sg.*; **~wehen** *pl.* labo(u)r-pains, throes, labo(u)r *sg.*; *in ~ liegen* be in labo(u)r; **~zange** *f* forceps.

Gebüsch [gə'byʃ] *n* (-es; -e) bushes *pl.*, shrubbery; thicket; underbrush, underwood, copse.

Geck [gɛk] *m* (-en; -en) fop, dandy, *Am. a.* dude; conceited ass.

'geckenhaft *adj.* dandyish, foppish.

gedacht[1] [gə'daxt] *p.p. of denken.*

ge'dacht[2] *adj.* imaginary, assumed.

Gedächtnis [gə'dɛçtnis] *n* (-ses; -se) **a)** (faculty of) memory; **b)** remembrance, recollection, memory; *gutes ~* good (*or* retentive) memory; *schlechtes* (*kurzes*) *~* bad (short) memory; *aus dem ~* by heart, from memory; *aus dem ~ streichen* dismiss the memory of; *zum ~* in remembrance, in memory (*gen. or an acc.* of); to *a p.'s* memory; *im ~ behalten* keep (*or* bear) in mind, remember; *j-m et. ins ~ zurückrufen* call a th. back to a p.'s memory, remind a p. of a th.; *sich et. ins ~ zurückrufen* call a th. (back) to mind, recall a th.; *wenn mich mein ~ nicht trügt* if my memory serves me right, if I remember rightly; **~fehler** *m* slip of the memory; **~feier** *f* commemoration; **~gottesdienst** *m* memorial service; **~hilfe** *f* memory-aid; memo; **~kirche** *f* memorial church; **~kunst** *f* mnemonics *pl.*; **~rede** *f* commemorative address; **~rennen** *n sports*: memorial (stakes *pl.*); **~schwäche** *f* weakness of memory; **~schwund** *m* loss of memory; **~störung** *f* disturbed memory, temporary amnesia; **~stütze** *f* mnemonic aid; **~übung** *f* memory-training; **~verlust** *m* amnesia, loss of memory; → *Gedenk...*

gedämpft [gə'dɛmpft] *adj.* deadened, muffled (*sound*); hushed (*steps, voice*); subdued (*colour, light*); *phys.* attenuated (*sound*); damped (*oscillation, wave*); *mit ~er Stimme a.* in an undertone, under one's breath; *cul.* stewed; *fig.* subdued (*mood*).

Gedanke [gə'daŋkə] *m* (-n; -n) thought (*an acc.* of); idea; notion; (*~ngang*) reflection; speculation; conjecture; *guter ~* good (*or* bright) idea, inspiration, brain-wave; *in ~n* **a)** in the spirit, **b)** in fancy, **c)** absent-mindedly; *in ~n versunken sein* be absorbed (*or* wrapped, lost) in thought, be in a brown study; *s-e ~n beisammen haben* (*halten*) have (keep) one's wits about one; *j-n auf andere ~n bringen* divert a p.'s thought, make a p. think of other things; *j-n auf den ~n bringen, daß* make a p. think that, give a p. the idea that; *j-s ~n lesen* read a p.'s mind; *sich mit dem ~n tragen, zu tun* consider (*or* think of) doing, have in mind to do; *sich ~n machen über* (*acc.*) **a)** wonder about, **b)** worry about; *wie kommst du auf den ~n?* what gives you this idea?; what makes you think that?; *ich kam auf den ~n* it (*or* the thought) occurred to me, it came to my mind; *kein ~!* no idea!, certainly not!, nothing of the kind!; *es ist kein ~ daran, daß* it is out of the question that; *mache dir keine ~n* don't let it worry you; *ich möchte nicht den ~n erwecken, daß* I don't wish to create (*or* give) the impression that.

Ge'danken...: **2arm** *adj.* lacking in ideas; **~armut** *f* lack of ideas; **~austausch** *m* exchange of ideas; **~blitz** *m* sudden inspiration, brainwave; **~freiheit** *f* (-) freedom of thought; **~fülle** *f* wealth of ideas; **~gang** *m* train of thought, (chain of) reasoning; **~leser(in** *f*) *m* thought-reader; **2los** *adj.* thoughtless, inconsiderate; mechanical; **~losigkeit** *f* (-) thoughtlessness; **~lyrik** *f* contemplative lyrics *pl.*; **2reich** *adj.* rich in ideas; **~reichtum** *m* (-s) wealth of ideas; fertility of the mind; **~splitter** *m/pl.* aphorisms; **~strich** *m* dash; **~übertragung** *f* thought transference; telepathy; **~verbindung** *f* association of ideas; **2verloren** *adj.* lost (*or* wrapped) in thought; **2voll** *adj.* thoughtful, pensive; deep in thought; **~vorbehalt** *m* mental reservation; **~welt** *f* (world of) ideas, thought; intellectual world.

ge'danklich *adj.* intellectual, mental; imaginary.

Gedärm [gə'dɛrm] *n* (-[e]s; -e), *usu.* **~e** *pl.* entrails, bowels, guts, intestines.

Gedeck [gə'dɛk] *n* (-[e]s; -e) cover; menu; *ein ~ auflegen* lay a place.

Gedeih [gə'daɪ] *m*: *auf ~ und Verderb* for better or for worse.

ge'deihen *v/i.* (*irr., sn*) *all a. fig.* prosper, thrive, grow; flourish, blossom; succeed, get on (well); develop; progress (well), get on (well); → *Gut*; *die Sache ist nun so weit gediehen, daß* the matter has now reached a stage where; *die Verhandlungen sind schon weit gediehen* the negotiations are in good progress (*or* well under way).

Ge'deihen *n* (-s) growth, thriving, prosperity, success.

ge'deihlich *adj.* thriving, prosperous, successful; beneficial, salutary; profitable.

ge'denken *v/i.* (*irr., h., gen.*) think of; remember, recollect; bear in mind; mention; hono(u)r; *e-r Sache nicht ~* pass a th. over in silence; commemorate; *~ zu tun* think of (*or* consider) doing, intend (*or* propose, have in mind) to do.

Ge'denken *n* (-s) memory; → *Andenken, Gedächtnis.*

Ge'denk...: **~feier** *f* commemoration; **~gottesdienst** *m* memorial service; **~rede** *f* commemorative address; **~spruch** *m* motto; **~stätte** *f* memorial place; **~stein** *m* memorial (stone); tombstone; **~stunde** *f* memorial hour; **~tafel** *f* memorial tablet; **~tag** *m* commemoration (day); anniversary.

Gedicht [gə'diçt] *n* (-[e]s; -e) poem, piece of poetry; *pl. a.* poetry; *colloq. der Hut ist ein ~* the hat is a (perfect) dream; **~sammlung** *f* collection of poems; anthology.

gediegen [gə'di:gən] *adj.* solid; pure, unmixed, native; sterling (*gold, etc.*; *a. fig. character, person*); *fig.* genuine, true; upright, high-principled; *~e Arbeit* good craftsmanship; *~e Kenntnisse* sound (*or* thorough) knowledge; capital (*joke*); *colloq. das ist ~* that's very funny; **2heit** *f* (-) solidity, purity; sterling quality; genuineness; soundness, thoroughness.

gedieh [gə'di:] *pret. of gedeihen.*

ge'diehen *p.p. of gedeihen.*

Ge'dinge *n* (-s; -) bargain; agreement; piecework; contract (*or* job) work; payment by the job, piece wage(s *pl.*); *im ~ arbeiten* work by contract *or* by the job.

Gedränge [gə'drɛŋə] *n* (-s) crowding, press, buffeting, squash; rush; *sports*: bunching; *rugby*: scrummage; crowd, throng, crush; *fig.* trouble, embarrassment, fix, dilemma; *ins* ~ *kommen* get into a tight corner.

ge'drängt I. *adj.* crowded, packed; crammed; *fig.* concise, compact, terse (*style, etc.*); ~*e Übersicht* condensed review, synopsis; **II.** *adv.*: ~ *voll* packed (to capacity), *Am. a.* jammed; **2heit** *fig. f* (-) compactness; conciseness, terseness.

ge'drechselt *adj. fig.* stilted.

gedroschen [gə'drɔʃən] *p.p. of dreschen.*

ge'drückt *adj.* depressed (*a. econ. prices*); *tech.* shallow formed; ~*er Stimmung sein* be depressed (*or* dejected, down-hearted, in low spirits); **2heit** *f* (-) depression; gloominess, low spirits *pl.*

gedrungen[1] [gə'druŋən] *p.p. of dringen.*

ge'drungen[2] *adj.* compact; squat, stocky, thickset, stumpy (*figure*); concise, terse (*speech*); **2heit** *f* (-) compactness; squatness, square build.

Gedudel [gə'du:dəl] *n* (-s) tooting.

Geduld [gə'dult] *f* (-) patience; indulgence, forbearance; perseverance; ~ *haben mit* (*dat.*) have patience with; *die* ~ *verlieren* lose patience; *sich in* ~ *fassen* have patience, possess one's soul in patience; *j-s* ~ *auf die Probe stellen* try *or* task a p.'s patience; *in, mit* ~ → *geduldig*; **2en** [-'duldən]: *sich* ~ (*h.*) have patience; wait (patiently); **2ig** [-'duldiç] **I.** *adj.* patient; indulgent, forbearing; → *Papier*; **II.** *adv.* patiently, in *or* with patience; ~**sfaden** *m*: *mir riß der* ~ I lost (all) patience; ~**spiel** [-'dult-] *n* (jigsaw) puzzle; ~**s-probe** *f* trial of patience, ordeal; *es war eine* ~ it was nerve-racking.

gedungen [gə'duŋən] *p.p. of dingen.*

gedunsen [gə'dunzən] *adj.* puffed up, bloated.

gedurft [gə'durft] *p.p. of dürfen.*

ge'ehrt *adj.* hono(u)red; *in letters*: *Sehr* ~*er Herr N.!* Dear Sir, *intimately*: Dear Mr. N., *adm.* Sir.

ge'eicht *adj. tech.* calibrated; *fig. darauf ist er* ~ he is an expert on that, *Am. sl.* that's just his meat.

ge'eignet *adj. person*: fit (*für, zu* for *a th.*, to be); qualified (for); *a. thing*: suited, suitable (to, for); proper, appropriate (to); *er ist nicht dafür* ~ he does not qualify (for the job), he is not the right man (for it); *im* ~*en Augenblick* at the right moment.

Geest [ge:st] *f* (-; -en) sandy heath-land (of North German coastal region).

Gefahr [gə'fa:r] *f* (-; -en) danger (*für* to), peril; risk, hazard, jeopardy; threat, menace; → *gelb*; *auf eigene* ~ at one's own risk; *econ.* → *Rechnung*; *insurance*: *gegen alle* ~*en* against all risk; *außer* ~ out of danger (*or* harm's way), out of the woods; *auf die* ~ *hin, zu verlieren* at the risk of *losing*; ~ *laufen zu inf.* run the risk of *ger.*, be liable (*or* likely) to *inf.*; *der* ~ *aussetzen* expose to danger; *in* ~ *bringen* → *gefährden*; *in* ~, *getötet zu werden* in danger of being killed; *sich in* ~ *begeben* incur danger, expose o.s. to danger; ~ *wittern* see rocks ahead; *es hat keine* ~ there is no danger; ~ *im Verzuge!* danger ahead!; **2bringend** *adj.* dangerous.

gefährd|en [gə'fɛ:rdən] *v/t.* (*h.*) endanger, imperil; expose to danger; risk, hazard; jeopardize; threaten (*the peace, etc.*); compromise (*position, reputation*); *gefährdete Jugend* endangered youth; **2ung** *f* (-) endangering, *etc.*; threat, menace (*gen.* to).

Ge'fahren...: ~**herd** *m*, ~**quelle** *f* source of danger, hazard; ~**punkt** *m* danger point (*or* spot), *fig. a.* critical point; ~**zone** *f* danger area; *aus der* ~ out of harm's way; ~**zulage** *f* danger money, *Am.* hazard bonus.

gefährlich [gə'fɛ:rliç] *adj.* dangerous (*für* to), perilous; risky, hazardous, precarious, ticklish; critical, grave, serious; *ein* ~*es Spiel treiben* skate on thin ice, ride for a fall; *colloq. das ist nicht so* ~*!* that's nothing much; **2keit** *f* (-) danger(-ousness), riskiness; gravity, critical nature.

ge'fahrlos *adj.* without danger *or* risk, riskless; safe; harmless; **2igkeit** *f* (-) safety, security.

Gefährt [gə'fɛ:rt] *n* (-[e]s; -e) vehicle; → *Fuhrwerk.*

Ge'fährte *m* (-n; -n), **Ge'fährtin** *f* (-; -nen) companion; associate; fellow, mate.

ge'fahrvoll *adj.* full of danger, dangerous, risky, venturesome.

Gefälle [gə'fɛlə] *n* (-s; -) fall, slope, incline, descent, gradient, *Am.* grade; fall (*of water*); ~ *der Wärme* heat drop; *elektrisches* ~ fall of potential; *fig.* downward trend, fall; wage differential; price gap; variation in the level of economic activity; margin (between interest rates); *mot. starkes* ~*!* steep grade!

Ge'fallen[1] [gə'falən] *m* (-s; -) favo(u)r, kindness; *mir zu* ~ to please (*or* oblige) me, for my sake; *j-m e-n* ~ *tun or erweisen* do a p. a favo(u)r *or* good turn; *j-m et. zu* ~ *tun* do a th. to please (*or* oblige) a p.; *j-n um e-n* ~ *bitten* ask a favo(u)r of a p.; *tu mir den* ~, *zu inf.* do me the favo(u)r of *ger.*

Ge'fallen[2] *n* (-s) pleasure; ~ *finden an* (*dat.*) like, be pleased (*or* delighted) with, enjoy, take (a) pleasure in, take a fancy to *or* for, take to (*a. p. or th. or doing a th.*); ~ *haben an* have a liking for; *Ihnen zu* ~ to please (*or* oblige) you; *j-m zu* ~ *sein* be at a p.'s beck and call; *j-m zu* ~ *reden* cajole a p., fawn on a p.; *nach* ~ at one's pleasure, at one's (own) discretion, as one likes.

ge'fallen I. *v/i.* (*irr., h.*) please (*j-m* a p.); *es gefällt mir* I like it, it is to my liking (*or* taste), I am pleased with it; *er gefiel mir auf den ersten Blick* I liked (*or* took to) him at once; *solche Filme* ~ *der Masse* such films will appeal to the masses; *colloq. er gefällt mir nicht* he doesn't look too well, I am worried about him; *hat dir das Konzert* ~*?* did you enjoy the concert?; *wie gefällt es Ihnen in B.?* how do you like B.?; *er tut, was ihm gefällt* he does as he pleases; *ob es dir gefällt oder nicht* like it or lump it; *sich et.* ~ *lassen* **a**) agree with (*or* approve of) a th., consent to a th. (being done), **b**) put up with (*or* submit to, suffer) a th.; *das laß ich mir* ~*!* that's what I like!; *das lasse ich mir nicht* ~ I won't stand (*Am.* for) it; *sich* ~ *in* (*dat.*) take pleasure in, indulge (o.s.) in, affect; *sich in e-r Rolle, etc.* ~ fancy o.s. in *a rôle, etc.*; *er gefiel sich in dem Gedanken, daß* he gloried in the thought that, he flattered himself in the belief that; **II.** *adj.* fallen (*angel, girl, etc.*); *mil.* killed in action, fallen; **2e(r** *m*) *f* (-n, -n; -en, -en) fallen person; *mil.* killed (*or* dead) soldier; *die Gefallenen pl.* the fallen *or* dead; **2enfriedhof** *m* war cemetery.

gefällig [gə'fɛliç] *adj.* pleasing, agreeable; engaging, taking; obliging, complaisant; kind, accommodating; *j-m* ~ *sein* please (*or* oblige, accommodate) a p.; *econ. was ist Ihnen* ~*?* what can I do for you?; *Zigaretten* ~*?* cigarettes, please?; *um* ~*e Antwort wird gebeten* the favo(u)r of an answer is requested; → *gefälligst*; **2keit** *f* (-; -en) kindness, complaisance, obligingness; favo(u)r; → *Gefallen[1]*; **2keits-akzept** *n*, **2keitswechsel** *m* accommodation bill; ~**st** *adv.* kindly, (if you) please; *sei* ~ *still!* be quiet, will you!

Ge'fall|sucht *f* (-) desire to please, craving for admiration; coquetry; **2süchtig** *adj.* coquettish.

Gefältel [gə'fɛltəl] *n* (-s) folds, pleats; **2t** *adj.* folded, pleated.

ge'fangen *adj.* caught; *mil.* captive, captured; imprisoned, in prison; *fig.* captivated, enthralled; *sich* ~ *geben* give o.s. up (as a prisoner), surrender; **2e(r** *m*) *f* (-n, -n; -en, -en) prisoner, captive; → *Sträfling*; **2en-arbeit** *f* convict labo(u)r; **2enfürsorge** *f* prison welfare-work; **2enlager** *n* prison(ers') camp; **2enwagen** *m* prison van, *Am.* patrol wagon; ~**halten** *v/t.* (*irr., h.*) keep *a p.* (a) prisoner; detain (in prison); *fig.* hold *a p.* under one's spell; **2nahme** [-na:mə] *f* (-) capture (*a. mil.*); seizure; arrest, apprehension; ~**nehmen** *v/t.* (*irr., h.*) *mil.* take *a p.* prisoner; capture, seize; arrest, apprehend; *fig.* captivate; enthrall; grip, absorb; **2schaft** *f* (-) *mil.* captivity; imprisonment, confinement; custody; *in* ~ *geraten* be captured, be taken prisoner; ~**setzen** *v/t.* (*h.*) imprison, put (*or* cast) in prison, jail; arrest, take into custody.

Gefängnis [gə'fɛŋnis] *n* (-ses; -se) prison, jail, *Brit. a.* gaol; dungeon; (term of) imprisonment; *j-n zu 5 Jahren* ~ *verurteilen* sentence a p. to 5 years' imprisonment; *ins* ~ *schicken* send to prison, jail; ~**direktor** *m* governor, *Am.* warden; ~**haft** *f* detention, imprisonment; ~**strafe** *f* (sentence *or* term of) imprisonment; *zu e-r* ~ *verurteilen* sentence to a term of imprisonment; **~wärter** *m* gaoler, *esp. Am.* jailer; turnkey; (prison) guard; **~zelle** *f* prison cell.

Gefasel [gə'fɑ:zəl] *n* (*-s*) twaddle, drivel.

Gefäß [gə'fɛ:s] *n* (*-es*; *-e*) vessel (*a. anat., bot.*); receptacle, container; pot, jar; bowl, basin; *bot. a.* canal, tube; *fig.* receptacle, vehicle; **~klappe** *anat. f* vascular valve; **~krampf** *med. m* vasospasm, arteriospasm; **~lehre** *f* angiology; **~vereng(er)ung** *f* vaso-constriction; **~wand** *f* vascular wall.

gefaßt [gə'fast] *adj.* calm, composed; resigned; *~ sein auf* (*acc.*) be prepared for; → *schlimm*; *sich ~ machen auf* (*acc.*) prepare (o.s.) for; *colloq. er kann sich auf* et. *~ machen* he is in for it now.

Gefecht [gə'fɛçt] *mil. n* (*-[e]s*; *-e*) fight, combat, encounter; engagement; action; skirmish; *außer ~ setzen* put out of action, silence (*guns*), knock out (*tank*); *ins ~ kommen* come into action, engage in battle; *in ein ~ verwickeln* engage; *ins ~ führen* advance (*arguments*).

Ge'fechts...: **~ausbildung** *mil. f* combat training; **~bereich** *m* zone of action; **ᘔbereit** *adj.* ready for action, combat-ready; **~einheit** *f* combat unit; **ᘔklar** *mar. adj.* clear for action; *ein Schiff ~ machen* clear a ship for action; **~kopf** *mil. m* warhead; **~lage** *f* tactical situation; **~lärm** *m* noise of battle; **ᘔmäßig** *adj.* combat (*firing practice, etc.*); **~schießen** *n* field firing; **~stand** *m* (advanced) command post; *aer.* **a**) operations room, **b**) *in plane*: turret; **~stärke** *f* fighting strength; **~tätigkeit** *f* combat activity; **~übung** *f* combat practice, field exercise; **~ziel** *n* objective.

gefeit [gə'faɪt] *adj.* invulnerable (*gegen* to), immune (from, against), proof (against).

Gefieder [gə'fi:dər] *n* (*-s*; *-*) plumage, feathers *pl.*; **ᘔt** *adj.* feathered; *bot.* pinnate.

Gefilde [gə'fildə] *poet. n* (*-s*; *-*) fields *pl.*, regions *pl.*; *~ der Seligen* Elysian Fields *pl.*

ge'flammt *adj.* watered; waved.

Geflatter [gə'flatər] *n* (*-s*) fluttering.

Geflecht [gə'flɛçt] *n* (*-[e]s*; *-e*) plait; plaited work; wickerwork; *tech.* netting, mesh; texture; *anat.* plexus.

gefleckt [gə'flɛkt] *adj.* spotted, speckled; freckled; → *fleckig.*

geflissentlich [gə'flisəntliç] **I.** *adj.* wilful, intentional, deliberate; **II.** *adv. a.* studiously, designedly, on purpose.

geflochten [gə'flɔxtən] *p.p. of flechten.*

geflogen [gə'flo:gən] *p.p. of fliegen.*

geflohen [gə'flo:ən] *p.p. of fliehen.*

geflossen [gə'flɔsən] *p.p. of fließen.*

Ge'flügel *n* (*-s*) poultry, fowl(s *pl.*); **~farm** *f* poultry farm; **~händler** *m* poulterer; **~handlung** *f* poultry-shop; **~schere** *f* poultry dissectors *pl.*

ge'flügelt *adj.* winged; *~e Worte* winged words, household words, familiar quotations.

Ge'flügel|zucht *f* poultry-farming; **~züchter** *m* poultry-farmer.

Geflunker [gə'fluŋkər] *n* (*-s*) fibbing, humbug; fibs, lies *pl.*; bragging.

Geflüster [gə'flystər] *n* (*-s*) whispering, whispers *pl.*

gefochten [gə'fɔxtən] *p.p. of fechten.*

Gefolge [gə'fɔlgə] *n* (*-s*; *-*) suite, retinue; train, entourage, followers *pl.*; attendance, attendants *pl.*; escort; *im ~ von fig.* in the train (*or* wake) of; *im ~ haben* lead to.

Gefolgschaft [gə'fɔlk-] *f* (*-*; *-en*) followers *pl.*, following, adherents *pl.*; *econ.* staff, personnel, employees.

Ge'folgsmann *m* → *Lehnsmann*; follower, *pol. a.* supporter, henchman.

gefräßig [gə'frɛ:siç] *adj.* greedy, voracious, gluttonous; **ᘔkeit** *f* (*-*) voracity, gluttony, greediness.

Gefreite(r) [gə'fraɪtə(r)] *mil. m* (*-n*; *-n*) lance-corporal, *Am.* private first class; *aer. Brit.* aircraftman 1st class, *Am.* airman 3rd class.

Gefrier|anlage [gə'fri:r-] *f* freezing plant; **~apparat** *m*, **~maschine** *f* freezing apparatus, freezer; **ᘔen** *v/i.* (*irr.*, *sn*) freeze, congeal; **ᘔfest** *adj.* cold-resistant, non-freezable; **~fleisch** *n* frozen meat; **~punkt** *m* freezing-point; *auf dem ~ stehen* be at zero; **~raum** *m* freezing room, freezer; **~salz** *n* freezing-salt; **~schrank** *m* freezer (cabinet), refrigerator; **~schutzmittel** *n* anti-freezing solution, antifreeze.

gefroren [gə'fro:rən] *p.p. of frieren.*

Ge'frorene(s) *n* (*-n*) ice(-cream).

Gefüge [gə'fy:gə] *n* (*-s*; *-*) joints *pl.*; *tech.* articulation; structure; structure, texture (*a. metall., anat.*); *mining*: layer, stratum, bed; *fig.* structure, make-up, fabric; *sittliches ~* moral order; *Staats*ᘔ political system.

ge'fügig *adj.* pliable, supple, flexible; *person*: pliant, tractable, docile, submissive; *j-n ~ machen* bring a p. to heel; **ᘔkeit** *f* (*-*) pliancy, flexibility; docility, submissiveness.

Gefühl [gə'fy:l] *n* (*-s*; *-e*) feeling, sentiment; emotion; sense (*für* of); sensation; touch, *a. w.s.* feel (*e.g. ~ für richtiges Kuppeln mot.* clutch feel); instinct, intuitive understanding; flair; *~ der Sicherheit* feeling (*or* sense) of safety; *~ des Unvermögens* sense of frustration; *~ der Kälte* sensation of cold; *~ für Anstand* sense of propriety; *mit gemischten ~en* with mixed feelings; *s-e ~e zur Schau tragen* wear one's heart on one's sleeve; *s-n ~en freien Lauf lassen* vent one's feelings, not to mince words; *j-s ~e verletzen* hurt a p.'s feelings; *ich habe das ~, daß* I have a feeling that; *von s-n ~en überwältigt* overpowered by his emotion; *er sang mit ~* he sang with feeling; *das muß man mit ~ machen* that takes a certain touch; **ᘔlos** *adj.* numb; *person*: insensible, impassible (*gegen* to); unfeeling, callous, heartless; **~losigkeit** *f* (*-*) unfeelingness, callousness; cruel *or* brutal act.

Ge'fühls...: **~ausbruch** *m* outburst (of emotion); **ᘔbetont** *adj.* emotional; **~duselei** [-du:zəlaɪ] *f* (*-*) sentimentalism; **ᘔduselig** *adj.* sentimental, romantic, *sl.* mushy, soppy; **~leben** *n* (*-s*) emotional life, emotions *pl.*; **ᘔmäßig** **I.** *adj.* emotional; **II.** *adv. a.* by intuition; **~mensch** *m* emotional character, emotionalist; **~nerv** *m* sensory nerve; **~sache** *f* matter of feeling; **~wärme** *f* warmth of emotion, glow; **~wert** *m* emotional value.

ge'fühlvoll *adj.* (full of) feeling; sensitive; tender; sentimental, melodramatic.

gefunden [gə'fundən] *p.p. of finden.*

gefurcht [gə'furçt] *adj.* furrowed.

gegangen [gə'gaŋən] *p.p. of gehen.*

ge'geben *adj.*: *math. ~e Größe* given quantity; *tech. ~e Temperatur* stated temperature; *innerhalb e-r ~en Frist* within a given (*or* specified) period; *als ~ voraussetzen* assume as a fact; *wenn wir es als ~ voraussetzen, daß* taking (it) for granted that; *unter den ~en Umständen* under the prevailing conditions, things being as they are; *zu ~er Zeit* at the proper time; *die ~e Methode* the best (*or* obvious) approach; **ᘔe** *n* (*-n*): *das ~ sein* be the best thing (*or* policy), suggest itself; *das ist das ~!* that's the thing!; **~enfalls** *adv.* in that case; if need be; if necessary; if the occasion arises; **ᘔheit** *f* (*-*; *-en*) reality, (given) fact, fact existing, factor.

gegen ['ge:gən] *prp.* (*acc.*) towards; against; opposed to; in the face of; about, nearly, in the neighbo(u)rhood of, *Am.* around; by (*a time*); for (*a disease*); compared with, as against; opposite to; in exchange (*or* return) for; *jur.* versus (*abbr.* vs. *or* v.); *freundlich, grausam, etc. ~* kind, cruel, *etc.*, to; *~ die Vernunft* contrary to reason; *econ. ~ Bezahlung* (*Dokumente*) against payment (documents); *~ bar* for cash; *~ Quittung* on (*or* against a) receipt; *~ die Wand lehnen* (*stoßen*) lean (knock) against the wall; *ich wette 10 ~ eins* I lay ten to one.

'Gegen...: **~aktion** *f* → *Gegenmaßnahme*; **~angebot** *n* counter-offer; **~angriff** *m* counterattack (*a. v/t. e-n ~ führen gegen*); **~anklage** *f* countercharge; **~anspruch** *m* counterclaim; **~antrag** *m* counter-motion; **~antwort** *f* reply, rejoinder; *jur.* counterplea; **~auftrag** *m* counterorder; **~aussage** *f* counterevidence; **~bedingung** *f* counterstipulation; **~befehl** *m* counterorder; **~beschuldigung** *f* → *Gegenanklage*; **~besuch** *m* return visit; *j-m e-n ~ machen* return a p.'s visit; **~bewegung** *f* countermovement; *fig.* reaction(ary movement); **~beweis** *m* proof to the contrary; *jur.* counterevidence; *den ~ antreten* introduce rebutting evidence; **~bild** *n* counterpart, antitype; opposite; **~blockade** *f* counterblocade; **~buchung** *econ. f* cross-entry; **~bürgschaft** *f* countersecurity.

Gegend ['ge:gənt] *f* (*-*; *-en*) region (*a. anat.*), (tract of) country; district, area; locality; quarter, part, climate;

umliegende ~ surroundings *pl.*, environs *pl.*, vicinity; *in der* ~ *von* near, close to, in the neighbo(u)r-hood of; *in unserer* ~ in our parts.

'**Gegen...:** ~**dienst** *m* return (*or* reciprocal) service; *j-m e-n* ~ *leisten* return a p.'s favo(u)r, reciprocate (a p.'s service); *als* ~ in return; *zu* ~*en gern bereit* (always) glad to reciprocate; ~**drehmoment** *n* anti-torque moment; ~**druck** *m* (-[e]s; ⸚e) counterpressure, backpressure; *fig.* reaction, resistance; ≈**einander** *adv.* against (*or* towards) one another *or* each other; reciprocally, mutually; *tech.* ~ *versetzt* staggered; ≈**einanderdrehen** *tech.*: *sich* ~ (*h.*) counterrotate; ≈**einanderhalten** *v/t.* (*irr.*, *h.*) put side by side, compare; ≈**einanderprallen** *v/i.* (*sn*) collide, crash together; run *or* bump into each other; ~**elektrode** *f* counterelectrode; ~**erklärung** *f* counterstatement; ~**faktor** *m* opposing factor; ~**farbe** *f* complementary colo(u)r; ~**forderung** *f* counterclaim; *econ.* offset, *Am.* set-off; ~**frage** *f* counter-question; ~**füßler** ['-fy:slər] *m/pl.* antipodes; ~**gabe** *f* return gift; ~**gerade** *f sports*: back straight (*Am.* stretch); ~**geschäft** *n* contra transaction; ~**geschenk** *n* → *Gegengabe*; ~**getriebe** *n* differential (gear); ~**gewicht** *n* counterweight, counterpoise; *fig.* compensating factor; *das* ~ *halten* (*dat.*) counterbalance; *als* ~ *zu et.* to balance (*or* set off) a th.; ~**gift** *n* antidote; ~**griff** *m wrestling*: counter-hold; ~**grund** *m* counterargument, argument against *a th.*; ≈**halten** *tech. v/i.* (*irr.*, *h.*) *riveting*: hold up; ~**halter** *tech. m riveting*: dolly; *machine tool*: back stop; ~**kandidat** *m* rival candidate; *ohne* ~ unopposed; ~**klage** *jur. f* countercharge, cross action; ~**kläger(in** *f*) *m* defendant counterclaiming; ~**kopp(e)lung** *f radio*: negative feedback; ~**kraft** *f* counteracting (*or* opposing) force, reaction; ~**lauffräsen** *tech. n* (-*s*) conventional (*or* cut-up) milling; ≈**läufig** *tech. adj.* counter-rotating, opposite; ~**läufigkeit** *econ. f* (-) contrary course; ~**leistung** *f* return (service), equivalent; *econ.*, *jur.* consideration; → *Entschädigung*; *als* ~ by way of return, in return; ~**licht** *n* opposite light; ~**lichtaufnahme** *phot. f* photograph taken against the light; ~**lichtblende** *f phot.* lense hood; ~**liebe** *f*: *er fand keine* ~ his love was not returned; *fig. sein Vorschlag fand keine* ~ his proposal found no takers; ~**maßnahme,** ~**maßregel** *f* countermeasure; preventive measure; reprisal; ~*n ergreifen* counteract, counter; ~**mittel** *n* remedy (*gegen* for), antidote (against); ~**mutter** *tech. f* (-; -*n*) check (*or* lock) nut; ~**offensive** *f* counteroffensive; ~**papst** *m* antipope; ~**partei** *f jur.* party in opposition, opposite party; *sports*: opponents *pl.*; opposition; ~**pol** *m* opposite pole; *math.* antipole; ~**posten** *econ. m* contra-item; ~**probe** *f* check-test; ~**propaganda** *f* counterpropaganda; ~**quittung** *f* counterreceipt; ~**rechnung** *econ. f* check account, *Am.* control(ling) account; counterclaim; set-off, *Am.* offset; *in* ~ *bringen* set off, *Am.* offset (*mit* against); ~**rede** *f* reply; contradiction, objection; ~**reformation** *f* counter-reformation; ~**revolution** *f* counter-revolution; ~**ruder** *aer. n/pl.* opposite controls; ~**saldo** *m* counterbalance; ~**satz** *m* contrast (*zu dat.* to); (the) opposite, (the) contrary (*von dat.* of); opposition, antagonism (*zwischen dat.* between); antithesis; *im* ~ *zu* in contrast to *or* with, in opposition to, unlike (*a th.*); *im* ~ *dazu* by way of contrast; → *Widerspruch*; ≈**sätzlich** ['ge:gənzɛtsliç] *adj.* contrary, opposite; opposing, antagonistic; ~*e Vorschriften* conflicting regulations; ~**schlag** *m* counterblow, *fig. a.* retaliation; *e-n* ~ *tun* counter, *fig. a.* retaliate; ~**schrift** *f* rejoinder; ~**seite** *f* opposite side; → *Gegenpartei*; ≈**seitig** ['-zaɪtiç] *adj.* mutual, reciprocal; bilateral; *sich* ~ *loben* praise each other *or* one another; ~*e Abhängigkeit* interdependence; ~*e Beziehung* interrelation, correlation; ~**seitigkeit** *f* (-) reciprocity, mutuality; *Abkommen* (*Versicherung*) *auf* ~ mutual agreement (insurance); *auf* ~ *gegründet* founded on mutual interest, on a basis of reciprocity; *colloq. das beruht ganz auf* ~ same here, it's mutual; ~**seitigkeits-abkommen** *econ. n* reciprocal trade agreement; ~**seitigkeitsgeschäft** *n* barter transaction; ~**seitigkeitsklausel** *f* reciprocity clause; ~**seitigkeitsprinzip** *n* co-operative principle; ~**signal** *n* reply (signal); ~**spieler** *m sports*: opposite number; *fig.* opponent, antagonist; ~**spionage** *f* counterespionage, counterintelligence; ~**sprech-anlage** *tel. f* duplex (*or* two-way) system; ~**sprechverkehr** *m* duplex traffic (*or* operation); ~**stand** *m* object, thing (*a. fig.*); item; subject, theme, topic; *art*: motif; subject-matter; matter, affair; issue; ~ *des Mitleids, etc.* object of pity, *etc.*; ~ *des Spottes* object *or* butt of ridicule, laughing-stock; *zum* ~ *haben have* for subject, deal (*or* be concerned) with; ≈**ständlich** ['-ʃtɛntliç] *adj.* objective; concrete; graphic(ally *adv.*); ≈**standslos** *adj.* without object, abstract; *art*: non-representational; to no purpose; meaningless; unnecessary, superfluous; irrelevant, immaterial; invalid; *damit ist Ihre Frage* ~ *geworden* this settles (*or* disposes of, takes care of) your question; ~**standswort** *gr. n* (-[e]s; ⸚er) concrete noun; ~**stimme** *f mus.* counterpart; *pol.* adverse vote; ~**stoß** *mil. m* counterthrust (*a. v/i.* = *e-n* ~ *führen*); ~**strom** *el. m* reverse current; ~**strömung** *f* countercurrent, *fig.* → *Gegenbewegung*; ~**stück** *n* counterpart, antitype; equivalent; matching (*or* companion-)piece, fellow; ~**taktgleichrichter** *el. m* push-pull rectifier; ~**teil** *n* contrary (*von* to), reverse (of), opposite (of), antithesis; (*ganz*) *im* ~ (quite) on the contrary; *gerade das* ~ just the opposite (*or* reverse); *ich behaupte das* ~ I maintain the contrary; ≈**teilig** *adj.* contrary, opposite; ~*e Auskunft* information to the contrary; *soweit nachfolgend nichts* ≈*es bestimmt ist* unless otherwise provided hereinafter.

gegen'über *adv.*, *prp.* (*dat. or von*) opposite ([to] *a th.*), over the way, facing, in front of, vis-a-vis; *persons*: *a.* face to face (with); compared with *or* to, as against; contrary to; in view of, in the face of, considering; *freundlich, etc. j-m* ~ kind, *etc.*, to; *sich e-r Aufgabe, etc.*, ~*sehen* be up against, be faced (*or* confronted) with a task, *etc.*

Gegen'über *n* (-*s*; -) vis-a-vis; *fig. a.* opposite number.

gegen'über...: ~**liegen** *v/i.* (*irr.*, *h.*; *dat.*) be (*or* lie) opposite, face; ~**d** opposite, facing; *math.* alternate (*angle*); ~**stehen** *v/i.* (*irr.*, *h.*; *dat.*) stand opposite (*a th.*), face; *persons*: ~ be face to face with; be opposed to; ~**stellen** *v/t.* (*h.*; *dat.*) oppose to; set (*or* pit) against; confront (with); *fig.* contrast (with); ≈**stellung** *f* opposition; confrontation; *fig.* comparison, constrasting; ~**treten** *v/t.* (*irr.*, *sn*; *dat.*) step in front of; *fig.* face.

'**Gegen...:** ~**unterschrift** *f* countersignature; ~**verkehr** *m* oncoming traffic; two-way traffic; *tel.* duplex operation; ~**verschreibung** *f* counterbond, collateral security; ~**versicherung** *f* reciprocal (*or* re-)insurance; ~**versuch** *m* control experiment; ~**vorschlag** *m* counterproposal; ~**waffe** *f* anti-weapon; ~**wart** ['-vart] *f* (-) presence; *the* present time, present; *gr.* present (tense); *in m-r* ~ in my presence; ≈**wärtig** ['-vɛrtiç] **I.** *adj.* present; ~ *sein bei* (*dat.*) be present at, attend; *fig.* present, actual, current; prevailing; present-day (*problems, etc.*), of our time, today's; *econ.* current, ruling (*price*); *fig. j-m* ~ *sein* be present to a p.'s mind; *es ist mir jetzt nicht* ~ I can't think of it now, I forget; **II.** *adv.* at present; at the time being, at the moment; nowadays, in our time, (in) these days; ~**wartskunde** *ped. f* (-) (study of) current affairs *pl.*, *Am.* social studies *pl.*; ≈**wartsnah(e)** *adj.* topical, up-to-date; ~**wartsprobleme** *n/pl.* present-day problems; ~**wechsel** *econ. m* counter-bill; ~**wehr** *f* defen|ce, *Am.* -se; resistance; ~**wert** *m* equivalent; proceeds *pl.*; *der* ~ *in Reis* the rice equivalent; *den* ~ *leisten für* give value for; *der* ~ *des Betrages* the equivalent of the funds; ~**wertfonds** *m* counterpart fund; ~**wind** *m* head wind; ~**winkel** *m* corresponding angle; ~**wirkung** *f* countereffect, reaction (*auf acc.* to); ~**zeichen** *n* countersign, check; ≈**zeichnen** *v/i. and v/t.* (*h.*) countersign; endorse; ~**zeichnung** *f* countersignature; ~**zeuge** *m* counterwitness; ~**zug** *m* countermove (*a. fig.*); *rail.* opposite train.

geglichen [gə'gliçən] *p.p. of gleichen.*

gegliedert [gə'gli:dərt] *adj.* articulate, jointed; *w.s.* organized.
geglitten [gə'glitən] *p.p. of gleiten.*
geglommen [gə'glɔmən] *p.p. of glimmen.*
Gegner ['ge:gnər] *m* (-*s*; -), **∼in** *f* -; -*nen*) opponent (*a. sports*), adversary, antagonist; enemy, foe; assailant; rival, competitor; *ein* ∼ *sein von* be an enemy of, be opposed to, hate; *sich j-n zum* ∼ *machen* incur the enmity of a p., antagonize a p.; **²isch** *adj. mil.* (of the) enemy, hostile, → *feindlich*; antagonistic, opposed, adverse; **∼schaft** *f* (-) opponents *pl.*, opposition; antagonism, opposition, hostility; rivalry.
gegolten [gə'gɔltən] *p.p. of gelten.*
gegoren [gə'go:rən] *p.p. of gären.*
gegossen [gə'gɔsən] *p.p. of gießen.*
gegriffen [gə'grifən] *p.p. of greifen.*
Gehabe [gə'ha:bə] *n* (-*s*) (affected) behavio(u)r, affectation, mannerism; **²n**: *sich* ∼ behave; *gehab dich wohl* farewell; *colloq.* (*ge*)*hab dich nicht so* don't make a fuss.
Gehackte(s) [gə'haktə(s)] *n* (-*n*) *cul.* mincemeat, mince, *Am.* ground meat.
Gehalt [gə'halt] **1.** *m* (-[*e*]*s*; -*e*) contents *pl.*; *chem.* concentration; ∼ *an* content of, proportion (*or* percentage) of; capacity, cubic content, volume; *of coin*: standard; *fig.* content, substance; merit; ∼ *an Öl* oil content; *geistiger* ∼ intellectual content; **2.** *n* (-[*e*]*s*; ⸚*er*) salary, pay, *Am. a.* compensation; *of clergyman, magistrate, etc.*: stipend; *ein festes* ∼ *beziehen* draw a fixed salary; ∼ *weiterbeziehen* be kept on the payroll; *mit vollem* ∼ on full pay; **²en** *adj. speech, writing*: worded, formulated; self-controlled, sober, steady; ∼ *sein zu tun* be bound (*or* obliged) to do; **²los** *adj.* unnourishing (*food*); *fig.* empty, hollow, trivial, lacking substance; **∼losigkeit** *f* (-) emptiness, hollowness, triviality, lack of substance; **²reich, ²voll** *adj.* rich; *food*: *a.* substantial, nutritious; full-bodied, racy (*wine*); rich in content, profound, containing a wealth of information (*book*).
Ge'halts...: **∼abzug** *m* deduction from pay; **∼anspruch** *m* salary expected, salary claim; **∼aufbesserung** *f* increase in salary, rise (in salary), *Am.* (pay) raise; **∼auszahlungen** *f/pl.* payroll disbursements; **∼bestimmung** *f* determination of content, analysis; *mining*: assay; **∼einstufung** *f* salary classification; **∼empfänger(in** *f*) *m* salaried employee (*or* worker); **∼erhöhung** *f* → *Gehaltsaufbesserung*; **∼forderung** *f* → *Gehaltsanspruch*; **∼gruppe** *f* salary group; **∼kürzung** *f* reduction in salary, salary cut; **∼liste** *f* payroll; **∼sätze** [-zɛtsə] *m/pl.* scale of salaries, pay scale; **∼stufe** *f* salary level; **∼vorschuß** *m* advance (on salary); **∼zahlung** *f* payment of salary; **∼zulage** *f* additional pay, increment of pay; bonus.
Gehänge [gə'hɛŋə] *n* (-*s*; -) slope, declivity; festoon(s *pl.*); pendants, *Ohr²* *a.* ear-drops; *mil. hist.* belt; *tech.* suspension gear; *mot.* shackle.
gehangen [gə'haŋən] *p.p. of hängen.*
geharnischt [gə'harniʃt] *adj.* (clad) in amo(u)r, steel-clad; *fig.* sharp, withering, stinging (*answer, etc.*).
gehässig [gə'hɛsiç] *adj.* hateful, spiteful, venomous, malignant; odious, hateful; **²keit** *f* (-; -*en*) hatred, spite(fulness), venom; vindictive *or* spiteful act (*or* words, *etc.*).
Gehäuse [gə'hɔʏzə] *n* (-*s*; -) case, box; *tech.* casing, case, housing, cabinet; *of compasses*: binnacle; *phot.* body; *of fruit*: core; *of snail, a. of headlights*: shell; **∼bau** *m* (-[*e*]*s*; -*ten*) case building.
Gehege [gə'he:gə] *n* (-*s*; -) enclosure, fence, hedge; pen; paddock, *Am.* corral; *hunt. and fig.* preserve; *fig. j-m ins* ∼ *kommen* encroach a p.'s preserve, get in a p.'s way; *komm mir ja nicht ins* ∼ (you) keep out of my way.
geheim [gə'haɪm] *adj.* secret; confidential, private; concealed, hidden; clandestine, surreptitious; mysterious; hush-hush; occult; **²er** *Rat* **a**) Privy Council, **b**) *person*: privy councillor; *im* ∼*en* secretly, in secret, privately; → *heimlich*; ∼*e Dienstsache* classified matter; *on documents*: ∼! Restricted!; *streng* ∼ most secret, *Am.* top secret; ∼*e Tür* secret door; *in* ∼*em Einvernehmen mit* (*dat.*) in collusion with; **²abkommen** *n* secret agreement; **²agent** *m* secret (*or* confidential) agent; **²befehl** *m* secret order; **²bericht** *m* secret (*or* confidential) report; **²bund** *m* (-[*e*]*s*; ⸚*e*) secret society; **²dienst** *m* secret service; **²diplomatie** *f* secret diplomacy; **²fach** *n* secret drawer; **∼halten** *v/t.* (*irr.*, *h.*) keep secret (*vor dat.* from), conceal (from); hush *a th.* up; **²haltung** *f* (observance of) secrecy; concealment; **²haltungs-pflicht** *f* (imposed) secrecy; **∼haltungsstufe** *f* security grade, classification; **²mittel** *n* secret remedy, nostrum, arcanum.
Ge'heimnis *n* (-*ses*; -*se*) secret (*vor dat.* from); mystery; *das* ∼ *des Erfolgs, Glücks, etc.* the secret of success, happiness, *etc.*; *ein* ∼ *aus et. machen* make a secret of a th., be secretive about a th.; *ein* ∼ *bewahren* keep (*or* guard) a secret; *es ist ein öffentliches* ∼ it is an open (*or* nobody's) secret; *das ist das ganze* ∼ that's the whole story; → *einweihen*; **∼krämer** *m* secret-monger; **∼kräme'rei** *f* (-; -*en*) secret-mongering, secretiveness; **∼träger** *m* *mil. pol.* bearer of secrets; **∼verrat** *m* betrayal of a (state) secret; **²voll** *adj.* mysterious, mystical; hidden, dark, obscure; ∼ *tun* be secretive (*mit et.* about).
Ge'heim...: **∼polizei** *f* secret police; **∼polizist** *m* detective, plain-clothes man; **∼rat** *m* (-[*e*]*s*; ⸚*e*) Privy Councillor; **∼sache** *f* secret (*or* security) matter; **∼schreiber** *m* private secretary; **∼schrift** *f* cipher, code; secret writing; **∼sitzung** *f* secret session, closed meeting; **∼tinte** *f* sympathetic (*or* invisible) ink; **∼sender** *m* clandestine radio transmitter; **∼sprache** *f* secret language; **∼tue'rei** [-tu:əraɪ] *f* (-) secretiveness, mysteriousness; **²tuerisch** *adj.* secretive, mysterious; **∼tür** *f* secret door; **∼vertrag** *m* secret treaty; **∼waffe** *f* secret weapon; **∼wissenschaft** *f* occult science; **∼zeichen** *n* secret sign; code number.
Geheiß [gə'haɪs] *n* (-*es*) order, command, bidding; *auf sein* ∼ by his order, at his behest.
gehen ['ge:ən] *v/i.* (*irr.*, *sn*) go; *zu Fuß* ∼ walk, go on foot, march; go away, leave, depart (*nach* for); *servant, official, etc.*: leave, quit; resign; *er ist gegangen* he is gone, he has left; *colloq. er ist gegangen worden* he has been dismissed *or* sacked, *Am.* fired; ∼ *wir!* let's go!; *er ist von uns gegangen* (*dead*) he has departed this life (*or* passed away); *der Zug, etc. geht um 6 Uhr* (*ab*) the train, *etc.*, leaves (*or* starts) at six o'clock; *das Schiff geht nach China* the ship is bound for China; *tanzen, schwimmen, etc.*, ∼ go dancing, swimming, *etc.*; *schlafen* ∼ go to bed, turn in; *machine, etc.*: work, run, operate, function; *watch*: go, run; *die Uhr geht gut* the watch keeps good time; *der Apparat geht nicht* the apparatus does not work, is out of order; *dough*: rise; *wind*: blow; *wares*: sell; *der Artikel geht glänzend* the article sells well *or* like hot cakes; *es geht sich schlecht hier* it's bad walking here; *wie geht es Ihnen?* **a**) how are you getting on?, **b**) how are you?, **c**) how do you feel?; *es geht mir gut* (*schlecht*) I am well (not well), *in business, etc.*: I am doing well (badly); → *Geschäft*; *mir ist es genau so gegangen* the same thing has happened to me; *es geht mir gerade so* it's just so with me, I feel the same way, same here; *es geht* **a**) it can be done, **b**) it works; *danke, es geht* **a**) *thanks*, fairly well, it could be worse, **b**) I can manage (alone); *es wird schon* ∼ you will manage, it will be all right; *wird es* (*so*) ∼? will that do?; *das geht nicht* **a**) it can't be done, it is impossible, that's out, it's no go, **b**) that will not (*or* won't) do, **c**) it doesn't work (*a. fig.*); *es geht eben nicht anders* it can't be helped, there is no other way; *es geht um ... our happiness, etc.* is at stake; → *Leben*; *um was geht es hier?* what is the issue (*or* point)?, what is it all about?; *so geht es* (*immer*), *wenn* that's what will happen if; *wenn es darum geht, zu inf.* when it comes to *inf.*; *wenn es nach mir ginge* if I had my way; *es geht nichts über* there is nothing like, you can't beat; ∼ *lassen* let go, *wrongdoer a.* let off; leave *a p.* alone; *sich* ∼ *lassen* take it easy, be unrestrained, let o.s. go, take leave of one's manners; *er läßt sich niemals* ∼ he never slips (*or* loses control of himself); *es sich gut* ∼ *lassen* take good care of o.s., look well after o.s., have a good time; *geh, tu mir den Gefallen* come, do me the favo(u)r; *colloq. ach, geh* (*doch*)! go on!; *with prp.*: ∼ *bis an* (*acc.*) go as far as, reach, extend to; *er ging mir bis an die*

Schultern he came up to my shoulders; *das Erbteil ging an ihn* the inheritance fell (*or* went) to him; → *Arbeit*; *an e-e Aufgabe*, *etc.*, ~ set about a task, *etc.*; *geh mir ja nicht an meine Sachen!* don't you touch my things!; *auf die andere Seite* ~ pass over to the other side; *das Fenster geht auf die Straße (hinaus)* the window opens (*or* gives, looks) into the street; *auf Reisen* ~ go travelling, go on a journey; *die Uhr (or es) geht auf zehn* it is going on for ten; *das geht auf dich* that is meant for you; ~ *aus* (*dat.*) leave, quit; → *Fuge*; *s-e Ausführungen*, *etc.*, ~ *dahin, daß* his arguments, *etc.*, aim at *ger.*, are to the effect that; ~ *durch* (*acc.*) pass through; *der Gedanke ging mir durch den Kopf* the idea crossed my mind; *ich muß es mir durch den Kopf* ~ *lassen* I must think it over; *das geht gegen mein Gewissen* my conscience rebels against it; ~ *in* (*acc.*) go in(to), enter; *der Schaden geht in die Millionen* the damage runs into millions; es ~ *200 Personen in den Saal* the hall holds (*or* accommodates, seats) 200 persons; *er geht ins 20. Jahr* he is entering upon his twentieth year; *in die Industrie* ~ go into industry; *in Seide*, *etc.*, ~ wear, be dressed in silk, *etc.*; *in sich* ~ **a)** commune with o.s., take stock of o.s., **b)** repent, feel remorse; *ins Wasser* ~ throw o.s. into the water; *wie oft geht fünf in zehn?* how many times does five go into ten?; *mit j-m* ~ accompany a p., keep a p. company, *zum Bahnhof*, *etc.*: see a p. to the station, *etc.*; *mit e-m Mädchen* ~ go (*or* walk out with) a girl; *nach e-r Regel* ~ follow a rule; *das Fenster geht nach Norden* the window faces (*or* looks) north; ~ *über* (*acc.*) go (*or* walk) over, cross; *die Straße geht über e-e Brücke* the road crosses a bridge; *die Brücke geht über e-n Fluß* the bridge crosses a river; *der Brief geht über Berlin* the letter goes via Berlin; *das geht ihm über alles* he prizes it above everything; *nichts geht über* there is nothing like; *von Hand zu Hand* ~ pass from hand to hand; *j-m nicht von der Seite* ~ not to budge from a p.'s side; *vor sich* ~ happen, take place; *wie geht das vor sich?* how does it work?; *was geht hier vor?* what's up?, what's going on here?; *zu j-m* ~ go *or* step up to p., join a p.; (go to) see a p., call on a p.

'**Gehen** *n* (-*s*) going, walking; → *Abschied, Gang*; *sports*: walking.

Gehenk [gəˈhɛŋk] *n* (-[e]s; -e) (sword-)belt.

Geˈhenkte(r) *m* (-*n*; -*n*) hanged man.

'**Geher** *m* (-*s*; -) *sports*: walker.

geheuer [gəˈhɔʏər] *adj.*: *nicht* ~ **a)** risky, ticklish, **b)** uncanny, eerie; *hier ist es nicht* ~ this place is haunted; *die Sache ist nicht ganz* ~ *sl.* it looks a bit fishy (to me); *ihm war nicht recht* ~ *zumute* he did not feel quite at his ease.

Geheul [gəˈhɔʏl] *n* (-[e]s) howling, howls *pl.*

'**gehfähig** *med. adj.* ambulant (*case*), walking (*wounded mil.*).

Gehilf|e [gəˈhilfə] *m* (-*n*; -*n*), **~in** *f* (-; -*nen*) assistant; *econ.* shop assistant; clerk; journey man; *jur.* accessory before the fact; *fig.* helpmate.

Gehirn [gəˈhirn] *anat. n* (-[e]s; -e) brain; *das* ~ *betreffend* cerebral; *fig.* sense; brains *pl.*, brain-power; **~blutung** *med. f* cerebral h(a)emorrhage; **~entzündung** *f* encephalitis, brain-fever; **~erschütterung** *f* concussion (of the brain); **~erweichung** *f* cerebral softening; **~haut** *f* cerebral membrane, meninx; **~hautentzündung** *f* meningitis; **~kasten** *colloq. m* skull; **~krankheit** *f* brain disorder, cerebral disease; **~nerv** *m* cranial nerve; **~rinde** *f* cerebral cortex; **~schale** *f* brain-pan, cranium; **~schlag** *m* cerebral apoplexy; **~schwund** *m* encephalatrophy; **~substanz** *f* brainmatter; *graue* ~ grey matter; **~tätigkeit** *f* cerebration; **~tumor** *m* cerebral tumo(u)r; **~wäsche** *pol. f* brainwashing.

gehoben[1] [gəˈho:bən] *p.p. of heben.*

geˈhoben[2] *adj.* elevated (*language*, *etc.*); high, senior, executive (*position*); ~*e Stimmung* elation, high spirits *pl.*; *in* ~*er Stimmung* elated, in high spirits; *econ. Güter des* ~*en Bedarfs* luxuries and semi-luxuries.

Gehöft [gəˈhø:ft] *n* (-[e]s; -e) farm(stead).

geholfen [gəˈhɔlfən] *p.p of helfen.*

Gehölz [gəˈhœlts] *n* (-es; -e) wood, copse; thicket.

Gehör [gəˈhø:r] *n* (-[e]s) (sense of) hearing; audience; hearing (*a. jur.*); *jur. ordentliches, rechtliches* ~ due process of law; *feines (scharfes)* ~ delicate (quick) ear; *musikalisches* ~ musical ear; *nach dem* ~ by (the) ear; ~ *haben für* (*acc.*) have an ear for; *j-m* ~ *schenken* listen (*or* lend an ear) to a p., give a p. a hearing (*or* audience); *e-r Sache kein* ~ *schenken* turn a deaf ear to a th.; ~ *finden* get a hearing; *sich* ~ *verschaffen* make o.s. heard, *jur.*, *etc.* obtain a hearing; *mus. zu* ~ *bringen* perform, present, play; sing.

geˈhorchen *v/i.* (h.): *j-m (nicht)* ~ (dis)obey a p.; *tech.* respond.

geˈhören *v/i.* (h.) (*dat. or zu*) belong to (*a. fig.*); → *angehören*; be owned by; form part of, appertain to; rank (*or* be) among, be classed with; ~ *unter* (*acc.*) come *or* fall under, be subject to; *wem gehört das Haus?* who is the owner of the house?; *gehört der Handschuh dir?* is this glove yours?; *ihm gehört (eigentlich) der volle Anteil* he is entitled to a full share; *er gehört zu den besten Pianisten* he is one of (*or* ranks among) the best piano-players; *die Sachen* ~ *in den Schrank* these things go into the cupboard; *es gehört zu s-r Arbeit* it is part of his job; *und alles, was dazu gehört* and all that goes with it; *das gehört nicht hierher* **a)** *object*: that doesn't belong here, **b)** *remark*, *etc.*: that's beside (*or* not to) the point, it's irrelevant; *dazu gehört Geld, Zeit, Mut, etc.* that requires (*or* takes) money, time, courage, *etc.*; *es gehört nicht viel dazu* it doesn't take much (to do it); *die Sache gehört vor das Gericht* the matter should be brought before a court; *er gehört tüchtig verprügelt* what he wants is a sound beating; *er gehört an den Galgen* he ought to be hanged; *es gehört sich* it is proper *or* right *or* fit; *das gehört sich nicht* it's not done, it's not good form; *wie es sich* ~ properly, duly, as it should be.

Gehör... [gəˈhø:r-]: **~fehler** *m* auditionary defect, defective hearing; **~gang** *m* auditory canal.

geˈhörig I. *adj.* (*dat. or. zu*) belonging to, owned by; forming part of, appertaining to; proper, fit, right, due, just; *(nicht) zur Sache* ~ having (no) reference to the subject, (ir)relevant; *mit* ~*em Respekt* with due respect; *e-e* ~*e Tracht Prügel* a sound thrashing; *ein* ~*er Schluck* a good (*or* powerful, mighty) gulp; *e-e* ~*e Wegstrecke* quite a distance; *in* ~*er Weise* in due form, duly; **II.** *adv.*: *ich habe es ihm* ~ *gegeben* I gave him what for, I settled his hash (properly); *es ist* ~ *kalt* it's awfully cold.

Geˈhör...: **~leidende(r** *m*) *f* (-*n*, -*n*; -*en*, -*en*) person with impaired hearing; **2los** *adj.* deaf.

Gehörn [gəˈhœrn] *n* (-[e]s; -e) horns *pl.*; *hunt.* antlers *pl.*

Geˈhörnerv *m* auditory nerve.

geˈhörnt *adj.* horned, antlered; *fig.* ~*er Ehemann* cuckold.

gehorsam [gəˈho:rza:m] *adj.* obedient (*gegen* to); law-abiding (*citizen*); docile, submissive, dutiful.

Geˈhorsam *m* (-*s*) obedience; *aus* ~ *gegen* in obedience to; *j-m* ~ *leisten* obey a p.; *j-m den* ~ *verweigern* refuse to obey a p.; *sich* ~ *verschaffen* enforce (*or* exact) obedience; **~sverweigerung** *f* disobedience, *esp. mil.* insubordination.

Geˈhör...: **~sinn** *m* (-[e]s) sense of hearing; **~verlust** *m* loss of hearing.

Geh|rock [ˈge:-] *m* frock coat, *Am.* Prince Albert.

Gehrung [ˈge:ruŋ] *tech. f* (-; -*en*) mitring, *Am.* mitering.

'**Geh...**: **~steig** *m* pavement, *Am.* sidewalk; **~störung** *f* locomotor disturbance; **~versuch** *m* attempt at walking; **~werk** *n* clockwork, movement, works *pl.*; **~werkzeuge** *n/pl. colloq.* locomotor apparatus *sg.*

Geier [ˈgaɪər] *zo. m* (-*s*; -) vulture (*a. fig.*); *colloq. hol's der* ~*!* confound it!, to hell with it!; **~falke** *m* gerfalcon.

Geifer [ˈgaɪfər] *m* (-*s*) slaver, drivel; *med.*, *zo.* foam, froth; *fig.* venom, spite, spleen; **~er** *m* (-*s*; -) vilifier, vituperator; **2n** *v/i.* (*h.*) drivel, slaver; *vor Wut* ~ foam with rage; *fig.* ~ *gegen* (*acc.*) rail at, vituperate.

Geige [ˈgaɪgə] *f* (-; -*en*) violin, fiddle; *(auf der)* ~ *spielen* play (on) the violin; *(die) erste* ~ *spielen* play the first violin *or fig.* first fiddle; *fig. die zweite* ~ *spielen* play second fiddle; *fig. der Himmel hängt ihm voll(er)* ~*n* he sees everything from the rosy side.

'**Geigen...**: **~bauer** *m* (-*s*; -) violin-

-maker; **~bogen** *m* (violin-)bow; **~harz** *n* colophony, rosin; **~kasten** *m* violin-case; **~macher** *m* → *Geigenbauer*; **~saite** *f* violin-string; **~spiel** *n* violin music; **~steg** *m* violin bridge; **~stimme** *f* violin-part; **~strich** *m* stroke (of the violin-bow).

'**Geiger** *m* (*-s*; *-*), **~in** *f* (*-*; *-nen*) violinist.

'**Geigerzähler** *m* Geiger counter.

geil [gaɪl] *adj.* lascivious, lecherous, lewd, wanton; randy, in heat; luxuriant, rank; '**2heit** *f* (-) lasciviousness, lechery, lewdness, wantonness, lust; luxuriance.

Geisel ['gaɪzəl] *f* (*-*; *-n*) hostage; *~n stellen* give hostages; *als ~ behalten* hold as hostage.

Geiß [gaɪs] *f* (*-*; *-en*) (she *or* nanny-) goat; doe; '**~bart** *bot. m* (-[e]s) meadowsweet, goatsbeard; '**~blatt** *bot. n* (-[e]s) honeysuckle, woodbine; '**~bock** *m* he-goat, billy-goat.

Geißel ['gaɪsəl] *f* (*-*; *-n*) whip, lash; *fig.* scourge; *biol.* flagellum; **2n** *v/t.* (*h.*) whip, lash; *eccl.* flagellate, (*sich*) scourge (o.s.); *fig.* castigate, scourge, *eccl.* chastise; *with words*: lash, castigate, stigmatize; **~tierchen** *biol. n* (*-s*; *-*) flagellate; **~ung** *f* (*-*; *-en*) lashing, scourging, flagellation; *fig.* castigation; severe criticism, lashing, condemnation.

Geißler ['gaɪslər] *eccl. m* (*-s*; *-*) flagellant.

Geist [gaɪst] *m* (-es) spirit; mind; intellect, brains *pl.*; wit; genius; morale; (*pl.* *-er*) ghost, spectre; apparition; phantom; sprite; *böser ~* evil spirit, demon; *der Böse ~* the Evil One; *der Heilige ~* the Holy Ghost; *der ~ des Christentums, etc.* the spirit of Christianity, *etc.*; *der ~ der französischen Sprache* the genius of the French language; *~ und Körper* mind and body; *Sieg des ~es über die Materie* triumph of mind over matter; *ein großer ~* a great mind, a master-mind, a mental giant; *ein kleiner (enger) ~* a small (narrow) mind; *Mann von ~* witty (*or* brilliant) man, wit; *den ~ aufgeben* give up the ghost; *im ~e bei j-m sein* be with a p. in (the) spirit; *ich sah es im ~e vor mir* I saw it before my mind's eye; *wes ~es Kind ist er?* what kind of man is he?; *hier geht ein ~ um* the place is haunted (*or* ghost-ridden); *bist du denn von allen guten ~ern verlassen?* are you out of your mind?

'**Geister...**: **~banner**, **~beschwörer** *m* (*-s*; *-*) necromancer; exorcist; **~beschwörung** *f* necromancy, evocation; exorcism; **~erscheinung** *f* apparition, vision, phantom; **~geschichte** *f* ghost-story; **~glaube** *m* belief in ghosts; superstition; spiritism; **2haft** *adj.* ghostly, ghostlike, spectral; *fig.* ghastly; **~klopfen** *n* spirit-rapping; **2n** *v/i.* (*h.*) wander *or* roam (like a ghost); **~seher(in** *f*) m ghost-seer; **~stunde** *f* witching hour; **~welt** *f* spirit-world.

'**Geistes...**: **2abwesend** *adj.* absent-minded; **~abwesenheit** *f* absent-mindedness; **~anlagen** *f/pl.* mental faculties, abilities, talents; **~arbeit** *f* brain-work; **~arbeiter** *m* brain-worker; **~armut** *f* poverty of mind, intellectual thinness; **~art** *f* cast of mind, mentality, psychology; **~blitz** *m* brain-wave, flash of genius; spark of wit, sally; aphorism; **~flug** *m* flight of the imagination; **~freiheit** *f* (-) intellectual liberty, freedom of the mind; **~frische** *f* mental vigo(u)r; **~gabe** *f* (intellectual) gift, talent; **~gegenwart** *f* presence of mind; **2gegenwärtig** *adj.* (on the) alert; quick-witted; *adv.*: *~ sprang er zur Seite* he had the presence of mind to jump aside; **~geschichte** *f*: *die ~ des deutschen Volkes* the history of the German mind; **2geschichtlich** *adj.* intellectual-history; **2gestört** [-gə'ʃtø:rt] *adj.* mentally disturbed (*or* deranged); insane; **~größe** *f* greatness of mind; magnanimity; → *Geistesriese*; **~haltung** *f* mental attitude, mentality; **~kraft** *f* power of mind; mental vigo(u)r; **2krank** *adj.* mentally diseased *or* deranged; insane; **~kranke(r)** *m*) *f* (*-n*, *-n*; *-en*, *-en*) lunatic; mental patient (*or* case), *colloq.* mental; **~krankheit** *f* mental disorder; insanity; **~leben** *n* (*-s*) intellectual (*or* spiritual) life; **~produkt** *n* intellectual product; brain-child; **~richtung** *f* (mental) tendency, philosophy (of life); school of thought; → *Geisteshaltung*; **~riese** *m* mental giant, master-mind, genius; **~schärfe** *f* acuteness, keen intellect, perspicacity; **2schwach** *adj.* feeble-minded; imbecile; **~schwäche** *f* feeble-mindedness; imbecility; **~stärke** *f* → *Geisteskraft*; **~störung** *f* mental derangement *or* disorder, psychopathy; **~trägheit** *f* mental indolence; **~verfassung** *f* state (*or* frame) of mind; *w.s.* mentality; **2verwandt** *adj.* congenial (*mit* to); **~verwandtschaft** *f* congeniality, affinity; **~verwirrung** *f* mental derangement; **~wissenschaften** *f/pl.* *the* Arts, *the* humanities; **~zerrüttung** *f* insanity; **~zustand** *m* state of mind, mental condition.

'**geistig I.** *adj.* spiritual, immaterial; intellectual, mental; spirituous, alcoholic; *~es Auge* mind's (*or* mental) eye; *~es Eigentum* intellectual property; *Diebstahl ~en Eigentums (begehen)* plagiarism (plagiarize); *~er Führer* spiritual leader, brains *pl.*; *~er Gehalt* intellectual content (*or* substance); *~e Getränke pl.* spirits, alcoholic beverages; *~e Veranlagung, Einstellung* mentality, psychology; *~er Vorbehalt* mental reservation; **II.** *adv.*: *~ belastet* mentally afflicted; *~ anspruchsvoll, hochstehend* high-brow; *sich ~ mit j-m messen* match wits with a p.; **2keit** *f* (-) spirituality; intellectuality.

'**geistlich** *adj.* spiritual, religious; sacred (*music etc.*); clerical; ecclesiastical; *~es Amt* ministry; *~er Orden* religious order; **2e(r)** *m* (*-n*; *-n*) clergyman, cleric; minister; priest; *mar.*, *mil.*, *etc.* chaplain; *die ~en pl.* → **2keit** *f* (-) clergy.

'**Geist...**: **2los** *adj.* mindless; dull; insipid, trivial, platitudinous; stupid; **~losigkeit** *f* (-) spiritlessness; dul(l)ness; insipidity; platitude; **2reich**, **2voll** *adj.* witty, brilliant, ingenious, clever; **2tötend** *adj.* stupefying, dull, tedious, soul-destroying.

Geiz [gaɪts] *m* (-es) avarice, greediness; stinginess; *bot.* (-es; -e) shoot, sucker; '**2en** *v/i.* (*h.*) be avaricious (*or* stingy, niggardly); *~ mit (dat.)* be sparing with, stint *a th.*; *nicht ~ mit* lavish *a th.*; *nach et. ~* be covetous of, covet; '**~hals** *m* miser, niggard, skinflint; '**2ig** *adj.* avaricious, covetous; stingy, niggardly, close(-fisted); mean, shabby, miserly; parsimonious; '**~kragen** *m* → *Geizhals*.

Gejammer [gə'jamər] *n* (*-s*) (endless) lamentation, wailing; complaining, complaints *pl.*, *Am. a.* belly-aching.

Gejauchze [gə'jauxtsə] *n* (*-s*) jubilation(s *pl.*), exultation, loud cheers.

Ge'johle *n* (*-s*) hooting, howling.

Ge'jubel *n* (*-s*) → *Gejauchze*.

gekachelt [gə'kaxəlt] *adj.* tiled.

gekannt [gə'kant] *p.p. of kennen*.

Gekeife [gə'kaɪfə] *n* (*-s*) nagging, scolding.

Ge'kicher *n* (*-s*) tittering, giggling; snicker(ing), sniggers *pl.*

Gekläff [gə'klɛf] *n* (-[e]s) yelping.

Ge'klapper *n* (*-s*) rattling, clatter.

Ge'klatsche *n* (*-s*) clapping (of hands); *fig.* gossip(ing), prattle.

Ge'klimper *n* (*-s*) strumming.

Ge'klingel *n* (*-s*) tinkling, jingling.

Ge'klirr(e) *n* (-[e]s) clashing, clanking; clatter; clink.

geklommen [gə'klɔmən] *p.p. of klimmen.*

geklungen [gə'kluŋən] *p.p. of klingen.*

Ge'knatter *n* (*-s*) rattling, crackling.

geknickt [gə'knikt] *fig. adj.* broken (down), crestfallen, crushed.

gekniffen [gə'knifən] *p.p. of kneifen.*

Ge'knister *n* (*-s*) crackling; *of dress*: rustling.

gekonnt[1] [gə'kɔnt] *p.p. of können.*

ge'konnt[2] *colloq. adj.* perfect(ed), clever, competent, slick.

geköpert *adj.* twilled.

ge'körnt *adj.* granulated.

Ge'kreisch *n* (-es) screaming, shrieking; screams, shrieks *pl.*

Ge'kritzel *n* (*-s*) scrawl(ing), scribbling, scribble.

gekrochen [gə'krɔxən] *p.p. of kriechen.*

ge'kröpft *adj. tech.* cranked, elbowed; *~e Achse* dropped axle; *dreimal ~e Kurbelwelle* three-throw crankshaft; *arch.* angulate.

Gekröse [gə'krø:zə] *n* (*-s*; *-*) *anat.* mesentery; *cul.* tripe; *of goose*: giblets *pl.*

gekünstelt [gə'kynstəlt] *adj.* artificial, false (*laughter*); affected.

Gel [ge:l] *phys. n* (*-s*; *-e*) gel.

Gelächter [gə'lɛçtər] *n* (*-s*; *-*) laughing, laughter; (*person*) laughing-stock; *lautes (brüllendes) ~* guffaw, horse-laugh; *unterdrücktes ~* chuckle, snigger; *in schallendes ~ ausbrechen* burst out laughing, roar with laughter, guffaw; *sich dem ~ aussetzen* expose o.s. to ridicule.

ge'laden *adj.* loaded; *mil. a.* armed, charged; *el.* charged; live (*wire*); invited (*guest*); *fig.* ~ *mit laden* (*or* brimming, pregnant) with; → *laden*; *colloq.* furious.

Gelage [gəˈlaːgə] *n* (-*s*; -) feast, banquet; drinking-bout, carouse.

ge'lagert *adj. tech.* running in bearings; *fig.* circumstanced; *in besonders* ~*en Fällen* in cases of a special nature.

Gelände [gəˈlɛndə] *n* (-*s*; -) tract of land, area; country; ground; terrain; lot, plot; site; *durchschnittenes* ~ intersected country; *schwieriges* ~ difficult terrain; ~ *erschließen* develop (*or* open up) ground; ~**abschnitt** *m* sector, area; ~**antrieb** *mot. m* all-wheel drive; ~**aufnahme** *f* ground survey; *aer.* terrain photograph; ~**ausbildung** *mil. f* field training; ~**erkundung** *mil. f* terrain reconnaissance; ~**fahrt** *f* cross-country drive; ~**gang** *mot. m* auxiliary (*Am.* booster) gear; ≈**gängig** [-gɛŋiç] *mot. adj.* cross-country (*car*); ~**gängigkeit** *f* (-) cross-country mobility; ~**gestaltung** *f* terrain features *pl.*; ~**hindernis** *n* natural obstacle; ~**karte** *f* ground map; ~**kunde** *f* (-) topography; ~**lauf** *m* cross-country race; ~**läufer** *m* cross-country runner; ~**prüfung** *f riding*: endurance test; ~**punkt** *m* landmark.

Geländer [gəˈlɛndər] *n* (-*s*; -) railing, rails *pl.*; balustrade; banisters *pl.*; hand-rail.

Ge'lände...: ~**reifen** *mot. m* cross-country tyre, *Am.* off-the-road tire; ~**ritt** *m* cross-country ride; ~**ski** *m* cross-country (*or* long distance) ski; ~**spiel** *n* scouting game; ~**sprung** *m* obstacle jump, gelaendesprung; ~**übung** *f* field exercise; ~**verhältnisse** *n/pl.* terrain conditions; ~**wagen** *mot. m* cross-country car.

gelang [gəˈlaŋ] *pret. of gelingen.*

gelangen [gəˈlaŋən] *v/i.* (*sn*): ~ *an* (*acc.*), *nach*, *zu* arrive at, get (*or* come) to; reach, gain; *et. an j-n* ~ *lassen* address (*or* forward) a th. to a p.; *fig.* attain (to), gain; acquire; *in j-s Hände* ~ get into a p.'s hands; *in andere Hände* ~ pass into other (*or* change) hands; *zu e-r Ansicht* (*Folgerung*) ~ form an opinion, arrive at *or* reach a conclusion; *zur Aufführung* ~ be put on (the stage), be presented; *zur Macht* ~ come into power; *zu Reichtum* ~ make a fortune, gain wealth, attain to prosperity; → *Ziel.*

Gelaß [gəˈlas] *n* (-*sses*; -*sse*) room, space.

ge'lassen *adj.* calm, cool, composed; tranquil; imperturbable; ~ *bleiben* keep one's temper, keep cool; ≈**heit** *f* (-) calm(ness), composure; tranquillity; imperturbability.

Gelatine [ʒelaˈtiːnə] *f* (-) gelatin(e); **gelati'nieren** [-tiˈniːrən] *v/t.* (*h.*) gelatinize; → *Gallert.*

Gelaufe [gəˈlaufə] *n* (-*s*) running (to and fro).

geläufig [gəˈlɔʏfiç] *adj.* fluent, easy, smooth; familiar; current, common; ~*e Zunge* voluble tongue; *er spricht ein* ~*es Englisch* he speaks English fluently; *das ist ihm* ~ he is familiar with it; ≈**keit** *f* (-) fluency, ease, facility; volubility, glibness (*of tongue*).

gelaunt [gəˈlaʊnt] *adj.* disposed; *gut* ~ good-humo(u)red, in good humo(u)r, chipper; *schlecht* ~ ill-humo(u)red, out of (*or* in bad) humo(u)r, bad-tempered, cross.

Geläut(e) [gəˈlɔʏt(ə)] *n* (-[*e*]*s*; -*e*) ringing *or* peal (of bells); (*bells*) chime.

ge'läutert *adj.* purified (*a. fig.*).

gelb [gɛlp] *adj.* yellow; *traffic light*: amber; sallow (*complexion*); *die* ~*e Gefahr* the Yellow Peril; *das* ≈*e Meer* the Yellow Sea; ~ *werden* (get *or* turn) yellow; ~ *vor Neid* green with envy; ≈**e(s)** [ˈgɛlbə(s)] *n* (-*n*) yolk (*of egg*); ≈**blei-erz** *min. n* wulfenite; ~**braun** *adj.* yellowish-brown; ~**brennen** *tech. v/t.* (*irr.*, *h.*) dip, pickle; ≈**buch** *pol. n* yellow book; ≈**fieber** *n* yellow fever; ≈**filter** *phot. n* yellow (light-)filter; ≈**gießer** *m* brass-founder; ≈**glut** *f* yellow heat; ~**grün** *adj.* yellowish-green; ≈**holz** *n* yellow-wood; ≈**kali** *n* potassium ferrocyanide; ≈**kreuz** (-**gas**) *mil. n* mustard gas; ≈**kupfer** *n* brass, yellow copper; ~**lich** *adj.* yellowish; ≈**scheibe** *f* → *Gelbfilter*; ≈**schnabel** *m* twite; *fig.* greenhorn, whipper-snapper; ≈**sucht** *f* (-) jaundice; ~**süchtig** *adj.* jaundiced; ≈**wurz** [ˈ-vurts] *bot. f* (-; -*en*) turmeric.

Geld [gɛlt] *n* (-[*e*]*s*; -*er*) money; coin; capital; currency; *bares* ~ cash, ready money; *kleines* ~ change; *falsches* ~ base (*or* counterfeit) coin; *econ.* ~*er pl.* funds; money *sg.*; deposits; *ausstehende* ~*er* outstanding debts; *öffentliche* ~*er* public funds; *festes* ~ time-money; *tägliches* ~, ~ *auf tägliche Kündigung* day-to-day money, call money; *kurzfristiges* ~ short term loan; *billiges* ~ easy money; *teures* ~ dear (*or* close) money; *totes* ~ barren money; ~ *und* ~*eswert* money and valuables; ~ *zurück!* money refunded!; → *abheben, aufnehmen, vorstrecken, etc.*; *bei* ~*e sein* be in cash, have plenty of money, be flush, *sl.* be in the chips; *ohne* ~ penniless, impecunious, *sl.* broke; *knapp bei* ~*e sein* be short of money, be hard up (*or* in low water); *im* ~*e schwimmen* be rolling in money (*or* one's riches); *ins* ~ *laufen* run into money; ~ *machen* (*verlieren*) make (lose) money; *zu* ~ *machen* turn into cash, realize; *von s-m* ~*e leben* live on one's money (*or* capital); ~ *regiert die Welt* money rules the world; *nicht für* ~ *und gute Worte* neither for love nor money.

Geld...: ~**abfindung** *f* monetary compensation, cash settlement; ~**abfluß** *m* drain (*or* efflux) of money; ~**abwertung** *f* devaluation, devalorization; ~**angelegenheit** *f* money (*or* financial) matter; ~**anlage** *f* investment; ~**anleihe** *f* loan; ~**anweisung** *f* remittance; money order; ~**aristokratie** *f* plutocracy; ~**aufnahme** *f* raising of money, borrowing; ~**aufwand** *m* expenditure(s *pl.*); ~**aufwertung** *f* revaluation of money; ~**ausgabe** *f* expenditure, expense, disbursement; ~**ausleiher** *m* (-*s*; -) money-lender; ~**ausweitung** *f* monetary expansion; ~**auszahler** *m* (-*s*; -) cashier; *bank*: (paying) teller; ~**bedarf** *m* sum required; money requirements; *money market*: currency demands *pl.*; ~**belohnung** *f* pecuniary reward, remuneration; ~**betrag** *m* amount *or* sum (of money); ~**beutel** *m* purse; ~**bewilligung** *f* (money) grant; ~**brief** *m* money-letter; ~**briefträger** *m* postman authorized to make cash payments; ~**buße** *f* fine; ~**einheit** *f* monetary unit; ~**einlage** *f* deposit; ~**einnahme** *f* receipts *pl.*; ~**einnehmer** *m* collector; *bank*: receiving teller; ~**einwurf** *m* coin slot; ~**empfänger** *m* remittee; ~**entschädigung** *f* monetary compensation, indemnity; ~**entwertung** *f* depreciation of currency; inflation; ~**eswert** *m* money's worth; *Geld und* ~ money and valuables; ~**flüssigkeit** *f* liquidity; *money market*: turnover of money; ~**forderung** *f* money due *or* owing (to); outstanding debt; monetary claim; ~**geber(in** *f*) *m* money lender, financial backer, financier; investor; mortgagee; ~**geschäft** *n* money transaction; financial operation; banking (business); ~**geschenk** *n* gratuity; donation; tip; ~**gier** *f* greed (for money), avarice; ≈**gierig** *adj.* greedy for money, avaricious; ~**heirat** *f* money-match, marriage of convenience; ~**herrschaft** *f* capitalism, plutocracy; ~**hilfe** *f* financial aid; ~**hortung** *f* (-; -*en*) currency hoarding; ~**institut** *n* financial institution; ~**kasse** *f* strong box; till, cash register; ~**klemme** *f* pecuniary difficulty; ~**knappheit** *f* shortness (*or* tightness) of money; ~**krise** *f* monetary crisis; ~**kurs** *m* rate of exchange; *stock exchange*: **a)** bid price, **b)** buying rate; ~**kurswert** *m* (international) monetary standard; ~**leihsatz** *m* lending (*or* bank) rate; ~**leistung** *f* payment; ≈**lich** *adj.* pecuniary, financial, monetary; ~**macht** *f* financial power; ~**makler** *m* money-broker; ~**mangel** *m* lack of money; *econ.* money scarcity (*or Am.* stringency); → *Geldknappheit*; ~**mann** *m* (-[*e*]*s*; -*leute*) financier; ~**markt** *m* money market; *Anspannung des* ~*s* monetary strain; *Druck auf den* ~ *verursachen* place pressure on the market; ≈**markt-empfindlich** *adj.* sensitive to money market influences; ~**mittel** *pl.* means, funds, resources; ~**münze** *f* coin; ~**nehmer(in** *f*) *m* borrower; mortgagor; ~**neuordnung** *f* monetary reform; ~**not** *f* pecuniary embarrassment, financial straits; *econ.* → *Geldknappheit*; ~**politik** *f* monetary policy; ~**preis** *m sports*: prize money; *econ.* price in cash; ~**protz** *m* purse-proud person; ~**quelle** *f* source of capital, pecuniary resource; ~**reform** *f* monetary reform; ~**reserve** *f* money reserve; ~**sache** *f* money matter; ~**sack** *m* money-bag; bag of money; ~**sammlung** *f* collection; fund-raising drive; ~**sätze** [ˈ-zɛtsə] *m/pl.* money rates; *Abschwächung (Erholung) der* ~ ease in (relaxation of) money rates; ~ *herauf- (herab-) setzen* mark up (down) money rates; **~schein** *m* bank-note, *Am.* bill; payment certificate; **~scheintasche** *f* note case, pocketbook, *Am. a.* billfold; **~schneider** *m* usurer; sharper, shark; **~schöpfung** *f* creation of currency; **~schrank** *m* safe, strong box; **~schrankknakker** *m* (safe-)cracksman, safe-cracker; **~schuld** *f* (pecuniary *or* money) debt; **~schwemme** *f* glut of money; **~sendung** *f* cash remittance; **~sorgen** *f/pl.* pecuniary difficulties (*or* embarrassment); **~sorte** *f* (monetary) denomination; **~spende** *f* contribution, donation, subscription; money gift; **~strafe** *f* fine; *mit e-r* ~ *belegen* fine, mulct; **~stück** *n* coin; **~summe** *f* sum (of money); **~surrogat** *n* substitute for money; **~system** *n* monetary system; **~tasche** *f* money-bag; *in man's suit*: change pocket; → *Geldscheintasche*; **~theorie** *f* monetary theory; **~überfluß** *m* glut (*or* excess) of money; **~überhang** *m* surplus money; **~überweisung** *f* remittance, (money) transfer; **~umlauf** *m* money circulation; **~umsatz** *m* turnover (of money); **~umstellung** *f*, **~umtausch** *m* currency conversion; **~unterstützung** *f* pecuniary aid; **~verdiener** *m* money-maker; **~verfassung** *f* monetary structure; **~verkehr** *m* monetary intercourse; **~verknappung** *f* → *Geldknappheit*; **~verlegenheit** *f* pecuniary embarrassment; *in* ~ *sein* be pressed for money, be hard up; **~verleiher** *m* money-lender; **~verlust** *m* pecuniary loss; **~vermögenswert** *m* monetary asset; **~verschwendung** *f* waste of money; **~volumen** *n* money supply; **~vorrat** *m* funds; cash reserve; cash in hand; supply of money; **~vorschuß** *m* cash advance; **~währung** *f* currency; **~wechsler** *m* money changer; **~wert** *m* (-[e]s) monetary value, value in currency; **~wertschuld** *f* claim payable in original value; **~wesen** *n* (-s) monetary system, finance; **~wirtschaft** *f* money economy, trade on a monetary basis; **~wucher** *m* usury; **~zeichen** *n* money token.

Gelee [ʒeˈleː] *m or n* (-s; -s) jelly.

gelegen[1] [gəˈleˈgən] *p.p. of liegen.*

geˈlegen[2] *adj.* lying, situated, *Am. a.* located; *fig.* convenient, suitable, apt, fit; opportune; *es kommt mir gerade* ~ it just suits me, it comes in handy; *du kommst mir gerade* ~ you are just the man I wanted to see; *mir ist daran* ~, *daß* I am anxious to *inf.*, what I want is to *inf.*; *es ist mir sehr daran* ~ I set great store by it, it matters a lot to me; *mir ist nichts daran* ~ I am not keen on it, it makes no difference to me, I don't care for it; *was ist daran* ~? what of it?, what difference does it make?

Geˈlegenheit *f* (-; -en) occasion; opportunity, chance; ~*en pl. a.* facilities; *bei* ~ on occasion, when there is a chance; at one's leisure; some time; *bei erster* ~ at the first opportunity; *bei dieser* ~ **a)** on that occasion, **b)** in this connection; ~ *haben zu inf.* have (an) opportunity to *inf.*; *e-e* ~ *ergreifen or wahrnehmen* seize (*or* take, avail o.s. of, profit by) an opportunity; → *Schopf*; *die* ~ *verpassen* miss (*or* lose) an opportunity; *j-m* ~ *geben zu inf.* give a p. the opportunity of *ger.*; → *Anlaß*; *es bot sich e-e* ~ an opportunity presented itself, there was an opening; ~ *macht Diebe* opportunity makes the thief.

Geˈlegenheits...: **~arbeit** *f* casual (*or* odd) job; **~arbeiter** *m* casual labo(u)rer, odd-job worker; **~auftrag** *m* jobbing order; **~gedicht** *n* occasional poem; **~geschäft** *n* occasional (*or* chance) profit; **~kauf** *m* chance purchase; bargain; **~käufer** *m* chance (*or* outside) buyer.

gelegentlich [gəˈleːgəntliç] **I.** *adj.* occasional; casual, incidental, accidental, chance; temporary; odd (*job*); **II.** *adv.* occasionally, now and then, at times; on occasion, when there is a chance, at your leisure; ~ *e-e Tasse Kaffee trinken* have an occasional cup of coffee; *gib mir das Buch* ~ *zurück* return the book to me some time; **III.** *prp.* (*gen.*) on the occasion of; ~ *m-s Aufenthaltes in London a.* when I was in London, during my stay in London.

gelehrig [gəˈleːriç] *adj.* docile, teachable; clever, intelligent, quick in the uptake; **⚬keit** *f* (-) docility, teachability.

Geˈlehrsamkeit *f* (-) erudition, learning.

geˈlehrt *adj.* learned, erudite; scholarly; ~*e Bücher* learned books; ~*e Gesellschaft* learned (*or* literary) society; *colloq.* ~*es Haus* pundit; **⚬er** *m* (-en; -en) learned man, scholar, savant (*Fr.*).

Geleier [gəˈlaɪər] *n* (-s) monotonous music *or* speech, singsong.

Geleise [gəˈlaɪzə] *n* (-s; -) rut, track; *rail.* rails *pl.*, line, *Am.* track; *einfaches (doppeltes)* ~ single (double) line *or* track; *aus dem* ~ *springen* get off a line, be derailed, *Am.* jump the track; *fig. im alten* ~ in the (same) old rut (*or* groove), following the beaten track; *aus dem* ~ off the rails; *aus dem* ~ *kommen colloq.* be put out; *wieder ins* ~ *bringen* put right again; *die Verhandlungen sind auf ein totes* ~ *geraten* the negotiations have reached a deadlock; → *Gleis...*

Geleit [gəˈlaɪt] *n* (-[e]s; -e) conduct; *a. mil.* escort; *mar.* convoy; attendance; *j-m das* ~ *geben* accompany (*or* escort) a p.; see a p. off (*or zu dat.* to); *j-m freies (or sicheres)* ~ *geben* give a p. safe-conduct; *j-m das letzte* ~ *geben* pay a p. the last hono(u)rs; **~brief** *m* (letter of) safe-conduct; *econ.* letter of consignment; customs certificate; **⚬en** *v/t.* (*h.*) accompany, conduct, escort; *an die Tür, etc.*, ~ see to the door, *etc.*; *an den Bahnhof, etc.*, ~ see off (*or* to the station, *etc.*); *mil.* escort, *mar. usu.* convoy; **~flugzeug** *n* escort plane (*or* fighter); **~schein** *econ. m* navicert; **~schiff** *n* convoy *or* escort (vessel); **~schutz** *m* convoy (escort); ~ *geben* escort, convoy; **~wort** *n* (-[e]s; -e) prefatory word; preface, foreword; **~zug** *mar. m* convoy; *im* ~ *fahren* sail in convoy.

Gelenk [gəˈlɛŋk] *n* (-[e]s; -e) *anat.* joint; articulation; *Hand⚬* wrist; *Fuß⚬* ankle; *falsches* ~ false joint; *bot., tech.* articulation, joint; link; hinge; *um ein* ~ *drehbar* hinged; **~band** *n anat.* ligament; **~entzündung** *f* arthritis; **~fahrzeug** *n* articulated vehicle; **⚬ig** *adj.* flexible, pliable; agile; lissom(e), supple; *tech.* flexible, articulated; ~ *angebracht* hinged; **~igkeit** *f* (-) flexibility, pliancy; agility; suppleness; **~kopf** *mot. m* cardan joint; **~kupplung** *tech. f* joint coupling; **~pfanne** *anat. f* socket of a joint; **~rheumatismus** *m* articular rheumatism; **~schmiere** *f* joint-oil, synovia; **~stange** *tech. f* toggle link; **~welle** *tech. f* cardan shaft.

gelernt [gəˈlɛrnt] *adj.* skilled (*worker*).

Gelichter [gəˈliçtər] *n* (-s) lot. rabble, riffraff.

Geliebte(r *m*) [gəˈliːptə(r)] *f* (-n, -n; -en, -en) *m* lover; love, sweetheart, darling; mistress, (kept) woman.

geliehen [gəˈliːən] *p.p. of leihen.*

gelieren [ʒeˈliːrən] *v/i.* (*sn*) gelatinize.

geˈlind(e) *adj.* soft, mild, gentle (*all a. fig.*); mild, lenient, slight (*punishment*); slight (*pain*); slow (*fire*); moderate; → *aufziehen*; ~*e gesagt* to put it mildly, to say the least.

gelingen [gəˈliŋən] *v/i.* (*irr.*, *sn*) succeed, be successful; *es gelang ihm (es zu tun)* he succeeded (in doing it), he managed (to do it); he was successful, he put it across; *es gelang ihm nicht* he failed; *die Arbeit gelang gut* the work turned out well; → *gelungen.*

Geˈlingen *n* (-s) success, successful outcome.

Gelispel [gəˈlispəl] *n* (-s) lisping; whispering.

gelitten [gəˈlitən] *pret. of leiden.*

gell [gɛl] *adj.* shrill, piercing.

gellen [ˈgɛlən] *v/i. and v/t.* (*h.*) shrill; *a.* yell, scream; **⚬d** *adj.* shrill, piercing; ~*es Geschrei* yelling, screams *pl.*

geˈloben *v/t.* (*h.*) promise solemnly; vow, pledge; *sich* ~ vow to o.s., make a solemn resolve; → *Land.*

Gelöbnis [gəˈløːpnis] *n* (-ses; -se) (solemn) promise; pledge; vow.

gelogen [gəˈloːgən] *pret. of lügen.*

Gelöstheit [gəˈløːsthaɪt] *f* (-) relaxed mood.

gelt [gɛlt] **I.** *adj.* giving no milk, dry; (*sterile*) barren; **II.** *int. colloq.* isn't it?, eh?

gelten [ˈgɛltən] **I.** *v/t.* (*irr.*, *h.*) be worth; **II.** *v/i.* (*irr.*, *h.*) be of value; be valid; count; *reason*: *a.* hold (good *or* true); *law, etc.*: *a.* be effective (*or* in force, in operation); *coin*: be current; *fig.* matter; *et.* ~ *a.* carry weight, have credit *or* influence, count for much; *wenig* ~ rate low; *j-m* ~ be meant (*or* intended) for a p.; ~ *für*: **a)** (*or als*) pass for, be reputed (*or* thought, supposed) to be, be considered as, be looked upon as, rank *or* rate as; **b**) apply to, *jur.* be applicable to; be true *or* right for; ~ *lassen* let pass (*or* stand), allow, admit of; ~ *lassen als* pass off as; *das will ich* ~ *lassen!* granted!, I don't dispute that; *das gilt auch für dich!* that applies to (*or* goes for) you, too!; *jur. dasselbe gilt für* the same rule shall apply to; *als Sonderfall gilt* shall be deemed an exceptional case; *in Zweifelsfällen gilt die englische Fassung* in case of doubt the English version shall prevail (*or* be the official text); *er gilt dort viel* his word carries weight there, he is higly respected (*or* much made of) there; *was er sagt, gilt* what he says goes, his word is the law; *was gilt die Wette?* what do you bet?; *es gilt!* done!, agreed!, I am on!; *das gilt nicht* that is not allowed (*or* not fair); that does not count; *jetzt gilt's!* now's the time!; *es gilt, zu inf.* the (point in) question is to *inf.*, it is necessary (*or* imperative) to *inf. or* that; *es gilt e-n Versuch* an attempt must be made; *es galt unser Leben* our life was at stake; *er war stets zur Hand, wenn es galt* he was always there in an emergency; **~d** *adj.* valid, *law, etc.*: *a.* effective, in force *or* operation; applicable; *econ.* ruling, current (*prices*); accepted, acknowledged; prevailing; ~ *machen, daß* advance (*or* maintain, put forward, urge) that; *s-n Einfluß* ~ *machen* bring one's influence to bear; *als Entschuldigung, etc.*, ~ *machen* plead; *jur. Verjährung* ~ *machen* plead prescription; *sich* ~ *machen* assert o.s., claim recognition, *fig.* be (*or* make itself) felt; **2dmachung** *f* (-) assertion (*of claims, etc.*); exercise (*of influence*).

'**Geltung** *f* (-; -en) worth, value; validity; *of coin*: currency (*a. fig. of idea, expression*); importance, consequence, weight, *of person*: *a.* authority, credit; respect, recognition; prestige; ~ *haben* be valid, → *gelten*; *zur* ~ *bringen* bring to bear; accentuate; *zur* ~ *kommen* (begin to) tell, be (*or* make itself) felt, take effect, come into play; be conspicuous, stand out; *die Farbe kommt gut zur* ~ the colo(u)r shows well; *er kam in der Masse nicht zur* ~ he was hardly noticed in the crowd; *sich* ~ *verschaffen* make o.s. respected, bring one's influence to bear; **~sbedürfnis** *n* (-ses) craving for admiration, desire to show off, egotism; **~sbereich** *m* scope, authority, jurisdiction; *of law*: purview; **~sdauer** *f* (period of) validity, valid period; life (*of patent, etc.*); term (*of contract*).

Gelübde [gəˈlypdə] *n* (-s; -) vow; *ein* ~ *ablegen* take (*or* make) a vow.

gelungen[1] [gəˈluŋən] *p.p. of gelingen.*

ge'lungen[2] *adj.* successful, *pred.* a success; *das Bild ist gut* ~ the picture turned out well; amusing, funny, capital; *ein* ~*er Kerl* quite a character.

Gelüst [gəˈlyst] *n* (-es; -e) craving, appetite, desire, lust (*all*: *nach* for); **2en** *v/i.* (*impers., h.*): *es gelüstet mich* (*or mich gelüstet*) *nach* I crave (*or* long) for; *es gelüstet mich sehr, zu inf.* I feel strongly tempted to *inf.*; *eccl. sich* ~ *lassen nach* covet *a. th.*

gemach! [gəˈmaːx] *int.* gently!, easy!

Ge'mach *n* (-[e]s; ⸗er) room, apartment, chamber; cabinet, closet; boudoir (*Fr.*).

gemächlich [gəˈmɛːçliç] *adj.* easy, comfortable; leisurely (*a. adv.*); ~*en Schrittes* (*or Tempos*) at a leisurely pace, leisurely; ~ *gehen* stroll, amble; ~ *leben* live at ease (*or* comfortably); **2keit** *f* (-) ease, comfort; leisureliness.

Gemahl [gəˈmaːl] *m* (-[e]s; -e) consort; husband; *Prinz*2 prince consort; **~in** *f* wife; spouse, consort; *Ihr Herr Gemahl, Ihre Frau Gemahlin* Mr. N., Mrs. N., *intimately*: your husband, your wife.

ge'mahnen *v/t.* (*h.*): *j-n* ~ *an* (*acc.*) remind a p. of, put a p. in mind of; *fig.* ~ *an* (*acc.*) suggest, be suggestive of.

Gemälde [gəˈmɛːldə] *n* (-s; -) painting, picture; portrait; **~ausstellung** *f* exhibition of paintings *or* pictures; **~galerie** *f* picture-gallery, *Am. a.* museum; **~sammlung** *f* collection of paintings *or* pictures.

Gemarkung [gəˈmarkuŋ] *f* (-; -en) boundary; landmark.

gemäß [gəˈmɛːs] **I.** *adj.* appropriate, conformable (*dat.* to); **II.** *prp.* (*dat.*) according to, in accordance (*or* conformity, agreement) with, in compliance with; in consequence of, as a result of; *jur.* pursuant to, in pursuance of; ~ *den bestehenden Bestimmungen* under the existing regulations; ~ *Ihren Anweisungen* as prescribed, following your instructions; ~ *den nachfolgenden Vorschriften* as hereinafter provided; **2heit** *f* (-) conformity.

ge'mäßigt *adj.* moderate; *geogr.* temperate.

Gemäuer [gəˈmɔʏər] *n* (-s; -): *altes* ~ (old) ruins *pl.*, decayed walls *pl.*

gemein [gəˈmaɪn] **I.** *adj.* common; general, common; public; *b.s.* low, base, caddish; mean; vulgar; coarse; dirty; vile, awful, beastly; *math.* ~*er Bruch* vulgar fraction; ~*es Feldhuhn* common partridge; *das* ~*e Wohl* → *Gemeinwohl*; ~*er Soldat* → *Gemeine(r)*; *der* ~*e Mann* the man in the street; ~*e Ausdrücke* filthy (*or* vile, abusive) words; ~*er Kerl* cad, dirty dog, *Am. a.* heel; et. ~ *haben mit* (*dat.*) have a th. in common with; *sie haben nichts miteinander* ~ they have nothing in common; *sich* ~ *machen* make o.s. cheap; *sich* ~ *machen mit* (*dat.*) make common cause with, chum up with; *j-m e-n* ~*en Streich spielen* play a p. a dirty trick; *sei nicht* ~*!* don't be a cad!; **II.** *adv. colloq.*: ~ *kalt* awfully (*or* beastly) cold.

Ge'mein...: **~betrieb** *m* public utilities *pl.*; *agr.* communal farming; **~besitz** *m* common (*or* public, collective) property.

Gemeinde [gəˈmaɪndə] *f* (-; -n) *pol.* community (*a. fig.*); local authority; municipality; *eccl.* **a**) parish, **b**) congregation; audience; **~abgaben** *f/pl.* local rates, *Am.* local taxes; **~amt** *n* local board; **~anger** *m* common; **~beamte(r)** *m* communal officer; **~behörde** *f* local authority; **~betrieb** *m* communal undertaking; **~diener** *m* beadle; **2eigen** *adj.* communal(-owned), municipal; **~haus** *n* municipal hall; *eccl.* parish home; **~haushalt** *m* communal (*or* municipal) budget; **~mitglied** *n* member of a community, *n.s.* parishioner; **~ordnung** *f* local (*or* municipal) code; **~pfleger** *m* parish (*or* town) treasurer; **~rat** *m* (-[e]s; ⸗e) municipal council (*or person*: councillor); **~schreiber** *m* parish (*or* town) clerk; **~schule** *f* council (*or* parish) school; **~schwester** *f* district (*eccl.* parish) nurse; **~steuer** *f* (local) rate, *Am.* local tax; **~unterstützung** *f* parish relief; **~verband** *m* communal association; **~verwaltung** *f* local administration (board), local government; municipality; **~vorstand** *m* local board; → *Gemeinderat*; **~vorsteher** *m* chairman of a parish council; mayor; **~wahl** *f* communal election.

Ge'meine(r) *m* (-n; -n) *mil.* private (soldier), *Am.* (basic) private; *die* ~*n pl.* the ranks, the rank and file.

ge'mein...: **~faßlich** → *gemeinverständlich*; **~gefährlich** *adj.* dangerous to the public; ~*er Mensch* public danger (*Am.* enemy); **2gefahr** *f* public danger; **2geist** *m* (-es) public spirit, civic sense; **2gläubiger** *m* bankrupt's creditor; **~gültig** *adj.* generally accepted, current; **2gut** *n* (-es) common property; *zum* ~ *machen* make *a th.* common property, popularize; **2heit** *f* (-; -en) meanness, lowness; baseness; vulgarity; coarseness; mean (*or* low) act, dirty trick; **~hin** *adv.* commonly, generally (speaking); **2kosten** *pl.* overhead (costs); **2nutz** *m* (-es) common *od.* public interest (*or* good), public weal; ~ *geht vor Eigennutz* public need before private greed; **~nützig** [-nytsiç] *adj.* of general (*or* public) utility; charitable, welfare; co-operative; *person*: public-spirited; ~*e Organisation* non-profit (making) organization; ~*e öffentliche Betriebe* public utilities; ~*e Belange* community interest; *in* ~*er Weise* on a non--profit basis; **2nützigkeit** *f* (-) general usefulness, public utility; **2platz** *m* commonplace (expression), truism, platitude, bromide; **~sam I.** *adj.* joint, common (*dat.* to); combined; collective; mutual; *allen* ~ common to all; ~*er Freund* common (*a.* mutual) friend; → *Nenner*; ~*e Aktion* joint (*or* concerted) action; ~*es Eigentum* joint *or* common property; ~*e Eigentümer* joint owners; ~*er Markt* (European) Common Market (*abbr.* E.C.M.); ~*e Sache machen* make common cause (*mit* with); **II.** *adv.* jointly, together; in a body; ~ *handeln mit* (*dat.*) act in concurrence (*or* conjointly, in concert) with; **≈samkeit** *f* (-) commonness; community; common interest; mutuality.

Ge'meinschaft *f* (-; -en) community (*of goods, etc.*); *econ.* partnership; community, union, association; team; *eccl.* communion; intercourse, association (*mit* with); *jur. eheliche* ~ conjugal community; *häusliche* ~ common household; *in* ~ *mit* jointly (*or* together, in co-operation) with; **≈lich** *adj.* → *gemeinsam*; *econ.* ~*es Konto*, ~*e Rechnung* joint account; ~ *haften* be jointly and severally liable.

Ge'meinschafts...: **~anschluß** *teleph. m* party line; **~antenne** *f* party aerial (*or* antenna); **~arbeit** *f* team-work; **~betrieb** *m* joint enterprise; **~empfang** *m* (-[e]s) *radio*: community listening; **~erziehung** *f* co-education; **~finanzierung** *f* group financing; **~gefühl** *n* (-[e]s) fellow feeling, community of feelings; **~geist** *m* (-es) team-spirit, esprit de corps (*Fr.*), solidarity; **~konto** *n* joint account; **~küche** *f* canteen; **~kunde** *f* (-) social studies *pl.*; **~produktion** *f* co-production; **~raum** *m* recreation (*or* common) room; **~schule** *f* co-educational school; **~sendung** *f* hook-up, link-up; **~speisung, ~verpflegung** *f* communal feeding; **~werbung** *f* co-operative advertising.

Ge'mein...: **~schuldner** *m* bankrupt; **~sinn** *m* (-[e]s) public spirit, civic sense; **≈verständlich** *adj.* intelligible to all, popular; **~wesen** *n* (-s) community; polity, commonwealth; **~wirtschaft** *f* social economy; *agr.* collective farming; **≈wirtschaftlich** *adj.* public; ~*er Nutzungsbetrieb* public utilities *pl.*; **~wohl** *n* common (*or* public) weal.

Gemenge [gə'mɛŋə] *n* (-s; -) mixture; scuffle, brawl, mêlée (*Fr.*).

Gemengsel [gə'mɛŋzəl] *n* (-s; -) medley, hotchpotch.

ge'messen *adj.* measured (*a. steps, words*); formal; strict; grave, solemn; *tech.* rated (*performance*); **≈heit** *f* (-) measuredness; formality; gravity.

Gemetzel [gə'mɛtsəl] *n* (-s; -) carnage, slaughter, butchery, massacre.

gemieden [gə'mi:dən] *p.p. of meiden.*

Gemisch [gə'miʃ] *n* (-es; -e) mixture (*a. chem., mot.*); *fig.* medley, mixture; **~regelung** *mot. f* mixture control.

ge'mischt *adj.* mixed (*a. tennis*), diffused; mixed-type (*mortgage bank, etc.*); ~*e Gefühle* mixed (*or* mingled) feelings; ~*e Gesellschaft* mixed company; *colloq. es ging recht* ~ *zu* there were all sorts of goings-on; **≈bauweise** *f* composite construction; **≈warenhandlung** *f* grocery; *Am.* general merchandise store; **~wirtschaftlich** *econ. adj.* public-private.

Gemme ['gɛmə] *f* (-; -n) gem.

gemocht [gə'mɔxt] *p.p. of mögen.*

gemolken [gə'mɔlkən] *p.p. of melken.*

Gems|bock ['gɛms-] *m* chamois-buck; **~e** ['gɛmzə] *f* (-; -n) chamois; **~jäger** *m* chamois-hunter; **~leder** *n* chamois leather, shammy.

Gemunkel [gə'muŋkəl] *n* (-s) rumours *pl.*, gossip, talk; whispering, whispers *pl.*

Gemurmel [gə'murməl] *n* (-s) murmur(ing), mutter(ing).

Gemüse [gə'my:zə] *n* (-s; -) vegetable; *collect.* vegetables, greens *pl.*; *colloq. fig. junges* ~ small fry; **~bau** *m* (-[e]s) cultivation of vegetables; vegetable gardening, *Am.* truck farming; **~beet** *n* vegetable bed; **~garten** *m* kitchen-garden; **~gärtner** *m* market-gardener, *Am.* truck farmer, trucker; **~händler(in** *f*) *m* greengrocer; **~handlung** *f* greengrocer's shop; **~konserven** *f/pl.* preserved (*or* tinned, *Am.* canned) vegetables; **~suppe** *f* vegetable soup.

gemüßigt [gə'my:siçt] *adj.*: *sich* ~ *sehen, zu inf.* feel (*or* find o.s.) obliged *or* compelled to *inf.*

gemußt [gə'must] *p.p. of müssen.*

gemustert [gə'mustərt] *adj.* figured, patterned.

Gemüt [gə'my:t] *n* (-[e]s; -er) mind; feeling; soul; heart; nature, disposition, temper(ament), cast of mind; ~*er pl.* (*persons*) minds, people; *die* ~*er erhitzten sich* feeling ran high; *sonniges* ~ sunny nature; *sich et. zu* ~*e führen* take a th. to heart; *colloq. sich zu* ~*e führen* discuss, wrap o.s. around *a bottle of wine, etc.*; **≈lich** *adj. person*: **a)** sociable, genial, jovial, jolly, good-natured, **b)** placid, cool, **c)** easy-going, leisurely; *place*: comfortable, cosy, snug; restful (*atmosphere, journey, etc.*); ~*es Beisammensein* social gathering; *person*: ~ *werden* unbend; *es sich* ~ *machen* make o.s. at home, relax; take it easy; *immer* ~! take it easy!, keep your shirt on!; **~lichkeit** *f* (-) sociability, geniality, joviality, good nature; comfort(ableness), cosiness, snugness; cosy atmoshpere; relaxed mood; *in aller* ~ leisurely; with time to spare; *da hört doch die* ~ *auf!* that's the limit!; **≈los** *adj.* unfeeling, heartless.

Ge'müts...: **~art, ~beschaffenheit** *f* (mental) disposition, nature, temper, character, cast of mind; **~bewegung** *f* emotion; **≈krank** *adj.* mentally diseased, emotionally disturbed; insane; melancholic; **~krankheit** *f* mental disorder; melancholia; **~leben** *n* (-s) inner life; **~mensch** *m* emotional person, sentimentalist; *iro.* hard-boiled person; **~ruhe** *f* peace of mind, tranquil(l)ity; calmness, composure, placidity; *in aller* ~ cool as a cucumber, as calm and complacent as you please; **~verfassung** *f*, **~zustand** *m* state (*or* frame) of mind; humo(u)r.

ge'mütvoll *adj.* warm(-hearted), emotional; full of feeling (*or* sentiment).

gen [gɛn] *prp.* (*acc.*) *poet.* → *gegen*; ~ *Osten* towards the east, eastward; ~ *Himmel* heavenward.

Gen [ge:n] *biol. n* (-s; -e) gene, factor.

genannt[1] [gə'nant] *p.p. of nennen.*

ge'nannt[2] *adj.* said, aforesaid, above-mentioned, foregoing; *econ.* ~*er Kurs* nominal price.

genas [gə'na:s] *pret. of genesen.*

genau [gə'nau] **I.** *adj.* exact, accurate (*in dat.* in); *tech. a.* true; definite, precise; right; strict; careful, scrupulous, meticulous; minute, detailed, in detail; particular, punctilious; sparing, parsimonious; *die* ~*e Zeit* the exact *or* right time; ~*er Bericht* detailed account, full report; ~*es Befolgen der Anweisungen* strict adherence to instructions; *econ.* ~*ester Preis* lowest price; ~*eres* full particulars, further details; **II.** *adv.* exactly, *etc.*; ~ *dasselbe* just the same thing; ~ *so gut* just as good (*or w.s.* well); ~ *so gern* just as soon; ~ *überlegt* carefully considered; ~ *um 4 Uhr* at 4 o'clock precisely; ~ *eine Meile* exactly one mile; ~ *in der Mitte* right in the middle; ~*genommen* strictly speaking; *es* ~ *nehmen* (*mit dat.*) be particular (about), be strict (about); ~ *befolgen* follow *rules* closely; ~ *berechnen* make a close calculation; ~ *gehen watch*: keep good time; ~ *kennen* know thoroughly (*or* intimately, inside out); *ich weiß es* ~ I am sure of it; *ich weiß* ~, *daß* I am positive that, I know for certain that; *ich denke darüber* ~ *so* I feel (just) the same way about it; *aufs* ~*este* minutely, to a nicety, to a T.; **≈igkeit** *f* (-) exactness, accuracy; precision; strictness; carefulness; punctiliousness; particularity; sparingness, parsimony; fidelity; *mit* ~ accurately; *mit einiger* ~ with some approach to accuracy; **≈igkeitsgrad** *m* degree of accuracy.

Gendarm [ʒɑ̃'darm] *m* (-en; -en) country policeman, gendarme; **Gendarmerie** [-mə'ri:] *f* (-; -n) rural constabulary.

Gene-alog [genea'lo:k] *m* (-en; -en) genealogist; **Gene-alogie** [-lo'gi:] *f* (-; -n) genealogy; **gene-alogisch** [-'lo:giʃ] *adj.* genealogical.

genehm [gə'ne:m] *adj.* acceptable, convenient, agreeable (*dat.* to); *wann es ihm* ~ *ist* when it will suit him.

genehmig|en [gə'ne:migən] *v/t.* (*h.*) grant; agree (*or* assent, consent) to; approve (of), authorize, *Am. colloq.* okay; license; accept (*proposal, etc.*); ratify (*treaty*); → *erlauben*; *amtlich genehmigte Ausrüstung* (officially) approved equipment; *colloq. sich einen* ~ have a drink, hoist one; **≈ung** *f* (-; -en) grant; approval (*gen.* of), assent (to); acceptance (of); ratification; permission; authorization; *adm.* licen|ce, *Am.* -se; permit; *j-m* ~ *erteilen, zu inf.* give a p. permission (*or* leave) to *inf.*, authorize (*or* license) a p. to *inf.*; *jur. mit* ~ *des Gerichtes* by leave of court; *mit freundlicher* ~ *von* by favour of, *Am.* by courtesy of; **≈ungsbehörde** *f* approving authority; **≈ungsbescheid** *m* notice of approval; **~ungspflichtig** *adj.* subject to authorization.

geneigt [gəˈnaɪkt] *adj.* sloping, inclined; *fig. j-m*: well-disposed (towards *a p.*), gracious; *zu et.* ~ *sein* be inclined to; → *neigen*; *ein* ~*es Ohr* a willing ear, a favourable hearing; *der* ~*e Leser* the gentle reader; *er war nicht* ~, *ihn zu empfangen* he did not deign (*or* choose) to receive him; ≈**heit** *f* (-) inclination; kind disposition, benevolence, favo(u)r, goodwill; → *Neigung*.

General [genəˈrɑːl] *mil. m* (-s; ⸗e) general; ~**abrechnung** *econ. f* general account; ~**agent** *m* general agent; ~**anwalt** *m* advocate-general; ~**anzeiger** *m* (-s; -) General Gazette; ~**arzt** *m* Brigadier, *Am.* Brigadier General (Medical Corps); ~**baß** *mus. m* thorough-bass; ~**bevollmächtigte(r** *m*) *f* chief representative, delegate general, *pol.* plenipotentiary; *of private person*: lawful agent and attorney (with full power to *inf.*); ~**bilanz** *econ. f* annual balance; ~**direktion** *f* management, executive board; ~**direktor** *m* general manager, managing director; ~ˈ**feldmarschall** *m* field-marshal; ~**gouverneur** *m* governor-general; ~**intendant** *m thea.* director; *mil.* Commissary-general.

generalisieren [-raliˈziːrən] *v/t. and v/i.* (*h.*) generalize.

Generalissimus [-raˈlisimus] *m* (-; -*mi*) generalissimo.

Generalität [-raliˈtɛːt] *f* (-; -*en*) *the* generals *pl.*

Geneˈral...: ~**kommando** *n* chief command; command headquarters *pl.*; ~**konsul** *m* consul-general; ~**konsulat** *n* consulate-general; ~ˈ**leutnant** *m* lieutenant-general; *aer. Brit.* air marshal; ~**major** *m* major-general; *aer. Brit.* air vice marshal; ~**marsch** *m* general(e); ~**nenner** *math. m* common denominator; ~ˈ**oberst** *m* colonel-general; ~**pardon** *m* general pardon; ~**police** *f insurance*: general policy; ~ˈ**postmeister** *m* postmaster-general; ~**probe** *thea. f* dress rehearsal; ~**quarˈtiermeister** *m* quartermaster-general; ~**quittung** *f* receipt in full; ~**sekretär** *m* secretary-general; ~**srang** *m* rank of a general, generalship; ~ˈ**staatsanwalt** *m* Chief State Counsel; ~**stab** *mil. m* general staff; ~**stabs-chef** *m* chief of general staff; ~**stabskarte** *f* ordnance map 1 : 100 000; *Am.* strategic map; ~**stabs-offizier** *m* general-staff officer; ~**streik** *m* general strike; ~**swürde** *f* → *Generalsrang*; ~**überholung** *f* major overhaul; ~**unkosten** *pl.* overhead expenses, total overhead *sg.*; ~**versammlung** *econ. f* general meeting (of shareholders, *Am.* of stockholders); *außerordentliche* ~ extraordinary general meeting, *Am.* special meeting of stockholders; *pol.* General Assembly (of the United Nations); ~**vertreter** *m* general agent; ~**vollmacht** *jur. f* general (*or* full) power of attorney.

Generation [genəratsiˈoːn] *f* (-; -*en*) generation; *die heranwachsende* ~ the oncoming generation.

Generator [-ˈrɑːtɔr] *tech. m* (-s; -ˈ*toren*) *of current*: generator; dynamo; gas producer; ~**gas** *n* producer gas.

generell [-ˈrɛl] *adj.* general, universal, *Am. a.* blanket.

generisch [gəˈneːriʃ] *adj.* generic(ally *adv.*).

generös [genəˈrøːs] *adj.* generous.

genesen [gəˈneːzən] *v/i.* (*irr.*, *sn*) recover, convalesce (*von* from); be restored (to health), recuperate; *e-s Kindes* ~ give birth to (*or* be delivered of) a child; ≈**de(r** *m*) *f* (-*n*, -*n*; -*en*, -*en*) convalescent.

Geˈnesung *f* (-) recovery, convalescence (*both*: *von* from).

Geˈnesungs...: ~**heim** *n* convalescent home; ~**kompanie** *mil. f* convalescent company; ~**urlaub** *m* convalescent (*or* sick) leave.

Genetik [gəˈneːtik] *biol. f* (-) genetics *pl.*

Genf [gɛnf] *n* (-s) Geneva; ~**er(in** *f*) *m* (-s, -; -, -*nen*) Genevan, Genevese; ~**er** *adj.* Genevan, (of) Geneva; ~ *Konvention* Geneva Convention; ~ *Rotes Kreuz* Geneva Red Cross; ~ *See* Lake Geneva, Lake Leman.

genial [gəniˈɑːl] *adj. person*: ingenious, inspired, brilliant; *er ist* ~ he is a (man of) genius; *matter*: ingenious, brilliant, inspired; **Genialiˈtät** [-aliˈtɛːt] *f* (-) genius; ingenuity, brilliancy.

Genick [gəˈnik] *n* (-[e]s; -e) (back of the) neck, nape (of the neck); (*sich*) *das* ~ *brechen* break one's neck; *fig. das brach ihm das* ~ that broke his neck, that did it for him; *j-n beim* ~ *nehmen* take a p. by the scruff of the neck; ~**schlag** *m boxen*: blow behind the neck, rabbit-punch; ~**schuß** *m* shot through the base of the skull; ~**starre** *med. f* (-; -*n*) cerebrospinal meningitis.

Genie [ʒeˈniː] *n* (-s; -s) genius; *person*: *a.* man of genius.

genieren [ʒeˈniːrən] *v/t.* (*h.*) trouble, bother, incommode; *sich* ~ feel embarrassed *or* awkward, be self-conscious (*or* timid, shy); *sich* ~ *et. zu tun* be too timid to do a th., be shy of doing a th.; *geniert es Sie, wenn ich rauche* (do you) mind my smoking (*or* if I smoke); ~ *Sie sich nicht* don't be shy, make yourself at home; *er genierte sich nicht, zu inf.* he had the audacity (*or* nerve) to *inf.*; *das geniert ihn nicht* he doesn't mind, that doesn't bother him.

genieß|bar [gəˈniːsbɑːr] *adj.* eatable, fit to eat; edible; drinkable; *fig.* enjoyable, agreeable; *nicht* ~ → *ungenießbar*; ≈**barkeit** *f* (-) eatableness, edibility, drinkability; ~**en** *v/t.* enjoy (*a. advantage, credit, reputation, etc.*); *food*: take, eat, drink; *recht* ~ relish, savo(u)r (*both a. fig.*); revel in; *nicht zu* ~ not eatable, unpalatable, *fig.* intolerable; *person*: unbearable; *et.* ~ take some food *or* refreshments; *j-s Vertrauen* ~ be in a p.'s confidence; *e-e gute Erziehung* ~ receive a good education; ≈**er(in** *f*) *m* (-s, -; -, -*nen*) epicure, sensualist, bon viveur (*Fr.*); gourmet.

Geˈniestreich *m* stroke of genius, ingenious trick; *iro.* foolish trick, bright idea.

Genitalien [geniˈtɑːliən] *pl.* genitals.

Genitiv [ˈgeːnitiːf] *gr. m* (-s; -e) genitive, possessive case.

Genius [ˈgeːnius] *m* (-; -*ien*) genius; *guter* ~ guardian angel.

genommen [gəˈnɔmən] *p.p. of nehmen.*

genormt [gəˈnɔrmt] *adj.* standardized.

genoß [gəˈnɔs] *pret. of genießen.*

Genosse [gəˈnɔsə] *m* (-*n*; -*n*) companion, partner; comrade (*a. communist*); fellow, chum, pal; *jur.* accomplice; *Braun u.* ~*n* Braun and others.

genossen [gəˈnɔsən] *p.p. of genießen.*

Geˈnossenschaft *f* (-; -*en*) company, association; *n.s.* co-operative (society), *Am. a.* mutual benefit association; *landwirtschaftliche* ~ farmers' co-operative; ~**er** *m* (-s; -) member of a co-operative society; associate; ≈**lich** *adj.* co-operative; ~**sbank** *f* (-; -*en*) co-operative bank(ing association); ~**sgesetz** *n* (co-operative) association law; ~**sregister** *n* register of (co-operative) associations; ~**sverband** *m* co-operative union.

Geˈnossin *f* (-; -*nen*) (female) companion; → *Genosse.*

Genotyp [genoˈtyːp] *biol. m* (-s; -*en*) genotype.

Genre [ˈʒɑ̃ːr(ə)] *n* (-s; -s) genre (*Fr.*); ~**bild** *n* genre picture; ~**maler(in** *f*) *m* genre painter.

Genua [ˈgeːnua] *n* (-s) Genoa; **Genueser(in** *f*) [genuˈeːzər(in)] *m* (-s, -; -, -*nen*), **genuˈesisch** *adj.* Genoese.

genug [gəˈnuːk] **I.** *adv. and adj.* enough, sufficient(ly); ~ *Geld* enough money *or* money enough; *wir haben* ~ *zu leben* we have enough to live on; ~ *der Tränen!* no more tears!; ~ *davon!* enough (of that)!, no more of this!, that will do!; *ich habe* ~ *davon* I have enough (*or* am tired) of it, I am fed up with it, I am sick of it; *er hat* ~ **a)** he is making enough money, **b)** he has had his share, **c)** he has had his fill, **d)** that will do for him; *mehr als* ~ enough and to spare; *nicht* ~, *daß er sie lobte, sondern* not only did he praise her, but; *to guest*: *sag, wenn es* ~ *ist!* say when!; **II.** *int.* ~! enough!, stop!, that will do!, in short, in a word.

Genüge [gəˈnyːgə] *f*: *zur* ~ enough, sufficiently, fully; *ich kenne ihn zur* ~ I know him well enough; *j-m* ~ *tun or leisten* satisfy a p., give a p. satisfaction; ~ *tun or leisten* (*dat.*) come up to (*expectations*), comply with, meet, fulfil (*conditions, etc.*).

geˈnügen *v/i.* (*h.*) suffice, be sufficient *or* enough; *das genügt* (*mir*) that's enough, that will do (for me); *j-m* ~ satisfy a p.; (*nicht*) ~ (not) to give satisfaction; meet (*demand, requirements*); → *Genüge tun*; *sich* ~ *lassen* be satisfied with; ~**d** *adj.* sufficient, enough; satisfactory; *ped.* fair.

genügsam [gəˈnyːkzɑːm] *adj.* easily

satisfied, contented; moderate; frugal; modest; **2keit** *f* (-) contentedness; moderation; frugality; modesty.

ge'nug ...: ~tun *v/i.* (*irr.*, *h.*): *j-m* ~ satisfy a p., give a p. satisfaction; *sich nicht* ~ *können in* (*dat.*) *or mit* et., *zu inf.* spend o.s. in a th., in *ger.*; **2tu-ung** *f* (-) **1.** satisfaction (*für acc.* for); reparation, redress; ~ *geben* give satisfaction (*dat.* to *insulted person*); ~ *leisten für* (*acc.*) make reparation (*or* amends) for; ~ *verlangen* demand satisfaction; **2.** satisfaction, gratification (*über acc.* at); *zu unserer* ~ *haben wir gehört, daß* we are gratified to hear that.

Genus ['genus] *n* (-; *-nera*) *biol.* genus, *pl.* genera; *gr.* gender.

Genuß [gə'nus] *m* (-sses; *⸗sse*) consumption, taking (*of food*), eating, drinking; *of possession, rights*: enjoyment, *a.* benefit, *jur. a.* use, usufruct (*gen.* of); *fig.* enjoyment (*an dat.* in; *für acc.* to); pleasure, delight, treat; *mit* ~ with relish; *mit* ~ *essen, trinken, sehen, zuhören* enjoy; *die Genüsse des Lebens* the pleasures (*or* sweets) of life; *j-n in den* ~ *e-r Sache setzen* give a p. the benefit of a th.; **~mensch** *m* pleasure-lover, epicure, sensualist; **~mittel** *n* semi-luxury; stimulant; **2reich** *adj.* enjoyable, pleasurable, delightful; **~schein** *econ. m* enjoyment right certificate; **~sucht** *f* (-) thirst for pleasure; pleasure-seeking, dissipation; **2süchtig** *adj.* pleasure-seeking; sensual.

Geo|che'mie [geo-] *f* geochemistry; **~däsie** [-dɛ'ziː] *f* (-) geodesy; **~graph** [-'grɑːf] *m* (-*en*; -*en*) geographer; **~graphie** [-gra'fiː] *f* (-) geography; **2graphisch** [-'grɑːfiʃ] *adj.* geographic(al); **~loge** [-'loːgə] *m* (-*en*; -*en*) geologist; **~logie** [-lo'giː] *f* (-) geology; **2logisch** [-'loːgiʃ] *adj.* geologic(al).

Geo|meter [-'meːtər] surveyor; **~metrie** [-me'triː] *f* (-; -*n*) geometry; **2metrisch** [-'meːtriʃ] *adj.* geometric(al); ~*e Reihe* geometrical progression; ~*es Zeichnen* lineal drawing; **~phy'sik** *f* geophysics *pl.*; **~'physiker** *m* geophysicist; **~poli'tik** *f* geopolitics *pl.*

ge'ordnet *adj. a. fig.* orderly (*a. mil. retreat*); systematic; ~*es Denken* disciplined thinking; *in* ~*en Verhältnissen leben* live in easy circumstances, be financially sound; → *ordnen.*

Ge-orgine [geɔr'giːnə] *bot. f* (-; -*n*) dahlia.

Gepäck [gə'pɛk] *n* (-[e]s) luggage; *mil. or esp. Am.* baggage, pack; *das* ~ *aufgeben* book (*or* register) one's luggage, *Am.* check one's baggage; **~abfertigung** *f* dispatch of luggage, *Am.* baggage dispatch; **~annahme(stelle)** *f* luggage (registration) office, *Am.* baggage checking counter; **~aufbewahrung(sstelle)** *f* (left-)luggage office, *Am.* check room; **~ausgabe(stelle)** *f* luggage delivery office, *Am.* baggage room; **~halter** *m on bicycle*: carrier; **~marsch** *m* march with full equipment; **~netz** *n* luggage-rack; **~raum** *mot. m* → *Kofferraum*; **~revision** *f* examination of luggage; **~schalter** *m* → *Gepäckannahme*; **~schein** *m* luggage ticket, *Am.* baggage check; **~stück** *n* piece of luggage, parcel, item; **~träger** *m* (railway) porter; *on bicycle*: carrier; **~versicherung** *f* luggage insurance; **~wagen** *m* luggage van, *Am.* baggage car.

ge'panzert *adj.* armo(u)red, iron-clad.

Gepard ['geːpart] *zo. m* (-*s*; -*e*) hunting-leopard.

ge'pfeffert *adj. fig.* peppered, steep (*bill*); spicy, fruity (*joke*).

Gepfeife [gə'pfaɪfə] *n* (-*s*) whistling.

gepfiffen [gə'pfifən] *p.p. of pfeifen.*

gepflegt [gə'pfleːkt] *adj.* well-groomed (*person, etc.*); soigné (*Fr.*) (*appearance, clothes*); well cared-for (*hands, garden, etc.*); cultivated, polished, refined (*speech, style*); ~*es Heim* refined home; ~*er Wein* seasoned wine; ~*er Schriftsteller* cultured writer.

gepflogen [gə'pfloːgən] *p.p. of pflegen.*

Ge'pflogenheit *f* (-; -*en*) habit, custom; practice, usage.

geplagt [gə'plɑːkt] *adj.* tormented; harassed; *von Befürchtungen* ~ ridden by fears.

Geplänkel [gə'plɛŋkəl] *n* (-*s*; -) skirmish (*a. fig.*).

Geplapper [gə'plapər] *n* (-*s*) babbling, babble, chatter(ing), prattle, chit-chat.

Geplärr [gə'plɛr] *n* (-[e]s) bawling.

Geplätscher [gə'plɛtʃər] *n* (-*s*) splashing, purling.

Geplauder [gə'plaudər] *n* (-*s*) chat, small talk; chatting, prattle.

ge'polstert *adj.* upholstered; padded.

Gepolter [gə'pɔltər] *n* (-*s*) rumbling (noise), rumble, din.

Gepräge [gə'prɛːgə] *n* (-*s*; -) impression; coinage; *fig.* stamp, imprint, character(istics *pl.*); *e-r Sache das* ~ *geben* set the character of a th.; *das* ~ *aufweisen* (*gen.*) bear the imprint (*or* stamp) of (*a p. or th.*).

Gepränge [gə'prɛŋə] *n* (-*s*) pomp, splendo(u)r, pageantry.

Geprassel [gə'prasəl] *n* (-*s*) crackling, rattling, clatter.

gepriesen [gə'priːzən] *p.p. of preisen.*

Gequassel [gə'kvasəl], **Gequatsche** [gə'kvatʃə] *colloq. n* (-*s*) silly talk, twaddle, balderdash.

gequollen [gə'kvɔlən] *p.p. of quellen.*

gerade [gə'rɑːdə] **I.** *adj.* straight; upright, erect; direct; even (*number*); *fig.* straightforward, sincere, plain, upright; **II.** *adv.* just, exactly, precisely; ~ *ein Jahr* a year to a day; ~ *entgegengesetzt* diametrically opposite *or* opposed; ~ *das Gegenteil* just the contrary, the very opposite; ~ *in dem Augenblick* (at) the very moment; *ich bin* ~ *gekommen* I have just come; *er schrieb* ~ he was just writing; *sie wollte* ~ *gehen* she was just about (*or* going) to leave; *ich war* ~ *dort* I happened to be there; *daß ich* ~ *dich treffen würde* that I should meet you of all people; *das hat mir* ~ *noch gefehlt* that's all I needed; *sie ist nicht* ~ *eine Schönheit* she is not exactly a beauty; *das ist* ~ *das Richtige* that's just the thing (we need); *geschieht dir* ~ *recht* serves you right; *da wir* ~ *von Kindern sprechen* speaking of children; ~ *zur rechten Zeit* just in time (*um zu inf.* to *inf.*), in the (very) nick of time; *nun* ~*!* now more than ever!, now with a vengeance!; *nun* ~ *nicht!* now less than ever!; ~ *als wenn or ob* just as if *or* though; ~ *darum, weil* for the very reason that, just because.

Ge'rade *f* (-*n*; -*n*) *math.* straight line; *sports*: **a)** straight(-away), **b)** home straight (*or* stretch); *boxing*: *linke (rechte)* ~ straight left (right).

gerade'aus *adv.* straight on *or* ahead; **2empfänger** *m radio*: straight-circuit receiver; **2fahrt** *f skiing*: straight run; **2flug** *m* horizontal flight.

ge'rade...: ~biegen *v/t.* (*irr.*, *h.*) straighten; *fig. colloq.* put right (again), straighten out, *Am. a.* fix; **~halten:** *sich* ~ (*irr.*, *h.*) hold o.s. upright *or* erect.

geradeher'aus *adv.* freely, frankly, outright; bluntly, point-blank.

ge'rade...: ~legen, ~machen, *etc. v/t.* (*h.*) put straight, straighten.

Ge'rader *m* (-*n*; -*en*) *boxing*: → *Gerade.*

ge'rade...: ~so *adv.* just the same, exactly the same thing; ~ *wie* just like; ~ *viel* just as much; *es sieht* ~ *aus, als ob* it seems to me just as if; **~stehen** *v/i.* (*irr.*, *h.*) stand straight *or* erect; *fig. für et.* ~ answer for a th.; **~(s)wegs** *adv.* directly, straight (on); ~ *auf et. losgehen* make a beeline for; straight away, on the spot, immediately; **~'zu** *adv.* straight(way), directly; → *geradeheraus*; almost, next to; sheer, plain, downright; nothing short of; *das ist* ~ *Wahnsinn* that's sheer (*or* downright) madness.

Gerad|führung [gə'rɑːt-] *tech. f* guide; **~heit** *f* (-) straightness; *fig.* straightforwardness, uprightness, honesty; **2linig** [-liːniç] *adj.* rectilinear, straight-lined; lineal (*descent*); **~linigkeit** *f* (-) (recti-)linearity; **2sinnig** [-ziniç] *adj.* straightforward; **2zahlig** [-tsɑːliç] *adj.* even-numbered.

gerammelt [gə'raməlt] *colloq. adv.*: ~ *voll* chockful, crammed, packed to capacity.

Geran|ie [ge'rɑːniə] *f* (-; -*n*), **~ium** [-nium] *bot. n* (-*s*; -*ien*) geranium.

gerannt [gə'rant] *p.p. of rennen.*

Gerassel [gə'rasəl] *n* (-*s*) rattling, rattle; clatter.

Gerät [gə'rɛːt] *n* (-[e]s; -*e*) tool, utensil, implement; gear; apparatus; instrument; *teleph., radio, TV* set; device, gadget; unit; equipment; *elektrisches* ~ electrical appliance; *Küchen2* kitchen utensil(s *pl.*); household effects *pl.*; *Angel2* fishing-tackle; *Sport2* athletic implement(s *pl.*); *Turn2* apparatus; **~ekasten** *m* tool box.

geraten [gə'rɑːtən] **I.** *v/i.* (*irr.*, *sn*)

come *or* fall, get in(to *in acc., auf acc.* [up]on), happen upon; *über et.* ~ come across; turn out *well, etc.*, prove *or* be *a success, etc.*. prosper, thrive; *nach j-m* ~ take after a p.; ~ *an* (*a. c.*) come by *a. p. or th.*; *aneinander* ~ come to high words (*or* blows), *mil.* come to close quarters; *außer sich* ~ be beside o.s. (*vor dat.* with), go off one's head, be overjoyed, fly into a rage, see red; ~ *in* (*acc.*) get (*or* run) into (*danger, debt*); get caught in (*a storm, etc.*); *in Entzücken* ~ go into raptures; *in Besorgnis* ~ grow alarmed; *unter j-s Einfluß* ~ come under a p.'s influence; *ihm gerät alles* everything succeeds with him; *die Ernte ist gut (schlecht)* ~ there has been a good (bad) crop; → *Abwege, Brand, Konkurs, etc.*; **II.** *adj.* successful; advisable, commendable, good policy; advantageous, profitable; *was du für* ~ *hältst* whatever you think fit; *das* ~*ste wäre, zu inf.* the best thing (*or* policy) would be to *inf.*

Ge'räte...: ~**schalter** *m* plug switch; ~**schnur** *f* flexible cord; ~**steckdose** *f* coupler socket; ~**stecker** *m* connector plug; ~**turnen** *n* apparatus gymnastics *pl.*; ~**übung** *f* apparatus exercise; ~**wagen** *m* equipment wag(g)on *or* truck.

Ge'ratewohl *n*: *aufs* ~ at random, on the off-chance; *aufs* ~ *e-e Auswahl treffen* make a random selection; *er versuchte es aufs* ~ he took a chance.

Ge'rätschaften *f/pl.* tools, utensils, implements; equipment *sg.*

geraum [gə'raum] *adj.*: ~*e Zeit* long time; *seit* ~*er Zeit* for a long time; *es wird noch e-e* ~*e Zeit dauern, bis* it will be (*or* take) long before.

geräumig [gə'rɔʏmiç] *adj.* spacious, roomy; 𝔖**keit** *f* (-) spaciousness, roominess.

Geräusch [gə'rɔʏʃ] *n* (-es; -e) noise, sound; *med. a.* murmur; → *Lärm, Knistern, Schwirren, etc.*; 𝔖**arm** *adj.* noiseless, silent; 𝔖**dämpfend** *adj.* silencing, anti-noise; → *schalldämpfend*; ~**kulisse** *f* background; 𝔖**los** *adj.* noiseless, silent, quiet (*all a. tech.*); ~**losigkeit** *f* (-) noiselessness, silence, quietness; ~**pegel,** ~**spiegel** *m* noise level; 𝔖**voll** *adj.* noisy, loud; clamorous, uproarious.

gerben ['gɛrbən] *v/t.* (*h.*) dress, curry (*hides*); *rot* ~ tan; *weiß* ~ taw; *sämisch* ~ chamois; refine (*metal*); *fig. j-m tüchtig das Fell* ~ give a p. a good hiding.

'Gerber *m* (-s; -) leather-dresser, currier; tanner; tawer; **Gerbe'rei** *f* (-; -en) tanning, tanner's trade; tannery.

'Gerber...: ~**lohe** *f* tan-bark; ~**wolle** *f* skin wool.

Gerb|leim ['gɛrp-] *m* tannic acid glue; ~**säure** *f* tannic acid; ~**stahl** *m* polishing steel, burnisher; ~**stoff** *m* tannin.

gerecht [gə'rɛçt] *adj.* just; righteous; fair, equitable; impartial; justified, legitimate; just, well-deserved (*punishment*); ~ *werden* (*dat.*) do justice to *a p. or th.* (*a. fig.*); meet (*conditions, demand, requirements, wish*); meet, come up to (*expectations*); live up to (*one's name, reputation*); → *entsprechen*; *e-r Aufgabe* ~ *werden* master (*or* cope with) a task; *allen Seiten* ~ *werden* deal with all aspects; → *Sattel*; ~*er Himmel!* good heavens!; 𝔖**e(r)** *m* (-; -n) *eccl.* righteous man; *der Schlaf des* ~*n* the sleep of the just; ~**fertigt** *adj.* justified, justifiable.

Ge'rechtigkeit *f* (-) justice; righteousness; fairness, equitableness; legitimacy, justification; → *Gerechtsame*; ~ *widerfahren lassen* (*dat.*) do justice to; ~ *walten lassen* dispense justice, *fig.* be just (*or* fair); ~**sliebe** *f* love of justice; 𝔖**sliebend** *adj.* fair(-minded), equitable; ~**ssinn** *m* (-[e]s) sense of justice.

Gerechtsame [gə'rɛçtza:mə] *f* (-n; -n) right; franchise, privilege, prerogative.

Gerede [gə're:də] *n* (-s) (idle) talk; gossip, tittle-tattle; rumo(u)r; *sich* (*j-n*) *ins* ~ *bringen* make o.s. (a p.) the talk of the town; *ins* ~ *kommen* get talked about; *das ist nur leeres* ~ that's mere eyewash.

geregelt [gə're:gəlt] *adj.* regular; orderly, well-conducted; → *regeln.*

ge'reichen *v/i.* (*h.*): *zu et.* ~ contribute (*or* redound) to a th.; *es gereicht mir zur Freude* it gives (*or* affords) me much pleasure; *es gereicht ihm zum Vorteil* it is (*or* will prove) to his advantage; → *Ehre.*

gereizt [gə'raɪtst] *adj.* irritated (*a. med.*), nettled, piqued; irritable, testy, edgy; 𝔖**heit** *f* (-) irritation.

ge'reuen *v/t.* (*impers., h.*): *es gereut mich* I repent (of) it, I am sorry for it; *sich die Zeit nicht* ~ *lassen* not to grudge the time; *sich keine Mühe* ~ *lassen* spare no trouble.

Gericht[1] [gə'riçt] *n* (-[e]s; -e) dish; course.

Gericht[2] [gə'riçt] *jur. n* (-[e]s; -e) court (of justice), law-court, *usu. rhet. and fig.* tribunal, forum; the judges *pl.*, the Bench; hearing, trial; session, term; judg(e)ment; *eccl. jüngstes* ~ Last Judg(e)ment, Doomsday; ~ *erster Instanz* court of first instance, trial court; ~ *zweiter Instanz* court of appeal(s), appellate court; *ordentliches* ~ (regular) court of law; *von* ~*s wegen* by order (*or* decree, warrant) of the court; ~ *halten* (*or zu* ~ *sitzen*) *über* (*acc.*) sit in judg(e)ment upon (*a. fig.*), try (*a p. or case*); *das* ~ *anrufen* apply to a court, appeal to a (higher) court; *vor* ~ *bringen* bring *a th.* into court, go to law about *a th.*, bring an action against *a p.*; *vor* ~ *erscheinen* appear in court; *vor* ~ *kommen* **a)** *matter*: come before the court(s), **b)** *person*: go on trial; *vor* ~ *stellen* bring to trial, put on trial, arraign; *sich vor* ~ *verantworten* stand trial; *e-e Sache vor* ~ *vertreten* plead a cause, defend a case; *fig. mit j-m scharf ins* ~ *gehen* take a p. severely to task; *Hohes* ~! Your Lordship (*Am.* Honor), Members of the Jury!; 𝔖**lich** *adj.* judicial, legal; *adv. a.* by order of the court; ~ *vereidigt* sworn (*interpreter, etc.*); ~*e Beglaubigung* legalization; ~*e Medizin* forensic medicine; ~*es Verfahren* legal proceedings *pl.*; ~*e Verfügung* order (of a court); ~*e Verfolgung* prosecution; ~*e Zustellungen* legal process *sg.*; ~ *anerkannte Schuld* judg(e)ment debt; *j-n* ~ *belangen, gegen j-n* ~ *vorgehen,* ~*e Schritte ergreifen gegen j-n* sue a p., institute (legal) proceedings against a p., take legal steps against a p.

Ge'richts...: ~**akten** *f/pl.* court records; 𝔖**anhängig** *adj.* pending; ~**arzt** *m* medical examiner; ~**assessor** *m* fully qualified candidate for judicial appointment; junior barrister; ~**barkeit** *f* (-) jurisdiction; *erstinstanzliche* ~ original jurisdiction; *freiwillige* ~ voluntary jurisdiction, non-contentious litigation; ~**beamter** *m* law-court official; ~**befehl** *m* legal warrant, writ, court order; ~**beschluß** *m* court order; ~**bezirk** *m* circuit; judicial district; ~**diener** *m* usher, bailiff, *Am.* marshal; ~**entscheid(ung** *f*) *m* (court) decision, ruling; ~**ferien** *pl.* vacation *sg.*, *Am.* recess *sg.*; ~**gebäude** *n* law-court, courthouse; ~**herr** *m* supreme judicial authority; ~**hof** *m* court of justice, law-court; *usu. rhet. or fig.* tribunal; *Oberster* ~ *Brit.* Supreme Court of Judicature, *Am.* Supreme Court; ~**kasse** *f* court cashier; ~**kosten** *pl.* (law-)costs; ~**medizin** *f* forensic medicine; ~**ordnung** *f* rules *pl.* of (the) court; ~**person** *f* court officer, member of the court; ~**referendar** *m* law-student who has passed his first State Examination; ~**saal** *m* court room; ~**schreiber** *m* clerk (of the court); ~**sitzung** *f* hearing, (court) session; ~**stand** *m* venue, jurisdiction; *econ.* (legal) domicile; ~**verfahren** *n* **a)** court procedure, **b)** legal proceedings *pl.*, lawsuit; *ein* ~ *einleiten gegen* (*acc.*) institute legal proceedings against; ~**verfassung** *f* constitution of law-courts; (structure of the) judiciary; ~**sgesetz** Judicature Act; ~**verhandlung** *f* (judicial) hearing; trial; ~**vollzieher** *m* (court-)bailiff, *Am.* marshal; ~**wesen** *n* (-s) judicial system, judiciary.

gerieben[1] [gə'ri:bən] *p.p. of reiben.*

ge'rieben[2] *adj.* → *reiben*; *fig.* cunning, crafty, shrewd, wily; ~*er Geschäftsmann* smart businessman.

Geriesel [gə'ri:zəl] *n* (-s) purling; *of rain*: drizzling.

gering [gə'riŋ] *adj.* little, small; → ~*er*, ~*st*; trifling; slight, negligible, unimportant; modest; limited; low, mean; poor; inferior, of inferior quality; low (*pressure, price, temperature*); ~*e Aussicht* poor (*or* slender, slim) chance; ~*er Betrag* petty amount; ~*es Einkommen* modest income; ~*e Entfernung* short distance; ~*es Interesse* little interest; ~*e Kenntnisse* scanty (*or* poor, meag|re, *Am.* -er) knowledge; *mit* ~*en Ausnahmen* with (but) few exceptions; *mein* ~*es Verdienst* my humble merit; *Vornehm und* 𝔖 high and low, rich and poor; ~*denken von* (*dat.*) → ~**achten** *v/t.* (*h.*) have a low opinion of, think little of; look down (up)on, despise; disregard, ignore; **~er** *adj.* inferior, less, minor; *ein ~er Betrag* a smaller sum; *in ~em Maße* in a less degree; *das ~e von zwei Übeln* the lesser of two evils; *kein* **2***er als* no less a p. than; **~fügig** [-fy:giç] *adj.* little, slight, negligible, insignificant, unimportant, trifling, petty; **2fügigkeit** *f* (-) littleness, insignificance; trifle; *jur. Verfahren wegen ~ einstellen* dismiss a case; **~haltig** [-haltiç] *adj.* base, low-grade, of low standard; **~schätzen** *v/t.* (*h.*) → *geringachten*; **~schätzig** [-ʃɛtsiç] *adj.* deprecatory, disparaging, slighting; disdainful, contemptuous; *adv.*: *j-n ~ behandeln* treat a p. with contempt *or* disdain, slight a p.; et. *~ abtun* pooh-pooh a th.; **2schätzung** *f* (-) disregard; disdain, contempt, disrespect, disparagement; **~st** *adj.* least; slightest; minimum; smallest; *nicht im ~en* not in the least, in no way, by no means, not at all; *nicht das* **2***e* nothing what(so)ever, not a thing; *die ~e Kleinigkeit* the merest trifle; *bei der ~en Kleinigkeit* at the least word, at the drop of a hat; *nicht die ~e Aussicht* not the slightest chance; *nicht die ~e Ahnung* not the faintest (*or* foggiest) idea; *nicht den ~en Zweifel* not the slightest doubt; *das macht nicht das ~e aus* it doesn't make any difference; **~wertig** [-ve:rtiç] *adj.* of small value; inferior; of inferior quality.

Gerinne [gəˈrinə] *n* (*-s*; -) running (water); drain, channel; *tech. casting*: chute, gutter; *of sluice*: clough arch.

geˈrinnen *v/i.* (*irr., sn*) *chem.* coagulate, clot, set; congeal; *milk*: curdle; *metall.* concrete; *~ machen or lassen* coagulate; congeal; curdle (*a. fig.*: *a p.'s blood*).

Gerinnsel [gəˈrinzəl] *n* (*-s*; -) coagulated mass, clot; *med. a.* coagulum; → *Rinnsal.*

Gerippe [gəˈripə] *n* (*-s*; -) skeleton; (*person*) *a.* scrag, bag of bones; *arch.* framework, shell; *mar.* carcass; *aer.* frame; *fig.* skeleton, frame; (general) outline, sketch (*of a story, etc.*).

geˈrippt *adj.* ribbed (*a. tech.* = finned); *bot., zo.* costate(d); *leaf*: *a.* nervate; *fabric*: corded; *column*: fluted.

gerissen [gəˈrisən] *p.p. of reißen*; *adj. colloq. fig.* → *gerieben.*

geritten [gəˈritən] *p.p. of reiten.*

German|e [gɛrˈmɑ:nə] *m* (*-n*; *-n*), **~in** *f* (-; *-nen*) Teuton; **2isch** *adj.* Germanic, Teutonic; **germanisieren** [gɛrmaniˈzi:rən] *v/t.* (*h.*) Germanize.

Germanis|mus [-maˈnismus] *m* (-; *-men*) Germanism; **~t** *m* (*-en*; *-en*) Germanscholar, Germanist; **~tik** *f* (-) (study) of German language and literature, Germanistics *pl.*, *Am.* Germanics *pl.*; **2tisch** *adj.* German.

Germanium [-ˈmɑ:nium] *n* (*-s*) *chem.* germanium.

gern(e) [ˈgɛrn(ə)] *adv.* (*comp. lieber*; *sup. am liebsten*); gladly, with pleasure; willingly, readily; *as answer*: I should be delighted, I should love to; *ganz ~* I don't mind (if I do; doing a th.); *herzlich ~* with great pleasure, by all means; *~ haben, mögen, tun* be fond of, like; care for, be keen on; *ich reise ~* I like to travel, I like (*or* am fond of) travelling; *nach dem Essen ging er ~ spazieren* after dinner he used to (*or* would) take a walk; *Erlen wachsen ~ am Bach* alders are often found (*or* tend to grow) along brooks; *er kommt ~ um diese Zeit* he often (*or* usually) comes at this hour; *das glaube ich ~* I quite believe it; *das kannst du ~ haben* you are welcome to it; *ich möchte ~ wissen* I should like to know, I wonder; *wir sind ~ bereit, zu inf.* we are quite prepared (*or* should be glad *or* happy) to *inf.*; *~ gesehen sein* be welcome; *~ geschehen!* don't mention it!, (you are) welcome!; *colloq. du kannst mich ~ haben!* go to blazes (*or* hell)!; **~gesehen** *adj.* welcome; **2groß** *m* (-; *-e*) show-off.

gerochen [gəˈrɔxən] *p.p. of riechen.*

Geröll [gəˈrœl] *n* (*-[e]s*; *-e*) pebbles *pl.*; rubble, *geol.* débris, scree; boulders *pl.*; **~halde** *geol. f* débris (*or* scree) slope.

geronnen [gəˈrɔnən] *p.p. of* (*ge-*) *rinnen.*

Gerontologie [gərɔntoloˈgi:] *f* (-) gerontology.

Gerste [ˈgɛrstə] *f* (-) barley.

ˈGersten...: **~graupen** *f/pl.* pearl barley *sg.*; **~hartbrand** *m* covered smut of barley; **~korn** *n* (*-[e]s*; *ᵘer*) barley-corn; *med.* sty; **~saft** *m* (*-[e]s*) beer; **~schleim** *m* barley-water; **~zucker** *m* barley-sugar.

Gerte [ˈgɛrtə] *f* (-; *-n*) switch, rod, twig; **2nschlank** *adj.* slim and willowy.

Geruch [gəˈrux] *m* (*-[e]s*; *ᵘe*) smell, odo(u)r; *angenehmer ~* pleasant smell, scent, perfume, fragrance; *übler ~* bad (*or* offensive, unpleasant) smell *or* odo(u)r, stench; *~ beseitigen an or in et.* deodorize a th.; *e-n feinen ~(ssinn) haben* have a fine sense of smell, have a good nose; *fig.* reputation, odo(u)r; *im ~ der Heiligkeit* in the odo(u)r of sanctity; *in schlechtem ~ stehen* be in bad odo(u)r (*bei* with), be ill reputed (*or* famed); **2beseitigend** *adj.* → *geruchtilgend*; **2los** *adj.* scentless, odo(u)rless; inodorous (*gas, etc.*); *~ machen* deodorize; **~losigkeit** *f* (-) scentlessness, inodorousness; absence of smell; **~snerv** *m* olfactory nerve; **~ssinn** *m* (*-[e]s*) (sense of) smell; **~stoff** *m* odorous substance, aromatic essence.

Gerücht [gəˈryçt] *n* (*-[e]s*; *-e*) rumo(u)r, report; *es geht das ~, daß* it is rumo(u)red, the rumo(u)r (*or* story) goes; *das ~ läuft um, er sei entkommen* as rumo(u)r has it he has escaped, he is rumo(u)red to have escaped; *ein ~ verbreiten* spread a rumo(u)r (abroad); **~emacher** *m* rumo(u)r-monger.

geruchtilgend [-tilgənd] *adj.* deodorant.

geˈrüchtweise [-vaɪzə] *adv.* as a rumo(u)r; *~ verlautet* it is rumo(u)red, the story goes.

geˈrufen *adj.*: *das kommt wie ~* that comes in handy.

geˈruh|en *v/i.* (*h.*): *~ zu inf.* be pleased to *inf.*; *esp. iro.* condescend (*or* deign) to *inf.*; **~sam** *adj.* quiet, peaceful, tranquil; leisurely, comfortable, relaxed.

Gerumpel [gəˈrumpəl] *n* (*-s*) rumbling, rumbles *pl.*; bumps, jolts *pl.*

Gerümpel [gəˈrympəl] *n* (*-s*) lumber, junk.

Gerundium [geˈrundium] *gr. n* (*-s*; *-ien*) gerund.

gerungen [gəˈruŋən] *p.p. of ringen.*

Gerüst [gəˈryst] *n* (*-[e]s*; *-e*) scaffold(ing); trestle; truss (*on roof, bridge*); *a. tech.* stage, platform; *biol.* stroma, reticulum; *eisernes ~ arch.* steel frame *or* structure; *fliegendes ~* flying scaffold *or* stage; → *Skelett*; *fig.* frame, framework; *ein ~ aufschlagen* put up a scaffold; **~brücke** *f* trestle bridge; **~stange** *f* scaffolding-pole.

Gerüttel [gəˈrytəl] *n* (*-s*) shaking; jolting, jolts *pl.*

Ges [gɛs] *mus. n* (-; -) G-flat.

gesamt [gəˈzamt] *adj.* whole, entire, all, complete; total, aggregate, collective, overall; general; joint; united; → *ganz*; *jur. zur ~en Hand* collective, joint (*ownership, property, etc.*), joint and several (*liability*); **2e(s)** *n* (*-n*) *the* whole, *the* total; **2ansicht** *f* general view; **2aufkommen** *n* total yield; **2auflage** *f* total circulation (*of newspaper, etc.*); **2aufstellung** *f* collective statement; **2ausfuhr** *f* total exports *pl.*; **2ausgabe** *f of book*: complete edition; **2ausgaben** *econ. f/pl.* total expenses; **2bedarf** *m* total requirement; **2begriff** *m* collective (idea), comprehensive (*or* generic) term; **2betrag** *m* total (amount); **2bild** *n* general (*or* overall) view *or* picture; **~deutsch** *adj.* all-German; *Minister für ~e Fragen* Minister for All-German Affairs; **2eigentum** *n* (*-[e]s*) aggregate property; joint property; **2eindruck** *m* general impression; **2einfuhr** *f* total imports *pl.*; **2einnahme** *f*, **2erlös** *m* total receipts *pl.*; **2ergebnis** *n* total result; **2ertrag** *m* total proceeds *or* returns *pl.*; **2fläche** *f* total area; **2gewicht** *n* (*-[e]s*) total weight; **2gläubiger** *m* general creditor; **2haftung** *f* joint liability; **2handgemeinschaft** *f* joint owners *pl.*; **2heit** *f* (-) total(ity); *the* whole; *the* entirety; *in s-r ~* in its entirety; **2hypothek** *f* blanketed mortgage; **2kapital** *n* joint capital; aggregate amount of principal; **2kohlenstoff** *chem. m* total carbon; **2kosten** *pl.* total expenses; **2lage** *f* (-) general (*or* overall) situation; **2länge** *f* (-) overall length; **2maße** *tech. n/pl.* overall dimensions; **2note** *ped. f* aggregate mark; **2planung** *f* overall planning; **2preis** *m* lump-sum price; **2probe** *thea. f* full rehearsal; **2produkt** *n* gross (national) product; **2produktion** *f* total output; **2prokura** *f* joint power of attorney; **2quittung** *f* receipt in full; **2regelung** *f* overall settlement; **2schaden** *m* total damage (*or* loss); **2schau** *f* (-) total view, synopsis;

2schuld *f* joint and several liability; **2schuldner** *m* joint debtor; **~schuldnerisch** *adj.*: ~*e Bürgschaft* joint and several guarantee; **2sieger** *m* final winner; **~strafe** *jur. f* global term; **~streitkräfte** *mil. f/pl.* joint forces; **2summe** *f* → *Gesamtbetrag*; **2überblick** *m*, **2übersicht** *f* general survey; overall view; **2umsatz** *m* total turnover; **2verband** *m* general association; **2verbindlichkeit** *f* joint liability; **2vermögen** *n* aggregate property; **2versicherung** *f* all-in insurance; **2wert** *m* total (*or* aggregate) value; **2wirkung** *f* general (*or* cumulative) effect; **2wirtschaft** *f* whole national economy; **2wohl** *n* common weal; **2zahl** *f* total number; (sum) total; aggregate figure.

gesandt [gəˈzant] *p.p. of senden.*

Geˈsandt|e(r) *m* (-*n*; -*n*) envoy; ambassador; *päpstlicher* ~ nuncio; **~in** *f* (-; -*nen*) ambassadress; **~schaft** *f* (-; -*en*) legation; embassy; **2schaftlich** *adj.* ambassadorial; diplomatic; **~schaftsattaché** *m* attaché (*Fr.*); **~schaftspersonal** *n* (staff of a) legation.

Gesang [gəˈzaŋ] *m* (-[e]s; ¨e) singing, *mus.* vocal music; song; air, tune, melody; *eccl.* hymn, chant; *part of poem*: canto; **~buch** *n* book of songs, *eccl.* hymn-book; **~lehrer(in** *f*) *m* singing teacher; **2lich** *adj.* vocal; melodious, flowing; **~seinlage** *thea. f* inserted song; vocal number; **~skunst** *f* art of singing, vocal art; **~stunde** *f* singing lesson; **~unterricht** *m* singing lessons *pl.*; **~verein** *m* choral society, glee club.

Gesäß [gəˈzɛːs] *n* (-es; -e) buttocks *pl.*, seat, posterior, bottom; **~gegend** *f* gluteal region; **~muskeln** *m/pl.* gluteal muscles.

geˈsättigt *adj.* satiated; *chem.* saturated (*solution*).

Geˈschädigte(r *m*) *f* (-*n*, -*n*; -*en*, -*en*) injured person, sufferer.

Geschäft [gəˈʃɛft] *n* (-[e]s; -e) business; transaction, operation, deal, *Am. colloq.* proposition; affair; *usu.* ~*e pl.* duties, functions; work; occupation, trade, line, job, *Am. sl.* racket; business, firm, commercial house, enterprise, concern; commerce, trade; shop, store; *gut gehendes* ~ going concern; *glänzendes* ~ **a**) gold-mine, **b**) roaring trade; *vorteilhaftes* ~ bargain, (good) deal; *dunkles* ~ shady deal, *Am. sl.* racket; *die* ~*e des Gerichts* the business of the court; *laufende* ~*e* current business; ~ *in Wolle* dealings *pl. or* trading (*or* transaction) in wool; ~(*e*) *mit dem Auslande* (*Inlande*) foreign (home) trade; ~*e halber*, *in* ~*en* on business; ~*e machen mit j-m*: do business (*or* deal) with *a p.*, *et.*: do business (*or* deal) in *a th.*; *ins* ~ *kommen mit j-m* secure business from, do business with *a p.*; *s-n* ~*en nachgehen* go about one's business; *colloq. ein* ~ *verrichten* relieve nature, *colloq.* wash one's hands; *wie gehen die* ~*e?* how is business?; *die* ~*e gehen gut* (*schlecht*) business is good (slack); ~ *ist* ~ a bargain is a bargain, business is business; **~emacher** *m* profiteer; **2ig** *adj.* active, busy; bustling; industrious; pushing, energetic; eager; *contp.* officious; **~igkeit** *f* (-) activity, bustle; industry; officiousness; **2lich I.** *adj.* relating to business, commercial; ~*es Unternehmen* **a**) business, **b**) transaction; ~*e Beziehungen* business connections; ~*e Angelegenheit* business matter; *in e-r* ~*en Angelegenheit* on business; ~*e Verhandlungen* business negotiations; **II.** *adv.* on business; ~ *verreist* away on business; ~ *verhindert* prevented by business; ~ *zu tun haben mit* have dealings with, do business with *a p.*; *sich* ~ *betätigen* be in business; ~ *geht es ihm gut* (in business) he is doing well.

Geˈschäfts...: **~abschluß** *m* (business) transaction *or* deal; *pl. a.* orders (*or* contracts) secured; annual report; **~anteil** *m* share in a business, business interest; *maßgeblicher* ~ control(l)ing interest; **~anzeige** *f* business advertisement; **~aufgabe** *f* closing of business; retirement from business; **~aufsicht** *f* legal control; judicial supervision; *unter* ~ *gestellt werden* be put into (temporary) receivership; **~aussichten** *f/pl.* business prospects; **~bereich** *m* sphere of action, scope; jurisdiction; *Minister ohne* ~ minister without portfolio; **~bericht** *m* business report; *jährlicher* ~ annual report; **~betrieb** *m* business operations *pl.*; commercial (*or* business) enterprise; **~beziehungen** *f/pl.* business relations; **~brief** *m* commercial (*or* business) letter; **~bücher** *n/pl.* account (*or* commercial) books; **~erfahrung** *f* business experience; **~eröffnung** *f* opening of a business; **2fähig** *adj.* having legal (*or* disposing) capacity; **~fähigkeit** *f* legal (*or* disposing) capacity; *mangelnde* ~ incompetency; **~flaute** *f* slackness of business, slump; **~frau** *f* business woman; **~freund** *m* business friend; **2führend** *adj.* managing, executive; acting; in charge of affairs; ~*er Ausschuß* managing (*or* executive) committee; ~*e Regierung* caretaker government; **~führer** *m* manager, managing clerk (*or* director, partner); (general) secretary (*of club*); **~führung** *f* management (*or* conduct) of business; **~gang** *m* errand; course of business; *täglicher* ~ daily (*or* office) routine; trend of affairs; **~gebaren** *n* business policy (*or* methods *or* practices *pl.*); **~gegend** *f* → *Geschäftsviertel*; **~geheimnis** *n* business secret; **~geist** *m* (-es) business acumen; **2gewandt** *adj.* smart, efficient, versatile; **~haus** *n* commercial firm; office building, business premises *pl.*; **~inhaber(in** *f*) *m* owner (of a business), principal; general partner; **~interesse** *n* business interest; **~jahr** *n* business year; financial (*Am.* fiscal) year; **~kapital** *n* capital; **~karte** *f* business-card; **~kosten** *pl.* costs (of management); *auf* ~ on expense account; **~kreis** *m* sphere of activity; *of bank*: business; *in* ~*en* in commercial circles; **2kundig** *adj.* experienced in business; **~lage** *f* business status; store location; **~leben** *n* (-*s*) business life; *ins* ~ *eintreten* go into business; **~leiter** *m* manager; **~leitung** *f* management; **~leute** *pl.* businessmen; **~lokal** *n* business premises *pl.*; shop, store; office; **2los** *adj. stock exchange*: dull, lifeless, slack; **~mann** *m* businessman; **2mäßig** *adj.* businesslike; **~ordnung** *f parl.* standing orders *pl.*; *zur* ~ *sprechen* rise to order; rules *pl.* (of procedure); agenda; **~papiere** *n/pl.* commercial papers; **~personal** *n* staff, employees *pl.*; **~räume** *m/pl.* business premises; **~reise** *f* business tour (*or* trip); **~reisende(r)** *m* commercial traveller, *Am.* traveling salesman; **~risiko** *n* business risk; **~rückgang** *m* business recession; **~schluß** *m* closing-time; *nach* ~ *a.* after business hours; **~sitz** *m* (registered *or* official) seat of a firm, place of business; **~sprache** *f* commercial language, business style; **~stelle** *f* office, secretariat; **~stille, ~stockung** *f* stagnation of business, dul(l)ness of trade; **~straße** *f* business street; **~stunden** *f/pl.* business (*or* office) hours; **~tätigkeit** *f* business activity; **~teilhaber(in** *f*) *m* partner; **~träger** *m pol.* chargé d'affaires (*Fr.*); **2tüchtig** *adj.* smart, good *businessman*; **~tüchtigkeit** *f* business acumen, smartness; **2unfähig** *adj.* legally incapacitated, under legal incapacity; **~unkosten** *pl.* business expenses; overhead expenses; **~unterlagen** *f/pl.* business data *pl.*; **~unternehmen** *n* commercial enterprise, business; **~verbindung** *f* business connection; *in* ~ *treten* open up business relations, enter into business connections; *in* ~ *stehen* do (*or* transact) business (*mit* with); **~verkehr** *m* business dealings (*or* transactions) *pl.*; **~verlauf** *m* course of business; **~verlust** *m* trade loss; **~viertel** *n* business (*or* shopping) centre, *Am.* downtown; **~vorfall** *m* transaction; **~wagen** *m* commercial vehicle; delivery van; **~welt** *f* (-) business (world); → *Geschäftsleute*; **~wert** *m* goodwill (of a business); *jur.* → *Streitwert*; **~zeichen** *n* file number; *in letters*: reference mark (*abbr.* Ref.); **~zeit** *f* office (*or* business-) hours *pl.*; **~zentrum** *n* → *Geschäftsviertel*; **~zimmer** *n* office; **~zweig** *m* branch (of business), line (of business).

geschah [gəˈʃaː] *pret. of geschehen.*

geschehen [gəˈʃeːən] **I.** *v/i.* (*irr.*, *sn*) happen, occur, come to pass; chance; take place; be done; ~ *lassen* allow, suffer, tolerate, shut one's eyes to; *es geschehe* so be it; *es geschieht ihm recht* it serves him right; *es geschieht ihm ein Unrecht* he is wronged; *was soll damit* ~? what is to be done with it?; *es muß et.* ~ something must be done (about it); *es wird dir nichts* ~ no harm will come to you, it is perfectly safe; *er wußte nicht, wie ihm geschah* he was puzzled (*or* dumbfounded); *es ist um mich* ~ I am done for; *Bible*: *Dein Wille* ge-

schehe Thy will be done; *~ ist ~* what's done is done, it's no use crying over spilt milk; **II.** ≈ *n* (-*s*) happenings *pl.*, events *pl.*; ≈**e(s)** *n* (-*n*) what is done, accomplished facts *pl.*; bygones *pl.*

Ge'schehnis *n* (-*ses*; -*se*) event, occurrence, incident, happening.

gescheit [gə'ʃaɪt] *adj.* clever, intelligent, brainy; bright; wise, prudent; sensible; *sei doch ~!* don't be a fool!, (do) be sensible!, be your age!; *nicht recht ~* a bit cracked *or* touched, *sl.* not all there; *du bist wohl nicht recht ~* you can't be in your right senses, you must be out of your mind; *ich werde nicht daraus ~* I can't make head or tail of it, it makes no sense to me; *ich war so ~ wie zuvor* I was none the wiser (for it); ≈**heit** *f* (-) cleverness, intelligence, brains *pl.*; brightness.

Geschenk [gə'ʃɛŋk] *n* (-[*e*]*s*; -*e*) present, gift; donation; gratuity; *fig. ~ des Himmels* godsend, windfall; *j-m et. zum ~ machen* make a p. a present of a th.; **~artikel** *m*/*pl.* gifts, fancy goods, souvenirs; **~artikelladen** *m* gift shop; **~packung** *f* giftbox, gift wrapping.

Geschichtchen [gə'ʃiçtçən] *n* (-*s*; -) little story; anecdote.

Ge'schicht|e *f* (-; -*n*) story, narrative, tale; history; affair, business; → *biblisch*; *~en erzählen* tell stories; *in die ~ eingehen* become (*German, etc.*) history, go down in history (*als* as); *e-e alte ~* an old story; *e-e dumme ~* a stupid business, a nuisance; *e-e schöne ~!* a nice affair!, a pretty mess!; *die ganze ~* the whole concern (*or* business, show), *Am. a.* the whole caboodle; *da haben wir die ~!* there you are!; *mach keine ~n!* don't make a fuss!, don't be a fool!; *er macht keine große ~ daraus* he does not make a big issue of it; *damit ist eine ~ verknüpft* thereby hangs a tale; **~enbuch** *n* story-book; **~enerzähler(in** *f*) *m* story-teller; ≈**lich** *adj.* historical; historic; *adv.* historically, in the light of history.

Ge'schichts...: **~bild** *n* conception of history; **~buch** *n* history-book; **~fälschung** *f* falsification of history; **~forscher** *m* historian; **~forschung** *f* historical research; **~kenntnis** *f* knowledge of history; **~klitterung** [-klitəruŋ] *f* (-; -*en*) biased historical account; perversion of history; **~maler** *m* history-painter; **~philosophie** *f* philosophy of history; **~schreiber** *m* historian; **~studium** *n* study of history; **~stunde** *f*, **~unterricht** *m* history lesson(s *pl.*); **~werk** *n* historical work; **~wissenschaft** *f* (science of) history.

Geschick [gə'ʃik] *n* **1.** (-[*e*]*s*; -*e*) destiny, fate, lot; *schlimmes ~* bad (*or* ill, adverse) fortune *or* luck; blow, visitation, affliction; **2.** (-[*e*]*s*) → **~lichkeit** *f* (-) skill, facility, cleverness, address; dexterity, adroitness, deftness; aptitude, ability; → *geschickt*; **~lichkeitsprüfung** *f* test of skill.

ge'schickt I. *adj.* skil(l)ful (*zu* at, *in dat.* in); clever (at); dexterous, deft, adroit, handy, slick; *er ist besonders ~ im* he has a knack for; **II.** *adv.*: *~ ausgedacht* cleverly (*or* ingeniously) contrived; *~ handeln* play one's cards well.

Geschiebe [gə'ʃi:bə] *n* (-*s*) shoving, pushing; *geol.* detritus, bed load, boulder.

geschieden[1] [gə'ʃi:dən] *p.p. of scheiden.*

ge'schieden[2] *adj.* separated; *spouses*: divorced; *marriage*: dissolved; *~er Mann*, (*~e Frau*) divorcé(e); *wir sind ~e Leute* we have finished (*Am.* are through) with each other.

geschienen [gə'ʃi:nən] *p.p. of scheinen.*

Geschirr [gə'ʃir] *n* (-[*e*]*s*; -*e*) vessel; table-ware; dishes *pl.*; plate; china; tea service (*or* things); *irdenes ~* earthenware, crockery, pottery; kitchen utensils (*or* things), pots and pans; *for horses*: harness; (horse and) carriage; *tech. weaving*: tackle; → *Gerät*; *~ spülen* wash (*or* do) the dishes; *das ~ anlegen* (*dat.*) harness (*a horse*); *sich ins ~ legen* pull hard, *fig.* set one's shoulder to the wheel, put one's back into it; **~leder** *n* harness leather; **~schrank** *m* cupboard; **~spülmaschine** *f* dish washer; **~trockner** *m* dish dryer; **~tuch** *n* dish-cloth.

geschissen [gə'ʃisən] *p.p. of scheißen.*

Geschlecht [gə'ʃlɛçt] *n* (-[*e*]*s*; -*er*) sex; kind, genus, species; descent, birth, lineage, race, stock, extraction; family; generation; *gr.* gender; *das menschliche ~* the human race, mankind; *das männliche* (*weibliche*) *~* the male (female) sex; *das andere ~* the opposite sex; *das starke ~* the strong sex; *das schwache* (*schöne*) *~* the weak (fair, gentle) sex; *beiderlei ~s* of both sexes; *künftige ~er* future generations.

Ge'schlechter...: **~folge** *f* generations *pl.*; **~kunde** *f* (-) genealogy.

ge'schlechtlich *adj.* sexual; *biol.* generic; *~e Aufklärung* sex education; *~e Anziehungskraft* sex appeal; *~er Verkehr* sexual intercourse.

Ge'schlechts...: **~akt** *m* sexual act, coition; **~bestimmung** *f* sex determination; ≈**betont** *adj.* sex-conscious, sexy; **~beziehungen** *f*/*pl.* sexual relations; **~chromosom** *n* sex chromosome; **~drüse** *f* genital gland, gonad; **~gang** *m* genital passage; **~hormon** *n* sex hormone; ≈**krank** *adj.* suffering from a venereal disease; **~krankheit** *f* venereal disease (*abbr.* V.D.); **~leben** *n* (-*s*) sex life; ≈**los** *adj.* sexless; *biol.* asexual, *bot.* agamic; *gr.* neuter; **~merkmal** *n* sex characteristic; **~name** *m* family name, surname, *Am.* last name; *biol.* genus (name); **~organ** *n* sexual organ; **~reife** *f* sexual maturity; **~teile** *m*/*pl.* genitals; private parts; **~trieb** *m* sexual instinct (*or* urge, drive); **~umwandlung** *f* sex reversal; **~verkehr** *m* sexual intercourse; **~wort** *gr. n* (-[*e*]*s*; ≈*er*) article.

geschlichen [gə'ʃliçən] *p.p. of schleichen.*

geschliffen[1] [gə'ʃlifən] *p.p. of schleifen.*

ge'schliffen[2] *adj.* → *schleifen*; *glass*: cut; *fig.* polished.

Geschlinge [gə'ʃliŋə] *n* (-*s*) *cul.* pluck.

geschlissen [gə'ʃlisən] *p.p. of schleißen.*

geschlossen[1] [gə'ʃlɔsən] *p.p.. of schließen.*

ge'schlossen[2] **I.** *adj.* closed; *tech.* compact; (fully-)enclosed (*motor*); self-contained (*unit*); *fig.* compact (*a. style*); round, consistent (*work, performance*); united; uniform; serried (*front, ranks*); close (*season, vowel*); *~es Ganzes* compact whole; *~e Gesellschaft* private party; *~e Veranstaltung* private meeting *or* performance; *jur. in ~er Sitzung* in closed court, in camera; **II.** *adv.* compactly, *etc.*; *econ.* en bloc (*Fr.*); in a body, to a man; unanimously; *~ für et. sein or stimmen* go (*or* be) solid for; *~ hinter j-m stehen* be solidly behind a p.

Geschluchze [gə'ʃluxtsə] *n* (-*s*) sobbing.

geschlungen [gə'ʃluŋən] *p.p. of schlingen.*

Geschmack [gə'ʃmak] *m* (-[*e*]*s*) taste; flavo(u)r; relish; smack; *fig.* (-[*e*]*s*; ≈*e*) taste, fancy, liking (*all*: *an dat.* for); *feiner ~* refined taste; *~ finden an* (*dat.*) acquire a taste for, take (a) fancy to, relish; *keinen ~ finden an* have no taste for; *auf den ~ kommen fig.* taste blood; *er hat ~* he is a man of taste, he has good taste; *es ist nicht nach m-m ~* it is not to my taste; *nach m-m ~ a man* after my heart; *Geschmäcker sind verschieden, über den ~ läßt sich nicht streiten* tastes differ, there is no accounting for tastes; *ohne, mit ~* → ≈*los*, ≈*voll*; → *abgewinnen*; ≈**lich** *adj. and adv.* as regards taste; ≈**los** *adj.* tasteless, having no taste, flat, insipid; flavo(u)rless; *fig.* tasteless, *pred.* in bad taste; inelegant; tactless; **~losigkeit** *f* (-) tastelessness; *fig.* (-; -*en*) bad taste; *das war e-e ~* that (remark) was in bad taste; **~smuster** *n* (ornamental) design; **~snerv** *m* gustatory nerve; **~s-organ** *n* organ of taste; **~srichtung** *f* (trend in) taste; **~ssache** *f* matter of taste; **~ssinn** *m* (-[*e*]*s*) (sense of) taste; **~sverirrung** *f* lapse of taste; crime against good taste, outrage; ≈**swidrig** *adj.* contrary to good taste, in bad taste; **~swidrigkeit** *f* bad taste; **~szusatz** *m* flavo(u)r; *mit ~* flavo(u)red; ≈**voll I.** *adj. fig.* tasteful, *pred.* in good taste; elegant, stylish; *äußerst ~* in excellent (*or* admirable, the best) taste; **II.** *adv.*: *~ gekleidet* dressed in good taste; *das war nicht sehr ~ von ihm* that was not very tactful of him.

Geschmeide [gə'ʃmaɪdə] *n* (-*s*) trinkets *pl.*, jewels *pl.*; jewel(le)ry.

ge'schmeidig *adj.* supple, lithe, lissom(e) (*body*); flexible, elastic, pliant; smooth; *metal*: **a)** malleable, **b)** ductile; *fig.* adaptable, supple, elastic (*mind*); versatile; smooth, elusive, slick; *er hat e-e ~e Zunge* he has a glib tongue; ≈**keit** *f* (-)

suppleness; flexibility, pliancy; versability; smoothness; malleability, ductility; glibness; **Ձkeitsübungen** *f/pl. sports*: limbering-up exercises.

Geschmeiß [gəˈʃmaɪs] *n* (-es) vermin; *fig. a.* rabble, scum, riffraff.

Geschmetter [gəˈʃmɛtər] *n* (-s) flourish, blare *of trumpets*.

Geschmier(e) [gəˈʃmiːr(ə)] *n* (-[e]s) smearing; scrawl, scribble; *paint*: daub.

geschmissen [gəˈʃmisən] *p.p. of schmeißen.*

geschmolzen [gəˈʃmɔltsən] *p.p. of schmelzen.*

Geschmorte(s) [gəˈʃmoːrtə(s)] *n* (-*n*) stew(ed meat).

Geˈschnatter *n* (-*s*) cackling; *fig. a.* chatter(ing).

geschniegelt [gəˈʃniːgəlt] *adj.* smart, spruce, dapper; ~ *und gebügelt* spick-and-span.

geschnitten [gəˈʃnitən] *p.p. of schneiden.*

geschnoben [gəˈʃnoːbən] *p.p. of schnauben.*

geschoben [gəˈʃoːbən] *p.p. of schieben.*

gescholten [gəˈʃɔltən] *p.p. of schelten.*

Geschöpf [gəˈʃœpf] *n* (-[e]s; -e) creature; *colloq. süßes* (*armes*) ~ lovely (poor) creature *or* thing.

geschoren [gəˈʃoːrən] *p.p. of scheren.*

Geschoß [gəˈʃɔs] *n* (-sses; -sse) projectile; missile; bullet; shell; *ferngesteuertes* ~ guided missile; *arch.* stor(e)y, floor; **~aufschlag** *m* impact; **~bahn** *f* trajectory; **~garbe** *f* cone of fire; **~höhe** *arch. f* height between floors; **~kern** *m* core (of projectile); **~mantel** *m* jacket (of bullet); (shell) case.

geˈschossen *p.p. of schießen.*

geschränkt [gəˈʃrɛŋkt] *tech. adj.* crossed, angle-axis.

geschraubt [gəˈʃraupt] *adj. tech.* screwed, bolted; *fig.* stilted, affected (*style*).

Geˈschrei *n* (-[e]s) shouting, yelling; shouts, cries, screams *pl.*; clamo(u)r; hullabaloo; acclamations *pl.*, cheers *pl.*; *sports*: *anfeuerndes* ~ cheering, *Am.* yell(ing), rooting; *of donkey*: bray(ing); *fig.* clamo(u)r, outcry, hue and cry (*all*: *gegen* against); (great) noise, fuss; *viel* ~ *und wenig Wolle* much ado about nothing; *ein großes* ~ *erheben* set up a great shout (*or* loud cry), vociferate, raise a hue and cry, cry blue murder.

Geschreibsel [gəˈʃraɪpsəl] *n* (-s) scrawl, scribble; *fig.* scribble, wish-wash, *sl.* bilge.

geschrieben [gəˈʃriːbən] *p.p. of schreiben.*

geschrie(e)n [gəˈʃriː(ə)n] *p.p. of schreien.*

geschritten [gəˈʃritən] *p.p. of schreiten.*

geschunden [gəˈʃundən] *p.p. of schinden.*

Geschütz [gəˈʃyts] *n* (-es; -e) gun, cannon; piece (of ordnance); *schweres* ~ heavy artillery (*or* guns), ordnance; *ein* ~ *auffahren* bring a gun into action; *ein* ~ *in Stellung bringen* emplace a gun; *fig. er fuhr schweres* ~ *gegen sie auf* he turned his heavy guns on them; **~bedienung** *f* serving of a gun; gun crew, gunners *pl.*; **~bettung** *f* gun base; **~bronze** *f* gun-metal; **~donner** *m* roar (*or* booming, rumbling) of guns; **~exerzieren** *n* gun drill; **~feuer** *n* gun-fire, shelling; **~führer** *m* (No. 1) gunner; **~lafette** *f* gun-mount(ing); **~park** *m* ordnance park; **~rohr** *n* gun-barrel; **~stand** *m*, **~stellung** *f* gun position, (gun) emplacement; **~turm** *m* turret.

Geschwader [gəˈʃvaːdər] *n* (-*s*; -) *mil.* squadron; *aer.* group, *Am.* wing, *mar.* squadron; **~flug** *m* formation flying; **~kommodore** *aer. m Brit.* Air Officer Commanding (*abbr.* A.O.C.), *Am.* wing commander.

Geschwätz [gəˈʃvɛts] *n* (-es) (idle) talk, twaddle, babble, prattle, gabble; gossip, tittle-tattle; **Չig** *adj.* talkative, loquacious, garrulous, voluble, gabby; gossipy; verbose; **~igkeit** *f* (-) talkativeness, loquacity, volubleness, verbosity.

geschweift [gəˈʃvaɪft] *tech. adj.* curved.

geschweige [gəˈʃvaɪgə] *adv. and cj.*: ~ *denn* to say nothing of, not to mention, let alone, much less.

geschwiegen [gəˈʃviːgən] *p.p. of schweigen.*

geschwind [gəˈʃvint] **I.** *adj.* quick, fast, swift; rapid, speedy, hasty; prompt; **II.** *adv. a.* in an instant (*or* twinkling), in a jiffy; ~! quick!

Geˈschwindigkeit [-diç-] *f* (-; -*en*) quickness, swiftness, speed, rapidity; promptness, expedition; speed, pace, *esp. phys.* velocity; rate; momentum; *mit e-r* ~ *von* at a rate (*or* speed) of; *mit größter* ~ at full (*or* top) speed, *mot. a.* at full throttle; *an* ~ *zunehmen* gather (*or* pick up) speed, gather momentum; *die* ~ *herabsetzen* slow down, decelerate, throttle down; *e-e* ~ *erreichen von* attain a speed of.

Geˈschwindigkeits...: **~abfall** *m* loss of speed; **~anzeiger** *m* → *Geschwindigkeitsmesser*; **~begrenzung** *f* speed restriction (*or* limit); **~bereich** *m* speed range; **~gleichung** *f* velocity equation; **~grenze** *f* speed limit; **~messer** *m* (-s; -) speed ga(u)ge *or* indicator; speedometer, *mot. a.* tachometer; **~regler** *m* speed governor; **~rekord** *m* speed record; **~zunahme** *f* increase in speed.

Geschwirr [gəˈʃvir] *n* (-[e]s) whirring, buz(zing).

Geschwister [gəˈʃvistər] *pl.* brother(s) and sister(s); **~kind** *n* (first) cousin; **Չlich** *adj.* brotherly, sisterly; **~liebe** *f* brotherly *or* sisterly love; **~paar** *n* brother and sister.

geschwollen[1] [gəˈʃvɔlən] *p.p. of schwellen.*

geˈschwollen[2] *adj.* swollen, thick; *med.* tumid; *fig.* bombastic, pompous.

geschwommen [gəˈʃvɔmən] *p.p. of schwimmen.*

geschworen[1] [gəˈʃvoːrən] *p.p. of schwören.*

geˈschworen[2] *adj.*: *~er Gegner von* (*dat.*) sworn enemy of; **Չe(r** *m*) *f* (-*n*, -*n*; -*en*, -*en*) *jur.* juror; *die Geschworenen pl. the* jury; **Չenbank** *f* (-; ⸚e) jury box; **Չengericht** *n* jury; **Չenliste** *f* jury-list, panel.

Geschwulst [gəˈʃvulst] *med. f* (-; ⸚e) swelling, inflation; growth, tumo(u)r; boil.

geschwunden [gəˈʃvundən] *p.p. of schwinden.*

geschwungen [gəˈʃvuŋən] *p.p. of schwingen.*

Geschwür [gəˈʃvyːr] *med. n* (-[e]s; -e) ulcer, abscess; boil; cancerous ulcer; running sore; gathering; *fig.* sore; **~bildung** *f* ulceration; **Չig** *adj.* ulcerous.

Ges-Dur [ˈgɛsduːr] *n* (-) G flat minor.

Geselle [gəˈzɛlə] *m* (-*n*; -*n*) companion, mate, fellow; journeyman, *e.g. Schneider*Չ journeyman tailor.

geˈsellen *v/t. and sich* ~ (*zu dat.*; *h.*) associate with, join (with, to); *zu uns gesellte sich e-e Dame* we were joined by a lady; *zu diesem Punkt gesellt sich noch ein zweiter* this point brings up (*or* leads to) still another; → *gleich*; **Չprüfung** *f* journeymen's examination; **Չstück** *n* journeyman-work; **Չzeit** *f* journeyman's years *pl.* of service.

geˈsellig *adj. zo.* gregarious (*a. fig.*); *person*: social; sociable, companionable, convivial; *~es Leben* social life; *der Mensch ist ein ~es Tier* man is a gregarious animal; **Չkeit** *f* (-) sociability, conviviability, companionableness; sociality, company, social life.

Geˈsellschaft *f* (-; -*en*) society; *bürgerliche* ~ civil community; *menschliche* ~ human society; *vornehme* ~ fashionable (*or* high) society, high life; (*guests*) company; party, social gathering; *fig. contp.* lot, set, *sl.* bunch, crowd; society, association, union; *rechtsfähige* ~ legal corporation, incorporated society; *eingetragene* ~ registered (*Am.* incorporated) society; *gelehrte, wissenschaftliche* ~ learned society, scientific association; *eccl.* ~ *Jesu* Society of Jesus; *econ.* company, *Am. a.* corporation; partnership; ~ *mit beschränkter Haftung* (*GmbH*) private limited liability company; → *Aktien*Չ, *Handels*Չ, *etc.*; *gute* (*schlechte*) ~ good (bad) company; *in j-s* ~ in company with a p.; *e-e* ~ *geben* give (*Am. sl.* throw) a party, entertain; *in* ~ *gehen* go into (*or* mix in) society; *in die* ~ *eingliedern* socialize; *j-m* ~ *leisten* keep a p. company, join a p. (*bei* in); *sich in guter* ~ *bewegen* move in good society *or* circles; *ich lernte sie auf einer* ~ *kennen* I met her socially (*or* at a party); **~er**(*in f*) *m* (lady) companion; *er ist ein guter* ~ he is good company; *econ.* partner, associate; *stiller* ~ sleeping (*Am.* silent) partner; *tätiger* ~ active partner; **Չlich** *adj.* social; *~e Manieren pl.* company manners; ~ *unmöglich werden* be socially disgraced.

Geˈsellschafts...: **~anteil** *econ. m* share, interest; **~anzug** *m* evening (*or* formal) dress, dress-suit; *mil.*

dress uniform; **~dame** *f* lady companion; **2fähig** *adj.* presentable; gentlemanlike; ladylike; **~fahrt** *f* conducted tour; **2feindlich** *adj.* antisocial; **~inseln** *f/pl.* Society Islands; **~kapital** *n* company's capital; joint stock, share capital, *Am.* capital stock; **~klasse** *f* social class; **~klatsch** *m* society gossip; **~kleid** *n* (evening) gown, party dress; **~kreis** *m* circle (of acquaintances *or* friends), set; **~kritik** *f* social criticism; **~lehre** *f* sociology; **~ordnung** *f* social order; **~raum** *m* reception room, drawing-room, lounge; **~recht** *n* company law; **~register** *n* commercial register; **~reise** *f* conducted *or* party tour; **~roman** *m* social novel; **~satzungen, ~statuten** *econ. f/pl.* articles of association, by-laws; articles (*or* deed, contract) of partnership; **~spiel** *n* parlo(u)r game; **~steuer** *f* corporation tax; **~stück** *thea. n* social drama; **~tanz** *m* ballroom dance; **~vermögen** *n* joint capital, company assets *pl.*; **~vertrag** *m* → *Gesellschaftssatzungen*; *phls.* social contract; **~wissenschaft** *f* social science; sociology; **~zimmer** *n* reception room, drawing-room.

Gesenk [gəˈzɛŋk] *tech. n* (-[e]s; -e) die; forging die; swage; *im ~ schmieden* drop-forge; **~arbeit** *f* die work; **~hammer** *m* top swage; drop hammer; **~presse** *f* die press; **~schmiede** *f* drop forge; **~schmieden** *n* drop forging; swaging; **~stahl** *m* die steel.

gesessen [gəˈzɛsən] *p.p. of sitzen.*

Gesetz [gəˈzɛts] *n* (-es; -e) *generally*: law; *jur.* law; *parl.* act; statute; rule; law of nature; *~ der Schwerkraft* law of gravity; *~ über or betreffend* law relating to; *~ über Testamentsvollstreckung* Administration of Estates Act; *~ über Verjährungsvorschriften* Statute of Limitations; *~ in der Fassung von* law (*or* act) as amended on; *aufgrund* (*or kraft*) *e-s ~es* under a law, by (*or* in) virtue of a law; *im Namen des ~es* in the name of the law; *ein ~ erlassen* enact a law; *zum ~ werden* become law, pass into law; → *aufheben, fallen, übertreten, etc.*; *fig. das oberste ~ der Werbung ist* the supreme law (*or* first rule) of advertising is; *er bestimmte das ~ des Handelns* he had the initiative; **~blatt** *n* law gazette; **~buch** *n* code; statute-book; **~entwurf** *m* (draft of a) bill.

Geˈsetzes...: ~kraft *f* (-) legal force; *~ erlangen* pass into law; *~ verleihen* enact; **~lücke** *f* loophole in a law; **~text** *m* legal text; **2treu** *adj.* law-abiding; **~übertreter(in** *f*) *m* offender, law-breaker; **~übertretung** *f* offen|ce, *Am.* -se; violation (*or* infraction, transgression) of the law; **~vorlage** *f* (draft of a) bill; **~vorschrift** *f* legal provision.

Geˈsetz...: 2gebend *adj.* legislative, law-making; *~e Gewalt* legislative authority, legislature; **~geber** *m* legislator, law-maker; **~gebung** *f* (-; -en) legislation; **2lich I.** *adj.* legal, statutory; lawful; legitimate (*claim*); constitutional (*right*); *~es Alter* legal age; *~er Erbe* statutory heir; *~e Erbfolge* intestate succession; *~es Erbteil* statutory portion; *~er Feiertag* legal holiday; *~es Hindernis* statutory bar; *econ. ~e Reserven* statutory reserves; *~er Vertreter* legal representative; *~es Zahlungsmittel* legal tender; **II.** *adv.* legally, *etc.*; *~ bestimmt* determined by law; *~ geschützt* patented, registered; proprietory; *~ zulässig* legal, lawful, warrantable by law; **~lichkeit** *f* (-) lawfulness; legality; legitimacy; (system of) laws *pl.*; **2los** *adj.* lawless; **~losigkeit** *f* (-) lawlessness; anarchy; **2mäßig** *adj.* legal (*power*); lawful; legitimate (*claim*); statutory; *fig.* regular, following a principle *or* pattern; **~mäßigkeit** *f* legality; lawfulness; legitimacy; *phys.* conformity with a natural law; *fig.* (inherent) law(s *pl.*), regularity; **~sammlung** *f* digest; statute-book.

geˈsetzt *adj.* **1.** sedate, staid; steady; composed, calm; sober; grave; *sports*: seeded (*player*); *~es Alter* mature age, years of discretion; *~es Wesen* staid (*or* dignified) demeano(u)r; **2.** *cj. ~ (den Fall), es sei wahr* suppose (*or* supposing) it were (*or* it to be) true; granting this to be so; provided such was the case; **2heit** *f* (-) sedateness, staidness; steadiness; gravity.

Geˈsetz...: ~vorlage *f* bill; **2widrig** *adj.* unlawful, illegal; **~widrigkeit** *f* unlawfulness; illegality; unlawful *or* illegal act.

gesichert [gəˈziçərt] *adj.* safe, secured (*a. econ.*); warranted; assured (*position*); protected (*a. tech.*); → *sichern.*

Gesicht [gəˈziçt] *n* (-[e]s; -er) (eye-) sight; face; countenance, mien; look; *fig.* physiognomy, aspect, character; (*pl.* -e) apparition, vision; *zweites ~* second sight; *~er machen or schneiden* make (*or* pull) faces, grimace; *ein böses ~ machen* scowl; *ein saures ~ machen* look surly, make a (sour) face; *ein langes ~ machen* pull a long face; *er machte ein langes ~* his face fell; *j-m ins ~ fahren* fly in a p.'s face; *j-m gut zu ~ stehen* suit (*or* be becoming to) a p.; *fig. es steht e-m Staatsmann schlecht zu ~e* it ill becomes a statesman; *j-m ins ~ schlagen* slap a p.'s face; *fig. e-r Sache ins ~ schlagen* flatly contradict, be at variance with, conflict (*or* clash) with a th., belie (*a fact*); *j-m et. ins ~ sagen* say a th. to a p.'s face; *fig. j-m et. ins ~ schleudern* fling a th. into a p.'s teeth; *sein ~ wahren* save one's face; *zu ~ bekommen* catch sight of, set eyes (up)on; *aus dem ~ verlieren* lose sight of; *sein wahres ~ zeigen* show one's true face, drop the mask; *e-r Sache ein neues ~ geben* put a different complexion on a th., throw a different light on a th.; *er ist s-m Vater wie aus dem ~ geschnitten* he is the spit and image of his father.

Geˈsichts...: ~ausdruck *m* (facial) expression; **~bildung** *f* features *pl.*, physiognomy; **~farbe** *f* complexion; **~feld** *opt. n* visual field, field (*or* range) of vision; **~knochen** *m/pl.* facial bones; **~kreis** *m* horizon (*a. fig.*); *s-n ~ erweitern* widen one's (mental) horizon, broaden one's mind; *er verschwand aus m-m ~* I lost sight of him; **~krem** *m* face-cream; **~lähmung** *f* facial paralysis; **~linie** *f* facial line; *opt.* line of vision; **~maske** *f* mask; *med.* (surgical) face-mask; *tech.* face shield; *fenc.* fencing mask; *cosmetics*: face-pack; **~massage** *f* facial massage, *Am. colloq.* facial; **~muskel** *m* facial muscle; **~nerv** *m* facial nerve; **~neuralgie** *f* facial neuralgia; **~operation** *f* operation on the face; face-lift(ing); **~packung** *f cosmetics*: face pack; **~pflege** *f* face treatment; **~plastik** *f* plastic surgery; **~puder** *m* face powder; **~punkt** *m* point of view, viewpoint, aspect, angle; motive; factor; criterion; **~rose** *med. f* facial erysipelas; **~schmerz** *med. m* facial neuralgia; **~schnitt** *m* cast of features; **~seife** *f* facial (*or* face-)soap; **~spannung** *f* face-lifting; **~tuch** *n* face-cloth; **~verletzung** *f* facial injury; **~wasser** *n* face-lotion; **~winkel** *m anat.* facial angle; *opt.* visual angle; *fig.* → *Gesichtspunkt*; **~zug** *m* (*usu. pl.*) feature(s), lineament(s).

Gesims [gəˈzims] *n* (-es; -e) ledge, shelf (*both a. geol.*); mo(u)lding; cornice; mantelpiece.

Gesinde [gəˈzində] *n* (-s; -) servants *pl.*, domestics *pl.*; **~stube** *f* servants' hall.

Geˈsindel *n* (-s) rabble, mob, riff-raff; scoundrels *pl.*

gesinnt [gəˈzint] *adj.* well, *etc.*, disposed; *in compounds*: ...-minded; *feindlich ~* ill-disposed, hostile; *anders ~ sein* have different views (*als* from, than); *sozialistisch ~ sein* be a socialist; *wie ist er ~?* what are his views?

Gesinnung [gəˈzinuŋ] *f* (-; -en) mind, sentiment(s *pl.*); way of thinking; opinions *pl.*, views *pl.*; attitude; conviction, persuasion; character; *aufrichtige ~* fair-mindedness; *edle ~* noble-mindedness; *niedere ~* base mind, meanness; *treue ~* loyalty; *vaterländische ~* patriotism.

Geˈsinnungs...: ~genosse *m*, **~genossin** *f* mind-mate; *pol.* political friend; partisan, adherent, supporter; **2los** *adj.* unprincipled, characterless; disloyal; **~losigkeit** *f* (-) lack of principle (*or* character); **~lump** *m* time-server, *sl.* rat; **2treu** *adj.* loyal; **2tüchtig** *adj.* sta(u)nch; *iro.* time-serving; **~wechsel** *m* change of opinion *or* front, *esp. pol.* volteface, *Am.* about-face.

gesitt|et [gəˈzitət] *adj.* civilized; moral; well-bred, well-mannered; polite, courteous; **2ung** *f* (-) civilization.

Gesöff [gəˈzœf] *colloq. n* (-[e]s; -e) (vile) brew, poison.

gesoffen [gəˈzɔfən] *p.p. of saufen.*

gesogen [gəˈzoːgən] *p.p. of saugen.*

gesondert [gəˈzɔndərt] *adj.* separate.

gesonnen¹ [gəˈzɔnən] *p.p. of sinnen.*

geˈsonnen² *adj.* minded, disposed; *~ sein zu inf.* have in mind to *inf.*; be disposed (*or* inclined, willing) to *inf.*, intend (*or* propose) to *inf.*

gesotten [gəˈzɔtən] *p.p. of sieden.*
Gespann [gəˈʃpan] *n* (-[e]s; -e) team; horse(s) and carriage, turn-out; *fig.* couple, pair; *die beiden bilden ein ausgezeichnetes* ~ the two are a perfect team; *ungleiches* ~ bad match, incongruous pair; **~führer** *m* teamster.
geˈspannt *adj.* stretched, tight, tense; taut (*muscle, rope*); close (*attention*); strained (*relations*); tense (*nerves, situation*); eager, anxious; (*sehr*) ~ *sein* be in suspense (*or* on tenterhooks), be in a flutter of expectation, be all agog; ~ *sein auf* (*acc.*) be anxious (*or* on edge) for, await eagerly *or* anxiously; ~ *sein, ob* be anxious to know (*or* wonder) if; *auf ihn bin ich ja* ~ **a)** I wonder what he is like, **b)** I am anxious (*or* dying) to see him; *auf* ~*em Fuße mit* on bad terms with; *er hörte* ~ **zu** he listened intently; **2heit** *f* (-) tenseness, tension; intensity, intentness; strained relations *pl.*
Gespenst [gəˈʃpɛnst] *n* (-es; -er) ghost, spect|re, *Am.* -er; apparition, phantom; *fig.* spectre, nightmare.
Geˈspenster...: **~geschichte** *f* ghost-story; **2haft** *adj.* ghostly, spectral, phantomlike; *fig.* ghastly, lurid; **~schiff** *n* phantom ship; **~stunde** *f* witching hour.
geˈspenstisch *adj.* → *gespensterhaft.*
Gesperre [gəˈʃpɛrə] *tech. n* (-[e]s; -e) safety catch, ratchet, stop.
geˈsperrt *adj.* → *sperren.*
gespie(e)n [gəˈʃpiː(ə)n] *p.p. of speien.*
Gespiel|e [gəˈʃpiːlə] *m* (-n; -n), **~in** *f* (-; -nen) playmate.
Gespinst [gəˈʃpinst] *n* (-es; -e) web, tissue (*both a. fig.*), textile, fabric; wire netting; spun yarn; *zo.* cocoon; **~faser** *f* textile fib|re, *Am.* -er.
gesponnen [gəˈʃpɔnən] *p.p. of spinnen.*
Gespons [gəˈʃpɔns] *m and n* (-es; -e) spouse.
Gespött [gəˈʃpœt] *n* (-[e]s) mockery, derision, raillery, scoffing, jeers *pl.*; *sein* ~ *treiben mit* (*dat.*) ridicule, deride, mock (*or* scoff) at; *sich zum* ~ *machen* make a fool of o.s.; *zum* ~ *der Leute werden* become the laughingstock of everybody.
Gespräch [gəˈʃprɛːç] *n* (-[e]s; -e) talk, conversation, colloquy, discourse; discussion; dialog(ue); exchange of ideas; telephone conversation, call; *pol.* ~*e auf höchster Ebene* summit talks; *mit j-m ein* ~ *anknüpfen* (*führen*) enter into (carry on) a conversation with a p.; *fig. mit j-m ins* ~ *kommen* establish contacts with a p.; *das* ~ *bringen auf* (*acc.*) lead the conversation round to, introduce (*or* broach) the subject of; *es* (*er*) *ist das* ~ *der Stadt* it (he) is the talk of the town; **2ig** *adj.* talkative; communicative, chatty; *j-n* ~(*er*) *machen* loosen a p.'s tongue; **~igkeit** *f* (-) talkativeness; talking mood.
Geˈsprächs...: **~anmeldung** *teleph. f* booking (*Am.* placing) of a call; **~form** *f*: *in* ~ (written) in dialog(ue); **~gegenstand, ~stoff** *m* topic(s *pl.*) *or* subject(s *pl.*) of conversation; something to talk about; **~partner** (**-in** *f*) *m* interlocutor; *gewandter* ~ good conversationalist; **2weise** [-vaɪzə] *adv.* conversationally; in the course of conversation.
gespreizt [gəˈʃpraɪtst] *adj.* spread out, wide apart; *die Beine* ~ legs astraddle; *fig.* pompous, affected; stilted (*style*); **2heit** *f* (-) pomposity, affectation; stiltedness.
gesprenkelt [gəˈʃprɛŋkəlt] *adj.* spotted, speckled, mottled.
gesprochen [gəˈʃprɔxən] *p.p. of sprechen.*
gesprossen [gəˈʃprɔsən] *p.p. of sprießen.*
gesprungen [gəˈʃpruŋən] *p.p. of springen.*
Gestade [gəˈʃtaːdə] *n* (-s; -) bank, waterside; (sea) shore, coast, beach.
Gestalt [gəˈʃtalt] *f* (-; -en) shape, form, appearance; *tech.* design; contour; figure, build, frame, stature; (*vague*) shape, *esp. person*: figure; *fig.* kind; manner, fashion, way; (*historic, literary*) figure, character; *in* ~ *von* in the shape (*or* form) of, *w.s.* in the guise of; *rund von* ~ spherical in shape; *e-r Sache* ~ *geben* materialize (*or* frame, create) a th.; (*feste*) ~ *annehmen* take shape, assume a definite form, materialize; *sich in s-r wahren* ~ *zeigen* show one's true colo(u)rs *or* character; *er ist e-e dunkle* ~ he is an obscure character *or* a shady customer; **2en** *v/t.* (*h.*) form, shape, fashion; model, mo(u)ld; *tech.* design; arrange, organize; *schöpferisch* ~ create, produce; *dramatisch* ~ dramatize; *e-e Sache zu et.* ~ make a th. out of a th., turn a th. into a th.; *sich* ~ assume (*or* take) a form *or* shape; form, shape; develop; *sich* (*gut, etc.,*) ~ go (well, *etc.*), work (*or* turn) out; *sich* ~ *zu* (*e-m Erfolg etc.*) develop into, prove (to be *a success, etc.*), be(come); **~er(in** *f*) *m* (-s, -; -, -nen) shaper, fashioner; organizer; creator; *tech.* designer; **2erisch** *adj.* designing; artistic; creative; **2et** *adj.* shaped, fashioned, modelled; *wohl*~ well-shaped, well-made; **~lehre** *f* morphology; **2los** *adj.* shapeless, amorphous; **~psychologie** *f* gestalt psychology.
Geˈstaltung *f* (-; -en) formation; arrangement, organization; *art*: creation, production; shaping, *tech.* designing; shape, configuration; features *pl.*; style, fashion; development; situation, position; state, condition(s *pl.*); **2sfähig** *adj.* shapable, plastic; **~skraft** *f* creative power (*or* genius); **~s-trieb** *m* creative impulse.
Gestammel [gəˈʃtaməl] *n* (-s) stammering.
gestanden [gəˈʃtandən] *p.p. of* (*ge*)*stehen.*
geständig [gəˈʃtɛndiç] *adj.* confessing (*or* admitting) one's guilt, pleading guilty; *er ist* ~ he has confessed.
Geständnis [gəˈʃtɛntnis] *n* (-ses; -se) confession; admission; avowal; *ein* ~ *ablegen* make a confession (*über acc.* of), confess (*a th.*); make a clean breast (of *a th.*).
Gestänge [gəˈʃtɛŋə] *n* (-s; -) *tech.* rod(s *pl.*), bar(s *pl.*), pole(s *pl.*); linkage, gear; *mining*: boring tools *pl.*; *hunt.* antlers *pl.*
Gestank [gəˈʃtaŋk] *m* (-[e]s) stench, bad (*or* offensive) smell, stink.
gestatten [gəˈʃtatən] *v/t.* (*h.*) allow, permit; consent to, approve (of); grant; suffer, tolerate; authorize; *j-m et.* ~ allow *or* permit a p. (to do) a th.; give a p. permission (*or* leave) to do a th.; *sich* ~ *zu inf.* venture to *inf.*; take the liberty of *ger.*, *econ. a.* beg (leave) to *inf.*; *b.s.* presume, → *erdreisten*; *wenn Sie* ~ by your permission, if you don't mind; *m-e Mittel* ~ *mir das* I can afford it; ~ *Sie mir, zu inf.* permit me to *inf.*
Geste [ˈgɛstə] *f* (-; -n) gesture (*a. fig.*).
gestehen [gəˈʃteːən] **I.** *v/t.* (*irr., h.*) confess, admit, avow; *ich muß* ~, *daß* I must admit that; *offen gestanden* to tell the truth, frankly; **II.** *v/i.* (*irr., h.*) confess, make a confession, plead guilty, own up, *Am. sl.* come clean.
Geˈstehungs|kosten *pl.*, **~preis** *m* prime (*or* first) cost(s), production cost(s), cost-price *sg.*
Gestein [gəˈʃtaɪn] *n* (-[e]s; -e) rock, stone(s *pl.*), mineral; rock stratum; *loses* ~ loose rock; *taubes* ~ dead rock.
Geˈsteins...: **~art** *f* (kind of) rock *or* mineral; **~bohrer** *m* rock drill; **~gang** *m* streak, lode; **~kunde** *f* (-) petrology, mineralogy; **~pflanze** *f* rock plant; **~probe** *f* rock sample.
Gestell [gəˈʃtɛl] *n* (-[e]s; -e) stand, rack, shelf; trestle, horse; support; frame (*a. of bicycle, spectacles*); holder, mount(ing); pedestal; *metall.* hearth; *of plough*: stool; → *Fahr2, Regal, etc.*; **~macher** *m* wheelwright; **~pflug** *m* wheel plough, *Am.* wheeled plow; **~säge** *f* frame-saw.
Geˈstellung *f* (-; -en) making available, furnishing; *mil.* reporting for service; **~sbefehl** *m* call(ing)-up order, *Am.* induction order; **2spflichtig** *adj.* bound to appear at a muster.
gestern [ˈgɛstərn] *adv.* yesterday; ~ *früh*, ~ *morgen* yesterday morning; ~ *abend* last night; ~ *vor 14 Tagen* yesterday fortnight; *von* ~ of yesterday, yesterday's; *fig. er ist nicht von* ~ he wasn't born yesterday.
ˈGestern *n* (-) yesterday, *the* past.
gestiefelt [gəˈʃtiːfəlt] *adj.* booted, in boots; ~ *und gespornt* booted and spurred; *2er Kater* Puss in Boots.
gestielt [gəˈʃtiːlt] *adj.* helved; *zo.* stalked, *bot. a.* petiolate.
gestiegen [gəˈʃtiːgən] *p.p. of steigen.*
gestikulieren [gɛstikuˈliːrən] *v/i.* (*h.*) gesticulate; 2 *n* (-s) gesticulation.
Gestirn [gəˈʃtirn] *n* (-[e]s; -e) star(s *pl.*); constellation; **2t** *adj.* starry.
gestoben [gəˈʃtoːbən] *p.p. of stieben.*
Gestöber [gəˈʃtøːbər] *n* (-s; -) drift, flurry (of snow); storm.
gestochen [gəˈʃtɔxən] *p.p. of stechen.*
gestohlen [gəˈʃtoːlən] *p.p. of stehlen.*
Gestöhn(e) [gəˈʃtøːn(ə)] *n* (-[e]s) groaning, groans *pl.*, moaning.
gestorben [gəˈʃtɔrbən] *p.p. of sterben.*

Gestotter [gəˈʃtɔtər] *n* (-*s*) stuttering, stammering.
Gestrampel [gəˈʃtrampəl] *n* (-*s*) kicking, fidgeting, wriggling.
Gesträuch [gəˈʃtrɔʏç] *n* (-[*e*]*s*; -*e*) shrubs, bushes *pl.*, shrubbery.
gestreift [gəˈʃtraɪft] *adj.* striped, streaky; *bot.* striate(d).
gestreng [gəˈʃtrɛŋ] *adj.* severe; → *streng.*
gestrichen[1] [gəˈʃtriçən] *p.p. of streichen.*
geˈstrichen[2] *adj.* painted; → *frisch*; ~*es Papier* glazed paper; ~*es Maß* strike measure; *shooting*: ~*es Korn* medium; ~ *voll* filled to the brim, brimful; *drei* ~*e Eßlöffel* three level tablespoons; *mus.* ledger-line (*note*); *typ.* deleted; *im Protokoll* ~ stricken from the records.
gestrig [ˈgɛstriç] *adj.* yesterday's, of yesterday; *am* ~*en Tage* yesterday; *am* ~*en Abend* last night; *unser* ~*es Schreiben* our letter of yesterday.
gestritten [gəˈʃtritən] *p.p. of streiten.*
Gestrüpp [gəˈʃtryp] *n* (-[*e*]*s*; -*e*) scrub, brush wood; underwood; thicket, tangled growth; *fig.* jungle, maze.
Gestühl [gəˈʃty:l] *n* (-[*e*]*s*; -*e*) chairs, seats *pl.*; *eccl.* pews *pl.*; (chair-) -stalls *pl.*
Gestümper [gəˈʃtympər] *n* (-*s*) bungling, botching.
gestunken [gəˈʃtuŋkən] *p.p. of stinken.*
Gestüt [gəˈʃty:t] *n* (-[*e*]*s*; -*e*) stud (-farm); **~hengst** *m* stud-horse, stallion; **~stute** *f* stud-mare.
Gesuch [gəˈzu:x] *n* (-[*e*]*s*; -*e*) (formal) request; petition, suit; application; → *Antrag*; **~steller(in** *f*) *m* (-*s*, -; -, -*nen*) petitioner; applicant.
geˈsucht *adj.* (much) sought after; *econ.* (*sehr*) ~ *sein* be in (great *or* brisk) demand *or* request; (greatly) courted; wanted (*a. by police*); *fig.* studied; affected, artificial; far-fetched; **2heit** *f* (-) affectation.
Gesudel [gəˈzu:dəl] *n* (-*s*) scribble, scrawl.
Gesumme [gəˈzumə] *n* (-*s*) hum (-ming), buzz(ing).
gesund [gəˈzunt] *adj.* healthy (*a. fig. e.g. opposition*); in good health; well; sound (in body and mind); *fig.* sound (*views, economy, etc.*); able-bodied, fit; healthful, wholesome, salubrious, beneficial; salutary; sound (*sleep*); *geistig* ~ sane, of sound mind; ~*es Herz* sound heart; ~*e Nahrung* wholesome food; ~ *und munter* fit as a fiddle, alive and kicking; → *Fisch*; safe and sound; *frisch und* ~ hale and hearty; → *Menschenverstand*; *wieder* ~ *machen* restore to health, cure; *wieder* ~ *werden* → *gesunden*; *j-n* ~ *schreiben* certify a p. as recovered; *fig. sich* ~ *machen* feather one's nest; *durch diese Spekulation konnte er sich wieder* ~ *machen* this speculation put him on his feet again; *die Lektion ist ihm ganz* ~ does him a world of good *or* serves him right; **2beten** *n*, **2beterei** [-be:təˈraɪ] *f* (-) faith-healing; **2beter(in** *f*) *m* (-*s*, -; -, -*nen*) faith-healer; **2brunnen** *m* mineral spring *or* waters *pl.*; **~en** [gəˈzundən] *v/i.* (*sn*) recover (one's health), be restored to health, get well again, recuperate; convalesce; *fig.* recover.
Gesundheit [-ˈzunt-] *f* (-) health; soundness (*a. econ.*); soundness of mind, sanity; fitness; wholesomeness, salubrity; healthiness (*of climate, etc.*); *geschädigte* (*zerrüttete*) ~ impaired (shattered) health; *öffentliche* ~ public health; *bei bester* ~ in the best (*or* pink) of health; *von zarter* ~ in delicate health; *vor* ~ *strotzen* be the picture of health; *auf j-s* ~ *trinken* drink a p.'s health; *auf Ihre* ~! your health!; ~! *at a sneeze*: God bless you!; **2lich** *adj.* sanitary, hygienic; ~*er Zustand* state of health, physical condition; *aus* ~*en Gründen* for reasons of health.
Geˈsundheits...: **~amt** *n* public health office; **~apostel** *m* sanitarian, health fanatic; **~appell** *mil. m* physical inspection; **~beamte(r)** *m* public health officer; **~behörde** *f* public health authority; **~dienst** *m* public health service; **2förderlich** *adj.* conducive to health, healthy, wholesome, salubrious; **~fürsorge** *f* public health welfare; **2halber** *adv.* for health reasons; **~lehre** *f* hygiene, hygienics *pl.*; **~paß** *m* → *Gesundheitszeugnis*; **~pflege** *f* (personal) hygiene; preventive medicine; *öffentliche* ~ public health service; **~polizei** *f* sanitary police; **~rücksichten** *f/pl.*: *aus* ~ for reasons of health; **~schäden** [-ʃɛ:dən] *m/pl.* injuries to health; **2schädlich** [-ʃɛ:t-] *adj.* injurious to health, unwholesome, noxious; **~vorschriften** *f/pl.* sanitary regulations; **~wesen** *n* (-*s*) (*öffentliches* ~) Public Health; **2widrig** *adj.* unwholesome; **~zeugnis** *n* certificate (*or* bill) of health; **~zustand** *m* state of health, physical condition; *schlechter* ~ poor health, ill-health.
Gesundung [gəˈzunduŋ] *f* (-) recovery; *fig.* (*economic*) recovery, rehabilitation.
gesungen [gəˈzuŋən] *p.p. of singen.*
gesunken [gəˈzuŋkən] *p.p. of sinken.*
Getäfel [gəˈtɛ:fəl] *n* (-*s*) wainscot, panelling.
getan [gəˈtɑ:n] *p.p. of tun.*
Getändel [gəˈtɛndəl] *n* (-*s*) dallying, flirting.
Getier [gəˈti:r] *n* (-*s*) animals *pl.*
getigert [gəˈti:gərt] *adj.* striped, streaked.
Getöse [gəˈtø:zə] *n* (-*s*) (deafening) noise, din, crash, turmoil, racket; fracas; pandemonium; roar(ing) (*of guns, waves, etc.*).
getragen [gəˈtrɑ:gən] *adj. fig.* solemn, measured, slow.
Getrampel [gəˈtrampəl] *n* (-*s*) trampling, stamping.
Getränk [gəˈtrɛŋk] *n* (-[*e*]*s*; -*e*) drink, beverage; potion; → *geistig*; liquors, spirits; **~e-steuer** *f* beverage tax.
Getrappel [gəˈtrapəl] *n* (-*s*) pattering; clatter (*of hooves*).
getrauen [gəˈtrauən]: *sich* ~ (*h.*) dare, venture; risk; → *trauen.*
Getreide [gəˈtraɪdə] *n* (-*s*) corn, grain; cereals *pl.*; **~art** *f* cereal; **~bau** *m* (-[*e*]*s*) grain-growing; **~bestand** *m* grain crop; **~börse** *econ. f* grain exchange; **~brand** *m* (-[*e*]*s*) smut; **~feld** *n* grainfield; **~handel** *m* grain trade; **~händler** *m* grain merchant; **~heber** *m* grain elevator; **~land** *n* grain-growing country; **~markt** *m* grain market; **~nager** *m* cadelle; **~pflanze** *f* cereal plant; **~rost** *m* black rust; **~schrot** *m or n* whole meal; **~sortiermaschine** *f* grain sorter, wheat grader; **~speicher** *m* granary.
getreu [gəˈtrɔʏ], **~lich** *adj.* faithful, true, loyal, trusty, sta(u)nch; ~*e Abschrift* true copy; ~*e Übersetzung* faithful translation; ~ *s-m Eid, etc.* true to his oath, *etc.*; **2e(r** *m*) *f* (-*n*, -*n*; -*en*, -*en*): *s-e* ~*n* his (faithful) followers.
Getriebe [gəˈtri:bə] *n* (-*s*; -) *tech.* gearing, gear unit; gears *pl.*; (power *or* gear) transmission; pinion; wheelwork, *of watch*: *a.* springs *pl.*, going parts *pl.*; *fig.* machinery, wheels *pl.*; commotion, (hustle and) bustle, whirl, rush, fuss; **~bremse** *f* gear (*or* transmission) brake; **~gehäuse** *mot. n* gear-box; **~motor** *m* geared motor.
getrieben [gəˈtri:bən] *p.p. of treiben.*
Getriebe...: **~rad** *n* gear wheel; **~welle** *f* gear shaft.
getroffen [gəˈtrɔfən] *p.p. of treffen.*
getrogen [gəˈtro:gən] *p.p. of trügen.*
getrost [gəˈtro:st] **I.** *adj.* confident, hopeful; *seid* ~! be of good cheer!; **II.** *adv.* without hesitation, safely, always; *das kannst du* ~ *tun* you are perfectly safe in doing that, you can easily do so.
getrunken [gəˈtruŋkən] *p.p. of trinken.*
Getto [ˈgɛto] *n* (-*s*; -*s*) ghetto.
Getue [gəˈtu:ə] *n* (-*s*) fuss; silly behavio(u)r, affectation.
Getümmel [gəˈtyməl] *n* (-*s*; -) turmoil, tumult, bustle, hurly-burly.
getüpfelt [gəˈtypfəlt] *adj.* spotted, dotted.
geübt [gəˈy:pt] *adj.* practised; skilled, versed, experienced; trained (*a. eye*); **2heit** *f* (-) skill, practice, experience.
Gevatter [gəˈfatər] *m* (-*s*; -*n*) godfather, sponsor; ~ *Tod* Goodman Death; *fig.* friend, neighbo(u)r; **~in** *f* (-; -*nen*) godmother; **~schaft** *f* (-; -*en*) godfathership, godmothership, sponsorship.
geviert [gəˈfi:rt] *adj.* **I.** squared; **II.** *n* (-[*e*]*s*; -*e*) square; *typ.* quadrat.
Gewächs [gəˈvɛks] *n* (-*es*; -*e*) plant, vegetable; herb; produce, growth; (*wine*) vintage; *med.* growth; *bösartiges* ~ malignant growth.
gewachsen [gəˈvaksən] *adj.* natural, undisturbed (*soil*); *fig. j-m* ~ *sein* be a p.'s equal, be a match for a p.; *e-r Sache* ~ *sein* be equal to a th., measure up to a th.; *sich der Lage* ~ *zeigen* rise to the occasion, cope with (*or* handle) the situation.
Gewächshaus [gəˈvɛks-] *n* greenhouse.
gewagt [gəˈvɑ:kt] *adj.* daring (*a. fig.*); risky, precarious; risqué (*Fr.*), *Am.* off-color, blue (*joke*).

gewählt [gəˈvɛːlt] *adj.* choice; selected, refined (*style, etc.*).

gewahr [gəˈvaːr] *adj.*: ~ *werden* (*gen.*) → **~en** *v/t.* (*h.*) become aware of; perceive, observe, notice; discover, discern; catch sight of, sight, see.

Gewähr [gəˈvɛːr] *f* (-) guarantee, guaranty, warrant, security, surety (*all*: *für* for); *ohne* ~ without guarantee, *econ. a.* without engagement, without one's prejudice, subject to change; ~ *bieten or leisten für* (*acc.*) guarantee, warrant, ensure; → *Bürgschaft*; **²en** *v/t.* (*h.*) grant, allow, accord; allow, concede; give, yield, furnish, offer, afford; *j-n* ~ *lassen* let a p. have his way (*or* head); give a p. full play (*or* scope); let (*or* leave) a p. alone; *j-m Einlaß* ~ allow a p. to enter, admit a p.; *e-n Vorteil* ~ offer an advantage; → *Einblick*; **²leisten** *v/t.* (*h.*) guarantee, warrant, vouch for; ensure; **~leistung** *f* guaranty, warranty.

Geˈwahrsam *m and n* (-s; -e) custody, care; safe keeping; control; custody, detention; *et. in* ~ *haben* have the care (*or* control) of a th., have a th. in safe keeping; *j-n in* ~ *halten* hold a p. in custody *or* under detention; *in* ~ *nehmen* **a**) take charge of (*a thing*), **b**) take (*a p.*) into custody, place under detention; *in sicherem* ~ in safe keeping (*or* custody).

Geˈwährs...: **~mann** *m* **a**) informant; **b**) *a.* **~träger** *m* guarantor; **c**) predecessor in title; **~pflicht** *f* warranty; *e-e* ~ *übernehmen* give a warranty; *Verletzung der* ~ breach of warranty.

Geˈwährung *f* (-; -en) granting, allowing.

Gewalt [gəˈvalt] *f* (-; -en) power (*über acc.* over, of); authority; sway (over), dominion (over), control (of); force, might, power; restraint; violence, force; vehemence, impact; → *elterlich*; → *gesetzgebend*; *höhere* ~ force majeure (*Fr.*), Act of God, influence beyond one's control; *nackte* ~ brute (*or* sheer) force; *richterliche* ~ judicial power; *jur. tatsächliche* ~ actual control (*über acc.* of *a th.*); *vollziehende* ~ executive; *mit* ~ by force, forcibly; *mit aller* ~ with might and main, by hook or crook, at all costs; ~ *antun* **a**) do violence to, **b**) violate, ravish, rape (*a woman*); *sich* ~ *antun* lay hands on o.s., *fig.* restrain (*or* check) o.s.; *sich in der* ~ *haben* have o.s. under control; *die* ~ *verlieren über* (*acc.*) lose control over, lose one's hold (*or* grip) on; *in s-e* ~ *bringen* bring under one's sway, achieve control of, obtain a hold on; *in s-r* ~ *haben* have under one's sway (*or* power, thumb), have in one's hand *or* grip; *er verlor die* ~ *über s-n Wagen* he lost control over his car *or* his car got out of hand; → *anwenden*; **~akt** *m* act of violence; **~androhung** *f* threat of violence; **~anwendung** *f* use of force; *ohne* ~ without resort to force; **~entrennung** *f* separation of powers; **~friede** *m* dictated peace; **~herrschaft** *f* despotism, tyranny, terrorism; **~herrscher** *m* despot; **²ig I.** *adj.* powerful, mighty; vehement, violent; enormous, immense, stupendous, phenomenal; gigantic, colossal, huge, vast, *colloq.* tremendous, terrific; **~er** *Unterschied* vast difference; **~er** *Schlag* powerful stroke (*or* punch), stunning *or* staggering blow; **II.** *adv.* enormously, *etc.*; *da irren Sie sich* ~ you are very much mistaken there; **~kur** *f* drastic measures *pl.*; **²los** *adj. pol.* nonviolent; **~marsch** *m* forced march; **~maßnahme** *f* violent (*fig.* drastic) measure; **~mensch** *m* brute, terrorist; **²sam** *adj.* violent, forcible, by force; **~er** *Tod* violent death; **~samkeit** *f* (-; -en) violence, force; **~streich** *m* arbitrary act, bold stroke; coup de main (*Fr.*); **~tat** *f* act of violence; outrage, atrocity; **²tätig** *adj.* violent; brutal, brutish, outrageous; **~tätigkeit** *f* brutality; violence, outrage; **~verbrechen** *n* crime of violence; **~verbrecher** *m* violent criminal.

Gewand [gəˈvant] *n* (-[e]s; ⸚er) garment, raiment; robe, gown; *esp. eccl.* vestment; **~meister** *thea. m* wardrobe master.

gewandt[1] [gəˈvant] *p.p. of wenden.*

geˈwandt[2] *adj.* agile, nimble, quick; dexterous, deft, skil(l)ful, adroit, clever (*all a. fig.*); versatile; efficient; ingenious; smart; elegant, easy, *a. b.s.* smooth (*manners, style, etc.*); fluent (*speaker*); ~ *sein in et.* be good (*or* quick) at; **²heit** *f* (-) agility; dexterity, skill, cleverness, adroitness; efficiency, versatility; ingenuity, smartness; elegance (*of style, manners, etc.*); smoothness; fluency.

gewann [gəˈvan] *pret. of gewinnen.*

gewärtig [gəˈvɛrtiç] *adj.* (*gen.*) expecting, expectant of; ~ *sein* (*gen.*) → **~en** *v/t.* expect, await; reckon with; be in for; *zu* ~ *haben* be liable to, face (*punishment, etc.*).

Gewäsch [gəˈvɛʃ] *n* (-es) twaddle; balderdash, nonsense, *sl.* bilge.

Gewässer [gəˈwɛsər] *n* (-s; -) waters *pl.*

Gewebe [gəˈveːbə] *n* (-s; -) (woven) fabric, textile, web (*a. fig.*); tissue (*a. anat. and fig.*); texture; netting; **~atmung** *physiol. f* tissue respiration; **~lehre** *f* (-) histology; **~schicht** *f* layer of tissue; **²schonend** *adj.* gentle (to textiles); **~verletzung** *f* lesion; **~zerfall** *m* death of tissue.

geweckt [gəˈvɛkt] *adj. fig.* alert, wide-awake, lively; bright.

Gewehr [[gəˈveːr] *n* (-[e]s; -e) gun; rifle; carbine; *pl. a.* (fire-)arms; *mil. an die* **~e**! to arms!; ~ *ab!* order arms!; *das* ~ *über!* slope arms!, *Am.* right shoulder arms!; *präsentiert das* ~! present arms!; (*mit*) ~ *bei Fuß stehen* be at the order; *hunt.* tusk (*of boar*); **~appell** *m* rifle inspection; **~auflage** *f* support, parapet; **~feuer** *n* rifle fire; **~futteral** *hunt. n* gun-case; **~granate** *f* rifle-grenade; **~kolben** *m* (rifle-)butt; **~kugel** *f* bullet; **~lauf** *m* barrel; **~munition** *f* rifle (*or* small-arms) ammunition; **~patrone** *f* cartridge; **~pyramide** *f* pile of arms; **~riemen** *m* rifle-sling; **~schaft** *m* stock; **~schloß** *n* gun lock; **~schuß** *m* rifle-shot; **~ständer** *m* rifle-rack; **~stock** *m* cleaning rod.

Geweih [gəˈvaɪ] *n* (-[e]s; -e) horns, antlers *pl.*; **~sprosse** *f* antler, branch.

Gewerbe [gəˈvɛrbə] *n* (-s; -) trade, business; trade, vocation, profession; → *Beruf*; craft; industry; *ehrliches* ~ honest trade; *dunkles* ~ shady business; *er ist s-s* **~es** *ein Bäcker* he is a baker by trade; *sich ein* ~ *aus et. machen* make a business of a th.; *ein* ~ *treiben* follow (*or* pursue, carry on) a trade; **~aufsicht** *f* trade (*or* industrial) inspection; **~aufsichts-amt** *n* industrial inspection board; **~ausstellung** *f* industrial exhibition; **~bank** *f* (-; -en) trade bank; **~betrieb** *m* industrial establishment; factory; commercial enterprise; **~erlaubnis** *f* trade licen|ce, *Am.* -se; **~ertragssteuer** *f* tax on trade returns; **~freiheit** *f* (-) freedom of trade; **~gesetz** *n* trade law; **~lehrer** *m* vocational (school) teacher; **~museum** *n* industrial museum; **~ordnung** *f* industrial code, trade regulations *pl.*; **~schein** *m* trade licen|ce, *Am.* -se; **~schule** *f* trade school, vocational school; **~steuer** *f* trade tax; **²tätig** *adj.* industrial; **~tätigkeit** *f* industrial activity; **²treibend** *adj.* engaged in trade, trading; industrial, manufacturing; **~treibender** *m* (-en; -en) person carrying on a trade or business; **~zählung** *f* census of industry; **~zweig** *m* (branch of) industry, industrial (*or* trade) group; line (of business).

gewerblich [gəˈvɛrp-] *adj.* industrial, commercial, trade-...; **~er** *Betrieb* business enterprise, industrial establishment; **~e** *Einfuhr* industrial imports; **~es** *Fahrzeug* commercial vehicle; **~er** *Güterverkehr* road haulage; **~e** *Wirtschaft* trade and industry.

geˈwerbsmäßig [-mɛːsiç] **I.** *adj.* professional; (carried on) for gain (*both a. jur.*); **~er** *Künstler* professional; **~e** *Unzucht* prostitution; **II.** *adv.* professionally, on a commercial basis, for gain.

Gewerkschaft [gəˈvɛrkʃaft] *f* (-; -en) trade union, *Am.* labo(u)r-union; mining company; *in e-e* ~ *zusammenfassen* unionize; *der* ~ *angeschlossener Betrieb* closed shop; *der* ~ *nicht angeschlossener Betrieb* open (*or* non-union) shop; **~ler** *m* (-s; -) trade-unionist, organized workman; **²lich** *adj.* (trade-) unionist; *adv.*: ~ *organisieren* unionize.

Geˈwerkschafts...: **~bewegung** *f* trade-unionism; **~bund** *m* (-[e]s; ⸚e) Federation of Trade Unions; *Brit.* Trade Union Congress (*abbr.* T.U.C.), *Am.* American Federation of Labor & Congress of Industrial Organizations (*abbr.* AFL-CIO); **²feindlich** *adj.* anti-union; **~führer** *m* trade-union leader; **~funktionär** *m* trade-union official; **~mitglied** *n* → *Gewerk-*

schaftler; **~sekretär** *m* trade-union organizer; **~unterstützung** *f* (trade-)union benefits *pl.*; **~verband** *m* federation of trade unions; **~wesen** *n* (-*s*) (trade-)unionism.

gewesen [gəˈveːzən] *p.p. of sein*; former, one-time, erstwhile.

gewichen [gəˈviçən] *p.p. of weichen.*

Gewicht [gəˈviçt] *n* (-[e]s; -e) weight; load; *of scale*: weight; *of pendulum*: bob; *fehlendes* ~ short weight; *geeichtes* ~ standard weight; → *spezifisch*; *tech. totes* ~ dead weight (*or* load); *nach* ~ by weight; *sports*: ~ *abtrainieren* reduce the weight, get the weight down; *skiing*: *das* ~ *verlagern auf* (*acc.*) weight; *fig.* weight, consequence, moment; *e-r Sache* ~ *beimessen* attach importance to *a th.*; ~ *haben* carry (*or* have) weight (*bei dat.* with); ~ *legen auf et.* lay stress upon, set (great) store by, make it a point to (*or* that); *ins* ~ *fallen* be of great weight, weigh heavily, count, matter; *nicht ins* ~ *fallen* be of no consequence (*or* weight), make no difference; **~heben** *n sports*: weightlifting; **~heber** *m* weight lifter; **2ig** *adj.* weighty, heavy, ponderous; *fig.* weighty, important, momentous; influential.

Geˈwichts...: **~abgang** *m*, **~abnahme** *f* loss (*or* decrease) in weight; *econ.* shortage; **~analyse** *f* gravimetric analysis; **~angabe** *f* declaration (*of scale*: indication) of weight; **~einheit** *f* unit of weight; **~klasse** *f sports*: weight (class); **~mangel** *m*, **~manko** *n* deficiency in weight, short weight, underweight; **~verhältnis** *n* ratio of weight; **~verlagerung** *f* shifting of weight; *fig.* change of emphasis, shift; **~verlust** *m* loss in weight; **~zunahme** *f* increase in weight, weight gain.

gewiegt [gəˈviːkt] *adj.* experienced, seasoned; smart, shrewd, clever, astute.

Gewieher [gəˈviːər] *n* (-*s*) neighing; *fig.* horse-laugh, guffaws *pl.*

gewiesen [gəˈviːzən] *p.p. of weisen.*

gewillt [gəˈvilt] *adj.* willing, prepared, ready, inclined (*zu inf.* to *inf.*); determined (to *inf.*); *er ist nicht* ~, *zu inf.* he is not willing (*or* he refuses) to *inf.*

Gewimmel [gəˈviməl] *n* (-*s*) swarming; swarm, (milling) crowd, throng.

Gewimmer [gəˈvimər] *n* (-*s*) whimpering, whining; wailing, wails *pl.*

Gewinde [gəˈvində] *n* (-*s*; -) winding; garland, festoon; wreath; skein (*of yarn*); coil; *anat.* labyrinth (*of ear*); *tech.* thread; *rechts-(links-)gängiges* ~ right- (left-) -hand(ed) thread; **~bohrer** *tech. m* screw tap; **~bolzen** *m* threaded bolt; **~drehbank** *f* threading lathe; **~gang** *m* thread; **~lehre** *f* thread pitch ga(u)ge; **~schneiden** *n* (-*s*) thread cutting; thread hobbing; **~schneidkopf** *m* [-ʃnaɪt-] screwing chuck; **~schneidmaschine** *f* threading machine; **~steigung** *tech. f* **a**) lead, **b**) pitch; **~strähler** [-ʃtrɛːlər] *m* (-*s*; -) chasing tool.

Gewinn [gəˈvin] *n* (-[e]s; -e) winning; gain, profit; *at game*: winnings *pl.*; *lottery*: prize; (*lot*) winner; earnings *pl.*; yield, returns *pl.*; proceeds *pl.*; advantage, benefit; (profit) margin; surplus; *fig.* gain, advantage, profit; ~- *und Verlustkonto or -rechnung* profit-and-loss account (*Am.* statement); *entgangener* ~ profit lost; *erzielter* ~ realized profit; *reiner* ~ net profit; *unerwarteter* ~ unexpected profit, windfall; *verteilbarer* ~ profit available for distribution; ~ *abwerfen, bringen* leave (*or* yield) a profit, leave a margin; *am* ~ *beteiligt sein* share in profits; ~ *erzielen* realize a profit, net (a sum); *mit* ~ *verkaufen* sell at a profit *or* to advantage; **~abführung** *f* surrender of profits; **~abführungssteuer** *f* excess of profits tax; **~abschöpfung** [-apʃœpfuŋ] *f* (-) *taxation*: skimming of excess profits; **~anteil** *m* share of (the) profits; dividend; **~anteilschein** *m* dividend warrant; **~aufstellung** *f* earnings statement; **~aufstockung** *f* (-) increase of capital resources out of profits; **~beteiligung** *f* participation in profits; profit-sharing; **~beteiligungsplan** *m* profit-sharing scheme; **2bringend** *adj.* profitable, lucrative, paying.

geˈwinnen I. *v/t.* (*irr.*, *h.*) win, gain; gain, get (*advantage, lead*); secure (*a th. or p.*); acquire, obtain; earn, make, net, bag; carry off, fetch (*prize*); *den Kampf* ~ win the battle; *e-n Prozeß* ~ win a law-suit; *Zeit* ~ gain time; *Zeit zu* ~ *suchen* temporize; → *Oberhand*; gain, reach, *Am.* make (*the shore, etc.*); *j-n für sich* ~ win *or* gain a p.('s support), win a p. over; *j-n für et.* ~ *a.* interest a p. in a th.; convert a p. to a th.; *j-s Hilfe* ~ enlist a p.'s help; *j-n zum Freunde* ~ gain the friendship of a p.; *j-s Herz* (*Hand*) ~ win a p.'s heart (hand); *mining, etc.*: win, produce, obtain, extract; *from scrap*: recover, salvage, reclaim; *chem.* extract, derive; *ich konnte es nicht über mich* ~ I could not bring myself to do it; *es gewinnt den Anschein, als ob* it appears as though; *wie gewonnen, so zerronnen* easy come, easy go; **II.** *v/i.* (*irr.*, *h.*) win, be winner (*or* victorious); win the battle, gain the victory; *spielend* ~ win hands down; *an Bedeutung, etc.*, ~ gain in importance, *etc.*; *an Boden* ~ gain ground; ~ *von or durch et.* profit by a th., benefit from a th.; *by comparison, contrast, etc.*: gain, improve; *er hat sehr gewonnen* he has greatly improved; *sie gewinnt bei näherer Bekanntschaft* she improves on acquaintance; *an Kraft or Wucht* ~ gather force.

Geˈwinn...: **2end** *fig. adj.* winning, engaging, taking; **~entnahme** *f* withdrawal of profits; **~er(in** *f*) *m* (-*s*, -; -, -*nen*) winner; **~lage** *f* profit-and-loss position; **~ler(in** *f*) [-lər(in)] *m* (-*s*, -; -, -*nen*) profiteer; **~los** *n*, **~nummer** *f* winning number, winner; **~rechnung** *f* profit account; **2reich** *adj.* profitable, lucrative; **~schrumpfung** *f* profit shrinkage; **~spanne** *f* profit margin; **~steuer** *f* profit tax; **~streben** *n* pursuit of profit; **~sucht** *f* (-) greed, avarice, lucre; **2süchtig** *adj.* greedy, profit-seeking, covetous; *jur. in* ~*er Absicht* with mercenary intent; **~überschuß** *m* surplus (profits *pl.*); **~ung** *f* (-; -*en*) winning; gaining; acquirement; production, extraction, winning; output; reclamation (*of land*); *chem.* preparation, derivation; **~verteilung** *f* distribution of profits; **~vortrag** *m* surplus brought forward.

Gewinsel [gəˈvinzəl] *n* (-*s*) whining, whine, whimpering.

Gewinst [gəˈvinst] *m* (-es; -e) winnings *pl.*, takings *pl.*; profit.

Gewirr [gəˈvir] *n* (-[e]s; -e) confusion, tangle, snarl, entanglement; maze.

gewiß [gəˈvis] **I.** *adj.* certain, sure, positive; *ein gewisser Preis* a fixed price; *in gewissen Fällen* in certain (*or* some) cases; *ein gewisser Herr N.* a certain (*or* one) Mr. N.; → *Etwas*; *in gewissem Sinne* in a sense; ~! certainly!, to be sure!, *Am.* sure!; *aber* ~! by all means!, why, yes (of course)!; *es ist ganz* ~, *daß* **a**) it is quite certain that, there can be no doubt that, **b**) I am quite sure (*or* certain, positive) that; *ich bin dessen* ~ I am sure of it; *s-e Stimme ist mir* ~ I am sure of his vote; *sich s-r Sache* ~ *sein* be sure of one's ground *or* facts; **II.** *adv.* certainly, surely; indeed; no doubt, doubtless; decidedly, assuredly; ~ *nicht* certainly not, by no means; *er kommt* ~ he is sure to come; *davon hast du* ~ *noch nicht gehört* I am sure (*or* I dare say) you have not heard of this before; *du wolltest mir* ~ *e-e Freude machen* you wished to do me a favo(u)r, didn't you?

Geˈwissen *n* (-*s*; -) conscience; *reines* ~ clear conscience; *gutes* (*ruhiges*) ~ good (safe, peaceful) conscience; *schlechtes* ~ bad (*or* guilty) conscience; *ein schlechtes* ~ *haben a.* be conscience-stricken; *sein* ~ *beruhigen* (*erleichtern*) soothe (ease) one's conscience; → *weit* I.; *j-m ins* ~ *reden* appeal to a p.'s conscience; *das hast du auf dem* ~ that is your fault (*or* doing); *das kannst du mit gutem* ~ *behaupten* you can say that with a safe conscience (*or* with safety); *er machte sich kein* ~ *daraus, zu inf.* he thought nothing of *ger.*, he had no scruples about *ger.*; *das* ~ *schlug ihm* his conscience smote him, he was stung with remorse; → *Wissen*; **2haft** *adj.* conscientious, scrupulous (*in dat.* about); **~haftigkeit** *f* (-) conscientiousness; scrupulousness; **2los** *adj.* unscrupulous; irresponsible; reckless; **~losigkeit** *f* (-) unscrupulousness.

Geˈwissens...: **~angst** *f* qualms *pl.* of conscience, anguish; **~bisse** [-bisə] *m/pl.* pricks (*or* twinges) of conscience; remorse, compunction *sg.*; ~ *haben a.* be conscience-stricken; *mach dir keine* ~ *deswegen* don't lose any sleep over it, don't let it worry you; **~frage** *f* matter of conscience, moral issue; **~freiheit** *f* (-) freedom of conscience; **~konflikt** *m* inner conflict; **~not** *f* pressure of conscience, moral dilemma; **~prüfung** *f* self-examination; **~ruhe** *f* peace of conscience; **~sache** *f* matter of conscience; **~zwang** *m* moral constraint; *eccl.* religious intolerance; **~zweifel** *m* scruple, conscientious doubt.

gewissermaßen [-ˈmɑːsən] *adv.* so to speak, in a manner of speaking; as it were; to some extent, in a way.

Geˈwißheit *f* (-) certainty, surety; assurance; *innere ~* certitude, conviction; *mit ~* with certainty; *mit voller ~* most assuredly *or* positively; *zur ~ werden* become certain *or* a certainty; *sich ~ verschaffen über* (*acc.*) make certain on, make sure of *a th.*

geˈwißlich *adv.* → *gewiß* II.

Gewitter [gəˈvitər] *n* (-*s*; -) (thunder)storm; *es ist ein ~ im Anzuge* there is storm brewing *or* gathering, we'll have a thunderstorm; *fig.* storm, tempest; **~bildung** *f* formation of a thunderstorm; **2haft, 2ig** *adj.* stormy, thundery; **2n** *v/i.* (*impers.*, *h.*): *es gewittert* there is a thunderstorm; **~neigung** *f* (-) tendency to thunderstorms; **~regen, ~schauer** *m* thunder-shower; **2schwül** *adj.* thundery, oppressive, sultry; **~schwüle** *f* sultriness, thundery air; **~störungen** *f/pl. radio*: atmospherics, static *sg.*; *meteor.* thundery showers; **~sturm** *m* thunderstorm; **~wolke** *f* thunder-cloud.

gewitz(ig)t [gəˈvits(iç)t] *adj.* made wise by experience; sharp, shrewd, smart; *ich bin jetzt ~* I've had my lesson.

gewoben [gəˈvoːbən] *p.p. of weben.*

Gewoge [gəˈvoːgə] *n* (-*s*) surging (*a. fig.*); surging (*or* milling) crowd, throng.

geˈwogen[1] *p.p. of wägen and wiegen.*

geˈwogen[2] *adj.* (*dat.*) well (*or* kindly) disposed *or* favourably inclined (to[wards]); friendly (to), kind (to); *j-m ~ sein a.* show affection for a p., like a p.; *sie ist ihm sehr ~* he is in her good graces; **2heit** *f* (-) friendliness, goodwill, kindness, affection.

gewöhnen [gəˈvøːnən] *v/t.* (*h.*) accustom (*an acc.* to), habituate (to), get used (to); inure (to); familiarize (with); *sich ~ an* (*acc.*) get accustomed (*or* used) to; become familiar with; *sich an ein Klima ~* acclimatize, *Am.* acclimate; *sich daran ~ zu inf.* get used to *ger.*, get into the habit of *ger.*, take to *ger.*; *gewöhnt sein* → *gewohnt.*

Gewohnheit [gəˈvoːnhaɪt] *f* (-; -*en*) habit; wont; custom; practice, usage; → *Macht*; *aus* (*alter*) *~* from habit; *aus der ~ kommen* get out of practice (*or* the habit); *die ~ haben, zu inf.* be in the habit of *ger.*, be wont to *inf.*; *j-m zur ~ werden* become a habit with a p.; *in die ~ verfallen, zu inf.* get into the habit of *ger.*; *sich et. zur ~ machen* make it a habit (to do a th.); *zur ~ werden* grow into a habit; *wie es s-e ~ war* as was his wont (*or* custom).

Geˈwohnheits...: **~laster** *n* besetting sin; **2mäßig** [-mɛːsiç] **I.** *adj.* habitual (*a. jur.*), customary; normal, usual, routine; **II.** *adv.* habitually, by (*or* from) habit; mechanically; **~mensch** *m* creature of habit; **~recht** *n jur.* common law; *w.s.* established right; **~sünde** *f* habitual sin; **~tier** *n* creature of habit; **~trinker(in** *f*) *m* habitual drunkard, problem-drinker; **~verbrecher** *m* habitual criminal.

gewöhnlich [gəˈvøːnliç] **I.** *adj.* common; general; ordinary, commonplace; usual, customary; habitual; normal, routine; customary, conventional; plain; average; mediocre; common; vulgar, low; **II.** *adv.* commonly, *etc.*; as a rule, generally, normally; under ordinary circumstances; *wie ~* as usual.

gewohnt [gəˈvoːnt] *adj.* habitual, usual, wonted; traditional, customary; *~er Anblick* familiar sight; *zu ~er Stunde* at the usual hour; *pred.*: et. *~ sein* be accustomed (*or* used) to a th.; be in the habit of doing a th.; be inured (*or* seasoned) to (*cold, strain, etc.*); **~ermaßen** [-tərmɑːsən] *adv.* as usual.

Geˈwöhnung *f* (-) accustoming, habituation (*an acc.* to); inurement; acclimatization, *Am.* acclimation; *med.* addiction (to); *Pervitin führt zur ~* is a habit-forming drug; training, breaking in, domestication (*of animals*); → *Gewohnheit.*

Gewölbe [gəˈvœlbə] *n* (-*s*; -) vault; cellar; arch; family-vault; *fig. ~ des Himmels* vault of heaven; **~bogen** *m* arch (of a vault); **~pfeiler** *m* arched buttress.

geˈwölbt *adj.* vaulted, arched; domed; convex; cambered (*road*).

Gewölk [gəˈvœlk] *n* (-[*e*]*s*) clouds *pl.*

gewollt [gəˈvɔlt] *adj.* deliberate; studied (*insult, etc.*); *~ malerisch* consciously pictoresque.

gewonnen [gəˈvɔnən] *p.p. of gewinnen.*

geworben [gəˈvɔrbən] *p.p. of werben.*

geworden [gəˈvɔrdən] *p.p. of werden.*

geworfen [gəˈvɔrfən] *p.p. of werfen.*

Gewühl [gəˈvyːl] *n* (-[e]s) bustle, turmoil; throng, milling crowd; *im ~ der Schlacht* in the thick of the battle.

gewunden[1] [gəˈvundən] *p.p. of winden.*

geˈwunden[2] *adj.* twisted; wound; winding, sinuous, spiral; *esp. fig.* tortuous.

gewürfelt [gəˈvyrfəlt] *adj.* chequered.

Gewürm [gəˈvyrm] *n* (-[*e*]*s*; -*e*) reptiles *pl.*, worms *pl.*; vermin.

Gewürz [gəˈvyrts] *n* (-*es*; -*e*) spice; *cul.* seasoning, condiment; aromatics (*pl.*); **~essig** *m* aromatic vinegar; **~handel** *m* spice trade, grocery business; **~händler(in** *f*) *m* spicer, grocer; **~kräuter** *n/pl.* spice plants; **~nelke** *f* clove; **2t** *adj.* spicy, seasoned, flavo(u)red (*all a. fig.*); **~tinktur** *f* aromatic tincture; **~waren** *f/pl.* spices, groceries.

gewußt [gəˈvust] *p.p. of wissen.*

gezackt [gəˈtsakt] *adj.* jagged, ragged; *esp. bot., tech.* serrated; *esp. tech.* indented, scalloped.

gezähnt [gəˈtsɛːnt] *adj.* toothed, *tech. a.* cogged; notched; *anat., bot.* dentate(d); *stamp*: perforated.

Gezänk [gəˈtsɛŋk] *n* (-[*e*]*s*) quarrelling, wrangling, squabble; nagging.

Gezappel [gəˈtsapəl] *n* (-*s*) fidgeting, wriggling, struggling; floundering, squirming bodies; rush, *Am. colloq.* hustle.

gezeichnet [gəˈtsaɪçnət] *adj.* drawn; signed (*document, etc.*); *~* (*gez.*) signed (*abbr.* sgd.); *boxer, face, woman, etc.*: marked; *vom Schicksal ~* marked out by fate; *vom Tode ~* with the mark of death; *econ. voll ~* fully subscribed (*loan*).

Gezeiten [gəˈtsaɪtən] *pl.* tide; **~kraftwerk** *n* tidal power station; **~strom** *m* tidal current; **~tafel** *f* tide table.

Gezelt [gəˈtsɛlt] *n* (-[*e*]*s*; -*e*) tent, pavillion.

Gezeter [gəˈtseːtər] *n* (-*s*) loud scolding, (yelling) clamo(u)r; hue and cry; nagging; → *Geschrei.*

geziehen [gəˈtsiːən] *p.p. of zeihen.*

geˈziemen *v/i and sich ~* be becoming (*or* seemly, fit) (*dat. or für acc.* for), befit *a. p.*; *es geziemt sich nicht* it is not fitting (*or* proper), it is not done (*or* good form); *wie es sich geziemt* as is fitting; **~d** *adj.* becoming, seemly, fit(ting); decent, decorous; due, proper; *mit ~em Respekt* with due respect.

geziert [gəˈtsiːrt] *adj.* affected; foppish; prim; → *gekünstelt*; **2heit** *f* (-) affectation; foppishness; primness; mannerism.

Gezisch [gəˈtsiʃ] *n* (-*es*) hissing; **~el** *n* (-*s*) whispering, whispers *pl.*

gezogen [gəˈtsoːgən] *p.p. of ziehen*; *barrel*: rifled.

Gezücht [gəˈtsyçt] *n* (-[*e*]*s*; -*e*) breed, brood, vermin.

Gezweig [gəˈtsvaɪk] *n* (-[*e*]*s*) branches, boughs *pl.*

Gezwitscher [gəˈtsvitʃər] *n* (-*s*) chirping, twitter(ing).

gezwungen[1] [gəˈtsvuŋən] *p.p. of zwingen.*

geˈzwungen[2] **I.** *adj.* compulsory, forced; unnatural, self-conscious; affected; stiff, formal, constrained; forced, strained (*gaiety, etc.*); **II.** *adv.*: *~ lachen* force a laugh; **~ermaßen** *adv.* under compulsion; willy-nilly; *I am* (*or find myself*) compelled *to inf.*; **2heit** *f* (-) constraint; affectation; formality, stiffness.

Gicht [giçt] *f* (-) **1.** *med.* gout, goutiness, arthritis; **2.** *metall.* furnace top (*or* mouth); furnace charge; **~anfall** *m* attack of (the) gout; **2artig** *adj.* gouty, arthritic; **2brüchig** *adj.* gouty; *bibl.* paralytic, palsied; **~gas** *metall. n* blast furnace gas; **2isch** *adj.* gouty, afflicted with gout; **~knoten** *m* gouty node, tophus; **2krank** *adj.* suffering from the gout, gouty, arthritic; **~kranke(r** *m*) *f* (-*n*, -*n*; -*en*, -*en*) gouty patient, arthritic; **~mittel** *n* remedy for gout, antarthritic agent;

~schmerzen *m/pl.* gouty (*or* arthritic) pains.

Giebel ['gi:bəl] *m* (-s; -) gable(-end); gablet; fronton, pediment; **~dach** *n* gable roof; **~feld** *n* tympan; **~fenster** *n* gable-window; **~seite** *f* frontispiece; **~stube** *f* garret, attic; **~wand** *f* gable wall.

Gier [gi:r] *f* (-) greed(iness), avidity; eagerness; ~ *nach* thirst (*or* craving, lust) for; '**2en** *v/i.* (*h.*) lust (*nach dat.* after *or* for), thirst (for), crave; *aer.*, *mar.* yaw; '**2ig I.** *adj.* (*nach, auf acc.*) greedy (after, for, of), avid (for, of), covetous (of); grasping; gluttonous; **II.** *adv.*: ~ essen eat greedily; ~ *verschlingen* gulp down, bolt; ~ *lesen* read avidly.

Gießbach ['gi:s-] *m* torrent.

gießen ['gi:sən] *v/t. and v/i.* (*irr.*, *h.*) pour; *tech.* cast (*zu Barren* into bars); found (*bell, statue*), (cast in a) mo(u)ld; *glass*: mo(u)ld; *fallend* ~ pour from the top; *in Sand* ~ sand-cast; water (*garden, plants*); spill, shed; *fig.* shed forth *light, etc.* (*über acc.* over), pour (*in acc.* into); → *Öl*; *es gießt* it is pouring; it is raining cats and dogs.

'**Gießer** *tech. m* (-s; -) caster; founder, mo(u)lder; *glassworks*: ladler, shearer; **Gieße'rei** *f* (-; -en) foundry; casting, mo(u)lding.

Gieß...: ~fähigkeit *tech. f* (-) pourability; castability; **~form** *f* mo(u)ld; *for injection*: die; **~grube** *f* casting-pit; **~kanne** *f* watering-can; **~kelle** *f*, **~löffel** *m* (hand *or* casting) ladle; **~maschine** *typ. f* casting-machine; **~pfanne** *f* (foundry) ladle; **~rinne** *f* spout; **~technik** *f* casting practice; casting process.

Gift [gift] *n* (-[e]s; -e) poison; *esp. of snakes*: venom; toxin(e); virus; *fig.* poison; virus; venom, malice, spite; *das ist das reinste* ~ *für ihn* that's sheer poison to him; *darauf kannst du* ~ *nehmen* you can bet your life on it; *er spie* ~ *u. Galle* he fumed and foamed; '**2abtreibend** *adj.* antitoxic, antidotal; '**~becher** *m* poison(ed) cup; '**~beibringung** *jur. f* poisoning; '**~blase** *zo. f* venom-sac; '**~drüse** *f* venom-gland; '**2fest** *adj.* immune to poison; '**2frei** *adj.* free from poison, non-poisonous; '**~gas** *n* poison gas; '**~hauch** *m* poisonous breath, blight.

'**giftig I.** *adj.* poisonous, venomous; *chem.* toxic(al); *med.* virulent, contagious; poisoned; *fig.* poisonous, baneful; malicious, spiteful, venomous, virulent; furious, rabid; waspish; **II.** *adv.*: *j-n* ~ *ansehen* look daggers at, look at venomously; **2igkeit** *f* (-) poisonousness, virulence; *chem.* toxicity; *fig.* banefulness, virulence; malice, spitefulness, viciousness; (cold) fury.

'**Gift...: ~kunde** *f* (-) toxicology; **~mischer(in** *f*) *m* (-s, -; -, -nen) poisoner; **~mittel** *n* antidote; **~mord** *m* (murder by) poisoning; **~mörder(in** *f*) *m* poisoner; **~pfeil** *m* poisoned arrow (*or* dart); **~pflanze** *f* poisonous plant; **~pille** *f* poisoned pill; **~pilz** *m* poisonous mushroom, toadstool; **~schlange** *f* poisonous (*or* venomous) snake *or* serpent; **~schrank** *m* poison cupboard (*or* cabinet); **~schwamm** *m* → *Giftpilz*; **~spinne** *f* poisonous spider; **~stachel** *m* poisonous sting; **~stoff** *m* poison(ous matter); *chem.* toxin(e), toxic agent; **~trank** *m* poisoned draught; **~wirkung** *f* poisonous action *or* effect; **~zahn** *m* poison-fang; **~zwerg** *m contp.* venomous toad.

Gigant [gi'gant] *m* (-en; -en) giant; **~in** *f* (-; -nen) giantess; **2isch** *adj.* gigantic, colossal.

Gigerl ['gi:gərl] *m* (-s; -) fop, dandy; *Am. a.* dude.

Gilde ['gildə] *f* (-; -n) guild, corporation; **~meister** *m* master of a guild.

Gimpel ['gimpəl] *m* (-s; -) bullfinch; *fig.* simpleton, gawk, booby, *Am.* sucker.

ging [giŋ] *pret. of gehen.*

Ginster ['ginstər] *bot. m* (-s; -) broom.

Gipfel ['gipfəl] *m* (-s; -) summit, top, peak; pinnacle; (tree-)top; *fig.* climax, culmination; peak, apex, apogee; acme, peak (*of perfection*); zenith, summit (*of fame, power*); *auf dem* ~ *des Glücks* on the crest of the wave; *der* ~ *der Frechheit* the height of impudence; *das ist der* ~ that's the limit; *der* ~ *m-r Träume* the summit of my ambition; **~gespräche** *pol. n/pl.* summit talks; **~höhe** *aer. f* ceiling; *ballistics*: maximum ordinate; **~konferenz** *pol. f* summit meeting *or* conference; **~leistung** *f* peak (performance *or* capacity); record; **2n** *v/i.* (*h.*) culminate (*in dat.* in), *fig. a.* climax (in); **~punkt** *m* highest (*fig. a.* culmination) point; → *Gipfel*; **2ständig** *bot. adj.* terminal, apical; **~trieb** *bot. m* leader shoot; **~ung** *f* (-) culmination.

Gips [gips] *m* (-es; -e) *min.* gypsum, calcium sulphate; plaster (of Paris).

'**Gips|abdruck, ~abguß** *m* plaster cast; **~arbeit** *f* plastering; **~bewurf** *m* plastering; coat of plaster; **2en** *v/t.* (*h.*) plaster; *agr.* fertilize (with gypsum); **~er** *m* (-s; -) plasterer; **~erde** *f* gypseous soil; **~figur** *f* plaster figure; **2haltig** *adj.* calcareous, containing gypsum; **~kelle** *f* plastering trowel; **~kopf** *m* plaster head; *humor.* blockhead; **~marmor** *m* stucco; **~mehl** *n* powdered plaster; **~mörtel** *m* gypsum mortar; **~ofen** *m* plaster kiln; **~verband** *med. m* plaster (of Paris) dressing *or* cast; *e-m Glied e-n* ~ *anlegen* dress (*or* put) a limb in plaster; *er trug den Arm in* ~ his arm was in a cast.

Giraffe [gi'rafə] *f* (-; -n) giraffe.

Gir|ant [ʒi'rant] *econ. m* (-en; -en) endorser; **~at** [-ɑ:t] *m* (-en; -en) endorsee; **2ierbar** *adj.* endorsable; **2ieren** *v/t.* (*h.*) put in circulation; endorse, indorse *bill of exchange* (*auf, an acc.* upon); *blanko giriert* endorsed in blank.

Girlande [gir'landə] *f* (-; -n) garland, festoon.

Giro ['ʒi:ro] *n* (-s; -s) endorsement, indorsement; giro transfer; *ausgefülltes* (*beschränktes*) ~ special (restrictive) endorsement; *mit* ~ *versehen* endorse; **~bank** *f* (-; -en) clearing-bank, transfer bank; **~einlagen** *f/pl.* deposits on a giro transfer account; **~konto** *n* giro (transfer) account; cheque (*Am.* check) account; **~kunde** *m* giro account holder; **~überweisung** *f* giro transfer; **~verband** *m* clearing bank association; **~verbindlichkeiten** *f/pl.* contingent liability on account of endorsements on bills discounted; **~verkehr** *m* clearing (*or* giro transfer) business; clearing system; **~zentrale** *f* clearing house; central bank (of a clearing-bank association).

girren ['girən] *v/i.* (*h.*) coo.

Gis [gis] *mus. n* (-; -) G sharp.

gischen ['giʃən] *v/i.* (*h.*) foam, froth; effervesce, fizz; spray.

Gischt [giʃt] *m* (-es; -e) foam, spray; froth.

Gis-Dur ['-du:r] *n* (-) G sharp major.

Gitarre [gi'tarə] *f* (-; -n) guitar; **~spieler(in** *f*) *m* guitar-player, guitarist.

Gitter ['gitər] *n* (-s; -) grating, lattice; trellis; iron bars *pl.*; grille; fender, guard; grate; wire-lattice (*or* -screen); *radio, etc., a. on maps*: grid; fence; railing; *fig. hinter* ~*n* behind bars; **~batterie** *f* grid (*or* C) battery; **~bett** *n* (latticed) cot, crib; **~brücke** *f* latticed bridge; **~draht** *m* wire-netting; *el.* filament grid; **~elektrode** *f* grid electrode; **~fenster** *n* lattice-window; barred window; **2förmig** ['-fœrmiç] *adj.* latticed, grated, trellised; **~gleichrichter** *m* grid leak detector; **~kapazität** *f* input capacity; **~kondensator** *m* grid capacitor; **~kreis** *m* grid (*or* input) circuit; **~mast** *m* lattice mast, pylon; **~modulation** *f radio*: grid (circuit) modulation; **~netz** *n map*: grid; **~netzkarte** *f* gridded (*or* coordinate) map; **~röhre** *f* grid valve; **~spannung** *f* grid voltage; **~spule** *f* grid coil; **~stab** *m* grate bar; *radio*: grid bar; **~steuerung** *f* grid control; **~tor** *n* trellised gate; **~träger** *arch. m* lattice truss; **~werk** *n* trellis- (*or* lattice-)work; **~widerstand** *m radio*: grid leak (resistance); **~zaun** *m* trellis-work (*or* iron) fence.

Glacé|handschuhe [gla'se:hantʃu:ə] *m/pl.* kid gloves; *fig. mit* ~*n anfassen* treat gently *or* gingerly (*Am.* with kid gloves); **~leder** *n* kid leather.

Gladiator [gladi'ɑ:tɔr] *m* (-s; -'toren) gladiator.

Glanz [glants] *m* (-es). brightness; lust|re, *Am.* -er, brilliance; sparkle, resplendence; radiance, luminosity, glow; glitter; glare; *tech.* polish, lust|re, *Am.* -er, gloss, gleam; *on cloth*: sheen; *fig.* splendo(u)r; glamo(u)r; bloom; glory; pomp; *äußerer* ~ gloss; glitter, tinsel; *e-e Prüfung mit* ~ *bestehen* pass an examination with distinction; *colloq. e-n* ~ *im Gesicht haben* have a glow on; *s-s* ~*es beraubt* shorn of all glamo(u)r; '**~bürste** *f* polishing brush.

glänzen ['glɛntsən] **I.** *v/i.* (*h.*) glance, gleam, shine; be lustrous *or* glossy; glitter, glisten, glint, flash, sparkle, scintillate; *stars*: *a.* twinkle; *person*: **a**) radiate, beam, shine (*vor dat.* with), **b**) be brilliant, excel, shine (*durch acc.* in); → *Abwesenheit, Gold*; **II.** *v/t.* (*h.*) *tech.* gloss, lust|re, *Am.* -er, polish; burnish (*metal*); lacquer (*leather*); polish, *Am.* shine (*shoes*); ♀ *n* (*-s*) brightness, brilliance, radiance; → *Glanz*; *tech.* polishing; glazing, burnishing; **~d** *adj.* bright, lustrous, brilliant, gleaming, glittering, flashing, sparkling; radiant, luminous; glossy, shiny; *fig.* splendid, magnificent, gorgeous, brilliant; *~er Redner* brilliant (*or* magnificent) orator; *~e Idee* splendid (*or* excellent, *esp. iro.* bright) idea; *~e Geschichte* capital story; *~e Zukunft, etc.* bright future, *etc.*; *du siehst ~ aus* you look exceedingly well (*or* the picture of health); → *ausgezeichnet, hervorragend, Geschäft.*

'**Glanz...**: **~farbe** *typ. f* gloss ink; **~firnis** *m* glazing varnish; **~garn** *n* glazed yarn; **~gold** *n* gold-foil; **~kattun** *m* glazed calico; **~kobalt** *n* glance cobalt; **~kohle** *f* glance coal; **~lack** *m* brilliant varnish; **~leder** *n* patent leather; **~leinen** *n* glazed linen; **~leistung** *f* masterly achievement, brilliant feat (*or* performance); **~lichter** *paint. n/pl.* highlights; ♀**los** *adj.* lustreless, dull, mat, dim; **~nummer** *f* chief attraction, highlight, *Am. a.* hit; **~papier** *n* glazed paper; **~pappe** *f* glazed board; **~periode** *f* → *Glanzzeit*; **~punkt** *m* highlight; acme, climax; **~silber** *n* argentite; **~stelle** *f in book*: purple patch; **~stoff** *m* glazed fabric; artificial silk; **~stück** *n* show piece, gem; brilliant feat, pièce de resistance (*Fr.*); **~taf(fe)t** *m* glaced taffeta; ♀**voll** *adj.* splendid, brilliant, resplendent, magnificent, glorious; → *glänzend*; **~weiß** *n* brilliant white; **~wichse** *f* polishing paste; **~zeit** *f* golden age, glorious (*or* palmy) days, big time, heyday.

Glas [glaːs] *n* (*-es*; *ⁿer*) glass (*a. vessel*); tumbler; (eye)glasses *pl.*; *Gläser pl. for spectacles*: glasses, *for protective masks*: eyepieces; *mit dicken Gläsern* thick-lensed; *mar.* (*half hour, pl. Glasen*) bell; *zwei ~ Wein* two glasses of wine; *colloq. gern ins ~ gucken* be fond of one's glass (*or* a drop); *zu tief ins ~ gukken* take a drop too much; ♀**artig** ['-ɑːrtiç] *adj.* vitreous, glasslike; '**~auge** *n* glass-eye; *vet.* walleye; '**~ballon** *m* demijohn, carboy; '**~birne** *f* (glass-)bulb; '**~bläser** *m* glass-blower.

Gläschen ['glɛːsçən] *n* (*-s*; *-*) little (*or* small) glass; *ein ~ zuviel* a drop too much.

'**Glas...**: **~dach** *n* glass-roof; skylight; **~deckel** *m* glasscover (*or* -top).

Glaser [glaːzər] *m* (*-s*; *-*) glazier; **~arbeit** *f* glazier's work.

Glase'rei *f* (*-*; *-en*) glazier's workshop.

'**Glaserkitt** *m* glazier's putty.

Gläserklang ['glɛːzər-] *m* clinking of glasses.

'**gläsern** *adj.* (of) glass, glassy, vitreous; glassy (*eye*).

'**Glas...**: **~fabrik** *f* glassworks *pl.*; **~faden** *m* glass thread; **~faser** *f* glass fib|re, *Am.* -er; **~fenster** *n* glass window; **~flasche** *f* glass bottle; decanter; **~flügler** ['-flyːgələr] *zo. m* (*-s*; *-*) clearwings; **~fluß** *m* glass flux; **~gefäß** *n* glass vessel *or* jar; **~geschirr** *n* glassware; **~gespinst** *n* spun glass; **~glocke** *f* glass shade *or* cover, *for lamps*: globe, *for plants*: glass bell; ♀**hart** *adj.* (as) hard as glass, brittle; **~haus** *n* glass house; *wer im ~ sitzt, soll nicht mit Steinen werfen* those who live in glass houses should not throw stones; *er sitzt selbst im ~* the pot is calling the kettle black; **~haut** *f* vitreous layer; cellophane; **~hütte** *f* glassworks *pl.*

glasieren [gla'ziːrən] *v/t.* (*h.*) glaze, gloss; varnish, enamel; *cul.* frost, ice.

glasig [glɑːziç] *adj.* glassy, vitreous; glazed, glassy (*eye*).

Glas... ['glɑːs-]: **~kasten** *m* glass case; **~kinn** *n boxing*: glass jaw; ♀**klar** *adj.* crystal-clear (*a. fig.*); clear (*air, plastic, etc.*); **~kolben** *m* demijohn; *chem.* flask, balloon; *el.* bulb; **~körper** *med. m* vitreous body, vitreous humo(u)r; **~kugel** *f* glass bulb (*or* sphere, globe); **~maler(in** *f*) *m* glass-painter; **~male'rei** *f* glass-painting; **~masse** *f* glass metal, frit; **~ofen** *m* glass-furnace; **~papier** *n* glass (*or* sand) paper; **~perle** *f* glass bead; **~platte** *f* glass-plate; **~rohr** *n* glass tube; **~röhrchen** *pharm. n* vial; **~sand** *m* vitreous sand; **~scheibe** *f* pane (of glass); glass plate; **~scherbe** *f* broken glass, glass splinter; **~schleifer** *m* glass grinder *or* cutter; **~schneider** *m* glass-cutter (*a. tool*); **~schrank** *m* glass-cupboard (*or* cabinet); **~splitter** *m* glass splinter, shiver of glass; **~stopfen, ~stöpsel** *m* glass stopper; **~tafel** *f* glass plate, sheet glass; **~träne** *f*, **~tropfen** *m* glass tear; **~tür** *f* glass door; hall-door.

Glasur [gla'zuːr] *f* (*-*; *-en*) glazing, glaze, gloss; *for cloth*: glaze, varnish, enamel; *for pastries*: icing, frosting; ♀**blau** *adj.* zaffre; **~brand** *m* glaze baking; **~ofen** *m* glaze kiln.

Glas... ['glɑːs-]: **~veranda** *f* glass veranda(h), *Am.* sun parlor; **~versicherung** *f* plate-glass insurance; **~wand** *f* glass partition; **~waren** *f/pl.* glassware *sg.*; **~watte** *f* glass wool; ♀**weise** [-vaɪzə] *adv.* in glasses, by glassfuls; **~wolle** *f* glass wool; **~ziegel** *m* glass tile.

glatt [glat] **I.** *adj.* smooth; *hair*: *a.* sleek, lank; smooth, sleek, soft (*skin*); level; smooth, unruffled (*sea*); polished, glossy; slippery, treacherous (*road*); plain (*cloth*); *fig.* smooth; *b.s.* slippery; clear, plain, obvious; absolute, downright, outright; *~e Absage* flat refusal; *~e Lüge* outright lie; *~er Sieg* straight win; *es kostete mich ~e 1000 Dollar* it cost me a cool thousand (dollars); **II.** *adv.* smoothly; thoroughly, entirely, clean; *~ rasiert* clean-shaven; *~ anliegen* fit closely *or* tightly, *tech.* be flush (*with the wall, etc.*); *~ ablehnen* (*ableugnen*) refuse (deny) flatly; *~ durchschneiden* cut clean through; *~ heraussagen* tell frankly (*or* bluntly, straight to a p.'s face); *~ gewinnen* win hands down; *mit ~ 10 Sekunden* (*Vorsprung*) by clear 10 seconds; *~ geschlagen werden* be roundly defeated; *~ vergessen haben* have completely (*or* clean) forgotten; *es ging ~* it went smoothly (*or* without a hitch); *es geht nicht immer alles ~* it isn't all smooth sailing; '**~bürsten** *v/t.* (*h.*) brush up.

Glätte ['glɛtə] *f* (*-*) smoothness; gloss; *fig. person*: smoothness, sleekness, slipperiness; polish, fluency (*of style*).

'**Glatt-eis** *n* glazed frost, slippery ice; *j-n aufs ~ führen* trick (*or* trap) a p., lead a p. up the garden-path.

Glätteisen ['glɛtˀ-] *tech. n* polishing iron, sleeker.

'**glätten** *v/t.* (*h.*) smooth (*a. el.*), *esp. hair*: sleek; *Falten ~* take out creases; *tech.* polish, *metal a.* burnish; plane (*wood*); glaze, gloss (*paper*); calender (*cloth*); *sich ~* (become) smooth; → *Woge.*

'**Glättfeile** *tech. f* smooth file.

'**glatt...**: **~haarig** *adj.* smooth-haired; ♀**hobel** *m* smoothing plane; **~machen** *v/t.* (*h.*) → *glätten*; *colloq. econ.* settle, pay off.

'**Glättmaschine** *f* planing machine; *for paper*: glazing machine; *for wool*: sleeking machine.

glattrasiert ['glatraziːrt] *adj.* clean-shaven.

'**glatt...**: **~stellen** *econ. v/t.* (*h.*) settle; *stock exchange*: realize, *Am.* even up; ♀**stellung** *f* realization, *Am.* evening-up; **~streichen** *v/t.* (*irr., h.*) smooth down; *tech.* flatten, planish, flush; *arch.* point flat (*joints*); job (*paper*); **~weg** ['-vɛk] *adv.* plainly, bluntly, point-blank; flatly; *~ ablehnen* refuse flatly; *~ erzählen* tell *a th.* straight out; **~züngig** ['-tsyŋiç] *adj.* smooth-tongued, glib.

Glatz|e ['glatsə] *f* (*-*; *-n*) baldness; bald spot; bald head *or* pate; **~kopf** *m* bald-head(ed person), baldpate; ♀**köpfig** ['-kœpfiç] *adj.* bald(-headed).

Glaube(n) ['glaubə(n)] *m* (*-ns*) faith, belief (*an acc.* in); creed; religious belief, religion; persuasion; *blinder ~* implicit faith; *fester ~* firm belief; → *Treu*; *in gutem ~n* in good faith, bona fide; *~n finden* be believed, find credit; *~n schenken* (*dat.*) give credence (*or* credit) to, believe; *des ~ns sein, daß* believe that (*or a th.* to be), be of the opinion that; *sich zu e-m ~n bekennen* profess a faith; *vom ~n abfallen* renounce (*or* abjure) one's faith, apostatize; *~ macht selig* faith is bliss.

'**glauben I.** *v/t.* (*h.*) believe; give credence (*or* credit) to; believe, think, suppose, *Am. a.* guess; expect; *nicht ~* disbelieve; *ich glaubte dich in London* I thought you were in London; *das glaube ich gern* I can easily believe that; *es ist nicht zu ~* it is incredible (*or* fantastic); *er glaubt alles* he swallows anything; *ob du es glaubst oder nicht* believe it or not; *das glaubst du ja selbst nicht!* tell that to the horse-marines!, my eye!; **II.** *v/i.* (*h.*) believe (*j-m* a p.; *an acc.* in); give credence (*or* credit) to; have faith in, trust; *colloq. dran ~ müssen* have to die (*or thing*: go), → *draufgehen*; *ich glaube schon* I suppose so; *ich glaube wohl* I dare say (*he will come*); *ich glaubte, er sei Künstler* I thought he was (*or* him to be) an artist; *sie ~ fest daran* they swear to it; *du kannst mir ~* you can take it from me; *er machte uns ~, daß* he made (*or* had) us believe that.

'Glaubens...: ~abfall *m* apostasy; **~änderung** *f* change of faith (*or* religion); **~artikel** *m* article of faith; **~bekenntnis** *n* creed, confession (of faith); **~bewegung** *f* religious movement; **~eifer** *m* religious zeal; **~freiheit** *f* (-) religious liberty; **~genosse** *m*, **~genossin** *f* fellow-believer, co-religionist; **~lehre** *f* religious doctrine, dogma; religious doctrines *pl.*, dogmatics *pl.*; **~sache** *f* matter of faith; **~satz** *m* dogma; **~spaltung** *f* schism; **2stark** *adj.* deeply religious; **~streit** *m* religious controversy (*or* strife); **2wert** *adj.* worthy of belief (*or* credit), credible; **~wut** *f* fanaticism, zealotism; **~zeuge** *m* martyr; **~zwang** *m* religious coercion, intolerance; **~zwist** *m* → *Glaubensstreit.*

Glaubersalz ['glaubər-] *n* (-es) Glauber's salt.

glaubhaft ['glauphaft] *adj.* credible; authentic; *jur. ~ machen* substantiate; *dem Gericht ~ machen* satisfy the court; *~ nachweisen* satisfactorily show; → *glaubwürdig*; **2machung** ['-maxuŋ] *jur. f* (-) satisfactory proof; substantiation; *nach erfolgter ~* upon proper showing.

gläubig ['glɔʏbiç] *adj.* believing, faithful; pious, devout; *streng~* orthodox; trustful; credulous, unsuspecting; **2e(r[1] *m*)** ['-bigə(r)] *f* (-*n*, -*n*; -*en*, -*en*) (true) believer *or* follower; *die Gläubigen pl.* the faithful.

'Gläubiger[2] *econ. m* (-*s*; -), **~in** *f* (-; -*nen*) creditor; guarantor; mortgagee; *bevorrechtigter ~* preferential (*Am.* preferred) creditor; *gerichtlich anerkannter ~* judgment creditor; *sichergestellter ~* secured creditor; *Vergleich mit ~n* composition with creditors; **~ausschuß** *m* committee of inspection, *Am.* creditor's committee; **~forderungen** *f/pl.* creditor's claims; **~staat** *m* creditor country; **~versammlung** *f* meeting of creditors.

'Gläubigkeit *f* (-) full belief *or* confidence; *eccl.* faith, devoutness.

glaublich ['glaupliç] *adj.* credible, believable; likely; *kaum ~* hard to believe.

'glaubwürdig *adj.* credible; authentic, reliable; trustworthy (*person*); *~er Zeuge* credible witness; *aus ~er Quelle* on good authority, from a reliable source; **2keit** *f* (-) credibility; authenticity; reliability; trustworthiness.

gleich [glaıç] **I.** *adj.* like, same; identical; equal (*an dat.* in); coincident; even, level; (very) similar, of striking resemblance; (*~bleibend*) constant; (*einheitlich*) uniform; *math. ~e Winkel* equal angles; *in ~em Abstand von ea.* equidistant from each other; *x ist ~ y* x equals y; *7—2 ist ~ 5* 7—2 is (equal to) (*or* leaves) 5; *in ~er Weise* likewise, in like manner, in the same way; → *Teil*; *zu ~er Zeit* at the same time (*or* moment), simultaneously; *er ist ihm ~* he is his equal, he is on a par with him; *es ist (mir) ~* it is all the same (to me), it makes no difference (to me); *es geht uns diesmal allen ~* we are in the same boat this time; *das sieht ihm ~* that's just like him; *ins ~e bringen* make even, settle; *~ und ~ gesellt sich gern* birds of a feather flock together; *~es gilt für staatenlose Personen* the same (rule) applies to stateless persons; *er ist nicht (mehr) der ~e* he is not the same man; *es kommt aufs ~e hinaus* it comes (*or* amounts) to the same thing; *2es mit 2em vergelten* give tit for tat (*or* measure for measure); *ein 2es tun* do the same thing, follow suit; *es kann uns ein 2es begegnen* the same thing may happen to us; **II.** *adv.* alike, equally; immediately, presently, directly, at once; *~ alt (groß, etc.)* of the same age (size, *etc.*); *~ zu Beginn* at the very beginning; *~ daneben* just beside it, next-doors; *~ gegenüber* just (*or* directly) opposite; *~ als* as soon as, the moment (*he had entered*); *~ nach(dem)* immediately (*or* right) after; *~ als ob* just as if; *j-n ~ behandeln wie (acc.)* treat a p. the same way as, put a p. on a footing with; *das dachte ich mir doch ~* I thought as much; *habe ich es nicht ~ gesagt!* didn't I tell you (before)!; *das ist ~ geschehen* that's easily done, it won't take a minute; *das ist ~ ganz anders* that makes all the difference; *wie lautete doch ~ die Adresse?* I say, what was the address?; *es ist ~ zehn (Uhr)* it is nearly (*or* close on, on the stroke of) ten (o'clock); *~!* (I'm) coming *or* on my way!, just a minute, please!; *was wollte ich doch ~ sagen?* what was I just going to say?; **III.** *prp.* (*dat.*): *~ einem König* like a king.

'gleich...: ~altrig ['-ˀaltriç] *adj.* (of) the same age; **~artig** *adj.* of the same kind, homogeneous; similar, analogous; uniform; **2artigkeit** *f* (-) homogeneousness, homogeneity; similarity; uniformity; **~bedeutend** *adj.* synonymous (*mit* with); equivalent (to); tantamount (to); *~e Wörter* synonyms; **~berechtigt** *adj.* having equal rights, being equally entitled; **2berechtigung** *f* equality (of rights *or* status); *~ der Frau* equal rights for women; **~bleiben** *v/i. and sich ~* (*irr., sn*) remain the same *or* unchanged; *das bleibt sich gleich* that comes to the same thing, it makes no difference; **~bleibend** *adj.* always the same; constant, unchangeable, invariable, even; steady (*a. econ. and barometer*); *Motor mit ~er Geschwindigkeit* constant-speed motor; **~denkend, ~empfindend** *adj.* congenial, like-minded; sympathetic, sympathizing.

'gleichen *v/i.* (*irr., h.; dat.*) equal, be equal to; be similar to, resemble; be like, be comparable to; *er gleicht s-r Mutter* he looks like (*or* takes after) his mother; → *Ei*; correspond to, be analogous (*or* a parallel) to.

'gleicher|gestalt, ~maßen, ~weise *adv.* in like manner, likewise.

'gleich...: ~falls *adv.* also, likewise, as well, too, in the same way; *danke, ~!* thanks, the same to you!; **~farbig** *adj.* of the same colo(u)r, isochromatic; **~förmig** ['-fœrmiç] *adj.* uniform, equal; steady, invariable; monotonous; **2förmigkeit** *f* (-) uniformity; conformity; monotony; **~gerichtet** [-'gəriçtət] *adj.* parallel, similarly directed; *tech.* acting in the same direction; synchronous; *el.* rectified, redressed; **~geschlechtlich** *adj.* homosexual; **~gesinnt** *adj.* like-minded, sympathetic, congenial; **~gestellt** *adj.* co-ordinate; (*socially*) on the same level, equal (in rank), on a par (*dat.* with); assimilated in status (to *German citizens*); **~gestimmt** ['-gəʃtimt] *adj. mus.* tuned to the same pitch; *fig.* congenial, like-minded; in accord; **2gewicht** *n* (*a. fig.*) balance, equilibrium, equipoise; *politisches ~* balance of power; *seelisches ~* mental equilibrium, psychic balance, poise of mind; *im ~* in (a state of) equilibrium, balanced; *aus dem ~ bringen* unbalance, put (*or* throw) off one's balance; *fig. a.* upset, disconcert; *das ~ behalten* keep (*or* preserve) one's balance; *das ~ halten (dat.)* counterpoise, counterbalance *a p.'s* influence, *etc.*, *zwischen (dat.)*: hold the balance between; *das ~ verlieren* lose one's balance; *das ~ wiederherstellen* redress the balance; *im ~ halten* balance, equipoise; *ins ~ bringen* balance, equilibrate; **2gewichtslage** *f* position of equilibrium; **2gewichtslehre** *f* statics *pl.*; **2gewichtsorgan** *n* vestibular apparatus of the ear; **2gewichtssinn** *m* (-[e]s) sense of balance; **2gewichtsstörung** *f* disturbance of equilibrium; *physiol. hormonale ~* hormonal imbalance; **2gewichtsübung** *f* balance exercise; **~gültig** *adj.* indifferent (*gegen or dat.* to); incurious, unconcerned (*about*); careless; casual, nonchalant; listless, apathetic (*towards*); unfeeling, callous; *~er Arbeiter* negligent worker; *es ist mir ~* it is all the same to me, I don't care; *Sport ist mir ~* I am not interested in sports; *s-e Gedanken sind mir ~* his thoughts are indifferent to me; *es ist völlig ~* it is of no consequence whatever, it doesn't matter at all; *~, was du tust* whatever *or* no matter what you do; **2gültigkeit** *f* indifference (*gegen* to), unconcern; nonchalance; apathy; **2heit** *f* (-) equality; sameness, identity; *in rank*: parity; likeness, similarity; uniformity; monotony; conformity; homogeneousness; equivalence;

evenness, symmetry; ~ *vor dem Gesetz* equality before the law; **2heitszeichen** *math. n* sign of equality; **2klang** *m* accord, unison (*a. fig.*); consonance, harmony; **~kommen** *v/i.* (*irr., sn*) (*dat.*) equal, come up to, match; *nicht* ~ be no match for, fall short of; *das kommt e-m Mord gleich* that amounts to (*or* is nothing short of) murder; **2lauf** *tech. m* (-[e]s) synchronism; *zum ~ bringen* synchronize; **~laufend** *adj.* parallel (*mit dat.* to, with); *tech.* synchronous, synchronized; **2lauffräsen** *n* (-s) climb milling; **2laut** *m* consonance; **~lautend I.** *adj.* consonant; *contents*: of the same tenor, to the same effect; identical; *gr.* homonymous; *~es Wort* homonym; ~ *sein* tally, correspond; *~e Abschrift* duplicate, true copy; **II.** *adv.*: *econ.* ~ *buchen* book in conformity; **~machen** *v/t.* (*h.*) make equal (*dat.* to), equalize (to *or* with); (make) level (with *or* to); standardize; → *Erdboden*; *es allen ~* treat all alike; **2macher** *pol. m* level(l)er, egalitarian; **2mache'rei** *f* (-; -*en*) level(l)ing (mania), egalitarianism; **~macherisch** *adj.* egalitarian; **2maß** *n* symmetry, proportion; **~mäßig** *adj.* proportionate, symmetric(al); even, equable; uniform, regular, rhythmic(al), constant; steady; **2mäßigkeit** *f* evenness, equableness; uniformity, regularity, continuity; **2mut** *m*, **2mütigkeit** ['-my:tiçkaɪt] *f* (-) equanimity; calmness, coolness, serenity; imperturbability, stoicism; indifference; **~mütig** *adj.* even-tempered; calm, stolid, cool; imperturbable; indifferent; **~namig** ['-na:miç] *adj.* of (*or* having) the same name, homonymous; *math.* correspondent; **2nis** *n* (-*ses*; -*se*) image; *rhet.* simile; metaphor, figure of speech; allegory; *bibl.* parable; **~nishaft** *adj.* allegoric(al), parabolic(al); symbolic(al); **~rangig** *adj.* equivalent (*mit* to); equal (to), on a par (with); of equal priority; **~richten** *el. v/t.* (*h.*) rectify; **2richter** *el. m* rectifier; **2richterröhre** *el. f* rectifying valve, *Am.* tube; **2richtung** *f* rectification; **~sam** *adv.* as it were, so to speak, almost; ~ *als wollte er sagen* (just) as if (*or* though) he wanted to say; **~schalten** *v/t.* (*h.*) *tech.* synchronize; *pol.* coordinate, unify, *b.s.* bring into line, *Am. a.* streamline; **2schaltung** *f* synchronization; *pol.* coordination, unification, *b.s.* bringing into line, *Am.* streamlining; **~schenk(e)lig** ['-ʃɛŋk(ə)liç] *math. adj.* isosceles; **2schlag** *m swimming*: double-arm stroke; *with legs*: dolphin kick; **2schritt** *m* (-[e]s) uniform step, *Am.* cadence; *Im ~!* quick time, march!; *Im ~ marsch!* forward, march!; **~sehen** *v/i.* (*irr., h.*) (*dat.*) resemble, look like; *das sieht ihm gleich* that's just like him; **~seitig** *adj.* equilateral; **~setzen** *v/t.* (*h.*) (*dat. or mit*) equate with; *fig.* identify (*or* compare) with, put on a level with; **2setzung** *f* (-; -*en*) identification (*mit* with); **~silbig** *adj.* parisyllabic; **~sinnig** *adj.* in the same direction, in the same sense of rotation; **2stand** *m* (-[e]s) *tennis*: deuce; → *Einstand*; **~stehen** *v/i.* (*irr., h.*) be equal (*dat.* to); equal (*a p.*); be on a par (*or* on a level) with; be on the same footing (with); *sports*: *sie stehen gleich* the scores are level, it is a tie *or* draw; **~stellen** *v/t.* (*h.*) equalize, equate (*dat.* with); put *a p.* on a par (with), place on the same footing (with); assimilate *alien, etc.*, in status (to); **2stellung** *f* equalization; comparison; **2strom** *el. m* direct (*or* continuous) current (*abbr.* D.C., d.c., d-c); *in ~ umwandeln* rectify (*alternating current*); **2strombetrieb** *m* direct current operation; **2strommotor** *m* direct current motor; **2stromnetz** *n* direct current system; **2takt** *m* synchronous rhythm; *im ~ mit* keeping time with, parallel with; **~tun** *v/t.* (*irr., h.*): *es j-m ~* equal (*or* match) a p., come up to a p.; *es j-m ~ wollen* try to do the same (*or* as much) as a p.; vie with a p.; **2ung** *f* (-; -*en*) equation; ~ *ersten Grades* equation of the first degree, linear equation; *e-e ~ lösen* solve an equation; **~viel** *adv.* just as much; ~, *ob, etc.*, no matter if, *etc.*; ~, *wo es sich befindet* wherever situated; → *gleichwohl*; **~wertig** *adj.* equivalent (*mit dat.* to), of the same value; *fig.* equal (to), on a par with; **2wertigkeit** *f* equivalence; **~wie** *adv.* just as, as, like; **~wink(e)lig** *adj.* equiangular; **~wohl** *adv.* nevertheless, for all that, all the same; yet, however; **~zeitig I.** *adj.* simultaneous, contemporaneous, synchronous; coincident; contemporary (*mit* with); **II.** *adv. a.* at the same time; together; at one blow, in one operation; **2zeitigkeit** *f* (-) simultaneousness, synchronism, contemporaneousness; coincidence; contemporaneity; coexistence; **~ziehen** *v/i.* (*irr., h.*) *sports*: ~ *mit* **a**) overtake, pull up to, draw level with, **b**) equalize.

Gleis [glaɪz] *n* (-*es*; -*e*) → *Geleise*.

'**Gleis|abschnitt** *m* track section; **~anlage** *f* track system; **~anschluß** *m* own siding, works siding; **~bettung** *f* bedding; **~kette** *mot. f* track type chain; **~ketten-antrieb** *m* crawler drive; **~kettenschlepper** *m* crawler tractor; **~kreuzung** *f* crossing of lines; level-crossing.

'**Gleisner** *m* (-*s*; -), **~in** *f* (-; -*nen*) hypocrite; **2isch** *adj.* hypocritical.

gleißen ['glaɪsən] → *glänzen*.

Gleit|bahn ['glaɪt-] *f* slide, shoot, chute; *mar.* slipway; *aer.* gliding path; *tech.* guide(way); **~bombe** *mil. f* glider bomb; **~boot** *n* gliding boat, glider; **2en** *v/i.* (*irr., sn*) glide, slide, slip; *mot.* skid; *boat*: skim (*über acc.* over); *glance*: go, travel (over); *hands*: glide, pass, run (over); *smile*: pass (over *a p.'s face*); *et. ~ lassen* slide, slip a th. (*in acc.* into); *das Auge ~ lassen über* run one's eye over, (pass a) glance over; *die Hand ~ lassen über* pass one's hand over; *~de Preise* sliding (scale of) prices; **~fläche** *f* slide face, gliding plane; *of ski*: running surface; **~flieger** *m* glider; **~flug** *m* glide, gliding flight, volplane; *e-n ~ machen, im ~ niedergehen* glide down, volplane; **~flugweite** *f* gliding range; **~flugzeug** *n* glider; **~klausel** *econ. f* escalator clause; **~kufe** *aer. f* landing (*or* snow) skid (*Am.* ski); **~lager** *tech. n* slide bearing; **~landung** *aer. f* glide landing; **~laut** *gr. m* glide; **~rolle** *tech. f* trolley; **~schiene** *f* slide bar, guide; *typewriter*: carriage rail; **~schritt** *m dancing*: glissade; **~schutzreifen** *mot. m* non-skid tyre (*Am.* tire); **~schutzvorrichtung** *f* anti-skid device; **~sitz** *tech. m* slide fit; **~stein** *m*, **~stück** *tech. n* sliding-block; **~verdeck** *mot. n* sliding roof; **~wachs** *n skiing*: gliding (*or* downhill) wax.

Gletscher ['glɛtʃər] *m* (-*s*; -) glacier; **2artig** *adj.* glacial; **~bildung** *f* glacial formation; **~boden** *m* glacial soil; **~brand** *m* (-[e]s) glacial sunburn; **~eis** *n* glacial ice; **~kunde** *f* (-) glaciology; **~mühle** *f* pot-hole; **~periode** *f* glacial period; **~spalte** *f* crevasse.

glich [gliç] *pret. of gleichen.*

Glied [gli:t] *n* (-[e]s; -*er*) limb, member (*a. fig.*); joint (*a. anat., bot.*); *künstliches ~* artificial limb; *männliches ~* penis, male member; link (*a. fig.*); *bibl.* generation; *mil.* rank, file; *erstes (letztes) ~* front (rear) rank; *math., logics*: term; *an allen ~ern zittern* tremble all over; *s-e ~er strecken* stretch o.s. (*or* one's limbs); *mil. ins ~ treten* fall in; *der Schreck fuhr ihm in alle ~er* he had a bad shock.

Glieder... ['gli:dər-]: **~bau** *m* (-[e]s) structure (of limbs); articulation; frame, build; **~fahrzeug** *n* articulated vehicle; **~frucht** *bot. f* loment; **~füßler** [-fy:slər] *zo. m* (-*s*; -) arthropod; **~kette** *f* link chain; **2lahm** *adj.* lame in the limbs; paralytic; **~lähmung** *med. f* paralysis.

'**gliedern** *v/t.* (*h.*) articulate, joint; arrange, dispose; organize; *esp. mil.* form; divide (*in acc.* into), subdivide, break down (into); group, classify; distribute (*a. mil., tactically*); *sich ~ in* (*acc.*) be divided into, be composed of.

'**Glieder...:** **~puppe** *f* jointed doll; (*Marionette*) puppet; *for painters*: lay figure; *for clothing*: mannequin; **~reißen** *n*, **~schmerz** *m* pains *pl.* in the limbs, rheumatism; **~schwund** *med. m* atrophy of limbs; **~tier** *n* articulate(d animal); **~ung** *f* (-; -*en*) *anat., bot., zo.* articulation; segmentation; arrangement, disposition; pattern; structure, organization, system; grouping, classification; division; distribution; *gr.* construction; *mil.* formation; *pol. a.* organization(s *pl.*); **~zelle** *biol. f* articulate cell; **~zucken** *n* (-*s*) convulsions *pl.*

'**Glied...:** **~maßen** ['-ma:sən] *pl.* limbs, extremities; **~staat** *m* member (*or* constituent, federal) state.

glimmen ['glimən] *v/i.* (*irr., h.*) *fire*:

smo(u)lder (*a. fig.*); glimmer, gleam; glow; *~de Asche* embers *pl.*
'**Glimmen** *n* (*-s*) smo(u)ldering (*a. fig.*); faint glow, gleam, glimmer.
'**Glimm-entladung** *f* glow discharge.
'**Glimmer** *m* (*-s; -*) faint glow, glimmer; *min.* mica; **2artig, 2haltig** *adj.* micaceous; **~plättchen** ['-pletçən] *n* (*-s; -*) mica plate, sheet mica; **~schiefer** *m* mica schist.
'**Glimm|lampe** *f* glim (*or* glow) lamp; **~leuchtröhre** *f* fluorescent lamp, cathode-ray tube; **~stengel** *colloq. m* (*cigar*) weed, (*cigarette*) *sl.* fag.
glimpflich ['glimpfliç] **I.** *adj.* mild, gentle; lenient; **II.** *adv.*: *~ abgehen* go off fairly well; *~ davonkommen* get off lightly; *j-n ~ behandeln* deal gently with a p.
glitsch|en ['glitʃən] *colloq. v/i.* (*h., sn*) glide, slide; slip, slither, skid; **~ig** *adj.* slippery, slithery.
glitt [glit] *pret. of gleiten.*
glitzern ['glitsərn] *v/i.* (*h.*) glitter, glisten, glint; *stars*: *a.* twinkle.
global [glo'bɑ:l] *adj.* global; **2berechnung** *econ. f* aggregate calculation; **2betrag** *econ. m* global (*or* overall) amount; **2sicherheit** *econ. f* global security.
Globulin [glo:bu'li:n] *n* (*-s; -e*) globulin.
Globus ['glo:bus] *m* (*-; -ben*) globe.
Glöckchen ['glœkçən] *n* (*-s; -*) small bell.
Glocke ['glɔkə] *f* (*-; -n*) bell; (*glass*) shade; *of lamp*: globe; (*cheese, etc.*) cover; *chem.* bell(jar), receiver; clock; *bot.* bell-shaped calyx, cup; *die ~n läuten* ring the bells; *fig.* et. *an die große ~ hängen* make a song (*or* fuss) about a th., broadcast a th.; blazon a th. abroad, noise a th. up (*or* abroad); *er weiß, was die ~ geschlagen hat* he knows the time of the day (*or* what he is in for); *ich werde ihm sagen, was die ~ geschlagen hat* I'll tell him what the score is (*or* where he gets off).
'**Glocken...**: **~blume** *f* bell-flower; **~bronze** *f*, **~erz** *n* bell metal; **2förmig** ['-fœrmiç] *adj.* bell-shaped; **~geläut** *n* bell-ringing, peal of bells; chime; **~gießer** *m* bell founder; **~gieße'rei** *f* bell foundry; **~guß** *m* bell casting; **~gut** *n* (*-[e]s*) bell metal; **2hell, 2rein** *adj.* (as) clear as a bell, bell-like; **~hut** *m* cloche; **~isolator** *m* bell-shaped insulator; **~klang** *m* sound (*or* ring, peal) of bells; **~rock** *m* wide-flared skirt; **~schale** *f* gong; **~schlag** *m* stroke of the clock; *mit dem ~* on the dot, punctually; **~seil** *n* bell-rope; **~speise** *f* bell metal; **~spiel** *n* chime(s *pl.*); **~stuhl, ~turm** *m* bell-tower, belfry; **~zug** *m* bell-pull.
Glöckner ['glœknər] *m* (*-s; -*) bell-ringer, sexton.
glomm [glɔm] *p.p. of glimmen.*
Glorie ['glo:riə] *f* (*-; -n*) glory; **~nschein** *fig. m* halo, aureola.
glorifizieren [glorifi'tsi:rən] *v/t.* (*h.*) glorify.
glorios [glori'o:s] *adj.* glorious.
glorreich ['glo:rraiç] *adj.* glorious, illustrous, triumphant.
Glossar [glɔ'sɑ:r] *n* (*-s; -e*) glossary.
Glosse ['glɔsə] *f* (*-; -n*) gloss, comment (*über acc.* on), marginal note; *b.s. ~n pl.* sneering remarks, jeers, scoffs; *fig. s-e ~n machen über* (*acc.*) comment (up)on, *b.s.* pass sneering remarks (up)on, sneer (*or* jeer, scoff) at.
glossieren [glɔ'si:rən] *v/t.* (*h.*) gloss *or* comment (up)on; *fig.* censure, criticize.
Glotz|auge ['glɔts-] *n* goggle-eye, *Am. a.* pop-eye; **2äugig** ['-ɔʏgiç] *adj.* goggle-eyed, *Am. a.* pop-eyed; **2en** *v/i.* (*h.*) stare, goggle; gape.
Glück [glyk] *n* (*-[e]s*) fortune; (good) luck, good fortune, (lucky) chance, stroke of luck; happiness, bliss, felicity; prosperity; success; *junges ~* young bliss; *eheliches* (*häusliches*) *~* domestic felicity; *~ im Unglück* a blessing in disguise; *zum ~* fortunately, luckily, as good luck would have it; *zu m-m* (*d-m, etc.*) *~* luckily for me (you, *etc.*); *~ haben* be lucky, succeed (*mit dat.* in); *kein ~ haben* be out of luck, *w.s.* draw a blank; *das ~ haben zu inf.* have the good luck (*or* fortune, chance) to *inf.*; *da hast du ~ gehabt* you were lucky; *da kannst du von ~ sagen* you may consider yourself lucky, you may thank your lucky star; *j-m ~ wünschen* congratulate (*or* felicitate) a p. (*zu* on); *viel ~!* good luck (to you)!; *viel ~ zum Geburtstag!* (I wish you) many happy returns of the day!; *viel ~ zum neuen Jahr!* (I wish you) a very happy (and prosperous) New Year!; *sein ~ machen* make one's fortune; *sein ~ versuchen* try one's luck; *auf gut ~* at haphazard, at a venture; *er ging auf gut ~ hin* he went there on the off chance *of meeting her, etc.*; *es ist ein* (*sein*) *~, daß* it is fortunate (for him) that; *es ist ein wahres ~, daß* it is quite a mercy that; *man kann niemanden zu s-m ~e zwingen* you can lead a horse to the water, but you cannot make it drink; *jeder ist s-s ~es Schmied* everyone is the architect of his own future; *~ und Glas, wie leicht bricht das* glass and luck, brittle muck; *mancher hat mehr ~ als Verstand* Fortune favo(u)rs fools.
'**glückbringend** *adj.* bringing (good) luck, lucky.
Glucke ['glukə] *f* (*-; -n*) sitting hen.
'**glücken** *v/i.* (*sn*) succeed, be successful, come off well; *nicht ~* fail, miscarry; *der Plan glückte* the plan succeeded (*or* worked out); *es glückte ihm, zu inf.* he succeeded in *ger.*; *ihm glückt alles* everything succeeds with him, he can turn his hand to anything; *das wird ihm nicht ~* he won't get away with it; *nichts wollte ~* everything went wrong.
'**gluck|en** *v/i.* (*h.*) cluck; **~ern** *v/i.* (*h.*) gurgle (*water, etc.*).
'**Gluckhenne** *f* sitting hen.
'**glücklich I.** *adj.* fortunate; happy, blissful; lucky; prosperous, successful; favo(u)rable, auspicious, propitious; happy, felicitous (*idea, phrase, etc.*); *~ sein* be (*or* feel) happy; *~ machen* make happy; **II.** *adv.* fortunately, *etc.*; *~ ankommen* arrive safely (*or* safe and sound); *~ vonstatten gehen* go (*or* come) off well; *es ~ treffen* hit it lucky; *sich ~ schätzen* count o.s. happy; *du kannst dich ~ schätzen* you may consider yourself lucky; *nun hat er ~ auch noch seinen Posten verloren* on top of all that he lost his job; *~e Reise!* bon voyage (*Fr.*)! **2e(r** *m*) *f* (*-n, -n; -en, -en*) lucky (*or* fortunate) one; *du ~er!* you lucky dog!; **~erweise** [-vaizə] *adv.* luckily, fortunately, happily, mercifully, by a lucky chance, as (good) luck would have it.
'**Glück...**: **~sache** *f* matter of chance (*or* luck); **~sbeutel** *m* lucky bag (*or* dip); **~sbringer(in** *f*) *m* (*-s, -; -, -nen*) mascot; et. *als ~ tragen* keep a th. for luck.
'**glückselig** *adj.* blissful, overjoyed, radiant, in raptures (*or* ecstasies); **2keit** *f* bliss(fulness), (supreme) happiness, felicity, ecstasy.
glucksen ['gluksən] *v/i.* (*h.*) *hen*: cluck; *water, etc.*: gurgle; chuckle; hiccup.
'**Glücks...**: **~fall** *m* lucky chance (*or* break); stroke of luck, luck; windfall; **~gefühl** *n* (sense of) happiness; **~göttin** *f* Fortune; **~güter** *n/pl.* riches, earthly possessions; good things of this world; **~kind** *n* → *Glückspilz*; **~klee** *m* four-leafed clover; **~pfennig** *m* lucky penny; **~pille** *f* tranquillizer; **~pilz** *m* lucky fellow (*or* dog); *er ist ein rechter ~* he always falls on his feet; **~rad** *n* wheel of fortune; **~ritter** *m* adventurer; fortune-hunter; **~spiel** *n* game of chance (*or* hazard); *fig.* gamble; **~stern** *m* lucky star; **~tag** *m* happy (*or* lucky) day, red-letter day.
'**Glück...**: **2strahlend** *adj.* radiant(ly happy); **~s-strähne** *f* streak of luck; **~s-treffer** *m* lucky strike, stroke of luck; **~s-umstände** ['-umʃtɛndə] *m/pl.* fortunate circumstances; **2verheißend** *adj.* auspicious; **~wunsch** *m* congratulation, felicitation (*both*: *zu dat.* on); good wishes *pl.*; compliments *pl.* (of the season); *on birthday, New Year*: → *Glück*; *j-m s-n ~ aussprechen zu* (*dat.*) offer a p. one's congratulations on, congratulate a p. on; *m-n ~ zu deiner Beförderung!* congratulations on your promotion!; *in compounds*: congratulatory; **~wunschkarte** *f* congratulatory card; greeting card.
Glüh|birne ['gly:-] *f* (electric *or* incandescent) bulb; **~draht** *el. m* filament; **2en I.** *v/i.* (*h.*) glow, be red-hot; be white-hot *or* incandescent; *fig. face, hands, etc.*: burn; *~ vor* (*dat.*) burn (*or* glow, be aglow) with; *vor Zorn ~* burn (*or* boil) with anger; **II.** *v/t.* (*h.*) make red-hot; anneal (*metal*); *chem.* roast, calcine; **2end I.** *adj.* glowing, incandescent; red-hot; live (*coals*); *fig.* glowing, burning; ardent, passionate, fervid, fiery; → *Kohle*; *in ~en Farben schildern* describe in glowing colo(u)rs; *~e Hitze* scorching heat; **II.** *adv.* glowingly, *etc.*; *~ heiß* glowing, burning hot; **~faden** *el. m*

(incandescent) filament; **~frischen** *metall. n* (-s) malleableizing; **~hitze** *f* red-heat; *w.s.* intense heat; **~kathode** *f* hot-cathode; **~kathodenröhre** *f* thermionic valve; **~kerze** *mot. f* heater (*or* glow) plug; **~kopf** *mot. m* hot bulb; **~lampe** *f*, **~licht** *n* (-[e]s) incandescent lamp; **~ofen** *m* annealing furnace; *ceramics*: hardening-on kiln; **~stahl** *m* malleable cast iron; **~strumpf** *m* incandescent mantle; **~ung** *metall. f* (-) annealing; process annealing; → *Glühfrischen*; **~wein** *m* mulled claret; **~wurm** *m*, **~würmchen** *n* glow-worm.

Glukose [gluˈkoːzə] *chem. f* (-) glucose.

Glut [gluːt] *f* (-; -*en*) heat, glow; glowing fire, embers *pl.*; *fig.* glow; ardo(u)r, fervo(u)r, fire, flames *pl.*; *of colours*: glow, blaze; ˈ**~asche** *f* embers *pl.*; ˈ**2flüssig** *tech. adj.* molten, fused; ˈ**~hauch** *m* scorching breath; ˈ**2rot** *adj.* glowing red, of a fiery red.

Glutaminsäure [glutaˈmiːn-] *f* glutamic acid.

Glykogen [glykoˈgeːn] *biol. n* (-s) glycogen.

Glyzerin [glytsəˈriːn] *n* (-s) glycerin(e); **~leim** *m* glycerin(e) jelly; **~säure** *f* glyceric acid; **~seife** *f* glycerin(e) soap.

GmbH [geːˈɛmbeːˈhɑː] *econ.* = **Gesellschaft mit beschränkter Haftung** (private) limited liability company.

g-Moll [ˈgeːˈmɔl] *mus. n* (-) g minor.

Gnade [ˈgnɑːdə] *f* (-; -*n*) grace; clemency; mercy; *mil. keine ~ finden (geben)* find (give) no quarter; favo(u)r; blessing; *ohne ~* without mercy, mercilessly; *e-e ~ ausbitten (gewähren)* ask for (grant) a favo(u)r; *~ für Recht ergehen lassen* show mercy, relent, temper justice with mercy; *j-n in ~n entlassen* dismiss a p. graciously; *um ~ bitten* ask for mercy; *fig. ~ finden vor (dat.)* please, find the approval of; *mil. sich auf ~ oder Ungnade ergeben* surrender unconditionally; *j-m auf ~ oder Ungnade ausgeliefert sein* be at a p.'s mercy; *iro. von eigenen ~n* self-styled; *von Gottes ~n* by the grace of God; *Euer ~n* Your Grace.

ˈ**Gnaden...:** **~akt** *m* act of grace; **~behörde** *f* clemency board; **~beweis** *m*, **~bezeigung** *f* favo(u)r, grace; **~bild** *eccl. n* miraculous image; **~brot** *n*: (*bei j-m*) *das ~ essen* live on (a p.'s) charity; **~frist** *f* reprieve, respite; (days of) grace; **~gehalt** *n* allowance; **~gesuch** *n* petition of grace (*or* mercy), petition for pardon (*or* clemency); **2los** *adj.* merciless; relentless; **~mittel** *eccl. n/pl.* means of grace; **~ort** *eccl. m* place of pilgrimage; **2reich** *adj.* gracious; merciful; charitable; **~sache** *f* matter of grace, clemency case; **~schuß** *m*, **~stoß** *m* coup de grâce (*Fr.*); **~tod** *m* mercy killing, euthanasia; **~wahl** *eccl. f* predestination; **~weg** *m*: *auf dem ~e* by way of grace.

gnädig [ˈgnɛːdiç] **I.** *adj.* gracious (*gegen acc.* to); favo(u)rable (to); kind, benevolent (to); merciful (to); condescending; lenient, mild (*judgement*); *title*: gracious (*king*); **II.** *adv.* graciously, *etc.*; *noch ~ davonkommen* get off lightly; *machen Sie es ~!* don't be too hard (on me)!, draw it mild!; *Gott sei ihm ~!* God have mercy upon him!; *~e Frau, ~es Fräulein* Madam.

Gneis [gnaɪs] *min. m* (-*es*; -*e*) gneiss.

Gnom [gnoːm] *m* (-*en*; -*en*) gnome; ˈ**2enhaft** *adj.* gnomish.

Gnu [gnuː] *zo. n* (-*s*; -*s*) gnu.

Gobelin [gobəˈlɛ̃ː] *m* (-*s*; -*s*) Gobelin tapestry.

Gockel [ˈgɔkəl] *m* (-*s*; -), **~hahn** *m* cock, rooster.

Gold [gɔlt] *n* (-[e]s) gold; *gediegenes ~* sterling gold; *fig. nicht mit ~ zu bezahlen* priceless, invaluable; *er hat ein Herz (or ist treu) wie ~* he has a heart of gold, he is as good as gold; *es ist nicht alles ~, was glänzt* all is not gold that glitters.

ˈ**Gold|abfluß** *econ. m* efflux (*or* drain) of gold; **~abzüge** [ˈ-aptsyːgə] *econ. m/pl.* withdrawals of gold; **~ader** *f* vein (*or* streak) of gold; **~agio** *n* premium on gold; **~ammer** *orn. f* yellow-hammer; **~amsel** *orn. f* golden oriole; **~arbeit** *f* goldsmith's work; **~barren** *m* gold ingot, bullion; **~barsch** *ichth. m* ruff; **~basis** *f* gold basis; **~bergwerk** *n* gold-mine; **~bestand** *m* gold stock (*or* reserve); **~blatt**, **~blättchen**, **~blech** *n* gold foil; **~block(länder** *n/pl.*) *m* gold block (countries); **2braun** *adj.* auburn; **~brokat** *m* gold brocade; **~buchstabe** *m* gilt letter; **~deckung** *econ. f* gold cover; **~devisen** *econ. pl.* gold exchanges; **~devisenwährung** *f* gold exchange standard; **2durchwirkt** *adj.* gold-brocaded; **2en** *adj.* (of) gold, golden; gilt, gilded; *~e Brille* gold-rimmed spectacles *pl.*; *~e Uhr* gold watch; *fig.* golden; *~es Haar* golden hair; *~es Herz → Gold*; *~e Hochzeit* golden wedding; *~er Mittelweg* golden mean; *math. 2er Schnitt* golden section; *~e Tage (Zeit)* golden days, happy time; *2es Zeitalter* Golden Age; → *Berg, Brücke*; **~erde** *f* auriferious earth; **~erz** *n* gold ore; **~faden** *m* spun gold; **~farbe** *f* gold colo(u)r; **2farben, 2farbig** *adj.* gold-colo(u)red, golden; **~fasan** *orn. m* golden pheasant; **~feder** *f* gold nib; **~fink** *m* goldfinch; **~fisch** *m* goldfish; **~flitter** *m* gold spangle; **~fuchs** *m* bay(horse); → *Goldstück*; **2führend** *adj.* gold-bearing, auriferous; **~füllung** *f* gold stopping *or* filling; **~gehalt** *m* percentage of gold, (standard) gold content; **2gelb** *adj.* golden-yellow, golden; **~gewicht** *n* troy (weight); **~gewinnung** *f* production of gold; **~gier** *f* greed after gold; **~glanz** *m* golden lust|re, *Am.* -er; **~gräber** *m* gold-digger; **~grube** *f* gold-mine (*a. fig.*), gold-diggings, *Am. a.* bonanza (*a. fig.*); **~grund** *m art*: gold size; **~haar** *n* golden hair; **2haltig** *adj.* auriferous, gold-bearing; **~hamster** *zo. m* golden hamster; **2ig** *adj.* golden; *fig.* lovely, sweet, darling, *Am. a.* cute; **~käfer** *m* rose-chafer, *Am.* gold-beetle; **~kernwährung** *econ. f* gold bullion standard; **~kind** *n* darling; **~klumpen** *m* lump of gold, nugget; **~könig** *min. m* regulus of gold; **~kurs** *m* gold rate; **~küste** *geogr. f* (-) Gold Coast; **~lack** *m* gold varnish; *bot.* wallflower; **~legierung** *f* gold alloy; **~leim** *m* gold size; **~macher** *m* alchemist; **~macheˈrei** *f* (-; -*en*) alchemy; **~medaille** *f* gold medal; **~medaillenträger** *m* gold medallist; **~mine** *f* gold-mine; **~münze** *f* gold coin *or* medal; **~parität** *f* gold parity; **2plattiert** *adj.* gold-plated; **~plombe** *f* gold filling; **~prägung** *f* (-; -*en*) gold stamping; **~probe** *f* gold assay; **~punkt** *econ. m* specie- *or* gold-point; **~regen** *bot. m* laburnum; **2reich** *adj.* rich in gold; **~reserve** *f* gold reserve; **2richtig** *adj.* all right; thoroughly sound; **~sand** *m* auriferous (*or* gold) sand; **~schaum** *m* Dutch foil, tinsel; **~scheider** *m* gold-refiner; **~schläger(haut** *f*) *m* gold-beater('s skin); **~schmied(e-arbeit** *f*) *m* goldsmith('s work); **~schnitt** *m of book*: gild edge; *mit ~* gild-edged; **~ständard** *m* gold standard; **~staub** *m* gold dust; **~stickeˈrei** *f* embroidery in gold; **~stück** *n* gold coin *or* piece; **~sucher** *m* prospector, gold-digger; **~tresse** *f* gold lace; **~vorrat** *m* stock of gold; gold holdings *pl.*; **~waage** *f* gold balance *or* scales *pl.*; *fig. jedes Wort auf die ~ legen* weigh every word; *du mußt nicht jedes s-r Worte auf die ~ legen* take him with a grain of salt; **~währung** *f* gold standard; **~waren** *f/pl.* jewel(le)ry; **~wäscher** *m* gold-washer; **~wert** *m* (-[e]s) value (*or* equivalent) in gold; value of gold; **~zahn** *m* gold(-overcrowned) tooth; **~zufluß** *econ. m* influx of gold.

Golf[1] [gɔlf] *geogr. m* (-[e]s; -e) gulf.

ˈ**Golf**[2] (-s), **~spiel** *n* golf; **~ball** *m* golfball, *sl.* gutty; **~hose** *f* plus-fours *pl.*; **~junge** *m* caddie; **~platz** *m* golf-links *pl. or* -course, green; **~schläger** *m* golf-club; **~spieler(in** *f*) *m* golfer.

ˈ**Golfstrom** *m* (-[e]s) Gulf Stream.

Gondel [ˈgɔndəl] *f* (-; -*n*) gondola; *aer. usu.* car, nacelle; **~führer** *m* gondolier; **2n** *v/i.* (*sn*) go in (*or* row) a gondola *or* boat; *colloq. fig.* bowl (*or* tool) along.

Gong [gɔŋ] *m* (-*s*; -*s*) gong; *sports a.* bell; ˈ**2en** *v/i.* (*h.*) sound (*or* strike) the gong; ˈ**~schlag** *m* sound (*or* stroke) of the gong.

gönnen [ˈgœnən] *v/t.* (*h.*): *j-m et. ~* allow (*or* grant *or* not to grudge) a p. a th.; *j-m et. nicht ~* grudge (*or* envy) a p. a th.; *sich et. ~* allow (*or* give, permit) o.s. a th.; *wir ~ es ihm von Herzen* we are so glad for him, *iro.* (that) serves him right; *ich gönne ihm das Vergnügen* I do not grudge him the pleasure.

ˈ**Gönner** *m* (-*s*; -) patron, protector, well-wisher; **~in** *f* (-; -*nen*) patroness, protectress; **2haft** *adj.* patronizing; **~miene** *f* patronizing air; **~schaft** *f* (-) patronage, protection.

Gonokokkus [gonoˈkɔkus] *med. m* (-; -*kken*) gonococc|us (*pl.* -i).

Gonorrhoe [gono'rø:] *med. f* (-; -*n*) gonorrh(o)ea.
Göpel ['gø:pəl] *tech. m* (-*s*; -) horse capstan, whim gin; *mining*: winch, whim, capstan.
gor [go:r] *pret. of gären.*
Gör [gø:r] *colloq. n* (-[e]*s*; -*en*) kid; *contp.* brat, urchin.
gordisch ['gɔrdiʃ] *adj.* Gordian; *den* ≈*en Knoten zerhauen* cut the Gordian knot.
Gorilla [go'rila] *m* (-*s*; -*s*) gorilla.
Gösch [gœʃ] *mar. f* (-; -*en*) **a)** jack, **b)** canton.
goß [gɔs] *pret. of gießen.*
Gosse ['gɔsə] *f* (-; -*n*) gutter (*a. fig.*).
Got|e ['go:tə] *m* (-*n*; -*n*), **~in** *f* (-; -*nen*) Goth; **~ik** *f* (-) Gothic (style); **≈isch** *adj.* Gothic; *typ.* ~*e Schrift* (*a.* **~isch** *n*, -[*s*]) Gothic type, black-letter (type).
Gott [gɔt] *m* (-[e]*s*; ⸚*er*) **1.** God; ~ *der Herr* our Lord God; ~ *der Allmächtige* God (*or* The) Almighty; *der liebe* ~ the good God; *Wort* ~*es* word of God, The Word; *ach* ~!, *großer* ~! good God (*or* Lord, Heavens)!; ~ *bewahre!* God (*or* Heaven) forbid!; ~ *sei Dank!* thank God!, *adv.* fortunately, mercifully; *bei* ~! by God (*or* by golly)!; *leider* ~*es* unfortunately, alas; *in* ~*es Namen!* for Heaven's sake!; *so* ~ *will!* please God!; *so wahr mir* ~ *helfe!* so help me God!; *seit* ~ *weiß wann* since God knows when; *von* ~*es Gnaden* by the grace of God; *den lieben* ~ *e-n guten Mann sein lassen* let things slide (*or* take care of themselves); *den lieben* ~ *spielen* play providence (*bei* in *a. th.*); *wie* ~ *in Frankreich leben* live like a king (*or* in clover); *bist du denn ganz von* ~ *verlassen?* you must be out of your mind!; *er kennt* ~ *und die Welt* he seems to know everybody; **2.** god, deity; *fig. ein Anblick für (die) Götter* a sight for the gods; **≈ähnlich** *adj.* godlike; **≈begnadet** *adj.* god-gifted; (heaven-)inspired.
Götter ['gœtər] *m/pl.* → *Gott* 2.; **~bild** *n* image of a god, idol; **~bote** *m* messenger of the gods; Mercury; **~dämmerung** *f* twilight of the gods.
'**gott-ergeben** *adj.* resigned (to the will of God); pious, devout.
'**Götter...:** **~glaube** *m* belief in (*or* worship of) gods; **≈gleich** *adj.* god-like; **~lehre** *f* (-) mythology; **~mahl** *n* feast for the gods; **~sage** *f* myth; **~speise** *f* food of the gods, ambrosia; **~trank** *m* drink of the gods; nectar; **~verehrung** *f* worship of gods; **~welt** *f* (-) *the* gods *pl.*; Olympus.
Gottes... ['gɔtəs-]: **~acker** *m* churchyard; **~anbeterin** *zo. f* praying mantis; **~dienst** *m* divine service; **≈dienstlich** *adj.* religious, ritual; **~friede** *m* truce of God; **~furcht** *f* fear of God; piety; **≈fürchtig** ['-fyrçtiç] *adj.* God-fearing; pious; **~gabe** *f* gift of God; godsend; **~geißel** *f* scourge of God; **~gelehrte(r)** *m* divine, theologian; **~gericht** *n* ordeal; **~glaube** *m* belief in God; theism; **~gnadentum** *n* (-*s*) divine right; **~haus** *n* house of God; church, chapel; **~käfer** *m* ladybird; **~lästerer** *m* blasphemer; **≈lästerlich** *adj.* blasphemous; *colloq.* unholy, awful; **~lästerung** *f* blasphemy; **~leugner** *m* atheist; **~lohn** *m* (-[e]s) God's reward; **~staat** *m* theocracy; **~urteil** *n* ordeal.
'**gott...:** **~gefällig** *adj.* pleasing to God; pious; **~gewollt** *adj.* God-given; **~gläubig** *adj.* unaffiliated; **~gleich** *adj.* godlike; **≈heit** *f* (-; -*en*) deity, divinity; god, goddess; godhead.
Göttin ['gœtin] *f* (-; -*nen*) goddess.
'**göttlich** *adj.* divine, godlike; heavenly; *colloq. fig.* divine, heavenly, lovely; (most) capital (*joke*); *das* ≈*e* the divine essence (*or* spark *in man*); **≈keit** *f* (-) divinity; godliness.
'**Gott...:** **≈'lob!** *int.* thank God (*or* goodness)! **≈los** *adj.* godless, ungodly; irreligious; impious, sinful, wicked; *colloq.* unholy, ungodly, awful (*matter*); **~losigkeit** *f* (-) ungodliness, irreligion; impiety, wickedness; **~mensch** *m* (-*en*) God incarnate, *the* Incarnation; **~seibeiuns** [-zaɪ'baɪʔuns] *m* (-) *the* devil, Old Nick; **≈selig** *adj.* godly, pious; **~seligkeit** *f* godliness, piety; **≈vergessen** *adj.* → *gottlos*; **≈verlassen** *adj.* god-forsaken; **~vertrauen** *n* faith (*or* trust) in God, faith; **≈voll** *colloq. adj.* heavenly; splendid, priceless; capital, most funny, too good to be true; ~*er Anblick* a sight for the gods; *sie war einfach* ~! she was a perfect scream.
Götze ['gœtsə] *m* (-*n*; -*n*) idol (*a. fig.*), false god; heathen(ish) god *or* deity; **~nbild** *n* idol; **~ndiener(in** *f*) *m* idolater (*f* idolatress); **~ndienst** *m* idolatry; ~ *treiben mit* (*dat.*) idolize; **~ntempel** *m* temple of an idol, heathen temple.
goutieren [gu'ti:rən] *v/t.* (*h.*) taste; *fig.* appreciate, relish.
Gouvernante [guvɛr'nantə] *f* (-; -*n*) governess.
Gouverneur [-'nø:r] *m* (-*s*; -*e*) governor.
Grab [gra:p] *n* (-[e]*s*; ⸚*er*) grave (*a. fig.*), tomb; sepulchre, *Am.* -er; *das Heilige* ~ the Holy Sepulchre; *am* ~*e* at the graveside; *ins* ~ *sinken* sink into the grave; *j-n zu* ~*e geleiten* attend a p.'s funeral; *zu* ~*e tragen* bury (*a. fig.*); *mit e-m Bein im* ~*e stehen* have one foot in the grave; *sein eigenes* ~ *schaufeln* be digging one's own grave; *sein Geheimnis mit ins* ~ *nehmen* carry one's secret into one's grave; *sich im* ~*e umdrehen* turn (*or* writhe) in one's grave; *verschwiegen wie das* ~ (as) secret as the grave; *er wird sie noch ins* ~ *bringen* he will be the death of her yet; *bis ins* ~ unto (*or* till) death; *über das* ~ *hinaus* beyond the grave.
graben ['gra:bən] **I.** *v/i.* (*irr.*, *h.*) dig (*nach* for); spade; cut ditches, dig trenches, trench; *tech.* engrave, dig; **II.** *v/t.* (*irr.*, *h.*) dig (*grave, hole*); sink (*shaft, well*); *arch.* dig out, excavate; *tech.* engrave, cut; *agr.* dig (over), spade; *Kartoffeln* ~ dig potatoes; → *eingraben.*
'**Graben** *m* (-*s*; ⸚) ditch, *esp. mil.* trench; (open) drain, culvert; moat (*of castle*); *geol.* rift valley, graben; *mil. vorderster* ~ front-line trench; *e-n* ~ *ziehen* dig *or* run a ditch; *mot. e-n Wagen in den* ~ *fahren* ditch a car; **~bagger** *m* ditcher, trench excavator; **~kampf** *m* trench fighting; **~krieg** *m* trench war(fare); **~pflug** *m* trench plough (*Am.* plow); **~sohle** *f* bed (*or* floor) of ditch; trench-bottom.
Gräber[1] ['grɛ:bər] *m* (-*s*; -) digger; ditcher.
'**Gräber**[2] *pl. of Grab*; **~dienst** *mil. m* Graves Commission; **~fund** *m* sepulchral find.
Grabes... ['gra:bəs]: **~dunkel** *n* darkness (*or* gloom) of the grave, sepulchral darkness; **~ruhe, ~stille** *f* peace of the grave, deathlike silence; **~stimme** *f* sepulchral voice.
'**Grab...:** **~geläut(e)** *n* (death-)knell, toll (*both a. fig.*); **~gesang** *m* funeral song, dirge; **~gewölbe** *n* (sepulchral) vault, tomb; **~hügel** *m* (grave-)mound, tumulus; **~inschrift** *f* epitaph; **~legung** *f* (-; -*en*) interment, burial; **~lied** *n* → *Grabgesang*; **~mal** *n* (-[e]*s*; ⸚*er*) tomb, sepulchre; monument; **~rede** *f* funeral sermon; funeral oration; **~schändung** *f* desecration of graves; **~scheit** *n* spade; **~schrift** *f* epitaph; **~stätte, ~stelle** *f* burial-place; grave, tomb; **~stein** *m* gravestone; tombstone; **~stichel** *tech. m* graving-tool, graver, chisel; **~urne** *f* funeral urn.
grad[1] [gra:t] *colloq.* → *gerade.*
'**Grad**[2] *m* (-[e]*s*; -*e*) degree; *univ.* (academical) degree; *mil., etc.* grade, rank; *fig.* degree, extent; stage; *10* ~ *Wärme (Kälte)* 10 degrees above (below) zero; *10* ~ *Fahrenheit* 10 degrees Fahrenheit (10^0 F); *10* ~ *Celsius* ten degrees Centigrade (10^0 C); *bei Null* ~ at zero; → *Gleichung*; *Verbrennung zweiten* ~*es* second-degree burn; *Vetter (Base) ersten* ~*es* first cousin; *in* ~*e einteilen* graduate; *e-n akademischen* ~ *erlangen* take a degree; *fig. in* (*or bis zu*) *einem gewissen* ~*e* to a certain degree *or* extent, up to a point; *in hohem* ~*e* to a high degree, greatly, highly, largely; *der höchste* ~ *der Dummheit* the height of folly; *in dem* ~*e, daß* to such a degree that; **~abzeichen** *mil. n* badge of rank; **~bogen** *m ballistics*: graduated arc; *math.* protractor; **~einteilung** *f* graduation, scale.
Gradient [gradi'ʔɛnt] *phys. m* (-*en*; -*en*) gradient.
gradier|en [-'di:rən] *tech. v/t.* (*h.*) graduate; **≈ung** *f* (-; -*en*) graduation; **≈waage** *f* areometer; **≈werk** *n* graduation house; cooling tower.
'**Grad...:** **~leiter** *f* (graduated) scale; **≈linig** ['li:niç] *adj.* → *geradlinig*; **~messer** *m* (-*s*; -) graduator; *fig.* indicator, barometer; **~netz** *n on map*: grid; **~verwandtschaft** *f* graduated affinity; **≈weise** ['-vaɪzə] *adv.* gradually, by degrees.
graduell [gradu'ɛl] *adj.* gradual.
graduieren [gradu'i:rən] *v/i.* (*h.*) → *promovieren.*
Graf [gra:f] *m* (-*en*; -*en*) count; *in Britain*: earl; '**~enkrone** *f* earl's (*or*

count's) coronet; '**~enstand** *m* dignity of a count; *in Britain*: earldom.

Gräf|in ['grɛ:fin] *f* (-; -nen) countess; **2lich** *adj.* of an earl *or* a count(ess).

'**Grafschaft** *f* (-; -en) county, shire.

Gral [grɑ:l] *m* (-s): *der Heilige ~* the Holy Grail.

Gram [grɑ:m] *m* (-[e]s) grief, sorrow, affliction, sadness, melancholy; *vor ~ vergehen* pine away.

gram *adj. pred.*: *j-m ~ sein* bear a p. ill-will *or* a grudge, have a grievance against a p.; *man kann ihm nicht ~ sein* how can anyone be angry at him?

grämen ['grɛ:mən] *v/t.* (*h.*) grieve, afflict, worry; *sich ~* (*über acc.*) feel grieved (at, about), grieve (at, for, over); take *a th.* to heart; *sich zu Tode ~* die with grief *or* of a broken heart.

'**gram...**: **~erfüllt** *adj.* sorrowful, grieved; **~gebeugt** ['-gəbɔʏkt] *adj.* bowed down with grief, grieve-stricken, brokenhearted; **~gefurcht** *adj.* careworn.

'**grämlich** *adj.* morose, sullen.

Gramm [gram] *n* (-s; -e) gramme, *Am.* gram.

Grammatik [gra'matik] *f* (-; -en) grammar; **grammatikalisch** [-'kɑ:liʃ], **gram'matisch** *adj.* grammatical; **Gram'matiker** *m* (-s; -) grammarian.

Grammophon [gramo'fo:n] *n* (-s; -e) gramophone, *Am.* phonograph; record player; **~anschluß** *m radio*: gramophone pick-up; **~nadel** *f* gramophone needle; **~platte** *f* (gramophone) disk *or* record.

gram...: **~versunken** *adj.* sunk in grief, woebegone; **~voll** *adj.* sorrowful, griefstricken.

Gran [grɑ:n] *n* (-[e]s; -e) grain.

Granat [gra'nɑ:t] *min. m* (-[e]s; -e) garnet; **~apfel** *m* pomegranate.

Granat|e [gra'nɑ:tə] *mil. f* (-; -n) shell; grenade; **~feuer** *mil. n* shell-fire, shelling; **~hülse** *mil. f* shell case; **~loch** *n* shell-crater; **~splitter** *m* shell-splinter; **~trichter** *m* shell-crater; **~werfer** *m* mortar.

Grande ['grandə] *m* (-n; -n) grandee.

Grandezza [gran'dɛtsa] *fig. f* (-) grandeur.

grandios [grandi'o:s] *adj.* grand (-iose), overwhelming.

Granit [gra'ni:t] *min. m* (-s; -e) granite; *fig. auf ~ beißen* bite on granite; **2artig, 2en** *adj.* granitic; **~felsen** *m* granite (*or* granitic) rock.

Granne [gra'nə] *bot. f* (-; -n) awn, beard, arista.

granulieren [granu'li:rən] *v/t. and v/i.* (*h.*) granulate.

Graphik ['grɑ:fik] *f* (-; -en) graphic arts *pl.*; (*representation*) → *graphisch I*; **~er** *m* (-s; -) graphic (*or* commercial) artist.

'**graphisch I.** *adj.* graphic(ally *adv.*); *~e Darstellung* graph(ic representation), diagram, chart; *~e Kunstanstalt* art printers *pl.*; **II.** *adv.*: *~ darstellen* chart.

Graphit [gra'fi:t] *min. m* (-s; -e) graphite, plumbago; black-lead; *mit ~ überziehen* → **graphi'tieren** [grafi'ti:rən] *v/t.* (*h.*) graphitize, coat with graphite; **~schmiere** *f* graphite lubricant; **~stift** *m* (black-)lead pencil.

Graphologe [grafo'lo:gə] *m* (-n; -n) graphologist; **Graphologie** [-lo'gi:] *f* (-) graphology.

graps(ch)en ['grapsən ('-pʃən)] *colloq. v/t. and v/i.* (*h.*) grab, snatch (*nach* at).

Gras [grɑ:s] *n* (-es; ⸚er) grass; *fig. das ~ wachsen hören* hear the grass grow, see through a millstone; *ins ~ beißen* bite the dust, go west; *es ist (viel) ~ darüber gewachsen* it is a thing of the past, that's dead and buried; '**2artig** *adj.* gramin(ac)eous; '**2bewachsen** *adj.* grass-grown; '**~boden** *m* lawn, turf; '**~büschel** *n* grass-tuft; '**~butter** *f* grass-butter; **2en** ['grɑ:zən] *v/i.* (*h.*) graze; cut (*or* mow) grass; '**~fleck** *m* grass-plot; *on clothes*: grass-stain; '**2fressend** *zo. adj.* grass-eating, graminivorous; '**~fresser** *m* graminivore; '**~frucht** *f* caryopsis; '**~futter** *n* grass-fodder, green food; '**2grün** *adj.* grass-green; '**~halm** *m* blade of grass; '**~hüpfer** *m* (-s; -) grasshopper; **2ig** ['-ziç] *adj.* grassy, grass-grown; '**~land** *n* grassland; '**~lilie** *f* lily spiderwort; '**~mäher** *m*, '**~mähmaschine** *f* (grass-)mower, grass-cutter; '**~mücke** *orn. f* warbler; '**~narbe** *f* sward, sod, turf; '**~nelke** *f* armeria; '**~platz** *m* grass-plot, lawn, green; '**2reich** *adj.* grassy; '**~samen** *m* grass-seed.

grassieren [gra'si:rən] *v/i.* (*h.*) *disease, etc.*: rage, spread, be rampant; *~de Krankheit* epidemic disease.

gräßlich [grɛsliç] *adj.* terrible, horrible, frightful, dreadful, awful; (*all a. colloq. fig.*); hideous; monstrous, atrocious, heinous (*crime*); ghastly; **2keit** *f* (-; -en) horribleness, frightfulness; hideousness, ghastliness; atrocity, monstrous crime.

'**Gras...**: **~steppe** *f* prairie, savanna (land); **~weide** *f* pasture(-land).

Grat [grɑ:t] *m* (-[e]s; -e) (sharp) edge; (mountain) ridge, crest; *tech.* wire-edge; burr, flash; fin; *arch.* arris, groin; '**~balken** *m* arris beam, hip rafter; '**~bogen** *m* groin(ed arch).

Gräte ['grɛ:tə] *f* (-; -n) fish-bone; **~nmuster** *econ. n* herringbone pattern; **~nschritt** *m skiing*: herringbone (step).

Gratifikation [gratifikatsi'o:n] *f* (-; -en) gratuity, bonus.

'**grätig** *adj.* bony; *colloq. fig.* querulous, testy, peevish.

gratis ['grɑ:tis] *adv.* gratis, free (of charge), gratuitous(ly); into the bargain; *~ und franko* gratis and post-free; **2aktie** *f* bonus share; **2beilage** *f* (free) supplement; **2exemplar** *n* presentation copy; **2probe** *econ. f* free sample.

'**Grätsch|e** ['grɛ:tʃə] *f* (-; -n) → *Grätschsprung, Grätschstellung*; **2en** *v/t. and v/i.* (*h.*) *gym.* straddle; **~schlag** *m swimming*: frog kick; **~sprung** *m* straddle vault; straddle dismount; *~ rückwärts* back straddle (vault); **~stellung** *f* straddle.

Gratulant(in *f*) [gratu'lant(in)] *m* (-en, -en; -, -nen) congratulator.

Gratulation [-lati'o:n] *f* (-; -en) congratulation (*zu* on); → *Glückwunsch.*

gratu'lieren *v/i.* (*h.*) congratulate *or* felicitate (*j-m zu* et. a p. on a th.); *sich ~ zu* congratulate o.s. on, hug o.s. on *or* for; *j-m zum Geburtstag ~* wish a p. many happy returns of the day; (*ich*) *gratuliere!* (my) congratulations!

grau [graʊ] *adj.* grey, *esp. Am.* gray (*a. econ. market, rate*); livid (*complexion, sky*): *etwas ~* greyish; *~ werden* (grow *or* turn) grey; *~er Bär* grizzly bear; *med.* → *Star 3*; *~e Salbe* grey ointment; *anat. ~e Gehirnsubstanz* grey matter; *fig.* grey, remote, ancient (*times*); *~er Alltag the* drab monotony of everyday life, workaday life; *~es Altertum* hoary antiquity; *seit ~er Vorzeit* from times immemorial; grey, bleak gloomy, dismal; *humor. ~es Elend the* horrors *pl.*; → *Haar*; et. *~ in ~ malen* paint a th. in the darkest colo(u)rs; '**2(e)** *n* (-s; -) grey (colour), *Am.* gray (color); *in ~* in grey; **~äugig** ['-ɔʏgiç] *adj.* grey-eyed; '**2bart** *m* greybeard; '**~blau** *adj.* greyish blue; '**2brot** *n* grey-bread.

'**grauen**[1] *v/i.* (*h.*) *day*: dawn, be dawning; '**Grauen** *n* (-s): *beim ~ des Tages* at the dawn of day, at day-break.

'**grauen**[2] *v/i.* (*impers., h.*): *es graut mir (or mir graut) vor (dat.)* I shudder at, I have a horror of, I dread; **2** *n* (-s) horror, dread (*vor dat.* of); *j-m ~ einflößen* strike *or* fill a p. with horror, make a p. shudder, give a p. the creeps; *von ~ gepackt* seized by horror, horror-stricken; **~erregend, ~haft, ~voll** *adj.* horrible, horrid, dreadful, ghastly, gruesome.

'**grau...**: **~gelb** *adj.* greyish yellow; **2guß** *tech. m* grey cast-iron; **~haarig** *adj.* grey-haired, grizzled.

graulen ['graʊlən]: *sich ~* (*h.*) be afraid of (ghosts), *colloq.* have the creeps; → *grauen 2.*

gräulich ['grɔʏliç] *adj.* greyish, *esp. Am.* grayish; *hair*: *a.* grizzly.

graume'liert *adj.* tinged with grey (*Am.* gray), grey-flecked.

Graup|e ['graʊpə] *f* (-; -n) pot-barley; *mining*: grain; **2elig** *adj.* sleety; **~eln** *f/pl.* sleet *sg.*; **2eln** *v/i.* (*h.*) sleet; es *graupelt* sleet is falling; **~ensuppe** *f* barley broth; **2ig** *adj.* granular.

Graus [graʊs] *m* (-es) **1.** horror, dread; **2.** *tech.* rubble, gravel.

'**grausam** *adj.* cruel (*gegen* to); (*hart*) hard (on); inhuman, brutish; ferocious, fierce; *colloq.* awful; **2keit** *f* (-; -en) cruelty; ferocity; atrocity.

'**Grauschimmel** *m* grey horse.

grausen ['graʊzən], **~erregend,** *etc.* → *grauen*[2], *grauenerregend.*

'**grausig** *adj.* → *grauenerregend, gräßlich.*

'**Grau...**: **~specht** *m* grey woodpecker; **~tier** *n* ass, donkey; **~wacke** ['-vakə] *geol. f* (-; -n) greywacke; **~werk** *n* (-[e]s) miniver.

Graveur [gra'vø:r] *m* (-s; -e) engraver.

Gravier-anstalt [gra'vi:r-] *f* engraver's establishment.

gra'vier|en *v/t.* (*h.*) engrave; **~end** *jur. adj.* aggravating; **2nadel** *f* (en)graving needle; **2ung** *f* (-; -en) engraving.

gravimetrisch [gravi'me:triʃ] *adj.* gravimetric.

Gravis ['grɑ:vis] *gr. m* (-; -) grave accent.

Gravitation [gravitatsi'o:n] *phys. f* (-) gravitation; **~sgesetz** *n* law of gravitation; **~s-theorie** *f* gravitational theory.

gravitätisch [gravi'tɛ:tiʃ] *adj.* grave, solemn; stately (*walk*).

gravi'tieren *v/i.* (*h.*) gravitate (*zu, nach* to[wards]).

Gravüre [gra'vy:rə] *f* (-; -n) engraving.

Grazie ['grɑ:tsiə] *f* (-; -n) grace (-fulness); charm; elegance; *mit ~* → *graziös* II.; *die drei ~n* the three Graces.

graziös [gratsi'ø:s] **I.** *adj.* graceful; charming, elegant; **II.** *adv.* with grace, gracefully; elegantly (*a. fig.*).

Greif [graɪf] *m* (-[e]s; -e[n]) griffin.

'**Greif...:** **~backe** *tech. f* clamping jaw; **~bagger** *m* grab dredger; **2bar** *adj.* seizable, tactile; *econ.* available, ready, on hand; *fig.* tangible, palpable; obvious; *nicht ~* impalpable; *~e Gestalt annehmen* assume a definite form, materialize; *in ~e Nähe gerückt* near at hand (*a. fig.*).

'**greifen I.** *v/t.* (*irr., h.*) seize, grasp, catch hold of; *mus.* stop (*string*), strike (*note*); *man kann es mit den Händen ~* it is quite evident, it meets the eye; *die Zahl ist zu hoch gegriffen* the figure is put too high; → *Luft*; **II.** *v/i.* (*irr., h.*) *~ an* (*acc.*) touch (*one's hat, etc.*); *fig. j-m ans Herz ~* touch *a p.* deeply; *~ in* (*acc.*) put one's hand in(to), dip into; *tech. ineinander~* engage, interlock, mesh, gear into each other; *arch.* catch in; *hinter sich ~* reach behind one; *~ nach* (*dat.*) reach for, catch (*or* grasp) at, snatch at, clutch at, grip; *mit beiden Händen nach et. ~* jump at *a chance, offer, etc.*; *um sich ~* spread, gain ground; *zu et. ~* reach for, get hold of, select, *w.s.* resort to, have recourse to; *zum Äußersten ~* go to extremes; → *Arm*; *zu den Waffen ~* take up arms, *people*: *a.* rise in arms.

'**Greifer** *m* (-s; -) *tech.* claw; *of crane*: grab; *of dredger*: grab, excavator; *typ.* gripper; *for tractor wheels*: lug; (*person*) *contp.* bloodhound; **~kran** *m* grab crane; **~schaufel** *f* spade lug.

'**Greif...:** **~klaue, ~kralle** *f* claw, talon; **~werkzeug** *n* gripping device; **~zange** *f* prehensile pincers *pl.*; **~zirkel** *m* external cal(l)ipers *pl.*

greinen ['graɪnən] *v/i.* (*h.*) whine, whimper, blubber, cry.

Greis [graɪs] *m* (-es; -e) old man; **2** *adj.* hoary, grey, *esp. Am.* gray; old, aged, senile; **~en-alter** ['graɪzən-] *n* old age; '**2enhaft** *adj.* senile; '**~enhaftigkeit** *f* (-) senility; **~in** *f* old *or* aged woman (*or* lady).

grell [grɛl] **I.** *adj.* shrill, strident, piercing (*sound*); dazzling, glaring (*light, etc.*); glaring (*colour*; *a. fig.*); loud, garish, flashy, staring; *fig.* harsh, violent (*contrast, etc.*); **II.** *adv.*: *~ gegen et. abstechen* form a sharp contrast to; '**2heit** *f* (-) shrillness; *of light*: glare, dazzling brightness; *of colo(u)rs*: glare, garishness.

Gremium ['gre:mium] *n* (-s; -ien) (authoritative) body, group.

Grenadier [grena'di:r] *mil. m* (-s; -e) rifleman, infantryman; grenadier; **~bataillon** *n* rifle *or* infantry battalion.

Grenz|aufseher ['grɛnts-] *m* custom-house officer; **~bahnhof** *m* frontier-station; **~befestigungen** *f/pl.* frontier fortifications; **~belastung** *tech. f* critical load; **~berichtigung** *f* frontier adjustment; rectification of boundary; **~bestimmung** *f* boundary settlement; **~bewohner** *m* borderer; **~bezirk** *m* frontier district.

'**Grenze** *f* (-; -n) boundary; frontier, border(s *pl.*); confines *pl.*; extremity; edge, verge; *fig.* limit, *econ. a.* margin; *~n pl.* bounds (*of modesty, possibility, etc.*); *keine ~n kennen* know no bounds; *e-e ~ ziehen* draw a line; *alles hat s-e ~n* there is a limit to everything, we must draw the line somewhere; *in ~n* within (certain) limits; *ohne ~n* → *grenzenlos.*

'**grenzen** *v/i.* (*h.*): *~ an* (*acc.*) border on (*a. fig.* = verge on, be next door to, come near being ...), touch; be adjacent (*or* contiguous) to; be bounded by; *s-e Felder ~ an die meinen* his fields adjoin (*or* are next) to mine.

'**grenzen|los I.** *adj.* boundless, unlimited; infinite; immense (*all a. fig.*); *~e Freude* unbounded joy; *~e Frechheit the* height of impudence; *~e Trauer* infinite sadness; *~er Zorn* towering rage; **II.** *adv.* boundlessly, *etc.*; *~ dumm* infernally stupid; **2losigkeit** *f* (-) boundlessness, immensity; *fig. a.* excessiveness.

'**Grenz...:** **~ertrag** *econ. m* marginal earnings *pl.*; **~fall** *m* borderline case, critical (*or* extreme) case; **~festung** *mil. f* frontier fortress; **~fläche** *f* marginal surface, interface; **~frequenz** *f* limiting frequency; **~gänger** ['-gɛŋər] *m* (-s; -) (illegal) border crosser; frontier worker; **~gebiet** *n* border-district (*or* area); **~jäger** *m* border patrolman; **~kämpfe** ['-kɛmpfə] *m/pl.* border fighting, border war(fare); **~kohlenwasserstoff** *m* saturated hydrocarbon; **~kontrolle** *f* customs inspection; **~krieg** *m* → *Grenzkämpfe*; **~land** *n*, **~mark** *f* borderland, frontier-country; **~lehre** *tech. f* limit-ga(u)ge; **~linie** *f* boundary(-line); *a. fig.* borderline; *sports*: line; *außerhalb der ~n* out of bounds; **~maß** *tech. n* limiting size; **~mauer** *f* boundary-wall; → *Brandmauer*; **~nachbar** *m* neighbo(u)r; **~nutzen** *m* utilization threshold; **~pfahl** *m* boundary-post; **~polizei** *f*, **~schutz** *m* frontier police; frontier defen|ce, *Am.* -se; **~spannung** *tech. f* limiting stress; **~sperre** *f* embargo on border-traffic, closed frontier; **~stadt** *f* frontier town; **~station** *rail. f* frontier-station; **~stein** *m* boundary-stone, landmark; **~streitigkeit** *f* dispute over boundaries; *pol.* frontier-dispute; **~übergang** *m* frontier crossing(-point); **~überschreitung** *f*, **~übertritt** *m* frontier-crossing; **~verbindung** *chem. f* terminal (compound) member, saturated compound; **~verkehr** *m* border traffic; **~verletzung** *f* violation of frontier; **~wache, ~wacht** *f*, **~wächter** *m* frontier guard; **~wert** *m* limiting (*or* threshold) value; **~winkel** *m* critical angle; **~zoll** *m* duty, customs; **~zollamt** *n* (frontier) custom-house; **~zwischenfall** *m* frontier incident, border trouble.

Greuel ['grɔʏəl] *m* (-s; -) horror (*vor dat.* of); abomination; atrocity, outrage; (*person*) horror; *er* (*es*) *ist mir ein ~* I detest (*or* abhor, loathe) him (it); **~hetze** *f*, **~märchen** *n*, **~propaganda** *f* atrocity propaganda (*or* story *or* tales *pl.*); **~tat** *f* atrocity, deed of horror.

'**greulich** *adj.* horrible, dreadful; → *gräßlich.*

Grieben ['gri:bən] *f/pl.* greaves.

Griech|e ['gri:çə] *m* (-n; -n), **~in** *f* (-; -nen) Greek; **~enland** *n* (-s) Greece.

griechisch *adj.* Greek; *arch. paint.* Grecian; *die ~e Sprache, das 2(e)* the Greek language, Greek; **~-orthodox** *adj.* Greek orthodox; **~-römischer Ringkampf** *m* Greco-Roman wrestling (*or* style).

Gries|gram ['gri:sgrɑ:m] *m* (-[e]s; -e) grumbler, crab, *Am.* grouch, *sl.* sourpuss; **2grämig** ['-grɛ:miç] *adj.* grumpy, sullen, morose, glum, *Am.* grouchy.

Grieß [gri:s] *m* (-es; -e) grit, coarse sand, gravel; *mining*: dusty coal; *med.* gravel; *of flour*: (fine) groats *pl.*, *Am.* farina; semolina; ground rice; *TV* sand; '**~brei** *m* semolina pudding; '**~kloß** *m* semolina dumpling; '**2krank** *med. adj.* affected with gravel; '**~mehl** *n* semolina; '**~stein** *med. m* gravel, urinary calculus; '**~suppe** *f* semolina soup.

griff [grif] *pret. of greifen.*

'**Griff** *m* (-[e]s; -e) grip, grasp, hold; snatch (*nach* at), clutch (at); *wrestling*: hold; *mount.* handhold; *mus.* stop; *of cloth, etc.*: feel; *fig. kühner ~* bold stroke; *sicherer ~* sure touch; *würgender ~* stranglehold; (*thing*) grip, handle, knob; pull; lever; *on violins, etc.*: stop; *of sword*: hilt; *mil.* manual drill (*or* exercise); *~e üben or colloq. kloppen* do rifle drill; *wrestling*: *e-n ~ ansetzen* secure a hold; *e-n ~ nach et. tun* snatch (*or* clutch) at a th., reach for a th.; *fig. e-n guten ~ tun* make a good choice, make a hit; *e-n falschen ~ tun mus.* strike a false note, *fig.* make a mistake, pick the wrong *man, etc.*; *et. im ~ haben* have the feel (*fig.* knack) of a th.; *mit einem ~* with one grasp, *tech.* in one motion, *colloq.* in a jiffy; **2bereit** *adj.* ready to hand, handy; **~brett** *mus. n of violin, etc.*: finger-board; *piano*: key-board; *organ*: manual.

Griffel ['grifəl] *m* (-*s*; -) *antique*: style; *now*: slate pencil; *bot.* pistil.

'**griff|ig** *adj.* granular (*flour*); bulking well (*cloth*); handy, wieldy, lying good in hand (*tool*); affording a firm hold, gripping well, non-skid; **2igkeit** *mot.* *f* (-) grip, traction; **2loch** *mus.* *n* keyhole; **2stück** *n* grip, handle; *of pistol*: stock.

Grille ['grilə] *f* (-; -*n*) cricket; *fig.* whim, crotchet, fancy, fad; *er fängt ~n* he is in the dumps; *sie hat seltsame ~n im Kopf* she has maggots in her head; **~nfänger(in** *f*) *m* crank; **2nhaft** *adj.* capricious, whimsical, crotchety, cranky; morose, grumpy.

Grimasse [gri'masə] *f* (-; -*n*) grimace, wry face; *~n schneiden* grimace, pull faces.

Grimm [grim] *m* (-[e]s) fury, rage, wrath, ire; '**~darm** *anat.* *m* colon; '**~en** *med.* *n* (-*s*) gripes *pl.*, colic; '**2ig** **I.** *adj.* grim; furious, wrathful, enraged; ferocious, fierce; *fig.* grim, fierce, terrible; severe (*winter, etc.*); **II.** *adv.* grimly, *etc.*; *~ kalt* fiercely cold.

Grind [grint] *med.* *m* (-[e]s; -e) *on wounds*: crust, scab; dandruff; scurf; eschar, scab; *of children*: impetigo; *vet.* scab, mange; **2ig** ['-diç] *adj.* scurfy, scabby; *vet.* mangy.

Grinsen ['grinzən] *n* (-*s*) grin; smirk; (*derisive*) sneer; **2** *v/i.* (*h.*) grin (*über acc.* at); smirk; sneer.

Grippe ['gripə] *f* (-; -*n*) influenza, flu, grippe.

Grips [grips] *colloq.* *m* (-es; -e) brains *pl.*

grob [grɔp] *adj.* coarse; coarse-grained; rough; raw, crude; gross, *face*: *a.* hard-featured; *fig.* rough (*voice, work*); rude; rough, brutal; unpolished, uncouth, churlish; raw, crude; bluff, blunt; *jur.* gross; *~e Fahrlässigkeit* gross negligence; *~er Unfug* nuisance, disorderly conduct; *~e Entfernung* approximate distance; *~e Skizze (Umrisse)* rough sketch (outlines); *in ~en Zügen* in rough outlines, roughly; *~er Fehler* gross (*or* bad) mistake; *~es Geschütz* heavy guns; *~e Lüge* flagrant lie; *~er Spaß* coarse joke; *~es Vergehen* grievous offen|ce, *Am.* -se; *~ werden gegen j-n* be rude to (*or* rough with) a p., be abusive (*or* uncivil) to a p.; *aus dem Gröbsten heraus sein* have broken the back of it; '**2abstimmung** *f* *radio*: coarse tuning; '**~be-arbeiten** *v/t.* (*h.*) *tech.* rough-machine; rough-hew (*stones, etc.*); '**2blech** *n* (thick) plate; '**2draht** *m* coarse wire; '**2einstellung** *tech.* *f* coarse adjustment; ~'**fahrlässig** *jur.* *adj.* grossly negligent; '**~faserig** *adj.* coarse-fib|red, *Am.* -ered; coarse-grain(ed) (*wood*); '**2feile** *f* rasp, rough file; **~gerechnet** ['-gərɛçnət] *adv.* roughly; '**2heit** *f* (-; -en) coarseness; roughness; crudeness; *fig.* rudeness, roughness; coarseness, grossness; rudeness, incivility; *j-m ~en sagen* be rude to a p., insult a p.; **2ian** ['gro:bia:n] *m* (-[e]s; -e) rude (*or* coarse) fellow, boor, ruffian; '**~jährig** *adj.* broad-ringed (*wood*); '**~körnig** *adj.* coarse-grained.

gröblich (-) *adj.* gross; *~ beleidigen* insult grossly.

'**Grob...:** **~mahlung** *f* (-) crushing; **2maschig** *adj.* coarse- (*or* wide-) meshed; **~passung** *tech.* *f* loose (*of thread*: coarse) fit; **~sand** *m* coarse sand; **2schlächtig** ['-ʃlɛçtiç] *adj.* boorish, uncouth; **~schleifen** *n* (-*s*), **~schliff** *tech.* *m* rough grinding; **~schmied** *m* blacksmith; **~schnitt** *m tobacco*: coarse cut.

grölen ['grø:lən] *v/i. and v/t.* (*h.*) bawl, shout.

Groll [grɔl] *m* (-[e]s) grudge, ill-will, resentment, ranco(u)r; inveterate hatred, animosity; *e-n ~ hegen gegen* (*acc.*), *auf j-n e-n ~ haben* → '**2en** *v/i.* (*h.*) sulk, be resentful (*or* angry); *j-m ~* bear a p. ill-will (*or* a grudge), have a grievance (*or* spite) against a p.; *thunder*: roll, rumble; '**2end** *adj.* resentful, sulky, cross.

Grön|land ['grø:nlant] *n* (-*s*) Greenland; **~länder(in** *f*) ['-lɛndər(in)] *m* (-s, -; -, -*nen*) Greenlander; **~landfahrer** *m* Greenlandman.

Gros[1] [grɔs] *econ.* *n* (-ses; -se) gross, twelve dozen.

Gros[2] [gro:] *mil.* *n* (-; -) main body, bulk; main forces *pl.* (*a. mar.*).

Groschen ['grɔʃən] *m* (-*s*; -) penny; *m-e paar ~* the few pence I have, my little all; *colloq.* *der ~ ist gefallen!* the penny has dropped!; **~automat** *m* (penny-in-the-)slot machine; **~roman** *m* penny dreadful, *Am.* dime novel; **~schreiber** *m* penny-a-liner.

groß [gro:s] **I.** *adj.* great; large, big; bulky, voluminous; tall; spacious; vast, extensive; huge, enormous, immense; grown-up (*person*); *fig.* great; eminent; grand; major, important; large-scale; gross, bad (*mistake*); intense, scorching (*heat*); severe (*cold*); heavy (*loss*); *~er Buchstabe* capital letter; *~es Einkommen* large income; *~e Ferien* long vacations; *parl.* *~e Mehrheit* vast majority; *das ~e Publikum* the general public; *der 2e Ozean* the Pacific (Ocean); *im ~en Stil* on a large scale; *Operationen im ~en Stil* large-scale operations; *der größere Teil* the larger (*or* better) half; *zum ~en Teil* largely; *mus.* *~e Terz* major third; *~e Toilette* full dress; *~er Unterschied* vast difference; *e-e ~e Zahl von* a large number of, a great many; *~e Zehe* big toe; *gleich ~* of the same size; *so ~ wie ein Haus* as big as (*or* the size of) a house; *wie ~ ist er?* what is his height?; *er ist 6 Fuß ~* he is (*or* stands) 6 feet high, he measures 6 feet, he is a six-footer; *colloq.* *ganz ~* → *prima*; *colloq.* *er war ganz ~* he was great (*or* at his best); *ich bin kein ~er Tänzer* I am not much of a dancer; *unser Umsatz war dreimal so ~ wie der der Konkurrenz* our turnover was three times that of the competition; → *Augen, Fuß, Stück, Wert, etc.*; **II.** *adv.*: *~ auftreten* lord it, assume airs; *~ denken* think nobly, *von*: think highly of, have a high opinion of; *~ werden* (*child*) grow big; *zu ~ werden für et.* outgrow a th.; *~ schreiben* capitalize; *j-n ~ anblicken* stare at a p., look at a p. wide-eyed; *et. ~ herausbringen* feature (*or* highlight, splash) a th.; *bei ihnen geht es ~ her* they live in high style; *colloq.* *er kümmert sich nicht ~ darum* he doesn't bother much about it; *was gibt es da noch ~ zu fragen?* isn't that answer enough?; (*der, die, das*) '**2e:** *die ~n* **a**) the grownups, the adults, **b**) the great; *ein ~r* a great man; *Friedrich der ~* Frederick the Great; *Karl der ~* Charlemagne; *et. ~s* something great *or* big, a great thing, feat, great exploit (*or* achievement); *im 2n* *econ.* wholesale; on a large scale; *Versuch im ~n* large-scale trial; *im 2n und ganzen* on the whole, generally (speaking), by and large; *im ~en wie im Kleinen* in great as in little things.

'**Groß|abnehmer** *econ.* *m* bulk purchaser; **~admiral** *m* Admiral of the Fleet; **~aktionär** *m* principal shareholder (*Am.* stockholder); **2angelegt** ['-angə'le:kt] *adj.* large-scale; **~angriff** *m* major offensive, all-out attack, *Am. a.* drive, *aer.* air blitz; **2artig** **I.** *adj.* great, grand(iose); lofty, sublime; excellent, first-rate; wonderful, splendid, marvellous; enormous, phenomenal; *~e Idee* splendid (*a. iro.* bright) idea; *~e Geschichte* capital story; *sie war ~* *Am. sl.* she was a wow; **II.** *adv.*: *~ tun* put on airs; **~artigkeit** *f* grandeur; loftiness; magnificence, splendo(u)r; **~aufnahme** *f* *film*: close-up; **~auftrag** *econ.* *m* large order; **~bank** *f* (-; -en) large bank(ing concern); **~bauer** *m* (large) farmer; **~behälter** *m* container; **~-Berlin** Greater Berlin; **~betrieb** *m* large-scale enterprise, wholesale plant; wholesale trade; **~britannien** *n* Great Britain; **~brand** *m* → *Großfeuer*; **2britannisch** *adj.* of Great Britain, British; **~buchstabe** *m* capital (letter); **~bürgertum** *n* upper middle-class.

Größe ['grø:sə] *f* (-; -*n*) size, largeness; height; tallness; stature; dimension(s *pl.*); *econ.* size; width, spaciousness, vastness; *esp. math.* quantity; (*un*)*bekannte ~* (un-)known quantity; volume, bulk; cubic contents *pl.*; *fig.* *ast.* magnitude; *Stern erster ~* star of the first magnitude; order; greatness; enormity (*of crime*); (*person*) celebrity, notability, great man, *thea., sports*: star; *e-e ~ auf dem Gebiet der Atomforschung* an authority on atomics; *in voller ~* full-size; *von mittlerer ~* medium-sized, *person*: of medium height.

'**Groß...:** **~einkauf** *econ.* bulk purchase; **~einsatz** *m* large-scale operation; **~eltern** *pl.* grandparents; **~enkel** *m* great-grandson; **~enkelin** *f* great-granddaughter.

'**Größen...:** **~klasse** *f* size (group); **~ordnung** *f* order (of magnitude), dimension, volume.

'**großenteils** *adv.* to a large extent, in a large measure, largely.

'**Größen...:** **~verhältnis** *n* ratio of

size, proportion; ~se *pl.* proportions, dimensions; **~wahn** *m* megalomania; delusions *pl.* of grandeur; **2wahnsinnig** *adj.* megalomaniac.

'**Groß...:** **~erzeuger** *m* wholesale (*or* mass) producer; **~fabrikation, ~fertigung** *f* mass (*or* quantity) production, large-scale manufacture; **~feuer** *n* conflagration, four-alarm fire; **~film** *m* superproduction; **~finanz** ['-finants] *f* (-) high finance; **~flughafen** *m* air terminal; **~flugzeug** *n* giant aeroplane (*Am.* airplane); airliner; clipper; **~folio** *n* large foolscap; **~format** *n* large size; **~frachtflugzeug** *n* super-cargo (aero)plane; **~fürst** *m* Grand Duke; **~fürstentum** *n* Grand Principality; **~fürstin** *f* Grand Duchess; **~garage** *f* large (-scale) garage; **~grundbesitz** *m* large landed property; **~grundbesitzer(in** *f*) *m* great landowner, landed proprietor; **~handel** *m* wholesale trade; *im* ~ (by) wholesale; **~handelsgeschäft** *n* wholesale business; **~handelsindex** *m* index number of wholesale price, *Am.* level of commodity prices at wholesale; **~handelspreis** *m* wholesale price; **~handelsrabatt** *m* wholesale discount; **~händler** *m* wholesale dealer, wholesaler, distributor; **~handlung** *f* wholesale firm; **2herzig** *adj.* magnanimous, high-minded, generous; **~herzigkeit** *f* (-) magnanimity, generosity; **~herzog(in** *f*) *m* grand duke (*f* duchess); **2herzoglich** *adj.* grand-ducal; **~herzogtum** *n* grand duchy; **~hirn** *anat. n* cerebrum; **~hirnrinde** *f* cerebral cortex; **~industrie** *f* big industry; **~industrielle(r)** *m* big industrialist, industrial magnate, captain of industry; **~inquisitor** *m* (-s; -en) grand inquisitor.

Grossist [grɔ'sist] *econ. m* (-en; -en) → *Großhändler.*

'**Groß...:** **2jährig** *adj.* of age; ~ *werden* come of age; **~e** *Person* major; **~jährigkeit** *f* (-) majority, full (*Am.* legal) age; **~kampfflugzeug** *n* superfortress; **~kampfschiff** *n* capital ship; **~kampftag** *m* great battle (day); **~kapital** *n* high finance, big business; **~kapitalismus** *m* big capitalism; plutocracy; **~kapitalist** *m* big capitalist, business magnate; **~kaufmann** *m* (wholesale) merchant; **~knecht** *m* foreman, head man; **~konzern** *m* big concern; **~kraftwerk** *n* super-power station; **~kreuz** *n* Grand Cross; **~küche** *f* large (hotel- *etc.*) kitchen; **~lautsprecher** *m* high-power loudspeaker; public address system (*abbr.* P.A.S.); **~macht** *f* great power; **2mächtig I.** *adj.* high and mighty; **II.** *adv.* enormously, **~machtstellung** *f* position as (*or* of) a great power; **~mama** *colloq. f* grandma, granny; **~mannssucht** *f* (-) megalomania; **~mars** *mar. m* main-top; **2maschig** *adj.* wide-meshed; **~mast** *mar. m* mainmast; **~maul** *colloq. m* braggart; → *Großsprecher*; **2mäulig** ['-mɔʏliç] *colloq. adj.* large-mouthed; *fig.* boastful, bragging, loud-mouthed; **~meister** *m* Grand Master; **~mut** *f* (-) generosity, magnanimity; **2mütig** ['-my:tiç] *adj.* magnanimous, large-minded, generous; **~mutter** *f* grandmother; **2mütterlich** *adj.* grandmotherly; **~neffe** *m* grand-nephew; **~nichte** *f* grand-niece; **~oktav** *n* large octavo; **~onkel** *m* great-uncle, grand-uncle; **~papa** *colloq. m* grandpa; **~photo(graphie** *f*) *n* photomural; **~raum** *m* large (*or* extended) area; **~raumbüro** *n* open-plan office; **~reihenfertigung** *f* quantity (*or* duplicate) production; **~reinemachen** *n* wholesale house-cleaning; **~schieber** *m* bigtime operator; **~schiffahrt** *f* large-scale shipping; **~schiffahrtskanalweg** *m* grand canal, ship canal; **~schlächte'rei** *f* wholesale butchery; **~schreibung** *f* capitalization; **~sender** *m* long-distance transmitter; high-power broadcasting station; **~sprecher (-in** *f*) *m* boaster, braggart; **~sprreche'rei** *f* (-) big talk, grandiloquence, bluster; **2sprecherisch** *adj.* boastful, swaggering, grandiloquent; **2spurig** *adj.* arrogant, haughty, overbearing; **~stadt** *f* large (*or* big) town *or* city; metropolis; **~städter(in** *f*) *m* inhabitant of a large town, city-dweller; **2städtisch** *adj.* of a large town *or* city, urban, city...; metropolitan; fashionable; **~stadtluft** *f* (-) city air; **~stadtverkehr** *m* big-city traffic; **~tante** *f* grand-aunt; **~tat** *f* great deed *or* exploit, feat.

'**größt** *sup. of groß*; **~enteils** *adv.* for the most part, mostly, chiefly; **2maß** *n* maximum (measure *or* size); *tech.* maximum limit; **~möglich** *adj.* greatest possible; best, utmost (*efforts, etc.*); **2wert** *m* maximal value.

'**Groß...:** **~tuer(in** *f*) ['-tu:ər(in)] *m* (-s, -; -, -nen) boaster, braggart, show-off; **~tue'rei** *f* (-) swagger (-ing), boasting; **2tun** ['-tu:n] *v/i.* (*irr., h.*) give o.s. airs, talk big, swagger; (*sich*) *mit et.* ~ vaunt a th., boast (*or* brag) of *or* about a th.; **~unternehmen** *n* large-scale (*or* big) enterprise; **~unternehmer** *m* big industrialist (*or* manufacturer); **~vater** *m* grandfather; **2väterlich** *adj.* grandfatherly; **~vaterstuhl** *m* easy (*or* arm-)chair; **~veranstaltung** *f* big event; **~verbraucher** *m* bulk consumer; **~verdiener** *m* big earner; **~versandgeschäft** *n* mail-order house; **~verteiler** *econ. m* wholesaler, distributor; **~vertrieb** *econ. m* distribution in bulk; **~vieh** *n* (large *or* horned) cattle; **~wesir** ['-ve'zi:r] *m* (-s; -e) Grand Vizier; **~wildjagd** *f* big-game hunt(ing); **~würdenträger(in** *f*) *m* high dignitary; **2ziehen** *v/t.* (*irr., h.*) rear, bring up, raise; **2zügig** ['-tsy:giç] *adj.* on a large (*or* grand) scale, large-scale; bold (*plan, etc.*); liberal, broad-minded; liberal, generous, handsome, open-handed; **~zügigkeit** *f* (-) bold conception; broad-mindedness, liberality; generosity.

grotesk [gro'tɛsk] *adj.*, **2e** *f* (-; -n) grotesque (*a. typ.*).

Grotte ['grɔtə] *f* (-; -n) grotto.

grub [gru:p] *pret. of graben.*

Grübchen ['gry:pçən] *n* (-s; -) dimple; *bot.* lacuna.

Grube ['gru:bə] *f* (-; -n) pit; mine, pit, colliery; hollow, hole, cavity, cave; *fig. in die ~ fahren* go down to the grave; *wer andern eine ~ gräbt, fällt selbst hinein* the biter will be bitten.

Grübelei [gry:bə'laɪ] *f* (-; -en) brooding, pondering; (deep) meditation, rumination; musing, poring; reverie.

'**grübeln** *v/i.* (*h.*) (*über acc.*) brood *or* ponder *or* meditate (on *or* over); pore (over); ruminate, rack one's brains (about).

'**Gruben...:** **~anteil** *m* mining share; **~arbeiter** *m* miner; collier; **~bahn** *f* mine railway (*Am.* railroad), hauling track; **~brand** *m* pit fire; **~einbruch** *m* cave-in; **~explosion** *f* colliery explosion; **~gas** *n* mine gas, firedamp; **~halde** *f* mine dump, tip; **~holz** *n* mine-timber, pit-props *pl.*; **~lampe** *f* miner's (*or* pit) lamp; **~schacht** *m* mine (*or* pit) shaft; **~steiger** *m* overseer of a mine; **~stempel** *m* pit-prop; **~unglück** *n* pit disaster; **~wasser** *n* pit water; **~wetter** *n* → *Grubengas.*

Grübler ['gry:blər] *m* (-s; -), **~in** *f* (-; -nen) ponderer, brooding (*or* meditative, introspective) person; dreamer; **2isch** *adj.* pondering, pensive, meditative.

Gruft [gruft] *f* (-; ⸚e) tomb, vault.

Grum(me)t ['grum(ə)t] *agr. n* (-[e]s) aftermath, *Am.* rowen.

grün [gry:n] *adj.* green; *nature: a.* verdant, *trees: a.* in leaf; fresh; green, unripe; *fig. person:* green, raw; green, inexperienced; **~e** *Bohnen* French beans, *Am.* string beans; **~er** *Hering* fresh herring; **~es** *Holz* fresh (*or* unseasoned) wood; **2e** *Insel* (*Irland*) Emerald Isle; **~er** *Junge* greenhorn, whipper-snapper; **~es** *Licht traffic:* green light; *fig. j-m ~es Licht geben* give a p. the green light; *colloq.* **~e** *Minna* Black Maria; **~er** *Salat* lettuce; **~er** *Tisch* green-baize (*or* board *or* official) table, *fig. vom ~en Tisch aus* arm-chair (*strategy, etc.*), bureaucratic *or* red-tape (*decision, etc.*); ~ *vor Neid* green with envy; ~ *u. blau schlagen* beat black and blue; *j-m nicht ~ sein* have it in for a p.; *j-n über den ~en Klee loben* praise a p. to the skies; *sich ~ und gelb ärgern* be exasperated, fret and fume; *er wird nie auf e-n ~en Zweig kommen* he will never get somewhere, *Am.* he will never make the grade.

'**Grün** *n* (-s; -) green (colo[u]r); (*foliage, etc.*) greenery; *of nature:* verdure; *im ~en, colloq. bei Mutter ~* in the open (air); *dasselbe in ~* practically the same thing; **~e(s)** *n* (-n) vegetables *pl.*, greens *pl.*; **~e(r)** *m* (-n; -n) *colloq.* bobby, *sl.* (*a. Am.*) cop(per); **~anlage** *f* green (plot), lawn; **2blau** *adj.* greenish-blue.

Grund [grunt] *m* (-[e]s; ⸚e) ground; soil; ~ *und Boden* land, (real) estate; bottom (*of sea, vessel, etc.*); valley; *arch.* **a)** foundation, **b)** (building-)

plot; *paint.* **a)** ground, **b)** priming (coat); *coffee*: ground; dregs *pl.*; *fig.* reason; cause, occasion; motive; argument; excuse; *Gründe für und wider* arguments for and against, (*the*) pros and cons (of a matter); *auf ~ von* (*dat.*) on grounds of, on the strength (*or* basis) of, in virtue of, *jur. a.* under, pursuant to (*a law*); *aus gesundheitlichen Gründen* for reasons of health; *aus diesem ~e* for this reason, that's why; *aus welchem ~e?* for what reason?, why?; *aus dem einfachen ~e, daß* for the simple reason that; *aus demselben ~e* **a)** for the same reason, **b)** by the same token; *im ~e* at (the) bottom, fundamentally; *im ~e genommen* actually, in reality, strictly speaking, when all is said and done; *mit* (*gutem*) *~* justly, with reason, reasonably; *nicht* (*ganz*) *ohne ~* not unreasonably; *von ~ aus* thoroughly, completely, radically, fundamentally; *mar. auf ~ geraten* run aground; → *bohren*; *den ~ unter den Füßen verlieren* get out of one's depth; *e-r Sache auf den ~ gehen* get to the bottom (*or* root) of a th.; *den ~ legen zu* (*dat.*) lay the foundation of; *Gründe anführen* advance arguments, state one's case (*für* for); *triftige Gründe ins Feld führen können* have compelling arguments, have a strong case (*für* for); *jeden* (*keinen*) *~ haben zu et.* have every (no) reason to *inf.*; *sich von ~ auf bessern* turn over a new leaf; *es besteht ~ zu der Annahme, daß* there is (good) reason to suppose that; → *zugrunde*.

'**Grund|abgabe** *f* land tax; **~akkord** *mus. m* fundamental chord; **~anschauung** *f* fundamental idea, basic conception; **∾anständig** *adj.* upright, high-principled; **~anstrich** *m* priming (coat), first coat; **~ausbildung** *mil. f* basic training; **~bau** *m* (-[e]s; -*ten*) foundation; **~bedeutung** *f* original meaning; **~bedingung** *f* basic (*or* fundamental) condition; **~begriff** *m* fundamental (*or* basic) idea; *~e pl.* fundamentals, principles; rudiments; **~besitz** *m* landed property, real estate, immovables *pl.*; *freier ~* freehold (property); **~besitzer** *m* landed proprietor, landowner, estate owner; **~bestandteil** *m* element, basic component, primary constituent; **~buch** *n* land (title and charges) register; **~buchamt** *n* land registry (office), *Am.* real estate recording office; **~dienstbarkeit** *f* (real) servitude; easement; **~ebene** *tech. f* datum level; **∾ehrlich** *adj.* thoroughly honest; **~eigentum** *n*, **~eigentümer** *m* → *Grundbesitz*(*er*); **~einheit** *f* fundamental unit; **~einkommen** *n* basic income; **~einstellung** *f* fundamental attitude; **~eis** *n* ground-ice.

gründen ['gryndən] *v/t.* (*h.*) found, establish; institute, set up, organize; create; *econ.* form, promote, float, organize (*company*); start, open, set up (*business*); set on foot, launch; ground *or* base *argumentation* (*auf acc.* on); *sich ~ auf* (*acc.*) rest (*or* be founded, be based, be grounded) on.

'**Gründer** *m* (-*s*; -), **~in** *f* (-; -*nen*) founder (*f* foundress); creator, originator; *econ.* founder, promoter, incorporator; **~aktien** *f/pl.*, **~anteile** *m/pl.* promoter's shares (*Am.* stock); **~bank** *f* (-; -*en*) parent bank; **~gesellschaft** *f* parent company; **~jahre** *n/pl.*, **~zeit** *hist. f* period of promoterism.

'**Grund...:** **~erfordernis** *n* basic requirement; **~erwerb** *m* purchase of land; **~erwerbssteuer** *f* purchase tax on real estate; **~erzeugnis** *n* primary product; **∾falsch** *adj.* fundamentally wrong; **~farbe** *f* ground-colo(u)r; *phys.* primary colo(u)r; → *Grundanstrich*; **~fehler** *m* basic fault, fundamental mistake; **~feste** ['-fɛstə] *f* (-; -*n*) foundation; *in den ~n erschüttern* shake to its very foundation; **~feuchtigkeit** *f* soil moisture; **~firnis** *m* priming varnish; **~fläche** *f* basal surface, base, basis; *tech.* floor space; **~form** *f* primary form; **~gebühr** *f* basic rate *or* fee, flat-rate; **~gedanke** *m* fundamental (*or* root) idea; leading idea; **~gehalt** *n* (-[e]s; ⸗er) basic salary; **∾gelehrt** *adj.* exceedingly learned, erudite; **~gesetz** *n* basic (constitutional) law; **~gestein** *n* underlying rock; **~gleichung** *math. f* basic equation; **~herr** *m* landlord, lord of the manor.

Grundier|bad [grun'di:r-] *n dyeing*: bottoming bath; **∾en** *v/t.* (*h.*) *paint.* ground, *tech. usu.* prime; *dyeing*: bottom; stain (*paper, wood*); *gilding*: size; **~farbe** *f* priming colo(u)r; **~lack** *m* filler; **~ung** *f* (-; -*en*) priming (coat), first (*or* base) coat.

'**Grund...:** **~industrie** *f* basic industry; **~irrtum** *m* fundamental error; **~kapital** *econ. n* (original *or* capital) stock, original capital; **~kredit** *m* real estate loan; **~kreditanstalt** *f* mortgage bank; **~kreis** *math. m* circumference of the base; **~lage** *f* base; *esp. fig.* foundation, basis, groundwork; *biol.* matrix; data *pl.*; *of science, etc.*: elements, rudiments, fundamentals *pl.*; *auf der ~ von* (*dat.*) on the basis of; *auf gesetzlicher ~* on legal authority; *die ~ bilden von et.* underlie a th.; *jeder ~ entbehren* be without any foundation; *auf e-e neue ~ stellen* put on a new basis; **~lagenforschung** *f* basic research; **∾legend** *adj.* fundamental, basic(ally *adv.*); **~legung** ['-le:guŋ] *f* (-) laying the foundation.

gründlich ['gryntliç] **I.** *adj.* thorough; careful, painstaking; solid; exhaustive; complete; thorough-going, radical; profound, solid (*knowledge*); *~e Kenntnisse haben in* (*dat.*) be well-grounded (*or* thoroughly versed) in, have a th. at one's finger-ends; **II.** *adv.* thoroughly, *etc.*; *j-m ~ die Meinung sagen* give a p. a piece of one's mind; **∾keit** *f* (-) thoroughness; carefulness, diligence; solidity; exhaustiveness.

Gründling ['gryntliŋ] *ichth. m* (-*s*; -*e*) groundling; gudgeon.

'**Grund...:** **~linie** *f* base-line (*a. sports*), base; **~lohn** *m* basic wage(s *pl.*); **∾los** **I.** *adj.* bottomless, unfathomable; *fig.* groundless, unfounded, without foundation; **II.** *adv.* for no reason (at all); unreasonably; **~losigkeit** *f* (-) groundlessness; **~maß** *n* (basic) standard; **~masse** *biol. f* groundmass, stroma; **~mauer** *f* foundation(-wall); **~metall** *n* base (*or* parent) metal; **~nahrungsmittel** *n/pl.* basic food (-stuffs); **~norm** *f* fundamental standard.

Grün'donnerstag *m* Maundy Thursday.

'**Grund...:** **~peilung** *mar. f* sounding; **~pfeiler** *m* bottom (*or* foundation) pillar; *fig.* mainstay, keystone; **~platte** *tech. f* base plate; **~preis** *m* basic price; **~prinzip** *n* basic (*or* fundamental) principle; **~problem** *n* fundamental problem; **~rechnungs-arten** *f/pl.* fundamental rules of arithmetic; **~rechte** *n/pl.* basic (*or* constitutional) rights; **~regel** *f* fundamental rule, basic principle; **~rente** *f* ground-rent; **~richtung** *mil. f* zero line; **~richtungs-punkt** *mil. m* zero point; **~riß** *arch. m* ground-plan, plan (view); layout; sketch, outline; *fig.* compendium; outline(s *pl.*), summary; **~rißplan** *m* layout plan; **~satz** *m* principle; axiom; maxim; *Mann von hohen Grundsätzen* man of high principles; *gesunder ~* sound principle; *nach neuen* (*denselben*) *Grundsätzen* on new (the same) lines; *es sich zum ~ machen* make it a rule; **~satz-entscheidung** *jur. f* ruling; **∾sätzlich** ['-zɛtsliç] **I.** *adj.* fundamental; *~e Angelegenheit* matter in principle; *~e Einstellung* attitude in principle; *~e Entscheidung* decision on principle; **II.** *adv.* fundamentally, basically; on principle, as a general principle; **~schicht** *f* primary layer; **~schuld** *f* real estate liability, encumbrance; land charge; **~schule** *f* elementary (*or* primary) school; **~stein** *m* foundation-stone; *a. fig.* corner-stone; *den ~ legen zu* (*dat.*) lay the foundation-stone of, *fig.* lay the foundations of; **~steinlegung** ['-le:guŋ] *f* (-; -*en*) laying (of) the foundation-stone; corner-stone ceremony; **~stellung** *f gym., mil.* position of attention, normal position; *fenc., etc.*: initial position; *boxing*: on-guard position; **~steuer** *f* land (*or* real estate) tax; **~stock** *m* foundation, basis, stock; main body; basic supply; **~stoff** *m phys.* element, radical; raw material, base; *fig.* basic material; **~stoffindustrie** *f* basic industry; **~stoffwechsel** *physiol. m* basal metabolism; **~strich** *m* down-stroke; → *Grundanstrich*; **~stück** *n* (landed *or* real) estate, lot; plot (of land); premises *pl.*; (building) site, *Am. a.* location; **~stückmakler** *m* real estate agent, *Am.* realtor; **~stück-übertragung** *f* conveyance of (landed) property; **~stufe** *f* initial (*or* standard) grade; *ped.* lowest *or* elementary classes *pl.*; *gr.* positive degree; **∾stürzend** *adj.* revolutionary, radical; **~substanz** *f* element, radical; *biol.* matrix; ~**teilchen** *n* fundamental particle, atom; ~**text** *m* original text; ~**ton** *m paint.* ground shade; *mus.* keynote; *fig. esp. stock exchange*: prevailing tone (*or* mood); undertone; ~**tugend** *f* cardinal virtue; ~**übel** *n* basic evil; ~**umsatz** *m econ.* basic turnover; *physiol.* basal metabolic rate (*abbr.* B.M.R.).

Gründung ['gryndʊŋ] *f* (-; -en) foundation, creation; *econ. a.* formation (*of company*), *by financing*: promotion, flo(a)tation, *by registration*: incorporation; establishment, institution, setting-up, organizing.

'**Gründungs...**: ~**jahr** *n* year of foundation (*or* establishment); ~**kapital** *n* original (*or* capital) stock; ~**mitglied** *n* charter member; ~**stadium** *n* development stage (*of company*); ~**urkunde** *f*, ~**vertrag** *m* memorandum (*or* articles *pl.*) of association, *Am.* incorporation.

'**Grund...**: ~**ursache** *f* primary cause; ♀**verkehrt** *adj.* fundamentally (*or* totally) wrong; *es wäre* ~, *anzunehmen, daß* it would be a fundamental mistake to believe that; ~**vermögen** *n* capital, principal; → *Grundbesitz*; ♀**verschieden** *adj.* entirely different; ~**wahrheit** *f* fundamental truth; ~**wasser** *n* (under)ground water; ~**wasserspiegel** *m* ground water-level, water table; ~**wort** *gr. n* (-[e]s; ⸚er) root(-form) (of word); ~**zahl** *f* cardinal number; unit; ~**zins** *m* ground rent; ~**zug** *m* characteristic (feature), main feature, distinctive mark; ~**züge** ['-tsy:gə] *m/pl.* fundamentals, basic concepts; *et. in s-n* ~*n schildern* outline (the essential aspects of) a th.

'**grünen** *v/i.* (*h.*) be green *or* verdant; (grow *or* become, turn) green; *fig.* flourish, thrive, prosper.

'**Grün...**: ~**fäule** *f* green rot; ~**fink** *m* greenfinch; ~**fläche** *f* green (plot), lawn; ~**futter** *n* green food *or* fodder; ♀**gelb** *adj.* greenish-yellow; ~**gürtel** *m* green belt; ~**kern** *m* green rye; ~**kohl** *m* (-[e]s) green kale; ~**kram** *m* greens *pl.*; ~**kreuzkampfstoff** *mil. m* choking gas, Green Cross; ~**land** *n* pasture-land, meadows *pl.*; ♀**lich** *adj.* greenish; ~**schnabel** *fig. m* greenhorn; young shaver, whipper-snapper; ~**span** *m* verdigris; ~**specht** *m* green woodpecker; ~**stein** *m* greenstone, diabase; ~**streifen** *m of road*: cent|re (*Am.* -er) strip.

grunzen ['grʊntsən] *v/i. and v/t.* (*h.*) grunt.

'**Grunzen** *n* (-s) grunt(ing).

'**Grünzeug** *n* greens *pl.*, *contp.* greenstuff.

Gruppe ['grʊpə] *f* (-; -n) group, cluster; *of trees*: *a.* clump; *of workmen, etc.*: team, crew, gang; troop, covey; group, category; *mil.* section, *Am.* squad; *aer. Brit.* wing, *Am.* group; *econ.* group, syndicate; *tech.* assembly; ~*n bilden* form groups; *in* ~*n einteilen* group.

'**Gruppen...**: ~**aufnahme** *f*, ~**bild** *n phot.* group picture; ~**bohrmaschine** *f* gang drill(ing machine); ~**feuer** *mil. n* volley fire; ~**schaltung** *tech. f* series connection; ~**sex** *m* group sex; ~**therapie** *f* group therapy; ~**unterricht** *m* group instruction; ♀**weise** ['-vaɪzə] *adv.* in groups; *mil.* by *or* in sections, *Am.* squads; ~**wirtschaft** *f* group system.

gruppier|en *v/t.* (*h.*) group, arrange in groups, range; *sports*: *a.* marshal; *sich* ~ form groups, group o.s. *or* cluster (*um acc.* round); *sports*: line up; ♀**ung** *f* (-; -en) grouping, arrangement (in groups), *Am.* layout; *sports*: line-up, disposition.

Grus [gru:s] *m* (-es; -) (coal-)slack, breeze.

gruselig ['gru:zəliç] *adj.* creepy; eerie, weird; *story*: *a.* hair-raising, blood-curdling.

'**gruseln** *v/i.* (*h.*) *and sich* ~: *mir* (*or mich*) *gruselt* my flesh creeps (*bei dem Gedanken* at the thought), it gives me the creeps; *j-n* ~ *machen* make a p.'s flesh creep, give a p. the creeps.

'**Gruseln** *n* (-s) *the* creeps *pl.*

Gruß [gru:s] *m* (es; ⸚e) salutation, greeting; bow; *esp. mar. mil.* salute; *Grüße pl.* compliments, regards, respects, greetings, *intimate*: love (*an acc.* to); (*bestelle ihm*) *e-n schönen* ~ *von mir!* give him my kind(est) regards (*formal*: my best respects, *intimate*: my love), remember me to him!; *in letters*: (*viele*) *herzliche Grüße* (many) kind regards; *mit bestem* ~ Sincerely yours, *formal*: Yours faithfully (*esp. Am.* truly).

grüßen ['gry:sən] *v/t.* (*h.*) greet, *solemnly, a. fenc., mar., mil.* salute; bow to; nod to; hail; ~ *Sie ihn von mir!* → *Gruß*; *er läßt Sie freundlichst* ~ he sends you his best respects *or* compliments.

Grützbeutel ['gryts-] *med. m* wen.

'**Grütze** *f* (-; -n) groats, grits *pl.*; (oatmeal-)porridge; *colloq.* brains *pl.*, gumption; ~**schleim** *m* gruel.

guck|en ['gʊkən] *v/i.* (*h.*) peep, peek, peer; stare, gaze; look (*erstaunt* surprised); *laß mich mal* ~! let me have a peep!; *nicht* ~! don't peep!; ♀**fenster** *n* peep-hole, judas; ♀**kasten** *m* peep-show, diorama; ♀**loch** *n* peep-hole, spy-hole.

Guerilla|kämpfer [ge'rilia-] *m* guer(r)illa; ~**krieg** *m* guer(r)illa war(fare).

Guillotine [gilio'ti:nə] *f* (-; -n), **guilloti'nieren** [-ti'ni:rən] *v/t.* (*h.*) guillotine.

Gulasch ['gu:laʃ] *n* (-[e]s; -e) goulash; ~**kanone** *colloq. mil. f* field-kitchen; ~**suppe** *f* goulash soup.

Gulden ['gʊldən] *m* (-s; -) *hist.* florin; *Dutch*: florin, gulden (*abbr.* Fl., G.).

gültig ['gyltiç] *adj.* valid (*a. fig.*); effective, in force; legal, lawful, admissible; binding; *coin*: current, good; *ticket*: available (*drei Tage* for three days); ~ *vom or ab* effective as from; ~ *sein* → *gelten*; (*für*) ~ *erklären*, ~ *machen* validate, render valid; legalize; ♀**keit** *f* (-) validity; legal force; *of money*: currency; legality; ♀**keitsdauer** *f* (period of) validity; *of contract*: *usu.* term; *of patent, etc.*: life; *of ticket*: availability; ♀**keits-erklärung** *f* validation, legalization.

Gummi ['gʊmi] *n or m* (-s; -[s]) gum; (India) rubber; *Radier*♀ india-rubber, eraser; *colloq.* condom; *mit* ~ *durchwirken* elasticize; ~**abfederung** *f* rubber shock absorber; ~**absatz** *m* rubber heel; ~**arabikum** [ʔa'rɑ:bikʊm] *n* (-s) gum arabic; ♀**artig** *adj.* gumlike, elastic; ~**artikel** *m* rubber article; ~**ball** *m* rubber ball; *tech.* rubber (suction) bulb; ~**band** *n* (-[e]s; ⸚er) elastic (band); rubber band; ~**baum** *m* gum-tree; (India) rubber tree; ~**bereifung** *f* rubber tyres, *Am.* tires *pl.*; ~**blase** *f* rubber bladder; ~**bonbon** *m or n* gum-drop; ~**boot** *n* rubber dinghy, inflatable boat; ~**dichtung** *tech. f* rubber packing; ~**druck** *typ. m* (-[e]s; -e) offset (printing); ~**elastikum** [ʔe-'lastikʊm] *n* (-s) (India) rubber, elastic gum.

gum'mier|en *v/t.* (*h.*) gum; *tech.* rubberize, rubber-coat; ♀**ung** *f* (-; -en) gumming; rubber-coat (-ing).

'**Gummi...**: ~**faden** *m* rubber thread; ~**floß** *n* rubber raft; ♀**gelagert** ['-gəlɑ:gərt] *tech. adj.* rubber-cushioned; ~**gewebe** *n* elastic mesh, rubber sheeting; ~**gutt** ['-gʊt] *n* (-[e]s) gamboge; ~**handschuh** *m* rubber glove; ~**harz** *n* gum resin; ~**haut** *f* rubber skin (*of canoe, etc.*); ~**isolierung** *f* rubber insulation; ~**kabel** *n* rubber-insulated cable; ~**knüppel** *m* (rubber) truncheon, *Am.* (policeman's) club, riot-stick, billy; ~**lack** *m* gum lac; ~**linse** *f film, TV*: zoom lens; ~**lösung** *tech. f* rubber solution; ~**mantel** *m* mackintosh, rubber coat; ~**matte** *f* rubber mat; ~**reifen** *m* (rubber) tyre, *Am.* tire; ~**ring** *m* rubber band; ~**sauger** *m tech.* rubber suction cup; *for baby*: rubber teat; ~**schlauch** *m* rubber hose; *bicycle, etc.*: rubber (*or* inner) tube; ~**schnur** *f* elastic (cord); ~**schuhe** *m/pl.* galoshes, rubber shoes, *Am.* rubbers; ~**schwamm** *m* rubber sponge; ~**sohle** *f* rubber sole; ~**stempel** *m* rubber stamp; ~**stiefel** *m* rubber boot; ~**stopfen**, ~**stöpsel** *m* rubber stopper; ~**strumpf** *m* elastic stocking; ~**tier** *n* rubber animal; ~**überschuhe** *m/pl.* → *Gummischuhe*; ~**überzug** *m* rubber coating; ~**unterlage** *f* rubber sheet (*or* square); ~**walze** *f* rubber roller; ~**waren** *f/pl.* rubber goods; ~**zelle** *f* padded room; ~**zucker** *m* arabinose; ~**zug** *m* elastic.

Gunst [gʊnst] *f* (-) favo(u)r; goodwill; kindness; partiality, patronage; favo(u)rableness (*of the weather, etc.*); *j-m e-e* ~ *erweisen* grant a p. a favo(u)r, bestow a favo(u)r on a p.; *in j-s* ~ *stehen* be in a p.'s favo(u)r (*or* good graces); *in j-s besonderer* ~ *stehen* be high in a p.'s favo(u)r; *sich in j-s* ~ *setzen* gain a p.'s favo(u)r, ingratiate o.s. with a p.; *sich um j-s* ~ *bewerben* court a p.'s favo(u)r; *um j-s* ~ *buhlen* curry favo(u)r with a p.;

zu m-n ~en (*a. econ.*) to my favo(u)r (*or* credit); *Saldo zu Ihren ~en* balance in your credit; → *zugunsten*; '**~bezeigung** *f* favo(u)r, kindness.

günstig ['gynstiç] **I.** *adj.* favo(u)rable (*für* to); auspicious; opportune, propitious; encouraging, reassuring; promising; suitable; advantageous, profitable, beneficial; satisfactory, agreeable; *~e Gelegenheit* opportunity; *~ sein für* (*acc.*) be favo(u)rable to, favo(u)r, make for; *bei ~em Wetter* weather permitting; *im ~sten Falle* at best; *econ. zu ~en Bedingungen* on easy terms; *der Wind ist ~* the wind sits fair; *das Glück war uns ~* luck was on our side; *er hätte keinen ~eren Zeitpunkt wählen können* he couldn't have chosen a better (*or* more propitious) moment; **II.** *adv.* favo(u)rably; *~ gesinnt* well-disposed, benevolent (*dat.* to); *~ abschneiden* show up to advantage (*bei* in); *sich ~ stellen zu et.* take a positive view of a th., favo(u)r a th.

Günstling ['gynstliŋ] *m* (-s; -e) favo(u)rite; *contp.* minion; **~swirtschaft** *f* favo(u)ritism.

Gurgel ['gurgəl] *f* (-; -n) throat; *anat.* jugulum; gullet; *j-n bei der ~ packen* take a p. by the throat; *j-m die ~ zudrücken* choke (*or* strangle) a p.

'**gurgeln** *v/i. and v/t.* (*h.*) gargle; *voice, water*: gurgle.

'**Gurgeln** *n* (-s) gargling; gurgle.

Gurke ['gurkə] *f* (-; -n) cucumber; gherkin; *saure (eingelegte) ~n* pickled (preserved) cucumbers.

'**Gurken...:** **~hobel** *m* cucumber slicer; **~kraut** *n* (-[e]s) borage; **~salat** *m* cucumber salad; **~zeit** *f*: *saure ~* silly season.

gurren ['gurən] *v/i.* (*h.*) coo.

Gurt [gurt] *m* (-[e]; -e) belt, girdle; *arch., a. of saddle*: girth; strap; webbing; waistband; sash; *mil.* cartridge belt; '**~band** *tech. n* (-[e]s; ¨er) webbing, webs *pl.*; '**~bogen** *arch. m* transverse arch.

Gürtel ['gyrtəl] *m* (-s; -) belt, girdle (*both a. fig.*); *fig. geogr.* zone; *mil.* ring (*or* belt) of fortifications; cordon; *den ~ enger schnallen* tighten one's belt; **~rose** *med. f* shingles *pl.*; **~schnalle** *f* buckle (*or* clasp) of a belt; **~tier** *zo. n* armadillo.

gurten ['gurtən] *v/i.* (*h.*) *mil.* fill (*or* charge) the belt; *arch.* string.

gürten ['gyrtən] *v/t.* (*h.*) gird; *sich ~* put on one's belt, (*a. fig.*) gird o.s.

'**Gurt...:** **~förderer** ['-fœrdərər] *tech. m* (-s; -) belt conveyor; **~gewölbe** *n* cellular (*or* ribbed) vault; **~sims** *m or n* plinth; **~zuführung** *mil. f* belt feed (*of machine-gun*).

Guß [gus] *m* (-sses; ¨sse) *tech.* founding, casting (process); cast iron (*or* metal); castings *pl.*; *schmiedbarer ~* malleable iron; *typ.* fount, *Am.* font; jet, gush, dash (of water); downpour, (rain-)shower; *cul.* icing; *mit Zucker*2 iced; *aus e-m ~ fig.* of a piece.

'**Guß|asphalt** *m* poured asphalt; **~beton** *m* cast concrete; **~block** *m* ingot; **~bruch** *m* cast iron scrap; **~eisen** *n* cast iron; **2eisern** *adj.* cast-iron; **~fehler** *m* casting flaw; **~form** *f* (casting) mo(u)ld; **~kasten** *m* mo(u)lding box; **~naht** *f* casting burr, seam; **~stahl** *m* cast steel; **~stein** *m* sink; **~stück** *n* casting; **~waren** *f/pl.* castings *pl.*

gut [gu:t] **I.** *adj. generally*: good; good-natured, kind(-hearted); capable, efficient; favo(u)rable; fine, splendid; useful, serviceable; conducive (*für* to), beneficial, good (for); advantageous, profitable; adequate; considerable, substantial; sound; right, correct; *econ. ~er Absatz* ready sale; *~er Anzug* Sunday's best; *~es Wetter* fair weather; *~gehendes Geschäft* going concern; *~e Kenntnisse* fair knowledge, good grounding; *~e Nerven* steady nerves; *~e Qualität* good *or* high quality; *~e Stube* drawing room, parlo(u)r; *~e Worte* fair words; *auf ~ deutsch* in plain English; *aus ~er Familie* of a good family; *ganz ~* not bad, well enough; *so ~ wie unmöglich* practically (*or* next to) impossible; *der Prozeß ist so ~ wie gewonnen* the lawsuit is as good as won; *so ~ wie kein* practically no; *zu ~er Letzt* finally; → *zugute*; *e-e ~e Stunde* a good (*or* full) hour; *~ zu Fuß sein* be a good walker; *~er Dinge, ~en Mutes sein* be of good cheer; *ein ~er Rechner sein* be good (*or* quick) at figures; → *Glaube, Glück, Haar, Hoffnung, Kasse*; *~ sein für* (*acc.*) **a)** be good for (*a cold, etc.*), **b)** vouch (*or* answer) for, **c)** *econ. j-m*: be a p. good for (*an amount*); *~ sein gegen j-n or zu j-m* be good (*or* kind) to a p.; *~ sein mit j-m* be on friendly terms with a p.; *j-m ~ sein* love (*or* like) a p., be attached to a p.; *~ werden wound, etc.*: get well, heal, mend, *fig. a.* turn out well, be all right; *es ~ haben* be well off, have a good time of it, be lucky; *für ~ finden* think fit (*or* proper); → *Miene*; *kein besonders ~er Tänzer sein* be not much of a dancer; *sich e-n ~en Tag machen* have a good time of it, take it easy; make a day of it; **II.** *adv.* well; favo(u)rably, *etc.*; *~ (und gern)* at least, slightly over, easily; *~ riechen* smell good, have a pleasant smell; *~ schmecken* taste good, be good to eat; *~ aussehen* look good, *person*: be good-looking, (*healthy*) look well; *~ lernen* learn easily; *sich ~ halten* **a)** keep *or* preserve well, **b)** keep o.s. upright *or* erect, **c)** *fig.* bear up, stand one's ground, show up well; → *zustatten*; *colloq. mach's ~!* **a)** good luck (to you)!, **b)** cheerio!, have a good time!; *~ so!* good!, well done!; *schon ~!* **a)** never mind!, (that's) all right!, **b)** that will do!; *laß es ~ sein!* let it be (*or* pass)!; leave it alone!; *sei so ~* (will you) be so kind as to *inf.*, be good enough to *inf.*; *es ist ganz ~, daß* it is all to the good that; *das tut ihm ~* (*a. iro.*) that's good for him, that does him (a world of) good; *er täte ~ daran, zu gehen* he had better go; *du hast ~ reden (lachen)* it's easy for you to talk (laugh); *da können wir ja ebenso ~ wieder gehen* we may just as well leave; *das fängt ja ~ an* that's a nice start, really; *das kann ~ sein* that may well (*or* easily) be; (*der, die, das*) '**2e** (-n): *mein ~r* my good man; *die ~n pl.* the good, the righteous; *das ~* the good (part *or* thing); *~s und Böses* the good and the bad; *et. ~s* something good; *das ~ an der Sache ist* the good thing about it is; *des ~n zuviel tun* overdo it, overshoot the mark; *das ist des ~n zuviel* that's too much of a good thing; *sich zum ~n wenden* change for the better, take a turn, turn out well; *im ~n* in a friendly manner, amicably; *alles ~!* good luck!; *ich wünsche ihm alles ~* I wish him well; *das führt zu nichts ~m* nothing good will come of it.

Gut *n* (-[e]s; ¨er) good (thing), treasure; property, possession, goods *pl.*; (landed) estate, farm; *tech.* (*in state of production or conveyance*) stock, material; *Güter pl. econ.* goods, products, commodities, merchandise; *rail.* goods, *Am.* freight; (*property*) effects, assets; *jur. eingebrachtes ~* contributed property (*of wife*); *(un)bewegliche Güter* (im)movables; *lebenswichtige Güter* essential goods; *das höchste ~* the greatest good; *~ und Blut* life and property; *unrecht ~ gedeihet nicht* ill-gotten wealth never thrives.

'**Gut...:** **~achten** *n* (-s; -) opinion; *n.s.* expert opinion *or* evidence, expert's report; decision, verdict; award; *ärztliches ~* medical opinion (*or* certificate, *jur.* evidence); *ein ~ abgeben* deliver an opinion; *ein ~ einholen* take an opinion; **~achter** *m* (-s; -) expert; consultant; arbitrator; valuer, appraiser; **2achtlich** ['-axtliç] **I.** *adj.* expert, authoritative; advisory; **II.** *adv.* by way of an (expert's) opinion; **2artig** *adj.* good-natured, harmless; *med.* benign, mild; **~artigkeit** *f* good nature; harmlessness; *med.* benignity, mildness; **2aussehend** *adj.* good-looking; **2besetzt** *thea. adj.* well-cast (*part*); well-filled (*house*); **2bringen** *econ. v/t.* (*irr., h.*) → *gutschreiben*; **~dünken** *n* (-s) opinion, judg(e)ment, discretion (*a. jur.*); *nach ~* at pleasure, at (one's own) discretion; *Entscheidung nach ~* discretionary decision; *nach ~ des Gerichtes* at the Court's pleasure (*or* discretion); *nach eigenem ~ handeln* use one's own discretion; et. *dem ~ j-s überlassen* leave a th. to a p.'s discretion.

Güte ['gy:tə] *f* (-) goodness (of heart), kind(li)ness; generosity; charitableness; (God's) grace, loving-kindness; (intrinsic) worth; quality, grade, class; excellence, superior quality (*or* properties, virtues); purity; *of sound reproduction*: fidelity; efficiency; *in ~* amicably, in a friendly manner; by fair means; *haben Sie die ~ zu inf.* be so kind as to *inf.*; *e-e ~ ist der anderen wert* one good turn deserves another; *meine ~!* good gracious, good Lord (*or* Heavens)!; *econ. (von) erster ~* first-class, first-rate, top-quality, *w.s.* of the first water; ~**grad** *m* quality, grade; efficiency; ~**klasse** *f* class, grade; standard of quality; *nach* ~*n eingeteilt* graded; 2**mäßig** *adj.* in quality.

Güter ['gy:tər] *pl. of* → *Gut*; ~**abfertigung** *f* **a**) dispatch of goods, **b**) (*a.* ~**annahme** *f*) goods office; ~**austausch** *m* exchange of goods; ~**bahnhof** *m* goods station *or* yard, *Am.* freight depot *or* yard; ~**beförderung** *f* forwarding of goods; ~**fernverkehr** *m* long-distance goods traffic; ~**gemeinschaft** *f* community of goods (*in marriage*); ~**kraftverkehr** *m* road haulage; ~**makler** *m* (real) estate (*or* land) agent, *Am.* realtor; ~**markt** *m* commodity market; ~**recht** *n* law of property; *eheliches* ~ matrimonial regime; *gesetzliches* ~ statutory regime; *immaterielle* ~*e pl.* choses in action, incorporeal rights (*or* chattels); ~**schuppen**, ~**speicher** *m* goods shed, *Am.* freight depot; warehouse; ~**sendung** *f* consignment (of goods); ~**stand** *jur. m*: *ehelicher* ~ matrimonial regime; *getrennter* ~ separate (ownership of) estate; ~**tarif** *m* goods tariff; ~**trennung** *f* separation of property; ~**verkehr** *m* goods (*Am.* freight) traffic; ~**verlader** *econ. m* (-s; -) loader of goods; *mar.* shipping-agent, shipper; ~**verteilung** *f* distribution of goods; ~**wagen** *rail. m* goods wag(g)on, *Am.* freight car; *closed*: goods van, *Am.* boxcar; *open*: (goods) truck, *Am.* gondola car; ~**wirtschaft** *f* merchandising; ~**zug** *m* goods train, *Am.* freight train.

'**Güte...**: ~**stelle** *f* voluntary conciliation board; ~**verfahren** *n* conciliatory proceedings *pl.*; ~**zahl** *f* quality co-efficient; ~**zeichen** *n* hallmark, guaranty seal, mark of merit.

'**gut...**: ~**erhalten** *adj.* well-preserved; in good repair (*or* condition); ~**ge-artet** *adj.* → *gutmütig*; ~**gebaut** ['-gəbaut] *adj.* well-made; ~**gelaunt** *adj.* good-humo(u)red, in a good temper, *esp. Am.* chipper; ~**gemeint** ['-gəmaınt] *adj.* well-meant; ~**gesinnt** *adj.* well-disposed (*dat.* to); well-meaning; loyal; decent; 2**gewicht** *econ. n* fair weight, allowance, overweight, tare; ~**gläubig** *adj.* acting (*or* done) in good faith, bona fide; ~*er Eigentümer* bona fide owner; → *leichtgläubig*; 2**gläubigkeit** *f* good faith; 2**haben** *n* (-s; -) credit (balance), (bank) balance; account; assets, holdings *pl.*; „*kein* ~" "no funds"; *mein gegenwärtiges* ~ the balance standing to my favo(u)r; ~**heißen** *v/t.* (*irr.*, *h.*) approve (of), sanction, *Am. colloq.* okay; ~**herzig** *adj.* kind(-hearted), warm-hearted, good-natured; 2**herzigkeit** *f* (-) kind-heartedness, kindness.

gütig ['gy:tiç] **I.** *adj.* good, kind (*gegen* to); kind-hearted, kindly; benevolent; indulgent; *mit Ihrer* ~*en Erlaubnis* with your kind permission; *Sie sind sehr* ~ you are very kind; **II.** *adv.*: *wollen Sie mir* ~*st gestatten* (will you) kindly allow me (*a. iro.*).

'**gütlich I.** *adj.* amicable, friendly; ~*e Einigung*, ~*er Vergleich* amicable settlement; **II.** *adv.*: *sich* ~ *einigen* settle *or* arrange a th. amicably, come to a friendly agreement; *sich* ~ *tun an* (*dat.*) do o.s. well on, regale o.s. on, take (*or* eat, drink) one's fill of; *sie taten sich an s-n Zigarren* ~ they helped themselves to his cigars.

'**gut...**: ~**machen** *v/t.* (*h.*): (*wieder*) ~ make good, make up for, make amends for, compensate; repair, redress (*mistake, etc.*); ~**mütig** ['-my:tiç] *adj.* good-natured; 2**mütigkeit** *f* (-) good nature; ~**sagen** *v/i.* (*h.*) vouch, answer (*für* for).

'**Gutsbesitzer**(**in** *f*) *m* landowner, landed proprietor (*f* proprietress), gentleman farmer; owner of an estate.

'**Gut...**: ~**schein** *m* voucher; credit note, coupon; bonus, token; warranty; 2**schreiben** *v/t.* (*irr.*, *h.*) credit (*e-n Posten* an item); *j-m e-n Betrag* ~ pass (*or* place) an amount to a p.'s credit *or* to the credit of a p.'s account; *e-n Betrag e-m Konto* ~ pass (*or* place) an amount to the credit of an account, credit an account with an amount; ~**schrift** *f* credit(ing), credit item; *zur* ~ *auf unser Konto* to the credit of our account; ~**schrifts-anzeige** ['-ʃrifts-] *f* credit note; ~**schriftsbeleg** ['-ʃrifts-] *m* credit slip (*Am.* ticket).

Guts...: ~**haus** *n* farm-house; ~**herr**(**in** *f*) *m* lord (lady) of the manor; → *Gutsbesitzer*; ~**hof** *m* farmyard; *w.s.* estate, farm.

'**gut-situiert** *adj.* well-off, in easy circumstances.

'**Guts-pächter** *m* tenant(-farmer).

'**gut-stehen** *v/i.* (*irr.*, *h.*) answer (*or* be answerable) (*für acc.* for).

'**Gutsverwalt|er** *m* landholder's steward *or* manager, estate-agent; ~**ung** *f* management of an estate.

Guttapercha [gutə'pɛrça] *f* (-) gutta-percha.

'**Gut-tat** *f* good action (*or* deed), benefit, kindness.

'**gut-tun** *v/i.* (*irr.*, *h.*) *medicine*: take effect, operate; be soothing *or* a relief; *child*: behave, be good; *j-m* ~ do a p. good; *fig. das tut mir gut* that does me good; *das tut ihm gut!* (*a. iro.*) that does him (a world of) good!; *das tut nicht gut* no good can come of it.

guttural [gutu'rɑ:l] *adj.* guttural.

'**gut...**: ~**unterrichtet** *adj.* well-informed; ~**willig I.** *adj.* willing, ready; obliging, complaisant; **II.** *adv.* willingly, peacefully; voluntarily; 2**willigkeit** *f* willingness, readiness; obligingness, complaisance.

Gymnasialbildung [gymnazi'ɑ:l-] *f* (-) secondary school (*n.s.* classical) education.

Gymnasiast(**in** *f*) [-zi'ast(in)] *m* (-*en*, -*en*; -, -*nen*) grammar-school boy (girl); secondary school boy (girl).

Gymnasium [gym'nɑ:zium] *n* (-*s*; -*ien*) **a**) secondary school, **b**) classical secondary school, grammar-school.

Gymnastik [gym'nastik] *f* (-) gymnastics *pl.*, physical exercises *pl.* (*or* drill); cal(l)isthenics *pl.*; ~**er** *m* (-s; -) gymnast; ~**schule** *f* school of gymnastics; **gym'nastisch** *adj.* gymnastic.

Gynäkologe [gynɛ:ko'lo:gə] *m* (-*n*; -*n*) gyn(a)ecologist; **Gynäkolo'gie** [-lo'gi:] *f* (-) gyn(a)ecology; **gynäko'logisch** [-'lo:giʃ] *adj.* gyn(a)ecological.

Gyro ['gy:ro] *m* (-*s*; -*s*) gyro; **Gyro'skop** [gyro'sko:p] *n* (-*s*; -*e*) gyroscope.

H

H, h [hɑ:] *n* H, h; **H, h** *mus. n* B.

ha! [hɑ:] *int.* ha!, ah!

Haag [hɑ:k] *m*: *Den* ~ The Hague; *im* ~ at The Hague; ~*er Abkommen, Landkriegsordnung* Hague Convention (respecting the laws and customs of war on land); ~*er Internationaler Schiedsgerichtshof* International Court of Arbitration at The Hague.

Haar [hɑ:r] *n* (-[*e*]*s*; -*e*) hair (*a. bot.*); hair (of the head) *sg.*; *of cloth*: nap, pile; bristle; down, fuzz; *die* ~*e waschen* shampoo; *j-m die* ~*e schneiden* give a p. a hair-cut; *sich die* ~*e schneiden lassen* have one's hair cut, have (*or* get) a hair-cut; *j-n an den* ~*en ziehen* pull a p.'s hair; *sich das* ~ *frisieren or richten* dress (*or* do, *Am. a.* fix) one's hair; *fig. aufs* ~ to a hair, to a T, exactly, precisely; *um ein* ~ within a hair's breadth, very nearly *or* narrowly; *um ein* ~ *wäre ich überfahren worden* I came within an ace of being run over, I had a narrow escape; *um kein* ~ *besser* not a bit better; *ein* ~ *in der Suppe finden* find a fly in the ointment; *j-m kein* ~ *krümmen* not to touch a hair on a p.'s head; *kein gutes* ~ *an j-m lassen* tear (*or* pull) a p. to pieces, not to find a good word to say for a p.; ~*e auf den Zähnen haben* have a sharp tongue, be aggressive; *sich in den* ~*en liegen* be at loggerheads; *sich in die* ~*e geraten* fly at each other, clash, get into each other's hair; ~*e lassen müssen* **a**) suffer heavy losses, **b**) be fleeced; *et. bei den* ~*en herbeiholen* lug in a th., drag a th. in by the head and shoulders; *bei den*

~*en herbeigeholt* far-fetched; *mein Leben hing an e-m* ~ my life hung by a thread; *die ~e standen mir zu Berge* my hair stood on end; *da standen einem die ~e zu Berge* it was a hair-raising affair; *laß dir deshalb keine grauen ~e wachsen* don't let it worry you; → *spalten.*

'**Haar...:** ~**ausfall** *m* fall (*or* loss) of hair, *med.* alopecia; ~**balg** *anat. m* hair follicle; ~**besen** *m* hair broom; ~**bleichen** *n* hairbleaching; ~**boden** *m* hair bed; ~**breit** *n* (-) hair's breadth; *nicht um ein ~ weichen* not to budge an inch; → *Haar(esbreite)*; ~**bürste** *f* hair brush; ~**büschel** *n* tuft of hair; ~**draht** *m* finest (gold) wire; ≈**dünn** *adj.* hair-thin, capillary; ≈**en** *v/i.* (*h.*) (*a. sich*) lose (*or* shed) one's hair; ~**entferner** *m* (-s; -), ~**entfernungsmittel** *n* depilatory; ~**ersatz** *m* false hair; transformation; ~**esbreite** *f* (-) hairbreadth; *um ~* by a hair's breadth, by the fraction of an inch; *nicht um ~* not an inch; → (*um ein*) *Haar*; ~**farbe** *f* colo(u)r of hair; ~**färbemittel** *n* hair-dye, hair-tint; ~**färben** *n* (-s) hair dying (*or* tinting); ~**faser** *f* capillary filament; ~**feder** *tech. f* hair spring; ≈**fein** *adj.* (as) fine as a hair, capillary; *fig.* very subtle; ~**festiger** *m* (-s; -), ~**fixativ** *n* setting lotion; ~**flechte** *f* braid (of hair), plait; ~**follikel** ['-fɔli:kəl] *n* (-s; -) hair follicle; ≈**förmig** ['-fœrmiç] *adj.* hairshaped, capilliform; ~**fülle** *f* abundant (*or* rich) hair; ~**gefäß** *anat. n* capillary (vessel *or* tube); ≈**genau** *adj.* to a hair (*or* nicety), to a T; exact, precise, meticulous; → *haarklein*; ≈**ig** *adj.* hairy, hirsute; *bot., zo.* pilous, pilose; *colloq.* stiff, tough; fishy; ~**kamm** *m* (hair-) -comb; ~**klammer**, ~**klemme** *f* bobby pin; ≈**klein** *adv.* minutely, in detail, with all the details; ~**künstler(in** *f*) *m* hair-dresser, *humor.* tonsorial artist; ~**locke** *f* lock; curl, ringlet; ≈**los** *adj.* hairless; bald; ~**mittel** *n* hair restorer; ~**nadel** *f* hairpin; ~**nadelkurve** *f* hairpin bend; ~**nest** *n* chignon; ~**netz** *n* hair-net; ~**öl** *n* hair oil; ~**pflege** *f* care of the hair; ~**pflegemittel** *n* hair lotion; ~**pinsel** *m* hair-brush; ~**puder** *m* hair-powder; ~**riß** *tech. m* hair-crack; ≈**rissig** *tech.* crazed; ~**röhrchen** *n* capillary tube; ~**salbe** *f* hair-cream, pomade; ≈**scharf I.** *adj.* very sharp, razor-sharp; *fig.* very precise (*or* exact); → *haargenau*; **II.** *adv. fig.* precisely, with mathematical precision; ~ *beweisen* prove to a nicety; *der Wagen fuhr ~ an uns vorbei* the car missed us by an inch; ~**schere** *f* hair scissors *pl.*; ~**schleife** *f* bow *or* ribbon (for the hair); ~**schmuck** *m* hair ornament(s *pl.*); ~**schneidemaschine** *f* hair-clippers *pl.*; ~**schneiden** *n* (-s) hair-cut(ting); ~, *bitte!* hair-cut, please!; ~**schneider** *m* hair-cutter, hair-dresser, *Am.* barber; ~**schneidesalon** *m* hair-dressing saloon, *Am. a.* barber shop; ~**schnitt** *m* hair-cut; ~**schopf** *m* tuft of hair; shock, mop (of hair); ~**schuppen** *f/pl.* dandruff *sg.*; ~**schweif** *ast. m* tail (of a comet), coma; ~**schwund** *m* loss of hair; ~**seil** *n med.* seton; *vet.* rowel; ~**seite** *tech. f* hair (*or* grain) side; ~**sieb** *n* hair-sieve; ~**spalter** *m* hair-splitter; ~**spalterei** [-ʃpaltə'raɪ] *f* (-; -en) hair-splitting; ~ *treiben* split hairs; ~**spange** *f* hair-slide, hair clasp; ~**spitze** *f* tip of a hair; ≈**sträubend** *adj.* shocking, outrageous; scandalous, incredible; ~**strich** *m* hair-stroke; ~**tracht** *f* hair-style; ~**trockner** *m* hair drier; ~**waschen** *n* (-s) shampoo; ~**waschmittel** *n* shampoo, hair-wash; ~**wasser** *n* hair tonic (*or* lotion); ~**wickel** *m* curler, curl-paper; ~**wild** *n* ground game, fur; ~**wuchs** *m* growth of (the) hair; head of hair; ~**wuchsmittel** *n* hair-restorer; ~**wurzel** *f* root of a hair; ~**zange** *f* tweezers *pl.*

Habe ['ha:bə] *f* (-) property; (personal) belongings, effects, goods *pl.*, *jur.* personalty; *bewegliche ~* movables *pl.*, personal estate; *unbewegliche ~* immovables *pl.*, real estate; *Hab und Gut* goods and chattels; all one's property (*or* belongings).

haben ['ha:bən] *v/t.* have; possess, be in possession of, own, hold; *es hat* there is, there are; ~ *zu inf.* have to *inf.*, be obliged (*or* compelled) to *inf.*; ~ *wollen* **a)** wish, desire, want, **b)** ask for, demand, require; *colloq. sich ~* **a)** put on airs, **b)** (make a) fuss; *etwas (nichts) auf sich ~* be of (no) consequence, (not to) matter; *hinter sich ~* have experienced (*or* undergone), have gone through *a th.*; *vor sich ~* await, face, be in for; *unter sich ~* be in charge (*or* control, care) of, command; *es im Halse ~* suffer from (*or* have) a bad throat; → *gern, recht, unrecht*; *es bequem ~* have a comfortable (*or* easy) life; *econ. zu ~* obtainable, to be had, for sale, on the market; *zu ~ bei* (*dat.*) sold by; *ich hab's!* I have (got) it!; *da hast du es!* there you are!; *was hast du?* what is the matter with you?; *er hat es ja!* he can afford it; *colloq. hat sich was!* nothing doing!, what next?; *so will sie es ~* that's the way she wants it; *er hat Geburtstag* it is his birthday; *wir ~ April* it is April; *wir ~ Winter hier* it's winter (over) here; *den wievielten ~ wir heute?* what is the date (today); *welche Farbe ~ seine Augen?* what colo(u)r are his eyes?; *es hat viel für sich* there is much to be said for it; *ich habe einen Freund an ihm* I have a friend in him; *er hat etwas Überspanntes an sich* there is something eccentric about him; *die Aufgabe hat es in sich* it's a very difficult problem (*or* a tough job), it's a hard nut to crack; *er hat viel von seinem Vater* he takes after his father, he is like his father in many ways; *woher hast du das?* where did you get it?, how did you come by that?; *was hast du gegen ihn?* what have you (got) against him? *sie hatte es mit ihm* she had an affair with him; *dafür bin ich nicht zu ~* I would rather not have anything to do with it, count me out; *ich will es nicht ~* **a)** I don't want it, **b)** I won't have it; *was habe ich davon?* what's in it for me?, what's the good of it?; *du hättest es mir sagen sollen* you ought to have told me; *er hätte es tun können* he could (*or* might) have done it; → *Anschein, Auge, Eile, etc.*

'**Haben** *econ. n* (-s) credit (side); → *Soll.*

'**Habenichts** *m* (-; -e) have-not, beggar; ~*e pl.* have-nots.

'**Haben|saldo** *n* credit balance; ~**seite** *f* credit side.

Haber ['ha:bər] *m* (-s) → *Hafer.*

Habgier ['ha:p-] *f* greed(iness), covetousness, avarice; ≈**ig** *adj.* greedy, covetous, grasping, avaricious.

'**habhaft** *adj.*: ~ *werden* (*gen.*) get hold of, secure; catch, seize.

Habicht ['ha:biçt] *m* (-e[s]; -e) hawk; ~**skraut** *bot. n* hawkweed; ~**snase** *f* hooked nose.

Habilitation [habilitatsi'o:n] *univ. f* (-; -en) habilitation; **habili'tieren:** *sich ~* (*h.*) habilitate.

Habit [ha'bi:t] *n* (-s; -e) dress, garment, attire.

Habitus ['ha:bitus] *m* (-) (physical *or* mental) habits *pl.*; *physiol.* habitus.

Habseligkeiten ['ha:p-] *f/pl.* belongings, effects, things; → *Habe.*

Hab|sucht ['ha:p-] *f* (-), ≈**süchtig** *adj.* → *Habgier, habgierig.*

Hachse ['haksə] *cul. f* (-; -n) knuckles *pl.*

Hack|beil ['hak-] *n* chopper, cleaver; ~**block** *m* chopping-block; ~**braten** *m* mince loaf, meat roll; ~**brett** *n* chopping-board; *mus.* dulcimer.

Hacke ['hakə] *f* (-; -n) *agr.* hoe, mattock; pick(axe).

Hacken ['hakən] *m* (-s; -) heel; *die ~ zusammenschlagen* click one's heels.

hacken ['hakən] *v/t. and v/i.* (*h.*) *agr.* hack, hoe; chop, cut, cleave (*wood*); chop, mince (*meat*); pick, peck, hack.

Hackepeter ['hakəpe:tər] *cul. m* (-s) pork mince loaf.

Häckerling ['hɛkərliŋ] *m* (-s) → *Häcksel.*

'**Hack...:** ~**fleisch** *n* minced meat, *Am.* ground meat; ~**frucht** *f* hoed crop; ~**klotz** *m* chopping-block; ~**maschine** *f* mincing-machine, mincer, *Am.* food chopper; *tech.* rag-cutter (*for paper*); *agr.* hoeing machine, *Am.* cultivator; chipper; ~**messer** *n* chopping-knife, chopper.

Häcksel ['hɛksəl] *agr. m and n* (-s) chaff, chopped straw; ~**bank** *f* (-; ⸚e), ~**(schneide)maschine** *f* chaff-cutter.

Hader ['ha:dər] *m* **1.** (-s; -n) rag; **2.** (-s) dispute, quarrel; feud, strife; discord; ≈**n** *v/i.* (*h.*) quarrel, wrangle (*mit* with); be at strife (*or* feud) with; be angry (*or* wrathful, bitter).

Hafen ['ha:fən] *m* (-s; ⸚) **1.** port; harbo(u)r; haven; *econ.* (sea)port; *fig.* haven (of rest), (safe) refuge; *im ~ anlegen* harbo(u)r; → *anlaufen,* *einlaufen, etc.*; *fig. in den ~ der Ehe einlaufen* be (*or* get) married; **2.** (*South German*) pot; **~amt** *n* port authority; **~anlagen** *f/pl.* docks, port installations (*or* facilities); **~arbeiter** *m* docker, *Am.* longshoreman; **~bau** *m* (-[e]s; -ten) harbo(u)r *or* dock construction; **~becken** *n* (harbo[u]r)basin, (wet) dock; **~behörde** *f* port authority; **~damm** *m* jetty, mole; pier; **~einfahrt** *f* entrance to a port; **~gebühren** *f/pl.*, **~geld** *n* harbo(u)r-(*or* port-)dues *or* charges, anchorage *sg.*; **~meister** *m* harbo(u)r-master; **~platz** *m* → *Hafenstadt*; **~schlepper** *m* harbo(u)r tug; **~schleuse** *f* dock gate; **~sperre** *f* embargo; blockade; **~stadt** *f* seaport (town); **~viertel** *n* water-front, dock area; **~wache** *f* harbo(u)r police; **~zoll** *m* port-dues *pl.*

Hafer ['hɑːfər] *m* (-s) oats *pl.*; *fig. ihn sticht der ~* he is getting cocky *or* too reckless, he feels his oats; **~brei** *m* (oatmeal-)porridge, *Am.* oatmeal; **~flocken** *f/pl.* rolled (*or* flaked) oats; **~grütze** *f* groats, grits *pl.*

Haferlschuh ['hɑːfərl-] *m* brogue.

'**Hafer...:** **~mehl** *n* oatmeal; **~schlehe** *f* bullace; **~schleim** *m* (water-)gruel; **~schleimsuppe** *f* oatmeal soup.

Haff [haf] *n* (-[e]s; -e) bay.

Hafner ['hɑːfnər] *m* (-s; -) **1.** potter; **2.** (*South German*) plumber.

Haft [haft] *f* (-) custody; detention, confinement; arrest; *strenge ~* close confinement; *in ~* under detention (*or* arrest), in custody; *aus der ~ entlassen* release (*gegen Sicherheitsleistung* on bail); *in ~ halten* detain, hold under detention, keep in custody; *in ~ nehmen* place under detention, take into custody.

'**haftbar** *adj.* responsible, liable, answerable (*für* for); → *haften*; *j-n ~ machen für* make *or* hold a p. liable for; **2keit** *f* (-) responsibility, liability.

'**Haft...:** **~befehl** *m* warrant of arrest; **~dauer** *f* period of detention, term of confinement.

'**haften** *v/i.* (*h.*) cling, adhere, stick (*an dat.* to); *mil. toxic agents, etc.*: persist; *fig. thoughts, etc.*: be fixed *or* cent|red, *Am.* -ered (on); *im Gedächtnis ~ (-bleiben)* stick (in one's mind), be imprinted *or* engraved (up)on one's mind, *b.s.* haunt one's mind, rankle; *s-e Blicke auf et. ~ lassen* keep looking at a th., have one's eyes fixed on a th.; *jur.* be liable *or* responsible, answer (*für* for); be held responsible; guarantee (*j-m a p.* against); guarantee, warrant (*für et.* a th.); *beschränkt ~* have a limited liability; *unbeschränkt ~* be liable without limitation; *mit s-m ganzen Vermögen ~* be liable to the extent of one's property; *persönlich ~der Gesellschafter* personally liable (*or* full, responsible) partner, general partner.

'**Haft...:** **~fähigkeit, ~festigkeit** *tech. f* adhesion, adhesive strength; **~gläser** *opt. n/pl.* contact lenses; **~hohlladung** *mil. f* magnetic anti-tank hollow charge.

Häftling ['hɛftlɪŋ] *m* (-s; -e) prisoner.

'**Haftlokal** *n* detention room.

'**Haftpflicht** *f* liability, responsibility; *solidarische ~* joint liability; *mit beschränkter ~* with limited liability; → *GmbH*; **~gesetz** *n* Employer's Liability Act; **2ig** *adj.* liable, responsible (*für* for); **~versicherung** *f* third party (indemnity) insurance.

'**Haft...:** **~psychose** *f* prison psychosis; **~sitz** *tech. m* tight fit; **~spannung** *f* bond stress.

'**Haftung** *f* (-; -en) *tech.* adhesion; *chem.* adsorption; *jur.* liability, responsibility, guarantee; *beschränkte (persönliche) ~* limited (personal) liability; *dingliche ~* liability in re; *gesamtschuldnerische ~* joint and several liability; *aus e-r ~ entlassen* discharge from a liability; *e-e ~ übernehmen* undertake liability; **~s-ausschluß** *m* exemption from liability; **~sfonds** *m* guarantee funds *pl.*; **~sverzichtklausel** *f* liability waiver clause.

Hag [hɑːk] *m* (-[e]s; -e) hedge; enclosure; grove; wood.

Hage|buche ['hɑːgə-] *f* hornbeam; **~butte** *f* (rose-)hip; **~dorn** *m* (-[e]s; -e) hawthorn.

Hagel ['hɑːgəl] *m* (-s; -) hail; small shot; *fig.* shower; volley, torrent (*of oaths, etc.*); **2dicht** *adj.* (as) thick as hail; **~korn** *n* hailstone; **2n** *v/i.* (*h.*) hail (*a. fig.*); *es hagelt* it hails; *fig. es hagelte Schläge* blows rained down; *es hagelte Vorwürfe auf ihn* he was showered with reproaches; **~schaden, ~schlag** *m* damage caused by hail; **~schauer** *m* heavy fall of hail; **~schloßen** *f/pl.* hailstones; **~versicherung** *f* hail(storm) insurance; **~wetter** *n* hailstorm.

hager ['hɑːgər] *adj.* lean, lank(y), spare; scraggy; rawboned; gaunt, haggard; **2keit** *f* (-) leanness, lank(i)ness; gauntness.

Hagestolz ['hɑːgəʃtɔlts] *m* (-es; -e) (old) bachelor.

haha! ['ha'hɑː] *int.* ha ha!, aha!

Häher ['hɛːər] *m* (-s; -) jay.

Hahn [hɑːn] *m* (-[e]s; ⸗e) cock; rooster; *junger ~* cockerel; weather-cock; *tech.* (stop)cock, tap, *Am.* faucet; *barrel*: spigot; *gun*: cock, hammer; *den ~ spannen* cock a gun *or* rifle; *den ~ aufdrehen (zudrehen)* turn the tap on (off); *fig. ~ im Korbe* cock of the walk; *es kräht kein ~ danach* nobody cares two hoots about it; who cares?; *j-m den roten ~ aufs Dach setzen* set fire to a p.'s house.

Hähnchen ['hɛːnçən] *n* (-s; -) cockerel.

'**Hahnen...:** **~fuß** *bot. m* crowfoot; **~kamm** *m* (*a. bot.*) cockscomb; **~kampf** *m* cock-fight; **~schrei** *m* cock-crow(ing); *mit dem ersten ~* at cock-crow; **~sporn** *m* (*a. bot.*) cockspur; **~tritt** *m* (cock-)tread (*of egg*).

Hahnrei ['hɑːnraɪ] *m* (-[e]s; -e) cuckold; *zum ~ machen* cuckold.

Hai [haɪ] *m* (-[e]s; -e), '**~fisch** *m* shark.

Hain [haɪn] *m* (-[e]s; -e) grove; wood.

Häkchen ['hɛːkçən] *n* (-s; -) hooklet, crochet; *on list, etc.*: tick; *gr.* apostrophe; *früh krümmt sich, was ein ~ werden will* as the twig is bent the tree is inclined.

Häkelarbeit ['hɛːkəl-] *f*, **Häkelei** ['hɛːkə'laɪ] *f* (-; -en) crochet work.

'**Häkel...:** **~garn** *n* crochet-cotton; **2n** *v/t. and v/i.* (*h.*) crochet; **~nadel** *f* crochet-needle.

Haken ['hɑːkən] *m* (-s; -) hook; peg; clasp, hasp; *tech.* hook, clutch; clamp; claw; *~ und Öse* hook and eye; catch; picklock; *boxing*: *linker (rechter) ~* left (right) hook; *e-n ~ versetzen* (land a) hook; *hunt. etc.* (*e-n*) *~ schlagen* double; *fig.* snag, hitch; *die Sache hat e-n ~* there is a hitch (*or* catch) to it; *es hat den ~, daß* the trouble is that; *da sitzt der ~!* there is the rub (*or* snag)! **2** *v/t. and v/i.* (*h.*) hook (*an acc.* on to); *sich ~ an* hook on; catch (*or* be caught) in; **~büchse** *hist. f* arquebus; **2förmig** ['-fœrmɪç] *adj.* hooked; **~kreuz** *n* swastika; **~nase** *f* hooked nose; **~schlüssel** *m* hook-spanner; **~ziegel** *m* hook tile.

'**hakig** *adj.* hooked.

Häklerin ['hɛːklərin] *f* (-; -nen) crocheter.

Halali [hala'liː] *hunt. n* (-s; -[s]) mort; *~ blasen* sound the mort.

halb [halp] **I.** *adj.* half; *e-e ~e Stunde* half an hour, *Am. a.* a half-hour; *~ drei Uhr* half past two; *es schlägt ~* the half-hour strikes; → *Fahrt*; *auf ~er Höhe* half-way (up); *die ~e Summe* half the sum; *um den ~en Preis* for half the money, (at) half-price; *~e Wahrheit* half-truth; *mit ~em Herzen* half-hearted(ly); *mus. ~er Ton* semitone, half tone; *j-m auf ~em Wege entgegenkommen* meet a p. halfway; *sich auf ~em Wege einigen* split the difference; *mit ~em Ohr zuhören* listen with one ear only; **II.** *adv.* by halves, half; *~ entschlossen* half decided; *er wünschte ~* he half-wished; *~ soviel* half as much; *~ und ~* by halves, half and half; → *Halbpart*; tolerably (well); nearly; *es ist ~ so schlimm* it's not as bad as all that; *das ist ~ geschenkt* it's practically a gift (at that price); *damit war die Sache ~ gewonnen* that was half the battle; *die Zeit ist ~ um* the time is half over; **2e(s)** *n* (one-)half; *drei ~e* three halves; *nichts ~es und nichts Ganzes* neither fish, flesh, nor fowl, neither here nor there, a half-measure.

'**Halb...:** **2amtlich** *adj.* semi-official; **~ärmel** *m* half-sleeve; **~atlas** *m* satinet(te); **~automat** *tech. m* semi-automatic machine; **2automatisch** *adj.* semi-automatic; **~band** *m* (-[e]s; ⸗e) half-binding; **~bildung** *f* semi-culture, smattering; **~blut** *n* half-blood; *person, race*: *a.* half-caste; *horse*: half-bred; **~blut..., 2blütig** ['-blyːtɪç] *adj.* half-blooded, half-bred (*horse*); **~blüter** *m* (-s; -) *horse*: half-bred; **~bruder** *m* half-brother; **2bürtig** ['-byrtɪç] *adj.* of the half-blood; **~dunkel** *n* semi-darkness, (dim) twilight; **~edelstein** *m* semi-precious stone.

...halben [-halbən], **(...)halber** [-halbər] *in compounds* **1.** on account of, for reasons of, owing to; **2.** for the sake of; **3.** for, with a view to.

Halb... ['halp-]: **2erhaben** *tech. adj.* demi-relief, mezzo-relievo; **~fabrikat** *tech. n* semi-finished product, intermediate product; *~e pl. a.* goods in process, semi-finishes; **2fertig** *adj.* half-done; *tech.* semi-manufactured (*or* -finished); **2fest** *adj.* semi-solid (*fat, etc.*); **2fett** *adj. typ.* semi-bold; semi-bituminous (*coal*); **~finale** *n* semi-final; **~flugball** *m tennis*: half-volley; **~format** *phot. n* half-frame; **~franz** ['-frants] *n* (-): *in ~ (gebunden)* half-bound (calf); **~franzband** *m* (-[e]s; ⁻e) half-calf (binding); **2gar** *adj.* underdone, *Am.* rare; **2gebildet** *adj.* half-educated, semi-cultured; **~geschoß** *arch. n* entresol; **~geschwister** *pl.* half-brothers and sisters; **~geviert** *typ. n* en quad; **~gott** *m*, **~göttin** *f* demigod(dess *f*); **~heit** *f* (-; -en) incompleteness, imperfection; half-measure; *er liebt keine ~en a.* he does not do things by halves.

halbier|en [-'bi:rən] *v/t.* (*h.*) halve, cut in half, divide into (equal) halves; *math.* bisect; **2ung** *f* (-; -en) halving; *math.* bisection; **2ungsebene, 2ungsfläche** *math. f* bisecting plane; **2ungslinie** *math. f* bisecting line, bisector.

'Halb...: **~insel** *f* peninsula; **~jahr** *n* half-year; six months *pl.*; **~jahr(e)s...** mid-year..., semi-annual..., six-month...; **2jährig** *adj.* **1.** lasting (*or* of) six months, half-year, six-month; **2.** six-month(s)-old (*baby*); **2jährlich** *adj. and adv.* half-yearly, *Am.* semi-annual(ly *adv.*); **~kettenfahrzeug** *mot. n* half-track (vehicle); **~kreis** *m* semicircle; **2kreisförmig** *adj.* semicircular; **~kugel** *f* hemisphere; **2kugelförmig** ['-fœrmiç] *adj.* hemispheric(al); **2lang** *adj.* medium-length; half-length (*sleeve, trousers*); half-long (*vowel*); *colloq. mach's ~!* draw it mild!; **2laut I.** *adj.* low, subdued; **II.** *adv.* in an undertone, under one's breath, sotto voce; **~leder** *n* half-calf; *~ gebunden* half-bound; **~lederband** *m* half-binding; **2leinen** *adj.* half-linen; **~leinen** *n* half-linen (cloth); *book*: (*in ~*) half-cloth; **~linke(r)** *m* (-*n*; -*n*) *soccer*: inside left; **2mast** *adv.*: *auf ~ setzen (stehen)* lower to (fly at) half-mast; **~messer** *m* (-*s*; -) radius; **~metall** *n* semi-metal; **2militärisch** *adj.* paramilitary; **2monatig** ['-mo:natiç] *adj.* lasting (*or* of) half a month, two-week; **2monatlich I.** *adj.* semi-monthly, fortnightly; **II.** *adv.* every fortnight, twice a month; **~monatschrift** *f* semi-monthly; **~mond** *m* half-moon, crescent; **2mondförmig** *adj.* crescent-shaped; **2nackt** *adj.* half-naked, semi-nude; **2offen** *adj.* half-open; *door*: ajar; **2part:** *~ machen* go halves, go fifty-fifty; **~profil** *n* three-quarter face; **~rechte(r)** *m soccer*: inside right; **2reif** *adj.* half-ripe; **~relief** *n* half relief, mezzo-relievo; **2rund** *adj.* semicircular; **~samt** *m* uncut velvet; **~schatten** *m* half-shade, half-shadow; penumbra; **~schlaf** *m* doze; **~schuh** *m* (low) shoe; **~schwergewicht(ler** *m*, -*s*; -) *n sports* light heavy-weight; **~schwester** *f* half-sister; **~seide** *f* half-silk; **~seitenlähmung** *med. f* hemiplegia; **~sold** *mil. m* half-pay; **~sopran** *m* mezzo-soprano; **~spieler** *m soccer, etc.*: half-back; **2staatlich** *adj.* semi-governmental; **~stahl** *m* semi-steel; **~starke(r)** *colloq. m* (-*n*; -*n*) juvenile street-rowdy, hooligan, *Brit. a.* teddy-boy; **2starr** *aer. adj.* semi-rigid; **~stiefel** *m* half-boot; **~strumpf** *m* knee-sock; **2stündig** ['-ʃtyndiç] *adj.* lasting (*or* of) half an hour, half-hour; **2stündlich** *adj.* half-hourly, (once) every half-hour; **2tägig** *adj.* lasting half a day, half a day's, half-day; **~tags-arbeit** *f* part-time job (*or* employment); **~tagsbeschäftigte(r** *m*) *f* (-*n*; -*n*, -*en*, -*en*) part-time worker, part-timer; **~ton** *m* (-[e]s; ⁻e) *mus.* semitone, *a. phot., typ.* half-tone; **~ton-ätzung** *f* half-tone (*engraving*); **2tot** *adj.* half-dead; *adv. sich ~ lachen* split one's sides with laughter; **~trauer** *f* half-mourning; **2verdaut** *adj.* undigested (*a. fig.*); **~vers** *m* hemistich; **~vokal** *m* semivowel; **2voll** *adj.* half-full; **2wach** *adj.* half-awake, dozing; **~waise** *f* fatherless child, motherless child; **2wegs** ['-ve:ks] *adv.* half-way, midway; tolerably, middling; to a certain extent; **~welt** *f* (-) demi-monde; **~weltdame** *f* demi-mondaine, demi-rep; **~wertzeit** *phys. f* half-life (period); **~wissen** *n* superficial knowledge, smattering; **~wisser** *m* (-*s*; -) smatterer; **2wöchentlich** *adj.* half-weekly; **~wolle(nstoff** *m*) *f* linsey-woolsey; **2wollen** *adj.* half-woolen; **2wüchsig** ['-vy:ksiç] *adj.* adolescent, teenage; **~wüchsige(r** *m*) [-igə(r)] *f* (-*n*, -*n*; -*en*, -*en*) adolescent, juvenile (boy, girl), teenager; **~zeit** *f sports*: half-time (*a.* **~zeitpause** *f*); *phys.* half-life (period); **~zeug** *tech. n paper*: first (*or* half) stuff; → *Halbfabrikat*; **~zug** *mil. m Brit.* half platoon, *Am.* section.

Halde ['haldə] *f* (-; -*n*) slope, declivity, hillside; *mining*: dump, waste-heap, tip; **~nbestände** ['-bəʃtɛndə] *m/pl.* dump stocks; **~n-erz** *n* waste-heap ore; **~nkoks** *m* stock coke.

half [half] *pret. of helfen.*

Hälfte ['hɛlftə] *f* (-; -*n*) half, *esp. jur.* moiety; *die ~ der Leute* half the men; *die ~ deiner Zeit* half your time; *bis zur ~* to the middle; half-way up; *um die ~ mehr (teurer)* half as much (dear) again; *um die ~ weniger* less by half, only half; *colloq. m-e bessere ~* my better half; *zur ~ tragen* go halves (*with*), split *the bill.*

Halfter ['halftər] *n* (-*s*; -) halter; *~ f* (-; -*n*) *for pistol*: holster; **2n** *v/t.* (*h.*) halter; **~riemen** *m* halter-strap; **~tasche** *f* holster.

Hall [hal] *m* (-[e]s; -e) sound, clang, peal; echo, resonance.

Halle ['halə] *f* (-; -*n*) hall; vestibule, portico, porch; (hotel) lounge; *esp. parl.* lobby; market-hall; *tennis*: covered court; *aer.* hangar, shed.

Halleluja [hale'lu:ja] *n* (-*s*; -*s*) *and int.* hallelujah.

hallen ['halən] *v/i.* (*h.*) (re)sound, echo.

'Hallen...: **~fußball** *m* indoor football; **~meisterschaft** *f* indoor championship; **~rekord** *m* indoor record; **~schwimmbad** *n* indoor swimming-bath, *Am.* indoor swimming pool; **~sport** *m* indoor sports *pl.*

hallo [ha'lo:] *int.* hullo, *Am.* hello; *~ rufen* halloo, hallo(a).

Hal'lo *n* (-*s*; -*s*) *fig.* uproar, hullabaloo.

Halluzination [halutsinatsi'o:n] *f* (-; -*en*) hallucination.

Halm [halm] *m* (-[e]s; -e) blade; *cereals*: stalk, haulm; straw; *die Ernte auf dem ~* the standing crop.

Haloche'mie [halo-] *f* chemistry of salts.

Halogen [-'ge:n] *chem. n* (-*s*; -e) halogen; **Halogenid** [-ge'ni:t] *n* (-[e]s; -e) halide; **halogenieren** [-ge'ni:rən] *v/t.* (*h.*) halogenate, halinate.

Hals [hals] *m* (-*es*; ⁻e) neck; throat; *tech.* neck, collar; neck (*of bottle, violin*); *mus.* tail (*of note*); *med. steifer ~* stiff neck; *~ über Kopf* **a)** head over heels, **b)** headlong, helter-skelter, precipitately; *bis an den ~* up to the neck (*or* eyes), over head and ears (*all a. fig.*); *aus vollem ~e lachen* roar with laughter; *aus vollem ~e schreien* shout at the top of one's voice, scream one's lungs out; *e-n schlimmen ~ haben* have a bad (*or* sore) throat; *fig. et. auf dem ~ haben* have a th. on one's back, be saddled with a th.; *j-m den ~ umdrehen* wring a p.'s neck; *j-m um den ~ fallen* fall on a p.'s neck; *sich j-m an den ~ werfen* throw o.s. at a p.('s head); *sich den ~ verrenken nach et.* crane one's neck for a th.; *sich et. or j-n vom ~e schaffen* get rid of a th. or p.; *sich den ~ brechen* break one's neck; *e-r Flasche den ~ brechen* crack a bottle; *das bricht ihm den ~* that will be his undoing; *das kann ihm den ~ kosten* that may cost him his head; *es hängt (or wächst) mir zum ~ heraus* I am fed up (to the teeth) with it, I am sick (and tired) of it; *bleib mir damit vom ~e!* don't pester me with that!; *~- und Beinbruch!* good luck (to you)!

'Hals...: **~abschneider** *m* (-*s*; -), **2abschneiderisch** *adj.* cutthroat; **~ader** *anat. f* jugular vein; **~arterie** *anat. f* carotid artery; **~ausschnitt** *m* neckline; *tiefer ~* low neck(line); **~band** *n* (-[e]s; ⁻er) necklace, neck ribbon; *for dogs*: collar; **~binde** *f* (neck)tie; **~bräune** *f* quinsy; **2brecherisch** *adj.* breakneck (*speed, etc.*); risky; **~bund** (-[e]s; -e) *on shirt*: neck-band;

~entzündung *med. f* inflammation of the throat; **~kette** *f* necklace; **~kragen** *m* collar; **~krankheit** *f* throat-disease; **~krause** *f* frill, ruff; **~leiden** *n* → *Halskrankheit*; **~mandel** *anat. f* tonsil; **~muskel** *anat. m* cervical muscle, muscle of the neck; **~-, Nasen- u. Ohrenspezialist** *m* ear, nose, and throat specialist, otolaryngologist; **~priese** *f* neckband; **~schlag-ader** *anat. f* carotid artery; **~schmerzen** *m/pl.*: *~ haben* have a sore throat; **2starrig** *adj.* obstinate, stubborn; stiff-necked, headstrong; **~starrigkeit** *f* (-) obstinacy, stubbornness, **~tuch** *n* (-[e]s; ⸚er) neckerchief; scarf, muffler; comforter; **~vene** *anat. f* jugular vein; **~weh** *n* sore throat; **~weite** *f* neck size; **~wickel** *med. m* fomentation round the throat; **~wirbel** *anat. m* cervical vertebra; **~zäpfchen** *anat. n* uvula.

Halt [halt] *m* (-[e]s; -e) hold; foothold; handhold; halt, stop; pause; support, mainstay (*both a. fig.*); *moral*: stay; consistency (in character), steadiness, firmness; *Marsch, Flug, etc. ohne ~* nonstop *march, flight, etc.*; *Mensch ohne ~* unstable, unsteady, without backbone, weak *person*; *~ gebieten* call a halt (*dat.* to), stop *a th.*; → *haltmachen.*

halt I. *int.*: *~!* stop!, halt (*a. mil.*)!, don't go *or* move!; that will do!; wait a minute!; *mil. ~, wer da?* halt, who goes there?; **II.** *adv. colloq.* just; you know; to be sure; *das ist ~ so* that's the way it is; *da kann man ~ nichts machen* it can't be helped, I'm afraid.

'haltbar *adj.* durable, lasting, permanent; stable, strong, solid; imperishable; *tech.* wear-resistant; *mil.* tenable; *fig.* tenable, valid (*argument, etc.*); fast (*colour*); *~ machen* preserve (*food*), fix (*paint*); *~ sein cloth*: wear well; **2keit** *f* (-) durability; stability (*a. chem.*); *tech. a.* resistance to wear, service life, rugged design; *of colour*: fastness; *of merchandise*: (lasting) wear, imperishable nature; **2machen** *n* (-s) preservation (*of food*); *chem.* stabilizing.

'Halte...: ~feder *tech. f* retaining spring; **~kabel** *n* anchoring cable; **~leine** *f* handling line; mooring rope.

halten ['haltən] **I.** *v/t.* (*irr., h.*) hold; keep (*in a state*); hold (*meeting, etc.*); celebrate (*mass, marriage*); take, have (*meal*); keep (*car, horse, servants, etc.*); take in, be a subscriber to (*newspaper*); *econ.* keep, (keep in) stock, carry; hold (up); keep, detain; *mil.* hold (*a position, etc.*); hold, support (*a load*); maintain, keep up, peg (*prices*); hold, contain; *sports* save, block (*a shot*); keep (*a promise*); *an der Hand ~* hold by the hand; *ans Licht ~* hold to the light; *den Kopf hoch~* hold up one's head; *frisch (sauber, warm) ~* keep fresh (clean, warm); *in Ehren ~* hono(u)r; *Frieden ~* keep peace; *in Gang ~* keep going; *e-e Rede ~* deliver an address, deliver (*or* make) a speech; *e-e Predigt ~* preach (a sermon); *e-e Vorlesung ~* give a lecture, *Vorlesungen ~* lecture; *j-n auf dem laufenden ~* keep a p. informed; → *Maß, Mund, Narr, Ordnung, Schach, schadlos, Schritt, Stück, etc.*; *gut ~* treat well; *knapp ~* keep short; *streng ~* be strict with; *es mit j-m ~* hold *or* side with a p.; *viel ~ von* (*dat.*) think highly (*or* the world) of, make much of, have a high opinion of; *nicht viel ~ von* think little of, attach no value to; *~ für* (*acc.*) consider, regard as, look upon as, think (*or* believe, suppose) to be; *erroneously*: (mis)take for; *es für angebracht ~ zu inf.* think fit (*or* proper) to *inf.*; *es für notwendig ~ zu inf.* consider (*or* deem) it necessary to *inf.*; *für wie alt hältst du ihn?* how old do you think he is?; *wofür ~ Sie mich (eigentlich)?* what are you taking me for?; *sich ~* **a**) hold (out), **b**) keep (*left, etc.*; *in a good condition, etc.*); *sich an et. (fest)~* hold on to, steady o.s. by; *fig. sich ~ an* (*acc.*) keep to, stick to; adhere to, observe, follow, abide by, act in conformity with, comply with (*a contract, etc.*); *an j-n* (*for damages*) have recourse to a p., hold a p. liable; *sich aufrecht ~* hold o.s. upright (*or* straight, erect); *sich bereit ~* be *or* keep ready; *sich gut ~ food*: keep well, *dress*: wear well, *person*: stand one's ground, do well, show up fine; *sie hat sich gut gehalten* (*in looks*) she is well preserved; *sich links (rechts) ~* keep to the left (right); *das kannst du ~, wie du willst* you can please yourself; *er ließ sich nicht ~* there was no holding him; *was ~ Sie von?* **a**) what do you think of?, **b**) how about?; *wie hältst du es damit?* what do you generally do about it?; **II.** *v/i.* (*irr., h.*) hold; stop, halt, *vehicle*: *a.* draw (*or* pull) up; last, be lasting (*or* durable), endure, keep, hold out; *ice*: bear; *links (rechts) ~* keep to the left (right); *auf et. zu~* make straight for a th.; *an sich ~* restrain (*or* check, control) o.s.; *~ auf* (*acc.*) **a**) pay heed (*or* attention) to, **b**) set store by, attach value to, lay great stress on, **c**) insist on; *auf sich ~* be particular (about one's appearance); *dafür ~, daß* hold that; *wir ~ nicht auf Formen* we do not stand upon ceremony; *es wird schwer ~* it will be difficult (*or* hard, not so easy); **III.** *p.p. gehalten*: *~ sein, zu inf.* be bound (*or* pledged, obliged) to *inf.*; *ganz in Grün gehalten* all in green.

'Halten *n* (-s) holding; keeping (*of horses, servants, etc.*); observance (*of contract, etc.*); keeping, fulfilment (*of promise*); taking-in (*gen.* of), subscription (to) (*newspaper*); *sports*: blocking (*ball*); *boxing*: *~ und Schlagen* holding and hitting; *da gab es kein ~ mehr* there was no holding them, *etc.*, any more.

'Halte...: ~platz *m* stopping-place; parking area; loading place; **~punkt** *m* stopping point, stop; *phys.* critical point; *shooting*: point of aim.

'Halter *m* (-s; -) holder; legal owner; user; *tech.* holder; support; clip; clamp; bracket; (*newspaper, towel, etc.*) rack; penholder.

'Halte...: ~riemen *m* (hanger-) strap (*in bus, etc.*); **~ring** *tech. m* guard (*or* fastening) ring.

'Halterung *tech. f* (-; -en) mounting support, holding device, fixture.

'Halte...: ~schraube *tech. f* check screw; **~seil** *n* guy(-line), holding-rope; **~signal** *rail. n* block- (*or* stopping-)signal; **~stelle** *f* stopping- (*or* halting-)place; station; *for bus, etc.*: stop(ping-point); **~stift** *tech. m* locking pin; **~verbot** *n* stopping prohibition, no-stopping sign; **~vorrichtung** *tech. f* → *Halterung.*

...haltig [-haltiç] ...-containing.

'Halt...: 2los *adj.* without support; *fig.* **a**) untenable, **b**) unfounded, baseless, **c**) unsteady, unstable, weak (*character, person*); **~losigkeit** *f* (-) instability, unsteadiness, laxity; unfoundedness; untenableness; **2machen** *v/i.* (*h.*) (make *or* call a) halt, stop; pause; *mil. ~ lassen* halt; *fig. vor nichts ~* stick at nothing.

'Haltung *f* (-; -en) bearing, carriage; attitude, posture, *sports a.* (body) position; stance, style; pose; *fig.* deportment; demeano(u)r, behavio(u)r; attitude (*gegenüber* towards); poise, composure; self-possession (*or* -control); morale; way of acting, rôle (in a matter); *stock exchange*: tone, tendency; *feste ~* firmness; *matte ~* flatness, dul(l)ness; *politische ~* political standpoint (*or* opinion, views *pl.*, outlook); *e-e ~ einnehmen* assume an attitude; *~ bewahren* give proof of moral strength (*or* backbone), keep a stiff upper lip; keep a straight face; control (*or* check) o.s., preserve one's dignity; **~sfehler** *m* posture fault.

'Haltzeichen *n traffic*: stop-signal.

Halunke [ha'luŋkə] *m* (-n; -n) scoundrel, blackguard, *a. humor.* rascal, scamp.

hämisch ['hɛ:miʃ] **I.** *adj.* malicious, spiteful; sneering, sardonic, gloating; *ein ~es Gesicht (machen)* sneer; **II.** *adv.*: *sich ~ freuen über* (*acc.*) gloat over.

Hammel ['haməl] *m* (-s; -) wether; (*meat*) mutton; **~braten** *m* roast mutton; **~fleisch** *n* mutton; **~keule** *f* leg of mutton; **~kotelett, ~rippchen** *n* mutton chop; **~rücken** *m* saddle of mutton; **~sprung** *parl. m* division.

Hammer ['hamər] *m* (-s; ⸚) hammer (*a. sports*); mallet; forge- (*or* sledge-)hammer; *parl. and auction*: gavel; *~ und Sichel* (*symbol*) hammer and sickle; *fig. unter den ~ bringen* bring under the (auctioneer's) hammer; *unter den ~ kommen* come under the hammer, be put up for auction.

hämmerbar ['hɛmərba:r] *tech. adj.* malleable, ductile; **2keit** *f* (-) malleability.

'hämmern *v/t. and v/i.* (*h.*) hammer (*in acc.* into; *a. fig.*); forge; pound, *a. mot.* knock; *gehämmert* hammered (*metal ware*).

'Hämmern *n* (-s) hammering;

forging; knocking, pounding, rapping; *of the heart*: throbbing.

ˈ**Hammer...:** **~schlag** *m* hammer-blow; hammer-scales *pl.*; **~schmied** *m* hammersmith; blacksmith; **~schweißung** *f* forge welding; **~werfen** *n* hammer throw(ing); **~werfer** *m* hammer-thrower; **~werk** *n* forge (shop), hammer mill; *in musical instruments, etc.*: striking mechanism; **~wurf** *m* → *Hammerwerfen.*

Hämoglobin [hɛmogloˈbiːn] *n* (-*s*) h(a)emoglobin.

Hämorrhoiden [-roˈiːdən] *med. f/pl.* h(a)emorrhoids, piles.

Hämostasis [-ˈstɑːsis] *f* (-) h(a)emostasis.

Hampelmann [ˈhampəl-] *m* jumping-jack; *fig.* puppet; *contp.* booby.

Hamster [ˈhamstər] *zo. m* (-*s*; -) (common) hamster, marmot; *fig.* → **~er** *m* (-*s*; -) hoarder; **2n I.** *v/t.* (*h.*) hoard; **II.** *v/i.* (*h.*) hoard; go on a hoarding trip, wangle; **~n** *n* (-*s*; *a.* **Hamsterei** [-ˈraɪ] *f* [-]) hoarding.

Hand [hant] *f* (-; ⸚*e*) hand; hand (-writing); *cards*: hand; *flache* ~ palm; *hohle* ~ hollow of the hand; *fig. j-s rechte* ~ a p.'s right hand *or* right-hand man; *öffentliche* ~ public authorities (*or* funds *pl.*), state, government; *im Besitz der öffentlichen* ~ public-owned, under government control; *jur. tote* ~ mortmain; *Politik der freien* ~ policy of the free hand; *Politik der starken* ~ strong-arm (*or* get-tough) policy; *soccer*: ~*!* hands!; *Hände hoch!* hands up!; *Hände weg!* hands off!; *an* ~ *von* (*dat.*) by (means of), guided by, on the basis of, in the light of; *aus bester* ~ on good authority, from the best source; *aus erster* ~ at first hand, first-hand; *aus zweiter* ~ at second hand, second-hand; used; *Nachrichten aus erster* ~ first-hand (*or* inside) information; *bei der* ~, *zur* ~ at hand, handy, *answer, etc.*: pat; *parl. durch Heben der* ~ by show of hands; *in der* ~ in hand; *in Händen* (*esp. econ.*) on hand; *mit der* ~ *make, etc.*, by hand; *mit der* ~ *gemacht, etc.* hand-made; *mit bewaffneter* ~ by force of arms; *mit starker* ~ with a strong hand; *mit vollen Händen* plentifully, lavishly; open-handedly, liberally; *unter der* ~ in secret, on the quiet, (*sell*) privately, by private contract; *von* ~ *gemalt* hand-painted; *von langer* ~ for a long time past, long beforehand, carefully (*planned*); *von zarter* ~ by dainty hands; *on letters*: *zu Händen* (*gen.*) care of (*abbr.* c/o.), *Am. officially*: Attention; *zu treuen Händen* in trust; *zur rechten* (*linken*) ~ on the right (left) hand *or* side; ~ *anlegen* lend a hand, put one's shoulder to the wheel; ~ *an et. legen* take a th. in hand; ~ *an j-n legen* lay hands on a p.; ~ *an sich legen* lay hands on o.s., commit suicide; ~ *ans Werk legen* go to (*or* buckle down to) work; *letzte* ~ *an et. legen* put the finishing touches to; ~ *in* ~ *gehen* go hand in hand, *fig.* go together; ~ *und Fuß haben* hold water, be (very much) to the point (*or* purpose); *ohne* ~ *und Fuß* without rhyme or reason; *alle Hände voll* (*zu tun*) *haben* have one's hands full, be very busy; *aus der* ~ *geben* part with, relinquish; *aus der* ~ *legen* put away *or* aside; *et. aus der* ~ *lassen* let a th. slip from one's hand, lose one's control of (*or* grip on) a th.; *die* ~ *erheben gegen j-n* lift one's hand against a p.; *die Hände in den Schoß legen* fold one's hand, twiddle one's thumbs; *e-e offene* ~ *haben* be open-handed (*or* generous); *et. in die Hände bekommen* get hold of a th., gain control over a th.; *et. in die* ~ *nehmen* take a th. in hand, take the initiative, take charge (of a th.); *j-m an die* ~ *gehen* aid (*or* assist) a p., lend *or* give a p. a hand; *j-m et. an die* ~ *geben* supply (*or* furnish) a p. with a th.; give a p. the refusal (*or* option) of a th.; *j-m aus der* ~ *fressen* feed out of a p.'s hand; *j-m die* ~ *drücken* squeeze (*or* press) a p.'s hand; *j-m die* ~ *reichen* hold one's hand out to a p.; offer a p. one's hand; accept a p. (as husband); *die* ~ *reichen zu et.* stoop to (do) a th.; *j-m die* ~ *schütteln* shake a p.'s hand, shake hands with a p.; *j-m in die Hände spielen* play into a p.'s hands, *et.*: play a th. into a p.'s hands, help a p. to a th.; *freie* ~ *haben* have carte blanche; *j-m freie* ~ *lassen* give a p. a free hand, allow a p. free play; *j-n auf* (*den*) *Händen tragen* fulfil a p.'s every wish, be wonderful to a p.; *j-n in der* ~ *haben* have a p. in the hollow of one's hand (*or* in one's grip, at one's mercy); *j-n in die* ~ *bekommen* gain complete control over a p., get a p. by the short hair; *j-s Hände binden* tie a p.'s hands (*a. fig.*); *mit beiden Händen zugreifen* grasp a th. with both hands, jump at an opportunity; *mit leeren Händen weggehen* go away empty-handed; *seine* ~ *im Spiele haben* have a hand in it, have a finger in the pie; *s-e* ~ *ins Feuer legen für* (*acc.*) put one's hand into the fire for, vouch for; *sich die Hände reichen* join hands (*fürs Leben* for life), *as a greeting*: shake hands; *sich mit Händen und Füßen gegen et. wehren* fight a th. tooth and nail *or* with might and main; *von* (*or aus*) *der* ~ *in den Mund leben* live from hand to mouth; *von der* ~ *weisen* reject, rule out; *es ist nicht von der* ~ *zu weisen* it cannot be denied; there is no getting away from it; *es liegt in s-r* ~ **a)** it (*or* the decision) lies *or* rests with him, it is for him to decide, **b)** it (*or* the power) is vested in him; *es liegt klar auf der* ~ it is self-evident (*or* quite obvious), it goes without saying; *die Arbeit geht ihm flott von der* ~ he is a quick (*or* efficient) worker; *sie hat immer e-e Antwort bei der* ~ she has always an answer ready, she is never at a loss for a reply; *e-e* ~ *wäscht die andere* one good turn deserves another; *wir haben die Lage fest in der* ~ we have the situation well in hand; → *gesamt, fallen, gelangen.*

ˈ**Hand...:** **~abzug** *typ. m* hand-impression; **~akten** *f/pl.* reference files; **~anlasser** *mot. m* hand- (*or* crank) starter; **~apparat** *teleph. m* handset; **~arbeit** *f* manual labo(u)r *or* work; (*ant. machine work*) handwork; *a. as product*: handiwork; handicraft; needle-work; *feine* ~ fancy-work; *das ist* ~ it is handmade; **~arbeiter(in** *f*) *m* manual labo(u)rer *or* worker; *w.s.* (handi-) craftsman, mechanic; **~arbeitslehrerin** *f* needlework teacher; **~arbeits-unterricht** *m* needlework (classes); **~atlas** *m* hand-atlas; **~aufheben** *n* (-*s*) *parl., etc.* show of hands; **~auflegung** *eccl. f* imposition of hands; **~ausgabe** *f* concise edition; **~ball(spiel** *n*) *m* hand-ball; **~ballen** *anat. m* ball of the thumb, thenar eminence; **~beil** *n* hatchet; **~besen** *m* hand-broom, brush; **~betrieb** *m* (-[e]s) manual operation, hand driving; *mit* ~ manual (*set, etc.*); hand-operated; **~bewegung** *f* wave of the hand, motion, gesture; *durch e-e* ~ *auffordern* motion; **~bibliothek** *f* reference library; **~bohrer** *m* gimlet; **~bohrmaschine** *f* hand-drill(ing machine); **2breit** *adj.* of a hand's breadth; **~breit(e)** *f* (-, -; -, -*n*) hand's breadth; **~bremse** *f* hand-brake; **~bremshebel** *m* hand-brake lever; **~buch** *n* manual, handbook; textbook, guide; **~druck** *tech. m* (-[e]s; -e) hand printing; **~dusche** *f* hand-spray.

Hände [ˈhɛndə] *pl. of Hand*; **~druck** *m* (-[e]s; ⸚e) clasp of the hand, shaking of hands, handshake; **~klatschen** *n* clapping of hands, applause.

Handel [ˈhandəl] *m* (-*s*) trade, trading (*mit* in); commerce; *w.s.* traffic (*a. b.s.*); market; transaction, business, bargain, deal; *ehrlicher* ~ square deal; *guter* ~ good stroke of business, good bargain (*or* deal); barter; (*Rechts*2) lawsuit, litigation; affair, business; ~ *und Gewerbe* trade and industry; ~ *und Wandel* trade and traffic, business life; *im* ~ on the market; *nicht mehr im* ~ off the market; *e-n* ~ *abschließen* close (*or* conclude, strike) a bargain; *in den* ~ *kommen* be put on the market; be marketed; ~ *treiben* (carry on) trade, *mit et.*: deal (*or* trade) in a th., *mit j-m*: do business with a p.

Händel [ˈhɛndəl] *pl.* quarrel, dispute, argument *sg.*; brawl *sg.*; squabble *sg.*; ~ *haben mit* (*dat.*) be at odds with; squabble with; ~ *suchen* pick (*or* seek) a quarrel.

ˈ**handelbar** *adj. stock exchange*: negotiable.

ˈ**handeln** *v/i.* (*h.*) act; proceed; take action; trade (*mit dat.* with *a p.*; *in goods*), deal (*in goods*); bargain (*um acc.* for), haggle (over); *econ. an der Börse gehandelt werden* be traded (quoted, *Am.* listed) on Stock Exchange; *mit sich* ~ *lassen* be accommodating (*or* open to an offer); *fig.* ~ *von or über* treat of, deal with; *es handelt sich um* it is a question *or* matter of, it refers to, ... is concerned; es *handelt sich darum, ob* the question is if; *worum handelt es sich?* what is the (point in) question?; what is it all about?

¹**Handeln** *n* (-s) acting, action; way of acting; trading.

¹**Handels...:** **~abkommen** *n* trade agreement; **~adreßbuch** *n* commercial directory; **~akademie** *f* commercial academy, *Am.* business school; **~artikel** *m* article, commodity, product; **~attaché** *m* commercial attaché; **~bank** *f* (-; -en) commercial bank; **~bericht** *m* trade (*or* market) report, City article; **~beschränkung** *f* restriction on trade; **~besprechungen** *f/pl.* trade talks; **~betrieb** *m* commercial enterprise, business; trading; **~bevollmächtigte(r** *m) f* authorized agent, attorney(-in-fact); **~bezeichnung** *f* trade name, brand; **~beziehungen** *f/pl.* trade relations; **~bilanz** *f* balance of trade; *aktive ~* favo(u)rable balance of trade; *passive ~* unfavo(u)rable (*or* adverse) balance of trade; **~blatt** *n* trade journal; **~bücher** *n/pl.* commercial books, account books; **~chemiker** *m* analytical chemist; **~dampfer** *m* → *Handelsschiff*; **~dünger** *m* commercial fertilizer; **~einheit** *f stock exchange:* unit of trade; **≈einig, ≈eins** *adj.*: *~ werden* come to terms; **~erlaubnis** *f* trading licen|ce, *Am.* -se; **~fach** *n* branch of trade, line of business; **~faktur** *f* commercial invoice; **~firma** *f* commercial firm; **~flotte** *f* merchant (*or* mercantile) fleet; **~freiheit** *f* (-) freedom of trade, *w.s.* free trade; **≈gängig** [ˈ-gɛŋiç] *adj.* marketable, commercial; **~gärtner** *m* market-gardener, *Am.* truck farmer; **~gärtneˈrei** *f* market-garden, *Am.* truck farm; **~geist** *m* (-[e]s) commercialism, commercial spirit; **~genossenschaft** *f* co-operative commercial association; **~gericht** *n* commercial court; **≈gerichtlich** *adv.*: *~ eintragen* register, *Am.* incorporate; **~gesellschaft** *f* (trading) company, *Am.* (business) corporation; *offene ~* (general) partnership; **~gesetz(buch)** *n* commercial law (code); **~gewicht** *n* commercial weight; **~gewinn** *m* trading profit; **~hafen** *m* commercial (*or* trading) port; **~haus** *n* commercial house *or* firm; **~herr** *m* great merchant; **~hochschule** *f* University of Commerce, commercial academy, *Am.* business school; **~index** *m* business index; **~kammer** *f* Chamber of Commerce, *Am.* Board of Trade; **~kapital** *n* trading capital; **~korrespondenz** *f* commercial correspondence; **~kredit** *m* business loan; **~krieg** *m* economic war(fare); **~krise, ~krisis** *f* commercial crisis; **~mann** *m* (-[e]s; *-leute*) trader, tradesman, merchant; *n.s.* shopkeeper; **~marine** *f* merchant marine; **~marke** *f* trade-mark; brand; **~minister** *m* Minister of Commerce, *Brit.* President of the Board of Trade, *Am.* Secretary of Commerce; **~ministerium** *n* Ministry of Commerce, *Brit.* Board of Trade, *Am.* Department of Commerce; **~nachrichten** *f/pl.* commercial news, City news; **~name** *m* trade name; **~niederlassung** *f* **a)** business establishment, **b)** branch, **c)** (foreign) trading station; **~partner** *m* trade partner; **~platz** *m* commercial (*or* trading) town; emporium, trading cent|re, *Am.* -er; **~politik** *f* (-) commercial (*or* trade) policy; **≈politisch** *adj.* relating to trade policy; trade...; **~produkt** *n* commercial product; **~qualität** *f* commercial quality; **~recht** *n* commercial law; **≈rechtlich** *adv.* under (*or* according to) commercial law; **~register** *n* commercial register; *in das ~ eintragen* register, *Am.* incorporate; *Urkunde zur Eintragung in das ~* certificate of registration (*Am.* incorporation); **~reisende(r)** *m* commercial traveller, *Am.* traveling salesman; **~richter** *m* commercial judge; **~schiff** *n* merchantman (*pl.* ...men), trading vessel, cargo steamer; **~schiffahrt** *f* merchant shipping; **~schranken** *f/pl.* trade barriers; **~schule** *f* commercial school, *Am.* business school (*or* college); **~sorte** *f* commercial variety (*or* grade); **~spanne** *f* trade margin; **~sperre** *f* embargo; **~stadt** *f* commercial (*or* trading)town; **~stand** *m* trading class; **~straße** *f* trade-route; **~teil** *m* commercial (financial) section (*of newspaper*); **≈üblich** *adj.* usual in (the) trade, commercial; *~e Qualität* commercial quality; *~e Bezeichnung* trade-name, brand.

¹**Händel...:** **~sucht** *f* (-) quarrelsomeness; **≈süchtig** *adj.* quarrelsome.

¹**Handels...:** **~- und Zahlungsabkommen** *n* trade and credit agreement; **~unternehmen** *n* commercial enterprise; **~verbot** *n* prohibition of trade; **~verkehr** *m* trading, traffic, commerce; **~vertrag** *m* commercial treaty, trade agreement; **~vertreter** *m* commercial (*or* mercantile) agent; **~ware** *f* article of commerce, commodity; merchandise (*a. pl.*); **~wechsel** *m* trade bill; **~weg** *m* trade-route; **~wert** *m* market value; **~wissenschaft** *f* commercial science; **~zeichen** *n* trade-mark, brand; **~zweig** *m* → *Handelsfach*.

¹**handeltreibend** *adj.* trading, commercial; **≈e(r)** *m* (-[e]n; -[e]n) trader, dealer.

hände... [ˈhɛndə-]: **~ringend** *adv.* wringing one's hands; imploringly; despairingly; **≈schütteln** *n* shaking of hands, handshake, shake-hands.

¹**Hand...:** **~exemplar** *n* copy in regular use; author's copy; **~fertigkeit** *f* manual skill, dexterity; **~fertigkeitsunterricht** *m* manual training; craft classes *pl.*; **~fesseln** *f/pl.* handcuffs; *j-m ~ anlegen* handcuff a p.; **≈fest** *adj.* sturdy, hefty, stalwart, robust; *fig.* solid (*arguments, etc.*); *~e Lüge* whopping lie; **~feuerlöscher** *m* (hand) fire extinguisher; **~feuerwaffen** *mil.* *f/pl.* small-arms; **~fläche** *f* flat of the hand, palm; **~galopp** *m* canter; **~garn** *n* hand-spun yarn; **~gashebel** *mot. m* hand throttle lever; **≈gearbeitet** *adj.* handmade; hand-tooled; hand-wrought; **~gebrauch** *m* ordinary (*or* daily, every day) use; **≈gefertigt** *adj.* → *handgearbeitet*; **~geld** *n* earnest-money; *mil.* bounty; **~gelenk** *n* wrist(-joint); *fig. aus dem ~* offhand, off the cuff; with the greatest ease; **~gelenkschützer** *m sports* wristguard, wristlet; **≈gemacht** *adj.* hand-made; **≈gemein** *adj.*: *~ werden* come to close quarters (*or* grips, blows); **~gemenge** *n mil.* hand-to-hand fight(ing), mêlée (*Fr.*); brawl, scuffle, scrimmage; **~gepäck** *n* small luggage, *Am.* hand-baggage; *rail.* left luggage office, *Am.* baggage room; **≈gerecht** *adj.* handy; **≈geschliffen** *adj.* ground by hand; **≈geschmiedet** *adj.* hand-forged; **≈geschöpft** *adj.* hand-made (*paper*); **≈geschrieben** *adj.* written by hand, handwritten; **≈gewebt, ≈gewirkt** *adj.* hand-woven; **~granate** *f* hand-grenade; **≈greiflich I.** *adj.* palpable; obvious, evident, manifest, plain; *~e Lüge* downright lie; *~er Scherz* practical joke; *~ werden* get to grips, *Am.* get tough; **II.** *adv.*: *~ vor Augen führen* illustrate clearly, make *a th.* plain enough (*j-m* to a p.); **~griff** *m* grasp; grip, manipulation, motion; handle, grip; *fig.* knack, manipulation; *mit wenigen ~en* with effortless ease, in no time.

¹**Handhab|e** *f* hold, handle, grip; *fig.* handle; occasion; proof, evidence; pretext; *gesetzliche ~* legal grounds *pl.*; *er hat keinerlei ~ gegen mich* he hasn't a leg to stand on, he has nothing on me; **≈en** *v/t.* (*h.*) handle, wield (*a. pen*), manage; operate, manipulate (*machine*); apply, use; *jur.* administer (*justice*); *fig.* manage, handle, deal with; **~ung** *f* (-; -en) handling, wielding; operation, manipulation; application, use; administration (*of justice*); *fig.* management, handling; application.

...händig [-hɛndiç] ...-handed.

¹**Hand...:** **~harmonika** *mus. f* accordion; **~hebel** *m* hand-lever; **~kamera** *f* hand camera; **~karren** *m* handcart; **~kasse** *f* petty cash; **~koffer** *m* suit-case, *esp. Brit.* portmanteau, *esp. Am.* valise; attaché case; **≈koloriert** *adj.* hand-colo(u)red; **~korb** *m* hand-basket: **~kurbel** *f* (crank-)handle; *mot.* starting crank; **~kuß** *m*: *j-m e-n ~ geben* kiss a p.'s hand; *colloq. mit ~* gladly, with the greatest pleasure; **~lampe** *f* portable (*or* inspection) lamp; **~langer** *m* (-s; -) handyman, odd-jobber; *arch.* hodman; *fig. contp.* underling, henchman, *Am. sl.* stooge; **~langerdienste** *m/pl.*: *j-m ~ leisten* fetch and carry for a p., *contp. a.* do a p.'s dirty work for him.

Händler [ˈhɛndlər] *m* (-s; -) trader, dealer; shopkeeper, storekeeper; stock jobber; *Buch≈* bookseller; *Fisch≈* fishmonger; *Zeitungs≈* news-

-vendor; *wenden Sie sich an Ihren* ~ ask your dealer; **~in** *f* (-; *-nen*) tradeswoman; **~preis** *m* trade-price; **~seele** *f* huckster.

'**Hand...:** **~lesekunst** *f* (-) palmistry; **~leser(in** *f*) *m* palm reader, chiromancer; **~leuchte** *f* → *Handlampe*; **~leuchter** *m* (portable) candlestick; **²lich** *adj.* handy, wieldy; manageable, easy-to-use; compact.

Handlung ['handluŋ] *f* (-; *-en*) act(ion), deed; action, story, *of film, novel, etc.*: plot (*a. thea.*); *econ.* business (house), shop, *Am.* store; *jur. strafbare* ~ punishable act, (criminal) offen|ce, *Am.* -se; *unerlaubte* ~ tort(ious act); *Ort der* ~ scene of action.

'**Handlungs...:** **~agent** *m* mercantile agent; **~bevollmächtigte(r)** *m* authorized representative *or* agent; **~fähigkeit** *f* (-) disposing capacity, capacity to contract; **~freiheit** *f* (-) freedom of action, full discretion, free play; **~gehilfe** *m* (commercial) clerk; shop-assistant, *Am.* (sales-)clerk; *jur.* servant, employee; **~lehrling** *m* business apprentice; **²reich** *adj.* action-packed (*story, etc.*); **~reisende(r)** *m* → *Handelsreisender*; **~vollmacht** *f* commercial power of attorney; **~weise** *f* manner *or* way of acting (*or* dealing); behavio(u)r, conduct; attitude; procedure; methods, practices *pl.*

'**Hand...:** **~mühle** *f* hand-mill; **~näherin** *f* hand seamstress; **~nähmaschine** *f* portable sewing-machine; **~pferd** *n* near-horse; **~pflege** *f* manicure; **~pfleger(in** *f*) *m* manicurist; **~presse** *f* hand-press; **~rad** *n* hand-wheel; **~ramme** *f* paving-ram; **~reichung** *f* (-; *-en*) help, assistance; **~rücken** *m* back of the hand; **~säge** *f* hand-saw; **~satz** *typ. m* (-es) hand composition; **~schaltung** *mot. f* hand-change, *Am.* manual shifting; **~schelle** *f* handcuff; **~schlag** *m* handshake; *durch* ~ by clasp of hands, by solemn hand-clasp; **~schrapper** *tech. m* hand-scraper; **~schreiben** *n* autograph letter; **~schrift** *f* hand-writing; e-e *gute* ~ a good hand; signature; manuscript; **~schriftendeutung** *f* graphology; **~schriftenkunde** *f* (-) pal(a)eography; **²schriftlich I.** *adj.* written (by hand), in writing, manuskript; **II.** *adv.* in writing.

'**Handschuh** *m* glove; *hist. mil., sports* gauntlet; boxing-glove; mitten; *langer* ~ arm-length glove; *fig. j-m den* ~ *hinwerfen* throw down the gauntlet to a p.; **~fach** *mot. n* glove compartment; **~leder** *n* glove (*or* kid) leather; **~macher** *m* glover; **~nummer** *f* glove-size.

'**Hand...:** **~schutz** *m* hand-guard; **~siegel** *n* private seal, signet; *königliches* ~ privy seal; **~spiegel** *m* hand-glass; **~stand** *m gym.* hand-stand; **~standüberschlag** *m* hand-spring (to standing); **~streich** *m* surprise (attack *or* raid), coup de main (*Fr.*), bold stroke; *im* ~ *nehmen* take by surprise; **~täschchen** ['-tɛʃçən] *n* (-s; -) pochette, *Am.* purse; vanity bag; **~tasche** *f* hand-bag; **~taschenräuber** *m* bag-snatcher; **~teller** *m* → *Handfläche*; **~tuch** *n* (-[e]s; ⁼er) towel; *mit dem* ~ *trocknen* towel; *boxing*: *das* ~ *werfen* throw in the towel; **~tuchhalter, ~tuchständer** *m* towel-rack; **~umdrehen** *n* (-s): *im* ~ in no time, in a jiffy, in the twinkling of an eye; **~voll** *f* (-; -) handful; **~wagen** *m* → *Handkarren*; **²warm** *adj.* luke-warm; **~waschbecken** *n* hand basin; **~wechsel** *m* change of hands.

'**Handwerk** *n* (handi)craft, trade; body (*or* guild) of craftsmen, the craft, the trade; *ein* ~ *lernen* learn a trade; *sein* ~ *verstehen* know one's business; *fig. j-m das* ~ *legen* put an end to a p.'s activities, settle a p.'s business, *Am. a.* fix a p.; *j-m ins* ~ *pfuschen* trespass on a p.'s preserves, botch at a p.'s trade; **~er** *m* (-s; -) artisan; mechanic; **²lich** *adj.* of handicrafts, craftsman's...

'**Handwerks...:** **~bursche** *m* travel(l)ing journeyman; **~kammer** *f* chamber of handicrafts; **²mäßig** ['-mɛ:siç] *adj.* workmanlike; *fig.* mechanical; **~meister** *m* master craftsman *or* mechanic; **~zeug** *n* (set of) tools, implements *pl.*

'**Hand...:** **~wörterbuch** *n* concise dictionary; **~wurzel** *f* wrist, carpus; **~wurzelgelenk** *n* wrist-joint; **~zeichen** *n* mark, initials *pl.*, monogram; hand signal; *parl.* show of hands; **~zeichnung** *f* hand drawing; sketch; **~zettel** *m* handbill, leaflet.

hanebüchen ['hɑ:nəby:çən] *adj.* incredible, scandalous, awful.

Hanf [hanf] *m* (-[e]s) hemp; **~breche** ['-brɛçə] *f* (-; *-n*) hemp-break; **~darre** *f* hemp-kiln; drying (*or* roasting) of hemp; '**²en** *adj.* hempen; '**~faden** *m* hemp fib|re, *Am.* -er; '**~garn** *n* hemp yarn; '**~leinen** *n* hemp linen.

Hänfling ['hɛnfliŋ] *orn. m* (-[e]s; -e) linnet.

'**Hanf...:** **~öl** *n* hempseed oil; **~samen** *m* hempseed; **~schwinge** *f* swingler; **~seil** *n* hempen rope.

Hang [haŋ] *m* (-[e]s; ⁼e) slope; declivity; incline; *gym.* hang; *fig.* inclination, propensity (*zu* for; to *inf.*); tendency (to); (natural) bent (for), disposition (to); proneness (to); partiality (for).

Hangar [haŋ'gɑ:r] *aer. m* (-s; -s) hangar, shed.

Hänge|antenne ['hɛŋə-] *f* trailing aerial, *Am.* antenna; **~backe** *f* flabby cheek; **~bahn** *f* suspension (*or* overhead) conveyor; **~balken** *arch. m* main beam; *of bridge*: suspension girder; **~bauch** *m* paunch, pot-belly; *med.* pendulous abdomen; **~boden** *m* hanging-loft; **~brücke** *f* suspension-bridge; **~brust** *f* pendulous breasts *pl.*; **~gerüst** *arch. n* hanging stage; **~kommission** *f art*: hanging committee; **~lager** *tech. n* hanger bearing; **~lampe** *f* hanging (*or* suspended) lamp; **~licht** *n* (-[e]s; -er) drop light; **~lippe** *f* hanging lip; **~matte** *f* hammock.

hangeln ['haŋəln] *v/i.* (*h.*) *gym.* climb (*or* travel) hand over hand, overhand o.s. (upwards).

hangen ['haŋən] *v/i.* (*h.*) → *hängen*.

'**Hangen** *n* (-s): ~ *u. Bangen* great anxiety.

hängen ['hɛŋən] **I.** *v/i.* (*irr., h.*) hang (*an dat.* on; *loose*: by; *von* from), be suspended; adhere, cling, stick (*an dat.* to), *tech.* catch, stick; be caught; → *~bleiben*; *arch.* sag; (be) incline(d), lean (*or* hang) over; *fig.* ~ *an* (*dat.*) cling to, be attached (*or* devoted) to; → *Faden, Lippe*; ~ *über* (*dat.*) *fate, sword, etc.*: hang over; *~lassen* (let) drop, droop; *den Kopf ~lassen* hang one's head, be dejected; *woran hängt's?* where is the hitch?, what's the trouble?; **II.** *v/t.* (*h.*) hang (up), suspend (*an acc.* on, by); attach, fix, fasten (*an acc.* to), hook on (to); hang *criminal* (by the neck); *gehängt werden* be hanged, swing, come to the gallows; *sich* ~ hang o.s.; *sports*: *sich an* (*acc.*) ~ drop (*or* tuck) in behind a *runner*; *fig. sein Herz an et.* ~ set one's heart on a th.; → *Mantel, Nagel*; **²** *n* (-s) hanging, suspension, attachment; *colloq. mit* ~ *u. Würgen* barely, (only) with the greatest difficulty; **~bleiben** *v/i.* (*irr., sn*) be caught (*an dat.* by), catch (on, in); get (*or* be) stuck (*in dat.* in); *tech.* jam, stick, lock; seize; *fig. im Gedächtnis*: stick (*in one's memory*); be detained; *schließlich blieb er in e-m Lokal hängen* he wound up in a pub; **~d** *adj.* hanging, suspended, pendent; drooping, sagging; pendulous; *~er Motor* inverted engine; *~e Ventile* overhead valves.

'**Hänge...:** **~ohren** *n/pl.* drooping (*or* lop-)ears; **~schloß** *n* padlock; **~seil** *n* suspension rope; **~wand** *arch. f* suspended wall; **~weide** *bot. f* weeping willow; **~werk** *arch. n* truss frame.

'**Hang...:** **~(auf)wind** *m* up-current, anabatic current; **~kehre** *f skiing*: *Unterschwung mit* ~ swing forward with half turn of the body; **~segeln** *n* ridge soaring; **~waage** *f gym.* lever hang; **~winkel** *m* gradient of a slope.

Hannover [ha'no:fər] *n* (-s) Hanover; **Hannoveraner** [hanovə'rɑ:nər] *m* (-s; -), **~in** *f* (-; *-nen*) Hanoverian.

Hans [hans] *m* Jack, John; *fig.* ~ *und Grete* Jack and Gill; *~dampf in allen Gassen* Jack-of-all-trades; ~ *im Glück* lucky dog; *~ Guckindieluft* Johnnie Head-in-the-air.

Hansa ['hanza], '**Hanse** *f* (-) Hansa, Hanseatic League.

Häns-chen ['hɛnsçən] *n* (-s; -) Jackie, Johnny; *was* ~ *nicht lernt, lernt Hans nimmermehr* you can't teach an old dog new tricks.

hanseatisch [hanze'ˀɑ:tiʃ] *adj.* Hanseatic.

hänseln ['hɛnzəln] *v/t.* (*h.*) tease, chaff, pull *a p.'s* leg, kid.

'**Hansestadt** *f* Hanseatic town.

Hans...: **~'narr** *m* tomfool; **~'wurst** *m thea.* buffoon, harlequin; clown; merry-andrew, punch; *fig. contp.* clown, buffoon.

Hantel ['hantəl] *f* (-; *-n*) dumb-bell; **~übung** *f* dumb-bell exercise.

hantier|en [han'ti:rən] *v/i.* (*h.*): ~ *mit* (*dat.*) work with, handle, operate, wield; fidget with; ~ *an* (*dat.*) work on, manipulate; bustle (about), busy o.s.; potter about; **2ung** *f* (-; -*en*) operating, handling, manipulation; work; occupation.

hapern ['hɑ:pərn] *v/i.* (*impers., h.*): *es hapert mit or bei* (*dat.*) there is something wrong with, there is a hitch in; *woran hapert es?* what is wrong (*or* amiss)?; *es hapert uns an Geld* we are short of money; *im Englischen hapert es bei ihm* English is his weak point.

Häppchen ['hɛpçən] *n* (-*s*; -) bit, morsel.

Happen ['hapən] *m* (-*s*; -) morsel, mouthful, bite; *großer* ~ hunk; *fig.* haul, catch.

'happig *colloq. adj.* greedy; *fig.* steep (*price, etc.*).

Härchen ['hɛ:rçən] *n* (-*s*; -) little (*or* tiny) hair, *biol.* cilium; *pl. a.* fuzz; → *Haar.*

Harem ['hɑ:rəm] *m* (-*s*; -*s*) harem.

hären ['hɛ:rən] *adj.* hairy, (made) of hair.

Häresie [hɛre'zi:] *f* (-; -*n*) heresy; **Häretiker** *m* [hɛre:tikər] *m* (-*s*; -) heretic; **hä'retisch** *adj.* heretical.

Harfe ['harfə] *f* (-; -*n*) harp; (*die*) ~ *spielen* play (on) the harp, harp.

Harfe'nist(in *f*) *m* (-*en*, -*en*; -, -*nen*) harpist.

'Harfen...: ~antenne *f* fan aerial, *Am.* antenna; **~spiel** *n* harping; **~spieler(in** *f*) *m* harpist, harper.

Harke ['harkə] *f* (-; -*n*) *agr.* rake; *road construction*: rake dozer; *fig. j-m zeigen, was eine ~ ist* give a p. a good piece of one's mind, tell a p. what's what; *a.* show a p. (how to do it better); **2n** *v/t. and v/i.* (*h.*) rake.

Harlekin ['harleki:n] *m* (-*s*; -*e*) harlequin; **Harlekinade** [-ki'nɑ:də] *f* (-; -*n*) harlequinade.

Harm [harm] *m* (-[*e*]*s*) grief, sorrow; injury, wrong.

härmen ['hɛrmən]: *sich* ~ (*h.*) grieve (*um* about, over); → *sich grämen.*

'Harm...: 2los *adj.* harmless; innocent; guileless; harmless, innocuous, inoffensive; *w.s.* innocent-seeming (*question*); insignificant, small; **~losigkeit** *f* (-; -*en*) harmlessness; innocence; innocuousness; insignificance.

Harmonie [harmo'ni:] *f* (-; -*n*) harmony (*a. fig.*), concord; **~lehre** *mus. f* harmonics *sg.*; **2ren** *v/i.* (*h.*) harmonize (*mit* with); *fig. a.* agree (with).

Harmonika [-'mo:nika] *mus. f* (-; -*s*) concertina; mouth-organ.

Har'moniker *mus. m* (-*s*; -) harmonist.

har'monisch *adj. mus.* harmonic(al) (*a. math.*), harmonious (*a. fig.*); ~*e Schwingungen* harmonics; **2e** *phys. f* (-; -*n*) harmonic.

harmonisieren [harmoni'zi:rən] *v/t. and v/i.* (*h.*) harmonize.

Harmonium [har'mo:nium] *n* (-*s*; -*ien*) harmonium.

Harn [harn] *m* (-[*e*]*s*; -*e*) urine, water; *of horse, etc.*: stale; **'~analyse** *f* → *Harnuntersuchung*; **'~ausscheidung** *f* urinary excretion; **'~blase** *f* (urinary) bladder; **'~blasenentzündung** *med. f* cystitis; **'~drang** *m* micturition; **'2en** *v/i.* (*h.*) urinate, pass urine (*or* water); **'~en** *n* (-*s*) urination; **'~fluß** *m* (-*sses*) urinary flow; *med.* incontinence of urine; **'~gang** *m* ureter; **'~glas** *n* urinal; **'~grieß** *med. m* gravel.

Harnisch ['harniʃ] *m* (-*es*; -*e*) armo(u)r, harness; cuirass, breast-plate; *fig. in ~ bringen* enrage, infuriate, exasperate, get *a p.'s* back up; *in ~ geraten* fly into a rage, bridle up.

'Harn...: ~lassen *n* (-*s*) discharge (*or* passing) of urine, urination; **~leiter** *m* ureter; **~probe** *f* sample of urine; uric test; **~röhre** *f* urethra; **~röhrenausfluß** *med. m* urethral discharge; **~röhrenentzündung** *f*, **~röhrenkatarrh** *m* urethritis; **~röhrensonde** *f* catheder; **~ruhr** *f* polyuria; **~säure** *chem. f* uric acid; **~stein** *med. m* urinary calculus; **~stoff** *m* urea; **2treibend** *adj.* diuretic; ~*es Mittel* diuretic; **~untersuchung** *f* analysis of (the) urine, *Am.* urinalysis; **~zwang** *med. m* strangury.

Harpune [har'pu:nə] *f* (-; -*n*) harpoon; **Harpunier** [harpu'ni:r] *m* (-*s*; -*e*) harpooner; **harpu'nieren** *v/t.* (*h.*) harpoon.

Harpyie [har'py:jə] *f* (-; -*n*) harpy.

harren ['harən] *v/i.* (*h.*) (*gen. or auf acc.*) wait (for), await; hope for; tarry, stay.

'Harren *n* (-*s*) waiting; hoping; tarrying; patience, perseverance.

harsch [harʃ] *adj.* harsh, rough (*both a. fig.*); brittle; crusted (*snow*); **2** *m* (-*es*) crust (*on snow*); **'2schnee** *m* crust(ed) snow.

härtbar ['hɛrtbɑ:r] *adj. metall.* hardenable; *plastics*: thermosetting.

hart [hart] **I.** *adj.* hard; firm, solid; stale (*bread*); hard(-boiled) (*egg*); hard, chalky (*water*); ~ *machen* harden, solidify; ~ *werden* harden, grow hard, solidify, indurate (*a. med.*); *fig.* hard; tough; severe, harsh; unfeeling, pitiless; adamant, inflexible; (*difficult*) hard, tough; troublesome, laborious; *aer., mot.* rough (*landing, running, etc.*); ~*es Geld* hard cash, coin(s *pl.*); ~*e Währung* hard currency; ~*er Kampf* hard (*or* stiff) fight; ~*es Los* hard lot, cruel fate; ~*e Nuß* tough nut to crack; ~*er Schlag* (*Verlust*) heavy blow (loss); ~*e Strafe* severe (*or* harsh) punishment; ~*e Tatsachen* hard facts; ~*er Winter* severe (*or* rigorous) winter; ~*e Worte* hard (*or* harsh) words; ~*e Zeiten* hard times; *e-n ~en Kopf haben* be head-strong *or* thick-headed; *e-n ~en Leib haben* be constipated; → *Schule, Stand*; ~ *für j-n* (*or mit or zu j-m*) *sein* be hard on a p.; **II.** *adv.* hard; ~ *an* (*dat.*) hard by, close to (*or* by); ~ *bedrängt* hard pressed (*or* beset); ~ *anzufühlen* hard to the touch; ~ *arbeiten* work hard; ~ *an et. vorbeistreifen* graze a th.; ~ *aneinandergeraten* fly at each other, come to high words; ~ *am Wind segeln* sail close to the wind; *es kommt ihn ~ an* it is hard on him, he finds it hard; *er blieb ~* he was adamant; *es ging ~ auf ~* it was either do or die.

'Hartblei *n* hard lead.

Härte ['hɛrtə] *f* (-; -*n*) hardness; *of steel*: *a.* temper; *fig.* toughness; harshness, severity, rigo(u)r; hardship; *jur. unbillige ~* undue hardship; *~n verursachen* work hardship; **~bad** *metall. n* tempering bath; **~fachmann** *tech. m* hardening expert, heat treating engineer; **~grad** *m* degree of hardness; *of steel*: temper; **~mittel** *n* hardening agent, hardener; **2n I.** *v/t.* (*h.*) harden; *metall.* temper, case-harden (*steel*); **II.** *v/i.* (*h., a. sich*) harden, grow hard; **~n** *n* (-*s*) hardening; *of steel*: *a.* tempering; heat treatment; **~ofen** *m* hardening (*or* tempering) furnace *or* stove; **~prüfung** *f* hardness test; **~'rei** *f* (-; -*en*) heat-treating department (*or* shop); **~riß** *m* heat (treatment) crack.

'Hart...: ~faserplatte *f* fibreboard, *Am.* fiberboard; **~floß** *metall. n* (-*es*) specular iron, white cast iron; **~futter** *n* grain-fodder, oats and grain; **2gefroren** *adj.* hard frozen; **2gekocht** ['-gəkɔxt] *adj.* hard-boiled; **~geld** *n* (-[*e*]*s*) hard cash, coins *pl.*, coined money; **2gelötet** ['-gəlø:tət] *tech. adj.* hard-soldered; **2gesotten** *fig. adj.* hard-boiled; **2gießen** *metall. v/t. and v/i.* (*irr., h.*) case-harden, chill-cast; **~glas** *n* (-*es*) hard(ened) glass; **~gummi** *n* hard rubber; *econ.* vulcanite, ebonite; **~guß** *m* (-*sses*) chilled cast iron; case-hardened casting(s *pl.*); **2herzig** *adj.* hard-hearted, unfeeling; ~ *gegen* (*acc.*) hard to; **~herzigkeit** *f* (-) hard-heartedness, hardness; **~holz** *n* hardwood; laminated wood; **2hörig** *adj.* hard of hearing; **~hörigkeit** *f* (-) defective hearing, partial deafness; **~käse** *m* hard cheese; **2köpfig** ['-kœpfiç] *adj.* headstrong; **~laubgehölz** *n* sclerophyllous woodland; **2leibig** ['-laɪbiç] *adj.* constipated, costive; **~leibigkeit** *f* (-) constipation, costiveness; **~lot** *tech. n* brazing lot; **2löten** *v/t.* (*h.*) braze, hard-solder; **2mäulig** ['-mɔʏliç] *adj.* hard-mouthed (*horse*); **~metall** *n* hard metal; *tech.* cutting metal, carbide; **~metallwerkzeug** *n* carbide tipped tool; **2näckig** ['-nɛkiç] *adj.* stiff-necked, obstinate, stubborn; persistent, pertinacious, dogged (*person*); obstinate, stubborn (*thing*); refractory, obstinate (*disease*); ~*e Versuche* persistent efforts; **~näckigkeit** *f* (-) obstinacy, stubborness, persistence, pertinacity, doggedness; refractoriness; **~papier** *n* kraft paper; **~pappe** *f* hardboard; **~plätze** ['-plɛtsə] *m/pl. tennis*: hard courts; **~post** *f* typewriting paper, bank paper; **2schalig** ['-ʃɑ:liç] *adj.* hard-shelled; **~spiritus** *m* solid alcohol.

Hartung ['hartuŋ] *m* (-*s*; -*e*) January.

Härtung ['hɛrtuŋ] *f* (-; -*en*) hardening, *of steel*: *a.* tempering, heat-treatment; **~smittel** *n* hardening agent; *for paints*: a. hardener; **~s-verfahren** *n* hardening process.

Hart...: **~weizen** *m* durum wheat; **~wurst** *f* hard sausage.

Harz [harts] *n* (-es; -e) resin; *mus.* rosin; *mot.* gum; '**~baum** *m* pine (pitch) tree; '**2en I.** *v/t.* (*h.*) tap for resin; *mus.* (rub with) rosin; **II.** *v/i.* (*h.*) be resinous; '**~firnis,** '**~lack** *m* resin varnish; '**2ig** *adj.* resinous; '**~teer** *m* resinous tar.

Hasardspiel [ha'zart-] *n* game of chance; *fig.* gamble.

haschen ['haʃən] **I.** *v/t.* (*h.*) snatch, catch, seize; *game*: *sich* ~ play tag (*or* at catch); **II.** *v/i.* (*h.*): ~ *nach* (*dat.*) snatch (*or* grasp, grab) at; *fig.* aim at, strive (*or* hunt) for; → *Effekt*; *nach Komplimenten* ~ fish for compliments

Häschen ['hɛːsçən] *n* (-s; -) young hare, leveret.

Häscher ['hɛʃər] *m* (-s; -) catchpole, myrmidon; *contp.* blood-hound.

Hascherl ['haʃərl] *colloq. n* (-s; -): *armes* ~ poor little thing, poor creature.

Haschisch ['haʃiʃ] *n* (-) hashish.

Hase ['hɑːzə] *m* (-n; -n) hare; *junger* ~ leveret; *männlicher* ~ male hare, buckhare; *cul. falscher* ~ roasted forcemeat; *fig. alter* ~ old hand (*or* stager), *Am. a.* old-timer; *sehen, wie der* ~ *läuft* see which way the cat jumps; *da liegt der* ~ *im Pfeffer* there is the rub, that's where the trouble lies; *wie der* ~ *im Kohl* in clover.

Hasel|busch ['hɑːzəl-] *m* hazel-bush; **~huhn** *n* hazel-hen; **~maus** *f* dormouse; **~nuß** *f* hazel-nut; **~rute** *f* hazel-rod; **~strauch** *m* hazel(-tree).

'**Hasen...**: **~braten** *m* roast hare; **~fell** *n* hare's skin; **~fuß** *m* hare's foot; *fig.* (*a.* **~herz** *n*) coward, poltroon; **~jagd** *f* hare-hunting; **~klein** *n* (-s), **~pfeffer** *m* jugged hare; **~panier** *n*: *das* ~ *ergreifen* take to one's heels; **2rein** *adj. hunt. dog*: steady from hare; *colloq. fig. nicht ganz* ~ a bit fishy; **~scharte** *f* hare-lip.

Häsin ['hɛːzin] *f* (-; -*nen*) female hare, doe.

Haspe ['haspə] *f* (-; -*n*) hasp, hinge, clamp.

Haspel ['haspəl] *f* (-; -*n*) reel; windlass, winch; *mar.* capstan; **2n** *v/t. and v/i.* (*h.*) reel; *fig.* splutter, sputter.

Haß [has] *m* hatred (*gegen* of, against, for), *poet.* hate; *eingefleischter* ~ ranco(u)r; *tückischer* ~ spite; animosity; loathing; enmity; → *Haßgefühle*; *aus* ~ out of hatred (*gegen* of), from spite (against); ~ *hegen gegen j-n* → *hassen*.

hassen ['hasən] *v/t.* (*h.*) hate, entertain feelings of hatred for; loathe, detest, abhor; → *Pest*; **~swert** *adj.* hateful, odious, abominable.

'**Hasser(in** *f*) *m* (-s, -; -, -*nen*) hater.

'**Haß...**: **2erfüllt I.** *adj.* seething with hatred, spiteful, venomous; **II.** *adv.*: ~ *blicken* look daggers; **~gefühle** *n/pl.* feelings of hatred, hatreds, rancour *sg.*; **~gesang** *m* hymn of hate.

häßlich ['hɛsliç] *adj.* ugly; hideous; unsightly; ill-looking, *a. person*: plain, *Am. a.* homely; misshapen, monstrous; *fig.* ugly, nasty, mean; unkind; unpleasant, offensive, loathsome; **~er** *Anblick* eye-sore; **2keit** *f* (-) ugliness; hideousness; unsightliness; nastiness.

Hast [hast] *f* (-) hurry, haste; precipitation; ~ *des Lebens*: rush, press; *in der* ~ in the rush; *in wilder* ~ in hot haste, precipitately, helter-skelter; '**2en** *v/i.* (*h.*) hasten, (be in a) hurry; scurry, race; '**2ig I.** *adj.* hurried, hasty; precipitate; rash; slap-dash; nervous, excited; **II.** *adv.* hurriedly, *etc.*; in haste (*or* a hurry); *nicht so* ~! not so fast!, wait a minute!; '**~igkeit** *f* (-) hastiness; nervousness; → *Hast*.

hätscheln ['hɛːtʃəln] *v/t.* (*h.*) fondle, pet, cuddle, caress; pamper, coddle.

hatte ['hatə] *pret. of haben.*

Hatz [hats] *hunt. f* (-; -*en*) chase, hunt (with hounds).

Häubchen ['hɔʏpçən] *n* (-s; -) small cap.

Haube ['haubə] *f* (-; -*n*) cap; hood; *hist.* coif; *eccl.* (*sister's*) cornet; *orn.* crest, tuff; hood (*of falcon*); *zo.* second stomach (of ruminant); *tech.* cap, cover; *esp. mot.* bonnet, *Am.* hood; *chem.* dome; *aer.* cowling; (*protective*) helmet; *bot.* cupule; *fig. unter die* ~ *bringen* find a husband for, marry *a girl* off; *unter die* ~ *kommen* get married.

'**Haubenlerche** *f* crested lark.

Haubitze [hau'bitsə] *mil. f* (-; -*n*) howitzer.

Haublock ['hau-] *m* (-[e]s; ⸚e) chopping-block.

Hauch [haux] *m* (-[e]s; -e) breath; *of air*: breathing, gentle breeze; whiff, waft; *gr.* aspiration; *fig.* bloom, film; *of colour*: tinge; trace, touch, tinge; '**2dünn** *adj.* filmy; paper-thin; flimsy, sheer (*fabric*); egg-shell (*porcelain*); '**2en I.** *v/i.* (*h.*) breathe, respire; **II.** *v/t.* (*h.*) breathe, whisper; *gr.* aspirate; → *aushauchen*; '**~laut** *gr. m* aspirate; '**2zart** *adj.* filmy, flimsy; (extremely) delicate.

Haudegen ['hau-] *m* broadsword; *fig.* experienced fighter, swordsman, fire-eater; *alter* ~ old blade, veteran.

Haue ['hauə] *f* (-; -*n*) hoe, mattock; pick(axe); (-) *colloq.* thrashing, whipping, spanking; ~ *bekommen* get a thrashing (*or* hiding).

'**hauen I.** *v/t.* (*h.*) hew, chop; cut (*wood*); cut (*hole, path, steps*); cut down, fell (*trees*); *mil.* hew; dress, carve (*stones*); strike, beat, hit; *colloq.* thrash, flog; spank (*children*); punch, sock; whip, lash; *sich* ~ (have a) fight; *haut ihn!* let him have it!; **II.** *v/i.* (*h.*): ~ *nach* (*dat.*) strike (*or* lash out) at; *um sich* ~ lay about one; *fig.* → *Ohr, Schnur.*

'**Hauer** *m* (-s; -) hewer, cutter; *zo.* tusk, fang.

Häuer ['hɔʏər] *mining*: *m* (-s; -) hewer, getter.

Häufchen ['hɔʏfçən] *n* (-s; -) small heap; *persons*: small group; *fig. wie ein* ~ *Unglück* the picture of misery, woebegone.

häufeln ['hɔʏfəln] *v/t. and v/i.* (*h.*) heap, pile; earth (up), hill (*potatoes, etc.*).

Haufen ['haufən] *m* (-s; -) heap, pile; accumulation, cluster, mass; stack (*wood, etc.*); *fig.* swarm, crowd; troop, band, gang; great number, mass; *ein* ~ (*von*) a lot of; *ein* ~ *Geld* heaps (*or* lots, oodles) of money; *e-n* ~ (*Geld*) *verdienen* make a pile (of money); *auf e-n* ~ all of a heap; in a jumble, pell-mell, higgledy-piggledy; *der große* ~ the multitude, the masses *pl.*; *über den* ~ *rennen* run (*or* knock) over, bowl over; *über den* ~ *schießen* shoot down; *über den* ~ *werfen fig.* upset (*plans*); throw *scruples, etc.*, overboard (*or* to the winds), cast aside.

häufen ['hɔʏfən] *v/t.* (*h.*) heap (up), pile up; accumulate; *sich* ~ accumulate; multiply, increase; spread; *drei gehäufte Teelöffel* three heaping teaspoonfuls.

'**Haufen...**: **2weise** ['-vaɪzə] *adv.* in heaps; in crowds; *colloq.* lots (*or* heaps, oodles) of; **~wolke** *f* cumulus (cloud); *geschichtete* ~ stratocumulus.

'**häufig I.** *adj.* frequent; repeated; continual; numerous; copious, abundant; rife; ~ *sein* be frequent, abound; **~er** *werden* increase; **II.** *adv.* frequently, often; *e-n Ort* ~ *besuchen* frequent a place; **2keit** *f* (-) frequency; **2keits-tabelle** *f* frequency table.

'**Häuflein** *n* (-s; -) small heap; handful (*or* small body) of men.

'**Häufung** *f* (-; -*en*) heaping, accumulation; *fig.* accumulation, increase, multiplication; spreading; frequent occurrence.

'**Hauklotz** *m* chopping-block.

Haupt [haupt] *n* (-[e]s; ⸚er) head; *fig.* head, chief, leader; chieftain; *erhobenen* **~es** with head erect; *gesenkten* **~es** with bowed head; *entblößten* **~es** bare-headed; *gekrönte Häupter pl.* crowned heads; *zu Häupten j-s* over a p.'s head, (just) above a p.; on high; *fig. aufs* ~ *schlagen* defeat (decisively), vanquish.

'**Haupt...** *in compounds usu.* head..., main..., chief..., primary..., general..., central..., leading...; **~abrechnung** *econ. f* final accounts *pl.*; **~abschnitt** *m* principal (*or* main) section; **~absicht** *f* chief design, main object; ultimate end; **~achse** *f* main axis; **~aktionär** *econ. m* principal shareholder, *Am.* stockholder; **~altar** *m* high altar; **~amt** *n* central office; *teleph. a.* main exchange; **2amtlich I.** *adj.*: **~e** *Beschäftigung* full-time employment; **II.** *adv.*: ~ *tätig* employed on a full-time basis; **~anschluß** *teleph. m* main station; main line; **~apparat** *teleph. m* master telephone; **~arbeit** *f* chief (part of the) work; **~armee** *f* main army; → *Hauptmacht*; **~artikel** *m econ.* principal (*or* leading) article; *of newspaper*: leading article, leader; **~attraktion** *f* special feature, highlight; **~augenmerk** *n*: *sein* ~ *richten auf* (*acc.*) give one's special attention to; **~ausschuß** *m* central committee; **~bahnhof** *m* main *or* central station, terminus;

~bank *econ. f* (-; -en) head-bank; **~belastungszeuge** *jur. m* star prosecution witness; **~beruf** *m*, **~beschäftigung** *f* chief *or* regular occupation; full-time job; **2beruflich** *adj.* as (*or* in) one's chief occupation, full-time, professional; **~bestandteil** *m* chief ingredient (*or* component), main constituent; *den ~ von et. bilden fig.* be part and parcel of a th.; **~betrag** *econ. m* chief amount, sum total; **~beweggrund** *m* leading motive; **~buch** *econ. n* (general) ledger; **~buchhalter** *m* head book-keeper, *Brit.* accountant; **~darsteller(in** *f*) *m* leading actor (*f* actress); → *Hauptrolle*; **~deck** *mar. n* main deck; **~eigenschaft** *f* chief quality (*or* property), leading feature; **~einfahrt** *f*, **~eingang** *m* main entrance; **~erbe** *m* (**~erbin** *f*) chief heir(ess *f*), *jur.* residuary legatee; **~erfordernis** *n* principal requisite, primary requirement; **~erzeugnis** *econ. n* principal product, main produce, staple (product); **~fach** *ped. n* principal subject, *Am.* major; ... *als ~ studieren* take ... as chief subject, *Am.* major in ...; **~fehler** *m* principal (*or* chief, cardinal) fault *or* defect; **~feind** *m* chief enemy; **~feldwebel** *mil. m* sergeant major, *Am.* platoon sergeant; *aer. Am.* master sergeant; **~figur** *f* main (*or* central) figure; *thea., etc.*: leading character, hero(ine *f*); **~film** *m* feature (film); **~fluß** *m* main stream (*or* river); **~frage** *f* chief (*or* cardinal) question, main issue; **~gebäude** *n* main building; **~gedanke** *m* leading idea, keynote; **~gefreiter** *mil. m Brit.* lance corporal, *Am.* private 1st class; *aer. Brit.* senior aircraftman, *Am.* airman 2nd class; **~gericht** *n cul.* principal dish; **~geschäft(s-stelle** *f*) *n* principal place of business, head office; **~geschäftsstunden** *f/pl.* rush hours; **~gesichts-punkt** *m* major consideration; **~gewinn** *m lottery*: first prize; *econ.* main profit; **~gläubiger** *m* principal creditor; **~grund** *m* main reason; **~haar** *n* hair of the head; **~hahn** *m* main tap *or* cock; **~handels-artikel** *m* staple (commodity); **~inhalt** *m* principal contents *pl.*, substance, gist, sum; synopsis; **~interesse** *n* primary interest; **~kabel** *n* mains *pl.*; **~kampf** *m sports*: competition proper, main event; **~kampffeld** *mil. n* main fighting zone; **~kampflinie** *mil. f* main line of resistance (*abbr.* MLR); **~kartei** *f* master file; **~kasse** *f* central pay office; **~kas'sierer** *m* head cashier; **~kerl** *colloq. m* capital fellow, *sl.* crackerjack; **~kontor** *n* general office; **~kräfte** *mil. f/pl.* main force; **~leitung** *f* main(s *pl.*); *teleph.* trunk line.

Häuptling [ˈhɔʏptliŋ] *m* (-s; -e) chief, leader; chieftain (*of tribe*).

ˈHaupt...: ~linie *rail. f* main (*or* trunk-)line; **~macht** *f* chief (*or* central) power; *mil.* main (striking) force, bulk of the army, main body; **~mahlzeit** *f* principal meal (of the day); **~mangel** *m* main defect, chief drawback; **~mann** *m* (-[e]s; *-leute*) *mil.* captain; chief, leader; chieftain; **~markt** *econ. m* primary (*or* chief) market; **~masse** *f* bulk, main body; **~mast** *m* mainmast; **~merkmal** *n* distinctive (*or* characteristic) feature, chief characteristic, criterion; **~messe** *eccl. f* great mass; **~mieter** *m* chief tenant; **~moment** *n* main point; **~nährstoff** *m* chief nutritive substance; **~nahrung** *f* staple (*or* chief) food; **~nenner** *math. m* common denominator; **~nervensystem** *anat. n* central nervous system; **~niederlage** *econ. f* main store(house) *or* depot; **~niederlassung** *econ. f* central *or* head office, headquarters *pl.*; **~ort** *m* chief place; **~person** *f* principal person, central figure; **~postamt** *n* general (*Am.* main) post-office; **~posten** *econ. m* principal item; **~probe** *f thea.* dress rehearsal; *mus.* main full rehearsal; **~punkt** *m* main (*or* cardinal) point; **~quartier** *mil. n* headquarters *pl.* (*abbr.* HQ); **~quelle** *f* main source; **~rechnung** *econ. f* general account; **~rechnungs-arten** *f/pl.* principal rules of arithmetic; **~redakteur** *m* chief editor; **~regel** *f* principal rule; **~rohr** *n* main tube; **~rolle** *f* chief part, leading rôle (*or* character), lead; title-rôle; *in der ~ zeigen* star, feature; *die ~ spielen* play the lead, take *or* act the chief part; star; *fig. person*: be the central figure, be the cent|re (*Am.* -er) of attraction, play the first fiddle, *sl.* run the show; *matter*: be all-important; **~rollendarsteller(in** *f*) *m thea.* leading man (*f* lady), lead, *a. film*: star (performer); **~sache** *f* main (*or* essential, most important) thing *or* point, essential; main issue, focal question; *jur. in der ~ entscheiden* give judg(e)ment on the merits; *zur ~ verhandeln* deal with a case upon its merits; *in der ~* in the main, on the whole, chiefly; *der ~ nach* in substance; *das ist die ~* that's all that matters; **2sächlich** [ˈ-zɛçliç] **I.** *adj.* principal, chief, main, essential, most important; **II.** *adv.* chiefly, mainly, especially, essentially, above all; **~saison** *f* peak season; **~satz** *m logics*: main proposition; *gr.* principal clause *or* sentence; **~schalter** *el. m* main (*or* master) switch; **~schiff** *arch. n* nave; **~schlag-ader** *anat. f* aorta; **~schlager** *m film*: theme-song; *econ., etc.* special hit (*or* feature); **~schlüssel** *m* master- (*or* pass-) key; **~schriftleiter** *m* chief editor, editor-in-chief; **~schuld** *f* (-) principal fault; *er trägt die ~ daran* it is mostly his fault (*or* doing); **~schuldige(r** *m*) *f* principal (in the first degree), major offender; **~schuldner** *m* principal debtor; **~schwierigkeit** *f* main difficulty; **~sender** *m radio*: key (*or* net control) station; **~sicherung** *el. f* main fuse; **~signal** *rail. n* home signal; **~sitz** *econ. m* registered office, principal place of business; **~sorge** *f* main concern; **~spaß** *m* capital joke, lark, *sl.* scream; *es machte ihm e-n ~, zu inf.* it amused him immensely to *inf.*; **~stadt** *f* capital (town *or* city); metropolis; **2städtisch** *adj.* metropolitan; **~straße** *f* main street, major road; main (*or* arterial) road, highway; **~strecke** *rail. f* main (*or* trunk-) line; **~strom** *el. m* (-[e]s) main current; **~strommotor** *el. m* series(-wound D.C.) motor; **~stütze** *fig. f* mainstay; **~summe** *f* principal sum, (sum) total; **~täter** (**-in** *f*) *m jur.* principal (offender); **~tätigkeit** *f* main occupation; principal duty *or* function; **~teil** *m* main part; **~ton** *m* (-[e]s; ⸚e) principal accent, main stress; *mus.* keynote; **~träger** *arch. m* main girder; **~treffer** *m lottery*: first prize; *den ~ gewinnen* hit the jackpot; **~treppe** *f* principal staircase; **~tribüne** *f* grandstand; **~triebfeder** *f* mainspring (*a. fig.*); **~tugend** *f* cardinal virtue; **~uhr** *f* master clock (*or* watch); **~unterschied** *m* principal (*or* main) difference; **~ursache** *f* chief cause; **~verbandplatz** *mil. m Brit.* main dressing station, *Am.* clearing station; **~verhandlung** *jur. f* trial; **~verkehr** *m* main (*or* peak) traffic; **~verkehrsstraße** *f* arterial (*or* main, trunk) road, thoroughfare, main highway; **~verkehrsstunden** *f/pl.*, **~verkehrszeit** *f* rush (*or* peak, busy, crowded) hours *pl.*, peak traffic hours *pl.*; **~versammlung** *econ. f* general meeting; **~verteiler** *m* main distributor; **~vertreter** *m* general agent; **~verwaltung** *f* central administration, headquarters *pl.*; **~wache** *mil. f* main guard(-station); **~wachtmeister** *mil. m* sergeant major, *Am.* first sergeant; **~wasserrohr** *n* water mains *pl.*; **~welle** *tech. f* transmission (*or* main) shaft; **~werk** *n* chief (*or* standard) work; **~wort** *gr. n* (-[e]s; ⸚er) noun, substantive; **~zeuge** *m* principal witness; **~ziel** *n* main objective; primary target; **~zollamt** *n* Customs and Excise Office; **~zug** *m* principal trait, main feature, chief characteristic; **~zweck** *m* main object, chief purpose.

Haus [haus] *n* (-es; ⸚er) house (*a. econ.* = firm; *a. thea., ast.*); building; dwelling-house; residence; home, family, household; house, dynasty; *parl.* House; *beschlußfähiges ~* quorum; *das ~ ist nicht beschlußfähig!* no house!; *öffentliches ~* brothel; *~ und Hof* house and home; *humor. altes ~* old man (*or* chap); *fideles ~* jolly (old) fellow, gay bird; *gelehrtes ~* pundit; *aus gutem ~e sein* come of a good house; *außer dem ~* out of doors, outdoors; *econ. frei ~* free domicile; *im ~e* indoor(s), *econ.* on the premises; *im ~e m-r Tante* at my aunt's (house); *im ~e wohnend* resident; *nach ~e* home; *von ~e* from home; *von ~ aus* by nature, originally; by birth; *von ~ zu ~* from house to house, from door to door; *~-zu-~-Lieferung* door-to-door delivery; *zu ~e* at home, in; *bei uns zu ~e* at home, in our country, where I come from; *zu ~e sein* be at home (*Am.* home), be in; *nicht zu ~e sein* be out *or* away (from home), be not in; *in e-r Sache zu ~e sein* be at home (*or* well versed *or* well up) in a th.; *~ an ~ wohnen* be nextdoor neighbo(u)rs, *mit j-m*: live next door to a p.; *außer ~e essen* dine out; *das ~ hüten* stay in(doors), keep the house; *ein großes ~ führen* live in great style; *ein offenes ~ haben* keep open house; *j-m das ~ führen* keep house for a p.; *j-m das ~ verbieten* forbid a p. (to enter) the house; *j-n nach ~e bringen* see a p. home; *sein ~ bestellen* set one's house in order; *fig. ins ~ stehen* be forthcoming; *thea. vor leeren Häusern spielen* play to empty houses; *auf ihn kann man Häuser bauen* he is absolutely reliable; *tut, als ob ihr zu ~e wäret* make yourselves at home.

'**Haus...**: **~angestellte** *f* (domestic) servant, house-maid, *Am.* domestic helper, houseworker; *pl.* domestics, servants; **~anschluß** *el. m* mains connection; *teleph.* private connection; **~apotheke** *f* family medicine-chest; **~arbeit** *f* indoor work, housework, domestic duties *pl.*; *ped.* homework; **~arrest** *m*: *unter ~ stellen* place under house arrest; **~arznei** *f* household remedy; **~arzt** *m* family doctor; *at sanatorium, etc.*: resident doctor; **~aufgabe(n** *pl.*) *f* homework; **2backen** ['-bakən] *adj.* home-made; *fig.* plain, prosy, pedestrian; provincial; **~ball** *m* private ball; **~bar** *f* cocktail cabinet; **~bau** *m* (-[e]s; *-ten*) building of a house; **~bedarf** *m* domestic requirements, household necessaries *pl.*; *für den ~* for the home; **~besitzer(in** *f*) *m* house-owner; landlord (*f* landlady); **~besuch** *m* home visit (*by doctor, etc.*); **~bewohner (-in** *f*) *m* inmate (*or* occupant) of a house; tenant, lodger; **~bibliothek** *f* private library; **~biene** *f* domestic bee; **~boot** house-boat; **~brand** *m* domestic fuel; **~brandkohle** *f* house coal.

Häuschen ['hɔʏsçən] *n* (-s; -) small house; cottage, cabin; lodge; → *Hütte*; *colloq.* privy; *colloq. fig. aus dem ~ geraten* jump out of one's skin; *aus dem ~ sein* be beside o.s. (*vor dat.* with).

'**Haus...**: **~dach** *n* house-top; **~dame** *f* housekeeper, lady's companion; **~diener** *m* man-servant, valet; *at hotel*: boots *sg.*; **~drache** *colloq. m* shrew, scold, termagant; **~eigentümer(in** *f*) *m* → *Hausbesitzer(in)*; **~einrichtung** *f* household furniture, domestic furnishings *pl.*, appointments *pl.*

hausen ['hauzən] *v/i.* (*h.*) dwell, live, reside; *b.s.* ravage (*in dat. a place*); *schlimm* (*or übel*) *~* play havoc (*in dat.* in, *unter dat.* among).

'**Hausen** *ichth. m* (-s; -) (great) sturgeon; **~blase** *f* isinglass.

'**Haus-ente** *f* domestic duck.

Häuser ['hɔʏzər] *pl. of Haus*; **~block** *m* (-[e]s; -s) block (of houses); **~kampf** *mil. m* house-to-house fighting; **~makler** *m* house agent, (real) estate agent, *Am.* realtor; **~viertel** *n* quarter, *Am.* block.

'**Haus...**: **~flur** *m* (entrance-)hall, *Am. a.* hallway; **~frau** *f* housewife, mistress (*or* lady) of the house; landlady; **2fraulich** *adj.* house-wifely, home-making; **~freund** *m* friend of the family; *humor.* (married woman's) gallant; **~friede(n)** *m* domestic peace; **~friedensbruch** *jur. m* breach of domestic peace; trespass; **~garten** *m* back garden, *Am.* backyard; **~gebrauch** *m*: *für den ~* for domestic use, for the household; **~gehilfin** *f* → *Hausangestellte*; **~gemeinschaft** *f* house-community, household; **~genosse** *m*, **~genossin** *f* fellow lodger, house-mate; **~gerät** *n* household utensils *pl.*; → *Hausrat*; **~grundstück** *n* house and lot; **~hahn** *m* domestic cock, rooster; **~halt** ['-halt] *m* (-[e]s; -e) household; home; housekeeping; *parl.* budget; *den ~ führen* manage (*or* run) a household; keep house (*für j-n* for a p.); *e-n gemeinschaftlichen ~ führen* keep house together; **2halten** *v/i.* (*irr.*, *h.*) *für j-n*: keep house, manage (for); *~ mit* husband, economize, be economical with *a th.*; **~hälterin** ['-hɛltərin] *f* (-; *-nen*) housekeeper; **2hälterisch** *adj.* economical, thrifty; **~haltkunde** *f* (-) domestic science.

'**Haushalts...**: **~artikel** *m* household product (*or* appliance); *pl. a.* household supplies, *Am.* domestics *pl.*; **~ausgaben** *f/pl.* budget expenditure *sg.*; **~ausschuß** *parl. m* budget committee; **~beschränkungen** *f/pl.* budgetary restraints; **~führung** *f* house-keeping; *Person mit doppelter ~* person with two households to keep up; **~gegenstände** ['-ge:gənʃtɛndə] *m/pl.* furnishings, household equipment (*or* appliances, objects); **~geld** *n* housekeeping allowance; **~jahr** *n* fiscal (*or* financial) year; **2mäßig** ['-mɛ:siç] *adj.* budgetary; **~mittel** *n/pl.* budgetary means; appropriations; **~plan** *parl. m* budget; *et. im ~ vorsehen* budget for a th.; **2rechtlich** *adj.* → *haushaltsmäßig*; **~verbraucher** *m* domestic consumer; **~voranschlag** *parl. m the* Estimates *pl.*; **~zuweisung** *parl. f* (budgetary) appropriation.

'**Haushaltung** *f* housekeeping, housewifery; family budget; management; → *Haushalt*; **~sbuch** *n* housekeeping-book; **~skosten** *pl.* household expenses; **~svorstand** *m* head of the household.

'**Haus...**: **~herr** *m* master of the house, householder; host; landlord; **2hoch I.** *adj.* (as) high as a house; huge; *fig.* vast, enormous; **II.** *adv.*: *~ schlagen* trounce; *j-m ~ überlegen sein* be heads and shoulders above a p.; **~hofmeister** *m* steward; **~hund** *m* house-dog.

hau'sier|en [hau'zi:rən] *v/i.* (*h.*) hawk, peddle (*mit et.* a th.); *~ gehen* go peddling, hawk about; *fig.* peddle (*mit* with); *Betteln u. 2 verboten!* No begging or peddling; **2er** *m* (-s; -) hawker, pedlar; door-to-door salesman; **2gewerbeschein** *m* pedlar's (*or* hawker's) licen|ce, *Am.* -se.

'**Haus...**: **~industrie** *f* home-industry; **~kapelle** *f* private chapel; *mus.* private band; **~katze** *f* domestic cat; **~kleid** *n* house-dress; **~knecht** *m* boots *sg.*; **~korrektor** *typ. m* indoor reader; **~korrektur** *typ. f* office corrections *pl.*; **~kost** *f* household fare; **~lehrer** *m* private teacher *or* tutor; **~lehrerin** *f* governess; **~leinen** *n*, **~leinwand** *f* homespun linen.

Häusler(in *f*) ['hɔʏslər(in)] *m* (-s, -; -, *-nen*) cottager.

'**häuslich I.** *adj.* domestic, household; economical, thrifty, sparing; home-keeping (*or* -loving), domesticated; *~e Aufgabe ped.* homework, home lesson; *~er Zwist* domestic difference; **II.** *adv.*: *sich ~ einrichten* set up housekeeping; come to stay (*bei j-m* with); *fig.* make o.s. comfortable; *sich ~ niederlassen* settle down; *fig.* make o.s. at home; **2keit** *f* (-) family-life; domesticity; home.

'**Hausmacher...** home-made (*sausage, etc.*).

'**Haus...**: **~macht** *f* dynastic power; **~mädchen** *n*, **~magd** *f* house-maid; **~mannskost** *f* plain fare (*or* cooking); **~meister** *m* → *~verwalter*; **~miete** *f* house-rent; **~mittel** *n* household remedy *or* medicine; **~musik** *f* domestic music; **~mutter** *f* mother of the family; *fig.* matron; **2mütterlich** *adj.* motherly; matronly; **~nummer** *f* street number; **~ordnung** *f* rule of the house; **~pflanze** *f* indoor plant; **~pflege** *f med.* home-treatment; (*social*) outdoor relief; **~putz** *m* house cleaning; **~rat** *m* (-[e]s) household effects *pl.*; **~ratte** *f* black rat; **~recht** *n* (-[e]s) domestic authority; **~rock** *m* house-coat (*or* jacket); morning gown; **~sammlung** *f* house-to-house collection; **~schlachtung** *f* home slaughtering; **~schlüssel** *m* street-door (*or* latch)key; **~schuh** *m* slipper; **~schwalbe** *f* house martin; **~schwamm** *m* dry-rot.

Hausse ['ho:s(ə)] *econ. f* (-; *-n*) rise (of prices), boom, bull movement (*or* market); *Höhepunkt der ~* peak of the boom; *auf ~ spekulieren* operate (*or* buy) for a rise, bull the market; **~bewegung** *f* bull movement, upward tendency.

Haussegen ['hausze:gən] *m* (-s) wall-text; *humor. bei ihnen hängt der ~ schief* they are having a row.

Hausse... ['ho:s(ə)-]: **~kauf** *m* bull purchase; **~markt** *m* boom market; **~spekulant** *m* operator for a rise, bull, *Am.* long; **~spekulation** *f* bull(ish) operation (*or* speculation), operation for a rise; **~stimmung** *f* bullish tendency (*or* tone).

Haussier [hosi'e:] *m* (-s; -s) → *Haussespekulant.*

'**Haus...**: **~stand** *m* (-[e]s) household; *e-n eigenen ~ gründen* set up for o.s., settle down; **~steuer** *f* house-tax; **~suchung** ['-zu:xuŋ] *f* (-; *-en*) house search, domiciliary visit; **~suchungsbefehl** *m* search-warrant; **~telephon** *n* intercommunication system, intercom; *n.s.* telephone extension; private telephone; **~tier** *n* domestic animal; **~tochter** *f* lady help; **~tor** *n* gate;

~trauung *f* private wedding; **~tür** *f* street- (*or* front) door; **~tyrann** *m* domestic tyrant; *den ~ markieren* pull the heavy husband; **~vater** *m* father of the family, pater familias; family-man; *of hostel, etc.*: warden; **~verwalter** *m* caretaker, *Am. a.* janitor, house superintendent, super; **~verwaltung** *f* property management; **~wart** *m* → *~verwalter*; **~wirt** *m* landlord; householder; **~wirtin** *f* landlady; **~wirtschaft** *f* house-keeping; domestic economy; domestic science; **2wirtschaftlich** *adj.* domestic, household...; *~es Seminar* school of domestic science; **~wirtschaftslehre** *f* domestic science; **~zeitung** *f* house organ; **~zelt** *n* wall tent; **~zins** *m* (house-)rent.

Haut [haʊt] *f* (-; ⸚e) skin (*a. aer.*); hide; slough (*of snake*); *anat.* (in-)tegument, cuticle (*a. bot.*); *obere ~* epiderm(is); *dünne ~* membrane (*a. bot.*), pellicle; *of fruit*: peel; *on liquids, etc.*: film; *dicke* (*empfindliche, gesprungene or rissige*) *~* thick (sensitive, chapped) skin; *die ~ betreffend* cutaneous; *durch die ~ wirkend* percutaneous; *unter der ~* (*befindlich or angewandt*) subcutaneous; hypodermic; *bis auf die ~ durchnäßt* soaked to the skin; *auf bloßer ~ tragen* wear next to one's skin; *e-m Tier die ~ abziehen* skin an animal; *sich die ~ aufschürfen* graze one's skin, skin (one's knees, *etc.*); *colloq.* *e-e ehrliche ~* an honest fellow; *mit ~ und Haar* completely, altogether, root and branch; *auf der faulen ~ liegen* take it easy, loaf; *aus der ~ fahren* jump out of one's skin; *es ist um aus der ~ zu fahren* it's enough to drive you mad; *e-e dicke ~ haben* be thick-skinned; *mit heiler ~ davonkommen* come away unscathed (*or* unhurt, safely); *s-e* (*eigene*) *~ retten* save one's bacon; *s-e ~ zu Markte tragen* risk one's hide; *sich s-r ~ wehren* defend o.s. (to the last); *ich möchte nicht in s-r ~ stecken* I wouldn't like to be in his shoes; *er ist nur ~ und Knochen* he is nothing but skin and bones; *es kann eben keiner aus seiner ~* a leopard can't change his spots, we can't help being what we are; *j-m unter die ~ gehen* get under a p.'s skin.

ˈ**Haut...:** **~abschürfung** *med. f* excoriation, skin-abrasion; **~arzt** *m* dermatologist; **~atmung** *f* cutaneous respiration; **2ätzend** *adj.* vesicant; **~ausschlag** *med. m* cutaneous eruption, rash; eczema; **~bildung** *f* skin (*or* film) formation; **~bräune** *med. f* croup; **~bürste** *f* complexion brush.

Häutchen [ˈhɔʏtçən] *n* (-s; -) thin coat(ing); *on liquids*: film; *anat., bot.* membrane, pellicle, tunicle.

ˈ**Hautdrüse** *anat. f* cutaneous gland.

ˈ**häuten** *v/t.* (*h.*) (strip of the) skin, flay; *sich ~* cast *or* shed one's skin, *snake, etc.*: (cast the) slough; *med.* peel, desquamate.

ˈ**Haut...:** **2eng** *adj.* skin-tight (*dress*); **~entgiftungsmittel** *n* skin decontaminant; **~entzündung** *f* cutaneous inflammation, dermatitis.

Hautevolee [(h)o:tvoˈle:] (*Fr.*) *f* (-) high society, *the* upper crust.

ˈ**Haut...:** **~farbe** *f* complexion; *econ.* flesh-colo(u)r; **2farben** *adj.* flesh-colo(u)red; **~farbstoff** *m* pigment; **~fetzen** *med. m/pl.* skin-debris; **~gewebe** *n anat.* dermal tissue; *bot.* periderm; **~gift** *n* blister agent (*or* gas), vesicant agent.

häutig [ˈhɔʏtiç] *adj.* skinny; *anat., bot.* membranous; *dunkel~* dark-(-skinned).

ˈ**Haut...:** **~jucken** *med. n* itching (of the skin), pruritus; **~krankheit** *f* skin-disease; **~krebs** *m* (-es) cutaneous (*or* skin) cancer; **~krem** *f* skin cream; **~lehre** *f* (-) dermatology; **~nerv** *m* cutaneous nerve; **~ödem** *n* cutaneous (o)edema; **~pflege** *f* care of the skin; cosmetics *pl.*; **~salbe** *f* skin ointment; **~schere** *f* cuticle-scissors *pl.*; **~transplantation, ~übertragung** *med. f* skin-graft(ing).

ˈ**Häutung** *f* (-; -en) skinning; *of snake, etc.*: sloughing; *med.* peeling (of skin), desquamation.

ˈ**Haut...:** **~unreinheit** *f* skin blemish; **~vene** *f* cutaneous vein; **~verletzung, ~wunde** *f* skin wound, cutaneous lesion; **~wassersucht** *f* dropsy (in the skin), anasarca.

ˈ**Hauzahn** *zo. m* tusk, fang.

Havanna [haˈvana] *f* (-; -s), **~zigarre** *f* Havana (cigar).

Havarie [havaˈri:] *f* (-; -n) average, loss (*or* damage) by sea; *große* (*besondere, kleine*) *~* general (particular, petty) average; *~ andienen* notify average; *~ aufmachen* adjust (*or* settle) the average; **~attest** *n* certificate of average; **~gelder** [-gɛldər] *n/pl.* average charges; **~klausel** *f* average-clause; **~kommissar** *m* average-adjuster, claims agent; **~schein** *m* average bond.

H-Bombe [ˈha:-] *f* H-bomb (= hydrogen bomb).

H-Dur *mus. n* B major.

he! [he:] *int.* hi!, hey!, I say!, you there!

Hebamme [ˈhe:pʔamə] *f* (-; -n) midwife.

Hebe|balken [ˈhe:bə-], **~baum** *m* heaver; **~bock** *m* (lifting) jack; **~bühne** *mot. f* car lift; **~eisen** *n* crowbar; **~fahrzeug** *mar. n* salvage vessel; **~kran** *m* hoist(ing) crane.

Hebel [ˈhe:bəl] *tech. m* (-s; -) lever (*a. wrestling*); handle; crank; *e-n ~ ansetzen* apply a lever; *mit e-m ~ (hoch)drücken, etc.* lever (up, *etc.*); *fig. alle ~ in Bewegung setzen* move heaven and earth, leave no stone unturned; **~arm** *m* lever arm.

ˈ**Hebeliste** *f* register of taxes.

ˈ**Hebel...:** **~kraft** *f*, **~moment** *n* leverage; **~schalter** *el. m* lever switch; **~stützpunkt** *m* fulcrum; **~waage** *f* beam scale; **~werk** *n* lever gear; **~wirkung** *f* leverage, lever action.

ˈ**Hebemagnet** *m* lifting magnet.

ˈ**heben** *v/t.* (*irr., h.*) lift (*a. sports*); raise, elevate (*both a. fig.*); heave; hoist; crane up; jack up (*car*); raise (*treasure, wreck*); *math.* reduce, cancel (*fraction*); → *Angel, Himmel, Sattel, Taufe*; *fig.* improve; *paint.* put into (bold) relief, set off; raise (*spirits*); enhance, add to (*effect, etc.*); accentuate (*colour*); *colloq.* *e-n ~* raise the elbow, hoist (*or* down) one; *sich ~* rise, raise o.s.; *sich ~ und senken* rise and fall, heave; *sich wieder ~ trade, etc.*: revive; *diese Zahlen ~ sich auf* these figures cancel (out); → *gehoben*.

ˈ**Heben** *n* (-s) lifting, raising; *sports*: *fehlerhaftes ~* faulty lift; *beidarmiges ~* twohands lift.

ˈ**Heber** *m* (-s; -) *phys.* siphon; pipette; syringe; *anat. and tech.* elevator; *tech. esp. in compounds*: ...-lifter, raiser, lever; *mot.* (car) jack; **~pumpe** *f* siphon-pump.

ˈ**Hebe...:** **~schiff** *n* salvage ship; **~stange** *f* crowbar, handspike; **~stelle** *f* receiver's office; (tax-) collecting office; **~vorrichtung** *f* lifting device (*or* gear, tackle), hoisting apparatus; *on machine tools*: elevating mechanism; hydraulic (hoisting) jack; **~zeug** *n* lifting gear, hoist.

Hebrä|er(in *f*) [heˈbrɛ:ər(in)] *m* (-s, -; -, -nen) Hebrew; **2isch** *adj.* Hebrew; Jewish; *die ~e Sprache, das 2(e)* the Hebrew language, Hebrew.

ˈ**Hebung** *f* (-; -en) lifting, raising, heaving; *of the ground*: elevation; *fig.* improvement, enhancement, encouragement, promotion; increase; *poet., mus.* stress, arsis; → *Behebung*.

Hechel [ˈhɛçəl] *f* (-; -n) hatchel, hackle, flax-comb; **2n** *v/t.* (*h.*) hackle, comb.

Hecht [hɛçt] *m* (-[e]s; -e) pike, jack; *ausgewachsener ~* luce; *fig.* (*wie*) *ein ~ im Karpfenteich* (like) a pike in a fish-pond; *humor.* thick tobacco smoke; ˈ**2en** *v/i. swimming*: pike, jack(knife); *soccer*: dive at full-length; *gehechtet* piked; ˈ**2grau** *adj.* bluish-grey; ˈ**~rolle** *f gym.* dive and roll; ˈ**~sprung** *m swimming*: pike dive, jackknife, header; *gym.* long fly; *soccer*: *den Ball durch ~ abfangen* make a full-length save.

Heck [hɛk] *n* (-[e]s; -e) *mar.* stern, poop; *mot.* rear; *aer.* tail; fence; trellis-gate; ˈ**~antrieb** *mot. m* rear drive; ˈ**~bauer** *n* breeding-cage.

Hecke[1] [ˈhɛkə] *f* (-; -n) hedge; hedgerow; fence; *mit e-r ~ umgeben* hedge.

ˈ**Hecke**[2] *f* (-; -n) **1.** hatching, breeding; **2.** hatch, brood.

ˈ**hecken** *v/t. and v/i.* (*h.*) hatch, *mammals*: breed.

ˈ**Hecken...:** **~rose** *f* dog-rose; **~schere** *f* hedge-shears *pl.*; **~schütze** *mil. m* sniper; guer(r)illa; **~sprung** *aer. m* hedge-hopping.

ˈ**Heck...:** **~geschütz** *n mar.* stern-chaser; *aer.* tail gun; **2lastig** *aer. adj.* tailheavy; **~laterne** *f* poop lantern; **~licht** *aer. n* (-[e]s; -er) tail-light; **~motor** *mot. m* rear engine; **~raddampfer** *m* stern wheeler; **~schütze** *aer. m* rear gunner; **~stand** *aer. m* tail turret.

heda! [ˈhe:da:] *int.* hi (there)!, hullo!, hallo!

Hede [ˈhe:də] *f* (-; -n) tow, oakum.

Hederich [ˈhe:dəriç] *m* (-s; -e) hedge mustard.

Heer [heːr] *n* (-[e]s; -e) army; *stehendes* ~ standing army, regular army; *fig.* host, multitude; *in das* ~ *eintreten* join (*or* enter, go into) the army, *recruits*: *a.* enlist, join the ranks; '~**bann** *m* levies *pl.*

'**Heeres...:** ~**bedarf** *m* army requirements (*or* supplies) *pl.*; ~**bericht** *m* army communiqué, (daily) war bulletin; ~**bestände** ['-bəʃtɛndə] *m/pl.* military stores; ~**dienst** *m* (-es) military service; ~**dienstvorschrift** *f* army manual; ~**führung** *f* army command (staff); *Oberste* ~ *the* Supreme Command; ~**gruppe** *f* Army group; ~**leitung** *f* → *Heeresführung*; ~**lieferant** *m* army contractor; ~**lieferung** *f* army contract; ~*en pl.* army supplies; ~**luftwaffe** *f* Army Air Forces *pl.*; ~**macht** *f* (military) forces *pl.*, army; ~**ministerium** *n Brit.* War Office, *Am.* Department of the Army; ~**personal-amt** *n* army personnel branch; ~**standort** *m* army post; ~**verwaltung** *f* army administration; ~**zeug-amt** *n* army ordnance department; ~**zug** *m* expedition.

'**Heer...:** ~**fahrt** *f* expedition; ~**führer** *m* general, commander-in-chief; ~**lager** *n* (army-)camp; ~**säule** *f* column of troops; ~**schar** *f* host; *eccl. himmlische* ~*en pl.* heavenly hosts; ~**schau** *f* (military) review; ~**straße** *f* military road; highway.

Hefe ['heːfə] *f* (-) yeast, leaven, barm; dregs (*a. fig.* = scum); lees, grounds *pl.*; *fig. den Kelch bis auf die* ~ *leeren* drink the cup to the dregs (*or* lees); ~**gebäck** *n* raised pastry; ~**kuchen** *m* raised cake; ~**nahrung** *f* yeast food; ~**pilz** *m* yeast fungus; ~**teig** *m* leaven(ed dough).

'**hefig** *adj.* yeasty, yeastlike.

Heft [hɛft] *n* (-[e]s; -e) **1.** handle, haft; *of sword*: hilt; *bis ans* ~ up to the hilt; *fig. das* ~ *in der Hand haben* hold the power (*or* reins) in one's hands, be master of the situation; hold the whiphand; *j-m das* ~ *entreißen* wrest the power from a p.; **2.** copy-book; *ped.* exercise-book; number, part (*of publication*); copy; (stitched) booklet, pamphlet, brochure; *in* ~*en erscheinen* appear in numbers (*or* parts); '~**draht** *m* stitching wire.

'**heften** *v/t.* (*h.*) fasten, attach, fix (*an acc.* to); pin; *sewing*: baste, tack; stitch, sew (*book*); *geheftet* in sheets; *sich* ~ *an* (*acc.*) attach (*or* cling) to; *fig. s-e Augen* ~ *auf* (*acc.*) fasten (*or* fix, rivet) one's eyes on; → *Ferse*.

'**Hefter** *m* (-s; -) folder.

'**Heft|faden** *m*, ~**garn** *n* stitching-(*or* basting-)thread.

heftig ['hɛftiç] *adj.* vehement, violent; impetuous, passionate; fierce; irascible, hot-tempered; furious; intens(iv)e, strong; *chem.* brisk; sharp, severe, keen (*cold, etc.*); heavy (*rain*); acute (*pain*); splitting (*headache*); bad (*cold*); angry, high (*words*); ~ *werden* grow vehement; fly into a passion *or* temper, cut up rough; ♀**keit** *f* (-) vehemence, violence; fierceness; intensity; severity; impetuosity; hot temper.

'**Heft...:** ~**klammer** *f* paper-fastener (*or* -clip); (wire) staple; ~**maschine** *f* thread stitching machine, stitcher; stapling machine, stapler; ~**nadel** *f* stitching-needle; ~**naht** *f* tacking; ~**pflaster** *n* adhesive (*or* sticking-)plaster, court-plaster; ~**stich** *m* tack; ♀**weise** ['-vaɪzə] *adv.* in numbers (*or* serial parts); ~**zwecke** *f* drawing-pin, *Am.* thumb-tack.

Hegemeister ['heːgə-] *m* head gamekeeper.

Hegemonie [hegemo'niː] *f* (-; -*n*) hegemony, supremacy.

hegen ['heːgən] *v/t.* (*h.*) *hunt.* preserve (*game*); nurse, tend (*plants*); protect, guard; ~ (*und pflegen*) foster, tend, bestow care (up)on; cultivate (*arts, relations*); have, cherish, entertain (*feelings, hope*); harbo(u)r, nurse, nourish, bear (*grudge, hatred*); have, entertain (*doubts, suspicion*).

Hehl [heːl] *n* (-s): *kein* ~ *machen aus* (*dat.*) make no secret of, make no bones about, not to disguise; *ohne* ~ (quite) openly, without reserve; ♀**en** *jur. v/i.* (*h.*) receive stolen goods.

'**Hehler(in** *f*) *m* (-s, -; -, -*nen*) *jur.* receiver of stolen goods, *sl.* fence; **Hehlerei** [heːlə'raɪ] *f* (-) receiving (of stolen goods); '**Hehlernest** *n* fence.

hehr [heːr] *adj.* sublime, high, lofty; *person*: noble, exalted, august.

Heide[1] ['haɪdə] *m* (-*n*; -*n*), '**Heidin** *f* (-; -*nen*) heathen, pagan; *bibl. Juden u. Heiden pl.* Jews and Gentiles.

'**Heide**[2] *f* (-; -*n*) heath, heather, moor(s *pl.*); ~**korn** *n* (-[e]s) buckwheat; ~**kraut** *n* (-[e]s) heather; ~**land** *n* (-[e]s) heath(y ground), moor(land); ~**lerche** *f* woodlark.

Heidelbeere ['haɪdəl-] *bot. f* bilberry, *Am.* blueberry, huckleberry.

'**Heiden...:** ~**angst** *colloq. f*: *e-e* ~ *haben* be in a mortal fright (*or* blue funk); ~**geld** *colloq. n* (-[e]s) *a* lot of money, *an* enormous sum of money; ~**lärm** *colloq. m* terrible noise (*or* row, racket), hullabaloo; ♀**mäßig** *colloq. adj.* tremendous, awful; ~**spaß** *colloq. m* capital fun; → *Hauptspaß*; ~**tempel** *m* pagan temple; ~**tum** *n* (-s) heathenism, paganism; heathendom, pagan world.

Heiderös-chen ['-røːsçən] *n* (-s; -) briar-rose.

'**Heidin** *f* → Heide[1].

heidnisch ['haɪdnɪʃ] *adj.* heathen(-ish), pagan; godless, unbelieving; barbarous.

Heidschnucke ['haɪtʃnukə] *zo. f* (-; -*n*) (North German) moorland sheep.

Heiduck [haɪ'duk] *m* (-*en*; -*en*) heyduck.

heikel ['haɪkəl] *adj. person*: fastidious, particular, (over-)nice, finical; exacting; squeamisch; *matter*: delicate, ticklish; critical; *heikle Frage* delicate (*or* thorny) question; *heikler Punkt or Thema* tender (*or* sore, sensitive) point *or* subject.

heil [haɪl] *adj. person*: unhurt, uninjured, unscathed, safe and sound; *thing*: whole, intact; *med.* healed, cured, restored; *wound*: healed (up); **Heil** *n* (-[e]s) welfare, well-being; *eccl.* salvation; *Jahr des* ~*s* year of grace; *zu j-s* ~*e* (*gereichen*) (be) for the good (*or* benefit) of a p.; *zu s-m* ~ luckily for him; *sein* ~ *versuchen* try one's luck, have a go at it; *sein* ~ *in der Flucht suchen* seek safety in flight, take to flight; ~! hail!, hurra(h)!, cheerio!

Heiland ['haɪlant] *eccl. m* (-[e]s; -e) Savio(u)r, Redeemer.

'**Heil...:** ~**anstalt** *f* medical establishment, hospital, clinic, sanatorium, *Am.* sanitarium; mental home; ~**bad** *n* medicinal baths *pl.*; watering-place, spa; ♀**bar** *adj.* curable, healable, remediable; ~**barkeit** *f* (-) curableness; ~**behandlung** *f* curative treatment; *zur* ~ *zugelassen doctor*: licensed to practice; ♀**bringend** *adj.* salutary, salubrious, beneficial; ~**brunnen** *m* mineral spring; ~**butt** *m* halibut; ♀**en I.** *v/i.* (*sn*) *disease*: be cured; *wound*: heal (up), close; **II.** *v/t.* (*h.*) heal, cure *a p.*; *j-n* ~ *von* (*dat.*) cure a p. of (*a. fig.*); heal (*wound*); ~**erde** *f* healing earth; ~**erfolg** *m* successful treatment; ~**faktor** *m* healing factor; ♀**froh** *adj.* very glad, greatly relieved; ~**gehilfe** *m* (trained) male nurse; ~**gymnastik** *f* remedial gymnastics *pl.*, physiotherapy; ~**gymnastiker(in** *f*) *m* (-s, -; -, -*nen*) physiotherapist.

heilig ['haɪlɪç] *adj.* holy; sacred; hallowed; saintly, godly, pious; solemn; sacred, inviolable, sacrosanct; venerable; *before proper names*: Saint (*abbr.* St.); *der* ~*e Antonius* St. Anthony; ♀*er Abend* Christmas Eve; *der* ♀*e Geist* (*Stuhl, Vater*) the Holy Ghost (See, Father); → *Land, Schrift*; ~*e Bücher* sacred books; ~*e Handlung* sacrament, sacred rite; ~*e Pflicht* sacred duty; ~*er Zorn* righteous anger; *ihm ist nichts* ~ nothing is sacred to him; *schwören bei allem, was* ~ *ist* swear by all that is holy; *es ist mein* ~*er Ernst* I am in dead earnest, I absolutely mean it.

heiligen ['haɪlɪgən] *v/t.* (*h.*) hallow, sanctify; *R.C.* **a)** canonize, **b)** beatify; hold sacred, keep holy; sanctify; → *Zweck*.

'**Heiligen...:** ~**bild** *n* Saint's image; ~**schein** *m* halo, aureole, (*a. paint.*) gloriole, glory; *fig. a.* nimbus; *j-n mit e-m* ~ *umgeben* put a halo on a p.

'**Heiliger** *m* (-*en*; -*en*) saint; *fig.* saintly man; *wunderlicher* ~ queer customer.

'**heilig...:** ~**halten** *v/t.* (*irr., h.*) hold sacred, keep holy, observe *sabbath* (strictly); ♀**halten** *n* religious (*or* strict) observance; ♀**keit** *f* (-) holiness, sanctity, sacredness; *person*: saintliness; *Seine* ~ (*the Pope*) His Holiness; ~**sprechen** *v/t.* (*irr., h.*) canonize; ♀**sprechung** *f* (-; -*en*) canonization; ♀**tum** *n* (-s; ⸚er) sanctuary, (holy) shrine; (sacred) relic; *fig.* something sacred; (*room*) sanctum; *Schändung e-s* ~*s* sacrilege; **2ung** *f* (-; -*en*) hallowing, sanctification (*a. fig.*).

'Heil...: ~kraft *f* healing (*or* curative) power; **2kräftig** *adj.* healing, curative; medicinal; **~kraut** *n* medicinal (*or* officinal) herb; **~kunde** *f* (-) medical science; therapeutics *pl.*; **2kundig** *adj.* skilled in medicine; **~kundige(r** *m*) *f* practician; **~kunst** *f* medical art; **2los** *adj.* unholy (*a. colloq. fig.* = terrible, incredible, hopeless, awful); **~magnetismus** *m* animal magnetism, mesmerism; **~methode** *f* method of treatment, cure; **~mittel** *n* remedy, cure (*gegen* for; *a. fig.*); medicine, medicament, drug; **~mittel-allergie** *f* drug-allergy; **~mittellehre** *f* (-) pharmacology; **~pädagogik** *f* therapeutic pedagogy; **~pflanze** *f* medicinal plant *or* herb; **~pflaster** *n* healing (*or* medicated) plaster; **~praktiker** *m* non-medical practitioner; **~quelle** *f* mineral (*or* medicinal) spring; **~ruf** *m* cheer; **~salbe** *f* healing ointment *or* salve; **2sam** *adj.* wholesome, salutary; salubrious (*climate*); healing, curative; *fig.* beneficial (*für acc.* to), good (for); *iro. das wäre sehr ~ für ihn* that would do him no end of good; **~samkeit** *f* (-) wholesomeness, salutariness; salubrity.

'Heils-armee *f* (-) Salvation Army.

'Heil...: ~serum *n* antitoxic serum, antitoxin; **~sgeschichte** *eccl. f* (-) (Story of the) Life and Sufferings of Christ; **~slehre** *eccl. f* (-) doctrine of salvation; **~stätte** *f* sanatorium, cure cent|re, *Am.* -er; **~trank** *m* medicinal draught; **~- u. Pflegeanstalt** *f* institution for mental cases; **~ung** *f* (-; -*en*) cure, healing, successful treatment; **~ungsprozeß** *m* healing process; recovery; **~verfahren** *n* medical treatment; therapy; **~wert** *m* curative (*or* therapeutic) value; **~wirkung** *f* curative effect, healing action.

Heim [haɪm] *n* (-[e]s; -e) home (*a. institution*); (*youth, students'*) hostel; dwelling, residence, house; **2** *adv.* home; homeward; **'~arbeit** *f* homework, outwork; **'~arbeiter(in** *f*) *m* home-worker.

Heimat ['haɪmaːt] *f* (-) home, native place, *jur.* domicile; native country, homeland; *bot.* habitat; *zweite ~* second home, country of one's adoption; **~anschrift** *f* home address; **2berechtigt** *adj.* eligible for domicile, having right of residence, settled; **~berechtigung** *f* right of residence (*or* citizenship); **~dichter** *m* regional poet *or* writer; **~film** *m* local-colo(u)r film; **~flotte** *f* homefleet; **~front** *f* home front; **~hafen** *m* home port; port of registry; **~krieger** *m* stay-at-home patriot; **~kunde** *f* (-) local history and geography; **~land** *n* homeland, native country, mother-country; **2lich** *adj.* native, home; homelike, like home, homy; vernacular (*speech, etc.*); *~er Boden* native soil; **2los** *adj.* homeless, without a home; outcast; **~ort** *m* (-[e]s; -e) native place; **~recht** *n* **1.** domestic law; (right of) settlement; **~schein** *m* certificate of residence; **~schuß** *mil. m* Blighty (one), cushy one, homer; **~schutz** *m* home defen|ce, *Am.* -se; **~sinn** *zo. m* (-[e]s) homing instinct; **~staat** *m* native country, country of origin; **~stadt** *f* home town, native town; **~vertriebene(r** *m*) *f* expellee.

'heim...: ~begeben (*irr., h.*): *sich ~* go (*or* return) home; **~begleiten** *v/t.* (*h.*) see *a p.* home; **2chen** *zo. n* (-s; -) (house) cricket; **~eilen** *v/i.* (-s; -) hasten home; **~elig** ['-əliç] *adj.* homy, homelike; snug, cosy, comfy; **~fahren** *v/i.* (*irr., sn*) go (*or* return) home; drive home; **2fahrt** *f* return (home), homeward journey (*or mar.* voyage), return-trip; **2fall** *jur. m* (-[e]s) reversion, escheat; **~fallen** *v/i.* (*irr., sn*) revert (*an acc.* to); **~fällig** *adj.* revertible, reversionary; **2fallsberechtigte(r** *m*) *f* reversioner; **2fallsrecht** *n* (-[e]s) reversionary right, right of escheat; **~finden** (*irr., h.*), *a. sich ~* find one's way home (*or* back); **~fliegen** *aer. v/i.* (*irr., sn*) fly home, home (*a. zo.*); **~führen** *v/t.* (*h.*) lead (*bride*: take) home; repatriate; **2gang** *m* (-[e]s) going home; *fig.* death, decease; **2gegangene(r** *m*) *f* (-n, -n; -en, -en) departed, deceased; **~gehen** *v/i.* (*irr., sn*) go (*or* return) home; *fig.* die, depart this life, pass away; **~holen** *v/t.* (*h.*) fetch (*or* take) home; **2industrie** *f* home industry; **~isch I.** *adj.* native, indigenous; national, domestic, home; *~e Gewässer* home waters; vernacular (*language*); → *ein~*; *~ machen* acclimatize, domesticate (*animal*); *~ werden* become acclimatized, *Am.* acclimatize; *~ sein an* (*dat.*) live (*or* be at home) in *or* at, come from (*a place*); *in e-r Wissenschaft*: be at home in *a science*; **II.** *adv.*: *sich ~ fühlen* feel at home; **2kehr** ['-keːr] *f* (-), **2kunft** ['-kunft] *f* (-) return home, home-coming; **~kehren** *v/i.* (*sn*), **~kommen** *v/i.* (*irr., sn*) return home, come back; **2kehrer** *m* (-s; -) home-comer; repatriate(d soldier); **2kino** *n* home cinema (*Am.* movie); **2leiterin** *f* matron; **~leuchten** *v/i.* (*h.*): *colloq. j-m ~* tell a p. what's what, tick a p. off, send a p. about his business.

'heimlich I. *adj.* secret; hidden, concealed, private; clandestine, surreptitious, stealthy, furtive, underhand, hush-hush; in disguise, undercover; snug, cosy; homy; **II.** *adv.* secretly, *etc.*; by stealth, on the sly (*or* quiet); inwardly; *~ lachen* laugh in one's sleeve; *j-n ~ anblicken* steal a glance at a p.; *sich ~ entfernen* slip (*or* steal) away, take French leave; **2keit** *f* (-; -*en*) secrecy, secretiveness; furtiveness, stealthiness, stealth; closeness, reticence; secret; **2tuer** ['-tuːər] *m* (-s; -) mystery-monger; **2tue'rei** *f* (-; -*en*) mysteriousness; furtive manners *pl.*; **~tun** *v/i.* (*irr., h.*) be secretive (*mit et.* about) make a mystery (of); affect an air of mysteriousness.

'Heim...: ~reise *f* homeward (*or* return) journey *or mar.* voyage; *auf der ~* on the journey home; *auf der ~ befindlich* homeward bound; **2schicken** *v/t.* (*h.*) send home; **~schule** *f* boarding school; **2sehnen:** *sich ~* (*h.*) long for home, be home-sick; **~stätte** *f* home; home-croft, homestead; **~stättengesetz** *n* Homestead Act; **2suchen** *v/t.* (*h.*) visit (*a. bibl.*), afflict, plague; *ghosts*: haunt (*a. fig. the mind*); *vermin, etc.*: infest (*e-n Ort* a place); *enemy*: overrun, ravage; *heimgesucht* haunted (*von* by), infested (with); *von Dürre heimgesucht* drought-stricken; *von Krieg heimgesucht* war-torn; *vom Streik heimgesucht* strike-racked; **~suchung** *f* ['-zuːxuŋ] *f* (-; -*en*) visitation; affliction, trial; infestation; **2treiben** *v/t.* (*irr., h.*) drive home; **~tücke** *f* insidiousness, malice, treachery, foul play; **2tückisch** *adj.* malicious; insidious (*a. fig.*: *disease*), treacherous (*a. fig. road*); perfidious, cowardly, dastardly; **2wärts** ['-vɛrts] *adv.* homeward; *~ ziehen* set out (*or* make for) home; **~weg** *m* way (*or* return) home; *auf dem ~* on my, *etc.*, way home; **~weh** *n* homesickness, nostalgia (*a. fig.*); *~ haben* be homesick; **~wehr** *mil. f* militia, *Brit.* Home Guard; **2zahlen** *v/t.* (*h.*) *fig.* pay back; *j-m et. ~* pay a p. back for a th., get even with a p. for a th.; **2ziehen** *v/i.* (*irr., sn*) go (*or* return, march) home.

Hein [haɪn]: *Freund ~* Goodman Death.

Heinzelmännchen ['haɪntsəl-] *n* brownie; *pl. a.* little people.

Heirat ['haɪraːt] *f* (-; -*en*) marriage; wedding; match; *~ aus Liebe* love match; **2en I.** *v/t.* (*h.*) marry; wed, lead to the altar; **II.** *v/i.* (*h.*) marry, get married; *aus Liebe* (*wegen Geld*) *~* marry for love (money).

'Heirats...: ~antrag *m* offer (*or* proposal) of marriage; *e-n ~ machen* (*dat.*) propose to, pop the question to; **~anzeige** *f* announcement of marriage; **~büro** *n* marriage agency; **2fähig** *adj.* marriageable; **~kandidat** *m* suitor, wooer; **2lustig** *adj.* keen to marry; **~markt** *m* marriage market; **~schwindler(in** *f*) *m* marriage impostor; **~urkunde** *f* marriage certificate; **~vermittler(-in** *f*) *m* marriage broker; **~versprechen** *n* promise to marry; *Bruch des ~s* breach of promise (to marry).

heischen ['haɪʃən] *v/t.* (*h.*) ask (for), beg; demand, require.

heiser ['haɪzər] **I.** *adj.* hoarse; husky; raucous; croaking; *~ werden* (*sein*) grow (be) hoarse; **II.** *adv.* hoarsely; *sich ~ schreien* cry o.s. hoarse; **2keit** *f* (-) hoarseness; huskiness; raucousness.

heiß [haɪs] **I.** *adj.* hot; torrid (*zone*); *fig.* hot, burning, fiery, ardent; vehement, violent; fervent, fervid; (*sexually*) hot; *glühend ~* red-hot, scorching; *~es Blut* hot blood (*or* temper); *~er Kampf* hot (*or* fierce) battle; *~er Kopf* burning head; *sl. ~e Musik* (*Ware*) hot music (goods); → *Eisen, Katze, Hölle, etc.*; *~ machen* make hot, heat; *~e Tränen* *weinen* shed scalding tears, weep bitterly; *mir ist* ~ I am hot; **II.** *adv.*: es *ging* ~ *her* it was a stormy affair (*or* a hard struggle); **~blütig** ['-bly:tiç] *adj.* hot-blooded (*a. zo.*); hot-tempered, passionate, fiery; '**2dampf** *m* superheated steam.

'**heißen**[1] ['haɪsən] **I.** *v/t.* (*irr.*, *h.*) call, name; bid, tell, order, direct, command; → *willkommen*; *colloq.* *das heiße ich e-e gute Nachricht!* that's what I call good news!; **II.** *v/i.* (*irr.*, *h.*) be called (*or* named), go by the name of; mean, signify; be tantamount (*or* equivalent) to; *das heißt* that is (to say) (*abbr.* i.e.); *das will* (et)*was* ~ that's something, that is saying a great deal; *das will nicht viel* ~ that doesn't mean much; es *heißt, daß* they (*or* people) say that, it is said *or* reported *or* rumo(u)red that; *es heißt in der Bibel* it says in the Bible; es *soll nicht* ~, *daß* it shall not be said that; *nun heißt es aufgepaßt!* careful now!; *nun heißt es handeln, etc.* the situation now calls for (*or* requires) *action, etc.*, it is now for us *to act, etc.*; *soll das* ~, *daß* does that mean that, do you mean to say that; *was soll das* ~*!* what is the meaning of (all) that, *Am. a.* what's the big idea?; *wie* ~ *Sie?* what is your name?; *wie heißt das?* what is this called?, what is the name of this?; *wie heißt das auf englisch?* what is (*or* do you call) that in English?, what is the English for that?; *wie es bei Shakespeare heißt* as Shakespeare has it.

'**heißen**[2] *mar. v/t.* (*h.*) hoist; *heiß(t) Flagge!* hoist the flag!

'**heiß...**: **~ersehnt** ['-ɛrze:nt] *adj.* ardently desired; **~gekühlt** ['-gə-ky:lt] *tech. adj.* hot-cooled; **~geliebt** ['-gəli:pt] *adj.* dearly beloved, ardently loved; **2hunger** *m* ravenous appetite, *fig.* craving, thirst (*nach* for); **~hungrig** *adj.* ravenous(ly hungry), voracious (*a. fig. reader*); **~laufen** *tech. v/i.* (*irr.*, *sn*) run hot, overheat (o.s.); **2laufen** *n* overheating; **~löten** *tech. v/t.* (*h.*) hot-solder; **2luftbad** *n* hot-air bath; **2luftdusche** *f* hot-air apparatus; electric hair dryer; **2luftkammer** *f* warm-air chamber; **2luftmaschine** *f* caloric *or* hot-air engine; **2luftturbine** *f* hot-air turbine; **2mangel** *f* rotary ironer; **2sporn** *m* hotspur; **2strahltriebwerk** *n* thermal jet engine, thermojet; **2wasserbereiter** *m* (-*s*; -) geyser, *Am.* waterheater.

heiter ['haɪtər] *adj.* serene; clear, bright, fair; cheerful, gay, bright, *esp. Am.* chipper; gay, hilarious; amusing, funny; humorous (*story, etc.*); ~(*er*) *werden* cheer up, *face, situation, weather*: brighten; *iro. das kann ja* ~ *werden!* nice prospects, indeed!; **2keit** *f* (-) serenity; clearness, brightness; cheerfulness, glee; amusement, merriment, mirth; *zur allgemeinen* (*wachsenden*) ~ to the general (growing) amusement *or* merriment; **2keitserfolg** *m*: *damit hatte er e-n* ~ this raised a laugh.

Heiz|anlage ['haɪts-] *f* heating plant; **~apparat** *m* heating apparatus, heater; **2bar** *adj.* heatable, with heating (facilities); *tech.* hot-stage (*intrument*); **~batterie** *el. f* filament battery, A-Battery; **~(bett)decke** *f* electric blanket; **~effekt** *m* heating effect; **2en I.** *v/t.* (*h.*) heat, fire (up); **II.** *v/i.* (*h.*) make (*or* light) a fire; ~ *mit* (*dat.*) heat with, burn, fire; *der Ofen heizt gut* the stove heats well; *das Zimmer heizt sich gut* the room is easily heated, soon gets warm; **~er** *m* (-*s*; -) stoker (*a. rail.*); fireman; **~faden** *el. m* (heated) filament; **~fläche** *f* heating surface; **~gas** *n* fuel gas; **~gerät** *n* → *Heizapparat*; **~kessel** *m* boiler; **~kissen** *n* electric pad; **~körper** *m* radiator, heater; heating element; **~kraft** *f* heating (*or* calorific) power; **~loch** *n* stoke-hole; **~material** *n* fuel; **~ofen** *m* stove; electric fire (*or* radiator); **~öl** *n* fuel oil; **~platte** *f* hot-plate; **~raum** *m* furnace room, boiler-house; *mar.* stokehold; heating chamber; **~rohr** *n*, **~röhre** *f* heater flue, fire tube; hot (*or* heating) tube; **~rohrkessel** *m* fire tube boiler; **~schlange** *f* heating coil; **~sonne** *f* (reflector) bowl-fire; **~spannung** *f* heating voltage; **~strom** *m* filament (*or* heater) current; **~ung** *f* (-; -*en*) heating, firing; (central) heating; radiator; *die* ~ *anstellen* (*abstellen*) turn on (off) the radiators; **~ungs-anlage** *f* heating installation (*or* system); **~ungs-technik** *f* heating engineering; **~wert** *phys. m* heating (*or* calorific) value; **~widerstand** *m* filament resistance.

Hekatombe [heka'tɔmbə] *f* (-; -*n*) hecatomb.

Hektar [hɛk'ta:r] *n* (-*s*; -*e*) (ha) hectare (= 2.471 acres).

hektisch ['hɛktiʃ] *med. adj.* hectic (*a. fig.*).

Hektode [hɛk'to:də] *f* (-; -*n*) pentagrid mixer.

Hektograph [hɛkto'gra:f] *m* (-*en*; -*en*), **hektographieren** [-gra'fi:rən] *v/t.* (*h.*) hectograph.

'**Hektoliter** *n* (hl) hectolitre (= 21.998 gal.).

Held [hɛlt] *m* (-*en*; -*en*) hero (*a. thea., of novel, etc.*); champion; *fig.* ~ *des Tages* lion (of the day); *er ist kein* ~ *im Lernen* he is not much of a student, he is no mental giant.

Helden... ['hɛldən-]: **~dichtung** *f* epic *or* heroic poetry; **~friedhof** *m* military cemetery; **~gedenktag** *m* Memorial Day; **~gedicht** *n* epic (poem); **2haft** *adj.* heroic(ally *adv.*), valiant; **~lied** *n* epic song; **~mut** *m* heroism, valo(u)r; **2mütig** ['-my:tiç] *adj.* → *heldenhaft*; **~rolle** *thea. f* part of a (*or* the) hero; **~sage** *f* heroic legend, epic tale; **~tat** *f* heroic deed, exploit, feat; **~tenor** *mus. m* heroic tenor; **~tod** *m* heroic death; *mil.* death in action; *den* ~ *sterben* die a hero; be killed in action, fall on the field of hono(u)r; **~tum** *n* (-*s*) heroism; **~verehrung** *f* hero-worship.

Held|in ['hɛldin] *f* (-; -*nen*) heroine; **2isch** *adj.* heroic(ally *adv.*).

helfen ['hɛlfən] *v/i.* (*irr.*, *h.*) help; lend *or* give a hand; succo(u)r; promote; back; be of use, avail, profit; serve (*zu inf.* to *inf.*), be instrumental (in *ger.*), go to(wards a th. *or ger.*); ~ *gegen et.* be a good remedy for, be good for *a th.*; *j-m auf die Spur* ~ put a p. on the track; *j-m aus dem* (*in den*) *Mantel* ~ help a p. off (on) with his coat; *j-m aus e-r Verlegenheit* ~ help a p. out of a difficulty; *j-m bei der Arbeit* ~ aid a p. in his work; *sich* ~ find a way (out), manage; *da ist nicht zu* ~ there is no help for it, nothing can be done about it; *das hilft mir wenig* that's not much help, that's cold comfort; *er weiß sich zu* ~ he is full of resource, he is able to take care of himself; *er weiß sich nicht* (*mehr*) *zu* ~ he is at a loss what to do, he is at his wits' end (*or* at the end of his resources); es *hilft* (*zu*) *nichts* it is useless (*or* of no use), it is no good; es *hilft alles nichts, wir müssen gehen* we have no choice but go; like it or not, we must go; *ich kann mir nicht* ~ I cannot help it; *ich kann mir nicht* ~, *ich muß darüber lachen* I can't help laughing about it; *ihm ist nicht* (*mehr*) *zu* ~ he is beyond help *or* past cure; *iro. ihm werde ich schon* ~*!* I'll give him what for!; *das half* that worked (*or* did the trick).

'**Helfer** *m* (-*s*; -), **~in** *f* (-; -*nen*) helper, assistant; ~ *in Steuersachen* tax adviser; **~shelfer** *m* accomplice; → *Handlanger*.

Helgoland ['hɛlgolant] *n* (-*s*) Heligoland, *Am.* Helgoland.

Helio|graph [he:lio'gra:f] *m* (-*en*; -*en*) heliograph; **~graphie** [-gra'fi:] *f* (-) heliography; **~gra'vüre** *f* heliogravure, photogravure; **~skop** [-'sko:p] *n* (-*s*; -*e*) helioscope; **~thera'pie** *f* heliotherapy; **~trop** [-'tro:p] *n* (-*s*; -*e*) heliotrope; **2'zentrisch** *adj.* heliocentric(ally *adv.*).

Helium ['he:lium] *n* (-*s*) helium.

hell [hɛl] *adj.* clear, sonorous; ringing, blaring (*sound, etc.*); bright, clear, luminous, shining (*light, etc.*); transparent; pale, light (*beer*) light (*colour*); fair (*complexion, hair*); *fig.* bright, clear-headed, intelligent; ~*es Gelächter* hearty (*or* ringing) laugh; ~*er Jubel* ringing cheers, jubilations *pl.*; ~*er Neid* pure envy; ~*er Unsinn* sheer (*or* downright) nonsense; ~*er Wahnsinn* sheer madness; *in* ~*en Flammen stehen* be in a blaze; *s-e* ~*e Freude haben an* (*dat.*) be (more than) delighted at *or* with, enjoy very much; *in* ~*en Haufen* in (dense) crowds, in swarms; *in* ~*er Verzweiflung* in utter despair; *am* ~(*licht*)*en Tage* in broad daylight; es *wird* ~ it is beginning to dawn; es *ist schon* ~*er Tag* it is quite light; *die* ~*en Tränen standen ihr in den Augen* her eyes were brimming with tears; '**~blau** *adj.* light-blue; '**~blond** *adj.* very fair, ash-blond; **2dunkel** *paint. n* chiaroscuro.

'**Helle** *f* (-) brightness, clearness; luminousness; transparency.

Hellebarde [hɛlə'bardə] *f* (-; -*n*) halberd.

Hellen|e [hɛ'le:nə] *m* (-*n*; -*n*), **~in** *f*

(-; -nen) Hellene, Greek; ²isch *adj.* Hellenic, Greek.

Heller ['hɛlər] *m* (-s; -) farthing; *auf ~ und Pfennig bezahlen* pay to the last farthing (*Am.* cent), pay scot and lot; *es ist keinen ~ wert* it isn't worth a rap; *er besitzt keinen roten ~* he hasn't a penny to his name.

Helles ['hɛləs] *n* (-en; -en) glass of pale beer.

'**helleuchtend** *adj.* (*at division*: *hell-leuchtend*) brilliant, luminous.

'**hell...**: **~farbig** *adj.* light-colo(u)red; fair (*hair*); **~gelb** *adj.* light yellow; **~glänzend** *adj.* of a bright lust|re, *Am.* -er, brilliant; **~grün** *adj.* light green; **~hörig** *adj.* keen of hearing; *arch.* poorly sound-proofed; *fig. das machte ihn ~* that aroused his suspicion.

'**Helligkeit** *f* (-) brightness (*a. TV*); luminousness; brilliancy; *phys.* light intensity; **~sgrad** *m* degree of brightness; **~smesser** *m* (-s; -) luxometer.

Helling ['hɛliŋ] *f* (-; -en) *mar.* slip(way); building slip.

'**hellicht** *adj.* (*at division*: *hell-licht*): *am ~en Tage* in broad daylight.

'**hell...**: **~rot** *adj.* bright red; **²schreiber** *m* Hellprinter; **²sehen** *n* clairvoyance; **²seher(in** *f*) *m*, **~seherisch** *adj.* clairvoyant; **~sichtig** ['-ziçtiç] *adj.* clear-sighted; **~wach** *adj.* wide-awake (*a. fig.*).

Helm [hɛlm] *m* (-[e]s; -e) **1.** *mil., etc.* helmet; *arch.* dome, cupola; **2.** *tech.* handle, helve; **3.** *mar.* helm, rudder.

'**Helm...**: **~busch** *m* plume, crest (of a helmet); **~dach** *n* dome-shaped roof, cupola; **~kolben** *chem. m* distilling flask; **~holz** *mar. n* tiller.

Hemd [hɛmt] *n* (-[e]s; -en) shirt; chemise; *ohne ~* shirtless; *fig. j-n bis aufs ~ ausziehen* strip a p. to the shirt, fleece a p.; *das ~ ist mir näher als der Rock* charity begins at home; '**~ärmel** *m* → *Hemdsärmel*; '**~bluse** *f* shirt(-blouse), *Am.* shirt-(waist); '**~brust** *f*, '**~einsatz** *m* shirt-front; **~enstoff** ['hɛmdən-] *m* shirting; '**~hose** *f* (*eine ~* a pair of) combinations *pl.*, *for ladies*: *a.* cami-knickers *pl.*; *Am. a.* union suit; '**~(en)knopf** *m* shirt-button; stud; '**~kragen** *m* shirt-collar; '**~särmel** *m* shirt-sleeve; *in ~n* → **²s-ärmelig** ['-ɛrməliç] *adj.* in one's shirt-sleeves, shirt-sleeved; *fig. a.* casual.

Hemisphär|e [he:mi'sfɛ:rə] *f* (-; -en) hemisphere; **²isch** *adj.* hemispheric(al).

hemmen ['hɛmən] *v/t.* (*h.*) check, stop; hamper, handicap; impede, obstruct, hold up; retard, delay; slow up *or* down, brake; clog; drag, skid, scotch (*cart, wheel*); stem *flood* (*a. fig.*); staunch, check, stop (*blood*); *psych.* inhibit; curb, check, restrain (*passions*); *seelisch gehemmt sein* be inhibited; *in dieser Umgebung fühle ich mich gehemmt* this atmosphere cramps my style; **~d** *adj.* impeding, obstructive; *med.* inhibitory; *adv.*: *dies wurde als sehr ~ empfunden* this was felt as a severe handicap.

'**Hemm...**: **~feder** *tech. f* retaining spring; **~nis** *n* (-ses; -se) check, hindrance; impediment, obstruction, obstacle; handicap; **~rad** *n* escape(ment) wheel (*of watch*); **~schuh** *m* brake, drag, skid; *rail.* scotch block; *fig.* drag (*für* on), → *Hemmnis*; **~stoff** *m* inhibitor; **~ung** *f* (-; -en) stoppage, check, hindrance, restraint; retardation (*of growth*); escapement (*of watch*); *tech.* detent pin, lock-hook; *mil.* jam, stoppage; *psych.* restraint, scruple, inhibition; *jur.* suspension (*der Verjährung* of the statute of limitations); **²ungslos** *adj.* unrestrained, without restraint, reckless, unscrupulous; **~ungslosigkeit** *f* (-) lack of restraint, recklessness; **~vorrichtung** *f* braking device, stop, catch.

Hengst [hɛŋst] *m* (-es; -e) stallion; jackass; **~füllen** *n* colt.

Henkel ['hɛŋkəl] *m* (-s; -) handle, ear, lug; **~glas** *n* mug; **~korb** *m* basket with a handle; **~krug** *m* jug; **~ohren** *n/pl. colloq.* jughandle ears.

henken ['hɛŋkən] *v/t.* (*h.*) hang (by the neck).

'**Henker** *m* (-s; -) executioner, hangman; *scher dich (schert euch) zum ~!* go to blazes (*or* hell)!; *zum ~!* hang it (all)!, the deuce!; *zum ~ mit!* hang!; **~sbeil** *n* executioner's axe; **~sknecht** *m* hangman's assistant; *fig.* tormenter, torturer; **~smahl** (**-zeit** *f*) *n* last meal (before execution); *humor.* farewell dinner.

Henne ['hɛnə] *f* (-; -n) hen; *junge* (*or kleine*) *~* pullet.

Heptan [hɛp'tɑ:n] *n* (-[e]s) heptane.

her [he:r] *adv.* (*ant. hin*) hither, *usu.* here; from; *as to time*: ago; *komm ~!* come here (*or* on)!; *wie lange ist es ~?* how long is it ago *or* how long ago was it?; *es ist nun ein Jahr ~, daß* it is now a year ago since, it is now a year that; *wo ist er ~?* where does he come *or* hail from?; *wo hat er das ~?* where did he get that (from)?; *von weit ~* from afar; *~ damit!* out with it!. give it to me!, hand it over!; *untranslated*: *an* (*or neben*) *et. ~* beside (*or* by the side) of a th.; *hinter* (*dat.*) *~ sein* be after; *hinter j-m ~ gehen* walk behind a p., walk in (*or* dog) a p.'s footsteps; *um mich ~* around me; *von oben ~* from above; *vor j-m ~ gehen* walk in front (*or* ahead) of a p.; *fig. damit ist es nicht weit ~* that's of little value, it's nothing to write home about, it's not so hot; *fig. vom rein Künstlerischen ~* from a purely artistic point of view.

herab [hɛ'rap] *adv.* down, downward; *den Hügel* (*ins Tal*) *~* down the hill, downhill; *die Treppe ~* down the stairs, downstairs; *von oben ~* from above (*or* on high), *fig.* in a superior way, condescendingly; *in compounds usu. ...* down; → *herunter...*; **~blicken** *v/i.* (*h.*) → *herabsehen*; **~drücken** *v/t.* (*h.*) press down, depress; *econ.* beat (*or* force) down (*prices*); **~gehen** *v/i.* (*irr., sn*) walk down (here), descend; **~hängen** *v/i.* (*irr., h.*) hang down; dangle (*von* from); **~kommen** *v/i.* (*irr., sn*) come down, descend; **~lassen** *v/t.* (*irr., h.*) let down, lower; *sich ~ fig.* condescend, deign; *sich zu et. ~* stoop (*or* condescend) to do a th.; **~lassend** *adj.* condescending (*gegen, zu* to); **²lassung** *f* (-) condescension; *j-n mit ~ behandeln* treat with condescension, patronize, *Am. sl.* high-hat; **~mindern** *v/t.* (*h.*) reduce, diminish, decrease; impair, detract from; **~sehen** *v/i.* (*irr., h.*): *~ auf* (*acc.*) look down at (*or fig. contp.*: upon); **~setzen** *v/t.* (*h.*) put (*or* take) down, lower; *fig. in rank*: degrade, debase; reduce (*a. speed*); lower, *econ. a.* mark down; diminish, decrease; cut (down), curtail, *Am. a.* slash; *fig.* depreciate, disparage, run down *a p.*; *zu herabgesetzten Preisen* at reduced prices; **~setzend** *adj.* degrading; derogatory, disparaging, contemptuous; **²setzung** *f* (-; -en) lowering, reduction (*a. econ.*); curtailment, cut; *fig.* depreciation, disparagement; slight; **~sinken** *v/i.* (*irr., sn*) sink (down), descend; *fig.* be(come) degraded, sink; *econ.* fall; **~steigen** *v/i.* (*irr., sn*) descend, walk (*or* climb) down; *from horse*: dismount; **~stoßen** *v/i.* (*h.*) *bird, etc.*: swoop down, *aer. a.* nose down; **~stürzen I.** *v/t.* (*h.*) throw (*or* push) down, precipitate; *sich ~* throw (o.s.) down, jump (to one's death); **II.** *v/i.* (*sn*) fall down, be precipitated; rush down; **~würdigen** *v/t.* (*h.*) (*sich ~*) degrade (o.s.), abase (o.s.), demean (o.s.); **²würdigung** *f* degradation, abasement.

Herald|ik [he'raldik] *f* (-) heraldry; **²isch** *adj.* heraldic.

heran [hɛ'ran] *adv.* (up) this way, near, to the spot; *~ an* (*acc.*) up (*or* near) to; *nur* (*or immer*) *~!* come on!; *in compounds usu. ...* near; **~arbeiten:** *sich ~* (*h.*) work one's way near, creep up (*an acc.* to); **~bilden** *v/t.* (*h.*) train, educate; **~brechen** *v/i.* (*irr., sn*) approach; *day*: dawn; **~bringen** *v/t.* (*irr., h.*) bring up; carry (*or* transport, move) to the spot; supply; **~drängen:** *sich ~* (*h.*) press forward, jostle (*an acc.* against); **~führen** *v/t.* (*h.*) lead to the spot, bring up; *tech.* advance *tool* (*an* to); *fig. j-n ~ an et.* lead a p. up to a th., initiate a p. into a th.; **~gehen** *v/i.* (*irr., sn*) go (*or* walk) up (*an acc.* to), step up (to), approach; *an e-e Aufgabe*: set about, approach, tackle *a job*; **~kämpfen** *sports*: *sich ~* (*h.*) close in (*an acc.* on), pull up (to); **~kommen** *v/i.* (*irr., sn*) come (*or* draw) near, come on, approach; *~ an j-n* come up to a p., *w.s.* gain (*or* close in) on a p.; overtake a p.; *an et. ~ fig.* get to (*or* at *or* hold of) a th., come by a th.; *fig.* come (*or Am.* measure) up to a th.; *~ an e-e Zahl, Leistung, etc.*: come near to, approach, approximate) to *a figure, performance, etc.*; *et. ~ lassen* await a th. (calmly), wait and see, bide one's time; **~machen:** *sich an et. ~* (*h.*) set to work on, undertake a th.; *sich an j-n ~* approach a p., sidle up to a p., *fig.* approach a p., make up to a p., (start to) work on a p.; **~nahen** *v/i.*

(*sn*) approach, draw near, *as to time*: *a.* be forthcoming; *danger*: be imminent; **⁀nahen** [-naːən] *n* (-s) approach; **⁓pirschen:** *sich* ⁓ (*h.*) *an* (*acc.*) stalk creep up to; **⁓reichen** *v/i.* (*h.*): ⁓ *an* (*acc.*) reach (*or* come) up to, touch, come close to; *fig. a.* equal, touch, fill *a p.'s* shoes; **⁓reifen** *v/i.* (*sn*) ripen, mature, grow up (*zu et.* to be *or* grow into); **⁓rücken I.** *v/t.* (*h.*) move (*or* push) near, pull up; **II.** *v/i.* (*sn*) approach, draw near (*a. time*); advance, come on; **⁓schaffen** *v/t.* (*h.*) bring up, carry (*or* transport, move) to the spot; supply, furnish; **⁓schleichen:** *sich* ⁓ (*irr.*, *h.*) *an* (*acc.*) sneak (*or* creep) up to; **⁓treten** *v/i.* (*irr.*, *sn*) approach (*an j-n* a p.; *a. fig. mit* with *a request, etc.*); step up (to); **⁓wachsen** *v/i.* (*irr.*, *sn*) grow up; ⁓ *zu* (*dat.*) grow into (*or* up to be); *das* ⁓*de Geschlecht* the rising (*or* oncoming) generation; **⁓wagen:** *sich* ⁓ (*h.*) *an* (*acc.*) venture near, dare to approach; *fig. an e-e Aufgabe, etc.*: venture to approach (*or* tackle), try one's hand (*or* luck) on, have a go at *a job*; **⁓winken** *v/t.* (*h.*) motion (*or* beckon) to approach; **⁓ziehen I.** *v/t.* (*irr.*, *h.*) draw (*or* pull) near; *fig.* interest *a p.* (*zu* in); *j-n* ⁓ summon (*or* call in) a p., enlist a p. ('s services), call (up)on a p.; *mil., etc.* mobilize, recruit (*zu* for); consult (*doctor, expert*); draw upon, use, apply (*funds*); find, procure; *econ.* attract (*capital, investors*); requisition; cite, quote, refer to, rely on (*a decision, etc.*); draw upon, rely upon (*a source*); rear (up), raise; **II.** *v/i.* (*irr.*, *sn*) approach, draw near, *mil. a.* advance.

herauf [heˈrauf] *adv.* up, upwards; up here; *den Berg* ⁓ up the hill, uphill; *den Fluß* ⁓ up the river, upstream; *die Treppe* ⁓ up the stairs, upstairs; (*von*) *unten* ⁓ from below; ⁓*!* come up (here)!; *in compounds usu.* ... up, → *empor* ...; **⁓arbeiten:** *sich* ⁓ (*h.*) work one's way up; **⁓bemühen** *v/t.* (*h.*) (*a. sich*) trouble to come up; **⁓beschwören** *v/t.* (*irr.*, *h.*) conjure up, evoke, call up (*all a. fig.*: *feelings, memories*); *fig.* bring on, give rise to; provoke; precipitate (*crisis*); **⁓bitten** *v/t.* (*irr.*, *h.*) *j-n*: ask a p. (to come) up; **⁓bringen** *v/t.* (*irr.*, *h.*) bring up; **⁓dämmern** *v/i.* (*sn*) dawn; **⁓dringen** *v/i.* (*irr.*, *sn*) *sounds*: rise from below, float up; **⁓führen** *v/t.* (*h.*) show (*or* lead) up *or* upstairs; **⁓kommen** *v/i.* (*irr.*, *sn*) come up; *die Treppe* ⁓ come up the stairs *or* upstairs; *die Straße* ⁓ come up (*or* along) the street; *fig.* get on, rise; *storm*: → *heraufziehen*; **⁓schalten** *mot. v/i.* (*h.*) shift into higher gear, change up; **⁓setzen** *v/t.* (*h.*) increase, raise, up; *econ. a.* mark up (*prices*); **⁓steigen** *v/i.* (*irr.*, *sn*) ascend, mount, come (*or* climb) up; *vapours, etc.*: rise; *storm*: → **⁓ziehen I.** *v/t.* (*irr.*, *h.*) draw (*or* pull) up; *fig. j-n*: lift *a p.* up (*zu sich* to one's own level); **II.** *v/i.* (*irr.*, *sn*) move (*or* march) up; *storm*: come up, be brewing.

heraus [heˈraus] *adv.* out; ⁓ *aus* out of; *zum Fenster* ⁓ out of the window; *nach vorn* ⁓ *wohnen* live at the front, in a front room; *von innen* ⁓ from within; *med. von innen* ⁓ *heilen* cure internally *or* radically; *aus e-m Gefühl* ⁓ from (*or* out of a sense of *lonesomeness, etc.*); → *fein*; *int.* → *raus*; ⁓ *mit ihm!* out with him!; ⁓ *damit!* out with it!; ⁓ *mit der Sprache!* speak up (*or* out)!, spit it out, *Am. sl.* spill (the beans)!; *da* ⁓*!* out there!, this way out!; is that the way out?; *frei* (*or gerade, offen, rund*) ⁓ **a**) frankly, openly, **b**) plainly, bluntly, point-blank; *jetzt ist es* ⁓*!* now the secret is out!, now we know!; *colloq. das ist noch nicht* ⁓ that's not at all certain, it is anybody's guess; → *heraushaben*; *in compounds usu.* ... out; **⁓arbeiten** *v/t.* (*h.*) work out; *aus Stein, Holz*: carve (*or* chisel, hew) out of *stone, wood*; *fig.* work out, elaborate (*ideas, etc.*); *sich* ⁓ work one's way out, struggle out (*aus* of); extricate o.s. (from); **⁓beißen** *v/t.* (*irr.*, *h.*) bite out (*aus* of); *fig. j-n* ⁓ get *a p.* out (*aus e-r mißlichen Lage* of a quandary); *sich* ⁓ extricate o.s., fight (*or* work) one's way out (of); **⁓bekommen** *v/t.* (*irr.*, *h.*) **a**) get out (*aus* of); worm (*or* ferret) *a secret* out, elicit; find out, discover, *sl.* get wise to; puzzle (*or* work) out (*riddle, etc.*); make (*or* find, *Am.* figure) out (*meaning*); **b**) *sein Geld wieder* ⁓ get back (*or* recover) one's money; *et.* (*Geld*) ⁓ get some change back; *Sie bekommen zwei Mark heraus* you get ... change; **⁓bringen** *v/t.* (*irr.*, *h.*) bring out; get out; *fig.* bring out *a product*, come out with, (put on the) market; turn out; *riddle, secret, etc.* → *herausbekommen* a); *a book, etc.* → *herausgeben*; *thea.* (put on the) stage, produce; **⁓drücken** *v/t.* (*h.*) press (*or* squeeze) out; stick (*or* throw) out (*one's chest*); **⁓fahren** *v/i.* (*irr.*, *sn*) come (*or* drive *a. v/t.*) out; *fig. words* escape, slip out; *das Wort war ihm herausgefahren* he had blurted out the word; **⁓finden** *v/t.* (*irr.*, *h.*) discover, find out, trace (out); establish; *sich* ⁓ find one's way out, *fig.* extricate o.s. (*aus* from); **⁓fliegen** *v/i.* (*irr.*, *sn*) *and v/t.* (*irr.*, *h.*) fly out (*aus* of); **⁓fließen** *v/i.* (*irr.*, *sn*) flow out (*aus* of), issue from; **⁀forderer** [-fɔrdərər] *m* (-s; -) challenger; **⁓fordern** *v/t.* (*h.*) ask for the return of (*object*), demand the restitution of; *zum Kampfe*: challenge, throw down the gauntlet to (*opponent*); defy, provoke; *das Unglück* ⁓ court disaster, ask for it; *zur Kritik* ⁓ invite criticism; **⁓fordernd** *adj.* challenging; defiant; provoking, provovatice; arrogant; inviting; come-hither (*look*); **⁀forderung** *f* challenge; provocation; (open) defiance; *die* ⁓ *annehmen* accept the challenge, take up the gauntlet; **⁓fühlen** *v/t.* (*h.*) feel, sense; **⁀gabe** *f* (-) *jur.* restitution, surrender; delivery; *of books, etc.*: publication, issue; *jur. Klage auf* ⁓ action for restitution (*or* detinue); **⁓geben** *v/t.* (*irr.*, *h.*) surrender, deliver up, hand over, give up; give back, return, restore; publish (*book, etc.*), edit; give *money* in change; *Geld* ⁓ *auf* (*acc.*) give change for; issue (*regulation, etc.*); **⁀geber(in** *f*) *m* publisher; editor; **⁓gehen** *v/i.* (*irr.*, *sn*) *nail, etc.*: go out; *stain*: come out; *fig. aus sich* ⁓ liven up, come out of one's shell; **⁓greifen** *v/t.* (*h.*) pick (*or* single) out; select, choose; cite (*examples*); **⁓gucken** *v/i.* (*h.*) peep (*or* peek) out; **⁓haben** *v/t.* (*irr.*, *h.*) have solved *or* discovered (*riddle, etc.*); know (*or* understand) thoroughly; *die Handhabung von et.* ⁓ know how to use (*or* handle) a th., have the knack (*Am.* hang) of a th.; *jetzt habe ich es (he)raus* now I have got it; **⁓halten** (*irr.*, *h.*): *sich aus et.* ⁓ keep out of a th.; **⁓heben** *v/t.* (*irr.*, *h.*) lift (*or* take) out; *fig.* set off, accentuate; make stand out; *sich* ⁓ stand out; **⁓helfen** *v/i.* (*irr.*, *h.*): *j-m* ⁓ (*aus dat.*) help (*or* get) a p. out (of); **⁓holen** *v/t.* (*h.*) get (*or* take, draw) out, extricate (*aus* from); *fig.* extract (from), get out (of); get (*or* worm) *secret, etc.*, out (of), elicit; *das Letzte aus sich* ⁓ do one's utmost, make an all-out effort, give all one has; *aus et.*: force to the limit (*a. aus j-m*), work (*or* use, play) *a th.* for all it is worth; **⁓hören** *v/t.* (*h.*) hear; detect; **⁓kehren** *v/t.* (*h.*) sweep out; *fig.* assume the air of, like to play; **⁓klingeln** *v/t.* (*h.*) ring up; **⁓kommen** *v/i.* (*irr.*, *sn*) come out; appear, emerge; get out; *fig. aus e-r Schwierigkeit*: get out of, extricate o.s. from *a difficulty*; come out, become known, spread (abroad), leak out, *Am. a.* develop; *book*: be published, come out, appear, *in serial parts*: be issued; *mit e-m Gewinn* ⁓ draw a prize; result, come (*bei* of); *es kommt auf eins* (*or dasselbe*) *heraus* it amounts to the same thing, it is all the same; *es kommt nichts dabei heraus* there is nothing (to be) gained by it, it does not pay, it is of no use; *dabei ist nichts Gutes herausgekommen* nothing good has come (out) of it; *man kam aus dem Lachen nicht heraus* there was no end of laughter; **⁓kriegen** *colloq. v/t.* (*h.*) → *herausbekommen*; **⁓kristallisieren** *v/t.* (*h.*) crystallize; *sich* ⁓ *a.* take shape, materialize; **⁓lassen** *v/t.* (*irr.*, *h.*) let out; **⁓laufen** *v/i.* (*irr.*, *sn*) run out, *liquid*: *a.* leak out; *sports* gain (*a victory*), secure (*a place*); **⁓locken** *v/t.* (*h.*) lure (*or* entice) out; *fig. aus j-m* ⁓ draw (*or* worm) out of a p.; **⁓lügen:** *sich* ⁓ (*irr.*, *h.*) lie o.s. out (*aus* of); **⁓machen** *v/t.* (*h.*) take out; remove; *fig. sich* ⁓ come (*or* get) on well; show (good) progress, improve; blossom out; develop; *after illness*: pick up, come round (very nicely); **⁓nehmbar** [-neːmbaːr] *tech. adj.* removable; **⁓nehmen** *v/t.* (*irr.*, *h.*) take out (*aus* of), remove (from); pull out, extract (*tooth*); *fig. sich* ⁓ presume, venture, make bold; → *Freiheit*; *er nimmt sich zu viel heraus* he is too forward; **⁓platzen** *v/i.* (*sn*) burst out (*lachend*: laughing);

mit der Wahrheit, etc., ~ blurt out *the truth, etc.*; **~pressen** *v/t.* (*h.*) press (*or* squeeze) out; **~putzen** *v/t.* (*h.*) (*sich* ~) dress (o.s.) up, spruce (o.s.) up, doll (o.s.) up; **~ragen** *v/i.* (*h.*) jut out, project; *fig.* stand out (*aus* from); **~reden** *v/i.* (*h.*): *frei* ~ speak out (*or* up), speak freely (*or* one's mind); *fig. sich* ~ make excuses; prevaricate, quibble; wriggle out; **~reißen** *v/t.* (*irr., h.*) tear (*or* pull, rip, wrench) out; *fig.* extricate, free (*aus* from), get out (of); shake out (of); *colloq. das hat ihn noch herausgerissen* this saved him (from the worst); **~rücken I.** *v/t.* (*h.*) push (*or* move) out; **II.** *v/i.* (*h.*): *mit et.* ~ come out with a th.; (*a. v/t.*) (*mit*) *Geld* ~ shell (*or* fork) out, *sl.* cough up (money); *mit der Sprache* ~ **a**) speak out (freely), speak up, talk, **b**) come out with the truth, own up; *er wollte nicht mit der Sprache* ~ *a.* he kept beating about the bush (*or* hedging); **~rufen** *v/t.* (*irr., h.*) call out; *mil.* turn out *the guard*; *thea.* call before the curtain; **~rutschen** *v/i.* (*sn*) slip out; *fig. a.* (*j-m*) slip off the tongue; **~sagen** *v/t.* (*h.*) declare (*or* utter) freely, tell frankly; → *heraus*; **~schaffen** *v/t.* (*h.*) take (*or* move, carry) out; **~schälen** *v/t.* (*h.*) *fig.* lay bare, unfold, develop; sift out; *sich* ~ crystallize, become more and more apparent; **~schauen** *v/i.* (*h.*) look (*or* peer) out (*aus* of); *fig.* → *herauskommen*; **~schlagen I.** *v/t.* (*irr., h.*) knock out (*aus* of); *fig. Geld aus et.* ~ profit (*or* make money) by; *s-e Kosten* ~ recover one's expenses; get, obtain, *sl.* wangle (*an advantage*); *möglichst viel* ~ *aus* make the most of; **II.** *v/i.* (*irr., sn*) *flame*: burst through, leap out (of); **~schleichen:** *sich* ~ (*irr., h.*) sneak (*or* steal, slink) out; **~schleudern** *v/t.* (*h.*) throw (*or* fling, catapult) out; **~schlüpfen** *v/i.* (*sn*) slip out; **~schneiden** *v/t.* (*irr., h.*) cut (*or* clip) out; *med.* excise, snip out; **~sehen** *v/i.* (*irr., h.*) look out (*aus* of); **~springen** *v/i.* (*irr., sn*) jump (*or* leap) out; *fig.* → *herauskommen*; **~spritzen** *v/i.* (*sn*) spout out, gush forth; **~stecken** *v/t.* (*h.*) put up (*flag*); → *herausstrecken*; **~stellen** *v/t.* (*h.*) put (*or* place, get) out; *player*: turn (*or* order) out; *fig.* emphasize, set forth, point out (*ideas, etc.*); make public, publicize; *in advertising, press, etc.*: feature (*a. thea.*), bring out, give prominence to, give prominent display, *Am. a.* highlight; *iro.* dramatize, play up; distinguish plainly; set off, throw into (sharp) relief; *sich* ~ turn out, prove (*als* to be); appear, become apparent; be discovered (*or* found out, exposed), come to light; *es stellte sich heraus, daß er* he turned out (*or* proved, was found) to be; **~strecken** *v/t.* (*h.*) put forth (*or* out); *j-m die Zunge* ~ put (*or* stick) one's tongue out at a p.; **~streichen** *v/t.* (*irr., h.*) *fig.* extol, praise (to the skies), eulogize; *esp. econ.* cry up, puff; **~strömen** *v/i.* (*sn*) pour (*or* flow, gush) out; *fig.* pour forth; **~stürzen** *v/i.* (*sn*) fall (*or* tumble) out; rush out; **~suchen** *v/t.* (*h.*) choose, select, pick out; **~treten** *v/i.* (*irr., sn*) step (*or* come) out (*aus* of); emerge (from); *med.* protrude; → *hervortreten*; **~wachsen** *v/i.* (*irr., sn*) *bot.* sprout (*or* shoot, grow) out (*aus* of); *aus den Kleidern*: outgrow (*one's clothes*); → *Hals*; **~wagen:** *sich* ~ (*h.*) venture out; **~wanken** *v/i.* (*sn*) stagger out; **~winden:** *sich* ~ (*irr., h.*) extricate o.s. (*aus* from); wriggle out (of); **~wirtschaften** *v/t.* (*h.*) extract, obtain; **~wollen** *v/i.* (*h.*) want to get out; *fig. nicht mit der Sprache* ~ → *herausrücken*; **~ziehen** *v/t.* (*irr., h.*) draw (*or* pull, take) out, extract (*a. chem., tooth, and fig. contents*); drag out; *mil.* withdraw, disengage, pull out (*troops*); cull *notes* (*aus* from *books, etc.*).

herb [hɛrp] *adj.* harsh; acrid, sharp; acid, sour; tart; dry (*wine*); *fig.* harsh; bitter, caustic (*words, etc.*); unpleasant; austere (*beauty, style*).

Herbarium [hɛrˈbɑːrium] *n* (-s; -ien) herbarium.

Herbe [ˈhɛrbə] *f* (-) → *Herbheit*.

herbei [hɛrˈbaɪ] *adv.* here, hither; ~! come here (*or* on)!; → *heran...*; **~bringen** *v/t.* (*irr., h.*) bring (on *or* along); → *herbeischaffen, beibringen* (*jur.*); **~eilen** *v/i.* (*sn*) approach in haste, rush to the scene, come running; **~führen** *v/t.* (*h.*) lead (*or* bring) up; *fig.* bring about (*or* on), cause, produce; engineer; provide for; lead (*or* give rise) to, entail; force; *esp. med.* induce; *selbst herbeigeführte Abtreibung* self-induced abortion; **~holen** *v/t.* (*h.*) fetch, go for; call in (*doctor*); ~ *lassen* send for; **~kommen** *v/i.* (*irr., sn*) → *herankommen*; **~lassen:** *sich* ~ *zu* (*irr., h.*) condescend (*or* deign) to, agree to; **~laufen** *v/i.* (*irr., sn*) come running (along); **~rufen** *v/t.* (*irr., h.*) call here (*or* for *a p.*), call in (*a. doctor* = send for, summon); **~schaffen** *v/t.* (*h.*) bring (*or* get) here; transport (*or* carry, move) to the spot; supply, procure; produce (*a. evidence, witness*); **~schleppen** *v/t.* (*h.*) drag along (*or* here, in); **~strömen** *v/i.* (*sn*) flock *or* crowd here (*or zu* to), come in crowds; **~stürzen** *v/i.* (*sn*) rush here (*or* to the scene *or* spot); **~winken** *v/t.* (*h.*) motion (*or* beckon) to approach; **~ziehen** *v/t.* (*irr., h.*) draw (*or* pull) near.

her... [ˈheːr-]: **~bekommen** *v/t.* (*irr., h.*) get here, obtain, procure; **~bemühen** *v/t.* (*h.*) *j-n* (*a. sich*): trouble to come (here *or* round); **~be-ordern** *v/t.* (*h.*) summon.

Herberg|e [ˈhɛrbɛrgə] *f* (-; -*n*) shelter (*a. fig.* = refuge), lodging; inn; (youth) hostel; **~svater** *m* warden.

her... [ˈheːr-]: **~bestellen** *v/t.* (*h.*) ask to come, make an appointment with; bid *a p.* come; send for; summon; **~beten** *v/t.* (*h.*) say off mechanically (*or* monotonously), rattle off.

Herbheit [ˈhɛrphaɪt] *f* (-) acerbity, harshness (*both a. fig.*); sharpness, acidity; dryness (*of wine*); *fig. a.* severity; bitterness; austerity (*of beauty, style*).

ˈher...: ~bitten *v/t.* (*irr., h.*) ask to come, ask round; **~bringen** *v/t.* (*irr., h.*) bring (here *or* along); → *hergebracht*.

Herbst [hɛrpst] *m* (-es; -e) autumn, *Am.* fall; harvest-time; **ˈ~abend** *m* autumn(al) evening; **ˈ~anfang** *m* beginning of autumn (*Am.* fall); **ˈ~blume** *f* autumnal flower; **ˈ≗en I.** *v/i.* (*impers., h.*): es *herbstet* autumn is coming; **II.** *v/t.* (*h.*) → *ernten*; **ˈ~färbung** *f* autumnal tints *pl.*; **ˈ~ferien** *pl.* autumn holidays; **ˈ≗lich** *adj.* autumnal; **~ling** [ˈ-lɪŋ] *m* (-s; -e) autumn fruit; **ˈ~monat** *m* autumn month; *w.s.* September; **ˈ~rose** *f* hollyhock; **ˈ~tag** *m* autumn(al) day; **ˈ~wetter** *n* autumnal weather; **~zeitlose** [ˈ-tsaɪtloːzə] *bot. f* (-*n*; -*n*) meadow-saffron.

Herd [heːrt] *m* (-[e]s; -e) hearth, fireplace; cooking-stove, (kitchen-) range; *metall.* hearth, smelting chamber; *fig.* hearth, home; seat, focus (*a. med.*); cent|re, *Am.* -er; *am häuslichen* ~ by (*or* at) one's fireside; *s-n eigenen* ~ *gründen* set up for o.s., settle down; *eigener* ~ *ist Goldes wert* there is no place like home.

Herde [ˈheːrdə] *f* (-; -*n*) herd (*contp. a. fig.*); flock; *fig. a.* crowd; mass, multitude; **~ngeist** *m* (-es) herd--mentality; **~ninstinkt** *m* herd instinct; **~nmensch** *m* one of the common herd; **~ntier** *n* gregarious animal; **~ntrieb** *m* herd instinct; **≗nweise** *adv.* in herds, *etc.*

ˈHerd...: ~frischen *metall. n* (-s) refining in hearths; refinery process; **~frischstahl** *m* fined steel; **~kohle** *f* domestic coal; **~platte** *f* top of (kitchen-)stove.

herein [hɛˈraɪn] *adv.* in (here), into; *von draußen* ~ from outside; ~! come in!; *hier* ~! this way, please; *in compounds usu.* in(to *in acc.*); **~bekommen** *v/t.* (*irr., h.*) *econ.* get in (*stock*); recover (*debts*); **~bemühen** *v/t.* (*h.*) trouble (*or* ask) to come in; *sich* ~ take the trouble of coming in; **~bitten** *v/t.* (*irr., h.*) invite (*or* ask) to come in; **~brechen** *v/i.* (*irr., sn*) *fig. night*: close in (*über acc.* upon), fall; *storm*: set in, come on; *misfortune*: ~ *über* overtake, befall; **~bringen** *v/t.* (*irr., h.*) bring in, get in; gather in, house (*harvest*); **~dringen** *v/i.* (*irr., sn*) enter forcibly; → *eindringen*; **≗fall** *m* → *Reinfall*; **~fallen** *v/i.* (*irr., sn*) fall in; *fig.* (*colloq. reinfallen*) be cheated (*or* swindled, victimized), be sold *or* taken in (*auf acc.* by), *Am.* fall (*auf j-n or et.* for); **~führen** *v/t.* (*h.*) show (*or* usher) in(to *in acc.*); **~gehen** *v/i.* (*irr., sn*) enter, step in; go *or* fit in(to *in acc.*); **~holen** *v/t.* (*h.*) fetch (*person*: *a.* have) in; *econ.* canvass (*orders*); **~kommen** *v/i.* (*irr., sn*) come in(side), come in(to *in acc.*), step *or* walk in(to *in acc.*); *kurz* ~ drop in; *econ.* come in (*or* to hand); **~lassen** *v/t.* (*irr., h.*) let in, admit; **~legen** *v/t.* (*h.*) *fig.* (*colloq. reinlegen*) cheat, swindle, take in, sell,

Am. sl. take for a ride; fool, hoax, dupe; **~lotsen** *v/t.* (*h.*) pilot in(to *in acc.*); **~nehmen** *v/t.* (*irr.*, *h.*) take in; *econ.* accept, book, take in (*orders*), take in stock (*goods*), accept in continuation (*securities*); *zum Diskont* ~ accept for discount; *Wechsel zum Inkasso* ~ accept bills for collection; **2nehmer** *m stock exchange*: taker(-in); **~platzen** *v/i.* (*sn*) burst in(to *in acc.*); **~regnen** *v/i.* (*impers.*, *h.*): *es regnet herein* it is raining in(to *in acc.*); **~rufen** *v/t.* (*irr.*, *h.*) call in; **~schneien** *v/i.* (*impers.*, *h.*): *es schneit herein* it is snowing in(to *in acc.*); *colloq. fig.* turn up suddenly (*or* unexpectedly), *sl.* blow in; **~sehen** *v/i.* (*irr.*, *h.*) look in(to *in acc.*); **~strömen** *v/i.* (*sn*) flood in (*a. fig.*); **~stürmen** *v/i.* (*sn*), **~stürzen** *v/i.* (*sn*) rush in(to *in acc.*); **~treten** *v/i.* (*irr.*, *sn*) enter, walk (*or* step, stride) in(to *in acc.*); **~ziehen I.** *v/t.* (*irr.*, *h.*) draw *or* pull in(to *in acc.*); **II.** *v/i.* (*irr.*, *sn*) → *einziehen*.

'her...: ~fahren I. *v/t.* (*irr.*, *h.*) bring (*or mot.* drive) here; **II.** *v/i.* (*irr.*, *sn*) come (*or* drive) here; **2fahrt** *f* journey back, return-journey (*or* trip); **~fallen** *v/i.* (*irr.*, *sn*): ~ *über* (*acc.*) pounce (*or* fall, set, come down) upon; attack, assail, assault; → *hermachen*; **~finden:** (*a. sich*) (*irr.*, *h.*) find one's way (here); **2fracht** *f* home freight; **~führen** *v/t.* (*h.*) bring (*or* conduct) here; *was führt Sie her?* what brings you here?; **2gang** *m* course of events, proceedings *pl.*; circumstances, details *pl.*; *tell me* what happened *or* the whole story; **~geben** *v/t.* (*irr.*, *h.*) give (away); give up, deliver, surrender, hand over; give back, return; *fig.* yield; *sich* (*seinen Namen*) ~ *zu* lend o.s. (one's name) to; **~gebracht** ['-gəbraxt] *adj.* conventional, usual, customary; (*alt*~) handed down to us, traditional, ancient; **~gehen** *v/i.* (*irr.*, *sn*) come (here); *hinter j-m* ~ follow a p.'s steps, walk behind a p.; *vor j-m* ~ walk ahead of a p.; happen; *hier geht es hoch her* there are grand goings-on here; *es ging heiß her* it was rough (work); *jetzt geht es über ihn her* now they are down upon him; **~gehören** *v/i.* (*h.*) → *hierhergehören*; **~gehörig** *adj.* pertinent; to the purpose (*or* point); **~gelaufen** *adj.*: *contp.* ~*er Kerl* vagabond, tramp, beggar; **~haben** *v/t.* (*irr.*, *h.*): *wo hast du das her?* where did you get that (from)?, how did you come by it?; **~halten I.** *v/t.* (*irr.*, *h.*) hold forth (*or* out), tender; **II.** *v/i.* (*irr.*, *h.*): ~ (*müssen*) *für* (*acc.*) (have to) suffer *or* pay for; be the butt *or* target of (*jokes*, *etc.*); **~holen** *v/t.* (*h.*) fetch (*or* get) here; ~ *lassen* send for; *fig. weit hergeholt* far-fetched; **~hören** *v/i.* (*h.*) listen, pay attention.

Hering ['he:riŋ] *m* (-*s*; -e) herring; *geräucherter* ~ red (*or* smoked) herring, bloater; *gedörrter* ~ kipper(ed herring); *gesalzener or saurer* ~ pickled herring; *grüner* ~ fresh (*or* green) herring; *fig.* (tent) pin *or* peg; *colloq.* (*person*) scrag, starveling; *wie die* ~*e zusammengedrängt* packed like sardines.

'Herings...: ~fang *m* herring-fishery; **~fänger** *m* herring-smack; **~faß** *n* herring-keg; **~fischer** *m* herring-fisher, herringer; **~fische'rei** *f* → *Heringsfang*; **~milch** *f* herring-milt; **~rogen** *m* soft-roe (of a herring); **~salat** *m* salad (mixed) with pickled herring; **~schwarm** *m* shoal (*or* school) of herring.

'her...: ~kommen *v/i.* (*irr.*, *sn*) come here; come (*or* draw) near, approach; ~ *von* come (*or* originate) from; *matter*: *a.* be due to; *word*: be derived from; *komm(t) her!* come here!; *wo kommt er her?* where does he come (*or* hail) from?; **2kommen** *n* (-*s*) convention, custom, usage; tradition; → *Herkunft*; **~kömmlich** ['-kœmliç] *adj.* conventional, traditional, customary, usual, orthodox; ~*e Konstruktionen* (*Verfahren*, *Waffen*) conventional designs (methods, weapons).

Herkulesarbeit ['hɛrkulɛs-] *f* Herculean task.

herkulisch [hɛr'ku:liʃ] *adj.* Herculean.

'her...: 2kunft [-kunft] *f* (-) *of person*: origin, descent, extraction; birth; *of thing*: origin, provenance; *of word*: *a.* derivation; **2kunftsbezeichnung** *econ. f* mark of origin; **2kunftsland** *n* country of origin; **~laufen** *v/i.* (*irr.*, *sn*) run here; *hinter j-m* ~ run after a p.; → *hergelaufen*; **~leiern** *colloq. v/t.* (*h.*) reel (*or* rattle) off; **~leiten** *v/t.* (*h.*) conduct here; *fig.* derive (*von* from); *by logic*: deduce *or* infer (from); *sich* ~ *von* (be) derive(d) from; go back to, be traceable to; date from; descend from; **2leitung** *f* derivation; inference; **~locken** *v/t.* (*h.*) allure, entice (here); **~machen:** *sich* ~ (*h.*) *über et.* set about, tackle, attack; *sich über sein Essen* ~ fall to, pitch in; *über j-n*: → *herfallen*.

Hermelin [hɛrmə'li:n] **1.** *zo. n* (-*s*; -e) ermine, *in winter*: stoat; **2.** *m* (-*s*; -e) (= **~pelz**) ermine(-fur).

hermetisch [hɛr'me:tiʃ] *adj.* hermetic(ally *adv.*), air-tight; ~ *verschlossen* hermetically sealed.

'her...: ~müssen *v/i.* (*irr.*, *h.*) have (*or* be obliged) to come; *das Buch muß her!* we must have that book!

hernach [hɛr'nɑ:x] *adv.* after, afterwards, after this (that); hereafter (thereafter), subsequently; later (on).

'her...: ~nehmen *v/t.* (*irr.*, *h.*) take (*von* from), get (from); *j-n*: take *a p.* to task, rake *a p.* over the coals; drill, *Am. mil. sl.* give *a p.* chicken; **~'nieder** *adv.* down.

Heroen|kult [he'ro:ən-] *m* hero-worship; **~tum** *n* heroism; **~zeit** *f* heroic age.

Heroin [hero'i:n] *n* (-*s*) heroin.

Heroine [hero'i:nə] *thea. f* (-; -*n*) heroine.

heroisch [he'ro:iʃ] *adj.* heroic(ally *adv.*).

Heroismus [hero'ismus] *m* (-) heroism.

Herold ['he:rɔlt] *m* (-[e]*s*; -e) herald; *fig. a.* harbinger; **~stab** *m* herald's staff.

Heros ['he:rɔs] *m* (-; -'oen) hero.

herplappern ['he:r-] *v/t.* (*h.*) reel (*or* rattle) off.

Herr [hɛr] *m* (-[e]*n*; -*en*) master, lord; *sl.* boss; ruler, sovereign; (*God*, *Christ*) *the* Lord; ~! O Lord!; gentleman; *before proper names*: Mr. (*abbr. of* Mister); *die* ~*en N. und M.* Messrs. (*abbr. of* Messieurs) N. and M.; (*mein*) ~! Sir!; *Ihr* ~ *Vater* your father; → *Gemahl*; ~ *Doktor* (*Professor*, *General*) doctor (professor, general); ~ *Präsident!* Mr. Chairman!; *to the US-President*: Mr. President!; *der* ~ *Präsident* the Chairman, *etc.*; *meine* (*Damen und*) ~*en!* (ladies and) gentlemen!; *in letters*: *sehr geehrter* ~ *N.!* Dear Sir,; *more intimately*: Dear Mr. N.,; *lavatory*: (*für*) ~*en* Gentlemen, Men; *univ. Alter* ~ old graduate, *Am.* alumnus, *colloq.* old boy; *colloq. mein Alter* ~ (*father*) my governor, my old man; *humor.* ~*en der Schöpfung* lords of creation; *mein* ~ *und Gebieter* my lord and master; *in aller* ~*en Länder* all the world over; *aus aller* ~*en Länder* from all over of the world; *ein großer Tänzer vor dem* ~*n* a great dancer; ~ *sein über* (*acc.*) be master of; have under (one's) control; ~ *der Lage sein* be master of the occasion; ~ *im eigenen Haus sein* be master in one's own house; ~ *über Leben und Tod sein* have power over life and death; ~ *werden* (*gen.*) master, bring (*or* get) under control, subdue, *s-r Gefühle*, *etc.*: *a.* conquer, overcome, control (*one's feelings*, *etc.*); *den* (*großen*) ~*n spielen* play the (fine) gentleman, lord it, do the swell; *als großer* ~ *leben* live in grand style; *sein eigener* ~ *sein* be one's own master, be a man in one's own right, stand on one's own feet, paddle one's own canoe; *keiner kann zwei* ~*en dienen* no man can serve two masters; *wie der* ~, *so der Knecht* like master, like man.

'Herrchen *n* (-*s*; -) little (*or* young) gentleman *or* master; dandy, fop.

'her...: ~rechnen *v/t.* (*h.*) reckon (*or* cast) up; enumerate, count off; **~reichen** *v/t.* (*h.*) reach, hand, pass (*j-m et.* a p. a th.); **2reise** *f* journey (here); return-journey (*or mar.* voyage); **~reisen** *v/i.* (*sn*) travel (*or* come) here.

'Herren...: ~abend *m* gentlemen's party, stag party; **~anzug** *m* (gentle)man's suit; **~artikel** *econ. m/pl.* gentlemen's outfitting (*or* wear), *Am.* haberdashery *sg.*; **~ausstatter** *econ. m* (-*s*; -) men's outfitter, haberdasher, *Am.* gents' (*or* men's) clothing store; **~bekanntschaft** *f* gentleman friend; **~bekleidung** *f* men's clothing; **~besuch** *m* male visitor *or* caller; **~doppel**(**spiel**) *n tennis*: men's doubles *pl.*; **~einzel**(**spiel**) *n tennis*: men's singles *pl.*; **~essen** *n* sumptuous meal; **~fahrer** *m* gentleman driver, motorist; *sports*: owner-driver; **~fahrrad** *n* man's bicycle; **~friseur** *m* men's hairdresser, *esp. Am.* barber; **~gesellschaft** *f* → *Herrenabend*; **~haus** *n* mansion, manor(-house); *Brit. parl.* House of Lords; **~hemd** *n* (man's) shirt; **~hof** *m* manor(-house); **~konfektion** *f* (gentle)men's ready-to-wear; **~leben** *n* (*-s*) high life; *ein ~ führen* live like a king (*or* in grand style); **²los** *adj.* without a master; *thing*: ownerless, unowned; *animal*: stray; *~e Güter n/pl.* unclaimed goods (*or* property *sg.*), derelicts (*a. mar.*); *~es Fahrzeug* driverless vehicle; **~mensch** *m* superior person; member of the master race; **~mode(n** *pl.*) *f* (gentle)men's fashion *pl.*; **~partie** *f* men's outing; → *Herrenabend*; **~reiter** *m sports*: gentleman rider; **~schneider** *m* (gentle)men's tailor; **~schnitt** *m for ladies*: Eton crop, shingled hair; **~sitz** *m* manor (-house); *riding*: *im ~ reiten* ride astride; **~socken** *f/pl.* half hose *sg.*, socks; **~toilette** *f* (gentle)men's lavatory; **~volk** *n* master race; **~zimmer** *n* study; smoking-room; library; den.

'Herrgott *m* (*-s*) *the* Lord (our) God; → *Gott*; **~sfrühe** *f*: *in aller ~* at an unearthly hour, at day-break; **~sschnitzer** *m* carver of crucifixes.

'her-richten *v/t.* (*h.*) arrange, fit up, *Am. a.* fix up; prepare, get ready; set in order; tidy (*room*); adapt (*book, etc.*); *sich ~* smarten (*or* spruce) o.s. up.

Herrin ['hɛrin] *f* (*-; -nen*) mistress, lady; → *Herrscherin*.

'herrisch *adj.* imperious, domineering, masterful; commanding, peremptory (*voice, etc.*); haughty, arrogant, overbearing.

'herrlich I. *adj.* grand, magnificent; wonderful, marvellous; excellent, capital, topping; charming, delightful, lovely; splendid, gorgeous, brilliant; glorious; delicious, exquisite; *iro.* (just) fine *or* great *or Am.* dandy; **II.** *adv.*: *du siehst ja ~ aus* you are quite a sight; *~ und in Freuden leben* live in peace and plenty; **²keit** *f* (-) magnificence, grandeur; excellence; splendo(u)r, glory; *die ~ Gottes* the glory (*or* majesty) of God; *die ~ wird nicht lange dauern* it won't last long.

'Herrschaft *f* (-) domin(at)ion; rule (*über acc.* of, over); empire; government; reign; power, sway; *a. fig.* control, command, mastery (*über acc.* of); sovereignty; supremacy; (*pl. -en*) *of domestics*: master and mistress; Mr. and Mrs. X.; (*area*) dominion, territory; estate, manor; *meine ~en!* ladies and gentlemen!; *hohe ~en* people of high (and highest) rank, illustrious persons; *die ~ der Mode* the sway of fashion; *unter j-s ~ fallen (kommen)* fall (come) under a p.'s rule (*or* control, sway); *er verlor die ~ über seinen Wagen* he lost control over his car, his car got out of hand; **²lich** *adj.* belonging (*or* referring) to a lord *or* master; manorial; territorial (*rights*); high-class, elegant, fashionable.

herrschen ['hɛrʃən] *v/i.* (*h.*) rule (*über acc.* over), be in power (of), hold sway (over), control, dominate; govern (*über e-n Staat, etc.* a state, *etc.*), *prince*: reign; *fig.* prevail, predominate, reign (*a. silence*); be in vogue; *disease*: be raging (*or* rife); be, exist; *es herrschte schlechtes Wetter* the weather was bad; *unter der Mannschaft herrscht eine glänzende Stimmung* the team is in the best of spirits; **~d** *adj.* ruling, dominant; prevailing, prevalent, predominant; present; *unter den ~en Verhältnissen* conditions being as they are.

'Herrscher|(in *f*) *m* (*-s, -; -, -nen*) ruler; sovereign, monarch; *unumschränkter ~* autocrat; *in compounds* sovereign...; commanding, imperious (*look, tone*); **~familie** *f*, **~geschlecht** *n*, **~haus** *n* (reigning) dynasty; **~gewalt** *f* sovereign power; **~miene** *f* commanding air; **~stab** *m* scept|re, *Am.* -er.

'Herrschsucht *f* (-) lust for power, inordinate ambition; *fig.* domineering, bossiness.

'her...: ~rücken *v/t.* (*h.*) *and v/i.* (*sn*) move (*or* draw) near; **~rufen** *v/t.* (*irr., h.*) call here; **~rühren** *v/i.* (*h.*): *~ von* (*dat.*) come (*or* arise, derive, proceed, spring, *Am. a.* stem) from; originate from *or* in; be due (*or* owing) to; **~sagen** *v/t.* (*h.*) recite, spout; say (*lesson, prayer*); **~schaffen** *v/t.* (*h.*) bring (*or* get) here; → *herbeischaffen*; **~schicken** *v/t.* (*h.*) send here; **~schleichen** *v/i.* (*irr., sn*) (*a. sich*) sneak (*or* steal) near *or* here; **~schreiben:** *sich ~ von* (*irr., h.*) date from; **~sehen** *v/i.* (*irr., h.*) look (here *or* this way); **~sein** *v/i.* (*irr., sn*) → *her*; **~senden** *v/t.* (*irr., h.*) send here; **~stammen** *v/i.* (*h.*) descend *or* come (*von dat.* from *a family*); be a native of, come (*or* hail) from, be born in; *er stammt aus Deutschland her a.* he is German-born; *fig.* → *herrühren*; **~stellbar** *adj.* capable of being produced, producible; **~stellen** *v/t.* (*h.*) place (*or* put) here *or* near; manufacture, produce, make, fabricate; turn out; build; process; *chem.* prepare; *künstlich ~* synthesize; *el.* close *or* make (*circuit*); *teleph. e-e Verbindung ~* establish a connection; restore, repair; restore to health, cure; *fig.* create, bring about, produce; establish (*contacts, order, peace*); **~steller(in** *f*) ['-ʃtɛlər(in)] *m* (*-s, -; -, -nen*) manufacturer, maker, producer (*a. film*); originating firm.

'Herstellung *f* (-) manufacture, production, making, fabrication; output; restoration, repair; *med.* recovery; *fig.* creation, establishment, bringing about.

'Herstellungs...: ~arbeiten *f/pl.* restorative work *sg.*; **~betrieb** *m* manufacturing enterprise *or* plant; **~fehler** *m* productional defect; **~gang** *m* process (*or* course) of manufacture; **~kosten** *pl.* cost *sg.* of production; prime cost *sg.*; **~land** *n* producer country; **~preis** *m* price of production; cost-price; **~stadium** *n* stage of fabrication; **~verfahren** *n* manufacturing method; (factory *or* manufacturing) process, processing technique.

'her...: ~stottern *v/t.* (*h.*) stammer (*or* stutter) out *or* forth; **~stürzen** *v/i.* (*sn*) rush (*or* dash) here; → *herfallen*; **~tragen** *v/t.* (*irr., h.*) carry here; *vor sich ~* carry before one; **~treiben** *v/t.* (*irr., h.*): *vor sich ~* drive before one, *soccer*: dribble; *colloq. was treibt dich her?* what brings you here?; **~treten** *v/i.* (*irr., sn*) step near (*or* here).

Hertz [hɛrts] *phys. n* (*-; abbr. Hz*) cycles *pl.* per second (*abbr.* c.p.s. *or* cps).

herüber [hɛ'ry:bər] *adv.* over (here), across, this side; *~ und hinüber* hither and thither; *in compounds usu.* ... over,... across; **~bringen** *v/t.* (*irr., h.*) bring over (*or* round; *über acc.* across *a border, river, etc.*); **~geben** *v/t.* (*irr., h.*), **~reichen** *v/t.* (*h.*) hand *or* reach over (here); **~holen** *v/t.* (*h.*) fetch over; → *herbeiholen*; **~kommen** *v/i.* (*irr., sn*) *über* (*acc.*): come across *a road, etc.*; *zu j-m*: come over (*or* round) to a p.

herum [hɛ'rum] *adv.* **1.** *aimlessly*: about, *Am.* around; *~ um* (a)round; *rings~, rund~* round about, all around; (*immer*) *um den Tisch ~* round (and round) the table; *in der ganzen Stadt ~* all over the town; *in der Stadt ~ driving* about (the) town; (*immer*) *um j-n ~ sein* be (always) near *or* about a p.; turning (*or* spinning) round (*its axis*); *hier ~!* this way!; *gleich um die Ecke ~* just round the corner; **2.** *approximately*: about; somewhere near; in the region *or* neighbo(u)rhood of; *um zehn Uhr ~* about ten o'clock; *hier ~* hereabouts, somewhere about here *it must be*; **3.** over, finished; *in compounds usu.* ... round; → *umher* ...; **~albern** *v/i.* (*h.*) fool (*or* clown) about (*Am.* around); **~balgen:** *sich ~* (*h.*) (have a) romp, scuffle; *esp. fig.* wrangle (*mit* with); **~basteln** *v/i.* (*h.*) fumble (*an dat.* with); potter about; **~bekommen** *v/t.* (*irr., h.*) bring (*or* talk) *a p.* round (*zu* to), win over; **~bringen** *v/t.* (*irr., h.*) bring (*or* get) *a th.* round; kill (*time*); *j-n*: → *herumbekommen*; **~bummeln** *v/i.* (*h.*) loiter *or* loaf about; *in der Stadt ~* saunter (*or* knock) about town; **~dirigieren** *colloq. v/t.* (*h.*) order about, *Am. sl.* boss around; **~doktern** [-dɔktərn] *v/i.* (*h.*): *an j-m ~* doctor *or* physic a p.; **~drehen** *v/t.* (*h.*) turn (a)round; **~drücken** *colloq.*: *sich ~* (*h.*) hang about, loiter; *sich um et. ~* dodge, shirk a th.; **~drucksen** *colloq. v/i.* (*h.*) shuffle, hem and haw; **~fahren** *v/i.* (*irr., sn*) drive (*or* motor, ride, cruise, sail) about; *~ um* drive round; *in der Stadt ~* drive about town; *um e-e Ecke ~* (drive) round a corner; *mar. um ein Kap ~* (sail) round *or* double a cape; *person*: whisk (a)round; → *herumfuchteln*; **~fingern** *v/i.* (*h.*) fumble (*an dat.* with), finger (*a th.*); **~fliegen** *v/i.* (*irr., sn*) fly (a)round; fly about; **~fragen** *v/i.* (*h.*) make inquiries, ask round; **~fuchteln** *v/i.* (*h.*) saw the air, gesticulate; *mit et.*: **a)** fidget with, **b)** brandish; **~führen** *v/t.* (*h.*) lead (a)round (*or* about); show *a p.* round; *j-n ~ in* (*dat.*) show a p. over *the house, etc.*;

e-n Graben, etc., ~ *um* run a ditch, *etc.*, round; → *Nase*; **~geben** *v/t.* (*irr.*, *h.*) hand (*or* pass) round, circulate; **~gehen** *v/i.* (*irr.*, *sn*): ~ *um* walk (*or* go) round, round *or* turn *the corner*; ~ *in walk* about; *ditch, etc.*: run round; circulate, be passed on; → *umhergehen*; *fig. im Kopfe* ~ go round and round in one's head, haunt one's mind; **~hacken** *v/i.* (*h.*): *fig. auf j-m* ~ pick on a p.; **~horchen** *v/i.* (*h.*) go about listening, scout about; **~kommandieren** *v/t.* (*h.*) order about (*Am.* around); *Am. sl.* boss around; **~kommen** *v/i.* (*irr.*, *sn*) come round, turn *the corner*; *neighbour*: come round (*or* over); *weit* ~ get about (*Am.* around); see a great deal (of the world), do a lot of travel(l)ing; *rumour*: get about, spread; *fig. um et.* ~ avoid, evade, dodge a th.; *nicht* ~ *um et.* not to be spared a th., not to get away from a fact; **~kriegen** *v/t.* (*h.*) → *herumbekommen*; **~laufen** *v/i.* (*irr.*, *sn*): *um et.* ~ run around a th.; run (*or* rove, ramble, roam) about; run loose; **~liegen** *v/i.* (*irr.*, *h.*): *um et.* ~ lie round a th.; surround a th.; lie (scattered) about; *unordentlich* ~ *auf* (*or in*) litter *the floor or room*; *person*: lie about, sprawl; **~lungern** *v/t.* (*h.*) loaf (*or* loiter, hang) about; **~pfuschen** *v/i.* (*h.*): ~ *an et.* fumble (*or* tamper, monkey) with; **~reden** *v/i.* (*h.*): *um et.* ~ talk (*or* argue) round a th.; beat about the bush, hedge, dodge the issue; **~reichen** *v/t.* (*h.*) hand (*or* pass) round; **~reisen** *v/i.* (*sn*) travel about; **~reiten** *v/t.* (*irr.*, *sn*) ride about (*or um et.* round a th.); *fig. auf et.*: harp on, keep bringing a th. up; *auf j-m*: pick on, pester a p.; **~schicken** *v/t.* (*h.*) send round (*or* about); **~schlagen:** *sich* ~ (*irr.*, *h.*) knock each other about; (have a) fight *or* scuffle (*mit* with); *fig.* grapple *or* struggle *or* deal (with); **~schnüffeln** *v/i.* (*h.*) sniff about; *fig.* snoop around; **~schweifen** *v/i.* (*sn*) wander (*or* rove, roam, ramble) about; **~sitzen** *v/i.* (*irr.*, *h.*) sit round *the table*; sit about; *fig.* twiddle one's thumbs; **~spielen** *v/i.* (*h.*) play about (*mit* with); *fig.* ~ *an* (*dat.*) fumble (*or* fool, monkey) with, finger (*a th.*); **~spionieren** *v/i.* (*h.*) snoop around; **~sprechen** *v/t.* (*irr.*, *h.*) spread; *sich* ~ get about (*Am.* around), leak out, filter through; **~stehen** *v/i.* (*irr.*, *h.*): ~ *um* (*acc.*) stand round, surround; stand about; loiter (*or* hang) about; **~streichen** *v/i.* (*irr.*, *sn*), **~streifen** *v/i.* (*sn*) prowl (*in den Straßen* the streets), roam (rove, ramble) about; **~streiten:** *sich* ~ (*irr.*, *h.*) wrangle (*or* quarrel) persistently; **~tanzen** *v/i.* (*h.*) dance about (*or um* round); → *Nase*; **~tappen** *v/i.* (*sn*, *h.*), **~tasten** *v/i.* (*h.*) grope (*or* feel, fetch) about (*nach* for); **~tollen** *v/i.* (*h.*) romp (*or* frolic, gambol) about; **~tragen** *v/t.* (*irr.*, *h.*) carry round (*or* about); spread about (*news*); **~treiben:** *sich* ~ (*irr.*, *h.*) rove (*or* knock) about, gad about; → *herumlungern*; **℞treiber(in** *f*) *m* (-*s*, -; -, -*nen*) loafer, tramp; **~wälzen** *v/t.* (*h.*) turn (*or* roll) over; *sich* ~ turn about (*Am.* around); *sleeplessly*: toss and turn; **~wandern** *v/i.* (*sn*) wander about; **~werfen** *v/t.* (*irr.*, *h.*) throw (*or* toss) about; throw (over) (*a lever*); *mar. and sich* ~ slew (round); *in bed*: toss and turn; **~wickeln** *v/t.* (*h.*) wind (*or* wrap, twist) round; **~wirbeln** *v/t.* (*h.*) *and v/i.* (*sn*) spin (*or* whirl) (a)round; pirouette; **~wirtschaften** *colloq. v/i.* (*h.*) potter (*or* rummage) about; **~wühlen** *v/i.* (*h.*) wallow about; *fig.* rummage (*in dat.* in); **~zanken:** *sich* ~ (*h.*) squabble (with one another); **~ziehen I.** *v/t.* (*irr.*, *h.*) draw (*or* pull) (a)round; haul (*or* tug) about; **II.** *v/i.* (*irr.*, *sn*) wander (*or* rove) about; ~ *um et.* march round a th.; **~ziehend** *adj.* nomadic, wandering (*tribe*); itinerant (*dealer*); strolling (*actor*).

herunter [hɛˈruntər] *adv.* → *herab*; *da* ~ down there; *hier* ~ down here; ~ *damit!* down with it!; ~ *mit ihm!* down with him!; *den Hut* ~! off with your hat!; ~ *mit dem Mantel!* off with your overcoat!; ~! down you go!, get off that chair!, get down that tree!; *in compounds usu.* ... down; → *herab...*, *nieder...*; **~bringen** *v/t.* (*irr.*, *h.*) bring down; *fig. a.* lower, reduce, force down; → *herunterwirtschaften*; **~drücken** *v/t.* (*h.*) press (*or* force) down; depress (*key, lever*); *fig.* force (*or* beat, cut) down (*prices*); **~fallen** *v/i.* (*irr.*, *sn*) fall down; ~ *von* (*dat.*) fall (*or* drop) off; **~gehen** *v/i.* (*irr.*, *sn*) go down; *temperature, etc.*: drop (*bis auf acc.* to); *aer.* descend; *prices*: fall, drop, ease off; **~gießen** *v/t.* (*irr.*, *h.*) pour down; *colloq.* down (*beer, etc.*); **~handeln** *v/t.* (*h.*) beat down (*price*); **~hauen** *v/t.* (*irr.*, *h.*): *j-m eine* ~ fetch (*or* paste) a p. one; slap a p.('s face); *colloq.* knock off (*work*), do in a rush; **~helfen** *v/i.* (*irr.*, *h.*) *j-m* help down *a p.*; **~holen** *v/t.* (*h.*) fetch (*or* get) down; *hunt.* bring down, *aer. a.* (shoot) down; **~klappen** *v/t.* (*h.*) turn *or* fold down; **~kommen** *v/i.* (*irr.*, *sn*) come down (*or* downstairs); *fig.* decay, decline; deteriorate, go to rack and ruin, run to seed; *person*: come down in the world; *morally*: sink (low); *er wird dabei gesundheitlich* ~ this will injure (*or* ruin, tell on) his health; *heruntergekommen p.p. fig. person*: in reduced circumstances, shabby, out-at-elbows, down(-at-heel); demoralized, depraved; run-down, mismanaged (*estate, etc.*); **~lassen** *v/t.* (*irr.*, *h.*) let down, lower; drop; **~leiern** *v/t.* (*h.*) rattle (*or* reel) off; **~machen** *v/t.* (*h.*) lower; turn down (*collar*); *fig.* scold, upbraid, give *a p.* a dressing-down, *Am.* bawl out; run (*Am.* call) down; pull to pieces; **~purzeln** *v/i.* (*sn*) fall (*or* tumble) down; **~putzen** *colloq. v/t.* (*h.*) → *heruntermachen*; **~rasseln** *colloq. v/t.* (*h.*) rattle off (*poem, etc.*); **~reißen** *v/t.* (*irr.*, *h.*) pull down; *fig.* pull to pieces, scarify, *Am. sl.* pan; **~rutschen** *v/i.* (*sn*) slide *or* slip down; → *Buckel*; **~schalten** *mot. v/i.* (*h.*) change down (*auf den ersten Gang* to low gear *or* first); **~schlagen** *v/t.* (*irr.*, *h.*) beat (*or* knock) down; turn down (*collar, etc.*); **~sehen** *v/i.* (*irr.*, *h.*) look down (*auf* at, *fig.* upon); **~sein** *v/i.* (*irr.*, *sn*) be down (*von* from); *fig. physically*: be run down, be low; **~setzen** *v/t.* (*h.*) → *herabsetzen*; **~transformieren** *el. v/t.* (*h.*) step down; **~werfen** *v/t.* (*irr.*, *h.*) throw down; **~wirtschaften** *v/t.* (*h.*) ruin (by mismanagement), mismanage, run down; **~ziehen I.** *v/t.* (*irr.*, *h.*) draw (*or* pull, drag) down; **II.** *v/i.* (*irr.*, *sn*) come (*or* march) down.

hervor [hɛrˈfoːr] *adv.* forth, forward; out; ~ *aus* out of; *hinter* ... ~ from behind; *unter* ... ~ from under; **~blicken** *v/i.* (*h.*): *hinter e-m Baum* ~ look (*or* peep, peer) from behind *a tree*; appear, peep through (*or* out); **~brechen** *v/i.* (*irr.*, *sn*) break (*or* burst) forth *or* out *or* through; *mil.* sally (*or* rush) forth; **~bringen** *v/t.* (*irr.*, *h.*) bring forth, produce; procreate; give birth to, bear; utter (*words*); create; generate; cause, effect, give rise to; **℞bringung** *f* (-) bringing forth, production; creation; **~dringen** *v/i.* (*irr.*, *sn*) → *hervorbrechen*; *noises*: proceed *or* come *or* issue (*von* from); **~gehen** *v/i.* (*irr.*, *sn*): ~ *aus* (*dat.*) *person*: come (*or* arise, emerge, spring) from; *als Sieger* ~ come off (*Am.* out) winner (*or* victor[ious]), emerge a winner; *matter*: result (*or* follow) from; *daraus geht hervor, daß* from this (*or* hence) follows that, this shows (*or* proves *or* goes to prove) that; **~heben** *v/t.* (*irr.*, *h.*) *fig.* render prominent, give prominence to, make stand out; *art*: set off, throw into (sharp) relief (*gegen* against); show off, display, accentuate, point out; emphasize, stress, lay stress (up)on; *sich* ~ be(come) conspicuous *or* prominent, stand out (*aus* from); **~holen** *v/t.* (*h.*) fetch forth *or* out, produce, take out; **~kommen** *v/i.* (*irr.*, *sn*) come forth; appear, emerge (*aus* from); *stars*: come out; **~leuchten** *v/i.* (*h.*) shine forth *or* out; *fig.* come forth, manifest o.s.; **~locken** *v/t.* (*h.*) entice forth, lure out; *fig.* → *herauslocken*; fetch (*tears*); **~quellen** *v/i.* (*irr.*, *sn*) well (*or* spring) forth; bulge out; **~ragen** *v/i.* (*h.*) project (*aus* from, *über* over), jut forth *or* out, stand (*or* stick) out; ~ *über* (*acc.*) rise above, overtop; *fig.* be prominent; stand out (*aus* from); excel, distinguish o.s.; **~ragend** *adj.* projecting; prominent, salient; *fig.* prominent, eminent, distinguished; outstanding, excellent, superior, superlative, first-rate, topping; ~*er Spieler* crack player; *er war an dem Erfolg in* ~*em Maße beteiligt* the success was largely due to his efforts; **℞ruf** *thea. m* recall, curtain call; **~rufen** *v/t.* (*irr.*, *h.*) call forth (*or* out); *thea.* call (for); *fig.* call forth, evoke; cause, bring about, produce, give rise to; excite (*admiration*); create (*impression*); raise, draw (*a laugh*); **~springen** *v/i.* (*irr.*, *sn*) leap *or* bound (*aus* from); *fig.* → **~stechen** *v/i.* (*irr., h.*) *fig.* stand out (*aus* from); be prominent *or* salient *or* conspicuous; **~stechend** *adj.* salient, prominent; striking, conspicuous; (pre)dominant; **~stehen** *v/i.* (*irr., h.*) project, stand (*or* jut) out; *eyes, etc.*: protrude, bulge; *ears*: stick out; *~de Backenknochen* high cheekbones; **~stürzen** *v/i.* (*sn*) rush forth (*or* forward); burst forth; **~suchen** *v/t.* (*h.*) search (*or* rummage) for *a th.*; pick out (*aus* from); **~treten** *v/i.* (*irr., sn*) step forth *or* forward; *~ aus* (*dat.*) step out (*or* emerge) from; *fig. eyes*: bulge, protrude; stand out (in bold relief), be set off *or* contrasted, *colours*: *a.* come out; come to the fore, be (much) in evidence; *person*: distinguish o.s. (*durch* by), make o.s. a name (*als* as); **~tretend** *adj.* prominent, salient; (pre)dominant; **~tun:** *sich ~* (*irr., h.*) distinguish o.s.; **~wagen:** *sich ~* (*h.*) venture forth; **~zaubern** *v/t.* (*h.*) produce by magic (*or* sleight-of-hand); conjure up; **~ziehen** *v/t.* (*irr., h.*) draw forth, produce; pull out.

her... ['he:r-]: **~wagen:** *sich ~* (*h.*) venture to come here *or* near; **~wärts** ['-vɛrts] *adv.* on the way here (*or* back); this way; **2weg** *m* way here (*or* back); *auf dem ~* on the way here (*or* back).

Herz [hɛrts] *n* (-*ens*; -*en*) heart (*a. fig.*); mind; soul; courage, spirit, pluck; *cards*: hearts *pl.*; *colloq.* darling, love; *fig.* heart, (*a. tech.*) core; heart, cent|re, *Am.* -er; *goldenes ~* heart of gold; *~ von Stein* heart of stone; *ohne ~* heartless; *aus tiefstem ~en* from the depth (*or* bottom) of one's heart; *ein Mann nach meinem ~en* a man after my heart; *klopfenden ~ens* with a throbbing heart; *leichten ~ens* with a light heart, light-heartedly; *schweren ~ens* with a heavy heart; *mit ~ und Hand* with heart and hand, heart and soul (*für* for); *mit ganzem ~en* with one's whole heart; *von ~en* heartily; *von ~en kommend* deep-felt, hearty, sincere; *von ~en gern* most willingly, with the greatest (of) pleasure; *von ganzem ~en* with all my, *etc.*, heart; *an gebrochenem ~en sterben* die of a broken heart; *auf ~ und Nieren prüfen* put to the acid-test; *die ~en höher schlagen lassen* thrill the hearts; *ein gutes* (*hartes*) *~ haben* be good- (hard-)hearted; *ein Kind unter dem ~en tragen* be with child; et. *auf dem ~en haben* have a th. on one's mind; *j-m* et. *ans ~ legen* urge (*or* enjoin) a th. on a p., recommend a th. warmly to a p.; *j-m das ~ schwer machen* grieve (*or* sadden, worry) a p.; *j-m zu ~en gehen* go to (*or* move, stir) a p.'s heart; *j-n an sein ~ drücken* press (*or* clasp) a p. to one's breast; *j-n in sein ~ schließen* become attached to (*or* grow fond of) a p., (come to) love a p. dearly; *j-s ~ brechen* (*gewinnen, stehlen*) break (win, steal) a p.'s heart; *sein ~ an* et. *hängen* set one's heart on a th.; *sein ~ auf der Zunge tragen* wear one's heart on one's sleeves; *s-m ~en Luft machen* give vent to one's feelings; *sich ein ~ fassen* take heart (*or* courage), pluck up courage; *sich* et. *zu ~en nehmen, sich* et. *zu ~en gehen lassen* take a th. to heart; *Hand aufs ~!* cross my heart!, hono(u)r bright!; *komm an mein ~* come to my heart; *ein Stein fiel mir vom ~en* a weight was lifted from my heart, that took a load off my mind; *es liegt mir am ~en* I have it at heart, I am keenly interested in it, I attach great importance to it; *es gab mir einen Stich ins ~* it cut me to the quick; *es ging mir bis ins ~* it thrilled me to the core; *es wurde mir leichter ums ~* I felt easier in my mind; *er hat das ~ auf dem rechten Fleck* his heart is in the right place; *er ist mit ganzem ~en dabei* he is heart and soul for the project, his heart is in his work, he is an enthusiastic member of our party; *es tut dem ~en wohl* it does one good, it warms the cockles of your heart; *haben Sie doch ein ~!* be merciful!, *sl.* have a heart!; *ich kann es nicht übers ~ bringen* I can't find it in my heart, I can't bring myself to do it; *mein ~ blutete* my heart bled (*für ihn* for him; *bei dem Anblick* at the sight); *sein ~ schlug höher* his heart leaped up (*or* missed a beat); *in compounds* ... of the heart; *anat. and med.* cardiac ...

'**Herz-ader** *f* aorta, coronary artery.

herzählen ['he:r-] *v/t.* (*h.*) enumerate, count (*Am. a.* call) off.

'**Herz...:** **2allerliebst** *adj.* → *allerliebst*; **~allerliebste(r** *m*) *f* (-*n*, -*n*; -*en*, -*en*) sweetheart; **~anfall** *m* heart-attack; **~-As** *n cards*: ace of hearts; **~asthma** *n* cardiac asthma; **~beklemmung** *f* oppression of the heart; **~beschleunigung** *f* tachycardia; **~beschwerden** *f/pl.* heart-trouble *sg.*; **~beutel** *anat. m* pericardium; **~beutelentzündung** *f* pericarditis; **~blatt** *n bot.* unopened leaf bud; diaphragm, sternum; *anat. äußeres ~* parietal layer of pericardium; *inneres ~* visceral pericardium; *fig. colloq.* (*a.* **~blättchen** *colloq. n*) darling, sweetheart, *Am. a.* honey; **~blut** *fig. n* life-blood; **~bube** *m cards*: knave of hearts; **~chen** *n* (-*s*; -) darling; **~chirurgie** *f* heart surgery; **~dame** *f cards*: queen of hearts.

herzeigen ['he:r-] *v/t.* (*h.*) show, let see.

Herzeleid ['hɛrtsə-] *n* deep affliction *or* sorrow, woe; heart-sore, heart-ache(s *pl.*).

'**herzen** *v/t.* (*h.*) press (*or* clasp) to one's heart; embrace, hug; caress, fondle, cuddle.

'**Herzens...:** **~angelegenheit** *f* love affair, romance; **~angst** *f* anguish of mind; **~brecher** *m* heart-breaker, lady-killer; **~einfalt** *f* simple-mindedness; **~freude** *f* heart's delight; great joy; **~freund(in** *f*) *m* bosom friend; **2froh** *adj.* overjoyed, very happy; **2gut** *adj.* very kind, (as) good as gold; **~güte** *f* kindness of heart, kind-heartedness; **~lust** *f*: *nach ~* to one's heart's content; **~meinung** *f* sincere opinion, true sentiment; **~wunsch** *m* heart's desire, fondest wish.

'**Herz...:** **~entzündung** *f* (pan-) carditis; **2erfrischend, 2erquikkend** *adj.* heart-warming, refreshing; **2ergreifend** *adj.* heart-moving, soul-stirring; **2erschütternd** *adj.* heart-rending, appalling; **2erwärmend** *adj.* heart-warming; **~erweiterung** *f* dilatation of the heart, cardiectasis; **~fehler** *m* cardiac defect, organic disease of the heart; **2förmig** ['-fœrmiç] *adj.* heart-shaped; **~gegend** *anat. f* cardiac region; **~geräusch** *n* cardiac murmur; **~gift** *n* cardiotoxin; **~grube** *anat. f* pit of the stomach, precordium; **2haft I.** *adj.* courageous, plucky; bold; hearty; **II.** *adv.*: *~ lachen* laugh heartily, have a hearty laugh; **~haftigkeit** *f* (-) courage, pluck.

herziehen ['he:r-] **I.** *v/t.* (*irr., h.*) draw here (*or* near); **II.** *v/i.* (*irr., sn*) come to live here, move to this place; *fig. ~ über* (*acc.*) run down, pull to pieces.

herzig ['hɛrtsiç] *adj.* dear, lovely, charming, sweet, *Am.* cute; *in compounds* ...-hearted.

'**Herz...:** **~infarkt** *m* cardiac infarction; **~kammer** *anat. f* ventricle (of the heart); **~kirsche** *bot. f* heart-cherry; bigaroon; **~klappe** *anat. f* cardiac valve; **~klappenfehler** *m* valvular defect of the heart; **~klopfen** *n* beating (*or* throbbing) of the heart; *esp. med.* palpitation (of the heart); *mit ~* with a throbbing heart; **~krampf** *m* cardiospasm; **2krank** *adj.* suffering from the heart, cardiac; *fig.* sick at heart; **~krankheit** *f* heart disease; **~kranzgefäß** *anat. n* coronary (*vessel*); **~lähmung** *med. f* paralysis of the heart; **~leiden** *n* heart-complaint, cardiac disorder *or* condition.

'**herzlich I.** *adj.* cordial, hearty; heart-felt; affectionate, loving; *in letters*: *~e Grüße* kind regards, *intimately*: love (*an* to); *~es Beileid* sincere sympathy; **II.** *adv.* cordially, *etc.*; *~ gern* gladly, with pleasure; *~ schlecht* bad enough, *sl.* rotten; *~ wenig* precious little; **2keit** *f* (-) cordiality; heartiness; sincerity.

'**Herz...:** **~liebste(r** *m*) *f* my, *etc.*, own dear love; sweetheart; **~linie** *f* table-line (*in palm*); **2los** *adj.* heartless, unfeeling; **~losigkeit** *f* (-) heartlessness, unfeelingness; heartless act; **~lungenmaschine** *f* heart-lung machine; **~massage** *f* cardiac massage; **~mittel** *n* cardiac stimulant; cordial; **~muskel** *m* cardiac muscle; **~muskel-entzündung** *f* myocarditis; **~neurose** *f* cardiac neurosis.

Herzog ['hɛrtso:k] *m* (-[*e*]*s*; ¨*e*) duke; **~in** *f* (-; -*nen*) duchess; **2lich** *adj.* ducal; **~tum** *n* (-[*e*]*s*; -*tümer*) duchy.

'**Herz...:** **~schlag** *m* throb(bing) of the heart, heartbeat, palpitation; *med.* apoplexy of the heart, cardiac paralysis; **~schwäche** *f* cardiac insufficiency; **~spender** *m* heart donor; ~**spezialist** *m* cardiologist; ~**spitze** *f* apex of the heart; 2**stärkend** *adj.* cordial, cardiac; ~**stärkung** *f* cordial, cardiac tonic; ~**stillstand** *m* perisystole; ~**stück** *n* cent|re (*Am.* -er) piece; *rail.* crossing frog; *fig.* core; ~**tätigkeit** *f* heart-action; ~**ton** *m* (-[e]s; ⸚e) cardiac sound.

herzu(...) [hɛr'tsu:] → *heran(...)*, *herbei(...)*.

'**Herz...:** ~**verfettung** *f* fatty degeneration of the heart muscle; ~**vergrößerung** *f* cardiac hypertrophy; ~**verpflanzung** *f* heart transplant(ation); heart; ~**vorhof** *m*, ~**vorkammer** *f* atrium; ~**wand** *f* cardiac wall; ~**wassersucht** *f* cardiac dropsy; ~**weh** *n* heartache (*a. fig.*), cardialgia; 2**zerreißend** *adj.* heart-rending.

Hesse ['hɛsə] *m* (-*n*; -*n*) Hessian.

'**Hessen** *n* (-*s*) Hesse.

'**Hessin** *f* (-; -*nen*), **hessisch** *adj.* Hessian.

Hetäre [he'tɛ:rə] *f* (-; -*n*) hetaeria.

hetero-atomig [hetero'a'to:miç] *adj.* heteroatomic.

heterogen [hetero'ge:n] *adj.* heterogenous; ~*e Befruchtung* cross-fertilization; ~*e Bestäubung* cross-pollination; ~*e Zeugung* → **Heterogenesis** [-'ge:nezis] *f* (-) heterogenesis.

Heterogenität [heterogeni'tɛ:t] *f* (-) heterogeneity.

Hetz|artikel ['hɛts-] *m* inflammatory article; ~**blatt** *n* yellow paper, rag.

'**Hetze** *f* (-; -*n*) → *Hetzjagd*; rush; stress, *Am. sl.* rat race; instigation, agitation, baiting; smear campaign; *Juden*2 Jew-baiting.

'**hetzen I.** *v/t.* (*h.*) *hunt.* course, bait, chase, hunt; *die Hunde ~ auf* (*acc.*) set the dogs at, sick the dogs on; *fig.* hurry, rush; hunt, pursue, hound, chase; incite; *Leute aufeinander*~ make mischief among people; *zu Tode ~* drive (*or* hound, harass) to death; → *Hund*; *ich lasse mich nicht ~* I won't be rushed; **II.** *v/i.* (*sn*) *hunt. fig.* rush, race, hurry; cause (*or* sow the seeds of) discord, make mischief; *gegen j-n ~* agitate against, bait; slander, smear *a p.*

'**Hetzer(in** *f*) *m* (-*s*, -; -, -*nen*) *fig.* instigator; agitator, fomenter, rabble-rouser; **Hetze'rei** *f* (-) agitation; calumniation, slandering; *colloq.* rush, *Am. sl.* rat race; '**hetzerisch** *adj.* inflammatory, slanderous.

'**Hetz...:** ~**feldzug** *m* inflammatory (*or* smear) campaign; atrocity campaign; ~**hund** *m* (stag-)hound; ~**jagd** *f* coursing, chase; *fig.* rush; ~**kampagne** *f* → *Hetzfeldzug*; ~**peitsche** *f* hunting-whip; ~**presse** *f* yellow press; ~**rede** *f* inflammatory speech; ~**redner(in** *f*) *m* agitator, fomentor, rabble-rouser; ~**schrift** *f* inflammatory writing (*or* pamphlet).

Heu [hɔʏ] *n* (-[e]s) hay; ~ *machen* make hay; *fig. Geld wie ~ haben* have heaps (*or* oodles) of money, have money to burn; ~**bazillus** *m* hay bacillus; ~**boden** *m* hayloft.

Heuchelei [hɔʏçə'laɪ] *f* (-; -*en*) hypocrisy, cant; pharisaism; dissimulation; insincerity, duplicity; falsehood; deceit.

'**heucheln I.** *v/i.* (*h.*) play the hypocrite; simulate, feign, dissemble; **II.** *v/t.* (*h.*) simulate, feign, affect, sham, fake.

'**Heuchler** *m* (-*s*; -), ~**in** *f* (-; -*nen*) hypocrite, pharisee; dissembler; 2**isch** *adj.* hypocritical; deceitful, insincere; ~*es Gerede* double talk; ~*es Gesicht* dissembling (*or* pious) face.

heuen ['hɔʏən] *v/i.* (*h.*) make hay.

'**Heuen** *n* (-*s*) haymaking.

heuer ['hɔʏər] *adv.* (in) this year.

'**Heuer**[1] *m* (-*s*; -), ~**in** *f* (-; -*nen*) haymaker.

'**Heuer**[2] *mar. f* (-; -*n*), ~**lohn** *m* wages *pl.*, pay; 2**n** *v/t.* (*h.*) hire; *mar.* **a)** charter (*ship*), **b)** ship, engage (*sailors*).

'**Heuernte** *f* hay-harvest, hay-making (season).

'**Heuervertrag** *m* charter-party.

'**Heu...:** ~**fieber** *med. n* hay fever; ~**gabel** *f* hay-fork, pitchfork; ~**haufen** *m* haycock; → *Heuschober*.

Heul|boje ['hɔʏl-] *mar. f* whistling buoy; 2**en** *v/i.* (*h.*) howl; *wind*: *a.* roar, moan; *owl*: hoot; *siren*: hoot, wail; *bomb, etc.*: scream, screech; *person*: cry, blubber; wail, squall, bawl; *er heulte vor Wut* he howled with rage; ~**en** *n* (-*s*) howling; hooting; wailing, (*a.* **Heule'rei** *f* [-]) crying, blubbering, bawling; ~ *und Zähneklappern* weeping and gnashing of teeth; ~**meier** *colloq. m* blubberer; ~**suse** *colloq.* ['-zu:zə] *f* (-; -*n*) cry-baby; ~**ton** *m* (-[e]s; ⸚e) (high frequency) warble tone, multitone; ~**tonfrequenz** *f radio*: wobbling frequency.

'**Heu...:** ~**machen** *n* haymaking; ~**monat** *m* July; ~**pferd** *n* grasshopper; ~**rechen** *m* hay-rake.

heurig ['hɔʏriç] *adj.* of this year, this year's (*or* season's), new; 2**e(r)** *m* (-*n*; -*n*) wine of this year's vintage, new (*or* young) wine.

'**Heu...:** ~**scheune** *f* hay barn; ~**schnupfen** *m* hay-fever; ~**schober** *m* hayrick, haystack; ~**schrecke** ['-ʃrɛkə] *f* (-; -*n*) locust, grasshopper; ~**stapler** ['-ʃtɑ:plər] *m* (-*s*; -) haystacker.

heut(e) ['hɔʏt(ə)] *adv.* today, this day; ~ *abend* this evening, tonight; ~ *früh*, ~ *morgen* this morning; ~ *nacht* tonight; ~ *noch* **a)** this very day, **b)** still today; ~ *in acht Tagen* (*or über acht Tage*) today week, this day week; ~ *in einem Jahr* (*or über ein Jahr*) a year hence (*or* from today); ~ *vor acht Tagen* a week ago (today); *bis ~* till today, up to this day, *Am.* to date; *econ. drei Monate nach ~* three months after date; *von ~ an* from today (onwards), from this day, *adm.* as of today; *von ~ auf morgen fig.* in a rush, precipitately, overnight, all of a sudden; *Ausgabe von ~* today's issue; *Mädchen von ~* girls of today, modern girls; *Amerika von ~* present-day America; → *heutzutage*; **Heute** *n* (-) *the* present, today.

'**heutig** *adj.* today's, this day's, of this day (*econ.* date); present(-day); modern; *der ~e Tag* this day, today; *die ~e Zeitung* today's paper; *bis zum ~en Tage* → *heute*; *mit ~er Post* by today's post *or* mail; *econ. mein* 2*es* (*better*: ~*es Schreiben*) my letter of this day.

'**heutzutage** *adv.* nowadays, (in) these days, today, in our time(s *pl.*).

hexa... ['hɛksa-] hexa... (→ *sechs...*).

Hexaeder [hɛksa'e:dər] *math. m* (-*s*; -) hexahedron; **Hexagon** [-'go:n] *math. m* (-*s*; -*e*) hexagon; **hexagonal** [-go'nɑ:l] *adj.* hexagonal; **Hexameter** [hɛ'ksɑ:metər] *m* (-*s*; -) hexameter.

Hexe ['hɛksə] *f* (-; -*n*) witch, sorceress; *fig.* old witch, hag; hell-cat, vixen; 2**n** *v/i.* (*h.*) practise witchcraft *or* sorcery; *ich kann doch nicht ~* I can't work miracles; *es geht wie gehext* it works like magic.

'**Hexen...:** ~**jagd** *fig. f* witch-hunt (-ing); ~**kessel** *fig. m* inferno; ~**küche** *f* witch's kitchen; ~**kunst** *f* → *Hexerei*; ~**meister** *m* wizard, sorcerer; ~**prozeß** *m* witch trial; ~**sabbat** *m* Witches' Sabbath; *fig.* inferno; ~**schuß** *med. m* (-*sses*) lumbago; ~**verfolgung** *f* witch hunt; ~**werk** *n* witchery.

Hexe'rei *f* (-) witchcraft, sorcery, magic; the black art; jugglery; *das ist doch keine ~* that should be easy enough, there is nothing to it.

Hexode [hɛ'kso:də] *f* (-; -*n*) hexode.

hie [hi:] *adv.* → *hier*.

hieb [hi:p] *pret. of hauen*.

Hieb *m* (-[e]s; -*e*) blow, stroke, hit; punch; *whip*: lash, cut; *fenc.* cut; (*wound*) cut, gash, slash; ~*e pl.* thrashing, whipping, beating; (*tree-*) felling, cut; *tech. with file*: cut; *fig.* cutting remark; passing shot (*auf acc.* at); *fig. auf den ersten ~* at the first attempt (*or* try); *j-m e-n ~ versetzen* strike a p., deal a p. a blow, (*a. fig.*) lash out at a p.; ~*e bekommen* (*a. fig.*) get a thrashing *or* beating; *der ~ saß* that hit went home.

'**Hieb...:** 2**- und stichfest** *adj.* invulnerable; *fig.* watertight (*proof, etc.*); ~**- und Stoßwaffe** *f* cut-and-thrust weapon; ~**waffe** *f* cutting weapon; ~**wunde** *f* → *Hieb*.

hielt [hi:lt] *pret. of halten*.

hienieden [hi:'ni:dən] *adv.* here below.

hier [hi:r] *adv.* **1.** here; in this place; ~ (*herüben*) on this side; ~ *draußen* (*drinnen*) out (in) here; ~ *oben* (*unten*) up (down) here; ~ *entlang* this way; ~ *hinein* in here; ~ *sein* be here *or* present; *roll-call*: ~! present!; *Am.* here!, *teleph.* ~ (*spricht*) *John B.* John B. *or* John B. speaking *or* calling; *er ist von ~* he is a native of this place; *ich bin auch nicht von ~* I am a stranger here myself; *das Haus ~* this house; ~ *und da* **a)** here and there, **b)** now and then, occasionally; **2.** *fig.* here; in this case; this time; at these words; on this occasion.

hieran ['hi:ran] *adv.* at (*or* by, in, on, to) this; *wenn ich ~ denke* thinking of this; *er wird sich ~ erinnern* he will remember this; ~ *kann ich* *es erkennen* by that I can recognize it.

Hierarch [hiːeˈrarç] *eccl. m* (-en; -en) hierarch; **Hierarˈchie** [-rar-ˈçiː] *f* (-; -n) hierarchy; **hierˈarchisch** *adj.* hierarchical.

ˈ**hier...:** **~auf** *adv.* (up)on this, hereupon; after this (*or* that), now; **~aus** *adv.* from (*or* out of) this; *contract*: *alle ~ entstehenden Verbindlichkeiten* any liabilities arising hereunder; *~ geht hervor, daß* hence (*or* from this) follows that; **~behalten** *v/t.* (*irr.*, *h.*) keep here *or* back; **~bei** *adv.* at (*or* in *or* with) this; on this occasion; in this connection; herewith, enclosed; attached, annexed; **~bleiben** *v/i.* (*irr.*, *sn*) stay here; *hiergeblieben!* (you) stay here!; **~durch** *adv.* through here, this way; *fig.* by this (means), hereby; **~für** *adv.* for this (*or* it); **~gegen** *adv.* against this (*or* it); **~her** *adv.* here, hither; this way, over here; (*komm*) *~!* come here!; *bis ~* up to here, so far; hitherto, (up) to this day, till now, so far; *bis ~ und nicht weiter* this far and no further; **~hergehören** *v/i.* (*h.*) belong here; *fig. dies gehört nicht hierher* this is not to the point, it is not relevant (*or* pertinent); **~herkommen** *v/i.* (*irr.*, *sn*) come here; come this way; **~herum** *adv.* this way round; hereabouts, somewhere about here; **~hin** *adv.* here, this way; **~in** *adv.* in this (*or* it), herein; **~mit** *adv.* with this (*or* it), herewith; with these words, saying this; *~ ist der Fall erledigt* this settles (*or* brings to a close, disposes of) the case; *~ bin ich einverstanden* to this I agree; *~ wird bescheinigt* this is to certify; **~nach** *adv.* after this (*or* it), hereafter; according to this.

Hieroglyphe [hiːeroˈglyːfə] *f* (-; -n) hieroglyph.

ˈ**hier...:** **~orts** *adv.* → *hier*; in this place, here; **≗sein** *n* being here, presence; **~selbst** *adv.* here, in this place (*or* town); **~über** *adv.* over here; *fig.* about this, on this (subject *or* score); *~ ärgerte ich mich* this made me angry; **~um** *adv.* about this (place); *fig.* about (*or* concerning) this; **~unter** *adv.* under(neath) *or* beneath this (*or* it); among these; *jur.* hereunder; *understand*: by this *or* that; **~von** *adv.* of (*or* from) this, hereof, herefrom; **~zu** *adv.* to this, hereto; in addition to this, moreover; concerning this (matter), on this score; **~zulande** *adv.* in this country, in these parts, (over) here; **~zwischen** *adv.* between these.

hiesig [ˈhiːziç] *adj.* of (*or* in) this place *or* town *or* country; local; *m-e ~en Freunde* my friends here.

hieß [hiːs] *pret. of heißen.*

hieven [ˈhiːfən] *mar. v/t.* (*h.*) heave.

Hifthorn [ˈhift-] *n* (-[e]s; ¨er) bugle.

Hilfe [ˈhilfə] *f* (-; -n) help (*a. person*); aid, assistance; support; succo(u)r; relief; *Erste ~* (*leisten*) (render) first aid; (*zu*) *~!* help!, help!; *mit ~* (*gen.*) *or von* with the help of *a p.*, with *or* by the aid of *a th.*; *ohne ~* unaided, unassisted, single-handed; *~ suchen* seek help; *et. zu ~ nehmen* make use of, resort to; *j-m ~ leisten* → *helfen*; *j-m zu ~ kommen* (*eilen*) come (rush) to a p.'s aid *or* assistance; *j-n um ~ bitten, j-n zu ~ rufen, bei j-m ~ suchen* call on (*or* ask) a p. for aid, ask a p.'s help; *um ~ rufen or schreien* call (*or* cry) for help; *iro. du bist mir e-e schöne ~* a fine help you are; **≗flehend** *adj.* imploring help, suppliant; **~leistung** *f* assistance, aid, help; relief; **~ruf** *m* cry for help; **~stellung** *f gym.* standing-in, guarding; *~ geben* stand in, guard, assist; **≗suchend** *adj.* seeking (for) help.

ˈ**Hilf...:** **≗los** *adj.* helpless; resourceless, shiftless; destitute; **~losigkeit** *f* (-) helplessness; resourcelessness; destitution; **≗reich** *adj.* helpful; *adv.*: *j-m ~ zur Seite stehen* lend a p. a helping hand, stand by (*or* help, aid) a p.

ˈ**Hilfs...** *in compounds usu.* auxiliary ..., emergency ..., temporary ...; relief ..., subsidiary ...; assistant ..., junior ...; → *Behelfs..., Not...*; **~aktion** *f* relief action; **~angestellte(r** *m*) *f* temporary employee, emergency man; **~anlage** *f* stand-by plant, emergency set; **~antrieb** *m* auxiliary drive; **~arbeiter(in** *f*) *m* unskilled (*or* auxiliary, temporary) worker, labo(u)rer; *pl.* unskilled labo(u)r; help; **~arzt** *m* assistant physician, *Am. a.* intern; **~ausschuß** *m* relief committee; **≗bedürftig** *adj.* requiring help; needy, indigent; **~bedürftigkeit** *f* indigence; **≗bereit** *adj.* ready to help, co-operative; **~bereitschaft** *f* readiness to help, helpfulness; **~dienst** *m* auxiliary service; emergency service; **~fonds** *m* relief fund; **~frequenz** *f radio*: auxiliary *or* back-up frequency; **~geistliche(r)** *m* curate; **~gelder** [ˈ-gɛldər] *n/pl.* subsidies; *~ zahlen an* (*acc.*) subsidize; **~heer** *n* auxiliary army *or* forces *pl.*; relief force; **~kasse** *f* relief fund; **~kolonne** *f* emergency crew; **~kraft** *f* additional (*or* temporary) worker; help(er), assistant; *fachliche ~* technical help; *mot.* Servo power; **~kreuzer** *mar. m* auxiliary cruiser; **~lehrer(in** *f*) *m* untrained (*or* student *or* supply) teacher; **~maschine** *f* auxiliary (*or* donkey) engine; **~maßnahme** *f* remedial measure; relief action; **~mittel** *n* aid, means; *tech.* auxiliary material; device, aid; *w.s.* remedy, resource; expedient, shift, stopgap; **~motor** *m* auxiliary engine (*el.* motor); *mot.* starting motor; *Fahrrad mit ~* motor-assisted bicycle; **~organisation** *f* relief organization (*or* agency); **~personal** *n* auxiliary personnel; **~polizei** *f* auxiliary police; **~polizist** *m* special constable; **~prediger** *m* curate; **~programm** *n* aid program(me); **~quelle** *f* resource; **~regisseur** *m film*: assistant director; **~schule** *f* school for backward children; **~schwester** *f* nursing assistant; **~stoff** *m* auxiliary material; **~truppen** *mil. f/pl.* auxiliary troops; reinforcements; **~ventilator** *m* stand-by ventilator; **~vorrichtung** *f* auxiliary device; **~werk** *n* relief (work), relief organization; **~wissenschaft** *f* auxiliary science; **~zeitwort** *gr. n* (-[e]s; ¨er) auxiliary verb; **~ziel** *mil. n* auxiliary target, reference point; **~zug** *m* breakdown van train.

Himalaja [hiˈmaːlaja] *m* (-[s]) the Himalaya(s *pl.*).

Himbeer|e [ˈhim-] *f* raspberry; **~eis** *n* raspberry ice; **~saft** *m* raspberry juice; **~strauch** *m* raspberry bush.

Himmel [ˈhiməl] *m* (-s; -) sky, heavens *pl.*; firmament; *eccl.* heaven; *of bed, etc.*: canopy; skies *pl.*, climate, zone; *am ~* in the sky; *eccl. im ~* in heaven, on high; *unter freiem ~* in the open air; *zwischen ~ und Erde* between heaven and earth; *fig. ~ auf Erden* heaven on earth; *~ und Hölle in Bewegung setzen* move heaven and earth; *aus allen ~n fallen* be cruelly disillusioned, be stunned; (*bis*) *in den ~ heben* praise to the skies; *im siebenten ~ sein* be in the seventh heaven (of delight); *wie vom ~ fallen* drop from the sky, appear from nowhere; *der ~ würde einstürzen, wenn* the sky would fall if; *das schreit zum ~* it's a crying shame, it is scandalous; *kein Meister ist vom ~ gefallen* no man is born a master; *int. du lieber ~!* good Heavens!; *dem ~ sei Dank!* thank Heaven!; *um('s) ~s willen!* goodness gracious!, dear me!; → *Geige*; *stinken*; **≗an** *adv.* (up) to heaven *or* to the skies, heavenward(s); **≗angst** *colloq. adv.*: *mir wurde ~* I was scared to death; **~bett** *n* canopy- *or* tester-bed; **≗blau** *adj. and* **~blau** *n* sky-blue, azure, ultramarine blue; **~fahrt** *eccl. f* Ascension (of Christ); *Mariä ~* Assumption (of the Blessed Virgin Mary); **~fahrtsfest** *n*, **~fahrtstag** *m* Ascension Day; **~fahrtskommando** *colloq. mil. n* suicide patrol; **~fahrtsnase** *colloq. f* tip-tilted nose; **≗hoch I.** *adj.* skyhigh, soaring; **II.** *adv.*: *fig. ~ jauchzend, zu Tode betrübt* one moment exulting, the next quite cast down; **~reich** *n* (kingdom of) Heaven, paradise; **≗schreiend** *adj.* outrageous, shameful; *~e Schande* crying shame; utter (*nonsense, etc.*).

ˈ**Himmels...** *usu.* heavenly ...; celestial ...; **~erscheinung** *f* phenomenon in the skies; celestial apparition; **~gegend** *f* quarter (of the heavens); *die vier ~en* the four cardinal points (of the compass); **~gewölbe** *n* celestial vault, firmament; **~karte** *f* celestial map; **~königin** *f* celestial queen; **~körper** *m* celestial body; **~kugel** *f* celestial globe; **~kunde** *f* (-) astronomy; **~leiter** *f* (-) Jacob's ladder; **~luft** *f* ether; **~ortung** *f* celestial navigation; **~pforte** *f* gate of heaven; **~raum** *m* celestial space; **~reklame** *f* sky-writing; **~richtung** *f* → *Himmelsgegend*; **~schlüssel** *m* key of heaven; *bot.* cowslip; **~schreiber** *aer. m* sky-writer; **~schrift** *aer. f* sky-writing; **~strich** *m* zone, climate, clime, latitude, region; **~-**

stürmer *m* (-s; -) Titan; **~wagen** *ast. m* Great Bear, *Am.* Big Dipper; **~zeichen** *n* celestial sign; **~zelt** *n* (-[e]s) firmament.

'**himmel...: ~wärts** ['-verts] *adv.* skyward(s); *fig.* heavenward(s); **~-weit** *fig. adj. and adv.* vast(ly), enormous(ly), immense(ly); *~ voneinander entfernt* miles apart; *~ verschieden sein* differ widely, be diametrically opposed, be as different as day and night; *es ist ein ~er Unterschied zwischen* there is all the difference in the world between.

'**himmlisch** *adj.* celestial, heavenly; divine; heavenly, divine; lovely, sweet; glorious (*weather*); *~er Vater* (Our) Father in Heaven; *~e Geduld the* patience of Job.

hin [hin] *adv.* there, thither; along; towards; *über ... ~* over; *colloq.* gone, broken, in pieces; gone, lost; *~ und her* to and fro, *Am.* back and forth; *~- und herfahren rail.* shuttle, *Am.* commute; *~ und her gehen* walk up and down, *tech. machine parts*: reciprocate; *~ und zurück* there and back (*a. rail*); *Fahrkarte ~ und zurück* return ticket, *Am.* round-trip ticket; *~ und wieder* **a**) now and then, **b**) here and there; *noch weit ~* yet far off; *über die ganze Welt ~* all over the world; *ich muß ~* I must go there; *wo ist er ~?* where did he go?; *er ist ~* **a**) he is done for, *sl.* he is a goner, **b**) he is dead; *sie ist ganz ~* **a**) she is all in, **b**) she is in raptures; *~ ist ~* (what's) gone is gone, lost is lost; *auf et. ~* **a**) as a result of, in consequence of, following, upon, **b**) on the strength of; *auf die Gefahr ~, zu verlieren* at the risk of losing; *auf sein Versprechen ~* relying on his promise; *et. ~ und her überlegen* turn a th. over in one's mind, consider the pros and cons of a th.

hinab [hi'nap] *adv.* down, downward(s); down there; → *hinunter*; **~gehen** *v/i.* (*irr., sn*) go down, descend (*a. aer.*).

hinan [hi'nan] *adv.* up, upward(s); up to; → *hinauf.*

'**hin-arbeiten** *v/i.* (*h.*): *~ auf* (*acc.*) work for (*or* towards), aim at.

hinauf [hi'nauf] *adv.* up, upward(s), up there; *bis ~ zu* up to; *den Berg ~* up the hill, uphill; *den Fluß ~* up the river, upstream; *die Treppe ~* upstairs; *die Straße ~* up the street, *Am.* upstreet; *hier ~* up here, this way; *dort ~* up there; *in compounds usu.* ... up, → *empor...*; **~arbeiten:** *sich ~* (*h.*) toil up, *a. fig.* work one's way up; **~befördern** *v/t.* (*h.*) carry (*or* hoist) up; *in lift, etc.*: *schnell ~* shoot up; **~begeben:** *sich ~* (*irr., h.*) go up(stairs); **~blicken** *v/i.* (*h.*) look up (*zu* at, *fig.* to); **~bringen** *v/t.* (*irr., h.*) bring (*or* carry, take) up; get up; **~fahren** *v/i.* (*irr., sn*) drive (*or* ride, go) up; **~gehen** *v/i.* (*irr., sn*) go (*or* walk) up, ascend, mount; go upstairs; *fig. prices*: rise, climb; **~kommen** *v/i.* (*irr., sn*) come up; get up, make it; **~schnellen** *v/i.* (*sn*) bound up; *fig.* rise abruptly; *prices*: shoot (*or* soar, rocket) up; **~schrauben** *v/t.* (*h.*) *fig.* screw *or* push up (*prices*); step (*or* tune) up, *Am. a.* up (*production, etc.*); **~setzen** *v/t.* (*h.*) *fig.* raise, mark up, *Am. a.* up (*price, rent, etc.*); **~steigen** *v/i.* (*h.*) mount (up), climb up, ascend; **~tragen** *v/t.* (*irr., h.*) carry (*or* take) up; **~transformieren** *el. v/t.* (*irr., sn*) step up; **~treiben** *v/t.* (*irr., h.*) drive (*or* push, force) up (*prices*); **~ziehen** **I.** *v/t.* (*irr., h.*) draw (*or* pull) up; **II.** *v/i.* (*irr., sn*) march (*or* troop, move, go) up.

hinaus [hi'naus] **I.** *adv.* out, out there; outside; *~ aus* (*dat.*) out of; *hier ~* out here, this way; *nach hinten (vorn) ~ live* at the back (front); *über* (*acc.*) *... ~* **a**) beyond, past, **b**) above, exceeding, in excess of; *über das Grab ~* beyond the grave; *auf Jahre ~* for years (to come); *zum Fenster ~* out of the window; *fig. er weiß nicht wo ~* he doesn't know which way to turn (*or* what to do); *darüber ist er ~* he has got over it, he is past that stage now; *wo soll das noch ~?* what will all that lead to?; *worauf will er ~?* what is he driving at?; *über die Fünfzig ~* on the shady side of fifty; **II.** *int. ~!* out!, *Am. sl.* scram!; *~ mit dir!* out with you!, out you go!, get out!; *~ mit ihm!* turn (*or* throw) him out!; *in compounds* ... out; **~begleiten** *v/t.* (*h.*) see out (*or* to the door); **~beugen:** *sich ~* (*h.*) lean out (*zum Fenster* of the window); **~blicken** *v/i.* (*h.*) look (*or* gaze) out; **~bringen** *v/t.* (*irr., h.*) bring *or* take out(side); see *a p.* out; **~ekeln** *colloq. v/t.* (*h.*) winkle (*sl.* freeze) out; **~fahren** *v/i.* (*irr., sn*) *and v/t.* (*irr., h.*) drive (*or* motor, ride) out; *mar.* sail out, put to sea; **~feuern** *colloq. v/t.* (*h.*) → *hinauswerfen*; **~fliegen** *colloq. v/i.* (*irr., sn*) get the sack, be sacked (*Am.* fired); **~führen** *v/t.* (*h.*) lead (*or* take) out; **~gehen** *v/i.* (*irr., sn*) go (*or* walk) out, leave; *das Zimmer geht auf den Park hinaus* the room looks out on (*or* faces, opens on) the park; *~ über* (*acc.*) go (*or* pass) beyond; surpass, exceed; *intent*: *~ auf* (*acc.*) aim at; **~geleiten** *v/t.* (*h.*) see (*or* show, usher) out; **~greifen** *v/i.* (*irr., h.*): *fig. ~ über* (*acc.*) reach beyond; **~jagen** *v/t.* (*h.*) chase (*or* drive) out, expel; **~kommen** *v/i.* (*irr., sn*) come (*or* get) out; *fig.* → *hinauslaufen*; **~komplimentieren** *v/t.* (*h.*) bow out, ease out; **~laufen** *v/i.* (*irr., sn*) run (*or* rush) out; *fig. ~ auf* (*acc.*) come (*or* amount) to; *Am. a.* boil down to; *es läuft auf dasselbe* (*or eins*) *hinaus* it comes (*or* amounts) to the same thing; **~lehnen:** *sich ~* (*h.*) lean out; **~ragen** *v/i.* (*h.*): *~ über* (*acc.*) project beyond; *fig.* tower above, stand out from; **~reichen** *v/i.* (*h.*): *~ über* (*acc.*) reach (*or* stretch, extend) beyond; **~schaffen** *v/t.* (*h.*) take (*or* get) out, remove; **~schauen** *v/i.* (*h.*) look (*or* gaze) out; **~schicken** *v/t.* (*h.*) send out; **~schieben** *v/t.* (*irr., h.*) push (*or* shove) out; *fig.* postpone, defer, put off; delay; protract; **~schießen** *v/i.* (*irr., sn*) *fig.* overshoot (*über das Ziel* the mark); **~schleichen** *v/i.* (*irr., sn*) slink (*or* sneak, steal) out; **~sehen** *v/i.* (*irr., h.*) look (*or* glance) out; **~sein** *v/i.* (*irr., sn*) be out(side), have left; *fig.* über et. *~* be past (*or* beyond, above) a th.; → *hinaus*; **~setzen** *v/t.* (*h.*) put (*or* turn, chuck) *a p.* out; **~stellen** *v/t.* (*h.*) put out(side); *sports*: send *a player* off the field; **~stoßen** *v/t.* (*irr., h.*) push (*or* thrust) out; eject (*a. tech.*); **~stürzen** *v/i.* (*sn*) rush (*or* dash, bolt) out; **~treiben** *v/t.* (*irr., h.*) drive out; **~trompeten** *v/t.* (*h.*) clarion; **~wachsen** *v/i.* (*irr., sn*): *~ über* (*acc.*) outgrow; *fig. über j-n*: grow beyond, surpass *a p.*; *über sich selbst ~* surpass o.s., rise above o.s.; **~wagen:** *sich ~* (*h.*) venture out; **~werfen** *v/t.* (*irr., h.*) cast (*or* throw) out (*aus* of); *j-n*: turn (*or* throw, chuck, kick) *a p.* out; expel, eject; (give the) sack, boot out, *Am.* fire; *Geld zum Fenster ~* throw away, squander *money*; **~wollen** *v/i.* (*h.*) wish (*or* want) to get out (*aus* of); *fig. ~ auf* (*acc.*) aim (*or* drive) at; *wo will das hinaus?* what's the meaning of it?; *hoch ~* aim high, be ambitious; *zu hoch ~* aim (*or* aspire) too high; **~ziehen I.** *v/t.* (*irr., h.*) draw (*or* drag) out; protract, draw (*or* drag) out; *sich ~* drag along, be protracted; **II.** *v/i.* (*irr., sn*) march out; *aufs Land ~* move out into the country.

'**hin...: ~begeben:** *sich ~* (*irr., h.*) go there; **~bemühen** *v/t.* (*h.*) (*and sich*) trouble to go there; **~bestellen** *v/t.* (*h.*): *~ zu or nach* order (*or* tell, arrange for) *a p.* to go to (*or* appear at); **2blick** *m*: *im ~ auf* (*acc.*) with regard to, in regard to (*or* of), with a view to, in view of; in consideration of, considering; in the light of; **~blicken** *v/i.* (*h.*) look *or* glance (*zu* at, towards); *vor sich ~* gaze before o.s.; **~bringen** *v/t.* (*irr., h.*) bring (*or* take, carry) there (*or zu, nach* to); *j-n*: lead (*or* take, conduct) *a p.* there; accompany *a p.* there; spend, pass *time* (away), idle away, kill (*time*); dissipate (*fortune*); **~brüten** *v/i.* (*h.*): *vor sich ~* be brooding, be lost in thought; **~denken** *v/i.* (*irr., h.*): *wo denkst du hin?* what are you thinking of?

hinderlich ['hindərliç] *adj.* (*dat.*) hindering, impeding; obstructive (to); troublesome, cumbersome; embarrassing; inconvenient (to); *j-m ~ sein* be in a p.'s way.

'**hindern** *v/t.* (*h.*) hinder, hamper, handicap, impede (*bei, in dat.* in); *~ an* (*dat.*) prevent from; interfere with; block, obstruct (*traffic*).

'**Hindernis** *n* (-ses; -se) hindrance; obstacle, barrier (*both a. fig.*); *sports*: hurdle (*a. fig.*), obstacle, jump; impediment, handicap, check, snag; stumbling stone (*or* block); intervening circumstance; encumbrance; difficulty; *jur. gesetzliches ~* legal impediment, statutory bar (*zu* to); *ohne ~se* without a hitch; *auf ~se stoßen* run into obstacles; *j-m ~se in den Weg legen* put (*or* throw) obstacles into a p.'s way; **~bahn** *f* obstacle course; **~lauf** *m*, **~rennen** *n* steeplechase, obstacle race; **~läufer** *m* steeplechaser.

'**Hinderung** *f* (-; *-en*) hindrance, obstruction; interference; *ohne ~* without let or hindrance.

'**hindeuten** *v/i.* (*h.*): *~ auf* (*acc.*) point to (*or* at); *fig. person*: point to, suggest; hint at, intimate; *matter*: point to, indicate, suggest; be indicative (*or* suggestive) of.

Hindin ['hindin] *f* (-; *-nen*) hind.

'**hindrängen** *v/t.* (*h.*) push *or* press (*zu* to[wards]); *sich ~* crowd (*or* throng) (*zu* to[wards]).

Hindu ['hindu:] *m* (-[s]; -[s]) Hindu, Hindoo; **Hinduismus** [hindu'ismus] *m* (-) Hinduism.

hin'durch *adv.* through; throughout; across; *dort ~* through here (*or* there); *mitten ~* right (*or* straight) through; during, through(out) *a period*; *den ganzen Tag ~* all day (long); *die ganze Nacht ~* all night (long); *das ganze Jahr ~* all the year round, throughout the year; *in compounds* → *durch ...*

'**hin...:** **~dürfen** *v/i.* (*irr.*, *h.*) be allowed to go there; *darf ich hin?* may I go there?; **~eilen** *v/i.* (*sn*) hurry (*or* hasten) there, rush to the spot.

hinein [hi'naɪn] *adv.* in; *~ in* (*acc.*) into, in(side); *da* (*hier*) *~* in there (here); *bis* (*or mitten*) *~ in* (*acc.*) right into (the middle *or* heart of); *bis in den Mai ~* well (*or* right) into May; *nur ~!* just go in!; *~ mit dir!* in you go!; *in compounds usu. ...* in(to *in acc.*); **~arbeiten** *v/t.* (*h.*) work (*or* fit) in(to *in acc.*); *sich ~ in* (*acc.*) work one's way into; **~bauen** *v/t.* (*h.*) build in(to *in acc.*); **~bringen** *v/t.* (*irr.*, *h.*) take (*or* carry) in(to *in acc.*); **~denken:** *sich ~ in et.* (*h.*) go deeply into, dive into *a subject*; *in j-n*: try to understand, enter *a p.'s* ideas; **~drängen** *v/t.* (*h.*) push (*or* press) in(to *in acc.*); *sich ~* press in(to *in acc.*); shoulder one's way in, *Am. sl.* muscle in; **~fallen** *v/i.* (*irr.*, *sn*) fall (*or* tumble) in(to *in acc.*); **~finden:** *sich ~* (*irr.*, *h.*) *in* (*acc.*) find one's way into; familiarize o.s. with; get used to; **~gehen** *v/i.* (*irr.*, *sn*) go in(to *in acc.*); *in den Kanister gehen ... hinein* the container holds ...; *in den Saal gehen ... hinein* the hall accommodates (*or* seats) ... (*persons*); **~geraten** *v/i.* (*irr.*, *sn*): *in et. ~* get (o.s.) into a th.; **2grätschen** *n* (*-s*) *soccer*: sliding tackle; **~knien:** *sich ~* (*h.*) *in* (*acc.*) get down to *a th.*; **~lachen** *v/i.* (*h.*): *in sich ~* laugh to o.s.; **~lassen** *v/t.* (*irr.*, *h.*) let in(to *in acc.*); **~leben** *v/i.* (*h.*): *in den Tag ~* lead a happy-go-lucky life, take it easy; **~legen** *v/t.* (*h.*) put in(to *in acc.*, *a. fig.*), put inside; *colloq. fig.* → *hereinlegen*; **~lesen** *v/t.* (*irr.*, *h.*): *et. ~ in* (*acc.*) read a th. into; **~mischen:** *sich ~* (*h.*) → *einmischen*; **~ragen** *v/i.* (*h.*): *~ in et.* project into a th.; **~reden** *v/i.* (*h.*): *in et. ~* interfere (*or* meddle) with; → *Blau*; *sich in e-n Zorn ~* talk o.s. into a passion; **~reiten** *v/t.* (*irr.*, *h.*) *colloq. fig.* get *a p.* into a mess; **~stecken** *v/t.* (*h.*) put *or* slip in(to *in acc.*); *fig. Geld ~* put (*or* sink) money into, invest money in; **~stehlen:** *sich ~* (*h.*) steal (*or* sneak) in(to *in acc.*); **~steigern:** *sich ~* (*h.*) key o.s. up, get (all) worked up (*wegen* over); **~tun** *v/t.* (*irr.*, *h.*) put in(to *in acc.*); *e-n Blick ~ in* (*acc.*) glance into; **~wachsen** *v/i.* (*irr.*, *sn*): *in s-e Rolle ~* grow to one's part; **~wagen:** *sich ~* (*h.*) venture in; **~wollen** *v/i.* (*h.*) want to go in; **~ziehen** *v/t.* (*irr.*, *h.*) pull (*or* draw, drag) in(to *in acc.*); *fig. j-n ~ in* (*acc.*) bring (*or* drag) a p. into, implicate (*or* involve) a p. in; **~zwängen** *v/t.* (*h.*) squeeze (*or* force, press) in(to *in acc.*).

'**hin...:** **~fahren I.** *v/t.* (*irr.*, *h.*) drive (*or* carry, take) there (*or nach*, *zu* to); convey (to); **II.** *v/i.* (*irr.*, *sn*) drive *or* go (*nach*, *zu* to); *~ an* (*dat.*) drive (*mar.* sail) along; *~ über* (*acc.*) pass over; *fig. mit der Hand über et. ~* pass (*or* run) one's hand over a th.; pass away; *fahre hin!* farewell!; **2fahrt** *f* journey (*or* trip, *mar.* voyage) out *or* there, way there; *auf der ~* on the way there; (*Fahrkarte für*) *Hin- und Rückfahrt* there and back, return ticket, *Am.* round trip ticket; **~fallen** *v/i.* (*irr.*, *sn*) fall (down), have a fall, drop; **~fällig** *adj.* frail, decrepit; weak, infirm; futile, untenable; null and void; *~ machen* render invalid, invalidate, supersede; *damit wird dieser Punkt ~* this disposes of the matter; **2fälligkeit** *f* frailty, decrepitude; weakness, infirmity; *fig.* futility, weakness; **~finden** *v/i.* (*irr.*, *h.*) (*a. sich*) find one's way there *or* to a place; **2flug** *m* flight there, outgoing flight; **~'fort** *adv.* henceforth, from now on; **2fracht** *econ. f* outward freight; **~führen** *v/t. and v/i.* (*h.*) lead (*or* take) there (*or nach*, *zu* to); *fig. wo soll das ~?* where will this lead to?

hing [hiŋ] *pret. of hängen.*

'**hin...:** **2gabe** *f* (-) devotion (*an acc.* to), devotedness; sacrifice; **2gang** *fig. m* (-[e]s) decease, death; **~geben** *v/t.* (*irr.*, *h.*) give away; give up, relinquish, surrender (*dat.* to); abandon; sacrifice (*für* for); *sein Leben ~* lay down one's life (for); *sich ~* (*dat.*) give o.s. up (*or* devote o.s.) to, apply o.s. to; *woman*: give o.s. to (*a man*); indulge in, abandon o.s. to (*vice, etc.*); *sich Hoffnungen ~* cherish hopes; **~gebend** *adj.* devoted; **2gebung** *f* (-) → *Hingabe*; **~gebungsvoll** *adj.* devoted; **~'gegen** *adv.* however, on the contrary; on the other hand, whereas; **~gehen** *v/i.* (*irr.*, *sn*) go there (*or nach*, *zu* to); *fig. road*: lead there (*or nach*, *zu* to); *time*: pass, elapse; *über et. ~* pass over a th.; *~ lassen* let pass; overlook, close one's eyes to; **~gehören** *v/i.* (*h.*): *wo gehört das hin?* where does that go (*or* belong) to?; **~geraten** *v/i.* (*irr.*, *sn*): *wo ist er ~?* where has he got to?, what has become of him?; **~gerissen** *adj.* enchanted, enraptured, carried away, electrified; **~halten** *v/t.* (*irr.*, *h.*) hold out (*dat.* to), proffer, tender; *fig. j-n*: put off, jolly (*Am. sl.* stall) *a p.* along; keep *a p.* waiting (*or* in the air); *et.*: delay (*a th.*); **~haltend** *adj.* delaying (*a. mil.*); **~hängen** *v/t.* (*h.*) hang up (there); **~hauen** *colloq. v/t.* (*h.*) *fig.* do *a job* (in a slap-dash manner), knock off; *sich ~* hit the ground, turn in; *das haut hin!* that works!, *sl.* that does the trick!, that's the stuff!; **~hören** *v/i.* (*h.*) listen, prick one's ears.

hinken ['hiŋkən] *v/i.* (*h.*, *sn*) (walk with a) limp, go lame; hobble; *fig.* be imperfect (*or* unsatisfactory, clumsy); *verse, line*: halt; *der Vergleich hinkt* that's a lame (*or* poor) comparison; **2** *n* (*-s*) limp(ing); **~nd** *adj.* limping, lame; *fig.* lame (*proof, verse, etc.*).

'**hin...:** **~knien** *v/i.* (*h.*) kneel down; **~kommen** *v/i.* (*irr.*, *sn*) come (*or* get, arrive) there; *wo ist er (es) nur hingekommen?* where has he (it) got to?, what has become of him (it)?; *fig. wo kommen wir da hin?* what should we come to? **~langen I.** *v/t.* (*h.*) *j-m et. ~* hand a th. over to a p., reach a p. a th.; **II.** *v/i.* (*h.*): *~ nach* reach for; *~ (bis) zu* (*dat.*) reach, extend as far as; **~länglich** *adj.* sufficient; adequate; enough; **~lassen** *v/t.* (*irr.*, *h.*) allow to go (there); **~legen** *v/t.* (*h.*) lay *or* put down; *sich ~* lie down; **~leiten, ~lenken** *v/t.* (*h.*) (*nach*, *zu*) lead (*or* conduct, steer) to; direct (*or* draw, call) *attention* to; **~metzeln, ~morden** *v/t.* (*h.*) massacre, slaughter, butcher; **~nehmen** *v/t.* (*irr.*, *h.*) accept, take; *et. als selbstverständlich ~* take *a th. or it* for granted; put up with, submit to, suffer; **~neigen** *v/t.*, *v/i.*, *and sich* (*h.*) incline *or* lean (*zu* to[wards]); *fig. sich ~* tend *or* gravitate (*zu* towards).

hinnen ['hinən] *adv.*: *von ~* from hence, away; *von ~ gehen* depart this life.

'**hin...:** **~opfern** *v/t.* (*h.*) sacrifice; **~pflanzen** *v/t. and sich* (*h.*) plant *or* place (o.s.) there; **~raffen** *v/t.* (*h.*) *death*: carry (*or* snatch) away; **~reichen I.** *v/t.* (*h.*) reach (*or* stretch, hold) out *one's hand* (*j-m* to a p.); **II.** *v/i.* (*h.*) be sufficient, suffice, do; **~reichend I.** *adj.* sufficient; adequate; ample; **II.** *adv.* sufficiently, *etc.*; *a.* enough; **2reise** *f* journey (*mar.* voyage) there *or* out; *auf der ~* on the way there; **~reisen** *v/i.* (*sn*) travel (*or* go) there; **~reißen** *v/t.* (*irr.*, *h.*) carry (*or* sweep) off; *fig.* enrapture, thrill, ravish, fascinate, *Am. sl.* wow, send; *j-n zu et. ~* move (*or* drive) a p. to a th., make a p. do a th.; *sich ~ lassen von* (*dat.*) allow o.s. to be carried away by; give way (*or* surrender) to; *zu e-r Bemerkung*: be betrayed into *a remark*; *hingerissen sein* be ravished (*von* by), be in raptures (over); **~reißend** *adj.* enchanting, ravishing, thrilling, breath-taking; **~richten** *v/t.* (*h.*) execute, put to death; behead, decapitate; hang (by the neck); *auf dem elektrischen Stuhl*: electrocute; **2richtung** *f* execution; electrocution; **2richtungsbefehl** *m* death-warrant; **~schaffen** *v/t.* (*h.*) move (*or* transport, convey) there (*or nach*, *zu* to); **~scheiden** *v/i.* (*irr.*, *sn*) pass away, depart this life;

≈**scheiden** *n* decease, death; ~**schicken** *v/t.* (*h.*) send there (*or nach, zu* to); ~**schlachten** *v/t.* (*h.*) → *hinmetzeln*; ~**schlagen** *v/i.* (*irr., sn*) strike down (*auf acc.* on); fall down heavily (*or* full length); ~**schleppen** *v/t. and sich* (*h.*) drag (o.s.) along; *fig. negotiations, etc.*: drag on (*or* out); ~**schmeißen** *colloq. v/t.* (*irr., h.*) chuck (up); ~**schmieren** *v/t.* (*h.*) daub; scribble, scrawl; ~**schreiben** *v/t.* (*irr., h.*) write (*or* jot) down; ~**schwinden** *v/i.* (*irr., sn*) vanish *or* dwindle (away); ~**sehen** *v/i.* (*irr., h.*) (*nach, zu*) look (*or* glance) to(wards) *or* at; *ohne hinzusehen* without looking; ~**sein** *v/i.* (*irr., sn*) → *hin*; ~**setzen** *v/t.* (*h.*) set (*or* put) down; seat (*a p.*); *sich* ~ sit down, take a seat; ≈**sicht** *f*: *in anderer* ~ in other respects; *in dieser* ~ in this regard (*or* respect), on that score; *in gewisser* ~ in a way (*or* sense); *in jeder* ~ in every respect, throughout, to all intents and purposes; *in politischer* ~ politically; *in* ~ *auf* (*acc.*) → ~**sichtlich** *adv.* with regard (*or* reference) to; in respect of, in regard of (*or* to); with a view to; concerning, regarding; relating to; as to; ~**siechen** *v/i.* (*h.*) waste away; pine away; ~**sinken** *v/i.* (*irr., sn*) sink down; swoon (*or* faint) away; *tot* ~ drop (down) dead; ~**sprechen** *v/t.* (*irr., h.*): (*nur so*) ~ say lightly; *vor sich* ~ talk to o.s.; ~**stellen** *v/t.* (*h.*) place somewhere; put down; *colloq.* raise (*a building*); *sich* ~ *vor* (*acc.*) stand (*or* plant o.s.) before; *fig.* et. ~ *als* represent (*or* picture, describe) as, make out to be; *sich* ~ *als* pose as; ~**sterben** *v/i.* (*irr., sn*) die away; ~**streben** *v/i.* (*h.*): ~ *nach* (*dat.*) strive for *or* after; *phys.* (*and fig.*) tend *or* gravitate towards; ~**strecken** *v/t.* (*h.*) stretch *or* hold out *one's hand* (*dat.* to); *j-n*: fell, knock down *a p.*; *sich* ~ lie down (full length), stretch o.s. out (*auf* on); ~**strömen** *v/i.* (*sn*) flock (*or* throng, stream) there; ~**stürzen** *v/i.* (*sn*) fall, tumble down; ~ *nach or zu* (*dat.*) rush to.

hintan|setzen [hint'ˀan-] *v/t.* (*h.*), ~**stellen** *v/t.* (*h.*) set aside; neglect, slight; disregard, ignore; ≈**setzung** [-zɛtsuŋ] *f* (-), ≈**stellung** *f* slight (-ing), neglect, disregard; *mit* (*or unter*) ~ (*gen.*) without regard to, disregarding, regardless of.

hinten ['hintən] *adv.* behind, at the back; in the background; in the rear, rearmost, (quite) at the end; *nach* ~ backward(s), to the back (*or* rear), *mar.* aft, astern; *nach* ~ *gelegenes Zimmer* back room; *von* ~ from behind, from the rear; *von* ~ *angreifen* attack from behind (*or* in the rear); *von weit* ~ (from) far back; ~ *anfügen* add (*or* append, annex); ~ *ausschlagen horse*: kick, lash out, *fig.* kick up one's heels; *sich* ~ *anstellen* join on to a queue, queue up; ~ *und vorn fig.* everywhere; *lieber Karl* ~, *lieber Karl vorn* Charlie here, Charlie there, Charlie everywhere; ~**an** *adv.* behind, in the rear, at the back; ~**herum** *adv.* from behind (*or* the rear); *fig.* secretly, on the quiet (*sl.* on the q.t.); et. ~ *besorgen* wangle a th.; ~**nach** → *hintenan*; ~**über** *adv.* backward(s), upside down.

hinter ['hintər] *prp.* behind, (at the) back of; after; ~*es Ende* rear end; ~ *meinem Rücken* behind my back; ~ *mir* (*mich*) behind me; ~ *ihm* (*sich*) behind him; ~ *dem Hügel hervor* from behind the hill; ~ *et. or j-m hersein* be (*or* run) after, pursue *a th. or p.*; ~ et. *stecken* be at the bottom of a th.; ~ *e-r Sache stehen* back (*or* support) a th.; et. ~ *sich bringen* get a th. over, get through with a th.; cover (*a distance*); et. ~ *sich haben* be through a th.; *das Schlimmste haben wir* ~ *uns* we are out of the woods now, we have broken the back of it; *j-n or et.* ~ *sich haben* have *a p. or th.* at one's back, be backed by; *j-n or et.* ~ *sich lassen* leave *a p. or th.* behind, *running*: *a.* outdistance; *sich* ~ *die Arbeit machen* buckle down to work; *sich* ~ et. *machen* get down to a th., tackle a th.

'**Hinter...:** ~**achs-antrieb** *mot. m* rear-axle drive; ~**achse** *f* rear axle; ~**ansicht** *f* back-view; ~**asien** *n* Farther Asia; ~**backe** *f* buttock; ~**bänkler** [-bɛŋklər] *colloq. parl. m* (-s; -) back-bencher; ~**bein** *n* hind leg; *sich auf die* ~*e stellen* stand on one's hindlegs (*a. fig.*); *horse*: *a.* rear up; ~**bliebene(r** *m*) [-'bli:bənə(r)] *f* (-n, -n; -en, -en) survivor, (surviving) dependent; *the* bereaved; ~'**bliebenenfürsorge** *f* dependents relief; ~'**bliebenenversicherung** *f* survivor's insurance; ~**bohren** *tech. n* back drilling; ≈'**bringen** *v/t.* (*irr., h.*): *j-m* et. ~ (secretly) inform a p. of a th.; tell a p. a th. (confidentially); ~'**bringer(in** *f*) *m* (-s, -; -, -*nen*) informer, tell-tale; ~'**bringung** *f* (-; -*en*) information, communication, denouncing; ~**deck** *mar. n* quarter-deck, poop; ~**drehbank** *tech. f* backing-off lathe; ≈'**drein** [-'draın] → *hinterher*.

'**hintere** *adj.* rear, back, posterior; (of) behind, in the rear, at the back; *die* ~*n Bänke* the back benches; *am* ~*n Ende* at the far end; ≈(**r**) *colloq. m* (-[e]n; -[e]n) posterior, backside, behind, bottom, bum.

hinter-ein'ander *adv.* one after the other, one by one; in succession (*or* series), successively; *drei Tage* ~ three days running (*or* at a stretch, in a row); *fünfmal* ~ five times running; *et.* ~ *tun* do in turns, take turns in *ger.*; *dicht* ~ close together, on top of each other; ~ *gehen* go in single (*Am.* Indian) file; ~ *hereinkommen* file in; *tech.* ~ *angeordnet* in tandem arrangement; *el.* ~ *schalten* connect in series; ≈**schaltung** *el. f* series connection.

'**Hinter...:** ~**flügel** *arch. m* back wing; ~**fuß** *m* hind foot; ~**gabel** *f motorcycle*: back fork; ~**gebäude** *n* back building (*or* premises *pl.*); ~**gedanke** *m* (mental) reservation; ulterior motive; arrière pensée (*Fr.*); *ohne* ~*n* without reserve, guilelessly; *das war wohl sein* ~ that may have been at the back of his mind; ≈'**gehen** *v/t.* (*irr., h.*) deceive, impose (up)on, cheat, dupe, *Am. sl.* doublecross; ~'**gehung** [-'ge:uŋ] *f* (-; -*en*) deception; ~**grund** *m* background (*a. paint and fig.*); rear; *thea.* backscene, backdrops *pl.*; *sich im* ~ *halten* keep in the background; *in den* ~ *drängen* thrust into the background; *in den* ~ *treten* recede into the background, stand back; ≈**gründig** ['-gryndiç] *fig. adj.* enigmatical, cryptic, profound; subtle, sly; ~**halt** *m* ambush; trap; *aus dem* ~ *überfallen* ambush; *im* ~ *liegen* lie in ambush; *sich in den* ~ *legen* lie down in ambush; *fig.* **et.** *im* ~ *haben* have a th. in reserve (*or* up one's sleeve); *ohne* ~ without reserve, unreservedly, candidly; ≈**hältig** ['-hɛltiç] *adj.* perfidious, sneaking, sneaky, underhand; → *hinterlistig*; ~**hand** *f* hind quarter (*of horse*); *cards*: youngest hand; ~**hang** *m* reverse (*or* back) slope (*of hill*); ~**haupt** *n* back of the head, occiput; ~**haus** *n* back of the house, back house (*or* premises *pl.*); ~**hauswohnung** *f* rear flat.

hinter'her *adv.* behind, in the rear; after; afterwards, subsequently; when it is (*or* was) too late, with hind-sight; ~**gehen** *v/i.* (*irr., sn*) walk behind; follow (in the rear); ~**kommen** *v/i.* (*irr., sn*) follow (behind), bring up the rear; ~**laufen** *v/i.* (*irr., sn*) run behind; *hinter j-m herlaufen* run after a p.

'**Hinter...:** ~**hof** *m* backyard; ~**indien** *n* Farther India, *w.s.* Indo-China; ~**keule** *f* hind leg; ~**kopf** *m* → *Hinterhaupt*; ~**lader** ['-la:dər] *mil. m* (-s; -) breech-loader; ~**lager** *tech. n* rear bearing; ~**land** *n* (-[e]s) hinterland, interior of a country; *esp. Am.* back country; ≈'**lassen I.** *v/t.* (*irr., h.*) leave (behind); *testator*: *j-m* et. ~ leave (*or* bequeath) a th. to a p.; *Nachricht* ~ leave word *or* a message; *er hinterließ kein Testament* he left no will behind (him), *jur.* he died intestate; **II.** *adj.* posthumous (*works*); ~'**lassenschaft** *f* (-; -*en*) property (left), estate; ≈**lastig** *adj. aer.* tail-heavy, *mar.* stern-heavy; ~**lauf** *hunt. m* hind leg; ≈'**legen** *v/t.* (*h.*) deposit, lodge (*bei* with); give in trust; *als Sicherheit* ~ deposit (*or* lodge) as security; *hinterlegte Gelder* deposits; ~'**leger** *m* (-s; -) depositor; ~'**legung** *f* (-) depositing, deposition; deposit; ~**legungsgelder** [-'le:guŋsgɛldər] *n/pl.* deposit funds, deposits; ~'**legungsschein** *m* certificate of deposit; ~**leib** *zo. m* hind quarters *pl.*; *anat.* abdomen; ~**list** *f* artifice, stratagem, ruse, trick, dodge; trap, snare; cunning, craftiness; insidiousness, treachery; falseness; ≈**listig** *adj.* artful, cunning, wily; underhand; insidious, perfidious; deceitful; false; ~**mann** *m mil.* rear-rank man; *mar.* ship next astern; *fig. econ.* subsequent endorser; *pol.* backer; wire-puller; instigator; ~**mannschaft** *f sports* defen|ce, *Am.* -se; ≈**mauern** *arch. v/t.* (*h.*) back; ~**n** *m* (-s; -) → *Hintere*; ~**pförtchen** *n* back-door (*a. fig.*); ~**pforte** *f* back gate; ~**pom-**

mern *n* Farther Pomerania; ~**rad** *n* back (*or* rear) wheel; ~**rad-achse** *f* rear axle; ~**radantrieb** *m* rear wheel drive, rear-axle drive; ~**rad-bremse** *f* rear wheel brake; ~**rad-reifen** *m* back tyre (*Am.* tire); ~**radschwinge** *f* rear wheel suspension; ♀**rücks** [ˈ-ryks] *adv.* from behind, from the back; *fig.* treacherously; → *heimtückisch*; ~**schiff** *mar. n* stern; ~**schliff** *tech. m* relief grinding; ♀**schlingen** *v/t.* (*irr.*, *h.*) gobble off, bolt; ♀**schlucken** *v/t.* (*h.*) swallow, gulp down; ~**seite** *f* hind part, back; rear; ~**sitz** *m* back seat; ♀**st** *adj.* hindmost; last; *das* ~*e Ende* the tail end; ♀**stechen** *tech. v/t.* (*irr.*, *h.*) recess; ~**steven** *mar. m* stern-post; ~**stück** *n* hind piece; ~**teil** *n* hind (*or* back) part; rear; *mar.* stern; backside, posterior, behind, bottom; ~**treffen** *n* rear(guard), reserve; *sports*: rear; *im* ~ *sein* be at a disadvantage; *ins* ~ *geraten or kommen* get the worst of it, go to the wall, lag behind, take a back seat, *running*: fall (*or* lag) behind, drop back, tail off; ♀ˈ**treiben** *v/t.* (*irr.*, *h.*) prevent, hinder; frustrate, thwart, obstruct, *pol. a.* torpedo; counteract; ~ˈ**treibung** *f* (-) hindrance, prevention; frustration, obstruction; ~**treppe** *f* back stairs *pl.*; ~**treppenpolitik** *f* backstair(s) politics; ~**treppen-roman** *m* shilling shocker, penny dreadful, *Am.* dime novel; ~**tupfingen** [ˈ-tupfiŋən] *colloq. n* (-s) Podunk; ~**tür** *f* back-door; *fig. a.* loop-hole, escape, outlet; *sich ein* ~*chen offenhalten* keep a backdoor open; ~**wäldler** [ˈ-vɛltlər] *m* (-s; -) backwoodsman, *Am. a.* hillbilly, hick; ~**wärts** [ˈ-vɛrts] *adv.* backward(s); ♀ˈ**ziehen** *jur. v/t.* (*irr.*, *h.*) defraud, evade (*taxes*); ~ˈ**ziehung** *f* defraudation (*of the revenues*), (*tax*) evasion; ~**zimmer** *n* backroom.

ˈ**hin...:** ~**tragen** *v/t.* (*irr.*, *h.*) carry (*or* take) there *or* to a place; ~**träumen** *v/i.* (*h.*): *vor sich* ~ be musing, be lost in reverie, be daydreaming; ~**treten** *v/i.* (*irr.*, *sn*): *vor j-n* ~ (take one's) stand before a p.; *treten Sie dorthin!* stand over there!; ~**tun** *v/t.* (*irr.*, *h.*) place (*or* put) somewhere; *wo soll ich es* ~*?* where shall I put it?; *colloq. ich weiß nicht, wo ich ihn* ~ *soll* I can't place him.

hinüber [hiˈnyːbər] *adv.* over, over there; to the other side; *quer* ~ across; *über* ... ~ over, across; *fig. colloq. food*: spoilt; *object*: gone, broken, no longer of use; *er ist* ~ he is dead, it's all over with him; ~**blicken** *v/i.* (*h.*) look over *or* across (*zu dat.* to); ~**bringen** *v/t.* (*irr.*, *h.*) take over *or* across; ~**fahren I.** *v/t.* (*irr.*, *h.*) *j-n*: drive (*or* run, take) *a p.* over *or* across; *et.*: convey (*or* transport), carry *a th.* over; **II.** *v/i.* (*irr.*, *sn*) pass to the other side, cross; ~**gehen** *v/i.* (*irr.*, *sn*) go over, walk across; ~ *über* (*acc.*) cross; *fig.* pass away; ~**kommen** *v/i.* (*irr.*, *sn*) get over *or* across; ~**lassen** *v/t.* (*irr.*, *h.*) allow to (*or* let) go over; ~**reichen I.** *v/t.* (*h.*) pass *or* hand over *or* across; **II.** *v/i.* (*h.*) reach *or* extend across; ~**schwimmen** *v/i.* (*irr.*, *sn*) swim across, swim over (*zu* to); ~**springen** *v/i.* (*irr.*, *sn*) jump (*über e-n Zaun* a fence), leap over; ~**tragen** *v/t.* (*irr.*, *h.*) carry over *or* across (*zu* to); ~**wechseln** *v/i.* (*h.*) shift (*or* switch) over, go over (*zu* to); ~**werfen** *v/t.* (*irr.*, *h.*) throw (*or* fling) across; ~**ziehen I.** *v/t.* (*irr.*, *h.*) draw (*or* pull, drag) across *or* over; **II.** *v/i.* (*irr.*, *sn*) move (*or* march) across *or* over.

hinunter [hiˈnuntər] *adv.* down (there), downward(s); *den Hügel* ~ down the hill, downhill; *die Treppe* ~ down the stairs, downstairs; *den Fluß* ~ down the river, downstream; *die Straße* ~ down the street; ~ *mit ihm!* down with him!; *da* ~, *dort* ~ down there, down that way; *in compounds usu.* ... down; ~**blicken** *v/i.* (*h.*), ~**schauen** *v/i.* (*h.*), ~**sehen** *v/i.* (*irr.*, *h.*) look (*or* glance) down (*auf acc.* upon); ~**fahren** *v/i.* (*irr.*, *sn*) drive (*or* ride, go) down; *schnell* ~ rush (*or* race, fly) down; ~**fallen** *v/i.* (*irr.*, *sn*) fall (*or* tumble) down; crash down; ~**führen I.** *v/t.* (*h.*) lead (*or* take) down; **II.** *v/i.* (*h.*) *path, stairs*: lead (*or* run) down (*nach, zu* to); ~**gehen** *v/i.* (*irr.*, *sn*) go (*or* walk) down; ~**gießen** *v/t.* (*irr.*, *h.*) pour down; gulp (down) (*drink*); ~**helfen** *v/i.* (*irr.*, *h.*) help *a p.* down; ~**lassen** *v/t.* (*irr.*, *h.*) let down, lower; ~**reichen I.** *v/t.* (*h.*) hand down; **II.** *v/i.* (*h.*): ~ (*bis*) *auf or zu* reach down to; ~**schlingen** *v/t.* (*irr.*, *h.*), ~**schlucken** *v/t.* (*h.*) → *hinterschlingen*; ~**spülen** *v/t.* (*h.*) wash down; ~**stürzen I.** *v/t.* (*h.*) gulp (down), toss off (*drink*); **II.** *v/i.* (*sn*) fall (*or* tumble, crash) down; ~**werfen** *v/t.* (*irr.*, *h.*) throw down; *j-n die Treppe* ~ kick a p. downstairs; ~**würgen** *v/t.* (*h.*) choke down; ~**ziehen I.** *v/t.* (*irr.*, *h.*) pull (*or* drag) down; *sich* ~ *bis an or zu* reach as far as, extend to; **II.** *v/i.* (*irr.*, *sn*) march (*or* troop) down (*nach, zu* to).

ˈ**hinwagen:** *sich* ~ (*h.*) venture to *or* near a place.

Hinweg [ˈ-veːk] *m*: *auf dem* ~ on the way there *or* out.

hinweg [-ˈvɛk] *adv.* away, off; ~ (*mit euch*)! get away!, be off!, begone!; ~**bringen** *v/t.* (*irr.*, *h.*): *j-n über et.* ~ help a p. to get over a th.; *dies wird uns über die kritische Zeit* ~ this will see us through (*or* tide us over) the critical period; ~**führen** *v/t.* (*h.*) lead (*or* march, walk) off; ~**gehen** *v/i.* (*irr.*, *sn*) go away; *fig. über et.* ~ pass lightly over a th.; laugh (shrug) a th. off; skip a th.; ignore (*or* overlook) a th.; ~**helfen** *v/i.* (*irr.*, *h.*): ~ *über* (*acc.*) help over; *fig.* → *hinwegbringen*; ~**kommen** *v/i* (*irr.*, *sn*): ~ *über* get over (*a. fig.*); ~**raffen** *v/t.* (*h.*) snatch away; ~**sehen** *v/i.* (*irr.*, *h.*): ~ *über* (*acc.*) see over, look over; *fig.* overlook, shut one's eyes to; ~**sein** *v/i.* (*irr.*, *sn*): ~ *über* (*acc.*) be beyond *or* past *or* over; ~**setzen**: *sich über* (*acc.*) make light of, brush aside, disregard, dismiss, ignore; override *a rule, an objection, etc.*; *lachend* (*gleichgültig*): laugh (shrug) *a th.* off; ~**täuschen** *v/t.* (*h*).: *über die Tatsache or darüber* ~ obscure the fact (*that*), *j-n*: blind *a p.* to a fact, delude *a p.* as to.

ˈ**hin...:** ♀**weis** [ˈ-vaɪs] *m* (-es; -e; *auf acc.*) reference (to); hint (at), allusion (to); advice, instruction; pointer; indication (of), index (to); notice; remark, comment; *unter* ~ *auf* in reference to, referring to; ~**weisen I.** *v/t.* (*irr.*, *h.*) *j-n* ~ *auf* (*acc.*) refer *a p.* to, draw (*or* call) *a p.'s* attention to; **II.** *v/i.* (*irr.*, *h.*): ~ *auf* (*acc.*) point at *or* to, indicate; *fig.* point out, indicate; hint at, allude to; refer to; *darauf* ~, *daß* point out that; stress (emphasize) that; ~**weisend** *gr. adj.*: ~*es Fürwort* demonstrative pronoun; ♀**weisung** *f* → *Hinweis*; ♀**weiszeichen** *n traffic*: directional sign; ~**wenden** *v/t. and sich* (*irr.*, *h.*) turn (*zu* to); ~**werfen** *v/t.* (*irr.*, *h.*) throw (*or* fling) down; *fig.* drop *a remark* (casually); dash off *a sketch, etc.*, with a few strokes; jot down, dash off (*a letter, etc.*); (*abandon*) chuck (up); *hingeworfene Bemerkung* casual (*or* stray) remark; ~ˈ**wiederum** *adv.* **1.** again, once more; **2.** on the other hand; **3.** in return; ~**wirken** *v/i.* (*h.*): ~ *auf* (*acc.*) work towards, use one's influence to *inf.*; ~**wollen** *v/i.* (*h.*) want to go (there).

Hinz [hints] *m*: ~ *und Kunz* Tom, Dick and Harry.

ˈ**hin...:** ~**zählen** *v/t.* (*h.*) count out (*or* down); ~**zeigen** *v/i.* (*h.*) → *hinweisen*; ~**ziehen I.** *v/t.* (*irr.*, *h.*) draw *or* pull (*zu* to[wards]); *fig.* draw *or* drag out, protract; *sich hingezogen fühlen* feel *or* be attracted (*zu* by), be drawn (to); *sich* ~ **a)** extend (*or* stretch, spread) (*bis* to, *entlang* along), **b)** stretch away, **c)** drag on; **II.** *v/i.* (*irr.*, *sn*) go (*or* march) away; ~ *nach* march (*or* move) to(wards); move to (*new dwelling*); ~**zielen** *v/i.* (*h.*): ~ *auf* (*acc.*) aim at, *fig. a.* have in view, be out for; *matter*: tend to, be directed to.

hinˈzu *adv.* **1.** to the spot, near; there; **2.** in addition, moreover, besides; **3.** into the bargain; *in compounds* to(wards), near, close (to), up, to the place; in addition, besides; ~**bekommen** *v/t.* (*irr.*, *h.*) get (*or* receive) in addition *or* besides; ~**denken** *v/t.* (*irr.*, *h.*) add in thought *or* one's mind; guess; ~**fügen** *v/t.* (*h.*) add; enclose, attach; append, annex; ♀**fügung** *f* addition (*zu* to); ~**gesellen:** *sich* ~ (*h.*) join; ~**kommen** *v/i.* (*irr.*, *sn*) come up (to); come unawares, drop in; *med. complications*: supervene; *es kamen noch zehn Personen hinzu* they were joined by ten more persons; *es kommt noch hinzu, daß* add to this that, what is more; ~**kommend** *adj.* additional, further; ~**nehmen** *v/t.* (*irr.*, *h.*), ~**rechnen** *v/t.* (*h.*) add (*zu* to), include (in *or* among); ~**setzen** *v/t.* (*h.*) add (*zu* to); ~**treten** *v/i.* (*irr.*, *sn*) → *hinzukommen*; join; be added (*zu* to); ~**wählen** *v/t.* (*h.*) elect in addition, coopt; ~**zählen** *v/t.* (*h.*) add (*zu* to), reckon *or* count (in, with); **~ziehen** *v/t.* (*irr.*, *h.*) call in, consult (*doctor, etc.*); **2ziehung** *f* calling-in, consultation; inclusion.

Hiob ['hi:ɔp] *m* (-s) Job.

'**Hiobs...: ~bote** *m* bearer of bad news; **~botschaft, ~post** *f* bad news; **~geduld** *f* patience of Job.

Hippe ['hipə] *f* (-; -n) *agr.* bill(hook), pruningknife; scythe (*a. fig.*: of death); wafer.

Hippodrom [hipo'dro:m] *n* (-s; -e) hippodrome.

hippokratisch [-'krɑ:tiʃ] *adj.* Hippocratic.

Hirn [hirn] *n* (-[e]s; -e) brain; *a. fig.* brains *pl.*; *fig.* mind; → *Gehirn*; *in compounds* cerebral ...

'**Hirn|anhang** *m* hypophysis; pituitary gland; **~fläche** *tech. f* cross-cut end; **~gespinst** *n* chimera, phantasm, phantom; fancy, crotchet; wild notion; **~haut** *f* meninx, *usu.* meninges *pl.*; **~haut-entzündung** *f* meningitis; **~holz** *tech. n* cross-cut wood; **2los** *adj.* brainless, chicken-brained; **~rinde** *f* cerebral cortex; **~säge** *tech. f* cross-cut saw; **~schädel** *m*, **~schale** *f* brain-pan, skull, cranium; **~schlag** *m* (fit of) apoplexy; **~stamm** *m* brain stem; **2verbrannt** *adj.* insensate, foolish; crazy, mad, cracked.

Hirsch [hirʃ] *m* (-es; -e) stag, hart, *w.s.* (red) deer; *cul.* venison (...); '**~bock** *m* stag, buck; '**~brunft** *f* rut of stags; '**~dorn** *bot. m* buckthorn; '**~fänger** *m* hunting-knife, bowie knife; '**~geweih** *n* (stag's) antlers *pl.*; '**~horn** *n* (-[e]s) hartshorn; '**~hornsalz** *chem. n* hartshorn salt, carbonate of ammonia; '**~jagd** *f* stag-hunt(ing); '**~käfer** *m* stag-beetle; '**~kalb** *n* fawn, calf of deer; '**~keule** *f* haunch of venison; '**~kuh** *f* hind; '**~leder** *n* buckskin; '**2ledern** *adj.* (of) buckskin; '**~talg** *m* suet of deer; '**~ziemer** *m* saddle of venison.

Hirse ['hirzə] *f* (-) millet; **~brei** *m* millet gruel; **~fieber** *n* miliary fever; **~korn** *n* (-[e]s; ¨er) millet-seed; *med.* milium, stye; **~mehl** *n* millet-flour.

Hirt [hirt] *m* (-en; -en) herdsman; *a. fig.* shepherd; *eccl.* der Gute ~e the Good Shepherd.

'**Hirten...: ~amt** *eccl. n* pastorate; **~brief** *eccl. m* pastoral (letter); **~flöte** *f* shepherd's pipe; **~gedicht** *n* pastoral (poem), bucolic poem; **~junge, ~knabe** *m* shepherd boy; **~lied** *n* pastoral song; **2los** *adj.* sheperdless; **~mädchen** *n* (young) shepherdess; **~spiel** *n* pastoral play; **~stab** *m* shepherd's staff; *eccl.* crosier; **~tasche** *f* shepherd's pouch (*or* purse, *a. bot.*); **~volk** *n* pastoral tribe *or* people.

'**Hirtin** *f* shepherdess.

His [his] *mus. n* (-; -) B sharp.

hissen ['hisən] *v/t.* (*h.*) hoist (up), raise.

hist! [hist] *int. to horse*: wo-hi!, left!

Histor|ie [hi'sto:riə] *f* (-; -n) (history; **~ienmaler** *m* history painter; **~iker** *m* historian; **2isch I.** *adj.* historical; (*important*) historic; **II.** *adv.* historically; in the light of history.

Hitz|ausschlag ['hits-] *med. m* heat-rash; **~bläs-chen** *n*, **~blatter** *f* (-; -n) (heat-)pimple; pustule; → *Hitzpickel*; **~draht** *tech. m* hot (*or* heated) wire.

'**Hitze** *f* (-) heat (*a. tech.*), hot weather; *drückende* ~ oppressive (*or* sweltering) heat; *med. fliegende* ~ hot-fit; ~ *ausstrahlen* radiate heat; *fig.* heat (of passion), passion, ardo(u)r, fervo(u)r; rage, fury; *in ~ geraten* fire (*or* flare) up, fly into a passion, *Am. sl.* get hot under the collar; *in der ~ des Gefechtes* (*der Debatte*) in the heat of the moment (debate); **2beständig** *adj.* heat-resistant (*or* -proof), thermostable; **~beständigkeit** *f* heat resistance; **~einheit** *f* heat unit; **2empfindlich** *adj.* sensitive to heat; **~grad** *m* degree (*or* intensity) of heat; **~(grad)messer** *m* pyrometer; **~härten** *tech. n* thermosetting; **~welle** *f* heat wave, hot spell.

'**hitzig I.** *adj. fig. med.* acute, high (*fever*); *person*: hot-headed, hot-tempered; hasty, rash; hot-blooded, passionate, fiery; violent, vehement; choleric, irascible; heated (*debate*); hot (*fight, etc.*); ~ *werden* fire up, fly into a passion, *debate*: grow heated; *nicht so ~!* gentle!, hold your horses!, take it easy!; **II.** *adv.* heatedly, hotly, passionately.

'**Hitz...: ~kopf** *m* hothead, hotspur; **2köpfig** ['-kœpfiç] *adj.* hot-headed; **~pickel** *m/pl.*, **~pocken** *f/pl.* heat-rash, prickly heat; **~schlag** *m* heat-stroke, heat-prostration.

hm! [hm] *int.* hm!, ahem!

h-Moll ['hɑ:mɔl] *mus. n* (-) b minor.

hob [ho:p] *pret. of heben.*

Hobel ['ho:bəl] *m* (-s; -) *tech.* plane; *bookbinding*: plough knife; *typ.* shootboard; **~bank** *f* (-; ¨e) carpenter's (*or* joiner's) bench; **~eisen** *n* plane-iron; **~maschine** *f* planing machine; **~messer** *n* plane-iron, cutter; **2n** *v/t.* (*h.*) plane; shape; surface; *fig.* polish, refine; **~späne** ['-ʃpɛ:nə] *m/pl.* (wood) shavings, chippings; *of steel*: facings; **~werk** *n* planing mill.

Hoboe [ho'bo:ə] *mus. f* (-; -n) hautboy, oboe; **~bläser, Hoboist** [-bo'ist] *m* (-en; -en) hautboyist, oboist.

hoch [ho:x] **I.** *adj.* high; → *höher, höchst*; tall; elevated; *6 Fuß ~ sein* be 6 feet high *or* in height, *snow*: be 6 feet deep; *fig.* high; noble, lofty, sublime; great, important; *hoher Adel* nobility, *Brit. a.* peerage; *hohes Alter* great (*or* old, advanced) age; *hohe Ehre* great hono(u)r; *hohe Geburt* high birth; *hohe Geldstrafe* heavy fine; *hohes Gericht* **a)** high court, **b)** *address*: Your Lordship (*Am.* Your Honor), Members of the Jury!; *parl. Hohes Haus* the House; *hoher Norden* far North; *hoher Offizier, etc.* high (-ranking) officer, *etc.*; *hohe Politik* high politics; *hoher Preis* high price; *hoher Sinn* lofty mind; *hohe See* the high seas *pl.*, open sea; *hohes Spiel* high playing; *hohe Strafe* severe punishment; *bei hoher Strafe* under a heavy penalty; *colloq. hohes Tier* *sl.* big shot; *mus. hoher Ton* high tone *or* note; → *Ansehen, Bogen, Kante*; *ein hohes Lied singen auf* (*acc.*) sing the praises of; → *Meinung*; *hohe Zinsen tragen* bear large (*or* heavy) interest; *in hoher Blüte stehen* enjoy great prosperity, be flourishing; *in hohem Maße* highly, largely, in a high degree; *in hoher Fahrt* at full speed; **II.** *adv.* highly; ~ *emporragend* towering; *drei Mann* ~ three men deep, three of them; *math.* 4 ~ 5 four to the fifth (power); → *anrechnen*; ~ *und heilig geloben* promise solemnly; ~ *und heilig schwören* swear by all that is holy; ~ *gewinnen* win high (*or* by a wide margin); ~ *verlieren* suffer a crushing defeat, get trounced; ~ *spielen* play (at) high (stakes); ~ *im Preise stehen* stand at a high figure; ~ *verehren* hono(u)r *or* esteem highly; ~ *zu stehen kommen* cost dear, come expensive; *den Kopf ~ tragen* hold one's head high; *die Nase ~ tragen* stick up one's nose, be stuck-up (*or Am.* high-hat); *zwei Treppen ~ wohnen* live on the second floor; *zu ~ bemessen* calculate at too high a figure; *mus. zu ~ gestimmt* tuned (*or* pitched) too high; *zu ~ einschätzen* overestimate, overrate; *zu ~ singen* sing sharp; *das ist mir zu ~* that's beyond me *or* my reach; *s-e Rede war zu ~ für sie* he was talking over their heads; *die See ging ~* the sea was high; *der Vorhang ist ~* the curtain is up; *es ging ~ her* it was quite an affair (*or* party), things were pretty lively; *wenn es ~ kommt* at the most (*or* highest), at best; *wie ~ möchten Sie gehen?* to what price would you like to go?; *Hände ~!* hands up!; → *Kopf*; ~ *lebe die Königin!* long live the Queen!

Hoch *n* cheer, hurrah; toast; *meteor.* high(-pressure area), anticyclone; *ein ~ auf j-n ausbringen* cheer a p.; *ein dreifaches ~ für* three cheers for; *2 und niedrig* high and low.

'**hoch...: ~achtbar** *adj.* most respectable *or* hono(u)rable; **~achten** *v/t.* (*h.*) esteem highly, respect deeply; **2achtung** *f* (high) esteem, (deep) respect; reverence; admiration; *bei aller ~ vor* (*dat.*) with all respect to; *j-m ~ zollen* pay respect (*or* homage, tribute) to; *in letter*: *mit vorzüglicher ~* Very respectfully yours, *esp. Am.* Yours very truly; **~achtungsvoll I.** *adj.* (most) respectful, deferential; **II.** *adv. a.* with the greatest respect; *in letters*: Yours respectfully, *esp. econ.* Yours faithfully (*or* sincerely), *esp. Am.* Yours truly; **2altar** *m* high altar; **2amt** *eccl. n* high mass; **~angesehen** *adj.* → *hochgeachtet*; **~ansehnlich** *adj.* most hono(u)rable; **2antenne** *f* elevated *or* overhead *or* outdoor aerial (*Am.* antenna); **~aufgeschossen** *adj.* lanky; **2aufnahme** *phot. f* upright picture; **2aufschlag** *m tennis*: overhand service; **2bahn** *f* overhead (*or* high-level) railway, *Am.* elevated railroad (*abbr.* El); **2bau** *m* (-[e]s; -ten) surface (*or* structural) engineering; *el.* overhead-line construction; *Hoch- und Tiefbau* structural and civil engineering; **≈bau-amt** *n* Building Surveyor's Office; **~begabt** *adj.* highly gifted (*or* talented), with high endowment; **≈behälter** *m* overhead bin, high-level (*or* gravity) tank; **~beinig** [ˈ-baɪniç] *adj.* long-legged; **~bejahrt** *adj.* advanced in years, aged; **~berühmt** *adj.* highly renowned, very famous, celebrated; **~betagt** *adj.* → *hochbejahrt*; **≈betrieb** *m* (-[e]s) intense (*or* feverish) activity, rush, bustle; rush hours, peak time; *w.s.* high season; *es herrschte ~* there was a (mad) rush, business was booming; *auf den Werften herrschte ~* the shipyards were humming with activity; **~bezahlt** *adj.* highly paid; **~bringen** *v/t.* (*irr.*, *h.*) lift, get up; *fig.* raise, develop; bring to prosperity; **~brisant** *adj.* high-explosive; **~bunker** *mil. m* tower shelter; **≈burg** *fig. f* stronghold; **≈decker** [ˈ-dɛkər] *aer. m* (-s; -) high-wing monoplane; **~deutsch** *adj.* High (*w.s.* standard) German; **≈druck** *m* (-[e]s) high pressure; *typ.* (-[e]s; -e) relief printing; *fig. mit ~* at high (*or* full) pressure, at full blast; **≈druck...** *in compounds* high-pressure ...; **≈druckgebiet** *n meteor.* high (-pressure area), anticyclone; **≈ebene** *f* elevated plain, plateau, tableland; **~elegant** *adj.* very elegant, most stylish; **~empfindlich** *phys. adj.* highly sensitive; *phot.* high speed (*film, etc.*); **~entwickelt** *adj.* highly developed, greatly refined; subtle; *tech.* highly perfected; **~erfreut** *adj.* highly pleased, overjoyed, delighted (*über acc.* at); **~erhoben** [ˈ-ɛrhoːbən] *adj.* raised high; *~en Hauptes* with head held high; **~explosiv** *adj.* high-explosive; **~fahren** *v/i.* (*irr.*, *sn*) start up; flare up; **~fahrend** *adj.* high-handed, haughty, arrogant; **~fein** *adj.* superfine; exquisite; tip-top, A 1, *econ. a.* very choice, first-rate; **≈finanz** *f* (-) high finance; **≈fläche** *f* → *Hochebene*; **~fliegen** *v/i.* (*irr.*, *sn*) soar (up); *aer. steil ~* zoom; **~fliegend** *fig. adj.* high-flying, soaring, ambitious, lofty, highflown; **≈flug** *m aer.* high (altitude) flight; *fig. ~ der Gedanken* soaring thoughts; **≈flut** *f* high tide; *fig.* flood-tide, deluge; **≈form** *f*: *in ~* in top form, at one's best; **≈format** *n* upright format; **~frequent** [ˈ-frekvɛnt] *el. adj.* high-frequent; supersonic; **≈frequenz** *el. f* high frequency (*abbr.* H.F.), radio frequency; *in compounds usu.* high-frequency ...; **≈frequenzbereich** *m radio*: treble range (*or* band); **≈frequenzhärtung** *tech. f* hardening by high-frequency current; **≈frequenzkamera** *phot. f* high-speed camera; **≈frequenztechnik** *f* high-frequency engineering; **≈frisur** *f* upswept hair-style; **≈garage** *f* → *≈hausgarage*; **~geachtet** [ˈ-gəaxtət] *adj.* highly esteemed (*or* respected), of high standing; **~gebildet** *adj.* highly educated; **≈gebirge** *n* high mountains *pl.*, high mountain region; **≈gebirgs...** high mountain ..., Alpine *plant, world, etc.*: **~geboren** *adj.* high-born; *title*: Right Hono(u)rable; **~ge-ehrt** *adj.* highly hono(u)red; **≈gefühl** *n* elation, exultation, high glee; **~gehen** *v/i.* (*irr.*, *sn*) *curtain, etc.*: rise; *sea*: run high; *prices*: go up, rise; up; *bomb, bridge, etc.*: blow up; *colloq. person*: explode, lose one's temper, hit the ceiling; **~gehend** *adj.* running high, heavy (*sea*); **~gelegen** *adj.* high-lying, elevated; **~gelehrt** *adj.* very learned, erudite; **~gemut** [ˈ-gəmuːt] *adj.* high-spirited; **≈genuß** *m* great delight, real treat; **≈gericht** *n* place of execution; **~geschätzt** [ˈ-gəʃɛtst] *adj.* highly appreciated (*or* valued); highly esteemed; **~geschlossen** *adj.* high-necked (*dress*); **≈geschwindigkeits...** *tech.* high-speed...; **~gesinnt** *adj.* high-minded; **~gespannt** *adj.* at high tension; *fig.* high-strung; great, high (*expectations*); **~gestellt** [ˈ-gəʃtɛlt] *adj.* high-ranking; **~gestochen** *adj.* jumped-up; sophisticated; **~gewachsen** *adj.* tall, lanky; **~gezüchtet** [ˈ-gətsyçtət] *adj.* thoroughbred (*horse*); *tech.* sophisticated; **≈glanz** *m* high polish, bright lust|re, *Am.* -er, high mirror finish; **~glanzpolieren** *v/t.* (*h.*) burnish, mirror-finish; **≈glanzpolitur** *f* brilliant polish, high-lust|re (*Am.* -er) polish; **~gradig** [ˈ-grɑːdiç] *adj.* in (*or* to) a high degree (*a. adv.*), high-grade, intense, extreme (*a. med. and fig.*); **≈gradigkeit** *f* (-) intensity; **≈halte** *f* (-) *gym. Arme in ~* arms at vertical; **~halten** *v/t.* (*irr.*, *h.*) hold up; *fig.* esteem (*or* value) highly; cherish (*memory, etc.*); uphold (*faith, etc.*); *econ.* keep up, peg (*prices*); **≈haus** *n* (multi-stor[e]y) building, skyscraper, tower block; **≈hausgarage** *f* multi-stor(e)y garage; **~heben** *v/t.* (*irr.*, *h.*) lift, raise, heave; hold up (*dress*); *parl. durch ≈ der Hände* by show of hands; **~herzig** *adj.* high-minded; generous, magnanimous; **≈herzigkeit** *f* (-) generosity, magnanimity; **~jagen** *v/t.* (*h.*) rout (out), rouse; race, rev up (*engine*); **~kant(ig)** *adv.* on end *or* edge, edgewise; *~ stellen* set on end, upend; **≈kirche** *f Brit.* High Church; **~klappbar** *adj.* upward-folding, hinged; **~klappen** *v/t.* (*h.*) turn up; **~klettern** *v/i.* (*sn*): *~ an* (*dat.*) climb up; **~kommen** *v/i.* (*irr.*, *sn*) → *heraufkommen*; get up, get on (*or* struggle to) one's feet; *fig.* get on, make one's way up; **≈konjunktur** *econ. f* boom, peak prosperity; **~konzentriert** *chem. adj.* highly concentrated; **≈kultur** *f* (very) advanced civilization; **≈lage** *f* high altitude; **≈land** *n* highland, upland; *schottisches*: *the* Highlands *pl.*; **~leben:** *j-n ~ lassen* give a p. three cheers; toast a p.; *er lebe hoch!* three cheers to ...; **≈leistungs...** *tech.* high capacity ..., heavy-duty ..., high-efficiency (*or* -output, -performance) ...; **≈leistungs-öl** *n* heavy-duty (*abbr.* H.D.) oil; **≈leitung** *el. f* overhead wire.

höchlich [ˈhøːçliç] *adv.* highly, greatly.

ˈ**hoch...: ≈meister** *m* Grand Master; **≈mittelalter** *n the* High Middle Ages *pl.*; **~modern** *adj.* up-to-date, highly modern, ultra-modern, in the latest style; **≈moor** *n* upland moor; **≈mut** *m* haughtiness, superciliousness, pride; arrogance; *~ kommt vor dem Fall* pride will have a fall; **~mütig** [ˈ-myːtiç] *adj.* haughty, supercilious, proud, arrogant; **~näsig** [ˈ-nɛːziç] *adj.* stuck-up, *Am.* high-hat, snooty; *j-n ~ behandeln* turn up one's nose at a p., *Am.* high-hat a p.; **~nehmen** *v/t.* (*irr.*, *h.*) lift (*or* pick) up; *fig.* tease, pull *a p.'s* leg, heckle; fleece, *sl.* soak, *Am. a.* take for a ride; give *a p.* hell; **≈ofen** *m* (blast-)furnace; **≈parterre** *n* raised ground-floor; **≈plateau** *n* high plateau; **~prozentig** *adj.* of a high percentage; high-proof (*spirits*); **~pumpen** *v/t.* (*h.*) pump up; **~qualifiziert** *adj.* highly qualified (*or* trained); **~ragen** *v/i.* (*h.*) tower, soar, loom; **~rappeln:** *sich ~* (*h.*) struggle to one's feet; **≈rechnung** *f* projection; projected result; **≈reck** *n gym.* high bar; **~reißen** *aer. v/t.* (*irr.*, *h.*) zoom, hoick; **≈relief** *n* high relief; **~rot** *adj.* bright (*or* deep) red, crimson; **≈ruf** *m* cheer; *mit ~en empfangen, etc.* cheer; **≈saison** *f* peak (*or* height of the) season; **~schätzen** *v/t.* (*h.*) → *hochachten*; **~schnellen** *v/i.* (*sn*) bound up; *prices*: jump, rocket; **~schrauben** *v/t.* (*h.*) raise; pitch high; *aer. sich ~* spiral up; **≈schule** *f* university; academy, college; *technische ~* institute of technology, polytechnic; *pädagogische ~* teacher's training college; **≈schüler(in** *f*) *m* university student; collegian; **≈schullehrer(in** *f*) *m* university (college) teacher, professor, reader, lecturer; **≈schulreife** *f* matriculation standard; **~schwanger** *adj.* well advanced in pregnancy; **≈see** *f* (-) high sea(s *pl.*), deep (*or* main) sea; **≈seefischeˈrei** *f* deep-sea fishery; **≈seeflotte** *f* high sea fleet; **≈seekabel** *n* deep-sea cable; **≈seeschlepper** *m* sea-going tug(boat); **~seetüchtig** *adj.* ocean- (*or* sea-) going; **≈seil** *n acrobatics*: high wire; **~sinnig** *adj.* high-minded; **≈sommer** *m* midsummer; **≈spannung** *el. f* high tension (*abbr.* H.T.), high voltage (*abbr.* H.V.); **≈spannungsleitung** *el. f* high-tension (*or* power) line; **≈spannungsmast** *m* power line support, pylon; **≈spannungsnetz** *n* high-tension mains *pl.*; **≈sprache** *f*: *die deutsche ~* standard German; **≈springer(in** *f*) *m* high-jumper; **≈sprung** *m* high jump.

höchst [høːçst] **I.** *adj.* highest, uppermost, topmost; *fig.* highest, greatest, supreme, extreme, utter; highest ranking; *~es Gut* most precious possession; *~e Instanz* last resort; *~er Punkt fig.* culminating point, height, peak; *~e Vollkommenheit* peak of perfection; → *Ton*[2]; *es ist ~e Zeit* it is high time; *es ist von ~er Wichtigkeit* it is of the utmost importance; **II.** *adv.* highly, greatly, most, extremely, exceedingly, in the highest degree, →

äußerst; *in compounds* maximum ..., top ..., peak ..., ceiling ...; → *Spitzen* ...

'**hoch...:** ~**stämmig** *adj.* tall; standard (*rose tree*); 2**stand** *m hunt.* (raised) hide; *fig.* fine condition, prosperity; high level (*of prices*); 2**stapelei** [-ʃtɑːpəˈlaɪ] *f* (-; -*en*) (high-class) swindling, imposture, confidence trick (*Am.* game); 2**stapler(in** *f*) *m* (-s, -; -, -*nen*) impostor, swindler, confidence man.

höchst... [ˈhøːçst-]: 2**alter** *n* maximum age; 2**be-anspruchung** *tech. f* maximum (*or* peak) load *or* stress; 2**belastung** *f* maximum (*or* capacity, *el.* peak) load; 2**betrag** *m* maximum (amount), limit; 2**e** *n*: *das* ~ the highest things *pl.* (*or* aim), the ideal; *auf das* (*or aufs*) 2 in the highest degree, extremely, intensely.

'**hochstehend** *adj.* upright; *typ.* superior; *fig.* distinguished, high-ranking, notable, of high standing; superior, on a high level (*matter*).

'**höchst...:** ~**eigenhändig** *adj.* with his (*f* her) own hand; ~**ens** [ˈhøçstəns] *adv.* at (the) most, at best; *esp. jur.* not exceeding; 2**fall** *m*: *im* ~ → *höchstens*; 2**form** *f* (-) *sports*: top form, peak (*or* pink) of condition; 2**frequenzwelle** *f* microwave; 2**gebot** *n* highest bid; 2**geschwindigkeit** *f* maximum (*or* top) speed; *mot. zulässige* ~ speed-limit; *Überschreiten der* ~ speeding; 2**grenze** *f* maximum limit, ceiling; 2**leistung** *f sports*: record (performance), best mark (*or* time); *tech.* maximum output (*or* performance), *el.* peak output; *w.s.* supreme achievement, great record; 2**lohn** *m* maximum wage(s *pl.*); 2**maß** *n* maximum (amount); ~**persönlich** *adj.* himself (*f* herself), in person; 2**preis** *m* maximum (*or* ceiling) price; 2**satz** *m* maximum (level), ceiling; 2**spannung** *f el.* extra-high tension (*abbr.* E.H.T.); peak voltage; *tech.* maximum stress; 2**stand** *m* peak (level), record level; *Am. a.* all-time high; 2**strafe** *f* maximum penalty.

'**hochstrebend** *adj.* soaring; *fig.* aspiring, ambitious; high-flying, lofty.

'**höchst...:** 2**wert** *m* maximum value; 2**zahl** *f* maximum, peak figure; ~**zulässig** *adj.* maximum (permissible).

'**hoch...:** ~**tönend** *adj.* high-sounding, grandiloquent, bombastic; 2**tonlautsprecher** *m* treble loud-speaker; 2**tour** *f* Alpine tour, high-level climb; *mot., tech. auf* ~*en* at high pressure *or* speed, *fig. a.* in full swing; ~**tourig** *tech. adj.* high-speed; 2**tourist(in** *f*) *m* mountaineer; ~**trabend** *fig. adj.* pompous, overbearing; *words*: → *hochtönend*; ~**treiben** *econ. v/t.* (*irr.*, *h.*) force up, *Am.* boost (*prices*); 2**- und Tiefbau** *m* → *Hochbau*; 2**vakuumröhre** *f* high vacuum valve (*or* tube); ~**verdient** *adj.* highly deserving, of great merit; ~**verehrt** *adj.* → *hochgeehrt*; 2**verrat** *m* high treason; 2**verräter(in** *f*) *m* person guilty of high treason, traitor; ~**verräterisch** *adj.* treasonable; ~**verzinslich** *adj.* bearing high rates of interest; 2**wald** *m* high forest, timber(-forest); 2**wasser** *n* (-s; -) *of river*: high water; *of sea*: high tide *or* water; floods *pl.*; 2**wasserkatastrophe** *f* flood disaster; 2**wasserschaden** *m* flood damage; 2**wasserstand** *m* high-water mark, flood level; ~**wertig** [ˈ-veːrtıç] *adj.* high-grade, of high quality; high-class; ~*e Nahrungsmittel* highly nutritive food; ~**wichtig** *adj.* highly important; 2**wild** *n* big game; (red) deer; ~**willkommen** *adj.* highly welcome; ~**winden** *v/t.* (*irr.*, *h.*) *tech.* hoist, jack up; *sich* ~ wind up; ~**wirksam** *adj.* highly active (*or* effective); ~**wohlgeboren** *adj.*: *Ew.* 2! Your Hono(u)r!, Sir!; 2**würden:** *Ew.* ~! Reverend Sir; *S-e* ~ the Very Reverend (*title and full name*); 2**zahl** *math. f* exponent.

Hochzeit [ˈhɔxtsaɪt] *f* (-; -*en*) wedding, nuptials *pl.*; marriage; ~ *halten* celebrate one's wedding; *silberne* (*goldene, diamantene, eiserne*) ~ silver (golden, diamond, iron) wedding; ~**er** *m* (-s; -) bridegroom; ~**erin** *f* (-; -*nen*) bride; 2**lich** *adj.* nuptial, bridal.

'**Hochzeits...:** ~**feier(lichkeit)** *f*, ~**fest(lichkeit** *f*) *n* wedding celebration, wedding; ~**flug** *zo. m* nuptial flight; ~**gast** *m* wedding-guest; ~**gedicht** *n* nuptial poem; ~**geschenk** *n* wedding present; ~**kleid** *n* wedding dress; ~**kuchen** *m* wedding-cake; ~**mahl** *n* wedding breakfast; ~**nacht** *f* wedding night; ~**reise** *f* honeymoon (trip); ~**reisende** *pl.* honeymooners; ~**tag** *m* wedding day; ~**zug** *m* bridal procession.

'**hochziehen** *v/t.* (*irr.*, *h.*) pull (*or* draw) up; raise, lift; hoist; *aer.* zoom, hoick.

Hocke [ˈhɔkə] *f* (-; -*n*) *agr.* shock (of corn); *gym.* **a)** squat vault, **b)** squat position; *wrestling*: mat position; *swimming*: tuck (position); *skiing, etc.*: crouch; *in die* ~ *gehen* squat; 2**n** *v/i.* (*h.*) squat, crouch; sit; perch; *colloq.* sit long, not to budge (from one's seat); *immer zu Hause* ~ stick at home; ~ *über* (*acc.*) be poring over; *sich* ~ squat (*or* sit) down.

'**Hocker** *m* (-s; -) stool.

Höcker [ˈhœkər] *m* (-s; -) protuberance, hump; bump; *anat.* tuberosity; hump (*a. zo.*: *of the camel*), hunch; 2**ig** *adj.* bumpy, rough, ragged; bossed, knobby; humpy; *bot.* tuberculate; tuberous; ~**sperre** *mil. f* dragon's teeth.

Hockey [ˈhɔke] *n* (-s) (field) hockey; ~**schläger** *m* hockey-stick; ~**spieler(in** *f*) *m* hockey-player.

Hocksprung [ˈhɔk-] *m gym.* squat vault.

Hode [ˈhoːdə] *f* (-; -*n*), ~**n** *m* (-s; -) *anat.* testicle; ~**nbruch** *med. m* scrotal hernia; ~**n-entzündung** *med. f* orchitis; ~**nsack** *m* scrotum.

Hof [hoːf] *m* (-[e]s; ¨-e) court(yard), yard; backyard; *of barracks*: square; *agr.* farm; hotel, inn; court (*of king, etc.*); *ast., med.* corona, halo; *bei* (*or am*) ~*e* at court; ~ *halten* keep (*or* hold) court; *fig. j-m den* ~ *machen* court a p., *contp.* dance attendance (*or* fawn) upon a p.

'**Hof...:** ~**arzt** *m* court physician; ~**ball** *m* court ball; ~**burg** *f* Imperial Palace; ~**dame** *f* lady-in-waiting; ~**dichter** *m Brit.* Poet Laureate; 2**fähig** *adj.* presentable (at court).

Hoffart [ˈhɔfart] *f* (-) haughtiness, pride, arrogance; **hoffärtig** [ˈhɔfertıç] *adj.* vainglorious, haughty, arrogant.

hoffen [ˈhɔfən] *v/t. and v/i.* (*h.*) (*auf acc.*) hope (for); expect, await; trust in, reckon upon, look forward to; be confident that; *verzweifelt* ~ hope against hope; *das Beste* ~ hope for the best; *es ist zu* ~ it is to be hoped; *ich hoffe* (*es*) I hope so; *ich hoffe nicht, ich will es nicht* ~ I hope not; 2 *n* (-s) hoping, hope; ~**tlich** *adv.* it is to be hoped; *in answers*: I hope so, let us hope so; ~ *nicht* I hope not; ~ *ist er gesund* I hope he is well.

Hoffnung [ˈhɔfnuŋ] *f* (-; -*en*) hope (*auf acc.* for, of); hopefulness; expectation, anticipation; trust; prospect; *getäuschte* ~ disappointment; ~*en erwecken* raise hopes (*in dat.* in); *berechtigte* ~*en haben* have good hopes; *die* ~ *aufgeben* abandon hope; *guter* ~ *sein* be full of hope, *woman*: be expectant, be in the family way; *j-m* ~*en machen* hold out hopes to a p.; *keine* ~ *mehr haben* be out of hope; *sich* ~*en machen* be in (*or* entertain) hopes (that), be hopeful (that), hope (that, for); *s-e* ~*en setzen auf* (*acc.*) pin one's hopes on, bank (up)on; *e-e* ~ *zerstören* dash a hope; *zu* ~*en berechtigen* bid fair, show good promise; *zu schönen* ~*en berechtigen* give fair promise (for the future), justify the fondest hopes; *in der* ~ *zu* (*inf.*) hoping to (*inf.*), in the hope of (*ger.*); *er ist unsere einzige* ~ our only hope is in him; *es besteht gewisse* ~, *daß* there is guarded hope that; *es besteht noch* ~ there is hope still; *Kap der Guten* ~ Cape of Good Hope.

'**Hoffnungs...:** 2**freudig** *adj.* hopeful; ~**lauf** *m sports*: consolation contest; 2**los** *adj.* hopeless; desperate; *pred. a.* past (all) hope; ~**losigkeit** *f* (-) hopelessness; despair; ~**schimmer** *m* glimmer of hope; ~**strahl** *m* ray of hope; 2**voll I.** *adj.* hopeful, full of hope; promising; **II.** *adv. a.* hopes high.

Hof... [ˈhoːf-]: ~**gesinde** *n* farm labo(u)rers *or* servants *pl.*; servants *pl.* at court; 2**halten** *v/i.* (*irr.*, *h.*) keep (*or* hold) court, reside; ~**haltung** *f* princely suite, *Brit.* Royal Household; ~**hund** *m* watch-dog.

hofieren [hoˈfiːrən] *v/i.* (*h.*) court, pay one's court (*or* addresses) to; flatter, fawn (up)on.

höfisch [ˈhøːfıʃ] *adj.* courtly; courtier-like.

'**Hof...:** ~**kapelle** *f* royal chapel; *mus.* court orchestra; ~**kreise** *pl.* court circles; ~**leben** *n* (-s) court life; ~**leute** *pl.* courtiers.

höflich [ˈhøːflıç] **I.** *adj.* polite, civil, courteous (*gegen* to); gallant; obliging (to); **II.** *adv.* politely, *etc.*; *wir* *bitten Sie ~, zu (inf.)* we may ask you kindly to (*inf.*); *wir teilen Ihnen ~(st) mit* we beg to inform you; ꝰ**keit** *f* (-) politeness, civility, courtesy; (*word*) civility, compliment; *aus ~* out of politeness.

'**Höflichkeits...:** **~besuch** *m* courtesy call; **~bezeigung** *f* mark of respect; compliments *pl.*; **~formel** *f* polite phrase; *in letters*: complimentary close.

'**Hoflieferant** *m* purveyor to the Court, *Brit.* to Her Majesty.

Höfling ['hø:fliŋ] *m* (-*s*; -*e*) courtier.

'**Hof...:** **~mann** *m* (-[*e*]*s*; -*leute*) courtier; **~marschall** *m* seneschal; **~meister** *m* Master of the (Royal, *etc.*) Household; ꝰ**meistern** *v/t.* (*h.*) censure; **~narr** *m* court jester; **~prediger** *m* court chaplain; **~rat** *m* (-[*e*]*s*; ⸚*e*) Privy Council(lor); **~raum** *m* (court-)yard; **~schranze** *f* courtier; **~staat** *m* **1.** royal *or* princely household (*or* suite); **2.** court-dress; **~theater** *n* court *or* royal theatre; **~tracht** *f* court-dress; **~trauer** *f* court mourning.

hohe ['ho:ə] → *hoch*.

Höhe ['hø:ə] *f* (-; -*n*) height; *aer., ast., geogr.*: altitude; level; extent; importance, magnitude; *phys.* intensity; *mus.* pitch; height, elevation; summit, top; *of sum*: amount; degree (*of punishment*); *~ der Preise* level (*or* range) of prices; *~ des Zinsfußes* rate of interest; *in ~ von increase* at the rate of; *sum* to the amount (*or* tune) of; *in e-r ~ bis zu* ranging up to; *bis zu e-r ~ von punishment* to the extent of; *auf gleicher ~ mit* (*dat.*) on a level with; *auf der ~ von* in the latitude of, *mar.* off; *fig. auf der ~ sein* be up to the mark, be equal to the occasion, *der Zeit*: be up to date; *sich nicht auf der ~ fühlen* not to feel up to the mark; *auf der ~ s-s Ruhmes* on the summit (*or* at the height, peak) of his fame; *aus der ~* from above (*or* on high); *in der ~* on high, above; *in die ~* up, upwards, aloft; *Preise in die ~ treiben* run up, *Am.* boost prices, *stock exchange*: bull the market; → *compounds with hoch...* (*hochfahren, hochsteigen, etc.*); *colloq. das ist die ~!* that's the limit!

Hoheit ['ho:haɪt] *f* (-) sublimity; *of person*: **a**) nobleness, loftiness, **b**) grandeur, majesty, **c**) high rank (*or* dignity); *pol.* sovereignty; (*pl.* -*en*) *title*: Highness; *Seine (Ihre) Königliche ~* His (Her) Royal Highness.

'**Hoheits...:** **~abzeichen** *n aer.* nationality mark(ing); *pol.* national emblem; **~akt** *m* sovereign act; **~bereich** *m*: *staatlicher ~* jurisdiction of state; **~gebiet** *n* sovereign territory; *deutsches ~* German territory; **~gewässer** *n/pl.* territorial waters; **~grenze** *f* (three miles) limit of territorial waters; **~rechte** *n/pl.* sovereign rights; ꝰ**voll** *adj.* majestic(ally *adv.*), dignified; imperious; **~zeichen** *n* → *~abzeichen*.

'**Hohelied** *n*: *das ~* the Song of Solomon, the Song of Songs.

'**Höhen...:** **~abstand** *m* vertical interval; **~angabe** *aer. f* altitude reading; **~anzug** *aer. m* high-altitude flying suit; **~atmer** ['-ɑ:tmər] *m*(-*s*;-) high-altitude oxygen apparatus; **~flosse** *aer. f* (horizontal) fin *or* stabilizer; **~flug** *m aer.* high-altitude flight; *fig. geistiger ~* soaring thoughts; **~flugzeug** *n* stratoplane, high-altitude aircraft; **~kabine** *f* pressurized cabin; **~karte** *f* contour map; **~klima** *n* mountain climate; **~krankheit** *f* altitude sickness; **~kur-ort** *m* high-altitude health resort; **~lage** *f* altitude (level); **~leitwerk** *aer. n* elevator unit; **~linie** *f map*: contour (line); **~luft** *f* (-) mountain air; **~messer** *m* (-*s*; -) *aer.* altimeter; *mil.* height finder; **~messung** *f* altimetry; height measurement; **~rekord** *m* altitude record; **~ruder** *n aer.* elevator; *mar.* hydroplane (*of submarine*); **~schichtlinie** *f* contour (line); **~schreiber** *m* altigraph; **~sonne** *f* Alpine (*or* mountain) sun; *med.* (*künstliche*) *~* sun-lamp, mercury vapour lamp; **~steuer** *aer. n* elevator (control); *~ geben* pull out; **~strahlung** *f* cosmic radiation; **~unterschied** *m* difference in elevation *or* altitude; **~verlust** *aer. m* loss of altitude; **~weltrekord** *m* world altitude record; **~wind** *m* upper wind; **~zug** *m* range of hills, mountain-chain.

Hohe'priester *m* high priest; ꝰ**lich** *adj.* high-priestly.

'**Höhepunkt** *m* highest point; *ast., fig.* height, culmination, zenith; *fig. a.* climax (*a. physiol.*), acme, peak (*a. chem.*); summit, pinnacle (*of fame, etc.*); heyday (*of life, of epoch*); highlight, climax, high spot (*of feast, etc.*); critical point (*or* stage); *auf dem ~e* at its height; *auf dem ~ s-r Macht* at the zenith (*or* peak) of his power; *auf den ~ bringen* (bring to a) climax; *s-n ~ erreichen* (reach one's) climax, culminate (*in dat.* in).

höher ['hø:ər] **I.** *adj.* higher; superior (*als* to); *~e Bildung* higher education; *~er Beruf* (learned) profession; *~e Berufsstände* professional classes; *colloq. ~er Blödsinn* sheer nonsense; *~es Dienstalter* seniority; *~e Geometrie* analytical geometry; → *Gewalt*; *~e Instanz* **a**) *jur.* higher court (*or* instance), **b**) *adm.* higher authority; *~e Macht* supernatural power; *~e Mathematik* higher mathematics *pl.*; *~en Orts* by (higher) authority; *~e Schule* secondary school; *in ~en Regionen schweben* live in the clouds; **II.** *adv.* higher, *fig.* more highly; higher up; *immer ~* higher and higher; *~ bewerten* rate higher; *~ hinauswollen* fly at higher game; ꝰ**e(s)** *n* (-[*e*]*n*) higher things *pl.*, *the* Higher Thought; **~liegend** *adj.* more elevated; ꝰ**versicherung** *f* increased insurance; **~wertig** ['-ve:rtiç] *adj.* of high value, (of) higher quality; *chem.* of higher valency.

hohl [ho:l] *adj.* hollow; hollow, dull (*sound*); *fig.* hollow, empty, shallow; *~er Kopf* empty head, shallow mind; *~er Magen* hollow stomach; *~e See* heavy swell, grown sea; *~ machen* hollow out; *in der ~en Hand* in the hollow of one's hand (*a. fig.*); *mit ~er Stimme* in a hollow voice; **~äugig** ['-ˀɔʏgiç] *adj.* hollow-eyed; 'ꝰ**blockstein** *m* hollow block; 'ꝰ**bohrer** *m* hollow auger.

Höhle ['hø:lə] *f* (-; -*n*) cave, cavern; hole; grotto; *zo.* den, lair (*both a. fig.*), *of fox, rabbit, etc.*: hole, burrow; hollow; cavity, ventricle (*a. anat.*); *die ~ des Löwen* the lion's den.

'**Höhlen...:** **~bär** *zo. m* cave bear; ꝰ**bewohnend** *adj.* cave-dwelling, spel(a)ean; **~bewohner(in** *f*) *m* cave-dweller, cave-man, troglodyte; **~forscher** *m* spel(a)eologist; **~forschung, ~kunde** *f* (-) spel(a)eology; **~male'rei** *f* cave-painting; **~mensch** *m* → *Höhlenbewohner*; **~wohnung** *f* cave-dwelling.

'**Hohl...:** ꝰ**erhaben** *adj.* concavo-convex; **~fläche** *f* concavity; **~fräser** *tech. m* concave cutter; ꝰ**geschliffen** *adj.* hollow-ground, *phys.* concave; **~gewinde** *tech. n* female thread; **~glas** *n* concave glass, *collect.* hollow glassware; **~heit** *f* (-) hollowness; *fig. a.* emptiness, shallowness, vanity; **~kehle** *tech. f* hollow groove, channel; **~klinge** *f* hollow blade; **~kopf** *m* empty-headed fellow, numskull; ꝰ**köpfig** ['-kœpfiç] *adj.* empty-headed; **~körper** *m* hollow body; **~kreuz** *med. n* hollow back; **~kugel** *f* hollow sphere; **~maß** *n* measure of capacity; dry measure; **~meißel** *m* gouge; **~raum** *m* hollow (space), cavity; **~saum** *m* hem-stitch; **~schliff** *m* hollow grinding; **~spiegel** *m* concave mirror.

Höhlung ['hø:luŋ] *f* (-; -*en*) excavation; hollow; cavity, *anat. a* chamber; *med.* fistula.

'**Hohl...:** ꝰ**wangig** ['-vaŋiç] *adj.* hollow-cheeked; **~weg** *m* hollow (way); ravine, gorge; sunken road, narrow pass, *esp. mil.* defile; **~ziegel** *m* hollow brick; **~zirkel** *m* spherical compasses *pl.*, inside cal(l)ipers *pl.*

Hohn [ho:n] *m* (-[*e*]*s*) scorn, disdain; mockery, derision, scoff(ing); sneer, jeer, gibe; sarcasm; sneer (on one's face); *ein ~ auf* (*acc.*) a mockery of; *zum Spott u. ~ werden* become a mockery, be the scorn (*or* laughing-stock) of all; *zum ~(e)* (*dat.*) in defiance of, to spite *a p.*, in the face (*or* teeth) of.

höhnen ['hø:nən] *v/i.* (*h.*) sneer, jeer, mock, scoff (*über acc.* at).

'**Hohngelächter** *n* scornful (*or* derisive) laughter.

höhnisch ['hø:niʃ] *adj.* scornful, disdainful; sarcastic, sneering, mocking, derisive; sardonic, gloating; *~e Bemerkung, ~es Lächeln* sneer.

'**Hohn...:** **~lächeln** *n* derisive smile, sneer; ꝰ**lächeln** *v/i.* (*h.*) smile derisively, sneer (*über acc.* at); **~lachen** *n* derisive laughter; ꝰ**lachen** *v/i.* (*h.*) laugh derisively *or* scornfully (*über j-n* at a p., et. about a th.); ꝰ**sprechen** *v/i.* (*irr.*, *h.*) deride; scorn; sneer, scoff (*dat.* at); defy, challenge; fly in the face of (*reason, etc.*).

Höker ['hø:kər] *m* (-*s*; -), **~in** *f*

(-; -*nen*) hawker, huckster, street pedlar, costermonger; **~handel** *m* hawking; **2n** *v/i.* (*h.*) huckster, hawk about; **~waren** *f/pl.* hawker's goods.

Hokuspokus [ho:kus'po:kus] *m* (-) hocus-pocus (*a. fig.* = mumbo-jumbo); *~! a.* hey presto!

hold [hɔlt] *adj.* **I.** *attr.* lovely, charming, sweet, winsome; **II.** *pred.* kind, well-disposed, favo(u)rably inclined (*dat.* to); *j-m ~ sein a.* love (*or* like, be attached to) a p.; *das Glück war ihm ~* fortune smiled upon him; *das Glück war ihm nicht ~* his luck was against him.

Holder ['hɔldər] *bot. m* (-s; -) → *Holunder.*

Holdinggesellschaft ['houldiŋ-] *econ. f* holding company.

'**holdselig** *adj.* (most) graceful *or* charming *or* lovely; gracious; **2keit** *f* gracefulness, loveliness, sweetness; graciousness.

holen ['ho:lən] *v/t.* (go and) fetch, get; go for; come (*or* call) for; *~ lassen* send for; *sich ~* catch, contract; *Atem ~* draw breath, (*pause*) take breath; *sich bei j-m Rat ~* consult a p., ask a p.'s advice; *hol's der Teufel!* the devil take it!, hang it!; *bei ihm ist nichts zu ~* there is nothing to be had (*or* got) from him.

holla! ['hɔla] *int.* holla!, hallo!, [hollo(a)!]

Holland ['hɔlant] *n* (-s) Holland, the Netherlands *pl.*

Holländer ['hɔlɛndər] *m* (-s; -) **1.** Dutchman; *pl. die ~* the Dutch (people); *der Fliegende ~* the Flying Dutchman; **2.** *tech.* pulp engine, *Am.* beater; **3.** push-pull car (*for children*).

Hollände'rei *f* (-; -*en*) dairy-farm.

'**Holländerin** *f* (-; -*nen*) Dutchwoman.

'**holländern** *v/t.* (*h.*) *tech.* pulp, beat (*rags*).

'**holländisch** *adj.* Dutch; *~e Sprache* → 2(e) *n* Dutch (language).

Holle ['hɔlə] *f*: *Frau ~ schüttelt ihre Betten aus* Mother Carey is plucking her geese.

Hölle ['hœlə] *f* (-) hell; inferno; *in der ~* in hell; → *fahren*; *in die ~ kommen* go (*or* be doomed) to hell; *fig. die ~ auf Erden* hell on earth; *j-m die ~ heiß machen* give a p. hell, make it hot for a p.; *j-m das Leben zur ~ machen* make life a perfect hell to a p.; *die ~ war los* all hell broke loose.

'**Höllen...:** **~angst** *f*: *e-e ~ haben* be in a mortal fright (*or* a blue funk), be scared to death; **~brut** *f* infernal crew; **~feuer** *n* hell-fire; **~fürst** *m* Prince of Darkness; **~hund** *m* hell-hound, Cerberus; **~lärm** *m* infernal noise, hell of a row *or* racket; pandemonium; **~maschine** *f* infernal machine, time bomb; **~pein, ~qual** *f* torment of hell; *fig.* excruciating pain, agony; *e-e ~ ausstehen* suffer hell; **~rachen, ~schlund** *m* jaws *pl.* of hell; **~stein** *chem. m* (-[e]s) (lunar) caustic, nitrate of silver.

Hollerith|maschine ['hɔlərit-] *f* Hollerith machine; **~verfahren** *n* Hollerith punched-card system.

höllisch ['hœliʃ] **I.** *adj.* hellish, infernal; devilish, fiendish (*all a. colloq. fig.*); *colloq. fig.* dreadful, awful; *ein ~er Spektakel* a hell of a noise; *e-e ~e Arbeit* a hellish (*or* fiendish) job; **II.** *adv. fig.* hellishly, infernally, awfully; *~ schwer* hellish, fiendish.

Holm[1] [hɔlm] *m* (-[e]s; -e) *tech.* (cross-)beam, transom; *aer.* **a)** spar, **b)** longeron; *gym.* bar; helve, handle; oar shaft.

Holm[2] *m* (-[e]s; -e) islet, holm(e).

holp(e)rig ['hɔlp(ə)riç] **I.** *adj.* rough, uneven, rugged; *road*: *a.* bumpy, jolting; *fig.* bumpy, stumbling, clumsy; **II.** *adv.*: *et. ~ vorlesen or vortragen* stumble through a th.

'**holpern** *v/i.* (*h.*) jolt *or* rumble (along); stumble.

Holschuld ['ho:l-] *f* debt to be discharged at the domicile of the debtor.

holterdiepolter ['hɔltərdi'pɔltər] *adv.* helter-skelter.

Holunder [hɔ'lundər] *bot. m* (-s; -) elder; *blauer* (*or spanischer*) *~* lilac; **~beere** *f* elderberry; **~strauch** *m* elder bush; **~tee** *m* elder tea; **~wein** *m* elderberry wine.

Holz [hɔlts] *n* (-es; ¨er) wood; timber, *Am.* lumber; fire-wood; piece of wood; *grünes* (*dürres, gelagertes*) *~* green (dead, seasoned) wood; *flüssiges ~* plastic wood; *aus ~* (made) of wood, wooden; *~ fällen* fell trees, cut timber; *~ hacken* chop wood; *fig. aus demselben ~ geschnitzt* of the same stamp *or* kidney, *wie der Vater*: a chip of the old block; *aus e-m anderen* (*aus härterem*) *~ geschnitzt* of a different stamp (made of sterner stuff).

'**Holz...:** **~alkohol** *m* wood alcohol; **~apfel** *m* crab-apple; **~arbeiter** *m* wood-worker; **2arm** *adj.* scantily wooded; **~art** *f* species (*or* kind) of wood; **2artig** *adj.* woodlike, ligneous; **~asche** *f* wood-ashes *pl.*; **~auktion** *f* public sale of timber; **~axt** *f* (felling-)ax(e); **~bau** *m* (-[e]s; -*ten*) wooden structure, timberwork; **~be-arbeitung** *f* wood-working; **~bearbeitungsmaschine** *f* wood-working machine; **~bestand** *m* stock of wood *or* timber; **~bildhauer** *m* wood-carver; **~bläser** *mus. m/pl.* wood-wind; **~blasinstrument** *mus. n* wood wind instrument; *pl. die ~e in orchestra*: the wood; **~block** *m* (-[e]s; ¨e) wood-block, log; **~bock** *m* **1.** sawing-jack, saw-horse; **2.** *zo.* tick; **~bohrer** *m* **1.** *tech.* auger; **2.** *zo.* wood-beetle *or* -borer; **~brei** *m* wood pulp; **~bündel** *n* bundle of wood, fag(g)ot; **~druck** *m* (-[e]s; -e) wood-print.

'**holzen I.** *v/i.* (*h.*) cut (*or* fell) wood *or* timber; *colloq. soccer*: play rough; **II.** *v/t.* (*h.*) *colloq.* → *verprügeln.*

Holze'rei *colloq. f* (-; -*en*) fight, brawl; *soccer*: rough play.

hölzern ['hœltsərn] *adj.* wooden, (of) wood; timber...; *fig.* wooden, clumsy.

'**Holz...:** **~essig** *m* (-s) wood-vinegar; **~fällen** *n* (-s) wood-cutting; **~fäller** *m* (-s; -) wood-cutter, *Am.* lumberjack; **~faser** *f* wood fib|re, *Am.* -er; grain; **~faserplatte** *f* wood fibre board; **~faserstoff** *m* cellulose; **~feuerung** *f* firing (*or* heating) with wood; **~fräser** *tech. m* shaper; **2frei** *adj.* wood-free (*paper*); **~frevel** *m* → *Waldfrevel*; **~gas** *n* wood-gas; **~hacken** *n* (-s) wood-cutting; **~hacker** *m* (-s; -) wood-cutter; → *Holzfäller*; **2haltig** *adj.* ligneous (*paper*); **~hammer** *m* (square) mallet; *fig. ~methode* sledge-hammer tactics; **~handel** *m* timber-trade; **~händler** *m* timber-merchant, *Am.* lumberman; **~hauer** *m* → *Holzhacker*; **~haufen** *m* pile (*or* stack) of wood; **~haus** *n* wooden house; **~hof** *m* wood- (*or* timber-)yard; *Am.* lumberyard; **2ig** *adj.* woody, ligneous; stringy (*radish*); **~käfer** *m* wood beetle; **~klotz** *m* block of wood (*a. fig.*); **~kohle** *f* charcoal; **~konstruktion** *f* wooden construction; **~kopf** *colloq. m* blockhead; **~lager** *n* → *Holzhof*; **~male'rei** *f* painting on wood; **~masse** *tech. f* wood pulp; **~nagel** *m* wooden peg; **~pantoffeln** *m/pl.* wooden slippers, clogs; **~papier** *n* wood(-pulp) paper; **~pflaster** *n* wood-block paving; **~pflock** *m* wooden peg, dowel; **~platz** *m* → *Holzhof*; **2reich** *adj.* (well-)wooded, woody; **~säure** *f* pyroligneous acid; **~scheit** *n* piece (*or* log) of wood; **~schlag** *m* wood-cutting; *place*: clearing; **~schliff** *m* mechanical wood pulp; **~schneidekunst** *f* (art of) wood engraving; **~schneider** *m* wood-engraver; **~schnitt** *m* wood-engraving, woodcut; **~schnitzer** *m* wood-carver; **~schnitze'rei** *f* wood-carving; **~schraube** *f* wood screw; **~schuh** *m* wooden shoe, clog; **~schuhtanz** *m* clog dance; **~-schwamm** *m* dry-rot; **~span** *m* chip (of wood); *pl. a.* (wood-)shavings; **~spiritus** *m* wood spirit, methyl alcohol; **~splitter** *m* splinter (of wood), sliver; **~stahlkarosserie** *mot. f* composite (*or* metal-wood) body; **~stich** *m* wood-engraving; **~stift** *m* (wooden) peg; **~stoff** *m* lignine, cellulose; **~stoß** *m* stack of wood, wood-pile; stake; **~tafel** *f* board; **~täfelung** *f* wainscot(ing); **~taube** *f* wood-pigeon; **~teer** *m* wood-tar; **~trocknung** *f* seasoning of timber; **~verarbeitung** *f* wood processing; woodworking; **~verschlag** *m* crib; crate, crating; **~ware** *f* wooden ware *or* article(s *pl.*); **~watte** *f* wood wool; **~weg** *m* logging-path; *fig. auf dem ~e sein* be on the wrong tack (*or* track), be barking up the wrong tree; **~werk** *n* woodwork; timber-work; wainscot(ing); **~wolle** *f* wood-wool, fine wood-shavings *pl.*, *Am.* excelsior; **~wurm** *m* wood-worm; **~zapfen** *m* wooden pin *or* plug; **~zellstoff** *m* lignocellulose; wood pulp; **~zucker** *m* wood sugar, xylose.

homerisch [ho'me:riʃ] *adj.* Homeric; *~es Gelächter* Homeric laughter.

Homo ['ho:mo] *colloq. m* (-s; -s) homo(sexual), queer, gay.

homo... [homo-] homo... (→ *gleich-*

...): ~**dyn...** [-ˈdyːn] *el.* homodyne; ~**gen** [-ˈgeːn] *adj.* homogeneous; ~**genisieren** [-geniˈziːrən] *v/t.* (*h.*) homogenize; ♀**genität** [-geniˈtɛːt] *f* (-) homogeneousness, homogeneity; ~**log** [-ˈloːk] *adj.* homologous; ~**nym** [-nyːm] *gr. n* (-s; -e) homonym.

Homöo|path [homœoˈpɑːt] *med. m* (-en; -en) hom(o)eopath(ist); ~**pathie** [-paˈtiː] *f* (-) hom(o)eopathy; ♀**pathisch** [-ˈpɑːtiʃ] *adj.* hom(o)eopathic(ally *adv.*).

Homosexualiˈtät [homo-] *f* homosexuality; **homosexuˈell** *adj.* homosexual; **Homosexuˈelle(r)** *m* (-[e]n; -[e]n) homosexual.

honen [ˈhoːnən] *tech. v/t.* (*h.*) hone.

Honig [ˈhoːniç] *m* (-s; -e) honey; *fig. j-m ~ um den Mund schmieren* wheedle a p., butter a p. up, *sl.* soft-soap a p.; ~**biene** *f* honey-bee; ~**brot** *n* honey-cake; ~**drüse** *f* nectar gland; ~**ertrag** *m* yield of honey; ♀**farben** *adj.* honey-colo(u)red; ~**kuchen** *m* → *Honigbrot*; ~**lecken** *colloq. n*: *kein ~* no bed of roses; ~**mond** *m* honeymoon; ~**säure** *chem. f* oxymel; ~**scheibe** *f* honeycomb; ~**schleuder** *f* honey extractor; ♀**süß** *adj.* honey-sweet, honeyed (*a. fig.*); ~**wabe** *f* honeycomb; ~**zelle** *f* honey(comb) cell.

Honneur [(h)ɔˈnøːr] *n*: *die ~s machen* do the hono(u)rs.

Honorar [honoˈrɑːr] *n* (-s; -e) honorarium, payment; (*doctor's, etc.*) fee, remuneration; (*author's*) royalties *pl.*; gratuity; ~**professor** *m* associate lecturer, professor by title.

Honoratioren [honoratsiˈoːrən] *pl.* notables, notabilities, local dignitaries.

honoˈrier|en *v/t.* (*h.*) fee, pay (a fee to), remunerate (*für* for); *econ.* hono(u)r, meet (*bill of exchange*); *fig.* show o.s. appreciative of; *econ. nicht ~* dishono(u)r; ♀**ung** *f* (-; -en) remuneration, payment; *econ.* acceptance, payment.

Hopfen [ˈhɔpfən] *m* (-s) *bot.* hop; *tech.* hops *pl.*; *fig. an ihm ist ~ und Malz verloren* he is (a) hopeless (case); ~**bau** *m* (-[e]s) hop-growing; ~**darre** *f* hop kiln; ~**feld** *n* hop-field; ~**stange** *f* hop-pole; *fig. colloq.* lamp-post, bean-pole.

hopp! [hɔp] *int.* hup!; hop to it!

hoppla! [ˈhɔpla] *int.* (wh)oops!; *~ machen* get a move on.

hops [hɔps] *colloq.*: *~ gehen* **a**) go to pot, **b**) (*die*) peg out, *sl.* go west; *~ nehmen* nab (*criminal*).

hopsassa! [ˈhɔpsasa] *int.* upsadaisy!

hopsen [ˈhɔpsən] *colloq. v/i.* (*sn*) hop, jump.

Hopser [ˈhɔpsər] *m* (-s; -) hop; hop-waltz.

Hör... [ˈhøːr-] auditory ...; ~**apparat** *m tech.* receiver; *med.* hearing aid.

ˈ**hörbar** *adj.* audible; within earshot; *nicht ~* inaudible; *sich ~ machen* make o.s. heard; ♀**keit** *f* (-) audibility; ♀**keitsbereich** *m* range of audibility.

ˈ**Hör...**: ~**bericht** *m radio*: report, running commentary; ~**brille** *f* earglasses *pl.*, hearing spectacles *pl.*

horchen [ˈhɔrçən] *v/i.* (*h.*) listen, hearken (*auf acc.* to); prick up (*or* strain) one's ears; *secretly*: eavesdrop.

ˈ**Horcher(in** *f*) *m* (-s, -; -, -nen) eavesdropper.

ˈ**Horch...**: ~**gerät** *n mil.* sound detector (*or* locator); *mar.* hydrophone (gear); intercept receiver; ~**posten** *mil. m* listening post.

Horde [ˈhɔrdə] *f* (-; -n) **1.** horde; *contp.* horde, band, gang; **2.** hurdle, shelf; kiln floor; ♀**nweise** *adv.* in hordes.

hören [ˈhøːrən] *v/t. and v/i.* (*h.*) hear; *radio*: listen (in) (*e-n Sender* to a station); overhear; hear, give ear to, *jur.* give a hearing to; *beide Parteien ~* hear both sides; *~ an* (*acc.*) hear (*or* recognize, tell) by; *~ auf* (*acc.*) listen to, follow the advice of, heed, obey; *auf den Namen ... ~* answer to the name of ...; *von et. nichts ~ wollen* shut one's ears to a th., refuse to listen to a th.; *gut ~* hear well, have a good (*or* quick) ear; *schwer ~* be hard of hearing; *Messe ~* attend (*or* hear) mass; *univ. ein Kolleg ~* attend *or* hear a course of lectures; *ich habe von ihm gehört* I heard from (*or* of) him; *wie ich höre or ich habe gehört, daß* I hear (*or* understand) (that), I have been told (*or* they tell me) that; *ich habe es von Herrn B. gehört* I have it from Mr. B.; *er ließ nichts von sich ~* he sent no word (*or* news), we are without his news; *man hörte nie mehr etwas von ihm* he was never heard of again; *lassen Sie* (*bald*) *von sich ~* I hope to hear from you (soon); *ich lasse von mir ~* I'll let you know; *das läßt sich ~* that sounds well (*or* all right); *das läßt sich schon eher ~* that's more like it, *Am. a.* now you are talking; *er hört sich gerne reden* he likes the sound of his voice; *hört, hört!* hear, hear! *~ Sie mal!* I say!, *Am.* say!; *~ Sie mal (zu)!* (just) listen!, look here!; *soviel man hört* from all accounts.

ˈ**Hören** *n* (-s) hearing; *radio*: listening(-in); *es verging ihm ~ und Sehen* he was stunned (*or* stupefied), he saw stars; ~**sagen** *n*: *vom ~* by hearsay.

ˈ**Hörer** *m* (-s; -) **1.** hearer; *radio*: listener(-in); *collect. die ~ pl.* the audience *sg.*; *univ.* student; **2.** *teleph.* receiver, earpiece; earphone(s *pl.*), headphone(s *pl.*), headset; ~**in** *f* (-; -nen) → *Hörer 1.*; ~**schaft** *f* (-) audience.

ˈ**Hör...**: ~**fehler** *m* error in hearing; *med.* auditory defect, defective hearing; ~**folge** *f* radio series (*or* serial); ~**frequenz** *f* audiofrequency; ~**funk** *m* sound broadcasting; ~**gerät** *med. n* hearing aid.

ˈ**hörig** *adj.*: *j-m ~ sein* be (*or* live) in bondage to a p., be a p.'s slave; ♀**e(r)** [ˈ-gə(r)] *m* (-[e]n; -[e]n) bondman, serf, vassal; *fig.* slave (*j-s*: of *or* to a p.); ♀**keit** *f* (-) bondage, serfdom.

Horizont [horiˈtsɔnt] *m* (-[e]s; -e) horizon (*a. geol.*); *am ~* on the horizon; *fig. s-n ~ erweitern* widen one's mental horizon, broaden one's mind; *das geht über m-n ~* that is beyond me.

horizontal [-ˈtɑːl] *adj.* horizontal, level; ♀**bohrmaschine** *tech. f* horizontal boring machine; ♀**e** *math. f* horizontal (line *or* plane); ♀**ebene** *f* horizontal plane; ♀**flug** *m* horizontal flight; ♀**schnitt** *m* horizontal section; ♀**verflechtung** *econ. f* horizontal combination.

Hormon [hɔrˈmoːn] *n* (-s; -e) hormone; ~**absonderung** *f* hormone secretion; ~**behandlung** *f* hormone therapy (*or* treatment); ~**drüse** *f* hormonal gland.

ˈ**Hörmuschel** *f teleph.* ear-piece (*of receiver*).

Horn [hɔrn] *n* (-[e]s; ¨er) horn; *hunt., mil., mus.* bugle; French horn; *mot.* (electric) horn, hooter; (mountain) peak; *zo.* horn, feeler; *ins ~ stoßen* blow one's horn; *fig. mit j-m in dasselbe ~ stoßen or blasen* chime in with a p.; *ins eigne ~ stoßen* blow one's own trumpet; *mit den Hörnern aufspießen* gore; *fig. sich die Hörner ablaufen or abstoßen* sow one's wild oats; *j-m Hörner aufsetzen* cuckold a p.; *die Hörner einziehen* draw in one's horns; → *Füllhorn*; *Stier*.

ˈ**Horn...**: ♀**artig** *adj.* hornlike, horny; corneous; ~**berger** [ˈ-bɛrgər] *adj.*: *wie das ~ Schießen ausgehen* come to nothing; ~**bläser** *m* → *Hornist*; ~**blende** *min. f* hornblende; ~**brille** *f* horn(-rimmed) spectacles.

Hörnchen [ˈhœrnçən] *n* (-s; -) small horn; *cul.* crescent.

Hörner [ˈhœrnər] *pl. of Horn*; ~**klang** *m* sound of horns *or* bugles; ♀**n** *adj.* (of) horn; horny; ~**sicherung** *el. f* horn-break fuse.

ˈ**Hör-nerv** *m* auditory nerve.

ˈ**Hornhaut** *f* callosity; *anat.* cornea (*of eye*); ~**entzündung** *med. f* inflammation of the cornea, keratitis; ~**geschwür** *med. n* corneal ulcer; ~**trübung** *med. f* corneal opacity.

ˈ**hornig** *adj.* horny.

Hornisse [hɔrˈnisə] *f* (-; -n) hornet; ~**nnest** *n* hornets' nest.

Hornist [hɔrˈnist] *m* (-en; -en) horn-player; *mil.* bugler.

ˈ**Horn...**: ~**ochse** *colloq. m* blockhead, oaf; ~**signal** *n* bugle-call; *mot.* horn signal.

Hornung [ˈhɔrnuŋ] *m* (-s; -e) February.

Hornvieh *n* horned cattle.

ˈ**Hör...**: ~**organ** *n* auditory organ; ~**probe** *f radio*: audition(ing).

Horoskop [horoˈskoːp] *n* (-s; -e) horoscope; *j-m das ~ stellen* cast a p.'s horoscope *or* nativity.

horrend [hɔˈrɛnt] *adj.* enormous; → *ungeheuer*.

horrido(h) [hɔriˈdoː] *int.*, ♀ *n* (-s; -s) halloo(!).

ˈ**Hörrohr** *n* ear-trumpet; *med.* stethoscope.

Horror [ˈhɔrɔr] *m*: *e-n ~ haben vor* (*dat.*) have a horror of, dread, abominate.

ˈ**Hör...**: ~**rundfunk** *m* sound broadcasting; ~**saal** *m* lecture-hall; ~**schwelle** *f* threshold of audibility; ~**spiel** *n* radio play.

Horst [hɔrst] *m* (-es; -e) *orn. and*

fig. eyrie; → *Flieger≈*; *bot.* copse; *geol.* horst.
'horsten *v/i.* (*h.*) nest.
Hort [hɔrt] *m* (-[e]s; -e) treasure; hoard (*of the Nibelungs*); safe retreat, refuge, shelter; protection; bulwark, stronghold; protector, refuge; day-home (*for children*); **'≈en** *v/t.* (*h.*) hoard (up); stockpile.
Hortensie [hɔr'tɛnziə] *bot.* (-; -*n*) hydrangea.
Hörtrichter ['hø:r-] *m* ear-trumpet.
'Hortung *f* (-) hoarding.
'Hörweite *f* hearing distance; *außer (in)* ~ out of (within) hearing *or* earshot.
Hose ['ho:zə] *f* (-; -*n*) *usu. pl.* ~*n or ein Paar* ~*n* (a pair of) trousers, *Am. a.* pants; slacks *pl.*; breeches *pl.*; shorts; → *Unter≈*, *etc.*; *colloq. fig. die* ~*n anhaben* wear the breeches (*Am.* pants); *die* ~*n voll haben* be in a blue funk; *j-m die* ~*n straffziehen* give a p. a spanking; *sich auf die* ~*n setzen* buckle down to work, work hard; *das Herz fiel ihm in die* ~*n* his heart was in his boots *or* mouth.
'Hosen...: ~**aufschlag** *m* trouser turn-up (*Am.* cuff); ~**band-orden** *m* Order of the Garter; ~**bein** *n* trouser-leg; ~**boden** *m* seat of the trousers; *colloq. sich auf den* ~ *setzen* buckle down to it; ~**boje** *mar. f* breeches buoy; ~**bügel** *m* trouser hanger; ~**bund**, ~**gurt** *m* waist-band; ~**klappe** *f*, ~**latz** *m* flap, fly; ~**knopf** *m* trouser button; ~**naht** *f* trouser seam; *mil. mit den Händen an der* ~ thumbs on one's trouser seams; ~**rock** *m* divided skirt; ~**rolle** *thea. f* breeches part; ~**schlitz** *m* fly; ~**stoff** *m* trousering; ~**strecker** *m* (-s; -) trouser-hanger; ~**tasche** *f* trouser pocket; ~**träger** *m* (pair of) braces *pl.*, *Am.* suspenders *pl.*
hosianna [hozi'ana] *int. and* ≈ *n* (-s; -s) hosanna.
Hospital [hɔspi'tɑ:l] *n* (-s; -e, ⸚er) hospital; → *Krankenhaus*.
Hospitant(in *f*) [-'tant(in)] *m* (-en, -en; -, -nen) *univ.* guest listener *or* auditor.
hospi'tieren *v/i.* (*h.*) attend lectures as a guest listener, sit in (*bei* at).
Hospiz [hɔs'pi:ts] *n* (-es; -e) hospice, hostel; Christian family hotel.
Hostie ['hɔstiə] *eccl. f* (-; -*n*) host, consecrated wafer; ~**nteller** *m* paten.
Hotel [ho'tɛl] *n* (-s; -s) hotel; ~**besitzer(in** *f*) *m*, (**Hotelier** [hotəli'ə:] *m*, -s; -s) hotelier; hotel-keeper (*or* -proprietor); ~**boy** [-bɔʏ] *m* (-s; -s) page, *Am.* bellboy; ~**führer** *m* (*booklet*) hotel guide; ~**gewerbe** *n* hotel industry; ~**halle** *f* (entrance-)hall, lounge, foyer; ~**page** *m* → *Hotelboy*; ~**portier** *m* hall porter; ~**unterkunft** *f* hotel accommodation; ~**zimmer** *n* hotel room.
hott! [hɔt] *int.* (*go!*) gee ho!, ho!; (*turn right!*) gee!
hu! [hu:] *int.* whew!, ugh!
hü! [hy:] *int.* → *hott*; (*turn left!*) wo hi!, haw!
Hub [hu:p] *m* (-[e]s; ⸚e) heave, lift (-ing); *mot. of piston, tech. machine tool*: stroke, travel; *of valve*: lift; *of eccentric, etc.*: throw; **'**~**höhe** *f of crane*: lifting (*or* hoisting) height, lift; *mot.* (length of) stroke; **'**~**kraft**, **'**~**leistung** *f* lifting capacity; *mot.* output per unit of displacement; **'**~**raum** *m* piston displacement, cylinder capacity.
hüben ['hy:bən] *adv.* on this side.
hübsch [hypʃ] *adj.* pretty, nice, fine; good-looking, handsome; lovely; charming; picturesque; *Wetter*: pleasant, pretty (*weather*); considerable; *e-e* ~*e Summe* a pretty penny, a tidy sum of money; *ein* ~*es Vermögen* a tidy fortune; *e-e* ~*e Geschichte! iro.* a pretty mess (*or* kettle of fish); *es ist noch ein* ~*es Stück Wegs* it's a good distance yet; kind, nice; *das ist nicht* ~ *von dir* it is not nice of you; *das werde ich* ~ *bleibenlassen* catch me doing that; *das wirst du* ~ *sein lassen* you aren't going to do anything of the sort; *sei* ~ *artig!* be a good boy (girl)!
'Hub...: ~**schrauber** *m* (-s; -) helicopter; ~**schrauberlandeplatz** *m* heliport; ~**stapler** ['-ʃtɑ:plər] *m* (-s; -) fork-lift truck; ~**volumen** *tech. n* piston displacement; ~**weg** *mot. m* piston travel; height of valve lift; ~**werk** *n* hoisting gear; ~**zahl** *f* number of strokes.
Hucke ['hukə] *f* (-; -*n*) *agr.* → *Hocke*; *fig.* back; *colloq. j-m die* ~ *vollhauen* give a p. a sound thrashing; ≈**pack** *adv.* pick-a-back; ~**packflugzeug** *n* pick-a-back airplane; ~**packverkehr** *rail. m* road-rail service.
Hudelei [hu:də'laɪ] *colloq. f* (-; -en) careless (*or* slipshod) work; scamping.
'hudeln *v/i.* (*h.*) scamp one's work, be sloppy.
Hudler(in *f*) ['hu:dlər(in)] *m* (-s, -; -, -nen) scamper, botcher.
Huf [hu:f] *m* (-[e]s; -e) hoof; **'**~**beschlag** *m* (horse-)shoeing.
Hufe ['hu:fə] *agr. f* (-; -*n*) hide (of land).
'Huf...: ~**eisen** *n* horseshoe; ≈**eisenförmig** ['-fœrmiç] *adj.* horseshoe (-shaped); ~**eisenmagnet** *m* horseshoe magnet; ~**lattich** *bot. m* coltsfoot; ~**nagel** *m* horseshoe nail; ~**schlag** *m* hoof-beat; (horse's) kick; ~**schmied** *m* farrier; ~**schmiede** *f* farriery; ~**tier** *n* hoofed animal.
Hüft... ['hyft-] sciatic ...; ~**bein** *anat. n* hip-bone; ~**e** *f* (-; -*n*) hip; *zo.* haunch; *bis an die* ~ *reichend* waist-high; ~**enbruch** *med. m* fractured hip; ~**entasche** *f* hip-pocket; ~**gelenk** *n* hip-joint; ~**gelenkentzündung** *f* inflammation of the hip-joint, coxitis; ~**gürtel** *m* suspender (*Am.* garter) belt; panty-girdle; ~**halter** *m* roll-on girdle (*or* belt); ≈**lahm** *adj.* hipshot; ~**nerv** *m* sciatic nerve; ~**schmerz** *m*, ~**weh** *med. n* coxalgia; ~**schwung** *m gym.* hip swing; *wrestling*: cross buttock.
Hügel ['hy:gəl] *m* (-s; -) hill; hillock; knoll; elevation, height; mound; ~**abhang** *m* hillside, slope.
'hüg(e)lig *adj.* hilly.
'Hügel...: ~**kette** *f* chain (*or* range of hills); ~**land** *n* hill(y) country *or* tract.
Hugenotte [hugə'nɔtə] *m* (-*n*; -*n*) Huguenot.
Huhn [hu:n] *n* (-[e]s; ⸚er) fowl, chicken; hen; *junges* ~ → *Hühnchen*; *Hühner pl.* hens, *collect.* poultry *sg.*; *gebratenes* ~ roast chicken; *Hühner halten* keep fowls; *fig. ein krankes* ~ a lame duck; *verrücktes* ~ madcap, *Am.* screwball.
Hühnchen ['hy:nçən] *n* (-s; -) chicken; *Brat*~ roast chicken; *fig. mit j-m ein* ~ *zu rupfen haben* have a bone to pick with a p., have an axe to grind with a p.
Hühner... ['hy:nər-]: ~**auge** *med. n* corn; *j-m auf die* ~*n treten* (*a. fig.*) tread on a p.'s corns (*or* toes); ~**augenmittel** *n* corn-cure; ~**augenoperateur** *m* chiropodist, corn-cutter; ~**augenpflaster** *n* corn-plaster; ~**braten** *m* roast chicken; ~**brühe** *f* chicken-broth; ~**brust** *f* breast of chicken; *med.* pigeon-chest; ~**dieb** *m* roost-robber; ~**ei** *n* hen's egg; ~**draht** *m* chicken wire; ~**farm** *f* poultry (*or* chicken-)farm; ~**futter** *n* chicken-feed; ~**habicht** *m* goshawk; ~**hof** *m* poultry-yard, *Am.* chicken-yard; ~**hund** *m* pointer, setter; ~**jagd** *f* partridge shooting; ~**leiter** *f* roost-ladder; *fig.* breakneck stairs *pl.*; ~**pastete** *f* chicken-pie; ~**pest** *f* chicken-pest; ~**ragout** *n* chicken ragout; ~**schrot** *n* partridge shot; ~**stall** *m* hen-house, (chicken-)roost; ~**stange** *f* (hen-)roost; ~**suppe** *f* chicken broth; ~**tuberkulose** *f* tuberculosis of the fowl; ~**vögel** ['-føːgəl] *m/pl.* gallinaceous birds; ~**zucht** *f* poultry (*or* chicken) farming; ~**züchter** *m* chicken farmer.
hui [hui] *int.* whoosh!; wow!; quick!; *im* ≈ in a jiffy.
Huld [hult] *f* (-) graciousness, grace; favo(u)r; clemency; affection; benevolence; *in j-s* ~ *stehen* be in a p.'s favo(u)r (*or* good graces).
huldig|en ['huldigən] *v/i.* (*h.*) (*dat.*) do (*or* pay) homage to; *sich von j-m* ~ *lassen* receive a p.'s homage *or* oath of allegiance; *fig.* pay homage *or* tribute to; give *a p.* an ovation; pay one's addresses (*or* court) to (*a lady*); *e-r Ansicht* ~ profess (*or* embrace, hold) an opinion; indulge in, be addicted to (*a vice, etc.*); ≈**ung** *f* (-; -en) homage; ovation; ≈**ungs-eid** *m* oath of allegiance.
huld|reich, ~**voll** *adj.* gracious.
Hülle ['hylə] *f* (-; -*n*) wrap(per), cover(ing); envelope; jacket (*of book*); case; coat; garment; veil; bandage; *anat.* integument; → *Hülse*; *phys.* shell (*of atom*); *fig.* mask; cloak; *sterbliche* ~ mortal frame, (earthly) remains *pl.*; *mir fiel e-e* ~ *von den Augen* the scales fell from my eyes; *in* ~ *und Fülle* in abundance; plenty (*or* lots, heaps, oodles) of.
'hüllen *v/t.* (*h.*) wrap (up), cover, envelope; veil; *fig. in Flammen gehüllt* enveloped in flames; *in Dunkel (Nebel) gehüllt* shrouded in darkness (mist); *in Wolken gehüllt* clouded; *sich in Schweigen* ~ wrap

o.s. in silence, *über et.*: be silent about a th.

Hülse ['hylzə] *f* (-; *-n*) hull, husk; shell; pod; capsule; *tech.* case, bush, sleeve; shell; tube; socket; (slip-on) cap; *a. mil.* case; **~n-auszieher** *mil. m* (-s; -) (cartridge case) extractor; **~nfrucht** *f* legume(n); leguminous plant; *Hülsenfrüchte pl.* pulse; **~nschlüssel** *tech. m* box spanner.

'**hülsig** *adj.* husky, podlike; leguminous.

human [hu'ma:n] *adj.* humane; affable.

Humanis|mus [huma'nismus] *m* (-) humanism; classical education; **~t** (**-in** *f*) *m* (*-en, -en; -, -nen*) humanist; classical scholar *or* student; **2tisch** *adj.* humanistic(ally *adv.*); *~e Bildung* classical education; → *Gymnasium.*

humanitär [-ni'tɛ:r] *adj.* humanitarian.

Humani'tät *f* (-) humaneness; humanity; **~sduselei** [-du:zəlaı] *f* (-; *-en*) sentimental humanitarianism.

Humbug ['humbuk] *m* (-s) humbug; hoax.

Hummel ['huməl] *f* (-; *-n*) bumble-bee; *fig. wilde ~* tomboy, romp, hoyden.

Hummer ['humər] *m* (-s; -) lobster; **~salat** *m* lobster-salad; **~schere** *f* claw of a lobster.

Humor [hu'mo:r] *m* (-s; [-e]) (sense of) humo(u)r; → *Laune*; *er hat keinen ~* he has no sense of humo(u)r, he can't see a joke.

Humoreske [humo'rɛskə] *f* (-; *-n*) humorous sketch; *mus.* humoresque.

hu'morig *adj.* whimsical, humourous.

Humo'rist *m* (*-en; -en*) humorist; humorous writer; entertainer; **2isch** *adj.* humorous; comical, droll, funny.

hu'morvoll *adj.* humorous.

humpeln ['humpəln] *v/i.* (*h.*) limp, hobble.

Humpen ['humpən] *m* (-s; -) tankard.

Humus|(erde *f*) ['hu:mus-] *m* (-) vegetable mo(u)ld, humus; **~bildung** *f* humus formation; **~boden** *m* vegetable soil, top soil; **~decke** *f* mo(u)ld cover; **~säure** *f* humus acid; **~schicht** *f* humus layer; top soil.

Hund [hunt] *m* (-[e]s; -e) dog (*a. mining* = truck); *hunt.* hound; *junger ~* puppy; *ast. Großer (Kleiner) ~* Canis major (minor); *fig.* dog, hound, cur, scoundrel; *gemeiner (schlauer) ~* dirty (sly) dog; *colloq. auf den ~ bringen* ruin; *auf den ~ kommen* come down in the world, be on the rocks; *vor die ~e gehen* go to the dogs; *wie ~ und Katze leben* lead a cat-and-dog life; *da liegt der ~ begraben* that's why; *er ist bekannt wie ein bunter ~* he is known all over the place; *damit kannst du keinen ~ hinterm Ofen hervorlocken* that won't get you anywhere; it's no good; *er ist mit seinen Nerven auf dem ~* he is a nervous wreck; *er ist mit allen ~en gehetzt* he is up to all tricks; *den Letzten beißen die ~e* the devil takes the hindmost; *~e, die viel bellen, beißen nicht* barking dogs seldom bite.

Hunde... ['hundə-]: **~abteil** *rail. n* dog box; **~arbeit** *colloq. f* fiendish job, drudgery; **~ausstellung** *f* dog show; **2elend** *colloq. adj.*: *sich ~ fühlen* feel rotten *or* like nothing on earth; **~futter** *n* dog-food; **~gebell** *n* barking of dogs; **~halsband** *n* dog-collar; **~hütte** *f* (dog-) kennel, *Am.* dog-house; **~kälte** *colloq. f*: *es ist eine ~* it's beastly cold; **~koppel** *hunt. f* brace (*or* leash) of dogs; **~krankheit** *f* canine distemper; **~kuchen** *m* dog biscuit; **~leben** *n* (-s): *colloq. ein ~ führen* lead a dog's life; **~leine** *f* (dog-)lead, leash; **~liebhaber** *m* dog-fancier; **~marke** *f* dog tag (*a. Am. mil. sl.* = identity disk); **2müde** *adj.* dog-tired; **~peitsche** *f* dog-whip; **~rennen** *n* dog race (*or* racing).

hundert ['hundərt] *adj.* hundred; *~ Personen* a (*or* one) hundred persons; *~ gegen eins wetten* lay a hundred to one.

'**Hundert** *n* (-s; -e) hundred; *ein halbes ~* fifty; *fünf vom ~* (*v. H.*) five percent; *~e von Menschen* hundreds of people; *zu ~en* by (*or* in) hundreds.

'**Hunderter** *m* (-s; -) (a) hundred; (*figure* 100) hundred; three-figure number; hundred dollar, *etc.*, note; **2lei** ['-tərlaı] *adv.* of a hundred (different) kinds, a hundred different *things*; of all possible sorts.

'**hundert...**: **~fach** ['-fax], **~fältig** ['-fɛltiç] *adj.* a hundredfold; **~gradig** ['-gra:diç] *phys. adj.* centigrade; **2jahrfeier** *f* hundredth anniversary, centenary, *Am.* centennial; **~jährig** *adj.* a hundred years old, centenary; **2jährige(r** *m*) ['-jɛ:rigə(r)] *f* (*-n, -n; -en, -en*) centenarian; **~jährlich** *adj.* centennial; **~mal** *adv.* a hundred times; **2-Meter-Lauf** *m* hundred meters dash; **~prozentig** *adj.* a hundred per cent (*a. adv.*); *fig. a.* unadulterated, out-and-out, thorough; **2satz** *m* percentage.

'**hundertst** *adj.* hundredth; *fig. vom 2en ins Tausendste kommen* ramble from one subject to the other, talk on and on; **2el** *n* hundredth (part); one, *etc.*, per cent.

'**hundert...**: **~tausend** *adj.* a (*or* one) hundred thousand; *2e von Exemplaren* hundreds of thousands of copies; **~weise** ['-vaızə] *adv.* by hundreds; by the hundred.

'**Hunde...**: **~schlitten** *m* dog sled; **~schnauze** *f* dog's nose; *colloq. kalt wie e-e ~* (as) cool as a cucumber; **~staupe** *f* (canine) distemper; **~steuer** *f* dog's licen|ce, *Am.* -se; **~wetter** *colloq. n* beastly weather; **~zucht** *f* dog-breeding; (breeding) kennel; **~zwinger** *m* dog-kennel.

Hündin ['hyndin] *f* (-; *-nen*) she-dog, bitch.

'**hündisch** *adj.* doggish, canine; *fig.* cringing, toadying; shameless, dirty, vile; *~e Angst* cringing fear; *~e Ergebenheit* dog-like devotion.

Hunds... ['hunts-]: **~fott** ['-fɔt] *m* (-[e]s; -e) scoundrel, skunk; **2föttisch** ['-fœtiʃ], **2gemein** *adj.* dirty, mean, low-down; **2miserabel** *colloq. adj. sl.* lousy; **2müde** dog-tired; **~stern** *ast. m* dog-star, Sirius; **~tage** *m/pl.* dog-days; **~tagshitze** *f* canicular heat; **~wut** *med. f* hydrophobia, rabies.

Hüne ['hy:nə] *m* (*-n; -n*) giant; **~ngestalt** *f* colossal figure, Herculean frame; **~ngrab** *n* dolmen; **2nhaft** *adj.* gigantic, colossal, Herculean.

Hunger ['huŋər] *m* (-s) hunger (*fig. nach* after, for); appetite; *fig. a.* craving, thirst (for); famine, starvation; *~ bekommen* get hungry; *~ haben* be hungry; *~ leiden* suffer from hunger, starve; *~s* (*or vor ~*) *sterben* die of hunger *or* starvation, starve (to death); *s-n ~ stillen* appease one's hunger *or* appetite; *ich habe ~ wie ein Wolf* I am hungry as a wolf, I am starving *or* famishing; *~ ist der beste Koch* hunger is the best sauce; **~blockade** *f* hunger blockade.

'**hung(e)rig** *adj.* hungry; ravenous; starving, famished; *sehr ~ sein* be starving (*or* famishing); *fig.* hungry (*nach* for), craving (for).

'**Hunger...**: **~gebiet** *n* hunger-ridden area; **~jahr** *n* year of famine; **~künstler** *m* (professional) starver; **~kur** *med. f* starvation (*or* fasting-) cure; *e-e ~ durchmachen* be put (*or* put o.s.) on a starvation diet; **~leben** *n* (-s) (slow) starvation; **~leider** *m* (-s; -) starveling, poor beggar; **~lohn** *m* starvation wage(s *pl.*); (a mere) pittance; **2n** *v/i.* (*h.*): *es hungert mich, mich hungert* I am (*or* feel) hungry; (suffer) hunger, starve, go hungry; starve (*or* pinch) o.s.; fast; diet o.s.; *j-n ~ lassen* starve a p.; *fig. ~ nach* (*dat.*) hunger (*or* crave, long) for; **2nd** *adj.* hungry, starving, hunger-stricken; **~ödem** *med. n* nutritional (o)edema; **~ration** *f* starvation ration (*or* diet); **~snot** *f* famine; *von ~ befallen* famine-stricken; **~streik** *m* hunger-strike; *in ~ treten* (go on) hunger-strike; **~tod** *m* (death from) starvation; *den ~ erleiden* die of hunger (*or* starvation), starve to death; **~tuch** *n*: *am ~(e) nagen* be starving *or* famishing; have nothing to bite; **~typhus** *m* typhus; spotted fever.

Hünin ['hy:nin] *f* (-; *-nen*) giantess; huge woman.

hungrig ['huŋriç] → *hungerig.*

Hunn|e ['hunə] *m* (*-n; -n*), **~in** *f* (-; *-nen*) Hun.

Hupe ['hu:pə] *mot. f* (-; *-n*) (motor) horn, hooter; klaxon; fanfare; **2n** *v/i.* (*h.*) hoot, honk; sound one's horn *or* hooter; **~n** *n* (-s) honking, hooting; **~nknopf** *m* horn button; **~nsignal, ~nzeichen** *n* hooting signal, honk; *ein ~ geben* → *hupen.*

hupfen ['hupfən] *v/i.* (*sn*) → *hüpfen*; *colloq. das ist gehupft wie gesprungen* it comes to the same thing.

hüpfen ['hypfən] *v/i.* (*sn*) hop, skip; leap, jump (*vor Freude* with joy); gambol, frisk (about); bound, bounce; *fig. sein Herz hüpfte ihm im Leibe* his heart leapt for joy.

ˈ**Hüpfspiel** *n* hopscotch.

Hürde [ˈhyrdə] *f* (-; -*n*) hurdle (*a. fig.*); *sports*: e-e ~ *nehmen* take (*or* clear) a hurdle; fold, pen; *for horses*: corral; **~nlauf** *m sports*: hurdle race, hurdles *pl.*; **~nläufer** (**-in** *f*) *m* hurdler; **~nrennen** *n riding*: hurdle race.

Hure [ˈhu:rə] *f* (-; -*n*) whore, prostitute, strumpet (*a. fig.*), harlot; streetwalker; **2n** *v/i.* (*h.*) whore, fornicate; **~nhaus** *n* whorehouse, brothel, house of ill fame; **~nkind** *n* bastard (child); **~nviertel** *n* red-light district; **~r** *m* (-*s*; -) whoremonger, lecher; **Hureˈrei** *f* (-) whoring, fornication.

hurra! [huˈrɑ:] *int. and* **2** *n* (-*s*; -*s*) hurra(h)!, hooray!; ~ *rufen* (give a) cheer, shout hurrah; *mit* ~ *begrüßen* receive with (loud) cheers; **2patriot(in** *f*) *m* flag-waving patriot, patrioteer; **~patriotisch** *adj.* jingo (-istic), chauvinistic; **2patriotismus** *m* jingoism, chauvinism, *Am.* spread-eagleism; **2ruf** *m* (shout of) hurra(h), cheer(s *pl.*).

hurtig [ˈhurtiç] *adj.* brisk, swift, quick; alert, lively; nimble, agile; **2keit** *f* (-) briskness, swiftness, quickness; nimbleness, agility.

Husar [huˈzɑ:r] *mil. m* (-*en*; -*en*) hussar; **~enjacke** *f* dolman; **~enstückchen** *n* coup de main (*Fr.*).

husch! [huʃ] *int.* **a**) shoo!; **b**) quick!; **c**) hush!; *und* ~ *war sie weg* she was gone in a flash; ˈ**~en** *v/i.* (*sn*) scurry, whisk, flit.

hüsteln [ˈhy:stəln] *v/i.* (*h.*) cough slightly, hem.

ˈ**Hüsteln** *n* (-*s*) slight cough.

husten [ˈhu:stən] **I.** *v/i.* (*h.*) (have a) cough, give a cough; *colloq. fig.* ~ *auf* (*acc.*) not to care a rap for; **II.** *v/t.* (*h.*) (*aus*~) cough (*or* bring) up; *Blut* ~ spit blood; *colloq. fig. ich werde dir* (*et*)*was* ~ I'll see you further first!, you may whistle for it!

ˈ**Husten** *m* (-*s*; [-]) cough; *kurzer, trockener* ~ hacking cough; *e-n* (*schlimmen*) ~ *haben* have a (bad) cough; **~anfall** *m* fit of coughing, coughing-fit; **~bonbon** *m* cough-drop; **~mittel** *n* cough remedy; **~reflex** *m* cough reflex; **~reiz** *m* coughing irritation; **2stillend** *adj.* cough-relieving.

Hut[1] [hu:t] *m* (-[e]*s*; ¨*e*) hat; *steifer* ~ bowler (hat), *Am.* derby (hat); *of mushroom*: top; *orn.* pileum; ~ *ab!* hat(s) off!; *fig.* ~ *ab vor solchem Manne!* hats off to such a man!; *vor j-m den* ~ *abnehmen* take off one's hat to a p.; *den* ~ *aufsetzen* put on one's hat, cover o.s.; *fig. unter einen* ~ *bringen* reconcile; *den* (*or mit dem*) ~ *in der Hand* hat in hand; *colloq. da geht einem der* ~ *hoch!* **a**) that beats cock-fighting!, **b**) it makes your blood boil!; *ihm ging der* ~ *hoch* he blew his top (*or* saw red).

Hut[2] *f* (-) care, charge, keeping; protection; *in* (*or unter*) *j-s* ~ *sein* be in a p.'s keeping *or* custody; *auf s-r* (*or der*) ~ *sein* be on one's guard (*vor dat.* against), be careful (*nicht zu inf.* not to *inf.*), look (*Am.* watch) out (*vor dat.* for); *nicht auf der* ~ *sein* be off one's guard.

ˈ**Hut...: ~ablage** *f* hat rack; **~band** *n* (-[e]*s*; ¨*er*) hat-band; **~besatz** *m* hat-trimming; **~bürste** *f* hat-brush.

hüten [ˈhy:tən] *v/t.* (*h.*) guard, keep, take care of, look after; protect (*vor dat.* from); watch (over); tend, herd (*cattle*); tend, look after (*children*); *sich* ~ (*vor*) → *auf der Hut*[2] *sein*; *sich* ~ *zu inf.* be careful not to *inf.*, take (good) care not to *inf.*; *hüte dich vor ihm!* beware of him!

ˈ**Hüter** *m* (-*s*; -) guardian, keeper; custodian; warden; herdsman.

ˈ**Hut...: ~fabrik** *f* hat-manufactory; **~feder** *f* plume; **~form** *f* shape of a hat; *tech.* hatter's block; **~futter** *n* hat-lining; **~geschäft** *n*, **~laden** *m* hatter's shop, hat-shop; milliner's shop; **~händler** *m* hatter; **~kopf** *m* (hat-)crown; **~krempe** *f* (hat-)brim; **~macher** *m* hatter; **~macherin** *f* milliner; **~nadel** *f* hat-pin; **~rand** *m* (hat-)brim; **~schachtel** *f* hat-box; **~schnur** *f* hat-string; *colloq. fig. das geht über die* ~ that's going too far!, that's past a joke!; **~ständer** *m* hat-stand.

Hütte [ˈhytə] *f* (-; -*n*) hut; cottage, cabin; *contp.* hovel, shanty, *Am. a.* shack; *mount.* refuge; shed; hunting-box; *metall.* steelworks, ironworks *pl.*, metallurgical plant; smelting house, foundry.

ˈ**Hütten...: ~arbeiter** *m* smelter, foundry worker; **~besitzer** *m* owner of a foundry; **~chemiker** *m* metallurgical chemist; **~glas** *n* pot metal; **~industrie** *f* steel and iron industry; **~ingenieur** *m* metallurgy engineer; **~koks** *m* metallurgical coke; **~kunde** *f* (-) metallurgy; **~meister** *m* overseer of a foundry; **~rauch** *chem. m* flaky arsenic; **~technik** *f* metallurgical engineering; **~werk** *n* → *Hütte*; **~wesen** *n* (-*s*) metallurgical engineering; **~wirt** *mount. m* hut-keeper; **~zinn** *m* grain tin.

hutz(**e**)**lig** [ˈhuts(ə)liç] *adj.* shrivelled, withered; *esp. person*: wizened.

ˈ**Hutzucker** *m* loaf sugar.

Hyäne [hyˈɛ:nə] *zo. f* (-; -*n*) hyena.

Hyazinth [hyaˈtsint] *min. m* (-[e]*s*; -*e*), **~e** *bot. f* (-; -*n*) hyacinth.

Hybride [hyˈbri:də] *f* (-; -*n*) hybrid.

Hydra [ˈhy:dra] *f* (-; -*ren*) hydra.

Hydrant [hyˈdrant] *m* (-*en*; -*en*) hydrant, fire-plug.

Hydrat *chem.* [hyˈdrɑ:t] *n* (-[e]*s*; -*e*) hydrate.

Hydraul|ik [hyˈdraulik] *phys. f* (-) hydraulics *sg.*; **2isch** *adj.* hydraulic; **~e** *Presse* hydraulic press.

hydrier|en *chem. v/t.* (*h.*) hydrogenate; **2ung** *f* (-) hydrogenation; **2werk** *n* hydrogenation plant.

Hydro... [hydro-] hydro... (→ *Wasser*...); **~chinon** [-çiˈno:n] *n* (-[e]*s*) hydroquinone; **~dyˈnamik** *phys. f* hydrodynamics *sg.*; **2genisieren** [-geniˈzi:rən] *v/t.* (*h.*) hydrogenate; **~graphie** [-graˈfi:] *f* (-) hydrography; **~lyse** [-ˈly:zə] *f* (-; -*n*) hydrolysis; **~ˈmeter** *n* hydrometer; **~pathie** [-paˈti:] *med. f* (-) hydropathy; **~phon** [-ˈfo:n] *n* (-*s*) hydrophone; **~phonik** [-ˈfo:nik] *f* (-) hydrophonics *sg.*; **~ˈstatik** *f* hydrostatics *sg.*; **2ˈstatisch** *adj.* hydrostatic(ally *adv.*); **~theraˈpie** *med. f* hydrotherapeutics *sg.*

Hygien|e [hygiˈe:nə] *f* (-) hygienics *sg.*, hygiene; sanitation; **2isch** *adj.* hygienic(ally *adv.*), sanitary.

Hygro|meter [hygroˈme:tər] *n* (-*s*; -) hygrometer; **~skop** [-ˈsko:p] *n* (-*s*; -*e*) hygroscope.

Hymen [ˈhy:mɛn] *anat. n* (-*s*; -) hymen.

Hymne [ˈhymnə] *f* (-; -*n*) hymn, anthem.

Hyper|bel [hyˈpɛrbəl] *f* (-; -*n*) *math.* hyperbola; *rhet.* hyperbole; **2bolisch** [-ˈbo:liʃ] *adj.* hyperbolic(al).

ˈ**hypermodern** *adj.* ultramodern.

Hypertonie [-toˈni:] *med. f* (-; -*n*) hypertonia.

hypertrophisch [-ˈtro:fiʃ] *med. adj.* hypertrophic.

Hypno|se [hypˈno:zə] *f* (-; -*n*) hypnosis; **2tisch** *adj.* hypnotic(ally *adv.*).

Hypnoti|seur [hypnotiˈzø:r] *m* (-*s*; -*e*) hypnotizer; **2ˈsieren** *v/t.* (*h.*) hypnotize; **Hypnotismus** [-ˈtismus] *m* (-) hypnotism.

Hypochon|der [hypoˈxɔndər] *m* (-*s*; -) hypochondriac; **2drisch** *adj.* hypochondriac(al), splenetic.

Hypophyse [-ˈfy:zə] *anat. f* (-; -*n*) hypophysis, pituitary gland.

Hypotenuse [-teˈnu:zə] *math. f* (-; -*n*) hypotenuse.

Hypothe|k [-ˈte:k] *f* (-; -*en*) mortgage; *fig.* burden; *erste* (*nachstehende*) ~ first (junior) mortgage; ~ *auf Grundbesitz* mortgage on real estate; *Belastung mit e-r* ~ hypothecation; e-e ~ *aufnehmen* raise a mortgage; *mit e-r* ~ *belasten* encumber with a mortgage, mortgage, hypothecate; e-e ~ *bestellen* create a mortgage; e-e ~ *kündigen* call in (*or* foreclose) a mortgage; *debtor*: give notice of redemption; **2karisch** [-ˈkɑ:riʃ] *adj.* by (*or* on, as) a mortgage, hypothecary; **~er** *Kredit* credit on mortgage; **~e** *Sicherheit* hypothecary (*or* mortgage) security; *gegen* **~e** *Sicherheit* (*or adv.* ~ *gesichert*) on mortgage security; *adv.*: ~ *belastet* mortgaged.

Hypoˈtheken...: ~bank *f* (-; -*en*) mortgage bank; **~brief** *m* mortgage (deed); **~buch** *n* register of mortgages; **~darlehen** *n* mortgage loan; **~eintrag**(**ung** *f*) *m* registration of mortgage; **~forderung** *f* hypothecary claim; **2frei** *adj.* unencumbered, unmortgaged; **~geld** *n* mortgage money; **~gläubiger**(**in** *f*) *m* mortgagee; **~pfandbrief** *m* mortgage bond; **~schuld** *f* debt on mortgage; **~schuldner**(**in** *f*) *m* mortgager; **~urkunde** *f* mortgage-deed.

Hypothe|se [-ˈte:zə] *f* (-; -*n*) hypothesis, (mere) supposition; **2tisch** *adj.* hypothetic(al).

Hypotonie [-toˈni:] *med. f* (-; -*n*) hypotonia.

Hysterie [hysteˈri:] *med. f* (-; -*n*) hysterics, hysteria; **hysterisch** [hysˈte:riʃ] *adj.* hysterical; *einen* **~en** *Anfall bekommen* go into hysterics.

I

I, i [i:] *n* I, i; *fig. das Tüpfelchen auf dem i* the dot on the i; *i wo! int.* what next!, nothing of the kind!
iah! [i:ɑ:] (*donkey's bray*) hee-haw; **~en** *v/i.* (*h.*) hee-haw.
ich [iç] *pers. pron.* I; *~ selbst* I myself; *hier bin ~!* it is I, *colloq.* it's me!; *~ Narr!* fool that I am!; **♀** *n* (-[s]; -[s]) *the* I; (my)self; *phls. the* ego; *mein anderes* (*or zweites*) *~* my alter ego; *mein ganzes ~* my whole being *or* self; *das liebe ~* one's dear self, "number one"; **'♀bewußtsein** *n* consciousness of self; **~bezogen** ['-bətso:gən] *adj.* egocentric, self-centred; **'♀form** *f* (-): *Roman in der ~* novel in the first person singular; **'♀sucht** *f* (-) egotism, selfishness.
Ichthyosaurus [içtyo'zaʊrus] *m* (-; -*rier*) ichthyosaur.
ideal [ide'ɑ:l] *adj.* ideal; **♀** *n* (-*s*; -*e*) ideal; *das ~ e-s Redners* a model speaker; **~i'sieren** *v/t.* (*h.*) idealize; **Idea'list(in** *f*) *m* (-*en*, -*en*; -, -*nen*) idealist; **Idealismus** [-'lismus] *m* (-) idealism.
Ide'alwert *m* ideal value.
Idee [i'de:] *f* (-; -*n*) idea; *a.* notion, *Am. sl.* hunch; conception; trace, vestige; → *Gedanke*; *fixe ~* fixed idea, obsession; *gute ~* good idea, brain wave; *colloq.* e-e *~* a little (bit); *keine ~ von et. haben* have not the least (*or* faintest) idea of a th.; *keine ~!* by no means!; *contp. was für eine ~!* the very idea!; *ich kam auf die ~, zu inf.* I got the idea (into my head) to *inf.*, it occurred to me to *inf.*; *wie kamst du auf die ~, dies zu tun?* what made you do that?
ideell [ide'ɛl] *adj.* ideal.
Ideen... [i'de:ən-]: **♀arm** *adj.* without imagination, lacking in ideas; resourceless; **~folge** *f* order (*or* sequence) of ideas; **~lehre** *f* doctrine of ideas; **~reichtum** *m* wealth of ideas (*or* invention); resourcefulness; **~verbindung** *f* association of ideas.
Iden ['i:dən] *pl.* Ides.
identifizier|en [idɛntifi'tsi:rən] *v/t. and sich* (*h.*) identify (o.s.) (*mit* with); **♀ung** *f* (-; -*en*) identification.
i'dentisch *adj.* identical (*mit* with).
Identi'tät *f* (-) identity; **~snachweis** *m* proof of identity; *customs*: certificate of origin.
Ideologe [ideo'lo:gə] *m* (-*n*; -*n*) ideologist; **Ideologie** [-lo'gi:] *f* (-; -*n*) ideology; **ideo'logisch** *adj.* ideological.
Idiom [idi'o:m] *n* (-*s*; -*e*) idiom; speech habits *pl.*; dialect, vernacular; language; **idiomatisch** [-o'mɑ:tiʃ] *adj.* idiomatic.
Idiosynkrasie [idiozynkra'zi:] *f* (-; -*n*) idiosyncrasy.
Idiot(in *f*) [idi'o:t-] *m* (-*en*, -*en*; (-, -*nen*) idiot, imbecile; **Idio'tie** *f* (-, -*n*) idiocy; **idi'otisch** *adj.* idiotic, imbecile (*both a. contp.*).
Idol [i'do:l] *n* (-*s*; -*e*) idol.
Idyll [i'dyl] *n* (-*s*; -*e*), **~e** *f* (-; -*n*) idyl (*a. paint., etc.*); **♀isch** *adj.* idyllic.
Igel ['i:gəl] *m* (-*s*; -) *zo.* hedgehog; *mil.* all-round defen|ce, *Am.* -se; **~stellung** *mil. f* hedgehog position.
Ignoran|t [igno'rant] *m* (-*en*; -*en*) ignorant person, ignoramus; **~z** *f* (-) ignorance.
igno'rieren *v/t.* (*h.*) ignore, take no notice of, disregard; cut *a p.* (dead).
ihm [i:m] (*dat. of er and es*) **1.** (to) him; (to) it; *ich habe es ~ gegeben* I have given it (to) him; *sag es ~ nicht!* do not tell him!; **2.** *after prp.*: him, *e.g. von ~* of *or* from him; *ich drückte ~ die Hand* I pressed his hand.
ihn [i:n] (*acc. of er*) him; it; *wir sahen ~ selbst* we saw him himself.
'ihnen (*dat. pl. of er, sie, es*) **1.** (to) them; *ich habe es ~ gesagt* I have told them; **2.** *after prp.*: them; *mit or bei ~* with them, at their house; **3.** **♀** (*dat. of Sie*) (to) you.
ihr [i:r] **I.** *pers. pron.* **1.** (*dat. of sie sg.*) (to) her; (to) it; **2.** (*nom. pl. of du*); *in letters*: **♀** you; *~ selbst* yourselves; *after rel. pron.*: *~, die ~ das sagt* you who say that; **II.** *poss. pron.* **a)** *sg.* her; its; *einer ~er Brüder* a brother of hers; *mein und ~ Bruder* my brother and hers; **b)** *pl.* their; *sie haben ~ Haus verkauft* they have sold their house; *einer ~er Freunde* a friend of theirs; **c)** *address*: **♀** your; **d)** *su. der (die, das)* **'~(ig)e** hers (*pl.* theirs, *address*: **♀** yours); *sie und die ~(ig)en* she (they) and hers (theirs); *Sie und die* **♀**(*ig*)*en* you and yours; *in letters*: *ganz der* **♀**(*ig*)*e* yours very truly.
'ihrer: a) (*gen. sg. of sie sg.*) of her; **b)** (*gen. pl. of sie pl.*) of them; *es waren ~ zehn* there were ten of them; **c)** **♀** (*gen. of Sie*) of you; **~seits** ['-zaɪts] *adv.* on her (*pl.* their, **♀** your) part; in her (*pl.* their, **♀** your) turn.
ihresgleichen ['-əs'glaɪçən] *pron.* the like(s) of her (them, **♀** you); her (their, **♀** your) kind *or* equals *pl.*
ihret|halben ['i:rət-], **~wegen, ~willen** *adv.* on her (*pl.* their, **♀** your) account; because of her (*pl.* them, **♀** you); for her (**♀** your) sake, *pl.* for their sakes.
'ihrig → *ihr* II d.
Ilias ['i:lias] *f* (-) Iliad.
illegal ['ilegɑ:l] *adj.* illegal; *pol. ~ werden* go underground.
illegitim ['ilegi'ti:m] *adj.* illegitimate.
Illumination [iluminatsi'o:n] *f* (-; -*en*) illumination.
illumi'nieren *v/t.* (*h.*) illuminate (*a. manuscript*), light up.
Illusion [iluzi'o:n] *f* (-; -*en*) illusion; *sich* (*keine*) *~en machen* have *or* cherish (no) illusions (*über acc.* about); **illusorisch** [-'zo:riʃ] *adj.* illusory, delusive.
Illustration [ilustratsi'o:n] *f* (-; -*en*) illustration.
illu'strier|en *v/t.* (*h.*) illustrate (*a. fig.*); **♀te** [-tə] (**Zeitung**) *f* illustrated paper; (illustrated) magazine.
Iltis ['iltis] *zo. m* (-*ses*; -*se*) polecat, fitchew.
im [im] = **in dem** → *in.*
imaginär [imagi'nɛ:r] *adj.* imaginary.
Imbiß ['imbis] *m* (-*sses*; -*sse*) light meal (*or* repast), snack; **~halle, ~stube** *f* snack bar.
Imitation [imitatsi'o:n] *f* (-; -*en*) imitation; copy; counterfeit, fake.
imi'tieren *v/t.* (*h.*) imitate; → *nachahmen.*
Imker ['imkər] *m* (-*s*; -) bee-keeper, apiarist; → *Bienenzucht, etc.*
immanent [ima'nɛnt] *adj.* immanent, inherent.
Immatrikulation [imatrikulatsi'o:n] *f* (-; -*en*) matriculation, enrol(l)ment; **immatriku'lieren** *v/t.* (*h.*) (*and sich ~ lassen*) matriculate, enrol(l) (*an e-r Hochschule* in a university).
Imme ['imə] *f* (-; -*n*) bee.
immens [i'mɛns] *adj.* immense.
immer ['imər] *adv.* **1.** always, ever, *Am. a.* at all time; continually, constantly, incessantly, for ever, all the time; all day (long); *~ und ewig* for ever and ever; *auf or für ~* for ever, for good, permanently; *noch ~* still, even now; *noch ~ nicht* not yet, not even now; *~ wenn* whenever, every time; *~ (und ~) wieder* again and again, over and over again, time and again; et. *~ wieder tun* keep doing a th.; *~ weiter reden* keep (on) talking, talk on and on; (*nur*) *~ zu!* go on!, carry on!; **2.** *before comp.*: *~ besser* better and better; *~ schlimmer* worse and worse, (*going*) from bad to worse; *~ größer* bigger and bigger, ever bigger; *~ größer werdend* ever increasing; **3.** under any circumstances, at all events, in any case; **4.** → *je*[2]: *~ vier und vier* (always) four at a time; *~ den dritten Tag* every third day; **5.** *wann auch ~* whenever; *was auch ~* what(so)ever; *wer auch ~* who(so)ever; *wie auch ~* in whatever manner, however; *wo auch ~* wherever; **~dar** ['-dɑ:r] *adv.* forever (and ever), evermore; **~fort** *adv.* continually, incessantly, all the time; **♀grün** *bot. n* (-*s*; -*e*) evergreen, periwinkle; **~grün(end)** *adj.* evergreen; **~'hin** *adv.* for all that, after all, still; though; at least; **~'während** *adj.* everlasting, perpetual, eternal; **~'zu** *adv.* → *immerfort.*
Immigrant(in *f*) [imi'grant-] *m* (-*en*, -*en*; -, -*nen*) immigrant.
Immobiliar|kredit [imobili'ɑ:r-] *m* loan(s *pl.*) on real estate; **~vermögen** *n* → *Immobilien.*
Immo'bilien [-'bi:liən] *pl.* immovables, real estate *sg.*; **~gesellschaft** *f* real estate company; **~handel** *m* real estate business.
immobili'sieren *v/t.* (*h.*) immobilize.

Immortelle [imɔrˈtɛlə] *bot. f* (-; -*n*) everlasting (flower), immortelle.

immun [iˈmu:n] *adj.* immune (*gegen* from); ~ *machen* → **~iˈsieren** *v/t.* (*h.*) render immune, immunize; **2iˈtät** *f* (-) *med., parl. and fig.* immunity (*gegen* from); **2körper** *med. m* antibody.

Impedanz [impeˈdants] *el. f* (-; -*en*) impedance; **~spule** *f* reactance coil.

Imperativ [ˈimperati:f] *gr. m* (-s; -e) imperative (mood); **imperaˈtivisch** *adj.* imperative.

Imperfekt(um) [ˈimpɛrfekt(um)] *gr. n* (-s, -e; -s, -*a*) imperfect (tense), past tense.

Imperialis|mus [imperiaˈlismus] *m* (-) imperialism; **~t** *m* (-*en*; -*en*) imperialist; **2tisch** *adj.* imperialistic.

Imperium [imˈpe:rium] *n* (-s; -*ien*) empire.

impertinen|t [impɛrtiˈnɛnt] *adj.* impertinent, insolent; **2z** *f* (-) impertinence.

Impf|arzt [ˈimpf-] *m* vaccinator, inoculator; **2en** *v/t.* (*h.*) *med.* inoculate; *against smallpox*: vaccinate; *agr.* inoculate (*a. fig.*); **~gegner** *m* antivaccinationist; **~ling** [ˈ-liŋ] *m* (-s; -e) child (*or* person) liable to vaccination; vaccinated person; **2pflichtig** *adj.* liable to vaccination; **~schein** *m* vaccination certificate; **~schutz** *m* protection by vaccination; **~stoff** *m* serum; vaccine; **~ung** *f* (-; -*en*) inoculation (*a. agr.*); *against smallpox*: vaccination; **~-zwang** *m* (-[e]s) compulsory vaccination.

Imponderabilien [impɔnderaˈbi:liən] *n/pl.* imponderables.

imponieren [impoˈni:rən] *v/i.* (*h.*) be imposing (*or* impressive), command respect; *j-m*: impress, strike, awe *a p.*; **~d** *adj.* imposing, impressive, awe-inspiring.

Import [imˈpɔrt] *econ. m* (-[e]s; -e) import(ation); (*goods*) (**~en** *pl.*) imports; → *Einfuhr*; **~e** [-ə] *f* (-; -*n*) *usu. pl.* imported Havana cigar.

Importeur [impɔrˈtø:r] *m* (-s; -e) importer.

Imˈport...: **~firma** *f* importing firm, importers *pl.*; **~geschäft** *n* import business.

imporˈtieren *v/t.* (*h.*) import.

imposant [impoˈzant] *adj.* imposing, impressive; majestic.

impoten|t [ˈimpotɛnt] *adj.* impotent; **2z** *f* (-) impotence.

imprägnier|en [imprɛ:gˈni:rən] *v/t.* (*h.*) impregnate; proof; **2mittel** *n* impregnating agent; **2ung** *f* (-; -*en*) impregnation; proofing.

Impresario [impreˈzɑ:rio] *m* (-; -s) impresario.

Impressionis|mus [imprɛsioˈnismus] *m* (-) impressionism; **~t** *m* (-*en*; -*en*) impressionist; **2tisch** *adj.* impressionist(ic).

Impressum [imˈprɛsum] *typ. n* (-s; -*ssen*) imprint.

Imprimatur [impriˈmɑ:tur] *n* (-s) imprimature; approval.

Improvisation [improvizatsiˈo:n] *f* (-; -*en*) improvisation, extemporization; **improviˈsieren** *v/t. and v/i.* (*h.*) improvise (*a. fig.*), extemporize, *Am. sl.* ad-lib.

Impul|s [imˈpuls] *m* (-es; -e) impulse; *el a.* pulse; **~sgeber** *el. m.* pulse generator; **2siv** [-ˈzi:f] *adj.* impulsive; ~ *handeln* act on impulse *or* on the spur of the moment; **~s-satz** *phys. m* theorem of impulse.

imstande [imˈʃtandə] *pred. adj.*: ~ *sein zu inf.* be able to *inf.*; be capable of *ger.*; be in a position to *inf.*; *nicht* ~ *zu inf.* unable to *inf.*, incapable of *ger.*; *er ist nicht* ~ *aufzustehen* he cannot get up.

in [in] *prp.* **1.** *as to space*: (*with dat.*) in, at; within; (*with acc.*) into, in; *im Hause* in(side) the house, indoors; *im ersten Stock* on the first floor; ~ *der* (*die*) *Kirche* (*Schule*) at (to) church (school); *im* (*ins*) *Theater* at (to) the theatre; ~ *England* in England; *waren Sie schon* ~ *England?* have you ever been to England?; *before names of small towns, etc.*: at, *of important towns*: in (*jur.* at, of); *Herr Professor N.* ~ *Bonn* Professor N. of Bonn; **2.** *as to time*: (*with dat.*) in, at, during; within; *duration*: ~ *drei Tagen* (with)in three days; ~ *diesem* (*im letzten, nächsten*) *Jahre* this (last, next) year; ~ *dieser Stunde* at this hour; → *Kürze*; ~ *acht Tagen* in a week('s time) *or* within a week; *heute* ~ *vierzehn Tagen* today fortnight; *im Jahre 1939* in (the year of) 1939; *im* (*Monat*) *Februar* in (the month of) February; *im Frühling* (*Herbst*) in (the) spring (autumn); ~ *der Nacht* at night; ~ *letzter Zeit* lately, of late, recently; **3.** *mode* (*with dat.*): ~ *großer Eile* in great haste; ~ *Fahrt* under way; *im Frieden leben* at peace; *im Kreise* in a circle; ~ *Reichweite* within reach; **4.** *condition* (*with dat.*): *im Alter von* at the age of; ~ *Behandlung* under treatment; ~ *Vorbereitung* being prepared; ~ *Geschäften* on business; *Kassierer* ~ *e-r Bank* cashier in (*or* at) a bank.

ˈin-aktiv *adj.* inactive (*a. mil.*); *chem.* inert; **In-aktiviˈtät** *f* (-) inactivity.

Inˈangriffnahme [-nɑ:mə] *f* (-) (*gen.*) start (*or* beginning) *made with a th.*; setting about *a th.*; taking in hand, tackling *of a th.*; *w.s.* preliminary operations *pl.*

Inˈanspruchnahme [-nɑ:mə] *f* (-) laying claim to; *mil.* utilization, requisition; use, utilization, employment; reliance on, resort to; *econ.* ~ *von Kredit* availment of credit; strain (*gen.* on *capital, material, strength, etc.*); drain (on *one's purse, etc.*); demands (*gen.* on); *geistige*: preoccupation, engrossment, absorption; *zeitliche*: encroachment (*or* claim) on one's time; *econ. starke* ~ pressure of business.

ˈin-artikuliert *adj.* inarticulate.

Inˈaugenscheinnahme [-nɑ:mə] *f* (-) inspection.

ˈInbegriff *m* (-[e]s) substance, (quint)essence; *the* be-all and end-all; aggregate, totality; embodiment, incarnation; paragon.

ˈinbegriffen *pred. adj. and adv.* included, inclusive(ly), inclusive of.

Inbeˈsitznahme *f* occupation, taking possession (*gen.* of).

Inbeˈtrieb|nahme [-nɑ:mə] *f* (-; -*n*), **~setzung** [-sɛtsuŋ] *f* (-; -*en*) opening of (*or* putting into) operation *or* service, starting.

ˈInbrunst *f* (-) ardo(u)r, fervo(u)r.

ˈinbrünstig *adj.* ardent, fervent.

Inbusschraube [ˈinbus-] *tech. f* Allen(-type) screw.

Indanthren [indanˈtre:n] *n* (-s; -e) indanthrene.

inˈdem I. *cj.* **1.** as, while, whilst; ~ *er mich ansah, sagte er* looking at me he said; ~ *er dies sagte, zog er sich zurück* saying so he retired; **2.** by *ger.*; *er gewann,* ~ *er einen kühnen Zug tat* he won by making a bold move; **II.** *adv.* → *indes* **I.**

Indemnität [indɛmniˈtɛ:t] *f* (-) indemnity.

Inder(in *f*) [ˈindər-] *m* (-s, -; -, -*nen*) Indian.

indes [-ˈdɛs], **inˈdessen I.** *adv.* during that time; meanwhile, in the meantime; **II.** *cj.* while; nevertheless, for all that; yet, still, however.

Index [ˈindɛks] *m* (-[es]; -e) *math., tech., statistics* (*and register*) index; *eccl. auf den* ~ *setzen* put *books* on the Index; **~strich** *m* index (line); **~währung** *econ. f* isometric standard; managed currency; **~zahl, ~ziffer** *f* index (number).

Indianer [indiˈɑ:nər] *m* (-s; -), **~in** *f* (-; -*nen*) (Red) Indian; **~häuptling** *m* (Red) Indian chief; **~stamm** *m* (Red) Indian tribe.

indiˈanisch *adj.* (Red) Indian.

Indienststellung [inˈdi:nst-] *mar., mil. f* commissioning; → *Einberufung.*

ˈIndier(in *f*) *m* (-s, -; -, -*nen*) → Inder.

indifferen|t [ˈ-difərɛnt] *adj.* indifferent (*gegenüber dat.* to); *phys. a.* neutral; inert (*gas*); **2z** *f* indifference.

indigniert [-diˈgni:rt] *adj.* indignant.

Indigo [ˈindigo] *m* (-s; -s) indigo; **~blau** *chem. n* indigo blue; **~farbstoff** *m* indigotin; **~rot** *n* indigo red; *chem.* indirubin.

Indikation [indikatsiˈo:n] *med. f* (-; -*en*) indication; *jur. ethische* ~ abortion on ethical grounds.

Indika|tiv [ˈindikati:f] *gr. m* (-s; -e) indicative (mood); **2tivisch** [-ˈti:viʃ] *adj.* indicative.

Indikatrix [indiˈkɑ:triks] *math. f* (-) indicatrix.

ˈindirekt *adj.* indirect.

ˈindisch *adj.* Indian; *der* **2e** *Ozean* the Indian Ocean.

ˈindiskret *adj.* indiscreet; **Indiskretiˈon** *f* (-; -*en*) indiscretion.

ˈindiskutabel *adj.* out of the question, out of court.

ˈindisponiert *adj.* indisposed.

individualisieren [individualiˈzi:rən] *v/t.* (*h.*) individualize.

Individuaˈlist *m* (-*en*; -*en*) individualist; **2isch** *adj.* individualist(ic).

Individualiˈtät *f* (-) individuality.

individuell [-ˈɛl] **I.** *adj.* individual; personal; **II.** *adv.*: ~ *gestalten* individualize, personalize; *das Gerät läßt sich* ~ *einstellen* the appliance can be adjusted to your likes.

Individuum [-ˈvi:duum] *n* (-s; -*duen*) individual; person.

Indiz(ienbeweis *m*) [in'di:ts(iən-)] *n* (-es; -ien) circumstantial evidence.
indi'zieren *v/t.* (*h.*) indicate; index.
Indo|'china [indo-] *n* Indo-China; **⁀chi'nesisch** *adj.* Indo-Chinese; **⁀ger'manisch** *adj.* Indo-Germanic.
indolent ['indolɛnt] *adj.* indolent, idle.
Indones|ien [-'ne:ziən] *n* (-s) Indonesia; **~ier(in** *f*) *m* (-s, -; -, -nen), **⁀isch** *adj.* Indonesian.
Indos|sament [indɔsa'mɛnt] *econ. n* (-s; -e) indorsement, endorsement; **~sant** [-'sant] *m* (en; -en) indorser, endorser; **~sat** [-'sa:t] *m* (-en; -en) indorsee, endorsee; **⁀sierbar** [-'si:r-ba:r] *adj.* indorsable, endorsable; **⁀'sieren** *v/t.* (*h.*) indorse, endorse.
Induktanz [induk'tants] *el. f* (-) inductance; **~spule** *f* retardation coil.
Induktion [-tsi'o:n] *phls. and el. f* (-; -en) induction; **~s...** inductive; **~s-apparat** *m* induction coil; **~s-elektrizität** *f* inductive electricity; **⁀sfrei** *adj.* non-inductive; **~shärtung** *f* induction hardening; **~s-motor** *m* induction motor; **~s-spule** *f* induction-coil; **~s-strom** *m* induced current.
induktiv [induk'ti:f] *adj.* inductive; **Induktivität** [-tivi'tɛ:t] *f* (-) inductance.
Induktor [in'dukto:r] *el. m* (-s; -'*toren*) inductor.
industria|lisieren [industriali'zi:-rən] *v/t.* (*h.*) industrialize; **⁀li'sierung** *f* (-; -en) industrialization; **⁀lismus** [-'lismus] *m* (-) industrialism.
Indu'strie *f* (-; -n) industry; *collect. the* industries *pl.*; **~aktien** *econ. f/pl.* industrial shares (*Am.* stocks), industrials; **~anlage** *f* (manufacturing) plant, works *pl.* (*often sg.*); **~arbeiter(in** *f*) *m* industrial worker; **~ausstellung** *f* industrial exhibition; **~bank** *f* (-; -en) industrial bank; **~berater** *m* management consultant; **~betrieb** *m* industrial (*or* manufacturing) plant *or* establishment; **~bezirk** *m* → *Industriegebiet*; **~erzeugnisse** *n/pl.* industrial products; manufactured goods, manufactures; **~firma** *f* industrial firm; **~führer, ~kapitän, ~könig** *m* captain of industry, tycoon; **~gebiet** *n* industrial area; manufacturing district; **~gelände** *n* industrial sites *pl.*; **~gewerkschaft** *f*: ~ *Bergbau* Mining Industry Trade Union; ~ *Metall* Engineering Union.
industriell [-'ɛl] *adj.* industrial; **⁀e(r)** *m* (-[e]n; -[e]n) industrialist, manufacturer.
Indu'strie...: **~kapitän, ~magnat** *m* → *Industrieführer*; **~messe** *f* industrial fair; **~obligationen** *f/pl.* industrial bonds; **~papiere** *n/pl.* industrials; **~potential** *n* industrial potential; **~ritter** *m* high-class swindler; **~staat** *m* (**~stadt** *f*) industrial country (town); **~- und Handelskammer** *f* Chamber of Industry and Commerce; **~verband** *m* federation of industries; **~werk** *n* industrial (*or* manufacturing) plant, engineering works *pl.*; **~werte** *econ. m/pl.* industrials; **~wirtschaft** *f* (-) industrial sector *or* activity; industry; **~zentrum** *n* industrial cent|re, *Am.* -er; **~zweig** *m* (branch of) industry.
induzieren [indu'tsi:rən] *v/t.* (*h.*) induce (*a. phys.*).
in-ein'ander *adv.* into one another, *two*: into each other; *in compounds a.* inter...; **~fassen** *v/i.* (*h.*) → *ineinandergreifen*; **~flechten** *v/t.* (*irr.*, *h.*) interlace, intertwine; **~fließen** *v/i.* (*irr.*, *sn*) flow (*or* merge) into each other; *paints*: run into one another; **~fügen** *v/t.* (*h.*) fit into each other, join; **~greifen** *v/i.* (*irr.*, *h.*) *tech.* gear together (*or* into each other), mesh, interlock; *fig.* work (harmoniously) together, cooperate; **⁀greifen** *n* (-s) concatenation, chain (*of events*); interplay; **~passen, ~stecken** *v/t.* (*h.*) fit together *or* into each other; **~passend** *adj.* nested (*set of pots, etc.*); **~schieben** *v/t. and sich* (*irr.*, *h.*) telescope; **~schlingen** *v/t.* (*h.*) intertwist; **~weben** *v/t.* (*h.*) interweave.
In-emp'fangnahme [-na:mə] *f* (-) reception.
infam [in'fa:m] *adj.* infamous; disgraceful, shameless, dirty.
Infamie [-fa'mi:] *f* (-; -n) infamy; disgrace.
Infant [in'fant] *m* (-en; -en) infante; **~in** *f* (-; -nen) infanta.
infantil [-'ti:l] *adj.* infantile.
Infantilismus [-ti'lismus] *m* (-) infantilism.
Infanterie ['infantə'ri:] *f* (-; -n) infantry; **~angriff** *m* infantry attack; **~ausbildung** *f* infantry training; **~geschoß** *n* small arms projectile; **~geschütz** *n* infantry (*or* close support) gun; **~spitze** *f* infantry point; **Infante'rist** *m* (-en; -en) infantryman, rifleman.
Infarkt [in'farkt] *med. m* (-[e]s; -e) infarct.
Infektion [infɛktsi'o:n] *med. f* (-; -en) infection; **~sgefahr** *f* danger of infection; **~sherd** *m* focus (of infection); **~skrankheit** *f* infectious disease.
Inferiorität [inferiori'tɛ:t] *f* (-) inferiority; **~skomplex** *psych. m* inferiority complex.
infernalisch [infɛr'na:liʃ] *adj.* infernal.
infil'trieren *v/t. and v/i.* (*h.*) infiltrate.
Infinitesimalrechnung [infinitezi-'ma:l-] *f* infinitesimal calculus.
Infini|tiv ['infiniti:f] *gr. m* (-s; -e) infinitive (mood); **⁀tivisch** [-'ti:-viʃ] *adj.* infinitive.
infizieren [infi'tsi:rən] *v/t.* (*h.*) infect; *sich* ~ be (*or* get) infected.
in flagranti [fla'granti] *adv.* red-handed, in the act.
Inflation [inflatsi'o:n] *f* (-; -en) inflation; **inflationistisch** [-tsio-'nistiʃ] *adj.* inflationary.
Inflati'ons...: **~erscheinung** *f* inflationary symptom; **~gefahr** *f* danger of inflation; **~politik** *f* inflationism; **~zeit** *f* inflation(ary period).
Influenz [influ'ɛnts] *el. f* (-; -en) electrostatic induction, influence.
Influ'enza *med. f* (-) influenza, flu.
infolge [-'fɔlgə] *prp.* (*gen.*) in consequence of, as a result of, owing (*or* due) to; **~'dessen** *adv.* as a result, consequently, accordingly; owing to this *or* which.
Infor|mation [infɔrmatsi'o:n] *f* (-; -en) *a. biol.*, *computer*: information (über *acc.* on, about); e-e ~ a piece of information; ~en *pl.* information *sg.*; → *Auskunft*; **~mati'onsbüro** *n* information bureau, inquiry office; **⁀matorisch** [-ma'to:riʃ] *adj.* informatory; **⁀'mieren** *v/t.* (*h.*) inform (*über acc.* of, on, about), notify, advise (of); acquaint (with); instruct; *esp. mil.* brief; *falsch* ~ misinform; *sich* ~ inform o.s., gather information, make inquiries.
Infragestellung [in'fra:gə-] *f* calling into question, casting doubts upon.
infra|akustisch ['infra-] *adj.* infra-acoustic, sub-audio (*frequency*); **~rot** *phys. adj.* infra-red; **⁀rotstrahler** *m* infra-red radiant heater; **⁀schall...** infra-sonic; **⁀struktur** *mil. f* infrastructure.
Infusion [infuzi'o:n] *f* (-; -en) infusion; **~s-tierchen** *n/pl.*, **Infusorien** [-'zo:riən] *n/pl.* infusoria.
In'gangsetzung [-setsuŋ] *tech. f* (-) setting in action, starting.
Inge'brauchnahme [-na:mə] *f* (-) putting into use (*or* into operation); → *Gebrauch*.
Ingenieur [inʒeni'ø:r] *m* (-s; -e) engineer; *beratender* (*leitender*) ~ consulting (chief) engineer; **~büro** *n* engineering (consultant's) office; **~schule** *f* school of engineering; **~wesen** *n* (-s) engineering.
Ingrediens [in'gre:diɛns] *n* (-; -'*enzien*), **Ingredienz** [-gredi'ɛnts] *f* (-; -en) ingredient, component.
'Ingrimm *m* rage, (inward) wrath; **⁀ig** *adj.* wrathful, fierce, furious.
Ingwer ['iŋvər] *bot. m* (-s) ginger; **~bier** *n* ginger-beer.
Inhaber ['inha:bər] *m* (-s; -), **~in** *f* (-; -nen) possessor, (de facto *or* present) holder, occupant (*of house, etc.*); owner, proprietor; holder (*of document, office, title, etc.*); holder (*of patent*), patentee; holder, bearer (*of bill of exchange, bond, etc.*); *econ. auf den* ~ *ausstellen* make out to bearer; *auf den* ~ *lautend* (payable) to bearer; **~aktie** *f* bearer share; **~papier** *n* bearer instrument; **~scheck** *m* cheque (*Am.* check) to bearer; **~schuldverschreibung** *f* bearer bond; **~wechsel** *m* bearer-bill.
inhaf|tieren [inhaf'ti:rən] *v/t.* (*h.*) arrest, take in custody, place under detention; **⁀'tierung** *f* (-; -en), **In'haftnahme** [-na:mə] *f* (-; -n) arrest, detention, imprisonment.
Inhalation [inhalatsi'o:n] *f* (-; -en) inhalation; **~s-apparat** *m* inhaler; **inha'lieren** *v/t.* (*h.*) inhale.
Inhalt ['inhalt] *m* (-[e]s; -e) contents *pl.*; capacity; volume; tenor, subject-matter (*of speech, writing, etc.*); *wesentlicher* ~ substance, essence, gist; content; *letter, etc.* des ~s, *daß* to the effect that, saying that; *des folgenden* ~s running as follows, to the following effect;

ℒ**lich** *adv.* as (*or* with regard) to the contents, in substance (*or* its contents).

'**Inhalts...:** ~**angabe** *f* statement of contents; summary, synopsis, epitome (*of work*); → *Inhaltsverzeichnis*; e-e ~ *machen* summarize, epitomize; ~**bestimmung** *f* determination of volume, cubature; ℒ**leer,** ℒ**los** *adj.* empty, devoid of substance, trivial; ℒ**reich,** ℒ**schwer** *adj.* full of meaning (*or* substance), meaty; pregnant; weighty, momentous; ~**verzeichnis** *n* list (*of books*: table) of contents; index; synopsis; ℒ**voll** *adj.* → *inhaltsreich*; comprehensive, exhaustive.

Initiale [initsi'ɑ:lə] *typ. f* (-; -*n*) initial (letter).

Initiativ-antrag [initsia'ti:f-] *parl. m* private bill.

Initiative [-'ti:və] *f* (-) initiative; enterprise; *die* ~ *ergreifen* take the initiative (*or* lead); *auf seine* ~ *hin* on his initiative; *aus eigener* ~ of one's own initiative (*or* accord).

Injektion [injɛktsi'o:n] *f* (-; -*en*) injection, *med. a.* shot; ~**snadel** *f* hypodermic needle; ~**s-spritze** *f* injection syringe.

injizieren [inji'tsi:rən] *v/t.* (*h.*) inject.

Injurie [in'ju:riə] *f* (-; -*n*) insult.

Inkasso [in'kaso] *econ. n* (-*s*; -*s*) collection; *zum* ~ for collection; ~**abteilung** *f* collection department; ~**auftrag** *m* collection order; ~**büro** *n* collection agency; ~**geschäft** *n* collection business; ~**vollmacht** *f* collecting power; ~**wechsel** *m* bill for collection.

In'kaufnahme [-nɑ:mə] *f* (-) acceptance (*gen.* of), putting up (with); *jur.* reckless disregard *of the consequences.*

inklusive [inklu'zi:və] *adv.* (**inkl.**) inclusive(ly), including; *econ.* ~ *Verpackung* packing included.

inkognito [in'kɔgnito] *adv. and* ℒ *n* (-*s*; -*s*) incognito.

'**inkongruen|t** *adj.* incongruous; ℒ**z** *f* incongruity.

'**inkonsequen|t** *adj.* inconsequential, inconsistent; ℒ**z** *f* inconsistency.

'**inkorrekt** *adj.* incorrect.

In'krafttreten *n* (-*s*) coming into force, taking effect; *Tag des* ~*s* effective date.

inkriminieren [inkrimi'ni:rən] *v/t.* (*h.*) incriminate.

Inkubationszeit [inkubatsi'o:ns-] *f* incubation period.

In'kurssetzung [-sɛtsuŋ] *f* (-) (putting into) circulation.

'**Inland** *n* (-[e]s) home (*or* native) country; interior of the country, inland; *im In- und Auslande* at home and abroad; *im* ~ *hergestellt* home-made; *in compounds usu.* home ...; native ...; inland ...; internal ...; domestic ...; ~**absatz** *m* (-es) sales *pl.* in the home-market; ~**anleihe** *f* internal loan; ~**aufträge** [-aʊftrɛ:gə] *m/pl.* orders from domestic customers; ~**bedarf** *m* domestic requirements.

Inländ|er(in *f*) ['inlɛndər-] *m* (-s, -; -, -*nen*) inlander; native; ℒ**isch** *adj.* native, home-bred, indigenous; national, domestic; home-made, domestic (*product*); home, inland (*trade*); internal (*traffic*).

'**Inlands...:** ~**handel** *m* home trade; ~**markt** *m* home (*Am.* domestic) market; ~**post** *f* inland (*Am.* domestic) mail; ~**wechsel** *econ. m* inland bill.

'**Inlaut** *gr. m* medial (sound).

Inlett ['inlɛt] *n* (-[e]s; -e) bedtick; ~**stoff** *m* ticking.

'**inliegend** *adj.* enclosed, inclosed; *adv. a.* as (an) enclosure.

in'mitten *prp.* (*gen.*) in the midst (*or* cent|re, *Am.* -er) of; amidst, *Am. usu.* amid.

inne ['inə] *adv.* within; ~**haben** *v/t.* (*h.*) hold, posses; hold, fill (*office, etc.*); hold (*record, title*); occupy (*town, etc.*); ~**halten I.** *v/t.* (*irr., h.*) observe, keep to; **II.** *v/i.* (*irr., h.*) stop, pause; *mit der Arbeit* ~ cease (*or* leave off) work(ing).

innen ['inən] *adv.* within, (on the) inside; within doors, indoors; ~ *und außen* within and without, inside and out(side); *nach* ~ (*zu*) inwards, towards the interior; *von* ~ from within, from the inside.

'**Innen...:** ~**abmessungen** *f/pl.* inside dimensions; ~**ansicht** *f* interior view; ~**antenne** *f* indoor aerial, *Am.* inside antenna; ~**architekt** *m* interior decorator; ~**architektur** *f* interior decoration; ~**aufnahme** *phot. f* indoor set *or* shot, interior; ~**ausstattung** *f* interior decoration (*or* equipment); ~**bahn** *f sports*: inside lane; ~**beleuchtung** *f* interior lighting; ~**dienst** *m* internal service; *mil.* barracks duty; ~**einrichtung** *f* → *Innenausstattung*; ~**fläche** *f* inner (*or* inside) surface; *of hand*: palm; ~**gewinde** *tech. n* internal (*or* female) thread; ~**leben** *n* (-*s*) inner life; ~**minister** *m* Minister of the Interior; *Brit.* Home Secretary; *Am.* Secretary of the Interior; ~**ministerium** *n* Ministry of the Interior; *Brit.* Home Office, *Am.* Department of the Interior; ~**politik** *f* home politics; domestic policy; ℒ**politisch** *adj.* (concerning) home affairs; domestic, internal; ~**raum** *m* interior (space); ~**seite** *f* inner side (*or* surface), inside; ~**stadt** *f* city (cent|re, *Am.* -er), *Am. a.* downtown; ~**steuerung** *mot. f* inside drive; ~**tasche** *f* inside pocket; ~**welt** *f* world within us, inner life; ~**winkel** *math. m* interior angle.

inner ['inər] *adj.* interior (*a. pol.*); inner, central; inward, internal (*a. med.*); from within; ~*e Angelegenheit* internal affair; ~*es Auge* mind's eye; ~*er Durchmesser* inside diameter; ~*er Halt* moral backbone, morale; ~*er Mangel* inherent vice; ℒ*e Mission* Home Mission; *gr.* ~*es Objekt* cognate object; ~*e Stimme* inner voice; ~*er Wert* intrinsic value; *el.* ~*er Widerstand* dynamic anode resistance; ~**betrieblich** *adj.* internal, intramural, *Am.* in-plant; ~*e Kontaktpflege* human relations; ℒ**e(s)** [-ə(s)] *n* (-[e]*n*) interior, inside; mind; heart, soul; midst, cent|re, *Am.* -er, heart; *im* ~*n* within, inside, internal, *fig.* at heart, secretly; *Minister des* ~*n* → *Innenminister.*

Innereien [-'raɪən] *f/pl.* innards, offals.

'**inner...:** ~**halb I.** *adv.* within, inside; **II.** *prp.* (*gen.*) within, *Am.* inside of; ~**lich I.** *adj.* → *inner*; mental, spiritual; psychical; introspective; contemplative; heartfelt, sincere; profound; **II.** *adv.* inwardly, internally; mentally; secretly; *pharm.* ~ *anzuwenden* for internal use; ℒ**lichkeit** *f* (-) inwardness; contemplative nature; profoundness; warmth; ~**parteilich** *adj.* intra-party, internal; ~**politisch** *adj.* → *innenpolitisch.*

'**innerst** *adj.* in(ner)most; *die* ~*en Gedanken* the most intimate (*or* secret) thoughts; ℒ**e(s)** [-stə(s)] *n* (-[e]*n*) the innermost (*or* most central) part; cent|re, *Am.* -er, heart, midst; *fig. sein* ~*s* his inmost soul; *bis ins* ~ to the (very) core *or* heart, to the foundations.

'**inne...:** ~**werden** *v/i.* (*irr., sn*) (*gen.*) perceive, see; become aware (*or* conscious) of; awake to; learn; ~**wohnen** *v/i.* (*h.*) (*dat.*) be inherent in; be proper to, be characteristic of.

innig ['iniç] **I.** *adj.* hearty, heartfelt, warm; tender, affectionate; ardent, fervent; sincere; intimate, close; *chem.* intimate (*mixture*); **II.** *adv.* tenderly, heartily, *etc.*; ~ *lieben* love dearly (*or* devoutly); *chem.* ~ *gemischt* intimately mixed; ℒ**keit** *f* (-) heartiness, warmth; tenderness; fervo(u)r; sincerity; intimacy, closeness; ~**lich** ['inikliç] *adv.* → *innig II.*

'**Innung** *f* (-; -*en*) guild, corporation.

'**in-offiziell** *adj.* unofficial, informal; *pred. a.* off the record.

in-oku'lieren *v/t.* (*h.*) inoculate.

'**in-opportun** *adj.* inopportune, untimely, out of place.

Inquisi|tion [inkvizitsi'o:n] *eccl. f* (-; -*en*) inquisition; ℒ**torisch** [-'to:riʃ] *adj.* inquisitorial.

ins [ins] = **in das** into the.

Insass|e ['inzasə] *m* (-*n*; -*n*), ~**in** *f* (-; -*nen*) inmate (*a. of institution, prison, etc.*); occupant, dweller; inhabitant; *of vehicle*: occupant, passenger.

insbe'sondere *adv.* in particular, particularly, (e)specially, above all.

'**Inschrift** *f* inscription, legend.

inseitig ['-zaɪtiç] *adj.* internal, inside.

Insekt [in'zɛkt] *n* (-[e]s; -*en*) insect.

In'sekten...: ~**blütler** [-bly:tlər] *m/pl.* entomophilae; ~**fraß** *m* insect ravage; ℒ**fressend** *adj.* insectivorous; ~**fresser** *m* insectivore, insect-eater; ~**kunde,** ~**lehre** *f* (-) entomology; ~**plage** *f* insect pest; ~**pulver,** ~**vertilgungsmittel** *n* insect-powder; insecticide.

Insel ['inzəl] *f* (-; -*n*) island; isle; *die* ~ *Wight* the Isle of Wight; *die britischen* ~*n* the British isles; *Verkehrs*ℒ (street-, *Am.* traffic) island; ~**bewohner(in** *f*) *m* islander; ~**chen** [-çən] *n* (-*s*; -) islet; ~**gruppe** *f* group of islands; ℒ**reich** *adj.* studded with islands; ~**reich** *n* island kingdom, *a.* →

~staat *m* insular country *or* state; **~volk** *n* island race *or* nation; **~welt** *f* island world.
Inserat [inzə'ra:t] *n* (-[e]s; -e) advertisement, ad; notice; **~enbüro** *n* advertising agency. [vertiser.]
Inserent [-'rɛnt] *m* (-en; -en) ad-
inse'rieren I. *v/t.* (*h.*) advertise; **II.** *v/i.* (*h.*): ~ *in* advertise (*or* put an ad) in.
Insertionsgebühren [inzɛrtsi'o:ns-] *f/pl.* advertising charges (*or* rates).
ins|ge'heim *adv.* in secret, secretly; **~ge'mein** *adv.* in general, generally; **~ge'samt** *adv.* altogether, in a body, in all, all told; *er erhielt* ~ *500 Briefe* he received the total of 500 letters; ~ *betragen or sich belaufen auf* total *a th.*
Insignien [in'zigniən] *pl.* insignia.
in'sofern[1] *adv.* so far; as far as that goes, in this respect; *das ist* ~ *unrichtig, als* this is incorrect in that.
inso'fern[2] *cj.*: ~ *als* (in) so far as, inasmuch as, in that.
'insolven|t *econ. adj.* insolvent; **2z** *f* insolvency; → *Bankrott.*
insonderheit [in'zɔndərhaɪt] *adv.* → *insbesondere.*
inso'weit *adv.* → *insofern*[2].
Inspektion [inspɛktsi'o:n] *f* (-; -en) inspection; (*office*) inspectorate; **~sreise** *f* tour of inspection.
In'spektor [-to:r] *m* (-s; -'toren), **Inspekteur** [-'tø:r] *m* (-s; -e) inspector; supervisor, overseer; *mil.* Chief of Staff *of the Army, etc.*
Inspiration [inspiratsi'o:n] *f* (-; -en) inspiration; **inspi'rieren** *v/t.* (*h.*) inspire.
Inspizient [inspitsi'ɛnt] *m* (-en; -en) inspector; *thea.* house manager.
inspi'zieren *v/t.* (*h.*) inspect; examine; superintend.
Installa|teur [instala'tø:r] *m* (-s; -e) plumber; steam fitter; gas-fitter; *el.* installer, electrician; **~tion** [-tsi'o:n] *f* (-; -en) installation; mounting.
instal'lieren *v/t.* (*h.*) install (*a. fig.*).
instand [in'ʃtant] **halten** *v/t.* (*h.*) keep in good repair *or* order; keep up; *tech.* maintain, service.
In'standhaltung *f* upkeep; maintenance; servicing.
'inständig I. *adj.* urgent, instant, earnest; **II.** *adv.*: *j-n* ~ *bitten* implore, beseech *a p.*
in'stand setzen *v/t.* (*h.*) *j-n*: enable *a p.*; *et.*: repair, mend, restore, *Am. a.* fix *a th.*; recondition, overhaul.
In'standsetzung [-zɛtsuŋ] *f* (-; -en) repair(ing), restoration; reconditioning; **~s-arbeit** *f* repair work, repairs *pl.* (*an dat.* to); **~swerkstatt** *f* repairshop.
Instanz [in'stants] *f* (-; -en) authority; *esp. jur.* instance; *höhere* ~*en* higher authorities, *jur.* appellate court; *jur. in erster* ~ at first instance; *Gericht erster* ~ court of first instance, *a.* trial court; *in erster* ~ *zuständig sein* (*für*) have original jurisdiction (over); *letzte* ~ last resort; *in letzter* ~ *zuständig sein* have final appellate jurisdiction; **~enweg** *m*: *auf dem* ~ through official (*or* the prescribed) channels; *jur.* stages of appeal.
Instinkt [in'stiŋkt] *m* (-[e]s; -e) instinct; *fig.* ~ *für* instinctive sense of; flair for; *aus* ~ by instinct, instinctively; **2artig** ['-a:rtiç], **2mäßig, instinktiv** [-'ti:f] *adj.* instinctive, by instinct.
Institut [insti'tu:t] *n* (-[e]s; -e) institution; institute; establishment; boarding-school.
Institution [institutsi'o:n] *f* (-; -en) institution; **institutionell** [-o'nɛl] *adj.* institutional(ly *adv.*); **institutionali'sieren** *v/t.* (*h.*) institutionalize.
instruieren [instru'i:rən] *v/t.* (*h.*) instruct; *sich* ~ (*über acc.*) inform o.s. (about).
Instruktion [-ktsi'o:n] *f* (-; -en) instruction; orders, directions, regulations *pl.*; *mil. a.* brief(ing).
instruktiv [-'ti:f] *adj.* instructive.
Instrument [instru'mɛnt] *n* (-[e]s; -e) instrument (*a. mus.*), tool, implement; → *Gerät, Vorrichtung*; *jur.* legal instrument, deed.
instrumental [-'ta:l] *mus. adj.* instrumental; **2begleitung** *f* instrumental accompaniment; **2musik** *f* instrumental music.
Instru'menten|brett *n* instrument panel, dashboard, control panel; **~flug** *aer. m* instrument flying; **~macher** *mus. m* instrument maker.
instrumen'tier|en *mus. v/t.* (*h.*) instrument, orchestrate; **2ung** *f* (-; -en) instrumentation, orchestration.
Insub-ordinati'on [inzup-] *f* insubordination.
Insulaner(in *f*) [inzu'la:nər-] *m* (-s, -; -, -nen) islander.
Insulin [inzu'li:n] *med. n* (-s) insulin.
Insurgent(in *f*) [inzur'gɛnt-] *m* (-en, -en; -, -nen) insurgent.
inszenier|en [instse'ni:rən] *v/t.* (*h.*) *thea.* (put on the) stage, produce; *film*: direct; *fig.* stage; **2ung** *f* (-; -en) production, staging, mise en scène (*Fr.*).
intakt [in'takt] *adj.* intact; unhurt.
Intarsia [in'tarzia] *f* (-; -ien) marquetry (work), inlay.
integral [inte'gra:l] *adj.* integral, whole; **2** *math. n* (-s; -e) integral (value); **2rechnung** *f* integral calculus.
inte'grieren *v/t.* (*h.*) integrate; **~d** integrant; **~er** *Bestandteil* integral part.
Integri'tät *f* (-) integrity.
Intellekt [intɛ'lɛkt] *m* (-[e]s) intellect.
intellektuell [-u'ɛl] *adj.* intellectual; **2e(r** *m*) *f* (-n, -n; -en, -en) intellectual, highbrow.
intelligent [-li'gɛnt] *adj.* intelligent.
Intelli'genz *f* (-) intelligence, brains *pl.*; *collect. die* ~ the intelligentsia (*of country*); **~ler** [-lər] *m* (-s; -) *sl.* egghead; **~prüfung** *f* intelligence test.
Intendant [intɛn'dant] *m* (-en; -en) superintendent; *thea.* director.
Intendantur [-'tu:r] *f* (-; -en) board of management; *mil.* commissariat.
Intensität [intɛnzi'tɛ:t] *f* (-) intensity, intenseness; **intensiv** [-'zi:f] *adj.* intensive, intense.
intensivier|en [-zi'vi:rən] *v/t.*, *a. sich* (*h.*) intensify; **2ung** *f* (-; -en) intensification.
Intensivum [-'zi:vum] *gr. n* (-s; -va) intensive (verb).
Interdikt [intər'dikt] *n* (-[e]s; -e) *eccl.* interdict.
interessant [intərɛ'sant] *adj.* interesting, of interest (*für* to); attractive.
Interesse [-'rɛsə] *n* (-s; -n) interest (*an dat., für acc.* in); concern; ~ *haben an or für* → *sich interessieren*; *in j-s* ~ *liegen* be to a p.'s interest; *im öffentlichen* ~ *liegen* benefit the public interest; *in deinem* ~ in your interest, for your sake; *es ist in deinem* ~ it is in your interest; *im* ~ (*gen.*) in the interest of (*justice, etc.*); *j-s* ~*n vertreten* (*wahrnehmen*) safeguard (*or* protect) a p.'s interests, act in a p.'s behalf; **2los** *adj.* uninterested, indifferent; **~ngebiet** *n* field of interest; **~ngemeinschaft** *f* community of interests; pooling agreement; combination; combine, pool; **~ngruppe** *parl. f* pressure group; **~nsphäre** *f* sphere of influence.
Interessent(in *f*) [-'sɛnt-] *m* (-en, -en; -, -nen) interest(ed party); *econ.* prospective customer *or* buyer; applicant.
Inter'essenvertretung *f* representation of interests.
interes'sieren *v/t.* (*h.*) interest (*für* in); arouse the interest of; *der Vorschlag interessiert mich nicht* the proposal does not interest me *or* has no interest for me, I don't care for the proposition; *das interessiert mich nicht!* I don't care!; *es interessiert dich* it concerns you; *sich* ~ *für* interest o.s. (*or* take an interest) in, be in the market for; *interessiert sein an* (*dat.*) be interested in, be concerned in.
Interferenz [intərfe'rɛnts] *phys. f* (-; -en) interference.
interimistisch [interi'mistiʃ] *adj.* interim; provisional, temporary.
'Interims...: temporary ..., interim ..., provisional ...; **~aktie** *f*, **~schein** *econ. m* interim certificate, scrip; **~regierung** *f* provisional government.
Interjektion [intərjɛktsi'o:n] *gr. f* (-; -en) interjection.
'interkonfessionell *adj.* interdenominational.
interkontinen'tal *adj.* intercontinental; **2geschoß** *n*, **2rakete** *f* intercontinental ballistic missile.
Intermezzo [intər'mɛtso] *mus., thea. n* (-s; -s) intermezzo, interlude.
intermittierend [-mi'ti:rənt] *adj.* intermittent.
intern [in'tɛrn] *adj.* internal; **2e(r** *m*) *f* (-n, -n; -en, -en) boarder; **Internat** [intər'na:t] *n* (-[e]s; -e) boarding-school.
internatio'nal *adj.* international; **2e** *pol. f* (-; -n) International (Working Men's Association); (*hymn*) international(e); **2e(r** *m*) *f* (-n, -n; -en, -en) *sports* international, star-athlete.
internationali'sier|en *v/t.* (*h.*) internationalize; **2ung** *f* internationalization.

Internationa'lismus *m* internationalism.
Internationali'tät *f* (-) internationality.
Inter'natsschüler(in *f*) *m* boarder.
internier|en [intər'ni:rən] *v/t.* (*h.*) intern; **2te(r** *m*) *f* (-*n*, -*n*; -*en*, -*en*) internee; **2ung** *f* (-; -*en*) internment; **2ungslager** *n* internment camp.
Inter'nist *med. m* (-*en*; -*en*) internal specialist, *Am.* internist.
Interpellation [intərpɛlatsi'o:n] *parl. f* (-; -*en*) interpellation; **interpel'lieren** *v/t.* (*h.*) interrogate; interpellate.
interplane'tarisch *adj.* interplanetary.
Interpret [intər'pre:t] *m* (-*en*; -*en*) interpreter; expounder; **Interpretation** [-pretatsi'o:n] *f* (-; -*en*) interpretation; **interpre'tieren** *v/t.* (*h.*) interpret (*a. art*), expound.
Interpunktion [-puŋktsi'o:n] *gr. f* (-; -*en*) punctuation; **~szeichen** *n* punctuation mark.
Intervall [intər'val] *n* (-*s*; -*e*) interval.
intervalutarisch [-valu'tɑ:riʃ] *adj.* as between (*or* among) different currencies; **~er** *Kurs* foreign exchange rate.
intervenieren [intərve'ni:rən] *v/i.* (*h.*) intervene, interfere; **Intervention** [-vɛntsi'o:n] *f* (-; -*en*) intervention.
Interview [intər'vju:] *n* (-*s*; -*s*) interview; **2en** *v/t.* (*h.*) interview.
Interzonen|handel [intər'tso:nən-] *m* interzonal trade; **~paß** *m* (inter-) zonal pass *or* permit; **~verkehr** *m* interzonal traffic.
Inthronisation [intronizatsi'o:n] *f* (-; -*en*) enthronement.
intim [in'ti:m] *adj.* intimate (*mit* with); *room, etc.*: *a.* comfortable, cosy; **~er** *Freund* intimate; **Intimität** *f* (-) intimacy; *b.s.* **~en** *pl.* familiarities; **In'timsphäre** *f* privacy; **Intimus** ['intimus] *m* (-; -*mi*) crony.
'intoleran|t *adj.* intolerant; **2z** *f* intolerance.
intonieren [into'ni:rən] *v/t.* (*h.*) inton(at)e.
'intransitiv *gr. adj.* intransitive; **~es** *Verb(um)* → **2(um)** *n* (-*s*, -*e*; -*s*, -*va*) intransitive verb.
intravenös [intrave'nø:s] *med. adj.* intravenous.
intrigant [intri'gant] *adj.* intriguing; scheming, plotting; **2(in** *f*) *m* (-*en*, -*en*; -, -*nen*) intriguer, schemer, plotter; *thea.* villain.
Intrige [-'tri:gə] *f* (-; -*n*) intrigue, scheme, plot.
intri'gieren *v/i.* (*h.*) intrigue, (plot and) scheme, hatch plots.
introvertiert [introvɛr'ti:rt] *psych. adj.* introverted.
intuitiv [intui'ti:f] *adj.* intuitive.
intus ['intus] *adj.*: et. **~** *haben* have a th. in one's head *or* stomach.
In'umlaufsetzen *econ. n* (-*s*) emission, circulation, issue.
invalid|(e) [inva'li:t; -də] *adj.* invalid, disabled; **2e(r)** [-də(r)] *m* (-[*e*]*n*; -[*e*]*n*) invalid; *n.s.* disabled worker *or* soldier *or* sailor; **2enhaus, 2enheim** *n* home (*or* hospital) for disabled soldiers; **2enrente** *f* disability pension (*Am.* benefit); **~enversicherung** *f* disablement insurance.
Invalidi'tät *f* (-) invalidity; disablement, disability.
Invasion [invazi'o:n] *f* (-; -*en*) invasion.
Inventar [invɛn'tɑ:r] *n* (-*s*; -*e*) inventory; (inventory) stock; (accountable, *Am.* nonexpendable) stores *pl.*; *lebendes* (*totes*) **~** live (dead) stock; *unbewegliches* **~** installed property; office furniture and equipment; **~** *aufnehmen* → **inventari'sieren I.** *v/i.* (*h.*) make an inventory, *econ. a.* take stock; **II.** *v/t.* (*h.*) inventory, catalogue; **Inven'tarverzeichnis** *n* stock book.
Inventur [invɛn'tu:r] *econ. f* (-; -*en*) inventory; (*die*) **~** *aufnehmen* take an inventory, take stock; **~aufnahme** *f* making (*or* taking) an inventory, stock-taking; **~ausverkauf** *m* stock-taking sale.
Inversi'on *f* inversion.
investier|en [invɛs'ti:rən] *v/t.* (*h.*) invest; **2ung** *f* (-; -*en*) investment.
Investition [-titsi'o:n] *econ. f* (-; -*en*) investment; capital expenditure; **~s-anleihe** *f* investment loan; **~sbank** *f* (-; -*en*) investment bank; **~sgüter** *n/pl.* capital goods; **~s-hilfe** *f* investment assistance; **~s-konjunktur** *f* boom in capital investment; **~skredit** *m* capital development credit.
Investitur [-ti'tu:r] *f* (-; -*en*) investiture.
inwendig ['invɛndiç] *adv.* inward, internal, interior; inside (*a. adv.*).
inwie|'fern, ~'weit *adv.* (in) how far, to what extent; in what way (*or* respect).
In'zahlungnahme [-nɑ:mə] *f* (-; -*en*) trade-in.
'Inzucht *f* (-) inbreeding, endogamy.
in'zwischen *adv.* in the meantime, meanwhile, since.
Ion [i'ʔo:n] *phys. n* (-*s*; -*en*) ion; **~engeschwindigkeit** *f* ionic velocity; **~enreihe** *f* ionic series; **~enwanderung** *f* ionic migration.
ionisch [i'ʔo:niʃ] *adj.* Ionian; **~e** *Säulenordnung* Ionic order.
ionisier|en [iʔoni'zi:rən] *phys. v/t.* (*h.*) ionize; **2ung** *f* (-; -*en*) ionization.
Ionosphäre [iʔono-] *f* (-) ionosphere.
Iota ['jo:ta] *n* (-[*s*]; -*s*) → *Jota*.
irden ['irdən] *adj.* earthen(ware); **2geschirr** *n* earthenware, crockery.
'irdisch *adj.* earthly, terrestrial; temporal; wordly; mortal; **2e(s)** *n* (-[*e*]*n*) earthly (*or* worldly) things *or* concerns *pl.*, temporal affairs.
Ire ['i:rə] *m* (-*n*; -*n*) → *Irländer*.
irgend ['irgənt] *adv.* **1.** *combined with indef. art. and pron. or with adv. usu.* **a)** *affirmative*: some..., **b)** *interrogative, negative, general*: any...; **2.** *following rel. pron. and cj.*: *wann* (*wo*) *es* **~** *geht* whenever (wherever) it may be possible; *was man* **~** *tun kann* whatever can be done; *wenn ich* **~** *kann* if I possibly can; *wer nur* **~** *geeignet ist* any qualified person; *so rasch wie* **~** *möglich* as soon as ever possible; **~ein(e), ~eins** some(one); any(one); *irgendein anderer* someone else, anyone else; *besteht irgendeine Hoffnung?* is there any hope at all?; **~einer, ~jemand, ~wer** somebody, someone; anybody, anyone; **~einmal** → *irgendwann*; **~ etwas, ~was** something; anything (at all); **~wann** some time (or other), sometime; **~welcher** somebody; *ohne irgendwelche Kosten* without any expense (whatever); *hat er irgendwelche Absichten?* has he any intentions at all?; **~wie** somehow; in some way (or other); **~wo** somewhere, in some place (or other); anywhere; **~** *anders* somewhere else; **~woher** from some place (or other); from anywhere; **~wohin** to some place (or other); to any place (whatever).
Irin ['i:rin] *f* (-; -*nen*) → *Irländerin*.
Iris ['i:ris] *anat., bot. f* (-; -) iris; **~blende** *f microphone*: iris diaphragm.
'irisch *adj.* Irish; **2er** *Freistaat* Eire, Irish Free State.
irisieren [iri'zi:rən] *v/i.* (*h.*) iridesce; **~d** *adj.* irridescent.
Irländer ['irlɛndər] *m* (-*s*; -) Irishman; *die* **~** *pl.* the Irish; **~in** *f* (-; -*nen*) Irishwoman.
Ironie [iro'ni:] *f* (-) irony; **~** *des Schicksals* irony of fate; **ironisch** [i'ro:niʃ] *adj.* ironic(al); **ironi'sieren** *v/t.* (*h.*) treat with irony, deride.
irr(e) ['ir(ə)] *adj. and adv.* (a)stray, off the right way, on the wrong track (*a. fig.*), lost; *fig.* wavering; confused, perplexed; *med.* insane, mentally deranged, out of one's mind; **~** *sein* **a)** → (*sich*) *irren*, **b)** be crazy, be delirious; **'Irre** *f* (-) erring (*a. fig.*); *in die* **~** *führen* → *irreführen*; *in die* **~** *gehen* → *irregehen*; **'Irre(r** *m*) *f* (-*n*, -*n*; -*en*, -*en*) insane person, lunatic, madman.
'irreal *adj.* unreal.
'irre...: ~führen *v/t.* (*h.*) mislead, lead astray (*both a. fig.*); misguide, misdirect; *fig. a.* put on the wrong scent; deceive, mystify, hoodwink; *sich* **~** *lassen* be misled *or* taken in; **~führend** *adj.* misleading; **~gehen** *v/i.* (*irr., sn*) go astray, stray; lose (*or* miss) one's way.
'irregulär *adj.* irregular; **~e** *Truppen* irregulars.
'irre...: ~leiten *v/t.* (*h.*) → *irreführen*; **~machen** *v/t.* (*h.*) puzzle, bewilder; confuse, perplex; → *beirren*.
'irren I. *v/i.* (*sn*) err, go astray, lose one's way, wander; *fig.* (*h.*) err, make a mistake, make (*or* commit) an error; be mistaken *or* wrong; (*sin*) stray from the right path, err; **II.** *sich* **~** (*h.*) make a mistake; *in j-m* be mistaken in *a p.*
'Irren *n* (-*s*) → *Irrtum*; **~** *ist menschlich* to err is human.
'Irren...: ~anstalt *f* lunatic asylum, mental home, madhouse; **~arzt** *m* mental specialist, alienist; **~haus** *n* → *Irrenanstalt*; *contp.* madhouse; **~häusler** *m* lunatic, madman.
'irre...: ~reden *v/i.* (*h.*) rave, wander; talk incoherently (*or* wildly); **2sein** *n* insanity; *jugend-*

liches ~ dementia praecox; *zirkuläres* ~ cyclic insanity; ~ **werden** *v/i.* (*irr.*, *sn*): ~ *an* (*dat.*) not to know what to make of; begin to doubt, have one's doubts about, lose faith in.

'Irr...: ~**fahrt** *f* wandering, *pl. a.* vagaries *pl.*; ~**gang** *m* **1.** erratic *or* round-about journey; **2.** → ~**garten** *m* labyrinth, maze; ~**glaube** *m* erroneous belief; false doctrine, heterodoxy; heresy; ♀**gläubig** *adj.* heterodox; heretical; ~**gläubige(r** *m*) *f* heretic.

irrigerweise ['irigər'vaɪzə] *adv.* → *irrtümlicherweise.*

Irrigator [iri'gɑ:tɔr] *med. m* (-*s*; -'*toren*) irrigator, douche.

irri'tieren *v/t.* (*h.*) irritate; exasperate, annoy; puzzle, intrigue.

'Irr...: ~**lehre** *f* false doctrine, heterodoxy; heresy; ~**licht** *n* (-[*e*]*s*; -*er*) will-o'-the-wisp, Jack-o'-lantern; ~**pfad** *m* wrong path; ~**sal** *n* (-[*e*]*s*; -*e*) erring; maze; ~**sinn** *m* (-[*e*]*s*) mental derangement, insanity, alienation; madness; ♀**sinnig** *adj.* insane; crazy, mad; ~**sinnige(r** *m*) ['-zinigə(r)] *f* (-*n*, -*n*; -*en*, -*en*) → *Irre*(*r*).

'Irrtum *m* (-*s*; ⸗*er*) error, mistake; oversight, slip; misunderstanding; *im* ~ *sein* be mistaken *or* wrong; *in e-m* ~ *befangen sein* be labo(u)ring under a mistake; *Irrtümer vorbehalten* errors excepted.

irrtümlich ['-ty:mliç] *adj.* erroneous; mistaken, false; *adv.* → ~**erweise** ['-ər'vaɪzə] *adv.* by mistake, mistakenly, erroneously.

'Irrung *f* (-; -*en*) → *Irrtum, Irrsal*; difference, dispute.

'Irr...: ~**wahn** *m* delusion; ~**weg** *m* wrong way; *auf* ~*e geraten* lose *or* miss one's way, *a. fig.* go astray; ~**wisch** *m* → *Irrlicht*; *person*: flibbertigibbet.

isabellfarben [iza'bɛlfarbən] *adj.* isabella.

Ischias ['iʃias] *med. f* (-) sciatica; ~**nerv** *m* sciatic nerve.

Islam [is'lɑ:m] *m* (-*s*) Islam(ism).

Isländ|er(in *f*) ['i:slɛndər-] *m* (-*s*, -; -, -*nen*) Icelander; ♀**isch** *adj.* Icelandic.

Isobare [izo'bɑ:rə] *f* (-; -*n*) isobar; ~**n...** isobaric.

isochron [izo'kro:n] *adj.* isochronic, isochronous.

Isolation [izolatsi'o:n] *f* (-; -*en*) isolation; *el.* insulation; **Isolationismus** [-o'nismus] *pol. m* (-) isolationism.

Isolator [-'lɑ:tɔr] *m* (-*s*; -'*toren*) insulator.

Isolier... [izo'li:r-]: *el. usu.* insulating; ~**band** *n* (-[*e*]*s*; ⸗*er*) insulating tape; ♀**bar** *chem. adj.* isolable; ~**baracke** *med. f* isolation ward; ♀**en** *v/t.* (*h.*) isolate (*a. chem. and fig.*); *med. a.* quarantine; *el.* insulate, ~**haft** *f* solitary confinement; ~**lack** *m* insulating varnish (*or* lacquer); ~**masse** *f* insulating compound; ~**schicht** *f* insulating layer; ~**schutz** *m* insulation; ~**station** *med. f* isolation ward; ~**ung** *f* (-; -*en*) isolation (*a. med.*); *el.* insulation; ~**zelle** *f* cell for solitary confinement.

isomer [izo'me:r] *adj.* isomeric.

Isotop [-'to:p] *n* (-*s*; -*e*) isotope; ~**enindikator** [-ənˀindikɑ:tɔr] *m* (-*s*; -'*toren*) (isotope) tracer.

isotrop [-'tro:p] *adj.* isotropic.

Israel ['israe:l] *n* (-*s*) *Staat*: Israel; **Isra'eli** *m* Israeli.

Israelit|(in *f*) [-e'li:t-] *m* (-*en*, -*en*; -, -*nen*) Israelite, Jew, *a.* Hebrew; ♀**isch** *adj.* Israelite, Jewish.

Ist-... ['ist-]: ~**Bestand** *m* actual amount, balance actually on hand; actual inventory *or* stock; ~**Einnahme** *f* net receipts *pl.*; ~**Stärke** *mil. f* effective strength.

Italien [i'tɑ:liən] *n* (-*s*) Italy; **Italiener(in** *f*) [itali'e:nər-] *m* (-*s*, -; -, -*nen*) Italian; **itali'enisch** *adj.* Italian; *die* ~*e Sprache* (*a.* ♀ *n*, -*en*) the Italian language, Italian.

'I-Tüpfelchen *fig. n*: *bis aufs* ~ to a T.

J

J, j [jɔt] *n* J, j.

ja [jɑ:] *adv.* **1.** yes, *mar., parl.* aye, *bibl., colloq., Am. parl.*: yea; ~ *doch*, ~ *freilich* yes, indeed; to be sure, by all means; *wenn* ~ if so, in that case; ~ *sagen zu et.* say yes to, (give one's) consent to; *wird er kommen? ich glaube* ~ *will he come?* I think so (*or* he will); *hast du es nicht gehört?* ~, *gewiß! didn't you hear?* of course, I did!; **2.** after all; *er ist* ~ *mein Freund* why, he is my friend; *er ist* ~ *ein alter Mann* he is an old man, after all; *es ist* ~ *nicht so schlimm* it really is not so bad; **3.** *introduction*: ~, *wissen Sie* why (*or* well), you know; **4.** *assertion*: *Sie wissen* ~, *daß* you know very well that; *da bist du* ~! there you are (at last)!; *da haben wir* (*or hast du*) *es* ~! there you are!; *ich sagte es Ihnen* ~! I told you so!, didn't I tell you (so)?; **5.** *admonition*: *schreiben Sie* ~ *recht bald* be sure to write soon, do write soon; *kaufe es* ~ *nicht* do not buy it on any account; **6.** *surprise*: ~, *weißt du denn nicht, daß* why, don't you know that; **7.** (~ *sogar*) nay; or, what is more; ~ *sogar noch mehr* and even more than that; *er ist bekannt*, ~ *sogar berühmt he is well known*, in fact (*or* one might even say) a celebrity.

Ja *n* (-*s*) yes; *parl.* aye; *mit* ~ (*be-*) *antworten* answer in the affirmative, say yes (to).

'Jabruder *m* yes-man.

Jabo ['jɑ:bo:] *m* (-*s*; -*s*) → *Jagdbomber.*

Jacht [jaxt] *f* (-; -*en*) yacht; '~**klub** *m* yachting club.

Jacke ['jakə] *f* (-; -*n*) jacket, (short) coat; cardigan; jersey, guernsey; vest; *fig. das ist* ~ *wie Hose* that's much of a muchness, it's all the same; *colloq. j-m die* ~ *vollhauen* give a p. a sound thrashing; ~**nkleid** *n* lady's suit.

Jacketkrone ['dʒɛkit-] *med. f* jacket crown.

Jackett [ʒa'kɛt] *n* (-*s*; -*e*) jacket; ~**anzug** *m* lounge suit.

Jagd [jɑ:kt] *f* (-; -*en*) hunt(ing), shooting; chase, pursuit; *collect. the* field (*or* hunt, hunting-party); *myth. wilde* ~ wild chase; (*area*) preserve, shooting; *fig.* hunt (*nach* for); rush; ~ *nach dem Glück* pursuit of happiness; *auf* (*die*) ~ *gehen* go hunting *or* shooting; *die* ~ *aufnehmen* give chase; ~ *machen auf* hunt for *or* after, chase after.

'Jagd...: ~**abwehr** *aer. f* fighter defen|ce, *Am.* -se; ~**anzug** *m* hunting dress; ~**aufseher** *m* gamekeeper; ♀**bar** *adj.* that can be hunted; fair (*game*); ~**berechtigung** *f* shooting right(s *pl.*), *n.s.* shooting-licen|ce, *Am.* -se; ~**beute** *f* booty, quarry, bag; ~**bezirk** *m* hunting-ground, shoot, preserve; ~**bomber** *aer. m* fighter-bomber; ~**büchse** *f* sporting rifle; ~**einsitzer** *aer. m* single-seat(ed) fighter; ~**flieger** *aer. m* fighter pilot; ace; ~**flinte** *f* sporting gun; fowling-piece; ~**flugzeug** *aer. n* fighter; ~**frevel** *m* poaching; ♀**gerecht** *adj.* huntsmanlike; ~**geschwader** *aer. n* fighter group (*Am.* wing); ~**gesellschaft** *f* hunting (*or* shooting) party; ~**gesetz** *n* game-law; ~**gewehr** *n* sporting gun; ~**gründe** *m/pl.* hunting-grounds; *in die ewigen* ~ *eingehen* go to the happy hunting-grounds; ~**gruppe** *aer. f* fighter group (*Brit.* wing); ~**haus** *n* shooting lodge; ~**horn** *n* hunting-horn, bugle; ~**hund** *m* hound; pointer; ~**hütte** *f* shooting-box; ~**messer** *n* hunting knife; ~**pächter** *m* game-tenant; ~**patrone** *f* shotgun cartridge; ~**recht** *n* shooting right(s *pl.*); ~**rennen** *n* steeplechase; ~**revier** *n* → *Jagdbezirk*; ~**schein** *m* shooting licen|ce, *Am.* -se; ~**schloß** *n* hunting seat; ~**schutz** *aer. m* fighter escort; ~**springen** *n* jumping test; ~**staffel** *aer. f* fighter squadron; ~**tasche** *f* game-bag; ~**zeit** *f* hunting (*or* shooting) season.

jagen ['jɑ:gən] **I.** *v/t.* (*h.*) hunt; drive; chase, give chase to, pursue; hound (*a. fig.*); stalk; shoot; *j-n aus dem Amt* ~ oust a p.; *j-n aus dem Dienste* ~ send a p. away, sack (*Am. a.* fire) a p.; *aus dem Hause* ~ turn out (of doors); *aus dem Lande* ~ drive out of the country; *in die Flucht* ~ put to flight, rout; *colloq. zum Teufel* ~ send to the devil; *fig.* *j-m ein Messer in den Leib* ~ run (*or* drive) a knife into a p.; *j-m (sich) e-e Kugel durch den Kopf* ~ blow a p.'s (one's) brains out; *soccer*: *den Ball ins Netz* ~ send (*or* drive) the ball home; *sein Pferd* ~ race one's horse; **II.** *v/i.* (*h.*) go (out) hunting *or* shooting, hunt; race, rush, dash, sweep; *fig.* ~ *nach* (*dat.*) hunt (*or* run) after, pursue; *die Ereignisse* ~ *sich* one event follows hot on the heels of the other, things are happening fast.

'Jagen *n* (*-s*) hunt(ing), shooting; chase, pursuit; rush; forest section.

Jäger ['jɛːgər] *m* (*-s*; -) hunter, huntsman, sportsman; ranger; gamekeeper; *mil.* rifleman; → *Jagdflieger, Jagdflugzeug*; **~bataillon** *n* rifle battalion.

Jäge|'rei *f* (-) hunt(ing), shooting; **'~rin** *f* (-; *-nen*) huntress.

'Jäger...: **~latein** *n* sportsman's slang; huntsman's tall stories; **~meister** *m* master of the hunt; **~smann** *m* (-[e]s; *-leute*) → *Jäger*; **~sprache** *f* hunter's jargon, hunting terms *pl.*

Jaguar ['jaːguaːr] *zo. m* (*-s*; *-e*) jaguar.

jäh(e) ['jɛː(ə)] *adj.* sudden, abrupt; rapid; startling; impetuous; hot-tempered, irascible; abrupt; rash; steep, precipitous; ~*e Flucht* headlong flight; ~*er Tod* sudden death; ~*er Abhang* precipice.

jählings ['jɛːliŋs] *adv.* (all) of a sudden; abruptly; precipitously; headlong.

Jahr [jaːr] *n* (-[e]s; *-e*) year; *ein halbes* ~ half a year, six months; *anderthalb* ~*e* eighteen months, a year and a half; *dreiviertel* ~ nine months; ~ *des Heils* (*des Herrn*) year of grace (*or* our Lord); *im* ~*e 1938* in (the year) 1938; *bis zum 31. Dezember d. J.* (= *dieses Jahres*) until 31st December of this year; *zu Anfang der dreißiger* ~*e* in the early thirties; *alle* ~*e* every year; *bei* ~*en* advanced in years; *bei seinen hohen* ~*en* at his age; *im Lauf der* ~*e* through (*or* over) the years; *in die* ~*e kommen* be getting on in years; *in diesem* (*im nächsten, vorigen*) ~*e* this (next, last) year; *mit den* ~*en* with (the) years; *mit or im Alter von 20* ~*en* at the age of twenty; *nach* ~*en* after (many) years; *nach* ~ *und Tag* a full year later; *seit* ~ *und Tag* for many years; for a long time; (*heute*) *übers* ~ a year hence; *ein* ~ *ums andere* year after year; (*heute*) *vor einem* ~ a year ago today; *von* ~ *zu* ~ from year to year; *in den besten* ~*en sein* be in one's best years (*or* the prime of life); **2'aus, 2'ein** year after year, year in and year out; all the year round; **'~buch** *n* year-book, almanac, annual; **'2elang** *adj.* for years; ~*e Erfahrung* (many) years of experience.

jähren ['jɛːrən]: *es jährt sich heute, daß* it is a year today since *or* that.

Jahres... ['jaːrəs-]: annual ..., yearly ...; **~abonnement** *n* annual subscription; **~abschluß** *econ. m* annual (*or* yearly) balancing *or* accounting; annual statement of accounts; **~anfang** *m* beginning *or* commencement of the year; **~ausweis** *econ. m* annual return (*Am.* statement); **~bericht** *m* annual report; **~bilanz** *econ. f* annual balance(-sheet); **~einkommen** *n* yearly income; **~ende** *n* end of the year; **~erste(r)** *m* *the* first of the year; **~feier** *f* anniversary; **~frist** *f*: *binnen* ~ within a year; *nach* ~ after a year's time; **~gehalt** *n* annual salary; **~hälfte** *f* half-year; **~lauf** *m* course of the year; **~rente** *f* annuity; **~ring** *bot. m* annual ring; **~schluß** *m* close of the year; **~schrift** *f* annual; **~tag** *m* anniversary; **~versammlung** *f* annual meeting; **~wechsel** *m*, **~wende** *f* turn of the year; New Year; *mit den besten Wünschen zum* (*zur*) ~ with the compliments of the season; **~zahl** *f* date of the year, year; **~zeit** *f* season, time of the year; **2zeitlich** *adj.* seasonal.

Jahrgang *m of wine*: vintage (*a. fig.*); *of newspapers, etc.*: annual set, volume; *of persons*: age-group; *ped. and mar.* class.

Jahr'hundert *n* century; **2alt** centuries-old; **2elang** for centuries; **~feier** *f* centenary, *Am.* centennial; hundredth anniversary; **~wende** *f* turn of the century.

'jährig *adj.* **1.** a year old; *drei*~ three-year-old; **2.** lasting a year, of one year, one-year.

'jährlich I. *adj.* yearly, annual; **II.** *adv.* every year, *econ.* per annum; yearly, once a year; ~*e Rente* annuity.

Jährling ['jɛːrliŋ] *m* (*-s*; *-e*) *zo.* yearling.

'Jahr...: **~markt** *m* fair; **~'tausend** *n* millenium; **~'tausendfeier** *f* millenary; **~zehnt** [-'tseːnt] *n* (-[e]*s*; *-e*) space of ten years, decade; **2'zehntelang I.** *adj.* lasting for decades; ~*e Forschungsarbeit* decades of research-work; **II.** *adv.* for (many) decades.

'Jähzorn *m* sudden anger *or* wrath, violent (fit of) passion; hot temper, irascibility; **2ig** *adj.* hot-tempered, irascible; furious, fierce.

Jakob ['jaːkɔp] *m* (*-s*) *esp. bibl.* Jacob; James; *colloq.* *der wahre* ~ the real McCoy.

Jakobiner [jako'biːnər] *m* (*-s*; -) Jacobin; *eccl.* → **~mönch** *m* Dominican friar; **~mütze** *f* Phrygian cap.

'Jakobsleiter *f* Jacob's ladder.

Jalousie [ʒalu'ziː] *f* (-; *-n*) Venetian blind.

Jamaika [ja'maɪka] *n* (*-s*) Jamaica.

Jamb|e ['jambə] *f* (-; *-n*) iambus, iambic foot; **2isch** *adj.*: ~*er Vers* iambic verse.

Jammer ['jamər] *m* (*-s*) (extreme) misery *or* distress, calamity; affliction, woe, sorrow; despair; lamentation, wailing; *es ist ein* ~ it is at pity *or* a crying shame; **~bild** *n*, **~gestalt** *f* picture of misery, piteous sight; **~geschrei** *n* lamentation, wails *pl.*; **~lappen** *contp. m* gutless creature, sissy.

jämmerlich ['jɛmərliç] **I.** *adj.* lamentable, deplorable, piteous; (*a. contp.*) pitiable; miserable, wretched; ~ *aussehen* look wretched *or* a picture of misery; **II.** *adv.*: ~ *weinen* cry piteously.

'jammern I. *v/i.* (*h.*) lament (*um* for; *über acc.* over), bewail; moan, groan; wail, whine; **II.** *v/t.* (*h.*): *j-n* ~ arouse (*or* move) a p.'s pity; *er jammert mich* I pity (*or* feel sorry for) him.

Jammern *n* (*-s*) lamentation(s *pl.*), wailing; moaning.

'Jammer...: **2schade:** *es ist* ~ it's a great pity, it's just too bad; **~tal** *n* (-[e]s) vale of tears; **2voll** *adj.* wretched; heart-rending; piteous, woebegone.

Janhagel [jan'haːgəl] *m* (*-s*) mob, rabble, riff-raff.

Janitscharenmusik [jani'tʃaːrən-] *f* janissary music.

Jänner ['jɛnər] *m* (-[s]; -), **Januar** ['januaːr] *m* (-[s]; *-e*) January.

Japan ['jaːpan] *n* (*-s*) Japan; **Japaner(in** *f*) [ja'paːnər-] *m* (*-s*, -; -, *-nen*) Japanese; **ja'panisch** *adj.* of Japan, Japanese; ~*e Sprache, das* 2(e) the Japanese language, Japanese; **'Japanlack** *m* japan; *mit* ~ *überzogen* japanned; **'Japanpapier** *n* Japanese paper.

jappen ['japən], **japsen** ['japsən] *v/i.* (*h.*) gasp, pant (*nach Luft* for air).

Jargon [ʒar'gɔ̃ː] *m* (*-s*; *-s*) jargon, slang, *contp.* lingo.

Jasager ['-zaːgər] *m* (*-s*; -) yes-man.

Jasmin [jas'miːn] *m* (*-s*; *-e*) jasmin(e).

Jaspis ['jaspis] *m* (-; *-se*) jasper.

'Ja-Stimme *parl. f* aye, *Am.* yea.

jäten ['jɛːtən] *v/t.* (*h.*) weed.

Jauche ['jaʊxə] *f* (-; *-n*) *agr.* liquid manure, dung water; *fig.* swill; *med.* sanies, ichor; **~grube** *f* cesspit; liquid manure pit.

jauchzen ['jaʊxtsən] **I.** *v/i.* (*h.*) jubilate, exult, rejoice, cheer, shout with joy; **II.** *v/t.* (*h.*) shout forth; 2 *n* (*-s*) jubilation, exultation, rejoicing; cheers *pl.*; **~d** *adj.* jubilant, exultant; cheering.

jaulen ['jaʊlən] *v/i.* (*h.*) howl.

Java ['jaːva] *n* (*-s*) Java.

Javan|er(in *f*) [ja'vaːnər-] *m* (*-s*, -; -, *-nen*), **2isch** *adj.* Javanese.

ja'wohl *adv.* yes, indeed; to be sure; quite so, exactly, *Am. a.* that's right; *mil., etc.*: yes, Sir!

'Jawort *n* (-[e]s; *-e*) yes; (word of) consent; *e-m Freier das* ~ *geben* accept a suitor.

Jazz [dʒɛz] *m* (-) jazz; **'~freund** *m* jazz-fan; **'~kapelle** *f* jazzband; **'~sänger** *m* jazz-singer.

je[1] [jeː] *int.*: *ach* ~! good heavens!, dear me!; ~ *nun* well now.

je[2] *adv. and cj.* **1.** *seit* ~ *and von* ~*her* at all times, from time immemorial; ~ *und* ~ on and on, always; **2.** ever; *ohne ihn* ~ *gesehen zu haben* without ever (*or* once) having seen him; *hast du* ~ *so etwas gehört?* did you ever hear (of) such a thing?; **3.** respectively; **4.** *distributive*: ~ *zwei und zwei* two at a time, two by (*or* and) two, by twos; *sie kosten* ~ *einen Dollar* they cost a dollar each; *er gab den drei Knaben* ~ *einen Apfel* he gave each of the three boys an apple; *für ~ zehn Wörter* for every ten words; *in Schachteln mit ~ 10 Stück verpackt* packed in boxes of ten; **5.** *~ nach* according to; *~ nachdem* **a)** as the case may be, **b)** it (all) depends, **c)** *cj.* according as, in proportion as; *~ nach Gutdünken des Vertreters* as the agent may deem fit; **6.** *with comp.*: *~ ... desto* the ... the; *~ mehr man hat, desto mehr man will* the more we have, the more we want; *~ länger, ~ lieber* the longer, the better.

jede [ˈjeːdə], **~r**, **~s** *indef. pron.* **1.** *adjectively*: each; every; any; *of two*: either; *mit ~m Tage* every day, from day to day; *ohne ~n Zweifel* without any (*or* the slightest) doubt; (*zu*) *~r Zeit* (at) any time; *unter ~r Bedingung* on any terms; *zu ~r Stunde* at any (given) hour; *fern ~r Zivilisation* far from any semblance of civilization; **2.** *substantively*: each (*or* every)one; each thing, everything; → *jedermann*; *~r von den beiden* either of them; *all und ~r* each and all, all and sundry; *~r hat seine Fehler* we all have our faults; *~r ist sich selbst der nächste* charity begins at home.

ˈ**jedenfalls** *adv.* in any case, at any rate, at all events; however it is.

ˈ**jeder...**: **~mann** *indef. pron.* everybody, each (*or* every)one; anyone, anybody; **~zeit** *adv.* at any time, always.

ˈ**jedesmal** *adv.* each (*or* every) time; *~ wenn* whenever, as often as; **~ig** *adj.* in (*or* for) each case; respective; → *jeweilig*.

jeˈdoch *adv.* however, still, yet; nevertheless, for all that.

jedwede [ˈjeːtveːdə], **jegliche** [ˈjeːkliçə], **~r**, **~s** *indef. pron.* → *jede(r,s)*.

jeher [ˈjeːˈheːr] *adv.*: *von ~* at all times, from time immemorial; all along.

Jeˈlängerjeˈlieber *bot. n and m* (-s; -) honeysuckle; lilac; heart's-ease.

jemals [ˈjeːmaːls] *adv.* ever; at any time.

jemand [ˈjeːmant] *indef. pron.* somebody, someone; anybody, anyone; *es kommt ~* there is somebody coming; *ist ~ hier?* is anybody there?; *es ist ~ bei ihm* he has company; *irgend ~* anybody; *~ anders* some (*or* any) other person; *sonst ~?* any one (*or* somebody) else?; ♀ *m*: *ich kenne einen (gewissen) ~, der* I know a (certain) person who, I know somebody who.

jene [ˈjeːnə], **~r**, **~s** *dem. pron.* **1.** *adjectively*: that, *pl.* those; (*ant.* dieser) the former; *in ~m Leben* in the life to come (*or* hereafter); *in ~n Tagen* in those days; **2.** *substantively*: that one, *pl.* those ones; *bald dieser, bald ~r* now (this) one, now the other; *von diesem und ~m sprechen* speak of one thing and another *or* of this and that.

jenseitig [ˈjɛnzaɪtiç] *adj.* (situated) on the other side; lying beyond, further; *das ~e Ufer* the opposite bank; *fig.* otherworldly.

jenseits [ˈjeːnzaɪts] **1.** *prp.* (*gen.*) on the other side of, beyond, across; *von ~* from beyond; *~ des Grabes* beyond the grave, hereafter; **2.** *adv.* on the other side, beyond.

ˈ**Jenseits** *n* (-) *the* Beyond *or* hereafter, *the* other world, *the* life to come; *besseres ~* brighter world; *colloq. ins ~ befördern* send to glory *or* to kingdom come.

Jeremiade [jeremiˈaːdə] *f* (-; -*n*) jeremiad, lamentation.

Jesuit [jezuˈiːt] *m* (-*en*; -*en*) Jesuit; **~en-orden** *m* Society of Jesus, Jesuit Order; **~enschule** *f* Jesuit college; ♀**isch** *adj.* Jesuitic(al).

Jesus [ˈjeːzus] *m* (-) Jesus; *der Herr ~* the (*or* our) Lord Jesus (Christ); **~kind(lein)** [-laɪn] *n* (-[e]s) the Infant Jesus.

jetzig [ˈjɛtsiç] *adj.* of the present time, present-time; present, actual, existing; prevailing; current (*a. econ. prices, etc.*); *in der ~en Zeit* in our days *or* times, nowadays.

jetzt [jɛtst] *adv.* **1.** now, at present, in our days *or* times; actually; *eben ~* just now; *erst ~* only now; *gleich ~* at once, instantly, right away; *noch ~* even now, to this day; **2.** *emphatic*: *~ erhob er sich* then (*or* with that) he rose; **3.** *after prp.*: *bis ~* until now; so far; (*not*) as yet; *für ~* for the present; *von ~ an* from now on, henceforth; ˈ♀**zeit** *f the* present (time); modern times *pl.*

jeweil|ig [ˈjeːvaɪliç] **I.** *adj.* respective; *der ~e Präsident, etc.* the president, *etc.*, of the day; *den ~en Umständen nach* as the circumstances may require; **II.** *adv.* → **~s** *adv.* in each case, respectively; at times; *esp. jur.* from time to time; *die ~ gültigen Bestimmungen* such provisions as may from time to time be established (*or* as now are or hereafter may be in force).

Jiddisch [ˈjidiʃ] *n* (-[s]) Yiddish.

Jiu-Jitsu [ˈdʒiuˈdʒitsu] *n* (-[s]) j(i)u-jitsu; **~griff** *m* j(i)u-jitsu hold.

Joch [jɔx] *n* (-[e]s; -e) **1.** yoke (*a. of magnet*); *ins ~ spannen* (put to the) yoke; *fig. das ~ abschütteln or abwerfen* shake off one's yoke; *unter das ~ bringen* bring under one's yoke *or* sway, subjugate; *sich unter das ~ beugen* submit to the yoke; **2.** *ein ~ Ochsen* a yoke (*or* pair) of oxen; **3.** mountain-ridge, pass; **4.** *arch.* (*a.* ˈ**~balken** *m*) cross-beam, tie-beam, girder; transom; *of bridge*: bay; ˈ**~bein** *anat. n* cheek-bone; ˈ**~brücke** *f* pile-bridge.

Jockei [ˈdʒɔki] *m* (-s; -s) jockey.

Jod [joːt] *chem. n* (-[e]s) iodine; *mit ~ behandeln* → *jodieren*; ˈ**~dampf** *m* iodine vapo(u)r.

jodeln [ˈjoːdəln] *v/i. and v/t.* (*h.*) yodel.

ˈ**jodhaltig** *adj.* iodiferous; **jodieren** [joˈdiːrən] *v/t.* (*h.*) *chem.* iodate, *med. and phot.* iodize.

Jodler[1] [ˈjoːdlər] *m* (-s; -) yodel.

ˈ**Jodler**[2] *m* (-s; -), **~in** *f* (-; -*nen*) yod(el)ler.

ˈ**Jod...**: **~lösung** *f* iodine solution; **~natrium** *n* sodium iodide.

Jodoform [jodoˈfɔrm] *n* (-s) iodoform.

ˈ**Jod...**: **~salbe** *f* iodine ointment; **~silber** *n* silver iodide; **~tinktur** *f* tincture of iodine; **~vergiftung** *f* iodine poisoning.

Joghurt [ˈjoːgurt] *m and n* (-s) yog(ho)urt.

Johanni(s) [joˈhani(s)] *n* (-) Midsummer (Day).

Joˈhannis...: **~beere** *f* (red) currant; **~beersaft** *m* currant juice; **~beerwein** *m* currant wine; **~brot** *bot. n* St. John's bread, carob (-bean); **~fest** *n* → *Johanni(s)*; **~feuer** *n* St. John's fire; **~käfer** *m* glow-worm; **~kraut** *bot. n* (-[e]s) St. John's wort; **~nacht** *f* Midsummer Night; **~tag** *m* → *Johanni(s)*; **~trieb** *m* belated stirrings of love.

johlen [ˈjoːlən] *v/i.* (*h.*) hoot, bawl, yell.

Jolle [ˈjɔlə] *mar. f* (-; -*n*) jolly(-boat), dinghy.

Jon|gleur [ʒɔŋˈgløːr] *m* (-s; -e) juggler; ♀ˈ**glieren** *v/t. and v/i.* (*h.*) juggle (with).

Joppe [ˈjɔpə] *f* (-; -*n*) jacket.

Jot [jɔt] *n* (-; -) (*the letter J, j*) jot.

Jota [ˈjoːta] *n* (-[s]; -s) jot; *kein ~* not a jot.

Journal [ʒurˈnaːl] *n* (-s; -e) journal (*econ.* = day-book, diary); *mar.* logbook.

Journalis|mus [-naˈlismus] *m* (-) journalism; **~t(in** *f*) *m* (-*en*, -*en*; -, -*nen*) journalist; reporter; **~tenstil** [-tən-] *m* journalese; **~tik** [-tik] *f* (-) journalism; ♀**tisch** *adj.* journalistic.

jovial [joviˈaːl] *adj.* jovial; affable.

Jubel [ˈjuːbəl] *m* (-s) jubilation, exultation, shouts *pl.* of joy, merry-making, rejoicing(s *pl.*); **~feier** *f*, **~fest** *n* jubilee; **~geschrei** *n* loud acclamation, exultant shouts *pl.*, vociferous cheers *pl.*; **~greis** *m* → *Jubilar*; *colloq.* gay old spark; **~jahr** *n* jubilee year; *colloq. alle ~e einmal* once in a blue moon.

ˈ**jubeln** *v/i.* (*h.*) jubilate, shout with joy, exult, rejoice (*über acc.* at).

Jubilar(in *f*) [jubiˈlaːr-] *m* (-s, -e; -, -*nen*) person celebrating his (her *f*) jubilee.

Jubiläum [-ˈlɛːum] *n* (-s; -*äen*) (*fiftieth, etc.*) anniversary; *goldenes or 50jähriges ~* (golden) jubilee, *silbernes or 25jähriges ~* silver jubilee; **~s-ausgabe** *f* jubilee edition.

jubiˈlieren *v/i.* (*h.*) → *jubeln*.

juch|he [juxˈheː], **~hei(ssa)** [-ˈhaɪ(-sa)] *int.* hurray!

Juchten [ˈjuxtən] *m and n* (-s), **~leder** *n* Russia (leather).

jucken [ˈjukən] **I.** *v/i.* (*h.*) itch; prickle, tickle; *ihm ~ die Finger danach* his fingers itch to take (*or* to do) it; *ihn juckt das Fell* he is itching for a fight; *mich (or mir) juckt's am ganzen Leibe* I itch all over my body; **II.** *v/t. and sich* (*h.*) scratch (o.s.); ♀ *n* (-s) itch(ing); **~d** *adj.* itching, itchy.

Judas [ˈjuːdas] *m* (-): *~* **Ischariot** [iˈʃaːriɔt] Judas Iscariot; **~kuß** *m* Judas kiss.

Jude [ˈjuːdə] *m* (-*n*; -*n*) Jew; *der Ewige ~* the Wandering Jew.

ˈ**Juden...**: **~deutsch** *n* Yiddish; **~feind(in** *f*) *m* anti-Semite; ♀**feindlich** *adj.* anti-Semitic; **~frage** *f* Jewish question; **~hetze** *f* Jew-baiting; **~hetzer** *m* Jew-baiter; **~kirsche** *bot. f* winter-cherry, alkekengi; **~schule** *f* Jewish school; synagogue; *colloq. fig. ein Lärm wie in einer ~* a terrific racket; **~tum** *n* (-s) Judaism; *collect.* jewry; **~verfolgung** *f* persecution of Jews; pogrom.

Jüdin ['jy:din] *f* (-; *-nen*) Jewess.

'**jüdisch** *adj.* Jewish; *colloq. nur keine ~e Hast!* take it easy!

Jugend ['ju:gənt] *f* (-) youth, early years *pl.*; infancy, childhood; adolescence, teens *pl.*; *collect. die ~* the youth, young people *pl.*; the rising generation; *von ~ auf* from one's youth, from a child; *die deutsche ~* German youth, young Germany; *~ hat keine Tugend* you cannot put old heads on young shoulders; boys will be boys; **~alter** *n* youth, young age; **~amt** *n* youth welfare office; **~arrest** *m* juvenile detention; **~bewegung** *f* youth movement; **~blüte** *f* (-) flower (*or* flush) of youth; **~buch** *n* book for the young; **~erinnerung** *f* memory from (one's) youth *or* childhood, *pl. a.* early reminiscences; **~freund(in** *f*) *m*: **a**) friend of the young; **b**) early friend, (old) schoolfellow *or* playmate; **~frische** *f* freshness of youth, bloom; **~fürsorge** *f* youth welfare; **~fürsorger** *m*, **~in** *f* youth welfare officer; **2gefährdend** *adj.* harmful (*publication, etc.*); **~gefährte, ~genosse, ~gespiele** *m* companion of one's youth *or* childhood, (old) playmate; **~gefängnis** *n* juvenile detention home; **~gericht** *n* juvenile court; **~heim** *n* youth cent/re, *Am.* -er; **~herberge** *f* youth hostel; **~jahre** *n/pl.* early years, youthful days; **~kraft** *f* youthful strength *or* vigo(u)r; **~kriminalität** *f* juvenile delinquency; **~lager** *n* youth camp.

'**jugendlich** *adj.* youthful; juvenile; boyish, girlish; *~er Verbrecher* youthful offender, juvenile delinquent; *~es Kleid* youthful dress; → *Irresein*; *~ aussehen* look young; **2e(r** *m*) *f* (*-n, -n; -en, -en*) juvenile, *jur. a.* young person; youth; adolescent, teen-ager; **2keit** *f* (-) youthfulness.

'**Jugend...:** **~liebe** *f* early *or* first love, calf-love; (*person*) old sweetheart, love of one's youth; **~pflege** *f* youth welfare work; **~pfleger(in** *f*) *m* youth welfare officer; **~psychiatrie** *f* child psychiatry; **~schriften** *f/pl.* (**~schriftsteller** *m* writer of) books for the young; **~schutz** *m* protection of young people; **~stil** *m* (-[e]s) art nouveau (*Fr.*); **~strafe** *jur. f* detention in a remand home (*Am.* reform school); **~streich** *m* youthful (*or* boyish) trick *or* prank; **~sünde** *f* sin (*or* folly) of one's youth; **~torheit** *f* youthful folly *or* escapade; *er hat s-e ~en hinter sich* he has sown his wild oats; **~traum** *m* youthful dream, dream of (one's) youth; **~werk** *n* early work; **~wohlfahrt** *f* youth welfare; **~zeit** *f* (-) (time *or* days *pl.*) of youth; *in m-r ~* in my young days.

Jugo'slaw|e [ju:go-] *m*, **~in** *f* Yugoslav; **~ien** [-iən] *n* (-s) Yugoslavia; **2isch** *adj.* Yugoslav(ic).

Juli ['ju:li] *m* (-[s]; -s) July.

Jumper ['dʒampər] *m* (-s; -) jumper.

jung [juŋ] *adj.* young; youthful; *fig.* new, fresh; green (*peas, goose*); *~e Aktien* new shares (*Am.* stocks); *~es Bier* new beer; *~e Eheleute* young couple *sg.*; *~es Gemüse* **a**) young (*or* fresh) vegetables *pl.*, **b**) *colloq. fig.* young fry; *~er Hund* pup(py); *~es Unternehmen* young company; *~er Wein* new wine; *von ~ auf* from childhood; *~ und alt* young and old; *~ bleiben* stay young; *~ heiraten* marry young; *~ gewohnt, alt getan* once a use, and ever a custom; *er ist ein paar Jahre zu ~* he is a few years under age; *in s-n ~en Jahren* in his early youth *or* days; → *jünger, jüngst.*

'**Jung...:** **~arbeiter** *m* young worker; **~brunnen** *m* fountain of youth.

'**Junge** *m* (*-n; -n*) boy, youngster; lad, youth, young fellow *or* man; adolescent, teenager; *cards* knave; *alter ~!* old man!; *dummer ~* stupid fellow; *grüner ~* unlicked cub, whipper-snapper; *schwerer ~* professional criminal, thug, tough; **~(s)** *n* (-[e]*n*; -[e]*n*) *zo.* young one; (*dog*) pup(py); (*lion, etc.*) cub; (*elephant*) calf, baby elephant; *~ werfen* → **2n** *v/i.* (*h.*) have (*or* bring forth) young (ones); *of dog*: pup, whelp; *of cat*: kitten; *of cow*: calve.

'**jungenhaft** *adj.* boyish.

jünger ['jyŋər] *adj.* younger, junior; *fig.* newer; *~en Datums* of a later date; *der 2e* (*d. J.*) junior (*abbr.* jun.), the younger (one); *econ. ~er Teilhaber* junior partner; *er ist drei Jahre ~ als ich* he is my junior by three years; *sie sieht ~ aus, als sie ist* she does not look her age.

'**Jünger** *m* (-s; -) disciple (*a. bibl.*), follower, adherent; *~ der Wissenschaft* votary (*or* man) of science.

Jungfer ['-fər] *f* (-; *-n*) virgin, maid; spinster; lady's maid; *alte ~* old maid; *e-e alte ~ bleiben* remain an old maid.

jüngferlich ['jyŋfərliç] *adj.* virginal, maiden(ly); spinster-like; coy, demure, prim.

'**Jungfern...:** **~fahrt** *mar. f* (**~flug** *aer. m*) maiden voyage (flight); **~häutchen** *anat. n* hymen; **~honig** *m* virgin honey; **~kranz** *m* bridal wreath; **~rede** *f* maiden speech; **~reise** *mar. f* maiden trip; **~schaft** *f* (-) virginity, maidenhood; **~stand** *m* (-[e]s) spinsterhood, maidenhood.

'**Jung...:** **~frau** *f* maid(en); virgin (*a. fig.*); *die ~ von Orleans* the Maid of Orleans; *die Heilige ~* the Holy Virgin; *ast.* Virgo; **2fräulich** ['-frɔʏliç] *adj.* maiden(ly); chaste; virginal, immaculate; *fig.* virgin; **~fräulichkeit** *f* (-) virginity, maidenhood; maidenly modesty, demureness; **~gesell(e)** *m* bachelor, single man; *alter ~* (regular) old bachelor; *eingefleischter ~* confirmed bachelor; young journeyman; **~gesellenleben** *n* (-s), **~gesellenstand** *m* (-[e]s) bachelor's life, bachelorhood; **~gesellin** *f* bachelor girl; **~lehrer(in** *f*) *m* assistant (*or* apprentice) teacher.

Jüngling ['jyŋliŋ] *m* (-s; -e) youth, young man, lad; *contp.* stripling; **~s-alter** *n* (-s) youth, early manhood, adolescence, teens *pl.*

jüngst [jyŋst] **I.** *adj.* youngest; last, latest, recent (*time*); *2er Tag, 2es Gericht* Doomsday, Last Judg(e)ment; *die ~en Ereignisse* the latest events; *Vorgänge der ~en Vergangenheit* events of the recent past; *sein ~es Werk* his latest work; *sie ist nicht mehr die 2e* she is no chicken; **II.** *adv.* (quite) recently, lately, of late, the other day; newly.

'**Jung...:** **~steinzeit** *f* Neolithic age; **2verheiratet, 2vermählt** *adj.* newly-wed (*or* married); **~vieh** *n* young cattle.

Juni ['ju:ni] *m* (-[s]; -s) June; **~käfer** *m* June-bug.

junior ['ju:niɔr] *adj.* (*jun., jr.*) junior.

'**Junior** *m* (-s; -'*oren*) *sports*: junior; **~chef** *m* junior director.

Juniorenklasse [juni'o:rən-] *f* junior class.

Junker ['juŋkər] *m* (-s; -) (young) nobleman, aristocrat; squire; *preußischer ~* Prussian junker; **~herrschaft** *f*, **~tum** *n* (-s) squir(e)archy; *in Prussia*: junkerdom.

Junktim ['juŋktim] *pol. n* (-s; -s) linking, package deal.

Juno ['ju:no] *f* (-) Juno (*a. ast. and fig.*); **junonisch** [ju'no:niʃ] *adj.* junoesque.

Junta ['junta] *pol. f* (-; *-ten*) junta.

Jupiter ['ju:pitər] *m* (-s) Jupiter (*a. ast.*), Jove; **~lampe** *f film*: Jupiter lamp, klieg light.

Jura[1] ['ju:ra] *n/pl.*: *~ studieren* study (the) law.

'**Jura**[2]: *der ~, das ~gebirge* the Jura Mountains *pl.*; **~bildung, ~formation** *geol. f* Jurassic formation; **~kalk** *m* Jurassic limestone; **~zeit** *f* (-) Jurassic period.

Jurisprudenz [jurispru'dɛnts] *f* (-) jurisprudence.

Ju'rist *m* (*-en; -en*) lawyer, jurist; law-student; **2isch** *adj.* legal, juridic(al), of (the) law; *~e Fakultät* faculty of law, *Am.* School of Law; *~e Person* legal entity, juristic person, body corporate, corporation; *Verbindlichkeiten ~er Personen* corporate obligations.

Jury [ʒy'ri:] *f* (-; -s) jury.

Jus [ju:s] *n* (-; *Jura*) law; → *Jura*[1].

just [just] *adv.* just, exactly; just (now).

justier|en [jus'ti:rən] *v/t.* (*h.*) *tech.* adjust, set; *typ.* justify; weight (*coins*); **2schraube** *f* adjusting *or* set screw; **2ung** *f* (-) adjusting, setting; justification.

Justiz [ju'sti:ts] *f* (-) (administration of) justice; **~be-amte(r)** *m* judicial officer; **~behörde** *f* judicial authority; **~gebäude** *n* law-courts *pl.*, courthouse; **~gewalt** *f* judiciary (power); **~inspektor** *m* judicial inspector, court officer; **~irrtum** *m* error of justice; **~minister** *m* minister of justice, *Brit.* Lord Chancellor, *Am.* Attorney General; **~ministerium** *n* Ministry of Justice; *Am.* Department of Justice; **~mord** *m* judicial murder; **~palast** *m* *the* Law Courts *pl.*; **~pflege, ~verwaltung** *f* administration of justice; legal administrative body; **~rat** *m* (-[e]s; ⸚e) *Brit.* Queen's Counsel (*abbr.* Q.C.); **~wesen** *n* (-s) judicial affairs *pl.*, judicature.

Jute ['ju:tə] *f* (-), **~hanf** *m* jute.

Jütländer(in *f*) ['-lɛndər-] *m* (-s, -; -, *-nen*) Jutlander.

Juwel [ju've:l] *n* (s; *-en*) jewel, gem (*both a. fig.*); **~en** *pl.* jewel(le)ry; precious stones.

Ju'welen...: ~kästchen *n* jewel-case, casket; **~laden** *m* jeweller's business *or* shop.

Juwelier [juve'li:r] *m* (-s; -e) jeweller; **~waren** *f/pl.* jewel(le)ry *sg.*

Jux [juks] *colloq. m* (-es; -e) (practical) joke, (great) fun, spree, lark; *sich e-n ~ machen* have a lark *or* some (good) fun.

K

K, k [kɑ:], *n* K, k.

Kabale [ka'bɑ:lə] *f* (-; *-n*) cabal, intrigue.

Kabarett [kaba'rɛt] *n* (-s; -e) (satirical) revue.

Kabarettist(in *f*) [-'tist] *m* (-en, *-en*; -, *-nen*) cabaret (*or* revue) artiste.

Kabbala ['kabala] *f* (-) cabbala; **kabbalistisch** [-'listiʃ] *adj.* cabbalistic.

kabbeln ['kabəln] *v/i.* (*h.*) squabble, quarrel; *mar. die See kabbelt* (*or ist* '**kabbelig** *adj.*) the sea is choppy.

Kabel ['kɑ:bəl] *n* (-s; -) cable; cable(gram); *ein ~ abrollen* pay out a cable; *ein ~ auslegen* lay a cable; *bewehrtes ~* armo(u)red cable; *unterseeisches ~* submarine cable; **~ader** *f* cable core; **~auftrag** *econ. m* cable order; **~bericht** *m* cable-report, cable-message; **~dampfer** *m* cable steamer; **~depesche** *f* cable(gram).

Kabeljau ['kɑ:bəljau] *m* (-s; -e) cod(fish).

'**Kabel...: ~legung** *f* laying of cable(s *pl.*); **~mantel** *m* cable sheathing; **2n** *v/t. and v/i.* (*h.*) cable; send a cablegram; **~rohr** *n* cable conduit; **~schacht** *m* manhole; **~schnur** *f* flex; **~trommel** *f* cable-reel; **~überweisung** *f* cable transfer.

Kabine [ka'bi:nə] *f* (-; *-n*) cabin; *at hair-dresser's, etc.*: cubicle; compartment; (lift-)cage; *film*: projecting room; → *Badekabine*; **~nklasse** *f* cabin class; **~nkoffer** *m* cabin trunk; **~npredigt** *colloq. sport f* pep talk; **~nroller** *mot. m* cabin-scooter.

Kabinett [kabi'nɛt] *n* (-s; -e) cabinet, closet; *pol.* cabinet; **~sformat** *phot. n* cabinet size; **~sfrage** *f* vital question; **~skrise** *f* cabinet crisis; **~sliste** *f* list of cabinet members; **~stück(chen)** *n fig.* brilliant show, clever move.

Kabriolett [kabrio'lɛt] *n* (-s; -e) cabriolet, *esp. Am.* convertible.

Kachel ['kaxəl] *f* (-; *-n*) (Dutch *or* glazed) tile; **~ofen** *m* tiled stove.

Kacke ['kakə] *f* (-), '**kacken** *vulg. v/i.* (*h.*) shit.

Kadaver [ka'dɑ:vər] *m* (-s; -) cadaver, corpse; carcass; **~gehorsam** *m* slavish obedience.

Kadenz [ka'dɛnts] *mus. f* (-; *-en*) cadence.

Kader ['kɑ:dər] *mil., pol. m* (-s; -) cadre; **~einheiten** *f/pl.* cadre units.

Kadett [ka'dɛt] *m* (-en; *-en*) *mil., mar.* cadet; **~en-anstalt** *f* cadets school; **~enkorps** *n* cadet corps; **~enschiff** *n* cadet ship.

Kadi ['kadi] *m* (-s; -s) cadi; *j-n vor den ~ schleppen* go to law with a p.

Kadmium ['katmium] *chem. n* (-s) cadmium; **~gelb** *n* (-s) cadmium sulphide.

kaduzier|en [kadu'tsi:rən] *jur. v/t.* (*h.*) declare forfeited; **2ung** *f* (-; -en) forfeiture (*of shares*).

Käfer ['kɛ:fər] *m* (-s; -) beetle, chafer, *Am. a.* bug; *colloq. netter ~* sweet girl; **2artig** *adj.* coleopterous.

Kaff *colloq.* [kaf] *n* (-s; -s) god-forsaken place, awful hole, *Am. a.* hick-town.

Kaffee ['kafe] *m* (-s) coffee; *gemahlener* (*gebrannter*) ~ ground (roasted) coffee; *e-e Tasse ~* a cup of coffee; *~ mit* (*ohne*) *Milch* white (black) coffee; *~ verkehrt* milk with a dash; '**~baum** *m* coffee-tree; '**~bohne** *f* coffee-bean; '**~brenner** *m* coffee-roaster; '**~büchse** *f* (coffee-)caddy; '**~ersatz** *m* coffee substitute; '**~gebäck** *n* (fancy) cakes *pl.* to serve with coffee; '**~geschirr** *n* coffee-service, coffee things *pl.*; '**~haus** *n* café; '**~kanne** *f* coffee-pot; '**~klatsch** *colloq. m* (gossip at a) coffee-party; '**~kränzchen** *n* coffee-party (*or* -circle); '**~löffel** *m usu.* tea-spoon; '**~maschine** *f* coffee percolator; '**~mühle** *f* coffee- mill *or* -grinder; '**~pflanzung** *f* coffee plantation; '**~röster** *m* coffee-roaster; **~röste'rei** *f* coffee roasters *pl.*; '**~satz** *m* (-es) coffee-grounds *pl.*; '**~tasse** *f* coffee-cup; '**~wärmer** *m* (-s; -) (coffee-pot) cosy.

Kaffein [kafe'i:n] *chem.* (-s) caffeine.

Kaffer ['kafər] *m* (*-n*; *-n*) Kaffir; *colloq.* oaf, duffer.

Käfig ['kɛ:fiç] *m* (-s; -e) cage (*a. el., tech.*); *fig. im goldenen ~* in a gilded cage; **~antenne** *f* cage aerial (*Am.* antenna); **~motor** *el. m* squirrel-cage motor.

Kaftan ['kaftan] *m* (-s; -e) caftan.

kahl [kɑ:l] *adj.* bald; shorn (*head*); *fig.* bare, naked; bare, leafless (*tree*); barren, bleak (*area*); blank (*wall*); plain; poor, paltry; empty.

'**Kahl...: ~fläche** *f* area devoid of vegetation; → *Kahlschlag*; **~fraß** *m* complete defoliation; **2geschoren** *adj.* close-cropped; **~heit** *f* (-) baldness; *fig.* bareness; barrenness; bleakness; **~kopf** *m* bald head; bald(-headed) person; **2köpfig**]'-kœpfiç] *adj.* bald-headed; **~köpfigkeit** *f* (-) bald-headedness, baldness; **~schlag** *m* complete deforestation; clear-cutting; clear-cut area; clearing.

Kahm [kɑ:m] *m* (-[e]s; -e) mo(u)ld; '**2ig** *adj.* mo(u)ldy, musty.

Kahn [kɑ:n] *m* (-[e]s; ⸚e) (small) boat, skiff; barge; *~ fahren* go boating; *colloq. im ~ sitzen* be in (the) clink; '**~fahrt** *f* boat trip; **~fracht** *econ. f* lighterage.

Kai [kaɪ] *m* (-s; -s) quay, wharf; '**~anlage** *f* wharfage; '**~arbeiter** *m* docker, longshoreman; '**~gebühren** *f/pl.*, '**~geld** *n* wharfage *sg.*

Kaiman ['kaɪman] *zo. m* (-s; -e) cayman.

'**Kai...: ~mauer** *f* quay-wall; **~meister** *m* wharfinger.

Kain [kain] *m* Cain; '**~smal** *n* (-[e]s; -e), '**~szeichen** *n* mark of Cain.

Kairo ['kairo:] *n* Cairo.

Kaiser ['kaizər] *m* (-s; -) emperor; *fig. sich um des ~s Bart streiten* quarrel about nothing; split hairs; *bibl. gebt dem ~, was des ~s ist* render unto Caesar the things which are Caesar's; '**~adler** *orn. m* imperial eagle; '**~haus** *n* imperial family; '**~in** *f* (-; *-nen*) empress; '**~krone** *f* imperial crown; '**2lich** *adj.* imperial; *die* '**~lichen** *m/pl.* the imperialists; *mil.* the Imperial troops; '**~reich** *n* empire; '**~schnitt** *med. m* Caesarean operation *or* section; '**~tum** *n* (-[e]s) empire; '**~wahl** *f* election of an emperor; '**~würde** *f* imperial dignity.

Kajak ['kɑ:jak] *mar. m and n* (-s; -s) kayak; *~-Einer* (*-Zweier, -Vierer*) one- (two-, four-)seater kayak.

Kajüte [ka'jy:tə] *mar.* (-; *-n*) cabin; *erste ~* saloon; *große ~* state-room; **~npassagier** *m* cabin (*or* saloon) passenger; **~ntreppe** *f* companion-way.

Kakadu ['kakadu:] *orn. m* (-s; -s) [cockatoo.]

Kakao [ka'kɑ:o] *m* (-s) cocoa; (*seed, tree*) cacao; *colloq. j-n durch den ~ ziehen* **a)** pull a p.'s leg, **b)** run a p. down, roast a p.; **~baum** *m* cocoa-tree, cacao; **~bohne** *f* cocoa-bean; *bot.* cacao-bean; **~butter** *f* cocoa butter; **~pulver** *n* cocoa powder.

Kaktus ['kaktus] *bot. m* (-; -'teen) cactus; *pl.* cacti, cactuses.

Kalamität [kalami'tɛ:t] *f* (-; *-en*) calamity.

Kalander [ka'landər] *tech. m* (-s; -) calender, glazing rollers *pl.*; **2n** *v/t.* (*h.*) calender.

Kalauer ['kaːlauər] *m* (-*s*; -) stale joke, pun.

Kalb [kalp] *n* (-[e]s; ⁼er) calf; *fig.* ninny; *das Goldene* ~ the golden calf; '**2en** ['-bən] *v/i.* (*h.*) calve.

kälbern ['kɛlbərn] *v/i.* (*h.*) calve; *fig.* frolic, romp.

'**Kalb...:** ~**fell** *n* calf(-skin); *mil.* drum; ~**fleisch** *n* veal; ~**leder** *n* calf(-leather); *in* ~ *gebunden* calf-bound; **2ledern** *adj.* of calf (leather).

'**Kalbs...:** ~**braten** *m* roast veal; ~**brust** *f* (*gefüllte* ~) (stuffed) breast of veal; ~**frikassee** *n* fricassee of veal; ~**fuß** *m* calf's foot; ~**hachse,** ~**haxe,** ~**keule** *f* leg of veal; ~**kopf** *m* calf's head; ~**kotelett** *n* veal cutlet; ~**leber** *f* calf's liver; ~**lende** *f* fillet of veal; ~**nierenbraten** *m* loin of veal; ~**schlegel** *m* → *Kalbshachse*; ~**schnitzel** *n* veal cutlet.

Kaldaunen [kal'daunən] *f/pl. cul.* tripe *sg.*

Kaleidoskop [kalaido'skop] *n* (-*s*; -e) kaleidoscope.

Kalender [ka'lɛndər] *m* (-*s*; -) calendar; almanac; *hundertjähriger* ~ perpetual almanac; ~**jahr** *n* calendar year; ~**uhr** *f* calendar watch.

Kalesche [ka'lɛʃə] *f* (-; -*n*) calash; chaise.

Kalfakt|er [kal'faktər], ~**or** *m* (-*s*; -'*toren*) boilerman; caretaker; *in prison*: trusty.

kalfatern [kal'faːtərn] *mar. v/t.* (*h.*) caulk, calk.

Kali ['kaːli] *n* (-*s*; -*s*) potash; *ätzendes* ~ caustic potash; *essigsaures* ~ acetate of potash; *kohlensaures* ~ carbonate of potash; *salpetersaures* ~ potassium nitrate.

Kaliber [ka'liːbər] *n* (-*s*; -) *of gun*: calib|re, *Am.* -er (*a. fig.*); bore; *tech.* gauge; ~**maß** *n* calibre-ga(u)ge.

kalibrieren [-li'briːrən] *tech. v/t.* (*h.*) calibrate, ga(u)ge; standardize.

Kalif [ka'liːf] *m* (-*en*; -*en*) caliph; **Kalifat** [-'faːt] *n* (-[e]s; -e) caliphate.

Kaliforn|ien [kali'fɔrniən] *n* California; ~**ier(in** *f*) *m* (-*s*, -; -, -*nen*), **2isch** *adj.* Californian.

'**Kali...:** ~**dünger** *m* fertilizer, potash manure; **2haltig** *adj.* potassic; ~**hydrat** *n* potassium hydrate.

Kaliko ['kaliko] *m* (-*s*; -*s*) calico.

'**Kali...:** ~**lauge** *f* potash lye; ~**salpeter** *m* (common) nitre, nitrate of potash; ~**salz** *n* potassium salt.

Kalium ['kaːlium] *n* (-*s*) potassium; ~**chlorat** *n* potassium chlorate.

'**Kaliwerk** *n* potash works *pl.*

Kalk [kalk] *m* (-[e]s; -e) lime, chalk; limestone; *gebrannter* ~ quicklime; *gelöschter* ~ slaked lime; *mit* ~ *tünchen* lime-wash; '**2arm** *adj.* deficient in lime (*or med.* in calcium); '**2artig** *adj.* limy, calcareous; '~**brenner** *m* limeburner; '~**brenne'rei** *f* lime-kiln; '~**ei** *n* waterglass egg; '**2en** *v/t.* (*h.*) *agr.* lime; *tech.* whitewash; '~**erde** *f* calcareous earth; '~**gebirge** *n* limestone mountain; '~**grube** *f* lime-pit; '**2haltig** *adj.* calcareous, calciferous; '~**hütte** *f* → *Kalkbrennerei*; '**2ig** *adj.* limy, calcareous; '~**mangel** *m* deficiency in lime, *med.* calcium deficiency; '~**mörtel** *m* lime mortar; '~**ofen** *m* lime-kiln; '~**stickstoff** *m* calcium cyanamide.

Kalkül [kal'kyːl] *m* (-*s*; -e) calculation.

Kalkulation [kalkulatsi'oːn] *f* (-; -*en*) calculation; ~**sfehler** *m* miscalculation.

Kalkulator [-'laːtɔr] *m* (-*s*; -*en*) calculator, cost accountant; **kalkulatorisch** [-'toːriʃ] *adj.* calculable, from the calculation point of view; **kalkulieren** [-'liːrən] *v/t. and v/i.* (*h.*) calculate, compute, reckon.

Kalligraphie [kaligra'fiː] *f* (-) calligraphy.

Kalmengürtel ['kalmən-] *m*, ~**zone** *f* calm-belt; *der äquatoriale* ~ the doldrums.

Kalorie [kalo'riː] *f* (-; -*n*) caloric (*or* thermal) unit, calorie; ~**ngehalt** *m* calorie content; **Kalori'meter** *n* (-*s*; -) calorimeter.

kalt [kalt] *adj.* cold; frigid (*zone, etc.*); chilly (*air, etc.*); *eisig* ~ icy, glacial; *mir ist* ~ I am (*or* feel) cold; *mir wird* ~ I am getting cold; ~ *werden* grow cold, cool down; → *kaltstellen*; ~*e Küche* cold meat (*or* lunch *or* dishes *pl.*); *fig.* cold (*a. colour*), frosty; frigid (*a. sexually*); indifferent; ~*en Blutes* in cold blood, callously; ~ *bleiben* keep cool, keep one's temper; *j-m die* ~*e Schulter zeigen* give a p. the cold shoulder; *das läßt mich* ~ that leaves me cold, I don't care a rap; → *kaltmachen*; *pol.* ~*er Krieg* cold war; '**2be-arbeiten** *n* (-*s*) cold working; '**2biegen** *tech. n* (-*s*) cold-bending; '**2blüter** ['-blyːtər] *m/pl.* cold-blooded animals; '~**blütig I.** *adj.* cold-blooded; *fig. a.* cold, cool, cool-headed; **II.** *adv.* in cold blood, callously; cooly; '**2blütigkeit** *f* (-) cold-bloodedness; *fig. a.* sang-froid (*Fr.*), coolness; '**2blütler** ['-blyːtlər] *m* (-*s*; -) cold-blooded animal; '~**brüchig** *metall. adj.* cold-short.

Kälte ['kɛltə] *f* (-) cold; chill; frostiness; frigidity; *fig.* coldness; indifference; *vor* ~ *zittern* shiver with cold; *fünf Grad* ~ five degrees below zero; ~**anlage** *f* refrigerating plant; **2beständig** *adj.* cold-resistant, non-freezable; ~**beständigkeit** *f* anti-freezing quality; ~**chemie** *f* cryochemistry; ~**einbruch** *m* cold snap; **2empfindlich** *adj.* sensitive to cold; **2erzeugend** *adj.* refrigerant; ~**erzeugungsmaschine** *f* refrigerator, freezer; ~**gefühl** *n* sensation of cold; ~**grad** *m* degree of cold *or* (*by centigrades*) below zero; ~**industrie** *f* refrigeration industry; ~**leistung** *f* refrigerating capacity; ~**maschine** *f* refrigerating machine; ~**mittel** *n* cooling agent, coolant; **2n** *v/t.* (*h.*) chill, refrigerate; ~**regler** *m* cryostat; ~**schutzmittel** *n* cold protective; *mot.* antifreeze mixture; ~**technik** *f* refrigeration (*engineering*); ~**welle** *f* cold wave (*or* spell).

'**kalt...:** ~**gezogen** *tech. adj.* cold-drawn; ~**hämmerbar** *adj.* malleable; ~**hämmern** *v/t.* (*h.*) cold-hammer; ~**härten** *v/t.* (*h.*) strain-harden; ~*der Lack* cold-setting lacquer; ~**herzig** *adj.* cold-hearted, unfeeling; ~**lächelnd** *adv.* with a cold smile, without turning a hair; **2lagerung** *f* cold storage; **2leim** *m* cold glue; **2luft** *f* cold air; polar air; **2luftfront** *f* cold front; ~**machen** *colloq. v/t.* (*h.*) *j-n*: kill, make cold meat of *a p.*; bump *a p.* off; **2reckung** *metall. f* cold straining; **2schale** *f* cold fruit (*or* beer-, wine-)soup; ~**schnäuzig** ['-ʃnɔʏtsiç] *colloq.* **I.** *adj.* cool; **II.** *adv.* coolly, as cool as you please; **2start** *mot. m* cold start(ing); ~**stellen** *v/t.* (*h.*) put in a cool place (*or* into cold storage, on ice), keep cool; *fig.* shelve, leave out in the cold, side-track, isolate; **2verformung** *f* cold working *or* shaping; **2wasserheilkunde** *f* cold-water therapy; **2wasserkur** *f* cold-water cure; **2welle** *f hairdressing*: cold wave; ~**ziehen** *tech. v/t.* (*irr.*, *h.*) cold-draw.

Kalvarienberg [kal'vaːriənbɛrk] *m* (-[e]s) (Mount) Calvary.

Kalvinist(in *f*) [kalvi'nist] *m* (-*en*, -*en*; -, -*en*) Calvinist.

kalzinieren [kaltsi'niːrən] *v/t.* (*h.*) calcine.

Kalzium ['kaltsium] *chem. n* (-*s*) calcium; ~**karbid** *n* calcium carbide.

kam [kaːm] *pret. of kommen.*

Kamarilla [kama'rilja] *f* (-; -*llen*) camarilla.

Kamee [ka'meː(ə)] *f* cameo (-; -*n*).

Kamel [ka'meːl] *n* (-[e]s; -e) camel; *colloq. fig.* blockhead, idiot; ~**füllen** *n* young camel; ~**garn** *n* mohair; ~**haar** *n* camel's hair; *in compounds a.* camel hair ...

Kamelie [ka'meːliə] *bot. f* (-; -*n*) camellia.

Ka'melkuh *f* → *Kamelstute.*

Kamelott [kamə'lɔt] *m* (-*s*; -e) camlet.

Ka'mel...: ~**stute** *f* female (*or* she-)camel; ~**treiber** *m* camel-driver; ~**ziege** *f* Angora goat.

Kamera ['kaməra] *f* (-; -*s*) camera; ~**assistent** *m film*: camera operator.

Kamerad [kamə'raːt] *m* (-*en*; -*en*), ~**in** *f* (-; -*nen*) comrade, companion, fellow, mate, pal, chum, *Am. a.* bud(dy); → *Schul2*, *Spiel2*; ~**schaft** *f* (-; -*en*) comradeship, (good) fellowship; **2schaftlich** *adj.* like a comrade, companionable, friendly, chummy, matey; ~**schaftsabend** *m* social (*or* companionable) evening; ~**schafts-ehe** *f* companionate marriage; ~**schaftsgeist** *m* (-[e]s) team spirit, matey spirit, camaraderie.

'**Kamera|führung** *f* camera work; ~**mann** *m* (head) cameraman.

Kamille [ka'milə] *bot. f* (-; -*n*) camomile; ~**ntee** *m* camomile tea.

Kamin [ka'miːn] *m* (-*s*; -e) chimney; flue; fireplace, fireside; *mount.* chimney, crevasse; *fig. Plauderei am* ~ fireside chat; *in den* ~ *schreiben* consider (as) lost; *dein Geld kannst du in den* ~ *schreiben* you can whistle for your money; ~**feger** *m* (-*s*; -) chimney-sweep; ~**feuer** *n* log-fire; ~**sims** *n* mantelpiece; ~**teppich** *m* hearth-rug.

Kamm [kam] *m* (-[e]s; ¨e) comb; *of mountains*: crest, ridge; crest (*of bird, horse, wave, etc.*); *tech.* cog, cam (*of gear*); *weaving*: reed; *cul.* scrag, chuck, neck(-piece); *fig. alle(s) über e-n ~ scheren* treat all alike, tar all with the same brush; *fig. ihm schwoll der ~* **a)** he bristled (*or* saw red), **b)** he was getting cocky.

kämmen ['kɛmən] *v/t. and v/i.* (*h.*) comb; *sich ~* comb one's hair *or* o.s.; *tech.* card (*wool*); *gears*: mate (*mit* with).

Kammer ['kamər] *f* (-; -*n*) chamber (*a. anat., zo. and tech.*); (small) room, cabinet, closet; cubicle, cubby-hole; compartment; *adm.* board, chamber (*a. parl.*); *jur.* panel; *mil.* unit stores *pl.*; chamber (*of gun*); *anat.* ventricle; '**~diener** *m* valet.

Kämmerei [kɛmə'raı] *f* (-; -*en*) finance department.

'**Kämmerer** *m* (-*s*; -) *hist.* chamberlain; treasurer; city accountant.

'**Kammer...**: **~frau** *f* lady's maid; **~fräulein** *n* lady-in-waiting; **~gericht** *n* Supreme Court; **~herr** *m* gentleman-in-waiting; **~jäger** *m* vermin-killer; **~junker** *m* → **~herr**; **~kätzchen** *colloq. n*, **~mädchen** *n* chambermaid; **~konzert** *n* chamber concert; **~musik** *f* chamber music; **~orchester** *n* chamber orchestra; **~sänger(in** *f*) *m* first-rate concert-singer; **~ton(höhe** *f*) *m* concert pitch; **~tuch** *n* cambric; **~unteroffizier** *m Brit.* NCO storekeeper, *Am.* supply sergeant; **~warze** *f on rifle*: bolt lug; **~zofe** *f* lady's maid.

'**Kammgarn** *n* worsted (yarn); **~gewebe** *n* worsted (fabric); **~spinne'rei** *f* worsted-spinning mill; **~stoff** *m* worsted.

'**Kamm...**: **~rad** *tech. n* cog-wheel; **~stück** *n* scrag (end), chuck (*of beef, etc.*); **~wolle** *f* carded wool; worsted.

Kam'pagne *f* campaign.

Kämpe ['kɛmpə] *m* (-*n*; -*n*) *hist.* champion, warrior; *alter ~* seasoned soldier, *w.s.* old hand.

Kampf [kampf] *m* (-[e]s; ¨e) fight, combat; action, engagement; battle; encounter; struggle (*um* for); conflict *of opinion, etc.* (*a. pol.*); strife; feud; *sports, etc.*: contest; match; *boxing*: bout, fight; *~ ums Dasein* struggle for existence *or* life; *~ auf Leben und Tod* life and death struggle; *~ Mann gegen Mann* man-to-man fight; *j-m den ~ ansagen* challenge a p., fling down the gauntlet to a p.; → *antreten*; *mil. den ~ eröffnen* open hostilities; *den ~ einstellen* cease fighting.

'**Kampf...**: **~abschnitt** *m* combat sector; **~ansage** *f* challenge (*an* to); **~aufstellung** *f* battle-array; **~auftrag** *m* combat mission (*or* task); **~bahn** *f sports* stadium, arena; **~begier(de)** *f* pugnacity, lust for battle; **2begierig** *adj.* eager to fight, combative, pugnacious; **2bereit** *adj.* ready to fight; combat-ready, *mar.* cleared for action; **~einheit** *mil. f* combat unit; **~einsatz** *m* combat; commitment *of troops*.

kämpfen ['kɛmpfən] *v/i.* (*h.*) fight (*für, um* for), combat; (engage in) battle; struggle, wrestle; *fig. ~ mit a.* contend *or* grapple with; *gut ~* put up a good fight; *~de Truppe* fighting forces; **2** *n* (-*s*) fight(ing), combat, struggle, battle.

Kampfer ['kampfər] *m* (-*s*) camphor.

Kämpfer ['kɛmpfər] *m* (-*s*; -) **1.** fighter; battler, campaigner; *mil.* combatant, warrior; *sports* contestant; boxer, fighter; wrestler; **2.** *arch.* impost; abutment; **2isch** *adj.* fighting, militant, combative; aggressive.

'**Kampf...**: **~erfahrung** *f* combat (*sports*: competition) experience; *boxing*: ring routine; **2erprobt** *adj.* battle-tried, seasoned; veteran (*troops*); **2fähig** *adj.* fit to fight; fit for action; **~flieger** *m* combat pilot; bomber pilot; **~flugzeug** *n* tactical aircraft; **~gas** *mil. n* war (*or* poison) gas; **~gebiet** *n* combat area; **~geist** *m* fighting spirit; *~ zeigen* show fight; **~gericht** *n* jury; **~geschwader** *aer. n* bomber group (*Am.* wing); **~gewühl** *n* turmoil of battle, mêlée (*Fr.*); *im ~* in the thick of the battle; **~gruppe** *mil. f* combat team; *Brit.* brigade group, *Am.* (combat) group; task force; **~hahn** *m* fighting cock (*a. fig.*); **~handlung** *mil. f* engagement, operation; (*a. ~en pl.*) action; **~kraft** *f* fighting strength; **~linie** *mil. f* fighting (*or* firing) line; **2los** *adv.* without a fight; **~lust** *f* love of fighting, pugnacity, bellicosity; **2lustig** *adj.* belligerent, pugnacious, aggressive; **2müde** *adj.* battle-weary; **~platz** *m* scene of action (*sports*: of events), battlefield; → *Kampfbahn*; *fig. den ~ betreten* enter the lists; **~preis** *m* prize; **~richter** *m* judge, umpire, referee; *pl. a. the* jury; **~ruf** *m* battle-cry; **~schwimmer** *m* frogman; **~sport** *m* combative sports; **~stärke** *f* fighting strength; **~stoff** *mil. m* chemical warfare agent; war (*or* poison) gas; **~tätigkeit** *f* combat activity, action; **~truppe** *f* line (*or* combat) troops *pl.*; **2unfähig** *adj.* disabled; out of action; *boxing*: unable to continue boxing; *~ machen* disable (*a. sports*), put out of action; **~verband** *mil. m* combat team; task force; *aer.* **a)** fighter formation, **b)** bomber formation; **~wagen** *m* combat vehicle; armo(u)red car; tank; **~ziel** *n* objective; **~zone** *f* combat area.

kampieren [kam'pi:rən] *v/i.* camp.

Kanad|ier[1] [ka'nɑ:diər] *m* (-*s*; -), **~ierin** *f* (-; -*nen*), **2isch** *adj.* Canadian.

Ka'nadier[2] *m* (-*s*; -) (*boat*) Canadian canoe; *~-Einer* (*-Zweier*) Canadian-single (-double).

Kanake [ka'nɑ:kə] *m* (-*n*; -*n*) Kanaka.

Kanal [ka'nɑ:l] *m* (-*s*; ¨e) **1.** channel (*a. tech., TV, and fig.*); canal; ditch, drain, sewer; conduit, duct; gutter; **2.** *geogr.* (*Ärmel2*) *the* (British) Channel; **~arbeiter** *m* navvy, excavator; flusher, sewerman; **~bau** *m* (-[e]s; -*ten*) canal-building, canalization; drainage; **~dampfer** *m* cross-Channel boat; **~inseln** *f/pl.* Channel Islands.

Kanalisation [kanalizati'o:n] *f* (-; -*en*) canalization; drainage; sewerage; *in house*: drains *pl.*; **~s-anlage** *f* sewage system (*of town*); **~srohr** *n* sewer pipe; drain pipe.

kanalisier|en [-'zi:rən] *v/t.* (*h.*) canalize (*river*); sewer (*town*); **2ung** *f* (-; -*en*) canalization, drainage.

Ka'nal...: **~schwimmer(in** *f*) *m* (-*s*, -; -, -*nen*) cross-Channel swimmer; **~strahlen** *phys. m/pl.* canal rays; **~wähler** *TV m* channel selector.

Kanapee ['kanape:] *n* (-*s*; -*s*) sofa, settee.

Kanarienvogel [ka'nɑ:riən-] *m* canary (bird).

kanarisch [ka'nɑ:riʃ] *adj.* Canarian; *die 2en Inseln f/pl.* the Canary Islands, the Canaries.

Kandare [kan'dɑ:rə] *f* (-; -*n*) curb (-bit), (bridle-)bit; *fig. j-n an die ~ nehmen* put the curb on a p., take a p. in hand; **~zügel** *m* curb rein.

Kandelaber [kande'lɑ:bər] *m* (-*s*; -) candelabrum, chandelier.

Kandidat [kandi'dɑ:t] *m* (-*en*; -*en*), **~in** *f* (-; -*nen*) candidate, applicant; aspirant; *aufgestellter ~* nominee (*in elections*); **~enliste** *f* list of candidates.

Kandidatur [-da'tu:r] *f* (-; -*en*) candidature, candidacy (*für* for).

kandidieren [-'di:rən] *v/i.* (*h.*) be (*or* come forward as, put up as) a candidate (*für* for); stand (*Am.* run) (for election); *parl.* contest (a seat).

kandieren [kan'di:rən] *v/t.* (*h.*) candy.

Kandiszucker ['kandis-] *m* (sugar-) candy.

Kaneel [ka'ne:l] *m* (-*s*; -*e*) cinnamon.

Kanevas ['kanəvas] *m* (-; -) canvas.

Känguruh ['kɛŋguru:] *zo. n* (-*s*; -*s*) kangaroo.

Kaninchen [ka'ni:nçən] *zo. n* (-*s*; -) rabbit; **~bau** *m* (-[e]s; -*e*) burrow; **~fell** *n* rabbit-skin; **~gehege** *n* rabbit warren; **~stall** *m* rabbit--hutch.

Kanister [ka'nistər] *m* (-*s*; -) canister; (metal) container, can.

Kännchen ['kɛnçən] *n* (-*s*; -) small can *or* jug *or* pot, *Am.* dipper.

Kanne ['kanə] *f* pot; can; jug; tankard; **~gießer** *colloq. m fig.*: (*politischer*) *~* pothouse politician; **~gieße'rei** *colloq. f* pothouse politics, political twaddle.

kannelieren [kanə'li:rən] *tech. v/t.* (*h.*) channel, flute.

'**Kannengießer** *m* (-*s*; -) pewterer.

Kanniba|le [kani'bɑ:lə] *m* (-*n*; -*n*), **~lin** *f* (-; -*nen*) cannibal; **2lisch** *adj.* (like a) cannibal, cannibalistic; *fig.* cruel, ferocious, savage; *colloq.* beastly, awful, terrific; **~lismus** [-'lismus] *m* (-) cannibalism.

kannte ['kantə] *pret. of kennen.*

'**Kannvorschrift** *jur. f* discretionary clause, permissive provision.

Kanon ['kɑ:nən] *mus. eccl., typ. m* (-*s*; -*s*) canon.

Kanonade [kano'nɑ:də] *mil. f* (-; -*n*) cannonade, bombardment.

Kanone [ka'no:nə] *f* (-; -*n*) **1.** *mil.*

cannon, piece (of ordnance), gun; → *Spatz*; **2.** *colloq. fig.* **a**) master-mind, wizard, **b**) big gun *or* bug, **c**) *esp. sports* crack, ace, star; **3.** *colloq. fig. unter aller* ~ beneath contempt, lousy.

Ka'nonen...: **~boot** *n* gunboat; **~donner** *m* roar (*or* boom) of cannon(s); **~feuer** *n* gunfire, cannonade; **~futter** *fig. n* cannon-fodder; **~kugel** *f* cannonball; **~ofen** *m* round iron stove; **~rohr** *n* cannon barrel; **~schlag** *m* thunder-flash; **~schuß(weite** *f*) *m* cannon-shot (range); **~stiefel** *m/pl.* jackboots.

Kanonier [kano'ni:r] *mil. m* gunner, *Am.* recruit, cannoneer.

Kanon|ikus [ka'no:nikus] *m* (-; -*ker*) canon; **Ωisch** *adj.* canonical; **~es** *Recht* canon law; *phys.* **~e** *Feldtheorie* canonical field theory.

kanonisier|en [-'zi:rən] *v/t.* (*h.*) canonize; **Ωung** *f* (-; -**en**) canonization.

Kantate [kan'tɑ:tə] *mus. f* (-; -*n*) cantata.

Kant|e ['kantə] *f* (-; -*n*) edge; brim; corner; face (*of wood*); ledge; *of cloth*: list, selvage; lace; *fig. et. auf die hohe* ~ *legen* put by (for a rainy day); **~el** *m* (-*s*; -) square section ruler; **~en** *m* (-*s*; -) crust (*of bread*); **Ωen** *v/t.* (*h.*) cant, set on edge; tilt; border, edge; square (*stone*); *die Schier* ~ edge (*or* cant) the ski; *econ. nicht* ~*!* this side up!; **~haken** *m mar.* cant-hook; *fig. j-n beim* ~ *fassen* collar a p., take a p. by the scruff of the neck; **~holz** *tech. n* square(d) timber; **Ωig** *adj.* angular, edged; square(d).

Kantine [kan'ti:nə] *f* (-; -*n*) canteen, *mil. a.* mess (hall); **~nwirt** *m* canteen manager.

Kanton [-'to:n] *m* (-*s*; -e) canton.

kanton|al [-to'nɑ:l] *adj.* cantonal; **~ieren** *mil. v/t.* (*h.*) canton; **Ωist** *m* (-*en*; -*en*): *colloq. fig. unsicherer* ~ unrealiable fellow.

Kantor ['kantɔr] *m* (-*s*; -'*toren*) precentor; choir-master; parish schoolmaster and organist.

Kanu ['kɑ:nu] *n* (-*s*; -*s*) canoe; '**~fahren** *n* (-*s*), '**~sport** *m* canoeing; '**~fahrer, Kanute** [-'nu:tə] *m* (-*n*; -*n*) canoeist.

Kanüle [-'ny:lə] *med. f* (-; -*n*) tubule, cannula.

Kanzel ['kantsəl] *f* (-; -*n*) pulpit; *aer.* cockpit; (gun-)turret; *auf der* ~ in the pulpit; *die* ~ *besteigen* mount the pulpit; '**~rede** *f* sermon; '**~redner** *m* pulpit-orator.

Kanzlei [kants'laɪ] *f* (-; -*en*) chancellery; office; (government *or* lawyer's) office; **~diener** *m* messenger; usher; **~gericht** *n* (court of) chancery; **~papier** *n* foolscap (paper); **~sprache** *f* (-), **~stil** *m* (-) official *or* legal language (*or* style), officialese.

'**Kanzler** *m* (-*s*; -) chancellor; **~amt** *n* chancellorship.

Kaolin [kao'li:n] *n* (-*s*; -*e*) kaolin, porcelain clay.

Kap [kap] *n* (-*s*; -*s*) cape; headland.

Kapaun [ka'paʊn] *m* (-*s*; -e) capon.

Kapazität [kapatsi'tɛ:t] *f* (-; -*en*) capacity (*a. el.*); *el. of condenser*: capacitance; *fig.* (leading) authority (*auf dem Gebiete der* on, in the field of); *geistige* ~ mental capacity; **~s-ausnutzung** *f industry*: (full) utilization of capacity; **Ωsfrei** *el. adj.* non-capacitive.

kapazitiv [-'ti:f] *el. adj.* capacitive.

Kapell|e [ka'pɛlə] *f* (-; -*n*) *eccl.* chapel; *mus.* band, orchestra; **~meister** *m* bandmaster, conductor.

Kaper[1] ['kɑ:pər] *bot. f* (-; -*n*) caper.

'**Kaper**[2] *mar. m* (-*s*; -) privateer; **~brief** *m* letters *pl.* of marque; **Kaperei** [-'raɪ] *f* (-) privateering.

'**kaper|n** *mar. v/t.* (*h.*) capture, seize; *gekapertes Schiff* prize; *fig.* seize, collar, bag, commandeer; **Ωschiff** *n* privateer, corsair.

kapieren [ka'pi:rən] *colloq. v/t.* (*h.*) grasp, get (it), catch on to; *kapiert?* got it?; *ich kapiere das nicht* I don't get it.

Kapillar|gefäß [kapi'lɑ:r-] *anat. n* capillary (vessel); **~kraft** *f* capillary force.

Kapital [kapi'tɑ:l] *n* (-*s*; -*ien*) capital, funds *pl.*; stock; asset; ~ *und Zinsen* principal and interest; *arbeitendes* (*totes*) ~ working (dead) capital; *eingezahltes* ~ paid-up capital; *flüssiges* ~ available funds; ~ *aus et. schlagen* profit by a th., *fig. a.* make capital out of a th., turn a th. to account, cash in on a th.; → *aufnehmen, kündigen, etc.*; **Ω** *adj.* capital, excellent, first-rate; *hunt.* royal (*stag*); capital (*crime*); **~abfindung** *f* monetary compensation; **~abgabe** *f* capital levy; **~abschöpfung** *f* depletion of capital; **~abwanderung** *f* exodus of capital; **~anlage** *f* investment; *lohnende* ~ paying investment; (*un*)*produktive* ~ (un)productive investment; **~anlagegesellschaft** *f* investment trust; **~anteil** *m* capital share; **~bedarf** *m* capital requirements *pl.*; **~beschaffung** *f* raising of capital; **~betrag** *m* principal; **~bilanz** *f* balance of capital transactions; net capital movement; **~bildung** *f* formation (*or* accumulation) of capital; **~einkommen** *n* unearned income; **~einlage** *f* invested capital, paid-in share; **~erhöhung** *f* increase of capital; **~ertrag** *m* capital yield; **~ertragssteuer** *f* capital gains tax; **~flucht** *f* (-) flight of capital; **~geber** *m* financer, investor; **~gesellschaft** *f* capital (*or* joint-stock) company; **~güter** *n/pl.* capital goods.

Kapitalien [-'tɑ:liən] *pl.* capital *sg.*, funds.

kapi'tal-intensiv *adj.* requiring (*or* employing) a considerable amount of capital.

kapitalisier|en [-tali'zi'rən] *v/t.* (*h.*) capitalize; finance, fund; realize, convert into capital; **Ωung** *f* (-) capitalization; realization; **Ωungsanleihe** *f* funding loan.

Kapitalismus [-'lismus] *m* capitalism.

Kapitalist [-'list] *m* (-*en*; -*en*) capitalist; **Ωisch** *adj.* capitalistic(ally *adv.*).

Kapi'tal...: **~knappheit** *f* shortage of capital, stringency of money; **~kraft** *f* (-) financial capacity; **Ωkräftig** *adj.* well funded, (financially) powerful; **~mangel** *m* (-*s*) lack of capital; **~markt** *m* money market; **~steuer** *f* tax on capital; **~verbrechen** *n* capital crime; **~vermögen** *n* capital assets *pl.*; **~wertzuwachs** *m* capital increment value; **~zins** *m* interest on capital; **~zufluß** *m* influx of capital.

Kapitän [kapi'tɛ:n] *mar. m* (-*s*; -e) captain; skipper; *sports* (team) captain, skipper; *mil.* ~ *zur See* captain (in the navy), *Brit.* captain R.N. (= of the Royal Navy); **~leutnant** *m* (senior) lieutenant.

Kapitel [ka'pitəl] *n* (-*s*; -) chapter; *fig.* topic; matter; *ein trauriges* ~ a sad story; *das ist ein* ~ *für sich* that is another story.

Kapitell [-'tɛl] *arch. n* (-*s*; -e) capital.

Kapitulation [-tulatsi'o:n] *mil. f* (-; -*en*) **1.** capitulation, surrender; *bedingungslose* ~ unconditional surrender; **2.** re-enlistment; **kapitulieren** *v/i.* **1.** (*h.*) capitulate, surrender; **2.** re-enlist.

'**Kap|kolonie** *f*, **~land** *n* Cape Colony, *the* Cape.

Kaplan [ka'plɑ:n] *m* (-*s*; ⸚e) chaplain.

Kapo ['kapo:] *colloq. m* (-*s*; -*s*) *mil.* sergeant; *w.s.* overseer, gang boss.

Kappe ['kapə] *f* (-; -*n*) cap; hood; *tech.* cap, top, hood; top-piece; toe-cap (*of shoe*); heel-piece (*on stocking*); coping (*of wall*); dome; crown (*of tooth*); *fig. et. auf s-e* ~ *nehmen* take the responsibility for a th.

'**kappen** *v/t.* (*h.*) **1.** cut (*rope*); lop, top (*tree*); capon (*cock*); **2.** cap; heel (*stocking*); tip (*shoe*).

'**Kapphahn** *m* capon.

Käppi ['kɛpi] *n* (-*s*; -*s*) kepi, (military) cap.

'**Kappnaht** *f* lap-seam.

Kapriole [kapri'o:lə] *f* (-; -*n*) *riding*: capriole; *fig. a.* trick, escapade; caper; ~*n machen* cut capers, *fig.* play tricks.

kaprizieren [-'tsi:rən]: *sich* ~ *auf* (*acc.*) set one's heart on, take *a th.* into one's head.

kapriziös [-tsi'øs] *adj.* capricious.

Kapsel ['kapsəl] *f* (-; -*n*) case, box; *anat., bot., pharm.* capsule; *tech. casting*: chill; *ceramics*: sagger; detonator; *on bottle*: cap; (space) capsule; module (*of spaceship*); '**Ωförmig** *adj.* capsular; '**~guß** *m* casting in chills; '**~mikrophon** *n* inset transmitter; '**~mutter** *tech. f* (-; -*n*) capped nut.

Kapstadt ['kapʃtat] *n* Cape Town.

kaputt [ka'put] *adj.* broken, in pieces, smashed; ruined (*a. fig.*); spoiled; *fig.* **a**) dead, gone, *sl.* done for, **b**) fagged out, all in, dead-beat; ~*gehen* get broken, go to pieces; spoil; die, go west; ~ *machen* ruin, bust *or* smash (up); *das macht einen* ~ that takes the life out of a man.

Kapuze [ka'pu:tsə] *f* (-; -*n*) hood; cowl.

Kapuziner|(mönch) [-pu'tsi:nər] *m* (-*s*; -) Capuchin (monk); **~kresse** *bot. f* nasturtium.

Karabiner [kara'bi:nər] *m* (-*s*; -) car(a)bine; **~haken** *tech. m* spring (*or* snap) hook.

Karaffe [ka'rafə] *f* (-; -*n*) carafe; decanter.

Karambol|age [karambo'lɑ:ʒə] *f* (-; -*n*) *billiards*: cannon, *Am.* carom; *fig.* collision, crash; **2ieren** *v/i.* (*h.*) (make a) cannon; *colloq. fig.* crash (*mit* into), collide (with).

Karamel [kara'mɛl] *m* (-*s*), **~le** *f* (-; -*n*) caramel.

Karat [ka'rɑ:t] *n* (-[e]s; -) carat.

Karate *n* (-*s*) karate.

...karätig [-'rɛ:tiç] *adj. in compounds*: *achtzehn~es Gold* 18-carat gold.

Karawan|e [kara'vɑ:nə] *f* (-; -*n*) caravan; **~enstraße** *f* caravan route; **~serei** [-vanzə'raɪ] *f* (-; -*en*) caravanserai.

Karbid [kar'bi:t] *n* (-[e]s; -e) carbide; **~lampe** *f* carbide lamp.

Karbol [-'bo:l] *n* (-*s*), **~säure** *f* (-) carbolic acid; **~seife** *f* carbolic soap.

Karbonade [-bo'nɑ:də] *f* (-; -*n*) *cul.* fried (*or* grilled) meat chop.

Karbonat [-'nɑ:t] *chem. n* (-[e]s; -e) carbonate.

karbonisieren [-ni'zi:rən] *v/t.* (*h.*) carbonize.

Karborund [-'runt] *tech. n* (-[e]s) carborundum.

Karbunkel [kar'buŋkəl] *n* (-*s*; -) [carbuncle.]

karburieren [-'ri:rən] *v/t.* (*h.*) *metall.* carburize; *chem.* carburet.

Kardan|gelenk [-'dɑ:n-] *tech. n* cardan (*or* universal) joint; **~getriebe** *n* cardan gear; **~welle** *f* cardan (*or* flexible drive) shaft.

Kardätsche [-'dɛ:tʃə] *f* (-; -*n*) **1.** *tech.* card; **2.** curry-comb, horse-brush; **2n** *v/t.* (*h.*) *tech.* card (*wool*); curry, brush (*horses*).

Karde ['kardə] *bot., tech. f* (-; -*n*) teasel.

Kardinal [kardi'nɑ:l] *m* (-*s*; ⸚e) cardinal (*a. orn.* = cardinal-bird); **~fehler** *m* cardinal error; **~punkt** *m* cardinal point; **~skollegium** *n* college of cardinals; **~tugend** *f* cardinal virtue; **~zahl** *f* cardinal number.

Kardiogramm [kardio'gram] *n* (-*s*; -e) cardiogram.

Karenzzeit [ka'rɛntstsaɪt] *f* waiting-period; *econ.* **a)** period of non-availability, **b)** period of restriction (*for employee*).

karessieren [karɛ'si:rən] *v/t.* (*h.*) caress, fondle.

Kar'freitag [kɑ:r-] *m* Good Friday.

Karfunkel [kar'fuŋkəl] *med., min. m* (-*s*; -) carbuncle.

karg [kark] *adj.* sparing, parsimonious; mean, niggardly, stingy; scanty, meag|re, *Am.* -er, poor, paltry; poor, sterile (*soil*); **~en** ['-gən] *v/i.* (*h.*): *~ mit* (*dat.*) be sparing of, be stingy with; *nicht ~ mit a.* be lavish with; **'2heit** *f* (-) parsimony; stinginess; poorness, poverty, scantiness.

kärglich ['kɛ:rkliç] *adj.* sparing(ly meted out); scanty, meag|re, *Am.* -er; poor, paltry; **'2keit** *f* (-) scantiness.

karibisch [ka'ri:biʃ] *adj.*: *das Karibische Meer* the Caribbean (Sea).

kariert [ka'ri:rt] *adj.* check(ed), chequered, *Am.* checkered.

Karies ['kɑ:riɛs] *med. f* (-) caries.

Karikatur [karika'tu:r] *f* (-; -*en*) caricature, cartoon; **Karikaturist** (**-in** *f*) [-tu'rist] *m* (-*en*, -*en*; -, -*nen*) caricaturist, cartoonist; **karikieren** [-'ki:-] *v/t.* (*h.*) caricature, cartoon.

kariös [kari'ø:s] *med. adj.* carious, decayed.

karitativ [-ta'ti:f] *adj.* charitable.

Karl [karl] *m* Charles; *~ der Dicke* (*Kühne*) Charles the Fat (Bold); *~ der Große* Charlemagne.

karmesin(rot) [karme'zi:n] *adj.* crimson.

Karmin [-'mi:n] *n* (-*s*) carmine; **2blau** *adj.* indigo carmine; **2rot** *adj.* carmine.

Karneval ['karnəval] *m* (-*s*; -e) (Shrovetide) carnival; **~s...** → *Fastnachts...*

Karnickel [kar'nikəl] *colloq. n* (-*s*; -) rabbit, bunny; *fig.* scapegoat.

Kärnt|en ['kɛrntən] *n* Carinthia; **'~ner(in** *f*) *m* (-*s*, -; -, -*nen*), **'2nerisch** *adj.* Carinthian.

Karo ['kɑ:ro] *n* (-*s*; -*s*) square; *in cloth*: check; *cards*: diamonds *pl.*; **~könig** *m* king of diamonds.

Karoling|er ['-liŋər] *m* (-*s*; -), **2isch** *adj.* Carolingian.

'Karomuster *n* check design, chequer, *Am.* checker.

Karosse [ka'rɔsə] *f* (-; -*n*) state-coach.

Karosserie [-'ri:] *f* (car-)body, coachwork; **~bau** *m* (-[e]s) body-making; **~bauer** *m* (-*s*; -) body-maker, *Am. a.* stylist; **~blech** *n* body sheet.

Karotin [karo'ti:n] *n* (-*s*) carotene.

Karotte [ka'rɔtə] *f* (-; -*n*) carrot.

Karpfen ['karpfən] *m* (-*s*; -) carp; **'~teich** *m* carp pond; → *Hecht.*

Karre ['karə] *f* (-; -*n*) → *Karren*; *colloq. mot. alte ~* rattle-trap, *Am. a.* jalopy.

Karree [ka're:] *n* (-*s*; -*s*) square.

Karren ['karən] *m* (-*s*; -) wheelbarrow; cart; *ein ~voll* a cartload; *fig. den ~ in den Dreck fahren* make a mess of it, get stuck; *den ~ aus dem Dreck ziehen* clear up the mess; *den ~ einfach laufen lassen* let things slide; **2** *v/t. and v/i.* (*h.*) cart, wheel; **~gaul** *m* cart-horse.

Karriere [kari'ɛ:rə] *f* (-; -*n*) gallop; *fig.* career; *~ machen* work one's way up, get on (in the world), be quickly promoted; *in voller ~* at full gallop, at a rattling pace.

Kärrner ['kɛrnər] *m* (-*s*; -) carter.

Kar'samstag *m* Holy Saturday.

Karst [karst] **1.** *m* (-es; -e) *agr.* mattock; prong-hoe; **2.** *m* (-es) (*mountain*) bare Alpine tract, karst.

Kartätsche [kar'tɛ:tʃə] *mil. f* (-; -*n*) case- (*or* grape-, canister-)shot; **2n** *v/t. and v/i.* (*h.*) shoot with case-shot, *etc.*

Kartäuser|(in *f*) [-'tɔʏzər] *m* (-*s*, -; -, -*nen*) Carthusian; **~likör** *m* Chartreuse.

Karte ['kartə] *f* (-; -*n*) card; map, *mar.* chart; (bus, theatre, *etc.*) ticket; bill of fare, menu(-card); (wine) list; *nach der ~ speisen* dine à la carte; *mil. nach der ~ marschieren* march by map; → *Spiel*; *~n spielen* play cards; *gute* (*schlechte*) *~n haben* have a good (bad) hand; *~n geben* deal (cards); *~n legen* tell fortunes (from the cards); *fig. alles auf e-e ~ setzen* stake everything on one card, put all one's eggs in one basket; *auf die falsche ~ setzen* bet on the wrong horse; *j-m in die ~n sehen* see through a p.'s game; *mit offenen ~n spielen* put one's cards on the table, *a.* → *s-e ~n aufdecken* show one's hand.

Kartei [kar'taɪ] *f* (-; -*en*) card-index, filing cabinet; *~ führen über* (*acc.*) keep files on; **~karte** *f* filing (*or* record) card; **~reiter** *m* tab; **~schrank** *m* filing cabinet.

Kartell [-'tɛl] *n* (-*s*; -e) *challenge*: cartel; *econ.* cartel, ring, combine, *Am.* trust; **~abkommen** *n* cartel agreement; **~entflechtung** *f* decartellization; **~träger** *m* second; **~wesen** *econ. n* cartelism.

'Karten...: **~ausgabe** *f* booking-office, *Am.* ticket-window; **~blatt** *n* (single) card; map sheet; **~brief** *m* letter-card; **~gitter** *n* (map) grid; **~haus** *n mar.* chart-house; *fig.* house of cards; **~kunststück** *n* card-trick; **~leger(in** *f*) *m* (-*s*, -; -, -*nen*) fortune-teller; **~lesen** *n* map reading; **~spiel** *n* card-playing, game of cards; pack (*Am. a.* deck) of cards; **~spieler(in** *f*) *m* card-player; **~tasche** *f* map-case; **~tisch** *m* card-table; **~verkauf** *m* sale of tickets; ticket-office; **~vorverkauf** *thea. m* advance booking; **~winkelmesser** *m* (map) protractor; **~zeichen** *n* map symbol, conventional sign; **~zeichner** *m* cartographer.

Kartoffel [kar'tɔfəl] *f* (-; -*n*) potato; *~n in der Schale* potatoes in the(ir) skins *or* jackets; *~n schälen* peel potatoes; *colloq.* (*sich*) *die ~n von unten ansehen* be pushing up daisies; **~bau** *m* (-[e]s) potato growing; **~bauch** *m* pot-belly; **~branntwein** *m* potato spirits *pl.*; **~brei** *m*, **~püree** *n* mashed potatoes *pl.*; **~ernte** *f* potato crop; **~erntemaschine** *f* potato digger; **~käfer** *m* Colorado beetle; **~kloß**, **~knödel** *m* potato-dumpling; **~puffer** *m* potato pancake; **~salat** *m* potato salad; **~schalen** *f/pl.* potato peelings.

Kartograph [karto'grɑ:f] *m* (-*en*; -*en*) cartographer, map-maker; **Kartographie** [-grɑ'fi:] *f* (-) cartography; **karto'graphisch** *adj.* cartographic(al); *~ erfaßt* mapped.

Karton [kar'tɔŋ] *m* (-*s*; -*s*) cardboard; pasteboard; cardboard box, carton; *paint.* cartoon; *bookbinding*: boards *pl.*

Kartonage [-to'nɑ:ʒə] *f* (-; -*n*) pasteboard work; **~nfabrik** *f* cardboard (*or* carton) factory.

kartonieren [-to'ni:rən] *v/t.* (*h*). bind *book* in paper boards.

Kar'tonpapier *n* fine cardboard.

Kartothek [-to'te:k] *f* (-; -*en*) → *Kartei.*

Kartusche [kar'tuʃə] *f* (-; -*n*) cartridge; **~nhülse** *f* cartridge-case.

Karussell [karu'sɛl] *n* (-*s*; -*s*) roundabout, merry-go-round; **~drehbank** *tech. f* vertical turret boring machine.

'Karwoche *f* Passion (*or* Holy) Week.

Karzer [ˈkartsər] *univ. m* (-s; -) detention (room).
karzinogen [kartsinoˈgeːn] *med. adj.* carcinogenic.
Karzinom [-ˈnoːm] *med. n* (-s; -e) carcinoma.
Kaschemme [kaˈʃɛmə] *f* (-; -n) low dive.
kaschieren [-ˈʃiːrən] *tech. v/t.* (h.) line; conceal (*a. fig.*).
Kaschmir [ˈkaʃmiːr] *n* (-s) *geogr.* Kashmir; *econ. m* (-s; -e) cashmere.
Käse [ˈkɛːzə] *m* (-s; -) cheese; *colloq.* rubbish, rot; **~blatt, ~blättchen** *colloq. n* (local) rag; **~glocke** *f* cheese(-plate) cover; **~kuchen** *m* cheese-cake.
Kasematte [kazəˈmatə] *f* (-; -n) casemate.
ˈ**Käsemilbe** *f* cheese-mite.
käsen *v/i.* (h.) curd(le).
ˈ**Käsequark** *m* cheese-curds *pl.*
ˈ**Käseplatte** *f* assorted cheeses *pl.*
Käseˈrei *f* (-; -en) cheese-dairy.
Kaserne [kaˈzɛrnə] *mil. f* (-; -n) barracks *pl.*; **~narrest** *m* confinement to barracks; **~nhof** *m* barrack--yard *or* -square.
kasernieren [-ˈniːrən] *mil. v/t.* (h.) quarter in barracks, barrack.
ˈ**Käse...:** **~stange** *f* cheese straw; **~stoff** *chem. m* casein.
käsig [ˈkɛːziç] *adj.* cheesy, caseous; *fig.* pale, sallow, pasty (*face*).
Kasino [kaˈziːno] *n* (-s; -s) club (-house), casino; *mil.* mess, officer's club.
Kaskade [kasˈkɑːdə] *f* (-; -n) cascade; **~nmotor** *el. m* cascade motor.
Kaskoversicherung [ˈkasko-] *f mar.* insurance on hull and appurtenances; *mot.* full comprehensive insurance.
Kasperle [ˈkaspərlə] *n and m* (-s; -) Punch; **~theater** *n* Punch and Judy show.
Kassa [ˈkasa] *econ. f* (-): *per ~* in cash; **~geschäft** *n* cash business *or* sale, spot transaction; **~kurs** *m* spot price; **~lieferung** *f* spot delivery; **~skonto** *n* cash discount.
Kassation [-tsiˈoːn] *f* (-; -en) *jur.* quashing (*of judgment*); dismissal, discharge, *mil.* cashiering (*of officer*). **~shof** *jur. m* court of cassation; supreme court of appeal.
Kasse [ˈkasə] *f* (-; -n) cash-box, money-chest; till, cash register; pay-office; cash-desk, *of bank*: teller's window; *thea., etc.* ticket--office, booking-office, *a. film*: box-office; relief fund; → *Kranken*𝔏; (*money*) cash; *an der ~ thea., etc.* at the booking- (*or* ticket-, box-) office; *in shops*: at the desk; *in banks*: over the counter; (*gut*) *bei ~ sein* be in funds, be flush *or* in the chips; *nicht bei ~* out of cash, hard up; *gemeinschaftliche ~* common purse, joint account; *gemeinschaftliche ~ machen* pool expenses; *die ~ führen* keep the cash, act as cashier; *econ. ~ machen* make up the (cash-) accounts; *~ bei Lieferung* cash on delivery (*abbr.* C.O.D.); *~ gegen Dokumente* cash against documents; *gegen* (*or per*) *~ verkaufen* sell for cash; *gegen sofortige ~* for prompt (*or* spot) cash; *netto ~* net cash.
ˈ**Kassen...:** **~abschluß** *econ. m* closing (*or* balancing) of (cash-) accounts; cash-balance; **~abstimmung** *f* cash reconciliation; **~anweisung** *f* cash-order; treasury bond; **~arzt** *m* panel doctor; *als ~ zugelassen* on the panel; **~ausgänge** *m/pl.* cash disbursements; **~beamte(r)** *m* cashier, *of bank*: teller; **~beleg** *m* pay voucher; **~bericht** *m* cash report; **~bestand** *m* cash in hand, cash balance; **~block** *m* cash pad; **~bote** *m* bank messenger; **~buch** *n* cash-book; **~defizit** *n* cash deficit, *Am.* adverse cash balance; **~diebstahl** *m* embezzlement; **~eingänge** *m/pl.* cash receipts; **~erfolg** *thea. m* box-office success; **~führer(in** *f*) *m* cashier, treasurer; **~patient** *m* panel patient; **~preis** *m* cash-price; **~rabatt** *m* cash-discount; **~raub** *m* pay-roll robbery; **~raum, ~schalter** *m* cash-office, teller's counter; **~rekord** *m film*: box-office record; **~revision** *f* cash audit; **~revisor** *m* cash auditor; **~scheck** *m* bank cheque, *Am.* cashier's check; open (*or* uncrossed) cheque, *Am.* check; **~schein** *m* cash voucher; treasury note; **~schlager** *m* box-office magnet (*or* draw, *Am.* hit); **~schrank** *m* safe; **~stunden** *f/pl.* business (*or* cash-office) hours; **~sturz** *m* cash-audit; *~ machen* audit the accounts; *w.s.* count one's cash; **~verwaltung** *f* financial administration; **~wart** *m* treasurer; **~zettel** *m* sales slip, *Am.* (sales) check.
Kasserolle [kasəˈrɔlə] *f* (-; -n) stewpan, casserole.
Kassette [kaˈsɛtə] *f* (-; -n) (cash-) box; case; (jewel) casket; coffer (*a. arch.*); box, slip case (*for books*); *phot., TV* cassette, dark slide.
Kassier [kaˈsiːr] *m* (-s; -e) → **~er**; 𝔏**en** *v/t.* (h.) cash, collect; annul, cancel; *jur.* quash, set aside (*judgment*); cashier (*officer*); *colloq.* nab, arrest (*a p.*); bag, grab (*a th.*); **~er(in** *f*) *m* (-s, -; -, -nen) cashier, (*für Auszahlungen* paying, *für Einzahlungen* receiving) teller; *of club*: treasurer; collector; *mar.* purser.
Kastagnette [kastanˈjɛtə] *f* (-; -n) castanet.
Kastanie [kasˈtɑːniə] *f* (-; -n) chestnut; *eßbare ~* edible *or* sweet chestnut; *fig. für j-n die ~n aus dem Feuer holen* be made a cat's-paw of (by a p.), do a p.'s dirty work; **~nbaum** *m* chestnut(-tree); 𝔏**nbraun** *adj.* chestnut, maroon; **~nholz** *n* chestnut.
Kästchen [ˈkɛstçən] *n* (-s; -) small box *or* case, casket; *in formulars*: square; *in newspaper*: box.
Kaste [ˈkastə] *f* (-; -n) caste.
kasteil|en [kasˈtaɪən] *v/t.* (h.) (*and sich*) castigate (o.s.), chastise *or* mortify (the flesh); 𝔏**ung** *f* (-; -en) (self-)castigation, mortification (of the flesh).
Kastell [kasˈtɛl] *n* (-s; -e) (small) fort.
Kastellan [-ˈlɑːn] *m* (-s; -e) castellan; steward.
Kasten [ˈkastən] *m* (-s; ⸚) box; chest; case (*a. mus., typ.*); trunk; cupboard, wardrobe, closet; locker; drawer; bin; *el.* cell; *tech.* flask; *in newspaper, etc.*: box; *colloq.* **a**) jail, jug, **b**) (*person, body*) hulk; *soccer*: goal; (*airplane, car*) bus; *a.* → *Klavier, Schiff*; *alter ~* hovel, barrack; *colloq. er hat was auf dem ~* he's a brainy fellow, he's on the ball; ˈ**~drachen** *m* box-kite; ˈ𝔏**förmig** [ˈ-fœrmiç] *adj.* box-type; ˈ**~geist** *m* (-es) caste-spirit, clannishness; ˈ**~guß** *m* flask casting; ˈ**~kipper,** ˈ**~kippwagen** *m* box tipping car; ˈ**~lautsprecher** *m* cabinet loudspeaker; ˈ**~rahmen** *mot. m* box-type frame; ˈ**~wagen** *m* box cart; *rail.* box car, *Am.* lorry wagon; *mot.* box-type delivery van.
Kastrat [kasˈtrɑːt] *m* (-en; -en) eunuch; **~enstimme** *f* castrato voice.
kastrieren [kasˈtriːrən] *v/t.* (h.) castrate; geld (*horse, etc.*); neuter (*cat*).
Kasuistik [kazuˈistik] *f* (-) casuistry.
Kasus [ˈkɑːzus] *m* (-; -) case; **~endung** *f* case ending.
Katafalk [kataˈfalk] *m* (-s; -e) catafalque.
Katakombe [-ˈkɔmbə] *f* (-; -n) [catacomb.]
Katalog [-ˈloːk] *m* (-[e]s; -e) catalogue, *Am. a.* catalog; list.
katalogisieren [-loːgiˈziːrən] *v/t.* (h.) catalogue.
Kataˈlogpreis *m* list price.
Katalys|ator [-lyˈzɑːtɔr] *m* (-s; -ˈ*toren*) catalyst; 𝔏**ieren** *v/t.* (h.) catalyse; **katalytisch** [-ˈlyːtiʃ] *adj.* catalytic(ally *adv.*).
Katapult [-ˈpult] *m* (-[e]s; -e) catapult (*a. aer.*); **~flugzeug** *n* catapult aircraft.
katapulˈtieren *v/t.* (h.) catapult.
Kataˈpultstart *m* catapult take-off.
Katarakt [-ˈrakt] *m* (-[e]s; -e) cataract.
Katarrh [kaˈtar] (-s; -e) *m* catarrh, cold; **katarrhalisch** [-ˈrɑːliʃ] *adj.* catarrhal.
Kataster [kaˈtastər] *m and n* (-s; -) land-register; **~amt** *n* land registry (office).
katastrophal [katastroˈfɑːl] *adj.* catastrophic(ally *adv.*), disastrous; *colloq. fig.* appalling, awful.
Katastrophe [katasˈtroːfə] *f* (-; -n) catastrophe, disaster; **~nbekämpfung** *f* disaster control; **~ngebiet** *n* disaster area.
Katechese [kateˈçeːzə] *f* (-; -n) catechesis; **katechisieren** [-çiˈziːrən] *v/t.* (h.) catechize; **Katechismus** [-ˈçismus] *m* (-; -men) catechism.
Kategorie [kategoˈriː] *f* (-; -n) category.
kategorisch [-ˈgoːriʃ] *adj.* categorical.
Kategorisierung [-goriˈziːruŋ] *f* (-; -en) classification in categories.
Kater [ˈkɑːtər] *m* (-s; -) male cat, tom-cat; *der Gestiefelte ~* Puss in Boots; *colloq. fig.* hangover.
Katheder [kaˈteːdər] *m* (-s; -) lecturing-desk; *fig. univ.* chair; **~blüte** *f* howler; **~weisheit** *f* arm-chair philosophy, unpractical views *pl.*
Kathedrale [kateˈdrɑːlə] *f* (-; -n) cathedral.
Kathete [kaˈteːtə] *math. f* (-; -n) short side of a rectangular triangle.

Kathode [ka'to:də] *el. f* (-; -*n*) cathode; **~nröhre** *f radio*: thermionic valve; **~nstrahlen** *m/pl.* cathode rays; **~nstrahlenbündel** *n* (cathode) ray bundle; **~nstrahlung** *f* cathode radiation; **~nverstärker** *m* cathode follower.

Katholik [kato'li:k] *m* (-*en*; -*en*), **~in** *f* (-; -*nen*), **katholisch** [-'to:liʃ] *adj.* (Roman) Catholic; **Katholizismus** [katoli'tsismus] *m* (-) Catholicism.

Kattun [ka'tu:n] *m* (-*s*; -*e*) calico, *w.s.* cotton (fabric *or* goods *pl.*); chintz; *bedruckter ~* print; **~druck(e'rei** *f) m* calico-printing (works *pl. or sg.*); **~kleid** *n* print (-dress), *w.s.* cotton dress.

katzbalgen ['katsbalgən]: *sich ~* scuffle, wrangle; romp; **Katzbalge'rei** *f* (-; -*en*) scuffle, tussle.

katzbuckeln ['-bukəln] *v/i.* (*h.*) crouch, cringe (*vor dat.* to), bow and scrape.

Kätzchen ['kɛtsçən] *n* (-*s*; -) kitten; *bot.* catkin; **~blütler** ['-bly:tlər] *bot. m* (-*s*; -) amentaceous plant.

Katze ['katsə] *f* (-; -*n*) cat, puss(y); *männliche ~* → *Kater*; *weibliche ~* she-cat, tibby(-cat); *getigerte ~* tabby-cat; *fig. falsche ~* (nasty) cat; *neunschwänzige ~* cat-o'-nine tails; → *Lauf*2; *Schmeichel*2; *die ~ aus dem Sack lassen* let the cat out of the bag; *die ~ im Sack kaufen* buy a pig in a poke; *wie die ~ um den heißen Brei gehen* beat about the bush, make roundabout remarks; *bei Nacht sind alle ~n grau* when the candles are out, all cats are grey; *colloq. das ist für die Katz* that's of no (earthly) use, that's a waste.

'**Katzen...:** **2artig** *adj.* cat-like, feline; **~auge** *n min.* cat's-eye; *on vehicles, etc.*: (rear *or* cat's-eye) reflector; **~buckel** *m* cat's (arched) back; *e-n ~ machen* put up (*or* arch) one's back; *fig.* → *katzbuckeln*; **~darm** *m* catgut; **~fell** *n* cat's skin; **2freundlich** *adj.* beguiling, honeyed; **~geschrei** *n* caterwauling; **~gold** *min. n* cat gold, yellow mica; **~jammer** *colloq. m* hangover (*a. fig.*), morning-after feeling; *moralischer ~* the dumps, the blues; **2jämmerlich** *colloq. adj.* hangoverish, morning-afterish; **~musik** *f* charivari; **~mutter** *f* mother cat; **~pfötchen** *n* cat's paw; *bot.* cat's-foot; **~sprung** *fig. m* a stone's throw; **~tisch** *m* (small) separate table; **~wäsche** *f* cat's lick.

Kau|apparat ['kau-] *anat. m* masticating apparatus; '**2bar** *adj.* masticable; '**~bewegung** *f* masticatory movement.

Kauderwelsch ['kaudərvɛlʃ] *n* (-[*s*]) gibberish, double Dutch; lingo, jargon; **2en** *v/i. and v/t.* (*h.*) gibber, talk double Dutch.

kauen ['kauən] *v/t. and v/i.* (*h.*) chew, masticate, munch; bite; *an den Nägeln ~* bite one's nails; *fig. ~ an* (*dat.*) plod (away) at, pore (*or* rack one's brains) over; *j-m et. zu ~ geben* give a p. a hard nut to crack.

'**Kauen** *n* (-*s*) chewing, mastication.

kauern ['kauərn] *v/i.* (*h.*) (*and sich*) cower, squat (down); crouch.

Kauf [kauf] *m* (-[*e*]*s*; ⸚*e*) purchase; *günstiger ~* bargain, good buy; acquisition; purchasing, buying; *e-n ~ abschließen* complete a purchase, close a bargain; *zum ~e anbieten* offer for sale; *fig. et. mit in ~ nehmen* (have to) put up with; *leichten ~es davonkommen* get off cheaply; '**~abschluß** *m* (completion of a) purchase; '**~anlaß** *m* buying motive; '**~auftrag** *m* buying-order; '**~bedingungen** *f/pl.* conditions of purchase; '**~brief** *m* bill of sale.

'**kaufen** *v/t. and v/i.* (*h.*): *et. von* (*or bei*) *j-m ~* buy (*or* purchase) a th. of *or* from a p.; *viel ~* make large purchases; → *ab~, an~, ein~*; *fig.* bribe, buy (*a p.*); *colloq. was ich mir dafür kaufe!* a fat lot it helps!; *colloq. den werde ich mir ~* I'll let him have it!; *Karten ~* buy (*or* take in) cards.

Käufer ['kɔyfər] *m* (-*s*; -), **~in** (-; -*nen*) buyer, purchaser; customer; bidder; *ohne ~* no buyers, not sal(e)able; **~markt** *m* buyer market; **~streik** *m* buyer's strike.

'**Kauf...:** **~fahrer** *m*, **~fahr'teischiff** *n* merchant vessel, merchantman; **~geld** *n* purchase-money; **~gelegenheit** *f* opportunity (to buy); **~halle** *f* baza(a)r; market-hall; **~haus** *n* commercial house; department store; **~kraft** *f* (-) purchasing power (*of money*); spending power (*of consumers*); **2kräftig** *adj.* able to buy, moneyed, well-funded; **~kraftlenkung** *f* control of purchasing power; **~kraftüberhang** *m* surplus spending power; **~kraftwert** *m* (-[*e*]*s*) purchasing value; **~laden** *m* shop, *esp. Am.* store; **~leute** *pl.* merchants; tradesmen; tradespeople.

käuflich ['kɔyfliç] **I.** *adj.* purchasable; for (*or* on) sale, to be sold; marketable, sal(e)able; *fig. b.s.* venal, corruptible; **II.** *adv.* by purchase; *~ erwerben* (acquire by) purchase; *~ überlassen* sell, transfer by sale; **2keit** *f* (-) venality.

'**Kauf...:** **~lust** *f* inclination to buy; *rege ~* brisk demand; **2lustig** *adj.* inclined (*or* eager) to buy; interested; **~lustige(r** *m*) *f* (-*n*, -*n*; -*n*, -*n*) intending purchaser, willing buyer, interest; **~mann** *m* (-[*e*]*s*; -*leute*) businessman; merchant; trader, tradesman; (retail) dealer, shopkeeper, *Am.* storekeeper; grocer; shop-assistant, salesman; wholesale dealer, merchant; *~ werden* go into business; **2männisch** ['-mɛniʃ] **I.** *adj.* commercial, mercantile; business-like; business *qualities, etc.*; *~er Angestellter* (commercial) clerk; *~er Direktor* business manager; *~es Personal* office staff; **II.** *adv.* commercially, from the business point of view; *~ geschult* commercially trained; **~mannsgehilfe** *m* commercial (*or* shop-)assistant; **~mannskreise** *m/pl.* commercial circles (*or* world *sg.*); **~mannslehrling** *m* commercial apprentice; **~motiv** *n* buying motive; **~preis** *m* purchase- (*or* contract-)price; **~straße** *f* shopping street; **~summe** *f* purchase-money; **~unlust** *f* sales resistance; **~vertrag** *m* contract of sale, bill of sale; **~wert** *m* purchasing value; **~wut** *f* buying craze; **~zwang** *m* obligation to buy; *kein ~* free inspection invited.

'**Kaugummi** *m* (-*s*; -[*s*]) chewing-gum.

Kaukas|ier [kau'ka:ziər] *m* (-*s*; -), **~ierin** *f* (-; -*nen*), **2isch** *adj.* Caucasian.

Kaukasus ['kaukazus] *m*: *der ~* the Caucasus.

Kaulquappe ['kaulkvapə] *f* (-; -*n*) tadpole.

kaum [kaum] *adv.* scarcely; hardly; barely; with difficulty; *~ je* hardly ever; *~ glaublich* hard to believe; *~ hatte er ..., als* no sooner had he ... than; hardly had he ..., when.

'**Kaumuskel** *anat. m* masseter.

kausal [kau'za:l] *adj.* causal; causative; **2gesetz** *n* law of causation; **2satz** *gr. m* causal clause; **2zusammenhang** *m* causal relationship, *a. jur.* nexus.

kaustisch ['kaustiʃ] *adj.* caustic (*a. fig.*).

'**Kautabak** *m* chewing-tobacco.

Kautel [kau'te:l] *jur. f* (-; -*en*) precaution, safeguard; reservation, saving clause; *~en einlegen* put in reservation.

Kaution [kautsi'o:n] *jur. f* (-; -*en*) security, surety, bond; bail; *~ stellen* give (*or* stand) security *or* bail; *gegen ~ entlassen* release on bail; *gegen ~ freigelassen werden* be granted bail; *durch ~ freibekommen* bail out; **2sfähig** (**2spflichtig**) *adj.* able (liable) to give security *or* bail.

Kautschuk ['kautʃuk] *m* (-*s*; -*e*) caoutchouc, unvulcanized (*or* India) rubber; **~waren** *f/pl.* (India) rubber goods.

'**Kauwerkzeuge** *n/pl.* masticators *pl.*

Kauz [kauts] *m* (-*es*; ⸚*e*) screech-owl; *fig.* (*sonderbarer*) *~* queer fellow, crank, odd fish, *Am. a.* screwball.

Kavalier [kava'li:r] *m* (-*s*; -*e*) gentleman; nobleman, cavalier; ladies' man; beau, admirer, squire; **2mäßig** *adj.* like a cavalier *or* gentleman, gallant; **~sdelikt** *n* (mere) peccadillo.

Kavalkade [kaval'ka:də] *f* (-; -*n*) calvalcade.

Kavalle|rie [kavalə'ri:] *mil. f* (-; -*n*) cavalry; **~'riepferd** *n* troop-horse; **~'rist** *m* (-*en*; -*en*) trooper, cavalry-man.

Kaviar ['ka:viar] *m* (-*s*; -*e*) caviar(e); *~ fürs Volk* caviar(e) to the general.

Kebsweib ['ke:ps-] *n* concubine.

keck [kɛk] *adj.* bold, audacious; plucky; daring; dashing; pert, forward; brazen, saucy; *fig. ~es Näschen* (*Hütchen, etc.*) pert little nose (hat, *etc.*); '**2heit** *f* (-; -*en*) boldness, audacity; pluck; daring; pertness; impudence, cheek.

Kegel ['ke:gəl] *m* (-*s*; -) skittle, nine-pin; *esp. math., tech.* cone; taper; inside taper; brake cone; *abgestumpfter ~* truncated cone; → *Kind*; '**~bahn** *f* skittle-alley; **2för-**

mig ['-fœrmiç], '2**ig** *adj.* conical, coniform; taper(ed); '**~getriebe** *n* bevel gear; '**~kugel** *f* skittle-ball; '**~kupplung** *tech. f* cone friction clutch; '2**n** *v/i. and v/t.* (*h.*) play at skittles *or* ninepins; '**~n** *n* (-s) playing skittles; '**~rad** *n* bevel wheel (*or* gear); '**~rad-antrieb** *m* bevel drive; '**~radfräser** *m* bevel gear cutter; '**~rollenlager** *tech. n* tapered roller bearing; '**~scheibe** *tech. f* cone pulley; '2**schieben** *v/i.* (*irr., h.*) → *kegeln*; '**~schnitt** *math. m* conic section; '**~spiel** *n* skittles, ninepins, *Am. a.* tenpins; '**~sport** *m* bowling; '**~stumpf** *m* frustrum of (*or* truncated) cone; '**~ventil** *n* cone valve.

Kegler ['ke:glər] *m* (-s; -) skittle-player, *Am.* bowler.

'**Kehl|ader** *anat. f* jugular vein; **~deckel** *m* epiglottis.

Kehle ['ke:lə] *f* (-; -n) *anat.* throat; gullet; larynx; *arch.* chamfer; *tech.* flute, channel; neck (*of axe*); *an der ~ packen* seize by the throat; *aus voller ~ lachen* laugh heartily, shout with laughter; *durch die ~ jagen* spend in drink; *in die unrechte ~ kommen* go down the wrong way; *j-m an der ~ sitzen* have a stranglehold on a p.; *j-m das Messer an die ~ setzen* hold a knife to a p.'s throat; *ihm geht's an die ~* he is in for it now.

'**kehlen** *tech. v/t.* (*h.*) channel, flute.

'**Kehlkopf** *anat. m* larynx; **~entzündung** *f* laryngitis; **~krebs** *m* cancer in the throat; **~mikrophon** *n* throat microphone; **~schnitt** *med. m* laryngotomy; **~spiegel** *med. m* laryngoscope; **~verschluß(laut)** *m* glottal stop.

'**Kehl...:** **~laut** *m* guttural (sound); **~leiste** *arch. f* mo(u)lding.

Kehr|aus ['ke:raus] *m* (-) last dance; *fig.* clean-out; **~besen** *m* broom.

'**Kehre** *f* (-; -n) sharp turn, (hairpin) bend; *rail.* loop; *gym.* **a)** rear-vault, **b)** back dismount; *skiing*: turn; *aer.* **a)** turn, **b)** wing over.

'**kehren**[1] *v/i. and v/t.* (*h.*) sweep; brush; dust; *kehre vor deiner eigenen Tür!* mind your own business!

'**kehren**[2] *v/t., v/i. and sich ~* (*h.*) turn (over); → *Rücken*; *mil. kehrt!* about, turn (*Am.* face)!; *fig. nach außen ~* show up, expose; → *oberst*; *sich ~ an* (*acc.*) heed, mind; *sich an nichts ~* pay no regard to anything, not to give a damn for anything; *in sich gekehrt sein* be wrapt (*or* lost) in thought *or* meditation; *kehre in dich!* repent!; *alles zum besten ~* turn everything to account *or* advantage.

Kehricht ['ke:riçt] *m and n* (-[e]s) sweepings *pl., w.s.* dust, dirt, rubbish; '**~eimer** *m* refuse-pail, *w.s.* (= '**~kasten** *m*) dust-bin, *Am.* ash-can; '**~haufe(n)** *m* dust-heap, heap of rubbish; '**~schaufel** *f* dust-pan.

'**Kehr...:** **~maschine** *f* sweeping machine, street-sweeper; **~reim** *m* refrain, burden, chorus; **~seite** *f* other (*or* wrong) side, reverse, back; *fig. a.* seamy side (*of life*); *die ~ der Medaille* the reverse of the medal.

'**kehrtmachen** *v/i.* (*h.*) face about (*a. ~ lassen*); wheel round; turn back, turn on one's heels.

'**Kehrtwendung** *f* about turn, *Am.* about-face (*a. fig.*).

'**Kehr...:** **~wert** *m* reciprocal value; **~wisch** *m* whisk, mop.

keif|en ['kaɪfən] *v/i.* (*h.*) scold, nag; squabble; 2**erin** *f* (-; -nen) scold, nagging wife.

Keil [kaɪl] *m* (-[e]s; -e) wedge; *tech.* key; cotter (pin); *typ.* quoin; *arch.* keystone; gore, gusset; *mil.* wedge, arrowhead; *ein ~ treibt den andern* one nail drives the other; '**~absatz** *m* wedge heel; '**~e** *colloq. f* (-) a thrashing *or* beating; '2**en** *v/t.* (*h.*) wedge; fasten with wedges; *typ.* quoin; *colloq.* canvass *a p.* (*für* for), rope in; *sich ~* fight, scuffle.

Keiler *zo. m* (-s; -) wild boar.

Keile'rei *f* (-; -en) row, brawl, fight.

'**Keil...:** **~form** *aer. f* V-formation; 2**förmig** ['~fœrmiç] *adj.* wedge-shaped, cuneiform; **~hacke, ~haue** *f* pick(axe); **~kissen** *n* padded wedge; **~nut** *tech. f* key-seat; **~riemen** *tech. m* V-belt; **~riemenscheibe** *f* V-belt pulley; **~schrift** *f* cuneiform characters *pl.*; **~stück** *n* wedge-shaped piece; gore, gusset.

Keim [kaɪm] *m* (-[e]s; -e) *zo.* germ; *bot.* seed-bud; shoot; sprout; embryo; *of crystal*: nucleus; *fig.* germ, seed; *~e treiben* germinate; *im ~ vorhanden* (in) seminal (state), *fig.* in the bud, in embryo; *im ~ ersticken* nip in the bud; '**~bett** *n* germinating bed; '**~bildung** *f* germ formation; '**~blatt** *bot. n* cotyledon, seed-leaf; '**~boden** *biol. m* substratum; '**~drüse** *anat. f* gonad; '**~drüsenhormon** *n* sex hormone.

'**keimen** *v/i.* (*h., sn*) germinate; shoot (up), spring up, sprout; bud (*a. fig.*); arise, spring up; develop; stir; **~d** *adj.* germinating; nascent; growing, rising (*passion*); budding (*love*).

'**Keim...:** **~faden** *m* germ tube; 2**fähig** *adj.* capable of germination; **~fähigkeit** *f* germinative faculty; 2**frei** *adj.* sterilized, germ-free, germ-proofed; aseptic, sterile, safe; *~ machen* sterilize; **~ling** *m* (-s; -e) seedling, germ-bud; embryo; 2**tötend** *adj.* germicidal; *~es Mittel* germicide; **~träger** *med. m* (germ) carrier; **~zelle** *f* germ-cell.

kein [kaɪn] *indef. pron.* **1.** *as adj.* ~(e) no, not any; *hast du welche gesehen? — nein, ~e!* did you see any? — no, I did not see any, I saw none; *~ and(e)rer als* none other but; *sie ist ~ Kind mehr* she is no longer a child; **2.** *as su.* '**~er**, '**~e**, '~(**e**)**s** none, no one, nobody; nothing, not anything; *~er* (*~e, ~s*) *von beiden* neither (of the two), neither the one nor the other; *~er von uns* **a)** neither of us, **b)** none of us.

keinerlei ['~ərlaɪ] *adj.* not of any (*or* of no) sort; *~ Schmerzen* no pains whatever; *auf ~ Weise* in no manner *or* way; *es macht ~ Mühe* it is no trouble at all.

'**keines|falls** *adv.* in no case, on no account, on no conditions; by no means; **~wegs** ['~ve:ks] *adv.* in no way, by no means, not in the least, not at all, nowise; anything but.

'**keinmal** *adv.* not once, never; → *einmal.*

Keks [ke:ks] *m and n* (-es; -e) biscuit; *Am.* cracker; cookie; *colloq.* (*head*) nut.

Kelch [kɛlç] *m* (-[e]s; -e) cup, goblet; *eccl.* chalice, communion-cup; *bot.* calyx; *der* (*bittere*) *~ des Leidens* the (bitter) cup of sorrow; → *Hefe*; '**~blatt** *n* sepal; '**~blüte** *f* calycinal flower; **~blüter** ['~bly:tər] *bot. m/pl.* Calcyciflorae; 2**förmig** ['~fœrmiç] *adj.* cup-shaped, calciform; '**~glas** *n* (crystal) goblet.

Kelle ['kɛlə] *f* (-; -n) scoop; *for soup, etc., a. tech.*: ladle; (fish) slice; trowel; (*signal*) disk.

Keller ['kɛlər] *m* (-s; -) cellar; **~assel** *zo. f* wood-louse, sow-bug.

Kellerei [~'raɪ] *f* (-; -en) cellarage; (wine-)cellars *pl.*; brewery.

'**Keller...:** **~geschoß** *n* basement; **~gewölbe** *n* (underground) vault, cellar; **~meister** *m* (wine-)butler; cellar manager; *in monastery*: cellarer; **~wechsel** *econ. m* accommodation bill, kite; **~wirtschaft** *f* underground bar *or* restaurant; **~wohnung** *f* basement (dwelling).

Kellner ['kɛlnər] *m* (-s; -) waiter; '**~in** *f* (-; -nen) waitress.

Kelt|e ['kɛltə] *m* (-n; -n), **~in** *f* (-; -nen) Celt.

Kelter ['kɛltər] *f* (-; -n) winepress; **Kelterei** [~'raɪ] *f* (-; -en) press-house; '**keltern** *v/t.* (*h.*) press.

'**keltisch** *adj.* Celtic.

Kemenate [keme'nɑ:tə] *f* (-; -n) ladies' bower.

kenn|bar ['kɛnbɑ:r] *adj.* recognizable; '2**buchstabe** *m* identification letter; '2**daten** *tech. n/pl.* data.

kennen ['kɛnən] *v/t.* (*irr., h.*) know, be acquainted with; understand; be aware of; *et. gründlich ~* be (fully) conversant with, be (well-) versed in, be at home in; *das ~ wir!* we know (all about) that!; *er kannte sich nicht mehr vor Wut* he was quite beside himself with rage; '**~lernen** *v/t.* (*h.*) become acquainted with, get (*or* come) to know, *j-n*: *a.* make *a p.'s* acquaintance, meet; *als ich ihn kennenlernte* when I first knew (*or* met) him; *du sollst mich ~!* I'll give you what for!

'**Kenner** *m* (-s; -), **~in** *f* (-; -nen) connoisseur, (good) judge; expert, specialist (*gen.* in); authority (on); **~blick** *m* expert's eye; 2**haft** *adj.* knowledgeable, with the air of a connoisseur; **~miene** *f* air of a connoisseur.

'**Kenn...:** **~karte** *f* identity card; **~linie** *tech. f* characteristic (line), curve; **~marke** *f* tag; **~melodie** *f radio*: signature tune; **~nummer** *f* reference number.

'**kenntlich** *adj.* recognizable; distinguishable; conspicuous; marked; *~ machen* mark; label; *sich ~ machen* make o.s. known.

'**Kenntnis** *f* (-; -se) knowledge (*gen. or von* of); acquaintance (with); awareness (of); *~ haben von* have knowledge of, be aware of; *et. zu j-s ~ bringen, j-n von et. in ~*

setzen inform (*or* notify, advise, apprise) a p. of a th., make a th. known to a p., bring a th. to a p.'s notice; *von et. ~ nehmen* take not(ic)e *or* cognizance of a th., note a th.; *es ist uns zur ~ gelangt, daß* it has come to our knowledge (*or* attention) that; *Kenntnisse pl.* knowledge, information *sg.*; attainments, accomplishments, skills; know-how *sg.*; *oberflächliche ~se* smattering *sg.*; *gute ~se haben in* (*dat.*) be well acquainted with, be well up (*or* at home) in; **~nahme** ['~nɑːmə] *f* (-) notice, cognizance; *zu Ihrer ~* for your information; **2reich** *adj.* well-informed, very learned, experienced.

'**Kenn...**: **~wort** *n* (-[e]s; ⁼er) motto; *mil.* password; *econ., etc.* code word; *for ads*: box; **~zahl** *f* → *Kennziffer*; **~zeichen** *n* mark, sign; badge; emblem; earmark, brand; *mot.* **a)** index-mark, **b)** *polizeiliches ~* number plate; *aer.* aircraft marking; *passport*: *besondere ~ pl.* distinguishing marks; *fig.* characteristic, criterion; hallmark, mark of distinction; *med. and fig.* symptom; **2zeichnen** *v/t.* (*h.*) mark, characterize; identify; label; **2zeichnend** *adj.* characteristic(ally *adv.*); **~ziffer** *f* reference number, (code) number, index, *tech. a.* coefficient; *math.* index of a logarithm.

kentern ['kɛntərn] *v/i.* (*sn*) capsize, keel over; *~ lassen* upset, overturn.

Keram|ik [ke'rɑːmik] *f* (-) ceramics *sg.*, pottery; (*goods*) pottery, ceramics *pl.*; **2isch** *adj.* ceramic.

Kerbe ['kɛrbə] *f* (-; -*n*) notch, (in)dent, score, mark, nick; *fig. in dieselbe ~ hauen* do the same thing, follow suit.

Kerbel ['kɛrbəl] *bot. m* (-s) chervil.

kerben ['kɛrbən] *tech. v/t.* (*h.*) notch, (in)dent, channel; gnarl, mill.

Kerb...: **~holz** *n* ['kɛrp-] tally, score; *fig. einiges auf dem ~ haben* have a lot to answer for, have quite a (police) record; '**2schlagfest** *tech. adj.* impact-resistant; '**~schlagversuch** *m* notched-bar impact test; '**~schnitzer** *m* chip-carver; '**~tier** *zo. n* insect.

Kerker ['kɛrkər] *m* (-s; -) jail, prison; dungeon; **~haft, ~strafe** *f* (term of) imprisonment; **~meister** *m* jailer, turnkey.

Kerl [kɛrl] *m* (-s; -e) fellow, chap, bloke, *Am.* guy; *ganzer ~* splendid (*or* fine) fellow, brick; *guter* (*schlechter*) *~* a good (bad) sort (*or* egg); *sie ist ein lieber ~* she is a dear; '**~chen** *n* (-s; -) little man *or* fellow, manikin; chappie; *contp.* whippersnapper.

Kern [kɛrn] *m* (-[e]s; -e) kernel; nucleus (*a. of atom*); *of fruit*: pip, stone; kernel; *of cereal, etc.*: grain; *of wood*: pith; *of salad*: heart; *of gun*: bore; *el., tech., a. of bullet, etc.*: core; *fig.* core, pith; pivotal point, main issue; essence; *~ der Sache* heart (*or* core, gist) of the matter; nucleus; *bis zum ~ e-r Sache dringen* get to the core (*or* bottom) of a th.

'**Kern...**: **~abstand** *phys. m* internuclear distance; **~achse** *f* nuclear axis; **~aufbau** *m* nuclear synthesis; **~brennstoff** *m* nuclear fuel; **~chemie** *f* nuclear chemistry; **2deutsch** *adj.* German to the core; **~eisen** *metal. n* core iron; **~elektron** *phys. n* nuclear electron; **~energie** *f* nuclear energy; **~fächer** *n/pl. ped.* basic subjects, *Am.* core curriculum; **2faul** *bot. adj.* rotten at the core; **2fern** *phys. adj.* planetary (*electron*); **2fest** *adj.* very solid; **~forscher** *m* nuclear scientist; **~forschung** *phys. f* nuclear research; **~frage** *f* pivotal question, central issue; **~frucht** *f* malaceous fruit; pome; **~gedanke** *m* central thought; **~gehäuse** *n* (apple) core; **2gesund** *adj.* thoroughly healthy, (as) sound as a bell; **~haus** *bot. n* core; **~holz** *n* heartwood; **2ig** *adj.* full of pips; *fig.* pithy; vigorous; solid, stout, robust, earthy; full (*leather*); **~igkeit** *fig. f* (-) pithiness; vigo(u)r; **~ladung** *f phys.* nuclear charge; *mil.* main charge; **~ladungszahl** *phys. f* atomic number; **~leder** *n* bend leather; **~lehre** *f* nucleonics *sg.*; **2los** *bot. adj.* seedless; **~munition** *mil. f* armo(u)r-piercing ammunition; **~obst** *n* → *Kernfrucht*; **~physik** *f* nuclear physics *sg.*; **~physiker** *m* nuclear physicist; **~punkt** *m* essential (*or* central) point; **~reaktion** *phys. f* nuclear reaction; **~reaktor** *m* (nuclear) reactor; **2rissig** *adj.* shaky (*wood*); **~schatten** *m* deep shadow, umbra; **~schuß** *m* point-blank shot; *soccer*: cannon-ball; **~seife** *f* curd soap; **~spaltung** *phys. f* nuclear fission; **~spruch** *m* pithy saying; **~stück** *n* essential (*or* main) piece; principal item; **~teilchen** *phys. n* nuclear particle; **~truppen** *mil. f/pl.* picked (*or* crack, élite) troops; **~umwandlung** *phys. f* nuclear transformation; **~waffe** *f* nuclear weapon; **~wolle** *econ. f* prime wool; **~zerfall** *phys. m* nuclear disintegration.

Kerze ['kɛrtsə] *f* (-; -*n*) candle; *mot.* sparking-plug, *Am.* spark plug; *gym.* neck balance; *soccer*: skyer.

'**Kerzen...**: **2gerade I.** *adj.* (as) straight as a dart, bolt upright; **II.** *adv.*: *~ auf et. zugehen* make a bee-line for a th.; **~halter, ~leuchter** *m* candle-stick; **~licht** *n* candle-light; **~stärke** *f* candle-power.

keß [kes] *colloq. adj.* pert, saucy, jaunty; smart, saucy (*hat, etc.*).

Kessel ['kɛsəl] *m* (-s; -) kettle; ca(u)ldron, tank, vat; boiler; (deep) hollow; basin; basin-shaped valley, gorge; *mil.* pocket; '**~anlage** *f* boiler plant; '**~druck** *m* boiler pressure; '**~flicker** *m* (-s; -) tinker; '**~haken** *m* pot-hook; '**~haus** *n* boiler-house; '**~jagd** *f* → *Kesseltreiben*; '**~pauke** *f* kettle drum; '**~schlacht** *mil. f* battle of encirclement; '**~schmied** *m* brazier; boiler-maker; '**~stein** *m* scale, fur; '**~stein(lösungs)mittel** *n* disincrustant; '**~treiben** *hunt. n* battue-beating *or* -shooting; *fig.* dragnet hunt; *pol.* witch hunt; '**~wagen** *m* *rail.* tank car; *mot.* tank (*or* fuel) truck.

Kette ['kɛtə] *f* (-; -*n*) chain (*a. ornament and chem.*); *of vehicle*: track; *weaving*: warp; *~ und Schuß* warp and woof; mountain chain, range; *mil., police*: cordon, chain of posts; *hunt.* covey (*of birds*); *aer.* flight; *fig.* chain; series, train; chains, fetters *pl.*; bondage; *an die ~ legen* chain up (*dog*); *j-n in ~n legen* put in(to) chains *or* irons; *von der ~ losmachen* unchain; *fig. e-e ~ bilden* (*persons*) form a line.

ketten ['kɛtən] *v/t.* (*h.*) fasten (*or* join, connect) with a chain; *a. fig.* chain (*an acc.* to).

'**Ketten...**: **~antrieb** *tech. m* chain-drive; caterpillar (*or* track) drive; **~brief** *m* chain-letter; **~bruch** *math. m* continued fraction; **~brücke** *f* suspension bridge; **~fahrzeug** *mot. n* track(-laying) *or* crawler-type vehicle; **2förmig** ['~fœrmiç] *chem. adj.* aliphatic; **~gebirge** *n* mountain chain; **~gelenk, ~glied** *n* chain-link; **~geschäft** *n* multiple shop, chain store; **~hund** *m* watch-dog; **~karussell** *n* chairoplane; **~laden** *m* → *Kettengeschäft*; **2los** *adj.* chainless; **~panzer** *m* coat of mail; **~rad** *tech. n* sprocket-wheel; **~raucher** *m* chain-smoker; **~reaktion** *phys.* (*a. fig.*) chain reaction; **~rechnung, ~regel** *math. f* chain rule; **~schluß** *phls. m* chain-syllogism, sorites; **~seide** *econ. f* organzine; **~stich** *m sewing*: chain-stitch; **~sträfling** *m* chained convict; *Gruppe von ~en* chain-gang; **~zusammenstoß** *mot. m* pile-up.

Ketzer ['kɛtsər] *m* (-s; -), '**~in** *f* (-; -*nen*) heretic; **Ketzerei** [~'raɪ] *f* (-; -*en*) heresy.

'**Ketzer...**: **~gericht** *n* (court of) inquisition; **2isch** *adj.* heretical; **~verbrennung** *f* burning of heretics, auto-da-fé.

keuchen ['kɔʏçən] *v/i.* (*h.*) pant, gasp.

'**Keuchhusten** *med. m* whooping cough, pertussis.

Keule ['kɔʏlə] *f* (-; -*n*) club; cudgel; *tech.* pestle (*of mortar*); *zo.* hind leg, thigh; (*meat*) leg, joint; drumstick (*of poultry*); *gym.* Indian club; **2nförmig** ['~fœrmiç] *adj.* club-shaped, clubbed; '**~nhieb,** '**~nschlag** *m* blow with a club; *fig.* crushing blow; '**~nschwingen** *n* (-s) (Indian) club swinging.

Keuper ['kɔʏpər] *geol. m* (-s) keuper, red marl.

keusch [kɔʏʃ] *adj.* chaste; virgin(al); pure; innocent; modest; '**2heit** *f* (-) chastity; purity, innocence; modesty; **2heitsgelübde** *n* vow of chastity.

Khaki ['kɑːki] **1.** *n* (-) (*colour*) khaki; **2.** *m* (-) (*cloth*) khaki.

Kicher-erbse ['kiçər-] *f* chick-pea.

kichern ['kiçərn] *v/i.* (*h.*) giggle, titter, snigger, snicker.

'**Kichern** *n* (-s) giggle, tittering; snigger.

kicken ['kikən] *v/t.* (*h.*) kick.

Kicks [kiks] *m* (-es; -e) *billiards*: miss; *e-n ~ machen* → **kicksen** *v/i.* (*h.*) miss (the ball).

'**Kickstarter** *mot. m* kick-starter.
Kiebitz ['ki:bits] *m* (-es; -e) pe(e)wit, lapwing; *colloq. fig.* kibitzer; **2en** *fig. v/i.* (*h.*) kibitz.
Kiefer[1] ['ki:fər] *m* (-s; -) *anat.* jaw(-bone), maxilia; *of insects*: mandible.
'**Kiefer**[2] *bot. f* (-; -n) pine; *gemeine* ~ Scotch pine.
'**Kiefer...**: ~**bruch** *med. m* fracture of the (lower) jaw; ~**höhle** *anat. f* maxillary sinus; ~**(n)holz** *n* pine (-wood); ~**knochen** *anat. m* jaw-bone; ~**(n)nadel** *f* pine-needle; ~**(n)wald** *m* pinewood; ~**(n)zapfen** *m* pinecone.
kiek|en ['ki:kən] *colloq. v/i.* (*h.*) peep, have a look; '**2er** *colloq. m* (-s; -): *j-n auf dem* ~ *haben* have a down on a p.
Kiel[1] [ki:l] *mar. m* (-[e]s; -e) keel.
Kiel[2] *m* (-[e]s; -e) quill; = '~**feder** *f* quill-pen.
'**Kiel...** *mar.*: **2holen** *v/t.* (*h.*) careen, heave down (*ship*); keelhaul (*sailor*); ~**holen** *n* (-s) careening, careenage; keelhauling; ~**linie** *f* line ahead, *Am.* column; **2oben** *adv.* bottom up; ~**raum** *m* bilge; ~**wasser** *n* wake; *im* ~ *folgen* follow in the wake (*a. fig.*).
Kieme ['ki:mə] *f* (-; -n): ~*n pl.* gills, branchia; '~**n·atmung** *f* gill--breathing.
Kien [ki:n] *m* (-[e]s) resinous (pine-) wood; '~**apfel** *m* pine-cone; '~**holz** *n* → *Kien*; '**2ig** *adj.* resinous; '~**ruß** *m* (pine-)soot; '~**span** *m* burning chip of pinewood; pine-torch.
Kiepe ['ki:pə] *f* (-; -n) back-basket, dosser.
Kies [ki:s] *m* (-es) **1.** gravel; *mit* ~ *bestreuen* gravel; **2.** *min.* pyrites; **3.** *sl.* (*money*) dough; '~**boden** *m* gravelly soil.
Kiesel ['ki:zəl] *m* (-s; -) pebble, flint; *in compounds usu.* pebbly ..., siliceous ...; '**2artig**, '**2ig** *adj.* pebbly, flinty, siliceous; '~**erde** *f* silica; infusorial earth; '~**fluorsäure** *f* (-) silicofluoric acid; '~**gur** *f* infusorial earth; '~**säure** *f* (-) silicic acid; '~**stein** *m* pebble (-stone), flint.
'**Kies...**: ~**grube** *f* gravelpit; **2haltig**, **2ig** *adj.* gravelly; ~**schicht** *f* layer (*or* bed) of gravel; ~**weg** *m* gravel walk *or* path.
kikeriki [kikəri'ki:] *int.* cock-a--doodle-doo!
Kilo ['ki:lo] *n* (-s; -[s]), ~'**gramm** *n* (kg) kilogram(me); ~'**grammkalorie** *f* kilogram(me) calorie; ~'**hertz** *n* (kHz) kilo-cycle per second; ~'**meter** *n and m* (km) kilomet|re, *Am.* -er; ~'**meterfresser** *colloq. m* speed merchant, scorcher; ~'**metergeld** *n* mileage allowance; **2**'**meterlang** *adj.* miles long; for miles and miles; ~'**meterstand** *m* mileage reading; ~'**meterstein** *m* mile-stone; ~'**meterzahl** *mot. f* mileage; ~'**meterzähler** *m* mileage indicator, (h)odometer; ~'**voltampere** *el. n* kilovolt-Ampere; ~'**watt** *n* (kW) kilowatt; ~'**wattstunde** *f* (kWh) kilowatt hour.
Kimm [kim] *mar. f* (-) **1.** visual horizon; **2.** bilge; '~**e** *f* (-; -n) notch; *of gun*: (notch *or* V of the) back-sight, notch; ~ *und Korn* notch and bead sights *pl.*; '~**ung** *mar. f* (-; -en) → *Kimm*; mirage.
Kimono [ki'mo:no] *m* (-s; -s) kimono.
Kind *n* (-[e]s; -er) child; *kleines* ~ baby; *jur.* infant; ~*er pl.* children; offspring, family, *jur.* issue *sg.*; ~ *des Todes* dead man, goner; *ein Berliner* ~ a native of Berlin; *mit* ~ *und Kegel* (with) bag and baggage; *von* ~ *auf* from a child, from infancy; *das* ~ *beim rechten Namen nennen* call a spade a spade; *das* ~ *mit dem Bade ausschütten* throw out the baby with the bath-water; *ein* ~ *bekommen* have a child; *ein* ~ *erwarten* be with child, be expecting (*or* in the family way); *kein* ~ *mehr sein* be no longer a child; *sich lieb* ~ *machen bei j-m* ingratiate o.s. with a p.; *colloq. wie sag ich's meinem* ~*e?* how can I best put this?; ~*er*, ~*er!* dear, dear!
'**Kindbett** *n* (-[e]s) childbed; ~**fieber** *n* childbed fever, puerperal fever; ~**psychose** *f* puerperal psychosis.
'**Kindchen** *n* (-s; -) little child, baby.
'**Kinder...**: ~**arbeit** ['~dər-] *f* child labo(u)r; ~**arzt** *m*, ~**ärztin** *f* p(a)ediatrician; ~**beihilfe** *f* children's allowance; ~**bekleidung** *f* children's wear; ~**bett** *n* cot, crib; ~**bewahranstalt** *f* day-nursery; ~**brei** *f* spoon-food, pap; ~**buch** *n* book for children, children's book; ~**dorf** *n* children's village.
Kinderei [~'raɪ] *f* (-; -en) childishness, nonsense; child's trick; trivial matter; ~*en pl.* nonsense.
'**Kinder...**: ~**ermäßigung** *f* reduction for children; ~**fest** *n* children's fête (*or* party); ~**frau** *f* nurse; ~**fräulein** *n* governess, nanny; ~**freund(in** *f*) *m* friend of children, child-lover; *ein* ~ *sein usu.* be fond of children; ~**funk** *m* children's program(me); ~**fürsorge** *f* child welfare; ~**garten** *m* kindergarten; infant-school; nursery-school; ~**gärtnerin** *f* kindergarten teacher; ~**geld** *n* family allowance; ~**geschrei** *n* crying (*or* screaming, squalling) of children; ~**glaube** *m* childish (*or* simple) faith; ~**gottesdienst** *m* children's service; ~**heilkunde** *med. f* p(a)ediatrics *pl.*; ~**hort** *m* day-nursery; ~**jahre** *n/pl.* (years of) childhood, infancy *sg.*; ~**kleidung** *f* children's wear; ~**krankheit** *f* disease of children *or* childhood; ~*en pl. fig.* growing pains, teething troubles; ~**krippe** *f* → *Kinderhort*; ~**lähmung** *med. f* infantile paralysis; *spinale* ~ polio (-myelitis); ~**landverschickung** *f* evacuation of children into the country; **2leicht** *adj.* very (*or* dead) easy; *es ist* ~ it's mere child's play; **2lieb** *adj.* fond of children; ~**liebe** *f* **1.** filial love; **2.** parental love; **3.** love for children; ~**lied** *n* nursery rhyme; **2los** *adj.* childless; *jur.* without issue; ~**mädchen** *n* nurse (-maid); ~**märchen** *n* fairy-tale; ~**mehl** *n* infant cereal; ~**mord** *m* child murder; *jur. after birth*: infanticide; *bibl. der bethlehemitische* ~ the massacre of the innocents; ~**mörder(in** *f*) *m* child-murderer; ~**nahrung** *f* infant food; ~**narr** *m*, ~**närrin** *f*: *er ist ein* ~ he dotes on children; ~**pech** *n* meconium; ~**pflege** *f* child care; ~**pistole** *f* toy pistol; ~**psychologie** *f* child psychology; ~**raub** *m* kidnapping; ~**räuber** *m* kidnapper; **2reich** *adj.* blessed with a large offspring; ~*e Familien* large families; ~**reichtum** *m* (-s) large number of children; ~**schreck** *m* (-s) bog(e)yman; bugbear; ~**schuhe** *m/pl.* children's shoes; *fig. die* ~ *ausgetreten haben* be no longer a child; *das Unternehmen steckt noch in den* ~*n* the company is still in its infancy; ~**schule** *f* → *Kindergarten*; ~**schwester** *f* children's nurse; ~**speck** *m* puppy-fat; ~**spiel** *n* children's game; *fig. das ist ein* ~ *für ihn!* it's mere child's play to him! → *kinderleicht*; ~**spielzeug** *n* (children's) toys, playthings *pl.*; ~**sprache** *f* child(ren's) language *or* prattle; ~**sterblichkeit** *f* infant mortality; ~**stube** *f* nursery; *fig.* manners *pl.*, up-bringing; ~**wagen** *m* perambulator, pram, *Am.* baby carriage; ~**wäsche** *f* baby--linen; ~**zeit** *f* (-) childhood; ~**zimmer** *n* nursery, play-room; ~**zulage** *f* children's allowance.
'**Kindes...**: ~**alter** ['~dəs-] *n* infancy, childhood; ~**beine** *n/pl.*: *von* ~*n an* from infancy *or* childhood, from a child; ~**entführung** *f* kidnapping, child abduction; ~**kind** *n* grandchild; ~*er pl.* children's children; ~**liebe** *f* filial love; ~**mord** *m* → *Kindermord*; ~**nöte** [~nø:tə] *f/pl.* labo(u)r; *in* ~*n sein* be in labo(u)r; ~**pflicht** *f* filial duty; ~**tötung** *jur. f* infanticide.
Kindheit ['kint-] *f* (-) childhood; infancy; *von* ~ *an* from childhood *or* infancy, from a child.
kindisch ['~diʃ] *adj.* childish, puerile; *sei nicht* ~! don't be silly!, be your age!
kindlich ['kint-] **I.** *adj.* childlike, like a child; filial (*love, etc.*); innocent; naive; simple(-minded); **II.** *adv.*: *sich* ~ *freuen* be as pleased as a child (*or* as punch); '**2keit** *f* (-) childlike nature; innocence, naivety.
'**Kinds...** *in compounds* → *Kind(es)...*; ~**kopf** *colloq. m* silly ass; ~**mutter** *jur. f* mother (of an illegitimate child); natural mother.
'**Kindtaufe** *f* christening (of a child).
Kinematograph [kinemato'grɑ:f] *m* (-en; -en) cinematograph; **Kinematographie** [-gra'fi:] *f* (-) cinematography; **kinemato'graphisch** *adj.* cinematographic(ally *adv.*).
Kinet|ik [ki'ne:tik] *phys. f* (-) kinetics *pl.*; **2isch** *adj.* kinetic.
Kinkerlitzchen ['kiŋkərlitsçən] *pl.* gewgawks, knicknacks; *fig.* trifles, frills; *mach mir keine* ~! none of your tricks!
Kinn [kin] *n* (-[e]s; -e) chin; *energisches (fliehendes)* ~ energetic (receding) chin; '~**backe(n** *m*) *f* jaw(-bone), mandible; '~**bart** *m* chin-beard; '~**haken** *m boxing*: hook to the chin; uppercut; '~**lade** *f* jaw(-bone); '~**riemen** *m* chin--strap.

Kino [ˈkiːno] *colloq. n* (-s; -s) cinema, *Am.* motion picture theater, *the* pictures, *Am. the* movies *pl.*; *ins ~ gehen* go to the pictures; ˈ**~besucher(in** *f*) *m* cinema- (*or Am.* movie-)goer; ˈ**~kasse** *f* box office; ˈ**~leinwand** *f* screen; ˈ**~reklame** *f* screen advertising; ˈ**~vorstellung** *f* cinema (*Am.* movie) show(ing).

Kintopp [ˈkiːntɔp] *colloq. m* (-s; -s) → *Kino*.

Kiosk [kiˈɔsk] *m* (-[e]s; -e) kiosk; bookstall, *Am.* newsstand.

Kipfel [ˈkipfəl] *n* (-s; -) *cul.* crescent.

Kipp [ˈkip] *el. m* (-s) sweep; ˈ**~amplitude** *el. f* sweep amplitude; ˈ**~anlage** *f* tipping plant; ˈ**2bar** *adj.* tilting; ˈ**~bewegung** *f* tipping movement; ˈ**~bühne** *f* tipping platform.

Kippe [ˈkipə] *f* (-; -n) seesaw; *gym.* upstart; *colloq.* fag-end, stub, *esp. Am.* butt (*of cigarette*); *auf der ~ stehen* be atilt, *fig.* be on the verge, hang in the balance; es *stand auf der ~* it was touch and go; ˈ**2lig** *adj.* unstable, tottery, wobbly.

ˈ**kippen I.** *v/i.* (*sn*) lose one's balance; tip (*or* topple) over; tilt; **II.** *v/t.* (*h.*) tilt, tip over *or* up; upset; lob, clip.

ˈ**Kipper** *tech. m* (-s; -) tipper, *Am.* dumper; → *Kippwagen*.

ˈ**Kipp...:** **~fenster** *n* balance window; **~frequenz** *el. f* sweep frequency; **~hebel** *m* rocking lever; **~karren** *m* tip-cart; **~lager** *tech. n* rocker bearing; **~laufgewehr** *n* break-joint gun; **~lore** *f* tipping wagon; **~schalter** *m* tumbler (*or* toggle) switch; **~schwingung** *el. f* saw-tooth wave; relaxation oscillation; **2sicher** *adj.* stable; **~spannung** *el. f* sweep voltage; **~strom** *el. m* saw-tooth current; **~vorrichtung** *f* tipping device, tipper; **~wagen** *m rail.* tip-car, tipping-wag(g)on; *mot.* tipping lorry, *Am.* dump truck.

Kirche [ˈkirçə] *f* (-; -n) church; (divine) service; *anglikanische ~* Anglican Church, Church of England; *in der ~* at church; *nach der ~* after church; *in die ~ gehen* go to (*or* attend) church; *fig. die ~ im Dorf lassen* draw the line somewhere.

ˈ**Kirchen...:** **~älteste(r)** *m* church-warden, elder; **~amt** *n* ecclesiastical office; **~bann** *m* excommunication; *in den ~ tun* excommunicate; **~besuch** *m* attendance at church; **~besucher(in** *f*) *m* church-goer; **~buch** *n* parish register; **~chor** *m* (church) choir; **~diener** *m* sexton, sacristan; **2feindlich** *adj.* anti-clerical; **~fenster** *n* church-window; **~fürst** *m* prince of the church; high dignitary of the church; **~gemeinde** *f* parish; congregation; **~gesang** *m* chant, hymn; congregational singing; **~geschichte** *f* ecclesiastical history; **~gestühl** *n* pews *pl.*; **~glocke** *f* church-bell; **~jahr** *n* ecclesiastical year; **~kalender** *m* ecclesiastical calendar; **~konzert** *n* church concert; **~licht** *n*: *fig. er ist kein ~* he is no shining light, he is not very bright; **~lied** *n* hymn; **~maus** *f*: *fig. so arm wie e-e ~* (as) poor as a church-mouse; **~musik** *f* sacred music; **~politik** *f* ecclesiastical policy; **~rat** *m* (-[e]s; ⸗e) (*person*: member of a) church council; **~raub** *m* church-robbing; **~räuber** *m* church-robber; **~recht** *n* ecclesiastical law; **~schändung** *f* profanation of a church, sacrilege; **~schiff** *n* nave; **~spaltung** *f* schism; **~sprengel** *m* diocese; **~staat** *m* (-[e]s) Pontifical State; **~steuer** *f* church rate; **~streit** *m* ecclesiastical controversy; **~stuhl** *m* pew; **~uhr** *f* church clock; **~vater** *m* Father of the Church; **~väter** *m/pl. the* Early Fathers; **~vorstand** *m* parish council; **~vorsteher** *m* church-warden, elder.

ˈ**Kirch...:** **~gang** *m* church-going; **~gänger(in** *f*) [ˈ-gɛŋər] *m* (-s, -; -, -nen) church-goer; **~hof** *m* churchyard, graveyard.

ˈ**kirchlich** *adj.* (of the) church, ecclesiastical; sacred; ritual; spiritual; canonical; clerical; religious, devout; *ohne ~e Bindung* unaffiliated.

ˈ**Kirch...:** **~spiel** *n* parish; *zum ~ gehörig* parochial; **~sprengel** *m* diocese; **~turm** *m* steeple, church-tower, spire; **~turmpolitiker** *m* parish-pump politician; **~turmspitze** *f* church-spire; **~weih(e)** *f* consecration of a church; → **~weihfest** *n* parish fair, kermis.

Kirmes [ˈkirməs] *f* (-; -sen) parish fair, kermis.

kirnen [ˈkirnən] *v/t.* (*h.*) churn.

kirre [ˈkirə] *adj.* tame(d down); docile; *~ machen* bring *a p.* to heel, make *a p.* eat humble pie; **~n** *v/t.* (*h.*) bait, decoy; tame (down).

Kirsch [kirʃ] *m* (-es; -) (*a.* **~branntwein** *m*) kirsch; ˈ**~baum** *m* cherry-tree; cherry-wood; ˈ**~blüte** *f* cherry-blossom (time).

ˈ**Kirsche** *f* (-; -n) cherry; *fig. mit ihm ist nicht gut ~n essen* it's best not to tangle with him.

ˈ**Kirsch...:** **~kern** *m* cherry-stone; **~kuchen** *m* cherry cake; **2rot** *adj.* cherry-red; **~saft** *m* cherry juice; **~stein** *m* cherry-stone; **~stiel** *m* cherry stalk; **~wasser** *n* (-s; -) kirsch.

Kissen [ˈkisən] *n* (-s; -) cushion; pillow; bolster, pad; **~bezug** *m* pillow-case; cushion cover.

Kiste [ˈkistə] *f* (-; -n) box, chest; *econ.* (packing) case; crate; trunk; *colloq. aer., mot.* bus; *alte ~* rattle-trap; *soccer*: goal; *fig. difficult, etc.*, business, job.

Kitsch [kitʃ] *m* (-es) trash, rubbish, junk; *thea., etc.* hokum, slush; sirupy (*or* sugarcoated) stuff; → *Quatsch*; ˈ**2ig** *adj.* shoddy, trashy; tawdry, gaudy; slushy, sloppy; sirupy, mawkish.

Kitt [kit] *m* (-[e]s; -e) *tech.* putty; mastic, cement (*a. fig.*); *esp. chem.* lute.

Kittchen [ˈkitçən] *colloq. n* (-s; -) jail, sl. clink, jug.

Kittel [ˈkitəl] *m* (-s; -) smock, (loose) frock; overall; **~kleid** *n* house frock; tunic; **~schürze** *f* apron dress.

kitt|en [ˈkitən] *v/t.* (*h.*) cement, lute; putty; *w.s.* glue (*or* stick) together; ˈ**2messer** *n* putty knife.

Kitz [kits] *n* (-es; -e), **~e** *f* (-; -n) kid; fawn.

Kitzel [ˈkitsəl] *m* (-s) tickle, tickling; *~ im Hals* throat tickle; itch(ing); *fig.* pleasant sensation, thrill; desire, appetite; ˈ**2ig** ticklish (*a. fig.*).

ˈ**kitzeln** *v/t.* (*h.*) tickle (*a. fig.*); *es kitzelt mich* something tickles me; *es kitzelt mich am Fuß* my foot tickles; *j-s Gaumen ~* tickle a p.'s palate.

ˈ**Kitzler** *anat. m* (-s; -) clitoris.

ˈ**kitzlig** *adj.* → *kitzelig*.

Klabautermann [klaˈbautərman] *mar. m* (-[e]s; ⸗er) Davy Jones.

Kladde [ˈkladə] *f* (-; -n) first (*or* rough) draft *or* copy; rough note-book; *econ.* daybook.

kladderadatsch [kladəraˈdatʃ] *colloq. int.* (slap-)bang!

Kladderaˈdatsch *m* (-es; -e) crash (*a. fig.* = muddle, mix-up, debâcle); *da haben wir den ~!* what a mess!

klaffen [ˈklafən] *v/i.* (*h.*) gape, yawn; stand apart; fit loosely; *fig. hier klafft ein Widerspruch* this is highly contradictory.

kläffen [ˈklɛfən] *v/i.* (*h.*) yap, yelp, bark.

Kläffer (-s; -) *m* yelping dog; *fig.* squabbler.

Klafter [ˈklaftər] *f* (-; -n) fathom (*a. mar. and wood measure*); **~holz** *n* (-es) cord-wood; **2n** *v/t. and v/i.* (*h.*) fathom; cord (*wood*).

Klag|abweisung [ˈklɑːk-] *jur. f* dismissal of an action; non-suit; ˈ**~anspruch** *m* claim; ˈ**2bar** *adj.* actionable, suable, enforceable; *~ werden gegen j-n* bring suit (*or* proceed) against a p.

Klage [ˈklɑːgə] *f* (-; -n) complaint; lament; grievance, (matter of) complaint; charge, accusation; *jur.* suit, action; plaint; *in divorce cases*: petition; *~ wegen Schadenersatz* action for *damages*; *~ aus e-m Vertrag* action under (*or* on the ground of) a contract; *~ führen über (acc.)* complain of; *jur. ~ erheben gegen (acc.)* bring (*or* enter, institute) an action against, institute proceedings against, bring (*or* file) a suit against, sue (*j-n* a p.; *wegen* for); *mit s-r ~ abgewiesen werden* be non-suited; **~be-antwortung** *f* answer, responsive pleading; **~begehren** *n the* relief sought; **~begründung** *f* statement of claim; **~grund** *m* cause of action; **~laut** *m* plaintive sound; moan, groan, whimper; **~lied** *n* dirge; elegy; *fig. ein ~ anstimmen* raise a lamentation; **~mauer** *f* (-) *the* Wailing Wall.

klagen [ˈklɑːgən] **I.** *v/i.* (*h.*) complain (*über acc.* of; *bei* to); utter complaints; lament; wail, moan; *~ über* complain of; *jur.* bring an action (*gegen* against; *auf, wegen* for), go to law (*wegen* about), → *Klage (erheben)*; **II.** *v/t.* (*h.*): *j-m et. ~* complain to a p. of a th.; → *Leid*; **~d** *adj.* plaintive; *jur. der ~e Teil* the plaintiff(s *pl.*).

Kläger [ˈklɛːgər] *jur. m* (-s; -), **~in** *f* (-; -nen) *in civil cases*: plaintiff; complainant; (*divorce*) petitioner;

in criminal cases: *Öffentlicher* ~ (public) prosecutor; 𝔏**isch** *adj.* of the plaintiff, plaintiff's; ~*er Anwalt* counsel for the plaintiff; ~*e Partei* complaining party, plaintiff(s *pl.*).

'**Klage...**: ~**sache** *jur. f* action, lawsuit, civil case; ~**schrift** *jur. f* plaint, statement of claim; ~**ton** *m* plaintive tone *or* sound; ~**weg** *jur. m*: *auf dem* ~ by bringing an action; ~**weib** *n* (hired) mourner.

kläglich ['klɛ:kliç] *adj.* lamentable, deplorable; distressing, piteous; *a. fig. contp.* miserable, wretched, pitiable, sorry, poor; 𝔏**keit** *f* (-) deplorableness; wretchedness.

Klamauk [kla'mauk] *colloq. m* (-*s*) hullabaloo, row, racket; ballyhoo; fuss, to-do.

klamm [klam] *adj.* clammy; numb (-ed); short, scarce; *colloq.* ~ *sein* be hard up.

Klamm *f* (-; -*en*) gorge, glen, canyon.

Klammer ['klamər] *f* (-; -*n*) *tech.* cramp, clamp, bracket; clasp; *a. med.* clip; (dental) brace; paper clip; staple; (clothes-)peg, *Am.* pin; *arch.* brace; *gr.*, *typ.* parenthesis, bracket (*a. math.*), brace, accolade; *eckige* ~ (square) bracket; ~ *auf (zu)!* open (close) brackets!; *in* ~*n setzen* put in parentheses *or* brackets, bracket; '𝔏**n I.** *v/t.* (*h.*) *tech.* clamp, cramp, brace; fasten (*an* to); **II.** *v/i.* (*h.*) *boxing*: hold, clinch; *sich* ~ *an* (*acc.*) cling to (*a. fig.*).

Klamotten [kla'mɔtən] *colloq. f/pl.* stuff, things; rags, duds; ~**kiste** *f*: *aus der* ~ out of the rag-bag.

Klampe ['klampə] *f* (-; -*n*) clamp, hasp, cleat.

Klampfe ['klampfə] *colloq. f* (-; -*n*) guitar.

klang [klaŋ] *pret. of klingen.*

Klang [klaŋ] *m* (-[e]s; ⸚e) sound, tone; ringing, peal (*of bells*); ring, chink (*of coins*); clink(ing) (*of glasses*); resonance; timbre; (*music*) *usu. Klänge pl.* strains, notes *pl.*; → *Sang*; *fig.* ring; *e-n guten* ~ *haben* be in good repute.

'**Klang...**: ~**bild** *n* sound pattern; ~**blende** *f* tone control; ~**farbe** *f* timbre, tone colo(u)r; ~**farbenregelung** *f* tone control; ~**fülle** *f* sonority, resonance; ~**lehre** *f* (-) acoustics *sg.*; 𝔏**lich** *adj.* tonal, tone...; 𝔏**los** *adj.* toneles; hollow; mute; unaccented; *fig.* → *Sang*; ~**losigkeit** *f* (-) tonelessness; ~**regler** *m*, ~**regelung** *f radio*: tone control; 𝔏**rein** *adj.* pure, fine-tuned; ~**treue** *f* fidelity; *von höchster* ~ high-fidelity; 𝔏**voll** *adj.* sonorous; ~**wirkung** *f* sound effect.

Klapp|bett ['klap-] *n* folding (*or* camp-)bed; '~**boden** *m* hinged bottom; '~**brücke** *f* bascule bridge; '~**deckel** *m* spring cover, snap (lid).

Klappe ['klapə] *f* (-; -*n*) flap (*a. on envelope, pocket, table*, etc.); *tech.* shutter; (hinged) lid; trap-door; *on truck*: tailboard; damper; leaf (*of table, gun-sights*); *tech.* valve (*a. bot., zo.*); *mus.* key; *film*: clapper-board(s), slate; *colloq.* (*mouth*) (potato-)trap; *halt die* ~! shut up!; *bed*: *in die* ~ *gehen* turn in, hit the hay.

'**klappen I.** *v/t.* (*h.*): *in die Höhe* ~ tip up; *der Sitz läßt sich nach vorne* ~ the seat folds forward; **II.** *v/i.* (*h.*) clap, flap (*mit et.* a th.); *colloq. fig.* work (well), go smoothly (*or* without a hitch), come off well, click; *das klappt* that works; *bis jetzt klappt alles* all plain sailing so far; *es klappt nicht* it doesn't work, all goes wrong, there is a hitch somewhere.

'**Klappen** *n* (-*s*) clapping; *fig. zum* ~ *kommen* (*bringen*) come (bring) to a head.

'**Klappen...**: 𝔏**artig**, 𝔏**förmig** ['-fœrmiç] *adj.* valvular, valviform; ~**schrank** *teleph. m* drop-type switchboard; ~**text** *m* blurb (*on book jacket*); ~**ventil** *tech. n* clack (*or* flap)valve; ~**verschluß** *m* hinged cover.

'**Klapper** *f* (-; -*n*) rattle; clapper; 𝔏**dürr** *adj.* (as) lean as a rake, spindly.

'**klapperig** *colloq. adj.* shaky, rickety; spindly.

'**Klapper...**: ~**kasten** *colloq. m* (*piano*) tin-kettle; (*vehicle*) rattletrap; ~**mühle** *f* (water-, wind)mill.

klappern ['klapərn] *v/i.* (*h.*) rattle, clack; clatter; *mit den Zähnen* ~ chatter (one's teeth); '**Klappern** *n* (-*s*) rattling (noise) clatter(ing); ~ *gehört zum Handwerk* puff is part of the trade.

'**Klapper...**: ~**schlange** *zo. f* rattlesnake, *Am. a.* rattler; ~**storch** *m* stork.

'**Klapp...**: ~**etui** *n* snap-lid case; ~**fenster** *n* top-hung window; ~**flügel** *aer. m* folding wing; ~**horn** *mus. n* (-[e]s; ⸚er) key-bugle; ~**hornvers** *m* limerick; ~**hut** *m* opera- (*or* crush-)hat; ~**kamera** *f* folding camera; ~**messer** *n* clasp- (*or* jack-)knife; ~**(p)ult** *m* folding desk; 𝔏**rig** *adj.* → *klapperig*; ~**sitz** *m thea.* tip-up (*or* flap) seat; *mot.* → *Notsitz*; ~**stuhl** *m* folding-chair, camp-stool; ~**tisch** *m* folding-table; drop-leaf table; ~**tür** *f* spring-action door; ~**ventil** *n* flap-valve; ~**verdeck** *n* collapsible hood, *Am.* folding top.

Klaps [klaps] *m* (-es; -e) slap, smack; *colloq. e-n* ~ *haben* be cracked (*or* nuts), have a screw loose; ~**mühle** *colloq. f* booby hatch, loony bin.

'**klapsen** *v/t.* (*h.*) slap, smack.

klar [klɑ:r] **I.** *adj.* clear; bright; transparent, limpid; pure; *fig.* clear, distinct; intelligible; plain; evident, obvious, manifest; ~*e Entscheidung* clear-cut decision; ~*er Fehler* clear mistake; *mar.* ready; ~ *Schiff!* clear the deck for action!; ~ *achteraus (voraus)* clear astern (ahead); ~ *zum Gefecht* clear for action; *es ist ja* ~, *daß* it stands to reason that; *es ist dir doch* ~, *daß* you realize (*or* are aware) that; → *Kloßbrühe*; *colloq. na,* ~! sure (thing)!, *Am.* you bet!; → ~*machen*, ~*werden, etc.*; **II.** *adv.*: ~ *und deutlich* clearly, distinctly, unmistakably; ~ *zutage treten* be evident (*or* obvious), meet the eye; *er brachte es* ~ *zum Ausdruck, daß* he made it clear (*or* plain) that; '𝔏**e(r)** *m* (-*n*; -*n*) schnapps; '𝔏**e(s)** *n* (-*n*) *the* white of the egg; *fig. ins* 𝔏 *bringen* clear up, settle; *sich im* 𝔏*n sein über* (*acc.*) be (fully) aware of, be alive to, realize; see one's way about *a th.*; *ins* 𝔏 *kommen* see clearly, become clear (*über acc.* about).

Klär|anlage ['klɛ:r-] *f* purification plant; sewage treatment plant; '~**becken** *n* settling-basin, filterbed.

'**klarblickend** *adj.* clear-sighted.

'**Klärbottich** *m* settling vat.

klären ['klɛ:rən] *v/t.* (*h.*) clear, clarify; purify; percolate; *fig.* clear up, clarify, settle; *sports*: clear; *sich* ~ become clear, clarify.

'**Klarheit** *f* (-) clearness; brightness; transparency; *fig.* clearness, clarity; distinctness; lucidity; ~ *in eine Sache bringen* clear up (*or* shed light on) a matter.

klarier|en [kla'ri:rən] *mar. v/t.* (*h.*) clear (at the custom-house); 𝔏**ung** *f* (-) clearance.

Klarinette [klari'nɛtə] *f* (-; -*n*) clarinet; ~**nbläser**, **Klarinettist** [-'tist] *m* (-*en*; -*en*) clarinet-player.

'**klarkommen** *v/i.* (*irr.*, *sn*) get by, manage.

'**Klarlack** *m* clear varnish.

'**klar...**: ~**legen** *v/t.* (*h.*) set (*or* make) clear, clear up; point out; ~**machen** *v/t.* (*h.*): *j-m et.* ~ make a th. clear (*or* plain) to a p., explain (*or* point a th. out) to a p., bring a th. home to a p.; → *Standpunkt*; *sich et.* ~ realize a th.; *mar., etc.* (*a. v/i.*) make *or* get ready (*zu* for).

'**Klar|scheiben** *f/pl.* anti-dim disks; ~**sichtpackung** *f* transparent (*or* see-through) package.

'**klar...**: ~**sehen** *v/i.* (*irr.*, *h.*) see one's way clear, see day-light; ~**stellen** *v/t.* (*h.*) clear up, get *the facts* clear, settle; 𝔏**text** *m* text in clear; *im* ~ in clear (text); ~**werden I.** *v/i.* (*irr.*, *sn*) become clear; *es wurde mir klar* I realized, I became aware of, it dawned on me (that *daß*); **II.** *sich* ~ *über* (*acc.*) realize, grasp, understand; make up one's mind about.

Klärung ['klɛ:ruŋ] *f* (-) clarification, *fig. a.* clearing up, settling, elucidation.

Klasse ['klasə] *f* (-; -*n*) class (*a. bot., zo.*); division; order; type; *mar.* rating; *mot. racing*: category; class; *ped.* form, *esp. Am.* class, grade; *rail. Abteil* (*Fahrkarte*) *erster* ~ first-class compartment (ticket); *social* class; *die arbeitenden* (*besitzenden*) ~*n pl.* the working (propertied) classes; *lottery*: class; *fig. erster* ~ of the first order *or* water, first-class; *colloq.* (*ganz*) *große* ~ terrific, marvellous; *er ist e-e* ~ *für sich* he is in a class all by himself; *in* ~*n einteilen* classify.

'**Klassen...**: ~**arbeit** *f* (written) class test; 𝔏**bewußt** *adj.* class-conscious; ~**bewußtsein** *n* class-consciousness; ~**buch** *n* class-register; ~**dünkel** *m* class-conceit; ~**einteilung** *f* classification; ~**feind** *m* enemy of the working class; ~**haß** *m* class-hatred; ~**justiz** *f* class-justice; ~**kamerad(in** *f*) *m* class-mate; ~**kampf** *pol. m* class-warfare *or* -struggle; ~**leh-**

rer(in *f*) *m* class-teacher, form master, *Am.* home-room teacher; **2los** *adj.* classless; **~lotterie** *f* class lottery; **~schranke** *f* class barrier; **~sprecher(in** *f*) *m* class prefect; **~ziel** *n*: *das ~ (nicht) erreichen* (fail to) go up into a higher class; **~unterschiede** *m/pl.* class distinctions; **~zimmer** *n* classroom, schoolroom.

klassieren [kla'si:rən] *v/t.* (*h.*) size (*coal, ore*).

klassifizier|en [klasifi'tsi:rən] *v/t.* (*h.*) classify; **2ung** *f* (-; -*en*) classification.

...klassig *in compounds* with ... classes; *fig.* ...-class, ...-rate.

Klassik ['klasik] *f* (-) classical period; **~er** *m* (-*s*; -) classic, standard author.

'**klassisch** *adj.* classical, *fig.* classic; traditional, conventional; *~es Beispiel* classic example; *~es Werk* classic; *phys. ~er Radius* classical radius; *fig. das ist ~!* it's terrific!

klatsch [klatʃ] *int.* splash!, smack!, slap!

'**Klatsch** *m* (-*es*; -*e*) clap, smack, slap; *fig.* gossip; scandal; **~base** *f* gossip, chatterbox, *b.s.* scandal-monger.

'**Klatsche** *f* (-; -*n*) fly-swat(ter); *colloq.* gossip; *ped.* crib, pony.

'**klatschen** *v/i. and v/t.* (*h.*) smack, slap; *whip*: crack; *rain, etc.*: splash; *in die Hände ~* clap one's hands; *j-m (Beifall) ~* applaud (*or* clap) a p.; *colloq. fig.* gossip, wag one's tongue (*über acc.* about); talk scandal.

'**Klatschen** *n* (-*s*) smacking, slapping; clapping, applause; gossip, scandal.

'**Klatscher(in** *f*) *m* (-*s*, -; -, -*nen*) **1.** clapper, applauder; **2.** → *Klatschbase*.

Klatsche'rei *f* (-; -*en*) (idle) gossip, gabble, prattle; *b.s.* gossiping, scandal(-mongering), tittle-tattle.

'**Klatsch...**: **~geschichte** *f* gossip; **2haft** *adj.* gossiping, gossipy; **~haftigkeit** *f* (-) gossiping disposition, slanderous tongue; talkativeness; **~maul** *n* → *Klatschbase*; **~mohn** *m*, **~rose** *f* (corn) poppy; **2naß** *adj.* dripping (wet), drenched, soaked (to the skin); **~sucht** *f* (-) → *Klatschhaftigkeit*; **~weib** *n* → *Klatschbase*.

'**klauben** ['klaubən] *v/t. and v/i.* (*h.*) pick, cull; sort; gather; *fig. Worte ~* quibble, split hairs.

Klaue ['klauə] *f* (-; -*n*) claw (*a. tech.* = dog, jaw); *orn., zo. a.* fang, talon; paw (*a. contp. hand*); *of fox, wolf, etc.*: foot; clovenhoof; *mit den ~n packen* claw; *fig. in s-e ~n bekommen* get one's clutches on, *j-n*: get a p. into one's (butcher's) grip *or* clutches; *in den ~n des Todes* in the grip of death; *colloq. e-e böse ~* an ugly fist, an awful scrawl.

'**klauen** *colloq. v/t.* (*h.*) filch, swipe, *Am. a.* snitch; *writer*: crib (*von* from).

'**Klauen...**: **~fett** *n* neatsfoot oil; **~kupplung** *tech. f* dog (*or* clutch) coupling; **~seuche** *f* (-) footrot.

Klause ['klauzə] *f* (-; -*n*) hermitage; cell; *colloq.* den, dig(ging)s *pl.*; (mountain) defile.

Klausel ['-zəl] *jur. f* (-; -*n*) clause; proviso; stipulation.

Klausner ['klausnər] *m* (-*s*; -), **~in** *f* (-; -*nen*) hermit, recluse.

Klausur [klau'zu:r] *f* (-; -*en*) seclusion; *univ.* written examination; *in der ~, unter ~* under supervision; **~arbeit** *f* examination-paper, unseen (translation, *etc.*).

Klaviatur [klavia'tu:r] *f* (-; -*en*) keyboard, keys *pl.*; manual (*of organ*).

Klavier [kla'vi:r] *n* (-*s*; -*e*) piano (-forte), upright piano; *elektrisches ~* player piano; *am (auf dem) ~* at (on) the piano; *~ spielen (können)* play the piano; **~auszug** *m* piano score; **~begleitung** *f* piano accompaniment; **~konzert** *n* piano-(forte) recital; **~lehrer(in** *f*) *m* piano-teacher; **~schule** *f* manual for exercises on the piano; **~sessel** *m* piano stool; **~spiel** *n* piano playing; **~spieler(in** *f*) *m* pianist; **~stimmer** *m* piano-tuner; **~stück** *n* piece of piano-music; **~stuhl** *m* → *Klaviersessel*; **~stunde** *f*, **~unterricht** *m* piano-lesson(s); **~vortrag** *m* piano(forte) recital.

'**Klebe|ecke** ['kle:bə-] *phot. f* corner (mount); **~kraft** *f* (-) adhesive power; **~mittel** *n* adhesive, agglutinant; **2n I.** *v/i.* (*h.*) (*a.* **2nbleiben**) adhere *or* stick *or* cling (*an dat.* to); *fig. an j-m ~* be glued to a p.; *Blut klebt an seinen Händen* his hands are stained with blood; *am Buchstaben ~* stick to the letter; **II.** *v/t.* (*h.*) glue, paste, stick (fast); *colloq. j-m e-e ~* paste a p. one; **2nd** *adj.* adhesive; **~pflaster** *n* adhesive (*or* sticking) plaster.

'**Kleber** *m* (-; -) **1.** *bot.* gluten; **2.** → *Kleb(e)stoff*.

kleb(e)rig ['klep-, '-bə-] *adj.* adhesive, sticky; tacky; glutinous; viscid, ropy; clammy.

'**Kleb(e)...**: **~stoff** *m* adhesive; gum; glue; cement; paste; **~streifen** *m* adhesive tape; Scotch tape.

'**Klebe...**: **~tisch** *m film*: splicing table; **~zettel** *m* gummed (*or* sticky) label, *Am.* sticker.

kleckern ['klɛkərn] *colloq.* **I.** *v/i.* (*h.*) slobber, dribble; **II.** *v/t.* (*h.*) spill, drop.

Klecks [klɛks] *m* (-*es*; -*e*) (ink-)blot; blotch, splotch.

'**klecksen** *v/t. and v/i.* (*h.*) blot (with ink), make (ink-)blots; blotch, smudge; blur; daub; scrawl, scribble.

'**Kleckser(in** *f*) *m* (-*s*, -; -, -*nen*) scrawler, scribbler; (*painter*) dauber.

Kleckserei [-'raɪ] *f* (-; -*en*) (constant) blotting, ink-spilling; scrawl (-ing); daub(ing).

Klee [kle:] *bot. m* (-*s*) clover, trefoil; *über den grünen ~ loben* praise to the skies; '**~blatt** *n* trefoil (*a. arch.*), clover-leaf; *Irish national emblem*: shamrock; *vierblättriges ~* four-leaved clover; *fig.* threesome, trio; *traffic*: cloverleaf crossing; '**2blattförmig** ['-fœrmiç] *adj.* trifoliate.

Kleid [klaɪt] *n* (-[*e*]*s*; -*er*) garment, dress; *~er pl.* clothes, → *Kleidung*; gown; robe; costume; garb, apparel; attire; *poet.* raiment; *fig. festliches ~* festive garb (*of town*); *~er machen Leute* fine feathers make fine birds.

kleiden ['-dən] **I.** *v/t.* (*h.*) *and sich ~* clothe (o.s.), dress; attire (o.s.); *sich gut (schlecht, in Weiß) ~* dress well (badly, in white); → *an~, be~*; *fig. in Worte ~* clothe (*or* couch) in words; *leicht gekleidet* lightly dressed *or* clad; **II.** *v/t. and v/i.* (*h.*): *j-n ~* **a)** clothe (*or* dress) a p., **b)** suit (*or* become) a p., look well on a p.

'**Kleider...**: **~ablage** ['-dər-] *f* cloak-room, *Am.* checkroom; hall-stand; **~bestand** *m* wardrobe; **~bügel** *m* (coat-)hanger; **~bürste** *f* clothes-brush; **~haken** *m* clothes-peg, coat-hook; **~laus** *f* body louse; **~mode** *f* fashion in clothes; **~motte** *f* clothes moth; **~pflegeanstalt** *f* valet service, *Am.* valeteria; clothing and pressing establishment; **~puppe** *f* (clothes) dummy; **~schrank** *m* wardrobe; **~schürze** *f* house frock; **~schwimmen** *n* (-*s*) swimming fully dressed; **~ständer** *m* (hat and) coat stand, hall-stand; **~stoff** *m* dress material.

kleidsam ['klaɪt-] *adj.* becoming.

'**Kleidung** *f* (-) clothes *pl.*, garments, (wearing-)apparel; dress, costume, garb; attire; *poet.* raiment; → *Be2, Kleid*; **~s-stück** *n* article of clothing; garment; *~e pl.* → *Kleidung*.

Klei|e ['klaɪə] *f* (-; -*n*) bran; **~enmehl** *n* pollard; **2ig** *adj.* branny.

klein [klaɪn] **I.** *adj.* little, small; minute, diminutive, tiny, wee; short; dwarfish; trifling, petty, insignificant; small-scale; minor; paltry; *~es Alphabet (~er Buchstabe)* small alphabet (letter); *~er Bruder* younger (*Am. a.* kid) brother; *~e Fahrt mar.* dead slow; *~er Fehler* trifling error; *~er Finger* little finger; *~er Geist* small mind; *~es Geld* small coin, (small) change; *~e Leute* small people; *~er Geschäftsmann* small businessman; *~e Stimme* small voice; *mus. ~e Terz* minor third; *das ~ere Übel* the lesser evil; *~ere Vergehen* minor offences; *ein ~ wenig* (a) very little, a little (*or* wee) bit; *~, aber fein* small but select; *groß und ~* great and small, high and low, young and old; *von ~ auf* from (one's) infancy, from a child, from an early age; *fig. ~ werden* come down, be subdued; *~er werden* grow less, lessen, decrease, shrink; **II.** *adv.*: *~ anfangen* begin in a small way; → *~ beigeben*; *~ denken* have narrow views, *von j-m*: think little of; → *kurz*; '**2e(r)** *m* (-*n*; -*n*), '**2e** *f* (-*n*; -*n*), '**2e(s)** *n* (-*n*; -*n*): *der (die) ~* the little boy (girl), the little man; *contp.* shorty, half-pint; *die ~n pl.* the little ones; *im 2n* on a small scale, in a small way, in miniature; *im 2n verkaufen* (sell by, *Am.* at) retail; *bis ins Kleinste* down to the last (*or* minutest) details; *über ein 2s* in a short time, after a little while; *um ein 2s* very nearly, by a hair's breadth.

'**Klein...**: **~anzeigen** *f/pl.* small (*or* classified) advertisements; **~arbeit** *f* painstaking (detailed) work, spade-work; **~asien** *n* Asia Minor; **~auto** *n* → *Kleinwagen*; **~bahn** *f* narrow-gauge (*or* light) railway, branch-line; **~bauer** *m* small farmer, small-holder; **~betrieb** *m* small enterprise; *landwirtschaftlicher* ~ small-holding; **~bildkamera** *f* miniature camera; **~bürger** *m* petty bourgeois, small man; **2bürgerlich** *adj.* petty-bourgeois; narrow-minded; **~bürgertum** *n* petty bourgeoisie; **~bus** *mot. m* minibus; **~format** *n* smaller version, small size; *colloq. im* ~ small-scale; **~garten** *m* allotment (garden); **~gärtner** *m* allotment gardener; **~geld** *n* (-[e]s) (small) change, small coin; **~gewerbe** *n* small(-scale) trade, small business; **2gläubig** *adj.* of little faith, fainthearted; **~gläubigkeit** *f* weakness of faith; **~handel** *m* retail trade *or* busines; *im* ~ by (*Am.* at) retail; **~handels-preis** *m* retail price; **~händler** *m* retail dealer, retailer; **~heit** *f* (-) littleness, smallness; minuteness; **~hirn** *anat. n* cerebellum; **~holz** *n* matchwood, kindling; *colloq. aer.* ~ *machen* crash; *aus j-m* ~ *machen* make mincemeat of a p.

'**Kleinigkeit** *f* (-; -*en*) little (*or* small) thing; petty matter, bagatelle, trifle; (*meal*) bite; *für eine* ~ *kaufen* buy for a mere song; *iro. es kostet die* ~ *von zwei Millionen Dollar* it costs the trifling sum of two million Dollars; *das ist eine* ~ *für ihn* that's easy for him, it is nothing at all to him; *das ist keine* ~ that's no small thing; **~skrämer(in** *f*) *m* pedant(ic person), pettifogger, stickler.

'**Klein...:** **~kalibergewehr** *n* subcalibre (*or* small-bore) rifle; **2kalibrig** ['-kali:briç] *adj.* sub-calibre, small-bore; **2kariert** *adj.* small-checked; *colloq. fig.* small, narrow (-minded); **~kind** *n* infant; **~kinderbewahranstalt** *f* day nursery, crèche (*Fr.*); **2körnig** *adj.* small-grained; **~kraftwagen** *m* → *Kleinwagen*; **~kram** *m* trifles *pl.*; **~krieg** *m* guer[r]illa war(fare); **2kriegen** *v/t.* (*h.*) smash; get through, blue (*money*); *j-n* ~ make a p. sing small (*or* eat humble pie), take the starch out of a p.; **~küche** *f* kitchenette; **~kunstbühne** *f* → *Kabarett*; **~künstler(in** *f*) *m* → *Kabarettist(in)*; **2laut** *adj.* subdued, meek, downcast; ~ *werden* assume a (more) modest tone, sing small; **~lebewesen** *n* microorganism; **2lich** *adj.* petty, paltry; pedantic, punctilious, fussy; ~ *gesinnt* small-minded, narrow(-minded); **~lichkeit** *f* (-; -*en*) pettiness, paltriness; pedantic nature; **~lieferwagen** *m* pickup (car); **~luftschiff** *n* baby airship, blimp; **2machen** *v/t.* (*h.*) (*and sich*) make (o.s.) small; **~male'rei** *f* miniature painting; **~motor** *m* small-type (*or* fractional) motor; **~mut** *m* (-[e]s) pusillanimity, faint-heartedness; despondency; **2mütig** ['-my:tiç] *adj.* pusillanimous, faint-hearted; despondent; **~od** ['-o:t] *n* (-[e]s; -*e*) jewel, gem, *fig. a.* treasure; **~oktav** *n* (-*s*) small octavo; **~omnibus** *m* minibus; **~rentner(in** *f*) *m* small pensioner; **~russe** *m*, **~russin** *f* Little Russian; **~schlepper** *m* tractorette; **2schneiden** *v/t.* (*irr.*, *h.*) chop; **~siedler** *m* small-holder; **~sparer** *m* small depositor; **~staat** *m* small state; **~staate'rei** *f* (-) particularism; **~stadt** *f* small town; **~städter** (**-in** *f*) *m* provincial, *Am. a.* small-towner; **2städtisch** *adj.* provincial; **~stadtzeitung** *f* small-town newspaper; **~stbetrieb** *m* enterprise of the smallest category; **~stkind** *n* baby; **~stmotor** *el. m* pilot motor; **~stwagen** *m* midget car, minicar; **~verdiener** *m* low-income worker; **~verkauf** *m* retail (trade); **~vieh** *n* small livestock; **~wagen** *m* small car, runabout (car); **~wild** *n* small game; **~wohnung** *f* small flat, flatlet.

Kleister ['klaɪstər] *m* (-*s*; -) paste; *bookbinding*: size; **2ig** *adj.* pasty, sticky; doughy; **2n** *v/t.* (*h.*) paste, size (with paste); **~pinsel** *m* paste-brush.

Klemme ['klɛmə] *f* (-; -*n*) holdfast, clamp; *el.* terminal; clip; (screw-) vice, *Am.* vise; tongs, nippers *pl.*; *fig.* tight corner, pinch; shortage; dilemma, quandary, scrape; *in der* ~ *sein a.* be in great straits, be in a fix.

klemmen ['klɛmən] **I.** *v/t.* (*h.*) clamp, squeeze, pinch; *sich* (*fest*) ~ → **II**; *sich den Finger* ~ jam one's finger; *colloq. sich hinter et.* ~ get down to s.th.; *colloq.* (*steal*) pinch, filch; **II.** *v/i.* jam, get jammed *or* stuck, stick.

'**Klemmen...:** **~brett** *n* terminal board; **~dose** *f*, **~kasten** *el. m* terminal box; **~spannung** *f* terminal voltage.

'**Klemmer** *m* (-*s*; -) pince-nez (*Fr.*).

'**Klemm...:** **~schraube** *f* clamp(ing) screw; **~zange** *f* clamp (forceps).

Klempner ['klɛmpnər] *m* (-*s*; -) tinsmith, sheet-metal worker; plumber; **~arbeit** *f* plumbing.

Klempne'rei [-'raɪ] *f* (-; -*en*) tinsmith's trade; plumbery; tinsmith's (*or* plumber's) workshop.

'**Klempnermeister** *m* master tinsmith (*or* plumber).

Klepper ['klɛpər] *m* (-*s*; -) nag, hack, jade.

Kleptomane [klɛpto'ma:nə] *m* (-*n*; -*n*) kleptomaniac.

Kleptomanie [-ma'ni:] *f* (-) kleptomania.

klerikal [kleri'ka:l] *adj.* clerical; **Kleriker** ['kle:-] *m* (-*s*; -) clergyman, cleric; **Klerisei** [kleri'zaɪ] *f* (-) clergy; *fig.* clique; **Klerus** ['kle:rus] *m* (-) clergy.

Klette ['klɛtə] *f* (-; -*n*) bur(r), burdock; *fig. kleben wie e-e* ~ stick like a bur(r) *or* a leech; *sich wie e-e* ~ *an j-n hängen* stick to a p. like a leech; **~ndistel** *f* bur(r) thistle; **~nwurzelöl** *n* burdock-oil.

Kletterei [klɛtə'raɪ] *f* (-; -*en*) climbing.

'**Kletter|eisen** *n/pl.* climbing-irons, climbers; **~er(in** *f*) *m* (-*s*, -; -, -*nen*) climber.

'**klettern** *v/i.* (*sn*) climb (*auf e-n Baum* up a tree); scale (*auf acc. a wall, etc.*); *schnell* (*hoch*) ~ swarm up; clamber (*or* scramble) up; 2 *n* (-*s*) climbing; **~d** *adj.* climbing; *esp. bot.* creeping; *orn.* scansorial.

'**Kletter...:** **~pflanze** *f* climber, creeper; **~rose** *f* rambler; **~schuhe** *m/pl.* climbing boots; **~seil** *n* climbing-rope; **~stange** *f* climbing pole; **~vogel** *m* scansorial bird.

Klient [kli'ɛnt] *m* (-*en*; -*en*), **~in** *f* (-; -*nen*) client.

Klima ['kli:ma] *n* (-*s*; -*s*) climate; *fig. a.* atmosphere, conditions *pl.*; *in Ländern mit hartem* ~ in vigorous climates; (*sich*) *an das* ~ *gewöhnen* acclimatize, *Am.* acclimate; **~anlage** *f* air-conditioning plant *or* system; *mit* ~ *ausstatten* air-condition.

klimakter|isch [kli:mak'te:riʃ] *med. adj.* climacteric; **2ium** *n* (-*s*) menopause, change of life.

klimatisch [-'ma:-] *adj.* climatic; → *Luft...*

Klimbim [klim'bim] *colloq. m* (-*s*) fuss; to-do, noise; pomp; *der ganze* ~ the whole bag of tricks.

klimmen ['klimən] *v/i.* (*irr.*, *sn*) climb.

'**Klimmzug** *m gym.* pull-up.

klimpern ['klimpərn] *v/i. and v/t.* (*h.*) (*mit*) jingle, tinkle; chink; strum (*on auf dat.*).

'**Klimpern** *n* (-*s*) jingling; strumming.

Klinge ['kliŋə] *f* (-; -*n*) blade; sword; *die* ~*n kreuzen mit* cross swords with (*a. fig.*); *e-e gute* ~ *schlagen* be a good swordsman, *fig.* play a good knife and fork; *fig. über die* ~ *springen lassen* put to the sword.

Klingel ['kliŋəl] *f* (-; -*n*) bell; **~beutel** *m* collection-bag; **~draht** *m* bell-wire; **~knopf** *m* bell-push.

'**klingeln** **I.** *v/i.* (*h.*) ring (the bell); *j-m* ~ ring for a p.; *bell*: tinkle, jingle; *motor*: pink; *es klingelt* the bell is ringing; **II.** *v/t.* (*h.*): *j-n aus dem Schlaf* ~ ring a p. up.

'**Klingeln** *n* (-*s*) ring(ing); jingle.

'**Klingel...:** **~schnur** *f* bell-rope; **~zeichen** *n* ring, bell-signal; **~zug** *m* bell-pull.

klingen ['kliŋən] *v/i.* (*irr.*, *h.*) sound; *bell, glass, metal*: (*a.* ~ *lassen*) tinkle, jingle, ring, clink; *schön* ~*de Worte* words of a pleasant sound; *fig. fame, etc.*: resound, spread; ~*de Münze* hard cash; *mit* ~*dem Spiel* (with) drums beating, with fifes and drums; *fig. das klingt gut* (*sonderbar*) that sounds good (strange); *das klingt wahr* it rings true; *mir* ~ *die Ohren* my ears are tingling; *fig. haben dir nicht die Ohren geklungen?* didn't your ears burn?; *es klingt mir noch in den Ohren* it still rings in my ears.

Klingklang ['kliŋklaŋ] *m* (-[e]s) jingling, jangle; ding-dong; '**kling, klang!** *int.* ding-dong!

Klinik ['kli:nik] *f* (-; -*en*) clinic(al hospital), nursing home; private hospital; '**~er** *m* (-*s*; -) clinician.

'**klinisch** *adj.* clinical.

Klinke ['kliŋkə] *f* (-; -*n*) (door-) handle, latch; *tech.* pawl, catch; *el.* jack; **2n** *v/i.* (*h.*) press the latch.

'**Klinker** *m* (-*s*; -) (Dutch) clinker, hard brick; **~boot** *n* clinker boat.

klipp [klip] *adj. pred. and adv.*: ~ *und klar* clear as daylight, quite obvious; frankly; plainly, point-blank, straight from the shoulder.

Klippe ['klipə] *f* (-; -*n*) cliff; reef;

crag; rock; *fig.* rock, hurdle, stumbling-block; **~nküste** *f* craggy coast; **2nreich** *adj.* full of cliffs, craggy, rocky.

'**Klippfisch** *m* dry cod, klipfish.

'**klippig** *adj.* craggy, rocky.

klipp, klapp! *int.* click-clack!, flip-flap!

klirren ['klirən] *v/i.* (*h.*) *glass*: clink, jingle; *dishes, etc.*: clatter; *chains*: clank; *arms*: clash; *window*: rattle; (*all a.* ~ *mit*).

'**Klirren** *n* (-s) clinking, jingling; clatter(ing); clanking; clash(ing); rattling.

'**Klirrfaktor** *m* distortion factor.

Klischee [kli'ʃe:] *tech. n* (-s; -s) (printing) block, stereo(type plate), cut, (*a. fig.*) cliché; **~abzug** *m* block pull, *Am.* engraver's proof; **~anstalt** *f* engraving establishment; **~vorstellung** *fig. f* stereotyped idea.

kli'schieren *v/t.* (*h.*) stereotype, dab.

Klistier [klis'ti:r] *med. n* (-s; -e) enema, clyster; **2en** *v/t.* apply (*or* give) an enema to; **~spritze** *f* enema, syringe.

Klitoris ['kli:toris] *anat. f* (-; -) clitoris.

klitsch(e)naß ['klitʃ(ə)-] *adj.* drenched, soaked (to the skin).

'**klitschig** *adj. bread*: slack-baked, doughy; sodden.

Klo [klo:] *colloq. n* (-s; -s) W.C., lavatory, loo, *Am.* john.

Kloake [klo'ɑ:kə] *f* (-; -n) sewer, drain, (*a. fig.*) cesspool, sink; *zo.* cloaca.

Klob|en ['klo:bən] *m* (-s; -) log; *hunt.* trap; *tech.* **a**) pulley, block, **b**) vice, *Am.* vise, **c**) pincers *pl.*; *fig.* boor, lout, clumsy fellow; **~ig** *adj.* bulky, massy; clumsy, plump; *fig.* clumsy; boorish, rude, coarse.

klomm ['klɔm] *pret. of klimmen.*

klopfen ['klɔpfən] **I.** *v/i.* (*h.*) knock (*a. mot.*), rap; tap (*an, auf acc.* at, on); *heart*: beat, throb (*vor dat.* with); → *Busch, Finger*; *j-m auf die Schultern* ~ pat a p.'s shoulders, slap a p.'s back; *es klopft* there is a knock at the door; **II.** *v/t.* (*h.*) beat (*carpet, clothes, meat*); break (*stones*); *einen Nagel in die Wand* ~ knock *or* drive a nail into the wall.

'**Klopfen** *n* (-s) knock(ing); rap; tap(ping); *of heart*: throbbing, palpitation; *of pulse*: pulsation; *mot.* knocking.

'**Klopfer** *m* (-s; -) knocker, rapper; beetle, mallet; *tel.* sounder; *radio*: decoherer; *for meat*: bat.

'**Klopf...**: **2fest** *mot. adj.* knock-proof, anti-knock; **~festigkeit** *f* antiknocking properties *pl.*; **~wert** *m* antiknock value, octane rating.

Klöppel ['klœpəl] *m* (-s; -) beetle, mallet; clapper (*of bell*), *el.* bell-striker; (lace-)bobbin; '**~arbeit** *f* bobbin-work; '**~garn** *n* lace-yarn; '**2n** *v/i.* (*h.*) make (bone-)lace; '**~spitzen** *f/pl.* bone-lace *sg.*

Klops [klɔps] *m* (-es; -e) meat ball.

Klosett [klo'zɛt] *n* (-s; -s) (water-) closet (*abbr.* W.C.); → *Abort*; **~becken** *n* closet-bowl, flush(ing) pan; **~bürste** *f* W.C. brush; **~papier** *n* toilet paper.

Kloß [klo:s] *m* (-es; ⸚e) lump, clump; clod; *cul.* dumpling, meat ball, rissole; *fig. einen* ~ *im Hals haben* have a lump in one's throat; '**~brühe** *f*: *colloq. klar wie* ~ (as) clear as mud, plain as the nose in your face.

Klößchen ['klø:sçən] *n* (-s; -) small dumpling; → *Kloß.*

Kloster ['klo:stər] *n* (-s; ⸚) cloister; monastery; convent, nunnery; *ins* ~ *gehen* enter a monastery *or* convent, turn monk, take the veil; *ins* ~ *stecken* shut up in a monastery *or* convent; '**~bruder** *m* friar, monk; '**~frau** *f* nun; '**~gelübde** *n* monastic vow.

klösterlich ['klø:stərliç] *adj.* conventual; monastic; *fig.* cloistered, secluded.

'**Kloster...**: **~regel** *f* monastic rule; **~schule** *f* monastic (*for nuns*: convent) school; **~zucht** *f* monastic discipline.

Klotz [klɔts] *m* (-es; ⸚e) block, log; stump; *fig.* boor, lout; clumsy fellow, blockhead; ~ *am Bein* handicap (*dat.* to), drag (on); *auf einen groben* ~ *gehört ein grober Keil!* tit for tat!, pay him back in his own coin!; '**2ig I.** *adj.* bulky, massy, heavy, clumsy; *colloq.* mighty, enormous; **II.** *adv.*: *colloq.* ~ *viel* an awful lot (of); *er hat* ~ *viel Geld* he is lousy with money.

Klub [klup] *m* (-s; -s) club; '**~haus,** '**~lokal** *n* clubhouse; '**~hütte** *f* Alpine Club chalet; '**~jacke** *f* blazer; '**~kamerad** *m* fellow club-member; '**~sessel** *m* leather arm-chair, club chair.

Kluft[1] [kluft] *f* (-; ⸚e) gap (*a. fig.*), crevice, fissure, crack; cleft; ravine, gorge; chasm, gulf, abyss (*all a. fig.*); *fig.* rift.

Kluft[2] *colloq. f* (-; -en) dress, outfit, togs *pl.*

klug [klu:k] *adj.* clever, intelligent; wise; sensible, judicious; prudent; clear-sighted; bright, alert; able; gifted, talented; ingenuous; shrewd, sagacious, keen; discerning; smart, clever; cunning, astute; *so* ~ *wie zuvor* none the wiser (for it); ~ *werden* grow wise; *er wird nie* ~ *werden* he will never learn; *ich kann nicht daraus* ~ *werden* I cannot make head or tail of it; *aus ihm werde ich nicht* ~ I cannot make him out; → *Schaden*; *der Klügere gibt nach* the wiser head gives in; *es wäre das klügste, zu inf.* it would be best to *inf.*

Klügelei [kly:gə'laɪ] *f* (-; -en) sophistry.

'**klügeln** *v/i.* (*h.*) subtilize.

Klugheit [klu:khaɪt] *f* (-) cleverness, intelligence, brains *pl.*; good sense, wisdom; prudence; ingenuousness; shrewdness, sagacity; smartness, cunning; astuteness; good policy.

klüglich ['kly:kliç] *adv.* wisely, prudently.

'**klug...**: **~reden, ~schnacken** *v/i.* (*h.*) be overwise, *Am. sl.* wise-crack; **2scheißer, 2schnacker, 2tuer** *m* (-s; -), **2tuerin** *f* (-; -nen) wiseacre, smart aleck, know-all, *Am. a.* wise guy.

Klumpen ['klumpən] *m* (-s; -) lump; ~ *Blut* clot of blood; ~ *Erde* clod of earth; ~ *Gold* nugget (of gold); heap, bulk; cluster; *in* ~ *hauen* smash up.

'**Klump-fuß** *m* clubfoot.

'**klumpig** *adj.* lumpy; cloddy; clotted.

Klüngel ['klyŋəl] *m* (-s; -) clique, coterie.

Klunker ['kluŋkər] *f* (-; -n) *and m* (-s; -) tassel, bob; *w.s.* appendage.

Kluppe ['klupə] *tech. f* (-; -n) *on lathe*: die-stock, *Am.* screwplate; slide cal(l)iper.

Klüse ['kly:zə] *mar. f* (-; -n) hawse.

Klüver ['kly:vər] *mar. m* (-s; -) jib; **~baum** *m* jibboom.

knabbern ['knabərn] *v/i. and v/t.* (*h.*) gnaw, nibble (*an dat.* at).

Knabe ['knɑ:bə] *m* (-n; -n) boy, lad; youngster; *colloq. alter* ~ old chap; '**~nalter** *n* boyhood; *im* ~ when a boy; '**~nbekleidung** *f* boys' (*Am. a.* junior's) wear; '**~nchor** *m* boys' choir; '**2nhaft** *adj.* boyish; '**~nkraut** *bot. n* orchis; '**~nliebe** *f* p(a)ederasty; '**~nschule** *f* boys' school; '**~nstreich** *m* boyish prank.

knack! [knak] *int.* crack!, snap!, click!

Knackebrot ['knɛkə-] *n* (-[e]s) crispbread.

knacken ['knakən] **I.** *v/i.* (*h.*) crack; *fire*: crackle; *metal*: click; **II.** *v/t.* (*h.*) crack (open) (*nuts, safe, etc.*); *mil.* bust (*tank*); → *Nuß.*

'**Knacken** *n* (-s) crack(ing); crackling; click.

'**Knacker** *m* (-s; -) cracker; *fig. alter* ~ old fogey, doddering old fool.

'**Knack...**: **~laut** *gr. m* glottal stop; **~mandel** *f* crack-almond.

knacks! [knaks] *int.* → *knack!*

Knacks *m* (-es; -e) crack; *colloq. fig.* defect; *e-n* ~ *kriegen* crack up; *er hat e-n* ~ *weg* **a**) his health is shaken, **b**) he's badly hit, his nerves are all shot.

'**Knackwurst** *f* saveloy.

Knagge ['knagə] *f* (-; -n) *tech.* cam; *mot.* tappet.

Knall [knal] *m* (-[e]s; -e) clap; *of whip*: crack; *of gun*: (sharp) report; *of door, etc.*: bang; thud; detonation, explosion; *fig.* ~ *und Fall* (all) of a sudden, on the spot, without warning (*or* notice); *colloq. du hast wohl 'nen* ~ you must be crazy!, are you nuts?; '**~bonbon** *n* cracker; '**~büchse** *f* pop-gun; '**~dämpfer** *m* silencer, muffler; '**~effekt** *fig. m* stage effect, coup de théâtre (*Fr.*); sensation; '**2en I.** *v/i.* (*h.*) clap, crack, pop; detonate, explode; bang; *mit dem Gewehr* ~ fire, shoot off one's gun; *mit der Peitsche* ~ crack one's whip; *e-n Pfropfen* ~ *lassen* let off a cork; *es knallte zweimal* there were two loud reports, two shots rang out; **II.** *v/t.* (*h.*) slam, crash; *soccer*: *den Ball ins Tor* ~ crash the ball home; *colloq. j-m e-e* ~ paste a p. one; '**~erbse** *f* (toy-)torpedo; '**~frosch** *m* jumping cracker; '**~gas** *n* oxyhydrogen (gas), detonating gas; '**~gasgebläse** *n* oxyhydrogen blowpipe; '**~gold** *n* fulminating gold; '**2ig** *colloq. adj.* gaudy, glaring, flashy; '**~körper** *m* detonator; banger; '~**quecksilber** *n* fulminating mercury, mercuric fulminate; '**2rot** *adj.* glaring red; '~**satz** *m* detonating composition; '~**säure** *f* fulminic acid; '~**silber** *n* fulminating silver.

knapp [knap] **I.** *adj.* tight, close-fitting (*clothes*); concise, terse (*style*); brief; scant(y), scarce (*usu. pred.*), tight; spare, meag|re, *Am.* -er, barely sufficient; stringent; limited; ~ (*an Geld, bei Kasse*) short (of money *or* cash), hard up; ~*e fünf Jahre* a scant five years; *e-e* ~*e Meile* a bare mile; ~*e Mehrheit* bare majority; ~*e Waren* critical items; ~ *sein* be in short supply; ~ *werden* fall into short supply, run short; *sein* ~*es Auskommen haben* make a bare living; *mit* ~*er Not* barely, just; *mit* ~*er Not ent- or davonkommen* have a narrow escape; *colloq. und nicht zu* ~*!* and how!; **II.** *adv.* barely, just; just under, a little less than; ~ *bemessen* give short measure; ~ *berechnen* cut it fine; ~ *gewinnen* (*verlieren*) win (lose) by a narrow margin; *meine Zeit ist* ~ *bemessen* my time is limited.

Knappe ['knapə] *m* (-; -*n*) *hist.* page; shield-bearer, squire; miner.

'**knapphalten** *v/t.* (*irr.*, *h.*): *j-n* ~ keep a p. short, stint a p.

'**Knappheit** *f* (-) tightness; scantiness; conciseness, terseness; scarcity, deficiency; shortage; stringency.

'**Knappschaft** *f* (-; -*en*) body (*or* society) of miners; ~**skasse** *f* miners' provident fund; ~**sverband** *m* miners' union.

Knarre ['knarə] *f* (-; -*n*) rattle; *tech.* ratchet; *colloq.* gun.

'**knarren** *v/i.* (*h.*) creak, grate; squeak; groan; ~*de Stimme* grating (*or* rasping) voice.

Knast [knast] *m* **1.** (-[e]s; -e) knot (*in wood*); **2.** (-[e]s) *colloq.* clink, jug; ~ *schieben* do time.

'**Knaster** *m* (-s; -) canaster; (bad *or* ill-smelling) tobacco; ~**(bart)** *m* (old) grumbler.

knattern ['knatərn] *v/i.* (*h.*) crackle, rattle.

Knattern *n* (-s) crackling, crackle, rattling; rattle (*of gun-fire*).

Knäuel ['knɔʏəl] *m* (-s; -) *and n* ball, clue; skein, hank; coil; *fig.* tangle, snarl; cluster, throng; *zu e-m* ~ *wickeln* wind into a ball.

Knauf [knaʊf] *m* (-[e]s; ⸗e) knob, stud; pommel; *arch.* capital.

Knauser ['knaʊzər] *m* (-s; -), ~**in** *f* (-; -*nen*) niggard, miser.

Knauserei [-'raɪ] *f* (-; -*en*) stinginess, meanness.

'**knauser|ig** *adj.* stingy, miserly; ~**n** *v/i.* (*h.*) stint, be stingy *or* mean.

knautschen ['knaʊtʃən] *colloq. v/t.* (*h.*) crumple, crease.

Knebel ['kne:bəl] *m* (-s; -) *tech.* crossbar; toggle; gag; '~**bart** *m* (twisted) moustache; '**2n** *v/t.* (*h.*): *j-n* ~ gag a p.; *fig. die Presse* ~ muzzle the press; '~**verband** *m* tourniquet.

Knecht [knɛçt] *m* (-[e]s; -e) farm-labo(u)rer *or* -hand; plough-boy; servant; boots; stableman; slave; serf, bondsman; *tech.* trestle, jack; '**2en** *v/t.* (*h.*) make a slave of, enslave; tyrannize, oppress, trample under foot; subjugate; '**2isch** *adj.* slavish, servile, submissive; '~**schaft** *f* (-) slavery, servitude, bondage; serfdom; '~**ung** *f* (-; -*en*) enslavement; oppression; subjugation.

kneifen ['knaɪfən] **I.** *v/t.* (*irr.*, *h.*) pinch, nip, gripe; **II.** *v/i.* (*irr.*, *h.*) *colloq.* back (*or* wriggle, chicken) out, funk it; ~ *vor* dodge *a th.*

'**Kneifer** *m* (-s; -) pince-nez (*Fr.*).

'**Kneifzange** *f* (*e-e* ~ a pair of) pincers *or* nippers *or* pliers *pl.*; tweezers *pl.*

Kneipe ['knaɪpə] *f* (-; -*n*) public house, pub, tavern, *Am.* saloon; *univ.* **a**) beer party, **b**) students' club; '**2n** *v/i.* (*h.*) drink (beer), carouse, tipple, booze; gripe; '~**n** *n* (-s), (**Kneipe'rei** *f*) drinking, tippling, boozing; carousal, drinking-bout.

kneipp|en ['knaɪpən] *v/i.* (*h.*) take a Kneipp('s) cure; **2kur** *f* Kneipp('s) cure, hydropathic treatment.

knet|bar ['kne:tbɑ:r] *adj.* kneadable, plastic; '~**en** *v/t.* (*h.*) knead (*dough, etc.*); mo(u)ld (*wax*); *med.* massage, knead; '**2maschine** *f* kneading machine; '**2masse** *f* plasticine.

Knick [knik] *m* (-[e]s; -e) crack; flaw, bruise; *in paper*: fold, bend, dog's-ear; *in wire, etc.*: kink; *in metal*: buckle; angle (*a. arch.*); *road*: sharp bend; quickset hedge; **2beinig** *adj.* knock-kneed; '**2en** **I.** *v/i.* (*sn*) crack; break; burst, split; *knee, metal*: give way; **II.** *v/t.* (*h.*) crack, break; burst, split; snap (off) (*twig*); fold (*paper*); *fig.* → *geknickt.*

'**Knicker** *m* (-s; -) (*etc.*) → *Knauser* (*etc.*).

Knickerbocker ['nikərbɔkər] *pl.* knickerbockers, plus-fours *pl.*

'**Knick...:** ~**festigkeit** *tech. f* bending strength, *metal.* buckling strength; ~**flügel** *aer. m* gull wing; ~**fuß** *med. m* pes valgus.

Knicks [kniks] *m* (-es; -e) curtsy, bob; *eccl.* genuflection; *e-n* ~ *machen* → '**knicksen** *v/i.* (*h.*) drop a curtsy, curtsy (*vor dat.* to).

Knie [kni:] *n* (-s; - ['kni:ə]) knee; bend (*of road, etc.*); *tech.* elbow, knee (*of pipe*); joint; angle; crank; *mil.* salient; *auf den* ~*n bitten* beseech, (*a. iro.*) beg *a p.* on one's bended knees; *auf den* ~*n liegen* be on one's knees; *auf die* ~ *fallen* fall on (*or* drop to) one's knees; *j-n auf die* ~ *zwingen* force a p. to his (*f* her) knees; *übers* ~ *legen* give a (sound) spanking; *fig. et. übers* ~ *brechen* hurry a th. through, rush a th.; *wir dürfen die Sache nicht übers* ~ *brechen* we must not be rash.

'**Knie...:** ~**aufschwung** *m gym.* knee mount; ~**band** *anat. n* knee-joint ligament; ~**beuge** *f* **1.** *gym.* knee-bend; **2.** → *Kniekehle*; **2en** *v/i.* → *knien*; ~**fall** *m* genuflection, prostration; **2fällig** *adv.* (up)on one's bended knees; ~ *bitten* supplicate; **2frei** *adj.* above-the-knee; ~**gelenk** *anat. n* knee-joint; ~**hebel** *tech. m* toggle lever; **2hoch** *adj.* up to the knees, knee-deep; ~**holz** *n mar.* knee-timber; *bot.* knee pine; ~**hose(n** *pl.*) *f* (*e-e* ~ a pair of) breeches; knickerbockers, plus-fours; shorts; ~**kehle** *anat. f* hollow of the knee.

knien [kni:n] *v/i.* (*h.*) kneel, be on one's knees; kneel down, go (down) on one's knees; *eccl.* genuflect; *mil.* ~*der Anschlag* knealing position.

'**Knie...:** ~**rohr** *tech. n* elbow(-pipe); ~**scheibe** *anat. f* knee-cap, patella; ~**scheibenreflex** *med. m* knee-jerk, patellar reflex; ~**schützer** *m* knee pad (*or* guard); ~**strumpf** *m* knee-length stocking (*or for men*: sock); ~**stück** *tech. n* elbow, knee; *phot., paint.* three-quarter length portrait; **2tief** *adj.* knee-deep; **2weich** *adj.* weak-kneed (*a. fig.*); ~**welle** *f gym.* knee circle.

kniff [knif] *pret. of kneifen.*

'**Kniff** *m* (-[e]s; -e) pinch; fold, crease; dent (*in hat*); *fig.* trick, knack, short-cut; trick, dodge, artifice, ruse; *den* ~ *heraushaben* have the knack of it; '**2(e)lig** *adj.* tricky; puzzling, intricate; '**2en** *v/t.* (*h.*) fold (down), crease.

Knigge ['knigə] *m*: *er hat* ~ *nie gelesen* he has never read Emily Post.

knipsen ['knipsən] **I.** *v/i.* (*h.*): *mit den Fingern* ~ snap one's fingers; *with scissors*: snip; **II.** *v/t.* (*h.*) clip, punch (*ticket*); flick, flip (*switch*); *colloq. phot.* snap, take a snapshot of.

'**Knipszange** *f* (ticket-)punch.

Knirps [knirps] *m* (-es; -e) little man *or* fellow; whipper-snapper, hop-o'-my-thumb; pygmy, midget; urchin.

knirschen ['knirʃən] *v/i.* (*h.*) creak, grate; crunch, grind; *mit den Zähnen* ~ gnash (*or* grind) one's teeth.

knistern ['knistərn] *v/i.* (*h.*) crackle; rustle; crepitate.

Knitter ['knitər] *m* (-s; -) crease; **2frei** *adj.* non-creasing, wrinkle-resistant; **2n** *v/i.* (*h.*) crumple, crease.

Knobel|becher ['kno:bəl-] *m* dice-box; *colloq. mil.* ammos *pl.*; **2n** *v/i.* (*h.*) throw dice, toss (*um* for); *fig.* puzzle (*an dat.* over).

Knoblauch ['kno:p-] *m* (-[e]s) garlic; ~**zehe** *f* clove of garlic.

Knöchel ['knœçəl] *anat. m* (-s; -) knuckle; ankle; *bis an die* ~ ankle-deep; '~**bandagen** *f/pl.* ankle bands *or* straps; '~**gelenk** *n* ankle joint; '~**zerrung** *med. f* turned ankle.

Knochen ['knɔxən] *m* (-s; -) bone; *naß bis auf die* ~ wet to the skin; *j-m in die* ~ *fahren* shake a p. to the core; *colloq.* (*person*) bloke, *Am.* guy; '~**asche** *f* bone-ash; '~**bau** *m* (-[e]s) bone structure; '**2bildend** *adj.* bone-forming; '~**bruch** *med. m* fracture (of a bone); '~**fett** *n* bone grease; '~**fraß** *med. m* (-es) caries; ~**fuge** *f* synarthrosis; '~**gerüst** *n* skeleton; '~**gewebe** *n* bony tissue; '~**haut** *f* periosteum; '~**hautentzündung** *f* periostitis; '~**lehre** *f* osteology; '~**leim** *m* bone glue; '~**mark** *n* marrow; '~**marksentzündung** *f* osteomyelitis; '~**mehl** *n* bone-dust; '**~naht** *med.* *f* bone suture; '**~öl** *n* bone oil; '**~säge** *med.* *f* bone saw; '**~splitter** *m* bone fragment; '**~tuberkulose** *f* tuberculosis of the bone.

knöchern ['knœçərn] *adj.* (made) of bone, bony, osseus.

knochig ['knɔxiç] *adj.* bony, osseous.

Knockout [nɔk'aʊt] *m* (-[s]; -s) (K.o.) *and* ♀ *adj.* (k.o.) *boxing*: (*technischer* ~ technical) knock-out; *k.o. schlagen* knock out; *stehend k.o.* out on one's feet.

Knödel ['knø:dəl] *m* (-s; -) dumpling.

Knolle ['knɔlə] *bot.* *f* (-; -n) tuber, bulb.

'**Knollen** *m* (-s; -) lump, clod, knob; → *Knolle*; **~blätterpilz** *m* amanita; *grüner* ~ death-cup; **~frucht** *f* tuberous root; **~gewächs** *bot.* *n* tuberous (*or* bulbous) plant; **~nase** *f* bulbous nose; **~wurzel** *f* tuberous root; **~zwiebel** *f* corm.

'**knollig** *adj.* lumpy, cloddy, knobby; *bot.* bulbous, tuberous.

Knopf [knɔpf] *m* (-[e]s; ⸚e) button; stud, sleeve-link; pommel; → *Druck*♀; *bot.* bud; *colloq.* *fig.* chap, *Am.* guy; *alter* ~ old fogey; → *Knirps*; *auf den* ~ *drucken* press the button.

Knöpfchen ['knœpfçən] *n* (-s; -) small button.

knöpfen ['knœpfən] *v/t.* (*h.*) button.

'**Knopf...**: **~fabrik** *f* button-factory; **~loch** *n* buttonhole; *im Knopfloch* in one's lapel; **~steuerung** *tech.* *f* push-button control.

'**Knöpf|schuhe, ~stiefel** *m/pl.* buttoned boots *or* shoes.

Knorpel ['knɔrpəl] *m* (-s; -) cartilage; gristle; '♀**artig**, '♀**ig** *adj.* cartilaginous, gristly; '**~haut** *f* perichondrium.

Knorr|en ['knɔrən] *m* (-s; -) knot, knag, gnarl, knob; snag; (knotty) excrescence; protuberance; '♀**ig** *adj.* gnarled, knobby, knotty; *fig.* coarse, rough.

Knospe ['knɔspə] *bot.* *f* (-; -n) bud; flowerbud; leaf-bud; eye; *fig.* tender shoot; *~n treiben* → '♀**n** *v/i.* (*h.*) bud, *w.s.* sprout, shoot; *fig.* bud, rise; '**~nbildung** *f* gemmation.

Knote(n[1]**)** ['kno:tə(n)] *colloq.* *m* (-[s]; -n) boor, lout, *Am.* roughneck.

'**Knoten**[2] *m* (-s; -) knot (*a. in hair*); *mar.* **a)** hitch, **b)** (*speed*) knot; *bot.* joint, *a. phys.*, *ast.* node; *med.* tubercle, node; burl (*in cloth, wool*); knag, *Am. a.* burl (*in wood*); *fig.* rub, hitch, catch; *of drama, etc.*: plot, intrigue; *e-n* ~ *binden* (*lösen*) tie (undo) a knot; *thea.* *Lösung des ~s* unravelling of the plot, denouement (*Fr.*) → *schürzen*; ♀ *v/t. and v/i.* knot, tie in knots, make knots (in *a rope, etc.*); '**~punkt** *m* *math.* point of junction; *phys.* nodal point; *rail.* junction; '**~stock** *m* knotty stick.

Knöterich ['knø:təriç] *bot.* *m* (-[e]s; -e) knotgrass.

knotig ['kno:tiç] *adj.* → *knorrig*; *med.* tubercular; *bot.* nodulated; *fig.* boorish, rude, rough.

Knuff [knuf] *m* (-[e]s; ⸚e), '♀**en** *v/t.* (*h.*) cuff, thump; nudge.

Knülch [knylç] *colloq.* *m* (-s; -e) bird, pill, *Am.* guy.

knüllen ['knylən] *v/t.* (*h.*) crumple; crease.

Knüller *colloq.* *m* (-s; -) scoop; hit.

Knüpf-arbeit ['knypf-] *f* knotwork.

knüpfen ['knypfən] *v/t.* (*h.*) tie; knot; braid; weave; attach, fasten (*acc.* to); join, unite, knit (together); *fig.* *ein Bündnis* (*e-e Freundschaft*) ~ form an alliance (friendship); *die Bande der Freundschaft enger* ~ tighten the bonds of friendship; ~ *an* (*acc.*) connect (*or* tie up) with, make subject to; *Bedingungen* ~ *an* attach conditions to; *sich* ~ *an* be connected (*or* tied up) with.

Knüppel ['knypəl] *m* (-s; -) cudgel, club; *of police*: truncheon, *Am.* club; stick, log; *aer.* control stick; *metall.* billet; *colloq.* French roll; *Politik des großen ~s* big stick policy; *j-m e-n* ~ *zwischen die Beine werfen* put a spoke in a p.'s wheels; '**~damm** *m* log bridge, *Am.* corduroy road; '♀**dick** *colloq.* *adv.*: *er hat es* ~ (*satt*) he is sick and tired of it; *es kommt immer gleich* ~ it never rains but it pours; '**~schaltung** *mot.* *f* floorshift.

knurren ['knurən] *v/i. and v/t.* (*h.*) growl, snarl; *fig. a.* grunt; grumble (*all über acc.* at); *stomach*: rumble.

'**Knurren** *n* (-s) growl(ing), snarl (-ing); grumbling; rumbling (noise).

'**knurrig** *adj.* growling, snarling; grumbling.

knuspern ['knuspərn] *v/t.* (*h.*) nibble.

'**knusp(e)rig** *adj.* crisp, crackling, crunchy; *colloq.* appetizing (*girl*).

Knust [knu:st] *m* (-es; -e) → *Ranft*.

Knute ['knu:tə] *f* (-; -n) knout; '♀**n** *v/t.* (*h.*) (lash with a) knout.

knutschen ['knu:tʃən] *colloq.* *v/t.* (*h.*) hug, cuddle; neck, pet.

Knüttel ['knytəl] *m* (-s; -) cudgel, club, stick; **~reim, ~vers** *m* doggerel.

K.o. [kɑ:'o:], **k.o.** → *Knockout*; *~-System* *sports*: knock-out system.

koagulieren [koagu'li:rən] *v/i.* (*h.*) coagulate.

Koalition [koalitsi'o:n] *pol.* *f* (-; -en) coalition; **~srecht** *n* freedom of association; **~sregierung** *f* coalition government.

Kobalt ['ko:balt] *n* (-[e]s) cobalt; '**~blau** *n* (-s) cobalt blue, *chem.* smalt; '**~bombe** *mil.* *f* cobalt bomb; '**~glanz** *m* cobaltite.

Koben ['ko:bən] *m* (-s; -) (pig)sty.

Kobold ['ko:bɔlt] *m* (-[e]s; -e) imp, (hob)goblin, sprite; gremlin.

Kobolz [ko'bɔlts] *m*: ~ *schießen* turn a somersault.

Koch [kɔx] *m* (-[e]s; ⸚e) (man) cook; chef; *viele Köche verderben den Brei* too many cooks spoil the broth.

'**Koch...**: **~apfel** *m* cooking apple; ♀**beständig** *adj.* fast to boiling; **~buch** *n* cookery-book, *Am.* cookbook; ♀**en I.** *v/i.* (*h.*) *meal*: be cooking, *gently*: simmer, *strongly*: wallop, *liquid*: boil, be boiling; seethe; bubble up; *person*: cook, do the cooking; *sie kocht gut* she is a good cook; *fig.* *town, etc.* be sweltering; *er kocht vor Wut* he is boiling (*or* seething) with rage; **II.** *v/t.* (*h.*) cook, boil; make (*tea, etc.*); stew (*fruit*); *~d heiß* boiling (*or* piping) hot, scalding; '**Kochen** *n* (-s) cooking, cookery; boiling; *zum* ~ *bringen* bring to the boil (-ing-point).

'**Kocher** *m* (-s; -) cooker.

Köcher ['kœçər] *m* (-s; -) quiver.

'**Koch...**: ♀**fertig** *adj.* ready to cook; instant *food*; ♀**fest** *adj.* fast to boiling; **~fett** *n* shortening; **~gefäß** *n* cooking vessel; **~gelegenheit** *f* cooking convenience; **~gerät, ~geschirr** *n* cooking- (*or* kitchen-) utensils *or* things *pl.*; *mil.* mess-tin (*Am.* kit); **~herd** *m* (kitchen-)range, cooking-stove, *Am.* cookstove; *elektrischer* ~ electric cooker (*Am.* range).

Köchin ['kœçin] *f* (-; -nen) (female) cook.

'**Koch...**: **~kessel** *m* kettle; **~kiste** *f* haybox; **~kunst** *f* culinary art; **~löffel** *m* (wooden) spoon; **~nische** *f* kitchenette; **~platte** *f* hot-plate, *Am. a.* cooktop; **~salz** *n* kitchen (*or* common) salt; **~salzlösung** *f* sodium chloride solution; **~schule** *f* cookery school; **~topf** *m* (cooking) pot, *w.s.* saucepan.

Kode ['ko:də] *m* (-s; -s) code.

Köder ['kø:dər] *m* (-s; -), ♀**n** *v/t.* (*h.*) bait (*a. fig.*).

Kodex ['ko:dɛks] *m* (-es; -e) old manuscript; *jur.* code.

kodifizier|en [kodifi'tsi:rən] *v/t.* (*h.*) codify; ♀**ung** *f* (-; -en) codification.

Kodizill [kodi'tsil] *jur.* *n* (-s; -e) codicil.

Ko-edukation [koedukatsi'o:n] *f* (-) co-education.

Ko-effizient [koɛfitsi'ɛnt] *m* (-en; -en) coefficient.

Ko-exi'stenz *f* *esp. pol.* coexistence; **ko-exi'stieren** *v/i.* (*h.*) coexist.

Koffein [kɔfe'i:n] *n* (-s) caffeine; ♀**frei** *adj.* decaffeinated.

Koffer ['kɔfər] *m* (-s; -) case; suitcase; *Brit. a.* portmanteau, *Am. a.* grip; trunk; *colloq.* *mil.* heavy bomb *or* shell; *seine* ~ *packen* pack (up) one's things; '**~apparat** *m* portable set; '**~fernseher** *m* portable television receiver; '**~gerät** *n* → *Kofferapparat*; '**~grammophon** *n* portable gramophone (*Am.* phonograph); '**~radio** *n* portable radio set; '**~raum** *mot.* *m* (luggage-)boot, trunk compartment, *Am.* baggage compartment (*or* locker); luggage space; '**~schließfach** *n* (automatic) luggage locker, *Am*: self-service baggage locker.

Kognak ['kɔnjak] *m* (-s; -s) (French) brandy, cognac; '**~bohne** *f* brandyball; '**~schwenker** *m* (-s; -) brandy balloon, *Am.* (brandy) snifter.

Kohärenz [kohe'rɛnts] *phys.* *f* (-) coherence.

Kohäsion [kohɛzi'o:n] *phys.* *f* (-) cohesion; **~skraft** *f* (-), **~svermögen** *n* (-s) cohesive force, cohesiveness.

Kohl [ko:l] *m* (-[e]s; -e) cabbage; *colloq.* bosh, rubbish, rot, *Am. sl.* hooey; *fig.* *aufgewärmter* ~ raked-up story; *das macht den* ~ *nicht* *fett* that won't help much; '**~blatt** *n* cabbage-leaf; '**~dampf** *colloq. m* (-[e]s) ravenous hunger, missmeal cramps; *~ schieben* be (*or* go) hungry, be starving.

Kohle ['ko:lə] *f* (-; *-n*) coal; *chem., el.* carbon; *fette* (*minderwertige*) *~* fat (poor) coal; *ausgeglühte ~n* cinders; *glimmende ~* ember; *glühende ~* live coal; *fig. glühende ~n auf j-s Haupt sammeln* heap coals of fire upon a p.'s head; (*wie*) *auf glühenden ~n sitzen* be on pins and needles, be on tenterhooks; *mar., rail. ~n einnehmen, mit ~n versorgen* coal; '**2artig** *adj.* coaly, carbonaceous; '**~bürste** *el. f* carbon brush; '**~hydrat** *n* carbohydrate; '**~mikrophon** *n* carbon microphone.

'**kohlen** *v/t. and v/i.* (*h.*) char; carbonize; coal.

'**Kohlen...:** **~abbau** *m* coal mining; working of a field *or* mine; **~arbeiter** *m* coal miner, collier; **2artig** *adj.* coaly; carbon-like; **~aufbereitung** *f* coal-dressing; **~becken** *n* coalpan, brazier; *mining*: coal-field; **~behälter** *m* coal-bin; **2beheizt** *adj.* coal-fired; **~bergbau** *m* coal-mining (industry); **~bergwerk** *n* coal-mine, colliery; **~bezirk** *m* coal-district; **~blende** *min. f* anthracite; **~brenner** *m* charcoal burner; **~bunker** *mar. m* (coal-)bunker; **~'dioxyd** *n* carbon dioxide; **~eimer** *m* coal-scuttle; **~fadenlampe** *el. f* carbon filament lamp; **~feuerung** *f* *tech.* coal-firing; *tech.* combustion of coal; **~filter** *m* charcoal filter; **~flöz** *n* coal seam; **~förderung** *f* output (*or* extraction) of coal; **~gas** *n* coal gas; **~gebiet** *n* coal-field; **~grieß, ~grus** *m* coal slack; **~grube** *f* coal pit; **~halde** *f* coal dump; **~händler** *m* coal merchant; **~handlung** *f* coal-merchant's business; **~hauer** *m* face man; **~kasten** *m* coal-box *or* -scuttle; **~lager** *n* *econ.* coal-depot *or* -stores *pl.*; *geol.* coal bed *or* seam; **~meiler** *m* charcoal pile; **~oxyd** *n* carbon monoxide; **~revier** *n* coal-district; **2sauer** *adj.* carbonic; *~es Salz* carbonate; *~es Kali* potassium carbonate; *~es Wasser* carbonic water; **~säure** *f* (-) carbonic acid; carbon dioxide; **2säurehaltig** *adj.* carbonated; **~schaufel, ~schippe** *f* coal-shovel; **~schicht** *f* coal-bed; **~schiff** *n* collier, coalbarge; **~staub**(**feuerung** *f*) *m* coal dust (firing); **~stickstoff** *m* cyanogen; **~stoff** *chem. m* (-[e]s) carbon; **~stoffstahl** *m* carbon steel; **~wagen** *m* coal wag(g)on *or* truck; *rail.* tender; **~wasserstoff**(**gas** *n*) *m* hydrocarbon; **~werkstoffindustrie** *f* high-grade coal derivations industry; **~zeche** *f* coal-pit, colliery.

'**Kohlepapier** *n* carbon paper.

Köhler ['kø:lər] *m* (-*s*; -) charcoal-burner.

Köhle'rei *f* (-; *-en*) charcoal works *pl.*

'**Köhlerglaube** *m* simple faith.

'**Kohle...:** **~stift** *m paint.* charcoal pencil; *el.* carbon; **~zeichnung** *f* charcoal drawing.

'**Kohl...:** **~kopf** *m* (head of) cabbage; *colloq.* blockhead, duffer; **~meise** *orn. f* great titmouse; **2**(**raben**)**schwarz** *adj.* coal- (*or* jet-)black; **~rabi** [-'rɑ:bi] *bot. m* (-[s]; -[s]) kohlrabi; **~rübe** *f* Swedish turnip, swede, *Am. a.* rutabaga; **~weißling** ['-vaɪslɪŋ] *m* (-*s*; -e) cabbage butterfly.

Kohorte [ko'hɔrtə] *hist. f* (-; *-n*) cohort.

koitieren [koi'ti:rən] *v/i.* (*h.*) have (sexual) intercourse.

Koitus ['ko:itus] *m* (-; -) coition, coitus.

Koje ['ko:jə] *mar. f* (-; *-n*) bunk, berth.

Kokain [koka'ʔi:n] *n* (-*s*) cocaine; **~schnupfer** *m* snowbird.

Kokarde [ko'kardə] *f* (-; *-n*) cockade.

Kokerei [ko:kə'raɪ] *tech. f* (-; *-en*) coking plant.

kokett [ko'kɛt] *adj.* coquettish; **2e** *f* (-; *-n*) coquette, flirt.

Koketterie [-tə'ri:] *f* (-; *-n*) coquetry.

kokettieren [-'ti:rən] *v/i.* (*h.*) coquet, flirt (*mit* with; *a. fig.*).

Kokille [ko'kilə] *tech. f* (-; *-n*) die, (ingot) mo(u)ld; **~nguß** *m* gravity die-casting.

Kokken ['kɔkən] *biol. f/pl.* cocci.

Kokon [ko'kɔŋ] *m* (-*s*; -*s*) cocoon.

Kokos|baum ['ko:kɔs-] *m* coconut tree, coco (palm); '**~faser** *f* coco fib|re, *Am.* -er, coir; '**~fett** (-[e]s), '**~öl** *n* (-[e]s) coco(a)-nut oil; '**~läufer** *m* (strip of) coconut matting; '**~nuß** *f* coconut; '**~palme** *f* → *Kokosbaum*.

Koks [ko:ks] *m* (-es; -e) coke; *sl.* (*cocaine*) coke, snow; **~ofen** *m* coke-oven.

Kölbchen ['kœlpçən] *n* (-*s*; -) little flask.

Kolben ['kɔlbən] *m* (-*s*; -) club, mace; *of rifle*: butt(-end); bulb, demijohn; *chem.* flask, alembic; *bot.* spike, spadix; cob; *tech.* piston; soldering iron; '**~antrieb** *m* piston drive; '**~druck** *m* piston pressure; '**~fressen** *n* seizing of pistons; '**2gesteuert** *adj.* piston-controlled; '**~hals** *m of bottle*: neck; *of rifle*: small of the stock; '**~hub** *m* piston stroke; '**~kopf** *m* piston head; '**~lager** *n* piston bearing; '**~motor** *m* piston engine, reciprocator; *mit ~* piston-engined; '**~ring** *m* piston ring; '**~schlag,** '**~stoß** *mil. m* butt stroke; '**~stange** *f* piston-rod; '**~verdichter** *m* reciprocating compressor.

Kolchose [kɔl'ço:zə] *f* (-; *-n*) kolkhoze, collective farm.

Kolibri ['ko:libri] *m* (-*s*; -*s*) humming-bird.

Kolik ['ko:lik] *med. f* (-; *-en*) colic, gripes *pl.*

Kolk-rabe ['kɔlk-] *m* (common) raven.

Kollaborateur [kɔlabora'tø:r] *pol. m* (-*s*; -e) collaborator.

Kollaps [kɔ'laps] *m* (-es; -e) (*a. e-n ~ erleiden*) collapse.

kollateral [kɔlate'rɑ:l] *adj.* collateral.

kollationieren [kɔlatsio'ni:rən] *v/t.* (*h.*) collate, compare; check (off).

Kolleg [kɔ'le:k] *n* (-*s*; -*s*) course of lectures; *ein ~ belegen* enter one's name for a course of lectures; *ein ~ halten* (give a) lecture (*über acc.* on); **~e** [-le:gə] *m* (*-n*; *-n*) colleague; fellow teacher; fellow-waiter; *colloq.* chum, pal, mate; opposite number; **~gelder** *n/pl.* lecture-fees; **~heft** *n* (student's) notebook; lecture-notes *pl.*

kollegial [-legi'ɑ:l] *adj.* as (*or* like) a (good) colleague; loyal, helpful; **2gericht** *jur. n* court composed of several judges.

Kollegiali'tät *f* (-) fellowship between (*or* loyalty to one's) colleagues.

Kol'legin [-gin] *f* (-; *-nen*) (lady) colleague; *w.s.* friend, pal.

Kollegium [kɔ'le:gium] *n* (-*s*; *-ien*) council, board, committee, assembly; *ped.* teaching staff, *Am.* faculty.

Kollekte [kɔ'lɛktə] *f* (-; *-n*) collection; collect.

Kollektion [-tsi'o:n] *econ. f* (-; *-en*) collection, range.

kollektiv [-'ti:f] *adj.* collective (*a.* **2** *n* [-*s*; -e]); joint; *~e Sicherheit pol.* collective security; **2begriff** *gr. m* collective.

kollekti|vieren [-ti'vi:rən] *v/t.* (*h.*) collectivize; **2vismus** [-'vismus] *m* (-) collectivism.

Kollek'tiv...: **~prokura** *f* joint power of attorney; **~schuld** *pol. f* collective guilt; **~verhandlungen** *f/pl.* collective bargaining; **~versicherung** *f* blanket insurance; **~vertrag** *m* collective agreement; **~wirtschaft** *f* collective economy.

Kollektor [kɔ'lɛktɔr] *el. m* (-*s*; -'*toren*) commutator; collector.

Koller[1] ['kɔlər] *n* (-*s*; -) collar; cape.

'**Koller**[2] *m* (-*s*; -) *vet.* staggers *pl.*, *w.s.* vertigo, giddiness; *colloq. fig.* rage, frenzy, tantrum(s *pl.*); *den ~ bekommen* fly into a rage.

'**Kollergang** *tech. m* edge mill.

'**kollern** *v/i.* (*sn*) roll; *turkey*: gobble; *pigeon*: coo; *stomach*: rumble; *vet.* have the staggers; *fig.* rave, foam, storm.

kollidieren [kɔli'di:rən] *v/i.* (*sn*) collide (*mit* with); *fig. a.* conflict, clash.

Kollier [kɔli'e:] *n* (-*s*; -*s*) necklace.

Kollision [kɔlizi'o:n] *f* (-; *-en*) collision; clash(ing), conflict (of laws *jur.*).

Kollo *econ. n* (-*s*; -*s*) parcel, packet; bale of goods.

Kollodium [kɔ'lo:dium] *chem. n* (-*s*) collodion.

kolloid [-lo'i:t] *adj.* colloid(al).

Kolloquium [kɔ'lo:kvium] *n* (-*s*; *-ien*) colloquy.

kölnisch ['kœlniʃ] *adj.* (of) Cologne; **2**(es) *Wasser* eau-de-Cologne.

Kolon ['ko:lɔn] *gr. and anat. n* (-*s*; -*s*) colon.

Kolonel [-'nɛl] *typ. f* (-) minion.

Kolonial|handel [koloni'ɑ:l-] *m* colonial trade; **~minister** *m* colonial minister, *Brit.* Secretary of State for the Colonies, Colonial Secretary; **~politik** *f* colonial policy; **~waren** *f/pl.* colonial goods *or* produce *sg.*, *n.s.* groceries *pl.*; **~warenhändler** *m* grocer; **~warenhandlung** *f* grocer's (shop), *Am.* grocery.

Kolonie [kolo'ni:] *f* (-; -*n*) colony.
Kolonisation [-zatsi'o:n] *f* (-) colonization.
Kolonisator [-ni'zɑ:tɔr] *m* (-*s*; -'*toren*) colonizer.
kolonisieren [-'zi:rən] *v/t.* (*h.*) colonize.
Kolonist [-'nist] *m* (-*en*; -*en*) colonist, settler.
Kolonnade [kolɔ'nɑ:də] *f* (-; -*n*) colonnade.
Kolonne [ko'lɔnə] *f* (-; -*n*) column; *of workmen*: gang, crew; *pol. Fünfte* ~ Fifth Column; **~nsteller** *m typewriter*: tabulator; **Ձnweise** *adv.* in columns.
Kolophonium [kolo'fo:nium] *n* (-*s*) colophony, rosin.
Koloratur [kolora'tu:r] *mus. f* (-; -*en*) coloratur|a, -e; grace(-note); **~sängerin** *f* coloratura singer; **~sopran** *m* coloratura soprano.
kolorier|en [-'ri:rən] *v/t.* (*h.*) colo(u)r, illuminate; **Ձung** *f* (-) colo(u)ring.
Kolorit [-'rit] *n* (-[*e*]*s*; -*e*) colo(u)r(-ing), hue.
Koloß [ko'lɔs] *m* (-*sses*; -*sse*) colossus; ~ *auf tönernen Füßen* colossus with feet of clay.
kolossal [-'sɑ:l] **I.** *adj.* colossal, gigantic, huge, enormous, whopping, thumping, awful, terrific; **II.** *adv.* extremely, awfully.
Kolpor|tage [kɔlpɔr'tɑ:ʒə] *f* (-; -*n*) hawking of books; **~'tageroman** *m* penny-dreadful, *Am.* dime-novel; **~teur** [-'tø:r] *m* (-*s*; -*e*) book-hawker, *Am.* book agent; **Ձtieren** [-'ti:rən] *v/t.* (*h.*) hawk (about), sell in the streets; *fig.* retail, spread.
Kolumne [ko'lumnə] *typ. f* (-; -*n*) column; page; **~ntitel** *m* running title *or* headline; **~nziffer** *f* folio.
Kolumnist [-'nist] *m* (-*en*; -*en*) columnist.
Koma ['ko:ma] *n* (-*s*; -*s*) *ast., opt., med.* coma.
Kombination [kɔmbinatsi'o:n] *f* (-; -*en*) combination (*a. phls., chem., soccer, etc.*; *a. underwear*); *aer. a.* flying-suit; overall; *skiing*: *Alpine (Nordische)* ~ Alpine (Nordic) combination; **~sgabe** *f* gift of combination; **~sschloß** *n* combination (*or* puzzle) lock; **~sspiel** *n* combined play, teamwork; **~ssprunglauf** *m* jumping event (of Nordic combination); **~szange** *f* combination pliers *pl.*
kombinieren [-'ni:rən] *v/t. and v/i.* (*h.*) combine; deduce, infer, conclude.
'**Kombiwagen** *mot. m* estate (*or* utility) car, *esp. Am.* station wagon.
Kombüse [kɔm'by:zə] *mar. f* (-; -*n*) galley.
Komet [ko'me:t] *m* (-*en*; -*en*) comet; **Ձen-artig** *adj.* comet-like; **~enbahn** *f* orbit (*or* path) of a comet; **~enschweif** *m* tail of a comet.
Komfort [kɔm'fo:r] *m* (-*s*) comfort, ease, luxury; *mit allem* ~ with all the conveniences; **komfortabel** [-fɔr'tɑ:bəl] *adj.* comfortable, luxurious; cosy, snug.
Komik ['ko:mik] *f* (-) comedy, comic element, humo(u)r; **~er** *m* (-*s*; -) comic actor, comedian; **~erin** *f* (-; -*nen*) comedienne.
'**komisch** *adj.* comic(al), funny; strange, funny, queer, odd; pathetic; *~e Oper* comic opera.
Komitee [komi'te:] *n* (-*s*; -*s*) committee.
Komma ['kɔma] *n* (-*s*; -*s*) comma; *math.* decimal point; *sechs* ~ *vier* six point four; *null* ~ *fünf* point five.
Komman|dant [kɔman'dant] *m* (-*en*; -*en*), **~deur** [-'dø:r] *m* (-*s*; -*e*) commander, commanding officer (*abbr.* C.O.); **~dantur** [-'tu:r] *f* (-; -*en*) commander's office, local headquarters *pl.*; **Ձdieren** [-'di:rən] *v/t. and v/i.* (*h.*) command, be in command of; give (the) orders; ~ *zu* (*dat.*) attach (*or* appoint) to; → *ab-, herumkommandieren.*
Kommandit|är [-di'tɛ:r] *m* (-*s*; -*e*), **~ist** [-'tist] *econ. m* (-*en*; -*en*) limited partner.
Kommandit|e [-'di:tə] *f* (-; -*n*) partly-owned subsidiary, branch; *a.* → **~gesellschaft** *f* limited partnership; ~ *auf Aktien* company on shares.
Kommando [-'mando] *mil. n* (-*s*; -*s*) command, order; command, headquarters; detachment, detail, party; commando, raiding-party; *das ~ führen* (be in) command; *das ~ übergeben* hand over the command; *das ~ übernehmen* assume (*or* take over the) command; ~ *zurück!* as you were!; *wie auf* ~ with one accord, in one voice; **~brücke** *mar. f* (conning-)bridge; **~flagge** *f* command post (*Am.* organization) flag; **~gerät** *aer. n* predictor; *radio*: command set; **~stab** *m* staff of command; **~stand** *m* control station; *of submarine*: tower; **~stelle** *f* command post, headquarters *pl.*; **~trupp** *m* task force, commando; **~truppe** *f* Commandos *pl., Am.* Rangers *pl.*; **~turm** *mar. m* conning (*aer.* control) tower; **~wagen** *m* command car.
kommen ['kɔmən] *v/i.* (*irr., sn*) **a)** come; arrive; approach, draw near; come to pass, happen; arise; *wieder* ~ come back, return; *oft wohin* ~ frequent a place; *er wird bald* ~ he will soon be here, he won't be long; *ich komme (schon)!* (I'm) coming!; *wer zuerst kommt, mahlt zuerst* first come first served; **b)** *impersonal*: *es* ~ *viele Leute (her)* there are many people coming (this way); *es kommt ein Gewitter* there is a storm brewing; *es mag* ~, *was (da) will* come what may; *woher (or wie) kommt es, daß?* how is it that?; *wie kommt es, daß die Tür offen ist?* how does the door come to be open?; **c)** *mit p.p.*: *(an)geritten (gefahren, gelaufen)* ~ come riding (driving, running) along; **d)** *j-n* ~ *lassen* have a p. come, send for (*or* call) a p.; et. ~ *lassen* order a th.; *dahin dürfen Sie es nicht* ~ *lassen* you must not let things get (*or* go) so far; *menacingly*: *laß ihn nur* ~! (just) let him come!; et. ~ *sehen* foresee a th.; **e)** *so weit* ~, *daß* get so far as to; *es wird noch so weit* ~, *daß er betteln muß* we shall see him begging yet; **f)** *with personal dat.*: *das kommt mir gerade recht* that suits me admirably, that comes in handy; *j-m grob* ~ be rude to a p.; *wenn Sie mir so* ~ if you talk to me like that; **g)** *with adv.*: *es wird noch ganz anders* ~ there is worse to come; *das kommt bloß daher, daß* that is entirely due to; *hierzu kommt noch, daß* add to this that; *spät* ~ be late; *weit* ~ *mit* get far with; *wie weit sind Sie ge~?* how far did you get?; *weiter* ~ advance, get on, (make) progress; *es ist weit ge~* things have come to a fine pass; *wie es gerade kommt* as the case may be; *with prp.*: → *(an den) Unrechten*; *(an die) Reihe*; *(auf s-e) Kosten*; *(auf den) Geschmack*; *(außer) Atem*; *(in) Betracht*; *(zu) Ohren*; ~ *an (acc.)* come *or* get to, arrive at; *an j-s Stelle* ~ succeed a p., take a p.'s place; ~ *auf (acc.)* (come to) think of, hit upon, touch; remember; *auf $ 100* ~ amount (*or* come) to, total $ 100; *auf die Rechnung* ~ go (*or* be put) on; *auf et. zu sprechen* ~ come to speak of a th.; *wie kommst du darauf?* what put the idea into your head?; *darauf wäre ich nie ge~* it would never have occurred to me; *auf jeden Jungen* ~ *zwei Äpfel* there are two apples to one boy, each boy gets two apples; *auf j-n nichts* ~ *lassen* take a p.'s part in everything, defend a p. staunchly; *durch eine Stadt* ~ pass through a town; *hinter et.* ~ find out a th., discover a th.; ~ *in (acc.)* come (*or* get, go) into, enter; *in andere Hände* ~ pass into other hands; ~ *mit der Bahn, etc.*: come by; *gut nach Hause* ~ get home safely; *wie komme ich nach?* how can I get to?; ~ *Sie mir nicht mit Ihren Ausreden* none of your excuses; ~ *über (acc.)* befall, fall upon; crowd in upon; *über seine Lippen* ~ escape (*or* come from) his lips; *über j-s Schwelle* ~ cross a p.'s threshold; *um et.* ~ lose, be done out of, be deprived of; be disappointed of, be cheated out of; *ums Leben* ~ lose one's life, perish; ~ *von* be due (*or* owing) to, be caused by, come from; *der Wind kommt von Westen* the wind is in the west; *er soll mir nicht wieder vor die Augen* ~ I never want to see him again; *zu et.* ~ come by a th.; *zur Ansicht* ~ decide (*that*), come to the conclusion (*that*); *zur Beratung* ~ come up for discussion; *(wieder) zu sich* ~ recover one's senses, come round (*or* to); *ich bin noch nicht zum Essen ge~* I have not found time for (my) dinner yet; *sollte es zum Geschäft* ~ should business result; *wieder zu Kräften* ~ recover one's strength; *zu nichts* ~ come (*or* lead) to nothing; *zur Sache* ~ come *or* go (straight) to the point; *zu Schaden* ~ come to grief, suffer harm; *zum Ziele* ~ attain one's object *or* end; *wie kam er nur dazu?* what made him do that?; *wie* ~ *Sie dazu!* how dare you!
'**Kommen** *n* (-*s*) coming; arrival; advent; *das* ~ *und Gehen* the coming and going.
'**kommend** *adj.* coming; approaching; future; *~es Jahr* next year; *in*

(*den*) ~*en Jahren* in (the) years to come; *die* ~*e Generation* the oncoming (*or* rising) generation.

Komment|ar [kɔmɛn'tɑːr] *m* (-*s*; -*e*) commentary, comment; ~ *überflüssig!* no comment!; **~ator** [-'tɑːtɔr] *m* (-*s*; -'*toren*) commentator; **2ieren** *v/t.* (*h.*) comment (up)on; annotate.

Kommers [kɔ'mɛrs] *m* (-*es*; -*e*) students' drinking-bout *or* social gathering; **~buch** *n* students' song-book.

Kommerz [kɔ'mɛrts] *m* (-*es*) commerce.

kommerzialisier|en [-mɛrtsiali'ziːrən] *v/t.* (*h.*) commercialize; convert *debt* into a negotiable loan; **2ung** *f* (-) commercialization.

kommerziell [-mɛrtsi'ɛl] *adj.* commercial.

Kom'merzienrat *m* (-[*e*]*s*; ⸗*e*) councillor of commerce.

Kommilitone [kɔmili'toːnə] *m* (-*n*; -*n*) fellow-student.

Kommis [kɔ'miː] *m* (-; -) clerk; salesman, *Am.* salesclerk.

Kommiß [-'mis] *mil. m* (-*sses*) military service, (life in the) army; *sl.* pipeclay, *in compounds* Army ..., *Am.* G.I. ...

Kommissar [kɔmi'sɑːr] *m* (-*s*; -*e*) commissioner; *in Russia*: commissar; (*Polizei*2)(police-)inspector; (detective) superintendent; **Kommissariat** [-ri'ɑːt] *n* (-[*e*]*s*; -*e*) commissionership; *mil.* commissariat; **kommissarisch** *adj.* provisional(ly *adv.*); *jur.* ~ *verhören* examine on commission.

Kom'mißbrot *n* army (*or* ration) bread, *Am.* G.I. bread.

Kommission [kɔmisi'oːn] *f* (-; -*en*) commission (*a. econ. order or percentage*); *e-e* ~ *berufen* set up a commission; *econ. in* ~ on commission, in consignment.

Kommissionär [-sio'nɛːr] *m* (-*s*; -*e*) commissioner; *econ.* (commission) agent, factor; commissionaire.

Kommissi'ons...: **~basis** *f*: *auf* ~ on commission; **~gebühr** *f* commission, percentage; **~geschäft** *n* commission business; **~lager** *n* consignment stock; **~verkauf** *m* sale on commission; **2weise** *econ. adv.* on commission.

Kommode [kɔ'moːdə] *f* (-; -*n*) (chest of) drawers, *Am.* bureau; **~nschrank** *m* tallboy, *Am.* highboy.

Kommodore [kɔmo'doːrə] *m* (-*s*; -*n*) commodore.

kommunal [kɔmu'nɑːl] *adj.* municipal, communal, local; **2bank** *f* (-; -*en*) municipal bank; **2be-amte(r)** *m* municipal officer; **2betrieb** *m* municipalism; municipal works *pl.* (*or sg.*); **~isieren** [-li'ziːrən] *v/t.* (*h.*) communalize; **2steuer** *f* local rate (*Am.* tax); **2verwaltung** *f* municipal administration, *Am.* local government.

Kommune [kɔ'muːnə] *f* (-; -*n*) community, municipality; *pol.* commune; *colloq. the* Reds.

Kommunikant [-muni'kant] *m* (-*en*; -*en*), **~in** *f* (-; -*nen*) communicant.

Kommunikation [-katsi'oːn] *f* (-; -*en*) communication.

Kommunion [-ni'oːn] *eccl. f* (-; -*en*) (Holy) Communion.

Kommuniqué [kɔmyni'keː] *n* (-*s*; -*s*) communiqué.

Kommunis|mus [kɔmu'nismus] *m* (-) communism; **~t(in** *f*) *m* (-*en*, -*en*; -, -*nen*) Communist; **2tisch** *adj.* communist(ic); ~*e Partei* Communist Party; ~ *werden* turn Communist.

kommunizieren [-'tsiːrən] *v/i.* (*h.*) communicate, receive the Holy Communion.

Kommut|ator [kɔmu'tɑːtɔr] *el. m* (-*s*; -'*toren*) commutator; switch; **2ieren** *v/t.* (*h.*) commute.

Komödiant [kɔmødi'ant] *m* (-*en*; -*en*) actor, comedian; *contp.*, *a. fig.* play-actor; hypocrite; **~in** *f* (-; -*nen*) actress, comedienne.

Komödie [kɔ'møːdiə] *f* (-; -*n*) comedy; *fig. a.* farce; ~ *spielen* play-act, sham, (put on an) act; **~nschreiber** *m* comedywriter, comic playwright.

Kompagnon ['kɔmpanjɔŋ] *m* (-*s* -*s*) partner, associate.

kompakt [kɔm'pakt] *adj.* compact; solid; **2heit** *f* (-) compactness.

Kompanie [kɔmpa'niː] *f* (-; -*n*) company; **~chef**, **~führer** *m* company commander; **~feldwebel** *m* first sergeant; **~geschäft** *f* partnership.

Komparativ ['kɔmparatiːf] *gr. m* (-*s*; -*e*) comparative.

Komparse [-'parzə] *m* (-*n*; -*n*) *thea.* supernumerary, super, *film*: extra; **Komparserie** [-'riː] *f* (-; -*n*) supers *pl.*; extras *pl.*

Kompaß ['kɔmpas] *m* (-*sses*; -*sse*) compass; *nach* ~ *march, etc.*, by compass; **~häus-chen** *mar. n* binnacle; **~nadel** *f* compass (*or* magnetic) needle; **~peilung** *f* compass bearing; **~rose** *f* compass card; **~strich** *m* point of the compass.

Kompendium [-'pɛndium] *n* (-*s*; -*dien*) compendium; abstract; manual.

Kompensation *f* (-; -*en*) compensation (*a. psych.*); **~sgeschäft** *n* barter (transaction).

Kompensator [-'zɑːtɔr] *el. m* (-*s*; -'*toren*) compensator, potentiometer.

kompen'sieren *v/t.* (*h.*) compensate (*a. psych.*), offset, counter-balance.

kompetent [-pe'tɛnt] *adj.* competent, authoritative; responsible.

Kompetenz [-'tɛnts] *f* (-; -*en*) competen|ce, -cy, *jur. usu.* jurisdiction; **~streit** *m* conflict of competence *or* jurisdiction.

kompilieren [kɔmpi'liːrən] *v/t.* (*h.*) compile.

Komplement [kɔmple'mɛnt] *n* (-[*e*]*s*; -*e*) complement.

Komplementär [-'tɛːr] *econ. m* (-*s*; -*e*) general partner; **~farbe** *f* complementary colo(u)r.

komplett [kɔm'plɛt] *adj.* complete (*mit* with), entire; **komplet'tieren** *v/t.* (*h.*) (make) complete.

Komplex [-'plɛks] *m* (-*es*; -*e*) whole, aggregate; system; plot of land; *psych.* complex; complex of questions; industrial complex; block of houses; **2** *adj.* complex.

Komplice [-'pliːtsə] *m* (-*n*; -*n*) accomplice.

Kompliment [-pli'mɛnt] *n* (-[*e*]*s*; -*e*) compliment; → *haschen*; ~*e machen* → **komplimen'tieren** *v/t.* (*h.*) compliment (*wegen* on), pay compliments to.

komplizieren [-'tsiːrən] *v/t.* (*h.*) complicate.

kompli'ziert *adj.* complicated, intricate; complex *character*, *problem*; *med.* ~*er Bruch* compound fracture; **2heit** *f* (-) complexity.

Komplott [-'plɔt] *n* (-[*e*]*s*; -*e*) plot, conspiracy; *ein* ~ *schmieden* (lay a) plot, conspire (together).

Komponente [-po'nɛntə] *f* (-; -*n*) component.

kompo'nieren *v/t. and v/t.* (*h.*) compose.

Komponist [-'nist] *m* (-*en*; -*en*) composer.

Komposition [-zitsi'oːn] *f* (-; -*en*) composition (*a. fig.*); (*translation*) version; *typ.* page makeup, *Am.* layout.

Kompositum [kɔm'poːzitum] *gr. n* (-*s*; -*ta*) compound (word).

Kompost [-'pɔst] *m* (-*es*; -*e*) compost, mulch; **~haufen** *m* compost heap.

Kompott [-'pɔt] *n* (-[*e*]*s*; -*e*) stewed fruit, compote, *Am.* sauce; **~schale**, **~schüssel** *f* compote (*or* fruit-) dish.

Kompresse [-'prɛsə] *med. f* (-; -*n*) compress.

Kom'pressor [-ɔr] *m* (-*s*; -'*ssoren*) *tech.* compressor; *mot.* supercharger; **~motor** *m* supercharged engine.

komprimieren [-pri'miːrən] *v/t.* (*h.*) *phys.* compress; condense (*book, etc.*).

Kompromiß [-pro'mis] *m and n* (-*sses*; -*sse*) compromise; *ein*(*en*) ~ *schließen* (make a) compromise; **2los** *adj.* uncompromising; **~lösung** *f* compromise solution.

kompromittieren [-'tiːrən] *v/t.* (*h.*) compromise (*sich* o.s.).

Komtesse [kɔm'tɛsə] *f* (-; -*n*) daughter of a count, countess.

Komtur [kɔm'tuːr] *m* (-*s*; -*e*) Commander of an order.

Kondens|at [kɔndɛn'zɑːt] *n* (-[*e*]*s*; -*e*) condensate; **~ator** [-tɔr] *m el.* (-*s*; -'*toren*) capacitor, (*a. chem.*) condenser; **2ieren** *v/t.* (*h.*) condense; **~ierung** *f* (-) condensation.

Kondens...: **~milch** [-'dɛns-] *f* evaporated milk; **~streifen** *aer. m* condensation (*or* vapo[u]r) trail, contrail; **~wasser** *n* water of condensation.

Kondition [kɔnditsi'oːn] *f* (-; -*en*) condition.

Konditional (-'nɑːl] *gr. m* (-*s*; -*e*) conditional (mood); **~satz** *m* conditional clause.

Konditi'ons...: **~schwäche** *f sports* lack of stamina; **2stark** *adj.* of great stamina; **~training** *n* fitness training, *Am.* conditioning.

Konditor [kɔn'diːtɔr] *m* (-*s*; -'*toren*) confectioner, pastry-cook.

Konditorei [-to'raɪ] *f* (-; -*en*) confectionery, café.

Kon'ditorwaren *f/pl.* confectionery, pastry.
Kondolenz [-do'lɛnts] *f* (-; -*en*) condolence; **~besuch** *m* (**~brief** *m*) visit (letter) of condolence; **kondo'lieren** *v/i.* (*h.*) condole (*j-m* with a p.), express one's sympathy (with).
Kondom [-'do:m] *n* (-*s*; -*e*) condom, contraceptive sheath.
Kondor ['kɔndɔr] *m* (-*s*; -*e*) condor.
Kondukteur [-duk'tø:r] *m* (-*s*; -*e*) → *Schaffner*.
Konfekt [-'fɛkt] *n* (-[e]*s*; -*e*) confectionery, sweets *pl.*, chocolates *pl.*, *Am.* soft candy.
Konfektion [-tsi'o:n] *f* (-; -*en*) (manufacture of) ready-made articles of dress.
Konfektionär [-tsio'nɛ:r] *m* (-*s*; -*e*) outfitter.
Konfekti'ons...: **~abteilung** *f* ready-made (clothes) department; **~anzug** *m* ready-made (suit), reach-me-down; *Am.* ready-to-wear (suit), hand-me-down; **~geschäft** *n* ready-made (clothes) shop; **~waren** *f/pl.* ready-made (*Am.* ready-to-wear) clothes.
Konferenz [-fe'rɛnts] *f* (-; -*en*) conference, meeting; talks *pl.*; **~dolmetscher** *m* conference interpreter; **~gespräch** *teleph. n* conference call; **~schaltung** *el.* conference circuit; **~tisch** *m* conference table.
konfe'rieren *v/i.* (*h.*) confer, deliberate (*über acc.* on); consult together.
Konfession [-fesi'o:n] *f* (-; -*en*) confession, (religious) creed; denomination.
konfessionell [-sio'nɛl] *adj.* confessional, denominational.
Konfessi'ons...: **𝔖los** *adj.* undenominational; unaffiliated; **~schule** *f* denominational school.
Konfetti [kɔn'fɛti] *pl.* confetti.
Konfirmand [-fir'mant] *m* (-*en*; -*en*), **~in** [-din] *f* (-; -*nen*) confirmand, confirmee; **~enunterricht** *m* confirmation classes *pl.*
Konfirmation [-matsi'o:n] *eccl. f* (-; -*en*) confirmation.
konfir'mieren *v/t.* (*h.*) confirm.
konfiszier|en [-fis'tsi:rən] *v/t.* (*h.*) confiscate, seize; **𝔖ung** *f* (-; -*en*) confiscation.
Konfitüre [-fi'ty:rə] *f* (-; -*n*) candied fruit; choice-quality jam, preserves *pl.*; *w.s.* → *Konfekt*.
Konflikt [-'flikt] *m* (-[e]*s*; -*e*) conflict; *in ~ geraten* enter (*or* come) into conflict (*mit* with).
Konföderation [-føderatsi'o:n] *f* (-; -*en*) confederacy.
kon'form [-'fɔrm] *adj.*: *~ mit or dat.* conformable to, in conformity with; *~ gehen* be in agreement (*mit* with).
konfrontieren [-frɔn'ti:rən] *v/t.* (*h.*) confront *or* face (*mit* with).
konfus [-'fu:s] *adj.* confused, in confusion; puzzle-headed, muddled.
Konfusion [-fuzi'o:n] *f* (-; -*en*) confusion, muddle.
kongenial [-geni'a:l] *adj.* congenial, like-minded, sympathetic(ally *adv.*).
Konglomerat [-glome'ra:t] *n* (-[e]*s*; -*e*) conglomerate.
Kongreß [-'grɛs] *m* (-*sses*; -*sse*) congress; *Am.* (party, *etc.*) convention; *der Amerikanische ~* the Congress of the U.S.A.; **~mitglied** *n* member of a congress, *Am. pol.* congress(wo)man.
kongru|ent [-gru'ɛnt] *adj.* congruent, perfectly equal; **𝔖enz** [-'ɛnts] *f* (-) congruity; **~'ieren** *v/i.* (*h.*) coincide, be congruent.
König ['kø:niç] *m* (-*s*; -*e*) king (*a. in games*); *fig. ~ des Jazz* King of Jazz; *eccl. die Heiligen Drei ~e pl.* the (three) Magi; *zum ~e machen* make (a) king, raise to the throne; **~in** ['-gin] *f* (-; -*nen*) queen (*a. in games and zo.*); **~in'mutter** *f* queen mother; **'~in-suppe** *f* chicken soup; **~in'witwe** *f* queen dowager; **𝔖lich** ['-nikliç] **I.** *adj.* royal; kingly; regal (*insignia, privileges*); *von ~em Blute* of royal blood; **II.** *adv.*: *sich ~ freuen* be as pleased as Punch; *sich ~ amüsieren* enjoy o.s. immensely; *die* **~lichen** *pl.* the Royalists; **'~reich** *n* kingdom, *rhet.* realm.
'Königs...: **~adler** [-niçs] *m* imperial eagle; **𝔖blau** *adj.* royal blue; **𝔖gelb** *adj.* chrome yellow; **~kerze** *bot. f* mullein; **~krone** *f* king's (*or* royal) crown; **~schloß** *n* royal castle; **~tiger** *zo. m* Bengal tiger; **~treue(r** *m*) *f* (-*n*, -*n*; -*n*, -*n*) royalist; **~wasser** *chem. n* aqua regia; **~würde** *f* royal dignity, kingship.
Königtum ['-niçtu:m] *n* (-[e]*s*; ⸚*er*) royalty, kingship.
konisch ['ko:niʃ] *adj.* conic(al); *tech. a.* taper(ed); *~e Bohrung* taper bore.
Konju|gation [kɔnjugatsi'o:n] *gr. f* (-; -*en*) conjugation; **𝔖'gieren** *v/t.* (*h.*) conjugate.
Konjunktion [kɔnjuŋktsi'o:n] *f* (-; -*en*) conjunction.
Konjunk|tiv ['-juŋkti:f] *gr. m* (-*s*; -*e*) subjunctive (mood); **𝔖'tivisch** *adj.* in the (*or* as) subjunctive.
Konjunktur [-'tu:r] *econ. f* (-; -*en*) economic condition *or* trend, business outlook; business cycle; boom, peak prosperity; depression, slump; *sinkende* (*steigende*) *~* business recession (revival); **~abschwächung** *f* economic recession; **~ausgleich** *m* compensation for cyclical fluctuations; **~barometer** *n* business barometer; **~bericht** *m* report on business conditions; **~bewegung** *f* trade cycle; trend; **𝔖dämpfend** *adj.* countercyclical; **~dynamik** *f* forces of economic expansion; **𝔖ell** [-'rɛl] *adj.* cyclical; **~forschung** *f* business cycle research; **~gewinn** *m* boom profits *pl.*; **~phase** *f* business cycle; **𝔖politisch I.** *adj.* economic, cyclical; **II.** *adv.* from the point of view of trade cycle policy *or* the economic trend; **~prognose** *f* buniness forecast(ing); **~ritter** *m* opportunist, profiteer; **~schwankungen** *f/pl.* cyclical fluctuations; **~spritze** *f* shot in the arm; **~überhitzung** *f* overheating of the economic climate; **~verlauf** *m* business cycle; economic trend.
konkav [kɔn'ka:f] *adj.* concave; **~konvex** *adj.* concavo-convex.
Konkordat [kɔnkɔr'da:t] *n* (-[e]*s*; -*e*) concordat.
konkret [kɔn'kre:t] *adj.* concrete; tangible, actual, practical; *~e Form annehmen* assume concrete form; *~ gesprochen* in terms of fact.
konkretisieren [-ti'zi:rən] *v/t.* (*h.*) put in concrete form (*or* terms); concretise.
Konkubinat [kɔnkubi'na:t] *n* (-[e]*s*; -*e*) concubinage; **Konkubine** [-'bi:nə] *f* (-; -*n*) concubine.
Konkurrent [-ku'rɛnt] *m* (-*en*; -*en*), **~in** *f* (-; -*nen*) (business) rival, competitor; *sports* competitor, contestant.
Konkurrenz [-'rɛnts] *f* (-; -*en*) competition; *sports a.* event, meet, contest; competitors *pl.*, rivals *pl.*; *econ. starke or scharfe ~* keen (*or* stiff) competition; *unlautere* (*mörderische*) *~* unfair (cut-throat) competition; *außer ~* not competing, hors concours (*Fr.*); *j-m ~ machen* enter into competition (*or* compete) with a p.; **𝔖fähig** *adj.* able to compete; marketable (*goods*); competitive (*prices*); **~fähigkeit** *f* (-) competitive position; marketableness; **~geschäft** *n* rival business *or* firm, competition; **~kampf** *m* competition, trade rivalry; *harter* (*mörderischer*) *~* stiff (cut-throat) competition; **~klausel** *f* restraint clause, **𝔖los** *adj.* without competition; matchless, unrivalled, unchallenged; **~neid** *m* professional jealousy; **~preis** *m* competitive price.
konkur'rieren *v/i.* (*h.*) compete (*mit* with; *um* for), rival (*a th., a p.*); *~d* competitive; *jur.* conflicting (*law*); *jur. ~des Verschulden* contributory negligence.
Konkurs [kɔn'kurs] *econ. m* (-*es*; -*e*) bankruptcy, insolvency, failure; *~ anmelden or erklären* file a petition in bankruptcy, declare o.s. a bankrupt; *in ~ geraten* become insolvent, go bankrupt; → *bank(e)rott*; **~antrag** *m* petition in bankruptcy; **~delikt** *n* bankruptcy offen|ce, *Am.* -se; **~erklärung** *f* declaration of insolvency; **~eröffnung** *f* adjudication in bankruptcy; **~forderung** *f* claim against a bankrupt's estate; **~gläubiger(in** *f*) *m* creditor of a bankrupt's estate; **~masse** *f* bankrupt's estate, assets *pl.* (of a bankrupt); **~verfahren** *n*: *das ~ einleiten* institute bankruptcy proceedings *pl.*; **~verwalter** *m* trustee in bankruptcy.
können ['kœnən] **I.** *v/i.* (*irr.*, *h.*) **a**) be able (to *inf.*), be capable (of *ger. or a th.*); be in a position (to *inf.*); *ich kann* I can; *nicht ~* be unable, be at a loss (to *inf.*); *ich kann nicht* I cannot, I can't; *er hätte es tun ~* he could have done it; *ich weiß, was du kannst* I know what you can do; *ich kann nicht mehr* I can't go on, I am at the end of my tether; *er schrie, was er konnte* he screamed with all his might; *er tut, was er kann* he does his best; *man kann nie wissen* you never can tell, there is no telling; **b**) be allowed *or* permitted (to *inf.*); *er kann gehen* he may (*or* can) go; *du kannst nicht hingehen* you may not (*or* cannot) go there; *Sie ~ es glauben* you may believe me;

c) *possibility, likelihood*: *das kann sein* that may be (so), that's possible; *es kann nicht sein* it is impossible; *ich kann mich auch täuschen* I may be mistaken; *du könntest recht haben* you might be right; **II.** *v/t.* (*irr., h.*) know, understand, be proficient in; *eine Sprache* ~ know (*or* have command of) a language; *er kann schwimmen* he can (*or* knows how to) swim; *er kann das* he knows how to do that; *er kann etwas* he is a capable fellow, he knows the ropes; *er kann nichts* he can do nothing, he doesn't know a thing; *ich kann nichts dafür* it isn't my fault, I can't help it; *er kann nichts dafür, daß er* he can't help *ger.*

'**Können** *n* (-*s*) ability, faculty, power; skill, efficiency; knowledge.

'**Könner** *m* (-*s*; -) very able man (*or* actor, player, *etc.*); master (hand), expert, proficient; crack, ace.

Konnex [kɔ'nɛks] *m* (-*es*; -*e*) connection, relation; nexus.

Konnossement [kɔnɔsə'mɛnt] *econ. n* (-[*e*]*s*; -*e*) bill of lading (*abbr.* B/L).

konnte ['kɔntə] *pret. of können.*

konsequen|t [kɔnze'kvɛnt] *adj.* consistent; persistent; thorough-going; ≈**z** [-ts] *f* (-; -*en*) consistency; consequence; *die* ~*en tragen* take the consequences; *die* ~*en ziehen* draw one's conclusions, act accordingly.

Konserva|tismus [kɔnzɛrva'tismus] *m* (-) conservatism; ≈**tiv** [-'ti:f] *adj.*, ~'**tive**(**r** *m*) *f* (-*n*, -*n*; -*n*, -*n*) conservative.

Konservator [-'vɑ:tɔr] *m* (-*s*; -'*toren*) curator, keeper.

Konservatorium [-va'to:rium] *n* (-*s*; -*ien*) academy of music, conservatoire, *Am.* conservatory.

Konserve [-'zɛrvə] *f* (-; -*n*) preserve(d food); ~*n pl.* tinned (*Am.* canned) foods *or* goods; *Fleisch*≈*n* preserved meat; *Gemüse-* (*Obst*)≈*n* tinned greens (fruit); ~**nbüchse**, ~**ndose** *f* tin, *Am.* can; ~**nfabrik** *f* tinning factory, *esp. Am.* cannery; ~**nglas** *n* preserving jar; ~**nmusik** *colloq. f* canned music.

konservier|en [-zɛr'vi:rən] *v/t.* (*h.*) conserve; (*a. sich*) preserve, keep; tin, *Am.* can; ≈**ung** *f* (-; -*en*) preservation; ≈**ungsmittel** *n* preservative.

Konsi|gnant [-zi'gnant] *econ. m* (-*en*; -*en*) consignor; ~**gnatär** [-'tɛ:r] *m* (-*s*; -*e*) consignee; ~**gnation** [-gnatsi'o:n] *f* (-; -*en*): (*in* ~ on) consignment; ~**gnati'onslager** *n* consignment stocks *pl.*; *w.s.* commission agency; ≈'**gnieren** *v/t.* (*h.*) consign.

konsisten|t [-zis'tɛnt] *adj.* consistent, solid; ≈**z** [-ts] *f* (-) consistency; solidity.

Konsistorium [-'to:rium] *n* (-*s*; -*ien*) consistory.

Konsole [-'zo:lə] *f* (-; -*n*) console; bracket; support.

konsolidier|en [-zoli'di:rən] *econ. v/t.* (*h.*) *and sich* ~ consolidate; *konsolidierte Staatspapiere* → *Konsols*; *konsolidierte Schuld* funded debt; ≈**ung** *f* (-; -*en*) consolidation.

Konsols [kɔn'zo:ls] *econ. pl.* consols, *Am.* consolidated government bonds.

Konsonant [kɔnzo'nant] *gr. m* (-*en*; -*en*) consonant; ≈**isch** *adj.* consonantal.

Konsorten [-'zɔrtən] *m/pl. econ.* members of an underwriting syndicate, *Am.* participants; *jur. Braun u.* ~ Brown and associates, Brown et al.

Konsortialgeschäft [-tsi'ɑ:l-] *econ. n* syndicate transaction.

Konsortium [-'zɔrtsium] *n* (-*s*; -*ien*) association; *econ.* syndicate, group.

konspirieren [-spi'ri:rən] *v/i.* (*h.*) conspire, plot.

konstant [-'stant] *adj.* constant; steady; ~ *halten* keep constant, maintain; ≈**e** *f* (-; -*n*) constant (value).

konstatieren [-sta'ti:rən] *v/t.* (*h.*) state, establish, find; *med. a.* diagnose.

Konstellation [-stɛlatsi'o:n] *ast. f* (-; -*en*) constellation (*a. fig.*).

konsterniert [-stɛr'ni:rt] *adj. and adv.* taken aback, dismayed, stupefied.

konstituieren [-stitu'i:rən] *v/t.* (*h.*) (*and sich*) constitute (o.s.), organize (o.s.); *parl. das Haus konstituiert sich* (*als Ausschuß*) the House resolves itself into a committee; ~*de Versammlung* constituent assembly.

Konstitution [-tsi'o:n] *pol., med. f* (-; -*en*) constitution; *med. geschwächte* ~ weakened organism; **konstitutionell** [-tsio'nɛl] *adj.* constitutional.

konstruieren [-stru'i:rən] *v/t.* (*h.*) *gr.* construe, parse; *tech.* construct; design; *fig. konstruierter Fall* fictitious (*or* hypothetical) case.

Konstrukteur [-struk'tø:r] *m* (-*s*; -*e*) (technical) designer, designing engineer.

Konstruktion [-tsi'o:n] *f* (-; -*en*) construction; design.

Konstrukti'ons...: ~**büro** *n* engineering department, drawing office; ~**fehler** *m* constructional flaw *or* defect; faulty design; ~**leiter** *m* chief engineer; ~**merkmal** *n* constructional feature; ≈**technisch** *adj.* constructional; ~**teil** *n* machine element; ~**zeichner** *m* draughtsman, *Am.* draftsman; designer; ~**zeichnung** *f* production drawing.

konstruktiv [-'ti:f] *adj.* constructive.

Konsul ['kɔnzul] *m* (-*s*; -*n*) consul.

Konsu|'lar...: *in compounds*, ≈'**larisch** [-'lɑ:riʃ] *adj.* consular (...).

Konsulat [-'lɑ:t] *n* (-[*e*]*s*; -*e*) consulate; ~**sfaktur,** ~**srechnung** *f* consular invoice.

Konsulent [-'lɛnt] *m* (-*en*; -*en*) legal adviser.

konsultieren [-'ti:rən] *v/t.* (*h.*) consult.

Konsum [kɔn'zu:m] *m* (-*s*) consumption; *colloq.* (*usu.* '*Konsum*) → ~*geschäft*, ~*verein*.

Konsument [-zu'mɛnt] *m* (-*en*; -*en*), ~**in** *f* (-; -*nen*) consumer.

Kon'sum...: ~**geschäft** *n* co-operative store, co-op; ~**güter** *n/pl.* consumer goods.

konsumieren [-zu'mi:rən] *v/t.* (*h.*) consume.

Kon'sumverein *m* (Consumers') Co-operative Society, co-op.

Kontakt [kɔn'takt] *m* (-[*e*]*s*; -*e*) contact; *el. den* ~ *herstellen* (*unterbrechen*) make (break) the contact; *fig. mit j-m* ~ *aufnehmen* contact (*or* get into touch with) a p.; ~**abzug** *phot. m* contact print; ≈**arm** *adj.*: *er ist* ~ he does not make friends easily, he is a bad mixer; ~**fläche** *f* surface of contact; ≈**freudig** *adj.*: *er ist* ~ he is a good mixer; ~**pflege** *f* (maintenance of) human relations *pl.*; ~**gift** *n* contact poison; ~**schalter** *el. m* contact switch; ~**schiene** *el. f* contact bar; ~**schnur** *el. f* flex; ~**stecker** *el. m* contact plug.

Konten ['kɔntən] *pl. of Konto.*

'**Konter|admiral** *m* ['kɔntər-] Rear Admiral; '~**bande** *f* (-) contraband; ~**fei** ['-faɪ] *n* (-*s*; -*s*) portrait, image, likeness.

'**kontern** *v/t. and v/i.* (*h.*) counter.

Kontext ['kɔntɛkst] *m* (-*es*; -*e*) context.

Kontinent ['kɔntinɛnt] *m* (-[*e*]*s*; -*e*) continent.

kontinental [-'tɑ:l] *adj.* continental; ≈**sperre** *hist. f* (-) Continental System.

Kontingent [-tiŋ'gɛnt] *n* (-[*e*]*s*; -*e*) *esp. mil.* contingent; *econ. a.* quota, share, allotment; delivery percentage, commitments *pl.*

kontingentier|en *v/t.* (*h.*) fix the quota for; make subject to a quota, limit; ration; (*nicht*) *kontingentierte Einfuhren* (non-)quota imports; ≈**ung** *f* (-; -*en*) fixing of quotas, *etc.*, allotment; restriction, limitation.

kontinuierlich [kɔntinu'i:rliç] *adj.* continuous; uninterrupted; steady.

Kontinuität [-i'tɛ:t] *f* (-) continuity.

Konto ['kɔnto] *econ. n* (-*s*; -*ten*) account; bank account; *laufendes* (*überzogenes*) ~ current (overdrawn) account; *ein* ~ *ausgleichen* settle (*or* balance) an account; *ein* ~ *belasten* charge (*or* debit) an account; *ein* ~ *eröffnen* open an account (*bei* with; *zugunsten von* in favo[u]r of); *ein* ~ *führen* keep an account; *fig. das geht auf dein* ~ that's your fault (*or* doing); ~**auszug** *m* statement of account; ~**buch** *n* **1.** account book; **2.** *of depositor*: → ~**gegenbuch** *n* pass (*Am.* deposit) book; ~**inhaber**(**in** *f*) *m* account-holder; ~**korrent** [-kɔ'rɛnt] *n* (-[*e*]*s*; -*e*) current account, *Am.* account current; ~**korrentgeschäft** *n*, ~**korrentverkehr** *m* deposit banking; current account business.

Kontor [kɔn'to:r] *n* (-*s*; -*e*) office; *fig. Schlag ins* ~ unpleasant surprise, blow.

Kontorist [-to'rist] *m* (-*en*; -*en*), ~**in** *f* (-; -*nen*) (female *f*) clerk.

kontra ['kɔntra] *prp.* (*acc.*) against; *jur., sports, etc.* versus (vs.); ~ *geben* **a)** *cards*: double, **b)** *colloq. fig.* talk back, tell *a p.* where he gets off; ≈**alt** *mus. m* contralto; ≈**baß** *mus. m* contrabass, double-bass.

Kontra|hent [-'hɛnt] *m* (-*en*; -*en*) contracting party, contractor; *w.s.* opponent; ≈'**hieren** *v/t. and v/i.* (*h.*) contract.

Kontrakt [-trakt] *m* (-[*e*]*s*; -*e*) contract, agreement; *einen ~ (ab-) schließen* make (*or* enter into) a contract; **~bruch** *m* breach of contract; **&brüchig** *adj.*: *~ werden* break a contract; **&lich I.** *adj.* contractual, stipulated; **II.** *adv.* by contract; **&widrig** *adj.* contrary to (the) contract.

'Kontrapunkt *mus. m* (-[e]s) counterpoint; **&isch** *adj.* contrapuntal.

konträr [kɔnˈtrɛːr] *adj.* contrary, antithetical, opposite; *colloq.* disagreeable.

Kontrast [-ˈtrast] *m* (-es; -e) contrast; *einen ~ bilden zu (dat.)* → **kontra'stieren** *v/i.* (*h.*) contrast (*mit* with).

Kontroll|abschnitt [kɔnˈtrɔl-] *m*, **~blatt** *n* counterfoil, stub; **~beamte(r)** *m* → *Kontrolleur*; **~e** *f* (-; -*n*) control; supervision; check; *unter ~ haben* control, be in control of, have *the situation* (well) in hand; *unter ~ halten* keep under control; *die ~ verlieren über (acc.)* lose control of; *er verlor die ~ über seinen Wagen (seine Leute) a.* his car (his men) got out of hand; *die Lage ist unter ~* the situation is (safely) in hand.

Kontrolleur [-ˈløːr] *m* (-s; -e) controller; supervisor; auditor; *rail.* inspector; guard; timekeeper.

Kon'troll...: **~gang** *m* round, beat; **~gerät** *n* checking device, monitor.

kontrollier|bar [-ˈliːrbaːr] *adj.* controllable; verifiable; **~en** *v/t.* (*h.*) supervise, check, control (*a.* = be in control of); keep track of, *a.* keep tabs on; verify; audit.

Kon'troll...: **~karte** *f* time-sheet; **~kasse** *f* cash register; **~(l)ampe** *tech. f* pilot lamp; **~maßnahmen** *f/pl.* controlling measures; **~muster** *n* check sample; **~organ** *n* governing (*or* controlling) body; **~posten** *m* control post, checker; **~punkt** *m* control (*or* check) point; **~schein** *m* counterfoil; receipt; **~stempel** *m* inspection stamp; time-stamp; **~turm** *aer. m* control tower; **~uhr** *f* control (*or* tell-tale) clock; **~vermerk** *m* → *Kontrollstempel*; **~versuch** *m* control (test).

Kontroverse [kɔntroˈvɛrzə] *f* (-; -*n*) controversy.

Kontur [kɔnˈtuːr] *f* (-; -*en*) contour, outline; skyline; **~karte** *f* contour map.

Konus [ˈkoːnus] *math.*, *tech. m* (-; -se) cone; *in compounds* conical ...

Konvektion [kɔnvɛktsiˈoːn] *phys. f* (-; -*en*) convection.

Konvent [kɔnˈvɛnt] *m* (-[e]s; -e) convention.

Konvention [-tsiˈoːn] *f* (-; -*en*) convention, agreement; *pol. a.* treaty; *~en pl.* conventional proprieties *pl.*

Konventionalstrafe [-tsioˈnaːl-] *econ. f* penalty (for non-performance).

konventionell [-ˈnɛl] *adj.* conventional.

konvergieren [-vɛrˈgiːrən] *v/i.* (*h.*) converge, run to a point; **~d** *adj.* convergent.

Konversation [-vɛrzatsiˈoːn] *f* (-; -*en*) conversation, talk; **~slexikon** *n* encyclop(a)edia; **~sstück** *thea. n* comedy of manners.

konvertier|bar [-ˈtiːrbaːr] *econ. adj.* convertible; **~en** *v/t.* (*h.*) **1.** convert; **II.** *v/i. R.C.* be converted, turn *Roman Catholic*; **&ung** *f* conversion.

Konvertit [-ˈtiːt] *eccl. m* (-en; -en) convert.

konvex [-ˈvɛks] *adj.* convex.

Konvikt [-ˈvikt] *n* (-[e]s; -e) theological seminary.

Konvoi [ˈ-vɔʏ] *m* (-s; -s) convoy.

konvulsiv [-vulˈziːf] *adj.* convulsive.

konzedieren [kɔntseˈdiːrən] *v/t.* (*h.*) concede.

Konzentrat [kɔntsɛnˈtraːt] *chem. n* (-[e]s; -e) concentrate.

Konzentration [-tratsiˈoːn] *f* (-; -*en*) concentration; **~sfähigkeit** *f* power of concentration; **~slager** *n* concentration camp.

konzentrieren [-ˈtriːrən] *v/t.* (*h.*) *and sich ~* concentrate *or* cent|re, *Am.* -er (*auf acc.* upon); focus (on); mass (*troops*).

kon'zentrisch *adj.* concentric.

Konzept [kɔnˈtsɛpt] *n* (-[e]s; -e) (first) draft, rough copy; *fig. aus dem ~ kommen* lose the thread, break down; *j-n aus dem ~ bringen* disconcert a p., put a p. off, rattle a p.; *das paßt ihm nicht ins ~* that does not suit his plans.

Konzeption [-tsiˈoːn] *f* (-; -*en*) conception.

Kon'zeptpapier *n* scribbling-paper.

Konzern [-ˈtsɛrn] *econ. m* (-s; -e) combine, group; **~entflechtung** *f* de-concentration of combines; **~verflechtung** *f* interlocking combine; business concentration.

Konzert [-ˈtsɛrt] *n* (-[e]s; -e) concert; recital; concerto; *im ~* at the concert; *ins ~ gehen* go to a concert; **~arie** *f* concert aria; **~besucher(in** *f*) *m* concert-goer; **~flügel** *m* concert grand.

konzer'tieren *v/i.* (*h.*) give a concert.

Kon'zert...: **~meister** *m* leader, first violinist; **~saal** *m* concert-hall.

Konzession [kɔntsesiˈoːn] *f* (-; -*en*) concession; privilege, patent, charter; licence, *Am.* franchise; *j-m keine ~en machen* make no concessions to a p.; **~s-inhaber(in** *f*) *m* concessionaire; licensee, *Am.* franchised dealer.

Konzil [kɔnˈtsiːl] *eccl. n* (-s; -e) council; *Vatikanisches ~* Vatican Council.

konziliant [-tsiliˈənt] *adj.* conciliatory.

konzipieren [kɔntsiˈpiːrən] *v/t.* (*h.*) conceive; draft, outline; formulate.

Ko-opera|tion [koːoperatsiˈoːn] *f* (-; -*en*) co-operation; **&tiv** [-ˈtiːf] *adj.* co-operative.

ko-optieren [koːɔpˈtiːrən] *v/t.* (*h.*) co-opt.

Ko-ordinate [koːɔrdiˈnaːtə] *math. f* (-; -*n*) co-ordinate; **~npapier** *n* co-ordinate (*or* graph) paper; **~nsystem** *n* co-ordinate system; **~nzahl** *f* index of co-ordination.

ko-ordinier|en *v/t.* (*h.*) co-ordinate; **&ung** *f* (-) co-ordination.

Kopal [koˈpaːl] *m* (-s; -e) copal; **~firnis, ~lack** *m* copal varnish.

Kopeke [koˈpeːkə] *f* (-; -*n*) copeck.

Kopenhagen [kopənˈhaːgən] *n* (-s) Copenhagen.

Köper [ˈkøːpər] *tech. m* (-s; -), **&n** *v/t.* (*h.*) twill.

Kopf [kɔpf] *m* (-[e]s; ⸚e) **1.** head (*a. of things, a. tech.*); skull; *in documents*: heading; letterhead; *mil.* warhead; *of page, etc.*: top; nose (*of airplane*); crown (*of hat*); face side (*of coin*); bowl (*of pipe*); *~ an ~* crowded together, closely packed, *racing*: neck and neck; *~ hoch!* chin up!, *fig. a.* bear up!, keep smiling!; *~ oder Wappen* head(s) or tail(s); *~ voraus* head first; *auf dem ~ stehend* inverted, upside-down; *fig. hier steht alles auf dem ~* everything is topsy-turvy, the place is at sixes and sevens; *von ~ bis Fuß* from head to foot, from top to toe; *j-m den ~ abschlagen, j-n e-n ~ kürzer machen* behead a p., chop a p.'s head off; *j-m den ~ waschen* wash a p.'s head, *fig.* take a p. to task; *den ~ hängen lassen* hang one's head, *fig. a.* be despondent (*or* down in the mouth); *nur nicht den ~ hängen lassen!* never say die!; *den ~ in den Sand stecken* hide one's head in the sand; *den ~ oben behalten* keep up one's spirits; *er weiß nicht, wo ihm der ~ steht* he doesn't know which way to turn; *es geht um ~ und Kragen* it's either do or die; *j-m den ~ zurechtsetzen* comb a p's hair for him; **2.** sense, understanding, judg(e)ment, brain(s *pl.*); memory; will; **3.** *fig.* (*person*) (good *or* fine) head, (able) thinker; great mind, genius; head, leader; *fähiger (hohler) ~* capable (empty-headed) fellow; *aus dem ~ hersagen* say from memory *or* by heart *or* offhand; *j-m den ~ verdrehen* turn a p.'s head; *s-n ~ durchsetzen* have it one's way, carry one's point; *s-m eigenen ~e folgen* follow one's own bent, suit o.s.; *mir steht nicht der ~ danach* I don't feel like it; *verlieren Sie nicht den ~* keep your head; **4.** (*single person*) head; *pro ~* a head, per capita, each; *es kamen 100 Mark auf den ~* each received (*or* had to pay) 100 marks; *viel(e) Köpfe, viel(e) Sinne* many heads, many minds; **5.** *with prp.*: *er ist nicht auf den ~ gefallen* he is no fool; *j-m et. auf den ~ zusagen* tell a p. a th. to his face; *auf den ~ stellen* turn upside down; *Tatsachen auf den ~ stellen* stand facts on their heads; *die Stadt auf den ~ stellen* paint the town red; *sich et. aus dem ~e schlagen* banish a th. from one's mind; *das will mir nicht aus dem ~e* I cannot get it out of my head *or* mind; *sich et. durch den ~ gehen lassen* think a th. over, turn a th. over in one's mind; *sich et. in den ~ setzen* take a th. into one's head; *in den ~ (or zu ~e) steigen* go to *a p.'s* head; *mit dem ~ gegen die Wand rennen* run one's head against the wall (*a. fig.*); *bis über den ~ in Schulden stecken* be up to one's ears in debt; *j-m über den ~ wachsen* outgrow a p., *fig.* be too much for (*or* get beyond) a p.; *über s-n ~ hinweg promoted* over his head; *j-n vor den ~ stoßen* shock (*or* offend, antagonize) a p.; *wie vor den ~ geschlagen* thunderstruck, speechless.

'**Kopf...:** **~arbeit** *f* mental (*or* brain-)work; **~arbeiter** *m* brain-worker; **~bahnhof** *m* terminus, terminal; railhead; **~balken** *tech. m* head beam; **~ball** *m soccer*: header; **~bedeckung** *f* headgear; **~bogen** *m* letterhead sheet.

Köpfchen ['kœpfçən] *n* (-s; -) small head; *bot.* capitulum; *colloq. fig. er hat ~* he has brains; *~, ~!* clever boy!

'**Kopfdüngung** *agr. f* top-dressing.

köpfen ['kœpfən] **I.** *v/t.* (h.) behead, decapitate; poll, lop (*tree*); *soccer*: head; **II.** *v/i.* (h.) *salad, etc.*: put on heart, head up.

'**Kopf...:** **~ende** *n* head; **~geld** *n* head-money; poll-tax; **2gesteuert** *adj.* overhead camshaft (*engine*); **~haar** *n* hair of the head; **2hängerisch** ['-hɛŋəriʃ] *adj.* gloomy, dejected; **~haut** *f* skin of the head; scalp; **~hörer** *tech. m* headset, headphone; **~kissen** *n* pillow; **~kissenbezug** *m* pillow case (*or* slip); **~länge** *f*: *um e-e ~* by a head; **2lastig** ['-lastiç] *adj.* top- (*aer.* nose-)heavy; **~laus** *f* head louse; **~lehne** *f* head-rest; **2los** *adj.* headless, acephalous; *fig.* panic-stricken, panicky; *~e Flucht* headlong flight, stampede; **~losigkeit** *f* (-; -en) *fig.* panic; **~naht** *f* cranial suture; **~nicken** *n* nod; **~nuß** *colloq. f* clout; **~putz** *m* (-es) head-dress; **~rechnen** *n* mental arithmetic; **~salat** *m* cabbage-lettuce; **~scheibe** *mil. f* silhouette target; **2scheu** *adj.* restive, skittish (*horse*); *fig.* timid, apprehensive; *j-n ~ machen* intimidate (*or* alarm) a p.; **~schmerzen** *m/pl.* headache *sg.*; (*heftige*) *~ haben* have a (splitting) headache; **~schuppen** *f/pl.* dandruff *sg.*; **~schuß** *m* shot in the head; **~schütteln** *n* (-s) shaking (*or* shake) of the head; **~schützer** *m* (-s; -) head-protector *or* -guard; *mil.* woollen cap; **~spiel** *n soccer*: heading, header; *tech.* crest clearance; **~sprung** *m* header; *einen ~ machen* take a header, dive; **~stand** *m* headstand; *aer.* nose-over; *e-n ~ machen* → **2stehen** *v/i.* (*irr.*, *h.*) stand on one's head; *colloq. fig.* be staggered (*or* electrified); *ganz Paris stand kopf* all Paris was in a whirl; **~steinpflaster** *n* cobbled pavement; **~steuer** *f* poll tax; **~stimme** *f* head-voice; falsetto; **~stoß** *m billiards*: massé (*Fr.*); *boxing*: butt; *soccer*: header; **~stütze** *f* head-rest; **~tuch** *n* (-[e]s; ⸚er) (head)kerchief, scarf; **2'über** *adv.*: *~* (, *kopfunter*) head first (*or* foremost), head over heels; **~verletzung** *f* head injury; **~wäsche** *f*, **~waschen** *n* (-s) shampoo(ing); **~wassersucht** *med. f* (-) hydrocephalus; **~weh** *n* (-s) headache; **~wunde** *f* wound in the head; **~zahl** *f* number of persons; **~zeile** *f* headline; topline; **~zerbrechen** *n* (-s): *j-m ~ machen* puzzle (*or* nonplus) a p.; *ohne viel ~* without much pondering.

Kopie [ko'pi:] *f* (-; -n) copy; imitation, facsimile; carbon(-copy); duplicate; *phot., film*: print.

Ko'pier...: **~anstalt** *f* printing shop; **~apparat** *m* copying apparatus; **~buch** *econ. n* copying-book; **2en** *v/t.* (h.) copy (*a. fig.* = imitate); *phot.* print; *tech.* form, profile; **~farbe** *f* → *Kopiertinte*; **~maschine** *f* copying machine; *tech. a.* forming lathe; **~papier** *phot. n* printing paper; **~presse** *f* copying press; **~rahmen** *phot. m* printing frame; **~stift** *m* indelible (pencil); **~tinte** *f* copying ink.

Kopist(in *f*) [ko'pist] *m* (-en, -en; -, -nen) copyist.

Koppel[1] ['kɔpəl] *mil. n* (-s; -) (waist-)belt.

'**Koppel**[2] *f* (-; -n) coupling; *hunt.* leash; couple, pack (*of dogs*); string (*of horses*); paddock, pen; enclosure.

'**Koppel...:** **~geschäft** *econ. n* tie-in sale; **2n** *v/t.* (h.) leash, couple (*dogs*); string together (*horses*); enclose, fence in; *radio*: couple; *el.* connect; *fig.*: *~ mit* couple with, tie in with; **~schloß** *n* (belt) buckle; **~ung** *f* (-; -en) linkage, coupling.

'**Koppler** *m* (-s; -) *radio*: coupler.

'**Kopplungsspule** *f* coupling coil, coupler.

Kopra ['ko:pra] *f* (-) copra.

kopulier|en [kopu'li:rən] *v/t.* (h.) unite, pair; marry; *agr.* graft; **2reis** *agr. n* grafting-twig.

Koralle [ko'ralə] *f* (-; -n) coral.

Korallen...: **~bank** *f* (-; ⸚e) coral-reef; **~fang** *m*, **~fische'rei** *f* coral fishing; **~fischer** *m* coral-fisher; **~halsband** *n* coral necklace; **~tier** *n* coral animal.

Koran [ko'ra:n] *m* (-s; -e) Koran.

Korb [kɔrb] *m* (-[e]s; ⸚e) basket; hamper, luncheon-basket; crate; *mining*: cage; basket-hilt (*of sword*); *sports* basket (*a.* = goal); *fig.* refusal, rebuff; *e-n ~ bekommen* be turned down (flat), get the mitten.

'**Korb...:** **~arbeit** *f* basket-making; wickerwork; **~ball** *m* netball; **~blütler** ['-bly:tlər] *bot. m/pl.* composite flowers; **~flasche** *f* wicker-bottle; demijohn; **~geflecht** *n* wickerwork; **~macher** *m* basket-maker; **~möbel** *n/pl.* wicker furniture; **~sessel**, **~stuhl** *m* wicker chair; **~wagen** *m for babies*: bassinet(te); **~weide** *f* osier.

Kord(samt) ['kɔrt] *m* (-[e]s; -e) corduroy.

Kordel ['kɔrdəl] *f* (-; -n) string, cord, twine; **2n** *tech. v/t.* knurl.

Kordon [kɔr'dõ] *m* (-s; -s) cordon.

Korea [ko're:a] *n* (-s) Corea; **Koreaner(in** *f*) *m* (-s, -; -, -nen), **kore'anisch** *adj.* Corean.

Korinthe [ko'rintə] *f* (-; -n) currant.

Ko'rinth|er *m* (-s; -), **2isch** Corinthian.

Kork [kɔrk] *m* (-[e]s; -e[n]) *bot.* cork; (cork) stopper, cork; '**~eiche** *f* cork-oak; '**2en I.** *v/t.* (h.) cork; **II.** *adj.* (of) cork; '**~enzieher** *m* (-s; -) corkscrew; '**~locke** corkscrew (curl), ringlet; '**2ig** *adj.* corky; '**~jacke** *f* → *Korkweste*; '**~mundstück** *n* cork tip; *mit ~* cork-tipped; '**~platte** *f* cork sheet; *flooring*: cork board; '**~stöpsel** *m* cork stopper; '**~weste** *f* cork jacket.

Korn [kɔrn] *n* (-[e]s; ⸚er) *of cereal, sand, stone, etc., a. phot.*: grain; (grain of) seed; corn, cereals *pl.*; wheat; rye; harvest; *of coin*: standard, alloy, (sterling) value; *on rifle*: front sight, bead; rye whisky; *aufs ~ nehmen* (take) aim at, *Am.* draw a bead on, *fig.* mark *or* attack *a p.*; → *Schrot*.

'**Korn...:** **~ähre** *f* ear of corn, spike; **~blume** *f* cornflower; **2blumenblau** *adj.* cornflower blue, cyaneous; **~brand** *m* (-[e]s) smut; **~branntwein** *m* rye whisky.

Körnchen ['kœrnçən] *n* (-s; -) (little) grain, granule; *fig.* atom, trace; *~ Wahrheit* grain of truth.

körnen ['kœrnən] **I.** *v/i.* (h.) *cereals*: run to seed, corn; *salt, sugar, etc.*: (*a. sich*): granulate; **II.** *v/t.* (h.) *tech.* granulate; grain (*leather, gunpowder*).

'**Körner** *pl. of Korn*; **~fresser** *m* granivorous bird; **~mikrophon** *n* granular microphone; **~spitze** *tech. f* lathe cent|re, *Am.* -er.

Kornett[1] [kɔr'nɛt] *mil. m* (-[e]s; -e) cornet.

Kor'nett[2] *mus. n* (-[e]s; -e) cornet.

'**Korn...:** **~feld** *n* grainfield; **~früchte** *f/pl.* cereals, grain *sg.*; **~garbe** *f* sheaf; **~größe** *f* grain size; **~handel** *m* corn-trade.

körnig ['kœrniç] *adj.* granular, grainy; gritty; *in compounds*: *fein~* (*grob~*) fine-(coarse-)grained.

'**Korn...:** **~käfer** *m* grain weevil; **~kammer** *f* granary (*a. fig.*); **~markt** *m* grain-market.

'**Körnmaschine** *f* granulating machine.

'**Korn...:** **~rade** *bot. f* (-; -n) corn-cockle; **~schwinge** *f* winnowing-sieve; **~speicher** *m* granary.

'**Körnung** *f* (-; -en) granulation; grain(ing).

Korona [ko'ro:na] *f* (-; -nen) *ast., el.* corona; *colloq. fig.* bunch, crowd; **~entladung** *el. f* corona discharge.

Körper ['kœrpər] *m* (-s; -) body (*a. math.*); *phys.* body, substance; *a. math.* (*fester*) *~* solid; *tech.* element; body (*of colour, wine*); *am ganzen ~ zittern* tremble all over; '**~bau** *m* (-[e]s) structure of the body, anatomy; build, frame, physique; '**~beherrschung** *f* body control; '**2behindert** *adj.* (physically) disabled, handicapped; '**~beschaffenheit** *f* constitution, physique; '**~chen** *n* (-s; -) small body, particle, corpuscle; '**~ertüchtigung** *f* physical training; '**~fett** *n* body-fat; '**~fülle** *f* corpulence; '**~geruch** *m* body odo(u)r; '**~gewicht** *n* weight; '**~haken** *m boxing*: hook to the body; '**~haltung** *f* (body) carriage, bearing; poise, posture; '**~inhalt** *m* volume; '**~kraft** *f* physical strength; '**~lehre** *f* (-) somatology; *math.* solid geometry, stereometry; '**2lich** *adj.* bodily, physical; corporeal, substantial, material; *math.* solid; of the body, corporal; physical; somatic; *~e Betätigung* physical exercise; *~e Züchtigung* corporal punishment; '**2los**

adj. bodiless, incorporeal; '~**maß** *n* cubic measure; *pl.* (body) measurements; '~**messung** *f* (-) stereometry; '~**öffnung** *f* body orifice; '~**pflege** *f* care of the body, (personal) hygiene; '~**pflegemittel** *n* cosmetic; '~**puder** *m* talcum (*Am. a.* body) powder; '~**schaft** *f* (-; -*en*) body (corporate), corporation, corporate entity; ~ *des öffentlichen Rechts* public law corporation, statutory corporation; *gesetzgebende* ~ legislative body; '~**schaftssteuer** *f* corporation profits tax; '~**schulung** *f* physical training *or* culture, body-building exercises *pl.*; '~**schwäche** *f* bodily weakness; '~**schwung** *m sports* body swing; '~**strafe** *f* corporal punishment; '~**teil** *m* part (*or* member) of the body; '~**teilchen** *n* (-*s*; -) particle; '~**temperatur** *f* body temperature; '~**treffer** *m boxing*: body punch; '~**verletzung** *f* bodily injury; *jur. schwere* ~ grievous bodily harm; '~**wärme** *f* body heat; '~**wuchs** *m* build, physique.

Korporal [kɔrpoˈrɑːl] *mil. m* (-*s*; -*e*) corporal; ~**schaft** *f* (-; -*en*) squad.

Korporation [kɔrporatsiˈoːn] *f* (-; -*en*) corporation; *univ.* student society, *Am.* fraternity.

Korps [koːr] *n* (-; -) corps; '~**geist** *m* (-*es*) esprit de corps (*Fr.*).

korpulen|t [kɔrpuˈlɛnt] *adj.* corpulent, stout, fat; 2**z** [-ts] *f* (-) corpulence, stoutness.

Korpus [ˈkɔrpus] *colloq. m* (-; -*se*) body; ~ **delikti** [deˈlikti] *jur. n* (- -; -*pora* -) (tangible proof for the) evidence; convicting object; ~ **juris** [ˈjuːris] *n* (- -) law code; ~**schrift** *typ. f* long primer.

korrekt [kɔˈrɛkt] *adj.* correct; 2**heit** *f* (-) correctness.

Korrektion [-tsiˈoːn] *f* (-; -*en*) correction; ~**s-spule** *el. f* correcting coil.

Korrektor [-ˈrɛktɔr] *typ. m* (-*s*; -ˈ*toren*) (proof-)reader.

Korrektur [-ˈtuːr] *f* (-; -*en*) correction; adjustment; *typ.* **a)** correction, **b)** proof(-sheet); *zweite* ~ revise; *letzte* ~ press proof; ~(*en*) *lesen* read (*or* correct) proofs; ~**abzug**, ~**bogen** *m* proof (sheet); ~**fahne** *f* galley proof; ~**zeichen** *n* (proof-)reader's correction mark.

Korrelat [kɔreˈlɑːt] *n* (-[*e*]*s*; -*e*) correlate; **Korrelation** [-latsiˈoːn] *f* (-; -*en*) correlation.

Korrespond|ent [kɔrɛsponˈdɛnt] *m* (-*en*; -*en*), ~**in** *f* (-; -*nen*) correspondent; ~**enz** [-ˈdɛnts] *f* (-; -*en*) correspondence; *e-e* ~ *unterhalten* carry on a correspondence; ~**enzbüro** *n* news-agency; 2**ieren** *v/i.* (*h.*) correspond, be in correspondence (*mit* with); exchange letters; *mit et.* ~ correspond to a th.; ~*des Mitglied* corresponding member.

Korridor [ˈkɔridoːr] *m* (-*s*; -*e*) corridor (*a. geogr., pol.*); *rail. Am. a.* aisle; passage.

korrigieren [kɔriˈgiːrən] *v/t.* (*h.*) correct; rectify; alter; adjust.

korrodieren [kɔroˈdiːrən] *v/t.* (*h.*) corrode.

Korrosion [-ziˈoːn] *f* (-; -*en*) corrosion; 2**sbeständig** *adj.* corrosion-resistant; 2**sfrei** *adj.* non-corroding; ~**smittel** *n* corrosive; 2**sverhütend** *adj.* anti-corrosive.

korrumpieren [kɔrumˈpiːrən] *v/t.* (*h.*) corrupt.

korrupt [-ˈrupt] *adj.* corrupt; **Korruption** [-tsiˈoːn] *f* (-; -*en*) corruption, *Am. pol. a.* graft.

Korsar [kɔrˈzɑːr] *mar. m* (-*en*; -*en*) corsair, privateer (*both a.* = ~**enschiff** *n*).

Kors|e [ˈkɔrzə] *m* (-*n*; -*n*), 2**isch** *adj.* Corsican.

Korsett [kɔrˈzɛt] *n* (-[*e*]*s*; -*e*) corset, stays *pl.*

Korund [koˈrunt] *min., tech. m* (-[*e*]*s*; -*e*) corundum.

Korvette [kɔrˈvɛtə] *mar. f* (-; -*n*) corvette; ~**nkapitän** *m* lieutenant commander.

Koryphäe [koriˈfɛːə] *f* (-; -*n*) *fig.* master-mind, (great) authority (*für* on), great brain, big gun.

Kosak [koˈzak] *m* (-*en*; -*en*) Cossack.

koscher [ˈkoːʃər] *adj.* kosher, pure; *colloq. fig. da ist et. nicht ganz* ~ *sl.* there is something fishy about it.

Koseform [ˈkoːzə-] *f* pet-form.

Kosekans [ˈkoːzəkans] *m* (-; -), **Koseˈkante** *f math.* cosecant.

kosen [ˈkoːzən] *v/i. and v/t.* (*h.*) fondle, caress.

'**Kose...:** ~**name(n)** *m* pet name; ~**wort** *n* (-[*e*]*s*; ⸚*er*) term of endearment.

Kosinus [ˈkoːzinus] *math. m* (-; -) cosine; ~**satz** *m* cosine formula.

Kosmet|ik [kɔsˈmeːtik] *f* (-) cosmetics *pl.*; ~**iker(in** *f*) *m* (-*s*, -; -, -*nen*) cosmetician, beautician; 2**isch** *adj.* cosmetic; ~*es Mittel* cosmetic, beauty aid.

kosmisch [ˈkɔsmiʃ] *adj.* cosmic(al).

Kosmonaut [kɔsmoˈnaut] *m* (-*en*; -*en*) cosmonaut.

Kosmopolit [-poˈliːt] *m* (-*en*; -*en*), 2**isch** *adj.* cosmopolitan.

Kosmos [ˈkɔsmɔs] *m* (-) cosmos, universe.

Kost [kɔst] *f* (-) food, fare; board; diet, formula; *deutsche* ~ German cooking; *magere* (*or schmale*) ~ slender fare, meagre diet; *kräftige* ~ rich (*or* substantial) diet; *fig. geistige* ~ spiritual nourishment, (mental) pabulum; *leichte* ~ slight fare; *freie* ~ *u. Wohnung* free board and lodging; *j-m* ~ *u. Logis geben* board and lodge a p.; *in (die)* ~ *geben* board out; *in* ~ *nehmen* take as a boarder, board; *in* ~ *sein bei* (*dat.*) board with.

'**kostbar** *adj.* precious, valuable; costly, expensive; splendid, sumptuous, luxurious; *fig.* capital, priceless; 2**keit** *f* (-; -*en*) preciousness, valuableness; costliness; precious object, treasure; ~*en pl.* valuables.

'**kosten**[1] *v/t.* (*h.*) taste (of); sip; try, sample; *fig.* taste, try, enjoy, *b.s.* get a taste of.

'**kosten**[2] *v/t.* (*h.*) cost; *fig.* take, require (*time, trouble, etc.*); *was kostet dies?* how much is it?; *es koste, was es wolle!* cost what it may!; *das kostet ihn viel* it costs him a great deal; *es kostete ihn sein Leben (den Kopf)* it cost him his life; *er ließ es sich viel* ~ he spend a great deal of money on it; *es kostete uns e-e volle Stunde, zu* (*inf.*) it took us a full hour to (*inf.*); *es kostete mich e-n harten Kampf* it cost me a hard struggle.

'**Kosten** *pl.* cost(s *pl.*); expense(s *pl.*), charges; fees, charges, *jur.* costs; outlay; *econ.* ~, *Fracht und Versicherung* cost, insurance and freight (*abbr.* c.i.f.); *laufende* ~ standing charges; *auf* ~ *von* at the cost (*or* expense) of; *auf* ~ *der Allgemeinheit* at the public expense; *das geht auf* ~ *der Gesundheit* that's bad for your health; *mit geringen* ~ at a slight cost; *ohne* ~ at no cost (*für* to); *die* ~ *tragen* bear the costs; *keine* ~ *scheuen* spare no expense; *auf s-e* ~ *kommen* cover one's expenses, *fig.* get one's money's worth, *w.s.* enjoy o.s. (immensely); *sich in* ~ *stürzen* go to (*or* incur) great expense; *jur. zu den* ~ *verurteilt* condemned in the (*or* to pay all) costs; ~**anschlag** *m* estimate, tender; ~**aufstellung** *f* statement of cost, cost account; ~**aufwand** *m* expenditure; *mit e-m* ~ *von* at a cost of; ~**berechnung** *f* calculation of cost, costing; ~**ersatz** *m*, ~**erstattung** *f* compensation for expenses (*or* outlay) incurred, indemnification, *gegen* ~ for cost; ~**ersparnis** *f* saving in cost(s); ~**faktor** *m* cost factor; ~**folge** *jur. f* order as to costs; ~**frage** *f* question of the costs (*or* price); 2**frei** *adj.* free of cost, *econ.* clear of (all) charges; 2**los** *adj. and adv.* free (of charge), gratuitous(ly); 2**pflichtig** *adj.* with costs, liable to pay costs; *jur.* ~ *abweisen* dismiss *an action* with costs; ~**preis** *econ. m* cost-price, prime cost; *unter dem* ~ below cost, at a loss (*or* sacrifice); ~**-Preis-Schere** *f* cost-and-price scissors *pl.*; ~**punkt** *m* matter of expense, expenses *pl.*; ~**rechnung** *f* bill of costs; ~**voranschlag** *m* estimate; ~**vorschuß** *m* advance (on costs).

'**Kost...:** ~**gänger** [ˈ-gɛŋər] *m* (-*s*; -), ~**in** *f* (-; -*nen*) boarder; ~**geld** *n* (payment for) board; board-wages *pl.*; *stock exchange*: continuation-rate, contango; ~**geschäft** *econ. n* contango business.

köstlich [ˈkœstliç] **I.** *adj.* delicious, dainty, savo(u)ry, tasty; exquisite, choice; charming, delightful, wonderful; capital, great; **II.** *adv.*: *sich* ~ *amüsieren* enjoy o.s. immensely, have a wonderful time.

'**Kostprobe** *f* sample, taste.

kostspielig [ˈ-spiːliç] *adj.* expensive, costly; sumptuous; '2**keit** *f* (-) expensiveness, costliness; sumptuousness.

Kostüm [kɔsˈtyːm] *n* (-*s*; -*e*) costume, dress; (lady's) suit; fancy-dress; ~**ball** *m*, ~**fest** *n* fancy-dress ball; ~**berater** *m film*: costume adviser; ~**film** *m* period picture.

kostüˈmieren *v/t.* (*h.*) (*and sich*) dress (o.s.) up.

Koˈstüm...: ~**probe** *thea. f* dress rehearsal; ~**zeichner(in** *f*) *m* dress designer.

'**Kostverächter(in** *f*) *m*: *er ist kein* ~ he is not particular *or* fastidious.

Kot [ko:t] *m* (-[e]s) mud, muck, mire; dirt, filth; *physiol.* excrements, f(a)eces *pl.*, stool; *zo.* dung, droppings *pl.*; *fig. in den ~ ziehen* drag in the mud.

Kotangens [ˈko:taŋgɛns] *m* (-; -), ˈ**Kotangente** *f math.* cotangent.

Kotau [koˈtaʊ] *m* (-s; -s) ko(w)tow.

Kotelett [kɔtəˈlɛt] *n* (-[e]s; -s) cutlet; chop; **~en** *pl.* side whiskers, *Am.* sideburns.

Köter [ˈkø:tər] *contp. m* (-s; -) cur.

ˈ**Kot...:** **~fliege** *f* dung-fly; **~flügel** *mot. m* mudguard, *Am.* fender.

Kothurn [koˈturn] *thea. m* (-s; -e) buskin, cothurnus *fig. auf hohem ~* in a tragic (*or* majestic, *iro.* pompous) style.

kotig [ˈko:tiç] *adj.* muddy, dirty; bedraggled; f(a)ecal.

kotzen [ˈkɔtsən] *vulg. v/i.* (*h.*) vomit, retch, puke, spew; *mot.* sp(l)utter; *es ist zum 2* it's enough to make you sick.

Krabbe [ˈkrabə] *zo. f* (-; -n) shrimp; prawn; crab; *colloq. fig.* little pet, brat; **2ln I.** *v/i.* (*sn*) crawl; wriggle; scramble; itch, tickle; **II.** *v/t.* (*h.*) tickle.

krach! [krax] *int.* bang!, whang!, crash!

ˈ**Krach** *m* (-[e]s; -e) crash, crack; (loud) noise, din, row, racket; *econ.* crash, collapse, smash; quarrel, row; *~ machen* make a noise (*or* row, racket); *~ schlagen* raise hell, kick up a row; **2en** *v/i.* crash, crack; *fire*: crackle; burst; detonate; *thunder*: roar, peal; *door*: bang, slam; *econ.* crash, collapse; **~en** *n* (-s) crash(ing), crack(ing); peals *pl.*, roar; **~er** *colloq. m* (-s; -) (*alter*) *~* old dodderer; **~mandel** *bot. f* (soft-)shelled almond.

krächzen [krɛçtsən] *v/i.* (*h.*) caw, croak (*a. fig.*); *~d sagen* rasp; *~de Stimme* rasping voice.

krack|en [ˈkrakən] *tech. v/t.* (*h.*) crack (*oil*); **2verfahren** *n* cracking process.

Krad [kra:t] *mil. n* (-[e]s; ¨er) motor-cycle (*abbr.* M.C.); **~melder** *m* motor-cycle dispatch rider.

Kraft [kraft] *f* (-; ¨e) strength; force; power (*a. el., tech.*); might; efficacy; vigo(u)r; energy (*a. phys.*); worker, hand, *thea.* performer; *Kräfte pl. mil.* forces; *econ.* labo(ur); *of writer, etc.*: force, power, punch; *treibende ~* motive power, prime mover; *rohe ~* brute force; *am Ende meiner ~* at the end of my tether; *bei Kräften* on one's feet; *aus eigener ~ mar.* under one's own steam, *fig. a.* by o.s., on one's own resources; *aus eigener ~ hochzukommen suchen* pull o.s. up by one's bootstraps; *mit aller ~* with all one's might; *mit frischen Kräften* with renewed strength; *nach besten Kräften* to the best of one's ability; *das geht über m-e Kräfte* that is beyond me, that's more than I could handle; *was (nur) in meinen Kräften steht* my utmost; *Kräfte sammeln* gather strength; *wieder zu Kräften kommen* regain one's strength; *jur. bindende (rückwirkende) ~* binding (retrospective) force; *in ~ sein* be in force (*or* operation), be effective; *in ~ setzen* enact, put into force (*or* operation), *wieder*: re-enact, restore, *patent, etc.*: reinstate; *in ~ treten* come into effect (*or* force, operation), become effective; *außer ~ setzen* annul; repeal (*law*); cancel, rescind, invalidate (*contract, etc.*); suspend; *außer ~ treten* cease to be effective, expire, lapse.

kraft *prp.* (*gen.*) by (*or* in) virtue of; on the strength of; *~ des Gesetzes a.* by operation of law.

ˈ**Kraft...:** **~aggregat** *tech. n* power set (*or* unit); **~akt** *m* strong-man act; **~anlage** *el. f* power plant; **~anstrengung** *f* effort; **~antrieb** *m* power drive; *mit ~* power-driven; **~aufwand** *m* expenditure of energy; effort; **~ausdruck** *m* → *Kraftwort*; **~bedarf** *el. m* power requirement; **~brot** *n* fortified bread; **~brühe** *f* beef-tea; **~droschke** *f* taxi-cab; **~einheit** *phys. f* unit of force; **~ersparnis** *f* energy (*or* power) saving.

ˈ**Kräfte...:** **~dreieck** [ˈkrɛftə-] *n* triangle of forces; **~parallelogramm** *n* parallelogram of forces; **~verfall** *m* loss of strength; **~verhältnis** *n* proportion of forces; **~verteilung** *mil. f* distribution of forces; **~zersplitterung** *mil. f* scattering of forces.

ˈ**Kraft...:** **~fahrer(in** *f*) *m* driver, motorist; **~fahrpark** *m* fleet (of motor vehicles); **2fahrtechnisch** *adj.* automotive; **~fahrtruppe** *mil. f* motor transport troops *pl.*; **~fahrwesen** *n* (-s) motoring, automobilism; **~fahrzeug** *n* motor vehicle; **~fahrzeugbau** *m* automotive engineering; **~fahrzeugbrief** *m* motor-vehicle registration card; **~feld** *phys. n* field (of force); **~futter** *n* concentrate(d feed); **2geladen** *adj.* dynamic, power-packed.

kräftig [ˈkrɛftiç] **I.** *adj.* strong, robust, sturdy (*all a. tech.*); stalwart, brawny, hefty, *Am. a.* husky; strapping; energetic, vigorous; powerful; healthy; nourishing, substantial, rich; deep, bright (*colour*); severe, sharp (*rebuke*); *paint., phot.* high; **II.** *adv.* strongly, *etc.*; lustily, heartily; soundly; **~en** [ˈ-tigən] *v/t.* (*h.*) strengthen, invigorate, harden, steel, fortify; refresh, restore, revive, brace up; *sich ~* gain strength; **~end** [ˈ-gənt] *adj.* invigorative, *med.* tonic; bracing (*air*); refreshing, reviving; **2keit** [ˈ-tiçkaɪt] *f* (-) strength, vigo(u)r, energy; **2ung** [ˈ-tiguŋ] *f* strengthening; invigoration; restoration; **2ungsmittel** *med. n* restorative.

ˈ**Kraft...:** **~lastwagen** *m* (motor) lorry, *Am.* truck; **~lehre** *f* (-) dynamics *sg.*; **~linie** *el. f* line of force; **2los** *adj.* without strength *or* vigo(u)r; powerless, faint; feeble, weak; limp; languid, exhausted; wishy-washy, weak (*style*); *jur.* invalid, (null and) void; **~losigkeit** *f* (-) lack of strength *or* vigo(u)r, feebleness, *med.* debility; weakness (*of style*); **~maschine** *f* power unit, engine, prime mover, *el.* motor; **~mehl** *n* cornflour, *Am.* cornstarch; **~meier** *m* (-s; -) (swaggering) muscle-man; **~mensch** *m* muscle-man, strong man; **~messer** *m* dynamometer; **~nahrungsmittel** *n/pl.* concentrated foods; **~post** *f* postal bus service, *n.s.* motorbus; **~probe** *f* trial of strength; **~protz** *m* → *~meier*; **~quelle** *f* source of power; **~rad** *n* motor-cycle; **~reserve(n** *pl.*) *f* power reserve; *person*: reserve strength, reserve force; **~station** *el. f* power station; **~stoff** *mot. m* (power) fuel; → *Benzin*; *~ auffüllen* refuel; **~stoffanzeiger** *m* fuel ga(u)ge; **~stoffbehälter** *m* fuel tank; **~stoffgemisch** *n* fuel mixture; **~stoff-Luft-Gemisch** *n* fuel-air mixture; **~stoffverbrauch** *m* fuel consumption; **~strom** *el. m* power current; **2strotzend** *adj.* full of (*or* bursting with) strength, (as) strong as an ox; **~stück** *n* stunt; **~übertragung** *f* power transmission; **~verkehr** *m* motor traffic; **~verschwendung** *f* waste of energy; **2voll** *adj.* strong, vigorous, powerful, athletic; energetic; powerful, pithy (*style*); **~wagen** *m* (motor-)car, *Am. a.* automobile; motor vehicle; **~wagenführer** *m* driver; **~wagenkolonne** *f* motor transport column; **~wagenpark** *m* fleet (of motor vehicles); **~werk** *el. n* power station *or* plant; **~wort** *n* (-[e]s; ¨er) pithy expression, swear-word, four-letter word; *~e pl.* strong language; **~zug** *m* power traction.

Kragen [ˈkra:gən] *m* (-s; -) collar (*a. tech.*); cape; tippet; *fig. j-n beim ~ nehmen* collar a p.; *colloq. da platzte mir der ~* that was the last straw, there I lost my temper; **~abzeichen** *mil. n/pl.* collar insignia; **~knopf** *m* collar-button; **~nummer, ~weite** *f* collar size; *colloq. genau m-e Kragenweite* just my cup of tea; **~spiegel** *mil. m* collar patch.

Kragstein [ˈkra:k-] *arch. m* console.

Krähe [ˈkrɛ:ə] *f* (-; -n) crow; rook; *e-e ~ hackt der andern nicht die Augen aus* dog won't eat dog; **2n** *v/i.* (*h.*) crow; → *Hahn*; **~nfüße** *m/pl.* scrawl *sg.*; *colloq.* crow's-feet (*round the eyes*); **~nnest** *n* crow's nest (*a. mar.*).

krählen [ˈkrɛ:lən] *tech. v/t.* rabble.

ˈ**Krähwinkel** *n* (-s) Podunk.

Krake [ˈkra:kə] *zo. m* (-n; -n) octopus.

Krakeel [kraˈke:l] *colloq. m* (-s; -e) quarrel, brawl; row, racket; **2en** *v/i.* (*h.*) brawl; make (*or* kick up) a row; **~er** *m* (-s; -) brawler, rowdy.

Kral [kra:l] *m* (-s; -e) kraal.

Kralle [ˈkralə] *f* (-; -n) claw (*a. fig.*); *orn. a.* talon, clutch; *fig. die ~n zeigen* show one's teeth; *j-n in den ~n haben* have a p. in one's clutches; **2n** *v/t.* (*h.*) claw, clutch; *sich an et. ~* cling to, clutch.

Kram [kra:m] *m* (-[e]s) *econ.* retail (trade); → *~laden*; retail goods, small wares *pl.*; *contp.* stuff, lumber, odds and ends *pl.*; *elender ~* rubbish, trash; *der ganze ~* the whole stuff, *fig.* the whole bag of tricks (*or Am. sl.* caboodle); *das paßt* *gerade in m-n* ~ that suits me to a T, that comes in handy; *es paßte ihm nicht in s-n* ~ it did not suit his plans; '2**en** *v/i.* (*h.*) rummage (*in dat., unter dat.* in; *nach* for); *fig. in s-n Erinnerungen* ~ turn over one's memories.

Krämer ['krɛːmər] *m* (*-s; -*), ~**in** *f* (*-; -nen*) (small) shopkeeper, retailer; grocer; '~**geist** *m* (-es) mercenary spirit; mean character; '2**haft** *adj.* like a shopkeeper, mean; '~**seele** *f* sordid mind; petty-minded person; '~**volk** *n* nation of shopkeepers.

'**Kramladen** *m* small shop, general store(s *pl.*); grocer's shop.

Krammetsvogel ['kramətsfoːgəl] *m* fieldfare.

Krampe ['krampə] *tech. f* (*-; -n*) cramp, staple.

Krampf [krampf] *m* (*-[e]s; ⸚e*) *med.* cramp, spasm, convulsion; paroxysm, convulsive fit; *epileptische Krämpfe* epileptic fits; *colloq. contp.* stuff (and nonsense), rubbish, rot; *Krämpfe bekommen* go (off) into convulsions; '~**ader** *med. f* varicose vein; '2**artig** *adj.* spasmodic, convulsive, paroxysmal; '2**en** *v/t.* (*h.*) *and sich* ~ contract convulsively, clench; '2**haft** *adj. med.* spasmodic, convulsive; *fig.* desperate, feverish, frantic; forced (*smile*); '~**husten** *m* convulsive cough; whooping cough; '2**stillend** *adj.* antispasmodic, sedative.

'**Kramwaren** *f/pl.* small wares, commodities; groceries.

Kran [krɑːn] *tech. m* (*-[e]s; ⸚e*) crane; stop cock; *mit dem* ~ *heben* crane up, hoist; '~**arm,** '~**ausleger** *m* jib; '~**brücke** *f* gantry; '~**führer** *m* crane driver (*or* operator).

Kranich ['krɑːniç] *orn. m* (*-s; -e*) crane.

krank [kraŋk] *adj.* ill (*an dat.* with, of), sick; afflicted (with), suffering *or* ailing (from); in bad *or* ill health; diseased (*organ, etc.*); mentally ill; bad, sore (*tooth*); ~ *werden* fall (*or* be taken) ill; *sich* ~ *fühlen* feel ill *or* poorly; *sich* ~ *melden* report sick; *sich* ~ *stellen* sham illness, pretend to be ill, *mil.* malinger; ~ *schreiben* certify as ill; *fig. sich* ~ *lachen* split one's sides with laughter; *das macht mich noch* ~ that's enough to drive one mad; '2**e(r** *m*) *f* (*-n, -n; -n, -n*) sick person, invalid, patient; case, subject; *die* ~*n* the ill (*or* sick).

kränkeln ['krɛŋkəln] *v/i.* (*h.*) be sickly (*or* ailing, poorly), be in poor health; '**Kränkeln** *n* (*-s*) sickliness, poor health.

kranken ['kraŋkən] *v/i.* (*h.*) suffer (*an dat.* from).

kränken ['krɛŋkən] *v/t.* (*h.*) aggrieve; offend, injure; wound (*or* hurt) *a p.'s* feelings; mortify; *das kränkt* that hurts; *es kränkt mich, daß* it annoys (*or* mortifies, hurts) me that; *sich* ~ feel hurt (*or* grieved).

'**Kränken** *n* (*-s*) → *Kränkung.*

'**Kranken...:** ~**anstalt** *f* hospital, clinic; ~**auto** *n* ambulance (car); ~**bahre** *f* stretcher, litter; ~**bericht** *m* medical report; bulletin; ~**besuch** *m* visit to (*or* call on) a patient; ~**bett** *n* sick-bed; *am* (*zum*) ~ at (to) the bedside; *ans* ~ *gefesselt* confined to bed, bedridden; ~**blatt** *n* clinical record; ~**fürsorge** *f* care of the sick; ~**geld** *n* sick benefit; ~**geschichte** *f* case history; ~**gymnastik** *f* remedial exercises *pl.*; physiotherapy; ~**haus** *n* hospital; *in e-m* ~ *unterbringen* hospitalize; *im* ~ *liegen* lie in hospital, be hospitalized; *ins* ~ *aufnehmen* admit to a hospital; ~**hausbehandlung,** ~**hausunterbringung** *f* hospitalization, hospital care; ~**kasse** *f* sick-fund, health insurance (body); ~**kassenarzt** *m* panel doctor; ~**kost** *f* (invalid) diet; ~**lager** *n* → *Krankenbett*; ~**liste** *mil. f* sick-list; ~**pflege** *f* nursing; ~**pfleger(in** *f*) *m* → *Krankenwärter(in)*; ~**revier** *mil. n* infirmary, dispensary; ~**saal** *m* sick-room, ward; ~**schein** *m* medical certificate, medical (card); ~**schwester** *f* (female) nurse; ~**stube** *f* sick-room; ~**stuhl** *m* invalid-chair; ~**träger** *mil. m* ambulance-man, stretcher-bearer; ~**urlaub** *m* sick-leave; ~**versicherung** *f* health insurance; ~**wagen** *m* ambulance (car); ~**wärter(in** *f*) *m* male (female) nurse; ~**zimmer** *n* sick-room.

'**krankhaft** *adj.* pathological, morbid, abnormal; diseased; psychopathical; *das ist* ~ *bei ihm* that's a complaint of his; 2**igkeit** *f* (-) morbidity, abnormality; pathological state.

'**Krankheit** *f* (*-; -en*) illness, sickness; disease; complaint, affection, trouble; ailment; *vet.* distemper; *e-e* ~ *feststellen* diagnose *or* state a disease; *sich e-e* ~ *zuziehen* contract (*or* catch) a disease; fall *or* be taken ill.

'**Krankheits...:** ~**bericht** *m* medical report, bulletin; ~**beschreibung** *f* pathography; ~**bild** *n* clinical picture; 2**erregend** *adj.* pathogenic; ~**erreger** *m* pathogenic agent; virus; ~**erscheinung** *f* symptom; ~**fall** *m* case (of illness); 2**halber** *adv.* through (*or* owing to, on account of) illness; ~**herd** *m* focus of a disease, nidus; ~**keim** *m* germ of a disease; ~**lehre** *f* (-) pathology; ~**stoff** *m* contagious (*or* morbid) matter; ~**träger** *m* carrier; ~**übertragung** *f* transmission of disease; infection; contagion; ~**urlaub** *m* sick-leave; ~**verlauf** *m* course of an illness; ~**zeichen** *n* symptom; ~**zustand** *m* condition.

kränklich ['krɛŋkliç] *adj.* sickly, ailing, infirm, valetudinarian, poorly; '2**keit** *f* (-) sickliness, infirmity.

'**Kränkung** *f* (*-; -en*) insult, offen|ce, *Am.* -se, mortification, wrong; *j-m e-e* ~ *zufügen* → *kränken.*

'**Kranwagen** *mot. m* crane truck; → *Abschleppwagen.*

Kranz [krants] *m* (*-es; ⸚e*) wreath, garland; *arch.* festoon; cornice; *tech.* rim (*of wheel*); face (*of disk*); *mil.* revolving gun mount; *fig.* circle; '~**arterie** *anat. f* coronary artery.

Kränzchen ['krɛntsçən] *n* (*-s; -*) small wreath *or* garland; *fig.* private party *or* circle, *Am. a.* bee; tea-party, hen party.

kränzen ['krɛntsən] *v/t.* (*h.*) wreathe; crown (with wreaths), adorn (with garlands).

Kranz...: ~**gesims** *arch. n* cornice, corona; ~**jungfer** *f* bridesmaid; ~**niederlegung** *f* (ceremonial) laying of a wreath; ~**spende** *f* funeral wreath.

Krapfen ['krapfən] *m* (*-s; -*) doughnut.

Krapp [krap] *tech. m* (*-[e]s*) (dyer's) madder.

kraß [kras] *adj.* rank, gross; striking, pronounced; drastic; gross, blatant (*lie*); flagrant (*contradiction*); *krasser Außenseiter* rank outsider; ~*er Materialist* crass materialist.

Krater ['krɑːtər] *m* (*-s; -*) crater; ~**bildung** *f* crater formation.

'**Kratz|bürste** *f* scrubbing-brush; *colloq. fig.* cross-patch; 2**bürstig** *adj.* cross, gruff, waspish.

Kratze ['kratsə] *tech. f* (*-; -n*) scraper; *metall.* rake, paddle; *for wool*: card.

Krätze ['krɛtsə] *f med.* (-) itch, scabies, scab; *tech.* (*-; -n*) (metal) scrapings *pl.*

kratzen ['kratsən] *v/t. and v/i.* (*h.*) (*sich*) scratch (o.s.), scrape, *metall.* rabble; *sound*: grate, rasp; *sich den Kopf* ~ scratch one's head; *sich hinter dem Ohr* ~ scratch one's ear; *colloq. auf der Geige* ~ scrape on the fiddle; *der Wein kratzt* the wine has a tart (*or* harsh) taste; *es kratzt mir im Halse* I have a tickle in my throat; ~*des Geräusch* scratchy (*or* grating) noise.

'**Kratzer** *m* (*-s; -*) scratcher; scraper; scraping-iron; (*wound*) scratch.

Krätzer ['krɛtsər] *m* (*-s; -*) rough wine.

'**kratzfest** *adj.* mar-resistant.

'**Kratzfuß** *m* scrape, obeisance; *Kratzfüße machen* bow and scrape.

krätzig ['krɛtsiç] *med. adj.* scabious, itchy.

kraue(l)n ['kraʊə(l)n] *v/t.* (*h.*) scratch gently; tickle; stroke.

Kraul [kraʊl] *n* (*-[s]*) *swimming*: crawl(-stroke); 2**en** *v/i.* (*sn*) crawl; ~**en,** ~**schwimmen** *n* (*-s*) crawling; ~**schwimmer(in** *f*) *m* crawl swimmer.

kraus [kraʊs] *adj.* curly, curled, crisp; frizz(l)y; nappy, ruffled (*cloth*); tangled, *fig. a.* intricate; confused (*thoughts*); *die Stirn* ~ *ziehen* pucker (*or* knit) one's brow.

Krause ['-zə] *f* (*-; -n*) ruff(le), frill.

Kräusel|krepp *m* ['krɔʏzəl-] **a)** crêpe nylon, **b)** seersucker; '~**lack** *m* crinkle-finish enamel

'**kräuseln** *v/t.* (*h.*) *and sich* ~ curl, frizzle, crimp; crisp; *phot.* frill; goffer; mill (*coin*); *sich* ~ *water*: ripple, ruffle, *smoke*: wreathe, curl up, *cloth*: pucker.

'**Kräuselstoff** *m* ripple-cloth.

krausen ['kraʊzən] *v/t.* (*h.*) curl, frizzle; knit (*one's brow*); wrinkle (*one's nose*).

'**Kraus...:** ~**haar** *n* curly hair; 2**haarig** *adj.* curly-haired; ~**kopf** *m* curly head; ~**tabak** *m* shag.

Kraut ['kraʊt] *n* (*-[e]s; ⸚er*) herb;

plant, vegetable; cabbage; weed; top(s *pl.*) (*of beet, etc.*); (medicinal) herb; *ins ~ schießen* run to leaf, *fig.* run wild; *colloq. fig. das macht das ~ auch nicht fett* that won't help matters any; *wie ~ und Rüben (durcheinander)* higgledy-piggledy, in a jumble; '**~acker** *m* cabbage field; '**≈artig** *adj.* herbaceous.

Kräuter ['krɔʏtər] *pl. of Kraut*; **~bad** *med. n* herb-bath; **~buch** *n* herbal (book); **~essig** *m* herb vinegar; **~käse** *m* green cheese; **~kunde** *f* herbal lore; **~kur** *f* herb-cure; **~saft** *m* herb juice; **~salbe** *f* herbal salve; **~sammler(in** *f*) *m* herbalist; **~sammlung** *f* herbarium; **~suppe** *f* julienne (*Fr.*); **~tee** *m* herb tea.

'**Kraut...**: **~garten** *m* kitchen garden; **~hacke** *f* hoe; **~junker** *colloq. m* country-squire; **~kopf** *m* cabbage (head); **~salat** *m* cabbage salad.

Krawall [kra'val] *m* (*-s*; *-e*) uproar, riot; row, brawl; *sl.* rumpus, shindy; → *Krach (machen, schlagen)*; **~macher** *m* (*-s*; *-*) rioter, rowdy, brawler.

Krawatte [kra'vatə] *f* (*-*; *-n*) (neck-) tie; cravat (*a. wrestling*); **~nhalter** *m* (*-s*; *-*) tie-clip; **~nnadel** *f* tie pin.

kraxeln ['kraksəln] *colloq. v/i.* (*sn*) climb, scramble.

Kreatur [krea'tu:r] *f* (*-*; *-en*) creature; *alle ~* all nature; *fig. contp.* creature, tool, minion.

Krebs [kre:ps] *m* (*-es*; *-e*) *zo.* crayfish, *Am.* crawfish; crab; *ast.* Cancer; *med.* cancer; *bot.* canker; *book trade*: *~e pl.* returns.

'**Krebs...**: **≈artig** *adj.* crablike, crustaceous; *med.* cancerous, cancroid; **~bildung** *med. f* canceration; **~erreger** *med. m* carcinogen; **~forschung** *med. f* cancer research; **~gang** *m* (*-[e]s*) crab's walk; *fig.* backward movement, retrogradation, decline; *den ~ gehen* go backwards; **~geschwür** *med. n* cancerous ulcer, carcinoma; **≈krank** *adj.* cancerous; **~kranke(r** *m*) *f* person suffering from cancer, cancer patient; **≈rot** *adj.* (as) red as a lobster; **~schaden** *m* cancerous affection; *fig.* canker; **~schere** *f* claw of a crayfish; **~suppe** *f* crayfish soup; **~tiere** *n/pl.* crustacea.

Kredenz [kre'dɛnts] *f* (*-*; *-en*) sideboard; **≈en** *v/t.* (*h.*) present, hand, offer.

Kredit[1] ['kre:dit] *econ. n* (*-s*; *-s*) *book-keeping*: credit; *im ~ stehen* be on the credit-side.

Kredit[2] [kre'di:t] *econ. m* (*-[e]s*; *-e*) credit; loan; *fig.* (moral) credit, standing; *auf ~* on credit; *laufender ~* open credit; (*un*)*widerruflicher ~* (ir)revocable (letter of) credit; *e-n ~ aufnehmen* raise a loan; *e-n ~ einräumen* allow (*or* grant) a credit; *e-n ~ eröffnen* open (*or* lodge) a credit (*bei* with, *zu j-s Gunsten* to a p.'s favo[u]r); *der ~ ist gültig bis* the credit is available up to; **~abteilung** *f* credit department; **~anspannung** *f* credit strain; **~anstalt** *f* loan (*or* credit) bank; **~aufnahme** *f* borrowing; **~bank** *f* (*-*; *-en*) → *Kreditanstalt*; **~beanspruchung** *f* borrowings *pl.*; **~brief** *m* letter of credit; → *Akkreditiv*; **~entziehung** *f* withdrawal of credit(s *pl.*); **~eröffnung** *f* opening a credit (*bei* with); **≈fähig** *adj.* trustworthy; sound, solvent, safe; *j-n bis zur Höhe von ... für ~ halten* consider a p. trustworthy to the extent of ...; **~fähigkeit** *f* (*-*) trustworthiness, soundness; borrowing power; credit standing (*Am.* rating); **~geber** *m* (*-s*; *-*) credit grantor; **~genossenschaft** *f* mutual loan society, *Am.* co-operative credit association; **~geschäft** *n* credit business *or* operation.

kreditier|en [kredi'ti:rən] *econ.* **I.** *v/i.* (*h.*) give *or* grant credit; **II.** *v/t.* (*h.*): *j-n mit e-m Betrag ~, j-m e-n Betrag ~* pass (*or* place) an amount to the credit of a p.; *ein Konto ~* credit an account; → *gutschreiben*; **≈ung** *f* (*-*; *-en*) crediting; credit advice; credit note.

Kre'dit...: **~institut** *n* credit bank; **~knappheit** *f* credit stringency; **~markt** *m* credit market; **~mittel** *n/pl.* loan funds; **~nehmer** *m* (*-s*; *-*) borrower, beneficiary; **~posten** *m* entry (*or* item) on the credit side, credit item; **~schraube** *f* credit squeeze; **~seite** *f* credit side; **~sperre** *f* ban on lending, credit squeeze; **~spritze** *f* credit injection; **~system** *n* credit system; instalment plan; **≈würdig** *adj.* → *kreditfähig*.

Kreide ['kraɪdə] *f* (*-*; *-n*) chalk; *paint.* crayon; *mit ~ zeichnen* chalk, crayon; *bei j-m in der ~ stehen* owe a p. money, *Am.* be in the red with a p.; *tief in der ~ sitzen* be up to one's ears in debt; '**≈bleich** *adj.* → *kreideweiß*; '**~boden** *m* chalky soil; '**~fels(en)** *m* chalk-cliff; '**≈haltig** *adj.* chalky, cretaceous; '**~papier** *n* coated (*or* enamel) paper; '**~stift** *m* chalk (pencil), crayon; '**~strich** *m* chalk line; '**≈weiß** *adj.* (as) white as a sheet, deathly pale, ashen; '**~zeichnung** *f* chalk (*or* crayon) drawing; '**~zeit** *f* (*-*) cretaceous period.

'**kreidig** *adj.* chalky, cretaceous.

kreieren [kre'ʔi:rən] *v/t.* (*h.*) create, produce.

Kreis [kraɪs] *m* (*-es*; *-e*) circle; ring; *ast.* orbit; *el.* circuit; cycle; *fig.* district, *jur.* circuit; group, range; sphere (*of activity*); range (*of ideas*); circle (*of friends, etc.*); walk of life, social stratum, class; *im ~e (herum)* (moving) in a circle; round about; *in kleinem ~e* in a small circle; *im engsten ~e* with one's intimates; *im ~e s-r Familie* in (the bosom *or* midst of) one's family; *in weiten ~en* widely; *in den besten ~en* in the best society; *parlamentarische, etc.*, *~e* parliamentary, *etc.*, quarters; *weite ~e der Bevölkerung* wide circles (*or* large groups) of the population; *wohlunterrichtete ~e* informed opinion (*or* quarters); *e-n ~ beschreiben* describe a circle; *e-n ~ bilden persons*: form a circle *or* ring; *e-n ~ schließen um* encircle; → *schließen*; *sich im ~e bewegen or drehen* move in a circle (*a. fig.*), (revolve in a) circle, spin (*or* whirl) round, rotate; *störe m-e ~e nicht!* mind my circles!, don't bother me!

'**Kreis...**: **~abschnitt** *math. m* segment; **~antenne** *f* circular aerial, *Am.* antenna; **~arzt** *m* district medical officer; **~ausschnitt** *math. m* sector; **~bahn** *f* circular path, *ast.* orbit; **~behörde** *f* district authority; **~bewegung** *f* circular motion, rotation; **~bogen** *math. m* arc of a circle.

kreischen ['kraɪʃən] *v/i.* (*h.*) scream, shriek, screech; grate (on the ear); *door, etc.*: creak; *~de Stimme* shrill (*or* shrieking) voice.

'**Kreischen** *n* (*-s*) scream(ing), screams *pl.*, *etc.*

Kreisel ['kraizəl] *m* (*-s*; *-*) (whipping) top; *den ~ schlagen* spin the top; *tech.* gyroscope; *gekapselter ~* gyrostat; *aer., mar.* gyro stabilizer; **~bewegung** *f* gyration; **≈gesteuert** *adj.* gyro-controlled; **~kompaß** *m* gyro-compass; **≈n** *v/i.* (*h.*) spin the top; spin, whirl round; **~pumpe** *f* centrifugal pump; **~rad** *n* turbine, impeller.

kreisen ['kraɪzən] **I.** *v/i.* (*sn*) (move in a) circle, spin round; revolve, rotate, gyrate; *~ um ... herum* circle round; *blood, money, etc.*: circulate; *bird*: circle, hover; *~ lassen* pass round (*bottle, etc.*); **II.** *v/t.* (*h.*) *gym. die Arme ~* swing one's arms round.

'**Kreisen** *n* (*-s*) circular movement, rotation; revolution; spinning.

'**Kreis...**: **~fläche** *f* circular surface, *math.* area of the circle; **≈förmig** ['-fœrmiç] *adj.* circular; **~förmigkeit** *f* (*-*) circular form, circularity; **~frequenz** *f* angular (*Am.* radian) frequency; **~gericht** *jur. n* district court; **~kegel** *math. m* circular cone; **~korn** *n* (front) ring sight; **~lauf** *m* circular course, revolution; *of the blood, liquid, etc.*: circulation; succession (*of the seasons*); (business, *etc.*) cycle; *~kollaps med.* circulatory collapse; **~laufschmierung** *tech. f* circulating lubrication; **~laufstörung** *f* circulatory disturbance; **~linie** *f* circular line, *math.* circumference; **≈rund** *adj.* circular; **~säge** *f* circular (*Am. a.* buzz-)saw; *colloq.* (*straw hat*) boater.

kreiß|en ['kraɪsən] *v/i.* (*h.*) be in labo(u)r; '**≈saal** *med.* delivery room.

'**Kreis...**: **~stadt** *f* district (*Brit.* county) town; **~tag** *m* district assembly; **~umfang** *math. m* circumference of a circle; **~verkehr** *m* roundabout (traffic *or* junction).

Krem [kre:m] *f and colloq. m* (*-s*; *-s*) → *Creme*.

Krematorium [krema'to:rium] *n* (*-s*; *-rien*) crematorium, *Am.* crematory.

kremieren [kre'mi:rən] *v/t.* (*h.*) [cremate.]

Krempe ['krɛmpə] *f* (*-*; *-n*) edge, border; brim (*of hat*); (trouser) turn-ups *pl.*; *tech.* flange; *mit breiter (schmaler) ~* broad- (narrow-)brimmed (*hat*).

Krempel[1] ['krɛmpəl] *tech. f* (*-*; *-n*) card.

'**Krempel**[2] *colloq. m* (*-s*) rubbish, stuff, things *pl.*; *der ganze ~* the whole business *or* lot.

'**Krempelmaschine** *tech. f* carding machine.

Kreol|e [kre'o:lə] *m* (*-n*; *-n*), **~in** *f* (*-*; *-nen*), **2isch** *adj.* Creole.

Kreosot [kreo'zo:t] *chem. n* (-[e]s) creosote.

krepieren [kre'pi:rən] *v/i.* (*sn*) *animal*: die, perish; *colloq. person*: peg out, kick the bucket, die wretchedly; *bomb, etc.*: burst, explode.

Krepp [krɛp] *m* (*-s*; *-s*) crêpe, crape; '**~flor** *m* crisped crêpe; mourning crape; '**~gummi** *n* crêpe rubber; '**~papier** *n* crêpe paper; '**~seide** *f* crêpe de Chine (*Fr.*); '**~sohle** *f* crêpe sole.

Kresse ['krɛsə] *bot. f* (*-*; *-n*) cress.

Kret|a ['kre:ta] *n* (*-s*) Crete; **~er(in** *f*) *m* (*-s*, *-*; *-*, *-nen*), **2isch** *adj.* Cretan.

Krethi ['kre:ti] **und Plethi** ['ple:ti] *pl.* Dick, Tom and Harry; *contp.* tag, rag and bobtail; riffraff.

Kretin [kre'tɛ̃] *m* (*-s*; *-s*) cretin, half-wit.

Kreuz [krɔʏts] *n* (*-es*; *-e*) cross; crucifix; *anat.* (small of the) back, loins *pl.*; *med.* sacral region; *of horse*: croup(e), crupper; *of cattle*: chine; *cards*: club(s *pl.*); → *Süden*; *mus.* sharp; *durch ein ~ erhöhen* sharp; *typ.* (†) dagger, obelisk; *über ~* crosswise; *fig.* cross, affliction; *ans ~ schlagen* → *kreuzigen*; *das ~ schlagen* make the sign of the cross, cross o.s. (*a. fig.*); *sein ~ auf sich nehmen* take up one's cross; *sein ~ (geduldig) tragen* bear one's cross (patiently); *zu ~e kriechen* submit, knuckle under (*vor dat.* to), truckle (to), eat humble pie (*Am. a.* crow); *es ist ein ~ mit ihm* he is a real problem(-child), one has no end of trouble with him.

kreuz *adv.*: *~ und quer* in all directions, this way and that; criss-cross; *ein Land ~ und quer durchreisen* travel the length and breadth of a country.

'**Kreuz...**: **~abnahme** *f* Descent from the Cross; **~band** *n* (-[e]s; ⸚er) *tech.* cross-bar; *mail.* (postal) wrapper; *unter ~* by book-post; **~bein** *anat. n* sacrum; **~blüt(l)er** ['-bly:t(l)ər] *bot. m* (*-s*; *-*) crucifer; **~bogen** *arch. m* groined arch, ogive; **2brav** *adj.* thoroughly honest; as good as gold.

kreuzen ['krɔʏtsən] *v/t.* (*h.*), *v/i.* (*sn*) *and sich ~* cross; fold (*arms, legs*); cross-connect (*lines*); *road, etc.*: cross, traverse, intersect; *two lines*: cut each other, intercross, intersect; *mar.* cruise; tack (*gegen den Wind* against the wind); *zo.* cross, hybridize, *a. sich ~* interbreed; *gekreuzter Scheck* crossed cheque (*Am.* check).

'**Kreuzen** *n* (*-s*) crossing; intersection; *mar.* cruising, cruise; → *Kreuzung*.

'**Kreuzer** *mar. m* (*-s*; *-*) cruiser.

'**Kreuz...**: **~erhöhung** *eccl. f* (*-*) Exaltation of the Cross; **~es-tod** *m* death on the cross, crucifixion; **~fahrer** *m* crusader; **~fahrt** *f* cruise; **~feuer** *mil. n* cross-fire; *ins ~ nehmen* take under cross-fire, *fig. a.* fire questions (*or* level criticism) at *a p.* from all sides; **2fi'del** *colloq. adj.* (as) merry as a cricket; **2förmig** ['-fœrmiç] *adj.* cross-shaped, cruciform; **~gang** *m* cloister; **~gegend** *anat. f* sacral region; **~gelenk** *tech. n* universal joint; **~gewölbe** *arch. n* cross-vault(ing); **~hacke** *f* pick-ax(e).

kreuzig|en ['-tsigən] *v/t.* (*h.*) crucify; **2ung** *f* (*-*; *-en*) crucifixion.

'**Kreuz...**: **2lahm** *adj.* broken-backed; **~otter** *zo. f* common viper *or* adder; **~punkt** *m math.* point of intersection; *rail.* crossing; **~ritter** *m* Knight of the Cross, crusader; knight of the Teutonic Order; **~schiff** *arch. n* transept; **~schmerz** *m* lumbago; **~schnabel** *orn. m* crossbill; **~schnitt** *med. m* crucial incision; **~spinne** *f* cross (*or* garden) spider; **~stich** *m* cross-stitch; **~support** ['-zupɔrt] *tech. m* (-[e]s; -e) cross-slide rest.

'**Kreuzung** *f* (*-*; *-en*) (road, *etc.*) crossing, intersection; crosswalk; *bot., zo.* **a**) cross-breeding, hybridization, **b**) cross-breed, mongrel, hybrid; **~s-punkt** *m*, **~sstelle** *f rail.* (level-)crossing; junction.

'**Kreuz...**: **2unglücklich** *adj.* very miserable, wretched; **~verhör** *jur. n* cross-examination; *ins ~ nehmen* cross-examine; **~verweis** *m* cross-reference; **~weg** *m fig.* crossroads (*of life, etc.*); *eccl.* way of the Cross; **2weise** *adj.* crosswise, crossways, across; **~worträtsel** *n* crossword puzzle; **~zuchtwolle** *f* crossbred wool; **~zug** *m* crusade (*a. fig.*).

kribb(e)lig ['krib(e)liç] *adj.* nervous, fidgety, jumpy, edgy; on pins and needles; irritable.

'**kribbeln I.** *v/i.* (*h.*) crawl, creep; swarm; **II.** *v/t.* (*h.*) *and v/i.* prickle, tingle, tickle; itch; *mir kribbelt's in den Fingern* I have pins and needles in my fingers, *fig.* I am itching (*zu tun* to do).

Kricket ['krikət] *n* (*-s*), **~spiel** *n* cricket; game of cricket; **~spieler** *m* cricket-player, cricketer; **~tor** *n* wicket.

kriechen ['kri:çən] *v/i.* (*irr.*, *sn*) creep, crawl; drag o.s. along; *aus dem Ei ~* come out (of the egg), be hatched; *el.* leak; *fig. vor j-m ~* cringe (*or* grovel) before a p., crawl on all fours before a p.

'**Kriechen** *n* (*-s*) creeping, crawling; *fig.* → *Kriecherei*.

'**Kriecher** *m* (*-s*; *-*), **~in** *f* (*-*; *-nen*) cringer, toady, sycophant.

Kriecherei [-'raɪ] *f* (*-*; *-en*) cringing, grovelling, toadyism.

'**kriecherisch** *adj.* cringing, grovelling, servile, sneaking.

'**Kriech...**: **~pflanze** *f* creeper; **~spur** *f* slow lane; **~strecke** *f*, **~weg** *m el.* leakage path; **~strom** *el. m* (-[e]s) (surface) leakage; **~tier** *zo. n* reptile.

Krieg [kri:k] *m* (-[e]s; *-e*) war, armed conflict; warfare; feud; strife, quarrel; hostilities; *kalter ~* cold war; *totaler ~* total warfare; *im ~* at war; *in ~ und Frieden* in peace and war; *vom ~ verwüstet* war-torn; *~ führen gegen* (*acc.*) *or mit* (*dat.*) wage (*or* carry on) war against *or* with, make war upon; be at war with; *den ~ erklären* declare war (*dat.* on); *e-n ~ anfangen* start a war; *in den ~ ziehen* (*gegen*) go to war (against), take the field; go to the front; *in e-n ~ treiben* drift into a war; *im ~ und in der Liebe ist alles erlaubt* all is fair in love and war.

kriegen ['kri:gən] *v/t.* (*h.*) catch, seize, catch hold of; get; catch (*a disease*); *colloq. gleich kriegst du (Schläge)!* you'll get it pretty soon now!; *das werden wir schon ~!* we'll manage that all right!

Krieger ['-gər] *m* (*-s*; *-*) warrior; fighter, combatant; *humor. alter ~* old campaigner; '**~bund** *m* → *Kriegerverein*; '**~denkmal** *n* war-memorial; '**2isch** *adj.* warlike, bellicose, martial; militant; '**~kaste** *f* warrior-caste; '**~verein** *m* ex-servicemen's association; '**~witwe** *f* war-widow.

Krieg...: **2führend** ['kri:k-] *adj.* belligerent; **~führung** *f* conduct of war; warfare; strategy.

'**Kriegs...**: **~akademie** *f* military academy, staff college; **~anleihe** *f* war loan; war-bond; **~artikel** *m/pl.* articles of war; **~ausbruch** *m* outbreak of war; **~ausrüstung** *f* war equipment, matériel; **~auszeichnung** *f* war decoration; **~bedarf** *m* military stores *pl.*; **~beil** *n*: *das ~ begraben* (*ausgraben*) (un-)bury the hatchet; **~bemalung** *f* war-paint (*a. fig.*); **2bereit** *adj.* ready for war; **~bereitschaft** *f* readiness of war, state of mobilization; **~bericht** *m* war report *or* communiqué; **~berichter(statter)** *m* war-correspondent; **2beschädigt** *adj.* → *kriegsversehrt, etc.*; **~beute** *f* (war-)booty, spoils *pl.* of war; **~blinde(r)** *m* war-blinded veteran; *die ~n pl.* the war-blind; **~braut** *f* war-bride; **~dienst** *m* war service; **~dienstverweigerer** *m* (*-s*; *-*) conscientious objector; **~drohung** *f* threat of war; **~einwirkung** *f* enemy action; **~eintritt** *m* entry into the war; **~ende** *n* end of war; **~entschädigung** *f* war-indemnity; reparation(s *pl.*); **~erfahrung** *f* war experience; **~erklärung** *f* declaration of war; **~fackel** *f* torch of war; **~fall** *m* case of war; **~flagge** *mil. f* war-flag, *Brit. mar.* ensign; **~flotte** *f* naval force, fleet; **~flugzeug** *n* war-plane; **~freiwillige(r)** *m* (war-time) volunteer; **~führung** *f* warfare; **~fuß** *m*: *auf ~* on a war-footing, *fig.* at war, at loggerheads (*mit* with); **~gebiet** *n* war-zone; **~gebrauch** *m* custom of war; **~gefahr** *f* danger of war; **2gefangen** *adj.* captive; **~gefangene(r)** *m* prisoner of war (*abbr.* P.O.W.); **~gefangenschaft** *f* (war) captivity; **~gerät** *n* (war) matériel; **~gericht** *n* (general) court martial; *vor ein ~ stellen* court-martial; **2gerichtlich** *adv.* by court martial; **~gerichtsrat** *m* Judge Advocate; **~geschrei** *n* war-cry; **~gesetz** *n* martial law; **~gewinnler** ['-gəvinlər] *m* (*-s*; *-*) war profiteer; **~glück** *n* fortune of war; military success; *das ~ wendet sich zu j-s Gunsten* the tide of war turns in a p.'s favo(u)r; **~gott** *m* god of war, Mars; **~gräberfür-**

sorge *f* War Graves Commission; **~greuel** *m/pl.* atrocities; **~hafen** *m* naval port; **~handwerk** *n* trade of war; **~heer** *n* army; **~held** *m* war-hero; great warrior; **~herr** *m*: *oberster ~* commander-in-chief, supreme commander; *w.s.* war lord; **~hetze** *f* war-mongering; **~hetzer** *m* war-monger; **~hinterbliebene** *pl.* war widows and orphans; **~industrie** *f* war industry; **~jahr** *n* year of war; **~kamerad** *m* fellow-soldier; wartime comrade; **~kasse** *f* war-chest; **~kunst** *f* art of war (-fare); tactics and strategy; generalship; **~lärm** *m* din of war; **~lasten** *f/pl.* burdens of war; **~lazarett** *n* field *or* base hospital; **~lieferung** *f* military supplies; **~list** *f* stratagem; **ᘔlustig** *adj.* bellicose; **~macht** *f* military force(s *pl.*); *pol.* belligerent power; **~marine** *f* navy; **~material** *n* war material *or* matériel; **~minister** *m hist.* minister of war; *Brit.* Secretary of State for War, *Am.* Secretary of War; **~ministerium** *n* ministry of war; → *Verteidigungsministerium*; **ᘔmüde** *adj.* war-weary; **~neurose** *med. f* battle fatigue, shell shock; **~opfer** *n* war victim; **~pfad** *m*: *auf ~* on the war-path; **~plan** *m* strategic plan; **~potential** *n* military resources *pl.*; **~rat** *m* (-[e]s) war council; *~ halten* (*a. fig.*) hold a council of war; **~recht** *n* martial law; usage of war; **~rente** *f* war pension; **~risiko(versicherung** *f*) *n* war risk (insurance); **~ruf** *m* war-cry; **~ruhm** *m* military glory; **~rüstung** *f* armament; **~schaden** *m* war-damages *pl.*; **~schadenrente** *f* war damage pension; **~schauplatz** *m* theat|re (*Am.* -er) of war *or* operations; **~schiff** *n* man-of-war, warship; **~schuld** *f* (-) war guilt; **~schulden** *pl.* war-debts; **~schuldlüge** *f* war-guilt lie; **~schuldverschreibung** *f* war bond; **~schule** *f* military academy; **~spiel** *n mil.* map manœuvre, *Am.* maneuver, kriegspiel; war game; **~stand** *m* (-[e]s), **~stärke** *f* (-) war strength, *Brit.* war establishment; **~steuer** *f* war tax; contribution; **~tanz** *m* war dance; **~teilnehmer** *m* combatant; *ehemaliger ~* ex-serviceman, *Am.* (war) veteran; **~trauung** *f* wartime wedding; **~treiber** *m* warmonger; **~verbrechen** *n* war crime; **~verbrecher** *m* war criminal; **~verbrecherprozeß** *m* war crimes trial; **ᘔversehrt** *adj.* disabled on active duty, (war-)disabled; **~versehrte(r)** *m* war-disabled ex-serviceman, invalid; **ᘔverwendungsfähig** *adj.* fit for active service; **~vorrat** *m* war reserves *pl.*; **ᘔwichtig** *adj.* of military importance; strategic, essential; *~e Ziele* military targets; **~wirtschaft** *f* war(time) economy; **~wissenschaft** *f* military science; **~zeit** *f* wartime; *in ~en* in times of war; **~ziel** *n* war objective; **~zug** *m* (military) expedition, campaign; **~zustand** *m* state of war; **~zwecke** *m/pl.*: *für ~* for purposes of war.

Kriek-ente ['kri:k-] *f* teal.

Krimi'nal|beamte(r) [krimi'nɑ:l-] *m* criminal investigator, detective, plainclothes man; **~film** *m* detective (*or* crime) film; thriller.

Kriminalist [-na'list] *m* (-*en*; -*en*) detective; criminologist; **~ik** *f* (-) criminology, criminalistics.

Kriminalität [-nali'tɛ:t] *f* (-) criminality, delinquency.

Krimi'nal...: **~kommissar** *m* detective superintendent; **~polizei** *f* detective force, criminal investigation department; **~prozeß** *m* criminal case; **~psychologie** *f* psychology of crime; **~rat** *m* (-[e]s; ¨e) detective superintendent; **~roman** *m* crime (*or* detective, mystery) novel; **~romanschreiber** *m* crime novelist; **~soziologie** *f* sociology of crime; **~stück** *n* (crime) thriller.

kriminell [-'nɛl] *adj.* criminal.

Krimkrieg ['krim-] *m* Crimean war.

Krimskrams ['krimskrams] *m* (-[es]) trash, odds and ends *pl.*, junk.

Kringel ['kriŋəl] *m* (-*s*; -) ring curl; cracknel.

Krinoline [krino'li:nə] *f* (-; -*n*) crinoline, hoop skirt.

Krippe ['kripə] *f* (-; -*n*) crib, manger; (Christmas) crib; crèche; *fig. an der ~ sitzen* be in clover; **~nspiel** *n* Nativity play.

Krise ['kri:zə] *f* (-; -*n*), **Krisis** ['-zis] *f* (-; *Krisen*) crisis, *econ. a.* depression; **ᘔln** *v/impers.* (*h.*): *es kriselt* trouble is brewing; *es kriselt wieder in ...* there is a crisis looming again in ...; **~n-anfälligkeit** *f* proneness to crises; **ᘔnfest** *adj.* stable; **~nfestigkeit** *f* stability; **~nherd** *m* (political) storm-cent|re, *Am.* -er, trouble spot; **~nzeit** *f* time of crisis.

Kristall [kris'tal] **1.** *m* (-*s*; -e) crystal; *~e bilden* form crystals, crystallize; **2.** *n* (-*s*) *econ.* crystal ware (*or* glass); **ᘔartig** *adj.* crystalline; **~bildung** *f* crystallization; **~detektor** *m radio*: crystal detector; **~eis** *n* crystal ice; **~flasche** *f* (crystal) decanter; **~glas** *n* (-es; ¨er) crystal glass.

kristallinisch [-li:niʃ] *adj.* crystalline.

kristallisier|bar [-'zi:rbɑ:r] *adj.* crystallizable; **~en** *v/i.* (*h.*) *and sich ~* crystallize; **ᘔung** *f* (-; -*en*) crystallization.

Kri'stall...: **~kern** *m* nucleus of crystal; **ᘔklar** *adj.* crystal-clear; **~mikrophon** *n* crystal microphone; **~waren** *f/pl.* crystal goods; **~zucker** *m* refined sugar in crystals.

Kriterium [kri'te:rium] *n* (-*s*; -*rien*) criterion; test.

Kritik [kri'ti:k] *f* (-; -*en*) criticism (*über acc.*, *an* of), censure; critique, review; *colloq. unter aller ~* beneath contempt; *~ üben* → *kritisieren*; *gute ~en haben* have a good press.

Kritiker ['kri:tikər] *m* (-*s*; -) critic; reviewer.

kritiklos [kri'ti:k-] *adj.* undiscriminating, uncritical.

kritisch ['kri:tiʃ] *adj.* critical (*gegenüber* of); discriminating, discerning; critical, precarious; *~es Alter* the critical years; *~er Augenblick* critical moment; *~e Geschwindigkeit* critical speed.

kritisieren [kriti'zi:rən] *v/t.* (*h.*) criticize, censure; comment upon; criticize severely, run down; review (*book*).

Krittelei [kritə'laɪ] *f* (-; -*en*) fault-finding, cavil(ling).

'Kritt(e)ler(in *f*) *m* faultfinder.

'kritteln *v/i.* (*h.*): *~ an* (*dat.*) find fault with, cavil at.

Kritzelei [kritsə'laɪ] *f* (-; -*en*) scrawl(ing), scribble.

kritzeln *v/i.* (*h.*) scribble, scrawl; scratch.

Kroat|e [kro'ɑ:tə] *m* (-*n*; -*n*), **~in** *f* (-; -*nen*) Croat; **~ien** [-tsiən] *n* (-*s*) Croatia; **ᘔisch** *adj.* Croatian.

kroch [krɔx] *pret. of kriechen.*

Krocket ['krɔkət] *n* (-*s*) croquet.

Krokodil [kroko'di:l] *n* (-*s*; -e) crocodile; **~leder** *n* (tanned) crocodile (skin); **~s-tränen** *fig. f/pl.* crocodile (*or* false) tears.

Krokus ['kro:kus] *bot. m* (-; -[*se*]) crocus.

Krone ['kro:nə] *f* (-; -*n*) crown; (Pope's) tiara; coronet; *fig.* acme, (pink of) perfection; paragon; *anat.*, *arch.*, *bot.* corona; (floral) wreath, garland; *bot.* corolla, umbel; top, crown (*of tree*); (artificial) crown (*of tooth*); *coin*: crown; *fig. die ~ der Schöpfung* the pride of creation; *das setzt allem die ~ auf* that's the last straw; that beats all; *was ist ihm in die ~ gefahren?* what's the matter with him?; *colloq. er hat einen in der ~* he's had a drop too much, he is drunk.

krönen ['krø:nən] *v/t.* (*h.*) (*and sich*) crown (o.s.); *j-n zum Könige ~* crown a p. king; *gekrönter Dichter* poet-laureate; *fig.* crown, finish, cap, top; *von Erfolg gekrönt* crowned with success.

'Kron...: **~erbe** *m* (**~erbin** *f*) heir(ess *f*) to the throne; **~juwelen** *n/pl.* crown jewels; **~kolonie** *f* crown colony; **~leuchter** *m* chandelier; **~prinz** *m* crown prince; *Brit.* Prince of Wales; **~prinzessin** *f* crown princess; **~schatz** *m* crown treasure.

'Krönung *f* (-; -*en*) coronation, crowning; *fig.* culmination, climax; highlight.

'Krönungs...: **~eid** *m* coronation oath; **~feier(lichkeit)** *f* coronation ceremony; **~tag** *m* Coronation Day.

'Kronzeuge *m* chief witness; *Brit.* Queen's evidence, *Am.* State's evidence.

Kropf [krɔpf] *m* (-[e]s; ¨e) *orn.* crop, maw; *med.* wen, goit|re, *Am.* -er; *vet.* glanders *pl.*, swelling; *bot.* excrescence; **'~eisen** *tech. n* sling, devil's claw.

kröpfen ['krœpfən] *v/t.* (*h.*) cram, stuff (*geese*); *tech.* offset, crank; bend at right angles.

'kropfig, 'kröpfig *adj.* goitrous.

'Kropf...: **~stein** *arch. m* joggled voussoir; **~taube** *orn. f* pouter (-pigeon).

'Kröpfung *f* (-; -*en*) cramming (*of geese*); *arch.* joggle, return; *tech.* bend, shoulder; throw (*of camshaft*).

Kroppzeug ['krɔptsɔʏk] *colloq. n* (-[e]s) young fry, brats *pl.*

Krösus ['krø:zus] *m* (-; -se) Croesus, *fig. a.* nabob.
Kröte ['krø:tə] *f* (-; -n) toad; *fig. giftige* ~ nasty creature; *colloq.* ~*n pl.* pennies, money.
Krück|e ['krykə] *f* (-; -n) crutch; *fig.* prop; *an* ~*n gehen* go (*or* walk) on crutches (*a. fig.*); *of croupiers, a. tech.*: rake; ~**stock** *m* crutch (-stick).
Krug [kru:k] *m* (-[e]s; ⸚e) jug, pitcher; jar; mug; vase; tankard; *der* ~ *geht so lange zum Brunnen, bis er bricht* the pitcher that goes too often to the well gets broken, you'll do that once too often.
Kruke ['kru:kə] *f* (-; -n) stone jug *or* jar; *fig. colloq. contp.* crank, queer fish.
Krüllschnitt(-Tabak) ['kryl-] *m* shag (cut).
Krümchen ['kry:mçən] *n* (-s; -) small crumb; *fig.* a wee bit.
Krume ['kru:mə] *f* (-; -n) crumb; *agr.* top soil, mo(u)ld.
Krümel ['kry:məl] *m* (-s; -) small crumb; '2**ig** *adj.* crumbly, crummy; in crumbs; '2**n** *v/i.* (*h.*) *and sich* ~ crumble; ~**schaufel** *f* crumb tray.
krumm [krum] *adj. and adv.* crooked (*a. fig.*); *fig.* ~*e Wege* crooked ways; bent; curved; sinuous; hooked; arched; winding, tortuous; twisted, (a)wry, out of shape; ~*e Haltung* stoop; *mit* ~*en Beinen* → ~*beinig*; ~ *biegen* bend, curve, twist; ~ *gehen, sich* ~ *halten* stoop; → ~*nehmen*; ~ *werden* bend, curve, *wood*: warp, *person*: be bowed down (with age); '~**beinig** ['-baɪnɪç] *adj.* bandy- (*or* bow-)legged; knock-kneed; '2**darm** *anat. m* ileum.
krümmen ['krymən] *v/t.* (*h.*) *and sich* ~ crook, bend, curve, twist; *sich* ~ form a bend *or* curve, *river*: wind, meander, *wood*: warp, *worm*: turn; *person*: grow crooked, *fig.* cringe; *sich* ~ *vor Schmerzen*: writhe with *pain, vor Lachen*: be doubled up (*or* convulsed) with *laughter, vor Verlegenheit*: squirm with *embarrassment.*
Krümmer *tech. m* (-s; -) bend, elbow.
'**krumm...**: 2**holz** *n* curved piece of timber; ~**linig** ['-li:nɪç] *math. adj.* curvilinear; ~**nasig** ['-nɑ:zɪç] *adj.* hook-nosed; ~**nehmen** *v/t.* (*irr., h.*): (*j-m*) et. ~ take a th. amiss, take offen|ce (*Am.* -se) at a th.; 2**säbel** *m* scimitar; 2**stab** *m* crook; *eccl.* crosier.
'**Krümmung** *f* (-; -en) **1.** crooking, bending, *etc.*, → *krümmen*; **2.** curve, crook(edness); bend, curve, curvature, *tech. a. vertical*: camber, *lateral*: sweep; *math.* flexure (*of curve*); turn, winding, twist; *med. krampfhafte* ~ contortion; ~**shalbmesser** *m* radius of curvature.
krumpfen ['krumpfən] *tech. v/i.* (*sn*) preshrink.
Kruppe ['krupə] *f* (-; -n) croup (*of horse*).
Krüppel ['krypəl] *m* (-s; -) cripple; stunted person; deformity; *zum* ~ *machen* cripple, maim; *zum* ~ *werden* be crippled; '2**haft,** '2**ig** *adj.* crippled, deformed.
Kruste ['krustə] *f* (-; -n) crust; *med. a.* scab; (*sich*) *mit e-r* ~ *überziehen* (en)crust; ~**nbildung** *f* incrustation; ~**ntier** *n* crustacean.
'**krustig** *adj.* crusty, crustaceous.
Kruzifix [kru:tsi'fiks] *n* (-es; -e) crucifix.
Krypt|a ['krypta] *f* (-; -ten), '~**e** *f* (-; -n) crypt.
Krypto'game *bot. f* cryptogam.
Kuba ['ku:ba] *n* (-s) Cuba; **Kuban|er** [-'bɑ:nər] *m* (-s; -), ~**in** *f* (-; -nen), 2**isch** *adj.* Cuban.
Kübel ['ky:bəl] *m* (-s; -) tub; vat; pail, bucket; *es gießt wie mit* ~*n* it's raining cats and dogs; ~**wagen** *m rail.* bucket car; *mil.* jeep.
kubier|en [ku'bi:rən] *math. v/t.* (*h.*) cube, raise to the third power; 2**ung** *f* (-; -en) cubation.
Kubik|fuß [ku'bi:k-] *m* (-es) cubic foot; ~**inhalt** *m* cubic (*or* solid) contents *pl.*, cubage; ~**maß** *n* cubic measure; ~**meter** *n and m* cubic met|re, *Am.* -er; ~**wurzel** *f* cube root; ~**zahl** *f* cube number.
kubisch ['ku:biʃ] *adj.* cubic(al).
Kubis|mus [ku'bismus] *m* (-) cubism; ~**t** *m* (-en; -en) cubist; 2**tisch** *adj.* cubistic(ally *adv.*).
Kubus ['ku:bus] *math. m* (-; -) cube.
Küche ['kyçə] *f* (-; -n) kitchen; *mar.* galley; *bürgerliche* ~ plain cooking; *feine* ~ cuisine; *kalte* ~ cold meat *or* dinner *or* lunch(eon); *die* ~ *besorgen* do the cooking; *eine gute* ~ *führen* keep a good table; → *Teufel.*
Kuchen ['ku:xən] *m* (-s; -) cake; pastry; *colloq. iro. ja,* ~! nothing doing!, my foot!
'**Küchen|abfälle** *m/pl.* kitchen waste *or* refuse; garbage; ~**artikel** *m/pl.* kitchenware.
'**Kuchenblech** *n* baking-tin, griddle.
'**Küchen...**: ~**benützung** *f*: *mit* ~ with kitchen privileges; ~**bulle** *mil. sl. m* mess sergeant, cook; ~**chef** *m* chef (*Fr.*); ~**dienst** *mil. m* kitchen police (*abbr.* K.P.).
'**Kuchen...**: 2**fertig** *adj.*: ~*es Mehl* self-raising flour; ~**form** *f* cake tin *or* mo(u)ld.
'**Küchen...**: ~**gerät,** ~**geschirr** *n* kitchen utensils *or* things *pl.*; hollow ware; ~**herd** *m* (kitchen-)range; *elektrischer* ~ electric range *or* stove; ~**hilfe** *f* (-; -n) kitchen help; ~**junge** *m* kitchen-boy; ~**kräuter** *n/pl.* pot-herbs; ~**latein** *n* dog-Latin; ~**mädchen** *n*, ~**magd** *f* kitchen-maid; ~**meister** *m* head cook, chef (*Fr.*); → *Schmalhans*; ~**messer** *n* kitchen-knife; ~**personal** *n* kitchen personnel; ~**salz** *n* kitchen (*or* common) salt; ~**schabe** *f* cockroach; ~**schelle** *bot. f* (-; -n) pasque-flower; ~**schrank** *m* cupboard, (kitchen-)sideboard; larder, pantry.
'**Kuchenteig** *m* dough (for cakes).
'**Küchen...**: ~**tisch** *m* kitchen-table; dresser; ~**unteroffizier** *m* cook (*Am.* mess) sergeant; ~**zettel** *m* menu, bill of fare.
Küchlein ['ky:çlaɪn] *n* (-s; -) chick(en).
Kücken ['ky:kən] *n* (-s; -) chick(en); *tech.* plug; ~**hahn** *tech. m* stop cock.
Kuckuck ['kukuk] *m* (-s; -e) cuckoo; *der* ~ *ruft* the cuckoo calls; *colloq. zum* ~! hang it!, *Am.* doggone!; *geh zum* ~! go to blazes!; *das weiß der* ~! heaven only knows!; *wie, zum* ~, ...? how in the world ...?; ~**s-ei** *n* cuckoo's egg; ~**s-uhr** *f* cuckoo-clock.
Kuddelmuddel ['kudəlmudəl] *m and n* confusion, hotchpotch, mess.
Kufe ['ku:fə] *f* (-; -n) **1.** tub, vat; **2.** runner (*of sledge*), (*a. aer.*) skid; rocker.
Küfer ['ky:fər] *m* (-s; -) cooper; cellarman.
Küferei [-'raɪ] *f* (-; -en) coopage; cooper's shop.
Kugel ['ku:gəl] *f* (-; -n) ball, globe; *math.* sphere; ball (*for games*); *election*: ballot; *sports* weight, *Am.* shot; *anat.* head (*of bone*); *mil., etc.* bullet; (cannon-)ball, shot; *sports*: *die* ~ *stoßen* put (*or* toss) the weight (*Am.* shot); *von e-r* ~ *getroffen werden* stop (*or* be hit by) a bullet; *von* ~*n durchlöchert* riddled with bullets; ~**abschnitt** *math. m* spherical segment; ~**antenne** *f* isotropic aerial, *Am.* unipole; ~**bakterien** *f/pl.* spherical bacteria, cocci; ~**baum** *m* round-topped tree; ~**blitz** *m* ball-lightning.
Kügelchen ['ky:gəlçən] *n* (-s; -) small ball, globule; pellet.
'**Kugel...**: ~**durchmesser** *m* diameter of a sphere; ~**fang** *m* butt; 2**fest** *adj.* bullet-proof; ~**fläche** *f* spherical surface; 2**förmig** ['-fœrmɪç], 2**ig** *adj.* ball-shaped, spherical, globular; ~**gelenk** *n anat.* socket-joint; *tech.* ball-and-socket (joint); ~**lager** *tech. n* ball bearing.
'**kugeln I.** *v/t.* (*h.*) roll; (*sich*) ~ form into a ball; *sich vor Lachen* ~ double up with laughter; **II.** *v/i.* (*sn*) roll.
'**Kugeln** *n* (-s) rolling; *colloq. es war zum* ~ it was a (perfect) scream.
'**Kugel...**: ~**regen** *m* shower (*or* hail) of bullets; 2**rund** *adj.* (as) round as a ball, globular; ~**schnitt** *math. m* spherical section; ~**schreiber** *m* ball (point) pen; 2**sicher** *adj.* bullet-proof; ~**stoßen** *n* (-s) *sports* putting the weight, shot-put(ting); ~**stoßer(in** *f*) *m* (-s, -; -, -nen) weight (*or* shot) putter; ~**ventil** *tech. n* ball valve; ~**wechsel** *m* exchange of shots, gun battle.
Kuh [ku:] *f* (-; ⸚e) cow (*a. fig. contp.*); *junge* ~ heifer; *dumme* ~ silly goose; *blinde* ~ blindman's-buff.
'**Kuh...**: ~**blume** *f* marsh-marigold; ~**euter** *n* cow's udder; ~**fladen** *m* cow-pat; ~**glocke** *f* cow-bell; ~**handel** *m fig. pol.* horse-trading; ~**haut** *f* cow-hide; *fig. das geht auf keine* ~ that's really staggering; ~**hirt(e)** *m* cowherd, *Am.* cowboy.
kühl [ky:l] *adj.* cool, chilly (*both a. fig.*); fresh; *etwas* ~ coolish; ~ *werden* cool (down); *j-n* ~ *behandeln* give a p. the cold shoulder; *j-n* ~ *empfangen* give a p. a cool reception.
'**Kühl...** *in compounds usu.* cooling, refrigerating; → *Gefrier..., Kälte...*; ~**anlage** *f* cooling system; cold-storage plant; ~**apparat** *m* cooling apparatus, refrigerator; ~**behälter** *m* cooling tank.
'**Kühle** *f* (-) coolness (*a. fig.*).

ˈ**Kühleimer** *m* cooler; ice-pail.

kühlen [ˈkyːlən] *v/t.* (*h.*) *and sich* ~ → *abkühlen*; cool; freshen; refresh; chill, refrigerate, hold *food* in cold store; quench (*one's thirst*); *tech.* anneal (*glass*); *fig. s-n Zorn* ~ cool one's anger; → *Mütchen.*

ˈ**Kühler** *m* (-s; -) cooler; *mot.* radiator; ~**figur** *f* radiator mascot; ~**haube** *f mot.* bonnet, *Am.* hood; radiator cover; ~**mantel** *m* cooler jacket; ~**maske,** ~**verkleidung** *f* radiator shell *or* grille; ~**stutzen** *m* radiator filler cap.

ˈ**Kühl...:** ~**fleisch** *n* chilled meat; ~**flüssigkeit** *f* coolant; ~**gut** *n* goods *pl.* to be cooled; ~**halle(n** *pl.*) *f* cold-storage warehouse; ~**haus** *n* cold-storage house; ~**mantel** *m* cooling jacket; ~**mittel** *n* coolant, refrigerant (*a. med.*); ~**ofen** *m* annealing oven; ~**raum** *m* cold-storage chamber; ~**rippe** *mot. f* radiator fin, gill; ~**rohr** *n*, ~**schlange** *f* cooling pipe (coil); ~**schiff** *n* refrigerator ship, cooler; ~**schrank** *m* refrigerator; ~**stoff** *m* coolant; ~**truhe** *f* deep freezer (cabinet); ~**ung** *f* (-) cooling; refrigeration; coolness; ~**wagen** *m mot.* refrigerator truck; *rail.* refrigerator van (*Am.* car); ~**wasser** *n* (-s) cooling water; ~**wirkung** *f* cooling effect.

ˈ**Kuh...:** ~**magd** *f* dairymaid; ~**milch** *f* cow's milk; ~**mist** *m* cow-dung.

kühn [kyːn] *adj.* bold (*a. fig. design, etc.*); daring, audacious; hardy, courageous; fearless, intrepid; resolute; dashing; risky, hazardous; ~ *machen* embolden; *j-s* ~*ste Träume übertreffen* go beyond a p.'s fondest dreams; ♀**heit** *f* (-; -*en*) boldness; daring, audacity.

ˈ**Kuh...:** ~**pocken** *f/pl.* cow-pox; ~**pocken-impfung** *f* vaccination; ~**stall** *m* cow-shed; ~**weide** *f* cattle pasture.

Küken [ˈkyːkən] *n* (-s; -) → *Kücken.*

kulan|t [kuˈlant] *econ. adj.* accommodating, obliging; liberal; fair, easy (*price, terms*); ♀**z** [-ˈlants] *f* (-) fair dealing.

Kuli [ˈkuːli] *m* (-s; -s) coolie; *colloq.* stylo; ball pen.

kulinarisch [kuliˈnɑːriʃ] *adj.* culinary.

Kulisse [kuˈlisə] *f* (-; -*n*) *thea.* wing, side-scene; back-drop; *fig.* background; *contp.* outward show, front; ~*n pl. a.* scenery; *stock exchange*: unofficial market; *el.* connecting link; *hinter den* ~*n* (*a. fig.*) behind the scenes, *Am. a.* back-stage; ~**nfieber** *n* stage-fright; ~**nmaler** *m* scene-painter; ~**nschaltung** *mot. f* gatetype gear shifting; ~**nschieber** *m* scene-shifter.

Kulleraugen [ˈkulər-] *colloq. n/pl.* saucer(-eye)s.

ˈ**kullern** *v/i.* (*sn*) roll.

Kulm [kulm] *m* (-[e]s; -e) mountain-top.

Kulmination [kulminatsiˈoːn] *f* (-; -*en*) culmination; ~**spunkt** *ast. m* culmination point, *fig.* acme; **kulmiˈnieren** *v/i.* (*h.*) culminate.

Kult [kult] *m* (-[e]s; -e) cult, worship; → *Kultus*; *e-n* ~ *treiben mit* idol(atr)ize, make a cult out of; ˈ♀**isch** *adj.* cultic; ritual.

Kultivator [-ˈvɑːtɔr] *agr. m* (-s; -ˈ*toren*) cultivator.

kultivier|en [-ˈviːrən] *v/t.* (*h.*) cultivate (*a. fig.*), → *anbauen*; ~**t** *adj.* cultured, refined, civilized; ♀**ung** *f* (-) cultivation.

ˈ**Kultstätte** *f* place of worship.

Kultur [kulˈtuːr] *f* (-; -*en*) **1.** cultivation; breeding, farming; growing; *concrete*: (*bacterial, etc.*) culture; plantation; **2.** civilization; culture; standards *pl.*; ~**abkommen** *n* cultural convention; ~**arbeit** *f* cultural work; ~**austausch** *m* cultural exchange; ~**beilage** *f* arts supplement; ~**beutel** *m* toilet bag.

kulturell [-tuˈrɛl] *adj.* cultural.

Kulˈtur...: ~**erbe** *n* cultural heritage; ♀**fähig** *adj. agr.* arable, tillable; *fig.* civilizable; ♀**feindlich** *adj.* hostile to civilization; ~**film** *m* documentary, educational film; ~**geschichte** *f* (-) history of civilization; cultural history; ♀**geschichtlich** *adj.* relating to the history of civilization; cultural-historical; ~**gut** *n* cultural asset; ~**kampf** *m* struggle between State and Church, kulturkampf; ~**land** *n agr.* cultivated (*or* arable) land; → *Kulturvolk*; ~**mensch** *m* civilized man; ~**pflanzen** *f/pl.* cultivated plants; ♀**politisch** *adj.* politico-cultural; ~**schande** *f* crime against civilization; insult to good taste, outrage; ~**sprache** *f* civilized language; ~**stätte** *f* → *Kulturzentrum*; ~**stufe** *f* stage of civilization; ~**träger** *m* upholder of civilization; ~**volk** *n* civilized race; ~**zentrum** *n* cultural cent|re, *Am.* -er.

Kultus [ˈkultus] *m* (-; *Kulte*) cult; ~**minister** *m* (~**ministerium** *n*) Minister (Ministry) of Education.

Kümmel [ˈkyməl] *m* (-s; -) caraway (seed); (*liqueur*) kümmel; *echter* ~ *bot.* cumin.

Kummer [ˈkumər] *m* (-s) grief, sorrow, affliction; trouble; worry; *j-m* ~ *machen* grieve (*or* trouble) a p.; *sich* ~ *machen über* (*acc.*) grieve (*or* worry) about *or* over; *das macht mir wenig* ~ that doesn't trouble me much.

kümmerlich [ˈkymərliç] **I.** *adj.* miserable, wretched, pitiful; poor, paltry, measly; meag|re, *Am.* -er; stunted; **II.** *adv.*: *sich* ~ *durchschlagen* eke out a scanty living, scrape through.

ˈ**Kümmerling** [-liŋ] *m* (-s; -e) stunted plant; dying tree; undersized animal; *contp.* miserable creature, shrimp.

ˈ**kümmern I.** *v/t.* (*h.*) grieve, afflict, trouble, worry; → *bekümmern*; concern, regard; *das kümmert mich nicht* that doesn't trouble me, I don't mind that; *was kümmert ihn das?* what is that to him?; **II.** *v/refl.*: *sich* ~ *um* (*acc.*) attend to, mind, look after, take care of; see to; care (*or* trouble, bother) about; meddle with; *sich nicht* ~ *um* pay no attention to, not to bother about, ignore, disregard; neglect; *kümmere dich um deine eigenen Angelegenheiten* mind your own business.

ˈ**Kümmernis** *f* (-; -se) → *Kummer.*

ˈ**kummervoll** *adj.* sorrowful, grievous, woebegone, sad.

Kum(me)t [ˈkum(ə)t] *n* (-s; -e) (horse-)collar.

Kumpan [kumˈpɑːn] *m* (-s; -e) companion, fellow, mate, pal, buddy.

Kumpel [ˈkumpəl] *m* (-s; -) collier, pitman; *colloq.* mate, pal, chum, buddy.

kumulativ [kumulaˈtiːf] *adj.* cumulative; **kumulieren** [-ˈliː-] *v/t.* (*h.*) accumulate, cumulate (*a. votes*).

Kumulus(wolke *f*) [ˈkuːmulus] *m* (-; -li) cumulus (cloud).

kund [kunt] *adj.* known; ~ *und zu wissen sei* be it known *that*, know all men by these presents.

kündbar [ˈkyntbɑːr] *adj.* terminable; subject to notice; *capital*: at call, subject to call, callable; redeemable (*bond, mortgage, etc.*).

Kunde[1] [ˈkundə] *f* (-; -*n*) knowledge, information, intelligence; news, tidings *sg. and pl.*; science; *j-m von et.* ~ *geben* inform a p. of a th., send a p. word of a th.

ˈ**Kunde**[2] *m* (-*n*; -*n*) customer; client; patron; *voraussichtlicher* ~ prospect(ive customer); *contp. schlauer* ~ sly customer; *übler* ~ nasty (*Am.* ugly) customer; ~ *sein bei* (*dat.*) patronize (*a shop*); ~*n werben* canvass customers.

künden [ˈkyndən] *v/t.* (*h.*) announce, make known; tell the story (*von* of); bear witness (to).

ˈ**Kunden...:** ~**beratung** *f* advisory service; ~**besuche** *m/pl.* calls on customers *or* clients; ~**dienst** *m* (-es) (after-sales *or* customers) service; *im* ~ *betreuen* service; ~**fang** *m* touting; ~**kreis** *m* custom(ers *pl.*), clients *pl.*, clientele; ~**wechsel** *m* customer's acceptance, trade-bill; ~**werber(in** *f*) *m* canvasser of customers, tout; ~**werbung** *f* canvassing of customers.

ˈ**kundgeb|en** *v/t.* (*irr., h.*) make known, notify, give notice of, publish; proclaim; declare; ♀**ung** *f* (-; -*en*) manifestation; declaration; *pol.* demonstration, rally, parade; meeting.

ˈ**kundig** *adj.* knowing, skil(l)ful; (*gen.*) acquainted *or* familiar with; experienced (*or* skilled, versed) in, expert at *or* in; *des Weges* ~ *sein* know the way; ♀**e(r** *m*) *f* (-*n*, -*n*; -*n*, -*n*) experienced *or* initiated person; expert; *die* ~*n pl.* the initiated, those in the know.

kündigen [ˈkyndigən] **I.** *v/i.* (*h.*) *j-m*: give *a p.* notice (to quit); **II.** *v/t.* (*h.*) *econ.* recall, call in (*capital*); give notice of withdrawal of (*loan, etc.*); give notice of redemption of, foreclose (*mortgage*); cancel, revoke, terminate (*contract*), give notice of termination of; denounce (*a treaty*).

ˈ**Kündigung** *f* (-; -*en*) notice (to quit *or* leave), warning; *by employee*: resignation; *econ.* calling-in (*of capital*); notice of withdrawal (*or* redemption) (*of loan, etc.*); notice of redemption, foreclosure (*of mortgage*); (notice of) termination *or* cancellation (*of contract*); *mit monatlicher* ~ at (*or* subject to) a month's notice; *mit vierwöchiger* ~ *angestellt* employed on a month(ly) basis; *Geld auf tägliche* ~ call-money, day-to-day money; **~s-frist** *f* period of notice, time for (giving) notice; *mit vierteljährlicher* ~ with quarterly notice; *mit Ablauf der* ~ on the notice expiring; **~srecht** *n* right of (giving) notice, (*for loan, mortgage*) redemption; **~sschutz** *m* protection against unlawful dismissal; **~s-termin** *m* (last) day for giving notice.

kundmach|en ['kunt-] *v/t.* (*h.*) → *kundgeben*; '**2ung** *f* (-; -*en*) publication; notification; proclamation.

'**Kundschaft** *f* **1.** (-) customers, clients *pl.*; custom, clientele; custom, patronage; **2.** (-; -*en*) intelligence; *mil. auf* ~ *gehen* go (out) reconnoitring *or* scouting; **2en** *v/i.* (*h.*) *mil.* reconnoitre, scout; spy out; **~er(in** *f*) *m* (-*s*, -; -, -*nen*) scout, spy; emissary.

'**kund...**: **~tun** *v/t.* (*irr.*, *h.*) → *kundgeben*; **~werden** *v/i.* (*irr.*, *sn*) become (generally) known *or* public, come to light.

künftig ['kynftiç] **I.** *adj.* future; next (*week, year*); *in* ~*en Tagen or Zeiten* in times to come, in the days ahead; prospective, potential; ~*er Konstrukteur* would-be designer, designer-to-be; **II. ~(hin)** *adv.* from now on, henceforth, for the (*or* in) future.

Kunst [kunst] *f* (-; ¨e) **1.** art; *die schönen* (*or freien*) *Künste pl.* the fine (*or* liberal) arts; → *bildend, schwarz*; *die edle* ~ *der Selbstverteidigung* the noble art of self-defen|ce, *Am.* -se; *die* ~ *zu lesen* (*schreiben*) the art of reading (writing); *das ist e-e brotlose* ~ there is no money in that; it's a thankless task; ~ *geht nach Brot* art follows the public; **2.** skill, cleverness, ingenuity, art; trick; *das ist keine* ~ that's easy (*or* nothing); *mit seiner* ~ *zu Ende sein* be at one's wits' end.

'**Kunst...**: **~akademie** *f* academy of arts; **~anstalt** *f* art printing works *pl.* (*or sg.*); **~ausdruck** *m* technical term; **~ausstellung** *f* art exhibition; **~beflissene(r** *m*) *f* art student; **~beilage** *f* art supplement; **~blatt** *n* art print; art journal; **~butter** *f* artifical butter, (oleo)margarine; **~darm** *m* artificial sausage casing; **~druck** *m* (-[e]s; -e) art print(ing); **~druckpapier** *n* art paper; **~dünger** *m* artificial manure, fertilizer; **~eis** *n* artificial ice.

Künstelei ['kynstə'laı] *f* (-; -*en*) artificiality, over-refinement; elaboration; affectation, mannerism.

'**künsteln** *v/i.* (*h.*) feign, affect; → *gekünstelt*.

'**Kunst...**: **~fahrer** *m* trick cyclist; **~faser** *f* artificial (*or* synthetic) fib|re, *Am.* -er; **~fehler** *jur. med. m* malpractice, professional blunder; **2fertig** *adj.* skilled (in an art), skil(l)ful; workmanlike; **~fertigkeit** *f* artistic (*or* technical) skill; craftsmanship; **~flieger** *m* stunt-flyer; **~flug** *m* stunt-flying, aerobatics *pl.*; stunt (flight); **~freund(in** *f*) *m* art lover; **~gärtner(in** *f*) *m* horticulturist; landscape gardener; **~gärtne'rei** *f* horticulture; **~gegenstand** *m* objet d'art (*Fr.*); **2gemäß, 2gerecht I.** *adj.* artistically *or* technically correct; expert, workmanlike; skil(l)ful; **II.** *adv. a.* expertly; **~genuß** *m* artistic treat; **~geschichte** *f* (-) history of art; **2geschichtlich** *adj.* art-historical; **~gewerbe** *n* (-*s*) arts and crafts *pl.*; applied arts *pl.*; **~gewerbeschule** *f* arts-and-crafts school; **~gewerbler(in** *f*) *m* (-*s*, -; -, -*nen*) artist craftsman; **~glied** *n* artificial limb; **~griff** *m* artifice, knack, device; trick, dodge; **~halle** *f* art gallery; **~handel** *m* trade in works of art; **~händler** *m* art dealer; **~handlung** *f* art dealer's shop; **~handwerk** *n* → ~*gewerbe*; **~harz** *n* synthetic resin; **~harzpreßstoff** *m* plastic mo(u)lding compound, plastic (material); **~historiker** *m* art historian; **~hochschule** *f* art academy; **~holz** *n* plastic (*or* man-made) wood; **~honig** *m* artificial honey; **~kenner(in** *f*) *m* art connoisseur; **~kritik** *f* art criticism; **~kritiker** *m* art critic; **~lauf** *m* figure skating; **~läufer(in** *f*) *m* figure skater; **~leder** *n* imitation leather.

Künstler ['kynstlər] *m* (-*s*; -), **~in** *f* (-; -*nen*) artist; *fig.* genius, wizard; **2isch** *adj.* artistic(ally *adv.*); **~leben** *n* artistic (*w.s.* Bohemian) life; **~name** *m* stage-name; pen name; **~pech** *colloq. n* bad luck; **~tum** *n* (-*s*) artistry, artistic genius; *the* artistic world; **~werkstatt** *f* studio.

'**künstlich I.** *adj.* artificial (*a. eye, flower, gaiety, insemination, light, respiration, teeth, etc.*); imitated; false (*a. hair, teeth*); spurious, faked; paste (*diamond*); ~ (*hergestellt*) synthetic; man-made (*moon, structure, etc.*); ~*es Aroma* imitation flavo(u)r; ~*es Lachen* false (*or* forced) laughter; **II.** *adv.* artificially; ~ *herstellen* synthetize; ~ *gehaltener Preis* pegged price; *colloq. sich* ~ *aufregen* get all excited; **2keit** *f* (-) artificiality.

'**Kunst...**: **~liebhaber(in** *f*) *m* art lover; **2los** *adj.* simple, crude; **~maler(in** *f*) *m* (artist) painter; **~mappe** *f* folder of art reproductions; **~pause** *f* dramatic pause; *iro.* awkward pause; *er machte e-e* ~ he paused for effect; **2reich** *adj.* ingenious; of (consummate) artistic skill; **~reiter(in** *f*) *m* trick rider; circus rider; **~richtung** *f* artistic school (*or* trend); **~sammlung** *f* art collection; **~schätze** *m/pl.* art treasures; **~schreiner** *m* cabinet-maker; **~schule** *f* school of arts; **~seide** *f* (**2seiden** *adj.*) (of) artificial silk, rayon; **~sinn** *m* (-[e]s) artistic sense; **2sinnig** *adj.* art-loving; having artistic taste; **~springen** *n* (-*s*) *sports*: (fancy) diving; **~springer(in** *f*) *m* (fancy) diver; **~stein** *m* artificial stone; **~sticke'rei** *f* art needlework; **~stoff** *m* synthetic material; plastic (material); ~*e pl.* plastics; *aus* ~ *bestehend* plastic; **2stoffverarbeitend** *adj.* plastics-processing (*industry*); **~stopfen** *n* (-*s*) invisible mending; **~stück** *n* (clever) feat, trick, stunt; *das ist kein* ~ that's nothing wonderful; **~tischler** *m* cabinet-maker; **~turnen** *n* → *Geräteturnen*; **~verein** *m* art society; **~verlag** *m* art publishers *pl.*; **~verständige(r** *m*) *f* (-*n*, -*n*; -*n*, -*n*) expert; connoisseur; **~verständnis** *n* expert knowledge of art, artistic sense; **2voll** *adj.* (highly) artistic, ingenious, elaborate; skil(l)ful; **~werk** *n* work of art; **~wissenschaft** *f* science of art; **~wolle** *f* artificial wool; **~zweig** *m* branch of art.

kunterbunt ['kuntərbunt] *adj. and adv.* higgledy-piggledy.

Küpe ['ky:pə] *f* (-; -*n*) large tub, vat.

Kupfer ['kupfər] *n* (-*s*) copper, → ~*geld*; ~*stich*; **~bergwerk** *n* copper-mine; **2blau** *adj.* azurite; **~blech** *n* sheet copper; **~blei** *n* copper-lead alloy; **~draht** *m* copper-wire; **~(tief)druck** *typ. m* (-[e]s; -e) copperplate(-printing), *Am. a.* rotogravure; **~erz** *n* copper-ore; **2farben, 2farbig** *adj.* copper-colo(u)red, cupreous; **~geld** *n* (-[e]s) copper coin(s *pl.*), coppers *pl.*; **~grün** *n* verdigris; **2haltig** *adj.* containing copper, cupriferous; **~legierung** *f* copper alloy; **~münze** *f* copper coin; **2n** *adj.* (of) copper; **~platte** *f* copper plate; *radierte* ~ etched plate; **~rot** *n* red (oxide of) copper; **2rot** *adj.* copper-colo(u)red; **~schmied** *m* coppersmith; **~stecher** *m* (-*s*; -) copperplate engraver; **~stich** *m* copperplate (etching), (copper) engraving; **~sulphat** *n* **1.** cupric sulphate; **2.** → **~vitriol** *n* blue vitriol; **~ware** *f* copper ware; **~werk** *n* copper-works *pl.*

Kupido [ku'pi:do] *m* (-*s*) Cupid.

kupieren [ku'pi:rən] *v/t.* (*h.*) dock (*horse, etc.*).

Kupol-ofen [ku'po:l-] *metall. m* cupola (furnace).

Kupon [ku'põ] *m* (-*s*; -*s*) → *Coupon*.

Kuppe ['kupə] *f* (-; -*n*) knoll; round(ed) hilltop; summit; (finger-)-tip.

Kuppel ['kupəl] *f* (-; -*n*) cupola, dome; '**2artig**, '**2förmig** ['-fœrmiç] *adj.* dome-shaped.

Kuppelei [-'laı] *f* (-; -*en*) match-making; *jur.* procuring.

'**kuppeln I.** *v/t.* (*h.*) → *koppeln*; **II.** *v/i.* (*h.*) *mot.* operate the clutch; match-make, *b.s.* pimp, *jur.* procure.

'**Kupp(e)lung** *tech. f* (-; -*en*) coupling (*a. radio*); *mot.* clutch; *die* ~ *einrücken* let in the clutch; *die* ~ *ausrücken* disengage the clutch; *die* ~ *schleifen lassen* let the clutch slip; **~sbelag** *m* clutch lining; **~s-bremse** *f* clutch brake; **~shebel** *m* clutch (control) lever; → **~s-pedal** *f* clutch-pedal; **~sscheibe** *f* clutch disc; **~s-stecker** *m* adapter (plug); **~swelle** *f* clutch shaft.

'**Kuppler** *m* (-*s*; -), **~in** *f* (-; -*nen*) matchmaker; *b.s.* pimp, procurer (*f* procuress); **2isch** *adj.* match-making; pimping, procuring.

Kur[1] [ku:r] *f* (-; -*en*) cure, (course of) treatment; *e-e* ~ *machen* take a cure, follow a course of treatment, try a cure, take the waters; *fig. j-n in die ~ nehmen* put a p. through his paces.

Kur² *f* (-; -en): *e-r Dame die ~ schneiden* make advances to, court *a lady*.

Kür... [ky:r] *in compounds* free (-style) ..., optional ..., voluntary ...; → *Kürlauf, Kürübung, etc.*

ˈ**Kur|anstalt** *f* sanatorium; **~arzt** *m* doctor at a spa *or* health resort.

Küraß [ˈky:ras] *m* (-sses; -sse) cuirass.

Kürassier [kyraˈsi:r] *m* (-s; -e) cuirassier.

Kuratel [kuraˈtɛl] *f* (-; -en) trusteeship, guardianship; *j-n unter ~ stellen* appoint a trustee (*or* guardian) for a p.

Kurator [-ˈrɑ:tɔr] *m* (-s; -ˈtoren) *jur.* trustee, guardian; *univ., of museum, etc.*: curator.

Kuratorium [-raˈto:rium] *n* (-s; -rien) board of trustees; controlling board.

Kurbad [ˈku:r-] *n* watering-place, spa.

Kurbel [ˈkurbəl] *tech. f* (-; -n) crank; **~anlasser** *mot. m* crank starter; **~antrieb** *m* crank drive; **~arm** *m* crank lever; **~fenster** *n* wind-down window; **~gehäuse** *n* crankcase; **~gelenk** *n* toggle joint; **~gestänge** *n* crank assembly; **~kasten** *m* crankcase; *colloq.* film-camera; **2n** *v/i. (h.) and v/t. (h.)* crank; shoot (*film*); **~stange** *f* connecting rod; **~welle** *f* crankshaft.

Kürbis [ˈkyrbis] *m* (-ses; -se) pumpkin, gourd, *Am.* squash; **~flasche** *f* gourd; **~kern** *m* pumpkin (*or* gourd) seed.

küren [ˈky:rən] *v/t. (h.)* choose, elect.

Kurfürst [ˈku:r-] *m* elector; **~entum** *n* electorate; **~in** *f* electoress; **2lich** *adj.* electoral.

ˈ**Kur...**: **~gast** *m* visitor; **~haus, ~hotel** *n* spa house, kurhaus.

Kurie [ˈku:riə] *f* (-; -n) Curia.

Kurier [kuˈri:r] *m* (-s; -e) courier, express (messenger); **~flugzeug** *n* courier airplane.

kuˈrieren *v/t. (h.)* cure (*a. fig.*).

kurios [kuriˈo:s] *adj.* curious, odd, funny.

Kuriosität [-oziˈtɛ:t] *f* (-; -en) curiosity, oddness; (*object*) curio(s-ity); **~enhändler** *m* dealer in curios.

Kuriosum [-ˈo:zum] *n* (-s; -sa) curious (*or* odd) thing *or* fact, freak; curiosity.

Kürlauf [ˈky:r-] *m* free skating.

ˈ**Kur...**: **~ort** *m* health resort, spa; **~park** *m* park of a spa; **~pfalz** *f* (-) *the* Palatinate; **~pfuscher(in** *f*) *m* (-s, -; -, -nen) quack; **~pfuscheˈrei** *f* quackery.

Kurrentschrift [kuˈrɛnt-] *f* running hand.

Kurs [kurs] *m* (-es; -e) **1.** *econ.* price; currency, circulation; quotation; official rate of exchange, exchange; *künstlich gehaltener ~* pegged price; *zum ~e von* at the rate of; *die ~e sind gefallen (gestiegen)* prices have dropped (risen); *hoch im ~ stehen* be at a premium, *fig. a.* rate high; *niedrig im ~ stehen* be at a discount, *fig. a.* rate low; *außer ~* out of circulation; *außer ~ setzen* withdraw from circulation, call in; *in ~ setzen* set in circulation, circulate; **2.** *mar.* course; route; *~ halten* stand on the course; *~ nehmen auf* set course for; head for (*a. fig.*); *e-n falschen (neuen) ~ einschlagen* take the wrong (a new) tack (*a. fig.*); **3.** *pol.* course, drift; **4.** *ped.* → *Kursus.*

Kur-saal [ˈku:r-] *m* kursaal, casino.

ˈ**Kurs...**: **~abschlag** *m* drop (*or* fall) in price(s); *stock exchange*: backwardation; **~abschwächung** *f* price weakness, weak market; **~änderung** *f* change of course; **~bericht** *m* market-report; *a.* → **~blatt** *n* list of quotations; **~buch** *n* railway (*Am.* railroad) guide, time-table.

Kürschner [ˈkyrʃnər] *m* (-s; -) furrier.

Kürschnerei [-ˈraɪ] *f* (-; -en) furrier's trade *or* (work)shop.

ˈ**Kürschnerware** *f* furs and skins *pl.*

ˈ**Kurs...**: **~einbuße** *f* loss in price; **~entwicklung** *f* trend of prices; **2fähig** *adj.* current, in circulation; **~geld** *n* fees *pl.*; **~gewinn** *m* exchange profit(s *pl.*).

kursieren [kurˈzi:rən] *v/i. (h.) money*: circulate; *rumo(u)rs*: be afloat.

kursiv [kurˈzi:f] *adj. and adv.* in italics.

Kursiv|e [-ˈzi:və] *f* (-; -n), **~schrift** *typ. f* italics *pl.*; *in ~ setzen* italicize.

ˈ**Kurs...**: **~makler** *m* official (*or* inside) broker; **~niveau** *n* price level; **~notierung** *f* market-quotation.

ˈ**Kurs...**: **~rückgang** *m* decline in prices; **~schwankung** *f* price fluctuation; **~steuerung** *aer. f* directional control; autopilot; **~sturz** *m* sudden decline (*or* fall) in prices, slump; **~teilnehmer(in** *f*) *m* participant in a course; **~treibeˈrei** *f* market rigging, *Am.* bull campaign; **~unterschied** *m* difference in prices (*or* rates).

Kursus [ˈkurzus] *m* (-; *Kurse*) course (of instruction); class.

ˈ**Kurs...**: **~verlust** *m* loss by exchange; **~wagen** *rail. m* through coach; **~wechsel** *m* change of course; *fig. pol.* turnabout; **~wert** *m* market value; **~zettel** *m* stock exchange list.

Kurtaxe [ˈku:r-] *f* visitors' tax.

Kurtisane [kurtiˈzɑ:nə] *f* (-; -n) courtesan.

Kür|turnen [ˈky:r-] *n* free exercises *pl.*; **~übung** *f* voluntary exercise.

Kurve [ˈkurfə] *f* (-; -n) curve; bend, turn; *ballistische ~* (curve of) trajectory; *scharfe ~* sharp turn, hairpin bend; *die ~ (aus)fahren* round the curve; *die ~n schneiden* cut one's curves; *aer. in die ~ gehen* bank; *e-e ~ fliegen* do a banking turn; **2n** *v/i. (sn)* swerve; *aer.* turn, jink; **~nbild, ~nblatt** *n*, **~ndarstellung** *f* graph; **~nfestigkeit** *mot. f* lateral sway stability; **~ngetriebe** *n* cam gear; **~nkampf** *aer. m* dogfight; **~nlage** *mot. f* cornering characteristics *pl.*; **~nlineal** *n* curve templet; **~nradius** *m* radius of turn; **2nreich** *adj.* winding, twisting; *humor.* curvaceous (*girl*); **~rolle** *tech. f* (cam) follower; **~nscheibe** *f* cam (disc); **~nvorgabe** *f sports* stagger.

kurz [kurts] *adj. and adv.* **1.** *as to space*: short; *person*: *~ und dick* dumpy, thick-set; *~ und stämmig* stocky, squat, stumpy; *~e Hose* shorts *pl.*; *mar. ~e See* chopping sea; *~ vor London* short of London; *hundert Ellen zu ~* a hundred yards short; *kürzer machen* shorten; *mil. zu ~ schießen* fire (too) short; *~ und klein schlagen* smash to bits; *fig. den kürzeren ziehen* come off second-best, get the worst of it, be worsted; *zu ~ kommen* get the shorter end, come off a loser *or* badly (*bei* in); **2.** *as to time*: short; (*formulation*) short(ly), brief(ly); concise(ly); (*treffend*) laconic(ally), succinct(ly); sharp, abrupt, curt; *~er Besuch* flying visit; *~e Darstellung, Zusammenfassung* summary; *econ. ~er Wechsel* short-dated bill; *fig. ~es Gedächtnis* short memory; in short; *~ und bündig* brief(ly), blunt(ly), pointblank; *refuse* flatly; *~ und gut* in short, in a word; *~ ausgedrückt* to put it briefly, (to put it) in a nutshell; *um es ~ zu sagen* to cut a long story short; *~ darauf* shortly after(wards); *binnen (or in) ~em* before long, shortly, in a short time (*or* near future); *seit ~em* for some little time (now); lately, of late; *vor ~em* a short time ago, recently, the other day; *über ~ oder lang* sooner or later; *~ abweisen* be short with *a p.*; *j-n ~ halten* put a p. on short allowance, keep a p. short (*mit* with); *~ treten* mark time (*a. fig.*); *fasse dich ~* please be brief; → *Prozeß.*

ˈ**kurz...**: **2arbeit** *f* short-time (work); **~arbeiten** *v/i. (h.)* work short-time; **2arbeiter** *m* short-time worker; **~ärmelig** *adj.* short-sleeved; **~atmig** [ˈ-ʔɑ:tmiç] *adj.* short-winded, asthmatic, *vet.* broken-winded; **2ausgabe** *f* abridged edition; **~beinig** *adj.* short-legged.

Kürze [ˈkyrtsə] *f* (-) shortness; *of time*: shortness, short duration; brevity; *gr.* short (syllable); *in ~* shortly, in the near future, before long; *in aller ~* briefly, quickly, promptly; *der ~ halber* for short; *sich der ~ befleißigen* express o.s. briefly, be brief; *in der ~ liegt die Würze* brevity is the soul of wit.

Kürzel [ˈkyrtsəl] *n* (-s; -) grammalogue.

ˈ**kürzen** *v/t. (h.)* shorten (*um* by); abridge, condense (*book*); reduce; curtail, cut (down); slash (*expenditure, salary*); *math.* simplify.

kurzerhand [ˈkurtsərˈhant] *adv.* without hesitation, offhand, on the spot; abruptly.

ˈ**kurz...**: **2fassung** *f* abridged version; **2film** *m* short (film); **2form** *f* shortened form; **~fristig I.** *adj.* of short duration, short-term; at short notice, immediate; *econ.* short-term (*credit, etc.*); short-dated (*bill of exchange*); **II.** *adv.* at short notice; *~ lieferbar* available for prompt delivery; **~gefaßt** *adj.* brief(ly worded), concise; **2-**

geschichte *f* short story; **~geschoren** *adj.* closely shorn, close-cropped; **~haarig** *adj.* short-haired (*dog, etc.*); **~lebig** *adj.* short-lived (*a. phys. and fig.*); ephemeral; perishable (*consumer goods*).

kürzlich ['kyrtsliç] *adv.* lately, recently, not long ago, the other day; *erst ~* quite recently.

'**Kurz...:** **~meldung** *f* news flash; *~en pl.* → **~nachrichten** *f/pl.* news in brief, summary of the news; **2schließen** *el. v/i.* (*irr., h.*) short-circuit; **~schluß** *el. m* short-circuit; *~ haben* be short-circuited; **~schlußhandlung** *f* panic action; **~schlußkontakt** *el. m* arcing contact; **~schlußläufer** *el. m* short-circuited rotor; **~schlußläufermotor** *el. m* squirrel-cage (induction) motor; **~schrift** *f* shorthand, stenography; **2sichtig** *adj.* short- (*or* near-)sighted, myopic; *fig.* short-sighted; **~sichtigkeit** *f* (-) short-sightedness (*a. fig.*); myopia; **~streckenlauf** *m* sprint, dash; **~streckenläufer(in** *f*) *m* sprinter; **~streckenradar** *n* short-range radar.

kurz'um *adv.* in short, in a word, to cut a long story short.

Kürzung ['kyrtsuŋ] *f* (-; -*en*) shortening; abridg(e)ment, condensation; *thea.* cut, clipping; reduction, curtailment (*gen.* of *salaries, etc.*), cut (in); *starke ~ Am.* slash; *of expenditures*: *a.* retrenchment; *math.* reduction; *typ.* abbreviation.

'**Kurz...:** **~urlaub** *mil. m* short leave, *Am.* pass; **~waren** *f/pl.* haberdashery *sg.*, *Am.* dry goods, notions; **~warenhändler(in** *f*) *m* haberdasher; **~warenhandlung** *f* haberdashery, *Am.* dry-goods store; **2weg** ['-vɛk] *adv.* abruptly, offhand, curtly; simply, for short; **~weil** ['-vaɪl] *f* (-) pastime, amusement, entertainment, fun; **2weilig** *adj.* amusing, diverting, entertaining, funny; **~welle** *f*: *auf ~* in the short-wave meter band; **~wellenbereich** *m* short-wave range; **~wellensender** *m* short-wave transmitter; **~wort** *n* (-[e]s; ⁼er) contraction; acronym; **2zeitig** *adj.* short-time.

kusch! [kuʃ] *int.* (lie) down!, be quiet!

kuscheln ['kuʃəln]: *sich ~ an* (*acc.*) snuggle up to *or* against; *sich aneinander ~* nestle against each other.

kuschen ['kuʃən] *v/i.* (*h.*) *and sich ~* *dog*: lie down; *fig.* obey, knuckle under.

Kusine [ku'ziːnə] *f* (-; -*n*) cousin.

Kuß [kus] *m* (-*sses*; ⁼*sse*) kiss.

'**kußecht** *adj.* → *kußfest*.

küssen ['kysən] *v/t.* (*h.*) kiss; *sie küßten sich* they kissed (each other); *j-n zum Abschied ~* kiss a p. good-bye.

'**Kuß...:** **2fest** *adj.* kiss-proof; **~hand** *f*: *j-m e-e ~ zuwerfen* blow a p. a kiss; *fig. mit ~* with the greatest pleasure; *er nahm den Vorschlag mit ~ an* he jumped at the proposal.

Küste ['kystə] *f* (-; -*n*) (sea-) coast; beach; shore; *an der ~ entlangfahren* (sail along the) coast.

'**Küsten...:** **~artillerie** *f* coast artillery; **~batterie** *f* shore battery; **~befestigungen** *f/pl.* coast fortifications; **~bewohner(in** *f*) *m* coast-dweller; *biol. pl.* shore forms; **~dampfer** *m* coasting steamer; **~feuer** *n* coastal light; **~fische'rei** *f* inshore fishing; **~gebiet** *n* coastal area, seaboard; **~geschwader** *n* home squadron; **~geschütz** *n* shore gun; **~gewässer** *n/pl.* coastal waters; **~handel** *m* coasting trade; **~land** *n* maritime country, littoral; **~radar** *n* shore-based radar; **~schiffahrt** *f* coastwise shipping; **~streifen** *m* coastal strip; beach; **~strich** *m* coast-line, → *Küstenland*; **~verkehr** *m* coasting traffic; **~verteidigung** *f* coast defen|ce, *Am.* -se; **~wache** *f* coast-guard (station); **~wachschiff** *n* coastal patrol vessel.

Küster ['kystər] *m* (-*s*; -) sexton, sacristan, verger; **Küsterei** [-'raɪ] *f* (-; -*en*) sexton's office, sacristy.

Kustos ['kustɔs] *m* (-; -'*toden*) custodian, curator; *typ.* catchword; *mus.* custos.

Kutschbock ['kutʃ-] *m* (coach-)box.

Kutsche ['kutʃə] *f* (-; -*n*) carriage, coach, cab; *in e-r ~ fahren* ride in a coach; **~nschlag** *m* carriage-door.

'**Kutscher** *m* (-*s*; -) coachman, driver.

kutschieren *v/t. and v/i.* (*sn*) drive (*or* ride) in a coach; drive (a coach); *colloq.* drive, cruise.

Kutte ['kutə] *f* (-; -*n*) cowl.

Kutteln ['kutəln] *f/pl.* tripe *sg.*

Kutter ['kutər] *mar. m* (-*s*; -) cutter.

Kuvert [ku'vɛrt] *n* (-[e]s; -e) **1.** envelope, cover, wrapper; **2.** cover (*at table*).

kuvertieren [-'tiːrən] *v/t.* (*h.*) (put in an) envelope.

Kux [kuks] *m* (-*es*; -*e*) mining share (of no par value).

Ky... [ky] → *Zy...*

Kybernetik [kybɛr'neːtik] *f* (-) cybernetics *sg.*

L

L, l [ɛl] *n* L, l.

Lab [laːp] *zo. n* (-[e]s; -e) rennet; rennin.

'**Labdrüse** *anat. f* fundic gland.

labb(e)rig ['lab(ə)riç] *colloq. adj.* sloppy, wishy-washy; *~e Brühe* swill.

Labe ['laːbə] *f* (-) → *Labsal*; **2n** *v/t.* (*h.*) (*and sich ~*) refresh *or* restore (o.s.); revive; *fig. sich ~ an* (*dat.*) **a)** comfort o.s. with, **b)** feast one's eyes on (*a sight*); **2nd** *adj.* refreshing, reviving; **~trunk** *m* refreshing draught *or* cup.

labial [labi'aːl] *adj.* labial; **2laut** *m* labial (sound).

labil [la'biːl] *adj.* unstable (*a. med., tech.*), changeable, unsettled; *chem., phys.* labile.

Labili'tät *f* (-) instability; lability.

labiodental [labioden'taːl] *adj.* labiodental (*sound*).

Labkraut ['laːp-] *bot. n* bedstraw.

Labor [la'boːr] *colloq. n* (-*s*; -*s*) lab; **Laborant(in** *f*) [labo'rant-] *m* (-*en*, -*en*; -, -*nen*) assistant chemist, laboratory technician; **Laboratorium** [labora'toːrium] *n* (-*s*; -'*torien*) laboratory, lab.

labo'rieren *v/i.* (*h.*) *colloq.*: *~ an* (*dat.*) labo(u)r under, suffer from.

'**Lab|sal** *n* (-[e]s; -e), **~ung** *f* (-; -*en*) refreshment, restorative; *fig.* comfort; treat.

Labyrinth [laby'rint] *n* (-[e]s; -e) labyrinth, maze (*a. fig.*).

'**Lachanfall** [lax-] *m* fit of laughter.

'**Lache**[1] *f* (-) laugh(ter); *e-e gellende ~ anschlagen* give a wild laugh.

'**Lache**[2] *f* (-; -*n*) puddle, pool.

lächeln ['lɛçəln] *v/i.* (*h.*) smile, grin (*über acc.* at); *fig. das Glück lächelt ihm (zu)* fortune smiles upon him.

'**Lächeln** *n* (-*s*) smile, grin.

'**lachen** *v/i.* (*h.*) laugh (*über acc.* at); *fig. fortune, sun, etc.*: smile; *laut ~* laugh out loud, guffaw; *brüllend ~* roar (*or* bellow) with laughter; *häßlich ~* laugh an ugly laugh; *leise vor sich hin ~* chuckle (under one's breath); *sich krank* (*or schief or e-n Ast*) *~* split one's sides with laughter; → *Fäustchen*; *das Herz lacht ihm im Leibe* his heart leaps for joy; *er hat nichts zu ~* his life is no bed of roses; *colloq. du hast gut ~* it's all very well for you to laugh; *daß ich nicht lache!* don't make me laugh!, my eye (*or* foot)!; *lach (du) nur!* laugh away!; *es wäre doch gelacht, wenn* it would be ridiculous if *we couldn't do it*; *wer zuletzt lacht, lacht am besten* he laughs best who laughs last; **2** *n* (-*s*) laugh(ing), laughter; chuckle, chortle; *j-n zum ~ bringen* make a p. laugh; *ein ~ hervorrufen* raise (*or* draw) a laugh; *in lautes ~ ausbrechen* burst out laughing; *sich vor ~ biegen* double up (*or* howl) with laughing; *das ist (nicht) zum ~* it is ridiculous (no laughing matter *or* no joke); *ich werde dir das ~ abgewöhnen* I'll make you laugh out of the wrong side of your mouth; → *verbeißen*; **~d** *adj.* laughing; bright, smiling (*sky, etc.*); *~e Erben* joyful heirs; *adv.*: *~ über et. hinweggehen* laugh a th. off.

'**Lacher** *m* (-*s*; -) laugher; *die ~ auf seiner Seite haben* have the laugh on one's side.

lächerlich ['lɛçərliç] *adj.* laughable, ridiculous; ludicrous, comical; funny; absurd; derisory; *~ machen* **a)** *et.*: (turn to) ridicule, **b)** *j-n*: (hold up to) ridicule, **c)** *sich*: make a fool (*or* an ass) of o.s.; → *zumute*; ♀e(s) *n* (-*n*): *das* ~ the ridiculous; *ins* ~ *ziehen* (turn to) ridicule, make fun of; ♀**keit** *f* (-; -*en*) ridiculousness; trivial matter, (a mere) farce; *der* ~ *preisgeben* expose to ridicule, make *a p.* the laughing-stock.

'**lächern** *v/t.* (*h.*): *es lächert mich* it makes me laugh, I find it ridiculous.

'**Lach...:** ~**gas** *n* laughing gas; ♀**haft** *adj.* laughable, ridiculous; ~**krampf** *m* paroxysm (*or* fit) of laughter; *e-n* ~ *bekommen* be convulsed with laughter; ~**lust** *f* (-) merriness; ♀**lustig** *adj.* merry, hilarious; ~**muskel** *anat. m* risible muscle.

Lachs [laks] *m* (-es; -e) salmon.

'**Lach-salve** *f* peal of laughter.

'**Lachs...:** ~**fang** *m* salmon fishing; ♀**farben** *adj.* salmon(-pink); ~**forelle** *f* salmon trout; ~**schinken** *m* fillet of smoked ham.

'**Lachtaube** *f* ring-dove.

Lack [lak] *m* (-[e]s; -e) (gum-)lac; varnish (*a. fig.*); *coloured*: lacquer, enamel; lake; enamel varnish; paint; *colloq. fertig ist der* ~! there you are!; '~**anstrich** *m* coat of lacquer, finish; '~**arbeiten** (*pl.*) *f* lacquered work; '~**draht** *m* enamelled wire.

Lackel ['lakəl] *colloq. m* (-s; -) boor, rube, yokel.

'**Lack...:** ~**farbe** *f* varnish (colo[u]r); paint; ~**firnis** *m* lac varnish; ~**harz** *m* gum-lac.

la'ckier|en *v/t.* (*h.*) → *Lack*; lacquer; varnish; enamel; paint; *colloq. fig.* dupe, take in; *der Lackierte sein* be the dupe (*or* sucker); ♀**er** *m* (-s; -) varnisher; lacquerer; ♀**erei** [-ki:rə'raɪ] *f* (-; -*en*) paint-shop; ♀**ung** *f* (-; -*en*) varnish *or* enamel *or* lacquer coat(ing), lacquer finish; paint.

'**Lack...:** ~**lasurfarbe** *f* transparent varnish colo(u)r; ~**leder** *n* patent leather; ~**mus** ['lakmus] *chem. n* (-) litmus; ~**muspapier** *n* litmus paper; ~**schuhe**, (~**stiefel**) *m/pl.* patent leather shoes (boots); ~**waren** *f/pl.* lacquered goods.

Lade ['lɑ:də] *f* (-; -*n*) case, chest, box; drawer; ~**aggregat** *tech. n* charging set; ~**batterie** *el. f* storage battery; ~**baum** *m* derrick; ~**brücke** *f* loading bridge; ~**bühne** *f* loading platform; ~**druck** *mot. m* (-[e]s; ⸚e) boost pressure; ~**fähigkeit** *f* loading capacity; *mar.* tonnage; *el.* storage capacity; ~**fläche** *f* loading area; ~**gebühr** *f*, ~**geld** *n* lading charges *pl.*; ~**gewicht** *n* weight of load; weight loaded; ~**gleis** *n* loading track; ~**hemmung** *mil. f* jam, stoppage; ~**höhe** *f* loading height; ~**kanonier** *mil. m* gun loader; ~**kapazität** *f* → *Ladefähigkeit*; ~**klappe** *mot. f* tail board (*Am.* gate); ~**kran** *m* loading crane; ~**linie** *mar. f* loadline; ~**liste** *f* cargo list; *aer., mar.* manifest; ~**luke** *f* hatch(-way).

'**laden**[1] *v/t.* (*irr., h.*) load, *econ. a.* lade; freight, ship; *el.* charge (*battery*), energize (*wire*); supercharge (*engine*); load, charge (*rifle, etc.*); *blind* (*scharf*) ~ load with blank cartridges (with ball *or* shot); *fig.* et. *auf sich* ~ burden (*or* saddle) o.s. with, incur; *colloq. er hat schwer geladen* he is half-seas over, *Am.* he's got a load on; *colloq. geladen sein* be fuming, be hot under the collar, *auf j-n*: have it in for a p.

'**laden**[2] *v/t.* (*irr., h.*) invite, ask (*zu Tische* to dinner); *jur. vor Gericht* ~ cite (*or* summon) before a court, subpoena.

'**Laden** *m* (-*s*; ⸚) *econ.* shop (*a. fig.*), store; stall; (*window*) shutter; *econ. e-n* ~ *aufmachen* set up shop, hang out one's shingle; *fig. den* ~ *zumachen* shut up shop; *colloq. den* ~ *schmeißen* run the (whole) show; ~**besitzer(in** *f*) *m* shopkeeper, *Am.* storekeeper; ~**dieb(in** *f*) *m* shop-lifter; ~**diebstahl** *m* shop-lifting; ~**fenster** *n* shop window; ~**front** *f* shop (*or* store) front; ~**geschäft** *n* shop, store; ~**hüter** *m* dead stock, drug in (*Am.* on) the market, *Am. a.* plug, sticker; ~**inhaber(in** *f*) *m* shopkeeper, *Am.* storekeeper; ~**kasse** *f* till; ~**mädchen** *n* shop-girl; ~**preis** *m* selling-price, retail price; publishing price; ~**schild** *n* shop sign; ~**schluß** *m* (-sses) closing time; *nach* ~ after hours; ~**schwengel** *contp. m* counter-jumper; ~**straße** *f* shopping street; ~**tisch** *m* counter; ~**verkauf** *m* retail (sale).

'**Lade...:** ~**platz** *m* loading-place; *mar.* wharf; *rail.* goods-platform; ~**rampe** *f* loading platform *or* ramp; ~**raum** *m* loading *or* cargo space; *mar.* **a**) tonnage, **b**) (ship's) hold; *mil.* stowage compartment; ~**schein** *mar. m* bill of lading; ~**schütze** *mil. m* loader; ~**spannung** *el. f* (-) charging voltage; ~**station**, ~**stelle** *f* (battery-)charging station; ~**stock** *m* ramrod; ~**streifen** *mil. m* charger strip; cartridge clip; ~**strom** *el. m* charging current; ~**trommel** *mil. f* cartridge drum; ~**vorrichtung** *f mil.* feeding (*or* loading) device; *el.* charger.

lädieren [lɛ'di:rən] *v/t.* (*h.*) damage, injure.

'**Ladung**[1] *f* (-; -*en*) loading, lading; load, freight, *mar.* cargo, shipment; wagonful, truckload; *mil.* (explosive) charge; shot; *el., phys.* charge; *tech.* (furnace-)charge; ~ *einnehmen* load, take in cargo, ship; *mil. geballte* (*gestreckte*) ~ concentrated (distributed) charge.

'**Ladung**[2] *jur. f* (-; -*en*) summons, citation, subpoena; *durch öffentliche Bekanntmachung*: public citation.

'**Ladungs...:** ~**aufseher** *mar. m* supercargo; ~**dichte** *phys. f* density of charge; ~**empfänger** *m* consignee; ~**verzeichnis** *n* ship's manifest.

Lafette [la'fɛtə] *mil. f* (-; -*n*) (gun-)carriage, mount; ~**nkasten** *m* trail-box; ~**nschwanz** *m* trail; ~**nsporn** *m* trail spade.

Laffe ['lafə] *m* (-*n*; -*n*) fop, dandy.

lag [lɑ:k] *pret. of liegen.*

Lage ['lɑ:gə] *f* (-; -*n*) situation (*a. mil.*), position; *fig. a.* state of affairs, outlook; circumstances *pl.*; *of building*: site, *esp. Am. a.* location; condition, state; attitude, posture; *med.* presentation (*of foetus*); *tech.* set; layer, *geol. a.* bed, stratum, deposit; tier; *of wood, etc.*: ply; *paint.* coat; (*paper*) quire; *mus.* position, *die höheren* ~*n pl.* the higher notes; *artillery*: group, tier, volley, *mar. volle* ~ broadside; *mot.* → *Straßen*♀; round (*of beer*); *rechtliche* ~ legal status (*or* position); *wirtschaftliche* ~ economic status (*or* position, outlook), *n.s.* pecuniary circumstances; *mißliche or unangenehme* ~ awkward position, predicament, plight; *ungeschützte* ~ exposure; *nach* ~ *der Dinge* as matters stand, under the circumstances; (*nicht*) *in der* ~ *sein zu inf.* be (un)able to *inf.*, (not to) be in a position to *inf.*; *j-n in die* ~ *versetzen zu inf.* enable a p. to *inf.*, make it possible for a p. to *inf.*; *e-e* ~ *Bier spendieren* stand a round of beer; *versetzen Sie sich in meine* ~ put yourself in my place; ~**bericht** *mil. m* situation report; ~**besprechung** *mil. f* briefing; ♀**nweise** ['-vaɪzə] *adv.* in layers; ~**plan** *m* site plan; layout plan.

Lager ['lɑ:gər] *n* (-*s*; -) couch; bed(stead); → *Kranken*♀, *Nacht*♀; *of beasts*: den, lair; *mil., etc.* camp, encampment; (prisoners') camp, enclosure, stockade; *of arms, etc.*: cache (*Fr.*); *fig.* camp, party; *in unserem* ~ on our side; *im feindlichen* ~ in the hostile camp; (*pl.* ⸚) *econ.* warehouse, storehouse; depot; dump; stock(s *pl.*), store, supply; *auf* ~ in stock *or* store, on hand, *fig.* up one's sleeve; *nicht auf* ~ out of stock; *ab* ~ ex warehouse, from stock; *auf* ~ *nehmen* warehouse, store; *ein* ~ *halten von* (*dat.*) keep a stock of; *tech.* bearing; (bedding) support; *geol.* bed, layer, deposit, stratum; ~**auffüllung** *f* (-; -*en*) replenishment of stock; ~**aufnahme** *f* stock-taking, inventory; ~**auftrag** *m* stock order; ~**bestand** *m* stock (on hand), inventory; ~**bier** *n* lager (beer); ~**bock** *tech. m* bearing stand, pedestal; ~**buch** *n* stock-book; ~**buchse** *tech. f* bearing bush(ing); ♀**fähig** *adj.* storable; ~**fähigkeit** *f* storing stability; shelf life; ~**feuer** *n* camp-fire; ~**gebühr** *f*, ~**geld** *n* warehouse-charges *pl.*, storage; ~**halter** *m* store-clerk, stocker; distributor; ~**haltung** *f* stock-keeping; ~**haus** *n* warehouse, storehouse; *customs*: bonded warehouse; ~**hof** *m* dock(-warehouse).

Lage'rist *m* (-en; -en) store-clerk.

'**Lager...:** ~**keller** *m* storage cellar; ~**kosten** *pl.* warehousing (expenses), storage *sg.*; ~**leben** *n* (-s) camp-life; ~**meister** *m* storeman; ~**metall** *n* bearing metal.

'**lagern I.** *v/i.* (*h.*) lie down, rest (*a. sich* ~); *hunt. animal*: couch; *mil.* camp, be encamped; *geol.* be deposited; *econ.* be warehoused *or* stored; *fig. cloud*: hang, brood (*über dat.* over); → *gelagert*; **II.** *v/t.* (*h.*) lay down; (en)camp (*troops*); store, warehouse, dump; season (*cigars, wine, wood*); *tech.* mount in bearings, pivot; bed, seat, support (*machine*).

'**Lager...:** ~**ort** *m* (-[e]s; -e), ~**platz** *m* resting-place; camp-site; depot; *mil.* dump; ~**raum** *m* store-room, *mar.* stowage(-room); ~**schale** *tech.*

f bearing-box; **~schein** *m* warehouse receipt *or* warrant; **~schuppen** *m* storage shed; **~stätte, ~stelle** *f* resting-place; bed, couch; camp-site; *geol.* deposit; **~ung** *f* (-; -en) storage, warehousing; seasoning; *tech.* bearing application; *w.s.* mounting, bedding, seating, support; *geol.* stratification; **~verwalter** *m* warehouseman, storekeeper; **~vorrat** *m* stock, supply; **~zapfen** *tech. m* journal; pivot pin; trunnion; **~zeit** *f* time of storing.

Lagune [la'gu:nə] *f* (-; -n) lagoon.

lahm [lɑ:m] *adj.* lame, paralysed; limping; crippled; *fig.* feeble, weak; languid; dull; slow, sluggish; lame (*story, excuse, etc.*); '**2e(r** *m*) *f* (-n, -n; -n, -n) lame person, paralytic; cripple; '**~en** *v/i.* (*h.*) be lame, limp.

lähmen ['lɛ:mən] *v/t.* (*h.*) (make) lame; paraly|se, *Am.* -ze; *fig. a.* immobilize, cripple, hamstring; *gelähmt* paralysed (*fig. vor Furcht* with fear); stagnant, lifeless (*business, etc.*); **~d** *adj.* paralysing.

'**lahmlegen** *v/t.* (*h.*) paraly|se, *Am.* -ze, cripple, → *lähmen*; *mil. a.* neutralize.

'**Lähmung** *med. f* (-; -en) paralysis, *fig. a.* paralyzation, *einseitige* ~ hemiplegia.

Laib [laɪp] *m* (-[e]s; -e) loaf; *zwei* ~ *Brot* two loaves of bread.

Laich [laɪç] *m* (-[e]s; -e) spawn, *of oysters*: spat; '**2en** *v/i.* (*h.*) spawn; *oysters*: spat; '**~platz** *m* spawning-place; '**~zeit** *f* spawning-time.

Laie ['laɪə] *m* (-n; -n) layman; **~n** *pl.* laymen, *collect.* laity; *fig.* layman, novice; amateur; *blutiger* ~ greenhorn; **~nbruder** *m* lay brother; **2nhaft** *adj.* amateurish, lay...; **~npriester** *m* lay-priest; **~nrichter** *m* lay-judge; **~nschwester** *f* lay-sister; **~nspiel** *n* amateur theatricals *pl.* (*or* play); **~nsprache** *f* layman's language; **~nverstand** *m* understanding of a layman.

Lakai [la'kaɪ] *m* (-en; -en) lackey, footman; **2enhaft** *contp. adj.* flunkey-like; *adv.* like a flunkey; **~enseele** *contp. f* flunkey.

Lake ['lɑ:kə] *f* (-; -n) brine, pickle.

'**Laken** *n* (-s; -) linen; sheet; shroud.

lakonisch [la'ko:nɪʃ] *adj.* laconic(ally *adv.*).

Lakritze [la'krɪtsə] *f* (-; -n) liquorice, licorice; **~nsaft** *m* (-[e]s) liquorice extract; **~nstange** *f* liquorice-stick.

Laktoflavin [laktofla'vi:n] *chem. n* (-s) riboflavin.

lallen ['lalən] *v/i. and v/t.* (*h.*) stammer, mumble; babble; *drunk person*: speak thickly.

Lama[1] ['lɑ:ma] *zo. n* (-s; -s) llama, *a.* lama; *econ.* llama(-wool).

'**Lama**[2] *eccl. m* (-[s]; -s) lama.

Lamelle [la'mɛlə] *f* (-; -n) lamella; *el.* lamina, bar; *bot., a. mot.* gill; *phot.* blade, leaf; *mot.* **~n** *pl.* clutch discs; **2nförmig** [-fœrmɪç] *adj.* lamellar, laminated; **~nkupplung** *mot. f* (multiple-)disc clutch; **lamel'lieren** *tech. v/t.* (*h.*) laminate.

lamentieren [lamɛn'ti:rən] *v/i.* (*h.*) lament (*um* for; *über acc.* over).

Lamento [la'mɛnto] *n* (-s; -s) lamentations *pl.*, hue and cry.

Lametta [la'meta] *n* (-s) silver tinsel, angel's hair; *colloq.* (*medals*) fruit salad.

laminieren [lami'ni:rən] *tech. v/t.* (*h.*) laminate.

Lamm [lam] *n* (-[e]s; ¨er) lamb; '**~braten** *m* roast lamb.

Lämmchen ['lɛmçən] *n* (-s; -) little lamb, lambkin.

'**Lämmer** *pl. of Lamm*; **~geier** *m* bearded vulture, lammergeyer; **~wolke** *f* cirrus, cirro-cumulus.

'**Lamm...**: **~(e)sgeduld** *f* Job's patience; **~fell** *n* lambskin; **~fleisch** *n* lamb; **2fromm** *adj.* (as) gentle *or* meek as a lamb, lamblike; **~wolle** *f* lamb's wool.

Lämpchen ['lɛmpçən] *n* (-s; -) small lamp.

Lampe ['lampə] *f* (-; -n) lamp; light; bulb; *thea.* **~n** *pl.* footlights; *ewige* ~ everburning lamp.

'**Lampen...**: **~docht** *m* (lamp-)wick; **~faden** *m* lighting filament; **~fassung** *f* (-; -en) lamp socket; **~fieber** *n* (-s) *thea.* stage-fright; **~licht** *n* (-[e]s) lamp light; **~schirm** *m* lamp shade; **~zylinder** *m* (lamp) chimney.

Lampion [lam'pjõ] *m and n* (-s; -s) Chinese lantern.

Lamprete [lam'pre:tə] *ichth. f* (-; -n) lamprey.

lancier|en [lɑ̃'si:rən] *v/t.* (*h.*) launch (*a. fig.*); *econ.* float; **2rohr** *n* torpedo-tube.

Land [lant] *n* (-[e]s; ¨er) (*ant. water*) land; soil, ground; arable land; land(ed property), piece of land; (*ant. town*) country; countryside; land, country, territory, region; *pol.* country, state, nation; *in Germany*: Land, Federal State; *fig.* realm, land (*of dreams*); *das Gelobte* ~ the Land of Promise; *das Heilige* ~ the Holy Land; *aus aller Herren Länder* from all parts of the globe; *an* ~ *gehen, ans* ~ *steigen* land, go ashore; disembark; *auf dem* **~e** in the country; *aufs* ~ *gehen* go into the country; *außer* **~es** *gehen* go abroad; *fig. ins* ~ *gehen time*: pass, elapse; *mar.* ~ (*in Sicht*)! land ho!; *zu* **~e** by land.

'**Land...**: **~adel** *m* (landed) gentry; **~arbeit** *f* agricultural work, farming; **~arbeiter** *m* agricultural labo(u)rer, farm hand; **~arzt** *m* country doctor.

Landauer ['landaυər] *m* (-s; -) landau.

'**Land...**: **~aufenthalt** *m* stay in the country; **2aus** *adv.*: ~, *landein* far and wide; **~bau** *m* (-[e]s) agriculture, farming; **~besitz** *m* landed property, real estate; **~besitzer** *m* land-owner, landed proprietor; **~bevölkerung** *f* rural population; **~bewohner** *m* countryman, country dweller; **~bezirk** *m* rural district; **~brücke** *geol. f* land-bridge; **~butter** *f* farm butter.

Lande... ['landə-]: **~bahn** *aer. f* (landing) runway, landing strip; **~bahnfeuer** *aer. n* runway lights *pl.*; **~brücke** *f* landing stage, pier, jetty; **~deck** *aer. n* landing (*or* flight) deck.

'**Land...**: **~eigentümer(in** *f*) *m* → *Landbesitzer*; **2einwärts** *adv.* up country, (further) inland.

'**Lande...**: **~klappe** *aer. f* landing flap; **~kopf** *mil. m* beachhead; **~licht** *n* landing light.

'**landen** *v/i.* (*sn*) *and v/t.* (*h.*) land; *mar. a.* dock; disembark, go ashore; *aer.* make a landing; land, alight; touch down; → *wassern*; *fig.* land (*on one's feet, etc.*), alight; strike the ground; land (*a blow*), get home; land, end (*or* wind) up (*in jail, etc.*); *sports auf dem 3. Platz* ~ be placed third; *colloq. bei ihm kannst du nicht* ~ you won't get anywhere with him; you are no match for him; *damit können Sie bei mir nicht* ~ that cuts no ice with me.

'**Landen** *n* (-s) landing; *beim* ~ on landing; *aer. Ansetzen zum* ~ landing approach.

länden ['lɛndən] *v/t.* (*h.*) bring ashore.

'**Land-enge** *f* neck of land, isthmus.

'**Lande...**: **~piste** *f* → *Landebahn*; **~platz** *m mar.* quay, wharf, pier; *aer.* landing ground *or* field.

'**Länder** *pl. of Land.*

Lände'rei(en *pl.*) [lɛndə'raɪ(ən)] *f* (-; -en) landed property, land(s *pl.*), estate(s *pl.*).

'**Länder...**: **~kampf** *m sports* international meeting (*or* competition *or* match); **~kunde** *f* (-) geography; **~mannschaft** *f* national team; **~spiel** *n* international match.

'**Land-erziehungsheim** *n* country boarding-school.

'**Landes...**: **~arbeitsamt** *n* Regional Labo(u)r Office; **~aufnahme** *f* topographical survey; **~beschreibung** *f* topography; **2eigen** *adj.* state-owned; **~erzeugnis** *n* agricultural product; home produce (*a. pl.*); **~farben** *f/pl.* national colo(u)rs; **~flagge** *f* national flag; **~fürst(in** *f*) *m*, **~herr** *m* sovereign; **~gebiet** *n* national territory; **~gesetz** *n* law of the land; **~grenze** *f* frontier, (national) boundary; **~hoheit** *f* (-) sovereignty; **~kind** *n* native (of a country); **~kirche** *f* national (*or* regional) church; **~mutter** *f* (-; ¨) sovereign (lady); **~polizei** *f* state police; **~produkt** *n* → *Landeserzeugnis*; **~regierung** *f* (central) government; *in Germany*: Land government; **~schuld** *f* national debt; **~sitte** *f* national custom; **~sprache** *f* language of a country, native language, vernacular.

'**Lande...**: **~steg** *m* landing ramp; **~stelle** *f* landing point.

'**Landes...**: **~tracht** *f* national costume; **~trauer** *f* public mourning.

'**Landestreifen** *m* landing strip.

'**Landes...**: **2üblich** *adj.* customary, being the practice in a country; **~vater** *m* sovereign; **~vermessung** *f* ordnance survey; **~verrat** *m* treason; **~verräter** *m* traitor to his country; **2verräterisch** *adj.* treasonable; **~verteidigung** *f* national (*or* home) defen|ce, *Am.* -se; **~verweisung** *f* expatriation, exile; *of foreigner*: deportation; **~verweser** *m* governor; **~währung** *f* national (*or* legal) currency.

'**Lande...**: **~trupp** *mil. m* landing party; **~tuch** *aer. n* ground panel; **~verbot** *n* landing prohibition;

~zeichen *n* landing signal; **~zone** *f* landing area; *for paratroops*: dropping zone.

ˈ**Land...:** **~fahrzeug** *n* land vehicle; **~flucht** *f* (-) migration from the country (*to the towns*), rural exodus; **2flüchtig** *adj.* fugitive; **~flugzeug** *n* landplane; **~fracht** *econ. f* carriage, land-freight; **~frau** *f* country-woman; **~friede(nsbruch)** *m* (breach of the) public peace; **~geistliche(r)** *m* country clergyman; **~gemeinde** *f* rural community; **~gericht** *n* Regional Court (Landgericht); **~gerichts-präsident** *m* President of the Regional Court; **~gerichtsrat** *m* (-[e]s; ¨e) Regional Court judge; **~gewinnung** *f* reclamation of land; **~graf** *m* landgrave; **~gräfin** *f* landgravine; **~gut** *n* country-seat, estate; **~haus** *n* country-house, villa; cottage; **~heer** *mil. n* land-force(s *pl.*), army; **~innere(s)** *n* inland, interior, up-country; **~jäger** *m* country constable; (*kind of*) flat hard sausage; **~junker** *m* (country) squire; **~karte** *f* map; **~kreis** *m* (rural) district; **~krieg** *m* land warfare; **~kriegsordnung** *f*: *Haager* ~ Hague Convention respecting the laws and customs of war on land; **2kundig** *adj.* knowing the country well; **2läufig** *adj.* customary, current, common, generally accepted; **~leben** *n* (-s) country life; **~leute** *pl.* country people, peasantry *sg.*

Ländler [ˈlɛntlər] *mus. m* (-s; -) country waltz.

ˈ**ländlich** *adj.* rural; rustic, country-like; bucolic; countrified; **2keit** *f* (-) rural character; rusticity, rustic simplicity.

ˈ**Land...:** **~luft** *f* (-) country air; **~macht** *f* land power; land-force(s *pl.*); **~mädchen** *n* country girl; **~makler** *m* real estate agent, *Am.* realtor; **~mann** *m* (-[e]s; *-leute*) countryman, farmer; **~marke** *f* landmark; **~maschinen** *f/pl.* agricultural machinery, farming equipment; **~messer** *m* (-s; -) (land)surveyor; **~mine** *mil. f* land mine; **~nahme** [ˈ-nɑːmə] *f* (-) taking possession of (*or* settling in) a country; land rush; **~partie** *f* outing, picnic; **~peilung** *mar. f* shore bearing; **~pfarre(i)** *f* country parsonage; **~pfarrer** *m* country parson; **~plage** *fig. f* public nuisance (*a. iro.*), public calamity, scourge; **~pomeranze** *humor. f* country-miss, *Am.* jay, hick girl; **~post** *f* rural post; **~rat(s-amt** *n*) *m* (-[e]s; ¨e) (Office of the) District President; **~ratte** *mar. f* landlubber; **~regen** *m* general (and persistent) rain; **~reise** *f* (overland) journey; **~rücken** *m* ridge of land; **~sasse** [ˈ-zasə] *hist. m* (-n; -n) freeholder.

ˈ**Landschaft** *f* (-; *-en*) landscape (*a. paint.*), scenery; province, district, region; country(side); *fig.* scene; *in die ~ einbetten* landscape (*road, etc.*); **2lich** *adj.* provincial, rural; scenic (*beauty, etc.*); *~e Beschaffenheit* topography.

ˈ**Landschafts...:** **~bild** *n* landscape (-painting); **~gärtner** *m* landscape gardener (*Am.* architect); **~maler** *m* landscape painter; **~male**ˈ**rei** *f* landscape painting.

ˈ**Land...:** **~schule** *f* country (*or* village)school; **~see** *m* lake; **~ser** *colloq. m* (-s; -) (common) soldier; *Brit.* Tommy (Atkins), *Am.* G.I. (Joe); infantryman, *Am. sl.* doughboy; **~sitz** *m* country seat.

ˈ**Lands...:** **~knecht** *m hist.* lansquenet; mercenary; *fluchen wie ein ~* swear like a trooper; **~mann** *m* (-[e]s; *-leute*) (fellow-)countryman, compatriot; *was sind Sie für ein ~?* what's your native country?; where do you come from?; **~männin** [ˈ-mɛnin] *f* (-; *-nen*) (fellow-)-countrywoman; **~mannschaft** *f* organization of German expellees.

ˈ**Land...:** **~spitze** *f* cape, promontory, headland; **~stadt** *f* country town; **~stände** [ˈ-ʃtɛndə] *hist. pl.* representative body, provincial diet; **~straße** *f* highway, highroad; **~streicher(in** *f*) *m* (-s, -; -, *-nen*) vagabond, vagrant, tramp, *Am. a.* hobo; **~streiche**ˈ**rei** *f* (-; *-en*) vagrancy; **~streitkräfte** *f/pl.* land forces; ground forces; **~strich** *m* tract of land, region, district; **~sturm** *m* (-[e]s) veteran reserve, *Brit.* Territorial Reserve; **~tag** *m* (regional) diet; **~tagsabge-ordnete(r** *m*) *f* member of a regional diet; **~tiere** *n/pl.* terrestrial animals; **~transport** *m* overland transport; **~truppen** *f/pl.* land-forces; ground troops.

Landung [ˈlanduŋ] *aer., mar. f* (-; *-en*) landing; alighting; debarkation; disembarkation; arrival; → *Zwischen2*; *zur ~ ansetzen* come in to land; *zur ~ zwingen* force down, ground; **~sabteilung** *mil. f* beach party; **~sboot** *n* landing craft (*abbr.* LC), assault craft; **~sbrücke** *f* landing-stage; jetty, pier; **~sgestell** *aer. n* landing gear; **~skorps** *mil. n* landing detachment; **~splatz** *m*, **~sstelle** *f* landing-place; jetty, pier; *aer.* landing ground; **~ssteg** *m* gangway, gang-plank; **~s-truppen** *f/pl.* landing force; beach assault troops; **~s-unternehmung** *mil. f* landing operation; **~sversuch** *m* attempt to land.

ˈ**Land...:** **~urlaub** *mar. m* shore leave; **~vermessung** *f* land surveying; **~vogt** *hist. m* governor, high bailiff; **~volk** *n* (-[e]s) → *Landleute*; **2wärts** [ˈ-vɛrts] *adv.* landward(s), inshore; **~-Wasserflugzeug** *n* amphibious (air)plane; **~weg** *m* (secondary) country-road; *w.s.* overland route; *auf dem ~e* by land; **~wehr** *mil. f* militia; *Brit.* Territorial Reserve; **~wein** *m* home-grown wine; **~wind** *m* off-shore wind; **~wirt** *m* farmer, agriculturist; **~wirtschaft** *f* agriculture, farming; farm, country-estate; **2wirtschaftlich** *adj.* agricultural; *~e Maschinen* agricultural machinery, farm equipment; *~e Hochschule* agricultural college; **~wirtschafts...** *in compounds*: agricultural; **~wirtschaftslehre, ~wirtschaftswissenschaft** *f* agricultural science; **~wirtschaftsministerium** *n* Ministry of Agriculture; *Brit.* Board (*Am.* Department) of Agriculture; **~zunge** *f* spit (of land).

lang [laŋ] *adj. and adv.* **1.** *as to space*: long; tall; *vier Fuß ~* four feet long *or* in length; *zehn Fuß ~ und vier Fuß breit* ten feet by four; *gleich ~* equally long, of equal length; *viele Meilen ~* extending (*or* for) many miles; *e-n ~en Hals machen* crane one's neck; *er machte ein ~es Gesicht* he pulled a long face, his face fell; *fig.* → *Bank, Hand, Nase, etc.*; *sich des ~en und breiten über et. auslassen* enlarge on a th.; *colloq.* along; *die Straße ~* along (*or* down) the street; **2.** *as to time*: long, (for) a long time; *~e Jahre* for years; *in nicht zu ~er Zeit* in a not too distant future, before long; *seit ~em* for a long time past; *vor nicht ~er Zeit* not so long ago; *über kurz oder ~* sooner or later; *ihm wird die Zeit ~* time hangs heavy on his hands; *econ. Wechsel auf ~e Sicht* long (-sighted) bill, *pl. a.* longs; *~ werden days*: lengthen; → *dauern*; *drei Jahre ~* for three years; *die ganze Woche ~* all the week long, all week; *~ anhaltend* long, continuous; *~ ersehnt* long-desired, long hoped-for; *~ entbehrt or vermißt* long missed; *nicht ~e darauf* a short time after (-wards); *~e bevor er kam* long before he arrived; *das ist schon ~e her* that was a long time ago; *es ist schon ~e her, daß* it has been a long time since *or* that; *ich kenne ihn schon viele Jahre ~* I have known him for many years; *wie ~e lernen Sie schon Englisch?* how long have you been learning English?; *noch ~e nicht* not for a long time yet; far from (it); not by a long way; *es ist noch ~e nicht fertig* it is not nearly ready; *so ~e wie* as long as; *so ~e bis* till, until (such time as); *da kannst du ~e warten* you can wait till you are black in the face; you may whistle for it; *du brauchst nicht ~e zu fragen* you need not (trouble to) ask first; *er ist ~e nicht so geschickt* he is not nearly (*or* far from being) as clever; *er macht ~e!* he takes his (own) time about it; *das ist ~e genug für ihn* that's plenty and enough for him; → *länger, längst.*

ˈ**lang...:** **~atmig** [ˈ-ʔaːtmiç] *adj.* long-winded; **2baum** *m* perch (*of cart*); **~beinig** *adj.* long-legged, leggy; **2drehschlitten** *tech. m* turning carriage.

ˈ**lange** *adv.* → *lang.*

Länge [ˈlɛŋə] *f* (-; *-n*) length; tallness, size; *geogr., ast., math.* longitude; *metrics*: quantity; long (syllable); *tech. ~ über alles* overall length; *~ in Fuß (Meilen)* footage (mileage); *fig. thea., etc.* tedious (*or* dragging) passage; *der ~ nach* lengthwise; *der ~ nach hinfallen* fall (at) full length; *sports*: *mit zwei ~n siegen* win by two lengths; *auf die ~* in the long run; *in die ~ ziehen* draw (*or* drag) out, protract; spin out (*story*); *sich in die ~ ziehen* drag on (and on), *road*: lengthen out.

ˈ**längelang** *adv.* (at) full length; *~ hinfallen* fall (at) full length, go sprawling.

ˈ**langen I.** *v/i.* (*h.*) suffice, be sufficient *or* enough (*für* for); *langt das?* will that do?; *damit lange ich e-e Woche* this will last me a week; ~ *nach* reach for; ~ *in* reach in; *in die Tasche* ~ put one's hand in(to) one's pocket; **II.** *v/t.* (*h.*) grasp, seize; *j-m et.* ~ reach (*or* hand) a p. a th.; *colloq. j-m e-e* (*Ohrfeige*) ~ fetch (*or* paste) a p. one.

ˈ**längen** *tech. v/t.* (*h.*) lengthen, extend, elongate.

ˈ**Längen...:** ~**ausdehnung** *f* linear expansion; ~**bruch** *med.*, *tech. m* longitudinal fracture; ~(**durch**)**schnitt** *m* longitudinal section; ~**einheit** *f* unit of length; ~**grad** *m* degree of longitude; ~**kreis** *m* meridian; ~**maß** *n* long *or* linear measure.

ˈ**lang-entbehrt** *adj.* long missed.

ˈ**länger** *adj. and adv.* (*comp. of lang*) longer; rather long, prolonged; ~*e Zeit* (for) some time, (for) a prolonged period; *ich kann es* ~ *nicht ertragen* I cannot bear it any longer; *je* ~, *je lieber* the longer, the better.

ˈ**lang-ersehnt** *adj.* long wished-for, long-desired.

Langette [laŋˈgɛtə] *tech. f* (-; -*n*), **langetˈtieren** *v/t.* (*h.*) scallop.

Langeˈweile *f* boredom, tediousness, tedium; *aus* (*or vor*) *Lange*(*r*)*weile* from (sheer) boredom, to kill time; ~ *haben* → *sich langweilen*; *sich die* ~ *vertreiben* while away the (*or* kill) time.

ˈ**lang...:** ♀**finger** *colloq. m* pickpocket, thief, pilferer; ♀**format** *n* oblong size; ~**fristig** *adj.* long-term, long-range; *econ.* ~*e Anleihe* long-term (*or* long-sighted) loan; ~*es Geld* time money, long-term funds; ~*er Wechsel* long(-dated) draft *or* bill; ~**gestreckt** *adj.* long, extended; ~**haarig** *adj.* long-haired; *cotton*: long-staple(d); ~**halsig** *adj.* long-necked; ♀**hobel** *tech. m* trying plane; parallel planing machine; ♀**holz** *n* long(-cut) timber; ♀**holzwagen** *rail. m* timber wagon, *Am.* bogie (*or* lumber) car; ~**hubig** [ˈ-huːbiç] *tech. adj.* long-stroke; ~**jährig** *adj.* of many years' standing *or* duration; ~*e Freundschaft* friendship of long (*or* old) standing; ~*e Erfahrung* (many) years of experience; ♀**lauf** *m* (long-)distance run(ning) *or* race; ~**lebig** [ˈ-leːbiç] *adj.* long-lived; *econ.* durable; ♀**lebigkeit** *f* (-) longevity.

ˈ**länglich** *adj.* longish; elongated, oblong; ~**rund** *adj.* oval, elliptical.

ˈ**lang...:** ♀**loch** *tech. n* oblong hole, slot; ♀**lochfräsmaschine** *f* slot milling machine; ♀**mut** *f* (-), ♀**mütigkeit** [ˈ-myːtiçkaɪt] *f* (-) patience, forbearance; ~ *üben gegen* show indulgence to(wards); ~**mütig I.** *adj.* forbearing, patient, long-suffering; **II.** *adv.* with forbearance, patiently; ~**nasig** *adj.* long-nosed; ♀**ohr** *colloq. n* long-ear, jackass; ~**ohrig** *adj.* long-eared; ♀**pferd** *n gym.* vaulting- (*or* long) horse; ♀**rohrgeschütz** *mil. n* long-barrelled gun.

längs [lɛŋs] *adv. and prp.* (*dat. or gen.*) along, alongside of; → *entlang*; *mar.* ~ *der Küste fahren* (hug the) coast, sail alongshore; ˈ♀**achse** *f* longitudinal axis.

ˈ**langsam** *adj.* slow; *tech.* slow speed; leisurely, unhurried; tardy, dawdling; sluggish; heavy, plodding; slow (of comprehension *or* in the uptake); ~*er Kerl* slowpoke; ~*er werden* slow down, slacken; ~, *aber sicher!* slow but sure; *immer* ~! take it easy!, not so fast!; ♀**keit** *f* (-) slowness; leisureliness; tardiness; sluggishness; slackness; ♀**treten** *n* (-*s*) (*strike*) ca'canny, go-slow strike.

ˈ**lang...:** ~**schädelig** *adj.* long-headed, delichocephalic; ♀**schäfter** [ˈ-ʃɛftər] *m/pl.* highboots, Wellingtons; ♀**schiff** *arch. n* nave; ♀**schläfer**(**in** *f*) *m* late riser, slug-abed; ~**schurig** *adj.* long-staple(d) (*wool*); ~**sichtig** *econ. adj.* long-sighted; ♀**spielplatte** *f* long playing record, long-play(er).

ˈ**längs...:** ♀**richtung** *f* longitudinal direction *or* sense; ♀**schnitt** *m* longitudinal section; *arch.* sectional elevation; ~**seits** [ˈlɛŋszaɪts] *adv.* alongside.

längst [lɛŋst] *adv.* long ago *or* since; *ich weiß es* ~ I have known it for a long time; ~ *fällig* overdue; *er sollte* ~ *dasein* he should have been here long (*or* hours) ago; ~ *vergangene Tage* times long past (and gone); *fig.* ~ *nicht* not by a long way; *das ist* ~ *nicht so gut* that's not nearly (*or* far from being) as good; ~**ens** [ˈlɛŋstəns] *adv.* at the longest; at the latest; at the most.

ˈ**langstielig** *adj.* long-handled; *bot.* long-stemmed; *fig.* → *langweilig*.

ˈ**Längs-träger** *m arch.* longitudinal girder; *mot.* frame side member.

ˈ**Langstrecken...** *in compounds*: long-distance, long-range; ~**bomber** *m*, ~**flugzeug** *n* long-range *or* long-distance bomber (airplane); ~**lauf** *m* (long-)distance run *or* race; ~**läufer** *m* (long-)distance runner; ~**radar** *n* long-range radar.

ˈ**längs...:** ♀**vorschub** *tech. m* longitudinal feed; ♀**zug** *tech. m* longitudinal traverse.

Languste [laŋˈgustə] *zo. f* (-; -*n*) spring- (*or* spiny) lobster.

ˈ**lang...:** ♀**weile** *f* → *Langeweile*; ~**weilen** *v/t.* (*h.*) weary, tire, bore (*zu Tode* to death *or* stiff); *sich* ~ feel bored; ♀**weiler** *colloq. m* (-*s*; -) slowpoke; ~**weilig** *adj.* boring, tedious, tiresome, wearisome, dull; humdrum (*life*); ~*er Mensch* bore; ♀**weiligkeit** *f* (-) tediousness, dullness; ♀**welle** *f radio*: long wave; ♀**wellenbereich** *m* long-wave band; ♀**wellenempfänger** *m* long-wave receiver; ~**wellig** *el. adj.* long-waved; ~**wierig** [ˈ-viːriç] *adj.* protracted, lengthy, long-drawn-out; unending, wearisome; *med.* lingering, chronic; ♀**wierigkeit** *f* (-) long duration, lengthiness; tediousness.

Lanolin [lanoˈliːn] *n* (-*s*) lanolin.

Lanze [ˈlantsə] *f* (-; -*n*) spear, *mil.* lance; *fig. für j-n e-e* ~ *brechen* break a lance for, stand up for a p.; ~**nbrechen**, ~**nstechen** *n* (-*s*) tilt(-ing), joust, tournament; ♀**nförmig** [ˈ-fœrmiç] *adj.* spear-shaped, lanciform, *bot.* lanceolate; ~**nreiter** *mil. m* lancer.

Lanzette [lanˈtsɛtə] *med. f* (-; -*n*) lancet.

lapidar [lapiˈdaːr] *adj.* lapidary, pithy.

Lapisdruck [ˈlaːpis-] *typ. m* (-[e]*s*; -e) lapis style.

Lapislazuli [laːpisˈlaːtsuli] *m* (-) lapis lazuli.

Lappalie [laˈpaːliə] *f* (-; -*n*) trifle, bagatelle.

Lapp|e [ˈlapə] *m* (-*n*; -*n*), ~**in** *f* (-; -*nen*) → *Lappländer*(*in*).

Lappen [ˈlapən] *m* (-*s*; -) rag; cloth; duster; patch; *hunt.* toil(s *pl.*); flap-ears; *anat.*, *bot.*, *radio*: lobe, *of fowl*: wattle, gill; *colloq.* bank-note, bill; *fig. j-m durch die* ~ *gehen* give a p. the slip.

läppen [ˈlɛpən] *tech. v/t.* (*h.*) lap.

läppern [ˈlɛpərn] *v/t. and v/i.* (*h.*) lap, sip; *colloq. sich* (*zusammen*)~ run up, accumulate.

ˈ**lappig** *adj.* ragged; flabby, flaccid; *anat.*, *bot.* lobed.

ˈ**läppisch** *adj.* silly, foolish.

ˈ**Lapp...:** ~**land** *n* (-*s*) Lapland; ~**länder**(**in** *f*) [ˈlaplɛndər(in)] *m* (-*s*, -; -, -*nen*) Laplander, Lapp; ♀**ländisch** *adj.* Lap(pish).

Lapsus [ˈlapsus] *m* (-; -) slip.

Lärche [ˈlɛrçə] *f* (-; -*n*) larch(-tree); *amerikanische* ~ tamerack.

larifari! [lariˈfaːri] *int.* stuff and nonsense!

Lariˈfari *n* (-*s*; -*s*) nonsense.

Lärm [lɛrm] *m* (-*s*) noise; din; row, racket; clamo(u)r, hubbub, hullaballoo; broil; bustle; uproar, tumult, riot; *blinder* ~ false alarm; ~ *schlagen* raise (*or* sound) the alarm, *fig.* cry blue murder; *blinden* ~ *schlagen* cry wolf; ~ *machen* → *lärmen*; *großen* ~ *um et. machen* make a great noise (*or* fuss) about a th.; *viel* ~ *um nichts* much ado about nothing; ˈ~**bekämpfung** *f* noise abatement (campaign); ˈ♀**en** *v/i.* (*h.*) be noisy, make much noise, make a racket, kick up a row; brawl; yell, shout; romp; ˈ♀**end** *adj.* noisy; uproarious, tumultuous, riotous; unruly; ˈ~(**mach**)**er** *m* (-*s*; -) noisy person; brawler, rioter.

Larve [ˈlarfə] *f* (-; -*n*) mask; face; *zo.* larva, grub.

las [laːs] *pret. of lesen*.

lasch [laʃ] *colloq. adj.* lax; limp, flabby; stale, insipid; sloppy.

Lasche [ˈlaʃə] *f* (-; -*n*) *on rails*: fish-plate; (*ropes*) lashing; *tech.* strap joint; splice strap; *boiler*, *steel construction*: butt strap; *mot.* shackle, clip; *joinery*: groove; *arch.* strip; *dressmaking*: gusset; (pocket-)flap; *on laced shoes*: tongue; ~**nnietung** *f* butt-joint (riveting).

Laser [ˈleːzər] *phys. m* (-*s*; -) laser.

lasier|en [laˈziːrən] *v/t.* (*h.*) glaze; ♀**farbe** *f* glazing colo(u)r.

Läsion [lɛziˈoːn] *med. f* (-; -*en*) lesion.

lassen [ˈlasən] *irr.* **I.** *v/aux.* **a)** (*h.*) let, allow to (*inf.*), permit; not to prevent from (*doing a th.*); suffer (*a th. or a th. to be done*), tolerate; *die Lampe brennen* ~ leave (*or* keep) the lamp burning; *et. sehen* ~ show a th.; *et. fallen* ~ drop a th.; *j-n* gehen ~ let a p. go; *j-n warten* ~ keep a p. waiting; *laß ihn nur kommen!* just let him come!; **b**) make, cause to (*inf.*); (*sich*) *et. machen* ~ get (*or* have) a th. made *or* done; order a th. *to be done*; *a p. to do* a th.; *ich ließ ihn e-e Liste anfertigen* I got (*or* ordered) him to make a list, I had him make a list; *ich ließ den Hund springen* I made the dog jump; *man ließ den Arzt kommen* the doctor was sent for; *ich habe mir sagen* ~ I have been told; *ich lasse (ihn) bitten!* please, show him in!; *sich schicken* ~ have sent; *sich e-n Zahn ziehen* ~ have a tooth drawn; **c**) *v/refl.* (*h.*): *es läßt sich nicht beschreiben* it defies description, it is indescribable; *das läßt sich denken* I can imagine; *das läßt sich (schon) machen* it can be done, it can be arranged; *es läßt sich nicht leugnen, daß* it cannot be denied that; there is no denying the fact that; *das läßt sich hören* that sounds well; *er läßt sich nichts sagen* he won't take advice; *er läßt sich nicht herumkommandieren* he won't be ordered about; *das Material läßt sich vielfach verwenden* the material can be used for various purposes; *das Wort läßt sich nicht übersetzen* the word is untranslatable; *der Wein läßt sich trinken* the wine is drinkable; *von sich hören* ~ send news (*or* word); *sich et. einfallen* ~ **a**) get an idea into one's head, **b**) think a th. up; *laß dir das gesagt sein!* mark my words!; **II.** *v/t.* (*h.*) leave (*undone, off, open, shut, behind*); leave, part with, abandon; put, place, deposit; abstain (*or* refrain, desist) from (*doing a th.*); *laß (das)!* don't!, stop it!, lay off!; *laß den Lärm!* stop that noise!; *laß das Weinen!* stop crying!; *ich kann es nicht* ~ I cannot help (doing) it; *er kann das Witzeln nicht* ~ he will have his little joke; ~ *Sie ihn (zufrieden)!* leave him alone!; *wo hat er nur all sein Geld gelassen?* what has he done with all his money?; *j-m et.* ~ let a p. have a th.; *das muß man ihm* ~ you have to grant (*or* hand) it to him; *das Leben* ~ lose one's life, perish, *für et.*: give *or* sacrifice one's life for a th.; *j-m Zeit* ~ give (*or* allow) a p. (sufficient) time; *laß dir Zeit!* take your time!; **III.** *v/i.* (*h.*): ~ *von et.* renounce (*or* give up) a th., desist from a th.

lässig [ˈlɛsiç] *adj.* indolent, lazy, idle; sluggish, slack; negligent, remiss; careless; nonchalant; ~*er Arbeiter* slacker; 2**keit** *f* (-) indolence, laziness; sluggishness; negligence; carelessness; nonchalance.

läßlich [ˈlɛsliç] *eccl. adj.*: ~*e Sünde* venial sin; *w.s.* pardonable.

Lasso [ˈlaso] *m and n* (-s; -s) lasso.

Last [last] *f* (-; -en) load (*a. aer., mar.* = cargo, freight); burden; weight, charge; tonnage; *bewegliche (ruhende)* ~ live (dead) load; *fig.* weight, burden, charge; trouble; nuisance; *econ.* encumbrance; *jur.* ~ *der Beweise* weight of evidence, onus of proof; ~*en pl.* taxes, imposts, social burdens; *öffentliche* ~*en* public charges; *econ. zu j-s* ~*en* to the debit of a p.; *wir buchen es zu Ihren* ~*en* we debit (*or* charge) it to your account; *j-m zur* ~ *fallen* be a burden to (*or* drag on) a p., trouble (*or* bother) a p.; *der Öffentlichkeit zur* ~ *fallen* be(come) a public charge; *j-m et. zur* ~ *legen* charge a p. with a th. (*a. jur.*); blame a th. on a p., lay a th. at a p.'s door; ˈ~**anhänger** *m* trailer; ˈ~**auto** *n* → *Lastkraftwagen*; ˈ~**dampfer** *m* cargo-steamer, freighter.

ˈ**lasten** *v/i.* (*h.*): ~ *auf* (*dat.*) weight *or* press (up)on, *responsibility*: *a.* rest with *a p.* (*or* on *a p.*'s shoulders); *clouds*: brood over.

ˈ**Lasten...**: ~**aufzug** *m* goods lift, *Am.* (freight) elevator; ~**ausgleich** *m* equalization of burdens; ~**fallschirm** *m* cargo parachute; 2**frei** *adj.* unencumbered; ~**segler** *m* transport glider; troop-carrying glider.

ˈ**Laster**[1] *m* (-s; -) → *Lastkraftwagen.*

Laster[2] [ˈlastər] *n* (-s; -) vice; depravity; *e-m* ~ *frönen* indulge in a vice; *colloq. fig.* (*person*) *langes* ~ tall streak.

Lästerer [ˈlɛstərər] *m* (-s; -) calumniator, slanderer, backbiter; blasphemer.

ˈ**lasterhaft** *adj.* vicious, wicked; depraved, corrupt; 2**igkeit** *f* (-) viciousness, wickedness; depravity.

ˈ**Laster...**: ~**höhle** *f* den of vice; ~**leben** *n* vicious life.

ˈ**läster|lich** *adj.* slanderous, calumnious, abusive; blasphemous; disgraceful; *colloq.* awful; 2**maul** *colloq. n* scandalmonger, slanderer, backbiter.

ˈ**lästern** *v/t.* (*h.*) slander, calumniate, defame; abuse, revile, run down; (*a. v/i.*) blaspheme.

ˈ**Läster...**: ~**schrift** *f* libel(lous pamphlet), lampoon; ~**ung** *f* (-; -en) calumny, slander, abuse; blasphemy; ~**zunge** *f* slanderous tongue; → *Lästermaul.*

ˈ**Last...**: ~**esel** *m* sumpter-mule; *fig.* drudge; ~**fahrzeug** *n*, ~**fuhre** *f* heavy goods vehicle; ~**flugzeug** *n* cargo (air)plane, freight carrier; ~**geld** *n* tonnage.

lästig [ˈlɛstiç] *adj.* burdensome, cumbersome, onerous; troublesome, tiresome; irksome, bothersome, annoying; uncomfortable, inconvenient; ~*er Ausländer* undesirable alien; ~*e Person (Sache)* nuisance, bore; *j-m* ~ *fallen or werden* be(come) a burden (*or* trouble) to a p., bore (*or* bother, molest) a p.; 2**keit** *f* (-) burdensomeness; troublesomeness; irksomeness.

ˈ**Last...**: ~**kahn** *m* barge, lighter; ~**kraftwagen** *m* (*LKW*) (motor) lorry, *Am.* truck; *mit Anhänger*: tractor-trailer unit; *leichter (schwerer)* ~ light (heavy-duty) lorry *or* truck; ~**kraftwagenanhänger** *m* lorry (*Am.* truck) trailer; ~**magnet** *m* lifting magnet; ~**pferd** *n* pack horse; ~**schiff** *mar. n* transport-ship, freighter; ~**schrift** *econ. f* debit advice (*or* note); debit item (*or* entry); ~**tier** *n* pack animal; ~**wagen** *m* wag(g)on, van; *mot.* → *Lastkraftwagen*; ~**wagenfahrer** *m* lorry (*Am.* truck) driver; ~**wagenladung** *f* truckload; ~**zug** *mot. m* road-train of lorries, *Am.* motor freight car train; tractor-trailer unit, *Am. a.* trailer truck, power unit.

Lasur[1] [laˈzuːr] *min. m* (-s) azure; → ~*stein.*

Laˈ**sur**[2] *f* (-; -en) glaze.

Laˈ**sur...**: ~**blau** *n*, ~**farbe** *f* colo(u)ring blue; ultramarine; 2**blau**, 2**farben** *adj.* azure, (deep) sky-blue; ~**fähigkeit** *f* opacity; ~**lack** *m* transparent varnish; ~**stein** *min. and paint. m* lapis lazuli, azurite.

laszív [lasˈtsiːf] *adj.* lascivious.

Latein [laˈtaɪn] *n* (-s) Latin; *fig. mit seinem* ~ *am Ende sein* be at one's wits' end; ~**amerika** *n* Latin America; ~**er** *m* (-s; -) Latinist; 2**isch** *adj.* Latin; *auf* ~ in Latin; ~*e Buchstaben or Schrift* Latin characters, *typ.* Roman (type *or* letters); ~**schule** *f* grammar-school.

laten|t [laˈtɛnt] *adj.* latent; potential, dormant; *phys.* ~*e Kraft* dynamism, *fig.* latent power, potentiality; ~*e Wärme* latent heat; 2**z** [laˈtɛnts] *f* (-) latency; 2**zstadium** *med. n* latency (*or* incubation) period; 2**zzeit** *f* latent period.

Laterna magica [laˈtɛrna ˈmɑːgika] *f* (-) magic lantern.

Laterne [laˈtɛrnə] *f* (-; -n) lantern; street-lamp; dark lantern; → *Lampion*; ~**npfahl** *m* lamp-post; *fig. Wink mit dem* ~ broad hint.

latinisieren [latiniˈziːrən] *v/t.* (*h.*) latinize.

Latinum [laˈtiːnum] *n* (-s): *Großes* ~ Matriculation Latin; *Kleines* ~ Intermediate Latin.

Latrine [laˈtriːnə] *mil. f* (-; -n) latrine; ~**ngerücht** *n*, ~**nparole** *mil. sl. f* latrine rumo(u)r.

Latsche[1] [ˈlɑːtʃə] *bot. f* (-; -n) dwarf-pine.

ˈ**Latsche**[2] *f* (-; -n), ~**n** *m* (-s; -) (old) slipper.

ˈ**latschen** *colloq. v/i.* (*sn*) shuffle (*or* slouch) along; (*h.*) twaddle, babble; *j-m e-e* ~ paste a p. one.

ˈ**latschig** *adj.* shuffling, slouching; *fig.* slovenly, slipshod; sluggish, slack.

Latte [ˈlatə] *f* (-; -n) lath, batten, strip board; slat; *surv.* stadia rod; *sl. aer.* prop(ellor); *high-jump, soccer*: (cross-)bar; *die* ~ *reißen* dislodge (*or* knock off) the bar; *die* ~ *überqueren* clear the bar; ~**nkiste** *f* crate; ~**nrost** *m* lath floor, duck-board; ~**nverschlag** *m* latticed partition; ~**nwerk** *n* lath-work, lattice; ~**nzaun** *m* lath fence, (wooden) paling.

Lattich [ˈlatiç] *bot. m* (-[e]s; -e) lettuce.

Latwerge [latˈvɛrgə] *f* (-; -n) electuary.

Latz [lats] *m* (-es; ⸚e) bib; pinafore; (*Hosen*2) flap.

lau [laʊ] *adj.* lukewarm (*a. fig.*), tepid; mild (*air, weather*); *fig.* half-hearted; indifferent.

Laub [laʊp] *n* (-[e]s) foliage, leafage;

leaves *pl.*; *sich mit ~ bedecken tree*: put on leaves; **~baum** *m* deciduous tree; **~dach** *n* canopy of leaves.

Laube ['laubə] *f* (-; -*n*) arbo(u)r, bower; summerhouse; *arch.* porch; portico; arcade; *colloq. fertig ist die ~!* there you are!; **~ngang** *m* arbo(u)red walk, pergola; *arch.* arcade, loggia; **~nkolonie** *f* allotment gardens *pl.*

'**Laub...:** **~fall** *m* (-[e]s) fall of the leaf; **~frosch** *m* tree-frog; **~grün** *n* leaf green, pigment; **~holz** *n* foliage trees *pl.*, leaf-wood; **~hüttenfest** *n* Feast of (the) Tabernacles.

laubig ['laubiç] *adj.* leafy, leaved, foliate.

'**Laub...:** **2los** *adj.* leafless; **2reich** *adj.* leafy; **~säge** *f* fretsaw; **~säge-arbeit** *f* fretwork; **~wald** *m* leafy (*or* deciduous) wood; **~werk** *n* foliage (*a. paint.*, *etc.*); *arch. a.* crocket, foil.

Lauch [laux] *bot. m* (-[e]s; -e) leek.

Lauer ['lauər] *f* (-): *auf der ~ (liegen)* (lie) in wait *or* ambush, (be) on the look-out; *sich auf die ~ legen* lay an ambush; go on a watch; **2n** *v/i.* (*h.*) lurk (*auf acc.* for), (lie in) wait (for), *a. auf e-e Gelegenheit*: be on the look-out for, watch for *a chance*; **2nd** *adj.* lurking (*danger*); wary (*look*).

Lauf [lauf] *m* (-[e]s; ⸗e) run(ning); *sports*: *a.* run, heat; race; movement, motion, travel; current, flow (*of water*); course (*a. ast., mar., of river*), path, track, *ast. a.* orbit; *mus.* run, roulade; *hunt.* foot, leg; (gun-, *etc.*) barrel; *mit zwei Läufen* double-barrelled; *gezogener ~* rifled barrel; *tech.* motion; operation, action; *of piston, etc.*: travel; *ruhiger ~* smooth running (*of engine*); *sports*: *kurzer, schneller ~* sprint, dash; *100-Meter-~* one hundred metres dash; *1500-Meter-~* metric (*or* Olympic) mile race; *in vollem ~e* in full career, at full (*or* top) speed; *im ~e des Monats* in the course of (*the month*), over the period of; *im ~e der Zeit* in course of time; *freien ~ lassen* **a)** *e-r Sache*: let *a th.* take its course, **b)** *den Gefühlen, etc.*: give free vent (*or* full play) to *one's feelings*; *den Dingen ihren ~ lassen* let things slide; *das ist der ~ der Welt* that's the way of the world, such is life; **~achse** *tech. f* running axle; **~bahn** *f sports*: lane; (race-)course; *aer.* runway; *ast.* orbit, course; *fig.* career; e-e *~ einschlagen* enter on a career; **~brett** *n* running-board; **~brücke** *f* foot-bridge; *mar.* gangway; **~buchse** *tech. f* bush(ing), liner; **~bursche** *m* errand- (*or* office-)boy, messenger; **~decke** *mot. f* tyre cover, *Am.* tire casing; **~disziplin** *f sports*: running event.

'**laufen** *v/i. and v/t.* (*irr.*, *sn*) run (*a. rail., mot.*); *schnell ~* run swiftly, rush, dash; *schneller ~ als* outrun, outstrip (in running); *gelaufen kommen* come running (along); go on foot, walk; *tech. machine, etc.*: go, work, function; *piston, etc.*: travel, move, pass; cover, do (*a distance*); *der Weg läuft durch Äcker* the lane runs through fields; run, flow, *tears*: *a.* roll (down); *vessel*: leak, (*a. nose*) run; *candle*: gutter; *blood*: *durch die Adern ~* circulate; *ein Schauer lief mir über den Rücken* a cold shiver ran down my back; run, stretch, extend (*von ... bis* from ... to); *as to time*: pass, go by, elapse; (*be valid*) run; *film*: run, be on; → *Gefahr, Schi, Sturm, etc.*; *mar. auf Grund ~* run aground; *auf e-e Mine ~* hit a mine; *in den Hafen ~* put into port; *in das Verderben ~* rush (*headlong*) into destruction; *j-m in die Arme ~* bump into a p.; *~ um* revolve (*or* move) round; *um die Wette ~* race; *unter dem Namen ... ~* go under the name of ...; *sich müde* (*tot*) *~* tire (kill) o.s. with running; *es läuft sich hier schlecht* it is bad running (*or* walking, skating, skiing) here; *~ lassen* let *a p.* go (*or* off); give up; send away; run (*horse, etc.*); *die Dinge ~ lassen* let matters slide (*or* take care of themselves); *das Schiff (Auto) läuft 12 Knoten (60 Meilen) die Stunde* the ship (car) does *or* makes 12 knots (60 miles per hour); *die Sache läuft* the matter is in progress *or* under way, → *klappen*; *das läuft ins Geld* that runs away with a lot of money, it is (very) expensive; → *hinauslaufen.*

'**Laufen** *n* (-*s*) running; walking.

'**laufend I.** *adj.* running; *fig.* steady; continuous; current (*account, ex-p.nse, price, production, year, etc.*); regular (*customers, service, etc.*); day-to-day, routine (*work, business*); consecutive, serial (*number*); running (*bill of exchange*), in circulation; *econ. ~en Monats* instant (*abbr.* inst.); *tech.* → *Band*; *stock exchange*: *~e Notierung* consecutive quotation; *~e Rechnung* current account; *~es Meter cloth*: running metre; *~e Wartung (Prüfung)* routine maintenance (check); *auf dem ~en sein* be up to date, *n.s.* be conversant with the facts, be fully informed; *j-n (sich) auf dem ~en halten* keep a p. (o.s.) (currently) informed *or* posted, keep abreast of developments; **II.** *adv.* currently; regularly, *etc.*; increasingly.

Läufer ['lɔyfər] *m* (-*s*; -) runner (*a.* **~in** *f*); *soccer*: half-back; skater; skier; *zo.* young pig, porker; *bot.* runner, tendril; *mus.* run, glissando; *chess*: bishop; strip of carpet, runner; stair-carpet; *tech.* slider; *of scales*: sliding weight; *el.* armature, (*a. of turbine*) rotor; *arch.* stretcher, binder; *typ.* brayer; *weaving*: whirl.

Lauferei [laufə'rai] *f* (-; -*en*) running about; *w.s.* trouble, bother.

'**Läufer...:** **~reihe** *f soccer*: centre line; **~stoff** *m* material for stair-carpets, carpeting; **~wicklung** *el. f* rotor winding.

'**Lauf...:** **~feuer** *n* running fire; *fig. sich wie ein ~ verbreiten* spread like wildfire; **~fläche** *f mot.* tread; *tech.* bearing surface, journal; *of ski*: flat, sole; **~gewicht** *n* sliding weight; **~graben** *mil. m* communication (*or* approach) trench.

'**läufig,** '**läufisch** *zo. adj.* in heat, ruttish.

'**Lauf...:** **~junge** *m* → *Laufbursche*; **~katze** *tech. f* travel(l)ing crab, trolley; *~ mit Hebezeug* travel(l)ing hoist; **~kette** *f* track; **~kippe** *f gym.* running upstart; **~kran** *tech. m* travel(l)ing crane; **~kunde** *econ. m* chance customer; **~kundschaft** *f* passing trade; **~masche** *f* ladder, *Am. a.* run; **2maschenfrei** *adj. Am.* run-proof; **~nummer** *f* consecutive (*or* serial) number; **~paß** *iro. m*: *j-m den ~ geben* give a p. the sack *or* his walking papers; *sie gab ihm den ~ sl.* she gave him the go-by; **~planke** *f* gangboard; **~rad** *n aer.* landing-wheel; *tech.* impeller; runner (*of turbine*); *a.* → **~räd-chen** *n on chairs, etc.*: caster (-wheel); **~riemen** *tech. m* driving-belt; **~ring** *tech. m* (ball) race; **~rolle** *f* trolley; *mil.* bogie wheel (*of tank*); **~schiene** *f* guide rail; **~schritt** *m* run(ning step), jogtrot; *mil.* double(-quick) step; *im ~* running, at the double; *command*: *~!* at the double!, *Am.* double time, march!; **~sitz** *tech. m* clearance fit; **~sohle** *f* outsole; **~ställchen** *n* playpen; **~steg** *m* footbridge; *mar.* gangway; **~stil** *m sports*: running style; **~werk** *n* running gear, mechanism; *of tank*: tracks and suspensions *pl.*; **~zeit** *f zo.* rut(ting season); *econ.* currency (*of bill of exchange*); term (*of contract*); run (*of film*); *mail*: transmission time; *radio*: transit time; *radar*: pulse timing; *tech.* hours of operation; (service-)life; **~zettel** *m* circular (letter); interoffice slip, control tag.

Lauge ['laugə] *f* (-; -*n*) lye; *tech. usu.* caustic solution, liquor, steep; brine; *chem.* lixivium; lixiviant; electrolyte solution; (*soap*) suds *pl.*; buck.

'**laugen** *v/t.* (*h.*) lye, leach; steep (in lye); *chem.* lixiviate; buck (*laundry*); **~artig** *adj.* alkaline; **2asche** *f* alkaline ashes *pl.*; **2bad** *n* alkaline bath *or* liquor; **~beständig** *adj.* alkaliproof; **2faß** *n* lye-vat, leaching-vat; **2messer** *m* alkalimeter; **2salz** *n* alkaline salt; **2wasser** *n* (-*s*; -*wässer*) alkaline (*or* caustic) solution, liquor.

'**Lauheit,** '**Lauigkeit** *f* (-) lukewarmness, tepidity; *fig. a.* half-heartedness.

Laune ['launə] *f* (-; -*n*) **1.** humo(u)r, temper, mood, frame of mind; (*in*) *guter (schlechter) ~* in a good (bad) humo(u)r *or* temper *or* mood; *bester ~* in the best of humo(u)r, in high spirits, chipper; (*nicht*) *in der ~ sein für et.* (not to) be in the mood *or* humo(u)r for a th.; → *Stimmung*; **2.** fancy, whim, caprice; changeableness, vagaries (*of weather*); *~ des Glücks (der Natur)* freak of fortune (nature); *seine ~ haben* be cross, be ill-tempered; *er hat seine ~n* he has his (little) moods.

'**launenhaft** *adj.* capricious, whimsical; erratic, unaccountable; *person*: *a.* fickle, wayward; **2igkeit** *f* (-) capriciousness, whimsicality, fickleness; moodiness.

'**launig** *adj.* humo(u)rous, jocose; whimsical, witty; droll, playful; **2keit** *f* (-) humo(u)rousness, jocoseness.

ˈ**launisch** *adj.* **1.** out of humo(u)r, ill-tempered, peevish, moody; **2.** → *launenhaft.*

Laus [laʊs] *f* (-; ⸗e) louse (*pl.* lice); *fig. j-m eine ~ in den Pelz setzen* give a p. trouble; *was für eine ~ ist dir über die Leber gekrochen?* what's wrong with you?, *Am. a.* what's eating you?; **~bub**(e) *m* young scamp *or* devil; **~buben-streich** *m* boy's trick (*or* prank); *fig.* mischievous act.

lausch|en [ˈlaʊʃən] *v/i.* (*h.*) listen (*dat. or auf* to); strain one's ears; prick one's ears; hang on *a p.'s* words; eavesdrop; **≈er**(**in** *f*) *m* (-s, -; -, -nen) listener, *b.s.* eavesdropper; **~ig** *adj.* snug, cosy; idyllic, tranquil, peaceful; hidden, tucked-away.

Lause... [ˈlaʊzə-]: **~junge, ~kerl** *m* blackguard, lout, rascal; → *Lausbube.*

ˈ**lausen** *v/t.* (*h.*): *j-n* (*sich*) *~* pick a p.'s (one's) lice, louse a p. (o.s.); *colloq. ich denke, mich laust der Affe* I thought I was seeing (*or* hearing) things.

Läusepulver [ˈlɔʏzə-] *n* insecticide.

lausig [ˈlaʊziç] *colloq. adj.* lousy (*a. fig.* = miserable, awful); filthy.

laut[1] [laʊt] **I.** *adj.* loud; *person*: *a.* loud-voiced; noisy, boisterous; audible; clear, distinct; sonorous, ringing, booming; *mus.* forte; *~ werden* become audible, make itself (*pl.* themselves) heard, *fig.* leak out, become public, get abroad; *~ werden lassen* betray, let on; **II.** *adv.* loud(ly), aloud; *speak, etc.*, in a loud voice, loud; openly; (*sprechen Sie*) *~er!* speak up!, *Am.* louder!; *er schrie, so ~ er konnte* he yelled at the top of his voice.

laut[2] *prp.* (*usu. gen.*) in accordance (*or* conformity) with; in pursuance of; according to; on the strength (*or* by virtue) of, under; *econ.* as per; *~ Befehl* as ordered, by order; *~ Verfügung* as directed.

ˈ**Laut** *m* (-[e]s; -e) sound (*a. gr.*); *a.* tone; *keinen ~ von sich geben* not to utter a sound; *dog*: *~ geben* give tongue; *in compounds gr.* phonetic ...; **~angleichung** *gr. f* assimilation (of sounds).

ˈ**lautbar** *adj.*: *~ werden* become known *or* public, be noised abroad.

ˈ**Laut...**: **~bezeichnung** *gr. f* sound notation; **~bildung** *f* articulation.

Laute [ˈlaʊtə] *f* (-; -*n*) lute (*a. fig.*); *die ~ schlagen* play (on) the lute.

ˈ**lauten** *v/i.* (*h.*) sound; *contents, words*: run; read; *die Antwort lautet günstig* the answer is favo(u)rable; *wie lautet der Brief?* what does the letter say?; *wie lautet sein Name?* what is his name?; *~ auf* (*acc.*) *passport, etc.*: be issued to; *econ. auf den Inhaber* (*Namen*) *~* be payable to bearer (order); *jur. das Urteil lautet auf Tod* (*ein Jahr Gefängnis*) the sentence is death (for one year's imprisonment).

läuten [ˈlɔʏtən] *v/i. and v/t.* (*h.*) ring (*j-m, nach et.* for); *church bells*: *a.* peal, toll; *small bell*: tinkle, jingle; *es läutet* the bell is ringing; *fig. er hat* (et)*was ~ hören* he has an inkling of it; *ich habe etwas davon ~ hören* I have heard something to that effect.

ˈ**Läuten** *n* (-s) ringing; → *Geläut*(e).

ˈ**Lautenspieler**(**in** *f*) *m* lute-player, lutist.

lauter [ˈlaʊtər] *adj.* **1.** pure, unalloyed; clear (*liquid*); transparent; flawless (*gem*); genuine; candid, sincere, singlehearted; honest, disinterested (*intentions*); *das ist die ~e Wahrheit* that is the real *or* plain *or* unvarnished truth; **2.** nothing but, mere, only; *aus ~ Bosheit* from sheer spite; *das sind ~ Lügen* that's nothing but lies; **≈keit** *f* (-) pureness, clearness; transparency; *fig.* purity, integrity; cando(u)r, sincerity.

läutern [ˈlɔʏtərn] *v/t.* (*h.*) purify; *tech. a.* purge, cleanse; clarify (*fluids*), *by distilling*: rectify; refine (*glass, metal, sugar*); clear (*brandy*); *fig.* purify, chasten; ennoble.

ˈ**Läuterung** *f* (-; -en) purification; clarification, rectification; refining; *fig.* chastening, purging; **~smittel** *n* purifying agent; **~svorgang** *m* refining process.

ˈ**Läute...**: **~werk** *n* alarum; (electromagnetic) ringing device; **~zeichen** *n* ring, acoustic signal.

ˈ**Laut...**: **~gesetz** *n* phonetic law; **≈getreu** *adj.* high-fidelity; orthophonic; **~heit** *f* (-) loudness.

lauˈtier|en *v/t. and v/i.* (*h.*) spell (and read) phonetically; **≈methode** *f* phonetic spelling (and reading).

ˈ**Laut...**: **~lehre** *f* (-) phonetics *pl.*; phonology; **≈lich** *adj.* phonetic; **≈los** *adj.* soundless; noiseless; silent; mute; *~e Stille* hushed (*or* deep, breathless) silence; **~losigkeit** *f* (-) soundlessness; (deep) silence, hush; **≈malend, ≈nachahmend** *adj.* onomatopoeic, echoic; **~maleˈrei** *f* onomatopoeia; **~schrift** *f* phonetic transcription; **~sprecher** *m* loudspeaker; megaphone; **~sprecheranlage** *f*: *öffentliche ~* public address system; **~sprecherwagen** *m* loudspeaker van (*Am.* truck), public-address car; **~stärke** *f* sound intensity, loudness; *radio*: (sound-)volume; *mit voller ~* at the top of one's voice; **~stärkemesser** *m* sound level meter; **~stärkeregler** *m radio*: volume control; **~system** *n* phonetic system; **~verschiebung** *f* shifting of consonants; (*Gesetz der*) *~* Grimm's law; **~verstärker** *m* (sound-)amplifier; **~zeichen** *n* phonetic symbol, phonotype.

ˈ**lauwarm** *adj.* → *lau.*

Lava [ˈlɑːva] *geol. f* (-; -*ven*) lava; **~strom** *m* stream of lava.

Lavendel [laˈvɛndəl] *bot. m* (-s; -) lavender; **~öl** *n* (-[e]s) spike-oil.

lavieren [laˈviːrən] *mar. v/i.* (*h.*) tack (about); *fig. a.* wangle.

Lawine [laˈviːnə] *f* (-; -*n*) avalanche, snow-slip (*Am.* -slide); **≈n-artig** *adj. and adv.* like an avalanche; *~ anwachsen* snowball; **≈ngefährlich** *adj.* exposed to avalanches.

lax [laks] *adj.* lax, loose; **≈heit** *f* (-) laxity; licentiousness.

laˈxier|end *adj.* laxative, aperient; **≈mittel** *n* laxative.

Layout [ˈleːˀaʊt] *print. m* (-*s*; -*s*) layout; **~er** *m* (-s; -) layout man.

Lazarett [latsaˈrɛt] *n* (-[e]s; -e) (military) hospital *or* infirmary; **~fieber** *n* hospital-fever; **~gehilfe** *m* dresser; **~schiff** *n* hospital ship; **~wagen** *m* ambulance; **~zug** *m* hospital train.

Lebe|dame [ˈleːbə-] *f* society lady; demi-mondaine, demirep; **~ˈhoch** *n* cheers *pl.*; **~mann** *m* man about town, fast liver, bon-vivant (*Fr.*), playboy.

ˈ**Leben** *n* (-s; -) life, existence; being; living creature *or* being; (way of) living; vitality, vital power, vigo(u)r; liveliness, animation; stir, activity, (hustle and) bustle, to-do; biography, life; *das ~ in Australien* life in Australia; *das einfache ~* the simple life; *das nackte ~* the naked life; *Kampf auf ~ und Tod* mortal combat, life-and--death struggle; *es geht um ~ u. Tod* it is a matter of life and death; *am ~ sein* be alive; *am ~ bleiben* remain alive, survive, escape; *am ~ erhalten* keep alive; *ein ruhiges ~ führen* lead *or* live a quiet life; *ein neues ~ beginnen* turn over a new leaf; *~ in eine Sache bringen* bring life into a th., make things hum; → *Bude*; et. *für sein ~ gern tun* be very (*or* passionately) fond of a th. (*or* doing a th.), be crazy about a th.; *ich würde für mein ~ gern* I would give anything to *inf.*, I would love to *inf.*; *ins ~ rufen* call into being (*or* existence), start, launch; *econ.* float, set on foot; *ins ~ treten* go into the world, start; *j-m das ~ schenken* **a**) spare a p.'s life, *mil.* give quarter to a p., (→ *lassen*), **b**) give birth to *a child*; *mein ganzes ~* (*lang*) all my life; *nach dem ~ zeichnen* draw from (real) life *or* from nature; *nur einmal im ~* only once in a lifetime; *sich das ~ nehmen* take one's (own) life, commit suicide; *ums ~ kommen* lose one's life, perish, be killed; *ums liebe ~ rennen* run for dear life; *nicht ums ~* not for the life of me; *voll*(er) *~* lively, all alive, full of go (*or* beans); *~ zeigen* show (signs of) life, become animated.

ˈ**leben I.** *v/i.* (*h.*) live, be alive, exist; live, reside, dwell; stay; live on; live well; lead a gay (*or* fast) life; *die Statue lebt* the statue seems alive (*or* animated *or* to breathe); *~ für et., e-r Sache ~* live for (*or* devote o.s. to) a th.; *~ nach e-m Grundsatz* live by (*or* up to) a principle; *~ von* (*Nahrung*) live *or* feed *or* subsist (up)on (food), (*e-m Einkommen*) live on (an income), (*e-m Beruf*) earn (*or* make) a living by (a profession); *von der Luft ~* live on air; *friedlich ~* lead *or* live a peaceful life, live peacefully; *~ und ~ lassen* live and let live; *er wird nicht mehr lange ~* his days are numbered, his sands are running out; *wie lange ~ Sie schon in England?* how long have you been living in England?; *so wahr ich lebe!* as sure as I live!, upon my life!; *er ist mein Vater wie er leibt und lebt* he is the very image (*or* the spit and image) of my father;

es lebe ...! here's to ...!; *es lebe die Königin!* long live the Queen!; *die Damen sollen ~!* three cheers for the ladies!; *~ Sie wohl* good-bye, fare well; **II.** *v/t.* (*h.*) *sein Leben noch einmal ~* live one's life over again; **III.** *v/refl. and impers.* (*h.*) *hier lebt es sich gut* it is pleasant living here.

ˈ**lebend** *adj.* living (*a. language* = modern); *biol.* live; *~e Bilder* tableaux vivants (*Fr.*); *~e Fische* live fish; *~e Hecke* quickset (hedge); *~es Inventar* live-stock; *kein ~es Wesen* not a living soul; *mil.* *~e Ziele* live targets; *as pr.p.* *ein hier ~er Freund* a friend living here; **2e(r** *m)* [ˈ-əndə(r)] *f* (*-n, -n; -n, -n*) living person; *die (noch) ~n pl.* the people still alive, the survivors; *die ~n und die Toten* the living and the dead; **~gebärend** *zo. adj.* viviparious; **2gewicht** *n* live weight.

lebendig [leˈbɛndiç] *adj.* living; *pred.* alive; quick; full of life, astir, bustling, *econ.* brisk, animated (*market, etc.*); lively, vivacious; vivid (*account*); active (*mind*); lively (*imagination*); full of vigo(u)r *or* vitality; *der ~e Gott* the living God; *bei ~em Leibe verbrannt* burnt alive; *mehr tot als ~* more dead than alive; *wieder ~ machen* revive, bring back to life; *~ werden* come to life; *im Haus wurde es ~* people began to stir in the house; *~e Junge gebären* bring forth young alive, be viviparous; **2keit** *f* (-) → *Lebhaftigkeit.*

ˈ**Lebens...:** **~abend** *m* evening of life, old age; **~abriß** *m* biographical notes *pl.*; **~abschnitt** *m* period of life; **~ader** *fig. f* life-line; **~alter** *n* age, period of life; **~anschauung** *f* way of looking at life, outlook on life; **~art** *f* manner (*or* way, mode) of living; *feine ~* excellent manners, good breeding, savoir vivre (*Fr.*); *er hat keine ~* he has no manners; **~auffassung** *f* conception (*or* philosophy) of life; **~aufgabe** *f* life-task; life work; **~äußerung** *f* manifestation of life; **~bahn** *f* (course of) life; **~baum** *m* tree of life; *bot.* arbor vitae; **~bedingungen** *f/pl.* living conditions; **~bedürfnisse** *n/pl.* necessaries of life; **~bejahung** *f* acceptance of life; **~beschreibung** *f* life, biography; **~dauer** *f* duration of life, life-span; *lange ~* longevity; *tech.* (service) life, durability; *auf ~* → *Lebenszeit*; **~elixier** *n* elixir of life; **~ende** *n* (*-s*) end of life; *bis an mein ~* to the end of my days; **~erfahrung** *f* experience of life; **~erwartung** *f* life expectancy; **~faden** *m* thread of life, life-strings *pl.*; **2fähig** *adj. a. fig.* viable; **~fähigkeit** *f* (-) viability, vitality; **~form** *f* form of life; **~frage** *f* vital question; **2fremd** *adj.* → *weltfremd*; **~freude** *f* joy of living, zest; **~frist** *f* lease of life; **~führung** *f* (conduct of) life, style (of living); *gesundheitliche ~* regimen; **~funke** *m* vital spark; **~funktion** *f* vital function; **~gefahr** *f* (-) danger of life, mortal danger; *~!* danger of death!; *unter ~* at the risk of one's life; **2gefährlich** *adj.* dangerous (to life), perilous; *jur.* involving danger to life and limb; dangerous, very grave *or* serious (*disease, injury*); **~gefährte** *m*, **~gefährtin** *f* life companion, mate; **~geister** *pl.* animal spirits; *j-s ~ wecken* put life into a p.; **~gemeinschaft** *f* community of life; **~geschichte** *f* life history, biography; **~gewohnheit** *f* way (*or* habit) of living; **~glück** *n* happiness of *one's* life; **2groß** *adj.* (as) large as life; life-size(d) (*picture*); **~größe** *f* life-size, real size; *in ~* at full length, *colloq. fig.* in the flesh; *Bild in ~* full-length picture; **~haltung** *f* standard of life; **~haltungskosten** *pl.* cost *sg.* of living, living expenses; **~hunger** *m* zest (*or* lust) for life; **~interessen** *n/pl.* vital interests; **~jahr** *n* year of *one's* life; *im 50. ~* at the age of fifty; **~keim** *m* vital germ; **2klug** *adj.* worldly-wise; **~klugheit** *f* worldly wisdom; **~kraft** *f* vital power, vigo(u)r, vitality; **2kräftig** *adj.* vigorous, full of vitality; **~kunde** *f* biology; **~kunst** *f* (-) art of living; **~künstler** *m* philosopher; *er ist ein ~* he always makes the best of things; **~lage** *f* position (of life); *in jeder ~* in every emergency; **2lang, 2länglich** *adj.* for life, lifelong; *office*: held during life (*or* good behavio[u]r); *~e Rente* life annuity; *jur.* *~e Zuchthausstrafe* penal servitude for life, *Am.* confinement in a penitentiary for life; life sentence; **~lauf** *m* course of life, career; *in writing*: personal record, curriculum vitae, autobiographical statement; **~licht** *n* (-[e]s) lamp of life; *j-m das ~ ausblasen* kill (*or* do for) a p.; **~linie** *f* life-line (*of hand*); **~lust** *f* (-) love of life; high spirits *pl.*, zest; **2lustig** *adj.* gay, jovial, merry; sensuous; **~mark** *fig. n* vitals *pl.*; **~mittel** *pl.* foodstuffs, food *sg.*, provisions, victuals; **~mittelgeschäft** *n* food shop (*Am.* store); **~mittelhändler(in** *f)* *m* provision-dealer, grocer; **~mittelkarte** *f* food ration card; **~mittelknappheit** *f* food shortage; **~mittellieferant** *m* caterer; **~mittelversorgung** *f* food-supply; **2müde** *adj.* weary (*or* tired) of life; **~mut** *m* courage to face life, optimism; **2nah** *adj.*, (**~nähe** *f*) close(ness) to life; **~nerv** *fig. m* main-spring, vitals *pl.*; **2notwendig** *adj.* vital, essential; *~er Bedarf* bare necessaries of life, essentials *pl.*; **~odem** *m* breath of life; **~praxis** *f* (-) experience; **~prozeß** *m* vital function; **~raum** *m* living space, lebensraum; **~regel** *f* rule of life, maxim; **~rente** *f* life annuity; **~retter** *m* life-saver, rescuer; **~rettungsgerät** *n* life-saving (*or* survival) equipment; **~rettungsmedaille** *f* life-saving medal; **2sprühend** *adj.* exuberant, brimming with life; **~standard** *m* standard of living, living standard; **~stellung** *f* position (in life), social status; permanent position, lifetime job; **~stil** *m* style of life; **2treu** *adj.* true to life; **~trieb** *m* vital instinct; **~überdruß** *m* satiety of life; **2überdrüssig** *adj.* sick (*or* tired) of life; **~unterhalt** *m* (means *pl.* of) subsistence, maintenance, livelihood; *sich s-n ~ verdienen* earn one's living; **~versicherung** *f* life-assurance, *esp. Am.* life-insurance; *abgekürzte ~* endowment insurance; **~versicherungspolice** *f* life policy; **2voll** *adj.* full of life; **2wahr** *adj.* true to life; **~wandel** *m* life, (moral) conduct; *e-n schlechten ~ führen* lead a disorderly life; **~weg** *m* course of life; **~weise** *f* mode (*or* way) of life; habits *pl.*; *gesundheitliche ~* regimen; **~weisheit** *f* wordly wisdom, practical philosophy; **~werk** *n* life-work; **2wert** *adj.* worth living; **2wichtig** *adj.* essential (to life); vital; *~e Arbeiter (Ausrüstung)* key workers (equipment); → *Gut*; *~e Organe* vitals; *~e Verbindungslinie* life-line; **~wille** *m* vital energy, will to live; **~zeichen** *n* sign of life; *kein ~ von sich geben* not to stir; not to write; remain silent; **~zeit** *f* lifetime, term of *a p.'s* life; *auf ~* for life, *office*: during life (*or* good behavio[u]r); *Mitglied auf ~* life member; **~ziel** *n*, **~zweck** *m* goal in life.

Leber [ˈleːbər] *anat. f* (*-; -n*) liver; *fig. frei (or frisch) von der ~ weg reden* speak one's mind (frankly), speak out bluntly; *in compounds* liver(-)..., hepatic ...; **~(an)schwellung** *med. f* enlargement of the liver; **~blümchen** *bot. n* liverwort; **~entzündung** *med. f* hepatitis; **~fleck** *m* liver-spot; mole; **~gegend** *f* hepatic region; **~haken** *m boxing*: hook to the liver; **~käs** [ˈ-kɛːs] *m* (-) *cul.* brawn; **~kloß, ~knödel** *m cul.* faggot; **2krank, 2leidend** *adj.* suffering from a liver disease; **~krankheit** *f*, **~leiden** *n* liver disease; **~krebs** *med. m* (-[e]s) cancer of the liver; **~tran** *m* cod-liver oil; **~wurst** *f* liver-sausage, *Am.* liverwurst; **~zirrhose** *med. f* cirrhosis of the liver.

ˈ**Lebe...:** **~welt** *f* (-) fast set, gay world; **~wesen** *n* living (*or* animate) being, creature; *kleinstes ~* micro-organism; **~wohl** *n* farewell; *j-m ~ sagen* say good-by(e) to a p.

lebhaft [ˈleːphaft] **I.** *adj.* lively, vivacious; full of life; ardent, fervent; animated, brisk, active (*all a. stock exchange*); sprightly, cheerful, buoyant; bright, gay (*colour*); brisk (*walk*); ruddy (*complexion*); lively, keen (*interest*); vivid (*recollection*); brisk, strong (*demand*); busy, (much) frequented (*street, etc.*); heated (*debate*); **II.** *adv.* animatedly; *~ bedauern* regret sincerely; *~ begrüßen* welcome warmly; *~ empfinden* be alive to; *das kann ich mir ~ vorstellen* I can imagine; **2igkeit** *f* (-) liveliness, vivacity, fire, animation, briskness; sprightliness.

ˈ**Lebkuchen** *m* gingerbread.

ˈ**leb...:** **~los** *adj.* lifeless, inanimate; dull (*a. econ.* = inactive, flat); **2losigkeit** *f* (-) lifelessness; *econ.* dullness, stagnation; **2tag** *m*: *mein ~ (nicht)* all (never in) my life, (*never*) in all my born days; **2zeit** *f*: *bei or zu meinen ~en* in my lifetime.

lechzen [ˈlɛçtsən] *v/i.* (*h.*) be parched

with thirst, *plants*: languish; ~ *nach Blut* ~ thirst for blood; *danach* ~ *zu tun* ache to do.

leck [lɛk] *adj.* leaking, leaky; ~ *sein* → *lecken*[1]; *esp. mar.* ~ *werden* spring a leak.

Leck *n* (-[e]s; -s) leak(age); *ein* ~ *bekommen* (*stopfen*) spring (stop) a leak.

Leckage [lɛ'kɑ:ʒə] *f* (-; -n) leakage.

'**lecken**[1] *v/i.* (*h.*) leak, be leaky, run, *esp. mar.* have (sprung) a leak; ℒ *n* (-s) leakage.

lecken[2] ['lɛkən] *v/t. and v/i.* (*h.*) lick; lap up; *fig. sich die Finger nach et.* ~ be greedy for, hanker after; *sie leckt sich alle Finger danach* she would give her eye-teeth for it; *wie geleckt* neatly finished, slick.

'**lecker** *adj.* dainty, delicate; delicious, tasty, savo(u)ry; appetizing; ℒ**bissen** *m*, *a.* ℒ**ei** [-'raɪ] *f* (-; -en) dainty (bit), titbit, (culinary) delicacy, choice morsel; appetizer; ~**haft** *adj.* dainty, lickerish; ℒ**haftigkeit** *f* (-) daintiness; ℒ**maul**, ℒ**mäulchen** *n* sweet-tooth; *ein* ~ *sein* have a sweet tooth.

'**leck...:** ~**sicher** *adj.* self-sealing; ℒ**strom** *el. m* leakage current; ℒ**sucher** *m* leak detector.

Leder ['le:dər] *n* (-s; -) leather (*a. colloq. soccer ball*); *abgenarbtes* (*gepreßtes, gestrichenes*) ~ smooth (embossed, scraped) leather; *weiches* ~ (soft) skin; *in* ~ *gebunden* calf-bound; *vom* ~ *ziehen* draw one's sword, *fig.* open up, give it straight from the shoulder, not to pull one's punches; *colloq. j-m das* ~ *gerben* tan a p.'s hide; ~**apfel** *m* leather-coat; ~**band** *m* (*book*) calf (*or* leather) binding; ℒ**braun** *adj.* tawny; ~**dichtung** *tech. f* leather packing, leather washer; ~**farbe** *f* leather-colo(u)r, buff; ~**fett** *n* dubbin; ~**gamaschen** *f/pl.* leather gaiters, leggings; ~**handel** *m* leather trade; ~**händler** *m* leather merchant, dealer in leather; ~**handschuh** *m* leather glove; ~**haut** *anat. f* true skin; *of eye*: sclera; ~**hose** *f* leather breeches *or* shorts *pl.*; ~**kappe** *f* leather helmet (*of cyclist, etc.*); ~**lack** *m* leather varnish.

'**ledern** *adj.* (of) leather; leathern, leathery, tough; *fig.* dull, pedestrian.

'**Leder...:** ~**öl** *n* leather-oil; ~**riemen** *m* leather strap (*or* belt); (razor) strop; ~**rücken** *m* leather back (*of book*); ~**sessel** *m* leather arm-chair; ~**waren** *f/pl.* leather goods; ~**zeug** *mil. n* leathers, straps and belts *pl.*; ~**zurichter** *m* leather-dresser, currier.

ledig ['le:diç] *adj.* single, unmarried; illegitimate (*child*); empty, vacant; *e-r Sache*: free (*or* exempt) from, rid of *a th.*; ~**lich** ['le:dikliç] *adv.* solely, merely, exclusively; purely (and simply).

Lee [le:] *mar. f* (-) lee(-side); ~**brassen** *f/pl.* lee-braces.

leer [le:r] *adj.* empty (*a. fig.*); unoccupied, vacant; evacuated; blank, clean (*sheet*); vacant, blank (*look*); void; vain; unfounded; ~*e Batterie* run-down battery; ~*es Gerede* idle talk; ~*e Worte machen* beat the air; ~*e Drohung* (~*es Versprechen*) empty threat (promise); *mit* ~*en Händen* empty-handed; → *ausgehen.*

'**Leere**[1] *n* (-n) vacant (*or* blank) space; *ins* ~ *gehen blow*: miss; *ins* ~ *starren* stare into space.

'**Leere**[2] *f* (-) emptiness, void (*a. fig.*); vacancy, vacuity, blankness; vacuum; empty space; *fig.* idleness, hollowness.

'**leeren** *v/t.* (*h.*) (*a. sich*) empty, drain; void; pour out; clear out, evacuate; clear (*bowl, letterbox*).

'**Leer...:** ~**fracht** *f* dead freight; ~**gang** *tech. m* lost motion; neutral (gear); *of screw*: backlash; → *Leerlauf*; ~**gewicht** *econ. n* weight (when) empty, deadweight, tare; ~**gut** *econ. n* (-[e]s) empties *pl.*; ~**hub** *mot. m* idle stroke; ~**lauf** *tech. m* idling, idle motion; *el.* no-load operation; neutral (gear); *im* ~ *fahren* coast; (*a.* ~**laufarbeit** *f*) no-load work; *fig.* **a)** waste of energy, **b)** marking time; ℒ**laufen** *v/i.* (*irr., sn*) *vessel*: drain dry; *tech.* (run) idle, be idling; *mar.* travel in ballast; ~**laufspannung** *el. f* no-load voltage; ~**laufzeit** *f* lost time; ~**packung** *econ. f* dummy; ℒ**pumpen** *v/t.* (*h.*) pump dry; ℒ**stehend** *adj.* empty, vacant, unoccupied (*dwelling, etc.*); ~**takt** *mot. m* idle stroke; ~**taste** *f* space-bar; ~**ung** *f* (-; -en) emptying, evacuation; clearing, *a.* collection; ~**verkauf** *econ. m* short sale; ~**zug** *m* empty train.

'**Lee...:** ~**segel** *n* studding-sail; ~**seite** *f* lee(-side); ℒ**wärts** ['-vɛrts] *adv.* leeward.

Lefzen ['lɛftsən] *f/pl.* flews (*of dog, etc.*).

legal [le'gɑ:l] *adj.* legal, lawful; **legalisieren** [legali'zi:rən] *v/t.* (*h.*) legalize; **Legali'tät** *f* (-) legality.

Legat[1] [le'gɑ:t] *m* (-en; -en) legate.

Le'gat[2] *jur. n* (-[e]s; -e) legacy.

Legatar [lega'tɑ:r] *jur. m* (-s; -e) legatee.

Legation [legatsi'o:n] *f* (-; -en) legation, embassy; ~**srat** *m* legation council(l)or.

Legehenne ['le:gə-] *f* layer (hen).

'**legen I.** *v/t.* (*h.*) *and* (*sich* ~) lay (o.s.), put (o.s.), place (o.s.); lay down (flat), *wrestling*: defeat by fall, pin to the floor; lay (*carpet, floor*); lay, run (*line, wire*); *sich* (*nieder*)~ **a)** lie down, **b)** lie down to sleep, go to bed; *fig. sich* ~ calm, go (*or* settle) down, abate, subside, ebb; slacken down, cease; *Eier* ~ lay eggs; ~ *an* (*acc.*) put to *or* near, join to; → *Hand, Herz, Kette*; *den Kopf* ~ *an* rest one's head against; ~ *auf* (*acc.*) lay *or* put *or* place (up)on; → *Nachdruck, Wert*; *sich* ~ *auf* lie down (up)on; *fig.* apply (*or* devote) o.s. to, go in for, take up; specialize in; have recourse to; *disease*: settle on; *die Sache legte sich ihm aufs Gemüt* it began to prey on his mind; *in den Mund* ~ suggest (to), prompt; *e-e Decke über den Tisch* ~ spread a cloth over the table; *um die Schultern* ~ wrap *or* draw round one's shoulders; → *Asche, Handwerk, Karten, Mittel, Mund, Ohr, etc.*; *von sich* ~ lay aside; → *bereit*~, *beiseite* ~, *bloß*~, *fest*~, *etc.*; **II.** *v/i.* lay (eggs).

legendar [legɛn'dɑ:r], **legendär** [-'dɛ:r] *adj.* legendary; epic.

Legende [le'gɛndə] *f* (-; -n) legend.

leger [le'ʒɛ:r] *adj.* easy, informal.

'**Legezeit** *orn. f* laying-time.

legieren [le'gi:rən] *tech. v/t.* (*h.*) alloy; *petrol, gasoline*: blend, compound; *cul.* thicken (*mit* with).

Le'gierung *f* (-; -en) alloy(ing); ~ *auf Bleibasis* lead-base alloy; *legierter Stahl* alloy steel; ~**sbestandteil** *m* alloying constituent; ~**szusatz** *m* alloying addition (*or* metal).

Legi|on [legi'o:n] *f* (-; -en) legion; *fig. ihre Zahl war* ~ their number was legion. ~**onär** [legio'nɛ:r] *m* (-s; -e) legionary.

Legislatur [le:gisla'tu:r] *f* (-; -en) legislature; legislative body; ~**periode** *f* legislative period, session.

legitim [legi'ti:m] *adj.* legitimate, lawful.

Legitimation [-timatsi'o:n] *f* (-; -en) legitimation; proof of identity; credentials *pl.*; authority; ~**skarte** *f* identity-card; ~**snachweis** *m* proof of identity; ~**s-papier** *n* paper of identification.

legitimier|en [legiti'mi:rən] *v/t.* (*h.*) legitimate; authorize; *sich* ~ prove one's identity; ℒ**ung** *f* (-; -en) legitimation.

Legitimi'tät *f* (-; -en) legitimacy.

Leh(e)n ['le:(ə)n] *n* (-s; -) fief, fee, feudal tenure; *j-m et. zu* ~ *geben* invest a p. with land, enfeoff a p.

'**Leh(e)ns...:** ~**dienst** *m* feudal service; ~**eid** ['-ʔaɪt] *m* oath of fealty (*or* allegiance); ~**gut** *n* estate in fee, copyhold; ~**herr** *m* feudal lord; ℒ**herrlich** *adj.* seignorial; ~**mann** *m* vassal, liege(-man); ~**pflicht** *f* feudal duty; ℒ**pflichtig** *adj.* feudatory; ~**recht** *n* feudal law; right of investiture; ~**verhältnis** *n* feudality, vassalage; ~**wesen** *n* feudalism.

Lehm [le:m] *m* (-[e]s; -e) loam; (lean) clay; mud; ℒ**artig** *adj.* loamy; ~**boden** *m* loamy soil; loam (*or* earthen) floor; ~**(form)guß** *m* loam casting; ~**grube** *f* loam pit; ~**hütte** *f* mud cottage; ℒ**ig** *adj.* loamy; muddy; ~**kalk** *m* argillaceous limestone; ~**mergel** *m* loamy marl.

Lehne ['le:nə] *f* (-; -n) support, rest, prop; arm(-rest), back(-rest) (*of chair*); *geogr.* slope; ℒ**n I.** *v/i. and sich* ~ (*h.*) lean; (*sich*) ~ *an* (*acc.*) lean (*or* recline) against; *sich* ~ *auf* (*acc.*) rest (*or* support) o.s. (up)on; *sich aus dem Fenster* ~ lean out of the window; **II.** *v/t.* (*h.*) lean, prop, rest (*gegen* against).

Lehns...: → *Lehens...*

'**Lehn...:** ~**sessel**, ~**stuhl** *m* easy- *or* arm-chair; ~**wort** *gr. n* borrowed word, loan-word.

Lehr|amt ['le:r-] *n* (-[e]s) teachership, mastership, *univ.* professorship; → *Lehrberuf*; ~**anstalt** *f* educational establishment; school, college, academy; ~**auftrag** *m* teaching assignment; lectureship; ℒ**bar** *adj.* teachable; ~**beruf** *m* teaching profession; ~**betrieb** *tech.*

m instructional shop; **~brief** *m* (apprentice's) indenture; **~buch** *n* textbook; (education) manual; primer; compendium; **~bursche** *n* apprentice.

ˈ**Lehre** *f* (-; -*n*) **1.** rule, precept; hint, lesson, warning; instruction, tuition; *of fable*: moral; *lasse dir dies zur ~ dienen* let this be a lesson *or* warning to you; *e-e ~ ziehen aus* take warning from; **2.** teaching, doctrine; tenets *pl.*; system; science; theory; **3.** apprenticeship; *bei j-m in die ~ geben* apprentice (*or* article) to (*or* with) a p.; *in der ~ sein* serve an apprenticeship; *s-e ~ absolvieren* serve one's articles; **4.** *tech.* ga(u)ge, pattern; calib|re, *Am.* -er; size; (drilling) jig; mo(u)ld; *arch.* centering.

ˈ**lehren** *v/t.* (*h.*) teach, instruct; show; *j-n et. ~* teach a p. a th., instruct a p. in a th., show a p. how to do a th.; *j-n lesen ~* teach a p. to read; *die Zeit wird es ~* time will show.

ˈ**Lehrer** *m* (-*s*; -) teacher; instructor; tutor; (*Grundschul*2) primary teacher, schoolmaster; *e-r höheren Schule*: secondary teacher, master; *univ.* professor, lecturer; **~beruf** *m* teaching profession; **~bildungsanstalt** *f* teachers' training college; **~in** *f* (-; -*nen*) (lady) teacher; mistress; governess; **~kollegium** *n* staff of teachers, *Am.* faculty; → *Lehrkörper*; **~konferenz** *f* meeting of the teaching staff; **~schaft** *f* (-) body of teachers; **~seminar** *n* → *Lehrerbildungsanstalt*; **~stelle** *f* teaching position; mastership.

ˈ**Lehr...**: **~fach** *n* subject, branch of study; teaching profession; **~film** *m* instructional (*or* educational, school) film; training (*or* demonstration) film; **~freiheit** *f* (-) freedom of instruction; **~gang** *m* course (of instruction); **~gangsleiter** *m* chief instructor; **~gedicht** *n* didactic poem; **~geld** *n* premium; *fig. ~ bezahlen* pay dearly for one's wisdom, learn it the hard way; 2**haft** *adj.* instructive; didactic; **~herr** *m* master, boss; **~jahre** *n/pl.* (years of) apprenticeship; **~junge** *m* apprentice; **~körper** *m* (teaching) staff, (body of) teachers *pl.*; *univ.* professorate, *Am.* faculty; **~kraft** *f* (qualified) teacher; professor; *pl.* → *Lehrkörper*; **~ling** [ˈ-liŋ] *m* (-[*e*]*s*; -*e*) apprentice; novice, beginner; **~mädchen** *n* girl apprentice; **~meister** *m* master; **~methode** *f* method of instruction; **~mittel** *n/pl.* educational aids *or* appliances *or* material; **~personal** *n* teaching staff; **~plan** *m* course of instruction, curriculum, syllabus; **~probe** *f* trial lesson; 2**reich** *adj.* instructive, informative; containing a wealth of information; **~saal** *m* lecture-room, class-room; **~satz** *m* proposition, *math.* theorem; *w.s.* doctrine, *eccl.* dogma; **~spruch** *m* sentence, maxim; **~stelle** *f* apprenticeship; **~stoff** *m* subject-matter, subject(s *pl.*); **~stück** *thea. n* didactic play; **~stuhl** *m* (professorial) chair, professorship; **~stunde** *f* lesson, lecture; **~tätigkeit** *f* instruction(al work), teaching; **~vertrag** *m* articles *pl.* of apprenticeship, indenture(s *pl.*); **~weise** *f* method of teaching; **~zeit** *f* (term of) apprenticeship; *s-e ~ durchmachen* serve one's apprenticeship; **~zeugnis** *n* apprentice's certificate.

Leib [laɪp] *m* (-[*e*]*s*; -*er*) body; belly, *anat.* abdomen; bowels *pl.*; trunk; waist; womb; *eccl. ~ des Herrn* Body of Christ, *the* Bread; *~ und Leben* life and limb; *~ und Seele* body and soul; *mit ~ und Seele* (with) heart and soul; *lebendigen ~es* alive; *med. offener ~* regular motions, open bowels; *harten ~ haben* be constipated; *am ganzen ~e zittern* tremble all over; *auf dem bloßen ~e* next to one's skin; *kein Hemd auf dem ~e haben* have not a shirt to one's back; *j-m (hart) auf den ~ rücken* press a p. hard; *thea. die Rolle ist ihm auf den ~ geschrieben* the part is expressly written for him; *sich j-n vom ~e halten* keep a p. at arm's length; *zu ~e gehen* (*dat.*) attack *a p.*; tackle (*or* grapple with) *a th. or p.*; *bleib mir damit vom ~e* don't bother me with that.

ˈ**Leib...**: **~arzt** *m* physician in ordinary; **~binde** *f* waistband; sash; *med.* abdominal bandage, support; **~chen** *n* (-*s*; -) bodice; waist; vest; **~diener** *m* body-servant, valet; 2**eigen** *adj.* in bondage; **~eigene(r)** *m* (-*n*; -*n*) bondman, serf; **~eigenschaft** *f* (-) bondage, serfdom.

leiben [ˈlaɪbən] *v/i.* (*h.*): *wie er leibt und lebt* the very image of him, his very self.

Leibes... [ˈlaɪbəs-]: **~beschaffenheit** *f* constitution; physique; **~erbe** *m* legitimate heir; *ohne ~n sterben* die without issue; **~erziehung** *f* physical training; **~frucht** *f* foetus, fetus; *jur. Tötung der ~* procuring abortion, prolicide; **~höhle** *anat. f* abdominal cavity; **~kraft** *f* bodily (*or* physical) strength; *aus Leibeskräften* with all one's might, *yell* at the top of one's voice; **~strafe** *f* corporal punishment; **~übung(en** *pl.*) *f* bodily exercise(s *pl.*); physical training; gymnastics *pl.*; **~umfang** *m* corpulence; **~visitation** *f* bodily search.

ˈ**Leib...**: **~garde** *f* bodyguard; life-guards *pl.*; **~gardist** *m* life-guardsman; **~gericht** *n* favo(u)rite dish; **~gurt, ~gürtel** *m* (waist-)belt.

ˈ**leibhaft, leib**ˈ**haftig I.** *adj.* corporeal; personified; embodied; living, very (*image*); *der ~e Teufel* the devil incarnate; real, true; **II.** *adv.* bodily, personally; in person, in the flesh.

ˈ**Leibjäger** *m* huntsman in ordinary.

ˈ**leiblich** *adj.* bodily (*a. adv.*), of the body; corporal; *~es Wohl* physical well-being; earthly, worldly; corporeal; somatic; → *leibhaft(ig)*; *~er Bruder* full (*or* own) brother; *~er Vetter* first cousin, cousin german; *ihr ~er Sohn* her own son; *mit seinen ~en Augen* with one's own eyes; → *Erbe*.

ˈ**Leib...**: **~regiment** *n* Sovereign's own regiment; **~rente** *f* life-annuity; **~schmerzen** *m/pl.*, **~schneiden** *n* (-*s*) stomach-ache, gripes, colic; **~speise** *f* favo(u)rite dish; **~wache** *f*, **~wächter** *m* bodyguard; **~wäsche** *f* body-linen, underwear; lingerie; **~weh** *n* → *Leibschmerzen*.

Leichdorn [ˈlaɪç-] *m* corn.

Leiche [ˈlaɪçə] *f* (-; -*n*) (dead) body, corpse; (mortal) remains *pl.*; carcass, cadaver; *typ.* omission, out; *fig. wandelnde ~* walking corpse; *über ~n gehen* stick at nothing; *colloq. nur über meine ~!* over my dead body!

ˈ**Leichen...**: 2**artig** *adj.* cadaverous; **~ausgrabung** *f* exhumation; **~begängnis** *n* burial, funeral; obsequies *pl.*, *Am.* funeral service; **~beschauer** *m* coroner; **~besorger, ~bestatter** *m* undertaker, *Am. a.* mortician, funeral director; **~bittermiene** *f* woebegone (*or* hangdog) look; 2**blaß** *adj.* deadly pale, ashen; **~blässe** *f* deathlike pallor; **~feier** *f* → *Leichenbegängnis*; **~fledderer** *m* body-stripper; **~frau** *f* layer-out; **~geruch** *m* cadaverous smell; **~gift** *n* cadaveric poison, ptomaine; **~halle** *f*, **~haus** *n* mortuary; **~hemd** *n* shroud; **~öffnung** *f* post-mortem (examination), autopsy; **~predigt** (**~rede**) *f* funeral sermon (oration); **~raub** *m* body-snatching; **~räuber** *m* body-snatcher; **~schändung** *f* desecration of dead bodies; **~schau** *jur. f* (coroner's) inquest, post-mortem (examination); **~schauhaus** *n* morgue; **~schmaus** *m* funeral repast; **~starre** *f* rigor mortis; **~stein** *m* tombstone; **~träger** *m* (pall) bearer; **~tuch** *n* shroud (*a. fig.*); pall; **~verbrennung** *f* cremation; **~wagen** *m* hearse; mortuary van; **~zug** *m* funeral procession.

Leichnam [ˈ-naːm] *m* (-[*e*]*s*; -*e*) → *Leiche*.

leicht [laɪçt] **I.** *adj.* light (*a. fig. dress, food, hand, music, wine, etc.*); *tech. a.* light-weight, light-duty; *mil. ~er Panzer (Bomber, etc.)* light tank (bomber, *etc.*); *fig.* easy; light (*task*); effortless; gentle (*breeze, touch, etc.*); slight; trifling, petty, minor; *jur.* summarily punishable (offen|ce, *Am.* -se); *~er Diebstahl* petty larceny; light-minded, easy-going, frivolous; fast (*girl*); mild (*tobacco, etc.*); *~e Erkältung* slight cold; *~en Fußes* light-footed, nimble; *~en Herzens* with a light heart; *~e Kost fig.* slight fare; *~es Spiel, ~er Sieg* walkover; *~en Kaufes davonkommen* get off cheaply; *econ. ~en Absatz finden* meet with a ready sale; *das ist ihm ein ~es* it's mere child's play to him, he takes that in his stride; *das war nicht ~* that was no easy job (*or* no picnic); **II.** *adv.* lightly; easily, without effort; slightly; *~er gesagt als getan* more easily said than done; *~(er) machen* lighten; *fig.* render easy, facilitate; *gewogen und zu ~ befunden* weighed and found wanting; *~ gewinnen* win hands down; *es ~ nehmen, es sich ~ machen* take it easy; *et. auf die ~e Schulter nehmen* make light of a th., pooh-pooh a th.; *es ist ~ möglich* it is well possible, it may well be; easily, soon; *er erkältet sich* ~ he is liable (*or* prone) to colds; *so et. passiert* ~ such things are apt to happen; *das wird nicht so* ~ *wieder passieren* it is not likely to happen again; *sie ist* ~ *gekränkt* she is easily offended; ~ *entzündlich* highly inflammable; ~ *löslich* readily soluble; ~ *verdaulich* easy to digest; ~ *zugänglich* easy of access.

'**leicht...:** ♀**athlet(in** *f*) *m* athlete; ♀**athletik** *f* (track and field) athletics *sg. and pl.*, track and field events *pl.*; ~**athletisch** *adj.* athletic; ~*e Veranstaltung* track meeting, track and field competition; ♀**bauweise** *f* lightweight construction; ~**bedeckt** *adj.* lightly covered; ~**beschädigt** *adj.* slightly damaged; ~**beschwingt** *adj.* light-winged; *fig.* jaunty; ♀**beton** *m* light concrete; ~**bewaffnet** *adj.* light-armed; ~**beweglich** *adj.* easily movable, very mobile; ~**blütig** ['-bly:tiç] *adj.* sanguine, light-hearted; ~**entzündlich** *adj.* highly inflammable.

'**Leichter** *mar. m* (-s; -) lighter, barge.

'**leicht...:** ~**faßlich** *adj.* easy to understand, plain; popular; ~**fertig I.** *adj.* light(-minded); careless, thoughtless; irresponsible; wanton; frivolous; ~*es Gerede* loose talk, flippant words; loose, giddy; fickle; **II.** *adv.*: et. ~ *behandeln* treat a th. lightly, make light of a th.; ♀**fertigkeit** *f* levity; carelessness, thoughtlessness; wantonness; frivolity, looseness, flippancy; ~**flüchtig** *adj.* highly volatile; ♀**flugzeug** *n* light (air)plane; ~**flüssig** *adj.* easily fusible, mobile, thin; ♀**fuß** *m* happy-go-lucky fellow, gay spark; ~**füßig** ['-fy:siç] *adj.* light-footed, nimble; ~**gepanzert** *mil. adj.* lightly armo(u)red; ~**geschürzt** *adj.*: ~*e Muse* lightly draped Muse; ♀**gewicht(ler** ['-lər] *m* -s; -) *n sports*: light-weight; ~**gläubig** *adj.* credulous, *contp.* gullible; ♀**gläubigkeit** *f* credulity; gullibility; ~**herzig** *adj.* light-hearted; ~**hin** *adj.* lightly, casually.

Leichtigkeit ['-içkaɪt] *f* (-) lightness; *fig. a.* easiness, ease, facility; *mit* (*größter*) ~ with (effortless) ease; *mit* ~ *gewinnen* win hands down; ~ *der Wartung* ease of maintenance.

'**leicht...:** ♀**kranke(r** *m*) *f* ambulatory (*or* mild) case; ~**lebig** ['-le:biç] *adj.* easy-going; ~**löslich** *adj.* easily soluble; ♀**matrose** *m* ordinary seaman; ♀**metall** *n* light metal; ♀**metallbau** *m* (-[e]s; -ten) light-metal (*or* light) construction; ♀**motorrad** *n* light motorcycle; ♀**öl** *n* light oil; ~**schmelzlich** *adj.* easily fusible; ~**siedend** *adj.* low-boiling; ♀**sinn** *m* (-[e]s) levity; carelessness; recklessness, imprudence; → *Leichtfertigkeit*; ~**sinnig** *adj.* light-minded; careless, reckless, irresponsible, devil-may-care; thoughtless; frivolous; ~**sinnigerweise** *adv.* thoughtlessly; ~**verdaulich** *adj.* easy to digest; ~**verderblich(e Waren** *f/pl.*) *adj.* perishable(s *pl.*); ~**verständlich** *adj.* easy to understand, easily understood; ♀**verwundete(r)** *m* minor casualty, ambulant case; *pl.* walking wounded.

leid [laɪt] *adj.*: *es ist* (*or tut*) *mir* ~ **a)** I am sorry (*um* for), **b)** I regret, **c)** I cannot help it; *es wird dir* ~ *tun* you will regret it, you will be sorry for it; *er tut mir* ~ I am sorry (for him); *ich bin es* ~ I am (sick and) tired of it.

Leid *n* (-[e]s; -*en*) injury, harm; wrong; misfortune; sorrow, grief, pain; *ein* ~(*s*) *antun* **a)** *j-m*: hurt (*or* harm) a p., **b)** *sich*: lay hands upon o.s.; → *zuleide*; *j-m sein* ~ *klagen* pour out one's troubles to a p.; ~ *tragen* mourn, be in mourning (*um* for); *geteiltes* ~ *ist halbes* ~ misery loves company.

Leideform ['laɪdə-] *gr. f* passive (voice).

'**leiden** *v/i. and v/t.* (*irr.*, *h.*) suffer (*an dat. unter dat.* from); be afflicted (with), be subject (to), *med.* complain (of); be in pain; suffer, tolerate, allow, permit; bear, stand, endure; like, care for; → *erleiden*; *er leidet an der Leber* his liver is out of order; *s-e Gesundheit litt* (*stark*) *darunter* it (seriously) affected (*or* told on) his health; *der Motor hat stark gelitten* the engine suffered severely; *ich kann ihn nicht* ~ I don't like him, I can't stand him; *er litt es nicht* he would not have it; *es litt mich nicht länger dort* I could not bear to stay there any longer; *die Sache leidet keinen Aufschub* admits of (*or* brooks) no delay.

'**Leiden** *n* (-*s*; -) suffering; affliction, tribulation, trouble; complaint (*a. fig. and iro.*), ailment, malady, disease; *das* ~ *Christi* the Passion; „*Werthers* ~" the Sorrows of Werther; ♀**d** *adj.* suffering; ailing, sickly, ill; *gr.* passive.

'**Leidenschaft** *f* (-; -*en*) passion (*für* for), (powerful) emotion; *in* ~ *geraten* fly into a passion; *Angeln ist s-e* ~ fishing is a passion with him, he is a passionate angler; ♀**lich** *adj.* passionate; impassioned (*speech*); ardent, burning (*desire*); enthusiastic; glowing, fervent; violent, vehement, hot-tempered; impulsive, hot-headed; ~**lichkeit** *f* (-) passionateness; ardo(u)r; vehemence; impulsiveness; ♀**slos** *adj.* dispassionate; impassive, cool, detached, matter-of-fact(ly *adv.*).

'**Leidens...:** ~**gefährte** *m*, ~**gefährtin** *f* fellow-sufferer; ~**geschichte** *f* tale of woe; Christ's Passion; ~**weg** *eccl. m* way of the cross, road to calvary; *fig.* life of suffering, thorny road; ~**zeit** *f* ordeal.

leider ['laɪdər] *adv.* unfortunately; *int.* ~! alas!; ~ *ist er noch krank* I am sorry to say he is still ill; ~ *können wir Ihnen nichts berichten* (much) to our regret we are not in a position to; ~ *muß ich gehen* I am afraid I have to go; ~ *Gottes* most unfortunately, it's too bad *that.*

leiderfüllt ['laɪtˀɛrfylt] *adj.* sorrowful, grief-stricken, woebegone.

leidig ['laɪdiç] *adj.* tiresome, unpleasant, disagreeable; confounded, accursed.

leidlich ['laɪtliç] *adj.* bearable, tolerable; passable, middling (*a. adv.* = fairly well, so-so).

Leid... ['laɪt-]: ~**tragende(r** *m*) *f* (-*n*, -*n*; -*n*, -*n*) mourner; *fig. er ist der* ~ *dabei* he is the one who suffers for it; ♀**voll** *adj.* sorrowful, full of grief; ~**wesen** *n* (-*s*): *zu meinem* (*großen*) ~ to my (great) regret *or* sorrow *or* distress, unfortunately.

Leier ['laɪər] *f* (-; -*n*) *mus.* lyre; *tech.* crank; (-) *ast.* lyra; *fig. die alte* ~ always the same old story; ~**bohrer** *tech. m* brace drill; ~**kasten** *m* barrel-organ; ~**(kasten)mann** *m* organ-grinder; ♀**n** *v/i. and v/t.* (*h.*) grind (on) a barrel-organ; crank; *fig.* drawl on; → *herunterleiern*.

Leih|amt ['laɪ-] *n*, ~**anstalt** *f* loan-office; pawnshop; ~**bibliothek**, ~**büche'rei** *f* lending (*or* circulating) library, *Am. a.* rental library; ♀**en** *v/t.* (*irr.*, *h.*) lend (out, *auf Zinsen* at interest), loan, *esp. Am.* advance (*money*); et. *von j-m* ~ **a)** borrow a th. of a p., **b)** hire a th. from a p.; borrow *books* from *a library*; *j-m sein Ohr* ~ lend a p. one's ear, listen to a p.; *geliehenes Geld* borrowed money; ~**er** *m* (-*s*; -) **1.** lender; **2.** borrower; ~**gebinde** *econ. n* returnable container; ~**gebühr** *f* lending-fee(s *pl.*), rental fee; ~**geld** *econ. n* loans *pl.*; *long-term*: time money; *short-term*: short (*Am.* demand) loans *pl.*; ~**geschäft** *econ. n* lending (*or* loan) business; ~**haus** *n* pawnshop, *Am. a.* loan-office; *ins* ~ *tragen* pawn, *Am. sl.* hock; ~**schein** *m* pawn-ticket; ~**- und Pachtgesetz** *n* Lend and Lease Act; ~**vertrag** *m* contract of loan for use; ♀**weise** *adv.* as (*or* by way of) a loan; on hire; ~ *überlassen* lend.

Leim [laɪm] *m* (-[e]s; -e) glue; size; bird-lime; *aus dem* ~(*e*) *gehen* (*a. fig.*) get out of joint, fall to pieces, come apart; *fig. auf den* ~ *führen* hoodwink, trap; *auf den* ~ *gehen* fall for it (*or* into the trap), take the bait.

'**leimen** *v/t.* (*h.*) glue (together), cement; size (*cloth, paper*); *hunt.* lime; *colloq. fig. geleimt werden* be cheated, be taken in.

'**Leim...:** ~**farbe** *f* glue-water colo(u)r; size colo(u)r; *paint.* distemper; ♀**ig** *adj.* gluey, glutinous; ~**kitt** *m* joiner's cement; ~**ring** *agr. m* grease-band; ~**rute** *f* lime-twig; ~**sieder** *m* glue boiler; ~**stoff** *m* gluten; sizing material; ~**topf** *m* glue-pot; ~**ung** *f* (-) glueing; sizing; ~**wasser** *paint. n* (-*s*) glue-water.

Lein [laɪn] *bot. m* (-[e]s; -e) flax; linseed.

Leine ['laɪnə] *f* (-; -*n*) line, cord, (thin) rope; clothes-line; (dog-) lead, leash; *an der* ~ *führen* keep on the lead, *fig.* keep *a p.* in leading-strings; *sl.* ~ *ziehen* beat it.

'**leinen** *adj.* (of) linen.

'**Leinen** *n* (-*s*; -) linen, linen goods *pl.*; *in* ~ *gebunden* cloth-bound (*book*); ~**band 1.** *n* tape; **2.** *m book*:

cloth binding; ~**garn** *n* linen yarn *or* thread; ~**papier** *n* linen (finish) paper; ~**schuh** *m* canvas shoe; ~**zeug** *n* linen.

'**Lein...**: ~**firnis** *m* linseed varnish; ~**kuchen** *m* oilcake; ~**öl** *n* (-[e]s) linseed oil; ~*farbe* linseed oil paint; ~**pfad** *m* tow-path; ~**saat** *f*, ~**samen** *m* linseed; ~**tuch** *n* linen (cloth); (bed) sheet.

'**Leinwand** *f* (-) linen (cloth); *paint.* canvas; *film*: screen; *auf die* ~ *bringen* produce, picturize (*novel, etc.*); *über die* ~ *gehen film*: be presented; *book*: *in* ~ *gebunden* bound in cloth; ~**händler** *m* linen draper.

'**Leinweber** *m* linen-weaver.

leise ['laɪzə] **I.** *adj.* low, soft, faint; *person*: low-voiced; *mit* ~*r Stimme* in a low voice, in an undertone; *fig.* soft, gentle; delicate; slight, light, imperceptible; ~*r Schlaf* light (*or* cat's) sleep; *e-n* ~*n Schlaf haben* be a light sleeper; *ein* ~*s Gehör haben* have a delicate (*or* quick) ear; ~*st* faintest, slightest, least (*idea, suspicion, etc.*); *seien Sie bitte* ~! please keep quiet; **II.** *adv.*: ~ *auftreten* tread softly *or* noiselessly; ~ *berühren* touch lightly; ~ *erwähnen* suggest; ~*r sprechen* lower one's voice; ~**stellen** *v/t.* (*h.*) tune down (*radio*); ²**treter(in** *f*) *m* (-s, -; -, -nen) sneak, *Am.* pussyfoot(er).

Leiste ['laɪstə] *f* (-; -n) *tech.* ledge, border, strip; slat; *arch.* fillet, reglet; *of machine, etc.*: (guide) rail; *dressmaking*: ~ *mit Knöpfen* button tape; *of book*: border, edge; *typ.* head (*or* tail) piece, flourish; *weaving*: selvage, list; *anat.* groin.

'**leisten** *v/t.* (*h.*) do; perform; carry out, execute; fulfil, *jur. a.* perform, *n.s.* pay; achieve, accomplish; supply, provide; take (*an oath*); render (*a service*); make, effect (*payment, etc.*); offer; *Großes* ~ achieve great things; → *Folge, Genugtuung 1, Gesellschaft, Gewähr, Hilfe, Vorschuß, Widerstand, etc.*; *Tüchtiges* ~ do a splendid job, be very efficient; render good service; *sich et.* ~ treat o.s. to a th.; *colloq. sich* ~ make (*a mistake, etc.*); *ich kann mir das (nicht)* ~ (*a. fig.*) I can(not) afford it; *was hast du dir da wieder geleistet?* what (mischief) have you been up to again?

'**Leisten** *tech. m* (-s; -) last; boot-tree, block; *fig. alles über e-n* ~ *schlagen* treat all things alike; → *Schuster*.

'**Leisten...**: ~**bruch** *med. m* inguinal hernia; ~**drüse** *anat. f* inguinal gland; ~**gegend** *f* groin, inguinal region; ~**werk** *arch. n* mo(u)lding, bordering.

'**Leistung** *f* (-; -en) performance; achievement, feat, stunt; accomplishment, attainment; work (done); *erreichte* ~ result(s *pl.* obtained); *tech.* performance, efficiency; power; output, production capacity; *el.* **a**) power, **b**) wattage, **c**) output, **d**) input; *of engine*: **a**) performance, **b**) brake horsepower; serviceableness (*of oil, etc.*); (service) life; *of worker*: **a**) workmanship, **b**) output; *höchste* ~ record; peak performance; *nach* ~ *bezahlen* pay by results; *econ.* contribution; service(s *pl.* rendered); performance (*of contract*); payment; delivery; obligation; ~*en pl. of insured*: benefits; *of student*: achievements *pl.*, proficiency *sg.*; *e-e feine* ~! good work!

'**Leistungs...**: ~**abgabe** *el. f* power output; ~**angaben** *tech. f/pl.* performance data; ~**anreiz** *m* incentive; ~**aufnahme** *el. f* power input; ~**ausgleich** *econ. m* compensation for services; ~**berechnung** *f* capacity rating; ~**bereich** *tech. m* range of capacity; ~**einheit** *phys. f* unit of power; ²**fähig** *adj.* productive; *econ.* solvent, solid; efficient, *tech. a.* powerful, *of oil, etc.*: serviceable; ~**fähigkeit** *f* (-) efficiency, *tech. a.* productive power, capacity performance, output, serviceableness; ~**faktor** *tech. m* power factor; ~**grenze** *tech. f* (-) limit of capacity; ~**kurve** *f* performance graph; ~**lohn** *m* efficiency (*or* incentive) wage(s *pl.*), *progressiver* ~ progressive piece wages *pl.*; ~**messer** *el. m* wattmeter; ~**norm** *tech. f* standard of performance; ~**pflicht** *econ. f* obligation of performance; ²**pflichtig** *adj.* liable for payment *or* services; ~**prämie** *f* merit bonus; ~**prinzip** *n* ability principle; ~**prüfung** *f* performance (*or* efficiency) test; ~**schau** *f* progress show; ~**schild** *tech. n* rating plate; ²**schwach** *adj.* inefficient; ~**soll** *n* target; ~**sport** *m* competitive sport(s *pl.*) *or* athletics; ~**sportler(-in** *f*) *m* competitive athlete; ~**stand** *m* standard of results *or* performance; ²**stark** *adj.* efficient; ²**steigernd** *adj.* efficiency increasing; ~**steigerung** *f* increase in efficiency; *tech. a.* increased output; ~**system** *n* merit rating system; ~**turnen** *n* skill gymnastics *pl.*; ~**vermögen** *n* → *Leistungsfähigkeit*; ~**verzug** *econ. m* delay of obligation; ~**wettbewerb** *m* efficiency contest, proficiency drive; ~**wille** *m* will to work and to produce; ~**zulage** *f* efficiency bonus.

Leit|artikel ['laɪt-] *m* leading article, leader, *Am.* editorial; ~**artikelschreiber** *m* leader (*Am.* editorial) writer; ~**bild** *n* image; guiding star, model, example, hero; ~**bündel** *biol. n* vascular bundle.

'**leiten** *v/t.* (*h.*) lead, guide, (*a. el., mus., phys.*) conduct; steer, pilot, *tech.* convey, pass; route (*über acc.* over); *adm.* channel; *mil. das Feuer* ~ control *or* direct the fire; head (*organization, etc.*), govern, rule (*state*); manage, run, be in charge of (*enterprise, etc.*); control; *e-e Versammlung* ~ preside over a meeting, be in the chair; *sports*: *das Spiel* ~ referee; *fig. sich* ~ *lassen von* be guided by (*principle, etc.*); ~**d** *adj.* leading; *phys.* (*nicht*) ~ (non-)conductive; *econ.* managerial, key (*position*); ~*er Angestellter* officer (of a firm), *Am. a.* executive; ~*er Ingenieur* chief engineer.

'**Leiter**[1] *m* (-s; -), ~**in** *f* (-; -nen) leader, (*a. phys., mus.*) conductor (*f* conductress); *adm., econ.* head, chief, *Am. a.* executive; manager (-ess *f*), *Am. a.* president; director (*f* directrix); (works) manager, *Am.* superintendent; *technischer* ~ technical director; *of assembly*: chairman, president; *ped.* headmaster (*f* -mistress), *Am.* principal; ~ *sein von* be in charge of; *el.* conductor, *of cable*: core.

'**Leiter**[2] *f* (-; -n) ladder (*a. fig.*); (pair of) steps *pl.*; *gym. schwedische* ~ Swedish ladder, rib stalls; *mus.* scale; ²**förmig** ['-fœrmiç] *adj.* ladder-shaped; ~**sprosse** *f* rung (*or* step) of a ladder; ~**wagen** *m* rack-wag(g)on.

'**Leit...**: ~**faden** *m* clue; (*book*) manual, textbook, guide; ²**fähig** *adj.* conductive; ~**fähigkeit** *f* (-) conductance, conductivity; ~**feuer** *n mil.* cord fuse; *mar.* leading light; ~**fossil** *geol. n* leading fossil; ~**gedanke** *m* leading (*or* basic) idea; ~**hammel** *m* bell-wether (*a. fig.*); ~**hund** *m* leader(-dog); ~**karte** *f* guide(-card); ~**motiv** *mus. n* leitmotiv; *fig.* key-note; ~**satz** *m* guiding principle; ~**schiene** *f* guide-rail; *rail.* live rail; ~**spindel** *tech. f* leadscrew; ~**spindelbank** *f* engine lathe; ~**spruch** *m* motto; ~**stand** *m* control post; *mil.* fire control centre; ~**stange** *tech. f* conducting rod; *of tram*: trolley(-pole); ~**stelle** *f* head office; *radio*: net control station; ~**stern** *m* lode-star (*a. fig.*), pole-star; ~**strahl** *m* (localizer) beam; *math.* radius vector; ~**tier** *n* leader.

'**Leitung** *f* (-; -en) lead(ing), conducting, guidance; control, management, direction, administration, *Am. a.* operation; chairmanship, presidency; (*institution*) management, principal office, *of conferences, etc.*: management (*or* steering) committee; *tech.* guiding-bar; transmission; *phys.* conduction; *el.* lead; circuit; *tel.* line, wire, wiring; cable; pipeline, piping, tubing; (*gas, water, electricity*) mains; (water-) tap; conduit, duct; *die* ~ *haben von* be in control of, head; *unter s-r* ~ under his direction (*or* control, auspices); *mus. unter der* ~ *von X* Mr. X conducting; *teleph. in der* ~ *bleiben* hold the line; *die* ~ *ist besetzt* the line is engaged (*Am.* busy); *colloq. fig. e-e lange (kurze)* ~ *haben* be slow (quick) in the uptake.

'**Leitungs...**: ~**bau** *m* (-[e]s) line construction; ~**draht** *m* (lead *or* conducting) wire, conductor; ²**fähig** *adj.* conductive; ~**fähigkeit** *f* (-) conductivity; ~**hahn** *m* water-tap, *Am. a.* faucet; ~**mast** *m* pole, mast; pylon; ~**netz** *n* (supply) network, line-system; circuit; main system; ~**plan** *m* wiring diagram; ~**rohr** *n*, ~**röhre** *f* conduit(-pipe); gas- (water-)pipe, main; ~**schnur** *f* cord, flex; ~**störung** *f* line fault; ~**vermögen** *n* conductivity; ~**wasser** *n* (-s; -wässer) company's (*or* tap) water.

'**Leit...**: ~**werk** *aer. n* tail unit, control surfaces *pl.*; ~**wert** *el. m* conductance; ~**zahl** *f* index *or* code number; control word.

Lekti|on [lɛktsi'o:n] *f* (-; -en) lesson (*a. fig.*); *fig. j-m e-e* ~ *erteilen* **a**) lecture a p., **b**) teach a p. a lesson.

Lektor ['lɛktɔr] *m* (-s; -'*toren*) lecturer; *of publishers*: reader.

Lek|türe [lɛk'tyːrə] *f* (-) reading; *gute* (*langweilige*) ~ good (dull) reading; (*pl.* -*n*) books *pl.*, reading (matter).

Lende ['lɛndə] *anat. f* (-; -*n*) loin, lumbar region; hip, haunch; thigh.

'**Lenden...:** ~**braten** *m* roast loin; sirloin; ~**gegend** *f* lumbar region; ♀**lahm** *adj.* hipshot, *fig.* lame, weak-kneed; ~**schnitte** *f* rumpsteak; ~**schurz** *m* loin-cloth; ~**stück** *n cul.* loin(-steak), undercut, *Am.* tenderloin; sirloin.

Lenk|achse ['lɛŋk-] *f* steering axle; ~**ballon** *m* steerable balloon; ♀**bar** *adj.* guidable, manageable, tractable; docile; *tech.* steerable, controllable, man(o)euvrable; ~(*es Luftschiff*) dirigible; ~**barkeit** *f* (-) manageableness, tractability; docility; *tech.* dirigibility, controllability, man(o)euvrability; ♀**en** *v/t. and v/i.* (*h.*) direct, conduct, guide; turn, bend; drive, *mot. a.* steer; *aer.* steer; pilot (*a. aer.* = control); govern, rule; ~ *auf* (*acc.*) draw (*or* call) *a p.'s attention* to, *auf sich*: attract; *s-n Blick* ~ *auf* turn one's eyes to; *das Gespräch* ~ *auf* steer the conversation (round) to; *s-e Schritte* ~ *nach* turn one's steps to(wards); *gelenkte Wirtschaft* planned economy; ~**er**(**in** *f*) *m* (-s, -; -, -*nen*) driver; pilot; ruler, governor; ~**rad** *n* **1.** *mot.* steering wheel; **2.** → ~**rolle** *f* caster (wheel); ♀**sam** *adj.* → *lenkbar*; ~**säule** *mot. f* steering column; ~**schloß** *mot. n* steering-column lock; ~**schnecke** *mot. f* steering worm; ~**seil** *n* guide-rope; ~**stange** *f* handle bar (*of bicycle*); *tech.* connecting rod, link; ~**ung** *f* (-; -*en*) guidance, management, control; planning; *mot.* **a**) steering assembly, **b**) steering, driving; ~**ungs-ausschlag** *mot. m* steering lock; ~**ungs-ausschuß** *m* steering committee.

Lenz [lɛnts] *m* (-es; -e) spring; *fig.* bloom, prime (of life); *er zählte 20* ~*e* he was twenty (years old).

'**lenz|en** *mar. v/t. and v/i.* **a**) (*h.*) pump (the bilges), **b**) (*sn*) scud; ♀**pumpe** *f* bilge pump.

Leopard [leo'part] *zo. m* (-en; -en) leopard; ~**enweibchen** [leo'pardən-] *n* leopardess.

Lepra ['leːpra] *med. f* (-) leprosy; ~**kranke**(**r** *m*) *f* leper.

leptosom [lɛpto'zoːm] *physiol. adj.* leptosome.

Lerche ['lɛrçə] *f* (-; -*n*) lark; ~**n-strich** *m* (-[e]s) flight of larks.

Lern|begier(**de**) ['lɛrn-] *f* (-) desire of learning, studiousness; ♀**begierig** *adj.* eager to learn, studious; ~**eifer** *m* zest for learning, zeal; ♀**en** *v/t. and v/i.* (*h.*) learn; study; practise; *vulg.* (*lehren*) teach, learn; pick up; acquire, master; *lesen* ~ learn reading *or* to read; → *auswendig*; serve one's apprenticeship (*bei j-m* with); be apprenticed (to); *j-n schätzen* ~ come to esteem a p.; → *kennen*; *er lernt gut* he is an apt scholar; *man lernt nie aus* we live and learn; *gelernt* (*adj.*) by trade; *gelernter Arbeiter* skilled worker; ~**en** *n* (-s) learning, studying; *das* ~ *wird ihm schwer* he is slow in learning; ~**maschine** *f* teaching machine; ~**mittel** *n/pl.* learning material; ~**mittelfreiheit** *f* (-) free means *pl.* of study; ~**schwester** *f* student nurse, probationer.

Les|art ['leːsˀaːrt] *f* reading, version; *verschiedene* ~ variant; ♀**bar** *adj.* legible; decipherable; readable, worth reading; ~**barkeit** *f* (-) legibility.

Lesbierin ['lɛsbiərin] *f* (-; -*nen*), '**lesbisch** *adj.* Lesbian.

Lese ['leːzə] *f* (-; -*n*) gathering; gleaning; vintage.

'**Lese...:** ~**brille** *f* (e-e ~ a pair of) reading glasses *pl.*; ~**buch** *n* reading book, reader; ~**drama** *n* closet drama; ~**fibel** *f* first reader, primer; ~**früchte** *f/pl.* selections; ~**glas** *n* reading-glass; ~**halle** *f* public reading-room; ♀**hungrig** *adj.* being an avid reader; starved for books; ~**kränzchen** *n*, ~**kreis** *m* reading-circle; ~**lampe** *f* reading-lamp; ~**lupe** *f* → *Leseglas*.

'**lesen** *v/t. and v/i.* (*irr., h.*) read; decipher; *univ.* give lectures; ~ *über* (*acc.*) lecture on; *Messe* ~ say Mass; *book, etc.*: *sich gut* (*or leicht*) read well, be readable; *sich großartig* ~ make fascinating reading; be legible; *wie* ~ *Sie diesen Satz?* how do you read this sentence?; sort; pick, clean (*peas*); → *Ähre*.

'**Lesen** *n* (-s) reading; lecturing; gathering; ♀**swert** *adj.* worth reading.

'**Lese...:** ~**probe** *f thea.* reading rehearsal; *from book*: specimen; ~**pult** *n* reading-desk.

'**Leser**(**in** *f*) *m* (-s, -; -, -*nen*) reader; *of newspaper*: *a.* subscriber (*gen.* to); *agr.* gatherer, gleaner; vintager.

'**Lese-ratte** *fig. f* bookworm.

'**Leser...:** ~**karte** *f* reader's card; ~**kreis** *m* (circle of) readers *pl.*; *e-n weiten* ~ *haben* be widely read; ♀**lich** *adj.* legible, easy to read; ~**lichkeit** *f* (-) legibility; ~**schaft** *f* (-) readers *pl.*; ~**stamm** *m* stock of readers; ~**zuschrift** *f* letter to the editor.

'**Lese...:** ~**saal** *m* reading-room; ~**stoff** *m* reading (matter); ~**übung** *f* reading exercise; ~**zeichen** *n* book-mark; ~**zimmer** *n* reading-room; ~**zirkel** *m* reading-circle; book-club.

'**Lesung** *f* (-; -*en*) reading; *parl. in zweiter* ~ on second reading; *zur dritten* ~ *kommen* come up for the third reading.

lethal [le'taːl] *med. adj.* lethal, fatal; ~*er Ausgang* fatal issue, death.

Lethargie [letar'giː] *med. f* (-) lethargy (*a. fig.*); **le'thargisch** *adj.* lethargic(al).

Lett|e ['lɛtə] *m* (-*n*; -*n*), ~**in** *f* (-; -*nen*) Latvian, Lett.

'**Letten** *m* (-s; -) loam, potter's clay.

Letter ['lɛtər] *f* (-; -*n*) letter, character, *typ.* type; ~**nkasten** *m* lower case; ~**nmetall** *n* type metal; ~**nsetzmaschine** *f* monotype.

'**lettisch** *adj.* Latvian, Lettish.

letzt [lɛtst] **I.** *adj.* last; final, ultimate; extreme; lowest, bottom; ~*er Ausweg* last resort; ~*e Nachrichten* late(st) *or* stop-press news; ~*er Schliff* master touch; ♀*e Ölung* extreme unction; ~*es Wort* last word; (*am*) ~*en Sonntag* last Sunday; *im* ~*en Sommer* past summer; *in den* ~*en Jahren* in recent years; *in* ~*er Zeit* of late, lately; *econ.* ~*en Monats* ultimo (*usu. abbr.* ult.); *die* ~*en Stunden* the closing hours (*of conference, year, etc.*); *Umstellungen im* ~*en Augenblick* last-minute (*or* eleventh hour) shift; *bis auf den* ~*en Mann* (down) to the last man, to a man; *bis auf den* ~*en Platz gefüllt* packed to capacity; *bis ins* ~*e prüfen* check to the last detail; *bis zum* ~*en* in the last, to the utmost; ~*en Endes* in the last analysis, ultimately, after all; → *Ehre, Hand, Loch, Schrei*; *comp.* der, die, das ~ere, ~erer (the) latter; **II.** (*der, die, das*) ♀**e** (-*n*; -*n*) the last (one); *das* ~ the last thing; *der* ~ (*des Monats*) the last (day of the month); the last extremity; *zu guter Letzt* last but not least; finally, in the end; *sein* ~*s hergeben* do one's utmost, make an all-out effort; ~**ens** ['-əns], ~**hin** *adv.* latterly, lately, of late; the other day, recently; ~**genannt** *adj.* last-named; ~**jährig** *adj.* last year's, of last year; ~**lich** *adv.* **1.** → *letztens*; **2.** in the last analysis; ~**willig** **I.** *adj.* testamentary; **II.** *adv.* by will.

Leu [lɔʏ] *poet. m* (-en; -en) lion.

Leucht|bake ['lɔʏçt-], ~**boje** *mar. f* lightbuoy; ~**bombe** *aer. f* flare (bomb); ~**draht** *el. m* filament; ~**e** *f* (-; -*n*) light, (*a. fig.*) lamp, (*a. fig. esp. person*) luminary; *fig. er ist keine* ~ he is no shining light; *aer., mar.* beacon; *aer.* wing-tip flare; ♀**en** *v/i.* (*h.*) (give *or* emit) light, shine (forth); gleam, sparkle; ~ *auf* (*acc.*) shine (up)on, illuminate; *j-m* ~ light a p.; *sein Licht* ~ *lassen* let one's light shine (*vor dat.* before); ~**en** *n* (-s) shining; *of eyes*: *a.* light, sparkle; *phys.* luminosity; ♀**end** *adj.* shining, bright; luminous; lustrous, brilliant; shining, brilliant (*example*); *mit* ~*en Augen* with shining eyes; ~**er** *m* (-s; -) candlestick; chandelier, lustre; sconce; ~**fackel** *f* flare; ~**faden** *el. m* filament; ~**fallschirm** *aer. m* parachute flare; ~**farbe** *f* luminous paint; ~**feuer** *n mar.* beacon (light), *aer.* flare; ~**gas** *n* illuminating (*or* city) gas, *chem.* carburetted hydrogen; ~**geschoß** *mil. n* star shell; ~**käfer** *m* glow-worm, fire-fly; ~**kompaß** *m* luminous(-dial) compass; ~**körper** *m* lamp, light; ~**kraft** *f* (-) illuminating (*of colours*: luminous) power; ~**kugel** *mil. f* Very light; flare; ~**masse** *f* luminescent substance; ~**mittel** *n* illuminant; ~**patrone** *f* Very light, flare (*or* signal) cartridge; ~**petroleum** *n* kerosene; ~**pistole** *f* Very pistol, signal pistol; ~**quarz** *m* luminous quartz; ~**rakete** *f* signal rocket; ~**reklame** *f* luminous advertising, neon signs *pl.*; sky signs *pl.*; ~**röhre** *f* luminous lamp, neon tube; ~**schiff** *mar. n* lightship;

~schirm *m* fluorescent screen (*a. med.*); **~schrift** *f* illuminated letters; **~signal** *n* flare signal; **~skala** *f* luminous dial; **~spur** *mil. f* tracer path; **~spurgeschoß** *mil. n* tracer bullet; **~spurmunition** *mil. f* tracer ammunition; **~stab** *el. m* fluorescent rod; (electric) torch, flash-light; **~stoff** *m* illuminant; **~stofflampe** *f* fluorescent lamp; **~stoffröhre** *f* fluorescent tube; **~turm** *mar. m* lighthouse; **~uhr** *f* luminous clock *or* watch; **~zifferblatt** *n* (**~ziffern** *f/pl.*) luminous dial (figures).

leugnen [ˈlɔʏgnən] *v/t.* (*h.*) deny; disavow; contest; *nicht zu ~* not to be denied, undeniable.

ˈ**Leugnen** *n* (-s) denying, denial; disavowal.

Leukämie [lɔʏkɛˈmiː] *med. f* (-; -*n*) leuk(a)emia.

Leukoplast [lɔʏkoˈplast] *n* (-[e]s) adhesive tape.

Leukozyten [-ˈtsyːtən] *pl.* leukocytes.

Leumund [ˈlɔʏmunt] *m* (-[e]s) reputation, repute, name; **~szeuge** *m* character witness; **~szeugnis** *n* certificate of good character; character reference.

Leute [ˈlɔʏtə] *pl.* people; persons; folks; *mil., pol.* men; domestics, servants; hands; *nicht genug ~ haben* be short-handed; *collect. die ~* people, the world, the (general) public; *meine ~* (*family*) my people, my folks; *iro. er kennt s-e ~* he knows his customers; *vor allen ~n* publicly, before all the world; *unter die ~ bringen* spread abroad; *unter die ~ gehen* mix with people; **~schinder** *m* slave-driver, martinet.

Leutnant [ˈlɔʏtnant] *m* (-s; -s) *mil.* second lieutenant; *aer.* pilot officer; *~ zur See Brit.* acting sub-lieutenant, *Am.* ensign.

ˈ**leutselig** *adj.* affable; condescending; **≗keit** *f* (-) affability; condescension.

Levantin|er(in *f*) [levanˈtiːnər-] *m* (-s, -; -, -*nen*), **≗isch** *adj.* Levantine.

Levit [leˈviːt] *m* (-en; -en) *pl.*: *j-m die ~ lesen* lecture a p., give a p. a dressing-down.

Levkoje [lɛfˈkoːjə] *bot. f* (-; -*n*) stock, gillyflower.

lexikalisch [lɛksiˈkɑːliʃ] *adj.* lexical.

Lexikograph [-koˈgrɑːf] *m* (-en; -en) lexicographer.

Lexikographie [-graˈfiː] *f* (-) lexicography.

lexikographisch [-ˈgrɑːfiʃ] *adj.* lexicographic(al).

Lexikon [ˈlɛksikɔn] *n* (-s; -*ka*) dictionary; encyclop(a)edia.

Lezithin [letsiˈtiːn] *n* (-s) lecithin.

Liaison [liɛˈzɔ̃ː] *f* (-; -s) liaison, love-affair.

Liane [liˈɑːnə] *f* (-; -*n*) liana.

Lias [ˈliːas] *geol. m* (-) lias; **~formation** *f* liassic formation.

Libelle [liˈbɛlə] *f* (-; -*n*) dragon-fly; *tech.* bubble (of spirit level).

liberal [libeˈrɑːl] *adj.* liberal.

liberalisier|en [-raliˈziːrən] *v/t.* (*h.*) liberalize; **≗ung** *f* (-) liberalization.

Liberalismus [-raˈlismus] *m* (-) liberalism.

Liberaliˈtät *f* (-) liberality.

Librettist [librɛˈtist] *mus. m* (-en; -en) librettist.

Libretto [-ˈbrɛto] *mus. n* (-s; -s) word-book, words *pl.*

Licht [liçt] *n* (-[e]s; -er) light; brightness; illumination, lighting; luminous body; luminary (*a. fig. genius*); lamp; candle; daylight; *paint. ~er und Schatten pl.* lights and shadows; *hunt. ~er pl.* eyes; *~ machen* strike a light, *el.* switch on the light(s *pl.*); *bei ~ arbeiten, etc.* work, *etc.*, by lamp-light; *gegen das ~ halten* hold (up) to the light; *geh mir aus dem ~e!* stand out of my light!; *fig. ~ bringen in* (*acc.*) throw (*or* shed) light upon; *ans ~ bringen* (*kommen*) bring (come) to light; *das ~ der Welt erblicken* see the light, be born; *das ~ scheuen* shun the light; *ein schlechtes ~ werfen auf* (*acc.*) reflect (*or* cast a reflection) on; *ein ungünstiges ~ werfen auf j-n* put a p. in an unfavo(u)rable light; → *schief*; *et. bei ~ besehen* examine a th. closely; *bei ~e besehen* **a**) on closer inspection, **b**) strictly speaking; *im besten ~e zeigen* show up to the best advantage; *ins rechte ~ setzen* put in the right light; *in ein falsches ~ rücken* misrepresent; *j-m ein ~ aufstecken* open a p.'s eyes (*über acc.* to); *j-n hinters ~ führen* deceive (*or* dupe, hoodwink) a p.; → *leuchten*; *sich im wahren ~e zeigen* show one's (true) colo(u)rs; *sich in e-m neuen ~e zeigen* present o.s. in a new aspect; *es ging mir ein ~ auf* it began to dawn on me, I began to see daylight; *jetzt geht mir ein ~ auf!* now I see!; *er ist kein großes ~* he is no shining light; → *grün.*

licht *adj.* light (*a. colour*); bright, luminous; transparent; thin (*a. hair*); open, clear (*woods*); *~ werden* → *lichten*; *~er Augenblick* lucid interval; *bei ~em Tage* in broad daylight; *tech. ~e Breite* (*Höhe*) clear breadth (height); *~er Durchmesser* inside diameter; *~er Raum* space in the clear, clearance; *~e Weite* inside width (*or* diameter), lumen; *~e Zukunft* bright future.

ˈ**Licht...:** **~aggregat** *el. n* lighting set; **~anlage** *f* lighting system; light(ing) plant; **~anlasser** *mot. m* starter-dynamo; **~antenne** *f* mains aerial; **~bad** *med. n* light bath, insolation; **~behandlung** *med. f* phototherapy; **≗beständig** *adj.* fast to light; non-fading (*fabric*); **~bild** *n* photo(graph); slide, transparency; **~bildervortrag** *m* lantern(-slide) lecture; **~bildner (-in** *f*) *m* photographer; **≗blau** *adj.* light (*or* pale) blue; **~blende** *phot. f* light stop; **~blick** *fig. m* bright spot; ray of hope; **~bogen** *el. m* arc; **~bogenschweißung** *tech. f* arc welding; **≗brechend** *opt. adj.* refractive; **~brechung** *f* refraction of light; **~bündel** *n* light beam, pencil of rays; **≗dicht** *adj.* light-proof; **~druck** *typ. m* (-[e]s; -e) heliography; phototype; **≗durchlässig** *adj.* permeable to light, translucent; **≗echt** *adj.* fast (to light) (*colour*); nonfading (*fabric*); **≗elektrisch** *adj.* photoelectric(ally *adv.*); **≗empfindlich** *adj.* sensitive to light, *phot.* sensitive, sensitized (*paper*); *phys.* light-reactive (*cell*); *~ machen* sensitize; **~empfindlichkeit** *f* sensitivity, *phot.* speed.

ˈ**lichten** *v/t.* (*h.*) clear (*wood*); (*a. sich ~*) thin (*hair, ranks*); *mar. den Anker ~* weigh anchor; *sich ~* clear up.

ˈ**Lichter 1.** *pl. of Licht*; **2.** *mar. m* (-s; -) lighter, barge; **≗loh** [ˈ-ˈloː] *adv.* blazing, in full blaze; *~ brennen* be in a blaze, be all ablaze; **~meer** *n* sea of lights.

ˈ**Licht...:** **~erscheinung** *f* luminous appearance, optical phenomenon; **~farbendruck** *m* (-[e]s; -e) photomechanical colo(u)r print(ing); **~filter** *m* ray filter; **~geschwindigkeit** *f* (-) speed of light; **≗grün** *adj.* chartreuse; **~heilverfahren** *med. n* light treatment, phototherapy; **~hof** *m* glassroofed court; *phot.* halo; **~hofbildung** *phot. f* halation; **≗hoffrei** *phot. adj.* anti-halo; **~hupe** *mot. f* headlamp flasher; **~jahr** *n* light year; **~kasten** *med. m* electrothermal bath; **~kegel** *m phys.* cone of rays; searchlight beam; **~kreis** *m* halo; **~lehre** *phys. f* (-) photology; optics *pl.*; **~leitung** *f* lighting circuit (*or* mains); **~maschine** *mot. f* (lighting) dynamo, generator; **~meß** [ˈ-mɛs] *eccl. f* (-) Candlemas; **~meßdienst** *mil. m* flash-ranging service; **~messer** *phys. m* photometer; **~messung** *f phys.* photometry; *mil.* flash-ranging; **~netz** *n* lighting circuit, mains; **~pause** *f* photoprint; **~pausverfahren** [ˈ-paus-] *n* photoprinting; **~quant** *n* light quantum, photon; **~quelle** *f* source of light; **~reklame** *f* luminous advertising; electric signs; sky signs *pl.*; **~rufanlage** *f* light-signal call system; **~schacht** *m* light-well; **~schalter** *m* light switch; **~schein** *m* gleam of light, shine; **≗scheu** *adj.* shunning the light (*a. fig.* = shady); *med.* photophobic; **~schirm** *m* (lamp-)shade, screen; **~seite** *fig. f* bright side; **~signal** *n* light signal, *mot.* traffic light; **~spielhaus, ~spieltheater** *n* cinema, *Am.* motion picture theater; → *Kino*; **≗stark** *adj.* of high intensity, high-power; *phot.* high-speed; **~stärke** *f* intensity of light; candle-power; *phot.* speed; **~steindruck** *m* (-[e]s; -e) photolithography; **~strahl** *m* ray (*or* beam) of light (*a. fig.*); **~strom** *m* mains current; luminous flux; **~technik** *f* (-) light current engineering; **~tonaufnahme** *f* photographic sound-film recording; **~ton-Verfahren** *n* sound-on-film process; **≗undurchlässig** *adj.* opaque.

ˈ**Lichtung** *f* (-; -en) clearing, opening; glade.

ˈ**Licht...:** **≗voll** *fig. adj.* illuminating; **~welle** *f* light wave; **~zeichen** *n* light-signal; **~zelle** *f* photo(electric) cell.

Lid [liːt] *n* (-[e]s; -er) eyelid.

lidern [ˈliːdərn] *tech. v/t.* (*h.*) pack (with leather).

Lidschatten [ˈliːt-] *m* eye shadow.

lieb [li:p] **I.** *adj.* **1.** dear; (dearly) beloved; kind; good (*a. child* = well-behaved); sweet; *pred.* agreeable, pleasant; charming; nice; *der ~e Gott* the good God; *ein ~er Kerl* a good fellow; *ein ~es Ding* a dear *or* darling; *in letters*: *~er Herr N.* my dear Mr. N.; *iro.* (*mein*) *~er Freund* my dear fellow; *~er Himmel!* good Heavens!, dear me!; *ums ~e Leben rennen* run for dear life; *um des ~en Friedens willen* for the sake of peace and quiet; *den ~en langen Tag* the livelong day; → *Kind, Not*; *es ist mir ~, daß* I am glad that; *es wäre mir ~, wenn* I should be glad if, I should appreciate it if; *seien Sie so ~ und geben Sie mir das Buch* will you be so kind as to give me the book; **2. ~er** ['li:bər] *comp.* dearer; more agreeable; *adv.* more willingly; rather, sooner; *~ haben, ~ mögen* like better, prefer; *ich möchte ~ nicht* I had (*or* would) rather not; *ich bleibe ~ zu Hause* I prefer to stay at home; *du solltest ~ fortgehen* you had better leave; **3. ~st** [li:pst] *sup.* dearest; *meine ~e Beschäftigung* my favo(u)rite occupation; *am ~en* preferably; *das habe ich am ~en* I like that best of all; *am ~en ginge ich heim* I should like best to go home; → *Liebste(r)*; **II.** (*der, die, das*) 2*e* (*-n*; *-n*): *mein ~r!* my dear fellow, old man; *meine ~!* my dear (girl) *or* dear lady; *meine ~n* my dear ones, *as form of address*: (my) dear friends, my dears; *j-m viel ~s erweisen* be very kind to a p.; **~äugeln** ['li:pˀɔʏgəln] *v/i.* (*h.*) ogle (*mit j-m or et.* a p., a th.); *fig.* flirt *or* toy *with an idea*; '**2chen** *n* (*-s*; -) love, sweetheart.

Liebe ['li:bə] *f* (-) love (*zu, für* of, for); affection (for), tender passion; attachment (to); fondness, liking (for); *christliche ~* charity; *abgöttische ~* idolatry; *vernarrte ~* infatuation; (*pl. -n*) love-affair, romance; *fig.* e-e *alte ~* an old sweetheart *or* flame; *aus ~* for love; *aus ~ zu* for the love of; *Heirat aus ~* love-match; *Kind der ~* love-child; *tu mir die ~* do me the favo(u)r; *eine ~ ist der anderen wert* one good turn deserves another; *die ~ geht durch den Magen* the way to a man's heart is through his stomach; **2bedürftig** *adj.* starved for love; **~diener** *m* time-server; **~diene'rei** *f* (-; *-en*) obsequiousness, fawning, toadyism; **2dienerisch** *adj.* obsequious, fawning, cringing; **~lei** [-'laɪ] *f* (-; *-en*) flirtation, amour, dalliance; **2ln** ['li:bəln] *v/i.* (*h.*) flirt *or* dally (*mit* with), make love (to), philander.

'**lieben** *v/t. and v/i.* (*h.*) love, be in love (with); show affection for, be attached to, cherish; like, be fond of; idolize, adore; dote on; **~d I.** *adj.* loving, affectionate; *die beiden 2en* the two lovers; **II.** *adv.*: *~ gern* with the greatest pleasure, gladly; *ich würde ~ gern* I should love to; **~swert** *adj.* lovable, amiable; charming; **~swürdig** *adj.* **1.** → *liebenswert*; kind, obliging; affable; **~swürdigerweise** *adv.* kindly; **~swürdigkeit** *f* (-) amiability; kindness; kind words, friendly remark; compliment.

'**lieber** *adj.* → *lieb*.

'**Liebes...**: **~abenteuer** *n*, **~affaire** *f* love-adventure, love-affair, romance; **~bedürfnis** *n* desire for love; **~beweis** *m* proof of love; **~brief** *m* love-letter; **~dienst** *m* kind service, (act of) kindness, favo(u)r; *j-m e-n ~ erweisen a.* do a p. a good turn; **~erklärung** *f* declaration of love; *e-e ~ machen* declare one's love; **~erlebnis** *n* romance; sexual experience; **~gabe** *f* gift of love, (charitable) gift; soldiers' comforts; **~gabenpaket** *n* gift parcel; **~gedicht** *n* love-poem; **~genuß** *m* enjoyment of love; sexual enjoyment; **~geschichte** *f* love-story, romance; **~geständnis** *n* confession of love; **~glut** *f* fire of love, ardo(u)r; **~gott** *m* (god of) Love, Cupid, Eros; **~handel** *m* love-affair; **~heirat** *f* love-match; **2krank** *adj.* love-sick; **~kummer** *m* lover's grief; **~künste** *f/pl.* artifices of love, (love-making) technique *sg.*; **~leben** *n* (*-s*) love-life, sex(ual) life; **~lied** *n* love-song; **~mahl** *n* love-feast; brotherly repast; *mil.* regimental dinner; **~mühe** *f*: *verlorene ~* Love's Labo(u)rs lost; *es war verlorene ~* it was useless *or* in vain; **~paar** *n* (courting) couple, loving pair, lovers *pl.*; **~pfand** *n* love-token; *fig.* (*child*) pledge of love; **~qualen** *f/pl.* pangs of love; **~rausch** *m* transport of love; passion; **~roman** *m* love-story, romance; **~schwur** *m* lover's oath; **~szene** *thea. f* love-scene; **2toll** *adj.* mad with love; **~trank** *m* love-potion, philt|re, *Am.* -er; **2trunken** *adj.* intoxicated with love, rapturous; **~verhältnis** *n* love-affair; **~werben** *n* wooing, courtship; **~werk** *n* work of charity; **~zeichen** *n* love-token.

'**liebevoll** *adj.* loving(ly *adv. a.*, *w.s.*), affectionate, kind(-hearted), tender.

lieb... ['li:p-]: **2frauenkirche** *f* St. Mary's (Church); **~gewinnen** *v/t.* (*irr., h.*) get (*or* grow) fond of, come to like, take a fancy to; **~haben** *v/t.* (*irr., h.*) be fond of, like; love.

'**Liebhaber** *m* (*-s*; -) **1.** lover, sweetheart, admirer, beau; **2. ~(in** *f*) *m* (*-s*, -; -, *-nen*) lover, admirer; amateur; fancier; fan; hobbyist; *thea. erster ~* leading gentleman, *thea. jugendlicher ~* juvenile lead; *~ finden* find buyers; **~ausgabe** *f* edition de luxe.

Liebhabe'rei *f* (-; *-en*) fancy, taste, passion (*all für* for); hobby.

'**Liebhaber...**: **~preis** *m* fancy price; **~rolle** *thea. f* lover's part; → *Liebhaber(in)*; **~theater** *n* amateur theat|re, *Am.* -er *or* theatricals *pl.*; **~wert** *m* sentimental value.

'**liebkos|en** *v/t. and v/i.* (*h.*) caress, fondle, cuddle; **2ung** *f* (-; *-en*) caress, fondling.

'**lieblich** *adj.* lovely, charming, sweet; winsome; delightful; smooth (*wine*); **2keit** *f* (-) loveliness, sweetness; delightfulness; deliciousness.

Liebling ['-liŋ] *m* (*-[e]s*; *-e*) darling, pet; favo(u)rite; **~sbeschäftigung** *f* favo(u)rite occupation, hobby; **~sgedanke** *m* pet idea.

'**lieb...**: **~los** *adj.* unloving, unkind, cold; *w.s.* careless; **2losigkeit** *f* (-) unkindness, coldness; **~reich** *adj.* loving, affectionate, tender; kind, amiable, benevolent; **2reiz** *m* (*-es*) charm, attractiveness; winsomeness, sweetness, grace; **~reizend** *adj.* charming, graceful, sweet, winsome; **2schaft** *f* (-; *-en*) love-affair, amour, liaison.

'**liebst** *adj.*, **2e(r** *m*) *f* (*-n*, *-n*; *-n*, *-n*) darling, sweetheart; *m a.* lover, *f a.* love.

Lied [li:t] *n* (*-[e]s*; *-er*) song; tune, air, melody; lied; *kirchliches ~* hymn; poem, romance; ballad; *fig. es ist das alte ~* it's always the same old story; *er weiß ein ~ davon zu singen* he can tell you all about it; *das Ende vom ~* the end of the matter, the upshot; → *hoch*.

Lieder... ['li:dər]: **~abend** *m* lieder recital; **~buch** *n* song-book; **~dichter** *m* song-writer; lyric poet; **~kranz** *m* singing society.

liederlich ['li:dərliç] *adj.* careless, negligent; slovenly; dissipated, loose, debauched, dissolute; fast, gay; **2keit** *f* (-) carelessness; slovenliness; dissipation, debauchery, dissoluteness.

'**Lieder...**: **~sammlung** *f* collection of songs; **~sänger(in** *f*) *m* lieder singer; **~tafel** *f* choral society; **~zyklus** *m* song-cycle.

lief [li:f] *pret. of laufen*.

Lieferant(in *f*) [li:fə'rant] *m* (*-en*, *-en*; -, *-nen*) supplier, purveyor; contractor; caterer; distributor.

Liefer... ['li:fər-]: **~auto** *n* → *Lieferwagen*; **2bar** *adj.* to be delivered, deliverable; available; marketable, sal(e)able; *(un)beschränkt ~* (un-)restricted in supply; *sofort ~e Waren* spot goods; **~barkeit** *f* (-) availability; **~bedingungen** *f/pl.* terms of delivery; **2bereit** *adj.* ready for delivery; **~firma** *f* supplier(s *pl.*), contractor(s *pl.*); manufacturers *pl.*; **~frist** *f* time of delivery; **~gebühr** *f* carrying charge; **~gewicht** *n* net weight; **~hafen** *m* delivery port; **~menge** *f* quantity delivered, lot.

'**liefer|n** *v/t. and v/i.* (*h.*) deliver (*et. an j-n, j-m et.* a th. to a p., *nach* to); *a. fig.* supply, furnish (*j-m et.* a p. with a th.); afford; yield; *e-e Schlacht ~* give battle; *er lieferte e-n harten Kampf* he put up a stiff fight; *colloq. fig. j-n ~* do for a p.; *colloq. ich bin geliefert* I am done for, *sl.* I am sunk; → *Messer*; **2ung** *f* (-; *-en*) delivery, *Am. a.* shipment; supply; consignment; parcel, lot; carload; cargo; *zahlbar bei ~* payable (*or* cash) on delivery; *book trade*: *in ~en erscheinen* appear in numbers *or* (serial) parts; *stock exchange*: *auf ~ (ver-)kaufen* (sell) buy forward.

'**Liefer(ungs)...**: **~angebot** *n* tender; **~auftrag** *m* contract-order; **~bedingungen** *f/pl.* terms of delivery; **~geschäft** *n stock exchange*: timebargain, *Am.* futures; option deal, *Am.* trading in puts and calls; **~preis** *m* contracted price; **~schein** *m* delivery-note; **~soll** *n* quota, commitments *pl.*; **~tag** *m* date of delivery; *stock exchange*: settling-day; **~termin** *m* → *Lieferzeit*; **~umfang** *m* extent (*Am.* scope) of supply; **~- und Leistungsverbindlichkeiten** *f/pl.* trade creditors; **~vertrag** *m* supply (*or* forward) contract; **~wagen** *m* delivery van; pickup (car); station wag(g)on; **2weise** *adv.* in (serial) parts; **~werk** *n* supplying works, suppliers *pl.*; *book trade*: serial (work); **~zeit** *f* time of delivery, delivery-date; **~zustand** *m* condition as received; **~zwang** *m* compulsory delivery.

Liege ['li:gə] *f* (-; -n) couch; chaise lounge; **~deck** *mar. n* lounge deck; **~geld** *mar. n* demurrage; **~hafen** *mar. m* base; **~kur** *med. f* rest-cure.

'**Liegen** *n* (-s) lying; recumbent position.

'**liegen** *v/i.* (*irr.*, *h.*) lie, be lying; repose, rest; *w.s.* be (placed *or* situated), *Am. a.* be located; *mil.* be stationed; *die Stadt liegt nördlich von Berlin* the town lies *or* is (situated) north of Berlin; *wie die Sache jetzt liegt* as matters stand at present; *Sie sehen jetzt, wie die Dinge ~* you now see how things are; *das liegt mir nicht* that's not in my line; *nichts liegt mir ferner* nothing is further from my mind; *with prp.*: *~ an* (*dat.*) lie at *or* near *or* on (*a river*), *closely*: touch, adjoin; *fig.* be due to; *wir wissen, woran es liegt* we know the cause of it; *es liegt daran, daß* the reason is that; *an wem liegt es?* whose fault is it?; *es liegt mir daran zu inf.*, *mir ist daran gelegen zu inf.* I am anxious to, I am concerned to (*or* that); *es liegt mir sehr viel daran* it matters (*or* means) a great deal to me; *es liegt* (*mir*) *nichts daran* it does not matter, it is of no consequence (to me); *soviel an mir liegt* as far as it lies in my power, as far as I am concerned; *es liegt an* (*or bei*) *ihm zu inf.* it is for him to *inf.*, it rests with him to *inf.*; *mot. der Wagen liegt gut auf der Straße* the car sticks to the road, holds *or* hugs the road well; *es liegt auf der Hand* it is obvious *or* plain; *der Gewinn liegt bei 5 Millionen* the profit is of the order of 5 millions; *im* (*or zu*) *Bett ~* lie *or* be in bed, *patient*: be confined to bed, be bedridden, be laid up (*mit* with); *das liegt im Blut* (*in der Familie*) it runs in the blood (in the family); *~ nach house*: face *north*, *etc.*, *room*: *a.* overlook, look out (up)on; *fig. richtig ~* be on the right lines; **~d** *adj.* lying; situated, placed; recumbent, reclining; prone; prostrate; horizontal; *mil. ~er Anschlag* prone position; *~er Motor* horizontal engine; **~bleiben** *v/i.* (*irr.*, *sn*) keep lying; keep (*or* stay) in bed; *car*, *etc.*; break down; *boxing*: remain down; *econ. goods*: remain on hand; be discontinued, stand over, *work*: *a.* fall behind; *letter*, *etc.*: be left unattended to; be neglected; **~lassen** *v/t.* (*irr.*, *h.*) let lie *or* rest; leave behind; let *or* leave alone; abandon, give up; leave off (*work*); *fig.* → *links*; **2schaften** *f/pl.* immovables, real estate (*or* property).

'**Liege...**: **~platz** *m mar.* berth; **~stuhl** *m* deck-chair; **~stütz** *m* (-es; -e) *gym.* push-up, *on apparatus*: front leaning (rest); **~wiese** *f* rest-cure lawn; picnic ground; **~zeit** *mar. f* lay-days *pl.*

lieh [li:] *pret. of leihen.*

ließ [li:s] *pret. of lassen.*

Lift [lift] *m* (-[e]s; -e) lift, *Am.* elevator; **~boy** ['-bɔʏ] *m* (-s; -s) lift-boy, *Am.* elevator operator.

Liga ['li:ga] *f* (-; -gen) league (*a. sports*).

Ligatur [liga'tu:r] *anat.*, *typ. f* (-; -en) ligature.

Lignin [li'gni:n] *n* (-s; -e) lignin.

Liguster [li'gustər] *bot. m* (-s; -) privet.

liieren [li'i:rən] (*h.*): *sich ~ mit* ally with; *econ.* become a partner of; *lover*: go with.

Likör [li'kø:r] *m* (-s; -e) liqueur.

Lila ['li:la] *n* (-s; -), **2farben** *adj.* lilac.

Lilie ['li:liə] *f* (-; -n) *bot.* lily; *herald.* fleur-de-lis; *tech.* plug; **2nweiß** *adj.* lily-white.

Limit ['limit] *n* (-s; -s), **Limite** [-'mi:tə] *f* (-; -n), **limi'tieren** *v/t.* (*h.*) limit.

Liliputbahn ['li:liput-] *f* midget railway.

Liliputaner(in *f*) [lilipu'ta:nər(in)] *m* [-s, -; -, -nen] Lilliputian, midget.

Limonade [limo'na:də] *f* (-; -n) fruit-juice, *w.s.* soft drink; lemonade.

Limone [li'mo:nə] *bot. f* (-; -n) lime; *w.s.* citron.

Limousine [limu'zi:nə] *mot. f* (-; -n) limousine, saloon car, *Am.* sedan.

lind [lint] *adj.* gentle, soft, mild.

Linde ['lində] *f* (-; -n), **~nbaum** *m* lime(-tree), linden(-tree); **~nblütentee** *m* lime-blossom tea.

linder|n ['lindərn] *v/t.* (*h.*) (*and sich*) soften; soothe; moderate; appease; relieve (*poverty*); allay, ease, assuage (*pain*); mitigate (*evil*, *punishment*); **2ung** *f* (-; -en) softening; easing, alleviation; relief; mitigation; *~ verschaffen* (*dat.*) (bring) relieve, soothe; **2ungsmittel** *n* lenitive, palliative, anodyne.

Lindwurm ['lint-] *m* dragon.

Lineal [line'a:l] *n* (-s; -e) ruler, straight-edge.

linear [-'a:r] *adj. and* **2...** *in compounds* linear.

Linguist [liŋgu'ist] *m* (-en; -en) linguist; **~ik** *f* (-) linguistics *pl.*; **2isch** *adj.* linguistic.

Linie ['li:niə] *f* (-; -n) **1.** (*a. fig.*, *aer.*, *mar.*, *mil.*) line; *geogr. a.* equator; *typ.* (composing) rule; route; trend; *pol.* course; party-line; *newspaper*: editorial policy; *~n ziehen* draw lines; *auf der ganzen ~* all along (*or* down) the line; *auf gleicher ~ mit* on a level with; *e-e mittlere ~ einschlagen* follow a middle course; *in erster ~* in the first place, first of all, above all, primarily; *in e-e ~ bringen mit* align with; **2.** lineage, descent; *in aufsteigender* (*absteigender*, *gerader*) *~* in the ascending, (descending, direct) line.

'**Linien...**: **~blatt** *n* (sheet with) ink lines *or* guide lines *pl.*; **2förmig** ['-fœrmiç] *adj.* linear; **~führung** *f* lineation, tracing (of lines); *arch.*, *tech.* design, shape, form; *glatte ~* streamlining; **~papier** *n* ruled paper; **~richter** *m sports*: linesman; **~schiff** *n* ship of the line, liner; *mil.* battleship; **~schreiber** *m* curve tracer; **2treu** *pol. adj.* (following the) party-line; **2er** *Am.* party liner; **~truppen** *mil. f/pl.* (troops of) the line, regulars.

lin(i)ier|en [li'ni:rən, lini'i:rən] *v/t.* (*h.*) rule, line; **2farbe** *f* ruling ink; **2ung** *f* (-) ruling.

link [liŋk] *adj.* left; *herald.* sinister; *~e Seite* left(-hand) side, left, *of cloth*: under (*or* wrong, reverse) side, *of horse*: near side, *of ship*: port; *mit dem ~en Fuß zuerst aufgestanden sein* have got out of bed on the wrong side; *colloq. fig.* double-dealing.

'**Linke** *f* (-n; -n) *the* left (side *or* hand); *zu s-r ~n* on his left (side); *pol. the* Left; *boxing*: = **~(r)** *m* (-n; -n) *the* left; **2r** *Gerader* straight left, jab.

'**linkisch** *adj.* awkward, clumsy, gauche (*Fr.*); *~es Wesen* awkwardness.

links *adv.* on the left([-hand] side); to the left; on the wrong (*or* reverse) side, inside out; *~ von* to the left of; *~ von ihm* on his left; *on picture*: *von ~ nach rechts* from left to right; *~ oben* (*unten*) top (bottom) left; left-handed; *weder ~ noch rechts sehen* look neither left nor right; *~ fahren* (*gehen*) keep to the left; *~ liegenlassen* by-pass, *j-n*: ignore, cut, give *a p.* the cold shoulder; *pol. ~ stehen* be a leftist; *~ schwenkt, marsch!* change direction left-turn!, *Am.* column left, march!; *~ um!* left turn!, *Am.* left, face!; *pol. in compounds* left-wing ..., leftist ...

'**links...**: **2abbiegen** *mot. n* (-s) left turning; **2außen(stürmer)** *m* (-s; -) *sports*: outside left, left-wing(er); **2drall** *m* left-hand twist; **~drehend** *adj.* counterclockwise, *phys.* l(a)evorotatory; **2drehung** *f* anti-clockwise rotation; l(a)evorotation; **2galopp** *m* left gallop; **~gängig** *tech. adj.* left-handed (*screw*), counterclockwise; **~gerichtet** *pol. adj.* leftist; **2gewinde** *tech. n* left-hand thread; **2händer(in** *f*) ['-hɛndər] *m* (-s, -; -, -nen) left-hander, *Am. a.* southpaw; **~händig** *adj.* left-handed; **~herum** *adv.* over the left, counterclockwise; (to the) left; **2kurve** *f* left turn (*aer.* bank); **~läufig** *tech. adj.* counterclockwise; left-hand (*engine*); **2partei** *f* left-wing (party), the Left; **~radikal** *adj.*, **2radikale(r)** *m* leftist, red; **~seitig** *adj.* left-side(d); **2steuerung** *mot. f* left-hand drive; **2stricken** *n* purl; **2verkehr** *mot. m* left-hand traffic.

Linnen ['linən] *n* (-s; -) linen.

Linol|eum [li'no:leum] *n* (-s) linoleum; **~schnitt** *m* lino-cut.

Linotype ['laɪnotaɪp] *typ. f* (-; -s) linotype.

Linse ['linzə] *f* (-; -n) *bot.* lentil;

opt. lens; *anat. in eye*: crystalline lens.

ˈ**Linsen...: 2artig, 2förmig** [ˈ-fœrmiç] *adj.* lens-shaped, lenticular; **~gericht** *n* dish (*bibl.* pottage) of lentils; **2groß** *adj.* lentil-sized; **~raster** *typ. m* lenticular screen; **~suppe** *f* lentil-soup; **~weite** *f*: *lichte ~* clear aperture of a lens.

Lippe [ˈlipə] *f* (-; -*n*) lip; *anat.* labium; *bot.* label(lum); *den Finger auf die ~n legen* lay the finger to one's lips; *sich auf die ~n beißen* bite one's lips; → *bringen*; *von den ~n lesen* lip-read; *fig. an j-s ~n hängen* hang upon a p.'s lips; *e-e ~ riskieren* talk out of turn; *das soll nicht über meine ~n kommen* it shall not pass my lips, I won't breathe a word.

ˈ**Lippen...: ~bekenntnis** *n*, **~dienst** *m* lip-service; **~blütler** [ˈ-bly:tlər] *bot. m* (-*s*; -) labiate (flower); **~laut** *gr. m* labial; **~pomade** *f* lip-salve; **~stift** *m* lip-stick.

liquid [liˈkvi:t] *econ. adj.* **1.** unsettled, unpaid; **2.** liquid (*funds*); **3.** solvent.

Liquidation [likvidatsiˈo:n] *econ. f* (-; -*en*) liquidation; winding-up; *stock exchange*: settlement; charge, fee; *in ~* in liquidation; *in ~ treten* go into liquidation; **~sbeschluß** *jur. m* winding-up order; **~sguthaben** *n* clearing balance; **~skasse** *f* clearing house; **~skurs, ~spreis** *m* liquidating (*Am.* making-up) price; **~sverfahren** *n* winding-up; **~swert** *m* realization value.

Liquidator [-ˈda:tɔr] *m* (-*s*; -ˈ*toren*) liquidator, receiver.

liquidier|en [-ˈdi:rən] *v/t.* (*h.*) *and v/i.* (*sn*) liquidate (*a. pol.*); settle (*time-bargain*); wind up (*business*); charge (*fee*); **2ung** *f* (-) → *Liquidation*; *pol.* liquidation.

Liquidiˈtät *f* (-) liquidity; liquid resources *pl.*; solvency.

lispeln [ˈlispəln] *v/i. and v/t.* (*h.*) (have a) lisp; whisper.

ˈ**Lispeln** *n* (-*s*) lisp(ing); whisper(-ing).

List [list] *f* (-; -*en*) cunning, craft(-iness), artfulness; artifice, ruse, (underhand) trick; stratagem; *e-e ~ anwenden* resort to a ruse.

Liste [ˈlistə] *f* (-; -*n*) list; register; (*tax*) roll; catalog(ue); schedule; inventory; specification; (election) ticket; panel (*of jurors, doctors*); *mil.* roll, roster; *e-e ~ aufstellen* (*führen*) draw up (keep) a list; (*sich*) *in e-e ~ eintragen* (en)list, enrol(l *Am.*), register; *auf die schwarze ~ setzen* blacklist; *von der ~ streichen* strike off the list.

ˈ**Listen...: 2mäßig** *adv.*: *~ erfassen* list; **~preis** *econ. m* list price, catalog(ue) price; **~wahl** *f* election by ticket.

ˈ**listig** *adj.* cunning, crafty, wily; artful, tricky; sly; **~erweise** *adv.* cunningly.

Litanei [litaˈnaɪ] *eccl. f* (-; -*en*) litany; *fig.* (long) rigmarole; *die alte ~* the same old story.

Litau|en [ˈlitauən] *n* (-*s*) Lithuania; **~er(in** *f*) *m* (-*s*, -; -, -*nen*), **2isch** *adj.* Lithuanian.

Liter [ˈlitər] *n* (*m*) (-*s*; -) lit|re, *Am.* -er; **2weise** *adv.* by the litre.

literarisch [litəˈra:riʃ] *adj.* literary (*a. = ~ gebildet*); *~er Diebstahl* plagiarism, (literary) piracy; *~es Eigentum* literary property, copyright.

Literat [-ˈra:t] *m* (-*en*; -*en*) man of letters, literary man; writer; *pl. a.* literati.

Literatur [-raˈtu:r] *f* (-; -*en*) literature; (*einschlägige*) *~* references, bibliography; → *schön*; **~angaben** *f/pl.* bibliographical data; **~beilage** *f e-r Zeitung*: literary supplement; **~geschichte** *f* history of literature; **~nachweis** *m*, **~verzeichnis** *n* bibliography, references *pl.*; **~wissenschaft** *f* literary criticism.

Litfaßsäule [ˈlitfas-] *f* advertising pillar.

Lithograph [litoˈgra:f] *m* (-*en*; -*en*) lithographer; **Lithographie** [-graˈfi:] *f* (-; -*n*) lithography, *picture*: lithograph; **lithograˈphieren** *v/t.* lithograph; **lithographisch** [-ˈgra:fiʃ] *adj.* lithographic(ally *adv.*).

litt [lit] *pret. of leiden.*

Liturgie [liturˈgi:] *eccl. f* (-; -*n*) liturgy; **liˈturgisch** *adj.* liturgic(al).

Litze [ˈlitsə] *f* (-; -*n*) lace, cord, braid; braid(ing), galoon; *mit goldenen ~n* goldbraided; *el.* (*a.* **~ndraht** *m*) litz (wire), strand(ed wire).

Livland [ˈli:flant] *n* (-*s*) Livonia.

Livländ|er(in *f*) [ˈ-lɛndər-] *m* (-*s*, -; -, -*nen*), **2isch** *adj.* Livonian.

Livree [liˈvre:] *f* (-; -*n*) livery; **~diener** *m* livery-servant, buttons.

Lizentiat [litsɛntsiˈa:t] *m* (-*en*; -*en*) licentiate.

Lizenz [liˈtsɛnts] *f* (-; -*en*) licen|ce, *Am.* -se; *in ~* under licence; *e-e ~ erteilen* grant a licence (*für* for); **~bau** *m* (-[e]*s*) manufacture under licence, licensed construction; **~geber** *m* licenser; **~gebühr** *f* licence-fee, royalty; **~inhaber(in** *f*) *m*, **~nehmer(in** *f*) *m* (-*s*, -; -, -*nen*) licensee; **~vertrag** *m* licence contract.

Lob [lo:p] *n* (-[e]*s*) praise; commendation; fame; eulogy, laudation; applause, approval; *ped.* good mark; *des ~es voll* having nothing but praise; complimentary (*über acc.* of); *über alles ~ erhaben* above all praise; *zu seinem ~e* in his praise, to his credit; *es gereicht ihm zum ~e, daß* it does him credit that; *~ gebührt Herrn X für* praise X for; **2en** [ˈlo:bən] *v/t.* (*h.*) praise, commend, speak highly of; laud, eulogize, extol; *gute Ware lobt sich selbst* quality speaks for itself; *colloq. da lobe ich mir ...* commend me to ..., there is nothing like ...; **2enswert** *adj.* praiseworthy, laudable; **~es-erhebung** [ˈlo:bəs-] *f* high praise, eulogy; *sich in ~en ergehen über* (*acc.*) praise to the skies; **~gesang** [ˈlo:p-] *m* hymn, song of praise; **~hudeˈlei** *f* adulation, base flattery; **2hudeln** *v/t.* (*h.*) give *a p.* fulsome praise, overpraise.

löblich [ˈlø:pliç] *adj.* laudable, commendable; **2keit** *f* (-) laudableness.

Lob... [ˈlo:p-]: **~lied** *n* hymn, song of praise; *ein ~ auf j-n anstimmen* praise a p. (to the skies); **2preisen** *v/t.* (*irr., h.*) extol, glorify, sing the praises of; **~preisung** *f* (-) praise, glorification; **~rede** *f* eulogy; panegyric; **~redner** *m* eulogist, panegyrist; **~spruch** *m* eulogy.

Loch [lɔx] *n* (-[e]*s*; ⸚*er*) hole; opening, aperture; gap; breach; cavity (*a. in tooth*); pit; (tyre) puncture; eye (*in cheese, etc.*); *billiards*: pocket; *colloq. fig.* jail, jug, clink; (*dwelling, town*) (miserable) hole; *auf dem letzten ~ pfeifen* be on one's last legs; *ein ~ stopfen* stop a gap; *ein ~ mit einem anderen stopfen* rob Peter to pay Paul; *ein ~ in die Luft schlagen* (make a bad) miss; *ein ~ reißen in* make a hole in (*a. fig.*); *j-m ein ~ in den Bauch reden* buttonhole a p., talk the hindleg off a donkey; *er trinkt wie ein ~* he drinks like a fish; **~blende** *phot. f* diaphragm; **~bohrer** *tech. m* auger; **~eisen** *tech. n* (hollow) punch; **2en** *v/t.* (*h.*) perforate, pierce (holes into), punch; **~er** *m* (-*s*; -) punch; key punch machine.

löch(e)rig [ˈlœç(ə)riç] *adj.* full of holes (*a. fig. = shaky argument*); perforated; porous; pitted.

ˈ**Locherin** *f* (-; -*nen*) card-punch girl.

ˈ**Loch...: ~fraß** *metall. m* pitting; **~karte** *f* punch(ed) card; **~maschine** *f* punching machine; **~säge** *f* keyhole saw; **~streifen** *m* punched tape; **~ung** *f* (-; -*en*) perforation; boring; punching; **~zange** *f* punch pliers *pl.*; *rail., etc.* ticket punch; **~ziegel** *m* air-brick.

Lock-artikel [ˈlɔk-] *econ. m* loss leader.

Locke [ˈlɔkə] *f* (-; -*n*) curl, ringlet, lock; **2n**[1] *v/t.* (*h.*) *and sich ~* curl; *gelockt* curly.

ˈ**locken**[2] *v/t. and v/i.* (*h.*) *hunt.* bait, decoy; whistle to (*dog*); *fig.* attract, allure, entice; beckon; tempt.

ˈ**Locken...: ~kopf** *m* curly head (*a. person*); **~nadel** *f* curling pin; **~wickel** *m* curl-paper; curler.

locker [ˈlɔkər] *adj.* loose; limber; *agr.* light (*soil*); slack; not compact (enough); porous; spongy; *~ machen* loosen; *fig.* lax, loose; *ein ~er Zeisig* a loose fish; **2heit** *f* (-) looseness; slackness; sponginess; *fig.* laxity, looseness; **~lassen** *fig. v/t. and v/i.* (*irr., h.*) give in, yield; *nicht ~* not to relent, insist, stick to one's guns; **~machen** *colloq. v/t.* (*h.*) come across with (*money*); **~n** *v/t.* (*h.*) loosen (*fetters, screw, etc.*); slacken (*rope, etc.*); relax (*grip, a. fig. rule, etc.*); break up, hoe (*ground*); *sich ~* loosen, (be)come *or* work loose; give way; **2ung** *f* (-; -*en*) relaxation, slackening; **2ungslauf** *m sports*: limbering-up run.

ˈ**lockig** *adj.* curly, curled, *pred.* in curls.

ˈ**Lock...: ~mittel** *n* bait, lure; **~pfeife** *hunt. f* bird-call; **~ruf** *zo. m* mating call; **~speise** *f* → *Lockmittel*; **~spitzel** *m* agent provocateur (*Fr.*), stool pigeon; **~ung** *f* (-; -*en*) bait(ing); lure, attraction, enticement; temptation; **~vogel** *m* decoy-bird; *fig.* decoy.

Loden [ˈlo:dən] *m* (-*s*; -) (*a.* **~stoff** *m*, **~zeug** *n*) coarse wool(l)en cloth,

shag; **~mantel, ~rock** *m* waterproof wool(l)en coat.
lodern ['lo:dərn] *v/i.* (*h.*) blaze, flare, flame (up), *fig. a.* burn, glow; **~d** *adj.* flaming (*eyes, rage, etc.*); burning, glowing (*enthusiasm*).
Löffel ['lœfəl] *m* (-s; -) spoon; ladle; *tech.* scoop; *of dredger*: bucket; *hunt.* ear; *fig. über den ~ barbieren* cheat, do (in the eye), *Am. sl.* take for a ride; **~bagger** *tech. m* shovel excavator, power-shovel; **~bohrer** *m* shell auger; **~gans** *f* spoon-bill; **~kraut** *bot. n* scurvy-grass; **2n** *v/t.* (*h.*) (eat with a) spoon; ladle out; **~reiher** *m* → *Löffelgans*; **~stiel** *m* spoon-handle; **~voll** *m* (-s) spoonful; **2weise** *adv.* by spoonfuls *or* ladlefuls.
log [lo:k] *pret. of lügen.*
Log [lɔk] *mar. n* (-s; -e) log.
Logarith|mentafel [loga'ritmən-] *math. f* logarithm table; **2misch** *adj.* logarithmic(al); **~mus** ['-mus] *m* (-; -men) logarithm.
'**Logbuch** *mar. n* log(-book).
Loge ['lo:ʒə] *f* (-; -n) **1.** *thea.* box; **2.** (freemasons') lodge.
'**Logen...:** **~bruder** *m* brother mason; *w.s.* freemason; **~meister** *m* master of a lodge; **~schließer** *thea. m* box-keeper.
Loggia ['lɔdʒa] *f* (-; -ien) loggia.
Logier|besuch [lo'ʒi:r-] *m* staying guest(s *pl.*); **2en** *v/i.* (*h.*) lodge *or* stay (*bei* with, at), *Am. a.* room; **~zimmer** *n* spare (*or* guest) room.
Logik ['lo:gik] *f* (-) logic; **~er** *m* (-s; -) logician.
Logis [lo'ʒi:] *n* (-) lodging(s *pl.*), apartments *pl.*; → *Kost*; **~herr** *m* lodger, *Am. a.* roomer.
logisch ['lo:giʃ] *adj.* logical; **~erweise** *adv.* logically.
Logistik [lo'gistik] *mil. f* (-) logistics *pl.*
Loh|beize ['lo:-] *f* tanning; **~brühe** *f* ooze; **~e**[1] *f* (-; -n) tan(ner's bark).
Lohe[2] ['lo:ə] *f* (-; -n) blaze, flame.
'**lohen**[1] *tech. v/t.* (*h.*) tan, steep (in tanliquor).
'**lohen**[2] *v/i.* (*h.*) blaze (*a. fig. eyes*), flare up, be in flames.
'**Loh...:** **2farben** *adj.* tawny; **~gerber** *m* tanner; **~gerbe'rei** *f* tannery; **~grube** *f* tan-pit.
Lohn [lo:n] *m* (-[e]s; ⸚e) wage(s *pl.*); pay(ment); hire; fee; remuneration; compensation, consideration; reward, deserts *pl.*; *zum ~ für* as a reward for, in return for; *iro. er hat s-n ~ empfangen* he has got his due.
'**Lohn...:** → *Gehalts...*: **~abbau** *m* (-[e]s) wage cut(s *pl.*); **~abkommen** *n* wage agreement; **~abrechnung** *f* earnings statement, pay slip; payroll work; **~abzug** *m* deduction from wages; **~angleichung** *f* (cost-of-living) wage adjustment; **~anteil** *m* wages *pl.*; **~arbeiter(in** *f*) *m* paid workman, *Am.* wage worker; jobber, journeyman; **~auftrag** *m* job order; *Lohnaufträge vergeben* farm out work to subcontractors; **~aufwand** *m* expenditure for wages; **~auszahlung** *f* payment of wages; **~buch** *n* wages-book; **~buchhalter** *m* timekeeper; **~büro** *n* pay-office; **~diener** *m* hired servant; **~empfänger(in** *f*) *m* wage-earner; *Lohn- und Gehaltsempfänger* salaried and wage earning employees.
'**lohnen** *v/t. and v/i.* (*h.*): *j-m et. ~* reward (*or* compensate, recompense) a p. for a th.; *j-m mit Undank ~* repay a p. with ingratitude; pay (*worker*); (*sich*) *~* be profitable; → *lohnend*; *es lohnt sich* (*zu inf.*) it is worth while (*ger.*), it pays (to *inf.*); *es lohnt sich kaum* there is not much in it, it is no use; **~d** *adj.* paying, profitable, remunerative; advantageous, worthwhile, *pred.* worth while; lucrative, *esp. fig.* rewarding. [to, pay.]
löhnen ['lø:nən] *v/t.* (*h.*) pay wages
'**Lohn...:** **~erhöhung** *f* wage increase (*or* rise, *Am.* raise); **~forderung** *f* wage claim; **~gefälle** *n* wage-differential; **~herr** *m* employer; **2intensiv** *adj.* involving a high labo(u)r cost; **~kampf** *m* dispute over wages, labo(u)r conflict; **~kellner** *m* day-waiter; **~klasse** *f* wage group; **~kosten** *pl.* labo(u)r cost *sg.*; rate for the job; **~kostenfaktor** *m* wage factor in cost; **~kürzung** *f* cut in wages; **~liste** *f* pay-roll; wage(s)-sheet; **~politik** *f* wage policy; **~-Preis-spirale** *f* wages-prices spiral; **~satz** *m* rate of pay; **~schreiber** *m* literary hack; **~skala** *f* scale of wages; **~steuer** *f* tax on wages (*or* on salary); **~stopp** *m* wage stop (*or* freeze); **~stunde** *f* wage hour; **~summe** *f* wage total; **~tag** *m* pay-day; **~tarif** *m* wage rate; **~tüte** *f* pay-envelope.
Löhnung *f* (-; -en) payment (of wages); *mil.* pay; **~s-tag** *m* pay-day.
'**Lohn...:** **~veredelung** *tech. f* job processing; **~verhandlungen** *f/pl.* collective bargaining; **~wesen** *n* wage-costing; **~zahlung** *f* payment of wages; **~zettel** *m* wage slip.
lokal [lo'ka:l] *adj.* local; **2e(s)** *n* (-n) *in newspaper*: local news *pl.*
Lo'kal *n* (-[e]s; -e) locality, place; restaurant, public-house, pub, *Am.* saloon; → *Gasthaus*; business-premises *pl.*, office; shop; room; dance-hall; **~anästhesie** *med. f* local an(a)esthesia; **~bahn** *f* local (*or* suburban) railway; **~blatt** *n* local paper.
lokalisier|en [lokali'zi:rən] *v/t.* (*h.*) (*a. sich ~ lassen*) localize; **2ung** *f* (-; -en) localization.
Lokali'tät *f* (-; -en) locality, *Am. a.* neighborhood.
Lokal... [lo'ka:l-]: **~kolorit** *n* local colo(u)r; **~nachrichten** *f/pl.* local news; **~patriotismus** *m* local patriotism, parochialism; **~termin** *jur. m* on-the-spot investigation; **~verhältnisse** *pl.* local conditions; **~verkehr** *m* local traffic; **~zug** *m* local train.
Lok [lɔk] *rail. f* (-; -s) loco, engine.
loko ['lo:ko] *econ. adv.*: *~ Berlin* free Berlin; **2geschäft** *n* spot business; **2preis** *m* spot price; **2waren** *f/pl.* spot goods, spots.
Lokomobile [lokomo'bi:lə] *f* (-; -n) traction-engine, locomobile.
Lokomotiv|e [-'ti:və] *f* (-; -n) (locomotive) engine; **~führer** *m* engine-driver, *Am.* engineer.
Lokus ['lo:kus] *colloq. m* (-; -se) loo, *Am.* john.
Lombard|bank [lɔm'bart-] *f* (-; -en) loan bank; **~darlehen** *n* loan upon collateral security, *Am.* collateral loan; **2fähig** *adj.* acceptable as collateral (security); **~geschäft** *n* collateral loan business.
lombardieren [-bar'di:rən] *v/t.* (*h.*) advance (*or* lend) money on *securities, goods, etc.*; *~* (*lassen*) lodge as security, pledge (*Am.* hypothecate) *securities.*
'**Lombardsatz** *m* bank rate for loans, *Am.* lending rate.
Londoner ['lɔndɔnər] **I.** *su. m* (-s; -), **~in** *f* (-; -nen) Londoner; **II.** *adj.* (of) London.
Lorbeer ['lɔrbe:r] *m* (-s; -en), **~baum** *m* laurel(-tree), bay(-tree); *fig. auf s-n Lorbeeren ausruhen* rest on one's laurels *or* oars; *Lorbeeren ernten* win laurels; **~blatt** *n* bay-leaf; **~kranz** *m* wreath of laurel; **~kraut** *n* spurge-laurel.
Lore ['lo:rə] *f* (-; -n) lorry, truck.
Lorgnette [lɔrn'jɛtə] *f* (-; -n) (*eine ~* a pair of) eye-glasses, lorgnette.
Los [lo:s] *n* (-es; -e) lot; lottery ticket; lot, share, portion; *fig.* fate, destiny, lot; *das ~ werfen* (*ziehen*) cast (draw) lots; *das Große ~ ziehen* win the first prize, draw the winner, *Am. sl.* hit the jackpot; *durchs ~ entscheiden* decide by lot; → *fallen.*
los *pred. adj.* (→ *lose*) *and adv.* **1.** loose, slack; loose, free; detached, off; **2.** *colloq. fig.*: *et. ~ haben* be good (at a th.), know one's stuff, *Am. sl.* have something on the ball; *was ist ~?* what is the matter?, what is going on?, what's up?; *es ist et. ~* there is something in the wind; *was ist ~ mit ihm?* what's the matter with him?; *dort ist immer was ~* there is always something doing there; *was ist ~ in Berlin?* what's on in Berlin?; *mit ihm ist nicht viel ~* he isn't up to much, *sl.* he is no great shakes; → *Teufel*; *losgehen*; **3.** *~ sein* be rid of; *mein Geld bin ich ~* I have lost (*or* have been done out of) my money; *den sind wir ~!* good riddance!; *ihn wären wir besser ~* he is a good riddance; **4.** *int.* *~!* **a)** go on (*or* ahead)!, (*talk!*) *a.* fire away!, *Am. sl.* shoot!, **b)** let's go!, go it!; *also*, *~!* well, here goes!; *sports*: (*Achtung, fertig,*) *~!* (on your marks, ready), go!
'**losarbeiten I.** *v/t.* (*h.*) work off; *sich ~* extricate o.s., get loose; **II.** *v/i.* (*h.*) (*darauf ~*) work away (*auf acc.* at).
lösbar ['lø:s-] *adj.* soluble, *math. a.* (re)solvable.
'**los...:** **~ballern** *v/i.* (*h.*) blast away; **~binden** *v/t.* (*irr., h.*) untie, unfasten, loosen; **~brechen I.** *v/t.* (*irr., h.*) break off; **II.** *v/i.* (*irr., sn*) *fig.* break (*or* burst) out *or* forth; *in a rage*: explode; **~bröckeln** *v/t.* (*h.*) *and v/i.* (*sn*) crumble off.
Lösch|blatt ['lœʃ-] *n* blotting paper; **~e** *tech. f* (-) (char)coal dust, slack; clinker-quenching trougl **~eimer** *m* fire-bucket.
'**löschen** *v/t.* (*h.*) put out, extinguish (*fire, light*); quench (*coal, spark,*

thirst); slake (*lime*); efface, blot out (*writing*), erase (*a. tape recording*); delete, strike off, cancel; cancel, liquidate (*claim*); satisfy, *Am.* release (*mortgage*); *mar.* unload, discharge (*ship*), land (*cargo*).

ˈ**Löscher** *m* (-s; -) (fire-)extinguisher; blotter; *mar.* unloader, discharger; docker, stevedore.

ˈ**Lösch...:** **~funke** *m radio*: quenched spark; **~geld** *mar. n* wharfage; **~gerät** *n* fire-fighting equipment; fire-extinguisher; **~hafen** *m* port of discharge; **~kalk** *m* quicklime; **~kopf** *m* erase head (*of tape recorder*); **~mannschaft** *f* fire-brigade; fire-party; **~papier** *n* blotting paper; **~platz** *mar. m* (discharging-) wharf; port of discharge; **~trupp** *mil. m* fire-fighting detail.

ˈ**Löschung** *f* (-; -en) extinction (*of fire*), cancellation, deletion; *econ.* cancellation (*of claim*); discharge, *Am.* release (*of mortgage*); dissolution, extinction (*of business*); *mar.* unloading, discharging (*of ships*), landing (*of cargo*).

ˈ**Lösch...:** **~zeit** *mar. f* running days for discharging; **~zug** *m* fire-brigade.

ˈ**los...:** **~drehen** *v/t.* (*h.*) twist off; **~drücken** *v/i.* (*h.*) pull the trigger.

lose [ˈlo:zə] *adj.* loose, → *los, locker*; movable, shifting; *tech.* unassembled; *econ.* unpackaged; loosely packed; ~ *Waren* bulk goods; ~ *Aufbewahrung* bulk storage; incoherent, loose; *fig.* loose; dissipated, fast; loose, informal; **~s** *Maul*, ~ *Zunge* loose tongue; **~r** *Vogel* rogue, wag; **2blattbuch** *n* loose-leaf book.

Löse|geld [ˈlø:zə-] *n* ransom; **~mittel** *n med.* expectorant; *tech.* solvent.

ˈ**los-eisen** *colloq. v/t.* (*h.*) wangle (*von* out of).

losen [ˈlo:zən] *v/i.* (*h.*) draw (*or* cast) lots (*um* for); toss (up) a coin.

ˈ**Losen** *n* (-s) draw, ballot; toss; *beim* ~ *gewinnen* (*verlieren*) win (lose) the toss.

ˈ**lösen** *v/t.* (*h.*) loosen (*a. med.*); untie, undo; detach, sever; release (*brake, grip*); *med.* loosen (*phlegm*); *sich* ~ loosen, get *or* come loose; come undone, open; *chem.* dissolve; *muscles*: relax; *shot*: ring out; free o.s., disengage o.s. (*a. mil. from the enemy*), *a. sports*: break away; *fig.* absolve (*a p.*); dissolve (*marriage*); break off (*engagement*); sever (*relations*); cancel, set aside (*obligation*); rescind, terminate (*contract*); solve (*problem, riddle, etc.*); answer, guess (*question*); redeem; keep, fulfill (*promise*); take, buy, book (*ticket*); *j-s Zunge* ~ loose(n) a p.'s tongue; *den Knoten* (*im Drama*) ~ unravel the plot; *gelöste Stimmung* relaxed mood; ˈ**Lösen** *n* (-s) → *Lösung*.

ˈ**los...:** **~fahren** *v/i.* (*irr., sn*) depart, drive off; ~ *auf* (*acc.*) *esp. mar.* make (straight) for; *fig. auf j-n*: rush upon, fly at *a p.*; **~gehen** *v/i.* (*irr., sn*) go *or* be off; ~ *auf j-n* **a)** go straight up to, **b)** attack, go for, fly at *a p.*; begin, start; *jetzt geht es los* there it goes, now the fun begins; *gun*: go off, *nicht* ~ miss fire; explode; *fig. nach hinten* ~ backfire; come off *or* undone, get loose; **~gelassen** *adj.*: *wie* ~ like mad; **~gelöst** *adj.* detached, freed; **~gondeln** *colloq. v/i.* (*sn*) push off; **~haken** *v/t.* (*h.*) unhook; **~kaufen** *v/t.* (*h.*) buy (off), redeem; ransom (*prisoner*); *sich* ~ buy o.s. out, purchase one's liberty; **~ketten** *v/t.* (*h.*) unchain; **~knüpfen** *v/t.* (*h.*) untie; **~kommen** *v/i.* (*irr., sn*) get (*or* come) off *or* loose; get free *or* away; *von et.* ~ get rid of; *ich komme nicht davon los* I can't get over it; **~koppeln** *v/t.* (*h.*) unleash, uncouple; **~kriegen** *v/t.* (*h.*) get loose; **~lachen** *v/i.* (*h.*) laugh out; **~lassen** *v/t.* (*irr., h.*) let go *or* loose; release; set (*or* sick) *dog* (*auf acc.* on); *laß mich los!* let me go!; *nicht* ~! hold fast!; *fig.* launch (*gegen* against); deliver, uncork (*blow*); **~legen** *colloq. v/i.* (*h.*) start, set to (work); whip up an enormous speed, *Am. sl.* step on the gas; *fig.* let go *or* fly; go it; open up, give it straight from the shoulder; *leg los!* fire away, *Am. sl.* shoot!; ~ *gegen* → *losziehen*.

löslich [ˈlø:sliç] *chem. adj.* soluble; **2es** soluble matter; **2keit** *chem. f* (-) solubility.

ˈ**los...:** **~lösen** *v/t.* (*h.*) loosen, detach; sever; *sich* ~ come off; peel off; *fig.* sever (*or* free) o.s. (*von* from), break away (from); **~löten** *tech. v/t.* (*h.*) unsolder; **~machen** *v/t.* (*h.*) undo, untie, unfasten, *mar. a.* unmoor; *sich* ~ disengage (o.s.) (*von* from), cut loose; free; **~marschieren** *v/i.* (*sn*) march off; ~ *auf* (*acc.*) march straight towards (*or* against); **~platzen** *v/i.* (*sn*): *mit et.* ~ blurt out with a th.; burst out laughing; **~rasen** *v/i.* (*sn*) dart (*or* whizz) off; **~reden** *v/i.* (*h.*) (*darauf* ~) talk at random; **~reißen** *v/t.* (*irr., h.*) tear away; tear (*or* rip) off, pull off; *sich* ~ break loose *or* away, *esp. fig.* tear o.s. away (*von* from); **~sagen** (*h.*): *sich* ~ *von* disassociate o.s. from, secede from, break with; renounce, give up; **2sagung** *f* (-; -en) renunciation; **~schießen** *v/t. and v/i.* (*irr., h.*) fire (off), discharge; *fig.* (*sn*) *auf j-n* ~ rush at; *colloq. schieß los!* fire away, *Am.* shoot!; **~schlagen** *irr.* **I.** *v/t.* (*h.*) knock off; *econ.* dispose of, sell off (*goods*); *at auction*: knock down; **II.** *v/i.* (*h.*) strike, open the attack; ~ *auf j-n* attack, let fly at; **~schnallen** *v/t.* (*h.*) unbuckle, unstrap; *aer. sich* ~ undo one's belt; **~schrauben** *v/t.* (*h.*) unscrew, screw off; **~sprechen** *v/t.* (*irr., h.*) absolve (*a. eccl.*); ~ *von* acquit of; release (from); (set) free; **2sprechung** *f* (-; -en) absolution; acquittal, release; **~sprengen** *v/t.* (*h.*) blast off; **~springen** *v/i.* (*irr., sn*) jump off; *thing*: snap *or* burst off; *auf j-n* ~ rush at, pounce upon; **~steuern** *v/i.* (*sn*): ~ *auf* (*acc.*) head *or* make (straight) for; *fig.* be driving at, go right to; **~stürmen** *v/i.* (*sn*) rush forth; ~ *auf* (*acc.*) rush at, pounce upon; **~trennen** *v/t.* (*h.*) sever, separate; unstitch, unsew; **2trennung** *f* separation.

Losung [ˈlo:zuŋ] *f* (-; -en) **1.** *mil.* watchword, password; battle-cry (*a. fig.* = catchword, slogan); **2.** (-) *hunt.* droppings *pl.*, dung.

ˈ**Lösung** *f* (-; -en) loosening, detachment; severance; *fig.* solution (*a. chem., math.*), answer (*gen.* to); unravelling, dénouement (*Fr.*) (*of drama, etc.*); *s-e* ~ *finden* be solved; **~sfähigkeit** *chem. f* dissolving capacity; **~smittel** *n* solvent; thinner.

ˈ**los...:** **~werden** *v/i.* (*irr., sn*) get rid of, *econ. a.* dispose of; **~wickeln** *v/t.* (*h.*) unwind, unwrap; *fig. sich* ~ disentangle o.s.; **~winden** *v/t.* (*irr., h.*) unwind, untwist; *fig.* extricate; **~ziehen** *v/i.* (*irr., sn*) set out, take off, march away; *et.* (*h.*): pull (*or* wrench) *a th.* off *or* away; *fig.* ~ *gegen, über* (*acc.*) inveigh against, rail at, lash, run down; ~ *auf* (*acc.*) march towards *or* against.

Lot [lo:t] *n* (-[e]s; -e) small weight; *tech.* plumb(-bob *or* -line), plummet, (*mar.* sounding) lead; solder; *math.* perpendicular (line); *aus dem* ~ out of plumb, *fig.* out of order; *im* ~ perpendicular, *fig.* in good (*or* apple-pie) order; *ins* ~ *bringen* set to rights; *das* ~ *errichten* (*fällen*) raise (drop) a perpendicular (line).

löt|bar [ˈlø:t-] *adj.* solderable; **2blei** *n* lead solder; **2brenner** *m* gas blowpipe; **2eisen** *n* soldering iron.

ˈ**loten** *v/t.* (*h.*) plumb; *mar.* sound.

ˈ**löten** *v/t.* (*h.*) solder; *hart*~ braze.

ˈ**Löt...:** **~kolben** *m* soldering iron; **~lampe** *f* soldering lamp, *Am.* blowtorch.

ˈ**Lotleine** *mar. f* sounding (*or* plumb-)line.

ˈ**Lötnaht** *tech. f* soldered seam.

Lotos [ˈlo:tɔs] *m* (-) → *Lotus*.

ˈ**lotrecht** *adj.* perpendicular, vertical, plumb; **2e** *f* vertical line, plumb.

ˈ**Lötrohr** *n* blowpipe.

Lotse [ˈlo:tsə] *mar. m* (-n; -n) pilot.

ˈ**lotsen** *mar. v/t.* (*h.*) pilot (*a. fig.*); **2boot** *n* pilot-boat; **2dienst** *m* pilotage service; **2gebühr** *f*, **2geld** *n* pilot charges *pl.*, pilotage.

ˈ**Lötstelle** *f* soldered joint.

Lotterie [lɔtəˈri:] *f* (-; -n) lottery; **~einnehmer** *m* lottery-collector; **~geschäft** *n*, **~kollekte** *f* lottery office; **~los** *n* lottery-ticket; **~ziehung** *f* lottery drawing.

lotterig [ˈlɔtəriç] *adj.* slovenly, sluttish, sloppy; *fig.* loose, dissolute.

ˈ**Lotter...:** **~leben** *n* dissolute life; **~wirtschaft** *f* (-) slovenliness, mismanagement, hugger-mugger.

Lotto [ˈlɔto] *n* (-s; -s) numbers pool, lotto.

ˈ**Lotung** *f* (-; -en) plumbing, *mar.* sounding.

ˈ**Lötung** *f* (-; -en) soldering.

Lotus [ˈlo:tus] *bot. m* (-), **~blume** lotus.

ˈ**Löt...:** **~wasser** *n* (-s) soldering solution; **~zinn** *n* plumber's solder.

Löwe [ˈlø:və] *m* (-n; -n) *zo.* lion (*a. fig.* = hero); *ast.* Leo, Lion; → *Höhle*.

ˈ**Löwen...:** **~anteil** *m* lion's share; **~bändiger** *m* lion-tamer; **~grube** *f* lion's den; **~haupt** *fig. n* leonine head; **~haut** *f* lion's skin; **~jagd** *f* lion hunting; **~junge**(s) *n* lion's cub; ~**maul** *bot.* *n* (-[e]s) snapdragon; ~**mut** *m* lion-hearted courage; ~**zahn** *bot.* *m* (-[e]s) dandelion.

'**Löwin** *zo.* *f* (-; -*nen*) lioness.

loyal [loa'jɑːl] *adj.* loyal; **Loyalität** [-jali'tɛːt] *f* (-) loyality.

Luch [luːx] *geogr.* *f* (-; ⸚e) *or* *n* (-[e]s; -e) bog.

Luchs [luks] *m* (-es; -e), '**Luchsin** *zo.* *f* (-; -*nen*) lynx; *fig.* sly fox; *aufpassen wie ein* ~ → *luchsen*; **2äugig** ['-ʔɔʏgiç] *adj.* lynx-eyed; **2en** *v/i.* (*h.*) watch like a hawk, peer.

Lücke ['lykə] *f* (-; -*n*) gap, lacuna; breach, opening; blank, void; interval; break; omission; deficiency; *fig.* *Raketen*2 rocket gap; ~ *im Gesetz* loophole; *tech.* *auf* ~ *stehend* staggered; e-e ~ *füllen* fill *or* stop a gap, *fig.* *a.* supply a want, *person*: step into the breach; e-e ~ *reißen* make (*or* leave) a gap.

'**Lücken...:** ~**büßer** *m* stopgap; **2haft** *adj.* full of gaps, gappy; *fig.* *a.* incomplete, defective, fragmentary; ~**haftigkeit** *f* (-) incompleteness, defectiveness; **2los** *adj.* uninterrupted; complete; ~*er Beweis* close argument, airtight case.

lud [luːt] *pret.* *of laden.*

Luder ['luːdər] *n* (-*s*; -) carrion; *vulg.* beast; hussy; *armes* ~ poor wretch; ~**leben** *n* dissolute life.

Lues ['luːɛs] *med.* *f* (-) lues, syphilis.

Luft [luft] *f* (-; ⸚e) air; atmosphere; breeze; breath; *tech.* slackness, *with fitting parts*: amount of looseness; *falsche* ~ air leak; *in freier* ~ in the open air; *frische* ~ *schöpfen* get a breath of fresh air, take the air; *an die* ~ *gehen* take an airing; *tief* ~ *holen* draw a deep breath, *fig.* *surprised*: swallow hard; *keine* ~ *haben* be out of breath, be winded; *nach* ~ *schnappen* gasp for breath, pant; *wieder* ~ *bekommen* (*a. fig.*) breathe again; *wieder* ~ *schöpfen* recover one's breath; *sports*: *den Ball aus der* ~ *nehmen* volley; *in der* ~ in mid-air; *in die* ~ *fliegen* be blown up, explode; *in die* ~ *sprengen* blow up; *j-n an die* ~ *setzen* turn a p. out, give a p. the air; *j-n wie* ~ *behandeln* cut a p. dead; *s-m Zorn* ~ *machen* give vent to one's rage, let off steam; *sich* (*or s-n Gefühlen, s-m Herzen*) ~ *machen* give vent to one's feelings, unbosom o.s., *feelings*: find vent; *aus der* ~ *greifen* pull out of thin air; *aus der* ~ *gegriffen* (totally) unfounded, fantastic, *pred. a.* pure invention; *in die* ~ *gehen* explode, blow one's top; *sich* ~ *schaffen* get breathing space, free o.s.; *das hängt alles* (*noch*) *in der* ~ that is all in the air; *es liegt et. in der* ~ there is something in the wind; *es ist dicke* ~ there is trouble brewing; *die* ~ *ist rein* the coast is clear; *er ist* ~ *für mich* he just doesn't exist for me, I'm through with him.

'**Luft...:** ~**abschirmung** *f* air umbrella; ~**abwehr** *f* air defen|ce, *Am.* -se; anti-aircraft; → *Flieger...*; ~**abzug** *tech.* *m* air-exhaust; ~**akrobat(in** *f*) *m* circus aerialist; ~**akrobatik** *f* air acrobatics *pl.*; ~**alarm** *m* air-raid alarm; ~**angriff** *m* air-raid, aerial attack; ~**ansaughutze** ['-hutsə] *tech.* *f* (-; -*n*) air intake; ~**ansicht** *f* aerial view; **2artig** *adj.* aeriform, gaseous; ~**attaché** *m* air attaché; ~**aufklärung** *f* air reconnaissance; ~**aufnahme** *f* aerial photo(graph); ~**aufsicht** *f* air-traffic control; ~**bad** *n* air bath; ~**ballon** *m* air-balloon; ~**basis** *f* air base; ~**be-obachtung** *f* air observation; ~**bereifung** *f* pneumatic tyres (*Am.* tires) *pl.*; ~**bild** *n* aerial (*or* air) photo(graph), aerial view; *fig.* vision, phantasm; ~**bildaufklärung** *f* photographic reconnaissance; ~**bildgerät** *n* aerial camera; ~**bläs-chen** *anat.* *n/pl.* pulmonary vesicles; ~**blase** *f* (air-) bubble; *ichth.* air-bladder; ~**bremse** *tech.* *f* air brake; ~**brücke** *f* air-bridge; air-lift.

Lüftchen ['lyftçən] *n* (-*s*; -) gentle breeze, breath of air.

'**Luft...:** **2dicht I.** *adj.* airtight, airproof, hermetical; **II.** *adv.*: ~ *verschließen* seal hermetically; ~ *machen* pressurize; ~ *verpackt* vacuum-packed; ~**dichte** *phys.* *f* atmospheric density; ~**druck** *m* (-[e]s) *phys.* atmospheric pressure; *of explosion*: blast; *tech.* pneumatic pressure; ~**druckbremse** *f* air brake; ~**druckmesser** *m* barometer; ~**druckprüfer** *m* air-pressure gauge; ~**druckregler** *m* air-reducing valve; **2durchlässig** *adj.* permeable to air; porous; ~**durchlässigkeit** *f* permeability to air, venting property; ~**düse** *f* air nozzle, air jet; ~**einlaß** *tech.* *m* air intake.

'**lüften** *v/t.* (*h.*) air, ventilate; aerate; *mot.* bleed *battery, brake* (of air); (*a. sich*) lift; raise (*hat*); *fig.* unveil, reveal (*secret*).

'**Lüfter** *m* (-*s*; -) ventilator, (electric) fan.

'**Luft...:** ~**fahrt** *f* (-) aviation, aeronautics *pl.*, air-navigation; **2fahrtbegeistert** *adj.* air-minded; ~**fahrtgesellschaft** *f* airways (company); ~**fahrtminister** *m* air minister; ~**fahrtministerium** *n* Ministry of Civil Aviation, *Am.* Civil Aeronautics Administration; ~**fahrzeug** *n* aircraft; ~**feuchtigkeit** *f* atmospheric humidity (*or* moisture); ~**feuchtigkeitsmesser** *m* hygrometer; ~**filter** *m* air filter; ~**flotte** *f* air-fleet, air-force; **2förmig** ['-fœrmiç] *adj.* aeriform, gaseous; ~**fracht** *f* air freight; ~**frachtdienst** *m* air freight service; ~**frachter** *m* air-freighter; **2gekühlt** *adj.* air-cooled; ~**gewehr** *n* air-gun; ~**hafen** *m* airport; ~**hauch** *m* breath of air; ~**heizung** *f* hot-air heating; ~**herrschaft** *f* air supremacy, control of the air; ~**hoheit** *f* air sovereignty; ~**hülle** *f* (-) atmosphere.

'**luftig** *adj.* airy, aerial; breezy; flimsy; vaporous, hazy; *fig.* *person*: flighty.

Luftikus ['-ikus] *colloq.* *m* (-; -se) harum-scarum; windbag.

'**Luft...:** ~**inspektion** *f* aerial inspection; ~**kammer** *tech.* *f* air chamber; ~**kampf** *m* aerial combat; ~**kanal** *m* air duct, vent; ~**kissen** *n* air-cushion; ~**kissenfahrzeug** *n* hovercraft; ~**klappe** *f* air-valve; ~**korridor** *m* air corridor; **2krank** *adj.* air-sick; ~**krankheit** *f* (-) air-sickness; ~**krieg** *m* aerial warfare; ~**kühlung** *f* air-cooling; ~**kurort** *m* (-[e]s; -e) climatic *or* air resort; ~**lande-einheit** *mil.* *f* air-landed unit; airborne unit; ~**landekopf** *mil.* *m* air-head; ~**landetruppen** *f/pl.* airborne troops; ~**landeunternehmen** *n* airborne (*Am.* air-landed) operation; **2leer** *adj.* void of air, vacuous; evacuated; ~*er Raum* vacuum; ~**leiter** *m* *radio*: aerial (wire), antenna; ~**linie** *f* air line, bee-line; *in der* ~ as the crow flies; air-line (*or* linear) distance; → *Luftverkehrslinie*; ~**loch** *n* air-hole, vent; *aer.* air-pocket; ~**macht** *f* air power; ~**mangel** *m* (-*s*) want of air; ~**mantel** *m* air jacket; ~**matratze** *f* air mattress; ~**messer** *m* aerometer; ~**mine** *f* aerial mine, *sl.* blockbuster; ~**nachrichtentruppe** *f* air-force signal corps; ~**not** *f*: *Flugzeug in* ~ aircarft in distress; ~**offensive** *f* air offensive; ~**parade** *f* aerial review, fly-past; ~**pistole** *f* air-pistol; ~**polster** *n* air-cushion; ~**post** *f* air mail; *durch* ~ by air mail; *mit* ~ *senden* airmail; ~**postbrief** *m* air-mail letter; ~**postleichtbrief** *m* aerogramme; ~**pumpe** *f* air pump; tyre (*Am.* tire) pump; ~**raum** *m* atmosphere; *aer.* aerial region, air space; ~**raumüberwachung** *f* air traffic control; ~**reifen** *m* (pneumatic) tyre, *Am.* tire; ~**reiniger** *m* air cleaner, air filter; ~**reise** *f* air travel, flight; ~**reisende(r** *m*) *f* air passenger; ~**reklame** *f* sky-line advertising, sky writing; ~**rennen** *n* air race; ~**rettungsdienst** *m* air rescue service; ~**röhre** *f* *tech.* air-tube; *anat.* windpipe, trachea; ~**röhrenkatarrh** *med.* *m* tracheitis; ~**sack** *aer.* *m* wind sleeve; ~**schacht** *m* air-shaft; ~**schaukel** *f* swing-boat; ~**schicht** *f* air stratum; air layer; ~**schiff** *n* airship, dirigible; blimp; ~**schiffahrt** *f* aerial (*or* air) navigation; aviation; aeronautics *pl.*; ~**schiffhafen** *m* airship port; ~**schlacht** *f* air battle; ~**schlange** *f* paper streamer; ~**schlauch** *m* air-tube; *mot.* inner tube; ~**schleuse** *tech.* *f* air lock; ~**schlitz** *tech.* *m* louver; ~**schlösser** ['-ʃlœsər] *n/pl.*: ~ *bauen* build castles in the air; ~**schraube** *f* airscrew, propeller; ~**schutz** *m* air-raid protection (*abbr.* ARP); civil air defen|ce, *Am.* -se; ~**schutzbunker** (**-keller**) *m* air-raid shelter; ~**schutzmaßnahmen** *f/pl.* air-raid precautions; ~**schutzraum** *m* air-raid shelter; ~**schutzübung** *f* air-raid drill; ~**schutzwart** *m* air-raid warden; ~**sieg** *m* victory (in the air); ~**sog** *m* air suction, wake; vacuum; ~**spediteur** *m* air carrier; ~**sperre** *f* air barrage; ~**spiegelung** *f* mirage, fata morgana; ~**sport** *m* aerial sport; ~**sprünge** ['-ʃpryŋə] *m/pl.*: ~ *machen* cut capers; gambol, dance; ~**störungen** *f/pl.* atmospheric disturbances, atmosphorics, statics; **~stoß** *m* gust of air, *esp. after explosion*: blast; **~strahl** *m* (-[e]s) air jet; **~strahltriebwerk** *n* jet-propulsion unit; **~strategie** *f* aerial strategy; **~strecke** *f* air-route; **~streitkräfte** *f/pl.*, **~streitmacht** *f* air-force(s *pl.*); **~strom** *m*, **~strömung** *f* air stream (*or* current, flow); **~stützpunkt** *m* air base; **²tanken** *v/t. and v/i.* (*h.*) refuel during flight; **~taxi** *n* taxiplane, aerocab; **~torpedo** *n* aerial torpedo; **~transport** *m* air transport(ation *Am.*); **²trokken** *tech. adj.* air-dried; **²trocknen** *v/t.* (*h.*) season (*wood*); **²trocknend** *adj.* air-drying; **²tüchtig** *aer. adj.* airworthy; **~tüchtigkeit** *f* airworthiness; **~überfall** *m* air-raid; **~überlegenheit** *f* air superiority.

'Lüftung *f* (-; -*en*) airing; ventilation; aeration; *mot.* bleeding of air (*of battery, brake*); **~s-anlage** *f* ventilating system; **~srohr** *n* vent pipe; **~sschacht** *m* air shaft; **~s-ventil** *n* vent valve.

'Luft...: **~veränderung** *f* change of air; **~verdichter** *m* (air) compressor; **~verkehr** *m* air traffic; **~verkehrsgesellschaft** *f* air-transport company, airways (company); **~verkehrslinie** *f* airway, air-line, air-route; **~vermessung** *f* aerial survey; **~verseuchung** *f* airborne contamination; **~verteidigung** *f* air defen|ce, *Am.* -se; **~verunreinigung** *f* air pollution; **~waffe** *f* Air Force; **~warndienst** *m* air-warning service; **~warnung** *f* air-raid warning *or* alert; **~wechsel** *m* change of air; **~weg** *m aer.* air-route, air-line; *auf dem ~e* by air; *anat.* respiratory tract; **~widerstand** *m* (-[e]s) air resistance; *aer. a.* drag; *mil.* air opposition; **~wirbel** *m* (air) eddy, vortex; turbulence; **~wurzel** *bot. f* aerial root; **~ziegel** *m* air-dried brick, bar; **~zufuhr** *f* (-) air supply; **~zug** *m* (-[e]s) draught (*Am.* draft), current of air; *tech.* air duct, flue; **~zutritt** *m* air inlet, air supply.

Lug [lu:k] *m* (-[e]s): *~ und Trug* falsehood and deceit.

Lüge ['ly:gə] *f* (-; -*n*) lie, falsehood, untruth; → *schamlos*; *j-n* (*et.*) *~n strafen* give the lie *to a p. or th.*, *Am.* belie *a p.'s* words; *~n haben kurze Beine* lies have short wings.

lugen ['lu:gən] *v/i.* (*h.*) look out (*nach* for); peep, peer (*aus, von* from).

'lügen *irr.* **I.** *v/i.* (*h.*) lie, tell a lie (*or* lies *pl.*) *or* a falsehood; (tell a) fib; *er lügt wie gedruckt* he lies like a book; *du lügst!* you are a liar!; **II.** *v/t.* (*h.*) invent, fabricate; **²** *n* (-*s*) lying, telling lies; **²detektor** *m* lie detector; **²geschichte** *f* yarn, cock-and-bull story; **²gewebe** *n* tissue of lies; **~haft** *adj. person*: lying, deceitful, mendacious; *matter*: untrue, invented, fabricated, false; **²haftigkeit** *f* (-) deceitfulness, mendacity; falsehood; **²maul** *n* impudent liar.

Lügner ['ly:gnər] *m* (-*s*; -), **~in** *f* (-; -*nen*) liar; **²isch** *adj.* lying, deceitful, mendacious.

Luke ['lu:kə] *f* (-; -*n*) dormer-window; *aer., mar.* hatch; *of tank*: door.

lukrativ [lukra'ti:f] *adj.* lucrative.

lukullisch [lu'kuliʃ] *adj.* sumptuous.

Lulatsch ['lu:latʃ] *colloq. m* (-[e]s; -e): *langer ~* tall streak.

lullen ['lulən] *v/t.* (*h.*): *in* (*den*) *Schlaf ~* lull to sleep.

Lumen ['lu:mɛn] *phys. n* (-*s*; -) lumen.

Lümmel ['lyməl] *m* (-*s*; -) lout, boor; ruffian, hooligan; saucy fellow.

Lümme'lei *f* (-; -*en*) rudeness.

'lümmel|haft *adj.* loutish, boorish; saucy; **~n** *v/i.* (*h.*) *and sich ~* lounge, loll.

Lump [lump] *m* (-*en*; -*en*) ragamuffin, beggar; cad, heel, rat; scoundrel, blackguard.

Lumpen *m* (-*s*; -) rag; *pl.* rags and tatters; *fig.* rubbish, trash; **²** *v/refl.*: *sich nicht ~ lassen* come down handsomely; **~geld** *n* paltry sum; *für ein ~* dirt-cheap; **~gesindel** *n* rabble, riff-raff; scoundrels *pl.*; **~händler(in** *f*) *m* dealer in rags; ragman, *Am.* junkman; **~hund, ~kerl** *m* → *Lump*; **~pack** *n* → *Lumpengesindel*; **~papier** *n* rag paper; **~sammler(in** *f*) *m* rag-picker; **~wolf** *tech. m* rag-tearing machine; **~wolle** *f* shoddy.

Lumperei [-'raı] *f* (-; -*en*) shabby trick; trifle.

'lumpig *adj.* ragged, tattered; *fig.* shabby, paltry; mean; *für ~e fünf Dollar* for a paltry five dollars.

Lunge ['luŋə] *anat. f* (-; -*n*) lung; *usu.* lungs *pl.*; *of slaughter cattle*: lights; *med. eiserne ~* iron lungs *pl.*; *e-e starke ~ haben* have good lungs; *aus voller ~ yell* at the top of one's voice.

'Lungen...: **~arterie** *f* pulmonary artery; **~bläs-chen** *n/pl.* lung vesicles; **~entzündung** *f* inflammation of the lungs, pneumonia; **flügel** *m* lobe of the lungs; **~heilanstalt** *f* (tuberculosis) sanatorium (*Am.* sanitarium); **²krank** *adj.* suffering from the lungs; tuberculous; **~kranke(r** *m*) *f* pulmonic (patient), consumptive, *Am. sl.* lunger; **~krankheit** *f* pulmonary (*or* lung) disease; **~krebs** *m* (-es) lung cancer; **²leidend** *adj.* suffering from the lungs; **~reizstoff** *mil. m* lung irritant; **²schädigend** *adj.* harmful to the lungs; **~schwindsucht** *f* pulmonary tuberculosis, phthisis; **~spitze** *f* apex of the lung; **~tuberkulose** *f* pulmonary tuberculosis.

lungern ['luŋərn] *v/i.* (*h.*) loiter (*or* lounge, loll) about.

Lunker ['luŋkər] *metall. m* (-*s*; -) shrinkhole.

Lunte ['luntə] *f* (-; -*n*) (slow-) match; *colloq. fig. ~ riechen* smell a rat; get wind of it; *hunt.* brush.

Lupe ['lu:pə] *f* (-; -*n*) magnifying-glass, magnifier; pocket-lens; *fig. unter die ~ nehmen* scrutinize (closely), take a good look at.

lupfen ['lupfən] *v/t.* (*h.*) lift.

Lupine [lu'pi:nə] *bot. f* (-; -*n*) lupine.

Lurch [lurç] *zo.*, (-[e]s; -e) batrachian.

Lust [lust] *f* (-; ⸚e) pleasure, delight; enjoyment; mirth, gaiety; joy; lust, sexual pleasure, carnal desire *or* appetite; disposition, inclination; *mit ~ und Liebe* with heart and soul, with a will; (*große*) *~ haben zu inf.* have a (great) mind to *inf.*, feel (very much) like *ger.*, be (rather) in the mood for *ger. or a th.*; *beinahe ~ haben zu inf.* have half a mind to *inf.*; *keine ~ haben zu inf.* not to feel like *ger.*, not to be in the mood for *ger.*, not to care for *a th.*; *alle ~ an et. verlieren* lose all liking for (*or* interest in) a th.; *j-m ~ machen zu et.* give a p. a desire for a th.; *seine ~ an et. haben* take a delight in a th.; *seinen Lüsten frönen* gratify one's passions, indulge in one's vices; *haben Sie ~ auszugehen?* would you like to go out?; *es ist eine ~, ihm zuzusehen* it is a real pleasure to see him work; *er zeigte wenig ~* he showed little liking; → *anwandeln*; **~barkeit** *f* (-; -*en*) diversion, amusement; entertainment; festivity, fête; *~en pl. a.* revels; **~barkeitssteuer** *f* entertainment tax.

lüsten ['lystən] *v/i.* (*h.*) → *gelüsten*.

Lüster ['lystər] *m* (-*s*; -) **1.** lustre; **2.** lustre, chandelier.

lüstern ['lystərn] *adj.* (*nach*) desirous (of), greedy (of, for); lewd, lascivious, lecherous, lustful; **²heit** *f* (-) greediness; lasciviousness, lewdness, concupiscence.

'Lust...: **~empfindung** *f* pleasant sensation; **²erregend** *adj.* appetizing; erogenous; **~fahrt** *f* pleasure-trip, *Am. mot.* joy-ride; **~garten** *m* pleasure garden (*or* -ground); **~gefühl** *n* → *Lustempfindung*; **~haus, ~häus-chen** *n* summer-house.

'lustig *adj.* merry, gay, rollicking; jolly, cheerful; amusing, funny, hilarious; droll, comical; ludicrous; *~ sein* make merry; *sich ~ machen über* (*acc.*) make fun of, poke fun at, *b.s.* scoff at; *nun aber ~!* look sharp!, *sl.* step on it!; *iro. das kann ja ~ werden!* nice prospects!; **²keit** *f* (-) gaiety, merriment, mirth; jollity, cheerfulness; fun, hilarity; drollness, comicality.

'Lustjacht *f* pleasure yacht.

'Lustknabe *m* catamite.

Lüstling ['lystliŋ] *m* (-[e]s; -e) voluptuary, debauchee, libertine, lecher, rake.

'Lust...: **²los** *adj.* listless, spiritless, unenthusiastic(al); *stock exchange*: lifeless, inactive; dull, flat (*tendency*); **~losigkeit** *f* (-) listlessness; *econ.* dullness, slackness; **~molch** *colloq. m* lecher; **~mord** *m* sex murder; **~mörder** *m* rapist-killer; **~prinzip** *psych. n* pleasure principle; **~schloß** *n* pleasure seat; **~seuche** *med. f* venereal disease, syphilis; **~spiel** *n* comedy; **~spieldichter** *m* comedy writer; **²wandeln** *v/t.* (*h.*) stroll leisurely along, stroll about, promenade.

Lutheraner [lutə'ra:nər] *m* (-*s*; -), **'lutherisch** *adj.* Lutheran.

lutsch|en ['lutʃən] *v/i. and v/t.* (*h.*) suck; **²er** *m* (-*s*; -) **1.** lollipop; **2.** comforter, dummy.

Luv [lu:f] *mar. f* (-) luff, weather-

-side; ≈en *v/i.* (*h.*) luff; **~seite** *f* weather-side.
Lux [luks] *phys. n* (-) lux.
luxuriös [luksuri'ø:s] *adj.* luxurious, *Am. sl.* swank.
Luxus ['luksus] *m* (-) luxury (*a. fig.*), sumptuousness, extravagance; *fig. sich den ~ gestatten, zu inf.* permit o.s. the luxury of *ger.*; **~artikel** *m* luxury article; *pl.* luxuries, fancy goods; **~ausführung** *f* de luxe model; **~ausgabe** *f* édition de luxe (*Fr.*); **~dampfer** *m* luxury liner; **~kabine, ~kajüte** *mar. f* state-room; **~restaurant** *n* luxury restaurant; **~steuer** *f* luxury tax; **~wagen** *mot. m* de luxe model; **~ware** *f* luxury articles, fancy goods *pl.*; **~zug** *m* saloon-train.
Luzerne [lu'tsɛrnə] *bot. f* (-; -*n*) lucerne, alfalfa.
Lymph|drüse ['lymf-] *f* lymph (-atic) gland; **~e** *f* (-; -*n*) lymph; *med.* vaccine; **~gefäß** *n* lymphatic vessel; **~knoten** *m* lymphatic ganglion.
lynchen ['lynçən] *v/t.* (*h.*) lynch; ≈**gesetz** *n*, ≈**justiz** *f* lynch law, mob law.
Lyra ['ly:ra] *f* (-; -*ren*) *mus.* lyre; [(-) *ast.* Lyra.]
'**Lyrik** *f* (-) lyric poetry *or* verse; **~er** *m* (-*s*; -) lyric poet.
'**lyrisch** *adj.* lyric(al).
Lysol [ly'zo:l] *n* (-*s*) lysol.
Lyzeum [ly'tse:um] *n* (-*s*; -*zeen*) secondary school for girls.

M

M, m [ɛm] *n* M, m.
Maar [ma:r] *geol. n* (-[e]s; -e) (volcanic) lake.
Maat [ma:t] *mar. m* (-[e]s; -e) (ship's) mate.
Maatjeshering ['matjəs-] *m* → *Matjeshering.*
Mach-art ['max-] *f* make, style, type (of construction); design.
'**Mache** *f* (-) make; *colloq. fig.* make-believe, window-dressing, show, eyewash; et. *in der ~ haben* have a th. in hand; *j-n in die ~ nehmen* belabo(u)r a p., work a p. over.
'**machen I.** *v/t.* (*h.*) make; do; make, produce, manufacture; prepare, make; create; form; erect, construct; effect, produce; cause; *thea.* impersonate, do; deal with, attend to, handle; give (*appetite, pleasure, trouble, etc.*); undergo, go in for, pass (*examination*); → *Anspruch, Ausflug, Besuch, Ende, etc.*; *Geschäfte ~* do business; *j-m (sich) das Haar ~* do a p.'s (one's) hair; *ein Komma ~* put a comma; *gesund ~* restore to health, cure; *es j-m recht ~* please (*or* satisfy) a p.; → *schaffen*; *~ zu et.* change (*or* turn, convert) into *a th.*; render; *j-n glücklich ~* make *or* render a p. happy; *j-n zum General ~* make (*or* appoint) a p. general; *j-n (sich) zum Herrn e-s Landes ~* make a p. (o.s.) (the) master of a country; *4 mal 5 macht 20* four times five is twenty; *was macht die Rechnung?* how much does the bill come to?; *wieviel macht es?* how much is it?; *das macht drei Mark* that amounts (*or* comes) to three marks; *das macht man so* that's how it is done; *so et. macht man nicht!* it isn't done!; *was macht das (aus)?* what does it matter?, so what?; *das macht nichts!* never mind!; *es macht mir nichts (aus)* I don't mind, I don't care; *nichts zu ~!* nothing doing!; *dagegen kann man nichts ~* it cannot be helped, you can't do a thing about it; **II.** *v/refl.* (*h.*): *sich ~* happen, come about; progress, advance; er *macht sich* (*jetzt*) he is getting on (now); *die Sache macht sich* (*jetzt*) the business is shaping well, it's all plain sailing (now); *es wird sich schon ~* it will come right; *wie gehts? colloq.* es *macht sich! how are things?* pretty well!, so-so!; *das macht sich gut* that looks well; *das läßt sich (schon) ~* that can be done, it can be arranged; *ich mache mir nichts daraus* **a)** I don't mind (*or* care about) it, **b)** I am not keen on it; *mach dir nichts draus!* don't take it to heart!, don't lose any sleep over it!; *sich* et. *~ lassen* have a th. made, order a th.; → *lassen*; *sich ~ an (acc.)* go (*or* set) about, apply o.s. to, tackle *a th.*; proceed to *inf.*; *sich an j-n ~* approach a p.; *sich auf den Weg ~* set out, depart; **III.** *v/i.* (*h.*) do; *macht, daß ihr bald zurück seid!* see that you are back soon!; *mach, daß du da fortkommst* off with you!, get the hell out here!, beat it!; *mach doch (zu)!* go on!, hurry up!; *mach's gut!* cheerio!, *Am.* take care of yourself!; *econ. ~ in (dat.)* deal in, sell; *colloq. in Politik ~* dabble in (*or* talk) politics; *j-n ~ lassen* let a p. do as he pleases; *laß mich nur ~* leave it to me; **IV.** *p.p. and adj. gemacht* made (*aus* of); artificial, false; *ein gemachter Mann* a made man; *das ist wie gemacht für mich* it fits me like a glove (*or* to a T); *gut gemacht!* well done!, good work!; *gemacht!* agreed!, OK!, okay!
'**Machenschaften** *f/pl.* machinations, man(o)euvres, intrigues, doings.
'**Macher** *m* (-*s*; -), **~in** *f* (-; -*nen*) maker; manager, boss; fixer; **~lohn** *m* cost of making, make-up charge.
Macht [maxt] *f* (-; ⸚e) power (*a. state*); might; authority; control (*über acc.* of), sway (over), grip (on); force, strength, power; military force(s *pl.*); *die ~ der Gewohnheit* the force of habit; *pol. an der ~* in power; *die ~ übernehmen* take over; *an die ~ kommen* come into (*or* rise to) power; *~ geht vor Recht* might before right; *aus eigener ~* by one's own authority, on one's own responsibility; *mit aller ~* with all one's might, with might and main; *er tut alles, was in seiner ~ steht* everything within his power, his utmost; '**~befugnis** *f* authority, power; '**~bereich** *m* orbit (of power), sphere of influence; *in s-n ~ einbeziehen* achieve control of; '**~ergreifung** *f* → *Machtübernahme*; '**~fülle** *f* (ful[l]ness of) power; '**~gier** *f* greed of power; **~haber** ['-ha:bər] *m* (-*s*; -) ruler, lord, dictator; '≈**haberisch** *adj.* despotic, dictatorial; '≈**hungrig** *adj.* power-hungry.
mächtig ['mɛçtiç] **I.** *adj.* powerful (*a. fig. argument, blow, body, voice, etc.*); mighty; considerable; immense, huge, enormous; emphatic; *mining*: thick, rich; *die* ≈*en pl.* the powerful *or* mighty; *e-r Sache ~ sein* be master of; have authority (*or* sway) over, control *a th.*; have command of (*a language*); *ich war meiner nicht mehr ~* I had lost control over myself; **II.** *colloq. adv.* mighty, awfully; *~ arbeiten* work hard (*or* like a horse).
'**Macht...**: **~kampf** *m* struggle for power; ≈**los** *adj.* powerless, impotent, helpless; **~losigkeit** *f* (-) impotence, weakness; **~mittel** *n* resource of power; **~politik** *f* power politics; policy of the strong hand; **~probe** *f* trial of strength; **~spruch** *m* authoritative decision; **~stellung** *f* power(ful position), predominance; **~übernahme** *f* seizure (*or* assumption) of power, coming into power; ≈**voll** *adj.* powerful (*a. fig.*); **~vollkommenheit** *f* absolute power, authority; *aus eigener ~* on one's own authority; **~wort** *n* (-[e]s; -e) word of command, peremptory order; *ein ~ sprechen* put one's foot down.
'**Machwerk** *n* concoction; *elendes ~* bungling work, miserable botch.
Machzahl ['max-] *tech. f* mach (number).
Mädchen ['mɛ:tçən] *n* (-*s*; -) girl (*a. w.s.* = sweetheart); maid(en), lass; maid(-servant), servant(-girl); *~ für alles* maid-of-all-work (*a. fig.*); ≈**haft** *adj.* girlish; maidenly (*a. fig.*); **~haftigkeit** *f* (-) girlishness; bashfulness; **~handel** *m* white slavery; **~händler** *m* white-slave agent; **~name** *m* girl's name; maiden name; **~pensionat** *n* young ladies' boarding school; **~schule** *f* girls' school.
Made ['ma:də] *f* (-; -*n*) maggot, mite; worm; *fig. wie die ~ im Speck sitzen* be in clover.
Mädel ['mɛ:dəl] *colloq. n* (-*s*; -) girl(ie), lass(ie).
'**Madenwurm** *m* pin worm.
'**madig** *adj.* maggoty, full of mites; worm-eaten; *colloq. fig. j-n ~ machen* run down a p.

Madonn|a [ma'dɔna] *f* (-; *-nnen*) the Holy Virgin, the Madonna; **~enbild** *n* image of the Virgin Mary, Madonna; **2enhaft** *adj.* Madonna-like.

Magazin [maga'tsi:n] *n* (-*s*; -*e*) warehouse, storehouse, depot; *mil.* stores *pl.*, storage depot; *of gun*: magazine; (*journal*) magazine; **~verwalter** *m* warehouse superintendent, storekeeper.

Magd [ma:kt] *f* (-; **ᵘe**) maid (servant); *poet.* maiden; *fig.* handmaid.

Mägdlein ['mɛ:ktlaɪn] *n* (-*s*; -) (little) maiden *or* girl, lassie.

Magen ['ma:gən] *m* (-*s*; ᵘ) stomach, *zo. a.* maw, *orn.* gizzard; *mit leerem* (*auf den leeren*) ~ on an empty stomach; *e-n guten* ~ *haben* have a good (*or* cast-iron) digestion; *sich den* ~ *verderben* put one's stomach out of order; *fig. im* ~ *haben* be sick and tired of; *schwer im* ~ *liegen* sit heavy on one's stomach, *fig.* prey on one's mind; **~arznei** *f* stomachic; **~ausgang** *anat. m* pylorus; **~beschwerden** *f/pl.* stomach (*or* gastric) trouble; **~bitter** *m* (-*s*; -) bitter cordial, bitters *pl.*; **~brennen** *n* heart-burn, pyrosis; **~drücken** *n* (-*s*) pressure on the stomach; **~drüse** *anat. f* gastric gland; **~eingang** *anat. m* cardia; **~erweiterung** *f* stomachic dilatation; **~gegend** *f* epigastric region; **~geschwür** *n* gastric ulcer; **~grube** *f* pit of the stomach; **~knurren** *n* rumbling of the stomach; **~krampf** *m* spasm of the stomach; **2krank** *adj.* dyspeptic; **~krebs** *m* (-*es*) cancer of the stomach; **~leiden** *n* gastric complaint *or* disease, stomach-complaint; **2leidend** *adj.* → *magenkrank*; **~saft** *m* gastric juice; **~säure** *f* gastric acid; acidity; **~schmerz** *m* pain in the stomach, stomach-ache; **~stärkend**(**es Mittel** *n*) *adj.* stomachic, (digestive) tonic; **~übersäuerung** *f* excess acid in the stomach; **~verstimmung** *f* indigestion; **~wand** *f* stomach wall; **~weh** *n* → *Magenschmerz*.

mager ['ma:gər] *adj.* meag|re, *Am.* -er (*a. fig.* = poor); lean (*a. meat, fuel*), thin, skinny, *Am. a.* scrawny; slender, slim; spare, gaunt; *typ.* lean-faced; slender (*fare*); meagre, poor (*soil*); ~(*er*) *werden* grow thin, slim, fall away; *die sieben* ~*en Jahre* the seven lean years; **2beton** *m* lean concrete; **2e**(**s**) *n* (-*n*; -*n*) *the* lean (part); **2fleisch** *n* lean; **2käse** *m* lean cheese, wey cheese; **2keit** *f* (-) meagreness, leanness; slenderness; spareness, gauntness; *fig.* poorness; **2kohle** *f* non-coking coal; **2milch** *f* skim milk; **~vieh** *n* store-cattle.

Magie [ma'gi:] *f* (-) magic (art); **Magier** ['ma:giər] *m* (-*s*; -) magician.

magisch ['ma:giʃ] *adj.* magic(ally *adv.*); *radio*: ~*es Auge* magic eye, visual tuning indicator; *TV*: ~*er Rahmen* luminous edge.

Magister [ma'gistər] *m* (-*s*; -) (school-)master; ~ *der Freien Künste* Master of Arts (*abbr.* M.A.).

Magistrat [-'stra:t] *m* (-[*e*]*s*; -*e*) municipal council; **~sbeamter** *m* municipal officer; **~smitglied** *n* town council(l)or.

Magma ['magma] *geol. n* (-*s*; -*men*) magma.

Magnat [ma'gna:t] *m* (-*en*; -*en*) magnate, *Am. a.* tycoon.

Magnesia [ma'gne:zia] *chem. f* (-) magnesia.

Magnesium [-'gne:zium] *chem. n* (-*s*) magnesium; **~pulver** *n* (-*s*) magnesium powder.

Magnet [ma'gne:t] *m* (-*en*; -*e*[*n*]) magnet (*a. fig.*); **~anker** *el. m* (pole) armature; **~eisenstein** *min. m* magnetite; **~feld** *n* magnetic field; **2isch** *adj.* magnetic; *frei von* ~*en Störungen* antimagnetic.

Magne|tiseur [magneti'zø:r] *m* (-*s*; -*e*) magnetizer; mesmerist; **2ti'sierbar** *adj.* magnetizable; **2ti'sieren** *v/t.* (*h.*) magnetize; mesmerize (*a p.*); **~tismus** [-'tismus] *m* (-) magnetism; mesmerism.

Magnet... [ma'gne:t]: **~kompaß** *m* magnetic compass; **~kupplung** *f* electro-magnetic clutch; **~nadel** *f* magnetic (*or* compass) needle; **~oinduktion** [magneto-] *f* magnetic induction; **~ophon** [-'fo:n] *n* (-*s*; -*e*) (magnetic) tape recorder; **~o'phonband** *n* (-[*e*]*s*; ᵘ*er*) recording tape; **~regler** *m* field regulator, rheostat; **~schalter** *mot. m* ignition switch; **~spule** *f* → *Magnetwicklung*; **~stahl** *m* magnet steel; **~wicklung** *f* (magnet) coil, field winding; **~zünder** *mot. m* magneto; **~zündung** *f* magneto(-electric) ignition.

Magnolie [ma'gno:liə] *bot. f* (-; -*n*) magnolia.

mäh! [mɛ:] *int. of sheep*: bah!

Mahagoni [maha'go:ni] (*a.* **~holz**) *n* (-*s*) mahogany (wood).

Maharadscha [maha'ra:dʒa] *m* (-*s*; -*s*) maharajah.

Mähbinder ['mɛ:-] *agr. m* harvester binder.

Mahd [ma:t] *agr. f* (-) mowing; swath; hay-harvest, hay crop.

Mäh(d)er ['mɛ:(d)ər] *m* (-*s*; -), **~in** *f* (-; -*nen*) mower, haymaker.

'**Mähdrescher** *m* combine harvester, *Am.* (harvester) combine.

mähen ['mɛ:ən] *v/t. and v/i.* (*h.*) mow, cut, reap; (*v/i.*) *sheep*: bleat.

Mahl [ma:l] *n* (-[*e*]*s*; ᵘ*er*) meal, repast; feast, banquet.

mahlen ['ma:lən] *v/t. and v/i.* (*irr., h.*) grind, mill; pulverize; crush, bruise; beat (*paper*); *mot. wheels in mud*: spin; *gemahlener Kaffee* ground coffee.

'**Mahl...**: **~gang** *m* set of millstones; **~geld** *n* miller's fee; **~gut** *n* (-[*e*]*s*), **~korn** *n* (-[*e*]*s*; -*e*) grist; **~zahn** *m* molar; **~zeit** *f* meal, repast; *colloq. prost* ~! **a**) no idea of it!, you may whistle for it!, **b**) there we are!, good night!

'**Mähmaschine** *f* mowing-machine, reaper; (lawn) mower.

Mahnbrief ['ma:n-] *m* request for payment, reminder, dunning letter.

Mähne ['mɛ:nə] *f* (-; -*n*) mane.

'**mahn|en** *v/t. and v/i.* (*h.*) remind; warn, admonish (*all*: *an acc.* of); urge; *j-n wegen e-r Schuld* ~ press a p. for payment, dun a p.; **~end** *adj.* admonishing, admonitory, warning; **2er**(**in** *f*) *m* (-*s*, -; -, -*nen*) admonisher, monitor, warning voice; dun(ner); **2mal** *n* memorial; **2ruf** *m* warning cry; **2schreiben** *n* → *Mahnbrief*; **2ung** *f* (-; -*en*) admonition, warning; *econ.* reminder, dunning; **2verfahren** *jur. n* hortatory proceedings; *im Wege des* ~*s* by judgment-note; **2wort** *n* (-[*e*]*s*; -*e*) word of exhortation, warning; **2zeichen** *n* memento; *the* hand on the wall; **2zettel** *m* reminder, demand-note.

Mähre ['mɛ:rə] *f* (-; -*n*) mare; *contp.* jade, old crock.

Mähren ['mɛ:rən] *n* (-*s*) Moravia; '**mährisch** *adj.* Moravian.

Mai [maɪ] *m* (-[*e*]*s*; -*e*) (*Monat* ~ month of) May; *der Erste* ~ the first of May, May Day; '**~baum** *m* maypole; '**~blume** *f* lily of the valley.

Maid [maɪt] *f* (-; -*en*) maid(en).

'**Mai...**: **~feier** *f*, **~fest** *n* (celebration of) May Day, May-Day demonstration *or* parade; **~glöckchen** *n* lily of the valley; **~käfer** *m* cockchafer; *humor. grinsen wie ein* ~ grin like a Cheshire cat; **~königin** *f* Queen of May.

Mailänd|er(**in** *f*) ['-lɛndər-] *m* (-*s*, -; -, -*nen*) Milanese; **2isch** *adj.* Milanese, (of) Milan.

'**Mailüftchen** *n* vernal breeze.

Mais [maɪs] *m* (-*es*; -*e*) maize, Indian corn, *Am.* corn; '**~birne** *f* *boxing*: platform ball, pear-shaped punch(ing) ball.

Maisch|bottich ['maɪʃ-] *m* mash-tub; **~e** *f* (-; -*n*) mash; **2en** *v/t.* (*h.*) mash.

'**Mais...**: **~flocken** *f/pl. Am.* corn-flakes; **~kolben** *m* (corn-)cob; **~mehl** *n* Indian meal, *Am.* corn meal.

Majestät [majɛ'stɛ:t] *f* (-; -*en*) majesty; **2isch** *adj.* majestic; **~sbeleidigung** *f* lèse-majesté (*Fr.*).

Majolika [ma'jo:lika] *f* (-; -*ken*) majolica.

Major [ma'jo:r] *mil. m* (-*s*; -*e*) major; *aer.* squadron leader.

Majoran [majo'ra:n] *bot. m* (-*s*; -*e*) marjoram.

Majorat [majo'ra:t] *n* (-[*e*]*s*; -*e*) (right of) primogeniture; *a.* → **~sgut** *n* entail; **~sherr** *m* owner of an entail (*or* estate).

majorenn [-'rɛn] *adj.* of (full) age.

Majori'tät *f* (-; -*en*) majority; **~sbeschluß** *m* resolution carried by a majority; majority vote.

Majuskel [ma'juskəl] *f* (-; -*n*) capital letter; *typ.* upper case letter.

makaber [ma'ka:bər] *adj.* macabre.

makadamisier|en [makadami'zi:rən] *v/t.* (*h.*) macadamize; **2ung** *f* (-) macadamization.

Makel ['ma:kəl] *m* (-*s*; -) stain, spot, blot, flaw (*all a. fig.*); *fig.* blemish, taint; *ohne* ~ immaculate, unmarred.

Mäkelei [mɛ:kə'laɪ] *f* (-; -*en*) fault-finding, carping (criticism); *w.s.* fastidiousness.

'**mäkelig** *adj.* carping; finicky, fussy; fastidious.

'**makellos** *adj.* stainless, spotless, unblemished (*all a. fig.*, *character*, *etc.*); immaculate (*a. beauty*); *fig. a.* impeccable; ²igkeit *f* (-) spotlessness, immaculateness.

ˈ**mäkeln** *v/i.* (*h.*): ~ *an* (*dat.*) find fault with, carp (*or* cavil) at, *Am. a.* pick at; ² *n* (-s) → *Mäkelei.*

Makkaroni [makaˈroːni] *pl.* macaroni.

Makler [ˈmaːklər] *econ. m* (-s; -) broker; *stock exchange*: stock broker, jobber; *amtlich zugelassener* ~ inside broker; (commission-) agent, factor; middleman; **~firma** *f* brokerage concern; **~gebühr** *f* broker's commission, brokerage (charges *pl.*); **~geschäft** *n* broker's business.

Mako [ˈmako] *econ. m* (-[s]; -s) *and f* (-; -s) maco.

Makrele [maˈkreːlə] *ichth. f* (-; -n) mackerel.

Makroˈkosmos [makro-] *m* macrocosm.

Makrone [maˈkroːnə] *f* (-; -n) macaroon.

Makulatur [makulaˈtuːr] *f* (-; -en) waste-paper; *fig.* worthless book; **~bogen** *m* waste sheet.

Mal¹ [maːl] *n* (-[e]s; -e) mark, sign; boundary; monument; *in games*: **a)** start(ing point), home, **b)** goal, base; spot, stain, *fig. a.* stigma; mole, birthmark; *blaues* ~ bruise.

Mal² *n* (-[e]s; -e) (*usu.* ² *and in compounds* ...², *e.g. alle*², *dies*², *drei*², *etc.*) time; *multiplication*: times, multiplied by; *für dieses* ~ this time, for once; *dieses eine* ~ this once; *ein paar* ~*e* a few times; *das nächste* ~ next time; *beim ersten* ~*e* the first time, at the first go(-off); *mit einem* ~*e* all at once, all of a sudden; *zum ersten* ~*e* for the first time; *zum letzten* ~*e* for the last time; *zu wiederholten* ~*en* repeatedly, time after time, again and again.

mal *colloq. adv.* → *einmal.*

Malai|e [maˈlaɪə] *m* (-n; -n), **~in** *f* (-; -nen), ²**isch** *adj.* Malay(an).

Malaria [maˈlaːria] *med. f* (-) malaria; **~anfall** *m* attack of malaria.

Malbuch [ˈmaːl-] *n for children*: colo(u)ring book.

ˈ**malen** *v/t. and v/i.* (*h.*) paint, do; portray; draw; sketch, delineate; represent, depict; *fig.* paint, picture; *in Öl* ~ paint in oils; *sich* ~ *lassen* sit for one's portrait; have one's likeness taken; *fig. auf s-m Gesicht malte sich Erstaunen* he looked dazed, he could not have looked more surprised; *man soll den Teufel nicht an die Wand* ~ talk of the devil and he will appear; *colloq. mal dir was!* you may whistle for it!

ˈ**Maler** *m* (-s; -) painter; artist; **~arbeit** *f* painting (job); **~atelier** *n* painter's (*or* artist's) studio.

Maleˈrei *f* (-; -en) painting.

ˈ**Maler...:** **~farbe** *f* painter's colo(u)r; **~in** *f* (-; -nen) lady-painter, paintress; ²**isch** *adj.* pictorial, painting; *fig.* picturesque; *das* ²*e* the picturesque; **~leinwand** *f* canvas; **~meister** *m* master (house-) painter; **~pinsel** *tech. m* painter's (*or* paint-)brush; **~schule** *f* **1.** school for painters; **2.** (*flemish, etc.*) school of painters; **~stock** *m* maulstick.

Malheur [maˈløːr] *n* (-s; -e) misfortune, mishap.

maliziös [malitsiˈøːs] *adj.* malicious.

ˈ**Malkasten** *m* paint-box.

ˈ**malnehmen** *v/t.* (*irr.*, *h.*) multiply.

Malteserkreuz [malˈteːzər-] *n* Maltese cross.

Maltose [malˈtoːzə] *f* (-) maltose, malt sugar.

Malve [ˈmalvə] *bot. f* (-; -n) mallow; ²**nfarbig** *adj.* mauve.

Malz [malts] *n* (-es) malt; ˈ**~bier** *n* malt-beer; ˈ**~bonbon** *n* cough lozenge; ˈ**~darre** *f* malt-kiln.

ˈ**Malzeichen** *n* multiplication mark.

Mälzer [ˈmɛltsər] *m* (-s; -) maltster; **Mälzeˈrei** *f* (-; -en) **a)** malting; **b)** malting-house.

ˈ**Malz...:** **~extrakt** *m* extract of malt; **~kaffee** *m* malt-coffee; **~schrot** *n* bruised malt; **~tenne** *f* malt-floor; **~zucker** *m* malt sugar, maltose.

Mama [maˈma] *f* (-; -s) mamma, ma, mummy.

Mammon [ˈmamɔn] *m* (-s) mammon, pelf; *schnöder* ~ filthy lucre.

Mammut [ˈmamuːt] *zo. n* (-s; -e) mammoth; **~baum** *m* mammoth tree.

Mamsell [mamˈzɛl] *f* (-; -en) miss, damsel; housekeeper.

man¹ [man] *indef. pron.* (*m dat. and acc. replaced by* einer): **a)** *including oneself*: one, you, we; **b)** *other people*: they, people; **c)** *often rendered by passive*: ~ *hat mir gesagt* I have been told; ~ *muß es tun* it must be done; ~ *holte ihn* (*riet ihm*) he was fetched (advised); ~ *kann nie wissen* you never can tell; *man kann nicht wissen* (*or sagen*), *ob* there is no knowing (*or* telling) whether; *wenn* ~ *ihn hört, sollte* ~ *glauben* to hear him one would think; *in instructions, e.g.* ~ *nehme* take; ~ *dreht die Schraube nach rechts* turn screw clockwise.

man² *colloq.* (*expletive*) = *nur*; ~ *sachte!* take it easy!; *denn* ~ *los!* let's go (then)!, well, here goes!

managen [ˈmɛnidʒən] *colloq. v/t.* (*h.*) manage, handle, wangle.

ˈ**Managerkrankheit** *f* stress disease.

manch|(er, -e, -es) [ˈmanç-] *adj. and indef. pron.* many a; ~ *eine(r)*, ~ *ein Mensch* many a one (*or* man); *manch liebes* (*or* ~*es liebe*) *Mal* many a time; *in* ~*em hat er recht* in many things he is right; *so or gar* ~*er* (~*es*) a good many people (things); **~e** *pl.* some, several, many; **~erlei** [ˈ-ərlaɪ] *adj.* diverse, different, many; all sorts of, of several sorts; *auf* ~ *Art* in various (*or* sundry) ways; *substantively*: many (*or* various) things; **~mal** *adv.* sometimes, at times.

Manchester(samt) [manˈʃɛstər-] *m* (-s) velveteen; corduroy.

Mandant(in *f*) [manˈdant-] *m* (-en, -en; -, -nen) *jur.* client.

Mandarin [mandaˈriːn] *m* (-s; -e) mandarin.

Mandarine [-ˈriːnə] *f* (-; -n) tangerine.

Mandat [manˈdaːt] *n* (-[e]s; -e) authorization, power; *of lawyer*: brief; decree; *pol.* mandate; *parl. sein* ~ *niederlegen* resign (*or* vacate) one's seat.

Mandatar [-daˈtaːr] *m* (-s; -e) authorized person *or* agent, mandatary; **~staat** *m* mandatary (state).

Manˈdats...: **~gebiet** *n* mandate(d territory); **~macht** *f* mandatory power.

Mandel [ˈmandəl] *f* (-; -n) *bot.* almond; *anat.* tonsil; *med. die* ~*n herausnehmen* cut the tonsils; (*measure*) (set of) fifteen; **~baum** *m* almond(-tree); **~entfernung** *f* (-) tonsilectomy; **~entzündung** *f* tonsilitis; ²**förmig** [ˈ-fœrmiç] *adj.* almond-shaped; **~geschwür** *n* ulcerated sore throat; **~kern** *m* almond; **~kleie** *f* almond-powder; **~seife** *f* almond-soap.

Mandoline [mandoˈliːnə] *mus. f* (-; -n) mandolin.

Mandrill [manˈdril] *zo. m* (-s; -e) mandrill.

Manege [maˈneːʒə] *f* (-; -n) (circus) ring.

mang [maŋ] *colloq.* → *unter, dazwischen.*

Mangan [maŋˈgaːn] *n* (-s) manganese; **~eisen** *n* ferromanganese; **~erz** *n* manganese ore; ²**haltig** *adj.* manganiferous; **~oxyd** *chem. n* manganic oxide; ²**sauer** *chem. adj.* manganic; manganite of ...; **~säure** *chem. f* manganic acid; **~stahl** *m* manganese steel.

Mange [ˈmaŋə], ˈ**Mangel¹** *tech. f* (-; -n) mangle, calender.

Mangel² [ˈmaŋəl] *m* (-s; ⸚) defect, fault, imperfection, flaw, shortcoming; (-s) lack, want, absence, shortage, scarcity, (*a. med.*) deficiency (*all*: *an dat.* of); penury; privation; drawback; ~ *an Takt* want of tact, tactlessness; *jur.* ~ *im Recht* defect in title; *aus* ~ *an* → *mangels*; ~ *an allem haben* be short (*or* in want) of everything; ~ *leiden* be destitute, live in poverty; suffer privations.

ˈ**Mangel...:** **~artikel** *m* critical item; **~beruf** *m* critical occupation; **~erscheinung** *med. f* deficiency symptom; **~güter** *n/pl.* critical supplies; ²**haft** *adj.* defective (*a. gr.*), faulty, deficient; imperfect; unsatisfactory, inferior, poor (*a. ped.*); incomplete; inadequate; **~haftigkeit** *f* (-) defectiveness, faultiness; imperfection; inadequacy; incompleteness; **~holz** *n* calender-roller; **~krankheit** *f* deficiency disease; malnutritional disease; avitaminosis.

ˈ**mangeln¹** *v/t.* (*h.*) mangle (*laundry*); *tech.* calender (*cloth*).

ˈ**mangeln²** *v/i.* (*impers.*, *h.*) want, be wanting; lack, be lacking (*an dat.* in); *es mangelt an* there is a lack (*or* shortage) of; *es mangelt mir an et.* I am in need of, I am short of, I want *a th.*; *es mangelt ihm an Mut* what he lacks (*or* wants) is courage; *sich an nichts* ~ *lassen* deny o.s. nothing; *wegen* ~*der Nachfrage* in absence of demand.

ˈ**mangels** *prp.* (*gen.*) for lack (*or* want) of, in the absence of; *esp. jur.* in default of; *econ.* ~ *Zahlung zurück* returned for non-payment.

Mängelrüge ['mɛŋəl-] *econ. f* complaint (about quality), deficiency claim.

'**Mangelware** *f* scarce (basic) commodity, critical item *or* material; ~ *werden* fall in short supply.

Mangold ['maŋgɔlt] *bot. m* (-[e]s; -e) silver (*or* stock) beet; *cul.* chard.

Manie [ma'ni:] *f* (-; -n) mania; craze; **manisch** ['mɑ:niʃ] *adj.* manic; *~-depressiv* manic-depressive.

Manier [ma'ni:r] *f* (-; -en) manner, fashion, mode; *esp. art*: style; *in glänzender* ~ in superior style, brilliantly; *mit guter* ~ with a good grace; *er hat keine ~en* he has bad (*or* no) manners; *~en lernen* learn (how) to behave; *das ist keine* ~ that's not the way to do it.

manieriert [-ni'ri:rt] *adj.* affected, mannered; stilted; **≈heit** *f* (-; -en) affectation; mannerism.

ma'nierlich I. *adj.* well-behaved, well-bred; civil, polite, mannerly; **II.** *adv.*: *sich* ~ *betragen* behave o.s.

Manifest [mani'fɛst] *n* (-es; -e) manifesto; **Manifestation** [-fɛsta-tsi'o:n] *f* (-; -en) manifestation, demonstration; **manife'stieren** *v/t.* (*h.*) manifest.

Maniküre [mani'ky:rə] *f* (-) **1.** manicure; **2.** (*pl.* -n) manicurist; **≈n** *v/t. and v/i.* (*h.*) manicure.

Manila|hanf [ma'ni:la-] *m* Manila hemp; **~zigarre** *f* Manila cigar, manila.

Manipulation [manipulatsi'o:n] *f* (-; -en) manipulation.

manipu'lieren *v/t.* (*h.*) manipulate.

Manko ['maŋko] *econ. n* (-s; -s) deficiency, shortage; shortweight; deficit; *fig.* drawback, want.

Mann [man] *m* (-[e]s; ⸗er) man (*pl.* men), *mil. a.* soldier, *esp. Am.* enlisted man; husband; *feiner* ~ (perfect) gentleman; *ganzer* ~ quite (*or* every inch) a man, he-man; *der rechte* ~ the right sort (of man); *der* ~ *auf der Straße* the man in the street; *fig. ein* ~ *des Todes* a dead man, *sl.* a goner; ~ *für* ~ man for man; ~ *gegen* ~ hand to hand; *wie ein* ~ as one man, in a body; *drei* ~ *hoch* three men deep; *Manns genug sein für* et. be man enough for it; *an den* ~ *bringen* **a)** dispose (*or* get rid) of, place (*goods*), find a husband for (*daughter*); *seinen* ~ *finden* find (*or* meet) one's match; *seinen* ~ *stehen* stand one's ground, stand the test; *sie stand ihren* ~ she did a man's job; *seinen* ~ *stellen* do one's share, pull one's weight; *mit* ~ *und Maus untergehen* go down with every soul (*or* all hands) on board; *cards*: *den vierten* ~ *machen* take the fourth hand; *mar. alle* ~ *an Deck!* all hands on deck; *da* (*bei mir*) *sind Sie an den rechten* ~ *gekommen* you have come to the right man, I am your man; *er ist nicht der* ~ *dafür* he is not the man to do it; *wenn Not am* ~ *ist* if the worst comes to the worst, in case of need; *ein* ~, *ein Wort* an honest man's word is as good as his bond; hono(u)r bright!; *colloq. mach schnell,* ~! hurry up, man!; ~ *Gottes!* man alive!

Manna ['mana] *f* (-) *and n* (-[s]) manna.

'**mannbar** *adj.* marriageable; **≈keit** *f* (-) (wo)manhood, puberty; marriageable age.

Männchen ['mɛnçən] *n* (-s; -) little man, manikin; *humor.* (*husband* = *colloq.* **Männe** *m*) hubby; *zo.* male, bull; *orn.* cock; ~ *machen* sit up (and beg), stand on its hind-legs.

Mannequin ['manəkɛ̃] *n* (-s; -s) mannequin.

Männer ['mɛnər] *pl. von Mann*; *in compounds* men's ..., → *Herren...*; *lavatory*: (*Für*) ~ (For) Gentlemen; **~chor** *mus. m* men's choir, *thea.* chorus of men; **~gesangverein** *m* men's choral society, men's singing club; **~welt** *f* (-) male sex, men.

'**Mannes|alter** *n* (-s) manhood, virile age; *im besten* ~ in the prime of life; **~kraft** *f* manly vigo(u)r; virility; **~stolz** *m* manly pride; **~wort** *n* (-[e]s; -e) man's word; **~würde** *f* (-) manly dignity; → *Manns...*

'**mannhaft** *adj.* manly; brave, stout, valiant; resolute; **≈igkeit** *f* (-) manliness, stoutness, courage.

'**Mannheit** *f* (-) masculinity, manhood; virility.

mannig|fach ['maniçfax], **~faltig** ['-faltiç] *adj.* manifold, various, varied, diverse; **≈faltigkeit** *f* (-) manifoldness, variety, diversity.

männlich ['mɛnliç] *adj.* male (*a. bot., zo., tech.*); *gr.* masculine; man's (*courage, etc.*); *fig.* manly, masculine, virile; **≈keit** *f* (-) manliness, virility.

'**Mannsbild** *colloq. n* man, male.

'**Mannschaft** *f* (-; -en) (body of) men, personnel; gang, team (*of workers*); *aer., mar., mil.* crew; team, detail, party; troops *pl.*; *sports*: team, *rowing*: crew; *mil.* *~en pl.* rank and file, the ranks; *mar.* the lower deck.

'**Mannschafts...**: **~dienstgrade** *mil. m/pl.* rank and file, ratings; **~führer** *m sports*: (team) captain; **~geist** *m* (-es) team-spirit; **~kampf** *m* team event; **~lauf** *m* team race; **~leiter** *m* team manager; **~meisterschaft** *f* team championship; **~raum** *mil. m* troop room; **~rennen** *n* → *Mannschaftslauf*; **~sport** *m* team sport; **~wagen** *mil. m* troop carrying vehicle, *Am.* personnel carrier.

'**Manns...**: **≈hoch** *adj. and adv.* (as) tall as a man; **~leute** *pl.* men(folk), *the* male sex *sg.*; **~person** *f* male person, man; **≈toll** *adj.* man-mad, nymphomaniac; **~tollheit** *f* nymphomania; **~volk** *n* (-[e]s) menfolk, men; **~zucht** *f* discipline.

'**Mannweib** *n* amazon, virago.

Manometer [mano'me:tər] *n* (-s; -) manometer, pressure-gauge.

Manöver [ma'nø:vər] *n* (-s; -) manoeuvre, *Am.* maneuver (*a. fig.* = trick, stratagem); *mil. a.* exercise; *mar. Flotten≈* naval manoeuvres *pl.*; **~gelände** *n* manoeuvre area.

manövrier|en [-nø'vri:rən] *v/i. and v/t.* (*h.*) manoeuvre, *Am.* maneuver (*a. mot.*), *mar. a.* practise (tactical evolutions); **~fähig** *adj.* manoeuvrable; **≈fähigkeit** *f* (-) manoeuvrability; **~unfähig** *adj.* disabled, out of control.

Mansarde [man'zardə] *f* (-; -n) garret, attic.

Man'sarden...: **~dach** *n* curb roof; **~fenster** *n* dormer-window; **~zimmer** *n* garret-room, attic.

Mansch [manʃ] *colloq. m* (-es) hodge-podge, squash, slush, mess; '**≈en** *v/i. and v/t.* (*h.*) mix, work; splash (about); dabble (*in dat.* in); **Mansche'rei** *f* (-; -en) mixing, mess; dabbling.

Manschester [man'ʃɛstər] *m* (-s) → *Manchester.*

Manschette [man'ʃɛtə] *f* (-; -n) cuff; *tech.* sleeve, collar; packing ring; *colloq. fig.* *~n haben vor* (*dat.*) be afraid of; *~n bekommen* get cold feet; **~nknopf** *m* stud; sleeve-link, cuff-link.

Mantel ['mantəl] *m* (-s; ⸗) overcoat; coat; cloak; mantle (*a. arch., med., zo.*); → *Bade≈, Frisier≈, etc.*; *math.* convex surface; *tech.* case (*a. mil.*), casing, jacket; sleeve; *casting*: cope; *mot., bicycle*: (outer) cover, casing; *cable*: sheath(ing); *stock exchange*: scrip (*or* share) without the coupon-sheet; *fig.* ~ *der Liebe* cloak of charity; *den* ~ *nach dem Wind hängen* trim one's sails to the wind.

Mäntelchen ['mɛntəlçən] *n* (-s; -) short cloak, cape; *fig. ein* ~ *umhängen* palliate, gloss over *a th.*

'**Mantel...**: **~elektrode** *f* covered electrode; **~geschoß** *mil. n* jacketed bullet; **~gesetz** *n* skeleton law; **~kleid** *n* dress with cape; frock coat; **~tarif** *m* skeleton agreement.

Mantille [man'til(j)ə] *f* (-; -n) mantilla.

Manual [manu'ɑ:l] *n* (-s; -e) memorandum-book; *mus.* key-board, manual.

manuell [-'ɛl] *adj.* manual.

Manufaktur [-fak'tu:r] *f* (-; -en) manufacture; (manu)factory; **~waren** *pl.* manufactures, piece goods; *n.s.* textiles, *Am.* dry goods.

Manuskript [-'skript] *n* (-[e]s; -e) manuscript (*abbr.* MS); *film*: scenario, script; *typ.* copy; *als* ~ *gedruckt* privately printed, *thea.* acting rights reserved.

Mappe ['mapə] *f* (-; -en) portfolio, briefcase; satchel; file; folder.

Mär(e) ['mɛ:r(ə)] *f* (-; -en) tale; tidings *pl.*

Marabu ['mɑ:rabu] *orn. m* (-s; -s) marabou.

Marathon|lauf ['mɑ:ratɔn-] *m* marathon (race); **~läufer** *m* marathon runner.

Marbel ['marbəl] *f* (-; -n) marble.

'**Märchen** *n* (-s; -) fairy-tale; *fig.* (cock-and-bull) story; fib; rumo(u)r; **~buch** *n* book of fairy-tales; **≈haft** *adj.* fabulous, legendary; *fig.* fictitious; fabulous, magical; **~haftigkeit** *f* (-) fabulousness; fictitiousness; **~welt** *f* (-) world of romance, wonderland.

Marder ['mardər] *zo. m* (-s; -) marten; **~fell** *n*, **~pelz** *m* marten(-skin).

Margarine [marga'ri:nə] *f* (-) margarine.

Marge ['marʒə] *econ. f* (-; -n) margin.

Marginalien [margi'nɑːliən] *f/pl.* marginal notes.

Marien|bild [ma'riːən-] *n* image of the Virgin Mary, Madonna; **~fäden** ['-fɛːdən] *m/pl.* gossamer; **~fest** *n* Lady Day; **~glas** *n* (*-es*) mica; **~käfer** *m* lady-bird, *Am.* ladybug; **~kult** *m* Mariolatry.

Marine [ma'riːnə] *f* (*-; -n*) *econ.* marine; *mil.* navy, naval forces *pl.*; **~akademie** *f* naval academy; *Brit.* Royal Naval College; **~artillerie** *f* coast(al) artillery; **~attaché** *m* naval attaché; **~blau** *n*, **≗blau** *adj.* navy-blue; **~flieger** *m* naval aviator; **~flugzeug** *n* seaplane, naval aircraft; **~infanterie** *f* marines *pl.*; **~ingenieur** *m* naval engineer; **~minister** *m* minister of naval affairs; *Brit.* First Lord of the Admiralty, *Am.* Secretary of the Navy; **~ministerium** *n* ministry of naval affairs; *Brit.* the Admiralty, *Am.* Department of the Navy; **~offizier** *m* naval officer; **~schule** *f* naval college; **~stützpunkt** *m* naval base; **~soldat** *m* marine; **~truppen** *f/pl.* marines; **~werft** *f* naval dockyard.

marinieren [mari'niːrən] *v/t.* (*h.*) pickle, marinade.

Marionette [mario'nɛtə] *f* (*-; -n*) marionette, puppet; **~nregierung** *f* puppet government; **~ntheater** *n* puppet-show.

maritim [mari'tiːm] *adj.* maritime.

Mark[1] [mark] *n* (*-[e]s*) marrow, medulla; *of wood*: pith, *of fruit*: pulp; *fig.* core; *bis ins ~* to the core; *j-m durch ~ und Bein gehen* set a p.'s teeth on edge; *er hat ~ in den Knochen* he has guts.

Mark[2] *f* (*-; -en*) boundary, border-land; *~en pl.* marches; *die ~ Brandenburg* the March of Brandenburg.

Mark[3] *f* (*-*) *coin*: mark; *zehn ~* ten marks.

markant [mar'kant] *adj.* marked; striking; characteristic; salient, prominent; strong-featured (*face*); *~e Gesichtszüge* chiselled features; *mil. ~er Geländepunkt* prominent landmark; *~e Persönlichkeit* man of mark, outstanding personality.

Marke ['markə] *f* (*-; -n*) mark, sign; pass, check; stamp; *for games*: counter, chip; *of police*: badge, shield; (ration) coupon; *auf ~n* couponed, rationed; *ohne ~n* → *≗nfrei*; *tech.* index mark; *econ.* **a)** trade-mark, brand, **b)** make, type, brand, **c)** sort, grade, quality; *esp. of wine*: growth, vintage; *colloq. er ist eine ~* he's a character.

'**Marken...:** **~artikel** *m* proprietary (*or* patent, branded) article; **~butter** *f* standard butter; **≗frei I.** *adj.* non-rationed, coupon-free, off-ration; **II.** *adv.* off the ration; **~name** *m* brand name; **≗pflichtig** *adj.* rationed; **~sammler** *m* stamp collector; **~schutz** *m* protection of trade-marks; **~ware** *f* trade-marked product.

'**mark-erschütternd** *adj.* blood-curdling.

Marketender [markə'tɛndər] *m* (*-s; -*), **~in** *f* (*-; -nen*) canteen-(wo)man; sutler; **Marketende'rei** *f* (*-; -en*) canteen; army stores *pl.*; *Brit.* Navy Army Air Force Institute (*abbr.* NAAFI), *Am.* post exchange (*usu.* PX); **Marke'tenderware** *f* *Brit.* goods *pl.* bought on NAAFI license, *Am.* sales article.

Marketing ['mɑːkitiŋ] *econ.* *n* (*-s*) [marketing.]

'**Mark...:** **~graf** *m* margrave; **~gräfin** *f* margravine.

mar'kier|en *v/t.* (*h.*) mark; brand (*goods, cattle*); indicate (*a. mil.*); designate, earmark; *sports*: mark (*opponent*); *die Bahn ~* flag the course, mark the track; accentuate; sham, simulate, put on (*all a. v/i.*); **≗ung** *f* (*-; -en*) designation, marking(s *pl.*); **≗ungsfähnchen** *n* *sports*: (course) marker.

'**markig** *adj.* marrowy; *fig.* vigorous, pithy (*a. language*).

Markise [mar'kiːzə] *f* (*-; -n*) blind, (window) awning.

'**Markknochen** *m* marrow-bone.

'**Mark...:** **~scheider** ['-ʃaɪdər] *m* (*-s; -*) surveyor of mines; **~stein** *m* boundary-stone; *fig.* landmark, milestone; *ein ~ sein a.* mark an epoch.

Markt [markt] *econ.* *m* (*-[e]s; ⸚e*) market; fair; mart, emporium, trading-cent|re, *Am.* -er; market-place; trade, business; *freier* (*heimischer, schwarzer*) *~* free (home, black) market; *am ~, auf dem ~* in (*or* on) the market; *auf den ~ bringen* (put on the) market.

'**Markt...:** **~abrede** *f* marketing arrangement; **~analyse** *f* market analysis; **~bericht** *m* market report; **≗en** *v/i.* (*h.*) bargain (*um* for), haggle (over); **~entwicklung** *f* trend of the market, market tendency; **≗fähig** *adj.* marketable; **~fähigkeit** *f* (*-*) salability; **~flecken** *m* market-town, borough; **~forscher** *m* market research man; **~forschung** *f* market research; **≗gängig** *adj.* customary in the market; marketable, salable; current (*price*); **~gebiet** *n* territorial market; **≗gerecht** *adj.* in line with real market conditions, real market...; **~halle** *f* market-hall, covered market; **~korb** *m* market-basket; **~kurs** *m* market quotation; **~lage** *f* (*-*) market conditions *pl.*; **~netz** *n* string bag; **~ordnung** *f*: *Europäische ~* European Market Organization; **~platz** *m* market-place; **~preis** *m* market price; current *or* ruling price; **~recht** *n* privilege of holding a market; **~schreier** *m* quack; puffer, booster; **~schreierei** ['-ʃraɪəraɪ] *f* (*-; -en*) quackery; puffing, ballyhoo; **≗schreierisch** *adj.* quackish, charlatan; puffing; *fig.* ostentatious, loud; **~schwankungen** *f/pl.* fluctuations of the market; **~tag** *m* market-day; **~tasche** *f* marketing bag; **~untersuchung** *f* market investigation; **~verband** *m* marketing association; **~weib** *n* market woman; **~wert** *m* market-value, current value; **~wirtschaft** *f* (*-*) marketing; (*freie*) *~* market economy, free enterprise; *gebundene ~* controlled economy.

'**Markung** *f* (*-; -en*) → *Mark*[2].

Marmelade [marmə'lɑːdə] *f* (*-; -n*) jam; marmalade.

Marmor ['marmɔr] *m* (*-s; -e*) marble; **~bild** *n* marble statue; **~bruch** *m* marble quarry.

marmo'rieren [-mo'riːrən] *v/t.* (*h.*) marble; grain; *marmoriert book*: marble-edged; *soap*: mottled.

'**marmorn** *adj.* (of) marble (*a. fig.*).

'**Marmor...:** **~platte** *f* marble slab; **~säule** *f* marble column; **~stein** *m* marble-stone; **~tafel** *f* marble slab.

marode [ma'roːdə] *adj.* tired out, dead-beat; ill.

Maro|d|eur [-ro'døːr] *m* (*-s; -e*) marauder; **≗ieren** *v/i.* (*h.*) maraud, pillage.

Marokkan|er(in *f*) [marɔ'kɑːnər-] *m* (*-s, -; -, -nen*) Moroccan; **≗isch** *adj.* (of) Morocco, Moroccan.

Marone [ma'roːnə] *bot.* *f* (*-; -n*) edible (*or* sweet) chestnut.

Maroquin [marɔ'kɛ̃] *m* (*-s*) morocco.

Marotte [ma'rɔtə] *f* (*-; -n*) caprice, whim, crotchet; hobby, fad.

Marqui|s [mar'kiː] *m* (*-*) marquis, marquess; **~se** [-'kiːzə] *f* (*-; -n*) marchioness.

Mars[1] [mars] *ast., myth.* *m* (*-*) Mars.

Mars[2] *mar.* *m* (*-; -e*) top.

marsch [marʃ] *int.*: *mil. vorwärts, ~!* forward, march!; *~, ~!* double march!, *Am.* on the double; *~! colloq.* hurry up!, let's go!, beat it!; *~ hinaus!* out you go!

Marsch[1] *m* (*-es; ⸚e*) march (*a. mus.*); *sich in ~ setzen* set out, march off; *colloq. j-m den ~ blasen* give a p. a dressing-down (*or* a piece of one's mind).

Marsch[2] [marʃ] *f* (*-; -en*) marsh(y land), fen.

Marschall ['marʃal] *m* (*-s; ⸚e*) marshal; **~stab** *m* (marshal's) baton.

'**Marsch...:** **~befehl** *mil.* marching-order(s *pl.*); *for single soldier*: movement order, *Am.* travel orders *pl.*; *~ haben* be under marching-orders; **≗bereit, ≗fertig** *adj.* ready to move *or* march; **~gepäck** *n* field pack; **~geschwindigkeit** *f* rate of marching; *aer., mar., mot.* cruising-speed; **~gliederung** *f* march formation.

mar'schieren *v/i.* (*sn*) march (*a. ~ lassen*); stride.

'**marschig** *adj.* marshy.

'**Marsch...:** **~kolonne** *f* route column; **~kompanie** *f* trained replacement company; **~kompaß** *m* prismatic compass; **≗krank** *adj.* footsore; **~land** *n* marshy land, fenland; **~lied** *n* marching-song; **~ordnung** *f* order of march; **~pause** *f* halt, rest on the march; **~richtung** *f* direction of march, route; **~tempo** *n* rate of marching; *schnelles ~* quick time; *langsames ~* slow time; **~verpflegung** *f* haversack ration, *Am.* travel ration; **~ziel** *n* march objective.

'**Mars...:** *mar.* **~rahe** *f* topsail yard; **~segel** *n* topsail.

Marstall ['marʃtal] *m* (*-[e]s; ⸚e*) (royal) stables *pl.*

Marter ['martər] *f* (*-; -n*) torment, torture, agony; *fig. a.* ordeal; → *Folter*; **~l** ['-tərl] *n* (*-s; -[n]*) memorial tablet *or* cross; **≗n** *v/t.* (*h.*) torment, torture, (put to the) rack; *fig. sein Gehirn ~* rack one's brains; **~pfahl** *m* stake; **~tod** *m* (-[e]s) death by torture, martyr's death; **~werkzeug** *n* instrument of torture.

martialisch [martsi'a:liʃ] *adj.* martial, warlike.

Martin-ofen ['marti:n-] *metall. m* open-hearth furnace.

'**Martins|fest** *n*, **~tag** *m* Martinmas; **~gans** *f* Martinmas goose.

Märtyrer ['mɛrtyrər] *m* (-s; -), **~in** *f* (-; -*nen*) martyr; *j-n zum ~ machen* make a martyr of a p.; **~tod** *m* (-[e]s) martyr's death; **~tum** *n* (-s) martyrdom.

Marxis|mus [mar'ksismus] *m* (-) Marxism; **~t(in** *f*) *m* (-*en*, -*en*; -, -*nen*), **ﾕtisch** *adj.* Marxian, Marxist.

März [mɛrts] *m* (-[es]; -e): (*Monat*) ~ (month of) March.

Marzipan [martsi'pa:n] *n* (-s; -e) marzipan, marchpane.

Masche ['maʃə] *f* (-; -*n*) mesh; stitch; bow; *colloq. fig.* trick, line, racket; soft thing; *das ist s-e neueste ~* that's his latest; *das ist nicht die ~* it's no good; **~ndraht** *m* (-[e]s) wire netting *or* mesh; screen wire; **ﾕnfest** *adj.* ladder-proof, *Am.* runproof, non-run.

'**maschig** *adj.* meshy, meshed.

Maschine [ma'ʃi:nə] *f* (-; -*n*) machine (*w.s. a.* = airplane, car); engine; appliance; *collect.* **~n** *pl.* machinery equipment; *mit der ~ geschriebener Text* typewritten text, typescript.

maschinell [-ʃi'nɛl] *adj.* mechanical; *~e Bearbeitung* machining.

Ma'schinen...: ~anlage *f* plant, machine unit; **~antrieb** *m* machine drive; *mit ~* machine-driven; **~bau** *m* (-[e]s) machine (*or* engine) building; mechanical engineering; **~bauer** *m* machine-maker; engine builder; mechanical engineer; **~bauschule** *f* engineering school; **~diktat** *n* machine dictation; **~element** *n* machine element; **~fabrik** *f* machine factory, engine works *pl.* (*usu. sg.*); **~garn** *n* machine-spun yarn, twist; **~gewehr** *n* machine-gun; *mit ~ beschießen* machine-gun, *aer.* strafe; **~gewehrgurt** *m* (machine-gun) belt; **~gewehrnest** *n* machine-gun nest; **~gewehrschütze** *m* (machine) gunner; **~gewehrstand** *m* machine-gun emplacement; *aer.* gunner's station; **~haus** *n* power house; **~kunde** *f* (-), **~lehre** *f* (-) engineering; mechanics; **~leistung** *f* mechanical power; output, capacity; **ﾕmäßig** *adj.* mechanical, *w.s.* automatic; **~meister** *m* machinist; *thea.* stage mechanic(ian); *typ.* pressman; **~mensch** *m* robot; **~öl** *n* lubricating oil; **~park** *m* (-[e]s) mechanical equipment; machinery; **~pistole** *f* submachine gun, tommy gun; **~raum** *m*, **~saal** *m* engine-room (*a. mar.*), *typ.* pressroom; **~satz** *m* (-es) *tech.* machine unit; *el.* generator set; *typ.* machine composition; **~schaden** *m* engine trouble *or* failure, breakdown; **~schlosser** *m* engine *or* machine fitter; **ﾕschreiben** *v/i.* (*irr.*, *h.*) type(write); **~schreiben** *n* (-s) typewriting, typing; **~schreiber(in** *f*) *m* typist; **~schrift** *f* typescript; *in ~* typewritten; **~setzer** *m* machine compositor; **~teil** *m* machine member; **~wärter** *m* machine attendant; *Am.* (engine) operator; **~werkstatt** *f* machine shop; **~wesen** *n* (-s) (mechanical) engineering; **~zeitalter** *n* Machine Age.

Maschinerie [maʃinə'ri:] *f* (-; -*n*) machinery.

Maschinist [maʃi'nist] *m* (-*en*; -*en*) machinist, engine-man, *Am.* operator; *rail.* engine-driver, *Am.* engineer; *thea.* stage mechanic(ian).

Maser ['ma:zər] *f* (-; -*n*) spot, speck(le); *in wood*: vein, streak, grain; **~holz** *n* veined wood; **ﾕig** *adj.* veined, speckled, streaked; **ﾕn** *tech. v/t.* (*h.*) vein, grain; *gemasert* → *maserig*.

'**Masern** *med. pl.* measles.

'**Maserung** *f* (-; -*en*) *in wood*: veining, graining.

Maske ['maskə] *f* (-; -*n*) mask (*a. fenc.*, *tech.*, *TV*; *a. person* = masker); *thea.* make-up; *mil.* camouflage, screen; *fig.* mask, guise; *in der ~* (*gen.*) under the guise of; *die ~ fallen lassen* throw off the mask; *j-m die ~ vom Gesicht reißen* unmask a p.

'**Masken...: ~ball** *m* fancy-dress ball, masked ball; **~bildner** *m* *film*: make-up man; **~kleid, ~kostüm** *n* fancy-dress; **~verleiher(in** *f*) *m* costumier, costume rental shop.

Maskerade [maskə'ra:də] *f* (-; -*n*) masquerade, mummery.

mas'kier|en *v/t.* (*h.*) mask, disguise; *tech.* conceal; *mil.* camouflage, screen; *sich ~* put on a mask, disguise o.s., dress o.s. up (*als* as); **ﾕung** *f* (-; -*en*) masking, masquerade; *mil.* camouflage.

Maskotte [mas'kɔtə] *f* (-; -*n*) [mascot.]

Maskulinum ['maskuli:num] *gr. n* (-s; -*na*) masculine (word *or* form).

maß [ma:s] *pret. of messen.*

Maß[1] [ma:s] *n* (-es; -e) measure; measurement; proportion, rate; extent, dimension; size; quantity; volume; gauge, standard; dose; degree; *~e und Gewichte* weights and measures; *fig.* moderation; *zweierlei ~* two standards; *ein hohes ~ von* (*dat.*) a high measure of; *in großem ~e* on a large scale; *in hohem ~e* in a high degree, highly; *in nicht geringem ~* in no small measure; *in vollem ~e* in full measure, fully; *in dem ~e, daß* to such a degree (*or* so far) as to, so that; *in dem ~e wie* in the same measure (*or* proportion) as, (according) as; *mit ~ und Ziel* in reason; *über alle ~en* exceedingly, enormously, excessively, beyond all measure; *nach ~ machen* make to order; *nach ~ angefertigt* made to measure, bespoke, *Am.* custom-made; (*j-m*) *~ nehmen* take (a p.'s) measure (*zu* for), measure (a p.) (for); *das ~ vollmachen* fill the cup to the brim; *das ~ überschreiten* overshoot the mark, go too far; *weder ~ noch Ziel kennen* know no bounds; *das ~ ist voll!* that's the limit (*or* last straw)! *der Mensch ist das Maß aller Dinge* man is the measure of all things; → *ﾕhalten*.

Maß[2] *f* (-; -[e]) quart (*of beer*).

Massage [ma'sa:ʒə] *f* (-; -*n*) massage.

massa|krieren [masa'kri:rən] *v/t.* (*h.*) massacre.

'**Maß...: ~analyse** *chem. f* volumetric analysis; **~anzug** *m* tailor-made suit, *Am.* custom(-made) suit; **~arbeit** *f* a th. made to measure, bespoke work, fine tailoring.

Masse ['masə] *f* (-; -*n*) mass; bulk; substance; *breiige ~* pulp (*a. Papier*ﾕ); paste; lump; batter; *chem.* compound; *el.* earth, *Am.* ground; *an ~ legen* → *erden*; *tech. processing*: stock; quantity, volume; *jur.* estate, assets *pl.*; multitude; mob, horde; *die breiten ~n* the masses; the rank and file (*of a party, etc.*); *in ~n* → *ﾕnweise*; *colloq.* e-e *~* a lot (*or colloq.* lots, heaps) of; *in ~n herstellen* mass-produce.

'**Maß-einheit** *f* measuring unit.

Massel-eisen ['masəl-] *n* pig iron.

'**Massen...: ~absatz** *econ. m* (-es) wholesale (*or* bulk) selling; **~abwurf** *aer. m* salvo bombing; **~andrang** *m* rush, throng(ing crowds); **~angriff** *m* mass(ed) attack; **~anziehung** *phys. f* (-) gravitation; **~arbeitseinstellung** *f* general strike; **~arbeitslosigkeit** *f* mass unemployment; **~artikel** *econ. m* bulk (*or* wholesale) article; **~aufgebot** *n* general levy; **~auflage** *f* mass circulation; **~aussperrung** *f* general lock-out; **~be-einflussung** *f* propaganda; **~beförderung** *f* (-) transport in bulk; **~demonstration** *f* mass demonstration; **~einsatz** *mil. m* commitment of major forces; **~entlassung** *f* mass dismissals; **~erhebung** *f* mass rising, levé-en-masse (*Fr.*); **~erzeugung, ~fabrikation** *f* → *Massenproduktion*; **~flucht** *f* (-) stampede; **~grab** *n* common grave; **~güter** *n/pl.* bulk goods *pl.*; **ﾕhaft** *adj.* numerous, an abundance of, large quantities of, in coarse numbers; **~herstellung** *f* → *Massenproduktion*; **~kundgebung** *f* mass meeting, mass (*or* monster) demonstration; **~medium** *n* mass medium; **~mensch** *m* mass man; **~mord** *m* mass murder; **~produktion** *f* (-) mass production, quantity (*or* duplicate) production; **~psychologie** *f* mass psychology; **~psychose** *f* mass psychosis; **~speisung** *f* mass feeding; **~sterben** *n* (-s) wide-spread dying-off; **~streik** *m* general strike; **~suggestion** *f* mass suggestion; **~trägheit** *phys. f* mass moment of inertia; **~verhaftungen** *f/pl.* wholesale arrests; **~vernichtung** *f* mass destruction; **~versammlung** *f* mass meeting, *Am.* rally; **~verwalter** *jur. m* official receiver; **ﾕweise** *adv.* in masses, in large numbers; in shoals; wholesale; **~zusammenstoß** *m* pile-up.

Masseu|r [ma'sø:r] *m* (-s; -e) masseur; **~se** [-'sø:zə] *f* (-; -*n*) masseuse.

'**Maß...: ~gabe** *f* measure, proportion; *nach ~* (*gen.*) according to, *esp. jur.* under (the terms of), as provided in; *mit der ~, daß* provided, however, that; on the understanding that; *mit den folgenden ~n* subject to the following conditions (*or* modifications); **2gebend, 2geblich** ['-ge:pliç] *adj.* standard (*work, etc.*); authoritative, decisive; competent; relevant, governing (*rule*); influential, leading (*circles*); authentic (*text*); applicable (*für* to); substantial; important; *econ. ~e Beteiligung* controlling interest; *der englische Text ist ~* the English text shall prevail; *das ist nicht ~ für uns* that is no criterion for us; **~genauigkeit** *tech. f* dimensional accuracy; **2gerecht** *adj.* true to size; *~es Modell* accurate-scale model; **2halten** *v/i.* (*irr., h.*) keep within bounds, observe moderation, be moderate; **~haltigkeit** *tech. f* (-) dimensional stability.

mas'sieren *v/t.* (*h.*) massage, knead; *mil.* mass (*troops*), (*a. sich ~*) concentrate.

'massig *adj.* massy, bulky, voluminous; solid.

mäßig ['mɛ:siç] *adj.* moderate (*in dat.* in); frugal; temperate, sober; moderate, reasonable (*price*); mediocre; middling, so-so; poor (*health, performance, etc.*), **~en** ['-gən] *v/t.* (*h.*) moderate; soften (down); mitigate, temper; lessen, abate (*a. econ.*); slacken (*speed*); tone down (*language*); *sich ~* moderate (o.s.), restrain (*or* control, check) o.s.; → *gemäßigt*; **2keit** *f* (-) moderation, frugality; temperance, sobriety; *econ.* reasonableness (*im Preis* of price); mitigation; restraint, self-control.

massiv [ma'si:f] *adj.* solid, massive; *fig.* heavy, powerful; *colloq. ~ werden* cut up rough; **2** *geol. n* (-s; -e) massif; **2gold** *n* solid gold.

'Maß...: ~krug *m* beer mug, *Am.* stein; **~liebchen** *bot. n* ox-eye daisy; **2los I.** *adj.* boundless; immoderate (*character*); excessive; extravagant; **II.** *adv.* beyond all bounds; immoderately; exceedingly; terribly, awfully; **~losigkeit** *f* (-; *-en*) boundlessness; immoderateness; excess; extravagance; **~nahme** ['-na:mə] *f* (-; *-n*), **~regel** *f* measure, step, action, arrangement, move; provision; *~n ergreifen or treffen* take measures *or* steps *or* action (*gegen* against); **2regeln** *v/t.* (*h.*) reprimand, take to task; discipline; *sports*: penalize; **~regelung** *f* reprimand; disciplinary punishment; *sports*: penalty; **~schneider** *m* bespoke tailor, *Am.* custom tailor; **~schneide'rei** *f* bespoke tailoring, *Am.* custom by tailor; fine tailoring shop; **~schuhe** *m/pl.* shoes made to measure, *Am.* custom-made shoes; **~stab** *m* measure, rule(r); *fig.* yardstick, standard, gauge; *of maps, etc.*: scale; *fig. in kleinem (großem, großartigem) ~* on a small (large, grand) scale; *verkleinerter ~* reduced scale; *e-n ~ abgeben für (acc.)* set the standard for; *e-n (anderen) ~ anlegen an (acc.)* apply a (different) standard to; **2stabgerecht** *adj.* true to scale; **2voll** *adj.* moderate, temperate; discreet; **~werk** *arch. n* (-[e]s) tracery; **~zeichnung** *f* dimensional drawing.

Mast[1] [mast] *m* (*-es; -en*) *mar.* (*a.* **~baum** *m*) mast; pole; mast, pylon.

Mast[2] [mast] *agr. f* (-; *-en*) fattening; mast, feed.

'Mastdarm *anat. m* rectum.

mästen ['mɛstən] *v/t.* (*h.*) fatten, feed; stuff (*goose*); flush (*sheep*); *sich ~* grow fat, batten (*an dat.* on), overfeed.

'Mast...: ~futter *n* food for fattening, mast; **~hühnchen** *n* fattened chicken.

Mastix ['mastiks] *m* (-[es]) mastic.

'Mastkorb *mar. m* crow's nest.

'Mast...: ~ochse *m* fattened ox; **~schwein** *n* fattened pig.

'Mästung *f* (-; *-en*) fattening.

'Mastvieh *n* fattened cattle.

Masurka [ma'zurka] *f* (-; *-s*) mazurka.

Matador [mata'do:r] *m* (*-s; -e*) matador.

Matchball ['mɛtʃ-] *m tennis*: match point.

Mater ['ma:tɛr] *typ. f* (-; *-n*) matrix.

Material [materi'a:l] *n* (*-s; -ien*) material; substance, stuff; stock-in-trade, *mil.* matériel; *tech. processing*: stock; equipment; stock, stores *pl.*; *rollendes ~* rolling-stock; *fig.* material, information, data; evidence; **~ermüdung** *f* material fatigue; **~fehler** *m* defect of material; fault (*or* flaw) in the material; **~ien** *pl.* materials.

materia|li'sieren *v/t.* (*h.*) materialize; **2'lismus** [-ria'lismus] *m* (-) materialism; **2'list** *m* (*-en; -en*) materialist; **~'listisch** *adj.* materialistic(ally *adv.*).

Materi'al...: ~kosten *pl.* cost(s) of material; **~prüfung** *f* testing of materials; **~sammelstelle** *f* salvage dump; **~schaden** *m* damage in material; **~schlacht** *mil. f* battle of material; **~waren** *f/pl.* groceries, *Am.* drugs; **~warenhändler** *m* grocer; dry-salter.

Materie [ma'te:riə] *f* (-; *-n*) matter (*a. med.* = pus; *a. fig.* = subject), stuff.

materiell [-teri'ɛl] **I.** *adj.* material; *phls.* intrinsic; pecuniary, financial; *jur. ~es Recht* substantive law; *~er Mensch* materialist; **II.** *adv.* in fact.

Mathematik [matema'ti:k] *f* (-) mathematics *sg.*, math; *reine (angewandte) ~* pure (applied) mathematics.

Matinee [mati'ne:] *f* (-; *-n*) **1.** peignoir (*Fr.*); **2.** *thea.* matinée.

Matjeshering ['matjəs-] *m* white herring, matie.

Matratze [ma'tratsə] *f* (-; *-n*) mattress; **~nschoner** *m* spring cover.

Mätresse [mɛ'trɛsə] *f* (-; *-n*) mistress, kept woman.

Matrikel [ma'tri:kəl] *f* (-; *-n*) register, roll.

Matrize [ma'tri:tsə] *tech. f* (-; *-n*) matrix, (lower) die; mo(u)ld; stencil; *auf ~ schreiben* stencil.

Matrone [ma'tro:nə] *f* (-; *-n*) matron; **2nhaft** *adj.* matronly.

Matrose [ma'tro:zə] *m* (*-n; -n*) sailor, seaman; *mil.* ordinary rating, *Am.* seaman recruit.

Ma'trosen...: ~anzug *m* sailor suit; **~jacke** *f* pea-jacket; **~kragen** *m* sailor-collar; **~lied** *n* sailor's song.

Matsch[1] [matʃ] *m* (*-es*) pulp, squash; mud, slush, sludge.

Matsch[2] *m* (*-es; -e*), **2** *adj. game*: capot; *~ machen* capot, sweep the board.

'matschig *adj.* squashy, pulpy; slushy, muddy.

'Matsch- und 'Schneereifen *mot. m* mud and snow tyre (*Am.* tire).

matt [mat] *adj.* lustreless, (*a. phot.*) mat(t); dull; dim, dull (*eyes*); dim, subdued (*light*); tarnished (*metal*); dead, dull (*gold*); frosted (*silver*); *~ geschliffenes Glas* ground (*or* frosted) glass; *el.* non-glare (*bulb*); faint, feeble, weak; exhausted, jaded; limp, flabby; faint (*voice*); spent (*bullet*); *econ.* dull, lifeless, slack (*market, etc.*); *chess*: mate; *j-n ~ setzen* checkmate a p.; flat, dull; pointless, stale (*joke*); **~blau** *adj.* pale-blue.

Matte ['matə] *f* (-; *-n*) **1.** meadow; pasture; **2.** mat; door-mat; *wrestling*: *zur ~!* on the mat!

'Matt...: ~eisen *n* white pig iron; **~farbe** *f* mat(t) (*or* deadening) colo(u)r; **2geschliffen** *adj.* ground, frosted; **~glanz** *m* dull finish; **~glas** *n* ground (*or* frosted) glass; **~gold** *n* dead gold.

Matthäus [ma'tɛ:us] *m* (*-thäi*) Matthew; *colloq. mit ihm ist's Matthäi am letzten* it's all over with him; **~evangelium** *n* (*-s*) Gospel according to St. Matthew.

'Mattheit *f* (-) dimness, dul(l)ness; tiredness, lassitude; faintness; *econ.* lifelessness, dul(l)ness.

mat'tieren *tech. v/t.* (*h.*) dull, deaden, give a mat finish to; frost (*glass*); tarnish (*metal*).

'Mattigkeit *f* (-) exhaustion, feebleness, lassitude; faintness.

'Matt...: ~scheibe *phot. f* focus(s)ing screen, ground glass screen; *fig.* haze, fuddle; *colloq.* blackout; **2schleifen** *tech. v/t.* (*irr., h.*) grind, frost; **~setzen** *n* (*-s*) *chess*: checkmating; **~vergoldung** *f* dead-gilding; *in ~* dead-gilt.

Maturitäts... [maturi'tɛ:ts-]: *in compounds* → *Abiturienten..., Reife...*

Matz [mats] *m* (*-es; -e*) → *Piepmatz.*

Mätzchen ['mɛtsçən] *colloq. n* (*-s;* -) tricks, antics, pranks *pl.*; frills, gadgets *pl.*; *~ machen* play tricks, make trouble; *keine ~!* none of your tricks!

Mauer ['maʊər] *f* (-; *-n*) wall; **~absatz** *m* (*-es;* ⸚*e*) offset; **~anschlag** *m* poster; **~blümchen** *n* wallflower (*a. fig.*); **~brüstung** *f* cornice; **~kalk** *m* mortar; **~kranz** *m*, **~krone** *f* mural crown; **2n I.** *v/i.* (*h.*) make a wall, lay bricks; *sports*: stone-wall; *cards*: risk nothing; **II.** *v/t.* (*h.*) build (in stone *or* brick); **~pfeffer** *m* stone-crop; **~schwalbe** *f* black martin, swift; **~stein** *m* (building) brick; **~werk** *n* masonry, brickwork.

Mauke ['maʊkə] *f* (-) *vet.* malanders *pl.*, scurf.

Maul [maʊl] *n* (-[e]s; ⸚*er*) mouth, → *Mund*; jaws *pl.*; muzzle, snout; *vulg. of persons*: snout, *sl.* potato-

-trap; ~ *und Nase aufsperren* stand gaping, be flabbergasted; *ein böses* (*or loses*) ~ *haben* have a malicious (*or* loose) tongue; *das* ~ *halten* hold one's tongue; keep mum (*über acc.* about); *halt's* ~! shut up!; *nicht aufs* ~ *gefallen sein* always have a ready answer, have the gift of the gab; *j-m übers* ~ *fahren* cut a p. short; **~affe** *colloq. m* jackanapes *sg.*, booby; **~n** *feilhalten* stand gaping (about), lounge about; **~beerbaum** *m* mulberry-tree.

Mäulchen ['mɔʏlçən] *n* (-*s*; -) little mouth; *colloq.* kiss; *ein* ~ *machen* pout; sulk.

'**maulen** *v/i.* (*h.*) pout (one's lips); be sulky; grumble.

'**Maul...**: **~esel(in** *f*) *m* (*f* she-)mule, hinny; **~eseltreiber** *m* mule-driver, muleteer; **⁀faul** *adj.* too lazy to talk, taciturn; **~e** *Person sl.* oyster, *Am.* clam; *er ist wirklich* ~ he hasn't a word to throw at a dog; **~fäule** *vet. f* flaps *pl.*; **~held** *m* braggart; **~korb** *m* muzzle; **~schelle** *f* slap in the face; **~schlüssel** *tech. m* open-ended spanner; **~sperre** *f* lockjaw; **~tier** *n* mule; **~trommel** *f* Jew's harp; **~- und Klauenseuche** *f* foot-and-mouth disease; **~werk** *colloq. n* (-[*e*]*s*) (*gutes* ~ gift of the) gab; **~wurf** *m* (-[*e*]*s*; ¨*e*) mole; **~wurfsgrille** *f* mole cricket; **~wurfshügel** *m* mole-hill.

Maure ['maurə] *m* (-*n*; -*n*) Moor.

Maurer ['maurər] *m* (-*s*; -) bricklayer, mason; **~arbeit** *f* bricklaying; brickwork; **~geselle** *m* journeyman mason; **~handwerk** *n* (-[*e*]*s*) masonry, bricklaying; **~kelle** *f* trowel; **~meister** *m* master mason; **~polier** *m* foreman bricklayer.

'**maurisch** *adj.* Moorish.

Maus [maus] *f* (-; ¨*e*) mouse; *anat.* thenar.

mauscheln ['mauʃəln] *v/i.* (*h.*) talk Yiddish; *w.s.* jabber.

Mäus-chen ['mɔʏsçən] *n* (-*s*; -) little mouse, mousie; *fig.* darling, pet, *Am.* honey; *anat.* funny-bone; **⁀still** *adj.* (as) quiet as a mouse, stockstill.

Mäuse ['mɔʏzə] *pl. of Maus*: mice; **~bussard** *m* common buzzard; **~falle** *f* mouse-trap; *fig.* death-trap; **~gift** *n* ratsbane; **~loch** *n* mouse-hole.

mausen ['mauzən] **I.** *v/i.* (*h.*) catch mice; **II.** *v/t.* (*h.*) filch, swipe.

Mauser ['mauzər] *f* (-) moult(ing); *in der* ~ *sein* be moulting; **⁀n** *v/i.* (*h.*) *and sich* ~ moult.

'**mausetot** *adj.* stone-dead, quite dead; (as) dead as mutton.

'**mausgrau** *adj.* mouse-grey.

'**mausig** *adj.*: *sich* ~ *machen* give o.s. airs, be uppish (*or Am.* snooty).

'**Mausloch** *n* mouse-hole.

Maximal... [maksi'ma:l] *in compounds* maximum, maximal, → *höchst...*; **~betrag** *m* maximum (amount), *econ.* limit.

Maxime [-'ksi:mə] *f* (-; -*n*) maxim.

Maximum ['-ksimum] *n* (-*s*; -*ma*) maximum; *of curve*: peak; **~thermometer** *n* maximum thermometer.

Mazedon|ien [matse'do:niən] *n* (-*s*) Macedonia; **~ier(in** *f*) *m* (-*s*, -; -, -*nen*), **⁀isch** *adj.* Macedonian.

Mayonnaise [majɔ'nε:zə] *f* (-; -*n*) mayonnaise.

Mäzen [mε'tse:n] *m* (-*s*; -*e*) Maecenas; patron.

Mechan|ik [me'ça:nik] *f* (-) *phys.* mechanics *sg.*; *tech.* (*pl.* -*en*) mechanism; **~iker** *m* (-*s*; -) mechanic(ian); **⁀isch** *adj.* mechanical, automatic (*both a. fig.*); *tech.* ~*e Bewegung* mechanically operated movement; ~*e Presse* power press; ~*er Webstuhl* power loom; ~*e Werkstatt* engineering workshop.

mechani'sier|en *v/t.* (*h.*) mechanize; **⁀ung** *f* (-; -*en*) mechanization.

Mechanismus [-ça'nismus] *m* (-; -*men*) mechanism, *esp. of watch*: *a.* works *pl.*

mecha'nistisch *adj.* mechanistic; ~*e Weltanschauung* mechanism.

Mecker|er ['mεkərər] *m* (-*s*; -) grumbler, grouser, *Am.* griper; **⁀n** *v/i.* (*h.*) bleat; *fig.* grumble, carp (*über acc.* at), grouse, *Am.* gripe, crab.

Medaille [me'daljə] *f* (-; -*n*) medal; → *Kehrseite*; **~nträger(in** *f*) *m sports*: medallist, medal-winner.

Medaillon [medal'jõ] *n* (-*s*; -*s*) medaillon; locket.

Medikament [medika'mεnt] *n* (-[*e*]*s*; -*e*) medicament, medicine; drug.

Medikus ['me:dikus] *m* (-; -*dizi*) medical man.

mediterran [medite'ra:n] *adj.* mediterranean.

Medium ['me:dium] *n* (-*s*; -*ien*) medium.

Medizin [medi'tsi:n] *f* (-) medicine; *Doktor der* ~ doctor of medicine (*abbr.* M.D.).

Medizinal|behörde [meditsi'na:l-] *f* Board of Health; **~rat** *m* (-[*e*]*s*; ¨*e*) public health officer; **~waren** *f/pl.* (medicinal) drugs.

Medi'zin...: **~ball** *m* medicine ball; **~er** *m* (-*s*; -) medical student; medical man, physician; **~flasche** *f* medicine-bottle; phial.

mediziniert [-tsi'ni:rt] *pharm. adj.* medicated.

medi'zinisch *adj.* medical; medicinal; medicated (*soap, etc.*).

Medi'zinmann *m* (-[*e*]*s*; ¨*er*) medicine-man.

Meer [me:r] *n* (-[*e*]*s*; -*e*) sea, ocean; *fig. ein* ~ *von* a sea of; *das offene* ~ the main, the high seas *pl.*; *am* ~(*e*) on the seashore, at the seaside, maritime; *auf dem* ~(*e*) at sea, on the high seas; *jenseits des* ~*es* oversea, transmarine; '**~busen** *m* gulf, bay; '**~enge** *f* strait(s *pl.*), channel.

'**Meeres...**: **~arm** *m* arm (*or* branch, inlet) of the sea; **~boden** *m* sea-bottom; **~brandung** *f* surf, breakers *pl.*; **~grund** *m* sea-bottom; **~höhe** *f* (height above) sea-level; *umgerechnet auf* ~ corrected to sea-level; **~kunde** *f* (-) oceanography; **~küste** *f* sea-coast, shore; **~leuchten** *n* phosphorescence of the sea; **~spiegel** *m* (-*s*) (*über dem* ~ above) sea-level; **~stille** *f* calm (at sea); **~strand** *m* sea-shore, beach; **~strömung** *f* ocean-current, *mar.* drift; **~ufer** *n* sea-shore, beach.

'**Meer...**: **~gott** *m* sea-god, Neptune; **⁀grün** *adj.* sea-green; **~jungfer** *f* mermaid; **~katze** *zo. f* long-tailed (*or* green) monkey; **~rettich** *bot. m* horse-radish; **~salz** *n* sea salt; **~schaum** *m* (-[*e*]*s*) sea froth; *min.* meerschaum; **~schaumpfeife** *f* meerschaum (pipe); **~schwein** *zo. n* porpoise, sea-hog; **~schweinchen** ['-ʃvaınçən] *zo. n* (-*s*; -) guinea-pig; **⁀umschlungen** ['-umʃluŋən] *adj.* sea-girt; **~ungeheuer** *n* sea-monster; **⁀wärts** ['-vεrts] *adj.* seawards; **~wasser** *n* (-*s*) sea-water; **~weib** *n* mermaid.

Megahertz ['mega-] *n* megacycles per second (*abbr.* Mc/s).

Megalozephalie [megalotsefa'li:] *f* (-) megalocephalia.

Megaphon [-'fo:n] *n* (-*s*; -*e*) megaphone.

Megäre [me'gε:rə] *f* (-; -*n*) *myth.* Megaera, Fury; *fig.* fury, vixen, termagant.

'**Megatonne** *f* megaton.

'**Megavolt** *el. n* megavolt.

Mehl [me:l] *n* (-[*e*]*s*; -*e*) flour; **meal**; dust, powder; '**~brei** *m* (meal-)pap; '**⁀ig** *adj.* floury, mealy, farinaceous; '**~käfer** *m* meal-beetle; '**~kleister** *tech. m* paste; '**~kloß** *m* (plain) dumpling; '**~sack** *m* flour-bag; '**~sieb** *n* bolter; '**~speise** *f* farinaceous food; *süße* ~ sweet dish, pudding; '**~suppe** *f* gruel; '**~wurm** *m* mildew, blight; '**~zucker** *m* ground sugar.

mehr [me:r] *adv.* more (*als* than), *with figures a.* over, upwards of, → *über*; ~ *als* **a)** in excess of, exceeding, **b)** rather than; ~ *als genug* more than enough, enough and to spare; *Jugendliche im Alter von 14 Jahren und* ~ adolescents of the age of 14 plus; *nicht* ~ no more, *as to time usu.* no (*or* not any) longer; *nicht* ~ *lange* not much longer; *und dergleichen* ~ and the like; *und andere* ~ and some others; ~ *und* ~ more and more, increasingly; *immer noch* ~ still more and more; ~ *oder weniger* more or less; *nicht* ~, *nicht minder* neither more nor less; *um so* ~ so much the more; *um so* ~ *als* all the more than; ~ *denn je* more than ever; *ich habe niemand* (*nichts*) ~ I have no one (nothing) left; *du bist kein Kind* ~ you are no longer a child; *er ist* ~ *ein Techniker* he is more of an engineer; *ich kann nicht* ~ I am all in, *w.s.* I am at the end of my tether; *kein Wort* ~ (*davon*) I won't hear another word about it; *was will er* ~? what more does he want?, what else did he expect?; **Mehr** *n* (-[*s*]) majority; increase; surplus, excess.

'**Mehr...**: **~achsantrieb** *m* multiple-axle drive; **~arbeit** *f* added (*or* extra) work; *in plant*: surplus work, overtime; **~aufwand** *m*, **~ausgaben** *f/pl.* additional expenditure; **⁀bändig** ['-bεndiç] *adj.* in several volumes; **⁀basisch** *chem. adj.* polybasic; **~bedarf** *m* excess demand, additional requirements *pl.*; **~belastung** *f* increased (*or* extra) load; overload; **~bestand** *m* surplus stock; **~betrag** *m* surplus; extra charge; **⁀deutig** ['-dɔʏtiç] *adj.* ambiguous; ~**deutigkeit** *f* (-; -*en*) ambiguity; ~**einkommen** *n* excess of income; ~**einnahme**(*n pl.*) *f* additional receipts *pl.*

'**mehren** *v/t.* (*h.*) *and sich* ~ increase, multiply, augment; *sich* ~ *a.* propagate, grow.

'**mehrere** *adj. and indef. pron.* several, some, a few; divers, sundry; ~*s n* various things *or* matters, sundries *pl.*

mehrerlei ['-ərlaɪ] *adj.* various kinds of, various, divers, sundry.

'**Mehr...:** ~**erlös** *m* over-proceeds *pl.*; ~**ertrag** *m* increment, surplus; ~**ertragssteuer** *f* increased profits tax; ≗**fach** ['-fax] **I.** *adj.* manifold, repeated; (*a. tech.*) multiple, *el.* multiplex; **II.** *adv.* repeatedly, several times; ~**fache**(*s*) *n* (-*n*) multiple; ~**fachkabel** *n* multi-conductor cable; ~**fachkondensator** *el. m* multiple unit capacitor; ~**fachschalter** *el. m* gang(ed) switch; ~**fachschaltung** *el. f* multiple connection; ~**fachstecker** *m* multiple plug; ~**farbendruck** *m* (-[e]*s*; -e) multicolo(u)r print(ing); ≗**farbig** *adj.* polychromatic; ~**ganggetriebe** *mot. n* multiple-speed gear; ≗**gängig** *tech. adj.*: ~*es Gewinde* multiple thread; ~*e Schraube* multiple thread screw; *el.* ~*e Wellenwicklung* multiplex winding; ~**gebot** *n* higher bid; ~**gepäck** *n* excess luggage; ~**gewicht** *n* overweight; ~**gitterröhre** *el. f* multigrid valve; ≗**gleisig** *adj.* multiple-tracked; ~**heit** *f* (-; -*en*) plurality, majority; *parl. mit einfacher* (*knapper, großer*) ~ by a simple (bare, vast) majority; *mit zehn Stimmen* ~ by a majority of ten; ~**heitsbeschluß** *m*, ~**heitsentscheidung** *f* majority vote; *durch* ~ by a majority of votes, *Am.* by a plurality; ~**heitswahlrecht** *n* majority voting; ≗**jährig** *adj.* several years old; of several years, *esp. bot.* perennial; ~**kampf** *m sports*: all-round competition; ~**kosten** *pl.* additional expense *sg.*, added costs; extra charges; ~**kreisempfänger** *m radio*: multi-circuit receiver; ~**ladegewehr** *n*, ~**lader** ['-la:dər] *m* (-*s*; -) repeater gun, magazine rifle; ~**leistung** *f* increased performance, *tech. a.* increased efficiency *or* output; *insurance*: extended benefits *pl.*; ~**leiterkabel** *el. n* multiple-core cable; ~**lieferung** *econ. f* delivery of a higher quantity; ≗**malig** ['-ma:liç] *adj.* repeated; ≗**mals** ['-ma:ls] *adv.* several times, repeatedly; ≗**motorig** *adj.* multi-engined; ~**parteiensystem** *n* multi-party system; ~**phasenstrom** *m* polyphase current; ≗**polig** *el. adj.* multipolar; ~**porto** *n* additional postage; ~**preis** *m* surplus price; extra charge; ≗**seitig** *adj.* polygonal; *pol.* multilateral, multipartite (*treaty*); ≗**silbig** *adj.* polysyllabic; ~**sitzer** *aer. m* (-*s*; -) multiseater; ≗**sprachig** *adj.* polyglot; in two or more languages; ≗**stellig** *adj. number*: with more than one digit; ≗**stimmig** *adj.* (arranged) for several voices, concerted; ~*er Gesang* part-song; ≗**stöckig** *adj.* multi-story; ≗**stufig** *adj.* multi-stage; ≗**stündig** ['-ʃtyndiç], (≗**tägig**) *adj.* of several hours' (days') duration; ≗**teilig** *adj.* consisting of several parts, *tech. a.* multisectional; ~**ung** *f* (-; -*en*) increase, multiplication; propagation; ~**verbrauch** *m* excess consumption; ~**wert** *m* (-[e]*s*) surplus value; increment value; ~**wertsteuer** *f* added value tax; ≗**wertig** *chem. adj.* polyvalent; ~**zahl** *f gr.* plural (number); greater part, majority; *die überwiegende* ~ *von* the great majority of; the bulk of, most of; ~**zweck...** *in compounds* general-purpose ..., multipurpose ..., general-utility ...

meiden ['maɪdən] *v/t.* (*irr.*, *h.*) avoid, shun, keep clear of.

Meierei [maɪə'raɪ] *f* (-; -*en*) (dairy-) farm.

Meile ['maɪlə] *f* (-; -*n*) mile; *englische* ~ British (*or* statute) mile; → *See*≗; (*zurückgelegte*) ~*n* mileage; ~**nstein** *m* milestone; ≗**nweit** *adj. and adv.* (extending) for miles, miles and miles of, very far (away); ~ *auseinander* miles apart; *fig. j-m* ~ *überlegen* heads and shoulders above *a p.*; ~**nzahl** *f* mileage.

Meiler ['maɪlər] *m* (-*s*; -) charcoal-kiln *or* -pile; → *Atom*≗; ~**kohle** *f* charcoal.

mein [maɪn] **I.** *poet.* = ~*er* (*gen. of ich*): *gedenke* ~ remember me; **II.** *adj. and pron. poss.* my; ~*e Damen und Herren!* Ladies and Gentlemen!; *es ist* ~ it is mine (*or* belongs to me); ~*er m*, ~*e f*, ~*es n with art. der (die, das)* ~(*ig*)*e* mine; *die* ≗(*ig*)*en pl.* my family, my people; *seine Arbeit und (die)* ~*e* his works and mine; *ich habe das* ~*e getan* I have done all I can (*or* my bit, my best); ≗ *n* (-*en*; -*en*): *das* ~ *und Dein* mine and thine.

Meineid ['maɪnˀaɪt] *m* (-[e]*s*; -e) perjury; ≗**ig** ['-ˀaɪdiç] *adj.* perjured; ~ *werden* perjure (*or* forswear) o.s., *jur.* commit perjury; ~**ige**(*r m*) ['-ˀaɪdigə(r)] *f* (-*n*, -*n*; -*n*, -*n*) perjurer.

meinen ['maɪnən] *v/t. and v/i.* (*h.*) think, believe, be of (the) opinion, *Am. a.* reckon, guess; suppose; say; assert; suggest; mean (to say); mean, intend, have in view; ~ *Sie?* do you think so?; *wie* ~ *Sie das?* what do you mean by that?; *das will ich* ~! I should think so!; *wie* ~ *Sie?* I beg your pardon?; *was* ~ *Sie dazu?* what do you say to (*or* think of) that?; ~ *Sie das ernst?* do you (really) mean it?; *wie du meinst!* if you say so!, as you like!; *damit sind wir gemeint* that's meant for us; *er meinte ihn* he was speaking of him; *man sollte* ~ one would think; *er meint es gut* he means well; *er hat's nicht böse gemeint* he meant no harm; *so war es nicht gemeint* I didn't mean it that way.

'**meiner** → *mein*; ~**seits** ['-zaɪts] *adv.* for (*or* on) my part, as far as I am concerned; *ich* ~ I for one.

meines|gleichen ['-əs'glaɪçən] *pron.* people like me, the like(s) of me, my equals, such as I; ~**teils** *adv.* on my part.

meinet|halben ['-ət'halbən], ~'**wegen**, (**um**) ~'**willen** *adv.* for my sake; on my behalf; because of me, on my account; for all I care; I don't mind (*or* care)!, as you like!

meinige ['-igə] → *mein.*

'**Meinung** *f* (-; -*en*) opinion (*über acc., von* about, of), view, idea (of); judg(e)ment; belief; meaning; *die öffentliche* ~ (the) public opinion, *Brit. a.* Mrs. Grundy; *vorgefaßte* ~ prejudice, preconceived idea; *meiner* ~ *nach* in my opinion, to my mind, as I see it; *der* ~ *sein, daß* be of opinion that, hold that; *anderer* ~ *sein als j-d* disagree with a p. (*über acc.* about); *ich bin leider anderer* ~! I beg to differ!; *derselben* ~ *sein wie j-d* agree (*or* see eye to eye) with a p., share a p.'s opinion; *geteilter* ~ *sein* be in two minds (*über acc.* as to, on); *eine gute* (*or hohe*) ~ *haben von* (*dat.*) have a high opinion of, think highly of; *seine* ~ *ändern* revise one's opinion (*über acc.* of), change one's mind (about); *j-m* (*gehörig*) *die* ~ *sagen* give a p. a piece of one's mind, tell a p. a thing or two.

'**Meinungs...:** ~**äußerung** *f* expression of (one's) opinion, statement; ~**austausch** *m* exchange of views (*über acc.* on); ~**befragung**, ~**forschung** *f* opinion-poll(ing), opinion research (poll), demoscopy; ~**forscher** *m* interrogator, *Am.* pollster; ~**forschungsinstitut** *n* polling institute; ~**umfrage** *f* opinion research poll; ~**verschiedenheit** *f* difference (of opinion), disparity of views; disagreement, argument (*über acc.* about).

Meise ['maɪzə] *orn. f* (-; -*n*) titmouse (*pl.* titmice).

Meißel ['maɪsəl] *m* (-*s*; -) chisel; ≗**n** *v/t. and v/i.* (*h.*) chisel; carve.

meist [maɪst] **I.** *adj.* most (of); greatest; *die* ~*en Leute* most (*or* the majority of) people; *s-e* ~*e Zeit* most of his time; *die* ~*en pl.* most people, the greater number, the (great) majority; *die* ~*en von uns* most of us; *das* ~*e* the greater (*or* best) part, most (*or* the bulk) of it; **II.** *adv.*: *am* ~*en* most (of all); *am* ~*en bekannt* best known; ~(*ens*), ~*enteils* mostly, in most cases, for the most part, usually, generally, as a rule.

'**Meist...:** ≗**begünstigt** *adj.* most-favo(u)red; ~**begünstigung** *f customs*: preference; most-favo(u)red nation treatment; ~**begünstigungs...** preferential; most-favo(u)red nation *clause, etc.*; ≗**bietend** **I.** *adj.* bidding highest, offering most; **II.** *adv.*: ~ (*or an den* ≗*en*) *verkaufen* sell to the highest bidder; sell by auction.

meisten|s, ~**teils** *adv.* → *meist* II.

Meister ['maɪstər] *m* (-*s*; -) master; (*craftsman*) registered master (*usu. in compounds, e.g. Bäcker*≗ master baker), boss; *in plant*: foreman; *sports*: champion; *ein wahrer* ~ a past-master (*in dat.* in); *ein* ~ *im Schachspiel* a first-class chess-player; *freemasonry*: ~ *vom Stuhl* Master of the Lodge; *fig.* ~ *werden* (*gen.*) master *a th.*; *s-n* ~ *finden* meet one's match; *Übung macht* *den* ~ practice makes perfect; → *Himmel*; **~fahrer** *mot. m* crack driver; **2haft I.** *adj.* masterly, accomplished; **II.** *adv.* in a masterly manner, in perfect style, brilliantly; **~hand** *f* master-hand; **~in** *f* (-; -*nen*) mistress, master's wife; *sports*: woman champion, championess; **2lich** *adj.* → *meisterhaft*; **2n** *v/t.* (*h.*) master (*a. fig. language, rage, etc.*); *j-n a.* get the better of *a p.*; surpass, outdo; control, meet (*difficult situation*); **~prüfung** *f* examination for the title of master; **~schaft** *f* (-; -*en*) mastery, mastership; masterly skill; *sports*: championship, title, crown; *~en pl.* championships, championship competition; e-e ~ *erringen* win a championship, gain a title, become a champion; **~schafts-anwärter** *m* aspirant to the title; **~schaftsspiel** *n* championship match; **~schuß** *m* best (*or* excellent) shot; **~schütze** *m* crack shot; champion shot; **~schwimmer** *m* top-flight swimmer; **~singer** *m* (-*s*; -) mastersinger; **~stück**, **~werk** *n* master-piece; **~titel** *m*, **~würde** *f* mastership; *sports*: → *Meisterschaft*.

'**Meist...**: **~gebot** *n* highest bid, best offer; **2gekauft**, **2verkauft** *econ. adj.* best-selling; **2gelesen** *adj.* most read; most widely circulated.

Melancholie [melaŋko'li:] *f* (-; -*n*) melancholy; **Melancholiker(in** *f*) [-'ko:likər-] *m* (-*s*, -; -, -*nen*) hypochondriac, melancholy person; **melan'cholisch** *adj.* melancholy, gloomy.

Melange [me'lã:ʒə] *f* (-; -*n*) mixture, blend.

Melasse [me'lasə] *f* (-; -*n*) molasses *pl.*, treacle.

Melde|amt ['mɛldə-], **~büro** *n* registration office; *teleph.* record section; **~dienst** *aer. m* warning service; **~fahrer** *mil. m* dispatch rider; **~gänger** ['-gɛŋər] *mil. m* (-*s*; -) (dispatch) runner, messenger; **~hund** *mil. m* messenger dog; **~kopf** *mil. m* (advance) message cent|re, *Am.* -er; **~liste** *f* *sports*: list of entries.

'**melden** *v/t. and v/i.* (*h.*): *j-m et.* ~ inform (*or* advise) a p. of a th.; *adm.* notify (*or* report) a th. to a p.; announce (*dat.* to); report (to *the police, etc.*); tell, state; *newspaper*: report; *cards*: call; *sports*: (*v/i. and sich* ~) enter (*zu* for); *tech.* signal; *er ließ ihm* ~, *daß* he sent him word that; *sich* ~ announce o.s. (*bei* to), present o.s. (at), *adm.* report (to; *zur Arbeit*: for work); register (*bei* with *the police, etc.*); *am Telephon*: answer *the telephone*; *econ. creditor*: come forward; *fig.* make itself felt; *age*: be telling (*bei j-m* on); *winter, etc.*: set in; *stomach*: demand food, be rattling; *sich auf ein Inserat* ~ answer an ad(vertisement); *mil. sich krank* ~ report sick, go on sick-call; *sich zu or für et.* ~ apply for, volunteer for, *mil.* enlist with; *zum Examen*: enter (one's name) for *an examination*; *sich zum Wort* ~ ask leave to speak, *ped., etc.*: put one's hand up; *sich* ~ *lassen* send in one's name; *er wird sich schon* ~ he will make himself heard.

'**Melde...**: **~pflicht** *f* (-) duty of reporting (o.s.); duty of registration; **2pflichtig** *adj.* notifiable, subject to registration; **~quadrat** *n* *map*: reference square; **~r** *mil. m* (-*s*; -) → *Meldefahrer*, *-gänger*, *-reiter*; **~reiter** *mil. m* mounted messenger; **~schluß** *m* (-*sses*) *sports*: closing date for entries; **~stelle** *f* registration office, control office; *mil.* local reporting office; **~tasche** *f* dispatch case; **~zettel** *m* registration-form.

'**Meldung** *f* (-; -*en*) information, advice; announcement, notification, notice; (*telegraphic, etc.*) message; report; return; (*newspaper, etc.*) report, news *sg.*; *adm.* registration; application; *sports*: entry; ~ *machen* (*von*) → *melden*.

melier|en [me'li:rən] *v/t.* (*h.*) mix, mottle, blend; **2papier** *n* mottled paper.

Melioration [melioratsi'o:n] *f* (-; -*en*) (a)melioration; (*agr.* soil) improvement.

Melisse [me'lisə] *bot. f* (-; -*n*) balm (-mint); **~ngeist** *m* (-*es*) balm spirit, carmelite water.

Meliszucker ['me:lis-] *m* (coarse) loaf-sugar.

melk [mɛlk] *adj.* giving milk, milch; '**2eimer** *m* milking-pail; '**~en** *v/t. and v/i.* (*irr.*, *h.*) milk; *~de Kuh* → *Milchkuh*; *colloq. fig.* fleece, bleed; **2en** *n* (-*s*) milking; **2er(in** *f*) *m* (-*s*, -; -, -*nen*) milker; **2faß** *n*, **2kübel** *m* → *Melkeimer*; **2schemel** *m* milking-stool.

Melodie [melo'di:] *f* (-; -*n*) melody; tune, air; **melodiös** [-di'ø:s], **melodisch** [-'lo:diʃ] *adj.* melodious, tuneful.

Melo'drama *n* melodrama; **melodra'matisch** *adj.* melodramatic.

Melone [me'lo:nə] *f* (-; -*n*) *bot.* melon; *colloq.* bowler(-hat), *Am.* derby.

Meltau ['me:ltaʊ] *agr. m* (-*s*) mildew, blight; *von* ~ *befallen* mildewy, blighted.

Membran|(e) [mɛm'brɑ:n(ə)] *f* (-; -*n*) *anat.* membrane; *tech.* diaphragm; **~schwingung** *f* diaphragm oscillation.

Memme ['mɛmə] *f* (-; -*n*) coward, poltroon.

Memoiren [memo'ɑ:rən] *n/pl.* memoirs.

Memorandum [-'randum] *n* (-*s*; -*den*) memorandum (*as note a. abbr.* memo).

memo'rieren *v/t.* (*h.*) commit to memory, memorize; learn by heart.

Menagerie [menaʒə'ri:] *f* (-; -*n*) menagerie.

Menge ['mɛŋə] *f* (-; -*n*) quantity; amount; volume; *math.* aggregate, set; multitude; host, sea; heap, pile; *tech.* batch; swarm, *of people*: *a.* crowd, throng; mob, horde; → *Masse*; *große* ~ great *or* large quantity (*or* number); *in großer* ~ **a)** in abundance, **b)** in crowds; → *rauh*; *eine ganze* ~ quite a lot; e-e ~ *Geld* plenty (*or* lots, heaps) of money; e-e ~ *Bücher* a great many (*or* a lot of) books; e-e ~ *Schwierigkeiten* a great deal of trouble; e-e ~ *Lügen* a pack of lies.

'**mengen** *v/t.* (*h.*) mix, blend; *sich* ~ mix, mingle (*unter acc.* with); *fig. sich* ~ *in* (*acc.*) meddle (*or* interfere) with, poke one's nose in, butt in.

'**Mengen...**: → *Massen...*; **~anteil** *m* constituent amount; **~bestimmung** *f* quantitive determination; **~einheit** *f* unit of quantity; **~leistung** *tech. f* productive capacity, output; **2mäßig** *adj.* quantitative; *~er Umsatz* quantity turnover; **~nachlaß**, **~rabatt** *m* quantity rebate; **~verhältnis** *n* relative proportions *pl.*

'**Meng...**: **~futter** *agr. n* mixed feed; **~gestein** *geol. n* conglomerate; **~sel** ['-zəl] *n* (-*s*; -) medley, hodge-podge, mess.

Meniskus [me'niskus] *m* (-; -*ken*) meniscus.

Mennig ['mɛniç] *m* (-[*e*]*s*), **~e** ['-igə] *f* (-) minium, red lead.

Mensch [mɛnʃ] **1.** *m* (-*en*; -*en*) human being; (*collect.* der ~) man; person, individual, *colloq.* fellow, *Am.* guy; mortal; *die ~en pl.* people, the world, → *~heit*; *jeder* ~ everybody, all the world; *kein* ~ nobody, not a (living) soul; *unter die ~en kommen* mix with people, go into society; *ich bin auch nur ein* ~ I am only human; *colloq.* ~! man alive!, *Am.* brother!, oh boy!; → *denken*; **2.** *vulg. n* (-*es*; -*er*) hussy, slut, baggage; **2 ärgere dich nicht** *n* (-) (*game*) ludo.

'**Menschen...**: **~affe** *m* anthropoid ape; **2ähnlich** *adj.* manlike, anthropoid; **~alter** *n* age; generation; lifetime; **~art** *f* race (of men); **~blut** *n* human blood; **~feind(in** *f*) *m* misanthropist; **2feindlich** *adj.* misanthropic(ally *adv.*); **~fleisch** *n* human flesh; **~fresser(in** *f*) *m* man-eater, cannibal; **~fresse'rei** *f* (-) cannibalism; **~freund(in** *f*) *m* philanthropist, humanitarian; **2freundlich** *adj.* philanthropic(ally *adv.*), humanitarian; **~freundlichkeit** *f* (-) philanthropy; benevolence, kindness; **~führung** *f* (-) guidance of men; personnel management; **~gedenken** *n*: *seit* ~ within the memory of man, in living memory; from time immemorial; **~geschlecht** *n* (-[*e*]*s*) human race, mankind; **~gestalt** *f*: *in* ~ in human shape; incarnate; **~gewühl** *n* throng, milling crowd; **~hand** *f* hand of man; **~handel** *m* slave-trade; **~haß** *m* misanthropy; **~hasser(in** *f*) *m* misanthrope; **~herz** *n* human heart; **~jagd** *f* manhunt; **~kenner (-in** *f*) *m* judge of men (*or* human nature); **~kenntnis** *f* (-) knowledge of human nature; **~kind** *n* human being; *armes* ~ poor creature (*or* dear); **~kunde** *f* (-) anthropology; **~leben** *n* human life, life of man; lifetime; *verlorene* ~ *pl.* casualties, fatalities; *Verlust an* ~ *vermeiden* prevent loss of life; **2leer** *adj.* deserted; **~liebe** *f* (-) human kindness, philanthropy; **~masse**, **~menge** *f* crowd (of people), throng; mob; **~material** *n* (-*s*) human stock; (*verfügbares*) ~ manpower; **2möglich** *adj.* within human power, humanly possible; *das* ~*e* all that is humanly possible, every mortal thing; **~opfer** *n* human sacrifice; **~potential** *n* human resources *pl.*, manpower (reserves *pl.*); **~raub** *m* kidnapping, *jur.* abduction; **~räuber** *m* kidnapper; **~rechte** *n/pl.* human rights; **~reservoir** *n* → ~*potential*; **~scheu** *f* shyness, unsociableness; **2scheu** *adj.* shy, unsociable; **~schinder** *m* oppressor, slave-driver; **~schinde'rei** *f* (-) slave-driving; **~schlag** *m* (-[e]s) race (of men); **~seele** *f* human soul; *keine* ~ not a living soul; **~s-kind** *colloq. n*: ~! man alive!, oh boy!; **~sohn** *eccl. m* (-[e]s) Son of Man; **~stimme** *f* human voice; **2unwürdig** *adj.* degrading; **~verächter** *m* despiser of mankind, cynic; **~verstand** *m* human understanding; *gesunder* ~ common sense; **~werk** *n* work of man; **~würde** *f* (-) dignity of man; **2würdig** *adj.* worthy of human being.

'Menschheit *f* (-) mankind, humanity, human race.

'menschlich *adj.* human; *fig. a.* humane; tolerable; *nach* ~*er Voraussicht* as far as we can foresee, by all known odds; *sollte mir et.* 2*es zustoßen* if anything should happen to me; *das ist alles* ~ it's all human nature; **2keit** *f* (-) human nature; humaneness, humanity; *Verbrechen gegen die* ~ crime against humanity.

Menschwerdung ['-ve:rduŋ] *f* (-) anthropogenesis; *eccl.* incarnation.

Menstru|ation [mɛnstruatsi'o:n] *f* (-; -*en*) menstruation, menses; period; **~ations...** *in compounds* menstrual; **2'ieren** *v/i.* (*h.*) menstruate.

Mensur [mɛn'zu:r] *f* (-; -*en*) measure, diapason; *chem.* measuring glass; *fenc.* distance; student's duel; duelling-ground; *auf die* ~ *gehen* fight a (students') duel.

Mentalität [mɛntali'tɛ:t] *f* (-; -*en*) mentality.

Menthol [mɛn'to:l] *n* (-*s*) menthol.

Menü [me'ny:] *n* (-*s*; -*s*) menu.

Menuett [menu'ɛt] *n* (-[e]s; -e) minuet.

Me'nükarte *f* menu(-card).

mephistophelisch [mefisto'fe:liʃ] *adj.* Mephistophelian, diabolical.

Mergel ['mɛrgəl] *geol. m* (-s; -) marl; **~boden** *m* marly soil; **~grube** *f* marl-pit; **2n** *agr. v/t.* (*h.*) (manure with) marl.

Meridian [meridi'ɑ:n] *ast. m* (-*s*; -*e*) meridian; *durch den* ~ *gehen* culminate; **~bogen** *m* arc of the meridian.

meridional [-dio'nɑ:l] *adj.* meridional.

Merino [me'ri:no] *m* (-*s*; -*s*) **1.** *zo.* **~(schaf** *n*) merino(-sheep); **2.** ~ **(-wolle** *f*) merino(-wool).

merk|bar ['mɛrk-] *adj.* perceptible, noticeable; retainable; → *merklich*; **2blatt** *n* leaflet, memorandum, instructional pamphlet; supplement; **2buch** *n* note-book, memo(randum) book.

'merken I. *v/i.* (*h.*): ~ *auf* (*acc.*) pay attention to, listen to; **II.** *v/t.* (*h.*) mark; note down; notice, perceive; feel, sense; suspect; realize; be aware of, know; find out, discover; *sich et.* ~ remember (*or* retain) a th.; make a mental note of a th.; ~ *Sie sich das!* remember (*or* mind) that!; *das werde ich mir* ~ **a)** I will bear that in mind, **b)** that shall be a lesson to me; *merke wohl!, wohl zu* ~! mark my words!, mind you!; *es war zu* ~, *daß* it was noticeable (*or* plain) that; *er hat et. gemerkt* he smelled a rat; ~ *lassen* show, betray, let on; *sich nichts* ~ *lassen* not to show (*or* betray) one's feelings, *etc.*, look unconcerned, act as if nothing had happened.

'merklich I. *adj.* perceptible, noticeable; considerable, appreciable; distinct, evident, visible; marked; *keine* ~*e Besserung* no appreciable improvement; **II.** *adv.*: ~ *schwanken* vary markedly; *die Produktion* ~ *herabsetzen* cut production measurably.

Merkmal ['-mɑ:l] *n* (-[e]s; -e) mark, sign; characteristic, *a. patent law*: feature; distinctive mark, *biol.* character; symptom; attribute, property; criterion; sign, badge; **~träger** *biol. m* gene.

Merkur [mɛr'ku:r] *m* (-*s*) Mercury.

'Merk...: ~wort *n* (-[e]s; ⸚er) catch-word; *thea.* cue; **2würdig** *adj.* noteworthy, remarkable; strange, odd, curious, funny; **2würdigerweise** ['-vyrdigər'vaɪzə] *adv.* strange to say, strangely (*or* oddly) enough; **~würdigkeit** ['-vyrdiç-kaɪt] *f* (-; -*en*) remarkableness; remarkable thing, curiosity; sight; peculiarity; strangeness, oddness; **~zeichen** *n* mark; → *Merkmal.*

merzerisieren [mɛrtseri'zi:rən] *tech. v/t.* (*h.*) mercerize.

meschugge [me'ʃugə] *colloq. adj.* crazy, nuts.

Mesner ['mɛsnər] *eccl. m* (-*s*; -) sexton; *R.C.* sacrist(an).

Mesotron ['me:zotrɔn] *phys. n* (-*s*; -'*tronen*) mesotron.

Meß|amt ['mɛs-] *n eccl.* (service of the) mass; **~analyse** *chem. f* volumetric analysis; **~apparat** *m* measuring instrument; **~band** *n* (-[e]s; ⸚er) (measuring) tape, tape-measure; **2bar** *adj.* measurable; **~becher** *m* beaker; **~bereich** *m* measuring range; **~bild** *n* photogram; **~bildverfahren** *n* photogrammetry; **~blatt** *tech. n* measuring-value sheet; **~brücke** *el. f* measuring bridge; **~buch** *eccl. n* missal; **~diener** *eccl. m* acolyte.

Messe ['mɛsə] *f* (-; -*n*) *eccl.* mass; fair; *Frankfurter* ~ Frankfurt Fair; *mil.* mess(-room); ~ *lesen* say mass; **~amt** *econ. n* office of the fair; **~besucher(in** *f*) *m* visitor at a fair, fairgoer; **~gelände** *n* fair ground.

messen ['mɛsən] **I.** *v/t.* (*irr.*, *h.*) measure, take the measurement of; *tech.* measure; meter; ga(u)ge, caliper; *mar.* sound; time, *sports*: *a.* clock; *fig.* measure, eye, size *a p.* up; *sich mit j-m* ~ compete (*or* cope, grapple) with a p.; match wits with a p.; race a p.; *sich nicht* ~ *können mit j-m*: be no match for *a p., e-r Sache*: not to stand comparison with *a th.*; *gemessen an* measured against, compared with, considering; **II.** *v/i.* (*irr.*, *h.*) measure, be ... long *or* high, stand (*six feet*); contain.

Messer ['mɛsər] *n* (-*s*; -) knife; razor; dagger; blade; *med.* scalpel; *of machine tool*: cutter; *fig. Krieg bis aufs* ~ war to the knife; *auf des* ~*s Schneide* on the razor's edge; → *Kehle*; *mit dem* ~ *stechen* (stab with a) knife; *j-n ans* ~ *liefern* give a p. up (to); **~bänkchen** ['-bɛŋkçən] *n* (-*s*; -) knife-rest; **~flug** *aer. m* vertical side-slip; **~griff** *m*, **~heft** *n* knife-handle; **~held** *m* cutthroat; **~klinge** *f* knife-blade; **~kontakt** *el. m* blade contact; **~kopf** *tech. m* cutter head, *Am.* milling cutter; **~rücken** *m* back of a knife; **~schalter** *el. m* knife-switch; **2scharf** *adj.* razor-edged; *fig.* razor-sharp, keen-edged; **~scheibe** *tech. f* cutter (*or* knife) disk; **~schmied** *m* cutler; **~schmiedewaren** *f/pl.* cutlery; **~schneide** *f* knife-edge; **~spitze** *f* point of a knife; **~stecher** *m* cutthroat; **~stecherei** [-ʃtɛçə'raɪ] *f* (-; -*en*) knife-battle, knifing; **~stich** *m* thrust (*or* stab) with a knife.

'Messestand *m* booth *or* stall (at a fair).

'Meß...: ~fahne *f* surveyor's flag; **~fehler** *m* error in measurement; **~funkenstrecke** *el. f* comparison spark gap; **~gefäß** *n* graduated measuring vessel; **~gerät** *n* measuring instrument; ga(u)ge; meter; **~gewand** *eccl. n* chasuble; **~glas** *n* graduate(d measuring glass), burette; **~hemd** *n* alb.

Messing ['mɛsiŋ] *n* (-*s*) brass; **~blech** *n* sheet-brass, brass plate; **~draht** *m* brass wire; **2en** *adj.* (of) brass, brazen; **~gießer** *m* brass founder; **~gieße'rei** *f* brass-foundry; **~guß(stück** *n*) *m* brass casting; **~ware** *f* brass ware.

'Meß...: ~instrument *n* measuring instrument; **~kelch** *eccl. m* chalice; **~kette** *f* surveyor's chain; **~kolben** *m* measuring flask; **~kunde** *f* (-) surveying; **~latte** *f* surveyor's (*or* stadia) rod; **~leine** *f* measuring line; **~opfer** *eccl. n* (sacrifice of the) mass; **~schnur** *f* (-; ⸚e) measuring cord; **~stab** *mot. m* dipstick; **~technik** *f* science *or* technique of measurement; **~tisch** *m* surveyor's (*or* plane) table; **~tischblatt** *n* ordnance (survey) map, plane table map; **~trupp** *m* survey section; *mil.* spotting team; **~tuch** *eccl. n* Communion-cloth; **~uhr** *f* meter.

'Messung *f* (-; -*en*) measurement; ga(u)ging; surveying; mensuration; test(ing); reading; *mar.* sounding.

Meß...: ~wert *m* measured value, test result, datum (*usu. pl.* data); reading; **~ziffer** *f* index number; **~zirkel** *m* bow spacer.

Mestiz|e [mɛ'sti:tsə] *m* (-*n*; -*n*), **~in** *f* (-; -*nen*) mestizo.

Met [me:t] *m* (-[e]s) mead.

Metall [me'tal] *n* (-*s*; -*e*) metal; (*un*)*edles* ~ precious (base) metal; *of voice*: timbre; **~arbeiter** *m* metal worker; **~baukasten** *m* metal architectural box, *Am.* erector set; **~be-arbeitung** *f* metal working; **~beschläge** ['-bəʃlɛ:gə] *m/pl.* metal fittings; **~bestand** *m* bullion (*or* specie) in hand; **~blech** *n* sheet--metal, metal plate; **ℒen** *adj.* (of) metal, metallic; **~folie** *f* metal foil; *mil. anti-radar*: chaff; **~geld** *n* (-[e]s) specie, coins *pl.*; **~gewebe** *n* wire cloth (*or* gauze); **~gieße'rei** *f* metal foundry; **ℒhaltig** *adj.* metalliferous; **~hütte** *f* nonferrous smelter; **~industrie** *f* metal industry; **ℒisch** *adj.* metallic; **ℒisieren** *v/t.* (*h.*) metallize; **~karbid** *n* metal (*or* cemented) carbide; **~keramik** *f* powder metallurgy; **~kunde** *f* (-) metallography; **~oxyd** *n* metallic oxide; **~platte** *f* metal plate *or* sheet; **~putzmittel** *n* metal-buffing compound; **~säge** *f* hacksaw; **~schlauch** *m* flexible metal tube; **~spritzen** *n* (-s), **~spritzverfahren** *n* metal spraying; **~überzug** *m* metal coat; metal plate.

Metallurgie [-ur'gi:] *f* (-) metallurgy; **metal'lurgisch** *adj.* metallurgic(al).

Me'tall...: ℒverarbeitend *adj.*, **~verarbeitung** *f* metal working; **~verbindung** *f* metallic compound; **~vergiftung** *f* metallic poisoning; **~vorrat** *m* bullion reserve; **~währung** *f* metallic standard; **~waren** *f/pl.* metal wares, hardware *sg.*

Metamorphose [metamɔr'fo:zə] *f* (-; -*n*) metamorphosis, transformation.

Metapher [me'tafər] *f* (-; -*n*) metaphor.

Metaphy'sik [meta-] *f* metaphysics *pl.*, *usu. sg.*; **meta'physisch** *adj.* metaphysical.

'Meta...: ~säure *f* meta acid; **~stase** [-'stɑ:zə] *f* (-; -*n*) metastasis; **~verbindung** *f* meta compound.

Meteor [mete'ˀo:r] *n and m* (-*s*; -*e*) meteor; **~eisen** *n* meteoric iron.

Meteorit [-ˀo'ri:t] *m* (-*s*; -*e*) meteorite.

Meteorologe [-ˀoro'lo:gə] *m* (-*n*; -*n*) meteorologist; **Meteorologie** [-lo'gi:] *f* (-) meteorology; **meteorologisch** [-'lo:giʃ] *adj.* meteorological; **~e** *Station* weather-bureau.

Mete'or...: ~schwarm *m* meteoric shower; **~stein** *m* meteorite.

Meter ['me:tər] *n and m* (-*s*; -) met|re, *Am.* -er (*abbr.* m = 39.37 inches); **~maß** *n* metric measure (-ment); pocket rule, tape-measure; **~sekunde** *f* metre per second; **~ware** *f* goods *pl.* sold by the metre; yard(ed) goods *pl.*; **ℒweise** *adv.* by the metre; **~welle** *f* very high frequency wave.

Methan [me'tɑ:n] *n* (-*s*) methane.

Method|e [me'to:də] *f* (-; -*n*) method; system, policy; way (of doing things); *tech.* method, process, technique; **~ik** *f* (-; -*en*) methodics; **ℒisch** *adj.* methodical.

Methodist(in *f*) [-to'dist-] *m* (-*en*, -*en*; -, -*nen*) Methodist.

Methodologie [-todolo'gi:] *f* (-; -*n*) methodology.

Methylalkohol [me'ty:l-] *m* methyl alcohol.

Methylen [mety'le:n] *n* (-*s*) methylene.

Metr|ik ['me:trik] *f* (-) metrics *pl.*, prosody; **ℒisch** *adj.* metric(al).

Metronom [metro'no:m] *mus. n* (-*s*; -*e*) metronome.

Metropole [-'po:lə] *f* (-; -*n*) metropolis.

Metrum ['me:trum] *n* (-*s*; -*tren*) metre.

Mette ['mɛtə] *eccl. f* (-; -*n*) matins *pl.*

Metteur [mɛ'tø:r] *typ. m* (-*s*; -*e*) maker-up, clicker.

Mettwurst ['mɛt-] *f* Bologna sausage.

Metze ['mɛtsə] *f* (-; -*n*) harlot, strumpet, bitch.

Metzelei [mɛtsə'laɪ] *f* (-; -*en*) slaughter, massacre; **'metzeln** *v/t.* (*h.*) butcher, slaughter.

'Metzelsuppe *f* pudding broth.

Metzger ['-gər] *m* (-*s*; -) butcher; **Metzge'rei** *f* (-; -*en*) butcher's shop; **'Metzgergang** *m* useless errand.

Meuchel|mord ['mɔʏçəl-] *m* (foul) assassination; **~mörder(in** *f*) *m* assassin; **ℒn** *v/t. and v/i.* (*h.*) assassinate.

meuch|lerisch ['-lәriʃ] *adj.* murderous; treacherous; **~lings** ['-liŋs] *adv.* treacherously, foully.

Meute ['mɔʏtə] *f* (-; -*n*) pack (of hounds); *fig.* gang.

Meuterei [mɔʏtə'raɪ] *f* (-; -*en*) mutiny, *w.s.* sedition.

'Meuter|er *m* (-*s*; -) mutineer; **ℒn** *v/i.* (*h.*) mutiny, mutineer; **ℒnd** *adj.* mutinous.

Mexikan|er(in *f*) [mɛksi'kɑ:nər-] *m* (-*s*, -; -, -*nen*), **ℒisch** *adj.* Mexican.

Mezzosopran ['mɛtso-] *m* mezzo--soprano.

miauen [mi'aʊən] *v/i.* (*h.*) mew, caterwaul.

mich [miç] (*acc. of ich*) me; ~ (*selbst*) myself; *ich blickte hinter* ~ I looked behind me.

Michaeli(s) [miça'ˀe:li(s)] *n* (-) Michaelmas.

Michel ['miçəl] *m* (-*s*; -): *der deutsche* ~ Fritz.

mick(e)rig ['mik(ə)riç] *colloq. adj.* puny, scrawny; feeble; paltry.

mied [mi:t] *pret. of meiden.*

Mieder ['mi:dər] *n* (-*s*; -) bodice; corset; **~waren** *f/pl.* foundation garments, corsetry *sg.*

Mief [mi:f] *colloq. m* (-[e]s) fug.

Miene ['mi:nə] *f* (-; -*n*) air, countenance, mien; feature; look; *überlegene* (*unschuldsvolle*) ~ air of superiority (innocence); *eine ernste* ~ *aufsetzen* look stern; *eine finstere* ~ *machen* look black, frown, scowl; *gute* ~ *zum bösen Spiel machen* put a good face upon it; ~ *machen et. zu tun* offer (*or* threaten) to do a th.; be about to do a th.; *ohne die* ~ *zu verziehen* without flinching, without turning a hair; **~nspiel** *n* (-[e]s), **~nsprache** *f* (-) play of the features; mimicry, pantomime.

mies [mi:s] *colloq. adj.* seedy, out of sorts; miserable, poor; awkward, bad, awful; **ℒepeter** ['mi:zəpe:tər] *colloq. m* (-*s*; -) cross-patch, sour--puss; **ℒmacher** *m* alarmist, croaker, *Am.* calamity howler; **ℒmuschel** *zo. f* (eatable) mussel.

Miet|ausfall ['mi:t-] *m* loss of rent; **~auto** *n* hired car; **~besitz** *m* tenancy; **~dauer** *f* period of lease; tenancy.

'Miete[1] *f* (-; -*n*) lease; hire; (house-) rent; tenancy; *in* ~ *geben* give on lease; *in* ~ *wohnen* live in lodgings, be a tenant.

Miete[2] ['mi:tə] *f* (-; -*n*) *agr.* stack, rick, shock; clamp; pit; *zo.* mite.

'mietefrei *adj.* rent-free.

'Miet-einnahme *f* rent.

'mieten *v/t.* (*h.*) (take on) lease, rent; hire; charter.

'Miet-entschädigung *f* house rent allowance.

'Mieter(in *f*) *m* (-*s*, -; -, -*nen*) tenant; lodger, *Am.* roomer; *jur.* lessee; hirer; charterer.

Miet-erhöhung *f* increase in rent.

'Mieter...: ~schaft *f* (-) tenantry; **~schutz** *m* tenants' protection.

'Miet-ertrag *m* rental.

'Mietervereinigung *f* tenants' association.

'Miet...: ~flugzeug *n* charter-plane; **ℒfrei** *adj.* rent-free; **~haus** *n* house to let, tenement house, block of flats, *Am.* apartment house; **~kaserne** *f* tenement house, rookery; **~kontrakt** *m* → *Mietvertrag*; **~kutsche** *f* hackney-coach; **~ling** ['-liŋ] *m* (-[e]s; -e) *contp.* hireling, mercenary; **~preis** *m* rent; **~recht** *n* tenant-right; **~truppen** *f/pl.* mercenary troops; **~verhältnis** *n* tenancy; **~verlust** *m* loss of rent; **~vertrag** *m* tenancy agreement; lease; *mar.* charter party; **~wagen** *mot. m* hired car; **~wagenverleih** car-hire service; **ℒweise** *adv.* on lease; on hire; **~wert** *m* rental value; **~wohnung** *f* lodgings *pl.*, *a.* flat, *Am.* apartment; **~zins** *m* (house-) rent; **~zinssteuer** *f* rent tax.

Miez(e) ['mi:ts(ə)] *f* (-; -[e]*n*) puss, pussy(-cat).

Migräne [mi'grɛ:nə] *f* (-; -*n*) migraine, sick headache.

Mikroanalyse ['mikro-] *chem. f* microanalysis.

Mikrob|e [mi'kro:bə] *f* (-; -*n*) microbe; **~entätigkeit** *f* (-) bacterial activity.

'Mikrobiologie *f* microbiology.

mi'krobisch *adj.* microbial.

'Mikro...: ~chemie *f* microchemistry; **~film** *m* microfilm; **~kokkus** [-'kɔkus] *m* (-; -'*kokken*) micrococcus; **~'kosmos** *m* microcosm; **~'meter** *m* (-*s*; -) micrometer; **~'meterschraube** *tech. f* micrometric screw, fine adjustment; **~n** *n* (-*s*; -) micron; **~organismus** *m* micro-organism; **~phon** [-'fo:n] *n* (-*s*; -*e*) microphone; **~photographie** *f* microphotography; **~sekunde** *f* micro-second; **~skop** [-'sko:p] *n* (-*s*; -*e*) microscope; **ℒsko'pieren** *v/t.* (*h.*) (examine by the) microscope; **ℒ'skopisch** *adj.* microscopic(al); **~waage** *f* microbalance; **~wellen** *f/pl.* microwaves.

Milb|e ['milbə] *f* (-; -*n*) mite; **ℒig** *adj.* mity.

Milch [milç] *f* (-) milk; *dicke* (*or saure*) ~ curdled (*or* sour) milk; *geronnene* ~ curds *pl.*; *of fish*: milt, soft roe; *chem.* emulsion; *fig. wie* ~ *und Blut* like lilies and roses; **'~bar** *f* milk bar; **'~bart** *m fig.* milksop; **'~brei** *m* milk-pap; **'~brot, '~brötchen** *n* (French) roll; **'~bruder** *m* foster-brother; **'~drüse** *f* mammary gland; **'ℒen** *v/i.* (*h.*)

give milk; '**~er** *ichth.* *m* (-*s*; -) milter; '**~erzeugnisse** *n/pl.* dairy products; '**~fieber** *vet. n* milk fever; '**~flasche** *f* milk bottle; '**~gebiß** *n* milk dentition; '**~gefäße** *anat. n/pl.* lacteal vessels; '**~geschäft** *n* dairy, creamery; '**~glas** *n* milk-glass; opal(escent) *or* frosted glass; '**~halle** *f* milk bar; '**2haltig** *adj.* lactiferous; '**~händler** *m* dairy man, milkman; '**~händlerin** *f* milk-woman; '**~handlung** *f* dairy, creamery; '**2ig** *adj.* of milk, milky; lacteal; '**~kaffee** *m* (-*s*) coffee with milk, white coffee; '**~kanne** *f* milk-can; '**~kuh** *f* milk cow; '**~kur** *f* milk-cure; '**~laden** *m* dairy, creamery; '**~mädchen** *n* milkmaid; '**~mädchenrechnung** *colloq. fig. f* naive assessment; '**~mann** *m* (-[*e*]*s*; ⁼*er*) milkman, dairyman; '**~messer** *m* (-*s*; -) milk-gauge, lactometer; '**~pan(t)scher** *m* adulterator of milk; '**~pulver** *n* powdered (*or* evaporated) milk; '**~reis** *m* rice-pudding; '**~saft** *m bot.* milky juice; *physiol.* chyle; '**~säure** *f* lactic acid; '**~schleuder(maschine)** *f* (cream) separator; '**~schorf** *med. m* milk crust; '**~speise** *f* milk-food; '**~straße** *ast. f* Milky Way, Galaxy; '**~suppe** *f* milk-soup; *colloq.* (*fog*) pea-soup; '**~vieh** *n* dairy cattle; '**~wagen** *m* milk-float; '**~wirtschaft** *f* (-) dairy; dairy-farm(ing); '**~zahn** *m* milk-tooth; '**~zucker** *chem. m* milk-sugar, lactose.

mild [milt], **~e** ['mildə] **I.** *adj.* mild; soft; mellow, smooth (*wine*); gentle; indulgent; lenient; charitable; → *Gabe*; mild, lenient (*punishment*); **II.** *adv.*: ~ *gesagt* to put it mildly; et. ~ *beurteilen* take a lenient view of a th.

'**Milde** *f* (-) → *mild*; mildness; softness; smoothness; gentleness; indulgence, leniency; charitableness, kindness; ~ *walten lassen* be lenient *or* merciful.

'**milder|n** *v/t.* (*h.*) soften, mitigate; soothe, alleviate (*pain*); temper, qualify; relieve, relax; moderate; mitigate, commute (*penalty*); *chem.* correct; *sich* ~ grow mild(er), soften; *jur.* ~*de Umstände* extenuating *or* mitigating circumstances; *w.s.* ~*de Umstände zubilligen* make allowances (*wegen* for); **2ung** (-) *f* mitigation; softening; alleviation; qualification; relaxation; *chem.* correction; *jur. für* ~ *der Strafe plädieren* plead in mitigation; **2ungsgrund** *m* extenuating cause.

'**mild...**: **~herzig** *adj.* charitable; **2herzigkeit** *f* (-) charitableness; **~tätig** *adj.* charitable; ~*e Zwecke* charities; **2tätigkeit** *f* (-) charity.

Milieu [mil'jø:] *n* (-*s*; -*s*) environment (*a. chem.*), (social) surroundings *pl.*, (atmo)sphere; class, circles *pl.*; company; local colo(u)r; **2bedingt** *adj.* environmental; **~schilderung** *f* background description; **~theorie** *f* environmental theory.

Militär [mili'tɛ:r] **1.** *n* (-*s*) military, armed forces *pl.*; army; military personnel, (*a. contp.*) soldiery; (military) service; *zum* ~ *gehen* enter the service, join the army (*or* up); **2.** *m* (-*s*; -*s*) military man, soldier; **2ähnlich** *adj.* paramilitary; **~anwärter** *m* soldier entitled to civil employment; **~arzt** *m* medical officer; army surgeon; **~attaché** *m* military attaché; **~behörden** *f/pl.* military authorities; **~bündnis** *n* military alliance; **~diktatur** *f* military dictatorship; **~dienst** *m* (military) service; → *Wehr...*; **~gefängnis** *n* military prison; **~geistliche(r)** *m* (army) chaplain; **~gericht** *n* military court; *Internationales* ~ International Military Tribunal; **~gerichtsbarkeit** *f* military jurisdiction; **~gesetzbuch** *n* code of military law; **~gouverneur** *m* military governor; **~hilfe** *f* military assistance; **~intendantur** *f* commissariat; **2isch** *adj.* military; soldierly, martial.

militarisier|en [militari'zi:rən] *v/t.* (*h.*) militarize; **2ung** *f* (-) militarization.

Militaris|mus [-'rismus] *m* (-) militarism; **~t** *m* (-*en*; -*en*) militarist; **2tisch** *adj.* militaristic.

Mili'tär...: **~kapelle** *f* military band; **~macht** *f* military power; **~marsch** *mus. m* military march; **~mission** *f* military mission; **~musik** *f* military music; military band; **~person** *f* military person, member of the armed forces; **~personal** *n* military personnel; **~pflicht** *f* (-) → *Wehrpflicht*; **~polizei** *f* military police (*abbr.* M.P.); **~putsch** *m* military coup; **~regierung** *f* military government; **~seelsorge** *f* (military) religious welfare; **~strafanstalt** *f* detention (*Am.* disciplinary) barracks; **~strafgesetzbuch** *n* military penal code; **~zeit** *f* (-) time of (military) service.

Miliz [mi'li:ts] *f* (-; -*en*) militia; **~soldat** *m* militia man.

Millennium [mi'lɛnium] *n* (-*s*; -*ien*) millenary.

Milliampere ['mili-] *el. n* milliampere.

Milliardär(in *f*) [miliar'dɛ:r-] *m* (-*s*, -*e*; -, -*nen*) multi-millionaire; **Milli'arde** *f* (-; -*n*) a thousand millions, milliard, *Am.* billion.

Milli'meter *n and m* (mm) millimet|re, *Am.* -er; **~papier** *n* graph paper; **~welle** *f* millimetric wave; extremely high frequency (*abbr.* EHF).

Million [mili'o:n] *f* (-; -*en*) million; *5* ~*en Dollar* five million dollars; *zwei* ~*en Besucher* two million(s of) visitors; *in die* ~*en gehen* run into millions; **Millionär(in** *f*) [-o'nɛ:r-] *m* (-*s*, -*e*; -, -*nen*) millionaire(ss *f*); **milli'onste** *adj.*, **2l** ['-stəl] *n* (-*s*; -) millionth.

Milz [milts] *anat. f* (-; -*en*) spleen, milt; *in compounds usu.* splen(et)ic; **~brand** *vet. m* (-[*e*]*s*) anthrax; **2krank** *adj.* splenetic; **~krankheit** *f*, **~sucht** *f* (-) splenopathy; **2süchtig** *adj.*, **~süchtige(r** *m*) *f* splenetic, hypochondriac.

Mim|e ['mi:mə] *thea. m* (-*n*; -*n*) actor, tragedian; **2en** *v/t.* (*h.*) *thea.* act, personate; mimic; pose as, assume the air of; **~ik** *f* (-) mimic art, mimicry; **~iker** *m* (-*s*; -) mimic; **2isch** *adj.* mimic.

Mimose [mi'mo:zə] *bot. f* (-; -*n*) mimosa; **2nhaft** *adj. fig.* (over-) sensitive, delicate.

Minarett [mina'rɛt] *n* (-*s*; -*e*) minaret.

minder ['mindər] **I.** *adv.* less; *nicht* ~ no less, likewise; → *mehr*; **II.** *adj.* less(er); smaller; minor; inferior; **2ausgabe** *f* reduced expenditure; *econ.* reduced issue; **2bedarf** *m* reduced demand; **~begabt** *adj.* less gifted, subnormal; **~bemittelt** *adj.* of moderate means; **2betrag** *m* deficit, short(age); **2bewertung** *f* depreciation, undervaluation; **2einnahme** *f* shortfall in receipts; **2ertrag** *m* decrease of yield, falling-off in output; **2gebot** *n* lower bid; **2gewicht** *n* underweight, short weight; **2heit** *f* (-; -*en*) minority; **2heitenfrage** *f* minorities question; **2heitenkabinett** *n* minority party cabinet; **~jährig** *adj.* under age, minor; **2jährige(r** *m*) ['-jɛ:rigə-] *f* (-*n*, -*n*; -*n*, -*n*) minor, infant; **2jährigkeit** ['-jɛ:riçkait] *f* (-) minority; **2lieferung** *f* short delivery; **~n** *v/t.* (*h.*) *and sich* ~ diminish, lessen, decrease; reduce, lower, abate; slacken (*speed*); impair (*rights*); depreciate (*value*); **2umsatz** *m* decrease in turnover, falling-off in sales; **2ung** *f* (-; -*en*) decrease, diminution; reduction, abatement; depreciation (*of value*); *jur.* voidance; impairment (*of rights*); **2wert** *m* undervalue; inferiority; **~wertig** *adj.* inferior, of inferior value (*or* quality); low-grade, substandard; cheap; *chem.* of lower valence; **2wertigkeit** *f* inferior value, inferiority; inferior quality; *chem.* lower valence; **2wertigkeitsgefühl** *n* inferiority feeling; **2wertigkeitskomplex** *m* inferiority complex; **2zahl** *f* (-) minority; *in der* ~ *sein* be in the minority.

mindest ['mindəst] **I.** *adv.* least, smallest, lowest; **II.** *adj. and su.* (the) least; slightest; minimum; → *gering*; *nicht die* ~*e Aussicht* not the slightest chance; *nicht im* ~*en* not in the least, not at all, by no means; *zum* ~*en* at least, at the (very) least; **2alter** *n* (-*s*) minimum age; **2anforderungen** *f/pl.* minimum requirements; **2arbeitszeit** *f* minimum working hours *pl.*; **2auflage** *f* minimum circulation; **2einkommen** *n* minimum income; **~ens** ['-əns] *adv.* at least, at the (very) least; no less than, not under; **2gebot** *n* lowest bid; **2gehalt** *n* minimum salary; **2lohn** *m* minimum wage; **2maß** *n* minimum; *auf ein* ~ *herabsetzen* minimize; **2preis** *m* minimum price, floor (price); **2tarif** *m* minimum scale; **2wert** *m* minimum value; **2zahl** *f* minimum; *parl., etc.* quorum.

Mine ['mi:nə] *f* (-; -*n*) *mining, a. mil.*: mine; *of pencil*: lead; *of ball pen*: cartridge; refill; *mil. scharfe* ~ armed mine; *auf eine* ~ *laufen* hit a mine; ~*n legen* lay mines, mine; ~*n suchen* locate (*mar.* sweep for) mines.

'**Minen...**: **~bombe** *f* high explosive bomb, blockbuster; **~falle** *f* booby-trap; **~feld** *n* mine field; **~flug-**

zeug *n* mine-laying aircraft; **~gasse** *f* minefield lane; **~leger** ['-le:gər] *mar. m* (-s; -) minelayer; **~räumboot** *n* motor minesweeper; **~räumen** *n* minesweeping; **~sperre** *f* mine barrier; mine road block; **~suchboot** *n* mine-sweeper; **~suchgerät** *n* mine detector; **~suchstab** *m* mine probing rod; **2verseucht** *adj.* mine-infested; **~werfer** *m* (trench-)mortar, mine-thrower.

Mineral [minə'ra:l] *n* (-s; -ien) mineral; **~bad** *n* mineral bath; **~bestandteil** *m* mineral constituent; **~brunnen** *m* mineral (*or* thermal) spring; **~ien** *pl.* minerals; **~ienkunde** *f* (-) mineralogy; **2isch** *adj.* mineral.

Minera|log(e) [-ra'lo:k, -gə] *m* (-[e]n; -[e]n) mineralogist; **~logie** [-lo'gi:] *f* (-) mineralogy; **2logisch** [-lo:giʃ] *adj.* mineralogical.

Mine'ral...: ~öl *n* mineral oil; **~quelle** *f* → *Mineralbrunnen*; **~reich** *n* (-[e]s) mineral kingdom; **~wasser** *n* (-s; ¨) mineral water, minerals.

Miniatur [minia'tu:r] *f* (-; -en) miniature; **~ausgabe** *f* miniature edition; **~elektronik** *f* miniature electronics; **~gemälde** *n* → *Miniatur*; **~male'rei** *f* miniature painting.

Minier|arbeit [mi'ni:r-] *f* sapping; *fig.* intriguing; **2en** *v/t.* (*h.*) sap, (under)mine.

minimal [mini'ma:l] *adj.* minimal, minimum; *fig.* insignificant, trifling; **2betrag** *m* lowest amount, minimum; **2gehalt** *m* minimum content; **2strom** *el. m* minimum current.

Minimum ['mi:nimum] *n* (-s; -ma) minimum.

'Mini|rock *m* mini-skirt; **~spion** *m* bug.

Minister [mi'nistər] *m* (-s; -) minister, *Brit.* Secretary of State; *Am.* Secretary.

Ministerial|ausschuß [ministeri'a:l-] *m* ministerial committee; **~be-amte(r)** *m* official of a ministerial department; **~direktor** *m* ministerial director; **~dirigent** *m* assistant director in a ministry; **~erlaß** *m* ministerial order; **~rat** *m* (-[e]s; ¨e) superior counsellor in a ministerial department.

ministeriell [-i'ɛl] *adj.* ministerial.

Ministerium [-'te:rium] *n* (-s; -ien) ministry, *Brit.* Office, *Am.* Department.

Mi'nister...: ~präsident *m* Prime Minister, Premier; **~rat** *m* (-[e]s; ¨e) Cabinet Council.

Ministrant [mini'strant] *eccl. m* (-en; -en) ministrant.

Minne ['minə] *poet. f* (-) love; **~sang** *m* (-[e]s) minnesong; **~sänger** *m* minnesinger.

Minorität [minori'tɛ:t] *f* (-; -en) minority.

minus ['mi:nus] *adj.* minus, less, deducting; 6 ~ 4 (6 - 4) six minus four; **2** *n* (-), **2betrag** *m* deficiency; *econ.* deficit, short(age); **2bürste** *el. f* negative brush; **2gläser** *opt. n/pl.* concave lenses.

Minuskel [mi'nuskəl] *f* (-; -n) minuscule, small letter.

'Minus...: ~pol *el. m* negative element, minus plate; **~zeichen** *n* minus sign.

Minute [mi'nu:tə] *f* (-; -n) minute; moment; *auf die* ~ to the (very) minute; *es klappte auf die* ~ it was perfectly timed; **2nlang I.** *adj.* lasting a minute *or* (for) several minutes; minutes of ...; **II.** *adv.* for (several) minutes; **2nweise** *adv.* by the minute, from minute to minute; **~nzeiger** *m* minute-hand.

minuziös [minutsi'ø:s] *adj.* minute, *w.s.* detailed.

Minze ['mintsə] *bot. f* (-; -n) mint.

mir [mi:r] (*dat. of ich*) me, to me; *refl.* (to) myself; *er gab es* ~ he gave it (to) me; ~ *ist kalt* I feel cold; *ich wusch* ~ *die Hände* I washed my hands; *ein Freund von* ~ a friend of mine; *du bist* ~ *ein schöner Freund* a fine friend you are; *von* ~ *aus* → *meinetwegen*; ~ *nichts, dir nichts* without ado *or* ceremony, as cool as you please; *wie du* ~, *so ich dir* tit for tat.

Mirabelle [mira'bɛlə] *f* (-; -n) yellow plum.

Mirakel [mi'ra:kəl] *n* (-s; -) miracle.

mirakulös [miraku'lø:s] *adj.* miraculous.

Misanthrop [mizan'tro:p] *m* (-en; -en) misanthropist.

'Misch|apparat ['miʃ-] *m* mixer; **~art** *f* cross-breed; **2bar** *adj.* miscible, mixable; **~barkeit** *f* (-) miscibility; **~becher** *m* shaker; **~behälter** *m* mixing tank; **~ehe** *f* mixed marriage.

'mischen *v/t.* (*h.*) *and sich* ~ mix, mingle; blend; *metall.* alloy; *chem.* combine; compound; cross (*races*); adulterate; shuffle (*cards*); *film, radio, TV*: mix; *sich* ~ *unter* (*acc.*) mix (*or* mingle) with *the crowd*; *sich* ~ *in* (*acc.*) interfere in, meddle with, *ins Gespräch*: join in, butt in, cut in; → *gemischt.*

'Misch...: ~er *m* (-s; -) mixer (*a. TV*); **~farbe** *f* mixed colo(u)r; **~futter** *n* mixed provender; **~gefäß** *n* mixing vessel; shaker; **~getränk** *n* shake; **~ling** ['-liŋ] *m* (-[e]s; -e) hybrid (*a. bot.*), mongrel, cross-breed; (*person*) half-caste, half-breed; **~masch** ['-maʃ] *m* (-es; -e) hodgepodge, medley; jumble; **~maschine** *f* mixing machine, mixer; **~pult** *n radio, TV*: mixer unit; **~rasse** *f* cross-breed, mongrel race; **~röhre** *el. f* mixer valve (*Am.* tube); **~sprache** *f* mixed (*or* hybrid) language.

'Mischung *f* (-; -en) mixture; blend; *chem.* combination, composition; alloy; adulteration; *fig. mit einer* ~ *aus Liebe und Furcht* with mingled love and fear; **~sverhältnis** *n* mixing ratio.

'Misch...: ~volk *n* mixed race; **~wald** *m* mixed forest; **~wolle** *f* mixed wool; **~wort** *n* (-[e]s; ¨er) blend-word.

miserabel [mize'ra:bəl] *adj.* miserable, lousy.

Misere [mi'ze:rə] *f* (-; -n) misery, miseries *pl.*; calamity.

Mispel ['mispəl] *bot. f* (-; -n) medlar(-tree).

miß|'achten [mis-] *v/t.* (*h.*) disregard, ignore, neglect; slight, despise; **'2achtung** *f* disregard, neglect; disdain; *jur.* ~ *des Gerichts* contempt of court; **'~behagen** *v/i.* (*h.*): *j-m* ~ displease a p.; **'2behagen** *n* uncomfortable feeling, uneasiness; dislike; displeasure; **'~bilden** *v/t.* (*h.*) misshape; **'2bildung** *f* (-; -en) malformation, deformity, disfigurement; **~'billigen** *v/t.* (*h.*) disapprove (of), frown (at, upon); **~'billigend** *adj.* (*adv.*) disapproving(ly); **'2billigung** *f* disapproval, disapprobation; rejection; **'2brauch** *m* abuse; misuse, improper use; **~'brauchen** *v/t.* (*h.*) abuse (*a.* = *violate, rape*), take (unfair) advantage of; misuse, misapply; **~bräuchlich** ['-brɔʏçliç] *adj.* improper; **~'deuten** *v/t.* (*h.*) misinterpret, misconstrue; → *mißverstehen*; **'2deutung** *f* misinterpretation, false construction.

missen ['misən] *v/t.* (*h.*) miss; do without, dispense with, spare.

'Miß...: ~erfolg *m* failure, fiasco, flop; **~ernte** *f* bad harvest, crop failure.

Misse|tat ['misə-] *f* misdeed; crime; **~täter(in** *f*) *m* malefactor, evildoer; offender, delinquent.

'Miß...: 2'fallen *v/i.* (*irr., h.*): *j-m* ~ displease a p., disgust a p.; **~fallen** *n* (-s) displeasure, dislike, disgust; ~ *erregen* displease *a p.*, meet with *a p.'s* disapproval; **2fällig I.** *adj.* displeasing, disagreeable; shocking; disparaging, deprecatory; **II.** *adv.*: *sich* ~ *äußern über* (*acc.*) speak ill of, disparage; **2farbig** *adj.* discolo(u)red; **~geburt** *f* monster, deformity, freak; *fig.* monstrosity; **2gelaunt** *adj.* ill-humo(u)red, cross; **~geschick** *n* bad luck, misfortune; misadventure, mishap; **~gestalt** *f* deformity; monster, freak; **2gestalt(et)** *adj.* misshapen, deformed; **2gestimmt** *adj.* ill-humo(u)red, in a bad humo(u)r; **2'glücken** *v/i.* (*sn*) fail, not to succeed, miscarry; **2'glückt** *adj.* unsuccessful, abortive; **2'gönnen** *v/t.* (*h.*): *j-m et.* ~ envy (*or* grudge) a p. a th.; **~griff** *m* mistake, blunder; **~gunst** *f* ill-will; envy, jealousy; **2günstig** *adj.* envious, jealous (*auf acc.* of); unfriendly, spiteful; **2'handeln** *v/i.* (*h.*) ill-treat, maltreat, abuse, brutalize; maul, manhandle, rough up; **~'handlung** *f* ill-treatment, maltreatment, cruelty; *jur.* assault and battery; **~heirat** *f* ill-assorted match, misalliance; **2hellig** ['-hɛliç] *adj.* dissonant, dissentient; **~helligkeit** *f* (-; -en) discord, dissension, unpleasantness.

Mission [misi'o:n] *f* (-; -en) mission (*a. pol. and fig.*); *Innere* (*Äußere*) ~ home (foreign) mission; **Missionar** [-o'na:r] *m* (-s; -e) missionary.

Missi'ons...: ~gesellschaft *f* missionary society; **~prediger** *m* evangelist; **~wesen** *n* (-s) missionary work.

'Miß...: ~jahr *n* bad year, bad harvest; **~klang** *m* (*a. fig.*) dissonance, discord(ant note); **~kredit** *m* (-[e]s) discredit; *in* ~ *bringen* discredit, bring discredit upon; **2lang** [-'laŋ] *pret. of mißlingen*; **2lich** *adj.* awkward, inconvenient; unpleasant; dangerous; critical, precarious; delicate, ticklish; difficult, tough;

~e *Lage* critical position, predicament, fix; **~lichkeit** *f* (-) awkwardness, inconvenience; precariousness; difficulty; **2liebig** ['-li:biç] *adj.* unpopular, not in favo(u)r, odious; *sich ~ machen bei* (*dat.*) fall out of favo(u)r with, become unpopular with (*or* among); **2lingen** [-'liŋən] *v/i.* (*irr.*, *sn*) fail, miscarry, not to succeed, be unsuccessful (*or* abortive); **~'lingen** *n* (-s) failure; **2lungen** [-'luŋən] *p.p. of mißlingen*; **~mut** *m* ill-humo(u)r; discontent; **2mutig** *adj.* ill-humo(u)red; cross, waspish; discontented; morose, sullen; **2'raten I.** *v/i.* (*irr.*, *sn*) fail; turn out badly; **II.** *adj.* wayward, ill-bred (*child*); *~er Mensch* misfit; **~stand** *m* grievance, nuisance; abuse; defect; deplorable state of affairs; *Mißstände abschaffen* remedy abuses *or* grievances; **2stimmen** *v/t.* (*h.*) put out (of humo[u]r), irritate; **~stimmung** *f* discord(ance), dissonance; → *Mißmut*; **~ton** *m* (-[e]s; ⸗e) discordant (*or* jarring) note, dissonance; **2tönend, 2tönig** ['-tø:niç] *adj.* discordant, dissonant, jarring; **2'trauen** *v/i.* (*h.*): *j-m, e-r Sache*: distrust, mistrust, doubt; have no confidence in *a p. or th.*; **~trauen** *n* (-s) distrust (*gegen* of), mistrust, suspicion (of); doubt (in); **~trauensantrag** *parl. m* motion of censure; **~trauensvotum** *n* vote of no confidence *or* of censure; **2trauisch** ['-trauiʃ] *adj.* distrustful; suspicious, wary; doubtful, diffident; **~vergnügen** *n* (-s) displeasure; dissatisfaction, discontent; **2vergnügt** *adj.* displeased, discontented (*mit, über acc.* with); *pol.* malcontent; **~verhältnis** *n* disproportion, incongruity; *in e-m ~ stehen* be out of proportion; **2verständlich** *adj.* misleading; erroneous; **~verständnis** *n* misunderstanding; dissension, difference, tiff; **2verstehen** *v/t.* (*irr.*, *h.*) misunderstand, misapprehend; *du hast mich mißverstanden Am.* you have got me (all) wrong; *j-s Absichten*: mistake, misconstrue (*a p.'s intentions*); **~weisung** *f* magnetic declination (*of compass*); *radar*: indication error; **~wirtschaft** *f* maladministration, mismanagement.

Mist [mist] *m* (-es; -e) dung, manure; droppings *pl.*; dirt, muck; *colloq.* rubbish, rot.

'Mistbeet *n* hotbed; **~kasten** *m* forcing frame.

Mistel ['mistəl] *bot. f* (-; -n) mistletoe; **~zweig** *m* mistletoe (bough).

'misten I. *v/i.* (*h.*) *animal*: dung; **II.** *v/t.* (*h.*) dung, manure (*field*); clean (*stable*).

'Mist...: ~fink *colloq. m* pig, mudlark, *w.s.* filthy fellow; **~gabel** *f* dung-fork, pitch-fork; **~grube** *f* dung-pit; **~haufen** *m* dung-hill, manure heap; **~käfer** *zo. m* dung-beetle; **~wagen** *m* dung-cart.

mit [mit] **I.** *prp.* (*dat.*) with; in the company of; (full) of; with, by means of; by (*mail, train, etc.*); *~ Bleistift write* in pencil; *~ dem Hut (Schwert) in der Hand* hat (sword) in hand; *~ Gewalt* by force; *~ Gold pay* in gold; *~ Lebensgefahr* at the risk of one's life; *~ Muße* at leisure; *j-n ~ Namen nennen* call a p. by (his) name; *~ lauter Stimme* in a loud voice; *~ Verlust* at a loss; *mit e-m Schlage* at a blow; *~ einem Wort* in a word; *~ 8 zu 11 Stimmen* by 8 votes to 11; *~ einer Mehrheit von* by a majority of; *was ist ~ ihm?* what is the matter with him?; *as to time*: *usu.* at; *~ 20 Jahren* at (the age of) twenty; *~ dem 3. September* by (*or* as of) September 3rd; *~ dem Glockenschlage* on the stroke; → *Zeit*; **II.** *adv.* also, too; *~ dabeisein* be there too *or* as well, be (one) of the party, participate; *das gehört ~ dazu* that belongs to it too; *er war ~ der beste* he was one of the best; → *~gehen, ~kommen, etc.*

'mit...: 2angeklagte(r *m*) *f* co-defendant; **~'ansehen** *v/t.* (*irr.*, *h.*) witness, watch; *fig.* tolerate, suffer, stand; **2arbeit** *f* co-operation, collaboration, assistance (*bei* in); **~arbeiten** *v/i.* (*h.*) collaborate, co-operate; *~ an* (*dat.*) assist (*or* aid) in; take part in; contribute to (*newspaper, etc.*); **2arbeiter(in** *f*) *m* co-worker; colleague; work-fellow; staff member; contributor (*an dat.* to *a newspaper*); *pl.* staff (of); employees; *~ sein bei* be on the staff of; **2arbeiterstab** *m* staff; **2beklagte(r** *m*) *f* co-defendant; **~bekommen** *v/t.* (*irr.*, *h.*) get *or* receive when leaving; *bride*: get as dowry; *colloq.* catch, get; **~benutzen** *v/t.* (*h.*) use *a th.* jointly with others; **2benutzer** *m* joint user; **2benutzungsrecht** *n* right of joint use; **2besitz** *m* joint possession (*or* property); **2besitzer(in** *f*) *m* joint owner; **~bestimmen** *v/i.* (*h.*) be a contributory determinant; *person*: share in a decision, have a say (*or* voice) in a matter; *worker*: participate in the management; **2bestimmungsrecht** *n* (right of) co-determination, co-rule; **~beteiligt** *adj.* (*an dat.*) participating *or* interested (in); **2beteiligte(r** *m*) *f jur.* party interested *or* concerned; *econ.* partner, associate; **~bewerben** *v/refl.* (*irr.*, *h.*): *sich um et. ~* compete for a th.; **2bewerber(in** *f*) *m* competitor; **2bewohner(in** *f*) *m* co-inhabitant; fellow-lodger; **~bringen** *v/t.* (*irr.*, *h.*) bring along (with *me, etc.*); *bride*: bring as dowry; produce (*documents, witnesses*); *fig.* have, be endowed with (*talents*); **2bringsel** ['-briŋzəl] *n* (-s; -) little present; **2bruder** *m* brother (*pl.* brethren), fellow, comrade; **2bürge** *m* joint security, *Am.* co-surety; **2bürger(in** *f*) *m* fellow-citizen; **2eigentümer(in** *f*) *m* joint owner, co-owner; **~einander** *adv.* with each other; together, jointly; at the same time, simultaneously; *alle ~* one and all; **~einbegriffen** [-'aınbəgrifən] *adj.* included, inclusive; **~empfinden** *v/t.* (*irr.*, *h.*) feel *or* sympathize (*j-s Schmerz, etc.* with a p. in his sorrow, *etc.*); **2empfinden** *n* (-s) sympathy; **2erbe** *m*, **2erbin** *f* coheir(ess *f*), joint heir(ess *f*); **~erleben** *v/t.* (*h.*) → *erleben*; **~essen** *v/i.* (*irr.*, *h.*) eat (*or* dine) with a p.; partake of a p.'s meal; **2esser** *med. m* blackhead, comedo; **~fahren** *v/i.* (*irr.*, *sn*): *mit* ride (*or* drive) with *a p.*; *j-n ~ lassen* give a p. a lift; *~ dürfen* get a lift; **2fahrer(in** *f*) *m* (fellow-)passenger; *mot.* → *Beifahrer*; **~freuen** *v/refl.* (*h.*): *sich ~ mit* share (in) the joy of, rejoice with; **~fühlen** *v/i.* (*h.*) → *mitempfinden*; **~fühlend** *adj.* sympathetic(ally *adv.*), feeling (*heart*); **~führen** *v/t.* (*h.*) carry along (with *me, etc.*); **~geben** *v/t.* (*irr.*, *h.*) give along (*dat.* with); give as a dowry; send *an escort, etc.*, along with; *fig.* impart *knowledge, etc.*, to, bestow upon; **~gefangen** *adj.*: *~, mitgehangen* caught together, hanged together; **2gefangene(r)** *m* fellow-prisoner; **2gefühl** *n* sympathy; *ohne ~* unsympathetic; *j-m sein ~ ausdrücken* condole with a p.; **~gehen** *v/i.* (*irr.*, *sn*) go *or* come along (*mit j-m* with a p.), accompany (a p.); *fig. audience*: respond (to), be carried away (by); *colloq.* et. *~ heißen* pocket a th., help o.s. to a th.; **~genießen** *v/t.* (*irr.*, *h.*) enjoy with others; **~genommen** *adj.* → *mitnehmen*; **2gift** *f* (-; -en) marriage portion, dowry; **2giftjäger** *m* fortune-hunter.

'Mitglied *n* member; *~ auf Lebenszeit* life member; *ordentliches* (*zahlendes, förderndes*) *~* full (subscribing, supporting) member; *~ sein von* be a member of, belong to; sit on *a committee*; **~erversammlung** *f* general meeting; **~erzahl** *f* membership; **~sbeitrag** *m* (membership) subscription, *Am.* dues *pl.*; **~schaft** *f* (-) membership; **~skarte** *f* membership card, (member's) ticket; **~snummer** *f* membership serial; **~staat** *m* (-[e]s; -en) member state (*or* nation).

'mit...: 2haftung *f* joint liability; **~halten** *v/i.* (*irr.*, *h.*) be one of the party; *ich halte mit* I'll join you, I am on; *wacker ~* hold one's own; → *mitlesen*; **~helfen** *v/i.* (*irr.*, *h.*) → *helfen*; **2helfer(in** *f*) *m* helper, assistant, aid; **2herausgeber** *m* co-editor; **2hilfe** *f* (-) aid, assistance, co-operation; **~'hin** *adv.* consequently, therefore; (*also*) thus, so, then; **2hördienst** *mil. m* monitoring service; interception service; **~hören** *v/t.* (*h.*) listen in to *or* on; overhear; *teleph.* monitor, tap the wire; *mil.* intercept (*radio message*); **2inhaber(in** *f*) *m* co-owner; **~kämpfen** *v/i.* (*h.*) take part (*or* join) in the combat *or* struggle; **2kämpfer** *m* (fellow-)combatant, comrade-in-arms; **2kläger(in** *f*) *m* co-plaintiff; **~klingen** *v/i.* (*irr.*, *h.*) resonate; **~kommen** *v/i.* (*irr.*, *sn*) come along (*mit j-m* with a p.); *fig.* be able to follow; keep up (*or* pace) with; *~ mit dem Zug, etc.* catch *a train, etc.*; **~können** *v/i.* (*irr.*, *h.*) be able to come along *or* go (*mit j-m* with a p.); *fig. da kann ich nicht mit!* that's beyond me!, that beats me!; **~kriegen** *colloq. v/t.* (*h.*) → *mitbekommen*; **~lachen** *v/i.* (*h.*) join in the laugh; **~laufen** *v/i.* (*irr.*, *sn*) run (*mit* with); participate *in a race*; *colloq.* ~ *lassen* pocket, lift; 2**läufer** *pol. m* nominal member, follower; *contp.* hanger-on, trimmer, fellow-travel(l)er; 2**laut** *m* consonant.

'**Mitleid** *n* (-[e]s) compassion, pity; sympathy; *aus* ~ *für* out of pity for; *mit j-m* ~ *haben* have (*or* take) compassion *or* pity on a p., pity a p., be sorry for a p.; ~**enschaft** *f* (-): *in* ~ *ziehen* affect; implicate, involve; damage, impair; 2**erregend** *adj.* piteous, deplorable; 2**ig** *adj.* compassionate (*zu* to), pitiful; sympathetic; ~**sbezeichnung** *f* condolence, expression of one's sympathy; ~**(s)los** *adj.* pitiless, merciless; ~**(s)voll** *adj.* full of pity, compassionate.

'**mit...:** ~**lesen** *v/t.* (*irr., h.*) read (*mit* with); be a joint subscriber to, take *a newspaper* in with others; *tech.* control; ~**machen I.** *v/i.* (*h.*) make one of the party, go along (*bei* with), *a.* chip in; *audience*: join in the spirit, respond; follow suit; keep pace (with); *ich mache mit!* I am on!, count me in!; **II.** *v/t.* (*h.*) take part in, participate in, join in, be a party to *a th.*; go to (*a meeting, etc.*); follow, go with (*the fashion*); go through (*an experience*); 2**mensch** *m* fellow-man *or* -being *or* -creature; neighbo(u)r; ~**müssen** *v/i.* (*irr., h.*) have (*or* be obliged) to go along (*mit* with); ~**nehmen** *v/t.* (*irr., h.*) take along (with one); pick up (*passengers, etc.*); *j-n* (*im Fahrzeug*) ~ give a p. a lift; *mitgenommen werden* get a lift; *e-n Ort* ~ call at a place; take in (*a town, sights, etc.*) (*tourist*); *fig.* et. ~ avail o.s. of a th.; partake of *a lesson, etc.*; affect, impair, be rough on; exhaust, wear (out), punish; *j-n arg* ~ treat harshly, let *a p.* have it; *mitgenommen sein* be worn(-out), be (*or* look) the worse for wear, *person a.*: be exhausted *or* ravaged (*von* by); *das hat ihn sehr mitgenommen* that has hit him hard, it has taken its toll of him; 2**nehmer** *tech. m* driver, dog, cam; 2**nehmerbolzen** *tech. m* driving pin, carrier bolt; 2**nehmerscheibe** *tech. f* driver disc; ~'**nichten** [-'niçtən] *adv.* by no means, not at all, in no way.

Mitra ['mi:tra] *eccl. f* (-; -tren) mitre.

'**mit...:** ~**rechnen I.** *v/t.* (*h.*) include (in the account); *nicht* ~ leave out of account; *nicht mitgerechnet* not counting; **II.** *v/i.* (*h.*) count; ~**reden I.** *v/i.* (*h.*) join in the conversation *or* discussion; put in a word or two; **II.** *v/t.* (*h.*): et. (*or ein Wort, Wörtchen*) *mitzureden haben* have a say (*bei* in); *da hast du nichts mitzureden* you have no say in this matter, this is no concern of yours; 2**regent(in** *f*) *m* co-regent; ~**reisen** *v/i.* (*sn*) travel along (*mit* with); 2**reisende(r** *m*) *f* fellow-traveller *or* passenger; ~**reißen** *v/t.* (*irr., h.*) drag *or* carry *or* sweep along; *fig. a.* carry along *or* away, sweep along with one, electrify; ~**reißend** *adj.* thrilling, spirit-stirring, breath-taking; ~'**samt** *prp.* (*dat.*) together with; ~**schicken** *v/t.* (*h.*) send (along) (*mit* with); enclose (*in letter*); ~**schleppen** *v/t.* (*h.*) drag along (with one); ~**schreiben** *v/t. and v/i.* (*irr., h.*) write (*or* take, note) down, take notes; 2**schuld** *f* (-) complicity (*an dat.* in); *a. divorce*: joint guilt; ~**schuldig** *adj.* accessory (to the crime), implicated (*an dat.* in); 2**schuldige(r** *m*) *f* accessory (*an dat.* to), accomplice; 2**schuldner(in** *f*) *m* joint debtor; 2**schüler(in** *f*) *m* schoolfellow, class-mate; ~**schwingen** *v/i.* (*irr., h.*) resonate (*a. fig.*), co-vibrate; 2**schwingen** *n* (-s) resonance; co-vibration; ~**singen** *v/i.* (*irr., h.*) join in the song; ~**spielen** *v/i. and v/t.* (*h.*) join (*or* take a hand) in a game; play (*mit* with); *sports*: play (*or* participate) in a game, be on the team; *thea.* appear, take a part (*in dat.* in *a play*); *fig. matter*: be involved, play a part; *nicht mehr* ~ give up (playing), *fig.* withdraw, resign; *j-m arg* (*or übel*) ~ play a p. a nasty trick, use a p. ill, do a p. the dirty; 2**spieler(in** *f*) *m* partner; *thea.* supporting player; ~**spracherecht** *n* (right of) co-determination; *a* say (*in a matter*); ~**sprechen** *v/i.* (*irr., h.*) → *mitreden*.

Mittag ['mita:k] *m* (-[e]s; -e) midday, noon; south; *des* ~*s*, 2*s* at noon; *heute* 2 at noon today; *es ist* ~ it is twelve o'clock; *zu* ~ essen (have) lunch, dine; ~**essen** *n* lunch, midday meal.

'**mittäglich** *adj.* midday, noonday; *geogr.* meridian, southern.

'**mittags** *adv.* at noon; at lunch (-time).

'**Mittag(s)...:** ~**ausgabe** *f* midday edition; ~**blatt** *n* noon paper; ~**glut**, ~**hitze** *f* midday heat; ~**kreis** *m*, ~**linie** *f* meridian; ~**mahl(zeit** *f*) *n* midday meal; ~**pause** *f* lunch hour; *a.* → ~**ruhe** *f* midday rest; ~**schlaf** *m*, ~**schläfchen** *n* after-dinner nap, siesta; ~**sonne** *f* (-) midday-sun; ~**stunde** *f* noon; lunch hour; ~**tisch** *m* dinner (-table); ~**zeit** *f* noon(tide); lunch-hour, (early) dinner-time; *um die* ~ about noon.

'**mit...:** ~**tanzen** *v/i.* (*h.*) join in the dance; 2**tänzer(in** *f*) *m* partner; 2**täter** *jur. m* accomplice, accessory (to the crime), co-principal; 2**täterschaft** *f* complicity.

Mitte ['mitə] *f* (-) middle; cent|re, *Am.* -er; midst; *fig. die goldene* ~ the golden (*or* happy) mean; *pol. die* ~ the cent|re, *Am.* -er; *aus unserer* ~ from among us, from our midst; *in unserer* ~ among us, in our midst; *in der* ~ *zwischen* half-way between; ~ *Juli* in the middle of July, in mid-July; *in der* ~ *des Jahres* in midyear; *in der* ~ *des 18. Jahrhunderts* in the mid 18th century; ~ *Dreißig* (*or der Dreißiger*) in one's middle thirties; *in die* ~ *nehmen* take between (us, them), *soccer*: sandwich in; *in der* ~ *durchhauen* cut across.

'**mitteil|bar** *adj.* communicable; ~**en** *v/t.* (*h.*) communicate (*j-m* to a p.); intimate (to a p.); impart *knowledge* (to a p.); *j-m et.* ~ inform a p. of a th.; make a th. known to a p., tell a p. about a th.; *schonend*: break a th. (gently) to a p.; *adm.* notify a p. of a th.; *econ.* advise a p. of a th.; *j-m seine Ansicht* ~ give a p. one's opinion; *sich* ~ *excitement, heat, etc.*: communicate (*dat.* to), spread (to); *die Bewegung teilt sich den Rädern mit* the motion is imparted to the wheels; *person*: *sich j-m* ~ open one's heart to a p.; ~**sam** *adj.* communicative; 2**samkeit** *f* (-) communicativeness; 2**ung** *f* (-; -en) communication, information; *econ.* advice; *adm.* notification, notice; *to the public*: communiqué, (official) bulletin; message; report; *vertrauliche* ~ confidential communication; *jur.* ~*en pl.* service *sg.* (of legal process); ~ *machen* → *mitteilen*.

mittel ['mitəl] *adj.* middle, central; intermediate; average, medium; *math., phys., tech.* mean; middling; *mittlerer Beamter* subordinate officer; *Mittlerer Osten* Middle East; *mittlere Qualität* medium quality; *mittlere Entfernung* medium range, midrange; *von mittlerem Alter* middle-aged; *von mittlerer Größe* medium-sized.

Mittel ['mitəl] *n* (-s; -) means *sg. and pl.*; medium (*pl.* media), agent, instrument(ality), tool; device; method; expedient; measure; average; *im* ~ on an average; *math.* mean; *phys.* medium; *typ.* English; *med.* remedy (*gegen* for), medicine, drug; *pl.* resources; supply *sg.*; (*money*) means, funds; capital *sg.*; *künstlerische* ~ artistic means; *aus öffentlichen* ~*n* from the public purse; *mit öffentlichen* ~*n unterstützen or finanzieren* subsidize; *meine* ~ *erlauben es* (*mir*) *nicht* I cannot afford it; ~ *und Wege finden* (*zu*) find ways and means (to *do a th.*), manage (*or* contrive) *a th.*; *die* ~ *besitzen, um et. auszuführen* be in a position to carry out a th.; *als* ~ *zum Zweck verwenden* use as a means to an end (*or* as a stepping-stone); *sich ins* ~ *legen or schlagen* interpose, intervene, interfere, mediate, step in; *als letztes* ~ as a last resort; *ihm ist jedes* ~ *recht* he sticks at nothing.

'**Mittel...:** ~**alter** *n* (-s) Middle Ages *pl.*; 2**alterlich** *adj.* medi(a)eval; ~**amerika** *n* Central America; ~**asien** *n* Central Asia; 2**bar** *adj.* mediate, indirect; ~*er Schaden* consequential damage; ~**betrieb** *m* medium-size enterprise; ~**decker** *aer. m* (-s; -) mid-wing monoplane; ~**deutschland** *n* Central Germany; ~**ding** *n* (something) intermediate, something between; cross (*zwischen* between); ~**europa** *n* Central Europe; 2**europäisch** *adj.*: ~*e Zeit* (MEZ) Central European time; 2**fein** *econ. adj.* middling (fine), good medium; ~**feld** *n* centre-field; *soccer*: midfield; ~**finger** *m* middle finger; ~**frequenz** *f* mean frequency; 2**fristig** *adj.* medium-term (*credit*); ~**fuß** *anat. m* metatarsus; ~**fußknochen** *anat. m* metatarsal bone; ~**gang** *m* central walk; *rail.* corridor, gangway (*a. aer.*), *Am.* aisle; ~**gebirge** *n* secondary chain of mountains; highlands *pl.*; **~gewicht(ler** *m*) *n* (-[e]s; *-s*, -) *boxing*: middle-weight; **~glied** *n* middle joint; intermediate member; *anat.* middle phalanx; **2groß** *adj.* medium-sized; **~größe** *f* medium size; **~hand** *anat. f* (-) metacarpus; **2hochdeutsch** *adj.*, **~hochdeutsch (-e)** *n* (-[s]; *-n*) Middle High German; **~kurs** *econ. m* middle price, average rate; **~lage** *f* central position, mid-position; *mus.* middle voice; **2ländisch** ['-lendiʃ] *adj.*: *das 2e Meer* the Mediterranean (Sea); **~läufer** *m sports*: cent|re (*Am.* -er) half; **~linie** *f* median line, axis; *math.* bisector; *soccer*: centre line; *tennis*: centre service line; **2los** *adj.* without means, impecunious, destitute; **~losigkeit** *f* (-) lack of means, destitution; **~mächte** *pl.* Central Powers; **~maß** *n* medium size; average; **2mäßig** *adj.* middling, indifferent; *b.s.* mediocre; moderate (*talent*); average; *econ.* medium, middling; **~mäßigkeit** *f* mediocrity; **~meer** *n* (-[e]s) Mediterranean (Sea); **~ohr** *n* (-[e]s) middle ear, tympanum; **~ohr-eiterung** *med. f* suppurative otitis; **~-ohr-entzündung** *med. f* inflammation of the middle ear, otitis media; **~partei** *pol. f* central party; **~parteiler** ['-partaılər] *m* (-s; -) centrist; **~preis** *m* average price; **~punkt** *m* cent|re, *Am.* -er, central point; *fig.* centre (of attraction); focus; heart (*of town*); hub (*of the world*); **2s** *prep.* (*gen.*) by (means of), through, with (the help of); **~schiff** *arch. n* middle aisle; **~schlag** *m*, **~sorte** *f* middling sort, *econ.* middlings *pl.*; **~schule** *f* intermediate school, *Am.* high school; **~smann** *m* (-[e]s; *-leute*), **~s-person** *f* mediator, go-between, *a. econ.* middleman; **~-stadt** *f* middle-sized town, *Am.* middletown; **~stand** *m* middle classes *pl.*; **~stands...** middle-class ...; **~stellung** *f* mid-position; **~-stimmen** *mus. f/pl.* middle parts; **~straße** *f* middle road; → *Mittelweg*; **~strecke** *f sports*: medium distance; **~streckenlauf** *m* medium-distance race; **~streckenrakete** *mil. f* medium-range missile; **~streifen** *m* cent|re (*Am.* -er) strip (*of motorway*); **~stück** *n* central portion, mid-portion; *cul.* middle cut; **~stufe** *f* intermediate stage; *esp. ped.* intermediate grade(s *pl.*); **~stürmer** *m sports*: cent|re (*Am.* -er) forward; **~teil** *m* mid-portion; central part; **~ton** *m* (-[e]s; ⁼e) *mus.* mediant; *paint.* medium tone, half-tint; **~wand** *f* partition wall; **~-weg** *m fig.* middle course; *der goldene ~* the golden (*or* happy) mean; *e-n ~ einschlagen* steer a middle course, walk down the middle of the road; **~welle** *f radio*: medium wave; **~wellenbereich** *m* medium wave band; **~wert** *m* mean (value), average (value); **~wort** *n* (-[e]s; ⁼er) participle.

mitten ['mitən] *adv.*: *~ in* (*an, auf, unter*) in the midst (*or* middle, cent|re, *Am.* -er) of; in the thick of; *~ unter uns* in our midst; *~ am Tage* (*auf der Straße*) in broad daylight (the open street); *~ aus* from the midst of, from amidst, from among; *~ entzwei* right in two, clean through; *~ hinein* into the midst of it, right into it; *~ im Atlantik* in mid-Atlantic; *~ im Winter* in the depth of winter; *~ in der Luft* in mid-air; *~ in der Nacht* in the middle (*or* dead) of night; *~ ins Herz* right into the heart; **~dar'in**, **~dar'unter** *adv.* right in the midst *or* cent|re (*Am.* -er); **~(hin)'durch** *adv.* through the midst; right through *or* across; *~ schneiden* cut clean through.

'**Mitter|nacht** *f* midnight; North; **2nächtig** ['-neçtiç], **2nächtlich** *adj.* midnight; *w.s.* nocturnal; **~-nachts...** midnight ...; **~nachtssonne** *f* (-) midnight sun.

'**mittig** *tech. adj.* concentric.

mittler ['mitlər] *adj.* → *mittel*.

'**Mittler** *m* (-s; -), **~in** *f* (-; *-nen*) mediator (*f* -tress), intercessor, peacemaker; **~amt** *n* mediatorship; **2weile** *adv.* meanwhile, (in the) meantime.

'**mit...:** **~tragen** *v/t.* (*irr.*, *h.*) carry (with others); share (*losses*); **~trinken** *v/t. and v/i.* (*irr.*, *h.*) drink (with others).

'**mittschiffs** *mar. adv.* (a)midships.

'**Mittsommer** *m* midsummer.

'**mittun** *v/i.* (*irr.*, *h.*) → *mitmachen*.

Mittwoch ['-vɔx] *m* (-[e]s; -e) Wednesday; **2s** *adv.* on Wednesday(s *pl.*).

'**mit...:** **~'unter** *adv.* now and then, sometimes, occasionally; **~unterschreiben** *v/t. and v/i.* (*irr.*, *h.*), **~unterzeichnen** *v/t. and v/i.* (*h.*) add one's signature (to); countersign; **2unterschrift** *f* joint signature; **2unterzeichner(in** *f*) *m* co-signatory; **2ursache** *f* concurring (*or* secondary) cause; **~verantwortlich** *adj.* jointly responsible; **2verantwortung** *f* joint responsibility; **2verfasser(in** *f*) *m* co-author; **2verschulden** *jur. n*: *fahrlässiges ~* contributory negligence; **2verschworene(r)** ['-ferʃvo:rənə(r)] *m* (-*n*; -*n*) fellow-conspirator; **2welt** *f* (-): *die ~* the present generation; our, *etc.*, contemporaries.

'**mitwirk|en** *v/i.* (*h.*) co-operate (*bei* in), contribute (to), assist (in), be instrumental (in), *matter*: *a.* concur (with); take part (in); *thea.* take (a) part (in), (co-)star (in); **~end** *adj.* co-operating, co-operative, concurrent; contributory; **2ende(r** *m*) ['-virkəndə(r)] *f* (-*n*, -*n*; -*n*, -*n*) *thea.* performer, actor, player (*a. mus.*); *pl.* cast; *~ sind* the cast includes; → *Mitarbeiter*; **2ung** *f* (-) co-operation, participation, assistance; concurrence; *unter ~ von* assisted by.

'**Mitwiss|en** *n* joint knowledge, *b.s.* privity, connivance; *ohne mein ~* without my knowledge, unknown to me; **~er(in** *f*) *m* (-s, -; -, -*nen*) person who is in the secret, confidant; *jur.* accessory.

'**mit...:** **~zählen** *v/t. and v/i.* (*h.*) → *mitrechnen*; **~ziehen I.** *v/t.* (*irr.*, *h.*) drag *or* pull along (with one); **II.** *v/i.* (*irr.*, *sn*) go *or* march along (with others).

Mix|becher ['miks-] *m* (cocktail-) shaker; *kitchen machine*: liquidizer goblet; **2en** *v/t.* (*h.*) mix; **~er** *m* (-s; -) bartender, mixer; *kitchen machine*: liquidizer.

Mixtur [-'tu:r] *f* (-; *-en*) mixture.

Möbel ['mø:bəl] *n* (-s; -) piece of furniture; *pl.* furniture; *humor. altes ~* fixture; **~geschäft** *n* furnishing house, furniture-shop; **~-händler(in** *f*) *m* furniture-dealer; **~lack** *m* furniture varnish; **~laden** *m* → *~geschäft*; **~politur** *f* furniture polish; **~spediteur** *m* furniture remover; **~speicher** *m* furniture repository, *Am.* storage warehouse; **~stoff** *m* furniture fabric; **~stück** *n* → *Möbel*; **~tischler** *m* cabinet-maker; **~transportgeschäft** *n* (firm of) furniture removers, removal contractors; **~-wagen** *m* furniture(-removal) van, *Am.* furniture truck.

mobil [mo'bi:l] *adj. a. mil.* mobile; movable; active, quick; *~ machen* mobilize, *fig. a.* rouse.

Mobiliar [mobili'ɑ:r] *n* (-*s*; -*e*) furniture; **~vermögen** *n* personal property, personalty.

Mobilien [-'bi:liən] *pl.* movables, effects, goods and chattels *pl.*

mobili'sier|en *v/t. and v/i.* (*h.*) mobilize; *econ.* realize (*real estate*); **2ung** *f* (-; *-en*) mobilization; *econ.* realization.

Mo'bilmachung [-maxuŋ] *mil. f* (-) mobilization; **~sbefehl** *m* mobilization order; **~s-tag** *m* mobilization day (*abbr.* M-day).

mobmäßig ['mɔp-] *mil. adj.* according to war establishment.

möblieren [mø'bli:rən] *v/t.* (*h.*) furnish; *neu ~* refurnish; *möblierter Herr* lodger, *Am.* roomer; *möbliertes Zimmer* furnished room, bed-sitter; *möbliert wohnen* live in lodgings.

mochte ['mɔxtə] *pret. of mögen.*

Möchte-gern... ['mœçtə-] *in compounds* would-be (*writer, etc.*).

modal [mo'dɑ:l] *adj.* modal; **Modali'tät** *f* (-; *-en*) modality; proviso; arrangement.

Mode ['mo:də] *f* (-; *-n*) fashion; vogue; style; mode; *Königin ~* Dame Fashion; *die neueste ~* the latest fashion (*or iro.* craze); the new look; *contp. neue ~n* new-fangled ideas; *in ~* in fashion, in vogue, fashionable; *die große ~ sein* be (all) the rage, be the (latest) craze *or* fad; *aus der ~ kommen* go out (of fashion), grow out of fashion; *in ~ bringen* (*kommen*) bring (come) into fashion *or* vogue; *in ~ bleiben* continue in fashion; *mit der ~ gehen* go with (*or* follow) the fashion; **~artikel** *m* fashionable (*or* fancy-)article; *pl. a.* novelties; **~-bade-ort** *m* (-[e]s; -e) fashionable spa, Lido; **~dame** *f* lady of fashion; **~dichter** *m* poet of the day; **~farbe** *f* fashionable colo(u)r; **~geschäft**, **~haus** *n* fashion house; **~krankheit** *f* fashionable complaint; **~künstler (-in** *f*) *m* couturier (*f* couturière) (*Fr.*).

Modell [mo'dɛl] *n* (-*s*; -*e*) model (*a.*

paint., *person*); fashion model, *person*: *a.* mannequin; *tech.* model, type; design; prototype (*a. fig.*); mo(u)ld; pattern; mock-up; *j-m* ~ *stehen* pose *for*, *a. fig.* (serve as a) model *for a p.*; **~bau** *m* (-[e]s) pattern making; **~baukasten** *m* model construction kit; **~druckmaschine** *typ. f* block-printing machine; **~eisenbahn** *f* model railway; **~flugzeug** *n* model airplane.

Modellier|bogen [mode'li:r-] *m* modelling cardboard; **&en** *v/t.* (*h.*) model, mo(u)ld, shape, fashion; **~en** *n* (-s) model(l)ing; mo(u)lding; **~ton** *m* (-s) model(l)ing clay.

Mo'dell...: **~kleid** *n* model (dress); **~macher** *tech. m* pattern-maker; **~schuh** *m* special-design shoe; **~tischler** *m* pattern-maker; **~tischle'rei** *f* (wood) pattern-shop.

modeln ['mo:dəln] *v/t.* (*h.*) mo(u)ld; → *modellieren.*

'Moden...: **~bild, ~blatt** *n* fashion-plate; **~schau** *f* fashion (*or* dress-) show; mannequin parade; **~zeichner(in** *f*) *m* fashion designer; **~zeitung** *f* fashion magazine.

Moder ['mo:dər] *m* (-s) mo(u)ld; putrefaction, decay; mud; **~erde** *agr. f* mo(u)ld; **~geruch** *m* (-[e]s) musty smell; **&fleckig** *adj.* foxed (*paper*); **&ig** *adj.* mo(u)ldy, musty; decaying, putrid; **&n**[1] *v/i.* (*h.*) mo(u)lder, rot, putrefy, decay.

modern[2] [mo'dern] *adj.* modern; progressive; *contp.* new-fangled; up-to-date, *pred.* up to date; fashionable; *a. w.s.* stylish, elegant (*dress design*), *Am. a.* streamlined; *~er Geschmack*, *~e Zeitrichtung* modernism; *~er Roman* current novel; *das ist* ~ that's quite the go; **&e** *f* (-) modernity; *the* modern trend.

moderni'sier|en *v/t.* (*h.*) modernize, bring up to date, *Am. a.* streamline; **&ung** *f* (-; -en) modernization, *Am.* streamlining.

'Mode...: **~salon** *m* fashion house; **~schmuck** *m* style jewelry; **~schöpfer** *m* couturier, stylist, dress designer; **~schöpfung** *f* latest creation; **~schriftsteller(in** *f*) *m* fashionable writer; **~stil** *m* fashion style, (new) look; **~torheit** *f* fashionable craze; **~waren** *f/pl.* fancy goods; millinery *sg.*; **~warengeschäft** *n* fancy-goods shop; millinery; ladies' outfitting (shop); **~welt** *f* (-) fashionable world; **~wort** *n* (-[e]s; ¨er) vogue word; **~zeichner(in** *f*) *m* dress designer; **~zeitschrift** *f* fashion magazine.

modifizier|en [modifi'tsi:rən] *v/t.* (*h.*) modify; qualify; **&ung** *f* (-; -en) modification; qualification.

'modisch *adj.* fashionable, stylish; fashion ...; *~e Neuheiten* novelties.

Modistin [mo'distin] *f* (-; -nen) milliner.

Modul ['mo:dul] *m* (-s; -n) *tech.* module; *math.* modulus.

Modulation [modulatsi'o:n] *f* (-; -en) modulation, control; inflection (*of voice*); **~sfrequenz** *f* modulating frequency.

Modulator [modu'la:tor] *m* (-s; -'toren) modulator.

modu'lieren *v/t.* (*h.*) modulate.

Modus ['mo:dus] *m* (-; -di) mode; method, manner; *gr.* mood.

Mogelei [mo:gə'laɪ] *colloq. f* (-; -en) cheating, trickery; **'mogeln** *v/i.* (*h.*) cheat.

mögen ['mø:gən] **I.** *v/i.* (*irr.*, *h.*) be willing; *ich mag nicht* I won't, I don't like to; **II.** *v/t.* (*irr.*, *h.*) want, desire, wish; *was möchten Sie?* what do you want?, what can I do for you?; like, be fond of, be partial to; *nicht* ~ dislike; not be keen on, not to care for; *lieber* ~ like better, prefer; *er mag mich nicht* he doesn't like me; **III.** *v/aux.* (*irr.*, *h.*) may, might; *er mag gehen* let him go; *er möchte sofort kommen!* ask (*or* tell) him to come at once!; *ich möchte wissen* I should like to know, I wonder; *möge es ihm gelingen* may he succeed, let us hope that he will succeed; *ich möchte lieber gehen* I had (*or* would) rather go; *das möchte ich doch einmal sehen!* well, I should like to see that!; *er mag nicht nach Hause gehen* he doesn't care to go home; *mag er sagen, was er will* let him say what he wants; *das mag* (*wohl*) *sein* that's (well) possible, that may be (true *or* so); *was ich auch tun mag* whatever I may do, no matter what I do; *wo er auch sein mag* wherever he may be; *wo mag sie das gehört haben?* where can (*or* may) she have heard that?; *was mag er dazu sagen?* I wonder what he will say to that; *sie mochte 30 Jahre alt sein* she would be (*or* looked) thirty years old; *man möchte verrückt werden!* it's enough to drive you mad!

'Mogler *colloq. m* (-s; -) cheat.

möglich ['mø:kliç] **I.** *adj.* possible (*für j-n* for a p.); practicable, feasible; likely; eventual; potential (*market*, *criminal*, *etc.*); *alle ~en* all sorts of; *alles ~e* all sorts of things; *alles ~e tun* try everything, use all possible means; *sein ~stes tun* do one's best *or* utmost, do everything in one's power; *es möglich machen, zu inf.* make it possible to *inf.*, manage to *inf.*; → *ermöglichen*; *nicht ~!* you don't say (so)!, impossible!; *das ist* (*wohl*) ~ that may (well) be, that's (quite) possible; *das ist eher* ~ that's more likely; *es ist ~, daß er kommt* he may (possibly) come; *es war mir nicht* ~ I was unable *to do it*, I could not (see my way *to*) *do it*; **II.** *adv.*: *so bald, etc., wie ~, ~st bald, etc.* as soon, *etc.*, as (ever) possible; *econ.* at your earliest convenience *or* opportunity; *~st klein* as small as possible, *attr.* the smallest possible, a minimum of (*losses*, *etc.*); *~st wenig* the least possible, as little as can be; *mit ~st geringer Verzögerung* with the least possible (*or* a minimum of) delay; **~enfalls, ~erweise** *adv.* if possible, possibly; perhaps; it is possible that; **&keit** *f* (-; -en) possibility; eventuality; practicability, feasibility; chance, *gute* ~ opportunity; *andere* (*zweite*) ~ alternative; potentiality; *~en pl.* facilities; *nach* ~ as far as possible; *ich sehe keine ~, zu inf.* I cannot see any chance of *ger.*; *es besteht die ~, daß* it is possible that, there is a chance of; **~st** → *möglich* I *and* II.

Mohammedan|er(in *f*) [mohame'da:nər-] *m* (-s, -; -, -nen), **&isch** *adj.* Mohammedan, Moslem.

Mohär [mo'he:r] *m* (-s; -e) mohair.

Mohn [mo:n] *m* (-[e]s; -e) poppy; **'~kapsel** *f* poppy-head; **'~öl** *n* (-[e]s) poppy-seed oil.

Mohr [mo:r] *m* (-en; -en) Moor, blackamoor, negro; **'~enwäsche** *fig. f* (-) whitewashing; **'~in** *f* (-; -nen) negress.

Möhre ['mø:rə] *f* (-; -n), **'Mohrrübe** *f* carrot.

Moiré [moa're:] *m and n* (-s; -s) moiré, watered silk.

moi'rieren *v/t.* (*h.*) water, cloud.

mokant [mo'kant] *adj.* sarcastic, sardonic.

Mokassin ['mokasi:n] *m* (-s; -s) [moccassin.]

mo'kieren (*h.*): *sich* ~ *über* (*acc.*) sneer (*or* laugh) at.

Mokka ['mɔka] *m* (-s; -s) Mocha coffee, mocha.

Molch [mɔlç] *zo. m* (-[e]s; -e) salamander; newt.

Mole ['mo:lə] *f* (-; -n) mole, jetty, pier; harbo(u)r dam; **~nkopf** *m* pierhead.

Molekül [mole'ky:l] *n* (-s; -e) molecule; **molekular** [-ku'la:r] *adj. and* **&...** (*in compounds*) molecular (*weight*, *etc.*).

molk [mɔlk] *pret. of melken.*

Molke ['mɔlkə] *f* (-; -n) whey.

Molke'rei *f* (-; -en) dairy; **~butter** *f* dairy-butter.

'molkig *adj.* wheyish.

Moll [mɔl] *mus. n* (-) minor (key); **~akkord** *m* minor chord.

'mollig *colloq. adj.* comfortable, snug, cosy; nice and warm; soft; *person*: (well-)rounded, buxom, roly-poly.

'Mollton(art *f*, **-stufe** *f*) *mus. m* (-[e]s; ¨e) minor key.

Molluske [mɔ'luskə] *zo. f* (-; -n) mollusc.

Molybdän [molyp'de:n] *chem. n* (-s) molybdenum; **~säure** *chem. f* molybdic acid.

Moment [mo'ment] **1.** *m* (-[e]s; -e) moment, instant; → *Augenblick*; **2.** *n* (-[e]s; -e) motive; factor; fact, element; *phys.* momentum; impulse, impetus (*a. fig.*); main point *or* factor.

momentan [-'ta:n] **I.** *adj.* momentary; instantaneous; present, actual; **II.** *adv.* at the moment, for the present, for the time being; **&wert** *tech. m* instantaneous value.

Mo'ment...: **~aufnahme** *f*, **~bild** *phot. n* snapshot, instantaneous photograph; action shot; *e-e* ~ *machen* take a snapshot (*von* of); **~schalter** *el. m* quick-action switch; **~um** [-um] *phys. n* (-s) momentum; **~verschluß** *phot. m* instantaneous shutter.

Monade [mo'na:də] *f* (-; -n) monad.

Monarch [mo'narç] *m* (-en; -en), **~in** *f* (-; -nen) monarch, sovereign; **Monar'chie** *f* (-; -n) monarchy; **mon'archisch** *adj.* monarchic(al); **Monar'chist(in** *f*) *m* (-en, -en; -, -nen) monarchist.

Monat ['mo:nat] *m* (-[e]s; -e) month; ~ *Januar* month of January; *im* ~ *earn, etc.*, a (*or* per) month, monthly; 2**elang I.** *adj.* lasting for months; months of; **II.** *adv.* for months; 2**lich I.** *adj.* monthly; *employment, etc.*, on a month-by-month basis; **II.** *adv.* monthly, a month; *300 Dollar* ~ a (*or* per) month.

'**Monats...:** ~**abschluß** *econ. m* monthly balance; ~**ausweis** *m* monthly return; ~**bericht** *m* monthly report; ~**binde** *f* sanitary towel, *Am.* napkin; ~**fluß** *physiol. m* (-sses) menstruation, (monthly) period, menses *pl.*; ~**frist** *f* term of a month, one month's time; *binnen* ~ within a month; ~**gehalt** *n* monthly salary *or* pay; ~**geld** *n* loans *pl.* for one month; ~**heft** *n* monthly number; → *Monatsschrift*; ~**karte** *f* monthly season-ticket, *Am.* commutation(-ticket); ~**lohn** *m* monthly wage(s *pl.*) *or* pay; ~**name** *m* name of month; ~**rate** *f* monthly instal(l)ment; ~**schrift** *f* monthly (magazine); ~**tampon** *m* sanitary tampon.

'**monatweise** *adv. and adj.* by the month, monthly; month by month.

Mönch [mønç] *m* (-[e]s; -e) monk, friar; '2**isch** *adj.* monkish, monastic.

'**Mönchs...:** ~**kloster** *n* monastery; ~**kutte** *f* monk's frock; ~**leben** *n* (-s) monastic life; ~**orden** *m* monastic (*or* religious) order; ~**schrift** *typ. f* black letter; ~**tum** *m* (-s) monachism; ~**wesen** *n* (-s) monasticism; ~**zelle** *f* monk's cell.

Mond [mo:nt] *m* (-[e]s; -e) moon (*poet. a. month*); *ast. a.* satellite; *künstlicher* ~ man-made (*or* baby) moon; *skating*: spread-eagle; *der* ~ *scheint* the moon is shining, it is moonlight; *vom* ~ *beschienen* moonlit; *fig. hinter dem* ~ *leben* be behind the times; *du lebst wohl hinter dem* ~? where do you live?; *colloq. da kann er in den* ~ *gucken* he can whistle for it; ~**aufgang** *m* moonrise; ~**bahn** *f* moon's (*or* lunar) orbit; 2**beglänzt** *adj.* moonlit; ~**fähre** *f* lunar module; ~**finsternis** *f* lunar eclipse; 2**förmig** ['-fœrmiç] *adj.* moonshaped, lunate; ~**gebirge** *n/pl.* lunar mountains; 2**hell** *adj.* moonlit; ~**jahr** *n* lunar year; ~**kalb** *n* moon-calf, mole; ~**licht** *n* (-[e]s) moonlight; ~**nacht** *f* moonlit night; ~**phase** *f* lunar phase; ~**scheibe** *f* disk of the moon; ~**schein** *m* (-[e]s) moonlight; ~**sichel** *f* crescent; ~**stein** *m* moonstone; ~**sucht** *f* (-) moon-madness, somnambulism; 2**süchtig** *adj.* moonstruck, somnambulous; ~**süchtige(r** *m*) *f* sleepwalker, somnambulist; ~**wechsel** *m* change of the moon.

Moneten [mo'ne:tən] *colloq. pl.* brass, tin, *Am.* dough *sg.*

Mongo|le [mɔŋ'go:lə] *m* (-*n*; -*n*), ~**lin** *f* (-; -*nen*) Mongol(ian); ~'**lei** *f* (-) Mongolia; 2**lisch** *adj.* Mongol(ic); **mongoloid** [-golo'i:t] *adj.* Mongoloid.

monieren [mo'ni:rən] *v/t. and v/i.* (*h.*) censure, criticize; *econ.* send a reminder, dun.

Monitor ['mo:nitɔr] *phys., TV m* (-*s*; -'*toren*) monitor.

mono|gam [mono'ga:m] *adj.* monogamous; 2**ga'mie** *f* (-) monogamy; 2**gramm** [-'gram] *n* (-*s*; -*e*) monogram; 2**graphie** [-gra'fi:] *f* (-; -*n*) monograph.

Monokel [mo'nɔkəl] *n* (-*s*; -) monocle.

'**Monokultur** *agr. f* single-crop farming.

Monolith [-'li:t] *m* (-*s*; -*e*[*n*]) monolith.

Monolog [-'lo:k] *m* (-[e]s; -e) (*innerer* ~ interior) monologue.

Monomanie [-ma'ni:] *f* (-; -*n*) monomania.

Monopol [-'po:l] *n* (-*s*; -*e*), ~**stellung** *f* monopoly (*auf* of, *Am.* on), exclusive control (of); ~**erzeugnis** *n* proprietory article; **monopoli'sieren** *v/i.* (*h.*) monopolize.

Monotheis|mus [-te'ismus] *m* (-) monotheism; ~**t(in** *f*) *m* (-*en*, -*en*; -, -*nen*) monotheist; 2**tisch** *adj.* monotheistic.

monoton [-'to:n] *adj.* monotonous; → *eintönig*; **Monoto'nie** *f* (-; -*n*) monotony.

Monstranz [mɔn'strants] *f* (-; -*en*) monstrance.

monströs [mɔn'strø:s] *adj.* monstrous.

Monstrum ['mɔnstrum] *n* (-*s*; -*ren*) monster.

Monsun [mɔn'zu:n] *m* (-*s*; -*e*) monsoon.

Montag ['mo:nta:k] *m* (-[e]s; -e) Monday; 2**s** *adv.* on Monday(s *pl.*), every Monday.

Montage [mɔn'ta:ʒə] *tech. f* (-; -*n*) mounting, fitting; installation; setting up, *Am.* setup; assembling, assembly; *phot.* montage; *TV*: mounting, *Am.* montage; ~**bahn** *f*, ~**band** *n* assembly line; ~**bock** *m*, ~**gestell** *n* assembly stand, jig; dolly; ~**gruppe** *f* assembly; ~**halle** *f* assembly-room *or* -shop; ~**hebel** *mot. m* tyre (*Am.* tire) lever; ~**werk** *n* assembly plant.

Montan|industrie [mɔn'ta:n-] *f* coal, iron, and steel industries *pl.*; ~**union** *f* (-) (European) Coal and Steel Community.

Monteur [mɔn'tø:r] *m* (-*s*; -*e*) *tech.* fitter, assembly man, assembler; *esp. aer., mot.* mechanic; *el.* electrician; ~**anzug** *m* overall.

mon'tier|en *tech. v/t.* (*h.*) mount, fit; set up; assemble; instal(l); adjust; 2**ung** *f* (-; -*en*) mounting, fitting; setting up; assembling; adjusting; *mil. a.* **Montur** [-'tu:r] *f* (-; -*en*) equipment, regimentals *pl.*; uniform.

monumental [monumɛn'ta:l] *adj.* monumental; 2**film** *m* super-film.

Moor [mo:r] *n* (-[e]s; -e) fen, bog, swamp; moor(-land); ~**bad** *n* mud-bath; ~**boden** *m* (-*s*) marshy soil; ~**huhn** *n* moor-hen; 2**ig** *adj.* boggy, marshy; ~**land** *n* (-[e]s) moorland; marshy district; ~**packung** *f* mud pack.

Moos [mo:s] *n* (-es; -e) moss; *sl.* (*money*) → *Moneten*; 2**bewachsen** *adj.* moss-grown; 2**grün** *adj.* mossy green; 2**ig** *adj.* mossy; ~**rose** *f* moss rose.

Mop [mɔp] *m* (-*s*; -*s*) mop.

Moped ['mo:pɛt] *n* (-*s*; -*s*) moped, autobike.

Mops [mɔps] *m* (-es; ⸚e) pug.

mopsen ['mɔpsən] *colloq. v/t.* (*h.*) steal, pinch, swipe; madden, get *a p.'s* goat; *sich* ~ be bored (stiff).

Moral [mo'ra:l] *f* (-) morality; morals *pl.*; (*lesson*) moral; *mil., etc.* morale; ~ *predigen* moralize, sermonize; 2**isch** *adj.* moral; *mil.* ~*e Wirkung* moral effect.

moralisieren [morali'zi:rən] *v/i.* (*h.*) moralize.

Mora|'list(in *f*) *m* (-*en*, -*en*; -, -*nen*) moralist; ~**li'tät** *f* (-) morality.

Mo'ral...: ~**philosophie** *f* moral philosophy; ~**prediger(in** *f*) *m* moralizer; ~**predigt** *f* (moral) lecture.

Moräne [mo'rɛ:nə] *f* (-; -*n*) moraine.

Morast [mo'rast] *m* (-es; -e) slough, morass; → *Moor*; mire, mud; *fig. im* ~ *waten* wallow in the mire; 2**ig** *adj.* marshy; muddy, miry; ~**loch** *n* slough.

Moratorium [mora'to:rium] *n* (-*s*; -*ien*) *econ.* (letter of) respite; *pol.* moratorium.

morbid [mɔr'bi:t] *adj.* morbid.

Morchel ['mɔrçəl] *bot. f* (-; -*n*) morel.

Mord [mɔrt] *m* (-[e]s; -e) murder (*an dat.* of); *jur.* first-degree murder; → *Tötung, Totschlag*; ~ *und Totschlag* bloodshed; *e-n* ~ *begehen* commit murder; *colloq. fig. es war der reinste* ~! it was murder!; '~**anklage** *f*: *unter* ~ *stehen* be under a murder charge; '~**anschlag** *m* murderous assault, attempt at murder; '~**brenner** *m* incendiary; '~**brenne'rei** *f* incendiarism; '~**bube** *m* assassin, cut-throat; 2**en** ['mɔrdən] **I.** *v/i.* (*h.*) commit murder(s) *or* a murder, kill; **II.** *v/t.* (*h.*) murder; kill, slay; ~**en** *n* (-*s*) murder, killing; massacre, slaughter.

Mörder ['mœrdər] *m* (-*s*; -), ~**in** *f* (-; -*nen*) murderer (*f* murderess); slayer, killer; assassin; ~**grube** *f* (-): *er machte aus seinem Herzen keine* ~ he was very outspoken, he made no bones about it; 2**isch** *adj.* murderous, homicidal; *fig.* deadly (*climate, etc.*); grilling, cruel (*heat*); breakneck (*speed*); ~*e Steigung* killing grade; cut-throat (*competition, prices*); 2**lich** *adj.* terrible, awful, cruel; *fig. a.* enormous, fearful, terrific.

'**Mord...:** ~**gier**, ~**lust** *f* (-) lust of murder, bloodthirstiness; ~**io** ['mɔrdio:]: (*Zeter und*) ~ *schreien* cry (blue) murder; ~**kommission** *f* murder (*Am.* homicide) squad; 2**lustig** *adj.* bloodthirsty, murderous; ~**sache** *f* murder case.

'**Mords...:** ~**angst** *f*: *e-e* ~ *haben* be in mortal fear (*or* in a blue funk), be scared stiff; ~**ding** *n* humdinger; ~**glück** *n* stupendous luck; ~**kerl** *m* devil of a fellow, crackajack; ~**lärm** *m* fearful din, terrific noise, awful racket, hullaballoo; 2**mäßig** *adj.* terrible, enormous, awful, terrific; ~**spaß** *m* great fun; → *Hauptspaß*; ~**spektakel** *m* → *Mordslärm*.

'**Mord...: ~tat** *f* murder(ous deed), slaying; **~verdacht** *m* suspicion of murder; **~versuch** *m* attempt at murder; **~waffe** *f*, **~werkzeug** *n* murderous weapon.

Mores ['mo:re:s] *pl.*: *j-n ~ lehren* teach a p. manners, tell a p. what's what.

morganatisch [mɔrga'nɑ:tiʃ] *adj.* morganatic.

Morgen ['mɔrgən] **1.** *m* (-*s*; -) morning; forenoon; *fig.* dawn; East; *surv.* acre; *heute* ≈ this morning; *guten ~!* good morning!; *j-m einen guten ~ wünschen* wish (*or* bid) a p. good morning; *es wird ~* it's getting light, the day is breaking; **2.** *n* (-) *the* morrow, *the* future.

'**morgen** *adv.* tomorrow; *~ früh* (*abend*) tomorrow morning (evening *or* night); *~ über acht* (*vierzehn*) *Tage* tomorrow week (fortnight).

'**Morgen...: ~andacht** *f* morning-prayers *pl.*; **~ausgabe** *f* morning edition; **~blatt** *n* morning paper; **~dämmerung** *f* dawn, daybreak; **≈dlich** *adj.* matitudinal, morning ...; **~frost** *m* early frost; **~gebet** *n* morning-prayer(s *pl.*); **~grauen** *n* (-*s*): *beim ~* at dawn, at daybreak; **~gymnastik** *f* morning exercises, daily dozen; **~kleid** *n* morning gown; **~land** *n* (-[*e*]*s*) Orient, East, Levante; **~länder(in** *f*) *m* (-*s*, -; -, -*nen*) Oriental; **≈ländisch** ['-lɛndiʃ] *adj.* Oriental, Eastern; **~luft** *f* morning air; *fig. ~ wittern* become hopeful, raise one's head; **~post** *f* first mail; **~rock** *m* peignoir (*Fr.*), dressing-gown, wrapper; **~rot** *n*, **~röte** *f* (rosy) dawn, *poet.* aurora; *fig.* dawn.

'**morgens** *adv.* in the morning; every morning; *um ein Uhr ~* at one o'clock in the morning.

'**Morgen...: ~seite** *f* (-) eastern side; **~sonne** *f* (-) morning sun; **~stern** *m* morning star, Venus; **~stunde** *f* morning hour; → *früh*; *~ hat Gold im Munde* the early bird catches the worm; **~wind** *m* morning breeze; **~zeitung** *f* morning paper.

'**morgig** *adj.* of tomorrow, tomorrow's; *der ~e Tag* tomorrow.

Mormon|e [mɔr'mo:nə] *m* (-*n*; -*n*), **~in** *f* (-; -*nen*) Mormon.

Morphem [mɔr'fe:m] *gr. n* (-*s*; -*e*) morpheme.

Morphi|nismus [mɔrfi'nismus] *m* (-) morphiomania; **~'nist(in** *f*) *m* (-*en*, -*en*; -, -*nen*) morphia-addict, morphinist.

Morphium ['mɔrfium] *n* (-*s*) morphia, morphine; **~einspritzung** *f* morphia injection; **~sucht** *f* (-) morphia habit, morphiomania.

Morpho|loge [mɔrfo'lo:gə] *m* (-*n*; -*n*) morphologist; **~lo'gie** *f* (-) morphology; **≈'logisch** *adj.* morphological.

morsch [mɔrʃ] *adj.* rotten, decayed; frail, fragile; brittle; *~ werden* decay, rot.

Morse|alphabet ['mɔrzə-] *n* (-[*e*]*s*), **~schrift** *f* (-) Morse alphabet *or* code; **≈n** *v/i. and v/t.* (*h.*) morse, signal by Morse code; **~kegel** *tech. m* Morse taper.

Mörser ['mœrzər] *m* (-*s*; -) mortar, *mil. a.* heavy howitzer; **~batterie** *f* mortar battery; **~keule** *f* pestle.

'**Morse...: ~schreiber** *m* morse printer, inker; **~zeichen** *n* Morse signal.

Mortali'tät *f* mortality, death-rate.

Mörtel ['mœrtəl] *m* (-*s*; -) mortar; (*stucco*) plaster; *mit ~ bewerfen* plaster, rough-cast; **~kelle** *f* trowel; **~maschine** *f* mixer, pugging-mill; **~trog** *m* hod.

Mosaik [moza'i:k] *n* (-*s*; -*en*), **~arbeit** *f* mosaic; tesselated (*or* inlaid) work; **~fußboden** *m* tesselated pavement; **~schirm** *m TV*: mosaic (of iconoscope); **~spiel** *n* jig-saw puzzle.

mosaisch [mo'zɑ:iʃ] *adj.* Mosaic.

Moschee [mɔ'ʃe:] *f* (-; -*n*) mosque.

Moschus ['mɔʃus] *m* (-) musk; **~ochse** *m* musk-ox; **~tier** *n* musk-deer.

Mosel(wein) ['mo:zəl-] *m* (-*s*) Moselle.

Moskito [mɔs'ki:to] *m* (-*s*; -*s*) (tropical) mosquito; **~netz** *n* mosquito net.

Moslem ['mɔslɛm] *m* (-*s*; -*s*) Moslem, Muslim.

Most [mɔst] *m* (-*es*; -*e*) must, grape-juice, new wine; (*Apfel*≈) cider, (*Birnen*≈) perry.

Mostrich ['mɔstriç] *m* (-[*e*]*s*) mustard; → *Senf.*

Motel [mo'tɛl] *n* (-*s*; -*s*) motel.

Motette [mo'tɛtə] *f* (-; -*n*) motet.

Motion [motsi'o:n] *f* (-; -*en*) motion.

Motiv [mo'ti:f] *n* (-*s*; -*e*) motive; reason; → *Antrieb*; *mus., paint.* motif, *film, etc., a. mus.* theme; **~forschung** *f* motivation research.

motivier|en [moti'vi:rən] *v/t.* (*h.*) motive, motivate; → *begründen, rechtfertigen*; **≈ung** *f* (-; -*en*) motivation; plea.

Motor ['mo:tɔr] *m* (-*s*; -'*toren*) engine, *esp. el.* motor (*a. fig.*); *mit abgestelltem* (*arbeitendem*) *~* power off (on); **~anlaßschalter** *m* motor-starting switch; **~anlasser** *m* starter; **~aufhängung** *f* engine suspension; **~ausfall** *m* engine failure, breakdown; **~barkasse** *f* motor launch; **~block** *m* engine block; **~boot** *n* motor-boat; **~bremse** *f* engine brake; **~defekt** *m* engine (*el.* motor) failure *or* defect; **~drehzahl** *f* engine (*el.* motor) speed; **~enlärm** *m* noise (*or* roar) of engines; **~enschlosser** *m* mechanic; **~fahrzeug** *n* motor vehicle; **~gehäuse** *n* crankshaft housing; *el.* motor casing; **~geräusch** *n* engine noise; **~haube** *f* bonnet, *Am.* hood; *aer.* (engine) cowl.

mo'torisch *adj.* motor-operated; *anat. ~er Nerv* motor (nerve).

motorisier|en [motori'zi:rən] *v/t.* (*h.*) motorize, *mil.* mechanize; **~t** *adj.* motorized, mobile; **≈ung** *f* (-) motorization; mechanization.

'**Motor...: ~leistung** *f* engine (*or* motor) output (*or* performance, power); **≈los** *adj.* motorless; **~öl** *n* motor oil; **~pflug** *m* motor plough, *Am.* plow; **~pumpe** *f* power pump; **~rad** *n* motor-cycle, motor-bike; *~ mit Beiwagen* motor-cycle with sidecar; **~radfahrer** *m* motorcyclist; **~raum** *m* engine compartment; **~roller** *m* motor scooter; **~säge** *f* power saw; **~schaden** *m* engine trouble *or* failure; breakdown; **~schiff** *n* motor ship; **~sport** *m* motoring; **~spritze** *f* motor fire engine; **~störung** *f* engine trouble; **~triebwagen** *m* rail motor car; **~wagen** *m* motor car; **~wechsel** *m* engine replacement; **~welle** *f* motor (*or* main) shaft.

Motte ['mɔtə] *f* (-; -*n*) moth; *colloq. fig.* funny bird, character.

'**Motten...: ~fraß** *m* damage done by moths; **~kiste** *f*: *e-e alte Geschichte aus der ~ holen* dust off an old legend; **~schaden** *m* → *Mottenfraß*; **≈sicher** *adj.* mothproof; **~pulver** *n* insect-powder, insecticide; **≈zerfressen** *adj.* moth-eaten.

Motto ['mɔto] *n* (-*s*; -*s*) motto.

moussieren [mu'si:rən] *v/i.* (*h.*) effervesce, sparkle, fizz.

Möwe ['mø:və] *f* (-; -*n*) (sea-)gull.

Mucke ['mukə] *f* (-; -*n*) whim, caprice; *fig. die Sache hat ihre ~n* there is a hitch to it, the matter has its snags; *er hat so s-e ~n* he has his little moods; *der Motor hat ~n Am. sl.* the engine's got the bugs.

Mücke ['mykə] *f* (-; -*n*) gnat, midge, mosquito; *aus e-r ~ einen Elefanten machen* make a mountain out of a molehill.

'**mucken** *v/i.* (*h.*) *fig.* grumble, rebel; *nicht gemuckt!* not another word!; *ohne zu ~* without a murmur.

'**Mücken...: ~netz** *n*, **~schleier** *m* mosquito net; **~schwarm** *m* swarm of gnats; **~stich** *m* gnat-bite.

'**Mucker** *m* (-*s*; -), **~in** *f* (-; -*nen*) bigot, hypocrite; sneak; **≈haft** *adj.* sanctimonious, canting; **~tum** *n* (-*s*) cant, hypocrisy, bigotry.

Mucks [muks] *m* (-*es*; -*e*): *keinen ~ tun* not to budge (*or* move), be as silent as a mouse.

'**mucksen** *v/i.* (*h.*) *and sich ~* stir, move, budge; → *Mucks.*

müde ['my:də] *adj.* weary, tired, fatigued, exhausted; weak and weary; *zum Umfallen ~* fit to drop, deadbeat; *~ machen* tire out, fatigue, weary; (*bei*) *e-r Sache ~ werden* grow weary (*or* get tired) of a th.; *ich bin es jetzt ~* I have had enough of it.

'**Müdigkeit** *f* (-) weariness, fatigue, exhaustion; lassitude.

Muff [muf] *m* (-[*e*]*s*) muff; '**~e** *tech. f* (-; -*n*) sleeve, socket; coupling-box; *el.* sealing-box.

Muffel ['mufəl] **1.** *chem., tech. f* (-; -*n*) muffle; **2.** *colloq. m* (-*s*; -) sourpuss.

'**muffeln** *v/t. and v/i.* (*h.*) munch; mumble; be cross, sulk; smell (bad).

'**Muffen...: ~kupplung** *tech. f* socket joint; **~rohr** *n* socket pipe; **~ventil** *n* sleeve-and-socket valve.

'**muffig** *adj.* musty, fusty; *fig.* sulky, sullen, huffy.

muh! [mu:] *of cow*: moo!; '**~en** *v/i.* (*h.*) low.

Mühe ['my:ə] *f* (-; -*n*) trouble, pains *pl.*; labo(u)r, toil; exertion, effort; difficulty; *verlorene ~* waste of time (*or* energy); *mit ~ und Not* barely, with (great) difficulty;

(*nicht*) *der* ~ *wert* (not) worth while, (not) worth the trouble; *j-m* ~ *machen* give (*or* cause) a p. trouble; *sich mit et.* ~ *geben* take pains over *or* with a th.; *sich große* ~ *machen zu inf.* go to much trouble to *inf.*; *sich die* ~ *machen zu inf.* bother to *inf.*, take it upon o.s. to *inf.*; *keine* ~ *scheuen* spare no effort *or* pains; *geben Sie sich keine* ~! don't bother!; *iro.* you are wasting your time!; **2los I.** *adj.* effortless, easy, without trouble; **II.** *adv.* easily, with (effortless) ease; **~losigkeit** *f* (-) ease, easiness, facility; **2n** (-): *sich* ~ take pains; work hard, toil (and moil), exert o.s.; **2voll** *adj.* troublesome, hard; laborious; **~waltung** ['-valtuŋ] *f* (-; -*en*) trouble, efforts *pl.*; care; *besten Dank für Ihre* ~ thanks for all the trouble you have taken *or* for your friendly co-operation.

Mühl|bach ['myːl-] *m* mill-brook; **~e** *f* (-; -*n*) mill; *w.s. a.* crusher, grinder; → *Wasser*; **~enfabrikat** *n* milling product; **~gang** *m* run of (mill-)stones; **~graben** *m* mill race; **~rad** *n* mill-wheel; **~stein** *m* millstone; **~teich** *m* mill-pond.

Muhme ['muːmə] *f* (-; -*n*) **1.** aunt; **2.** (*female*) cousin.

Mühsal ['myːzaːl] *f* (-; -*e*) toil, trouble; drudgery; hardship; strain.

'**müh|sam, ~selig I.** *adj.* toilsome, troublesome; laborious; tiresome, irksome; difficult, hard, tough; **II.** *adv.* laboriously; with difficulty; *sich* ~ *erheben* struggle to one's feet; **2seligkeit** *f* troublesomeness, (great) difficulty; toil; hardship.

Mulatt|e [mu'latə] *m* (-*n*; -*n*), **~in** *f* (-; -*nen*) mulatto.

Mulde ['muldə] *f* (-; -*n*) trough, tray; depression, hollow; (*valley*) trough, basin; **~nblei** *n* pig lead; **2nförmig** ['-nfœrmiç] *adj.* trough-shaped; **~nkipper** *mot. m* trough-tipping car, *Am.* dump-truck.

Mull [mul] *m and n* (-[e]s; -e) mull.

Müll [myl] *m* (-[e]s) dust, rubbish, refuse, *Am.* garbage; **~abfuhr** *f* refuse (*Am.* garbage) disposal; **~abfuhrwagen** *m* dust-cart, refuse waggon, *Am.* garbage (disposal) truck.

'**Mullbinde** *f* mull (*or* gauze) bandage.

'**Müll-eimer** *m* dustbin, *Am.* garbage pail.

Müller ['mylər] *m* (-s; -) miller.

'**Müll...: ~fahrer** *m* dustman, *Am.* garbageman; **~grube** *f* dust-hole, ash-pit; **~haufen** *m* rubbish heap; **~kasten** *m* dustbin, *Am.* garbage can; **~kutscher** *m* → *Müllfahrer*; **~platz** *m* refuse pit, *Am.* (garbage) dump; **~schaufel** *f* dustpan, *Am.* garbage pan; **~schlucker** *m* waste-disposer; **~verbrennungsofen** *m* incinerator; **~wagen** *m* → *Müllabfuhrwagen*.

mulmig ['mulmiç] *adj.* dusty, mo(u)ldy, rotten; *fig.* precarious, ticklish; uneasy.

Multiplikation [multiplikatsi'oːn] *f* (-; -*en*) multiplication; **Multiplikator** [-'kaːtɔr] *m* (-s; -'toren) multiplier; **multipli'zieren** *v/t.* (*h.*) multipliy (*mit* by).

Multimillionär(in *f*) *m* multimillionaire.

Mumie ['muːmiə] *f* (-; -*n*) mummy; **2nhaft** *adj.* mummified.

mumifizieren [mumifi'tsiːrən] *v/t.* (*h.*) mummify.

Mumm [mum] *colloq. m* (-s): ~ (*in den Knochen*) spunk, *sl.* guts.

Mummelgreis ['muməl-] *colloq. m* old fogey.

Mummenschanz ['mumənʃants] *m* (-es), **Mumme'rei** *f* (-; -*en*) mummery, masquerade.

Mumpitz ['mumpits] *colloq. m* (-es) (stuff and) nonsense, rubbish, bosh, balderdash.

Mumps [mumps] *med. m* (-) mumps.

Mund [munt] *m* (-[e]s; ⸚er) mouth; *tech. a.* muzzle; opening, orifice; *anat.* stoma; *offenen* ~*es* open-mouthed, agape; *wie aus e-m* ~*e* as one man, in a body; ~ *und Nase aufsperren* stand gaping, be dumbfounded *or* flabbergasted; *aus dem* ~*e riechen* have a bad breath; *den* ~ *halten* hold one's tongue; shut up; *reinen* ~ *halten über et.* keep a th. a secret (*or* under one's hat), keep mum (*or* one's peace) about a th.; *den* ~ *vollnehmen* talk big; *et. ständig im* ~*e führen* talk constantly about a th.; *j-m et. in den* ~ *legen* suggest a th. to a p., give a p. the cue; *j-m nach dem* ~*e reden* chime in with a p., *w.s.* fawn upon (*or* butter up) a p.; *j-m über den* ~ *fahren* cut a p. short; *in aller* ~*e sein* be on all tongues; *nicht auf den* ~ *gefallen sein* have a ready (*or* glib) tongue, → *schlagfertig*; *fig. sich den* ~ *verbrennen* put one's foot in it; *Sie nehmen mir das Wort aus dem* ~*e!* that's just what I was going to say!, → *Blatt, Maul, wässerig, etc.*; **~art** *f* dialect; **2artlich** *adj.* dialectical; ~*er Ausdruck* dialectism; **~atmung** *f* mouth-breathing.

Mündel ['myndəl] *m, n* (-s, -), *f* (-; -*n*) ward; **~gelder** ['-gɛldər] *n/pl.* trust money *sg.*; **2sicher** *adj.* absolutely safe; ~*e Anlage* trustee (*Am.* eligible) investment; ~*e Papiere* gilt-edged securities, *Am.* trust (fund) investments.

munden ['mundən] *v/i.* (*h.*) taste good, be delicious, tickle the palate; *es mundet mir* I like it.

münden ['myndən] *v/i.* (*h.*): *in* (*acc.*) lead to, end in; *river*: fall (*or* flow, empty) into; *road*: run into.

'**Mund...: 2faul** *adj.* too lazy to speak, taciturn; **~fäule** *med. f* ulcerative stomatitis; **2gerecht** *adj.* palatable; *fig. j-m et.* ~ *machen* make a th. patalable for a p.; **~geruch** *m* (-[e]s) breath-odo(u)r; *übler* ~ bad breath, halitosis; **~harmonika** *f* mouth-organ; **~höhle** *f* oral cavity.

mündig ['myndiç] *jur. adj.*: ~ *sein* be of age (*or* a major); ~ *werden* become of age, attain majority; **2keit** *f* (-) full age, majority; **~sprechen** *v/t.* (*irr., h.*) declare *a p.* of age.

mündlich ['myntliç] **I.** *adj.* oral, verbal; personal; *jur.* ~*e Verhandlung* oral hearing; ~*e Vernehmung* parol evidence; ~*er Vertrag* verbal (*or* viva voce) agreement; **II.** *adv.* orally, *etc.*; by word of mouth.

'**Mund...: ~pflege** *f* dental care, oral hygiene; **~raub** *m* theft of food (for immediate consumption); **~schenk** *m* cupbearer; **~sperre** *med. f* lockjaw; **~stück** *n* mouthpiece; nozzle; (cigarette) tip; *mit Gold*2 gold-tipped; **2tot** *adj.*: *j-n* ~ *machen* (reduce to) silence; *pol.* gag, muzzle; **~tuch** *n* (table) napkin.

Mündung ['myndυŋ] *f* (-; -*en*) mouth (*a.* = opening); estuary; *anat., tech.* orifice; muzzle (*of gun*).

'**Mündungs...: ~bremse** *mil. f* muzzle brake; **~feuer** *n* muzzle flash; **~geschwindigkeit** *f* muzzle velocity.

'**Mund...: ~voll** *m* (-) mouthful; **~vorrat** *m* provisions, victuals *pl.*; **~wasser** *n* (-s; ⸚) mouth-wash, gargle; **~werbung** *f* word-of-mouth advertising; **~werk** *n* (-[e]s) mouth; *ein gutes* ~ *haben* have the gift of the gab; **~winkel** *m* corner of the mouth; **~-zu-Mund-Wiederbelebung** *f* mouth-to-mouth resuscitation.

Munition [munitsi'oːn] *f* (-; -*en*) ammunition (*a. fig.*).

Muniti'ons...: ~aufzug *m* ammunition hoist; **~bestand** *m* ammunition on hand; **~bunker** *m* ammunition bunker; **~fabrik** *f* ammunition factory; **~kasten** *m* ammunition box; **~kolonne** *f* ammunition column; **~lager** *n* (-s; -) ammunition depot (*or* dump); **~träger** *m* ammunition bearer; **~wagen** *m* ammunition car *or* wag(g)on.

munkeln ['muŋkəln] *v/i. and v/t.* whisper, rumo(u)r; *man munkelt* it is rumo(u)red, there are whispers.

Münster ['mynstər] *n and m* (-s; -) cathedral.

munter ['muntər] *adj.* awake; up (and doing), astir; *fig.* lively, sprightly, brisk, frisky; merry, gay, jolly, chipper; vigorous; *gesund und* ~ hale and hearty, (as) fit as a fiddle; ~! look alive!; **2keit** *f* (-) liveliness, sprightliness, briskness; gaiety, (high) spirits; vigo(u)r.

Münz|e ['myntsə] *f* (-; -*n*) coin; change; medal; mint; *gangbare* ~ current coin; *klingende* ~ hard cash; *fig. et. für bare* ~ *nehmen* take a th. at its face-value (*or* for gospel truth); *j-m mit gleicher* ~ *heimzahlen* pay a p. back in his own coin; **~einheit** *f* unit, standard of currency; **~einwurf** *m* coin slot.

'**münz|en** *v/i.* (*h.*) coin, mint; *fig. das ist auf ihn gemünzt* that is meant for him; **2en** *n* (-s) coinage, mintage; **2er** *m* (-s; -) coiner; **2fernsprecher** *m* coin(-box) telephone, pay phone; **2fuß** *m* standard (of coinage); **2gehalt** *m* standard of alloy; **2gesetz** *n* Coinage Act; **2kunde** *f* (-) numismatics *pl.*; **2kundige(r** *m*) *f* numismatist; **2meister** *m* mint-master; **2recht** *n* right of coinage; **2sammlung** *f* numismatic collection; **2sorte(n** *pl.*) *f* species of money; **2stempel** *m* die, minting stamp; **2system, 2wesen** *n* (-s) monetary system; **2verbrechen** *n* counterfeiting; **2zeichen** *n* coiner's mark; **2zusatz** *m* alloy.

mürb [myrp], **~e** ['myrbə] *adj.* tender; mellow; well-cooked; crisp, short, friable; brittle; *fig.* worn-out, weary, *mil.* softened-up, demoralized; ~ *machen* curb, wear down, break *a p.'s* resistance, *mil.* soften up; ~ *werden* give in; **2gebäck** *n* short pastry; **2kuchen** *m* shortcake; '**2heit** *f* (-) mellowness, *etc.*, → *mürb.*

Murks [murks] *colloq. m* (-es), '**2en** *v/i.* (*h.*) bungle, botch.

Murmel ['murməl] *f* (-; -*n*) marble; **~laut** *m* neutral vowel; **2n** *v/i. and v/t.* (*h.*) murmur, mutter; **~n** *n* (-*s*) murmur; **~tier** *n* marmot, *Am.* wood chuck; *fig. schlafen wie ein* ~ sleep like a top.

murren ['murən] *v/i.* (*h.*) grumble (*über acc.* at), *Am. a.* grouch; **2** *n* (-*s*) grumbling.

mürrisch ['myriʃ] *adj.* sullen, surly, morose; grumpy, *Am. a.* grouchy.

Mus [mu:s] *n* (-es; -e) pap; stewed fruit, fruit sauce; jam; marmalade; *colloq. fig. zu* ~ *schlagen* beat to a pulp.

Muschel ['muʃəl] *f* (-; -*n*) *zo.* **a**) mussel, **b**) shell-fish, **c**) shell, conch; → *Ohrmuschel*; *teleph.* ear-piece; **~bank** *f* shell-bank; **~bein** *anat. n* (-[e]s) turbinate bone; **2förmig** ['-fœrmiç] *adj.* mussel-shaped; **~kalk** *m* shell-lime (stone); **~schale** *f* shell, conch; **~tier** *n* shell-fish, mollusc.

Muse ['mu:zə] *f* (-; -*n*) Muse; *fig. leichte* ~ light entertainment, lightly draped Muse.

Muselmann ['mu:zəl-] *m* (-[e]s; ⸚er) Mussulman.

'**Musensohn** *m* son of the Muses; poet; student.

Museum [mu'ze:um] *n* (-*s*; -*een*) museum.

Musik [mu'zi:k] *f* (-) music; band (of musicians); ~ *machen* make music, play; *in* ~ *setzen* set to music; *die* ~ *schreiben zu* (*dat.*) compose the music to.

Musikalien [muzi'kɑ:liən] *pl.* (pieces of) music; **~handlung** *f* music-shop.

musi'kalisch *adj.* musical; ~*er Hintergrund* incidental music.

Musikant [muzi'kant] *m* (-*en*; -*en*) musician; **~enknochen** *colloq. m* funny bone.

Mu'sik...: **~automat** *m* record--machine, music (*or* juke-)box; **~begleitung** *f* (musical) accompaniment; **~direktor** *m* chief conductor; **~drama** *n* music drama.

Musiker ['mu:zikər] *m* (-*s*; -) musician.

Mu'sik...: **~freund(in** *f*) *m* music lover; **~(hoch)schule** *f* conservatoire, *Am.* conservatory; **~instrument** *n* musical instrument; **~kapelle** *f*, **~korps** *n* band; **~lehrer(in** *f*) *m* music-teacher; **~pavillon** *m* bandstand; **~schrank** *m* music cabinet, *Am.* radio-phonograph (cabinet); **~stück** *n* piece of music; **~stunde** *f* music-lesson; **~truhe** *f* → *Musikschrank*; **~unterricht** *m* instruction in music; **~veranstaltung** *f* musical performance; **~verleger** *m* music-publisher; **~werk** *n* (musical) composition; **~wissenschaft** *f* (-) musicology; **~zug** *m* band.

Musikus ['mu:zikus] *m* (-; -*sizi*) musician.

musisch ['mu:ziʃ] *adj. person*: fond of the fine arts; *matter*: concerned with the fine arts.

musizieren [muzi'tsi:rən] *v/i.* (*h.*) make music, play (the piano, *etc.*).

Muskat [mus'kɑ:t] *m* (-[e]s; -e) nutmeg; **~blüte** *f* mace.

Muskateller [muska'tεlər] *m* (-*s*; -) muscatel (wine); **~birne** *f* musk--pear; **~traube** *f* muscatel grape.

Mus'katnuß *f* nutmeg.

Muskel ['muskəl] *m* (-*s*; -*n*) muscle; **~anstrengung** *f* muscular exertion; **~faser** *f* muscular fib|re, *Am.* -er; **~kater** *m* (-*s*) sore muscles *pl.*, myalgia; **~kraft** *f* muscular strength; **~mensch** *m*, **~protz** *m* muscle man, muscles; **~riß** *m* ruptured muscle; **~schwund** *m* muscular atrophy; **~zerrung** *f* pulled muscle; *sich e-e* ~ *zuziehen* pull a muscle.

Muskete [mus'ke:tə] *mil. f* (-; -*n*) musket; **Musketier** [-ke'ti:r] *m* (-*s*; -e) musketeer.

Musku|latur [muskula'tu:r] *f* (-; -*en*) muscular system, muscles *pl.*; **2lös** [-'lø:s] *adj.* muscular.

Muß [mus] *n* (-): *es ist ein* ~ it is a must; '**~bestimmung** *jur. f* mandatory clause.

Muße ['mu:sə] *f* (-) leisure; spare time; *mit* ~ at (one's) leisure; *in compounds* ~... spare *hours, etc.*

Musselin [musə'li:n] *m* (-*s*; -e) muslin.

müssen ['mysən] *v/i. and v/aux.* (*irr.*, *h.*) have to; be obliged (*or* compelled, forced) to; be bound to; *ich muß* I must; *ich mußte* I had to; *ich werde* ~ I shall have to; *ich müßte* (*eigentlich*) I ought to; *ich muß nicht hingehen* I need not (*or* I don't have to) go; *ich muß Sie bitten* I must ask you; *er muß verrückt sein* he must be mad; *er muß es gewesen sein* it must have been he *or* him; *warum mußten Sie das sagen?* what made you say that?; *das müßte sogleich geschehen* that ought to be done at once; *sie* ~ *bald kommen* they are bound to come soon; *der Zug müßte längst hier sein* the train is overdue; *ich mußte* (*einfach*) *lachen* I could not help laughing; *er hätte hier sein* ~ he ought to have been here; *da muß ich ausgerechnet ein Bein brechen* what must I do but break a leg?; *da muß er mich mit seinen Sorgen belästigen* he must come worrying; *muß das* (*wirklich*) *sein?* is that really necessary?; *wenn es* (*unbedingt*) *sein muß* if it can't be helped; *eine Frau, wie sie sein muß* **a**) a pattern of a woman, **b**) a model wife.

'**Mußestunde** *f* leisure-hour, spare hour.

müßig ['my:siç] *adj.* idle; superfluous; useless, futile, vain; ~*e Gedanken* idle thoughts; ~*es Gerede* idle (*or* useless) talk; *er war nicht* ~ he let no grass grow under his feet; **2gang** *m* (-[e]s) idleness, laziness; ~ *ist aller Laster Anfang* idleness is the parent of vice; **~gänger(in** *f*) ['-gεŋər-] *m* (-*s*, -; -, -*nen*) idler, loafer; lazybones.

mußte ['mustə] *pret. of müssen.*

Muster ['mustər] *n* (-*s*; -) model; *tech. a.* type; pattern (*a. psych.*); *of wallpaper, etc.*: pattern, design; specimen, pattern, sample; standard; example, model, paragon; ~ *ohne Wert* sample of no value; *fig. ein* ~ *von* a model (*or* pattern) of (*a housewife, etc.*); *nach dem* ~ *von* after the pattern of, on the line(s) of, patterned after; *nach e-m* ~ *arbeiten* work from a pattern; **~beispiel** *n* (typical) example (*für* of); **~betrieb** *m* model plant; **~bild** *n* paragon, ideal; **~buch** *econ. n* book of patterns; **~exemplar** *n* sample (*or* specimen) copy; **~gatte** *m* model husband; **2gültig, 2haft I.** *adj.* exemplary, model, standard; a model (*or* pattern) of; ideal, perfect, excellent; **II.** *adv.*: *sich* ~ *benehmen* behave perfectly, be on one's best behavio(u)r; **~haftigkeit** *f* (-) exemplariness, exemplary *or* model behavio(u)r, *etc.*; **~karte** *econ. f* show-card; **~klammer** *f* paper-fastener; **~knabe** *m* model boy, paragon, *contp.* prig; **~koffer** *m* sample-bag; **~kollektion** *econ. f* range of samples; → ~*sammlung*; **~lager** *n econ.* stock of samples; showroom; *mil., etc.* model camp; **2n** *v/t.* (*h.*) examine (critically); inspect, (pass in) review; *j-n* ~ eye a p., size a p. up; *mil.* **a**) muster (*recruits*), **b**) inspect, review (*troops*); *tech.* figure, pattern (*cloth, etc.*); → *gemustert*; **~prozeß** *jur. m* test case; **~sammlung** *f* collection of samples; specimen collection; **~schüler(in** *f*) *m* model pupil, *contp.* swot; **~schutz** *m* trade--mark·protection; registration of designs; **~schutzrecht** *n* copyright in (a) design; **~stück** *n* model, pattern, specimen.

'**Musterung** *f* (-; -*en*) examination, inspection; scrutiny; *mil.* muster(ing) (*of recruits*), review (*of troops*); **~sbescheid** *m* order to report at recruiting station; **~skommission** *f* examination (*Am.* draft-)board.

'**Muster...:** **~wirtschaft** *f* model farm; **~zeichner(in** *f*) *m* pattern--drawer, designer; **~zeichnung** *f* pattern, design.

Mut [mu:t] *m* (-[e]s) courage; spirit, heart; pluck; daring; gallantry, prowess, valo(u)r; resoluteness; fortitude; *angetrunkener* ~ Dutch courage; ~ *fassen* summon (*or* pluck) up courage, take heart, nerve o.s.; *j-m* ~ *machen* fill (*or* inspire) a p. with courage, encourage a p.; *j-m neuen* ~ *einflößen* reassure a p., lift up a p.'s head; *j-m den* ~ *nehmen* discourage (*or* dishearten) a p.; *den* ~ *sinken lassen* lose courage *or* heart, be discouraged, despair; *den* ~ *nicht verlieren* bear up, keep up one's courage; *ihn verließ der* ~ his heart failed him; *guten* ~*es sein* be of good cheer; *nur* ~! cheer up!, pluck up!, never say die!; → *zumute.*

Mutation [mutatsi'o:n] *biol. f* (-; -*en*) mutation; **mu'tieren** *v/i.* (*h.*) mutate; *voice*: break.

Mütchen ['my:tçən] *n* (-*s*): *sein* ~

kühlen an (dat.) vent one's anger (*or* spite) on.
'mutig *adj.* courageous, plucky, game; daring; gallant.
'Mut...: 2los *adj.* discouraged, disheartened; despondent; **~losigkeit** *f* (-) discouragement; despondency, dejection; despair; **2maßen** ['-mɑ:sən] *v/t.* (*h.*) guess, suppose, presume, surmise, speculate, conjecture; **2maßlich** ['-mɑ:sliç] *adj.* probable, presumable; supposed, *esp. jur.* putative; apparent; → *Erbe*; **~maßung** ['-mɑ:suŋ] *f* (-; -*en*) conjecture (*über acc.* about), supposition, surmise, speculation; suspicion; *bloße ~en* mere speculation, mere guesswork *sg.*
Mutter ['mutər] *f* (-; ⸚) mother; progenitress; *zo.* dam; *tech.* nut; *eccl. die ~ Gottes* the Holy Virgin, the Madonna; *fig. ~ Erde* mother earth; *bei ~ Grün schlafen* sleep in the open (air); *wie eine ~* motherly; *sich ~ fühlen* feel o.s. with child; *werdende ~* expectant mother.
Mütterberatungsstelle ['mytər-] *f* child welfare centre, *Am.* maternity center.
'Mutter...: ~boden *m* native soil; *physiol.* parent tissue, matrix; **~brust** *f* mother's breast.
'Mütterchen *n* (-*s*; -) little mother, mummy; *w.s.* good old woman.
'Mutter...: ~erde *f* (-) garden mo(u)ld; *fig.* native soil; **~freuden** *f/pl.* maternal joy *sg.*; **~fürsorge** *f* maternity welfare; **~gesellschaft** *econ. f* parent company; **~gestein** *n* parent rock, matrix; **~gewinde** *tech. n* female thread; **~'gottesbild** *n* image of the Holy Virgin, Madonna.
'Mütterheim *n* maternity home.
'Mutter...: ~herz *n* mother's heart; **~instinkt** *m* maternal instinct; **~kalb** *n* heifer calf; **~kind** *n* spoilt child; *contp.* sissy, softy; **~kirche** *f* (-) mother-church; **~korn** *bot. n* (-[e]s; -e) ergot; **~kraut** *bot. n* feverfew; **~kuchen** *anat. m* placenta; **~lamm** *n* ewe-lamb; **~land** *n* mother-country; **~lauge** *f* mother-liquor; **~leib** *m* womb; *vom ~e an* from one's birth.
mütterlich ['mytərliç] *adj.* motherly; maternal; **~erseits** ['-ərzaɪts] *adv.* on (*or* from) the mother's side; maternal (*uncle*); **2keit** *f* (-) motherliness.
'Mutter...: ~liebe *f* motherly love; **2los** *adj.* motherless; **~mal** *n* birth-mark, mole; **~milch** *f* mother's milk; *mit ~ genährt* breast-fed; *fig. mit der ~ einsaugen* imbibe from one's (earliest) infancy; **~mord, ~mörder(in** *f*) *m* matricide; **~mund** *anat. m* (-[e]s) orifice of uterus, os uteri; **~pferd** *n* mare; **~pflicht** *f* maternal (*or* mother's) duty; **~schaf** *n* ewe; **~schaft** *f* (-) maternity, motherhood; **~schiff** *n* mother ship; tender; **~schlüssel** *tech. m* (nut) spanner, *Am.* nut wrench; **~schmerz** *med. m* hysteralgia; **~schoß** *m* (-es) mother's lap; **~schraube** *f* female screw, nut; **~schutz** *m* protection of motherhood; **~schwein** *n* sow; **2seelenallein** *adj.* all (*or* utterly) alone; **~söhnchen** *n* mother's darling, molly(-coddle), *Am. a.* mama boy; **~spiegel** *med. m* uterine speculum; **~sprache** *f* mother tongue, native language; **~stelle** *f* (-): *~ vertreten bei j-m* be like a (*or* a second) mother to a p.; **~tag** *m* Mother's Day; **~tier** *n zo.* dam; *biol.* → *Mutterzelle*; **~trompete** *anat. f* Fallopian tube; **~uhr** *f* master clock; **~witz** *m* (-es) mother-wit, gumption; **~zelle** *f* mother (*or* parent) cell.
Mutti ['muti] *colloq.* mummy.
Mutung ['mu:tuŋ] *f* (-; -*en*) *mining*: claim.
'Mut...: ~wille *m* (-*ns*) frolicsomeness, playfulness; devilry; waggishness; mischievousness; *b.s.* wantonness; malice; **2willig I.** *adj.* frolicsome, rollicking, playful, kittenish; mischievous; waggish, roguish; *b.s.* wanton; malicious; wilful; **II.** *adv.* playfully, *etc.*; *~ ins Verderben rennen* rush blindly (*or* headlong) into destruction.
Mütze ['mytsə] *f* (-; -*n*) cap; **~nschirm** *m* peak.
Myriade [myri'ɑ:də] *f* (-; -*n*) myriad.
Myrrhe ['myrə] *f* (-; -*n*) myrrh.
Myrte ['myrtə] *f* (-; -*n*) myrtle.
mysteriös [mysteri'ø:s] *adj.* mysterious.
Mysterium [my'ste:rium] *n* (-*s*; -*ien*) mystery.
Mystifi|kation [mystifikatsi'o:n] *f* (-; -*en*) mystification; **2'zieren** *v/t.* (*h.*) mystify, hoax.
'Mystik *f* (-) mysticism; **~er(in** *f*) *m* (-*s*, -; -, -*nen*) mystic; **'mystisch** *adj.* mystical; *person*: mystic; **Mystizismus** [-'tsismus] *m* (-) mysticism.
Myth|e ['my:tə] *f* (-; -*n*) myth, fable; **2isch** *adj.* mythical; *~e Gestalt* myth.
Mytho|log [myto'lo:k] *m* (-*en*; -*en*) mythologist; **~logie** [-lo'gi:] *f* (-; -*n*) mythology; **~logisch** [-'lo:giʃ] *adj.* *adj.* mythological.
Mythus ['my:tus] *m* (-; -*then*) myth.

N

N, n [ɛn] *n* N, n.
na! [na] *int.* now!, then!, well!, *Am. a.* hey!; *~, ~!* come, come!; gently!, (take it) easy!; *~ also!* there you are!; *~ nu!* well, I never!, I say!, what the hell?; *~, so (et)was!* think of that!, dear, dear! *Am. a.* what do you know!; *~ und?* what of it?, so what?; *~ warte!* you just wait!
Nabe ['na:bə] *f* (-; -*n*) hub; *of air- or ship-screw*: boss.
Nabel (-s; -) *m* ['na:bəl] *anat.* navel, umbilicus; *bot.* hilum; **~binde** *f* umbilical bandage; **~bruch** *med. m* umbilical hernia; **~orange** *f* navel-orange; **~schnur** *f*, **~strang** *m* umbilical cord.
'Naben...: ~bremse *f* hub brake; **~haube, ~kappe** *f mot.* hub cap; *aer.* dome; **~sitz** *m* wheel fit.
Nabob ['na:bɔp] *m* (-*s*; -*s*) nabob (*a. fig.*).
nach [nɑ:x] **I.** *prp.* (*dat.*) **1.** *direction, trend*: after; (*a. ~ ... hin or zu*) to (-wards); (*bestimmt ~*) for, bound for; *~ rechts* to the right; *~ unten* downwards (*or* downstairs); *~ oben* upwards (*or* upstairs); *~ England reisen* go to England; *~ England abreisen* leave for England; *der Zug ~ London* the train for London; *das Schiff fährt ~ Australien* the ship is bound for Australia; *~ Hause* home; *~ jeder Richtung* in every direction; *room*: *~ hinten (vorn) hinaus* back (front), *~ der Straße hin* facing the street; *~ Süden (Westen)* to the South (West), southward (westward); *~ dem Arzte schicken* send for the doctor; **2.** *sequence, time*: after, subsequent to, following; next to; past; at the end of; *fünf Minuten ~ eins* five minutes past one; *genau ~ 10 Minuten* exactly ten minutes later; *~ Ankunft (Erhalt)* on arrival (receipt); *econ. ~ Sicht* at sight; *from now on*: *~ 20 Minuten* in twenty minutes; *~ 20 Jahren* twenty years from now; *~ e-m halben Jahr* within six months; *einer ~ dem anderen* one by one; *du kamst ~ mir* you were behind me; *der erste Mann ~ dem Präsidenten* the first man next to the President; **3.** *mode, measure, model*: according to, in accordance (*or* conformity) with; → *gemäß*; *~ s-m Aussehen* to judge from his looks; *~ Bedarf* as required; *~ dem Englischen* from the English; *~ deutschem Geld* in German money; *~ m-m Geschmack* (to) my taste; *~ den bestehenden Gesetzen* under existing laws; *~ dem Gewichte* by the weight; *meiner Meinung ~* in my opinion; *~ Musik dance* to music; *dem Namen ~* by name; *~ der Natur* from nature; *~ Noten* from music; *der Reihe ~* in turn, by turns; *riechen (schmecken) ~* smell (taste) of; *~ seiner Weise* in his usual way; *~ bestem Wissen* to the best of one's knowledge; **II.** *adv.* after, behind; *mir ~!* after me!; *~ und ~* gradually, by degrees, little by little; *~ wie vor* now as before *or* ever, as usual, still.
'Nach-achtung *f*: *zu Ihrer ~* for your guidance.
'nach-äffen *v/t. and v/i.* (*h.*) ape, mimic; → *nachahmen*; **Nach-äffe'rei** *f* (-; -*en*) aping, mimicry.
'nach-ahm|en ['-ɑ:mən] *v/t. and v/i.* (*h.*) imitate, copy; simulate; → *nachäffen*, → *nacheifern*; counter-

feit; ~**enswert** *adj.* worthy of imitation, exemplary; ²**er(in** *f*) *m* (-s, -; -, -nen) imitator, copyist, *contp.* aper; copy-cat; ²**ung** *f* (-; -en) imitation, copy(ing); → *Nachbildung*; counterfeit, fake; emulation; ²**ungs-trieb** *m* imitative instinct.

ˈ**Nach-arbeit** *f* afterwork; *tech.* retouching, refinishing, subsequent machinery; repair, maintenance; ²**en** *v/t.* (*h.*) copy; work from a pattern; touch up, refinish, recondition; make up for (*lost time*).

ˈ**nach-arten** *v/i.* (*sn*): *j-m* ~ take after a p.

Nachbar [ˈnaxbaːr] *m* (-n; -n), ~**in** *f* (-; -nen) neighbo(u)r (*a. fig.*); next-door neighbo(u)r; ~**dorf** *n* neighbo(u)ring village; ~**einheit** *mil. f* adjacent unit; ~**haus** *n* neighbo(u)ring (*or* adjoining) house; *im* ~ next door; ~**kanal** *m TV* adjacent channel; ~**land** *n* neighbo(u)ring country; ²**lich I.** *adj.* neighbo(u)rly (*spirit, etc.*); neighbo(u)ring (*garden, etc.*); **II.** *adv.*: ~ *verkehren mit* (*dat.*) be *or* live on neighbo(u)rly terms with; ~**schaft** *f* (-; -en) neighbo(u)rhood (*a. fig. and collect.* = neighbo(u)rs *pl.*); vicinity, proximity; *gute* ~ *halten* be on friendly terms with one's neighbo(u)rs; ~**zimmer** *n* adjoining room.

ˈ**Nachbau** *tech. m* (-[e]s; -ten) copying, reproduction, duplication; construction under licen|se, *Am.* -ce.

ˈ**Nach-be-arbeitung** *f* dressing.

ˈ**Nachbehandlung** *f med.* after-treatment; *tech.* subsequent treatment.

ˈ**nachbessern** *v/t.* (*h.*) improve (upon), mend; touch up.

ˈ**nachbestell|en** *v/t.* (*h.*) repeat one's order (et. for a th.); order some more of (*or* a fresh supply of) *a th.*; ²**ung** *f* repeat(-order), second order (*gen.* for a th.).

ˈ**nachbet|en** *v/i. and v/t.* (*h.*) *fig.* repeat mechanically, echo, parrot; ²**er(in** *f*) *m* (-s, -; -, -nen) thoughtless repeater, parrot.

ˈ**nachbewilligen** *v/t.* (*h.*) grant (*or* vote) subsequently *or* additionally.

ˈ**nachbezahl|en** *v/t. and v/i.* (*h.*) pay afterwards; pay the rest (of); ²**ung** *f* subsequent payment.

ˈ**Nachbild** *n* copy; after-image; ²**en** *v/t.* (*h.*) copy, imitate, duplicate, reproduce; counterfeit; ~**ung** *f* copy, imitation, reproduction; *genaue* ~ facsimile, replica; *tech.* mock-up; dummy *tank, etc.*

ˈ**nachbleiben** *v/i.* (*irr., sn*) remain (*or* lag) behind; *ped.* be kept in.

ˈ**nachblicken** *v/i.* (*h.*) (*dat.*) look after, follow with one's eyes.

ˈ**Nachblutung** *med. f* secondary h(a)emorrhage, after-bleeding.

ˈ**nachbrennen** *v/i.* (*irr., h.*) smolder, burn again; ² *n* (-s) *rocketry*: afterburning; *of ammunition*: hang-fire.

ˈ**nachbringen** *v/t.* (*irr., h.*) supply (subsequently), supplement.

ˈ**Nachbürge** *m* collateral surety.

ˈ**nachdatieren** *v/t.* (*h.*) postdate.

nachˈdem I. *adv.* afterwards, after that, subsequently; **II.** *cj.* **1.** after, when; ~ *sie das gesagt hatte, ging sie* after she had (*or* having) said that, she left; **2.** (*je*) ~ according as, depending on, that depends on how *he will act*; je ~ (*es sich trifft*) as the case may be, according to (the) circumstances; as it turns out, it (all) depends.

ˈ**nachdenk|en** *v/i.* (*irr., h.*) think (*über acc.* over, about); reflect, muse, meditate (on); ponder, *Am.* mull (over); *scharf* ~ do some hard thinking; *denk mal nach!* think it over!, try and think back!; ²**en** *n* (-s) reflection, meditation; (deep) thought; musing, contemplation; ponderation; ~**lich** *adj.* meditative, reflective, contemplative (*a. book, etc.* = thought-provoking); pensive, thoughtful; lost in thought; *j-n* ~ *machen or stimmen* set a p. thinking, bemuse a p.

ˈ**Nachdichtung** *f* adaptation, free version *or* rendering.

ˈ**nachdrängen** *v/i.* (*h.*) (*dat.*) press (*or* crowd, push) after; pursue closely, *mil.* follow up.

ˈ**Nachdruck** *m* **1.** (-[e]s) stress, emphasis; energy, vigo(u)r, force; *mit* ~ emphatically; energetically; ~ *legen auf* (*acc.*) lay stress on, stress, emphasize; **2.** (-[e]s; -e) *typ.* reprint, reproduction; *b.s.* piracy; pirated edition; ~ *verboten* all rights reserved; ²**en** *v/t.* (*h.*) reprint; *b.s.* pirate.

nachdrücklich [ˈ-dryklɪç] **I.** *adj.* emphatic(ally *adv.*), energetic(ally *adv.*); forcible; positive, affirmative; **II.** *adv.*: et. ~ *empfehlen* urge a th.; et. ~ *verlangen* insist on a th., make a point of a th.; *er riet* ~ *davon ab* he strongly advised against it.

ˈ**Nachdrucksrecht** *n* copyright.

ˈ**nachdrucksvoll** *adj. and adv.* → *nachdrücklich.*

ˈ**nachdunkeln** *v/i.* (*sn*) *colours*: darken, deepen.

ˈ**Nach-eifer|er** *m* emulator; ²**n** *v/i.* (*h.*) (*dat.*) emulate; vie (*or* compete) with; ~**ung** *f* (-) emulation.

ˈ**nach-eilen** *v/i.* (*sn*) (*dat.*) hasten (*or* run) after; *el.* lag.

ˈ**nach-einander** *adv.* one after another, successively; by (*or* in) turns; *drei Tage* ~ for three days running.

ˈ**nach-empfinden** *v/t.* (*h.*) have (a) feeling for; interpret with a sensitive artistic understanding.

Nachen [ˈnaxən] *m* (-s; -) boat, skiff; barge.

ˈ**Nach-erbe** *m* reversionary heir; *j-m als* ~*n zufallen* revert to a p.; ~**nrecht** *n* (right of) reversion.

ˈ**Nach-ernte** *f* aftercrop; aftermath.

ˈ**nach-erzähl|en** *v/t.* (*h.*) repeat; retell; *dem Englischen nacherzählt* adapted from the English; ²**ung** *f* repetition; adaptation; reproduction.

ˈ**nach-exerzieren** *v/i.* (*h.*) do extra drill (*or fig.* work).

Nachfahr [ˈ-faːr] *m* (-s; -en) descendant.

ˈ**nachfahren** *v/i.* (*irr., sn*) (*dat.*) drive after; go after, follow (in a car, by train, *etc.*).

ˈ**nachfärben** *v/t.* (*h.*) re-dye, colo(u)r again, redip.

ˈ**nachfassen I.** *v/t.* (*h.*) *mil.* get a second helping of; **II.** *v/i. econ.* follow up.

Nachfaßschreiben [ˈ-fas-] *econ. n* follow-up letter.

ˈ**Nachfeier** *f* after-celebration.

ˈ**nachfeilen** *v/t.* (*h.*) *tech.* file over; *fig.* retouch, polish.

ˈ**Nachfolge** *f* succession; *fig.* emulation; ~ *Christi* Imitation of Christ; ²**n** *v/i.* (*sn*) (*dat.*) follow; succeed (*j-m im Amt* a p. in his office); *fig.* emulate, follow the example (*or* in the steps) of; ²**nd** *adj.* following; named below; *im* ~*en* in the following, *jur. a.* hereinafter; ~**organisation** *f* successor organization; ~**r(in** *f*) *m* (-s, -; -, -nen) follower; successor (in office); → *Rechts*².

ˈ**nachforder|n** *v/t.* (*h.*) demand (*or* charge) extra; claim subsequently, enter a subsequent claim on; ²**ung** *f* extra charge; afterclaim.

ˈ**nachforsch|en** *v/i.* (*h.*) investigate, inquire (*dat.* into); make inquiries, conduct an investigation; ²**ung** *f* investigation, inquiry, search; ~*en anstellen* → *nachforschen.*

ˈ**Nachfrage** *f* inquiry; *econ.* demand, call, market (*nach* for); *starke* ~ *a.* rush (for); *die* ~ *nach* ... *ist gering* ... is little in demand; ²**n** *v/i.* (*h.*) (*nach*) inquire *or* ask (after).

Nachfrist *f* extension (of time), respite.

ˈ**nachfühlen** *v/t.* (*h.*): *j-m* et. ~ feel (*or* sympathize) with a p.; understand (*or* enter into) a p.'s feelings.

ˈ**nachfüllen** *v/t.* (*h.*) fill up, refill, replenish.

ˈ**Nachgang** *econ. m*: *im* ~ *zu unserem Schreiben vom* referring to our letter of.

ˈ**nach...:** ~**geben** *v/i.* (*irr., h.*) (*dat.*) give way (to), *thing*: give; relax, slacken; *fig.* give in, yield (to), comply (with), come round, cave in; indulge *or* humo(u)r *a p.*; *j-m nichts* ~ → *nachstehen*; *econ. prices*: give way, decline, slacken; ~**geboren** *adj.* posthumous; ²**gebühr** *f* surcharge, excess postage; ²**geburt** *med. f* afterbirth, placenta; ~**gehen** *v/i.* (*irr., sn*): *j-m* ~ follow (*or* go after) a p.; *e-m Beruf*: pursue (*a trade*); attend to (*business*); indulge in (*one's hobbies, etc.*); seek, pursue (*pleasure*); investigate, look into, trace, check, follow *a matter* up; *watch*: be slow, lose; *die Sache geht ihm nach* he can't get over it, it preys on his mind; ~**gelassen** *adj.* posthumous (*works*); ~**gemacht** *adj.* counterfeit; false, fake, bogus, *Am. sl.* phon(e)y; artificial, *before su.*: imitation; ~**genannt** *adj.* undermentioned; ~**ge-ordnet** *adj.* subordinate(d); ~**gerade** *adv.* by this time, by now; gradually; really; ~**geschaltet** [ˈ-gəʃaltət] *tech. adj.*: ~*es Steuergerät* rear-position control valve; ²**geschmack** *m* (-[e]s) after-taste; ~**gewiesenermaßen** *adv.* as has been proved *or* shown.

nachgiebig [ˈ-giːbɪç] *adj.* elastic, flexible, pliable (*all a. fig.*); yielding, compliant, complaisant; forbearing, indulgent (*gegen* to [-wards]); *econ. prices, etc.*: soft, declining; ²**keit** *f* (-) flexibility;

yieldingness, complaisance; indulgence.

ˈ**nach...:** ~**gießen I.** *v/t.* (*irr.*, *h.*) fill up, refill; add; **II.** *v/i.* add more; ~**glühen I.** *v/i.* (*sn*) smolder, glow again; **II.** *v/t.* (*h.*) *tech.* temper, reanneal; ~**graben** *v/i.* (*irr.*, *h.*) dig up; ~**grübeln** *v/i.* (*h.*) (*dat.*, *über acc.*) ponder *or* brood (over), muse (on); ♀**hall** *m* echo; resonance, reverberation; ~**hallen** *v/i.* (*h.*) echo, resound, *a. tech.* reverberate; ~**haltig** *adj.* lasting, enduring; effective, vigorous, strong; persistent, sustained (*efforts*); ~**hängen** *v/i.* (*irr.*, *h.*) (*dat.*) give o.s. up to *a th.*, indulge in; *s-n Gedanken* ~ give free play to one's thoughts, muse, be lost in thought; (*be slow*) hang back, lag behind; ♀**hausegehen** [-ˈhauzə-] *n* (-*s*): *beim* ~ on the way home; ~**helfen** *v/i.* (*irr.*, *h.*) (*dat.*) help (on), assist, give *a p.* a lift *or* leg up; push *a matter* on.

nachˈ**her** *adv.* after that, afterwards; then, subsequently; later (on); *bis* ~! so long!, see you later!; ~**ig** *adj.* subsequent; following, ensuing; posterior.

ˈ**Nachhilfe** *f* help, assistance, aid; ~**lehrer** *m* coach, private tutor; ~**unterricht** *m* (-[e]s) repetitional *or* private lesson(s *pl.*), coaching.

ˈ**nachhinken** *v/i.* (*sn*) (*dat.*) limp (*or* hobble) after; *fig.* lag behind.

ˈ**Nachhol|bedarf** [ˈ-ho:l-] *m* (-[e]s) backlog (*Am.* pent-up) demand; ♀**en** *v/t.* (*h.*) fetch afterwards, bring up; make good, make up for.

ˈ**Nachhut** *f* (-; -*en*) rear-guard; *die* ~ *bilden* bring up the rear (*a. fig.*); ~**gefecht** *n* rear-guard action.

ˈ**nach-impf|en** *med. v/t.* (*h.*) reinoculate; revaccinate; ♀**ung** *f* reinoculation; revaccination.

ˈ**nachjagen I.** *v/i.* (*sn*) (*dat.*) chase, pursue; **II.** *v/t.* (*h.*) *j-m e-e Kugel, ein Telegramm, etc.*: send *a bullet, wire, etc.*, after.

ˈ**Nachklang** *m* resonance; *fig.* reminiscence; after-effect.

ˈ**nachklingen** *v/i.* (*irr.*, *h.*) (re-) echo, resound, linger in the ear.

Nachkomme [ˈ-kɔmə] *m* (-*n*; -*n*) descendant; ~*n pl. a.* offspring, *esp. jur.* issue; *ohne* ~*n* without issue; ♀**n** *v/i.* (*irr.*, *sn*) (*dat.*) follow; come up with, overtake; come (*or* join *a p.*) later; keep up (*or* pace) with; comply with, follow, obey (*a demand*); grant, comply with, accede to (*a wish*); meet (*obligations*); keep (*promise*); observe, adhere to (*rules*); ~**nschaft** *f* descendants *pl.*, *esp. jur.* issue; posterity.

Nachkömmling [ˈ-kœmliŋ] *m* (-*s*; -*e*) descendant; *w.s.* later child, Benjamin.

ˈ**Nachkriegs...** postwar...; ~**zeit** *f* postwar period.

ˈ**Nachkur** *med. f* after-treatment.

ˈ**nachladen** *v/i.* (*irr.*, *h.*) recharge.

Nachlaß [ˈ-las] *m* (-*sses*; -*lasse*) remission (*of claim, penalty*); estate (of a deceased), assets *pl.*, inheritance; literary bequest, posthumous works *pl.*; *econ.* reduction, abatement, allowance; rebate, discount; *unter* ~ *von* allowing, deducting.

ˈ**nachlassen I.** *v/t.* (*irr.*, *h.*) leave behind; devise, bequeath; loosen; relax, slacken; let go; et. *im* (*or vom*) *Preise* ~ make a reduction in the price; *10 Dollar* ~ allow (a discount of) $ 10; **II.** *v/i.* (*h.*) diminish, decrease; soften, relent; weaken; deteriorate; cease; *activity, tension*: slacken, relax; *speed*: slacken, slow down; *fever, pain, rain, etc.*: abate, subside, *storm, wind a.* calm (*or* settle) down; *health*: fail, give way; *strength*: wane, ebb, fail; *interest*: wane, flag; *prices*: give way, drop; *sales, attendance*: fall off; *distress*: ease off; *er hat sehr nachgelassen* he has gone off considerably; *nicht* ~! don't give up!, keep it up!; ♀ *n* (-*s*) relaxation; reduction; diminution, decrease; abatement, subsidence; cessation; let-up.

ˈ**Nachlaßgericht** *n* probate court.

ˈ**nachlässig** *adj.* negligent, neglectful (*in dat.* of); careless, slack, lax; slovenly, sloppy, slipshod; ♀**keit** *f* negligence, neglect; carelessness, laxity, indolence; slovenliness; irregularity.

ˈ**Nachlaß...:** ~**pfleger,** ~**verwalter** *m* administrator (of an estate); ~**steuer** *f* death duty, *Am.* inheritance tax.

ˈ**nach...:** ♀**lauf** *mot. m* castor (*Am.* caster) action; ~**laufen** *v/i.* (*irr.*, *sn*) (*dat.*) run after (*a. a girl*), follow; ~**leben** *v/i.* (*h.*) (*dat.*) live up to, observe, conform to; ~**legen** *v/t.* (*h.*) put on more *coal, etc.*

ˈ**Nachlese** *f agr.* gleaning; gleanings *pl.*; *fig.* second selection; ♀**n** *v/t. and v/i.* (*irr.*, *h.*) *agr.* glean; read, look up (in *a book*).

ˈ**nachliefer|n** *econ. v/t.* (*h.*) deliver (*or* supply) subsequently *or* in addition; ♀**ung** *f* subsequent delivery; repeat delivery.

ˈ**nachlösen** *v/i.* (*and v/t.* [*h.*]: *eine Fahrkarte* ~) take a supplementary ticket; buy a ticket en route.

ˈ**nachmachen** *v/t.* (*h.*) imitate (*j-m* et. a p. in a th.), copy; mimic; counterfeit, forge; *das mach* (*mir*) *einer mal nach!* I'd like to see anyone do better.

ˈ**nachmalen** *v/t.* (*h.*) copy.

nach|malig [ˈ-ma:liç] *adj.* subsequent; ~**mals** [ˈ-ma:ls] *adv.* afterwards; later on.

ˈ**nachmessen** *v/t.* (*irr.*, *h.*) measure again, remeasure, check.

ˈ**Nachmittag** *m* afternoon; *später* ~ late afternoon, evening; *heute* ♀ this afternoon; ♀**s** *adv.* in the afternoon, p.m.; ~**skleid** *n* afternoon dress, tea-gown, casual; ~**svorstellung** *thea. f* matinée.

Nachnahme [ˈ-na:mə] *f* (-; -*n*) cash (*Am.* collect) on delivery (*abbr.* C.O.D.); reimbursement; *gegen* (*per*) ~ C.O.D.; to be paid for on delivery; *per* ~ *schicken* send C.O.D.; *unter* ~ *Ihrer Spesen* carrying your charges forward; ~**gebühr** *f* collection-fee, C.O.D. fees *pl.*; ~**sendung** *f* C.O.D. parcel.

ˈ**Nachname** *m* surname, last name.

ˈ**nachnehmen** *econ. v/t.* (*irr.*, *h.*) reimburse o.s. for; charge forward, collect on delivery.

ˈ**nachplappern** *v/t. and v/i.* (*h.*) repeat mechanically, parrot.

ˈ**Nachporto** *n* surcharge, additional charge.

ˈ**nachprüf|bar** *adj.* verifiable; ~**en** *v/t.* (*h.*) verify, make sure; check; investigate; inspect; *jur.* review (*sentence*); ♀**ung** *f* verification; check (*gen.* on); inspection; *jur.* review(al); *ped.* re-examination.

ˈ**nachrechnen** *v/t.* (*h.*) examine, check; reckon over again.

ˈ**Nachrede** *f* epilog(ue); *üble* ~ vile gossip, *jur.* defamation (of character), slander, libel; ♀**n** *v/t. and v/i.* (*h.*) repeat; *j-m Übles* ~ calumniate (*or* slander) a p.

ˈ**nach...:** ~**reichen** *v/t.* (*h.*) serve second helpings of (*food*); file (*or* supply) *documents* subsequently; ~**reifen** *v/i.* (*sn*) *fruit*: ripen in storage; ~**reisen** *v/i.* (*sn*) (*dat.*) travel after, follow; ~**rennen** *v/i.* (*irr.*, *sn*) (*dat.*) run after.

Nachricht [ˈ-riçt] *f* (-; -*en*) (e-e ~ a piece of) news *sg.*; tidings *sg.*; message; information, communication, notice; *mil.* intelligence; report, account; ~*en pl. radio*: newscast; *letzte* ~*en* stop-press; *vermischte* ~*en* miscellanies; ~ *bekommen von* (*dat.*) receive word *or* news from, hear from; ~ *bringen* bring word *or* news (*von* from); *j-m* ~ *geben* send a p. word, let a p. know, inform (*or* advise) a p. (*von über acc.* of).

ˈ**nachrichten** *tech. v/t.* (*h.*) readjust, reset.

ˈ**Nachrichten...:** ~**abteilung** *mil. f* signal battalion (*or* section); ~**agentur** *f* news agency; ~**blatt** *n* news magazine; information gazette, bulletin; ~**büro** *n* → *Nachrichtenagentur*; ~**dienst** *m* (-*es*) **1.** news service; **2.** *mil.* intelligence service; ~**kommentator** *m* news analyst; ~**material** *n* (-*s*) information; *mil.* intelligence; ~**mittel** *n* means of communication; ~**netz** *n* communications network; ~**offizier** *m* **1.** communications officer; **2.** intelligence officer; ~**satellit** *m* communications satellite; ~**sendung** *f* newscast; ~**sperre** *f* news black-out; ~**sprecher** *m* newscaster; ~**stelle** *f* information (*or* message) cent|re, *Am.* -er; ~**technik** *f* telecommunication engineering; ~**truppe** *f* (Corps of) Signals, *Am.* Signal Corps; ~**übermittlung** *f* transmission of news; ~**übersicht** *f* summary of the news; ~**verbreitung** *f* diffusion of news; ~**wesen** *n* (-*s*) communications *pl.*; ~**zeitschrift** *f* news magazine; ~**zentrale** *f* communications cent|re, *Am.* -er.

ˈ**nachrücken** *v/i.* (*sn*) (*dat.*) move after, follow; *mil.* march after, follow up; *in rank*: move up.

ˈ**Nachruf** *m* obituary (notice); ♀**en** *v/i.* (*irr.*, *h.*) (*dat.*) call (*or* shout) after.

ˈ**Nach|ruhm** *m* posthumous fame; ♀**rühmen** *v/t.* (*h.*): *j-m et.*: say in praise of a p., say *a th.* to a p.'s credit.

ˈ**nachsagen** *v/t.* (*h.*) repeat (mechanically); *j-m et.* **a)** → *nachreden*, **b)** credit a p. with; *man sagt ihm nach, daß* he is said to *inf.*, he has a reputation for (*a th. or ger.*); *das darfst du dir nicht ~ lassen* don't let that be said about you.

ˈ**Nachsaison** *f* after-season.

ˈ**Nachsatz** *m gr.* concluding sentence, final clause; *logics*: minor proposition; → *Nachschrift.*

ˈ**nachschauen** *v/i.* (*h.*) (go and) see, have a look; *j-m*: look after, follow *a p.* with one's eyes.

ˈ**nachschicken** (*h.*) → *nachsenden.*

ˈ**nachschießen I.** *v/i.* (*irr., h.*) shoot after; **II.** *v/t.* (*irr., h.*): *Gelder ~* pay an additional sum, add.

ˈ**Nachschlag** *m boxing*: counter (-blow); *mus.* grace-note; *mil.* second helping; **~ebibliothek** *f* reference library; **~ebuch, ~ewerk** *n* reference-book, work of reference; **≗en** *v/t. and v/i.* (*irr., h.*) *ein Buch, in e-m Buch*: consult, refer to *a book*; *e-e Stelle, ein Wort*: look up *a passage, word* (in a book); *boxing*: (*v/i.*) counter; *j-m ~* (*sn*) take after a p.

ˈ**nachschleichen** *v/i.* (*irr., sn*) (*dat.*) sneak (*or* steal) after; shadow, *Am. a.* tail.

ˈ**nachschleifen** *tech. v/t.* (*irr., h.*) reface, regrind, reseat.

ˈ**nachschleppen** *v/t.* (*h.*) drag (*or* trail) after; (take in) tow.

ˈ**Nachschlüssel** *m* master-key; skeleton-key, picklock; false key.

ˈ**nachschmieren** *v/t.* (*h.*) relubricate.

ˈ**Nachschmerzen** *med. m/pl.* after-pains.

ˈ**nachschreiben** *v/t. and v/i.* (*irr., h.*) take down, write from dictation; copy.

ˈ**Nachschrift** *f* postcript (*abbr.* P.S.).

ˈ**Nachschub** *mil. m* supply; reinforcements *pl.*; *~ auf dem Luftweg* airborne supply, *Am.* air landed resupply; **~basis** *f* supply base; **~kolonne** *f* supply column *or* train; **~lager** *n* supply depot; **~linie** *f*, **~weg** *m* line of communication, line of supply.

ˈ**Nachschuß** *m* **1.** *soccer*: return; **2.** *a.* → **~zahlung** *f* fresh (*or* additional) payment; *for loans, securities*: additional margin *or* cover; **≗pflichtig** *adj.* contributory.

ˈ**nachsehen** *v/i. and v/t.* (*irr., h.*) look (*or* gaze) after; *fig.* look after; examine, inspect, look over; check; correct (*exercise books*); *econ.* revise, audit (*books*); overhaul (*machine*); *words, etc.*: → *nachschlagen*; *j-m et. ~* indulge a p. in a th.; overlook (*or* excuse, close one's eyes to) a p.'s mistakes; *~ ob* (go and) see whether, make sure if; **≗** *n*: *das ~ haben* have one's trouble for nothing, be the loser, be left out in the cold; *j-m das ~ geben* give a p. the slip; *sports*: *dem Gegner das ~ geben* dismiss one's opponent.

ˈ**Nachsende|anschrift** *f* forwarding address; **≗n** *v/t.* (*h.*) send after; send on to, forward (*letter, etc.*), redirect; *bitte ~!* please forward.

ˈ**nachsetzen I.** *v/t.* (*h.*) put (*or* place) behind; *games*: increase one's stake; *fig.* think less of, consider inferior; **II.** *v/i.* (*h.*) (*dat.*) run (*or* make) after, give chase (to), pursue.

ˈ**Nachsicht** *f* (-) indulgence, forbearance; patience; leniency; *~ üben* bear and forbear, stretch a point; *mit j-m*: be indulgent towards a p., have patience (*or* be lenient) with a p.; → *Vorsicht*; **≗ig, ≗svoll** *adj.* indulgent, forbearing; lenient; patient; **~wechsel** *econ. m* after sight bill.

ˈ**nach...: ≗silbe** *gr. f* suffix; **~sinnen** *v/i.* (*irr., h.*) muse, meditate, reflect (*dat. or über acc.* [up]on); *in ≗ versunken sein* be in a brown study, be lost in thought; **~sitzen** *v/i.* (*irr., h.*) *ped.* be kept in; *~ lassen* keep in, detain; **≗sommer** *m* late (*or* St. Martin's) summer, *esp. Am.* Indian summer; **~spähen** *v/i.* (*h.*) (*dat.*) spy after; *fig.* → *nachspüren*; **≗speise** *f* → *Nachtisch*; **≗spiel** *n thea.* after-piece; *mus.* postlude; *fig.* sequel; *das geht nicht ohne ~ ab* we haven't heard the last of it; **~spionieren** *v/i.* (*h.*) (*dat.*) spy on; **~sprechen** *v/i. and v/t.* repeat (*j-m* a p.'s words); **~spülen** *v/t.* (*h.*) rinse, flush again; *tech.* reflush; **~spüren** *v/i.* (*h.*) (*dat.*) trace, track; *fig. j-m ~* spy on a p.; *e-r Sache ~* investigate, spy (*or* inquire) into a th.

nächst [nɛːçst] **I.** *adj.* next, following; nearest, shortest; *~en Sonntag* Sunday next; *~en Monat(s)* (of) next month; *am ~en Tage* the next *or* following day; *aus ~er Entfernung* at close range; *bei ~er Gelegenheit* at the first opportunity; *im ~en Augenblick* the next moment; *im ~en Haus* next door; *in den ~en Tagen* in the next few days, one of these days; *in unserem ~en Schreiben or Heft* in our next; *in ~er Zeit* in the near future; *das ~e Mal* (the) next time; *das ~e Mal* (*als ich ihn wiedersah*) *when I* next *saw him*; *die ~en Verwandten* the nearest relatives, *jur.* the next of kin; *er setzte sich auf den ~en Stuhl* (*neben ihr*) he sat down on the chair next (*to hers*); **II. ≗e(r)** *m* (*-n, -n*) the next; fellow-man *or* -creature, neighbo(u)r; *jeder ist sich selbst der ~* charity begins at home; *das ~e* the next (*or* first) thing; **III.** *adv. am ~en* nearest, next (*dat.* to); *fürs ~e* for the present, for the time being; (*dat.*) *am ~en kommen* come nearest (*or* closest) (to); *j-m am ~en stehen* be nearest to a p.(s' heart); **IV.** *prp.* (*dat.*) next to, close to; next after; **~beste** *adj.* second-best; next in quality; **~dem** *adv.* next to (*or* after) that; thereupon.

ˈ**nachstehen** *v/i.* (*irr., h.*) (*dat.*) stand after, follow; come after; *fig. j-m*: be second to, be inferior to *a p.*; *j-m in nichts ~* be in no way inferior to a p., be a p.'s equal; *keinem ~* be second to none; **~d I.** *adj.* following, *~* (*verzeichnet*) *a.* mentioned (*or* specified, listed) below; undermentioned; as hereinafter set forth; *im ~en* → **II.** *adv.* in the following, in what follows, hereinafter.

ˈ**nachsteigen** *colloq. v/i.* (*irr., sn*) (*dat.*) go after, be after (*a girl*).

ˈ**nachstell|bar** *tech. adj.* adjustable; **~en I.** *v/t.* (*h.*) place behind *or* after; put back (*watch*); *tech.* adjust; **II.** *v/t.* (*h.*): *j-m ~* be after a p.; waylay a p.; lay snares (*or* set traps) for a p.; persecute (*or* hound) a p.; **≗schraube** *tech. f* adjusting screw; **≗ung** *f tech.* adjustment; *fig.* snare, trap; persecution.

ˈ**Nächstenliebe** *f* (-) charity.

nächstens [ˈnɛːçstəns] *adv.* shortly, (very) soon, before long, in a (very) near future; one of these days.

nächste(r) → *nächst* II.

ˈ**Nachsteuer** *f* additional tax.

ˈ**nächst...: ~folgend** *adj.* next (in order), (next) following; **~liegend** *adj.* nearest (at hand).

ˈ**nach...: ≗stoß** *fenc. m* riposte, return; **~stoßen** *v/i.* (*irr., h., sn*) thrust (*or* kick) again; *fenc.* riposte, return; *mil.* follow up, pursue; **~streben** *v/i.* (*h.*) (*dat.*) strive after, aspire to; *j-m*: emulate *a p.*; **~strömen** *v/i.* (*sn*) (*dat.*) *fig.* crowd after, follow in masses; **~stürmen, ~stürzen** *v/i.* (*sn*) (*dat.*) rush after; **~suchen** *v/t. and v/i.* (*h.*) search (*or* look) for; *um et. ~* apply (*or* petition) for, seek; **≗suchung** *f* (*-; -en*) search; inquiry; application, petition; request; **~synchronisieren** *v/t.* (*h.*) *film*: post-synchronize; **~tanken** *v/i. and v/t.* (*h.*) refuel.

Nacht [naxt] *f* (*-; ⸚e*) (*a. fig.*); *bei ~, des ~s* at night; *bei ~ und Nebel, im Schutze der ~* under cover of the night, *w.s.* → *heimlich*; *bis in die sinkende ~* to the last of daylight, till nightfall; *bis in die ~ arbeiten* work till late in the night, burn the midnight oil; *die ganze ~* (*hindurch*) all night (long); *heute ≗* tonight; *vergangene ~* last night; *in e-r dunklen ~* on a dark night; *in tief(st)er ~* at dead of night; *mit einbrechender ~* at nightfall; *über ~* overnight; → *übernachten*; *die ~ zum Tage machen* turn night into day; *häßlich wie die ~* ugly as sin; *schwarz wie die ~* black as coal; *e-e gute* (*schlechte*) *~ haben* have a good (bad) night; *gute ~!* (*a. iro.*) good night!; *j-m gute ~ wünschen* wish *or* bid a p. good night; *sich die ~ um die Ohren schlagen* make a night of it; *zu ~ essen* have supper, sup; *es wird ~* it is growing (*or* getting) dark, night is coming on; *bei ~ sind alle Katzen grau* when candles are out, all cats are grey.

ˈ**Nacht...: ~angriff** *mil. m* night attack; **~arbeit** *f* night-work; **~asyl** *n* night-shelter; **~ausgabe** *f* extra special; **~bekleidung** *f* night wear; **≗blind** *adj.* night-blind; **~bomber** *m* night bomber; **~dienst** *m* night-duty; night service.

Nachteil [ˈnɑːxtaɪl] *m* disadvantage; drawback, shortcoming; *sports* (*a. fig.*): handicap; detriment, prejudice; loss; *im ~ sein* be at a disadvantage, be handicapped; *ohne ~ für* without prejudice to; *zum ~ von* to *a p.'s* disadvantage, to the prejudice of; *zum ~ gereichen* (*dat.*) be detrimental to, prove a disadvantage *or* handicap to; *econ. mit ~ verkaufen* sell at a disadvantage; **≗ig I.** *adj.* disadvantageous, detrimental, prejudicial (*für* to); adverse, unfavo(u)rable; derogatory; *über ihn ist nichts* ˜*es bekannt* nothing is known to his detriment; **II.** *adv.*: ~ *behandeln* → *benachteiligen*; ~ *beeinflussen* affect adversely, prejudice.

ˈ**Nacht-einsatz** *aer. m* night mission *or* operation.

nächtelang [ˈnɛçtəlaŋ] *adv.* for nights (together), night after night.

ˈ**Nacht...:** ~**essen** *n* supper; ~**eule** *f* night-owl; ~**falter** *m* moth; ~**flugausbildung** *aer. f* night flight training; ~**frost** *m* night-frost; ~**gebet** *n* evening-prayer; ~**gebühr** *f* night rate; ~**gefecht** *n* night combat; ~**geschirr** *n* chamber-pot; ~**gewand** *n* night-dress; ~**hemd** *n* night-shirt; *of children, women*: night-dress, night-gown.

Nachtigall [ˈnaxtigal] *f* (-; -*en*) nightingale.

nächtigen [ˈnɛçtigən] *v/i.* (*h.*) pass (*or* spend) the night; → *übernachten.*

Nachtisch *m* (-es) sweet, *Am.* dessert.

ˈ**Nacht...:** ~**jagd** *aer. f* night fighting (*or* interception); ~**jäger** *m* night fighter (*or* interceptor); ~**klub** *m* night club; ~**lager** *n* night's lodging; bed; ~**leben** *n* (-s) night life.

nächtlich [ˈnɛçtliç] *adj.* nightly, nocturnal; ~**erweile** *adv.* at night-time.

ˈ**Nacht...:** ~**lokal** *n* night club, night-spot; ~**luft** *f* (-) night-air; ~**mahl** *n* supper; ~**marsch** *m* night march; ~**mette** *eccl. f* nocturn; ~**musik** *f* serenade; ~**portier** *m* night-porter; ~**quartier** *n* night-quarters *pl.*, overnight accommodation; ~**ruf** *teleph. m* night call.

ˈ**nachtönen** *v/i.* (*h.*) resound, echo, linger (in the ear).

Nach...: ~**trag** [ˈ-traːk] *m* supplement, addendum; appendix; *of last will*: codicil; *Nachträge pl. in book*: addenda; ˜**tragen** *v/t.* (*irr.*, *h.*) carry after; *in writing*: add, append; post up (*books*); book (*omitted items*); *fig. j-m et.* ~ bear a p. a grudge; resent a th.; *nicht* ~ bear no ranco(u)r; *ich will es dir nicht* ~! no hard feelings!, I won't hold it against you!; ˜**tragend**, ˜**trägerisch** [ˈ-trɛːgəriʃ] *adj.* unforgiving, rancorous, resentful; ˜**träglich** [ˈ-trɛːkliç] **I.** *adj.* additional, supplementary; subsequent; belated; **II.** *adv.* subsequently, later; by way of addition, further; with hindsight; ~**trags...** additional ..., supplementary ..., subsequent ...

ˈ**Nacht...:** ~**ruhe** *f* night's rest; ˜**s** *adv.* at (*or* by, during the) night; ~**schatten** *bot. m* night-shade; ~**schattengewächse** *n/pl.* Solanaceae; ~**schicht** *f* night-shift; ˜**schlafend** *adj.*: *zu* ~*er Zeit* in the middle of the night; ~**schwärmer** (-**in** *f*) *m fig.* night-reveller, fly-by-night; ~**schweiß** *m* night-sweat; ~**schwester** *f* night-nurse; ~**sicht** *f* vision by night; ~**sitzung** *f* all-night sitting; ~**strom** *el. m* (-[e]s) night current; ~**stuhl** *m* night stool; ~**tisch(chen** *n*) *m* bedside table; ~**topf** *m* chamber-pot.

ˈ**nachtun** *v/t.* (*irr.*, *h.*): *es j-m* ~ imitate a p.; → *nachmachen.*

ˈ**Nacht...:** ~**vorstellung** *f* night performance, midnight matinée; ~**wache** *f* night-watch; ~ *halten bei* keep vigil over; ~**wächter** *m* (night-)watchman; *contp.* slowpoke; ˜**wandeln** *v/i.* (*sn*) walk in one's sleep; ~**wandeln** *n* sleep-walking, somnambulism; ~**wandler(in** *f*) *m* (-s, -; -, -*nen*) sleep-walker, somnambulist; ˜**wandlerisch** *adj.* somnambulistic; *mit* ~*er Sicherheit* with uncanny sureness, unerring (-ly); ~**zeug** *n* night-things *pl.*; ~**zug** *m* night-train.

nach...: ˜**untersuchung** *f* check-up, follow-up examination; ˜**urlaub** *m* additional (*or* extended) leave; ˜**verbrennung** *tech. f* after-burning; ~**verlangen** *v/t.* (*h.*) demand subsequently *or* in addition; ~**versichern** *v/t.* (*h.*) effect an additional insurance; increase the sum insured; ˜**versicherung** *f* additional insurance; ~**wachsen** *v/i.* (*irr.*, *sn*) grow again; grow up; ˜**wahl** *f parl.* by-election, *Am.* special election; ˜**wehen** *f/pl.* afterpains; *fig.* painful consequences, aftermath; ~**weinen** *v/i. and v/t.* (*h.*): *j-m* (*Tränen*) ~ mourn over the loss of, bewail the death of; *ich werde ihm keine Träne* ~ I shan't be sorry to see him go.

Nachweis [ˈ-vaɪs] *m* (-es; -e) proof, evidence; voucher; record; certificate; list, inventory; → *Arbeits*˜; ~ *der Echtheit* proof of authenticity; *den* ~ *führen or erbringen* (*gen. or daß*) prove, show, furnish proof (of *or* that); ˜**bar I.** *adj.* provable, demonstrable, ascertainable; traceable, *chem.* detectable; evident; **II.** *adv.* as can be shown *or* proved; ˜**en** *v/t.* (*irr.*, *h.*) point out, show; prove; refer to; establish, *chem.* detect; *j-m et.* ~ prove a th. against a p., sheet a th. home to a p.; *j-m Irrtümer* ~ demonstrate (*or* show) a p.'s mistakes; *j-m et.* ~ inform a p. about a th. (*desired*); ˜**lich** *adj.* → *nachweisbar*; ~**pflicht** *f* accountability; ~**ung** *f* (-; -*en*) proof, demonstration; information.

ˈ**nach...:** ˜**welt** *f* (-) posterity; future generations *pl.*; ~**wiegen** *v/t.* (*irr.*, *h.*) weigh (over) again, check; ˜**winter** *m* late winter; second winter; ~**wirken** *v/i.* (*h.*) act (*or* operate) afterwards; produce an after-effect; be felt afterwards; ˜**wirkung** *f* after-effect; consequences *pl.*, hangover; ~*en pl. des Krieges* aftermath of war; ˜**wuchs** *m* (-es) after-growth; *fig. the* rising generation; young talent, new blood, recruits *pl.*; *econ.* junior staff, trainees; *in compounds usu.* junior ...; ~**zahlen** *v/t. and v/i.* (*h.*) pay in addition (*or* extra *or* later); *econ. auf Aktien* ~ pay a further call on shares; ~**zählen** *v/t.* (*h.*) count over (again), check; ˜**zahlung** *f* additional (*or* extra) payment; *econ.* fresh call; ~**zeichnen** *v/t.* (*h.*) draw from a model, (*a. v/i.*) copy; trace; ~**ziehen I.** *v/t.* (*irr.*, *h.*) draw *or* pull after, pull along; drag (*one's leg*); trace (*line*); tighten (up) (*screw*); pencil (*eyebrow*); *fig. nach sich ziehen* entail, involve, bring in its wake; **II.** *v/i.* (*irr.*, *sn*) (*dat.*) follow (after), march after; *chess*: (*h.*) move next; ~**zotteln** *colloq. v/i.* (*sn*) lag behind; (*dat.*) trot after; ˜**zügler(in** *f*) [ˈ-tsyːklər] *m* (-s, -; -, -*nen*) straggler; late comer; *humor.* (*child*) Benjamin; ˜**zugsaktie** *econ. f* deferred share; ˜**zündung** *mot. f* retarded ignition.

Nackedei [ˈnakədaɪ] *m* (-[e]s; -s) naked child (*or* girl).

Nacken [ˈnakən] *m* (-s; -) nape (of the neck), neck; cervix; *zum* ~ *gehörig* cervical; *den Kopf in den* ~ *werfen* throw back one's head; *fig. j-m den* ~ *steifen* stiffen a p.'s back; *j-n im* ~ *haben* have a p. hard on one's heels, *w.s.* be beset (*or* plagued) by a p.

nackend [ˈnakənt] *adj.* → *nackt.*

ˈ**Nacken...:** ~**haar** *n* back-hair; ~**hebel** *m wrestling*: Nelson; ~**muskel** *m* splenius; ~**schlag** *m* blow behind the neck, rabbit-punch; *fig.* blow, adversity, setback; ~**wirbel** *anat. m* cervical vertebra.

ˈ**nackt** [nakt] **I.** *adj.* naked, (*a. paint.*) nude; bare (*a. fig. and tech.*); *orn.* unfledged; *fig.* naked, plain (*truth*); ~*e Tatsachen* hard (*or* blunt) facts; *das* ~*e Leben* bare life; **II.** *adv.* naked, bare, (in the) nude, *Am. a.* in the raw; *sich* ~ *ausziehen* strip (to one's skin); ~ *baden* (*malen*) swim (paint) in the nude; ˜**heit** *f* (-) nakedness, bareness, nudity; ˜**kultur** *f* nudism; *Anhänger der* ~ nudist.

Nadel [ˈnaːdəl] *f* (-; -*n*) needle (*a. tech.* = pointer); pin; brooch; button; (*engraver's, etc.*) style; *bot.* needle leaf; *mit* ~*n befestigen* pin (fast); *fig. wie auf* ~*n sitzen* be on pins and needles, be on tenterhooks; ~**abweichung** *f* magnetic declination; ~**arbeit** *f* needlework; ~**baum** *m* conifer(ous tree); ˜**förmig** [ˈ-fœrmiç] *adj.* needle-shaped; ~**geld** *n* pin-money; ~**hölzer** *n/pl.* conifers; ~**kissen** *n* pin-cushion; ~**kopf** *m* pin-head; ~**lager** *mot. n* needle bearings *pl.*; ~**öhr** *n* eye of a needle; ~**stich** *m* prick of a pin; *sewing*: stitch; *fig.* pinprick; ~**wald** *m* fir-pine wood, coniferous forest.

Nagel [ˈnaːgəl] *m* (-s; ¨) *anat. and tech.* nail; peg; spike; tack; stud; *an den Nägeln kauen* bite one's (finger-)nails; *sich die Nägel schneiden* (*reinigen*) cut (clean) one's nails; *fig. et. an den* ~ *hängen* give (*or* chuck) a th. up; *den* ~ *auf den Kopf treffen* hit the nail on the head; *die Arbeit brennt mir auf den Nägeln* the work is very pressing; it's a rush job; ~**bohrer** *m* gimlet; ~**bürste** *f* nail-brush; ~**feile** *f* nail-file; ˜**fest** *adj.* nailed; immovable; ~**geschwür** *n* whitlow; ~**haut** *f* cuticle; ~**lack** *m* nail enamel; ˜**n** *v/t. and v/i.* (*h.*) nail (*an, auf acc.* to); spike; tack; *mot.* (*v/i.*) knock; ˜**neu** *adj.* brand-new; ~**pflege** *f* care of the nails, manicure; ~**probe** *f*: *die* ~ *machen* thumb one's glass; ~**schere** *f* (*e-e* ~ a pair of) nail-scissors *pl.*; ~**schuhe** *m/pl.* (*a. sports*) spiked shoes; ~**wurzel** *anat. f* root of a nail; ~**zieher** *tech. m* nail puller.

nagen ['nɑːgən] *v/t. and v/i.* (*h.*) gnaw; ~ *an* (*dat.*) nibble at, *w.s.* eat into, corrode; *an e-m Knochen* ~ pick a bone; *fig. j-m am Herzen* ~ prey upon (*or* rankle in) a p.'s mind; **~d** ['-gənt] *adj.* gnawing (*a. fig.*).

'**Nager** *m* (-s; -), '**Nagetier** *zo. n* rodent, gnawer.

nah(e) ['nɑː(ə)] *adj.* near, close (*bei* to); nearby; impending, forthcoming; imminent (*danger*); → *näher, nächst*; near (*relative*); ~ *verwandt* closely related; ~ *an* (*acc. or dat.*) close (up)on; ~ *daran sein, et. zu tun* be near doing a th., be on the point of doing a th.; *es war ~ daran, daß* it was touch and go that; *j-m zu nahe treten* offend a p., hurt a p.'s feelings; *von nah und fern* from far and near; → *~kommen, ~liegen, etc.*

'**Nah-angriff** *mil. m* close-range attack.

'**Näh-arbeit** *f* needle work, sewing.

'**Nah...: ~aufklärung** *mil. f* close reconnaissance; **~aufnahme** *f film*: close-up.

nahe ['nɑːə] *adj.* → *nah.*

Nähe ['nɛːə] *f* (-) nearness, proximity; vicinity, surroundings *pl.*; neighbo(u)rhood (*a. fig.*); *aus der* ~ from close up, at close range; (*ganz*) *in der* ~ near at hand, close by; *aus der ~ betrachten* examine *a th.* closely; *in seiner* ~ near him; *in der ~ der Stadt* near the town.

'**nahebei** *adv.* nearby, close by.

'**nahegehen** *v/i.* (*irr., sn*) (*dat.*) affect, grieve.

'**nahegelegen** *adj.* nearby, neighbo(u)ring.

'**Nah-einstellung** *phot. f* short-range focus; *film*: close-up.

'**nahekommen** *v/i.* (*irr., sn*) (*dat.*) come near, approach (to); get at (*the truth*).

'**nahelegen** *v/t.* (*h.*): *j-m et.* ~ suggest a th. to a p., urge a th. (up)on a p.; give a p. to understand that.

'**naheliegen** *v/i.* (*irr., h.*) *fig.* suggest itself, be obvious; **~d** *adj.* near at hand, nearby; *fig.* obvious; *eine ~e Annahme* a reasonable assumption.

'**Nah-empfang** *m radio*: short-distance reception.

nahen ['nɑːən] *v/i.* (*sn*) *and sich* ~ (*dat.*) approach; *time, event*: draw near.

nähen ['nɛːən] *v/t. and v/i.* (*h.*) sew, stitch; *med. a.* suture up; *v/i.* do sewing *or* needlework.

näher ['nɛːər] *adj.* nearer, closer; shorter (*way*); (more) specific, more detailed *or* precise, further; *~e Angabe* → 2e(s); *j-n ~ kennen* know a p. fairly well, be closely acquainted with a p.; *fig. j-m ~ kommen* get closer with a p.; *e-r Sache ~ kommen* come to the point, get to the bottom of a th.; *et. ~ ausführen* go into detail, elaborate upon *or* amplify a th.; *j-m et. ~ bringen* interpret a th. to a p., give a p. an understanding of a th.; *bei ~er Betrachtung* on further consideration; *bitte, treten Sie ~!* this way, please!, please, come in!; **2e(s)** *n* (further) particulars, details, *the* circumstances *pl.*

Näherei [nɛːə'raɪ] *f* (-; -en) sewing; needlework.

'**Näherin** *f* seamstress.

näher|n ['nɛːərn] *v/t.* (*h.*) (*dat.*) near, approach to; *sich* ~ approach (*j-m* a p.), near; come nearer, draw nearer; close in; **~treten** *v/i.* (*irr., sn*) (*dat.*) *fig.* approach *a p., a th.*

'**Näherung** *f* (-; -en) approach; *math., etc.*, approximation; **~sformel** *f* approximation formula; **~swert** *m* approximate value.

'**nahestehend** *adj.* closely connected (*dat.* with); associated with.

'**nahezu** *adv.* nearly, almost, next to *impossible, etc.*

'**Nähgarn** *n* sewing-cotton.

'**Nahgespräch** *teleph. n* toll call.

'**Nahkampf** *m mil.* close combat, hand-to-hand fight(ing); *aer.* dog-fight(ing); *boxing, fenc.*: infight(-ing); **~artillerie** *f* close-support artillery; **~geschütz** *n*, (**~waffe** *f*) close-range gun (weapon).

'**Näh...: ~kästchen** *n* (lady's) work-box; **~kissen** *n* sewing-cushion; **~korb** *m* work-basket.

nahm [nɑːm] *pret. of nehmen.*

'**Näh...: ~maschine** *f* sewing-machine; **~nadel** *f* (sewing-)needle.

Nähr|boden ['nɛːr-] *m* fertile soil, (nutrient) substratum; *for bacteria*: culture medium; *fig.* favo(u)rable soil (*für* for), hotbed (*of crime, etc.*); **~brühe** *f* nutrient broth.

nähren ['nɛːrən] **I.** *v/t.* (*h.*) nourish, feed; nurse, (breast-)feed (*baby*); *fig.* nourish, foster, harbo(u)r, entertain (*suspicion, etc.*); nurture (*thoughts*); *sich ~ von* live (*or* feed) on; *w.s.* earn one's (*or* make a) living by; **II.** *v/i.* (*h.*) be nourishing.

'**Nährflüssigkeit** *f* nutrient fluid.

nahrhaft ['nɑːrhaft] *adj.* nutritious, nourishing, nutritive; substantial; productive (*soil*); *fig.* lucrative; **2igkeit** ['-içkaɪt] *f* (-) nutritiousness.

'**Nähr...: ~hefe** *f* nutrient yeast; **~krem** *f* skin-feeding cream; **~kraft** *f* nutritive power; **~mittel** *n/pl.* processed foodstuff; *w.s. pl.* wheat-base food, cereals *pl.*; **~mittelchemie** *f* food chemistry; **~mittelfabrik** *f* food-processing plant; **~präparat** *n* food preparation, patent food; **~salze** *n/pl.* nutrient salt; **~sorgen** *f/pl.* difficulty in making both ends meet; ~ *haben* a. struggle for a living; **~stoff** *m* nutritive substance.

Nahrung ['nɑːruŋ] *f* (-) food, nourishment, nutriment; diet; feed; livelihood, subsistence; *fig. geistige* ~ mental food ; ~ *geben* (*dat.*) nurture.

'**Nahrungs...: ~aufnahme** *f* (-) food intake; **~mangel** *m* want of nourishment; food shortage; **~mittel** *n* food (product), foodstuff; *pl. a.* victuals, provision, eatables; **~mittelchemiker** *m* food chemist; **~mittelfälschung** *f* adulteration of food; **~mittelvergiftung** *f* food poisoning; **~sorgen** *f/pl.* cares of subsistence.

'**Nährwert** *m* nutritive value.

'**Nähseide** *f* sewing silk.

Nahselektion ['nɑːzelɛktsioːn] *f TV* adjacent channel selectivity.

'**Nahsender** *m* short-distance transmitter.

Naht [nɑːt] *f* (-; ⸚e) seam (*a. tech.* = joint, weld); *anat., bot., med.* suture.

Näh...: ~täschchen ['nɛːtɛʃçən] *n* (-s; -) needle-case; **~tisch(chen** *n*) *m* sewing-table.

'**Naht...: 2los** *adj.* seamless; **~schweißung** *tech. f* seam welding; **~stelle** *mil. f* boundary position.

'**Nahverkehr** *m rail.* local (*or* suburban) traffic; *mot.* short-haul traffic; *teleph.* toll service.

'**Nähzeug** *n* sewing-kit.

'**Nahziel** *n* immediate objective.

naiv [na'ˀiːf] *adj.* naive, ingenuous, simple; **2e** [-'ˀiːvə] *thea. f* ingénue (*Fr.*).

Naivität [-ˀivi'tɛːt] *f* (-) naivety, naïveté (*Fr.*), ingenuousness, simplicity.

Name [nɑːmə] *m* (-ns; -n), **~n** *m* (-s; -) name; *econ.* title (*of firm, security*); designation; name, reputation; *voller* ~ full name; *des ~ns, mit ~n, im ~n* (*gen.*) → *namens*; (*nur*) *dem ~n nach* nominal(ly *adv.* = in name only); *dem ~n nach kennen* know by name; *das Kind beim rechten ~ nennen* call a spade a spade; *sich einen ~n machen* gain a name for o.s.; *darf ich um Ihren ~n bitten?* may I ask your name?; *den ~n ... tragen* be known as, go by the name of; *s-n ~ hergeben für* lend one's name to (*a th.*).

'**Namen...: ~(s)aktie** *f* registered share; **~gebung** *f* (-; -en) christening, naming; nomenclature; **~gedächtnis** *n* memory for names; **~liste** *f* list of names, roll; *pol.* poll, *Am.* slate; panel (*of doctors, jurors, etc.*); **2los I.** *adj.* nameless, anonymous; *fig.* unspeakable, unutterable; *~e Furcht* nameless fear; **II.** *adv. fig.* utterly, terribly; **~(s)papier** *n* registered stock.

'**namens I.** *adv.* named, by the name of, called; **II.** *prp.* (*gen.*) in the name of, on behalf of; *jur. ~ und auftrags* (*gen.*) in the name and on behalf of.

'**Namens...: ~aufruf** *m* roll-call; **~tag** *m* fête-day, name-day; **~unterschrift** *f* signature; **~vetter** *m* namesake; **~zug** *m* signature; monogram; flourish.

namentlich ['nɑːməntliç] *adj. and adv.* nominal(ly), by (his, her) name, individually; especially, particularly, in particular; *parl. ~e Abstimmung* roll-call vote.

'**Namenverzeichnis** *n* register of names, name index.

namhaft ['nɑːmhaft] *adj.* notable, noted, renowned; considerable, substantial; ~ *machen* (mention by) name; *w.s.* identify.

nämlich ['nɛːmliç] **I.** *adj.*: *der* (*die*) *~e* the same person; *das ~e* the same thing; **II.** *adv.* namely, that is (to say) (*abbr.* i.e. *or* viz.); *esp. jur. and iro.* to wit; *er war ~ krank* he was ill, you (must) know.

nannte ['nantə] *pret. of nennen.*

nanu [na'nuː] *colloq. int.* → *na.*

Napf [napf] *m* (-[e]s; ⸚e) bowl, *a.* basin, cup; **~kuchen** *m* tube cake.

Naphtha ['nafta] *min. n* (-s)

naphtha; **Naphthalin** [-ˈli:n] *n* (-*s*) naphtalene.

Narbe [ˈnarbə] *f* (-; -*n*) scar, cicatrice; pockmark, pit; *bot.* stigma; *agr.* top-soil; *of leather*: grain; **2n** *v/t.* (*h.*) grain (*leather*); *sich* ~ (form a) scar; **2nlos** *adj.* unscarred; **~nseite** *f* grain side (*of leather*).

Narkose [narˈko:zə] *med. f* (-; -*n*) narcosis; **~facharzt** *m* an(a)esthesist; **Narkotikum** [-ˈko:tikum] *n* (-*s*; -*ka*) narcotic, drug; **narkotisch** [-ˈko:tiʃ] *adj.* narcotic; **narkotisieren** [-kotiˈzi:rən] *v/t.* (*h.*) narcotize.

Narr [nar] *m* (-*en*; -*en*) fool; jester, buffoon; *e-n ~en gefressen haben an* (*dat.*) have taken a great fancy to, be infatuated with, dote (up)on; *j-n zum ~en haben or halten* → **2en** *v/t.* (*h.*) make a fool of, dupe, fool; mystify, hoax.

ˈ**Narren...**: **~freiheit** *f* carnival licence (*Am.* -se); **~haus** *n* madhouse; **~kappe** *f* fool's cap; **~(s)possen** *f/pl.* (tom)foolery, buffoonery *sg.*, clowning; **~seil** *n* (-[e]*s*): *j-n am ~ führen* make a fool of a p., lead a p. by the nose; **2sicher** *tech. adj.* foolproof; **~streich** *m* foolish trick; stupid thing (to do).

Narretei [-rəˈtaɪ] *f* (-; -*en*) folly, tomfoolery.

ˈ**Narrheit** *f* (-; -*en*) folly.

Närrin [ˈnɛrin] *f* (-; -*nen*) fool, foolish woman.

ˈ**närrisch** *adj.* foolish, silly; mad, crazy.

Narzisse [narˈtsisə] *bot. f* (-; -*n*) narcissus; *gelbe ~* daffodil.

Narzißmus [narˈtsismus] *m* (-) narcism.

nasal [naˈzɑ:l] *adj.* nasal; *~er Ton*, *~e Sprechweise* twang; **2(laut)** *m* nasal (sound).

naschen [ˈnaʃən] *v/i. and v/t.* (*h.*) nibble (*an dat.* at); eat *sweets* on the sly; *gern ~* have a sweet tooth.

Näscher(**in** *f*) [ˈnɛʃər(in)] *m* (-*s*, -; -, -*nen*) lover of dainties, sweet tooth.

Näscherei [-ˈraɪ] *f* (-; -*en*) eating (dainties) on the sly; → *Naschwerk*.

ˈ**naschhaft** *adj.* fond of dainties, sweet-toothed; **2igkeit** *f* fondness for dainties.

ˈ**Nasch...**: **~katze** *f*, **~maul** *n* → *Näscher*; **~werk** *n* (-[e]*s*) dainties, sweets, delicacies *pl.*

Nase [ˈnɑ:zə] *f* (-; -*n*) nose; snout; *of pipe, jug*: spout; *tech.* lug, nose; (*sense*) nose, *esp. of dog*: scent; *fig.* rebuke; *durch die ~ sprechen* → *näseln*; *die ~ hochtragen* carry one's nose in the air, be stuck-up; *j-m e-e lange ~ machen* thumb one's nose at a p.; *j-m die Tür vor der ~ zuwerfen* slam a door in a p.'s face; *j-n an der ~ herumführen* have a p. on, fool a p. *e-e feine ~ haben* have a sharp nose (*or* a keen sense of smell), *fig. für et.*: have a flair for *a th.*; → *bohren*; → *hoch*; *fig. auf der ~ liegen* be ill; *j-m e-e ~ drehen* dupe a p.; → *rümpfen*; *s-e ~ in alles stecken* poke one's nose into everything; *j-m auf der ~ herumtanzen* play old Harry (*or* fast and loose) with a p.; *j-m et. auf die ~ binden* tell (*or* reveal) a th. to a p.; *j-n mit der ~ auf et. stoßen* shove a th. under a p.'s nose; *j-m et. unter die ~ reiben* bring a th. home to a p., rub it in; *die ~ voll haben* be fed up (to the teeth) (*von* with); *immer der ~ nach!* just follow your nose!; *es liegt vor deiner ~* it lies under your nose; *der Zug fuhr uns vor der ~ weg* we missed the train by an inch; *man kann es ihm an der ~ ansehen* it's written all over his face.

näseln [ˈnɛ:zəln] *v/i.* (*h.*) speak through the nose, nasalize; snuffle; **2** *n* (-*s*) nasal twang; **~d** *adj.* nasal.

ˈ**Nasen...**: **~bein** *n* nasal bone; **~bluten** *n* (-*s*) nose-bleeding; **~flügel** *m* side (*or* wing) of the nose; **~höhle** *f* nasal cavity; **~länge** *f*: *um e-e ~ gewinnen* win by a whisker; *j-n um e-e ~ schlagen* nose a p. out; **~laut** *m* nasal (sound); **~loch** *n* nostril; **~rachengang** *m* nasopharyngeal canal; **~rücken** *m* bridge of the nose; **~scheidewand** *f* nasal septum; **~schleim** *m* nasal mucus; **~schleimhaut** *f* mucous membrane of the nose; **~spezialist** *m* rhinologist; **~spitze** *f* tip of the nose; **~stüber** [ˈ-ʃty:bər] *m* (-*s*; -) fillip; **~wurzel** *f* root of the nose.

naseweis [ˈ-vaɪs] *adj.* pert, saucy; inquisitive, nosy; **2heit** *f* (-) sauciness, pertness.

nasführen [ˈnɑ:sfy:rən] *v/t.* (*h.*) lead on, fool, dupe.

Nashorn [ˈnɑ:shɔrn] *zo. n* (-[e]*s*; *ʺer*) rhinoceros.

naß [nas] *adj.* wet; damp, moist; humid; dripping (wet), soaked, drenched; (*sich*) *~ machen* wet (o.s.); *~ werden* become (*or* get) wet; **2** *n* (-*sses*) liquid.

Nassauer [ˈnasaʊər] *colloq. m* (-*s*; -) sponger, scrounger; **2n** *v/i.* (*h.*) sponge (*bei j-m* on), scrounge.

ˈ**Naßbatterie** *el. f* wet storage battery.

Nässe [ˈnɛsə] *f* (-) wet(ness); damp(ness), moisture; humidity; *vor ~ schützen!* keep dry!; **2n I.** *v/t.* (*h.*) wet; moisten; **II.** *v/i. wound*: discharge, ooze.

ˈ**naß...**: **2fäule** *agr. f* wet rot; **~forsch** *colloq.* brash, snotty; **~kalt** *adj.* raw, damp and cold; clammy; **2schnee** *m* damp (*or* cloggy) snow; **2wäsche** *f* wet (*or* rough-dry) wash.

Nation [natsiˈo:n] *f* (-; -*en*) nation.

national [-tsioˈnɑ:l] *adj.* national; **2bewußtsein** *n* national consciousness; **2charakter** *m* national character; **~chinesisch** *adj.* Chinese-Nationalist; **2farben** *f/pl.* national colours; **2flagge** *f* national flag; **2held** *m* national hero; **2hymne** *f* national anthem.

nationalisier|en [-naliˈsi:rən] *v/t.* (*h.*) nationalize; **2ung** *f* (-; -*en*) nationalization.

Nationa|lismus [-ˈlismus] *m* (-; -*men*) nationalism; **~list** [-ˈlist] *m* (-*en*; -*en*) nationalist; **2listisch** [-ˈlistiʃ] *adj.* nationalistic; **~lität** [-liˈtɛ:t] *f* (-; -*en*) nationality.

Natioˈnal...: **~mannschaft** *f sports*: national team; **~ökoˈnom** *m* (political) economist; **~ökonomie** *f* political economy; **~soziaˈlismus** *m* National Socialism; **~soziaˈlist** *m* National Socialist, *contp.* Nazi; **2sozialistisch** *adj.* National Socialist(ic); **~staat** *m* nation state; **~stolz** *m* national pride.

Nativität [nativiˈtɛ:t] *f* (-; -*en*) nativity.

Natrium [ˈnɑ:trium] *n* (-*s*) sodium; **~superoxyd** *n* sodium peroxide.

Natron [ˈnɑ:trɔn] *n* (-*s*) sodium hydroxide, soda, natron; (*doppelt*) *kohlensaures ~* sodium (bi)carbonate; **2haltig** [ˈ-haltiç] *adj.* containing soda; **~hydrat** *n* sodium hydroxide; **~lauge** *f* soda lye; **~seife** *f* soda soap.

Natter [ˈnatər] *zo. f* (-; -*n*) adder, viper; *fig.* serpent.

Natur [naˈtu:r] *f* (-; -*en*) nature; *physiol.* constitution; *psych.* temper(ament), disposition, nature; character; *freie ~* open country; *e-e starke ~ haben* have a strong constitution; *die Sache ist ernster ~* the matter is of a grave nature; *es liegt in der ~ der Sache* it is in the nature of things, it is quite natural; *nach der ~ zeichnen* draw from nature *or* life; *von ~ (aus)* constitutionally; by nature, congenitally; *j-m zur zweiten ~ werden* become second nature with a p.; *es geht mir wider die ~* it goes against the grain; *in ~* → **2a**: *in ~* in kind.

Naturalbezüge [natuˈrɑ:l-] *pl.* remuneration in kind.

Naturalien [natuˈrɑ:liən] *pl.* natural produce *sg.*; value in kind; *biol.* natural history specimens; **~kabinett** *n*, **~sammlung** *f* natural-history collection.

naturalisier|en [naturaliˈsi:rən] *v/t.* (*h.*) naturalize; *sich ~ lassen* become naturalized; **2ung** *f* (-; -*en*) naturalization.

Naturalis|mus [-ˈlismus] *m* (-) naturalism; **~t** [-raˈlist] *m* (-*en*; -*en*) naturalist; **2tisch** [-ˈlistiʃ] *adj.* naturalistic.

Natural... [natuˈrɑ:l-]: **~leistung** *f* payment in kind; **~lohn** *m* wage(s *pl.*) in kind; **~wert** *m* value in kind.

Natur... [naˈtu:r-]: **~anlage** *f* (natural) disposition; nature; **~beschreibung** *f* description of nature; **~bursche** *m* child of nature, nature-boy; **~butter** *f* genuine butter; **~ei** *n* shell egg.

Naturell [natuˈrɛl] *n* (-*s*; -*e*) natural disposition, nature, temper(ament).

Naˈtur...: **~ereignis** *n*, **~erscheinung** *f* (natural) phenomenon; **2farben** *adj.* natural-colo(u)red; *~ lackiert* naturally varnished; **~film** *m* nature film, scenic; **~forscher** *m* naturalist, scientist; physicist; **~forschung** *f* scientific research, science; **~freund** *m* nature-lover; **~gas** *n* natural gas; **2gemäß** *adj. and adv.* natural(ly), according to nature; **~geschichte** *f* natural history; **2geschichtlich** *adj.* of (*or* relating to) natural history; **~gesetz** *n* law of nature, natural law; **2getreu** *adj.* true to nature; life-like; full-scale; **~gummi** *m* natural rubber; **~heilkunde** *f* treatment by natural remedies; **~heilkundige**(**r**) *m* nature-cure practitioner; **2heil-**

kundlich *adj.* naturopathic; **~kind** *n* child of nature; **~katastrophe** *f* natural disaster; **~kraft** *f* natural power *or* force; brute force; **~kunde, ~lehre** *f* (-) natural philosophy, (natural) science; **~landschaft** *f* virgin country.

natürlich [na'ty:rliç] **I.** *adj.* natural; normal; genuine; native, innate; unaffected, artless; unsophisticated *~er Maßstab* plain scale; simple; *~e Größe* real (*or* actual, full) size; *~es Hindernis* natural (*or* topographical) obstacle; *jur. ~e Person* natural person; *~es Kind* natural (*or* illegitimate) child; *e-s ~en Todes sterben* die a natural death; *es ist ganz ~, daß* it is quite natural that, it stands to reason that; *das geht nicht mit ~en Dingen zu* there is something fishy about it; **II.** *adv.* naturally, of course, to be sure; **2keit** *f* (-; -en) naturalness; unaffectedness, artlessness; simplicity.

Na'tur...: **~mensch** *m* man of nature; nature-boy; primitive man; **~notwendigkeit** *f* physical necessity; **~produkte** *n/pl.* natural products *or* produce *sg.*; **~recht** *n* natural right; **~reich** *n* kingdom of nature; **2rein** *adj.*: *~er Wein* vintage wine; **~schätze** [-ʃɛtsə] *m/pl.* natural resources; **~schutz** *m* preservation of natural beauty; *Am.* nature (*or* wild-life) conservation; **~schutzgebiet** *n* national park, nature (*or* wild-life) (p)reserve; **~stein** *m* stone; **~stoff** *m* natural substance; **~theater** *n* open-air theat|re, *Am.* -er; **~treue** *f* truth to nature, fidelity; **~trieb** *m* instinct; **~volk** *n* primitive race; **2widrig** *adj.* contrary to nature, unnatural; abnormal; **~wissenschaft** *f* natural science; **~wissenschaftler** *m* (natural) scientist; **2wissenschaftlich** *adj.* scientific; **2wüchsig** [-vy:ksiç] *adj.* natural, original; **~wunder** *n* prodigy; **~zustand** *m* natural state.

Nautik ['nautik] *f* (-) nautical science, nautics, navigation; '**nautisch** *adj.* nautical.

Navigations|anlage [navigatsi'o:ns-] *f* navigation system; **~karte** *f* navigation chart; **~radar** *n* navigational radar; **~raum** *m* chartroom; **~schule** *f* school of navigation, naval school.

Nazi [na:tsi] *contp. m* Nazi; **Nazismus** [na'tsismus] *m* (-) Nazism, Nazidom; **nazistisch** [-'tsistiʃ] *adj.* Nazi.

Neapel [ne'a:pəl] *n* Naples; **Neapolitan|er(in** *f*) [neapoli'ta:nər] *m* (-s, -; -, -nen), **2isch** *adj.* Neapolitan.

Nebel ['ne:bəl] *m* (-s; -) mist, fog; haze, *ast.* nebula; *mil.* smoke; *fig.* mist, veil, cloud; *in dichten ~ gehüllt, vom ~ behindert* fog-bound; *humor. es fällt aus wegen ~* it's off; **~bank** *f* fog bank; **~bombe** *f* smoke bomb; **~fleck** *ast. m* nebula; **~granate** *f* smoke shell; **2haft** *adj.* foggy, *fig. a.* nebulous, hazy, dim; **~horn** *n* fog horn; **2ig** *adj.* misty, foggy, hazy; **~kammer** *phys. f* cloud chamber; **~kerze** *f* smoke candle; **~krähe** *f* hooded crow; **~lampe, ~leuchte** *mot. f* fog lamp; **2n** *v/i.* (*h.*) be foggy; *mil.* lay down smoke; **~regen** *m* drizzle; **~schleier** *m* misty veil; **~signal** *n* fog-signal; **~topf** *mil. m* smoke generator; **~vorhang** *mil. m*, **~wand** *f* smoke-screen; **~werfer** *m* **a)** smoke-shell mortar, **b)** (multiple) rocket launcher; **~wetter** *n* foggy weather.

neben ['ne:bən] *prp.* (*where? dat., where to? acc.*) by, by the side of, beside; alongside of, side by side with; next to; close by, near to; → *gleichzeitig*; against, compared with; apart (*Am. a.* aside) from, besides; in addition to; *~ anderen Dingen* amongst other things.

'**Neben...:** **~abrede** *f* collateral agreement; **~abschnitt** *mil. m* adjacent sector; **~absicht** *f* secondary object; **~amt** *n* subsidiary office; *teleph.* branch exchange; **2amtlich** *adj.* part-time; **2'an** *adv.* next door, in the next room; close by; **~anschluß** *teleph. m* extension (line *or* telephone); **~arbeit** *f* extra work; → *Nebenberuf*; **~ausgaben** *f/pl.* incidental expenses, extras; **~ausgang** *m* side-exit *or* -door; **~bahn** *rail. f* branch (*or* local) line; **~bedeutung** *f* secondary meaning, connotation; **~begriff** *m* accessory notion; **2'bei** *adv.* → *nebenan*; by the way, incidentally; besides, moreover; **~beruf** *m*, **~beschäftigung** *f* additional occupation, avocation, side-line; part-time job; *im ~* → **2beruflich I.** *adj.* avocational; *attr.* spare-time, side-line; **II.** *adv.* as an extra occupation, as a side-line; in one's spare-time; **~bestandteil** *m* secondary ingredient; **~buhler(in** *f*) *m* rival; **~buhlerschaft** *f* rivalry; **~bürge** *m* co-surety; **~bürgschaft** *f* collateral surety; **~ding** *n* secondary matter.

nebenein'ander *adv.* side by side, abreast; neck and neck; simultaneously, concurrently; *~ bestehen* co-exist; **2** *n* (-s) co-existence; **~schalten** *el. v/t.* (*h.*) connect in parallel; **2schaltung** *el. f* parallel connection; **~stellen** *v/t.* (*h.*) put (*or* place) side by side; arrange parallel (to each other); compare; **2stellung** *f fig.* comparison, juxtaposition.

'**Neben...:** **~eingang** *m* side-entrance; **~einkünfte** *pl.*, **~einnahmen** *f/pl.* casual emoluments, perquisites, extra income; **~erzeugnis** *n* by-product; **~fach** *n* subsidiary subject; *Am.* minor; *als ~ studieren* take as a subsidiary subject, *Am.* minor in; **~fluß** *m* tributary (river), affluent; **~frage** *f* side-issue; **~frau** *f* concubine; **~gasse** *f* by-lane; **~gebäude** *n* adjoining building; outbuilding, annex(e); **~gebühren** *f/pl.* incidental charges; **~gedanke** *m* simultaneous thought; **~geräusche** *n/pl. radio*: ambient noise *sg.*; atmospherics, strays; *teleph.* crackling; **~gericht** *n* side-dish, entremets (*Fr.*); **~geschmack** *m* aftertaste, smack; **~gewinn** *m* incidental profit; **~gleis** *n* siding; *Am.* sidetrack (*a. v/t., fig. auf ein ~ schieben*); **~handlung** *thea. f* underplot, episode; **~haus** *n* adjoining (*or* next-door) house; → *Nebengebäude*; **2'her, 2'hin** *adv.* by his (her) side; → *nebenbei*; **2'hergehend** *adj.* accessory, secondary, additional, extra, minor; **~interesse** *n* private interest; **~klage** *jur. f* incidental action; **~kläger(in** *f*) *m* accessory prosecutor; **~kosten** *pl.* extra (*or* petty) costs *or* expenses; extras, incidentals; **~kriegsschauplatz** *m* secondary theat|re (*Am.* -er) of war; **~leistung** *econ. f* supplement(ary payment *or* delivery); **~linie** *f* parallel line; *descent*: collateral line; *rail.* branch line; **~mann** *m* (-[e]s; ⁼er) next man (*a. mil.*); **~mensch** *m* fellow-creature; **~niere** *f* suprarenal gland; **~post-amt** *n* branch post-office; **~produkt** *n* by-product; **~programm** *n film*: supporting program(me); **~punkt** *m* accessory point; **~raum** *m* offices, service-rooms; **~rolle** *f* subordinate (*or* minor) part (*a. thea.*); **~sache** *f* minor (*or* accessory) matter; secondary consideration; *das ist ~!* that's a minor detail!, that's quite unimportant here!; **2sächlich** *adj.* subordinate, incidental; unimportant; *pred.* not essential; of no consequence; irrelevant, immaterial; *e-e ~e Rolle spielen* be of secondary importance; **~sächlichkeit** *f* (-; -en) triviality; **~satz** *gr. m* subordinate clause; **~schluß** *el. m* shunt; **~schlußmotor** *m* shunt (-wound) motor; **~sender** *m radio*: relay station; regional station; **~sicherheit** *f* collateral security; **~sonne** *ast. f* parhelion; **~sprechen** *teleph. n* (-s) crosstalk; **2stehend** *adj.* standing by; *fig.* marginal, in the margin; *~ (abgebildet)* opposite; **~stehende(r)** *m* by-stander; **~stelle** *f* branch-office, sub-office, agency; *teleph.* extension; **~strafe** *f* secondary punishment; **~straße** by-street, side-street; by-road; **~strecke** *rail. f* branch line; **~tisch** *m* next table; **~ton** *m* neighbo(u)ring tone; *gr.* secondary accent; **~tür** *f* side-door; **~umstand** *m* accessory circumstance; **~ursache** *f* secondary cause; **~verbraucher** *m* secondary consumer; **~verdienst** *m* incidental (*or* extra) earnings *pl.*; **~vertrag** *m* collateral agreement; **~weg** *m* by-road; **~winkel** *math. m* adjacent angle; **~wirkung** *f* secondary effect (*chem.* action), side-effect; **~zimmer** *n* adjoining room; **~zweck** *m* secondary object, subordinate purpose.

neblig ['ne:bliç] *adj.* → *nebelig*.

nebst [ne:pst] *prp.* (*dat.*) together (*or* along) with, besides; including; in addition to.

necken ['nɛkən] *v/t.* (*h.*) tease, banter, chaff; quiz, kid.

Neckerei [-kə'raı] *f* (-; -en) teasing, chaff, banter; quiz(zing).

neckisch *adj.* (fond of) teasing, quizzical; playful; roguish, arch; droll, funny.

ne(e) [ne:] *colloq. adv.* no, *Am. sl.* nope.

Neffe ['nɛfə] *m* (-n; -n) nephew.

Negation [negatsi'o:n] *f* (-; -en) negation.

negativ ['ne:gati:f, -'ti:f] *adj.*, ♀ *n* (-*s*; -e) negative.
Negatron [nega'tro:n] *phys. n* (-*s*; -*en*) negat(r)on.
Neger ['ne:gər] *m* (-*s*; -) negro; **~in** *f* (-; -*nen*) negress.
negieren [ne'gi:rən] *v/t.* (*h.*) deny, answer in the negative; negate.
Negligé [negli'ʒe:] *n* (-*s*; -*s*) négligé, dishabille; morning-gown.
nehmen ['ne:mən] *v/t.* (*irr., h.*) take (*j-m et.* from a p.); take, seize, grasp; accept; receive; *mil.* take (*im Sturm* by storm), capture; take, clear (*obstacle*); take, negotiate (*curve*); *at table*: help o.s. to, (*nochmals ~*) take a second helping of; *zu sich ~* take, partake of (*food*), have (*a cup of tea, some pudding*); use; take (*train, etc.*); *cul. man nehme* take; buy; charge (*für* for); take, engage, hire (*employees*); retain (*lawyer*); take away, remove, free *a p.* from (*pains, inhibitions*); deprive of (*hope, beauty, rights, etc.*) → *Angriff, Anspruch, Augenschein, Beispiel, Ende, ernst, Herz, Mund, Partei, Wort, etc.*; et. *an sich ~* take a th., *unlawfully*: *a.* misappropriate (*or* purloin) a th.; et. *auf sich ~* undertake a th., take it upon o.s. to *inf.*, assume (*burden, task*), accept, shoulder (*responsibility*); *die Folgen auf sich ~* bear the consequences, face the music; *~ wir den Fall* let us assume *or* suppose, suppose; *ich lasse es mir nicht ~* I insist (upon it), I won't be talked out of it; *er läßt es sich nicht ~ zu, inf.* he insists (up)on *ger.*; *sich nichts von s-n Rechten ~ lassen* suffer no encroachments on one's rights; *er versteht es, die Kunden richtig zu ~* he has a way with the customers, he knows how to take (*or* handle) them; *wie man's nimmt* that depends; *strenggenommen* strictly speaking.
'**Nehmen** *n* (-*s*) *boxing*: *er ist gut im ~* he can take a lot (of punishment); → *Geben.*
Nehmer(in *f*) ['-mər] *m* (-*s*, -; -, -*nen*) taker; buyer, purchaser.
Nehrung ['ne:ruŋ] *f* (-; -*en*) spit (of land).
Neid [naɪt] *m* (-[e]*s*;) envy; jealousy; *blasser* (*or gelber*) *~* (mere) jaundice; *humor. der ~ der Besitzlosen* the envy of the have-nots; *aus* (*purem*) *~* out of (sheer) envy; *aus ~ gegen* from envy of; *bei j-m ~ erregen* excite a p.'s envy; *grün vor ~* green with envy; *vor ~ vergehen* be eaten up with envy; *das muß ihm der ~ lassen* you have to hand it to him; **♀en** *v/t.*: *j-m* et. *~* envy (*or* grudge) a p. a th.; **~er(in** *f*) ['naɪdər] *m* (-*s*, -; -, -*nen*) envier, grudger, envious person; **~hammel** *colloq. m* dog in the manger; **♀isch** *adj.* envious, jealous (*auf acc.* of); jaundiced (*eyes*); **♀los** *adj.* free from envy, ungrudging.
Neige ['naɪgə] *f* (-; -*en*) slope; decline; *in barrel*: dregs *pl.*; *in glass*: heel-tap; *auf der ~* on the slope, aslant; atilt; *bis zur ~ leeren* drain to the dregs; *zur ~ gehen* (be on the) decline, wane, *supplies*: run low, *a. econ.* run short; *time*: draw to an end; **♀n I.** *v/t.* (*h.*) bend, incline; bow (down); tilt; *sich ~* bend, incline, *terrain*: slope, slant; dip (*a. compass needle*); bow; *day, etc.*: draw to a close; **II.** *v/i.* (*h.*) *fig.*: *~ zu* lean to, incline to, tend to; have a propensity for; be prone (*or* liable, subject) to (*diseases, accidents, etc.*); *er neigt zu Übertreibungen* he is given to exaggeration; → *geneigt.*
'**Neigung** *f* (-; -*en*) inclination; slope, incline; *rail., road*: gradient; *math.* dip (*a. of compass needle, road, ship*); tilt(ing); *fig.* inclination, propensity (zu to, for); bent, preference, liking (for); leaning (towards); taste (for); *a. econ., pol.* tendency, trend (towards); disposition (to); *b.s.* proclivity (to), *a. med.* liability, proneness (to); affection (*für* for); *~ fassen für j-n* take (a fancy) to a p., set one's affections on a p.; *s-n ~en nachgeben* follow (*or* indulge in) one's inclinations.
'**Neigungs...**: **~ebene** *f* incline(d plane), slope; **~ehe** *f* love-match; **~linie** *f* gradient; **~messer** *m* clinometer; **~verhältnis** *n* gradient; **~winkel** *m* angle of inclination.
nein [naɪn] *adv.* no; *~, so was!* well, I never!, I say!, what a thing to do (*or* say)!; *~ und abermals ~!* no! a thousand times no!; *aber ~!* but no!, I should say not!; *geht er?* — *~! is he going?* — no, he is not!; *haben Sie gerufen?* — *~! did you call?* — no, I did not!
'**Nein** *n* (-*s*) no; denial; refusal; *mit e-m ~ antworten* answer in the negative, say no; refuse; **~stimme** *parl. f* no (*pl.* noes), *Am.* nay.
Nekrolog [nekro'lo:k] *m* (-[e]*s*; -e) obituary notice, necrology.
Nektar ['nɛktar] *m* (-*s*) nectar.
Nelke ['nɛlkə] *f* (-; -*n*) pink, carnation; clove; **~n-öl** *n* clove oil; **~nwurz** ['-vurts] *f* (-) avens, pink-root.
Nenn... [nɛn] *in compounds* nominal ..., *tech. usu.* rated ...
'**nennbar** *adj.* mentionable.
'**Nenn...**: **~belastung** *tech. f* nominal load; **~betrag** *m* nominal amount; **~drehzahl** *f* rated speed.
nennen ['nɛnən] *v/t.* (*irr., h.*) name; call, dub; term, designate; mention; quote; style; nickname, dub; nominate (*candidate*); *sich ~* be named *or* called, go by the name of; *sports*: enter (*für* for); *er nennt sich Doktor* he calls (*or* styles) himself a doctor; *das nenne ich Erfolg* that's what I call success; → *genannt*; **~swert** *adj.* worth mentioning, considerable; *nicht ~* negligible; *keine ~en Fortschritte* no appreciable progress.
'**Nenner** *math. m* (-*s*; -) denominator; *auf e-n gemeinsamen ~ bringen* reduce to a common denominator (*a. fig.*).
'**Nenn...**: **~fall** *gr. m* nominative; **~form** *gr. f* infinitive; **~frequenz** *f* rated frequency; **~geld** *n sports*: entry-fee; **~kurs** *econ. m* par value; **~leistung** *tech. f* rated power *or* output; **~spannung** *el. f* rated voltage.
Nennung ['nɛnuŋ] *f* (-; -*en*) naming; mention(ing); designation; *sports*: entry; *pol.* nomination; **~sliste** *f* *sports*: (list of) entries.
'**Nenn...**: **~wert** *m* nominal (*or* face) value; *econ. zum* (*über, unter*) *~* at (above, below) par; **♀wertlos** *econ. adj.*: *~e Aktien* no-par shares (*Am.* stock *sg.*); **~wort** *gr. n* noun.
Neologismus [neolo'gismus] *m* (-; -*men*) neologism.
Neon ['ne:ɔn] *chem. n* (-*s*) neon; **~röhre** *f* neon tube; → *Leuchtröhre.*
Neoplasma [neo'plasma] *n* (-*s*; -*men*) neoplasm.
nepp|en ['nɛpən] *v/t.* (*h.*) diddle, fleece, gyp; **♀lokal** *n* gyp-joint.
Nerv [nɛrf] *m* (-*s*; -en) *anat.* nerve; *bot. a.* vein, rib; *j-m den ~ rauben or nehmen* bluff a p.; *j-m auf die ~en fallen or gehen* get on a p.'s nerves; *er geht einem auf die ~en a.* he is a pain in the neck (*or* a nuisance); *die ~en verlieren* **a)** lose one's nerves *or* head, **b)** lose one's temper; *er ist mit den ~en herunter* his nerves are all shot; *er hat eiserne ~en* he has iron nerves; *colloq. der hat vielleicht ~en* he's got a nerve.
'**Nerven...**: **~anfall** *m* nervous fit; **~arzt** *m* neurologist; **♀aufreibend** *adj.* nerve-racking, trying; **~belastung** *f* nervous strain; **~bündel** *n* nerve-fascicle; *fig.* bundle of nerves; **~entzündung** *f* neuritis; **~faser** *f* nerve fib|re, *Am.* -er; **~fieber** *n* nervous fever; **~heilanstalt** *f* mental hospital; **~kitzel** *m* thrill, sensation; **♀krank** *adj.* neurotic; **~kranke(r** *m*) *f* mental patient, neurotic; **~krankheit** *f* nervous disease; **~krieg** *m* war of nerves; **~leiden** *n* nervous disease; **♀leidend** *adj.* neuropathic; **~mittel** *n* **a)** sedative, **b)** (nerve) tonic; **~probe** *f* nerve trial, trying affair, ordeal; **~reiz** *m* nervous irritation; **~säge** *colloq. f* nuisance; *er* (*es*) *ist e-e ~* he (it) puts you on edge; **~schmerz** *m* neuralgia; **~schock** *m* nervous shock; **♀schwach** *adj.* nervous, neurasthenic; **~schwäche** *f* nervous debility, neurasthenia; **~stamm** *anat. m* nerve trunk; **♀stärkend** *adj.*: *~(es Mittel)* tonic; **~störung** *f* nervous disturbance; **~strang** *m* nerve cord; **~system** *n* nervous system; **~zentrum** *n* nerve centre, *Am.* -er; **♀zerrüttend** *adj.* nerve-racking; **~zerrüttung** *f* shattered nerves; **~zusammenbruch** *m* nervous breakdown.
nervig ['nɛrfiç] *adj.* sinewy; strong; pithy, vigorous; *bot.* veined, ribbed.
nervös [nɛr'vø:s] *adj.* nervous (*a. fig.*); nervy, jittery, jumpy; *pred.* keyed-up, on edge; fidgety; *~ machen* make nervous *or* irritable, enervate, get on *a. p.'s* nerves; *~ werden* become (*or* get) nervous.
Nervosität [nɛrvozi'tɛ:t] *f* (-) nervousness.
Nerz [nɛrts] *zo. m* (-*es*; -e) mink; *a.* → **~mantel** *m* mink-coat.
Nessel ['nɛsəl] (-; -*n*) nettle; *fig. sich in die ~n setzen* get o.s. into trouble (*or* hot water); **~ausschlag** *m*, **~fieber** *n*, **~sucht** *f* nettle-rash; **~tuch** *n* nettle-cloth, muslin, *Am.* cheese-cloth.
Nest [nɛst] *n* (-*es*; -*er*) nest; eyrie, aerie; chignon; *colloq. fig.* hole-

-and-corner town, awful hole; bed; *ins ~ gehen* turn in, hit the hay; *das ~ leer finden* find the bird flown; *sein eigenes ~ beschmutzen* foul one's own nest; **~ei** *n* nest egg.

Nestel ['nɛstəl] *f* (-; -*n*) lace; **2n I.** *v/t.* (*h.*) lace; **II.** *v/i.* (*h.*) *~ an* (*dat.*) fiddle with.

'Nest...: **~häkchen** *n* nestling; *fig.* pet, youngest child; **~hocker** *m* insessorial bird; **~ling** ['nɛstliŋ] *m* (-*s*; -*e*) nestling; **~vogel** *m* autophagous bird; **~wärme** *fig. f* love and security.

nett [nɛt] *adj.* nice; neat, *Am. a.* cute; pleasant; pretty; kind; *das war nicht ~ von dir* that was not nice of you; *iro. das kann ja ~ werden!* that's going to be just nice!

netto [nɛto] *econ. adv.* net, clear; *rein ~* pure net; *~ Kasse* net cash; **2einnahmen** *f/pl.*, **2ertrag** *m* net receipts, net proceeds, flat yield; **2gewicht** *n* net weight; **2gewinn** *m* clear profit; **2inhalt** *m* net contents *pl.*; **2lohn** *m* take-home pay; **2preis** *m* net price.

Netz [nɛts] *n* (-*es*; -*e*) net; netting, mesh; gauze; *tech.* retic(u)le; rack; *rail., etc.*: network, system; *el.* mains; *radio*: grid; network; *anat.* plexus, *intestines*: omentum; *of map*: grid; *soccer, tennis*: *ins ~ schlagen* (send *the ball* into the) net; *tennis*: *am ~ spielen* play at the net; *ins ~ gehen* go into the net, *fig.* walk into the trap.

'Netz...: **~anode** *f radio*: grid terminal; **~anschluß** *el. m* mains connection, power-supply line; **~anschlußgerät** *n* all-mains set; **~antenne** *f* mains aerial, *Am.* lightline antenna; **2artig** *adj.* netlike, reticular; **~ätzung** *f* autotypy; **~aufschlag** *m* → *Netzball*; **~augen** *n/pl.* compound eyes; **~ball** *m tennis*: net ball; **~empfänger** *m radio*: all-mains receiver.

netzen ['nɛtsən] *v/t.* (*h.*) wet, moisten; sprinkle.

'Netz...: **2gespeist** ['-gəʃpaɪst] *adj.* mains-fed; **~haut** *anat. f* retina; **~haut-entzündung** *f* retinitis; **~hemd** *n* cellular shirt; **~karte** *rail. f* area season ticket; **~spannung** *el. f* line voltage; **~spiel** *n tennis*: netplay; **~stoff** *m* cellular cloth; netting; **~strom** *el. m* (-[e]*s*) line current; **~werk** *n* network, netting.

neu [nɔʏ] **I.** *adj.* new; fresh; novel; original; recent; modern; rising; renewed; *ganz ~* brand-new; *~er Anfang* fresh start; *~e Beweise* fresh evidence; *~e Schwierigkeiten* more difficulties; *thea. ~es Stück* fresh play; *~eren Datums* of recent date; *~ere Sprachen* modern languages; *in ~erer Zeit* of late years; *~este Nachrichten* latest news; *~este Mode* latest fashion; *~e Kräfte gewinnen* recover one's strength; *ein ~es Leben beginnen* turn over a new leaf; *mir ist die Sache ~* I am new (*or* unused) to it; *das ist mir ~!* I've never heard of such a thing!, that's a new one to me; **II.** *adv.* newly; afresh, anew; *~ beleben* bring to life again, revive, revitalize; *~ erbauen* rebuild, reconstruct; *thea. ~ besetzen* re-cast; *~ füllen* refill; *~ ordnen* reorganize; *~ verteilen* redistribute; **2e(s)** *n* (-*n*): *das ~este* the latest; the last word (*in fashion, etc.*); *das ~ an der Maschine* the novel feature in the machine; *et. ganz ~es* the latest novelty; *das ist (mir) nichts ~es* that is nothing new to me; *was gibt es ~es?* what is the news?, *Am.* what's new?; *adv. aufs 2e, von 2em* afresh, anew; *von 2em anfangen* start afresh (*or* from scratch); **2e(r)** *m* (-*n*; -*n*) new man; new-comer, new arrival; novice.

'Neu...: **~ankömmling** *m* newcomer, new arrival; **~anlage** *f* new installation; *econ.* reinvestment; **~anschaffung** *f* new purchase *or* acquisition; **2artig** *adj.* novel, a novel type of; modern; **2aufgelegt** *adj.* republished, reprinted (*book*); **~auflage, ~ausgabe** *f* new edition, republication; reprint; **~bau** *m* (-[e]*s*; -*ten*) reconstruction, rebuilding; new building; **~bauwohnung** *f* new flat; **2be-arbeiten** *v/t.* (*h.*) revise; **~be-arbeitung** *f* revised edition, revision; **~bekehrte(r** *m*) *f* neophyte, (new) convert; **~belebung** *f* revival; **~besetzung** *f* filling (*of post*); *thea.* recast; **~bildung** *f* new formation; *anat.* **a)** regeneration, **b)** neoplasm; *gr.* neologism; **~druck** *m* (-[e]*s*; -*e*) reprint; **~einstellung** *f* replacement; **~einstudierung** *thea. f* restudy; **~england** *n* (-*s*) New England; **2entdeckt** *adj.* recently discovered; **2erbaut** *adj.* newly built.

neuerdings ['nɔʏərdiŋs] *adv.* of late, lately, recently.

'Neu(e)rer *m* innovator.

'neuerlich I. *adv.* lately, recently, of late; **II.** *adj.* renewed, fresh.

'Neuerung *f* (-; -*en*) innovation; change; reform; **~ssucht** *f* mania for innovation, modernism; **2ssüchtig** *adj.* bent on innovations.

'Neu...: **~erscheinung** *f* new book (*or* publication), *pl. a.* latest arrivals; **2erschienen** *adj.* recent(ly published); **~erwerbung** *f* new acquisition; *library*: *~en pl.* recent accessions.

neuestens ['nɔʏəstəns] *adv.* quite recently, lately, of late.

'Neu...: **~fassung** *f* revised form *or* text, revision; *jur., pol.* amendment; **~fundland** [-'funtlant] *n* (-[e]*s*) Newfoundland; **~fundländer** [-'funtlɛndər] *m* (-*s*; -) Newfoundlander; *zo.* Newfoundland dog; **2gebacken** *adj.* new(ly baked), fresh; *fig.* newly-fledged; brand-new; **2geboren** *adj.* new-born; *sich wie ~ fühlen* feel like a new man; **2gestalten** *v/t.* (*h.*) reorganize, *Am. a.* revamp; modify; *tech.* redesign, redevelop; **~gestaltung** *f* reorganization; modification; *film*: remake; **~gier(de)** ['-gi:r(də)] *f* (-) curiosity, inquisitiveness; **2gierig** *adj.* curious (*auf acc.* about, of) inquisitive, prying, nos(e)y; expectant; *j-n ~ machen* arouse a p.'s curiosity; *~ sein auf* be curious (*or* eager) to know; *ich bin ~, ob* I wonder whether *or* if; **~gierige(r** *m*) ['-gi:rigə(r)] *f* curious person; **~gotik** *f* Gothic revival; **~griechisch** *n*, **2griechisch** *adj.* modern Greek; **~gruppierung** *f* regrouping, *Am. a.* reshuffling; **~gründung** *f* reestablishment; **~guinea** [-gi'ne:a] *n* (-*s*) New Guinea; **~heide** *m* neo-pagan.

'Neuheit *f* (-; -*en*) newness, freshness; novelty; originality; *die ~ verliert rasch an Reiz* the novelty will soon wear off.

'neuhochdeutsch *adj.*, **2(e)** *n* Modern High German.

Neuigkeit ['nɔʏiçkaɪt] *f* (-; -*en*) (*e-e ~* a piece of) news; novelty; **~skrämer(in** *f*) *m* newsmonger.

neuinsze'nier|en *v/t.* (*h.*) re-enact, revive; **2ung** *f* new staging, new mise en scène (*Fr.*).

'Neujahr *n* New Year('s Day); *j-m ein gutes ~ wünschen* wish a p. a happy New Year; **~s-abend** *m* New Year's Eve; **~swunsch** *m* New Year's congratulation, good wishes *pl.* for the New Year.

'Neu...: **~konstruktion** *f* novel design; reconstruction; **~land** *n* virgin soil, fresh country; *fig.* new territory; *~ erschließen* break new ground (*a. fig.*), reclaim soil; *fig. das ist ~ für mich* that's new ground for me; **~landgewinnung** *f* reclamation (of land).

'neulich *adv.* the other day, recently, lately; *~ abends* the other evening.

Neuling ['nɔʏliŋ] *m* (-*s*; -*e*) novice, beginner, new hand, tiro; *contp.* greenhorn.

'neumodisch *adj.* fashionable; *contp.* new-fangled.

'Neumond *m* new moon.

neun [nɔʏn] *adj.* nine; *skittles*: *alle ~(e) werfen* throw all the ninepins; → *acht*; **2** *f* (-; -*en*) (number) nine; **'2auge** *ichth. n* (river) lamprey; **'2eck** *n* (-*s*; -*e*) nonagon.

neunerlei ['-ərlaɪ] *adj.* of nine (different) sorts, nine (different) kinds of.

'neun...: **~fach, ~fältig** ['-fɛltiç] *adj.* ninefold; **~hundert** *adj.* nine hundred; **~jährig** *adj.* nine years old; *attr.* nine-year-old; **~mal** *adv.* nine times; **~malklug** *iro. adj.* oversmart; **2malkluge(r)** *m* know-all, wiseacre, smart aleck, *Am. sl.* wisenheimer; **~schwänzig** ['-ʃvɛntsiç] *adj.*: *~e Katze* cat-o'-nine-tails; **~tägig** *adj.* nine days old; of nine days, nine-day; **~tausend** *adj.* nine thousand; **~te** *adj.* ninth (9th); → *achte*; **2tel** *n* (-*s*; -), **~tel** *adj.* ninth (part); **~tens** *adv.* ninth(ly), in the ninth place.

'neunwertig *adj.* nonavalent.

'neunzehn *adj.* nineteen; **2** *f* (-; -*en*) (number) nineteen; **~te** *adj.* nineteenth; **2tel** *n* (*s*; -), **~tel** *adj.* nineteenth (part).

'neunzig ['-tsiç] *adj.* ninety; *in den ~er Jahren* in the nineties; **2** *f* (-; -*en*) (number) ninety; **2er(in** *f*) ['-tsigər(in)] *m* (-*s*, -; -, -*nen*) nonagenarian; **~jährig** *adj.* ninety years old; of ninety years; **~ste** *adj.* ninetieth.

'Neu...: **~ordnung** *f* reorganization, readjustment; new arrangement; reform; **~orientierung** *f* reorientation, new course; *econ.* readjustment; **~philolog(in** *f*) *m* student (*or* teacher) of modern languages.

Neuralgie [nɔyral'gi:] *med. f* (-; -*n*) neuralgia; **neuralgisch** [-'ralgiʃ] *adj.* neuralgic; *fig.* ~*er Punkt* danger point, seat of trouble.

Neurasthenie [-raste'ni:] *med. f* (-; -*n*) neurasthenia.

Neurasthen|iker(in *f*) [-ras'te:nikər(in)] *m* (-*s*, -; -, -*nen*), **2isch** *adj.* neurasthenic.

'**Neu...:** ~**regelung** *f* reorganization, rearrangement, readjustment; ~**reiche(r** *m*) *f* parvenu, (wealthy) upstart; *die* ~*n pl.* the new rich, the nouveaux riches (*Fr.*).

Neuro|se [nɔy'ro:zə] *f* (-; -*n*) neurosis; ~**tiker** [-'ro:tikər] *m* (-*s*; -), **2tisch** *adj.* neurotic.

'**Neu...:** ~**schätzung** *f* revaluation; ~**schöpfung** *f* new creation; ~**schottland** [-'ʃɔt-] *n* Nova Scotia; ~**schnee** *m* new(-fallen) snow; ~**seeland** [-'ze:lant] *n* (-*s*) New Zealand; ~**silber** *n* German silver, argentan; ~**sprachler** ['-ʃprɑ:xlər] *m* (-*s*; -) → *Neuphilolog*; **2sprachlich** *adj.* relating to modern languages; modern language *grammar school, etc.*; **2steinzeitlich** *adj.* neolithic; ~**südwales** *n* (-) New South Wales; **2testamentlich** *adj.* of the New Testament.

neutral [nɔy'trɑ:l] *adj.* neutral; ~ *bleiben* remain neutral; **2e(r** *m*) *pol. f* neutral.

neutralisieren [-trali'si:rən] *v/t.* [(*h.*) neutralize.]

Neutralität [-trali'tɛ:t] *f* (-) neutrality; ~**s-erklärung** *f* declaration of neutrality; ~**sverletzung** *f* violation of neutrality.

Neutrum ['nɔytrum] *gr. n* (-*s*; -*tra*) [neuter.]

'**neu...:** **2veranlagung** *f* reassessment; ~**vermählt** *adj.* newly married; *die* **2en** *pl.* the newly-weds; **2wahl** *f* new election; re-election; **2wert** *m* value (when *or* as) new; ~**wertig** *adj.* as good as (*or* practically) new; **2zeit** *f* (-) modern times *pl.*; ~**zeitlich** *adj.* of (*or* in) modern times; modern(-style), up-to-date.

nicht [niçt] *adv.* not; *with v/aux.*: *er darf nicht* he may not; *with* do: *er geht* ~ he does not (*or* doesn't) go; *gingst du* ~? did you not (*or* didn't you) go?, *nein, ich ging* ~ no, I did not (*or* didn't); *er kam* ~ *a.* he failed to appear; *ich verstehe* ~, *warum* I fail to see why; *der Apparat wollte* ~ *funktionieren* the apparatus refused to work; *with comp.*: no, *e.g.*, ~ *besser* no better; ~ *mehr*, ~ *länger* no more, no longer; *often a.* in..., *e.g.*, ~ *einlösbar* inconvertible; non..., *e.g.*, ~ *abtrennbar* non-detachable; un..., *e.g.*, ~ *anziehend* unattractive; *a. miß...*, *e.g.*, ~ *glücken* = *mißglücken* fail, be unsuccessful; *gar* ~ not at all; *ganz und gar* ~, *durchaus* ~ not in the least, by no means; ~ *doch!* **a)** don't, **b)** don't say that!; ~ *wenige* not a few; ~ *einmal* not even, not so much as; *nur das* ~! anything but that; ~ *daß ich wüßte* not that I know of; ~ *daß es mich überrascht hätte* not that it surprised me; *ich kenne ihn auch* ~ I do not know him either; *sie sah es* ~, *und ich auch* ~ she did not see it, nor (*or* neither *or* no more) did I; *du kennst ihn* ~? *Ich auch* ~! *you don't know him?* Nor do I!; ~ *wahr?* isn't that so?; *er ist krank*, ~ *wahr?* he is ill, isn't he?; *Sie tun es*, ~ *wahr?* you will do it, won't you?; *du kennst ihn* ~, ~ *wahr?* you don't know him, do you.

'**Nicht...:** **2absorbierend** *adj.* non-absorbing; ~**achtung** *f* disregard, disrespect, slight; *des Gerichts*: contempt (of court); **2amtlich** *adj.* unofficial; ~**anerkennung** *f* non-acknowledgement; *of a debt*: repudiation; **2angreifend** *chem. adj.* non-corroding; ~**angriffs-pakt** *m* non-aggression pact; ~**annahme** *f* non-acceptance; ~**arier(in** *f*) *m*, **2arisch** *adj.* non-Aryan; ~**ausführung** *f* non-performance; ~**be-achtung** *f*, ~**befolgung** *f* non-observance (*gen.* of), failure to comply (with); ~**berechtigte(r** *m*) *f* unauthorized person, person having no title; ~**bezahlung** *f* non-payment; **2deutsch** *adj.* non-German; *in e-r* ~*en Währung* in a currency other than German.

Nichte ['niçtə] *f* (-; -*n*) niece.

'**Nicht...:** ~**einhaltung** *f* non-compliance (*gen. or von* with), failure to comply (with); ~**einlösung** *f* dishono(u)ring (*of bill of exchange*); ~**einmischung** *f* non-intervention; ~**-Eisenmetalle** *n/pl.* non-ferrous metals; ~**erfüllung** *f* non-performance, default; ~**erscheinen** *n* non-appearance, absence, failure to attend; *jur. a.*: default; ~**fachmann** *m* (-[e]s; -*leute*) non-professional, layman, amateur; ~**gebrauch** *tech. m*: *bei* ~ when not in use.

nichtig ['niçtiç] *adj.* vain, idle, empty; futile; transitory; flimsy (*pretext*); invalid; *null und* ~ null and void; *für* ~ *erklären* declare null and void, annul, invalidate; **2keit** *f* (-; -*en*) vanity, futility; nothingness; *jur.* nullity, voidness; **2keitsbeschwerde** *f* plea of nullity; **2keits-erklärung** *f* annulment, nullification; **2keitsklage** *f* nullity action; **2keitsklausel** *f* cancelling clause.

'**Nicht...:** ~**kämpfer** *m* non-combatant, protected person; ~**kaufmann** *m* (-[e]s; -*leute*) non-merchant; ~**kombatant** ['-kɔmbatant] *m* → *Nichtkämpfer*; ~**-Konvertierbarkeit** ['-kɔnvɛr'ti:rbɑ:rkaɪt] *f* (-) inconvertibility; **2leitend** *el. adj.* non-conducting, insulating; ~**leiter** *el. m* non-conductor; **2leuchtend** *adj.* non-luminous; ~**lieferung** *f* non-delivery; **2metallisch** *adj.* non-metallic; ~**mitglied** *n* non-member; **2öffentlich** closed, private; *jur. in* ~*er Sitzung* in closed session; **2oxydierend** *adj.* non-oxidizing; ~**raucher** *m* non-smoker; ~**raucherabteil** *n* compartment for non-smokers; **2rostend** *adj.* rust-proof, non-corroding; stainless (*steel*).

nichts [niçts] *indef. pron.* nothing, naught, not ... anything; ~ *Neues* nothing new; ~ *als* nothing but; ~ *anderes* nothing else (*als* but); ~ *dergleichen* no such thing, nothing of the kind; ~ *mehr* no(thing) more, not any more; *fast gar* ~ hardly anything; *für* ~ *und wieder* ~ for no reason at all; *gar* ~ nothing at all, nothing whatever; *mir* ~, *dir* ~ without much ado, quite coolly, as cool as you please; *soviel wie* ~ next to nothing; *um* ~ for nothing; *um* ~ *spielen* play for love; *weiter* ~? is that all?; *colloq. wie* ~ like nobody's business; ~ *da!* nothing of the kind; ~ *davon!* don't talk about it!; *das ist* ~ *für mich* that's of no use to me, that's not in my line; not for me!; *es ist* ~ *damit!* it's no go!; *es macht* ~! it does not matter!, never mind!; ~ *zu machen!* there is nothing to be done about it!, nothing doing!; *zu* ~ *werden* come to nothing *or* naught, fail; **2** *n* (-) nothing(ness), *phls.* non-entity (*a. fig. person*); void; trifle, (a mere) nothing; *aus dem* ~ from nowhere; *vor dem* ~ *stehen* be face to face with ruin; '~**ahnend** *adj.* unsuspecting.

'**Nichtschwimmer(in** *f*) *m* non-[swimmer.]

nichtsdestoweniger [-dɛsto've:nigər] *adv.* nevertheless, none the less, just the same.

'**Nichtsein** *n* non-existence; → *Sein.*

'**Nichts...:** ~**könner** *m* incapable *or* incompetent person, ignoramus, wash-out; ~**nutz** ['-nuts] *m* (-es; -e) good-for-nothing (person), ne'er-do-well, rotter; **2nutzig** *adj.* good-for-nothing, worthless, naughty; ~**nutzigkeit** *f* (-) wickedness, naughtiness, worthlessness; **2sagend** *adj.* insignificant, meaningless; empty (*a. face*); non-committal, vague (*answer*); trite, trivial (*saying*); vain (*pleasures*); colo(u)rless, flat; insipid; ~**tuer(in** *f*) ['-tu:ər] *m* (-s, -; -, -*nen*) do-nothing, idler, loafer; lazybones; ~**tun** *n* (-s) idleness, inaction; *zum* ~ *verurteilt sein* be idled; *mit* ~ *verbringen* idle away; ~**wisser** ['-visər] *m* (-s; -) ignoramus; **2würdig** *adj.* infamous, base; contemptible; ~**würdigkeit** *f* worthlessness, infamy, villainy.

'**Nicht...:** **2tropfend** *tech. adj.* anti-drip (*nozzle*); **2versichert** *adj.* uninsured; ~**vorbestrafte(r** *m*) *f* first offender; ~**vorhandensein** *n* absence, (utter) lack; *phls.* non-existence; ~**wissen** *n* ignorance; ~**wollen** *n* unwillingness; ~**zahlung** *f* non-payment; *bei* ~ in default of payment; ~**zulassung** *f* non-admission; ~**zutreffende(s)** *n*: ~*s streichen!* delete which is inapplicable.

Nickel ['nikəl] **1.** *n* (-) nickel; **2.** *m* (-*s*; -) small coin, copper, *Am.* dime; ~**chromstahl** *m* chrome-nickel steel; ~**überzug** *m* nickel-plating.

nicken ['nikən] *v/i.* (*h.*) nod (one's head); *zustimmend* ~ nod one's agreement; *as a greeting*: bow; beckon; nap; **2** *n* nod(ding), *etc.*

Nickerchen ['nikərçən] *colloq. n* (-*s*; -): *ein* ~ *machen* take a nap, have one's forty winks.

nie [ni:] *adv.* never, at no time; *fast* ~ hardly ever; ~ *und nimmer* never (in my life); ~ *wieder* never again, no more; *jetzt oder* ~ now or never.

nieder ['ni:dər] **I.** *adj.* low; inferior

(*rank, value*); lower (*agency, official, etc.*); common, vulgar; low, base, mean; *der* ~*e Adel* the gentry; *von* ~*er Geburt* of low birth, of humble origin, lowborn; **II.** *adv.* low; down; *auf und* ~ up and down; ~ *mit den Verrätern!* down with the traitors!; ~**beugen** *v/t.* (*h.*) (*a. sich*) bend down, bow; *fig.* depress, weigh down; ~**brechen** *v/t.* (*irr., h.*) *and v/i.* (*irr., sn*) break down; ~**brennen** *v/t.* (*irr., h.*) *and v/i.* (*irr., sn*) burn down (*or* to the ground); ~**brüllen** *v/t.* (*h.*) shout down; boo; ~**deutsch** *adj.*, ≈**deutsche**(**r** *m*) *f* Low German; ≈**deutschland** *n* Lower Germany; ~**donnern** *v/i.* (*sn*) come down with a crash; ≈**druck** *tech. m* (-[e]s; ⸚e) low pressure; ~**drücken** *v/t.* (*h.*) press *or* weigh down (*a. fig.*); depress (*lever*); *fig.* depress, prey on *a p.'s* mind; oppress; ~**fahren** *v/i.* (*irr., sn*) descend; ~**fallen** *v/i.* (*irr., sn*) fall (*or* drop) down; *vor j-m* ~ throw o.s. at a p.'s feet; ≈**frequenz** *el. f* low frequency, *radio a.*: audio frequency; *in compounds*: low-frequency ...; ≈**gang** *m* going down, descent; *tech.* down-stroke; setting (*of stars*); *fig.* decline, decay; (down)fall; ~**gedrückt** *adj.* depressed, dejected, downcast; ~**gehen** *v/i.* (*irr., sn*) go down, drop; *aer.* descend, alight, touch down; *storm*: burst, break; ~**geschlagen** ['-gəʃlɑːgən] *adj.* downcast (*eyes*); *fig.* downhearted, crestfallen; → *niedergedrückt*; ≈**geschlagenheit** *f* (-) dejection; despondency, low spirits *pl.*; ~**gestreckt** ['-gəʃtrɛkt] *adj.* prostrate; ~**halten** *v/t.* (*irr., h.*) hold (*or* keep) down; *fig.* suppress; *mil.* pin down (*the enemy*); ~**hauen** *v/t.* (*h.*) cut down, fell (*a. mil.*); ~**holen** *v/t.* (*h.*) haul down, lower (*flag*); ≈**holz** *n* (-es) underwood; ~**kämpfen** *v/t.* (*h.*) subdue, overcome (*a. fig.*); *mil.* overpower, put out of action, silence; ~**knallen** *v/t.* (*h.*) shoot (down), bump off; ~**knien** *v/i.* (*sn*) kneel down; ~**knüppeln** *v/t.* (*h.*) bludgeon; ~**kommen** *v/i.* (*irr., sn*) be confined; be delivered (*mit* of); ≈**kunft** ['-kunft] *f* (-; ⸚e) confinement, delivery, childbirth; ≈**lage** *f* **1.** defeat; rout; beating, licking; *e-e* ~ *beibringen* (*dat.*) inflict a defeat (up)on, defeat; *e-e* ~ *erleiden* suffer a defeat, take a beating; **2.** *econ.* warehouse, depot; branch office, supply depot; branch; *die* ≈**lande** ['-landə] *pl.* the Netherlands, the Low Countries; ~**ländisch** ['-lɛndiʃ] *adj.* Dutch; ~**lassen** *v/t.* (*irr., h.*) let down, lower, drop; *sich* ~ settle (down) (*a. fig.*), *bird*: perch, alight; sit down, take a seat; establish o.s. (*als* as), set up in business; take up one's domicile, settle (*in dat.* at); ≈**lassung** ['-lasuŋ] *f* (-; -*en*) establishment; settlement, colony; branch, agency (*of bank, etc.*); ≈**lassungsfreiheit** *f* freedom of movement; ≈**lassungsrecht** *n* right of domicile; ~**legen** *v/t.* (*h.*) lay (*or* put) down; deposit (*a. w.s. documents, etc.*); resign (*office*); retire from, give up (*business*); abdicate (*crown*); lay down (*weapons, a. rules*); *die Arbeit* ~ (go on) strike, down tools, *Am. a.* walk out; *et. schriftlich* ~ put down in (*or* reduce to) writing; *in e-m Bericht niedergelegt sein* be embodied in, be set forth in a report; *sich* ~ lie down, go to bed; ≈**legung** ['-leːguŋ] *f* (-; -*en*) laying down, depositing; resignation; abdication; ~**machen**, ~**metzeln** *v/t.* (*h.*) cut down, kill; massacre, butcher; ~**mähen** *mil. v/t.* (*h.*) mow down; ~**reißen** *v/t.* (*irr., h.*) tear down; pull down, demolish (*buildings, etc.*); ~**rheinisch** *adj.* of the Lower Rhine; ~**ringen** *v/t.* (*irr., h.*) overpower, get down; wear down; ~**schießen I.** *v/t.* (*irr., h.*) shoot down; **II.** *v/i.* (*irr., sn*) shoot (*or* swoop) down (*from the sky*); ≈**schlag** *m chem.* precipitate; deposit, sediment; *atmosphärischer*: precipitation, rain(fall); *radioaktiver*: fall-out; *boxing*: knock-down, knock-out; *fig. s-n* ~ *finden in* (*dat.*) find expression in, be embodied (*or* reflected) in; ~**schlagen** *v/t.* (*irr., h.*) fell, knock down *a p.*, *boxing a.*: floor, knock out, drop for the count; *die Augen*: cast down *one's eyes*; *sich* ~ *chem.* precipitate, deposit, *fig.* be reflected (*in dat.* in); suppress; put down (*a revolt*); *jur.* quash (*proceedings*); waive (*claim*); cast down, depress (*a p.*); ~**schlagsreich** *adj.* of heavy precipitation, wet, rainy; ≈**schlagung** ['-ʃlɑːguŋ] *f* (-; -*en*) suppression; squashing; ~**schmettern** *v/t.* (*h.*) dash to the ground, floor; *fig.* crush; ~**schmetternd** *adj.* dismal, appalling, crushing; ~**schreiben** *v/t.* (*irr., h.*) write down, record; ~**schreien** *v/t.* (*irr., h.*) shout down; ≈**schrift** *f* writing down; writing, notes *pl.*, record; minutes *pl.*; *jur. mündlich zur* ~ orally ad protocollum; ~**setzen** *v/t.* (*h.*) put (*or* set) down; *sich* ~ (*h.*) sit down, *bird*: perch, alight; ~**sinken** *v/i.* (*irr., sn*) sink (down), go down; drop down, collapse; ≈**spannung** *el. f* low tension *or* voltage; ≈**spannungs...** *in compounds* low-voltage ...; ~**stechen** *v/t.* (*irr., h.*) stab (down); ~**steigen** *v/i.* (*irr., sn*) step down; descend; ~**stimmen** *v/t.* (*h.*) vote down, outvote; ~**stoßen I.** *v/t.* (*irr., h.*) knock (*or* push) down; **II.** *v/i.* (*irr., sn*): ~ *auf* (*acc.*) pounce down upon; ~**strecken** *v/t.* (*h.*) stretch (*or* strike) on the ground, fell, floor; ~**stürzen** *v/i.* (*sn*) tumble down; ≈**tracht** ['-traxt] *f* (-) → *Niederträchtigkeit*; ~**trächtig** *adj.* base, mean, low, vile; insidious; ≈**trächtigkeit** *f* baseness, meanness, vileness; base act, dirty trick; ~**treten** *v/t.* (*irr., h.*) trample down.

'**Niederung** *f* (-; -*en*) lowland; depression, low ground, valley.

'**nieder...**: ~**wärts** ['-vɛrts] *adv.* downward(s), down; ~**werfen** *v/t.* (*irr., h.*) throw (*or* fling, cast) down; *fig.* overwhelm; put down, crush (*rebellion*); *von e-r Krankheit niedergeworfen werden* be prostrated by an illness, be laid by the heels; *sich vor j-m* ~ throw (*or* hurl) o.s. at a p.'s feet; ≈**werfung** ['-vɛrfuŋ] *f* (-; -*en*) overthrow; suppression (*of rebellion*); ≈**wild** *hunt. n* small *or* ground game.

niedlich ['niːtliç] *adj.* neat, nice; dainty; droll; pretty, sweet, *Am. a.* cute; ≈**keit** *f* (-) neatness, daintiness; prettiness.

Niednagel ['niːt-] *m* agnail, hang-nail.

niedrig ['niːdriç] *adj.* low (*a. adv.*); lowly, humble; *b.s.* low, mean, base; inferior, low (*quality*); low, keen (*price*); moderate; ~ *halten* keep down; *mot.* ~*es Fahrgestell* low-built chassis; ~*er Gang* low gear; ~*er* ['niːdrigər] *comp.* lower; inferior; ~*er machen* lower; *zu* ~*erem Preise* at a lower (*or* reduced) price; ~*er hängen fig.* remove from its pedestal, debunk; *zu* ~ *angeben* understate; ~*st* ['niːdrigst] lowest, bottom, minimum; ≈**keit** *f* (-; -*en*) lowness; humbleness; baseness; low level (*of prices*); ~**stehend** *adj.* low-standing, low-class; ≈**wasser** *n* (-*s*; -) low water.

niemals ['niːmaːls] *adv.* never, at no time, → *nie*.

niemand ['niːmant] *indef. pron.*, ≈ *m* (-[e]s) nobody, no one, none, no man, not ... anybody, not a soul; ~ *als* none (*or* no one) but; ~ *anders* nobody (*or* no one) else; ~ *anders als* none other but; ≈**sland** *n* (-[e]s) no man's land.

Niere ['niːrə] *f* (-; -*n*) kidney; *min.* nodule; *die* ~*n betreffend* renal; *colloq. fig. das geht ihm an die* ~*n* that cuts him to the quick *or* hits him hard; → *Herz*.

'**Nieren...**: ~**becken** *n* renal pelvis; ~**beckenentzündung** *f* pyelitis; ~**braten** *m* roast loin; ~**entzündung** *f* nephritis; ≈**förmig** ['-fœrmiç] *adj.* kidney-shaped; reniform; ~**gegend** *f* renal region; ~**krankheit** *f*, ~**leiden** *n* disease of the kidneys, renal disorder; ~**schlag** *m* kidney-punch; ~**schwund** *m* renal atrophy; ~**stein** *m* renal calculus; ~**stück** *n* → *Nierenbraten*.

niesel|n ['niːzəln] *v/i.* (*impers., h.*), ≈**regen** *m* drizzle.

niesen ['niːzən] *v/i.* (*h.*) sneeze.

Nies-pulver ['niːs-] *n* sneezing-powder.

Nieß|brauch [niːs-] *m* (-[e]s) usufruct; *lebenslänglicher* ~ life-interest; ~**nutzer(in** *f*) ['-nutsər] *m* (-*s*, -; -, -*nen*) usufructuary, beneficial owner; ~**nutzung** *f* → *Nießbrauch*.

'**Nieswurz** ['-vurts] *bot. f* (-; -*en*) hellebore.

Niet [niːt] *tech. m* (-[e]s; -e) rivet; '~**bolzen** *m* rivet punch.

'**Niete** ['niːtə] *f* (-; -*n*) *lottery*: blank; *fig. person or thing*: failure, flop, wash-out; *e-e* ~ *ziehen* draw a blank (*a. fig.*).

'**Niet...**: ~**eisen** *n* rivet steel; ≈**en** *v/t.* (*h.*) rivet; ~**er** *m* (-*s*; -) riveter; ~**maschine** *f* riveter; ~**verbindung** *f* rivet joint; ≈- **und nagelfest** *adj.* clinched and riveted, nailed down.

Nihilis|mus [nihiˈlismus] *m* (-) nihilism; ~**t(in** *f*) *m* (-*en*, -*en*; -, -*nen*) nihilist; ≈**tisch** *adj.* nihilist(ic).

Nikotin [niko'ti:n] *n* (-*s*) nicotine; *e-m Tabak das ~ entziehen* denicotinize a tobacco; **2frei** *adj.* nicotine-free, non-nicotine; **~gehalt** *m* nicotine content; **2haltig** *adj.* containing nicotine; **~säure** *f* nicotinic acid; **~vergiftung** *f* nicotine poisoning.

Nil [ni:l]: *der ~* the Nile; **~delta** *n* delta of the Nile; **~pferd** *n* hippopotamus.

Nimbus ['nimbus] *m* (-; -*se*) nimbus, halo, aureole; *fig.* halo; aura; *s-n ~ einbüßen* lose one's halo; *s-s ~ entkleiden* debunk *a p. or th.*; *~ der Unbesiegbarkeit* aura of invincibility.

nimmer ['nimər] *adv.* never, → *nie*; **2leins-tag** ['-laɪns-] *colloq. m* doomsday; **~mehr** *adv.* nevermore, never (again); by no means, on no account, never; **~müde** *adj.* untiring, indefatigable; **~satt** *adj.* insatiable; **2satt** *m* (-[*e*]*s*; -*e*) glutton; *w.s. Am.* grab-all; **2wiedersehen** *n*: *auf ~* never to meet again; *er verschwand auf ~* he left for good.

Nippel ['nipəl] *tech. m* (-*s*; -) nipple.

nippen ['nipən] *v/i. and v/t.* (*h.*) (take a) sip; sip (*an dat.* at).

'Nipp-sachen *f/pl.* (k)nick-(k)nacks.

nirgend(s) ['nirgənt(s)], **'nirgendwo('hin)** *adv.* nowhere, not ... anywhere.

Nische ['ni:ʃə] *f* (-; -*n*) niche, recess.

nisten ['nistən] *v/i.* (*h.*) (build a) nest; *fig.* nestle.

'Nist...: **~kasten** *m* nest-box; **~platz** *m* breeding-place.

Nitrat [ni'trɑ:t] *chem. n* (-[*e*]*s*; -*e*) nitrate.

Nitrier|anlage [ni'tri:r-] *f* nitrating equipment; **2en** *v/t.* (*h.*) nitrate, nitrify; **~ung** *f* (-) nitration; *metall.* nitridation.

Nitro|ben'zol ['ni:tro-] *n* nitrobenzene; **~glyze'rin** *n* nitroglycerine; **~lack** *m* nitro-enamel; **~lampe** *f* nitrogen-filled lamp; **~sprengstoff** *m* nitro-explosive; **~toluol** ['-tolu'o:l] *n* (-*s*) nitrotoluene; **~zellu'lose** *f* nitrocellulose.

Niveau [ni'vo:] *n* (-*s*; -*s*) level; *fig. a.* standard; *unter dem ~* not up to standard; *~ haben* have class, be of a high order; **~linie** *f* potential (*or* grade) line; **~übergang** *rail. m* level (*Am.* grade) crossing.

nivellier|en [nivɛ'li:rən] *v/t.* (*h.*) level, grade; **2latte** *f* stadia rod; **2ung** *f* (-; -*en*) level(l)ing; **2waage** *f* spirit-level.

Nix [niks] *m* (-*es*; -*e*) ,'**~e** *f* (-; -*n*) water-sprite; *m a.* nix, merman; *f a.* water-nymph, mermaid.

Nizza ['nitsa] *n* (-*s*) Nice.

nobel ['no:bəl] *adj.* noble; elegant, stylish; generous, free-handed; *sich ~ zeigen* come down handsomely.

Nobelpreis [no'bɛl-] *m* Nobel Prize; **~träger** *m* Nobel Prize winner.

noch [nɔx] **I.** *adv.* **1.** still, yet; *~ immer* still; *~ nicht* not yet; *~ nie* never (before); *~ besser* (*mehr*) even (*or* still) better (more); *noch an demselben Tage* on the very same day; *~ gestern* only yesterday; *~ heute* this very day; *heute ~* (*immer*) even today; *~ jetzt* even now; *~ im 11. Jahrhundert* as late as the 11th century; *er kommt ~* he will come yet (*or* later); *~ nicht zehn* less than ten; *er hat nur ~ 10 Dollar* he has only 10 dollars left; *~ lange nicht* not by a long way; *das ist ~ zu regeln* (*abzuwarten*) it remains to be settled (seen); *wir haben ~ keine Nachricht erhalten* we have not received word as yet; *colloq. er hat ~ und ~ Geld* he has got money to burn; → *fehlen, gerade*; **2.** besides, in addition (to that), further; *~ dazu* over and above that, (and) what is more; *~ einer* one more, (still) another; *~ einmal* once more *or* again; *~ einmal so alt wie er* double his age; *~ einmal so viel* as much again, twice as much; *~ eins, etwas* one more thing; *~ etwas?* anything else; *was wollen Sie ~?* what more do you want; *wer kommt ~?* who else is coming?; *nur ~ verdächtiger* even (*or* all the) more suspicious; (*nur*) *~ fünf Minuten* (only) five minutes more (*or* to go); **3.** *~ so* ever so; *sei es ~ so klein* be it ever so small, no matter how small it is; **II.** *cj.* → *weder.*

'noch...: **2geschäft** *n stock exchange*: put (*or* call) of more; **~mal** *adv.* → *noch* (*einmal*); **~malig** ['-mɑ:liç] *adj.* repeated, reiterated, renewed; *~e Durchsicht* revision; *~e Prüfung* re-examination; *~e Verhandlung* re-hearing, new trial; *bei ~er Überlegung* on second thought; **~mals** ['-mɑ:ls] *adv.* once more (*or* again), again, a second time; (*wieder* ...) re(-)..., *e.g., ~ anfangen* recommence.

Nock [nɔk] *mar. n* (-[*e*]*s*; -*e*) yard-arm.

Nöck [nœk] *m* (-*en*; -*en*) → *Nix.*

Nocke(rl *n*) ['nɔkə(rl)] *f* (-, -*n*; -*s*, -[*n*]) dumpling.

Nocken ['nɔkən] *tech. m* (-*s*; -) cam, lifter; **~antrieb** *m* cam drive; **~scheibe** *f* cam plate *or* disc; **~steuerung** *f* cam control; **~welle** *f* camshaft.

nolens-volens ['no:lɛns 'vo:lɛns] *adv.* like it or not, willy-nilly; having no alternative but to *inf.*

Nomad|e [no'mɑ:də] *m* (-*n*; -*n*) nomad; **~enleben** *n* (-*s*) nomadic life; **~entum** *n* (-*s*) nomadism; **2isch** *adj.* nomadic.

Nomenklatur [nomɛnkla'tu:r] *f* (-; -*en*) nomenclature.

nominal [nomi'nɑ:l] *adj.* nominal; **2wert** *m* nominal (*or* face) value.

Nominativ ['no:minati:f] *gr. m* (-*s*; -*e*) nominative (case).

nominell [nomi'nɛl] *adj.* nominal.

nomi'nieren *v/t.* (*h.*) nominate.

Nonius ['no:nius] *m* (-; -*ien*) vernier; **~teilung** *f* vernier scale.

Nonne ['nɔnə] *f* (-; -*n*) nun; *zo.* night-moth; *~ werden* take the veil; **~nkloster** *n* nunnery, convent.

Noppe ['nɔpə] *f* (-; -*n*) nap, burl; **2n** *v/t.* (*h.*) nap; **~nmuster** *n* nap pattern.

Nord [nɔrt] *m* (-[*e*]*s*; -*e*) north; north wind; **'~amerika** *n* North America; **~at'lantikpakt** *pol. m* (-[*e*]*s*) North Atlantic Treaty; **'2deutsch** *adj.* North German.

norden ['nɔrdən] *v/t.* (*h.*) orient (*map*).

'Norden *m* (-*s*) north; *gegen or nach ~* to(wards) the north, in a northerly direction; *im ~ von or gen.* (in *or* to the)north of.

nordisch ['nɔrdiʃ] *adj.* northern; Nordic (*race*); (*Scandinavian*) Norse; Teutonic (*language*); *sports*: *~e Kombination* Nordic combination.

'Nord...: **~kap** *n* (-*s*) North Cape; **~länder(in** *f*) ['-lɛndər] *m* (-*s*, -; -, -*nen*) northerner.

nördlich ['nœrtliç] **I.** *adj.* northern, northerly; arctic; *2es Eismeer* Arctic Ocean; **II.** *adv.*: *~ liegen von* lie (to the) north of.

'Nord...: **~licht** *n* (-[*e*]*s*; -*er*) northern lights *pl.*, aurora borealis; **~'ost(en)** *m* (NO) north-east (*abbr.* N.E.); **2östlich** *adj.* north-east (-ern); **~pol** *m* (-*s*) North Pole; **~polarkreis** *m* Arctic Circle; **~polfahrt** *f* arctic expedition; **~see** *f* (-) North Sea; **~seite** *f* north side; **~staaten** *m/pl.* Northern States; **~stern** *m* pole-star; **2wärts** ['-vɛrts] *adv.* northward(s), north; **~'west(en)** *m* (NW) north-west (*abbr.* N.W.); **2'westlich** *adj.* northwest(erly); **~wind** *m* north wind.

Nörgelei [nœrgə'laɪ] *f* (-; -*en*), **'nörgelig** *adj.* nagging, grumbling, faultfinding, carping.

'nörg|eln *v/i.* (*h.*) grumble, nag, carp (*an dat.* at), find fault (with); grouse, *Am.* gripe *or* crab (about); **2ler(in** *f*) ['-glər] *m* (-*s*, -; -, -*nen*) faultfinder, grumbler, malcontent.

Norm [nɔrm] *f* (-; -*en*) standard; rule; measure, yard-stick; norm, rate, quota; *typ.* signature; *als ~ gelten* serve as a standard.

normal [nɔr'mɑ:l] *adj.* normal; standard (*measurements, etc.*); regular; *unter ~en Verhältnissen* normally; **2arbeits-tag** *m* ordinary working day; **2ausrüstung** *f* standard equipment; **2belastung** *f* normal *or* standard load; **2e** *f* (-; -*n*) perpendicular, normal; **2fall** *m* normal case; *im ~* normally; **2film** *m* standard film; **2geschwindigkeit** *f* normal (*or* proper) speed; **2gewicht** *n* standard weight; **2größe** *f* normal *or* standard size; **~isieren** [nɔrmali'zi:rən] *v/t.* (*h.*) normalize; *sich ~* (*h.*) return to normal(cy); **2lehre** *f* standard ga(u)ge; **2maß** *n* standard (measure); **2null** *f* sea-level; **~sichtig** ['-ziçtiç] *adj.* normal sighted; **2spur...**, **~spurig** *adj.* standard-gauge; **2uhr** *f* standard clock; **2verbraucher** *m* average consumer; *colloq.* (*geistiger*) *~* middlebrow; **2wert** *m* standard value; **2zeit** *f* mean time, standard time; **2zustand** *m* normal condition, normality, normalcy.

'Norm...: **~blatt** *n* standard sheet (*or* specifications *pl.*); **2en** *v/t.* (*h.*) standardize; **~en-ausschuß** *m* standards committee; **2entsprechend** *adj.* standard; **~envorschrift** *f* standard specifications *pl.*; **2gerecht** *adj.* complying with standards.

nor'mieren *v/t.* (*h.*) → *normen*; lay down, establish (*rule*); **Nor'mierung** *f*, **'Normung** *f* (-; -*en*) standardization.

'Norm...: **~teil** *n* standard part;

~verbrauch *mot. m* level road fuel consumption.

Norweg|en ['nɔrve:gən] *n* (-*s*) Norway; **~er(in** *f*) *m* (-*s*, -; -, -*nen*), **²isch** *adj.* Norwegian.

Not [no:t] *f* (-; ⸚e) *usu.* need; want; emergency; predicament, plight; indigence, destitution, extremity; misery; distress, trouble; afflication, distress; anguish, agony; necessity; urgency, exigency; sorrow, care; danger, emergency, (*n.s. mar.*) distress; *im Falle der ~* in case of need *or* of an emergency; *wenn ~ am Mann ist* if need be, if the worst comes to the worst, in the last resort; *zur ~* if need be, at a pinch; *für Zeiten der ~* for a rainy day; *mit ~* barely, with difficulty, → *knapp*; *~ leiden* suffer want *or* (great) privation; *in ~ bringen* reduce to want; *in ~ (or Nöten) sein* be in trouble; *in ~ geraten* become destitute, get into trouble; *die ~ fernhalten* keep the wolf from the door; *s-e liebe ~ haben mit* (*dat.*) have a hard time with, have no end of trouble with; *mir ist or tut ~* I want; *es tut ~, daß* it is necessary (*or* imperative) that; *aus der ~ eine Tugend machen* make a virtue of necessity; *~ macht erfinderisch* necessity is the mother of invention; *~ kennt kein Gebot* necessity knows no law; *ein Freund in der ~* a friend in need; *in der ~ frißt der Teufel Fliegen* beggars can't be choosers.

Nota ['no:ta] *econ. f* (-; -*s*) memorandum; note (of charges); invoice, bill.

'Not...: ~abwurf *aer. m* → *Notwurf*; **~adresse** *f* address in case of need, emergency address; **~anker** *m* sheet-anchor; **~antenne** *f* emergency aerial (*Am.* antenna).

Notar [no'tɑ:r] *m* (-*s*; -*e*) notary; conveyancer; *öffentlicher ~* notary public.

Notariat [notari'ɑ:t] *n* (-[*e*]*s*; -*e*) notary's office; **~sgebühren** *f/pl.* notarial fees.

notariell [-i'ɛl] *adj.* (*a. adv. ~ beglaubigt*) notarial, certified (*or* attested) by a notary, *Am. a.* notarized; *~e Urkunde or Verhandlung* notarial act.

'Not...: ~ausgang *m* emergency exit; **~ausstieg** *m* escape hatch; **~behelf** *m* makeshift, stopgap; expedient; **~beleuchtung** *f* emergency lighting; **~bremse** *f* emergency brake; **~brücke** *f* temporary bridge; **~durft** ['-durft] *f* (-) necessity, pressing need; *seine ~ verrichten* ease o.s., relieve nature; **²dürftig** *adj.* scanty; needy, poor; makeshift, temporary; rough-and-ready (*repair*); *~ herstellen* (*aus*) improvise (from); **~dürftigkeit** *f* scantiness; need(iness), indigence.

Note ['no:tə] *f* (-; -*n*) note; annotation; banknote, *Am. a.* bill; *econ.* → *Nota*; *pol.* (diplomatic) note, memorandum; *ped.* mark (*a. sports*), report; *mus.* note; *ganze ~* semibreve, *halbe ~* minim; *in ~n setzen* set to music; *nach ~n singen* sing at sight (*or* from music); *colloq. fig. nach ~n* properly, thoroughly, awfully; *fig.* tone; character, stamp, feature; *die persönliche ~* the personal touch, the distinctive style; *dies verlieh dem Fest eine besondere ~* this lent to the celebration its special flavo(u)r.

'Noten...: ~ausgabe *f* issue of (bank-)notes; **~austausch** *pol. m* exchange of notes; **~bank** *f* (-; -*en*) bank of issue, issuing bank; **~blatt** *n* (sheet of) music; **~buch, ~heft** *n* music-book; **~linie** *mus. f* line of the staff; **~mappe** *f* music-carrier; **~papier** *n* (-*s*) music paper; **~pult** *n* music-stand, music desk; **~~schlüssel** *mus. m* clef; **~schrank** *m* music cabinet; **~ständer** *m* → *Notenpult*; **~system** *mus. n* staff; **~umlauf** *m* circulation of (bank-) notes; **~wechsel** *pol. m* exchange of notes.

'Not...: ~fall *m* case of need *or* necessity, emergency; *im ~* → **²falls** *adv.* → *nötigenfalls*; **~flagge** *mar. f* flag of distress; **²gedrungen I.** *adj.* compulsory, forced; driven by necessity; **II.** *adv.* of neccessity, needs; *~ mußte er* he had no choice but, he found himself compelled to; **~geld** *n* emergency money, token money; **~gemeinschaft** *f* co-operative aid council; emergency association; **~gesetz** *n* emergency law; **~groschen** *m* → *Notpfennig*; **~hafen** *mar. m* harbo(u)r of refuge; **~helfer(in** *f*) *m* helper in need; **~hilfe** *f* (-) help in need; *Technische ~* Organization for the Maintenance of Supplies (*abbr.* O.M.S.), Emergency Men.

notier|en [no'ti:rən] **I.** *v/t.* (*h.*) note (down), make a note of, put (*or* take) down, jot down; *econ.* make a memorandum of; book (*order*); quote *prices* (*zu* at); *notierte Aktien* shares quoted on stock exchange, *Am.* listed stocks; *mit etwa* $4^1/_2$% *notiert* ruling about $4^1/_2$ percent; **II.** *v/i.* (*h.*) *econ.* be quoted (at); **²ung** *f* (-; -*en*) noting; *econ.* booking, entry; *stock exchange*: quotation.

nötig ['nø:tiç] *adj.* necessary, needed, required, requisite; indicated; *~ haben* want, need, stand in need of, require; *es ist nicht ~, daß du kommst* there is no need for you to come; *fig. das habe ich nicht ~!* I don't have to stand for that!; *das hast du ~ gehabt!* why did you have to do that?; (*das*) **²e** what (*or* all that) is required; the wherewithal; **~en** ['nø:tigən] *v/t.* (*h.*): *j-n zu et. ~* oblige (*or* compel, force) a p. to do a th.; urge, press; invite, ask (*herein* in); *sich ~ lassen* stand upon ceremony; *lassen Sie sich nicht ~!* don't wait to be asked!, help yourself!; *er läßt sich nicht lange ~* he needs no pressing (*or* little coaxing); *sich genötigt sehen zu inf.* feel (*or* find o.s.) compelled to *inf.*; **~enfalls** *adv.* in case of need, in an emergency; if necessary, if need be; in the last resort; **²ung** *f* (-; -*en*) compulsion, constraint; pressing, urgent request; *jur.* intimidation; **²ungsnotstand** *jur. m* necessity arising from intimidation.

Notiz [no'ti:ts] *f* (-; -*en*) note, memo; *stock exchange*: quotation; (news) item, notice; *sich ~en machen* take (*or* jot down) notes; *~ nehmen von* note, take notice of; pay attention to; *keine ~ nehmen von* ignore; **~block** *m* (-[*e*]*s*; -*s*) (note-)pad, *Am.* scratchpad; **~buch** *n* notebook, memo-book.

'Not...: ~klausel *f* escape clause; **~lage** *f* distress, calamity; emergency, predicament, plight; *geldliche ~* embarassment; **~lager** *n* makeshift bed, shakedown; **²landen** *v/i.* (*sn*) make a forced landing, *a. ~ müssen* be forced down; **~landung** *f* forced (*or* emergency) landing; **²leidend** *adj.* needy, indigent, destitute; distressed; *econ.* dishono(u)red (*bill of exchange*); *~e Obligationen* overdue stock, *Am.* defaulted bonds; *~e Gesellschaften* companies in default; **~leidende(r** *m*) ['-laɪdəndə(r)] *f* (-*n*, -*n*; -*en*, -*en*) needy person, sufferer; *die ~n* the needy, the distressed; **~leine** *f* communication cord; **~lösung** *f* expedient; **~lüge** *f* white lie; **~maßnahme** *f* emergency measure, last resort; **~opfer** *n* relief tax.

notorisch [no'to:riʃ] *adj.* notorious.

'Not...: ~pfennig *m* savings *pl.*, nest-egg; *einen ~ aufsparen* put money by for a rainy day; **~ruf** *m* distress call; *teleph.* emergency call; **~schlachtung** *f* forced slaughter; **~schrei** *m* cry of distress; **~signal** *n* distress signal; *mar.* **a**) distress gun, **b**) S.O.S.; **~sitz** *m* emergency seat, *mot. a.* dickey (-seat), *Am.* rumble seat; **~stand** *m* state of distress, emergency; indigence; *jur.* (privilege of) necessity; *nationaler ~* (state of) national emergency; **~stands-arbeiten** *f/pl.* (unemployment) relief works; **~standsgebiet** *n* distressed (*or* black) area; **~standsgesetze** *n/pl.* emergency laws; **~standsmaßnahme** *f* emergency measure; **~taufe** *f* private baptism; **~treppe** *f* fire escape; **~unterkunft** *f* shelter billets *pl.*; **~verband** *m* emergency (*or* first-aid) dressing; **~verordnung** *f* emergency decree; **~wehr** *f* (-): (*aus*) *~* (in) self-defen|ce, *Am.* -se; **²wendig** *adj.* necessary, requisite; needful; urgent; essential; indispensable; *unbedingt ~* imperative; *~ machen* necessitate, call for; *es ist ~, daß er* it is necessary for him to *inf.*; **²wendigerweise** ['-vɛndigərvaɪzə] *adv.* necessarily, of necessity; **~wendigkeit** *f* necessity; must; urgency; requirement; **~wurf** *aer. m* emergency (salvo) release; *im ~ abwerfen* jettison (*bombs*); **~zeichen** *n* distress signal; **~zucht** *f* rape; *~ begehen an* (*dat.*) commit rape upon; **²züchtigen** *v/t.* (*h.*) rape, violate, assault.

Novelle [no'vɛlə] *f* (-; -*n*) short story, short novel, novella; *parl.* supplementary (*or* amending) law; **Novel'list (in** *f*) *m* (-*en*, -*en*; -, -*nen*) novelist, short-story writer.

November [no'vɛmbər] *m* (-[*s*]) November.

Novität [novi'tɛ:t] *f* (-; -*en*) novelty; *thea.* new play; (*book*) new publication.

Novum ['no:vum] *n* (-*s*; -*va*) novelty,

something quite new, unheard-of fact.

nu [nu:] *int.* well!, now!, *Am. a.* hey!; **Nu** *m* (-): *im* ~ in no time, in the twinkling of an eye, in a trice (*or* flash), in a jiffy.

Nuance [ny'ãsə] *f* (-; -*n*), **nuan'cieren** *v/t.* (*h.*) shade.

nüchtern ['nyçtərn] *adj.* empty, fasting; ~, *auf* ~*en Magen* on an empty stomach; sober; temperate; *fig.* sober (*discussion, mind, fact, etc.*); matter-of-fact(ly *adv.*); level-headed, sensible; dispassionate, calm, cool, unemotional; hard-headed; prosaic, pedestrian; plain; jejune, dull, dry (-as-dust); *völlig* ~ cold-sober; ~ *machen, werden* sober (down); ~ *betrachtet* in sober fact; **2heit** *f* (-) emptiness; sobriety, temperance; *fig.* soberness (of mind); common sense; jejuneness, dryness; prosiness; plainness.

Nudel ['nu:dəl] *f* (-; -*n*) noodle; **~brett** *n* pastry-board; **~holz** *n* rolling pin; **2n** *v/t.* (*h.*) stuff, fatten; *fig.* cram with food; **~suppe** *f* vermicelli soup.

Nugat ['nu:gat] *m* (-*s*; -*s*) nougat.

Nukleon ['nu:kleɔn] *phys. n* (-*s*; -'*onen*) nucleon.

Nukleus ['nu:kleus] *m* (-; -*ei*) nucleus.

null [nul] *adj.* null; zero; nil; *tennis*: love; ~ *und nichtig* null and void; *für* ~ *und nichtig erklären* declare null and void, annul; **2** *f* (-; -*en*) nought, cipher, zero; *auf* (*über, unter*) ~ *stehen* stand at (above, below) zero; *fig.* (a mere) cipher, nonentity, → *Niete*; *gleich* ~ next to nothing, nil; *colloq. in* ~ *Komma nix* → *im Nu*; '**2achse** *f* neutral axis; '**2(l)eiter** *el. m* neutral conductor; '**2punkt** *m* zero, freezing-point; *el.* neutral point; *auf dem* ~ (*a. fig.*) at zero; '**2spannung** *f* zero potential; '**2stellung** *f* zero (*or* neutral) position; '**2strich** *m* zero mark; '**2stunde**, '**2zeit** *aer. f* zero-hour.

numerier|en [numə'ri:rən] *v/t.* (*h.*) number; *econ.* ticket; *thea. numerierter Platz* reserved seat; **2ung** *f* (-; -*en*) numbering.

numerisch [nu'me:riʃ] *adj.* numerical.

Numismatik [numis'ma:tik] *f* (-) numismatics *pl.*

Nummer ['numər] *f* (-; -*n*) number (*abbr.* No., *pl.* Nos.); *of journal, etc.*: number, copy, issue; *econ.* size; *sports*: event; *circus*: number; *colloq. fig. er ist eine* ~ he is a card *or* quite a character; *bei j-m e-e gute* ~ *haben* be in a p.'s good books; **~nfolge** *f* numerical order; **~nscheibe** *teleph. f* dial; **~nschild** *mot. n* number plate.

nun [nu:n] **I.** *adv.* now, at present; *von* ~ *an* **a**) from now on, henceforth, **b**) from that time (onwards); then, as things now stand; well, well yes (*or* now), why; ~ *ja* (*doch*)! yes, indeed; ~ *gut!* all right!; ~ *erst erkannte er sie* it was only then that he recognized her; *er mag* ~ *kommen oder nicht* whether he comes or not; *wenn er* ~ *käme?* what if he came?; ~? well?, well, how is it?; well, how are things?; *was* ~? what next?; *int.* ~! now then!; ~ *los!* now, go it!; ~, ~! gently!, come, come!; **II.** *cj.*: ~ (*da*) now that, since; '**~mehr** *adv. and cj.* now, by this time; at this stage; '**~mehrig** *adj.* present.

Nuntius ['nuntsius] *m* (-; -*ien*) nuncio.

nur [nu:r] *adv.* only; alone, exclusively; solely; nothing but; merely, just; except, but; simply; ~ *ich* I alone, no one but me; *alle,* ~ *nicht er* all except him; ~ *einmal* just once, (never) but once; *fast* ~ (*noch*) hardly anything but; *nicht* ~, *sondern auch* not only, but also; *wenn* ~ if only, provided (that); ~ *daß* except (that); *er ist* ~ *klein* he is but small; *sie hat* ~ *eine Tochter* she has but one daughter; *in* ~ *zwei Jahren* in as little as two years; *mit* ~ *zwei Stunden Schlaf* with a bare two hours' sleep; ~ *aus Anhänglichkeit* (*Bosheit, etc.*) out of sheer loyalty (spite, *etc.*); *ohne auch* ~ *zu lächeln* without so much as a smile; ~ *zu!* go on!, go ahead!, at it!; *geh* (*du*) ~! go, by all means!; *na, warte* ~! you just wait; *verkaufe es* ~ *ja nicht* don't sell it on any account; *wie kam er* ~ *hierher?* how on earth did he get here? *was er* ~ *damit sagen will?* I wonder what he is driving at; *das weißt du* ~ *zu gut* you know that well enough; *warum* ~ why ... ever; *was* ~ what ... ever; *wer* ~ who ... ever; *wie* ~ how ... ever; *soviel ich* ~ *kann* as much as I ever (*or* possibly) can; *so schwierig es* ~ *sein konnte* as difficult as could (possibly) be.

'**Nurflügelflugzeug** *n* tailless (*or* all-wing) airplane; flying wing.

Nürnberg ['nyrnbɛrk] *n* (-*s*) Nuremberg; ~*er Trichter* royal road to learning.

nuscheln ['nuʃəln] *v/i.* (*h.*) slur, mumble.

Nuß [nus] *f* (-; ⸚*sse*) nut, walnut; *fig. harte* ~ hard nut (to crack), tough job; *j-m e-e* (*harte*) ~ *zu knacken geben* give a hard nut to crack; '**~baum** *m* (wal)nut-tree; '**~baumholz** *n* walnut; '**2braun** *adj.* nutbrown, hazel; '**~kern** *m* kernel (of a nut); '**~knacker** *m* nutcracker; *fig. alter* ~ old fogey; '**~kohle** *f* nut coal, nuts *pl.*; '**~schale** *f* nutshell (*a. fig.* = small boat).

Nüster ['ny:stər] *f* (-; -*n*) *usu.* **~n** *pl.* nostril(s).

Nut [nu:t] *f* (-; -*en*), '**~e** *tech. f* (-; -*n*) groove; notch; slot; flute; T-slot; keyway; ~ *und Feder* **a**) *in wood*: tongue and groove, **b**) *in metal*: slot and key; '**2en** *v/t.* (*h.*) groove; slot; flute; keyway; '**~enfräser** *m* slot cutter.

Nutsche ['nutʃə] *tech. f* (-; -*n*) suction filter.

Nutte ['nutə] *colloq. f* (-; -*n*) tart.

nutz [nuts] *adj.* (*pred.*) useful, profitable; *zu nichts* ~ *sein* be of no use, (*a. person*) be good for nothing, be useless (*or* worthless); → *zunutze*; **2** *m* (-*en*; -*en*) utility; *zu j-s* ~ *und Frommen* for the good of a p., for a p.'s benefit; '**2anwendung** *f* practical application; utilization; *aus et. e-e* ~ *ziehen* draw a moral from a th.

'**nutzbar** *adj.* useful; utilizable, *esp. tech.* effective; profitable, productive; available; *sich et.* ~ *machen* utilize, turn to account; take advantage of; harness (*natural forces, etc.*); **2keit** *f* (-) usefulness; profitableness; **2machung** ['-maxuŋ] *f* (-) utilization; harnessing.

'**nutzbringend** *adj.* profitable; ~ *anwenden* turn to good account.

'**nutze, nütze** ['nytsə] *adj.* → *nutz*.

'**Nutz-effekt** *m* net efficiency, effective power.

'**Nutzen** *m* (-*s*; -) use, utility; profit, gain; advantage, *a. jur.* benefit; yield, returns *pl.*; *zum* ~ *von* for the benefit of; ~ *bringen* yield (*or* show) a profit, bring grist to the mill; *von* ~ *sein* be of advantage (*or* benefit) (*für* to); be of service; ~ *ziehen aus* derive profit (*or* benefit) from, *fig. a.* make capital out of, cash in on.

'**nutzen,** '**nützen I.** *v/i.* (*h.*) be of use *or* useful (*zu* for; *j-m* to a p.); serve (*j-m* a p.); be of advantage (*or* benefit) (*j-m* to a p.); benefit (a p.); *nichts* ~ be of no avail, be useless (*or* wasted); *wenig* ~ avail little, help not much, do little good; *was nützt es, daß?* what is the use (*or* good) of it; *es nützt nichts!* it's no use; **II.** *v/t.* (*h.*) use, make use of, utilize; put to account; exploit; avail o.s. of, seize (*opportunity*).

'**Nutz...:** **~fahrzeug** *n* utility (*or* commercial) vehicle; **~faktor** *m* utilization factor; **~fläche** *f* useful (*or* effective) area; agricultural acreage; **~garten** *m* kitchen-garden; **~holz** *n* (commercial) timber; **~inhalt** *m* working contents, useful capacity; **~last** *f* payload, service load; **~leistung** *f* effective capacity (*or* power), (useful) output; *mot.* brake horsepower (*abbr.* BHP).

nützlich ['nytsliç] *adj.* useful, of use; serviceable, helpful; advantageous, of advantage, profitable; beneficial; conducive (*dat.* to); *sich* ~ *machen* make o.s. useful; **2keit** *f* (-) use(fulness); utility; serviceableness; advantage; profitableness; **2keits...** *in compounds* utilitarian...

'**Nutz...:** **2los** *adj.* useless, (of) no use; unavailing, unprofitable; needless; wasted (*bei* on); **~losigkeit** *f* (-) uselessness; futility; **~nießer(in** *f*) ['-ni:sər] *m* (-*s*, -; -, -*nen*) usufructuary; *b.s.* profiteer; *lebenslänglicher* ~ life beneficiary; **~nießung** *f* (-) usufruct; **~pflanze** *f* useful plant; **~strom** *el. m* useful current.

'**Nutzung** *f* using; utilization; → *Nutzbarmachung, Nutznießung*; yield, produce; revenue; **~sdauer** *tech. f* service life; **~s-entgelt** *n* compensation for use, rental; **~sertrag** *m* revenue; **~sgüter** *econ. n/pl.* durable consumer goods; **~srecht** *n* right of usufruct (*or* explication), beneficial interest.

'**Nutz...:** **~vieh** *n* domestic cattle; **~wert** *m* economic value.

Nylon|strümpfe ['naılɔn-] *m/pl.* nylon stockings, nylons; '**2verstärkt** *adj.* nylon fortified.

Nymphe ['nymfə] *f* (-; -*n*) nymph.

Nympho|ma'nie *f* nymphomania; **~'manin** *f* (-; -*nen*, **2'manisch** *adj.* nymphomaniac.

O

O, o[1] [oː] *n* O, o; → A.
o[2] [oː] *int.* oh!, ah!; ~ *ja!* oh yes!, yes, indeed!; ~ *nein!* oh no!, not at all!, far from it!; ~ *weh!* alas!, oh dear (me); ~ *daß er doch käme* (how) I wish that he came.
Oase [o'ɑːzə] *f* (-; -*n*) oasis.
ob[1] [ɔp] *cj.* whether, if; *als* ~ as if, as though; *nicht als* ~ not that; ~ ... *oder nicht* whether ... or not; ~ *auch* although; (*na*) *und* ~*!* of course!, certainly!; rather!, and how!, *Am. a.* you bet!; ~ *er wohl kommt?* I wonder if he will come?; ~ *ich krank war?* you mean whether I was ill?; *er tat, als* ~ *er mich nicht sähe* he pretended not to see me.
ob[2] [ɔp] *prp.* **1.** *gen.* on account of; about; **2.** *dat.* above.
Obacht ['oːbaxt] *f* (-) attention; ~ *geben auf* (*acc.*) pay attention to, take care of, heed, watch; ~*!* look (*Am.* watch) out!, careful!
Obdach ['ɔp-] *n* (-[e]s) shelter; lodging; **2los** *adj.* unsheltered, homeless; **~lose(r** *m*) *f* casual (pauper), homeless person; *Asyl für* ~ casual ward; **~losigkeit** *f* (-) homelessness.
Obduktion [ɔpduk'tsioːn] *med., jur.* (-; -*en*) post-mortem examination, autopsy; **obduzieren** [ɔpdu'tsiː-rən] *v/t.* (*h.*) perform an autopsy on.
'O-Beine *pl.* bandy legs, bow-legs; **'O-beinig** *adj.* bow-legged.
Obelisk [obe'lisk] *m* (-*en*; -*en*) obelisk.
oben ['oːbən] *adv.* above, overhead; at the top; up; aloft, on high; upstairs; on the surface; *instruction*: ~*!* this side up!; *on photo*: ~: above:, top:; ~ *links* at upper left; *Paragraph 24* ~ Section 24 above; ~ *auf* on (the) top of (*the mountain, etc.*), at the top of (*the list, etc.*); ~ *am Tisch* at the top of the table; *da* ~ up there; *nach* ~ **a)** up(wards), **b)** upstairs; *econ. Tendenz nach* ~ upward tendency; *von* ~ from above; *fig. von* ~ *herab* haughtily, condescendingly; *von* ~ *bis unten* from top to bottom, *person*: from top to toe, from head to foot; *wie* ~ (*angegeben*) same as above; *colloq. fig. mir steht es bis hier* ~ I am sick and tired of it; **~an** ['oːbən'an] *adv.* at the top *or* head; in the first place; **~anstehen** *v/i.* (*h.*) top the list; *fig.* hold the first place; **~auf** ['oːbən'auf] *adv.* on the top, atop, uppermost; on the surface; *fig.* ~ *sein* be going strong; be in high spirits *or* in good form; **~drein** ['oːbən'draɪn] *adv.* over and above, besides; into the bargain, at that; **~erwähnt, ~genannt** *adj.* above-mentioned, aforesaid; **~gesteuert** *adj.*: ~*er Motor* valve-in-head engine; ~*e Ventile* overhead valves; **~hin** ['oːbən'hin] *adv.* superficially, perfunctorily; ~ *bemerken* say casually (*or* lightly); **~hinaus** *adv.* out above; *fig.* ~ *wollen* have high notions; **~stehend** *adj.* → *obenerwähnt.*
ober ['oːbər] *adj.* upper; higher; *fig. a.* superior, senior, chief; → *oberst.*
'Ober *m* (-*s*; -) (head) waiter; **~arm** *m* upper arm; **~arzt** *m* assistant medical director; **~aufseher** *m* superintendent; **~aufsicht** *f* (-) superintendence; **~bau** *m* (-[e]s; -ten) building above ground; superstructure (*a. of bridge*); *rail.* permanent way; (road) surface; *el.* overhead structure; **~bauch** *anat. m* epigastrium; **~befehl** *m* supreme command; high command; **~befehlshaber** *m* supreme commander, commander-in-chief; **~begriff** *m* generic term; *als* ~ generically; *patent specification*: preamble; **~bekleidung** *f* outer garments *pl.*, outer wear; **~bett** *n* coverlet; **~bewußtsein** *n* conscious self; **~buchhalter** *m* head bookkeeper, accountant; **~bürgermeister** *m* chief burgomaster; *Brit.* Lord Mayor; **~deck** *mar. n* upper deck; **2e** *adj.* → *ober*; **~e(r)** *m* superior; *eccl.* (Father) Superior; **~e(s)** *n* (-*n*) top; **2faul** *colloq. adj.* very queer, fishy; **~feldwebel** *mil. m* staff sergeant; *aer.* flight (*Am.* technical) sergeant.
'Oberfläche *f* surface, *tech. a.* face; area, *math. a.* superficies; *tech. glatte* ~*n pl.* smooth finishes; *an* (*unter*) *der* ~ on (below) the surface (*a. fig.*); *an die* ~ *kommen* rise to the surface, *submarine*: *a.* surface.
'Oberflächen...: **2aktiv** *adj.* surface-active; **~be-arbeitung** *f* finish; **~behandlung** *f* surface treatment; **~beschaffenheit** *f* surface conditions *pl.*; **~härtung** *f* (surface hardening; **~spannung** *f* surface tension; **~veredelung** *f* surface refinement.
oberflächlich ['oːbərflɛçliç] *adj.* superficial; shallow; perfunctory, cursory; rough (*estimate*); ~*e Bekanntschaft* casual *or* nodding acquaintance; ~*e Kenntnisse haben von* have a smattering of; *j-n* ~ *kennen* be on speaking terms with; **2keit** *f* superficiality; shallowness.
'Ober...: **~förster** *m* head forester; **2gärig** ['oːbərgɛːriç] *adj.* top(-fermenting); **~gefreite(r)** *mil. m Brit.* lance corporal, *Am.* private 1st cl. (= class); *aer. Brit.* leading aircraftman, *Am.* airman 2nd cl. (= class); *mar.* able rating, *Am.* seaman; **~geschoß** *n* upper stor(e)y; **~gesenk** *tech. n* upper die; **~gewalt** *f* supremacy, supreme authority; **2halb** *prp.* (*gen.*) above; **~hand** *f* (-) back of the hand; *fig. die* ~ *gewinnen* get the upper hand, carry the day, *über j-n*: get the better (*Am.* best) of a p.; *die* ~ *haben* predominate, have the whip-hand, be top dog; **~haupt** *n* chief, head; (party) leader; **~haus** *parl. n Brit.* Upper House, the House of Lords; **~haut** *f* epidermis; **~häutchen** *n* cuticle; **~hemd** *n* (day-) shirt; **~herrschaft** *f* supremacy; **~hoheit** *f* sovereignty; → *Obergewalt*; **~in** ['oːbərin] *f* (-; -*nen*) *eccl.* Mother Superior; *at hospital*: matron; **~ingenieur** *m* chief engineer; **2irdisch** *adj.* overground, above ground; surface; *el.* ~*e Leitung* overhead line; **~italien** *n* North Italy; **~kante** *f* upper edge; **~kellner** *m* head waiter; **~kiefer** *m* upper jaw; **~kirchenrat** *m* (*person*: member of the) High Consistory; **~klasse** *f* upper class(es *pl.*); *ped.* senior class; **~kleid** *n* upper garment; **~kleidung** *f* → *Oberbekleidung*; **~kommandierende(r)** *m* commander-in-chief; **~kommando** *n* supreme (*or* high) command; **~körper** *m* upper part of the body; **~land** *n* upland; **~landesgericht** *n* Higher Regional Court; **2lastig** [-lastiç] *adj.* top-heavy; **~lauf** *m* upper course (*of river*); **~leder** *n* uppers *pl.*; **~leitung** *f* supervision; *el.* overhead lead; **~leitungsbus** *m* trolley bus; **~leutnant** *m mil.* (*Am.* first) lieutenant; *mar.* sublieutenant, *Am.* lieutenant (junior grade); *aer.* flying officer, *Am.* first lieutenant; **~licht** *n* (-*s*) skylight; *above door*: fanlight; *film*: head light; **~lippe** *f* upper lip; **~postamt** *n* General Post Office; **~postdirektion** *f* Post Office Divisional Administration; **~priester** *m* high-priest; **~prima** *f* (-; -*men*) top form; **~rechnungskammer** *f* audit-office; **~regierungsrat** *m* senior government councillor; **~rhein** *m* Upper Rhine; **~schenkel** *m* (upper) thigh; **~schicht** *f* top layer; upper class(es *pl.*); **2schlächtig** ['-ʃlɛçtiç] *adj.* overshot; **~schlesien** *n* Upper Silesia; **~schule** *f* secondary school; **~schwester** *f* head nurse; **~schwingung** *phys. f* harmonic (vibration); **~seite** *f* top (*or* upper) side.
oberst ['oːbərst] *adj.* uppermost, topmost, top; highest (*a. fig.*); *fig.* chief, principal, first; supreme; *mil.* **2***e Heeresleitung* General Headquarters; ~*er Grundsatz* leading principle; *das* **2***e zuunterst kehren* turn everything upside down.
'Oberst *mil. m* (-*en*; -*en*) colonel.
'Ober...: **~staatsanwalt** *m* senior public prosecutor; **~stabsarzt** *m* major (medical); **~stabsfeldwebel** *mil. m Brit.* warrant officer class I, *Am.* sergeant major, *aer.* warrant officer, *Am.* chief master sergeant; **~steiger** *m* foreman of a mine; **~steuermann** *m* first mate; **~stimme** *f* treble, soprano.
Oberst'leutnant *mil. m* lieutenant colonel; *aer. Brit.* Wing Commander.
'Ober...: **~stübchen** *n* garret, attic, toproom; *colloq. fig. er ist nicht ganz richtig im* ~ he is not quite right in the upper stor(e)y; **~studiendirektor** *m* headmaster, *Am.* principal; **~studienrat** *m* senior

assistant master; ~**stufe** *f* higher grade, senior class(es *pl.*); ~**tasse** *f* cup; ~**teil** *n* upper part, top (*a. garment*); ~**töne** *mus. m/pl.* overtones; ~**wasser** *n* upper water (*of sluice*); overshot water (*of mill*); *fig.* ~ *haben* have the upper hand, be top dog; ~**welle** *phys. f* harmonic vibration; ~**welt** *f* (-) upper world; ~**zahn** *m* upper tooth; ~**zollamt** *n* general custom house.

obgleich [ɔp'glaɪç] *cj.* (al)though.

Obhut ['ɔphu:t] *f* (-) care, guard; protection; keeping, custody; *in (seine)* ~ *nehmen* take care (*or* charge) of, *j-n*: *a.* take *a p.* under one's wings.

Objekt [ɔp'jɛkt] *n* (-[e]s; -e) object (*a. gr.*); project; *econ. a.* transaction; property.

objektiv [-'ti:f] *adj.* objective; impartial; unbiassed; actual, practical; → *Tatbestand.*

Objek'tiv *n* (-s; -e) *opt.* object glass (*or* lens), objective; *phot.* lens.

objekti'vieren *v/t.* (*h.*) objectify; substantiate; *phls.* objectivise.

Objektivi'tät *f* (-) objectivity, objectiveness; impartiality.

Objek'tiv...: ~**linse** *f* objective lens; ~**verschluß** *phot. m* instantaneous shutter.

Ob'jekt...: ~**sucher** *m* object finder; ~**träger** *m* (object) slide (*of microscope*).

Oblate [o'blɑ:tə] *f* (-; -*n*) (*eccl.* consecrated) wafer.

obliegen ['ɔpli:gən] *v/i.* (*irr.*, *h.*) (*dat.*) apply o.s. to, attend to (*a task, etc.*); *j-m* ~ be incumbent on a p., devolve on a p., be a p.'s duty; ≈**heit** *f* obligation, duty, incumbency.

obligat [obli'gɑ:t] *adj.* obligatory; indispensable; inevitable; *mus.* obligato.

Obligation [obliga'tsio:n] *econ. f* bond, debenture (bond); ~**sgläubiger** *m* bond creditor; ~**sschuld** *f* bond(ed) debt.

obligatorisch [-'to:riʃ] *adj.* obligatory (*für* on), compulsory, mandatory.

Obligo ['o:bligo, 'ɔbligo] *econ. n* (-s; -s) obligation to pay, liability; commitment; *ohne* ~ without guaranty (*or* engagement), *bill of exchange*: without recourse.

Obmann ['ɔpman] *m* (-[e]s; -*männer or -leute*) chairman; steward, shop steward, spokesman; → *Schiedsgericht.*

Oboe [o'bo:ə] *mus. f* (-; -*n*) hautboy, oboe.

Obrigkeit ['o:briçkaɪt] *f* (-; -*en*) *the* authorities *pl.*, government, magistracy; ≈**lich I.** *adj.* magisterial, official; **II.** *adv.* by authority; ~**sstaat** *m* authoritarian state.

Obolus ['o:bolus] *m* (-; - *or* -*se*) obol; mite.

obschon [ɔp'ʃo:n] *cj.* (al)though.

Observatorium [ɔpzɛrva'to:rium] *ast. n* (-; -*ien*) observatory.

obsiegen ['ɔpzi:gən] *v/i.* (*h.*) be victorious, carry the day; *j-m*: triumph over *a p.*; *jur.* ~*de Partei* successful party.

obskur [ɔp'sku:r] *adj.* obscure (*a. fig.*).

Obst [o:pst] *n* (-es) fruit; *colloq. fig. ich danke für* ~ I am not taking any.

'Obst...: ~**bau** *m* fruit-culture, fruit-growing; ~**baum** *m* fruit-tree; ~**branntwein** *m* fruit brandy; ~**darre** *f* fruit-kiln; ~**ernte** *f* fruit-gathering; fruit crop; ~**garten** *m* orchard; ~**handel** *m* fruit trade; ~**händler(in** *f*) *m* fruiterer, *Am.* fruitseller; ~**handlung** *f* fruiterer's (shop), *Am.* fruit store.

obstinat [ɔpsti'nɑ:t] *adj.* obstinate.

'Obst...: ~**kelter** *f* fruit-press; ~**kern** *m* kernel, stone, pip; ~**konserven** *f/pl.* tinned (*Am.* canned) fruit; ~**markt** *m* fruit market; ~**messer** *n* fruit-knife; ~**pflücker** *m* fruit picker; ≈**reich** *adj.* abounding in fruit.

Obstruktion [ɔpstruk'tsio:n] *parl. f* (-; -*en*) (~**s-taktik** *f*) obstruction (-ism), *Am. a.* filibuster.

'Obst...: ~**torte** *f* (fruit) tart, *Am.* fruit pie; ~**verwertungsbetrieb** *m* fruit-processing plant; ~**wein** *m* fruit-wine; cider; ~**züchter** *m* fruit-farmer, fruit-grower.

obszön [ɔps'tsø:n] *adj.* obscene.

Obus ['o:bus] *m* (-*ses*; -*se*) trolley bus.

obwalten ['ɔpvaltən] *v/i.* (*h.*) exist; prevail; *unter den* ~*den Umständen* under the (prevailing) circumstances, things being as they are.

obwohl [ɔp'vo:l] *cj.* (al)though.

Ochs [ɔks], **Ochse** ['ɔksə] *m* (-*n*; -*n*) ox (*pl.* oxen); bullock; *junger* ~ steer; *colloq. fig.* oaf, duffer, lummox; *er stand da wie der* ~ *vorm Berg* he stood there like a bull at the gate.

ochsen ['ɔksən] *colloq. v/i. and v/t.* (*h.*) cram, swot, *Am.* bone (up on).

'Ochsen...: ~**auge** *n cul.* fried egg; ~**fleisch** *n* beef; ~**frosch** *m* bullfrog; ~**gespann** *n* team of oxen; ~**haut** *f* ox-hide; ~**maulsalat** *m* ox-muzzle salad; ~**schwanzsuppe** *f* (-; -*n*) oxtail soup; ~**ziemer** *m* cowhide, horsewhip; ~**zunge** *f* neat's tongue; → *Rinder...*

Ocker ['ɔkər] *m* (-s; -) och|re, *Am.* -er; ≈**gelb** *adj.* ochre (yellow).

Ode ['o:də] *f* (-; -*n*) ode.

öde ['ø:də] *adj.* (*pred. a. öd*) deserted, desolate, dreary; waste; dull, tedious, pedestrian; bleak, dreary.

'Öde *f* (-; -*n*) wasteland, solitude; *fig.* dreariness, bleakness; tedium.

Odem ['o:dəm] *poet. m* (-s) breath.

Ödem [ø'de:m] *med. n* (-s; -e) (o)edema; ≈**atös** [-'tø:s] *adj.* (o)edematous.

oder ['o:dər] *cj.* or; → *entweder*; ~ (*aber*) otherwise, (or) else, *menacingly*: or else!; ~ *auch* or rather.

Ödland ['ø:tlant] *n* (-[e]s; -*ländereien*) barren (*or* waste) land; fallow land.

Odyssee [ody'se:] *f* (-; -*n*) Odyssey.

Oedipuskomplex ['ø:dipuskɔmplɛks] *m* Oedipus complex.

Ofen ['o:fən] *m* (-s; ⸚) stove; oven; kiln; furnace; heater; cooking stove, cooker; ~**bank** *f* (-; ⸚e) bench by the stove; ~**einsatz** *tech. m* charge; ~**gang** *tech. m* heat; ~**heizung** *f* heating by stove; ~**hocker** *fig. m* stay-at-home; ~**kachel** *f* Dutch tile; ~**lack** *m* stove enamel; ~**rohr** *n* stove pipe; *sl. mil.* bazooka; ~**röhre** *f* heating-oven; ~**ruß** *m* furnace soot; ~**sau** *tech. f* (-) furnace sow; ~**schirm** *m* fire-screen; ~**schwärze** *f* black-lead, stove-polish; ~**setzer** *m* stove-fitter; ≈**trocken** *tech. adj.* kiln-dried; ~**vorsetzer** *m* (-s; -) (stove-)fender; ~**zug** *m* draught, *Am.* draft; flue.

offen ['ɔfən] **I.** *adj.* open (*a. letter*, *Tbc*; *a. gr.*); public; vacant (*position*); frank, candid, sincere, outspoken; exposed; overt (*hostility*); clear (*head*); *econ.* unlimited; *mil.* ~*e Flanke* exposed flank; ~*er Funkspruch* message in clear; ~*es Geheimnis* public (*or* everybody's) secret; ~*er Leib* open bowels *pl.*; *mil.* ~*es Nachrichtenmaterial* unclassified information; ~*e See* high sea; *auf* ~*er See* on the open sea; ~*e Stadt* open (*or* unfortified) town; *econ.* ~*es Giro* blank indorsement; ~*e Handelsgesellschaft* general partnership; ~*er Kredit* blank credit; ~*e Police* floating policy; ~*e Rechnung* **a**) outstanding (*or* unsettled) account, **b**) current account; ~*es Zahlungsziel* open terms; *auf* ~*er Straße* in the open street, in public; *auf* ~*er Strecke* on the open road, *rail.* between stations; *bei* ~*em Fenster* with the window open; *zu j-m* ~ *sein* be open with a p.; ~ *sein für et.* be open to (*proposals, etc.*);. **II.** *adv.*: ~ *gestanden* frankly speaking; → *offenlassen, offenlegen.*

'offenbar *adj.* manifest, obvious, evident; clear; apparent(ly *adv.* = it seems that); public; ~ *werden* become known (*or* public).

offen'bar|en *v/t.* (*h.*) manifest; reveal (*secret, etc., a. eccl.*), disclose, unveil; show; *sich j-m* ~ open one's heart to a p.; ≈**ung** *f* (-; -*en*) manifestation, revelation; *eccl.* ~ *Johannis* Revelation of St. John; ≈**ungseid** *jur. m* oath of manifestation, affidavit of means.

'offenhalten *fig. v/t.* (*irr.*, *h.*) leave open, reserve.

'Offenheit *f* (-; -*en*) openness, frankness, cando(u)r.

'offen...: ~**herzig** *adj.* open-hearted, frank, outspoken; candid, sincere; *zu* ~ *sein* wear one's heart upon one's sleeve; ≈**herzigkeit** *f* (-) open-heartedness, frankness; cando(u)r; ~**kundig** *adj.* well-known, manifest, public; *b.s.* overt (*act, hostility, etc.*); patent, blatant, flagrant (*error, lie, etc.*), notorious (*swindler, mismanagement, etc.*); ≈**kundigkeit** *f* (-) overtness, notoriety, publicity; ~**lassen** *v/t.* (*irr.*, *h.*) leave open, *fig. a.* leave undecided (*or* in abeyance); *die Möglichkeit* ~ not to discount the possibility (*gen.* of); ~**legen** *v/t.* (*irr.*, *h.*) *fig.* disclose, expose; ≈**marktpolitik** *econ. f* open market policy; ~**sichtlich** ['ɔfən'ziçtliç] *adj.* manifest, evident, obvious.

offensiv [ɔfən'zi:f] *adj.* offensive; ≈**e** [-'zi:və] *f* (-; -*n*) offensive; *die* ~ *ergreifen* take the offensive.

'offenstehen *v/i.* (*irr.*, *h.*) stand open; *fig. j-m*: be open to *a p.*; *es steht ihm offen, zu inf.* he is free (*or* at liberty) to *inf.*; **~d** *adj.* open (*a. fig.*); *econ.* open, unsettled, outstanding (*accounts*).

'öffentlich I. *adj.* public; *~e Bekanntmachung* public announcement; *~e Betriebe pl.* public utilities; *~er Dienst* civil *or* public service; → *Hand, Ordnung*; *~es Haus* brothel; *~es Recht* public law; *~e Schule* state school; *in ~er Sitzung* in open court; *auf ~er Straße* in the open street; **II.** *adv.* publicly, in public; *~ bekanntmachen* make public, publicize; *~ beglaubigt* certified by public notarial act; *~ gefördert* supported by the public authorities; **2keit** *f* (-) publicity; *the* general public; public opinion; *Groll der ~* public resentment; *im Lichte der ~* in the public eye, in the limelight; *in aller ~* in public; *an die ~ treten* appear before the public, make a public appearance; appear publicly; *sich in die ~ flüchten* resort to publicity, rush into print; *vor die ~ bringen* bring before the public, publicize, give *a th.* public utterance; *jur. die ~ ausschließen* exclude the public; → *Ausschluß*; **~-rechtlich** *adj.* under public law; *~e Körperschaft* public company, *Am.* corporation.

offerieren [ɔfəˈriːrən] *v/t.* (*h.*) offer; tender. [tender, bid.]

Offerte [ɔˈfɛrtə] *f* (-; -*n*) offer;

Offizialverteidiger [ɔfiˈtsiɑːl-] *jur. m* assigned counsel.

offiziell [ɔfiˈtsjɛl] *adj.* official(ly *adv.*).

Offizier [ɔfiˈtsiːr] *m* (-*s*; -*e*) (commissioned) officer; *erster ~ mar.* **a**) second-in-command, **b**) *merchant marine*: first mate *or* officer; *aktiver ~* regular officer; *hoher ~* high-ranking officer; *zum ~ ernannt werden* be commissioned, receive one's commission; **~anwärter** *m* officer candidate (*or* cadet); **~sausbildung** *f* officers' training; **~sbursche** *m* orderly, batman; **~schule** *f* officer candidate school (*abbr.* OCS); **~skasino** *n* officers' mess; **~skorps** *n* body of officers, the officers (of the Army, *etc.*); **~slaufbahn** *f* officers' career; **~smesse** *f* officers' mess; **~snachwuchs** *m* potential officers *pl.*; **~spatent** *n* commission; **~srang** *m* rank of officer.

Offizin [ɔfiˈtsiːn] *f* (-; -*en*) laboratory; chemist's shop; printing-office.

offizinell [-ˈnɛl] *pharm. adj.* officinal.

offiziös [-ˈtsiøːs] *adj.* semi-official.

öffnen [ˈœfnən] *v/t.* (*h.*) (*a. sich*) open; uncork; unlock; dissect, autopsy (*body*); **'Öffnen** *n* (-*s*) opening, *etc.*

'Öffner *m* (-*s*; -) opener.

'Öffnung *f* (-; -*en*) opening, aperture; hole; gap; slot; mouth, *a. anat.* orifice; inlet; outlet; passage; vent; **~szeiten** *f/pl.* business hours.

Offsetdruck [ˈɔfsɛtdruk] *m* (-[*e*]*s*; -*e*) offset (printing).

oft [ɔft] *adv.* often, frequently, many times; repeatedly, time and again; *ziemlich ~* more often than not, not infrequently.

öfter [ˈœftər] *adv.* more frequently, oftener; *je ~ ich ihn sehe, desto mehr* the more I see of him, the more; *~s, des ~en* → *oft.*

oftmal|ig [ˈ-mɑːliç] *adj.* frequent, repeated, reiterated; **~s** [ˈ-mɑːls] *adv.* → *oft.*

oh! [oː] *int.* oh!, o!; → o².

Oheim, Ohm¹ [ˈoː(haɪ)m] *m* (-*s*; -*e*) uncle.

Ohm² [oːm] *el. n* (-[*s*]; -) ohm; **ohmsch** *adj.* ohmic, resistive.

ohne [ˈoːnə] **I.** *prp.* (*acc.*) without, minus; not counting, excluding; devoid of, innocent of, lacking; *~ Frage* doubtless; *~ mein Wissen* without my knowledge, unknown to me; *~ mich!* count me out!, not me!; *mil. ~ Tritt, marsch!* route step, march!; *~ weiteres* **a**) without further ado, at once, **b**) easily, readily, (*say*) off hand *or* off the cuff; *was hätte ich ~ ihn nur getan?* what should I have done but for him?; *~ seine Verletzung hätte er gewonnen* had it not been for his injury he would have won; *colloq. das ist nicht ~* that's not half bad, there is a great deal to be said for it; (*gar*) *nicht ~, dieser Redner!* some speaker, isn't he!; **II.** *cj. ~ daß, ~ zu inf.* without *ger.*, but that, unless; *~ ein Wort zu sagen* without saying a word; *~ auch nur zu lächeln* without so much as a smile; **~dem** [-ˈdeːm], **~dies** [-ˈdiːs], **~hin** [-ˈhin] *adv.* anyhow, anyway; besides; **~gleichen** [-ˈglaɪçən] *adj.* unequal(l)ed, matchless, peerless; **2haltfahrt** *f* non-stop trip.

Ohnmacht [ˈoːnmaxt] *f* (-; -*en*) powerlessness; impotence, weakness; *med.* **a**) unconsciousness, faint, swoon, **b**) syncope; *in ~ fallen* → *ohnmächtig werden*; **~s-anfall** *m* fainting fit, swoon.

ohnmächtig [ˈoːnmɛçtiç] *adj.* powerless, helpless (*gegen* against); *med.* unconscious, faint(ing), *pred.* in a swoon; *~ werden* faint, (fall into a) swoon, pass out, black out.

Ohr [oːr] *n* (-[*e*]*s*; -*en*) ear (*a. fig.* = *Gehör* hearing); *äußeres ~* external ear, auricle; *inneres ~* internal ear; *ein ~ haben für* have an ear for; *ein williges ~ finden* find a willing ear; → *leihen*; *j-m in den ~en liegen* pester a p., keep dinning *a th.* into a p.'s ears; *j-n hinter die ~en hauen* box a p.'s ear; *fig. j-n übers ~ hauen* cheat a p., do a p. (in the eye); *die ~en hängenlassen* be downcast, look crestfallen; *die ~en spitzen* (*a. fig.*) prick one's ears; *ganz ~ sein* be all ears; *sich aufs ~ legen* have a nap; *sich hinter dem ~ kratzen* scratch one's ear; *colloq. sich et. hinter die ~en schreiben* make a special note of a th., take a th. to heart; *schreib dir das hinter die ~en!* put that in your pipe and smoke it!; *tauben ~en predigen* preach to deaf ears; *bis über die ~en* up to the ears (*in debt, in love*), up to the eyes; *von einem ~ zum andern* from ear to ear; *mir klingen die ~en* my ears are tingling; *colloq. halte die ~en steif!* keep a stiff upper lip!; *er hat es dick hinter den ~en* he is a deep one; → *trocken*; *es ist mir zu ~en gekommen* it has come to my ears (*or* attention); *vor unseren ~en* in our hearing *or* presence; *zum einen ~ hinein, zum andern hinaus* in at one ear, out at the other.

Öhr [øːr] *n* (-[*e*]*s*; -*e*) eye; eyelet.

Ohren... [ˈoːrən]: **~arzt** *m* ear-specialist; **~beichte** *f* auricular confession; **2betäubend** *adj.* deafening; **~entzündung** *med. f* inflammation of the ear, otitis; **~klappe** *f* ear-flap; **~klingen** *n* (-*s*) ringing in the ears, tinnitus; **~krankheit** *f*, **~leiden** *n* ear complaint; **~reißen** *n* ear-ache; **~sausen** *n* buzzing in the ear(s); **~schmalz** *n* ear-wax, cerumen; **~schmaus** *m* treat for the ears, musical treat; **~schmerzen** (*pl.*) *m* ear-ache, otalgia; **~schützer** *m* ear-flap, ear-muff; **~sessel** *m* wing chair; **~spezialist** *m* ear-specialist; **~spiegel** *med. m* otoscope; **~spritze** *med. f* ear-syringe; **2zerreißend** *adj.* ear-splitting; **~zeuge** *m* ear-witness.

'Ohr...: **~feige** *f* (-; -*n*) slap in the face (*a. fig.*), box on the ear; **2feigen** *v/t.* (*h.*): *j-n ~* box a p.'s ears, slap a p.'s face; *ich hätte mich ~ können* I felt like kicking myself; **2förmig** *adj.* ear-shaped, auriform; **~gehänge** *n* ear-drops, pendants *pl.*; **~kanal** *m* auditory canal; **~läppchen** [ˈ-lɛpçən] *n* (-*s*; -) ear-lobe; **~loch** *n* ear-hole; **~löffel** *m* ear-pick(er); **~muschel** *anat. f* external ear, auricle; **~ring** *m* ear-ring; **~speicheldrüse** *anat. f* parotid gland; **~trompete** *anat. f* Eustachian tube; **~wurm** *m* earwig.

Okkultis|mus [ɔkulˈtismus] *m* (-) occultism; **~t(in** *f*) *m* (-*en*, -*en*; -, -*nen*) occultist.

Ökologie [økoloˈgiː] *biol. f* (-) ecology, bionomics.

Ökonom [økoˈnoːm] *m* (-*en*; -*en*) economist; farmer, agriculturist.

Ökonoˈmie *f* economy; agriculture; **ökonomisch** [-ˈnoːmiʃ] *adj.* economical.

Oktaeder [ɔktaˈeːdər] *math. n* (-*s*; -) octahedron.

Oktant [ɔkˈtant] *m* (-*en*; -*en*) octant.

Oktanzahl [ɔkˈtɑːn-] *mot. f* octane number (*or* rating), (anti)knock value.

Oktav [ɔkˈtɑːf] *n* (-*s*; -*e*), **~format** *typ. n* octavo; **~band** *m* (-[*e*]*s*; ⸚*e*) octavo (volume); **~e** [-və] *mus. f* (-; -*n*) octave.

Oktober [ɔkˈtoːbər] *m* (-[*s*]; -) October.

Okular [okuˈlɑːr] *n* (-*s*; -*e*), **~glas** *opt. n* eye-piece, ocular.

okulier|en [-ˈliːrən] *agr. v/t.* (*h.*) inoculate, graft; **2messer** *n* grafting-knife; **2ung** *f* (-; -*en*) inoculation.

Ökumen|e [økuˈmeːnə] *eccl. f* (-) (o)ecumenicity; **2isch** *adj.* (o)ecumenical.

Okzident [ˈɔktsidɛnt] *m* (-*s*) occident.

Öl [øːl] *n* (-[*e*]*s*; -*e*) oil; *tierisches ~* animal oil; (*nicht*)*trocknende ~e* (non)drying oils; *auf ~ stoßen* strike oil; *in ~ malen* paint in oils; *fig. ~ ins Feuer gießen* pour oil in the flames, add fuel to the fire; ~ *auf die Wogen gießen* pour oil on the (troubled) waters.

'Öl...: ~abdichtung *f* oil seal; **~ablaß** *m* oil drain; **~abscheider** *m* oil separator; **~bad** *n* oil bath; **~baum** *m* olive-tree; **~behälter** *m* oil container (*or* reservoir), *mot.* oil tank.

'Öldruck *m* (-[e]s; -e) oleograph, chromo(lithograph); (-[e]s) (*process*) → *Ölfarbendruck*; *tech.* oil pressure; **~anzeiger** *m* oil-pressure gauge; **~bremse** *f* hydraulic brake; **~leitung** *f* oil pressure lead; **~pumpe** *f* pressure-feed.

Oleander [ole'andər] *bot. m* (-s; -) oleander.

Olein [ole'i:n] *chem. n* (-s; -e) olein; **~säure** *f* oleic acid.

ölen ['ø:lən] *v/t.* (*h.*) oil, *tech. a.* lubricate; anoint (with oil); *fig. wie geölt* smooth(ly), without a hitch; → *Blitz*.

Öler ['ø:lər] *tech. m* (-s; -) oiler, oil-can, lubricator.

'Öl...: ~farbe *f* oil-colo(u)r, paint; *mit ~n malen* paint in oils; **~farbendruck** *m* (-[e]s) oleography, chromolithography; (*picture*) → *Öldruck*; **~feld** *n* oil field; **~feuerung** *f* oil-burning; **~fläschchen** *n* oil-cruet; **~fund** *m* oil-find; **~gas** *n* oil gas; **~gemälde** *n* oil-painting; **~gewinnung** *f* oil production; **~götze** *colloq. m*: *wie ein ~* like a stuffed dummy; **2haltig** *adj.* containing oil; oleiferous; **~handel** *m* oil trade; **~heizung** *f* oil heating.

ölig ['ø:liç] *adj.* oily, oleaginous; *fig.* oily, unctuous.

Oligarchie [oligar'çi:] *f* (-; -*n*) oligarchy.

Olive [o'li:və] *f* (-; -*n*) olive; **~nbaum** *m* olive-tree; **~nbraun** *n* (-s), **~nfarbe** *f* (-) olive-colo(u)r; **2nfarbig, 2ngrün** *adj.* olive(-green), olive-drab; **~n-öl** *n* olive-oil.

'Öl...: ~kanister *m*, **~kännchen** *n*, **~kanne** *f* oil-can, oiler; **~kuchen** *m* oil-cake; **~lack** *m* oil varnish; **~lampe** *f* oil-lamp; **~leder** *n tech.* chamois; **~leitung** *f* oil-feed, oil-lead; pipeline; **~male'rei** *f* oil painting; **~papier** *n* oil paper; **~presse** *f* oil-press; **~quelle** *f* oil-spring, *Am.* gusher; *drilled*: oil-well; **~raffine'rie** *f* oil refinery; **~sardinen** *f/pl.* sardines in oil; **~schalter** *el. m* oil-switch; **~schiefer** *geol. m* oil shale; **~schläger** *tech. m* oil-presser; **~schmierung** *f* oil lubrication; **~sieb** *n* oil strainer; **~stand** *mot. m* (-[e]s) oil level; **~stand-anzeiger** *m* oil ga(u)ge; **~stoßdämpfer** *m* oil shock absorber; **~tankschiff** *n* oil tanker; **~tuch** *n* (-[e]s; -e) oilcloth.

'Ölung *f* (-; -*en*) oiling, *tech. a.* lubrication; anointment; *eccl.* Letzte ~ extreme unction.

'Öl...: ~verbrauch *m* oil consumption; **~vorkommen** *n* oil pool; *w.s.* oil resources *pl.*; **~wanne** *mot. f* (oil) sump; **~wechsel** *mot. m* oil changing.

Olymp [o'lymp] *m* (-s) Olympus; *thea. the* Gods *pl.*, *Am.* nigger heaven; **Olympiade** [-pi'ɑ:də] *f* (-; -*n*) Olympiad; *sports*: Olympic Games *pl.*; **o'lympisch** *adj.* Olympian; *sports*: Olympic; *~es Dorf* Olympic village; *~er Dreikampf* Olympic total.

'Öl...: ~zeug *n* oilcloth; **~zuführung** *f* oil feed; **~zweig** *m* olive-branch.

Oma ['o:ma] *colloq. f* (-; -s) grandma, granny.

Omelett [ɔm(ə)'lɛt] *n* (-[e]s; -e), **~e** *f* (-; -*n*) omelet.

Omen ['o:mən] *n* (-s; -) omen, foreboding.

ominös [omi'nø:s] *adj.* ominous.

Omnibus ['ɔmnibus] *m* (-ses; -se) (omni)bus, motor coach; *mit dem ~ fahren* go by (*or* take a) bus; **~fahrer** *m* bus driver; **~haltestelle** *f* bus stop; **~linie** *f* bus line; **~schaffner** *m* bus conductor.

Onanie [ona'ni:] *f* (-) masturbation; **2ren** *v/i.* (*h.*) masturbate.

ondu'lieren [ɔndu-] *v/t.* (*h.*) wave, marcel.

Onkel ['ɔŋkəl] *m* (-s; -) uncle; **2haft** *adj.* avuncular.

Opa ['o:pa] *colloq. m* (-s; -s) grandpa.

opak [o'pɑ:k] *adj.* opaque.

Opal [o'pɑ:l] *m* (-s; -e) opal; **opali'sieren** [opali-] *v/i.* (*h.*) opalesce; **~d** opalescent.

Oper ['o:pər] *f* (-; -*n*) opera; opera-house.

Opera|teur [opera'tø:r] *m* (-s; -e) operator; *med.* operating surgeon.

Operation [-'tsio:n] *f* (-; -*en*) operation (*a. mil.*); *econ.* transaction; *med. nach der ~* post-operative; *sich e-r ~ unterziehen* undergo an operation.

Operati'ons...: ~basis *mil. f* base of operations; **2fähig** *med. adj.*: (*nicht*) ~ (in)operable; **~gebiet** *mil. n* theat|re (*Am.* -er) of operations; **~maske** *f* operating mask; **~narbe** *f* post-operative scar; **~plan** *m* plan of operations; **~radius** *mil. m* operating radius, range; **~saal** *med. m* operating theat|re, *Am.* -er; **~schwester** *f* theat|re (*Am.* -er) nurse; **~stuhl** *m* operating chair; **~tisch** *m* operating table; **~ziel** *mil. n* (tactical) objective.

operativ [-'ti:f] *adj.* operative, surgical; *mil.* operational, *a.* strategic.

Operette [opə'rɛtə] *f* (-; -*n*) comic opera; musical comedy; **2n...** *in compounds* comic opera (*singer, get-up, etc.*).

operieren [-'ri:rən] *v/i. and v/t.* (*h.*) operate (*med. j-n* on a p.), *med.* perform an operation (on a person); *sich ~ lassen* undergo (*or* submit to) an operation; *fig. vorsichtig ~* proceed carefully.

'Opern...: ~dichter *m* libretto writer; **~glas** *n*, **~gucker** *m* (-s; -) (opera-)glass; **2haft** *adj.* opera-like, operatic; **~haus** *n* opera-house; **~musik** *f* operatic music; **~sänger(in** *f*) *m* opera-singer, operatic singer; **~text** *m* libretto, book (of an opera).

Opfer ['ɔpfər] *n* (-s; -) sacrifice; offering; victim (*a. fig.*); *ein ~ bringen* make a sacrifice; *zum ~ fallen* (*dat.*) fall a victim to; be victimized by; **~altar** *m* sacrificial altar; **2bereit** *adj.* → *opferwillig*; **~büchse** *f* offering box; **~flamme** *f* sacrificial flame; **2freudig** *adj.* → *opferwillig*; **~gabe** *f* offering; **~geld** *n* money-offering; **~kasten** *m* poor-box; **~lamm** *n* sacrificial lamb; *eccl.* the Lamb; *fig.* innocent victim; **~messer** *n* sacrificial knife; **~mut** *m* spirit of sacrifice.

'opfern *v/t. and v/i.* (*h.*) sacrifice; immolate (*animals*); *sich für et. ~* sacrifice o.s. for a th.; *sein Leben ~ für* give one's life for, *for one's country*: make the supreme sacrifice.

'Opfer...: ~priester *m* sacrificer; **~schale** *f* offering-cup; **~stätte** *f* place of sacrifice; **~tag** *m* flag-day; **~tier** *n* victim; **~tod** *m* (-[e]s) sacrifice of one's life, supreme sacrifice.

'Opferung *f* (-; -*en*) sacrificing, sacrifice; immolation.

'opferwillig *adj.* willing to make sacrifices, self-sacrificing, devoted; **2keit** *f* (-) spirit of sacrifice, self-sacrificing devotion.

Ophthalmie [ɔftal'mi:] *med. f* (-; -*n*) ophthalmia.

Opium ['o:pium] *n* (-s) opium; *~ fürs Volk* opiate for the people; **2haltig** [-haltiç] *adj.* containing opium, opiated; **~handel** *m* opium-trade; **~höhle** *f* opium-den.

Opponent [ɔpo'nɛnt] *m* (-en; -en) opponent.

oppo'nieren *v/i.* (*h.*): (*~ gegen*) offer opposition (to), resist (*a p., a th.*).

opportun [ɔpɔr'tu:n] *adj.* opportune.

Opportunis|mus [-tu'nis-] *m* (-) opportunism; **~t** *m* (-en; -en) opportunist, time-server.

Opposition [ɔpozi'tsio:n] *f* (-; -en) opposition; *in ~ stehen* (*treten*) be in (go into) opposition; **~sführer** *m* opposition leader; **~s-partei** *f* opposition (party).

optieren [ɔp'ti:rən] *v/i.* (*h.*) opt (*für* for).

Optik ['ɔptik] *f* (-; -en) optics; optical (*phot.* lens) system; *fig.* aspect; **~er** *m* (-s; -) optician.

optimal [-'mɑ:l] *adj.* optimal, optimum.

Optimis|mus [-'mis-] *m* (-) optimism; **~t(in** *f*) *m* (-en, -en; -, -nen) optimist; **2tisch** *adj.* optimistic(ally *adv.*).

Optimum ['ɔptimum] *n* (-s; -*ima*) optimum, best.

Option [ɔp'tsio:n] *f* (-; -en) option; **~sberechtigte(r** *m*) *f* owner of an option; **~sklausel** *f* optional clause; **~srecht** *n* right of option.

optisch ['ɔptiʃ] *adj.* optic(al); *~es Signalmittel* visual means of communication; *~e Täuschung* optical illusion.

opulent [opu'lɛnt] *adj.* opulent, wealthy; sumptuous.

Opus ['o:pus] *n* (-; *Opera*) work, production; *mus.* ~ 12 opus 12 (*abbr.* op. 12).

Orakel [o'rɑ:kəl] *n* (-s; -), **~spruch** *m* oracle; **2haft** *adj.* oracular; **2n** *v/i. and v/t.* (*h.*) speak (*or* say) oracularly, oracle.

Orange [o'raŋʒə] *f* (-; -*n*) orange; **2(farben)** *adj.* orange(-colo[u]red).

Orangeade [-'ʒɑ:də] *f* (-; -*n*) orangeade.

O'rangen...: ~baum *m* orange-tree;

~schale *f* orange-peel; **~schalen-effekt** *tech. m* orange-peel effect.
Orangerie [oraŋʒə'ri:] *f* (-; -n) orangery.
Orang-Utan ['o:raŋ'u:tan] *m* (-s; -s) orang-outan(g).
oratorisch [ora'to:-] *adj.* oratorical.
Ora'torium *mus. n* (-s; -rien) oratorio.
Orchester [ɔr'kɛstər] *n* (-s; -) orchestra; band; **~begleitung** *f* orchestral accompaniment, orchestration; **~pauke** *f* timpani; **~sessel** *thea. m* stall, *Am.* orchestra (seat).
orchestrieren [-'stri:rən] *mus. v/t.* (h.) orchestrate, score.
Orchidee [ɔrçi'de:ə] *f* (-; -n) orchid.
Orden ['ɔrdən] *m* (-s; -) *eccl., etc.*: order; order, decoration, medal.
'**Ordens...:** **~band** *n* (-[e]s; ⸗er) ribbon (of an order); **~bruder** *m* member of an order, *eccl. a.* friar; **~burg** *f* castle of an order; **~geistliche(r)** *m* regular; **~geistlichkeit** *f* regular clergy; **~gelübde** *n* monastic vow *or* profession; **2geschmückt** *adj.* bemedalled; **~kleid** *n* monastic garb; **~ritter** *m* chevalier; **~schleife** *f* → *Ordensband*; **~schmuck** *m* decorations, medals *pl.*; **~schnalle**, **~spange** *f* bar, clasp; **~schwester** *eccl. f* sister, nun; **~verleihung** *f* conferring (of) an order; **~zeichen** *n* badge (of an order).
ordentlich ['ɔrdəntliç] **I.** *adj.* tidy, neat, *thing*: *pred. a.* in good order, well kept; orderly; proper; regular; respectable, steady, of orderly habits; decent (*a. w.s. meal, job, etc.*); good, sound; real; → *Gericht*; *~er Professor* professor in ordinary; *e-e ~e Tracht Prügel* a sound thrashing; *in ~em Zustand* in fair repair, in good order and condition; *e-e ~e Leistung* a fine (*or* pretty decent) job; **II.** *adv.* properly; in good order; in an orderly manner; duly; soundly; really; fairly, downright, awfully; *colloq. ich hab's ihm ~ gegeben!* I really let him have it!; **2keit** *f* (-) orderliness; good (*or* proper) order; respectability, steadiness.
Order ['ɔrdər] *f* (-; -n) order; *econ. für mich an die ~ von* pay to the order of; *an X. oder (dessen) ~* to X or order (*or* his assigns); *an eigene ~* to my own order; *an ~ lauten* be made out to order; *an ~ stellen* issue to order; **~papiere** *n/pl.* order instruments; **~scheck** *m* order cheque (*Am.* check); **~schuldverschreibung** *f* registered bond.
ordinär [ɔrdi'nɛ:r] *adj.* ordinary, common, *b.s. a.* vulgar, low.
Ordinariat [-na'riɑ:t] *univ. n* (-[e]s; -e) (full) professorship.
Ordinarius [-'nɑ:rius] *univ. m* (-; -rien) professor in ordinary, *Am.* full professor; → *Klassenlehrer*.
Ordinate [-'nɑ:tə] *math. f* (-; -n) ordinate.
Ordination [-na'tsio:n] *f* (-; -en) *eccl.* ordination; *med.* prescription; **~sstunde** *med. f* consultation hour; **~szimmer** *n* doctor's surgery.
ordi|nieren [-'ni:rən] *eccl. v/t.* (h.) ordain; *sich ~ lassen* take holy orders; *ordiniert* in (holy) orders.
ordnen ['ɔrdnən] *v/t.* (h.) put (*or* set) in order, put straight; tidy, straighten up; regulate, arrange, *Am. a.* fix (up); organize; settle (*a. econ. obligations*); disentangle; sort; file (*letters, etc.*); *mil.* marshal (*troops*); *alphabetisch ~* arrange alphabetically *or* in alphabetical order; *sachlich (zeitlich) ~* arrange as to material (date); *systematisch ~* systematize; *nach Klassen ~* class(ify); → *geordnet*.
Ordner(in *f*) ['ɔrdnər(in)] *m* (-s, -; -, -nen) organizer, supervisor, regulator; *at meetings, etc.*: steward; *ped.* monitor; file(r); letter file, sorter.
'**Ordnung** *f* (-; -en) putting in order; order (*a. math.*); arrangement; classification; system, regime; pattern, *Am. a.* set-up; rules, regulations *pl.*; order, succession; class, rank; *göttliche ~* divine order; *öffentliche ~* public order, *w.s.* public policy; *mil. geöffnete (geschlossene) ~* extended (close) order; *Straße erster ~* primary road; *aus der ~ bringen* derange, disturb, upset; *aus der ~ kommen* get out of order, be upset; *in ~ bringen* **a)** put in order, put *or* set right, → *ordnen*, **b)** repair, *Am. a.* fix up, *w.s. a.* straighten out (*matters*), square *or* patch (*things*) up; *in ~ halten* keep in order; *in ~ sein* be in order, be all right; *colloq. er ist in ~* he is all right (*or* a decent sort, a good egg); (*das ist*) *in ~!* (that's) all right! (*or* O.K.)!; *in bester ~* in apple-pie order; *nicht in ~ sein* be out of order, *w.s.* be wrong *or* amiss, *person* (*in health*): be out of sorts, be not up to the mark; *parl. zur ~ rufen* call to order.
'**Ordnungs...:** **2gemäß I.** *adj.* → *ordnungsmäßig*; **II.** *adv.* duly; **2halber** *adv.* for the sake of order, *econ. a.* for your information; **~liebe** *f* (-) love of order, orderliness, tidiness; **2liebend** *adj.* orderly, tidy; **2mäßig I.** *adj.* orderly, regular, *pred.* in due order; lawful; **II.** *adv.* duly; **~polizei** *f* security police, constabulary; **~ruf** *parl. m* call to order; **~sinn** *m* (-[e]s) sense of order, orderliness; **~strafe** *f* disciplinary penalty; fine; **2widrig** *adj.* contrary to order, irregular; illegal; **~zahl** *f* ordinal number; atomic number.
Ordonnanz [ɔrdɔ'nants] *f* (-; -en) order, ordinance; *mil.* orderly; **~offi'zier** *m* orderly officer.
Organ [ɔr'gɑ:n] *n* (-s; -e) organ (*w.s. a. voice, journal, body corporate*); agency, authority; *ausführendes ~* executive body; *tech.* agent, element; *fig. sie hat kein ~ für Musik* she has no ear for music.
Organisation [ɔrganiza'tsio:n] *f* (-; -en) organization; **~sfehler** *m* faulty organization; **~stalent** *n* organizing ability.
Organisator [-'zɑ:tor] *m* (-s; -'toren) organizer; **organisatorisch** [-za'to:riʃ] *adj.* organizational, organizing.
organisch [ɔr'gɑ:-] **I.** *adj.* organic(ally *adv.*); structural (*tissue*); *~e Chemie* organic chemistry; **II.** *adv.*: *~ gewachsen* naturally developed.
organi'sieren [ɔrgani-] *v/t.* (h.) organize, set on foot, arrange; *sich gewerkschaftlich ~* unionize; *mil. sl.* commandeer, scrounge; (*nicht*)*organisiert*(*er Arbeiter*) (non)unionist; *organisierte Arbeiterschaft* organized labo(u)r.
Organismus [-'nis-] *m* (-; -men) organism, system.
Orgas|mus [ɔr'gas-] *physiol. m* (-; -men) orgasm, climax; **2tisch** *adj.* orgastic.
Orgel ['ɔrgəl] *mus. f* (-; -n) organ; **~bauer** *m* (-s; -) organ-builder; **~chor** *m* organ-loft; **~konzert** *n* organ recital; **2n** *v/i.* (h.) play (on) the organ; turn *or* grind a barrel-organ; *w.s.* roar, roll; **~pfeife** *f* organ-pipe; **~spieler(in** *f*) *m* (-s, -; -, -nen) organ-player, organist; **~stimme** *f* organ-stop, register.
Orgie ['ɔrgiə] *f* (-; -n) orgy; *~n feiern* indulge in orgies, carouse.
Oriental|e [oriɛn'tɑ:lə] *m* (-n, -n), **~in** *f* (-; -nen) Oriental; **2isch** *adj.* Oriental, Eastern.
Orientalist [oriɛnta'list] *m* (-en; -en) orientalist.
'**Orientexpreß** *rail. m* oriental express.
orien'tieren *v/t.* (h.) orient(ate), locate; *fig.* inform, instruct, *esp. mil.* brief; guide (*nach* along); *sich ~* (*a. fig.*) orient o.s., take one's bearings (*über acc.* about), find one's bearings (*über acc.* about), find one's way; inform o.s. (of); make inquiries (about); gather information (about); be guided (*nach* by); *sich nicht mehr ~ können* have lost one's bearings, be all at sea; *gut orientiert sein über* (*acc.*) be well informed about, be familiar with.
Orien'tierung *f* (-) orientation; information, instruction; *sports*: orienteering; *zu Ihrer ~* for your guidance; *die ~ verlieren* lose one's bearings; **~slauf** *m* orienteering competition; **~slinie** *f* orienting line; datum line; **~s-punkt** *m* landmark; reference point; **~ssinn** *m* sense of direction; *orn., etc.* homing instinct.
Original [origi'nɑ:l] *n* (-s; -e) original (*a. person*); autograph; **~ausgabe** *f* first edition; **~fassung** *f* original version; **2getreu** *adj.* in accordance with the original.
Originali'tät *f* (-) originality.
Origi'nal...: **~kopie** *f film*: master copy; **~packung** *f* original packing; *in ~* factory-packed; **~sendung** *f radio, TV*: live program(me); **~treue** *f*: *größte ~* high fidelity (*abbr.* hi-fi); **~zeugnis** *n* original testimonial.
originell [origi'nɛl] *adj.* original; funny, amusing; ingenious (*design*).
Orkan [ɔr'kɑ:n] *m* (-[e]s; -e) hurricane; typhoon; **2artig** *adj.* violent; thunderous, frenzied (*applause*).
Ornament [ɔrna'mɛnt] *n* (-[e]s; -e) ornament; **~ik** *f* (-) ornamentation; decorating art.
Ornat [ɔr'nɑ:t] *m* (-[e]s; -e) robes,

vestments *pl.*; *colloq. in vollem* ~ in full array.

Ornitholog|(e) [ɔrnitoˈloːk, -ˈloːgə] *m* (-*n*; -*n*) ornithologist; **2isch** [-ˈloː-] *adj.* ornithological.

Ort [ɔrt] *m* (-[e]s; -e) place; site; spot, point; locality; place, village, town; *math.* (¨er) locus; *mining*: head of a gate, termination; *vor* ~ at the face; ~ *der Handlung* scene (of action); ~ *und Stelle* position; *an* ~ *und Stelle* on the spot; in situ; *an* ~ *und Stelle bringen* put into position; put *a th.* where *it* belongs; *an* ~ *und Stelle gelangen* reach one's destination; *Untersuchung an* ~ *und Stelle* on-the--spot investigation; ~ *und Zeit* place and time; *am* ~ *wohnend* resident; *fig. am* ~ *sein* be appropriate *or* fitting; *an allen* ~*en* everywhere; *höheren* ~(e)s at high quarters, at higher level; *von* ~ *zu* ~ from place to place; → *Platz.*

Örtchen [ˈœrtçən] *colloq. n* (-*s*; -) loo, *Am.* john.

orten [ˈɔrtən] **I.** *v/i.* (*h.*) orient o.s., take one's bearings, *aer.* navigate; **II.** *v/t.* (*h.*) locate; radiolocate.

ˈ**Orter** *m* (-*s*; -) *aer.* navigator, radiolocator; *radar*: observer.

orthochromatisch [ɔrtokroˈmaː-] *adj.* orthochromatic.

orthodox [ɔrtoˈdɔks] *adj.* orthodox.

Orthodoxie [-dɔˈksiː] *f* (-) orthodoxy.

Orthographie [-graˈfiː] *f* (-; -*n*) orthography, correct spelling.

orthographisch [-ˈgraː-] **I.** *adj.* orthographic(al); **II.** *adv.*: ~ *richtig schreiben* spell correctly.

Orthopäde [ɔrtoˈpɛːdə] *m* (-*n*; -*n*) orthop(a)edist; **Orthopädie** [-pɛˈdiː] *f* orthop(a)edy; **orthoˈpädisch** *adj.* orthop(a)edic.

örtlich [ˈœrtliç] *adj.* local, *med. a.* topical; endemic (*disease, plant*); → *Betäubung, Zuständigkeit*; **2keit** *f* (-; -*en*) locality, place; locale.

ˈ**Orts...**: ~**amt** *teleph. n* local exchange; ~**angabe** *f* statement of place; *on letter*: address; map reference; **2ansässig** *adj.* resident, local; ~**ansässige(r** *m*) *f*, ~**bewohner(in** *f*) *m* resident; ~**behörde** *f* local authorities *pl.*; ~**beschaffenheit** *f* nature of a place; ~**beschreibung** *f* topography; ~**besichtigung** *f* local inspection; ~**bestimmung** *f* localization; orientation, position finding; **2beweglich** *adj.* mobile, portable; ~**bezirk** *m* local area.

ˈ**Ortschaft** *f* place, locality; village.

Ortscheit [ˈɔrtʃaɪt] *tech. n* swingle--tree.

ˈ**Orts...**: ~**empfang** *m* local (*or* short-distance) reception; ~**fernsprechnetz** *n* local exchange network; **2fest** *adj.* stationary, fixed; permanent; static; **2fremd** *adj.* non-resident; ~ *sein* be a stranger (to a locality); ~**gebrauch** *m* local custom; **2gebunden** *adj.* stationary, permanent; resources-bound (*industry*); ~**gefecht** *mil. n* combat in towns; ~**gespräch** *teleph. n* local call; ~**gruppe** *f* local branch; lodge (*of trade-union*); local chapter (*of club*); ~**kenntnis** *f* local knowledge, knowledge of a place; ~*se haben* know a place; ~**kommandant** *m* local commander; town major; ~**kommandantur** *f* local headquarters *pl.*, army post; ~**krankenkasse** *f* local sick-fund; **2kundig** *adj.* familiar with the locality; ~**name** *m* place-name; ~**netz** *teleph. n* local exchange network; ~**polizei** *f* local police; ~**sender** *m radio*: local transmitter; ~**sinn** *m* sense (*or* bump) of a locality; ~**statut** *n* by(e)-law, *Am.* city ordinance; ~**teilnehmer** *teleph. m* local subscriber; **2üblich** *adj.* customary in a place; ~**unterkunft** *mil. f* billets *pl.*, cantonment; ~**veränderung** *f* change of place (*or* scenery); ~**verkehr** *m* local traffic *or* (*teleph.*) calls *pl.*; ~**vorsteher** *m* chief magistrate of a place; ~**zeit** *f* local time; ~**zustellung** *f* local delivery.

ˈ**Ortung** *f* (-) orientation, location, position finding; *aer.* navigation, radiolocation; ~**sgerät** *n* localizer, position finder; ~**s-punkt** *m* reference point.'

Öse [ˈøːzə] *f* (-; -*n*) eye, loop, ring, lug; eyelet; *Haken und* ~ hook and eye.

Oskar [ˈɔskar] *m*: *colloq. frech wie* ~ (as) bold as brass, (as) cool as a cucumber.

osmanisch [ɔsˈmaː-] *adj.* Turkish, Ottoman.

Osmose [ɔsˈmoːzə] *f* (-) osmosis.

Ost [ɔst] *m* east wind.

ˈ**Ost...**: ~**afrika** *n* East Africa; ~**asien** *n* Eastern Asia; ~**block** *m* Eastern Bloc.

Osten [ˈɔstən] *m* (-*s*) east; *geogr.* East (*a. pol.*), Orient; *der Nahe* (*Mittlere, Ferne*) ~ the Near (Middle, Far) East; *der* ~ *e-r Stadt* the East End (*Am.* Side) of a town.

ostentativ [ɔstɛntaˈtiːf] *adj.* ostentatious, explicit.

Oster|ei [ˈoːstərˀaɪ] *n* Easter egg; ~**fest** *n* Easter; ~**glocke** *f* easter lily; ~**hase** *m* Easter bunny; ~**lamm** *n* paschal lamb.

österlich [ˈøːstərliç] *adj.* (of) Easter, paschal.

ˈ**Ostermonat** *m* Easter-month, April.

Osterˈmontag *m* Easter Monday.

Ostern [ˈoːstərn] *n* (-) Easter.

Österreich [ˈøːstərraɪç] *n* (-*s*) Austria; ~**er(in** *f*) *m* (-*s*, -; -, -*nen*), **2isch** *adj.* Austrian.

Oster...: ~**woche** *f* Easter Week; ~**zeit** *f* Eastertide.

ˈ**Ost...**: ~**europa** *n* Eastern Europe; ~**feldzug** *m* eastern campaign; ~**flüchtling** *m* eastern refugee; ~**front** *mil. f* eastern front; ~**gote** *m* Ostrogoth; ~**indien** *n* the East Indies *pl.*, India; **2indisch** *adj.* East Indian.

östlich [ˈœstliç] *adj.* eastern, easterly; oriental; ~ *von* (to the) east of.

ˈ**Ost...**: ~**mark** *f* **1.** (-) Austria; **2.** (*currency*) Eastern German mark; ~**preußen** *n* East Prussia; **2römisch** *adj.*: *2es Reich* Byzantine Empire; ~**see** *f* (-) *the* Baltic (Sea); ~**vertriebene(r** *m*) *f* eastern expellee; ~**währung** *f* Soviet-zone currency; **2wärts** [ˈ-vɛrts] *adv.* eastward; ~**wind** *m* east wind; ~**zone** *f* Eastern Zone.

Oszillation [ɔstsilaˈtsioːn] *f* (-; -*en*) oscillation; **Oszillator** [-ˈlaːtoːr] *m* (-*s*; -ˈ*toren*) oscillator; **oszillieren** [-ˈliː-] *v/i.* (*h.*) oscillate; **Oszillograph** [ɔstsiloˈgraːf] *m* (-*en*; -*en*) oscillograph.

Otter [ˈɔtər] **1.** *f* (-; -*n*) adder; **2.** *m* (-*s*; -), *a. f* otter; ~**ngezücht** *n* generation of vipers.

Ottomane [ɔtoˈmaːnə] *f* (-; -*n*) ottoman.

Ottomotor [ˈɔto-] *m* spark-ignition engine; Otto-cycle engine.

Ouvertüre [uvɛrˈtyːrə] *f* (-; -*n*) overture (*a. fig.*).

oval [oˈvaːl] *adj.* oval.

Ovarium [oˈvaːrium] *anat. n* (-*s*; -*ien*) ovary.

Ovation [ovaˈtsioːn] *f* (-; -*en*) ovation; *j-m e-e* ~ *bereiten* give a p. an ovation (*or Am.* the big hand), cheer a p.

Ovulationshemmer [ovulaˈtsioːnshɛmər] *med. m* (-*s*; -) ovulation inhibitor.

Oxalsäure [ɔkˈsaːl-] *f* (-) oxalic acid.

Oxhoft [ˈɔkshɔft] *n* (-[e]*s*; -*e*) hogshead.

Oxyd [ɔˈksyːt] *n* oxide.

Oxydation [-daˈtsioːn] *f* (-) oxidation; **2sfest** *adj.* non-oxidizing; **2shemmend** *adj.*: ~*es Mittel* anti--oxidant.

oxydier|bar [-ˈdiːr-] *adj.* oxidizable; ~**en** *v/t.* (*h.*) *and v/i.* (*sn*) oxidize; **2mittel** *n* oxidant; **2ung** *f* oxidization.

Oxyˈgengas *n* (-*es*) oxygen gas.

Ozean [ˈoːtseaːn] *m* (-*s*; -*e*) ocean; *der Atlantische* ~ the Atlantic; *der Große* (*or Stille*) ~ the Pacific; ~**dampfer** *m* ocean-going (*or* transatlantic) steamer, (ocean) liner; ~**flug** *m* transatlantic flight; **2isch** [otseˈaː-] *adj.* oceanic; ~*es Klima* marine climate; ~**ograˈphie** *f* oceanography; ~**riese** *m* huge ocean liner.

Ozon [oˈtsoːn] *n* (-*s*) ozone; **2erzeugend** *adj.* ozoniferous; **2haltig** *adj.* ozonic, ozoniferous; **2reich** *adj.* rich in ozone; ~**schicht** *f* ozone layer.

P

P, p [pe:] *n* P, p.

Paar [pa:r] *n* (-[e]s; -e) pair; couple; *iro.* twosome; brace (*of partridges, pistols, etc.*); *ein ~ bilden mit* (*dat.*) pair off with; *ein ~ werden* become man and wife, make a couple; *zu ~en treiben* rout, put to flight.

paar *adj.* **1.** *ein ~* a few, some, a couple of; *ein ~ hundert* some hundred; *ein ~ Zeilen schreiben* drop a line; *auf ein ~ Tage* for a day or two; *vor ein ~ Tagen* the other day; **2.** even; *~ oder un~* odd or even.

'paaren *v/t.* (*h.*) pair (*sports*: *a.* match), couple, *esp. orn.* mate; *sich ~* pair, form a couple; mate, copulate, *a. chem., math.* conjugate; *fig.* join, unite, marry (*mit* with).

'paarig *adj.* in pairs, paired.

'Paar...: ~laufen *n* pair-skating; **~läufer(in** *f*) *m* pair-skater; **≈mal** *adv.*: *ein ~* several (*or* a few) times.

'Paarung *f* (-; -en) pairing (*a. TV*), *sports*: *a.* matching; coupling; mating, copulation; *fig.* union; **~s-trieb** *m* (-[e]s) mating urge; **~szeit** *f* mating season.

'paarweise *adv.* in pairs *or* couples, by twos; *~ ordnen* pair (off); *~ weggehen* pair off.

'Paarzeher ['-tse:ər] *zo. m* (-s; -) artiodactyl.

Pacht [paxt] *f* lease; tenure (of land), tenancy; rent; *in ~ geben* (*nehmen*) let out (take) on lease; *in ~ haben* hold under a lease; **'~bedingungen** *f/pl.* leasehold conditions; **'~besitz** *m* leasehold (property); **'~brief** *m* lease; **'~dauer** *f* term of lease; tenancy; **'≈en** *v/t.* (*h.*) (take on) lease; farm, rent; *fig.* monopolize; *er tut, als hätte er die Weisheit gepachtet* he pretends to be the only big mind in the world.

Pächter ['pɛçtər] *m* (-s; -) lessee, leaseholder; *agr.* tenant, farmer.

'Pacht...: ~ertrag *m* rental; **≈frei** *adj.* rent-free; **~geld** *n* (farm-) rent; **~grundstück** *n* leasehold property; holding (of land); **~-schein** *m* lease; **~- und Leihgesetz** *n* Lend-Lease Act; **~ung** *f* (-; -en) taking on lease; farming; leasehold, tenement; **~verhältnis** *n* tenancy; **~vertrag** *m* (contract of) lease; **≈-weise** *adv.* on lease; **~wert** *m* rental value; **~zeit** *f* term of lease; **~zins** *m* rent.

Pack [pak] **1.** *m and n* (-[e]s; -e) pack; package, parcel; bundle; bale; → *Sack*; **2.** *n* (-[e]s) *contp.* rabble, pack.

Päckchen ['pɛkçən] *n* (-s; -) small parcel, *Am.* package; *~ Zigaretten* packet of cigarettes; *fig.* burden, worries *pl.*

'Pack-eis *n* pack-ice.

Packen ['pakən] *m* (-s; -) large packet *or* parcel *or* bundle; pile; bale.

'packen I. *v/t.* (*h.*) pack (up), do up (in parcels), wrap up, *Am.* package; pile up; stow away; seize (roughly), lay hold of, grip, grasp, clutch; collar; *fig.* grip, thrill, hold (spellbound); *colloq. sich ~* decamp, hook it; *pack dich!* out you go!, clear out!, beat it!, scram!; *es hat ihn tüchtig gepackt* he caught it badly; **II.** *v/i.* (*h.*) pack up; **~d** *fig. adj.* breath-taking, thrilling, gripping; → *rührend.*

'Packer *m* (-s; -), **~in** *f* (-; -nen) packer; removalman; *mar.* stevedore.

Packe'rei *f* (-; -en) packing-room.

'Packerlohn *m* packer's wages *pl.*

Pack...: ~esel *m* sumpter-mule; *fig.* drudge, fag; **~film** *m* pack film; **~hof** *m* packing yard; **~lage** *f* sub-base (*of road*); **~leinen** *n* packing-cloth; **~leinwand** *f* pack-cloth, sacking; **~liste** *f* packing list; **~maschine** *f* packing machine; **~material** *n* packing (materials *pl.*), wrappage; **~nadel** *f* packing-needle; **~papier** *n* packing (*or* wrapping) paper; brown paper, kraft; **~pferd** *n* pack-horse; **~presse** *f* bundle press; **~raum** *m* packing room; *mar.* stowage(-room); **~sattel** *m* pack-sattle; **~schnur** *f* cord, twine; **~tier** *n* pack-animal.

'Packung *f* (-; -en) packing, stowage; pack(age), packet; *~ Zigaretten* packet of cigarettes; *tech.* packing, gasket; stone pitching; *med.* (hot, *etc.*) pack, fomentation; *colloq. fig. e-e ~ bekommen* take an awful beating.

'Pack...: ~wagen *m* luggage-van, *Am.* baggage-car; **~zettel** *m* packing label, docket.

Pädagog|e [pɛda'go:ge] *m* (-en; -en), **~in** *f* (-; -nen) education(al)-ist, *esp. contp.* pedagogue; **~ik** [-'go:gik] *f* pedagogics *sg.*; **≈isch** *adj.* pedagogic(al), educational; *~e Hochschule* teachers' college.

Paddel ['padəl] *n* (-s; -) paddle; **~boot** *n* paddling boat, canoe; **~bootfahrer(in** *f*) *m* canoeist; **≈n** *v/i.* (*h., sn*) paddle, canoe.

paff! [paf] *int.* bang!, pop!; → *baff*; **~en** *v/i. and v/t.* (*h.*) puff away (*die Pfeife, etc.* at one's pipe, *etc.*).

Page ['pa:ʒə] *m* (-n; -n) page; buttons, *Am.* bellboy; **~nfrisur** *f*, **~n-kopf** *m* page-boy coiffure, bobbed hair.

paginieren [pagi'ni:-] *v/t.* (*h.*) page, paginate.

Pagode [pa'go:də] *f* (-; -n) pagode.

pah! [pa:] *int.* pooh!, pah!, pshaw!

Pair [pɛ:r] *m* (-s; -s) peer; **~sschub** *m* batch of peers; **~swürde** *f* peerage.

Pak [pak] *f* (-; -[s]) (= *Panzerabwehrkanone*) anti-tank gun, *Am.* tank destroyer.

Paket [pa'ke:t] *n* (-[e]s; -e) parcel; package; packet; *~ Nadeln* paper of needles; *econ. ~ Wertpapiere* block (of securities); **~adresse** *f* parcel's direction; **~annahme** *f* parcels receiving office; **~ausgabe** *f* parcel delivery; **~beförderung** *f* parcel conveyance; **~boot** *n* mail-boat; **~karte** *f* parcel form; **~post** *f* parcel-post.

Pakistan ['pa:kista:n] *n* (-s) Pakistan.

Pakt [pakt] *m* (-[e]s; -e) pact; agreement; *e-n ~ schließen* → **paktieren** [-'ti:-] *v/t. and v/i.* (*h.*) make an agreement *or* a deal (*mit* with), come to terms (with).

paläolithisch [paleo'li:tiʃ] *adj.* pal(a)eolithic.

Palä-ontologie [-ɔntolo'gi:] *f* (-) pal(a)eontology.

Palais [pa'lɛ:] *n* (-[-'lɛ:s]; -[-'lɛ:s]),

Palast [-'last] *m* (-es; ¨e) palace; **≈artig** *adj.* palatial; **Pa'lastrevolution** *f fig.* palace revolution.

Palaver [pa'la:vər] *n* (-s; -), **≈n** *v/i.* (*h.*) palaver.

Paletot ['palәto] *m* (-s; -s [-tos]) overcoat, greatcoat.

Palette [pa'lɛtə] *f* (-; -n) palette.

Palisade [pali'za:də] *f* (-; -n) palisade, stockade; **~nzaun** *m* stockade.

Palisander [pali'zandər] *m* (-s; -), **~holz** *n* rosewood.

Pallasch ['palaʃ] *mil. m* (-es; -e) broadsword.

Palliativ [palia'ti:f] *n* (-s; -e) palliative.

'Palmbaum *m* palm-tree.

Palm|e ['palmə] *f* (-; -n) palm; *fig. die ~ des Sieges erringen* carry off the palm; *colloq. j-n auf die ~ bringen* make a p. see red; **~fett** *n* palm butter; **~öl** *n* palm oil; **~'sonntag** *m* Palm Sunday; **~wedel** *m* palm branch.

Pampelmuse [pampəl'mu:zə] *f* (-; -n) grapefruit.

Pamphlet [pam'fle:t] *n* (-[e]s; -e) pamphlet; lampoon; **~schreiber, Pamphletist** [-fle'tist] *m* (-en; -en) pamphleteer; lampoonist.

pampig ['pampiç] *colloq. adj.*: *~ werden* get fresh.

pan... [pan-] *in compounds* pan...; *e.g.*, Pan-American, panchromatic.

Panama ['panama] *n* (-s) Panama; **~hut** *m* Panama (hat); **~kanal** *m* Panama Canal.

panaschieren [pana'ʃi:rən] **I.** *v/t.* (*h.*) variegate, mottle; **II.** *v/i.* (*h.*) *election*: split the ticket; **≈** *n* (-s) preferential (*Am.* split) voting.

Pandekten [pan'dɛktən] *pl.* pandects.

Paneel [pa'ne:l] *n* (-s; -e) panel(l)ing, wainscot(ing). [standard.]

Panier [pa'ni:r] *n* (-s; -e) banner,

pa'nieren *v/t.* (*h.*) *cul.* coat with egg and breadcrumb, (bread-) crumb.

Panik ['pa:nik] *f* (-) panic, scare; stampede; *in ~ versetzen* stampede, strike with terror; *von ~ ergriffen werden* (be seized with a) panic; **~mache** *colloq. f* panicmongering.

'panisch *adj.* panic, panicky; *~er Schrecken* panic (fear); *von ~em Schrecken erfaßt* panic-stricken.

Panne ['panə] *f* (-; -n) breakdown, *mot. a.* engine trouble (*or* failure); puncture, blowout, flat tyre (*Am.* tire); *fig.* mishap; slip-up, blunder.

Panoptikum [pa'nɔptikum] *n* (-*s*; -*ken*) waxworks *pl.*

Panorama [pano'rɑːma] *n* (-*s*; -*men*) panorama; **~bild** *n* panoramic picture *or* view; **~empfänger** *m* panoramic receiver; **~weg** *m* scenic road.

panschen ['panʃən] *v/i. and v/t.* (*h.*) → *pantschen.*

Pansen ['panzən] *zo. m* (-*s*; -) rumen; *fig.* paunch.

Panslawismus [-sla'vizmus] *m* (-) Pan-Slavism.

Panthe|'ismus [pante-] *m* (-) pantheism; **~'ist(in** *f*) *m* (-*en*, -*en*; -, -*nen*) pantheist; **2'istisch** *adj.* pantheistic.

Panther ['pantər] *zo. m* (-*s*; -) panther.

Pantine [pan'tiːnə] *f* (-; -*n*) patten, clog.

Pantoffel [-'tɔfəl] *m* (-*s*; -*n*) slipper; *fig. unter dem ~ stehen* be henpecked; **~held** *m* henpecked husband; **~tierchen** *biol. n* (-*s*; -) slipper animalcule.

Pantomim|e [panto'miːmə] *f* (-; -*n*) pantomime, dumb show; **2isch I.** *adj.* pantomimic; **II.** *adv.*: *~ darstellen* act in dumb show.

pantschen ['pantʃən] **I.** *v/i.* (*h.*) splash, puddle, mess about; **II.** *v/t.* (*h.*) adulterate, water (*wine*).

'**Pantscher** *m* (-*s*; -) adulterator.

Panzer ['pantsər] *m* (-*s*; -) armo(u)r, coat of mail; cuirass; *mar.* armo(u)r--plating; *mil.* tank; *zo.* shell, shield; **~abwehr** *f* antitank defen|ce, *Am.* -se; **~abwehrkanone** *f* antitank gun, *Am.* tank destroyer; **~besatzung** *f* tank crew; **2brechend** *adj.* armo(u)r-piercing, tank-busting; **~brigade** *f* armo(u)red brigade; **~büchse** *f* antitank rifle, bazooka; → *Panzerfaust*; **~deckungsloch** *n* slit hole; **~division** *f* armo(u)red division; **~fahrzeug** *n* armo(u)red vehicle; **~falle** *f* tank trap; **~faust** *f* antitank grenade launcher; **~flotte** *mar. f* fleet of ironclads; **~führer** *m* tank commander; **~gefecht** *n* tank battle; **~geschoß** *n* armo(u)r--piercing projectile; **~gewölbe** *n* strong-room; **~glas** *n* bullet-proof glass; **~graben** *m* antitank ditch; **~granate** *f* armo(u)r-piercing shell; **~grenadier** *m* armo(u)red infantry rifleman; **~handschuh** *m* gauntlet; **~hemd** *n* coat of mail; **~hindernis** *n* antitank obstacle; **~jäger** *m* antitank gunner; *pl.* tank destroyer troops; **~kabel** *el. n* armo(u)red cable; **~kampfwagen** *m* tank, armo(u)red fighting vehicle; **~knacker** *m* tank buster; **~korps** *n* armo(u)red corps; **~kreuzer** *mar. m* armo(u)red cruiser; **~kuppel** *f* armo(u)red cupola; **~mine** *f* anti-tank-mine; **~munition** *f* armo(u)r--piercing ammunition.

'**panzern** *v/t.* (*h.*) arm with (a coat of) mail, *sich ~* put on mail; *fig.* arm o.s.; *mar., mil.* armo(u)r, plate; *gepanzert* mail-clad, *mil.* armo(u)red; *mit gepanzerter Faust* with the mailed fist.

'**Panzer...:** **~platte** *f* armo(u)r plate; **~regiment** *n* armo(u)red regiment; **~schiff** *n* armo(u)r--plated vessel, ironclad; **~schlacht** *f* tank battle; **~schrank** *m* safe; **~schütze** *m* tank gunner; **~spähwagen** *m* armo(u)red scout car; **~sperre** *f* antitank obstacle; **~spitze** *f* armo(u)red spearhead; **~truppen** *f/pl.* armo(u)red troops, tank corps; **~turm** *m* armo(u)red turret; tank turret.

'**Panzerung** *f* (-; -*en*) (coat of) mail; *mar., mil.* armo(u)r(-plating); armo(u)red protection.

'**Panzer...:** **~waffe** *f* tank force(s *pl.*), armo(u)r; **~wagen** *m* armo(u)red car, tank; **~weste** *f* bullet--proof jacket; **~zug** *rail. m* armo(u)red train.

Papa [pa'pɑː, 'papa] *m* (-*s*; -*s*) papa, pa, dad(dy), *Am. a.* pop.

Papagei [papa'gaɪ] *m* (-[*e*]*s*; -*e*[*n*]) parrot; **2enhaft** *adj.* parrot-like; **~enkrankheit** *f* (-) psittacosis.

Papier [pa'piːr] *n* (-*s*; -*e*) paper; stationery; *~e pl.* papers, documents, instruments *pl.*; *econ.* papers, securities, stocks; identity papers; *~ mit Wasserzeichen* filigreed paper; *geschöpftes ~* handmade paper; *glattes ~* glazed paper; *holzfreies ~* wood-free paper; *holzhaltiges ~* wood-containing paper; *liniiertes ~* ruled paper; *maschinenglattes ~* mill-finished paper; *satiniertes ~* glazed paper; *zu ~ bringen* commit to paper, write down; *~ ist geduldig* paper does not blush; *nur auf dem ~ stehen* exist on paper only; *nur auf dem ~ stehend* nominal; **~abfälle** *m/pl.* waste-paper; **~bahn** *f* paper web; **~band** *n* (-*es*; ⸚*er*) paper-tape; **~beutel** *m* paper-bag; **~bindfaden** *m* paper-string; **~blatt** *n*, **~bogen** *m* sheet of paper; **~blume** *f* artificial (paper) flower; **~brei** *m* (-[*e*]*s*) paper-pulp; **2en** *adj.* (of) paper; *fig.* dull; *~er Stil* prosy (*or* bookish) style; **~fabrik** *f* papermill; **~fetzen** *m* scrap of paper; **~filter** *m* paper--filter; **~format** *n* paper size; **~geld** *n* (-[*e*]*s*) paper-money; bank--notes, *Am.* bills *pl.*; **~geldtasche** *f* note-book, billfold, pocketbook; **~händler** *m* stationer; **~handlung** *f* stationer's shop, *Am.* stationery (store); **~holz** *n* paper-pulp; **~klammer** *f* paper clip; **~korb** *m* waste-paper basket, *Am.* waste-basket; **~krieg** *m* (-[*e*]*s*) red tape, paper warefare; **~maché** [papjeː-ma'ʃeː] *n* (-*s*; -*s*) papiermâché; **~manschette** *f* paper-frill; **~masse** *f* paper pulp; **~mühle** *f* pulp mill; paper mill; **~rolle** *f* paper reel; **~schere** *f* paper-shears *pl.*; **~schlange** *f* paper streamer; **~schnitzel** *m/pl.* paper shavings; **~serviette** *f* paper napkin; **~streifen** *m* paper strip; **~taschentuch** *n* tissue handkerchief; **~tüte** *f* paper-bag; **~währung** *f* (-) paper currency; **~waren** *f/pl.* stationery *sg.*; **~wisch** *m* scrap of paper.

Papist [pa'pist] *m* (-*en*; -*en*), **~in** *f* (-; -*nen*) papist; **2isch** *adj.* papistic(al), popish.

Papp [pap] *m* (-[*e*]*s*; -*e*) pap; paste; → *Pappe*; **~arbeit** *f* pasteboard work; **~band** *m* (-[*e*]*s*; ⸚*e*) pasteboard binding, (book in) boards *pl.*; **~deckel** *m* pasteboard.

Pappe ['papə] (-; -*n*) pap; pasteboard, cardboard; *colloq. fig. das ist nicht von ~!* that's not to be sneezed at!

'**Papp-einband** *m* (-[*e*]*s*; ⸚*e*) pasteboard cover; *Buch im ~* paperback (book).

Pappel ['papəl] *f* (-; -*n*) poplar (-tree); **~allee** *f* avenue of poplars; **~weide** *f* black poplar.

päppeln ['pɛpəln] *v/t.* (*h.*) feed (with pap); *fig.* coddle, pamper.

pappen ['papən] **I.** *v/t.* (*h.*) paste; **II.** *v/i.* (*h.*) stick, clog.

'**Pappenfabrik** *f* board mill.

'**Pappenheimer** *colloq. m/pl.*: *ich kenne meine ~* I know my men.

'**Pappenstiel** *colloq. m* (-[*e*]*s*) trifle; *für* (*or um*) *einen ~* for a mere song, dirt-cheap.

papperlapapp! [papərla'pap] *int.* nonsense! fiddlesticks!, bosh!

'**pappig** *adj.* pasty, sticky.

'**Papp...:** **~kamerad** *mil. m* silhouette target; **~karton** *m*, **~schachtel** *f* cardboard box, carton; **~schnee** *m* sticky snow; **~teller** *m* paper--plate; **~waren** *f/pl.* pasteboard wares.

Paprika ['paprika] *n* (-*s*; -*s*) paprika, red pepper; **~schoten** *f/pl.* peppers.

Papst [pɑːpst] *m* (-*es*; ⸚*e*) pope; **~krone** *f* tiara.

päpstlich ['pɛːpstliç] *adj.* papal, pontifical, *contp.* popish; *2er Stuhl* Holy See; *~es Amt* papacy, pontificate; *~er als der Papst sein* be more royal than the king.

'**Papst...:** **~tum** *n* (-*s*) papacy, pontificate, *contp.* popery; **~würde** *f* papal dignity, pontificate.

Papyrus [pa'pyːrus] *m* (-; -*ri*), **~rolle** *f* papyrus.

Parabel [pa'rɑːbəl] *f* (-; -*n*) parable, simile; *math.* parabola; **~kurve** *f* parabolic curve.

parabolisch [-ra'boː-] *adj.* parabolic(ally *adv.*), figurative; *~er Spiegel* parabolic reflector.

Parade [pa'rɑːdə] *f* (-; -*n*) *mil.* review; *aer.* fly-past, *mot.* drive--past; *fig.* parade, display; *fenc.* parry; *riding*: pull-up; *soccer*: full--length save; *die ~ abnehmen* hold a review, take the salute (at a drive--past, *etc.*); *fig. j-m in die ~ fahren* upset a p.'s plans, *at debate*: counter a p.; **~anzug** *m* dress uniform; **~bett** *n* bed of state; **~flug** *m* fly--past; **~marsch** *m* march in review.

Paradentose [paradɛn'toːzə] *f* (-; -*n*) paradentosis.

Pa'rade...: **~pferd** *fig. n* show--horse; **~platz** *m* parade ground; **~schritt** *m* drill-step, slow pace, goose-step; **~stückchen** *fig. n* show--piece; **~uniform** *f* → *Paradeanzug.*

paradieren [-'diː-] *v/i.* (*h.*) parade; *~ mit a.* make a parade of, show off.

Paradies [para'diːs] *n* (-*es*; -*e*) paradise; *das Verlorene ~* Paradise Lost; **~apfel** *m* tomato; **2isch** [-'diːziʃ] *adj.* paradisiac(al); *fig.* heavenly, delightful; **~vogel** *m* bird of paradise.

Paradigma [-'digma] *gr. n* (-*s*; -*men*) paradigm.

paradox [para'dɔks] *adj.* paradoxical; **~erweise** *adj.* paradoxically.

Paradoxon [-'rɑːdɔksɔn] *n* (-s; -*xa*) paradox.
Paraffin [para'fiːn] *n* paraffin; *mit* ~ *behandeln* → **paraffinieren** [-fi'niː-] *v/t.* (*h.*) (coat with) paraffin.
Paragraph [-'grɑːf] *m* (-en; -en) section, article; paragraph; **~enreiter** *m* pedant, stickler, pettifogger; **~zeichen** *n* section mark.
paral|lel [para'leːl] **I.** *adj.* parallel (*mit* to, with); **II.** *adv.*: ~ *laufen zu* run parallel with; *el.* ~ *geschaltet* connected in parallel; **2'lele** *f* (-; -*n*) parallel (line); *fig.* parallel; *e-e* ~ *ziehen* establish a parallel (*mit* with); **2'lelfall** *m* parallel case; **2'lelismus** [-le'lis-] *m* (-; -*men*) parallelism; **2'lelkreis** *ast. m* parallel; **2lelogramm** [-lelo'gram] *n* (-s; -e) parallelogram; **2'lelschaltung** *el. f* parallel connection; **2'lelstraße** *f* parallel street; **2-'lelwährung** *f* dual currency.
Paraly|se [para'lyːzə] *f* (-; -*n*) (general) paralysis; **2sieren** [-ly-'ziː-] *v/t.* (*h.*) paralyse; **2tisch** [-'lyː-] *adj.* paralytic, paralysed.
Para'meter *math. m* (-s; -) parameter.
Parano|iker [para'nɔi-] *m* (-s; -), **2isch** *adj.* paranoid.
Paranuß ['pɑːranus] *f* Brazil-nut.
paraphieren [para'fiː-] *v/t.* (*h.*) sign provisionally, sign (with a flourish).
Para'phrase *f*, **paraphra'sieren** *v/t.* (*h.*) paraphrase.
'Parapsychologie *f* parapsychology.
Parasit [para'ziːt] *m* (-en; -en) parasite; **2isch** *adj.* parasitic(al).
parat [pa'rɑːt] *adj.* ready, prepared; *er hatte die Antwort* ~ he had his answer pat; *Kenntnisse* (*stets*) ~ *haben* have information at one's finger-ends.
Paratyphus ['pɑːra-] *m* paratyphoid (fever).
Pärchen ['pɛrçən] *n* (-s; -) (loving *or* courting) couple, twosome.
Pardon [par'dɔŋ, -dɔ̃] *m* (-s; -) pardon; *mil. keinen* ~ *geben* give no quarter.
Parenthese [parɛn'teːzə] *f* parenthesis; *in* ~ by way of parenthesis.
Parforce|jagd [par'fɔrs-] *f* hunting (on horseback), coursing; **~ritt** *m* forced ride.
Parfüm [par'fyːm] *n* (-s; -e) perfume, scent.
Parfüme'rie [-fymə-] *f* (-; -*n*) perfumes, scents *pl.*; scent-shop, perfumery.
Par'füm...: **~fläschchen** *n* (small) scent-bottle; **~handlung** *f* scent-shop, perfumery.
parfümieren [-fy'miː-] *v/t.* (*h.*) perfume, scent.
Par'fümzerstäuber *m* perfume-spray, *Am.* atomizer.
pari ['pɑːri] *econ. adv. and* **2** *n* par (value); *auf* (*or al*) ~ at par; *über* ~ above par, at a premium; *unter* ~ below par, at a discount.
Paria ['pɑːria] *m* (-s; -s) pariah.
parieren [pa'riːrən] **I.** *v/t. and v/i.* (*h.*) *fenc.* parry (*a. fig.*), ward off; pull up, rein in (*horse*); **II.** *v/i.* (*h.*) obey, knuckle under, toe the mark.
'Parikurs *econ. m* par(ity).
Pariser [pa'riːzər] **I.** *m* (-s; -), **~in** *f* (-; -*nen*) Parisian; **II.** *adj.* Parisian, (of) Paris; ~ *Mode* Paris(ian) fashions *pl.*; *typ.* ~ *Schrift* ruby, *Am.* agate.
Parität [pari'tɛːt] *f* (-; -*en*) parity, equality; **2isch** *adj.* on a par; proportional, pro rata; with religious equality.
Pariwert ['pɑːri-] *econ. m* par value.
Park [park] *m* (-s; -s) park; *mil.* (base) depot; → *Maschinen2*, *Wagen2*; **'~anlage** *f* park, pleasure-grounds *pl.*; **'~bremse** *f* parking brake; **'2en** *v/t. and v/i.* (*h.*) park; **2** *verboten!* no parking!
Parkerisierung [parkəri'ziː-] *tech. f* (-) parkerizing.
Parkett [par'kɛt] *n* (-[e]s; -e) parquet, inlaid floor; *thea.* stalls *pl.*, *Am.* parquet; *mit* ~ *auslegen* → **parket'tieren** *v/t.* (*h.*) parquet.
'Park...: **~gebühren** *f/pl.* parking rates; **~licht** *mot. n* (-[e]s; -er) parking light; **~platz** *m* parking place, car park, *Am.* parking lot; **~uhr** *f* parking meter; **~wache** *f* park guard.
Parlament [parla'mɛnt] *n* (-s; -e) parliament.
Parlamen'tär *m* (-s; -e) bearer of the flag of truce, parlementaire (*Fr.*).
Parlamentar|ier(in *f*) [-'tɑːriər (-in)] *m* (-s, -; -, -*nen*) parliamentarian; **2isch** *adj.* parliamentary.
Parlamentarismus [-ta'riːs-] *m* (-) parliamentary system.
parlamentieren [-'tiː-] *mil. v/i.* (*h.*) parley.
Parla'ments...: **~akte** *f* act of parliament; **~beschluß** *m* vote of parliament; **~dauer** *f* session; **~ferien** *pl.* recess; *in die* ~ *gehen* rise for the recess; **~gebäude** *n* parliament (building); **~gesetz** *n* → *Parlamentsakte*; **~mitglied** *n* member of parliament (*abbr.* M.P.), *Am.* Congressman; **~rede** *f* speech in parliament; **~sitzung** *f* sitting of parliament; **~verhandlung** *f* proceedings *pl.* of parliament, parliamentary debate.
parlieren [par'liːrən] *v/i. and v/t.* (*h.*) parley.
Parmesankäse [parme'zɑːn-] *m* Parmesan cheese.
Parodie [paro'diː] *f* (-; -*n*) parody (*auf acc.* on); **2ren** *v/t.* (*h.*) parody, burlesque.
paro'distisch *adj.* burlesque.
Parole [pa'roːlə] *f* (-; -*n*) *mil.* watchword, password; challenge; *fig.* catchword, slogan; **~buch** *n* order-book.
Paroli [pa'roːli] *fig. n*: *j-m* ~ *bieten* defy (*or* stick up to) a p.
Part [part] *m* (-s; -e) part, share.
Partei [-'taɪ] *f* (-; -*en*) party (*a. pol.*); faction; *jur.* party, side; *sports*: side; tenant(s *pl.*); *gegnerische* ~ opponent(s *pl.*), *sports*: *a.* opposite side; ~ *aus einem Vertrag* party to a contract; *vertragschließende* **~en** contracting parties; *jur. Antrag einer* ~ ex parte application; *j-s* ~ *ergreifen*, ~ *nehmen für j-n* take a p.'s part, side with a p.; *gegen j-n* ~ *ergreifen* take sides against a p.; *es mit keiner* ~ *halten* remain neutral, sit on the fence; ~ *sein* be an interested party, be biassed.
Par'tei...: **~abzeichen** *n* party badge; **~apparat** *m* party machine; **~bonze** *m* party boss; **~buch** *n* membership book; **~disziplin** *f* party discipline; *sich der* ~ *beugen* follow the party-line, toe the mark; **~führer** *m* party leader; **~gänger** (**-in** *f*) *m* (-s, -; -, -*nen*) partisan; **~geist** *m* (-es) factionalism; **~genosse** *m* party member; **2isch** *adj.* partial (*für* to); biassed, prejudiced (*gegen* against); one-sided, unfair; **~leitung** *f* party headquarters *pl.*; party-leaders *pl.*; **~lichkeit** *f* (-) partiality, bias; **2los** *adj.* impartial, neutral; *pol.* independent, non-party; **~lose(r** *m*) *f* non-party member; **~losigkeit** *f* (-) neutrality; independence; **~mitglied** *n* party-member; **~nahme** *f* partisanship (*für* for), support (of), siding (with); **~organ** *n* party organ; **~organisation** *f* party organization *or* machine; **~politik** *f* (-) party politics *pl.*; **2politisch** *adj.* party-political; **~programm** *n* (party) platform; **~sucht** *f* → *Parteigeist*; **~tag** *m* party rally, party congress *or* convention; **~versammlung** *f* party meeting; **~vorbringen** *jur. n* (-s) pleadings *pl.*; **~vorstand** *m* executive committee; **~wesen** *n* party system; *contp.* → **~wirtschaft** *f* cliquishness, partisanry; **~zugehörigkeit** *f* party affiliation(s *pl.*).
Parterre [par'tɛr] *n* (-s; -s) ground floor, *Am.* first floor; *thea.* pit, *Am.* orchestra (circle); flower-bed; ~ *wohnen* live on the ground floor (*Am.* first floor); **~wohnung** *f* ground floor flat.
Partialschaden [par'tsiaːl-] *m* partial loss, particular average.
Partie [par'tiː] *f* (-; -*n*) party, company; outing, excursion; game (*Schach, etc.* of chess, *etc.*), *sports*: match, *tennis*: set, *thea.* part, rôle; *anat.* region; passage (*in book, etc.*); *econ.* parcel, lot; batch; *in* **~n** *von* in lots of; (*marriage*) match; *eine gute* ~ a fine matrimonial catch; *er machte e-e gute* ~ *a.* he married a fortune; *mit von der* ~ *sein* make one of the party, be in on it; *ich bin mit von der* **~!** count me in!, I am on!
partiell [par'tsjɛl] **I.** *adj.* partial; **II.** *adv.* part(ial)ly, not entirely.
partienweise [-'tiːən-] *econ. adv.* in lots *or* parcels.
Par'tieware(n *pl.*) *f* off-standard goods, job-goods *pl.*
Partikel [-'tiːkəl] *gr. f* (-; -*n*) particle; **~chen** *n* (-s; -) small particle, atom.
Partikularismus [-tikula'riːs-] *m* (-) particularism, separatism.
Partikula'rist *m* (-en; -en), **2isch** *adj.* particularist, separatist.
Partisan [parti'zɑːn] *m* (-en; -en) partisan, guerilla; **~enkrieg** *m* partisan warfare.
partitiv ['partitiːf] *gr. adj.* partitive.
Partitur [-'tuːr] *mus. f* (-; -en) score.

Partizip [-'tsi:p] *gr. n* (-s; *-ien*) participle.
Partizipati'onsgeschäft *econ. n* business on joint account.
Partner ['partnər] *m* (-s; -), **~in** *f* (-; *-nen*) partner; *als ~ mit j-m spielen* be partnered with; **~schaft** *f* (-; *-en*) partnership.
Parvenü [parvə'ny:] *m* (-s; -s) upstart, parvenu.
Parze [partsə] *f* (-; *-n*) Fatal Sister; *die ~n pl.* the Fates.
Parzelle [par'tsɛlə] *f* (-; *-n*) plot, allotment, *esp. Am.* lot.
parzellieren [-'li:-] *v/t.* (*h.*) divide into lots, parcel out.
Pasch [paʃ] *m* (-es; -e) doublets *pl.*
Pascha ['paʃa] *m* (-s; -s) pasha.
pasch|en ['paʃən] *v/t. and v/i.* (*h.*) smuggle; **≗er** *m* smuggler.
Paspel ['paspəl] *f* (-; *-n*) piping, edging, braid; **paspelieren** [-'li:-] *v/t.* (*h.*) pipe, braid.
Paß [pas] *m* (*Passes; Pässe*) passage; pass, defile; *riding*: amble; passport, papers *pl.*; *e-n ~ ausstellen* make out a passport; ≗ *adv.*: *zu ~ kommen* come in handy, *j-m*: serve a p.'s turn, suit a p.'s book.
passabel [pa'sa:bəl] *adj.* passable, tolerable; fair(ly *adv.*).
Passage [-'sa:ʒə] *f* passage (*a. fig. in book*); *mus.* run.
Passagier [pasa'ʒi:r] *m* (-s; -e) passenger; fare; *blinder ~* dead-head, *mar.* stowaway; **~dampfer** *m* passenger-steamer, liner; **~flugzeug** *n* passenger plane, air liner; **~gut** *n* luggage, *Am.* baggage; **~liste** *f* list of passengers.
Passah ['pasa] *n* (-s), *usu.* **~fest** *n* passover.
'Paß-amt *n* passport office.
Passant(in *f*) [pa'sant(in)] *m* (-en, -en; -, *-nen*) passer-by, *pl.* passers-by.
Passat [pa'sa:t] *m* (-[e]s; -e), **~wind** *m* trade-wind; **~strömung** *f* equatorial current.
'Paßbild *n* passport photo(graph).
passen ['pasən] **I.** *v/i.* (*h.*) fit (*j-m* a p.; *auf acc., für, zu* et. a th.), *w.s. a.* fit in; become (*j-m* a p.); suit (*j-m* a p.), be suitable *or* convenient; tally, harmonize, agree (together), *zu e-m Kleid, etc.* go with, match (*a dress, etc.*); *cards, sports*: pass; *ich passe!* **a)** *cards*: no bid!, **b)** *fig.* not for me!; *~ auf* (*acc.*) watch (*or* wait) for; *das Kleid paßt nicht* the dress is a bad fit; *das paßt mir großartig* that suits me to a T; *er paßt nicht für diese Arbeit* he is not suited (*or* cut out *or* the man) for this job; *sie ~ zueinander* they are well matched; *wenn es dir nicht paßt* if you don't like it; *nur wenn es ihnen (in den Kram) paßte* only when they felt like it; *das würde dir so ~!* what next?, my eye!; **II.** *sich ~* be fit *or* proper *or* seemly; *es paßt sich nicht* it is not done, it is not good form; it is out of place; *es paßt sich nicht für einen Staatsmann* it ill becomes (*or* befits) a statesman; **~d** *adj.* fit, suitable, suited; convenient (*für* to, for); *gut ~* well-fitting, form-fitting, becoming (*dress*); *dazu ~ gloves, etc.*, to match; apt, timely (*remark*); right, fitting (*word*); seasonable, opportune (*time*); corresponding; becoming, seemly; *für ~ halten* think fit *or* proper.
Passepartout [paspar'tu:] *m* (-s; -s) masterkey; free admission ticket; mount (*for pictures*).
'Paß...: **~form** *f* fit; **~gang** *m riding*: amble; **~gänger** *m* (-s; -) ambler.
passierbar [pa'si:rba:r] *adj.* passable, practicable.
pas'sieren *v/t.* (*h.*) pass (over, through), go through; clear; *cul.* pass, strain; *v/i.* (*sn*) *fig.* happen, occur, take place, come to pass; *ist es dir schon passiert, daß?* has it ever happened to you that?, did you ever happen to *inf.*?; *colloq. jetzt ist es passiert!* the fat is in the fire!
Pas'sierschein *m* pass, permit.
Passion [pa'sio:n] *f* (-; *-en*) passion, *fig. a.* craze; hobby; (-) *eccl.* Passion (of Christ).
passioniert [-sio'ni:rt] *adj.* impassioned, passionate, ardent, enthusiastic; *~er Radiobastler, etc.* radio, *etc.*, -fan.
Passi'ons...: **~spiel** *n* Passion play; **~woche** *f* Passion Week.
passiv ['pasi:f] *adj.* passive; *econ.* on the liabilities side; → *Bestechung*; *~e Bilanz* debit balance; *~er Widerstand* passive resistance; *~es Wahlrecht* eligibility; *~er Wortschatz* recognition vocabulary; **'Passiv** *gr. n* (-s; -e), **Passivum** [-'si:vum] *n* (-s; *-va*) passive (voice).
Pas'siv|a, ~en *econ. pl.* liabilities; **~handel** *m* passive trade.
passi|vieren [-si'vi:-] *econ. v/t.* (*h.*) enter on the liability side; *sich ~ balance of trade*: become adverse; **≗vi'tät** [-sivi-] *f* (-) passivity, inaction.
Pas'siv...: **~posten** *econ. m* debit item; **~saldo** *m* debit balance; **~seite** *f* liability side.
'Paß...: **~kontrolle** *f* passport inspection; **~sitz** *tech. m* snug fit; **~stelle** *f* passport office; **~stück, ~teil** *tech. n* fitting (part); adapter.
'Passung *tech. f* (-; *-en*) fit.
Passus ['pasus] *m* (-; -) passage.
'Paßzwang *m* obligation to carry passports.
Paste ['pastə] *f* (-; *-n*) paste.
Pastell [pa'stɛl] *n* (-[e]s; -e) *colo(u)r, painting, picture*: pastel; crayon; **~maler(in *f*)** *m* pastel(l)ist.
Pastete [pa'ste:tə] *f* (-; *-n*) pie; **~nkruste** *f* pie-crust.
pasteurisier|en [pastøri'zi:r-] *v/t.* (*h.*) pasteurize; **≗apparat** *m* pasteurizer.
Pastille [pa'stilə] *f* (-; *-n*) lozenge, pastil(l)e.
Pastor ['pastɔr] *m* (-s; *-'toren*) vicar; minister.
Pastorale [pasto'ra:lə] *f* (-; *-n*) *eccl.* pastoral (letter); *mus.* pastorale.
Pate ['pa:tə] *m* (-n; *-n*) **1.** sponsor (= *m* godfather, *f* godmother); *~ stehen* stand godfather (*f* godmother) (*bei* to), *a. fig.*; stand sponsor (to); **2.** godchild; **~ngeschenk** *n* christening present; **~nkind** *n* godchild; **~nstelle** *f* sponsorship; *~ vertreten bei* → *Pate stehen.*
Patent [pa'tɛnt] *n* (-[e]s; -e) *econ., jur.* patent (*auf* for); *mil.* (officer's) commission; *ein ~ anmelden* apply for a patent; *~ angemeldet* Patent pending, Patent Applied For; *ein ~ erteilen* grant (*or* issue) a patent (*dat.* to); *ein ~ verwerten* exploit a patent; ≗ *colloq. adj.* clever, ingenious; *~er Kerl* fine (*or* splendid) fellow; **~amt** *n* Patent Office; **~anmelder** *m* (-s; -) applicant of a patent; **~anmeldung** *f* (patent) application; **~anspruch** *m* (patent) claim; **~anwalt** *m* patent attorney; **~beschreibung** *f* patent specification; **~einspruch** *m* opposition; **~erteilung** *f* issue of letters patent; **≗fähig** *adj.* patentable; **~geber** *m* patentor; **~gebühr** *f* (patent-)fee; **~gegenstand** *m* object of a patent; **~gesetz** *n* Patent Act.
paten|tierbar [-'ti:r-] *adj.* patentable; **~tieren** *v/t.* (*h.*) (protect by) patent; (*sich*) et. *~ lassen* take out a patent for a th.; *patentiert* patented.
Pa'tent...: **~inhaber(in *f*)** *m* patent-holder, patentee; **~lösung** *f* pat solution; **~recht** *n* patent law; patent right(s *pl.*); **≗rechtlich** *adv.*: *~ geschützt* patented, protected (by patent); **~schrift** *f* patent specification; **~schutz** *m* protection by patent; **~streit** *m* patent litigation; **~urkunde** *f* letters patent; **~verletzung** *f* patent infringement; **~verschluß** *m* patent stopper.
Pater ['pa:tər] *eccl. m* (-s; *Patres* [-tre:s]) father.
Paternoster [patər'nɔstər] *n* (-s; -) paternoster, the Lord's Prayer; rosary, beads *pl.*; **~aufzug** *m* paternoster lift; **~werk** *n* chain-pump.
pathetisch [pa'te:tiʃ] *adj.* pathetic (-ally *adv.*).
Patho|log [pato'lo:k] *m* (-en; -en), **~loge** [-'lo:gə] *m* (-n; -n) pathologist; **~lo'gie** [-lo-] *f* pathology; **≗'logisch** *adj.* pathological.
Pathos ['pa:tɔs] *n* (-) pathos.
Patience [pa'sjɑ̃s] *f* (-; *-n*) *cards*: patience, solitaire.
Patient [patsi'ɛnt] *m* (-en; -en), **~in** *f* (-; *-nen*) patient; *ambulanter ~* out-patient; *stationärer ~* in-patient.
Patin ['pa:tin] *f* (-; *-nen*) → *Pate.*
Patina ['pa:tina] *f* (-) patina, verd-antique; **patinieren** [pati'ni:-] *v/t.* (*h.*) patinate.
Patriarch [patri'arç] *m* (-en; -en) patriarch; **patriarchalisch** [-'ça:liʃ] *adj.* patriarchal.
Patrimonium [patri'mo:nium] *n* (-s; *-ien*) patrimony.
Patriot [-'o:t] *m* (-en; -en), **~in** *f* (-; *-nen*) patriot; **≗isch** *adj.* patriotic(ally *adv.*).
Patriotismus [-o'tismus] *m* (-) patriotism.
Patrize [pa'tri:tsə] *tech. f* (-; *-n*) counter-die, punch.
Patriz|ier [-'tri:tsiər] *m* (-s; -), **~ierin** *f* (-; *-nen*) patrician; **≗isch** *adj.* patrician.
Patron [pa'tro:n] *m* (-s; -), **~in** *f* (-; *-nen*) patron(ess *f*), protector (*f* protectress); *colloq.* fellow, bloke, *Am.* customer.

Patronat [-tro'nɑːt] *n* (-[e]s; -e) patronage.

Patrone [pa'troːnə] *f* (-; -n) *tech.* model, pattern; stencil; mandrel; *mil.* cartridge, *Am. a.* shell; **~nauswerfer** *m* ejector; **~ngürtel** *m* cartridge belt; **~nhülse** *f* cartridge case; **~ntasche** *f* ammunition pocket, pouch; **~nzuführung** *f* catridge feed.

Patrouille [pa'truljə] *f* (-; -n) patrol; **~nboot** *n* patrol-boat; **patrouillieren** [-'ljiːrən] *v/i.* (*h.*) patrol.

patsch! [patʃ] *int.* slap!, smack!

'**Patsche** *colloq. f* (-; -n) paw; puddle, pool, slush; *fig. in der ~ sitzen* be in a scrape *or* jam; *in die ~ geraten* get into a scrape, get into hot water; *j-m aus der ~ helfen* get a p. out of a scrape; *j-n in der ~ lassen* leave a p. in the lurch; **2n** *v/i. and v/t.* (*h., sn*) splash; smack, slap.

'**Patsch...**: **~hand** *f*, **~händchen** *n* (little) paw; **2naß** *adj.* soaked to the skin, dripping (wet), drenched.

Patschuli ['patʃuli] *n* (-s; -s) patchouli.

Patt [pat] *n* (-s; -s), **2** *adj. chess*: stalemate; *2 setzen* stalemate.

patzen ['patsən] *colloq. v/i.* (*h.*) *thea. sl.* fluff; *w.s.* bungle, botch; muff (it).

patzig ['patsiç] *colloq. adj.* rude, snappish; insolent, snotty.

Pauke ['paukə] *f* (-; -n) *mus.* **a)** bass drum, **b)** kettle-drum, timpani; *anat.* tympanium; *mit ~n und Trompeten* with drums beating and trumpets sounding, *colloq. fig.* utterly, awfully; *colloq.* (*tüchtig*) *auf die ~ hauen* paint the town red, make whoopee.

pauken ['paukən] *v/i. and v/t.* (*h.*) *mus.* beat the (kettle-)drums; *~ auf* thump (*the piano*); *univ.* (*sich*) *mit j-m ~* (fight a) duel with a p.; *ped.* cram, swot, *Am.* bone (up on *a th.*); **2schlag** *m* beat of the (kettle-) drum; *fig. mit e-m ~* with a bang; **2schläger** *m* (kettle-)drummer.

Pauker ['paukər] *m* (-s; -) *mus.* (kettle-)drummer; *sl. ped.* (*teacher*) crammer.

Pauke'rei *f* (-) *univ.* duel(ling); *w.s.* row, brawl; *ped.* cramming.

Paus|backen ['paus-] *f/pl.* chubby cheeks; **~backengesicht** *n* chubby-face; **2backig**, **2bäckig** [-bakiç, -bɛkiç] *adj.* chubby(-faced).

pauschal [pauʃɑːl] **I.** *adj.* lump-sum, global, overall; **II.** *adv.* globally; *hotel, etc.*: all (cost) included, all-in(clusive); *fig.* in the lump; **2e** *f* (-; -n) lump sum, global amount; *hotel, etc.*: all-inclusive price, *Am.* American plan; **2gebühr** *f* flat rate; **2kauf** *m* purchase in bulk; **2police** *f* open (*Am.* unvalued) policy; **2reise** *f* tour all (*or* terms) included, package-deal tour; **2satz** *m* → *Pauschalgebühr*; **2steuer** *f* comprehensive tax; **2summe** *f* lump sum, flat sum; **2versicherung** *f* blanket insurance; **2zahlung** *f* composition payment.

Pausch... → *Pauschal...*

Pause ['pauzə] *f* (-; -n) pause, stop, interval; *ped.* break, *Am.* recess; *thea.* interval, *Am.* intermission; *mus.* rest; lull; *tech.* tracing, traced design, blueprint; *e-e ~ einlegen or machen* (make a) pause; **2n** *v/t.* (*h.*) trace; **2nlos I.** *adj.* uninterrupted, incessant, ceaseless, non-stop; unrelenting; **II.** *adv.* incessantly, *etc.*; **~nzeichen** *n radio*: station (identification) signal.

pausieren [-'ziː-] *v/i.* (*h.*) (make a) pause, (take a) rest.

'**Paus-papier** *n* tracing-paper.

Pavian ['pɑːviɑːn] *m* (-s; -e) baboon.

Pavillon ['paviljɔŋ, -'ljɔ̃] *m* (-s; -s) pavilion.

pazifisch [pa'tsiːfiʃ] *adj.*: *der 2e Ozean* the Pacific.

Pazifismus [-tsi'fis-] *m* (-) pacifism.

Pazi'fist *m* (-en; -en), **~in** *f* (-; -nen) pacifist; **2isch** *adj.* pacifistic(ally *adv.*).

Pech [pɛç] *n* (-s; -e) pitch; *colloq. fig.* (-s) bad luck, ill-luck, *Am. a.* tough break, hard luck (*or* lines); mishap; *~ haben* have no luck, be down on one's luck, strike a bad patch; *fig. wie ~ und Schwefel zusammenhalten* stick together, be inseparable; '**~blende** *min. f* pitchblende; '**~draht** *m* pitch-thread; '**~fackel** *f* torch; '**~faden** *m* pitched thread; '**~harz** *m* pitch resin; **2ig** *adj.* pitchy; '**~kiefer** *f* pitch pine; '**~kohle** *f* bituminous coal; '**2schwarz** *adj.* (as) black as pitch, jet-black; pitch-dark (*night*); '**~strähne** *f* run of bad luck, *Am. a.* streak of hard luck; '**~vogel** *m fig.* unlucky fellow.

Pedal [pe'dɑːl] *n* (-s; -e) pedal; *in die ~e treten* work the pedals, pedal away; *colloq. ~e pl.* (*feet*) trotters.

Pedant [pe'dant] *m* (-en; -en), **~in** *f* (-; -nen) pedant, stickler; **~erie** [-tə'riː] *f* (-; -n) pedantry; **2isch** [-'dan-] *adj.* pedantic(ally *adv.*).

Pedell [pe'dɛl] *m* (-s; -e) beadle, *univ.* proctor's man; *ped.* janitor.

Pediküre [pedi'kyːrə] *f* (-; -n) pedicure.

Pegel ['peːgəl] *m* (-s; -) water-ga(u)ge; *tech.* level; **~stand** *m* water level.

Peil|anlage ['pail-] *f* direction finder installation, *mar.* sounding device; **~antenne** *f* direction finder (*abbr.* D.F.) aerial, *Am.* antenna; **~empfänger** *m* D.F. receiver; **2en** *mar. v/t.* (*h.*) sound, ga(u)ge; take the bearings of (*land*); **~funkgerät** *n* wireless (*Am.* radio) direction finder; **~kompaß** *m* radio compass; **~lot** *n* plummet, sounding-lead; **~station** *f* direction finding station; **~tisch** *m* plotting board; **~ung** *f* (-; -en) *mar.* sounding; *of land*: (taking the) bearings *pl.*; bearings, *aer., radio*: direction finding, radio bearing.

Pein [pain] *f* (-) pain; torment, torture, agony, anguish; suffering(s *pl.*); '**2igen** *v/t.* (*h.*) torment, torture, rack, *fig. a.* harass, tantalize, pester; '**~iger(in** *f*) *m* (-s, -; -, -nen) tormentor; '**~igung** *f* (-; -en) torment, torture.

peinlich ['painliç] **I.** *adj.* painful (*dat.* for), embarrassing, awkward, distressing; particular, scrupulous, meticulous, painstaking; *jur.* capital, penal; **II.** *adv.*: *~ sauber* scrupulously clean; *j-n ~ berühren* distress a p.; *~ berührt a.* pained; **2keit** *f* (-; -en) painfulness, awkwardness; scrupulousness.

Peitsche ['paitʃə] *f* (-; -n) whip, lash; **2n** *v/t. and v/i.* (*h.*) whip, lash, scourge; apply the whip (to); *parl.* → *durchpeitschen*; **~n-antenne** *f* whip aerial *or* antenna; **~nhieb** *m* cut (*or* lash) with a whip; **~nknall** *m* crack of a whip; **~nschnur** *f* thong, lash; **~nstiel** *m* whip-stick.

Pekinese [peki'neːzə] *m* (-n; -n) (*dog*) pekin(g)ese.

pekuniär [peku'niɛːr] *adj.* pecuniary.

Pelerine [pelə'riːnə] *f* (-; -n) pelerine; tippet, cape.

Pelikan ['peːlikɑːn] *m* (-s; -e) pelican.

Pellagra ['pɛlagra] *med. n* (-s) pellagra.

Pelle ['pɛlə] *f*, **2n** *v/t.* (*h.*) peel, skin; → *Ei.*

'**Pellkartoffeln** *f/pl.* potatoes in their jackets *or* skins.

Pelz [pɛlts] *m* (-es; -e) fur; *w.s.* skin, hide; *mit ~ besetzen* (*füttern*) trim (line) with fur; *colloq. j-m auf den ~ rücken* press a p. hard; '**~besatz** *m* fur trimming; '**2besetzt** *adj.* trimmed with fur, furred; '**~futter** *n* fur lining; '**2gefüttert** *adj.* fur-lined; '**~geschäft** *n* fur shop; '**~handel** *m* fur trade; '**~händler** *m* furrier; '**~handschuh** *m* furred glove; '**2ig** *adj.* furry; *med.* furred (*tongue*); numb (*legs, etc.*); stringy (*radish*); '**~jacke** *f* fur jacket; '**~jäger** *m* trapper; '**~kragen** *m* fur collar; *for ladies*: fur tippet *or* cape; '**~mantel** *m* fur coat; '**~mütze** *f* fur cap; '**~stiefel** *m* fur-lined boot; '**~tiere** *n/pl.* fur-bearing animals, furs; '**~tierjäger** *m* trapper; '**~tierzucht** *f* fur farming; '**~verbrämung** *f* → *Pelzbesatz*; '**~ware** *f*, '**~werk** *n* (-[e]s) furriery, furs *pl.*

Pendel ['pɛndəl] *n* (-s; -) pendulum; **~achse** *f* swinging half-axle; **~kugellager** *n* self-aligning ball bearing; **2n** *v/i.* (*h., sn*) oscillate, swing; *with body*: sway, *boxing*: (bob and) weave; *rail.* shuttle, *Am.* commute; **~säge** *f* pendulum saw; **~schlag** *m*, **~schwingung** *f* swing of the pendulum; *phys.* oscillation; **~staffel** *f sports*: shuttle relay; **~tür** *f* swinging door; **~uhr** *f* pendulum clock; **~verkehr** *m* shuttle service; **~zug** *rail. m* shuttle (*Am.* commuter) train.

Pendler ['pɛndlər] *rail. m* (-s; -) season-ticket holder, *esp. Am.* commuter.

penetrant [pene'trant] *adj.* penetrating.

penibel [pe'niːbəl] *adj.* particular, fussy, difficult, pernickety.

Penis ['peːnis] *anat. m* (-; -se) penis.

Penizillin [penitsi'liːn] *n* (-s; -e) penicillin.

Pennal [pɛ'nɑːl] *n* (-s; -e) school; **Pennäler** [-'nɛːlər] *m* (-s; -) (grammar-)schoolboy.

Pennbruder ['pɛn-] *colloq. m* tramp, *Am.* hobo, bum.

Penne ['pɛnə] *colloq. f* (-; -*n*) doss-house, *Am.* flophouse; *ped.* school; **2n** *colloq. v/i.* (*h.*) snooze, sleep.

Pension [paŋ'zio:n, pã'sio:n] *f* (-; -*en*) (old-age) pension; *mil.* retired pay; board; boarding-house, private hotel; boarding-school; *mit ~ verabschiedet* pensioned off; *in ~ gehen* retire; *in ~ sein* be retired, live in retirement.

Pension|är(in *f*) [-o'nɛ:r(in)] *m* (-*s*, -e; -, -*nen*) pensionary; boarder; **~at** [-o'nɑ:t] *n* (-[e]s; -e) boarding-school; **2ieren** [-o'ni:-] *v/t.* (*h.*) pension (off), superannuate; *mil.* put on the retired list *or* on half-pay; *sich ~ lassen* retire; **2iert** *adj.* retired, in retirement; **~ierung** *f* (-; -*en*) pensioning off; retirement.

Pensi'ons...: ~alter *n* retiring age; **2berechtigt** *adj.* pensionable; **~berechtigung** *f* right to a pension; **~fonds** *m* pension fund; **~gast** *m* boarder; **~kasse** *f* → *Pensionsfonds*; **~preis** *m* board; **2reif** *adj.* due for retirement.

Pensum ['pɛnzum] *n* (-*s*; -*sen*) task, lesson; → *Lehrplan*; *w.s. großes ~* a great deal of work.

Penta'gramm [pɛnta-] *n* (-*s*; -e) pentacle.

Pentode [-'to:də] *el. f* (-; -*n*) pentode.

Pepsin [pɛp'si:n] *n* (-*s*; -e) pepsin.

per [pɛr] *prp.* per, by; *~ Adresse* care of (*abbr.* c/o); *~ Bahn* by train, by rail; *~ Kasse* for cash; *~ pedes* on foot; *~ Saldo* by balance.

perennierend [pɛrɛ'ni:rənt] *bot. adj.* perennial.

perfekt [pɛr'fɛkt] *adj.* perfect, accomplished; *contract, etc.*: settled, concluded; *e-e Sache ~ machen* clinch a deal; **Perfekt** ['pɛr-] *n* (-[e]s; -e), **Per'fektum** *gr. n* (-*s*; -*ta*) perfect (tense).

perfid [pɛr'fi:t] *adj.* perfidious; **Perfidie** [-fi'di:] *f* (-; -*n*) perfidy.

perforier|en [-fo'ri:r-] *v/t.* (*h.*) perforate; **2maschine** *f* perforating machine; **2ung** *f* (-; -*en*) perforation.

Pergament [pɛrga'mɛnt] *n* (-[e]s; -e) parchment (*a. ~urkunde*); **~band** *m* (-es; ⸚e) parchment (*or* vellum) binding *or* volume; **2en** *adj.* (of) parchment; parchment-like.

pergamen'tieren *v/t.* (*h.*) parchmentize.

Perga'ment...: ~papier *n* parchment paper, thick vellum; grease-proof paper; **~rolle** *f* scroll of parchment.

Pergamin [-'mi:n] *n* (-*s*) pergamyn, imitation parchment.

Period|e [pe'rio:də] *f* (-; -*n*) period; cycle; *math., mus.* repetend; *meteor.* spell; *el.* (complete) cycle; *~n pl. je Sekunde* cycles per second (*abbr.* cps), *usu.* cycles; *physiol.* period, menses *pl.*; **~enumformer** *el. m* frequency changer; **~enzahl** *el. f* frequency, number of cycles; **2isch** *adj.* periodic(al); *math. ~er Dezimalbruch* recurring decimal; *~ erscheinende Zeitschrift* periodical; *phys. ~es System der Elemente* periodic table.

Periodizität [perioditsi'tɛ:t] *f* (-) periodicity.

peripher [-'fe:r] *adj.* peripheral; *mil. ~e Verteidigung* perimeter defen|ce, *Am.* -se.

Peripherie [-fe'ri:] *f* (-; -*n*) circumference, periphery; outskirts *pl.* (*of town*).

peri'pherisch *adj.* peripheric(al).

Periskop [peri'sko:p] *n* (-*s*; -e) periscope.

Perkussion [pɛrku'sio:n] *f* (-) percussion; **~szylinder** *m* percussion fuse.

perkutan [-'tɑ:n] *adj.* percutaneous.

Perl-asche [pɛrl-] *f* (-) pearl-ash.

'Perle *f* (-; -*n*) pearl; bead; *fig.* gem, jewel; *~n vor die Säue werfen* cast (one's) pearls before swine.

'perlen *v/i.* (*h.*) *drink*: rise in pearls, sparkle, effervesce; *sweat*: bead (*j-m von der Stirne* a p.'s forehead); glisten; *tones*: pearl; *laughter*: ripple.

'Perlen...: ~fischer *m* (**~fische'rei** *f*) pearl fisher(y); **~kette, ~schnur** *f* string of pearls *or* beads; pearl necklace; **~sticke'rei** *f* embroidery in pearls, beading.

'Perl...: 2grau *adj.* pearl-grey; **~graupen** *f/pl.* pearl-barley; **~huhn** *n* guinea-fowl *or* -hen; **~korn** *n rifle*: bead sight; **~muschel** *f* pearl-oyster; **~mutt** *n* (-*s*), **~mutter** *f* (-) mother-of-pearl, nacre; **~mutterglanz** *m* nacreous lustre, *Am.* -er; **~schrift** *typ. f* pearl; **~zwiebel** *f* pearl-onion.

permanen|t [pɛrma'nɛnt] *adj.* permanent; **2z** *f* (-) permanence.

Permanganatlösung [pɛrmaŋga-'nɑ:t-] *chem. f* permanganate solution.

perniziös [pɛrni'tsiø:s] *med. adj.* pernicious.

peroral [pɛrˀo'rɑ:l] *med. adv.* per os, perorally.

Perpendikel [pɛrpɛn'di:kəl] *m and n* (-*s*; -) pendulum; *math.* perpendicular.

perplex [pɛr'plɛks] *adj.* perplexed, bewildered, dum(b)founded.

Persenning [pɛr'zɛniŋ] *mar. f* (-; -e[*n*]) tarpauling.

Perser(in *f*) ['pɛrzər(in)] *m* (-*s*, -; -, -*nen*) Persian.

'Perserteppich *m* Persian carpet.

Persianer [-'ziɑ:nər] *econ. m* Persian lamb(skin).

Persiflage [pɛrsi'flɑ:ʒə] *f* (-; -*n*) persiflage.

persiflieren [-'fli:-] *v/t.* (*h.*) satirize, burlesque.

'persisch *adj.* Persian; (of) Iran.

Person [pɛr'zo:n] *f* (-; -*en*) person; individual; *w.s.* personage; *thea.* character, part, rôle; *~en pl. der Handlung* dramatis personae; *jur. dritte ~* third party; → *juristisch*; *alle(s) in einer ~* all rolled in one; *die eigene ~* one's self; *10 Mark pro ~* a head; *ich für meine ~* I for one (*or* my part), as for me; *in (eigener) ~* in person, personally, himself, herself; *jur. von ~ bekannt* of known identity.

Personal [-zo'nɑ:l] *n* (-*s*) personnel, staff, employees *pl.*; attendants, servants *pl.*; *aer. fliegendes ~* flying personnel, air crews *pl.*; *ständiges ~* permanent staff; *mit ~ versehen* staff; *unser ~ reicht nicht aus* we are understaffed *or* short-handed; **~abbau** *m* reduction of staff; **~abteilung** *f* staff department, *Am.* personnel division; **~akte** *f* personnel file; **~amt** *n* personnel office; *Brit.* Records Office, *Am.* Personnel Division; **~angaben** *f/pl.* personal data; **~aufwendungen** *f/pl.* salaries and wages; **~ausweis** *m* identity card; **~bestand** *m* (number of) personnel; **~büro** *n* personnel office; **~chef** *m* personnel manager; **~gesellschaft** *f* company with unlimited liability, personal partnership; **~ien** [-'nɑ:liən] *pl.* particulars, personal data; *j-s ~ aufnehmen* obtain the particulars *of a p.*; **~kredit** *m* personal credit; **~pronomen** *gr. n* personal pronoun; **~union** *f* personal union; **~wechsel** *m* (-*s*) personal changes *pl.*, relief (*of a p.*).

Per'sonen...: ~aufzug *m* (passenger) lift, *Am.* elevator; **~beförderung** *f* conveyance of passengers, passenger service; **~beschreibung** *f* physical description; **~dampfer** *m* passenger-boat; **~kraftwagen** *m* passenger car, motorcar, *Am. a.* automobile; **~kreis** *m* circle; *adm.* category of persons; **~kult** *m* personality cult; **~schaden** *m* personal injury; **~stand** *m* (-es) (personal) status; **~standsregister** *n* register of births, deaths and marriages; **~vereinigung** *f* association; **~verkehr** *m* passenger traffic; **~verzeichnis** *n* list of persons; *thea.* dramatis personae; **~wagen** *m rail.* passenger carriage, coach; *mot.* → *Personenkraftwagen*; **~zug** *rail. m* **a**) passenger-train, **b**) omnibus (*Am.* accomodation *or* way) train.

Personifi|kation [pɛrzonifika-'tsio:n] *f* (-) personification; embodiment; **2zieren** [-fi'tsi:-] *v/t.* (*h.*) personify, impersonate, embody.

persönlich [-'zø:nliç] **I.** *adj.* personal; private (*opinion, etc.*; *a. on letters*); *~e Auslagen* out-of-pocket expenses; *~e Beleidigung* personal abuse; → *Habe*; *~ werden* make personal remarks, take to personalities; **II.** *adv.* personally, in person; himself (*or* herself); *~ haften* be personally liable; et. *~ nehmen* take a th. personally; **2keit** *f* (-; -*en*) personality; personage; **2keitsrecht** *n jur.* right of privacy; **2keitsspaltung** *f* dual (*or* split) personality.

Perspektiv [pɛrspɛk'ti:f] *opt. n* (-*s*; -e) telescope, field-glass; **~e** [-və] *f* (-; -*n*) perspective, *fig. a.* prospect, view; **2isch** *adj.* perspective; *fig.* prospective.

Peru [pe'ru:, -ru] *n* (-*s*) Peru; **Peru'an|er(in** *f*) *m* (-*s*, -; -, -*nen*), **2isch** *adj.* Peruvian.

Perücke [pɛ'rykə] *f* (-; -*n*) wig; toupee.

'Perurinde *f* Peruvian bark, cinchona.

pervers [pɛr'vɛrs] *adj.* perverse; *~er Mensch* pervert; **Perversität** [-zi'tɛ:t] *f* (-; -*en*) perverseness, perversity.

Pessar [pɛ'sɑ:r] *med. n* (-*s*; -e) pessary.

Pessimismus [pɛsi'mis-] *m* (-) pessimism.

Pessi'mist *m* (-*en*; -*en*), **~in** *f* (-; -*nen*) pessimist; **2isch** *adj.* pessimistic(ally *adv.*).

Pest [pɛst] *f* (-) plague, pestilence; epidemic; *fig.* pest, nuisance; *ich hasse es wie die ~* I hate it like poison; *er haßt ihn wie die ~ Am. a.* he hates his guts; '**2artig** *adj.* pestilential; '**~beule** *f med.* plague-boil, bubo; *fig.* → '**~flecken** *m* plague-spot; '**~geruch** *m* pestilential smell; '**~hauch** *m* miasma; **~ilenz** [-'lɛnts] *f* (-; -*en*) pestilence; '**2krank** *adj.* plague-infected; '**~luft** *f* pestilential (*or* foul) air.

Petent [pe'tɛnt] *m* (-*en*; -*en*) petitioner.

Petersilie [petər'zi:ljə] *f* (-; -*n*) parsley.

'**Peterskirche** *f* St. Peter's (Church).

Petit [pə'ti:] *typ. f* (-) brevier.

Petition [peti'tsio:n] *f* (-; -*en*) petition.

Petiti'onsweg *m*: *auf dem ~e* by way of petition.

Petroleum [pe'tro:leum] *n* (-*s*) petroleum, crude (*or* rock) oil, *Am. a.* (mineral) oil; paraffin, *esp. Am.* kerosene; **~gesellschaft** *f* petroleum (*Am.* oil) company; **2haltig** *adj.* containing petroleum; **~kocher** *m* petroleum stove; **~lampe** *f* oil lamp, *Am.* kerosene lamp; **~ofen** *m* oil burner; **~quelle** *f* oil-well.

Petschaft ['pɛtʃaft] *n* (-*s*; -*e*) seal, signet.

Petunie [pe'tu:niə] *bot. f* (-; -*n*) petunia.

Petz [pɛts] *m* (-*es*; -*e*): *Meister ~* (Master) Bruin; '**~e** *f* (-; -*n*) bitch; she-bear; → *Petzer(in)*.

'**petzen** *colloq. v/t. and v/i.* (*h.*) tell tales (et. of a th.); *gegen j-n*: peach on, *ped.* sneak against.

'**Petzer(in** *f*) *m* (-*s*, -; -, -*nen*) telltale, sneak.

Pfad [pfa:t] *m* path, track.

'**Pfadfinder** *m* (-*s*; -) boy scout; *aer.* pathfinder; *fig.* pioneer; **~bewegung** *f* (-) Boy Scout Movement; **~in** *f* (-; -*nen*) girl guide, *Am.* girl scout.

'**pfadlos** *adj.* pathless.

Pfaffe ['pfafə] *contp. m* (-*n*; -*n*) cleric, priest, parson; **~nstück** *n cul.* parson's (*or* Pope's) nose; **~ntum** *n* (-*s*) priesthood, clericalism; *collect.* parsons, priests *pl.*

pfäffisch ['pfɛfiʃ] *adj.* priest-like, clerical.

Pfahl [pfa:l] *m* (-[*e*]*s*; ⸚*e*) stake, pale, pile; post; prop; pole; *surv.* picket; *hist.* pillory; *fig. ~ im Fleisch* thorn in one's flesh; *in meinen vier Pfählen* within my four walls; '**~bau** *m* (-[*e*]*s*; -*ten*) pile-work; *hist.* **~ten** *pl.* lake-dwellings; '**~bauer** *m* (-*s*; -) lake-dweller; '**~brücke** *f* pile bridge.

pfählen ['pfɛ:lən] *v/t.* (*h.*) enclose with a paling; prop; *hist. jur.* impale.

'**Pfahl...**: **~ramme** *f* pile driver; **~rost** *m* (-*es*; -*e*) pile grating; **~werk** *n* paling, pile-work; *mil.* palisade; **~wurzel** *f* tap-root; **~zaun** *m* paling, stockade.

Pfalz [pfalts] *f* (-): *die ~* the Palatinate; '**~graf** *m* Count Palatine.

pfälzisch ['pfɛltsiʃ] *adj.* of the Palatinate, Palatine.

Pfand [pfant] *n* (-[*e*]*s*; ⸚*er*) pledge, gage; *econ.* deposit, security; mortgage; *games*: forfeit; *als ~ für* in pledge of; *als ~ halten* hold in pledge; *als* (*or in*) *~ nehmen* accept as pledge, take as security; take in pawn; *ein ~ einlösen* redeem a pledge, take a th. out of pledge; *zum ~e setzen* (put in) pawn; mortgage; pledge (*one's honour*), stake (*one's life*).

pfändbar ['pfɛntbar] *adj. jur.* seizable, attachable, distrainable.

'**Pfandbrief** *econ. m* mortgage-deed; *stock exchange*: mortgage debenture (*Am.* bond); **~bank** *f* (-; -*en*) mortgage bank.

pfänden ['pfɛndən] *v/t.* (*h.*) seize (as a pledge *or* security); *jur.* distrain upon (*a p. or th.*); attach (*claim*); impound (*cattle*).

'**Pfänderspiel** *n* (game of) forfeits.

'**Pfand...**: **~geber(in** *f*) *m* → *Pfandschuldner*; **~(leih)haus** *n* pawnshop, *Am.* loan office; **~leiher** *m* pawnbroker; **~nehmer(in** *f*) *m* pledgee; mortgagee; **~recht** *n* (-[*e*]*s*) law of distraint and mortgage; *subjective*: lien, *contractual*: pledge; **~schein** *m* pawn-ticket; *econ.* certificate of pledge; **~schuld** *f* mortgage debt; **~schuldner(in** *f*) *m* pledger; mortgager.

'**Pfändung** *f* (-; -*en*) seizure; distraint, attachment; garnishment; **~sbefehl** *jur. m* warrant of distress; **~sbeschluß** *m* order of attachment; **~sverfahren** *n* attachment proceedings.

Pfanne ['pfanə] *f* (-; -*n*) pan; *tech.* ladle; *anat.* socket; *e-e ~voll* a panful; *fig. et. auf der ~ haben* have a th. on (the) fire; **~nknorpel** *anat. m* acetabular cartilage; **~nstiel** *m* pan-handle.

'**Pfannkuchen** *m* pancake; *Berliner ~* doughnut.

Pfarr|amt ['pfarˀamt] *n* **a**) incumbency, **b**) rectory, **c**) pastorate; **~bezirk** *m* parish.

'**Pfarre, Pfarrei** [-'raı] *f* (-; -*n*) → *Pfarramt, Pfarrbezirk, Pfarrgemeinde, Pfarrhaus, Pfarrstelle.*

'**Pfarrer** *m* (-*s*; -) parson; rector, vicar; minister.

'**Pfarr...**: **~gemeinde** *f* parish; **~haus** *n* parsonage; rectory, vicarage; **~kind** *n* parishioner; **~kirche** *f* parish church; **~sprengel** *m* parish; **~stelle** *f* benefice, (church) living.

Pfau [pfau] *m* (-[*e*]*s*; -*en*) peacock.

'**Pfauen...**: **~auge** *n* peacock-butterfly; **~feder** *f* peacock's feather; **~henne** *f* peahen.

Pfeffer ['pfɛfər] *m* (-*s*; -) pepper; *spanischer ~* cayenne(-pepper); *fig. ~ und Salz* (*pattern*) pepper and salt; *colloq. das ist starker ~* that's a bit too thick; *dorthin gehen, wo der ~ wächst* go to Jericho; → *Hase*; **~büchse** *f* pepper-box; **~gurke** *f* gherkin; **2ig** *adj.* peppery; **~korn** *n* peppercorn; **~kraut** *n* savory; **~kuchen** *m* gingerbread; **~minze** *f* peppermint; **~minzplätzchen** *n* peppermint (drop); **2n** *v/t.* (*h.*) pepper, season; *colloq. fig.* chuck, fling; *~ auf* (*acc.*) pepper (*or* pelt) at; *gepfeffert fig.* sharp; exorbitant, steep (*price, etc.*); spicy (*joke, etc.*); **~nuß** *f* ginger(bread)-nut; **~strauch** *m* pepper-shrub.

Pfeife ['pfaıfə] *f* (-; -*n*) whistle; pipe; *mil.* fife; *mus.* (organ-)pipe; *hunt.* bird-call; (tobacco) pipe; *fig.* → *tanzen.*

'**pfeifen I.** *v/i.* (*h.*) whistle (*dat.* to, for), blow a whistle; *bullet, wind*: whistle, whiz; *thea.* hiss; *radio*: howl; *fig. ~ auf* (*acc.*) not to care a rap for; **II.** *v/t.* (*h.*) whistle (*a tune*); *fig. ich pfeife ihm was* he may whistle for it; → *Loch.*

'**Pfeifen...**: **~deckel** *m* pipe-lid; *colloq. fig. ja ~!* nothing doing!; **~halter** *m* pipe rack; **~kopf** *m* pipe-bowl; **~reiniger** *m* pipe cleaner; **~rohr** *n*, **~stiel** *m* pipe-stem; **~spitze** *f* mouthpiece of a pipe; **~stopfer** *m* (-*s*; -) pipe-stopper; **~ton** *m* (-[*e*]*s*; ⸚*e*) pipe-clay.

'**Pfeifer** *m* (-*s*; -) whistler; fife-player, piper.

'**Pfeif|kessel** *m* whistling kettle; **~konzert** *n* cat-calls *pl.*; **~patrone** *mil. f* whistling cartridge; **~signal** *n* whistle signal.

Pfeil [pfaıl] *m* (-[*e*]*s*; -*e*) arrow (*a. sign*), bolt; dart; *arch.* camber (*of an arch*); → *Pfeilhöhe.*

'**Pfeiler** *m* (-*s*; -) pillar (*a. fig.*); column; pier (*of bridge*); post; prop; standard (*of machine*); **~bogen** *m* pier-arch.

'**Pfeil...**: **~flügel** *aer. m* swept(-back) wing; **~form** *f mil.* arrow (*or* wedge) formation; *aer.* sweep (-back); **2förmig** *adj.* arrow-shaped; **2gerade I.** *adj.* (as) straight as an arrow; **II.** *adv.*: *er kam ~ auf uns zu* he made a beeline for us; **~gift** *n* arrow poison, curare; **~höhe** *f arch.* height of crown, rise; *tech.* ratio of deflection to width between supports; sag; **~motor** *m* V-type engine; **2schnell** *adj.* (as) swift as an arrow; **~schuß** *m* arrow-shot; **~schütze** *m* archer; **~spitze** *f* arrow-head; **~wurfspiel** *n* (game of) darts; **~wurz(el)** *f* arrow-root; **~zeichnung** *tech. f* functional diagram.

Pfennig ['pfɛniç] *m* (-[*e*]*s*; -*e*) *fig.* penny, farthing, *Am.* cent; *er hat keinen ~* he hasn't a penny to his name; **~fuchser(in** *f*) *m* (-*s*, -; -, -*nen*) pinch-penny.

Pferch [pfɛrç] *m* (-[*e*]*s*; -*e*) fold, pen; '**2en** *v/t.* (*h.*) pen, fold; *fig.* cram.

Pferd [pfɛrt] *n* (-[*e*]*s*; -*e*) horse; *chess*: knight; *gym.* vaulting-horse; *ein ~ besteigen* mount a horse, climb into saddle; *vom ~e steigen* dismount; *zu ~e* **a**) on horseback, **b**) mounted (*troops, etc.*); *fig. aufs falsche ~ setzen* back the wrong horse; *das ~ beim Schwanz aufzäumen* put the cart before the horse; *sich aufs hohe ~ setzen* ride the high horse; *er arbeitet wie ein ~* he works like a horse; *keine zehn ~e bringen mich dahin* wild horses won't drag me there; *mit ihr kann man ~e stehlen* she is a good sport; → *Gaul, Roß.*

'**Pferde...** [-də-]: **~bahn** *f* horse-tram; **2bespannt** *adj.* horse-

-drawn; **~bremse** *f* horse-fly; **~decke** *f* horse blanket; **~dieb** *m* horse-thief; **~fleisch** *n* horse-flesh, horse-meat; **~fliege** *f* → *Pferdebremse*; **~fuhrwerk** *n* horse-drawn vehicle; **~fuß** *m* club-foot; *fig.* cloven hoof; **~futter** *n* fodder, provender; **~geschirr** *n* harness; **~haar** *n* horse hair; **~handel** *m* trade in horses, horse-dealing; **~händler** *m* horse dealer (*Am.* trader); **~huf** *m* horse's hoof; **~knecht** *m* groom; ostler; **~koppel** *f* paddock, *Am. a.* corral; **~kraft** *f* → *Pferdestärke*; **~länge** *f sports*: *um zwei ~en* by two lengths; **~liebhaber** *m* horse-fancier; **~markt** *m* horse fair; **~mist** *m* horse-dung; **~natur** *f*: *er hat e-e ~* he is as strong as a horse; **~rennbahn** *f* race-course, *Am.* race track; **~rennen** *n* horse race; **~schwanz** *m* horse's tail; *of girl*: pony tail; **~schwemme** *f* horse-pond; **~stall** *m* stable; **~stärke** *tech. f* (PS) horse power (*abbr.* h.p. *or* H.P.); **~verstand** *fig. m* horse sense; **~wagen** *m* horse carriage; **~wechsel** *m* change of horses, relay; **~zucht** *f* horse breeding; **~züchter** *m* breeder of horses.

pfiff [pfif] *pret. of pfeifen.*

Pfiff *m* whistle; *thea.* catcall; *fig.* trick; ginger; *e-r Sache den richtigen ~ geben* ginger (*or* jazz) up a th., give it the right twist.

Pfifferling ['pfifərliŋ] *m* (-[e]s; -e) *bot.* chanterelle; *fig.* trifle, straw; *keinen ~ wert* not worth a rush.

'**pfiffig** *adj.* cunning, sly; knowing (*look, smile*); **♀keit** *f* (-) cunning, artfulness, craftiness.

'**Pfiffikus** *colloq. m* (-[ses]; -[se]) sly dog, artful dodger.

Pfingst|en ['pfiŋst-] *n* (-), **~fest** *n* Whitsun(tide); **~'montag** *m* Whit-Monday; **~ochse** *colloq. m*: *geputzt wie ein ~* dressed up to the nines; **~rose** *bot. f* peony; **~'sonntag** *m* Whitsunday; **~woche** *f* Whit-week; **~zeit** *f* Whitsuntide.

Pfirsich ['pfirziç] *m* (-[e]s; -e) peach; **~baum** *m* peach(-tree); **~blüte** *f* peach-blossom; **~kern** *m* peach-stone.

Pflanze ['pflantsə] *f* (-; -n) plant; **♀n** *v/t.* (*h.*) plant (*a. fig.*), set; pot; → *an-, ein-, aufpflanzen.*

'**Pflanzen...**: **~anatomie** *f* phytotomy; **~beschreibung** *f* phytography; **~butter** *f* vegetable butter; **~chemie** *f* phytochemistry; **~eiweiß** *n* (-es) vegetable albumin; **~faser** *f* vegetable fib|re, *Am.* -er; **~fett** *n* vegetable fat (*or cul.*: shortening); **♀fressend** *adj.* herbivorous; **~fresser** *m* herbivore; **~kenner(in** *f*) *m* botanist; **~kost** *f* vegetable diet; **~krankheit** *f* plant disease; **~kunde, ~lehre** *f* (-) botany; **~leben** *n* (-s) plant life; **~öl** *n* vegetable oil; **~reich** *n* ([e]s) → *Pflanzenwelt*; **~saft** *m* sap; juice of plants; **~sammlung** *f* herbarium; **~schleim** *m* mucilage; **~schutz** *m* plant protection; **~schutzdienst** *m* phytopathological service; **~schutzmittel** *n* plant-protective agent; **~tier** *n* zoophyte; **~welt** *f* (-) flora, vegetable kingdom; **~zucht** *f* plant breeding.

'**Pflanzer(in** *f*) *m* (-s, -; -, -nen) planter; settler, colonist.

'**Pflanzkartoffel** *f* seed potato.

'**pflanzlich** *adj.* vegetable.

Pflänzling ['pflɛntsliŋ] *m* (-[e]s; -e) seedling.

'**Pflanz...**: **~schule** *f* nursery; *fig.* → **~stätte** *f fig.* nursery, seminary, *esp. b.s.* hotbed.

'**Pflanzung** *f* (-; -en) plantation; settlement, colony.

Pflaster ['pflastər] *n* (-s; -) *med.* plaster; *fig.* salve, sop; *englisches ~* court-plaster; adhesive (plaster); (road) pavement; *med. ein ~ auflegen* apply a plaster, *fig.* salve; *fig. ein teures ~* an expensive place (to live in); **~arbeit** *f* paving; **~bohrer** *m* road drill; **~er** *m* (-s; -) paviour, *esp. Am.* paver; **♀n** *v/t.* (*h.*) *med.* plaster (up); patch (*shoe, etc.*); pave (*road*); **~stein** *m* paving-stone; cobble; **~straße** *f* paved street; **~treter** *colloq. m* (-s; -) loafer, idler.

Pflaume ['pflaumə] *f* (-; -n) plum; prune.

'**Pflaumen...**: **~baum** *m* plum-tree; **~kern** *m* plum-stone; **~kuchen** *m* plum-tart; **~mus** *n* plum-jam; **~schlehe** *f* bullace; **♀weich** *adj.* (*a.*) soft as a plum; *fig.* weak-kneed.

Pflege ['pfle:gə] *f* (-; -n) care; grooming; nursing; (child-)care, rearing; cultivation (*of garden, arts, relations*); *tech.* maintenance; *~ und Wartung* preventive maintenance; *in ~* at nurse; *Kind in ~ geben* put a child out to nurse (*or* to board); *in ~ nehmen* take charge of; *gute ~ angedeihen lassen* take good care of, look well after; **♀bedürftig** *adj.* needing care; **~befohlene(r** *m*) *f* charge, ward; **~dienst** *mot. m* service; **~eltern** *pl.* foster-parents; **~heim** *n* charity; nursing home; **~kind** *n* foster-child, nurs(e)ling; **~mittel** *n* dressing, polish; **~mutter** *f* foster-mother.

'**pflegen I.** *v/t.* (*h.*) attend to; nurse; tend; cultivate (*garden, arts, friendship, etc.*); groom; conserve, preserve; *e-r Sache*: apply o.s. to, carry on, keep up (*a th.*); → *Rat, Umgang*; *der Ruhe ~* take one's ease, rest; *sich ~* **a)** take care of o.s., **b)** take it easy, pamper o.s.; → *gepflegt*; **II.** *v/i.* (*h.*): *zu tun ~* be accustomed (*or* used, wont) to, be in the habit of (*ger.*); *sie pflegte zu sagen* she used to say, she would say; *so pflegt es zu gehen* that's the way it goes; *das pflegt so zu sein* that it usually the case; *solche Streiche ~ schlecht auszugehen* such tricks will turn out badly.

'**Pfleger** *m* (-s; -), **~in** *f* (-; -nen) fosterer; *med.* (*m* male) nurse; guardian, curator; curator, trustee; conservator; *fig.* promoter.

'**Pflege...**: **~schwester** *med. f* attending nurse; **~sohn** *m* foster-son; **~tochter** *f* foster-daughter; **~vater** *m* foster-father.

pfleglich ['pfle:kliç] **I.** *adj.* careful; **II.** *adv.*: *~ behandeln* take good care of, be easy on; conserve, husband, nurse.

'**Pflegling** [-kliŋ] *m* (-[e]s; -e) foster child; charge, ward.

'**Pflegschaft** *f* (-; -en) guardianship; curatorship; trust(eeship).

Pflicht [pfliçt] *f* (-; -en) duty (*gegen* to); obligation, liability; responsibility; office; *verdammte ~ und Schuldigkeit* bounden duty; *sports*: compulsory exercise; → *Pflichtspiel, etc.*; *s-e ~ tun* fulfil(l) one's duty, do one's bit; *j-m et. zur ~ machen* urge a th. on a p., make a p. responsible for (doing) a th.; *sich et. zur ~ machen* make it one's duty to *inf.*

'**Pflicht...**: **~aktie** *f* qualifying share; **~beitrag** *m* quota; **♀bewußt** *adj.* conscious of one's duty, responsible; **~bewußtsein** *n* sense of duty; **~eifer** *m* zeal; **♀eifrig** *adj.* zealous (in one's duty); **~enkreis** *m* duties, responsibilities *pl.*; **~erfüllung** *f* performance of one's duty; **~exemplar** *n* deposit copy; **~fach** *n* compulsory subject; **~figur** *f skating*: compulsory (*or* school) figure; **~gefühl** *n* (-s) sense of duty; **♀gemäß I.** *adj.* in conformity with one's duty, due, incumbent; dutiful; **II.** *adv.* duly, dutifully, as in duty bound; **♀getreu** *adj.* dutiful, conscientious, loyal, faithful; **♀ig** → *pflichtschuldig*; **~lektüre** *f* required reading, set books *pl.*; **♀schuldig I.** *adj.* in duty bound; obligatory, liable; **II.** *adv.* duty; **~spiel** *n soccer*: league match; **~teil** *jur. m or n* legal (*or* compulsory) portion; **♀treu** *adj.* dutiful, faithful; **~treue** *f* dutifulness, loyalty, devotion; **~turnen** *n* set work; **~übung** *f sports*: set exercise; **♀vergessen** *adj.* undutiful; disloyal; **~vergessenheit** *f* dereliction (of duty); **~verletzung** *f* violation of (one's duty); **~versäumnis** *f* (-) neglect of duty, shortcoming; **~versicherung** *f* compulsory insurance; **~verteidiger** *jur. m* assigned counsel, ex-officio defence counsel; **♀widrig** *adj.* contrary to (one's) duty, undutiful, disloyal.

Pflock [pflɔk] *m* (-[e]s; ⸚e) peg, plug; pin.

pflöcken ['pflœkən] *v/t.* (*h.*) peg, plug; picket.

pflog [pflo:k] *pret. of pflegen.*

pflück|en ['pflyk-] *v/t.* (*h.*) pick, gather; **♀maschine** *f* picker; **♀salat** *m* leaf lettuce.

Pflug ['pflu:k] *m* (-[e]s; ⸚e) plough, *Am.* plow; *unter den ~ nehmen* put to the plough, bring into cultivation; **~balken** *m* plough-beam; **~eisen** *n* co(u)lter.

pflügbar ['pfly:k-] *adj.* arable.

'**pflügen** *v/t. and v/i.* (*h.*) plough, *Am.* plow.

'**Pflüger** *m* (-s; -) ploughman.

'**Pflug...**: **~messer** *n* co(u)lter; **~schar** *f* plough-share; **~stellung** *f skiing*: double stem position; **~sterz** *f* plough-handle, stilt.

Pfort-ader ['pfɔrt-] *anat. f* portal vein.

Pförtchen ['pfœrt-] *n* (-s; -) small door *or* gate.

'**Pforte** *f* (-; -n) gate, door; *mar.* port.

'**Pförtner** *m* (-s; -) gate-keeper; porter, door-keeper, *Am.* doorman;

janitor; *anat.* pylorus; **~haus** *n*, **~wohnung** *f* keeper's lodge; **~in** *f* (-; *-nen*) portress, porter's wife; janitress.

Pfosten ['pfɔstən] *m* (-*s*; -) post, upright; (door, *etc.*) jamb; *tech.* standard; stake; *soccer*: (goal) post.

Pfote ['pfo:tə] *f* (-; *-n*) paw (*a. humor.* = hand); *colloq. fig.* fist, scrawl.

Pfriem [pfri:m] *tech. m* (-[e]*s*; -*e*) awl; punch; *typ.* bodkin.

Pfropf [pfrɔpf] *m* (-[e]*s*; -*e*), **~en** *m* (-*s*; -) stopper; cork; plug; wad; *pharm.* tampon, plug; *med.* **a**) embolus, plug, **b**) thrombus, **c**) core (*of boil*), **d**) plug (*of ear-wax*).

'**pfropfen** *v/t.* (*h.*) stopper, cock; cram (*in acc.* into), stuff (full of); *gepfropft voll* crammed (full); *agr.* graft.

'**Pfropfenzieher** *m* corkscrew.

'**Pfropf...:** **~messer** *n* grafting knife; **~reis** *n* graft, scion.

Pfründe ['pfryndə] *eccl. f* (-; *-n*) prebend; benefice, living; *fig.* sinecure.

Pfuhl [pfu:l] *m* (-[e]*s*; -*e*) pool, puddle; *fig.* sink, slough.

Pfühl [pfy:l] *m or n* (-[e]*s*; -*e*) pillow; cushion; couch.

pfui! ['pfui] *int.* fie!, phew!, (for) shame!; boo!; *~ über ihn!* fie upon him!; **2ruf** *m* cry of shame; boo.

Pfund [pfunt] *n* (-[e]*s*; -*e*) **1.** pound (*abbr.* lb., *pl.* lbs.); *4 ~ Butter* four pounds of butter; **2.** *~ (Sterling)* pound (sterling) (*abbr.* £); *Zahlung erfolgt in ~* payment is in sterling; *fig. mit s-m ~e wuchern* use one's talent, make the most of one's opportunities.

'**pfundig** [-diç] *colloq. adj.* great, ripping, *Am.* swell, solid.

'**Pfund...:** **~kurs** *m* sterling exchange; **~leder** *n* sole-leather; **~skerl** *colloq. m* topper, brick, *Am.* great guy; **~ssache** *colloq. f* great thing, knockout.

Pfuscharbeit ['pfuʃ-] *f* → *Pfuscherei.*

'**pfuschen** *v/i. and v/t.* (*h.*) bungle, botch, scamp; → *Handwerk.*

'**Pfuscher(in** *f*) *m* (-*s*, -; -, *-nen*) bungler, botcher; quack.

Pfusche'rei *f* (-; *-n*) bungling, botching; bad job, scamped work.

Pfütze ['pfytsə] *f* (-; *-n*) puddle, pool.

Phalanx ['fa:laŋks] *f* (-; *-'langen*) phalanx, (*a. fig.*) array.

phallisch ['faliʃ] *adj.* phallic.

Phänomen [fɛno'me:n] *n* (-*s*; -*e*) phenomenon; **phänomenal** [-me-'na:l] *adj.* phenomenal.

'**Phänotyp** *biol. m* phenotype.

Phantasie [fanta'zi:] *f* (-; *-n*) imagination, fancy; inventiveness, invention; (fantastic) vision, fantasy; day-dream; *mus.* fantasia, reverie; *s-e ~ hat ihm e-n Streich gespielt* his imagination has got the better of him (*or* run wild); **~bild, ~gebilde** *n* vision; **2los** *adj.* unimaginative; dull; pedestrian; **~losigkeit** *f* (-) lack of imagination, dullness; **~preis** *m* fancy price; **2reich** *adj.* imaginative; **2ren** *v/i. and v/t.* (*h.*) dream, indulge in fancies *or* day-dreams; ramble, rave (*von* about); *med.* be delirious *or* raving; *er phantasiert a.* his mind is wandering; *mus.* improvise; **2voll** *adj.* imaginative.

Phantast(in *f*) [-'tast(in)] *m* (-*en*, -*en*; -, *-nen*) visionary, dreamer.

Phantaste'rei *f* (-; *-en*) fantasy, fantastic ideas *pl.*, imagination run wild.

phan'tastisch *adj.* fantastic (*a. fig.* = incredible), visionary, fanciful; wild (*ideas*); great, first-rate, terrific.

Phantom [fan'to:m] *n* (-*s*; -*e*) phantom; *fenc.* dummy; *med.* manikin, anatomical model.

Pharisä|er [fari'zɛ:ər] *m* (-*s*; -) Pharisee; **2isch** *adj.* pharisaic(al), self-righteous.

Pharma|kologe [farmako'lo:gə] *m* (-*n*; -*n*) pharmacologist; **~kolo'gie** *f* pharmacology; **~zeut** [-'tsɔʏt] *m* (-*en*; -*en*) pharmacist; pharmaceutical chemist, *Am.* druggist; **~'zeutik** *f* (-) pharmaceutics *pl.*; **2'zeutisch** *adj.* pharmaceutical; **~'zie** *f* (-) pharmacy.

Phase ['fa:zə] *f* (-; *-n*) phase (*a. el.*), stage.

'**Phasen...:** **~anzeiger** *m* phase indicator; **~diagramm** *n* phase pattern; **2frei** *adj.*: *~er Widerstand* nonreactive resistor; **2gleich** *adj.* in phase; **~messer** *m* phase meter; **~schieber** *m* phase converter; **~spannung** *f* phase voltage; **~umkehr** *f* phase reversal; **~verschiebung** *f* phase displacement; **~verzögerung** *f* phase lagging; **~zahl** *f* number of phases.

Phenol [fe'no:l] *chem. n* (-*s*) phenol; **~kunststoff** *m* phenolic.

Phenyl [-'ny:l] *chem. n* (-*s*) phenyl.

Philanthrop [filan'tro:p] *m* (-*en*; -*en*), **~in** *f* (-; *-nen*) philanthropist; **2isch** *adj.* philanthropic(ally *adv.*).

Philatel|ie [filate'li:] *f* (-) philately; **~ist** *m* (-*en*; -*en*) philatelist.

philharmonisch [filhar'mo:niʃ] *adj.* philharmonic.

Philister [fi'listər] *m* (-*s*; -) Philistine, *fig. a.* sobersides, square; **2haft** *adj.* philistine, narrow-minded.

Philo|log [filo'lo:k] *m* (-*en*; -*en*), **~loge** [-'lo:gə] *m* (-*n*; -*n*), **~'login** *f* (-; *-nen*) philologist; **~lo'gie** *f* (-; *-n*) philology; **2'logisch** *adj.* philological.

Philo|soph [-'zo:f] *m* (-*en*; -*en*), **~'sophin** *f* (-; *-nen*) philosopher; **~sophie** [-zo'fi:] *f* (-; *-n*) philosophy; **2so'phieren** *v/i.* (*h.*) philosophize (*über acc.* on); **2'sophisch** *adj.* philosophical.

Phiole [fi'o:lə] *f* (-; *-n*) phial, vial.

Phlegma ['flɛgma] *n* (-*s*) phlegm; **Phlegmatiker(in** *f*) [-'ma:-] *m* (-*s*, -; -, *-nen*) phlegmatic person; **phleg'matisch** *adj.* phlegmatic.

Phobie [fo'bi:] *f* (-; *-n*) phobia.

Phonet|ik [fo'ne:tik] *f* (-) phonetics *pl.* (*usu. sg.*); **~iker(in** *f*) *m* (-*s*, -; -, *-nen*) phonetician; **2isch I.** *adj.* phonetic; *~e Schrift* phonetic transcription; **II.** *adv.* phonetically; *~ darstellen* phoneticize, *Am. a.* transcribe.

Phönix ['fø:niks] *m* (-[e]*s*; -*e*) ph(o)enix.

Phöniz|ier(in *f*) [fø'ni:tsiər(in)] *m* (-*s*, -; -, *-nen*), **2isch** *adj.* Phoenician.

Phono|'graph [fono-] *m* (-*en*; -*en*) phonograph; '**~super** *m* radiogram.

Phosgen [fɔs'ge:n] *chem. n* (-*s*) phosgene.

Phosphat [-'fa:t] *chem. n* (-[e]*s*; -*e*) phosphate; **2isch** *adj.* phosphatic.

Phosphor ['fɔsfɔr] *chem. m* (-*s*) phosphorus; **~(brand)bombe** *f* phosphorous (incendiary) bomb; **~eisen** *n* ferrophosphorus.

Phosphores|zenz [-rɛs'tsɛnts] *f* (-) phosphorescence; **~zieren** [-'tsi:-] *v/i.* (*h.*) phosphoresce; **~d** phosphorescent.

'**Phosphor...:** **~geschoß** *mil. n* phosphorous bullet *or* shell; **2haltig** *adj.* phosphorated; **2ig** *adj.* phosphorous; **2isch** *adj.* phosphoric; **~metall** *n* phosphide; **2sauer** *adj.* phosphate of; **~säure** *f* (-) phosphoric acid.

Photo ['fo:to] *n* (-*s*; -*s*) photo; **~album** *n* photo-album; **~apparat** *m* camera; **~chemie** *f* photochemistry; **2elektrisch** *adj.* photo-electric; **2gen** [foto'ge:n] *adj. biol.* photogenic (*a. phot.*); **~gramme'trie** *f* (-) photogrammetry; **~graph(in** *f*) [-'gra:f(in)] *m* (-*en*, -*en*; -, *-nen*) photographer.

Photographie [-gra'fi:] *f* (-; *-n*) (*picture*) photograph, photo, picture; (-) (*art*) photography; **2ren** *v/t. and v/i.* (*h.*) photograph; take a picture of; *sich ~ lassen* have one's photo(graph) taken; *er läßt sich gut ~* he photographs well.

photo'graphisch *adj.* photographic; *~e Kartenaufnahme* photographic mapping.

Photo...: **~gra'vüre** *typ. f* photo-engraving; **~ko'pie** *f* photostat(ic copy); **~ko'pierapparat** *m* photostat(ic machine); **2ko'pieren** *v/t.* photostat; **~'meter** *phys. n* photometer; **~me'trie** *f* (-) photometry; **~mon'tage** *f* photo montage.

Photon [fo'to:n] *phys. n* (-*s*; -*en*) photon.

'**Photozelle** *f* photocell.

Phrase ['fra:zə] *f* phrase; cliché, *Am. a.* bromide; *esp. pol.* catchphrase; *leere ~n* empty words, claptrap; *~n dreschen* indulge in windy rhetoric; **~ndrescher, ~nmacher** *m* phrasemonger; gas-bag; **2nhaft** *adj.* empty, windy; bombastic, rhetorical.

Phraseologie [-zeolo'gi:] *f* (-; *-n*) phraseology.

phra'sieren *mus. v/t.* (*h.*) phrase.

phrenetisch [fre'ne:-] → *frenetisch.*

Phreno|log(e) [-no'lo:k, -'lo:gə] *m* (-[e]*n*; -[e]*n*) phrenologist; **~logie** [-lo'gi:] *f* (-) phrenology; **2'logisch** *adj.* phrenologic(al).

pH-Wert [pe:'ha:-] *phys. m* pH value.

Physik [fy'zi:k] *f* (-) physics *sg.*

physikalisch [-'ka:-] *adj.* physical; *~-chemisch* physico-chemical.

Physiker(in *f*) ['fy:zi-] *m* (-*s*, -; -, *-nen*) physicist.

'**Physikum** *med. n* (-*s*) preliminary medical examination.

Phy'sikunterricht *m* instruction in physics; physics lesson.

'**Physikus** *m* (-; *-se*) district medical officer.
Physiognomie [fyziogno'mi:] *f* (-; *-n*) physiognomy.
Physio|loge [-'lo:gə] *m* (*-n*; *-n*) physiologist; **~logie** [-lo'gi:] *f* (-) physiology; **♀'logisch** *adj.* physiologic(al).
'**physisch** *adj.* physical.
Pianino [pia'ni:no] *n* (*-s*; *-s*) upright piano.
Pia'nist(in *f*) *m* (*-en*, *-en*; *-*, *-nen*) pianist.
Piano('forte) [pi'ɑ:no] *n* (*-s*; *-s*) piano(-forte).
picheln ['piçəln] *colloq. v/i.* (*h.*) tipple, booze.
pichen ['piçən] *v/t.* (*h.*) pitch; wax (*shoes*).
Picke ['pikə] *f* (-; *-n*) pick(axe).
Pickel ['pikəl] *m* (*-s*; -) *med.* pimple; *tech.* pick(axe); ice-pick; **~haube** *f* spiked helmet; **~hering** *m* bloater, pickled herring.
pick(e)lig ['pik(ə)liç] *adj.* pimpled, pimply.
picken ['pikən] *v/t.* (*h.*) pick, peck.
Picknick ['piknik] *n* picnic.
pieken ['pi:kən] *v/t. and v/i.* (*h.*) prick; sting.
piepe ['pi:pə] *colloq. adj.*: *das ist mir ~* I don't care a damn.
piep(s)en ['pi:p(s)ən] *v/i.* (*h.*) cheep, chirp, pipe; *radio*: bleep; *mice*: squeak; *colloq. fig. bei dir piept's wohl?* are you dotty (*or* nuts)?; *es* (*er*) *war zum Piepen* it (he) was a (perfect) scream.
'**Piepmatz** [-mats] *m* (*-es*; *-e*) dick(e)y-bird.
Pier [pi:r] *mar. m* (*-s*; *-e*) pier.
piesacken ['pi:zakən] *colloq. v/t.* (*h.*) torment, harass, badger, plague.
Pietät [pie'tɛ:t] *f* (-) reverence; deference; piety; filial love; **♀los** *adj.* irreverent; **~losigkeit** *f* irreverence; outrage; **♀voll** *adj.* reverent.
Pietismus [-'tis-] *m* (-) pietism.
Pie'tist *m* (*-en*; *-en*), **~in** *f* (-; *-nen*) pietist, *b.s.* bigot; **♀isch** *adj.* pietistical; *b.s.* bigoted.
piezo-elektrisch [pi'e:tso-] *adj.* piezoelectric(al).
Pigment [pig'mɛnt] *n* (*-[e]s*; *-e*) pigment; **~bildung** *f* pigment formation, chromogenesis; **~farbe** *f* pigment colo(u)r.
pigmentieren [-'ti:-] *v/t.* (*h.*) pigment; *sich ~* become pigmented.
Pig'mentpapier *n* pigment paper.
Pik [pik] **1.** *m* (*-s*; *-e*) (mountain) peak; *fig.* grudge, ranco(u)r; *e-n ~ auf j-n haben* have it in for a p.; **2.** *n* (*-s*; *-s*) *cards*: spade(s *pl.*).
pikant [pi'kant] *adj.* piquant, spicy, *fig. a.* suggestive, risqué (*joke, etc.*); *cul. a.* highly seasoned, pungent; *das ♀e n* (the) piquancy.
Pikante'rie *f* (-; *-n*) piquant (*or* spicy) story, risqué remark.
'**Pik...**: **~as** *n* (**~dame** *f*) ace (queen) of spades.
Pike ['pikə] *f* (-; *-n*) pike; *fig. von der ~ auf dienen* rise from the ranks.
Pikee [pi'ke:] *m* (*-s*; *-s*) piqué.
pikfein *colloq. adj.* smart, tiptop, posh, slap-up, *Am.* snazzy.
pikier|en [-'ki:-] *v/t.* (*h.*) pique, nettle; **~t** *adj.* piqued (*über acc.* about).
Pikkolo ['pikolo] *m* (*-s*; *-s*) boy waiter; *mus.* piccolo.
Pikrinsäure [pi'kri:n-] *chem. f* (-) picric acid.
Pilatus [pi'lɑ:tus] *m* (-): *Pontius ~* Pontius Pilate; *fig.* → *Pontius.*
Pilger ['pilgər] *m* (*-s*; -), **~in** *f* (-; *-nen*) pilgrim; **♀n** *v/i.* (*sn*) go on (*or* make) a pilgrimage; *w.s.* wander, flock, troop; **~fahrt**, **~schaft** *f* (-; *-en*) pilgrimage; **~stab** *m* pilgrim's staff.
Pille ['pilə] *f* pill; *fig. e-e bittere ~* a bitter pill (to swallow); *verzukkerte ~* sugar-coated pill (*a. fig.*); **~ndreher** *humor. m* pill-driver; **~nschachtel** *f* pill-box.
Pilot [pi'lo:t] *m* (*-en*; *-en*), **~in** *f* (-; *-nen*) pilot.
Pilz [pilts] *m* (*-es*; *-e*) fungus; mushroom; toadstool; *fig. wie ~e aus der Erde schießen* mushroom (up); '**♀förmig** *adj.* fungiform; '**~gattung** *f* fungus family; '**♀ig** *adj.* fungous, mushroom-like; '**~isolator** *el. m* mushroom insulator; '**~krankheit** *f* mycosis; '**~kunde** *f* mycology; '**♀tötend** *adj.* fungicidal; '**~vergiftung** *f* mushroom poisoning.
pimpelig ['pimpəliç] *colloq. adj.* sickly; sissy, effeminate.
Pinakothek [pinako'te:k] *f* (-; *-en*) picture-gallery.
Pinasse [pi'nasə] *mar. f* (-; *-n*) pinnace.
pingelig ['piŋəliç] *colloq. adj.* finicky, over-pedantic.
Pingpong ['piŋpɔŋ] *n* (*-s*; *-s*) ping-pong.
Pinguin ['piŋgui:n] *m* (*-s*; *-e*) penguin.
Pinie ['pi:niə] *f* (-; *-n*) stone-pine.
Pinke ['piŋkə] *colloq. f* (-) cash, dough.
'**Pinkel** *m* (*-s*; -): *feiner ~* swell.
'**pinkeln** *colloq. v/i.* (*h.*) pee, piss.
Pinne ['pinə] *f* (-; *-n*) peg; tack; tenon, pivot; centre-pin (*of compass*); tiller (*for oars*).
Pinscher ['pinʃər] *m* (*-s*; -) terrier.
Pinsel ['pinzəl] *m* (*-s*; -) (paint-)brush; *feiner ~* pencil; *fig.* fathead.
Pinse'lei *f* (-; *-n*) doub(ing).
'**Pinsel...**: **~führung** *f* touch, brushwork; **♀n** *v/i.* (*h.*) handle the brush; *v/t. and v/i.* (*h.*) paint; daub; **~stiel** *m* brush-handle; **~strich** *m* stroke of the brush; brush-mark.
Pinzette [pin'tsɛtə] *f* (-; *-n*) (*e-e ~* a pair of) tweezers; *med.* forceps.
Pionier [pio'ni:r] *m* (*-s*; *-e*) pioneer, *Am. a.* trail-blazer; *mil.* engineer (soldier); sapper; **~arbeit** *f* spade-work, pioneer work; **~bataillon** *mil. n* engineer battalion; *leichtes ~* field engineer battalion; *schweres ~* engineer construction battalion; **~depot** *n* engineer depot; **~korps** *n* Corps of Engineers; **~truppe** *f* engineers *pl.*
Pips [pips] *m* (*-es*) pip.
Pipette [pi'pɛtə] *f* (-; *-n*), **pipettieren** [-'ti:-] *v/t.* (*h.*) pipette.
Pirat [pi'rɑ:t] *m* (*-en*; *-en*) pirate; **Piraterie** [-ratə'ri:] *f* (-; *-n*) piracy.
Pirol [pi'ro:l] *orn. m* (*-s*; *-e*) oriole.
Pirouette [piru'ɛtə] *f* (-; *-n*) pirouette.
Pirsch [pirʃ] *hunt. f* (-) still-hunting, deer-stalking; *auf die ~ gehen* → '**♀en** *v/i.* (*h.*) go deer-stalking, hunt, stalk (the deer); **~jagd** *f* → *Pirsch*; **~jäger** *m* still-hunter, deer-stalker.
Pisang ['pi:zaŋ] *bot. m* (*-s*; *-e*) plaintain.
Pisse ['pisə] *vulg. f* (-; *-n*) piss; **♀n** *v/i.* (*h.*) piss.
Pissoir [pi'soɑ:r] *n* (*-s*; *-e*) lavatory, urinal.
Pistazie [pi'stɑ:tsiə] *bot. f* (-; *-n*) pistachio(-nut).
Piste ['pistə] *f* (-; *-n*) beaten track; *sports*: course; *aer.* runway.
Pistole [pi'sto:lə] *f* (-; *-n*) pistol, *Am. a.* gun; *mit vorgehaltener ~* at pistol-point; *fig. j-m die ~ auf die Brust setzen* hold a pistol to a p.'s head; *wie aus der ~ geschossen* like a shot.
Pi'stolen...: **~duell** *n* duel (fought) with pistols; **~griff** *m* pistol-grip; **~schuß**, **~schütze** *m* pistol-shot; **~tasche** *f* holster.
pittoresk [pito'rɛsk] *adj.* picturesque.
Pivotlager [pi'vo:lɑ:gər] *tech. n* pivot bearing.
placier|en [pla'tsi:-] *v/t.* (*h.*) place; *econ. e-e Emission ~* place an issue; negotiate (*bill of exchange*); realize (*security*); *sports*: *den Ball ~* place the ball; *sich ~* be placed (second, *etc.*); **~t** *adj.* well-placed (*shot*).
placken ['plakən]: *sich ~* (*h.*) drudge, slave.
Placke'rei *f* (-; *-n*) harassing; drudgery, grind.
plädieren [plɛ'di:rən] *v/i.* (*h.*) plead (*für* for).
Plädoyer [plɛdoa'je:] *n* (*-s*; *-s*) pleading.
Plage ['plɑ:gə] *f* (-; *-n*) trouble, vexation, bother, nuisance; torment; *usu. bibl.* plague; *jeder Tag hat s-e ~* sufficient for the day is the evil thereof; **~geist** *m* tormentor, gadfly, bore.
'**plagen** *v/t.* (*h.*) torment, vex, bother, harass, plague; pester; worry, haunt, prey on *a p.'s* mind; *sich ~* toil, drudge, slave; take trouble *or* pains (*mit* about); *ihn plagt der Teufel* the devil rides him; *von der Gicht geplagt* troubled (*or* afflicted) with.
Plagiat [pla'giɑ:t] *n* (*-[e]s*; *-e*) plagiarism; *ein ~ begehen* plagiarize; **~or** *m* (*-s*; *-'toren*) plagiarist.
Plaid [ple:t] *m and n* (*-s*; *-s*) plaid; travelling-rug.
Plakat [pla'kɑ:t] *n* (*-[e]s*; *-e*) poster, placard, bill; **~ankleber** *m* (*-s*; -) bill-sticker; **~anschlag** *m* (*-s*; *⸚e*) (displayed) poster; **~farbe** *f* poster colo(u)r.
plakatieren [-ka'ti:-] **I.** *v/t.* (*h.*) placard(ize); **II.** *v/i.* (*h.*) stick bills.
Pla'kat...: **~maler** *m* poster artist; **~male'rei** *f* poster-painting; **~säule** *f* advertisement pillar, *Am.* advertising pillar; pillar post; **~schild** *econ. n* show-card; **~träger** *m* sandwich-man; **~werbung** *f* poster publicity; **~zeichner** *m* → *Plakatmaler.*
Plakette [pla'kɛtə] *f* (-; *-n*) plaquette, tablet; plaque, badge; medal.

Plan [plɑːn] *m* (-[e]s; ⸚e) **1.** plan; design, intention; project, scheme; *b.s.* plot, scheme; *concrete*: plan; map; diagram; blueprint; draft; chart; layout; schedule; *Pläne schmieden* make (*or* hatch) plans, scheme; **2.** plain, level ground; arena; battlefield; *fig. auf den ~ rufen* call up; *auf den ~ treten* enter the lists, *w.s.* make an appearance.

plan *adj.* plane, level, horizontal.

ˈ**Plan...:** **~drehbank** *f* facing lathe; **2drehen** *tech. v/t.* (*h.*) face (down).

Plane [ˈplɑːnə] *f* (-; -*n*) awning, tilt, canvas hood; tarpaulin.

ˈ**Pläne|macher, ~schmied** *m* schemer, projector.

ˈ**planen** *v/t. and v/i.* (*h.*) plan; project, *tech. a.* blueprint; map out; schedule, time; phase; *b.s.* plot, scheme; propose; envisage.

ˈ**Planer** *m* (-*s*; -) planner; designer.

Planet [plaˈneːt] *m* (-*en*; -*en*) planet.

plane|tarisch [-neˈtɑː-] *adj.* planetary; **2ˈtarium** *n* (-*s*; -*ien*) planetarium.

Plaˈneten...: **~bahn** *f* orbit of a planet; **~getriebe** *tech. n* planetary gear(ing).

ˈ**Plan...:** **~film** *phot. m* sheet film; **~fräsen** *tech. n* face milling; **~fräsmaschine** *f* horizontal milling machine.

planier|en [-aˈniːr-] *v/t.* (*h.*) level, plane; grade; *metall.* planish; *bookbinding*: size; **2maschine** *f*, **2raupe** *f* grader; bulldozer; angledozer.

Planimetrie [-nimeˈtriː] *f* (-) plane geometry, planimetry; **planimetrisch** [-ˈmeː-] *adj.* planimetric(al).

Planke [ˈplaŋkə] *f* (-; -*n*) plank, (thick)board.

Plänkeˈlei [plɛŋkə-] *mil. f* (-; -*n*) skirmishing; **plänkeln** *v/i.* (*h.*) skirmish (*a. fig.*); ˈ**Plänkler** *m* (-*s*; -) skirmisher.

Plankton [ˈplaŋktɔn] *n* (-*s*) plankton.

ˈ**Plan...:** **2los I.** *adj.* planless, aimless, haphazard; unsystematic; **II.** *adv.* without a fixed plan; at random; **~losigkeit** *f* (-) aimlessness, desultoriness; **2mäßig I.** *adj.* systematic, (well) planned; scheduled (*train, etc.*); methodical; regular (*post*); **II.** *adv.* according to plan *or* schedule; as planned; **~mäßigkeit** *f* (-) method(icalness); systematical arrangement; **~pause** *f* traced map; blueprint; **~quadrat** *n* grid square.

Plansch|becken [ˈplanʃ-] *n* paddle-pond; **2en** *v/i. and v/t.* (*h.*) splash, paddle.

ˈ**Plan...:** **~scheibe** *tech. f* faceplate; **~schießen** *mil. n* map firing; **~schleifen** *tech. n* face grinding; **~schlitten** *tech. m* facing slide; **~soll** *n* target, quota; **~spiegel** *m* plane mirror; **~spiel** *mil. n* map manoeuvre (*Am.* maneuver); **~stärke** *mil. f* authorized strength; **~stelle** *f* place authorized in the budget; *freie ~* vacancy.

Plantage [planˈtɑːʒə] *f* (-; -*n*) plantation.

ˈ**Plan...:** **~ung** *f* (-; -*en*) planning, plan; *tech. a.* blueprint(ing); layout; *zeitliche*: timing, phasing, scheduling; budget(ing); *in der ~ sein* be in the planning (*or* blueprint) stage; **~ungs-amt** *n* planning board; **~ungsforschung** *f* operations research; **~ungs-ingenieur** *m* production planning engineer; **2voll** *adj.* methodical, systematic(ally *adv.*); **~vorschub** *tech. m* transverse feed; **~wagen** *m* covered (*or* tilt) wag(g)on; **~wirtschaft** *f* (-) planned economy; **~zeichnen** *n* plotting; **~ziel** *n* target, planned output; *das ~ nicht erreichen* remain below plan.

Plapperei [plapəˈraɪ] *f* (-; -*en*) chatter(ing), babble, prattle.

ˈ**Plapper|maul** *n* chatterbox; **2n** *v/i. and v/t.* (*h.*) chatter, babble, prattle.

plärren [ˈplɛrən] *colloq. v/i. and v/t.* (*h.*) blubber, snivel, cry; bawl; *radio, etc.*: blare.

Plasma [ˈplasma] *n* (-*s*; -*men*) plasm; *nuclear physics*: plasma.

Plastik [ˈplastik] *f* (-; -*en*) plastic art; sculpture; *med., tech.* plastic; *fig.* graphic power, plasticity (*of style, etc.*).

Plastilin [-tiˈliːn] *n* (-*s*) plasticine.

ˈ**plastisch** *adj.* plastic; three-dimensional; *fig.* graphic, full of plasticity; *~e Chirurgie* plastic surgery.

Platane [plaˈtɑːnə] *f* (-; -*n*) plane (-tree).

Plateau [plaˈtoː] *n* (-*s*; -*s*) plateau, table-land.

Platin [ˈplɑːtiːn] *n* (-*s*) platinum; **~blech** *n* platinum sheet; **~blonde** *f* platinum blonde; **~cyanür** *chem. n* (-*s*; -) platinocyanide; **~draht** *m* platinum wire; **~e** *f* (-; -*n*) plate, mill bar; **2haltig** *adj.* platiniferous.

platinieren [-tiˈniː-] *v/t.* (*h.*) platinize.

platonisch [plaˈtoːniʃ] *adj.* Platonic(ally *adv.*).

platsch! [platʃ] *int.* dash!, splash!; **2en** *v/i.* (*sn*) splash.

plätschern [ˈplɛtʃərn] *v/i.* (*h.*) *water*: ripple, murmur, babble; *im Wasser ~* paddle (*or* splash about) in the water; *colloq. fig.* trifle.

platt [plat] *adj.* flat; level, even; flattened (out); low; *~ auf der Erde* flat on the ground; *~ drücken* flatten; *fig.* trivial, commonplace, trite; flat, insipid, stale; *colloq. ~ (vor Staunen)* dum(b)founded, taken aback, flabbergasted; *ich war einfach ~* you could have knocked me down with a feather; *language*: (*a.* *2 n*) → *~deutsch.*

Plätt... [ˈplɛt-]: **~anstalt** *f* → *Plätterei*; **~brett** *n* ironing-board; **~chen** *n* (-*s*; -) small plate; *a. anat.* lamina; *bot.* lamella.

ˈ**plattdeutsch** *adj. and* **2(e)** *n* (-[e]n) Low German.

ˈ**plattdrücken** *v/t.* flatten.

Platte [ˈplatə] *f* (-; -*n*) plate; dish; tray, salver; platter; *kalte ~* cold meats *pl.*; *tech.* panel; plate (*a. phot., typ.*); sheet; lamina; (stone) slab, flag; tile; (table) top, leaf; plaque; (rock) ledge, slab; plateau, tableland; (gramophone) disk, record; *colloq. fig.* line; *die pathetische ~ auflegen* pull the pathetic stop; patch; bare spot; bald head *or* pate, bald patch; dental plate; *colloq. die ~ putzen* beat it, scram.

ˈ**Plätt-eisen** *n* flat-iron.

plätten [ˈplɛtən] *v/t.* (*h.*) flatten; iron (*laundry*); flag (*floor*); *tech., metall.* laminate, plate.

ˈ**Platten...:** **~abzug** *typ. m* stereotyped proof; **~druck** *typ. m* stereotype (printing); **~kassette** *phot. f* plate holder; **~kondensator** *m* plate condenser; **~leger** *m* floor tiler, paver; **~spieler** *m* record-player; *radio*: turntable, pickup; *Radio mit eingebautem ~* radiogram, *Am.* radiophonograph; **~wechsler, ~wender** *m* (-*s*; -) automatic record changer.

ˈ**platterdings** *adv.* absolutely, utterly; downright.

Plätterei [-təˈraɪ] *f* (-; -*en*) ironing (*or* pressing) shop.

ˈ**Plätterin** *f* (-; -*nen*) ironer.

ˈ**Platt...:** **~form** *f* platform; **~formwagen** *m* platform car, *Am.* flatcar; **~fuß** *m* flat-foot; *colloq. mot.* flat; **~fußeinlage** *f* arch-support, instep-raiser; **2füßig** *adj.* flat-footed.

Plattheit [ˈplathaɪt] *f* (-; -*en*) flatness; *fig.* staleness, insipidity; triviality, commonplace, banality, *Am. a.* bromide.

plattieren [-ˈtiː-] *tech. v/t.* (*h.*) plate.

ˈ**Platt...:** **~nase** *f* flat nose; **2nasig** *adj.* flat-nosed; **~stickeˈrei** *f* flat (*or* plain) embroidery.

ˈ**Plättwäsche** *f* linen to be ironed.

Platz [plats] *m* (-es; ⸚e) place; spot, *Am. a.* point; room, space; locality; site; seat; position; *öffentlicher ~* public place, square, circus; *mil.* training area, ground; (sports) field, pitch; (tennis) court; *mil. fester ~* fortress, stronghold; *~ behalten* keep one's place, stay seated; *~ machen* (*dat.*) make way *or* room (for); *~ nehmen* take (*Am.* have) a seat, sit down; *fig. am ~e sein* be in place *or* order; *nicht am ~e sein* be out of place, be uncalled for; *s-n ~ behaupten* hold one's own, stand one's ground; *~ greifen* gain ground, spread, take place, arise; *mil. auf dem ~e bleiben* be killed; *~ da!* make way!, move on!; *to dog*: *~!* down!; *ist hier noch ~?* is there any room (*or* a seat free) here?; *es ist kein ~ mehr* there is no room left; *bis auf den letzten ~ gefüllt* packed to capacity; *sports*: *auf eigenem (gegnerischem) ~* at home (out-of-town); *den dritten ~ belegen* be placed third, come in third; *auf die Plätze!* get to your marks!; *econ. auf ausländischen Plätzen* on places abroad; *am dortigen (hiesigen) ~* in your (this) town; **~angst** *f* agoraphobia; ˈ**~anweiser(in** *f*) *m* (-*s*, -; -, -*nen*) usher(ette); ˈ**~bedarf** *m econ.* local requirements *pl.*; *tech.* floor space required.

Plätzchen [ˈplɛtsçən] **1.** snug (little) place; spot; patch *of shade*; **2.** pastil, lozenge; biscuit, *Am.* cookie, cracker.

platzen [ˈplatsən] *v/i.* (*sn*) burst, *bomb, etc.*: *a.* explode; crack, split, *med.* rupture; *tyre*: blow out; *fig. ins Zimmer ~* burst into the room; *vor Ungeduld, Neugier, etc., ~* burst with impatience, curiosity, *etc.*; *project*: come to nothing, collapse, *a. theory*: explode; *colloq. meeting*: be dissolved; *fig. ~ lassen, zum 2 bringen* explode; *zum 2 voll* chockful, bursting; *econ. der Wechsel ist geplatzt* the bill was dishonoured, *Am. a.* bounced; *ihm ist e-e Ader geplatzt* he burst a blood vessel; *uns ist ein Reifen geplatzt* we had a puncture *or* blowout; → *Kragen.*

'Platz...: **~feuer** *aer. n* airfield light; **~flug** *aer. m* local flight; **~geschäft** *econ. n* local business; **~händler** *m* local dealer; **~herren** *m/pl. sports*: home team; **~karte** *rail. f* ticket for a reserved seat; **~kommandant** *mil. m* commandant; **~major** *m* town major; **~mangel** *m (-s)* lack of space *or* room; **~meister** *m sports*: groundsman; **~patrone** *f* blank cartridge; *mit ~n schießen* fire blank; **2raubend** *adj.* taking up too much room, bulky; **~regen** *m* cloudburst, downpour; **~reisende(r)** *econ. m* town-traveller; **~runde** *aer. f* aerodrome traffic circuit; e-e *~ fliegen* fly a circle over the aerodrome; **~vertreter** *econ. m* local agent; **~wart** *m sports*: groundsman; **~wechsel** *m* **1.** change of place (*sports*: ends); **2.** *econ.* local (*or* town) bill; **~ziffer** *f sports*: place number.

Plauderei [plaudə'raı] *f (-; -en)* chat; *radio*: talk; small talk; tittle-tattle.

'Plauder|er *m (-s; -)*, **~in** *f (-; -nen)* conversationalist, talker, prattler.

'plauderhaft *adj.* talkative, chatty.

'plaudern *v/i. (h.)* (have a) chat, (*mit* with), talk (to); chatter, prattle, gossip; *fig. aus der Schule ~* tell tales (out of school), blab.

'Plauder...: **~stündchen** *n* cozy chat; **~tasche** *colloq. f* chatterbox; **~ton** *m (-[e]s)* conversational tone.

plausibel [plau'zi:bəl] *adj.* plausible; *~ machen* make plausible.

Plazenta [pla'tsɛnta] *anat., bot. f (-; -s)* placenta. [*placieren.*]

plazieren [pla'tsi:rən] *v/t. (h.)* →

Plebej|er(in *f*) [ple'be:jər(in)] *m (-s, -; -, -nen)* plebeian; *fig.* bounder, cad; **2isch** *adj.* plebeian, vulgar.

Plebiszit [plebis'tsi:t] *n (-[e]s; -e)* plebiscite.

Plebs [plɛps] *f (-)* rabble, mob, populace.

Pleite ['plaıtə] *colloq. f (-; -n) econ.* bankruptcy, smash; *fig.* failure, flop, washout; *~ machen* go bankrupt, go broke *or* smash, *Am. sl.* go bust; *2 adj.* (dead) broke, *Am. a.* bust; **~geier** *m the* wolves *pl.*

plemplem [plɛm'plɛm] *colloq. adj.* gaga, nuts.

Plenarsitzung [ple'nɑ:r-] *f* plenary meeting.

Plenum ['ple:num] *n (-s; Plena) parl.* plenum.

Pleonas|mus [pleo'nasmus] *m (-; -men)* pleonasm; **2tisch** *adj.* pleonastic(ally *adv.*).

Pleuelstange ['plɔʏəl-] *tech. f* connecting rod.

Pleuritis [plɔʏ'ri:tis] *med. f (-)* pleurisy.

Plinse ['plinzə] *f (-; -n)* pancake.

Plissee [pli'se:] *n (-s; -s)* pleating; **~rock** *m* pleated skirt.

plissieren [-'si:-] *v/t. (h.)* pleat, kilt.

Plombe ['plɔmbə] *f (-; -n)* seal, lead, lead seal; *mot.* governor seal; *med.* stopping, filling, plug.

plombieren [-'bi:-] *v/t. (h.)* seal, lead; *med.* stop, fill, plug (*a tooth*).

Plötze ['plœtsə] *ichth. f (-; -n)* roach.

plötzlich ['plœtsliç] **I.** *adj.* sudden; abrupt, sharp; unexpected; **II.** *adv.* suddenly, *etc.*; all of a sudden; *colloq. aber etwas ~!* make it snappy!; **2keit** *f (-)* suddenness.

Pluderhosen ['plu:dər-] *f/pl.* wide breeches; plus fours.

Plumeau [ply'mo:] *n (-s; -s)* eiderdown (quilt), *Am.* comforter.

plump [plump] *adj.* plump, podgy; clumsy, awkward, heavy; coarse, crude; tactless, blunt; gross (*flattery, lie*); ponderous (*style*); *~-vertraulich* chummy; **2heit** *f (-; -en)* clumsiness, *etc.*

Plumps [plumps] *m (-es; -e)*, *2 int.* plump, plop, thud; **2en** *v/i. (h., sn)* plump, plop, flop.

Plunder ['plundər] *m (-s)* lumber, stuff, *Am.* junk; rags *pl.*; trash, rubbish; *colloq. der ganze ~* the whole lot (*or* bag of tricks).

Plünderer ['plyndər-] *m (-s; -)* plunderer, pillager.

'plünder|n *v/t. and v/i. (h.)* plunder; pillage, sack, loot; rob, strip (*person*); *w.s.* strip, despoil (*tree*); rifle; **2ung** *f (-; -en)* plundering, pillage, sacking, looting.

Plural ['plu:rɑ:l] *m (-s; -e)*, **Pluralis** [plu'rɑ:lis] *gr. m (-; -le)* plural (number); **plu'ralisch** *adj.* plural; **plura'listisch** *adj.* pluralistic.

Plus [plus] *n (-; -)* plus mark; surplus; increase; *fig.* plus, asset; **plus** *adv.* plus.

Plüsch [ply:ʃ] *m (-es; -e)* plush; **2artig** *adj.* plush-like, plushy.

'Plus...: **~leitung** *el. f* plus wire; **~pol** *el. m* positive pole; positive element; **~punkt** *m* credit point; *fig.* plus; **~quamperfekt(um)** [-kvampɛrfɛkt(um)] *gr. n* pluperfect (tense), past perfect; **~zeichen** *n* plus mark *or* sign.

Plutokratie [plutokra'ti:] *f (-; -n)* plutocracy.

Plutonium [-'to:nium] *phys. n (-s)* plutonium.

Pneumat|ik [pnɔʏ'mɑ:tik] **1.** *phys. f (-)* pneumatics; **2.** *m (-s; -s)* pneumatic tyre (*Am.* tire); **2isch** *adj.* pneumatic(ally *adv.*).

Pöbel ['pø:bəl] *m (-s)* mob, rabble; **2haft** *adj.* vulgar, low, plebeian; **~haufe** *m* mob; **~herrschaft** *f* mob rule.

pochen ['pɔxən] *v/t. and v/i. (h.)* knock, rap, tap; *heart*: beat, throb; *tech.* pound, batter; *mining*: stamp; *fig. ~ auf (acc.)* boast of, presume (up)on; insist (up)on; *auf sein gutes Recht ~* stand on one's rights; **'Pochen** *n (-s)* knocking, knocks *pl.*; rapping, *etc.*

'Poch...: **~erz** *n* ore (as mined); **~gestein** *n* stamp rock; **~hammer** *m* ore-hammer; **~mühle** *f* stamp mill; **~spiel** *n cards*: poker; **~stempel** *m* stamp die; **~werk** *n* → *Pochmühle.*

Pocke ['pɔkə] *med. f (-; -n)* pock (-mark); *~n pl.* smallpox; **~n-erreger** *m*, **~ngift** *n* smallpox virus; **~n-impfung** *f* vaccination; **~nnarbe** *f* pockmark; **2nnarbig**, **'pockig** *adj.* pockmarked, pitted (with smallpox).

Podagra ['po:dagra] *med. n (-s)* podagra, gout.

Podest [po'dɛst] *m and n (-es; -e)* pedestal (*a. fig.*); *of stairs*: landing; *fig. von s-m ~ stoßen* debunk; →

Podium ['po:dium] *n (-s; -ien)* podium, platform, stage; *~gespräch* panel discussion.

Poesie [poe'zi:] *f (-; -n)* poetry; **2los** *fig. adj.* prosaic, prosy, pedestrian.

Poet [po'e:t] *m (-en; -en)* poet; **~ik** *f (-; -en)* poetics *pl.*; **~in** *f (-; -nen)* poetess; **2isch** *adj.* poetic(al).

Pogrom [po'gro:m] *m (-s; -e)* pogrom.

Pointe ['poẽtə] *f (-; -n)* point; punch line; **2los** *adj.* blind; **pointiert** [-'ti:-] *adj.* pointed, captious.

Pokal [po'kɑ:l] *m (-s; -e)* goblet; *sports*: cup; **~endspiel** *n* Cup Final; **~spiel** *n* cup tie.

Pökel ['pø:kəl] *m (-s; -)* pickle, brine; **~faß** *n* pickling tub; **~fleisch** *n* salt (*or* cured) meat; **~hering** *m* pickled (*or* red) herring; **2n** *v/t. (h.)* pickle, salt, cure.

pokulieren [poku'li:rən] *v/i. (h.)* drink, carouse, booze.

Pol [po:l] *m (-s; -e)* pole, *el. a.* terminal; *el. positiver (negativer) ~* positive (negative) pole *or* element, anode (cathode); *fig. der ruhende ~* the one constant factor.

polar [po'lɑ:r-] *adj.* polar (*a. el.*); *in ~em Gegensatz zu* in direct opposition to; **2eis** *n* polar ice; **2expedition** *f* polar expedition; **2forscher** *m* polar explorer; **2front** *f meteor.* polar front; **2fuchs** *m* arctic fox; **2hund** *m* Eskimo dog, husky.

Polarisation [-lariza'tsio:n] *f (-)* polarization.

polarisieren [-ri'zi:-] *v/t. (h.)* polarize.

Polari'tät *f (-)* polarity.

Po'lar...: **~kreis** *m* polar (arctic *or* antarctic) circle; **~licht** → *Nordlicht*; **~stern** *m (-[e]s)* pole-star; **~zone** *f* frigid zone.

Pole ['po:lə] *m (-en; -en)* Pole.

Polemik [po'le:mik] *f (-; -en)* polemics *pl.*; polemic, controversy; **~er** *m (-s; -)* polemic(ist), controversialist; **po'lemisch** *adj.* polemic(al); **polemisieren** [-mi'zi:-] *v/i. (h.)* polemize (*gegen* against).

'polen [po:lən] *el. v/t. (h.)* polarize.

Police [po'li:sə] *f (-; -n)* (insurance) policy; *offene ~* open (*Am.* unvalued) policy; *e-e ~ ausstellen (nehmen)* issue (take out) a policy.

Polier [po'li:r] *tech. m (-s; -e)* foreman; **2en** *v/t. (h.)* polish, burnish; planish (*sheet-iron*); furbish; buff; **~er(in** *f*) *m (-s, -; -, -nen)* polisher, burnisher; **~leder** *n* chamois leather; **~mittel** *n* polishing material *or* paste, abrasive; **~rot** *n* rouge; **~scheibe** *f* polishing wheel.

Poliklinik ['po:li-] *f* policlinic, outpatients' department.

Polin ['po:lin] *f (-; -nen)* Pole.

Politbüro [po'li:t-] *n* politburo.

Politik [poli'ti:k] *f* (-; -*en*) policy; politics *pl.*; ~ *der starken Hand* get-tough policy; *sich der* ~ *widmen* go into politics; *über* ~ *sprechen* talk politics; → *machen III.*

Politiker(in *f*) [-'li:ti-] *m* (-*s*, -; -, -*nen*) politician; statesman, policy-maker.

Po'litikum *n* (-*s*; -*ka*) political issue.

po'litisch *adj.* political; *fig.* politic.

politisieren [-ti'zi:-] **I.** *v/i.* (*h.*) talk politics; **II.** *v/t.* (*h.*) politicize, make politically conscious.

Politologe [-to'lo:gə] *m* (-*n*; -*n*) political analyst (*or* scientist).

Politur [poli'tu:r] *f* (-; -*en*) polish, lust|re, *Am.* -er, finish; varnish; *fig.* polish, refinement; *contp.* veneer.

Polizei [poli'tsaɪ] *f* (-; -*en*) police; **~aufgebot** *n* posse (of constables); **~aufsicht** *f* (*unter* under) police supervision, (under) surveillance; **~be-amte(r)** *m* police officer; → *Polizist*; **~behörde** *f* police (authorities *pl.*); **~dienst** *m* police service; **~gefängnis, ~gewahrsam** *n* police jail, lock-up; **~gericht** *n* police court; **~gewalt** *f* power of police; **~hund** *m* police-dog; **~knüppel** *m* truncheon, *Am.* club; **~kommissar** *m* (police) inspector; **⁓lich** *adj.* (of *or* by the) police; ~*e Anmeldung* (*Abmeldung*) report of (change of) address to the police; *unter* ~*er Aufsicht* under police supervision, under surveillance; **~macht** *f* police force; **~posten** *m* police picket; **~präsident** *m* Chief Constable, *Am.* Chief of the Police, Police Chief; **~präsidium** *n* police headquarters *pl.*; **~revier** *n* police station; precinct; **~richter** *m* police magistrate; **~schutz** *m*: *unter* ~ under police guard; **~spion, ~spitzel** *m* police spy, stool pigeon; **~staat** *m* police state; **~streife** *f* police patrol; police squad; police patrolman; (police) raid; **~streifenwagen** *m* → *Streifenwagen*; **~stunde** *f* closing-hour; curfew; **~truppe** *f* military police force; **~wache** *f* → *Polizeirevier*; **⁓widrig** *adj.* contrary to police regulations; *adv. humor. fig.* infernally *stupid.*

Polizist [-'tsist] *m* (-*en*; -*en*) policeman, constable; detective; **~in** *f* (-; -*nen*) policewoman.

Polka ['pɔlka] *f* (-; -*s*) polka.

'Polklemme *el. f* (pole) terminal.

Pollen ['pɔlən] *bot. m* (-*s*; -) pollen; **~schlauch** *m* pollen tube.

polnisch ['pɔlniʃ] *adj.* Polish; *fig.* ~*e Wirtschaft* topsy-turvydom, awful mess.

Polo ['po:lɔ] *n* (-*s*; -*s*) polo; **~feld** *n* polo ground; **~hemd** *n* polo shirt, *Am.* T-shirt; **~spiel** *n* → *Polo.*

'Polschuh *el. m* pole shoe.

Polster ['pɔlstər] *n* (-*s*; -) cushion; bolster; stuffed seat; *tech.* pad(-ding), bolster; stuffing; padding; **~er** *m* (-*s*; -) upholsterer; **~möbel** *n/pl.* upholstery; **⁓n** *v/t.* (*h.*) upholster, stuff; pad, wad; *gepolstert a.* cushioned; **~sessel, ~stuhl** *m* cushioned seat; easy chair; **~tür** *f* padded door; **~ung** *f* (-; -*en*) stuffing, padding; upholstery.

Polter|abend ['pɔltər-] *m* eve-of-the-wedding party; **~er** *m* (-*s*; -) noisy fellow; blusterer; **~geist** *m* poltergeist, (hob)goblin.

'poltern *v/i.* (*h.*) make a racket; rumble, lumber, rattle; bluster, bark.

'Polwechsler *el. m* pole changer.

Poly|äthy'len [poly-] *n* polyethylene; **~eder** [-'e:dər] *n* (-*s*; -) polyhedron; **~'ester** *chem. m* polyester; **~gamie** [-ga'mi:] *f* (-) polygamy; **⁓'gamisch** *adj.* polygamous; **~gon** [-'go:n] *math. n* (-*s*; -*e*) polygon; **⁓mer** [-'me:r] *adj.* polymeric; **~merisation** [-merizatsi'o:n] *f* (-) polymerization; **⁓meri'sieren** *v/t.* polymerize; **~nesien** [-'ne:ziən] *n* (-*s*) Polynesia.

Polyp [po'ly:p] *m* (-*en*; -*en*) *zo.* polyp; *med.* polypus; adenoids *pl.*; *colloq. fig.* cop, bull.

Poly'technikum *n* polytechnic (school).

Pomad|e [po'ma:də] *f* (-; -*n*) pomade; **⁓ig** *fig. adj.* phlegmatic, slow, lazy.

Pomeranze [pomə'rantsə] *f* (-; -*n*) bitter orange.

Pommes frites [pɔm'frit] (*Fr.*) *pl.* chips, *Am.* French fried potatoes.

Pomp [pɔmp] *m* (-[*e*]*s*) pomp, splendo(u)r. [ular, showy.]

'pomphaft *adj.* pompous, spectac-

pompös [pɔm'pø:s] *adj.* pompous, splendid, gorgeous.

Pontifikat [pɔntifi'ka:t] *n* (-[*e*]*s*; -*e*) pontificate.

Pontius ['pɔntsius] *m* (-): *colloq. von* ~ *zu Pilatus geschickt werden* be driven from pillar to post, get the grand runaround.

Ponton [pɔn'tɔŋ, pɔ̃'tɔ̃] *m* (-*s*; -*s*) pontoon; **~brücke** *f* pontoon bridge; **~wagen** *m* pontoon carrier.

Pony ['pɔni] *n* (-*s*; -*s*) pony; **~frisur** *f* fringe, bang.

Popanz ['po:pants] *m* (-*es*; -*e*) bugbear, bog(e)y.

Popelin [popə'li:n] *m* (-*s*; -*e*) popelin, *Am.* broadcloth.

Popo [po'po:] *colloq. m* (-*s*; -*s*) bottom, bum, *Am. a.* fanny.

populär [popu'lɛ:r] *adj.* popular; ~ *machen* make popular; popularize, spread; ~*wissenschaftlich* popularized, popular-science (*journal, etc.*).

popularisieren [-lari'zi:rən] *v/t.* (*h.*) popularize.

Popularität [-lari'tɛ:t] *f* (-) popularity.

Pore ['po:rə] *f* (-; -*n*) pore.

pornographisch [porno'gra:fiʃ] *adj.* pornographic.

porös [po'rø:s] *adj.* porous; permeable.

Porosität [porozi'tɛ:t] *f* (-) porosity.

Porphyr ['pɔrfyr] *m* (-*s*; -*e*) porphyry; **~gestein** *n* porphyritic rock.

Porree ['pɔre] *bot. m* (-*s*; -*s*) leek.

Portal [pɔr'ta:l] *n* (-*s*; -*e*) portal, front gate; **~kran** *tech. m* portal crane.

Porte|feuille [port(ə)'føj] *n* (-*s*; -*s*) portfolio (*a. parl.*); **~monnaie** [pɔrtmɔ'nɛ:, -'nɛ:] *n* (-*s*; -*s*) purse; note-case, *Am.* billfold, pocket-book; **~pee** [pɔrte'pe:] *mil. n* (-*s*; -*s*) sword-knot.

Portier [pɔr'tje:] *m* (-*s*; -*s*) porter, doorkeeper, *Am.* doorman; janitor.

Portiere [pɔr'tie:rə] *f* (-; -*n*) (door-)curtain, portière.

Portion [pɔrtsi'o:n] *f* (-; -*en*) portion, share, allowance; *cul.* **a**) dish, **b**) helping, serving, plate; pot (*of tea, etc.*); zwei ~*en Kaffee* coffee for two; *mil.* ration; *fig. contp. halbe* ~ shrimp, punk, half pint; *eine gehörige* ~ *Frechheit* a good dose of impudence.

Porto ['pɔrto] *n* (-*s*; -*s*) postage, *for parcels*: carriage; **~auslagen** *f/pl.* postal expenses; **⁓frei** *adj.* post-free; prepaid, *esp. Am.* postpaid, *on parcels*: carriage paid; **~gebühr** *f* postage; postal rate; **~kasse** *f* petty cash; **⁓pflichtig** *adj.* subject to postage; **~satz** *m* rate of postage; **~zuschlag** *m* surcharge.

Portrait [pɔr'trɛ:] *n* (-*s*; -*s*) portrait, likeness; **portraitieren** [-trɛ'ti:-] *v/t.* (*h.*) portray.

Por'trait...: **~maler** *m* portrait-painter, portraitist; **~photogra'phie** *f* portraiture.

Portugies|e [pɔrtu'gi:zə] *m* (-*n*; -*n*), **~in** *f* (-; -*nen*), **⁓isch** *adj.* Portuguese.

'Portwein *m* port.

Porzellan [pɔrtsə'la:n] *n* (-*s*; -*e*) porcelain, china; *w.s.* earthenware, common china; *fig. unnötig* ~ *zerschlagen* do a lot of unnecessary damage; **⁓artig** *adj.* vitreous; **~emaille** *f* porcelain enamel; **~erde** *f* china clay, kaolin; **~geschirr** *n* china-ware, crockery; **~kiste** *f* → *Vorsicht*; **~laden** *m* china-shop; *fig. wie der Elefant im* ~ like a bull in a china-shop; **~male'rei** *f* china-painting; **~masse** *f* porcelain body; **~service** *n* set of china; **~teller** *m* china plate; **~ware** *f* china-ware.

Posamenten [poza'mentən] *n/pl.*, **Posamentierware** [-'ti:r-] *f* (-; -*n*) lace-work, trimmings; haberdashery *sg.*, *Am.* notions *pl.*; **Posamen'tier** *m* (-*s*; -*e*) lacemaker; haberdasher.

Posaune [po'zaunə] *f* (-; -*n*) trombone; *fig.* trumpet; *die* ~ *des jüngsten Gerichts* the trump of doom; **⁓n I.** *v/i.* (*h.*) play (on) the trombone; **II.** *v/t.* (*h.*) *fig.* trumpet (forth), → *ausposaunen*; **~nbläser** *m* trombone-player.

Pose[1] ['po:zə] *f* (-; -*n*) quill.

'Pose[2] *f* (-; -*n*) pose, attitude, act.

posieren [po'zi:rən] *v/i.* (*h.*) pose (*als* as), set up (as); strike an attitude, attitudinize; put on airs.

Position [pozitsi'o:n] *f* (-; -*en*) position (*a. aer.*); social standing; *mar.* station; *econ.* item; *time-bargain*: position; ~ *beziehen* take one's stand; **~s-anzeiger** *m* position indicator; **~slampe** *mot. f* side lamp; **~slichter** *n/pl. aer.* recognition (*mar.* navigation) lights; **~smeldung** *f* position message.

positiv ['po:ziti:f, pozi'ti:f] *adj.* positive (*a. el., phot.*); affirmative; ~*e Einstellung* good will; ~*es Recht* statute law; ~*es Wissen* solid knowledge; *phys.* ~ (*geladen*) positive(ly charged); **⁓ 1.** *gr. m* (-*s*; -*e*) positive (degree); **2.** *phot. n* (-*s*; -*e*)

positive (picture); **~elektrisch** *adj.* positively electric(al).
Positron ['po:zitrɔn, pozi'tro:n] *phys. n* (-s; -'onen) positron.
Positur [pozi'tu:r] *f* (-; -en) posture; *sich in ~ setzen* strike an attitude, attitudinize; *fenc.* take one's guard; *boxing*: square up.
Posse ['pɔsə] *f* (-; -n) buffoonery, tomfoolery, drollery; fun, antic, lark; *thea.* farce, burlesque; *~n reißen* cut capers, clown about.
Possen ['pɔsən] *m* (-s; -) trick, prank; practical joke; *j-m e-n ~ spielen* play a p. a trick; *j-m et. zum ~ tun* do a th. to spite a p.; **2haft** *adj.* farcical, clownish, comical; **~macher, ~reißer** *m* buffoon, clown; **~reiße'rei** *f* (-; -en) buffoonery; antics *pl.*; **~spiel** *thea. n* farce, burlesque.
possessiv ['pɔsə'si:f] *gr. adj.* possessive; 2 *n* (-s; -e), **2um** *n* (-s; -va) possessive adjective *or* pronoun.
possierlich [pɔ'si:rliç] *adj.* droll, funny.
Post [pɔst] *f* (-; -en) post, *Am.* mail; mail, letters *pl.*; postal service, *Am. a. the* mails *pl.*; post-office; news *sg.*; *mit der ersten ~* by the first delivery; *mit gewöhnlicher ~* by surface mail; *mit gleicher ~* under separate cover; *mit umgehender ~* by return (of post), *Am.* by return mail; *zur* (*or auf die*) *~ geben, mit der ~ schicken* post, *Am.* mail.
'**Post...:** **~abfertigung** *f* mail dispatch; **~ablage** *f* letter-rack; **~abonnement** *n* postal subscription.
postalisch [pɔs'tɑ:liʃ] *adj.* postal.
Postament [pɔsta'mɛnt] *n* (-[e]s; -e) pedestal, base.
'**Post...:** **~amt** *n* post office; **~annahmestempel** *m* date stamp; **~anschrift** *f* mailing address; **~antwortschein** *m* reply coupon; **~anweisung** *f* postal order; **~auftrag** *m* postal collection order; **~auto** *n* post van, *Am.* mail car; post-office (*Am.* mail) bus; **~beamte(r)** *m* post-office clerk; **~bezirk** *m* postal district; **~bezug** *m* postal subscription; *econ.* mail ordering; **~bote** *m* postman, *Am.* mailman; **~buch** *n* postal guide; **~dampfer** *m* mail-boat; **~dienst** *m* postal service; **~direktion** *f* general post-office; **~direktor** *m* postmaster; **~einlieferungsschein** *m* post-office receipt.
Posten ['pɔstən] *m* (-s; -) post, place, station; post, situation, job; *colloq. schlauer ~* soft job; *mil.* sentry, sentinel; outpost; *strike*: picket; *econ.* **a)** lot, parcel, batch, **b)** amount, sum, **c)** item, **d)** entry; *mil. ~ stehen* stand sentry, be on guard; *auf ~ ziehen* go on (*or* mount) guard; *fig. verlorener ~* forlorn hope; *auf verlorenem ~ kämpfen* fight a losing battle, fight for a lost cause; *auf dem ~ sein* be on the alert *or* on one's toes, *physically*: be in good form, feel well; *nicht recht auf dem ~ sein* be not quite up to the mark; **~dienst** *m*, **~stehen** *n* (-s) sentry duty; **~jäger** *m* office-hunter, place-hunter; **~kette, ~linie** *f* line of sentries; cordon; **2weise** *adv.* in parcels *or* lots; by items; *~ aufführen* itemize.
'**Post...:** **~fach** *n* post-office box (*abbr.* P.O.B.); **~fachnummer** *f* box-number; **2frei** *adj.* prepaid; **~gebühr** *f* postage; *~en pl.* postal rates *or* charges; **~geheimnis** *n* (-es) secrecy of the mails; **~halter** *m* postmaster; **~horn** *n* post-horn.
posthum [pɔst'(h)um] *adj.* → *postum.*
postieren [pɔs'ti:rən] *v/t.* (*h.*) (*and sich*) station (o.s.), place (o.s.); *sich ~ a.* (take one's) stand.
Postillion ['pɔstiljo:n] *m* (-s; -e) postilion.
'**Post...:** **~karte** *f* postcard, *Am. a.* postal card; picture postcard; reply postcard; **~kraftwagen** *m* → *Postauto*; **~kutsche** *f* stage-coach, mail-coach; **2lagernd** *ad .* to be called for, poste restante (*Fr.*), *Am.* (in care of) general delivery; **~laufkredit** *m* mail credit; **~leitzahl** *f* postal zone number; *Am.* zip code; **~minister** *m* Postmaster General; **~nachnahme** *f*: *gegen ~* cash (*Am.* collection) on delivery (*abbr.* C.O.D.).
postnumerando [-nume'rando] *adv.*: *~ bezahlen* pay on receipt; settle at the end of month.
'**Post...:** **~paket** *n* postal parcel; **~reisescheck** *m* postal traveller's cheque (*Am.* check); **~sache** *f* postal matter, mail; **~sack** *m* mail (-bag); **~schalter** *m* post-office window; **~scheck** *m* postal cheque (*Am.* check); **~scheckamt** *m* postal cheque (*Am.* check) office; **~scheckkonto** *n* postal cheque (*Am.* check) account; **~schiff** *n* mail-boat; **~schließfach** *n* post-office box (*abbr.* P.O.B.); **~sekretär** *m* post-office clerk; **~sparbuch** *n* post-office savings book; **~sparguthaben** *n* postal savings *pl.*; **~sparkasse** *f* postal savings bank; **~station** *f* post-station; **~stempel** *m* dated postmark, *Am.* mail stamp; *Datum des ~s* date as per postmark; **~tarif** *m* postal rates *pl.*
Postul|at [pɔstu'lɑ:t] *phls. n* (-[e]s; -e), **2ieren** [-'li:-] *v/t.* (*h.*) postulate.
postum [pɔ'stum] *adj.* posthumous.
'**Post...:** **~verkehr** *m* postal service; **~versandhaus** *econ. n* mail-order house; **~verwaltung** *f* postal administration; **~wagen** *m rail.* mail-van, *Am.* postal car; **2wendend** *adv.* by return (of post), *Am.* by return mail; **~wertzeichen** *n* (postage) stamp; **~wurfsendung** *f* direct mail(ing as printed matter and mixed consignment); mail circular; **~zahlschein** *m* postal order; **~zug** *m* mail-train.
potent [po'tɛnt] *adj.* potent.
Potentat [potɛn'tɑ:t] *m* (-en; -en) potentate.
Potential [-'tsiɑ:l] *n* (-s; -e) potential; **~abfall** *el. m* potential drop; **~differenz** *f* potential equation.
potentiell [-'tsiɛl] *adj.* potential.
Potenz [po'tɛnts] *f* (-) (*n.s.* sexual) potency; *math.* (-; -en) power; *zweite ~* square; *dritte ~* cube; *vierte ~* fourth power.
potenzieren [-'tsi:rən] *v/t.* (*h.*) raise to a higher power; *fig.* magnify.
Potpourri ['pɔtpuri] *mus. n* (-s; -s) potpourri, (musical) selection, medley.
Pott|asche ['pɔt-] *f* (-) potash; **~fisch, ~wal** *m* sperm-whale.
poussieren [pu'si:rən] *v/i.* (*h.*) flirt, spoon (*mit* with); *colloq. fig.* (*v/t.*, *h.*) butter up, soft-soap.
Präambel [prɛ'ambəl] *f* (-; -n) preamble.
Pracht [praxt] *f* (-; -en) splendo(u)r, magnificence; luxury; pomp, state; display, rich array; glitter; *~ entfalten* display splendo(u)r; *fig. colloq. es war e-e wahre ~* it was just great; '**~aufwand** *m* gorgeous display, sumptuousness; '**~ausgabe** *f* édition de luxe (*Fr.*); '**~bau** *m* (-[e]s; -ten) magnificent (*or* palatial) building; '**~exemplar** *n* splendid specimen (*a. person*).
prächtig ['prɛçtiç] *adj.* splendid, magnificent; gorgeous, sumptuous; pompous; grand, great, dazzling; charming, fine; glorious (*weather*).
'**Pracht...:** **~kerl** *m* splendid fellow, brick, topper, trump, *Am. a.* great guy; **~liebe** *f* (-) love of splendo(u)r; **2liebend** *adj.* fond of show, ostentatious; **~mädel** *n* splendid girl; **~straße** *f* boulevard; **~stück** *n* fine specimen, beauty; **2voll** *adj.* → *prächtig*; **~zimmer** *n* state-room.
Prädikat [prɛdi'kɑ:t] *n* (-[e]s; -e) *gr.* predicate; title; attribute; *ped.* mark; **~snomen** [-no:mən] *gr. n* (-s; -mina) complement.
prädispo'nieren *v/t.* (*h.*) predispose (*für* to).
Präge|anstalt ['prɛ:gə-] *f* mint; **~druck** *typ. m* (-[e]s; -e) relief print(ing); **~form** *f* matrix; **2n** *v/t.* (*h.*) stamp (*a. fig.* = form); coin (*a. word*); emboss; *fig. in das Gedächtnis*: impress *or* engrave on *one's memory*; **~ort** *m* place of coinage; **~stanze** *tech. f* (stamping) die; **~stempel** *m* stamping *or* embossing *or* coining die; *adm.* raised seal; **~stock** *m* coining stamp.
pragmatisch [prag'mɑ:tiʃ] *adj.* pragmatic(al).
prägnant [prɛg'nant] *adj.* pithy, terse, to the point; exact, precise.
Prägung ['prɛ:guŋ] *f* (-; -en) stamping, coinage (*a. of word*); *fig.* stamp, character.
prähistorisch ['prɛ-] *adj.* prehistoric.
prahlen ['prɑ:lən] *v/i.* (*h.*) boast, brag (*mit* of); talk big, bluster; swagger; show off.
'**Prahler** *m* (-s; -), **~in** *f* (-; -nen) blusterer, boaster, braggart, swaggerer; **Prahle'rei** *f* (-; -en) boasting, bragging, swaggering; boast, brag; '**prahlerisch** *adj.* boastful, boasting, bragging; ostentatious, showy.
'**Prahl...:** **~hans** *m* (-es; ⸚e) braggart, show-off; **~sucht** *f* (-) boastfulness.
Prahm [prɑ:m] *mar. m* (-[e]s; -e) barge.
Präjudiz [prɛju'di:ts] *jur. n* (-es; -e) precedent; **~recht** *n* case law.
Praktik ['praktik] *f* (-; -en) practice; *b.s. ~en pl.* (sharp) practices, tricks, dodges.

Praktikant(in *f*) [-ˈant(in)] *m* (-*en*, -*en*; -, -*nen*) probationer, pupil; trainee, student, assistant.

ˈ**Praktiker** *m* (-*s*; -) practical man, expert.

ˈ**Praktikum** *n* (-*s*; -*ka*) practical course, laboratory sessions *pl.*

ˈ**Praktikus** *m* (-; -*se*): *alter* ~ old stager *or* hand *or* campaigner.

ˈ**praktisch I.** *adj.* practical; practical-minded; practised; clever, handy; useful, serviceable; handy, easy-to-use (*tool*); virtual; ~*er Arzt* general practitioner; ~*e Ausbildung* practical training, *Am.* on-the-job training; ~*es Beispiel* working example; ~*er Sinn* practical-mindedness; *tech.* ~*e Gebrauchseigenschaften* behavio(u)r under practical service conditions; ~*er Unterricht* applicatory system, object lessons *pl.*; ~*er Versuch tech.* field test; **II.** *adv.* practically, virtually, to all practical purposes; as good as; ~ *durchführbar* practicable.

praktizieren [praktiˈtsi:rən] *v/i.* (*h.*) practise (*als Arzt*: medicine, *als Rechtsanwalt*: at the bar).

Prälat [prɛˈlɑ:t] *eccl. m* (-*en*; -*en*) prelate.

Präliminarien [-limiˈnɑ:riən] *pl.* preliminaries.

Praline [praˈli:nə] *f* (-; -*n*), **Praliné** [ˈpraline] *n* (-*s*; -*s*) chocolate-cream; *Pralinen pl.* chocolates.

prall [pral] *adj.* tight; taut (*rope*); well-rounded, bursting; chubby (*cheeks*); plump (*pillow*); blazing (*sun*); ♀ *m* (-[e]*s*; -*e*) shock, impact; bounce; rebound; ˈ~**en** *v/i.* (*sn*) bounce *or* bound (*auf acc.* against); *sun*: beat down (*auf acc.* on); ˈ♀**heit** *f* (-) tightness; roundness; plumpness.

Präludium [prɛˈlu:dium] *n* (-*s*; -*ien*) prelude.

Prämie [ˈprɛ:miə] *f* (-; -*n*) award; *ped.* prize; reward; *econ.* **a**) premium, **b**) bonus, **c**) *stock exchange*: option money; bonus, **d**) (*export, etc.*) bounty; ~**n-erklärung** *econ. f* declaration of option money; ~**n-geschäfte** *n/pl.* optional bargains; ~**nsatz** *m* (rate of) premium; ~**n-schein** *m* premium bond; ~**n-system** *n* bonus system, incentive pay system.

prämiieren [prɛˈmi:rən] *v/t.* (*h.*) award a prize to; place a premium on.

Prämisse [-ˈmisə] *f* (-; -*n*) premise.

prangen [ˈpraŋən] *v/i.* (*h.*) *thing*: make a show; glitter, shine, be resplendent; *person*: look fine; shine forth.

ˈ**Pranger** *m* (-*s*; -) pillory; *an den* ~ *stellen* (put in the) pillory, *fig. a.* expose (publicly).

Pranke [ˈpraŋkə] *f* (-; -*n*) claw, clutch, paw.

pränumerando [prɛnumeˈrando] *adv.* in advance.

Präparat [prɛpaˈrɑ:t] *n* (-[e]*s*; -*e*) preparation, compound; *anat.* specimen; *microscope*: slide preparation.

präparieren [-ˈri:rən] *v/t.* (*h.*) (*and sich*) prepare (*auf acc.* for); dissect; *phot. präpariertes Papier* sensitized paper.

Präposition [prɛpozitsiˈo:n] *gr. f* (-; -*en*) preposition; **präpositional** [-tsioˈnɑ:l] *adj.* prepositional.

Prärie [prɛˈri:] *f* (-; -*n*) prairie.

Präsens [ˈprɛ:zəns] *gr. n* (-; -*sentia* [-ˈzɛntsia]) present (tense).

Präsent [prɛˈzɛnt] *n* (-*s*; -*e*) present.

präsentier|en [-ˈti:rən] *v/t.* (*h.*) present; *mil. Präsentiert das Gewehr!* present arms!; ♀**teller** *m* tray, salver; *fig. wie auf dem* ~ in full view.

Präsenz [prɛˈzɛnts] *f* (-) presence; ~**liste** *f* list of persons present; ~**stärke** *mil. f* effectives *pl.*

Präservativ [-zɛrvaˈti:f] *n* (-*s*; -*e*), ~**mittel** *n* preservative.

Präsident [-ziˈdɛnt] *m* (-*en*; -*en*) president; chairman; *parl.* Speaker; ~**enstuhl** *m* presidential chair; *den* ~ *besteigen* take the chair; ~**enwahl** *f* presidential election; ~**schaft** *f* (-) presidency; ~**schaftskandidat** *m* presidential candidate.

präsidieren [-ziˈdi:-] *v/i.* (*h.*) preside (*über acc.* over); be in the chair.

Präsidium [prɛˈzi:dium] *n* (-*s*; -*ien*) presidency, chair(-manship); → *Polizeipräsidium, etc.*; *das* ~ *übernehmen* take the chair.

prasseln [ˈprasəln] *v/i.* (*h.*) *fire*: crackle; *rain*: patter; *hail*: rattle; *missiles*: hail, rain; ~*der Beifall* thunderous applause.

prassen [ˈprasən] *v/i.* (*h.*) feast, carouse, splurge; *w.s.* live in luxury *or* debauchery.

ˈ**Prasser(in** *f*) *m* (-*s*, -; -, -*nen*) reveller, spendthrift; glutton.

Prasserei [-səˈraɪ] *f* (-) gluttony, debauchery, luxury; feasting, revelry.

Prätendent(in *f*) [prɛtenˈdɛnt(in)] *m* (-*en*, -*en*; -, -*nen*) claimant (*auf acc.* to); pretender (to *crown*).

Präteritum [prɛˈte:ritum] *gr. n* (-*s*; -*ta*) preterite, past tense.

Pratze [ˈpratsə] *f* (-; -*n*) paw.

Präventiv|behandlung [prɛvɛnˈti:f-] *med. f* prophylactic treatment; ~**krieg** *m* preventive war; ~**maßnahme** *f*, ~**mittel** *n* preventive measure.

Praxis [ˈpraksis] *f* (-) practice; exercise; experience; usage; (-; -*xen*) *of doctor*: practice, patients *pl.*, *of lawyer*: clients *pl.*; consultation room, office; *in der* ~ in practice; *tech.* in action, in practical operation; *in der* ~ *bestehen können* stand the test; *in die* ~ *umsetzen* put into practice.

Präzedenzfall [prɛtseˈdɛnts-] *m* precedent; leading case; *e-n* ~ *schaffen* set a precedent.

präzis [prɛˈtsis] *adj.* precise, exact; **präzisieren** [-tsiˈzi:-] *v/t.* (*h.*) define, specify.

Präzision [-tsiˈzio:n] *f* (-) precision, accuracy; ~**s-arbeit** *f* precision work; ~**sschießen** *mil. n* precision fire; ~**swaage** *f* precision balance.

predig|en [ˈpre:digən] *v/i. and v/t.* (*h.*) preach; *fig.* sermonize, rant; ♀**er(in** *f*) *m* (-*s*, -; -, -*nen*) preacher; ♀**t** *f* (-; -*en*) sermon (*a. colloq. fig.*); *e-e* ~ *halten* preach (a sermon); *fig. j-m e-e* ~ *halten* give a p. a lecture.

Preis [praɪs] *m* (-*es*; -*e*) price; cost; fare; rate; fee, charge; prize; award, trophy; reward; praise, glory; *econ. abgemachter* (*angebotener, gegenwärtiger*) ~ agreed (offered, ruling) price; *äußerster* ~ lowest possible (*or* keenest) price; *sports*: ~ *der Nationen* jumping test, Prix des Nations (*Fr.*); *mot. großer* ~ Grand Prix (*Fr.*); *um jeden* ~ at any price *or* cost; *um keinen* ~ not at any price, not for all in the world; *zum* ~*e von* at the price of, priced at, selling for; *im* ~*e steigen* (*fallen*) rise (fall) in price, go up (drop); *den* ~ *davontragen* carry off (*or* take) the prize; *film, book, etc.*: *e-n* ~ *erzielen* fetch a prize.

ˈ**Preis...:** ~**abbau** *m* (-[e]*s*) reduction of prices, cutback; ~**amt** *n* price control board; ~**änderung** *f* change in price(s *pl.*); ~*en vorbehalten* subject to change; ~**angabe** *f* quotation (of prices); *ohne* ~ not priced *or* marked; ~**anstieg** *m* rise in prices; ~**aufgabe** *f* (subject set for a) competition; prize-question; ~**aufschlag** *m* rise in prices, price mark-up; extra charge; ~**auftrieb** *m* upward trend of prices; ~**ausschreiben** *n* (-*s*; -) (prize-)competition; ~**auszeichnung** *f* shop mark; ♀**bestimmend** *adj.* price-determining; ~**bewegung** *f* movement of prices; ~**bildung** *f* price fixing; ~**bindung** *f* price protection, administered prices *pl.*; ~ *der zweiten Hand* resale price maintenance; ~**boxer** *m* prize-fighter; ~**druck** *m* downward pressure of prices; ~**drücker** *m* price-cutter; ~**drückeˈrei** *f* price-cutting; ~**einbruch** *m* → *Preissturz*.

Preiselbeere [ˈpraɪzəlbe:rə] *bot. f* red whortleberry, cranberry.

preisen [ˈpraɪzən] *v/t.* (*irr., h.*) praise; glorify, extol; laud, eulogize; *j-n* (*sich*) *glücklich* ~ call a p. (o.s.) happy.

ˈ**Preis...:** ~**entwicklung** *f* trend of prices; ~**erhöhung** *f* → *Preisaufschlag*; ~**ermäßigung** *f* price cut, abatement; discount; ~**festsetzung** *f* price fixing, pricing; ~**frage** *f* → *Preisaufgabe*; *fig. Am.* 64-dollar question; ~**gabe** *f* (-), ~**gebung** *f* (-) abandonment; surrender; revelation, give-away (*of secret*); ♀**geben** *v/t.* (*irr., h.*) abandon, give up; surrender, relinquish; sacrifice; reveal, give away (*secret*); (*sich*) *dem Gelächter, etc.* ~ expose (o.s.) to *laughter*; *preisgegeben* (*dat.*) at the mercy of; a prey of; exposed to; ~**gefüge** *n* price structure; ♀**gekrönt** *adj.* prize-winning, prize (*novel, etc.*); ~**gericht** *n* jury; ~**gestaltung** *f* pricing policy; price structure; ~**gleitklausel** *f* sliding-price (*Am.* escalator) clause; ~**grenze** *f* price limit; *obere* ~ *a.* ceiling; *untere* ~ minimum (price); ♀**günstig** *adj.* → *preiswert*; ~**herabsetzung** *f* price reduction, (price) cut; ~**höhe** *f* level of prices; ~**index** *m* (price) index number; ~**klemme** *f* squeeze in prices; ~**lage** *f* (-) price range *or* level; *in jeder* ~ at all prices; *in mittlerer* ~ medium-priced; ~**liste** *f* price-list; ~**nachlaß** *m* reduction in price, abatement; discount; ~**niveau** *n* price level; ~**notierung** *f* quotation; ~**politik** *f* price policy; ~**rätsel** *n* competition puzzle; ~**richter** *m* judge; ~**rückgang** *m* fall (*or* decline) in prices, drop; ~**schere** *f* price scissors *pl.*; ~**schießen** *n* rifle competition; ~**schild** *n* price tag; ~**schleude'rei** *f* undercutting (of prices), price slashing; ~**schraube** *f* price spiral; ~**schwankungen** *f/pl.* fluctuations in prices; ~**senkung** *f* → *Preisherabsetzung*; ~**skala** *f*: *gleitende* ~ sliding scale; ~**spanne** *f* price margin, spread; ~**stand** *m* (-[e]s) level (*or* range) of prices; ~**steigerung** *f* rise (*or* advance) in prices; ~**stellung** *f* quotation; ~**stopp** *m* price stop, price freeze; *e-n* ~ *durchführen* freeze prices; ~**sturz** *m* sudden fall of prices, slump, *Am. a.* break; ~**stützung** *f* price supports *pl.*; ~**träger(in** *f*) *m* prize-winner; ~**treibe'rei** *f* forcing up the prices (*or* market), bulling; ~**überhöhung** *f* excessive prices *pl.*; ~**überwachung** *f* price control; ~**unterbietung** *f* underselling; dumping; ~**unterschied** *m* difference in price; ~**veränderung** *f* change in price; ~**verband** *m* price combine; ~**verteilung** *f* distribution of prizes; ~**verzeichnis** *n* price-list; 2**wert,** 2**würdig** *adj.* worth the money; ~ *sein* be good value; low-priced; ~*es Angebot* bargain; ~**würdigkeit** *f* (-) good value; moderate price, cheapness; ~**zettel** *m* ticketing label; ~**zuschlag** *m* additional charge.

prekär [pre'kɛːr] *adj.* precarious.

Prellbock ['prɛl-] *rail. m* buffer-stop; *fig.* buffer.

prellen ['prɛlən] *v/t.* (*h.*) make rebound; toss (in a blanket); *med.* contuse, bruise (*sich das Knie, etc.* one's knee, *etc.*); *fig.* cheat, swindle; *j-n um et.* ~ swindle (*or* trick) a p. out of a th.

'**Prell...:** ~**platte** *f* baffle-plate; ~**schuß** *m* ricochet; ~**stein** *m* kerbstone, *Am.* curbstone; ~**ung** *med. f* (-; -*en*) contusion, bruise.

Premiere [prəmi'ɛːrə] *f* first night, première; ~**nbesucher(in** *f*) *m* first-nighter; ~**nkino** *n* first-run cinema.

Premierminister [prəmi'eːministər] *m* prime minister, premier.

Presse ['prɛsə] *f* (-; -*n*) *tech., typ.* press; *fig. the* Press, journalism; *ped.* cramming-class(es *pl.*); (orange, *etc.*) squeezer, juicer; lust|re, *Am.* -er, gloss; *Vertreter der* ~ reporter, pressman; *eben aus der* ~ fresh from the press; *unter der* ~ in the press, printing; *in die* ~ *gehen* go to press; *fig. eine gute* ~ *haben* have a good press; ~**agentur** *f* press agency; ~**amt** *n* public relations office; ~**bericht** *m* press report; ~**chef** *m* press chief; ~**dienst** *m* news service; ~**feldzug** *m* press campaign; ~**freiheit** *f* (-) freedom of the press; ~**gesetz** *n* press law; ~**konferenz** *f* press conference; ~**meldung** *f* news item.

'**pressen** *v/t.* (*h.*) press, squeeze; compress; force; strain; *tech.* extrude; block (*hat*); emboss (*leather*); *heiß* ~ hot-press (*cloth*); *fig.* urge, press; oppress; (im)press, shanghai (*soldiers, etc.*); *gepreßt voll* crammed (full), jammed; *gepreßtes Lachen* forced laugh; *mit gepreßter Stimme* in a choked voice.

'**Presse...:** ~**photograph** *m* press photographer; ~**stelle** *f* public relations office; ~**stimmen** *f/pl.* commentaries of the press; ~**tribüne** *f* press gallery; ~**vergehen** *n* offen|ce (*Am.* -se) against the press laws; ~**verlautbarung** *f* press release; ~**vertreter** *m* reporter, pressman; public relations officer.

Preß... ['prɛs-]: ~**form** *tech. f* matrix; ~**futter** *agr. n* compressed forage; ~**gas** *n* pressure gas; ~**glas** *n* mo(u)lded glass; ~**guß(teil** *n*) *m* press-casting; ~**holz** *n* compregnated (*or* laminar) wood.

pressieren [prɛ'siːrən] *v/i.* (*h.*) be urgent; *es pressiert mir* (*ihm, etc.*) I am (he is, *etc.*) in a hurry; → *eilen*; *es pressiert nicht* there is no hurry.

Pression [-si'oːn] *pol. f* (-; -*en*) pressure, coercive measure.

'**Preß...:** ~**kohle** *f* briquette, compressed (*or* patent) fuel; ~**ling** [-liŋ] *m* (-*s*; -*e*) pressed piece, mo(u)lding; ~**luft** *f* (-) compressed air; 2**luftbetätigt** *adj.* air operated; ~**luftbohrer** *m* pneumatic (*or* air) drill; ~**luftflasche** *f* compressed air cylinder; ~**lufthammer** *m* pneumatic hammer; ~**luftstampfer** *m* compressed-air rammer; ~**masse** *f* mo(u)lding compound; → *Preßstoff*; ~**ölschmierung** *f* forced-feed lubrication; ~**stange** *f* extruded bar; ~**stoff** *m* plastic material, plastic mo(u)lding compound; ~**stroh** *n* baled straw; ~**teil** *n* mo(u)lded part.

'**Pressung** *f* (-; -*en*) pressing, pressure, squeeze, compression.

'**Preß...:** ~**verfahren** *n* mo(u)lding (technique); ~**walze** *f* press roll.

Prestige [prɛ'stiːʒ(ə)] *n* (-*s*) prestige; ~ *verlieren a.* lose face; ~**denken** *n* status thinking; ~**frage** *f* matter of prestige.

Preuß|e ['prɔʏsə] *m* (-*n*; -*n*), ~**in** *f* (-, -*nen*), 2**isch** *adj.* Prussian.

prickeln ['prikəln] *v/i. and v/t.* (*h.*) prick(le), tickle (the palate); itch; *limbs*: tingle; 2 *n* prickling; tingling sensation, pins and needles; hot taste; pungency; ~**d** *adj.* prickly; pungent, sharp; *fig.* thrilling; → *pikant.*

Priem [priːm] *m* (-[e]s; -*e*) quid (of tobacco), plug; '2**en** *v/i.* (*h.*) chew tobacco.

pries [priːs] *pret. of preisen.*

Priese ['priːzə] *f* (-; -*n*) neckband (*of shirt*).

Priester ['priːstər] *m* (-*s*; -) priest; ~**amt** *n* priestly office, priesthood; ~**herrschaft** *f* (-) hierarchy; ~**in** *f* (-; -*nen*) priestess; 2**lich** *adj.* priestly, sacerdotal, *w.s.* clerical; ~**rock** *m* cassock; ~**schaft** *f* (-) priests *pl.*, clergy; ~**tum** *n* (-*s*) priesthood; ~**weihe** *f* ordination (of a priest); *die* ~ *empfangen* take orders.

prima ['priːma] *adj.* first rate, A 1, *econ. a.* prime; *colloq.* swell, topping, *Am. a.* solid; → *Pfunds...*; 2 *f* top form, highest class; 2**balle'rina** *f* ballerina; 2'**donna** *f* primadonna.

Primaner(in *f*) [pri'mɑːnər] *m* (-*s*, -; -, -*nen*) top-form boy (girl).

primär [pri'mɛːr] *adj.* primary; *geol.* protogenic; 2**herd** *med. m* primary focus; 2**spannung** *el. f* primary voltage; 2**strom** *el. m* primary current.

Primas ['priːmas] *m* (-; -se) primate.

Primat [pri'mɑːt] *m and n* (-[e]s; -e) primacy.

Pri'maten *biol. m/pl.* primates.

prima vista ['priːma 'vista] *adv.* at sight.

'**Primawechsel** *econ. m* first of exchange, prime bill.

Primel ['priːməl] *f* primrose.

primitiv [primi'tiːf] *adj.* primitive, *fig. a.* crude; **Primitivität** [-tivi'tɛːt] *f* (-) primitivity; crudity; **Primi'tivling** *colloq. m* primitive fellow, lowbrow.

Primus ['priːmus] *m* (-; -*mi*) head boy, top boy, top of the class.

'**Primzahl** *f* prime number.

Prinz [prints] *m* (-*en*; -*en*) prince; **Prin'zessin** [-'tsɛsin] *f* (-; -*nen*) princess; '**Prinzgemahl** *m* prince consort.

Prinzip [prin'tsiːp] *n* (-*s*; -*pien*) principle; *aus* ~ on principle; *im* ~ in principle, basically; *im* ~ *einig sein* agree in principle; → *Grundsatz.*

Prinzipal [-tsi'pɑːl] *m* (-*s*; -e) principal, chief, *jur.* master; employer, boss.

prinzipiell [-tsi'pjɛl] *adj. and adv.* on principle; → *grundsätzlich.*

Prin'zipien...: ~**frage** *f* question of principle; ~**reiter** *m* stickler (for principles), dogmatist; ~**streit** *m* dispute about principles.

prinzlich ['printsliç] *adj.* princely.

Prior ['priːoːr] *eccl. m* (-*s*; -'*oren*) prior; **Pri'orin** *f* (-; -*nen*) prioress.

Priorität [priori'tɛːt] *f* (-; -*en*) priority (*a. patent*); precedence; ~**s-aktien** *f* preference (*Am.* preferred) share; ~**s-anleihe** *f* mortgage-loan; ~**s-anspruch** *m* priority claim; ~**s-gläubiger(in** *f*) *m* privileged creditor.

Prise ['priːzə] *f* (-; -*n*) **1.** *mar.* prize; **2.** *e-e* ~ *Salz* (*Tabak*) a pinch of salt (snuff); ~**ngelder** *mar. n/pl.* prize money *sg.*; ~**ngericht** *n* prize court; ~**nkommando** *n* prize crew; ~**nrecht** *n* prizage.

Prisma ['prizma] *n* (-*s*; -*men*) prism; **prismatisch** [-'mɑː-] *adj.* prismatic(ally *adv.*).

'**Prismen** *tech. n/pl.*, ~**führungen** *f/pl.* V-ways.

'**Prismenglas** *opt. n* prism glass.

Pritsche ['pritʃə] *f* (-; -*n*) slapstick (*of harlequin*); bat; plank-bed; ~**n** *v/t.* (*h.*) beat, bat, lash; ~**nwagen** *m* platform truck.

privat [pri'vɑːt] *adj.* private; confidential; personal; ~*es Leben*, ~*e Sphäre* privacy; *econ.* ~*e Einfuhr* imports on private account; 2**adresse** *f* home address; 2**angelegenheit** *f* private affair; 2**arzt** *m* physician in private practice; 2**bank** *f* (-; -*en*) private (*or* commercial) bank; 2**besitz** *m*, 2**eigentum**

n private (*or* personal) property; *in* ~ privately owned; ²**dozent** *m* (unsalaried) university lecturer, *Am.* instructor; ²**einkommen** *n* personal income; ²**fahrer** *m racing*: private entrant; ²**gebrauch** *m* (-[e]s) private use; ~**gelehrte(r)** *m* independent scholar; ²**gespräch** *n* private conversation, *teleph.* private call.

Privatier [priva'tie:] *m* (-*s*; -*s*) private gentleman.

pri'vatim *adv.* privately, confidentially.

Pri'vat...: ~**initiative** *f* private venture; ~**interesse** *n* private interest; ~*n verfolgen pol. esp. Am.* have an ax(e) to grind; ²**isieren** [-ti'zi:-] **I.** *v/i.* (*h.*) live on one's means; **II.** *v/t.* (*h.*) put into private ownership; ~**klage** *jur. f* private complaint; ~**kläger(in** *f*) *m* complainant; ~**klinik** *f* private clinic, nursing home; ~**korrespondenz** *f* personal correspondence; ~**leben** *n* private life; ~**lehrer(in** *f*) *m* private tutor; ~**mann** *m* private gentleman; ~**patient** *med. m* paying patient; ~**person** *f* private person; ~**recht** *n* private law; ²**rechtlich** *adj.* under private law, private-law; ~**sache** *f* private matter; ~**schule** *f* private school; ~**sekretär** *m* private secretary; ~**stunde** *f* private lesson; ~**unternehmen** *n* private enterprise; ~**unterricht** *m* (-[e]s) private tuition (*or* lessons *pl.*); ~**versicherer** *m* private underwriter; ~**weg** *m* private road; ~**wirtschaft** *f* (-) private industry, free economy; ~**wohnung** *f* private residence.

Privileg [privi'le:k] *n* (-[e]s; -*gien* [-giən]) privilege; licence.

privilegier|en [-'gi:rən] *v/t.* (*h.*) privilege; ~**t** *adj.* privileged; chartered (*bank*).

pro [pro:] *prp.* (*acc.*) per; ~ *Jahr* pro annum; ~ *Kopf* per head; *Einkommen* ~ *Kopf* per capita income; ~ *Stück* a piece; *5 Personen* ~ *Quadratmeile* 5 persons to the square mile; **Pro** *n* (-): ~ *und Kontra* pro and con.

probat [pro'ba:t] *adj.* proved, tried, tested.

Probe ['pro:bə] *f* (-; -*n*) experiment; trial, test, tryout; *metall.* assay; sample, pattern; specimen; *a. math.* proof; probation; check; *thea.* rehearsal (*a. w.s.* = practice); audition; *iro.* taste; trade-mark; *auf* ~ on probation, on trial, *consignment*: on approval; *Beamter auf* ~ probationary officer; *auf die* ~ *stellen* (put to the) test; *auf e-e harte* ~ *stellen* put to a severe test, tax, try (*nerves, patience, etc.*); *die* ~ *bestehen* stand (*or* pass) the test; *die* ~ *aufs Exempel machen* put the matter to the acid-test; ~*n von Mut ablegen* give proof of one's courage; ~*n* (*ab*)*halten* have a rehearsal, rehearse; *tech.* ~*n nehmen* take samples; ~**abdruck,** ~**abzug** *m typ.* proof; *phot.* test print; ~**alarm** *m* practice alarm; ~**aufnahme** *f film*: screen test; *von j-m* ~*n machen* screen-test a p.; ~**auftrag** *m*, ~**bestellung** *f* trial order; ~**bild** *n phot.* proof; *TV*: test chart, *Am.* resolution pattern; ~**bogen** *typ. m* proof-sheet; ~**entnahme** *tech. f* sampling; ~**exemplar** *n* specimen copy, sample (copy); ~**fahrt** *f* trial trip; *mot.* trial run, road test; ~**fall** *m* test case; ~**flug** *m* test flight; ~**jahr** *n* year of probation; ~**lauf** *m* test run (*a. mot.*); ~**muster** *tech. n* experimental model; ²**n** *v/t.* (*h.*) → *probieren*; *thea.* (*a. w.s.*) rehearse; ~**nahme** *f* sampling; ~**nummer** *f* specimen number; ~**schuß** *m* trial shot; sighting shot; ~**seite** *typ. f* specimen page; ~**sendung** *f* sample sent on approval, *Am.* trial shipment; ~**stück** *n* specimen, sample, pattern; *tech.* (test) specimen; ²**weise** *adv.* by way of trial, *person a.* on probation; on approval; ~**zeit** *f* time of probation, qualifying period, trial (*Am. a.* tryout) period; *nach einer* ~ *von 3 Monaten* at the end of a three months' probation.

probieren [pro'bi:rən] *v/t.* (*h.*) try (*a. es* ~ *mit*); (put to the) test; taste (*food*); sample (*wine, etc.*); *metall.* assay; *probier's noch mal* try again; → *anprobieren*; **Pro'bieren** *n* (-*s*) trying; trial and error method; ~ *geht über Studieren* the proof of the pudding is in the eating.

Pro'bier...: ~**glas** *chem. n* test-tube; ~**nadel** *f* touch-needle; ~**stein** *m* touchstone; ~**waage** *f* assay-balance.

Problem [pro'ble:m] *n* (-*s*; -*e*) problem.

Problema|tik [-ble'ma:-] *f* (-) problematic nature, dubiousness; (set of) problems *pl.*; ²**tisch** *adj.* problematic(al).

Pro'blemstück *thea. n* thesis-play.

Produkt [pro'dukt] *n* (-[e]s; -*e*) product (*a. math.*); *agr.* produce; result, outcome; ~**enbörse** *f* produce exchange; ~**enhandel** (~**enhändler**) *m* trade (dealer) in agricultural produce; ~**enmarkt** *m* produce market.

Produktion [-ti'o:n] *f* (-; -*en*) production; output; yield.

Produkti'ons...: → *Herstellungs...*; ~**anlage** *f* production facilities, plants *pl.*; ~**anstieg** *m* increase in production; ~**assistent** *m film*: assistant executive producer; ~**ausfall** *m* loss of production; ~**beschränkung** *f* output restriction; ~**betrieb** *m* producing firm; ~**gang** *m* course of manufacture; ~**güter** *n/pl.* producer goods; ~**kosten** *pl.* cost(s) of production; ~**kraft** *f* productive power; ~**leistung** *f* output capacity; ~**leiter** *m* production manager; *film*: executive producer; ~**leitung** *f* plant management; *film*: production; ²**mäßig** *adj.* (in terms of) production; ~**menge** *f* output; ~**mittel** *n/pl.* means of production, production equipment; ~**rückgang** *m* falling off in production, production drop; ~**stand** *m* (-es) level of production; ~**stätte** *f* (manufacturing) plant; ~**umfang** *m* (-[e]s) volume of production; ~**wirtschaft** *f* (-) producing industries *pl.*; ~**ziffer** *f* production rate (*or* figure).

produktiv [-'ti:f] *adj.* productive.

Produktivität [-tivi'tɛ:t] *f* (-) productivity.

Produzent [-'tsɛnt] *m* (-*en*; -*en*) producer (*a. film*), manufacturer, maker; *agr.* grower.

produzieren [-'tsi:rən] *v/t.* (*h.*) produce; *agr.* grow; yield; *Beweismaterial* ~ furnish evidence; *sich* ~ show o.s., perform, *contp.* show off, make an exhibition of o.s.

profan [pro'fa:n] *adj.* profane.

profanier|en [-fa'ni:-] *v/t.* (*h.*) profane; ²**ung** *f* (-) profanation.

Profession [profɛ'sio:n] *f* (-; -*en*) trade, vocation; profession.

professionell [-sio'nɛl] *adj.* professional, by trade.

Professor [pro'fɛso:r] *m* (-*s*; -'*oren*) professor.

profes'sorenhaft *adj.* professorial.

Professur [-'su:r] *f* (-; -*en*) professorship; chair.

Profi ['pro:fi] *m* (-*s*; -*s*) *sports*: pro.

Profil [pro'fi:l] *n* (-*s*; -*e*) profile (*a. tech.* = section); *aer.* wing section; *mot.* (tyre) tread; *im* ~ in profile; ~**draht** *m* profiled wire; ~**eisen** *n* structural iron; *pl.* sections; ~**form** *f* form of profile, section; ~**fräser** *m* profile cutter.

profilier|en [-fi'li:-] *v/t. and v/i.* (*h.*) (draw in) profile; *tech.* shape; *w.s.* streamline; *fig.* present in clear outline; ~**t** *adj.* profiled; non-skid; *fig.* clearly defined; salient; prominent (*person*); ²**ung** *f* (-; -*en*) profiling; *aer.* fairing; *mot.* tread.

Pro'fil...: ~**stahl** *m* section(al) steel; ~**träger** *m* H-beam.

Pro|fit [pro'fi:t] *m* (-[e]s; -*e*) profit; → *Gewinn*; ²**fitabel** [-fi'ta:-] *adj.* profitable, lucrative; ²'**fitgierig,** ²'**fitlich** *adj.* profit-seeking, predatory; ²**fitieren** [-fi'ti:-] *v/i.* (*h.*) profit (*von* by), capitalize (on); *er kann dabei nur* ~ he only stands to gain; ~'**fitjäger,** ~'**fitmacher** *m* profiteer; ~'**fitmache'rei** *f* (-) profiteering.

pro forma [pro: 'fɔrma:] *adv.* pro forma, as a matter of form; ~ *mittrinken* have a token drink of wine.

Pro'forma|rechnung *econ. f* pro-forma invoice; ~**wechsel** *m* accommodation bill.

Prognose [pro'gno:zə] *f* (-; -*n*) forecast, *esp. med.* prognosis.

Programm [-'gram] *n* (-*s*; -*e*) program(me), *thea. a.* playbill; *pol.* (political) programme, *Am.* platform; schedule; *ped.* prospectus; *racing, etc.*: card; *als* ~ *vorsehen* program(me); *im* ~ *ankündigen* bill.

programmier|en [-'mi:-] *v/t.* (*h.*) program(me) (*a. tech.*); ²**er** *tech. m* (-*s*; -) programmer.

Pro'gramm...: ²**gemäß** *adv.* according to plan (*or* schedule); without a hitch; ~**gestaltung** *f* (-) programming; ~**gesteuert** *tech. adj.*: ~*er Rechner* program(me)-controlled (*or* digital) computer; ~**musik** *f* (-) program(me) music; ~**punkt** *m* item; ~**vorschau** *f film*: trailor(s *pl.*); ~**wähler** *m* program(me) selector; ~**wechsel** *m* change of program(me).

progressiv [progrɛ'si:f] *adj.* progressive.

Prohibition [-hibitsi'o:n] *n* prohibition.
prohibitiv [-bi'ti:f] *adj.* prohibitive; **2system** *n* prohibitionism; **2zoll** *m* prohibitory duty.
Projekt [pro'jɛkt] *n* (-[e]s; -e), **projektieren** [-'ti:-] *v/t.* (*h.*) project.
Projektil [-'ti:l] *n* (-s; -e) projectile.
Projektion [-tsi'o:n] *f* (-; -en) projection; projected image; **~s-apparat** *m* projector; **~sbild** *n* projected image; lantern slide; **~sfläche** *f* screen; **~slampe** *f* projection (filament) lamp; **~sraum** *m* visual aids room; **~sröhre** *TV f* projection tube; **~sschirm** *m* screen.
projizieren [-ji'tsi:rən] *v/t.* (*h.*) project.
Proklamation [proklamatsi'o:n] *f* (-; -en) proclamation; **proklamieren** [-'mi:rən] *v/t.* (*h.*) proclaim.
Prokrustesbett [pro'krustɛs-] *n* Procrustean bed.
Prokura [pro'ku:ra] *econ. f* (-; -ren) procuration, proxy; *per ~* by procuration; *~ erteilen* give procuration.
Prokurist [-ku'rist] *m* (-en; -en) managing (*or* confidential, signing) clerk; officer authorized to sign on behalf of the firm; secretary.
Prolet [-'le:t] *contp. m* (-en; -en) cad; **Proletariat** [-leta'rio:t] *n* (-[e]s; -e) proletariat; *geistiges ~* white-collar proletariat.
Proletar|ier(in *f*) [-'ta:riər] *m* (-s, -; -, -nen), **2isch** *adj.* proletarian; **~iertum** *n* (-s) proletarianism; **2isieren** [-tari'zi:-] *v/t.* (*h.*) proletarianize.
Prolog [pro'lo:k] *m* (-[e]s; -e) prologue; *den ~ sprechen* prologize.
Prolongation *econ.* [proloŋgatsi'o:n] *f* (-) renewal, extension (*of credit, etc.*); *stock exchange*: carry(ing)-over; *film*: hold-over; **~sgebühr** *f* continuation-rate, contango; **~sgeschäft** *n* carrying-over (business), contango business.
prolongieren [-'gi:rən] *v/t.* (*h.*) renew, extend, prolong; *stock exchange*: carry over; *film*: hold over.
Promenade [-mə'na:də] *f* (-; -n) **a**) promenade, *Am.* avenue, **b**) promenade, walk, stroll; **~ndeck** *mar. n* promenade deck; **~nkonzert** *n* promenade concert; **~nmischung** *colloq. f* mongrel.
promenieren [-'ni:rən] *v/i.* (*sn*) promenade, (take a) walk, stroll about.
Promesse [-'mɛsə] *f* (-; -n) promissory note.
Promille [-'milə] *n* (-[s]; -) pars pro mille; concentration of blood alcohol.
prominent [-mi'nɛnt] *adj.* prominent; **2e(r** *m*) *f* prominent person, leading figure, notable, celebrity; socialite; **Promi'nenz** *f* (-) prominence; notables, civic heads *pl.*; high society.
Promotion [promotsi'o:n] *univ. f* (-; -en) graduation; degree day, *Am.* graduation exercises *pl.*, commencement (day).
promovieren [-'vi:rən] **I.** *v/t.* (*h.*) confer a (doctor's) degree (up)on; **II.** *v/i.* (*h.*) graduate (*an dat.* at, *Am.* from), take one's (doctor's) degree.
prompt [prɔmpt] *adj.* prompt, quick, ready; **2heit** *f* (-) promptness, promptitude.
Pronomen [-'no:mən] *gr. n* (-s; -) pronoun; **pronomi'nal** *adj.* pronominal.
Propaganda [propa'ganda] *f* (-) propaganda; publicity, advertising; *~ machen für* (*acc.*) make propaganda for, propagate; **~feldzug** *m* propaganda campaign; **~ministerium** *n* ministry of information; **~rummel** *m* propaganda binge, ballyhoo.
Propagandist [-'dist] *m* (-en; -en) propagandist.
propagieren [-'gi:rən] *v/t.* (*h.*) propagate, propagandize, spread.
Propan [pro'pa:n] *chem. n* (-s) propane.
Propeller [pro'pɛlər] *m* (-s; -) airscrew, *esp. Am.* propeller; **~blatt** *n*, **~flügel** *m* airscrew (*or* propeller) blade; **~nabe** *f* airscrew boss; **~schub** *m* propeller thrust; **~turbine** *f*, **~turbinenwerk** *n* propeller turbine, turbo-prop; **~wind** *m* (-[e]s) slipstream.
proper ['prɔpər] *adj.* neat, clean.
Prophet [pro'fe:t] *m* (-en; -en) prophet; **2isch** *adj.* prophetic(ally *adv.*).
prophezei|en [-fe'tsaıən] *v/t.* (*h.*) prophesy; *w.s.* predict, foretell; **2ung** *f* (-; -en) prophecy; prediction.
prophylaktisch [profy'laktiʃ] *adj.* prophylactic, preventive.
Proportion [propɔrtsi'o:n] *f* (-; -en) proportion; **proportional** [-tsio'na:l] *adj.* proportional; *umgekehrt ~* inversely proportional (*zu* to); **proportioniert** [-'ni:rt] *adj.* proportionate; *wohl ~* well proportioned; **Proporti'onsrechnung** *math. f* (rule of) proportion.
Propst [pro:pst] *eccl. m* (-es; ⸚e) provost.
'**Prorektor** *univ. m* vice-chancellor.
Prosa ['pro:za] *f* (-) prose; **~dichtung** *f* (-) fiction.
Prosaiker [pro'za:ikər] *m* (-s; -), **Prosaist** [-za'i:st] *m* (-en; -en) prose-writer; **pro'saisch** *adj.* prosaic, prosy.
Proselyt [proze'ly:t] *m* (-en; -en) proselyte.
prosit! ['pro:zit] *int.* your health!, cheers!, *Am. a.* mud in your eye!; *~ Neujahr!* a happy New Year (to you); *iro. ja ~* (*Mahlzeit*)! what next!, my eye!
Prospekt [pro'spɛkt] *m* (-[e]s; -e) prospect; prospectus; brochure, leaflet, *esp. Am.* folder, pamphlet; **~material** *n* advertising literature.
prost [pro:st] → *prosit.*
prostituier|en [prostitu'i:rən] *v/t.* (*h.*) (*sich*) prostitute (o.s.); **2te** *f* (-n; -n) prostitute.
Prostitution [-tutsi'o:n] *f* prostitution.
Proszenium [pro'stse:nium] *thea. n* (-s; -ien) proscenium; **~sloge** *f* stage-box.
Protegé [prote'ʒe:] *m* (-s; -s) protégé(e *f*).
protegieren [-te'ʒi:-] *v/t.* (*h.*) patronize, take *a p.* under one's wings.
Protein [prote'ʔi:n] *chem. n* (-s; -e) protein.
Protektion [-tektsi'o:n] *f* (-; -en) protection, patronage; **~swirtschaft** *f* (-) protectionism.
Protektor [-'tɛktor] *m* (-s; -'toren) protector; → *Gönner*; **Protekto'rat** *n* (-[e]s; -e) protectorate, protected territory; patronage; *unter dem ~ von* (*dat.*) under the auspices of.
Protest [-'tɛst] *m* (-es; -e) protest; *econ. ~ mangels Annahme* protest for non-acceptance; *unter ~* under protest; *~ gegen et. einlegen or erheben* (enter a) protest against a th., → *protestieren*; *Wechsel zu ~ gehen lassen* have *a bill* protested; **~anzeige** *econ. f* notice of dishono(u)r.
Protestant [-'tant] *m* (-en; -en), **~in** *eccl. f* (-; -nen), **2isch** *adj.* Protestant; **Protestantismus** [-'tismus] *m* (-) Protestantism.
protestieren [-'ti:rən] **I.** *v/i.* (*h.*): *gegen et. ~* protest (*Brit.* against), object to; **II.** *v/t.* (*h.*) *econ.* protest (*a bill of exchange*).
Pro'test...: **~sturm** *m* storm of protest, outcry; **~urkunde** *econ. f* protest certificate; **~versammlung** *f* indignation meeting.
Prothese [pro'te:zə] *f* (-; -n) artificial limb, prosthesis; denture.
Protokoll [proto'kɔl] *n* (-s; -e) record (*a. jur.*), proceedings *pl.*, transcript; minutes *pl.*; *diplomacy*: protocol; *das ~ aufnehmen* draw up the minutes; *das ~ führen* keep the minutes; *jur. zu ~ geben* depose, place on record, state in evidence; *zu ~ nehmen* take down, record; **protokollarisch** [-'la:riʃ] **I.** *adj.* recorded, entered in the minutes; **II.** *adv.* by the minutes.
Proto'koll...: **~aufnahme** *f* recording, drafting of the minutes; **~buch** *econ. n* minute-book; **~chef** *m* chef de protocol (*Fr.*); **~führer** *m* secretary; *jur.* clerk of the court.
protokol'lieren *v/t. and v/i.* (*h.*) (enter in the) record, enter in (*or* keep) the minutes (of); take down (on record).
Proton ['pro:tɔn] *phys. n* (-s; -'tonen) proton.
Proto'plasma [proto-] *n* (-s) protoplasm.
Prototyp ['pro:to-] *m* (-[e]s; -e) prototype.
Protozoen [proto'tso:ən] *biol. n/pl.* protozoa.
Protuberanz [protube'rants] *f* (-; -en) protuberance.
Protz [prɔts] *m* (-en *or* -es; -e[n]) ostentatious fellow, swell, snob, *Am.* high-stepper.
'**Protze** *mil. f* (-; -n) limber.
'**protzen** *v/i.* (*h.*) (*mit dat.*) show off (with), make a show (of), flaunt (*a th.*), parade (*a th.*); → *prahlen*; **~haft** *adj.* purse-proud; → *protzig*; **2tum** *n* (-s) snobbism, snobbishness.
'**protzig** *adj.* ostentatious, showy, shoddy; *Am.* swank; *person*: purse-proud; snobbish, stuck-up.
Provenienz [proveni'ɛnts] *f* (-; -en) origin, provenance.
Proviant [provi'ant] *m* (-s) provisions, victuals, *mil.* rations, supplies *pl.*; *mit ~ versehen* provision, victual; **~amt** *mil. n* ration (*or* supply) depot; **~kolonne** *f* supply column;

~lager *n* supply depot; **~zug** *m* supply train.
Provinz [pro'vints] *f* (-; *-en*) province; *the* country.
Pro'vinz...: ~ausgabe *f* regional edition; **~bank** *f* (-; *-en*) provincial bank; **~blatt** *n* provincial paper.
provinzial [-tsi'ɑ:l], **provinziell** [-tsi'ɛl] *adj.* provincial.
Provinzialismus [-tsia'lismus] *m* (-; *-men*) provincialism.
Pro'vinzler(in *f*) *m* (*-s*, -; -, *-nen*) provincial.
Provision [-vizi'o:n] *econ. f* (-; *-en*) commission; brokerage; *mit e-r ~ von 20%* on a 20 per cent commission; **♀sfrei** *adj.* free of commission; **♀s-pflichtig** *adj.* subject to a commission; **~sreisende(r** *m*) *f* travel(l)er on commission; **~ssatz** *m* rate of commission; **♀sweise** *adv.* on a commission.
Provisor [-'vi:zɔr] *m* (*-s*; *-'soren*) chemist's assistant.
provisor|isch [-vi'zo:riʃ] *adj.* provisional, temporary; make-shift; *~e Regierung* caretaker government; **♀ium** *n* (*-s*; *-ien*) provisional (*or* temporary) arrangement; makeshift.
Provo|kation [provokatsi'o:n] *f* (-; *-en*) provocation; **♀zieren** [-'tsi:rən] *v/t.* (*h.*) provoke; *~d* provocative.
Prozedur [protse'du:r] *f* (-; *-en*) procedure, *jur.* proceedings *pl.*; *umständliche ~* ritual.
Prozent [-'tsɛnt] *n* (*-[e]s*; *-e*) (%) per cent; *~e pl.* percentage *sg.*; *zu 5 ~* at five per cent; *zu hohen ~en* at a high rate of interest; **...♀ig** ... per cent; **~rechnung** *f* interest account; **~satz** *m* percentage, *w.s. a.* part, proportion; rate of interest.
prozentual [-tsɛntu'ɑ:l] *adj.* per cent, percental; proportional; *~er Anteil* percentage.
Prozeß [pro'tsɛs] *m* (*-sses*; *-sse*) process; *jur.* action, lawsuit, litigation; trial; (legal) proceedings *pl.*; *e-n ~ gewinnen* (*verlieren*) win (lose) a judgement (*or* one's case); *gegen j-n e-n ~ anstrengen* institute legal proceedings against a p., bring an action against a p., sue a p.; *in e-n ~ mit j-m verwickelt sein* be involved in a lawsuit with a p.; *j-m den ~ machen* try a p., put a p. on trial; *fig. kurzen ~ machen* (*mit dat.*) make short work of it (of *a th.*); **~akten** *f/pl.* minutes *or* record (of a case), files; brief; **~bevollmächtigte(r)** *m* (*klägerischer ~*) agent *or* attorney (for the plaintiff); **♀fähig** *adj.* actionable; **~führer** *m* litigant, plaintiff's counsel; **~führung** *f* conduct of a case; **~gegenstand** *m* matter in dispute; **~gegner(in** *f*) *m* opposing party; **♀hindernd** *adj.*: *~e Einrede* plea in bar of trial.
prozessieren [-tsɛ'si:rən] *v/i.* (*h.*) carry on a lawsuit (*mit* with), go to law (with), litigate.
Prozession [protsɛ'sio:n] *f* (-; *-en*) procession.
Pro'zeß...: ~kosten *pl.* (law) costs, legal charges; **~ordnung** *f* rules *pl.* of the court, legal procedure; **~partei** *f* party to the action; **~recht** *n* (-[e]s) adjective law; **~vollmacht** *f* power of attorney.
prüde ['pry:də] *adj.* prudish; **Prüderie** [prydə'ri:] *f* (-) prudishness, prudery.
Prüf|attest ['pry:f-] *tech. n* test certificate; **~befund** *m* test result.
'prüfen *v/t.* (*h.*) examine, test; examine, scrutinize; scan, inspect (*a. tech.*); investigate, look into, analyse; assay (*ore*); taste (*wine*); check, *tech. a.* control; *econ.* audit; *jur.* review (*decision*); *tech.* overhaul; screen (*a p.*); *auf Richtigkeit ~* verify; prove (*last will*); try, (put to the) test; consider, study, weigh; afflict, try; *sich ~* examine o.s., search one's heart; *der Antrag wird geprüft* the application is under consideration; *geprüfter Lehrer* certificated teacher; *schwer geprüfter Vater* sorely afflicted father; **~d** *adj.* searching, speculative (*glance*).
'Prüfer(in *f*) *m* (*-s*, -; -, *-nen*) examiner (*a. patent*); tester, checker; *tech.* inspector; *metall.* assayer; *econ.* auditor; *of tea, etc.*: taster.
'Prüf...: ~feld *el. n* testing room, test bay; **~gerät** *n* testing apparatus *or* equipment; **~ingenieur** *m* testing engineer; **~lampe** *f* test lamp; **~lehre** *f* master ga(u)ge; **~ling** *m* (*-s*; *-e*) examinee; *tech.* (test) specimen; **~stand** *tech. m* test stand *or* bench; **~standversuch** *mot. m* bench test, *Am.* block test; **~stein** *m* touchstone; **~strom** *el. m* test current; **~stück** *tech. n* (test) specimen.
'Prüfung *f* (-; *-en*) (*mündliche* oral, *schriftliche* written) examination, exam; test (*a. tech.*); scrutiny; examination; investigation; analysis; consideration, studies *pl.*; verification, check(ing), *Am. a.* checkup, *tech. a.* control; inspection; service test; *econ.* audit; *jur.* review; trial, test; visitation, affliction, ordeal; *sports*: event; *e-e ~ machen* go in for an examination.
'Prüfungs...: ~anstalt *f* testing laboratory; **~arbeit, ~aufgabe** *f* examination paper; **~ausschuß** *m*, board of examiners; review board; **~bericht** *m* test report; *econ.* auditing report; **~ergebnis** *n* examination results *pl.*; **~kandidat** *m* examinee; **~kommission** *f* → *Prüfungsausschuß*; **~ordnung** *f* regulations *pl.* for the conduct of an examination; **~zeugnis** *n* certificate, diploma.
'Prüf...: ~verfahren *tech. n* testing method; **~zeichen** *n* test mark.
Prügel ['pry:gəl] *m* (*-s*; -) stick, cudgel; *fig. pl.* (*a. Tracht ~*) (awful) beating *or* hiding, (sound) thrashing; *j-m e-e Tracht ~ verabreichen a.* beat the daylights out of a p.
Prügelei [-'laɪ] *f* (-; *-en*) fight, brawl, scrap.
'Prügelknabe *m* whipping-boy; scapegoat.
'prügeln *v/t.* (*h.*) cudgel, flog; beat (up), thrash, give a thrashing; *sich ~* (have a) fight.
'Prügelstrafe *f* corporal punishment, flogging.
Prünelle [pry'nɛlə] *f* (-; *-n*) prune.
Prunk [pruŋk] *m* (-[e]s) splendo(u)r, magnificence; luxury; pomp, gorgeous display, show; **'♀en** *v/i.* (*h.*) be resplendent; *~ mit* (*dat.*) make a show of, parade, flaunt, show off; boast of; *~d* → *prunkhaft*; **'~gemach** *n* state room; **'♀haft** *adj.* ostentatious, showy; **'♀los** *adj.* unostentatious, unadorned, plain; **'~stück** *n* show-piece; **'~sucht** *f* (-) love of splendo(u)r, ostentatiousness, pomposity; **'♀süchtig** *adj.* ostentatious, pompous; **'♀voll** *adj.* splendid, gorgeous.
prusten ['pru:stən] *v/i.* (*h.*) snort; burst out (*vor Lachen* laughing).
Psalm [psalm] *m* (*-s*; *-en*) psalm.
Psalmist [-'mist] *m* (*-en*; *-en*) psalmist.
'Psalter *m* psalter.
Pseudo... ['psɔʏdo-] pseudo...
Pseudonym [-'ny:m] *n* (*-s*; *-e*) pseudonym, assummed name; *of writer*: pen name, nom de plume (*Fr.*); **pseudo'nym** *adj.* pseudonymous.
PS-Leistung [pe:'ˀɛs-] *f* horse-power output.
pst! [pst] *int.* hush!, stop!; pst!
Psyche ['psy:çə] *f* (-; *-n*) psyche, soul.
psychedelisch [psyçə'de:liʃ] *adj.* psychedelic.
Psychiater [psyçi'ɑ:tər] *m* (*-s*; -) psychiatrist, alienist; **Psychiatrie** [-a'tri:] *f* (-) psychiatry; *as subject*: psychiatrics *pl.*
'psychisch *adj.* psychic(al).
Psychoanaly|se [psyçoˀana'ly:zə] *f* (-) psychoanalysis; **~tiker** *m* psychoanalyst; **♀tisch** *adj.* psychoanalytic(ally *adv.*).
Psycho|log [-'lo:k] *m* (*-en*; *-en*), **~loge** [-'lo:gə] *m* (*-n*; *-n*), **~'login** *f* (-; *-nen*) psychologist; **~logie** [-lo'gi:] *f* (-) psychology; **♀'logisch** *adj.* psychological.
Psychopath [psyço'pɑ:t] *m* (*-en*; *-en*) psychopath; **♀isch** *adj.* psychopathic.
Psychose [-'ço:zə] *f* (*-n*; *-n*) psychosis; *w.s. a.* panic.
psychosomatisch [-zo'mɑ:tiʃ] *adj.* psychosomatic.
Psychothera'pie *f* (-) (*science*) psychotherapy; (*method*) psychotherapeutics.
psychotisch [-'ço:-] *adj.* psychotic.
Pubertät [pubɛr'tɛ:t] *f* (-) puberty.
publik [pu'bli:k] *adj.* public; *~ machen* make public, publicize.
Publikation [publikatsi'o:n] *f* (-; *-en*) publication.
Publikum ['pu:blikum] *n* (*-s*) *the* public; audience; spectators *pl.*, crowd; readers *pl.*; *univ.* open lecture; **♀swirksam** *adj.* → *zugkräftig.*
publizieren [publi'tsi:rən] *v/t.* (*h.*) publish.
Publizist [-'tsist] *m* (*-en*; *-en*) publicist, journalist; **~ik** *f* (-) journalism; **♀isch** *adj.* journalistic(ally *adv.*).
Puddel|eisen ['pudəl-] *n* puddling iron; **♀n** *v/t.* puddle; **~ofen** *m* puddling furnace; **~roh-eisen** *n* forge pig; **~stahl** *m* → *Puddeleisen*.
Pudding ['pudiŋ] *m* (*-s*; *-e*) pudding.

Pudel ['pu:dəl] *m* (-*s*; -) poodle; *fig.* blunder; *des* ~*s Kern* the gist of the matter, *b.s.* the rub; *wie ein begossener* ~ *dastehen* stand aghast, look crestfallen; **2nackt** *adj.* mother-naked; **2naß** *adj.* dripping wet, drenched; **2wohl** *adj.*: *sich* ~ *fühlen* feel great, *Am.* feel like a million dollars.

Puder ['pu:dər] *m* (-*s*; -) (toilet) powder; ~**dose** *f* powder-box; vanity-case, flapjack, *Am.* compact; **2n** *v/t.* (*h.*) (*sich*) ~ powder (o.s. *or* one's face); ~**quaste** *f* powder-puff; ~**zucker** *m* icing (*Am.* confectioner's) sugar.

puff! [puf] *int.* puff!, bang!

Puff *m* (-*s*; ¨e) cuff, thump; poke, dig (in the ribs); nudge; bang, pop, report; (*wad*) puff; (-*s*; -*s*) backgammon; *colloq.* brothel, whorehouse; *er kann e-n* ~ *vertragen* he can take a lot, he is thick-skinned; '~**ärmel** *m* puffed sleeve; '**2en I.** *v/t.* (*h.*) cuff, thump, jostle; pummel; poke in the ribs, nudge; **II.** *v/i.* (*h.*) *train*: puff, chug; pop, bang away.

Puffer ['pufər] *m* (-*s*; -) *rail.* buffer, *Am. a.* bumper; *on door, etc.*: bumper, cushion; *cul.* potato-cake; ~**lösung** *chem. f* buffer solution; ~**staat** *m* buffer state; ~**ung** *f* (-) cushioning; *chem.* buffering; ~**wirkung** *chem. f* (-) buffer action.

'**Puffmais** *m* popcorn.

'**Puffspiel** *n* backgammon.

Pulk [pulk] *aer. m* (-[e]*s*; -*s*) formation, group.

Pulle ['pulə] *colloq. f* (-; -*n*) bottle.

'**pullen** *v/i.* (*h.*) pull, row.

Pullover [pu'lo:vər] *m* (-*s*; -) pull-over, sweater.

Pulmonal... [pulmo'nɑ:l] pulmonary...

Puls [puls] *anat. m* (-*es*; -*e*) pulse; *j-m den* ~ *fühlen* feel a p.'s pulse (*a. fig.*); '~**ader** *f* artery.

pulsen, pulsieren ['pulzən, -'zi:rən] *v/i.* (*h.*) pulsate, throb; *fig. a.* pulse, be vibrant (*von* with).

'**Puls...**: ~**schlag** *m* pulsation, pulse beat; ~**wärmer** *m* (-*s*; -) wristlet; ~**zahl** *f* pulse rate.

Pult [pult] *n* (-[e]*s*; -*e*) desk (*a. tech.*).

Pulver ['pulfər] *n* (-*s*; -) powder; gunpowder; *colloq. fig.* cash, dough; *in* ~ *verwandeln* pulverize; *fig. er ist keinen Schuß* ~ *wert* he is not worth powder and shot; *das ist keinen Schuß* ~ *wert* it isn't worth a rap, it's no good; *er hat das* ~ *nicht erfunden* he is no great light, he will not set the Thames on fire; *sein* ~ *verschossen haben* have shot one's bolt; **2artig, 2förmig** *adj.* powdery, pulverous; ~**dampf** *m* powder-smoke; ~**fabrik** *f* powder-mill; ~**faß** *n* powder-keg; *fig.* volcano; (*wie*) *auf e-m* ~ *sitzen* sit on the top of a volcano.

pulverisier|bar [pulvəri'zi:r-] *adj.* pulverizable; ~**en** *v/t.* (*h.*) (reduce to) powder, pulverize.

'**Pulver...**: ~**ladung** *f* powder charge; ~**magazin** *n* powder magazine; ~**schnee** *n* powdery snow.

pummelig ['puməliç] *colloq. adj.* plump, roly-poly, chubby.

Pump [pump] *colloq. m* (-[e]*s*; -*e*) credit, tick; *auf* ~ *kaufen* buy on tick.

Pumpe ['pumpə] *f* (-; -*n*) pump; **2n** *v/t. and v/i.* (*h.*) pump; *colloq.* lend, *esp. Am.* loan, give on tick; *sich et. von j-m* ~ borrow a th. from a p., touch a p. for *a sum*; ~**nhub** *m* pump lift; ~**nkolben** *m* pump piston; ~**nschwengel** *m* pump-handle.

Pumpernickel ['pumpərnikəl] *m* (-*s*; -) Westphalian ryebread, pumpernickel.

'**Pump...**: ~**hose**(**n** *pl.*) *f* pantaloons; knickerbockers, plus fours *pl.*; ~**station** *f* water-station; ~**werk** *n* pumping plant.

Punkt [puŋkt] *m* (-[e]*s*; -*e*) point (*a. fig.*); dot; *typ., gr.* full stop, *Am.* period; spot, place, *Am. a.* point; *agenda, etc.*: item; subject, topic, point; *rationing*: coupon, point; *on indictment*: count, charge; *contract*: article, clause; *TV*: spot; *sports, etc.*: point, mark; *boxing*: (*chin*) button; *fig. dunkler* ~ **a**) shady point, **b**) skeleton in the cupboard, blot on the family scutcheon; *höchster* ~ highest pitch, climax; *springender* ~ the point; *strittiger* ~ (point at) issue; → *tot*; *wunder* ~ sore spot; ~ *für* ~ point by point, in detail; ~ *zehn Uhr* on the stroke of ten; (*bis*) *auf den* ~ exactly, to a T; *bis zu e-m gewissen* ~ up to a point; *in vielen* ~*en* on many points, in many respects; *sports*: *nach* ~*en siegen* win on points, win a decision; *nach* ~*en verlieren* lose by points, be outpointed; *nach* ~*en führen* lead by points; ~*e sammeln* pile up points, score; *colloq. nun mach aber e-n* ~! now, that will do!; '~**feuer** *mil. n* converging fire; precision fire; single rounds *pl.* (*of machine gun*); '**2förmig** *adj.* punctate, punctiform; '~**gleichheit** *f sports*: tie (on points), draw.

punktier|en [puŋk'ti:rən] *v/t.* (*h.*) dot, *a.* point; *gr.* punctuate; *paint.* stipple; *med.* puncture, *abdomen*: tap; *punktierte Linie* dotted line; **2nadel** *med. f* puncture needle; **2ung** *f* (-; -*en*) dotting, *etc.*; *gr.* punctuation.

pünktlich ['pyŋktliç] *adj.* punctual, prompt, sharp; accurate, exact, precise, conscientious; ~ (*da*) *sein* be on time; **2keit** *f* (-) punctuality; diligence, conscientiousness; precision.

'**Punkt...**: ~**linie** *f* dotted line; ~**muster** *n* polka dot; ~**niederlage** *f* defeat on points; ~**richter** *m sports*: judge; **2schweißen** *tech. v/t.* (*h.*) spot-weld; ~**sieg** *m* winning on points, (points) decision; ~**sieger** *m* winner on points; ~**streik** *m* strike at selected sites; ~**system** *n* point system.

'**Punktum** *n* (-*s*) full stop, *Am.* period; *fig. und damit* ~! and that's that!

Punktur [puŋk'tu:r] *med. f* (-; -*en*) puncture.

'**Punkt...**: ~**wertung** *f* classification by points; ~**zahl** *f sports*: score; ~**ziel** *mil. n* (pin-)point target.

Punsch [punʃ] *m* (-*es*; -*e*) punch; ~**bowle** *f* bowl of punch, negus; punch-bowl; ~**löffel** *m* punch-ladle.

Punze ['puntsə] *tech. f* (-; -*n*), **2n** *v/t.* (*h.*) punch.

pupen ['pu:pən] *colloq. v/i.* (*h.*) fart.

Pupille [pu'pilə] *f* (-; -*n*) pupil; ~**n-abstand** *m* distance between the pupils; ~**n-erweiterung**, (~**n-verengung**) *f* dilatation (contraction) of the pupil.

Püppchen ['pypçən] *n* (-*s*; -) little doll; (*girl*) doll; popsy(-wopsy), pet.

Puppe ['pupə] *f* (-; -*n*) doll (*a. colloq. fig.* = girl); puppet, marionette; dummy; *zo.* pupa, chrysalis; cocoon; ~**ngesicht** *n* doll's face; ~**nhaus** *n*, ~**nstube** *f* doll's house; ~**nspiel**, ~**ntheater** *n* puppet-show; ~**nwagen** *m* doll's pram, *Am.* doll buggy.

pur [pu:r] *adj.* pure; sheer; ~*er Unsinn* pure nonsense; *aus* ~*er Neugierde* from sheer curiosity; *s-n Whisky* ~ *trinken* drink one's whisk(e)y neat (*Am.* straight).

Püree [py're:] *n* (-*s*; -*s*) purée (*Fr.*), mash; cream potatoes.

purgier|en [pur'gi:r-] *med. v/t. and v/i.* (*h.*) purge; **2mittel** *n* purgative; → *Abführ...*

Puritan|er(*in f*) [puri'tɑ:nər(in)] *m* (-*s*, -; -, -*nen*) Puritan; **2isch** *adj.* Puritan; *contp.* puritanical.

Puritanismus [-ta'ni:smus] *m* (-) Puritanism.

Purpur ['purpur] *m* (-*s*) **1.** purple; **2.** (*a.* ~**gewand** *n*) purple (gown *or* robe); ~**mantel** *m* purple cloak; **2n, 2rot** *adj.* purple; crimson; scarlet.

Purzel|baum ['purtsəl-] *m* roll; (*e-n* ~ *schlagen* turn a) somersault, flip-flap; **2n** *v/i.* (*sn*) tumble; ~ *über* (*acc.*) trip over.

pusselig ['pusəliç] *colloq. adj.* finicky, fussy.

Puste ['pu:stə] *colloq. f* (-) breath; *ihm ging die* ~ *aus* he got out of breath.

Pustel ['pustəl] *med. f* (-; -*n*) pustule; pimple.

pust|en ['pu:stən] *colloq. v/i.* (*h.*) puff, pant; blow; **2erohr** *n* blow-pipe, pea-shooter.

Pute ['pu:tə] *f* (-; -*n*) turkey-hen; *fig. dumme* ~ silly goose.

'**Puter** *m* (-*s*; -), '**Puthahn** *m* turkey(-cock); ~**braten** *m* roast turkey; **2rot** *adj.* (as) red as a lobster, scarlet.

Putsch [putʃ] *m* (-*es*; -*e*) putsch, insurrection, coup de main (*Fr.*); '**2en** *v/i.* (*h.*) (raise a) revolt; → *aufputschen.*

Put'schist *m* (-*en*; -*en*) insurgent.

Putz [puts] *m* (-*es*; -*e*) dressing, toilet; millinery, articles of dress, apparel; finery, elegant attire; ornaments *pl.*; trimming; *arch.* rough-casting, plaster(ing); *el. unter* ~ (*verlegt*) concealed; '~**artikel** *m/pl.* millinery *sg.*

'**putzen** *v/t.* (*h.*) clean, cleanse; scour, scrub; polish, furbish up; wipe; adorn, decorate; attire; lop, prune (*tree*); pick (*vegetables*); snuff (*candle*); trim (*lamp*); groom, curry (*horse*); polish, *Am.* shine

(*shoes*); *sich* ~ smarten (*or* dress) o.s. up; *sich die Nase* ~ blow (*or* wipe) one's nose; *sich die Zähne* ~ brush one's teeth.
ˈ**Putzer(in** *f*) *m* (*-s*, *-*; *-*, *-nen*) cleaner; *mil.* batman.
ˈ**Putz...**: ~**frau** *f* charwoman, cleaner; 2**ig** *colloq. adj.* droll, funny; ~**lappen** *m* cleaning rag; ~**leder** *n* chamois (leather); ~**macherin** *f* milliner; ~**mittel** *n* cleanser, detergent; polish(ing material); abrasive; ~**sucht** *f* (-) love of finery, dressiness; 2**süchtig** *adj.* fond of finery, dressy; house-proud; ~**teufel** *colloq. m* house-proud woman; ~**tuch** *n* polishing cloth; ~**waren** *f/pl.* millinery, articles of dress; ~**wolle** *f* cotton waste; ~**zeug** *n* (-[e]s) cleaning utensils *pl.*
Pygmäe [pygˈmɛːə] *m* (*-n*; *-n*) pygmy; 2**nhaft** *adj.* pygmean.
Pyjama [pyˈjɑːma, piˈdʒɑːma] *m* (*-s*; *-s*) (*ein* ~ a suit of) pyjamas, *Am.* pajamas.
Pyramide [pyraˈmiːdə] *f* (*-*; *-n*) pyramid (*a. math.*); stack (*of rifles*); *Gewehre in* ~*n setzen* pile arms; 2**nförmig** *adj.* pyramidal.
Pyrenä|en [pyrəˈnɛːən] *pl.*: *die* ~ the Pyrenees; 2**isch** *adj.* Pyrenean; 2*e Halbinsel* Iberian Peninsula.
Pyrotechnik [pyroˈtɛçnik] *f* (-) pyrotechnics *pl.*; ~**er** *m* pyrotechnist; **pyroˈtechnisch** *adj.* pyrotechnic(al); ~*e Waren* fireworks *pl.*
Pyrrhussieg [ˈpyrus-] *m* Pyrrhic victory.
pythagoreisch [pytagoˈreːiʃ] *adj.* Pythagorean; ~*er Lehrsatz* Pythagorean proposition.

Q

Q, q [kuː] *n* Q, q.
Q-Antenne *f* Q aerial, stub-matched aerial *or* antenna.
quabb(e)lig [ˈkvabəliç] *adj.* flabby, wobbling.
ˈ**quabbeln** *v/i.* (*h.*) wobble, quiver; shake; be flabby.
Quackelei [kvakəˈlaɪ] *colloq. f* (*-*; *-en*) blabbing.
Quack|salber [ˈkvakzalbər] *m* (*-s*; *-*) quack (doctor); ~**salbeˈrei** *f* (-) quackery; ~**salbermittel** *n* quack medicine; 2**salbern** *v/i.* (*h.*) quack, doctor.
Quader [ˈkvɑːdər] *m* (*-s*; *-*), ~**stein** *m* square stone, freestone, ashlar.
Quadrant [kvaˈdrant] *m* (*-en*; *-en*) quadrant; clinometer.
Quadrat [kvaˈdrɑːt] *n* (*-[e]s*; *-e*) square; *mus.* natural; *typ.* (*-[e]s*; *-e[n]*) quad(rat); *2 Fuß im* ~ 2 feet square; *ins* ~ *erheben* square; ~**fuß** *m* (*-es*) square foot; 2**isch** *adj.* square; quadratic; ~**meile** *f* square mile; ~**meter** *m* square met|re, *Am.* -er; ~**netz** *n* square grid.
Quadratur [kvadraˈtuːr] *f* (*-*; *-en*) quadrature, squaring (*des Kreises* the circle).
Quaˈdrat...: ~**wurzel** *f* square root; ~**zahl** *f* square number; ~**zentimeter** *m* square centimet|re, *Am.* -er.
quaˈdrieren *math. v/t.* (*h.*) square.
Quadrille [kaˈdriljə] *mus. f* (*-*; *-n*) quadrille.
quak! [kvɑːk] *int.* croak!; ˈ~**en** *v/i.* (*h.*) *frog*: croak; *duck*: quack.
quäken [ˈkvɛːkən] *v/i. and v/t.* (*h.*) squeak.
ˈ**Quäker(in** *f*) *m* (*-s*, *-*; *-*, *-nen*) Quaker(ess *f*); ~**bund** *m* Society of Friends; Quakers *pl.*; ~**tum** *n* (*-s*) Quakerism.
Qual [kvɑːl] *f* (*-*; *-en*) (excruciating) pain; torment, torture; agony; anguish, agony, mental suffering, martyrdom; ordeal; tribulation, worry; cross; drudgery.
quälen [ˈkvɛːlən] *v/t.* (*h.*) torment (*a. fig.*); torture, rack; agonize; *mentally*: harrow, distress, agonize; haunt, prey on the mind; afflict; *fig.* harass, tantalize; pester, plague; tease; *sich mit e-r Arbeit* ~ drudge, struggle, sweat and strain; *sich umsonst* ~ labo(u)r in vain; *gequält fig.* tormented; forced, wry (*smile*); ~**d** *adj.* excruciating, racking (*pain*); *fig.* tormenting, harrowing, agonizing.
ˈ**Quäler(in** *f*) *m* (*-s*, *-*; *-*, *-nen*) tormentor (*f* tormentress); → *Quälgeist.*
Quäleˈrei *f* (*-*; *-en*) torment(ing), torture; *fig.* vexation, worrying; pestering, molestation; teasing; drudgery.
ˈ**Quälgeist** *m* (*-es*; *-er*) tormentor, pest, gadfly; bore.
Qualifikation [kvalifikatsiˈoːn] *f* (*-*; *-en*) qualification; capacity, fitness, eligibility; ~ *zum Richteramt* qualification to hold judicial office; ~**sfreilos** *n sports*: bye; ~**skampf** *m sports*: qualifying contest, tie.
qualifizieren [kvalifiˈtsiːrən] *v/t.* (*h.*) (*a. sich*) qualify (*zu* for); describe (*als* as); *qualifiziert* qualified, eligible; (highly-)trained (*worker*).
Qualität *f* (*-*; *-en*) quality; grade; sort, type; kind; *erster* ~ of prime quality, first-rate, high-grade; *mittlere* ~*en* medium grades; *schlechte* ~ poor quality (*or* workmanship).
qualitativ [kvalitaˈtiːf] **I.** *adj.* qualitative; **II.** *adv.* in quality.
Qualiˈtäts...: ~**arbeit** *f* work of high quality, superior workmanship; ~**erzeugnis** *n* high-quality product; ~**fehler** *m* defect of quality, flaw; ~**muster** *n* representative sample; ~**stahl** *m* high-grade steel; ~**ware** *f* article of quality, high-quality product(s *pl.*); good value.
Qualle [ˈkvalə] *f* (*-*; *-n*) jelly-fish.
Qualm [kvalm] *m* (*-[e]s*) (dense) smoke; fumes *pl.*; smother, smog; ˈ2**en** *v/i. and v/t.* (*h.*) smoke, emit vapo(u)r *or* fumes; puff (away, at one's pipe, *etc.*); ˈ~**er** *colloq. m* (*-s*; *-*) inveterate smoker; ˈ2**ig** *adj.* smoky.
ˈ**qualvoll** *adj.* very painful; excruciating, racking (*pain*); agonizing, harrowing.
quanteln [ˈkvantəln] *phys. v/t.* (*h.*) quantize.
Quanten [ˈkvantən] *phys. n/pl.* quanta; ~**mechanik** *f* quantum mechanics *pl.*; ~**theorie** *f* (-) quantum theory; ~**zahl** *f* quantum number.
Quantität *f* (*-*; *-en*) quantity, amount.
quantitativ [kvantitaˈtiːf] **I.** *adj.* quantitative; **II.** *adv.* as to (*or* in) quantity.
Quantiˈtätsbestimmung *f* quantitative determination.
Quantum [ˈkvantum] *n* (*-s*; *-ten*) quantum (*a. phys.*); quantity, amount; share, portion.
Quappe [ˈkvapə] *f* (*-*; *-n*) eel-pout; tadpole.
Quarantäne [karanˈtɛːnə] *f* (*-*; *-n*) quarantine; *in* ~ *legen* (put in) quarantine; ~**flagge** *f* yellow flag; ~**station** *f* quarantine ward.
Quark [kvark] *m* (*-s*) curd(s *pl.*); *colloq. fig.* → *Quatsch*; ~**käse** *m* cottage cheese.
Quart [kvart] **1.** *n* (*-s*; *-e*) quart; (*book*) (*-s*) quarto (volume); **2.** *f* (*-*; *-en*) *fenc.* quart, carte; *mus.* fourth.
Quarta [ˈkvarta] *ped. f* (*-*; *-ten*) third form.
Quartal [kvarˈtɑːl] *n* (*-s*; *-e*) quarter (of a year); *ped.* term; *for payments*: quarter-day; ~**s...** quarterly; ~**sdividende** *f* quarterly divided; ~**s-säufer** *m* periodic alcoholic; ~**(s)tag** *m* quarter-day; 2**(s)weise** *adv.* quarterly; ~**zahlung** *f* quarterly payment; quarterly disbursement (*of dividends, interest*).
Quartaner(in *f*) [kvarˈtɑːnər] *m* (*-s*, *-*; *-*, *-nen*) third-form boy (girl).
Quartär [kvarˈtɛːr] *geol. n* (*-s*) Quaternary (Period).
ˈ**Quart...**: ~**band** *m* quarto volume; ~**blatt** *n* quarter of a sheet.
Quarte [ˈkvartə] *f* (*-*; *-n*) *fenc.* quart, carte; *mus.* fourth.
Quartett [kvarˈtɛt] *n* (*-[e]s*; *-e*) *mus.* quartet(te); *cards*: four; *fig.* foursome.
ˈ**Quartformat** *typ. n* quarto.
Quartier [kvarˈtiːr] *n* (*-s*; *-e*) quarter, district (*of town*); accommodation, quarters *pl.*; *mil.* quarters, billets *pl.*; *mar.* watch; ~ *beziehen* take up quarters; ~ *machen* prepare quarters; *in* ~ *legen bei* billet (up-)on; *in* ~ *liegen bei* be quartered *or* billeted (up)on *or* with; ~**amt** *n* billeting office; ~**arrest** *m* confinement to quarters; ~**macher** *m* billeting officer; ~**meister** *m* quartermaster (*abbr.* QM); ~**schein**, ~**zettel** *m* billeting slip.
Quarz [kvɑːrts] *m* (*-es*; *-e*) quartz;

radio: crystal; **～gesteuert** ['-gəʃtɔʏərt] *adj.* crystal-control(l)ed; '**～glas** *n* (-es; ⸗er) quartz glass; '**～ig** *adj.* quartzy; '**～lampe** *med. f* quartz lamp; '**～rohr** *n* quartz tube.

quasi ['kvɑːzi] *adv.* as it were, quasi.

quasseln ['kvasəln] *colloq. v/i.* (h.) → *quatschen.*

Quast [kvast] *m* (-es; -e), '**～e** *f* (-; -*n*) tuft, knot; tassel; *paint.* brush; (powder) puff.

Quatsch [kvatʃ] *colloq. m* (-es) nonsense, balderdash, gibberish; bosh, rot, tripe, bilge, *Am. a.* baloney *int.* ～! rubbish!, rot!, *Am.* nuts!; ～ *reden* → '**～en** *v/i.* (h.) twaddle (*a. v/t.*), blether, talk rot; (have a) chat; *shoes, water*: squelch, slosh; '**～kopf** *m* twaddler, blatherskite.

Quecke ['kvɛkə] *bot. f* (-; -*n*) couch-grass.

Quecksilber ['kvɛkzilbər] *n* mercury, quicksilver; *fig. person*: live-wire, *contp.* flibbertygibbet; *wie* ～ → *quecksilberig*; **～barometer** *n* mercury barometer; **～dampf** *m* mercury vapo(u)r; **～gleichrichter** *m* mercury converter; **～haltig** *adj.* mercurial; **～ig** *fig. adj.* mercurial, restless, fidgety, flibbertygibbety; **～jodid** [-jodiːt] *n* (-[e]s; -e) mercuric iodide; **～n** *adj.* mercurial; **～salbe** *f* mercurial ointment; **～säule** *f* mercury column; **～vergiftung** *f* mercurial poisoning.

'**quecksilbrig** *adj.* → *quecksilberig.*

Quell [kvɛl] *poet. m* (-[e]s; -e), '**～e** *f* (-; -*n*) spring; source (*a. of light, etc.*); well (*a. of oil*); fountain (-head); *fig.* fount, source, origin; *literary*: authority; informant; ～ *des Lebens, etc.* fountain of life, *etc.*; *aus guter* (*sicherer*) ～ on good authority, from a reliable source; *fig. an der* ～ *sitzen* be on the inside; '**～bach** *m* river source; '**～bottich** *m* steeping vat.

'**quellen I.** *v/i.* (*irr., sn*) gush (forth), well; *river*: arise, spring; flow; swell; *eyes*: bulge (*aus den Höhlen* from their sockets); *fig.* arise, originate, emanate (*aus dat.* from); **II.** *v/t.* (*irr., sn*) (cause to) swell; soak; steep (*barley, etc.*).

'**Quellen...: ～angaben** *f/pl.* (list of) references *pl.*; acknowledgements, publications consulted; **～forschung** *f* original research; **～mäßig** ['-mɛːsiç] *adj.* according to the (best) sources *or* authorities, *w.s.* authentic; **～material** *n* source material; **～nachweis** *m* → *Quellenangaben*; **～studium** *n* original research.

'**Quell...: ～fähigkeit** *f* water absorption capacity; **～fluß** *m* source; **～gebiet** *n of river*: headwaters *pl.*; **～salz** *n* spring salt; **～ung** *f* (-) swelling; soaking; **～wasser** *n* (-s; -) spring water; **～widerstand** *el. m* source impedance.

Quendel ['kvɛndəl] *bot. m* (-s; -) wild thyme.

Quengelei [kvɛŋə'laɪ] *colloq. f* (-; -*en*) grumbling, whining, grousing; fault-finding, carping, nagging.

'**quengeln** *colloq. v/i.* (h.) grumble, whine; grouse, *Am.* crab; nag; *er quengelte so lange, bis ich nachgab* he pestered me until I finally gave in.

'**Quengler(in** *f*) *m* (-*s*, -; -, -*nen*) grumbler; nagger.

Quentchen ['kvɛntçən] *n* (-s; -) dram; *fig.* grain.

quer [kveːr] **I.** *adj.* cross, transverse; diagonal; lateral; horizontal; slanting, oblique; **II.** *adv.* crossways, crosswise, athwart; diagonally; ～ *über* (*acc.*) across; ～ *über die Straße gehen* go across the street, cross the street; ～ *übereinander legen* put crossways, cross; → *kreuz*; ～ *zu* at right angles to; *fig.* perversely; ～ *gehen* go wrong.

'**Quer...: ～achse** *f* lateral axis; **～arm** *tech. m* crossarm; **～balken** *m* crossbeam; *of door*: transom; *her.* bar; **～bewegung** *f* transverse motion; **～'durch** *adv.* right across.

'**Quere** *f* (-) transverse (*or* cross) direction; breadth; *in die* ～, *der* ～ *nach* crossways, across; *j-m in die* ～ *kommen* cross a p.'s path; *fig.* cross *or* thwart a p.'s plans, get in a p.'s way, queer a p.'s pitch; *es ist ihm et. in die* ～ *gekommen* something has gone wrong with him.

'**queren** *mount. v/t. and v/i.* (h.) traverse.

'**Quer...: ～faser** *f* transverse fib|re, *Am.* -er; **～feldein** ['-fɛlt'ʔaɪn] *adv.* across country; **～feld'einlauf** *m* cross-country run; **～flöte** *mus. f* German flute; **～format** *typ. n* oblong format; **～frage** *f* cross-question; **～gang** *m* cross-way; *mil., mining, mount.* traverse; **～gasse** *f* cross lane; **～gefälle** *n* crossfall (*of road*); **～gestreift** *adj.* cross-striped; **～kopf** *m* wrong-headed fellow, crank; **～köpfig** ['-kœpfiç] *adj.* wrong-headed, pig-headed, cranky; **～lage** *f med.* transverse presentation; *aer.* bank; **～lager** *tech. n* radial bearing; **～latte** *f soccer*: cross-bar; **～laufend** *adj.* transversal; **～leiste** *f* cross-piece; **～linie** *f* cross (*or* diagonal) line; **～paß** *m soccer*: square pass; **～pfeife** *f* fife; **～profil** *tech. n* cross-section; **～reihe** *f* cross-row; **～richtung** *f* cross direction; **～ruder** *aer. n* aileron; **～sattel** *m* side-saddle; **～schaltung** *el. f* cross connection; **～schiff** *arch. n* transept; **～schläger** *mil. m* ricochet; **～schnitt** *m* cross-section (*a. fig.*), cross-cut (*durch* through); sectional view; sectional area; **～schnittansicht** *tech. f* sectional view; **～schnittslähmung** *med. f* transverse lesion of the cord with paraplegia; **～schnittzeichnung** *f* sectional drawing; **～steuerung** *aer. f* lateral controls *pl.*; **～straße** *f* cross-road; *zweite* ～ *rechts* second turning to the right; *zwei* ～*n von hier* (*entfernt*) two blocks from here; **～streifen** *m* cross stripe; **～strich** *m* cross-line, bar; dash; *fig.* e-n ～ *durch* et. *machen* thwart a th.; **～summe** *f* total of the digit of a number; **～support** *tech. m* cross slide rest; **～träger** *arch. m* transverse (girder); **～treiber(in** *f*) *m* intriguer; obstructionist; **～treibe'rei** *f* intriguing; obstruction(ism); **～'über** *adv.* right across; diagonally.

Querul|ant(in *f*) [kveru'lant] *m* (-*en*, -*en*; -, -*nen*) querulous person; grumbler, *Am. a.* grouch; **～ieren** *v/i.* (h.) be querulous, grumble, *Am. a.* gripe.

'**Quer...: ～verbindung** *f* cross connection; *mil.* lateral communication; **～verbindungsstraße** *f* belt road; **～versteifung** *tech. f* (-; -*en*) transverse bracing; crossbar; **～verstrebung** *f* cross bracing; **～verweis** *m* cross reference; **～wand** *f* transverse wall; **～weg** *m* cross-road.

Quetsche ['kvɛtʃə] *f* (-; -*n*) presser; *mining*: crusher; *bot.* wild plum, → *Zwetschge*; *colloq.* small shop.

'**quetschen** *v/t.* (h.) squeeze; pinch; crush, mash, squash; *med.* bruise (*a. fruit*), contuse; *sich* ～ get a bruise; *sich den Finger* ～ jam one's finger.

'**Quetsch...: ～falte** *f* knife pleat; **～kartoffel** *f/pl.* mashed potatoes; **～kommode** *colloq. f* accordion, squeeze-box; **～kondensator** *el. m* compression capacitor; **～laut** *gr. m* affricate; **～ung** *f* (-; -*en*), **～wunde** *med. f* bruise, contusion.

quick [kvik] *adj.* lively, brisk, alert; '**～born** *m* fountain of youth; '**～en** *tech. v/t.* (h.) amalgamate; '**～lebendig** *adj.* vivacious, spirited; sparkling; '**～sand** *m* quicksand.

quieken ['kviːkən] *v/i.* (h.) squeak.

quietsch|en ['kviːtʃən] *v/i.* (h.) squeak, squeal; *brakes*: screech; *sie quietschte vor Vergnügen* she squealed with delight; **～vergnügt** *adj. and adv.* cheerful(ly); as pleased as Punch.

Quint [kvint] *f* (-; -*en*), '**～e** *f* (-; -*n*) *mus.* fifth; *fenc.* quinte.

Quintaner(in *f*) [kvin'tɑːnər] *m* (-*s*, -; -, -*nen*) second-form boy (girl).

'**Quint-essenz** *f* quintessence, pith, gist.

Quintett [kvin'tɛt] *n* (-[e]s; -e) quintet(te).

Quirl [kvirl] *m* (-[e]s; -e) twirling-stick; *cul.* whisk, beater; *bot.* whorl, verticil; '**～en** *v/t.* (h.) twirl (round); whisk (*eggs*).

quitt [kvit] *pred. adj.*: ～ *sein mit j-m* be quits (*or* even) with *a p.*; *et.*: be rid of; *jetzt sind wir* ～ that leaves us even.

Quitte ['kvitə] *bot. f* (-; -*n*) quince; '**～nbaum** *m* quince-tree; '**～ngelb** *adj.* (as) yellow as a quince.

quit'tieren *v/t.* (h.) receipt, give a receipt for, discharge; *doppelt für einfach* ～ receipt in duplicate; *quittierte Rechnung* receipted bill; quit, abandon; sign away (*property*); *den Dienst* ～ leave service, retire; *fig.* repay (*insult, etc.*), take (*mit e-m Lächeln* with a smile), meet.

'**Quittung** *f* (-; -*en*) receipt, acquittance, discharge; voucher; *fig.* answer, revenge; e-e ～ *ausstellen* give a receipt; *gegen* ～ against receipt; **～sbuch** *n* receipt-book; **～sformular** *n* receipt form; **～smarke** *f*, **～sstempel** *m* receipt stamp.

quoll [kvɔl] *pret. of quellen.*

Quote ['kvoːtə] *f* (-; -*n*) quota; share, (pro)portion; ratio; rate; *in bankruptcy, football pools, etc.*: dividend; **～naktie** *f* no-par share.

Quotient [kvo'tsjɛnt] *math. m* (-*en*; -*en*) quotient.

quo'tieren *econ. v/t.* (h.) quote.

R

R, r [ɛr] *n* R, r.

Rabatt [ra'bat] *econ. m* (-[e]s; -e) (trade-)discount (*auf acc.* on), abatement, rebate, allowance; *10 % ~ bei Barzahlung geben* allow a 10 per cent discount for cash; *mit 4 % ~* at a reduction of 4 per cent.

Rabatte [ra'batə] *agr. f* (-; -n) border, bed.

rabat'tieren *v/t.* (*h.*) discount, abate, deduct.

Ra'battmarke *econ. f* discount ticket.

Rabatz [ra'bats] *colloq.* row, racket; *~ machen* raise hell, kick up a row.

Rabauke [ra'baukə] *colloq. m* (-n; -n) tough, *Am. a.* bruiser.

Rabbi ['rabi] *m* (-[s]; -'inen), **Rabbiner** [ra'bi:nər] *m* (-s; -) rabbi; **rab'binisch** *adj.* rabbinical.

Rabe ['rɑ:bə] *m* (-n; -n) raven; *fig. weißer ~* white crow, rare bird; *stehlen wie ein ~* steal like a magpie; **~n-aas** *n fig.* rascal, beast; **~n-eltern** *pl.* unnatural parents; **≈n-schwarz** *adj.* raven, jet-black, pitch-dark.

rabiat [rabi'ɑ:t] *adj.* rabid, raving, furious; *~er Bursche* desperate fellow, dangerous customer.

Rabulist [rabu'list] *m* (-en; -en) pettifogger.

Rache ['raxə] *f* (-) revenge; vengeance; retaliation; *des Schicksals*: nemesis; *Tag der ~* day of reckoning; *~ brüten* brood vengeance; *~ nehmen or (aus)üben* take revenge (*an dat.* [up]on), take (*or* visit) vengeance ([up]on), have one's revenge; *~ schnauben, nach ~ dürsten* breathe revenge; **~akt** *m* act of revenge; **~durst** *m* → *Rachgier*; **~engel** *m* avenging angel; **~göttin** *f* Fury.

Rachen ['raxən] *m* (-s; -) *anat.* throat, pharynx; cavity of the mouth; *zo.* mouth, jaws *pl.*; *fig.* (yawning) abyss; *~ der Hölle (des Todes)* jaws of hell (death); *j-m et. in den ~ werfen* cast a th. into the hungry maw of; *j-m den ~ stopfen* stop a p.'s mouth.

rächen ['rɛçən] *v/t.* (*h.*) avenge, revenge (*j-n* a p.); take revenge for *a th.*; *sich (wegen et.) an j-m ~* take vengeance (*or* revenge o.s., be revenged) on a p. (for a th.), get quits with a p., get one's own back, *Am. a.* get back at a p.; *es rächte sich an ihm* he suffered for it, he had to pay (the penalty) for it; *es wird sich bitter ~, daß* we, *etc.*, shall pay dearly for *ger.*

'Rachen...: ~abstrich *med. m* throat swab; **~blütler** ['-bly:tlər] *bot. m* (-s; -) labiate; **~bräune** *med. f* quinsy; **~höhle** *f* pharynx; **~katarrh** *med. m* cold in the throat, pharyngitis; **~pinsel** *med. m* throat brush; **~reizstoff** *mil. m* throat irritant.

'Rächer(in *f*) *m* (-s, -; -, -nen) avenger.

'racheschnaubend *adj. and adv.* breathing revenge.

Rach... ['rax-]: **~gier, ~sucht** *f* thirst for revenge, revengefulness, vindictiveness; **≈gierig, ≈süchtig** *adj.* revengeful, vindictive.

Rachit|is [ra'xi:tis] *med. f* (-) rickets *pl.*, rachitis; **≈isch** *adj.* rickety, rachitic.

Racker ['rakər] *m* (-s; -) (little) rascal, young scamp; (*girl*) brat, minx.

Rad [rɑ:t] *n* (-[e]s; ⸚er) wheel (*a. fig.*); gear; trundle; impeller; bicycle, bike; *(ein) ~ schlagen* **a)** *peacock*: spread the tail, **b)** *gym.* turn cartwheels (*Am.* handsprings); *fig. das fünfte ~ am Wagen sein* be quite superfluous; *unter die Räder kommen* go to the dogs; **'~abstand** *mot. m* wheel base; **'~achse** *f* axle-tree; **'~antrieb** *m* wheel drive.

Radar [ra'dɑ:r] *n* (-s) radar (*abbr.* = radio detection and ranging); → *Radargerät*; *mit ~ ausgerüstet* radar-equipped; **~anlage** *f* radar unit; **~flugzeugwarnnetz** *n* radar aircraft warning network; **~gerät** *n* radar set (*or* equipment); **≈gesteuert** ['-gəʃtɔʏərt] *adj.* radar-guided; **~höhenmesser** *m* height finding radar; *aer.* radar altimeter; **~küstenstation** *f* shore-based radar station; **~navigationsgerät** *n* plan position indicator (*abbr.* P.P.I.); **~schirm** *m* radar screen; **≈sicher** *adj.* radarproof; **~station** *f* radar station; **~steuerung** *f* radar control; **~störgerät** *n* radar jamming equipment; **~suchgerät** *n* search radar; **~visier** *n* radar (gun)sight; **~warnnetz** *n* radar warning network; **~zeichnung** *f* radar plotting.

Radau [ra'dau] *colloq. m* (-s) row, racket; *~ machen* kick up a row; **~bruder, ~macher** *m* rowdy; **~komödie** *thea. f* slapstick comedy; **~presse** *f* (-) gutter press.

'Rad...: ~aufhängung *f* wheel suspension; **~ball** *n* (-[e]s), **~ballspiel** *n* cycle-ball; **~bremse** *f* wheel brake.

Rädchen ['rɛ:tçən] *n* (-s; -) small wheel; castor, *Am.* caster; *on spurs*: rowel; *dress-making*: dot-wheel; *fig.* cog.

'Raddampfer *m* paddle-steamer, *Am.* side-wheeler.

Rade ['rɑ:də] *bot. f* (-; -n) (corn-)cockle.

radebrechen ['rɑ:də-] *v/t.* (*h.*): *e-e Sprache ~* speak a language badly; *englisch ~* speak broken English, fumble around in English.

radeln ['rɑ:dəln] *v/i.* (*sn*) cycle, pedal, bike.

Rädelsführer ['rɛ:dəls-] *m* ringleader.

Räder... ['rɛ:dər-]: **~fahrzeug** *n* wheeled vehicle; **~getriebe** *n* gearing; **~kasten** *m* gear-box; *machine-tool*: apron; **~kettenfahrzeug** *n* half-track vehicle.

rädern ['rɛ:dərn] *v/t.* (*h.*) break on the wheel; *fig. wie gerädert sein* be quite done up.

'Räder...: ~untersetzung *f* gear reduction; **~vorgelege** *n* back gears *pl.*; **~werk** *n* wheelwork; gearing; clockwork.

'radfahr|en *v/i.* cycle, ride a bicycle, pedal, bike; **≈er(in** *f*) *m* cyclist, bicycle rider, *Am.* cycler; *fig. contp.* toady; **≈weg** *m* cycle path.

'Rad...: ~felge *f* wheel rim; **~flansch** *m* wheel flange; **≈förmig** ['-fœrmiç] *adj.* wheel-shaped; radial; **~gabel** *f* wheel fork; **~gestell** *n* wheelframe; *rail.* bogie, *Am.* truck.

radial [radi'ɑ:l] *adj.* radial; **≈bohrmaschine** *f* radial drill(ing machine); **≈fräser** *m* radial-milling cutter; **≈spannung** *el. f* radial potential.

radier|en [ra'di:rən] *v/t.* (*h.*) rub out, erase; *art.*: etch; **≈er** *m* (-s; -) etcher; *a.* = **≈gummi** *m* (india-)rubber, eraser; **≈kunst** *f* (art of) etching; **≈messer** *n* eraser, pen-knife; **≈nadel** *f* etching-needle.

Ra'dierung *f* (-; -en) erasure; *art*: etching.

Radies-chen [ra'di:sçən] (red) radish; *mil. sl. sich die ~ von unten ansehen* be pushing up daisies.

radikal [radi'kɑ:l] *adj.*, **≈e(r** *m*) (-n, -n; -en, -en) radical, *pol. a.* extremist.

radikalisieren [radikali'zi:rən] *v/t.* (*h.*) promote radicalism in.

Radikalismus [-'lismus] *m* (-; -men) radicalism.

Radio ['rɑ:dio] *n* (-s; -s) radio, *Br. a.* wireless; broadcasting; *~ Moskau* the Moscow Radio; *~ hören* listen to the radio, listen in (on a broadcast); *im ~* on the radio, on the air; *im ~ sprechen* speak over the radio, go on the air; → *Rundfunk(...)*; **≈ak'tiv** *phys. adj.* radioactive; *~er Niederschlag* fall-out; *~e Strahlung* radioactive radiation; *~e Verseuchung* radioactive contamination; *~e Zerfallsreihe* radioactive series; *~ machen* (radio)activate; **~aktivi'tät** *f* radioactivity; **~apparat** *m* radio (set), wireless set; **~bastler** *m* radio amateur (*or* fan); **≈biologisch** *adj.* radiobiological; **≈chemisch** *adj.* radiochemical; **~durchsage** *f* spot announcement; **~empfänger** *m* radio receiver; **~frequenz** *f* radio-frequency; **~geschäft** *n* radio shop; **~gramm** ['-gram] *n* (-s; -e) radiogram; **~grammophon** *n* radiogram, *Am.* radio phonograph (combination); **~händler** *m* radio dealer; **~kanal** *m* radio channel; **~kompaß** *aer. m*: *automatischer ~* automatic direction finder; **~loge** [-'lo:gə] *m* (-n; -n) radiologist; **~logie** [-lo'gi:] *f* (-) radiology; **≈logisch** [-'lo:giʃ] *adj.* radiological; **~mechaniker** *m* radio mechanic; **~peilgerät** *n* radio-direction finder; **~peilung** *f* radio-bearing, beam approach; **~reklame** *f* radio advertising; **~röhre** *f* radio valve (*Am.* tube); **~sender** *m* radio transmitter; broadcasting station; **~sendung** *f* radio transmission; broadcast; **~skop** [-'sko:p] *n* (-*s*; -e) radioscope; **~sonde** *f* radiosonde, radiometeorograph; **~station** *f* radio-transmitting station, broadcasting station; **~technik** *f* radio engineering; **~techniker** *m* radio engineer *or* technician; radioman; **~telegramm** *n* radiogram; **~telegraphie** *f* wireless telegraphy, radiotelegraphy; **~telephon** *n* radio telephone; **~telepho'nie** *f* radio(tele)phony; **~truhe** *f* radio console; **~übertragung** *f* → *Radiosendung*; **~welle** *f* radio wave; **~zeitung** *f* radio journal.

Radium ['rɑ:dium] *n* (-*s*) radium; **~behälter** *m* radiode; **~behandlung** *f*, **~heilverfahren** *n* radium-therapy; **~strahlen** *m/pl.* radium rays *pl.*, radium radiation *sg.*

Radius ['rɑ:dius] *m* (-; -*ien*) radius.

'Rad...: **~kappe** *f* hub cap; **~kasten** *m* wheel case; *mar.* paddle-box; **~körper** *m* wheel body; **~kranz** *m* rim.

Radler(in *f*) ['rɑ:dlər] *m* (-*s*, -; -, -*nen*) → *Radfahrer*.

'Rad...: **~mutter** *f* (-; -*n*) wheel nut; **~nabe** *f* hub, (wheel) nave; **~reifen** *m* tyre, *esp. Am.* tire; **~rennbahn** *f* cycling track; **~rennen** *n* cycle race; **~schalter** *m* rotary switch; **~schaufel** *f* paddle-board; **⁀schlagen** *v/i.* (*irr.*, *h.*) → *Rad*; **~schuh** *m* brake; skid; **~speiche** *f* spoke; **~sport** *m* (-[e]s) cycling; **~spur** *f* rut, *mot.* wheel track; **~stand** *mot. m* wheel base; **~sturz** *mot.* camber; **~welle** *f* wheel shaft; **~zahn** *m* cog.

raffen ['rafən] *v/t.* (*h.*) snatch (*or* pick) up; gather up (*skirt*); *sewing*: take up, let in.

'Raffgier *f* greed, rapacity; **⁀ig** *adj.* greedy, grasping, rapacious.

Raffinade [rafi'nɑ:də] *f* (-; -*n*), **~zucker** *m* refined sugar.

Raffinerie [-nə'ri:] *tech. f* (-; -*n*) refinery.

Raffinesse [rafi'nɛsə] *f* (-; -*n*) cleverness; subtlety, finesse; sophistication; exquisiteness; exquisite taste *or* style, *etc.*

raffi'nieren *v/t.* (*h.*) refine.

raffi'niert *adj.* refined; *fig.* clever, ingenious; (*schlau*) subtle, artful; sophisticated, subtle; exquisite; **⁀heit** *f* (-) → *Raffinesse*.

ragen ['rɑ:gən] *v/i.* (*h.*) tower, loom; project.

Ragout [ra'gu:] *n* (-*s*; -*s*) stew, hash, ragout, hotchpotch (*a. fig.*).

Rahe ['rɑ:ə] *f* (-; -*n*) yard; *große* ~ mainyard.

Rahm [rɑ:m] *m* (-*s*) cream; *den* ~ *abschöpfen* (*a. fig.*) skim the cream; **~bonbon** *m* toffee, *Am.* toffy; **~butter** *f* creamery butter.

Rahmen ['rɑ:mən] *m* (-*s*; -) frame (*a. tech.*, *mot.*); *of shoes*: welt; edge, border; *fig.* frame, background, setting; *of novel*: setting; framework, structure; limit; scope (*of a law, etc.*); *in engem* ~ within a close compass; *im* ~ *von* (*or gen.*) within the scope (*or* framework) of, within the limits of, under (*a contract*); for the purposes of; *im* ~ *des Festes* in the course of the festival; *im* ~ *der Ausstellung finden ... statt* the exhibition will include ...; *im* ~ *des üblichen Geschäftsverkehrs* in the ordinary course of business; *in bescheidenem* ~ on a modest scale; *aus dem* ~ *fallen* be out of place; *den* ~ *e-r Sache sprengen* be beyond the scope of a th.; ⁀ *v/t.* (*h.*) skim (*milk*); frame, mount (*picture*); **~abkommen** *n* skeleton agreement; **~antenne** *f* frame aerial (*Am.* antenna); loop (aerial), *Am.* loop antenna; **~empfänger** *m radio*: loop receiver; **~erzählung** *f* stories *pl.* within a story, 'link and frame' story; **~gesetz** *n* skeleton law; **~kampf** *m sports*: additional number, *boxing*: supporting bout; **⁀los** *mot. adj.* chassis-less (*construction*); **~personal** *mil. n* cadre personnel; **~sticke'rei** *f* frame-embroidery; **~sucher** *phot. m* frame finder; **~vertrag** *m* skeleton agreement.

'rahmig *adj.* creamy.

'Rahmkäse *m* cream-cheese.

Rahsegel ['rɑ:-] *mar. n* square-sail.

Rain [raɪn] *m* (-[e]s; -e) ridge; balk; limit, border.

Rakel ['rɑ:kəl] *typ. f* (-; -*n*) doctor.

räkeln ['rɛ:kəln] *v/refl.* (*h.*) → *rekeln*.

Rakete [ra'ke:tə] *f* (-; -*n*) rocket; ~ *für Erdzielbeschuß* air-to-ground rocket; ~ *für Luftkampf* air-to-air rocket; *e-e* ~ *abfeuern or starten* launch a rocket; *zweistufige* ~ two-stage rocket; *mit* ~*n beschießen* rocket.

Ra'keten...: **~abschußbasis** *f* rocket launching site; **~abschußvorrichtung** *f* rocket launcher; rocket launching platform; **~abwehrrakete** *f* anti-missile missile; **~antrieb** *m* rocket propulsion; *mit* ~ rocket-propelled (*or* -powered); **~bombe** *f* rocket bomb, guided missile; **~flugzeug** *n* rocket(-propelled) plane; **~forschung** *f* (-) rocket research, rocketry; **~geschoß** *n* rocket projectile (*abbr.* R.P.); **~kopf** *m* rocket head; **~ladung** *f* rocket charge; **~satz** *m* rocket composition; **~start** *aer. m* rocket-assisted take-off; **~triebwerk** *n* rocket power plant, rocket jet; **~werfer** *m* rocket launcher; → *Panzerbüchse*; **~wagen** *m* rocket car; **~wesen** *n* (-*s*) rocketry.

Rakett [ra'kɛt] *n* (-[e]s; -e) racket; battledore.

Ramm|bär ['ram-], **~block** *m* rammer, ram(-block); **⁀dösig** ['-dø:zɪç] *colloq. adj.* woozy; **~e** *tech. f* (-; -*n*) ram(mer); pile-driver; **⁀eln** ['raməln] *v/i.* (*h.*) buck, rut; *a.* → **⁀en** *v/t.* (*h.*) ram; *tech.* ram, drive in; tamp (*concrete*); beat down (*ground*); **~ler** ['ramlər] *m* (-*s*; -) buck; male hare *or* rabbit.

Rampe ['rampə] *f* (-; -*n*) ramp, ascent; *mil.* slope; *rail.* **a)** platform, **b)** loading ramp; *thea.* apron, *a.* → **~nlicht** *n* (-[e]s) footlights *pl.*; *fig. der Öffentlichkeit*: limelight.

ramponiert [rampo'ni:rt] **I.** *adj.* damaged, battered; marred, spoilt; crumpled; *humor. person*: slightly damaged in transit; **II.** *adv.*: ~ *aussehen* (*a. humor. person*) be (*or* look) the worse for wear.

Ramsch [ramʃ] *m* (-[e]s) junk, trash; *econ.* job goods *pl.*; *im* ~ *kaufen* buy in the bulk *or* lump; **'~händler(in** *f*) *m* junk-dealer; **'~laden** *m* junk-shop; **'~verkauf** *m* jumble-sale; **'~ware** *f* job goods *pl.*, cheap stuff.

ran! [ran] *colloq. int.* go it!; let him have it!; let's go!; *in compounds* → *heran...*; → *rangehen*.

Rand [rant] *m* (-[e]s; ⁼er) edge, brink; rim (*of plate, spectacles, etc.*); brim (*of hat*); margin; lip (*of wound*); border; periphery, fringe; *mil.* perimeter; *Ränder pl.* (*under the eyes*): (*dark*) rings, circles; *am* ~*e der Stadt* on the outskirts of a town; *voll bis zum* ~ full to the brim, brimfull; *fig. am* ~*e des Verderbens* (*der Verzweiflung, etc.*) on the verge *or* brink of ruin (despair, *etc.*); *am* ~ *bemerken* remark in passing; *am* ~*e bemerkt* by the way; *das versteht sich am* ~*e* that goes without saying, that is understood; *außer* ~ *und Band* out of all bounds, completely out of hand; *außer* ~ *und Band geraten* be beside o.s. (*vor Freude* with joy), go wild (*über acc.* over); *er kommt nicht damit zu* ~*e* he can't manage (*or* make a go of) it.

randalieren [randa'li:rən] *v/i.* (*h.*) riot, kick up a row.

'Rand...: **~auslösung** *f* marginal release (*of typewriter*); **~bemerkung** *f* marginal note *or* data *pl.*; *fig.* gloss, comment; **~bevölkerung** *f* fringe population; **~einsteller** *m* (-*s*; -) margin stop.

rändeln ['rɛndəln] *v/t.* (*h.*) rim, border; *tech.* knurl; mill (*coins*).

'Rändelrad *tech. n* knurl.

rändern ['rɛndərn] *v/t.* (*h.*) → *rändeln*.

'Rand...: **~gebiet** *n* borderland (*of state*); outskirts *pl.* (*of town*); **⁀genäht** ['-gənɛ:t] *adj.* welted (*shoe*); **~glosse** *f* marginal gloss *or* note; *fig.* ~*n machen* comment (up-)on; **⁀los** *adj.* rimless (*spectacles*); **~meer** *n* marginal sea; **~problem** *n* side-issue; **~schärfe** *phot. f* marginal sharpness; **~siedlung** *f* housing estate on the outskirts of a town, garden-city, *Am.* suburban settlement; **~staat** *m* border state; **~stein** *m* kerbstone, *Am.* curbstone; **~steller** ['-ʃtɛlər] *m* (-*s*; -) margin stop; **~stellung** *mil. f* perimeter position; **~verzierung** *f* marginal adornment.

Ranft [ranft] *m* (-[e]s; ⁼e) crust (of bread).

rang [raŋ] *pret. of ringen*.

Rang [raŋ] *m* (-[e]s; ⁼e) rank, order; *mil.* rank, *Am. a.* grade, rating (*a. mar.*); status; position, station, dignity; quality, rate, class; *football pools*: dividend; *thea.* tier; *erster* ~ dress-circle, *Am.* first balcony; *zweiter* ~ upper circle, *Am.* second balcony; *sports*: *die Ränge pl.* the terraces; *fig. ersten* ~*es* of the first order, (*a. econ.*) first-class, first-rate; *j-m den* ~ *ablaufen* get the start (*or* better) of a p., steal a march on a p.; *j-m or e-r Sache den* ~ *streitig machen* compete with *a. p.*

or th.; *j-m unmittelbar im ~ folgen* rank next to a p.; '**~abzeichen** *n* badge of rank; *pl.* insignia of rank; '**~älteste(r)** *m* senior officer.
Range ['raŋə] *f* (-; -*n*) young scamp; urchin; (*girl*) tomboy, romp.
'**rangehen** *colloq. v/i.* go it.
'**Rangfolge** *f* order, sequence.
Rangier|bahnhof [raŋ'ʒiːr-] *rail. m* shunting yard, *Am.* switching yard; **2en I.** *v/t.* (*h.*) arrange, classify; *rail.* shunt, *Am.* switch; *mot. etc.* man(o)euvre; **II.** *v/i.* (*h.*) rank (*vor dat.* before); *~ mit* (*dat.*) rank *or* be classed with; **~er** *rail. m* (-*s*; -) shunter, *Am.* switchman; **~gleis** *n* siding, *Am.* switching track; **~maschine** *f* shunting-engine, shunter, *Am.* switcher (engine).
'**Rang...**: **~liste** *f sports, etc.*: ranking list; *mil.* Army (*or* Navy, *or* Air Force) List; **~ordnung** *f* order of precedence; **~stufe** *f* order, degree, grade, rank.
rank [raŋk] *adj.* slim, slender.
Ranke ['raŋkə] *bot. f* (-; -*n*) tendril; (*plant*) runner, climber; shoot.
Ränke ['rɛŋkə] *m/pl.* intrigues, machinations; tricks; *~ schmieden* intrigue, plot and scheme; hatch (sinister) plots.
'**ranken** *v/i.* (*sn*) *and v/refl.* (*h.*) creep, climb, run; **2gewächs** *n* runner, climber, creeper; **2werk** *arch. n* scroll, (interlaced) ornament.
'**Ränke...**: **~schmied** *m* intriguer, schemer, plotter; **~spiel** *n* intrigue(s *pl.*); **2süchtig, 2voll** *adj.* scheming, intriguing, designing.
'**rankig** *adj.* creeping; with tendrils.
rann [ran] *pret. of rinnen.*
'**rannte** ['rantə] *pret. of rennen.*
Ranunkel [ra'nuŋkəl] *bot. f* (-; -*n*) ranunculus.
Ränzel ['rɛntsəl] *n* (-*s*; -), **Ranzen** ['rantsən] *m* (-*s*; -) knapsack; *ped.* satchel; *colloq.* → *Wanst*; *sein Ränzel schnüren* pack up (*or* one's things), go off.
Ranzidität [rantsidi'tɛːt] *f* (-) rancidity.
ranzig ['rantsiç] *adj.* rancid, rank.
rapid(e) [ra'piːt, -də] *adj.* rapid.
Rapier [ra'piːr] *n* (-*s*; -*e*) rapier, foil.
Rappe ['rapə] *m* (-*n*; -*n*) black horse; *fig. auf Schusters ~n reiten* go on Shanks's mare, foot it.
Rappel ['rapəl] *colloq. m* (-*s*; -) (fit of) madness; *den ~ haben* be off one's head (*or* nut); *seinen ~ haben* be in one's tantrums; **~kopf** *m* madcap; **2köpfisch** ['-kœpfiʃ] *adj.* hotheaded; crazy, crackbrained.
'**rappeln** *v/i.* (*h.*) rattle; *colloq. fig. bei ihm rappelt's* he's off his onion, he is nuts.
Rapport [ra'pɔrt] *mil. m* (-[*e*]*s*; -*e*) (formal) report.
Raps [raps] *m* (-*es*), **~saat** *f* rape (-seed); **~öl** *n* (-[*e*]*s*) rape-oil.
Rapunzel [ra'puntsəl] *bot. f* (-; -*n*) lamb's lettuce.
rar [rɑːr] *adj.* rare, scarce; rare; *sich ~ machen* make o.s. scarce.
Rarität [rari'tɛːt] *f* (-; -*en*) rarity, rare bird; curiosity, curio; **~enhändler** *m* dealer in curios; **~enkabinett** *n* cabinet of curiosities, rare-show.
rasan|t [ra'zant] **I.** *adj. ballistics*: flat, rasant; *~e Waffe* flat trajectory weapon; *fig.* fast, rapid; **II.** *adv.* on a flat trajectory; **2z** *f* (-) flatness (of trajectory).
rasch [raʃ] *adj.* quick, swift, brisk; speedy; prompt; rash; hasty; ready (*sale*); *~ machen* be quick (*mit et.* about a th.); *int. ~!* hurry up!
rascheln ['raʃəln] *v/i.* (*h.*) rustle.
'**Raschheit** *f* (-) quickness, swiftness; speed, promptness; haste.
rasen ['rɑːzən] *v/i.* (*h.*) rage, storm, foam (with rage); *madman*: rave, be frantic; *fig.* (*sn*) race (madly), speed, tear, dash; *vor Begeisterung ~* roar with enthusiasm, be frantic (*wegen* over); **~d** *adj.* raving, frantic; *~e Wut* towering rage; scorching, tearing, breakneck (*speed*); ravenous (*hunger*); agonizing (*pain*); splitting (*headache*); *j-n ~ machen* drive a p. mad *or* to frenzy; *~ werden* **a)** go mad, **b)** see red.
Rasen ['rɑːzən] *m* (-*s*; -) grass; turf, sod; lawn, grass-plot; *fig. unter dem (grünen) ~* under the sod; **~bank** *f* (-; ⸗*e*) turf-seat; **~hockey** *n* field hockey; **~mähmaschine** *f* lawn-mower; **~platz** *m* lawn, grass-plot; **~spiele** *n/pl.* field games; **~sport** *m* field games and athletics; **~sprenger** *m* lawn-sprinkler; **~stecher** *m* turf-cutter; **~stück** *n* sod, turf; **~walze** *f* lawn-roller.
Rase'rei *f* (-) towering rage, fury; frenzy, madness; *mot.* scorching, reckless driving; *in ~ geraten* **a)** fly into a rage, see red, **b)** be frantic; *zur ~ bringen* drive *a p.* mad.
Rasier|apparat [ra'ziːr-] *m* safety-razor; *elektrischer ~* electric (*or* dry)shaver; **2en** *v/t.* (*h.*) shave, *Am. a.* barb; *sich ~ lassen* get shaved, get a shave; **~klinge** *f* razor-blade; **~krem** *f* shaving-cream; **~messer** *n* (straight) razor; **~pinsel** *m* shaving brush; **~seife** *f* shaving soap; **~wasser** *n* (-*s*; -) after-shave lotion; **~zeug** *n* shaving things *pl.*
Räson [rɛ'zɔŋ] *f* (-) reason; → *Einsicht, Vernunft*; **räsonieren** [rɛzo'niːrən] *v/i.* (*h.*) reason, argue; quarrel, argue, wrangle (*über acc.* about).
Raspel ['raspəl] *f* (-; -*n*) rasp; grater; **2n** *v/t.* (*h.*) rasp; grate; → *Süßholz.*
Rasse ['rasə] *f* (-; -*n*) race; breed, stock; blood; **~bewußtsein** *n* racialism, racism; **2echt** *adj.* true-bred; **~hund** *m* pedigree dog.
Rassel ['rasəl] *f* (-; -*n*) rattle; **~geräusche** *med. n/pl.* rattling sounds; **2n** *v/i.* (*h.*) rattle; *colloq. ped.* (*sn*) be ploughed, flunk; *~ lassen* plough, flunk.
'**Rassen...**: **~forschung** *f* racial research; **~frage** *f* race question; **~haß** *m* race hatred; **~hygiene** *f* eugenics *pl.*; **2hygienisch** *adj.* eugenic(ally *adv.*); **~kampf** *m* racial conflict; **~kreuzung** *f* cross-breeding; **~merkmal** *n* characteristic of the race; **~mischung** *f* racial mixture, miscegenation; **~schande** *f* racial disgrace; **~schranke** *f Am.* color bar; **~stolz** *m* racialism, racism; **~trennung** *f* racial segregation; **~theorie** *f* racial theory, racialism.
'**Rasse...**: **~pferd** *n* thoroughbred (horse); **2rein** *adj.* thoroughbred, pure-bred; **~vieh** *n* pedigree cattle.
'**rassig** *adj.* thoroughbred; *fig.* racy; streamlined, thoroughbred (*car, etc.*).
'**rassisch** *adj.* racial.
Rast [rast] *f* (-; -*en*) rest, repose; recreation, relaxation; break, pause; *a. mil.* halt; *tech.* stop, notch, groove; *furnace*: boshes *pl.*; *~ machen* take a rest, *mil.* make a halt; halting-place (*a. mil.*), station, stage; *ohne ~ und Ruh* restlessly, never at rest; '**~e** *tech. f* (-; -*n*) stop, detention point; foot rest; '**2en** *v/i.* (*h.*) (*a. sich*) (take) rest, repose; *mil.* (make a) halt; *tennis*: be a bye.
Raster ['rastər] *m* (-*s*; -) *phot., typ.* screen; *TV* (*a.* **~bild** *n*) frame, raster; **~druck** *typ. m* (-[*e*]*s*; -*e*) autotypy; **2n** *v/t.* (*h.*) *phot.* print by screen-process; *TV* scan; **~schirm** *TV m* mosaic screen; **~ung** *TV f* (-) scanning, definition.
'**Rast...**: **~haus** *n* road house; **2los** *adj.* restless; indefatigable; fidgety; **~losigkeit** *f* (-) restlessness; indefatigable industry (*or* work); fidgetiness; **~ort** *m* (-[*e*]*s*; -*e*) halting-place (*a. mil.*), station, stage; **~platz** *m* resting place; **~stätte** *f* road house; **~tag** *m* day of rest.
Rasur [ra'zuːr] *f* (-; -*en*) shave.
Rat [rɑːt] *m* (-[*e*]*s*) advice, counsel; suggestion; recommendation; consultation, deliberation; means, way (out), expedient; *schlechter ~* bad (piece of) advice; (-[*e*]*s*; ⸗*e*) council, board; council(l)or, alderman; → *Berater*; *~ halten or pflegen* take counsel, deliberate, go into a huddle (*mit* with); *~ schaffen* find ways and means; *~ wissen* know what to do; *keinen ~ mehr wissen* be at a loss (what to do), be at one's wits' end; *j-m e-n ~ erteilen* give a p. a piece of advice; *j-s ~ befolgen* take a p.'s advice; *mit sich zu ~e gehen* think things over, debate with o. s., *Am. sl.* go into a huddle with o. s.; *zu ~e halten* economize; *zu ~e ziehen* consult (*doctor, lawyer, etc.*), call in; *j-n um ~ fragen* ask a p.'s advice, consult a p.; *mit ~ und Tat* by word and deed; *da ist guter ~ teuer* what are we to do now?
Rate ['rɑːtə] *f* (-; -*n*) instal(l)ment (*a. econ.*); ratio, proportion; rate (*of growth, etc.*); *~ auf Aktien* call on shares; *in ~n* by instal(l)ments.
'**raten** *v/i. and v/t.* (*irr., h.*) give advice; advise, counsel (*j-m zu et.* a p. to do a th.); guess, divine; *sich ~ lassen* take advice, listen to reason; *man hat ihm geraten, zu inf.* he was advised to *inf.*; *wozu ~ Sie mir?* what do you advise me to do?; *colloq. ~ Sie mal!* have a guess!; *hör auf, das rate ich dir!* stop it, if you know what's good for you!; *das ist alles nur geraten* it's all guesswork.
'**Raten...**: **~kauf** *m* hire-purchase; **2weise** *adj.* by instalments; **~zahlung** *f* payment by instalments;

auf ~ on the hire-purchase (*Am.* installment) plan.
Räteregierung ['rɛːtə-] *pol. f* Soviet government.
'**Ratespiel** *n* guessing game.
'**Rat...:** ~**geber(in** *f*) *m* adviser; ~**haus** *n* town hall.
Ratifi|kation [ratifikatsi'oːn] *f* (-; -*en*), ~**zierung** [-'tsiːruŋ] *f* (-; -*en*) ratification; ♀'**zieren** *v/t.* (*h.*) ratify.
Ration [ratsi'oːn] *f* (-; -*en*) ration; portion, allowance, share; *mil. eiserne* ~ emergency (*or* iron) ration.
rational [ratsio'nɑːl] *adj.* rational.
rationalisier|en [-nali'ziːrən] *v/t. and v/i.* (*h.*) rationalize; ♀**ung** *f* (-) rationalization; ♀**ungsfachmann** *m* efficiency expert, methods study man.
Rationalis|mus [-'lismus] *m* (-) rationalism; ~**t** *m* (-*en*; -*en*) rationalist.
rationell [-'nɛl] *adj.* rational, reasonable; efficient; thrifty, economical.
ratio'nier|en *v/t.* (*h.*) ration; allot; ♀**ung** [-'niːruŋ] *f* (-; -*en*) rationing; ♀**ungssystem** *n* ration (*or* distribution) system; points scheme.
rätlich ['rɛːtliç] *adj.* advisable; expedient; → *ratsam*.
'**Rat...:** ♀**los** *adj.* helpless, perplexed, *pred.* at a loss; ~**losigkeit** *f* (-) helplessness, perplexity.
'**ratsam** *adj.* advisable; wise, prudent, *pred.* good policy; commendable; expedient; indicated; *für* ~ *halten* think advisable (*or* fit); ♀**keit** *f* (-) advisability.
'**Rat...:** ~**schlag** *m* (-[e]s; ⁼e) (piece of) advice, counsel; ♀**schlagen** *v/i.* (*h.*) deliberate, take counsel; ~**schluß** *m* resolution, decision; decree; *Gottes* ~ decree of God.
'**Ratsdiener** *m* beadle.
Rätsel ['rɛːtsəl] *n* (-s; -) riddle, puzzle; enigma, mystery; problem; conundrum; *er ist ein* ~ he is an enigma; *er ist mir ein* ~ he puzzles me, I can't make him out; *es ist mir ein* ~ it puzzles (*or* beats) me; *in* ~*n sprechen* speak in riddles; ~**aufgabe** *f* problem, *Am.* quiz; ♀**haft** *adj.* puzzling; enigmatic(al), mysterious; cryptic; *es ist mir völlig* ~, *weshalb* it is a complete mystery to me why; ~**raten** *n* (-s) solving riddles; *fig.* guesswork; (wild) speculation.
'**Rats...:** ~**herr** *m* (town-)council(l)or, alderman, senator; ~**keller** *m* townhall-cellar restaurant, *Am.* rathskeller; ~**schreiber** *m* town-clerk; ~**sitzung** *f* council meeting; ~**versammlung** *f* council, assembly; → *Ratssitzung*.
Ratte ['ratə] *f* (-; -*n*) rat; *fig. wie e-e* ~ *schlafen* sleep like a top; ~**nfalle** *f* rat-trap; ~**nfänger** *m* rat catcher; (*dog*) ratter, *der* ~ *von Hameln* the Pied Piper of Hamelin; ~**ngift** *n* rat-poison; ~**nkönig** *m* pack-rat; *fig.* tangle; ~**nschwanz** *m* rat's tail; *fig.* pigtail; rattailed file; *ein ganzer* ~ *von* a whole string of, no end of.
rattern ['ratərn] *v/i.* (*sn*) rattle, clatter; *engine*: (*h.*) roar.
ratzekahl ['ratsə-] *colloq. adv.*: ~ *aufessen* eat up completely, polish off.
Raub [raup] *m* (-[e]s) robbery, robbing; pillaging; kidnap(ping), abduction; piracy; booty, loot, spoils *pl.*; *zo. and fig.* prey; *auf* ~*ausgehen* go on the prowl; *ein* ~ *der Flammen werden* be destroyed by fire; '~**bau** *m* (-[e]s) wasteful (*or* ruinous) exploitation; *agr.* robber-farming; robbing a mine; destructive lumbering; ~ *treiben* cause havoc by ruthless exploitation; *agr.* exhaust the land; rob a mine; *mit s-r Gesundheit* ~ *treiben* undermine one's health, burn the candle at both ends.
rauben ['raubən] **I.** *v/i.* (*h.*) rob, commit robberies; go pillaging, plunder; **II.** *v/t.* (*h.*) rob, take by force, carry off; steal; kidnap; (*a. fig.*) *j-m et.* ~ rob (*or* deprive) a p. of a th.
Räuber ['rɔʏbər] *m* (-s; -) robber, *Am. a.* holdup man; highwayman, brigand, *Am. a.* hijacker; *geistigen Eigentums*: pirate; ~ *und Gendarm spielen* play cop-and-robber; ~**bande** *f* gang of robbers *or* brigands, *Am.* holdup gang.
Raube'rei *f* (-; -*en*) robbery; pillage.
'**Räuber...:** ~**geschichte** *f* tale of robbers; *colloq. fig.* cock-and-bull story; penny dreadful; ~**hauptmann** *m* captain of brigands, robber-chief; ~**höhle** *f* den of robbers; ♀**isch** *adj.* rapacious, predatory; → *Diebstahl*.
'**Raub...:** ~**fisch** *m* predatory fish; ~**gier** *f* rapacity; ♀**gierig** *adj.* rapacious; ~**krieg** *m* predatory war; ~**mord** *m* murder and robbery, robbery slaying, *Am. a.* holdup murder; ~**mörder** *m* murderer and robber; ~**ritter** *m* robber-knight; ~**schiff** *n* pirate (-ship), corsair; ~**staat** *m* piratical state; ~**tier** *n* beast of prey; ~**überfall** *m* robbery, *Am.* holdup; armed attack; ~**vogel** *m* bird of prey; ~**zeug** *hunt.* (*Brit.*) *n* vermin; ~**zug** *m* raid.
Rauch [raux] *m* (-[e]s) smoke; steam, vapo(u)r; fume; soot; → *Qualm*; *in* ~ *aufgehen* go up in smoke, *fig.* end in smoke; '~**abzugskanal** *m* flue; '~**bekämpfung** *f* smog abatement; '~**bombe** *f* smoke-bomb; '♀**dicht** *adj.* smoke-proof.
'**rauchen** *v/i. and v/t.* (*h.*) smoke; fume; *person*: (have a) smoke; smoke (a cigarette, *etc.*); *colloq. fig. wir arbeiteten, daß es nur so rauchte* we worked with a vengeance *or Am.* to beat the band; *mir rauchte der Kopf* my head nearly split; '**Rauchen** *n* (-s) smoking; ~ *verboten!* No smoking!
'**Rauch...:** ♀**entwickelnd** *adj.* smoke-generating; ~**entwicklung** *f* (-) formation of smoke.
'**Raucher** *m* (-s; -) smoker; *rail.* smoking compartment, smoker.
Räucher... ['rɔʏçər-]: ~**aal** *m* smoked eel; ~**essenz** *f* aromatic essence; ~**hering** *m* red (*or* smoked) herring, kipper; ~**kammer** *f* smoking-chamber, *Am.* smoke-house; ~**kerze** *f* fumigating candle; ~**mittel** *n* fumigant; ♀**n I.** *v/t.* (*h.*) smoke (*meat*); cure (*fish*); fumigate; perfume; *tech.* fume (*oak*); *geräucherter Hering* → *Räucherhering*; **II.** *v/i.* (*h.*) burn incense (*a. fig.*); ~**n** *n* (-s), ~**ung** *f* (-) smoking; fumigation; ~**pulver** *n* fumigating powder.
'**Raucher(wagen)** *m* smoking-carriage, *Am.* smoking-car, smoker.
'**Räucher|waren** *f/pl.* smoked meat *or* fish *sg.*; ~**werk** *n* perfumes, scents *pl.*, perfumery.
'**Rauch...:** ~**fahne** *f* trail of smoke; ~**fang** *m* chimney(-hood), flue; ~**faß** *n* censer; ~**fleisch** *n* smoked meat; ♀**frei** *adj.* smokeless; ~**gas** *n* fumes *pl.*, flue gas; ♀**geschwärzt** ['-gəʃvɛrtst] *adj.* smoke-stained; ~**glas** *n* smoked glass; ~**helm** *m* smoke-helmet; ♀**ig** *adj.* smoky; ♀**los** *adj.* smokeless; ~**meldepatrone** *mil. f* smoke-cartridge message container; ~**opfer** *n* incense offering; ~**pilz** *m* cloud mushroom; ~**plage** *f* smoke nuisance; ~**säule** *f* column of smoke; ~**schrift** *f* sky-writing; ♀**schwach** *adj.* smokeless (*powder*); ~**spurgeschoß** *n* smoke tracer; ~**ständer** *m* smoking-stand; ~**tabak** *m* tobacco; ~**tisch** *m* smoking-table; ~**verbot** *n* (-[e]s) ban on smoking; ~**vergiftung** *f* smoke inhalation; ~**verzehrer** *m* (-s; -) smoke-consumer; ~**vorhang** *mil. m* (-[e]s) smoke screen; ~**waren** *f/pl.* **1.** tobacco products; **2.** *a.* ~**werk** *n* (-[e]s) furs *pl.*, peltry; ~**wolke** *f* cloud of smoke; ~**zeichen** *n* smoke signal; ~**zimmer** *n* smoking-room.
Räud|e ['rɔʏdə] *f* (-; -*n*) mange, scab (*of dogs*); rubbers (*of sheep*); ♀**ig** *adj.* mangy, scabby; *fig.* ~*es Schaf* black sheep.
rauf [rauf] *colloq. adv.* → *herauf*(...).
Raufbold ['raufbɔlt] *m* (-[e]s; -e) brawler, rowdy, ruffian, bully, *Am. a.* tough.
Raufe ['raufə] *f* (-; -*n*) rack.
'**raufen I.** *v/t.* (*h.*) pluck, pull; *sich die Haare* ~ tear one's hair; **II.** *v/i.* (*h.*) (*and sich*) *mit j-m* ~ fight *or* scuffle with a p.; (have a) romp; *sich um et.* ~ fight *or* scramble for a th.
Raufe'rei *f* (-; -*en*) fight, brawl, scuffle, *Am. a.* free-for-all.
'**Rauf...:** ~**handel** *m* (*jur.* participation in a) brawl; ~**lust** *f* (-) pugnacity, rowdiness; ♀**lustig** *adj.* pugnacious, spoiling for a fight.
rauh [rau] *adj.* rough; rugged; inclement, raw (*weather*); biting, bitter; severe (*winter*); sore, hoarse (*throat*); *fig.* harsh; coarse, rude; ~*e Behandlung* rough handling, harsh treatment; ~*es Leben* rough (*or* rugged) life; ~*e Tatsachen* hard facts; ~*er Ton* rough tone; ~*e Wirklichkeit* harsh reality; *in* ~*en Mengen* in coarse numbers, in enormous quantities, galore; '~**bein** *n fig.* rough diamond, hedgehog, *Am. a.* roughneck; '♀**beinig** ['-baɪniç] *adj.* rough, gruff.
Rauheit ['rauhaɪt] *f* (-; -*en*) → *rauh*; roughness; ruggedness; in-

clemency; severity; soreness; harshness; coarseness; rudeness.
'**rauh...:** **~en** ['rauən] *v/t.* (*h.*) roughen; tease, nap (*cloth*); **2futter** *n* roughage, coarse fodder; **2gewicht** *n* full weight; **~haarig** *adj.* roughhaired, shaggy; wire-haired (*dog*); **2reif** *m* hoar-frost, rime.
Raum [raum] *m* (-[e]s; ⁼e) room; space (*a. astr.*); → *Platz*; volume, capacity; expanse; area, district, zone; width; locality, premises; room; hall; chamber; compartment; accommodation; *tech.* play, clearance; *fig.* (-[e]s) scope, opportunity; scene; ~ *und Zeit* space and time; ~ *bieten* (*dat. or für*) admit, accommodate, hold; ~ *geben or gewähren* (*dat.*) **a)** give way to (*an idea*), **b)** indulge in (*hope*), **c)** grant (*a request*); '**~akustik** *f* acoustic properties *pl.* (of a room); '**~analyse** *f* volumetric analysis; '**~an-ordnung** *f* layout of rooms, floor plan; '**~bedarf** *m* space requirement; '**~begriff** *m* conception of space; '**~bild** *n* space diagram; *opt.* stereoscopic picture; '**~dichte** *f* volumetric density; '**~einheit** *f*, '**~element** *n* spatial unit.
Räumboot ['rɔym-] *n* mine sweeper.
'**räumen** *v/t.* (*h.*) remove, clear away; dredge; clean (up); vacate, clear (*dwelling, etc.*); *mil.* evacuate; leave, give up; sweep (*von of mines*); *econ.* clear (off), sell off (*stocks*); *tech.* broach; *fig. das Feld* ~ quit the field; *j-n aus dem Wege* ~ dispose of *or* remove a p.; '**Räumen** *n* (-s) → *Räumung*; *tech.* broaching.
'**Raum...:** **~ersparnis** *f* saving in space; *der* ~ *wegen* in order to save space; **~flug** *m* space-flight; **~forschung** *f* (aero)space research; **~gehalt** *m* volumetric content; **~geometrie** *f* solid geometry; **~gestalter** *m* interior decorator; **~gestaltung** *f* interior decoration; **~gewicht** *n* volumetric weight; **~inhalt** *m* volume, capacity, cubic content; **~kapsel** *f* (space) capsule; **~kunst** *f* (-) → *Raumgestaltung*; **~ladegitter** *n* space-charge grid; **~lehre** *f* (-) geometry.
'**räumlich** *adj.* (of) space, relating to space; three-dimensional; (*ant. zeitlich*) spatial; *opt.* stereoscopic; *chem.* volumetric; **2keit** *f* (-; -*en*) spatiality; locality, room; **~en** *pl. a.* premises, accommodation *sg.*
'**Raum...:** **2los** *adj.* spaceless; **~mangel** *m* lack of room *or* space; restricted space; **~maß** *n* measure of capacity, dimensions *pl.*; stacked measure; **~messung** *f* stereometry; **~meter** *m* cubic met|re, *Am.* -er.
'**Räum...:** **~otter** *mar. f* paravane; **~pflug** *m* bulldozer.
'**Raum...:** **~pflegerin** *f* cleaner; **~schiff** *n* space-ship; **~schiffahrt** *f* astronautics *sg.*; space-travel; **~sonde** *f* space probe; **~teil** *m* part by volume; **~temperatur** *f* room (*or* ambient) temperature; **~tonne** *f* freight ton; **~ton** *m radio*: dimensional sound; **~tonwirkung** *f* stereophonic effect.
'**Räumtrupp** *m* demolition party.
'**Räumung** *f* (-) clearing, removal, *esp. econ.* clearance; vacating, quitting (*of dwelling*), eviction; *mil.* evacuation.
'**Räumungs...:** **~ausverkauf** *econ. m* clearance-sale; **~befehl** *jur. m* eviction notice; **~gebiet** *mil. n* evacuated territory, territory to be evacuated; **~klage** *f* action of ejectment.
'**Raum...:** **~verhältnis** *n* proportion by volume; **~verteilung** *f* disposition of space; layout (of rooms); *typ.* spacing; **~welle** *f radio*: space wave.
raunen ['raunən] *v/i. and v/t.* (*h.*) whisper, murmur; *fig. man raunt, daß* rumo(u)r has it that.
raunzen ['rauntsən] *colloq. v/i. and v/t.* (*h.*) grumble.
Raupe ['raupə] *f* (-; -*n*) caterpillar; *tech.* crawler; → *Planierraupe*; *fig.* **~n** *im Kopf haben* have maggots in one's head.
'**Raupen...:** **~antrieb** *mot. m* track-laying drive; **~bahn** *f* crawler track; **~fahrzeug** *n* track(-laying) vehicle; **~fraß** *m* damage done by caterpillars; **~kette** *f* crawler track; **~schlepper** *m* crawler tractor.
raus [raus] *colloq.* → *heraus*(...); *int.* ~! get out!, beat it!, scram!
Rausch [rauʃ] *m* (-es; ⁼e) intoxication, drunkenness; *sich e-n* ~ *antrinken* go and get drunk; *e-n* ~ *haben* be drunk; *s-n* ~ *ausschlafen* sleep it off; *im* **~e** in one's cups; *fig.* transport, ecstasy, intoxication; inebriation.
'**rauschen** *v/i.* (*h.*) *water, wind*: rush; *surf, storm*: roar; *leaves, radio, silk*: rustle; *applause*: ring, thunder; *fig.* (*sn*) sweep, sail; **2** *n* (-s) rush(-ing); roar; rustle; *radio, etc.*: noise; *microphone*: hissing; **~d** *adj.* rustling, *etc.*; thundering, ringing (*applause*); gay, gorgeous; swelling (*music*).
'**Rauschfaktor** *m radio*: noise ratio.
'**Rauschgift** *n* narcotic (drug), dope; *mit* ~ *betäuben* drug, dope; **~handel** *m* drug trafficking; **~händler, ~schmuggler** *m* dope pedlar (*or* smuggler, trafficker); **~sucht** *f* (-) drug addiction; **2süchtig** *adj.* drug-addicted; **~süchtige(r** *m*) *f* drug-addict.
'**Rauschgold** *n* tinsel.
'**rausschmeiß|en** *colloq. v/t.* (*irr., h.*) kick *a p.* out, *Am. a.* give a p. the bounce *or* bum's rush; fire *a p.*; **2er** *colloq. m* (-s; -) chucker-out, *Am.* bouncer; last dance.
räuspern ['rɔyspərn] *v/i. and sich* ~ (*h.*) clear one's throat, harumph.
Raute ['rautə] *f* (-; -*n*) *bot.* rue; *math.* rhomb(us); *her.* lozenge; **~n-antenne** *f* rhombic aerial *or* antenna; **~nfläche** *f* facet; **2nförmig** ['-fœrmiç] *adj.* rhombic; lozenge-shaped.
Razzia ['ratsia] *f* (-; -*ien*) (police) raid; *e-e* ~ *machen* (*auf acc.*) make a raid (on), raid.
Reagenz [reˀa'gɛnts] *chem. n* (-es; -*ien*) reagent; **~glas** *n* (-es; ⁼er) test tube; **~kelch** *m* test glass; **~lösung** *f* test solution; **~papier** *n* (-[e]s) test paper.
reagibel [reˀa'gi:bəl] *adj.* sensitive.
reagieren [reˀa'gi:rən] *v/i.* (*h.*) (*auf acc.*) react (on); *fig.* (*and tech.*) *a.* respond (to).
Reaktanz [reˀak'tants] *el. f* (-; -*en*) reactance.
Reaktion [reˀaktsi'o:n] *f* (-; -*en*) reaction (*a. pol.*); *fig. a.* response (*auf acc.* to).
reaktionär [reˀaktsio'nɛ:r] *adj.* reactionary; **Reaktio'när(in** *f*) *m* (-*s*, -*e*; -, -*nen*) reactionary, reactionist.
Reakti'ons...: **~fähigkeit** *f* (-) reaction ability, responsiveness; *chem.* reactivity; **~geschwindigkeit** *f* reaction velocity; **~kette** *f* series of reactions; **~mittel** *n* reagent; **2schnell** *adj.* quick as a lightning, fast; **~verlauf** *m* course of a reaction; **~wärme** *f* heat of reaction; **~zeit** *f* reaction time.
reaktivieren [reˀakti'vi:rən] *v/t.* (*h.*) reactivate (*a. mil.*).
Reaktor [re'ˀaktɔr] *m* (-*s*; -'*toren*) (nuclear) reactor.
real [re'ˀɑ:l] *adj.* real, actual; concrete; substantial, material, corporeal; **~e** *Vermögensgüter* tangible assets; **2gymnasium** *n* secondary school with scientific bias; **2ien** ['-liən] *pl.* real facts, realities; exact sciences.
realisier|bar [reˀali'zi:rbɑ:r] *adj.* realizable; *sofort* (*nicht*) **~e** *Aktiven* liquid (frozen) assets; **~en** *v/t.* (*h.*) realize; convert into money; dispose of (*securities*); **2ung** *f* (-) realisation.
Realis|mus [reˀa'lismus] *m* (-) realism; **~t(in** *f*) *m* (-*en*, -*en*; -, -*nen*) realist; **2tisch** *adj.* realistic(ally *adv.*); *et.* ~ *gestalten* lend realism to a th.
Reali'tät *f* (-; -*en*) reality.
Real... [re'ˀɑ:l-]: **~konkurrenz** *jur. f* cumulation; *in* ~ cumulative; **~kredit** *m* credit on real estate; **~last** *f* recurrent charge on landed property; **~lexikon** *n* encyclop(a)edia; **~lohn** *m* real (*or* commodity) wages *pl.*; **~politik** *f* realist politics, real-politik; **~schule** *f* non-classical secondary school; **~wert** *m* real value; **~wörterbuch** *n* → *Reallexikon*.
Rebe ['re:bə] *f* (-; -*n*) vine; tendril, shoot.
Rebell(in *f*) [re'bɛl] *m* (-*en*, -*en*; -, -*nen*) rebel; **rebel'lieren** *v/i.* (*h.*) rebel, revolt, rise; mutiny; **Rebellion** [rebɛli'o:n] *f* (-; -*en*) rebellion; → *Aufstand*; **re'bellisch** *adj.* rebellious.
'**Reben...:** **~blatt** *n* vine-leaf; **~blut** *n*, **~saft** *m* (-[e]*s*) grape-juice, wine; **~geländer** *n* vine-trellis.
Reb... ['rɛp-]: **~huhn** *n* partridge; **~land** *n* land planted with vines; **~laus** *f* vine-louse, phylloxera; **~stock** *m* vine.
Rebus ['re:bus] *m* (-; -se) rebus.
Rechen ['rɛçən] *m* (-*s*; -), '**rechen** *v/t.* (*h.*) rake.
Rechen... ['rɛçən-]: **~aufgabe** *f*, **~exempel** *n* (arithmetical) problem, sum; **~buch** *n* arithmetic-book; **~fehler** *m* arithmetical error, miscalculation, mistake; **~-**

kunst *f* arithmetic; **~künstler(in** *f*) *m* arithmetician; **~lehrer(in** *f*) *m* arithmetic teacher; **~maschine** *f* calculating machine, calculator; computer; **~pfennig** *m* counter.

'**Rechenschaft** *f* (-) account; *~ ablegen* give *or* render (an) account (*über acc.* of), account (*or* answer) (for); *j-m ~ schuldig sein* be accountable to; *zur ~ ziehen* call to account (*wegen* for); **~sbericht** *m* statement (of accounts); report (of activities); *econ.* report; **2s-pflichtig** *adj.* liable to account, accountable.

'**Rechen...:** **~schieber** *m* slide rule, slipstick; **~stunde** *f* arithmetic lesson; **~tabelle** *f* ready reckoner; **~tafel** *f* slate; **~zentrum** *n* computing cent|re, *Am.* -er.

Recherchen [re'ʃɛrʃən] *f/pl.* investigation *sg.*, inquiries.

rechnen ['rɛçnən] *v/t. and v/i.* (*h.*) reckon (*im Kopf* mentally); calculate, work out; *falsch ~* miscalculate; reckon (*or* sum) up; estimate, value; charge; *zuviel ~* overcharge; (*v/i.*) do sums *or* figure-work, count; *~ auf* (*acc.*) reckon (*or* count, depend, rely) on, expect to *inf.*, trust to *inf.*; *~ mit* reckon with; *mit et.* (*Unangenehmem*) *~ müssen* face a th., be in for (*unpleasantness*); *wir müssen damit ~, daß* it may be (*or* happen) that; *~ unter* (*acc.*) *or zu* (*dat.*) reckon (*or* rank, class) with; *v/i.*: *~ zu* rank with *or* among(st); *alles in allem gerechnet* taking all in all, on the whole; *hoch gerechnet* at the most; *er kann gut ~* he is good at figures; *w.s. er kann nicht ~* he doesn't know how to economize.

'**Rechnen** *n* (-s) reckoning, *etc.*; calculation, figure-work; arithmetic.

'**Rechner(in** *f*) *m* (-s, -; -, -nen) calculator, computer (*a. apparatus*); arithmetician; *econ.* accountant; *kühler ~* cool reckoner, calculating mind; *er ist ein guter ~* he is quick at figures; **2isch** *adj. and adv.* mathematical(ly), arithmetical(ly), by way of calculation.

'**Rechnung** *f* (-; -en) calculation, sum, reckoning; account, bill; invoice; *at restaurant*: bill, *Am.* check; score; *auf ~* on account; *auf Ihre ~ und Gefahr* for your account and risk; *für gemeinschaftliche ~* for (*or* on) joint account; *laufende ~* current account; *laut ~* as per invoice; *e-e ~ ausgleichen* balance *or* settle an account; *~ führen* keep accounts; *auf ~ kaufen* buy on credit; *~ legen* render (an) account (*über acc.* of); *e-r Sache ~ tragen* make allowance for a th., take a th. into account; accommodate o.s. to *circumstances*; *auf s-e ~ kommen* find one's account (*bei* in); *econ. in ~ bringen* place to account; *j-m in ~ stellen* pass (*or* place) to a p.'s account; *fig. in ~ ziehen* take into account, consider; *fig. die ~ ging nicht auf* it did not work out; *es geht auf m-e ~* it is my treat, *Am. a.* this is on me.

Rechnungs... ['rɛçnuŋs-]: **~abgrenzung** *f* demarcation of separate accounts; *a.* → **~abgrenzungs-posten** *m* deferred item; **~ablegung** *f* rendering of accounts; **~abschluß** *m* closing of accounts; → *Jahresabschluß*; **~art** *f* method of calculation; *die vier ~en* the four rules; **~ausschuß** *m* board of audit; **~auszug** *m* statement of account; abstract of account; **~beleg** *m* voucher; **~betrag** *m* amount of invoice; **~buch** *n* account-book; **~führer** *m* accountant, book-keeper; *mil.* pay sergeant; **~führung** *f* accountancy, *Am. usu.* accounting; **~hof** *m* audit office; **~jahr** *n* financial (*or* fiscal) year; **~kammer** *f* accounting office; **~legung** ['-le:guŋ] *f* (-; -en) rendering of the account; **~prüfer, ~revisor** *m* auditor; **~prüfung** *f* audit; *bei der ~* when examining the accounts; **~stelle** → *Rechnungskammer*; **~wesen** *n* (-s) accounting, accountancy.

recht [rɛçt] **I.** *adj.* (*ant. left*) right; *fig.* (*according to rule, desire*) right; right, correct; just; due; lawful, legitimate; proper, fitting; (*wirklich*) true, real; thorough, sound; *~e Hand* right hand (*a. fig.* = right-hand man); *der ~e Mann* the right man, *am ~en Ort* in the right place; *~er Narr* regular fool; *~er Winkel* right angle; *zur ~en Zeit* in due time, at the right moment, in the nick of time; *das ist ~* that is right *or* good; *so ist's ~* all right, okay, that's the stuff; *mir ist's ~* I don't mind, that's all right with me, (it) suits me; *mir ist alles ~* I am pleased with everything; I don't care; *es geht nicht mit ~en Dingen zu* there is something queer (*or* fishy) about it; *ihm ist jedes Mittel ~* he sticks at nothing; *das ist nur ~ und billig* it is only fair; *was dem einen ~ ist, ist dem andern billig* what is sauce for the goose is sauce for the gander; → *Recht, Rechte*; **II.** *adv.* right(ly), well; very; rather; really, quite, downright; correctly, the right way; properly, thoroughly, soundly; *~ haben* be right; *~ behalten* be right in the end; *j-m ~ geben* agree with a p.; *die Resultate gaben mir ~* I was borne out by the results; *~ daran tun, zu inf.* do right to *inf.*; *~ gern* gladly, with pleasure; *~ gut* quite good *or* well; not (at all) bad; *ganz ~!* quite (so)!, exactly!, right you are!; *schon ~!* never mind!; *erst ~* all the more (so); *jetzt erst ~* now more than ever, now with a vengeance; *~ schade* a great pity; *es geschieht ihr ~* it serves her right; *das kommt mir gerade ~* that comes in handy; *ich weiß nicht ~* I wonder, I am not so sure; *ich kann es ihr nicht ~ machen* I can't do anything right for her; *man kann es nicht allen ~ machen* you cannot please everybody; *wenn ich es ~ bedenke* now that I think of it; *wenn ich Sie ~ verstehe* if I understand you rightly; → *gescheit.*

Recht [rɛçt] *n* (-[e]s; -e) right; privilege; title (*auf acc.* to), claim (on), interest (in); power, authority; law; justice; due process of law; *formelles ~* adjective law; *materielles ~* substantive law; → *bürgerlich, öffentlich*; *angestammtes ~* birthright; *unabdingbares ~* vested interest; *Doktor der ~e* Doctor of Laws (*abbr.* LL.D. = *doctor legum*); *~e und Pflichten aus e-m Vertrag* rights and obligations arising under a contract; *alle ~e vorbehalten* all rights reserved; *nach geltendem ~* under law in force; *mit ~* justly, with good reasons; *von ~s wegen* by rights, *jur.* by operation of law, de jure; *~ sprechen* administer (*or* dispense) justice; *das ~ haben, zu inf.* have the right (*or* be entitled) to *inf.*, *agent*: have power to *inf.*; *die ~e studieren* study law; *ein ~ ausüben* exercise a power; *für ~ befinden* find, hold; *das Gericht erkennt für ~* the Court orders, adjudges, decrees and determines; *im ~ sein, das ~ auf seiner Seite haben* be within one's rights, have justice on one's side; *sich selbst ~ verschaffen* take the law into one's own hands; *zu ~ bestehen* be valid *or* justified; (*wieder*) *zu seinem ~e kommen* come into one's own (again).

Rechte ['rɛçtə] **1.** *f* (-n; -n) right hand, *boxing*: right; *pol.* the Right; *zur ~n* on the right hand; **2.** **~(r** *m*) *f* (-n, -n; -en, -en) right person, right *or* very (wo)man; *an den ~n kommen* meet one's match; *iro. du bist mir der ~!* a fine fellow you are!; **3.** **~(s)** *n* (-n; -n) *das ~* the right thing; *contp. das ist was ~s!* it's nothing to be proud of!, it's not so wonderful!; *er dünkt sich was ~s* (*zu sein*) he thinks he is somebody; *nach dem ~n sehen* look after things.

Rechteck ['rɛçtˀɛk] *n* (-[e]s; -e) rectangle; **2ig** *adj.* rectangular.

'**rechten** *v/i.* (*h.*) dispute, argue; **~s** *adv.* lawfully, legally, by law.

'**Rechter** *m* (-en; -en) *boxing* right; *2 Hand* on the right (hand).

'**recht...:** **~fertigen** *v/t.* justify, warrant; defend, vindicate; *sich ~* clear o.s., exculpate o.s.; give an account of o.s.; *zu ~* justifiable, warrantable; **2fertigung** *f* justification; vindication, defen|ce, *Am.* -se; exoneration; *zu meiner ~* in my defence, in justice to myself; **2fertigungsgrund** *m* excuse; *jur.* (legal) justification, defen|ce, *Am.* -se; **~gläubig** *adj.* orthodox; **2gläubigkeit** *f* orthodoxy; **2haber(in** *f*) ['-ha:bər] *m* (-s, -; -, -nen) disputatious person, dogmatist, know-all; **2habe'rei** *f* (-) dogmatism; **~haberisch** *adj.* dogmatic(ally *adv.*), disputatious, know-all; pigheaded.

'**rechtlich I.** *adj.* legal, lawful, legitimate; juridical; valid; *~es Gehör* due process of law; honest, righteous; *im ~en Sinne* in the legal sense; **II.** *adv.* legally, *etc.*; *~ (un)erheblich* (ir)relevant to the issue; *~ verpflichtet* bound by law; **2keit** *f* (-) legality, lawfulness; validity; honesty, probity.

'**recht...:** **~linig** ['-li:niç] *adj.* rectilinear; **~los** *adj.* without rights; outlawed; unlawful, illegal; **2losigkeit** *f* (-) (total) absence of rights; outlawry; unlawfulness, illegality; **~mäßig** *adj.* lawful, legal; rightful (*claim, heir, owner*), legitimate; fair (and just); *für ~ erklären* legitimate; **2mäßigkeit** *f* (-) lawfulness, legality, legitimacy; validity.

rechts [rɛçts] *adv.* on the right (hand); to the right; *~ von ihm* on his right; *erste Querstraße ~* first turning to the right; → *~um*; *sich ~ halten* keep to the right; *pol. ~ stehen* be a conservative *or* rightist.

'**Rechts...:** **~abteilung** *f* legal branch; **~anspruch** *m* (*auf acc.*) legal claim (on *or* to), title (to); **~anwalt** *m* lawyer, solicitor; *Brit. a.* barrister-at-law, *Am.* attorney-at-law; *~ für den Kläger* (*Beklagten*) counsel for the plaintiff (defendant); **~anwaltschaft** *f* bar; *in die ~ aufnehmen* call to the bar; **~anwaltskammer** *f* Bar Association; **~auffassung** *f* legal conception; **~ausdruck** *m* legal term; **~ausführungen** *f/pl.* legal arguments, pleadings; **~außen(stürmer)** *m* (-; -) *soccer*: outside right; **~befugnis** *f* competence; **~begehren** *n* (-s) relief sought; statement of claim, petition; **~behelf** *m* (legal) remedy; **~beistand** *m* legal adviser; counsel; (next) friend; assistant ad litem; **~belehrung** *jur. f* legal information *or* instruction; directions *pl.* (*to jury*); **~berater** *m* legal adviser; **~beratungsstelle** *f* legal advisory board; legal aid office; **~beugung** *f* perversion of justice; **~bruch** *m* breach of law, infringement.

rechtschaffen ['rɛçtʃafən] **I.** *adj.* honest, righteous, upright; **II.** *adv.* righteously, *etc.*; thoroughly, downright, awfully, mighty; *~ leben* live straight; **2heit** *f* (-) honesty, probity, uprightness.

'**Rechtschreibung** *f* orthography, spelling.

'**Rechts...:** **~drall** *m* right-hand twist; **~drehung** *f* clockwise rotation; **~einwand** *m* objection, demurrer.

'**Rechts...:** **2fähig** *adj.* having legal capacity; *~er Verein* incorporated society; **~fähigkeit** *f* (-) legal capacity; **~fall** *m* (law) case, cause; *analoger ~* case in precedent; **~folge** *f* legal effect; operation (*of a law, contract*); **~form** *f* legal form; **~frage** *f* question of law; *streitige ~* issue of law; **~gang** *m* course of law, legal procedure; *tech.* right-handed action (*of screw*); **2gängig** *tech. adj.* right-handed; **~gefühl** *n* (-s) sense of justice; **~gelehrsamkeit** *f* jurisprudence; **~gelehrte(r)** *m* jurist, lawyer; **~geschäft** *n* legal transaction *or* act; **~gewinde** *tech. n* right-hand thread; **~grund** *m* legal argument; title; **~grundlage** *f* legal basis; **~grundsatz** *m* maxim of law; **2gültig I.** *adj.* good (*or* valid) in law, entitled to full faith and credit; → *rechtskräftig*; **II.** *adv.*: *~ ausfertigen* execute (*a deed*); *~ machen* validate; **~gültigkeit** *f* (-) legality, validity; **~gut** *jur. n* protected interest; **~gutachten** *n* (legal) opinion, counsel's opinion; **~handel** *m* lawsuit, action, litigation; **~händer** ['-hɛndər] *m* (-s; -) right-hander; **2hängig** ['-hɛŋiç] *adj.* pending, sub judice; **~hängigkeit** *f* (-) litispendence; **~hilfe** *f* legal assistance; legal aid; relief; **~irrtum** *m* mistake in law; **~kraft** *f* (-) legal force, validity; *~ erlangen* become effective *or* final, enter into effect; *~ haben für* (*acc.*) be conclusive for; **2kräftig** *adj.* legal(ly binding), valid; final (*judgment*); *~es Scheidungsurteil* decree final; **~kurve** *f* right-hand bend; **~lage** *f* legal position *or* status; **~mangel** *m* defect of title; **~mittel** *n* legal remedy, relief; (right of) appeal; *~ einlegen* lodge an appeal; **~mittelbelehrung** *f* instructions *pl.* on (*defendant's*) right of appeal; **~nachfolger(in** *f*) *m* successor in interest, assign; **~parteiler** ['-partaılər] *pol. m* (-s; -) rightist; **~person, ~persönlichkeit** *f* legal personality (*or* entity), body corporate; **~pflege** *f* administration of justice, judicature; **~pfleger** *m* registrar, judicial administrator.

'**Rechtsprechung** ['-ʃprɛçuŋ] *f* (-; -en) jurisdiction, administration of justice.

'**Rechts...:** **2radikal** *pol. adj.*, **~radikale(r)** *m* rightist; **~schutz** *m* legal protection; **~seitig** ['-zaıtiç] *adj.* right-sided; **~sprache** *f* (-) legal terminology; **~spruch** *m* legal decision; *in civil cases*: judg(e)ment, *in criminal cases*: sentence; *of jury*: verdict; **~staat** *m* (-[e]s; -en) constitutional state; **2staatlich** *adj.* constitutional; **~staatlichkeit** *f* (-) rule of law; **~stellung** *f* legal status; **~steuerung** *mot. f* right-hand drive; **~streit** *m* lawsuit, action, litigation; **~titel** *m* legal title; **~träger** *m* legal entity; **2um!** *mil. int.* right face!, *on march*: by the right flank, march!; **2unfähig** *adj.* legally disabled; **~unfähigkeit** *f* (-) legal disability; **2ungültig** *adj.* illegal, invalid; **2unwirksam** *adj.* ineffective, without legal force; **~unwirksamkeit** *f* ineffectiveness; **2verbindlich** *adj.* binding (*für* [up]on); **~verdreher** ['-fɛrdre:ər] *m* (-s; -) pettifogging lawyer; **~verfahren** *n* legal procedure; (legal) action *or* proceedings *pl.*; **~verfassung** *f* judicial system, judiciary; **~verhältnis** *n* legal relationship; *~se pl.* legal position *sg.*; **~verkehr** *mot. m* right-hand traffic; **~verletzung** *f* injury of rights, infringement; **~vertreter** *m* **a)** → *Rechtsbeistand*; **b)** (authorized) agent, attorney-in-fact; **~weg** *m* course of law; *den ~ beschreiten* take legal action, go to law; *s-n Anspruch auf dem ordentlichen ~e verfolgen* prosecute one's claim before the ordinary civil courts; *unter Ausschluß des ~es* eliminating legal proceedings; **2widrig** *adj.* illegal, unlawful, illicit; **~widrigkeit** *f* illegality; **2wirksam** *adj.* → *rechtskräftig*; **~wissenschaft** *f* jurisprudence; **~wohltat** *f* benefit of the law.

'**recht...:** **~wink(e)lig** *adj.* right-angled, rectangular; **~zeitig I.** *adj.* timely, well-timed, seasonable, opportune; **II.** *adv.* in time, punctually; in the nick of time; **2zeitigkeit** ['-tsaıtiçkaıt] *f* (-) opportuneness; punctuality.

Reck [rɛk] *gym. n* (-[e]s; -e) horizontal bar.

Recke ['rɛkə] *m* (-n; -n) hero, warrior.

'**recken** *v/t.* (*h.*) stretch, draw out, extend; rack; *sich ~* (*h.*) stretch o.s.; *den Hals nach et. ~* crane one's neck to see a th.

'**reckenhaft** *adj.* valiant; powerful, doughty (*figure*).

Redakteur [redak'tø:r] *m* (-s; -e), **~in** *f* (-; -nen) editor, *f* editress; sub-editor; *~ des lokalen Teils e-r Zeitung* local (news) editor, *Am.* city editor; *~ des Handelsblatts e-r Zeitung* city (*Am.* financial) editor; *TV* producer.

Redaktion [redaktsi'o:n] *f* (-; -en) editorship; editing, wording, drafting; editorial staff, editors *pl.*; editor's office; **redaktionell** [-tsio'nɛl] *adj.* editorial; *~ bearbeiten* edit.

Redakti'ons...: **~leitung** *f* editorial management; **~mitglied** *n* staff member, sub-editor; **~schluß** *m* (-es) copy dead-line; *nach ~ eingegangen* stop-press (*news*).

Rede ['re:də] *f* (-; -n) speech; address; oration; language; *gr. direkte ~* direct speech; utterance; talk, conversation, discourse; *e-e ~ halten* make a speech, deliver an address; *große ~n halten* talk big; *in ~ stehen* be under discussion; *die in ~ stehende Person* the person in question; *~ (und Antwort) stehen* give an account (*über acc.* for), (have to) answer (for); *j-m in die ~ fallen* interrupt a p., cut a p. short; *zur ~ stellen* call to account (*wegen* for), take to task; *der langen ~ kurzer Sinn* the long and the short of it; *davon kann keine ~ sein* that's out of the question; *davon ist nicht die ~* that is not the point; *es geht die ~, daß* it is rumo(u)red that; they say that; *es ist nicht der ~ wert* **a)** it is not worth speaking of, **b)** never mind(!), that's all right(!); *die ~ kam auf* (*acc.*) the conversation turned upon; *wenn die ~ darauf kommen sollte* if the subject should be mentioned; *nach seinen ~n* according to what he says; *colloq.* (*aber*) *keine ~!* by no means!, nothing of the kind!; *wovon ist die ~?* what are you (*or* are they) talking a' out?; → *bringen*; **~figur** *f* figure of speech; **~fluß** *m* (-es) flow of speech, volubility; **~freiheit** *f* (-) liberty of speech; **~gabe** *f* (-) gift of speech (*or* of the gab), eloquence; **2gewandt** *adj.* eloquent, fluent, glib; **~kunst** *f* (-) rhetoric.

'**reden** *v/i. and v/t.* (*h.*) speak (*mit* to); talk (to), converse *or* chat (with); discourse (*über acc.* [up]on); discuss; → *Gewissen*; *mit sich ~ lassen* be open to reason; *sie läßt nicht mit sich ~* she won't listen to reason; *über Politik ~* talk politics; *du hast gut ~* it is easy for you to talk; *viel von sich ~ machen* cause a stir, give rise to much comment; *darüber läßt sich* ~ that sounds reasonable, that could be done; *ich habe mit dir zu* ~ I have something to say to you; → *Wort*; ≗ *n* (-s) speaking, *etc.*; ~ *ist Silber, Schweigen ist Gold* speech is silver, silence is golden; **~d** *adj.* speaking; expressive; ~*e Beweise* speaking proofs; **≗s-art** *f* phrase, expression; idiom; compliment; *allgemeine* ~ common saying; *bloße* ~*en* empty phrases, mere words; *sprichwörtliche* ~ saying, proverb; *feste* ~ stock phrase; → *stehend.*

Rede'rei *f* (-; -*en*) (idle) talk, prattle; → *Gerede.*

'Rede...: ~schwall, ~strom *m* (-[e]s) flood of words, verbosity; **~schwulst** *m* bombast; **~teil** *gr. m* part of speech; **~weise** *f* manner of speech, mode of expression; language; **~wendung** *f* figure of speech, expression; phrase; idiom.

redigieren [redi'gi:rən] *v/t.* (*h.*) edit; revise.

rediskontier|en [rediskɔn'ti:rən] *econ. v/t. and v/i.* (*h.*) rediscount; **~fähig** *adj.* eligible for rediscount.

redlich ['re:tliç] **I.** *adj.* upright, honest, square; sincere, candid; **II.** *adv.*: *sich* ~ *bemühen* take great pains, give one's best; **≗keit** *f* (-) uprightness; honesty, probity, integrity; sincerity.

Redner ['re:dnər] *m* (-s; -), **~in** *f* (-; -*nen*) speaker; orator; preacher; *pol.* platform speaker; *faszinierender* ~ *Am.* spell-binder; **~bühne** *f* platform, speaker's stand, rostrum; *die* ~ *besteigen* take the floor; **~gabe** *f* (-) oratorical gift; → *Redegabe*; **≗isch** *adj.* oratorical, rhetorical; **~liste** *f*: *auf der* ~ *stehen* be inscribed as speaker(s); **~pult** *n* speaker's desk.

Redoute [re'du:tə] *f* (-; -*n*) **1.** *mil.* redoubt; **2.** fancy-dress ball.

redselig ['re:tze:liç] *adj.* talkative, garrulous, loquacious, chatty; **≗keit** *f* (-) talkativeness, loquacity, volubility.

Reduktion [reduktsi'o:n] *f* (-; -*en*) reduction; **~sgetriebe** *n* reduction gear; **~skraft** *chem. f* reducing power; **~smittel** *chem. n* reducing agent.

reduzier|bar [redu'tsi:rba:r] *adj.* reducible; **~en** *v/t.* (*h.*) reduce (*auf acc.* to), diminish; lower; cut (*personnel*); *sich* ~ be reduced, decrease; **≗ung** *f* (-; -*en*) reduction.

Reede ['re:də] *mar. f* (-; -*n*) roadstead, roads *pl.*; **~r** (-s; -) shipowner.

Reede'rei *f* (-; -*en*) shipping firm *or* company; fitting-out; *a.* → **~betrieb** *m* shipping trade.

reell [re'ˀɛl] **I.** *adj.* respectable, reliable, honest; *company*: solid, sound; solid (*profit*); fair (*price, service*); good (*merchandise*); real (*offer*); *colloq. das ist doch et.* ≗*es* that's the genuine article; **II.** *adv.*: ~ *bedient werden* get good value for one's money.

Reep [re:p] *mar. n* (-[e]s; -e) rope.

REFA-Mann ['re:fa-] *m* time-and--methods study man.

Refektorium [refɛk'to:rium] *n* (-s; -*ien*) refectory.

Referat [refe'ra:t] *n* (-[e]s; -e) report; lecture; review; (departmental) section; *univ., etc.*: *ein* ~ *halten* read a paper.

Referendar [referɛn'da:r] *m* (-s; -e) *jur.* junior barrister, law-clerk; *ped.* junior teacher; **~examen** *n* first State Examination.

Referent [refe'rɛnt] *m* (-*en*; -*en*) reporter, speaker; *parl., etc.*: referee; expert, consultant, official adviser; departmental chief; reviewer.

Referenz [refe'rɛnts] *f* (-; -*en*) reference; information.

refe'rieren *v/i.* (*h.*) report (*über acc.* on); (give a) lecture (on); *esp. univ.* read a paper (on).

Reff [rɛf] *mar. n* (-[e]s; -e), **'≗en** *v/t.* (*h.*) reef.

refinanzieren [refinan'tsi:rən] *econ. v/t.* (*h.*) refinance; *w.s.* obtain (*or* provide) finance to cover *financing*; rediscount.

Reflektant(in *f*) [reflɛk'tant] *m* (-*en*, -*en*; -, -*nen*) intending purchaser, willing (*or* prospective) buyer.

reflek'tieren I. *v/t.* (*h.*) *phys.* reflect; **II.** *v/i.* (*h.*) reflect (*über acc.* [up]on); *econ.* ~ *auf* (*acc.*) think of buying, be interested in, have one's eye on.

Reflektor [re'flɛktɔr] *tech. m* (-s; -'*toren*) reflector.

Reflex [re'flɛks] *m* (-es; -e) *phys.* reflection; *fig.* result; *physiol.* reflex; **~bewegung** *f* reflex action.

Reflexion [reflɛksi'o:n] *f* (-; -*en*) reflex; reflection; *radar*: reradiation, echo; **~swinkel** *m* angle of reflection.

reflexiv [reflɛ'ksi:f] *adj.* reflexive.

Refle'xiv|pronomen, ~um ['-um] *n* (-s; -*va*) reflexive pronoun.

Re'flexkamera *phot. f* reflex camera.

Reform [re'fɔrm] *f* (-; -*en*) reform.

Reformation [refɔrmatsi'o:n] *f* (-) reformation.

Reformator [-'ma:tɔr] *m* (-s; -'*toren*) reformer; **reformatorisch** [-ma'to:riʃ] *adj.* reformatory.

Re'form...: ~bestrebungen *f/pl.* reformatory efforts; **~haus** *n* health food shop.

refor'mier|en *v/t.* reform; **≗te(r** *m*) *f* (-*n*; -*n*) member of the Reformed Church, Calvinist.

Refrain [rə'frɛ̃:] *m* (-s; -s) refrain, burden; *den* ~ *mitsingen* join in the chorus.

Refraktor [re'fraktɔr] *ast. m* (-s; -'*toren*) refractor, refracting telescope.

Regal [re'ga:l] *n* (-s; -e) shelf, stack; shelf, shelves *pl.*; *typ.* (case-)stand.

Regatta [re'gata] *f* (-; -*tten*) regatta, boat-race.

rege ['re:gə] *adj.* brisk, lively, animated; busy, bustling, active; industrious; active; alert, astir; nimble; active (*mind*); lively (*imagination*); ~ *machen* stir up, rouse; ~ *werden* be stirred up, make itself felt, *doubts*: arise.

Regel ['re:gəl] *f* (-; -*n*) rule; standard; *biol.* period, menstruation, menses *pl.*; *praktische* ~ rule of thumb; *allen* ~*n widersprechend* unorthodox; *in der* ~ as a rule, ordinarily; *nach allen* ~*n der Kunst besiegen* defeat on every point *or* in superior style; **~anlasser** *el. m* rheostat starter; **~ausführung** *tech. f* standard design; **≗bar** *adj.* controllable, adjustable; *el.* adjustable, variable (*speed*); **~belastung** *f* normal load; **~detri** [-de'tri:] *math. f* (-) rule of three; **~fall** *m* normal case; **~getriebe** *tech. n*: (*stufenloses* ~ infinitely) variable speed transmission; **~gerät** *tech. n* controller; **≗los** *adj.* irregular; disorderly; ~*e Flucht* rout; **~losigkeit** ['-lo:ziçkaɪt] *f* (-) irregularity; disorderliness; **≗mäßig I.** *adj.* regular (*a. features*); normal; periodical; regulated, orderly; ~*es Muster* geometrical pattern; **II.** *adv.* regularly; always, every time; **~mäßigkeit** *f* regularity; **≗n** *v/t.* (*h.*) regulate, adjust, *tech. a.* control, govern; arrange, settle, direct; put in order; *law*: provide; *sich* ~ *nach* (*dat.*) be regulated (*or* governed) by; *das wird sich schon* ~ it will come right; **≗recht** *adj.* regular, correct, proper; nothing short of, downright; **~schalter** *el. m* regulating switch; **~spannung** *el. f* avc (= automatic volume control) voltage; **~ung** *f* (-) regulation, adjustment; *tech. a.* control; arrangement, settlement; provision; (*of contract, law*); ruling; **~ungstechnik** *f* control engineering; **~ventil** *n* control valve; **~vorrichtung** *f* governing (*or* adjusting, control) device; **≗widrig** *adj.* irregular, abnormal; *sports*: foul; **~widrigkeit** *f* irregularity, *sports*: foul; abnormality.

regen ['re:gən] *v/t.* (*h.*) stir, move; *sich* ~ *a.* bestir o.s., be active *or* alive; *fig.* make itself felt, arise, *feeling*: *a.* spring up, be roused; → *rühren.*

Regen ['re:gən] *m* (-s) rain; *feiner* ~ drizzle; *starker* ~ heavy rain, downpour; *fig.* rain, hail; *auf* ~ *folgt Sonnenschein* every cloud has a silver lining; *vom* ~ *in die Traufe kommen* fall out of the frying-pan into the fire; **≗arm** *adj.* rainless, dry; **~bogen** *m* rainbow; **~bogenfarben** *f/pl.* colo(u)rs of the rainbow; **≗bogenfarbig** *adj.* rainbow--colo(u)red, iridescent; **~bogenhaut** *anat. f* iris; **~dach** *n* penthouse; **≗dicht** *adj.* rain-proof, waterproof.

regenerier|en [regenə'ri:rən] *v/t.* (*h.*) regenerate, *tech. a.* reclaim; **≗ung** *f* (-) regeneration.

'Regen...: ~fall *m* rainfall, precipitations, rains *pl.*; **~guß** *m* heavy shower, downpour; **~haut** *f* plastic coat cover, oilskin coat, pocket mac; **~jahr** *n* rainy year; **~kleidung** *f* rainwear; **≗los** *adj.* rainless; **~mantel** *m* waterproof, mackintosh, trenchcoat, *Am.* raincoat; **~menge** *f* rainfall; **~messer** *m* rain-ga(u)ge, pluviometer; **~periode** *f* rainy spell; **~pfeifer** *orn. m* golden plover; **≗reich** *adj.* rainy,

wet; **~schauer** *m* shower (of rain); **~schirm** *m* umbrella; *colloq. gespannt wie ein ~* all agog; **~schirmständer** *m* umbrella-stand; **~sturm** *m* rainstorm.
Regent(in *f*) [re'gɛnt] *m* (*-en, -en; -, -nen*) sovereign, ruler; regent.
'**Regen...**: **~tag** *m* rainy day; **~tropfen** *m* raindrop.
Re'gentschaft *f* (*-; -en*) regency.
'**Regen...**: **~versicherung** *f* rain insurance; **~wasser** *n* (*-s*) rainwater; **~wetter** *n* (*-s*) rainy weather; **~wolke** *f* rain-cloud; **~wurm** *m* earthworm, *Am. a.* angleworm; **~zeit** *f* rainy *or* wet season, *the* rains *pl.*
Regie [re'ʒiː] *f* (*-*) management, administration; state monopoly; *thea.* stage-direction; *film*: direction; *~ führen (bei)* direct; *unter der ~ von* directed by; *TV* master control; **~assistent** *m film*: assistant director; **~fehler** *m* mistake in the arrangements, bad management; **~kosten** *econ. pl.* overhead (expenses); **~pult** *n TV* control desk.
regieren [re'giːrən] **I.** *v/t.* (*h.*) govern (*a. gr.*); reign (*or* rule) over; direct, conduct, control; manage (*horse*); **II.** *v/i.* (*h.*) reign, rule; govern, be at the helm; *schlecht ~* misgovern; *fig.* prevail, reign.
Re'gierung *f* (*-; -en*) government; administration; reign; *unter der ~ von* in the reign of, under; *an der ~* in power, at the helm; *e-e ~ bilden* form a government; *zur ~ gelangen* come into power, *monarch*: come to the throne.
Re'gierungs...: **~anleihe** *f* government loan; **~antritt** *m* accession (to the throne); **~be-amte(r)** *m* government official, Civil Servant; **~bezirk** *m* administrative district; **~blatt** *n* government paper, official gazette; **⁁feindlich** *adj.* oppositional; **~form** *f* form of government, regime; **⁁freundlich** *adj.* governmental; **~gebäude** *n* government offices *pl.*; **~gewalt** *f* governmental power; **~kreise** *m/pl.* governmental circles *pl.*; **~partei** *f* party in power, *the* ins *pl.*; **~präsident** *m* district president; **~rat** *m* (*-[e]s; ⸚e*) government councillor; **~sitz** *m* seat of government; **~stelle** *f* government agency; **~umbildung** *f* cabinet reshuffle; **~vorlage** *f* government bill; **~wechsel** *m* change of government; **~zeit** *f* reign.
Regime [re'ʒiːm] *n* (*-[s]; -*) regime; political system.
Regiment [regi'mɛnt] *n* (*-[e]s; -e*) government, rule; *fig.* reign; *mil.* (*-[e]s; -er*) regiment, brigade; *das ~ haben or führen* rule, command, *wife*: wear the breeches (*Am.* pants).
Regi'ments...: **~abschnitt** *m* regimental sector; **~arzt** *m* regimental medical officer; **~kapelle** *f* regimental band; **~kommandeur** *m* regimental commander; **~stab** *m* regimental headquarters *pl.*; **~unkosten** *pl.*: *colloq. auf ~* at other people's expense.
Region [regi'oːn] *f* (*-; -en*) region; *fig. in höheren ~en schweben* live in the clouds.
regional [regio'nɑːl] *adj.* regional.
Regisseur [reʒi'søːr] *m* (*-s; -e*) *thea.* stage-manager *or* -director; *radio, TV*: producer; *film*: director.
Register [re'gistər] *n* (*-s; -*) record, register; list; catalog(ue); *in books*: index, table of contents; *mus.* register, (organ-)stop; *ein ~ ziehen* pull a stop; *fig. alle ~ ziehen* pull all the stops, go it strong; **~tonne** *mar. f* register ton.
Registrator [regis'trɑːtɔr] *m* (*-s; -'toren*) registrar, recorder.
Registratur [registra'tuːr] *f* (*-; -en*) registrar's office, registry; record-office; records and files *pl.*
Registrier|apparat [regis'triːr-] *m* recording instrument; **~ballon** *m* sounding balloon; **⁁en** *v/t. and v/i.* (*h.*) register (*a. fig.*); record (*a. instrument*); enter; index; **~kasse** *f* cash-register; **~kurve** *f* recording curve; **~papier** *n* recording chart; **~trommel** *f* recording drum; **~ung** *f* (*-; -en*) registration; entry; recording, (instrument) reading(s *pl.*).
Reglement [reglə'mɑ̃ː] *n* (*-s; -s*) regulations *pl.*
reglementier|en [reglemen'tiːrən] *v/t.* (*h.*) regiment; **⁁ung** *f* (*-; -en*) regimentation.
Regler ['reːglər] *m* (*-s; -*) *tech.* governor, regulator; *el.* control(l)er, rheostat; speed regulator; field regulator, rheostat; tone control; centrifugal governor; voltage regulator.
reglos ['reːkloːs] *adj.* motionless.
Reglung ['reːgluŋ] *f* (*-; -en*) → *Regelung.*
regnen ['reːgnən] *v/i.* (*impers., h.*) rain; *es regnet stark* it is pouring (with rain); *fig.* (*v/t.*) rain.
'**regnerisch** *adj.* rainy.
Regreß [re'grɛs] *jur. m* (*-gresses; -gresse*) recourse, (legal) remedy; recovery (of damages); *gegen j-n ~ nehmen* have recourse to a p.; *für mich ohne ~* without recourse to me; **~nehmer(in** *f*) *m* recoverer, person seeking redress; **⁁pflichtig** *adj.* liable to recourse; *j-n ~ machen* have recourse to a p.; **~recht** *n* right of recourse.
regsam ['reːkzɑːm] *adj.* active (*a. mind*), live, quick; **⁁keit** *f* (*-*) activity, alertness.
regulär [regu'lɛːr] *adj.* regular.
Regulator [regu'lɑːtɔr] *m* (*-s; -'toren*) regulator; → *Regler.*
regulier|bar [regu'liːrbɑːr] *adj.* controllable, adjustable; **~en** *v/t.* (*h.*) regulate; adjust, set; control, govern; *econ.* settle (*claims, etc.*); **⁁schraube** *tech. f* adjusting screw; **⁁ung** *f* (*-; -en*) regulation, adjustment; *econ.* settlement; **⁁ventil** *n* regulating valve; flood control; **⁁widerstand** *el. m* regulating resistance.
Regung ['reːguŋ] *f* (*-; -en*) movement, motion, stirring; emotion; feeling; impulse; agitation; **⁁slos** *adj.* motionless, still.
Reh [reː] *n* (*-[e]s; -e*) deer, roe; roebuck; doe; fawn.
rehabilitier|en [rehabili'tiːrən] *v/t.* (*h.*) rehabilitate; discharge (*bankrupt*); **⁁ung** *f* (*-; -en*) rehabilitation; discharge.
'**Reh...**: **~bock** *m* roebuck; **~braten** *m* roast venison; **⁁braun, ⁁farben** *adj.* fawn-colo(u)red; **~geiß** *f* doe; **~kalb, ~kitz** *n* roe-calf, fawn; **~keule** *f* leg of venison; **~lendenbraten** *m* loin of venison; **~posten** *m* buckshot; **~rücken, ~ziemer** *m cul.* saddle of venison.
Reib|ahle ['raɪp-] *f* reamer, broach; **~e** ['raɪbə] *f* (*-; -n*), **~eisen** ['raɪp-] *n* rasp, grater; *fig. wie ein ~ voice* like a woodrasp; **⁁echt** *adj.* fast to rubbing; **~elaut** ['raɪbə-] *gr. m* fricative; **~emühle** *f* grinding mill; **⁁en** *v/t. and v/i.* (*irr., h.*) rub, give a rub; massage; wipe; grate; grind (*colours*); *zu Pulver ~* pulverize; *sich wund ~* chafe (*or* gall) o.s.; *fig. sich an j-m ~* quarrel with (*or* provoke) a p.; *sich vergnügt die Hände ~* rub one's hands in glee; *j-m et. unter die Nase ~* bring a th. home to a p., rub it in; → *gerieben*; **~e'rei** *fig. f* (*-; -en*) (constant) friction, tiff, squabbling; **~festigkeit** ['raɪp-] *f* chafing resistance; **~fläche** *f* rubbing surface; **~löten** *tech. n* tinning.
Reibung ['raɪbuŋ] *f* (*-; -en*) rubbing, friction; *fig.* friction, clash, tiff.
'**Reibungs...**: **~elektrizität** *f* frictional electricity; **~fläche** *f* friction surface; *fig.* → *Reibungspunkt*; **~ko-effizient** *m* frictional index; **~kupplung** *f* friction clutch; **⁁los I.** *adj.* frictionless; *fig.* smooth; **II.** *adv. fig.* smoothly, without a hitch; **~punkt** *fig. m* point of friction; **~wärme** *f* frictional heat.
Reibzünder ['raɪp-] *m* friction fuse.
reich [raɪç] **I.** *adj.* rich (*a. colour, harvest, resources, etc.*); wealthy, opulent, moneyed, well-to-do; sumptuous (*meal*); ample, copious, abundant; *~ an (dat.)* rich (*or* abounding) in; *~e Auswahl* wide selection; *~es Gemisch mot.* rich mixture; *in ~em Maße* amply, copiously; *~ an interessanten Einzelheiten* containing a wealth of information; *um e-e Erfahrung ~er* having learned something new; **II.** *adv.* richly; amply, copiously; *~ beschenkt* loaded with gifts.
Reich [raɪç] *n* (*-[e]s; -e*) empire; realm (*a. fig.*); *a. bot., zo.* kingdom; *das Deutsche ~* the (German) Reich; *das Dritte ~* the Third Reich; *das ~ Gottes* the Kingdom of Heaven; *das ~ der Musik* the realm of music.
'**reich...**: **~bebildert** *adj.* richly illustrated; **~begütert** *adj.* propertied, (very) wealthy, affluent.
'**Reiche(r)** *m* (*-[e]n; -[e]n*) rich man; *die ~n pl.* the rich.
reichen ['raɪçən] **I.** *v/i.* (*h.*): *~ bis* **a)** reach, extend to, **b)** go *or* come up to, **c)** go down to, **d)** touch; *fig.* → *heranreichen, herankommen*; suffice, do, last (out), hold out; *das reicht!* that will do!, that's enough of that!; *jetzt reicht's mir aber!* that's the last straw!; *soweit das Auge reicht* as far as the eye can reach, within sight; **II.** *v/t.* (*h.*): *j-m et. ~* hand *or* pass a th. to a p.;

offer, present; give *one's hand*, hold out (*dat.* to); serve (*meal*); *fig.* → *Wasser.*

ˈ**reich...**: **~haltig** *adj.* rich; copious, abundant, plentiful; *book*: full of matter, containing a wealth of information; **2haltigkeit** [ˈ-haltiçkaɪt] *f* (-) richness; abundance, copiousness; (great) variety; **~illustriert** *adj.* richly illustrated; **~lich I.** *adj.* ample, copious, plentiful; plenty of (*time, etc.*); substantial, square (*meal*); *in consumption*: liberal; *pred.* enough and to spare; **II.** *adv.* amply, *etc.*; rather, fairly, awfully, plenty; ~ *die Hälfte davon* a good half of it; ~ *versehen sein mit* be amply supplied with, have plenty of, *Am. a.* be long on.

Reichs... [ˈraɪçs-]: **~adel** *m* nobility of the Empire; **~adler** *m* imperial eagle; **~angehörige(r** *m) f*: *Deutsche(r)* ~ German national; **~angehörigkeit** *f* (-) German nationality; **~apfel** *m* (-s) mound, orb; **~kanzlei** *f* (**~kanzler** *m*) Chancellery (Chancellor) of the Reich; **~klein-odien** [ˈ-klaɪnˀo:diən] *n/pl.* Imperial crown-jewels; **~mark** *f* reichsmark; **~präsident** *m* President of the Reich; **~stadt** *f* free town, imperial city; **~tag** *m* Reichstag, *hist.* Imperial Diet; **2unmittelbar** *adj.* subject to the Emperor alone, immediate; **~verfassung** *f* constitution of the Reich.

ˈ**Reichtum** (-s; ¨er) riches *pl.*; wealth (*a. fig.*), opulence, affluence; fortune; abundance (*an dat.* of); (great) variety.

ˈ**Reichweite** *f* reach; *mil., etc.*: range; radius (of action); *mittlere* ~ medium range; *in* ~ within reach, near at hand; *außer* ~ out of reach (*mil.* range); *an* ~ *übertreffen* outrange.

reif [raɪf] *adj.* ripe (*a. fig. age, experience, beauty, judgement, plan, etc.*); mature (*a. fig.*); mellow; fully developed; ~ *werden* → *reifen*; ~ *sein für* be ripe (*or* fit) for; *die Zeit ist* ~ the time is ripe; *die ~eren Jahre* the years of discretion; *Mann von ~eren Jahren* middle-aged man.

Reif[1] [raɪf] *m* (-[e]s) → *Reifen.*

Reif[2] [raɪf] *m* (-[e]s) white (*or* hoar-) frost, rime.

ˈ**Reife** *f* (-) ripeness, maturity; *zur* ~ *bringen (kommen)* ripen, mature; **~grad** *m* degree of ripeness (*or* maturity); **~merkmal** *n* indicator of ripeness.

ˈ**reifen I.** *v/i.* (*sn*) **1.** ripen, mature, grow ripe; *abscess*: come to a head; *boy*: reach manhood; *in ihm reifte der Plan, zu inf.* the plan matured within him to *inf.*; **2.** *to Reif*[2]: *es reift* there is a white (*or* hoar-)frost; **II.** *v/t.* (*h.*) ripen, mature, bring to maturity (*a. fig.*); ~ *lassen* mature (*a. plan, etc.*).

ˈ**Reifen** *m* (-s; -) ring; hoop; tyre, *esp. Am.* tire; circlet; *mot.* ~ *wechseln* change tyres; **~decke** *f* (tyre) cover *or* casing; **~defekt** *m* tyre trouble, puncture, blowout, flat (tyre); *e-n* ~ *haben* have a puncture, *etc.*; **~druck** *m* (-[e]s) tyre pressure; **~druckmesser** *mot. m* tyre ga(u)ge; **~heber** *mot. m* tyre lever; **~mantel** *m* → *Reifendecke*; **~profil** *n* tread; **~schaden** *m* → *Reifendefekt*; **~spiel** *n* trundling a hoop; **~wechsel** *m* change of a (flat) tyre; **~wulst** *mot. m* bead (of a tyre).

ˈ**Reife...**: **~prüfung** *f* matriculation (examination); **~zeugnis** *n* (school) leaving certificate, *Brit.* "A" level G.E.C. (= General Certificate of Education).

ˈ**reiflich I.** *adj.* mature, careful; *nach ~er Überlegung* upon mature reflection, after careful consideration; **II.** *adv.*: *das würde ich mir* ~ *überlegen* I'd give that careful consideration.

ˈ**Reifrock** *m* crinoline.

ˈ**Reifung** *f* (-) curing (*of cheese*).

Reigen [ˈraɪgən] *m* (-s; -) round dance; *den* ~ *eröffnen* open the ball, lead off (*both a. fig.*); **~schwimmen** *n* water ballet.

Reihe [ˈraɪə] *f* (-; -n) row; file; rank; line; row (*of seats*), tier; series; succession; set; train; range (*of hills*); suite (*of rooms*); queue, *Am.* line (*of people*); *math.* progression; → *bunt*; *e-e* ~ *von Häusern* a row of houses; *e-e* ~ *von Tagen* a round of days; *colloq. e-e ganze* ~ (*von*) a great number of, a long line of; *der* ~ *nach* in (*or* by) turns, alternately; one after the other; *außer der* ~ out of (one's) turn; *aus den ~en* (*gen.*) from among (*the delegates, etc.*); *in Reih und Glied* in rank and file; *in der vordersten* ~ in the first row, in the forefront; *fig. aus der* ~ *tanzen* have it one's own way; *an die* ~ *kommen* have one's turn; *warten, bis man an die* ~ *kommt* wait one's turn; *wer ist an der* ~? whose turn is it?; *in die* ~ *bringen* put (*or* set) right; *el. in* ~ *schalten* connect in series.

ˈ**reihen** *v/t.* (*h.*) put in a row *or* line, range, *tech.* arrange in series; *auf e-e Schnur* ~ string (*pearls*); stitch, baste; *sich* ~ (*h.*) form a row; rank, file; *eins reiht sich ans andere* one thing follows the other.

ˈ**Reihen...**: **~(ab)wurf** *aer. m* stick (*or* salvo) bombing; **~an-ordnung** *tech. f* tandem arrangement; **~arbeit** *tech. f* repetition work; **~bau** (**-weise** *f*) *m* ribbon-building; **~bild** *n* serial photographs *pl.*; **~fertigung, ~herstellung** *f* series production; **~folge** *f* succession, sequence; *alphabetische* (*zeitliche*) ~ alphabetical (chronological) order; *der* ~ *nach* in succession; **~häuser** *n/pl.* terrace houses; **~häuserbau** *m* (-[e]s) ribbon building; **~schalter** *el. m* series parallel switch; **~schaltung** *el. f* series connection; **~schlußmotor** *el. m* series-wound motor; **~untersuchung** *med. f* mass examination, screening program(me); **2weise** *adv.* in rows; in series.

Reiher [ˈraɪər] *orn. m* (-s; -) heron; **~feder** *f* heron's feather; **~horst** *m* heronry.

Reim [raɪm] *m* (-[e]s; -e) rhyme; *~e schmieden* rhyme, write poetry; *ich kann keinen* ~ *darauf finden* it doesn't make sense (to me); ˈ**2en** *v/t., v/i. and sich* ~ (*h.*) rhyme (*auf acc.* to, with); *fig. sich* ~ (*auf*) agree *or* tally (with); *wie reimt sich das?* how would you reconcile that?; ˈ**~er(in** *f*) *m* (-s, -; -, -nen), ˈ**~schmied** *m* rhymester, poetaster; ˈ**2los** *adj.* blank, rhymeless; ˈ**~wörterbuch** *n* dictionary of rhymes.

rein[1] [raɪn] **I.** *adj.* pure (*a. chem., silk, tone, wine, and fig.*); neat, tidy; clear (*a. conscience*); pure, absolute (*alcohol*); *metall.* unalloyed; undiluted; unadulterated (*a. fig.*); net, clear (*profit*); clear (*complexion*); *~e Wahrheit* plain *or* unvarnished truth, *jur.* the truth, the whole truth, and nothing but the truth; pure, mere (*formality*), sheer (*nonsense, etc.*); *aus ~em Mitleid* out of sheer pity; *~es Deutsch* pure (*or* correct) German; *~e Freude* unadulterated pleasure; *der ~e Hohn* pure mockery; *~e Lüge* downright lie; *~e Mathematik* pure mathematics; *der ~ste Zauberer* a regular magician; *~er Zufall* sheer luck; *fig.* → *Luft, Tisch, Wasser, Wein*; **II.** *adv.* purely; quite, downright; ~ *gar nichts* nothing at all, a mere nothing; ~ *unmöglich* utterly (quite) impossible; *et.* ~ *abschlagen* refuse flatly; *colloq. er war* ~ *weg* he was flabbergasted; ~ *pflanzlich* all vegetable; **III.** *substantively*: *ins ~e bringen* clear up, settle; *mit j-m ins ~e kommen* come to terms with a p.; *mit sich ins ~e kommen (über acc.)* made up one's mind (about); *ins ~e schreiben* make a fair copy of.

rein[2] [raɪn] *colloq.* → *herein*(...).

ˈ**Reindruck** *m* (-[e]s; -e) fair proof.

Reineclaude [rɛnəˈklo:də] *bot. f* (-; -n) greengage.

ˈ**Rein...**: **~ertrag** *m* net proceeds *pl.*, net yield, net (*or* clear) profit; **~fall** *colloq. m* let-down, frost, sell, flop, washout; **~gewicht** *n* net weight; **~gewinn** *m* net (*or* clear) profit.

ˈ**Reinemachen** *n* (-s) → *Reinmachen.*

ˈ**Reinheit** *f* (-) → *rein*; purity, pureness; cleanness, cleanliness; clearness; neatness, tidiness; innocence; *radio*: fidelity; **~sgrad** *m* degree of fineness *or* purity.

reinig|en [ˈraɪnigən] *v/t.* (*h.*) clean, cleanse; *chemisch* ~ dry-clean; tidy up; wash; rinse; disinfect; *chem.* purify; rectify (*alcohol*); clarify (*liquid*); purify (*air, blood*; *a. fig.*); purge (*bowels, fig. party, soul*); scrub, scour (*a. wool*); *metall.* refine; **~end** *adj.* cleansing, detergent; *med.* abluent; purging; **2ung** *f* (-; -en) clean(s)ing, *etc.* → *reinigen*; purification, purge; *chemische* ~ dry cleaning; *metall.* refining; *chem.* rectification; *physiol. monatliche* ~ menses *pl.*; ~ *und Färberei* cleaners and dyers *pl.*; *in der* ~ *clothes*: at the cleaners.

ˈ**Reinigungs...**: **~anstalt** *f* (dry) cleaners *pl.*; **~benzin** *n* dry-cleaning spirit; **~krem** *f* cleansing cream; **~lappen** *m* cleaning rag; **~mittel** *n* detergent, *Am. a.* cleansing agent; stain remover; *med.* purg(ativ)e, aperient.

'**Reinkultur** *f* pure culture; *fig. Kitsch in* ~ unadulterated trash.
'**reinlegen** *colloq. v/t.* (*h.*) → *hereinlegen.*
'**reinlich** *adj.* clean; cleanly; neat, tidy; **2keit** *f* (-) cleanliness; neatness, tidiness.
'**Rein...:** **~machefrau** *f* charwoman, cleaning woman; **~machen** *n* (-*s*) (house-)cleaning; scouring; **2-rassig** *adj.* pure-blood, pedigree(d), *esp. Am.* pure-bred; thoroughbred (*horse*); **~schrift** *f* fair copy; **2seiden** *adj.* all-silk; **2waschen** *fig. v/t.* (*irr., h.*) whitewash, clear; **2weg** ['-vɛk] *adv.* absolutely, altogether; flatly; **2wollen** *adj.* pure wool.
Reis[1] [raɪs] *m* (-*es*) rice.
Reis[2] [raɪs] *n* (-*es*; -*er*) twig, sprig; bough; scion.
'**Reis...:** **~auflauf** *m* rice pudding; **~brei** *m* rice-milk; **~bündel** *n* fag(g)ot.
Reise ['raɪzə] *f* (-; -*n*) journey; *aer., mar.* voyage; travel; tour (*in* of); trip; expedition; passage; *glückliche* ~! a pleasant journey!, bon voyage!; *e-e* ~ *machen* go on a journey, take a trip; *auf* ~*n sein* be travel(l)ing; *fig. auf die* ~ *schicken* start; *auf der* ~ on one's journey (*nach* to); *wohin geht die* ~? where are you going (*or* bound for, off to)?
'**Reise...:** **~andenken** *n* souvenir; **~apotheke** *f* tourist's (*or* portable) medicine-case; **~(auto)bus** *m* tourist (motor) coach; **~bedarf** *m* travel(l)ing necessaries *pl.*; **~begleiter(in** *f*) *m* travel-companion; **~bekanntschaft** *f* travel(l)ing acquaintance; **~beschreibung** *f* book of travels; travelogue; **~büro** *n* tourist office, travel agency, *Am.* tourist bureau; **~decke** *f* travel(l)ing-rug; **~eindrücke** ['-aɪndrykə] *m/pl.*, **~erinnerungen** *f/pl.* travel(l)ing impressions *or* reminiscences; **2fertig** *adj.* ready to start; **~fieber** *n* travel fever; **~flug** *aer. m* cruise; **~führer** *m* guide; (travel[l]er's) guide-book; **~gefährte** *m*, **~gefährtin** *f* fellow-travel(l)er, travel-companion; fellow-passenger; **~genehmigung** *f* travel permit; **~gepäck** *n* luggage, *Am.* baggage; **~geschwindigkeit** *f* cruising speed; **~gesellschaft** *f* tourist party; **~handbuch** *n* guide-book; **~koffer** *m* trunk, *smaller*: → *Handkoffer*; **~korb** *m* trunk-hamper; **~kosten** *pl.* travel(l)ing expenses; **~kostenvergütung** *f* travel allowances *pl.*; **~leiter** *m* courier; **2lustig** *adj.* fond of travel(l)ing; **~lustige(r** *m*) *f* (-*n*, -*n*; -*en*, -*en*) would-be travel(l)er.
'**reisen** *v/i.* (*sn*) travel, (make a) journey; be (*or* go) touring; ~ *nach* go to, make a journey (*or* voyage) to; be bound for; ~ *über* go by (way of) *or* via; start, depart, leave (*nach* for); *ins Ausland* ~ go abroad; *geschäftlich* ~ travel on business; *econ.* ~ *in* (*dat.*) travel in; *colloq. fig. auf et.* ~ trade (*or* coast) on; 2 *n* (-*s*) travel(l)ing; **~d** *adj.* travel(l)ing; itinerant (*dealer, etc.*); **2de(r)** (-[*e*]*n*; -[*e*]*n*) travel(l)er, *mar.* voyager; tourist; passenger; → *Handelsreisende(r).*
'**Reise...:** **~necessaire** ['-nesɛ'sɛːr] *n* (-*s*; -*s*) dressingcase; **~paß** *m* passport; **~prospekt** *m* (travel) folder; **~route** *f* route, itinerary; **~scheck** *m* traveller's cheque, *Am.* traveler's check; **~schreibmaschine** *f* portable typewriter; **~spesen** *pl.* travel(l)ing expenses; **~tasche** *f* travelling bag, *Am.* grip(sack); **~unterbrechung** *f* break of journey; **~-verkehr** *m* travel; tourist traffic, tourism; **~wecker** *m* travel alarm; **~zeit** *f* tourist season; **~ziel** *n* destination.
Reisig ['raɪzɪç] *n* (-*s*) brushwood; **~besen** *m* birch-broom; **~bündel** *n* fag(g)ot.
Reisige(r) ['raɪzigə(r)] *m* (-[*e*]*n*; -[*e*]*n*) horseman, horse-soldier; knight on horseback.
'**Reis-puder** *m* rice powder.
Reiß|aus ['raɪs'ʔaus] *m* (-): ~ *nehmen* take to one's heels, bolt; **~blei** *n* blacklead; **~brett** *n* drawing-board.
'**reißen I.** *v/t.* (*irr., h.*) tear, *med.* rupture; tug; pull, jerk, *Am. a.* yank; snatch (*a. weight-lifting*); tear off, drag (along), *flood, etc.*: sweep off; *an sich* ~ seize (upon), lay hold of, clasp; seize, usurp (*power*); *econ.* monopolize (*a. fig. the conversation*); ~ *aus* (*dat.*) tear out of (*a mood, etc.*), bring out of *one's thoughts* with a shock; *die Führung an sich* ~ take the lead; *entzwei*~ tear (*or* rend) in two, rip up; *zu Boden* ~ pull down, floor; *sports*: *die Latte* ~ knock down the cross-bar; → *Strang, Witz, Zote*; *sich* ~ scratch o.s. (*an dat.* with); *sich* ~ *um* (*acc.*) scramble for; *colloq. ich reiße mich nicht darum* I am not so keen on it; **II.** *v/i.* (*irr., sn*) break, snap; burst, *med.* rupture; split, crack; *cloth*: tear, get torn; ~ *an* (*dat.*) tear (*or* tug) at; *ins Geld* ~ run into money; *die Geduld riß mir* I lost (all) patience; *es reißt mich in allen Gliedern* I have racking pains in all limbs; → *gerissen*; 2 *n* (-*s*) bursting, rending; *med.* racking pains, rheumatic pains *pl.*; *sports beidarmiges* ~ two-hands snatch; **~d** *adj.* rapid (*a. progress, sale*); impetuous; torrential (*river*); acute, racking (*pain*); rapacious (*animal*); → *Absatz.*
'**Reißer** *m* (-*s*; -) draw, box-office success; thriller; **2isch** *adj.* loud, sensationalistic.
'**Reiß...:** **~feder** *f* drawing-pen; **~-festigkeit** *tech. f* tensile strength; **~kohle** *f* charcoal crayon; **~leine** *aer. f* rip-cord; **~nagel** *m* drawing-pin, *Am.* thumbtack; **~schiene** *f* T-square; **~verschluß** *m* zip-fastener, zipper; *mit* ~ *versehen* zippered; *den* ~ (*gen.*) *öffnen* (*schließen*) zip (*a th.*) open (up *or* closed); **~-zahn** *zo. m* fang, canine tooth; **~zeug** *n* drafting set; **~zirkel** *m* drawing-compass(es *pl.*); **~zwecke** *f* → *Reißnagel.*
Reit|anzug ['raɪt-] riding-habit; **~bahn** *f* riding-school, manège (*Fr.*); **2en I.** *v/i.* (*irr., sn*) ride, go on horseback; *gut* (*schlecht*) ~ be a good (bad) rider; *im Schritt* ~ pace, amble; *im Trott* ~ trot; *spazieren*~ go for (*or* take) a ride; *geritten kommen* come (along) on horseback; **II.** *v/t.* (*irr., h.*) mount, ride (*horse*); *j-n über den Haufen* ~ ride a p. down; *econ. Wechsel* ~ fly a kite; **~en** *n* (-*s*) riding, equitation; **2end** *adj.* on horseback; mounted (*police, etc.*); **~e** *Artillerie* horse artillery; **~er** *m* rider, horseman; *mil., police*: trooper; *card index*: tab; **~e'rei** *mil. f* (-) cavalry, horse(men), mounted troops *pl.*; **~erin** *f* (-; -*nen*) horsewoman; **~erregiment** *n* cavalry regiment; **~ersmann** *m* (-[*e*]*s*; ⸚*er*) horseman; **~erspiele** *f* mounted games *pl.*; **~erstandbild** *n* equestrian statue; **~gerte** *f* riding-whip; **~hose** *f* (riding-)breeches *pl.*; **~kleid** *n* riding-habit; **~knecht** *m* groom; **~kunst** *f* horsemanship; **~peitsche** *f* horse-whip; **~pferd** *n* saddle-horse; **~schule** *f* riding-school; **~sport** *m* (-[*e*]*s*) equestrian sport, riding; **~stall** *m* riding-stable; **~-stiefel** *m* riding-boot; **~stock** *tech. m* tailstock; **~turnier** *n* riding competition; **~unterricht** *m* instruction in riding; riding lesson; **~verein** *m* riding club; **~wechsel** *econ. m* accommodation-bill, kite; **~weg** *m* bridle-path; **~zeug** *n* riding equipment, riding-things *pl.*
Reiz [raɪts] *m* (-*es*; -*e*) charm; attraction, fascination, appeal; lure; temptation; tickle, thrill; irritation; stimulation; impulse (*a. phys.*); incentive; grace; *weibliche* ~*e pl.* female charms; ~ *der Neuheit* charm of novelty; *den* ~ *verlieren* pall (*für j-n* on); *colloq. das hat wenig* ~ it's not worth while; '**2bar** *adj.* irritable, excitable; irascible; sensitive, touchy; short-tempered; nervous, testy; *med.* inflammable; '**~barkeit** *f* (-) irritability; irascibility; sensitiveness, touchiness; '**2en** *v/t. and v/i.* (*h.*) irritate (*med.*); excite; provoke; nettle, needle; stimulate, rouse; whet (*the appetite*); tickle (*the palate*); entice, (al)lure; tempt; charm; attract, fascinate; *cards*: bid; *die Aufgabe reizte ihn* the task was a challenge to him, he was itching to do the job; *es reizt mich, ihn kennenzulernen* I am eager to meet him; → *gereizt*; '**2end** *adj.* charming, enchanting, delightful; fetching, lovely; sweet, *Am. a.* cute; *med.* irritating; *iro.* (*das*) *ist ja* ~! isn't it just dandy?; '**~gas** *n* irritant gas; '**~husten** *m* dry cough; '**~kampfstoff** *m* irritant agent; '**~-klima** *med. n* irritating *or* stimulating climate; '**~körper** *m* stimulator; '**2los** *adj.* unattractive; insipid; not worth (one's) while; '**~mittel** *n* stimulus, incentive; *med.* stimulant; '**~schwelle** *f* stimulus threshold; '**~stoff** *m* adjuvant, stimulating substance; irritant; '**~überflutung** *f* constant exposure to stimuli; '**~ung** *f* (-; -*en*) irritation; provocation; stimulation; incitement; enticement; '**2voll** *adj.* charming, attractive; fascinating; graceful; seductive; tempting; '**~wäsche** *f* flimsies *pl.*; frillies *pl.*
rekapitulieren [rekapitu'liːrən] *v/t.* (*h.*) recapitulate.

rekeln ['re:kəln] *v/t., usu. sich* (*a. s-e Glieder*) ~ (*h.*) stretch one's limbs; loll about, lounge, sprawl.

Reklamation [reklamatsi'o:n] *f* (-; -*en*) reclamation, claim; complaint; protest, objection.

Reklame [re'klɑ:mə] *f* (-; -*n*) advertising; advertisement, ad; propaganda; publicity; (sales) promotion; *contp.* puff, ballyhoo; ~ *machen* advertise (*für a th.*, for *a p.*, *a firm*), boom, boost; *das ist keine gute* ~ *für ihn* that's bad publicity for him; → *Werbe...*; **~artikel** *m* advertising article; **~bild** *n* advertising picture; **~büro** *n* advertising agency; **~chef** *m* advertising manager; **~fachmann** *m* advertising man, publicity expert; **~feldzug** *m* advertising campaign *or* drive; **~film** *m* advertising film; **~fläche** *f* advertising space; boarding(s *pl.*), *Am.* billboard; **~mittel** *n* advertising medium; **~rummel** *m* ballyhoo; **~schild** *n* advertising board *or* sign, signboard; show card; **~sendung** *f radio*, *TV*: commercial; **~stück** *n* showpiece; **~tafel** *f* signboard, *Am. a.* billboard; **~trick** *m* advertising stunt; **~zeichner(in** *f*) *m* advertising designer; **~zettel** *m* handbill, throwaway.

reklamier|en [rekla'mi:rən] **I.** *v/t.* (*h.*) (re)claim; **II.** *v/i.* (*h.*) complain (*wegen* about); protest (*gegen* against), object (to); **ℒte(r)** *mil. m* (-[e]*n*; -[e]*n*) indispensable person.

rekognoszier|en [rekɔgnos'tsi:rən] *v/t.* (*h.*) reconnoitre; **ℒung** *f* (-; -*en*) reconnoitring, reconnaissance.

rekonstruieren [rekɔnstru'i:rən] *v/t.* (*h.*) reconstruct; *jur. a.* re-enact (*a crime*).

Rekonstruktion [-struktsi'o:n] *f* (-; -*en*) reconstruction; *jur. a.* re-enactment (*of a crime*).

Rekonvaleszen|t(in *f*) [rekɔnvalɛs'tsɛnt] *m* (-*en*, -*en*; -, -*nen*) convalescent; **~z** *f* (-) convalescence.

Rekord [re'kɔrt] *m* (-[e]*s*; -e) record; *w.s. Am. a.* all-time high; *e-n* ~ *aufstellen* establish (*or* set up) a record; *e-n* ~ *brechen* break (*or* beat, smash) a record; *e-n* ~ *einstellen* equal *or* tie a record; *e-n* ~ *halten* hold a record; *e-n* ~ *verbessern* improve (*or* better) a record; *auf* ~ *laufen* attack a record; **~besuch** *m* record attendance; **~brecher** *m* record breaker *or* smasher; **~ernte** *f* bumper crop; **~halter** *m*, **~inhaber(in** *f*) *m* record holder; **~lauf** *m* record run; **~ler(in** *f*) *m* (-*s*,-; -, -*nen*) record holder; **~versuch** *m* attempt on a record; **~zeit** *f* record time.

Rekrut [re'kru:t] *mil. m* (-*en*; -*en*) recruit; **~en-ausbildung** *f* initial (*Am.* basic) training.

rekrutier|en [rekru'ti:rən] *v/t.* (*h.*) recruit; *fig. sich* ~ *von* be recruited from; **ℒung** *f* (-; -*en*) recruitment; **ℒungsstelle** *f* recruiting centre, *Am.* draft board.

Rekta|indossament ['rɛkta'ʔindɔsament] *econ. n* (-*s*; -e) restrictive endorsement *or* indorsement; **~klausel** *f* restrictive clause.

Rektalnarkose [rɛk'tɑ:l-] *f* rectal narcosis.

'**Rekta...:** **~papiere** *econ. n/pl.* not negotiable instruments; registered securities; **~wechsel** *m* not negotiable bill of exchange.

Rektifikations|apparat [rɛktifikatsi'o:ns-] *chem. m* rectifier; **~kolonne** *f* rectifying column.

rektifi'zieren *v/t.* (*h.*) rectify.

Rektion [rɛktsi'o:n] *gr. f* (-; -*en*) regimen, government.

Rektor ['rɛktɔr] *m* (-*s*; -'*toren*) headmaster, *Am.* principal; *univ.* rector, vice-chancellor, *Am.* president; **Rektorat** [rɛkto'rɑ:t] *n* (-[e]*s*; -e) headmastership; *univ.* rectorship; office of headmaster, *etc.*

Rekurs [re'kurs] *m* (-*es*; -e) appeal; → *Berufung, Regreß.*

Relais [rə'lɛ:] *el. n* (-; -) relay; **~sender** *m* relay transmitter; repeater station; **~steuerung** *f* relay control; **~wähler** *m* relay selector.

relativ [rela'ti:f] *adj.* relative; *adv. a.* comparatively.

Rela'tiv *n* (-*s*; -e), **~pronomen, ~um** *gr. n* (-*s*; -*tiva*) relative pronoun.

Relativis|mus [relati'vismus] *phls. m* (-) relativism; **ℒtisch** *adj.* relativistic (*a. phys.*).

Relativi'tät *f* (-; -*en*) relativity; **~s-theorie** *phys. f* (-) theory of relativity.

Rela'tivsatz *gr. m* relative clause.

Relegation [relegatsi'o:n] *f* (-; -*en*) expulsion *from a school*; *univ. temporary*: rustication.

rele'gieren *v/t.* (*h.*) expel, send down *from a school*; *univ. temporarily*: rusticate.

Relief [reli'ɛf] *n* (-*s*; -*s*) relief; **~druck** *typ. m* (-[e]*s*; -e) (printing in) relievo; **~karte** *f* relief map; **~schrift** *f* embossed writing.

Religion [religi'o:n] *f* (-; -*en*) religion; confession, creed; faith.

Religi'ons...: **~eifer** *m* religious zeal; **~freiheit** *f* (-) religious liberty; **~gemeinschaft** *f* religious community; **~geschichte** *f* (-) history of religion; **~gesellschaft** *f* religious society; **~lehre** *f* (-) religious instruction; *eccl.* doctrine; **ℒlos** *adj.* irreligious; **~losigkeit** *f* (-) irreligion; **~streit** *m* religious controversy; **~stunde** *f* scripture (lesson); **~wissenschaft** *f* (-) divinity, theology.

religiös [religi'ø:s] *adj.* religious; pious, devout; **~er** *Eiferer* fanatic; **~er** *Wahnsinn* religious mania.

Religiosität [religiozi'tɛ:t] *f* (-) religiousness; piety.

Reling ['re:liŋ] *mar. f* (-; -*s*) rail.

Reliquie [re'li:kviə] *f* (-; -*n*) relic; **~nschrein** *m* reliquary.

Remanenz [rema'nɛnts] *metall., el. f* (-) remanence; **~spannung** *el. f* residual voltage.

Rembours [rɑ̃'bu:r] *econ. m* (-; -) remittance; acceptance credit.

remilitarisier|en [remilitari'zi:rən] *v/t.* (*h.*) remilitarize, rearm; **ℒung** *f* (-) remilitarization.

Reminiszenz [reminis'tsɛnts] *f* (-; -*en*) reminiscence.

Remis [rə'mi:] *n* (-; -) *chess*: drawn game, *a.* draw.

Remise [re'mi:zə] *f* (-; -*n*) coach-house.

Remittenden [remi'tɛndən] *pl.* return-books, returns.

Remittent [remi'tɛnt] *econ. m* (-*en*; -*en*) payee.

remit'tieren *econ. v/t.* (*h.*) return, send back (*goods*); remit (*money*).

Remonte [re'mɔntə] *mil. f* (-; -*n*) remount.

Remontoir-uhr [remɔ̃'toɑ:r-] *f* keyless watch.

Remouladensoße [remu'lɑ:dən-] *f* remoulade sauce, salad cream.

rempeln ['rɛmpəln] *v/t.* (*h.*) jostle, bump (into), barge into.

Ren [re:n] *zo. n* (-*s*; -e) reindeer.

Renaissance [rənɛ'sɑ̃:s] *f* (-; -*n*) renaissance, revival; *hist.* Renaissance.

renal [re'nɑ:l] *anat. adj.* renal.

Rendement [rɑ̃də'mɑ̃:] *econ. n* (-*s*; -*s*) yield.

Rendezvous [rɑ̃de'vu:] *n* (-; -) rendezvous (*a. aer., mil., mar.*), tryst, date; appointment; *ein* ~ *verabreden* (*mit*) arrange a rendezvous (with), make an appointment *or* date (with), date *a girl*; *ein* ~ *haben mit* (*dat.*) have an appointment (*or* date) with.

Rendite [rɛn'di:tə] *econ. f* (-; -*n*) yield.

Renegat(in *f*) [rene'gɑ:t] *m* (-*en*, -*en*; -; -*nen*) renegate.

Renette [re'nɛtə] *bot. f* (-; -*n*) rennet.

reniten|t [reni'tɛnt] *adj.* refractory; **ℒz** *f* (-) refractoriness.

Renkontre [rɑ̃'kɔ̃tr] *n* (-*s*; -*s*) encounter.

Renn|arbeit ['rɛn-] *metall. f* direct-process (*of iron extraction*); **~bahn** *f* race-course, *Am.* race track; turf; *mot.* speedway; (cinder-)track; **~boot** *n* racing-boat, racer, speed-boat; **~einer** *m* single, skiff.

'**rennen I.** *v/i.* (*irr., sn*) run; (make a) race; race, dash, rush, tear; ~ *gegen* (*acc.*) dash against, bump against (*or* into *a p.*); crash into, collide with; *in e-n Schlag* ~ run into a blow; *mit dem Kopf gegen die Wand* ~ run one's head against the wall; *in sein Verderben* ~ rush headlong into destruction; **II.** *v/t.* (*irr., h.*): *zu Boden* ~ run down, overturn; *sich außer Atem* ~ run o.s. out of breath; *j-m s-n Degen durch den Leib* ~ run one's sword through a p.'s body; *metall.* extract, smelt (*iron*).

'**Rennen** *n* (-*s*; -) run(ning); race; heat; *totes* ~ dead heat; ~ *laufen*, ~ *fahren* race; *aus dem* ~ *fallen* be out of the running; *das* ~ *machen* win the race, come in first, *fig.* make the running; *das* ~ *aufgeben* give up the race (*a. fig.*).

'**Renn...:** **~fahrer** *m mot.* racing driver, racer; racing cyclist; ski racer; **~flugzeug** *n* racing plane; **~formel** *f* racing formula; **~jacht** *f* racing yacht; **~mannschaft** *f* race-crew; **~maschine** *f* racing machine, racer; **~pferd** *n* race-horse, racer; **~platz** *m* race-course, *the* turf; **~platzbesucher** *m* race-goer; **~rad** *n* racer; **~saison** *f* racing season; **~schi** *m* race ski;

~schuhe *m/pl.* spiked shoes; **~sport** *m* (-[e]s) racing; *the* turf; **~stahl** *metall.* *m* direct-process steel; **~stall** *m* stable (for race-horses); *mot.* équipe (*Fr.*); **~strecke** *f* course, *Am.* race-track, speedway; distance (to be run); **~tier** *n* → *Ren*; **~wagen** *m* racing-car, racer.

Renomm|ee [renɔ'me:] *n* (-*s*; -*s*) reputation; fame, renown; *er hat ein gutes* ~ he has a good name; **2ieren** *v/i.* (*h.*) brag, boast (*mit* of), show off (with); **2iert** *adj.* famous, noted (*wegen* for); **~ist(in** *f*) *m* (-*en*, -*en*; -, -*nen*) boaster, braggart, show-off.

renovier|en [reno'vi:rən] *v/t.* (*h.*) renovate, repair, do up; redecorate; **2ung** *f* (-; -*en*) renovation; redecoration.

rentabel [rɛn'tɑ:bəl] *adj.* profitable, paying, productive, remunerative, lucrative; ~ *machen* make *a th.* pay.

Rentabilität [rɛntabili'tɛ:t] *f* (-) profitability, productiveness; **~sgrenze** *f* break-even point; **~srechnung** *f* calculation of profit.

Rent·amt ['rɛnt-] *n* revenue-office.

Rente ['rɛntə] *f* (-; -*n*) income, revenue; (old-age *or* retirement) pension; social insurance pension; annuity; *lebenslängliche* ~ life annuity; war pension; rent; interest; ~*n pl.* government stocks (*Am.* bonds).

'Renten...: **~anleihe** *f* perpetual government loan; perpetual bonds *pl.*; **~bank** *f* (-; -*en*) annuity bank; **~brief** *m* annuity bond; **~empfänger(in** *f*) *m* → *Rentner*; **~markt** *m* (-[e]s) bond market; **~papiere** *n/pl.* fixed interest bearing bonds; **~versicherung** *f* annuity insurance, pension insurance fund; **~versicherungsanstalt** *f* annuity (insurance) office; **~zahlung** *f* social security payment.

Rentier [rɛn'tje:] *m* (-*s*; -*s*) man of private means.

rentieren [rɛn'ti:rən]: *sich* ~ (*h.*) pay (its way), be profitable, yield a profit; *das rentiert sich nicht* it doesn't pay, it isn't worth while.

Rentner(in *f*) ['rɛntnər] *m* (-*s*, -; -, -*nen*) pensioner, recipient of a pension; annuitant; person of private means.

re-organisier|en [re'ʔɔrgani'zi:rən] *v/t.* (*h.*) reorganize; **2ung** *f* (-) reorganization.

Reparation [reparatsi'o:n] *f* (-; -*en*) reparation; ~*en leisten* make reparations; **~sforderung** *f* reparation claim; **~szahlung** *f* reparation payment.

Reparatur [repara'tu:r] *f* (-; -*en*) repair(s *pl.*); overhaul, recondition(ing); *in* ~ under repair; *in* ~ *geben* have *a th.* repaired; **2bedürftig** *adj.* in need of repair, out of repair; defective; **2fähig** *adj.* repairable; **~kasten** *m* repair kit, tool box; **~kosten** *pl.* (cost of) repairs; **~werkstatt** *f* repair-shop, *mot. a.* service station.

repa'rieren *v/t.* (*h.*) repair, mend, *Am. a.* fix.

repatriier|en [repatri'ʔi:rən] *v/t.* (*h.*) repatriate; **2te(r** *m*) *f* (-*n*, -*n*; -*en*, -*en*) repatriate; **2ung** *f* (-; -*en*) repatriation.

Repertoire [repɛrto'ɑ:r] *thea.* *n* (-*s*; -*s*) repertoire, repertoty; **~stück** *n* stock play; **~theater** *n* repertory theat|re, *Am.* -er.

repetier|en [repe'ti:rən] *v/t.* (*h.*) repeat; **2gewehr** *n* magazine rifle, repeater; **2uhr** *f* repeater.

Repetitor [repe'ti:to:r] *univ.* *m* (-*s*; -'*toren*) coach.

Replik [re'pli:k] *jur.* *f* (-; -*en*) reply.

Report [re'pɔrt] *econ.* *m* (-[e]s; -e) contango, continuation(-business).

Reportage [repɔr'tɑ:ʒə] *f* (-; -*n*) reporting, (running) commentary, *Am. a.* coverage; on-the-spot account; eye-witness account; → *Berichterstattung*.

Re'porter(in *f*) *m* (-*s*, -; -, -*nen*) reporter.

Repräsentant [reprɛzɛn'tant] *m* (-*en*; -*en*) *m*, **~in** *f* (-; -*nen*) representative; exponent; **~enhaus** *Am. parl.* *n* House of Representatives.

Repräsentation [-tatsi'o:n] *f* (-; -*en*) representation; **2sfähig** *adj.* (re)presentable; **~sfigur** *f* figure-head; **~skosten** *pl.* cost *sg.* of representation.

repräsentativ [-ta'ti:f] *adj.* representative (*für* of); imposing, stately; *zu* ~*en Zwecken* for purposes of display.

repräsen'tieren **I.** *v/t.* (*h.*) represent; **II.** *v/i.* (*h.*) represent; cut a fine figure, make a show.

Repressalie [reprɛ'sɑ:liə] *f* (-; -*n*) reprisal; retaliation; ~*n ergreifen gegen* (*acc.*) make reprisals on, retaliate on.

Reprise [re'pri:zə] *f* (-; -*n*) *mus.* repeat; *thea.* repeat performance; *film:* re-issue.

Reproduktion [reproduktsi'o:n] *f* (-; -*en*) reproduction; **~skamera** *phot.* *f* process (work) camera, copying camera.

reproduzier|bar [-'tsi:rbɑ:r] *adj.* reproducible; **~en** *v/t.* (*h.*) reproduce.

Reptil [rɛp'ti:l] *zo.* *n* (-*s*; -*ien*) reptile.

Republik [repu'bli:k] *f* (-; -*en*) republic.

Republikan|er(in *f*) [republi'kɑ:nər] *m* (-*s*, -; -, -*nen*), **2isch** *adj.* republican.

Repulsionsmotor [repulzi'o:ns-] *el.* *m* repulsion motor.

Requiem ['re:kviɛm] *n* (-*s*; -*s*) requiem.

requirieren [rekvi'ri:rən] *mil.* *v/t.* (*h.*) requisition, seize, commandeer.

Requisit [rekvi'zi:t] *n* (-[e]s; -*en*) requisite; *thea.* ~*en pl.* properties, props.

Requisition [rekvizitsi'o:n] *mil.* *f* (-; -*en*) requisition.

resch [rɛʃ] *adj.* crisp.

Reseda [re'ze:da] *bot.* *f* (-; -*s*) mignonette.

Reservat [rezɛr'vɑ:t] *n* (-[e]s; -e) reservation; *a.* → **~srecht** *n* prerogative.

Reserve [re'zɛrvə] *f* (-; -*n*) reserve, *mil.* reserves *pl.*; reserve capacity; *econ. stille* ~*n pl.* hidden reserves; *auf die* ~*n zurückgreifen* fall back on one's reserves; *fig.* et. *in* ~ *haben* have a th. in reserve (*or* up one's sleeve); **~anlage** *tech.* *f* stand-by plant; **~batterie** *el. f* spare battery; **~fonds** *econ.* *m* reserve-fund; **~kapital** *n* revenue (*or* guaranteed) fund; **~offizier** *mil.* *m* reserve officer; ~ *sein a.* hold a commission as a *lieutenant, etc.*; **~offiziersanwärter** *m* reserve officer applicant; **~rad** *n* spare wheel; **~tank** *m* reserve tank; **~teile** *n/pl.* spare parts, spares; **~truppen** *f/pl.* reserves; replacements.

reser'vier|en *v/t.* (*h.*) reserve; book (in advance); secure; → *vorbehalten*; **~t** *adj.* reserved; *fig.* reserved, exclusive, aloof; **2ung** *f* (-; -*en*) reservation.

Reser'vist *mil.* *m* (-*en*; -*en*) reservist.

Reservoir [rezɛrvo'ɑ:r] *n* (-*s*; -e) reservoir, tank; *fig.* resources *pl.*

Residenz [rezi'dɛnts] *f* (-; -*en*) residence; *a.* → **~stadt** *f* capital, seat of a court.

resi'dieren *v/i.* (*h.*) reside.

Residuum [re'zi:duum] *chem.* *n* (-*s*; -*duen*) residue.

Resignation [rezignatsi'o:n] *f* (-; -*en*) resignation.

resi'gnieren *v/i.* (*h.*) resign.

resolut [rezo'lu:t] *adj.* resolute, determined.

Resolution [rezolutsi'o:n] *f* (-; -*en*) resolution; → *Beschluß*.

Resonanz [rezo'nants] *f* (-; -*en*) resonance, echo (*both a. fig.*); **~boden** *m* sounding-board; **~feld** *n* resonant field; **~frequenz** *f* resonance frequency.

resorbieren [rezɔr'bi:rən] *v/t.* (*h.*) reabsorb, resorb.

Resorption [rezɔrptsi'o:n] *f* (-; -*en*) reabsorption.

Respekt [re'spɛkt] *m* (-[e]s) respect, awe; regard; ~ *haben vor* (*dat.*) have respect for, stand in awe of; *j-m* ~ *einflößen* (inspire with) awe; *sich* ~ *verschaffen* make o.s. respected; *mit* ~ *zu sagen* if I may say so; with all due respect.

respektabel [-'tɑ:bəl] *adj.* respectable; *colloq.* big.

respek'tieren *v/t.* (*h.*) respect (*a p., the law, etc.*); have respect for (*a p.*).

Re'spekt...: **2los** *adj.* irreverent, without respect; **~losigkeit** *f* (-; -*en*) irreverence; **~s-person** *f* person held in (*or* commanding) respect; *w.s.* notability; **~tage** *econ.* *m/pl.* days of grace; **2voll** *adj.* respectful; **2widrig** *adj.* disrespectful.

Ressentiment [rɛsɑ̃:ti'mɑ̃:] *n* (-*s*; -*s*) resentment.

Ressort [rɛ'so:r] *n* (-*s*; -*s*) department; purview; responsibility; *das fällt nicht in mein* ~ that is not in my province; **2mäßig** *adj.* departmental.

Rest [rɛst] *m* (-es; -e) rest, remainder; *chem., jur.* residue; balance; *esp. econ.* (*usu. pl.* ~er) remnants; dregs *pl.*; vestige; *sterbliche* ~*e pl.* (mortal) remains; leftover (*from meal*); surplus, balance; *fig. das gab ihm den* ~ that finished him (off), that did it for him.

Restant [rɛs'tant] *m* (-*en*; -*en*)

1. defaulter; **2.** *usu. pl.* ~*en bookkeeping*: suspense items; bonds drawn (for redemption) but not yet presented.

'Restauflage *f* remainder.

Restaurant [rɛsto'raŋ] *n* (-*s*; -*s*) restaurant; → *Gasthaus*.

Restaurateur [rɛstora'tø:r] *m* (-*s*; -*e*) restaurant-keeper.

Restauration 1. [rɛstoratsi'o:n] *f* (-; -*en*) restaurant, refreshment-room; **2.** [rɛstauratsi'o:n] *f* (-; -*en*) restoration.

restaurieren [rɛstau'ri:rən] *v/t.* (*h.*) restore; *sich* ~ take some refreshment.

'Rest...: ~**bestand,** ~**betrag** *m* remainder, balance; ~**er** *m/pl.* odds and ends; *econ.* remnants (*of cloth*); ~**forderung** *f* residual claim.

restituieren [restitu'i:rən] *v/t.* (*h.*) restore.

Restitution [-tsi'o:n] *f* (-; -*en*) restitution; ~**sklage** *f* action for restitution.

'Rest...: ~**kaufgeld** *n* balance of purchase-price; ~**lager** *n* stock of remnants; ②**lich** *adj.* remaining, left over, *a. chem.* residual; *der* ~*e Betrag* the balance; *jur.* ~*er Nachlaß* residue; ②**los I.** *adj.* complete, total, radical; **II.** *adv.* completely, *etc.*; entirely, thoroughly, altogether; ~ *glücklich* perfectly happy; *colloq.* ~ *erledigt* all in; ~**summe** *f* balance, remainder; ~**zahlung** *f* payment of balance; final payment.

Resultat [rezul'ta:t] *n* (-[*e*]*s*; -*e*) result, outcome; effect; *sports*: score; ②**los** *adj.* without result, fruitless.

resul'tieren *v/i.* (*h.*) result (*aus* from); ~**d** *adj.* resulting, resultant.

Resümee [rezy'me:] *n* (-*s*; -*s*) summary, resumé; **resü'mieren** *v/t.* *and v/i.* (*h.*) sum up; recapitulate.

retardieren [retar'di:rən] *v/t.* (*h.*) retard, check.

Retentionsrecht [retɛntsi'o:ns-] *jur. n* right of retention, lien.

retirieren [reti'ri:rən] *v/i. and sich* ~ (*h.*) (make a) retreat, retire.

Retorte [re'tɔrtə] *f* (-; -*n*) retort.

Retourkutsche [re'tu:r-] *fig. f* (cheap) return in kind.

rett|en ['rɛtən] *v/t.* (*h.*) save, rescue (*aus, vor dat.* from); rescue, deliver, (set) free; recover, retrieve, *mar.* salvage; *s-e Ehre* ~ vindicate one's hono(u)r; *j-m das Leben* ~ save a p.'s life; *sich* ~ save o.s.; escape; *sich vor Arbeit nicht mehr* ~ *können* be swamped with work; *rette sich, wer kann!* every man for himself!; → *Engel*; ②**er**(**in** *f*) *m* (-*s*, -; -, -*nen*) rescuer, deliverer; *eccl.* Savio(u)r.

Rettich ['rɛtiç] *m* (-*s*; -*e*) radish.

'Rettung *f* (-; -*en*) rescue; deliverance; escape; *mar.* salvage; recovery (*of goods, etc.*); *eccl.* salvation; help, succo(u)r; *das war seine* ~ that saved him; *er ist meine einzige* ~ he is my only resource; *es gab keine* ~ *für ihn* he was lost (*or* past help).

'Rettungs...: ~**anker** *m* sheet-anchor (*a. fig.*); ~**arbeiten** *f/pl.* rescue operation(s *pl.*); ~**boje** *f* life-buoy; ~**boot** *n* life-boat; ~**dienst** *m* life-saving service; ~**floß** *n* life-raft; ~**gerät**(*e pl.*) *n* life-saving equipment; ~**gürtel** *m* life-belt; ~**leine** *f* life-line; ②**los** *adj.* (*and adv.*: ~ *verloren*) irrecoverable, irretrievably lost, past help (*or* hope), beyond recovery; ~**mannschaft** *f* rescue party; ~**medaille** *f* life-saving medal; ~**ring** *m* life-belt, life-preserver; ~**schiff** *n* rescue ship; ~**schwimmen** *n* life-saving swimming; ~**station** *f* life-saving station; ~**trupp** *m* rescue party; ~**versuch** *m* attempted rescue; ~**werk** *n* rescue work.

retuschieren [retu'ʃi:rən] *v/t.* (*h.*) retouch, touch up.

Reue ['rɔʏə] *f* (-) repentance (*über acc.* of), remorse (at); compunction; contrition; regret (at); penitence; *jur. tätige* ~ voluntarily averting the effect of one's own wrongful act; ~**gefühl** *n* remorse; ②**los** *adj.* impenitent, remorseless; ②**n** *v/t.* (*impers., h.*): *es reut mich* I am sorry about it, I regret it; → *bereuen*; ②**voll** *adj.* → *reuig*.

'Reu...: ~**geld** *n* forfeit, smart-money; *stock exchange*: option-money; ②**ig,** ②**mütig** ['-my:tiç] *adj.* repentant, penitent; remorseful, contrite.

Reuse ['rɔʏzə] *f* (-; -*n*) weir-basket, eel-buck; ~**nantenne** *f radio*: prism aerial.

Revanche [re'vaŋʃə] *f* (-; -*n*) revenge; ~**kampf** *m,* ~**spiel** *n* return-match.

revan'chieren: *sich* ~ (*h.*) take (*or* have) one's revenge (*an dat.* [up]on); get one's own back; *für e-n Dienst, etc.*: return a service, *etc.*; reciprocate.

Reverenz [reve'rɛnts] *f* (-; -*en*) reverence; obeisance.

Revers [re'vɛrs] *m* (-*es*; -) reverse (*of coin*); lapel, revers (*Fr.*); (*pl.* -*e*) declaration; *econ.* (reciprocal) bond; *insurance*: counterindemnity.

revidieren [revi'di:rən] *v/t.* (*h.*) revise; (re-)examine, check; *econ.* audit; review; *fig. s-e Meinung* ~ revise one's opinion *or* form a fresh view (*über acc.* of).

Revier [re'vi:r] *n* (-*s*; -*e*) district, quarter; (police) precinct, beat; round (*of postman*); → *Jagd*②; *mil.* dispensary, → *Revierstube*; ~**dienst** *mil. m* light duty; ~**förster** *m* quarter-ranger; ~**stube** *f* sick-room.

Revision [revi'zjo:n] *f* (-; -*en*) revision (*a. typ.*); *econ.* audit; *jur.* **a)** appeal (on a question of law), **b)** rehearing, **c)** writ of error; ~ *einlegen* lodge an appeal on a question of law; ~**sbeklagte**(**r** *m*) *f* respondent; ~**sbogen** *typ. m* revise.

Revisor [re'vi:zɔr] *m* (-*s*; -'*soren*) reviser; *econ.* auditor, (chartered) accountant, *Am.* (certified) public accountant.

Revolte [re'vɔltə] *f* (-; -*n*) revolt; **revol'tieren** *v/i.* (*h.*) revolt, rise (in revolt).

Revolution [revolutsi'o:n] *f* (-; -*en*) revolution; **revolutionär** [-tsio-'nɛ:r] *adj.*, ②(**in** *f*) *m* (-*s*, -*e*; -, -*nen*) revolutionary; **revolutio'nieren** *v/t.* (*h.*) revolutionize; ~*d* revolutionary.

Revoluzzer [revo'lutsər] *contp. m* (-*s*; -) revolutionary.

Revolver [re'vɔlvər] *m* (-*s*; -) revolver, gun; ~**blatt** *n* rag, scandal-sheet; ~**drehbank** *tech. f* turret (*or* capstan) lathe; ~**held** *m* (trigger-happy) gunman; ~**kopf**(**schlitten**) *tech. m* turret slide.

revozieren [revo'tsi:rən] *v/t.* (*h.*) recall, revoke; retract (one's words *v/i.*).

Revue [rə'vy:] *f* (-; -*n*) review; *thea.* revue, musical show; ~ *passieren lassen* pass in review; ~**film** *m* revue (*or* musical) film.

Rezen|sent [retsɛn'zɛnt] *m* (-*en*; -*en*) reviewer, critic; ②'**sieren** *v/t.* (*h.*) review; ~**sion** [-'zjo:n] *f* (-; -*en*) review; ~**si'onsexemplar** *n* reviewer's copy.

Rezept [re'tsɛpt] *n* (-[*e*]*s*; -*e*) *med.* prescription; *cul.* recipe (*a. fig.*); formula; **rezep'tieren** *v/t. and v/i.* (*h.*) prescribe.

reziprok [retsi'pro:k] *adj.* reciprocal; ②**wert** *m* reciprocal value.

Rezitativ [retsita'ti:f] *mus. n* (-*s*; -*e*) recitative.

rezi'tieren *v/t.* (*h.*) recite.

R-Gespräch ['ɛr-] *teleph. n* collect-call.

Rhabarber [ra'barbər] *m* (-*s*) rhubarb.

Rhapsodie [rapso'di:] *f* (-; -*n*) rhapsody.

Rhein [raɪn] *m* (-[*e*]*s*) Rhine; '~**franken** *n* Rhenish Franconia; '②**fränkisch** *adj.* Rheno-Franconian; '②**isch,** ②**ländisch** ['-lɛndiʃ] *adj.* Rhenish, of the Rhineland; ~**länder** ['-lɛndər] *m* (-*s*; -) Rhinelander; '~**pfalz** *f the* Palatinate; '~**wein** *m* Rhine wine, hock.

Rheostat [reo'sta:t] *el. n* (-[*e*]*s*; -*e*) rheostat.

Rhetorik [re'to:rik] *f* (-) rhetoric; ~**er** *m* (-*s*; -) rhetorician; **rhe'torisch** *adj.* rhetorical.

Rheuma ['rɔʏma] *n* (-*s*) → *Rheumatismus*; **Rheu'matiker**(**in** *f*) *m* (-*s*, -; -, -*nen*) rheumatic (person); **rheu'matisch** *adj.* rheumatic(ally *adv.*); **Rheuma'tismus** *m* (-; -*men*) rheumatism.

Rhinozeros [ri'no:tsərɔs] *zo. n* (-; -*se*) rhinoceros.

rhombisch ['rɔmbiʃ] *adj.* rhombic.

Rhomboid [rɔmbo'i:t] *math. n* (-[*e*]*s*; -*e*) rhomboid.

Rhombus ['rɔmbus] *m* (-; -*ben*) rhomb(us).

Rhönrad ['rø:n-] *gym. n* gyro-wheel, medicine wheel.

rhythmisch ['rytmiʃ] *adj.* rhythmic(al); ~*e Übungen* rhythmics.

'Rhythmus *m* (-; -*men*) rhythm; *fig. a.* cycle.

Richt|antenne ['riçt-] *f* directional aerial (*Am.* antenna); ~**aufsatz** *mil. m* gun-sight; ~**bake** *f* radio direction beacon; ~**beil** *n* executioner's axe; ~**blei** *n* plummet, plumb-line; ~**block** *m* (-[*e*]*s*; ⸚*e*) executioner's block.

'richten *v/t.* (*h.*) set right, arrange, adjust, *Am. a.* fix; make (*bed*); put in order, tidy (*room*); trim (*sails*); set (*watch*); prepare; repair, *Am. a.* fix; align; dress (*a. mil.*); straighten (*a. metall.*); direct (*gegen* at), turn (on); *jur. and fig.* judge (*a. v/i.* = sit in judgment), pass *or* pronounce sentence on, sentence *or* try *a p.*; (*a. fig.*) condemn; execute; → *zugrunde richten*; ~ *auf* (*acc.*) level (*or* point, aim) *gun, telescope* at, train *cannon* on; fix *one's eyes* on; direct *one's attention, efforts* to, concentrate (*or* focus) on; ~ *an* (*acc.*) address (*sich* o.s.) to; put *a question* to; *in die Höhe* ~ raise, lift up; *sich* ~ *nach* (*dat.*) **a)** conform to, act according to *or* in harmony with, **b)** depend on, be conditional on, **c)** be determined by, be governed by *a law, etc.*, **d)** take one's bearings from, *gr.* agree with; ~ *gegen* (*acc.*) level *charges, criticism* at; *die Ansprache richtete sich gegen* the speech was level(l)ed at; *ich richte mich nach Ihnen* I leave it to you; anything you say; *das war an dich gerichtet* that was meant for you; *mil. Richt euch!* right dress!, *Am.* dress right, dress!

ˈ**Richter** *m* (-s; -), **~in** *f* (-; -nen) judge (*über acc.* of); *hoher* ~ *a.* justice; magistrate; *Herr* ~! Your Lordship!, *Am.* Your Honor!; *zum* ~ *ernannt werden* be called to the Bench; *vor den* ~ *bringen* bring to justice; **~amt** *n* judgeship; judicial office; → *Befähigung*; **~kollegium** *n* body of judges, *the* Bench; **2lich** *adj.* judicial; judiciary; *~e Entscheidung* judicial decision (*or* finding, ruling); *~e Gewalt ausüben* exercise judicial powers; **~spruch** *m in civil cases*: judg(e)ment, (judicial) decision; *in criminal cases*: sentence; **~stand** *m* (-[e]s) judicature, *the* judges *pl.*, *the* Bench, *esp. Am.* judiciary; **~stuhl** *m* (-[e]s) judge's seat, tribunal.

ˈ**Richt...**: **~fernrohr** *n* telescopic sight; tracking telescope; **~fest** *n* treat given to builders (*after setting up the roof of a house*); **~funk** *m* radio relay (system); **~funkbake** *f* directional radio beacon.

ˈ**richtig I.** *adj.* right, correct; accurate, exact; due, proper; suitable; adequate, appropriate; just, fair; *~e Abschrift* true copy; *~e Adresse* (*Zeit*) proper address (time); *~e Entfernung* just distance; genuine, real; faithful (*reproduction*); true; *~er Engländer* true-born Englishman; *~er Londoner* regular cockney; *~er Verbrecher* nothing short of a (*or* an out-and-out) criminal; *~er Kerl* regular fellow; *colloq. mit der Sache ist et. nicht* ~ there is something queer (*or* fishy) about it; *colloq. er ist nicht ganz* ~ (*im Kopfe*) he isn't quite right in his head; *int.* ~! right (you are)!, quite (so)!, exactly!; *und* ~, *da kam er auch schon herein!* and sure enough, he came right in!; → *recht*; **II.** *adv.* right(ly), *etc.*; the right way; duly, properly; thoroughly, soundly; ~ *verlegen* all embarrassed; ~ *gehen watch*: go right, keep good time; ~ *rechnen* calculate correctly; *für* ~ *halten* think (*or* see) fit; *~er gesagt* rather; **III.** *substantivally*: *er ist der ~e* he is the right man; *colloq. du bist mir der ~e!* a nice fellow you are!; *das ~e treffen* hit upon the right thing; *das ist das ~e!* that's the real thing, that's the stuff (*or* the real McCoy)!; *das ist nicht ganz das ~e* that's not quite the ticket; *das ist das ~e für dich* this is your mark; **2befund** *m* verification; *econ. nach* ~ if found correct; **~gehend** *adj. watch*: keeping good time; *colloq. fig.* regular, real, *Am. a.* honest-to-goodness; **2keit** *f* (-) rightness, correctness; exactness, accuracy; justness, fairness; soundness; *die* ~ *e-r Sache nachweisen* verify a th.; *damit hat es s-e* ~ it is quite true, that's a fact; **~stellen** *v/t.* (*h.*) put (*or* set) right; rectify; correct; **2stellung** *f* rectification.

ˈ**Richt...**: **~kanonier** *mil. m* gun pointer, (gun) layer, (gun) trainer; **~kreis** *mil. m* aiming circle; **~linien** *f/pl.* guiding rules *or* principles, (general) directions, instructions; **~maß** *n* standard, ga(u)ge; **~platz** *m* place of execution; **~preis** *m* standard (*or* guiding) price; **~satz** *m* guiding (*or* standard) rate; **~scheit** *tech. n* level, rule(r), straight-edge; **~schnur** *f* (-; -en) plumb-line; *fig.* rule (of conduct), guiding principle; *zur* ~ *nehmen* be guided by, follow; **~schütze** *mil. m* (first) gunner; **~schwert** *n* executioner's sword; **~sendung** *f radio*: directional transmission; **~statt, ~stätte** *f* place of execution; **~strahlantenne** *f*, **~strahler** *m* beam aerial, directional aerial (*Am.* antenna); beam transmitter.

ˈ**Richtung** *f* (-; -en) direction; way, route; *mar.* bearing, tack, *fig.* course, line, drift; trend, tendency; orientation, (*political, extreme, etc.*) views *pl.*; policy; *neue(re)* ~ new school, modern method *or* lines *pl.* (of thought); *mil.* alignment, dressing; *in* ~ *auf* in the direction of; *in dieser* ~ this way, (*a. fig.*) in this direction; *in gerader* ~ in a straight line, straight on (*or* ahead); *nach allen ~en* in all directions; *in derselben* ~ *weitergehen* pursue the same course.

ˈ**Richtungs...**: **~änderung** *f* change in direction; **~anzeige** *f* (-) indication of direction; **~anzeiger** *mot. m* direction-indicator, trafficator; **~empfang** *m* (-[e]s) *radio*: directional reception; **~körper** *physiol. m* polar globule; **~pfeil** *m* directional marker, arrow; **~sucher** *m radio*: direction-finder.

ˈ**richtungsweisend** *adj.* directive, leading; guiding; showing the way.

ˈ**Richt...**: **~waage** *tech. f* level; **~wert** *m* approximate (*or* standard) value; **~zahl** *f* coefficient.

Ricke [ˈrikə] *hunt. f* (-; -n) doe.

rieb [ri:p] *pret. of reiben.*

riechen [ˈri:çən] **I.** *v/i.* (*irr., h.*) smell (*nach* of [*a. fig.*]; *an dat.* at); *gut* ~ smell good, have a pleasant smell; *übel* ~ (have an unpleasant) smell; *zu* ~ *beginnen food*: get high; **II.** *v/t.* (*irr., h.*) smell; sniff; scent; *fig.* → *Braten, Lunte*; *colloq. ich kann ihn nicht* ~ I can't stand him; *colloq. das konnte ich doch nicht* ~! how was I to know?; **~d** *adj.* smelling, odorous, redolent; → *duftend.*

ˈ**Riecher** *colloq. m* (-s; -) nose; *e-n guten* ~ *haben für* have a good nose for.

ˈ**Riech...**: **~fläschchen** *n* smelling-bottle; **~kissen** *n* scent-bag; **~nerv** *anat. m* olfactory nerve; **~salz** *n* smelling-salts *pl.*; **~werkzeug** *anat. n* olfactory organ; nose.

Ried [ri:t] *n* (-[e]s; -e) reed; marsh(land).

rief [ri:f] *pret. of rufen.*

Riege [ˈri:gə] *gym. f* (-; -n) section, squad.

Riegel [ˈri:gəl] *m* (-s; -) bar, bolt; key-bolt; (cross-)bar; *arch.* tie-beam; bar, cake (*of soap*); (*chocolate*) bar, *Am.* strip; (*clothes*) rack; *tailoring*: false belt, latch; *den* ~ *vorschieben* shoot the bolt; *fig. e-r Sache e-n* ~ *vorschieben* put a stop to a th.; → *Schloß*; **2n** *v/t.* (*h.*) bar, bolt; **~stellung** *mil. f* switch line, blocking position.

Riemen [ˈri:mən] *m* (-s; -) strap; belt; (*rifle*) sling; *Schuh2* lace; (*razor*) strop; oar; *fig. den* ~ *enger schnallen* tighten one's belt; **~antrieb** *tech. m* belt-drive; **~scheibe** *f* (belt) pulley; sheave; **~zeug** *n* leather straps *pl.*; harness(ing).

Ries [ri:s] *n* (-es; -e) ~ *Papier* ream of paper.

Riese [ˈri:zə] **1.** *m* (-n; -n) giant; ogre; *w.s.* colossus, monster; **2.** *f* (-; -n) (timber-)slide.

Riesel|feld [ˈri:zəl-] *agr. n* irrigated field; **~gut** *n* sewage-farm; **2n** *v/i.* (*h.*) ripple, purl; trickle, *sweat, tears*: *a.* run, roll; *rain*: drizzle.

ˈ**Riesen...** *in compounds* gigantic ..., giant ..., mammoth ..., colossal ..., monstrous ..., oversize ...; **~arbeit** *f* gigantic (*or* Herculean) task; **~erfolg** *m* enormous success, *thea.* smash (hit); **~fehler** *m* colossal mistake; **~flugzeug** *n* giant plane; **2groß, 2haft** *adj.* → *riesig*; **~haftigkeit** *f* (-) gigantic size *or* proportions *pl.*; **~konzern** *m* mammoth concern; **~kraft** *f* gigantic (*or* Herculean) strength; **~rad** *n* Ferris wheel; **~schlange** *f* boa constrictor; python; **~schritt** *m* giant stride; *mit ~en* at a tremendous pace; **~slalom** *m* grand slalom; **~stärke** *f* (-) → *Riesenkraft*; **~wuchs** *med. m* (-es) gigantism.

ˈ**riesig** *adj.* gigantic(ally *adv.*), colossal, enormous, huge; *colloq.* (*usu. adv.*) *fig.* immense(ly), *colloq.* awful(ly), tremendous(ly); *das amüsierte ihn* ~ he was hugely amused.

ˈ**Riesin** *f* (-; -nen) giantess.

Riester [ˈri:stər] *tech. m* (-s; -) patch.

riet [ri:t] *pret. of raten.*

Riff [rif] *n* (-[e]s; -e) reef; sandbank.

rigolen [riˈgo:lən] *agr. v/t.* (*h.*) trench(-plough).

rigoros [rigoˈro:s] *adj.* rigorous, strict, rigid, drastic (*measures*); **2um** *univ. n* (-s; -sa) viva voce (examination).

Rille [ˈrilə] *f* (-; -n) groove; *tech. a.* flute, chamfer; *agr.* (small) furrow; drill; **2n** *v/t.* (*h.*) *tech.* groove, flute; *agr.* drill; **~npflug** *agr. m* drill plough (*Am.* plow).

Rimessa [riˈmɛsa] *fenc. f* (-; -en) remise.

Rimesse [riˈmɛsə] *econ. f* (-; -n) remittance; drawn bill of exchange.

Rind [rint] *n* (-[e]s; -*er*) neat; ox, bullock; cow; **~er** *pl.* (horned) cattle, bovine race; (*ten, etc.*) head of cattle.
Rinde ['rində] *f* (-; -*n*) *bot.* bark; (bread) crust; rind (*of cheese, fruit*); *anat.* cortex.
Rinder... ['rindər-]: **~braten** *m* roast beef; **~brust** *f* (-) *cul.* brisket of beef; **~herde** *f* herd of cattle; **~hirt** *m* cowherd, *Am.* cowboy; **~pest, ~seuche** *f* cattle-plague; **~tuberkulose** *f* bovine tuberculosis; **~zucht** *f* cattle breeding; **~zunge** *f* neat's tongue.
'**Rind...: ~fleisch** *n* beef; **~fleischbrühe** *f* beef-tea; **~skeule** *f* round of beef; **~(s)leder** *n* neat's leather, cow-hide; **2(s)ledern** *adj.* cow-hide; **~s-talg** *m* beef tallow; **~vieh** *n* (horned) cattle, neat; *colloq. fig.* blockhead, idiot, oaf.
Ring [riŋ] *m* (-[e]s; -e) ring (*a. chem., gym., boxing*); circle; (dark) ring(s *pl.*) *round the eyes*; *ast.* halo, *of Saturn*: ring; *orn.* ruff; *arch.* collar; hoop, loop; *tech.* washer; link; ferrule; arena; *fig.* circle, *b.s.* clique; *econ.* ring, pool, trust, *Am.* combine; *zu e-m ~ vereinigen* pool; *boxing*: *~ frei!* clear the ring!; '**~bahn** *f* circular railway; '**~buch** *n* ring binder.
Ringel ['riŋəl] *m* (-s; -), **~chen** *n* (-s; -) ringlet (*a.* = curl), circlet; **~blume** *f* marigold; **~haar** *n* curled hair; **~locke** *f* ringlet, (corkscrew) curl; **2n I.** *v/t.* (*h.*) ring; curl; **II.** *v/i. and sich ~* (*h.*) curl, coil; *sich ~* **a**) wind, meander, **b**) wriggle; **~natter** *f* ring-snake, *Br.* grass-snake; **~reihen** ['-raiən] *m* (-s; -), **~tanz** *m* round dance; **~taube** *f* ring-dove.
ringen ['riŋən] **I.** *v/t.* (*irr., h.*) twist; wring (*laundry*); *die Hände ~* wring one's hands; **II.** *v/i.* (*irr., h.*) wrestle (*mit* with); *fig. a.* struggle, grapple (with); *~ um* (*acc.*) strive (after, for), struggle *or* fight (for); *mit sich ~* wrestle with o.s. (*or* with one's decision); *mit e-m Problem* (*e-r Versuchung*) *~* wrestle with a problem (temptation); *mit dem Tode ~* be in the throes of death; *nach Atem ~* gasp for breath, be panting.
'**Ringen** *n* (-s; -) wrestling(-match); *fig.* (hard) struggle, wrestle.
'**Ringer** *m* (-s; -) wrestler.
'**Ring...: ~erfahrung** *f boxing*: ring routine; **~feder** *f* annular spring; **~finger** *m* ring-finger; **2förmig** ['-fœrmiç] *adj.* annular, ring-shaped; **~kampf** *m* wrestling (-match); **~kämpfer** *m* wrestler; **~mauer** *f* circular wall, town-wall; **~richter** *m boxing*: referee.
rings [riŋs] *adv.* around.
'**Ring...: ~scheibe** *f* rifle (ring) target; **~sendung** *f radio*: hook-up.
'**rings...: ~(her)um, ~umher** *adv.* round about, all (a)round; everywhere, on all sides.
'**Ring...: ~straße** *f* circular road; **~tausch** *m* ring barter; **~tennis** *n* deck-tennis; **~wall** *m* rampart.
Rinne ['rinə] *f* (-; -*n*) groove, channel; *arch.* flute (*of column*); gutter, eaves *pl.*; gully, sewer; conduit, duct; chute; canal; furrow; *anat., bot.* groove, vallecula; **2n** *v/i.* (*irr., sn*) run, flow; drip, trickle; leak; gush.
'**Rinnsal** *n* (-[e]s; -e) watercourse, channel; streamlet, rill, *Am.* run.
'**Rinnstein** *m* gutter; (kitchen) sink.
Ripp [rip] *colloq. n* (-[e]s; -e): *altes ~* old hag, hellcat.
Rippchen ['ripçən] *n* (-s; -) cutlet.
'**Rippe** *f* (-; -*n*) rib; *wahre* (*falsche*) *~* true (false *or* floating) rib; *bot.* rib, nerve; *arch.* groin; (*chocolate*) bar, *Am.* strip; *of mountain*: buttress; *aer. of wing*: rib; *mot., etc.* fin; *mar.* **~n** *pl.* frame-work; **2n** *v/t.* (*h.*) rib; *arch.* groin; → *gerippt.*
'**Rippen...: ~bogen** *m* costal arch; **~bruch** *m* fracture of a rib; **~fell** *n* pleura; **~fellentzündung** *med. f* pleurisy; **~fellgegend** *f* pleural region; **~kühler** *m* gilled radiator; **~stoß** *m* dig in the ribs, nudge; *j-m e-n ~ versetzen* dig a p. in the ribs, nudge a p.; **~stück** *n cul.* piece of the ribs; **~zwischenraum** *m* intercostal space.
'**Rippespeer** *m* (-[e]s) *cul.* sparerib.
Rips [rips] *econ. m* (-es; -e) (*cloth*) rep.
Risiko ['ri:ziko] *n* (-s; -*ken*) risk; *auf eigenes ~* at one's own risk; *ein ~ eingehen* take *or* run a risk; *econ. das ~ übernehmen* undertake the risk; **~verteilung** *f* distribution of risk.
riskant [ris'kant] *adj.* risky, precarious.
ris'kieren *v/t.* (*h.*) risk.
Rispe ['rispə] *bot. f* (-; -*n*) panicle.
riß [ris] *pret. of reißen.*
Riß *m* (-sses; -sse) rent, tear; crevice, fissure; cleft, chink; crack; scratch; laceration; gap; *Risse pl. in der Haut*: chaps; draft, drawing, plan, design; *fig.* rift, rupture; split, schism; *colloq. das gab ihm e-n ~* it shocked (*or* jarred) him.
Rissebildung ['risə-] *tech. f*: (*netzartige*) *~* (alligator) cracking.
'**rissig** *adj.* full of rents, *etc.*; cracked, fissured; chappy (*skin, soil*); *~ werden* tear; crack, get brittle, *skin*: chap.
'**Rißwunde** *med. f* laceration.
Rist [rist] *m* (-es; -e) instep; back of the hand; wrist.
ristornieren [ristɔr'ni:rən] *econ. v/t.* (*h.*) reverse *a contra entry*; cancel *an insurance* and return the premium.
ritt [rit] *pret. of reiten.*
Ritt *m* (-[e]s; -e) ride; *e-n ~ machen* take (*or* go for) a ride.
'**Ritter** *m* (-s; -) knight; cavalier; champion; *fahrender ~* knight-errant; *j-n zum ~ schlagen* knight a p.; *cul. arme ~ pl.* fritters; **~burg** *f* knight's castle; **~gut** *n* manor; **~gutsbesitzer** *m* owner of a manorial estate, lord of the manor; **~kreuz** *mil. n* Knight's Cross; **~kreuzträger** *mil. m* knight of the Iron Cross; **2lich** *adj.* knightly; *fig.* chivalrous, gentlemanly, gallant; **~lichkeit** *f* (-) chivalry, gallantry; **~orden** *m* order of knighthood; **~roman** *m* romance of chivalry; **~schaft** *f* (-) *the* knights *pl.*; knighthood; **~schlag** *m* (-[e]s) knighting, dubbing; *den ~ empfangen* be knighted; **~sporn** *bot. m* larkspur; **~stand** *m* (-[e]s) knighthood; *collect. the* knights *pl.*; **~tum** *n* (-s) knighthood, chivalry; **~zeit** *f* (-) age of chivalry.
rittlings ['ritliŋs] *adv.* astride (*auf dat.* of), astraddle.
'**Rittmeister** *mil. m* (cavalry) captain.
Ritual [ritu'ɑ:l] *n* (-s; -e), **rituell** [-'ɛl] *adj.* ritual.
Ritus ['ri:tus] *m* (-; -*ten*) rite.
Ritz [rits] *m* (-es; -e) scratch (*a. tech.*); crack, fissure, crevice; chink, rift; '**~el** *tech. n* (-s; -) pinion; '**2en** *v/t.* (*h.*) scratch; graze; cut (*a. glass*); carve, etch; '**2ig** *tech. adj.* crannied, flawed.
Rival|e [ri'vɑ:lə] *m* (-*n*; -*n*), **~in** *f* (-; -*nen*) rival; **rivalisieren** [rivali'zi:rən] *v/i.* (*h.*) rival (*mit j-m* a p.); compete, vie (with); **Rivali'tät** *f* (-; -*en*) rivalry.
Rizinus-öl ['ri:tsinusˀø:l] *n* (-[e]s) castor oil.
Robbe ['rɔbə] *zo. f* (-; -*n*) seal; **2n** *mil. v/i.* (*sn*) crawl, creep; **~nfang** *m* sealing.
Robe ['ro:bə] *f* (-; -*n*) gown, robe.
Robinsonade [robinzo'nɑ:də] *f* (-; -*n*) *soccer*: full-length save.
Roboter ['ro:bɔtər] *m* (-s; -) robot.
robust [ro'bust] *adj.* robust, sturdy, rugged; **2heit** *f* (-) robustness; ruggedness.
roch [rɔx] *pret. of riechen.*
röcheln ['rœçəln] **I.** *v/i.* (*h.*) rattle (in one's throat); **II.** *v/t.* (*h.*) gasp (out).
'**Röcheln** *n* (-s) rattling, rattle; *Todes2* death-rattle.
Rochen ['rɔxən] *zo. m* (-s; -) ray.
ro'chieren [rɔ'ʃi:rən] *v/i. and v/t.* (*h.*) castle.
Rock [rɔk] *m* (-[e]s; ⸚e) coat, jacket; robe, gown; skirt; dressing-gown; *children*: *kleiner ~* → **Röckchen** ['rœkçən] *n* (-s; -) frock; kilt.
'**Rock...: ~aufschlag** *m* lapel; **~falte** *f* pleat, fold; **~schoß** *m* coat-tail; **~stoff** *m* coating; **~zipfel** *m* lappet; *fig.* apron-strings.
Rocken ['rɔkən] *m* (-s; -) distaff.
Rodehacke ['ro:də-] *agr. f* mattock.
Rodel ['ro:dəl] *m* (-s; -) toboggan; luge; **~bahn** *f* toboggan-run; **2n** *v/i.* (*sn*) toboggan, *Am. a.* coast; **~n** *n* (-s) tobogganing, *Am. a.* coasting; **~schlitten** *m* → *Rodel.*
Rode|land *n* (-[e]s) clearing; virgin soil; **~maschine** *f* stump grubber; **2n** *v/t. and v/i.* (*h.*) clear; root out, stub; **~pflug** *m* breaker plough (*Am.* plow).
'**Rodung** *f* (-; -*en*) cleared woodland; clearing.
Rogen ['ro:gən] *m* (-s; -) (hard) roe, spawn.
'**Rog(e)ner** *m* (-s; -) spawner.
Roggen ['rɔgən] *m* (-s) rye; **~brot** *n* rye-bread; **~mehl** *n* rye flour.
roh [ro:] *adj.* raw, in native state; *book*: in sheets; rough (*diamond, draft*); undressed (*fur*); raw (*hide*); native (*lime*); unwrought (*copper*); unbleached (*linen*); unbroken (*horse*); unhewn (*stone*); *fig.* crude, raw; *person*: rough, uncultured; coarse, uncouth, rude; cruel; brutal; barbarous; **~er** *Kerl* brute;

mit ~er Gewalt with brute force; *j-n wie ein ~es Ei behandeln* treat a p. with kid-gloves; *econ.* gross; **2bau** *arch. m* (-[e]*s*; -*ten*) carcass, outside finish; *fig. im* ~ in the rough; **2baumwolle** *f* raw cotton; **2bilanz** *econ. f* trial balance; **2block** *metall. m* ingot; **2einnahme** *econ. f* gross receipts *pl.*; **2eisen** *n* pig-iron.

Roheit ['ro:haɪt] *f* (-) raw (*or* crude) state, rawness, crudeness; *fig.* roughness, rudeness; brutality; brutal act, brutality.

'**Roh...:** **~ertrag** *m* gross yield, gross proceeds *pl.*; **~erz** *n* raw ore; **~erzeugnis** *n* raw product; **~faser** *f* crude fib|re, *Am.* -er; **~film** *m* raw (*or* blank) film; **~formel** *f* empirical formula; **~gewicht** *n* gross weight; **~gewinn** *m* gross profit; **2gezimmert** ['-gə'tsimərt] *adj.* roughly hewn (*table*); **~gummi** *m* crude rubber; **~guß** *m* pig-iron casting; **~haut** *f* rawhide; **~kost** *f* uncooked (vegetarian) food; **~köstler** ['-kœstlər] *m* (-*s*; -) vegetarian, fruitarian; **~kostplatte** *f* vegetarian salad; **~leder** *n* untanned leather, rawhide; **~ling** ['liŋ] *m* (-*s*; -*e*) brutal fellow, brute, ruffian; *metall.* slug; *casting*: blank; **~material** *n* raw material; **~metall** *n* crude metal; **~öl** *n* crude oil; **~ölmotor** *m* crude oil engine; **~produkte** *n/pl.* raw products.

Rohr [ro:r] *n* (-[e]*s*; -*e*) *bot.* reed; cane; bamboo; *tech.* tube, pipe; *collect.* tubing, piping; flue; duct, canal; *mil.* (gun-)barrel, (torpedo) tube; *gezogenes* (*glattes*) ~ rifled (smooth) bore (of barrel); *fig. schwankendes* ~ trembling reed; '**~abzweigstück** *n* pipe branch; '**~anschluß** *m* pipe-connection, pipe joint; '**~bogen** *m* tube turn, ell; '**~bruch** *m* pipe-burst; '**~brunnen** artesian well.

Röhrchen ['rø:rçən] *n* (-*s*; -) small tube, tubule; capillary tube; *chem.* test tube.

'**Rohr...:** **~dach** *n* reed-thatch; **~dommel** ['-dɔməl] *orn. f* (-; -*n*) bittern.

Röhre *f* (-; -*n*) tube; pipe; duct, conduit; spout; (*gas, water, etc.*) mains; shaft; tunnel; *anat.* duct, pipe; *chem.* test tube; *radio*: valve, *esp. Am.* tube; *Braunsche* ~ cathode ray tube; *Leucht2* vacuum tube lamp, neon tube; *kitchen*: oven.

röhren ['rø:rən] *v/i.* (*h.*) *stag*: bell.

'**Röhren...:** **~detektor** *m radio*: thermionic valve detector; **~elektrode** *f* electrode of an electron tube; **~empfänger** *m* valve (*Am.* tube) receiver; **~fassung** *f* valve (*Am.* tube) socket; **2förmig** ['-fœrmiç] *adj.* tubular; **~gleichrichter** *m* valve rectifier, *Am.* vacuum tube rectifier; **~knochen** *m* hollow (*or* tubular) bone; **~lampe** *f* tubular lamp, tube lamp; **~leitung** *f* → *Rohrleitung*; **~pilz** *bot. m* boletus; **~rauschen** *n radio*: valve (*Am.* tube) noise; **~sender** *m* (thermionic) valve transmitter; **~sockel** *m* valve (*Am.* tube) base; **~verstärker** *m* valve (*Am.* vacuum tube) amplifier; **~walzwerk** *n* tube rolling mill.

'**Rohr...:** **~flöte** *f* reed-pipe; **2förmig** ['-fœrmiç] *adj.* tubular; **~formstück** *n* pipe fitting.

Röhricht ['rø:riçt] *n* (-[e]*s*; -*e*) reed-bank, reeds *pl.*

'**Rohr...:** **~krepierer** ['-kre'pi:rər] *mil. m* (-*s*; -) barrel burst; **~krümmer** *m* pipe bend, elbow; **~leger** ['-le:gər] *m* (-*s*; -) pipe fitter, plumber; **~leitung** *f* tubing, piping, conduit; pipe-line; mains; **~mantel** *mil. m* jacket; **~mast** *m* tubular mast; **~muffe** *f* pipe bell; **~netz** *n* piping; (*gas, water, etc.*) mains *pl.*; **~post** *f* pneumatic post; **~postkarte** *f* pneumatic-tube (*or* tubular) postcard; **~rücklaufbremse** *f* recoil brake; **~schelle** *f* pipe clamp; **~schilf** *n* reed; **~schlange** *f* coil, spiral tube; **~schlosser** *m* pipe fitter; **~spatz, ~sperling** *m* reed-bunting; *fig. schimpfen wie ein Rohrspatz* scold like a fishwife; **~stiefel** *m* high-boot, Wellington; **~stock** *m* cane, bamboo (stick); **~stuhl** *m* cane(-bottomed) chair; **~verbindungsstück** *n* pipe-connection, pipe joint; **~walzwerk** *n* tube rolling mill; **~zange** *f* pipe-wrench; **~zucker** *m* cane-sugar.

'**Roh...:** **~seide** *f* raw silk; **~stahl** *m* crude steel; **~stoff** *m* raw material; **~stoffmangel** *m* raw material shortage; **~zucker** *m* raw (*or* unrefined) sugar.

Rokoko ['rɔkoko] *n* (-*s*), 2 *adj.* rococo.

Rolladen (*divided*: *Roll-laden*) ['rɔlla:dən] *m* (-*s*; ⸚) roll shutter.

Roll|bahn ['rɔl-] *f aer.* taxiway, taxi strip; runway; landing-track; *mil.* track; **~bahre** *f* wheeled stretcher; **~bandmaß** *n* flexible steel rule; **~dach** *mot. n* folding roof (*or* top).

'**Rolle** *f* (-; -*n*) roll (*a. of money, paper*; *a. aer., gym.*); *tech.* roller, cylinder; coil; reel, spool; ~ *Garn* reel of cotton, *Am.* spool of thread; ~ *Stoff* bolt of cloth; *for furniture*: castor, caster; pulley; calender; mangle; register, list, roll; *thea.* rôle, part; *führende* ~ (*a. actor*) lead; *die ~n besetzen* cast the parts (*mit* with); *e-e ~ spielen* play a part, impersonate, *fig.* play a part *or* rôle (*bei, in dat.* in), figure (in), be a factor (in), be instrumental (in), be of importance (in); *person a.*: *e-e große* (*jämmerliche*) ~ *spielen* cut a great (poor) figure, *matter*: *e-e große* ~ *spielen* figure large; *er spielt e-e große* ~ *in der Firma* he is one of the top men of that firm; *das spielt keine* ~ that doesn't matter, it makes no difference; *es hat auch e-e* ~ *gespielt, daß* another reason was that; *Geld spielt keine* ~ money is no object; *er fiel aus der* ~ he misbehaved (*or* showed his real face *or* dropped a brick).

'**rollen I.** *v/i.* (*h.*) roll; *thunder*: *a.* roar, rumble; *aer.* taxi; *sea*: roll; *ship*: *a.* lurch; **II.** *v/t.* (*h.*) roll; wheel; calender (*cloth*); *die Augen* ~ roll one's eyes; *das R* ~ roll one's r; *sich* ~ roll, *paper, etc.*: roll up, curl; *mil. ~der Angriff* relay attack, attack in waves; *in ~dem Einsatz* in waves; *rail. ~des Material* rolling stock; 2 *n* rolling; heavy swell (*of sea*); roll, lurch (*of ship*); *fig.* et. *ins* ~ *bringen* start a th., get a th. under way; *die Sache ins* ~ *bringen* set the ball rolling; *ins* ~ *kommen* get under way; **2besetzung** *thea. f* casting of the parts; *the* cast; **2fach** *thea. n* kind of character; **~förmig** ['fœrmiç] *adj.* cylindrical; **~gelagert** *tech. adj.* mounted on roller bearings; **2lager** *tech. n* roller bearing; **2papier** *n* (-*s*) continuous paper; **~sicher** *thea. adj.* word-perfect; **2verteilung** *f* → *Rollenbesetzung*; **2zug** *tech. m* block and tackle.

'**Roller** *m* (-*s*; -) scooter; *mot.* (motor-)scooter; *orn.* roller; *soccer*: daisy cutter; *high jump*: barrel roll; *tech.* calenderer.

'**Roll...:** **~feld** *n* → *Rollbahn*; **~film** *m* roll film; **~fuhrmann** *m* carter, carrier, *Am.* teamster; **~fuhrunternehmen** *n* carrier's business, carters *pl.*; **~geld** *n* cartage, carriage; **~gut** *n* carted goods *pl.*; **~handtuch** *n* roller-towel; **~holz** *n* rolling-pin; **~jalousie** *f* roller blind; **~kommando** *n* raiding squad; **~kragen** *m* turtle-neck collar; **~(l)aden** *m* → *Rolladen*; **~mops** *m* rollmops, collared herring; **~schinken** *m* rolled ham; **~schrank** *m* roll-fronted cabinet; **~schuh** *m* roller-skate; ~ *laufen* roller-skate; **~schuhbahn** *f* roller-skating rink; **~schuhläufer(in** *f*) *m* roller-skater; **~sitz** *m in boat*: sliding seat; **~splitt** *m* loose chippings *pl.*; **~straße** *aer. f* taxiway; **~stuhl** *m* wheel chair, Bath chair; **~treppe** *f* moving staircase, escalator; **~verschluß** *m* roll shutter; *Schreibtisch mit* ~ roll-top desk; **~wagen** *m* truck, lorry; trolley.

Roman [ro'ma:n] *m* (-*s*; -*e*) novel, (work of) fiction; *on knights, a. fig.*: romance.

Romanen [ro'ma:nən] *pl.*: *die* ~ the Romance nations, the Neo-Latin peoples.

ro'manhaft *adj.* romantic(ally *adv.*), fictitious.

Ro'manheld *m* hero of a novel.

ro'manisch *adj.* Romanic, Romance, neo-Latin; *arch.* Romanesque.

Romanist [roma'nist] *m* (-*en*; -*en*) Romance scholar *or* student.

Ro'man...: **~literatur** *f* fiction; **~schreiber(in** *f*) *m*, **~schriftsteller(in** *f*) *m* novel-writer, novelist.

Romantik [ro'mantik] *f* (-) romantic poetry *or* style; romantic period; romanticism; *fig.* romance; **~er(in** *f*) *m* (-*s*, -; -, -*nen*) romanticist, *hist. art*: Romanticist.

ro'mantisch *adj.* romantic(ally *adv.*).

Romanze [ro'mantsə] *f* (-; -*n*) [romance (*a. fig.*).]

Römer ['rø:mər] *m* (-*s*; -) **1.** (**~in** *f* [-; -*nen*]) Roman; **2.** rummer.

'**römisch** *adj.* Roman, of Rome; **~e** *Ziffer* Roman numeral; **~-ka'tholisch** *adj.* Roman Catholic.

Rommé [rɔ'me:] *n* (-*s*; -*s*) *cards*: rummy.

Ronde ['rɔndə] *f* (-; -*n*) round; *tech.* circular shape.

röntgen ['rœntgən] *v/t.* (*h.*) treat with X-rays, X-ray; (take an) X--ray (of), radio(-graph); ♀ *n* (-*s*) roentgen; ♀**apparat** *m* X-ray apparatus; ♀**assistent(in** *f*) *m* X-ray assistant; ♀**aufnahme** *f* X-ray photograph, radiograph; ♀**behandlung** *f*, ♀**bestrahlung** *f* X-ray--treatment, radiotherapy; ♀**bild** *n* → *Röntgenaufnahme*; ♀**diagnose** *f* radiodiagnosis; ♀**durchleuchtung** *f* radioscopy, X-ray examination; ♀**film** *m* radiographic film; ♀**ologe** [rœntgəno'lo:gə] *m* (-*n*; -*n*) radiologist; ♀**ologie** [-lo'gi:] *f* (-) radiology; ~**o'logisch** *adj.* radiological; ♀**photogra'phie** *f* radio photography, radiography; ♀**strahlen** *m/pl.* X-rays; *mit* ~ *durchleuchten, behandeln* X-ray; ♀**therapie** *f* → *Röntgenbehandlung*; ♀**untersuchung** *f* X-ray examination, X-ray test.

rören ['rø:rən] *v/i.* (*h.*) → *röhren.*

Rosa ['ro:za] *n* (-*s*; -) pink; ♀**farben** *adj.* pink; (*a. fig.*) rose-colo[u]r(ed); roseate; *fig. die Welt durch e-e* ~*e Brille sehen* see things through rose--colo(u)red spectacles.

rösch [rœʃ] *adj.* brittle, coarse; crisp.

Rose ['ro:zə] *f* (-; -*n*) rose; *wilde* ~ briar, dog rose; *arch.* rose(-window); *med.* erysipelas; *compass* card *or* rose; *fig.* (*beauty*) *die* ~ *von* ... the rose of; *er ist auch nicht auf* ~*n gebettet* his life is no bed of roses either.

'**Rosen...:** ~**beet** *n* bed of roses; ~**busch** *m* rose-bush; ~**duft** *m* fragrance of roses; ~**essig** *m* rose--vinegar; ♀**farben,** ♀**farbig** *adj.* rose-colo(u)red, rosy; ~**garten** *m* rosary; ~**hecke** *f* rose-hedge; ~**holz** *n* rosewood; ~**kohl** *m* (-[e]*s*) Brussels sprouts *pl.*; ~**kranz** *m* garland (*or* wreath) of roses; *eccl.* rosary; *den* ~ *beten* tell one's beads; ~**monat** *m* month of roses, June; ~**montag** *m* monday before Lent; ~**öl** *n* attar of roses; ♀**rot** *adj.* (as) red as a rose, rose-colo(u)red, rosy; ~**stock** *m* rose-tree; ~**strauß** *m* bunch of roses; ~**wasser** *n* (-*s*) rose-water; ~**zucht** *f* growing of roses; ~**züchter** *m* rose-grower.

Rosette [ro'zɛtə] *f* (-; -*n*) rosette (*a. arch.*); *a.* rose-window.

'**rosig** *adj.* rosy, roseate, rose--colo(u)red; *fig.* ~*e Aussichten* rosy prospects; *in* ~*er Laune* in a happy mood; *alles in* ~*em Lichte sehen* see things through rose-colo(u)red spectacles.

Rosine [ro'zi:nə] *f* (-; -*n*) raisin; plum; sultana, currant; *fig. große* ~*n im Kopf haben* have big (*or* high--flown) ideas.

Röslein ['rø:slaɪn] *n* (-*s*; -) little rose.

Rosmarin [rɔsma'ri:n] *bot. m* (-*s*) rosemary.

Roß [rɔs] *n* (-*sses*; -*sse*) horse, *rhet.* steed; *hoch zu* ~ mounted on horseback; *fig. sich aufs hohe* ~ *setzen* mount the high horse; '~**arzt** *m* veterinary surgeon, horse-doctor.

'**Rossebändiger** *m* horse-tamer.

Rösselsprung ['rœsəl-] *m chess*: knight's move; (*puzzle*) problem on the knight's moves.

'**Roß...:** ~**haar** *n* horsehair; ~**haarmatratze** *f* hair-mattress; ~**händler** *m* horse-dealer; ~**kastanie** *f* horse-chestnut; ~**kur** *f* drastic treatment; ~**schweif** *m* horse's tail.

Rost [rɔst] *m* (-*es*) rust (*a. fig.*); *bot.* rust, smut, mildew; *arch.* (*pl.* -*e*) grating; grate; *cul.* grid(iron), grill, roaster; *auf dem* ~ *braten* grill, roast; ~ *ansetzen* (put on) rust, get rusty (*a. fig.*); *von* ~ *zerfressen* rust-eaten; '♀**beständig** *adj.* rust--proof, rustless, non-corroding; '~**bildung** *f* rust formation; '~**braten** *m* roast joint; '♀**braun** *adj.* rusty brown.

Röstbrot ['rø:st-] *n* toast.

'**Röste** *tech. f* (-; -*n*) steeping, retting; rettery.

'**Rosteinsatz** *m* grate inset.

'**rosten** *v/i.* (*sn*) rust, get rusty, *chem.* oxidize; *nicht* ~*d* → *rostfrei*;

'**Rosten** *n* (-*s*) rusting.

'**rösten** *v/t.* (*h.*) roast, grill (*meat*); roast, burn (*coffee*); toast (*bread*); fry (*potatoes*); *metall.* roast; torrefy (*a. pharm.*); steep, ret (*flax*).

'**Röster** *m* (-*s*; -) roaster; toaster.

'**Rost...:** ♀**farben** *adj.* rust-colo(u)red; ~**fleck** *m* rust-stain; *in laundry*: iron-mo(u)ld; ♀**fleckig** *adj.* rust-stained; *laundry*: iron--mo(u)ldy; ~**fraß** *m* rust attack, corrosion; ♀**frei** *adj.* rustless, rustproof; stainless (*steel*); ♀**ig** *adj.* rusty (*a. fig.*), corroded.

'**Röst...:** ~**kartoffeln** *f/pl.* fried potatoes; ~**ofen** *metall. m* roasting furnace; ~**pfanne** *f* frying-pan.

'**Rostschutz** *m* anti-rust; ~**farbe** *f* rustproof coating, anti-corrosive paint; ~**mittel** *n* rust preventive *or* inhibitor.

'**rostsicher** *adj.* rustproof, rust-resistant.

rot [ro:t] *adj.* red (*a. pol.*); ruddy (*complexion*); blowzy; coppery; purple, crimson, scarlet; ♀*e Armee the* Red Army; ♀*es Kreuz the* Red Cross; ~*e Haare* (*or* ~*es Haar*) *haben* be red-haired; ~ *vor Zorn* red with anger; ~ *werden* turn red, redden, flush, blush; *fig. sich et.* ~ *anstreichen* make a special note of a th.; *e-n Tag* ~ *im Kalender anstreichen* mark a day in red on the calendar; ~ *sehen* see red; → *Tuch*; *sich wie ein* ~*er Faden durch et. ziehen* run like **a** red thread through a th.; ♀ *n* (-*s*; -) red (colo[u]r); rouge; *traffic light*: red, magenta; ~ *auflegen* rouge; *cards*: red suit.

Rotarier [ro'ta:riər] *m* (-*s*; -) Rotarian.

Rotation [rotatsi'o:n] *f* (-; -*en*) rotation, revolution; ~**sachse** *f* axis of rotation; ~**sdruck** *m* (-[e]*s*; -*e*) rotary press printing; ~**smaschine** *typ. f* rotary printing press.

'**rot...:** ♀**auge** *ichth. n* roach; ~**bäckig** ['-bɛkiç] *adj.* red-cheeked, rosy-cheeked, ruddy; ♀**bart** *m* red beard; *Kaiser* ~ Barbarossa; ~**blond** *adj.* auburn, sandy; ~**braun** *adj.* reddish brown; sorrel, bay (*horse*); ~**brüchig** *metall. adj.* red-short; ♀**buche** *f* copper-beech; ♀**china** *pol. n* Red China; ♀**dorn** *bot. m* (-[e]*s*; -*e*) pink hawthorn; ♀**e(r)** *pol. m* (-[e]*n*; -[e]*n*) Red.

Röte ['rø:tə] *f* (-) redness, red (colo[u]r); blush; *die* ~ *stieg ihr ins Gesicht* she colo(u)red up.

Rote-'Kreuz... Red Cross...

Rötel ['rø:təl] *m* (-*s*; -) red chalk, ruddle; ~**n** *med. pl.* German measles, rubella.

'**röten** *v/t.* (*h.*) redden; paint (*or* dye) in red, colo(u)r red; *sich* ~ (*h.*) turn red, redden.

'**rot...:** ♀**fäule** *f* red rot; ♀**fink** *m* bullfinch; ♀**fuchs** *m* bay (*or* sorrel) horse, chestnut; ~**gelb** *adj.* reddish yellow, orange(-colo[u]red); ~**gerändert** ['-gə'rɛndərt] *adj.* red--rimmed; ♀**gerber** *m* tanner; ~**glühend** *adj.* red-hot; ♀**glut** *f* (-) red heat; ♀**guß** *metall. m* red brass; ~**haarig** *adj.* red-haired, sandy; ♀**haut** *f* redskin; ♀**hirsch** *m* red deer, stag.

rotieren [ro'ti:rən] *v/i.* (*h.*) rotate, revolve; ~**d** *adj.* rota(to)ry, revolving.

'**rot...:** ♀**käppchen** ['-kɛpçən] *n* (-*s*; -) (Little) Red Riding Hood; ♀**kehlchen** ['-ke:lçən] *n* (-*s*; -) robin(-redbreast); ♀**kohl** *m* ([e]*s*) red cabbage; ♀'**kreuz...** Red Cross-...; ♀**lauf** *m* (-[e]*s*) *med.* erysipelas; *vet.* red murrain.

'**rötlich** *adj.* reddish; ruddy (*face*); *colloq. pol.* pink.

rotnasig ['-na:ziç] *adj.* red-nosed.

Rotor ['ro:to:r] *m* (-*s*; -'*toren*) rotor; ~**flugzeug** *n* rotor plane; ~**schiff** *n* rotor ship.

'**rot...:** ♀**schimmel** *m* roan; ♀**schwänzchen** ['-ʃvɛntsçən] *orn. n* (-*s*; -) redstart; ♀**stift** *m* red crayon; ♀**tanne** *f* red fir, spruce.

Rotte ['rɔtə] *f* (-; -*n*) troop, band; gang (*of workmen*); *b.s.* gang, horde, lot; mob; *eccl. die* ~ *Korah* the company of Korah; *mil.* **a)** file, **b)** squad; *aer.* two-ship formation; *hunt.* pack.

'**rotten:** *sich* ~ (*h.*) band together, flock together, gang (up); ♀**feuer** *n* volley; ♀**führer** *m* corporal; *of labo(u)rers*: foreman; ~**weise** *adv.* in gangs; *mil.* in files.

Rotunde [ro'tundə] *f* (-; -*n*) rotunda.

'**Rötung** *f* (-; -*en*) reddening.

'**rot...:** ~**wangig** *adj.* → *rotbäckig*; ♀**wein** *m* red wine, claret; ♀**welsch** *n* (-[*es*]) thieves' cant; ♀**wild** *n* red deer.

Rotz [rɔts] *m* (-*es*; -*e*) mucous discharge, snot; *vet.* (*a.* '~**krankheit**) glanders; *colloq.* ~ *und Wasser heulen* weep barrels; '♀**ig** *vulg. adj.* snot-nosed; snotty; *vet.* glandered; '~**nase** *vulg. f* snot-nose; '♀**näsig** ['-nɛ:ziç] *vulg. adj.* snotty.

Roulade [ru'la:də] *f* (-; -*n*) *cul., mus.* roulade.

Rouleau [ru'lo:] *n* (-*s*; -*s*) roller--blind, *Am.* shade.

Roulett(e *f*) [ru'lɛt(ə)] *n* (-[e]*s*, -*e*; -, -*n*) roulette.

Route ['ru:tə] *f* (-; -*n*) route.

Routine [ru'ti:nə] *f* (-) routine, practice; ♀**mäßig** *adj.*: ~*e Überprüfung* routine check.

routiniert [ruti'ni:rt] *adj.* experienced, clever, sure-footed, *pred. a.* well up; *er ist ein ~er Boxer, etc.* he is an old hand at *boxing, etc.*

Rowdy ['raudi] *m* (-s; -s) rowdy, hooligan.

Rübe ['ry:bə] *f* (-; -n) rape; turnip, white beet; *rote ~* red beet, beet (-root); *gelbe ~* carrot; *colloq. fig.* (*head*) pate.

Rubel ['ru:bəl] *m* (-s; -) rouble.

'**Rüben...:** **~acker** *m* turnip field; **~heber** *m* root digger; **~kraut** *n* (-[e]s) turnip-tops *pl.*; **~zucker** *m* beetsugar.

rüber ['ry:bər] *colloq.* → *herüber(...).*

Rubin [ru'bi:n] *m* (-s; -e) ruby; **2rot** *adj.* ruby.

'**Rüb-öl** *n* rape-oil.

Rubrik [ru'bri:k] *f* (-; -en) rubric; heading; column; class, category; **rubrizieren** [rubri'tsi:rən] *v/t.* (*h.*) rubricate.

'**Rübsaat** *f*, **~samen** *m* rape-seed.

ruch|bar ['ru:xba:r] *adj.* notorious; *~ werden* become known, get about *or* abroad; **~los** *adj.* wicked, foul, infamous, profligate; **2losigkeit** *f* (-) wickedness, infamy, profligacy.

Ruck [ruk] *m* (-[e]s; -e) jerk, *Am. a.* yank; shock; jolt (*both a fig.*); *auf e-n ~* at one go; *fig. sich e-n ~ geben* pull o.s. together; '**2artig I.** *adj.* jerky; abrupt; **II.** *adv.* of a sudden, abruptly.

Rück|ansicht ['ryk-] *f* back (*or* rear) view; **~anspruch** *m* counter-claim; **~antwort, ~äußerung** *f* reply; *Postkarte mit ~* reply post-card; *Telegramm mit bezahlter ~* reply-paid telegram(me); **~berufung** *f* recall; **2bezüglich** *gr. adj.* reflexive; **~bildung** *f* involution, retrogressive metamorphosis, degeneration; *gr.* back-formation; **2blenden** *v/t. and v/i.* (*h.*) cut back; **~blendung** *f film*: flash-back; **~blick** *m* retrospect(ive view), glance backward (*auf acc.* at); reminiscences *pl.*; survey; *e-n ~ werfen auf* (*acc.*) cast a retrospective glance at, pass *a th.* in review; **~blickspiegel** *m* rear-view mirror; **~buchung** *f* reverse transfer of accounts; **~bürge** *m* counter-security; **2datieren** *v/t.* (*h.*) antedate.

'**rücken I.** *v/t.* (*h.*) move (*a. tech.*); shift; push (away); *her(an)~* bring nearer, draw *or* pull towards one; **II.** *v/i.* (*sn*) move; move over; *an or mit et. ~* (re)move a th.; *mil.* move, march; *näher~* draw near, approach (*a. time*); *an j-s Stelle ~* take a p.'s place; *höher ~* rise (in rank); *mil. ins Feld ~* take the field; *nicht von der Stelle ~* not to budge (an inch); *j-m zu Leibe ~* press a p. hard, get at a p.

'**Rücken** *m* (-s; -) back (*a. of book, hand, knife, etc.*); *anat.* dorsum; *cul.* chine, *of mutton*: saddle; (*mountain*) ridge; bridge (*of nose*); *mil.* rear; *~ gegen ~* back to back; *den ~ beugen* bow (down), stoop, *fig.* cringe; *den ~ kehren* (*dat.*) turn one's back on; *auf den ~ fallen* fall on one's back, *fig.* be taken aback *or* dumfounded; *j-m in den ~ fallen* attack a p. from (*or* in) the rear, *fig.* stab a p. in the back; *fig. sich den ~ freihalten* secure one's (line of) retreat, play it safe; *hinter j-s ~* behind a p.'s back; *er hat e-n breiten ~* he can stand a lot, he can take it; *es lief ihr kalt über den ~* a shiver ran down her spine; **~deckung** *f* (-) *mil.* rear cover; *fig.* backing, support; **~feuer** *mil. n* enemy fire from the rear; **~flosse** *f* dorsal fin; **~flug** *aer. m* inverted flight; **2frei** *adj.* with low neckline in back; sunback *dress*; **~kraul** *n* back crawl; **~lage** *f* supine position; **~lehne** *f* back (-rest); *Sitz mit verstellbarer ~* lean-back seat; **~mark** *anat. n* spinal cord; **~marksnerv** *m* spinal nerve; **~marksschwindsucht** *med. f* (-) tabes (dorsalis); **~marksverletzung** *med. f* spinal cord injury; **~muskel** *m* muscle of the back, dorsal muscle; **~schmerzen** *m/pl.* back-ache; **~schwimmen** *n* backstroke (swimming); **~stoß** *m* blow from behind; **~stück** *n* chine; *of mutton*: saddle; **~wende** *f swimming*: backstroke turn; **~wind** *m* tail wind; **~wirbel** *anat. m* dorsal vertebra.

'**Rück...:** **~erinnerung** *f* reminiscence; **~erstattung** *f* restitution; refund (*of money*); reimbursement (*of expenses*); **~fahrkarte** *f*, **~fahrschein** *m* return-ticket, *Am.* round-trip ticket; **~fahrt** *f* return journey *or* trip; *auf der ~* on the way back; **~fall** *m jur.* **a)** reversion (*of property*), **b)** *of criminal*: recidivism, (*a. med. and fig.*) relapse; *Diebstahl im zweiten ~* third conviction for larceny; **2fällig** *adj. jur.* revertible; *criminal*: recidivous; *patient*: relapsing; *~ werden* (have a) relapse; **~fällige(r** *m*) *f* (-n, -n; -en, -en) backslider, *jur.* recidivist, second and subsequent offender; **~fenster** *mot. n* rear window; **~flug** *m* return flight; **~fluß** *m* (-sses) backward flow, *Am.* backflow; reflux (*a. econ.*); **~forderung** *f* counter-demand; reclamation; **~fracht** *f* return (*or* inward) freight; **~frage** *f* further inquiry, check-back; *bei j-m ~ halten* → **2fragen** *v/i.* (*h.*) *bei j-m*: inquire of a p., check with a p.; **~führung** *f* repatriation; **~gabe** *f* return, restitution, restoration; *sports*: pass back; **~gang** *m* return; retrogression (*a. fig.*); *econ.* recession, downward movement, decline; falling-off, decrease (*of production*); **2gängig** *adj.* retrograde, retrogressive; *econ.* downward; declining; *~ machen* undo; cancel (*order, etc.*); annul, rescind (*contract*); break off; **2gebildet** *adj.* degenerate; **~gewinnung** *f* recovery; **~gliederung** *f* re-incorporation; **~grat** ['-gra:t] *anat. n* (-[e]s; -e) spine, vertebral column, (*a. fig.*) backbone; **2gratlos** *adj.* spineless; **~grat(ver)krümmung** *f* curvature (*med.* deformity) of the spine; **~griff** *m* recourse (*gegen* against), *~ auf* (*acc.*) resort to; **~griffs-anspruch** *m* claim for indemnification; **~griffsrecht** *n* right of recourse; **~halt** *m mil.* reserve (-force); *fig.* backing, support, stay; *an j-m e-n ~ haben* be backed (up) by a p.; *ohne ~* → **2haltlos** *adj. and adv.* without reserve *or* restraint; frank(ly), plain(ly), point-blank; **~hand(schlag** *m*) *f* (-) *tennis*: backhand (stroke); **~kampf** *m sports*: return match; **~kauf** *m* repurchase; redemption; **2käuflich** *econ. adj.* redeemable; **~kaufsrecht** *n* right of repurchase (*or of securities*: redemption); **~kaufswert** *m* repurchase (*or of securities*: redemption, *of policy*: surrender) value; **~kehr** ['-ke:r] *f* (-) return (*a. fig.*; *zu* to), *fig.* come-back; *bei meiner ~* on my return, on returning home; **2koppeln** *v/t.* (*h.*) *radio*: couple (*or* feed) back; **~kopp(e)lung** *f radio*: feedback; **~kunft** ['-kunft] *f* (-) → *Rückkehr*; **~ladung** *f* return cargo; **~lage** *f* reserve(s *pl.*), reserve-fund; *gesetzliche ~* legal reserve; savings *pl.*; **~lauf** *m tech.* return stroke *or* motion; reverse action; *mil.* recoil; *TV* retrace, *Am.* kickback; **2läufig** *fig. adj.* retrograde; *econ. ~e Tendenz* downward movement; **~leiter** *el. m* return wire; **~leitung** *f el.* return(-line); *water*: return piping; **~licht** *n* (-[e]s; -er) rear light, tail lamp, rear reflector; **~lieferung** *f* redelivery; **2lings** ['-liŋs] *adv.* backwards; from behind; **~marsch** *m* march back (*or* home); retreat; **~nahme** ['-na:mə] *f* (-) taking back; *jur.* withdrawal; **~porto** *n* return-postage; **~prall** ['-pral] *m* (-[e]s) rebound, recoil; **~prämie** *econ. f* put, seller's option; **~reise** *f* return (journey), journey back *or* home; **~ruf** *teleph. m* recall.

Rucksack ['rukzak] *m* (loose) knapsack, rucksack.

'**Rück...:** **~schau** *f* → *Rückblick*; **~schlag** *m* back-stroke, rebound; *of gun*: recoil, kick; *mot.* back-kick; *el.* back-fire; *fig.* reverse, setback, reaction; *biol.* atavism; **~schlagventil** *tech. n* check valve; **~schluß** *m* conclusion, inference; *Rückschlüsse ziehen von* draw conclusions from, infer from, gather from; **~schreiben** *n* reply (letter), answer; **~schritt** *m* step back; *fig.* re(tro)gression, setback; *pol.* reaction; **2schrittlich** *adj.* reactionary; **~seite** *f* back, reverse, *of coin*: *a.* tail; *siehe ~!* please turn over! (*abbr.* p.t.o.), see over-leaf!; **2senden** *v/t.* (*irr., h.*) send back, return; **~sendung** *f* redelivery, return; **~sicht** *f* (-; -en) regard, consideration; respect; *aus (or mit) ~ auf* (*acc.*) **a)** out of regard for, **b)** with regard to, in consideration of, considering; with an eye to; *ohne ~ auf* irrespective *or* regardless of, notwithstanding; *~ nehmen auf* **a)** have regard for, show consideration for, consider the feelings of *a p.*, **b)** make allowance for, allow for; *keine ~ nehmen auf* pay no heed to, be regardless of; *darauf kann ich keine ~ nehmen* I can give no consideration to that; **~sichtnahme** ['-ziçtna:mə] *f* (-) considerateness (*auf acc.* for), consideration (for); *~ im Verkehr* road courtesy; **2sichtslos I.** *adj.* inconsiderate (*gegen* of), without consideration (for), regardless (of), thoughtless; reckless;

unfeeling, callous; ruthless; grim; high-handed; *~es Fahren mot.* reckless driving; **II.** *adv.*: *~ einschreiten a.* resort to drastic measures; **~sichtslosigkeit** *f* (-; -*en*) lack of consideration, inconsiderateness, thoughtlessness; recklessness; ruthlessness; **2sichtsvoll** *adj.* regardful (*gegen* of, for); considerate, thoughtful; kind; gentle; *~es Verhalten* thoughtfulness; **~sitz** *m* back-seat; *mot.* **a)** reserve seat, **b)** pillion; **~spiegel** *mot. m* rear-view mirror; **~spiel** *n sports*: return-match; **~sprache** *f* (-) consultation; *nach ~ mit* on consultation with; *mit j-m ~ nehmen* confer (*or* consult) with a p. (*wegen, über acc.* about), talk *a th.* over with a p.; **~stand** *m* remainder; *chem.* residue, sediment; *econ.* arrears *pl.*; *Rückstände pl.* outstanding debts; backlog (*of work, etc.*); *im ~ sein mit* be behind with, be in arrears with; *sports*: *mit e-m Tor im ~ sein* be down one goal; **2ständig** *adj. mit Zahlung*: in arrears *or* behind with (*payment*); outstanding, (over)due (*money*); *~e Miete* arrears *pl.* of rent; *chem.* residual; *fig.* old-fashioned, antiquated, behind the time, backward, backward, underdeveloped (*country*); **~ständigkeit** *f* (-) backwardness; **2stellen** *v/t.* (*h.*) reset; **~steuerung** *el. f* revertive control; **~stoß** *m* repulsion; recoil (*of gun*); kick; **~stoßantrieb** *m* jet propulsion, reaction drive; **~stoßdämpfer** *mil. m* muzzle brake; **~strahler** *m* rear reflector; cat's eye; **~strahlung** *f* reflection; **~strom** *el. m* reverse current; **~taste** *f of typewriter*: back-spacer; **~tritt** *m* resignation, retirement (*from office*); withdrawal, rescission (*of contract*); *jur. ~ vom Versuch* desisting from the attempt; *s-n ~ erklären* tender one's resignation; **~trittbremse** *f* back pedal brake, *Am.* coaster brake; **~trittsgesuch** *n* resignation; **~trittsrecht** *n* right of cancel(l)ation; **~übersetzung** *f* retranslation; **2vergüten** *v/t.* (*h.*) refund, reimburse, repay; **~vergütung** *f* refund, reimbursement, repayment; **2versichern** *v/t.* (*h.*) reinsure; **~versicherung** *f* reinsurance; **~wand** *f* back (*or* rear) wall; **~wanderer** *m* returning emigrant; **2wärtig** ['-vɛrtiç] *adj.* rear(ward), at the back; *mil.* behind the lines; *~es Gebiet* rear (*or* service) area; *~e Verbindungen* lines of communications; **2wärts** ['-vɛrts] *adv.* back, backward(s); *mot. ~ fahren* back (up), reverse; *~ aus der Garage fahren* back (the car) out of the garage; **~wärtsbewegung** *f* backward (*or* retrograde) movement; **~wärtsgang** *mot. m* reverse (gear); **2wärtsgehen** *v/i.* (*irr., sn*) *fig.* fall off, go down, deteriorate; **~wechsel** *econ. m* redraft, re-exchange; **~weg** *m* way back *or* home, return (route); *den ~ antreten* set out for (*or* return) home.

'**ruckweise** *adv.* by jerks; by fits and starts.

'**Rück...**: **2wirkend** *adj.* reacting; retroacting (*law, etc.*); having retroactive effect; *mit ~er Kraft* retroactively; **~wirkung** *f* re(tro)action; retrospectiveness (*of law*); repercussion; **2zahlbar** *adj.* repayable; redeemable (*loan*); **~zahlung** *f* repayment; redemption (*of loan, securities*); amortization; **~zieher** ['-tsi:ər] *m* (-*s*; -) *anat.* retractor muscle; *soccer*: overhead kick; *fig.* backdown; *e-n ~ machen* draw in one's horns, climb down; **~zoll** *m* drawback; **~zollgüter** *n/pl.* debenture goods; **~zug** *m* retreat, withdrawal; *rail.* return-train; (*eilig*) *den ~ antreten* beat a (hasty) retreat; *zum ~ blasen* sound the retreat; **~zugsgefecht** *mil. n* running fight; **~zugslinie** *mil. f* line of retreat.

Rüde ['ry:də] *m* (-*n*; -*n*) large hound; male dog *or* fox *or* wolf.

rüde ['ry:də] *adj.* rude, coarse, brutal.

Rudel ['ru:dəl] *n* (-*s*; -) troop, bunch, swarm; herd (*of stags*); pack (*of wolves, submarines*).

Ruder ['ru:dər] *n* (-*s*; -) oar; rudder, helm; *aer.* rudder, control surface; *fig. pol. am ~ sein* be at the helm; *ans ~ kommen* get at the head of affairs, come into power; **~bank** *f* (-; *"e*) rower's seat; thwart; **~blatt** *n* oar blade; **~boot** *n* rowing-boat, sculler; dinghy; **~er** *m* (-*s*; -) rower, oarsman; **~fahrt** *f* row; **~flosse** *f* fin for steering; **~gänger** ['-gɛŋər] *m* (-*s*; -) helmsman; **~klub** *m* rowing-club; **2n** *v/t.* (*h.*) *and v/i.* (*sn*) row; (*only v/i.*) go for a row; **~n** *n* (-*s*) rowing; **~pinne** *f* tiller; **~regatta** *f* boat race, regatta; **~schlag** *m* stroke of the oar; **~sport** *m* (-[*e*]*s*) rowing; **~stange** *f* oar.

rudimentär [rudimɛn'tɛ:r] *adj.* rudimentary; **2organ** *biol. n* vestigial organ.

'**Rud(r)erin** *f* (-; -*nen*) rower, oarswoman.

Ruf [ru:f] *m* (-[*e*]*s*; -*e*) call (*a. orn., teleph., fig.*); cry, shout; summons, call; reputation, repute, name; *econ.* standing, credit; fame, renown; *dem ~e nach* by repute; *von ~* of high repute (*or* standing), noted (*artist, etc.*); *von schlechtem ~e* of ill repute; *e-n ~ nach ... erhalten* receive a call to, be offered an appointment at; *im ~ (gen.) stehen* be reputed to be ..., enjoy the reputation of ..., have a reputation for being ...; *in gutem ~ stehen* be in high repute, have a good name; *sich e-n ~ erwerben* acquire fame, make o.s. a name.

'**rufen I.** *v/i.* (*irr., h.*) call; cry (out), shout; *um Hilfe ~* cry (*or* call) for help; *~ lassen* send for; **II.** *v/t.* (*irr., h.*) call *a p.* (*a. thea.*); call to, hail; *ins Gedächtnis ~* call to mind; *ins Leben ~* call into being; call (in), summon (*doctor*); *es kommt wie gerufen* it comes in the nick of time; *das kommt mir wie gerufen* that comes in handy.

'**Rufen** *n* (-*s*) shouting, call(ing), shouts *pl.*

Rüffel ['ryfəl] *colloq. m* (-*s*; -) reprimand, dressing-down; **2n** *v/t.* (*h.*) reprimand, upbraid, blow up.

'**Ruf...**: **~mord** *m* character assassination; **~name** *m* name by which (*a p.* is) called, Christian name; **~nummer** *teleph. f* call-number; **~weite** *f* (-): *in ~* within call *or* earshot; **~zeichen** *n* call-sign(al).

Rüge ['ry:gə] *f* (-; -*n*) reproof; reproach, blame; admonition, *sports*: caution; censure; **2n** *v/t.* (*h.*) reprimand, reprove, blame (*wegen* for); find fault with; censure, denounce, *Am. a.* rap.

Ruhe ['ru:ə] *f* (-) rest, repose; sleep; recreation; quiet, silence, stillness; peace, tranquillity; peace of mind, tranquil mind; calm, lull; calm, composure, imperturbability, coolness; patience; leisureliness; *~ vor dem Sturm* lull before the storm; *ewige ~* eternal rest; *in aller ~* very calmly, quietly; *überlege es dir in aller ~* take your time about it; *~ haben vor (dat.)* be unmolested by, be no longer bothered by; *j-m keine ~ gönnen* give a p. no rest, keep a p. on the go; *j-n zur letzten ~ betten* lay a p. to rest; *sich zur ~ begeben* retire to rest, go to bed; *sich zur ~ setzen* retire (from business); *zur ~ bringen* calm, still, silence, hush; → *pflegen*; *~!* silence!, be quiet!, order!; *er war die ~ selbst* he was calm as could be, he was as cool as a cucumber; *laß mich in ~!* let (*or* leave) me alone!; *laß mich damit in ~!* don't bother me with that!; *es ließ ihm keine ~* it haunted him, it was preying on his mind; *colloq. immer mit der ~!* take it easy!, easy does it!, keep your shirt on!; **2bedürftig** *adj.* in need of rest; **~bett** *n* couch, lounge; **~energie** *phys. f* rest energy; **~gehalt** *n* (retiring-)pension, retirement pay; **~gehaltsempfänger(in** *f*) *m* pensioner; **~kissen** *n* pillow; **~lage** *f* → *Ruhestellung*; **2los** *adj.* restless; fidgety; disquieted; **~losigkeit** *f* (-) restlessness.

'**ruhen** *v/i.* (*h.*) rest, repose; *fig.* sleep, be dormant; (rest) idle; be at a standstill, have ceased; *jur.* be suspended *or* in abeyance; *~ auf (dat.)* rest on, be supported by, *fig.* rest on (*a. glance*), be based *or* founded on; *~ lassen* leave unfinished, drop, suspend; *hier ruht* here lies; *er ruhe in Frieden* may he rest in peace; (*ich*) *wünsche wohl zu ~* I wish you a good night('s rest); *laß das Vergangene ~!* let by-gones be by-gones!; *er ruhte nicht, bis* he could not rest till; *tech. ~de Reibung* static friction; *~der Anker el.* stationary armature.

'**Ruhen** *n* (-*s*) rest(ing), repose; recreation; *jur.* suspension of proceedings, abeyance.

'**Ruhe...**: **~pause** *f* pause, breather; *sports*: time out; lull; **~platz** *m* resting-place; **~posten** *m* sinecure; **~punkt** *m* resting-point, *esp. mus.* pause; *tech.* cent|re (*Am.* -er) of gravity, fulcrum; **~sessel** *m* lounge-chair; **~stand** *m* (-[*e*]*s*) state of repose; retirement; *im ~ (i.R.)* retired; *in den ~ treten* retire; *in den ~ versetzen* superannuate, pension off, retire; **~stätte** *f* place of rest, resting-place; retreat; *fig. letzte ~* last resting-place; **~stellung** *f* normal position, *tech. a.* inoperative (*or* idle, neutral) position; *mil.* at ease position; *in die* ~ *zurückkehren* return to normal; **~stifter(in** *f*) *m* peace-maker, *Am.* trouble-shooter; **~störer(in** *f*) *m* disturber of the peace, peacebreaker, rioter; **~störung** *f* breach of the peace, disorderly conduct; disturbance; **~strombetrieb** *el. m* closed circuit working; **~tag** *m* day of rest, off day; **2voll** *adj.* peaceful, quiet; **~zeit** *f* time of rest, off days; off season; **~zustand** *m* (-[e]s) state of rest, dormancy.

ruhig [ˈruːiç] **I.** *adj.* at rest; quiet (*a. colour, econ. market*); still; silent; calm, smooth (*sea*); *tech.* ~*er Gang* smooth running; calm, even-tempered; peaceful, tranquil; nerveless, imperturbable; steady (*nerves*); unruffled; cool(-headed), composed, placid; reassured; serene; leisurely (*a. adv.*); *colloq.* ~*e Sache* soft job; ~ *werden* calm down; *seien Sie deshalb* ~! don't let it worry you!; ~! quiet!, silence!, hush!; **II.** *adv.* quietly, *etc.*; ~ *bleiben* keep one's temper; ~ *schlafen* sleep soundly; *sich* ~ *verhalten* keep quiet, hold one's peace; ~ *verlaufen* be uneventful; easily; *man kann* ~ *behaupten, daß* it is safe to say that; *du kannst* ~ *dableiben* it's all right for you to stay; *das können Sie* ~ *tun!* you are perfectly free to do that!, go right ahead!; *du könntest dir* ~ *mal die Haare schneiden lassen* you could do worse than get a haircut.

Ruhm [ruːm] *m* (-[e]s) glory; fame, *rhet.* renown; praise; → *bedecken*; ˈ**2bedeckt** *adj.* covered with glory; ˈ**~begier(de)** *f* thirst of glory, love of fame.

rühmen [ˈryːmən] *v/t.* (*h.*) praise, laud, commend; extol, glorify, sing the praises of; *sich* ~ (*gen.*) boast of, pride o.s. on; *sich e-r Sache* ~ *können* boast a th., have a th. to one's credit; ~*d erwähnen* make hono(u)rable mention of; *ohne mich zu* ~ without boasting; 2 *n* (-s) praise(s *pl.*); *viel* ~*s machen von* sing the praises of; *er macht nicht viel* ~*s davon* he doesn't make much fuss about it; **~swert** *adj.* praiseworthy, laudable.

Ruhmes... [ˈruːməs-]: **~blatt** *n* page of glory; *es ist kein* ~ *für ihn* it does not do him credit; **~halle** *f* pantheon, *Am.* hall of fame.

ˈ**rühmlich** *adj.* glorious, hono(u)rable; laudable, creditable.

ˈ**Ruhm...**: **2los** *adj.* inglorious; obscure; **~losigkeit** *f* (-) ingloriousness; **2redig** [ˈ-reːdiç] *adj.* vainglorious, boastful; **2reich** *adj.* glorious; **~sucht** *f* (-) thirst for glory.

Ruhr [ruːr] *med. f* (-) dysentery.

Rühr|apparat [ˈryːr-] *m* stirring apparatus, agitator; **~ei** [ˈryːrˀaɪ] *n* scrambled eggs *pl.*

ˈ**rühren I.** *v/i.* (*h.*) stir, move; ~ *an* (*acc.*) touch; *fig.* ~ *von* originate from, be due to; **II.** *v/t.* (*a. sich*) (*h.*) stir, move; *cul., etc.*: stir; beat (*eggs*); *sich* ~ *fig.* be active, hustle, bustle, be up and doing; *sich nicht* (*vom Flecke*) ~ not to budge (an inch); *fig.* make no move, sit tight; fail to write, *etc.*; → *Finger, Trommel*; *fig.* touch; move (*zu Tränen* to tears), affect; *das rührte ihn wenig* it left him cold; *der Schlag hat ihn gerührt* he has had a(n apoplectic) stroke; *vom Schlag gerührt* struck with apoplexy; → *Donner*; *fig. nicht daran* ~! let sleeping dogs lie!; *mil. Rührt euch!* (*Brit.* stand) at ease!; 2 *n* (-s): *ein menschliches* ~ **a)** a touch of human sympathy, **b)** *colloq.* a physical urge; **~d** *adj.* touching, moving; pathetic; heartstirring.

ˈ**rührig** *adj.* active, busy; brisk, energetic, bustling, alert; enterprising, go-ahead; nimble; **2keit** *f* (-) activity; enterprise; alertness; nimbleness.

ˈ**Ruhrkranke(r** *m*) *f* dysenteric patient.

ˈ**Rühr...**: **~löffel** *m* (pot-)ladle; **2selig** *adj.* sentimental, lachrymose; ~*e Geschichte*, ~*es Lied* tear-jerker, sob-stuff; **~stück** *thea. n* melodrama, tearjerker; **~ung** *f* (-) emotion; *vor* ~ *nicht sprechen können* be choked with emotion.

Ruin [ruˈˀiːn] *m* (-s) ruin; decay; (down)fall; *das ist noch sein* ~ that will be his undoing yet; **~e** *f* (-; -*n*) ruin(s *pl.*); *fig.* (*person*) wreck; **2enhaft** *adj.* in ruins, decayed.

ruinier|en [ruiˈniːrən] *v/t.* (*and sich*) (*h.*) ruin (o.s.); destroy, wreck; spoil (*clothes*); **~t** *adj.* lost, broken, smashed up.

Rülps [rylps] *colloq. m* (-es; -e), ˈ**2en** *v/i.* (*h.*) belch.

rum [rum] *colloq.* → *herum*(...).

Rum [rum] *m* (-s; -s) rum.

Rumän|e [ruˈmɛːnə] *m* (-*n*; -*n*), **~in** *f* (-; -*nen*), **2isch** *adj.* Ro(u)manian.

Rummel [ˈruməl] *m* (-s) hurly-burly, racket, row; (hustle and) bustle; revel; ballyhoo; stir, to-do; *der ganze* ~ the whole bag of tricks, the whole business; *econ. im* ~ in the lump; *colloq. den* (*ganzen*) ~ *kennen* know what's what, know the ropes; **~platz** *m* amusement park.

rumoren [ruˈmoːrən] *v/i.* (*h.*) make a noise, kick up a row; *fig.* rumble; *es rumorte im Volke* there was a growing unrest among the people.

Rumpel|kammer [ˈrumpəl-] *f* lumber-room; **~kasten** *fig. m* rattletrap; **2n** *v/i.* (*h.*) rumble.

Rumpf [rumpf] *m* (-[e]s; ⸚e) trunk, body; torso; *of slaughter cattle*: carcass; *mar.* hull; *aer.* fuselage, body.

rümpfen [ˈrympfən] *v/t.* (*h.*): *die Nase* ~ (*über acc.*) turn up one's nose (at), sniff (at).

rund [runt] **I.** *adj.* round (*a. fig.* figure, sum); circular; spherical; cylindrical; rotund(ate) (*a. arch.*); plump, podgy; plain, flat (*refusal, etc.*); *Besprechungen am* ~*en Tisch* round table conference; **II.** *adv.*: ~ *machen* round (off); ~ *um die Welt* round the world; about ..., ... or so; in round figures; *refuse* flatly; *say* plainly (and bluntly); → *rundheraus*; ˈ**2antenne** *f* omnidirectional aerial (*Am.* antenna); **~bäckig** [ˈ-bɛkiç] *adj.* chubby (-cheeked); ˈ**2bau** *m* (-[e]*s*; -*ten*) circular building, rotunda; ˈ**2bleche** *tech. n/pl.* circles; ˈ**2blick** *m* panorama, view all (a)round; ˈ**2blickfernrohr** *n* panoramic telescope; ˈ**2bogen** *arch. m* round (*or* Norman) arch; ˈ**2brenner** *m* round (*or* ring) burner.

Runde [ˈrundə] *f* (-; -*n*) round; circle; round, patrol; *policeman's* beat; party, company; *sports*: lap; *boxing*: round; *in der* (*or die*) ~ (a)round; *die* ~ *machen* do the (*or* go one's) round, *cup, etc.*: be passed round, circle, *news, etc.* go the round; *colloq.* e-e ~ *spendieren or ausgeben* stand a round of drinks; *boxing*: *über die* ~*n kommen* remain on one's feet, go the distance (*a. fig.*).

ˈ**Rund-eisen** *tech. n* round iron, rod.

ˈ**runden** *v/t.* (*h.*) round; *fig.* round off; *sich* ~ (*h.*) grow round; *fig. das Bild rundet sich* the picture is beginning to take shape.

ˈ**Rund...**: **~erlaß** *m* circular (notice); **2erneuern** *mot. v/t.* (*h.*) retread (*tyres*); **~fahrt** *f* drive round *a town, etc.*: → *Rundreise*; **~fahrtwagen** *m* sight-seeing car; **~flug** *m* round flight; **~frage** *f* inquiry (by circular), poll.

ˈ**Rundfunk** *m* (-[e]s) broadcast(ing), wireless, *esp. Am.* radio; broadcasting system, radio network; *im or durch* ~ over the wireless, *esp. Am.* on the radio, on *or* over the air; *im* ~ *auftreten, sprechen* speak over the radio, *Am. a.* be *or* go on the air; *durch* ~ *übertragen* broadcast; → *Funk..., Radio...*; **~ansager** *m* (radio) announcer; **~ansprache** *f* radio address; **~empfänger** *m* radio (*Br. a.* wireless) receiver; **~entstörungsdienst** *m* interference suppression service; **~gebühr** *f* radio receiver fee; **~gerät** *n* radio (set), *Br. a.* wireless (set); **~gesellschaft** *f* broadcasting company; **~hörer** *m* (radio) listener, *pl. a.* (radio) audience; **~netz** *n* radio network; **~programm** *n* radio program(me); **~sender** *m* broadcast transmitter; radio station; **~sendung** *f* radio transmission, broadcasting; broadcast, radio presentation; program(me); **~sprecher** *m* broadcaster, (radio) announcer; **~station** *f* broadcasting (*or* radio) station; **~technik** *f* (-) radio engineering; **~teilnehmer** *m* (radio) listener, subscriber; **~übertragung** *f* → *Rundfunksendung*; **~welle** *f* broadcast wave; **~werbung** *f* radio advertising.

ˈ**Rund...**: **~gang** *m allg.* tour, *esp. mil.* round; circuit; **~gesang** *m* glee, roundelay; catch; **~heit** *f* (-) roundness; **2heraus** *adv.* in plain terms, plainly (and bluntly), flatly, point-blank; **2herum** *adv.* round about, all (a)round, round and round; **~holz** *n* round timber; **~kopfschraube** *tech. f* round-head(ed) screw; **~lauf** *m gym.* giant-stride; *tech.* concentric running; **2lich** *adj.* round(ish); rotund;

plump, podgy; roly-poly; **~reise** *f* circular tour, *Am.* round trip; **~reisebillet** *n*, **~reisekarte** *f* circular (tour) ticket, *Am.* round-trip ticket; **2schädelig** *adj.* round-headed; **~schau** *f* panorama; review; **~schleifen** *tech. n* (-s) cylindrical (*or* plain) grinding; **~schreiben** *n* circular letter; *durch ~ benachrichtigen or mitteilen* circularize; **~schrift** *f* roundhand; **~stab** *tech. m* rod, post; **~stahl** *tech. m* round iron; **~strahlantenne** *f* omnidirectional aerial, *Am.* nondirective antenna; **~strecke** *f* circuit; **~strickmaschine** *f* circular knit frame; **~tanz** *m* round dance; **2'um** *adv.* round about, all (a)round; on all sides; **~ung** *f* (-; -en) roundness; swelling; curve (*a. humor. of women*); **~verkehr** *m* roundabout traffic; **2weg** ['-vɛk] *adv.* plainly, flatly, pointblank; **~wirkstuhl** *m* circular spring needle machine; **~zange** *f* (e-e ~ a pair of) round-nosed pliers *pl.*

Rune ['ru:nə] *f* (-; -n) rune, runic letter; **~nschrift** *f* runic characters *or* writing, runes *pl.*; **~nstab** *m* runic wand; **~nstein** *m* rune-stone.

Runge ['ruŋə] *f* (-; -n) stake, stanchion; **~nwagen** *rail. m* plattform car, *Am.* flat-car.

Runkel ['ruŋkəl] *f* (-; -n), **~rübe** *f* beet(root).

runter ['runtər] *colloq.* → *herunter(...)*.

Runzel ['runtsəl] *f* (-; -n) wrinkle; pucker; *~n bekommen* wrinkle, get wrinkles.

'runz(e)lig *adj.* wrinkled, puckered; shrivelled (up).

'runzeln *v/t.* (*and sich*) (*h.*) wrinkle, form wrinkles, crease; shrivel; *die Stirne ~* knit one's brows, frown.

Rüpel ['ry:pəl] *m* (-s; -) boor, lout; **2haft** *adj.* coarse, loutish, boorish, rude.

rupfen ['rupfən] *v/t.* (*h.*) pull up *or* out, pick; pluck (*chicken, etc.*); *fig. j-n ~* fleece a p.; → *Hühnchen*.

Rupie ['ru:piə] *f* (-; -n) rupee.

ruppig ['rupiç] *adj.* unkempt, ragged; shabby; gruff, rough, rude.

Rüsche ['ry:ʃə] *f* (-; -n) ruche, frill, ruffle.

Ruß [ru:s] *m* (-es) soot; *tech.* lampblack; *bot.* smut.

Russe ['rusə] *m* (-n; -n) Russian.

Rüssel ['rysəl] *m* (-s; -) (elephant's) trunk, proboscis; *of swine*: snout; *of insect*: sucking tube, proboscis; **~käfer** *m* weevil; **~tier** *n* proboscidian.

'rußen I. *v/i.* (*h.*) *lamp*: smoke; **II.** *v/t.* (*h.*) soot, blacken.

'Ruß...: ~fleck *m* smut; **~flocke** *f* soot flake; **2ig** *adj.* sooty; *bot.* smutty.

'Russin *f* (-; -nen) Russian.

'russisch *adj.* Russian, of Russia; *auf or in ~* in Russian; **~-deutsch** *adj.* Russo-German.

rüsten ['rystən] **I.** *v/t.* (*h.*) prepare (*auf acc., zu* for); → *ausrüsten*; **II.** *v/i.* (*a. sich*) (*h.*) prepare, get ready (*zu* for); *mil.* arm, prepare for war; mobilize; *arch.* raise a scaffolding; *gerüstet fig.* armed, prepared, ready.

'Rüsten *n* (-s) → *Rüstung*.

Rüster ['ry:stər] *bot. f* (-; -n) elm.

'Rüstgewicht *aer. n* structural weight.

'rüstig *adj.* vigorous, robust, strong; well-preserved, hale (and hearty); active; alert, spry; *er ist (für sein Alter) noch ~* he bears his years well; brisk, nimble; **2keit** *f* (-) vigo(u)r; activity; unimpaired strength.

'Rüst...: ~material *arch. n* scaffolding; **~stange** *f* scaffolding-pole.

'Rüstung *f* (-; -en) preparations *pl.*; *mil.* arming, armament; mobilization; *tech.* utensils, implements *pl.*; → *Ausrüstung*; *hist.* armo(u)r; *arch.* scaffold(ing).

'Rüstungs...: ~auftrag *m* defence contract; **~beschränkung** *f* armament restriction; **~betrieb** *m* armament (*or* war) plant; **~fabrik** *f* armaments factory; **~industrie** *f* armaments (*or* war) industry; **~hausse** *f* armaments boom; **~material** *n* war material; **~produktion** *f* defence (*or* war) production; **~werk** *n* → *Rüstungsbetrieb*; **~wettlauf** *m* armament race; **~zentrum** *n* war production cent|re, *Am.* -er.

'Rüstzeug *n* (-[e]s) armo(u)r; (set of) tools, implements *pl.*; *fig.* (*geistiges* mental) equipment.

Rute ['ru:tə] *f* (-; -n) rod; switch; *anat.* penis; *hunt.* tail, *esp. of fox*: brush; *ancient measure*: perch, pole; *j-m die ~ geben* whip (*or* switch) a p.; **~nbündel** *n* bundle of rods, fag(g)ot; *pl. hist.* fasces *pl.* (*of lictors*); **~ngänger** ['-ŋɛŋər] *m* (-s; -) dowser, (water-)diviner.

Rutsch [rutʃ] *m* (-es; -e) slide, glide; landslip, *Am.* landslide; *colloq.* short trip; **'~bahn** *f* slide, shoot, chute, *amusement park*: chute, *Am.* chute-the-chutes; **'~e** *tech. f* (-; -n) chute, shoot; **'2en** *v/i.* (*sn*) slide, glide; *a. mot. clutch*: slip; *vehicle*: skid; *aer.* sideslip; *soil*: roll down, crumble; *colloq. fig.* make headway; **'~partie** *f* (downhill) slide; trip, jaunt; **'2sicher** *adj.* nonskid.

rütteln ['rytəln] *v/t. and v/i.* (*h.*) shake, jog; *car*: jolt; *tech.* vibrate; *an der Tür ~* rattle at the door; *aus dem Schlafe ~* shake *a p.* up; *fig. ~ an* assail, shake, undermine; *ein gerüttelt(es) Maß* a full (*or* good) measure; *daran ist nicht zu ~* that's a fact.

'Rüttler *tech. m* (-s; -) vibrator.

S

S [ɛs], **s** *n* S, s.

Saal [za:l] *m* (-[e]s; *Säle*) hall; assembly-room.

Saat *agr.* [za:t] *f* sowing; seed (*a. fig.*); standing (*or* growing) crops *pl.*; *in ~ schießen* run to seed; **'~beet** *n* seedbed; **'~beizmittel** *n* seed disinfectant; **'~bestellung** *f* sowing; **'~feld** *n* cornfield; **'~fläche** *f* seeded land; **'~getreide** *n* cereal seed; **'~gut** *n* (-[e]s) seeds *pl.*; seed(lings *pl.*); **'~kartoffel** *f* seed-potato; **'~korn** *n* seed(-corn); **'~krähe** *f* rook; **'~krankheit** *f* seed-borne disease; **'~schulpflanze** *f* nursery-grown plant; **'~zeit** *f* sowing-time.

Sabbat ['zabat] *m* (-s; -e) Sabbath; **'~jahr** *n* Sabbatical year; **~schänder(in** *f*) *m* Sabbath-breaker; **~schändung** *f* Sabbath-breaking.

sabbern ['zabərn] *v/i.* (*h.*) dribble, slaver, *Am.* drool; twaddle.

Säbel ['zɛ:bəl] *m* (-s; -) sab|re, *Am.* -er, sword; *fig. pol. mit dem ~ rasseln* rattle the sabre; **~beine** *n/pl.* bandy-legs, bow-legs; **2beinig** *adj.* bandy-legged, bow-legged; **~fechten** *n* sabre fencing; **~hieb** *m* sabre-cut, sword-cut; **2n** *v/t.* (*h.*) (cut with a) sabre; *fig.* cut, hack; **~rasseln** *n* sabre-rattling; **~raßler** ['-raslər] *m* (-s; -) sabre-rattler; **~scheide** *f* scabbard, sheath.

Sabo|tage [zabo'ta:ʒə] *f* (-; -n) sabotage (*a. v/i. ~ treiben*); **~'tageabwehr** *f* counter-sabotage; **~teur** [-'tø:r] *m* (-s; -e) saboteur; **2'tieren** *v/t.* (*h.*) sabotage, *fig. a.* torpedo.

Sacharin [zaxa'ri:n] *n* (-s) saccharin(e).

Sach|anlagevermögen ['zax-] *econ. n* tangible fixed assets *pl.*; **~bearbeiter** *m* referee, official in charge; case worker; **~beschädigung** *f* damage to property; wilful destruction; **~bezüge** *m/pl.* receipts in kind; **~darstellung** *jur. f* statement of facts, stated case; **2dienlich** *adj.* relevant, appropriate, pertinent; useful, helpful.

Sache ['zaxə] *f* (-; -n) thing, object; affair, matter, business, concern; circumstance; fact; point; issue; case; *jur.* case, (*a. w.s.*) cause; event; *beschlossene ~* foregone conclusion; *e-e ~ für sich* a matter apart; *e-e große ~* a big affair; *jur. in ~n A. gegen B.* in the matter of (*or* in re) A. versus B.; *parl. zur ~!* question!, to the subject!; (*nicht*) *zur ~* (*gehörig*) (ir)relevant, *pred. a.* to (off) the point; *bei der ~ bleiben* stick to the point; *bei der ~ sein* be attentive (*or* intent), *w.s.* be heart and soul in a th., be on the job; *für e-e gute ~ kämpfen* fight for a good cause; *gemeinsame ~ machen mit* make common cause with; *s-e ~ gut* (*schlecht*) *machen* acquit o.s. well (ill), do one's job well (badly); *s-r ~ sicher sein* be sure of one's ground; *s-e ~ vorbringen* state one's case; *jur. sich zur ~ äußern* refer to the merits (of the case); *zur ~ kommen* come to the point, get down to business; *das ist nicht jedermanns ~* that's not in everybody's line; *das tut nichts zur ~* that makes no difference; *colloq. das ist ~!* that's a hot stuff!; *es ist s-e ~* it is his business (*zu* to *inf.*), it is his look-out; *das ist nicht deine ~* that's no business of yours; *es ist ~ des Gerichts, zu entscheiden, ob* it is for the court to decide whether; *er war nicht bei der ~* he was absent-minded *or* inattentive, his mind was not on his work; *so steht die ~* that's how matters stand; *colloq. mach keine ~n!* you don't say so! → *Mätzchen*; *mot. mit 100 ~n* with 60 miles per hour; *~n pl.* **a)** things, effects, belongings, chattels, **b)** luggage, *Am.* baggage, **c)** clothes, things, **d)** furniture *sg.*

'**Sach...: ~einlage** *econ. f* contribution in kind; **~enrecht** *jur. n* (-[e]s) law of things; **~entscheidung** *jur. f* decision on the merits; **~gebiet** *n* subject, field; **2gemäß** *adj.* pertinent, appropriate; proper(ly *adv.*); **~katalog** *m* subject catalog(ue); **~kenner** *m*, **~kundige(r** *m*) ['-kundigə(r)] *f* expert; connoisseur; **~kenntnis, ~kunde** *f* (-) expert (*or* special) knowledge, experience; **2kundig** *adj.* (*and adv.*) expert(ly), competent(ly); experienced, versed (in a th.); skilled; **~lage** *f* state of affairs *or* things, position, facts *pl.*; *bei dieser ~* under these circumstances, as matters stand; **~leistung** *f* performance (*or* payment) in kind.

'**sachlich I.** *adj.* real; relevant, pertinent, material; *pred.* to the point; matter-of-fact, businesslike, realistic; essential; factual, technical; unbiassed, impartial; detached (*view*); objective; *tech.* functional (*design*); *arch.* practical (*style*); *aus ~en Gründen* for technical reasons; on material grounds; → *Zuständigkeit*; **II.** *adv.* to the point; matter-of-factly, *etc.*; *~ einwandfrei or richtig* factually correct, correct in essentials.

sächlich ['zɛçlic] *gr. adj.* neuter.

'**Sachlichkeit** *f* (-) reality; relevance; matter-of-factness, realism; impartiality; objectivity; functionalism; *arch. die Neue ~* the new practicality.

'**Sach...: ~register** *n* (subject) index; **~schaden** *m* damage to property, material damage.

Sachse ['zaksə] *m* (-n; -n) Saxon.

Sächs|in *f* ['zɛksin], **2isch** *adj.* Saxon.

Sachspende ['zaxʃpɛndə] *f* gift in kind.

'**sacht, ~e** ['zaxt(ə)] *adv.* softly, gently; gingerly, cautiously; gradually; slowly; *~e!* gently!, easy does it!; *immer ~e!* come, come!, take it easy!, draw it mild!

Sach...: ~verhalt ['-fɛrhalt] *m* (-[e]s; -e) facts *pl.* (of the case); circumstances *pl.*; *den ~ darlegen* state the facts; '**~vermögen** *n* material assets *pl.*, tangible property; '**2verständig** *adj.* (*and adv.*) expert(ly), competent(ly); '**~verständige(r)** *m* expert, specialist, authority (*in dat., für* on); *jur.* expert witness; '**~verständigengutachten** *n* expert opinion; '**~walter** ['-valtər] *m* (-s; -) legal adviser; solicitor, counsel; administrator; trustee; agent, attorney; '**~wert** *m* real value; *~e pl.* material assets *pl.*; '**~wörterbuch** *n* encyclop(a)edia.

Sack [zak] *m* (-[e]s; ⸚e) sack; bag; purse; (*anat., zo. a.* ink) sac; *fig.* → *Katze*; *mit ~ und Pack* with bag and baggage; *in ~ und Asche gehen* repent in sackcloth and ashes; *j-n in den ~ stecken* outwit (*or* get the better of) a p., be heads and shoulders above a p.

Säckel ['zɛkəl] *m* (-s; -) purse, money-bag.

sacken ['zakən] **I.** *v/t.* (*h.*) put into sacks, sack; **II.** *v/i.* (*sn*) (*a. sich ~*) sink, give way, sag; *sich ~ clothes, etc.*: bag.

'**Sack...: 2förmig** ['-fœrmiç] *adj.* baggy; **~garn** *n* sack-thread; **~gasse** *f* blind alley, cul-de-sac (*Fr.*), *Am. a.* dead end (road); *fig.* deadlock, impasse; *in e-e ~ gelangen* reach a deadlock; **2grob** *adj.* very rude; **~hüpfen** *n* (-s) sack-race; **~leinen** *n*, **~leinwand** *f* sacking, sack-cloth, burlap; **~pfeife** *f* bagpipe; **~tuch** *n* (-[e]s; ⸚er) sacking; pocket-handkerchief; **~voll** *m* (-s) sackful; *fig.* bagful; **~zwirn** *m* sack-twine.

Sadis|mus [za'dismus] *m* (-) sadism; **~t** *m* (-en; -en), **~tin** *f* (-; -nen) sadist; **2tisch** *adj.* sadistic.

säen ['zɛːən] *v/t. and v/i.* (*h.*) sow; *fig. dünn gesät* sparse, scarce.

'**Säen** *n* (-s) sowing, seeding (the land).

Safe [zeːf] *m* (-s; -s) safe(-deposit box); strongroom.

Saffian ['zafian] *m* (-s) morocco (leather); **~einband** *m* morocco-binding.

Safran ['zafraːn] *m* (-s; -e) saffron; **2gelb** *adj.* saffron (yellow).

Saft [zaft] *m* (-es; ⸚e) *of trees, etc.*: sap; *of fruit, meat*: juice; gravy; *physiol.* gastric juice; *Säfte pl. des Körpers* humo(u)rs of the body; *fig. ohne ~ und Kraft* pithless, wishy-washy; '**~grün** *n* sap-green; '**2ig** *adj.* sappy, juicy, succulent; lush; *fig.* sappy; juicy, spicy (*joke*); *~e Niederlage* crushing defeat; *~e Ohrfeige* resounding slap; '**2los** *adj.* sapless; juiceless; *fig.* pithless, wishy-washy.

Sage ['zaːgə] *f* (-; -n) legend, myth, fable; tradition; *fig. die ~ geht* the story goes.

Säge ['zɛːgə] *f* (-; -n) saw; **2artig** *adj.* sawlike, serrate(d); **~blatt** *n* saw-blade; **~bock** *m* saw-horse, *Am. a.* sawbuck; **~fisch** *m* sawfish; **2förmig** ['-fœrmiç] *adj.* → *sägeartig*; **~mehl** *n* sawdust; **~mühle** *f* sawmill.

sagen ['zaːgən] *v/t. and v/i.* (*h.*) say; *j-m et. ~* tell a p. a th.; → *Dank, Meinung, etc.*; *j-m et. ~ lassen* send a p. word; *sich ~, daß* tell o.s. that; *et.* (*nichts*) *zu ~ haben bei* have a (have no) say in; *du hast mir nichts zu ~* I won't be ordered about by you; *~ Sie ihm, er soll kommen* tell him to come; *er sagt nur so* he doesn't mean it; *was willst du damit ~?* what do you mean by that?; *sagt dir das etwas?* does that mean anything to you?; *wie sagt man ... auf englisch?* what is the English for ...?; *das hat nichts zu ~* it doesn't matter, it makes no difference, never mind; *das will (nicht) ~* that is (not) to say; *das will viel ~* that is saying a lot; *das sagt man nicht* that's not the proper thing to say; *das kann man wohl ~* you may well say so, *Am.* you can say that again; *ich habe mir ~ lassen* I have been told that; *er läßt sich nichts ~* he won't listen to reason; *laß dir das gesagt sein* let it be a warning to you, put that in your pipe and smoke it; *laß dir von mir ~* take it from me; *man sagt, er sei tot* they say he is dead, he is said to be dead; *was Sie nicht ~!* you don't say!; *wenn ich so ~ darf* if I may say so; *ich muß schon ~* I daresay; *wem ~ Sie das?* you are telling me!; *es ist nicht zu ~* it is incredible, it is fantastic; *wie man so sagt* as the saying (*or* phrase) goes; *~ wir zehn Stück* (let's) say ten pieces; *sage und schreibe* no less than, as much as, to the tune of; *sage und schreibe e-e Stunde lang* for a solid hour; *es ist nicht gesagt, daß* that does not (necessarily) mean that; *unter uns gesagt* between you and me (and the bedpost); *wie gesagt* as I said; *gesagt, getan* no sooner said than done.

sägen ['zɛːgən] *v/t. and v/i.* (*h.*) saw.

'**Sagen...: 2haft** *adj.* legendary, mythical, fabulous; *colloq. fig.* incredible; (*adv.*) *~* (*schön*) marvellous; **~kreis** *m* legendary cycle; **~schatz** *m* legends *pl.*, folklore; **2umwoben** *adj.* legendary, epic, storied.

Säger ['zɛːgər] *m* (-s; -) sawyer.

'**Säge...: ~späne** *pl.* sawdust *sg.*; **~werk** *n* sawmill; **~zahn** *m* saw-tooth; **~zahnstrom** *el. m* (-[e]s) sawtooth current.

Sago ['zaːgo] *m* (-s) sago.

sah [zaː] *pret. of sehen.*

Sahne ['zaːnə] *f* (-) cream; **~bonbon** *m, n* (cream) toffee, *Am.* taffy; **~butter** *f* creamery butter; **~eis** *n* icecream; **~käse** *m* cream cheese.

'**sahnig** *adj.* creamy.

Saison [zɛ'zɔŋ] *f* (-; -s) season; *stille ~* dead season, off-season; **~arbeit(er** *m*) *f* seasonal work(er); **~ausverkauf** *m* end-of-season sale; **2bedingt, 2mäßig** *adj.* seasonal; **~schwankungen** *f/pl.* seasonal fluctuations.

Saite ['zaɪtə] *f* (-; -n) string, chord (*a. fig.*); *mit ~n beziehen* string; *fig.* → *aufziehen*; **~n-instrument** *n* stringed (*or* string-)instrument; **~nspiel** *n* string-music; lyre.

Sakko ['zako] *m* (-s; -s) lounge jacket, sack coat; **~anzug** *m* lounge suit, *Am.* business suit.

sa'kral [za'kraːl] *adj.* sacral.

Sa'kralgegend *anat. f* sacral region.

Sakrament [zakra'mɛnt] *n* (-[e]s; -e) sacrament; → *Abendmahl*.
Sakri|stan [zakris'tɑ:n] *m* (-s; -e) sexton, sacristan; **~stei** [-kris'taɪ] *f* (-; -en) vestry.
säkular [zɛ:ku'lɑ:r] *adj.* secular; **2feier** *f* centenary (celebration).
säkularisieren [-lari'zi:rən] *v/t.* (*h.*) secularize.
Salamander [zala'mandər] *m* (-s; -) salamander.
Salami [za'lɑ:mi] *f* (-; -) salami; **~taktik** *fig. f* salami (*or* piecemeal) tactics *pl.*
Salat [za'lɑt] *m* (-[e]s; -e) salad; lettuce; *colloq. fig. da haben wir den ~!* there we are!; **~besteck** *n* salad-servers *pl.*; **~kopf** *m* head of lettuce; **~öl** *n* salad-oil; **~schüssel** *f* salad-bowl.
salbadern [zal'bɑ:dərn] *v/i.* (*h.*) twaddle, prate.
Salband ['zɑ:lbant] *arch. n* (-[e]s; ⸗er) list, selvedge, selvage; *geol.* wall (of a lode).
Salbe ['zalbə] *f* (-; -n) ointment, *usu. fig. or in compounds* salve; liniment; pomade.
Salbei [zal'baɪ] *m* (-s) *and f* (-) sage.
salben ['zalbən] *v/t.* (*h.*) rub with ointment, apply salve to, grease; *j-n zum Könige ~* anoint a p. king.
Salb·öl ['zalpˀø:l] *eccl. n* consecrated oil.
'**Salbung** *f* (-; -en) anointing, (*a. fig.*) unction; **2svoll** *adj.* unctuous.
saldier|en [zal'di:rən] *econ. v/t.* (*h.*) balance, settle; clear; *~ mit* set off *a. th.* against; **2ung** *f* (-; -en) balancing, settlement; clearance.
Saldo ['zaldo] *econ. m* (-s; -den) balance; *den ~ ziehen* strike the balance; *e-n ~ ausweisen* show a balance; **~vortrag** *m* balance carried forward; **~wechsel** *m* draft for the balance.
Saline [za'li:nə] *f* (-; -n) salt-pit, salt-works *pl.*
Salizyl [zali'tsy:l] *chem. n* (-s; -e) salicyl; **~säure** *f* (-) salicylic acid.
Salm [zalm] *m* (-[e]s; -e) *ichth.* salmon; *fig. langer ~* long rigmarole (*or* yarn).
Salmiak [zalmi'ak] *m* (-s) sal ammoniac, ammonium chloride; **~geist** *m* (-es) liquid ammonia.
Salomo(n) ['zɑ:lomo, -mɔn] *m* (-s) Solomon; *Hohe Lied ~nis* Song of Solomon; **salo'monisch** *adj.* Solomonic.
Salon [za'lɔŋ] *m* (-s; -s) drawing-room, *Am.* parlor; *mar., a. of hairdressers*: saloon; *~ für Schönheitspflege* beauty-parlo(u)r; **~bolschewist** *m* drawing-room Bolshevist, *Am.* parlor Red, pink; **2fähig** *adj.* presentable, fit for good society; *nicht ~* blue, *Am.* off-color (*joke, etc.*); **~held, ~löwe** *m* lady's man, *Am.* lounge-lizard; **~wagen** *m* saloon-carriage *or* -car; *Am.* Pullman (*or* parlor) car.
salopp [za'lɔp] *adj.* careless, slovenly, sloppy; *w.s.* nonchalant, casual.
Salpeter [zal'pe:tər] *chem. m* (-s) saltpetre, nitre, *Am.* saltpeter, niter; **2artig** *adj.* nitrous; **~bildung** *f* nitrification; **~erde** *f* nitrous earth; **~grube** *f* saltpetre mine; **2haltig** *adj.* nitrous, nitric; **2ig** (*usu.* **salpetrig**) *adj.* nitrous; **2sauer** *adj.* nitric, nitrate of; **~säure** *f* (-) nitric acid.
Salto ['zalto] *m* (-s; -s) somersault, airspring, salto; *~ mortale* breakneck leap.
Salut [za'lu:t] *m* (-[e]s; -e) salute; *~ schießen* fire salutes.
salutieren [zalu'ti:rən] *v/t. and v/i.* (*h.*) salute.
Salve ['zalvə] *f* (-; -n) volley; round (*a. fig. of applause*), *a. mar.* salvo; *mar.* broadside; *in honour of s.o.*: salute; *e-e ~ abgeben* fire a volley, *etc.*; **~nfeuer** *n* volley fire, *mar.* salvo fire.
Salweide ['zɑ:l-] *bot. f* (great) sallow.
Salz [zalts] *n* (-es; -e) salt; *in ~ legen* salt away (*or* down); *fig.* salt, seasoning; *das ~ der Erde* the salt of the earth; '**2artig** *adj.* saline; '**~bad** *n* salt bath; '**~bergwerk** *n* salt mine; '**~brühe** *f* brine, pickle; '**2en** *v/t.* (*h.*) salt, season *or* pickle (with salt); *gesalzen* salt, pickled; *fig.* season, spice; *gesalzen* piquant, spicy; exorbitant, steep (*prices*); '**~faß,** '**~fäßchen** *n* salt-cellar; '**~fleisch** *n* salt meat; '**~gehalt** *m* (-[e]s) proportion of salt; '**~geschmack** *m* (-[e]s) salty taste; '**~grube** *f* salt-pit *or* -mine; '**~gurke** *f* pickled gherkin (*or* cucumber); '**2haltig** *adj.* saline, saliferous; '**~hering** *m* salt(ed) *or* pickled herring; '**2ig** *adj.* salty, briny; brackish; → *salzhaltig*; '**~igkeit** *f* (-) saltness, salty taste; '**~korn** *n* grain of salt; '**~lake,** '**~lauge** *f* brine, pickle; '**2los** *adj.* salt-free (*diet*); '**~napf** *m* salt-cellar; '**~säule** *f bibl.* pillar of salt; '**~säure** *chem. f* (-) hydrochloric (*or* muriatic) acid; '**~see** *m* salt-lake; '**~sieder** *m* salt-maker; '**~siede'rei** *f* salt-works *pl.*; '**~sole** *f* brine; '**~steuer** *f* salt-tax; '**~streuer** *m* salt shaker; '**~wasser** *n* (-s; ⸗) salt-water, brine; '**~werk** *n* salt-works *pl.*, saltern.
Sämann ['zɛ:-] *m* (-[e]s; ⸗er) sower.
Samariter [zama'ri:tər] *m* (-s; -) (*barmherziger* good) Samaritan.
'**Sämaschine** *f* sowing-machine, seeder, corn-drill.
Same(n) ['zɑ:mə(n)] *m* (-ns; -n) seed; *zo.* sperm; *of man*: semen; *fig.* seed, germ, source; seed, offspring.
'**Samen...:** **~behälter** *m* seed-vessel, pericarp; **~bildung** *f* seed formation; *physiol.* spermatogenesis; **~drüse** *anat. f* testicle, testis; **~erguß** *m* seminal discharge *or* emission; **~faden** *m* spermatozoon; **~flüssigkeit** *f* seminal fluid; **~gang** *m* spermatic duct; **~gehäuse** *n bot.* pericarp; → *Samenbehälter*; **~händler** *m* seedsman; **~handlung** *f* seed-shop; **~kapsel** *bot. f* (seminal) capsule; **~korn** *n* grain of seed; **~leiter** *m* → *Samengang*; **~pflanze** *f* seedling; **~strang** *anat. m* spermatic cord; **~staub** *bot. m* pollen; **~tierchen** *n* spermatozoon; **2tragend** *adj.* seed-bearing; **~zelle** *f* sperm cell.
Sämereien [zɛ:mə'raɪən] *f/pl.* seeds.
sämig ['zɛmiç] *adj.* thick, viscid, creamy.
sämisch ['-iʃ] *adj.* chamois-dressed; **2gerber** *m* chamois-dresser; **2leder** *n* chamois *or* shammy(-leather).
Sammel|aktion ['zaməl-] *f* fund-raising drive; salvage campaign; '**~album** *n* file, scrapbook; '**~anschluß** *teleph. m* collective numbers *pl.*; '**~band** *m* omnibus volume; '**~becken** *n* reservoir, (collecting *or* storage) tank; *geogr.* catchment basin; '**~behälter** *m*, '**~büchse** *f* collecting-box; '**~bezeichnung** *f* collective name; '**~depot** *econ. n* collective deposit (of securities); '**~elektrode** *el. f* collector; '**~fahrschein** *rail. m* group ticket; '**~gebiet** *n* catchment area; '**~gespräch** *teleph. n* conference call; '**~girokonto** *n* collective security deposit account; '**~güter** *econ. n/pl.* miscellaneous goods, mixed consignment(s *pl.*); '**~konto** *n* general account; '**~ladung** *f* collective consignment, joint-cargo system; '**~lager** *n* collecting point; assembly camp; '**~leitung** *f* distributing main; '**~linse** *opt. f* collecting (*or* convex) lens; '**~liste** *f* collecting list; '**~mappe** *f* file; loose-leaf booklet, folder.
'**sammeln I.** *v/t.* (*h.*) gather; pick (*flowers*), glean (*corn ears*); collect (*stamps, money, etc.*; *a. tech.*); heap (*or* pile, treasure) up, accumulate, amass; hoard up; harvest; concentrate (*a. mil.* = mass); *opt.* focus; compile; canvass (*orders, votes*); assemble, rally; *sich ~* gather, collect, accumulate; assemble, meet, rally, flock together; *fig.* collect one's thoughts, concentrate; compose o.s., recover o.s.; **II.** *v/i.* (*h.*) collect money (*für* for), raise a subscription (for), send round the hat (for); *mil. ~!* assemble!
'**Sammel...:** **~name** *m* collective name; **~nummer** *teleph. f* collective number; **~paß** *m* collective passport; **~platz, ~punkt** *m* meeting-place, place of assembly; *mar., mil.* rendezvous; collecting point, depot, dump; **~posten** *econ. m* aggregate item; **~rohr** *tech. n* header; **~schiene** *el. f* collecting bar, bus bar; **~sendung** *econ. f* collective consignment; **~stelle** *f* collecting point, (central) depot; **~surium** [-'zu:rium] *n* (-s; -rien) omnium-gatherum; medley, jumble; **~tag** *m* flag day; **~teller** *m* collection plate; **~transport** *m* collective transport; **~werk** *n* compilation; **~wort** *gr. n* (-[e]s; ⸗er) collective noun; **~wut** *f* collector's mania.
Sammet ['zamət] *m* (-[e]s; -e) → *Samt.*
Sammler ['zamlər] *m* (-s; -), **~in** *f* (-; -nen) collector; gatherer; *tech.* (*pipe*) header; *el.* accumulator, storage battery; → '**~batterie,** '**~ladeeinrichtung** *el. f* battery charger equipment; '**~stück** *n* collector's item; '**~zelle** *el. f* storage-cell.
'**Sammlung** *f* (-; -en) gathering, collecting, *etc.*; *~ zu wohltätigen Zwecken* collection for charity; (*things*) collection; compilation; selection; anthology; digest; *fig.*

collectedness, composure; concentration.
Sams·tag ['zams?tɑ:k] *m* (-[e]s; -e) Saturday; *des* ~*s*, 2*s* on Saturdays.
samt [zamt] **I.** *adv.*: ~ *und sonders* each and all, all of them (*or* you), the whole lot; **II.** *prp.* (*dat.*) together with, along with, including.
'**Samt** *m* (-[e]s; -e) velvet; *baumwollener* ~ velveteen; *in* ~ *und Seide* in silk(s) and satin(s); 2**artig** *adj.* velvety; ~**band** *n* (-[e]s; ¨er) velvet ribbon; 2**en** *adj.* velvety; ~**handschuh** *m* velvet-glove; *fig. j-n mit* ~*en anfassen* handle a p. with kid-gloves; ~**kleid** *n* velvet dress.
sämtlich ['zɛmtliç] **I.** *adj.* all (together); complete; whole; entire; ~*e Werke* the complete works; **II.** *adv.* all (together *or* of them), in a body, to a man.
'**Samt...:** ~**pfötchen** ['-pfø:tçən] *fig. n* velvet paw; ~ *machen* draw in the claws; 2**schwarz** *adj.* ivory-black; ~**stoffe** *m/pl.* pile fabric, velvet; 2**weich** *adj.* (soft as) velvet, velvety.
Samum ['zamum] *m* (-*s*; -*s*) simoom.
Sanatorium [zana'to:rium] *n* (-*s*; -*torien*) sanatorium, *Am.* sanitarium.
Sand [zant] *m* (-[e]s; -e) sand; grit; *a. med.* gravel; *mit* ~ *bestreuen* (strew with) sand; *mar. auf* ~ *laufen* strike the sands; *fig. auf* ~ *bauen* build on sand; *j-m* ~ *in die Augen streuen* throw dust in a p.'s eyes, hoodwink a p.; *im* ~*e verlaufen* come to nothing, peter (*or* fizzle) out; *zahllos wie* ~ *am Meer* numberless as the sand(s).
Sandale [zan'dɑ:lə] *f* (-; -*n*) sandal.
'**Sand...:** ~**bahn** *f racing*: dirt-track; ~**bank** *f* (-; ¨e) sand-bank, sands *pl.*; ~**blatt** *n* (lower) shrub-leaf (*of cigar*); ~**boden** *m* sandy soil; ~**büchse** *f*, ~**faß** *n* sand-box; ~**dorn** *m* (-[e]s) sea buckthorn.
Sandelholz ['zandəlhɔlts] *n* (-es) sandalwood.
'**Sand...:** 2**farben** *adj.* sand-colo(u)red, sandy; ~**fliege** *f* sand-fly; ~**floh** *m* sand-flea; ~**form** *f* sand-mo(u)ld; ~**gras** *n* sand grass; ~**grieß** *m* coarse sand, grit; ~**grube** *f* sand pit; ~**guß** *tech. m* sandcasting process; ~**haufen** *m* heap of sand; ~**hose** *f* sand spout; ~**huhn** *n* sand-grouse; 2**ig** *adj.* full of sand, sandy, gritty; ~**kasten** *m* sand box; *mil.* sand table; ~**kastenspiel** *mil. n* sand table exercise; ~**korn** *n* grain of sand; ~**mann** *fig. m* (-[e]s) sandman; ~**meer** *n* sea of sand; ~**papier** *n* sandpaper; ~**sack** *m* sandbag; *boxing*: body bag, punch-sack; ~**stein** *m* sandstone, free-stone, *Am. arch.* brownstone; ~**strahlgebläse** *tech. n* sandblast unit; ~**sturm** *m* sandstorm, duststorm.
sandte ['zantə] *pret. of senden.*
'**Sand...:** ~**torte** *f* Madeira cake; ~**uhr** *f* sand-glass, hour-glass; ~**wüste** *f* sandy desert, sands *pl.*
sanforisieren [zanfori'si:rən] *v/t.* (*h.*) sanforize.
sanft [zanft] *adj.* soft; gentle; mild, gentle; meek, good-natured; calm, placid; lovely; sweet (*character*); smooth (*death, slope*); gentle (*pressure*); ~*er Zwang* nonviolent coercion; *mit* ~*er Stimme* softly, gently; *ruhe* ~ rest in peace.
Sänfte ['zɛnftə] *f* sedan(-chair), litter; ~**nträger** *m* sedan-bearer.
'**Sanft...:** ~**heit** *f* (-) softness; gentleness; mildness; sweetness; smoothness; ~**mut** *f* (-) gentleness, sweetness, sweet temper; meekness; 2**mütig** ['-my:tiç] *adj.* gentle, mild, sweet; meek.
sang [zaŋ] *pret. of singen.*
Sang *m* (-[e]s; ¨e) singing, chant, song; *mit* ~ *und Klang* with singing and bands playing; *sang- und klanglos* unhono(u)red (*or* unheralded) and unsung, unceremoniously.
Sänger ['zɛŋər] *m* (-*s*; -), ~**in** *f* (-; -*nen*) singer, vocalist; *orn.* songster, warbler; *fig.* bard, poet; ~**bund** *m* choral society; ~**fest** *n* choral (*or* singing) festival.
Sanguin|iker [zaŋgu'inikər] *m* (-*s*; -) sanguine person; 2**isch** *adj.* sanguine.
sanier|en [za'ni:rən] *v/t.* (*h.*) cure; give prophylactic treatment; sanitate, clear (*slums, etc.*); *econ.* reorganize, reconstruct; stabilize; readjust; 2**ung** *f* (-; -*en*) sanitation; *econ.* reorganization, reconstruction; stabilization; readjustment; 2**ungsmaßnahmen** *f/pl.* reconstruction measures; 2**ungsmittel** *med. n* prophylactic; 2**ungsviertel** *n* improvement area.
sanitär [zani'tɛ:r] *adj.* sanitary; hygienic; ~*e Anlagen* sanitation, plumbing.
Sanitäter [zani'tɛ:tər] *m* (-*s*; -) ambulance man, first-aider, *mil. a.* hospital orderly, stretcher-bearer.
Sani'täts|artikel *m/pl.*, ~**bedarf** *m* medical supplies *pl.*; ~**behörde** *f* Board of Health; ~**dienst** *m* medical service; ~**flugzeug** *n* air ambulance; ~**hund** *m* ambulance dog; ~**kasten** *m* medicine chest; first-aid kit; ~**kolonne** *f* ambulance column; ~**korps** *n* → *Sanitätstruppe*; ~**offizier** *m* medical officer; ~**rat** *m* senior public health officer; ~**tasche** *f* surgical bag, *Am.* pouch kit; ~**truppe** *f* Army Medical Corps; ~**wache** *f* ambulance station, first-aid post; ~**wagen** *m* ambulance (car); ~**wesen** *n* sanitary (*or* hygienic) matters; medical service; ~**zug** *m* hospital train.
sank [zaŋk] *pret. of sinken.*
Sankt [zaŋkt] (*St.*) Saint (*abbr.* St.), *e.g.* ~ *Bernhard* St. Bernhard.
Sanktion [zaŋktsi'o:n] *f* (-; -*en*) sanction (*a. pol.*).
sanktionieren [zaŋktsio'ni:rən] *v/t.* (*h.*) sanction.
sann [zan] *pret. of sinnen.*
Sanskrit ['zanskrit] *n* Sanskrit.
Saphir ['zɑ:fi:r] *m* (-*s*; -e) sapphire.
Sappe ['zapə] *mil. f* (-; -*n*) sap.
sapperlot! [zapər'lo:t], **sapperment!** [-'mɛnt] *colloq. int.* the deuce!, the dickens!, *Am.* doggone!, gee whiz!
Sarazene [zara'tse:nə] *m* (-*n*; -*n*) Saracen.
Sardelle [zar'dɛlə] *f* (-; -*n*) anchovy; ~**npaste** *f* anchovy paste.
Sardine [zar'di:nə] *f* (-; -*n*) sardine.
Sardinien [zar'di:niən] *n* (-*s*) Sardinia.
sardonisch [zar'do:niʃ] *adj.* sardonic(ally *adv.*).
Sarg [zark] *m* (-[e]s; ¨e) coffin, *Am. a.* casket; '~**deckel** *m* coffin-lid; '~**tuch** *n* pall.
Sarkas|mus [zar'kasmus] *m* (-; -*men*) sarcasm; 2**tisch** *adj.* sarcastic(ally *adv.*).
Sarkophag [zarko'fɑ:k] *m* (-*s*; -e) sarcophagus.
saß [zɑ:s] *pret. of sitzen.*
Satan ['zɑ:tan] *m* (-*s*; -e) Satan, the Fiend *or* Foe; *fig.* devil; hellcat.
satanisch [za'tɑ:niʃ] *adj.* satanic, diabolic(al).
'**Satansbraten** *m* limb (of Satan).
Satellit [zatɛ'li:t] *ast. and pol. m* (-*en*; -*en*) satellite; ~**enstaat** *m* satellite state.
Satin [za'tɛŋ] *m* (-*s*; -*s*) satin; sateen.
satinieren [zati'ni:rən] *tech. v/t.* (*h.*) satin, glaze (*fabric*); glaze, calender (*paper*).
Sa'tinpapier *n* glazed paper.
Sati|re [za'ti:rə] *f* (-; -*n*) satire; ~**riker(in** *f*) [-rikər] *m* (-*s*, -; -, -*nen*) satirist; 2**risch** *adj.* satiric(al).
Satisfaktion [zatisfaktsi'o:n] *f* (-; -*en*) satisfaction; → *Genugtuung*; 2**sfähig** *adj.* qualified to give satisfaction.
satt [zat] *adj.* satisfied (*a. fig.*); satiate(d), full; *chem.* saturated; deep, rich (*colour*); *j-n* ~ *machen* give a p. enough to eat *or* as much as he can eat; *sich* ~ *essen* eat one's fill; *ich bin* ~ I have had enough; *fig.* et. ~ *bekommen* grow (*or* get) tired *or* sick of a th., get fed up with a th.; et. ~ *haben* be (sick and) tired of a th., be fed up with a th.; *er konnte sich nicht* ~ *daran sehen* he could not take his eyes off it; '2**dampf** *tech. m* saturated steam.
Sattel ['zatəl] *m* (-*s*; ¨) saddle (*a. geol.*); bridge (*of nose*); *arch., tech.* cross-beam; *typ.* gallows *pl.*; *mus.* nut (*of a violin*); *dressmaking*: yoke; *j-n aus dem* ~ *heben* unhorse (*a. fig.* = unseat, oust) a p.; *fest im* ~ *sitzen* have a firm seat, *fig.* be firmly established, have the situation well in hand; *er ist in allen Sätteln gerecht* he can turn his hand to anything, he is an all-round man; ~**baum** *m* saddle-tree; ~**dach** *n* saddle-roof; ~**decke** *f* saddle-cloth; 2**fest** *adj.* firm in the saddle, saddle-fast; ~ *sein a.* sit one's horse well, have a good seat, *fig. in* et.: be quite firm *or* well up in, have *a th.* at one's fingertips; ~**gurt** *m* (saddle-)girth; ~**kissen** *n* saddle-pad, pillion; ~**knopf** *m* pommel; 2**n** *v/t.* (*h.*) saddle; *fig. sich* ~ *für* get ready for; ~**nase** *f* saddle nose; ~**pferd** *n* saddle-horse, nearsider; ~**platz** *m* paddock; ~**schlepper** *mot. m* articulated lorry, tractor trailer, *Am.* truck-tractor, semi-trailer (unit); ~**schlepperanhänger** *m* semi-trailer; ~**tasche** *f* saddle-bag; ~**zeug** *n* saddle and harness, saddlery.
'**Sattheit** *f* (-) satiety, fullness; richness, intensity (*of colours*).
sättig|en ['zɛtigən] *v/t. and v/i.* (*h.*) satisfy, satiate, sate; *food*: be

substantial; *chem. phys.* saturate; *j-n (sich)* ~ appease a p.'s (one's) hunger; **~end** *adj.* satisfying, nourishing; **Ωung** *f* (-; -en) satiation, appeasing *a p.'s* hunger; *chem., a. fig.* saturation; **Ωungspunkt** *chem. m* saturation-point (*a. econ.*).

Sattler ['zatlər] *m* (-s; -) saddler; harness-maker; upholsterer; **Sattle'rei** *f* (-; -en) saddlery.

'**Sattler...:** **~meister** *m* master harnessmaker; **~waren** *f/pl.* saddlery *sg.*

'**sattsam** *adv.* sufficiently, enough.

saturieren [zatu'ri:rən] *v/t.* (*h.*) saturate.

Saturn [za'turn] *ast. m* (-s) Saturn.

Satyr ['zɑ:tyr] *m* (-s; -n) satyr.

Satz [zats] *m* (-es; ⸚e) *a gr.* sentence, phrase; *gr. a.* period; *math., logics*: proposition, theorem, thesis; tenet; maxim; principle; *tech.* batch; set (*of stamps, documents, tools, etc.*); nest (*of pots, etc.*); assortment, lot (*of goods*); *tennis*: set; *hunt.* nest (*of rabbits*); fry (*of fish*); *typ.* **a**) setting, **b**) composition, copy; *mus.* **a**) composition, **b**) movement; *of liquid*: sediment, dregs *pl.*, (*coffee*) grounds; rate (*of fees, etc.*); stake; leap, bound, jump; *e-n ~ machen* (take a) leap, bound, jump; **~'aussage** *gr. f* predicate; '**~ball** *m tennis*: set point; '**~bau** *gr. m* (-[e]s) construction, formation of sentences; '**~fehler** *typ. m* misprint; '**~gefüge** *gr. n* complex sentence, period; **~'gegenstand** *gr. m* subject; '**~kosten** *typ. pl.* cost of composition; '**~lehre** *gr. f* syntax; '**~spiegel** *typ. m* type-area; '**~teil** *gr. m* part of a sentence.

'**Satzung** *f* (-; -en) statute, by-law; standing rule; **~en** *of club, etc.*: articles of association, statutes and articles, *of corporations*: by-laws; *stock exchange*: rules.

'**Satzungs...:** **~änderung** *f* alteration of the statutes, *etc.*; **Ωmäßig** *adj.* statutory, (*a. adv.*) in accordance with the statutes; **Ωwidrig** *adj.* unconstitutional, ultra vires.

'**Satz...:** **Ωweise** *adv. gr.* sentence by sentence; by leaps (and bounds); **~zeichen** *gr. n* punctuation-mark.

Sau [zau] *f* (-; ⸚e) sow (*a. metall.*); *hunt.* wild sow; *fig. contp.* swine, (dirty) pig; slut; blot (*of ink*); *colloq. unter aller ~* lousy; *sl. mil. zur ~ machen* blast, squash, smash (to bits), *j-n*: let a p. have it, give a p. the works; '**~arbeit** *colloq. f* hellish (*or* tough) job.

sauber ['zaubər] *adj.* clean(ly); neat (*a. fig.*); clean(-minded); tidy; pretty; *iro. a.* fine, nice, dandy; *atom bomb*: clean; *colloq.* slick; *sports*: *~er Schlag* clean hit; **Ωkeit** *f* (-) clean(li)ness, tidiness; neatness; *fig.* pureness; integrity.

säuberlich ['zɔʏbərliç] *adj.* → *sauber*; *fig.* proper, decent; careful.

'**saubermachen** *v/t. and v/i.* (*h.*) clean up, tidy.

'**säuber|n** *v/t.* (*h.*) clean, cleanse; tidy, clean up (*room*); clear (*von* of); *mil.* mop up; *fig. a. pol.* purge; **Ωung** *f* (-; -en) clean(s)ing; clearing; *pol.* purge; **Ωungsaktion** *f* purge; *mil.* mopping-up operation.

'**Saubohne** *f* broad (*or* horse-)bean.

Sauce ['zo:sə] *f* (-; -n) → *Soße*.

Sauciere [zosi'ɛ:rə] *f* (-; -n) sauce-boat.

'**saudumm** *colloq. adj.* awfully stupid.

sauer ['zauər] **I.** *adj.* sour, acid (*a. chem.*); tart, acrid; acidulous; *saure Gurke* pickled cucumber; *fig.* troublesome, harassing; hard, painful, tough, hellish (*job*); sour, morose, cross; *~ werden* turn sour *or* acid, *milk*: turn (sour), curdle; *fig. ein saures Gesicht machen* put on a sour face, look cross, *zu et.*: pull a long face over *a th.*; *in den sauren Apfel beißen* swallow the bitter pill; *sich et. ~ werden lassen* take great pains about a th.; *~ machen* (make) sour, *chem.* acidify; turn *milk* sour; *fig. j-m das Leben ~ machen* make life miserable for a p.; **II.** *adv.*: *~ reagieren auf* et. take a th. in bad part, react sharply to a th.; *es kam ihn ~ an* he found it trying, *w.s.* it went hard with him (*or* against his grain); *das wird ihm noch ~ aufstoßen* he will pay for this yet.

'**Sauer...:** **~ampfer** *bot. m* sorrel; **~braten** *m* stewed pickled beef; *Am.* sauerbraten; **~brunnen** *m* acidulous mineral water.

Saue'rei *colloq. f* (-; -en) → *Schweinerei*.

'**Sauer...:** **~futter** *agr. n* ensilage; **~kirsche** *f* morello cherry; **~klee** *m* wood-sorrel; **~kohl** *m* (-[e]s), **~kraut** *n* (-[e]s) pickled cabbage, sauerkraut.

säuer|lich ['zɔʏərliç] *adj.* sourish; *chem.* acidulous, sub-acid; *fig.* wintry, sour (*smile*); **Ωling** ['-liŋ] *m* (-s; -e) acidulous spring water; sour wine.

'**Sauermilch** *f* curdled milk.

'**säuern** *v/t.* (*h.*) (make) sour, *chem.* acidify, acidulate; oxidize; leaven (*bread, dough*).

'**Sauerstoff** *chem. m* (-[e]s) oxygen; *mit ~ verbinden* oxygenize; oxidize; **~apparat** *m* oxygen apparatus; **Ωarm** *adj.* poor in oxygen; **~aufnahme** *f* oxygen absorption; **~behälter** *m* oxygen container (*or* tank); **~flasche** *f* oxygen bottle; **~gas** *n* oxygen gas; **~gerät** *n* oxygen apparatus; **Ωhaltig** *adj.* oxygenated; **~mangel** *m* (-s) oxygen deficiency, *med. a.* anox(a)emia; **~maske** *f* oxygen mask; **~träger** *phys. m* oxygen carrier; **~verbindung** *f* oxide; **~zelt** *med. n* oxygen tent.

'**sauer...:** **~süß** *adj.* sour-sweet; **Ωteig** *m* leaven; **Ωtopf** *colloq. m* grumpy fellow, *Am.* sourpuss; **~töpfisch** ['-tœpfiʃ] *adj.* surly, peevish, morose.

'**Säuerung** *f* (-; -en) leavening (*of bread, dough*); *chem.* acidification, acidulation; **~sgrad** *m* degree of acidity.

'**Sauerwasser** *n* (-s; ⸚) acidulous (mineral) water, chalybeate spring.

Sauf|bruder ['zauf-] *m* boon-companion, crony; → *Säufer*; **Ωen** *v/t. and v/i.* (*irr., h.*) *animal*: drink; *vulg. person*: booze, guzzle, tipple, drink, be a drunkard; *~ wie ein Loch* drink like a fish; *dem Pferd zu ~ geben* water the horse.

Säufer(in *f*) ['zɔʏfər] *m* (-s, -; -, -nen) drunkard, alcoholic; dipsomaniac, boozer.

Saufe'rei *vulg. f* (-; -en) boozing; → *Saufgelage*.

'**Säufer...:** **~leber** *med. f* hobnail liver; **~nase** *f* copper-nose; **~wahnsinn** *m* delirium tremens; *the* horrors.

'**Saufgelage** *n* drinking-bout, carousal, booze, binge, soak.

Säug-amme ['zɔʏk-] *f* wet-nurse.

Saug|apparat ['zauk-] *m* suction apparatus; **~bagger** *m* suction dredge; **Ωen** ['zaugən] *v/t. and v/i.* (*h.*) suck (*an dat. a th.*); suck up, absorb; *in sich ~* suck in, imbibe; *mit dem Staubsauger ~* vacuum; *mit der Pipette ~* syphon; *fig. sich et. aus den Fingern ~* make up a th., invent a th.; **~en** *n* (-s) sucking, *usu. tech.* suction; absorption.

säugen ['zɔʏgən] *v/t.* (*h.*) suckle, nurse, give the breast (to), breast-feed.

'**Säugen** *n* (-s) suckling, nursing.

'**Sauger** *m* (-s; -) sucker; *for babies*: (dummy) teat; *tech.* suction apparatus *or* cup.

'**Säuge...:** **~tier** *n* mammal; **~zeit** *f* lactation-period.

'**Saug...:** **Ωfähig** *adj.* absorbent; **~fähigkeit** *f* (-) absorptive capacity; **~flasche** *f* feeding-bottle; **~heber** *m* syphon; **~hub** *mot. m* suction (*or* intake) stroke; **~leistung** *f* suction (capacity); **~leitung** *f* suction pipe; *mot.* intake duct.

Säugling ['zɔʏkliŋ] *m* (-s; -e) baby, infant.

'**Säuglings...:** **~ausstattung** *f* layette; **~fürsorge** *f* infant welfare; **~heim** *n* baby nursery, crèche; **~pflege** *f* baby care; **~schwester** *f* baby nurse; **~sterblichkeit** *f* infantile mortality.

'**Saug...:** **~luft** *f* (-) vacuum, indraft; *aer.* inflow; **~massel** ['-masəl] *metall. f* (-; -n) (feeder) head; **~napf** *zo. m* suctorial disk; **~näpfchen** ['-nɛpfçən] *n* (-s; -) suction cup; **~papier** *n*, **~post** *f* absorbent paper; **~pumpe** *f* suction pump; **~rohr** *n* vacuum pipe, suction pipe; syphon; **~rüssel** *m of insect*: proboscis; **~ventil** *n* suction valve; **~wirkung** *f* suction (effect).

'**Sau|hatz** *hunt. f* boar-hunt; **~hirt** *f* swine-herd.

sau-igeln ['zauˀi:gəln] *colloq. v/i.* (*h.*) talk smut.

säuisch ['zɔʏiʃ] *adj.* swinish, filthy.

'**Saukerl** *vulg. m* swine, skunk.

Säule ['zɔʏlə] *f* (-; -n) column (*a. fig. of mercury, smoke, etc.*; *a. mil.*); pillar, support (*both a. fig.*); post; *el.* pile; *Atom*Ω atomic pile; *galvanische ~* voltaic pile.

'**Säulen...:** **Ωartig** ['-ɑ:rtiç], **Ωförmig** ['-fœrmiç] *adj.* columnar; **~bohrmaschine** *tech. f* column-type drilling machine, upright drill; **~fuß** *m* column base, pedestal; **~gang** *m* colonnade, arcade; **~halle** *f* pillared hall; portico; **~heilige(r)** *m* stylite; **~knauf**, **~k(n)opf** *m* capital; **~ordnung** *f* order (of columns); **~platte** *f* plinth, abacus; **~reihe** *f* row of columns; peristyle; **~schaft** *m* shaft (of a column); **~ständer** *tech. m* upright, post.

Saum [zaum] *m* (-[e]s; ⸚e) hem; seam; *weaving*: selvage; border, edge, margin; outskirts *pl.*, fringe (*of town*).

'sau-mäßig *colloq. adj.* beastly, filthy; awful, *Am.* lousy.

säumen[1] ['zɔymən] *v/t.* (*h.*) hem; edge, border, skirt; fringe; *die Straßen ~* line (*or* skirt) the streets.

'säumen[2] *v/i.* (*h.*) tarry, linger; hesitate; dawdle, dally.

'Säumen *n* (-s) tarrying; delay; hesitation; dawdling.

'Saum-esel *m* sumpter mule.

'säumig *adj.* → *saumselig*; belated (*guests, etc.*); slow, dilatory (*payer*); *pred.* behind-handed.

'Säumnis *f* (-; -se) dilatoriness; delay; default.

'Saum...: **~pfad** *m* mule-track, *Am. a.* mountain-trail; **~pferd** *n* pack-horse; **~sattel** *m* pack-saddle.

'saumselig *adj.* tardy, slow, sluggish; dawdling; dilatory; negligent; slack, lazy; **2keit** *f* tardiness; dilatoriness; negligence; slackness.

'Saum...: **~stich** *m* hemming stitch; **~tier** *n* sumpter mule (*or* horse).

Sauna ['zauna] *f* (-; -s) sauna.

Säure ['zɔyrə] *f* (-; -n) sourness; *a. med.* acidity; *chem.* acid; *fig.* sourness, acrimony; **~bad** *n* acid bath; **~ballon** *m* carboy; **~batterie** *f* lead-acid battery; **2beständig** *adj.* acid-proof, acid-resistant; **2bildend** *adj.* acidific; **~bildung** *f* acidification; **2empfindlich** *adj.* sensitive to acids; **2fest** *adj.* → *säurebeständig*; **2frei** *adj.* non-acid.

Saure'gurkenzeit *f* silly season.

'Säure...: **2haltig** *adj.* acidiferous; **2löslich** *adj.* acid-soluble; **~messer** *m* (-s; -) acidimeter; **~rest** *m* acid radical.

Saures ['zaurəs] *n* (-en): *colloq. gib ihm ~!* let him have it!

'Säure...: **~schutzfett** *n* acid-proof grease; **2widrig** *adj.* ant(i-)acid.

Saurier ['zauriər] *m* (-s; -) saurian.

Saus [zaus] *m* (-es): *in ~ und Braus leben* live on the fat of the land, revel and riot.

säuseln ['zɔyzəln] **I.** *v/i.* (*h.*) *leaves, wind*: rustle, whisper, lisp; **II.** *v/t.* (*h.*) *person*: say airily, purr; **2** *n* (-s) whispering; gentle waft.

sausen ['zauzən] *v/i.* (*sn*) *water, etc.*: rush; *wind*: whistle, sough; *bullet, etc.*: whiz, whistle, buzz; (*move fast*) rush, whiz, flit, dash; **2** *n* (-s) rush(ing); sough(ing); buzz(ing); singing (in the ears).

'Sau...: **~stall** *m* pigsty; *fig. a. colloq.* awful mess; **~wetter** *colloq. n* filthy weather; **~wirtschaft** *colloq. f* complete chaos, topsy-turvydom, awful mess; **2wohl** *adj.*: *colloq. mir ist ~* I am in the pink, *Am.* I feel like a million dollars.

Savanne [za'vanə] *f* (-; -n) savanna(h).

Saxophon [zakso'fo:n] *mus. n* (-s; -e) saxophone.

Schabe ['ʃa:bə] *f* (-; -n) **1.** cockroach; moth; **2.** → *Schabeisen*.

Schabeisen ['ʃa:p-] *n* scraper, shaving-tool.

'Schabemesser *n* scraping-knife.

'schaben *v/t.* (*h.*) scrape; grate, rasp; scratch; abrade, rub; shave (*furs*).

'Schaber *m* (-s; -) scraper.

Schabernack ['ʃa:bərnak] *m* (-[e]s; -e) practical joke, hoax, trick; prank(s *pl.*), lark(s *pl.*); *j-m e-n ~ spielen* play a prank (*or* practical joke) on a p., play a p. a (nasty) trick.

schäbig ['ʃɛ:biç] *adj.* shabby, threadbare, seedy; *fig.* shabby, mean; **2keit** *f* (-) shabbiness, *fig. a.* meanness.

Schablone [ʃa'blo:nə] *f* (-; -n) model, pattern; stencil; *for drilling*: jig; *for casting, cutting*: template; *fig.* routine; cliché; *nach der ~* by the routine, according to pattern.

Scha'blonen...: **~denken** *fig. n* stereotype thinking; **~drehbank** *tech. f* copying-lathe; **2haft, 2mäßig** *adj.* according to pattern, stereotyped; mechanical; routine; **~zeichnung** *f* stencil drawing.

schablo'nieren *v/t.* (*h.*) stencil.

'Schabmesser *n* → *Schabemesser.*

Schabrake [ʃa'brakə] *f* (-; -n) caparison, saddle-cloth.

Schabsel ['ʃa:psəl] *n* (-s; -) scrapings, shavings *pl.*

Schach [ʃax] *n* (-s; -s) chess; *~!* check!; *~ und matt!* checkmate!; *~ bieten* (give) check (to the king), *fig. j-m*: defy (*or* make head against) a p.; *in* (*or im*) *~ halten* hold in check (*a. fig.*), *with pistol, etc.*: *a.* cover; *~ spielen* play (at) chess; **'~aufgabe** *f* chess problem; **'~brett** *n* chessboard; **2brettartig** ['-brɛtˀa:rtiç] *adj.* checkered, tesselated; *tech.* staggered; *~e Anordnung* chessboard layout.

Schacher ['ʃaxər] *m* (-s), **Schache'rei** *f* (-) low trade, haggling, huckstering; *esp. pol.* jobbery; → *Kuhhandel.*

Schächer ['ʃɛçər] *m* (-s; -) *bibl.* thief; murderer, bloodhound; *fig. armer ~* poor wretch.

'Schacherer *m* (-s; -) haggler.

'schachern *v/i.* (*h.*) haggle, barter (*um* about, over), dicker; *esp. pol.* job.

'Schach...: **~feld** *n* square; **~figur** *f* chessman, piece; *fig.* pawn; **2'matt** *adj.* (check)mate; *fig.* tired out, dead-beat; *~ setzen* checkmate; **~meisterschaft** *f* chess-championship; **~partie** *f*, **~spiel** *n* game of chess; chessboard and men; **~spieler** *m* chess-player.

Schacht [ʃaxt] *m* (-[e]s; ⸚e) shaft, *mining*: *a.* pit; *arch.* well; manhole; gorge, ravine; hollow; depression, dip; **'~arbeiter** *m* pitman; **'~einfahrt** *f* pit-mouth.

Schachtel ['ʃaxtəl] *f* (-; -n) box, case; *colloq. fig. alte ~* old frump; **~halm** *bot. m* horse-tail; **~satz** *gr. m* involved period.

schächten ['ʃɛçtən] *v/t.* (*h.*) slaughter *cattle* according to Jewish rites.

'Schacht...: **~förderung** *f* (-) *mining*: shaft hauling; **~ofen** *m* cupola (furnace); **~stoß** *m* face of a shaft; **~turm** *m* shaft derrick.

'Schach...: **~turnier** *n* chess tournament; **~zug** *m* move (at chess); *geschickter ~* clever move (*a. fig.*).

schade ['ʃa:də] *pred. adj.*: (*es ist sehr*) *~* it is a (great) pity (*daß* that), (it's) too bad *he couldn't come*; *wie ~* what a pity, how unfortunate (*that*); *es ist ewig ~, daß* it is a thousand pities that; *es ist ~ um ihn* it is a great pity for him; *dafür ist es* (*er*) *zu ~* it (he) is too good for that; *um das* (*den*) *ist's nicht ~* it (he) isn't much of a loss.

'Schade *m* (-ns; ⸚n) → *Schaden.*

Schädel ['ʃɛ:dəl] *m* (-s; -) skull, cranium; *j-m den ~ einschlagen* bash a p.'s skull in; **~basis(bruch** *m*) *f* (fracture of the) base of the skull; **~bohrer** *m* trepan; **~bruch** *m* fracture of the skull; *e-n ~ erleiden* suffer a fractured skull; **~dach** *n*, **~decke** *f* skullcap; **~haut** *f* pericranium; **~knochen** *m* cranial bone; **~lehre** *f* craniology; phrenology; **~messung** *f* craniometry; **~naht** *f* cranial suture.

'schaden *v/i.* (*h.*) damage, injure, harm, hurt (*j-m* a p.); be injurious (to a p.); prejudice (a p.), be prejudicial *or* detrimental (to a p.); *das schadet nichts* it does not matter, never mind; there is no harm in doing that; *was schadet es?* what does it matter?; *was schadet es* (*schon*), *wenn* what if; *e-e Aussprache kann nicht ~* a discussion might not be amiss; *iro. das schadet ihm nichts* that serves him right, that's good for him.

'Schaden *m* (-s; ⸚) damage (*an dat.* to); injury, harm; infirmity; defect (*a. tech.*); ravages *pl.*, havoc; detriment, prejudice (*für* to); loss; wrong; harm, mischief; *~ erleiden or nehmen, zu ~ kommen* suffer *or* sustain injury, come to harm, be damaged *or* injured; *~ zufügen* (*dat.*) do *a p.* harm *or* injury, cause damage to, inflict losses on; *mit ~ verkaufen* sell at a loss; *zu meinem ~* to my damage *or* cost; *es soll dein ~ nicht sein* you won't regret it; *durch ~ wird man klug* once bitten twice shy; *wer den ~ hat, braucht für den Spott nicht zu sorgen* the laugh is always on the losers.

'Schadenersatz *m* indemnification, indemnity, compensation; damages *pl.*; *~ verlangen* claim damages; *~ leisten* pay damages, make amends (*für* for); *auf ~ (ver)klagen* sue for damages; **~anspruch** *m*, **~forderung** *f* claim for damages; **~klage** *f* action for damages; **2pflichtig** *adj.* liable for damages.

'Schaden...: **~feststellung** *f* damage assessment; **~freude** *f* malicious joy *or* glee, gloating; *voller ~* gloatingly; *voll ~ betrachten, etc.* gloat over; **2froh** *adj.* malicious, gloating(ly *adv.*); **~rechnung** *f* statement of damages; **~regler** *m* (claim-)adjuster; **~regulierung** *f* adjustment of damages; **~sfall** *m* case of loss; **~versicherung** *f* indemnity insurance.

schadhaft ['ʃa:thaft] *adj.* damaged; defective, faulty; dilapidated (*building*), out of repair; leaking (*pipes*);

decayed, carious (*teeth*); ♀**igkeit** *f* (-) damaged state, defectiveness.
schädig|en [ˈʃɛːdigən] *v/t.* (*h.*) damage, impair, affect; wrong, harm; hurt, injure; prejudice; ♀**ung** *f* (-; *-en*) damage (*gen.* to), impairment (of), injury; prejudice, detriment (to).
schädlich [ˈʃɛːtliç] *adj.* harmful, injurious; noxious, unwholesome; poisonous; pernicious; detrimental, prejudicial; bad; *das ist mir nicht* ~ that does me no harm; ♀**keit** *f* (-) harmfulness, injuriousness; noxiousness, unwholesomeness; perniciousness.
Schädling [ˈʃɛːtliŋ] *m* (*-s*; *-e*) noxious person, parasite; *zo.* pest, parasite; *agr. a.* vermin; *bot.* destructive weed; ~**sbekämpfung** *f* pest control; ~**sbekämpfungsmittel** *n* pesticide, insecticide.
schadlos [ˈʃɑːtloːs] *adj.* indemnified; *j-n* ~ *halten* indemnify a p. (*für* for), *jur. a.* hold a p. harmless; *sich* ~ *halten* recoup (*or* indemnify) o.s. (for), recover one's loss; ♀**haltung** *f* (-) indemnification, compensation, recoupment.
Schaf [ʃɑːf] *n* (-[e]*s*; *-e*) sheep (*a. pl.*); ewe; *fig.* simpleton, ninny; *fig. schwarzes* ~ black sheep; ˈ~**bock** *m* ram; wether.
Schäfchen [ˈʃɛːfçən] *n* (*-s*; -) little sheep, lamb(kin); *pl.* fleecy clouds, mackerel sky, cirro-cumulus clouds; *fig. sein* ~ *scheren, sein* ~ *ins trockene bringen* feather one's nest.
ˈ**Schäfer** *m* (*-s*; -) shepherd.
Schäfeˈrei *f* (-; *-en*) sheep-farm.
ˈ**Schäfer...**: ~**gedicht** *n* pastoral, idyl(l), eclogue; ~**hund** *m* shepherd('s) dog, sheep dog; *deutscher* ~ Alsatian; *schottischer* ~ collie; ~**in** *f* (-; *-nen*) shepherdess; ~**spiel** *n* pastoral play; ~**stündchen** [ˈ-ʃtyntçən] *n* (*-s*; -) hour of love.
ˈ**Schaf-fell** *n* sheepskin; fleece.
schaffen [ˈʃafən] *v/t. and v/i.* (*irr.*, *h.*) create, produce; call into being, organize; set up; (*h.*) do, work; procure, provide, find, get; *Linderung* ~ bring relief, soothe; *Ordnung* ~ establish order; *Rat* ~ find a way out, know what to do; *Vergnügen* ~ afford pleasure; convey, carry, move, put; take, bring; *auf die Seite* ~ **a)** put aside, hide, **b)** embezzle; *aus dem Wege* ~ (*a. fig.*: *j-n*) get out of the way, remove; manage; reach, make (it); succeed; *colloq. es* ~ succeed, get there, make it; *er schaffte e-e Meile in Rekordzeit* he did a mile in record time; *das hätten wir geschafft* well, that's that!, we did it!; *er hat es geschafft* (*im Leben*) he has arrived; *viel* ~ get a great deal done; *nichts zu* ~ *haben mit* have nothing to do with; *ich habe nichts damit zu* ~ *a.* that's no business of mine, I wash my hands of it; *j-m* (*viel*) *zu* ~ *machen* give *or* cause (a great deal of) trouble; *sich unbefugt zu* ~ *machen an* (*dat.*) tamper with; *sich eifrig zu* ~ *machen mit et.* busy o.s. *or* be busy with a th.; *er ist für den Posten wie geschaffen* he is the very man (*or* he is cut out) for the post; ♀ *n* (*-s*) creation, production; activity, work(ing); ~**d** *adj.* creative; productive; working; ♀**sdrang** *m* (-[e]*s*) creative urge; ♀**skraft** *f* creative power.
ˈ**Schaf-fleisch** *n* mutton.
Schaffner [ˈʃafnər] *m* (*-s*; -) steward, manager; *rail., etc.*: guard, conductor; ~**in** *f* (-; *-nen*) stewardess, housekeeper; conductress.
ˈ**Schaffung** *f* (-) creation; production; provision; organization, establishment, setting-up (*of a commission, etc.*).
ˈ**Schaf...**: ~**garbe** *bot. f* yarrow; ~**herde** *f* flock of sheep; ~**hirt** *m* shepherd; ~**hürde** *f* sheepfold, pen; ~**leder** *n* sheepskin; ♀**ledern** *adj.* (of) sheepskin.
Schäflein [ˈʃɛːflaɪn] *n* (*-s*; -) → *Schäfchen.*
ˈ**Schafmilch** *f* ewe's milk.
Schafott [ʃaˈfɔt] *n* (-[e]*s*; *-e*) scaffold.
ˈ**Schaf...**: ~**pelz** *m* sheepskin fur *or* coat, fleece; *fig. Wolf im* ~ wolf in sheep's clothing; ~**pocken** *f/pl.* sheep-pox *sg.*; ~**schere** *f* (e-e ~ a pair of) sheep-shears *pl.*; ~**schur** *f* sheep-shearing; ~**seuche** *vet. f* sheep-rot; ~**skopf** *colloq. fig. m* blockhead, numskull, duffer; ~**stall** *m* (sheep-)fold.
Schaft [ʃaft] *m* (-[e]*s*; ⸚e) shaft (*of lance, column, etc.*); (*flag*) stick; stock (*of rifle*); shank (*of anchor, key, tool*); leg (*of boot*); stalk, peduncle (*of flower*); stem (*of feather*); handle (*of axe, etc.*).
schäften [ˈʃɛftən] *v/t.* (*h.*) provide with a handle; stock, mount (*rifle*); leg (*boot*); splice.
ˈ**Schaf-trift** *f* → *Schafweide.*
ˈ**Schaftstiefel** *m* top-boot, high-boot; *pl. a.* wellingtons.
ˈ**Schaf...**: ~**weide** *f* sheep-run, sheep-walk; ~**wolle** *f* sheep's wool; ~**zucht** *f* sheep-breeding *or* -farming; ~**züchter** *m* sheep-breeder *or* -farmer, wool grower.
Schah [ʃɑː] *m* (*-s*; *-s*) shah.
Schakal [ʃaˈkɑːl] *m* (*-s*; *-e*) jackal.
Schäker [ˈʃɛːkər] *m* (*-s*; -), ~**in** *f* (-; *-nen*) joker; rogue, wag; flirt.
Schäkeˈrei *f* (-; *-en*) joking, badinage; flirtation, dalliance.
ˈ**schäkern** *v/i.* (*h.*) joke, make fun; dally; flirt, philander.
schal [ʃɑːl] *adj.* insipid; stale; *fig. a.* flat.
Schal [ʃɑːl] *m* (*-s*; *-e*) scarf; comforter, muffler; shawl.
ˈ**Schalbrett** *n* slab.
Schale [ˈʃɑːlə] *f* (-; *-n*) **1.** shell (of *eggs, nuts, etc.*); peel, skin; husk, hull; pod; paring, peeling; bark, rind; *zo.* shell, crust, carapace; *fig.* shell; outside, covering; surface; *of knife*: scale, plate; *aer.* shell, stressed skin; *colloq. sich in* ~ *werfen* spruce o.s. up; **2.** bowl; basin, vessel; (*fruit, etc.*) dish; tray, pan; cup, saucer; *of weigher*: scale, pan; *tech. of bearing*: bush(ing); *fig. die* ~ *des Zorns ausgießen* pour out the vials of wrath; → *Kaltschale.*
schälen [ˈʃɛːlən] *v/t.* (*h.*) remove the shell (*or* skin) from; shell, husk; peel, pare; bark; *sich* ~ (*h.*) cast one's shell (*or* skin), *tree*: shed the bark, exfoliate, *skin, lacquer, etc.*: peel (*or* scale, come) off; *sich aus den Kleidern, etc.*, ~ slip out of, strip.
ˈ**Schalen...**: ~**bau**(**weise** *f*) *m* (-[e]*s*) monocoque (*or* shell) construction; ~**bretter** *n/pl.* form boards; ~**eisen** *metall. n* sow-iron; ~**guß** *tech. m* chill casting; ~**gußform** *f* chill.
ˈ**Schalheit** *fig. f* (-) staleness, flatness; shallowness, insipidity, vapidity.
ˈ**Schälhengst** *m* stallion.
ˈ**Schalholz** *n* pit timber.
Schalk [ʃalk] *m* (-[e]*s*; *-e*) (little) rogue, scamp, rascal; wag; *fig. er hat den* ~ *im Nacken* he is a sly-boots; ˈ♀**haft** *adj.* roguish, arch; waggish; ˈ~**haftigkeit,** ˈ~**heit** *f* (-) roguishness, archness; waggishness; ˈ~**s-narr** *m* buffoon.
Schall [ʃal] *m* (-[e]*s*; *-e*) sound; ring, peal; resonance; noise; echo, reverberation; *fig.* ~ *und Rauch* sound and fury; *schneller als* ~ supersonic; ~ *dämpfen* silence, muffle; ˈ~**boden** *m* sound(ing)-board; ˈ~**brechung** *f* refraction of sound; ˈ~**brett** *n* baffle; ˈ♀**dämpfend** *adj.* sound-absorbing, sound deadening; ˈ~**dämpfer** *m* sound absorber; *mot. etc.*, silencer, *Am.* muffler; *teleph.* deadener; ˈ~**dämpfung** *f* sound (proofing) insulation; sound absorption (*or* attenuation); *mot.* silencing, *Am.* muffling; *mit* ~ soundproofed; ˈ~**deckel** *m* sounding top (*or* board); ˈ♀**dicht** *adj.* soundproof; ~ *machen* soundproof; ˈ~**dichte** *f* sound (energy) density; ˈ~**dose** *f* pickup.
ˈ**schallen** *v/i.* (*h.*) sound; resound; ring, peal, boom; ~**d** *adj.* resounding, resonant; ~*es Gelächter* peal of laughter, guffaw; ~*er Beifall* ringing applause; *mit* ~*er Stimme* on the top of one's voice.
ˈ**Schall...**: ~**fortpflanzung** *f* propagation of sound; ~**geschwindigkeit** *f* speed of sound, sonic velocity; ~**gewölbe** *n* acoustic vault; ~**grenze** *f* → *Schallmauer*; ~**ingenieur** *m* sound engineer, acoustician; ~(**l**)**ehre** *f* (-) acoustics *pl.*; ~(**l**)**eiter** *m* sound conductor; ~(**l**)**och** *n* sound hole; ~**mauer** *f* sound barrier; ~**messen** *n* (*-s*) sound ranging; ~**messer** *m* (*-s*; -) sonometer; ~**meßgerät** *n* sound locator; ~**meßortung** *f* sound-ranging location; ~**meßtrupp** *mil. m* sound-ranging party.
ˈ**Schallplatte** *f* (gramophone, *Am.* phonograph) record, disk, disc.
ˈ**Schallplatten...**: ~**aufnahme** *f* disk recording, transcription; ~**musik** *f* recorded (*contp.* canned) music; ~**sendung** *f* broadcast of records, *Am.* transcription; ~**verstärker** *m* pickup amplifier.
ˈ**Schall...**: ~**quelle** *f* sound source; ~**raum** *m* sound box *or* chamber; ♀**schluckend** *adj.* sound-absorbing; ~**stärke** *f* sound intensity; ~**stärkenmesser** *m* (*-s*; -) phonometer; ~**technik** *f* (-) acoustics *pl.*; ~**trichter** *m* sound projector; bell-mouth; *of loudspeaker*: horn, trumpet; ~**wand** *f* acoustic baffle; ~**welle** *f* sound wave; ~**zeichen** *n* sound signal.
ˈ**Schälmaschine** *f* decorticator.

Schalmei [ʃal'maɪ] *mus. f* (-; -*en*) shawm; **~wecker** *m* gong bell.
Schalotte [ʃa'lɔtə] *bot. f* (-; -*n*) shallot.
schalt [ʃalt] *pret. of schelten.*
Schalt|ader ['ʃalt-] *el. f* jumper wire; **~anlage** *f* switchgear (installation); **~bild** *n el.* wiring (*or* circuit) diagram; *mot.* gear-changing diagram; **~brett** *n el.* switchboard, (electrical) control panel; *aer., mot.* instrument panel, dashboard; **~dose** *f* switch box.
'**schalten** I. *v/i.* (*h.*) direct, rule; *~ und walten* a) manage, command, b) potter about; *j-n ~ und walten lassen* let a p. do as (s)he likes, give a person plenty of rope; *~ mit* (*dat.*) deal with; *el.* switch; *mot.* change (*or* shift) gears; *in den ersten Gang ~* shift *or* change into bottom gear; *hart ~* clash gears; *colloq. fig.* do some quick thinking; II. *v/t.* (*h.*) *tech.* actuate; operate; control; *mot.* change, shift; start; throw in, engage (*clutch*); insert (*valve*); index (*turret slide*); feed (*support*); *el.* a) switch, b) wire, c) connect; → *ausschalten, einschalten.*
'**Schalter** *m* (-*s*; -) sliding window *or* shutter; *rail., etc.*: booking (*or* ticket) office; *bank, post office*: counter, window, desk; *tech., mot.* control(l)er; *el.* a) switch, b) circuit-breaker, cut-out; *mehrstufiger ~* multiple-point switch; *selbsttätiger ~* snap switch; **~beamte(r)** *m* counter-clerk; *rail., etc.*: booking-clerk; **~dienst** *m* (-*es*) counter service; **~stellung** *f* switch position; **~stunden** *f/pl.* counter hours.
'**Schalt...:** **~getriebe** *n* control gear; *mot.* change-speed gear; **~hebel** *m mot.* gear-shift lever; *tech.* control lever; *el.* switch (*or* contact) lever.
Schaltier ['ʃa:l-] *zo. n* crustacean.
'**Schalt...:** **~jahr** *n* leap-year; **~kasten** *m* switchbox; **~klinke** *f* pawl; **~knopf** *m* control button; **~kulisse** *f* gear-shifting gate; **~kupplung** *f* clutch coupling; **2los** *adj.* gearless; *~es Getriebe* no-shift drive; **~nocke** *f* trip cam; **~plan** *el. m* wiring diagram; **~pult** *n* control desk; **~rad** *n* indexing gear; **~raum** *m* switch room; **~schema** *n* → *Schaltplan*; **~schrank** *el. m* switch cabinet; **~stellung** *f* switch (*or* indexing) position; **~tafel** *f* → *Schaltbrett*; **~tag** *m* intercalary day.
'**Schaltung** *f* (-; -*en*) *tech.* control; *mot.* gear-change, gearshift, shifting; *el.* a) circuit (arrangement), b) connection(s *pl.*), c) wiring, d) switching.
'**Schalt...:** **~ventil** *n* pilot valve; **~werk** *n* control mechanism; *mot.* gear mechanism; *el.* switch gear.
'**Schalung** *arch. f* (-; -*en*) (*verlorene ~* lost) form.
Schaluppe [ʃa'lupə] *f* (-; -*n*) sloop, jolly-boat.
Scham [ʃa:m] *f* (-) shame; bashfulness, modesty; *anat.* privy (*or* private) parts, genitals *pl.*; *weibliche ~* pudenda *pl.*; *bibl.* nakedness; *vor ~ erröten* (*vergehen*) blush for (die with) shame; '**~bein** *anat. n* pubic bone; '**~berg** *m* mons pubis; '**~bogen** *m* pubic arch.
schämen ['ʃɛ:mən]: *sich ~* (*h.*) be *or* feel ashamed (*gen., wegen, über acc.* of [o.s.]); *du solltest dich ~!* you ought to be ashamed of yourself; *ich würde mich zu Tode ~* I should die for shame; *schäme dich! schämt euch!* for shame!, shame on you!
'**Scham...:** **~gefühl** *n* (-[e]s) sense of shame; modesty; **~haare** *n/pl.* pubic hair *sg.*; **2haft** *adj.* bashful, modest; shamefaced, blushing; coy, prim; prudish; chaste; **~haftigkeit** *f* (-) bashfulness, modesty; coyness; chasteness; **~lippe** *anat. f* labium (*pl.* labia) of the vulva; **2los** *adj.* shameless; impudent; *fig. ~e Lüge* shameless (*or* barefaced) lie; **~losigkeit** *f* (-; -*en*) shamelessness; impudence.
Schamotte [ʃa'mɔtə] *f* (-) fire-clay; **~stein** *m* fire-brick.
Schampun [ʃam'pu:n] *n* (-*s*), **schampu'nieren** *v/t.* (*h.*) shampoo.
Schampus ['ʃampus] *colloq. m* (-) fizz, *Am.* gigglewater.
'**Scham...:** **2rot** *adj.* red with shame, blushing; *~ machen* put to the blush; *~ werden* blush (with shame), colo(u)r up; **~röte** *f* blush; **~teile** *m/pl.* genitals, private parts.
schand|bar ['ʃantba:r] *adj.* → *schändlich*; **2bube** *m* scoundrel, villain.
Schande ['ʃandə] *f* (-) shame; dishono(u)r, disgrace, discredit; ignominy, infamy; → *bedecken*; *j-m ~ machen* bring discredit (*or* shame) upon a p., be a disgrace to a p.; *es ist e-e ~, daß* it is a shame *or* disgrace that; *zu m-r ~ muß ich gestehen* I am ashamed to admit; *~ über dich!* shame on you!; *zu ~n* → *zuschanden.*
schänden ['ʃɛndən] *v/t.* (*h.*) dishono(u)r, disgrace; soil, sully; desecrate, profane; rape, violate, ravish, abuse (*a woman*); disfigure.
'**Schänder** *m* (-*s*; -) desecrater, profaner; violator, ravisher.
'**Schand...:** **~fleck** *m* blemish, stain, blot; disgrace; eyesore; **~geld** *n* scandalous price; *für ein ~* for a mere song.
schändlich ['ʃɛntliç] I. *adj.* shameful, infamous, disgraceful; ignominious; foul, vile, base, abominable (*crime, etc.*); scandalous (*lie, etc.*); II. *colloq. adv.* extremely, infernally, awfully; **2keit** *f* (-; -*en*) shamefulnes, disgrace(fulness); infamy, baseness.
'**Schand...:** **~mal** *n* stigma, brand (of infamy); **~maul** *n* scandalous tongue; (*person*) slanderer, backbiter, scandalmonger; **~pfahl** *m* pillory; **~preis** *m* scandalous price; **~tat** *f* infamous act(ion), foul deed; *colloq. er ist zu jeder ~ bereit* he is ready for anything, he is a good sport.
'**Schändung** *f* (-; -*en*) → *schänden*; profanation, desecration; rape, violation; disfigurement.
Schank [ʃaŋk] *m* (-[e]s; ¨e) retail trade of alcoholic liquors; *a.* → '**~gerechtigkeit** *f* licence (*Am.* -se) for selling beer, *etc.*
Schanker ['ʃankər] *med. m* (-*s*; -) chancre.
'**Schank...:** **~gesetz** *n* licensing act; **~mädchen** *n* barmaid; **~stätte** *f* licensed premises *pl.*; **~tisch** *m* bar; **~wirt** *m* licensed victualler; publican, *Am.* saloonkeeper; **~wirtschaft** *f* public house, pub, *Am.* saloon; **~zimmer** *n* tap-room.
Schanz|arbeiten ['ʃants-] *f/pl.*, **~bau** *mil. m* (-[e]s; -*ten*) construction of field-works, entrenchments; **~arbeiter** *m* sapper, pioneer; **~e** *f* (-; -*n*) *mil.* entrenchment, field-work; *mar.* quarter-deck; ski-jumping hill; *fig. in die ~ schlagen* risk, hazard; **2en** *v/t. and v/i.* (*h.*) throw up entrenchments, entrench, dig (at a trench); *colloq. fig.* work hard, drudge; **~enrekord** *m* (jumping-)hill record; **~entisch** *m* ski-jumping platform; **~pfahl** *m* palisade; **~werk** *n* entrenchment; **~zeug** *n* (-[e]s) entrenching tools *pl. or* equipment.
Schar [ʃa:r] *f* (-; -*en*) 1. troop, band; group, bunch, party, *a. b.s.* gang; posse, *b.s.* horde; crowd; flock (*of geese*); flight (*of birds*); covey (*of partridges*); bevy (*of larks, roes, ladies*); 2. *agr.* ploughshare, *Am.* plowshare.
Scharade [ʃa'ra:də] *f* (-; -*n*) charade.
Scharbock ['ʃa:rbɔk] *med. m* (-[e]s) scurvy.
'**scharen** *v/t. and sich ~* (*h.*) assemble, collect; flock together; *um sich ~* rally; *sich ~ um* (*acc.*) rally (a)round; **~weise** *adv.* in troops, in crowds.
scharf [ʃarf] I. *adj.* sharp (*a. fig.*); sharp-edged, cutting, keen; pointed, acute; sharp, peaked (*curve*); *fig.* sharp, harsh; sharp, acrid, pungent (*smell, taste*); peppered, hot; caustic, corrosive, mordant; biting, caustic (*remark, etc.*); trenchant, slashing (*criticism*); piercing, shrill (*sound*); *mit ~er Stimme* sharply, in strident tones; *~e Zunge* sharp tongue; abrupt, sharp; exact, precise; *opt., phot.* well-focus(s)ed; sharply defined (*outlines*); salient (*feature*); pronounced; *colloq.* hot (*girl, etc.*), juicy (*joke*); *~er Gegensatz* sharp contrast; *~er Gegner* declared enemy; severe, rigorous, strict, drastic; rigid, iron (*discipline*); *~e Zucht halten* rule with an iron hand; *~er Beobachter* keen observer; *~er Blick* keen eye; *~es Gehör* acute hearing, sharp *or* quick ear; *~es Tempo* hard (*or* sharp) pace; *~er Verstand* sharp intelligence, keen (*or* penetrating) mind; *~er Wind* sharp (*or* biting, cutting) wind; *~e Konkurrenz* stiff competition; *~e Züge* sharp(-cut) features; *mil.* live (*ammunition*), armed (*mine, etc.*); *colloq. ~ sein auf* be very keen on; II. *adv.* sharply, *etc.*; *fig. ~ aufpassen* give close attention, prick one's ears; watch out, be on the alert; *~ ansehen* look sharply *or* keenly at; *~ reiten* ride hard; *~ schießen* shoot with ball (*or* live ammunition); *~ im Auge behalten* keep a close watch on; *j-n ~ anfassen* be sharp (*or* strict) with a p.; *~ ins Zeug gehen* not to pull one's punches, go it strong; *j-m ~ zu*

Leibe gehen press a p. hard, corner a p.; *sich ~ wenden gegen* attack vigorously, take strong issue with; → *scharfmachen*; **2abstimmung** *f* (-) *radio*: sharp tuning; *selbsttätige*: automatic tuning control; **2blick** *m* (-[e]s) penetrating glance, quick eye; *fig.* penetration, perspicacity; **~blickend** → *scharfsichtig*.

Schärfe ['ʃɛrfə] *f* (-; -*n*) sharpness; *fig.* keenness, acuteness; pungency; severity, rigo(u)r, harshness; exactness; *opt.* sharp definition; abruptness; *of microscope*: resolving power; edge; acrimony; stringency; *~ verleihen* put an edge to; *e-r Rede, etc.*, die *~ nehmen* take the edge off *a speech, etc.*

'**scharf...: ~eckig** *adj.* sharp-cornered; **2einstellung** *f* focus(s)ing; focus control.

'**schärfen** *v/t.* (*h.*) sharpen, put an edge to (*a. fig.*); whet; grind; point, cut (*pencil*); arm (*mine, etc.*); *fig.* aggravate, intensify, heighten; sharpen (*ear, eye, mind*); strengthen (*memory*).

'**scharf...: ~gängig** *tech. adj.* V--threaded (*screw*), angular (*thread*); **~kantig** *adj.* sharp-edged, edgy; *phot., etc.* sharply defined; **~machen** *v/t.* (*h.*) arm (*mine, bomb, etc.*); activate (*fuse*); *fig.* instigate; *~ gegen* (*acc.*) set *a p.* against; **2macher** *pol. m* firebrand, agitator; **2mache'rei** *f* (-) agitation; **2richter** *m* executioner, hangman; **2schießen** *mil. n* live shooting; **2schütze** *m* marksman, crack shot, sharpshooter; *mil.* sniper; **2sicht** *f* quickness (*or* keenness) of sight; *fig.* perspicacity, penetration; **~sichtig** ['-ziçtiç] *adj.* sharp-sighted, quick-sighted; *fig.* perspicaceous, penetrating, clear--sighted; **2sinn** *m* (-[e]s) sagacity, acumen, penetration, penetrating mind; discernment; **~sinnig** *adj.* sharp-witted, penetrating, shrewd; sagacious, discerning; subtle; **2sinnigkeit** *f* (-) → *Scharfsinn*; **~umrissen** ['-um'risən] *adj.* clear--cut; **~winkelig** *adj.* acute-angled.

Scharlach ['ʃarlax] *m* (-*s*; -*e*) (*a.* **~farbe** *f*) scarlet; *med.* (*a.* **~fieber** *n*) scarlet fever; **2rot** *adj.* scarlet (-red).

Scharlatan ['ʃarlatan] *m* (-*s*; -*e*) charlatan; quack (doctor), mountebank; **~e'rie** *f* (-; -*n*) charlatinism, quackery.

Scharm [ʃarm] *m* (-*s*) → *Charme.*

Scharmützel [ʃar'mytsəl] *n* (-*s*; -), **2n** *v/i.* (*h.*) skirmish.

Scharnier [ʃar'ni:r] *n* (-*s*; -*e*) hinge, joint; *mit ~(en) versehen* hinged; **~deckel** *m* hinged lid; **~stift** *m* hinge-bolt.

Schärpe ['ʃɛrpə] *f* (-; -*n*) scarf, sash; sling.

Scharpie [ʃar'pi:] *f* (-) lint.

Scharre ['ʃarə] *tech. f* (-; -*n*) scraper.

'**scharren** *v/t. and v/i.* (*h.*) scrape (*mit den Füßen* one's feet); scratch (*a. chicken*); *horse*: paw.

Scharte ['ʃartə] *f* (-; -*n*) notch, nick, dent; crack, fissure; gap; *mil.* loophole, embrasure, *of tank*: port; *e-e ~ auswetzen* wipe out a disgrace; repair a fault.

Scharteke [ʃar'te:kə] *f* (-; -*n*) old volume, trashy book; trash, junk; *colloq.* (*woman*) old frump.

'**schartig** *adj.* jagged, dented.

scharwenzeln [ʃar'vɛntsəln] *v/i.* (*sn*) bow and scrape; *um j-n*: fawn (*or* dance attendance) (up)on a p.

Schatten ['ʃatən] *m* (-*s*; -) shadow (*a. TV, med.*; *fig. companion, ghost*); shade (*a. paint.*); *Licht und ~* light and shade; *der ~ des Todes* the shadow of death; *e-n ~ werfen* cast a shadow (*auf acc.* upon; *a. fig.*); *kommende Ereignisse werfen ihre ~ voraus* coming events cast their shadows before; *in den ~ stellen* put in the shade, *fig. a.* throw in the shade, eclipse, exceed (*expectations*); *j-m wie ein ~ folgen* follow a p. like a shadow; *er ist nur noch ein ~ (seiner selbst)* he is but a shadow (of his former self); **~bild** *n* silhouette; *fig.* phantom; **~boxen** *n* shadow-boxing; **~dasein** *n* shadowy existence; *ein ~ führen* live in the shadow; **2haft** *adj.* shadowy, shadow-like; ghostly; **~könig** *m* mock king; **2los** *adj.* shadowless, shadeless; **2reich** *adj.* shady, umbrageous; **~reich** *n* realm of shades, Hades; **~riß** *m* silhouette; **~seite** *f* shady side; *fig. a.* dark (*or* seamy) side; drawback; **2spendend** *adj.* throwing a shade; shady; **~spiel** *n* shadow-play, Chinese shades *pl.*; *fig.* phantasmagoria.

schat'tier|en *v/t.* (*h.*) shade (off), tint; hatch; **2ung** *f* (-; -*en*) shading; shade, tint, hue; *fig. aller ~en* of all shades.

'**schattig** *adj.* shady, shadowy; shaded.

Schatulle [ʃa'tulə] *f* (-; -*n*) casket; cash box; *of prince*: privy purse.

Schatz [ʃats] *m* (-*es*; ⸚*e*) treasure; *fig. a.* rich store, wealth (*an dat.* of); find; rich source, bonanza; *colloq.* sweetheart, love, *my* treasure, darling, *Am. a.* honey; '**~amt** *n Brit.* Exchequer, *Am.* Treasury (Department); '**~anweisung** *f* Treasury bond, *Am.* Treasury certificate.

schätzbar ['ʃɛtsbɑ:r] *adj.* estimable; **2keit** *f* (-) estimableness, valuability.

'**schätzen** *v/t.* (*h.*) estimate; value (*auf acc.* at), compute (at); *for taxation*: assess; appraise, assess (*damage*); value, price, rate (at); forecast; appreciate; esteem, think highly of; treasure, set great store by *a th.*; *zu hoch ~* overestimate, overrate; → *unterschätzen*; *sich ... ~* consider o.s. ...; *sich glücklich ~, zu inf.* be happy (*or* delighted) to *inf.*; *ich schätze, es wird nicht lange dauern* I reckon *it won't last long*; *er schätzt das gar nicht* he doesn't like that at all; **~swert** *adj.* estimable, valuable.

'**Schätzer** *m* (-*s*; -) (expert) valuer; *insurance*: appraiser.

'**Schatz...: ~gräber** *m* treasure--seeker; **~kammer** *f* treasure--vault; → *Schatzamt*; **~kanzler** *m* Treasurer; *Brit.* Chancellor of the Exchequer; **~kästlein** ['-kɛstlaın] *fig. n* (-*s*; -) treasury, collection of gems; **~meister** *m* treasurer (*of club, etc.*); **~schein** *m* Treasury bill.

'**Schatzung** *f* (-; -*en*) taxation.

'**Schätzung** *f* (-; -*en*) estimate, valuation; computation; rating; *for taxation*: assessment, *Am.* assessed valuation; *insurance*: appraisal; appreciation, estimation; esteem, high opinion.

'**Schätzungs...: ~fehler** *m* error in estimating; **2weise** *adv.* approximately, roughly; *er hat ~ 200 Abnehmer* he is estimated to have 200 customers; *~ 7 Millionen Amerikaner* an estimated seven million Americans; **~wert** *m* estimated (*taxation*: assessed, *insurance*: appraised) value.

'**Schatzwechsel** *m* → *Schatzschein.*

Schau [ʃau] *f* (-; -*en*) view; inspection; show, exhibition; spectacle, show; *mil.* review; vision; *nur zur ~* only for show; *zur ~ stehen* be on display; *zur ~ stellen* (put on) display, exhibit; *zur ~ tragen* display, parade, sport, flaunt; wear (*look, smile*), *w.s.* assume (*an air*); *colloq.* e-e *~ abziehen* make a show (of o.s.); '**~bild** *tech. n* chart, graph; diagram; curve; '**~bude** *f* show--booth; '**~bühne** *f* stage.

Schauder ['ʃaudər] *m* (-*s*; -) shudder(ing), shiver, tremor; *fig.* horror, terror; **2erregend, 2haft** *adj.* horrible, dreadful, *fig. a.* awful; atrocious, heinous; **2n** *v/i.* shudder, shiver (*vor dat.* at); *es schaudert mich, mir (or mich) schaudert* I shudder, my flesh creeps; *es macht mich ~* it makes me shudder, it gives me the creeps; *mich schaudert bei dem Gedanken* I shudder at the thought.

'**schauen I.** *v/t.* (*h.*) see, perceive; view, behold; **II.** *v/i.* (*h.*) look; *~ auf* (*acc.*) look (*or* gaze) at, *fig.* look upon, take as a model; *colloq. schau, daß du fertig wirst* see to it that, take care that *you get it finished*; *schau, schau!* well, well!, what do you know!

'**Schauer 1.** *m* (-*s*; -) shower (*of hail, rain, gifts, etc.*); shudder(ing), shiver; attack, fit, paroxysm; thrill; **2.** *m or n* (-*s*; -) shed, shelter; **2lich** *adj.* horrible, ghastly, gruesome, hair-raising; **~mann** *mar. m* (-[e]s; -*leute*) stevedore, docker, *Am.* longshoreman; **2n** *v/i.* (*h.*) → *schaudern*; *hageln*; **~roman** *m* penny-dreadful, shocker.

Schaufel ['ʃaufəl] *f* (-; -*n*) shovel; scoop; paddle; palm (*of anchor, antlers*); *tech.* blade, bucket (*of turbine*); *zwei ~n Kohlen* two shovelfuls of coal; **~bagger** *m* shovel dredger, *Am.* dredging shovel; **~geweih** *hunt. n* palmed antlers *pl.*; **~hirsch** *m* stag with palmed antlers; **2n** *v/t. and v/i.* (*h.*) shovel; dig; **~rad** *n* paddle-wheel; *of turbine*: bladed wheel; **~zahn** *m* (broad) incisor.

'**Schaufenster** *n* shop-window, *Am.* show window, store window; *~ ansehen (gehen)* go window-shopping; **~auslage** *f* window display; **~dekorateur** *m* window-dresser; **~dekoration, ~gestaltung** *f* window--dressing; **~einbruch** *m* smash--and-grab raid; **~reklame** *f* window-display advertising.

Schaufler *hunt. m* (-s; -) buck with palmed antlers.

'**Schau...:** **~fliegen** *n* (-s), **~flug** *aer. m* stunt flying, air display; **~gerüst** *n* stage, plateform, stand; **~glas** *tech. n* sight glass; **~haus** *n* mortuary, morgue (*Fr.*); **~kampf** *m boxing*: exhibition (bout); **~kasten** *m* show-case.

Schaukel ['ʃaukəl] *f* (-; -*n*) swing; → **~brett** *n* seesaw; **2n I.** *v/i.* (*and sich*) (*h.*) swing; rock; seesaw; wobble; sway; **II.** *v/t.* (*h.*) swing; rock; *colloq. fig.* swing, wangle *a th.*; **~pferd** *n* rocking-horse; **~politik** *f* seesaw policy; **~reck** *n gym.* trapeze; **~ringe** *m/pl. gym.* flying rings; **~stuhl** *m* rocking-chair, rocker.

'**Schau...:** **~loch** *n* peephole; *tech.* inspection hole; **~lust** *f* (-) curiosity; **2lustig** *adj.* curious; **~lustige(r** *m*) *f* (-*n*, -*n*; -*en*, -*en*) onlooker, curious bystander; sightseer.

Schaum [ʃaum] *m* (-[e]s; ⁼e) foam; spray; *on beer, etc.*: froth, head; bubbles *pl.*; lather; scum; *fig.* bubble; *zu ~ schlagen* whip, beat up (*egg*); *fig. zu ~ werden* vanish, come to nothing, fizzle out; *ihm stand der ~ vor dem Munde* he foamed at the mouth; '**~bad** *n* bubble bath; '**2bedeckt** *adj.* covered with foam, foamy; '**~blase** *f* bubble (*a. fig.*).

schäumen ['ʃɔymən] *v/i.* (*h.*) foam, froth; *beverage*: fizz, effervesce; *beer*: foam; *wine*: sparkle; *soap suds*: lather; *fig. vor Wut ~* foam, boil (with rage); **~d** *adj.* foaming, frothy; effervescent (*drink*); sparkling (*wine*).

'**Schaum...:** **~feuerlöscher** *m* foam extinguisher; **~gebäck** *n* meringue(s *pl.*); **~gold** *n* Dutch gold; tinsel; **~gummi** *m* foam rubber; **2ig** *adj.* foaming, frothy; **~kelle** *f*, **~löffel** *m* skimming-ladle; **2los** *adj.* foamless; *beer*: flat; **~schläger** *m* whisk, egg-beater; *fig.* gas-bag; bluff, humbug; **~schläge'rei** *fig. f* empty talk, humbug; **2schlägerisch** *adj.* frothy.

'**Schau·münze** *f* medal.

'**Schaumwein** *m* sparkling wine.

'**Schau...:** **~packung** *f* dummy; **~platz** *m* scene (of action), theat|re, *Am.* -er (of war, *etc.*); **~prozeß** *jur. m* show trial.

schaurig ['ʃauriç] *adj.* horrible, horrid; weird, hair-raising.

'**Schauspiel** *n* spectacle, sight; *thea.* (stage-)play; drama; *fig. es war ein trauriges ~* it was a sorry sight; **~dichter(in** *f*) *m* playwright, dramatist; **~dichtung** *f* drama(tic poetry); **~er** *m* actor, player; comedian; tragedian; *pl. the* cast; *fig. contp.* play-actor; **~e'rei** *fig. f* play-acting, affectation; **~erin** *f* actress; comedienne; tragedienne; **2erisch** *adj.* theatrical, histrionic; acting (*talent, etc.*); **2ern** *v/i. and v/t.* (*h.*) *fig.* play-act, sham, feign, put it on; **~haus** *n* playhouse; theat|re, *Am.* -er; **~kunst** *f* (-) dramatic art, *the* drama.

'**Schau...:** **~steller** [-'ʃtɛlər] *m* (-s; -) exhibitor; showman; **~stellung** *f* exhibition, show; **~stück** *n* show-piece, exhibit; specimen; *thea.* lavish stage spectacle; **~tafel** *f* → *Schaubild*; **~turnen** *n* gymnastic display.

Schawatte [ʃa'vatə] *tech. f* (-; -*n*) anvil block; bedplate.

Scheck [ʃɛk] *econ. m* (-s; -s) cheque, *Am.* check (*über acc.* for); *e-n ~ ausstellen* draw a cheque; '**~abrechnung** *f* clearing of cheques; '**~buch** *n* cheque- (*Am.* check-) book.

Schecke ['ʃɛkə] *f* (-; -*n*) piebald (*or* dappled) horse.

'**Scheck...:** **~fähigkeit** *f* (-) capacity to draw (*or* to be the drawee of) cheques; **~fälscher** *m* cheque (*Am.* check) forger; **~fälschung** *f* forgery of cheque; forged cheque; **~formular** *n* cheque form, *Am.* blank check; **~heft** *n* → *Scheckbuch*.

'**scheckig** *adj.* spotted, speckled; *esp. horse*: piebald, dappled.

'**Scheck...:** **~inhaber(in** *f*) *m* bearer (of a cheque); **~konto** *n* cheque (*or* drawing) account, *Am.* checking account; **~verkehr** *m* cheque (*Am.* check) transactions *pl.*

scheel [ʃeːl] **I.** *adj.* (*a.* '**~äugig**) cross-eyed; *fig.* (*a.* '**~süchtig**) jealous, envious; **II.** *adv.*: *j-n ~ ansehen* look askance at.

Scheffel ['ʃɛfəl] *m* (-s; -) bushel; *fig. sein Licht unter den ~ stellen* hide one's light under a bushel; **2n I.** *v/t.* (*h.*): *Geld ~* rake in (*or* amass) money; **II.** *v/i.* (*h.*) yield abundantly; **2weise** *adv.* by the bushel; in large quantities.

Scheibe ['ʃaibə] *f* (-; -*n*) disk (*a. anat.*), *esp. tech.* disc; slice (*of bread, etc.*); cake (*of wax*); honeycomb; (*window*) pane; *shooting*: target; *hockey*: puck; *teleph., etc.*: dial; *tech.* disk, disc, plate; lamella; (*grinding, potter's*) wheel; gasket, washer; circular shape; pulley; sheave; *colloq. fig. da* (*bei ihm*) *kannst du dir noch eine ~ abschneiden* you can learn a lot from him, you can take a leaf out of his book; *ja, ~!* my foot!

'**Scheiben...:** **~antenne** *f* disc aerial (*Am.* antenna); **~bremse** *f* disc brake; **~dichtung** *f* sheet gasket; **~egge** *agr. f* disc harrow; **2förmig** ['-fœrmiç] *adj.* disk-shaped; **~gardinen** *f/pl.* casement curtains; **~glas** *n* plate-glass; **~honig** *m* honey in the comb; **~kupplung** *f* disc clutch; **~pflug** *m* disc plough (*Am.* plow); **~pistole** *f* target pistol; **~rad** *mot. n* disc wheel; **~schießen** *n* target practice; **~stand** *m* butts *pl.*; shooting-range; **2weise** *adv.* in slices; **~wischer** *m mot.* wind-screen wiper, *Am.* (*and aer.*) windshield wiper.

Scheich [ʃaiç] *m* (-s; -e) sheik(h).

Scheide ['ʃaidə] *f* (-; -*n*) line of separation, borderline, parting; sheath (*a. bot.*); scabbard; *anat.* vagina; *aus der ~ ziehen* unsheathe *or* draw (*one's sword*); **~anstalt** *tech. f* refinery; **~bad** *chem. n* separating bath; **~brief** *m* farewell letter; **~erz** *metall. n* picked ore; **~flüssigkeit** *f* separating liquid; **~gold** *n* parting gold; **~kunst** *f* (-) analytical chemistry; **~linie** *f* separating line; **~mauer** *f* partition(-wall); **~mittel** *chem. n* parting agent; **~münze** *f* small coin.

'**scheiden I.** *v/i.* (*irr., sn*) *and sich* (*irr., h.*) separate; depart, leave; part, take leave of one another; *aus dem Dienst ~* retire from service, resign; *aus dem Leben ~* depart this life; *aus e-r Firma ~* leave a firm; *fig. hier ~ sich die Wege* here the roads part; **II.** *v/t.* (*irr., h.*) separate, part (*both a. tech.*); sever; divide; analyse, refine; decompose; pick (*ore*); clarify (*sugar*); *jur.* divorce (*spouses*), dissolve (*marriage*); *sich ~ lassen* seek a divorce; divorce one's wife *or* husband; *geschieden werden* obtain a divorce; → *geschieden*; **2** *n* (-s) parting (*a. tech.*); *vor s-m ~* previous to his departure; **~d** *adj.* parting, farewell; closing (*year*); **2spekulum** ['-ʃpekulum] *n* (-s; -*la*), **2spiegel** *med. m* vaginal speculum.

'**Scheide...:** **~wand** *f* partition (-wall); *anat., bot.* septum; *fig.* barrier; **~wasser** *chem. n* (-s; ⁼) aqua fortis, nitric acid; **~weg** *m* forked way, crossroad; *fig.* dilemma; *am ~e* at the crossroads.

'**Scheidung** *f* (-; -*en*) separation, parting; *chem.* analysis; *metall.* refining; picking (*of ore*); *jur.* **a)** divorce (*von* from), **b)** dissolution *of a marriage*; *auf ~ klagen* sue for divorce; *die ~ einreichen* file a petition for divorce.

'**Scheidungs...:** **~begehren** *n* (-s) petition for divorce; **~grund** *m* ground for a divorce; **~klage** *f* divorce suit; *die ~ einreichen* file a petition for divorce; **~prozeß** *m* divorce suit; **~urteil** *n* judicial decree of divorce.

Schein [ʃain] *m* (-[e]s) **1.** shine; light; gleam; → *Glanz*; flash; blaze; **2.** (*pl.* -e) certificate; form; paper; bill; (bank-)note, *Am. a.* bill; receipt; slip; **3.** *fig.* appearance, semblance; → *Anschein*; air, look; outside, (mere) show; sham, make-believe, blind; *unter dem ~e* (*gen.*) under the cloak (*or* disguise) of; *zum ~e* pro forma; *den ~ wahren* keep up appearances, save one's face; *nach dem ~ urteilen* judge by appearance(s); *dem ~ nach zu urteilen* on the face of it; *sich den ~ geben, als ob* feign (*or* pretend, make) as if; *der ~ spricht gegen ihn* appearances are against him; *der ~ trügt* appearances are deceptive.

'**Schein...** *in compounds usu.* apparent ...; mock ...; sham ...; dummy ...; fictitious ...; pseudo ...; *Am. sl.* phon(e)y ...; **~angriff** *m* feint attack, feint; **~anlage** *mil. f* dummy installation, decoy; **~argument** *n* specious argument; **2bar I.** *adj.* seeming, apparent; false, fictitious; **II.** *adv.* seemingly, *etc.*; on the face of it, on its face; **~bild** *n* delusion, illusion; phantom; **~blüte** *econ. f* specious prosperity, sham boom; **~ehe** *f* fictitious marriage.

'**scheinen** *v/i.* (*h.*) shine, give light; shine, gleam; *der Mond scheint* the moon is shining; *fig.* seem, appear, look; *es scheint mir* it seems (*or* appears) to me; *sie ~ reich zu sein* they seem to be rich; *wie es scheint* as it seems.

ˈ**Schein...: ~flugplatz** *mil. m* dummy airfield; **~friede** *m* hollow peace; **~gefecht** *n* sham fight; **~geschäft** *n* fictitious transaction; **~gewinn** *m* apparent book profit; **~grund** *m* apparent reason; pretext; **2heilig** *adj.* sanctimonious, canting; hypocritical; false (*smile, etc.*); **~heilige(r** *m*) *f* hypocrite, saint; **~heiligkeit** *f* sanctimoniousness; hypocrisy; falseness; **~kauf** *m* sham purchase; **~könig** *m* mock king; **~stellung** *mil. f* dummy position; **~strom** *el. m* apparent current; **~tod** *med. m* suspended animation, apparent death; **2tot** *adj.* in a state of suspended animation, seemingly dead, (lying) in a trance; **~vertrag** *m* fictitious (*or* sham) contract.

ˈ**Scheinwerfer** *m* reflector, projector; searchlight; floodlight; *mot.* headlight, headlamp; *thea.* (*a.* **~licht** *n*) spotlight; *film*: reflector, *Am.* klieg light; **~kegel** *m* searchlight beam, flare; **~lampe** *f* projector lamp.

ˈ**Scheinwiderstand** *el. m* impedance.

Scheiße [ˈʃaɪsə] *f* (-), **2n** *vulg. v/i.* (*irr., h.*) shit.

ˈ**Scheißkerl** *m* cad, skunk, bastard, *Am.* heel, louse.

Scheit [ʃaɪt] *n* (-[e]s; -e): *~ Holz* log, (split) billet; piece of wood.

Scheitel [ˈʃaɪtəl] *m* (-s; -) crown (*or* top) of the head; parting (*of hair*); → *scheiteln*; summit, peak, apex; *esp. math.* vertex; *vom ~ bis zur Sohle* from top to toe, every inch *a gentleman*; **~bein** *anat. n* parietal bone; **~faktor** *tech. m* amplitude (*or* crest) factor; **~kreis** *m* vertical circle; **2n** *v/t.* (*h.*): *das Haar ~* part the hair, make a parting; **~naht** *anat. f* parietal suture; **~punkt** *m math.* vertex; *ast.* zenith; *ballistics*: (*a. fig.*): summit (of trajectory), apex; **~spannung** *el. f* peak voltage; **~wert** *m* peak (value); **~winkel** *math. m* (vertical) opposite angle.

ˈ**Scheiterhaufen** *m* funeral pile, pyre; *execution*: (*auf dem ~* at the) stake.

scheitern [ˈʃaɪtərn] *v/i.* (*sn*) *mar.* run aground, be wrecked, founder, be lost; *fig.* fail, miscarry; be frustrated (*an dat.* by); *negotiations*: *a.* break down; *daran ist er gescheitert* that was his undoing.

ˈ**Scheitern** *n* (-s) shipwreck; foundering; *fig.* failure, miscarriage; *zum ~ bringen a. fig.* wreck, *fig. a.* frustrate; *zum ~ verurteilt* doomed to failure.

Schellack [ˈʃɛlak] *m* (-[e]s; -e) shellac.

Schelle [ˈʃɛlə] *f* (-; -*n*) little bell; handbell; manacle, handcuff; *tech.* clamp, clip; *colloq.* slap (in the face); *~n pl. cards*: diamonds.

ˈ**schellen** *v/i.* (*h.*) ring (the bell).

ˈ**Schellen...: ~baum** *mil. m* crescent; **~bube** *m cards*: knave of diamonds; **~geläut(e)** *n* jingle of bells; bells *pl.*, *of horse*: bell-harness; sleigh-bells *pl.*; **~kappe** *f* (fool's) cap with bells; **~könig** *m cards*: king of diamonds; *fig. über den ~ loben* praise to the skies.

Schellfisch [ˈʃɛl-] *m* haddock.

Schelm [ʃɛlm] *m* (-[e]s; -e) rogue, knave; rogue, wag; *armer ~* poor wretch; ˈ**~engesicht** *n* roguish face; ˈ**~enroman** *m* picaresque novel; ˈ**~enstreich** *m*, ˈ**~enstück** *n*, ˈ**~erei** *f* (-; -*en*) roguish trick; knavery, villainy; ˈ**2isch** *adj.* roguish, arch, waggish; impish.

Schelt|e [ˈʃɛltə] *f* (-; -*n*) scolding; *~ bekommen* get a scolding, be scolded; **2en** *v/t.* (*irr., h.*) scold, chide (*wegen* for); upbraid, blow up; *j-n e-n Dummkopf ~* call a p. a blockhead; **~wort** *n* abusive word, invective.

Schema [ˈʃeːma] *n* (-s; -s) scheme, schedule, *tech. a.* diagram; pattern, model; pattern, arrangement, system; *nach ~ colloq.* according to rule; by rote; without discrimination; **schematisch** [ʃeˈmaːtiʃ] *adj.* schematic(ally *adv.*), systematic, *tech.* diagrammatic; *~e Darstellung* schematic representation; skeleton diagram; diagrammatic plan; **schematisieren** [ʃematiˈziːrən] *v/t.* (*h.*) schematize, standardize; **Schematismus** [ʃemaˈtismus] *m* (-; -*men*) schematism.

Schemel [ˈʃeːməl] *m* (-s; -) (foot-) stool.

Schemen [ˈʃeːmən] *m* (-s; -) phantom, shadow; **2haft** *adj.* unreal, shadowy; ghostly.

Schenk [ʃɛŋk] *m* (-*en*; -*en*) cup-bearer; publican, inn-keeper; *in compounds* → *Schank...*

ˈ**Schenke** *f* (-; -*n*) public house, pub; ale-house; inn, tavern; road-house.

Schenkel [ˈʃɛŋkəl] *m* (-s; -) thigh, femur; shank; leg (*a. of pipe, triangle, etc.*); foot (*of compasses*); *math.* side (*of angle*); **~bruch** *med. m* fracture of the thigh(-bone), fractured thigh; femoral hernia; **~druck** *m* (-[e]s) *riding*: pressure of the leg; **~hals** *anat. m* neck of the femur; **~hilfe** *f riding*: leg aid; **~knochen** *anat. m* thigh-bone; **~rohr** *tech. n* elbow pipe, V tube.

ˈ**schenken** *v/t.* (*h.*) give; grant; endow (*j-m et.* a p. with); *j-m et. ~* give a p. a th., present a p. with a th., make a p. a present of a th.; *fig.* remit (*penalty, debt*); excuse from (*task*); *fig. sich et. ~* omit, drop, cut; *das kannst du dir ~* you can skip that; *es ist (fast) geschenkt* it is given away, *colloq.* it's dirt cheap; *ich möchte es nicht (einmal) geschenkt haben* I would not have it as a gift; *j-m die Freiheit ~* set a p. at liberty; *j-m sein Herz ~* give one's heart to a p.; → *Aufmerksamkeit, Glauben, Leben, Vertrauen, etc.*

ˈ**Schenker(in** *f*) *m* (-s, -; -, -*nen*) giver, donor.

ˈ**Schenkung** *f* (-; -*en*) gift, donation; **~sbrief** *m*, **~s-urkunde** *f* deed of gift; **2sweise** *adv.* by way of donation; as a gift.

scheppern [ˈʃɛpərn] *colloq. v/i.* (*h.*) rattle, clatter.

Scherbe [ˈʃɛrbə] *f* (-; -*n*) fragment; potsherd; flowerpot; monocle; *~n pl.* broken pieces *or* bits (of china *or* glass); débris; *in ~n gehen* go to pieces.

ˈ**Scher-beanspruchung** *tech. f* shear(ing) stress.

ˈ**Scherbengericht** *n* (-[e]s) ostracism.

Schere [ˈʃeːrə] *f* (-; -*n*) (*eine* a pair of) scissors *pl.*; shears *pl.*; wire-cutters; plate-shears; *zo.* claw; *wrestling, a. econ. fig.* scissors *pl.*; *gym.* back straddle (hands on neck).

ˈ**scheren** *v/t.* (*irr., h.*) shear (*a. sheep*), clip; shave, trim (*beard*); cut (*hair*); clip, prune (*hedge*); *tech.* warp (*ropes, threads*); cut (*velvet*); *fig.* vex, plague; *sich (weg)~* (*h.*) clear off, beat it; *colloq. er soll sich zum Teufel ~* he can go to hell; *sich um et. ~* trouble about a th.; *das schert mich nicht* I don't care; *was sch(i)ert mich das?* what's that to me?, so what?; → *Kamm*; **2bewegung** *f econ.* scissor-movement; **2fernrohr** *mil. n* scissor telescope, periscope; **2gitter** *n* folding steel trellis; **2schlag** *m soccer*: scissors kick; **2schleifer** *m* knife-grinder; **2schnitt** *m* silhouette; **2zange** *f* wire cutter, cutter forceps.

Schererei [ʃeːrəˈraɪ] *f* (-; -*en*) trouble; *j-m viel ~en machen* give a p. no end of trouble.

ˈ**Scherfestigkeit** *tech. f* shearing strength.

Scherflein [ˈʃɛrflaɪn] *n* (-s; -) mite; *sein ~ beisteuern* give one's mite, do one's bit.

Scherge [ˈʃɛrgə] *m* (-*n*; -*n*) beadle, catchpole; hangman('s assistant); *w.s.* myrmidon, bloodhound.

ˈ**Scher...: ~maschine** *f* shearing machine; **~messer** *n* shearing-knife; razor; **~versuch** *tech. m* shear(ing) test.

scherwenzeln [ʃɛrˈvɛntsəln] *colloq. v/i.* (*sn*) → *scharwenzeln*.

ˈ**Scherwolle** *f* shearings *pl.*

Scherz [ʃɛrts] *m* (-es; -e) joke, jest; pleasantry, banter; sport, fun, lark; badinage; witticism, *Am. a.* wisecrack; *~ beiseite* joking apart; *im ~, zum ~* in jest, in (*or* for) fun; *(s-n) ~ treiben mit (dat.)* make fun of, make merry with; *er versteht keinen ~* he doesn't see a joke; ˈ**~artikel** *m* novelty, trick; ˈ**2en** *v/i.* (*h.*) jest, joke (*über acc.* at), make fun (of), make merry (with); sport, crack jokes, quip; *mit j-m ~* have fun with *a p.*; banter with; *Sie ~!* you are only joking!, you don't mean it!; *mit ihm ist nicht zu ~* he is not to be trifled with; ˈ**~frage** *f* jocular question, quiz; ˈ**~gedicht** *n* comic poem; ˈ**2haft** *adj.* joking, facetious, playful; comical, funny, droll; humorous, jocular; waggish; pleasant; ˈ**~haftigkeit** *f* (-) facetiousness, jocularity, waggishness; ˈ**~name** *m* nickname; ˈ**2weise** *adj.* in jest, in (*or* for) fun, jestingly; ˈ**~wort** *n* (-[e]s; -e) jesting (*or* facetious) word, witticism.

scheu [ʃɔʏ] *adj.* shy; bashful; timid, nervous; unsociable; reserved; *horse*: skittish; *~ machen* startle, frighten; *~ werden game*: take fright, *horse*: shy (*durch* at).

Scheu *f* (-) shyness; timidity, nervousness; reserve; aversion (*vor dat.* to); awe (*vor dat.* of); *ohne jede* ~ without the least fear; e-e *heilige* ~ *haben vor* have a wholesome dread of, stand in awe of *a p.*

Scheuche [ˈʃɔʏçə] *f* (-; -*n*) scarecrow (*a. fig.*); ²**n** *v/t.* (*h.*) scare, frighten (away); chase away, shoo away.

scheuen [ˈʃɔʏən] **I.** *v/i.* (*h.*) shy (*vor dat.* at), take fright (at), balk (at); *sich* ~ be shy (*vor dat.* of, with), *zu inf.*: be afraid (*or* reluctant) to *inf.*, be shy of *ger.*, shrink from *ger.*; *sich nicht* ~ *zu inf.* be not afraid to *inf.*, *b.s.* dare (to) *inf.*, have the nerve to *inf.*; **II.** *v/t.* (*h.*) shun, avoid, fight shy of; dread, be afraid of, fear; *keine Kosten* (*Mühe*) ~ spare no expense (pains).

Scheuer [ˈʃɔʏər] *f* (-; -*n*) → *Scheune.*

Scheuer... [ˈʃɔʏər-]: ~**bürste** *f* scrubbing brush; ~**festigkeit** *tech. f* abrasion resistance; ~**frau** *f* charwoman, *Am.* scrubwoman; ~**lappen** *m* → *Scheuertuch*; ~**leiste** *arch. f* skirting(-board); ~**mittel** *n* scouring agent; ²**n** *v/t. and v/i.* (*h.*) scour, scrub; (*sich*) ~ chafe, rub; ~**pulver** *n* scouring powder; ~**tuch** *n* (-[e]s; ¨er) scouring cloth, floor-cloth; dish-cloth.

ˈ**Scheu...:** ~**klappe** *f*, ~**leder** *n* blinker, *Am.* blinder (*a. fig.*).

Scheune [ˈʃɔʏnə] *f* (-; -*n*) barn, shed; granary.

ˈ**Scheunen...:** ~**drescher** *fig. m*: *essen wie ein* ~ eat like a wolf; ~**tor** *n* barn-door (*a. fig.*); ~**viertel** *n* slums *pl.*

Scheusal [ˈʃɔʏzaːl] *n* (-[e]s; -e) monster; (*person*) beast, holy terror, pest; fright.

scheußlich [ˈʃɔʏsliç] **I.** *adj.* dreadful, horrid, horrible, frightful; vile; hideous; revolting, loathsome; heinous, foul, atrocious (*crime*); *colloq.* abominable, awful, beastly (*weather, etc.*); **II.** *adv.*: awfully, frightfully (*cold, etc.*); ²**keit** *f* (-; -*en*) dreadfulness, hideousness; abomination, horror; atrocity, heinous deed.

Schi [ʃiː] *m* (-s; -er) ski; → *Ski*(...).

Schicht [ʃiçt] *f* (-; -*en*) layer, bed (*a. mining*); *geol., min.* stratum (*pl.* strata); coat(ing); film; pile, stack (*of wood*); *arch.* course (*of stones*); tier; *tech.* batch, *furnace*: charge; sediment; *phot.* emulsion; *fig.* class, layer, *pl. a.* social strata; shift, spell (*of work*), (*workers*) shift, gang; break, rest; *breite* ~*en der Bevölkerung* wide sections of the population; *aus allen* ~*en* from all walks of life; ~ *machen* knock off (work); *in* ~*en arbeiten* work in shifts; ˈ~**arbeit** *f* shift(-work); ˈ~**arbeiter** *m* shift-worker, day-worker; ˈ²**en I.** *v/t.* (*h.*) arrange (*or* put) in layers, pile up; stack; *mar.* stow; *metall.* charge (*the furnace*); *geol.* stratify; classify; **II.** *colloq. v/i.* (*h.*) work in shifts, be on shifts; ˈ~**gestein** *n* stratified rock; ˈ~**glas** *n* laminated glass; ˈ~**holz** *n* stacked wood; laminated wood, ply-wood; ˈ²**ig** *adj.* lamellar; (*drei*~ three-)ply (*wood*); ˈ~**leistung** *f* output per shift; ˈ~**linie** *f map*: contour line; ˈ~**meister** *m* overseer; ˈ~**seite** *phot. f* emulsion side; ˈ~**stoff** *m* laminated synthetic plastic; ˈ~**ung** *f* (-; -*en*) (arrangement in) layers *pl.*; *geol.* (*a. fig.*) stratification; classification; *soziale* ~ social strata *pl.*; ˈ~**wechsel** *m* change of shift; ˈ²**weise** *adv.* in layers, *etc.*; *at work*: in shifts; ˈ~**wolke** *f* stratus.

Schick [ʃik] *m* (-[e]s) chic, elegance, style.

schick *adj.* chic, stylish, smart, posh.

schicken [ˈʃikən] *v/t.* (*h.*) send (*nach, zu* to); dispatch, forward; communicate, transmit; remit (*money*); *nach j-m* ~ send for a p.; → *April*; *sich* ~ (*h.*) **a**) happen, come to pass, chance, **b**) be fitting *or* proper; *sich* ~ *für j-n* be becoming in, befit, behove (*Am.* behoove) *a p.*; *sich in et.* ~ put up with, resign o.s. to, reconcile o.s. to *a th.*; *sich in die Zeit* ~ go with the times; *das schickt sich nicht* that's not the proper thing to do, it isn't done (*or* good form); *es schickte sich, daß* luck would have it that.

ˈ**schicklich** *adj.* becoming, proper, seemly; decent; suitable, convenient; ²**keit** *f* (-) propriety, decorum; decency; ²**keitsgefühl** *n* (-[e]s) sense of propriety, tact.

Schicksal [ˈʃikzaːl] *n* (-[e]s; -e) fate, destiny; lot, fortune; *j-n s-m* ~ *überlassen* leave a p. to his fate; *das* ~ *herausfordern* tempt providence, court disaster; *das gleiche* ~ *erfahren* fare alike; *sein* ~ *ist besiegelt* his fate is sealed; *es war sein* ~ *zu inf.* he was fated to *inf.*; *das ist eben* ~! that's Fate!; → *Geschick*; ²**haft** *adj.* fateful.

ˈ**Schicksals...:** ~**frage** *f* vital (*or* fateful) question; ~**fügung** *f* divine ordinance; ~**gefährte** *m*, ~**genosse** *m* companion in misfortune, fellow-sufferer; ~**gemeinschaft** *f* community of fate; ~**glaube** *m* fatalism; ~**göttinnen** *f/pl.* Fatal Sisters, *the* Fates; ~**linie** *f palmistry*: line of fate; ~**prüfung** *f* (sore) trial, ordeal, visitation; ~**schlag** *m* heavy blow, reverse, buffet of fate; ~**tag** *m* fateful day; ²**verbunden** *adj.* united by a common fate; ~**weg** *m* march of destiny.

ˈ**Schickung** *f* (-; -*en*) Providence; (divine) dispensation, divine decree; affliction.

Schiebe|blende [ˈʃiːbə-] *phot. f* sliding diaphragm; ~**bühne** *rail. f* travel(l)ing platform, traverser; ~**dach** *mot. n* sliding roof; ~**fenster** *n* sash-window.

ˈ**schieben** *v/t. and v/i.* (*irr., h.*) push, shove; move; *aer., etc.*: thrust; slide, slip; wheel; et. *in den Mund* (*in die Tasche*) ~ slip (*or* put) a th. into one's mouth (pocket); *sich ineinander* ~ (*lassen*) telescope; *colloq. fig.* shift, manipulate; profiteer; ~ *mit* carry on an illicit trade with, sell on the black market; smuggle; → *Bank 1, Kegel, Schuld*; *alle neune* ~ throw all nine.

ˈ**Schieber** *m* (-s; -) *tech.* pusher, slide; slide valve (*of steam engine*); (slide) damper (*of stove*); bolt, bar; *fig.* **wangler, profiteer,** ***Am. a.*** grafter, 5-percenter, racketeer; blackmarketeer; ~**geschäft** *n* profiteering (job), *Am.* graft, racket; ~*e machen* profiteer, *Am.* graft.

ˈ**Schiebe-ring** *m* sliding ring.

ˈ**Schieber...:** ~**tum** *n* (-*s*) profiteering, *Am.* graft; ~**ventil** *n* slide-valve, gate valve.

ˈ**Schiebe...:** ~**schalter** *m* slide switch; ~**sitz** *m* sliding seat; ~**tür** *f* sliding door.

Schieb|karren [ˈʃiːp-] *m* wheelbarrow, *Am. usu.* pushcart; ~**lehre** *tech. f* caliper square.

Schiebung [ˈʃiːbuŋ] *fig. f* (-; -*en*) sharp practice, swindle, wangling; underhand dealings *pl.*, *a. sports*: put-up job; rigged game; profiteering (job), *Am.* graft, racket, deal.

schied [ʃiːt] *pret. of scheiden.*

Schieds|gericht [ˈʃiːts-] *n* court of arbitration, arbitration committee; *sports, etc.*: jury, *the* judges *pl.*; *Obmann e-s* ~*es* umpire; e-e *Sache dem* ~ *unterbreiten* refer a matter to arbitration; *sich e-m* ~ *unterwerfen* submit to arbitration; ~**gerichtsbarkeit** *f* arbitral jurisdiction; ~**gerichtshof** *m*: *Ständiger Internationaler* ~ Permanent Court of International Justice; ~**gerichtsklausel** *f* arbitration clause; ~**parteien** *f/pl.* parties to arbitration; ~**richter** *m* arbitrator; *sports, etc.*: judge, *pl. a.* jury; *tennis*: umpire; *boxing, soccer*: referee; ~**richterball** *m* throwdown; ²**richterlich I.** *adj.* arbitral; arbitrator's; of the umpire, *etc.*; **II.** *adv.* by arbitration; ²**richtern** *v/i.* arbitrate; *sports*: umpire, referee; ~**spruch** *m* (arbitral) award, arbitration; e-n ~ *fällen* make an award; *sich e-m* ~ *unterwerfen* submit to an award; ~**verfahren** *n* arbitration; ~**vertrag** *m* reference to arbitration; *international law*: treaty of submission to arbitration; e-n ~ *schließen* agree to submit to arbitration.

schief [ʃiːf] **I.** *adj.* oblique (*a. math.*), slanting; sloping, inclined; lop-sided, cock-eyed; crooked; wry (*mouth, face*); *fig.* false, wrong, erroneous; bad; distorted, *sl.* (all) cock-eyed; warped (*judgement*); ~*es Bild* false picture; ~*e Ebene math.* inclined plane, gradient; *fig. auf die* ~*e Ebene geraten* go off the straight and narrow path, start on the downward path; *fig.* ~*e Lage* false (*or* awkward) position; *j-n in ein* ~*es Licht setzen* place a p. in a bad light; **II.** *adv.* obliquely; aslant; awry; *j-n* ~ *ansehen* look askance at; *den Hut* ~ *aufsetzen* tilt, cock, wear *one's hat* at an angle; *colloq.* ~ *gewickelt* very much mistaken, on the wrong track; → *schiefgehen.*

ˈ**Schiefe** *f* (-) obliqueness, obliquity, slant; slope, incline(d plane); crookedness, wryness; *fig.* falseness, perversity.

Schiefer [ˈʃiːfər] *m* (-*s*; -) slate; *geol.* schist; splinter; ²**blau** *adj.* slate-blue; ~**boden** *m* slaty soil; ~**bruch** *m* slate-quarry; ~**dach** *n* slate(d) roof; ~**decker** [ˈdɛkər] *m* (-s; -) slater; ²**farben**, ²**farbig**, ²**grau**

adj. slate-colo(u)red, slate-grey; **≈haltig** *adj.* containing slate, schistous; **≈ig** *adj.* slaty; **≈n** *v/i.* (*h.*) scale off, exfoliate; **~öl** *n* schist oil; **~platte** *f* slab (*or* leaf) of slate; **~stein** *m* slate-stone, lithographic stone; **~tafel** *f* slate; **~ung** *f* (-) scaling off, exfoliation.

'schief...: **~gehen** *v/i.* (*irr.*, *sn*) go wrong (*or* awry), miscarry, turn out badly; *humor. es wird schon ~!* cheer up, there's worse to come!; **≈heit** *f* (-) → *Schiefe*; **~liegen** *v/i.* (*irr.*, *h.*) be on the wrong side; **~liegend** *adj.* inclined, aslant; **~mäulig** ['-mɔʏliç] *adj.* wry-mouthed; **~treten** *v/t.* (*irr.*, *h.*) tread down *shoes* at the heels; **~wink(e)lig** *adj.* oblique(-angled), tilted.

Schiel-auge ['ʃi:l-] *n* squint-eye.

'schielen *v/i.* (*h.*) squint (*auf e-m Auge* in one eye), be cross-eyed; *fig.* ~ *auf, nach* squint at, *b.s.* leer at; steal a (sidelong) glance at; *fig.* have an eye to, ogle with; ≈ *n* (-s) squint(ing), cast in the eye, *med.* strabismus; **~d** *adj.* squinting, cross-eyed.

schien [ʃi:n] *pret. of scheinen.*

Schienbein ['ʃi:n-] *n* shin(-bone), tibia; **~schützer** ['-ʃytsər] *m* (-s; -) *sports*: shin-guard.

'Schiene *f* (-; -n) iron hoop *or* band (*on wheel*); *med.* splint; *tech.* bar, guide rail; *esp. rail.* rail, *pl. a. the* metals; track; bus bar; slat; *aus den ~n springen* run off (*Am.* jump) the rails, be derailed.

'schienen *v/t.* (*h.*) *med.* splint, put in(to) splints; *tech.* shoe, tire (*wheel*); *metall.* draw out and flatten (*steel*).

'Schienen...: **~bahn** *f* track; → *Eisenbahn*; **~bus** *m* rail bus, rail diesel car; **~eisen** *n* iron in bars; **~fahrzeug** *n* rail(ed) vehicle; *pl.* (*collect.*) rolling stock; **≈gleich** *rail. adj.*: *~er Übergang* level (*Am.* grade) crossing; **~gleis** *n* track; **~netz** *n* railway (*Am.* railroad) system; **~räumer** ['rɔʏmər] *m* (-s; -) *rail.* obstruction-guard, *Am.* cowcatcher; **~strang** *m* track, railway-line; **~verkehr** *m* rail traffic; **~walzwerk** *n* rail rolling mill.

schier[1] [ʃi:r] *adv.* nearly, almost.

schier[2] *adj.* sheer, pure.

Schierling ['ʃi:rliŋ] *bot. m* (-s; -e) hemlock; **~sbecher** *m* cup of poison.

Schieß|ausbildung ['ʃi:s-] *mil. f* rifle training; gunnery drill; **~auszeichnung** *f* shooting badge; **~bahn** *f* rifle-range; firing lane; **~baumwolle** *f* gun-cotton; **~becher** *mil. m* (rifle) grenade launcher; **~befehl** *m* firing order; **~bude** *f* shooting gallery; **~budenfigur** *humor. f* clown, comedian.

'schießen I. *v/t.* (*irr.*, *h.*) shoot; → *scharf* II.; *mining*: blast; *tot ~* shoot dead, kill (with a shot), bump off; *sich mit j-m ~* fight a pistol duel with; *Brot in den Ofen ~* shove a batch of bread into the oven; *sports*: *ein Tor ~* score (a goal); *fig.* → *Bock*; *~ lassen* let fly *or* go; → *Zügel*; **II.** *v/i.* (*irr.*, *h.*) shoot (*a. pain*), discharge a gun, *etc.*; open fire; *auf j-n ~* shoot (*or* fire) at, take a shot at; *fig.* shoot, dart, dash, rush; *water, blood*: gush; *plant*: spring up, sprout; *gut ~* be a good shot; *weit ~* carry far; → *Same, Kraut, Pilz*; *in die Höhe ~* shoot up; *das Blut schoß ihr ins Gesicht* blood rushed to her face; *der Gedanke schoß mir durch den Kopf* the thought (*or* it) flashed through my mind; *colloq.* *~ Sie los!* fire away!, *Am.* shoot!

'Schießen *n* (-s) shooting, firing; shots *pl.*, gun-fire; shooting match; *mil. gefechtsmäßiges ~* combat practice firing; *~ nach der Karte* map firing; *~ nach Radar* radar fire; *colloq.* *es* (*er etc.*) *ist zum ~* it (he, *etc.*) is a (perfect) scream.

Schieße'rei *f* (-; -en) gunfight; *contp.* (incessant) shooting.

'Schieß...: **~ergebnis** *n* result (*or* effect) of firing; **~fertigkeit** *f* marksmanship; **~gewehr** *n* gun, fire-arm; **~hund** *m* pointer; *fig. aufpassen wie ein ~* watch like a lynx; **~krieg** *m* shooting war; **~kunst** *f* marksmanship; **~lehre** *f* ballistics *pl.*; **~platz** *mil. m* shooting ground(s *pl.*), (rifle-)range; **~prügel** *colloq. m* gun; **~pulver** *n* gunpowder; **~scharte** *f* loophole, embrasure; port (*of tank*); **~scheibe** *f* target; **~sport** *m* shooting; **~stand** *m* shooting-stand; → *Schießbahn*; **~technik** *f* firing technique; **~übung** *f* shooting (*or* target) practice; **~vorschrift** *f* shooting regulations *pl.*

Schiff [ʃif] *n* (-[e]s; -e) ship, vessel; boat, (*a. pl. and collect.*) craft; steamship, steamer; *arch.* nave (*of church*); *weaving*: shuttle; *typ.* galley; *mar. auf dem ~* on board (of the) ship; *das ~ verlassen* abandon ship; *zu ~ gehen* go on board, embark.

'Schiffahrt *f* (*divided*: *Schiff-fahrt*) navigation; shipping; **~sagent** *m* shipping agent; **~s-aktien** *f/pl.* shipping shares (*Am.* stocks); **~sgesellschaft** *f* shipping company; **~skanal** *m* ship-canal; **~skunde** *f* (-) navigation, nautics *pl.*; **~slinie** *f* steamship line; **~straße** *f* navigable waterway, sea-route; **~sweg** *m* shipping route *or* lane; **≈treibend** *adj.* seafaring.

'schiffbar *adj.* navigable; *~ machen* canalize; **≈keit** *f* (-) navigability; **≈machung** *f* (-) canalization.

'Schiff...: **~bau** *m* (-[e]s; -ten) ship-building; **~bauer** *m* (-s; -) shipbuilder; naval architect (*or* engineer) **~bauprogramm** *n* shipbuilding program(me); **~bruch** *m* shipwreck (*a. fig.*); *~ erleiden* be shipwrecked; *fig.* founder, be wrecked, fail; **≈brüchig** *adj.* shipwrecked, *person*: *a.* castaway; **~brüchige(r** *m*) ['-bryçigə(r)] *f* (-n, -n; -en, -en) shipwrecked person, castaway; **~brücke** *f* pontoon-bridge; → *Schiffsbrücke*.

'Schiffchen *n* (-s; -) small ship *or* boat; *bot.* carina; *anat.* scapha; *tech.* shuttle; *typ.* galley; *mil.* forage cap.

'schiffen I. *v/i.* (*sn*) navigate, sail; *vulg.* (*h.*) piss, take a leak; **II.** *v/t.* (*h.*) (convey by) ship.

'Schiffer *m* (-s; -) mariner, sailor; navigator; *merchant marine*: skipper, master; boatman; **~klavier** *n* accordeon; **~patent** *n* master's certificate; mate's certificate; **~sprache** *f* nautical language.

'Schiffs...: **~anlegeplatz** *m* landing place; **~arrest** *m* embargo, seizure of a ship; **~artillerie** *f* naval artillery; **~arzt** *m* ship's doctor *or* surgeon; **~bau** *m* (-[e]s; -ten) → *Schiffbau*; **~bedarf** *m* ship's stores; **~befrachter** *m* freighter, shipper; **~befrachtung** *f* ship's freight; **~besatzung** *f* (ship's) crew; **~boden** *m* ship's bottom *or* hold; **~brücke** *f* bridge; **~eigentümer**, **~eigner** *m* shipowner; **~fracht** *f* ship's freight; **~frachtbrief** *m* bill of lading; **~geschütz** *n* ship's gun, *pl. a.* armament *sg.*; **~haken** *m* grappling-iron; **~hebewerk** *n* (ship-)canal lift; **~hinterteil** *n* stern, poop; **~journal** *n* log-book; **~junge** *m* cabin-boy; **~kapitän** *m* (sea-)captain; **~karte** *f* (steamer-) ticket; **~klasse** *f* (ship's) rating; **~koch** *m* ship's cook; **~kompaß** *m* ship's compass; **~körper** *m* hull; **~kran** *m* ship's crane; **~kreisel** *m* (gyro-)stabilizer; **~küche** *f* caboose, galley; **~ladung** *f* shipload; cargo, freight; **~lazarett** *n* sick-bay; **~leim** *m* marine glue; **~liegeplatz** *m* loading berth; **~makler** *m* ship-broker; **~mannschaft** *f* (ship's) crew; **~maschine** *f*, **~motor** *m* marine engine; **~papiere** *n/pl.* ship's papers; **~raum** *m* hold; shipping space; tonnage; **~reeder** *m* shipowner; **~route** *f* sea route, sea lane; **~rumpf** *m* hull; **~schaukel** *f* swing-boat; **~schnabel** *m* prow; **~schraube** *f* propeller, screw; **~spediteur** *m* shipping agent; **~tagebuch** *n* log-book; **~taufe** *f* christening of a ship; **~teer** *m* pitch and tar; **~treppe** *f* ship's ladder; **~verband** *m* formation (of ships); **~verkehr** *m* shipping traffic; **~vermieter** *m* charterer; **~vorderteil** *n* prow; forecastle; **~wache** *f* (ship's) watch; **~werft** *f* shipbuilding yard, shipyard; *mil.* dock-yard, *Am.* navy yard; **~zimmermann** *m* ship's carpenter; **~zwieback** *m* ship-biscuit.

'Schigelände *n* skiing ground.

Schikane [ʃi'kɑ:nə] *f* (-; -n) chicane(ry); nasty trick; *pl. a.* unfair treatment, persecution, bullying; *colloq. fig. mit allen ~n* with all the trimmings; **schikanieren** [ʃika'ni:rən] *v/t.* (*h.*) chicane; persecute, ride, torment; **schikanös** [-'nø:s] *adj.* vexatious, spiteful.

'Schilaufen *n* skiing; **~läufer(in** *f*) *m* skier.

Schild [ʃilt] **1.** *m* (-[e]s; -e) *mil.* shield (*a. tech., bot.*); *her.* (e)scutcheon, coat-of-arms; *zo.* carapace; *fig. et. im ~e führen* be up to a th., have something up one's sleeve; *j-n auf den ~ erheben* raise a p. on the shield; **2.** *n* (-[e]s; -er) signboard, facia; name-plate; badge; sign-post; label; peak, shade (*of cap*); **'~bürger** *m* duffer, *n.s.* Gothamite; **'~bürgerstreich** *m* silly action, foolishness, imbecility;

'**~drüse** *anat. f* thyroid gland; '**~drüsenüberfunktion** *med. f* (hyper)thyroidism; **~erblau** ['ʃildər-] *n* pencil blue; **~erhaus** *mil. n* sentry-box; **~ermaler** *m* sign-painter.

schilder|n ['ʃildərn] *v/t.* (*h.*) describe; delineate (*character*); depict, portray; outline, sketch; recite, give an account of; **2ung** *f* (-; -*en*) description, delineation; sketch, picture, portrayal; recital (*of facts*), account.

'**Schild...: 2förmig** ['-fœrmiç] *adj.* shield-shaped; *bot.* scutiform; *zo.* clypteate; **~knappe** *m* shield-bearer, squire; **~kröte** *f* tortoise; turtle; **~krötensuppe** *f* (real) turtle soup; **~laus** *f* shield-louse; **~patt** ['-pat] *n* (-[e]s) tortoise-shell; **~pattknopf** *m* shell-button; **~wache** *f* **1.** sentinel, sentry; **2.** → **~wacht** *f* sentry-go; ~ *stehen* stand sentry.

Schilf [ʃilf] *bot. n* (-[e]s; -e) reed, rush; '**~gras** *n* sedge; '**2ig** *adj.* reedy, sedgy; '**~matte** *f* rush-mat; '**~rohr** *n* reed.

schillern ['ʃilərn] *v/i.* (*h.*) play in colo(u)rs, opalesce; iridesce; *fig.* scintillate; **2** *n* (-s) play of colo(u)rs, iridescence, opalescence; iridescent lust|re, *Am.* -er; **~d** *adj.* iridescent, opalescent; *of fabric*: shot; *in tausend Farben* ~ playing in a thousand colo(u)rs; *fig.* dazzling (but dubious) (*person*).

'**Schilift** *m* ski-lift.

Schilling ['ʃiliŋ] *m* (-s; -e) shilling.

Schimär|e [ʃi'mɛ:rə] *f* (-; -*n*) chimera; **2isch** *adj.* chimerical.

Schimmel ['ʃiməl] *m* (-s) **1.** (*pl.* -) white horse; **2.** *bot.* mo(u)ld, mildew, mustiness; **2ig** *adj.* mo(u)ldy, musty, mildewy; **2n** *v/i.* (*h.*) mo(u)ld, go (*or* get) mo(u)ldy *or* musty; **~pilz** *m* mo(u)ld (fungus); mildew.

Schimmer ['ʃimər] *m* (-s) glimmer, gleam, glitter; glint; *fig. ein* ~ *Hoffnung* gleam (*or* flicker) of hope; *keinen* ~ → *Ahnung*; **2n** *v/i.* (*h.*) gleam, glimmer, glisten, shine; glint.

Schimpanse [ʃim'panzə] *m* (-*n*; -*n*) chimpanzee.

Schimpf [ʃimpf] *m* (-[e]s) insult, affront, outrage; disgrace; *j-m e-n* ~ *antun* insult a p.; *mit* ~ *und Schande* ignominiously; '**2en I.** *v/i.* (*h.*) scold; grumble; *über, auf* (*acc.*): rail *or* swear at; **II.** *v/t.* (*h.*) scold; abuse, revile, call *a p.* names; *er schimpfte ihn e-n Lügner* he called him a liar; '**~en** *n* (-s), *a.* **~e'rei** *f* (-; -*en*) reviling, name-calling; scolding; grumbling; '**2lich** *adj.* insulting, abusive; disgraceful (*für* to), dishono(u)rable; ignominious, outrageous; '**~name** *m* abusive name; nickname; '**~wort** *n* abusive word, invective; swear-word, *Am. a.* cuss-word.

Schind|aas ['ʃintˀa:s] *n* carrion; **~anger** *m* knacker's yard.

Schindel ['ʃindəl] *f* (-; -*n*) shingle; **~dach** *n* shingle roof.

schinden ['ʃindən] *v/t.* (*irr., h.*) flay, skin; *fig.* oppress, grind; ill-treat; sweat (*labourer*); *sich* ~ (*und plagen*) drudge, slave, sweat and strain; *colloq.* et. (*heraus*)~ wangle a th; → *Eindruck, Zeit.*

'**Schinder** (-*s*; -) knacker; *fig.* oppressor, grinder; sweater, slave-driver; → *Schleifer*; **Schinde'rei** *f* (-; -*en*) oppression; sweating; drudgery, grind, hell of a job; '**Schinderkarren** *m* knacker's cart.

'**Schind...: ~luder** *fig. n*: ~ *treiben mit* play old Harry with, play fast and loose with; **~mähre** *f* jade.

Schinken ['ʃiŋkən] *m* (-*s*; -) ham; *humor.* **a**) (*painting*) outsized daub, **b**) old *or* fat book, **c**) fat leg, **d**) fat buttocks *pl.*; ~ *mit Ei* ham and eggs; **~brötchen** *n* ham-roll; **~klopfen** *colloq. n* hot cockles; **~wurst** *f* ham-sausage.

Schinne ['ʃinə] *f* (-; -*n*) scurf, dandruff.

Schippe ['ʃipə] *f* (-; -*n*) shovel; spade; *cards*: spades *pl.*; **2n** *v/t.* (*h.*) shovel; *colloq. fig.* rib, razz.

'**Schipper** *m* (-*s*; -) shovel(l)er; digger.

Schirm [ʃirm] *m* (-[e]s; -e) umbrella; parasol, sunshade; (lamp) shade; (cap) peak, visor; screen (*a. film, TV, etc.*); *tech.* (*protective*) shield, screen; *fig.* (-[e]s) protection, shelter, shield; '**~antenne** *f* umbrella aerial (*Am.* antenna); '**~bild** *n* image on screen; *med.* photofluorogram; '**~dach** *n* penthouse, (open) shed; '**2en** *v/t.* (*h.*) (*a. fig.*) shield, guard, protect (*vor dat.* from, against); shade; **2förmig** ['-fœrmiç] *adj.* umbrella-shaped; '**~futteral** *n* umbrella-case; '**~gitter** *n radio*: screen-grid; '**~gitterspannung** *f* screen-grid voltage; '**~herr(in** *f*) *m* protector, *f* protectress, patron(ess); '**~herrschaft** *f* protectorate, patronage; *unter der* ~ *von* under the auspices of; '**~macher** *m* umbrella-maker; '**~mütze** *f* peaked cap; '**~ständer** *m* umbrella-stand; '**~wand** *f* screen(ing wall).

Schirokko [ʃi'rɔko] *m* (-*s*; -*s*) sirocco.

schirr|en ['ʃirən] *v/t.* (*h.*) → *ab-, anschirren*; **2meister** *m* head ostler, foreman; *mil.* motor transport (*abbr.* M. T.) sergeant, *Am.* motor sergeant.

Schisma ['ʃisma] *n* (-*s*; -*men*) schism.

Schisma|tiker [ʃis'ma:tikər] *m* (-*s*; -) schismatic; **2tisch** *adj.* schismatic(al).

'**Schispringen** *n* ski-jumping.

schiß [ʃis] *pret. of scheißen.*

Schiß [ʃis] *vulg. m* (-*sses*) shit(ting); *fig.* (blue) funk; ~ *haben* be in a blue funk (*vor dat.* of), be scared stiff; ~ *bekommen* get cold feet.

schizophren [ʃitso'fre:n] *adj.* schizophrenic; **Schizophre'nie** *f* (-; -*n*) schizophrenia.

schlabber|n ['ʃlabərn] *v/i. and v/t.* (*h.*) slobber; lap (up); jabber, babble; *tech.* overflow; **2rohr** *n* overflow pipe.

Schlacht [ʃlaxt] *f* (-; -*en*) battle (*bei* of, *at sea*: off); → *Gefecht*; *e-e* ~ *liefern or schlagen* fight a battle, give battle (*dat.* to); (*a. fig.*) *die* ~ *gewinnen* carry the day; *in die* ~ *ziehen* go into action; *es kam zur* ~ a battle was fought; '**~bank** *f* (-; ⸚e) shambles *pl.*, *usu. sg.*; *fig. zur* ~ *führen* lead like lambs to the slaughter; '**~beil** *n* butcher's axe; *hist.* pole-axe.

'**schlachten** *v/t. and v/i.* (*h.*) kill, slaughter; *fig.* butcher, massacre, slaughter; **2** *n* killing, slaughtering; *fig.* massacre, slaughter; **2bummler** *m* camp-follower; *sports*: fan; **2glück** *n* fortune of war; **2lenker** *m* God of Hosts; *mil.* strategist, general; **2maler** *m* battle-painter.

Schlächter ['ʃlɛçtər] *m* (-*s*; -) butcher (*a. fig.*); **Schlächte'rei** *f* (-; -*en*) butcher's shop (*or* trade); *fig.* butchery, slaughter, massacre.

'**Schlacht...: ~feld** *n* battle-field; *fig. der Platz glich e-m* ~ the place was a shambles; **~fest** *n* killing-day; **~fleisch** *n* butcher's meat; **~flieger** *m*, **~flugzeug** *n* battle-plane, fighter-bomber; **~flotte** *f* battle-fleet; **~geschrei** *n* battle cry; **~geschwader** *mar. n* battle squadron; **~getümmel, ~gewühl** *n* mêlée (*Fr.*); *mitten im* ~ in the thick of the fight; **~gewicht** *n* dead weight; **~haus** *n*, **~hof** *m* slaughter-house, abattoir, *Am. a.* (meat-)packing plant; **~kreuzer** *m* battle-cruiser; **~linie** *f* line of battle; **~messer** *n* butcher's knife; **~opfer** *n* victim; **~ordnung** *f* order of battle, battle-array; *in* ~ *aufstellen* draw up in battle-array, array for battle; **~plan** *m* plan of action (*a. fig.*), campaign plan; **2reif** *adj.* ready for killing, in (prime of) grease; **~reihe** *f* line of battle; **~roß** *n* war-horse, charger; **~ruf** *m* war-cry, battle cry; *a. humor.* war-whoop; **~schiff** *n* battleship; **~ung** *f* (-; -*en*) kill(ing); **~vieh** *n* slaughter cattle, killers *pl.*; *w.s.* meat animals *pl.*, fat stock.

Schlacke ['ʃlakə] *f* (-; -*n*) *metall.* dross (*a. fig.*), slag, clinker, scoria; cinders *pl.*; *med.* **a**) waste matter, **b**) *for diet*: bulkage.

'**schlacken** *v/i.* (*h.*) (form) slag, be drossy, give off scoria; **~artig** ['-a:rtiç] *adj.* slaggy, drossy; **2bahn** *f sports*: cinder track; **2bildung** *f* slag formation, scorification; **2eisen** *n* cinder iron; **~frei** *adj.* slagless, drossless; **2stein, 2ziegel** *m* slag brick; **2wolle** *f* mineral wool.

'**schlackig** *adj.* drossy, slaggy; *weather*: slushy.

'**Schlackwurst** *f kind of* German sausage.

Schlaf [ʃla:f] *m* (-[e]s) sleep (*a. fig.*); *fester* ~ sound (*or* heavy) sleep; ~ *vor Mitternacht* beauty sleep; *der* ~ *des Gerechten* the sleep of the just; *e-n leichten* (*festen*) ~ *haben* be a light (sound) sleeper; *in tiefem* ~*e liegen* be fast asleep; *in* ~ *sinken* fall asleep, drop off; *in* ~ *versetzen* put to sleep; *in* ~ *singen* (*wiegen*) lull (rock) to sleep; *im* ~*e* in one's sleep, while asleep; *fig. et. im* ~*e tun können* be able to do a th. blindfold *or* on one's head; *vom* ~*e übermannt* overcome by sleep; *den Seinen gibt's der Herr im* ~ fortune favo(u)rs fools; '**~abteil** *n* sleeping-compartment, *Am.* sleeper section; '**2ähnlich** *adj.* sleep-like;

ˈ~anzug *m* sleeping-suit, pyjamas, *Am.* pajamas *pl.*; ˈ~couch *f* bed-couch, daybed.

Schläfchen [ˈʃlɛːfçən] *n* (-s; -) doze, nap, snooze; catnap; *ein ~ machen* (take a) nap, have forty winks, snooze, *Am. a.* have some shut-eye.

ˈ**Schlafdecke** *f* blanket.

Schläfe [ˈʃlɛːfə] *f* (-; -n) temple.

ˈ**schlafen** *v/i.* (*irr.*, *h.*) sleep; slumber, doze; *fig.* sleep; *matter, a. talent*: lie dormant; *iro.* be napping *or* careless; *fest ~* be fast asleep, sleep like a top *or* log; *gut* (*schlecht*) *~* sleep well (badly); be a sound (poor) sleeper; *länger ~* sleep late; *zu lange ~* oversleep; *~ gehen* go to bed, retire to rest, turn in; *fig. e-e Sache ~ lassen* let a matter rest; *~ Sie wohl!* good night!, sleep well!; *~ Sie darüber!* sleep on it!; *das ließ ihn nicht ~* it gave him no rest, it was preying on his mind; **~d** *adj.* sleeping, *pred.* asleep; *fig.* dormant.

ˈ**Schläfen...** *in compounds* temporal...

ˈ**Schlafen|gehen** *n*: *vor dem ~* before going to bed; **~szeit** *f* bedtime; *es ist ~* it is time to go to bed.

ˈ**Schläfer(in** *f*) *m* (-s, -; -, -nen) sleeper.

ˈ**schläfern** *v/i.* (*impers.*, *h.*) *es schläfert mich* I am (*or* feel) sleepy *or* drowsy.

ˈ**schlaferzeugend** *adj.* inducing sleep, soporific.

schlaff [ʃlaf] *adj.* slack, loose; flabby, flaccid (*skin, flesh, etc.*); limp; *fig.* lax, loose (*morals, etc.*); limp, flabby (*a. style*); slack (*a. stock exchange*); sluggish; *~ machen or werden* slacken, relax; ˈ**2heit** *f* (-) slackness; flabbiness; limpness; *fig. a.* laxity.

ˈ**Schlaf...**: **~gänger** [ˈ-gɛŋər] *m* (-s; -), **~gast** *m* night-lodger; overnight guest; **~gefährte, ~genosse** *m* bed-fellow; **~geld** *n* lodging-money; **~gelegenheit** *f* sleeping accommodation; *room, etc.*: *~ bieten* (*dat.*) accommodate *or* sleep *three persons*; **~gemach** *n* bedroom.

Schlafittchen [ʃlaˈfitçən] *colloq. n* (-s): *j-n beim ~ nehmen* (seize *a p.* by the) collar; *fig.* take *a p.* to task.

ˈ**Schlaf...**: **~kabine** *f* sleeping cabin; **~kamerad** *m* → *Schlafgefährte*; **~kammer** *f* bedroom; **~koje** *f* (sleeping) berth (*a. aer., rail.*); *for sailors*: bunk; **~krankheit** *f* (-) sleeping-sickness; **~lied** *n* lullaby; **2los** *adj.* sleepless; **~losigkeit** *f* (-) sleeplessness, insomnia; **~mittel** *n* soporific, sleeping pill (*or* tablet); **~mütze** *f* night-cap; *fig.* slowcoach, sleepyhead; **2mützig** [ˈ-mytsiç] *adj.* sleepy, sleepyheaded; slow, dull; **~pille** *f* sleeping pill.

schläfrig [ˈʃlɛːfriç] *adj.* sleepy, drowsy; *fig.* → *schlafmützig*; indolent; somnolent; **2keit** *f* (-) sleepiness, drowsiness; *fig.* dullness, indolence.

ˈ**Schlaf...**: **~rock** *m* dressing-gown, morning-gown, robe; → *Apfel*; **~saal** *m* dormitory; **~sack** *m* sleeping bag; **~sofa** *n* sofa-bed; **~stätte, ~stelle** *f* sleeping-place; (over-night) accommodation; night's lodging; *mar.* berth; **~störung** *f* troubled sleep, somnipathy; **~stube** *f* → *Schlafzimmer*; **~sucht** *f* (-) somnolence, *med. a.* lethargy; **2süchtig** *adj.* drowsy, somnolent; **~tablette** *f* sleeping tablet (*or* pill); **~trunk** *m* sleeping-draught; *colloq.* night-cap; **2trunken** *adj.* (very) drowsy, drugged with sleep; **~wagen** *rail. m* sleeping-car(riage), *Am.* sleeper; **2wandeln,** *etc.* → *nachtwandeln*; **~zimmer** *n* bedroom, *Am. a.* sleeping-room.

Schlag [ʃlaːk] *m* (-[e]s; ⸚e) blow (*a. fig.*), knock; stroke (*a. tech.*; *a. of oar*); impact (*a. phys.*); hit; slap; blow, punch, sock, cuff, jab; cut, lash (*of whip*); whack; kick; bang; smack; thump, thud; crash; *fürchterlicher ~ boxing*: punishing blow, lethal punch, *fig.* crushing blow; *verbotener ~* foul (blow); → *hart*; *elektrischer ~* electric shock; *soccer*: kick, shot; *tennis*: shot, stroke; *med.* stroke, apoplexy; → *rühren*; (*drum, heart, pulse*) beat; clap (*of thunder*); oscillation, swing (*of pendulum*); *tech.* out of round, *of record, etc.*: wobble; carriage-door; *of bird*: warbling, carol(l)ing, song; (*pigeon*) cote; *of wood*: cut; *mar.* coil, turn (*of rope*); *mil.* (*food*) helping; *fig.* race, kind, type, *esp. zo.* breed, stock; *Leute seines ~es* men of his stamp; *vom gleichen ~e* of the same stamp, *contp.* birds of a feather; *vom alten ~e* of the old school; *~ ins Gesicht* slap in the face (*a. fig.*); → *Kontor*; *~ ins Wasser* flop; *~ auf ~* blow upon blow, in rapid succession; *auf e-n* (*or mit e-m*) *~* **a)** at one blow (*or* go), **b)** → *schlagartig*; *mit e-m ~* with a crash *or* bang; *~ sechs Uhr* on the stroke of six, at six o'clock sharp; *e-n ~ anbringen* get in (*or* home) a blow; *e-n ~ erhalten* receive a blow (*or el.* shock); *j-m e-n ~ versetzen* deal a p. a blow, land (a blow) on a p.; *Schläge bekommen* get a beating (*a. fig.*); *boxing*: *er hat keinen ~* he has no punch; ˈ**~abtausch** *m* → *~wechsel*; ˈ**~ader** *anat. f* artery; ˈ**~anfall** *m* stroke (of apoplexy), apoplectic fit; *e-n ~ bekommen* have a stroke; **2artig** [ˈ-aːrtiç] **I.** *adj.* sudden, abrupt, prompt; *~er Angriff* surprise attack; **II.** *adv.* all of a sudden, abruptly, from one day (*or* minute) to the other, like a blow, with a bang; ˈ**~austausch** *m* → *~wechsel*; ˈ**~ball(spiel** *n*) *m* rounders *sg.*; ˈ**~baum** *m* turnpike, toll-bar; ˈ**~biegefestigkeit** *tech. f* impact bending strength; ˈ**~bolzen** *m of rifle*: firing-pin, striker; *of mine*: firing bolt; ˈ**~bolzenfeder** *f* striker spring; ˈ**~bohrer** *m* percussion drill.

schlagen [ˈʃlaːgən] **I.** *v/t.* (*irr.*, *h.*) strike, beat, hit; punch, sock, knock, slog, *Am.* slug; pommel; slap; smack; kick; spank; whip, lash; cane; whack, thwack; tap, pat; *~ auf* (*acc.*) **a)** hit on, **b)** *econ.* charge (*or* clap) on *the price, etc.*; *zu Boden ~* knock down, floor; *die Augen zu Boden ~* cast down one's eyes; *fig.* beat, defeat, lick; beat, excel; *sports*: *überlegen ~* whip, trounce; punish; *God*: smite; → *Alarm, Blindheit, Brücke, Kreuz, etc.*; whip, whisk, beat *the whites of egg*; coin (*money*); fell, cut (*wood*); fight (*battle*); play on (*the lute, etc.*); touch, strike (*strings*); *~ in* drive *a nail* into; *in Papier ~* wrap up in paper; *durch ein Sieb ~* pass through a sieve; *den Kopf ~ an* knock one's head against; *e-n Schal um die Schultern ~* throw a shawl about one's shoulders; *sich ~* **a)** beat o.s., **b)** (have a) fight, come to blows, **c)** fight a duel, **d)** fence; *sich gut ~* stand one's ground, hold one's own, be game; *sich geschlagen geben* admit one's defeat, give up, throw in the sponge, *j-m*: bow to a p.; *sich an die Brust ~* beat one's breast; *sich an die Stirn ~* smite (*or* clutch) one's brow; *sich et. aus dem Kopfe ~* put a th. out of one's mind; *sich ~ zu* (*dat.*) take sides with, side with, join, go over to *a party, etc.*; *die Erkältung schlug sich auf den Magen* the cold settled on the stomach; *ein geschlagener Mann* a broken man; *e-e geschlagene Stunde* a full (*or* solid) hour; *zwei geschlagene Stunden* (*lang*) for two mortal hours; *fig. ich war völlig geschlagen* **a)** I was all in, **b)** you could have knocked me down with a feather, **c)** I was down in the mouth; **II.** *v/i.* (*irr.*, *sn*) strike, beat; thump, thud; crash; (*irr.*, *h.*) *heart, pulse*: beat, throb; *clock*: strike; *horse*: kick, lash out; *bird*: warble, sing, trill, carol; *tech.* wobble; → *Art, Gewissen, Stündlein*; *~ an* (*acc.*) *or gegen* strike against, *rain*: beat (*or* patter) against, *waves*: beat (*or* dash) against; *der Blitz schlägt in e-n Baum* the lightning strikes a tree; *mit den Flügeln ~* flap one's wings; *nach j-m ~* strike (*or* swing) at a p.; *fig.* take after *the mother*; *j-m auf die Finger ~* rap a p.'s knuckles; *um sich ~* lay about one; **2** *n* (-s) beating, *etc.*; construction (*of bridge*); beat(ing), pulsation (*of pulse, etc.*), *of heart a.* palpitation; **~d** *adj. fig.* striking; impressive; convincing; conclusive (*evidence*), devastating (*proof*); cogent, irrefutable (*grounds*); *~e Antwort* effective retort, repartee, *Am. a.* squelch(er); *~er Beweis* clinching proof; *univ. ~e Verbindung* duelling club; *mining*: *~e Wetter* firedamp.

ˈ**Schlager** *m* (-s; -) *mus.* hit *or* pop song, hit(-tune); *thea.* draw, smash hit, box-office success; drawcard, *Am.* (sales) hit; best-seller; *fig.* hit, hot stuff.

Schläger [ˈʃlɛːgər] *m* (-s; -) brawler, rowdy, *Am.* tough, bruiser; *boxing*: puncher, *Am.* slugger; batsman; (*horse*) kicker; (*bird*) warbler; (*device*) beater; *cul.* whisk, (egg-) beater; *sports*: bat; (tennis, *etc.*) racket; battledore; (golf) club; (hockey) stick; *fenc.* rapier, sword.

Schlägeˈrei *f* (-; -en) fight(ing), scuffle, brawl, free fight, *Am.* free-for-all.

ˈ**Schlager...:** **~komponist** *m* song writer; **~melodie** *f* hit-tune, song-hit, hit *or* pop song; **~musik** *f* pop music; **~parade** *f* hit parade; **~preis** *m* record (*or* rock-bottom) price; **~sänger(in** *f*) *m* pop singer.

ˈ**Schlag...:** **2fertig** *fig. adj.* ready-witted, quick at repartee, *Am. a.* quick on the trigger; **~e** *Antwort* repartee, *Am. a.* snappy come-back; **~fertigkeit** *f* (-) readiness for battle, preparedness; *fig.* ready wit, quickness of repartee; quick repartee(s); **~festigkeit** *tech. f* impact strength; **~flügler** [ˈ-flyːglər] *aer. m* (-*s*; -) ornithopter; **~fluß** *med. m* apoplexy; **~härte** *f tech.* impact hardness; *boxing*: punch; **~holz** *n* wood for felling, regular fellings *pl.*; *sports*: bat; **~instrument** *mus. n* percussion instrument; **~kraft** *f tech.* impact *or* striking force; *boxing and fig.*: punch, drive; *mil.* combat effectiveness, fighting power; **2kräftig** *adj.* striking, efficient, powerful; conclusive (*evidence*); **~licht** *n* (-[e]*s*; -*er*) *paint.* strong light; *fig. a.* glaring light, glare; **~loch** *n* road hole, pot-hole; **~lot** *tech. n* hard solder; **~mann** *m* (-[e]*s*; ⸚er) batsman; *rowing*: stroke; **~matrize** *f* stamping die; **~mühle** *f* crushing mill; **~nietmaschine** *f* percussion riveting machine; **~rahm** *m* whipped cream; **~ring** *m* brass knuckles *pl.*, knuckleduster; *mus.* plectrum; **~sahne** *f* whipped cream; **~schatten** *m* cast shadow; **~schraube** *f* drive screw; **~seite** *f mar. f* list; ~ *haben* list, *colloq. fig.* be half-seas over; ~ *bekommen* heel over; **~serie** *f boxing*: series of blows; **~sieb** *tech. n* vibrating screen; **2stark** *adj. boxing*: hard-punching; **~uhr** *f* striking clock; **~wechsel** *m boxing*: exchange of blows; **~welle** *mar. f* breaker; **~werk** *n tech.* breaking machine; ram; *of clock*: striking mechanism; **~wetter** *mining*: *n* firedamp; **2wettergeschützt** *adj.* flameproof; **~wort** *n* (-[e]s; ⸚er) slogan, catchphrase; *w.s.* catchword; *pl. contp. a.* claptrap; **~wortkatalog** *m* subject catalog(ue); **~zeile** *f* (banner) headline; **~zeug** *mus. n* percussion instruments, drums *pl.*; **~zeuger** [ˈ-tsɔʏgər] *mus. m* (-*s*; -) drummer; **~zünder** *m* percussion fuse.

Schlaks [ʃlɑːks] *colloq. m* (-es; -e) gangling fellow; ˈ**2ig** *adj.* gangling, lanky.

Schlamassel [ʃlaˈmasəl] *colloq. m* (-*s*; -) mess.

Schlamm [ʃlam] *m* (-[e]*s*; -e) mud, mire; slime, sludge, ooze; silt; *ceramics*: slip; sediment; *mot.* sludge; *fig.* mire; **2artig** [ˈ-ɑːrtiç] *adj.* muddy, slimy; ˈ**~bad** *n* mud-bath; ˈ**~boden** *m* muddy soil.

schlämmen [ˈʃlɛmən] *v/t.* (*h.*) dredge (*harbour, lake*); clear (of mud); buddle (*ore*); wash (*chalk, ore*); *chem.* elutriate.

ˈ**schlammig** *adj.* muddy, miry; slimy, oozy; slushy.

ˈ**Schlämm...:** **~kohle** *f* washed coal; **~kreide** *f* whit(en)ing.

ˈ**Schlammloch** *n* mud-hole; **~packung** *med. f* mud pack.

Schlampe [ˈʃlampə] *f* (-; -*n*) slut, slattern; **2n** *v/i.* do a sloppy job.

ˈ**Schlamper** *m* (-*s*; -) sloven; slouch; *colloq. fig.* lout, oaf, heel.

Schlampeˈrei *f* (-; -*en*) sluttishness, slovenliness; slackness, sloppiness; mess, muddle; sloppy job.

ˈ**schlampig** *adj.* slovenly; slipshod, sloppy (*job*); untidy, unkempt; slaternly, frowzy (*woman*).

schlang [ʃlaŋ] *pret. of schlingen.*

Schlange [ˈʃlaŋə] *f* (-; -*n*) snake, *rhet.* serpent; *ast.* Serpent; *tech.* coil; *fig.* viper, snake in the grass; *fig.* queue, *Am.* line; ~ *stehen* stand in queue (*nach* for), queue up, *Am.* stand in line, line up (for).

schlängeln [ˈʃlɛŋəln]: *sich* ~ (*h.*) twist, wind; worm o.s. (*durch eine Menge, etc.* through a crowd, *etc.*); wriggle; *path, river*: meander, wind; → *durchschlängeln*; *fig.* sneak; worm one's way (*in acc.* into), wriggle (*aus* out of); **~d** *adj.* winding, serpentine, sinuous.

ˈ**Schlangen...:** **2ähnlich, 2artig** [ˈ-ɑːrtiç] *adj.* snake-like, snaky, serpentine; **~beschwörer(in** *f*) [ˈ-bəʃvøːrər] *m* (-*s*, -; -, -*nen*) snake-charmer; **~biß** *m* snake-bite; **~bohrer** *tech. m* auger bit; **~brut** *f fig.* generation of vipers; **~gift** *n* snake-poison; **~haut** *f* snake skin; **~kühler** *tech. m* spiral condenser; **~leder** *n* snake leather; **~lederschuh** *m* reptile shoe; **~linie** *f* serpentine (*or* sinuous) line, *typ.* waved rule; **~mensch** *m* contortionist; **~rohr** *n*, **~röhre** *f* spiral pipe *or* tube, coil, worm; **~stab** *m* caduceus; **~weg** *m* winding path (*or* road).

schlank [ʃlaŋk] *adj.* slender, slim, svelte, *von* **~er** *Figur* slender-waisted; *die moderne* **~e** *Linie* the waist-line; ~ *wie e-e Tanne* slim as a young sapling; ~ *machen* slim, slenderize, *dress*: make *a. p.* look slim; ~ *werden* slim; *fig. in* **~em** *Trabe* at a fast trot; ˈ**2heit** *f* (-) slenderness, slimness, slender figure; ˈ**2heitskur** *f* slimming cure; ˈ**~machend** *adj.* slimming; ˈ**~weg** *adv.* → *rundweg.*

schlapp [ʃlap] *adj.* → *schlaff*; *fig.* weak-kneed, soft; *colloq.* ~ *machen* break down, wilt.

ˈ**Schlappe** *f* (-; -*n*) blow, set-back, reverse; defeat, beating; loss.

ˈ**Schlappen** *colloq. m* (-*s*; -) slipper.

ˈ**schlappen** *v/t. and v/i.* (*h.*) flap; → *schlürfen, schlurfen.*

ˈ**schlappern** *v/t. and v/i.* (*h.*) lap (up), sip (noisily); babble, jabber.

ˈ**Schlapp...:** **~hut** *m* slouch-hat; **~macher** *colloq. m* slacker, sissy, *Am. a.* softy, quitter; **~ohr** *n* flap-ear; **~en** *pl.* lob ears; **~schuh** *m* (old) slipper; **~schwanz** *colloq. m* → *Schlappmacher.*

Schlaraffen|land [ʃlaˈrafən-] *n* (-[e]*s*) (Land of) Cockaigne, fool's paradise; land of milk and honey; **~leben** *n* (-*s*) life of idleness and luxury.

schlau [ʃlaʊ] *adj.* sly, cunning, smart; wily, foxy; crafty, clever, artful; slick; *colloq.* **~er** *Posten* soft job; *ich werde nicht* ~ *daraus* I can't make head or tail of it; *er wird nie* ~ he will never learn; *contp. ein ganz* **2er** → **2berger** [ˈ-bɛrgər] *colloq. m* (-*s*; -) sly-boots *sg.*, smart aleck, *Am. a.* smartie.

Schlauch [ʃlaʊx] *m* (-[e]*s*; ⸚e) tube, pipe; flexible pipe; hose; (wine, oil) skin, (leather) bag; *of tyre*: inner tube; *fig.* guzzler; *colloq.* strain, rack, fag, tough job; *sl. ped.* crib, *Am.* pony; ˈ**~anschluß** *m* hose coupling; ˈ**~boot** *n* air (*aer.* life) raft; rubber dinghy; *Am.* pneumatic boat; ˈ**2en** *v/t. and v/i.* (*h.*) hose, fill by means of a hose; *colloq. fig.* fag, tell on *a p.*, be a strain (on); *mentally*: go hard with *a p.*; *mil.* give *a p.* hell (*Am.* chicken); **2förmig** [ˈ-fœrmiç] *adj.* hose-shaped; ˈ**~leitung** *f* hose line; ˈ**2los** *mot. adj.* tubeless; ˈ**~trommel** *f* hose reel; ˈ**~ventil** *mot. n* tyre valve; ˈ**~verbindung** *f* hose coupling, union joint.

Schläue [ˈʃlɔʏə] *f* (-) → *Schlauheit.*

ˈ**schlauerweise** *adv.* cunningly; prudently, wisely; *iro.* ingeniously.

Schlaufe [ˈʃlaʊfə] *f* (-; -*n*) loop, runner, noose.

ˈ**Schlau...:** **~heit** *f* (-) slyness, cunning; craftiness, artfulness; cleverness, smartness; **~kopf, ~meier** *colloq. m* → *Schlauberger.*

schlecht [ʃlɛçt] **I.** *adj.* bad (*comp.* **~er** worse, *sup.* **~est** worst); wicked; evil; base, vile, low; poor; wretched; bad (*eyes*); poor, ill (*health*); bad, foul (*air*); bad, poor (*excuse*); *econ.* poor, inferior (*quality, goods*); spoiled; base, bad (*money*); **~er** *Absatz* poor sale; **~e** *Papiere* dubious (*or* worthless) stocks; **~e** *Schuld* bad debt; **~er** *Tag* off day; **~e** *Aussichten* poor prospects; **~e** *Behandlung* ill-treatment; **~e** *Führung* misconduct; **~e** *Laune* ill humo(u)r, bad temper *or* mood; **~er** *Ruf* bad reputation, ill fame; **~e** *Regierung* misgovernment; **~e** *Verwaltung* mismanagement; **~e** *Zeiten* hard times; ~ *sein in et.* be poor at a th.; ~ *werden* go bad; **~er** *werden* get worse, worsen, deteriorate; ~ *daran sein* be badly off; *j-m e-n* **~en** *Dienst erweisen* do an ill turn to a p.; *im* **~en** *Sinne* in a bad sense; *mir ist* ~ I am sick; *es kann e-m* ~ *dabei werden* it's sickening; *nicht* ~ not (at all) bad; **II.** *adv.* bad(ly), ill; ~ *und recht* after a fashion, somehow; ~ *aussehen* **a)** look bad, **b)** look ill; ~ *beraten sein* be ill-advised; ~ *machen* do (*or* make) badly, bungle, → *schlechtmachen*; ~ *verwalten* mismanage; ~ *zu sprechen sein auf j-n* have it in for a p.; *immer* **~er** from bad to worse; *es geht ihm* ~, *es steht* ~ *um ihn* he is badly off, he is in a bad way; *es geht ihr heute* ~ she is bad today; *es bekam ihm* ~ it did him no good (*a. fig.*); *das soll ihm* ~ *bekommen!* he'll pay for this!; *er kann es sich* ~ *leisten, zu inf.* he can ill afford to *inf.*; *es steht e-m Beamten* ~ *an, zu inf.* it ill becomes a civil servant to *inf.*; *er staunte nicht* ~ he was greatly (*or* not half) surprised; ˈ**2e(s)** *n* (-[e]*n*) bad thing(s *pl.*), something bad; evil (things); *das* ~ *daran* the bad side of it; '~erdings ['-ər'diŋs] *adv.* absolutely, positively, downright, by all means; '2er-stellung *f* discrimination; '~gelaunt *adj.* ill-humo(u)red, in a bad temper *or* mood, cross; '2heit *f* (-; *-en*) badness, poorness, inferior quality, worthlessness; *fig.* badness, wickedness; '~hin *adv.* plainly, simply, downright; pure and simple; in general; '2igkeit *f* (-; *-en*) badness; wickedness; depravity; baseness; base act, mean trick; '~machen *v/t.* (*h.*) run down; backbite, malign; '~sitzend *adj.* badly fitting (*suit, etc.*); '~weg *adv.* → *schlechthin*; '2-wetterflugbetrieb *m* (-[e]s) all-weather operation; '2wetterfront *f* bad weather front; '2wetter-periode *f* spell of bad weather.

schlecken ['ʃlɛkən], *etc.* → *lecken*[2].

Schlegel ['ʃle:gəl] *m* (-s; -) drumstick; *tech.* beater; mallet, wooden hammer, beetle; *mining*: (cat's-head) sledge; *cul.* leg; 2n *v/i.* (*h.*) wield *the mallet, etc.*; kick (*with legs*).

Schlehdorn ['ʃle:dɔrn] *bot. m* (-[e]s; -e) sloe(-tree), blackthorn.

Schlehe ['ʃle:ə] *bot. f* (-; *-n*) sloe, wild plum.

Schlei [ʃlaɪ] *ichth. m* (-[e]s; -e) tench.

schleichen ['ʃlaɪçən] *v/i.* (*irr., sn*) creep, crawl; slink, sneak; *im Dunkeln* ~ prowl in the dark; *sich in das Haus* ~ sneak (*or* steal, slip) into the house; *sich davon*~ steal away *or* off; ~d *adj.* creeping, sneaking; furtive; slow, lingering (*fever, poison*); lingering, insidious, chronic (*disease*).

'**Schleicher(in** *f*) *m* (-s, -; -, *-nen*) creeper; prowler; *fig.* sneak, intriguer; pussyfoot(er).

Schleiche'rei *f* (-) sneaking, intrigues *pl.*

'**Schleich...:** ~handel *m* illicit (*or* clandestine) trade; smuggling; black market; ~händler *m* smuggler, contrabandist; black-marketeer; ~-weg *m* hidden (*or* secret) path; *fig.* secret way (*or* means), dodge; *auf* ~*en* surreptitiously.

'**Schleie** *ichth. f* (-; *-n*) tench.

Schleier ['ʃlaɪər] *m* (-s; -) veil; haze, mist; film; *phot.* fog; *mil.* screen; *eccl. den* ~ *nehmen* take the veil; *fig.* ~ *der Vergessenheit* veil of oblivion; *unter dem* ~ *der Nächstenliebe* under the veil of charity; *e-n* ~ *über et. ziehen* draw a veil over a th.; ~eule *f* barn-owl; ~flor *m* crape; 2haft *adj.* hazy; mysterious; incomprehensible; *das ist mir einfach* ~ that's a (complete) mystery to me, that beats me; ~tanz *m* veil-dance; ~tuch *n weaving*: lawn; *econ.* veiling, voile (*Fr.*).

Schleif|arbeit ['ʃlaɪf-] *f* grinding operation; ~automat *m* automatic grinder; ~bahn *f* slide; ~bank *f* (-; ⸚e) grinding-lathe; ~druck *tech. m* (-[e]s) feeding pressure.

'**Schleife** *f* (-; *-n*) loop (*a. el.*); slip-knot; noose; bow; kink; *on wreath*: streamer; *of road*: loop, horse-shoe bend; *aer.* loop(ing); sledge; slide.

'**schleifen**[1] *v/t.* (*irr., h.*) grind, sharpen; whet; *tech.* grind, abrade; smooth, polish (*a. fig.*); rub (down), sand (*varnish, wood*); cut (*gem, glass*); set (*razor*); *sl. mil.* drill hard, give *a p.* hell (*Am.* chicken); *geschliffen* polished (*manners, speech*).

'**schleifen**[2] *v/t. and v/i.* (*h.*) drag (along); trail; draggle; slide, skid; demolish, *mil.* raze, dismantle; *gr., mus.* slur; *el.* loop; *mot. die Kupplung* ~ *lassen* let the clutch slip.

'**Schleifen...:** ~fahrt *f* looping the loop; ~flug *aer. m* loop, U turn; 2förmig ['-fœrmiç] *adj.* loop-shaped; ~kurve *f* loop (curve), horse-shoe-bend; ~schaltung *el. f* loop connection; ~wicklung *el. f* lap winding.

'**Schleifer** *m* (-s; -) *tech.* grinder, polisher; *of gems*: cutter; *sl. mil.* martinet; *tech.* slip ring; *mus.* slurred note.

Schleife'rei *f* (-; *-en*) grindery; pulp manufacture.

'**Schleif...:** ~güte *tech. f* abrasive temper; ~knoten *m* slip-knot, *mar.* running knot; ~kontakt *el. m* sliding contact; ~lack *m* polishing varnish, body varnish; ~lackausführung *f* egg-shell finish; ~-maschine *f* grinding-machine, grinder; ~mittel *n* abrasive; ~-papier *n* abrasive(-coated) paper, sand (*or* emery) paper; ~paste *f* rubbing paste; ~pulver *n* grinding (*or* polishing) powder; ~rad *n* grinding (*or* polishing) wheel; ~ring *el. m* slip ring; ~ringläufer-motor *el. m* slip-ring (induction) motor; ~sand *m* cutting sand; ~scheibe *f* abrasive wheel, polishing disk; ~schritt *m dancing*: sliding step; ~stein *m* whetstone, hone; grindstone, grinder; ~stoff *m* paper pulp; ~ung *f* (-; *-en*) demolition; *mil.* dismantling, razing; ~werkzeug *n* grinding tool; ~wirkung *f* grinding action *or* power.

Schleim [ʃlaɪm] *m* (-[e]s; -e) slime; *physiol., med.* mucus, phlegm; *bot.* mucilage; *cul.* gruel; '2absondernd *adj.* mucigenous; '~absonderung *f* mucous secretion; '~auswurf *med. m* expectoration; '~beutel *anat. m* bursa; '~beutelentzündung *med. f* bursitis; '2bildend *adj.* slime-forming, muciparous; '~drüse *anat. f* mucous gland; '2en **I.** *v/i.* (*h.*) form a mucilage, grow slimy; *med.* cause phlegm; **II.** *v/t.* (*h.*) clean (*fish*); scum (*sugar*); ~fieber *med. n* mucous fever; ~fluß *med. m* blennorrh(o)ea; ~gewebe *n* mucous tissue; ~haut *anat. f* mucous membrane; 2ig *adj.* slimy (*a. fig.*), mucous; viscous; 2lösend *adj.* expectorant; ~suppe *f* (thick) gruel; ~tiere *zo. n/pl.* molluscs, mollusca.

Schleiße ['ʃlaɪsə] *f* (-; *-n*) splint(er).

'**schleißen I.** *v/t.* (*irr., h.*) slit, split; wear out; *feathers*: strip; **II.** *v/i.* (*irr., sn*) *and sich* (*irr., h.*) wear (o.s.) out.

Schlemmboden ['ʃlɛm-] *geol. m* diluvial soil.

schlemmen ['ʃlɛmən] *v/i.* (*h.*) revel; feast, gormandize, gorge; carouse, guzzle; live high.

'**Schlemmer** *m* (-s; -), ~in *f* (-; *-nen*) reveller, high liver; gourmet; gormandizer, glutton; **Schlemme'rei** *f* (-; *-en*) revelry, free living; gormandizing, gluttony; carousal.

schlendern ['ʃlɛndərn] *v/i.* (*h.*) stroll (about), saunter, amble; lounge (about).

Schlendrian ['ʃlɛndria:n] *m* (-[e]s) routine, jog-trot, beaten track, old humdrum way; dawdling, muddling on; *s-n* ~ *gehen* jog along in the same old way.

schlenkern ['ʃlɛŋkərn] *v/t.* (*h.*) dangle, shamble; swing (*a. v/i.*: *mit den Armen, etc.* one's arms, *etc.*); fling, jerk (off).

schlenzen ['ʃlɛntsən] *v/t.* (*h.*) *sports*: scoop.

Schlepp|antenne ['ʃlɛp-] *f* trailing aerial, *Am.* drag antenna; ~dampfer *m* (steam-)tug, tugboat.

'**Schleppe** *f* (-; *-n*) train (*of dress*); trail; *tech.* stove truck.

'**schleppen** *v/t. and v/i.* (*h.*) drag, lug, haul; trail; draggle; carry, *Am. a.* tote; *aer., mar., mot.* tow, haul, *mar.* tug (*barge*), drag (*anchor*); *econ.* tout; *sich* ~ drag o.s. along; trudge, plod along; *sich mit et.* ~ be burdened with, struggle with; ~d *adj.* dragging, sluggish; slow (*a. econ.*); drawling (*speech*); shuffling (*gait*); heavy (*style*); wearisome, tedious; 2kleid *n* dress with train; 2träger(in *f*) *m* train-bearer.

'**Schlepper** *m* (-s; -) *mot.* tractor; *mar.* tug(boat); lighter; (*person*) *mining*: hauler; *econ.* tout; ~pflug *m* tractor plough (*Am.* plow).

'**Schlepp...:** ~flug *aer. m* glider towing; ~flugzeug *n* towing airplane, tow plane, glider tug; ~kahn *m* towed boat, (canal) barge, lighter; ~leine *f* drag line; ~lift *m* ski tow; ~lohn *m* towage; ~netz *m* drag-net, trawl(-net); ~netzfischer(boot *n*) *m* dragger, trawler; ~säbel *mil. m* cavalry sab|re, *Am.* -er; ~scheibe *aer. f* towed target; ~schiff *n* tug (-boat); ~schiffahrt *f* tug-service, towing; ~seil *n* tow-rope, towing cable; ~tau *n* → *Schleppseil*; *ins* ~ *nehmen* take in tow (*a. fig.*); *sich ins* ~ *nehmen lassen* be taken in tow (*a. fig.*); ~wagen *m* tow car, truck; ~ziel *aer. n* towed target; ~zug *m mar.* train of barges; *mot.* tractor-trailer train, truck train; *aer.* air train.

Schles|ien ['ʃle:ziən] *n* (-s) Silesia; ~ier(in *f*) ['-ziər] *m* (-s, -; -, *-nen*), 2isch *adj.* Silesian.

Schleuder ['ʃlɔʏdər] *f* (-; *-n*) sling, (*a. aer.*) catapult; *Am.* slingshot; *tech.* → *Schleudermaschine*; ~artikel *m* catchpenny article; ~ausfuhr *f* dumping; ~ball *m* sling ball.

'**Schleud(e)rer** *m* (-s; -) slinger; *econ.* undercutter, underseller.

'**Schleuder...:** ~flug *aer. m* catapult flight; ~flugzeug *n* catapult airplane; ~guß *tech. m* centrifugal casting; ~honig *m* strained (*or* extracted) honey; ~kraft *f* centrifugal force; ~maschine *f* centrifugal machine, centrifuge; hydro-extractor; (cream) separator.

'**schleudern I.** *v/t.* (*h.*) fling, hurl, throw; sling; *aer.* catapult; *tech.* centrifuge; strain, extract (*honey*); spin-dry (*laundry*); cure (*sugar*);

II. *v/i.* (*h.*) swing; *mot.* skid, side-slip.

ˈ**Schleuder...:** **~preis** *m* ruinous price, underprice, give-away price; *zu ~en verkaufen* sell dirt-cheap *or* at a sacrifice; **~pumpe** *f* centrifugal pump; **~sitz** *aer. m* ejector seat; **~spur** *mot. f* skid marks *pl.*; **~start** *aer. m* catapult take-off; **~verkauf** *econ. m* underselling; *abroad*: dumping; **~waffe** *f* missile; **~ware** *econ. f* catchpenny article(s *pl.*).

schleunig [ˈʃlɔʏniç] **I.** *adj.* prompt, speedy, quick; **II.** *adv.* in all haste; posthaste, precipitately, helter-skelter; immediately, forthwith, right away; *~st, aufs ~ste* with the utmost speed *or* dispatch *or* expedition.

Schleuse [ˈʃlɔʏzə] *f* (-; -*n*) sluice (*a. fig.*); lock; floodgate; drain, sewer; **≗n** *v/t.* (*h.*) lock; *fig.* channel; **~ngeld** *n* lock-dues *pl.*; **~nkammer** *f* lock chamber; **~nmeister** *m* lock-keeper; **~ntor** *n* floodgate; **~ntreppe** *f* flight of locks; **~nwerke** *n/pl.* sluice-works *pl.*, lockage *sg.*

schlich [ʃliç] *pret. of schleichen.*

Schlich [ʃliç] *m* (-[e]s; -e) secret way; *alle ~e* all the ins and outs; *fig.* trick, dodge, ruse; *j-m auf die ~e kommen* find a p. out; *ich kenne deine ~e* I am up to your tricks.

schlicht [ʃliçt] *adj.* plain, simple, homely; modest, unpretentious; straightforward; unceremonious (*farewell*); smooth, sleek; frugal (*meal*); *die ~e Wahrheit* the plain truth.

ˈ**Schlichte** *f* (-; -*n*) *weaving*: size, dressing; *casting*: facing.

ˈ**schlichten** *v/t.* (*h.*) arrange, adjust, put straight *or* right; *fig.* settle, adjust, arrange (*dispute*); settle by arbitration; *tech.* level, plane; smooth, sleek, finish; *metall.* black-wash; dress (*cloth, leather*).

ˈ**Schlichter(in** *f*) *fig. m* (-*s*, -; -, -*nen*) peacemaker, mediator, *Am. a.* troubleshooter; arbitrator.

ˈ**Schlicht...:** **~feile** *f* smooth-cut file; **~hammer** *m* square flatter.

ˈ**Schlichtheit** *f* (-) plainness, simplicity; modesty, unpretentiousness.

ˈ**Schlicht...:** **~hobel** *m* smoothing plane; **~leim** *m* sizing; **~maschine** *f* finishing machine; **~messer** *n* plane knife.

ˈ**Schlichtung** *f* (-; -*en*) settlement; mediation; arbitration; **~s-ausschuß** *m* arbitration committee; **~sversuch** *m* mediation attempt.

ˈ**Schlichtwalze** *f* finishing roll.

Schlick [ʃlik] *m* (-[e]s; -e) mud, slime.

schlief [ʃliːf] *pret. of schlafen.*

schließbar [ˈʃliːs-] *adj.* lockable.

ˈ**Schließe** *f* (-; -*n*) fastening; catch, latch; clasp.

ˈ**schließen I.** *v/t.* (*irr.*, *h.*) shut, close; lock; bolt; shut (*or* close) down (*enterprise*); *den Laden ~* shut up shop; *mil. die Reihen ~* close (*or* serry) the ranks; close (*account, brackets*); *fig.* form (*alliance, circle*); contract (*friendship, marriage*); make, conclude (*peace*); strike (*a bargain*), make (*a deal*), conclude; *el.* close (*circuit*); reach, come to (*settlement*); conclude, enter into (*contract*); end, finish, terminate; close, closure (*debate*); conclude (*letter, speech*); close (*a case; the court*); break up (*meeting*); *an die Brust ~* press to one's heart; *in die Arme ~* embrace; *in sein Herz ~* take a great liking (*or* fancy) to; *in sich ~* comprise, include, imply; *~ mit* wind up (*a speech*) with *the words*, conclude by *saying*; *sich ~* (*irr.*, *h.*) shut, close, *wound*: close, heal up; *sich ~ um hand, circle, etc.*: close upon; *fig. der Kreis schließt sich* it comes full circle; *daran schloß er die Bemerkung, daß* to this he added the remark that; *daran schloß sich ein Dokumentarfilm* this was followed by a documentary; → *geschlossen*[2]; **II.** *v/i.* (*irr.*, *h.*) shut, close; *der Schlüssel schließt nicht* the key does not fit (the lock); *school*: break up; *speaker, writer*: close (*mit* → I.); *stock exchange*: *~ mit* close at; *aus et. ~ auf* (*acc.*) infer (*or* conclude, deduct, gather) from a th.; *von sich auf andere ~* judge others by o.s.; *auf et. ~ lassen* suggest (*or* point to) a th.

ˈ**Schließer** *m* (-*s*; -) doorkeeper; jailer, turnkey; latch.

ˈ**Schließ...:** **~fach** *n* post-office box (*abbr.* P.O.Box); *bank*: safe deposit box; → *Kofferschließfach*; **~feder** *mil. f* breech-closing spring; **~korb** *m* hamper.

ˈ**schließlich I.** *adj.* final, last, eventual, ultimate; conclusive; **II.** *adv.* finally, eventually, ultimately; in the end; at last; after all; in the long run; *~ und endlich* after all, when all is said and done.

ˈ**Schließmuskel** *anat. m* sphincter, constrictor; *legs*: adductor.

ˈ**Schließung** *f* (-) closing, shutting; *fig.* → *Schluß*; closure, shut-down (*of works, etc.*); closing-time; *parl.* closure (*of debate; a. el. of contact*), *Am.* cloture; *el.* closing (*of circuit*); breaking-up (*of meeting*).

schliff [ʃlif] *pret. of schleifen*[1].

Schliff [ʃlif] *m* (-[e]s; -e) *tech.* grinding, sharpening; ground surface (*or* section); cut (*of gem, glass, etc.*); polish, smoothness, smooth surface; wood pulp; *fig.* (-[e]s) polish; *der letzte ~* the master touch; *e-r Sache den letzten ~ geben* put the finishing touch(es) to a th.; *sl. mil.* hard drill, *Am.* chicken.

schlimm [ʃlim] *adj. and adv.* bad; *pred.* ill; → *schlecht*; evil; wicked; naughty; nasty; sore; serious, grave; unpleasant; bad, severe (*cold, etc.*); ugly, nasty (*wound*); *e-e ~e Sache* (*or Geschichte*) a bad job; *~e Zeit* hard times; *~ daran sein* be badly off, be in a bad way; *ein ~es Ende nehmen* come to a bad end; *das ist ~* that's bad; *es sieht ~ aus* it looks bad; *das ist nicht so ~!* that doesn't matter!, never mind!; *das war ~ für ihn* it was hard on him; *~er* worse; *~er machen, werden* → *verschlimmern*; → *hinter*; *es wird immer ~er* things are going from bad to worse; *um so ~er* all the worse; *es hätte ihm noch ~er ergehen können* he might have fared worse; *am ~sten* the worst, worst of all; *auf das ≗ste gefaßt sein* be prepared for the worst; *im ~sten Falle* → ˈ**~stenfalls** *adv.* at the worst, if the worst comes to the worst.

Schlinge [ˈʃliŋə] *f* (-; -*n*) sling (*a. med.*), loop; noose, slip-knot; coil (*of rope, wire*); *hunt.* snare; *fig.* snare, trap; *~n legen* set snares; *den Arm in der ~ tragen* wear one's arm in a sling; *fig. den Kopf in die ~ stecken* run one's head into the noose; *sich aus der ~ ziehen* get out of a scrape, wriggle out of it; *j-m in die ~ gehen* walk into a p.'s trap.

Schlingel [ˈʃliŋəl] *m* (-*s*; -) rascal; imp, brat.

schlingen[1] [ˈʃliŋən] *v/t.* (*irr.*, *h.*) sling, wind, twist; plait; tie; *die Arme ~ um* (*acc.*) fling one's arms round; *sich um et. ~* wind (*or* twine, coil) round, *bot. a.* creep (*or* climb) round.

ˈ**schlingen**[2] *v/i.* (*irr.*, *h.*) swallow greedily, gulp; gobble, bolt one's food; → *hinunter-, verschlingen.*

ˈ**Schlingerbewegung** *f* rolling (motion).

schlinger|n [ˈʃliŋərn] *v/t.* (*h.*) roll, lurch; **≗tank** *m* stabilizing tank; **≗wand** *f* baffle (plate).

ˈ**Schling|gewächs** *n*, **~pflanze** *bot. f* climbing (*or* twining) plant, creeper, *esp. Am.* climber.

Schlips [ʃlips] *m* (-*es*; -*e*) (neck-)tie; *colloq. fig. j-m auf den ~ treten* tread on a p.'s toes; *sich auf den ~ getreten fühlen* feel insulted, be huffed.

schliß [ʃlis] *pret. of schleißen.*

Schlitten [ˈʃlitən] *m* (-*s*; -) sledge, *Am.* sled; sleigh; toboggan; *tech.* sliding carriage, saddle; cradle (*a. mar.*); *typewriter*: carriage; *saw*: chariot; *~ fahren* sledge, sleigh, *Am.* sled, → *rodeln*; *fig. mit j-m ~ fahren* ride roughshod over a p., mop the floor with a p., *Am.* take a p. for a ride; *unter den ~ kommen* go to the bad; **~bahn** *f* sledge-run; **~fahrt** *f* sledge-drive, sleigh-ride, sledging; **~kufe** *f* runner, *aer.* skid; **~partie** *f* sleighing-party.

schlittern [ˈʃlitərn] *v/i.* (*sn*) slide (*fig. in acc.* into); skid; *fig. in e-n Krieg ~* stumble into a war.

ˈ**Schlittschuh** *m* (ice-)skate; *~ laufen* skate; **~bahn** *f* ice-rink; **~laufen** *n* skating; **~läufer(in** *f*) *m* skater; **~segeln** *n* skate-sailing.

Schlitz [ʃlits] *m* (-*es*; -*e*) slit; slash; rift, cleft; crack, fissure; aperture; slot; *tech.* slotted hole; *mot.* port, louver; ˈ**~auge** *n* slit eye; ˈ**≗äugig** *adj.* slit-eyed; ˈ**~blende** *phot. f* slit diaphragm; ˈ**≗en** *v/t. and v/i.* (*h.*) slit, slash; *tech.* slot; → *aufschlitzen*; ˈ**~flügel** *aer. m* slotted wing; ˈ**~fräser** *tech. m* slotting cutter; ˈ**~messer** *n* slitting knife; ˈ**~verschluß** *phot. m* focal-plane shutter.

schlohweiß [ˈʃloːˈvaɪs] *adj.* snow-white.

schloß [ʃlɔs] *pret. of schließen.*

ˈ**Schloß** *n* (-*sses*; ⸗*sser*) lock (*a. of rifle*); clasp; snap; (belt) buckle; castle, palace; manor-house, château (*Fr.*); *ins ~ fallen* slam shut; *fig. hinter ~ und Riegel* behind bars; *Schlösser im Mond* castles in the air (*or* in Spain); *er hat ein ~ vor dem Mund* his lips are sealed; **~aufseher** *m* castellan.

Schlößchen [ˈʃløːsçən] *n* (-s; -) small castle; château (*Fr.*); *small arms*: bolt sleeve, cocking piece.

Schloße [ˈʃloːsə] *f* (-; -n) sleet, hailstone; **2n** *v/i.* (*h.*) hail, sleet.

Schlosser [ˈʃlɔsər] *m* (-s; -) locksmith; motor (*Am.* car-)mechanic; mechanic, fitter; **Schlosseˈrei** *f* (-; -en) locksmith's (work-)shop; *a.* ˈ**Schlosserhandwerk** *n* locksmith's, *etc.*, trade.

ˈ**Schlosser...**: **~meister** *m* master locksmith; **2n** *v/i.* (*h.*) tinker, work (*an dat.* at); **~werkstatt** *f* → *Schlosserei.*

ˈ**Schloß...**: **~garten** *m* palace garden; **~halter** *m rifle*: bolt support; **~herr** *m* (**~herrin** *f*) lord (lady) of the castle; **~hof** *m* castle-yard; **~hund** *m fig.*: *heulen wie ein ~* wail and blubber; **~kapelle** *f* chapel in a castle; **~platz** *m* castle (*or* palace) yard; **~turm** *m* castle tower; **~vogt** *m* castellan; **~wache** *f* palace guard.

Schlot [ʃloːt] *m* (-[e]s; -e) chimney; flue; *mar.*, *rail.* funnel, smoke-stack; *fig.* lout, bounder; *colloq. rauchen wie ein ~* smoke like a chimney; ˈ**~baron** *m* business baron, magnate, *Am.* tycoon; **~feger** [ˈ-feːgər] *m* (-s; -) chimney-sweep.

schlott(e)rig [ˈʃlɔt(ə)riç] *adj.* shaky, wobbling; tottery (*step*); doddering; flabby; loose; dangling; slovenly, sloppy.

ˈ**schlottern** *v/i.* (*h.*) hang loose(ly), flap, dangle; wobble, totter; shake, tremble; shiver (*vor dat.* with *cold*); *vor Angst ~* tremble with fear, shake in every limb; *mit ~den Knien* with shaking knees, fearfully.

Schlucht [ʃluxt] *f* (-; -en) glen, mountain-cleft, gorge, gully, *Am.* canyon; ravine, *Am. a.* gulch; chasm, abyss.

schluchzen *v/i. and v/t.* (*h.*) sob, blubber; **2** *n* (-s) sobbing, sobs *pl.*

Schluck [ʃluk] *m* (-[e]s; -e) draught, gulp, swallow; mouthful, sip; swig; *kleiner ~* → *Schlückchen*; **~auf** [ˈ-ʔauf] *m* (-s) hiccup(s *pl.*); ˈ**~beschwerden** *f/pl.* difficulty in swallowing, dysphagia.

Schlückchen [ˈʃlykçən] *n* (-s; -) sip, drop (of).

ˈ**schlucken** *v/t. and v/i.* (*h.*) swallow; gulp (down), bolt; *fig.* swallow, absorb; swallow, pocket (*reprimand, etc.*).

ˈ**Schlucken** *m* (-s) hiccup(s *pl.*); *den ~ haben* (have a) hiccup.

ˈ**Schlucker** *m* (-s; -): *armer ~* poor wretch *or* fellow; starveling.

ˈ**Schluckimpfung** *med. f* oral vaccine (*or* vaccination).

schlud|ern [ˈʃluːdərn] *v/i.* (*h.*) scamp; **~(e)rig** *adj.* sloppy, botched.

schlug [ʃluːk] *pret. of schlagen.*

Schlummer [ˈʃlumər] *m* (-s) slumber; → *Schläfchen*; **~lied** *n* lullaby; **2n** *v/i.* (*h.*) slumber, doze, snooze, (take a) nap; *fig.* lie dormant; **2nd** *adj. fig.* dormant, latent; **~e** *Kräfte a.* potentialities; **~rolle** *f* round pillow, sofa-roll.

Schlump|e [ˈʃlumpə] *colloq. f* (-; -n) slut, slattern; **2en** *v/i.* (*h.*) hang loosely, flap, dangle; work slovenly, bungle; **2ig** *adj.* slovenly, sluttish.

Schlund [ʃlunt] *m* (-[e]s; ⸚e) *anat.* throat, gorge, gullet, pharynx; esophagus; *fig.* mouth (*of a cannon, etc.*), jaws *pl.* (*of hell*); chasm, gulf; ˈ**~höhle** *anat. f* pharyngeal cavity; ˈ**~röhre** *anat. f* esophagus.

Schlupf [ʃlupf] *m* (-[e]s; ⸚e) *tech.* backlash; *el.*, *mar.* slip; cover, shelter.

schlüpfen [ˈʃlypfən] *v/i.* (*sn*) slip; slide, glide; *~ in* (*acc.*) slip into *one's coat etc.*, slip on *a garment*; slip into *the room, etc.*

ˈ**Schlüpfer** *m* (-s; -) raglan (coat); (*ein ~* a pair of) *for ladies*: knickers *pl.*, *Am.* panties, step-ins, briefs *pl.*

ˈ**schlüpf(e)rig** *adj.* slippery (*a. fig.*); *fig.* risqué (*joke, etc.*); blue, *Am.* off-color; **2keit** *f* (-) slipperiness, *fig.* looseness, obscenity.

ˈ**Schlupf...**: **~jacke** *f* sweater; **~loch** *n* loop-hole; hiding-place, hideout; **~motor** *el. m* cumulative compound motor; **~wespe** *f* ichneumon (fly); **~winkel** *m* hiding-place, haunt; secret nook, recess.

schlürfen [ˈʃlyrfən] *v/t.* (*h.*) *and v/i.* (*sn*) drink (*or* eat) noisily, sip; lap; → **schlurfen** [ˈʃlurfən] *v/i.* (*sn*) shuffle, drag one's feet.

Schluß [ʃlus] *m* (-sses; ⸚sse) close, end; conclusion; *stock exchange*: unit of trade, *Am.* board lot; *dressmaking*: closing; (snug) fit; *el.* short circuit; result, upshot, issue; conclusion, inference, deduction; *logics*: syllogism; *parl.* closing, *upon motion*: closure, *Am.* cloture (*of debate*); *~ folgt* to be concluded; *~!* finished!, done!, that's all!; *parl.* time!; *~ damit!* stop it!, that will do!; *colloq. ~ machen* **a)** knock off, call it a day, **b)** put an end to o.s.; *~ machen mit* put an end to *a th.*, finish (*or* have done) with *a p.*; *den ~* (*der Marschkolonne, etc.*) *bilden* bring up the rear; *e-n ~ ziehen* draw a conclusion, conclude; *zu dem ~ kommen or gelangen, daß* decide that, arrive at the conclusion that; *zum ~* in conclusion, in the end, finally; → *Ende*; ˈ**~akkord** *m* final chord; ˈ**~akt** *m thea.* last act; *of event*: closing ceremony; ˈ**~ansprache** *f* closing address; ˈ**~antrag** *parl. m* motion for closure; ˈ**~bemerkung** *f* final observation; ˈ**~bestimmung** *f* concluding clause; ˈ**~bilanz** *f* annual balance (-sheet); ˈ**~effekt** *m* upshot.

Schlüssel [ˈʃlysəl] *m* (-s; -) key (*zu* of; *fig.* to); *falscher ~* skeleton-key, picklock; *mus.* clef; cipher, code; ratio formula; *tech.* spanner, wrench; **~bart** *m* key bit; **~bein** *anat. n* collar-bone, clavicle; **~blume** *f* cowslip; primrose; **~bund** *m, n* (-[e]s; -e) bunch of keys; **2fertig** *adj. new-built house*: ready for (immediate) occupancy; **~gerät** *n* crypto-equipment; **~gewalt** *f* power of the keys; **~industrie** *f* key industry; **~kind** *n* door-key child; **~loch** *n* keyhole; **~maschine** *f* code converter, cipher machine; **~ring** *m* key-ring; **~roman** *m* roman à clef (*Fr.*); **~stellung** *f* key position (*a. mil.*); **~tasche** *f* key-case; **~text** *m* cryptotext, code text; **~wort** *n* (-[e]s; ⸚er) code word; **~zahl** *f* index(-number); code figure.

ˈ**Schluß...**: **~ergebnis** *n* final result (*or* outcome), upshot; **~feier** *ped. f* speechday, *Am.* commencement; **~folge(rung)** *f* (line of) reasoning, argument(ation); conclusion, inference; **~formel** *f* close; *in letters*: complimentary close.

schlüssig [ˈʃlysiç] *adj.* resolved, determined; logical; *~er Beweis* conclusive evidence; *sich ~ werden* make up one's mind (*über acc.* about).

ˈ**Schluß...**: **~kurs** *m stock exchange*: closing price; **~läufer(in** *f*) *m*, **~mann** *m relay race*: anchor; *als ~ laufen* run the last leg; **~licht** *n* (-[e]s; -er) tail-light, tail lamp; *fig. sports*: tailender; *colloq. das ~ bilden* bring up the rear; **~note** *econ. f* contract-note; **~notierung** *f stock exchange*: closing quotation; **~pfiff** *m sports*: final whistle; **~prüfung** *f* final examination; **~punkt** *m* last point (*or* item); *gr.* full stop, *Am.* period; **~rechnung** *f econ.* final account; *math.* rule-of-three; **~rede** *f* closing speech; epilogue; **~reim** *m* end-rhyme; **~runde** *f* final; *boxing*: final round; **~rundenteilnehmer(in** *f*) *m* finalist; **~satz** *m* concluding (*or* closing) sentence; *phls.* consequent; *mus.* finale; *tennis*: final set; **~schein** *econ. m* contract-note; **~sitzung** *f* final meeting, last sitting; **~stand** *m* (-[e]s) *sports*: final score; **~stein** *arch. m* keystone (*a. fig.*); **~strich** *m* final stroke; *fig. e-n ~ ziehen* draw the line, put an end to it; **~szene** *thea. f* drop-scene; **~verkauf** *m* seasonal sale; **~wort** *n* (-[e]s; -e) last word; summary; → *Schlußrede*; **~zeichen** *n* final signal; *gr.* full stop; *mus.* double bar; *teleph.* clear signal.

Schmach [ʃmaːx] *f* (-) disgrace, shame; blemish; insult, affront, outrage; humiliation.

schmachten [ˈʃmaxtən] *v/i.* (*h.*) languish (*vor dat.* with); *vor Durst ~* be parched with thirst; *im Kerker ~* be languishing in the dungeon; languish (*or* pine, yearn) (*nach* for); *~ lassen* tantalize; **~d** *adj.* languishing (*a. look*).

ˈ**Schmachtfetzen** *colloq. m* sentimental song, *Am.* tear-jerker.

schmächtig [ˈʃmɛçtiç] *adj.* slim, slender, slight; thin, weedy; *ein ~er Junge* (*~es Mädchen*) a slip of a boy (girl).

ˈ**Schmacht...**: **~locke** *f* lovelock; **~riemen** *colloq. m*: *den ~ anziehen* tighten one's belt.

ˈ**schmachvoll** *adj.* disgraceful, ignominious, shameful.

schmackhaft [ˈʃmakhaft] *adj.* savo(u)ry, palatable, tasty; appetizing; *~ machen* flavo(u)r; *fig. j-m et. ~ machen* make a th. palatable to a p.; **2igkeit** *f* (-) savo(u)riness, fine taste, delicious flavo(u)r.

Schmähbrief [ˈʃmɛː-] *m* insulting letter.

ˈ**schmäh|en** *v/t. and v/i.* (*h.*) abuse, revile; decry, disparage, run down; defame, calumniate; blaspheme; **~end** *adj.* abusive, vituperative; disparaging; defamatory; **~lich** **I.** *adj.* → *schmachvoll*; **II.** *adv. fig.* outrageously, awfully; **⁀rede** *f* abuse, invective, diatribe; **⁀schrift** *f* libel(lous pamphlet), lampoon; **~süchtig** *adj.* abusive, foul-mouthed, calumnious; slanderous; **⁀ung** *f* (-; -*en*) abuse, invective, vituperation; blasphemy; calumny; **⁀wort** *n* (-[e]s; -e) invective, abusive word.

schmal [ʃmɑːl] *adj.* narrow; thin, slender, slim; thin, sharp, fine (*face*); *fig.* small, scant(y), meag|re (*Am.* -er); poor; *~e Kost* slender fare; *j-n auf ~e Kost setzen* put a p. on short commons; *schmaler* (*or schmäler*) *werden* narrow; ˈ**~brüstig** *adj.* narrow-chested.

schmälen [ˈʃmɛːlən] *v/t. and v/i.* (*h.*) scold, chide; declaim against; nag; *hunt. roe*: bleat.

ˈ**schmäler|n** *v/t.* (*h.*) narrow; curtail; impair, detract from; belittle; **⁀ung** *f* (-; -*en*) curtailment; impairment; detraction.

ˈ**Schmal...:** **~film** *phot. m* narrow-ga(u)ge film, substandard cine-film; **~filmkamera** *f* cine-camera; **~hans** *m*: *bei uns ist ~ Küchenmeister* we are on short commons; **⁀lippig** [ˈ-lipiç] *adj.* thin-lipped; **~seite** *f* narrow side; **~spur** *f* (-) narrow ga(u)ge; **~spurbahn** *f* narrow-ga(u)ge railway; **⁀spurig** [ˈ-ʃpuːriç] *adj.* narrow-ga(u)ge(d); *skiing*: narrow-track; **~tier** *zo. n* one (*or* two)-year-old hind; **~vieh** *n* small cattle; **⁀wangig** *adj.* hollow-cheeked.

Schmalz [ʃmalts] *n* (-es; -e) grease, fat; lard; dripping; *colloq. fig.* sentimental (*or* sloppy) stuff, hokum; unction; ˈ**~birne** *f* butter-pear; ˈ**⁀en, schmälzen** [ˈʃmɛltsən] *v/t.* (*h.*) butter, lard, put dripping into (*or* over); cook with fat; ˈ**⁀ig** *adj.* greasy, lardy; *colloq. fig.* sentimental, maudlin, sloppy; unctuous.

schmarotzen [ʃmaˈrɔtsən] *v/i.* (*h.*) sponge (*bei* on); sponge on others.

Schmaˈrotzer *m* (-s; -) *bot., zo.* parasite, *person*: *a.* sponger; **⁀haft, ⁀isch** *adj.* parasitic(al), sponging; **~pflanze** *f* parasitic plant; **~tier** *n* animal parasite; **~tum** *n* (-s) parasitism.

Schmarre [ˈʃmarə] *f* (-; -*n*) slash, gash, cut; scar; **~n** *m* (-s; -) scrambled pancake; *colloq. fig.* trash, hokum.

Schmatz [ʃmats] *colloq. m* (-es; -e) smack, hearty kiss; ˈ**⁀en** *v/i.* (*h.*) smack (*mit den Lippen* one's lips); eat noisily; *colloq.* kiss heartily (*or* noisily).

schmauchen [ˈʃmauxən] *v/t. and v/i.* (*h.*) smoke (leisurely); puff away (*e-e Pfeife, etc.* at a pipe, *etc.*).

Schmaus [ʃmaus] *m* (-es; ⁼e) feast, banquet; sumptuous meal; *fig.* treat; **⁀en** [ˈʃmauzən] *v/i.* (*h.*) feast (*von* upon), banquet; eat heartily.

schmecken [ˈʃmɛkən] **I.** *v/t.* (*h.*) taste, sample; **II.** *v/i.* (*h.*): *~ nach* (*dat.*) taste of, smack of, savo(u)r of (*all a. fig.*); *bitter ~* taste bitter, have a bitter taste; *gut ~* taste good; *sich et. ~ lassen, es sich ~ lassen* eat with a good appetite, (eat with) relish, enjoy *one's meal*; *schmeckt es* (*dir*)? do you like it?; *es schmeckt nach nichts* it has no taste; *humor. es schmeckt nach mehr* it tastes like more; *es schmeckt ihm nicht(s)* he has no appetite, he does not like his food.

ˈ**Schmecker** *m* (-s; -) taster.

Schmeichelei [ʃmaiçəˈlai] *f* (-; -*en*) flattery, (flattering) compliment; *contp.* adulation, fawning, wheedling, soft soap; coaxing, cajoling.

ˈ**schmeichel|haft** *adj.* flattering; complimentary; adulatory; **⁀kätzchen** *n*, **⁀katze** *f* coaxer, cajoler; **~n** *v/i.* (*h.*): *j-m ~* (*mit*) flatter a p. (with); compliment a p. (upon); coax *or* cajole a p.; *contp.* adulate (*or* fawn upon) a p.; play up to a p.; caress; *sich geschmeichelt fühlen* feel flattered (*durch* by); *ich schmeichle mir, zu inf.* I flatter myself to *inf.*, I trust to *inf.*; *das Bild ist sehr geschmeichelt* the picture is very flattering; **⁀rede** *f* flattering speech, soft soap; **⁀wort** *n* (-[e]s; -e) flattering *or* honeyed word.

ˈ**Schmeichler** *m* (-s; -), **~in** *f* (-; -*nen*) flatterer; *contp.* adulator, toady, sycophant; **⁀isch** *adj.* flattering; fawning, wheedling, adulatory; coaxing, cajoling.

schmeißen [ˈʃmaisən] *v/t.* (*irr., h.*) throw, fling, hurl, dash, chuck; slam, bang; *mit dem Gelde um sich ~* squander (*or* lavish) one's money; *colloq.* *e-e Runde ~* stand a round of drinks; *den Laden ~* run the show; *die Sache ~* put it across, pull it off, *Am.* swing it.

ˈ**Schmeißfliege** *f* blowfly, bluebottle, meatfly.

Schmelz [ʃmɛlts] *m* (-es; -e) enamel (*a. of tooth*); glaze; *fig.* bloom, flush, glow (*of youth*); *mus.* (melting) sweetness, *of voice*: *a.* mellowness; ˈ**~arbeit** *tech. f* enamel(l)ing; *metall.* smelting(-process); ˈ**⁀bar** *adj.* fusible, meltable; ˈ**~barkeit** *f* (-) fusibility; ˈ**~draht** *m* fuse wire.

ˈ**Schmelze** *f* (-; -*n*) melting (*of snow*); *tech.* smelting, fusion; charge; → *Schmelzhütte*.

ˈ**schmelzen** **I.** *v/i.* (*irr., sn*) melt; dissolve; liquefy; *fig.* melt, soften; melt away, dwindle; **II.** *v/t.* (*irr., h.*) melt; smelt, fuse (*metal*); liquefy; **~d** *adj.* melting; *fig.* languishing; soul-stirring; melodious, sweet; (*a. iro.*) dulcet.

ˈ**Schmelzer** *m* (-s; -) (s)melter, founder; **Schmelzeˈrei** *f* (-; -*en*) → *Schmelzhütte*.

ˈ**Schmelz...:** **~farbe** *f* enamel colo(u)r; **⁀flüssig** *adj.* molten; **~hütte** *f* (s)melting-works *pl.*, smeltery; foundry; **~käse** *m* soft cheese; **~koks** *m* foundry coke; **~mittel** *n* flux; **~ofen** *m* (s)melting furnace; **~punkt** *m* (s)melting *or* fusing point; **~schweißung** *f* fusion welding; **~sicherung** *el. f* (safety) fuse, fusible cut-out; **~stahl** *m* German steel; **~temperatur** *f* melting temperature; **~tiegel** *m* melting-pot, melting crucible; **~wasser** *n* (-s; -) melted snow and ice; **~werk** *n* → *Schmelzhütte*.

Schmer [ʃmeːr] *m* (-s) fat, grease; suet; ˈ**~bauch** *m* paunch, pot-belly.

Schmerle [ˈʃmɛrlə] *ichth. f* (-; -*n*) loach.

Schmerz [ʃmɛrts] *m* (-es; -en) (physical) pain, ache; gripe(s *pl.*); shooting pain, twinge; *a. pl. ~en* agony, anguish; (mental) suffering, pain; grief, sorrow; woe; agony, anguish; pangs *pl.* of love; (*beträchtliche*) *~en haben* be in (considerable) pain; (*j-m*) *~ verursachen* cause *or* give pain (to a p.); *von ~en gepeinigt* racked with pain; *fig. mit ~en* anxiously, impatiently; *iro. haben Sie sonst noch ~en?* anything else?; ˈ**~ausstrahlung** *f* radiation of pain; ˈ**⁀betäubend** *adj.* pain-deadening, analgesic; ˈ**⁀empfindlich** *adj.* sensitive to pain.

ˈ**schmerzen** *v/i. and v/t.* (*h.*) pain, hurt, smart; ache; grieve, afflict; *das schmerzt* that hurts (*a. fig.*); *mir ~ alle Glieder* all my limbs ache; **~d** *adj.* aching, smarting, sore.

ˈ**Schmerzens...:** **~geld** *n* compensation for personal suffering; **~kind** *n* child of sorrow; **~lager** *n* bed of suffering; **~schrei** *m* cry (*or* wail) of pain.

ˈ**Schmerz...:** **⁀erfüllt** *adj.* grieved, deeply afflicted; **⁀erregend** *adj.* causing pain; **⁀frei** *adj.* free from pain; painless; **⁀haft** *adj.* painful; → *schmerzend*; *fig.* grievous, distressing, agonizing; *~e Stelle* sore place, sensitive (*or* tender) spot; **~haftigkeit** *f* (-) painfulness, *fig. a.* grievousness; **⁀lich** **I.** *adj.* aching, smarting; painful, grievous; sad (*smile*); **II.** *adv.* sadly, badly; **⁀lindernd** *adj.* soothing, lenitive, (*a. ~es Mittel*) anodyne, analgesic; **~linderung** *f* relief (from pain), alleviation; **⁀los** *adj.* painless; **~losigkeit** *f* (-) painlessness; **⁀stillend** *adj.* pain-deadening, analgesic; *~es Mittel* anodyne, pain-killer; **⁀verzerrt** *adj.* distorted by pain, tormented (*face*); **⁀voll** *adj.* painful; grievous, *rhet.* dolorous.

Schmetterball [ˈʃmɛtər-] *m tennis*: smash.

Schmetterling [ˈʃmɛtərliŋ] *m* (-s; -e) butterfly; **~sblütler** [ˈ-blyːtlər] *bot. m* (-s; -) papilionaceous plant; **~sstil** *m* (-[e]s) *swimming*: butterfly style.

ˈ**schmettern** **I.** *v/t.* (*h.*) dash (*zu Boden* to the ground; *in Stücke* to pieces); smash, slam; *colloq. fig.* sing lustily, let go with (*a song*); *e-n ~* (*drink*) raise the elbow, hoist one; **II.** *v/i.* (*h.*) crash; resound; *voice*: ring (out); *lark*: warble; *trumpet*: blare (out).

ˈ**Schmetterschlag** *m tennis*: smash.

Schmied [ʃmiːt] *m* (-[e]s; -e) smith; blacksmith; *fig.* author, founder; → *Glück*; ˈ**⁀bar** *tech. adj.* malleable, forgeable; ˈ**~barkeit** *f* (-) malleability, forgeability.

Schmiede [ˈʃmiːdə] *f* (-; -*n*) smithy, forge; (black)smith's shop; *fig. vor* die rechte ~ kommen get hold of the right person; **~arbeit** f forging (operation), metal work; **~eisen** n wrought (or malleable) iron, forging steel; **⁀eisern** adj. wrought-iron; **~esse** f forge; **~gesenk** n forging die, swage; **~hammer** m forge (or sledge) hammer; **~kohle** f forge coal; **~meister** m master (black)smith.

schmieden v/t. (h.) forge; in Ketten ~ put prisoner in chains; fig. → Eisen; frame, contp. concoct; make, devise, b.s. hatch (plans); → Ränke.

'Schmiede...: **~presse** f forging press; **~stahl** m forged steel; **~stück** n forging; **~technik** f forging practice; **~ware** f hardware (a. pl.); **~werkstatt** f → Schmiede.

schmiegen ['ʃmi:gən] v/t. (h.) tech. bevel; sich ~ (h.) bend, yield; sich ~ an (acc.) press o.s. close to, tenderly: nestle to, snuggle up to; sich ~ in (acc.) cuddle in (a p.'s arms), a. thing: nestle in, tech. fit snugly in(to).

schmiegsam ['ʃmi:kzɑ:m] adj. pliant, flexible; supple, lithe; fig. supple; **⁀keit** f (-) pliancy, flexibility; (a. fig.) suppleness.

Schmier|anlage ['ʃmi:r-] tech. f lubricating system; **~behälter** m, **~büchse** f grease-box; oil-cup; oil-can; **~buch** n waste-book.

'Schmiere f (-; -n) smear; grease, lubricant; ointment, salve; ooze; squish; thea. troop of strolling players, esp. Am. barnstormers pl., contp. penny gaff; colloq. (-) ~ stehen keep cave.

'schmieren (h.) v/t. smear; tech. grease, oil, lubricate; spread (butter, etc.); (a. v/i.) scribble, scrawl; daub; colloq. fig. j-n ~ grease a p.'s palm; colloq. j-m e-e ~ paste a p. one; sich die Kehle ~ wet one's whistle; wie geschmiert smoothly, without a hitch, like clock-work.

'Schmierenschauspieler(in f) m strolling player, esp. Am. barnstormer; contp. ham.

'Schmierer(in f) (-s, -; -, -nen) tech. greaser; contp. scribbler, scrawler; dauber.

Schmiere'rei f (-; -en) smearing; scrawl; daub.

'Schmieresteher m look-out man.

'Schmier...: **~fähigkeit** f (-) lubricity; **~fett** n (lubricating) grease; **~fink** m scrawler; daub(st)er; dirty fellow, pig; **~geld(er** pl.) n palm-oil, bribe-money; Am. pol. slush fund.

'schmierig adj. greasy; oily; sticky, grimy; smudgy, dirty, messy; fig. sordid, mean; filthy, smutty; smarmy.

'Schmier...: **~kanne** f oil can, oiler; **~käse** m soft (or spread) cheese; **~loch** n oil hole (or run); **~masse** f lubricating paste; **~maxe** ['-maksə] m (-n; -n) sl. aer. grease monkey; **~mittel** n lubricant; **~nippel** m grease nipple; **~öl** n lubricating oil; **~pistole, ~presse** f grease gun; **~plan** m lubrication chart; **~pumpe** f grease gun; **~salbe** f liniment, salve; **~seife** f soft soap; **~stelle** tech. f lubrication point; **~stoff** m tech. lubricant; pharm. liniment; **~stoffbehälter** m grease sump, oil tank; **~ung** f (-; -en) lubrication, oiling; **~vorrichtung** f lubricator.

Schminke ['ʃmiŋkə] f (-; -n) (grease-)paint; rouge, white: ceruse; w.s. (a. thea.) make-up.

'schminken v/t. (and sich) (h.) paint (one's face), make up; rouge (o.s.); put on lipstick; fig. colo(u)r a report.

'Schmink...: **~mittel** n → Schminke; w.s. cosmetic; **~pflästerchen** ['-pflɛstərçən] n (-s; -) (beauty-) patch; **~stift** m paint-stick; lipstick; **~tisch** m make-up table; **~topf** m rouge-pot.

Schmirgel ['ʃmirgəl] m (-s; -) emery; **~apparat** m sander; **~leinwand** f emery cloth; **⁀n** v/t. (h.) rub (or grind, polish) with emery; sand; **~papier** n emery paper; **~paste** f emery paste; **~scheibe** f emery wheel; **~tuch** n emery cloth.

schmiß [ʃmis] pret. of schmeißen.

Schmiß [ʃmis] m (-sses; -sse) gash, cut; (duelling) scar; colloq. fig. verve, go, ginger, pep, zip;

'schmissig adj. dashing, racy, full of go, peppy.

Schmöker ['ʃmø:kər] m (-s; -) old book (or volume); trashy novel, yellowback; **⁀n** v/i. (h.) browse, be absorbed in a book.

schmoll|en ['ʃmɔlən] v/i. (h.) pout (one's lips); sulk (mit with), be sulky; **⁀winkel** m sulking-corner.

schmolz [ʃmɔlts] pret. of schmelzen.

Schmor|braten ['ʃmo:r-] m braised beef; **⁀en** v/i. (h.) stew; braise; char; fig. roast, swelter; frizzle (in hell); **~pfanne** f stew-pan; **~stellen** el. f/pl. spots of arcing; **~topf** m stew-pot.

Schmu [ʃmu:] colloq. m (-s) unfair gain; swindle, cheat; ~ machen cheat.

schmuck [ʃmuk] adj. neat, trim, person: a. spruce, smart, natty; pretty; spick and span.

'Schmuck m (-[e]s; -e) ornament; decoration, adornment; trimmings, trappings pl.; finery, adornment, get-up; jewel(le)ry, jewels pl.; unechter ~ imitation jewel(le)ry, trinkets pl.; fig. flowers pl. (of speech, etc.); **~arbeit** f jewel(le)ry.

schmücken ['ʃmykən] v/t. (h.) adorn, decorate; ornament, trick (or deck) out; embellish; sich ~ (kleiden) smarten (or spruce) o.s. up, dress up.

'Schmuck...: **~feder** f plume; **~händler(in** f) m jewel(l)er; **~kästchen** n jewel-case, casket; fig. gem, jewel of a house; **⁀los** adj. unadorned, plain; austere; **~losigkeit** f (-) plainness; austerity; **~nadel** f breast-pin; **~sachen** f/pl. jewel(le)ry, jewels pl.; trinkets pl.; **~stein** m gem; **~steinindustrie** f lapidary trade; **~stück** n ornament, n.s. piece of jewel(le)ry; fig. gem; **~ware(n** pl.) f jewel(le)ry.

schmuddelig ['ʃmudəliç] adj. dingy, grimy, smudgy.

Schmuggel ['ʃmugəl] m (-s), **Schmugge'lei** f (-; -en) smuggling; ~ treiben → **⁀n** v/t. and v/i. (h.) smuggle; **~ware** f smuggled goods, contraband.

Schmuggler ['ʃmuglər] m (-s; -), **~in** f (-; -nen) smuggler; **~bande** f gang (or ring) of smugglers; **~schiff** n smuggling-boat, smuggler.

schmunzeln ['ʃmuntsəln] v/i. (h.) smile contentedly or amusedly; smirk, grin.

'Schmunzeln n (-s) (broad) smile, grin.

Schmus [ʃmu:s] colloq. m (-es) soft soap; **⁀en** ['-zən] colloq. v/i. (h.) prattle, babble; fawn (mit upon), soft-soap, butter (up); spoon, pet, neck; **'~er** colloq. m (-s; -) babbler; wheedler, toady; flirt, masher.

Schmutz [ʃmuts] m (-es) dirt, filth (a. fig.); esp. fig. smut; mud, muck; fig. in den ~ ziehen drag through the mud; j-n mit ~ bewerfen sling mud at a p.; **'~blech** n mudguard; **'~bogen** typ. m set-off sheet; **'~bürste** f scrubbing brush; **'⁀en** v/i. (h.) soil, give off dirt; soil easily, get dirty; **~e'rei** fig. f (-; -en) filth, smut; **'~farbe** f drab colo(u)r; **'~fink** m dirty fellow, pig, mudlark; **'~fleck** m smudge, stain, blotch; fig. blemish.

'schmutzig adj. dirty, filthy, muddy; soiled; grimy; slushy (weather); fig. dirty, filthy, smutty; dirty, sordid, low; mean, stingy; shabby; ~e Bombe radiological (or dirty) bomb; **⁀keit** f (-; -en) dirtiness, etc.

'Schmutz...: **~kittel** m overall; **~konkurrenz** econ. f unfair competition, underselling; **~literatur** f pornography, smut; **~presse** f (-) gutter press; **~titel** typ. m bastard title; **~- und Schundgesetz** n Harmful Publications Act; **~zulage** f extra payment for dirty work.

Schnabel ['ʃnɑ:bəl] m (-s; ⸚) orn. bill, beak; colloq. fig. mouth, potato-trap; tech. snout, nozzle; spout (of pot, etc.); mar. prow; colloq. halt den ~! hold your tongue!, shut up!; sie spricht, wie ihr der ~ gewachsen ist she doesn't mince her words, she calls a spade a spade; **⁀förmig** ['-fœrmiç] adj. beak-shaped, beaked.

schnäbeln ['ʃnɛ:bəln] v/i. (h.) bill; fig. bill and coo.

'Schnabel...: **~schuh** m pointed shoe; **~tasse** f feeding cup; **~tier** zo. n duckbill, platypus; **~zange** f (eine ~ a pair of) jaw pliers pl.

schnacken ['ʃnakən] v/i. and v/t. (h.) (have a) chat; prattle, babble.

Schnake ['ʃnɑ:kə] f (-; -n) cranefly, mosquito.

Schnalle ['ʃnalə] f (-; -n) buckle, clasp; latch; **⁀n** v/t. (h.) buckle; strap; enger ~ tighten, shorten; weiter ~ lengthen; **~ndorn** m tongue (of a buckle); **~nschuh** m buckled shoe.

schnalzen ['ʃnaltsən] v/i. (h.): mit den Fingern ~ snap one's fingers; mit der Zunge ~ click one's tongue; mit der Peitsche ~ crack one's whip.

'Schnalzlaut m phonetics: click.

schnapp! [ʃnap] int. snap!

'schnappen I. v/t. (h.) catch, grab; **II.** v/i. (h.) snap; lock: catch; engage, click; in die Höhe ~ tip up;

nach et. ~ snap (*or* snatch) at, *dog*: snap at; *nach Luft* ~ gasp for breath, pant.

Schnäpper [ˈʃnɛpər] *m* (*-s*; -) *tech.* catch, snap; (door) latch; *med.* blood lancet.

ˈ**Schnapp...:** **~feder** *f* catch-spring; **~messer** *n* clasp-knife; jack-knife; **~ring** *tech. m* snap ring; **~sack** *m* knapsack; **~schalter** *m* quick--action switch; **~schloß** *n* spring--lock; *on necklace, etc.*: spring--catch; **~schuß** *phot. m* snapshot, snap; *e-n* ~ *machen* take a snapshot, snap(-shoot).

Schnaps [ʃnaps] *m* (*-es*; *⸚e*) strong (*Am.* hard) liquor; booze; brandy, spirits *pl.*, schnap(p)s; dram; ˈ**~brenner(ei** *f*) *m* distiller(y); ˈ**~bruder** *m* tippler; ˈ**ˌeln** *v/i.* (*h.*) tipple; ˈ**~flasche** *f* bottle of brandy, *etc.*; ˈ**~glas** *n* (*-es*; *⸚er*) gin-glas; ˈ**~idee** *colloq. f* crazy idea; ˈ**~laden** *m* gin-shop; ˈ**~nase** *f* copper-nose.

schnarchen [ˈʃnarçən] *v/i.* (*h.*) snore.

ˈ**Schnarchen** *n* (*-s*) snoring, snore(s *pl.*).

ˈ**Schnarcher(in** *f*) (*-s*, *-*; *-*, *-nen*) snorer.

Schnarr|e [ˈʃnarə] *f* (*-*; *-n*) rattle; *orn.* missel thrush; **ˌen** *v/i.* (*h.*) rattle; jar; (speak with a) twang; (*v/t.*) *das ‚r'* ~ roll (*or* burr) the r; **~wecker** *m* buzzer (alarm); **~werk** *n organ*: reed-stops *pl.*

Schnattergans [ˈʃnatər-] *colloq. f* chatterbox.

ˈ**schnattern** *v/i.* (*h.*) cackle, *a. fig.* chatter; *fig.* gabble; *vor Kälte* ~ chatter with cold; ˌ *n* (*-s*) cackle, cackling; chatter(ing).

schnauben [ˈʃnaubən] *v/i.* (*irr.*, *h.*) *and v/t.* (*h.*) snort; pant, puff (and blow); *sich die Nase* ~ blow one's nose; *vor Wut* ~ foam with rage; → *Rache*.

schnauf|en [ˈʃnaufən] *v/i.* (*h.*) breathe hard, wheeze; pant, blow; **ˌer** *colloq. m* (*-s*; -) breath; *ihm ist der* ~ *ausgegangen* he has lost his wind.

Schnauzbart [ˈʃnauts-] *m* walrus moustache.

ˈ**Schnauze** *f* (*-*; *-n*) snout; *of dog*: muzzle, nose; *tech.* nozzle; spout, snout; *colloq.* mouth, potato-trap; *die* ~ *voll haben von* be fed up with; *halt die* ~*!* shut up!; *frei nach* ~ off the cuff; **ˌn** *colloq. v/i.* (*h.*) snap, bark.

ˈ**Schnauzer** *m* (*-s*; -) (*dog*) schnauzer.

Schnecke [ˈʃnɛkəl] *f* (*-*; *-n*) snail; slug; *eßbare* ~ edible snail; *anat.* cochlea; (*hairdo*) ~*n pl.* earphones *pl.*; *mus.* scroll (*of violin*); *arch.* volute, helix, scroll (*of column*); *tech.* worm; screw conveyer; *watch*: fusee; spiral.

ˈ**Schnecken...:** **~antrieb** *m* worm drive; **~bohrer** *m* (screw) auger; **~feder** *f* coiled spring; **~förderer** *m* screw conveyer; **ˌförmig** [ˈ-fœrmiç] *adj.* helical, spiral, winding; **~gang** *m* (*-[e]s*) winding alley, spiral walk; *tech.* auger; *fig.* (*im* ~ at a) snail's pace; **~getriebe** *n* worm-gear (*or* drive); **~gewinde** *n* worm thread, helix; **~haus** *n* snail--shell; **~linie** *f* spiral, helix; **~post** *f*: *mit der* ~ at a snail's pace; **~rad** *n* worm gear (*or* wheel); **~tempo** *n*: *im* ~ at a snail's pace, at a crawl; **~zahnrad** *n* cutting worm gear.

Schnee [ʃneː] *m* (*-s*) snow; *im* ~ *begraben* snowed up; *vom* ~ *eingeschlossen* (*or lahmgelegt*) snow--bound; *cul.* whipped whites *pl.* of eggs, froth; *sl.* (*cocaine*) snow; ˈ**~ball** *m* snowball (*a. bot.* = guelder-rose); ˈ**ˌballen:** *sich* ~ (*h.*) snowball (one another); ˈ**~ballschlacht** *f* snowball fight; ˈ**~ballsystem** *n* snowball system; ˈ**ˌbedeckt** *adj.* snow-covered; snow--capped (*peak*); ˈ**~besen** *m cul.* whisk, egg-beater; ˈ**ˌblind** *adj.* snow-blind; ˈ**~brille** *f* (*eine* ~ a pair of) snow-goggles *pl.*; ˈ**~decke** *f* snow cover, blanket of snow; ˈ**~fall** *m* snow-fall; ˈ**~feld** *n* snow-field; ˈ**~flocke** *f* snow flake; ˈ**~gestöber** *n* snow storm, snow flurry; ˈ**~glöckchen** *bot. n* snow-drop; ˈ**~grenze** *f* snow-line; ˈ**~hemd** *n* parka; ˈ**~höhe** *f* depth of snow; ˈ**~huhn** *n* white grouse; ˈ**~hütte** *f* igloo; ˈ**ˌig** *adj.* snowy; → *schneebedeckt*; ˈ**~kette** *f* snow chain, non-skid chain; ˈ**~könig** *fig. m*: *sich freuen wie ein* ~ be as pleased as Punch; ˈ**~kuppe** *f* snowy peak; ˈ**~lawine** *f* avalanche; ˈ**~luft** *f* (-) snowy air; ˈ**~mann** *m* snow man; ˈ**~matsch** *m* slush; ˈ**~pflug** *m* snow-plough, *Am.* snowplow; ˈ**~regen** *m* sleety rain; ˈ**~region** *f* snow region; ˈ**~schaufel** *f* snow-shovel; ˈ**~schläger** *m* → *Schneebesen*; ˈ**~schleuder** *f* rotary snow-plough (*Am.* snowplow); ˈ**~schmelze** *f* melting of snow, snow-break; ˈ**~schuh** *m* snow-shoe; → *Ski(...)*; ˈ**~schuhlauf** *m* skiing; ˈ**~sturm** *m* snow-storm, blizzard; ˈ**~treiben** *n* → *Schneegestöber*; ˈ**~verhältnisse** *pl.* snow conditions; ˈ**~verwehung** *f* snow--drift; ˈ**~wächte** *f* snow-cornice; ˈ**~wasser** *n* snow-water; ˈ**~wehe** *f* → *Schneeverwehung*; ˌˈ**weiß** *adj.* snow-white, (as) white as snow; ˈ**~wetter** *n* snowy weather; **~wittchen** [-ˈvitçən] *n* (*-s*) Snow-white; ˈ**~wolke** *f* snow-cloud.

Schneid [ʃnait] *m* (*-[e]s*) dash, go; pluck, guts *pl.*; *j-m den* ~ *abkaufen* cow; bluff.

ˈ**Schneidbrenner** *tech. m* cutting torch, blowpipe.

Schneide [ˈʃnaidə] *f* (*-*; *-n*) edge; *tech.* cutting edge, cutter; cutting blade; (drill) bit; *fig. auf des Messers* ~ *stehen* be on the razor's edge, be touch and go; **~bank** *f* (*-*; *⸚e*) chopping bench; **~brett** *n* carving board; **~maschine** *f* cutting machine, cutter; **~mühle** *f* sawmill.

ˈ**schneiden** *v/t. and v/i.* (*irr.*, *h.*) cut; *in Stücke* ~ cut up; chop; *cul.* carve; mince; shred; snip; pare, clip (*fingernails*); → *Gesicht*, *Grimasse*, *Haar*; *tennis*: (under-)cut (*the ball*); cut (*a corner*); adulterate (*wine*); mow, cut; cleave, split; ~ *in* (*acc.*) carve (*or* engrave) in (*wood, stone, etc.*); *fig. j-n* cut a p. (*völlig dead*); *sich* ~ *lines*: intersect, cut each other; *fig. da schneidet er sich aber* (*gewaltig*) he is jolly much mistaken there, *Am.* that's where he makes his big mistake; *das schnitt ihm ins Herz* it cut him to the quick; → *Fleisch*; **~d** *adj.* cutting, sharp; cutting, slashing, sarcastic, biting (*remark*); biting; sharp, strident (*voice*).

ˈ**Schneider** *m* (*-s*; -) tailor; ladies' tailor, dressmaker; *vom* ~ *gefertigt* tailor-made; *tech.* cutter (*a. person*); *zo.* daddy-longlegs; *frieren wie ein* ~ shiver with cold; *colloq. wir sind aus dem* ~ we are out of the wood.

Schneideˈrei *f* (*-*; *-en*) tailoring, tailor's business; dressmaking.

ˈ**Schneider...:** **~geselle** *m* journeyman tailor; **~handwerk** *n* (*-[e]s*) tailor's trade, tailoring; **~in** *f* (*-*; *-nen*) ladies' tailor, dressmaker; **~kleid** *n* tailor-made dress; **~kostüm** *n* tailor-made (suit); **~meister** *m* master tailor; **ˌn I.** *v/i.* (*h.*) tailor (*für j-n* a p.); do tailoring *or* dressmaking; **II.** *v/t.* (*h.*) tailor (*a. fig.*); **~puppe** *f* dress form, dummy; **~sitz** *m* (*-es*) tailor's seat; **~werkstatt** *f* tailor's (*Am.* tailor) shop.

ˈ**Schneide...:** **~stahl** *m*, **~werkzeug** *n* cutting tool; **~zahn** *m* incisor.

ˈ**schneidig** *fig. adj.* plucky, spirited; dashing, keen, alert; resolute, energetic; snappy; smart, dashing, sharplooking; terse; **ˌkeit** *f* (-) → *Schneid*; smartness, dash; terseness.

schneien [ˈʃnaiən] *v/i.* (*impers.*, *h.*) snow; *es schneit* it snows, it is snowing; *fig.* (*sn*) *ins Haus* ~ drop in unexpectedly, blow in.

Schneise [ˈʃnaizə] *f* (*-*; *-n*) (forest-) aisle, vista; fire-break; *aer.* flying lane.

schnell [ʃnɛl] **I.** *adj.* quick; fast; rapid; swift; fleet; speedy, expeditious; prompt (*action, reply, etc.*); brisk (*sale*); sudden, abrupt; hasty; ~*e Auffassung* quick apprehension; ~*e Bedienung* quick (*or* prompt) service; ~*e Fortschritte* rapid progress; ~*e Rennbahn* fast course; ~*e Truppe* mobile troops *pl.*; ~*er Wagen* fast car; ~*er als der Schall* faster than sound; *in* ~*er Folge* in rapid succession; (*mach*) ~*!* (be) quick!, hurry up!; *nicht so* ~*!* gently!, easy!, *Am.* hold your horses!; **II.** *adv.* quickly; fast; rapidly; speedily, *etc.*; *mus.* presto; ~ *fahren* drive fast; ~ *denken* do some quick thinking; ~ *gehen* go fast, walk at a brisk pace; ~ *handeln* act promptly *or* without delay; *das ist* ~ *gegangen!* that was quick!; ~ *leben* live fast; ~*er ging es nicht* I (we) could not do it any faster; *so* ~ *wie möglich* (*schnellstens*) as quickly as possible, → *bald*; *er mußte* ~ *noch et. erledigen* he had to attend to some small matter first.

ˈ**Schnell...:** **~amt** *teleph. n* toll exchange, *Am.* multi-office exchange; **~bahn** *f* high-speed railway; **~betrieb** *m* speed service; **~bleiche** *f* chemical bleaching; *fig.* crash course; **~boot** *n* speedboat; *mil.* high-speed launch, motor torpedo boat; **~dampfer** *m* fast steamer; **~dienst** *m* → *Schnellbetrieb*; **~-**

drehstahl *tech. m* high-speed (tool) steel.
'**schnellen I.** *v/t.* (*h.*) jerk, toss, let fly; flick; **II.** *v/i.* (*h.*) jerk, spring; bound (up), bounce; snap; → *hochschnellen.*
Schnellfeuer *mil. n* rapid (*or* quick) fire; **~geschütz** *n* automatic gun; **~pistole** *f* rapid-fire pistol; **~waffe** *f* automatic weapon.
'**Schnell...: ~flugzeug** *n* high-speed aircraft; **2flüssig** *adj.* easily fusible; **2füßig** ['-fy:siç] *adj.* swift(-footed); **~gang** *m mot.* superhigh gear, overdrive; *tech.* rapid power traverse; **~gaststätte** *f* quick service (*or* help yourself) restaurant, *Am. a.* cafeteria; **~gericht** *jur. n* summary court; **~hefter** *m* letter (*or* document) file, ring binder, folder.
'**Schnelligkeit** *f* (-) quickness; fastness; swiftness, rapidity; promptness, dispatch; suddenness; speed, rate, pace; velocity; → *Geschwindigkeit*; **~srekord** *m* speed record.
'**Schnell...: ~imbiß** *m* snack; **~imbißstube** *f* snack bar; **~kampfflugzeug** *n* pursuit plane; **~kocher** *m* pressure-cooker; **~kraft** *f* (-) springiness, resilience; take-off power; **~(l)auf** *m* run, (foot-)race; speed skating; *im ~* at full speed; **2(l)aufend** *tech. adj.* high-speed; **~(l)äufer(in** *f*) *m* runner, sprinter; speed skater; **2(l)ebig** ['-le:biç] *adj.* giddy-paced (*time*); **~photographie** *f* instantaneous photography; snapshot; **~presse** *typ. f* high-speed printing machine, cylinder machine; **~reinigung** *f* express dry-cleaning; **~richter** *jur. m* magistrate; **~schrift** *f* shorthand, stenography; **~schritt** *mil. m* (-[e]s) quick march; **~segler** *mar. m* fast sailer, clipper; **~stahl** *m* high-speed (tool) steel; **2steigend** *adj.* runaway (*cost*); **~straße** *f* → *~verkehrsstraße*; **~telegraphie** *f* high-speed telegraphy; **~triebwagen** *m* high-speed (railway) car *or* coach; **2trocknend** *adj.* quick-drying; **~verband** *med. m* first-aid bandage; **~verfahren** *n jur.* summary procedure (*or* proceedings *pl.*); *tech.* rapid method, short cut; **~verkehr** *m* express traffic; *teleph.* no-delay service; **~verkehrsflugzeug** *n* express air liner; **~verkehrsstraße** *f* express roadway (*or* street), *Am.* speedway; **~waage** *f* steelyard; high-speed weigher; **~zug** *rail. m* fast train, express (train); **2züngig** ['-tsyŋiç] *adj.* glib, voluble.
Schnepfe ['ʃnɛpfə] *f* (-; *-n*) *orn.* snipe, woodcock; *colloq. fig.* tart, hussy.
Schneppe ['ʃnɛpə] *f* (-; *-n*) spout, snout; peak; **~r** *m* (-*s*; -) snap.
schneuzen ['ʃnɔʏtsən]: *sich ~* (*h.*) blow one's nose.
Schnickschnack ['ʃnikʃnak] *m* (-[e]s) chit-chat, tittle-tattle.
schniegeln ['ʃni:gəln] *v/t. and sich* (*h.*) dress *or* smarten *or* spruce (o.s.) up; *geschniegelt und gebügelt* all dressed up, spick and span.
Schnipfel ['ʃnipfəl], *etc.* → *Schnipsel.*
Schnippchen ['ʃnipçən] *n* (-*s*; -): *j-m ein ~ schlagen* outwit, outfox, overreach, fool *a p.*
Schnippel ['ʃnipəl], *etc.*→*Schnipsel.*
'**schnippisch** *adj.* pert, flippant, snappish.
Schnipsel ['ʃnipsəl] *m, n* (-*s*; -) bit, chip, shred; scrap; **2n** *v/t. and v/i.* (*h.*) snip.
'**schnipsen** *v/i.* (*h.*) snip; *mit den Fingern ~* snap one's fingers; flick.
schnitt [ʃnit] *pret. of schneiden.*
'**Schnitt** *m* (-[e]s; -e) cutting; *film*: cutting and editing; *agr.* reaping, crop; cut; notch; slice; (*wound*) cut, slash, gash; *med.* operation, incision; cut, make, style, fashion (*of dress*); (dress) pattern; *typ.* cut; *book*: edge; small beer; *math.* (inter)section; cut, longitudinal section, profile; cross-section; average; *im ~* on an average; section(al view), sectional drawing; *math., paint. goldener ~* golden section; *mikroskopischer ~* microscopic section; *tech.* blanking tool; cut; *colloq.* profit; *s-n ~ machen* get one's cut, make a packet (*or* one's pile); **~ansicht** *tech. f* sectional view; **~blumen** *f/pl.* cut flowers; **~bohnen** *f/pl.* sliced French beans; **~breite** *tech. f* cutting width; *of saw*: (width of) kerf.
'**Schnitte** *f* (-; *-n*) cut, slice; chop; rasher; *belegte ~* sandwich.
'**Schnitter(in** *f*) *m* (-*s*, -; -, *-nen*) reaper, harvester, mower.
'**Schnitt...: ~fläche** *f* surface of cut; section(al plane); **2haltig** *tech. adj.* true to dimensions; **~holz** *n* sawed timber; **2ig** *adj.* racy, stylish, of elegant design, streamlined; **~kante** *f* cutting edge; **~kurve** *math. f* intersecting curve; **~lauch** *bot. m* chive; **~linie** *f math.* intersecting line, *on circle*: secant; *of tool*: line of cut; **~messer** *n* drawknife; *med.* scalpel; **~modell** *tech. n* cut-away model; **~muster** *n* (dress *or* paper) pattern; **~musterbogen** *m* paper-pattern chart; **~punkt** *m* (point of) intersection; *of angle*: vertex; **~waren** *f/pl.* drapery, mercery *sg.*, *Am.* dry goods; sawed timber; **~warengeschäft** *n* mercer's (shop), *Am.* dry goods store; **~warenhändler** *m* draper, mercer; **~winkel** *m math.* angle of intersection; *tech.* cutting angle; **~wunde** *f* cut, gash; **~zeichnung** *tech. f* sectional drawing.
Schnitz [ʃnits[*m* (-es; -e) cut, slice; snip; '**~arbeit** *f* (wood-)carving; '**~bank** *f* (-; ⸚e) carver's bench; chopping-bench.
Schnitzel ['ʃnitsəl] *n* (-*s*; -) chip, slice; *pl. tech.* parings, shavings; scrap (of paper), clippings *pl.*; *cul.* (*Wiener ~* breaded) veal cutlet, *Am. a.* (Wiener) schnitzel; **~jagd** *f* paper-chase; **~maschine** *f* shredding machine, shredder; **2n** *v/t. and v/i.* (*h.*) chip, shred (*a. cul.*); whittle.
'**schnitzen** *v/t. and v/i.* (*h.*) carve, cut (in wood); whittle; → *Holz.*
'**Schnitzer** *m* (-*s*; -) cutter, (wood-) carver; *colloq. fig.* blunder, slip; *grober ~* howler, *Am.* boner;
Schnitze'rei *f* (-; *-en*) (wood-) carving, carved work.
'**Schnitz...: ~kunst** *f* (art of) carving, sculpture; **~messer** *n* carving knife; **~werk** *n* → *Schnitzerei.*
schnob [ʃno:p] *pret. of schnauben.*
schnodd(e)rig ['ʃnɔd(ə)riç] *adj.* pert, saucy; snotty; insolent; flippant; **2keit** *f* (-) pertness, cheek; insolence; flippancy.
schnöde ['ʃnø:də] **I.** *adj.* contemptuous, disdainful; inconsiderate; disgraceful, shameless; base, vile; shabby; *~r Gewinn* vile profit; *~r Mammon*, *~s Geld* filthy lucre; *~r Undank* black ingratitude; **II.** *adv.*: *j-n ~ behandeln* use a p. badly, snub a p.
Schnorchel ['ʃnɔrçəl] *mar. m* (-*s*; -) snort, *esp. Am.* s(ch)norkel; **~unterseeboot** *n* snorkel(-equipped) submarine.
Schnörkel ['ʃnœrkəl] *m* (-*s*; -) *arch.* scroll, spiral ornament; *writing, a. fig.*: flourish; squiggle; *fig.* frills *pl.*; **2haft**, **2ig** *adj.* flourishy, full of flourishes; **2n I.** *v/i.* (*h.*) make flourishes; **II.** *v/t.* (*h.*) *arch.* adorn with scrolls.
schnorr|en ['ʃnɔrən] *colloq. v/i. and v/t.* (*h.*) cadge, sponge, *Am. a.* bum; **2er** *m* (-*s*; -) cadger, sponger.
Schnösel ['ʃnø:zəl] *colloq. m* (-*s*; -) snot-nose.
schnuckelig ['ʃnukəliç] *collog. adj.* cuddly.
schnüffeln ['ʃnyfəln] *v/i.* (*h.*) sniff (*an dat.* at), snuffle, nose; *fig.* snoop around.
'**Schnüffler(in** *f*) *m* (-*s*, -; -, *-nen*) snuffler; *fig.* spy, *Am.* snoop(er); sleuth.
schnullen ['ʃnulən] *v/i.* (*h.*) suck [(*an dat.* at).]
'**Schnuller** *m* (-*s*; -) comforter, dummy, *Am.* pacifier.
Schnulze ['ʃnultsə] *colloq. f* (-; *-n*) sentimental song, *Am.* tear-jerker.
Schnupfen[1] ['ʃnupfən] *m* (-*s*; -) cold (in the head), catarrh, *Am. a. the* sniffles; *den ~ haben* have a cold; *den ~ bekommen, colloq. sich e-n ~ holen* catch (a) cold.
'**Schnupfen**[2] *n* (-*s*) taking snuff.
'**schnupfen I.** *v/i.* (*h.*) take snuff; **II.** *v/t.* (*h.*) snuff.
'**Schnupfer(in** *f*) *m* (-*s*, -; -, *-nen*) snuff-taker.
'**Schnupf...: ~tabak** *m* snuff; **~tabak(s)dose** *f* snuff-box; **~tuch** *n* (-[e]s; ⸚er) (pocket-)handkerchief, hanky.
Schnuppe ['ʃnupə] *f* (-; *-n*) *candle*: snuff; *ast.* shooting (*or* falling) star.
'**schnuppe:** *das ist mir ~* I don't care (a damn).
schnuppern ['ʃnupərn] *v/i.* (*h.*) → *schnüffeln.*
Schnur [ʃnu:r] *f* (-; ⸚e) cord; string, twine; line; lace; tape; braid, piping; *el.* (flexible) cord, flex; *nach der ~* by the line; *fig. über die ~ hauen* overshoot the mark, kick over the traces.
Schnürband ['ʃny:r-] *n* lace.
'**Schnurbesatz** *m* braid(ing), piping.
'**Schnür...: ~boden** *m mar.* loft; *thea.* gridiron; **~brust** *f* → *Schnürleib*; **~chen** *n* (-*s*; -) little string; *fig. et. wie am ~ können* have a th. at one's finger-ends; *es geht wie am ~* it goes like clock-work, there is no hitch to it.

'**schnüren** *v/t.* (*h.*) lace; (tie with) cord, tie up, strap; *sich* ~ (*h.*) wear stays; *fig. sein Bündel* ~ pack one's things, pack up.

'**schnurgerade** *adj. and adv.* dead-straight; in a straight line, as the crow flies.

'**Schnür...:** ~**leib(chen** *n*) *m* (*ein* ~ a pair of) stays *pl.*, corset; ~**loch** *n* eyelet; ~**nadel** *f* bodkin.

Schnurr|bart ['ʃnur-] *m* moustache; ♀**bärtig** *adj.* moustached.

Schnurre ['ʃnurə] *f* (-; -*n*) rattle; *fig.* funny tale, droll story; joke; farce.

'**schnurren** *v/i.* (*h.*) buzz, hum; *wheels*: whir(r); *cat, engine, voice*: purr.

'**Schnurren** *n* (-*s*) buzz(ing), hum (-ming); purr(ing).

Schnurrhaare *n/pl.* whiskers.

Schnürriemen ['ʃny:r-] *m* → *Schnürsenkel*; strap.

'**schnurrig** *adj.* droll, funny; queer, odd.

'**Schnurschalter** *el. m* pendant switch.

'**Schnür...:** ~**schuh** *m* lace(d) shoe; ~**senkel** *m* shoe-lace, *esp. Am. a.* shoestring; ~**stiefel** *m* lace(d) boot.

'**schnurstracks** *adv.* direct, straight; on the spot, immediately, straight (*esp. Am.* right) away; ~ *zugehen auf* make a beeline for; ~ *zuwider* diametrically opposed.

schnurz [ʃnurts] → *schnuppe*.

Schnute ['ʃnu:tə] *f* (-; -*n*) mouth; moue (*Fr.*); e-e ~ *ziehen* pout.

schob [ʃo:p] *pret. of schieben*.

Schober ['ʃo:bər] *m* (-*s*; -) stack, rick; shed; barn; → *Heuschober*.

Schock[1] [ʃɔk] *n* (-[e]*s*; -*e*) threescore.

'**Schock**[2] *m* (-[e]*s*; -*s*) *med. and fig.* shock; shell-shock.

'**Schock...:** ~**behandlung,** ~**therapie** *f* (electro-)shock treatment (*or* therapy); ~**truppen** *mil. f/pl.* shock troops; ♀**weise** *adv.* by threescores (*or* sixties); ~**welle** *mil. f* shock wave.

scho'ckieren *v/t.* (*h.*) shock, scandalize.

schofel ['ʃo:fəl] *colloq. adj.* shabby, mean; paltry.

Schöffe ['ʃœfə] *jur. m* (-*n*; -*n*) lay assessor; ~**ngericht** *n* court of lay assessors.

Schokolade [ʃoko'la:də] *f* (-; -*n*) chocolate.

schoko'laden *adj.* (of) chocolate; ♀**automat** *m* chocolate slot machine; ♀**fabrik** *f* chocolate-works *sg.*; ~**farben** *adj.* chocolate (brown); ♀**pulver** *n* chocolate-powder; ♀**riegel** *m* chocolate bar; ♀**tafel** *f* chocolate bar; *in process of manufacture*: cake (*or* slab) of chocolate.

Scholar [ʃo'la:r] *m* (-*en*; -*en*) scholar, student.

Scholast|ik [ʃo'lastik] *phls. f* (-) scholasticism; ~**iker** *m* (-*s*; -), ♀**isch** *adj.* scholastic.

scholl [ʃɔl] *pret. of schallen*.

Scholle[1] ['ʃɔlə] *f* (-; -*n*) clod, lump; sod; lump of ice, floe; *fig.* soil; *an der* ~ *hängen* cling to one's native soil.

'**Scholle**[2] *ichth. f* (-; -*n*) plaice (*a. pl.*).

'**Schollenbrecher** *m* clod crusher.

schon [ʃo:n] *adv.* **1.** already; before; by this time, so far; *in questions*: yet, ever; even; ~ *damals* (*jetzt*) even then (now); ~ *früher* before (this); ~ *ganz* quite; ~ *immer* always, all along; ~ *längst* all along, long (ago); ~ *oft* often (enough); ~ *wieder* again; ~ *von Anfang an* from the very beginning; *es ist* ~ *12 Uhr* it is already twelve; *es ist* ~ *zu spät* it is already too late; *ich habe* ~ e-*n* I have one already; ~ *zweimal* already twice; ~ *zehnmal* as often as ten times; ~ *am nächsten Tage* the very next day; ~ *um 4 Uhr* as early as 4 o'clock; ~ *im 11. Jahrhundert* as early (*or* as far back) as the 11th century; ~ *seit 5 Jahren* as long as five years, these five years; *wie lange sind Sie* ~ *hier?* how long have you been here; *hast du* ~ (*einmal*)? have you ever?; *ich habe ihn* ~ (*einmal*) *gesehen* I have seen him before; *sind Sie* ~ (*einmal*) *in England gewesen?* have you ever been to England?; *hast du* ~ *mit ihm gesprochen?* have you talked to him yet?; *hast du das Buch* ~ *ausgelesen?* have you finished the book yet?; *ist er* ~ *da?* has he come yet?; *was, (du bist)* ~ *zurück?* what, back already?; *da sind wir (ja)* ~! here we are!; *was gibt es denn* ~ *wieder!* what is it now!; *er wollte* ~ *gehen* he was about (*or* all ready) to go; **2.** no doubt, surely, sure enough, I dare say; *er wird* ~ *kommen* he is sure to come; don't you worry, he will come; *ich werde ihn* ~ *bezahlen* I'll pay him, sure enough (*Am. a.* sure thing); *er wird es* ~ *machen* he'll do it all right, leave it to him; *es wird* ~ *gehen* it will be all right, I, *etc.*, shall manage (somehow); *das ist* ~ *möglich* that's quite possible; *wir können* ~ *hier bleiben* we don't mind staying here; *das ist* ~ *eine große Frechheit!* some cheek!; *es ist* ~ so that's how it is (and there is nothing you can do about it); ~ *gut!* that's all right!, never mind!, that will do!; **3.** *concessive*: *ich gebe* ~ *zu, daß* I cannot but admit that; *sie müßte sich* ~ *etwas mehr anstrengen* of course, she would have to work harder; *das ist* ~ *wahr, aber* that's true enough (*or* all very well) but; *das kennen wir* ~! that's an old story!; *ich verstehe* ~! it's all right, I see!; **4.** *restrictive*: ~ *der Name* (*Anblick*) the bare name (sight); ~ *der Gedanke* the very idea, the mere thought; ~ *der Höflichkeit wegen* out of mere courtesy; ~ *deswegen* for that reason alone, if only for that reason; ~ *wegen* if only because of; ~ *weil* if only because; *wenn* ~ although; *na, wenn* ~! what of it! so what!; *wenn* ~, *denn* ~! **a)** I, *etc.*, may as well be hanged for a sheep as for a lamb, **b)** while we are at it, we might as well do it properly.

schön [ʃø:n] **I.** *adj.* beautiful; fair; pretty, nice; handsome, good-looking; lovely; splendid; good, fine; excellent; exquisite, choice; pleasant; noble; handsome, generous; ~*e Gelegenheit* splendid opportunity; *das* ~*e Geschlecht* the fair sex; *die* ~*en Künste* the polite arts; ~*e Literatur* polite literature, belles-letters *pl.*; ~*er Tod* easy death; ~*es Wetter* fine (*or* fair) weather; ~*e Worte* fair words; *in* ~*ster Ordnung* in apple-pie order; e-*s* ~*en Morgens* one fine morning; e-*s* ~*en Tages* **a)** one day, **b)** one of these days; ~*en Dank!* many thanks!; *das ist* ~ *von ihm* that's (very) kind *or* nice of him; *das ist nicht* ~ *von dir* that's not nice of you; *das ist alles recht* ~, *aber* that's all very fine (*or* very well), but; *es war sehr* ~ we had a good time, it was very nice (*at the party*); *iro.* e-e ~*e Bescherung* a nice mess, a fine business; *das sind mir* ~*e Sachen* pretty doings, indeed; *du bist mir ein* ~*er Freund* a fine friend you are; *das wäre ja noch* ~*er* that would be the limit!, certainly not!; *colloq.* ~! all right!, okay!; **II.** *adv.* beautifully, *etc.*; *aufs* ~*ste* most beautifully; → *schönmachen, schöntun*; ~ *schreiben* write a nice hand; *iro. er ließ es* ~ *bleiben* he did nothing of the kind; *das werde ich* ~ *bleibenlassen* catch me doing that; *bleibe du* ~ *sitzen* don't you budge from your seat; *du hast mich* ~ *erschreckt* you gave me quite a start; *er hat sich* ~ *gewundert* he had the surprise of his life; *sei* ~ *brav!* be a good boy (*or* girl)!; '♀**e(s)** *n* (-[e]*n*): *das* ~*e* the beautiful; *Sie werden et.* ~*s von mir denken!* you will have a nice opinion of me!; *da hast du* (et)*was* ~*s angerichtet!* a nice mess that!; *das Schönste dabei war* the beauty of it was; '♀**e** *f* (-*n*; -*n*) beautiful woman, beauty, belle (*Fr.*).

Schonbezug ['ʃo:n-] *m* seat cover; cover(ing).

'**Schöndruck** *typ. m* (-[e]*s*; -*e*) primer.

'**schonen** *v/t.* (*h.*) spare (*j-n* a p.; *j-s Leben* a p.'s life); take care of; preserve; save (*eyes*); save, husband (*strength, supply*); treat *a p.* with indulgence; *j-s Gefühle* ~ spare a p.'s feelings; respect (*property, rights, etc.*); *sich* ~ (*h.*) **a)** take care of o.s., look after o.s. (*or* one's health), **b)** take a rest, take it easy, **c)** spare energy, save one's strength; *sich nicht* ~ exert o.s., burn the candle at both ends; *econ., tech. die Maschine, etc., schont die Finger* the machine is kind to fingers, *schont die Möbel, etc.*, is easy on the furniture; → *schonend*.

'**schönen** *tech. v/t.* (*h.*) brighten, gloss; fine (*wine, etc.*); colo(u)r.

'**schonend I.** *adj.* careful, gentle; considerate; indulgent; **II.** *adv.*: *j-m et.* ~ *beibringen* break a th. gently to a p.; ~ *umgehen mit* **a)** go easy on, **b)** use sparingly.

'**Schoner**[1] *m* (-*s*; -) protector; antimacassar; covering; → *Ärmel-, Wandschoner*.

Schoner[2] ['ʃo:nər] *mar. m* (-*s*; -) schooner.

'**schönfärb|en** *fig. v/t.* (*h.*) gloss over; ♀**er** *fig. m* optimist; ♀**e'rei** *fig. f* optimism; palliation.

'**Schongang** *mot. m* overdrive.

'**schön...:** ~**gebaut** ['-gəbaut] *adj.*

well-made; 2geist *m* (-es; -er) (a)esthete; 2geiste'rei *f* (-; -*en*) (a)estheticism; ~geistig *adj.* (a)esthetic(al), literary; belletristic.

'**Schönheit** *f* (-; -*en*) beauty; *fig. a.* fineness; nobleness; beautiful woman, beauty, belle (*Fr.*); ~*en pl. der Natur*: beauty-spots, beauties *of nature*.

'**Schönheits...**: ~**fehler** *m* corporal defect, disfigurement; *of thing*: flaw, (minor) blemish (*a. fig.*); eyesore; ~**ideal** *n* reigning beauty, beau ideal (*Fr.*); ~**königin** *f* beauty queen; Miss *America, etc.*; ~**konkurrenz** *f* beauty contest; ~**mittel** *n* cosmetic; ~**operation** *f* cosmetic plastic surgery (*or* operation); ~**pflästerchen** ['-pflɛstərçən] *n* (-s; -) beauty-spot, patch; ~**pflege** *f* beauty culture; ~**pflegerin** *f* beautician; ~**salon** *m* beauty parlo(u)r; ~**sinn** *m* (-[e]s) sense of beauty, taste; ~**wasser** *n* beauty lotion.

'**Schon|klima** *n* relaxing climate; ~**kost** *med. f* mild diet.

'**schön...**: ~**machen I.** *v/i.* (*h.*) *dog*: sit up, beg; **II.** *sich* ~ (*h.*) smarten o.s. up, get (o.s.) up; 2**redner(in** *f*) *m* rhetorician, *contp.* speechifier; flatterer; ~**rednerisch** *adj.* rhetorical; 2**schreibekunst**, 2**schrift** *f* (-) calligraphy; 2**schreiber(in** *f*) *m* calligraphist; 2**tuer(in** *f*) ['-tu:ər] *m* (-s, -; -, -*nen*) flatterer; flirt; 2**tue'rei** *f* (-; -*en*) coquetting, flirtation; flattery, cajolery; ~**tun** *v/i.* (*irr., h.*) coax, cajole (*j-m* a p.); *j-m* ~ play up to a p.; flirt with a p.

'**Schonung** *f* (-) mercy; indulgence, forbearance; careful treatment, good care; protection, preservation; (*pl.* -*en*) tree-nursery; preserve; *sich* ~ *auferlegen* take a rest, relax, take it easy; *zur* ~ *des Fußbodenbelages* (in order) to preserve the floor-covering; 2**sbedürftig** *adj.* convalescent; in want of rest; 2**slos** *adj.* unsparing (*gegen* to, of), merciless, pitiless, relentless, *w.s. a.* brutal, blunt.

'**Schönungsmittel** *tech. n* gloss; *for drinks*: fining agent.

'**schonungsvoll** *adj.* → *schonend.*

'**Schonzeit** *f* close(d *Am.*) season.

Schopf [ʃɔpf] *m* (-[e]s; ⸚e) crown, top (of the head); tuft, bob; shock, mop (of hair); *orn.* tuft, crest; *fig. die Gelegenheit beim* ~*e nehmen* take occasion by the forelock, jump at the chance.

Schöpf|becherwerk ['ʃœpf-] *n* bucket elevator; ~**brunnen** *m* draw-well; ~**bütte** *f paper manufacture*: pulp vat; ~**eimer** *m* pail, (well-)bucket.

'**schöpfen** *v/t. and v/i.* (*h.*) scoop, ladle; draw (*aus* from *a well*); bail; *Atem* ~ draw (*or* take breath); *tief Atem* ~ take a deep breath; *wieder Atem* ~ recover one's breath; *fig.* derive, obtain (*experience, etc.*); *neue Hoffnung* ~ gather fresh hope; *Mut* ~ take courage; → *Luft, Verdacht.*

'**Schöpfer** *m* (-s; -) creator, maker, originator, author, framer; (*God*) *the* Creator, *the* (*your, etc.*) Maker; *tech.* → *Schöpfgefäß*; ~**geist** *m* (-es) creative genius; ~**hand** *f* hand of the creator, creative touch; ~**in** *f* (-; -*nen*) creatress; authoress; 2**isch** *adj.* creative; productive; original; e-e ~*e Pause einlegen* pause for inspiration; ~**kraft** *f* creative power, genius.

'**Schöpf...**: ~**gefäß** *n*, ~**kelle** *f* scoop, dipper; ladle; bucket; ~**löffel** *m* ladle; ~**papier** *n* hand-made paper; ~**rad** *n* bucket-wheel.

'**Schöpfung** *f* (-; -*en*) *bibl.* creation; *the* universe, creation; creation, production, work; brain-child; *iro. die Herren der* ~ the lords of creation; ~**sgeschichte** *f* history of creation; Genesis; ~**s-tag** *m* day of creation.

'**Schöpfwerk** *n* bucket elevator.

Schoppen ['ʃɔpən] *m* (-s; -) half a pint.

Schöps [ʃœps] *m* (-es; -e) wether; (*meat*) mutton.

schor [ʃo:r] *pret. of scheren.*

Schorf [ʃɔrf] *med. m* (-[e]s; -e) scurf; scab, crust; '2**ig** *adj.* scurfy; scabby.

Schornstein ['ʃɔrn-] *m* chimney; *mar., rail.* funnel, *mar. a.* smoke--stack; flue; *fig.* → *Kamin*; ~**aufsatz** *m*, ~**kappe** *f* chimney-pot; ~**feger** *m* chimney-sweep; ~**rohr** *n* chimney flue; ~**zug** *m* draught, *Am.* draft.

schoß [ʃɔs] *pret. of schießen.*

Schoß[1] *bot. m* (-sses; -sse) shoot, spring, sprout.

Schoß[2] [ʃo:s] *m* (-es; ⸚e) lap; womb; (coat)tail, flap, skirt; *auf j-s* ~ *sitzen* sit on a p.'s lap; *fig.* (-*es*) *die Hände in den* ~ *legen* rest on one's oars, twiddle one's thumbs; (*sicher wie*) *in Abrahams* ~ *sein* be in the bosom of Abraham, be perfectly safe; *im* ~*e der Erde* in the bowels of the earth; *im* ~*e der Familie* in the bosom (*or* midst) of the family; *im* ~*e des Glücks* in Fortune's lap; *im* ~*e der Kirche* within the pale of the church; *im* ~*e der Zukunft* in the womb of time; *das liegt noch im* ~ *der Zukunft* only time will tell; *es ist ihm in den* ~ *gefallen* it fell right into his lap; ~**hund** *m* lap-dog, pet; ~**kind** *n* pet, darling.

Schößling ['ʃœsliŋ] *bot. m* (-s; -e) (off)shoot, sprout, scion; ~*e aussenden* flush.

Schote[1] *bot.* cod, pod, husk, shell; *cul.* ~*n pl.* green peas.

'**Schote**[2] *mar. f* (-; -*n*) sheet.

'**Schoten...**: 2**förmig** ['-fœrmiç] *adj.* pod-shaped; ~**gewächs** *n* leguminous plant; ~**pfeffer** *m* red pepper, capsicum.

Schott [ʃɔt] *mar. n* (-[e]s; -e), '~**e**[1] *f* (-; -*n*) bulkhead; ~*en dicht!* close the bulkheads!

Schotte[2] ['ʃɔtə] *m* (-*n*; -*n*) Scot, Scotsman, Scotchman; *die* ~*n pl.* the Scotch, *esp. hist.* the Scots.

Schotter ['ʃɔtər] *tech. m* (-s; -) broken stone, gravel; (road-)metal, macadam; *rail.* ballast; rubble; ~**bank** *f* (-; ⸚e) gravel bank; ~**decke** *f* road-metal surface; 2**n** *v/t.* (*h.*) gravel; metal, macadamize; *rail.* ballast; ~**straße** *f* metal(l)ed *or* macadam(ized) road.

'**Schott|in** *f* (-; -*nen*) Scotchwoman; 2**isch** *adj.* Scotch, Scottish; *die* ~*e Sprache, das* 2*e* (-*n*) the Scottish language, Scotch.

schraffier|en [ʃra'fi:rən] *v/t.* (*h.*) (*kreuzweise* cross-)hatch; 2**ung** *f* (-; -*en*) hatching; *on maps*: hachure.

schräg [ʃrɛ:k] *adj.* oblique, slanting; sloping, inclined; diagonal; transversal; *tech.* bevel, chamfered; ~ *gegenüber* diagonally across (*von* from), nearly opposite (*a th.*); *sl.* ~*e Musik* hot music; '2**ansicht** *f* oblique view; 2**e** ['ʃrɛ:gə] *f* (-; -*n*) obliquity, slant; slope, incline; *tech.* bevel; ~**en** ['-gən] *tech. v/t.* (*h.*) bevel; '2**fläche** *f* slope, incline; '2**heit** *f* (-) → *Schräge*; '2**kante** *tech. f* chamfer; '2**lage** *f* sloping position; *aer.* bank(ing); *med.* oblique presentation (*of foetus*); '~**laufend** *adj.* oblique; diagonal; '2**paß** *m soccer*: cross-field pass; '2**schrift** *f* sloping hand(writing); *typ.* italics *pl.*; '2**schuß** *m soccer*: cross shot; '~**stellen** *v/t.* (*h.*) incline, tilt; '2**strich** *m* diagonal stroke; ~'**über** *adv.* (diagonally) across.

schrak [ʃra:k] *pret. of schrecken.*

Schramme ['ʃramə] *f* (-; -*n*) scratch; abrasion; scar.

Schrammelmusik ['ʃraməl-] *f* popular music of violins, guitars, and concertina.

'**schramm|en** *v/t.* (*h.*) *and v/i.* (*sn*) scratch; graze, skin, abrade; scar, mar; 2**ig** *adj.* full of scratches, scarred; marred.

Schrank [ʃraŋk] *m* (-[e]s; ⸚e) cupboard, *esp. Am.* closet; book-case; wardrobe; locker; (linen-)press; cabinet; safe.

Schranke ['ʃraŋkə] *f* (-; -*n*) barrier; (railway-)gate; turnpike, toll-gate; rail(ing), grating; *jur.* bar; *fig.* (*social, trade, etc.*) barrier; bounds, limits *pl.*; *hist.* ~*n pl.* lists *pl.*; *fig. in die* ~*n treten* enter the lists; *in die* ~*n fordern* challenge, throw down the gauntlet to; ~*n setzen* (*dat.*) set bounds to, put a check on; (*sich*) *in* ~*n halten* keep within bounds, restrain (o.s.); *j-n in s-e* ~*n weisen* put a p. in his place.

schränken ['ʃrɛŋkən] *v/t.* (*h.*) put crosswise; cross (*a. legs*); fold (*arms*); *tech.* set (*saw*); → *geschränkt.*

'**Schranken...**: 2**los** *adj.* boundless, unlimited; *b.s.* unbounded, unbridled; licentious; ~**losigkeit** *f* (-; -*en*) boundlessness; *fig. a.* licentiousness; ~**wärter** *rail. m* gate--man.

'**Schrank...**: ~**fach** *n* compartment, partition; *bank*: safe deposit box; pigeon-hole; 2**fertig** *adj.* ready for the drawer, fluffy-dry; ~**koffer** *m* wardrobe-trunk.

Schranze ['ʃrantsə] *f* (-*n*; -*n*) toady, sycophant; → *Hofschranze.*

Schrapnell [ʃrap'nɛl] *mil. n* (-s; -e) shrapnel; ~**kugel** *f* shrapnel ball.

Schrapper ['ʃrapər] *tech. m* (-s; -) scraper.

Schraubdeckel ['ʃraup-] *m* screw cap.

Schraube ['ʃraubə] *f* (-; -*n*) screw; bolt; ~ *und Mutter* bolt and nut; wood screw; *mar.* screw (propeller); *aer.* air-screw, *Am.* propeller; *colloq. fig. alte* ~ old frump; *sports*: twist;

twist (*or* spiral) dive; *tech.* *eingängige* ~ single-thread screw; *eingelassene* ~ countersunk screw; ~ *ohne Ende* endless screw, *fig.* vicious circle; e-e ~ *anziehen* tighten a screw; *fig.* *die* ~ *anziehen* put on the screw; *colloq.* *fig.* *bei ihm ist e-e* ~ *los* he has a screw loose.

'**schrauben** *v/t.* *and* *v/i.* (*h.*) screw; *fester* (*loser*) ~ tighten (loosen) the screw(s) of; twist, wind, spiral; *in die Höhe* ~ turn up, *fig.* raise, push up; force (*or* send) up *prices*; *fig.* *niedriger* ~ lower, scale down; → *geschraubt*.

'**Schrauben...**: ~**antenne** *f* helical aerial, *Am.* corkscrew antenna; ~**bakterie** *f* spirillum; ~**bohrer** *m* twist drill, auger; ~**bolzen** *m* (screw) bolt; ~**dampfer** *m* screw steamer; ~**drehbank** *f* screw-cutting lathe; ~**eisen** *n* screw steel, *Am.* bolt stock; ~**förderer** *m* screw conveyer; ≗**förmig** ['-fœrmiç] *adj.* screw-shaped, spiral, helical; ~**gang** *m* screw thread; ~**getriebe** *n* worm gear; ~**gewinde** *n* screw thread, worm; ~**kopf** *m* screwhead, bolthead; ~**lehre** *f* micrometer; ~**material** *n* → *Schraubeneisen*; ~**mutter** *f* (-; -*n*) (bolt) nut, female screw; ~**schlüssel** *m* wrench, spanner; adjustable spanner; monkey-wrench; ~**schneidemaschine** *f* screw-cutting machine, bolt cutter; ~**spindel** *f* male screw, spindle; ~**verbindung** *f* screw joint; ~**welle** *f* propeller-shaft; ~**winde** *f* jack-screw (winds); ~**windung** *f* turn of a screw; spiral turn; ~**zieher** *m* screwdriver.

'**Schraub...**: ~**lehre** *f* micrometer; ~**stock** *m* vice, *Am.* vise; *w.s.* *am* ~ at the workman's bench; *fig.* *wie ein* ~ like a vice; ~**verschluß** *m* screw cap.

Schrebergarten ['ʃre:bər-] *m* allotment (garden).

Schreck [ʃrɛk] *m* (-[e]s; -e) fright, shock, terror; alarm; panic; consternation; dismay; fear; horror; *die* ~*en pl.* the horrors (*of war, etc.*); *von* ~ *ergriffen* terrified, terror-stricken; ~*en verbreiten über* bring terror to, terrorize; *in* ~*en* (*ver*)*setzen* frighten, alarm, scare, terrify, dismay; *mit dem* ~*en davonkommen* get off with the fright; *colloq.* *ach, du* ~! good heavens!; '~**bild** *n* fright, bugbear; bog(e)y (man).

'**schrecken** *v/t.* (*h.*) frighten, scare, terrify; dismay; alarm, startle; deter; *tech.* chill.

'**Schrecken** *m* (-s; -) → *Schreck*.

'**Schreckens...**: ≗**bleich** *adj.* pale with fear; ~**botschaft** *f* alarming (*or* terrible) news, scare news *pl.*; ~**herrschaft** *f* reign of terror; ~**kammer** *f* Chamber of Horrors; ~**nachricht** *f* → *Schreckensbotschaft*; ~**nacht** *f* night of horrors, dreadful night; ~**schrei** *m* cry of dismay, shriek of terror; ~**tat** *f* atrocious deed.

'**Schreck...**: ≗**erregend** *adj.* horrible, formidable; → *schrecklich*; alarming, dire (*news, etc.*); ~**gespenst** *fig.* *n* terrible vision, bugbear, bugaboo, nightmare; bog(e)y (man); ≗**haft** *adj.* easily frightened, fearful, timid, nervous.

'**schrecklich I.** *adj.* terrible, frightful, fearful, dreadful (*all a. colloq. fig.*); horrible, horrid, awful; ghastly, atrocious; dire, grim; disastrous; **II.** *adv.* *colloq.* *fig.* terribly *etc.*, awfully; ≗**keit** *f* (-; -*en*) terribleness, frightfulness, *etc.*; horror, atrocity.

'**Schreck...**: ~**mittel** *n* scarecrow; ~**nis** *n* (-ses; -se) horror; ~**pistole** *f* booby pistol; ~**schuß** *m* shot fired in the air; *fig.* false alarm; ~**sekunde** *mot.* *f* reaction time; panic-breaking distance.

Schrei [ʃraɪ] *m* (-[e]s; -e) cry; shout; yell; wail; scream, shriek; roar; *fig.* ~ *der Entrüstung* outcry; *der letzte* ~ the latest rage, the dernier cri (*Fr.*).

Schreib... ['ʃraɪp-]: ~**arbeit** *f* clerical (*or* desk) work, paperwork; ~**art** *f* manner of writing, style; spelling; ~**bedarf** *m* writing materials *pl.*, stationery; ~**block** *m* (-[e]s; -s) writing-pad; ~(**e**)**buch** *n* writing-book, copy-book.

schreiben ['ʃraɪbən] *v/t.* *and* *v/i.* (*irr.*, *h.*) write (*über acc.* on; *für* for *a paper*); *tech.* *instrument*: record; *j-m* ~ write (to) a p.; *j-m et.* ~ inform a p. of a th., write to a p. about a th.; → *Zeile*; *sich* (*or* *einander*) ~ correspond, be in correspondence; *noch einmal* ~ rewrite; *gut* ~ **a**) write a good hand, **b**) be a good writer; (*Bücher*) ~ be a writer; write out (*bill*); (*richtig*) ~ spell (correctly); *falsch* ~ misspell; *an et.* ~ be writing a th., be working on a th.; *ins reine* ~ make a fair copy of, write out fair; *mit Bleistift* ~ write in pencil; *mit der Maschine* ~ type; *man schreibt uns aus N.* we hear from N.; *wie unser Gewährsmann, die Zeitung, etc., schreibt* according to *our informant, the newspaper, etc.*; *er kann nicht richtig* ~ he is bad speller; *wie schreibt er sich?* how does he spell his name?; *damals schrieb man das Jahr 1840* it was in (the year of) 1840; *die Feder schreibt gut* the pen writes well (*or* is good); ~ *Sie!* take the dictation!; → *Ohr*; ≗ *n* (-s) writing; letter, note; *Ihr* ~ *vom* your letter of, Your Ref. (= reference).

'**Schreiber** *m* (-s; -), ~**in** *f* (-; -*nen*) writer; clerk; secretary; copyist; *der* ~ (*author* = *ich*) the writer, *of newspaper*: this correspondent; *der* ~ *dieses Briefes* the undersigned; *tech.* *only m*: recorder; **Schreibe'rei** *f* (-; -*en*) (endless) writing; paperwork; scribbling.

'**Schreiber...**: ~**ling** ['-liŋ] *m* (-s; -e), ~**seele** *f* scribe, quill-driver, pen-pusher; ~**stelle** *f* clerk's post.

'**Schreib...**: ≗**faul** *adj.* lazy about writing; being a bad correspondent; ~**feder** *f* pen; quill; ~**fehler** *m* mistake in writing *or* spelling, slip of the pen; clerical mistake; ~**fertigkeit** *f* (-) penmanship; ~**gebühr** *f* copying fee; ~**gerät** *n* writing utensil; *tech.* recording instrument, recorder; ~**heft** *n* copy-book, exercise-book; ~**hilfe** *f* secretarial help; ~**kraft** *f* clerk; ~**kräfte** *f/pl.* clerical staff (*or* force); ~**krampf** *m* writer's cramp; ~**kunst** *f* (-) art of writing; ~**mappe** *f* writing-case, blotting-case; portfolio; ~**maschine** *f* type-writer; (*mit der*) ~ *schreiben* type; *mit der* ~ *geschrieben* in typescript, (*attr.*) typewritten, typed; ~**maschinenpapier** *n* type-writing paper; ~**maschinenschreiber**(**in** *f*) *m* typist; ~**maschinenschrift** *f* typescript; ~**material**(**ien** *pl.*) *n* writing materials, stationery; ~**papier** *n* writing paper; ~**pult** *n* (writing-)desk; ~**schrift** *f* handwriting; *typ.* script; ≗**selig** *adj.* fond of writing; ~**stift** *m* stylus, style; pencil; ~**stube** *f* office; *mil.* orderly-room; ~**tafel** *f* (writing-)tablet; slate; ~**tinte** *f* writing ink; ~**tisch** *m* writing-table, desk; ~**tischlampe** *f* desk lamp; ~**tischsessel** *m* desk arm-chair; ~**trommel** *tech.* *f* recording drum; ~**ung** *f* (-; -*en*) spelling; *falsche* ~ misspelling; ≗**unkundig** *adj.* ignorant of writing; ~**unterlage** *f* blotting pad; ~**vorlage** *f* copy; ~**waren** *f/pl.* writing materials, stationery *sg.*; ~**warenhändler**(**in** *f*) *m* stationer; ~**warenhandlung** *f* stationer's shop; ~**weise** *f* → *Schreibart*; ~**zeug** *n* (-[e]s) inkstand; writing case; ~**zimmer** *n* writing room.

'**schreien** *v/i.* *and* *v/t.* (*irr.*, *h.*) cry (out), shout (*vor Schmerz* with pain); yell; scream, shriek, screech; squeal; wail; roar (*vor Lachen* with laughter), bawl, vociferate; *only v/i.* *child*: squall; *owl*: hoot, screech; *cock*: crow; *donkey*: bray; *stag*: bell; ~ *nach* (*dat.*) cry for, *crowd, the people*: clamo(u)r for; *j-m in die Ohren* ~ din into a p.'s ears; → *Hilfe, Himmel*; ≗ *n* crying, cries *pl.*, *etc.*; *colloq.* *es* (*er*) *ist zum* ~! it (he) is a scream!; ~**d** *adj.* crying, *etc.*; clamorous; *fig.* shrill; glaring, gaudy, loud (*colours*); crying (*shame*); ~*es Unrecht* flagrant injustice; ~*er Gegensatz* glaring contradiction.

'**Schreier**(**in** *f*) *m* (-s, -; -, -*nen*), *colloq.* '**Schreihals** *m* bawler; brawler; *kleiner* ~ cry-baby, squaller.

Schrein [ʃraɪn] *m* (-[e]s; -e) chest; shrine; coffin, casket; → *Schrank*.

'**Schreiner** *m* (-s; -) joiner; cabinet-maker; **Schreine'rei** *f* (-; -en) joiner's workshop; → '**Schreinerhandwerk** *n* joinery; '**Schreinergeselle** *m* journeyman joiner; ~**meister** *m* master joiner; ≗**n I.** *v/i.* (*h.*) work as a joiner; **II.** *v/t.* (*h.*) make.

schreiten ['ʃraɪtən] *v/i.* (*irr.*, *sn*) step, stride (*über acc.* across); stalk, strut; *im Zimmer auf und ab* ~ pace the room *or* floor; *fig.* *zu et.* ~ proceed to (do) a th.; *zur Abstimmung* ~ (come to the) vote, *parl.* divide; *zum Äußersten* ~ take extreme measures; *zu Werke* ~ set to work.

schrie [ʃri:] *pret. of schreien.*

schrieb [ʃri:p] *pret. of schreiben.*

Schrift [ʃrift] *f* (-; -*en*) writing; handwriting, hand; script; character, letter; *typ.* type, fount; face; document; paper; publication; → *Broschüre*; work; petition; text, legend (*a. of coin*); *die Heilige* ~ the Holy Scriptures, the Gospel; *in lateinischer* ~ in Roman character(s); *sämtliche* ~*en Kants* the complete edition *sg.* of Kant('s works); '**~art** *f* type, fount; '**~auslegung** *eccl. f* interpretation of the Scriptures, exegesis; '**~bild** *n* face; '**2deutsch** *adj.* literary German; '**~führer(in** *f*) *m* secretary; '**~gelehrte(r)** *m bibl.* scribe; '**~gießer** *tech. m* type-founder; '**~gieße'rei** *f* type-foundry; '**~guß** *m* type-casting; '**~leiter(in** *f*) *m* editor (*f* editress); '**~leitung** *f* editorship; editorial staff; newspaper-office, editorial department; '**2lich I.** *adj.* written, in writing; by letter; *~e Prüfung* written examination; *~e Prüfungsarbeit* examination paper, script; **II.** *adv.* in writing; in black and white; *~ niederlegen* reduce to writing, (put *a. th.* on) record; *jetzt haben wir es ~* now we have it in black and white; '**~metall** *n* type metal; '**~probe** *f* specimen of handwriting; *typ.* specimen of type; '**~rolle** *f* scroll; '**~sachverständige(r)** *m* handwriting expert; '**~satz** *m typ.* composition; *jur.* memorandum, letter, (written) statement; '**~setzer** *typ. m* type-setter, compositor; '**~sprache** *f* literary (*or* written) language; **~steller** ['-ʃtɛlər] *m* (*-s*; *-*) author, writer; **~stelle'rei** *f* (-) writing, literary career; authorship; '**~stellerin** *f* (*-*; *-nen*) author(ess), writer; '**2stellerisch I.** *adj.* literary; **II.** *adv.* as an author; '**2stellern** *v/i.* (*h.*) write, do literary work; '**~stellername** *m* pen-name, nom de plume (*Fr.*); '**~stück** *n* writing, paper, document, deed; '**~tum** *n* (*-s*) literature; '**~verkehr** *m* (*-s*) correspondence; *pol.* exchange of notes; '**~wart** *m* secretary; '**~wechsel** *m* exchange of letters, correspondence; '**~zeichen** *n* character, letter; '**~zug** *m* character; flourish.

schrill [ʃril] *adj.* piercing, shrill; '**~en** *v/i.* (*h.*) shrill, sound shrilly.

Schrippe ['ʃripə] *colloq. f* (*-*; *-n*) (French) roll.

schritt [ʃrit] *pret. of schreiten.*

'**Schritt** *m* (-[e]s; -e) step, (*a. measure*: *5 ~*) pace; stride; footstep, footfall; *riding*: walk; *trousers*: crotch; *fig.* step (*a.* = measure); *diplomatischer ~* démarche (*Fr.*); *~ für ~* step by step (*a. fig.*); *auf ~ und Tritt* at every step, constantly, at every turn, everywhere, → *folgen*; *~ halten mit* (*dat.*) keep pace (*or* up) with, *fig. a.* keep abreast of; *~ wechseln* change step; *aus dem ~ kommen* get out of step; *mot.* (*im*) *~ fahren(!)* drive at a walking speed(!); *im ~ reiten* go at a walk, walk the horse; *mit schnellen ~en* at a brisk pace, with vigorous strides; *fig. mit großen ~en* with long strides; *s-e ~e wenden nach or zu* turn one's steps towards; *fig. ein großer (erster) ~* a long (first) step (*zu* towards); *~e tun or unternehmen* take steps; *den ersten ~ tun* take the initiative; *den entscheidenden ~ tun* take the (final) plunge; *drei ~ vom Leibe!* keep your distance!, don't come near me!; *es sind nur ein paar ~e* it is but a step (*to my house*); **~macher** *m* pace-maker, pacer; *fig. ~ sein* blaze a trail (*für* for); **~macherdienste** *m/pl.* pace-setting; **~schaltwähler** *m* step-by-step selector; **~wechsel** *m* change of step; **2weise I.** *adj. fig.* gradual, progressive, step-by-step; **II.** *adv.* step by step, by steps, (*fig. a.*) progressively; **~weite** *f* (length of) stride; **~zähler** *m* pedometer.

schroff [ʃrɔf] *adj.* rugged, jagged (*mountain*); steep, precipitous; *fig.* rough, gruff, harsh; abrupt, curt, brusque; flat (*refusal*); abrupt; *~er Widerspruch* glaring contradiction; '**2heit** *f* (*-*; *-en*) ruggedness; steepness, precipitousness; *fig.* roughness, *etc.*

schröpf|en ['ʃrœpfən] *v/t.* (*h.*) *med.* cup, bleed, scarify; *fig.* fleece, milk *a p.*; **2kopf** *med. m* cup(ping glass).

Schrot [ʃro:t] *m* (-[e]s; -e) bruised grain, grist; *hunt.* small shot; buck-shot; *tech.* log (*or* block) of wood; due weight (*of coin*); *fig. von altem ~ und Korn* of the old stamp, of the good old type; '**~brot** *n* whole-meal bread; '**2en** *v/t.* (*h.*) rough-grind, crush (*corn*), bruise (*a. malt*); roll (along) (*loads*), shoot, lower (*barrels*); *mar.* parbuckle; '**~effekt** *m TV* shot effect; '**~flinte** *f* shotgun; '**~korn** *n* (grain of) shot; '**~leiter** *f* dray ladder; '**~mehl** *n* coarse meal, groats *pl.*; '**~meißel** *m* scrap chisel; '**~mühle** *f* bruising mill; '**~säge** *f* crosscut saw.

Schrott [ʃrɔt] *m* (-[e]s) scrap (iron), scrap material; '**~entfall** *m* manufacturing loss, scrap; '**~händler** *m* scrap dealer; '**~platz** *m* junkyard; '**~wert** *m* scrap value.

schrubb|en ['ʃrubən] *v/t.* (*h.*) scrub, scour; swab (*ship*); **2er** *m* (*-s*; *-*) scrubbing brush, scrubber; *mar.* swab.

Schrull|e ['ʃrulə] *f* (*-*; *-n*) whim, crotchet, fad, spleen; old crone; *~n haben a.* have a kink; **2enhaft**, **2ig** *adj.* whimsical, crotchety, cranky.

schrump(e)lig ['ʃrump(ə)liç] *adj.* crumpled, creased; wrinkled; shrivelled.

schrumpf|en ['ʃrumpfən] *v/i.* (*sn*) shrink; contract; shrivel; **2niere** *med. f* cirrhosis of the kidney; **2sitz** *tech. m* shrink fit; **2ung** *f* (*-*; *-en*) shrinking; (*a. med.*, *tech.*) shrinkage; contraction; *med.* atrophy; *biol.* involution.

Schrund [ʃrunt] *m* (-[e]s; ⸚e), **~e** ['ʃrundə] *f* (*-*; *-n*) crack, crevice; *med. ~n pl.* chaps; **2ig** ['-diç] *adj.* cracked; chapped.

schruppen ['ʃrupən] *tech. v/t.* (*h.*) rough.

Schub [ʃu:p] *m* (-[e]s; ⸚e) push, shove; *phys.*, *tech.* thrust; shear(ing force); batch (*of bread, etc.*; *fig. of letters, people, etc.*); *jur.* compulsory conveyance (of tramps, *etc.*); *skittles*: throw; '**~düse** *f* thrust nozzle; '**~fach** *n* drawer; '**~fenster** *n* sash window; '**~festigkeit** *f* shearing strength; '**~karre(n** *m*) *f* wheelbarrow, *Am. usu.* push cart; '**~kasten** *m*, '**~lade** *f* drawer; '**~kraft** *f* thrust; shear(ing force); '**~lehre** *f* slide ga(u)ge; '**~leistung** *f* thrust (performance); *aer.* thrust (horse)power; '**~riegel** *m* sliding bolt; **~s** [ʃups] *m* (*-es*; *-e*), '**~ser** *colloq. m* (*-s*; *-*), '**2sen** *v/t.* (*h.*) push, shove; → *Rippenstoß*; '**~stange** *f* push rod; '**2weise** *adv.* in batches; by degrees.

schüchtern ['ʃyçtərn] *adj.* shy; bashful, blushing; timid; diffident; *~er Versuch* feeble attempt; **2heit** *f* (-) shyness; bashfulness; timidity.

schuf [ʃu:f] *pret. of schaffen.*

Schuft [ʃuft] *m* (-[e]s; -e) scoundrel, rascal, blackguard, low dog, bastard.

'**schuften** *v/i.* (*h.*) drudge, slave, plod, work like a nigger.

Schufte'rei *f* (-) drudgery, slavery, grind; → *Schuftigkeit.*

'**schuftig** *adj.* rascally, mean, low, treacherous; **2keit** *f* (-) knavery, lowness, meanness, treachery.

Schuh [ʃu:] *m* (-[e]s; -e) shoe; *fig. j-m et. in die ~e schieben* put the blame for a th. on a p., lay a th. at a p.'s door; *ich möchte nicht in seinen ~en stecken* I should not like to be in his shoes; *wo drückt (dich) der ~?* what's the trouble?, where does the shoe pinch?; '**~absatz** *m* heel; '**~anzieher** *m* shoehorn; '**~band** *n* (-[e]s; ⸚er) shoe-lace, *Am. a.* shoestring; '**~bürste** *f* shoe brush; '**~fabrik** *f* shoe factory; '**~größe** *f* size; '**~krem** *f* shoe-cream, shoe-polish, *Am. a.* shoeshine; '**~laden** *m* shoe shop, boot shop (*Am.* store); '**~leder** *n* shoe-leather; '**~löffel** *m* shoehorn; '**~macher** *m* shoemaker, bootmaker; '**~machermeister** *m* master shoemaker; '**~nagel** *m* hobnail; **~plattler** ['-platlər] *m* (*-s*; *-*) *Bavarian folk dance*; '**~putzer** *m* shoeblack, *Am.* shoeshine boy; *fig. wie e-n ~ behandeln* treat like dirt; '**~putzmittel** *n* → *Schuhkrem*; '**~riemen** *m* → *Schuhband*; *fig. er ist nicht wert, ihr die ~ zu lösen* he is not fit to wipe her shoes; '**~schnalle** *f* shoe-buckle; '**~schrank** *m* shoe cabinet; '**~sohle** *f* sole (of a shoe); '**~spanner** *m* shoe-tree; '**~waren** *f/pl.*, '**~werk** *n* (-[e]s) footwear, footgear; boots and shoes; '**~weiter** *m* (*-s*; *-*) shoe stretcher, block; '**~wichse** *f* → *Schuhkrem*; '**~zeug** *n* → *Schuhwaren.*

Schukostecker ['ʃu:ko-] *el. m* earthing-contact plug.

Schul|amt ['ʃu:l-] *n* teacher's post; school board; Board of Education; **~anstalt** *f* educational establishment; **~arbeit, ~aufgabe** *f* school-work, home-work; lesson, task; → *Klassenarbeit*; **~arrest** *m* detention (at school); **~arzt** *m* school medical officer; **~ausflug** *m* school outing; **~ausgabe** *f* school edition; **~bank** *f* (*-*; ⸚e) form, school-bench; *die ~ drücken* go to school; **~behörde** *f* educational authority; **~beispiel** *n* test-case, typical example; **~besuch** *m* attendance at school; **~bildung** *f* (-) education; *höhere ~* secondary education; **~buch** *n* school-book, class-book; textbook, manual.

Schuld [ʃult] *f* (-) guilt; fault; wrong; sin; cause; *jur.* guilt; *civil* *case*: *usu.* fault, responsibility; (*pl.* ~*en*) debt; liability; obligation; ~*en pl.* debts, indebtedness; ~*en haben, in ~en stecken* be in debt, *Am. a.* be in the red; ~*en machen* contract (*or* incur) debts, run into debt, run up bills; *in ~en geraten* run into debt; *in j-s ~ sein* be indebted (*or* under an obligation) to a p.; *jur.* ♀ *haben* be guilty, be responsible; *an et.* ♀ *sein* be responsible for a th., be to blame for a th.; *er hat* ♀ *daran* (, *daß*) it is his fault (that); *wer ist* ♀ *daran?* whose fault is it?; *die schlechten Zeiten sind* ♀ the bad times are to blame for it; *ihn trifft kaum ~, wenn* small blame to him if; *ohne meine ~* through no fault of mine; *die ~ auf sich nehmen* take the blame; *e-e ~ auf sich laden* make o.s. guilty (of a wrong); *j-m or e-r Sache die ~ geben* blame a p. *or* a th.; *j-m die ~ an et. zuschieben, die ~ auf j-n schieben* lay *or* put the blame for a th. on a p.; → *beimessen*; '**~anerkenntnis** *f* recognizance; → *Schuldschein*; '**~bekenntnis** *n* admission of one's guilt; '**♀beladen** *adj.* laden with guilt (*or* crime); '**~beweis** *m* proof of guilt; '**♀bewußt** *adj.* conscious of one's guilt; *Miene, etc.*: guilty; '**~bewußtsein** *n* consciousness of guilt; guilty conscience; '**~brief** *m* → *Schuldschein*; '**~buch** *n* account book, ledger; *fig.* old scores *pl.*; '**~buchforderung** *econ. f* book-entry securities.

schulden ['ʃuldən] *v/t.* (*h.*): *j-m et. ~* owe a p. a th., (*a. fig. respect, an explanation, etc.*), *usu. fig.* (*a. j-m Dank ~ für et.*) be indebted to a p. for a th.

'**Schulden...**: **♀frei** *adj.* free from debt; unencumbered; **♀halber** *adv.* owing to debts; **~last** *f* burden of debt, liabilities *pl.*; encumbrance; **~macher(in** *f*) *m* contractor of debts; **~masse** *econ. f* (aggregate) liabilities *pl.*; **~tilgung** *f* liquidation of debts; **~tilgungsfonds** *m* sinking fund.

'**Schuld...**: **~erlaß** *m* remission of debt; **~forderung** *f* (active) debt, claim; **~frage** *f* question of guilt; **~gefängnis** *n* debtor's prison; **~gefühl(e** *pl.*) *n* guilt feelings, guilty conscience; **~haft** *f* imprisonment for debt; **♀haft** *adj.* culpable.

schuldig ['ʃuldiç] *adj.* guilty (*e-r Sache* of a th.), culpable; responsible; owing, due (*money*); *fig.* due (*respect, etc.*); *j-m et. ~ sein* owe a p. a th. *or* a sum, *fig.* be indebted to a p. for a th.; *j-m Achtung ~ sein* owe a p. respect; *j-m e-e Erklärung ~ sein* owe a p. an explanation; *das bist du ihm ~* you owe it to him; *das ist man ihm ~* that is due to him; *das bist du dir ~* you owe that to yourself; *jur. für ~ befinden* find (*or* rule) guilty, convict (*e-s Verbrechens* of a crime; *e-r Anklage* on a charge); *j-n ~ sprechen* pronounce a p. guilty, *in civil cases*: *a.* pronounce judgment against a p.; *sich ~ bekennen* plead guilty; *der ~e Teil* the guilty party; *~ geschieden* divorced as the guilty party; *fig. j-m die Antwort ~ bleiben* make no reply; *j-m die Antwort nicht ~ bleiben* reply smartly, hit back; *sie blieb ihm nichts ~* she gave him tit for tat; *was bin ich (Ihnen) ~?* how much do I owe you?; **♀e(r** *m*) ['ʃuldigə(r)] *f* (*-n, -n*; *-en, -en*) guilty person *or* party; culprit; **♀er** *m* (*-s*; *-*): *wie wir vergeben unseren ~n* as we forgive them that trespass against us; **♀keit** *f* (-) duty, obligation; → *Pflicht*; **♀sprechung** ['-ʃprɛçuŋ] *f* (*-*; *-en*) conviction, condemnation; verdict of guilty.

'**Schuldirektor(in** *f*) *m* headmaster (*f* headmistress); *Am.* principal.

'**Schuld...**: **~klage** *f* action for debt; **♀los** *adj.* guiltless, innocent; (*a. adv.*) without guilt; **~losigkeit** *f* (-) innocence, guiltlessness.

Schuldner ['ʃuldnər] *m* (*-s*; *-*), **~in** *f* (*-*; *-nen*) debtor; **~land** *pol. n* debtor country.

'**Schuld...**: **~posten** *econ. m* debt-item; **~recht** (-[e]s) *jur. n* law of obligations; **~schein** *m* promissory note, IOU (= I owe you); bond; mortgage bond, *Brit.* debenture stock; **~spruch** *jur. m* verdict of guilty; **~titel** *m* instrument of indebtedness; **~übernahme** *f* assumption of debt; **~verhältnis** *n* obligation; **~verschreibung** *f* → *Schuldschein*.

Schule ['ʃu:lə] *f* (*-*; *-n*) school (*a. w.s. of painters, etc.*); school (-house); *höhere ~* secondary (*Am. a.* high) school; lessons *pl.*; *riding*: *Hohe ~* manege, haute école (*Fr.*); *Hohe ~ reiten* put a horse through its paces; *auf* (*or in*) *der ~* at school; *e-e ~ besuchen* go to (*or* attend) a school; *in die* (*or zur*) *~ gehen* go to school; → *schwänzen*; *fig. e-e gute ~ für Lebensart, etc.* a good school of manners, *etc.*; *ein Kavalier der alten ~* a gentleman of the old school; → *plaudern*; *durch e-e harte ~ gehen* pass through a severe school (*or* test), learn it the hard way; *~ machen* find adherents, be imitated, set a precedent; *heute ist keine ~* there will be no school to-day.

'**schulen** *v/t.* (*h.*) train (*a. eye, memory*); school, discipline; teach, instruct; *pol.* indoctrinate; train, break in (*horse*); *sich ~* (*h.*) undergo (a course of) training; *geschulte Stimme* well-trained voice.

'**Schul...**: **♀entlassen** *adj.* discharged from school; **~entlassungsfeier** *f* speechday, *Am.* commencement; **~entlassungszeugnis** *n* leaving certificate; **♀entwachsen** *adj.* too old for school.

Schüler ['ʃy:lər] *m* (*-s*; *-*), **~in** *f* (*-*; *-nen*) schoolboy (*f* schoolgirl), pupil; student; disciple (*a. phls., etc.*); *fig.* novice, tyro; **~ausschuß** *m* student council; **~austausch** *m* exchange of pupils; **♀haft** *adj.* schoolboy-like, boyish; *fig.* unripe, green; **~schaft** *f* (-) *the* pupils *pl.*, *Am.* student body; **~zeitung** *f* school magazine.

'**Schul...**: **~erziehung** *f* school education; **~fach** *n* subject; **~fall** *m* test-case; **~feier** *f* school festival; **~ferien** *pl.* holidays, vacation(s *pl.*); **~fernsehen** *n* school television; **~film** *m* educational film; **~flugzeug** *n* training airplane, trainer; **♀frei** *adj.*: *~ haben* have a holiday; *~er Nachmittag* half-holiday; **~freund(in** *f*) *m* school-fellow, school-mate; **~fuchs** *m* pedant; **~funk** *m* schools' broadcasts *pl.*; **~gebäude** *n* school(house), school building; **~gefechtsschießen** *mil. n* transition firing, *Am.* known-distance firing; **~gelände** *n* school-grounds *pl.*, *Am.* campus; **~geld** *n* school-fee(s *pl.*), tuition, schooling; **~gelehrsamkeit** *f* book learning; **♀gerecht** *adj.* according to rule, in due style; methodical; **~haus** *n* school(-house), school-premises *pl.*; **~heft** *n* exercise-book; **~hof** *m* school yard; **~inspektor** *m* school inspector; **♀isch** *adj.* scholastic, school...; **~jahr** *n* scholastic year; *~e pl.* school-days; **~jugend** *f* school-children; **~junge** *m* schoolboy; **~kamerad** *m* → *Schulfreund*; **~kenntnisse** *pl.* school knowledge *sg.*; **~kind** *n* school-age child; **~klasse** *f* form, *Am.* class, grade; **~lehrer** *m* schoolmaster, teacher; **~lehrerin** *f* schoolmistress, (lady) teacher; **~mädchen** *n* schoolgirl; **~mann** *m* education(al)ist; **~mappe** *f* school-bag, satchel; **♀mäßig** *adj.* orthodox; **~meister** *contp. m* schoolmaster, pedagogue; **♀meisterlich** *adj.* like a schoolmaster, pedantic; **♀meistern** *v/i. and v/t.* (*h.*) teach; *only v/t.* (*fig.*) censure; **~ordnung** *f* school regulations *pl.*; **~pferd** *n* trained horse; **~pflicht** *f* (-) compulsory education *or* school attendance; **♀pflichtig** *adj.* of school age, school-age; **~ranzen** *m* satchel; **~rat** *m* (-[e]s; ⸚e) supervisor, *Am.* school superintendent; **~reiten** *n* schooling; **~reiter(in** *f*) *m* manege rider; **~schießen** *mil. n* classification firing, *Am.* target *or* practice fire; *artillery*: service practice; **~schiff** *n* school-ship; **~schluß** *m* break-up; **~schwänzer** ['-ʃvɛntsər] *m* (*-s*; *-*) truant; **~sparkasse** *f* school savings bank; **~speisung** *f* school relief meal, school lunch; **~stube** *f* school-room, class room; **~stunde** *f* school-hour, lesson, period; **~tafel** *f* blackboard; **~tag** *m* school-day; **~tasche** *f* school-bag, satchel.

Schulter ['ʃultər] *f* (*-*; *-n*) shoulder; *~ an ~* shoulder to shoulder (*a. fig.*), *racing*: neck and neck; *breite ~n haben* be broad-shouldered; *fig. j-n über die ~ ansehen* look down one's nose at a p.; → *kalt, leicht, klopfen, Wasser*; **~blatt** *n* shoulder-blade; **~breite** *f* width of shoulders; **♀frei** *adj.* off-the-shoulder, strapless (*dress*); **~gegend** *anat. f* scapular region; **~gelenk** *n* shoulder joint; **~gurt** *m* shoulder strap; **~klappe** *mil. f* shoulder strap; **~muskel** *m* humeral muscle; **♀n** *v/t.* (*h.*) shoulder; **~riemen** *m* shoulder strap; **~sieg** *m wrestling*: win by fall; **~stand** *m gym.* shoulder balance; **~stück** *mil. n on uniform*: shoulder strap; *on machine-gun*: shoulder piece; **~wehr** *mil. f* traverse.

Schultheiß ['ʃulthaɪs] *m* (-*en*; -*en*) (village) mayor.

'**Schulung** *f* (-; -*en*) training, schooling, instruction; practice; education; *pol.* indoctrination; **~skurs(us)** *m* training course, refresher course; **~slager** *n* training camp.

'**Schul...: ~unterricht** *m* school (-ing), school instruction, lessons *pl.*; **~versäumnis** *f* absence from school, non-attendance; **~verwaltung** *f* school administration; **~vorstand** *m* school committee; *a.* → **~vorsteher(in** *f*) *m* headmaster, (*f* headmistress), *Am.* principal; **~wanderung** *f* school excursion; **~weg** *m* way to school; **~weisheit** *f* book learning; **~wesen** *n* (-*s*) education(al system); **~wörterbuch** *n* school (*or* collegiate) dictionary; **~zeit** *f* school-time; (old) school-days *pl.*; **~zeugnis** *n* school-report, school record; **~zimmer** *n* → *Schulstube*; **~zucht** *f* (-) school discipline; **~zwang** *m* (-[e]s) compulsory education.

schummeln ['ʃuməln] *colloq. v/i.* (*h.*) cheat.

Schummer ['ʃumər] *m* (-*s*) dusk, twilight; **≈ig** *adj.* dusky, dim; **≈n I.** *v/i.* (*h.*) grow dusky *or* dim; **II.** *v/t.* (*h.*) hatch (*map*).

schund [ʃunt] *pret. of schinden.*

Schund [ʃunt] *m* (-[e]s) trash, rubbish (*both a. fig.*); '**~blatt** *n* rag; '**~literatur** *f* trashy literature; '**~roman** *m* penny dreadful, shilling shocker, *Am.* dime novel; **~- und Schmutzgesetz** *n* → *Schmutz...*; '**~waren** *f/pl.* shoddy goods.

schunkeln ['ʃuŋkəln] *v/i.* (*h.*) seesaw, sway; *to music*: rock (arms linked).

Schupo ['ʃu:po] **1.** *f* (-) → *Schutzpolizei*; **2.** *m* (-*s*; -*s*) police officer, constable, *Brit. a.* Bobby, *esp. Am.* cop.

Schuppe ['ʃupə] *f* (-; -*n*) scale (*of skin*); squama (*of bone*); *a. pl.* dandruff *sg.*; *fig. es fiel mir wie* **~***n von den Augen* the scales fell from my eyes.

Schuppen ['ʃupən] *m* (-*s*; -) shed, *Am. a.* shack; barn; *rail.* engine-house; *mot.* garage; *aer.* hangar.

'**schuppen** *v/t.* (*h.*) (un)scale; rub, scratch; *sich* ~ (*h.*) scale off.

'**Schuppen...: ~eidechse** *f* scaly lizard; **~fisch** *m* scaly fish; **~flechte** *med. f* psoriasis; **≈förmig** ['-fœrmiç] *adj.* scaly; **~panzer** *m* coat of mail; **~tier** *n* scaly animal.

'**schuppig** *adj.* scaly, squamous; flaky.

Schur [ʃu:r] *f* (-; -*en*) shearing; clipping; fleece; **~aufkommen** *n* clip (of wool).

Schür-eisen ['ʃy:r-] *n* poker.

'**schüren** *v/t.* (*h.*) stir, poke, rake; add fuel to (*a. fig.*); *fig.* stir up, fan, foment.

schürfen ['ʃyrfən] **I.** *v/i.* (*h.*) prospect (*nach* for), explore, search, dig (*all nach* for); *fig. tief* ~ (*in dat.* et.) go to the bottom (of a th.); *tiefer* ~ dig below the surface; **II.** *v/t.* (*h.*) scratch, skin, graze.

'**Schürfer** *m* (-*s*; -) prospector.

'**Schürfgrube** *f* test-pit.

'**Schürfstelle** *f* prospect.

'**Schürfung** *f* (-; -*en*) prospecting, exploration, digging; *med.* (*a.* '**Schürfwunde** *f*) abrasion.

'**Schürhaken** *m* poker; (furnace-) rake.

schurigeln ['ʃu:ri:gəln] *colloq. v/t.* (*h.*) torment, harass, bully, plague.

Schurk|e ['ʃurkə] *m* (-*n*; -*n*) rascal, scoundrel, villain, knave, blackguard; **~enstreich** *m*, **~e'rei** *f* (-; -*en*) rascality, knavery, villainous (*or* low) trick; **≈isch** *adj.* rascally, knavish, villainous.

'**Schürloch** *n* stoke-hole.

Schurz [ʃurts] *m* (-*es*; -*e*) apron.

Schürze ['ʃyrtsə] *f* (-; -*n*) apron; pinafore; *hinter jeder* ~ *her sein* run after every skirt.

'**schürzen** *v/t.* (*h.*) tie up; tuck (*or* pin) up (*skirt*); tie (*knot*); *fig. der Knoten schürzt sich* the plot thickens; *den Knoten* ~ entangle the plot; *die Lippen* ~ purse one's lips; *sich* ~ tuck up one's dress; **≈band** *n* (-[e]s; ¨er) apron-string; **≈jäger** *m* ladies' man, masher, *Am. a.* (girl-) chaser, wolf; **≈kleid** *n* overall, tunic.

'**Schurzfell** *n* leather apron.

Schuß [ʃus] *m* (-*sses*; ¨*sse*) shot; (*ammunition*: *5* ~) round; report; (*mining*: blasting) charge; → *Schußwunde*; → *Blau*; batch (*of bread*); *weaving*: weft, woof; rapid movement, rush, dash; *skiing*: schuss; shooting; *bot.* shoot; *ein* ~ *Wein, etc.*, (*a. fig.*) a dash of *wine, etc.*; *e-n* ~ *abgeben* fire (a shot), *soccer*: deliver a shot; *fig. in* ~ *bringen* **a)** get into working order, *Am. a.* fix, **b)** get *a th.* going; *in* ~ *kommen* get under way, get into one's stride; *gut in* ~ *sein* be in good order, be running smoothly; *vor den* ~ *kommen* come within shot; *zum* ~ *kommen* get a shooting chance; *weit vom* ~ well out of harm's way; → *Pulver*; '**~bahn** *f* line of fire; trajectory; '**~bereich** *m* (effective) range; zone of fire; *im* ~ within range; '**≈bereit** *adj.* ready to fire; '**~bruch** *m* gunshot fracture.

Schussel ['ʃusəl] *colloq. m* (-*s*; -) clumsy person.

Schüssel ['ʃysəl] *f* (-; -*n*) bowl, basin; dish; (earthenware) pan; tureen; sauce-boat; **~brett** *n* plate-drainer; **~gestell** *n* dresser; plate-rack; **~wärmer** ['-vermər] *m* (-*s*; -) plate-heater.

'**Schuß...: ~entfernung** *f* (firing) range; **~faden** *m weaving*: weft, woof; **~fahrt** *f skiing*: schuss; *in* ~ *fahren* shoot; **~feld** *n* field of fire; (*im* within) range; **≈fertig** *adj.* ready to fire (*or* for action); cocked; **≈fest** *adj.* shot-proof, bullet-proof; shell-proof; **~folge** *f* rate of fire; **~garbe** *f* sheaf (*or* cone) of fire; **≈gerecht** *adj. hunt.* within shot; *mil. horse*: steady under fire; **~kanal** *mil. m* track of bullet; **~leistung** *f* firing efficiency; **~linie** *f* line of fire; **~loch** *n* bullet hole; **~richtung** *f* (firing) direction; **~schweißung** *tech. f* shot welding; **≈sicher** *adj.* → *schußfest*; **~tafel** *f* firing table; **~waffe** *f* fire-arm; *pl. a.* small arms; **~weite** *f* (effective) range; *außer* (*in*) ~ out of (within) range *or* shot; **~werte** *m/pl.* firing data; **~wunde** *f* gunshot wound, bullet wound; **~zahl** *f* number of rounds.

Schuster ['ʃu:stər] *m* (-*s*; -) shoemaker; cobbler; → *Rappen*; ~, *bleib bei deinen Leisten!* cobbler, stick to your last!; **~ahle** *f* awl; **~draht** *m* twine; **≈n I.** *v/i.* (*h.*) make shoes, cobble; **II.** *v/t.* (*h.*) *fig.* botch; **~pech** *n* cobbler's wax.

Schute ['ʃu:tə] *mar. f* (-; -*n*) barge, lighter.

Schutt [ʃut] *m* (-[e]s) rubbish, refuse, trash; rubble, debris, ruins *pl.*; *in* ~ *und Asche legen* lay in ruins, raze (to the ground); '**~abladeplatz** *m* refuse dump; '**~ablagerung** *geol. f* detritus.

Schütt|beton ['ʃyt-] *m* poured concrete; **~boden** *agr. m* corn-loft, granary; **~damm** *m* earth bank.

Schüttel|frost ['ʃytəl-] *m* (-*es*) shivering (*or* cold) fit, *the* shivers *pl.*, chill; **~lähmung** *f* shaking palsy, Parkinson's disease.

'**schütteln** *v/t.* (*h.*) shake; *tech. a.* agitate, vibrate; *car*: jolt; *den Kopf* ~ shake one's head; *j-m die Hand* ~ shake a p.'s hand, shake hands with a p.; → *Ärmel*; *es schüttelte ihn vor Ekel* he shuddered with *disgust*, *vor Lachen*: he shook with *laugther*.

'**Schüttel...: ~reim** *m* spoonerism; **~rinne** *tech. f* shaking trough; **~rost** *m* (-*es*; -*e*) rocker-grating; **~sieb** *n* vibrating screen.

'**schütten** *v/t. and v/i.* (*h.*) pour (*a. tech.*); shoot (*wheat, etc.*); spill (*auf acc.* on), empty; *auf e-n Haufen* ~ heap up; *es schüttet* it is pouring (with rain).

schütter ['ʃytər] *adj.* thin, sparse (*hair*).

schüttern ['ʃytərn] **I.** *v/i.* (*impers., h.*) shake, quake, tremble; **II.** *v/t.* (*h.*) shake.

'**Schüttgut** *n* bulk goods *pl.*

'**Schutt...: ~halde** *f* dump; *geol., mount.* scree (slope), talus; **~haufen** *m* dust-heap, dump; rubble heap; *fig. in e-n* ~ *verwandeln* turn into a heap of rubble, raze (to the ground), lay in ruins.

'**Schüttwurf** *aer. m* salvo bombing.

Schutz [ʃuts] *m* (-*es*) protection, defen|ce, *Am.* -se (*gegen, vor dat.* against, from); safeguard, escort; shelter, refuge; care; custody; screen, shield; cover; insulation; safeguard; *rechtlicher* ~ legal protection; ~ *suchen* seek *or* take shelter (*vor dat.* from), take refuge (*bei* with); *in* ~ *nehmen* take under one's protection *or* wings, defend, come to *a p.'s* defence, second, back *a p.* up; *im* **~***e der Nacht* under cover of night; → *begeben.*

Schütz [ʃyts] *m* (-*en*; -*en*) (*tech. n*, -*es*; -*e*) → *Schütze 1.*, (*2.*).

'**Schutz...: ~anstrich** *m tech.* protective coat(ing); *mil.* camouflage paint(ing), *mar.* dazzle-paint; **~anzug** *m* protective clothes *pl.*, overall; **~ärmel** *m* sleeve-protector; **≈bedürftig** *adj.* needing protection; in distress; **~befohlene(r** *m*) ['-bəfo:lənə(r)] *f* (-*n*, -*n*; -*en*, -*en*) charge, protégé(e *f*); ward; **~behauptung** *jur. f* evasion; **~belag** *m* protective covering; **~blattern** *pl.* cowpox; **~blech** *n* guard (plate); *mot.* mudguard, *Am.* fender; **~brief** *m* safe-conduct; **~brille** *f* (safety) goggles *pl.*; **~bund** *m*, **~bündnis** *n* defensive alliance; **~dach** *n* protective roof, shelter; penthouse; **~decke** *f* cover(ing).

ˈ**Schütze 1.** *m* (-*n*; -*n*) shot, marksman; huntsman; *mil.* rifleman, private; gunner; *sports*: shooter; *ast.* Sagittarius, *the* Archer; **2.** *f* (-; -*n*) sluice gate; *weaving*: shuttle; *el.* contactor.

ˈ**schützen** *v/t.* (*h.*) protect, guard; defend (*gegen* against, *vor dat.* from); secure, guard (against); keep (from); shelter (from *weather*), *garments*: protect (from *rain, etc.*); cover, *w.s.* shield; screen, shield; escort; preserve; watch over; *econ.* hono(u)r, protect (*draft*); *sich* ~ (*h.*) protect o.s.; guard (*gegen* against); *rechtlich* ~ protect (legally); *patentrechtlich* ~ patent; *urheberrechtlich* ~ copyright; *vor Nässe* ~! keep dry!; *Gott schütze dich!* God keep you!

ˈ**Schützen...:** **~abzeichen** *n* marksmanship badge; **~bataillon** *n* rifle battalion.

ˈ**schützend** *adj.* protective(ly *adv.*).

ˈ**Schützen...:** **~fest** *n* riflemen's meeting, *a. fig.* shooting-match; **~feuer** *mil. n* rifle fire; independent fire.

ˈ**Schutz-engel** *m* guardian angel.

ˈ**Schützen...:** **~gilde** *f* rifle club; **~graben** *mil. m* trench; **~grabenkrieg** *m* trench warfare; **~gruppe** *f* rifle section, *Am.* rifle squad; **~hilfe** *fig. f* (-): *j-m* ~ *leisten* back a p. up, *Am. a.* run interference for a p.; **~kette** *f* riflemen extended, skirmish line; **~könig** *m* champion shot; **~linie** *mil. f* **a)** firing line, **b)** → *Schützenkette*; **~loch** *n* rifle-pit, foxhole; **~mine** *f* (anti-)personnel mine; **~nest** *n* nest of riflemen; **~panzerwagen** *m* armo(u)red personnel carrier; **~reihe** *f* file of riflemen; **~schleier** *m* infantry screen; **~stand** *m* firing position; *aer.* turret; **~steuerung** *el. f* contactor control(l)er; **~zug** *mil. m* rifle platoon.

ˈ**Schutz...:** **~erdung** *el. f* protector ground; **⁀fähig** *adj. book*: capable of being copyrighted; **~farbe** *f* protective paint; *mil.* → *Schutzanstrich*; **~färbung** *zo. f* protective coloration; **~gebiet** *n* protectorate; → *Naturschutzgebiet*; **~geist** *m* (-es; -er) (tutelary) genius; **~geländer** *n* guard rail(ing); **~geleit** *n* safe-conduct, (*a. aer.*) escort; *mar.* convoy; **~gitter** *n* (barrier-)guard; *radio*: screen grid; *mot.* radiator grille; **~gott** *m* (**~göttin** *f*) tutelary god(dess *f*); **~gürtel** *m* safety belt; *mil.* defen|ce (*Am.* -se) belt; **~hafen** *m* harbo(u)r of refuge; **~haft** *f* protective (*or* preventive) custody *or* arrest; **~haube** *tech. f* cover, hood; **~heilige(r** *m*) *f* patron saint; **~helm** *m* protective helmet; **~herr(in** *f*) *m* patron(ess *f*), protector (*f* protectress); **~herrschaft** *f* protectorate; **~hülle** *f* protective covering; sheath; dust cover (*or* jacket) (*of book*); **~hütte** *f* (shelter) hut, refuge; **~impfung** *f* protective inoculation, immunization; vaccination; **~insel** *f traffic*: island, refuge; **~kappe** *f* protecting cap, cover; **~leiste** *f* guard strip.

Schützling [ˈʃytsliŋ] *m* (-*s*; -*e*) protégé(e *f*), charge.

ˈ**Schutz...:** **⁀los** *adj.* unprotected, defenceless; **~macht** *pol. f* protecting power; **~mann** *m* policeman, constable, officer; *Brit. a.* Bobby, *esp. Am.* cop; **~marke** *f* (*eingetragene* registered) trade-mark, brand; *mit* ~ *versehene Waren* branded goods; **~maske** *f* (protective) mask; **~maßnahme** *f* protective (*or* safety) measure; precaution; **~mauer** *f* protecting (*or* screen) wall; *mil.* rampart, bulwark (*a. fig.*); **~mittel** *n* preservative (*gegen* against, from), preventive (of); prophylactic; **~patron(in** *f*) *m* patron saint; **~pocken** *med. f/pl.* cowpox; **~pockenimpfung** *f* vaccination; **~polizei** *f* (municipal) police, constabulary; **~polizist** *m* → *Schutzmann*; **~raum** *m* (air-raid) shelter; **~rechte** *pl.* patent rights; trade-mark rights; **~salbe** *f* protective ointment; **~scheibe** *mot. f* windscreen, *Am.* windshield; **~schicht** *f* protective layer, safety coating; **~schild** *m* (*mil.* = gun-shield; **~schirm** *m* (protective) screen; **~sicherung** *el. f* protected fuse; **~staat** *m* protectorate; **~stoff** *med. m* **a)** antibody, **b)** immunising substance; **~truppe** *f* colonial force; **~überzug** *m* protective cover(ing); protective coating; **~umschlag** *m* dust cover, (dust) jacket, wrapper; **~-und-Trutzbündnis** *n* defensive and offensive alliance; **~verband** *m*, **~vereinigung** *f* protective association; **~vorrichtung** *f* safety device, guard; **~wache** *f* (safeguard, escort; **~waffen** *f/pl.* defensive arms; **~wand** *f* (protective) screen; **~wehr** *f* defen|ce, *Am.* -se; dike; *mil.* rampart, bulwark (*a. fig.*); **~zoll** *m* protective duty; **~zöllner**, **~zollpolitiker** *m*, **⁀zöllnerisch** *adj.* protectionist; **~zollsystem** *n* protective system, protectionism.

schwabbel|ig [ˈʃvabəliç] *adj.* wobbly, flabby; **~n** *v/i. and v/t.* (*h.*) wobble; *water, etc.*: swash, slop, spill; *colloq.* twaddle, babble; *tech.* buff; **⁀scheibe** *tech. f* buff(ing wheel).

Schwabe¹ [ˈʃvaːbə] *zo. f* (-; -*n*) cockroach.

Schwabe² [ˈʃvaːbə] *m* (-*n*; -*n*) Swabian; **~nstreich** *m* tomfoolery.

Schwäb|in [ˈʃvɛːbin] *f* (-; -*nen*), **⁀isch** *adj.* Swabian.

schwach [ʃvax] *adj.* weak (*a. argument, character, eyes, nerves, stomach, team, voice, etc.*; *a. econ. market*; *chem. solution*; *beverage*; *gr. verb*); feeble; frail; delicate; thin, light, flimsy; gentle; limp, flabby; faint; powerless, impotent; moderate; poor; meag|re, *Am.* -er; remote (*resemblance*); poor (*attendance, performance*); sparse (*population*); dim (*recollection*); faint (*hope*); faint, feeble (*smile*); *tech.* low-powered (*engine*); low (*battery, pulse*); faint, dim (*light, sound*); ~*es Geschlecht* the weaker (*or* soft) sex; ~*e Seite* → *Schwäche*: e-e ~*e Stunde* a scant hour, *fig.* a moment of weakness; ~*er Versuch* feeble attempt; ~*e Vorstellung* faint idea; *mit* ~*er Stimme* faintly, feebly; *econ.* ~ *liegen* rule low; *sich* ~ *zeigen* betray weakness, yield; *schwächer werden* grow weak, lose in strength (*or* intensity), fall off, lessen, *patient*: sink, *eyes*: fail, *light, sound*: fade; → *abflauen, nachlassen*; *mir wird* ~ I am feeling faint; *colloq. das macht mich noch* ~! that's enough to drive you mad!

Schwäche [ˈʃvɛçə] *f* (-; -*n*) weakness (*a. fig.*); feebleness; frailty; faintness; infirmity, *med.* debility; powerlessness, (*a. med.*) impotence; weak point *or* side, *of character*: *a.* weakness, foible, failing; shortcoming; *menschliche* ~ *a.* frailty of human nature; e-e ~ *haben für* (*acc.*) have a weakness (*or* soft spot) for; **~anfall** *m* attack of fatigue, faintness; **~gefühl** *n* (-[e]s) sinking feeling, faintness.

ˈ**schwächen** *v/t.* (*h.*) weaken (*a. fig.*); enfeeble, debilitate; qualify (*expression*); lessen, diminish; tone down (*colours*); undermine, sap (*health*).

ˈ**Schwächezustand** *m* feeble condition, debility, asthenia.

ˈ**Schwachheit** *f* (-; -*en*) weakness; *fig. a.* frailty; *colloq. fig. bilde dir nur keine* ~*en ein!* don't fool yourself!

ˈ**schwach...:** **~herzig** *adj.* faint-hearted; **⁀kopf** *m* imbecile, idiot, sap(head); **~köpfig** [ˈ-kœpfiç] *adj.* weakheaded, brainless.

ˈ**schwächlich** *adj.* weakly; delicate, frail; sickly, infirm; *fig.* weak-kneed; **⁀keit** *f* (-) weakly condition; delicacy, frailty; sickliness, infirmity.

ˈ**Schwächling** [ˈ-liŋ] *m* (-*s*; -*e*) weakling, softy.

ˈ**schwach...:** **~sichtig** [ˈ-ziçtiç] *adj.* weak- (*or* dim-)sighted; **⁀sichtigkeit** *f* (-) weak-sightedness; **⁀sinn** *m* (-[e]s) feeble-mindedness; **~sinnig** *adj.* feeble-minded, halfwitted; **⁀sinnige(r** *m*) [ˈ-ziniɡə(r)] *f* (-*n*, -*n*; -*en*, -*en*) feeble-minded person, half-wit, moron; **⁀strom** *el. m* (-[e]s) weak (*or* low-voltage) current; **⁀stromkabel** *n* cable for communication circuits; **⁀stromtechnik** *f* (-) light current (*Am.* signal) engineering.

ˈ**Schwächung** *f* (-; -*en*) weakening; → *Abschwächung*.

Schwaden [ˈʃvaːdən] *m* (-*s*; -) *agr.* swath; vapo(u)r; gas cloud; *mining*: fire-damp.

Schwadron [ʃvaˈdroːn] *f* (-; -*en*) squadron.

Schwadron|eur [ʃvadroˈnøːr] *m* (-*s*; -*e*) swaggerer, blusterer, gas-bag; **⁀ieren** *v/i.* (*h.*) swagger, brag, gas.

schwafeln [ˈʃvaːfəln] *colloq. v/i. and v/t.* (*h.*) twaddle, babble, drivel.

Schwager [ˈʃvaːgər] *m* (-*s*; ⸚) brother-in-law.

Schwäger|in [ˈʃvɛːgərin] *f* (-; -*nen*)

sister-in-law; **~schaft** *f* (-) affinity by marriage; (*persons*) relations by marriage, in-laws *pl.*

Schwalbe ['ʃvalbə] *f* (-; -*n*) swallow; *fig.* e-e ~ *macht noch keinen Sommer* one swallow does not make a summer; **~nnest** *n* swallow's nest; *mus.* (bandman's) epaulette; **~nschwanz** *m* swallow-tail (*a. colloq. dress-coat*); *tech.* dovetail; **2nschwanzförmig** ['-nʃvantsfœrmiç] *adj.* dovetailed.

Schwall [ʃval] *m* (-[e]s; -e) swell, surge, flood; *fig.* throng; deluge (*of questions*); flood (*or* torrent) of words; **'~blech** *n* baffle; **'~wasserschutz** *tech. m* hose-proof enclosure.

schwamm [ʃvam] *pret. of schwimmen.*

'Schwamm *m* (-[e]s; ⸗e) sponge; *bot.* fungus (*a. med.*); German tinder; dry rot; *mit e-m ~ abwaschen* sponge; *fig.* ~ *d(a)rüber!* let bygones be bygones!, (let's) forget it!; **~fische'rei** *f* sponge-fishery; **~gummi** *m* sponge rubber, foamed latex; **2ig** *adj.* spongy (*a. fig.*), fungous; porous; bloated; **~igkeit** *f* (-) sponginess.

Schwan [ʃvaːn] *m* (-[e]s; ⸗e) swan.

schwand [ʃvant] *pret. of schwinden.*

'schwanen *v/i.* (*h.*): *es schwant mir* I have a presentiment *or* feeling (*daß* that); *ihm schwante nichts Gutes* he had dark forebodings *or* misgivings.

'Schwanen...: **~gesang** *m* swan song (*a. fig.*); **~hals** *m* swan-neck; *tech. a.* goose-neck; **~teich** *m* swannery.

schwang [ʃvaŋ] *pret. of schwingen.*

Schwang *m*: *im ~(e) sein* be customary (*or* a tradition), be in vogue, be the fashion; *in ~ kommen* become the fashion.

schwanger ['ʃvaŋər] *adj.* pregnant, with child; expectant; *fig.* ~ *gehen mit* labo(u)r with, be full of (*plan, etc.*); **2e** *f* (-*n*; -*n*) pregnant woman, expectant mother; **2enfürsorge** *f* maternity care.

schwängern ['ʃvɛŋərn] *v/t.* (*h.*) get with child, *a. fig.* impregnate; *chem.* saturate.

'Schwangerschaft *f* pregnancy.

'Schwangerschafts...: **~narbe** *f* stria; **~psychose** *f* gestational psychosis; **~unterbrechung** *f* interruption of pregnancy, induced abortion; **2verhütend** *adj.* contraceptive.

'Schwängerung *f* (-; -*en*) getting with child, *a. fig.* impregnation; conception; *chem.* saturation.

schwank [ʃvaŋk] *adj.* pliable, flexible; thin, slender; shaky, unsteady; faltering; loose (*rope*); → *Rohr.*

Schwank *m* (-[e]s; ⸗e) merry tale, droll story; prank; *thea.* farce, burlesque.

'schwanken *v/i.* (*h.*) wave (*or* swing) to and fro, rock; sway; stagger, totter; reel; shake, rock; wobble; oscillate, *usu. fig.* vacillate; *fig.* falter, waver; shilly-shally, *Am.* back and fill; vary, alternate; *econ. prices*: fluctuate, vary; *der Käufer schwankte zwischen* the buyer wavered between *a saloon car and a convertible*; *die Temperatur schwankte zwischen 20 und 40 Grad* the temperature varied (*or* ranged) from 20 to 40 degrees; **2** *n* (-*s*) waving, rocking; staggering, *etc.*; oscillation; *fig.* vacillation, wavering, shilly-shally; variation; *econ.* fluctuation; **~d** *adj.* waving; staggering, *etc.*; *fig.* vacillating, wavering, faltering, undecided; unsteady, unsettled, unstable; fickle, unreliable; precarious (*health*).

'Schwankung *f* (-; -*en*) → *Schwanken*; deviation; nutation (*of earth axis*); *seelische ~en* ups and downs; **~sbereich** *m* range.

Schwanz [ʃvants] *m* (-es; ⸗e) *zo.* tail (*a. aer., ast.*); *hunt.* brush (*of fox*); *mil.* trail (*of gun-carriage*); (*persons*) train; flourish; *vulg.* prick, penis; *fig. den ~ zwischen die Beine nehmen* slink away, make tracks; *colloq. den ~ einziehen* quail, show the white feather; *colloq. j-n auf den ~ treten* tread on a p.'s toes; *sl. univ. e-n ~ machen* fail in one subject; *colloq. kein ~* nobody, not a living soul.

schwänzeln ['ʃvɛntsəln] *v/i.* (*h.*) wag one's tail; *person*: wriggle (in walking); *fig. um j-n ~* (*sn*) fawn upon, dance attendance upon, wheedle.

schwänzen ['ʃvɛntsən] *v/t. and v/i.* (*h.*): (*die Schule*) ~ play truant (*Am. a.* hooky); miss, shirk (*lesson*); cut (*lecture*); *geschwänzt* tailed, caudate.

'Schwanz...: **~ende** *n* tip of the tail; *fig.* (*a. aer.*) tail end; **~feder** *f* tail-feather; **~fläche** *aer. f* tail surface; **~flosse** *f* tail fin; **2lastig** *aer. adj.* tail-heavy; **~rad** *aer. n* tail wheel; **~riemen** *m* crupper; **~säge** *f* whip-saw; **~sporn** *m aer.* tail-skid; *mil.* trail spade; **~steuer** *aer. n* tail rudder; **~stück** *n* tail piece (*a. of fish*); rump (*of ox*); **~wirbel** *m* caudal vertebra.

schwapp [ʃvap] *int.* slap!, smack!; **'~(e)lig** *adj.* wobbly; flabby; **'~eln** *v/i.* (*h.*) wobble; *a.* → **'~en** *v/i.* (*sn*) *liquid*: swash, splash; slop, spill; flop, snap.

Schwäre ['ʃvɛːrə] *med. f* (-; -*n*) abscess, boil, ulcer; festering wound; **2n** *v/i.* (*h.*) fester, suppurate, ulcerate; *fig.* fester, rankle.

Schwarm [ʃvarm] *m* (-[e]s; ⸗e) **1.** swarm (*of bees, etc.*); flight (*of birds*); covey (*of partridges*); shoal, school (*of fish*); flock, herd; pack; *persons*: throng, crowd, troop, bunch; bevy (*of girls*); *aer.* flight; *Schwärme von* swarms of (*stars, people, children, etc.*); **2.** *colloq.* ideal, fancy, craze; (*person*) idol, hero; flame; *sie ist sein ~* he adores (*or* worships) her, he is gone on her; → *schwärmen.*

schwärmen ['ʃvɛrmən] *v/i.* (*sn*) *bees, etc.*: swarm; *people*: *a.* rove, wander, stray; *mil.* skirmish, (*a. ~ lassen*) extend; *es schwärmte von Menschen auf der Straße* the street was swarming (*or* thronged) with people; (*h.*) revel (and riot); be enthusiastic, enthuse (*für, von* about), rave, gush (about); dream (of); *für et. ~ a.* be wild (*or* crazy) about; *für j-n ~* adore (*or* worship) a. p., be smitten with (*or* gone on) a p., be crazy about a p., have a crush on a p.; *für die Bühne ~* be stage-struck.

'Schwärmen *n* (-*s*) swarming; *mil.* skirmishing; revelry; enthusiasm; daydreaming.

'Schwärmer *m* (-*s*; -) **1.** (**~in** *f*, -; -*nen*) revel(l)er; enthusiast; *esp. eccl.* fanatic; visionary, (day)dreamer; gusher; **2.** *zo.* hawkmoth; **3.** (fire-)cracker, squib.

Schwärme'rei *f* (-; -*en*) revel(l)ing, revelry; enthusiasm (*für* for); idolization, worship; ecstasy; gush(ing); daydream(ing); *esp. eccl.* fanaticism, zeal.

'schwärmerisch *adj.* enthusiastic (-ally *adv.*); gushing, raving; adoring; entranced, enraptured; fanciful, eccentric; *eccl.* fanatic(al).

'Schwärmzeit *f* swarming-time.

Schwart|e ['ʃvartə] *f* (-; -*n*) rind, (*a. zo.*) skin; rind of bacon; crackling; *tech.* slab, plank; (*book*) *alte ~* old volume; *fig. daß die ~ knackt* like blazes; **~enmagen** *m* collared pork; **2ig** *adj.* thick-skinned.

schwarz [ʃvarts] *adj.* black (*a. fig.*); blackened; sooty, smutty; inky; swarthy; deeply tanned; *fig.* dark, gloomy, dismal, illicit, surreptitious; *~es Brot* brown bread; *2es Brett* notice-board, *Am.* bulletin board; *2er Erdteil* Black Continent; *~e Gedanken* dark thoughts; *~er Humor* sick humo(u)r, Black Comedy; *~er Kaffee* (*Tee*) black coffee (tea); *2e Kunst* **a)** (art of) printing, **b)** Black Art; *~e Liste* black list; *j-n auf die ~e Liste setzen* black-list; *~er Mann* bog(e)y; *~er Markt* black market; *2es Meer* Black Sea; *~e Seele* black soul; *med. ~er Star* amaurosis; *~er Tag* black day; *2er Tod* Black Death; *~e Ware* smuggled goods; *~e Wäsche* dirty linen (*a. fig.*); *~ machen* blacken; *et. ~ ausmalen fig.* paint a gloomy picture of a th.; *sich ~ ärgern* fret and fume; *sich ~ kleiden* dress in (*or* wear) black; *~ auf weiß* in black and white, in cold print; *mir wurde ~ vor den Augen* everything went black, I blacked out; *da kann er warten, bis er ~ wird* he can wait till he is blue in the face.

Schwarz *n* (-[es]) black; *in ~ gekleidet* (dressed) in black, in mourning; *ins ~e treffen* (hit the) bull's-eye (*a. fig.*).

'Schwarz...: **~amsel** *f* blackbird; **~arbeit** *f* illicit work; **2äugig** *adj.* black- (*or* dark-)eyed; **~beere** *f* elderberry; **~beize** *tech. f* black liquor; **~birke** *f* river birch; **2blau** *adj.* bluish black, very dark blue; **~blech** *n* black sheet-iron, black plate; **~blei** *n* blacklead; **2braun** *adj.* brownish black, very dark brown; swarthy, tawny; **~brenner** *m* illicit distiller; **~brot** *n* brown bread; (black) rye-bread; **~dorn** *m* (-[e]s; -e) blackthorn; **~drossel** *f* blackbird; **~druck** *typ. m* (-[e]s; -e) black print(ing).

Schwärze ['ʃvɛrtsə] *f* (-; -*n*) blackness (*a. fig.*); swarthiness; *tech.* black(en)ing; *casting*: black wash; *typ.* printer's ink; (-) darkness.

'Schwarze(r *m*) *f* (-*n*, -*n*; -*en*, -*en*)

black, negro (*f* negress); *colloq.* parson.

ˈ**schwärzen** *v/t. and v/i.* (*h.*) (make) black, *a. fig.* blacken; *typ.* ink; *casting*: blackwash; *econ.* smuggle (in).

ˈ**schwarz...**: **~fahren** *v/i.* (*sn*) (take a) joy-ride; **2fahrer** *m mot.* joy-rider; fare dodger; **2fahrt** *f* joy--ride; **2fäule** *f* black rot; **2fichte** *f* black spruce; **~gelb** *adj.* blackish yellow; **~gestreift** *adj.* with black stripes; **~grau** *adj.* greyish black, dark grey; **2guß** *tech. m* all-black malleable cast iron; **~haarig** *adj.* black-haired; **2handel** *m* black-market(eering), illicit trade; *im ~* on the black market; *~ treiben* (be a) black market operator; **2hörer(in** *f*) *m* radio (*or* wireless) pirate; **2kittel** *hunt. m* wild boar; **2kunst** *f* (-) black art, necromancy; **2künstler** *m* necromancer, magician.

ˈ**schwärzlich** *adj.* blackish, darkish; swarthy (*skin*).

ˈ**Schwarz...**: **~markt** *m* black market; **~markthändler** *m* black marketeer; **~meise** *f* black tit-mouse; **~pulver** *n* black (*or* gun-) powder; **~rock** *m* parson; **2rot** *adj.* reddish black; **2rotgold** *adj.* black, red, and gold; **2schlachten** *v/t. and v/i.* (*h.*) kill (*or* slaughter) illicitly; **~schlachtung** *f* illicit butchering; **2sehen** *v/i.* (*h.*) be pessimistic, take a dim view of things, always see the dark side of things; *ich sehe schwarz (für dich)* things look black (for you); **~seher(in** *f*) *m* pessimist, alarmist; **~sender** *m radio*: pirate transmitter; secret radio station; **~specht** *m* black woodpecker; **~wald** *m* (-[e]s) Black Forest; **~wasserfieber** *n* blackwater fever; **2weiß** *adj.* black and white; **~weißfilm** *m* black-and-white film; **~weißzeichnung** *f* black-and-white drawing; **~wild** *n* wild boars *pl.*; **~wurz(el)** *f* comfrey.

Schwatz [ʃvats] *m* (-es; -e) chat; ˈ**~base** *colloq. f* chatterbox; gossip; ˈ**2en, schwätzen** [ˈʃvetsən] *v/i. and v/t.* (*h.*) talk, chat, *Am. a.* chin; chatter, tattle; twaddle, blather; prattle; blab.

ˈ**Schwätzer(in** *f*) *m* (-*s*, -; -, -*nen*) chatterbox, prattler, babbler; gossip; blatherskite; ranter, gas-bag.

Schwätzeˈrei *f* (-; -*en*) babbling, prattle, gabble; gossip, tittle-tattle, wagging of tongues.

ˈ**schwatzhaft** *adj.* talkative, garrulous, chatty.

ˈ**Schwatzmaul** *colloq. n* → *Schwatzbase.*

Schwebe [ˈʃve:bə] *f* (-): *in der ~ sein* be in suspense, be undecided *or* unsettled, tremble in the balance; *jur.* be pending; be in abeyance; *in der ~ lassen* leave *a th.* unsettled; **~bahn** *f* suspension railway; → *Drahtseilbahn*; **~balken, ~baum** *gym. m* balance beam; **~flug** *aer. m helicopter*: hovering (flight); *glider*: soaring (flight); **~hang** *m gym.* half lever hang; **~kippe** *f gym.* long upstart.

ˈ**schweben** *v/i.* (*h.*) be suspended (*or* poised), hang *in the air*; float (*a. in liquid*); hover; *hoch ~* soar; *fig.* (*sn*) glide, swim (*ins Zimmer* into the room); (*h.*) be undecided, → *Schwebe*; *der Mond schwebt am Himmel* the moon swims in the sky; *fig. j-m vor Augen ~* be before a p.'s eye (*or* mind); → *vorschweben*; *in Gefahr ~* be in danger; *in Ungewißheit ~* be (kept) in suspense; *zwischen Furcht und Hoffnung (Leben und Tod) ~* hover between fear and hope (life and death); *fig. über den Wolken ~* live in the clouds; *es schwebt mir auf der Zunge* it is on the tip of my tongue; **~d** *adj.* suspended (*a. chem. in liquid*), in suspension; floating; hovering; *esp. jur.* pending; *Schritt*: floating, swinging (*steps*); *phonetics*: *~e Betonung* level stress; *~e Schuld* floating debt.

ˈ**Schwebe...**: **~reck** *gym. n* trapeze; **~teilchen** *n* suspended particle.

Schwebfliege [ˈʃve:p-] *f* hovering fly.

ˈ**Schwebung** *f* (-; -*en*) vibration; *radio*: beat, surge; **~s-empfang** *m* (-[e]s) beat reception.

Schwed|e [ˈʃve:də] *m* (-*n*; -*n*), **~in** *f* (-; -*nen*) Swede; *humor. alter Schwede!* old man!; **2isch** *adj.* Swedish (*a. ~e Sprache*); of Sweden; *humor. hinter ~en Gardinen* behind (prison) bars.

Schwefel [ˈʃve:fəl] *m* (-*s*) sulphur, *Am. a.* sulfur; brimstone; **2artig** [ˈ-ɑ:rtiç] *adj.* sulphur(e)ous; **~äther** *m* sulphuric ether; **~bad** *n chem.* sulphurated bath; *med.* sulphur bath; **~bande** *colloq. f* gang, bad lot; **~blumen** *f/pl.*, **~blüte** *f* (-) flowers *pl.* of sulphur; **~dampf** *m* sulphur vapo(u)r; **~eisen** *n* ferrous sulphide; **~erz** *m* sulphur ore.

ˈ**schwef(e)lig** *adj.* sulphurated, of sulphur; sulphur(e)ous (*acid*); **~sauer** *adj.* sulphite of.

ˈ**Schwefel...**: **2haltig** *adj.* sulphur(e)ous; **~hölzchen** [ˈ-hœltsçən] *n* (-*s*; -) (lucifer) match; **~kies** *m* pyrites *pl.*; **~kohlenstoff** *m* carbon disulphide; **2n** *v/t.* (*h.*) *chem.* sulphurate; *tech.* sulphurize; vulcanize; sulphur, fumigate; **~quelle** *f* sulphur spring; **2sauer** *adj.* sulphuric, sulphate of; *~er Ammoniak* ammonium sulphate; **~säure** *f* (-) sulphuric acid; **~verbindung** *f* sulphur compound; **~wasserstoff** *m* hydrogen sulphide; **~weiß** *n* (-[es]) zincolith; **~zinn** *n* tin sulphide.

Schweif [ʃvaɪf] *m* (-[e]s; -e) tail (*a. ast.*); *fig.* train; ˈ**2en I.** *v/i.* (*sn*) ramble, stray, stroll; roam, rove; *fig. den Blick ~ lassen* let the eye wander; *sein Blick schweifte durchs Zimmer* his eye ranged the room; *seine Gedanken schweiften in die Vergangenheit* his thoughts ranged the past; **II.** *v/t.* (*h.*) *tech.* curve; scallop; rinse; ˈ**~haar** *n* tail hair(s *pl.*); ˈ**~säge** *f* fretsaw; ˈ**~stern** *m* comet; ˈ**~ung** *f* (-; -*en*) curve, bend(ing), sweep(ing); ˈ**2wedeln** *v/i.* (*h.*) → *schwänzeln.*

Schweige|geld [ˈʃvaɪgə-] *n* hush--money; **~kegel** *m radio, radar*: cone of silence; **~marsch** *m* silent protest march.

ˈ**schweigen** *v/i.* (*irr.*, *h.*) be silent (*a. fig. über* on); keep silence *or* mum; say nothing, hold one's tongue *or* peace; *noise, etc.*: cease; *zu et. ~* make (*or* offer) no comment on a th., pass a th. over (in silence); *ganz zu ~ von* to say nothing of, let alone; *~ Sie!* be quiet!, silence!; **2** *n* (-*s*) silence; *~ bewahren (auferlegen)* keep (impose) silence; *~ gebieten* command silence; → *hüllen*; *zum ~ bringen* reduce to silence, (*a. mil.*) silence; hush (*children*); *~ ist Gold* silence is golden; **~d** *adj.* silent; *adv.*: *~ zuhören* listen in silence; *sich ~ verhalten* keep silent, hold one's peace; *er ging ~ darüber hinweg* he passed it over in silence.

ˈ**Schweigepflicht** *f* (pledge of) secrecy; professional discretion.

Schweiger *m* (-*s*; -) taciturn person, man of few words.

schweigsam [ˈʃvaɪkzɑ:m] *adj.* silent, quiet; taciturn; discreet, close (-mouthed); **2keit** *f* (-)taciturnity; discretion.

Schwein [ʃvaɪn] *n* (-[e]s; -e) pig, *esp. Am.* hog, *pl. usu.* swine (*all a. contp. fig.*); sow; *hunt.* wild boar; *cul.* pork; *colloq.* (-[e]s) good luck, stroke of luck, fluke; *~ haben* be lucky (*or* in luck), be a lucky dog; *colloq. kein ~* nobody.

ˈ**Schweine...**: **~braten** *m* roast pork; **~fett** *n* lard, pork dripping; **~fleisch** *n* pork; **~fraß** *m*, **~futter** *n* food for pigs (*a. fig.*); **~hirt** *m* swineherd; **~hund** *colloq. m* swine, dirty dog, skunk, *Am. sl.* louse; *innerer ~* **a**) one's baser instincts, **b**) cowardice; **~pest** *f* swine-fever; **~pökelfleisch** *n* salt pork; **~ˈrei** *f* (-; -*en*) piggishness, piggery; (awful) mess; dirt(iness); dirty trick; smut(ty joke); crying shame; **~rotlauf** *vet. m* (-[e]s) swine erysipelas; **~schlächter** *m* pork-butcher; **~schmalz** *n* lard; **~stall** *m* pigsty (*a. fig.*), pigpen, *Am.* hogpen; **~zucht** *f* pig-breeding, *Am.* hog--raising; **~züchter** *m* pig-breeder, *Am.* hog-raiser.

Schwein|igel [ˈʃvaɪnˀi:gəl] *colloq. m* dirty pig, filthy fellow; obscence talker; **~igeˈlei** *f* (-; -*en*) smutty joke, obscenity; **2igeln** *v/i.* (*h.*) talk smut.

ˈ**schweinisch** *adj.* swinish, piggish; smutty.

ˈ**Schweins...**: **~blase** *f* pig's bladder; **~füße** *m/pl.* (pig's) trotters; **~galopp** *m*: *im ~* at a lope, post-haste; **~keule** *f* leg of pork; **~kopf** *m* hog's head; **~kotelett** *n* pork chop; **~leder** *n* pigskin; **2ledern** *adj.* (of) pigskin; **~rippchen** *n* (salt) pork chop.

Schweiß [ʃvaɪs] *m* (-es; -e) sweat, perspiration; *on windows, etc.*: moisture, steam; exudation; *in wool*: yolk, suint; *im ~ wool*: in the greasy state; *hunt.* blood; *in ~ geraten* break into perspiration, sweat; *das hat viel ~ gekostet* that was hard work; *im ~e deines Angesichts* in the sweat of your (*bibl.* thy) brow; ˈ**~apparat** *tech. m* welding apparatus (*or* unit); ˈ**~ausbruch** *m* profuse perspiration, sweats *pl.*; ˈ**~band** *n in hat*: sweatband; ˈ**2bar**

tech. adj. weldable; '**≈bedeckt** *adj.* covered with sweat; → *schweißgebadet*; '**~blatt** *n in dress*: dress-shield; '**~bogen** *tech. m* welding arc; '**~brenner** *m* welding torch, blowpipe; '**~drüse** *f* perspiratory gland; '**≈echt** *adj.* fast to perspiration; '**~eisen** *n* wrought iron; '**~elektrode** *f* welding electrode.

'**schweißen I.** *v/t.* (*h.*) *tech.* weld (together); *elektrisch* ~ electroweld; *stumpf* ~ butt-weld; **II.** *v/i.* (*h.*) *hunt.* bleed; *metall.* (begin to) weld; *vessel*: leak.

'**Schweißer** *m* (-s; -) welder; **Schweiße'rei** *f* (-) welding shop.

'**Schweiß...**: **~fuchs** *m* sorrel horse; **~füße** ['-fy:sə] *m/pl.* sweaty feet; **≈gebadet** *adj.* bathed in perspiration, dripping with sweat; **~geruch** *m* (-[e]s) smell of perspiration, body odo(u)r; **~hund** *m* bloodhound; **≈ig** *adj.* sweaty, wet (*or* damp) with perspiration; *hunt.* bloody; **~leder** *n in hat*: interior leather band; **~mittel** *n med.* sudorific; *tech.* welding flux; **~naht** *f* weld(ed joint), (welding) seam; **~perle** *f* bead of perspiration; **~stahl** *m* weld(ed) steel; wrought iron; **~stelle** *tech. f* weld(ed joint), point of weld; **~technik** *f* welding practice; **≈treibend** *med. adj.* sudorific; **≈triefend** *adj.* → *schweißgebadet*; **~tropfen** *m* drop of sweat, bead of perspiration; **~ung** *f* (-; -en) welding; weld; **~wolle** *f* unscoured wool.

'**Schweizer**[1] *m* (-s; -) Swiss; *die* ~ *pl.* the Swiss; *agr.* dairyman.

'**Schweizer**[2] *adj.* Swiss; **~deutsch** *adj.* Swiss German.

Schweize'rei *f* (-; -en) dairy.

'**Schweizer...**: **~haus** *n* Swiss cottage, chalet; **~in** *f* (-; -nen) Swiss (woman *or* girl); **≈isch** *adj.* Swiss, of Switzerland; ~ **Käse** *m* Swiss cheese.

Schwel|anlage ['ʃwe:l-] *tech. f* (low-temperature) carbonizing plant; **≈en I.** *v/i.* (*h.*) smoulder (*a. fig.*); **II.** *v/t.* (*h.*) burn slowly *or* by a slow fire; carbonize *lignite* at low temperature; distil(l) (*tar*).

schwelg|en ['ʃvɛlgən] *v/i.* (*h.*) lead a luxurious life, live on the fat of the land; revel, feast, carouse; *fig.* ~ *in* (*dat.*) revel in, luxuriate in, wallow in; **≈er(in** *f*) *m* (-s, -; -, -nen) revel(l)er; epicure; glutton; **≈e'rei** *f* (-; -en) revelry, revel, rout; gluttony, feasting; debauch(-ery); **~erisch** *adj.* luxurious; revel(l)ing, gluttonous; debauched; voluptuous.

Schwelle ['ʃvɛlə] *f* (-; -n) threshold (*a. fig.*); sill, doorstep; beam, (ground-)joist; *rail.* sleeper, *esp. Am.* tie; *fig.* ~ *des Bewußtseins* threshold of consciousness; *an der* ~ *e-r neuen Zeit* on the threshold of a new time; *an der* ~ *des Grabes* on the brink of the grave.

'**schwellen I.** *v/i.* (*irr.*, *sn*) swell; *water*: rise; → *anschwellen*; *fig.* increase, expand, swell; → *geschwollen*; **II.** *v/t.* (*h.*) swell; *sails*: *a.* fill, belly out; *fig.* fill (*the breast*); **~d** *adj.* swelling.

'**Schwellen...**: **~energie** *phys. f* threshold energy; **~wert** *m* threshold value.

'**Schweller** *mus. m* (-s; -) swell.

'**Schwell...**: **~gewebe** *anat. n* cavernous (*or* erectile) tissue; **~körper** *m* erectile organ, cavernous body; **~ton** *mus. m* crescendo.

'**Schwellung** *f* (-; -en) swelling; *med. a.* tumefaction; *of the ground*: swell.

'**Schwel...**: **~teer** *m* low-temperature tar; **~ung** *f* (-; -en) low-temperature carbonization.

Schwemm|e ['ʃvɛmə] *f* (-; -n) watering-place, horse-pond; *colloq.* tavern, taproom; *econ.* glut (*an dat.* of); **≈en** *v/t.* (*h.*) water (*cattle*); wash (off); float (*timber*); soak (*hides*); **~land** *n* (-[e]s) (**~sand** *m*) alluvial land (sand).

Schwengel ['ʃvɛŋəl] *m* (-s; -) swing-bar; *of bell*: clapper; (pump) handle.

Schwenk [ʃvɛŋk] *m* (-[e]s; -e) *film*: pan shot; '**~achse** *tech. f* swivel axis; '**~arm** *tech. m* swivel arm; '**~aufnahme** *phot. f* oscillating exposure; '**≈bar** *adj.* swivel(ling), revolving, rotatable; slewing (*crane*, *etc.*); *mil.* traversable (*gun*), swivel-mounted (*machine-gun*).

'**schwenken I.** *v/t.* (*h.*) swing; shake (about), toss (about); wave (*hat*, *flag*, *etc.*); brandish, flourish (*stick*, *etc.*); *film*: pan; *tech.* swing, swivel, pivot; rinse; *sich* ~ turn (a)round, swivel; **II.** *v/i.* (*sn*) turn (about); *mil.* wheel (about); gun, *a. tech.*: traverse; swivel, rotate, slew (*or* slue) round; *mil. rechts schwenkt, marsch!*; right wheel — march! *Am.* column right — march!

'**Schwenk...**: **~kran** *m* slewing crane; **~rad** *n* swivel wheel; **~ung** *f* (-; -en) turn(ing movement), swivel(l)ing, rotation; *of crane*: slewing; *mil.* wheeling, *tactical*: wheeling manoeuvre (*Am.* maneuver); *of gun*: traversing motion; *fig.* change of mind; *pol.* change of front (*or* sides); about-face; **~vorrichtung** *f* swivel(l)ing mechanism; *of crane*: slewing gear.

schwer [ʃve:r] **I.** *adj.* heavy (*a. mil. cruiser*, *fire*, *weapon*, *etc.*); weighty; ponderous, heavy(-handed), clumsy (*all a. fig.*); burdensome, oppressive; onerous (*duty*); hard, difficult, tough, → *schwierig*; bad, grievous, → *schlimm*; hard (*decision*, *fight*); serious (*accident*, *illness*, *wound*); bad, gross (*mistake*); heavy (*sea*, *storm*); grave (*crime*); *jur.* ~*er Diebstahl* aggravated larceny; rich, heavy, stodgy (*food*); strong (*cigar*, *wine*); ~*er Atem* short breath; ~*er Boden* heavy soil; *colloq.* ~*er Junge* criminal, gangster; ~*er Kopf* heavy head; *colloq.* ~*e Menge a* lot, *a* heap; ~*es Schicksal* hard lot; ~*e Stunde* grave hour; *chem.* ~*es Wasser* heavy water (*or* hydrogen); ~*e Zeit* hard times; ~*e Zunge* heavy tongue; ~*en Herzens* with a heavy heart, reluctantly; ~ *von Begriff* slow (-witted), slow in the uptake; *2 Pfund* ~ weighing two pounds, two pounds in weight; *ein* ~*es Geld kosten* cost a lot of money (*or* a tidy penny); ~*es Geld verdienen* make big money; **II.** *adv.* heavily, *etc.*; very much, awfully; badly; ~ *arbeiten* work hard; ~ *beleidigen* offend deeply, outrage; ~ *hören* be hard of hearing; ~ *im Magen liegen* lie heavily in the stomach, *fig. j-m*: prey on *a p.*'s mind, oppress; ~ *zu erlangen* hard to get; ~ *zu sagen* hard to say; ~ *zu verstehen* hard to grasp; ~ *betrunken* helplessly (*or* dead) drunk; ~ *enttäuscht* cruelly disappointed; ~ *verwundet* dangerously wounded; *da hat er sich aber* ~ *getäuscht* he is very much mistaken there, *Am.* that's where he makes his big mistake; → *schwerfallen*, *etc.*

'**schwer...**: **≈arbeit** *f* heavy labo(u)r; **≈arbeiter** *m* heavy worker; **≈athlet** *m* heavy athlete; **≈athletik** *f* heavy athletics *pl.*; **~atmig** ['-ɑ:tmiç] *adj.* asthmatic; **~beladen** *adj.* heavily laden; **≈benzin** *n* heavy petrol (*Am.* gasoline); **~beschädigt** *adj.* heavily damaged; **≈beschädigte(r** *m*) ['-bəʃɛ:diçtə(r)] *f* (-n, -n; -en, -en) → *Schwerkriegsbeschädigter*; **~bewaffnet** *adj.* heavily armed; **~blütig** ['-bly:tiç] *adj.* thickblooded, heavy, grave.

'**Schwere** *f* (-) heaviness, weight; *phys.* gravity; *med.* pregnancy; *fig.* seriousness, gravity; severity (*of punishment*); (full) weight, import (*of word*); ponderousness (*of style*); **≈los** *adj.* ethereal, floating; **~messer** *m* (-s; -) gravimeter; **~nöter** ['-nø:tər] *m* (-s; -) lady-killer, gay Lothario.

'**schwer...**: **~errungen** ['-ɛr:ruŋən] *adj.* hard-won; **~erziehbar** ['-ɛr'tsi:bɑ:r] *adj.* difficult to educate; recalcitrant; ~*es Kind* problem child; **~fallen** *v/i.* (*irr.*, *sn*) be difficult (*dat.* to); *es fällt ihm schwer* he finds it hard, *w.s.* it is hard on him, it is painful for him; **~fällig** *adj.* heavy, ponderous (*both a. person*, *style*, *etc.*); awkward, clumsy; sluggish; unwieldy, cumbersome; *person*: dull, slow(-witted); heavy-handed (*humour*); **≈fälligkeit** *f* (-) heaviness, ponderousness, *etc.*; **~flüssig** *adj.* viscous, viscid; **≈gewicht** *n boxing*, *etc.*: heavy-weight; *fig.* chief stress, emphasis, chief importance; **≈gewichtler** ['-gəviçtlər] *m* (-s; -) *boxing*: heavy-weight (boxer); **≈gewichtsmeister** *m* heavy-weight champion; **~halten** *v/i.* (*irr.*, *h.*): *es wird* ~ it will be difficult; **~hörig** *adj.* hard of hearing; **≈hörigkeit** *f* hardness of hearing, deafness; **≈industrie** *f* heavy industry; **≈kraft** *phys. f* (-) (force of) gravity, gravitation; **≈kraftsbeschleunigung** *f* gravity acceleration; **≈kraftverlagerung** *f* displacement of the center of gravity; **~krank** *adj.* seriously (*or* dangerously) ill; **≈kriegsbeschädigte(r)** ['-kri:gsbəʃɛ:diçtə(r)] *m* (-[e]n; -[e]n) seriously disabled soldier (*or* ex-serviceman); disabled man; **≈lastwagen** *m* heavy-duty truck; **~lich** *adv.* hardly, scarcely; **≈metall** *n* heavy metal; **≈mut** *f* (-) melancholia, sadness; **~mütig** ['-my:tiç] *adj.* melancholy; heavy-hearted, heartsick; sad, mournful; **~nehmen** *v/t.* (*irr.*, *h.*): et. ~ take a th. to heart; **2öl** *n* heavy oil, Diesel oil; **2ölmotor** *m* Diesel(-type) engine; **2punkt** *m* cent|re (*A.n.* -er) of gravity; *fig.* crucial (*or* focal) point; emphasis, (chief) stress; *a. mil.* point of main effort; **2punktbildung** *f mil.* massed concentration; *fig.* concentration, emphasis; **2punktverlagerung** *f* displacement of the cent|re (*Am.* -er) of gravity; *sports, etc.*: weight transfer; **2spat** *min. m* heavy spar, barite.

Schwert [ʃve:rt] *n* (-[e]s; -er) sword; *of sail-boat*: cent|re- (*Am.* -er-) board, fin, drop-keel; *mit Feuer und* ~ with fire and sword; **'~ertanz** *m* sword dance; **'~fisch** *m* sword-fish; **2förmig** ['-fœrmiç] *adj.* sword-shaped; **'~lilie** *bot. f* iris, *yellow*: sword-flag; **'~streich** *m* sword-stroke; *ohne* ~ without striking a blow.

'schwer...: 2verbrecher *m* dangerous criminal, *jur.* felon; gangster; **~verdaulich** *adj.* indigestible, heavy, stodgy (*all a. fig.*); **~verdient** *adj.* hard-earned; **2verletzte(r** *m*) *f* seriously injured person, stretcher case; **~verständlich** *adj.* difficult (*or* hard) to understand; **~verwundet** *adj.* seriously wounded; **2verwundete(r)** *m* major casualty; **~wiegend** *adj. fig.* weighty, grave, momentous.

Schwester ['ʃvestər] *f* (-; -*n*) sister; *med.* (hospital) nurse; *barmherzige* ~ Sister of Charity; nun; **~chen** *n* (-s; -) little sister; **~firma** *f* affiliated firm, sister; **~kind** *n* sister's child; **2lich** *adj.* sisterly; **~liebe** *f* sisterly love; **~ndiplom** *n* Diploma of Nursing; **~npaar** *n* two sisters *pl.*; **~(n)schaft** *f* (-; -*en*) sisterhood; **~ntracht** *f* (nurse's) uniform; **~schiff** *n* sister ship; **~unternehmen** *n* associated company.

Schwibbogen ['ʃvip-] *arch. m* archway, arched buttress.

schwieg [ʃvi:k] *pret. of schweigen.*

Schwieger|eltern ['ʃvi:gər-] *pl.* parents-in-law; **~mutter** *f* (-; ⸚) mother-in-law; **~sohn** *m* son-in-law; **~tochter** *f* daughter-in-law; **~vater** *m* father-in-law.

Schwiel|e ['ʃvi:lə] *f* (-; -*n*) horny skin, callus, callosity; welt, weal, wale; **2ig** *adj.* callous, horny; full of welts *or* wales.

schwierig ['ʃvi:riç] *adj.* difficult, hard; tough; complicated, intricate; delicate, ticklish; precarious, trying; critical; troublesome, irksome, onerous; awkward; *person*: difficult, particular, fastidious, exacting; *~e Aufgabe a.* arduous task, uphill work; *~e Frage* puzzling (*or* vexed) question, poser; *~es Kind* intractable (*or* difficult) child, problem child; *~e Lage* critical (*or* awkward) position, predicament, fix; *~er Punkt, ~e Sache* knotty (*or* thorny) point, hard nut to crack; *~e Verhältnisse* trying circumstances; *~ machen* make (*or* render) difficult, complicate, impede; *das 2ste haben wir hinter uns* the worst is over, we have broken the back of it, we are out of the wood; **2keit** *f* (-; -*en*) difficulty; intricacy; awkwardness; precariousness; crisis; obstacle, snag, hitch; stumbling-block; problem, crux; facer; predicament, dilemma, fix; *~en pl.* difficulties, trouble *sg.*; *finanzielle ~en* financial difficulties; *~en machen* **a)** *matter*: raise (*or* present) difficulties, **b)** *person*: raise objections, argue, **c)** *j-m*: give a p. trouble, put obstacles in a p.'s way; *das bereitete ihm keinerlei ~en* he found it quite easy, he took it in his stride; *auf ~en stoßen* encounter (*or* meet with) difficulties, run into a snag; *in ~en geraten* get into trouble; *nicht ohne ~en* not without some difficulty; **2keitsgrad** *m* degree of difficulty.

Schwimm|anstalt ['ʃvim-] *f* swimming-baths *pl.*; **~bad** *n* swimming-bath, *Am.* swimming pool; **~bahn** *f* (swimmer's) lane; **~becken** *n* (swimming-)pool; **~blase** *f ichth.* air-bladder, sound; *for non-swimmers*: water-wings *pl.*, float; **~brücke** *f* floating bridge; **~dock** *mar. n* floating dock.

'schwimmen *v/i.* (*irr.*, *h.*, *sn*) (have a) swim; *objects*: float, drift; *floor, etc.*: swim, be flooded; *fig.* flounder, be at sea; *in s-m Blute ~* swim (*or* welter) in one's blood; *im Gelde ~* be rolling in money; *im Glück ~* swim in delight, be riding on air; *in Tränen ~* be bathed in tears; → *Strom*; *über den Kanal ~* swim the Channel; *alles schwamm vor seinen Augen* everything swam before his eyes; 2 *n* (-s) swimming; *fig. ins ~ kommen* flounder; **~d** *adj.* swimming; (*a. mar., tech.*) floating.

'Schwimmer *m* (-s; -) **1.** (*a.* **~in** *f*, -; -*nen*) swimmer; **2.** *fishing, a. aer., mot., tech.* float; **~nadel** *mot. f* carburet(t)or needle; **~schalter** *el. m* float switch.

'Schwimm...: 2fähig *adj.* buoyant, floatable; **~fest** *n* swimming gala, aqua show; **~flosse** *f* fin; **~fuß** *zo. m* web-foot; **~füßer** ['-fy:sər] *orn. m* (-s; -) palmiped; **~gürtel** *m* swimming-belt; life-belt; **~haut** *f* web; **~hose** *f* (e-e ~ a pair of) (bathing-)trunks *pl.*; **~kampfwagen** *mil. m* amphibious tank; **~körper** *m* float; **~kraft** *f* (-) buoyancy; **~kran** *m* floating crane; **~lehrer** *m* swimming-master (*or* instructor); **~sport** *m* (-[e]s) swimming; **~stadion** *n* swimming stadium; **~stoß** *m* stroke; **~verein** *m* swimming club; **~vermögen** *n* floating power; **~vogel** *m* web-footed (*or* swimming-)bird; **~werk** *aer. n* water landing gear; **~weste** *f* life-jacket, air-jacket, *Am.* life preserver (vest); **~wettkampf** *m* swimming competition.

Schwindel ['ʃvindəl] *m* (-s) *med.* vertigo; giddiness, dizziness; *vet.* staggers *pl.*; *fig.* swindle, humbug, bunkum, eyewash; cheat, fraud, take-in; *den ~ kenne ich* I know that trick *or* dodge; *colloq. der ganze ~* the whole lot (*or* bag of tricks); **~anfall** *med. m* fit of dizziness, vertigo.

Schwinde'lei *f* (-; -en) → *Schwindel*; white lie, fib; (constant) lying; swindling, cheat.

'Schwindel...: 2erregend *adj.* causing giddiness, *a. fig.* dizzy, vertiginous; **~firma** *f* → *Schwindelgesellschaft*; **2frei** *adj.* free from giddiness; *nicht ~* high-shy; **~gefühl** *n* (feeling of) giddiness, vertigo; **~gesellschaft** *f* bogus (*or* bubble) company, *Am.* wildcat company; **2haft** *adj.* swindling, fraudulent, bogus; *a.* → **~ig** *adj.* giddy, dizzy, vertiginous (*all a. fig.*); staggering (*cost, prices, etc.*); *ihr wurde ~* she felt giddy, her head swam, everything swam before her eyes; *das macht mich ~* it makes me giddy.

'schwindeln *v/i.* (*impers.*, *h.*): *es schwindelt mir* I feel giddy *or* dizzy, my head swims; *fig. ~ machen* stagger; *ihm schwindelte bei dem Gedanken* his mind reeled at the thought; *in ~der Höhe* at a giddy (*or* dizzy) height; (*h.*) fib, tell fibs (*or* a white lie), white-lie; cheat, swindle.

'Schwindel...: ~preis *m* fraudulent (*or* scandalous) price; **~unternehmen** *n* → *Schwindelgesellschaft.*

schwinden ['ʃvindən] *v/i.* (*irr.*, *sn*) dwindle, wane, ebb; grow less, fall off; shrink, *metall. a.* contract; wilt, wither; *colour, light, sound*: fade (away); disappear, vanish; *~de Hoffnung* dwindling hope; *ihm schwand der Mut* he lost courage, his heart sank; *ihr schwanden die Sinne* she fainted (*or* swooned) away.

'Schwinden *n* (-s) dwindling; shrinkage; disappearance; *radio*: fading.

Schwindler ['ʃvindlər] *m* (-s; -), **~in** *f* (-; -*nen*) swindler, cheat, humbug; shark, sharper, crook; liar; impostor, confidence-man, con man; **2isch** *adj.* swindling, fraudulent, bogus.

'schwindlig *adj.* → *schwindelig.*

Schwind... ['ʃvint-]: **~sucht** *med. f* (-) consumption, phthisis; **2süchtig** *adj.*, **~süchtige(r** *m*) *f* consumptive.

Schwing-achse ['ʃviŋ-] *mot. f* independant (*or* oscillating) axle.

'Schwinge *f* (-; -*n*) wing, *poet.* pinion; *agr.* winnow, fan; *for flax*: swingle; *tech.* rocker arm.

'schwingen I. *v/t.* (*irr.*, *h.*) swing; wave; brandish, flourish; wield (*the brush, pen, scalpel*); *tech.* centrifuge; *agr.* winnow (*wheat, etc.*), swingle (*flax*); *sich ~* (*irr.*, *h.*) swing o.s. (*hinauf* up); *sich in die Luft ~* soar (*a. tower, etc.*); *sich in den Sattel (über die Mauer) ~* vault into saddle (over the wall); → *Tanzbein*; *sich auf den Thron ~* usurp the throne; *die Küste schwingt sich nach Norden* the coast sweeps northward; *die Brücke schwingt sich über den Fluß* the bridge spans the river; *colloq. e-e Rede ~* make a speech, hold forth; **II.** *v/i.* (*irr.*, *h.*) swing; *tech.* oscillate; vibrate; sway; *geschwungen* curved, sweeping.

'Schwinger *m* (-s; -) *boxing*: swing, *Am. a.* haymaker.

'Schwing|hebel *m* rocker (arm);

~kondensator *m* vibrating capacitor; **~kreis** *m radio*: tuned (*or* resonant) circuit; **~röhre** *f* oscillator valve (*Am.* tube); **~spule** *f* moving coil.

'**Schwingung** *f* (-; -*en*) swing(ing); oscillation; vibration; pulsation; cycle; (*sub*)*harmonische* ~*en pl.* (sub)harmonics; *in* ~ *setzen* set swinging *or* going, cause to vibrate.

'**Schwingungs...:** **~achse** *f* axis of oscillation; **~dämpfer** *m* vibration damper; **~dauer** *f* period (of oscillation); **~festigkeit** *f* vibratory fatigue limit; **2frei** *adj.* non-oscillating; vibration-free; **~knoten** *m* nodal point of vibration; **~kreis** *m* → *Schwingkreis*; **~weite** *f* amplitude; **~zahl** *f* frequency of oscillations; vibration rate.

Schwippschwager ['ʃvip-] *m* brother of the brother-in-law.

Schwips [ʃvips] *colloq. m* (-*es*; -*e*) tipsiness; *e-n* ~ *haben* be tipsy, be a little on.

schwirren ['ʃvirən] *v/i.* (*h.*, *sn*) whir(r); whiz(z); *insects*: buzz, hum; *fig. rumours*: run, be rife; 2 *n* (-*s*) whirr; whizzing (sound); buzz.

Schwitzbad ['ʃvits-] *n* sweat (*or* Turkish) bath, steam-bath.

'**schwitzen I.** *v/i.* (*h.*) sweat, perspire; *walls*: be sweaty *or* damp; *tech. Häute* ~ *lassen* sweat; *am ganzen Leibe* ~ be in a bath of perspiration, be all of a sweat; **II.** *v/t.* (*h.*) *fig. Blut* ~ **a)** sweat blood, **b)** be in agonies, agonize.

Schwitzen *n* (-*s*) sweating, perspiration.

'**Schwitz...:** **~kasten** *m* sweating box; *wrestling*: headlock; **~kur** *f* sweating cure; **~mittel** *n* sudorific.

Schwof [ʃvo:f] *colloq. m* (-[*e*]*s*; -*e*) (public) dance, hop, *Am. a.* shindig; **2en** *v/i.* (*h.*) (have a) dance, shake a leg, hop.

schwoll [ʃvɔl] *pret. of schwellen.*

schwor [ʃvo:r] *pret. of schwören.*

schwören ['ʃvø:rən] *v/i. and v/t.* (*irr.*, *h.*) swear (*bei Gott* by God), take an oath (*auf acc.* upon); *vor Gericht* ~ take the oath; *j-m Rache* ~ vow vengeance against a p.; ~ *auf* have absolute confidence in, swear by, *Am. a.* be sold on; *ewige Treue* ~ swear eternal fidelity; *ich hätte geschworen, daß* I could have sworn that; → *geschworen.*

schwul [ʃvu:l] *vulg. adj.* queer, gay; '**2e(r)** *m* (-[*e*]*n*; -[*e*]*n*) homo, pansy.

schwül [ʃvy:l] *adj.* sultry, close, muggy, stifling, oppressive; sweltering; damp; *fig.* sultry, languorous; uneasy; *ihm wurde* ~ *zumute* he began to sweat (*or* feel ill at ease); '**2e** *f* (-) sultriness, closeness, stifling heat, muggy weather; *fig.* languor.

Schwuli'tät *colloq. f* (-; -*en*) fix, scrape; *in* ~*en kommen* get into trouble.

Schwulst [ʃvulst] *m* (-*es*; ⸚*e*) bombast.

schwülstig ['ʃvylstiç] *adj.* bombastic(ally *adv.*), pompous, inflated; **2keit** *f* (-; -*en*) bombastic style, grandiloquence.

schwummerig ['ʃvuməriç] *colloq. adj.* → *schwind*(*e*)*lig.*

Schwund [ʃvunt] *m* (-[*e*]*s*) dwindling; loss; shrinkage; leakage; *radio*: fading (*a. mot. of brake, clutch*); *med.* atrophy; falling off (*of hair*); '**~ausgleich** *m*, '**~regelung** *f radio*: automatic volume control; '**~zone** *f radio*: wipe-out area.

Schwung [ʃvuŋ] *m* (-[*e*]*s*; ⸚*e*) swing (*a. gym.*); *skiing*: turn; speed, headway; *phys.* momentum; *fig.* rise; impetus; buoyancy; energy, vitality, drive, vim, punch; verve, dash, snap, go, pep, zip; life, vivacity, animation; batch (*of things or persons*); wave *of immigrants, etc.*; ~ *der Phantasie* flight of imagination; *edler* ~ *der Sprache* lofty strain; *in* ~ *bringen* set going; ~ *bekommen* gather speed (*or* momentum, *a. fig.*); (*richtig*) *in* ~ *kommen* get into one's stride, *matter*: *a.* click into gear; *im* ~ *sein* be in full swing; *j-n auf* ~ *bringen* make a p. find his legs, goad a p. to activity; '**~feder** *orn. f* pinion; '**2haft** *adj.* brisk, roaring, flourishing (*trade*); → *schwungvoll*; '**~kippe** *f gym.* long upstart; '**~kraft** *phys. f* (-) momentum (*a. fig.*), centrifugal force; *fig.* buoyancy, vivacity; → *Schwung*; '**~kraftanlasser** *mot. m* inertia starter; '**2los** *adj.* without life *or* go, spiritless, slow, flat; '**~rad** *tech. n* flywheel; *of watch*: balance-wheel; **~stemme** ['-ʃtɛmə] *f* (-; -*n*) *gym.* uprise; '**2voll** *adj.* full of energy *or* verve *or* go; spirited (*a. attack, translation, performance*), bold (*design*), racy (*melodies*), snappy; enterprising; sparkling.

schwur [ʃvu:r] *pret. of schwören.*

'**Schwur** *m* (-[*e*]*s*; ⸚*e*) oath; vow; *e-n* ~ *leisten* take an oath, make a vow; → *Eid*; **~gericht** *n* (court of) assizes *pl.*; jury court; **~gerichtsverfahren** *n* trial by jury.

sechs [zɛks] *adj.* six; → *acht*; 2 *f* (-; -*en*) (number) six; **2'achteltakt** *mus. m* six-eight time; '**~atomisch** *adj.* hexatomic; **2eck** ['-ɛk] *n* (-[*e*]*s*; -*e*) hexagon; '**~eckig** *adj.* hexagonal; **2ender** ['-endər] *hunt. m* (-*s*; -) stag with six points; '**2er** *m* (-*s*; -) (the) number six; '**~erlei** *adv.* of six (different) kinds *or* sorts, six kinds of; '**~fach** *adj.* six-fold, sextuple; *das* 2*e* six times the amount; '**~jährig** *adj.* six-year-old; sexennial; '**~mal** *adv.* six times; **~malig** ['-ma:liç] *adj.* six times repeated; **~monatig** ['-'mo:natiç] *adj.* lasting (*or* of) six months, six-month ...; '**~'monatlich I.** *adj.* six-monthly, half-yearly, semi-annual; **II.** *adv.* every six months, every sixth month; '**~motorig** *aer. adj.* six-engined; **2'phasenstrom** *el. m* six-phase current; '**2polröhre** *f* six-electrode valve, hexode; **~schüssig** ['-ʃysiç] *adj.* six-chamber; ~*er Revolver Am.* six-shooter; '**~seitig** *adj.* hexagonal; **~spännig** ['-ʃpɛniç] *adj.* with six horses; '**~stellig** *adj. number* with six digits; **~stöckig** ['-ʃtœkiç] *adj.* six-storied; **~stündig** ['-ʃtyndiç] *adj.* lasting (*or* of) six hours, six-hour ...; **2'tagerennen** *n* six-day (bicycle) race; '**~tägig** *adj.* lasting (*or* of) six days, six-day ...

'**sechste, ~r** *adj.* (the) sixth; → *achte*; **2l** *n* (-*s*; -) *and* **~l** *adj.* sixth (part); **~ns** *adv.* sixthly, in the sixth place.

'**sechsundsechzig** *adj. and* 2 *n* (-) *cards*: sixty-six.

'**sechs...:** **~wöchentlich I.** *adj.* six-weekly; **II.** *adv.* every six weeks, every sixth week; **2zylindermotor** *m* six-cylinder engine.

sechzehn ['zɛçtse:n] *adj.* sixteen; **2ender** ['-endər] *hunt. m* (-*s*; -) stag with sixteen points; **~te** *adj.* sixteenth; **2tel** *n* (-*s*; -) sixteenth part; **2telnote** *mus. f* semiquaver; **~tens** *adv.* (in the) sixteenth (place).

sechzig ['zɛçtsiç] *adj.* sixty; → *achtzig*; **2er**(**in** *f*) ['-gər] *m* (-*s*, -; -, -*nen*) sexagenarian; **~jährig** *adj.* sixty years old, sexagenarian; **~ste** *adj.* sixtieth; **2stel** *n* (-*s*; -) sixtieth (part).

Sedezformat [ze'de:ts-] *typ. n* sedecimo, 16mo.

Sediment [zedi'mɛnt] *n* (-[*e*]*s*; -*e*) sediment; **sedimentär** [-'tɛ:r] *adj.* sedimentary; **Sedi'mentgestein** *geol. n* sedimentary rocks *pl.*; **sedimen'tieren** *v/i.* (*sn*) sediment.

See [ze:] **1.** *f* (-; -*n*) sea, ocean; wave, sea; *die offene* ~ the open sea, the offing; *an der* ~ by the sea (-side); *an die* ~ *gehen* go to the seaside (*Am.* to the seashore *or* beach); *auf* ~ at sea; *auf hoher* ~ on the main, on the high seas; *in* ~ *gehen or stechen* put to sea, set sail; *zur* ~ *gehen* go to sea; **2.** *m* (-*s*; -*n*) lake; pond; pool, puddle.

'**See...:** **~aal** *m* sea-eel; conger; **~adler** *m* sea-eagle; **~alpen** *pl.* Maritime Alps; **~amt** *n* Admiralty Court; **~bad** *n* sea-bath; seaside resort; **~bär** *m fig.*: *alter* ~ old salt; **~beben** *n* (-*s*; -) seaquake; **~dienst** *m* (-*es*) naval service; **~-Elefant** *m* sea-elephant; **2fahrend** *adj.* seafaring, maritime; **~fahrer** *m* mariner, sailor; navigator, seafarer; **~fahrt** *f* navigation (at sea), seafaring; voyage, cruise; passage; **~fahrtbuch** *n* seaman's registration book; **~fahrtschule** *f* merchant marine school; **2fest** *adj.* seaworthy; *person*: not subject to sea-sickness; (*nicht*) ~ *sein* be a good (bad) sailor; ~ *werden* find (*or* get) one's sea-legs; **~fisch** *m* salt-water fish; **~fische'rei** *f* deep-sea fishing; **~flieger** *m* naval aviator; **~flughafen** *m* sea-plane base; seadrome; **~flugzeug** *n* seaplane; naval airplane; **~fracht** *econ. f* sea-freight, *Am.* ocean freight; **~frachtbrief** *econ. m* (ocean) bill of lading (*abbr.* B/L); **~funkdienst** *m* marine radio service; **~gang** *m* (-[*e*]*s*) (motion of the) sea; *hoher* ~ rough sea, high waves; *schwerer* ~ heavy sea; **~gebiet** *n* waters *pl.*; **~gefahr** *econ. f* sea-risk; *Versicherung gegen* ~ marine insurance; **~gefecht** *n* naval action; **~geltung** *pol. f* naval prestige; **~gesetz** *n* maritime law; **~gras** *n* seaweed; **~hafen** *m* seaport; **~handel** *m* maritime (*or* seaborne) trade; **~held** *m* naval hero;

~herrschaft *f* (-) naval supremacy, command (*or* control) of the sea; **~hund** *zo. m* seal; **~hundsfell** *n* sealskin; **~igel** *zo. m* sea-urchin; **~jungfer** *f* mermaid; *zo.* dugong; **~kabel** *n* submarine cable; **~kadett** *m* naval cadet; **~kalb** *n* sea-calf; **~karte** *f* (sea-)chart; **2klar** *adj.* ready for sea, ready to sail; **2krank** *adj.* seasick; *leicht ~ werden* be a bad sailor; **~krankheit** *f* (-) sea-sickness; **~krebs** *m* lobster; **~-krieg(führung** *f*) *m* naval war (-fare); **~kriegsrecht** *n* law of naval warfare; **~kuh** *zo. f* sea-cow; **~küste** *f* sea-coast, seashore, seaboard; **~lachs** *m* sea salmon.

Seele ['ze:lə] *f* (-; -*n*) soul (*a. fig. vitality; core; human being; inhabitant*); mind; heart; bladder (*of herring*); bore (*of gun*); core (*of cable*); sounding-post (*of violin*); *e-e gute (schöne) ~* a good (beautiful) soul; *e-e ~ von e-m Menschen* a love of a man, a good soul; *keine ~* not a (living) soul; *zwei ~n und ein Gedanke* two minds and but a single thought; *mit Leib und ~* with body and soul; *mit or von ganzer ~* with all one's heart, *thanking* from the bottom of one's heart; *er ist mit ganzer ~ bei der Arbeit* he is heart and soul in his work; *er ist die ~ des Ganzen* he is the life and soul of it all; *j-m et. auf die ~ binden* enjoin a th. on a p.; *sich die ~ aus dem Leib reden* talk o.s. hoarse; *es tat ihm in der ~ weh* it cut him to the quick; *du sprichst mir aus der ~* you express my sentiments exactly.

'**Seelen...:** **~achse** *f* axis of the bore; **~adel** *m* nobleness of mind; **~amt** *n* office for the dead, requiem; **~arzt** *m* psychiatrist; **~freund(in** *f*) *m* soul-mate; **~-friede(n)** *m* peace of mind; **2froh** *adj.* heartily glad, very happy; **~größe** *f* (-) greatness of soul *or* mind; magnanimity; **2gut** *adj.* (very) kind-hearted, *pred.* a good soul; **~heil** *n* salvation, spiritual welfare; **~heilkunde** *f* psychiatry; psychotherapy; **~hirt** *m* pastor; **~kunde** *f* (-) psychology; **~leben** *n* inner (*or* psychic, spiritual) life; **~leiden** *n* mental suffering; **2los** *adj.* soulless; inanimate, lifeless; **~messe** *f* mass for the dead, requiem; **~not, ~pein, ~qual** *f* anguish of mind, (mental) agony; **~ruhe** *f* peace of mind; placidity, coolness; **2ruhig** *adv.* placidly, cheerfully, as cool as you please; **~stärke** *f* (-) strength of mind, fortitude; **2tötend** *adj.* soul-destroying; **2vergnügt** *adj.* very cheerful, blithe; **~verkäufer** *m* (*bad ship*) cockle-shell; **~tröster** *colloq. m* pick-me-up; **2verwandt** *adj.* congenial (in mind); *~ sein* be kindred souls; **~verwandtschaft** *f* congeniality (of souls), mental affinity; **2voll** *adj.* soulful; **~wanderung** *f* transmigration of souls, metempsychosis; **~wärmer** ['-vɛ:rmər] *m* (-*s*; -) comforter, woolly; **~zustand** *m* frame of mind, psychic condition.

'**Seeleute** *pl.* seamen, mariners, sailors.

'**seelisch** *adj.* psychic(al), mental; spiritual; emotional; → *Gleichgewicht.*

'**Seelöwe** *zo. m* sea-lion.

'**Seelsorge** *f* (-) cure of souls, religious welfare; ministerial office, spiritual charge; **~r** ['-zɔrgər] *m* (-*s*; -) pastor, minister, spiritual adviser; **2risch** *adj.* pastoral; *~e Betreuung* religous welfare.

'**See...:** **~luft** *f* sea-air; **~luftstreitkräfte** *f/pl.* navy air-force *sg.*; **~macht** *pol. f* naval power; **~-mann** *m* (-[e]*s*; -*leute*) seaman, sailor, mariner; **~manns-ausdruck** *m* sea-term; **2männisch** ['-mɛniʃ] *adj.* sailorlike, seamanlike; nautical; **2mäßig** *adj.* seaworthy (*packing*); **~meile** *f* nautical mile; *~ pro Stunde* knot; **~mine** *f* sea-mine; **~möwe** *f* sea-gull; **~muschel** *f* sea-shell; **~-not** *f* distress (at sea); **~notdienst** *m* sea rescue service; **~offizier** *m* naval officer; **~pferdchen** *zo. n* (-*s*; -) sea-horse; **~pflanze** *f* submarine plant; **~räuber** *m* pirate; *hist. a.* corsair, buccaneer; **~räube'rei** *f* piracy; **2räuberisch** *adj.* piratic(al); **~räuberschiff** *n* pirate, corsair; **~recht** *n* (-[e]s) maritime law; **~reise** *f* voyage, cruise; sea-trip; **~rose** *f* waterlily; **~route** *f* sea-route; **~sack** *m* sea-bag; **~-schaden** *m* loss suffered at sea, sea-damage, average; **~schiff** *n* sea-going vessel; **~schiffahrt** *f* sea-navigation, merchant shipping; **~-schlacht** *f* naval battle; **~schlange** *f* sea-serpent; **~schwalbe** *f* sea-swallow, tern; **~sieg** *m* naval victory; **~soldat** *m* marine; **~sprache** *f* nautical language; **~stadt** *f* seaside town, seaport; **~stern** *zo. m* starfish; **~strand** *m* seaside, seashore, beach; **~streitkräfte** *f/pl.* naval forces; **~stück** *paint. n* sea-piece; **~stützpunkt** *m* naval base; **~sturm** *m* storm at sea; **~tang** *m* seaweed; **~tier** *n* marine animal; **~transport** *m* sea-transport, *econ.* shipment by sea, oversea shipment; **2tüchtig** *adj.* seaworthy (*ship*); **~tüchtigkeit** *f* seaworthiness; **~-ungeheuer** *n* sea-monster; **2untüchtig** *adj.* unseaworthy (*ship*); **~verbindung** *f* sea-route, shipping line; **~verkehr** *m* maritime (*or* ocean-)traffic; **~versicherung** *f* marine insurance; **~vogel** *m* sea-bird; **~volk** *n* maritime nation, seafaring people; **~warte** *f* naval observatory; **2wärts** ['-vɛrts] *adv.* seaward(s); **~wasser** *n* sea-water, salt-water; **~weg** *m* sea-route; *auf dem ~* by sea; **~wesen** *n* maritime (*or* naval) affairs *pl.*; **~wind** *m* sea-breeze; **~wissenschaft** *f* nautical science; **~zeichen** *n* sea-mark; **~-zunge** *ichth. f* sole.

Segel ['ze:gəl] *n* (-*s*; -) sail; *anat., bot., zo.* velum; *mit vollen ~n fahren* carry a full press of sails; *fig. mit vollen ~n* full sail (*or* tilt); *~ heißen or hissen* make sail; *unter ~ gehen* set sail; *die ~ streichen* strike sail, *fig.* give in, throw up the sponge; → *Wind*; **~baum** *m* mast; **~boot** *n* sailing-boat, *Am.* sailboat; yacht; **2fertig** *adj.* ready to sail, ready for sea; *sich ~ machen* get under sail; **~fliegen** *n* (-*s*) gliding, glider flying (*or* flight), soaring; glide; **~flieger(in** *f*) *m* glider, glider pilot; **~fliegerschein** *m* soaring certificate; **~flug** *m* → *Segelfliegen*; **~-flugdauerrekord** *m* gliding duration record; **~fluggelände** *n* gliding field; **~flugzeug** *n* glider, sailplane; **2klar** *adj.* → *segelfertig*; **~klasse** *f* rating; **~klub** *m* yachting club; **~macher** *m* sail-maker.

'**segeln** *v/i.* (*sn*) *and v/t.* (*h.*) sail (*a. fig. birds, clouds, etc.*); yacht; *aer.* soar; *colloq.* dash, whiz, *in den Grund ~* run down, sink; *um ein Kap ~* double a cape.

'**Segeln** *n* (-*s*) sailing; yachting.

'**Segel...:** **~regatta** *f* yacht-race, regatta; **~schiff** *n* sailing-ship, sailing-vessel; **~schlitten** *m* ice-yacht; **~sport** *m* yachting; **~stange** *f* yard; **~tau** *n* cable; **~tuch** *n* (-[e]*s*; -*e*) canvas, sail-cloth, duck; **~tuchhose** *f* ducks *pl.*; **~tuchplane** *f* canvas; tarpaulin; **~tuchschuhe** *m/pl.* canvas shoes; **~werk** *n* (-[e]*s*) sails *pl.*; **~wind** *m* fair wind (for sailing).

Segen ['ze:gən] *m* (-*s*; -) blessing, *esp. eccl.* benediction; prayer(s *pl.*); grace (*at table*); sign of the cross; *fig.* blessing, boon; prosperity; (rich) yield; abundance; luck; *colloq. der ganze ~* the whole lot (*or* load); *j-m s-n ~ geben* give a p. one's blessing; *ein wahrer ~* a perfect godsend, a great boon; *es war ein wahrer ~, daß sie nicht kam* it was quite a mercy that she did not come; *im Grunde war es ein ~* it was a blessing in disguise; *das bringt keinen ~* that brings no luck, no good will come of it; *zum ~ der Menschheit* for the benefit of mankind; *m-n ~ hast du* you have my blessing; **~erteilung** *eccl. f* benediction; **2sreich** *adj.* beneficial, *pred.* a blessing; **~s-spruch, ~swunsch** *m* blessing, benediction; *pl.* good wishes.

Segler(in *f*) ['ze:glər] *m* (-*s*, -; -, -*nen*) yachts(wo)man; sailing-vessel; *guter (schlechter) ~* good *or* fast (bad *or* slow) sailor; → *Segelflugzeug.*

Segment [zɛg'mɛnt] *n* (-[e]*s*; -*e*) segment.

segn|en ['ze:gnən] *v/t.* (*h.*) bless; cross; *eccl.* consecrate; *fig.* → *zeitlich*; *Gott segne dich* God bless you; *gesegnet* blessed; *gesegnet mit* (*dat.*) blessed (*or* blest) with, endowed with; *in gesegneten Umständen, gesegneten Leibes* pregnant, expectant; *mit vielen Kindern gesegnet* blessed with a large offspring; **2ung** *f* (-; -*en*) blessing, *esp. eccl.* benediction; *fig. ~en der Zivilisation* blessings of civilization.

Seh-achse ['ze:-] *f* axis of vision.

sehen ['ze:ən] **I.** *v/i.* (*irr., h.*) see; look; *gut (schlecht) ~* have good (bad, weak) eyes; → *Sicht*; *wieder ~d werden* regain one's sight; *~ auf* (*acc.*) look at; *das Fenster sieht auf den Park* the window looks out on (*or* opens on, faces) the park; *fig. ~ auf* (*acc.*) be particular about, set great store by; *darauf ~, daß* mind (*or* take care) that; *daraus ist zu* ~, *daß* this shows that, hence it appears that; ~ *nach* (*dat.*) look for; look (*or* see) after; *nach dem Rechten* ~ see (*or* make sure) that everything is in order, put things right; *nach der Uhr* ~ look at one's watch *or* at the clock; *sieh nur!* just look!; ~ *Sie mal* look here; *siehe oben* (*unten*) see above (below); *siehe Seite 15* see page 15; *sieh*(e) *da!* behold!, lo!; *colloq. sieh mal e-r an!* I say!, *Am.* what do you know!; *colloq. haste nicht gesehn* like a shot (*or* streak), in a jiffy; *colloq. na, siehst du!* there you are!, didn't I tell you!; *wie ich sehe, ist er nicht hier* I see he is not here; *wie Sie* ~, *habe ich recht behalten* you see I am right; ~ *Sie, die Sache war so* you see, the matter was as follows; *ich will* ~, *daß ich es dir verschaffe* I will try to get it for you; *sieh* (*zu*), *daß es erledigt wird* see (to it) that it is done; *wir werden* (*schon*) ~ we shall see, we'll see about it, wait and see; *lassen Sie mich* ~ (*a. fig.*) let me see; → *ähnlich*; **II.** *v/t.* (*irr.*, *h.*) see (*a. fig. experience*); *usu. poet.* behold; look at; notice; watch, observe; spy, spot; discern, distinguish; *flüchtig* ~ glimpse, catch a glimpse of; *gern* ~ like; *er sieht es gern, wenn man ihn bedient* he likes being waited on; *zu* ~ *sein* **a**) be visible, to be seen, show o.s., **b**) show, peep out, **c**) be on show *or* exhibition; *gern gesehen sein bei* (*dat.*) be welcome at *a p.'s* house, be well liked by; be popular with; *niemand war zu* ~ nobody was in sight; *die Sonne aufgehen* ~ see the sun rise; *ich sah ihn fallen* I saw him fall (*or* falling); *ich habe es kommen* ~ I knew it would happen; ~ *lassen* show, display, exhibit; *sich* ~ *lassen* show o.s., appear, put in an appearance; turn up; *du hast dich lange nicht* ~ *lassen* you are quite a stranger; *laß dich nie mehr hier* ~! don't you dare to show your face again!; *sie kann sich* ~ *lassen* she is a good-looking girl; *damit kannst du dich* ~ *lassen* that's not bad at all; *sich e-m Problem gegenüber* ~ be faced with a problem; *sich gezwungen* ~, *zu inf.* find o.s. compelled to *inf.*; *ich sehe die Sache anders* I see it differently; *wie ich die Dinge sehe* as I see it; *ich sehe keine Möglichkeit zu inf.* I see no way to *inf.*; *hat man so etwas schon gesehen!* did you ever see the like of it!, well, I never!, *Am.* can you beat it!; *fig. sie kann ihn nicht* ~ she can't bear the sight of him.

ˈ**Sehen** *n* (-*s*) seeing; vision; eyesight; (*nur*) *vom* ~ (only) by sight; ~ *heißt glauben* seeing is believing.

ˈ**sehens|wert, ~würdig** *adj.* worth seeing, remarkable; worthwhile; **2würdigkeit** *f* (-; -*en*) object of interest, curiosity, place *or* thing worth seeing; ~*en pl.* sights (*of a town*); *die* ~*en besichtigen* go sightseeing, see the sights, do the town, *etc.*

ˈ**Seher** *m* (-*s*; -), **~in** *f* (-; -*nen*) seer, prophet(ess *f*); **~blick** *m*, **~gabe** *f* (-) prophetic eye *or* gift; **2isch** *adj.* prophetic.

ˈ**Seh...: ~fehler** *m* visual defect; **~feld** *n* field of vision; **~hügel** *anat. m* optic thalamus; **~kraft** *f* visual faculty, vision, (eye)sight; *eingeschränkte* ~ defective vision; **~kreis** *m* circle of vision; **~linie** *f* line of vision.

Sehne [ˈzeːnə] *f* (-; -*n*) *anat.* sinew, tendon; string (of bow); *mus.* chord.

sehnen [ˈzeːnən]: *sich* ~ (*h.*) *nach* (*dat.*) long for, yearn for, hanker after; crave for; grieve after; pine for; *er sehnte sich danach, zu inf.* he was longing to *inf.*

ˈ**Sehnen** *n* (-*s*) longing, yearning, *etc.*; (ardent) desire; dream; nostalgia.

ˈ**Sehnen...: ~band** *anat. n* (tendinous) ligament; **~entzündung** *med. f* tenositis; **~faser** *anat. f* tendinous fib|re, *Am.* -er; **~scheide** *anat. f* tendon sheath; **~scheidenentzündung** *med. f* tenosynovitis; **~verkürzung** *f* shortening of tendon; **~zerrung** *f* pulled tendon.

ˈ**Sehnerv** *anat. m* optic nerve.

ˈ**sehnig** *adj.* sinewy; stringy (*meat*); *person*: wiry, brawny.

ˈ**sehnlich I.** *adj.* longing; ardent; passionate; keen; *sein* ~*ster Wunsch* his fondest wish; **II.** *adv.* ardently, longingly, *etc.*; ~ *erwarten* await anxiously.

ˈ**Sehnsucht** *f* longing, yearning; ardent desire; nostalgia; *mit* ~ *erwarten* long (*or* yearn) for; **2svoll, sehnsüchtig** *adj.* longing, yearning; pining; wistful; → *sehnlich*.

ˈ**Seh...: ~organ** *n* organ of sight; **~probe, ~prüfung** *f* vision test; **~purpur** *anat. m* visual purple.

sehr [zeːr] *adv.* **1.** *preceding adj. and adv.* very, most; ~ *gern* most willingly; *ich würde es* ~ *gern tun* I should be happy to do so; ~ *oft* very often, more often than not; ~ *viel* much, a lot (*better, worse, etc.*); *with su.*: a good (*or* great) deal of, plenty of, a lot of; ~ *viele* a great many; **2.** *with vb.*: (very) much, greatly, highly, mighty, awfully; ~ *vermissen* miss badly; ~ *vermissen lassen* be sadly lacking in; *so* ~, *daß* so much (*or* to such a degree) that; *wie* ~ *auch* however much, much as.

ˈ**Seh...: ~rohr** *n* telescope; *of submarine*: periscope; **~schärfe** *f* (keenness of) vision, visual power *or* acuity, (eye)sight; *auf* ~ *einstellen* (bring into) focus; **~schlitz** *mil. m* observation slit; **~schwäche** *med. f* weakness of vision, amblyopia; **~störung** *f* visual disturbance; **~strang** *m* optic tract; **~tafel** *f* vision test board; **~vermögen** *n* visual faculty, sight; **~weite** *f* visual range, range of sight; *in* (*außer*) ~ (with)in (out of) sight *or* eyeshot; **~werkzeug** *n* organ of sight; **~winkel** *m* visual angle; **~zentrum** *n* visual cent|re, *Am.* -er.

seicht [zaɪçt] *adj.* shallow, low; *fig.* shallow, superficial, trivial; insipid; ~*e Redensarten* banalities, platitudes; ˈ**2igkeit** *f* (-) shallowness; *fig. a.* superficiality, insipidity.

Seide [ˈzaɪdə] *f* (-; -*n*) silk; *künstliche* ~ artificial silk, rayon.

Seidel [ˈzaɪdəl] *n* (-*s*; -) **1.** pint (= $^1/_2$ *Liter*); **2.** mug; *Am.* stein (*of beer*); **~bast** *bot. m* spurge-laurel.

ˈ**seiden** *adj.* silk, silken.

ˈ**Seiden...: ~abfall** *m* waste silk; **~affe** *zo. m* marmoset; **2artig** [-ɑːrtiç] *adj.* silky, silk-like; **~asbest** *m* silky asbestos; **~atlas** *m* (-; -*se*) silk-satin; **~band** *n* (-[*e*]*s*; ⸚*er*) silk ribbon; **~bau** *m* (-[*e*]*s*) silk culture; rearing of silkworms, sericulture; **~draht** *m* silk-covered wire; **~ernte** *f* yield of cocoons; **~fabrik** *f* silk mill (*or* factory); **~faden** *m* silk thread; **~flor** *m* silk gauze; **~garn** *n* silk yarn, spun silk; **~gespinst** *n* cocoon (of a silkworm); **~gewebe** *n* silk fabric (*or* tissue); **~glanz** *m* silky lust|re (*Am.* -er), silky sheen; *econ. mit* ~ silk-finished; **~haar** *n* silken (*or* silky) hair; **2haarig** *adj.* silken-haired; **~handel** *m* silk trade, (silk-)mercery; **~händler** *m* silk-merchant, (silk-)mercer; **~holz** *n* satinwood; **~papier** *n* tissue paper; **~raupe** *f* silkworm; **~raupenzucht** *f* sericulture; **~spinner** *m* silk-spinner; *zo.* silk-moth; **~spinneˈrei** *f* silk(-spinning) mill; **~spule** *f* silk reel; **~stickeˈrei** *f* silk-embroidery; **~stoff** *m* silk cloth (*or* fabric); **~strumpf** *m* silk stocking; **2umsponnen** [ˈ-umʃpɔnən] *adj.* silk-covered; **~ware** *f* silk goods, silks *pl.*; **~weber** *m* silk-weaver; **2weich** *adj.* (as) soft as silk, silky; **~wurm** *m* silkworm; **~zucht** *f* → *Seidenbau*; **~züchter** *m* sericulturist; **~zwirn** *m* silk thread.

ˈ**seidig** *adj.* silky, silken.

Seife [ˈzaɪfə] *f* (-; -*n*) soap; *geol.* placer; *Stück* ~ cake of soap; **2n** *v/t.* (rub with) soap, lather; *mining*: wash.

ˈ**Seifen...: 2artig** [ˈ-ɑːrtiç] *adj.* → *seifig*; **~bad** *n* soap-bath; **~behälter** *m* soap dish; **~blase** *f* soap-bubble; ~*n machen* blow bubbles; *fig. die* ~ *platzte* the bubble burst; **~brühe** *f* soap suds *pl.*; **~büchse** *f* soap box; **~fabrik** *f* soap works *pl.*; **~flocken** *f/pl.* soap flakes; **~kistenrennen** *n* soapbox derby; **~lauge** *f* soap suds *pl.*; **~napf** *m* soap dish; *for shaving*: shaving mug; **~pulver** *n* soap powder; **~schale** *f* soap dish; **~schaum** *m* lather; **~sieder** *m* soap-boiler; *fig. ihm ging ein* ~ *auf* it dawned on him, the scales fell from his eyes; **~siedeˈrei** *f* soap works *pl.*; **~wasser** *n* (-*s*) soap suds *pl.*, soapy water; **~zäpfchen** *med. n* soap suppository.

ˈ**seifig** *adj.* soapy, saponaceous.

seiger|n [ˈzaɪgərn] *v/t.* (*h.*) *metall.* liquate, refine; segregate (*steel*); **2n** *n* (-*s*) liquation, segregation; **2schacht** *m mining*: perpendicular shaft.

Seih|e [ˈzaɪə] *f* (-; -*n*) **1.** strainer, colander, filter; **2.** dregs *pl.*; **2en** *v/t.* (*h.*) strain, filter; **~er** *m* (-*s*; -) → *Seihe 1*; **~sack** *m* straining bag; **~tuch** *n* (-[*e*]*s*; ⸚*er*) straining cloth, cloth filter.

Seil [zaɪl] *n* (-[*e*]*s*; -*e*) rope; cable; ~ *springen* skip; *auf dem* ~ *tanzen* dance on the tightrope; ˈ**~bahn** *f* cable railway, funicular, *Am. a.* ropeway; → *Drahtseilbahn*; '**~bohrung** *f* cable drilling; '**~bremse** *f* cable brake.

'**Seiler** *m* (-*s*; -) ropemaker; **~bahn** *f* ropewalk; **Seile'rei** *f* (-; -*en*) ropery; '**Seilerware** *f* cordage.

'**Seil...: ~fähre** *f* cable ferry; **~hüpfen** *n* (-*s*) (rope-)skipping; **~schaft** *mount. f* roped party; **~scheibe** *tech. f* cable pulley, sheave; **~schwebebahn** *f* suspension railway, (aerial) cableway; **~springen** *n* → *Seilhüpfen*; **~start** *aer. m* towed take-off; **~tanzen** *n* tightrope walking; **~tänzer(in** *f*) *m* tightrope walker, rope-dancer; **~trieb** *m* cable drive; **~trommel** *f* cable drum; **~winde** *f* cable winch; **~ziehen** *n sports*: tug-of-war (*a. fig.*).

Seim [zaɪm] *m* (-[*e*]*s*; -*e*) mucilage; liquid honey; '**≗ig** *adj.* glutinous, viscous, mucilaginous.

sein[1] [zaɪn] *v/i.* (*irr., bin — war — gewesen*) be; exist, be there; live; take place, occur, happen; prove (to be); feel; *as v/aux.*: have; *sind Sie es?* is it you?; *ich bin's* it is I, *usu.* it's me; *sei(d) nicht dumm!* don't be silly!; *ich bin ihm begegnet* I have met him; *die Sonne ist untergegangen* the sun is set; *er ist nicht zu sprechen* he cannot be seen, he is engaged; *die Waren sind zu senden an* (*acc.*) the goods are to be sent to; *es ist ein Jahr (her), seit* it is now a year since; *ich bin für e-e Reform* I am for a reform; *was ist Ihnen?* what is the matter with you?; *mir ist kalt* I am (*or* feel) cold; *mir ist, als höre ich ihn* I think I hear him now; *wenn er nicht gewesen wäre* if it had not been for him, but for him; *wenn dem so ist* if that be (*or* is) so, if that be (*or* is) the case, in that case; *er ist aus Mexiko* he comes from Mexico; *er ist nach Berlin (gegangen)* he has gone to Berlin; *ich bin meinem Anwalt gewesen* I have seen my lawyer; *et. ~ lassen* leave (*or* let) a th. alone; *laß das ~!* stop that!; *es ist nun an dir, zu inf.* it is now for you to *inf.*; *was soll das sein?* what does that mean?; *(das) mag (or kann) sein* that may be, that's possible; *es sei!* be it so!; *sei dem, wie ihm wolle* be that as it may; *es sei denn, daß* unless; *sei es, daß ... oder daß ...* whether ... or ...; *nun, wie ist's?* well, what about it?; *und das wäre?* and what might that be?; *wie wäre es mit?* how about *a game of tennis*?; *math. 5 und 2 ist sieben* five and two are (*or* is) seven; *3 mal 7 ist 21* three times seven is (*or* equals) twenty-one; *x sei* let x be; *≗ n* (-*s*) being; existence; entity; *~ oder Nichtsein* to be or not to be, life or death.

sein[2] [zaɪn] **1.** *gen. of* er and es: *er war ~er nicht mehr mächtig* he had completely lost control of himself; **2.** *pron.* ~(e) his; *of girl*: her; *of thing*: its; *of country, ship, etc.*: her; one's; *mein und ~ Vater* my father and his; *~ Glück machen* make one's fortune; *all ~ (bißchen) Geld* what (little) money he had, his little all; *zu ~er Zeit* **a)** in his (*or* its) time, **b)** in due time (*or* course); *es ist ~* it is his, it belongs to him; *≗e Majestät* His Majesty; *es kostet ~e hundert Dollar* it will cost (at least) a hundred dollars; *~er m* (-*en*; -*en*), *~e f* (-*n*; -*n*), *~es n* (-*en*; -*en*), *der (die, das) ~(ig)e* (-*n*; -*n*) his (own); his property; *er und die ≗(ig)en* he and his family; *(gebt) jedem das ≗(ig)e* give everyone his due; *das ≗ige tun* do one's duty (*or* part, share, best, bit).

seiner|seits ['zaɪnərzaɪts] *adv.* on (*or* for) his part, as far as he is concerned; *er ~* he for one; '**~zeit** *adv.* then, at that time; in his (*or* its) time; at one time; in those days; '**~zeitig** *adj.* → *damalig*.

seinesgleichen ['-əs'glaɪçən] *pron.* his equals *pl.*, his like, the like(s) of him; people like him; *j-n wie ~ behandeln* treat a p. as one's equal; *nicht ~ haben* have no equal *or* parallel, stand alone; *er (es) hat nicht ~* there is no one (nothing) like him (it).

seinet|halben ['-əthalbən], **~wegen, ~willen** *adv.* **1.** for his sake, on his account (*or* behalf); **2.** because of him; **3.** for all he cares.

seinige ['zaɪnigə] → *sein*[2].

seismisch ['zaɪsmiʃ] *adj.* seismic.

Seismograph [-mo'grɑːf] *m* (-*en*; -*en*) seismograph.

seit [zaɪt] **I.** *prp.* (*dat.*) since; for; *~ 1945* since 1945; *~ drei Wochen* for (the last) three weeks; *~ einigen Tagen* for some days (past); *~ damals, ~ jener Zeit* → *seitdem*; *~ langem* for a long time; *~ wann?* since when?; *~ wann sind Sie hier?* how long have you been here?; *zum ersten Mal ~ Jahren* for the first time for (*Am.* in) years; **II.** *cj.* since; *es ist ein Jahr her, seit* it is a year now since.

seit'dem I. *adv.* since, since then, since (*or* from) that time, ever since; **II.** *cj.* (ever) since.

Seite ['zaɪtə] *f* (-; -*n*) side; (*a. arch. and mil.*) flank; face (*a. tech.*); page (*of book*); *math.* member (*of equation*); side, party, camp; *fig.* side, aspect (*of a matter*); side, feature, facet (*of character, person*); *schwache (starke) ~* → *Schwäche (Stärke)*; *vordere ~* front, face; *vorderste ~* front-page (*of newspaper*); *hintere ~* back; *rechte (linke) ~* right (wrong) side (*of cloth*); *an j-s ~* at (*or* by) a p.'s side, *sitting* next to a p.; *~ an ~* side by side; *fig. e-r Sache et. an die ~ stellen* compare a th. with a th.; *an or auf die ~ gehen* step aside; *auf der e-n ~* on the one side (*fig. usu.* hand); *auf j-s ~ sein* side with a p.; *j-n auf seine ~ bringen* bring a p. over to one's side; *auf die ~ bringen or schaffen* get *a th.* out of the way, remove, make away with, *j-n*: (*kill*) remove (*or* do away with) a p.; *j-n auf die ~ nehmen* take a p. aside; *die Arme in die ~ gestemmt* arms akimbo; *nach allen ~n* in all directions; *von allen ~n* on all sides *or* hands, from every quarter (*a. fig.*); *von j-s ~* at a p.'s hands, on the part of a p.; *von gutunterrichteter ~* from well-informed quarters, from a reliable source; *Blick von der ~* sidelong glance; *fig. von der ~ ansehen* look askance at; *von der ~ angreifen* attack in the flank; *j-m nicht von der ~ gehen* not to leave a p.'s side, stick to a p.; *von dieser ~ betrachtet* from this point of view, seen from that angle (*or* in that light); *sich von der besten ~ zeigen* put one's best foot forward; *sich vor Lachen die ~n halten* shake one's sides; *zur ~* apart, (*a. thea.*) aside; *zur ~ legen* **a)** put aside, **b)** put by, save (for a rainy day); *j-m zur ~ stehen* stand by a p.; *zur ~ treten* step aside, make room; *j-m zur ~ treten* help (*or* assist) a p., come to a p.'s aid; *alle ~n e-r Frage erwägen* study all sides of a question; *sein Charakter hat viele ~n* he has many sides to his character; *man sollte beide ~n anhören* we ought to hear both sides.

'**seiten:** *auf ~* (*gen.*) on the side (*or* part) of; *von ~* → *seitens*.

'**Seiten...: ~abstand** *m* interval; **~ansicht** *f* side-view, profile, *tech. a.* side elevation; **~band(frequenz** *f*) *n* side band (frequency); **~begrenzer** ['-bəgrɛntsər] *m* (-*s*; -) traversing stop; **~blick** *m* side-glance, leer; **~deckung** *mil. f* flank guard; **~druck** *m* (-[*e*]*s*) lateral pressure; **~eingang** *m* side-entrance; **~erbe** *m*, **~erbin** *f* collateral heir(ess); **~fenster** *n* side window; **~fläche** *f* side-face, lateral (surface; **~flosse** *aer. f* tail fin; **~flügel** *m* (side-)wing; **~gasse** *f* by-street; **~gebäude** *n* wing (of a building); **≗gesteuert** *adj.*: *~er Motor* side-valve engine; **~gewehr** *n* bayonet, *pl. a.* side-arms; **~gleis** *rail. n* siding, sidetrack; **~hieb** *m* side-cut; *fig.* passing shot (*gegen* at); **~kante** *f* lateral edge; **~kette** *chem. f* lateral chain; **~kipper** *mot. m* side tipper; **~kulisse** *thea. f* (side-)wing; **~lähmung** *med. f* hemiplegia; **≗lang** *adj.* filling (whole) pages; pages (and pages) of; **~länge** *f* lateral length; **~lehne** *f* arm; **~leitwerk** *aer. n* rudder(-assembly); **~linie** *f rail.* branch-line; *of family*: collateral line; *tennis*: side-line; *soccer*: touch(-line); **~loge** *thea. f* side-box; **~pfad** *m* bypath; **~rand** *m* margin; **~riß** *tech. m* profile view, side elevation; **~ruder** *aer. n* side rudder; **~rutsch** *aer. m* sideslip.

'**seitens** *prp.* (*gen.*) on *or* from the side of, on the part of; by.

'**Seiten...: ~schiff** *arch. n* (side-)aisle; **~schritt** *m* side-step; **~schwimmen** *n* side-stroke; **~sicherung** *mil. f* flank protection; **~sprung** *m* side-leap; *fig.* escapade, extramarital adventure; **~stechen** *n* (-*s*) stitches *pl.* in the side; pleuralgia; **~steuer** *aer. n* rudder control; *~ geben* put on rudder; **~straße** *f* side-street; **~streuung** *mil. f* lateral dispersion; **~stück** *n* side-piece; → *Gegenstück*; **~tasche** *f* side-pocket; **~teil** *m* side-part, lateral portion; **~tür** *f* side-door; **~verbindung** *mil. f* lateral communication; **~verwandte(r** *m*) *f* collateral relation; **~vorhalt** *mil. m* lateral lead; **~wagen** *mot. m* side-car; **~wahl** *f sports*: choice of ends; **~wand** *f* side-wall; **~wechsel** *m sports*: change of ends; **~weg** *m* byway; **~wind** *m* side-wind, cross wind; **~winkel** *m* lateral angle; *topographically*: horizontal angle; **~zahl** *f* number of the page, page number; number of pages; *mit ~en versehen* paginate.

'seither *adv.* since (then *or* that time); till (*or* up to) now; *ich habe ihn ~ nicht gesehen* I have not seen him since; **~ig** *adj.* subsequent; former; present, current.

'seitlich I. *adj.* lateral, side(-)...; **II.** *adv.* at the side; *~ abrutschen* (*a. aer.*) sideslip.

seitwärts ['-vɛrts] *adv.* sideways, sideward(s), aside; *~ befindlich* lateral.

Sekante [ze'kantə] *math. f* (-; -*n*) secant.

Sekret [ze'kre:t] *physiol. n* (-[e]s; -e) secretion.

Sekretär [zekre'tɛ:r] *m* (-s; -e) **1.** (**~in** *f*, -; -*nen*) secretary, clerk; **2.** bureau.

Sekretariat [-tari'ɑ:t] *n* (-[e]s; -e) secretary's office, secretariat(e).

Sekretion [zekretsi'o:n] *physiol. f* (-; -*en*) secretion; **~sstoff** *m* secretal substance.

Sekt [zɛkt] *m* (-[e]s; -e) champagne, fizz.

Sekte ['zɛktə] *f* (-; -*n*) sect; **~nwesen** *n* (-s) sectarianism.

Sektierer(in *f*) [zɛk'ti:rər] *m* (-s, -; -, -*nen*) sectarian.

Sektion [zɛktsi'o:n] *f* (-; -*en*) section; *med.* **a)** dissection, **b)** autopsy, postmortem examination; **~sbefund** *m* post-mortem findings *pl.*; **~s-chef** *m* department head; **~ssaal** *m* dissection (*or* autopsy) room.

'Sektkübel *m* champagne cooler.

Sektor ['zɛktɔr] *m* (-s; -'toren) *math.* sector (*a. mil., pol.*); *fig.* field, branch.

Sekunda [ze'kunda] *f* (-; -*den*) second (highest) form; *in Britain*: fifth form.

Sekundant [-'dant] *m* (-en; -en) second.

sekundär [-'dɛ:r] *adj.* secondary, subordinate; **2bahn** *f* branch-line; **2element** *el. n* secondary cell; **2infektion** *med. f* secondary infection.

Se'kundawechsel *econ. m* second of exchange.

Se'kunde *f* (-; -*n*) second; *auf die ~* on the stroke of time; **~nbruchteil** *m* split second; **2nlang** *adj. and adv.* for seconds; **~nzeiger** *m* second-hand.

sekun'dieren *v/i.* (*h.*) second (*j-m* a p.).

selb [zɛlp] *adj.* same; *zur ~en Stunde a.* at that very hour; **~er** ['zɛlbər] *adv.* → *selbst*; **'~ig** *adj. the* same, selfsame.

selbst [zɛlpst] **I.** *pron.* self; in person, personally; *ich ~* I myself; *er ~* he himself; *sie ~* she herself, *pl.* they themselves; by oneself, alone, unaided, without assistance; *er möchte ~ sprechen* he wants to do his own talking; *mit sich ~ sprechen* talk to o.s.; *von ~* **a)** of one's own accord, voluntarily, **b)** *thing*: of itself, automatically, spontaneously; *das versteht sich von ~* that goes without saying; *er war die Höflichkeit ~* he was politeness itself; *er ist die Gesundheit ~* he is the picture of health; *~ ist der Mann!* do it yourself!; **II.** *adv.* even; *~ er* even he; *~ wenn* even if, even though; **III.** 2 *n* (-) (one's own) self; ego; *sein ganzes ~* his whole being; *sie ist wieder ihr altes, ruhiges ~* she is her own, poised self again.

'selbst...: ~abdichtend *tech. adj.* self-sealing; **2achtung** *f* self-esteem, self-respect.

selbständig ['zɛlpʃtɛndiç] **I.** *adj.* self-reliant; independent; self-supporting; separate; self-contained (*unit*); independent, established (*merchant*), self-employed; autonomous (*state*); unaided, without assistance; responsible; *an ~es Arbeiten gewöhnt* used to responsible work; *sich ~ machen* **a)** set up for o.s., **b)** go it alone; *Fahrzeug, das sich ~ gemacht hat* runaway vehicle; **II.** *adv.* independently; *~ handeln* act independently (*or* on one's own initiative); **2keit** *f* (-) independence, *pol a.* sovereignty; autonomy; self-reliance.

'Selbst...: ~anklage *f* self-accusation, self-incrimination; **~anlasser** *mot. m* self-starter; **~anschluß** *teleph. m* automatic telephone; **~anschlußamt** *n* automatic telephone exchange; **~anschlußanlage** *f* dial system; **~ansteckung** *med. f* self-infection; **~antrieb** *m* self-propulsion, automatic drive; **2anzeigend** *tech. adj.* self-registering; **~auslöser** *phot. m* automatic release, self-timer; **~ausschaltung** *el. f* automatic cut-out; **~bedarf** *m* personal requirement; **~bedienung** *f*: *Restaurant mit ~* self-service restaurant, *Am.* cafeteria; *mit ~* self-operated (*lift, etc.*); **~bedienungsladen** *m* self-service shop, *Am. a.* supermarket; **~befleckung** *f*, **~befriedigung** *f* self-abuse, masturbation; **~beherrschung** *f* self-control, self-command; *die ~ verlieren* lose one's temper; **~beköstigung** *f* boarding oneself; **~bemitleidung** *f* self-pity; **~beobachtung** *f* self-observation, introspection; **~besinnung** *f* stocktaking of o.s.; **~bespiegelung** *f* (-; -*en*) egotism; **~bestäubung** *bot. f* self-pollination; **~bestimmung** *f* self-determination; **~bestimmungsrecht** *n* (-[e]s) (right of) self-determination; **~betrug** *m* self-deception; **2bewußt** *adj.* self-confident; self-assertive; proud; conceited; **~bewußtsein** *n* self-confidence, self-assertion; **~bezichtigung** *f* → *Selbstanklage*; **~binder** *m* open-end tie; *agr.* reaper-binder; **~biographie** *f* autobiography; **2dichtend** *tech. adj.* self-sealing; **~einschätzung** *f* self-assessment; **~entzündung** *f* spontaneous ignition; **~erhaltung** *f* (-) self-preservation; **~erhaltungstrieb** *m* instinct of self-preservation; **~erkenntnis** *f* self-knowledge; knowledge of one's limitations; **~erniedrigung** *f* self-abasement; **~erregung** *el. f* self-excitation; **~fahrer** *m* self-propelling chair; *mot.* owner-driver; **~fahrerdienst** *m* drive-yourself service; **~fahrlafette** *mil. f* self-propelled mount; *Geschütz auf ~* self-propelled gun; **~fertigung** *tech. f* automation; **~finanzierung** *f* self-financing; **~füller** *m* self-filling pen; **2gebacken** *adj.* home-made; **2gefällig** *adj.* (self-)complacent, smug; **~gefälligkeit** *f* (-) (self-)complacency, smugness; **~gefühl** *n* (-[e]s) self-confidence, self-esteem; ego; amour-propre (*Fr.*); **2gekühlt** *adj.* self-cooled; **2gemacht** *adj.* self-made, home-made; **~genügsamkeit** *f* self-sufficiency; **2gerecht** *adj.* self-righteous; **~gespräch** *n* monologue, soliloquy; *~e führen* soliloquize; **2gezogen** *bot. adj.* of one's own growth, home-grown; **~haftend** *adj. and adv.* on one's own responsibility; *tech.* → *selbstklebend*; **2heilend** *med., tech. adj.* self-healing; **2herrlich** *adj.* high-handed, arbitrary; **~herrschaft** *f* autocracy; **~herrscher** *m* autocrat; **~hilfe** *f* self-help; self-defen|ce, *Am.* -se; **~hilfevereinigung** *f* self-help association; **~induktion** *el. f* self-induction; **2isch** *adj.* selfish, egotistic(al); **2klebend** *adj.* adhesive, gummed; **~kosten(preis** *m*) *pl.* prime cost, cost-price; **~kritik** *f* self-criticism; **~ladegewehr** *mil. n* (semi-)automatic rifle; **~ladepistole** *f* automatic (pistol); **~lader** ['-lɑ:dər] *m* (-s; -) *mil.* automatic weapon; *tech. a.* **~ladevorrichtung** *f* automatic loader; **~laut(er)** *gr. m* vowel; **2los** *adj.* unselfish, disinterested; self-sacrificing; **~losigkeit** *f* (-) unselfishness, disinterestedness; self-sacrifice; **~mord** *m* suicide; *~ begehen* commit suicide; **~mörder (-in** *f*) *m* suicide; **2mörderisch** *adj.* suicidal; *w.s.* breakneck (*speed, etc.*); *~e Absichten haben* contemplate suicide, be suicidal; **~mordversuch** *m* suicidal attempt; **~porträt** *n* self-portrait; **2quälerisch** ['-kvɛ:ləriʃ] *adj.* self-tormenting; **2redend** *adj.* → *selbstverständlich*; **~regierung** *f* self-government, autonomy; **~regler** *el. m* automatic regulator; **~schließer** *m* automatic door closer; **2schmierend** *tech. adj.* self-lubricating; **~schreiber** *tech. m* self-recording instrument; **~schuldner** *m* debtor on one's own account; **~schuß** *m* spring-gun; **~schutz** *m* self-defen|ce, *Am.* -se, self-protection; **2sicher** *adj.* self-confident, sure of o.s.; **~sicherheit** *f* (-) self-confidence, aplomb; **~steuerung** *f* automatic control; **~studium** *n* (-s) private study; **~sucht** *f* (-) selfishness, ego(t)ism; **2süchtig** *adj.* selfish, self-seeking, ego(t)istic(al); **2tätig** *adj.* spontaneous; *tech.* self-acting, automatic(ally *adv.*); *~er Schalter* snap switch; **~täuschung** *f* self-deception; **~überhebung** *f* conceit, presumption; **~überwindung** *f* self-conquest; **~unterbrecher** *el. m* automatic interrupter; **~unterricht** *m* self-instruction; **~verachtung** *f* self-contempt; 2**vergessen** *adj.* self-forgetting; ~**verlag** *m*: *im* ~ published by the author, author's edition; ~**verleugnung** *f* self-denial; ~**vernichtung** *f* self-destruction; ~**verschluß** *m*: *mit* ~ self-locking; 2**verschuldet** *adj.*: ~*er Verlust* loss arising through one's own fault; ~**versorger** *m* self-supporter, self-supplier; ~**versorgung** *f* self-supply, self-sufficiency; 2**verständlich I.** *adj.* self-evident, obvious, *pred.* a matter of course; **II.** *adv.* of course, naturally; ~! *a.* by all means!; *es ist* ~, *daß* it stands to reason that; *das ist* ~ that goes without saying; et. *für* ~ *halten* take a th. for granted; → *hinnehmen*; ~**verständlichkeit** *f* (-; -*en*) matter of course, foregone conclusion; truism; matter-of-factness; ~**verstümmelung** *f* self-mutilation, self-inflicted wound(s *pl.*); *Am.* maiming (o.s.); ~**versuch** *med. m* experiment on one's own body; ~**verteidigung** *f* self-defen|ce, *Am.* -se; → *Kunst*; ~**vertrauen** *n* self-confidence, self-reliance; ~**verwaltung** *f* self-government, autonomy; ~**verwaltungskörper** *m* self-governing body; ~**verwirklichung** *f* self-realization; ~**wählbetrieb** *teleph. m* (-[e]s) dial system; ~**wähler** *teleph. m* dial; *w.s.* automatic (dialling) telephone; ~**wählerfernverkehr** *teleph. m* (-s) long-distance dial(l)ing; ~**zucht** *f* (-) self-discipline; 2**zufrieden** *adj.* self-satisfied, complacent, smug; ~**zufriedenheit** *f* self-satisfaction, self-content; 2**zündend** *adj.* self-igniting; ~**zünder** *m* self-igniter; ~**zweck** *m* (-[e]s) end in itself; *als* ~ (*success, etc.*) for its own sake.

Selchfleisch ['zɛlç-] *n* smoked meat.

Selektivität [zelɛktivi'tɛ:t] *f* (-) *radio*: selectivity.

Selen [ze'le:n] *chem. n* (-s) selenium; 2**haltig** *adj.* seleniferous; **Selenit** [zele'nit] *min. n* (-s; -e) selenite; **Se'lensäure** *f* selenic acid.

selig ['ze:liç] *adj.* blessed; *fig. a.* happy, overjoyed, blissful, *pred.* in ecstasies, in the seventh heaven of delight; *colloq.* tipsy, fuddled; *die* 2*en* the blessed, the departed; ~*en Angedenkens* of blessed memory; *mein* ~*er Vater or mein Vater* ~ my late father; ~ *werden* go to Heaven, *esp. humor.* find salvation; 2**keit** *f* (-) supreme happiness, bliss, ecstasy; *eccl. ewige* ~ salvation; ~**machend** *adj.* beatific; 2**preisung** ['-praɪzuŋ] *f* (-; -*en*) glorification; *bibl.* Beatitude; ~**sprechen** *v/t.* (*irr., h.*) canonize, beatify; 2**sprechung** ['-ʃprɛçuŋ] *f* (-; -*en*) beatification.

Sellerie ['zɛləri:] *bot. m* (-s; -[s]) celery; celeriac.

selten ['zɛltən] **I.** *adj.* rare; scarce; *w.s.* rare, exceptional; singular; *von* ~*er Schönheit* of rare beauty; **II.** *adv.* rarely, seldom; *nicht eben* ~ not infrequently, pretty often; *höchst* ~ hardly often, once in a blue moon; *es kommt* ~ *vor, daß er* it is rare for him to *inf.*, it is rarely that he; 2**heit** *f* (-) rareness, scarcity; (-; -*en*) rarity (*a. thing*), rare (*or* curious) thing, curiosity; 2**heitswert** *m* (-[e]s) rarity value.

Selterswasser ['zɛltərs-] *n* (-s; ⸚) seltzer(-water), soda-water.

'**seltsam** *adj.* strange, odd, curious, queer, peculiar, singular; ~**erweise** *adv.* strange to say, oddly enough, paradoxically; 2**keit** *f* (-; -*en*) strangeness, oddness, peculiarity; oddity, curiosity.

Semantik [ze'mantik] *f* (-) semantics *pl. or sg.*; ~**er** *m* (-s; -) semanticist.

Semaphor [zema'fo:r] *n* (-s; -e) semaphore.

Semester [ze'mɛstər] *n* (-s; -) half-year; *univ.* term; ~**schluß** *m* close of term.

Semikolon [zemi'ko:lɔn] *n* (-s; -s) semicolon.

Seminar [zemi'nɑ:r] *n* (-s; -e) *univ.* seminar; *for teachers*: training college; *eccl.* seminary; **Semina'rist(in** *f*) *m* (-en, -en; -, -*nen*) pupil of a training-college; *eccl.* seminarist.

Semit [ze'mi:t] *m* (-*en*; -*en*), ~**in** *f* (-; -*nen*) Semite; 2**isch** *adj.* Semitic.

Semmel ['zɛməl] *f* (-; -*n*) roll; *geriebene* ~ bread crumbs *pl.*; *fig. wie warme* ~*n weggehen* go off like hot cakes; 2**blond** *adj.* flaxen-haired, sandy.

Senat [ze'nɑ:t] *m* (-[e]s; -e) senate; *jur.* panel; ~**or** [-tɔr] *m* (-s; -'*toren*) senator; **sena'torisch** *adj.* senatorial; **Se'nats-ausschuß** *m* senate committee.

Send|bote ['zɛnt-] *m* emissary; ~**brief** *m* epistle, circular letter.

Sende|anlage ['zɛndə-] *f* transmitter (unit *or* installation); ~**antenne** *f* transmitting aerial (*Am.* antenna); ~**bereich** *m* transmission range; *radio*: service area; 2**bereit** *adj.*: ~ *sein* stand by; ~**bühne** *f* transmitting stage; ~**folge** *f* program(me); ~**leistung** *f* power output, (*TV* visual) transmitting power; ~**leiter** *m* production director.

senden ['zɛndən] *v/t.* (*irr., h.*) send (*nach j-m* for a p.); forward, communicate; (*h.*) *el.* transmit, send; *radio*: *a.* broadcast, go on the air with, *TV a.* telecast.

'**Sende|plan** *m*, ~**programm** *n* broadcasting program(me).

'**Sender** *m* (-s; -) **1.** (~**in** *f*, -; -*nen*) sender; **2.** *radio*: transmitter; (broadcasting) station; *angeschlossener* ~ repeater station.

'**Senderaum** *m* (broadcasting) studio.

'**Sender...:** ~**empfänger** *m* (wireless) transmitting and receiving set, transceiver; ~**gruppe** *f* network.

'**Sende...:** ~**röhre** *f* transmitter valve *or* tube; ~**spiel** *n* radio play; ~**stärke** *f* transmitting power; ~**station** *f*, ~**stelle** *f* transmitting station, *Am. a.* outlet (station); ~**turm** *m* radio tower; ~**zeichen** *n* call sign; ~**zeit** *f* station time.

Sendling ['zɛntliŋ] *m* (-s; -e) emissary.

'**Sendschreiben** *n* → *Sendbrief.*

'**Sendung** *f* (-; -*en*) sending; *econ.* consignment, *Am.* shipment; parcel; *radio*: transmission; broadcast, program(me), *TV a.* telecast; *fig.* (*göttlicher Auftrag*) mission.

Senf [zɛnf] *m* (-[e]s; -e) mustard (*a. bot.*); *colloq. s-n* ~ *dazu geben* have one's say; '~**gas** *n* mustard gas; '~**gurke** *f* gherkin in piccalilli; '~**korn** *n* (-[e]s; ⸚er) grain of mustard seed; '~**packung** *med. f* mustard fomentation; '~**pflaster** *med. n* mustard-plaster; '~**topf** *m* mustard-pot.

Senge ['zɛŋə] *colloq. pl.*: ~ *bekommen* get a (sound) thrashing *or* beating.

sengen ['zɛŋən] **I.** *v/t.* (*h.*) singe, scorch; scald (*pig*); **II.** *v/i.* (*h.*) parch, scorch; ~*de Hitze* parching heat; ~ *und brennen* burn and fire; lay waste (*in dat. a country*).

'**seng(e)rig** *adj.* → *brenzlig.*

senil [ze'ni:l] *adj.* senile; 2**i'tät** *f* (-) senility.

senior ['ze:niɔr] *adj.* (*sen.*) senior.

'**Senior** *m* (-s; -'*oren*) senior; chairman.

Senkblei ['zɛŋk-] *n* plummet.

'**Senkbrunnen** *m* sunk well.

'**Senke** *f* (-; -*n*) depression, hollow; valley.

Senkel ['zɛŋkəl] *m* (-s; -) lace.

'**senken** *v/t.* (*h.*) sink; let down, lower; dip; *agr.* lay; cast down, lower (*one's eyes*); bow (*one's head*); lower, drop (*one's voice*); lower, reduce, cut (*prices*); *tech.* → *versenken*; *sich* ~ (*h.*) sink, drop, go down; *building, ground*: give way, subside; *foundations*: settle; *ceiling, wall*: sag; *road*: dip, fall; slope; *night*: descend (*über, auf* over).

'**Senker** *m* (-s; -) *mining*: sinker; *agr.* layer; *tech.* counterbore; core drill; spot facer.

'**Senk...:** ~**fuß** *m* flat foot, fallen arches *pl.*; ~**fußeinlage** *f* arch support, instep raiser; ~**grube** *f* sink-hole, cesspool; ~**kasten** *m* caisson; ~**leine** *f* fathom-line; ~**niet** *tech. m* countersunk head rivet; 2**recht** *adj.* vertical, *math.* perpendicular (*both a.* ~**rechte** *f*); ~**rechtstarter** *aer. m* vertical take-off plane; ~**reis** *n* layer; 2**rückig** ['-rykiç] *adj.* saddle-backed; ~**schnur** *f* plumb-line; ~**schraube** *tech. f* countersunk screw.

'**Senkung** *f* (-; -*en*) sinking; subsidence (*of ground*); lowering, reduction, cut (*of prices*); depression, hollow; incline, slope, dip; *arch.* set (*of foundations, etc.*); sag (*of ceiling, wall*); *med.* descent, dropping (*of organ*), sedimentation (*of blood corpuscles*); *metrics*: thesis; ~**sgeschwindigkeit** *med. f* sedimentation rate.

'**Senkwaage** *f* aerometer.

Senn [zɛn] *m* (-[e]s; -e) Alpine herdsman; ~**e** ['zɛnə] *f* (-; -*n*) mountain pasture; ~**e'rei** *f* (-; -*en*), ~**hütte** *f* Alpine dairy, chalet; ~**erin** *f* (-; -*nen*) dairymaid.

Sennesblätter ['zɛnəs-] *n/pl.* senna-leaves.

Sensation [zɛnzatsi'o:n] *f* (-; -*en*) sensation; thrill; stunt; ~ *machen*, *e-e* ~ *verursachen* create a sensation, make a splash; *zur* ~ *machen* sensationalize.

sensationell [-tsio'nɛl] **I.** *adj.* sen-

sational; thrilling; spectacular; **II.** *adv.*: ~ *aufgemacht* sensationally displayed (*news*).
Sensati'ons...: **~blatt** *n* sensational newspaper, rag; **~hascherei** [-haʃə'raɪ] *f* (-; -*en*), **~lust** *f* (-) sensationalism, sensation-mongering; **2lustig** *adj.* sensation-seeking, sensationalist, sensation-happy; **~meldung** *f* sensational report, scoop; **~presse** *f* (-) sensational (*Am.* yellow) press; **~prozeß** *m* sensational trial; **~sucht** *f* (-) → *Sensationslust.*
Sense ['zɛnzə] *f* (-; -*n*) scythe; **~nmann** *fig. m* (-[e]s) Death, *the* Great Reaper.
sensibel [zɛn'zi:bəl] *adj.* sensitive.
sensibilisieren [zɛnzibili'zi:rən] *v/t.* (*h.*) sensitize.
Sensibili'tät *f* (-) sensibility; sensitiveness.
sensorisch [zɛn'zo:riʃ] *adj.* sensory (*nerve*).
Sentenz [zɛn'tɛnts] *f* (-; -*en*) sentence, maxim, aphorism.
sentenziös [-tsi'ø:s] *adj.* sententious.
sentimental [zɛntimɛn'tɑ:l] *adj.* sentimental, *contp.* mawkish, soppy;
Sentimentali'tät *f* (-; -*en*) sentimentality, *contp.* slush.
separat [zepa'rɑ:t] *adj.* separate; special; **2ausgabe** *f* separate edition; → *Sonder...*
Separatismus [zepara'tismus] *m* (-) separatism.
Separa'tist *m* (-*en*; -*en*), **~in** *f* (-; -*nen*), **2isch** *adj.* separatist.
sepa'rieren *v/t.* (*h.*) separate.
Sepia ['ze:pia] *f* (-; -*ien*) **1.** *zo.* cuttle-fish; **2.** *paint.* (-) sepia; **~zeichnung** *f* sepia drawing.
Sepsis ['zɛpsis] *med. f* (-; -*sen*) sepsis.
September [zɛp'tɛmbər] *m* (-[s]; -) September.
Septett [zɛp'tɛt] *mus. n* (-[e]s; -e) septet(te).
Septime [zɛp'ti:mə] *mus. f* (-; -*n*) seventh.
'septisch *med. adj.* septic(ally *adv.*); ~*e Station* septic ward.
Sequester [ze'kvɛstər] *jur. n* (-s; -) sequestration; **seque'strieren** *v/t.* (*h.*) sequestrate.
Serail [ze'raɪl] *n* (-s; -s) seraglio.
Serb|e ['zɛrbə] *m* (-*n*; -*n*), **~in** *f* (-; -*nen*), **2isch** *adj.* Serbian.
Serenade [zere'nɑ:də] *mus. f* (-; -*n*) serenade.
Serge ['sɛrʒə] *econ. f* (-; -*n*) serge.
Sergeant [zɛr'ʒant] *m* (-*en*; -*en*) sergeant.
Serie ['ze:riə] *f* (-; -*n*) series; *econ.* issue; e-e ~ *von Waren* a range *or* line of goods; *tech. in* ~ *herstellen* produce in quantity.
'Serien...: **~arbeit** *f* serial work; **~artikel** *m* mass produced article; **~fertigung, ~herstellung** *f* series (*or* multiple) production, duplicate production; **~haus** *n* prefabricated house, prefab; **2mäßig I.** *adj.* standard(-type), production-line; **II.** *adv.* in series; ~ *herstellen* produce in quantity; ~ *hergestellt werden* be in production; **~reife** *f* production stage; **~schalter** *el. m* multi-circuit switch; **~schaltung** *el. f* series connection; **~wagen** *mot. m* production-line car, *Am.* stock car; **2weise** *adv.* in series; → *Reihen...*
seriös [zer'jø:s] *adj.* serious; respectable; *econ.* reliable, sound.
Sermon [zɛr'mo:n] *m* (-s; -e) sermon, diatribe.
Sero|loge [zero'lo:gə] *m* (-*n*; -*n*) serologist; **~logie** [-lo'gi:] *f* (-) serology; **2'logisch** *adj.* serologic(al).
Serpentin [zɛrpɛn'ti:n] *min. m* (-s; -e) serpentine.
Serpentine [zɛrpɛn'ti:nə] *f* (-; -*n*) serpentine (line); serpentine (road), winding road; double bend.
Serum ['ze:rum] *n* (-s; -*ren*) serum.
Service [zɛr'vi:s] *n* (-s; -) service, set; ['sœ:rvis] *m* (-; -s) *at hotel, etc.*: attendance, service.
Servier|brett [zɛr'vi:r-] *n* tray; **2en I.** *v/t.* (*h.*) serve; *es ist serviert!* dinner is served!; **II.** *v/i.* (*h.*) serve; lay the table; wait (at table); **~erin** *f* (-; -*nen*), **~mädchen** *n* waitress; **~tisch** *m* sideboard, dumb waiter; **~wagen** *m* dinner-wag(g)on.
Serviette [zɛrvi'ɛtə] *f* (-; -*n*) (table-) napkin; **~nring** *m* napkin-ring.
servil [zɛr'vi:l] *adj.* servile, obsequious.
Servitut [zɛrvi'tu:t] *jur. n* (-[e]s; -e) easement, servitude.
Servo|anlage ['zɛrvo-] *tech. f* servo system; **~bremse** *f* power brake; **~lenkung** *mot. f* power steering; **~motor** *m* servo-motor.
Servus! ['zɛrvus] *colloq. int.* **a)** hello!, **b)** so long!, cheerio!
Sesam ['ze:zam] *bot. m* (-s; -s) sesame; **~knochen** *anat. m* sesamoid bone; **~, öffne dich** *fig.* open sesame.
Sessel ['zɛsəl] *m* (-s; -) easy-chair, arm-chair; seat; **~lift** *m* chair-lift; **~rolle** *f* caster.
seßhaft ['zɛshaft] *adj.* settled, established, stationary; sedentary; resident; *mil.* persistent (*gas, etc.*); ~ *werden* settle (down); **2igkeit** *f* (-) settledness; stationariness.
Setz|angel ['zɛts-] *f* trimmer; **~art** *typ. f* composition; **~brett** *typ. n* composing board; **~ei** *n* fried egg.
'setzen I. *v/t.* (*h.*) set, place, put; *typ.* set (up in type), compose; *mus.* set (to music), compose; stack; plant, set; apply *leeches* (*an acc.* to); erect, raise *monument* (*j-m* to a p.); put in, fix (*stove*); set (*sail*); stake (*auf acc.* on), lay (upon); *den Fall* ~ suppose; e-e *Frist* ~ fix a term (*j-m* to a p.), set a deadline; *zo. Junge* ~ bring forth young, *fish*: spawn; ~ *an* (*acc.*) place near (*or* against); *an Land* ~ put ashore, disembark, land; *an die Lippen* ~ raise (*or* set) to one's lips; *an die Stelle* ~ *von* (*dat.*) substitute for; *j-n an die Luft* ~ turn a p. out; *sein Leben an* et. ~ set one's life on a th., risk one's life for a th.; *alles daran* ~ do one's utmost, move heaven and earth, leave no stone unturned; *auf j-s Rechnung* ~ charge to a p.'s account; *den Fuß über die Schwelle* ~ cross the threshold; *den Punkt über das ‚i'* ~ dot the 'i'; *j-n* ~ *über* (*andere*) set a p. over; *unter Wasser* ~ flood, submerge; *s-e Unterschrift* ~ *unter* (*acc.*) put (*or* affix) one's signature to, set one's hand (and seal) to; *zum Richter* ~ appoint (*or* make) *a p.* judge; → *Druck, Freiheit, Gang, Gebrauch, Gefecht, Hoffnung, Karte, Welt, Zeitung, etc.*; *sich* ~ sit down, take a seat; ~ *Sie sich!* sit down!, take (*Am.* have) a seat!; *bird*: perch; sink, subside; sag; *house*: settle; *chem.* settle, precipitate; clarify, settle; *Staub setzt sich in die Kleider* dust settles in (*or* clings to) the clothes; *sich zu j-m* ~ sit down beside a p., sit near a p.; *sich zu Tisch* ~ sit down to dinner; *sich aufs Pferd* ~ mount a horse; *es sich in den Kopf* ~, *daß* get it into one's head that; *sich gegen et.* ~ set o.s. (*or* one's face) against a th.; *es wird Schläge* ~ we are in for a fight (*or* beating); **II.** *v/i.* (*sn*): ~ *über* (*acc.*) leap over, clear (*a hurdle*), take (*a ditch*); → *übersetzen*; (*h.*) place the bet; ~ *auf* (*acc.*) bet on, back; → *gesetzt.*
'Setzer *typ. m* (-s; -) compositor, typesetter.
Setze'rei *f* (-; -*en*), **'Setzersaal** *m* composing room, case-department.
'Setzerjunge *m* printer's devil.
'Setz...: **~fehler** *m* printer's (*or* typographical) error, misprint; **~kasten** *m typ.* letter-case; *agr.* hutch; **~ling** *m* (-s; -e) *agr.* slip, layer, young plant; ~*e* (*fish*) fry; **~linie** *typ. f* composing-rule; **~maschine** *f* typesetting machine; **~rebe** *bot. f* layer of vine; **~reis** *bot. n* slip, layer; **~schiff** *typ. n* galley; **~tisch** *typ. m* composing table; **~waage** *f* (mason's) level.
Seuche ['zɔʏçə] *f* (-; -*n*) epidemic.
'Seuchen...: **2artig** ['-ɑ:rtiç] *adj.* epidemic; **~bekämpfung** *f* control of epidemics; **~gebiet** *n* infested area; **~herd** *m* cent|re (*Am.* -er) of an epidemic; **~krankenhaus, ~lazarett** *n* isolation hospital.
seufzen ['zɔʏftsən] *v/i. and v/t.* (*h.*) sigh (*über acc.* at; *vor dat.* with); groan, moan; **~d** *adv.* with a sigh.
'Seufzer *m* (-s; -) sigh; groan, moan; e-*n* ~ (*der Erleichterung*) *ausstoßen* heave a sigh (of relief); **~brücke** *f* (-) Bridge of Sighs.
Sex-Appeal ['sɛksə'pi:l] *m* (-s) sex appeal.
Sexta ['zɛksta] *f* (-; -*ten*) sixth class; *in Britain*: first form.
Sextant [zɛks'tant] *m* (-*en*; -*en*) sextant.
Sextett [zɛks'tɛt] *mus. n* (-[e]s; -e) sextet(te).
sexual [zɛksu'ɑ:l] *adj.* sexual, sex...; **2hormon** *n* sex hormone.
Sexualität [-ali'tɛ:t] *f* (-) sexuality.
Sexu'al...: **~leben** *n* (-s) sex(ual) life; **~pädagogik** *f* sex education; **~verbrechen** *n* sex crime; **~wissenschaft** *f* sexology.
sexuell [zɛksu'ɛl] *adj.* sexual; ~*e Aufklärung* (*Erziehung*) sex instruction (education).
Sexus ['zɛksus] *m* (-; -) sex.
Sezession [zetsɛsi'o:n] *f* (-; -*en*) secession; **~skrieg** *m* war of secession.
Sezier|besteck [ze'tsi:r-] *med. n* dissecting case; **2en** *v/t.* (*h.*) dissect (*a. fig.*); **~messer** *n* scalpel; **~saal**

m dissecting room; **~ung** *f* (-; -*en*) dissection.

shakespearisch ['ʃe:kspi:riʃ] *adj.* Shak(e)spe(a)rian.

Siames|e [zia'me:zə] *m* (-*n*; -*n*), **~in** *f* (-; -*nen*), **ꝏisch** *adj.* Siamese; ~e *Zwillinge* Siamese twins.

Sibir|ien [zi'bi:riən] *n* (-*s*) Siberia; **~er(in** *f*) *m* (-*s*, -; -, -*nen*), **ꝏisch** *adj.* Siberian.

sich [ziç] *pron.* oneself; *3. p. sg.* himself, herself, itself; *pl.* themselves; *after prp.* him, her, it; *pl.* them; (*for*: *einander*) each other, one another; *an* (*und für*) ~ in itself, potentially; *das Ding an* ~ the thing in itself; *es hat nichts auf* ~ it is of no consequence, it does not matter; *sie haben kein Geld bei* ~ they have no money with them; *er kämpfte* ~ *durch die Menge* he fought his way through the crowd; *für* ~ by itself, independently; *das ist e-e Sache für* ~ that is something else (*or* another story); *sie blickte um* ~ she looked about her; *sie kennen* ~ *gut genug* they know each other well enough; *er lud sie zu* ~ he invited them to his house; ~ *et. zum Muster nehmen* take a th. for one's model; ~ *die Hände waschen* wash one's hands.

Sichel ['ziçəl] *f* (-; -*n*) sickle; *fig. a.* crescent; **ꝏförmig** ['-fœrmiç] *adj.* sickle-shaped; **ꝏn** *v/t.* (*h.*) cut with a sickle.

sicher ['ziçər] **I.** *adj.* secure, safe (*both*: *vor dat.* from); immune (from), proof (against); firm; steady (*hand*); certain, sure; definite, positive; positive, confident; reliable, good; → *Quelle*; *econ.* gilt-edged (*securities*); ~*es Anlagepapier* prime investment (security); ~*es Auftreten* (selfassured) presence, aplomb, poise; ~*er Beweis* sure (*or* positive) proof; ~*e Existenz* secure existence; ~*es Geleit* safe conduct; ~*e Grundlage* secure foundation; ~*er Griff or Halt* secure grasp *or* foothold; ~*e Methode* safe method; ~*er Ort* safe place; ~*e Sache* sure thing, *Am. a.* cinch; ~*er Schütze* sure (*or* dead) shot; ~*er Tod* certain death; *e-r Sache* ~ *sein* be sure of a th., be positive; *s-r Sache* ~ *sein* be sure of one's ground (*or* one's facts); *sind Sie* ~? are you sure?; **II.** *adv.* → *sicherlich*; *um* ~ *zu gehen* to be on the safe side, to make sure; ~ *ist* ~! let's keep on the safe side!, *Am.* let's play this safe!

'**Sicherheit** *f* (-; -*en*) → *sicher*; security (*a. econ. paper, deposit*); safety; (-) surety, certainty; reliability, trustworthiness; efficiency; confidence, assurance; positiveness; *econ.* cover; *soziale* ~ social security; ~ *des Verkehrs* safety of traffic; ~ *im Flugverkehr* safety in flying; *als* ~ *gegen* as a security (*or* safeguard) against; *econ. als* ~ *für* in security for; *in* ~ *bringen* place in safety, secure, get out of harm's way; *sich in* ~ *bringen* save one's bacon; *in* ~ *sein* be safe; (*sich*) *in* ~ *wiegen* lull (o.s.) in(to) security; *mit* ~ safely; *mit einiger* ~ with a degree of certainty; *man kann mit* ~ *behaupten* (*annehmen*) it is safe to say (suppose); *econ.* ~ *leisten* act as surety, stand surety; furnish security; secure (*für, bei a loan, etc.*); *jur.* ~ *stellen* give *or* offer bail, *Am. a.* post bond.

'**Sicherheits...**: **~ausschuß** *m* committee of public safety; **~beamte(r)** *m* security agent; **~behörde** *f* security board; **~bestimmungen** *f/pl.* safety regulations; **~dienst** *m* secret service; **~faktor** *m* factor of safety; **~fonds** *econ. m* guarantee fund; **~glas** *n* (-*es*; ⸚*er*) safety glass; **~gurt** *m* safety belt; **ꝏhalber** *adv.* for safety; to be on the safe side; **~kette** *f* safety-chain; **~klausel** *f* safeguard; **~ko-effizient** *m* coefficient of safety; **~lampe** *f* safety lamp; **~leistung** *econ., jur. f* security; bail, *Am. a.* bond; **~maßnahme, ~maßregel** *f* safety measure, (safety) precaution; safeguard; **~nadel** *f* safety-pin; **~pakt** *pol. m* security pact; **~polizei** *f* security police; **~programm** *n* defen|ce (*Am.* -se) program(me); **~rat** *pol. m* (-[*e*]*s*) (*United Nations*) Security Council; **~schloß** *n* safety-lock; **~system** *pol. n*: *kollektives* ~ collective security system; **~ventil** *n* safety valve; **~vorrichtung** *f* safety device; **~wechsel** *econ. m* bill (of exchange) deposited as collateral security; **~zone** *f* safe zone; **~zündholz** *n* safety match.

'**sicherlich** *adv.* surely, certainly, *Am. a.* sure; for certain, assuredly; undoubtedly, no doubt, doubtless; ~ *hat er recht* I am sure he is right; *er wird* ~ *kommen* he is sure to come; *er wird* ~ *gewinnen a.* he is safe to win; ~! to be sure!, rather!, *Am.* sure (thing)!, you bet!

'**sichern I.** *v/t.* (*h.*) secure (*a. mil. and tech.*), safeguard; make safe, *tech. a.* lock, block; *mount.* belay; put *gun* at 'safe'; *mil.* cover, protect; guarantee, *econ. a.* give security for, secure *a loan*, cover; *w.s.* ensure; *hypothekarisch gesichert* on mortgage security; *sich* ~ *vor* (*dat.*) *or gegen* secure o.s. against, protect o.s. from, guard *or* provide against; *sich et.* ~ secure a *prize, seat, etc.*; **II.** *v/i.* (*h.*) *hunt.* scent.

'**sicherstell|en** *v/t.* (*h.*) secure, *fig.* put on ice; put in safe keeping; make safe, guarantee; **ꝏung** *f* (-; -*en*) securing; guarantee, *econ.* guaranty, cover.

'**Sicherung** *f* (-; -*en*) securing; safeguard(ing); *econ.* security, guaranty; *mil.* protection; *mount.* belay; *tech.* safety device; slide bolt (*or* stop); *el.* fuse, cut-out; *of gun*: safety-catch.

'**Sicherungs...**: **~bolzen** *m* locking bolt; **~draht** *el. m* fuse wire; **~flügel** *m* safety catch; **~fonds** *m* guarantee fund; **~hypothek** *f* cautionary mortgage; **~kasten** *el. m* fuse box; **~patrone** *el. f* fuse cartridge; **~schalter** *m* safety switch; **~stöpsel** *m* fuse plug; **~tafel** *el. f* fuse panel; **~truppen** *mil. f/pl.* security forces; **~übereignung** *jur. f* protective conveyance; **~verwahrung** *jur. f* preventive detention.

Sicht [ziçt] *f* (-) sight; view (*a. fig.* = vision); visibility; *in* ~ (*kommen*) (come) in sight *or* within view; *die* ~ *nehmen* obstruct the view; *fig. auf weite* ~ on a long-term basis, in the long run; *Programm auf längere* ~ long-term *or* long-range program(me); *econ. auf* (*or bei*) ~ at sight; *auf kurze* (*lange*) ~ at short (long) sight, short- (long-)dated (*bill*); *60 Tage nach* ~ 60 days after sight, at sixty days' sight; *fig. aus seiner* ~ as he sees it, from his point of view.

'**sichtbar** *adj.* visible; perceptible; noticeable; marked; conspicuous; evident, obvious; *ohne* ~*en Erfolg* without any appreciable success; ~ *werden a.* appear, show, *fig. a.* become manifest; *mar.* heave into sight; ~ *machen a. fig.* show, visualize; **ꝏkeit** *f* (-) visibleness, visibility; obviousness; **~lich** *adv.* visibly, evidently, obviously; **ꝏmachung** ['-maxuŋ] *f* (-) showing, visualization; **ꝏwerden** *n* appearance, coming in sight.

'**Sicht|beton** *m* fair-faced concrete; **~einlage** *econ. f* sight deposit.

'**sichten** *v/t.* (*h.*) sight; *tech.* sift; winnow (*wheat, etc.*); bolt (*flour*); *fig.* examine; sift, screen; sort over.

'**Sicht...**: **~feld** *n* (-[*e*]*s*) field of vision; **~flug** *aer. m* visual flight; **~geschäft** *econ. n* forward transaction; ~*e pl.* futures; **~igkeit** *f* (-) visibility; **ꝏlich** *adj.* visible; → *sichtbar(lich)*; **~tage** *econ. m/pl.* days of grace *or* respite; **~tratte** *econ. f* sight-draft; **~ung** *f* (-) sighting; *fig.* examination; sifting, screening; **~verhältnisse** *pl.* visibility *sg.*; **~vermerk** *m* endorsement, indorsement; *passport*: visé, visa; *econ. mit* ~ *versehen* sight, accept (*bill*); **~wechsel** *m* bill payable at sight, sight-bill, sight-draft; **~weite** *f* range of sight, *mar.* sighting, distance; *in* (*außer*) ~ (with)in (out of) sight.

Sicker|grube ['zikər-] *f*, **~loch** *n* drainage pit; **ꝏn** *v/i.* (*sn*) trickle, drip, drop, ooze (out), seep; *barrel*: leak; **~ung** *f* (-) leakage, seepage; **~wasser** *n* water leakage; ground-water.

siderisch [zi'de:riʃ] *ast. adj.* sidereal.

sie [zi:] *pron. 3. p. f/sg.* she, *acc.* her; it; *pl.* they; *acc.* them; ꝏ *2. p. pl. address*: you (*a. acc.*); *int.* ꝏ *da!* hello, there!; *kommen* ꝏ! come!; ꝏ *f* (-) *a* she, female.

Sieb [zi:p] *n* (-[*e*]*s*; -*e*) sieve; riddle, screen; strainer, filter; *for flour*: bolter; *el.* eliminator; *tel.* filter; '**~bein** *anat. n* ethmoid bone; '**~druckverfahren** *typ. n* silk-screen process.

sieben[1] ['zi:bən] *v/t.* (*h.*) (pass through a) sieve, sift; riddle, screen (*sand, etc.*); bolt (*flour*); *radio*: filter; *fig.* sift, screen; pick (out); weed out.

sieben[2] ['zi:bən] *adj.* seven; → *acht*; ꝏ *f* (-; -) (number) seven; *colloq. böse* ~ shrew, vixen, termagant, *Am.* battle-ax, hell-cat; **ꝏbürgen** ['-'byrgən] *n* (-*s*) Transylvania; **ꝏeck** ['-ɛk] *math. n* (-*s*; -*e*) heptagon; **~eckig** *adj.* heptagonal; **~erlei** ['-ərlaɪ] *adj.* of seven (different) kinds, seven sorts of; **~fach, ~fältig** ['-fɛltiç] *adj.* sevenfold; **2gebirge** *n* (-s) Seven Mountains *pl.*; **~gescheit** *colloq. adj.* too clever by half, smart-aleck; **2gestirn** *ast. n* (-[e]s) Pleiades *pl.*; **2hügelstadt** *f* (*Rome*) City of the Seven Hills; **~hundert** *adj.* seven hundred; **~jährig** *adj.* **1.** seven-years-old; **2.** of (*or* lasting) seven years, septimal, seven-year...; *der 2e Krieg* the Seven Years' War; **~mal** *adv.* seven times; **~malig** ['-maːliç] *adj.* seven times repeated; **2meilenstiefel** *pl.* seven-league boots; **2monatskind** *n* seven-months' child; **2sachen** *pl.* things, goods and chattels; belongings; *s-e ~ packen* pack up (one's traps); **2schläfer** *m* **1.** *die ~ pl.* the Seven Sleepers; **2.** *sg. fig.* lie-abed; *zo.* dormouse; **~tägig** *adj.* of (*or* lasting) seven days, sevenday ...; **~tausend** *adj.* seven thousand.

sieb(en)te *adj.* seventh; → *achte*; **~l** *adj.*, **2l** *n* (-s; -) seventh (part); **~ns** *adv.* seventh(ly).

'siebenwertig *chem. adj.* heptavalent.

'Sieb...: 2förmig ['-fœrmiç] *adj.* sieve-shaped; **~maschine** *f* sifting (*or* screening) machine; **~mehl** *n* coarse flour, siftings *pl.*; **~trichter** *m* filter-funnel; **~tuch** *n* (-[e]s; ⸚er) bolting cloth; **~walze** *f paper manufacture*: dandy roll.

siebzehn ['ziːptseːn] *adj.* seventeen; **~te** ['-tə] *adj.* seventeenth; **~tel** ['-təl] *adj.*, **2tel** *n* (-s; -) seventeenth (part); **~tens** *adv.* (in the) seventeenth (place).

siebzig ['ziːptsiç] *adj.* seventy; **2er(in** *f*) ['-gər] *m* (-s, -; -, -*nen*) septuagenarian; **~jährig** *adj.* **1.** seventy-years-old; **2.** of (*or* lasting) seventy years; **~ste** *adj.* seventieth; **~stel** *adj.*, **2stel** *n* (-s; -) seventieth (part).

siech [ziːç] *adj.* sickly, infirm, invalid; **'~en** *v/i.* (*h.*) be ailing, be afflicted with a wasting disease, waste away; **'2enhaus** *n* hospital for incurables; **'2tum** *n* (-s) sickliness, lingering illness; *a. fig.* languishing (state).

Siede|grad ['ziːdə-] *m* boiling-point; **~grenze** *f* boiling range; distillation end point; **2heiß** *adj.* boiling hot; **~hitze** *f* boiling heat; **~kessel** *m* boiler; **~kolben** *m* boiling flask.

siedeln ['ziːdəln] *v/i.* (*h.*) settle, colonize.

'Sied(e)lung(s...) → *Siedlung(s...)*.

'sieden I. *v/i.* (*h.*) boil (*a. fig.*); simmer; *fig.* seethe; **II.** *v/t.* (*h.*) boil, allow to simmer; refine (*sugar*); **~d** *adj.* boiling, *fig.* seething; **~dheiß** *adj.* boiling (*or* piping) hot; *fig. da fiel mir ~ ein* I remembered with a shock.

'Siedepunkt *m* boiling-point.

'Sieder *m* (-s; -) boiler.

Siede'rei *f* (-; -*en*) boiling-house, refinery.

Siedler ['ziːdlər] *m* (-s; -), **~in** *f* (-; -*nen*) settler, colonist; homecrofter, *Am.* homesteader; **~stelle** *f* settler's holding; homecroft, *Am.* homestead.

'Siedlung *f* (-; -*en*) settlement; colony; housing-estate, suburban colony; **~sbau** *m* (-[e]s; -*ten*) housing development; **~sgelände** *n* development area; **~sgesellschaft** *f* land-settlement society; **~shaus** *n* development house; **~skredit** *m* land settlement loan.

Sieg [ziːk] *m* (-[e]s; -e) victory, triumph (*über acc.* over); conquest (of); *sports*: win; *glatter ~* straight win, (clean) sweep; *leichter ~* walkover; *den ~ davontragen or erringen* gain the victory (*über acc.* over), carry (*or* win) the day; → *siegen*.

Siegel ['ziːgəl] *n* (-s; -) seal (*a. fig.*); signet; *Brief und ~ geben* promise by writ (*or* solemnly); *fig.* → *Buch*; *unter dem ~ der Verschwiegenheit* under the seal of secrecy; **~bewahrer** *m* keeper of the Seal; **~lack** *m and n* sealing-wax; **~lackstange** *f* stick of sealing-wax; **2n** *v/t.* (*h.*) seal, affix a seal to; **~ring** *m* signet-ring.

siegen ['ziːgən] *v/i.* (*h.*) be victorious (*über acc.* over), conquer (*a p.*; *a. fig. one's passion, etc.*); gain the victory (over), carry (*or* win) the day; *sports*: win, take the hono(u)rs; *~ oder sterben* do or die.

'Sieger *m* (-s; -), **~in** *f* (-; -*nen*) conqueror, *rhet.* victor; *sports*: winner; *zweiter ~* runner-up; *~ bleiben* remain triumphant, hold the field; **~ehrung** *f sports*: prize-distribution; **~kranz** *m* (conqueror's) crown; *sports*: winner's laurel; **~staat** *m* victor nation.

Sieges... ['ziːgəs-]: **2bewußt, 2gewiß** *adj.* sure of victory; **~bogen** *m* triumphal arch; **~denkmal** *n* victory monument; **~göttin** *f* Victory; **~lauf** *m* (-[e]s) *fig.* triumphant advance; **~palme** *f* palm (of victory); **~pokal** *m sports*: challenge-cup; **~preis** *m* prize (of victory); **~säule** *f* triumphal column; **~taumel** *m* flush of victory; **2trunken** *adj.* flushed with victory, drunk with success; **~wagen** *m* triumphal car; **~wille(n)** *m* will to win; **~zeichen** *n* trophy; **~zug** *m* triumphal march *or* procession; *fig.* triumphant advance; *sports*: winning streak.

'Sieg...: 2gekrönt ['-gəkrøːnt] *adj.* crowned with victory, triumphant; **2gewohnt** *adj.* accustomed to victory; **2haft** *adj.* triumphant; **2reich** *adj.* victorious (*über acc.* over), conquering, triumphant; successful.

Siel [ziːl] *n* (-[e]s; -e) sluice(way); culvert, sewer.

Siele ['ziːlə] *f* (-; -*n*) belt; *of horse*: breast-piece; *fig. in den ~n sterben* die in harness.

Siemens-Martin-|Ofen [ziːməns-'martiːn-] *metall. m* open-hearth furnace; **~Stahl** *m* open-hearth steel.

Sigel ['ziːgəl] *n* (-s; -) grammologue.

Signal [zig'naːl] *n* (-s; -e) signal; sign; *mil.* bugle-call; *akustisches ~* audible signal; *ein ~ geben* (*dat.*) (give a) signal; *mot. ~ geben* sound (*or* honk) one's horn; **~anlage** *f* (electrical) signal(l)ing system; **~buch** *n* code book.

Signalement [zignalə'maŋ] *n* (-s; -s) personal description.

Si'gnal...: ~feuer *n* signal light, beacon; **~flagge** *f* signal flag; **~gast** *mar. m* (-es; -*en*) signalman; wigwagger; **~horn** *n* (-[e]s; ⸚er) bugle.

signali'sieren *v/t.* (*h.*) signal; *mar. a.* wigwag; semaphore.

Si'gnal...: ~lampe *f* signal lamp, blinker; **~leine** *rail. f* communication-cord, bell-rope; **~mast** *m* signal-mast, semaphore; **~pfeife** *f* signal whistle; **~rakete** *f* signal rocket; **~scheibe** *rail. f* signal-disk; **~stange** *rail. f* semaphore; **~tuch** *aer. n* (-[e]s; ⸚er) signal panel; **~wärter** *rail. m* signalman.

Signatarmächte [zigna'taːrmɛçtə] *f/pl.* signatory powers (*e-s Vertrages* to a treaty).

Signatur [zigna'tuːr] *f* (-; -*en*) signature; *econ.* mark, stamp, brand; label; *library*: call number; *map*: conventional sign.

Signet [sin'jeː] *n* (-s; -s) signet; printer's mark; publisher's mark.

si'gnieren *v/t.* (*h.*) sign; *econ.* mark, designate.

Silbe ['zilbə] *f* (-; -*n*) syllable; *fig. keine ~* not a word, nothing; *er versteht keine ~ davon* it's all Greek to him.

'Silben...: ~maß *n* (syllabic) quantity, metre; **2mäßig** *adj.* syllabic; **~messung** *f* prosody; **~rätsel** *n* charade; **~stecher** *m* hairsplitter, quibbler; **~trennung** *f* syllabification; **2weise** *adv.* by syllables.

Silber ['zilbər] *n* (-s) silver; *aus ~* (of) silver; → *Silbergeschirr*; **~amalgam** *n* silver amalgam; **~arbeit** *f* silver-work; **~arbeiter** *m* silversmith; **2artig** ['-aːrtiç] *adj.* silvery, silver-like; **~barren** *m* bar (*or* ingot) of silver; **2beschlagen** *adj.* silver-mounted; **~blatt** *n* silver foil; **~buche** *f* white beech; **~chlorid** *n* silver chloride; **~distel** *bot. f* carline thistle; **~draht** *m* silver wire; **~erz** *n* silver ore; **2farben, 2farbig** *adj.* silver-colo(u)red; **~folie** *f* silver foil; **~fuchs** *m* silver-fox; **~gehalt** *m* silver content; **~geld** *n* (-[e]s) silver coins *pl.*, silver money; **~geschirr** *n* silver (plate), plate, *Am.* silverware; **~glanz** *m* lust|re (*Am.* -er) of silver; *min.* silver-glance, argentite; **2grau** *adj.* silver-grey; **2haltig** *adj.* containing silver, argentiferous; **2hell** *adj.* silvery; **~hochzeit** *f* silver wedding; **~klang** *m* silvery sound; **~ling** ['-liŋ] *m* (-s; -e) piece of silver, silverling; **~medaille** *m sports* silver medal; **~medaillenträger(in** *f*) *m* silver-medallist; **2n** *adj.* (of) silver; silvery (*voice, etc.*); *~e Hochzeit* silver wedding; **~papier** *n* silver paper, tin-foil; **~pappel** *bot. f* white poplar; **2plattiert** *adj.* silver-plated; **2reich** *adj.* rich in silver, silver-bearing; **~schmied** *m* silversmith; **~schrank** *m* plate-cupboard; **~stahl** *m* silver steel, *Am.* Stub's steel; **~sticke'rei** *f* embroidery in silver; **~stoff** *m* silver-cloth *or* brocade; **~streifen** *m fig. am Horizont*: silver lining; **~tanne** *f* silver-fir; **~währung** *f* silver standard; **~waren** *f/pl.* silver goods, *Am.* silverware; **2weiß** *adj.* silvery white; **~zeug** *n* → *Silbergeschirr*.

silbrig *adj.* silvery.

Silhouette [zilu'ɛtə] *f* (-; -*n*) silhouette; *of town*: *a.* skyline.

Silikat [zili'kaːt] *chem. n* (-[e]s; -e) silicate.

Silikose [zili'koːzə] *med. f* (-; -*n*) silicosis.

Silizium [zi'liːtsium] *chem. n* (-*s*) silicon.

Silo ['ziːlo] *m* (-*s*; -*s*) silo, storage bin; grain elevator; *in e-m ~ einlagern* ensilage; **~futter** *agr. n* silage.

Silvester(abend *m*) [zil'vestər-] *n* (-*s*; -) New Year's Eve.

Simili(stein) ['ziːmili-] *m* (-*s*; -*s*) paste stone.

Simmerring ['zimər-] *tech. m* oil seal.

simpel ['zimpəl] *adj.* simple, plain.

'**Simpel** *m* (-*s*; -) simpleton, ninny; **~fransen** *f/pl.* fringe *sg.*

Simplex|leitung ['zimplɛks-], **~schaltung** *f* simplex circuit.

Sims [zims] *m and n* (-es; -e) ledge; *arch.* mo(u)lding cornice; (window) sill; mantelpiece; shelf; '**~hobel** *m* mo(u)lding plane.

Simu|lant(in *f*) [zimu'lant] *m* (-*en*, -*en*; -, -*nen*) malingerer; **2'lieren** *v/i. and v/t.* (*h.*) sham, feign (illness), malinger; *only v/t.*: simulate (*a. mil., tech.*).

simultan [zimul'taːn] *adj.* simultaneous; **2betrieb** *m* simultaneous working; **2dolmetschen** *n* (-*s*) simultaneous interpreting; **2schaltung** *el. f* bunched circuit; **2schule** *f* undenominational school.

Sinekure [zine'kuːrə] *f* (-; -*n*) sinecure, soft job.

Sinfonie [zinfo'niː] *mus. f* (-; -*n*) symphony.

Sing|akademie [ziŋ-] *f* singing academy; '**2bar** *adj.* singable; vocal; '**~drossel** *f* song-thrush.

'**singen** *v/i. and v/t.* (*irr., h.*) sing, carol; chant; croon; vocalise; *vom Blatt ~* sing at sight; *nach Noten ~* sing from music; *falsch ~* sing out of tune; *mehrstimmig ~* sing in parts; *in Schlaf ~* lull to sleep; *fig.* → *Lied.*

'**Singen** *n* (-*s*) singing, chant(ing); → *Gesang.*

'**Sing...: ~sang** *m* (-[e]s) singsong; **~spiel** *n* musical comedy *or* play, musical; **~stimme** *f* singing-voice; *mus.* vocal part; **~stunde** *f* singing-lesson.

Singular ['ziŋgulaːr] *gr. m* (-*s*; -e) singular (number).

'**Sing...: ~vogel** *m* singing bird, song-bird, songster; **~weise** *f* air, tune, melody.

sinken ['ziŋkən] *v/i.* (*irr., sn*) sink; *ship*: *a.* go down, founder; *ground*: subside, give way; sag; *sun*: sink, set; *darkness*: sink, descend; *prices*: fall, drop, go down; decrease, abate, diminish; decay, decline; *j-m in die Arme ~* fall into a p.'s arms; *ins Grab ~* sink into the grave; *auf die Knie ~* drop to one's knees; *in e-n Stuhl ~* sink into a chair; → *fallen*; *Wert*; *seine Kräfte ~* his strength is failing; *fig. er ist tief gesunken* he has sunk very low; *~ lassen* let down, drop; *den Kopf ~ lassen* hang one's head; → *Mut*; *die Stimme ~ lassen* drop (*or* lower) one's voice; *bis in die ~de Nacht* till nightfall; *mit ~dem Herzen* with a sinking heart.

'**Sinken** *n* (-*s*) sinking; subsidence (*of ground*); fall, drop (*of prices, etc.*); decrease, abatement; decline, decay; lowering (*of standards*).

Sinn [zin] *m* (-[e]s; -e) sense; mind; faculty; taste, liking (*für* for); inclination, disposition, tendency; flair, instinct; soul, heart; sense, meaning; interpretation, construction; (basic) idea; gist; sense, direction; *~ und Zweck* essence and purpose; *~ haben für* (*acc.*) have a taste for; *~ für Musik* ear for music; *~ für das Schöne* eye for beauty; *~ für höhere Dinge* appreciation of higher things; *er hat ~ für Humor* he has a sense of humo(u)r, he can see a joke; *sein wacher ~ für das Schöne, etc.* his keen sense of *beauty, etc.*; *bei* (*von*) *~en sein* be in (out of) one's senses; → *ändern, schwinden, Kopf*; *im ~e haben* have in mind, intend; *im wahrsten ~e des Wortes* in the true sense of the word; *im engeren* (*weiteren*) *~e* in a narrow (broad) sense; *im ~e des Gesetzes, etc.* within the meaning of, for the purposes of, as defined by *the law, etc.*; *in gewissem ~e* in a sense; *er äußerte sich im gleichen ~e* he spoke to the same effect; *ganz in meinem ~e* just to my liking; *ganz in seinem ~e a.* just as he would have done; *es kam mir in den ~* it occurred to me (*zu* to *inf.*); *ganz wie es ihm in den ~ kam* as the fancy took him; *es will mir nicht aus dem ~* I cannot get it out of my head; *das will mir nicht in den ~* I just cannot understand it; *mit j-m e-s ~es sein* be of a mind with a p., see eye to eye with a p.; *ohne ~ und Verstand* without rhyme or reason; *s-e fünf ~e beisammenhaben* have one's wits about one; *nimm deine fünf ~e zusammen!* pull yourself together!; *das hat keinen ~* **a**) that makes no sense, **b**) there is no point to it, it is (of) no use; *was hat es für e-n ~, zu inf.* what is the sense (*or* point) of *ger.*; *das ist der ~ der Sache* that is the point; *er führte den Befehl dem ~e nach* (*und nicht dem Buchstaben nach*) *aus* he carried out the spirit rather than the letter of the order; *wenn es nach m-m ~e ginge* if I had my way.

'**Sinnbild** *n* symbol, emblem; allegory; **2lich** *adj.* symbolic(ally *adv.*), emblematic(ally *adv.*); allegoric(al); *~ darstellen* symbolize; allegorize.

'**sinnen** *v/t. and v/i.* (*irr., h.*) meditate, reflect (*both*: *über acc.* [up]on), think (about); muse (upon); ponder (*a th.*), brood (over); *~ auf* (*acc.*) meditate, contemplate, plan, *b.s.* plot, scheme; *auf Mittel und Wege ~* devise ways and means; *Böses ~* harbo(u)r ill designs; (*auf*) *Rache ~* meditate revenge; → *gesinnt, gesonnen*; *2 n* (-*s*) thinking, meditations *pl.*; brooding; planning; *in ~ versunken* lost in thought; *all sein ~ und Trachten* his every thought and wish, all his aspirations; **~d** *adj.* musing, pensive, thoughtful.

'**Sinnen...: ~freude** *f* sensual enjoyment (*or* pleasure), sensuality; **2freudig** *adj.* sensuous; **~genuß** *m*, **~lust** *f* → *Sinnenfreude*; **~mensch** *m* sensualist; **~rausch** *m* intoxication of the senses, sensual orgy; **~reiz** *m* sensual charm; **~taumel** *m* → *Sinnenrausch.*

'**sinn-entstellend** *adj.* distorting (the meaning), garbling.

'**Sinnenwelt** *f* (-) material world.

Sinnes... ['zinəs-]: **~änderung** *f* change of mind; **~art** *f* disposition, mentality; way of thinking; **~eindruck** *m* sense impression, sensation; **~nerv** *m* sensory nerve; **~organ** *n* sense-organ; **~täuschung** *f* illusion, hallucination, trick of the senses; **~wahrnehmung** *f* sensorial perception; **~werkzeug** *n* organ of sense.

'**Sinn...: 2fällig** *adj.* obvious, striking; **~gebung** ['-geːbuŋ] *f* (-; -*en*) interpretation; **~gedicht** *n* epigram; **2gemäß I.** *adj.* analogous, corresponding, equivalent; **II.** *adv.* analogously, accordingly; *§ 107 findet ~ Anwendung* Section 107 shall apply analogously (*or* mutatis mutandis); **2getreu** *adj.* faithful.

sin'nieren *v/i.* (*h.*) ponder, brood, ruminate.

'**sinnig** *adj.* ingenious, clever; thoughtful, nice; apt, appropriate; **2keit** *f* (-) ingenuity; thoughtfulness.

'**sinnlich** *adj. phls.* sensuous; (*ant. geistig*) material; perceptible; sensual; voluptuous; sensuous; carnal; *~e Liebe* sensual love; *~er Mensch* sensualist; → *Wahrnehmung*; **2keit** *f* (-) sensuousness; sensuality, voluptuousness.

'**Sinn...: 2los** *adj.* senseless; meaningless; absurd, foolish; crazy; pointless, futile; *~ betrunken* dead (*or* blind) drunk; *das ist völlig ~* **a**) it makes no sense at all, **b**) it is quite pointless; **~losigkeit** *f* (-) senselessness; unmeaningness, absence of meaning; absurdity, foolishness; futility; **2reich** *adj.* ingenious, clever; witty; **~spruch** *m* device, motto, maxim; **2verwandt** *adj.* synonymous; *~es Wort* synonym; **2verwirrend** *adj.* bewildering, brain-staggering; **2voll** *adj.* fraught with meaning; meaningful; wise, *pred.* good policy; sensible; ingenious; efficient; **2widrig** *adj.* absurd, preposterous.

Sinologe [zino'loːgə] *m* (-*n*; -*n*) sinologist.

sintemal ['zintə'maːl] *cj.* (especially) since, whereas.

Sinter ['zintər] *m* (-*s*; -) sinter; *metall.* dross of iron; **~anlage** *f* sintering plant; **~kohle** *f* sinter(ing) coal; **~metallurgie** *f* powder metallurgy; **2n** *v/t.* (*h.*) sinter; **~ofen** *m* sintering furnace; **~ung** *f* (-; -*en*) sintering.

Sintflut ['zintfluːt] *f* (-) flood, deluge; *bibl. the* Flood, *the* Deluge.

Sinus ['ziːnus] *m* (-; -) *math.* sine; *anat.* sinus; **2förmig** ['-fœrmiç] *adj.* sinusoidal; **~klappe** *anat. f* sinus valve; **~kurve** *math. f* sine

curve; ~satz *math. m* sine theorem; ~strom *el. m* sinusoidal current.
Siphon ['zifɔŋ] *m* (-s; -s) siphon.
Sipp|e ['zipə] *f* (-; -n), ~**schaft** *f* (-; -en) kinship, consanguinity; family; relations *pl.*; tribe (*a. bot., zo.*); *fig. iro.* clan, clique, gang; *die ganze* ~ the whole lot *or* crew; ~**enforschung** *f* genealogical research.
Sirene [zi're:nə] *f* (-; -n) siren (*a. myth.*).
'**Sirenen...:** ~**geheul** *n* hooting (*or* wail) of sirens; ~**gesang** *m* siren-song (*a. fig.*); ♀**haft** *adj.* siren-like, seductive, bewitching.
Sirup ['zi:rup] *m* (-s; -e) treacle, molasses *sg.*; syrup, *Am.* sirup.
Sisalhanf ['zi:zal-] *m* sisal.
sistier|en [zis'ti:rən] *v/t.* (*h.*) inhibit, stop; *jur.* **a**) stay, suspend (*proceedings*), **b**) arrest, take into custody; ♀**ung** *f* (-; -en) inhibition; stay (of proceedings), nolle prosequi; arrest, detention.
Sitte ['zitə] *f* (-; -n) custom; habit; tradition; usage, practice, way; fashion; *usu. pl.* ~*n* morals, manners *pl.*; *lockere* ~*n* loose morals; ~*n und Gebräuche* manners and customs; *das ist bei uns nicht* ~ that's not the custom with us; *es ist* ~ *zu* it is customary to *inf.*; *gegen die guten* ~*n* → *sittenwidrig*.
'**Sitten...:** ~**bild**, ~**gemälde** *n* genre-picture; ~**gesetz** *n* moral law; ~**kodex** *m* moral code; ~**lehre** *f* ethics *pl.*, moral philosophy; ♀**los** *adj.* immoral, licentious; ~**losigkeit** *f* (-; -en) immorality, profligacy, licence; ~**polizei** *f* vice squad; ~**prediger** *m* moralizer; ~**reinheit** *f* purity of morals, chastity; ~**richter** *m* censor, moralizer; ♀**streng** *adj.* austere, puritanical; ~**strenge** *f* austerity; ~**verderbnis** *f*, ~**verfall** *m* corruption of morals, demoralization; ♀**widrig** *jur. adj.* immoral, conflicting with national policy and public morals, contra bonos mores.
Sittich ['zitiç] *orn. m* (-s; -e) parakeet.
'**sittig** *adj.* well-mannered, wellbred; virtuous; chaste, modest.
'**sittlich** *adj.* moral, ethical; decent, respectable.
'**Sittlichkeit** *f* (-) morality, morals *pl.*; ~**sgefühl** *n* moral sense; ~**sverbrechen** *n* sex crime.
'**sittsam** *adj.* modest, demure; chaste, virtuous; well-behaved; decent; ♀**keit** *f* (-) modesty; chastity; good manners *pl.*; decency.
Situation [zituatsi'o:n] *f* (-; -en) situation, position; → *Lage*; *die* ~ *retten* save the situation; *sich der* ~ *gewachsen zeigen* rise to (*or* be equal to) the occasion; ~**skomik** *f* comedy of situation; slapstick; ~**splan** *m* site plan.
situiert [zitu'i:rt] *adj.*: *gut* ~ well off, well-to-do.
Sitz [zits] *m* (-es; -e) seat (*a. fig. and med.*); chair; place; (place of) residence, domicile; *econ.* registered seat (*or* place of business), headquarters *pl.*; (-es) *of dress, etc., a. tech.*: fit; seat (*of valve*); ~ *und Stimme haben* have seat and vote; *e-n guten* ~ *haben* **a**) *dress*: fit well, sit well *on a p.*, **b**) *riding*: sit well; *auf e-n* ~ at one sitting (*or* go); '~**arbeit** *f* sedentary work; '~**bad** *n* hip (*or* sitz) bath; '~**bank** *f* (-; ⸗e) bench; settee; '~**bein** *anat. n* ischium.
'**sitzen** *v/i.* (*irr., h.*) sit, be seated; squat; *bird and fig.* be perched; *fig.* live, stay, be; *business, etc.*: be, have its seat (*or* place of business); *colloq. criminal*: do time, *Am. a.* do a stretch; *committee, etc.*: sit (*a. jur.*), hold a meeting; *dress, etc.*: fit; *blow, remark*: tell, hit home; *das hat gesessen!* that hit home!; *med. disease*: be seated, have its seat; *bei Tisch* ~ sit at table; *bei j-m* ~ sit beside (*or* next to) a. p.; *e-m Maler* ~ sit for one's portrait, *a. phot.*: pose; *im Parlament* ~ sit (*or* have a seat) in Parliament, be an M.P. (= *Member of Parliament*); *im Gefängnis* ~ be imprisoned, be in jail; *in e-m Ausschuß* ~ sit on a committee; *sehr viel* ~ lead a sedentary life; *über e-r Arbeit* ~ be sitting over a task; *über den Büchern* ~ be poring over one's books; *colloq. e-n* ~ *haben* be drunk; *es sitzt sich hier gut* we have good seats here, *w.s.* we are comfortable (*or* snug) here; ~**bleiben** *v/i.* (*irr., sn*) remain seated; *at a dance*: be left without partners; remain unmarried, be left on the shelf; *at school*: have to repeat the year; *bleiben Sie sitzen!* keep your seat!; ~**d** *adj.* sitting, seat; ~*e Lebensweise* sedentary life; ~**lassen** *v/t.* (*irr., h.*) *fig.* leave, desert, abandon; throw *a p.* over, *Am.* walk out on *a p.*; let *a p.* down, leave *a p.* in the lurch; jilt *a lover*, leave *a girl* high and dry; *e-n Schimpf auf sich* ~ pocket (*or* put up with) an affront.
...**sitzer** [-zitsər] *m* (-s; -) *in compounds* ...-seater.
'**Sitz...:** ~**fleisch** *n* perseverance, steadiness; *er hat kein* ~ he has got the fidgets, *w.s.* he cannot stick to a job; ~**gelegenheit** *f* seating accommodation, seat(s *pl.*); ~ *bieten für* (*acc.*) seat; ~**höcker** *anat. m* tuberosity (of ischium); ~**kissen** *n* (seat-)cushion; ~**ordnung** *f* seating arrangement(s *pl.*); ~**platz** *m* seat; ~**polster** *n* seat pad; ~**reihe** *f* row (of seats); *thea.* tier; ~**stange** *f for birds*: perch; ~**streik** *m* sit-down strike, stay-in strike.
'**Sitzung** *f* (-; -en) meeting, conference; sitting (*a. parl., paint.*); session; *spiritism*: séance; *jur.* sitting, hearing; *öffentliche* ~ hearing in public; *in öffentlicher* ~ in open court; *e-e* ~ *abhalten* sit, hold a meeting (*or jur.* hearing).
'**Sitzungs...:** ~**bericht** *m* report (*or* minutes *pl.*) of proceedings; ~**periode** *f* session, *jur.* term; ~**saal** *m*, ~**zimmer** *n* council-hall; conference-room; *parl.* chamber, *Am. a.* floor.
'**Sitz...:** ~**versteller** ['-fɛrʃtɛlər] *m* (-s; -) seat adjuster; ~**welle** *f gym.* double knee circle.
Sizili'an|er (-s; -), ♀**isch** *adj.* Sicilian.
Skala ['skɑ:la] *f* (-; -len) scale (*a. mus.*); dial (plate); disk; *gleitende* ~ sliding scale; *fig. die ganze* ~ *der Gefühle* the whole gamut of emotions.
'**Skalen|ablesung** *f* scale (*or* direct) reading; ~**einteilung** *f* graduation; ~**meßgerät** *n* direct-reading instrument; ~**scheibe** *f* dial (plate), graduated scale disk.
Skalde ['skaldə] *m* (-n; -n) scald.
Skalp [skalp] *m* (-s; -e) scalp.
Skalpell [skal'pɛl] *med. n* (-s; -e) scalpel.
skal'pieren *v/t.* (*h.*) scalp.
Skandal [skan'dɑ:l] *m* (-s; -e) scandal; disgrace, shame; row, riot, racket; ~ *machen or schlagen* kick up a row; ~**blatt** *n* scandal-sheet, rag; ~**chronik** *f* scandal, society gossip; ~**geschichte** *f* (piece of) scandal; ~**macher** *m* rioter, rowdy.
skandalös [-da'lø:s] *adj.* scandalous.
Skan'dal...: ~**presse** *f* gutter press; ♀**süchtig** *adj.* fond of scandal, scandalmongering.
skandieren [skan'di:rən] *v/t.* (*h.*) scan (*verse*).
Skandinav|ien [skandi:nɑ:viən] *n* (-s) Scandinavia; ~**ier(in** *f*) *m* (-s, -; -, -nen), ♀**isch** *adj.* Scandinavian.
Skat [skɑ:t] *m* (-[e]s; -e) skat.
Skelett [ske'lɛt] *n* (-[e]s; -e) skeleton (*a. arch.*).
Skepsis ['skɛpsis] *f* (-) scepticism, *Am.* skepticism; doubt.
Skeptiker(in *f*) ['skɛptikər] *m* (-s, -; -, -nen) sceptic, *Am.* skeptic.
Skeptizismus [-'tsismus] *m* (-) (philosophic) scepticism, *Am.* skepticism.
Sketch [skɛtʃ] *thea. m* (-[es]; -e) sketch.
Ski [ʃi:] *m* (-s; -er) ski; ~ *laufen* ski; '~**anzug** *m* ski(ing) suit, ski-dress; '~**ausrüstung** *f* ski outfit; '~**bindung** *f* ski-binding; '~**bluse** *f* ski-blouse, anorak; '~**fahrer(in** *f*) *m* skier, ski-runner; '~**fliegen** *n* ski-flying; '~**führung** *f* ski position; '~**gelände** *n* skiing grounds *pl.*; '~**hose** *f* (*e-e* ~ a pair of) skiing trousers; '~**hütte** *f* skiing hut; ~**(k)jöring** ['-jø:riŋ] *n* (-s; -s) ski-(k)joring; '~**klub** *m* skiing club; '~**lack** *m* ski-lacquer; '~**lauf** *m* skiing; '~**lehrer** *m* ski-instructor; '~**lift** *m* ski-lift, chairlift; '~**spitze** *f* ski point; '~**sport** *m* (-[e]s) → *Skilauf*; '~**springen** *n* ski-jumping; '~**springer** *m* ski-jumper; '~**sprung** *m* ski-jump(ing); '~**spur** *f* ski-track; '~**stadion** *n* skiing stadium; '~**stiefel** *m* ski-boot; '~**stock** *m* ski-stick, ski-pole; '~**wachs** *n* ski-wax; '~**wettkampf** *m* skiing competition (*or* event), ski-race.
Skizze ['skitsə] *f* (-; -n) sketch; rough draft *or* drawing; ~**nbuch** *n* sketchbook; ♀**nhaft** *adj.* sketchy, in rough outlines.
skiz'zieren *v/t.* (*h.*) sketch, outline (*both a. fig.*); *flüchtig* ~ dash off.
Sklav|e ['sklɑ:və] *m* (-n; -n), ~**in** *f* (-; -nen) slave (*a. fig.*); *fig. ein* ~ *sein* (*gen.*) be a slave to (*one's passions*); *wie ein* ~ *arbeiten* slave, drudge; *zum* ~*n machen* enslave.
'**Sklaven...:** ~**arbeit** *f* slave-work; *fig.* drudgery; ~**aufseher** *m* slave-driver; ~**befreiung** *f* emancipation

of slaves; **~dienst** *m* slavery; **~handel** *m* slave-trade; **~händler** *m* slave-trader, slaver; **~schiff** *n* slave-ship; slaver; **~seele** *f* slavish (*or* servile) mind *or* person.
Sklave'rei *f* (-) slavery; *fig.* servitude, thraldom.
'sklavisch *adj.* slavish; servile, abject; ~e *Nachahmung* slavish imitation.
Sklerose [skle'ro:zə] *med. f* (-; -*n*) sclerosis.
skontieren [skɔn'ti:rən] *econ. v/t.* (*h.*) allow discount.
Skonto ['skɔnto] *econ. n and m* (-*s*; -*s*) discount.
skon'trieren *econ. v/t.* (*h.*) clear.
Skorbut [skɔr'bu:t] *econ. m* (-[*e*]*s*) scurvy; *in compounds* scorbutic...
Skorpion [skɔrpi'o:n] *m* (-*s*; -*e*) *zo.* scorpion; *ast.* Scorpio.
Skribent [skri'bɛnt] *contp. m* (-*en*; -*en*) scribbler, quilldriver, pen--pusher.
Skrofeln ['skro:fəln] *med. f/pl.*, **Skrofulose** [-fu'lo:zə] *f* (-; -*n*) scrofula.
skrofulös [-'lø:s] *med. adj.* scrofulous.
Skrupel ['skru:pəl] *m* (-*s*; -) scruple; *sich* ~ *machen* scruple (*über acc.* about); **≈los** *adj.* unscrupulous; **~losigkeit** *f* (-) unscrupulousness.
skrupulös [-pu'lø:s] *adj.* scrupulous.
Skulptur [skulp'tu:r] *f* (-; -*en*) sculpture.
skurril [sku'ri:l] *adj.* ludicrous.
Slalom(lauf) ['slɑ:lɔm-] *m* (-*s*; -*s*) slalom.
S-Kurve ['ɛs-] *f* S-bend; double hairpin bend.
Slaw|e ['slɑ:və] *m* (-*n*; -*n*), **~in** *f* (-; -*nen*) Slav; **≈isch** *adj.* Slav, Slavonian, Slavic.
Slowak|e [slo'vɑ:kə] *m* (-*n*; -*n*), **~in** *f* (-; -*nen*), **≈isch** *adj.* Slovakian.
Slowen|e [slo've:nə] *m* (-*n*; -*n*), **~in** *f* (-; -*nen*), **≈isch** *adj.* Slovene.
Smaragd [sma'rakt] *m* (-[*e*]*s*; -*e*), **≈en** *adj.* emerald; **≈grün** *adj.* emerald (green).
Smoking ['smo:kiŋ] *m* (-*s*; -*s*) dinner-jacket, *Am.* tuxedo; **~anzug** *m* dinner-jacket suit.
so [zo:] **I.** *adv.* so, thus; in this way, (in) that way; in this (*or* that) manner; like this *or* that; *in comparisons*: as; ~! *final*: that's that!; ~? indeed?, is that so?, do you really think so?; ~, ~! really!, you don't say so!, well, well!; *er ist gekommen!* — ~! *he is come!* — is he?; *er braucht Geld!* — ~! *he needs money!* — does he?; ~ ein such a; ~ *ein Dummkopf!* what a fool!; ~ *etwas* such a thing; *colloq. nein,* ~ *(et)was!* well, I never!, the (very) idea!; ~ ... *auch* however; ~ ... *denn so*; ~ ... *wie or als* as ... as; *nicht* ~ ... *wie* not so ... as; ~ *viele* so (*or* that) many; ~ *weit* so (*or* that) far; *noch einmal* ~ *viel* twice as much; *um* ~ *besser* all (*or* so much) the better; *um* ~ *mehr* all the more; *ach* ~! oh, I see!; ~ *manche(r)* many a; ~ *ist es* it is so, that's how it is; ~ *ist das Leben* such is life; ~ *oder* ~ one way or another; ~ *geht das nicht* that won't do; ~ *alle acht Tage* every week or so; ~ *und* ~ *oft* every so often, time and again; ~ *gut wie nichts* next to nothing; *er ist* ~ *klug!* he is so (very) clever!; ~ *geht's* there you are!, that's what will happen (*wenn* if)!; *ich habe* ~ *das Gefühl, daß* I have a feeling that; *er hat* ~ *seine Stimmungen* he has his little moods; *mag er auch noch* ~ *reich sein* may he be ever so rich, however rich he may be; **II.** *cj.* if; so, therefore, consequently; ~, *daß* so that, so as to *inf.*; ~ *sehr, daß* so much (so) that, to such a degree that; *not to be translated in final clauses, e.g. wenn du Zeit hast,* ~ *schreibe mir* if you have time, write to me.
sobald [zo'balt] *cj.*: ~ (*als*) as soon as, the moment; ~ *es Ihnen möglich ist* as soon as possible, *a. econ.* at your earliest convenience.
Söckchen ['zœkçən] *n* (-*s*; -) anklet.
Socke ['zɔkə] *f* (-; -*n*) sock; *econ.* ~*n pl. a.* half hose; *colloq. fig. sich auf die* ~*n machen* get going, make off; *von den* ~*n sein* beflabbergasted.
Sockel ['zɔkəl] *m* (-*s*; -) *arch.* socle, base, pedestal; *el.* socket; base, cap (*of valve or tube*).
'Sockenhalter *m/pl.* (sock-)suspenders, *esp. Am.* garters.
Soda ['zo:da] *f* (-) *and n* (-*s*) soda; *chem.* carbonate of soda.
sodann [zo'dan] *adv.* then, after that.
so 'daß *cj.* so that, so as to (*inf.*).
Sodawasser *n* (-*s*; ⸚) soda-water.
Sodbrennen ['zo:t-] *med. n* heartburn.
Sodomie [zodo'mi:] *f* (-; -*n*) sodomy, buggery.
Sodomit [-'mi:t] *m* (-*en*; -*en*) sodomite.
soeben [zo'ˀe:bən] *adv.* just (now); a minute ago; *book*: ~ *erschienen* just published, just out.
Sofa ['zo:fa] *n* (-*s*; -*s*) sofa; settee; **~ecke** *f* sofa corner; **~kissen** *n* sofa cushion; **~schoner** *m* anti-macassar, tidy.
so'fern *cj.* (in) so far as, inasmuch as, if; provided that; ~ *nicht* unless.
soff [zɔf] *pret. of saufen.*
Soffitten [zɔ'fitən] *el. f/pl.* tubular lamps; *a. arch.* soffits; **~lampe** *f* tubular lamp, *pl. a.* strip lighting.
so'fort *adv.* at once, immediately, directly, instantly, forthwith; on the spot; straight away, *esp. Am.* right away; ~ *wirkend* instantaneous; ~! coming!; *er war* ~ *tot* death was instantaneous; ~ *lieferbar or zahlbar* spot; **~ig** *adj.* immediate, prompt; instantaneous; ~*e Kasse* ready cash, spot(-cash); **≈maßnahme** *f* prompt (*or* urgent) measure.
sog [zo:k] *pret. of saugen.*
Sog *m* (-[*e*]*s*; -*e*) suction; *aer., mar.* wake; *fig. a.* drain, pressure.
so'gar *adv.* even; *ja,* ~ nay; and what is more.
'sogenannt *adj.* so-called; *contp. a.* would-be, self-styled, pretended.
so'gleich *adv.* → *sofort.*
Sohle ['zo:lə] *f* (-; -*n*) sole; bottom (*of ditch, river, valley, etc.*); *mining*: floor; **≈n** *v/t.* (*h.*) sole; **~ngänger** ['-ngɛŋər] *zo. m* (-*s*; -) plantigrade.
'Sohl-leder *n* sole-leather.
Sohn [zo:n] *m* (-[*e*]*s*; ⸚*e*) son; *der verlorene* ~ the prodigal son; *in compounds* filial (*duty, etc.*).
Söhnchen ['zø:nçən] *n* (-*s*; -) little son; sonnie.
Soiree [soa're:] *f* (-; -*n*) evening party, soirée.
Soja|bohne ['zo:ja-] *f* soy(a) bean; **~mehl** *n* soya-meal.
so'lang(e) *cj.*: ~ (*als*) as long as; while, whilst.
Solawechsel ['zo:la-] *econ. m* sole bill (of exchange), promissory note.
Solbad ['zo:l-] *n* saltwater bath, brine bath; (*resort*) saltwater springs *pl.*
solch [zɔlç] *pron. and adj.* such; ~ *einer* such a one, a man like that; *als* ~*er* as such, in that capacity; ~*e Leute* such people, people such as these; **~erart** ['-ər'ˀɑ:rt] *adv.* of such a kind, of this sort; along these lines; **'~ergestalt** *adv.* in such a manner, to such a degree; **~erlei** ['-ər'laɪ] *adj.* of such a kind, such, suchlike; **~ermaßen** ['-'mɑ:sən], **'~er'weise** *adv.* in such a way *or* manner.
Sold [zɔlt] *mil. m* (-[*e*]*s*; -*e*) pay; *fig.* wages *pl.*; *im* ~*e j-s stehen* be in a p.'s pay, *contp.* be one of a p.'s hirelings.
Soldat [zɔl'dɑ:t] *m* (-*en*; -*en*) soldier, serviceman; *gedienter* ~ exserviceman, *Am.* veteran; *einfacher* ~ recruit; *aktiver* ~ regular (soldier); *der Unbekannte* ~ the Unknown Warrior; → *Landser, Mannschaften*; ~ *werden* enter the army, enlist, join up; ~*en spielen* play at soldiers.
Sol'daten...: **~bund** *m* servicemen's (*Am.* veterans') organization; **~eid** *m* military oath; **~friedhof** *m* war cemetery; **~grab** *n* war grave; **~heim** *n Brit.* leave centre, *Am.* recreation center; **~leben** *n* (-*s*) military life; **~lied** *n* soldier's song; **~rock** *m* soldier's coat, uniform; **~sprache** *f* soldier's slang; **~tum** *n* (-*s*) soldiership; military tradition.
Soldateska [zɔlda'tɛska] *f* (-; -*ken*) soldiery.
sol'datisch *adj.* soldier-like, military.
'Soldbuch *n* pay-book.
Söldling ['zœltliŋ] *m* (-*s*; -*e*) → *Söldner.*
Söldner ['zœldnər] *m* (-*s*; -) mercenary, hireling; **~heer** *n* army of mercenaries; **~truppen** *f/pl.* mercenary troops.
Sol|e ['zo:lə] *f* (-; -*n*) saltwater, brine; **~ei** ['-ˀaɪ] *n* egg boiled in brine.
solid [zo'li:t] *adj.* solid (*a. fig.*); robust, rugged (*material*); durable, wear-resistant; sound (*basis*); *econ.* sound, solvent, reliable, safe (*firm*); reasonable, fair (*price*); *fig.* respectable, staid, steady.
Solidar|bürgschaft [zoli'dɑ:r-] *jur. f* joint surety; **≈isch I.** *adj.* solidary; *jur.* joint (and several), jointly and severally liable; **II.** *adv.* in a body, solidly; *jur.* jointly and severally; *sich* ~ *erklären mit* (*dat.*) declare one's solidarity with.
Solidarität [zolidari'tɛ:t] *f* (-) solidarity.
Soli'darschuldner *m* joint debtor.
solide [zo'li:də] → *solid.*
Solidi'tät *f* (-) solidity; *econ.* soundness, trustworthiness; respectability, steadiness.

Solist(in *f*) [zoˈlist] *m* (-*en*, -*en*; -, -*nen*) soloist, solo singer, solo player.
Solitär [zoliˈtɛːr] *m* (-*s*; -*e*) solitaire.
Soll [zɔl] *n* (-*s*; -*s*) *econ.* debit, debit-side; (fixed) quota, delivery percentage; production quota; target; ~ *und Haben* debit and credit, assets and liabilities *pl.*; ˈ**~ausgaben** *f/pl.* estimated expenditure; ˈ**~bestand** *m econ.* calculated assets *pl.*; *mil.* **a**) required strength, **b**) authorized allowance of supplies; ˈ**~durchmesser** *tech. m* nominal diameter; ˈ**~einnahme** *f* estimated receipts *pl. or* revenue.
ˈ**sollen** *v/i.* (*h.*) shall; ought to; be to; have to, be obliged to, must; should; would; be said to, be supposed (*or* believed) to; be to, be destined (*or* fated) to; *bibl. du sollst nicht töten* thou shalt not kill; *du sollst recht haben* have it your way; *er soll kommen* tell him to come; *der soll nur kommen!* just let him come!; *er hätte hingehen* ~ he ought to have gone; *wo soll ich hingehen?* where am I to go?; *was soll ich tun?* what am I to do?; *niemand soll sagen, daß* let it never be said that; *es soll nicht wieder vorkommen* it won't happen again; *du sollst sehen!* you shall (*or* will) see!; *das soll uns nicht stören* that won't bother us; *er soll reich sein* he is said to be rich, they say he is rich; *er soll morgen eintreffen* he is expected to arrive tomorrow; *ich weiß nicht, ob ich sollte* I don't know if I should; *weshalb sollte ich (auch)?* why should I?; *man sollte annehmen* one should think; *falls er kommen sollte* in case he should come; *er sollte lieber heimgehen* he had better go home; *soll das wahr sein?* can that be true?; *sollte er es gewesen sein?* could it have been him; *er wußte nicht, ob er lachen oder weinen sollte* he did not know whether to laugh or to cry; *es sollte ein Scherz sein* it was meant for a joke; *es hat nicht* ~ *sein* it was not to be; *ein Jahr sollte verstreichen, bis* one year was to pass before; *was soll das?* **a**) what's the meaning of this?, what's the idea?, **b**) what use is that!, what's the good of that?; **~d** *adj.*: *sein* ~ would-be; *witzig sein* ~*e Bemerkung* would-be witty remark.
Söller [ˈzœlər] *m* (-*s*; -) balcony; loft, garret.
ˈ**Soll...:** **~frequenz** *f* nominal frequency; **~(l)eistung** *f* nominal (*Am.* rated) output; **~maß** *tech. n* real (*or* theoretical) size; **~posten** *m* debit item (*or* entry); **~seite** *f* debit-side; **~stärke** *f* authorized strength, *Brit.* establishment; *über* ~ overstrength; **~wert** *m* desired value, nominal (*or* rated) value; set point.
solo [ˈzoːlo] *adv. mus.* solo, *fig. a.* alone.
ˈ**Solo** *n* (-*s*; -*s*, -*li*) solo; **~geiger** *m* solo violinist; **~maschine** *mot. f* solo; **~partie** *mus. f* solo; **~sänger(in** *f*) *m* solo singer; **~spieler** (-**in** *f*) *m* soloist; *cards*: solo player; **~stimme** *f* solo part; **~stück** *n* solo (*a. mus.*); **~tanz** *m* solo (dance); **~tänzer(in** *f*) *m* (dance) soloist.
solven|t [zɔlˈvɛnt] *adj.* solvent; (financially) sound; **℘z** *f* (-; -*en*) solvency.
ˈ**Solquelle** *f* salt-well *or* -spring.
somatisch [zoˈmɑːtiʃ] *adj.* somatic.
soˈmit *adv.* so, thus, consequently.
Sommer [ˈzɔmər] *m* (-*s*; -) summer; *im* ~, *des* ~*s* in (the) summer; during the summer; *in der Mitte des* ~*s* in midsummer; → *Schwalbe*; **~abend** *m* summer evening; **~aufenthalt** *m* summer stay; **~fäden** [ˈ-fɛːdən] *pl.* gossamer; **~fahrplan** *m* summer timetable; **~ferien** *pl.* summer vacation; **~frische** *f* (-; -*n*) summer resort; *in die* ~ *gehen Am.* go vacationing; **~frischler(in** *f*) [ˈ-friʃlər] *m* (-*s*, -; -, -*nen*) holiday-maker, summer visitor, *Am.* vacationer; **~gast** *m* summer visitor; **~gerste** *f* spring barley; **~getreide** *n* spring corn; **~haus** *n* summer-house; bungalow, *Am.* cottage; **~kleidung** *f* summer-dress, *econ.* summer-wear; **℘lich** *adj.* summer-like, summer(l)y; **℘n I.** *v/i.* (*impers.*, *h.*): *es sommert* summer is coming; **II.** *v/t.* (*a.* **sömmern** [ˈzœmərn]) (*h.*) sun, air; *agr.* turn out, summer (*cattle*); prune (*trees*); sow *fields* with spring corn; **~nachtstraum** *m* (-[e]s) Midsummer Night's Dream; **~olympiade** *f* → *Sommerspiele*; **~sachen** *pl.* summer clothes; **~schlaf** *zo. m* (a)estivation; **~seite** *f* sunny side; **~semester** *n* summer term; **~sitz** *m* summer residence; **~sonnenwende** *f* summer solstice; **~spiele** *pl.*: *Olympische* ~ Olympic Games; **~sprosse** *f* freckle; **℘sprossig** [ˈ-ʃprɔsiç] *adj.* freckled; **~stoff** *m* material for summer-wear; **~theater** *n* open-air theat|re, *Am.* -er; **~tracht** *f* (*of bees*) summer flow of honey; **~weg** *m* summer road; soft shoulder (*of road*); **~weizen** *m* spring(-sown) wheat; **~wohnung** *f* → *Sommerhaus*; **~zeit** *f* summer time, *esp. Am.* daylight saving time; **~zeug** *n* → *Sommerstoff*.
somnambul [zɔmnamˈbuːl] *adj.*, **℘e(r** *m*) *f* (-*n*, -*n*; -*en*, -*en*) somnambulist.
sonach [zoˈnɑːx] *adv.* consequently, accordingly, thus, so.
Sonate [zoˈnɑːtə] *mus. f* (-; -*n*) sonata.
Sonde [ˈzɔndə] *f* (-; -*n*) *med.* probe, sound (*a. fig.*); *mar.* plummet; *radio, radar*: sonde; (space) probe; *meteor.* weather-forecasting equipment, sounding balloon; **~nröhre** *TV* image dissector.
sonder [ˈzɔndər] *prp.* (*acc.*) without.
ˈ**Sonder...** *in compounds* special ..., separate ..., extraordinary ..., extra ...; **~abdruck** *typ. m* (-[e]s; -e) separate print, off-print; **~anfertigung** *f* special design (*or* version); **~angebot** *n* special offer *or* bargain; **~auftrag** *m* special mission; **~ausbildung** *f* special training; **~ausführung** *f* → *Sonderanfertigung*; **~ausgabe** *f* special edition; special expenditure; **~ausstattung** *tech. f* extra equipment; **~ausschuß** *m* select committee; **℘bar** *adj.* strange, odd, queer, funny; singular, extraordinary; peculiar; **℘barerweise** *adv.* strange to say, oddly enough; **~barkeit** *f* (-) strangeness, oddity; singularity; peculiarity; **~beauftragte(r)** *m* special representative (*or* commissioner); **~beilage** *f* (special) supplement, inset; **~berechnung** *f*: *gegen* ~ at extra cost; **~bericht** *m* special report; **~berichterstatter(in** *f*) *m* special correspondent; **~bestimmungen** *f/pl.* exceptional provisions; **~bestrebung** *f* separatism, particularism; **~bevollmächtigte(r)** *m* plenipotentiary; **~botschafter** *m* ambassador extraordinary, ambassador-at-large; **~bündler** [ˈ-byntlər] *m* (-*s*; -) separatist; **~druck** *m* (-[e]s; -e) → *Sonderabdruck*; **~einnahmen** *f/pl.* extraordinary receipts; *national budget*: special revenue *sg.*; **~ermäßigung** *f* special price reduction; **~fach** *n* special subject *or* line, *esp. Am.* specialty; **~fahrzeug** *n* special-purpose vehicle; **~fall** *m* special case, exception(al case); **~flug** *m* extra flight; **~friede** *m* separate peace; **~gericht** *jur. n* special court; **~gesetz** *n* special law; **℘gleichen** *adv.* (*in English as adj.*) unequalled, matchless, peerless, unprecedented; *e-e Frechheit* ~ the height of impudence; **~interesse** *n* private (*or* special) interest; **~klasse** *f* special class; *yachting*: sonderclass; **~konto** *n* separate account; **~leistung** *f* extra service; **℘lich I.** *adj.* special, peculiar, remarkable; *kein* ~*es Vergnügen* not much of an amusement; **II.** *adv.* particularly; *nicht* ~ not particularly, not much (*or* very); **~ling** [ˈ-liŋ] *m* (-*s*; -*e*) queer (*or* eccentric) fellow, crank; **~meldung** *f* special announcement.
sondern[1] [ˈzɔndərn] *cj.* but; *nicht nur,* ~ *auch* not only, but (also).
ˈ**sondern**[2] *v/t.* (*h.*) separate, sever, segregate; set asunder; → *aussondern*.
ˈ**Sonder...:** **~nummer** *f* special edition; **~preis** *m* special (*or* preferential) price; **~rabatt** *m* special (*or* extra) discount; **~recht** *n* privilege; **~referat** *n* special branch; **~regelung** *f* separate treatment *or* settlement.
sonders [ˈzɔndərs] *adv.* → *samt*.
ˈ**Sonder...:** **~sitzung** *f* special session; **~stahl** *m* special steel; **~stellung** *f* exceptional position; *fig. e-e* ~ *einnehmen* occupy a special position; **~typ** *m* special type; **~ung** *f* (-; -*en*) separation; **~urlaub** *m* special leave, *mil. a.* emergency (*Brit.* compassionate) leave; **~verband** *mil. m* special unit; task force; **~zug** *m* special (*or* extra) train; **~zulage** *f* special bonus.
Sondier|ballon [zɔnˈdiːr-] *m meteor.* sounding balloon; **℘en** *v/t. and v/i.* (*h.*) *med.* probe, *a. mar.* sound (*both a. fig.*); *fig.* (*v/i.*) explore the ground.
Sonett [zoˈnɛt] *poet. n* (-[e]s; -e) sonnet.
Sonnabend [ˈzɔnˀɑːbənt] *m* (-*s*; -*e*) Saturday; **℘s** on Saturdays, on a Saturday.

Sonne ['zɔnə] *f* (-; -*n*) sun; *zur* ~ *gehörig* solar; *an der* ~ in the sun; *an der* ~ *getrocknet* sun-dried; *von der* ~ *beschienen* sunlit; *fig. Platz an der* ~ place in the sun; *unter der* ~ under the sun, on earth.

'**sonnen** *v/t.* (*h.*) (expose to the) sun, air; *sich* ~ (*h.*) bask (in the sun), sun o.s.; *fig. sich* ~ *an or in* bask (*or* revel) in.

'**Sonnen...:** **~anbeter** *m* sun-worshipper; **~aufgang** *m* (*bei* at) sunrise, *Am. a.* sunup; **~bad** *n* sun-bath; *ein* ~ *nehmen* sun-bathe, bask; **~bahn** *f* orbit of the sun; ecliptic; **2beschienen** ['-bə'ʃi:nən] *adj.* sunlit; **~bestrahlung** *f* solar radiation, insolation; **~blende** *phot. f* lens shade; **~blendscheibe** *mot. f* sun-screen, *Am.* sun vizor; **~blume** *f* sunflower; **~brand** *m* sunburn, *Am. a.* sunscald; **~bräune** *f* sun-tan; **~brille** *f* (e-e ~ a pair of) sun-glasses, dark glasses *pl.*; **~dach** *n* sun-blind, (*a. mar.*) awning; *mot.* sunshine roof; **~deck** *mar. n* awning; **~energie** *f* solar energy; **~ferne** *ast. f* aphelion; **~finsternis** *f* solar eclipse; **~fleck** *m* sun-spot; **2gebräunt** *adj.* sun-tanned; **~glut, ~hitze** *f* blazing sun, *phys.* solar heat; **2haft** *adj.* sunlike; **~höhe** *f* sun's altitude; **~jahr** *n* solar year; **~käfer** *m* ladybird; **2klar** *fig. adj.* (as) clear as daylight, (quite) obvious; **~licht** *n* (-[e]s) sunlight; **~messer** *ast. m* heliometer; **~monat** *m* solar month; **~nähe** *ast. f* perihelion; **~scheibe** *f* disk of the sun, solar disk; **~schein** *m* (-[e]s) sunshine; **~schirm** *m* sunshade; parasol; **~segel** *n* awning; **~seite** *f* sunny side; **~spektrum** *n* solar spectrum; **~stich** *m* sunstroke; **~strahl** *m* ray of sunshine, sunbeam; **~strahlung** *f* solar radiation; **~system** *n* solar system; **~tag** *m* sunny day; *ast.* solar day; **2überflutet** *adj.* sun-splashed; **~uhr** *f* sundial; **~untergang** *m* sunset, *Am. a.* sundown; **2verbrannt** *adj.* sunburnt, (sun-)tanned; **~wende** *f* solstice; **~zeit** *ast. f* solar time; **~zelt** *n* awning.

'**sonnig** *adj.* sunny (*a. fig.*).

'**Sonntag** *m* Sunday; **2s** on Sundays, on a Sunday.

'**sonntäglich I.** *adj.* Sunday; **II.** *adv.* as on a Sunday; every Sunday; ~ *gekleidet* dressed in one's Sunday best.

'**Sonntags...:** **~anzug** *m* Sunday suit *or* best, one's best bib and tucker; **~arbeit** *f* Sunday work; **~ausflügler(in** *f*) *m* week-ender; **~ausgabe** *f*, **~beilage** *f* Sunday supplement; **~fahrer** *mot. contp. m* Sunday driver; **~fahrkarte** *f* week-end ticket; **~jäger** *m* would-be sportsman; **~kind** *n* Sunday-child, person born on a Sunday; *fig. ein* ~ *sein* be born under a lucky star; **~kleid** *n* Sunday-dress; → *Sonntagsanzug*; **~maler** *m* Sunday painter; **~ruhe** *f* Sunday rest; **~schule** *f* Sunday school; **~staat** *m* (-[e]s) → *Sonntagsanzug*.

'**Sonn...:** **2verbrannt** *adj.* sunburnt, (sun-)tanned; **~wende** *f* solstice; midsummer festival; **~wendfeuer** *n* St. John's fire.

sonor [zo'no:r] *adj.* sonorous.

sonst [zɔnst] *adv.* otherwise, *with pron.* else; otherwise, or else; besides; in other respect; as a rule, usually, normally; (at) any other time; formerly ~ *etwas* something else; *wer* ~? who else?; ~ *wer?* anybody else?; *wie* ~ as usual; *wie* ~? how else?; ~ *einmal* some other day; *wenn es* ~ *nichts ist* if that's all; (*wünschen Sie*) ~ *noch etwas?* anything else?, what else can I do for you?; '**~ig** *adj.* other; former; '**~wie** *adv.* in some other way; '**~wo** *adv.* elsewhere, somewhere else.

so'oft *cj.* whenever; ~ *Sie wollen* as often as you like.

Sophist [zo'fist] *m* (-*en*; -*en*), **~in** *f* (-; -*nen*) sophist; **~e'rei** *f* (-; -*en*) sophistry; **2isch** *adj.* sophistic(al).

Sopran [zo'prɑ:n] *mus. m* (-*s*; -*e*) soprano, treble; **Sopra'nist(in** *f*) *m* (-*en*, -*en*; -, -*nen*) soprano (singer), sopranist.

Sorge ['zɔrgə] *f* (-; -*n*) care; sorrow; uneasiness, anxiety, concern; apprehension; alarm, fear; trouble, vexation; **~n** *pl. a.* worries, trouble(s *pl.*), tribulation *sg.*; care; solicitude; *jur.* care (and custody) (*für* of); responsibility; ~ *tragen für* (*acc.*) take care of, attend to, see to, ensure; *dafür* ~ *tragen, daß* see to it that, take care that, see *a th. done*; *dafür haben die Zweigstellen* ~ *zu tragen* this shall be the responsibility of the branch offices; *außer* ~ *sein* be at ease; *j-m* ~*n machen* cause (*or* give) a p. trouble, worry a p.; *sich* ~*n machen um* (*acc.*) be worried (*or* concerned) about; *sich* ~*n machen, daß* be concerned that; *das ist s-e* ~ that's his problem (*or* look-out *or* headache); *laß das m-e* ~ *sein* leave that to me; *seien Sie ohne* ~ don't worry (*or* be alarmed); *iro. keine* ~! don't you worry!, never fear!; *ich habe andere* ~*n* I have other fish to fry; **~berechtigte(r** *m*) *jur. f* competent tutor.

'**sorgen** *v/i.* (*h.*) **a)** *usu. sich* ~ be anxious (*or* worried *or* concerned) (*um, wegen* about); be apprehensive, be alarmed (at); worry; **b)** ~ *für* (*acc.*) care for, provide for; provide, cater for (*food, entertainment, etc.*); take care of, attend (*or* see) to, ensure; care for, look after (*a p. or th.*); *dafür* ~, *daß* take care that, see to it that, make sure that; *für ihn ist gesorgt* he is provided for; *dafür werde ich* ~ I'll see to that; *für sich selbst* ~ provide for o.s., fend for o.s.

'**Sorgen...:** **~brecher** *m* care-expeller; **~falten** *f/pl.* worried lines; **2frei, 2los** *adj.* free from care(s), care-free; light-hearted; **~kind** *n* problem child; **~stuhl** *m* easy chair; **2voll** *adj.* full of cares *or* trouble(s); careworn; uneasy, anxious; worried, troubled.

'**Sorgerecht** *jur. n* right to the custody (*für* of *a p.*).

Sorg|falt ['zɔrkfalt] *f* (-) care(fulness); solicitude; attention; exactness, accuracy; conscientiousness, scrupulousness; circumspection; *jur. mit der* ~ *e-s ordentlichen Kaufmanns* exercising the due diligence of a businessman; *große* ~ *verwenden auf* (*acc.*) bestow great care (up)on, take great pains with; **2fältig** ['-fɛltiç] **I.** *adj.* careful; attentive; exact, accurate; conscientious, scrupulous, painstaking; cautious; **II.** *adv.* carefully, *etc.*; with care.

'**sorglich** *adj.* careful, solicitous.

'**sorglos** *adj.* carefree; thoughtless; unconcerned; careless; negligent; easy; lighthearted, happy-go-lucky, devil-may-care; **2igkeit** *f* (-) unconcern; carelessness; negligence; lightheartedness.

'**sorgsam** *adj.* careful, painstaking, particular; cautious; **2keit** *f* (-) care(fulness), caution.

Sorte ['zɔrtə] *f* (-; -*n*) sort, kind, species, description; variety; type (*a. econ.*); *econ.* quality, grade; brand; **~n** *pl.* foreign notes and coins; *beste* (*or erste*) ~ prime quality; *ein Schwindler übelster* ~ a crook of the worst type; → *Art.*

'**Sorten...:** **~abteilung** *econ. f* foreign-money department; **~geschäft** *n stock exchange*: transactions *pl.* in foreign notes and coins; **~zettel** *m* bill of specie.

sor'tier|en *v/t.* (*h.*) (as)sort; sort out; sift; arrange; size; grade; classify; break (*wool*); **2er(in** *f*) *m* (-*s*, -; -, -*nen*) sorter; **2maschine** *f* sorting machine; **2ung** *f* (-; -*en*) sorting, assortment; sizing; grading; classification.

Sortiment [zɔrti'mɛnt] *n* (-[e]s; -e) assortment, collection; set; **~er** *m* (-*s*; -), **~sbuchhändler** *m* retail bookseller.

so'sehr *cj.*: ~ (*auch*) however much, no matter how much (*or* strongly, deeply, *etc.*).

so'so *adv. colloq.* middling, so-so.

Soße ['zo:sə] *f* (-; -*n*) sauce; gravy; *colloq. fig.* juice.

sott [zɔt] *pret. of sieden.*

Soubrette [zu'brɛtə] *thea. f* (-; -*n*) soubrette.

Soufflé [zu'fle:] *n* (-*s*; -*s*) soufflé (*Fr.*).

Souffl|eur [su'flø:r] *m* (-*s*; -*e*), **~euse** [-'flø:zə] *f* (-; -*n*) prompter; **~eurkasten** *m* prompter's box, prompt-box; **2ieren** *v/i. and v/t.* (*h.*) prompt (*j-m* a p.).

'**so-und'so I.** *adv.*: ~ *viel* so much, a certain amount; ~ *viele* umpteen; ~ *oft* over and over again; **II.** *su. Herr* 2 Mr. What's his name *or* So-and-so; **2vielte** *adj.* such and such, odd, umptieth.

Soutane [zu'tɑ:nə] *eccl. f* (-; -*n*) cassock, soutane.

Souterrain [zutɛ'rɛ̃:] *n* (-*s*; -*s*) basement.

souverän [suvə'rɛ:n] *adj.* sovereign; *fig.* superior, (*a. adv.*) in superior style; 2 *m* (-*s*; -*e*) sovereign.

Souveräni'tät *f* (-) sovereignty.

so...: **~'viel I.** *cj.* as (*or* so) far as; ~ *ich weiß* as far as I know; ~ *ich gehört habe* from what I have heard, I understand; **II.** *adj. and adv.* so much; *doppelt* ~(e) twice as much (many); *fünfmal* ~ *a.* five times the number; ~'weit I. *cj.* as (*or* so) far as; ~ *nicht* unless; ~ *ich unterrichtet bin* for aught I know; II. *adv.* so far; ~ *ganz gut* not bad (for a start), quite good as far as it goes; ~'**wenig** *adv.* just as little (*wie* as), no more than; ~'**wie** *cj.* as soon as, just as, the moment; as well as; ~**wie'so** *adv.* in any case, anyhow, anyway; as it is.

Sowjet [sɔv'jɛt] *m* (-*s*; -*s*) Soviet; *Oberster* ~ Supreme Soviet; **so'wjetisch** *adj.* soviet; **sowjeti'sieren** *v/t.* (*h.*) sovietize.

So'wjet|rußland *n* (-*s*) Soviet Russia; ~**union** *f* (-) Soviet Union, *officially*: Union of Soviet Socialist Republics (*abbr.* U.S.S.R.).

so'wohl *cj.*: ~ ... *als auch* both ... and; as well ... as; not only ... but also.

sozial [zotsi'ɑ:l] *adj.* social(ly *adv.*); ~*e Wohlfahrt* social welfare; ~*e Fürsorge* social welfare work; ~*er Wohnungsbau* publicly assisted house-building; 2**abgaben** *f/pl.* social contributions; 2**amt** *n* social welfare office; 2**beamte(r)** *m* welfare worker; 2**beitrag** *m* social insurance contribution; 2**demokrat** *m* social democrat; 2**demokra'tie** *f* (-) social democracy; ~**demokratisch** *adj.* social democratic; ~**denkend** *adj.* public-spirited, charitable; 2**einrichtungen** *f/pl.* social services; 2**fürsorge** *f* social welfare work.

soziali'sier|en *v/t.* (*h.*) socialize; nationalise; 2**ung** *f* (-) socialization; nationalisation.

Sozialismus [-'lismus] *m* (-) socialism.

Sozia'list *m* (-*en*; -*en*), ~**in** *f* (-; -*nen*) socialist; 2**isch** *adj.* socialist(ic).

Sozi'al...: ~**lasten** *f/pl.* social charges; ~**leistung** *f* social contribution, social security benefit; ~**lohn** *m* social wages *pl.*; ~**ökonomie** *f* social economy; ~**partner** *m/pl.* employers and employed; ~**politik** *f* social policy; ~**politiker** *m* social thinker; ~**politisch** *adj.* socio-political, social; ~**prestige** *n* (social) status; ~**produkt** *n* (gross) national product, total product; ~**rentner(in** *f*) *m* social insurance pensioner, annuitant; ~**unterstützung** *f* public relief; ~**versicherung** *f* social insurance; ~**wissenschaft** *f* social science, sociology; ~**wissenschaftler(in** *f*) *m* social scientist, sociologist; ~**zulage** *f* social allowance, family bonus.

Sozietät [zotsie'tɛ:t] *econ. f* (-; -*en*) society, company.

Soziolog|e [zotsio'lo:gə] *m* (-*n*; -*n*) sociologist; 2**isch** *adj.* sociological.

Soziologie [-lo'gi:] *f* (-) sociology.

Sozius ['zo:tsius] *m* (-; -*se*) *econ.* partner; *mot. a.* ~**fahrer(in** *f*) *m* pillion-rider; ~**sitz** *m* pillion seat; *auf dem* ~ *mitfahren* ride pillion.

'**sozu'sagen** *adv.* so to speak, as it were.

Spachtel ['ʃpaxtəl] *m* (-*s*; -) spatula; *paint.* scraper; smoother; (*a.* ~**masse** *f*) surfacer, knifing glaze; filler; primer; (*a.* ~**messer** *n*) putty knife; 2**n I.** *v/t.* (*h.*) *tech.* make smooth, scrape; surface (*varnish coat*); **II.** *v/i.* (*h.*) *colloq.* eat heartily, tuck in.

Spagat [ʃpa'gɑ:t] *m and n* (-[*e*]*s*; -*e*) splits *pl.*; ~ *machen* do the splits.

Spaghetti [ʃpa'gɛti] *pl.* spaghetti.

spähen ['ʃpɛ:ən] *v/i.* look out (*nach* for); watch (*nach* for); peer; spy; *mil.* scout.

'**Späher** *m* (-*s*; -) spy; *mil.* scout; look-out; ~**blick** *m* prying glance.

'**Spähtrupp** *mil. m* (reconnaissance) patrol, scouting party *or* patrol; ~**führer** *m* patrol leader; ~**tätigkeit** *f* patrol activity.

'**Spähwagen** *m* reconnaissance car, scout car.

Spalier [ʃpa'li:r] *n* (-*s*; -*e*) *agr.* trellis, espalier; *fig.* lane; cordon; ~ *bilden* form a lane; form a cordon; line the street; ~**baum** *m* espalier (tree); *n.s.* wall tree; ~**obst** *n* espalier fruit; *n.s.* wall fruit.

Spalt [ʃpalt] *m* (-[*e*]*s*; -*e*), '~**e** *f* (-; -*n*) crack, cleft, rift, split; *esp. tech.* fissure, crevice; aperture; gap; chink; slit, *tech. a.* slot; crevasse (*of glacier*); *only* ~*e*: *typ.* column; *fig.* rift; '2**bar** *adj.* cleavable; *nuclear physics*: fissionable (*material*).

'**Spalte** *f* → *Spalt*.

'**spalten** *v/t.* (*h.*) split (*a. atom*); cleave, chop (*wood*); rend, rift; slit; divide; *chem.* decompose; skive (*leather*); *fig. Haare* ~ split hairs; *sich* ~ (*h.*) split, cleave; crack, *skin a.* chap; *fig.* split up, break up.

'**spalten...:** ~**lang** *adj.* covering several columns; 2**steller** ['-ʃtɛlər] *m* (-*s*; -) *typewriter*: tabulator; ~**weise** *adv.* in columns.

'**Spalt...:** ~**flügel** *aer. m* slotted wing; ~**glimmer** *m* muscovite; ~**hufer** ['-hu:fər] *zo. m* (-*s*; -) ruminant; ~**keil** *m* wedge; ~**leder** *n* skiver; ~**pilz** *m* fission fungus, schizomycete; ~**produkt** *n nuclear physics*: fission product.

'**Spaltung** *f* (-; -*en*) splitting, cleavage; *chem.* separation, decomposition; *biol.* cleavage; fission; splitting, fission (*of atom*); *fig.* split, rift, rupture; division; split(ting-up) (*of party*); *eccl.* schism; ~ *der Persönlichkeit* split(ting of)personality; ~**s-produkt** *n nuclear physics*: fission product.

Span [ʃpɑ:n] *m* (-[*e*]*s*; ⸚*e*) chip; splinter; *tech. pl. Späne* chippings, shavings; (metal) cuttings; facings; borings; *fig. wo gehobelt wird, fallen Späne* you cannot make an omelette without breaking eggs; '2**abhebend** *tech. adj.* (metal-) cutting.

spänen ['ʃpɛ:nən] *v/t.* (*h.*) **1.** scour *floor* (with steel wool); **2.** wean (*child*).

'**Span|ferkel** *n* sucking pig, porkling; ~**holzplatte** *f* chipboard.

Spange ['ʃpaŋə] *f* (-; -*n*) clasp; buckle; clip; bracelet; bar (*of medals*); (hair) slide; (shoe) strap; ~**nschuh** *m* strap shoe.

Span|ien ['ʃpɑ:niən] *n* (-*s*) Spain; ~**ier(in** *f*) ['-iər] *m* (-*s*, -; -, -*nen*) Spaniard; 2**isch** *adj.* Spanish; *die* ~*e Sprache* the Spanish language, Spanish; ~*er Pfeffer* red pepper, cayenne; *mil.* ~*er Reiter* cheval-de-frise (*Fr.*), knife rest; ~*e Wand* folding screen; *fig. das kommt mir* ~ *vor* **a**) that's all Greek to me, **b**) there is something fishy about it.

'**Span...:** ~**korb** *m* chip basket; 2**los** *tech. adj.* non-cutting.

spann [ʃpan] *pret. of spinnen.*

'**Spann** *m* (-[*e*]*s*; -*e*) instep.

'**Spann|arbeit** *tech. f* chucking work; ~**backen** *f/pl.* gripping jaws; ~**beton** *m* pre-stressed concrete; ~**draht** *m* tension (*or* guy) wire.

'**Spanne** *f* (-; -*n*) span; short distance; short space of time; ~ *des Lebens* span of life; *fig.* margin.

'**spannen I.** *v/t.* (*h.*) stretch; bend (*bow, etc.*); tighten; flex (*muscles*); *Pferde vor den Wagen* ~ put horses to the carriage; *tech.* grip, clamp, chuck; stress; tighten, tension (*spring*); tighten (*belt, screw, violin string*); stretch (*rope*); put in the (ski-)press; *fig.* strain (*nerves*); excite (*curiosity*); → *Folter*; *Erwartungen hoch* ~ raise expectations to a high pitch; *s-e Forderungen zu hoch* ~ be exorbitant in one's demands; *sich* ~ stretch; *sich* ~ *über e-n Fluß* span a river; → *gespannt*; **II.** *v/i.* (*h.*) *garments*: be (too) tight; *shoes*: *a.* pinch; ~**d** *adj. fig.* exciting, thrilling, gripping, breath-taking, full of suspense.

'**Spanner** *m* (-*s*; -) *tech.* stretcher, tenter; boot-tree; (trousers, racket, *etc.*) press; *zo.* (*moth*) looper.

'**Spann...:** ~**feder** *tech. f* tension spring; ~**futter** *tech. n* chuck; ~**haken** *tech. m* tenter-hook; ~**kloben** *tech. m* jaw; ~**kraft** *f* (-) elasticity (*a. fig.*); *machine-tool*: clamping power; *phys.* tension; *fig.* energy, buoyancy; *med.* tonicity; 2**kräftig** *adj.* elastic; ~**muskel** *anat. m* tensor (muscle); ~**patrone** *tech. f* collet; ~**rahmen** *tech. m* tenter(-frame); ~**riegel** *tech. m* strutting-piece; ~**säge** *f* frame-saw; ~**schieber** *m machine-gun*: cocking slide; ~**schloß** *tech. n* turnbuckle; ~**seil** *n* guy rope, tether; ~**stoß** *m soccer*: instep-kick.

'**Spannung** *f* (-; -*en*) tension; *tech. a.* stress; strain; (gas) pressure; *arch.* span, *in material*: stress; *el.* voltage, (electric) tension, (difference in) potential; *effektive* ~ root mean square voltage (*abbr.* R.M.S. voltage); *generator*: *innere* ~ electromotive force (*abbr.* e.m.f.); *unter* ~ (*stehend*) live, energized; *fig.* close attention; (*nervous*) tenseness; suspense; eager (*or* anxious) expectation; tension (*a. pol.*), strained relations *pl.*; discrepancy; *mit* (*or voll*) ~ all agog, with bated breath, intently; *in* ~ *versetzen* thrill, excite; *in* ~ *halten* keep in suspense.

'**Spannungs...:** ~**abfall** *el. m* voltage drop; ~**ausgleich** *el. m* compensation of voltage; ~**feld** *el. n* electric field; 2**führend** *el. adj.* (a)live; 2**geladen** *adj.* thrill-packed, suspense-filled; 2**los** *el. adj.* dead; ~**messer** *el. m* voltmeter; ~**regler** *el. m* voltage regulator; ~**wandler** *el. m* voltage transformer.

'**Spann...:** ~**vorrichtung** *tech. f* stretching device; clamping device;

~weite *f* spread; *aer.* wing span; *arch., math.* span; *fig.* range; **~werkzeug** *tech. n* clamping tool; **~wirbel** *tech. m* turnbuckle.
Spanplatte *tech. f* chipboard.
Spant [ʃpant] *aer. m* (-[e]s; -en), *usu.* ~en *pl.* rib(s *pl.*); *arch.* vertical frame.
Spar|anleihe [ˈʃpɑːr-] *f* savings bonds *pl.*; **~bank** *f* (-; -en) savings bank; **~beton** *m* lean concrete; **~brenner** *m* pilot burner, gas economizer; **~buch** *n* (savings bank) pass book, savings booklet; **~büchse** *f* money-box; **~einlagen** *f/pl.* savings deposits.
ˈ**sparen** *v/t. and v/i.* (*h.*) save (*money, time, strength, trouble*); put *money* by (for a rainy day); cut down expenses, economize; be sparing of, *fig. a.* be chary of; *contp.* stinge, skimp (*mit* on); spare (*cost, trouble*); ~ *Sie sich solche Bemerkungen* you had better keep such remarks to yourself.
ˈ**Sparen** *n* (-s) saving; economizing, economy.
ˈ**Sparer(in** *f*) *m* (-s, -; -, -nen) saver; depositor; *die kleinen* ~ the small investors.
ˈ**Sparflamme** *f* pilot light.
Spargel [ˈʃpargəl] *m* (-s; -) asparagus; ~ *stechen* cut asparagus; **~kopf** *m*, **~spitze** *f* asparagus tip; **~stecher** *m* asparagus knife.
ˈ**Spar...:** **~gelder** [ˈ-gɛldər] *n/pl.* savings (deposits); **~gemisch** *mot. n* lean mixture; **~groschen** *m* → *Sparpfennig*; **~guthaben** *n* savings balance; savings account; **~herd** *m* economical stove, kitchener; **~kasse** *f* savings-bank; **~kassenbuch** *n* → *Sparbuch*; **~kocher** *m* thrift cooker; **~konto** *n* savings account.
spärlich [ˈʃpɛːrliç] **I.** *adj.* scant(y) (*a. dress*); scarce; sparse; poor; meag|re, *Am.* -er; *econ.* slack (*demand*); thin (*hair*); **II.** *adv.*: ~ *bekleidet* scantily dressed; ~ *bevölkert* sparsely (*or* thinly) populated; **♀keit** *f* (-) scantiness; scarcity; sparseness; poorness.
Spar... [ʃpɑːr-]: ˈ**~marke** *f* savings stamp; ˈ**~maßnahme** *f* economy measure; **~n** *pl.* economies; ˈ**~pfennig** *m* savings *pl.*, nest-egg, money put by for a rainy day; ˈ**~prämienlos** *n* premium bond.
Sparren [ˈʃparən] *m* (-s; -) rafter, spar; *colloq. fig.* e-n ~ (*zuviel*) *haben* have a kink, have a screw loose; ♀ *v/i. boxing*: spar; **~werk** *n* rafters *pl.*
Sparring(partner *m*) [ˈʃpariŋ] *n* (-s; -s) *boxing*: sparring (partner).
ˈ**sparsam** **I.** *adj.* saving, thrifty, economical (*mit* of); parsimonious; *art*: *mit ~en Mitteln* with economy; **II.** *adv.*: ~ *leben* lead a frugal life, economize; ~ *umgehen mit* use sparingly; **♀keit** *f* (-) economy, thrift(iness); parsimony; frugality, austerity.
ˈ**Sparsinn** *m* (-[e]s) thrift.
spartanisch [ʃparˈtɑːniʃ] *adj.* Spartan; *fig. a.* austere, rugged.
Sparte [ˈʃpartə] *f* (-; -n) branch, field, line; subject.
ˈ**Spar...:** **~trieb** *m* saving instinct; **~- und Darlehenskasse** *f* savings and loan bank; **~verein** *m* savings club; **~verkehr** *m* savings system; savings activity; **~vertrag** *m* savings agreement; **~woche** *f* thrift week.
spasmodisch [spasˈmoːdiʃ] *adj.* spasmodic.
Spaß [ʃpɑːs] *m* (-es; ⸚e) joke, jest; fun, lark; amusement, pastime, sport; *pl. Späße a.* pranks, antics; *handgreiflicher* ~ practical joke; *rauher* ~ rough horseplay; ~ *machen* → *spaßen*; *er hat nur* ~ *gemacht* he was only joking; *es macht ihm (großen)* ~ it amuses him (hugely), he likes it (a lot), *Am. a.* he gets a (big) kick out of it; *es macht keinen* ~ it's no fun, it's a dreary business; *seinen* ~ *treiben mit j-m* make fun (*or* sport) of, play tricks on *a p.*; *er versteht keinen* ~ **a)** he cannot see (*or* take) a joke, **b)** he is not to be trifled with; ~ *beiseite* joking apart!; *viel* ~! have a good time! *aus or im or zum* ~ for (*or* in) fun, in jest; *nur zum* ~ just for the fun of it.
ˈ**spaßen** *v/i.* (*h.*) joke, jest, make fun; *damit ist nicht zu* ~ that is no joking matter, it's no joke; *er läßt nicht mit sich* ~ he is not to be trifled with.
ˈ**spaß|haft, ~ig** *adj.* facetious, waggish, jocose; funny, comical, droll; ludicrous.
ˈ**Spaß...:** **~macher(in** *f*) *m*, **~vogel** *m* wag, (*a. iro.*) joker; → *Hanswurst*; **~verderber(in** *f*) [ˈ-fɛrdɛrbər] *m* (-s, -; -, -nen) spoilsport, kill-joy, wet blanket.
Spat [ʃpɑːt] *m* (-[e]s; -e) *min.* spar; *vet.* spavin.
spät [ʃpɛːt] **I.** *adj.* late; belated, tardy; advanced; remote; ~*e Badegäste* belated bathers; *colloq.* ~*es Mädchen* old maid; *am ~en Nachmittag* late in the afternoon; *bis in die ~en Nachtstunden* till late at night; *es ist (wird)* ~ it is (getting) late; → *später*; **II.** *adv.* late; *zu* ~ too late; *zu* ~ *kommen* be late (*Am. a.* tardy) (*zu* for); *er kam 5 Minuten zu* ~ he was five minutes late; ~ *in der Nacht* late at night; *von früh bis* ~ from morning till night; *wie* ~ *ist es?* how late is it?; ~ *aufstehen* get up late, *generally*: be a late riser.
ˈ**Spat-eisenstein** *m* siderite.
Spatel [ˈʃpɑːtəl] *m* (-s; -) → *Spachtel*.
Spaten [ˈʃpɑːtən] *m* (-s; -) spade; **~stich** *m* cut with a spade; *den ersten* ~ *tun* dig the first spade; *fig.* break the ground.
ˈ**später** **I.** *adj.* later; posterior (*als* to); subsequent; ~*e Geschlechter* later (*or* future) generations; **II.** *adv.* (*a.* **~hin**) later on; at a later date; subsequently, after(wards); *früher oder* ~ sooner or later; ~ *als* later than; → *danach*.
spätestens [ˈʃpɛːtəstəns] *adv.* at the latest; not later than.
ˈ**Spät...:** **~geburt** *f* retarded birth; **~gotik** *arch. f* late Gothic (style), *in Britain*: perpendicular style; **~heimkehrer** *m* late-returning prisoner of war; **~herbst** *m* late autumn *or esp. Am.* fall; **~jahr** *n* autumn, *esp. Am.* fall; **~lese** *f* wine made from late-gathered grapes; **~ling** [ˈ-liŋ] *m* (-s; -e) calf (*or* lamb) born late in the year; late fruit; **~nachmittag** *m* (*am* in the) late afternoon; **~obst** *n* late fruit; **♀reif** *adj.* late, tardy; **~sommer** *m* late (*or* Indian) summer.
Spatz [ʃpats] *m* (-en; -en) sparrow; *fig. das pfeifen die ~en von den Dächern* it is all over the town, it is everybody's secret; *ein* ~ *in der Hand ist besser als eine Taube auf dem Dach* a bird in hand is worth two in the bush; *mit Kanonen nach ~en schießen* break a butterfly on the wheel; ˈ**~enhirn** *colloq. n* chicken-brain.
ˈ**Spätzündung** *mot. f* retarded ignition.
spazieren [ʃpaˈtsiːrən] *v/i.* (*sn*) walk (about), stroll; amble, saunter; **~fahren** **I.** *v/i.* (*irr., sn*) take a drive, go for a drive (*or* spin); go (out) in a boat; **II.** *v/t.* (*irr., h.*) drive out; **~führen** *v/t.* (*h.*) take out for a walk; walk *the dog*; **~gehen** *v/i.* (*irr., sn*) take (*or* go for) a walk, (take a) stroll, promenade; **~reiten** *v/i.* (*irr., sn*) take (*or* go for) a ride.
Spaˈzier...: **~fahrt** *f* drive, ride; sail, row; **~gang** *m* walk, stroll, promenade; constitutional; *fig.* walkover; **~gänger(in** *f*) [-gɛŋər] *m* (-s, -; -, -nen) walker, stroller, promenader; **~ritt** *m* ride; **~stock** *m* walking-stick, cane; **~weg** *m* walk, promenade.
Specht [ʃpɛçt] *m* (-[e]s; -e) woodpecker.
Speck [ʃpɛk] *m* (-[e]s) bacon; *of whale*: blubber; *w.s.* fat; *mit* ~ *fängt man Mäuse* good bait catches fine fish; *colloq. ran an den* ~! let's go!, go it!; ˈ**♀ig** *adj.* fatty; greasy; ˈ**~scheibe,** ˈ**~schnitte** *f* rasher (of bacon); ˈ**~schwarte** *f* bacon-rind, sward; ˈ**~seite** *f* flitch of bacon; *fig. mit der Wurst nach der* ~ *werfen* throw a sprat to catch a herring; ˈ**~stein** *geol. m* soapstone, steatite.
spedieren [ʃpeˈdiːrən] *econ. v/t.* (*h.*) forward, dispatch, send (off); haul; *mar. and Am.* ship.
Spediteur [-diˈtøːr] *m* (-s; -e) forwarding (*mar.* shipping) agent, carrier, *Am. a.* haulage contractor; (furniture) remover.
Spedition [-ditsiˈoːn] *f* (-; -en) forwarding, *mar. and Am.* shipping; carrying, haulage; forwarding (*or* shipping) agency.
Speditiˈons...: **~auftrag** *m* dispatch order; **~gebühren** *f/pl.* forwarding (*Am.* shipping) charges; **~geschäft** *n* forwarding trade; forwarding agency, carriers *pl.*
Speer [ʃpeːr] *m* (-[e]s; -e) spear; *a. sports*: javelin; ˈ**~werfen** *n* (-s) javelin throw(ing); ˈ**~werfer(in** *f*) *m* javelin thrower.
Speiche [ˈʃpaiçə] *f* (-; -n) spoke; *anat.* radius.
Speichel [ˈʃpaiçəl] *m* (-s) spittle, saliva; slaver; spit; **~bildung** *f* salivation; **~drüse** *f* salivary gland; **~fluß** *m* salivation; **♀fördernd** *adj.* promoting flow of saliva; **~lecker (-in** *f*) [ˈ-lɛkər] *m* (-s, -; -, -nen) *fig.* toady, lickspittle, sycophant; **~leckeˈrei** *f* toadyism.

ˈ**Speichenrad** *n* spoke-wheel.

Speicher [ˈʃpaɪçər] *m* (-s; -) granary, (corn-)loft; silo, *esp. Am.* (grain) elevator; warehouse, store-room, storage-place; (water) reservoir; loft, garret, attic; *computer*: store; **~batterie** *el. f* storage battery; **~becken** *n* storage basin; **~kraftwerk** *n* storage power station; **2n** *v/t.* (*h.*) store (up); *econ. a.* warehouse; accumulate; hoard (up); *computer*: store; **~röhre** *f computer*: storage tube; *TV* storage camera tube; **~ung** *f* (-; -en) storing (up), storage (*a. computer, etc.*), accumulation.

speien [ˈʃpaɪən] *v/i. and v/t.* (*irr., h.*) spit; expectorate, throw up; vomit, be sick; *Feuer* ~ belch fire; → *ausspeien.*

ˈ**Speigatt** *mar. n* scupper.

Speis [ʃpaɪs] *arch. m* (-es) mortar.

Speise [ˈʃpaɪzə] *f* (-; -n) food, nourishment; fare; victuals, eatables *pl.*; dish; → *Süßspeise*; ~ *und Trank* meat and drink; *arch.* mortar; *metall.* speiss, (bell) metal; **~aufzug** *m* dinner-lift, *Am.* dumbwaiter; **~brei** *m* chyme; **~eis** *n* ice-cream; **~fett** *n* edible (*or* cooking) fat; **~haus** *n* eating-house; **~kammer** *f* larder, pantry; **~karte** *f* bill of fare, menu; **~kessel** *tech. m* feed boiler; **~leitung** *f* feeder (line), *el. a.* power line, mains (supply); feed pipe.

ˈ**speisen I.** *v/i.* (*h.*) eat, have a meal; take one's meals; *auswärts* ~ dine out; *zu Mittag* ~ dine, lunch, have dinner *or* lunch; *zu Abend* ~ have supper *or* (late) dinner, dine, sup; (*ich*) *wünsche wohl zu* ~ I hope you will enjoy your dinner; **II.** *v/t.* (*h.*) feed, board; keep; entertain; *el., tech.* feed, supply; **2folge** *f* menu.

ˈ**Speise...:** **~öl** *n* edible (*or* salad)oil; **~pumpe** *tech. f* feed pump; **~reste** *m/pl.* leftovers *pl.*; *med.* food particles; **~rohr** *tech. n* feed pipe; **~röhre** *anat. f* gullet, (o)esophagus; **~saal** *m* dining-hall (*or mar.* saloon); banqueting-hall; *in monastery*: refectory; *mil. for officers*: mess-room; **~saft** *physiol. m* chyle; **~schrank** *m* (meat-)safe, pantry, larder; **~strom** *el. m* feed current; **~tisch** *m* dining-table; **~wagen** *rail. m* dining-car, *esp. Am.* diner; **~wärmer** [ˈ-vɛrmər] *m* (-s; -) meat-warmer; **~wasser** *tech. n* (-s; ¨) feed water; **~zettel** *m* → *Speisekarte*; **~zimmer** *n* dining-room.

ˈ**Speisung** *f* (-; -en) feeding (*a. bibl. der fünftausend* of the five thousand); boarding, maintenance; *el.* supply, feed.

Spektakel [ʃpɛkˈtɑːkəl] *m* (-s; -) noise, racket; uproar, row; → *Lärm*; **2n** *v/i.* (*h.*) kick up a row.

Spektral|analyse [ʃpɛkˈtrɑːl-] *f* spectrum analysis; **~farbe** *f* spectral colo(u)r.

Spektroskop [ʃpɛktroˈskoːp] *n* (-s; -e) spectroscope.

Spektrum [ˈʃpɛktrum] *n* (-s; -tren) spectrum.

Spekulant(in *f*) [ʃpekuˈlant] *m* (-en, -en; -, -nen) speculator; *stock exchange*: *a.* operator.

Spekulation [-latsiˈoːn] *f* (-; -en) *phls., econ.* speculation; *econ. a.* venture, gamble.

Spekulatiˈons...: **~geschäft** *n* speculative operation *or* transaction; ~ *auf Baisse* (*Hausse*) bear (bull) operation; **~gewinn** *m* speculative profit; **~lust** speculative spirit; **~papier** *n* speculative investment (*or* stock), *Am.* fancy stock.

spekulativ [-laˈtiːf] *adj.* speculative.

spekuˈlieren *v/i.* (*h.*) speculate (*über acc.* on); *econ.* speculate, gamble (*in dat.* in); ~ *auf* (*acc.*) reckon on, *econ.* speculate on, operate for; → *Baisse, Hausse.*

Spelt [ʃpɛlt] *bot. m* (-[e]s; -e) spelt.

Spelunke [ʃpeˈluŋkə] *f* (-; -n) den; low gin-shop, dive, joint.

Spelz [ʃpɛlts] *bot. m* (-es; -e) spelt; ˈ**~e** *bot. f* (-; -n) beard, awn.

spendabel [ʃpɛnˈdɑːbəl] *colloq. adj.* → *freigebig.*

Spende [ˈʃpɛndə] *f* (-; -n) gift; present; alms *pl.*, charity; contribution; donation; charitable distribution; *a. to museum, etc.*: benefaction.

ˈ**spenden** *v/t.* (*h.*) give (*reichlich* freely *or* generously); donate (*blood, etc.*); distribute, dispense, deal out; *eccl.* administer (*sacraments*); bestow (*alms, praise*) (*dat.* on); ~ *zu or für* contribute to; → *Beifall.*

ˈ**Spender(in** *f*) *m* (-s, -; -, -nen) giver; contributor; donor (*a. med.*); distributor, (*a. machine*) dispenser; benefactor (*f* benefactress).

spenˈdier|en I. *v/t.* (*h.*) give (*or* spend) lavishly, give freely; *j-m et.* ~ treat a p. to a th., stand a p. a th.; **II.** *v/i.* (*h.*) stand treat; **2hosen** *pl.*: *die* ~ *anhaben* be in a generous mood.

ˈ**Spendung** *f* (-; -en) → *Spende*; administration (*of sacraments*).

Spengler [ˈʃpɛŋlər] *m* (-s; -) → *Klempner.*

Sperber [ˈʃpɛrbər] *m* (-s; -) sparrow-hawk.

Sperenzchen [ʃpeˈrɛntsçən] *colloq. pl.*: *mach keine* ~*!* don't make a fuss.

Sperling [ˈʃpɛrliŋ] *m* (-s; -e) sparrow.

Sperma [ˈʃpɛrma] *biol. n* (-s; -men) sperm; **~tozoon** [-toˈtsoːɔn] *n* (-s; -ˈzoen) spermatozoon.

sperr-angelweit [ˈʃpɛr-] *adv.*: ~ *offen* wide open, gaping.

ˈ**Sperr|ballon** *mil. m* barrage balloon; **~baum** *m* bar(rier); turnpike; *of harbour*: boom; **~depot** *econ. n* blocked deposits *pl.*; **~druck** *typ. m* (-[e]s; -e) spaced type.

ˈ**Sperre** *f* (-; -n) closing, closure, shutting; block(ing), obstruction; stoppage; bar(ring) (*of road, river*); barrier; *rail.* barrier, *Am.* gate; toll-bar; *tech.* lock(ing device), stop, detent; obstacle; *mil.* barrage; *aer.* fighter patrol; barricade, road block; *in harbour*: boom; *econ., mar.* embargo; blockade; *med.* quarantine; *el.* power interruption; prohibition, ban; *sports*: suspension; *aer.* ~ *fliegen* fly on defensive patrol; *e-e* ~ *verhängen über* impose a ban on, ban; → *Sperrung.*

ˈ**sperren I.** *v/t.* (*h.*) spread open *or* out; straddle (*legs*); *typ.* space (out); bar, stop; block, obstruct, barricade, *officially*: close (*road*); cordon off; *mil., mar.* lock, blockade; embargo; cut off (*gas, light*); stop, freeze (*account, payment, wages*); *e-n Scheck* ~ stop (payment on) a cheque (*Am.* check); *sports*: **a**) block, *unfairly*: obstruct, **b**) disqualify, suspend; shut, close (*a. border, etc.*); lock; bolt *tech. a.* stop, arrest; *ins Gefängnis* ~ put in prison, lock up; *aus dem Haus* ~ lock out; prohibit, stop, ban; *sich* (*gegen et.*) ~ balk (at a th.), oppose *or.* resist (a th.), struggle (against a th.); *gesperrt gedruckt* set in spaced type, spaced out; *Straße gesperrt!* road closed!; *gesperrt für Militärpersonen!* out of bounds!, *Am.* off limits!; **II.** *v/i.* (*h.*) jam, be stuck, not to shut.

ˈ**Sperr...:** **~feder** *tech. f* click spring; **~feuer** *mil. n* barrage, curtain-fire; ~ *legen* lay down a barrage; **~flug** *aer. m* interception flight; **~fort** *mil. n* outer fort; **~frist** *f* restrictive period; **~gebiet** *n* prohibited area, barred zone; neutral zone; blockaded zone; **~getriebe** *tech. n* trip gear; **~gürtel** *m* fortified lines *pl.*; barrage; **~gut** *n*, **~güter** *n/pl.* bulky goods *pl.*, *Am.* bulk freight; **~guthaben** *n* blocked account; **~hahn** *tech. m* stopcock; **~haken** *m* (safety-)catch, click; skeleton-key; **~hebel** *m* arresting lever; **~holz** *n* plywood; **2ig** *adj.* bulky, unwieldy, cumbersome; ~*e Güter* → *Sperrgut*; **~kette** *f* drag-chain; (police) cordon; **~klinke** *f* (stop) pawl, ratchet; **~konto** *n* blocked account; **~kreis** *m radio*: rejector circuit, wave trap; **~mark** *f* blocked mark; **~(r)ad** *n* ratched wheel; **~(r)aste** *tech. f* stop notch; **~(r)iegel** *m* safety-bolt; *mil.* barrage; **~sitz** *thea. m* stall, reserved seat, *Am.* orchestra (seat); **~stange** *f* locking bar; **~stellung** *mil. f* barrier position.

ˈ**Sperrung** *f* (-; -en) barring, stoppage, obstruction; blocking (*a. of account, radar, traffic*); closing (*of road*); *mar.* blockade; *econ.* embargo; *Auftrag zur* ~ stop (payment) order; prohibition, ban; *tech.* locking device, trip gear; → *Sperre.*

ˈ**Sperr...:** **~ventil** *n* check valve; **~vermerk** *econ. m* non-negotiability notice; **~vorrichtung** *tech. f* locking device, catch, stop; **~zeit** *f* restriction hours *pl.*; **~zoll** *m* prohibitive duty; **~zone** *f* → *Sperrgebiet.*

Spesen [ˈʃpeːzən] *econ. pl.* charges, (petty) expenses; costs; → *Gebühr*; **2frei** *adj.* free of charge(s); **~konto** *n* expense account; **~rechnung** *f* bill of expenses (incurred); **~vergütung** *f* reimbursement of charges.

Spezerei [ʃpeːtsəˈraɪ] *f* (-; -en) spice; **~waren** *f/pl.* groceries.

Spezi [ˈʃpeːtsi] *colloq. m* (-s; -[e]s) bosom-friend, crony, *Am. a.* buddy.

spezial [ʃpetsiˈɑːl] *adj.* special.

Speziˈal...: **~arzt** *m* specialist; **~ausbildung** *f* special training; **~ausführung** *f* special design; **~bericht** *m* special report, particulars *pl.*; **~erfahrung** *f* specialized experience; **~fach** *n* speciality, special line; *als ~ betreiben* specialize in; **~fahrzeug** *n* special purpose vehicle; **~fall** *m* special case; **~gebiet** *n* special subject (*or* branch); **~geschäft** *econ. n* one-line shop, *Am.* specialty store; **~gütermesse** *f* specialized trade fair.

speziali'sier|en *v/t.* (*h.*) specialize; *sich auf acc.* et. *~* specialize in a th.; **2ung** *f* (-) specialization.

Spezia'list(in *f*) *m* (-*en*, -*en*; -, -*nen*) specialist; *~ sein für* specialize in.

Speziali'tät *f* (-; -*en*) speciality, special line; *esp. Am.* specialty.

Spezi'al...: ~kräfte *f/pl.* highly trained workers, specialists; **~sprunglauf** *m* ski-jumping proper; **~stahl** *m* special steel.

speziell [ʃpetsi'ɛl] **I.** *adj.* specific, special, particular; *~e Aufgabe* specification; **II.** *adv.* specifically, *etc.*; *~ anführen* → *spezifizieren.*

Spezies ['ʃpe:tsiɛs] *f* (-; -) species; *math. die vier ~* the four first rules of arithmetic.

spezifisch [ʃpe'tsi:fiʃ] *adj.* specific (-ally *adv.*); *~es Gewicht* specific gravity, specific weight.

spezifizier|en [ʃpetsifi'tsi:rən] *v/t.* (*h.*) specify, particularize, *Am.* itemize; **2ung** *f* (-; -*en*) specification.

Sphär|e ['sfɛ:rə] *f* (-; -*n*) sphere (*a. fig.*); **~enmusik** *f* music of the spheres; **2isch** *adj.* spherical; celestial.

Sphinx [sfiŋks] *f* (-) sphinx (*a. fig.*).

Spick|aal ['ʃpik-] *m* smoked eel; **2en I.** *v/t.* (*h.*) *cul.* lard; smoke; *fig.* interlard *speech. etc.* (*mit* with); cram, fill (*purse*); *gut gespickte Börse* well-lined purse; *von Pfeilen gespickt* bristling with arrows; *colloq. j-n ~* grease a p.; **II.** *v/i.* (*h.*) *colloq. ped.* crib; **~gans** *f* smoked goose(breast); **~nadel** *f* larding-pin.

spie [ʃpi:] *pret. of speien.*

Spiegel ['ʃpi:gəl] *m* (-*s*; -) (looking-) glass, mirror; pier-glass; *phys.*, *med.* speculum; *tech.* reflector; *fig.* stern (*of ship*); (*water*) surface; (*sea*) level; top-layer; *hunt.* escutcheon; lapel; *mil.* tab; bull's-eye; *typ.* type area; (door, *etc.*) panel; *fig. im ~* (*gen.*) as reflected in; *j-m e-n ~ vorhalten* hold up a mirror to a p.; *das wird er sich nicht hinter den ~ stecken* he won't boast of that; **~belag** *m* mirror foil; **~bild** *n* reflected image; *fig.* reflection; mirage; **2blank** *adj.* mirror-like; *fig.* spick and span; **~ei** *n* fried egg; **~fechterei** ['-fɛçtəraı] *f* (-; -*en*) sham fight; *fig.* dissimulation, jugglery; humbug, eyewash; **~fernrohr** *n* reflector telescope; **~frequenz** *f* image frequency; **~glas** *n* (-*es*; ⸚*er*) plate-glass; **2glatt** *adj.* (as) smooth as a mirror, mirror-like; **2gleich**, **2ig** *math. adj.* symmetrical; **~gleichheit** *math. f* mirror symmetry.

'spiegeln I. *v/i.* (*h.*) shine, glitter, sparkle; **II.** *v/t.* (*h.*) mirror, reflect (*both a. fig.*); *sich ~* (*h.*) be reflected (*or* mirrored), reflect; look at o.s. in a glass.

'Spiegel...: ~pfeiler *arch. m* pier; **~reflexkamera** *f* reflex camera; **~saal** *m* hall of mirrors; **~scheibe** *f* (pane of) plate-glass; **~schrank** *m* wardrobe with a mirror; **~schrift** *f* mirror-writing; *typ.* reflected face; **~teleskop** *n* reflector telescope; **~tisch** *m* pier-table, dressing-table; **~ung** *f* (-; -*en*) reflection; mirage; **~zimmer** *n* mirror room.

Spiel [ʃpi:l] *n* (-[*e*]*s*; -*e*) play(ing) (*a. mus.*); game (*a. fig. b.s.* = scheme, low trick); match; sport; gambling; *fig.* child's play; *mus.* **a**) touch, **b**) execution, **c**) style; *thea.* **a**) play, **b**) acting, playing, performance; *~ Karten* pack (*Am.* deck) of cards; *~ Kegel*, *etc.* set of ninepins, *etc.*; *tech.* play, clearance; allowance; free space; backlash (*of gears*); slackness (*of bearing*); amount of looseness (*of fitted parts*); cycle (*of work*); *~ der Finger* (*Muskeln*) play of a p.'s fingers (muscles); *~ der Natur* freak of nature; *~ der Phantasie* play of fancy; *tennis*: (*Sieg*) *ohne ~* walkover; *soccer*: *gefährliches ~* dangerous play, *fig.* (*a. gewagtes ~*) gamble; *aufs ~ setzen* risk, stake, hazard; *auf dem ~e stehen* be at stake; *j-n aus dem ~ lassen* leave a p. out of it; *das ~ machen* have the game in one's hands; *fig. das ~ ist aus* the game is up; *die Hand dabei im ~e haben* have a finger in the pie; *ein falsches ~ treiben mit j-m* practise upon a p.; *sein ~ mit j-m treiben* make sport (*or* game) of *a p.*; *ein hohes ~ spielen* take a great gamble; *j-m freies ~ lassen* give a p. full play (*or* free hand); *gewonnenes ~ haben* have the game in one's hands, have gained one's point; *sports*: *der Ball ist im ~* the ball is in play; *fig. im ~ sein bei et.* be involved, be at the bottom of *a th.*; *fig. ins ~ kommen* (*bringen*) come (bring) into play; *leichtes ~ haben* win hands down, *fig.* have an easy task (*or* little trouble); *mit klingendem ~* drums beating (and trumpets sounding); *fig. das ~ verloren geben* throw up one's cards (*or* the sponge); *wie steht das ~?* what is the score?

'Spiel...: ~anzug *m* jumpers, rompers *pl.*, playsuit; **~art** *f* style (of play); *bot.*, *zo. and fig.* variety; **~automat** *m* slot machine; **~ball** *m billards*: ball in play; *tennis*: game ball; *fig.* plaything, sport; *ein ~ der Wellen sein* be at the mercy of the waves; **~bank** *f* (-; -*en*) gaming-table; gambling casino; **2berechtigt** *adj. sports*: eligible; **~brett** *n* (playing-)board; **~dauer** *f* time of play; *film*: run; **~dose** *f* musical box.

'spielen *v/i. and v/t.* (*h.*) play (*a. w.s. muscles, smile, etc.*); gamble; *Karten, Schach, etc.*: play (at) *cards, chess, etc.*; *mus. ein Instrument ~* **a**) play on an instrument, **b**) play an instrument; *thea.* play, act, perform; take the part of, impersonate, do; *film*: *in der Hauptrolle ~* feature, star; *mit j-m ~* be partnered with; *das Stück spielt in* the scene is laid in; *gespielt werden* be on; *sports*: *A spielte gegen B* A played B; feign, pretend, simulate; *den Höflichen ~* do the polite; *~ mit* toy with *a thing*; trifle with *a p.'s feelings*; *mit dem Gedanken ~, zu inf.* flirt (*or* trifle) with the idea of *ger.*; *colours*: glitter, sparkle; *ins Blaue ~* have a bluish tint, incline to blue; *j-m et. in die Hände ~* smuggle (*fig.* play) a th. into a p.'s hands; *falsch ~* cheat, play false, *mus.* play wrong notes; *hoch* (*niedrig*) *~* play for high (low) stakes; *mit dem Feuer ~* play with fire; *~ lassen fig.* bring into play; *s-e Beziehungen ~ lassen* pull one's strings; *s-n Witz ~ lassen* display one's wit, sparkle; *ich möchte wissen, was da gespielt wird* I wonder what's going on (*or* behind all this); what's your game?; *er läßt nicht mit sich ~* he is not to be trifled with; *mit gespielter Gleichgültigkeit* with studied (*or* feigned) unconcern; **~d** *fig. adv.*: *~* (*leicht*) easily, with effortless ease, just like that; *~ gewinnen* win hands down; *es ist ~ leicht* it's mere child's play.

'Spieler(in *f*) *m* (-*s*, -; -, -*nen*) player; gambler.

Spiele'rei *f* (-; -*en*) play(ing), sport, pastime; *fig.* trifle; dalliance; child's play; gadget(s *pl.*).

'Spiel...: ~ergebnis *n sports*: score; **2erisch** *adj. sports*: playing, as a player; *fig.* playful; **~feld** *n sports*: field, (sports) ground; *tennis*: court; **~film** *m* feature (film); **~folge** *f* program(me); **~freiheit** *tech. f* absence of play; **~führer** *m* (team) captain; **~gefährt|e** *m*, **~in** *f* playfellow, playmate; **~geld** *n* play-money; stake, pool; **~geschehen** *n* course (*or* trend) of the play; **~gewinn** *m* winnings *pl.*; **~hahn** *orn. m* heath-cock; **~hälfte** *f sports*: half; **~hölle** *f* gambling den, *Am. a.* clip-joint; **~kamerad(in** *f*) *m* playfellow, playmate; **~karte** *f* playing-card; **~kasino** *n* gambling casino; **~klub** *m* card-club; **~leidenschaft** *f* passion for gambling; **~leiter** *m thea.* stage-manager; *film*: director; *sports*: referee; **~leitung** *f* direction, production; **~mann** *m* (-[*e*]*s*; -*leute*) musician, street-player; *hist.* minstrel; *mil.* bandsman; *pl.* (*Spielleute*) *mil.* bandsmen, drums and fifes; **~mannszug** *m* band; **~marke** *f* counter, chip; **~oper** *f* comic opera; **~plan** *m thea.*, *etc.* program (-me); repertory; **~platz** *m* playground; *sports*: → *Spielfeld*; **~ratte** *colloq. f* gambler; **~raum** *m* room to move (about); *fig.* (free) play; latitude; margin; elbow-room; *tech.* play, clearance, → *Spiel*; *freien ~ haben* have full scope, have elbow-room; **~regel** *f* rule (of the game); *fig. ~n pl.* rules; *fig. sich an die ~n halten* play the game; **~sachen** *f/pl.* toys, playthings; **~schuld** *f* gambling debt; **~schule** *f* infant school, kindergarten; **~sitz** *tech. m* clearance fit; **~stunde** *f* playtime; **~sucht** *f* (-) passion for gambling; **~teufel** *m* gambling demon; passionate gambler; **~tisch** *m* card-table, gambling table; **~trieb** *m* play instinct; **~uhr** *f* musical clock; **~verbot** *n sports*: suspension; **~verderber(in** *f*) ['-fɛrdɛrbər] *m* (-*s*, -; -, -*nen*) spoilsport, kill-joy, wet blanket; **~ver-**

einigung *f* ball club; **~verlängerung** *f* extra time; **~verlauf** *m* → *Spielgeschehen*; **~waren** *f/pl.* toys, playthings; **~warenhändler(in** *f*) *m* toy-merchant, toy-man; **~warenhandlung** *f* toy shop; **~werk** *n* action; *of clock*: chime; **~wut** *f* passion for gambling; **~zeit** *f* playtime; *thea., sports*: season; *of a match*: time of play; *film*: run; **~zeug** *n* toy(s *pl.*), plaything(s *pl.*); *contp.* gew-gaw; **~zeugeisenbahn** *f* model railway; **~zimmer** *m* card-room, gambling room; (children's) play-room, (day-)nursery.

Spiere [ˈʃpi:rə] *mar. f* (-; -*n*) spar, boom.

Spieß [ʃpi:s] *m* (-*es*; -*e*) spear, pike; javelin; *cul.* spit; *typ.* work-up; *mil. sl. Brit.* RSM (= regimental sergeant major), *Am.* top sergeant, topkick; *fig. den ~ umkehren* turn the tables (*gegen* on); *schreien wie am ~* scream piercingly, yell blue murder; → *braten*.

ˈ**Spießbürger** *m* bourgois, Philistine, sobersides, *Am.* Babbitt, square; **2lich** *adj.* Philistine, narrow-minded, humdrum, stodgy, bourgeois; **~tum** *n* (-*s*) Philistinism, narrow-mindedness, *Am.* babbittry.

ˈ**spießen** *v/t.* (*h.*) spear; spit; *auf die Gabel ~* stick on the fork; pierce, transfix, run through; → *aufspießen*.

ˈ**Spießer** *m* (-*s*; -) → *Spießbürger*; *hunt.* **a**) brocket, **b**) pricket.

ˈ**Spieß...:** **~gesell(e)** *m* accomplice, companion; **~glanz** *min. m* antimony.

ˈ**spießig** *adj.* → *spießbürgerlich*.

ˈ**Spießruten** *f/pl.*: *~ laufen* run the gauntlet (*a. fig.*).

Spill [ʃpil] *mar. n* (-[*e*]*s*; -*e*) capstan; windlass.

spinal [ʃpiˈnɑ:l] *anat. adj.* spinal; *~e Kinderlähmung* infantile spinal paralysis, polio(myelitis).

Spinat [ʃpiˈnɑ:t] *m* (-[*e*]*s*) spinach.

Spind [ʃpint] *m and n* (-[*e*]*s*; -*e*) press, wardrobe, cupboard; *mil., sports*: locker.

Spindel [ˈʃpindəl] *f* (-; -*n*) spindle; distaff (*a. fig.*); *tech.* **a**) spindle, **b**) screw, **c**) arbor, **d**) mandril, **e**) lead screw; *of stairs*: newel; *of watch*: verge; bobbin; *chem.* hydrometer; **~baum** *m* spindle-tree; **~beine** *n/pl.* spindle-legs; **2beinig** *adj.* spindle-legged; **~drehbank** *f* chuck lathe; **2dürr** *adj.* lean as a rake, spindly; **2förmig** [ˈ-fœrmiç] *adj.* spindle-shaped, fusiform; **~kasten** *tech. m* headstock; **~presse** *tech. f* screw press.

Spinett [ʃpiˈnɛt] *n* (-[*e*]*s*; -*e*) spinet.

Spinne [ˈʃpinə] *f* (-; -*n*) spider; *fig.* spiteful person; *traffic*: multiple road junction; **2feind** *adj.*: *j-m ~ sein* hate a p. like poison.

ˈ**spinnen I.** *v/t.* (*irr., h.*) spin; *fig.* hatch (*plots, etc.*); **II.** *v/i.* (*irr., h.*) spin (round); *cat*: purr; *colloq.* rave; be crazy; *du spinnst wohl?* you must be mad!, are you nuts?; **2gewebe** *n* cobweb, spider's web.

ˈ**Spinner** *m* (-*s*; -), **~in** *f* (-; -*nen*) spinner; *zo.* bombyx; *colloq.* crank, *Am. a.* screwball.

Spinneˈrei *f* (-; -*en*) spinning; spinning-mill.

ˈ**Spinn...:** **~faden** *m* spider thread; **~faser** *tech. f* spinning fib|re, *Am.* -er; **~gewebe** *n* cobweb; **~maschine** *f* spinning-frame *or* -machine; **~rad** *n* spinning-wheel; **~rocken** *m* distaff; **~stoff** *m* spinning material; textile fib|re, *Am.* -er; **~stoffwaren** *f/pl.* textile fabrics, textiles; **~webe** [ˈ-ve:bə] *f* (-; -*n*) cobweb.

spintisieren [ʃpintiˈzi:rən] *v/i.* (*h.*) muse (*über acc.* on); ruminate.

Spion [ʃpiˈo:n] *m* (-*s*; -*e*), **~in** *f* (-; -*nen*) spy; window-mirror.

Spionage [ʃpioˈnɑ:ʒə] *f* (-) espionage, spying; *mil.* intelligence; *~ treiben* engage in espionage, spy; **~abwehr** *f* counter-espionage, counter-intelligence; **~abwehrdienst** *m* counter-espionage service, *Am.* counterintelligence corps (*abbr.* C.I.C.); **~dienst** *m* intelligence service; **~ring** *m* spy ring.

spioˈnieren *v/i.* (*h.*) spy, play the spy; → *ausspionieren, schnüffeln*.

Spiral|bohrer [ʃpiˈrɑ:l-] *tech. m* twist drill; **~e** *f* (-; -*n*) spiral (line), helix; *arch.* volute; *tech.* worm, helix; (*Draht2*) coil; *econ.* (*price, etc.*) spiral; **~feder** *f* spiral (*or* helical) spring; *of watch*: main-spring; **2förmig** [-fœrmiç] *adj.* spiral, helical; **~linie** *f* spiral line; **~nebel** *ast. m* spiral nebula; **~welle** *f* spirally wound shaft.

Spiritis|mus [ʃpiriˈtismus] *m* (-) spiritualism, spiritism; **~t(in** *f*) *m* (-*en*, -*en*; -, -*nen*) spiritist; **2tisch** *adj.* spiritist, spiritualistic.

Spirituosen [ʃpirituˈo:zən] *pl.* (ardent) spirits, spirituous (*or* alcoholic) liquors.

Spiritus [ˈʃpi:ritus] *m* (-; -*se*) spirit(s *pl.*), alcohol; *denaturierter ~* methylated spirit; *gr.* breathing; **~brenneˈrei** *f* distillery; **~kocher** *m* spirit stove; **~lack** *m* spirit varnish; **~lampe** *f* spirit lamp.

Spirochäte [spiroˈçɛ:tə] *biol. f* (-; -*n*) spiroch(a)ete.

Spital [ʃpiˈtɑ:l] *n* (-*s*; ⸚*er*) hospital, infirmary; → *Armenhaus, Altersheim*; **~schiff** *n* hospital ship.

spitz [ʃpits] *adj.* pointed, peaked; *math.* acute (*angle*); thin, peaked (*face*); *fig.* pointed, poignant, biting; *~e Zunge* sharp tongue; *~ zulaufen* taper off; *colloq. et. ~ kriegen* find (*or* make) a th. out, catch on to a th.

Spitz *m* (-*es*; -*e*) Pomeranian (dog); *colloq.* → *Schwips*.

ˈ**Spitz...:** **~bart** *m* pointed beard; goatee; **~bauch** *m* paunch; **~blattern** *med. f/pl.* chicken-pox *sg.*; **~bogen** *arch. m* pointed (*or* Gothic) arch, ogive; **~bogenfenster** *n* lancet window; **~bube** *m*, **~bübin** *f* thief, pickpocket; *w.s.* (*a. humor.*) rogue, rascal; **~bubengesicht** *n* roguish face; **~bubenstreich** *m*, **~büberei** [ˈ-by:bəˈraɪ] *f* (-; -*en*) roguish trick, roguery, rascality; **2bübisch** *adj.* knavish, rascally, *a. humor.* roguish; impish.

ˈ**Spitze** *f* (-; -*n*) point; peak (*a. fig. maximum*), summit, top (*a. fig.*); (tree) top; spike, prong; tip; spire; *math.* vertex (*of triangle*), apex (*of pyramid*; *a. of heart, etc.*); lace; (cigarette-)holder; mouthpiece (*of pipe*); *tech. machine tool*: tote (*mitlaufende*) *~* dead (live) cent|re, *Am.* -er; crest (*of gear wheel*); head (*of column, organization, etc.*); *mil.* (spear)head; *sports*: **a**) leading group, **b**) lead; *fig.* pointed remark, cut, sarcasm; surplus; *die ~n der Gesellschaft* the cream (*or* leaders) of society; *sports*: *an der ~ liegen* be in the lead; *an der ~ e-r Sache stehen* be at the head of a th.; *auf die ~ treiben* carry to extremes, carry (things) too far; *e-r Sache die ~ nehmen or abbrechen* take the edge off a th.; *j-m die ~ bieten* make head against, defy, brave *a p.*; *mot. ~ fahren* drive at top speed.

ˈ**Spitzel** *m* (-*s*; -) police spy, informer, nark, *Am.* stool pigeon; *a.* company spy; snooper; **2n** *v/i.* (*h.*) spy, snoop about; play the informer.

ˈ**spitzen** *v/t.* (*h.*) point; sharpen; *den Mund ~* purse up one's lips; *die Ohren ~* prick up one's ears, *w.s.* sit up and take notice; *colloq. fig. sich ~ auf* look forward to, be eager about.

ˈ**Spitzen...** *in compounds* lace ...; *fig.* peak ..., maximum ..., top ...; **~abstand** *tech. m* distance between cent|res, *Am.* -ers; **~arbeit** *f* lace-work; **~belastung** *el. f* peak load; **~besatz** *m* lace-trimming; **~bluse** *f* lace blouse; **~drehbank** *tech. f* cent|re (*Am.* -er) lathe; engine lathe; **~einsatz** *m* lace insertion; **~erzeugnis** *n* first-class product; **~film** *m* top-ranking film; **~geschwindigkeit** *f* top speed, peak velocity; **~gruppe** *f sports*: leading group; **~kandidat** *m* top candidate, front runner; **~klasse** *f* top class; **~kleid** *n* dress trimmed with lace; **~klöppler(in** *f*) [ˈ-klœplər] *m* (-*s*, -; -, -*nen*) lace-maker; **~kragen** *m* lace collar; **~leistung** *f* masterly performance, master-piece; *sports*: record; *tech.* peak output, maximum capacity; *el.* peak power; *generally*: peak performance (*or* efficiency); **~lohn** *m* peak wage(s *pl.*); **2los** *tech. adj.* centreless, *Am.* centerless; **~organisation** *f* top (*or* central) organization; **~reiter** *m sports*: leader; **~spiel** *tech. n* crest clearance; **~spieler** *m sports*: top-ranking player, *Am.* top-notcher; **~stoff** *m* lace fabric; **~strom** *el. m* peak current; **~tänzer(in** *f*) *m* toe-dancer; **~verband** *m* top (*or* central) organization; *mil.* advance element, point squad; **~wein** *m* first-class wine; **~wert** *m* peak value.

ˈ**Spitzer** *m* (-*s*; -) **1.** pencil-sharpener; **2.** *zo.* Pomeranian (dog).

ˈ**spitz...:** **~findig** *adj.* subtle, sharp; captious, cavilling, hairsplitting; sophistical; nice; *~ sein* subtilize; **2findigkeit** *f* subtlety, subtleness; captiousness; sophistry, (piece of) hairsplitting; **2geschoß** *mil. n* pointed bullet; **2hacke** *f* pick-ax(e), pick; **~ig** *adj.* → *spitz*; **2kehre** *f mot.* hairpin turn; *skiing*: kick-turn; **2kopf** *m* pointed head; **2-**

kühler *m mot.* V-shape radiator; *colloq. fig.* potbelly; **2licht** *n film*: back and tangential lighting; *pl. in picture*: high lights; **2marke** *typ. f* head(ing); **2maus** *f* shrew(-mouse); *colloq. (person)* weaselface; **2name** *m* nickname; **2nase** *f* pointed nose; **~nasig** *adj.* sharpnosed; **2säule** *f* obelisk; **2turm** *m* spire; **2wegerich** *bot. m* ribwort; **~wink(e)lig** *math. adj.* acute-angled.

Spleen [spli:n] *m* (-*s*; -*e*) craze, crotchet, fad; **'2ig** *adj.* crazy, crotchety.

spleißen ['ʃplaɪsən] **I.** *v/i.* (*irr.*, *h.*) split, crack; **II.** *v/t.* (*irr.*, *h.*) split, cleave; splice (*cable, rope*); *metall.* refine.

splendid(e) [splɛn'di:t, -də] *colloq. adj.* freehanded, generous; splendid, magnificent; *typ.* wide(ly spaced).

Splint [ʃplint] *m* (-[*e*]*s*; -*e*) *bot.* sapwood; *tech.* split pin, cotter; **'~bolzen** *m* eyebolt; **'~e** *tech. f* (-; -*n*) split pin; **'2en** *v/t.* (*h.*) cotter.

Splitt [ʃplit] *m* (-[*e*]*s*; -*e*) crushed stone; *on roads*: loose gravel, chippings *pl.*

'Splitter *m* (-*s*; -) splinter, shiver; fragment; chip; *bibl.* mote (*in another's eye*); **~bombe** *mil. f* fragmentation bomb; **~bruch** *m*, **~fraktur** *med. f* chip fracture; **2frei** *adj.* splinterproof, non-splintering, shatterproof; **~graben** *mil. m* slit trench; **~gruppe** *pol. f* splinter group; **2ig** *adj.* splintered, splintery; **2n** *v/t.* (*h.*) *and v/i.* (*sn*) splinter, shiver (to pieces); split; **2nackt** *adj.* stark naked, *Am. a.* mother-naked; **~partei** *pol. f* splinter party; **2sicher** *adj.* → *splitterfrei*; *~es Glas a.* safety glass; **~wirkung** *mil. f* fragmentation effect.

spontan [ʃpɔn'tɑ:n] *adj.* spontaneous.

sporadisch [ʃpo'rɑ:diʃ] *adj.* sporadic(ally *adv.*).

Spore ['ʃpo:rə] *bot. f* (-; -*n*) spore.

Sporen ['ʃpo:rən] *pl. of Sporn.*

Sporn [ʃpɔrn] *m* (-[*e*]*s*; *Sporen*) spur (*a. zo. and fig.*); *mar.* ram; *aer.* tail skid; *of gun*: trail spade; *fig.* goad, incentive, stimulus; *die Sporen geben* → *spornen*; *fig. sich die Sporen verdienen* win one's spurs; **2en** *v/t.* (*h.*) spur, set (*or* put) spurs to; **~rad** *aer. n* tail wheel; **~rädchen** *n* rowel; **2streichs** ['-ʃtraɪçs] *adv.* post-haste, directly, straight away.

Sport [ʃpɔrt] *m* (-[*e*]*s*) sport(s *pl.*); athletics *pl.*; *fig.* hobby; *~ treiben* go in for sports; **~abzeichen** *n* sports badge; **~anlage** *f* athletic ground(s *pl.*), sports facilities *pl.*; → *Sportfeld*; **~anzug** *m* sports suit; **~art** *f* form of sport, branch of athletics; **~artikel** *m/pl.* sports goods; **~arzt** *m* sport physician; **~ausrüstung** *f* sports equipment; **2begeistert** *adj.* sports-minded; **~bericht** *m* sporting report (*or* news); **~bericht·erstatter** *m* sports reporter.

Sporteln ['-təln] *f/pl.* perquisites, fees.

'sporteln *colloq. v/i.* (*h.*) go in for sports.

'Sport...: **~ereignis** *n* (sporting) event; **~feld** *n* sports field, athletic ground(s *pl.*); stadium; **~fest** *n* sports-day, sports meeting; **~flieger** *m* sports pilot; **~flugzeug** *n* sporting (air)plane; **~freund(in** *f*) *m* sports enthusiast (*or* fan); sports-goer; **~geist** *m* (-*es*) sportsmanship; **~gelände** *n* sports grounds *pl.*; **~gerät** *n* athletic implement(s *pl.*), sports kit; **~geschäft** *n* sporting-goods shop; **~halle** *f* gymnasium; **~hemd** *n* sports shirt; (running) vest; **~herz** *med. n* athlete's heart; **~hochschule** *f* sports college; **~hose** *f* (*e-e ~* a pair of) shorts *pl.*; **~jacke** *f* sports jacket; **~kabriolett** *n* convertible coupé; sport roadster; **~kleidung** *f* sports wear; **~klub** *m* sports club; **~lehrer(in** *f*) *m* sports instructor; trainer, coach; **~ler(in** *f*) *m* (-*s*, -; -, -*nen*) sports(wo)man, (woman) athlete; **2lich** *adj.* sporting, athletic; athletic-looking; sportsmanlike; *~e Veranstaltung* sporting event; *~e Tüchtigkeit* sporting prowess; **~lichkeit** *f* (-) sportsmanship; **~mantel** *m* sports coat; **~mütze** *f* sporting cap; **~nachrichten** *f/pl.* sporting news; **~platz** *m* → *Sportfeld*; **~redakteur** *m* sports writer; **~schuh** *m* athletic shoe; **~schule** *f* sports college; **~skanone** *colloq. f* star-athlete, top-ranking athlete, ace, crack, *Am. a.* top-notcher; **~smann** *m* (-[*e*]*s*; -*leute*) sportsman; **2smäßig** ['-mɛ:siç] *adj.* sportsmanlike; **2treibend** *adj.* sporting; **~veranstaltung** *f* sport(-ing) event, sports meeting; **~verband** *m* sport association; **~verein** *m* athletic club, sports club; **~wagen** *m mot.* sports car; *for babies*: folding pram, go-cart; **~warenhändler** *m* sports outfitter; **~welt** *f* (-) world of sports; sporting world; **~zeitung** *f* sports magazine, sporting paper.

Spott [ʃpɔt] *m* (-[*e*]*s*) mockery, scoff(ing); derision, ridicule; irony; banter, raillery; sarcasm; scorn; laughing-stock; *s-n ~ mit et. treiben* make fun of, mock at, scoff at, turn *a th.* to ridicule; → *Zielscheibe*; **'~bild** *n* caricature; **2'billig I.** *adj.* dirt-cheap; *~e Ware* dead bargain; **II.** *adv. a.* for a song; **'~drossel** *orn. f* mocking-bird.

Spöttelei [ʃpœtə'laɪ] *f* (-; -*en*) raillery, sarcasm; chaff, gibe(s *pl.*), jibe(s *pl.*); irony.

'spötteln *v/i.* (*h.*) scoff, sneer, jeer, gibe (*über acc.* at).

'spotten *v/i.* (*h.*) mock, scoff, laugh (*über acc.* at); *~ über acc.* ridicule, deride (*a p.*); sneer *or* jeer at; snap one's fingers at; chaff; make game (*or* fun) of; *fig. j-m ~* defy a p.; *jeder Beschreibung ~* defy (*or* beggar) description.

'Spötter *m* (-*s*; -), **~in** *f* (-; -*nen*) mocker, scoffer, sarcastic person; cynic; *eccl.* blasphemer.

Spötte'rei *f* (-; -*en*) scoffing, mockery; → *Spott.*

'Spott...: **~gebot** *econ. n* ridiculous offer; **~geburt** *f* monstrosity; **~gedicht** *n* satirical poem, squib; **~gelächter** *n* derisive laugh(ter); **~geld** *n* (-[*e*]*s*) ridiculously small sum, trifling sum; *für ein ~* for a mere song, dirt-cheap.

'spöttisch *adj.* mocking; scoffing, sneering; taunting; derisive, scornful; sarcastic; ironical, quizzical; satirical.

'Spott...: **~lied** *n* satirical song; **~lust** *f* (love of) sarcasm; **2lustig** *adj.* fond of chaff; sarcastic; **~name** *m* nickname; **~preis** *m* ridiculous price, trifling sum; *für e-n ~* for a mere song, dirt-cheap; **~schrift** *f* satire, lampoon; **~vogel** *m orn.* mocking-bird; *fig.* mocker, wag.

sprach [ʃprɑ:x] *pret. of sprechen.*

'Sprache *f* (-; -*n*) speech; language, tongue; vernacular; words *pl.*; voice; articulation; diction, style; elocution, delivery; dialect, idiom; slang; lingo; *alte ~n* ancient languages; *die ~ der Vernunft* the language of common sense; et. *zur ~ bringen* bring a th. up, broach a subject; *zur ~ kommen* come up (for discussion), be mentioned; *e-e derbe ~ führen* use strong language; *die ~ wiedergewinnen* recover one's speech; *das redet e-e deutliche ~* that speaks for itself; *heraus mit der ~!* out with it!, speak out (*or* up)!; → *beherrschen, etc.*

'Sprach...: **~eigenheit**, **~eigentümlichkeit** *f* idiom(atic expression); *deutsche ~* Germanism; *englische (amerikanische, französische) ~* Anglicism (Americanism, Gallicism); **~en-atlas** *m* language map; **~en-gewirr** *n* confusion of languages; **~fähigkeit** *f* faculty of speech; **~fehler** *m med.* defect of speech, speech impediment; *gr.* grammatical mistake, solecism; **~fertigkeit** *f* (-) fluency of speech, gift of the gab; proficiency in a foreign language; **~forscher(in** *f*) *m* philologist, linguist; **~forschung** *f* philology, linguistics *pl.*; **~führer** *m* colloquial guide (to a language), phrase-book; **~gebiet** *n* speech area; *deutsches ~* (all) German-speaking countries; *englisches ~* English-speaking world; **~gebrauch** *m* (linguistic) usage; *im gewöhnlichen ~* in colloquial (*or* everyday) usage; **~gefühl** *n* (-[*e*]*s*) feeling for a language, linguistic instinct; **~gelehrte(r** *m*) *f* philologist; **~genie** *n* linguistic genius; **2gewaltig** *adj.* of powerful expression; **2gewandt** *adj.* proficient in languages; fluent, glib; **~insel** *f* isolated dialect, linguistic enclave, *Am. a.* speech island; **~kenner** *m* linguist; **~kenntnisse** *f/pl.* knowledge of languages, proficiency in a foreign language; **2kundig** *adj.* versed (*or* proficient) in languages; polyglot; **~labor** *n* language laboratory; **~lehre** *f* grammar; language primer; **~lehrer(in** *f*) *m* teacher of languages; language master; **2lich I.** *adj.* of languages, linguistic; grammatical; **II.** *adv.* linguistically, *etc.*; as to style; **2los** *adj.* speechless; *da war er ~* that left him speechless, he was dumbfounded (*or* struck dumb); *ich bin einfach ~* well I never!, I'll be damned!; **~losigkeit** *f* (-) speechlessness; **~mittler**

m interpreter; linguist; **♀moduliert** *tel. adj.* voice-modulated; **~neuerer** *m* language reformer; **~organ** *n* organ of speech; **~raum** *m* speech area; **~regel** *f* rule of grammar; **~regelung** *f* prescribed phraseology; **~reinheit** *f* purity of language; **~reiniger** [ˈ-raɪnigər] *m* (-s; -) purifier of a language, *contp.* purist; **♀richtig** *adj.* correct, grammatical; **~rohr** *n* speaking-tube, megaphone; *fig.* mouthpiece; organ (*of public opinion*); **~schatz** *m* (-es) vocabulary; **~schnitzer** *colloq. m* grammatical blunder, howler; **♀schöpferisch** *adj.* creative in the use of language, coining new words or phrases; **~schule** *f* school of languages; **~störung** *f* speech disorder (*or* impediment); **~studium** *n* study of languages; **~sünde** *f* solecism; **~talent** *n* linguistic talent; **~unterricht** *m* instruction in a language; *englischer ~* English lessons *pl.*; **~verbesserer** *m* reformer of a language; **~verderber** [ˈ-fɛrdɛrbər] *m* (-s; -) corrupter of a language; **~verein** *m* linguistic society; **~vergleichung** *f* comparative philology; **~vermögen** *n* (-s) faculty of speech; **~verstärker** *m* speech-amplifier; **~werkzeug** *n* organ of speech; **♀widrig** *adj.* incorrect, ungrammatical; **~wissenschaft** *f* philology; linguistics *pl.*; **~wissenschaftler(in** *f*) *m* philologist, linguist; **♀wissenschaftlich** *adj.* philological, linguistic(ally *adv.*); **~zentrum** *anat. n* speech cent|re, *Am.* -er.

sprang [ʃpraŋ] *pret. of springen.*

Sprech|art [ˈʃprɛçʔaːrt] *f* manner of speaking, diction; **~band** *n* (-[e]s; ⸗er) *film*: dialogue track; **~chor** *m* speaking chorus; *im ~ rufen* chorus.

ˈ**sprechen** *v/t. and v/i.* (*irr.*, *h.*) speak, talk (*mit* to; *über acc.*, *von* of, about); say, utter; *~ mit* (*consult*) see (*one's doctor, etc.*); *~ für* **a)** speak for (*or* in behalf of), **b)** put in a good word for, **c)** plead for, argue in favo(u)r of, advocate; *das spricht für ihn* that tells in his favo(u)r *or* speaks well for him; *das spricht für s-e Nerven* that speaks well for his nerves; *alle Anzeichen ~ dafür, daß* there is every reason to believe that; *das spricht für sich selbst* that tells its own tale; *vieles spricht dafür* there is much to be said for it; *dagegen ~* argue against it, *reasons*: *a.* tell against it; *j-n zu ~ wünschen* wish to see a p.; *ich muß erst mit m-m Anwalt ~* I must see my lawyer first; *kann ich Sie kurz (geschäftlich) ~* can I see you for a moment (on business); *er ist nicht zu ~* he is engaged (*or* busy), he cannot see you now; *(nicht) mit sich ~ lassen* (not) to listen to reason; *nicht gut zu ~ sein auf* be ill-disposed towards, have it in for a p.; *das Urteil ~* pronounce judgment; *über Politik (Geschäfte) ~* talk politics (business); *von et. anderem ~* change the subject; *zu ~ kommen auf* come to speak of, bring up, touch (up)on; *man spricht viel von ihm* he is much spoken of *or* talked about; *wir ~ uns noch!* I'll be seeing you!; *~ wir nicht davon* don't talk about it, the less said about it the better; *sie ~ nicht mehr miteinander* they are no longer on speaking terms; *es spricht ihr aus dem Gesicht* it is written on her face; *aus s-n Worten spricht Begeisterung* his words express enthusiasm; *unter uns gesprochen* between ourselves; *allgemein gesprochen* generally speaking; *sprich!* speak out (*or* up)!; → *Blume, schuldig, Tischgebet, etc.*; *♀ n* speaking, talking; **~d** *adj. fig.* life-like; speaking (*likeness*), striking (*resemblance*); eloquent (*eyes*); convincing, telling.

ˈ**Sprecher(in** *f*) *m* (-s, -; -, -nen) speaker, talker; *radio*: broadcaster, announcer; spokesman; *parl.* Speaker.

ˈ**Sprech...**: **~fehler** *m* slip of the tongue; **~film** *m* talking film, talkie; **~frequenz** *f* voice frequency; **~funk** *m* radiotelephony (R/T), voice radio; **~funkgerät** *n* radiotelephone, radiophone set; walkie-talkie; handie-talkie; **~gebühr** *teleph. f* message fee; **~gerät** *n* inter-office communicator; **~gesang** *mus. m* recitative; **~muschel** *teleph. f* mouthpiece; **~platte** *f* speech record; **~probe** *f* auditioning; voice test; **~rolle** *thea. f* speaking part; **~stelle** *teleph. f* public telephone, call station; **~stimme** *f* speaking voice; **~strom** *el. m* speaking current; **~stunde** *f* office hour, calling hour; consultation-hour (*of doctor*); **~stundenhilfe** *f* receptionist; (doctor's) assistant; **~taste** *f* speaking key; **~übung** *f* exercise in speaking; **~verkehr** *m* telephone traffic; **~weise** *f* manner of speaking, speech, diction; **~zimmer** *n* parlo(u)r, office; *of doctor*: consulting room, surgery.

Spreiz|e [ˈʃpraɪtsə] *f* (-; -n) *tech.* prop, stay, strut; *gym.* straddle; **♀en** *v/t.* (*h.*) spread (out *or* asunder), open out; straddle (*legs*); *sich ~* (*h.*) sprawl; *fig.* swagger, strut, bluster, *gegen*: struggle (*or* strive) against, *mit*: boast of, plume o.s. on; → *gespreizt*; **~fuß** *med. m* splayfoot; **~ring** *tech. m* expander (ring); **~schritt** *mount. m* straddle.

Spreng... [ʃprɛŋ-]: ˈ**~arbeit** *f* blasting (operation); ˈ**~bombe** *mil. f* high-explosive (*abbr.* H.E.) bomb, demolition bomb; **~el** [ˈ-əl] *m* (-s; -) district; *eccl.* diocese; parish; ˈ**♀en I.** *v/t.* (*h.*) sprinkle, spray; water (*plants, etc.*); burst (*or* force) open, force (*door*); break (*hold, fetters*); blow up, blast; spring (*mine*); break up (*meeting*), disperse, scatter (*crowd*); *gambling*: break (*the bank*); *fig.* → *Rahmen*; **II.** *v/i.* (*sn*) gallop, ride fast (*or* hard); ˈ**~er** *m* (-s; -) blaster; sprinkler; ˈ**~flüssigkeit** *f* explosive liquid; ˈ**~geschoß** *n* explosive projectile; ˈ**~granate** *f* high-explosive (*abbr.* H.E.) shell; ˈ**~kammer** *f* demolition chamber; bridge chamber; ˈ**~kapsel** *f* detonator; blasting fuse; ˈ**~kommando** *n* demolition party; bomb disposal unit; ˈ**~kopf** *m* warhead; ˈ**~körper** *m* explosive; ˈ**~kraft** *f* (-) explosive force; ˈ**~ladung** *f* explosive (*or* demolition) charge; ˈ**~loch** *n* blast-hole; ˈ**~mittel** *n* blasting agent; explosive; ˈ**~öl** *n* nitro-glycerine; ˈ**~patrone** *f* blasting cartridge; ˈ**~pulver** *n* blasting powder; ˈ**~punkt** *m* blasting point; air burst; ˈ**~ring** *tech. m* snap ring; ˈ**~satz** *m* blasting composition; ˈ**~schuß** *m* blast; ˈ**~stoff** *m* blasting agent, explosive; ˈ**~stück** *n* splinter, fragment; ˈ**~trichter** *m* crater; ˈ**~trupp** *m* → *Sprengkommando*; ˈ**~ung** *f* (-; -en) explosion, blowing up, blasting; breaking, dispersion (*of meeting*); ˈ**~wagen** *m* water(ing)-cart, street sprinkler; ˈ**~wedel** *eccl. m* sprinkler; ˈ**~werk** *arch. n* strut frame; ˈ**~wirkung** *f* explosive effect; ˈ**~wolke** *f* burst cloud; ˈ**~zünder** *m* (explosive) fuse, detonator.

Sprenkel [ˈʃprɛŋkəl] *m* (-s; -) **1.** snare, noose; **2.** speck(le), spot; **♀n** *v/t.* (*h.*) speckle, spot, mottle; marble; → *gesprenkelt*.

sprenzen [ˈʃprɛntsən] *v/t.* (*h.*) spray, sprinkle.

Spreu [ʃprɔʏ] *f* (-) chaff; (*a. fig.*) *die ~ vom Weizen sondern* sift the chaff from the wheat.

Sprich|wort [ˈʃpriç-] *n* (-[e]s; ⸗er) proverb, adage, (proverbial) saying; *wie es im ~ heißt* as the saying is; **♀wörtlich** *adj.* proverbial (*a. fig.*).

sprießen [ˈʃpriːsən] *v/i.* (*sn*) sprout, shoot (up).

Spriet [ʃpriːt] *mar. n* (-[e]s; -e) sprit.

Spring|bein [ˈʃpriŋ-] *zo. n* saltatorial leg; **~brett** *n* → *Sprungbrett*; **~brunnen** *m* fountain.

ˈ**springen** *v/i.* (*irr.*, *sn*) jump; leap; vault; hop, skip; *lit., a. things, esp. water, blood*: spring; *ball, etc.*: bound, bounce; *ins Wasser ~* jump into the water, (take a) plunge; dive; burst, crack, break; *in die Augen ~* strike (*or fig.* leap to) the eye, be obvious; *~ über* jump, leap, clear, take; *colloq. fig. ~ lassen* stand; et. *~ lassen* spend money freely, stand treat; *e-e Mine ~ lassen* spring a mine (*a. fig.*); *der ~de Punkt* the (essential *or* crucial) point.

ˈ**Springen** *n* (-s) jumping, vaulting; diving.

ˈ**Springer** *m* (-s; -) **1.** (**~in** *f*, -; -nen) jumper; diver; **2.** *chess*: knight.

ˈ**Spring...**: **~feder** *f* elastic spring; **~flut** *f* spring-tide; **~hengst** *m* stallion; **~insfeld** [ˈ-ʔinsfɛlt] *m* (-[e]s; -e) harum-scarum, (young) whipper-snapper; (*girl*) romp, madcap; **~kraft** *f* (-) elasticity, springiness; **~konkurrenz** *f riding*: jumping test; **♀lebendig** *adj.* full of beans; **~maus** *f* jerboa; **~pferd** *n* jumping horse; **~quell(e** *f*) *m* spring, fountain, well; **~seil** *n* skipping-rope; **~wettkampf** *m* diving competition.

Sprint [ʃprint] *m* (-s; -s), ˈ**♀en** *v/i.* (*sn*) sprint.

Sprit [ʃprit] *m* (-[e]s; -e) spirit(s *pl.*), alcohol; *colloq. mot.* fuel, juice, *Am. a.* gas.

Spritz|apparat [ˈʃprits-] *m* spray (-er); **~arbeit** *f bookbinding*: marbled work; **~bad** *n* shower-bath, douche; **~blech** *mot. n* splash-guard; **~brett** *n* splash-board; **~düse** *f* spray nozzle; *mot.* injection nozzle; *for plastics*: injection mo(u)lding nozzle.

'**Spritze** *f* (-; -*n*) *a. med.* syringe, squirt; *med.* injection, shot; *colloq. econ.* shot-in-the-arm; *tech.* spray (-er); (fire-)engine; *sl. mil.* (machine-)gun; *colloq. fig. an der ~ sein* be at (*or* stick to) one's post; → *Spritzfahrt.*

'**spritzen I.** *v/t.* (*h.*) squirt; syringe; splash; sprinkle; spray; *thermoplastics*: injection-mo(u)ld; *med.* **a**) inject, **b**) syringe; mix *drink* with soda-water; play the hose on; **II.** *v/i.* (*h.*) throw water, splash; spurt, spout; *water-hose, etc.*: play; *pen*: splutter; *colloq.* dash, flit; **2haus** *n* (fire-)engine house, fire-station; **2mann** *m* fireman.

'**Spritzer** *m* (-*s*; -) splash.

'**Spritz...: ~fahrt** *colloq. f* (pleasure-)trip, (short) excursion, *mot.* spin; **~farbe** *f* paint spray; **~flakon** *m* spray flacon; **~flasche** *f* spray bottle; *chem.* wash bottle; **~gebäck** *n* fritters *pl.*; **~guß** *m metall.* die-casting; *plastics*: injection mo(u)lding; **~gußform, ~gußmatrize** *f* die-casting die; *plastics*: injection mo(u)ld die; **~gußmasse** *f* injection mo(u)lding compound; **2ig** *adj.* agile, quick; sparkling, fizzy (*wine*); *colloq. fig.* lively, spirited, racy; sparkling, witty; **~lack** *m* spraying varnish; **2lackieren** *v/t.* (*h.*) (paint-)spray; **~leder** *n* splash leather; **~mittel** *agr. n* spray, insecticide; **~pistole** *f* spray gun; **~tour** *colloq. f* → *Spritzfahrt*; **~vergaser** *mot. m* atomizing carburettor; **2wassergeschützt** *tech. adj.* hose-proof, splash-proof.

spröd|e ['ʃprøːdə] *adj.* brittle (*a. voice*), *metall. a.* short; friable; unyielding, inflexible; hard; rough (*hair, skin*); *fig.* reserved; coy, prim, prudish (*girl*); *~ tun* play the prude; **2igkeit** *f* (-) brittleness, *metall. a.* shortness; unyieldingness; *fig.* reserve; coyness, prudishness.

sproß [ʃprɔs] *pret. of sprießen.*

Sproß *m* (-*sses*; -*sse*) *bot.* shoot, sprout, spring; germ; *fig.* scion, offspring, descendant.

Sprosse ['ʃprɔsə] *f* (-; -*n*) rung, round, step (*of ladder*); stave (*of wheel*); tine, point (*of antlers*).

'**sprossen** *v/i.* (*sn*) → *sprießen.*

'**Sprossenwand** *f gym.* wall bars *pl.*

Sprößling ['ʃprœsliŋ] *m* (-*s*; -*e*) → *Sproß*; *humor.* son, junior.

Sprotte ['ʃprɔtə] *ichth. f* (-; -*n*) sprat.

Spruch [ʃprux] *m* (-[*e*]*s*; ⸗*e*) saying; aphorism, maxim; dictum; *bibl.* (scripture-)text, passage; *radio*: message; decision; award; *jur.* judgment, ruling; sentence, verdict; *die Sprüche pl. Salomonis* the Proverbs (of Solomon); *colloq. große Sprüche machen* talk big, brag; *colloq. alte Sprüche* old gags; '**~band** *n* (-[*e*]*s*; ⸗*er*) banner; *arch.* banderole, scroll; '**~dichtung** *f* epigrammatic poetry; '**~kammer** *f* board of appeal; *pol.* (denazification) trial tribunal; '**~kammerentscheid** *pol. m* trial tribunal decision; '**2reif** *adj.* ripe for decision; *die Sache ist noch nicht ~* the matter is not yet ripe for decision.

Sprudel ['ʃpruːdəl] *m* (-*s*; -) mineral water; **~getränk** *n* carbonated beverage; **2n** *v/i.* (*sn, h.*) gush (*or* bubble) forth; bubble (up); *beverage*: effervesce; *fig.* sputter; *~ vor* bubble (*or* brim) over with; *in ~der Laune* sparkling with humo(u)r.

sprüh|en ['ʃpryːən] **I.** *v/t.* (*h.*) send forth, shower; emit (*sparks*); spit (*fire*); spray (*water, varnish, etc.*); sprinkle; *ihre Augen sprühten Feuer* her eyes flashed fire; **II.** *v/i.* (*h.*) fizzle; *rain*: drizzle; *sparks*: scintillate, fly; *fig. eyes*: flash (*vor dat.* with); sparkle with wit; **2entladung** *el. f* corona; **2nebel** *m* (mist) spray; **2regen** *m* drizzling rain, drizzle.

Sprung [ʃpruŋ] *m* (-[*e*]*s*; ⸗*e*) leap, bound, jump; *gym.* vault; dive; *mil.* dash; *zo.* copulation; herd of deer; crack, fissure, flaw; *fig. ~ ins Ungewisse* leap in the dark; *auf dem ~e sein* be on the alert; → *sprungbereit, ansetzen*; *auf dem ~e sein, zu inf.* be on the point of *ger.*; *auf e-n ~ vorbeikommen* drop in (for a minute; *bei* on); *im ~e* leaping, in mid-air; *es ist nur ein ~ bis dorthin* it is only a stone's throw from here; *j-m auf die Sprünge kommen* find a p. out, be up to a p.'s tricks; *j-m auf die Sprünge helfen* set a p. right, help a p. out; *er kann keine großen Sprünge machen* he can't go far, he has no money to waste.

'**Sprung...: ~balken** *m sports*: take-off board; **~bein** *n anat.* ankle bone; *sports*: take-off leg; **2bereit** *adj. and adv.* ready to leap and strike; **~brett** *n* spring board; diving-board; *fig.* stepping-stone, jumping-off place; **~feder** *f* elastic spring; **~federmatratze** *f* spring mattress; **~gelenk** *n* ankle joint; *of horse, etc.*: hock; **~grube** *f* (landing) pit; **2haft I.** *adj. fig.* desultory, erratic, flighty; *econ.* jerky, spasmodic; **II.** *adv.*: *~ steigen* rise by leaps and bounds; → *sprungweise*; **~hügel** *m* (ski-)jumping hill; **~kraft** *f* (-) *sports*: take-off power; **~latte** *f sports*: cross-bar, lath; **~lauf** *m* ski-jumping; **~netz** *n* life net; **~revision** *jur. f* direct appeal to the Supreme Court; **~riemen** *m* martingale; **~schalter** *el. m* quick-break switch; **~schanze** *f* ski-jump; ski-jumping platform; **~tuch** *n* (-[*e*]*s*; ⸗*er*) jumping sheet (*of fire brigade*); **~turm** *m* high-diving board; **2weise** ['-vaɪzə] *adv.* by bounds; *fig.* by leaps and bounds; by fits and starts; **~weite** *f* leaping range.

Spuck|e ['ʃpukə] *f* (-) spittle, saliva; *colloq. da blieb mir die ~ weg* I was simply flabbergasted; **2en** *v/i. and v/t.* (*h.*) spit (out), expectorate; *engine*: splutter; **~napf** *m* spittoon, *Am. a* cuspidor.

Spuk [ʃpuːk] *m* (-[*e*]*s*; -*e*) apparition, spectre, ghost, spook; noise, hubbub, uproar; *fig.* nightmare; **2en** *v/i.* (*h.*) *an e-m Ort*: haunt a place; *es spukt* (*in dem Hause*) the house is haunted; *fig. die Idee spukt bei ihm im Kopfe* the idea is haunting him, he is obsessed with the idea; *der Gedanke spukt noch immer in den Köpfen* the thought still haunts people's minds; **~geist** *m* hobgoblin; **~geschichte** *f* ghost-story; **2haft** *adj.* ghostly, weird.

Spülbecken ['ʃpyːl-] *n* rinsing bowl; *of W.C.*: flushing pan.

Spule ['ʃpuːlə] *f* (-; -*n*) quill (*of feather*); *tech.* spool, *a. weaving*: reel; drum; bobbin; *el.* coil; **2n** *v/t.* (*h.*) reel, spool.

'**Spül-eimer** *m* slop-pail.

'**spülen I.** *v/i.* (*h.*) wash (*an acc., gegen* against); rinse; flush; **II.** *v/t.* (*h.*) wash, swill; rinse; flush; *mot.* scavenge (*cylinders*); *an Land ~* wash ashore.

'**Spulen...: ~antenne** *f* helical aerial, *Am.* corkscrew antenna; **~kern** *el. m* core of a coil; **~wicklung** *el. f* coil winding.

'**Spül...: ~faß** *n* rinsing tub; **~frau** *f* scullery-maid; washer-up; **~icht** ['-içt] *n* (-[*e*]*s*; -*e*) dishwater, slops, swill; **~klosett** *n* water-closet, W.C., flush toilet; **~küche** *f* scullery; **~lappen** *m* dish-cloth; **~luftkolben** *mot. m* scavenging air piston; **~pumpe** *mot. f* scavenger pump; **~stein** *m* sink; **~sumpf** *mot. m* scavenge sump; **~ung** *f* (-; -*en*) rinsing; *med.* wash, irrigation; douche; water flush; *tech., mot.* scavenging; **~wasser** *n* (-*s*; ⸗) water for rinsing; dishwater, slops, *fig. a.* hog-wash.

'**Spulwurm** *m* mawworm.

Spund [ʃpunt] *m* (-[*e*]*s*; ⸗*e*) bung, plug, spigot; *joinery*: feather, tongue; '**~bohrer** *m* bung-hole borer; '**2en** *v/i.* (*h.*) bung; tongue and groove; '**~loch** *n* bung-hole.

Spur [ʃpuːr] *f* (-; -*en*) trace (*a. chem., mil., radar, and fig.*); *a. fig.* trail, track, *hunt. a.* scent; mark; (*a.* ski, sound, *etc.*) track; print; footprint, footstep; *mar.* wake; *rail.* ga(u)ge; groove; vestige; *e-e ~ Salz* a touch of salt; *fig. keine ~ von* not a trace (*or* sign, vestige) of; *colloq. keine ~!* not a bit!, not in the least!, by no means!; *auf die richtige ~ bringen or helfen* put on the scent, *fig. a.* give *a p.* a clue; *auf die ~ kommen* (*dat.*) get on the track of, trace, find out; (*scharf*) *auf der ~ sein* (*dat.*) be (hot) on the trail of; *auf der falschen ~ sein* be on a wrong track, *Am. a.* be barking up the wrong tree; *von der ~ abbringen* put off the scent; *s-e ~en verwischen* cover one's tracks.

spürbar ['ʃpyːrbaːr] *adj.* sensible; distinct, marked; considerable; *~ sein* be felt, be much in evidence.

'**spuren** *v/i.* (*h.*) keep on the track; *skiing*: lay the course; *colloq. pol. and w.s.* toe the line; *er spurt nicht* he is a slacker.

'**spüren I.** *v/t.* (*h.*) feel; sense, be conscious of; perceive, notice; scent (*a. fig.*); detect (*gas*); **II.** *v/i.* (*h.*) trace *or* track game, follow a track; *fig. ~ nach* go in quest of, search for; *hunt.* track.

'**Spuren|chemie** *f* trace chemistry; **~element** *n* trace element.

Spurhaltigkeit ['-haltiçkaıt] *mot. f* (-) steering stability.

'**Spürhund** *m* tracker dog, bloodhound (*a. fig.*), pointer; *fig.* sleuth, ferret.

'**spurlos I.** *adj.* trackless, traceless; **II.** *adv.* without leaving a trace; ~ *verschwinden* vanish (into thin air); *fig. nicht ~ an j-m vorübergehen* leave its mark on a p., tell on a p., take its toll of a p.

'**Spür...:** **~nase** *f* good nose, scent (*both a. fig.*); *fig.* (*person*) snooper; **~sinn** *m* (-[e]s) scent, flair (*für* for).

Spurt [ʃpurt] *m* (-[e]s; -s), '**2en** *v/i.* (*sn*) spurt.

'**Spurweite** *f rail.* ga(u)ge; *of vehicle*: wheel track; *mot.* tread (*of tyre*).

sputen ['ʃpu:tən]: *sich ~* (*h.*) make haste, hurry up.

Sputnik ['sputnik] *m* (-*s*; -*s*) spoutnick.

Sputum ['spu:tum] *med. n* (-*s*; -*ta*) sputum.

st! *int.* hist!; hush!

Staat [ʃtɑ:t] *m* (-[e]s; -*en*) state; country, nation; Government; *zo.* colony; *fig.* (-[e]s) state, pomp, splendo(u)r, show; finery, rig-out; *in vollem ~* in full dress; *von ~s wegen* for reason of state; *großen ~ machen* make a (grand) display, cut a dash; *mit et. ~ machen* make a show of a th., parade a th.; *damit kannst du keinen ~ machen* that's nothing to write home about.

'**Staaten|bund** *m* confederacy, confederation (of states), *Brit.* commonwealth; **2los** *adj.* stateless; **~lose(r** *m*) ['-lo:zə(r)] *f* (-*n*, -*n*; -*en*, -*en*) stateless person.

'**staatlich I.** *adj.* state(-)...; Government; national, public; political; *~e Beihilfe* state grant; *~e Einnahmen pl.* public revenue; *~e Preisüberwachung* Government control of prices; **II.** *adv.*: *~ gelenkt* state-controlled; *~ anerkannt* state-recognized, certified.

'**Staats...:** **~akt** *m* act of state; state ceremony; **~aktion** *fig. f* great fuss; **~amt** *n* public office; **~angehörige(r** *m*) *f* national, *esp. Brit.* subject, *Am.* citizen; **~angehörigkeit** ['-angəhø:riçkaıt] *f* (-) nationality, national status, *Am.* citizenship; *~ erwerben* become naturalized; **~angelegenheit** *f* state affair, public concern; **~angestellte(r** *m*) *f* state employee; **~anleihe** *f* government loan; *pl. a.* government stocks (*Am.* bonds); **~anstellung** *f* public appointment, government job; **~anwalt** *jur. m* public prosecutor, *Am.* district attorney (*abbr.* D.A.); **~anwaltschaft** *f* public prosecutor's office, *Brit.* Director of Public Prosecutions (*abbr.* D.P.P.), *Am.* Office of the District Attorney; **~anzeiger** *m* official gazette; **~apparat** *m* state apparatus; **~archiv** *n* Public Record Office; **~aufsicht** *f* Government (*or* state) control; **~auftrag** *m* Government contract; **~ausgaben** *f/pl.* public expenditures; Government spending *sg.*; **~bank** *f* (-; -*en*) national bank; **~bankrott** *m* national bankruptcy; **~be-amte(r)** *m* civil servant; Government (*or* State) official, *Am. a.* office-holder; **~begräbnis** *n* national funeral; **~behörde** *f* public authorities *pl.*, Government; **~besitz** *m* state property; *in ~* state-owned; **~besuch** *m* state visit; **~betrieb** *m* Government(-owned) plant; **~bürger(in** *f*) *m* citizen; **~bürgerkunde** *f* (-) civics *pl.*; **2bürgerlich** *adj.* civic(ally *adv.*); **~bürgerrecht** *n* citizenship; **~chef** *m* head (*or* chief) of state; **~dienst** *m* civil service, *Am.* public service; **2eigen** *adj.* state-owned; **~eigentum** *n* national (*or* state) property; public ownership; **~einkünfte** *pl.* public revenue *sg.*; **~examen** *univ. n* State examination; **~feind** *m* public enemy; **2feindlich** *adj.* subversive; **~form** *f* form of government, polity; **~gebäude** *n* public building; **2gefährlich** *adj.* dangerous to the state; **~gefangene(r** *m*) *f* prisoner of State, state prisoner; **~gefängnis** *n* state prison; **~geheimnis** *n* state secret; **~gelder** *n/pl.* public funds; **~geschäft** *n* state-affair; **~gewalt** *f* (-) supreme (*or* executive) power; **~haushalt** *m* national budget (*or* finances *pl.*); → *Haushalt*; **~hoheit** *f* (-) sovereignty; **~interesse** *n* public interest; **~kasse** *f* (public) treasury, *Brit.* exchequer; **~kirche** *f* (-) state church; *Englische ~* Established Church, Church of England; **2klug** *adj.* politic(ally *adv.*), diplomatic (-ally *adv.*); **~klugheit** *f* political wisdom, statesmanship; **~kommissar** *m* state commissioner; **~körper** *m* body politic; **~kosten** *pl.*: *auf ~* at (the) public expense; **~kunde** *f* (-) civics *pl.*; **~kunst** *f* (-) statesmanship, statecraft; **~mann** *m* statesman; **2männisch** ['-mɛniʃ] *adj.* statesmanlike; **~minister** *m* Secretary of State; **~ministerium** *n* Ministry of State; **~mittel** *n/pl.* public funds; **~monopol** *n* state monopoly; **~oberhaupt** *n* head of the state, *Am.* Chief Executive; sovereign; **~papiere** *n/pl.* government stocks (*Am.* bonds), government securities *or* papers; **~polizei** *f* (*Geheime ~* secret) state police; **2politisch** *adj.* relating to national policy, national; **~präsident** *m* President of the State; **~prozeß** *m* state trial; **~prüfung** *f univ.* State examination; **~raison** ['-rɛzɔ̃:] *f* (-) reason of state; **~rat** *m* (-[e]s; ¨e) Privy Council; (*person*) Privy Councillor; **~recht** *n* constitutional (*or* public) law; **2rechtlich** *adj.* under (*or* relating to) constitutional law; **~regierung** *f* government; **~rente** *f* government annuity; **~schatz** *m* → *Staatskasse*; **~schiff** *fig. n* ship of state; **~schuld** *f* national debt; *econ.* consols *pl.*; **~schuldschein** *m* national bond; **~sekretär** *m* Under-Secretary of State, *Brit.* Permanent Secretary; **~sicherheitsdienst** *m* state security service; **~siegel** *n* Great Seal; **~sozialismus** *m* state socialism; **~streich** *m* coup d'état (*Fr.*); **~umwälzung** *f* (political) revolution, upheaval; **~unterstützung** *f* Government grant, state subsidy; **~verbrechen** *n* political crime; **~verbrecher** *m* political offender, state criminal; **~verfassung** *f* political constitution; **~vertrag** *m* (international) treaty, convention; **~verwaltung** *f* public administration; **~wesen** *n* (-*s*) political system, polity; state, commonwealth; state affairs *pl.*; **~wirtschaft** *f* political economy; **~wissenschaft(en** *pl.*) *f* political science; **~wohl** *n* public weal; **~zimmer** *n* state-room; **~zuschuß** *m* → *Staatsunterstützung*; *durch ~ unterstützt* subsidized, state-aided.

Stab [ʃtɑ:p] *m* (-[e]s; ¨e) staff; stick; rod; bar; post; rib (*of umbrella*); slat (*of blind*); fillet; (bishop's) crosier; (magic) wand; *sports*: **a)** baton (*for relay race*), **b)** (vaulting) pole; (*mus.* conductor's, *mil.* field-marshal's) baton; *fig., a. mil.* staff; *mil.* headquarters *pl.*, staff-officers *pl.*; *fig. den ~ über j-n brechen* condemn a p.; '**~antenne** *f* rod aerial, *Am.* rod (*or* whip) antenna; '**~batterie** *el. f* torch battery; '**~brandbombe** *mil. f* stick-type incendiary bomb.

Stäbchen ['ʃtɛ:pçən] *n* (-*s*; -) small rod, *etc.*; *anat.* rod; *colloq.* (*cigarette*) fag; **~bakterie** *f* bacillus; **2förmig** ['-fœrmiç] *adj.* rod-shaped; **~zelle** *f* rod cell.

'**Stab...:** **~eisen** *metall. n* bar iron; **~führung** *mus. f* conducting; *unter der ~ von* conducted by; **~hochspringer** *sports m* pole-jumper, *esp. Am.* pole-vaulter; **~hochsprung** *m* pole-vault(ing).

stabil [ʃta'bi:l] *adj.* stable (*a. econ.*); steady; solid, sturdy, *tech. a.* rugged (*design*).

Stabilis|ator [ʃtabili'zɑ:tɔr] *tech. m* (-*s*; -'*toren*) stabilizer; **2ieren** *v/t.* (*h.*) stabilize; *sich ~* (*h.*) become stabilized; become steadier; **~ierung** *f* (-) stabilization; **~ierungsfläche** *aer. f* stabilizer.

Stabili'tät *f* (-) stability.

'**Stab...:** **~magnet** *m* bar magnet; **~reim** *m* stave rhyme, *w.s.* alliteration; **~s-arzt** *mil. m* surgeon-major, *Am.* captain (Medical Corps); *mar.* staff-surgeon; **~s-chef** *mil. m* chief of staff; **~sfeldwebel** *mil. m Brit.* Warrant Officer Class II; *Am.* master sergeant; *aer. Am.* Senior Master Sergeant; **~sgefreiter** *m* lance-corporal; **~skompanie** *f* headquarters company; **~s-offizier** *m* field-officer; staff-officer; **~sprung** *m* → *Stabhochsprung*; **~squartier** *mil. n* headquarters *pl.*; **~s-unteroffizier** *mil. m Brit.* lance sergeant; *Am.* corporal; *aer. Am.* airman 1st class; **~wechsel** *m sports*: baton (ex)change.

stach [ʃtɑ:x] *pret. of stechen.*

Stachel ['ʃtaxəl] *m* (-*s*; -*n*) prick; *of insects*: sting; *bot.* prick(le), spine (*a. of hedgehog*); thorn; spike; tongue (*of buckle*); prong; goad; *fig.* sting; goad, spur, prodding; *~ des Fleisches* lusts of the flesh; *wider den ~ löcken* kick against the pricks; **~beere** *f* gooseberry; **~beerstrauch** *m* gooseberry-bush; **~draht** *m* barbed wire; **~drahthindernis** *mil. n* barbed wire obstacle, wire entanglement; **~flosse** *f* spinous dorsal fin; **~halsband** *n* (-[e]s; ¨er) spiked collar; **~häuter** ['-hɔytər] *zo. m* (-s; -) echinoderm.

'stach(e)lig *adj.* prickly, (*a. fig.*) thorny; *zo., etc.* spinous; bristly; *fig.* stinging, caustic, biting.

'stacheln *v/t. and v/i.* (*h.*) sting, prick; *esp. fig.* goad, prod; spur on.

'Stachel...: **~rochen** *ichth. m* thorn-back; **~schwein** *zo. n* porcupine.

Stadel ['ʃtɑːdəl] *m* (-s; -) barn, shed.

Stadion ['ʃtɑːdiɔn] *n* (-s; -dien) stadium.

Stadium ['ʃtɑːdium] *n* (-s; -dien) stage, phase.

Stadt [ʃtat] *f* (-; ¨e) town; city; *in der ~ aufgewachsen* town-bred; *in die ~ gehen* go to town; *in der ~ sein* be in town; **'~amt** *n* municipal office; **'~anleihe** *f* municipal (*Brit.* corporation) loan; **'~bahn** *f* city-railway, metropolitan (railway); **'~bank** *f* (-; -en) municipal bank; **'~baumeister** *m* municipal architect; **'~behörde** *f* municipal authorities *pl.*; **'2bekannt** *adj.* (known) all over the town, notorious; **'~bewohner** *m* → *Städter*; **'~bezirk** *m* urban district; **'~bild** *n* townscape.

Städtchen ['ʃtɛːtçən] *n* (-s; -) small town.

'Stadtdirektor *m* town clerk, *Am.* city manager.

Städte|bau ['ʃtɛtə-] *m* (-[e]s) town (*Am.* city) planning; **~ordnung** *f* municipal statutes, *Brit.* Municipal Corporation Act; **~planung** *f* town planning; **~r(in** *f*) *m* (-s, -; -, -nen) towns(wo)man, city-dweller; *pl. a.* townspeople; **~tag** *m* meeting of city delegates, towns' conference; **~zug** *rail. m* interurban express train.

'Stadt...: **~gas** *n* city gas; **~gebiet** *n* urban area; **~gemeinde** *f* township, municipality, *Am.* city borough; **~gespräch** *n teleph.* local call; *fig. zum ~ werden* become the talk of the town; **~graben** *m* town-moat; **~grenze** *f* city boundary; → *Stadtrand*.

'städtisch *adj.* town(-)..., municipal; urban; metropolitan; *~e Beamte* municipal officers; *~e Bevölkerung* urban population; *~e Werke* municipal public works.

'Stadt...: **~kämmerer** *m* city treasurer; **~kasse** *f* city treasury; **~kind** *n* townsman, confirmed city-dweller; **~kommandant** *mil. m* town-major; **~kreis** *m* (urban) district; **2kundig** *adj.* knowing the town well; → *stadtbekannt*; **~leben** *n* (-s) town life, city life; **~leute** *pl.* townspeople, city-dwellers; **~mauer** *f* town-wall, city-wall; **~mitte** *f* town cent|re, *Am.* -er; mid-town; **~musikant** *m* town-musician; **~park** *m* town (*or* city) park; **~parlament** *n* city parliament; **~plan** *m* town plan, city map; **~planung** *f* town planning; **~rand** *m* outskirts *pl.* (*or* fringe) of the town *or* city; **~randsiedlung** *f* suburban housing estate *or* settlement; **~rat** *m* (-[e]s; ¨e) town (*or* municipal) council; (*person*) town-council(l)or, alderman; **~recht** *n* freedom of the city; munucipal law(s *pl.*); **~schreiber** *m* town-clerk; **~schule** *f* municipal school; **~staat** *m* city-state; **~teil** *m* quarter, district, ward; **~theater** *n* municipal theat|re, *Am.* -er; **~tor** *n* town-gate, city-gate; **~väter** ['-fɛːtər] *pl.* city fathers; **~verordnete(r)** ['-fɛrʔɔrdnətə(r)] *m* (-[e]n; -[e]n) town (*or* city) council(l)or; **~verordnetenversammlung** *f* town council; **~verwaltung** *f* municipality; **~viertel** *n* → *Stadtteil*; **~wappen** *n* city arms *pl.*

Stafette [ʃta'fɛtə] *f* (-; -n) courier, express; *sports*: relay; **~nlauf** *m* relay race.

Staffage [ʃta'fɑːʒə] *f* (-) accessories *pl.*, figures *pl.*; decoration; *fig.* mere show.

Staffel ['ʃtafəl] *f* (-; -n) step, *of ladder*: *a.* rung; *fig.* degree; stage; *sports*: relay; *aer. mil.* squadron; *a.* → **~aufstellung** *f* echelon (formation); **~betrieb** *el. m* echelon working.

Staffe'lei *paint. f* (-; -en) easel.

'Staffel...: **~kapitän** *aer. m* squadron commander; **~lauf** *m sports*: relay race; **2n** *v/t.* (*h.*) raise in steps; graduate, differentiate (*taxes, wages, etc.*); *aer., tech., sports, etc.*: stagger; *mil.* echelon; **~rechnung** *f banking*: equated interest-account; **~schwimmen** *n* relay swimming; **~stab** *m sports*: (relay) baton; **~tarif** *m* progressive rate, sliding scale; **~ung** *f* (-; -en) graduation, progressive rates *pl.*; *mil.* echelon formation; *aer., sports, etc.*: staggering; **~zinsrechnung** *econ. f* equated calculation of interest.

staf'fieren *v/t.* (*h.*) → *ausstaffieren*.

Stag [ʃtɑːk] *mar. n* (-[e]s; -e[n]) stay; *großes ~* mainstay.

Sta|gnation [stagnatsi'oːn] *f* (-; -en) stagnation; **2'gnieren** *v/i.* (*h.*) stagnate; **2'gnierend** *adj.* stagnant.

stahl [ʃtɑːl] *pret. of stehlen.*

Stahl [ʃtɑːl] *m* (-[e]s; ¨e) steel (*a. fig. rhet.* = *sword*); dagger; *tech.* tool; *legierter ~* alloy steel; **'2artig** *adj.* steely; **'~bad** *n* chalybeate bath (*or* spa); **'~band** *n* (-[e]s; ¨er) strip steel; **'~bandmaß** *n* flexible steel rule; **'~bau** *m* (-[e]s; -ten) steel (-girder) construction; **'~beton** *m* ferro-concrete; **'2blau** *adj.* steel-blue; **'~blech** *n* sheet steel; **'~bürste** *f* steel-wire brush; **'~eisen** *n* open hearth pig iron.

stählen ['ʃtɛːlən] *v/t.* (*h.*) harden, temper (*iron*); *fig.* steel, harden; *sich ~* steel o.s.

'stählern *adj.* (of) steel, steely; *fig.* steely, of steel.

'Stahl...: **~fach** *n* safe deposit box, strongbox; **~feder** *f* steel spring; *of pen*: steel nib; **~gerüst** *n* girder construction; **2grau** *adj.* steel-grey; **~guß** *m* **a**) cast steel, **b**) cast steel product, steel casting(s *pl.*); **2haltig** *adj.* chalybeate (*water*); **2hart** *adj.* (as) hard as steel; **~helm** *m* steel helmet; **~kammer** *f of bank*: strong room, *Am.* steel vault; **~kerngeschoß** *mil. n* steel-core projectile; **~konstruktion** *f* → *Stahlbau*; **~mantelgeschoß** *mil. n* steel jacket bullet; **~möbel** *n/pl.* steel furniture; **~platte** *f* steel plate; **~quelle** *f* chalybeate spring; **~rohr** *n* steel tube; **~rohrmast** *m* tubular steel mast; **~rohrmöbel** *n/pl.* tubular (steel) furniture; **~roß** *humor. n* **a**) (*engine*) iron horse, **b**) bike; **~sorte** *f* steel grade; **~späne** ['-ʃpɛːnə] *m/pl.* steel chips; steel wool; **~stich** *m* steel engraving; **~träger** *m* steel girder; **~waren** *f/pl.* steel goods, *Am.* hardware *sg.*; **~welle** *f* shaft; **~werk** *n* steel-works *pl.*, steel mill; **~wolle** *f* steel wool.

stak [ʃtɑːk] *pret. of stecken II.*

Staken ['ʃtɑːkən] *m* (-s; -) stake; pole; boat-hook; **2** *v/i.* (*sn*) *and v/t.* (*h.*) pole, punt; *colloq.* strut, stalk.

Staket [ʃta'keːt] *n* (-[e]s; -e) palisade, paling, fence; stockade; **~enzaun** *m* picket fence.

Stalagmit [stalag'miːt] *geol. m* (-en; -e[n]) stalagmite.

Stalaktit [stalak'tiːt] *geol. m* (-en; -e[n]) stalactite.

Stalinis|mus [stali'nismus] *m* (-) Stalinism; **~t(in** *f*) *m* (-en, -en; -, -nen), **2tisch** *adj.* Stalinist.

'Stalin-orgel *mil. f* multiple rocket launcher.

Stall [ʃtal] *m* (-[e]s; ¨e) stable (*a. fig. mot., etc.*); stall; cowshed; pigsty, pigpen; sheep-pen; chicken house *or* run; (dog) kennel; shed, *Am. a.* barn; **'~dienst** *m* stable-work, *mil.* stable-duty; **'~dünger** *m* stable manure *or* dung; **'2en I.** *v/t.* (*h.*) stall, stable; **II.** *v/i.* (*h.*) stale; **'~fütterung** *f* stall-feeding; **'~gefährte** *m sports*: stable mate; **'~geld** *n* stable money, stallage; **'~hase** *m* domestic rabbit; **'~knecht** *m* groom, ostler, *esp. Am.* hostler; **'~(l)aterne** *f* stable lantern; **'~meister** *m* equerry, master of the horse; **'~mist** *m* → *Stalldünger*; **'~ung** *f* (-; -en) stabling; *pl.* stables; **'~wache** *f* stable guard.

Stamm [ʃtam] *m* (-[e]s; ¨e) *bot.* stem; stalk; trunk (*a. anat. of nerve, vessel*); *econ. Holz auf dem ~* standing timber; race; tribe; stock; family, house; clan; *biol.* phylum; breed (*of cattle*); *gr.* root, stem; *männlicher* (*weiblicher*) *~* male (female) line; *jur. Erbfolge nach Stämmen* succession by stirpes; *econ. ~ der Kunden* (*Gäste*) (stock of) regular customers (visitors), regulars *pl.*; core, nucleus, backbone; *mil.* skeleton (*or* permanent) personnel; cadre (personnel); **'~aktie** *econ. f* original (*or* ordinary) share, *Am.* common stock; **'~baum** *m* genealogical (*or* family) tree; *zo.* pedigree; *biol.* phylogenetic tree; *tech. for material*: flowsheet; **'~bedeutung** *f* lexical meaning (*of a word*); **'~buch** *n* album; *zo.* herdbook; **'~burg** *f* ancestral castle, family seat; **'~einheit** *mil. f* parent unit; cadre unit; **'~einlage** *econ. f* original investment, *partner's* capital share.

stammeln ['ʃtaməln] *v/i. and v/t.* (*h.*) stammer, stutter; splutter forth.

'Stamm-eltern *pl.* progenitors.

'stammen *v/i.* (*h.*): *~ von or aus* be descended from; originate (*Am. a.*

stem) from; spring (*or* proceed) from; come (*or* hail) from (*a town*); date from; *gr.* be derived from; *der Ausspruch stammt von* the word was coined by; *er stammt aus gutem Hause* he is of (*or* comes from) a good family.

'**Stammes...:** ~**bewußtsein** *n* clannishness, clan spirit; ~**genosse** *m* clansman, tribesman; ~**geschichte** *f* racial history; *biol.* phylogeny; ~**häuptling** *m* chieftain.

'**Stamm...:** ~**form** *gr. f* cardinal (*or* principal) form; ~**gast** *m* regular guest, habitué; ~**gut** *n* family estate; ~**halter** *m* son and heir, first-born male descendant; ~**haus** *econ. n* parent firm (*or* house); ~**holz** *n* trunk wood, log(s *pl.*).

stämmig ['ʃtɛmiç] *adj.* sturdy, burly; brawny, stalwart; *Am. a.* husky, hefty; stocky; ♀**keit** *f* (-) sturdiness, *etc.*

'**Stamm...:** ~**kapital** *econ. n* original capital; share capital, *Am.* capital stock; ordinary share capital, *Am.* common capital stock; ~**kneipe** *f one's* favo(u)rite pub, habitual haunt; ~**kunde** *econ. m* regular customer, patron; *pl. a.* regulars; ~**lokal** *n* habitual haunt; ~**(m)utter** *f* (-; ¨) ancestress; ~**personal** *n* permanent staff; skeleton staff; cadre personnel; ~**rolle** *mil. f* muster-roll, personnel roster; ~**schloß** *n* ancestral castle; ~**silbe** *gr. f* radical (*or* root) syllable; ~**sitz** *m* ancestral seat; ~**tafel** *f* genealogical table; *tech.* flowsheet; *chem.* volumetric table; ~**tisch** *m* table reserved for regular guests; drinking company; ~**tischstratege** *iro. m* arm-chair strategist; ~**vater** *m* ancestor; progenitor; ♀**verwandt** *adj.* kindred, cognate; *pred.* of the same race; ~**volk** *n* aborigines *pl.*; primitive people; ~**werk** *tech. n* parent plant; ~**wort** *gr. n* root-word, stem.

Stampf|beton ['ʃtampf-] *m* compressed concrete; ~**e** *f* (-; -*n*) *tech.* tamper, ram(mer); beater, beetle; pestle; punch; ♀**en I.** *v/i.* (*h.*) tramp(le), stamp; *mit dem Fuß* ~ stamp one's foot; *horse*: paw (the ground); *mar.* pitch, heave and set; **II.** *v/t.* (*h.*) *tech.* tamp, ram; crush, stamp (*ore, etc.*); bruise (*wheat, etc.*); mash (*potatoes*); crush (*grapes*); *klein* ~ crush, pulverize; *fig. aus dem Boden* ~ conjure up; ~**er** *tech. m* (-*s*; -) → *Stampfe.*

stand [ʃtant] *pret. of stehen.*

Stand *m* (-[e]s) stand(ing), upright (*or* standing) position; stand, (*a. mar., ast.*) position; footing, foothold; (barometer, *etc.*) reading; (-[e]s; ¨e) (fair) stand, booth, stall; *fig.* state; condition; situation, position; level, standard; (water, *etc.*) level, height; *econ.* level, rate; *of contest*: score; social position *or* standing, station, rank, status; class; caste; profession; trade; *pol.* estate of the realm; *pol. hist. die Stände* the Diet *sg.*; *die höheren Stände* the upper classes; *aus allen Ständen* from all walks of life; *Mann von* ~ man of rank; ~ *der Dinge* state of affairs; (*neuester*) ~ *der Technik* (latest) state of engineering, *patent law*: prior art; *Sprung aus dem* ~ standing jump; *auf den neuesten* ~ *bringen* bring up to date; *den höchsten* ~ *erreichen* reach the peak (level); *mit j-m e-n harten* ~ *haben* have a great deal of trouble with a p.; *e-n schweren* ~ *haben* have a hard time of it; *gut im* ~ *sein* be in good condition; *j-n in den* ~ *setzen et. zu tun* enable a p. to do a th.; → *außerstande, imstande, instand, zustande.*

Standard ['ʃtandart] *m* (-*s*; -*s*) standard.

standardisier|en [-di'zi:rən] *v/t.* (*h.*) standardize; ♀**ung** *f* (-; -*en*) standardization.

'**Standard...:** ~**lösung** *chem. f* standard solution; ~**modell** *n*, ~**typ** *m* standard type *or* design; ~**werk** *n* standard work; ~**wert** *m* standard value.

Standarte [ʃtan'dartə] *f* (-; -*n*) standard, banner; guidon; ~**n-träger** *m* standard bearer.

'**Stand...:** ~**bein** *n* standing leg; ~**bild** *n* statue; *phot.* still.

Ständchen ['ʃtɛntçən] *n* (-*s*; -) serenade; *j-m ein* ~ *bringen* serenade a p.

Stander ['ʃtandər] *mar. m* (-*s*; -) pennant.

Ständer ['ʃtɛndər] *m* (-*s*; -) stand; rack; post, pillar; *tech.* support, mount; *el.* stator; ~**lampe** *f* standard (lamp), floor lamp.

Standes... ['ʃtandəs-]: ~**amt** *n* registry office, *Am.* marriage license bureau, *w.s.* Bureau of Vital Statistics; ♀**amtlich** *adj.*: ~*e Trauung* civil marriage; ~**beamte(r)** *m* registrar; ~**bewußtsein** *n* caste-feeling, class-consciousness, pride of rank; ~**dünkel** *m* pride of place; ~**ehe** *f* marriage of rank; ~**ehre** *f* professional hono(u)r; ♀**gemäß**, ♀**mäßig** *adj. and adv.* in accordance with one's rank, suitable to one's station, in a style befitting one's state; ~**genosse** *m one's* equal, compeer; ~**person** *f* person of rank *or* quality; ~**rücksichten** *f/pl.* considerations of rank; ~**unterschied** *m* social difference, class distinction; ~**vorurteil** *n* class prejudice; ♀**widrig** *adj.* unprofessional, unethical.

'**Stand...:** ♀**fest** *adj.* stable, steady; resistant; rigid; ~**festigkeit** *f* (-) stability; resistance; rigidity; ~**geld** *n* stall rent; *mar.* demurrage; ~**gericht** *mil. n* drumhead court martial; ~**glas** *n* glass (cylinder); level ga(u)ge.

'**standhaft I.** *adj.* steadfast, steady; firm; unyielding; resolute; sta(u)nch; persevering, constant; ~ *bleiben* stand pat, resist temptation; **II.** *adv.*: ~ *ablehnen* refuse stoutly; ♀**igkeit** *f* (-) steadfastness, *etc.*; perseverance, constancy.

'**standhalten** *v/i.* (*irr., h.*) hold one's ground *or* own; stand firm, hold out; stand, withstand; *j-m or e-r Sache* ~ resist a p. *or* a th.; *der Prüfung* ~ stand the test; *es wird e-r näheren Prüfung nicht* ~ it will not bear closer examination.

ständig ['ʃtɛndiç] **I.** *adj.* permanent (*address, office, personnel, etc.*); constant; continuous; fixed, regular (*income*); established (*practice, rule*); ~*er Ausschuß* standing committee; ~*er Korrespondent* resident correspondent; **II.** *adv.* permanently; constantly, forever; *et.* ~ *sagen* keep saying a th.

'**Stand...:** ~**licht** *mot. n* parking light; ~**motor** *m* stationary engine.

'**Stand-ort** *m* (-[e]s; -e) stand, station, *Am.* location; *mar., a. fig.* position; *mil.* garrison, *Am.* post; ~**bereich** *mil. m* garrison (*Am.* post) command; ~**bestimmung** *f* position finding; ~**kommandant** *m* garrison (*Am.* post) commander; ~**lazarett** *n* station hospital.

'**Stand...:** ~**platz** *m* stand(ing-place), station; ~**pauke** *colloq. f* severe reprimand *or* sermon; *j-m e-e* ~ *halten* lecture a p. severely; ~**punkt** *m fig.* point of view, standpoint, viewpoint; *überwundener* ~ discarded idea; *den* ~ *vertreten, daß* take the view that; *j-m den* ~ *klarmachen* give a p. a piece of one's mind; → *ändern*; ~**quartier** *mil. n* fixed quarters *pl.*; cantonment; ~**recht** *mil. n* martial law; *das* ~ *verhängen* impose martial law; ♀**rechtlich** *adj. and adv.* according to martial law; by order of a court-martial; ~**rede** *f* harangue; ♀**sicher** *adj.* stable, free from wobble; ~**spiegel** *m* full-length mirror; ~**uhr** *f* grandfather's clock; ~**visier** *mil. n* fixed sight; ~**wild** *hunt. n* sedentary game.

Stange ['ʃtaŋə] *f* (-; -*n*) pole; stake; (metal) rod, bar; post; (flag) staff; *orn.* perch, *for chickens*: *a.* roost; *of antlers*: branch; stick (*of shaving soap, sealing wax*); *colloq.* (*person*) tall streak, beanpole; *Anzug von der* ~ reach- (*Am.* hand-)me-down; *colloq. e-e* ~ *Geld* a tidy penny, quite a packet; *fig. bei der* ~ *bleiben* stick to business (*or* to the point), *w.s.* stick to one's guns; *j-m die* ~ *halten* **a)** back (*or* stand by) a p., stick up for a p., **b)** be a match for a p.; *j-n bei der* ~ *halten* bring a p. up to scratch.

'**Stangen...:** ~**bohne** *f* climbing bean; ~**eisen** *n* bar-iron; ~**gebiß** *n* bar-bit; ~**gold** *n* ingot gold, ingots *pl.*; ~**pferd** *n* wheeler; ~**spargel** *m* asparagus served whole.

stank [ʃtaŋk] *pret. of stinken.*

Stänker ['ʃtɛŋkər] *m* (-*s*; -), ~**in** *f* (-; -*nen*) *colloq.* cantankerous person, squabbler, trouble-maker; **Stänke'rei** *fig. f* (-; -*en*) squabble, bicker; '**stänkern** *v/i.* (*h.*) smell, stink; *fig.* squabble, bicker.

Stanniol [ʃtani'o:l] *n* (-*s*; -e) tinfoil; ~**papier** *n* tinfoil paper; ~**streifen** *m radar*: chaff, window.

Stanz|e ['ʃtantsə] *f* (-; -*n*) stanza; *tech.* punch(ing tool), punching machine; ♀**en** *tech. v/t.* (*h.*) stamp, punch; ~**maschine** *f* punching machine; ~**matrize** *f* punching die; ~**presse** *f* stamping press; ~**stahl** *m* punching tool steel.

Stapel ['ʃtɑ:pəl] *m* (-*s*; -) pile, stack; *mar.* stocks, slips *pl.*; stock(pile); *fibre, wool*: staple; *econ.* emporium; *mar. auf* ~ *legen* lay down; *vom* ~

lassen launch (*a. fig.*), *fig.* deliver (*speech, etc.*), release, uncork (*blow*), publish (*books*); *vom ~ laufen* be launched (*a. fig.*); **~faser** *f* short--fibred rayon, staple fib|re, *Am.* -er; **~lauf** *m* launch(ing); **2n** *v/t.* (*h.*) stack, (*a. sich*) pile up; store, warehouse; **~platz** *m* stockyard, *a. mil.* dump; *econ.* emporium, mart; **~waren** *f/pl.* staple commodities.

Stapfe ['ʃtapfə] *f* (-; -*n*) footstep; **2n** *v/i.* (*sn*) plod, stump, trudge.

Star [ʃtɑːr] *m* (-[e]s; -e) **1.** *orn.* starling; **2.** *thea.* (-s; -s) star; *als ~ auftreten* (*or vorstellen*) star; **3.** *med.* (*grauer ~*) cataract; *schwarzer ~* amaurosis; *grüner ~* glaucoma; *j-m den ~ stechen* couch a p. (for cataract), *fig.* open a p.'s eyes; **~allüren** ['-alyːrən] *pl.* primadonnaish airs; **~besetzung** *thea. f* star cast; **2blind** *adj.* blind from cataract.

starb [ʃtarp] *pret. of sterben.*

stark [ʃtark] **I.** *adj.* strong (*a. drink, etc.*; *gr. and fig.*); robust, sturdy; stout, corpulent; thick; powerful; intense; violent; bad; loud; large; *~e Auflage* large edition; *~er Band* big volume; *~e Erkältung* bad cold; *~er Esser* hearty eater; *~e Familie* numerous (*or* big) family; *~es Fieber* high temperature; *~er Frost* hard frost; *~er Mann pol.* strong man; *~e Meile* (*Stunde*) good mile (hour); *med. ~es Mittel* potent (*or* powerful) remedy; *~er Motor* high-powered engine; *~e Nachfrage* great (*or* keen) demand; *~er Regen* heavy shower; *~e Seite fig.* strong point, forte; *~er Trinker* heavy (*or* hard) drinker; *~er Verkehr* heavy traffic; e-e *200 Mann ~e Kompanie* a company 200 strong *or* numbering 200; *das Buch ist 400 Seiten ~* the book comprises (*or* has) 400 pages; *colloq. das ist* (*doch*) *zu ~!, das ist ein ~es Stück!* that's a bit thick; **II.** *adv.* very much, greatly, strongly; hard; *~ benachteiligt* badly handicapped; *~ erkältet sein* have a bad cold; *~ gefragt* in great demand; *~ vermissen* miss badly; *~ übertrieben* grossly exaggerated.

Stärke ['ʃtɛrkə] *f* (-; -*n*) **1.** → *stark*; strength, force; power (*a. tech.*); stoutness, corpulence; *tech.* thickness, diameter; (*wire*) ga(u)ge; *chem.* concentration; intensity; violence; *pharm.* potency; vigo(u)r, energy; strength (*of army, etc.*); *fig.* strong point, forte; **2.** *chem.* starch; **~grad** *m* degree of strength, intensity; **2haltig** *adj.* containing starch, starchy; **~mehl** *n* starch--flour; **~meldung** *mil. f* strength return.

'**stärken** *v/t.* (*h.*) strengthen (*a. fig.*); invigorate, brace; fortify; brace (up); starch (*laundry*); *sich ~* (*h.*) *fig.* take some refreshment; **~d** *adj.* strengthening, restorative; bracing (*air*); *pharm.* (*a. ~es Mittel*) tonic.

'**Stärkezucker** *m* starch-sugar.

stark|gliedrig ['-gliːdriç], '**~knochig** *adj.* strong-limbed, big--boned.

'**Starkstrom** *el. m* power (*or* high--voltage, heavy) current; **~anlage** *f* power plant; **~kabel** *n* power cable; **~leitung** *f* power line (*or* circuit); **~technik** *f* heavy current engineering.

'**Stärkung** *f* (-; -*en*) strengthening; invigoration; comfort; refreshment; pick-me-up; **~smittel** *n* restorative, tonic.

'**stark...**: **~wandig** ['-vandiç] *adj.* thick-walled; **~wirkend** *pharm. adj.* efficacious, powerful, potent, drastic.

starr [ʃtar] **I.** *adj.* rigid (*a. fig.*); stiff; staring, fixed (*look*); *~er Blick a.* stare, glassy stare; motionless; *tech.* rigid (*a. airship*); fixed (*machine-gun*); *fig.* inflexible; *~ vor Entsetzen* paralyzed with terror, transfixed; *~ vor Staunen* thunderstruck, dum(b)founded; *~ vor Kälte* numb (with cold); **II.** *adv.* rigidly, *etc.*; *j-n ~ ansehen* stare at a p., look at a p. fixedly.

'**starren** *v/i.* (*h.*) stare (*auf acc.* at); → *Leere*; *~ von Waffen, etc.* bristle with weapons, *etc.*; *vor Kälte ~* be numb with cold; *vor Schmutz ~* be covered with dirt.

'**Starr...**: **~heit** *f* (-) → *starr*; rigidity; stiffness; fixedness; numbness; inflexibility, stubborness; **~kopf** *m* stubborn fellow, headstrong person; **2köpfig** ['-kœpfiç] *adj.* stubborn, obstinate, headstrong, bull-headed; mulish; **~köpfigkeit** *f* (-) stubborness, obstinacy; **~krampf** *med. m* (-[e]s) tetanus; **~krampfserum** *n* antitetanic serum; **~sinn** *m* (-[e]s) → *Starrköpfigkeit*; **~sucht** *med. f* (-) catalepsy.

Start [ʃtart] *m* (-[e]s; -s) start (*a. fig.*); *aer.* take-off; launch(ing); *sports*: *fliegender* (*stehender*) *~* flying (standing) start; *erneuter ~* restart; *mot. ~ und Ziel* start and finish; *gut vom ~ wegkommen* produce a perfect getaway; *aer. den ~ freigeben* clear for take-off.

'**Start...**: **~bahn** *aer. f* runway; **2berechtigt** *adj. sports*: eligible; *nicht ~* disqualified; **2bereit** *adj.* ready to start (*or* take off); **~block** *m* (-[e]s; ⸚e) *sports*: starting-block; **2en I.** *v/i.* (*sn*) start; *sports*: *a.* take part (in a competition), participate; *zu früh ~* break, jump the gun; *aer.* take off, take the air; **II.** *v/t.* (*h.*) start; *fig. a.* launch (*enterprise, etc.*); **~er** *m* (-s; -) *mot. sports*: starter; **~erklappe** *mot. f* choke; **~erlaubnis** *f aer.* clearance for take-off; *sports*: permit (to take part), licence; **~geld** *n sports*: entry fee; **~hilfe** *aer. f* assisted take-off; *~ durch Raketen* rocket-assisted take--off; *fig. econ.* initial impulse; **2klar** *adj. aer.* ready for take-off; in flying condition; **~knopf** *mot. m* starter button; **~kommando** *n sports*: start command; *aer.* take-off signal; **~linie** *f* starting line; **~loch** *n* starting hole; **~nummer** *f* starting number; **~pistole** *f* starter's pistol; **~platz** *m* start(ing-place); *aer.* take-off point, airfield; **~rakete** *f* launching rocket; **~schleuder** *f* catapult; **~schuß** *m sports*: starting shot; *da ist der ~* the gun goes off; **~signal** *n* starting (*aer.* take-off) signal; **~strecke** *aer. f* take-off run *or* distance; **~verbot** *n sports*: suspension; *aer.* take-off restriction; *mit ~ belegen* ground.

Statik ['ʃtɑːtik] *f* (-) statics *sg. and pl.*; **~er** *arch. m* (-s; -) stress analyst.

Station [ʃtatsi'oːn] *f* (-; -*en*) *eccl., mar., rail., radio*: station; halting--place, stop; (hospital) ward; stage; (*gegen*) *freie ~* board and lodging (found); *~ machen* make a halt, break one's journey.

stationär [ʃtatsio'nɛːr] *adj. a tech.* stationary; steady, constant; **2behandlung** *med. f* in-patient treatment.

statio'nier|en *v/t.* (*h.*) station; **2ung** *f* (-; -*en*) stationing; **2ungskosten** *pl.* stationing costs; **2ungsstreitkräfte** *mil. f/pl.* stationed forces.

Stati'ons...: **~arzt** *m* house-physician; **~schwester** *f* floor nurse; **~skala** *f radio*: station dial; **~vorsteher** *rail. m* station-master, *Am.* station agent.

'**statisch** *adj.* static(al).

stätisch ['ʃtɛːtiʃ] *adj.* restive (*horse*).

Statist [ʃta'tist] *m* (-*en*; -*en*), **~in** *f* (-; -*nen*) *thea.* super(numerary), mute; *film*: extra; **~ik** *f* (-; -*en*) statistics *pl.*; **~iker** *m* (-s; -) statistician; **2isch** *adj.* statistical.

Stativ [ʃta'tiːf] *n* (-s; -e) stand, support; *phot., etc.* tripod.

Statt [ʃtat] *f* (-) place, stead; *jur. an meiner ~* in my place and stead; *an Kindes ~ annehmen* adopt; → *von-, zustatten, anstatt.*

statt *prp.* (*gen.*; *zu with inf.*) instead of, in lieu of; *~ seiner* in his place; *~ zu arbeiten* instead of working.

Stätte ['ʃtɛtə] *f* (-; -*n*) place, spot; scene; abode; *keine bleibende ~ haben* have no fixed abode.

'**statt...**: **~finden** *v/i.* (*irr., h.*), **~haben** *v/i.* (*h.*) take place, happen; come off; be held, be staged; **~geben** *v/i.* (*irr., h.*) (*dat.*) grant, allow, give way to; **~haft** *adj.* admissible, allowable; legal.

'**Statthalter** *m* governor, *rhet. b.s.* satrap; viceroy; **~schaft** *f* (-; -*en*) governorship; government.

'**stattlich** *adj.* stately; handsome; portly; imposing, impressive, commanding; splendid, magnificent; considerable, important (*sum*); **2keit** *f* (-) stateliness, portliness, *etc.*

Statue ['ʃtɑːtuə] *f* (-; -*n*) statue; **2nhaft** *adj.* statuelike, statuesque;

Statuette [ʃtatu'ɛtə] *f* (-; -*n*) statuette.

statuieren [ʃtatu'iːrən] *v/t.* (*h.*) establish, ordain; → *Exempel.*

Statur [ʃta'tuːr] *f* (-; -*en*) figure; stature (*a. fig.*), height, size.

Status ['ʃtɑːtus] *m* (-; -) state, (*a. jur.*) status; *econ.* **a**) statement (of condition), **b**) financial condition; *der ~ quo* the status quo; **~symbol** *n* status symbol.

Statut [ʃta'tuːt] *n* (-[e]s; -*en*) statute, regulation; *~en pl.* articles of association, by-laws; **2enmäßig** [-ən-mɛːsiç] *adj.* statutory, (*a. adv.*) according to (the) statutes.

Stau [ʃtaʊ] *m* (-[e]s; -e) → *Stauung*; '**~anlage** *f* barrage, dam, reservoir.

Staub [ʃtaʊp] *m* (-[e]s) dust; powder; *bot.* pollen; *in ~ zerfallen* crumble into dust; *fig.* → *aufwirbeln*; *sich aus dem* ~*e machen* decamp, make off, make tracks; *in den* ~ *ziehen* drag through the mud; ˈ**Ͻbedeckt** *adj.* covered with dust; ˈ**~besen** *m* dust(ing)-brush, duster; ˈ**~beutel** *bot. m* anther; ˈ**~blüte** *f* male flower; ˈ**~brille** *f* (e-e ~ a pair of) dust goggles *pl.*

Stäubchen [ˈʃtɔʏpçən] *n* (-s; -) particle of dust, mote, atom.

ˈ**staubdicht** *adj.* dustproof.

ˈ**Stau·becken** *n* catchment (basin), reservoir; static-water tank.

stauben [ˈʃtaubən] *v/i.* (*h.*) give off dust, raise (clouds of) dust; *es staubt* it is dusty.

stäuben [ˈʃtɔʏbən] **I.** *v/t.* (*h.*) dust (*a. agr.*); spray; **II.** *v/i.* (*h.*) → *stauben*; *bird*: take a dust-bath, dust.

ˈ**Staub...:** **~fach** *bot. n* pollen sac; **~faden** *m* filament; **~fänger** *m* dust-catcher; *tech.* dust arrester; **~feuerung** *f* coal-dust firing; **~filter** *tech. m* dust filter; **~flocke** *f* fluff; **Ͻfrei** *adj.* dust-free; **~gefäß** *bot. n* stamen; **Ͻhaltig** *adj.* dust-laden; **Ͻig** *adj.* dusty; **~korn** *n* (-[e]s; ᐨer) dust particle; **~lappen** *m* duster; **~luft** *f* (-) dust-laden air; **~lunge** *med. f* pneumoconiosis; **~mantel** *m* dust cloak, dust coat, duster; **~plage** *f* (-) dust nuisance; **~regen** *m* drizzling rain; **~sack**, **~sammler** *m* dust collector; **~sauger** *m* vacuum cleaner; *mit dem* ~ *reinigen* vacuum; **~schicht** *f* coat (*or* layer) of dust; **Ͻtrocken** *adj.* bone-dry; **~tuch** *n* (-[e]s; ᐨer) duster; **~wedel** *m* feather-duster, whisk; **~wolke** *f* dust-cloud, cloud of dust; **~zucker** *m* powdered (*or* icing) sugar.

stauchen [ˈʃtauxən] *v/t.* (*h.*) toss, jolt; kick; *tech.* compress, upset; head; *colloq.* (*steal*) swipe.

ˈ**Staudamm** *m* coffer-dam.

Staude [ˈʃtaudə] *bot. f* (-; -*n*) shrub, bush; perennial (plant).

ˈ**Stau...:** **~druck** *m* (-[e]s) *phys.* impact (*or* dynamic) pressure; *med.* back-pressure; **~druckmesser** *m* pressure-head indicator; **~düsenantrieb** *aer. m* ram-jet propulsion.

ˈ**stauen** *v/t.* (*h.*) stow (away); dam (*or* bank) up (*water*); *sich* ~ **a)** *water*: rise, be dammed up, **b)** *w.s.* pile up; accumulate, **c)** be blocked *or* jammed *or* congested; *vor dem Eingang stauten sich die Menschen* a growing mass of people blocked the entrance.

ˈ**Stauer** *mar. m* (-s; -) stevedore.

Stauffer|büchse [ˈʃtaufər-] *tech. f* grease cup; **~fett** *n* (-[e]s) cup grease.

ˈ**Stau...:** **~kurve, ~linie** *f* backwater curve; **~luft** *f* (-) ram air; **~mauer** *f* (masonry) dam.

staunen [ˈʃtaunən] *v/i.* (*h.*) be astonished (*or* surprised) (*über acc.* at), be amazed (at); marvel (at); gape, make big eyes; Ͻ *n* (-s) astonishment, amazement; stupefaction; admiration, awe; *voll* ~ lost in amazement (*or* wonder), open-mouthed, agape; *in* ~ *versetzen* amaze, astound, dazzle, take away *one's* breath; **~swert** *adj.* amazing, astounding, marvellous, stupendous.

Staupe [ˈʃtaupə] *f* (-; -*n*) **1.** (public) flogging; **2.** *vet.* distemper.

stäupen [ˈʃtɔʏpən] *v/t.* (*h.*) flog (in public).

ˈ**Stau...:** **~see** *m* reservoir, storage lake; **~strahltriebwerk** *aer. n* ram-jet engine; **~stufe** *f* (river) dam; **~ung** *f* (-; -*en*) *mar.* stowage; damming up (*of water*); accumulation, piling up; stoppage, obstruction, blocking; *med.*, *traffic*: congestion; jam; **~wasser** *n* (-s; -) backwater; dammed up water; **~wehr** *n* dam, weir; **~werk** *n* barrage.

Stearin [ʃteaˈriːn] *n* (-s; -e) stearin(e); **~kerze** *f* stearin-candle; **~säure** *chem. f* stearic acid.

Stech|apfel [ˈʃtɛç-] *m* thorn-apple; **~bahn** *f* tilt-yard; **~becken** *n* bed-pan; **~eisen** *n* chisel; punch.

ˈ**stechen** *v/t. and v/i.* (*irr.*, *h.*) prick; *insect*: sting; *flea, mosquito*: bite; pierce, *esp. med.* puncture; stab (*a. fig. ray of light, etc.*); cut (*asparagus, lawn, peat*); stick (*pig*); tap (*barrel*); *cards*: trump, take a card; *tech.* cut, engrave; punch (*clock*); *sun*: burn *sports*: jump (*or* throw, *etc.*) off (the tie); *sich in den Finger* ~ prick one's finger; *j-m in die Augen* ~ *fig.* strike a p.'s eye, take a p.'s fancy; *es sticht mich in der Seite* I have stitches (*or* a shooting pain) in my side; *ins Rote* ~ incline to red; *wie gestochen schreiben* write like copperplate; → *Hafer, See, Star, etc.*; Ͻ *n* (-s) shooting (*or* stabbing) pain, stitches *pl.*; *sports*: jumping, *etc.*, off; **~d** *adj.* piercing (*eye*); stinging, pungent (*smell*); shooting, stabbing (*pain*).

ˈ**Stecher** *m* (-s; -) engraver, pricker; hair-trigger (*of gun*); (cheese, *etc.*) scoop.

ˈ**Stech...:** **~fliege** *f* stable fly; gadfly; **~ginster** *bot. m* furze, gorse; **~heber** *m* siphon, pipette; **~mücke** *f* gnat, mosquito; **~palme** *f* holly; **~rüssel** *zo. m* proboscis; **~schloß** *n* hair-trigger lock; **~schritt** *m* goose-step; **~uhr** *f* control clock; **~zirkel** *m* dividers *pl.*

Steck|brief [ˈʃtɛk-] *m* warrant of apprehension, "wanted" circular; **Ͻbrieflich** *adv.*: *j-n* ~ *verfolgen* take out a warrant against a p.; ~ *verfolgt werden* be under a warrant of arrest; **~dose** *el. f* (plug *or* wall) socket, wall plug.

ˈ**stecken** **I.** *v/t.* (*h.*) stick; *agr.* set, plant; put *somewhere*; *esp. tech.* insert (*in acc.* into); plug (into); → *hineinstecken*; fix, pin; *den Kopf aus dem Fenster* ~ put (*or* pop) one's head out of the window; *Geld in ein Geschäft* ~ put *money* into, invest in; *Grenzen* ~ set bounds (*dat.* to); → *Tasche*; *j-m ein Ziel* ~ set a p. a task; *sich hinter j-n* ~ make a tool of a p., *a.* work on a p.; *colloq. wer hat ihm das gesteckt?* who told him (*or* tipped him off)?; *colloq. er hat es ihm ordentlich gesteckt* he ticked him off properly; **II.** *v/i.* (*h.*) be *somewhere*; be hidden (away); stick (fast), be stuck; be involved in (*debt, etc.*); *tief in Schulden* ~ be over the ears in debt; *da steckt er!* there he is!; *wo steckst du denn* (*solange*)? where have you been (all the time)?; *dahinter steckt etwas* there is something in the back of it, there is more to it than meets the eye; *da steckt er dahinter* he is at the bottom of it; *in ihm steckt etwas* he has something, he will go a long way yet; *es steckt mir in allen Gliedern* I am aching all over; *gesteckt voll* crammed, jammed; → *Brand, Decke, etc.*; **~bleiben** *v/i.* (*irr.*, *sn*) stick fast, get (*or* be) stuck, *mot. a.* bog down (*a. fig. negotiations, etc.*); *a. fig.* come to a standstill (*or* dead stop); *im Halse* ~ stick in *a p.'s* throat; *speaker*: break down, get stuck; **~lassen** *v/t.* (*irr.*, *h.*) leave; *den Schlüssel* ~ leave the key (in the lock); *fig. j-n* ~ leave a p. in the lurch; **Ͻpferd** *n* hobby-horse; *fig.* hobby, fad; *sein* ~ *reiten* ride one's hobby-horse (*a. fig.*).

ˈ**Stecker** *el. m* (-s; -) plug; ~ *mit Schalter* switch plug; *zweipoliger* ~ two-pin plug; **~anschluß** *el. m* plug connection; **~buchse** *f* plug; adapter; **~schnur** *f* cord (and plug).

ˈ**Steck...:** **~kartoffeln** *f/pl.* seed potatoes; **~kissen** *n* baby's pillow; **~kontakt** *el. m* plug (contact); **~ling** [ˈ-lɪŋ] *bot. m* (-s; -e) layer, slip, cutting; **~nadel** *f* pin; *fig. j-n wie e-e* ~ *suchen* hunt for a p. high and low; *e-e* ~ *fallen hören* hear a pin drop; **~nadelkissen** *n* pin-cushion; **~patrone** *f* plug cartridge; **~reis** *bot. n* → *Steckling*; **~rübe** *f* turnip, swede, *esp. Am.* rutabaga; **~schlüssel** *tech. m* box-spanner, socket wrench; **~schuß** *med. m* retained missile; **~zirkel** *m* compasses *pl.* with shifting points, drawing compasses *pl.*; **~zwiebel** *bot. f* bulb for planting.

Steg [ʃteːk] *m* (-[e]s; -e) (foot)path; footbridge; *on machines*: catwalk; *mar.* landing-stage; bridge (*of spectacles, violin*); (trousers) strap; *typ.* stick, *pl.* furniture *sg.*; *tech.* cross-piece, bar; flange; side bar (*of chain*); *arch.* fillet; *el.* cell connector (*in battery*), bridge.

ˈ**Stegreif** *m*: *aus dem* ~ off-hand, extempore, impromptu, *Am. a.* ad-lib (*all a. attr.*); *aus dem* ~ *sprechen* extemporize, *Am. a.* adlib; **~dichter** *m* improvisator; **~gedicht** *n* impromptu.

Steh|auf [ˈʃteːˀauf] *m* (-s; -), **~aufmännchen** *n* skip-jack, (cork-)tumbler; **~bierhalle** *f* bar, pub; **~bild** *phot. n* still (picture).

stehen [ˈʃteːən] *v/i.* (*irr.*, *h.*) stand; be *somewhere*; be written; *gr.* be used; *garment*: suit, become (*j-m* a p.); stand still, have stopped; stand one's ground, not to budge; *aufrecht* ~ stand upright; *fig.* ~ *für* (*acc.*) stand (*or* answer) for; *gut* (*schlecht*) *mit j-m* ~ be on good (bad) terms with a p.; *auf e-r Liste* ~ figure (*or* appear) in a list; *auf j-s Seite* ~ be on a p.'s side, side with a p.; *bei j-m in Arbeit* ~ be in a p.'s employ; *im Rang vor* (*hinter*) *j-m* ~ rank before (after) a p.; *in e-m Gesetz* ~ be embodied (*or* laid down) in a law; *Geld bei j-m* ~ *haben* have money standing with a p.; *über* (*unter*) *j-m* ~ be above (below) a p.; *unter j-s Leitung* ~ be under the direction of, be directed by; *vor et. Unangenehmem* ~ be faced with, be in for *something unpleasant*; *zu j-m* ~ stand by a p.; *zu e-m Versprechen, etc.*, ~ stand (*or* stick) to *a promise, etc.*; *zur Debatte* ~ be at issue; *sich im Einkommen* ~ *auf* have an income of, make, earn; → *Mann, Modell, Posten, teuer, etc.*; *auf dem Hügel standen einige Bäume* (*Häuser*) on the hill there stood (*or* were) a few trees (houses); *die Aktien* ~ *auf 75* the stock is at 75; *das Barometer steht auf* the barometer points to; *das Thermometer steht auf* the thermometer stands at; *gr. auf ... steht der Akkusativ ...* answers (*or* is followed by) the accusative; *auf dem Scheck steht kein Datum* (*keine Unterschrift*) the cheque bears no date (no signature); *es steht nicht bei mir* it is not in my power (*or* for me) *to decide* (*or to do it*); *es steht schlecht um ihn* he is in a bad way; *es steht zu erwarten, daß* it is to be expected that; *es* ~ *schwere Strafen darauf* it is severely punished; *die Sache steht so* the matter stands thus; *die Sache steht gut* matters are in a fair way; *so steht es also!* so that's how it is!; *sie* ~ *sich nicht schlecht dabei* they are no losers by it, they don't do so badly at it; *was in meinen Kräften steht* everything within my power, all I can, my utmost; *was steht in dem Brief?* what does it say in the letter?; *was steht in den Zeitungen?* what do the papers say?; (*und*) *wie steht es mit dir?* how about you?; *wie steht das Spiel?* what is the score?

'**Stehen** *n* (-s) standing; *Mahlzeit im* ~ stand-up meal; *zum* ~ *bringen* bring to a stop (*or* standstill), *fig. a.* stay, halt; sta(u)nch *blood*; *zum* ~ *kommen* come to a stop (*or* halt).

'**stehen...**: ~**bleiben** *v/i.* (*irr.*, *sn*) remain standing (*or* on one's feet); stand (still), stop (*a. clock*), come to a standstill; stop short; *engine*: stall, die, conk out; *econ. prices*: remain stationary; *mistake, etc.*: remain, be left (*or* overlooked); *der Passus muß* ~ the passage must stand; *wo sind wir stehengeglieben* (*beim Lesen, etc.*)? where did we leave off?; *nicht* ~! move on!; ~**d** *adj.* standing, *water*: *a.* stagnant; upright, erect; vertical (*a. engine*); permanent; ~*es Heer* standing (*or* regular) army; ~*er Ausdruck*, ~*e Redensart* standing phrase, stock-phrase; ~*e Regel* standing rule; stationary, fixed; ~*en Fußes* on the spot, straight (*esp. Am.* right) away; *boxing*: ~ k.o. out on one's feet; ~**lassen** *v/t.* (*irr.*, *h.*) keep standing; leave alone; turn one's back on; ignore, leave unnoticed; *chem., cul.* allow to stand (*or* settle, cool); leave *food* untouched; leave *mistake, etc.* (uncorrected), overlook; leave, forget; *alles stehen- und liegenlassen* drop everything; *sich e-n Bart* ~ grow a beard; *sports*: (*glatt*) ~ run away from *opponent*, give the slip.

'**Steher** *m* (-s; -) *sports*: stayer.

'**Steh...**: ~**imbiß** *m* stand-up lunch; ~**kragen** *m* stand-up collar; ~**lampe** *f* standard (lamp); floor lamp; ~**leiter** *f* step-ladder.

stehlen ['ʃte:lən] **I.** *v/i.* (*irr.*, *h.*) steal, thieve, *jur.* commit larceny (*or* a theft); **II.** *v/t.* (*irr.*, *h.*) steal (*j-m Geld* a p.'s money; *fig. j-s Herz* a p.'s heart); purloin, misappropriate, take away; kidnap (*child, etc.*); embezzle; pilfer; *fig. j-m die Zeit* ~ waste a p.'s time; *sich in das* (*aus dem*) *Haus* ~ steal into (out of) the house; *gestohlenes Gut* stolen goods *pl.*; *colloq. er kann mir gestohlen bleiben!* he can go and be hanged!; *das kann mir gestohlen werden!* to hell with it!

'**Stehlen** *n* (-s) stealing; thieving; theft.

'**Stehler** *m* (-s; -) thief.

'**Stehlsucht** *f* (-) kleptomania.

'**Steh...**: ~**platz** *m* standing-room; ~**platzinhaber** *m* standee; *rail., etc.* straphanger; ~**pult** *n* standing-desk, high desk; ~**satz** *typ. m* (-es) standing (*or* live) matter; ~**umlegekragen** *m* turn-down collar; ~**vermögen** *n* (-s) staying power, stamina.

Steier|mark ['ʃtaɪər-] *f* (-): *die* ~ Styria; ~**märker(in** *f*) ['-mɛrkər] *m* (-s, -; -, -nen) Styrian.

steif [ʃtaɪf] **I.** *adj.* stiff (*vor dat.* with); *esp. phys.* rigid; inflexible; fixed, firm; thick (*liquid*); numb (*vor Kälte* with cold); muscle-bound (*athlete*); (stiffly) starched, stiff (*laundry*); *fig.* stiff, wooden, formal; starchy, strait-laced; awkward, clumsy; ~*e Brise* stiff breeze; ~*er Grog* stiff (glass of) grog; ~*er Hals* stiff neck; ~*er Hut* bowler hat, *Am.* derby (hat); ~ *wie ein Stock* stiff as a poker; ~ *werden* grow stiff *or* rigid, *muscles*: stiffen; **II.** *adv.* stiffly, *etc.*; *et.* ~ *und fest behaupten* maintain stubbornly, be positive *on a th.*, insist, swear; → *Ohr*; '2**e** *f* (-) → *Steifheit*; dressing, starch; *tech.* (-; -n) strut; prop, stay; '~**en** *v/t.* (*h.*) stiffen; starch, dress (*laundry*); *tech.* prop, stay; *fig.* → *versteifen*; → *Nacken*; '2**heit** *f* (-) stiffness, rigidity; *tech.* stability; *of cement*: workability; *fig.* stiffness; formality; starchiness; awkwardness; '2**igkeit** *tech. f* (-; -en) rigidity; '2**leinen** *n* buckram; '~**leinen** *adj. fig.* dull, stodgy; strait-laced, starchy; '2**leinwand** *f* buckram.

Steig [ʃtaɪk] *m* (-[e]s; -e) (narrow) path, footpath; '~**bö** *aer. f* bump; '~**bügel** *m* stirrup (*a. anat.*); ~**e** ['ʃtaɪgə] *f* (-; -n) ladder; steep stairs *pl.*; stile; ascent; '~**eisen** *n* climbing iron; *mount.* crampon.

steigen ['ʃtaɪgən] *v/i.* (*irr.*, *sn*) go up, ascend, mount, climb (up); rise, soar; → *aufsteigen*; *aer.* climb, zoom; *fog*: lift; *horse*: rise on its hindlegs, prance; *fig.* increase, (*a. dough, number, road, thermometer, water, etc.*) rise; *event*: come off, be held (*or* staged); *econ. prices*: rise (*bis zu* to), go up, advance, move upward, improve, *discount rate*: be advanced; *an Land* ~ go ashore, land; *auf e-n Baum* ~ climb (up) a tree; → *Dach*; *auf ein Pferd* ~ mount a horse; *auf den Thron* ~ ascend the throne; ~ *aus* (*dat.*) → *aussteigen*; *aus dem Bett* ~ get out of bed; ~ *in* (*acc.*) → *einsteigen*; *ins Examen* ~ go in (*or* sit) for an examination; *in den Kopf* ~ go (*blood a.* rush) to a p.'s head; *Tränen stiegen ihr in die Augen* tears rose to her eyes; *zu* (*vom*) *Pferde* ~ (dis)mount; 2**n** rise, ascent; *a. aer.* climb(ing); *fig.* rise, increase; *econ.* ~ *der Preise* rise (*or* advance) in prices; *stock exchange*: upward movement; *auf das* ~ *der Kurse spekulieren* buy for a rise; 2**d** *adj. fig.* rising, increasing, advancing; growing; *stock exchange*: ~*e Tendenz* upward tendency.

'**Steiger** *m* (-s; -) climber; *mining*: pit-foreman, *Am. a.* overman; *metall.* riser gate.

steiger|n ['ʃtaɪgərn] *v/t.* (*h.*) raise; increase, augment; aggravate; strengthen, enhance, intensify, heighten; improve, better; *er kann sich noch* ~ he is not yet at his peak; step up *production*; *das Tempo* ~ increase the pace; drive (*or* force) up; *gr.* compare; *auction*: bid up, outbid; *sich* ~ (*h.*) increase, rise, intensify, *person*: improve; *sich in e-e Wut* ~ work o.s. into a rage; 2**ung** *f* (-; -en) raising, rise, increase; aggravation; enhancement, intensification, heightening; augmentation, boost; *gr.* comparison; *rhet.* gradation, climax; *econ.* → *Steigen*; 2**ungsgrad** *gr. m* degree of comparison.

'**Steig...**: ~**fähigkeit** *f* (-) *aer.* climbing power; *mot.* hill-climbing ability; ~**flug** *aer. m* climb (to altitude), ascent; zoom; ~**geschwindigkeit** *aer. f* rate of climb; ~**höhe** *f aer.* ceiling; altitude range (*of missile*); *tech.* pitch (*of thread*); ~**leitung** *f el.* rising main; *tech.* → ~**rohr** *n* standpipe, ascending tube; ~**ung** *f* (-; -en) rise; *rail., road*: gradient, *Am.* (up)grade; slope; ascent; *thread*: **a**) pitch (*a. of air screw*), **b**) lead; ~**ungswinkel** *math. m* gradient angle; *aer.* angle of climb.

steil [ʃtaɪl] **I.** *adj.* steep; precipitous; **II.** *adv.*: ~ *nach unten* (*in die Höhe*) *schießen* swoop down (zoom up); '2**abfall** *m* precipice, drop; '2**e** *f* (-; -n) → *Steilheit*; '2**feuer** *mil. n* high-angle fire; '2**feuergeschütz** *mil. n* high-trajectory gun; '2**flug** *aer. m* vertical flight; '2**hang** *m* steep slope, precipice; '2**heit** *f* (-) steepness, precipitousness; *el.* mutual conductance; *phot.* contrast; '2**kurve** *aer. f* steep turn; '2**küste** *f* steep coast, bluff; '2**paß** *m soccer*: up-field pass; '2**schrift** *f* vertical writing.

Stein [ʃtaɪn] *m* (-[e]s; -e) stone, *Am. a.* rock; *geol.* rock; *kleiner* ~ small stone, pebble; (precious) stone, gem; *of watch*: jewel; *for cigarette lighter*: flint; *on grave, memorial*:

stone; *draughts, checkers*: man, piece; *bot.* stone, kernel; *med.* stone, calculus; (beer) mug, *Am.* stein; *zu ~ machen or werden* petrify; *fig. ~ des Anstoßes* stumbling-block; *~ der Weisen* philosopher's stone; *~ und Bein frieren* freeze hard; *~ und Bein schwören* swear by all that's holy; *~e geben statt Brot* give a stone for bread; *den ~ ins Rollen bringen* set the ball rolling; *den ersten ~ werfen* cast the first stone (*nach* at); *e-n ~ im Brett haben bei j-m* be in a p.'s good books, be in good with a p.; *j-m ~e in den Weg legen* put obstacles in a p.'s way; *ein ~ fällt mir vom Herzen* that takes a load off my heart.

'**Stein...**: **~adler** *m* golden eagle; **&alt** *adj.* (as) old as the hills (*or* as Methuselah); **&artig** ['-ɑːrtiç] *adj.* stone-like, stony; **~axt** *hist. f* stone-axe; **~bank** *f* (-; ⸚e) stone-bench; **~bau** (-[e]s; -ten) stone structure; **~baukasten** *m* box of bricks; **~bild** *n* statue; **~block** *m* (-[e]s; ⸚e) block of stone; *geol.* boulder; **~bock** *m zo.* ibex; *ast.* Capricorn; **~boden** *m* stony soil *or* ground; *arch.* stone-floor; **~bohrer** *m* rock drill; *arch.* masonry drill, wall chisel; **~brech** ['-brɛç] *bot. m* (-[e]s; -e) saxifrage; **~brecher** *m* quarryman; (*machine*) stone crusher; **~bruch** *m* quarry; **~brucharbeiter** *m* quarryman; **~butt** *ichth. m* turbot; **~damm** *m mar.* pier, mole; paved road; **~druck** *typ. m* (-[e]s; -e) lithography; (*picture*) lithograph; **~drucker** *m* lithographer; **~druckfarbe** *f* lithographic ink; **~eiche** *f* evergreen oak; **&ern** ['-ərn] *adj.* (of) stone, stone...; *fig.* stony; *~es Herz* heart of stone; **~erweichen** *fig. n* (-s): *zum ~* to melt a heart of stone; **~fliese** *f* → *Steinplatte*; **~frucht** *bot. f* stone-fruit; **~garten** *m* rock garden; **~geröll** *n* rubble, shingle; **~gut** *n* (-[e]s; -e) earthenware, stoneware; **~hagel** *m* shower of stones; **&hart** *adj.* (as) hard as stone, stony; **~hauer** *m* stone-cutter; **~haufe(n)** *m* heap of stones; **~holz** *n* xylolith; **~huhn** *n* rock partridge; **&ig** *adj.* stony, full of stones; rocky; **&igen** ['-igən] *v/t.* (*h.*) stone; **~igung** *f* (-; -en) stoning; **~kitt** *m* mastic cement; **~klopfer** *m* stone-breaker; **~kohle** *f* hard (*or* mineral) coal, pit-coal, bituminous coal; **~kohlenbergwerk** *n* (bituminous) coal-mine, colliery; → *Kohlen...*; **~kohlenteer** *m* coal-tar; **&krank** *med. adj.* suffering from stone, calculous; **~krankheit** *f* lithiasis, calculosis; **~krug** *m* stone jug; **~kunde** *f* (-) lithology, mineralogy; **~mann** *mount. m* cairn; **~marder** *zo. m* beech marten; **~meißel** *m* stone chisel; rock bit; **~metz** ['-mɛts] *m* (-en; -en) stone-mason; **~obst** *n* stone fruit; **~öl** *n* (-[e]s) petroleum; **~pflaster** *n* (stone) pavement; **~pilz** *m* yellow boletus; **~platte** *f* stone slab; flagstone; **~reich** *n* (-[e]s) mineral kingdom; **&reich** *colloq. adj.* immensely rich, *pred.* rolling in riches; **~salz** *n* (-es) rock salt; **~schicht** *f* layer of stone(s); **~schlag** *m* falling stones *pl.*; rockfall, *Am.* rock slide; broken stone, metal; **~schleifer** *m* stone polisher; **~schleuder** *f* sling-shot; **~schloß** *n* flint-lock; **~schneiden** *n* (-s) cutting stones; gem carving; **~schneider** *m* lapidary, cutter of gems; **~schnitt** *med. m* (-[e]s) lithotomy; **~schotter** *m* macadam; *mit ~ belegen* macadamize; **~schrift** *typ. f* grotesque; **~setzer** *m* stone-layer; pavio(u)r; **~stoßen** *n* (-s) *sports*: putting the stone; **~werkzeug** *hist. n* eolith; **~wurf** *m* stone's throw; **~zeichnung** *f* lithographic design; **~zeit** *f* (-) Stone Age; *ältere (jüngere) ~* pal(a)eolithic (neolithic) period; **&zeitlich** *adj.* (of the) Stone Age, eolithic.

Steiß [ʃtaɪs] *m* (-es; -e) buttocks *pl.*, rump; '**~bein** *anat. n* coccyx; '**~(bein)wirbel** *m* coccygeal vertebra; '**~geburt**, '**~lage** *med. f* breech delivery, pelvic presentation.

Stellage [ʃtɛ'lɑːʒə] *f* (-; -*n*) frame, rack; *stock exchange*: put and call (*abbr.* pac), dealing in futures, *Am.* spread.

stellbar ['ʃtɛlbɑːr] *adj.* adjustable.

Stelldichein ['ʃtɛldiçʔaɪn] *n* (-[s]; -[s]) meeting, appointment; rendezvous, tryst, date; *sports*: meet; *j-m ein ~ geben* arrange to meet a p., make a date with a p.; *sich ein ~ geben* meet, (have a) rendezvous, have a date.

Stelle ['ʃtɛlə] *f* (-; -*n*) place; spot; point; stand, position; site; employment, position, job, place, post; *freie ~* vacancy; *offene ~* opening; agency, office, authority; *in book*: passage; *math.* figure, digit; (decimal) place; *schadhafte ~* flaw, defect; *fig. schwache ~* weak spot; *an erster ~* in the first place; *an erster ~ stehen* come first, take precedence (*vor dat.* of); *an ~ von or gen.* in place of, instead of, *esp. jur.* in lieu of; *an deiner ~* in your place, if I were you; *an die ~ treten von* (*dat.*), *an j-s ~ treten* take the place of *a p.*, supersede, replace, stand in for; *auf der ~* on the spot, immediately, then and there, forthwith; *auf der ~ treten mil. and fig.* mark time; *nicht von der ~ kommen* make no progress, not to get ahead, *negotiations*: *a.* be deadlocked; dawdle along; *sich nicht von der ~ rühren* not to stir *or* budge; *zur ~ schaffen* produce; *zur ~ sein* be present *or* at hand *or* on call; *sich zur ~ melden* report o.s. present, report (*bei j-m* to a p.).

'**stellen** *v/t.* (*h.*) put, place, set, stand; (ar)range; regulate, adjust; set (*watch*); time (*fuse, etc.*); stop, block (*or* bar) *a p.'s* way; intercept; buttonhole; challenge; *mil.* engage (*the enemy*); corner, bring to (*or* hold at) bay, hunt down (*game, criminal*); furnish (*a. mil. troops*), supply, make available, provide; contribute; assign; *jur.* produce (*witness*); *sich ~* (*h.*) (take one's) stand, place *or* position o.s.; *~ Sie sich hierher!* stand here!; *mil.* join up, enlist; present o.s., appear; turn to (*or* stand at) bay (*a. fig.*), *e-m Gegner*: face up to *an opponent*; *sich der Polizei ~* give o.s. up to the police; *sich dem Gericht ~* surrender to the court; *sich gut mit j-m ~* get on good terms with a p., get in good with a p.; *fig. sich krank, etc., ~* feign *or* pretend to be (*or* sham) ill, *etc.*; *sich ~ als ob* feign (*or* pretend) *to do*, make as if *or* as though, sham; *sich dumm ~* play the fool; *sich gegen* (*acc.*) *~* oppose, set one's face against *a th. or p.*, take up a hostile attitude to(wards) *a p.*; *sich zum Kampfe ~* accept battle, enter the lists; *sich (im Preis) ~ auf* be priced at, amount (*or* come) to, work out at, cost; *der Preis stellt sich auf* the price is; *sich vor Augen ~* imagine; *die Probleme, die sich uns ~* the problems confronting us (*or* we are up against); *wie stellt er sich dazu?* what does he say (to it)?; → *bereit-, gleich-, richtigstellen, etc.*; *Bedingungen ~* make conditions; *econ. zahlbar ~* make payable, *bill of exchange*: domicile; → *Antrag, Bein, Dienst, Falle, Frage, Rechnung, Verfügung, Wand, etc.*; *gestellt phot., etc.* posed; *gut (schlecht) gestellt sein* be well (badly) off *or* paid, be in a good (bad) position; *auf sich selbst gestellt sein* be on one's own.

'**Stellen...**: **~angebot** *n* position offered, vacancy; *~e pl.* wanteds, *Am.* want ads; **~bewerber(in** *f*) *m* applicant; **~gesuch** *n* application for a post; *~e pl. in newspaper*: situations wanted; **~inhaber(in** *f*) *m* incumbent; **~jäger** *m* place-hunter, *Am.* office-seeker, job-hunter; **&los** *adj.* out of work, unemployed, *Am. a.* jobless; **~markt** *m* employment market; *newspaper*: wanteds *pl.*, *Am.* want ads *pl.*; **~nachweis** *m* employment agency (*Am.* bureau); **~suche** *f* looking for a job, job-hunting; **~vermittlung** *f* placement; *a.* → **~vermittlungsbüro** *n* employment agency (*Am.* bureau); **&weise** ['-vaɪzə] *adv.* here and there, in places (*or* spots); sporadically; **~wert** *math. m* place value.

'**Stell...**: **~geld** *econ. n* premium for a put and call (*Am.* spread); **~geschäft** *n* → *Stellage*.

...stellig ['ʃtɛliç] *in compounds* ...-digit; *einstellige Zahl* one-digit number.

Stelling ['ʃtɛliŋ] *mar. m* (-s; -e) gangway.

'**Stell...**: **~macher** *m* wheelwright; **~marke** *tech. f* index; **~motor** *m* servomotor; **~mutter** *tech. f* (-; -*n*) adjusting nut; **~ring** *m* adjusting ring, set collar; **~schraube** *tech. f* adjusting screw, set screw.

'**Stellung** *f* (-; -en) position (*a. fig.*); (*professional*) position (*als* of), situation, employment, job, place, post; (social) position, status, rank; standing; capacity (*als* of); (legal) status, legal position; (body) position, posture; arrangement (*a. gr.*); *ast.* constellation; furnishing, supply; production (*of witnesses*); *mil.* position; line(s *pl.*), field fortifications *pl.*; emplacement (*of gun*); *ausgebaute, befestigte ~* organized position; *taktisch günstige ~* point of vantage; ~ *beziehen mil.* move into a position, *fig.* take position, declare o.s.; *die* ~ *halten mil.* hold the position, *fig.* hold the fort, *employee*: *Am.* hold down a job; *in* ~ *bringen* bring into position, emplace (*gun*); *fig.* ~ *nehmen zu et.* comment (up)on, give one's opinion on, answer, explain *a th.*; *colloq. die* ~ *verraten* give the show away; **~nahme** *f* attitude (*zu* to [-wards]), position; opinion (on); comment (on), statement; endorsement; report; answer; decision; *sich e-e* ~ *vorbehalten* not to commit o.s., be noncommittal.

ˈ**Stellungs...:** **~bau** *mil. m* (-[e]s; -ten) construction of field fortifications; **~befehl** *mil. m* induction order, calling-up; **~krieg** *m* stabilized (*or* static, position) warfare; trench warfare; **2los** *adj.* → *stellenlos*; **2pflichtig** *mil. adj.* liable to enlistment; **~suchende(r** *m*) [ˈ-zuːxəndə(r)] *f* (-*n*, -*n*; -*en*, -*en*) person looking for a post, applicant; **~spiel** *n sports*: positional play; **~wechsel** *m* change of position.

ˈ**Stell...:** **2vertretend** *adj.* vicarious; *adm.* acting, deputy; ~*er Geschäftsführer* assistant general manager; ~*er Vorsitzender* vice-chairman; **~vertreter(in** *f*) *m* representative, delegate; deputy; substitute; proxy; *mil. Brit.* second-in-command (*abbr.* 2 i/c), *Am.* executive (officer), chief of staff; **~vertretung** *f* representation, deputyship; substitution; agency; *in* ~ by deputy; *econ., jur.* by proxy; **~vorrichtung** *tech. f* adjusting device, regulator; **~wagen** *m* coach, (motor) bus; **~werk** *rail. n* signal box.

Stelz|bein [ˈʃtɛlts-] *n* wooden leg; **2beinig** [ˈ-baɪnɪç] *adj.* stiff, affected; **~e** *f* (-; -*n*) stilt; *auf* ~*n gehen* walk on stilts, *fig.* be stilted *or* affected; **2en** *v/i.* (*sn*) stalk.

Stemm|bogen [ˈʃtɛm-] *m skiing*: stem turn; **~eisen** *tech. n* crowbar; chisel; **2en** *v/t.* (*h.*) prop, support; lever up; lift; *gegen et.* ~ plant (*or* press) against; *sich gegen et.* ~ press against, *fig.* resist *or* oppose (*a th.*), make head against; *die Füße gegen et.* ~ plant one's feet against a th.; *die Arme in die Seiten gestemmt* arms akimbo; fell, cut down (*a tree*); chisel (out), *in wood*: mortise; **~en** *n* (-*s*) *sports*: weight-lifting; **~fahren** *n skiing*: stem(ming); **~kristiania** [ˈ-kristiɑːnia] *m* (-*s*; -*s*) stem christiania.

Stempel [ˈʃtɛmpəl] *m* (-*s*; -) (rubber)stamp; seal, stamp; postmark; die; punch; piston, plunger; pestle, pounder; *arch.* prop, *mining*: *a.* stemple; *bot.* pistil; *metall.* hallmark; *econ.* brand, trade-mark; (*sign, a. fig.*) stamp, mark; *fig. den* ~ *e-r Sache tragen* bear the stamp of *genius, etc.*; **~abgabe** *f* stamp duty; **~amt** *n* stamp office; **~bogen** *m* stamped sheet of paper; **~druck** *m* stamp printing; **~farbe** *f* stamping ink; **2frei** *adj.* free from stamp duty; **~gebühr** *f*, **~geld** *n* stamp duty; **~kissen** *n* ink-pad; **~marke** *f* (duty-)stamp; **2n** *v/t.* (*h.*) mark; stamp (*document*); hallmark (*silver, etc.*); *colloq.* ~ *gehen* be on the dole; *fig. zu et.* ~ stamp (*or* label) as; brand; **~papier** *n* stamped paper; **2pflichtig** *adj.* liable to stamp duty; **~presse** *tech. f* hand press; **~schneider** *m* stamp-cutter; *tech.* die-sinker, punch cutter; **~steuer** *f* stamp duty; **~uhr** *f* check-clock; **~zeichen** *n* → *Stempel*.

Stengel [ˈʃtɛŋəl] *bot. m* (-*s*; -) stalk, stem; **~knollen** *m* tuber.

Stenogramm [ʃtenoˈgram] *n* (-*s*; -*e*) shorthand report *or* notes *pl.*, stenograph; **~block** *m* (-[e]*s*; -*s*), **~heft** *n* shorthand block.

Stenograph(in *f*) [-ˈgrɑːf] *m* (-*en*, -*en*; -, -*nen*) stenographer, shorthand writer.

Stenograˈphie *f* (-; -*n*) stenography, shorthand; **2ren** *v/t. and v/i.* (*h.*) write (in) shorthand, take down in shorthand, steno; **~rmaschine** *f* stenograph, stenotype.

stenoˈgraphisch I. *adj.* shorthand, stenographic; **II.** *adv.* in shorthand, stenographically.

Stenotypist(in *f*) [-tyˈpist] *m* (-*en*, -*en*; -, -*nen*) shorthand typist, stenotypist.

Stentorstimme [ˈʃtɛntɔr-] *f* stentorian voice.

Stepp|decke [ˈʃtɛp-] quilt, *Am. a.* comforter; **2en I.** *v/t.* (*h.*) quilt, stitch; **II.** *v/i.* (*h.*) tap(-dance); **~e** *f* (-; -*n*) steppe, prairie; **~enwolf** *zo. m* prairie-wolf, coyote; **~nadel** *f* quilting-needle; **~naht** *f* quilting seam; **~stich** *m* backstitch, lock-stitch.

Step|tanz [ˈʃtɛp-] *m* tap-dancing; **~tänzer(in** *f*) *m* tap-dancer.

Sterbe|alter [ˈʃtɛrbə-] *n* age of death; **~bett** *n* death-bed; **~fall** *m* (case of) death, decease; **~fallversicherung** *f* death insurance; **~geld** *n* death benefit, burial allowance; **~glocke** *f* funeral bell; **~hilfe** *f* **1.** → *Sterbegeld*; **2.** euthanasia, mercy killing; **~kasse** *f* burial fund; **~lager** *n* death-bed; **~liste** *f* register of deaths.

ˈ**sterben** *v/i.* (*irr.*, *sn*) die (*a. fig.*); *esp. jur.* decease; pass away, expire, depart (this life), breathe one's last; lose one's life, be killed *in an accident, etc.*; *e-s natürlichen Todes* ~ die a natural death; *als Christ* ~ die a Christian; *jung* ~ die young; *schwer* ~ die hard; ~ *an* (*dat.*) die of *an illness*, from *a wound, etc.*; ~ *durch* (*acc.*) die by *the sword*, through *neglect, etc.*; ~ *für* (*acc.*) die for, give one's life for, *für das Vaterland a.* make the great (*or* supreme) sacrifice; ~ *vor* (*dat.*) die with *grief, laughter, etc.*, *vor Langeweile* ~ be bored to death; *gestorben* dead, *esp. jur.* deceased; **2** *n* (-*s*) dying, death; mortality; plague, epidemic; *im* ~ *liegen* be dying; *fig. es war zum* ~ *langweilig* I was bored stiff; *zum* ~ *zuviel, zum Leben zuwenig* just enough to keep the wolf from the door; **~d** *adj. and adv.* dying, moribund, in the throes of death; on one's death-bed.

ˈ**Sterbens...:** **~angst** *f* mortal fear, terror; **2krank** *adj.* dangerously ill, sick to death; **2müde** *adj.* tired to death, dead-beat; **~wort, ~wörtchen** [ˈ-ˈvœrtçən] *n*: *kein* ~ not a single word, not a syllable; *kein* ~ *sagen* not to breathe a word.

ˈ**Sterbe...:** **~sakramente** *n/pl.* last sacraments; **~stunde** *f* dying-hour; **~tag** *m* day of death; **~urkunde** *f* death certificate; **~zimmer** *n* death-room.

sterblich [ˈʃtɛrplɪç] **I.** *adj.* mortal; *gewöhnliche* **2***e* ordinary mortals; **II.** *adv.*: ~ *verliebt sein* be desperately in love (*in acc.* with); **2keit** *f* (-) mortality; **2keitsziffer** *f* death-rate, mortality.

Stereo|aufnahme [ˈsteːreo-] *phot. f* stereoscopic photo(graph), stereo exposure; **~chemie** *f* stereochemistry; **~graphie** [-graˈfiː] *f* (-) descriptive geometry; **~kamera** *phot. f* stereoscopic camera; **~metrie** [-meˈtriː] *f* (-) stereometry, solid geometry; **~phonie** [-foˈniː] *f* (-) stereophony; **~schallplatte** *f* stereo record; **~skop** [-ˈskoːp] *n* (-*s*; -*e*) stereoscope; **2ˈskopisch** *adj.* stereoscopic(ally *adv.*); **2typ** [-ˈtyːp] *adj. typ.* stereotype; *fig.* stereotyped, hackneyed; inevitable; ~*e Redensart* cliché (*Fr.*); **~typie** [-tyˈpiː] *f* (-; -*n*) stereotype printing, stereotyping; **2typieren** [-tyˈpiːrən] *v/t.* (*h.*) stereotype.

steril [steˈriːl] *adj.* sterile (*a. fig.*); → *unfruchtbar*.

Sterili|sator [steriliˈzɑːtɔr] *m* (-*s*; -ˈ*toren*) sterilizer; **2ˈsieren** *v/t.* (*h.*) sterilize; **~ˈtät** *f* (-) sterility.

Stern [ʃtɛrn] *m* (-[e]*s*; -*e*) star (*a. fig.*); *typ.* asterisk; *mar.* (-*s*; -*e*) stern; *fig. thea., etc.*, star; gleam (*of hope*); *mit* ~*en geschmückt* bestarred, star-spangled, starry (*sky*); *Kognak mit drei* ~*en* three-star brandy; *fig. aufgehender* ~ (*person*) rising star; *sein* ~ *ist im Aufgehen* his star is in the ascendant; *nach den* ~*en greifen* reach for the stars; *unter e-m (un)glücklichen* ~ *geboren sein* be born under a(n) (un)lucky star; *colloq.* ~*e sehen* see stars.

ˈ**Stern...:** **2artig** [-ɑːrtɪç] *adj.* star-like, astral; **2besät** [ˈ-bəsɛːt] *adj.* star-spangled, starry; **~bild** *ast. n* constellation; sign of the zodiac; **~blume** *bot. f* stellate flower; **~chen** *n* (-*s*; -) little star, (*a. film*) starlet; *typ.* asterisk; **~deuter** [ˈ-dɔʏtər] *m* (-*s*; -) astrologer; **~deutung** *f* astrology; **~dreieckanlasser** *tech. m* star-delta starter.

ˈ**Sternen...:** **~banner** *n USA*: star-spangled banner, stars and stripes *pl.*, Old Glory; **~himmel** *m* (-*s*) starry sky; **2klar** *adj.* starlit, starry; **~system** *n* stellar system; **~zelt** *n* (-[e]*s*) firmament, starry sky.

ˈ**Stern...:** **~fahrt** *mot. f* motor rally; **2förmig** [-fœrmɪç] *adj.* star-shaped, stellar, *bot.* stellate; *tech.* radial; **2geschaltet** [ˈ-gəˈʃaltət] *el. adj.* star-connected, Y-connected; **~gucker** [ˈ-gukər] *humor. m* (-*s*; -) stargazer; **2hagelvoll** *colloq. adj.* dead (*or* rolling) drunk; **~haufen** *m* cluster of stars; **2hell** *adj.* starlight, starlit, starry; **~himmel** *m* firmament, starry sky; **~jahr** *n* sidereal year; **~karte** *f* celestial chart, star map; **2klar** *adj.* → *sternhell*; **~kreuzung** *f* multiple crossing;

~kunde *f* (-) astronomy; **~licht** *n* (-[e]s) starlight; **≈los** *adj.* starless; **~motor** *m* radial engine; **~physik** *f* astrophysics *sg.*; **~rad** *tech. n* star wheel; **~schaltung** *el. f* Y-connection; **~schanze** *mil. f* star-redoubt; **~schnuppe** *f* shooting star; **~schreiber** *m radar*: plan position indicator; **~stunde** *f* sidereal hour; *fig.* fateful hour; **~tag** *m* sidereal day; **~warte** *f* observatory; **~zeit** *f* sidereal time.

Sterz [ʃterts] *m* (-es; -e) tail; plough- (*Am.* plow-)tail.

stet [ʃte:t] *adj.* → *stetig*; *fig.* *~er Tropfen höhlt den Stein* little strikes fell big oaks.

Stethoskop [steto'sko:p] *med. n* (-s; -e) stethoscope.

'stetig *adj.* continual, constant; steady; **≈keit** *f* (-) constancy, continuity; steadiness.

stets ['ʃte:ts] *adv.* always, at all times, (for) ever; constantly, continually.

Steuer[1] ['ʃtɔʏər] *n* (-s; -) *mar.* helm, rudder; *mot.* (steering-)wheel; *aer.* control surface; rudder; *am ~* at the helm, *mot.* at the wheel; *a. fig.* *das ~ führen* be at the helm; *das ~ übernehmen* take the helm.

Steuer[2] ['ʃtɔʏər] *f* (-; -n) tax (*auf dat.* on); (communal) rate, *Am.* local tax; duty; assessment; → *erheben, etc.*

'Steuer...: ~abzug *m* deduction of (income) tax; **~amnestie** *f* tax amnesty; **~amt** *n* inland-revenue office; **~anlage** *tech. f* steering mechanism, control gear; **~anschlag** *m* assessment (of taxes); **~aufkommen** *n* tax yield; inland (*Am.* internal) revenue; **~aufschlag** *m* additional tax, surtax; **~ausfall** *m* shortfall in tax revenue; **~ausgleich** *m* equation of taxes; **≈bar** *adj.* **1.** steerable, (*a. el.*) control(l)able; manœuvrable, *Am.* maneuverable; *airship*: dirigible; **2.** taxable, assessable, ratable; dutiable; **~beamte(r)** *m* revenue officer; **~befreiung** *f* tax exemption, exemption from taxes; **≈begünstigt** *adj.* enjoying (*or* carrying) tax privileges; **~behörde** *f* board of assessment; **~belastung** *f* incidence of taxation; → *Steuerdruck*; **~berater** *m* tax adviser (*or* expert); **~bescheid** *m* notice of assessment; **~betrag** *m* amount of taxation; **~bilanz** *f* balance-sheet for taxation purposes; tax balance; **~bord** *mar. n* (-[e]s; -e) starboard; **~delikt** *n* tax offen|ce, *Am.* -se; **~druck** *m* pressure (*or* burden) of taxation; **~einnahmen** *f/pl.* tax collections; → *Steueraufkommen*; **~einnehmer** *m* tax-collector; **~erhebung** *f* levy (*or* imposition) of taxes; tax collection; **~erhöhung** *f* increase in taxation; **~erklärung** *f* (income-) tax return; *e-e ~ abgeben* make (*or* file) a return; **~erlaß** *m* remission of taxes; tax-exemption; **~erleichterung, ~ermäßigung** *f* tax abatement (*or* relief); tax allowance; **~ersparnis** *f* saving of taxes; **~ertrag** *m* → *Steueraufkommen*; **~fläche** *aer. f* control surface; **~flosse** *aer. f* fin; **~flucht** *f* (-) flight from taxation; **≈frei** *adj.* tax-free, tax-exempt; duty-free (*goods*); **~freibetrag** *m* tax-free allowance; **~freiheit** *f* exemption from taxation (*or* taxes); **~gerät** *tech. n* control gear, control(l)er; **~gesetzgebung** *f* tax laws *pl.*, tax legislation; **~gitter** *n radio*: control grid; **~gruppe** *f* tax group; **~hebel** *m* control lever; **~hinterzieher** ['-hintərtsi:ər] *m* (-s; -) tax dodger; **~hinterziehung** *f* tax evasion; **~jahr** *n* fiscal year; **~karte** *f* (*Lohn≈* wage) tax card; **~kasse** *f* tax-collector's office; **~klasse** *f* tax group; **~knüppel** *aer. m* (control) stick, control lever, joystick; **~kraft** *f* taxable capacity; **~kurs** *m* compass course, heading; **~kurve** *tech. f* cam; **~last** *f* burden of taxation, tax load; **≈lich I.** *adj.* fiscal; of taxation, tax...; **II.** *adv.*: *~ begünstigt* carrying tax privileges; *~ günstig* with low tax liability; *~ veranlagen* assess for taxation; **~mann** *mar. m* helmsman, steersman; coxswain; mate; *ohne ~ sports*: coxswainless; **~mannsmaat** *m* second mate; **~mannsquittung** *econ. f* mate's receipt; **~marke** *f* revenue stamp; duty-stamp; **~meßzahl** *f* percentage yielding unit for tax rate application; **~mittel** *pl.* tax money *sg.*; **~moral** *f* tax morale.

'steuern *v/t. and v/i.* (*h.*) *mar.* steer, navigate; pilot (*a. aer.*); *mot.* drive, be at the wheel; *only v/i.* (*sn*) *ship*: stand, head (*nach Süden* southward); *~ nach* be bound for; *tech.* control; *fig.* direct, control; *e-r Sache ~* check, curb, obviate, ward off, remedy *a th.*

'Steuer...: ~nachlaß *m* → *Steuerermäßigung*; **~nocken** *tech. m* cam; **~organ** *tech. n* control element; **≈pflichtig** *adj.* liable to taxation *or* duty, taxable; dutiable; **~pflichtige(r** *m*) ['-pfliçtigə(r)] *f* (-n, -n; -en, -en) contributable, → *Steuerzahler*; **~politik** *f* fiscal policy; **~pult** *m* control desk; **~rad** *n mar.*, *mot.* (steering-)wheel; *aer.* control wheel; **~recht** *n* fiscal law; **≈rechtlich** *adj.* fiscal; **~reform** *f* taxation reform; **~röhre** *f radio*: modulating valve (*Am.* tube); **~ruder** *n mar.* helm, *below surface*: rudder; *aer.* control surface; **~sachen** *f/pl.*: *Helfer in ~* tax consultant; **~satz** *m* rate of assessment, tax rate; **~säule** *f mot.* steering column; *aer.* control column; **~schalter** *el. m* control switch; **~schätzung** *f* rating; **~schein** *m* tax-collector's receipt; **~schraube** *f* oppressive taxation; *die ~ anziehen* increase taxation; **~schuld** *f* tax(es *pl.*) due; **≈schwach** *adj.* with low revenue; **~senkung** *f* lowering of taxation, tax abatement; **~tabelle** *f* tax table.

'Steuerung *f* (-; -en) steering, *aer.* piloting; *el., tech.* control; *mot.* steering mechanism; valve-gear; *aer.* controls *pl.*; *el., tech.* (*automatische ~* automatic) control; *fig.* direction; control; prevention; redress; *der Not*: relief.

'Steuer...: ~ventil *n* control valve; **~veranlagung** *f* assessment (of taxes); **~vergünstigung** *f* tax concession (*or* allowance); **~verwaltung** *f* administration of taxes; revenue department; **~welle** *tech. f* control shaft, camshaft; **~wert** *m* rateable value; **~wesen** *n* (-s) fiscal matters *pl.*, taxation; **~zahler(in** *f*) *m* taxpayer; *Brit. communal*: rate-payer; **~zuschlag** *m* additional tax, supertax, surtax.

Steven ['ʃte:vən] *mar. m* (-s; -) stem; stern(post).

Steward ['stju:ərt] *m* (-s; -s) steward; **Stewardeß** [stju:ər'des] *f* (-; -ssen) stewardess, *aer.* (air-)hostess.

stibitzen [ʃti'bitsən] *v/t.* (*h.*) pilfer, filch.

Stich [ʃtiç] *m* (-[e]s; -e) prick; stitch; sting (*of insect*); (flea-)bite; stab; thrust; cut; engraving; *rolling mill*: pass; *mar.* knot; *med.* shooting pain, twinge, stitch(es *pl. in the side*); *fig.* thrust, gibe, sarcasm; passing shot; *ein ~ ins Blaue* a tinge of blue; *ein ~ ins Geniale* a streak of genius; *~ halten* hold good, hold water; *im ~ lassen* abandon, desert, forsake, let down, leave in the lurch, fail, *Am. a.* walk out on, go back on; *e-n ~ haben milk, etc.*: be turning sour, *meat*: be (a bit) high, *colloq. person*: be touched; *cards*: *e-n ~ machen* make a trick; *es gab ihm e-n ~* it cut him to the quick, it jarred him; **~bahn** *rail. f* switch-line; **~blatt** *n* (*of épée*) guard; *cards*: trump; *fig.* butt.

Stichel ['ʃtiçəl] *m* (-s; -) style; *tech.* cutter; graver, burin.

Stiche'lei *fig. f* (-; -en) taunt, sneer, gibe; needling; teasing.

'stichel|n *v/t. and v/i.* (*h.*) stich, prick; *med.* scarify; *fig.* taunt, sneer, gibe, needle; tease; **≈rede** *f*, **≈wort** *n* → *Stichelei*.

'Stich...: ~entscheid *m* casting vote; **≈fest** *adj.* proof; **~flamme** *f* darting flame, flash, blast flame; *tech.* (fine) jet; **≈haltig** *adj.* valid, sound, solid; *~ sein* hold good; *seine Theorie ist nicht ~* his theory doesn't hold water; **~haltigkeit** *f* (-) soundness, validity; **~kampf** *m sports*: play-off, run-off, jump-off, shoot-off; **~ler(in** *f*) *m* (-s, -; -, -nen) taunter, mocker; teaser; **~ling** ['-liŋ] *ichth. m* (-s; -e) stickleback; **~loch** *tech. n* tap hole; **~maß** *tech. n* ga(u)ge; **~ofen** *metall. m* blast-furnace; **~probe** *f* random test (*or* sample), spot check; **~säge** *f* compass saw; **~tag** *m* fixed day, key-day; key-date, target date; **~waffe** *f* thrust (*or* stabbing) weapon; **~wahl** *f* second ballot; **~wort** *n* (-[e]s; ¨er) (*in dictionary*) entry (word); *esp. thea.* (*pl.* -e) cue; key-word; **~wortverzeichnis** *n* index; **~wunde** *f* stab (wound), puncture; **~zahl** *f* test number.

Stick|arbeit ['ʃtik-] *f* embroidery; **≈en** *v/t. and v/i.* (*h.*) embroider; **~en** *n* (-s) embroidery; **≈end** *adj.* → *stickig*; **~er(in** *f*) *m* (-s, -; -, -nen) embroiderer; **~e'rei** *f* (-; -en) embroidery; **~garn** *n* embroidery cotton; **~gas** *chem. n* suffocating gas, carbon dioxide; **~gaze** *f* canvas; **~husten** *med. m* (w)hooping-cough; **≈ig** *adj.* suffocating, stifling; stuffy, close (*air, room*); **~muster** *n* embroidery pattern; ~**nadel** *f* embroidery needle; ~**oxyd** *n* nitric oxide; ~**rahmen** *m* embroidery frame, tambour; ~**seide** *f* embroidery silk.

Stickstoff [ˈʃtik-] *chem. m* (-[e]s) nitrogen; *mit* ~ *verbinden* nitrogenize; ꝰ**arm** *adj.* poor in nitrogen; ~**dioxyd** *n* nitrogen dioxide; ~**dünger** *m* nitrogenous fertilizer; ꝰ**frei** *adj.* nitrogen-free, non-nitrogenous (*sugar, starch, etc.*); ꝰ**haltig** *adj.* nitrogenous; ~**oxydul** [ˈ-ɔksyˈduːl] *n* (-s) nitrous oxide; ~**wasserstoff** *m* hydrogen nitride.

ˈ**Stickwolle** *f* Berlin wool.

stieben [ˈʃtiːbən] *v/i.* (*irr., sn*) fly about (*a. sparks*); *liquid*: spray; *crowd*: scatter.

Stiefbruder [ˈʃtiːf-] *m* stepbrother.

Stiefel [ˈʃtiːfəl] *m* (-s; -) boot, *Am. a.* shoe; *hohe* ~ *pl.* high (*or* top) boots; *of pump*: barrel; *italienischer* ~ "boot of Italy"; *colloq. e-n* ~ *zusammenreden* talk through one's hat, blather; *er kann e-n* ~ *vertragen* he holds his liquor well; ~**absatz** *m* boot-heel; ~**bürste** *f* blacking brush; ~**hose** *f* (*e-e* ~ a pair of) breeches *pl.*; ~**knecht** *m* boot-jack; ꝰ**n** *colloq. v/i.* (*sn*) march, foot it; → *gestiefelt*; ~**putzer** *m* shoeblack; *at hotel*: boots *sg.*; ~**schaft** *m* leg of a boot; ~**spanner** *m* boot stretcher; ~**strippe** *f* boot strap.

ˈ**Stief-eltern** *pl.* step-parents.

ˈ**Stiefelwichse** *f* (shoe-)blacking, boot-polish.

ˈ**Stief...:** ~**geschwister** *pl.* stepbrother(s) and stepsister(s); ~**kind** *n* stepchild; *fig.* cinderella; ~**mutter** *f* (-; ¨) stepmother, *b.s.* cruel mother; ~**mütterchen** *bot. n* pansy; ꝰ**mütterlich I.** *adj.* stepmotherly, like a stepmother; **II.** *adv.*: ~ *behandeln* neglect (badly), treat cruelly *or* shabbily; ~**schwester** *f* stepsister; ~**sohn** *m* stepson; ~**tochter** *f* stepdaughter; ~**vater** *m* stepfather.

stieg [ʃtiːk] *pret. of steigen.*

Stiege [ˈʃtiːgə] *f* (-; *-n*) staircase, stairs *pl.*; stile; (*20 pieces*) score; crate.

Stieglitz [ˈʃtiːglits] *m* (-es; -e) *orn.* goldfinch.

Stiel [ʃtiːl] *m* (-[e]s; -e) handle; helve (*of axe, etc.*); haft (*of dagger, etc.*); (broom-)stick; *arch.* strut; *bot.* stalk, peduncle; (pipe-)stem; *fig. den* ~ *umkehren* turn the tables (*on a p.*); → *Stumpf*; ˈ~**augen** *n/pl.* stalked eyes; *fig. Am.* pop-eyes; *fig.* ~ *machen* **a**) stare hungrily, **b**) make big eyes, *Am. a.* be pop-eyed; ˈꝰ**äugig** *adj.* stalk-eyed, *Am.* pop--eyed; ˈꝰ**en** *v/t.* (*h.*) furnish with a handle; → *gestielt*; ~**handgranate** *f* stick-grenade.

stier [ʃtiːr] *adj.* staring, fixed, glassy; vacant; ~*er Blick* (wild) stare, vacant gaze.

Stier *m* (-[e]s; -e) *zo.* bull; *ast.* Taurus; *fig. den* ~ *bei den Hörnern packen* take the bull by the horns.

ˈ**stieren** *v/i.* (*h.*) stare, gaze (*auf acc.* at); goggle (at); glare (at).

ˈ**Stier...:** ~**fechter,** ~**kämpfer** *m* bull-fighter; ~**gefecht** *n*, ~**kampf** *m* bull-fight; ~**nacken** *m* bull--neck; ꝰ**nackig** [ˈ-nakiç] *adj.* bull--necked.

stieß [ʃtiːs] *pret. of stoßen.*

Stift[1] [ʃtift] *m* (-[e]s; -e) pin; peg; stud; bolt; tack; pivot; pencil, crayon; dowel (*for tooth*); *colloq.* apprentice, youngster; → *Knirps.*

Stift[2] [ʃtift] *n* (-[e]s; -e) charitable foundation *or* institution; *eccl.* **a**) convent, **b**) bishopric, **c**) chapter, **d**) seminary; home for aged ladies.

ˈ**Stiftdraht** *m* nail-wire.

ˈ**stiften** *v/t.* (*h.*) found; establish, institute; endow, give, *Am.* donate; *fig.* cause, produce; *Frieden* ~ make peace; *Unfrieden* ~ sow discord, make trouble; *Unheil* ~ cause mischief; → *anstiften*; *colloq.* ~ *gehen* run away, bolt.

ˈ**Stifter(in** *f*) *m* (-s, -; -, *-nen*) founder, originator; donor, *Am. a.* sponsor; author.

ˈ**Stifts...:** ~**dame** *f*, ~**fräulein** *n* canoness; ~**herr** *m* canon, prebendary; ~**hütte** *f bibl.* tabernacle; ~**kirche** *f* collegiate church; cathedral; ~**schule** *f* foundation school.

ˈ**Stiftung** *f* (-; *-en*) foundation (*a. institution*); (charitable) endowment, donation, grant; *milde* ~ charitable institution, charity, pious bequest; *a. to museum, etc.*: benefaction; ~**sfeier** *f*, ~**sfest** *n* foundation festival, commemoration (*or* founder's) day; ~**s-urkunde** *f* deed of foundation.

ˈ**Stiftzahn** *m* pivot tooth.

Stigma [ˈstigma] *n* (-s; *-men*) stigma; **stigmatisieren** [-tiˈziːrən] *v/t.* (*h.*) stigmatize.

Stil [ʃtiːl] *m* (-[e]s; -e) style (*a.* ˈ~**art** *f*); *fig. a.* manner; *flüssiger* ~ even--running style; *im großen* ~ on a large scale; *Betrügereien im großen* ~ large-scale (*or* wholesale) frauds; ˈ~**blüte** *f* howler; ˈꝰ**echt** *adj.* in proper style, true to style.

Stilett [stiˈlɛt] *n* (-s; -e) stiletto.

ˈ**Stil...:** ~**fehler** *m* weak point in style; ~**gefühl** *n* (-[e]s) stylistic sense; ꝰ**gerecht I.** *adj.* stylish; **II.** *adv.* in style.

stilisieren [-liˈziːrən] *v/t.* (*h.*) compose, word, pen; *ornamentally*: stylize; *gut stilisiert* written in good style.

Stiˈlist *m* (*-en*; *-en*), ~**in** *f* (-; *-nen*) elegant writer, stylist; ~**ik** *f* (-; *-en*) theory of style; → *Stilkunst*; ꝰ**isch** *adj.* stylistic; *in* ~*er Hinsicht* stylistically.

ˈ**Stil...:** ~**kleid** *n* period costume; ~**kunde** *f* composition, style; ~**kunst** *f* stylistic art, (art of) composition.

still [ʃtil] *adj.* still, quiet; silent; hushed; peaceful, tranquil; calm (*air, sea, feelings*); motionless; lifeless, inanimate; soft; secret; *econ.* dull, slack; *eccl.* low (*mass*); ˈꝰ*er Freitag* Good Friday; ˈ~*es Gebet* silent prayer; *econ.* ˈ~*er Gesellschafter or Teilhaber* sleeping (*Am.* silent) partner; ˈ~*es Glück* quiet bliss; ˈ~*e Hoffnung* secret hope; *econ.* ˈ~*e Jahreszeit* dull (*or* dead) season; ˈ~*e Liebe* secret (*or* unavowed) love; ˈ~*e Nacht* silent night; ˈꝰ*er Ozean* Pacific (Ocean); *econ.* ˈ~*e Reserven* secret (*or* hidden) reserves; ˈ~*e Übereinkunft* tacit understanding; ˈ~*er Vorbehalt* mental reservation; ˈ~*e Wasser sind tief* still waters run deep; *colloq. er ist ein* ˈ~*es Wasser* he is a deep one; ~ *sein* be quiet; ~! silence!, quiet!, hush!; *sich* ~ *verhalten* keep still *or* quiet, not to stir, *fig. a.* bide one's time, lie low (*for a time*); ~ *davon!* no more of that!, don't say anything (about it)!; *im* ˈ~*en* silently, quietly, secretly, privately, inwardly, at heart; ~ *werden* grow silent, *wind, etc.*: calm down, subside; ˈ~**bleiben** *v/i.* be still, remain quiet; *n.s.* keep silence.

ˈ**Stille** *f* (-) stillness, quiet(ness), silence; peace, tranquillity, calm; hush; lull (*fig. vor dem Sturm* before the storm); *econ.* dullness, slackness; *tiefe* ~ profound (*or* dead) silence; *in der* ~, *in aller* ~ quietly, silently, secretly, privately, *b.s. a.* underhand, on the quiet.

ˈ**stille** *adj. colloq.* → *still.*

Stilleben [ˈʃtil-] (*when divided*: *Still-leben*) *paint. n* still life.

ˈ**stilleg|en** (*when divided*: *still-legen*) *v/t.* (*h.*) shut down (*enterprise*); lay up (*vehicle*); put *ship* out of commission; stop (*traffic*); neutralize, freeze (*money*); *med.* **a**) immobilize (*limb*), **b**) put *organ* out of action; *by war, strike, etc.*: paralyze; *stillgelegte Anlage* inactive installation; ꝰ**ung** [-leːguŋ] *f* (-) shut-down; stoppage.

ˈ**Stil-lehre** *f* (art of) composition.

ˈ**stillen** *v/t.* (*h.*) quiet, calm, silence; stop, sta(u)nch (*blood*); quench (*thirst*); appease, stay (*hunger*); still, soothe (*pain*); still, satisfy (*longing*); gratify (*desire*); nurse, suckle (*baby*); ~**d** *adj. pharm.* sedative, lenitive; ~*e Mütter* nursing mothers.

ˈ**Still...:** ~**geld** *n* nursing benefit; ~**halte-abkommen** *n* standstill agreement, moratorium; ꝰ**halten** *v/i.* (*irr., h.*) keep still (*or* quiet); stop, pause.

ˈ**stilliegen** (*when divided*: *still-liegen*) *v/i.* (*irr., h.*) be quiet; keep quiet *or* still; *fig.* lie dormant; *business, etc.*: be at a standstill; *works*: be shut down, lie idle; *traffic*: be suspended.

stillos [ˈʃtiːloːs] *adj.* without (*or* in bad) style *or* taste.

ˈ**still...:** ~**schweigen** *v/i.* (*h.*) be silent, keep silence; hold one's peace; *zu et.* ~ ignore a th., close one's eyes to a th.; ꝰ**schweigen** *n* silence (*a. jur.*); secrecy; ~ *bewahren* observe secrecy; *das* ~ *brechen* break silence; *j-m* ~ *auferlegen* enjoin secrecy on a p.; *mit* ~ *übergehen* pass *a th.* over in silence; ~**schweigend I.** *adj.* silent; *fig.* tacit, implied, implicit (*agreement*); *mit der* ~*en Voraussetzung* on the tacit understanding; **II.** *adv.* silently, in silence; *fig.* tacitly, by implication; ~**sitzen** *v/i.* (*irr., h.*) sit still (*or* quietly); *fig.* remain inactive, *iro.* twiddle one's thumbs; ꝰ**stand** *m* (-[e]s) standstill, stop (-page); *fig.* stagnation (*a. econ.*); deadlock (*of negotiations, etc.*); suspension; inaction; *zum* ~ *bringen* bring to a standstill, stop, halt, arrest; shut down (*works*); *zum ~ kommen* come to a standstill, *fig. a.* reach a deadlock; **~stehen** *v/i.* (*irr., h.*) stand still; *mil.* stand at attention; *stillgestanden!* attention!; stop; *fig.* be at a standstill, *trade*: *a.* be stagnant; *works, machines*: be idle; *der Verstand stand ihm still* his mind reeled (*bei* at), he was staggered; **~stehend** *adj.* at a standstill; motionless; stationary; stagnant; idle; **2ung** *f* (-) → *stillen*: sta(u)nching; quenching; appeasing; stilling; gratification; nursing, breast-feeding, lactation; **~vergnügt** *adj.* (quietly) happy, placid, serene; **2wein** *m* still wine; **2zeit** *med. f* lactation period.

'**Stil...:** **~möbel** *n/pl.* period furniture; **~übung** *f* exercise in composition; **2voll** *adj.* stylish.

Stimm|abgabe ['ʃtim-] *f* (-) voting, vote, polling; **~aufwand** *m* vocal effort; **~band** *anat. n* (-[e]s; ⸗er) vocal chord; **2berechtigt** *adj.* entitled to vote, enfranchised; *nicht ~* non-voting; **~berechtigung** *f* right to vote; → *Stimmrecht*; **~bruch** *m* (-[e]s) breaking of the voice, change of voice.

'**Stimme** *f* (-; *-n*) voice (*a. mus. and fig.*); *pol.* vote; *newspaper*: comment; *mus.* part; *erste ~* soprano; *zweite ~* alto; *die ~ des Gewissens* the voice of conscience, the still small voice; *abgegebene ~n* votes polled; *entscheidende ~* casting vote; (*nicht*) *bei ~* (not) in voice; *s-e ~ abgeben* vote, poll; *j-m s-e ~ geben* give a p. one's vote, vote for a p.; *mit lauter ~* in a loud voice; *~n werben* canvass (votes), electioneer; *s-n Gefühlen ~ verleihen* voice one's feelings; *er hat dabei keine ~* he has no voice (*or* say) in this matter; → *Sitz*.

'**stimmen I.** *v/t.* (*h.*) tune *instrument* (*nach dat.* to); *höher* (*niedriger*) *~* raise (lower) the pitch; *fig. j-n für et. ~* dispose a p. to (*or* to do) a th.; *j-n günstig ~* put a p. in a favo(u)rable mood; *j-n gegen et. ~* prejudice a p. against a th.; *glücklich ~* make (feel) happy; *traurig ~* make sad, sadden, depress; *schlecht gestimmt* ill-humo(u)red, in a bad mood; **II.** *v/i. mus., colours*: be in tune, harmonize; *fig.* be true (*or* right); be in order; *sum, etc.*: be correct; agree, tally; *~ für* (*acc.*) vote (*or* poll) for; *das stimmt!* that's (all) right! that's true!, that's correct!; *da stimmt et. nicht* there is something wrong here.

'**Stimmen...:** **~einheit** *f* unanimity; *mit ~* unanimously; **~fang** *m* vote-getting; **~gewirr** *n* babel (*or* din) of voices, babble; **~gleichheit** *f* equality (*or* parity) of votes; *parl.* tie; **~mehrheit** *f* majority of votes; *einfache ~* bare (*or* simple) majority; **~minderheit** *f* minority of votes; **~prüfung** *f* scrutiny of votes; **~teilung** *f* split ing of votes, division.

'**Stimm-enthaltung** *f* abstention (from voting).

'**Stimmen...:** **~werber** *m* canvasser; **~zählung** *f* counting of votes.

'**Stimm...:** **~er** *mus. m* (-s; -) tuner; **2fähig** *adj.* entitled to vote; **~falte** *anat. f* fold of vocal chord; **~führer** *m* spokesman; **~gabel** *mus. f* tuning fork; **2gewaltig** *adj.* loud-voiced; **2haft** *gr. adj.* voiced, vocal; **~hammer** *mus. m* tuning hammer; **~lage** *f* pitch (of the voice), register; **2lich** *adj.* vocal; **~liste** *f* voting list; **2los** *adj.* voiceless (*a. gr.* = unvoiced, breathed); **~pfeife** *mus. f* pitch pipe; **~recht** *n* right to vote, vote, *only pol.* franchise; *allgemeines ~* universal suffrage; *das ~ ausüben* exercise one's right to vote, vote; **~rechtlerin** ['-rɛçtlərin] *f* (-; *-nen*) suffragist, *contp.* suffragette; **~ritze** *anat. f* glottis; **~ritzendeckel** *m* epiglottis; **~schein** *m* voting certificate.

'**Stimmung** *f* (-; *-en*) *mus.* **a)** tuning, **b)** pitch, key; *fig.* atmosphere; mood (*a. paint., etc.*); frame of mind, humo(u)r, disposition, spirit; *mil.* morale; *of the public*: general feeling (*or* sentiment); *deutschfeindliche ~* anti-German sentiment; *stock exchange*: tone, tendency; high spirits *pl.*; *feindselige ~* animosity, resentment; *guter ~* in good humo(u)r, in high spirits; *in gedrückter ~* in low spirits, low-spirited, depressed; (*nicht*) *in der ~ sein zu* in the (in no) mood for *a th. or* to *inf.*, (not to) feel like doing *a th.*; *~ machen für* (*acc.*) make propaganda for, boom, plug; *für ~ sorgen* liven (*or* pep) up the party, *etc.*; *die ~ war glänzend* spirits were high.

'**Stimmungs...:** **~barometer** *m* barometer of opinion; **~bild** *paint. n* mood; **~kanone** *humor. f* great joker, life of the party; **~kapelle** *f* cheery band; **~mache** *f* boom(ing); **~mensch** *m* moody creature; **~musik** *f* mood music; **~umschwung** *m* change of mood; *stock exchange*: change of tone; **2voll** *adj.* full of genuine feeling; impressive; sentimental; idyllic.

'**Stimm...:** **~vieh** *contp. n* herd of voters; **~wechsel** *m* → *Stimmbruch*; **~werkzeug** *n* vocal organ; **~zettel** *m* voting-paper, ballot; *durch ~* by ballot.

Stimulans ['ʃti:mulans] *med. n* (-; *-'lantia*) stimulant; *fig. a.* tonic; **stimu'lieren** *v/t.* (*h.*) stimulate; '**Stimulus** *m* (-; *-li*) stimulus.

Stink|bombe ['ʃtiŋk-] *f* stink-bomb; **2en** *v/i.* (*irr., h.*) stink (*nach* of), smell bad (*or* foul), have a bad smell, be fetid; *colloq. fig.* stink, be fishy; *das stinkt zum Himmel* it stinks to high heaven, it's a crying shame; *colloq. vor Geld ~* be lousy with money; **2end, 2ig** *adj.* stinking, ill-smelling, fetid; putrid; **2faul** *adj.* bone-lazy; **~tier** *zo. n* skunk; **~wut** *colloq. f*: *e-e ~ haben* foam (with rage), *Am. a.* be sore like hell.

Stint [ʃtint] *ichth. m* (-[e]s; -e) smelt.

Stipendiat [ʃtipɛndi'ɑ:t] *univ. m* (-en; -en) scholar(ship holder).

Stipendium [ʃti'pɛndium] *n* (-s; *-dien*) scholarship.

stipp|en ['ʃtipən] *v/t.* (*h.*) dip, steep; **2visite** *colloq. f* flying visit, pop-visit.

stipulieren [ʃtipu'li:rən] *v/t.* (*h.*) stipulate.

Stirn [ʃtirn] *f* (-; *-en*) forehead, brow; *fig.* impudence, face; *die ~ haben zu inf. a.* have the cheek to *inf.*; → *eisern, runzeln*; *sich verzweifelt an die ~ greifen* clutch one's brow; *fig.* (*dat.*) *die ~ bieten* make head against, face (squarely), defy; *es steht ihm auf der ~ geschrieben* it is written on his face; '**~ader** *anat. f* frontal vein; '**~ansicht** *f* front view; '**~band** *n* (-[e]s; ⸗er) headband, frontlet; *on gas masks, etc.*: forehead strap; '**~bein** *anat. n* frontal bone; '**~binde** *f* → *Stirnband*; '**~falte** *f* wrinkle (on the forehead), furrow; '**~fläche** *f* face; '**~höhle** *anat. f* frontal cavity; '**~höhlenentzündung** *f*, '**~höhlenkatarrh** *m* frontal sinusitis; '**~höhlenvereiterung** *f* chronic suppurative catarrh of the frontal sinus; '**~holz** *n* end-grained wood; '**~kipper** *mot. m* end-tipping lorry, *Am.* end-dump truck; '**~lage** *f* brow presentation (*of foetus*); '**~locke** *f* forelock; '**~rad** *tech. n* spur gear; '**~riemen** *m* frontlet; '**~runzeln** *n* (-s) frown (-ing); '**~seite** *f* face, front (side); '**~wand** *f* front (*or* end) wall, front plate; '**~wunde** *f* frontal wound.

stob [ʃto:p] *pret. of stieben.*

stöber|n ['ʃtø:bərn] *v/i.* (*h.*) **1.** hunt, rummage (about); **2.**: *es stöbert* a fine snow is falling; **3.** clean up, tidy (*a. v/t.*); **2wetter** *n* sleety weather.

stochern ['ʃtɔxərn] *v/t. and v/i.* (*h.*) (*~ in dat.*) poke; stir (up), rake (*fire*); *sich in den Zähnen ~* pick one's teeth; *in s-m Essen ~* pick at one's food.

Stock [ʃtɔk] *m* (-[e]s; ⸗e) stick; cane; *billiards*: cue; *mus.* baton; *for hats*: block; beehive; (mountain) massif; (*pl.* -) *of house*: store(y), floor; *bot.* stock; (flower) pot; vine; (tree-) stump; *jur. hist.* stocks *pl.*; *am ~ gehen* walk with (the help of) a stick, *colloq. fig.* be broke, *w.s.* be down on one's luck; *im ersten ~ wohnen* live on the first (*Am.* second) floor; *über ~ und Stein* over hedge and ditch.

'**Stock...:** **~amerikaner** *m* thorough American, regular Yankee; **2blind** *adj.* stone-blind; **~degen** *m* sword-cane; **2dumm** *adj.* utterly stupid, blockheaded; **2dunkel** *adj.* pitch-dark.

Stöckelschuhe ['ʃtœkəl-] *m/pl.* high-heeled shoes.

'**stocken** *v/i.* (*h.*) stop (short), come to (*or* be at) a standstill; slacken; *fig. a.* make no progress, hang fire; *water and fig.*: stagnate; *blood*: cease to circulate; *heart*: cease to act; *mot.* stall; *paint*: cake; *fig. ihm stockte der Herzschlag* his heart stood still *or* missed a beat (*bei dem Anblick* at the sight); *conversation*: flag; *econ. business*: be slack (*or* stagnant); *negotiations, etc.* reach a deadlock; *traffic*: be blocked (*or* held up); hesitate, halt; *voice*: falter; *im Reden* ~ break down, get stuck; ~*d sprechen* speak haltingly; curdle, thicken; turn mo(u)ldy, *teeth*: decay, rot.

'**Stocken** *n* (-s) → *Stockung*; *ins* ~ *geraten* come to a standstill, → *stocken*.

'**Stock...:** ~**engländer** *m* thorough (*or* true-born) Englishman, Englishman to the core; ²**finster** *adj.* pitch-dark; ~**fisch** *m* stockfish, dried cod; *fig.* bore; ~**fleck** *m* damp stain; ~*e pl.* (*a. bot.*) mildew *sg.*; ²**fleckig** *adj.* foxed, foxy, *a. bot.* mildewy; ~**flinte** *f* cane-gun.

'**stockig** *adj.* mo(u)ldy, fusty; mildewy; *tooth*: decayed.

...stöckig [-ʃtœkiç] *in compounds*: ...-storied, ...-floor.

'**Stock...:** ~**laterne** *f* cresset; ~**makler** *econ. m* stockbroker; ~**presse** *f bookbinding*: large press; ~**prügel** *m/pl.* caning, flogging; ~**punkt** *m* solidifying point (*of oil*); ~**rose** *f* hollyhock; ~**schirm** *m* walking-stick umbrella; ~**schläge** ['-ʃlɛ:gə] *m/pl.* caning, flogging, thrashing; ~**schnupfen** *med. m* chronic cold in the head, thick cold; ²**steif** *adj.* (as) stiff as a poker; ²**still** *adj.* stock-still; ²**taub** *adj.* (as) deaf as a post, stone-deaf.

'**Stockung** *f* (-; -en) standstill, stop(page); hitch; cessation; *fig.* deadlock; interruption; slowing down, hold-up; loss of time, delay; pause; hesitation; stagnation; *of traffic*: jam, congestion, *Am. a.* traffic snarl; *med.* stagnation, stasis, congestion.

'**Stock...:** ~**werk** *n* stor(e)y, floor; *geol.* section; *im ersten* ~ on the first floor; *im oberen* ~ upstairs; ~**werksgarage** *mot. f* multi-story garage; ~**zahn** *m* molar, grinder; ~**zwinge** *f* ferrule.

Stoff [ʃtɔf] *m* (-[e]s; -e) material, fabric, textile; cloth, *econ. collect.* yard goods *pl.*; stuff; *phys.* matter; material, stuff (*a. colloq. drink*); substance; element; agent; compound; fuel; pulp; *fig.* subject (-matter); *zu e-m Roman, etc.*: material (for *a novel, etc.*), story (for *a film*); food (for *conversation*), topic; ~ *zum Nachdenken* food for thought, something to think about; ~ *liefern für* furnish matter for; '~**bahn** *f* web of cloth; '~**ballen** *m* bale of cloth; '²**bespannt** *adj.* fabric-covered.

Stoffel ['ʃtɔfəl] *colloq. m* (-s; -) booby, yokel; boor; ²**ig** *adj.* uncouth, boorish.

'**Stoffhandschuh** *m* fabric glove.

'**stofflich** *adj.* material(ly *adv.*); with regard to the subject-matter.

'**Stoff...:** ~**male'rei** *f* painting on cloth; ~**muster** *n* (cloth) pattern; ~**patent** *n* product patent; ~**puppe** *f* stuffed doll.

'**Stofffülle** (*when divided*: *Stoff-fülle*) *f* (-) wealth of material (*or* information).

'**Stoff...:** ~**verwandtschaft** *f* chemical affinity; ~**wahl** *f* (-) selection of a subject; ~**wechsel** *m* metabolism; *in compounds*: metabolic...; ~**wechselgrundumsatz** *m* basal metabolic rate.

stöhnen ['ʃtø:nən] *v/i.* (*h.*) groan, moan (*über acc.* at, *vor dat.* with).

'**Stöhnen** *n* (-s) groaning, groans *pl.*

Sto|iker ['ʃto:ʔikər] *m* (-s; -) Stoic; ²**isch** *adj.* stoic(al).

Stola ['ʃto:la] *f* (-; -len) *eccl.*, *a. fashion*: stole.

Stolle ['ʃtɔlə] *f* (-; -n) loaf-shaped cake, fruit cake.

Stollen ['ʃtɔlən] *m* post, support; *mining*: tunnel, adit, (*a. mil.*) gallery; *mil.* dug-out; *on horseshoe*: calk(in); (*cake*) fruit loaf.

Stolper|draht [ʃtɔlpər-] *mil. m* trip wire; ²**ig** *adj.* stumbling; halting; → *holperig*; ²**n** ['ʃtɔlpərn] *v/i.* (*sn*) stumble, trip (*über acc.* over; *both a. fig.*).

stolz [ʃtɔlts] *adj.* proud (*auf acc.* of); conceited; haughty; arrogant; *fig.* proud (*day, sight, ship, etc.*); noble, stately, majestic; ~ *sein auf* (*acc.*) be proud of, take pride in.

Stolz *m* (-es) pride (*auf acc.* in); *b.s. a.* haughtiness; arrogance; conceit; *falscher* ~ false pride; *s-n* ~ *dareinsetzen zu inf.* do one's utmost to *inf.*; make a point of *ger.*; *er ist der* ~ *seiner Mutter* he is his mother's pride.

stolzieren [ʃtɔl'tsi:rən] *v/i.* (*sn*) strut, parade, swagger; *horse*: prance.

Stopf|büchse ['ʃtɔpf-] *tech. f* stuffing box; '~**ei** *n* darning-ball, darner.

stopfen ['ʃtɔpfən] **I.** *v/t.* (*h.*) stuff, cram; plug; stuff (*fowl, upholstery*); fill (*hole, pipe*); stop (*leak*); patch up; darn, mend (*stockings*); *physiol.* constipate; *mus.* mute; *mil.* (*das Feuer*) ~ cease firing; *fig. j-m den Mund* ~ stop a p.'s mouth; *gestopft voll* crammed full; *mus. gestopfte Trompete* muted trumpet; **II.** *v/i.* (*h.*) *food*: satisfy, be filling; *med.* cause constipation.

'**Stopfen**[1] *n* (-s) stuffing, *etc.*

'**Stopfen**[2] *m* (-s; -) stopper, plug.

'**Stopf...:** ~**garn** *n* darning cotton; ~**mittel** *pharm. n* emplastic; ~**nadel** *f* darning-needle; ~**naht** *f* darn; ~**nudel** *f* flour ball; ~**pilz** *m* darning mushroom; ~**twist** *m* darning cotton.

Stopp [ʃtɔp] *m* (-s; -s) stop; prohibition, (*import*) ban, (*price*) freeze.

Stoppel ['ʃtɔpəl] *f* (-; -n) *agr.* stubble (*a. of hair, beard*); ~**bart** *m* stubbly beard; ~**feld** *n* stubble-field; ~**gans** *f* stubble-goose; ²**ig** *adj.* stubbly; ²**n** *v/t. and v/i.* (*h.*) glean; *fig.* patch (together); ~**werk** *n* (literary) patchwork.

'**stoppen** *v/t. and v/i.* (*h.*) **1.** stop; **2.** *sports*: time, clock.

'**Stopper** *m* (-s; -) *mar.* stopper; *soccer*: defensive centre-half.

'**Stopp...:** ~**licht** *mot. n* stoplight; ~**lohn** *m* stopped (*or* ceiling) wage; ~**preis** *m* ceiling price; ~**schild** *mot. m* HALT sign; ~**signal** *n* stop signal; ~**uhr** *f* stop watch; ~**verordnung** *f* limitation order.

Stöpsel ['ʃtœpsəl] *m* (-s; -) stopper, cork; *a. el.* plug; peg; *colloq. fig.* manikin, little runt, *Am. a.* shortie; '²**n** *v/t. and v/i.* (*h.*) stopper, cork; *esp. el.* plug; '~**schnur** *el. f* plug-ended cord.

Stör [ʃtø:r] *ichth. m* (-[e]s; -e) sturgeon.

'**Stör|angriff** *mil. m* harassing (*or* nuisance) raid; ~**befreiung** *f radio*: elimination of interference.

Storch ['ʃtɔrç] *m* (-es; ⸚e) stork; *colloq. da brat mir e-r 'nen* ~! well, I'll be hanged!, *Am.* can you beat it?; ²**beinig** *adj.* spindle-legged; ~**ennest** *n* stork's nest; ~**schnabel** *m* stork's bill; *tech.* pantograph; *med.* cranesbill; *bot., pharm.* dove's-foot.

Störchin ['ʃtœrçin] *f* (-; -nen) female stork.

Store [ʃto:r] *m* (-s; -s) (window-) curtain.

'**Stör...:** ²**anfällig** *tech. adj.* susceptible to trouble; ~**anzeigelampe** *f* trouble light; ~**einsatz** *mil. m* nuisance operation.

stören ['ʃtø:rən] **I.** *v/t.* (*h.*) *usu.* disturb (*a. jur.* = interfere with); trouble; bother, annoy; irritate, vex; upset, disarrange; interrupt; interfere with; jam (*radio transmitter*); *mil.* harass; *lassen Sie sich nicht* ~! don't let me disturb you!; *darf ich Sie kurz* ~? may I trouble you for a minute?; *stört es Sie, wenn ich rauche?* do you mind my smoking?; *das stört mich nicht* I don't mind (that); *er stört mich nicht* I don't mind him; *was stört dich das?* why should that bother you?; *teleph. gestörte Leitung* faulty line; *gestörter Schlaf* broken sleep; *geistig gestört* mentally deranged; **II.** *v/i.* (*h.*) be intruding; meddle; be in the way; mar the picture, spoil the effect, be an eyesore; be inconvenient (*or* awkward); '~**d** *adj.* disturbing, *etc.*; troublesome, inconvenient; awkward; intrusive; '²**fried** ['-fri:t] *m* (-[e]s; -e) marplot, mischief-maker, troublemaker; intruder.

'**Störer(in** *f*) *m* (-s, -; -, -nen) disturber; intruder; → *Störsender*.

'**Stör...:** ~**feuer** *mil. n* harassing fire; ~**fleck(e** *pl.*) *m radar*: clutter; ~**flug** *aer. m* nuisance raid; ²**frei** *adj. radio*: undisurbed; ~**frequenz** *f* interference frequency; ~**funk** *m* jamming; ~**geräusch** *n radio*: background noise; statics *pl.*; interference; jamming.

stornier|en [stɔr'ni:rən] *econ. v/t.* (*h.*) reverse (*an entry*); cancel (*order*); ²**ung** *f* (-; -en), **Storno** ['stɔrno] *n* (-s; -ni) reversal, contra-entry; cancellation.

störrig ['ʃtœriç], **störrisch** ['-iʃ] *adj.* stubborn, headstrong, obstinate; mulish, pigheaded; unmanageable, refractory; restive (*horse*).

'**Störrigkeit** *f* (-) stubbornness, obstinacy; pigheadedness; refractoriness; restiveness.

'**Stör...:** ~**schutz** *m* (*radio*) noise suppressor, interference elimination; ~**sender** *m* jamming station, interfering transmitter; ~**sendung** *f* jamming.

'**Störung** *f* (-; -en) disturbing, *etc.*, → *stören*; disturbance, trouble (*both a. med.*); inconvenience, upset; annoyance, irritation; intrusion; interference; interruption;

hitch; obstruction; disarrangement, disorder; dislocation (*of traffic*); *radio*: **a**) *atmosphärische ~* statics, atmospherics *pl.*, **b**) jamming, interference; *tech.* fault, trouble; failure, breakdown; *geistige ~* mental disorder; *verzeihen Sie die ~!* pardon the intrusion!

ˈ**Störungs...:** **~dienst** *m* fault-clearing service; **~feuer** *mil. n* harassing fire; **≈frei** *adj.* undisturbed; *radio*: *a.* interference-free; *tech.* trouble-free; **~stelle** *f* trouble spot; → *Störungsdienst*; **~sucher** *teleph. m* lineman, faultsman; **~trupp** *teleph. m* repair gang.

Stoß [ʃtoːs] *m* (-es; ⸗e) push, shove; (*a. fenc., mil., phys.*) thrust; blow, knock; → *Schlag*; kick; butt; poke; dig (*in the ribs*), nudge; stroke; *sports*: put; *billiards*: stroke; jerk; bump, *phys. and w.s.* impact; blast (*of explosion, trumpet, wind*); burst; shock, concussion; collision, crash; jolt; recoil, kick (*of gun*); *tech.* butt joint; *el.* surge; *rail.* junction; *mining*: stope, face of work; pile, stack (*of wood, etc.*), bundle, file (*of paper, etc.*), sheaf, *Am. a.* wad (*of bank-notes*), batch (*of letters*); → *Schub*; *dressmaking*: seam, hem; *e-n ~ versetzen* give *a p.* a push, *fig.* be (*or* come as) a blow to, *j-s Gesundheit*: affect, injure, take its toll of *a p.'s strength, j-s Glauben*: shake *a p.'s faith*; *gib deinem Herzen e-n ~!* be a sport!, have a heart!; ˈ**~arbeiter** *m* shock worker; ˈ**≈artig** *adj.* intermittent, sporadic (-ally *adv.*); abrupt; ˈ**~bedarf** *econ. m* emergency needs; ˈ**~borte** *f* tail braid; ˈ**~brigade** *f* shock brigade; ˈ**~dämpfer** *tech. m* anti-shock pad; *mot., etc.*: shock-absorber; ˈ**~degen** *m* rapier, foil; ˈ**~druck** *m* (-[e]s; ⸗e) impact pressure.

Stößel [ˈʃtøːsəl] *m* (-s; -) pestle; tamping *or* ramming tool; (piston) plunger; *mot.* (valve) tappet.

ˈ**stoßempfindlich** *adj.* sensitive to shock.

stoßen [ˈʃtoːsən] **I.** *v/t.* (*irr., h.*) push, shove; thrust; kick; punch, cuff, jab; knock, strike; nudge, jostle; poke; ram; drive; *sports*: put (*the shot*); pound; *zu Pulver ~* powder, pulverize; *tech.* slot; *~ aus dem Haus, e-m Verein, etc.*: expel from, turn out of *house, club, etc.*; *j-n in die Rippen ~* nudge a p., prod a p.'s ribs; *j-m das Messer in die Brust ~* plunge a knife into a p.'s breast; *von sich ~* push away, reject; → *Kopf, Nase*; *sich ~ an* (*dat.*) strike (*or* knock *or* run *or* bump *or* hit) against; *fig.* take offence (*Am.* -se) at, take exception to, be shocked by, stick at; object to, disapprove; *s-e Zehen ~ an* stub one's toes at; **II.** *v/i.* **a**) (*irr., h.*) thrust, kick, butt (*nach* at); *buck*: butt; *gun*: recoil; *vehicle*: jolt, bump; *~ an* (*acc.*) run (*or* bump) against; jostle against; *fig.* border (*or* abut) on, adjoin; touch; *tech.* butt against; *ins Horn ~* blow the horn; *in die Trompete ~* sound the trumpet; *vom Lande ~* put to sea; **b**) (*irr., sn*) *~ auf* (*acc.*) *bird, etc.*: pounce on, swoop down on; *fig.* (happen to) meet, come across, run (*or* bump) into; come across, stumble on, discover; meet with, encounter (*obstacle, resistance, etc.*); *zu j-m ~* join (up with) a p.; **c**) *~ gegen or an* (*acc.*) knock (*or* strike) against.

ˈ**Stoß...:** **~fänger** *m* bumper, buffer; → *Stoßdämpfer*; **~feder** *f* buffer spring; **≈fest** *adj.* shock-proof, shock-resistant; **~festigkeit** *f* resistance to shock; **≈frei** *adj.* smooth, joltless; **~gebet** *n* fast and fervent prayer; **≈gesichert** *adj.* shock-protected; **~hobel** *tech. m* jointer; **~kante** *f* hem, edge, lining; **~keil** *mil. m* spearhead; **~kraft** *f* (-) *tech.* impact (force), percussive power; *w.s.* impetus, drive, force; **~kreis** *m sports*: weight (*Am.* shot) circle; **~kugel** *f sports*: weight, *esp. Am.* shot; **~maschine** *f* slotting machine; **~seufzer** *m* deep heartfelt sigh, groan; **≈sicher** *adj.* shock-proof; **~stange** *f mot.* bumper; *for valves*: push-rod; *rail.* buffer-bar; **~trupp** *mil. m* raiding patrol, assault-party; **~truppen** *f/pl.* shock troops; **~truppunternehmen** *n* raid; **~verbindung** *tech. f* butt joint; **~verkehr** *m* rush-hour traffic; **~waffe** *mil. f* thrust-weapon; **≈weise** *adv.* intermittently, sporadically, by jerks, by fits and starts; in waves; **~wind** *m* squall, gust (of wind); **~zahn** *m* tusk.

Stott|erer [ˈʃtɔtərər] *m* (-s; -), **~rerin** *f* (-; -nen) stutterer, stammerer.

ˈ**stottern** *v/i. and v/t.* (*h.*) stutter, stammer; *mot.* splutter.

ˈ**Stottern** *n* (-s) stuttering; *colloq. auf ~ kaufen* buy on the instalment plan (*or* on the never-never).

stracks [ʃtraks] *adv.* direct, straight; directly, on the spot, right away.

Straf|änderung [ˈʃtrɑːf-] *jur. f* commutation of sentence; **~androhung** *f* sanction (of an offence), penalty provided by law; *unter ~* under a penalty; → *Vorladung*; **~anstalt** *f* penal institution; prison; *mil.* detention (*Am.* disciplinary) barracks *pl.*; **~antrag** *m* **a**) private application (by the injured party), **b**) sentence demanded (by the public prosecutor); **~antritt** *m* commencement of imprisonment; **~anzeige** *f*: *~ erstatten gegen* bring a criminal charge against; **~arbeit** *ped. f* imposition, *Am.* extra-work; **~aufschub** *m* reprieve; *j-m ~ gewähren* reprieve a p.; *~ gegen Bewährungsfrist gewähren* grant suspension of sentence on probation; **~ausschließungsgrund** *m* ground for exemption from punishment; **~aussetzung** *f* suspension of (*or* suspended) sentence; **≈bar** *adj. person*: liable to prosecution, *act*: punishable, criminal, triable; culpable; *~e Handlung* (criminal) offence (*Am.* -se); *~ sein* be an offen|ce (*Am.* -se), be punishable (*nach* under); *sich ~ machen* incur a penalty, be liable to prosecution; **~barkeit** *f* (-) punishability, criminal nature; culpability; **~bataillon** *mil. n* delinquent battalion; **~befehl** *m* order (of summary punishment); **~befugnis** *f* penal authority; power of sentence; **~bescheid** *m* order (inflicting punishment); **~bestimmung** *f* penal clause *or* provision; *~en pl. a.* penal laws, penalties; **~dienst** *m* extra duty, fatigue duty.

Strafe [ˈʃtrɑːfə] *f* (-; -n) punishment (*für* for); *econ., jur., sports, and fig.*: penalty; fine; chastisement, correction; retribution; *jur.* sentence; *bei ~ von* on pain of, on penalty of; *zur ~* as a punishment; → *abbüßen, etc.*; *~ zahlen* pay a fine; *er hat seine ~* he has got his deserts; *das ist die ~ dafür, daß du mir nicht folgtest* that's for disobeying me; **≈n** *v/t.* (*h.*) punish (*mit* with); *esp. sports, a. fig.*: penalize; chastise, correct; *um Geld ~* fine; → *Lüge*; censure, reprove; *mit Verachtung ~* turn one's back on, ignore; **≈nd** [ˈ-fənt] *adj.* punishing, punitive, corrective; *jur.* penal; avenging; reproachful, withering (*look*).

ˈ**Straf...:** **~entlassene(r** *m*) *f* (-n, -n; -en, -en) ex-convict; **~entlassung** *f*: *bedingte ~ Brit.* ticket of leave, *Am.* parole; **~erkenntnis** *n* sentence (passed on a p.); **~erlaß** *m* remission of punishment; *bedingter ~* conditional sentence; *teilweiser ~* remission of part of the sentence; *allgemeiner ~* amnesty; **~exerzieren** *mil. n* (-s) punishment drill; **~expedition** *f* punitive expedition.

straff [ʃtraf] **I.** *adj.* stretched; tight; taut (*muscle, sinew, rope*); firm (*bust*); straight, erect (*bearing*); *fig.* tense (*articulation*); concise (*style*); strict, rigid, austere; **II.** *adv.*: *~ anliegen* fit tightly, sit close; *~ anziehen* tighten, pull tight (*screw, etc.*); tauten, stretch (*rope, etc.*).

ˈ**Straf·fall** *m* criminal case, punishable offen|ce (*Am.* -se).

ˈ**straf·fällig** *adj.* → *strafbar*.

straffen [ˈʃtrafən] *v/t.* (*h.*) *and sich ~* tighten; *rope, etc.*: *a.* tauten, stretch; *fig.* render *a plot, etc.*, concise (*or* compact); *s-e Haltung straffte sich* he drew himself up.

ˈ**Straffheit** *f* (-) tightness; tautness; tenseness; *fig.* conciseness (*of style*); strictness, severity, rigidity (*of discipline, etc.*).

ˈ**straffrei** *adj.* exempt from punishment; (*a. adv.*) with impunity; *~ ausgehen* go unpunished (*or* scot-free); **≈heit** *f* (-) impunity; immunity (from criminal prosecution).

ˈ**Straf...:** **~gebühr** *f* surcharge; fine; **~gefangene(r** *m*) *f* prisoner, convict; **~geld** *n* fine, penalty; **~gericht** *n* criminal court, tribunal; *fig.* punishment, chastisement; vengeance; judgment (of God); **~gerichtsbarkeit** *f* criminal jurisdiction; **~gesetz** *n* penal law; **~gesetzbuch** *n* penal code; **~gesetzgebung** *f* penal legislation; **~gewalt** *f* disciplinary power; *jur.* power of sentence; *die ~ haben über* (*acc.*) have corrective control over; **~justiz** *f* criminal justice; **~kammer** *f* criminal division; **~kolonie** *f* convict settlement, penal colony; **~lager** *n* (-s; -) concentration camp.

sträflich [ˈʃtrɛːfliç] **I.** *adj.* punishable, criminal (*a. fig.*); culpable; reprehensible; inexcusable, unpardonable; **II.** *adv.* criminally, incredibly, awfully.

Sträfling [ˈʃtrɛːfliŋ] *m* (-s; -e) prisoner, convict; **~sjacke, ~skleidung** *f* convict's garb, prison clothes *pl.*

ˈ**Straf...:** **2los** *adj.* → *straffrei*; **~mandat** *n* penalty, *Am.* ticket; **~maß** *n* degree of punishment, sentence; *höchstes ~* maximum penalty; **~maßnahme** *f* sanction; **2mildernd** *adj.* mitigating, extenuating (*circumstance*); *~ wirken* be considered in mitigation; **~milderung** *f* commutation of punishment; **2mündig** *adj.* of a responsible age, liable for crime; **~mündigkeit** *f* age of discretion; **~pflege** *f* criminal justice; **~porto** *mail. n* additional (*or* excess) postage, postage-due, surcharge; **~predigt** *f* severe lecture; *j-m e-e ~ halten* lecture a p., take a p. to task; **~prozeß** *m* trial, criminal case; **~prozeßordnung** *f* code of criminal procedure; **~punkt** *m sports*: bad point, penalty; **~raum** *m sports*: penalty area; **~recht** *n* (-[e]s) criminal law; **2rechtlich** *adj.* penal, criminal, under criminal law; *~ verfolgen* prosecute; **~register** *n* penal register, criminal records *pl.*; **~richter** *m* criminal judge; **~sache** *f* criminal case; *Zuständigkeit in ~n* criminal jurisdiction; **~senat** *m* criminal panel; **~stoß** *m soccer*: penalty kick; **~tat** *f* punishable act, (criminal) offence (*Am.* -se); **~umwandlung** *f* commutation of punishment; **~verfahren** *n* criminal procedure (*or* proceedings *pl.*); **~verfolgung** *f* criminal prosecution; **2verschärfend** *adj.* aggravating; **~verschärfung** *f* increase of penalty; **2versetzen** *v/t.* (*h.*) transfer for disciplinary reasons; **~versetzung** *f* transfer for disciplinary reasons; **~verteidiger** *m* trial lawyer; **~vollstreckung** *f*, **~vollzug** *m* execution of a sentence; *sich der ~ (dem ~) entziehen* evade justice; **~vollzugsanstalt** *f* penal institution; **2würdig** *adj.* → *sträflich*; **~zeit** *f* term of confinement; **~zumessung** *f* award of punishment; **~zuschlag** *m* surcharge.

Strahl [ʃtrɑːl] *m* (-[e]s; -en) ray (*a. fig. of hope*); beam; flash; stream (*of air, gas, water*), jet; *math.* radius, straight line; *vet.* frog; *kosmische ~en* cosmic rays; *einfallender ~* incident ray; ˈ**~antrieb** *aer. m* jet propulsion; ˈ**~düse** *f* blast nozzle; ˈ**~einspritzung** *mot. f* solid injection; ˈ**~empfänger** *m radio*: unidirectional (*or* beam) receiver.

ˈ**strahlen I.** *v/i.* (*h.*) emit rays, radiate; shine, flash, sparkle; *fig. face, person*: be radiant (*vor dat.* with), beam (with), shine (with); *~d* radiating, *a. fig.* radiant, beaming, shining; *vor Gesundheit ~* radiate health; **II.** *v/t.* (*h.*) radiate (forth); *radio*: beam (*nach* at).

ˈ**Strahlen...:** **~behandlung** *f* radiotherapy, ray treatment; **~biologie** *f* radiobiology; **2brechend** *phys. adj.* refractive; **~brechung** *f* refraction (of rays); **~bündel, ~büschel** *n* pencil of rays, beam (*or* brush); **~dermatitis** [ˈ-dɛrmaˈtiːtis] *med. f* (-) radiodermatitis; **~dosis** *f* radiation dose; **~einfall** *m* incidence of rays; **2förmig** *adj.* radiate(d), radial; **~forscher(in** *f*) *m* radiologist; **~forschung** *f* radiology; **~geschädigte(r** *m*) *f* radiation victim; **~heilkunde** *f* radiotherapeutics *pl.*; **~kegel** *m* cone of rays; **~krone** *f* halo, nimbus, *fig.* glory; **~messer** *m* actinometer; **~pilz** *m* ray fungus; **~schädigung** *f* radiation injury; **~schutz** *m* radiological protection, anti-radiation precautions *pl.*; **2sicher** *adj.* radiation-proof.

ˈ**Strahler** *m* (-s; -) *phys.* emitter; radiator; (cathode) heater.

ˈ**Strahlflugzeug** *n* jet-propelled aircraft, jet plane.

ˈ**strahlig** *adj.* radiating, radiate(d).

ˈ**Strahl...:** **~motor** *m* jet-propulsion engine; **~ofen** *m* radiator; **~rohr** *n* jet pipe; **~sender** *m* unidirectional (*or* beam) transmitter; **~triebwerk** *n* jet power plant, jet unit; **~turbine** *f* turbo-jet.

ˈ**Strahlung** *f* radiation, rays *pl.*

ˈ**Strahlungs...:** **~energie** *f* radiant energy; **~menge** *f* quantity of radiation; **~messer** *m* actinometer; **~ofen** *m* radiation furnace; **~quant** [ˈ-kvant] *n* (-s; -en) light quantum, photon; **~schäden** *med. m/pl.* radiation damage *sg.*; **~vermögen** *n* radiating power; **~wärme** *f* radiant heat.

ˈ**Strahlvortrieb** *aer. m* jet propulsion.

Strähn|e [ˈʃtrɛːnə] *f* (-; -n) strand; *of yarn*: skein, hank; **2ig** *adj.* wispy, stringy; in strands.

Stramin [ʃtraˈmiːn] *m* (-s; -e) canvas (for needlework).

stramm [ʃtram] **I.** *adj.* tight, taut; smart, snappy (*salute, etc.*); erect, rigid (*bearing*); *~e Haltung annehmen* snap to attention; robust, sturdy, stalwart; *~er Bursche* strapping fellow; *~es Mädchen* bouncing girl; stiff, severe; *~e Disziplin* strict discipline; *j-m die Hosen ~ziehen* give a p. a spanking; **II.** *colloq. adv.* smartly, briskly; *~ arbeiten* put one's back into it, work hard; **~stehen** *mil. v/i.* (*irr., sn*) stand at attention.

strampel|n [ˈʃtrampəln] *v/i.* (*h.*) kick, fidget, struggle; *sich bloß~* kick the bed-clothes off; *colloq. cyclist*: pedal (away); **2hös-chen** [ˈ-høːsçən] *n* (-s; -) rompers *pl.*

Strand [ʃtrant] *m* (-[e]s; ⸚e) (sea-)shore; beach; *mar. auf den ~ laufen* run ashore, be stranded; ˈ**~anzug** *m* beach suit; ˈ**~bad** *n* seaside (*or* beach) resort, lido; open-air swimming bath (*Am.* pool); ˈ**~batterie** *mil. f* shore battery; ˈ**2en** [ˈ-dən] *v/i.* (*sn*) (be) strand(ed), be beached *or* wrecked; *only mar.* run ashore; *fig. a.* fail, founder; *girl*: go to the bad; ˈ**~fischeˈrei** *f* shore-fishing; ˈ**~gut** *n* (-[e]s; ⸚er) stranded goods *pl.*; flotsam; jetsam; *fig. ~ des Lebens* derelict(s *pl.*); ˈ**~hotel** *n* seaside hotel; ˈ**~kleidung** *f* beach-wear; ˈ**~korb** *m* (canopied) beach-chair; ˈ**~läufer** *orn. m* sandpiper; ˈ**~promenade** *f* promenade, *Am.* boardwalk; ˈ**~raub** *m* wrecking; ˈ**~räuber** *m* wrecker; ˈ**~recht** *n* right of salvage; ˈ**~schuhe** *m/pl.* sand-shoes; ˈ**~ung** *f* (-; -en) stranding, shipwreck; ˈ**~vögel** *m/pl.* beach-birds; ˈ**~wache** *f*, ˈ**~wächter** *m* lifeguard; ˈ**~weg** *m* promenade.

Strang [ʃtraŋ] *m* (-[e]s; ⸚e) cord (*a. anat.*); rope; halter; trace; *of yarn*: skein, hank; *rail.* track; *wir ziehen alle am selben ~* we are all in the same boat; *über die Stränge schlagen* kick over the traces; *wenn alle Stränge reißen* as a last resort, in an extremity, if all else fails; *jur. zum Tode durch den ~ verurteilen* sentence to be hanged; ˈ**2gepreßt** *tech. adj.* extruded; ˈ**~presse** *f* extrusion press.

strangulier|en [ʃtraŋguˈliːrən] *v/t.* (*h.*) strangle; **2ung** *f* (-; -en) strangulation.

Strapaze [ʃtraˈpɑːtsə] *f* (-; -n) exertion, strain, fatigue; hardship; drudgery, fag.

strapazier|en [-paˈtsiːrən] *v/t.* (*h.*) strain (*a. fig.*), fatigue, exhaust; *sich ~* exert o.s., rough it; wear hard, punish (*material, etc.*); **~fähig** *adj.* (for) hard wear, hard-wearing, rugged.

strapaziös [-tsiˈøːs] *adj.* exhausting, fatiguing, trying, rough.

Straße [ˈʃtrɑːsə] *f* (-; -n) road, street; lane; boulevard, avenue; highway, highroad, *Am. a.* route; *zollpflichtige ~* toll road; thoroughfare; *contp.* gutter; *geogr.* strait(s *pl.*); *~ von Messina the* Strait of Messina; *tech.* **a)** rolling train, **b)** assembly (*or* production) line; *an der ~* by the wayside *or* roadside; *auf der ~* on the road, in the (*Am.* on the) street, *prostitutes*: on the streets; *auf offener ~* in a public thoroughfare, *w.s.* in broad daylight; *auf die ~ setzen* turn out, (give the) sack; *in e-r ~ wohnen* live in a street; *sein Geld auf die ~ werfen* throw one's money out of the window; *der Mann auf der ~* the man in the street; *Filmstoffe, etc., liegen auf der ~ film stories, etc.*, are there and all arounds us.

ˈ**Straßen...:** **~anzug** *m* lounge suit, *Am.* business suit; **~arbeit** *f* road work; *~en!* road under repair!; **~arbeiter** *m* navvy, *Am.* road laborer; **~aufseher** *m* road surveyor.

ˈ**Straßenbahn** *f* tram(way), tramline, *Am.* trolley line; tram(-car), *Am.* streetcar, trolley(-car); **~depot** *n* tramway depot; **~er** *m* tramway man; **~führer** *m* tram driver, *Am.* motorman; **~haltestelle** *f* tram stop, *Am.* streetcar stop; **~linie** *f* → *Straßenbahn*; **~schaffner** *m* (tram)conductor; **~verkehr** *m* tramway traffic; **~wagen** *m* → *Straßenbahn.*

ˈ**Straßen...:** **~bau** *m* (-[e]s; -ten) road building (*or* construction); *~ten pl.* road-building projects; **~befestigung** *f*, **~belag** *m* road surface; **~beleuchtung** *f* street lighting; **~benutzungsgebühr** *f* road toll; **~beschaffenheit** *f* road conditions *pl.*; **~betonierung** *f* road reinforcement; **~biegung** *f* road bend; **~bild** *n* streetscape; **~brücke** *f* highway bridge; **~damm** *m* roadway; **~decke** *f* highway surface, paving coat; **~dirne** *f* streetwalker; **~dreieck** *n* triangular road junction; **~ecke** *f* street-corner; **~einmündung** *f* road junction; **~feger** *m* street cleaner, *Am.* scavenger; **~front** *f* street front; **~glätte** *f* slippery roads *pl.*; **~graben** *m* (road) ditch; **~handel** *m* street-hawking, (trade of) street-vendors *pl.*; **~händler(in** *f*) *m* street-vendor, street-hawker; **~instandsetzung** *f* road repair (*or* maintenance); **~junge** *m* street arab, street-urchin, guttersnipe; **~hobel** *m* (road) grader; **~kampf** *mil. m* street-fighting; **~karte** *f* road map; **~kehrer** *m* → *Straßenfeger*; **~kehricht** *m* street-sweepings *pl.*; **~kehrmaschine** *f* motor sweeper, rotary road brush; **~kleid** *n* out-door dress; **~kot** *m* mud (in the road); **~kreuzer** *colloq. m* road cruiser, *Am. a.* heap; **~kreuzung** *f* cross-roads *sg.*, (street) crossing, intersection; **~lage** *mot. f* road holding (qualities); *der Wagen hat e-e gute ~ a.* the car sticks to the road; **~laterne** *f* street-lamp; **~mädchen** *n* streetwalker; **~musikant** *m* strolling musician, *pl. a.* street-band; **~netz** *n* road net (-work); **~ordnung** *f* rules *pl.* of the road; **~pflaster** *n* pavement; **~planum** *n* (-s) street level; **~raub** *m* highway robbery; **~räuber** *m* highwayman; **~reinigung** *f* street-cleaning; scavenging; **~rennen** *n* road race; **~rinne** *f* drain, sewer; **~sammlung** *f* street collection; **~schild** *n* street *or* road sign; **~schotter** *m* road metal; **~schuh** *m* (street) shoe, Oxford (shoe); **~schwein** *colloq. n* road hog, speed demon; **~sperre** *f* road block; **~spinne** *f* multiple road junction; **~transport** *m* road haulage; **~tunnel** *m* vehicular tunnel; **~überführung** *f* overpass; **~übergang** *m* street-crossing; **~umleitung** *f* detour; **~unfall** *m* street (*or* road) accident; **~unterführung** *f* subway, underpass; **~verengung** *f* defile; **~verhältnisse** *pl.* road condition; **~verkauf** *m* street sale; **~verkäufer(in** *f*) *m* street-vendor; **~verkehr** *m* road traffic, *in town*: street traffic; *Vorsicht im ~* road care; **~verkehrsordnung** *f* (-) road traffic regulations *pl.*, Highway Code; **~verstopfung** *f* traffic jam (*or* congestion); **~walze** *f* road roller; **~zug** *m* series of streets, street block; **~zustand** *m* road condition(s *pl.*).

Stratege [ʃtraˈteːgə] *m* (-*n*; -*n*) strategist.

Strategie [ʃtrateˈgiː] *f* (-) strategy, generalship.

strategisch [-ˈteːgiʃ] *adj.* strategic (-al); *~es Material* strategic material.

Stratosphäre [stratoˈsfɛːrə] *f* (-) stratosphere; **~nflugzeug** *n* stratospheric aircraft, high-altitude airplane, *Am.* stratoplane; **~nkreuzer** *m* stratocruiser, stratoliner.

stratoˈsphärisch *adj.* stratospheric(al).

sträuben [ˈʃtrɔʏbən] *v/t.* (*h.*) ruffle up (*feathers, hair, etc.*); *sich ~* **a)** *hair*: stand on end, bristle (up), **b)** *fig.* struggle, refuse, balk, argue; *sich ~ gegen et.* strive (*or* struggle) against a th., resist a th., refuse to do a th.; *die Feder sträubt sich bei dieser Schilderung* the pen boggles at this description.

ˈSträuben *n* (-*s*) *fig.* struggling, resistance, opposition, reluctance.

Strauch [ʃtraux] *m* (-[e]s; ⸚er) shrub, bush; **ˈ≈artig** *adj.* shrublike, shrubby; **ˈ~dieb** *m* footpad, highwayman; **ˈ≈eln** *v/i.* (*sn*) (*a. fig.*) stumble, trip (*über acc.* over); make (*fig.* take) a false step; stagger; *fig. daran strauchelte er* this was his undoing; **ˈ≈ig** *adj.* shrubby; **ˈ~ritter** *m* → *Strauchdieb*; **ˈ~werk** *n* (-[e]s) shrubbery, copse; brushwood.

Strauß [ʃtraus] *m* **1.** (-es; -e) (*Vogel ~*) ostrich; **2.** (-es; ⸚e) strife, struggle, combat; duel; feud; *harter ~* hot fight; *e-n ~ ausfechten mit* tussle (*or* do battle) with, *fig. a.* lock horns with; **3.** (-es; ⸚e) nosegay, bunch (of flowers); bouquet.

Sträußchen [ˈʃtrɔʏsçən] *n* (-*s*; -) small bunch, small bouquet.

ˈStraußen|ei *n* ostrich-egg; **~feder** *f* ostrich-feather.

Strazze [ˈʃtratsə] *econ. f* (-; -*n*) scrap-book, *Am.* blotter.

Strebe [ˈʃtreːbə] *f* (-; -*n*) *arch., tech.* prop, stay, support; crossbeam, traverse; brace; *aer., tech., etc.* (*arch. a.* **~balken** *m*) strut; **~bogen** *m* (flying) buttress; **~mauer** *f* retaining wall.

streben [ˈʃtreːbən] *v/i.* (*h*): *~ nach* strife after, struggle for; aspire to, aim to, pursue, seek; *zu ... hin~*, *nach e-r Richtung ~* tend to(wards), make for; *in die Höhe ~* push aloft; *colloq. ped.* (be a) swot.

ˈStreben *n* (-*s*) striving (*nach* for, after); aspiration (to); endeavo(u)r, effort; ambition.

ˈStrebepfeiler *m* buttress.

ˈStreber *m* (-*s*; -) pusher, careerist, *Am. a.* climber; eager beaver; place-hunter; tuft-hunter; *ped.* swot; **~tum** *n* (-*s*) pushing, ambition; place-hunting; tuft-hunting; *ped.* swotting.

ˈstrebsam *adj.* assiduous, active; zealous, pushing; eager; aspiring; ambitious; **≈keit** *f* (-) assiduity; zeal, push; ambition.

Streck|apparat [ˈʃtrɛk-] *med. m* extension apparatus; **ˈ≈bar** *adj.* extensible; ductile; malleable; **ˈ~barkeit** *f* (-) extensibility, *etc.*; **ˈ~bett** *n* orthop(a)edic bed.

ˈStrecke *f* (-; -*n*) stretch; route; stage, *Am.* leg; distance; span; space; reach (*of river*); *sports*: **a)** distance, **b)** course; *math.* straight line; *aer., mar., teleph.* line (*a. rail.*), section; *mining*: roadway; *hunt.* bag; *durchlaufene* (*or zurückgelegte*) *~* distance covered; *auf freier ~* **a)** *rail.* on the open track, **b)** on the road; *auf der ~ bleiben* break down, collapse, succumb, *fig. a.* fail, come to grief, (*die*) perish, lick the dust; *zur ~ bringen hunt.* kill, shoot down, bag; *fig.* hunt down (*criminal, etc.*), *w.s.* defeat, do for (*opponent*).

ˈstrecken *v/t.* (*h.*) stretch, extend; spread; dilute; eke out, (make) spin out (*supply, soup, etc.*); extend, fill (*paint*); *metall.* roll, laminate; draw; straighten; *s-e Beine* (*Glieder*) *~* stretch one's legs (limbs); *sich ~* stretch (o.s.); *sich ins Gras ~* lie down on the grass; → *Decke, vier*; *die Waffen ~* lay down arms, surrender, *fig. a.* give in; *j-n zu Boden ~* stretch on the ground, fell, floor *a p.*; *die Arme zum Himmel ~* raise one's arms (toward heaven); *mil. gestreckte Ladung* elongated (*or* pole) charge; *in gestrecktem Galopp* in full career, (at) full tilt.

ˈStrecken...: **~arbeiter** *m* plate-layer, navvy, *Am.* section-hand; **~bau** *m* (-[e]s; -ten) railway construction; **~feuer** *aer. n* airway beacon; **~flug** *aer. m* long-distance flight; **~führung** *f* routing; **~karte** *f* route map; **~posten** *m* *sports*: course judge; **~rekord** *m* *sports*: track record; **~signal** *n* block signal; **~tauchen** *n* underwater swimming; **~wärter** *m* linesman, *Am.* trackman; **≈weise** *adv.* in parts, here and there.

ˈStreck...: **~hang** *m* (-[e]s) *gym.* straight-cross hang; **~mittel** *n* extender, thinner, *b.s.* adulterant; *for oil paints*: filler; **~muskel** *anat. m* extensor (muscle); **~stahl** *m* rolled steel; **~ung** *f* (-) stretching, extension; lengthening (*of supplies*); *metall.* rolling; **~verband** *med. m* traction *or* extension bandage; *ein Bein im ~* one leg in high traction.

Strehler [ˈʃtreːlər] *tech. m* (-*s*; -) chaser.

Streich [ʃtraiç] *m* (-[e]s; -e) stroke; blow; (whip-)lash; *fig.* stroke (of business); (*lustiger*) *~* prank, trick, joke; escapade; (*dummer*) *~* stupid thing to do, (piece of) folly; (*schlechter*) *~* mean (*or* shabby) trick; *auf e-n ~* at a blow; *j-m e-n ~ versetzen* deal a p. a blow; *j-m e-n* (*bösen*) *~ spielen* play a p. a (nasty) trick; *er arbeitete keinen ~* he did not do a stroke of work.

streicheln [ˈʃtraiçəln] *v/t.* (*h.*) stroke; caress, fondle; pat.

ˈstreichen I. *v/t.* (*irr., h.*) stroke, rub gently, touch gently; *a. tech.* sleek, smooth; spread (*butter, etc.*); *es läßt sich wie Butter ~* it spreads like butter; *mus.* play, bow; whet (*knife*), strop (*razor*); strike (*match*) (*an dat.* against); paint, coat (*a. tech. paper*), → *frisch*; strike (*or* cross) out *or* off, *esp. fig.* cancel; delete, obliterate; *von der Liste ~* strike off the roll; strike, haul down (*flag, sail*); *sports*: scratch (*entry*); *tech.* card (*wool*); make (*brick*); (*sich*) *das Haar aus der Stirn ~* push one's hair back; → *gestrichen*; **II.** *v/i.* **a)** (*irr., sn*) extend, sweep (*über acc.* over; *nach Süden* southward); run *or* stretch (*von ... nach* from ... to); *~ an* (*acc.*) graze, touch; pass (*vorbei an j-m* a p.), brush, rush (past a p.); run, fly, sweep (*über acc.* over); *~ über das Wasser, etc.*;

skim (over) *the water, etc.*; *bird*: sweep; stroll, ramble, roam; *beast, criminal*: prowl; **b**) (*h.*) *mit der Hand über et.* ~ pass one's hand over a th.

ˈ**Streicher** *mus. m/pl. the* strings.

ˈ**Streich...**: **~fähigkeit** *f* (-) *of lacquer*: ease of brushing; **~fläche** *f* striking surface; **~garn** *n* worsted yarn; **~garnspinneˈrei** *f* carded-wool spinning mill; **~holz** *n* match, *Am. a.* matchstick; **~holzschachtel** *f* match-box; **~instrument** *mus. n* string(ed) instrument; *~e pl. the* strings; **~käse** *m* spread cheese; **~lack** *m* brushing lacquer; **~masse** *f* coating (compound); **~musik** *f* string-music; **~orchester** *n* string-orchestra; **~papier** *n* coated paper; **~quartett** *mus. n* string quartet; **~riemen** *m* (razor-)-strop.

ˈ**Streichung** *f* (-; -*en*) cancellation (*a. fig.*); *typ.* deletion; suppressed (*typ.* deleted) passage; cut.

ˈ**Streichwolle** *f* carding wool.

Streif [ʃtraɪf] *m* (-[e]s; -e) stripe, streak; → *Streifen*; ˈ**~band** *n* (-[e]s; ⸚*er*) (postal) wrapper, cover; *unter ~* by book-post, *econ. securities*: (held) in safe custody deposit; ˈ**~blick** *m* (short) glance.

ˈ**Streife** *f* (-; -*n*) patrol; patrolman; raid; (policeman's) beat.

ˈ**Streifen** *m* (-s; -) stripe (*a. mil.*), streak, *anat., bot., geol., zo.* stria; vein; strip (*a. el.*), tract (*of land*), *a. mil.* sector; strip (*of paper*); *tel., etc.*: tape; (film) strip, *w.s.* film, *Am. a.* picture; braid, list; *arch.* fillet; shred; *in ~ schneiden* shred.

ˈ**streifen**[1] *v/t.* (*h.*) (*a. sich*) stripe, streak, *bot.* striate; *arch.* channel, flute.

ˈ**streifen**[2] (*h.*) **I.** *v/t. and v/i.* touch; *~ (an acc.)* graze (*a. mil. bullet*), skim; brush (against); *über et. ~* glide (*or* skim) over *a th.*; strip off; *den Ring vom Finger ~* take (*or* slip) off *the ring*; *fig.* touch (upon), skirt (*topic*); verge (*or* border) on; **II.** *v/i.* stroll, ramble; roam, range (*a. animal, glance*); prowl; *mil.* reconnoitre, patrol; make inroads; **⁀drucker, ⁀schreiber** *m* tape printer; **⁀polizist** *m esp. Am.* patrolman; **⁀wagen** *m* (police) patrol car, *Am.* squad (*or* prowl) car.

ˈ**streifig** *adj.* striped, streaky, *scient.* striate.

ˈ**Streif...**: **~jagd** *f* coursing; **~korps** *mil. n* flying column, raiding force; **~licht** *paint. n* accidental light(s *pl.*); *fig.* side-light; **~schuß** *mil. m* grazing shot; *e-n ~ bekommen* be grazed (by a bullet); **~ung** *f* (-) striping, striation; **~wunde** *f* skin wound, (mere) scratch; **~zug** *m* (roving) expedition; *mil.* raid, incursion.

Streik [ʃtraɪk] *m* (-[e]s; -s) strike, *Am. a.* walkout; *wilder ~* unauthorized (*or* wildcat) strike; *e-n ~ ausrufen* call a strike; *in den ~ treten* go on strike, *Am. a.* walk out; *sich im ~ befinden* be on strike; ˈ**~arbeit** *f* scab work; ˈ**~aufruf** *m* strike call; ˈ**~ausschuß** *m* strike committee; ˈ**~brecher** *m* (-s; -) strike-breaker, blackleg, scab; ˈ**⁀en** *v/i.* (*h.*) strike, go (*or* be on) strike, *Am. a.* walk out; *colloq. fig.* rebel, refuse (to go along, *etc.*), *engine, etc.*: refuse to work; ˈ**~ender** [ˈ-kəndər] *m* (-*en*; -*en*) striker; ˈ**~kasse** *f* strike fund; ˈ**~lohn** *m* strike pay; ˈ**~posten** *m* picket; picketer; *~ stehen* picket; ˈ**~recht** *n* freedom of strike; ˈ**~welle** *f* chain (*or* series) of strikes.

Streit [ʃtraɪt] *m* (-[e]s; -e) quarrel (*über acc.* about); difference, *leichter*: tiff; dispute, argument; controversy; altercation; squabble; wrangling; brawl, row; conflict, strife, struggle; battle, combat; feud; clash; rupture; *jur.* litigation, lawsuit; contest; *in ~ geraten mit* have a quarrel (*or* words) with, fall out with, clash with; *mit j-m in ~ liegen* be at variance (*or* loggerheads) with; ˈ**~axt** *f* battle-ax(e); *fig. die ~ begraben* bury the hatchet; ˈ**⁀bar** *adj.* warlike, martial; valiant; combative, fighting; militant; pugnacious, belligerent.

ˈ**streiten** *v/i.* (*irr., h.*) contend (*um* for); fight, struggle (for); combat; (*a. sich ~*) quarrel, be at loggerheads, *contp.* squabble, bicker, wrangle; dispute, argue, altercate, be at high words together; have a fight (*mit* with); clash (with); *jur.* litigate; *things*: be at variance (*mit* with), clash (with), be contrary (*gegen* to); *sie ~ sich fortwährend* they live like cat and dog; *darüber läßt sich ~* that's open to question, that's a moot point; **~d** *adj. jur.* litigant (*parties*); *die ~e Kirche* the Church Militant.

ˈ**Streiter(in** *f*) (-*s*, -; -, -*nen*) *m* fighter, warrior, combatant; disputant; champion.

ˈ**Streit...**: **~fall** *m*, **~frage** *f* (question at) issue, (point of) controversy; dispute, difference, conflict; *jur.* case (at law); **~gegenstand** *jur. m* matter in dispute; **~gehilfe** *jur. m* intervener; **~hahn** *m*, **~hammel** *colloq. m* squabbler; **~handel** *m* quarrel, dispute.

ˈ**streitig** *adj.* contestable, debatable, disputable, controversial; *jur.* sub judice; *~er Punkt* (point at) issue; contested, *pred.* in dispute, at issue; *j-m et. ~ machen* dispute a p.'s right to a th., contend with a p. for a th.; *j-m or e-r Sache den Rang ~ machen* compete (*or* vie) with, rival *a p. or th.*; **⁀keit** *f* (-; -en) → *Streit*.

ˈ**Streit...**: **~kräfte** *f/pl.* (military *or* armed) forces; services; troops; **~lust** *f* (-) quarrelsomeness, pugnacity, aggressiveness; **⁀lustig** *adj.* pugnacious, belligerent, aggressive; *pred.* spoiling for a fight; **~macht** *f* (-) → *Streitkräfte*; **~objekt** *n jur.* matter in dispute; bone of contention; **~punkt** *m* (point at) issue, point of controversy; moot point; **~roß** *n* war-horse, charger; **~sache** *f* controversial matter; *jur.* litigation, law-suit; **~satz** *m* thesis; **~schrift** *f* polemic (pamphlet *or* treatise); **~sucht** *f* (-) quarrelsomeness; **⁀süchtig** *adj.* quarrelsome, cantankerous; → *streitlustig*; **~wagen** *hist. m* war-chariot; **~wert** *jur. m* value in dispute, matter in controversy.

streng [ʃtrɛŋ] **I.** *adj.* severe, rigorous (*a. cold*), stern (*a. expression, glance*); inclement (*climate, weather*); harsh; rigid; austere (*character, life, style*); strict (*order, discipline, etc.*); stringent (*measure, rule*), sharp, tart (*taste*); *mil. ~er Arrest* close confinement; *~e Kritik* severe criticism; *~e Prüfung* stiff examination; *~e Sitten* strict morals; *~ sein gegen j-n* be strict with a p.; *ein ~es Regiment führen* rule with a heavy hand; **II.** *adv.* severely, *etc.*; *~ geheim* most (*Am.* top) secret; *~ vertraulich* in strict confidence, *esp. adm.* strictly confidential; *~ befolgen, sich ~ an (acc.) halten* adhere strictly to; *~ verboten* strictly forbidden; *Parken ~stens verboten* positively no parking; *~ nach Vorschrift* in strict accordance with regulations.

ˈ**Strenge** *f* (-) → *streng*; severity, rigo(u)r, sternness; inclemency; harshness; strictness; stringency; sharpness.

ˈ**streng...**: **~genommen** *adv.* strictly speaking, in the strict sense; **~gläubig** *adj.* orthodox; **⁀gläubigkeit** *f* (-) orthodoxy.

Strepto|kokkus [strɛptoˈkɔkus] *m* (-; -*kokken*) streptococcus; **~mycin** [-myˈtsiːn] *n* (-s) streptomycine.

Streß [ʃtrɛs] *med. m* (-sses; -sse) stress.

Streu [ʃtrɔʏ] *f* (-; -*en*) *agr.* litter; *for persons*: bed of straw, shakedown; ˈ**~büchse** *f* castor; dredger; (*pepper, etc.*) box, sprinkler; ˈ**⁀en** *v/t. and v/i.* (*h.*) strew, scatter; sow; *fig.* disseminate; → *Sand*; *Pfeffer (Zucker) auf et. ~* pepper (sugar) a th.; *agr. dem Vieh*: litter *the cattle*; spread (*manure*); *el.* stray; *gun*: spread (the shot), *mil.* scatter, *intentionally*: sweep, *lengthwise*: search; ˈ**~er** *m* (-s; -) → *Streubüchse*; ˈ**~feuer** *mil. n* scattered fire; area fire; sweeping fire; ˈ**~gold** *n* gold dust.

streunen [ˈʃtrɔʏnən] *v/i.* (*sn*) roam about, stray; *~der Hund* stray dog.

ˈ**Streu...**: **~neutron** *phys. n* stray neutron; **~pulver** *n* sprinkling powder; **~sand** *m* dry sand, grit; writing-sand; **~strahlung** *f nuclear physics*: stray radiation; **~ung** *f* (-; -*en*) strewing, *etc.*; deviation; *mil., a. statistics, etc.*: dispersion, spread; *nuclear physics*: stray, scattering; **~zucker** *m* powdered sugar, castor-sugar.

strich [ʃtrɪç] *pret. of streichen.*

Strich *m* (-[e]s; -e) stroke; line; dash; stripe, streak; stroke (of the brush), touch, *varnishing, spraying*: pass; *mus.* bar; touch (*of bow*); point (*of compass*); migration, passage (*of birds*), flight; covey (*of partridges*); region, tract, district; grain (*of wood, etc.*); *gegen den ~ rasieren* shave up; *paint. mit wenigen ~en* with a few strokes; *e-n ~ durch et. machen* cross a th. out, run one's pen through a th.; *e-n ~ unter et. machen* underline a th.; *fig. e-n (dicken) ~ unter et. machen* make a clean break with a th.;

e-n ~ *unter seine Vergangenheit machen* turn over a new leaf; *colloq. fig. j-n auf dem ~ haben* have it in for a p.; *colloq. auf den ~ gehen* walk the streets (*prostitute*); *colloq. das ging mir gegen den ~* it rubbed me the wrong way; *nach ~ und Faden* thoroughly; *nach ~ und Faden besiegen* inflict a crushing defeat on, mop the floor with *an opponent*; ~ *darunter!* forget it!

'Strich...: ~ätzung *f* line etching; line-plate; **~einteilung** *f* graduation; **2eln** *v/t.* (*h.*) mark with little lines; dot; hatch, shade; *gestrichelte Linie* dotted line; **~mädchen** *n* streetwalker; **~platte** *f* graduated dial, graticule; **~punkt** *m* semicolon; **~regen** *m* local shower; **~vogel** *m* migratory bird, visitant; **2weise** *adv.* by strokes (*or* lines); in parts, here and there; ~ *Regen* scattered rain showers; **~zeit** *orn. f* time of migration.

Strick [ʃtrik] *m* (-[e]s; -e) cord, line; rope; → *Strang*; *colloq. fig.* scamp, young rascal, good-for--nothing; *fig. j-m aus et. e-n ~ drehen* (try to) trip a p. up with a th.; *wenn alle ~e reißen* if all else fails, as a last resort.

'Strick...: ~arbeit *f* knitting; **~beutel** *m* knitting-bag; **2en** *v/t.* (*h.*) *and v/i.* knit; *netzartig ~* net; **~en** *n* knitting; **~er(in** *f*) *m* (-s, -; -, -nen) knitter; **~e'rei** *f* (-; -en) knitting; **~garn** *n* knitting yarn; **~handschuhe** *m/pl.* knitted gloves; **~jacke** *f* cardigan (jacket), jersey; **~kleidung** *f* knit(ted) wear; **~leiter** *f* rope-ladder; **~maschine** *f* knitting machine; **~muster** *n* knitting pattern; **~nadel** *f* knitting needle; **~strumpf** *m* stocking which is being knitted, knitting; **~waren** *f/pl.* knit(ted) goods; **~weste** *f* → *Strickjacke*; **~wolle** *f* knitting wool; **~zeug** *n* knitting (things *pl.*).

Striegel ['ʃtri:gəl] *m* (-s; -) curry--comb; **2n** *v/t.* (*h.*) curry (*horse*); brush; *fig.* take to task, blow up; *gestriegelt und gebügelt* spick and span.

Striem|e ['ʃtri:mə] *f* (-; -n), **~en** *m* (-s; -) stripe, streak; band; *on skin*: wale, weal; **2ig** *adj.* striped, streaky; *skin*: covered with wales.

striezen ['ʃtri:tsən] *colloq. v/t.* (*h.*) **1.** pilfer, filch; **2.** harass, plague.

strikt [ʃtrikt] *adj.* strict; **~e** *adv.* strictly.

Strippe ['ʃtripə] *f* (-; -n) strap; string; *colloq. an der ~ hängen* be on the phone (all day long).

stritt [ʃtrit] *pret. of streiten.*

strittig ['ʃtritiç] *adj.* → *streitig*; **~er** *Punkt* point at issue, moot point.

Stroh [ʃtro:] *n* (-[e]s) straw; *on roof*: thatch; *fig. leeres ~ dreschen* platitudinize, talk hot air, *politician*: churn out the old catch-cries; ~ *im Kopfe haben* be empty-headed.

'Stroh...: 2blond *adj.* flaxen-haired; **~blume** *f* immortelle; **~bund** *n* truss of straw; **~dach** *n* thatch(ed roof); **2ern** ['-ərn] *adj.* (of) straw; *fig.* dry (as dust), jejune; **2farben** *adj.* straw-colo(u)red; **~feuer** *n* straw fire; *fig.* short-lived passion (*or* enthusiasm); **~geflecht** *n* straw--plaiting, straw-work; **2gelb** *adj.* → *strohfarben*; **~halm** *m* (blade of) straw; *fig. nach e-m ~ greifen* catch at a straw; **~hut** *m* straw hat; **~hütte** *f* thatched hut; **~kartoffeln** *f/pl.* potato chips *pl.*; **~kopf** *colloq. m* blockhead, numskull; **~lager** *n* layer of straw; shakedown; **~mann** *m* (-[e]s; ⸚er) man of straw (*a. fig.*), scarecrow; *fig.* dummy (*a. cards*); **~matratze** *f* straw-mattress; **~matte** *f* straw mat; **~puppe** *f agr.* scarecrow; *mil.* dummy; **~sack** *m* straw mattress, paliasse; **~wisch** *m* wisp (*or* whisk) of straw; **~witwe(r** *m*) *f* grass widow(er).

Strolch [ʃtrɔlç] *m* (-[e]s; -e) tramp, *Am. a.* bum; *contp. or humor. a.* scamp, scalawag; blackguard; **'2en** *v/i.* (*sn*) roam, ramble, tramp about, loaf about.

Strom [ʃtro:m] *m* (-[e]s; ⸚e) stream, (large) river; torrent; flood; current (*a. fig.*); (electric) current; power; *el. unter ~* live; *fig.* stream (*or* flood) of people, throng; flow of traffic; ~ *von Tränen* flood of tears ~ *von Worten* torrent (*or* flood) of words; *Ströme pl. Blutes* streams of blood; *der in Strömen fließende Wodka* the flowing wodka; *gegen den ~ schwimmen* swim against the current (*fig. a.* against the tide); *fig. mit dem ~e schwimmen* go with the tide; *es gießt in Strömen* it is pouring with rain.

'Strom...: ~abnehmer *el. m* **a)** current collector, **b)** user of electric power; **2ab(wärts)** *adv.* downstream, down the river; **~aggregat** *n* generating set *or* plant; **~anzeiger** *m* current indicator; **~art** *f* type of current; **2'auf(wärts)** *adv.* upstream, up the river; **~bett** *n* river--bed; **~dichte** *el. f* current density; **2durchflossen** *el. adj.* (a)live.

strömen ['ʃtrø:mən] *v/i.* (*h.*, *sn*) stream; flow, run; gush; *blood*: *a.* rush (*in den Kopf* to a p.'s head); *rain*: pour; *persons*: stream, throng, pour (*aus* out of; *in acc.* into).

'Strom...: ~enge *f* narrows *pl.* of a river; **~entnahme** *el. f* consumption of current; **~er** *colloq. m* (-s; -) → *Strolch*; **~erzeuger** *m* generator; **~erzeugung** *f* generation of current; **2führend** *el. adj.* current--carrying, live; **~gebiet** *n* (river-) basin; **~kreis** *el. m* circuit; service circuit; *dreiphasiger ~* threephase circuit; **~leiter** *m* (current) conductor; **~leitung** *f* circuit line; **~lieferung** *f* supply of power; **~linie(nform** [-]) *f* streamline(d design); **2linienförmig** ['-fœrmiç] *adj.* streamline(d); ~ *gestalten* streamline; **2los** *el. adj.* dead, at earth potential; **~messer** *el. m* ammeter; **~netz** *n* power supply system; → *Stromkreis*; **~polizei** *f* river-police; **~quelle** *el. f* source of power (supply), power source; **~richter** *el. m* (current) converter; **~sammler** *el. m* accumulator, storage battery; **~schiene** *el. f* live (*or* contact) rail; bus bar; **~schnelle** ['-ʃnelə] *f* rapid, *Am. a.* riffle; **~schwankungen** *el. f/pl.* current variations; **~sicherung** *el. f* fusible cut-out; **~spannung** *el. f* voltage; **~sperre** *el. f* stoppage of current, power interruption (*or* cut); **~stärke** *el. f* intensity of current; amperage; **~stärkemesser** *m* galvanometer; **~stoß** *el. m* current impulse; current surge.

'Strömung *f* (-; -en) current; flow, flux; *aerodynamische ~* flow; *fig.* current, drift, trend, movement; **~sbild** *n* flow characteristics *pl.*; **~sgeschwindigkeit** *tech. f* velocity of flow; **~sgetriebe** *tech. n* hydraulic gear, fluid drive; **~slehre** *f* (-) hydrodynamics; aerodynamics *pl.*

'Strom...: ~unterbrecher *el. m* circuit-breaker, interrupter; **~verbrauch** *m* current (*or* power) consumption; **~verbraucher** *m* consumer of electric current; *esp. machine*: power consumer; **~verlust** *m* loss of current, leakage; **~versorgung** *f* power supply; **~wandler** *m* current transformer; **~wender** ['-vendər] *m* (-s; -) commutator; **~zähler** *m* electric meter.

Strontium ['strɔntsium] *chem. n* (-s) strontium.

'Strophe ['ʃtro:fə] *f* (-; -n) stanza, verse; strophe.

strotzen ['ʃtrɔtsən] *v/i.* (*h.*) exuberate; ~ *von or vor* (*dat.*) abound in; be teeming with (*people, lice, mistakes, etc.*), be lousy with; be full of, be brimming with; bristle with (*arms, errors, etc.*); be covered with (*dirt*); burst with (*health, strength, pride*); **~d** *adj.* abundant (*von, vor dat.* in); exuberant; *vor Gesundheit ~* exuberant with health.

strubbel|ig ['ʃtrubəliç] *adj.* dishevel(l)ed, tousled; shock(-headed); **2kopf** *m* shock head; tousled hair.

Strudel ['ʃtru:dəl] *m* (-s; -) swirl, whirlpool, eddy, *großer*: maelstrom; *esp. phys.* vortex, turbulence; rapids *pl.*; *fig.* whirl, maelstrom; ~ *der Gesellschaft* vortex of society; *cul.* strudel; **2n** *v/i.* (*h.*) whirl, swirl, eddy, boil.

Struktur [ʃtruk'tu:r] *f* (-; -en) structure (*a. metall.*); texture; *in compounds and* **strukturell** [-tu'rɛl] *adj.* structural.

Strumpf [ʃtrumpf] *m* (-[e]s; ⸚e) stocking; *pl. econ.* (*lange Strümpfe*) hose *sg.*; (*halblanger*) *kurzer* (*Herren*)~ (midlength) sock, half hose; *el.* mantle; *colloq. fig. sich auf die Strümpfe machen* make off, beat it.

'Strumpf...: ~band *n* (-[e]s; ⸚er) garter; **~fabrik** *f* stocking *or* hosiery factory; **~fabrikant** *m* stocking manufacturer; **~form** *f* stocking leg; **~garn** *n* hosiery yarn; knitting cotton; **~gewebe** *n* hosiery fabric; **~halter** *m* (stocking) suspender, *Am.* garter; **~haltergürtel** *m* suspender belt, *Am.* garter belt, girdle; **~stricker(in** *f*) *m* stocking-knitter; **~waren** *f/pl.* hosiery *sg.*; **~warenhändler(in** *f*) *m* hosier, haberdasher; **~weber, ~wirker** *m* stocking weaver; **~wirke'rei** *f* manufacture of stockings.

Strunk [ʃtruŋk] *m* (-[e]s; ⸚e) stalk; (tree) trunk, stump.

struppig ['ʃtrupiç] *adj.* rough, dishevel(l)ed, unkempt (*hair*); shaggy (*dog*); bristly (*beard*).

Struwwel|kopf ['ʃtruvəl-] *m* shock-head; **~peter** ['-pe:tər] *m* (-s; -) shock-headed Peter.

Strychnin [ʃtryç'ni:n] *n* (-s) strychnine.

Stübchen ['ʃty:pçən] *n* (-s; -) little room, cubby-hole.

Stube ['ʃtu:bə] *f* (-; -n) room, apartment; *gute* ~ parlo(u)r.

'**Stuben...:** **~älteste(r)** *mil. m* (squad-)room leader; **~appell** *mil. m* bunk inspection; **~arbeit** *f* indoor work; **~arrest** *m* confinement to one's room (*mil.* to quarters); ~ *haben* be confined to one's room (*mil.* to quarters); **~fliege** *f* (common) house-fly; **~gelehrsamkeit** *f* book-learning, bookishness; **~gelehrte(r)** *m* bookworm, bookman; **~hocker** *m* stay-at-home; **~kamerad** *m* fellow-lodger, room-mate; **~mädchen** *n* parlo(u)r maid, house-maid; **~maler** *m* decorator; **2rein** *adj.* house-trained, *Am.* house-broke(n).

Stuck [ʃtuk] *m* (-[e]s) stucco.

Stück [ʃtyk] *n* (-[e]s; -e) piece (*a. measure after figures; coin, gun, work of art*); bit; morsel; cut, hunk; part, portion; fragment; specimen; shred; slice; (~ *Seife*) cake (*of soap*); (~ *Zucker*) lump (*of sugar*); *tech.* unit; ~ *Land* piece of land, plot, lot, patch; (~ *Weg*) stretch, distance; *mus.* piece of music; *thea.* piece, play; copy; (~ *Vieh or Wild*) head (*of cattle or game*); extract, passage (*in book, etc.*); act, deed; *econ.* ~*e pl.* stocks, securities; *e-r Anleihe*: individual bonds; *in* ~*en zu 100 Dollar* (issued) in denominations of $100; *ein hübsches* ~ *Geld* a nice little sum, a tidy penny; *ein schweres* ~ *Arbeit* a tough job; *colloq. freches* ~ (*person*) saucy one; *das ist doch ein starkes* ~! that's a bit thick!; *50 Cent das* ~ 50 cent apiece (*or* each); *colloq.* ~*er 10* about ten; *aus e-m* ~ all of a piece, (made) in one piece; *fig. aus freien* ~*en* of one's own free will, voluntarily; *in allen* ~*en* in every respect; *in vielen* ~*en* in many points (*or* ways); ~ *für* ~ piece by piece, bit by bit; *econ. dem* ~ *nach verkaufen* sell by the piece, retail; *in* ~*e gehen* go (*or* break) to pieces; *in* ~*e schlagen* knock to pieces, smash (to bits); *fig. große* ~*e halten auf* (*acc.*) think highly (*or* the world) of, make much of; *wir (die Verhandlungen) sind ein (gutes)* ~ *weitergekommen* we (the negotiations) have made some (considerable) headway.

'**Stuckarbeit** *f* stuccowork.

'**Stück...:** **~arbeit** *f* piecework; jobbing; **~arbeiter(in** *f*) *m* piece-worker.

'**Stückchen** *n* (-s; -) small piece *or* morsel *or* bit; chip; scrap (*of paper*); shred; *mus.* air, tune, snatch; *fig.* trick; stunt; anecdote.

'**Stückekonto** *econ. n* stock-account.

'**stückel|n** *v/t.* (*h.*) cut in(to) pieces *or* bits; *stock exchange*: divide into shares; (*a.* '**stücken**) piece (together), patch up; **2ung** *f* (-; -en) denomination (*of shares*).

'**Stück...:** **~faß** *n* butt, large cask; **~fracht** *f*, **~gut** *n* mixed cargo; piece-goods *pl.*; parcel(s *pl.*); **~gutladung** *f* mixed cargo, *Am. a.* less-than-carload; **~kohle** *f* lump coal; **~leistung** *tech. f* capacity; **~liste** *f* parts list; inventory; specification; **~lohn** *m* piece-wage(s *pl.*); **~metall** *n* gun metal; **~preis** *m* price by the piece, price per unit; **2weise** ['-vaɪzə] *adv.* piece by piece, piecemeal; *econ.* by the piece, (by) retail; **~werk** *contp. n* patchwork; *unser Wissen ist* ~ our knowledge is scrappy; **~zahl** *f* number of pieces; **~zeit** *f* piece rate (*or* time), individual production time; machining time; **~zinsen** *econ. pl.* accrued interest (on shares); additional interest *sg.*; **~zoll** *m* specific duty.

Student [ʃtu'dɛnt] *m* (-en; -en), **~in** *f* (-; -nen) (*f* woman) student, (*f* girl) undergraduate; *graduierter* ~ graduate; ~ *der Medizin* medical student; ~ *der Philosophie* student of philosophy; ~ *der Rechte* law student.

Stu'denten...: **~austausch** *m* exchange of students; **~heim** *n* students' hostel, *esp. Am.* dormitory; **~jahre** *n/pl.* → *Studienzeit*; **~leben** *n* (-s) student life, college life; **~schaft** *f* (-; -en) (body of) students; **~verbindung** *f* students' club, *Am.* fraternity; **~wohnhaus** *n* → *Studentenheim*.

stu'dentisch *adj.* student-like, academic, *Am.* collegiate.

Studie ['ʃtu:diə] *f* (-; -n) study (*a. paint., etc.*); sketch, essay; *univ.* ~*n pl.* → *Studium*.

'**Studien...:** **~assessor** *m* assistant master (not yet appointed); **~aufenthalt** *m* educational stay; **~ausschuß** *m* research committee; **~direktor(in** *f*) *m* headmaster (*f* headmistress) of a secondary school, *Am.* high-school principal; **~fach** *n* branch of study, subject; **~fahrt** *f* study trip; **~gang** *m* course of studies; **~genosse** *m* fellow-student; **2halber** *adv.* for the purpose of studying; **~jahr** *n* academic year; ~*e pl.* → *Studienzeit*; **~kommission** *f* research commission, study group; **~plan** *m* plan of study; curriculum, syllabus; **~rat** *m* (-[e]s; ⸚e), **~rätin** ['-rɛ:tin] *f* (-; -nen) assistant master (*f* mistress) of a secondary school; **~referendar** *m* assistant master on probation; **~reise** *f* informative (*or* educational) trip; **~zeit** *f* years of study, college days.

studieren [ʃtu'di:rən] *v/t. and v/i.* (*h.*) study (*a. w.s. read, consider*); go to the university, go to college; *Philosophie* ~ study philosophy; *die Rechte* ~ study the law, be a law-student, read for the bar; ~ *lassen* send to the university (*or* to a college); *er hat studiert* he has (had) academic training, he is a university-man; *wo hat er studiert?* which university has he been to?

Stu'dieren *n* (-s) studying, studies *pl.*

stu'diert *adj.* educated; ~*er Mann* (*a.* 2*er*) university-man; *fig.* studied, affected.

Stu'dierzimmer *n* study.

Studio ['ʃtu:dio] *n* (-s; -s) studio; **~übertragung** *f* studio broadcast (*or* pick-up).

Studium ['ʃtu:dium] *n* (-s; -dien) study; studies *pl.*, reading; research, investigation; *pl. Studien* studies.

Stufe ['ʃtu:fə] *f* (-; -n) step; *of ladder*: *a.* rung (*a. fig.*); door-step; *on terrain*: terrace; *fig.* interval; shade, hue; *gr.* degree (of comparison); stage (*of development*; *a. tech., a. of rocket*); phase; degree, grade; level, standard; rank; *auf gleicher* ~ *mit* (*dat.*) on a level (*or* par) with; *auf e-e* ~ *stellen* put on a level with; *die höchste* ~ *des Glücks* the height of happiness.

'**Stufen...:** **~anordnung** *tech. f* stepped arrangement; **2artig** ['-ɑ:rtiç] *adj.* like steps, steplike; *fig.* graduated, gradual; **~nbarren** *gym. m* assymetrical bars; **~folge** *f fig.* graduation, succession, sequence of stages; **2förmig** ['-fœrmiç] *adj.* in the form of steps, by steps; ~ *angeordnet* graded; **~gang** *m fig.* → *Stufenfolge*; **~härtung** *metall. f* hot tempering; **~leiter** *f* step-ladder; *mus.* scale, *a. fig.* gamut (*of emotions*); *fig.* (progressive) scale, graduation; **2los** *tech. adj.*: ~ (*regelbar*) infinitely variable (*speed transmission*); **~rakete** *f* multi-step rocket; **~schalter** *el. m* tap (*or* stepping) switch; **~transformator** *el.* step-up (*or* step-down) transformer; **2weise** ['-vaɪzə] *adv.* by steps *or* degrees, gradually; *esp.* stepwise, in stages.

Stuhl [ʃtu:l] *m* (-[e]s; ⸚e) chair, seat; stool; (church) pew; *eccl. der Heilige* ~ the Holy See; *jur. elektrischer* ~ electric chair; *auf dem elektrischen* ~ *hinrichten Am.* electrocute; *physiol.* **a**) → *Stuhlgang*, **b**) stool; *j-m den* ~ *vor die Tür setzen* show a p. the door; turn a p. out, give a p. the sack; *sich zwischen zwei Stühle setzen* fall between two stools.

'**Stuhl...:** **~abgang** *med. m* def(a)ecation; **~bein** *n* leg of a chair; **~drang** *med. m* straining, tenesmus; **~flechter(in** *f*) ['-flɛçtər] *m* (-s, -; -, -nen) chair-bottomer; **2fördernd** *pharm. adj.* aperient, laxative; **~gang** *physiol. m* (-[e]s) stool, f(a)eces; motion, evacuation of the bowels; ~ *haben* **a**) go to stool, **b**) have open bowels, be regular; *keinen* ~ *haben* have no motions; **~lehne** *f* back of a chair; **~sitz** *m* bottom of a chair; **~verhaltung** ['-fɛrhaltuŋ] *f* (-; -en), **~verstopfung** *med. f* constipation; **~verhärtung** *med. f* f(a)ecal impaction; **~zäpfchen** *med. n* anal suppository; **~zwang** *med. m* (-[e]s) tenesmus.

Stuka ['ʃtu:ka] *aer. m* (-s; -s) (= *Sturzkampfbomber*) dive bomber, stuka; *mit* ~*s angreifen* divebomb.

Stukkatur [ʃtuka'tu:r] *f* (-; -en) stuccowork.

Stulle ['ʃtulə] *f* (-; -n) slice of bread (and butter); sandwich.

Stulpe ['ʃtulpə] *f* (-; -n) (boot-)top; cuff.

stülpen ['ʃtylpən] *v/t.* (*h.*) turn (inside out); turn up(side down); put over *or* (up)on; *den Hut auf den*

Kopf ~ stick (*or* clap) on one's hat.

'**Stulphandschuh** *m* gauntlet glove; *fenc.* fencing-glove.

'**Stülpnase** *f* turn(ed)-up nose.

'**Stulpenstiefel** *m* top-boot.

stumm [ʃtum] *adj.* dumb, mute (*both a. fig.*); silent; *gr.* silent, mute; *fig.* ~ *vor Erstaunen, etc.*: struck dumb with, speechless with (*amazement, etc.*); ~*es Flehen* mute appeal; *thea.* ~*es Spiel* dumb-show; ~*er Zorn* speechless anger, dumb rage; ~ *wie ein Fisch* mute as a fish; '**2abstimmung** *f radio*: silent tuning.

Stummel ['ʃtuməl] *m* (-s; -) stump; *of cigar, etc.*: fag(-end), *Am.* butt, stub; ~**pfeife** *f* short-stemmed pipe.

'**Stumme(r** *m*) *f* (-n, -n; -en, -en) mute (person).

'**Stummfilm** *m* silent film; ~**zeit** *f* silent era.

'**Stummheit** *f* (-) dumbness, muteness; silence.

Stumpen ['ʃtumpən] *m* (-s; -) body (of a felt-hat); (*cut cigar*) cheroot.

Stümper ['ʃtympər] *m* (-s; -), ~**in** *f* (-; -nen) bungler; duffer; **Stümpe'rei** *f* (-; -en) bungling, bad job, incompetence; blunder; '**stümperhaft** *adj.* bungling, clumsy, incompetent; '**stümpern** *v/i. and v/t.* (*h.*) bungle, botch, *sl.* foozle; *auf dem Klavier*: strum on *the piano*.

stumpf [ʃtumpf] *adj.* blunt, dull; *math.* obtuse (*angle*), truncated (*cone*); ~*e Pyramide* frustrum; ~*e Nase* snub nose; *tech.* ~ *aneinanderfügen* butt-(joint); *fig.* dull; masculine (*rhyme*); blunt, obtuse, dull (*mind, etc.*); stolid; apathetic, dull; ~ *machen* (*a. fig.*) blunt, dull; ~ *werden fig.* grow shaky (*or* rusty); *j-n* ~ *anblicken* look at a p. dully.

Stumpf (-[e]s; ¨e) stump, stub; *math.* frustrum; *fig. mit* ~ *und Stiel* root and branch, completely; *mit* ~ *und Stiel ausrotten a.* wipe *village, etc.*, off the map.

'**Stumpf...**: ~**heit** *f* (-) bluntness, dul(l)ness; *fig. a.* obtuseness; apathy; **2kantig** *adj.* blunt-edged; ~**kegel** *math. m* truncated cone; ~**nahtschweißung** *tech. f* butt-seam welding; ~**näschen** ['-nɛːsçən] *n* (-s; -), ~**nase** *f* snub-nose; **2nasig** ['-naːziç] *adj.* snub-nosed; **2schweißen** *tech. v/i.* (*h.*) butt-weld; ~**sinn** *m* (-[e]s) dul(l)ness, stupidity, stupor, apathy; *colloq.* (*boring activity*) dul(l)ness, monotony; **2sinnig** *adj.* dull(-witted), stupid; dull, apathetic; *colloq.* (*boring*) dull, tedious; ~*er Kerl* dullard, dolt; **2winkelig** *adj.* obtuse-angled.

Stunde ['ʃtundə] *f* (-; -n) hour (*a. fig.*); *ped.* lesson, *Am.* period; ~*n geben* give lessons; ~ *nehmen bei* (*dat.*) take (*or* have) lessons from; *e-e halbe* ~ half an hour, *Am. a.* a half-hour; *freie* ~ off hour; *fig. in letzter* ~ at the eleventh hour; *mot. 50 Meilen in der* ~ 50 miles per hour; *von drei* ~*n* (*Dauer*) of (*or* lasting) three hours, three-hour (*speech, etc.*); *von Stund an* from that (very) hour, ever since (then); *von* ~ *zu* ~ from hour to hour; *zur* ~ at this hour; *bis zur* ~ up to this hour, as yet; *seine* ~ *ist gekommen* **a**) his time has come (*to win, etc.*), **b**) his time is up, his sands are running out, **c**) his last hour has come.

'**stunden** *econ. v/t.* (*h.*) grant (*or* allow) a respite *or* delay for; *j-m die Zahlung* ~ grant *a p.* a respite in payment, extend the term of payment.

'**Stunden...**: ~**durchschnitt** *m*, ~**geschwindigkeit** *f* (average) speed per hour; ~ *von 40 Meilen* an average of 40 miles per hour (*abbr.* m.p.h.); ~**geld** *n* fee for lessons; ~**glas** *n* hour-glass; ~**kilometer** *m/pl.* kilomet|res (*Am.* -ers) per hour; **2lang I.** *adj.* lasting (for) hours; **II.** *adv.* for hours (and hours); ~**leistung** *f* hourly output; *of machine*: output per hour; ~**lohn** *m* wage(s *pl.*) per hour; ~**plan** *m* time-table, curriculum, *Am.* schedule; ~**satz** *m* hourly rate; ~**schlag** *m* striking of the hour; *mit dem* ~ on the stroke; **2weise** ['-vaɪzə] **I.** *adj.*: ~ *Beschäftigung* part-time employment; **II.** *adv.* by the hour; ~**zeiger** *m* hour-hand.

Stündlein ['ʃtyntlaɪn] *n* (-s; -) little (*or* short) hour; *sein letztes* ~ *hat geschlagen* his last hour has come.

'**stündlich I.** *adj.* hourly; **II.** *adv.* every hour; per hour; hour by hour.

'**Stundung** *econ. f* (-; -en) respite, delay, extension of time; ~**sfrist** *f* time (*or* grace) allowed for payment; ~**sgesuch** *n* request for (a) respite.

Stunk [ʃtunk] *colloq. m* (-s) row, stink; ~ *machen* kick up a row, raise a stink.

stupfen ['ʃtupfən] *v/t.* (*h.*) push, nudge.

stupid(**e**) [ʃtu'piːt, -də] *adj.* stupid, idiotic.

Stups [ʃtups] *colloq. m* (-es; -e), '**2en** *v/t.* (*h.*) push, nudge; '~**nase** *f* turn(ed)-up nose, snub-nose; **2nasig** ['-naːziç] *adj.* snub-nosed.

stur [ʃtuːr] *adj.* staring, fixed (*glance*); pigheaded, mulish; stolid; dull (*job*); '**2heit** *f* (-) stubborness, pigheadedness.

Sturm [ʃturm] *m* (-[e]s; ¨e) storm, tempest (*both a. fig.*); *a. mar.* gale; hurricane, tornado, cyclone; gust; *fig.* (-[e]s) *mil.* assault, onset, charge; *soccer*: forward line, forwards *pl.*; *econ.* ~ *auf* (*acc.*) rush for *goods*, run on *a bank*; tumult, turmoil; rage, fury; ~ *der Entrüstung* outcry; ~ *im Wasserglas* storm in a tea-cup; ~ *und Drang* Storm and Stress; ~ *laufen auf* assault, assail (*both a. fig.*); ~ *läuten* ring the alarm-bell; *im* ~ *erobern or nehmen* take by assault, *a. fig.* take by storm.

'**Sturm...**: ~**abteilung** *mil. f* storming-party; ~**abzeichen** *mil. n* assault badge; ~**angriff** *mil. m* assault; ~**artillerie** *mil. f* assault artillery; ~**bataillon** *mil. n* assault (*or* shock) battalion; ~**bö** *f* white squall; ~**bock** *hist. m* battering-ram; ~**boot** *mil. n* assault boat.

stürmen ['ʃtyrmən] **I.** *v/t.* (*h.*) *mil.* storm (*a. w.s. bank, etc.*); assault; *mit* ~*der Hand erobern* take by assault; **II.** *v/i.* **a**) (*h.*) *mil.* make an assault, charge; *a. sports*: attack; *wind*: rage; *fig.* storm, rage; *es stürmt* it is stormy weather; **b**) (*sn*) rush (along), tear.

'**Stürmer** *m* (-s; -) hotspur; *sports*: forward; ~**reihe** *f* forward line.

'**Sturm...**: **2fest** *adj.* storm-proof; ~**flut** *f* tidal wave; **2frei** *adj.* sheltered from the storm; *mil.* unassailable; ~**gepäck** *mil. n* combat pack; **2gepeitscht** ['-gəpaɪtʃt] *adj.* gale-lashed; ~**geschütz** *mil. n* (self-propelled) assault gun; assault tank; ~**gewehr** *mil. n* automatic rifle; ~**glocke** *f* alarm-bell, tocsin; ~**haube** *hist. f* helmet, morison.

'**stürmisch** *adj.* stormy, tempestuous, squally; storm-swept; rough (*sea, passage*); *fig.* impetuous; tumultuous, uproarious; tempestuous, passionate, violent; stormy (*debate, life*); rapid (*expansion, etc.*); *et.* ~ *verlangen* clamour for; *nicht so* ~! gently, gently!, *Am.* take it easy!

'**Sturm...**: ~**lauf** *mil. m* assault; ~**leiter** *hist. f* scaling-ladder; **2reif** *adj.* ready to be assaulted; ~ *machen* soften up; ~**riemen** *mil. m* chin-strap; ~**schaden** *m* damage caused by storm; ~**schritt** *mil. m* double-quick step; *im* ~ at the double; ~**schwalbe** *f* petrel; ~**segel** *n* lug-sail; ~**signal** *mar. n* storm signal; ~**spitze** *f soccer*: striker; ~**trupp** *mil. m* assault (*or* storming-)party; ~**vogel** *m* (stormy) petrel; ~**warnung** *f* gale warning; ~**welle** *mil. f* assault wave; ~**wetter** *n* stormy weather; ~**wind** *m* storm(y wind), heavy gale; ~**wolke** *f* storm cloud; ~**zeichen** *n* storm signal (*a. fig.*).

Sturz [ʃturts] *m* (-es; ¨e) (sudden) fall, tumble; crash, smash; plunge; fall (*von* off *a horse, etc.*), cropper; *aer.* dive; precipice; *mot.* camber; *arch.* (*pl.* -e) lintel; *fig.* drop (*of temperature, etc.*); *econ.* slump, collapse (*of prices*); (down-) fall, ruin; *econ.* crash, smash, collapse; overthrow (*of government*); disgrace; *e-n* (*schweren*) ~ *tun* have a (bad) fall.

'**Sturz...**: ~**acker** *m* new-ploughed field, *Am.* plowed field; ~**angriff** *aer. m* diving attack; ~**bach** *m* torrent; ~**bad** *n* plunge; ~**bomber** *aer. m* dive bomber.

Stürze ['ʃtyrtsə] *f* (-; -n) (dish-) cover, lid; bell (*of wind instrument*).

'**stürzen I.** *v/i.* (*sn*) (have a) fall, tumble; crash (*in acc.* into); *vom Pferd* ~ fall off one's horse, come a cropper; *aer.* dive (*for attack*); *terrain*: fall abruptly; descend precipitously; *econ. prices*: plunge, collapse; *ins Zimmer* ~ rush (*or* plunge, burst) into the room; **II.** *v/t.* (*h.*) precipitate; throw, hurl (down), plunge; rush; upset, overturn; turn up, tilt, dump; overthrow (*government*); *sich ins Wasser* ~ **a**) plunge into the water, **b**) drown o.s.; *sich* ~ *auf* rush at *a p.*, pounce (up)on *a th.*, plunge into, throw o.s. into *work*; *ins Elend* ~

ruin, plunge into misery; *in e-n Krieg* ~ plunge into a war; → *Verderben; sich in Schulden* ~ plunge into debt; *sich in Unkosten* ~ go to expense, spend a lot of money; *on boxes*: *Nicht* ~! this side up!

'**Stürzen** *n* (-*s*) (heavy) fall, tumble; *econ.* collapse, slump.

'**Sturz...**: ~**flug** *aer. m* (nose-)dive; *e-n* ~ *machen* dive; ~**geburt** *med. f* precipitate labo(u)r *or* delivery; ~**güter** *econ. n/pl.* bulk goods *pl.*; ~**helm** *m* crash helmet; ~**kampfbomber** *aer. m* dive bomber; ~**see** *mar. f* heavy sea; *e-e* ~ *bekommen* ship a sea; ~**welle** *f* breaker.

Stuß [ʃtus] *colloq. m* (-*sses*) → *Quatsch.*

Stute ['ʃtu:tə] *f* (-; -*n*) mare; ~**nfohlen,** ~**nfüllen** *n* filly; ~'**rei** *f* (-; -*en*) stud.

Stütz [ʃtyts] *m* (-*es*; -*e*) *gym.* (straight-arm) rest, support; '~**balken** *m* supporting beam, brace, joist, shore.

'**Stütze** *f* (-; -*n*) support, prop, (main-)stay (*all a. fig.*); *arch.* shore, post; pillar (*a. fig.*); standard (*of machine*); staff (*a. fig.*); *fig.* help; support, backing; ~ *der Hausfrau* lady help; *du bist die* ~ *seines Alters* you are the staff of his old age.

stutzen ['ʃtutsən] **I.** *v/t.* (*h.*) cut (short), curtail (*a. fig.*); trim, crop (*beard, hair*); prune, lop (*tree*); clip (*hedge, wings*); crop (*ears*); dock (*tail*); → *zurechtstutzen*; **II.** *v/i.* (*h.*) start, be startled; stop short; be puzzled, wonder; become suspicious; boggle (*all bei* at); ~ *bei a.* be taken aback by.

'**Stutzen** *m* (-*s*; -) short rifle, carbine; *tech.* connecting piece, union; nozzle.

'**stützen** *v/t.* (*h.*) support; prop, stay; *arch.* shore up; buttress; *fig.* support, uphold, back (up); *econ.* peg (*prices*); ~ *auf* (*acc.*) base (*or* found) on (*a. fig.*); *s-e Ellenbogen* ~ *auf* rest one's elbows on; *auf s-e Ellenbogen gestützt* propped on his elbows; *sich* ~ *auf* rest (*or* lean) (up)on, *fig.* rely on *a th., argument, judgement*: be based on.

'**Stutzer** *m* (-*s*; -) dandy, fop, swell, *Am. a.* dude; ♀**haft** *adj.* foppish, dandified; ~**tum** *n* (-*s*) foppishness.

'**Stutz...**: ~**flügel** *mus. m* baby grand (piano); ~**glas** *n* low tumbler.

'**stutzig** *adj.* startled, taken aback; surprised; perplexed, nonplussed; ~ *machen* startle, surprise, perplex; make suspicious; ~ *werden* be startled; be(come) puzzled, become suspicious, begin to wonder.

'**Stütz...**: ~**lager** *tech. n* single-thrust bearing; ~**mauer** *f* retaining wall; ~**pfeiler** *m* supporting pillar, buttress, abutment; ~**pfosten** *m* supporting post; ~**punkt** *m* point of support; fulcrum; *fig.* footing, foothold; *mil.* **a**) base, **b**) strongpoint.

'**Stutz...**: ~**schwanz** *m* bob-tail; ~**uhr** *f* mantlepiece (*or* shelf) clock.

'**Stützung** *econ. f* (-; -*en*) support, pegging.

'**Stütz...**: ~**waage** *f gym.* support lever; ~**wort** *gr. n* (-[*e*]*s*; ⸚*er*) prop-word.

subaltern [zupˀal'tɛrn] *adj.* subordinate; *esp. mil.* subaltern; ♀**er** *contp.* underling; ♀**be-amte**(**r**) *m* subordinate (*or* inferior) official.

Subjekt [zup'jɛkt] *n* (-[*e*]*s*; -*e*) *gr.* subject; *contp.* (*person*) fellow, individual; *übles* ~ blackguard, bad egg.

subjektiv [-'ti:f] *adj.* subjective; *jur.* → *Tatbestand*; **Subjektivität** [-tivi'tɛ:t] *f* (-) subjectivity.

subkutan [zupku'tɑ:n] *med. adj.* subcutaneous; ~*e Einspritzung* hypodermic injection.

sublim [zub'li:m] *adj.* sublime.

Subli|mat [-li'mɑ:t] *chem. n* (-[*e*]*s*; -*e*) sublimate; ♀'**mieren** *v/t.* (*h.*) sublimate (*a. fig.*).

Submissi'on *econ. f* call for tenders, invitation to bid; contract by tender; *in* ~ *geben* put out by contract; ~**s-angebot** *n* tender; ~**s-preis** *m* contract price.

subordi'nieren *v/t.* (*h.*) subordinate.

Subsidien [zup'zi:diən] *n/pl.* subsidies; *econ.* bounty *sg.*; *durch* ~ *unterstützen* subsidize.

subskribieren [zupskri'bi:ren] *v/i.* (*h.*): ~ *auf* (*acc.*) subscribe for.

Subskription [-skriptsi'o:n] *f* (-; -*en*) subscription; ~**sanzeige** *econ. f* prospectus; ~**sliste** *f* subscription-list; ~**s-preis** *m* (price of) subscription.

substantiell [zupstantsi'ɛl] *adj.* substantial.

Substantiv ['-ti:f] *gr. n* (-*s*; -*e*) noun, substantive; **substantivieren** [-ti'vi:rən] *v/t.* (*h.*) use as a noun; **substantivisch** [-ti:viʃ] **I.** *adj.* substantival; **II.** *adv.* substantively.

Substanz [zup'stants] *f* (-; -*en*) substance (*a. fig.*); *econ.* (actual) capital; *jur.* (*ant. income, interest*) principal; *von der* ~ *leben* live on one's capital.

substan'zieren *jur. v/t.* (*h.*) particularize (*claim, etc.*).

Sub'stanzverlust *m* loss of substance; *econ.* loss of real assets.

substituieren [zupstitu'i:rən] *v/t.* (*h.*) substitute (*et. or j-n durch* for a th. *or* a p.).

subtil [zup'ti:l] *adj.* subtle.

Substrat [zup'strɑ:t] *biol., gr. n* (-[*e*]*s*; -*e*) substratum.

Subtra|hend [zuptra'hɛnt] *math. m* (-*en*; -*en*) subtrahend; ♀'**hieren** *v/t.* (*h.*) subtract.

Subtraktion [-traktsi'o:n] *f* (-; -*en*) subtraction.

'**subtropisch** *adj.* subtropical.

Subvention [zupvɛntsi'o:n] *f* (-; -*en*) subvention; subsidy; bounty.

subventio'nier|en *v/t.* (*h.*) subsidize; ♀**ung** *f* (-; -*en*) subsidies *pl.*, subvention.

Such|aktion ['zu:x-] *f* search; ~**anzeige** *f* want ad(vertisement); ~**apparat** *m* detector; ~**dienst** *m* tracing service.

'**Suche** *f* (-) search, hunt (*nach* for); *hunt.* tracking; *auf der* ~ *nach* in search (*or* quest) of; *auf der* ~ *sein nach* be on the look-out for, search (*or* hunt) for; *econ. and fig.* be in the market for.

'**suchen** *v/t. and v/i.* (*h.*) seek (*esp. w.s. advice, happiness, wealth, etc.*), search (out); trace (*errors, missing persons*); want, desire; ~ *nach* (*dat.*) search for; look for; hunt for; rummage for; grope for (*a. fig. nach e-m Ausdruck, etc., a term, etc.*); look up (*a word in the dictionary*); ~ *zu inf.* seek to, try (*or* attempt) to, endeavo(u)r to; *Abenteuer* ~ go in quest of adventures; *seinesgleichen* ~ stand alone, be unrivalled; *Streit mit j-m* ~ pick a quarrel with a p.; *das Weite* ~ run away, beat a hasty retreat; *nach Worten* ~ be at a loss for words; *bibl. suchet, so werdet ihr finden* seek and you shall find; *das hätte ich nie in ihm gesucht* I never thought he had it in him; *Sie haben hier nichts zu* ~ you have no business to be here; → *gesucht.*

'**Sucher** *m* (-*s*; -) seeker (*a. w.s., of God, truth, etc.*), searcher (*a.* ~**in** *f*, -; -*nen*); *med.* probe; *opt.* (*phot.* view-)finder.

'**Such...**: ~**gerät** *n* detector; search radar; ~**kartei** *f* tracing file; ~**licht** *n* (-[*e*]*s*; -*er*) searchlight; ~**mannschaft** *f* search party.

Sucht [zuxt] *f* (-; ⸚*e*) sickness, disease; mania, passion, rage (*nach* for); addiction (to *narcotics, etc.*); *fallende* ~ falling sickness.

süchtig ['zyçtiç] *adj.* addicted (*e.g., morphium*~ addicted to morphia); craving; having a mania (*nach* for), maniac(al); sickly, diseased; ♀**e**(**r** *m*) ['-igə(r)] *f* (-*n*, -*n*; -*en*, -*en*) addict.

suckeln ['zukəln] *v/i.* (*h.*) suckle (*an dat.* at).

Sud [zu:t] *m* (-[*e*]*s*; -*e*) decoction; brew.

Süd[1] [zy:t] (-) south.

Süd[2] *m* (-[*e*]*s*) south(-wind).

Süd...: ~'**afrika** *n* South Africa; ~**afri'kaner**(**in** *f*) *m* South African; ♀**afri'kanisch** *adj.* South African; ♀*e Union* Union of South Africa; ~**a'merika** *n* South America; ~**ameri'kaner**(**in** *f*) *m*, ♀**ameri'kanisch** *adj.* South American.

Sudanes|e [zuda'ne:zə] *m* (-*n*; -*n*), ~**in** *f* (-; -*nen*), ♀**isch** *adj.* Sudanese.

'**Süd...**: ~**breite** *geogr. f* south latitude; ♀**deutsch** *adj.*, ~**deutsche**(**r** *m*) *f* South German.

Sudelarbeit ['zu:dəl-], **Sude'lei** *f* (-; -*en*) dirty work; slovenly work, sloppy job; *paint.* daub; obscene (*or* filthy) picture(*s pl.*); scrawl(ing), scribble.

'**sud**(**e**)**lig** *adj.* dirty, messy; slovenly; filthy.

'**Sudelkoch** *m* slovenly cook; botcher.

'**sudeln** *v/i. and v/t.* (*h.*) work (*or* do) in a slovenly way; mess about; botch; *paint.* daub; scribble, scrawl; → *besudeln.*

'**Sudelwetter** *n* wet weather.

Süden ['zy:dən] *m* (-*s*) south; *im* ~ in the south, *of a town, etc.*: to the south (*gen.* of), south (of); *nach* ~ (towards the) south, southward; *ast. Kreuz des* ~*s* the Southern Cross.

'**Süd...**: ~**früchte** ['-fryçtə] *f/pl.* citrus and other tropical fruit *sg.*; ~**fruchthandlung** *f* Italian warehouse *or* store; **~küste** *f* south(ern) coast; **~lage** *f* southern exposure; **~länder(in** *f*) ['-lɛndər] *m* (-*s*, -; -, -*nen*) inhabitant of the south, southerner; **ländisch** ['-lɛndiʃ] *adj.* southern; *in Europe*: meridional; dark(-complexioned).

Sudler(in *f*) ['zu:dlər] *m* (-*s*, -; -, -*nen*) botcher; dauber; scribbler.

südlich ['zy:t-] **I.** *adj.* south(ern), southerly, South; ~ *von* (to the) south of; ~*e Breite* south latitude; ~*e Halbkugel* southern hemisphere; *in* ~*er Richtung* (towards the) south, southward(s); **II.** *adv.* south (*von* of).

'**Süd...:** **~licht** *n* (-[e]*s*) aurora australis; **~'ost(en)** *m* (*SO*) south-east (*abbr.* S.E.); southeaster, souther; **'östlich** *adj.* south-east(ern); **~pol** *m* (-*s*) South Pole, antarctic pole; **~polarland** *n* antarctic region; **~see** *f* (-) Pacific (Ocean), *hist.* South Sea; **~seite** *f* south (*or* sunny) side; **~slawien** ['-sla:viən] *n* (-*s*) → *Jugoslawien*; **~staaten** *m/pl.* southern states; **wärts** ['-vɛrts] *adv.* southward(s), (to the) south; **~wein** *m* sweet wine; **~west(en)** *m* (*SW*) south-west (*abbr.* S.W.); **~wester** ['-vɛstər] *m* (-*s*; -) (*hat*) southwester; **westlich** *adj.* southwest(ern); **~westwind** *m* southwester; **~wind** *m* south (wind), southerly breeze.

Suezkanal ['zu:ɛs-] *m* Suez Canal.

Suff [zuf] *colloq. m* (-[e]*s*) boozing, booze; *sich dem* ~ *ergeben* take to drinking, hit the booze.

Süff|el ['zyfəl] *colloq. m* (-*s*; -) tippler; **eln** *v/i. and v/t.* (*h.*) tipple, booze; **ig** *adj.* tasty.

süffisant [zyfi'zant] *adj.* smug, blasé (*Fr.*).

Suffix [zu'fiks] *gr. n* (-*es*; -*e*) suffix.

suggerieren [zuge'ri:rən] *v/t.* (*h.*) suggest.

Suggestion [zugɛsti'o:n] *f* (-; -*en*) suggestion.

suggestiv [-'ti:f] *adj.* suggestive; **frage** *f* leading question.

Suhle ['zu:lə] *f* (-; -*n*), **n** *hunt. v/i. and sich* ~ (*h.*) wallow.

sühnbar ['zy:nba:r] *adj.* expiable.

'**Sühne** *f* (-; -*n*) expiation, atonement; **~maßnahme** *f* sanction; **n** *v/t.* (*h.*) expiate, atone for; **nd** *adj.* expiatory; **~termin** *jur. m* conciliation hearing; *a.* → **~versuch** *m* attempt at reconciliation.

'**Sühn-opfer** *n* expiatory sacrifice, sin-offering; *fig.* atonement.

'**Sühnung** *f* (-; -*en*) → *Sühne*.

Suite ['svi:tə] *f* (-; -*n*) suite (*a. mus.*), retinue, train.

sukzessiv [zuktsɛ'si:f] *adj.* successive; **~e** *adv.* gradually, little by little, hand over fist.

Sulfat [zul'fa:t] *chem. n* (-[e]*s*; -*e*) sulphate.

Sulfid [-'fi:t] *chem. n* (-[e]*s*; -*e*) sulphide.

Sulfonamid [-fona'mi:t] *pharm. n* (-[e]*s*; -*e*) sulphonamide; *pl. a.* sulphy drugs.

Sultan ['zulta:n] *m* (-*s*; -*e*) sultan; **~in** *f* (-; -*nen*) sultana.

Sultanine [-ta'ni:nə] *f* (-; -*n*) sultana.

Sülze ['zyltsə] *f* (-; -*n*) *cul.* aspic, jellied meat; brine; **n** *v/t.* (*h.*) jelly.

Summa ['zuma] *f* (-; -*en*) → *Summe*; *in* , *summarum* in short, taking all in all, in a nutshell.

Summand [zu'mant] *math. m* (-*en*; -*en*) term of a sum; item.

summarisch [-'ma:riʃ] **I.** *adj.* summary (*a. jur.*); ~*e Rechtsprechung* (~*es Verfahren*) summary jurisdiction (proceedings); **II.** *adv.*: ~ *zu bestrafendes Delikt* offen|ce (*Am.* -se) summarily punishable.

Sümmchen ['zymçən] *n* (-*s*; -) small sum; *nettes* ~ nice little sum (of money), nice little pile.

'**Summe** *f* (-; -*n*) sum (*a. fig. of experience, wishes, etc.*); (sum) total; *esp. fig.* totality; amount; *fehlende* ~ deficit.

summen ['zumən] *v/i. and v/t.* (*h.*) buzz; hum (*a. v/t. a tune*); drone.

'**Summen** *n* (-*s*) buzz(ing), hum (-ming).

'**Summengleichung** *math. f* summation equation.

'**Summer** *el. m* (-*s*; -) buzzer; **~ton** *m*, **~zeichen** *n* buzzer signal, *teleph. a.* dial(l)ing tone.

sum'mier|en *v/t.* (*h.*) sum (*or* add) up, cast up, totalize; *sich* ~ sum (*or* total) up, run up; **ung** *f* (-; -*en*) summing up; addition; accumulation.

Sumpf [zumpf] *m* (-[e]*s*; ¨*e*) swamp, bog; marsh(y country), fen; *fig.* morass; *mot., aer.* sump; **~boden** *m* marshy ground; **~dotterblume** *f* marsh marigold; **en** *colloq. v/i.* (*h.*) go on a binge, be out on the tiles, wallow in the mire; **~fieber** *med. n* marsh-fever, malaria; **~gas** *n* marsh-gas, methane; **~gegend** *f* marshy district; **~huhn** *zo. n* moorhen; *colloq. fig.* rake, debauchee; boozer; **ig** *adj.* marshy, swampy, boggy; **~land** *n* marshland, fen; **~loch** *n* mud hole, slough; **~otter** *zo. f* mink; **~pflanze** *f* marsh plant; **~vogel** *m* wader; **~wasser** *n* bog-water; **~wiese** *f* swampy meadow.

Sums [zums] *colloq. m* (-*es*): *e-n großen* ~ *machen* make a great fuss (*mit, um* about).

Sund [zunt] *m* (-[e]*s*; -*e*) sound, strait.

Sünde ['zyndə] *f* (-; -*n*) sin; transgression, trespass; offen|ce, *Am.* -se; *kleine* ~ trifling offence, peccadillo; *fig.* ~ *gegen den guten Geschmack* sin against good taste.

'**Sünden...:** **~babel** ['-ba:bəl] *n* (-*s*; -) sink of iniquity, hotbed of vice; **~bekenntnis** *n* confession of sins; **~bock** *m* scapegoat, *Am. a.* goat; **~erlaß** *m* remission of sins, absolution; **~fall** *m the* Fall of man; **~geld** *n* illgotten money; enormous sum, mint of money; **~last** *f* burden of sin; **~lohn** *m* wages *pl.* of sin; **~maß** *n* (-*es*): *sein* ~ *war voll* the measure of his iniquities was full; **~pfuhl** *m* sink of iniquity; **~register** *n* (long) list of sins; **~schuld** *f* (-) (sum of) transgressions; **~vergebung** *f* forgiveness of sins.

'**Sünder** *m* (-*s*; -), **~in** *f* (-; -*nen*) sinner; *alter* ~ old offender; *armer* ~ criminal under sentence of death; *fig.* poor wretch.

Sündflut ['zynt-] *f* → *Sintflut*.

'**sündhaft** **I.** *adj.* sinful, wicked; **II.** *adv.*: ~ *teuer* awfully expensive; **igkeit** *f* (-) sinfulness, wickedness.

sündig ['zyndiç] *adj.* sinful; guilty; **~en** ['-digən] *v/i.* (*h.*) (commit a) sin, trespass; *humor. fig.* indulge, exceed; *an j-m* ~ wrong a p.

'**sündlos** *adj.* sinless; innocent.

Super ['zu:pər] *m* (-*s*; -) *radio*: (= ~*heterodynempfänger*) superhet; **~dividende** *econ. f* extra-dividend, (cash-)bonus; **~festung** *aer. f Am.* Superfortress;* **~het(erodynempfänger)** [-het(ɛro'dy:n-)] *m* (-*s*; -) *radio*: superhet(erodyne receiver); **~intendent** [-ˀintɛn'dɛnt] *m* (-*en*; -*en*) superintendent; **~kargo** ['-kargo] *mar. m* (-*s*; -*s*) supercargo; **klug** *colloq. adj.* overwise, too clever by half; **~kluge(r** *m*) ['-klu:gə(r)] *f* (-*n*, -*n*; -*en*, -*en*) wiseacre, smart alec(k).

Superlativ ['-lati:f] *m* (-*s*; -*e*) superlative (degree *esp. gr.*); **isch** ['-ti:viʃ] *adj.* superlative.

'**Super|macht** *pol. f* superpower; **~markt** *econ. m* supermarket; **~o'xyd** *chem. n* peroxide; **~phos'phat** *n* superphosphate.

Suppe ['zupə] *f* (-; -*n*) soup; *klare* ~ clear soup; broth; *fig. die* ~ *auslöffeln müssen* (, *die man sich eingebrockt hat*) face the music; *j-m* (*sich*) *e-e schöne* ~ *einbrocken* get a p. (o.s.) into a nice mess; *j-m die* ~ *versalzen* spoil a p.'s fun, give a p. what for.

'**Suppen...:** **~fleisch** *n* meat to make soup of (*or* with); gravy beef; **~grün** *n* greens *pl.*; **~kelle** *f* dipper; **~kraut** *n* pot-herb; **~löffel** *m* soup-ladle; table spoon; **~schüssel, ~terrine** *f* soup tureen; **~teller** *m* soup plate; **~topf** *m* stock pot; **~würfel** *m* soup cube; **~würze** *f* soup seasoning.

Supplement [zuple'mɛnt] *n* (-[e]*s*; -*e*) supplement; **~band** *m* supplement(ary volume); **~winkel** *math. m* supplement(ary angle).

Support [zu'pɔrt] *m* (-[e]*s*; -*e*) *tech. of machine tool*: **a)** rest, **b)** carriage (*of grinder*), saddle; (*Quer*) cross slide (rest); (*Kreuz*) compound slide rest; tool post; tool rest; tool arm; head; *schwenkbarer* ~ swing rest; *drehbarer* ~ full swing rest; *w.s.* base.

Supremat [zupre'ma:t] *n* (-[e]*s*; -*e*) supremacy.

surren ['zurən] *v/i.* (*h.*, *sn*) whir(r); buzz, hum; ~ *n* (-*s*) whirring, buzz(ing), hum(ming).

Surrogat [zuro'ga:t] *n* (-[e]*s*; -*e*) substitute.

suspekt [zus'pɛkt] *adj.* suspect.

suspendieren [zuspɛn'di:rən] *v/t.* (*h.*) suspend (*a. chem.*); **Suspension** [-zi'o:n] *f* (-; -*en*) suspension.

Suspensorium [-'zo:rium] *med. n* (-*s*; -*ien*) suspensory.

süß [zy:s] *adj.* sweet; sugary, sugared (*a. fig.*); *fig.* sweet; lovely, charming; *b.s.* honeyed (*smile, words*); ~ *machen* sweeten, sugar.

'**Süße** *f* (-) sweetness; (-*n*; -*n*) *colloq.*

(*girl*) sweet(ie); **≈n** *v/t.* (*h.*) sweeten.

'**Süßholz** *n* liquorice; *colloq. fig.* ~ *raspeln* spoon, flirt, feed *a p.* with sweet nothings; **~raspler** ['-rasplər] *colloq. m* (-*s*; -) spoon, flirt.

'**Süßigkeit** *f* (-) sweetness; *fig. a.* suavity; *~en pl.* sweetmeats, sweets, *Am.* candy *sg.*; *gern ~en essen* have a sweet tooth.

'**Süßkirsche** *f* sweet cherry.

'**süßlich** *adj.* sweetish; *fig.* honeyed, sugared (*smile, words*); mawkish, soppy, treacly; **≈keit** *f* (-) sweetishness; *fig.* mawkishness.

'**Süß...**: **~rahm** *m* sweet cream; **≈sauer** *adj.* sour-sweet; **~speise** *f* sweet, *Am.* dessert; **~stoff** *m* saccharin(e), sweetener; **~waren** *f/pl.* sweetmeats, sweets, *Am.* candy *sg.*; **~warengeschäft** *n* sweet-shop, *Am.* candy-store; **~wasser** *n* (-*s*; -) fresh water; **~wasserfisch** *m* fresh-water fish; **~wein** *m* sweet (*or* dessert) wine.

Sylvester [zyl'vɛstər] *n* (-*s*; -) → *Silvester*.

Symbiose [zymbi'o:zə] *f* (-; -*n*) symbiosis.

Symbol [zym'bo:l] *n* (-*s*; -*e*) symbol; sign; *on maps*: *a.* conventional sign; *heraldic, etc.*, emblem; **~ik** *f* (-) symbolism; **≈isch** *adj.* symbolic(al).

symboli'sieren *v/t.* (*h.*) symbolize.

Symbolismus [-bo'lismus] *m* (-) *arts*: symbolism.

Symmetrie [zyme'tri:] *f* (-; -*n*) symmetry; **symmetrisch** [-'me:triʃ] *adj.* symmetric(al).

sympathetisch [zympa'te:tiʃ] *adj.* sympathetic.

Sympa'thie *f* (-; -*n*) sympathy; **~streik** *m* sympathetic strike; *in ~ treten für* (*acc.*) come out in sympathy with.

sympathisch [-'pa:tiʃ] *adj.* sympathetic(ally *adv.*); likable, engaging; *er ist mir ~* I like him; *das ist mir gar nicht ~* I don't like that at all; *anat. ~es Nervensystem* sympathetic system.

sympathisieren [-pati'zi:rən] *v/i.* (*h.*) sympathize (*mit* with); *er sympathisiert mit den Kommunisten* he is a Communist-sympathizer.

Symphonie [zymfo'ni:] *mus. f* (-; -*n*) symphony; **~konzert** *n* symphony concert; **symphonisch** [-'fo:niʃ] *adj.* symphonic(ally *adv.*); *~e Dichtung* symphonic poem.

Symptom [zymp'to:m] *n* (-*s*; -*e*) symptom; **symptomatisch** [-to-'ma:tiʃ] *adj.* symptomatic (*für acc.* of).

Synagoge [zyna'go:gə] *f* (-; -*n*) synagogue.

synchron [zyn'kro:n] *adj.* synchronous; **≈getriebe** *mot. n* synchromesh gear.

synchronisier|en [-kroni'zi:rən] *v/t.* (*h.*) synchronize; *film usu.* dub; **≈ung** *f* (-; -*en*) synchronization; dubbing.

Synchronismus [-kro'nismus] *m* (-; -*men*) synchronism.

Syn'chronmotor *m* synchronous motor.

Synchrotron [zynkro'tro:n] *n* (-*s*; -*e*) *nuclear physics*: synchrotron.

Syndikalismus [zyndika'lismus] *pol. m* (-) syndicalism.

Syndikat [-'ka:t] *n* (-[*e*]*s*; -*e*) syndicate.

Syndikus ['-kus] *m* (-; -*se*) syndic, *Am.* corporation lawyer.

Synkope [zyn'ko:pə] *gr. f* (-; -*n*) syncope (*a. med., mus.*); **synko'pieren** *v/t.* syncopate; **syn'kopisch** *adj.* syncopic(ally *adv.*).

Synod|e [zy'no:də] *f* (-; -*n*) synod; **≈isch** *adj.* synodical.

Synonym [zyno'ny:m] *n* (-*s*; -*e*) synonym(ous word); **≈** *adj.* (*a.* **≈isch**) synonymous; **~ik** *f* (-) synonymy, study of synonyms.

syn'optisch *adj.* synoptic(al).

syn'taktisch *gr. adj.* syntactic(al).

Syntax ['zyntaks] *gr. f* (-) syntax.

Syn'the|se *f* synthesis; **≈tisch** [-'te:tiʃ] *adj.* synthetic(al); *~ herstellen* synthesize.

Syphilis ['zy:filis] *med. f* (-) syphilis; **Syphilitiker(in** *f*) [-'li:tikər] *m* (-*s*, -; -, -*nen*) syphilitic (patient); **syphilitisch** [-'li:tiʃ] *adj.* syphilitic.

Syrien ['zy:riən] *n* (-*s*) Syria; '**Syr(i)er(in** *f*) *m* (-*s*, -; -, -*nen*), '**syrisch** *adj.* Syrian.

System [zys'te:m] *n* (-*s*; -*e*) system; plan, scheme; method; doctrine; *in ein ~ bringen* systematize; *da ist ~ drin* there is method in that.

Systemat|ik [zyste'ma:tik] *f* (-; -*en*) systematic manner (*or* representation); **~iker** *m* (-*s*; -) systematizer, *w.s.* systematic person; **≈isch** *adj.* systematic(al), methodical; **systematisieren** [-mati'zi:rən] *v/t.* (*h.*) systematize.

sy'stemlos *adj.* unsystematic(al), unmethodical.

Szenarium [stse'na:rium] *thea. n* (-*s*; -*ien*) scenario.

Szene ['stse:nə] *f* (-; -*n*) scene (*a. fig.*); *film*: **a**) sequence, **b**) shot, take; *thea. and fig. hinter der ~* behind the scenes, *Am.* backstage; *thea. bei offener ~* during the act; *in ~ setzen a. fig.* stage; *fig. sich in ~ setzen* put o.s. into the limelight, show off; (*j-m*) *e-e ~ machen* make (a p.) a scene; **~n-aufnahme** *f film*: shot, take; **~nwechsel** *m* shifting of scenes, *fig.* change of scene.

Szene'rie *f* (-; -*n*) scenery.

'**szenisch** *adj.* scenic(ally *adv.*).

Szepter ['stsɛptər] *n* (-*s*; -) scept|re, *Am.* -er.

T

T, t [te:] *n* T, t.

Tabak ['ta:bak] *m* (-*s*; -*e*) tobacco; *leichter* (*schwerer*) *~* mild (strong) tobacco; *fig. das ist aber starker ~* that's a bit thick; **~bau** *m* (-[*e*]*s*) cultivation of tobacco; **~beize** *f* sauce; **~händler(in** *f*) *m* tobacconist, (*wholesaler*) tobacco-merchant; **~laden** *m* tobacco-shop, tobacconist's (shop), *Am.* cigar-store; **~pflanze** *f* tobacco plant; **~pflanzung** *f* tobacco plantation; **~qualm** *m* tobacco smoke; **~regie** *f* government monopoly of the tobacco trade; **~sbeutel** *m* tobacco pouch; **~sdose** *f* tobacco (*or* snuff-) box; **~spfeife** *f* (tobacco-)pipe; **~steuer** *f* duty on tobacco; **~waren** *f/pl.* tobacco products, (*shop sign*) Tobacconist.

Tabatiere [tabati'ɛ:rə] *f* (-; -*n*) snuffbox.

tabellarisch [tabe'la:riʃ] **I.** *adj.* tabular, tabulated; **II.** *adv.* in tabular form.

tabellari'sieren *v/t.* (*h.*) tabulate.

Ta'belle *f* (-; -*n*) table (*a. sports*); index; schedule; chart; tabulation; **≈nförmig** [-nfœrmiç] *adj.* → *tabellarisch.*

Tabernakel [tabɛr'na:kəl] *n* (-*s*; -) tabernacle.

Tablett [ta'blɛt] *n* (-[*e*]*s*; -*e*) tray; salver.

Tablette [ta'blɛtə] *pharm. f* (-; -*n*) tablet; lozenge.

tabu [ta'bu:] *adj. and* **≈** *n* (-*s*; -*s*) taboo; *ein ≈ durchbrechen* break a taboo.

tabu'ieren *v/t.* (*h.*) (put under) taboo.

Tabulator [tabu'la:tər] *m* (-*s*; -'*toren*) tabulator.

Taburett [tabu'rɛt] *n* (-[*e*]*s*; -*e*) stool, tabouret.

Tachograph [taxo'gra:f] *mot. m* (-*en*; -*en*) tachograph.

Tacho'meter *n* (-*s*; -) tachometer; *mot. a.* speedometer.

Tadel ['ta:dəl] *m* (-*s*; -) blame; censure; reprimand, rebuke, upbraiding; reproof; reproach; admonition; criticism; blemish, fault, flaw; *ohne ~* blameless, spotless; *über jeden ~ erhaben* above reproach; **≈frei, ≈los** *adj.* irreproachable, blameless, above reproach; faultless, flawless; perfect; excellent, splendid, firstclass; *colloq. fig.* → *prima*; **~losigkeit** *f* (-) blamelessness, faultlessness; **≈n** *v/t.* (*h.*) blame (*wegen* for); censure, rebuke, reprove; reprimand, scold; admonish; criticize; find fault with, carp at; disapprove of; *an allem et. zu ~ finden* find fault with everything; **≈nswert** *adj.* blameworthy, blamable, censurable, objectionable, reprehensible; bad, faulty; **~sucht** *f* (-) censoriousness; **≈süchtig** *adj.* censorious, fault-finding.

'**Tadler(in** *f*) *m* (-*s*, -; -, -*nen*) fault-finder, censurer, critic.

Tafel ['ta:fəl] *f* (-; -*n*) table (*a. list*);

(*a. memorial*) tablet; board; panel; plate (*a. book illustration*); slab; slate; blackboard; plaque; chart; slab, cake, bar (*of chocolate*); dinner; *große* ~ gala dinner; → *Tisch; aufheben*; **~aufsatz** *m* cent|re- (*Am.* -er)piece; cutlery; **~besteck** *n* knife, fork, and spoon; **~birne** *f* dessert pear; **~brötchen** *n* dinner roll; **~butter** *f* best fresh butter; **2fertig** *adj.* ready-to-eat, *Am. a.* instant; **2förmig** ['-fœrmiç] *adj.* tabular; **~freuden** *f/pl.* pleasures of the table; **~geschirr** *n* dinner service, tableware; **~glas** *n* (-es; ⸚er) sheet glass; plate-glass; **~land** *n* table-land, plateau; **~musik** *f* table-music.

'**tafeln** *v/i.* (*h.*) dine; feast, banquet.

täfeln ['tɛ:fəln] *v/t.* (*h.*) inlay, floor, board (*floor*); wainscot, panel (*wall*).

'**Tafel...:** **~obst** *n* (fruit for) dessert; **~öl** *n* salad-oil; **~runde** *f* guests *pl.* (at table); (King Arthur's) Round Table; **~schiefer** *m* slate (in slabs); **~silber** *n* table-plate, *Am.* silverware; **~tuch** *n* (-[e]s; ⸚er) tablecloth; **~waage** *f* platform scales *pl.*; **~wasser** *n* table-water, mineral water; **~wein** *m* dinner-wine.

'**Täfelung** *f* (-; -*en*) (floor) inlaying; wainscot(ing), (wall) panelling.

'**Tafelzeug** *n* table-linen.

Taf(fe)t ['taf(ə)t] *m* (-[e]s; -e) taffeta.

Tag [tɑ:k] *m* (-[e]s; -e) day; date; *denkwürdiger or freudiger* ~ red-letter day; *großer* ~ field-day; *am ~e* by day; *am ~e nach* the day after; *bei ~e* by day, in the daytime, during the day, by daylight; *alle ~e* every day; *auf s-e alten ~e* in his old age (*or* days); *dieser ~e* **a**) one of these days, **b**) lately, the other day; *e-s ~es* **a**) one day, **b**) some day (or other); *früh am ~e* early in the day; *den ganzen ~* all day long, (a)round the clock; *den lieben langen ~* the livelong day; *~ für ~* day by day; *~ und Nacht* day and night; *e-n ~ um den andern, jeden zweiten ~* every other day, day about; *mining*: *unter ~e* underground; *über ~* aboveground; *von ~ zu ~* from day to day; *vor acht ~en* a week ago; *in acht ~en* this day week; *in vierzehn ~en* in a fortnight, *Am.* in two weeks; *freier ~* day off, off day; *guten ~!* **a**) how do you do!, **b**) good morning!, good afternoon!; **c**) good day!, so long!; *heller ~* broad daylight; *am hell(icht)en ~e* in broad daylight; *es wird ~* it dawns; *fig. nun wird's ~* **a**) what a go!, good night!, **b**) now I see (daylight)!; *an den ~ kommen* come to light; *an den ~ bringen, zutage fördern* bring to light, unearth; *zutage liegen* be manifest (*or* patent); *an den ~ legen* exhibit, display, show; (*genau*) *auf den ~* to a day; *bis auf den heutigen ~* to this day; *in den ~ hinein* (*live, talk*) at random; *sich e-n guten ~ machen* make a day of it; *er hatte e-n guten ~* he was in good form; → *Abend, jüngst, etc.*

'**Tag...:** **~arbeit** *f* day-labo(u)r; **2'aus** *adv.*: ~, *tagein* day in day out; **~bau** *m* (-[e]s; -e) *mining*: opencast working, surface mining; **~baubergwerk** *n* open-pit mine; **~blatt** *n* daily (paper); **~blindheit** *f* day-blindness; **~blume** *bot. f* flower pollinated by butterflies.

Tage... ['tɑ:gə-]: **~buch** *n* diary, journal; *econ. a.* daybook; *mar.* logbook; **~dieb(in** *f*) *m* idler, loafer, lazybones; **~geld(er** *pl.*) *n* daily (*or* per diem) allowance.

tag'ein *adv.* → *tagaus.*

'**Tage...:** **2lang I.** *adj.* of (*or* lasting for) days; **II.** *adv.* for days (together), day after day; **~lohn** *m* day's (*or* daily) wages *pl. or* pay; *im ~ arbeiten* work by the day; **~löhner** [-lø:nər] *m* (-*s*; -) day-labo(u)rer; **~marsch** *m* day's march.

'**tagen** *v/i.* **1.** (*impers., h.*) dawn; es *tagt* it is dawning, the day is breaking; *fig.* es *tagte bei ihm* he was beginning to see daylight, it dawned on him; **2.** (*h.*) hold a meeting, meet, sit (in conference); *jur.* be in session; deliberate, confer.

'**Tagereise** *f* day's journey.

'**Tages...:** **~ablauf** *m*: *gewöhnlicher ~* (daily) routine; **~anbruch** *m* daybreak; *bei ~* at daybreak (*or* dawn); **~angriff** *mil. m* daylight attack (*aer.* raid); **~arbeit** *f* day's work; (daily) routine; **~ausflug** *m* day trip; **~befehl** *mil. m* order of the day; **~bericht** *m* daily report, bulletin; **~dienst** *m* day-service, day-duty; **~einnahme** *f* day's takings *pl.*; **~ereignis** *n* event of the day; *pl. a.* current events; *Gespräch über ~se* topical talk; **~gebühr** *f* day rate; **~gespräch** *n* topic (*or* talk) of the day; *das ~ bilden a.* be in the news; **~grauen** *n* → *Tagesanbruch*; **~helle** *f* light of day; **~karte** *f* day-ticket; **~kasse** *f* *thea.* advance booking-office; *econ.* **a**) petty cash, **b**) receipts (*or* takings) *pl.* of the day; **~krem** *f* vanishing cream; **~kurs** *m econ.* current rate (*of foreign exchange*); daily quotation, current price (*of securities*); *ped.* day course; **~leistung** *f* daily output, *of machine*: *a.* capacity per day; **~leuchtfarbe** *typ. f* daylight-luminous ink; **~licht** *n* (-[e]s) daylight; *ans ~ kommen* come to light, become known, *Am. a.* develop; *ans ~ bringen* bring to light, expose, unearth; *das ~ scheuen* shun daylight; **~lichtaufnahme** *phot. f* daylight shot; **~mädchen** *n* part-time maid; daily; **~marsch** *m* day's march; **~meldung** *f* daily report (*or* return); **~nachrichten, ~neuigkeiten** *f/pl.* news of the day, (evening) news; **~ordnung** *f* order of the day (*a. fig.*); agenda; *auf die ~ setzen* put on the agenda; *auf der ~ stehen* be on the agenda; *Punkt der ~* issue, item; *zur ~ übergehen* proceed to the order of the day; *fig. das ist an der ~* that is the order of the day (*or* quite common); **~preis** *econ. m* (to)day's (*or* current, ruling) price; → *Tageskurs*; **~presse** *f* daily press; **~raum** *m* day room; **~satz** *m* day rate; *stock exchange*: current rate; *mil., etc.*: daily ration, one day's supply; **~schicht** *f* day-turn; **~stempel** *m* date-stamp; **~umsatz** *econ. m* daily turnover; **~verdienst** *m* daily earnings *pl.*; **~verpflegung** *f* daily ration(s *pl.*); **~zeit** *f* time (*or* hour) of the day; daytime; *zu jeder ~* at any hour, at any time of the day; **~zeitung** *f* daily (paper); **~ziel** *mil. n* day's objective; **~zinsen** *econ. m/pl.* interest on daily balances.

'**Tage...:** **2weise** [-vaɪzə] *adv.* by the day; **~werk** *n* day's work, daily task.

'**Tag...:** **~falter** *m* butterfly; **2hell** *adj.* (as) light as day; **~hemd** *n* day-shirt; chemise.

...tägig [-tɛ:giç] *adj. in compounds* of ... days, ...-day.

täglich ['tɛ:kliç] **I.** *adj.* daily; everyday; *ast.* diurnal; *med.* quotidian; *econ. ~es Geld* call-money; *auf ~e Kündigung* at call; **II.** *adv.* every day, daily, *econ. a.* per diem; *zweimal ~* twice a day.

tags [tɑ:ks] *adv.*: *~ darauf* the following day, the day after; *~ zuvor* (on) the previous day, the day before.

Tagschicht ['tɑ:kʃiçt] *f* (-; -*en*) day-turn.

'**tags-über** *adv.* during the day, in the daytime.

tag'täglich *adv.* every day, day in day out.

Tag- und 'Nachtgleiche [-glaɪçə] *f* (-; -*n*) equinox.

Tagung ['tɑ:guŋ] *f* (-; -*en*) meeting, conference, congress, *Am. a.* convention; *parl.* session.

'**tagweise** *adv.* by the day.

Taifun [taɪ'fu:n] *m* (-*s*; -*e*) typhoon.

Taille ['taljə] *f* (-; -*n*) waist; bodice; *enge ~* slim (*or* wasp-)waist.

tailliert [tal'ji:rt] *adj.* waist-fitting.

Takel ['tɑ:kəl] *mar. n* (-*s*; -) tackle; **Takelage** [-'lɑ:ʒə] *f* (-; -*n*) rigging, tackle.

'**takeln** *v/t.* (*h.*) rig (*ship*).

'**Takel|ung** *f* (-; -*en*), **~werk** *n* → *Takelage.*

Takt [takt] *m mus.* **a**) (-[e]s; -e) time, measure, **b**) bar; rhythm, *a. tel.* cadence; *mot.* cycle; *fig.* (-[e]s) tact, delicacy; $^3/_4$-~ three-four time; *den ~ schlagen* beat time; *den ~ halten* keep time, *rowing*: keep stroke; *den ~ verlieren, aus dem ~ kommen* lose the beat, *fig.* be put off one's stroke; *fig. aus dem ~ bringen* put out, disconcert; *im ~ marschieren* march in time; *er spielte die ersten ~e des Liedes* he played the first few bars of the song; **~art** *f* time, measure; **2fest** *adj.* steady in keeping time; *fig.* firm, sound; **~gefühl** *n* (-[e]s) tact (-fulness), delicacy.

tak'tieren *mus. v/i.* (*h.*) beat time.

'**Taktik** *f* (-; -*en*) tactics (*a. fig.*); **~er** *m* (-*s*; -) tactician.

'**taktisch** *adj.* tactical; *~ wichtiges Gelände* tactical (*or* vital) area; *~er Führer* officer in tactical command; *~e Luftunterstützung* tactical air support.

'**Takt...:** **2los** *adj.* tactless, indiscreet, indelicate; **~losigkeit** *f* (-; -*en*) tactlessness, want of tact; indiscretion; **e-e** *~ begehen* commit an indiscretion, make a faux pas; **⁓mäßig** [-mɛːsiç] *adj.* well-timed, rhythmical; **⁓note** *mus. f* semibreve; **⁓stock** *m* baton; **⁓strich** *m* bar; **⁓voll** *adj.* tactful, discreet; **⁓vorzeichnung** *mus. f* time-signature.

Tal [tɑːl] *n* (-[e]s; ⸚er) valley, *poet. and fig.* vale; *phys.* trough; dale; *zu* ⁓(e) → ⁓'**abwärts** *adv.* down the valley, downhill; downstream.

Talar [ta'lɑːr] *m* (-s; -e) *jur.* robe; *eccl., univ.* gown.

'**Tal...:** ⁓'**aufwärts** *adv.* up the valley, uphill; ⁓**enge** *f* narrow (part of a) valley; → *Schlucht*.

Talent [ta'lɛnt] *n* (-[e]s; -e) talent (*für et.* for a th. *or* doing a th.); (natural) gift, aptitude, ability; talented person, *pl.* talent *sg.*; **talen'tiert, ta'lentvoll** *adj.* talented, gifted; **ta'lentlos** *adj.* without talent, not gifted.

'**Talfahrt** *f* descent; *mot.* downhill driving.

Talg [talk] *m* (-[e]s; -e) suet; tallow; ⁓**drüse** *anat. f* sebaceous gland; ⁓**fett** *n* stearine; ⁓**ig** ['talgiç] *adj.* suety; tallowy, tallowish; ⁓**licht** *n* (-[e]s; -er) tallow-candle.

Talisman ['tɑːlisman] *m* (-s; -e) talisman, mascot, good-luck charm.

Talje ['taljə] *mar. f* (-; -n) tackle.

Talk [talk] *m* (-[e]s) talc(um); ⁓**erde** *f* magnesia.

Talkessel ['tɑːl-] *m* basin (of a valley), hollow.

'**talk|ig** *adj.* talcky, talcose; ⁓**puder** *m* talcum powder.

Talmi ['talmi] *n* (-s), ⁓**gold** *n* talmi gold, pinchbeck, *Am.* gold brick.

'**Talmulde** *f* basin (*or* hollow) of a valley.

Talon [ta'lɔ̃] *econ. m* (-s; -s) talon.

'**Tal...:** ⁓**schlucht** *f* glen; ⁓**senke** *f* → *Talmulde*; ⁓**sohle** *f* bottom of a valley; ⁓**sperre** *f* barrage, (storage) dam; ⁓**überführung** *f* viaduct; ⁓**wärts** *adv.* downhill; downstream; ⁓**weg** *m* road through (*or* along) a valley.

Tamarinde [tama'rində] *bot. f* (-; -n) tamarind.

Tambour ['tambuːr] *m* (-s; -e) drummer; ⁓**major** *m* drum-major; ⁓**majorin** *f* (-; -nen) drum-majorette; ⁓**stock** *m* baton.

Tamburin [tambu'riːn] *mus. n* (-s; -e) tambourine.

Tampon [tɑ̃'pɔ̃ː] *med. m* (-s; -s) tampon, plug; **tampo'nieren** *v/t.* (*h.*) plug, tampon.

Tamtam [tam'tam] *n* (-s; -s) *mus.* tomtom; *fig.* noise, fuss, to-do; ballyhoo.

Tand [tant] *m* (-[e]s) trifles, trumpery; (k)nick-(k)nacks *pl.*; tinsel, finery; trinkets *pl.*; bauble, gewgaw, gimcrack.

Tändelei [tɛndə'lɑɪ] *f* (-; -en) dallying, trifling; flirtation, philandering, spooning.

'**tändeln** *v/i.* (*h.*) dally, trifle; philander, flirt, spoon; dawdle.

Tandem ['tandɛm] *n* (-s; -s) tandem; ⁓**anordnung** *tech. f* tandem arrangement; ⁓**flugzeug** *n* tandem aircraft (*or* plane).

Tang [taŋ] *bot. m* (-[e]s; -e) seaweed.

Tangente [taŋ'gɛntə] *math. f* (-; -n) tangent.

Tangential... [-tsi'ɑːl] tangential...

tan'gieren *v/t.* (*h.*) touch, be tangent to; *econ.* affect.

Tango ['taŋgoː] *m* (-s; -s) tango.

Tank [taŋk] *m* (-[e]s; -s) tank, container; *mil.* → *Panzer*; ⁓**anhänger** *m* tank trailer; ⁓**en** *v/t. and v/i.* (*h.*) (take in) petrol, (re)fuel, fill (up); ⁓**en** *n* (-s) refuel(l)ing; ⁓**er** *mar. m* (-s; -) tanker; ⁓**flugzeug** *n* tanker airplane; ⁓**säule** *f* petrol pump, *Am.* gasoline dispensing pump; ⁓**schiff** *n* tanker; ⁓**stelle** *f* filling (*or* service) station, petrol station, *Am. a.* gas(oline) station; ⁓**verschluß** *mot. m* tank cap; ⁓**wagen** *m rail.* tank-car; *mot.* tank lorry (*Am.* truck); ⁓**wart** *m* service station attendant.

Tanne ['tanə] *f* (-; -n) fir(-tree); silver fir; spruce; ⁓**n** *adj.* (of) fir.

'**Tannen...:** ⁓**baum** *m* fir(-tree); ⁓**harz** *n* fir resin; ⁓**holz** *n* fir-wood, deal; ⁓**nadel** *f* fir-needle; ⁓**wald** *m* fir-wood; ⁓**zapfen** *m* fir-cone.

Tannin [ta'niːn] *chem. n* (-s) tannin.

Tantalusqualen ['tantalus-] *f/pl.* torments of Tantalus; *j-m* ⁓ *bereiten* tantalize a p.; *er litt* ⁓ he suffered hell.

Tante ['tantə] *f* (-; -n) aunt.

T-Antenne ['teː-] *f* T-aerial, *Am.* T-antenna.

Tantieme [tɑ̃ti'ɛːmə] *f* (-; -n) percentage, bonus, share in profits; (author's, *etc.*) royalty; *Aufsichtsrats*⁓ directors' fees; *Geschäftsführer*⁓ manager's commission.

Tanz [tants] *m* (-es; ⸚e) dance; *fig.* row, shindy; *zum* ⁓ *aufspielen* strike up for a dance; *fig. jetzt geht der* ⁓ *los!* now the fun begins!; ⁓**abend** *m* (evening's) dancing, dancing-party; ⁓**bär** *m* dancing bear; ⁓**bein** *n* (-[e]s): *das* ⁓ *schwingen* dance, do the light fantastic, shake a leg, foot it; ⁓**boden** *m*, ⁓**diele** *f* dance hall; dance floor.

tänzeln ['tɛntsəln] *v/i.* (*h., sn*) dance, frisk, skip; *horse*: amble.

'**tanzen I.** *v/i.* (*h., sn*) dance (*a. fig.*); *fig. auf den Wellen* ⁓ rock on the waves; *nach j-s Pfeife* ⁓ be at a p.'s beck and call; do a p.'s bidding; *es wurde getanzt* there was dancing; **II.** *v/t.* (*h.*) dance (*e-n Walzer* a waltz); *sich müde* ⁓ tire o.s. with dancing.

'**Tanzen** *n* (-s) dancing.

Tänzer(in *f*) ['tɛntsər(in)] *m* (-s, -; -, -nen) dancer; *thea.* ballet-dancer, *f a.* danseuse; partner.

'**Tanz...:** ⁓**fläche** *f* dance floor; ⁓**gesellschaft** *f* dancing-party; ⁓**kapelle** *f* dance band; ⁓**kunst** *f* art of dancing; ⁓**lehrer(in** *f*) *m* dancing-master; ⁓**lied** *n* dancing-tune; ⁓**lokal** *n* dance hall; ⁓**lustig** *adj.* fond of dancing; ⁓**meister** *m* dancing master; ⁓**musik** *f* dance music; ⁓**partner** *m* partner; ⁓**platz** *m* dancing-ground; dance floor; ⁓**saal** *m* dancing-room, dance hall; ⁓**schritt** *m* (dancing-)step; ⁓**schuh** *m* dancing-shoe; ⁓**schule** *f* dancing school; ⁓**stunde** *f* dancing lesson; ⁓**tee** *m* afternoon(-tea) dance; ⁓**turnier** *n* dancing contest; ⁓**unterricht** *m* dancing lessons *pl.*; ⁓**vergnügen** *n* dance, ball; ⁓**wut** *f* dancing mania.

Tapet [ta'peːt] *n*: *aufs* ⁓ *bringen* bring *a subject* on the carpet (*or* up).

Ta'pete *f* (-; -n) wall-paper; ⁓(*n pl.*) paper-hangings *pl.*; tapestry; ⁓**nhändler(in** *f*) *m* dealer in wall-paper; ⁓**nmuster** *n* (wallpaper) design; ⁓**ntür** *f* jib door, hidden door.

Tapezier|er [tape'tsiːrər] *m* (-s; -) paper-hanger; upholsterer; ⁓**arbeit** *f* upholstery; ⁓**en** *v/t.* (*h.*) (hang with) paper; *neu* ⁓ repaper; ⁓**nagel** *m* tack; ⁓**ware** *f* upholstery.

tapfer ['tapfər] **I.** *adj.* brave; valiant, gallant, heroic(ally *adv.*); courageous, plucky; intrepid, dauntless, fearless; dogged(ly *adv.*); **II.** *adv.* bravely, *etc.*; manfully; vigorously, with gusto, like blazes; ⁓**keit** *f* (-) bravery, valo(u)r, gallantry; heroism; courage, pluck; fortitude; ⁓ *vor dem Feind* gallantry in the field; *hervorragende* ⁓ outstanding heroism; ⁓**keitsmedaille** *f* medal (awarded) for bravery.

Tapisseriewaren [tapisə'riːvɑːrən] *f/pl.* tapestry goods, tapestries.

tappen ['tapən] *v/i.* (*h., sn*) grope about, fumble; paw; *im dunkeln* ⁓ *a. fig.* grope in the dark; → *tapsen*.

täppisch ['tɛpiʃ] *adj.* clumsy, awkward, gawky, thumb-fingered.

Taps [taps] *colloq. m* (-es; -e) clumsy fellow, hobbledehoy, gawk; '⁓**en** *v/i.* (*h., sn*) walk clumsily, plod; tap, pat.

Tara ['tɑːra] *econ. f* (-; -ren) tare.

Tarantel [ta'rantəl] *zo. f* (-; -n) tarantula; *fig. wie von der* ⁓ *gestochen* as if stung by an adder, wildly.

tarieren [ta'riːrən] *v/t.* (*h.*) tare.

Tarif [ta'riːf] *m* (-s; -e) tariff, (table of) rates *pl.*; *rail.* **a)** *for passengers*: (table of) fares, **b)** *for goods*: railway rates *pl.*; postal rates *pl.*; scale (of wages), wage scale; *gleitender* ⁓ sliding scale; ⁓**abkommen** *n* → *Tarifvertrag*; ⁓**bruch** *m* breach of tariff; ⁓**lich I.** *adj.* tariff..., in accordance with the tariff; *wages*: standard..., tradeunion...; contractual; ⁓*e Arbeitszeit* contractual hours; **II.** *adv.* according to (*or* by) the tariff; *wages*: according to scale; ⁓**lohn** *m* standard wage(s *pl.*); ⁓**mäßig** [-mɛːsiç] *adj. and adv.* → *tariflich*; ⁓**ordnung** *f* wage scale, wages regulations *pl.*; ⁓**partner** *m* party to a wage agreement; ⁓**satz** *m* tariff rate; *for wages*: (rate of) scale; ⁓**verhandlungen** *f/pl.* collective bargaining; ⁓**vertrag** *m* wage (*or* industrial) agreement, *Am.* collective agreement.

Tarn|anstrich ['tarn-] *m* camouflage painting, dazzle (*or* pattern) painting; ⁓**anzug** *m* camouflage suit; ⁓**bezeichnung** *f* code word (*or* designation); ⁓**bezug** *m* camouflage cover; ⁓**en** *v/t.* (*h.*) camouflage, mask, screen, *esp. fig. a.* cloak, disguise; ⁓**farbe** *f* camouflage paint; ⁓**kappe** *f* magic hood; ⁓**netz** *n* camouflage net; ⁓**ung** *f* (-; -en) camouflage, screen(ing), cloak(ing).

Tasche ['taʃə] *f* (-; -n) pocket; pouch

(*a. anat., zo.*); bag; purse; → *Akten*♀, *etc.*; shoulder bag; *ped.* satchel; case; *in der ~ haben* (*a. colloq. fig.*) have in one's pocket; *in die ~ stecken* (put into one's) pocket; *fig. j-n in die ~ stecken* be more than a match for a p., be head and shoulders above a p.; *j-m auf der ~ liegen* live at a p.'s expense, live on a p.; *in die eigene ~ arbeiten* line one's pocket; *tief in die ~ greifen müssen* have to pay through one's nose; *e-e Stadt wie seine ~ kennen* know a town like the back of one's hand; *colloq. ich habe es in der ~* it's in the bag; *colloq. steig mir in die ~* go to blazes.

'**Taschen...**: **~apotheke** *f* pocket medicine-case; **~ausgabe** *f* pocket edition; **~buch** *n* pocketbook; **~dieb(in** *f*) *m* pickpocket; *vor ~en wird gewarnt!* beware of pickpockets; **~diebstahl** *m* pocket-picking; **~feuerzeug** *n* pocket-lighter; **~format** *n* pocket-size; **~geld** *n* pocket-money, (monthly) allowance; **~kalender** *m* pocket almanac; **~krebs** *zo. m* common crab; **~lampe** *f* pocket-lamp; (electric) torch, *esp. Am.* flashlight; **~messer** *n* pocket-knife, clasp-knife, *Am. a.* jackknife; penknife; **~sender** *m* pocket transmitter; **~spiegel** *m* pocket-mirror; **~spieler** *m* juggler, conjurer; **~spiele'rei** *f* jugglery, sleight of hand; **~tuch** *n* (-[e]s; ¨er) (pocket) handkerchief, hanky; **~uhr** *f* (pocket) watch; **~wörterbuch** *n* pocket-dictionary.

Täschner ['tɛʃnər] *m* (-s; -) purse-maker; trunk-maker.

Tasse ['tasə] *f* (-; -*n*) cup; cup and saucer; *e-e ~ Tee* a cup of tea; *colloq. nicht alle ~n im Schrank haben* be not quite right (in the head).

Tastatur [tasta'tu:r] *f* (-; -*en*) keyboard, keys *pl.*

tastbar ['tastba:r] *adj.* palpable.

Taste ['tastə] *f* (-; -*n*) key; *tech.* press key, (push button) key.

'**tasten I.** *v/i.* (*h.*) touch, feel; grope (about), fumble (*nach* for); *sich ~* feel (*or* grope) one's way (*a. fig.*); **II.** *v/t.* (*h.*) (transmit by) key; sense; **~d** *fig.* tentative, groping; ♀**brett** *mus. n* keyboard; ♀**geber** *m* key transmitter; ♀**instrument** *n* keyed instrument.

'**Taster** *m* (-s; -) *zo.* feeler, antenna; *tel.* key, prod; *typ.* keyboard; *tech.* **a)** → *Taste*, **b)** cal(l)iper (compasses), **c)** tracer, **d)** probe; **~lehre** *tech. f* snap ga(u)ge; **~zirkel** *m* cal(l)ipers *pl.*

'**Tast...**: **~haar** *zo. n* tactile hair; **~organ**, **~werkzeug** *n* organ of touch; **~sinn** *m* (-[e]s) sense of touch.

Tat [ta:t] *f* (-; -*en*) act; action; deed; exploit, feat; *jur.* criminal act, crime, offen|ce, *Am.* -se; *Männer der ~* men of action; *auf frischer ~ ertappen* catch red-handed (*or* in the act); *durch die ~ beweisen* make good by one's actions; *zur ~ schreiten* proceed to action; *in der ~* indeed, in (point of) fact; *in Wort und ~* in word and deed; → *umsetzen.*

tat *pret. of tun.*

Tatar [ta'ta:r] *m* (-*en*; -*en*), **~in** *f* (-; -*nen*) Ta(r)tar; **~ennachricht** *f* scare news; canard.

'**Tat...**: **~bericht** *jur. mil. m* delinquency report, charge sheet; **~bestand** *m* state of affairs; *jur.* facts *pl.* of the case, constituent facts *pl.*, factual findings; *objektiver* (*subjektiver*) *~* physical (mental) element of an offen|ce, *Am.* -se; *den ~ e-s Deliktes erfüllen* constitute an offence; **~bestandsaufnahme** *f* factual statement; **~bestandsmerkmal** *n* element of an offen|ce, *Am.* -se; **~einheit** *jur. f*: *in ~ mit* in coincidence with; **~endrang**, **~endurst** *m* thirst (*or* zest) for action; enterprise; ♀**endurstig** *adj.* burning for action, *Am. a.* raring to go; enterprising, full of go; ♀**enlos** *adj.* inactive, idle; ♀**enreich**, ♀**envoll** *adj.* active, full of action.

Täter ['tɛ:tər] *m* (-s; -), **~in** *f* (-; -*nen*) doer, actor; perpetrator (*a. jur.* = delinquent), culprit; author; **~schaft** *f* (-) guilt; *die ~ ableugnen* plead not guilty.

'**tätig** *adj.* active (*a. gr.*); busy, hard at work; restless; (*wirksam*) efficacious; → *Reue*; *econ. ~er Gesellschafter* active partner; *~ sein als* act as; *als Arzt ~ sein* practise medicine; *bei e-r Firma ~ sein* be in the employ of, be employed with (*a firm*), work at (*an institute, etc.*); *~ sein für* (*acc.*) work for; **~en** ['tɛ:tigən] *v/t.* (*h.*) bring off, carry out; *econ.* effect, transact; undertake (*sales*), do (*a business*); conclude.

Tätigkeit ['tɛ:tiçkaɪt] *f* (-; -*en*) activity; *anat., tech., etc.* action; function; occupation, business, job; profession, vocation; *in ~* in action; *in voller ~* in full swing; *in ~ setzen* put into action (*or* motion, operation), set going, *anat.* activate; *außer ~ setzen* **a)** suspend (*person*), **b)** bring *a th.* to a standstill, stop, *tech.* throw out of gear, put out of operation; **~sbereich** *m* field of activity; **~sbericht** *m* progress report; **~sform** *gr. f* active voice; **~sgebiet** *n* field of activity; **~swort** *gr. n* (-[e]s; ¨er) verb.

'**Tätigung** ['-guŋ] *econ. f* (-; -*en*) effecting, transaction, conclusion.

'**Tat...**: **~kraft** *f* (-) energy; enterprise; ♀**kräftig** *adj.* energetic(ally *adv.*), active; *~er Mensch a.* man of action, live wire.

tätlich ['tɛ:tliç] *adj.* violent; *jur. ~e Beleidigung* assault (and battery); *~ beleidigen, ~ werden gegen* assault *a p.*; *~ werden* resort to violence, *miteinander*: come to blows; ♀**keit** *f* (-; -*en*) (act of) violence, *a. pl.* physical violence; *jur.* assault (and battery).

'**Tat-ort** *m* place (*or* scene) of a crime.

tätowier|en [tɛ:to'vi:rən] *v/t.* (*h.*) tattoo; ♀**ung** *f* (-; -*en*) tattoo(ing).

'**Tatsache** *f* (matter of) fact; *pl.* (established) facts, data; *nackte ~n* hard facts; *verbürgte ~* matter of record; *vollendete ~* fait accompli (*Fr.*); *als ~ hinstellen* aver; *sich auf den Boden der ~n stellen* face the facts, be realistic; *j-n vor vollendete ~n stellen* confront a p. with a fait accompli; *~ ist, daß* the fact (of the matter) is that; *das ändert nichts an der ~, daß* it doesn't alter the fact that; **~nbericht** *m* factual (*or* documentary) report, matter-of-fact account; **~nfilm** *m* documentary; **~n-irrtum** *jur. m* error of fact; **~nsinn** *m* factual sense.

tat'sächlich I. *adj.* actual, real, factual; based on fact; **II.** *adv.* in fact, actually, really, in reality; *adm.* de facto; *introductory phrase*: believe it or not; the fact is that; *jur. rechtlich und ~* in fact and in law.

tätscheln ['tɛ:tʃəln] *v/t.* (*h.*) pet, pat.

Tatterich ['tatəriç] *colloq. m* (-s): *den ~ haben* be doddering; *from fright*: be all of a dither, have the jitters.

'**Tat...**: **~umstände** *m/pl.* circumstances surrounding the case; **~verdacht** *m* suspicion.

Tatze ['tatsə] *f* (-; -*n*) paw, claw; **~nhieb** *m* stroke with a paw.

Tau[1] [taʊ] *m* (-[e]s) dew.

Tau[2] *n* (-[e]s; -e) rope, cable, *mar. a.* hawser.

taub [taup] *adj.* deaf (*fig. gegen, für* to); hard of hearing; *auf e-m Ohre ~* deaf of (*or* in) one ear; *~ machen* make deaf, deafen; *~ werden* grow deaf; *fig. limbs*: benumbed, numb; sterile, barren; empty (*nut, etc.*); addled (*egg*); dead (*rock*); unfruitful (*seed*); *~ sein gegen or für* be deaf to; *~en Ohren predigen* talk to the winds; *der or die* ♀*e* ['-bə] deaf man *or* woman; *die* ♀*en pl.* the deaf.

Täubchen ['tɔʏpçən] *n* (-s; -) little dove; *mein ~!* my love (*or* duckie)!

Taube ['taubə] *orn. f* (-; -*n*) pigeon, *rhet.* dove; *sanft wie e-e ~* (as) gentle as a dove; **~n-ei** *n* pigeon's egg; ♀**ngrau** *adj.* dove-colo(u)red; **~nhaus** *n* → *Taubenschlag*; **~nschießen** *n* pigeon-shooting; **~nschlag** *m* pigeonry, dovecot; **~nzucht** *f* pigeon-breeding.

'**Tauber, Täuber** ['tɔʏbər] *m* (-s; -), **Täuberich** [-iç] *m* (-s; -e) cock pigeon.

Taubheit ['tauphaɪt] *f* (-) deafness; numbness; barrenness; emptiness.

'**Taubnessel** *bot. f* dead nettle.

'**taubstumm** *adj.* deaf and dumb; ♀**e(r** *m*) *f* deaf-mute, deaf and dumb person; ♀**en-alphabet** *n* deaf-and-dumb alphabet; ♀**en-anstalt** *f* institute for the deaf and dumb; ♀**heit** *f* (-) deaf-mutism.

Tauch|badschmierung ['taux-] *tech. f* splash lubrication; **~batterie** *el.* plunge battery; **~boot** *mar. n* submersible (boat), submarine; **~elektrode** *f* dipped electrode; ♀**en I.** *v/i.* (*h., sn*) dive, plunge; dip (*a. bird, sun*); swim under water; *submarine*: submerge; *boxing*: duck; **II.** *v/t.* (*h.*) dip (in), duck; *tech.* immerse, dip, steep; *die Hand ~ in* dip one's hand in; *fig. in Licht, etc., getaucht* bathed in light, *etc.*; **~en** *n* (-s) diving, *etc.*

'**Taucher** *m* (-s; -) diver (*a. orn.*); **~anzug** *m* diving suit; **~glocke** *f* diving bell; **~helm** *m* diver's helmet; **~kolben** *m* plunger; **~lunge** *f* aqualung.

'tauch...: ~fähig *adj.* submersible; **~klar** *adj. submarine*: ready to submerge; **ℒkolben** *tech. m* plunger (piston); **ℒsieder** *m* immersion heater; **ℒstation** *f submarine*: diving station; **ℒverfahren** *metall. n* hot dipping process.

tauen ['tauən] **I.** *v/i.* (*h., sn*) **1.** thaw, melt; *es taut* it is thawing; *der Schnee ist von den Dächern getaut* the snow has melted off the roofs; **2.** *es taut* dew is falling; **II.** *v/t.* (*h.*) melt; *mar.* tow.

'Tau-ende *n* rope end.

Tauf|akt ['tauf-] *m* christening ceremony; baptism; **~becken** *n* baptismal font; **~buch** *n* parish register; **~e** *f* (-; -*n*) baptism, *a. fig.* christening; *die ~ empfangen* be baptized *or* christened; *aus der ~ heben* stand godfather (*or* godmother) to, stand sponsor to, *fig.* call into being, initiate, inaugurate; **ℒen** *v/t.* (*h.*) baptize, christen (*a. fig.* = name *a ship, etc.*); *fig. iro.* dub; *getaufter Jude* converted Jew; *colloq. fig.* water, adulterate (*wine*).

Täufer ['tɔʏfər] *m* (-*s*): *Johannes der ~* John the Baptist.

'tau-feucht *adj.* bedewed.

Täufling ['tɔʏfliŋ] *m* (-*s*; -*e*) child (*or* person) to be baptized.

'tau-frisch *adj.* fresh with dew, dewy.

'Tauf...: ~name *m* Christian (*Am. a.* given) name; **~pate** *m* godfather, *f* godmother; sponsor; **~schein** *m* certificate of baptism; **~stein** *m* baptismal font; **~wasser** *n* baptismal water; **~zeuge** *m* sponsor.

taugen ['taugən] *v/i.* (*h.*) be good *or* fit *or* of use (*all zu* for), answer (well); (*zu*) *nichts ~* be good for nothing, be no good, be of no use; *taugt es etwas?* is it any good?; *sie ~ nicht viel* they are not worth (*or* up to) much.

'Taugenichts *m* (-; -*e*) good-for-nothing, scamp, *Am. a.* deadbeat.

tauglich ['taukliç] *adj.* good, fit, useful, suitable (*für, zu* for, to *do*); *person*: qualified, (cap)able; *mil.* fit (for service), *a. mar.* able-bodied; *ship*: seaworthy; **ℒkeit** *f* (-) usefulness; *a. mil.* fitness; qualification; **ℒkeitsgrad** *m* medical classification.

tauig ['tauiç] *adj.* dewy, wet with dew.

Taumel ['tauməl] *m* (-*s*) reeling; giddiness; *fig.* whirl; rapture, ecstasy, delirium, frenzy; **ℒig** *adj.* reeling, staggering, giddy; **ℒn** *v/i.* (*sn*) reel, stagger, totter; be giddy; **~scheibe** *tech. f* wobble plate.

'Taupunkt *phys. m* dew point.

Tausch [tauʃ] *m* (-[*e*]*s*; -*e*) exchange, barter, truck; *im ~ gegen* (*acc.*) in exchange for; *in ~ geben* give in exchange, barter (away) (*für* for); **'ℒen** *v/t. and v/i.* (*h.*) exchange (*gegen* for), barter (for), swap, swop (for); *econ.* barter, truck; *fig. Blicke ~* exchange glances; *ich möchte nicht mit ihm ~* I should not like to be in his place *or* shoes.

täuschen ['tɔʏʃən] *v/t. and v/i.* (*h.*) deceive (*a. matter* = be deceptive); fool, hoodwink, dupe; mislead, lead astray, delude; hoax; outwit, trick; disappoint, deceive (*expectations, etc.*); *sports*: deceive *an opponent, only v/i.* (*h.*) feint, fake a blow, *etc.*; *sich ~* deceive o.s., be mistaken (*in dat.* in), be wrong; *sich ~ lassen* let o.s. be deceived; *in Hoffnungen, etc., getäuscht werden* be disappointed in *one's hope, etc.*; *da täuscht er sich aber* he is very much mistaken there; **~d** *adj.* deceptive, delusive; striking, bewildering (*likeness*); *~ ähnlich* practically identical; *~ nachahmen* mimic (*or* copy) to perfection.

'Tausch...: ~geschäft *n* barter (deal), swap transaction; *a.* → **~handel** *m* barter, exchange trade; *~ treiben* barter, truck; **~mittel** *n* medium of exchange, barter-medium; **~objekt** *n* bartering object.

'Täuschung *f* (-; -*en*) deception (*gen.* practised upon); delusion; illusion; imposition, imposture; mystification; trick, sleight of hand; error; fallacy; *jur.* fraud; *arglistige ~* wilful deceit; *optische ~* optical delusion; *sich e-r ~ hingeben* deceive o.s. (*über acc.* on); *sie gaben sich hinsichtlich ... keiner ~ hin* they were under no illusions about ...; **~s-absicht** *jur. f* intent to defraud; **~s-angriff** *mil. m* feint attack; **~smanöver** *mil. n* feint, diversion; **~sversuch** *m* attempt to deceive (*or jur.* defraud).

'Tausch...: ~verkehr *m* barter, exchange (of goods); **ℒweise** ['-vaɪzə] *adv.* by way of exchange; **~wert** *m* exchangeable value.

tausend ['tauzənt] *adj.* thousand; a thousand (and one); *~ und aber ~* thousands upon thousands; *nicht einer unter ~* not one in a thousand; **ℒundeine** *Nacht* Arabian Nights *pl.*; *~ Dank!* a thousand thanks!; **ℒ** *n* (-*s*) thousand; a thousand; *zu ~en* by the thousands; *in die ~e gehen* run into thousands; *econ. im ~* per thousand, pro mille.

'Tausender [-dər] *m* (-*s*; -) thousand; figure marking the thousand; thousand mark note; **ℒlei** *adj.* (of) a thousand different kinds, a thousand (kinds of); a thousand things.

'Tausend...: ℒfach [-fax], **ℒfältig** [-fɛltiç] **I.** *adj.* thousandfold; **II.** *adv.* in a thousand ways; **~fuß**, **~füßler** [-fy:slər] *zo. m* (-*s*; -) millepede, centipede, *Am. a.* wireworm; **~güldenkraut** [-'gyldənkraut] *bot. n* (-[*e*]*s*) lesser centaury; **ℒjährig** *adj.* a thousand years old; of a thousand years, millenial; *~es Reich* millenium; **~künstler** *m* wizard, jack-of-all-trades, *Am. a.* whiz; **ℒmal** *adv.* a thousand times; **~sasa** [-zaza] *m* (-*s*; -[*s*]) devil of a fellow; → *Tausendkünstler*; **~schön(chen)** [-ʃø:n(çən)] *bot. n* (-*s*, -*e*; -*s*, -) daisy; **ℒst** *adj.* thousandth; **~stel** [-stəl] *n* (-*s*; -), **ℒstel** *adj.* thousandth (part).

Tau... [tau]: **'~tropfen** *m* dew-drop; **'~werk** *n* ropes *pl.*, cordage, *mar.* rigging; **'~wetter** *n* thaw (*a. fig. pol.*); **'~ziehen** *n* tug-of-war (*a. fig.*).

Taxameter [taksa'me:tər] *m* (-*s*; -) (*a.* **~uhr** *f*) taximeter, clock; *a.* → **~droschke** *f* taxicab, cab.

Taxator [ta'ksa:tɔr] *m* (-*s*; -'*toren*) valuer, appraiser.

Taxe ['taksə] *f* (-; -*n*) rate; tax; fee; estimate, appraisal, assessment; *mot.* taxi(cab), cab; **~nhaltestelle** *f* taxi rank, *Am.* taxi (*or* cab) stand.

Taxi ['taksi] *n* (-[*s*]; -[*s*]) taxi(cab), cab.

ta'xier|en *v/t.* (*h.*) rate, estimate; value; appraise; tax, assess (*all auf acc.* at); **ℒer** *m* (-*s*; -) → *Taxator*; **ℒung** *f* (-; -*en*) estimate; valuation, appraisal; assessment.

'Taxifahrer *m* taxi-driver.

'Tax-uhr *f* taximeter.

Taxus ['taksus] *bot. m* (-; -) yew.

'Taxwert *m* appraised (*or* assessed) value.

Technik ['tɛçnik] *f* (-) engineering; technology, technical science; (*pl.* -*en*) technique (*a. arts, sports, etc.*), practice; skill, workmanship; *mus.* execution; *tech. Schweißℒ* **a)** welding engineering, **b)** welding practice; **~er** *m* (-*s*; -) (technical) engineer; technician; technologist; *sports*: technical man; **~um** *n* (-*s*; -*ka*) technical school.

'technisch *adj.* engineering (*department, fair, journal, process, etc.*); technical; mechanical; industrial; *~er Chemiker* chemical engineer; *~e Einzelheiten* technicalities; *~er Direktor* engineering manager; *~e Hochschule* technical college; *~er Kaufmann* sales engineer; *~er K.o.* technical knock-out; *ℒe Nothilfe* Technical Emergency Service; *~er Offizier* specialist officer; *~es Personal* technical staff; *~e Schwierigkeiten* technical difficulties; *~e Störung* breakdown, mechanical failure; *~e Wunder* engineering marvels.

Techni'sierung *f* (-; -*en*) engineering progress; mechanization.

Techno|krat [-'kra:t] *m* (-*en*; -*en*) technocrat; **~loge** [-'lo:gə] *m* (-*n*; -*n*) technologist; **~logie** [-lo'gi:] *f* (-) technology; **ℒ'logisch** *adj.* technological.

Techtel'mechtel ['tɛçtəl'mɛçtəl] *n* (-*s*; -) love affair, flirtation, entanglement.

Teckel ['tɛkəl] *m* (-*s*; -) dachshund.

Teddybär ['tɛdi-] *m* Teddy bear.

Tee [te:] *m* (-*s*; -*s*) tea; infusion (of herbs); tea(-party); *~ trinken* have (*or* take, drink) tea; *fig. abwarten und ~ trinken!* (just) wait and see!

'Tee...: ~blatt *n* tea-leaf; **~brett** *n* tea-tray; **~büchse** *f* tea-caddy; **~-Ei** *n* tea-infuser; **~gebäck** *n* tea-cake, scone, *Am.* biscuit, cookies *pl.*; **~geschirr** *n* tea-service; **~gesellschaft** *f* tea-party; **~haube** *f* tea-cosy; **~kanne** *f* teapot; **~kessel** *m* tea-kettle; **~kräuter** *n/pl.* herbs (for infusion); **~löffel** *m* tea-spoon; **~löffelvoll** *m* teaspoonful; **~maschine** *f* tea-urn; **~mischung** *f* blend of tea; **~mütze** *f* tea-cosy.

Teer [te:r] *m* (-[*e*]*s*; -*e*) tar; **~asphalt** *m* coal-tar, pitch, tar asphalt; **~brenne'rei** *f* tar factory; **ℒen** *v/t.*

(*h.*) tar; **~farbstoffe** *m/pl.* coal-tar (*or* aniline) dyes; **~jacke** *f* tarred jacket; *colloq.* (*sailor*) Jack Tar; **~leinwand** *f* tarpaulin.

'Tee-rose *f* tea-rose.

'Teer...: ~pappe *f* tar-board; **~straße** *f* tarred street; **~ung** *f* (-; -*en*) tarring.

'Tee...: ~service *n* tea service, tea set; **~sieb** *n* tea-strainer; **~strauch** *m* tea-shrub; **~stunde** *f* tea-time; **~tasse** *f* teacup; **~wagen** *m* tea-wagon, tea-cart; **~wärmer** ['-vɛrmər] *m* (-*s*; -) tea-cosy; **~zeug** *n* tea-things *pl.*

Teich [taɪç] *m* (-[*e*]*s*; -*e*) pond, pool; tank; *fig.* (*ocean*) *der große ~* the Pond.

Teig [taɪk] *m* (-[*e*]*s*; -*e*) dough; batter, paste; **2ig** ['taɪgɪç] *adj.* doughy, pasty (*a. fig.*); mellow (*fruit*); **~mulde** *f* kneading-trough; **~rolle** *f* rolling pin; **~waren** *f/pl.* farinaceous food (*or* products), paste articles.

Teil [taɪl] *m and n* (-[*e*]*s*; -*e*) part (*a. tech.*); piece; portion, share, cut; section; element, component; member; *jur.* party; *edle ~e pl.* vital parts (*of the body*); *ein ~ davon* part of it; *ein gut ~* a good deal of; *beide ~e* both parties *or* sides; *für beide ~e vorteilhaft* of mutual advantage; *beide ~e anhören* hear both sides; *der größte ~ von or gen.* the greater part of, the bulk of; *der größte ~ der Menschen a.* the majority of mankind, most people; *aus allen ~en der Welt* from all parts (*or* all over) the world; *sein ~ beitragen* do one's share (*or* bit); *sich sein ~ denken* have one's own thoughts about it; *in zwei ~e zerbrechen* break in two; *er hat sein ~ fig.* he has his share (*or* due); *ich für mein ~* I for my part, as for me; *zum ~* partly, in part, to some extent; *zum großen ~* largely, to a great extent; *zum größten ~* for the most part, mostly; *zu gleichen ~en* at equal shares, *jur. a.* share and share alike.

'Teil...: ~ansicht *f* partial view; **2bar** *adj.* divisible; **~barkeit** ['-baːrkaɪt] *f* (-) divisibility; **~beschäftigte(r** *m*) ['-bəʃɛftɪçtə(r)] *f* (-*n*, -*n*; -*en*, -*en*) part-time worker; **~beschäftigung** *f* part-time employment; **~betrag** *m* partial amount; instal(l)ment; **~bild** *n TV* frame, *Am.* field; **~chen** *n* (-*s*; -) particle; **~chenbeschleuniger** *m nuclear physics*: particle accelerator.

'teilen *v/t.* (*h.*) divide; split; dismember; distribute, portion out; separate, partition off; share (*mit* with); *fig.* share (in), take part in; *j-s Ansichten ~* share a p.'s views; *j-s Gefühle ~* enter into a p.'s feelings, sympathize with a p.; *die Meinungen waren geteilt* opinion was divided; *geteilter Meinung sein* be of a different opinion, differ; *sich ~* divide, part, *party, etc.*: split, *road*: branch out, fork; *sich in et. ~* share (*or* split) a th.; go halves; *number*: *sich ~ lassen durch* be divisible by; *er würde sein letztes Stück Brot ~* he would share his last crust.

'Teiler *m* (-*s*; -) **1.** *a.* **~in** *f* (-; -*nen*) divider, sharer; **2.** *math.* divisor.

'Teil...: ~erfolg *m* partial success; **~gebiet** *n* section, branch; **2haben** *v/i.* (*h.*) share, participate, take part (*all*: *an dat.* in), partake (of); **~haber(in** *f*) ['-haːbər] *m* (-*s*, -; -, -*nen*) participator; *econ.* partner, associate; joint proprietor; *beschränkt haftender ~* limited partner; *persönlich haftender ~* responsible partner; *stiller ~* sleeping (*Am.* silent) partner; **~haberschaft** *econ. f* (-) partnership; **2'haft(ig)** *adj.* (*gen.*) partaking of, sharing; *e-r Sache ~ werden* partake of a th., share in a th.; **~haftung** *econ. f* partial commitment.

...teilig *adj. in compounds, e.g.*: *zwei~* in two parts; two-piece (*suit, set, etc.*).

'Teil...: ~lieferung *f* part-delivery, instal(l)ment; **2möbliert** *adj.* partly furnished; **~montage** *tech. f* subassembly; **2motorisiert** *mil. adj.* semimobile; **~nahme** ['-naːmə] *f* (-) participation (*an dat.* in); co-operation; *jur.* participation, complicity; attendance (*an dat.* at *a meeting*); *fig.* interest (in); sympathy (with), compassion (for); condolences *pl.*; *j-m seine ~ ausdrücken* condole with, express one's sympathy with *a p.*; **2nahmslos** *adj.* indifferent, unconcerned; impassible, unfeeling; passive; apathetic, listless; **~nahmslosigkeit** *f* (-) indifference; impassibility; passiveness; apathy; **2nahmsvoll** *adj.* sympathetic(ally *adv.*), solicitous; **2nehmen** *v/i.* (*irr.*, *h.*) participate (*an dat.* in), take part (in); join (in), share (in); be present (at), attend (*a th.*); collaborate, cooperate (in), take an active part (in); contribute (to); *an e-r Mahlzeit ~* partake of a meal; *fig.* take an interest (in); sympathize (with); **2nehmend** *adj. fig.* interested (*an dat.* in); sympathetic(ally *adv.*); solicitous; **~nehmer(in** *f*) *m* (-*s*, -; -, -*nen*) participant, participator; partner, sharer; member; student; competitor, contestant, entrant; *jur.* accessory (*an e-m Verbrechen* to a crime); *teleph.* subscriber, party; *pl.* those present; *sports*: *~ an der Schlußrunde* finalist; **~nehmeranschluß** *teleph. m* subscriber's set; **~nehmerverzeichnis** *teleph. n* telephone directory.

teils *adv.* partly, in part; *~ ..., ~ ...* partly ..., partly ...; some ..., some ...

'Teil...: ~schaden *m* partial loss; **~schuldverschreibung** *econ. f* bond of a bond issue; **~sendung** *econ. f* consignment in part; **~staat** *m* constituent state; **~strecke** *f rail.* section, fare stage; *w.s.* stage, *Am.* leg; **~strich** *m tech.* graduation mark; *mil.* mil; **~stück** *n* fragment.

'Teilung *f* (-; -*en*) division; distribution; separation, partition; dismemberment; sharing; parcelling out (*of land*); fork(ing), bifurcation (*of road*); *in degrees*: graduation; *physiol.* segmentation (*of a cell*); **~s-artikel** *gr. m* partitive article; **~sbruch** *math. m* partial fraction; **~svertrag** *pol. m* partition treaty; **~szahl** *math. f* dividend; **~szeichen** *math. n* division sign.

'Teil...: 2weise ['-vaɪzə] **I.** *adj.* partial; **II.** *adv.* partially, partly, in part(s); to some extent, in some cases; *ganz oder ~* in whole or in part; **~zahl** *math. f* quotient; **~zahlung** *f* part-payment, (payment by) instal(l)ment; *~en leisten* pay by instal(l)ments; *auf ~ kaufen* buy on the instal(l)ment plan; **~zahlungskredit** *m* instal(l)ment sales credit.

Teint [tɛ̃ː] *m* (-*s*; -*s*) complexion.

T-Eisen ['teː-] *tech. n* T-iron.

tektonisch [tɛk'toːnɪʃ] *adj.* tectonic (-ally *adv.*).

Tel-autograph ['telʔaʊtograːf] *m* (-*s*; -*e*[*n*]) telautograph.

Telefon [tele'foːn] *n* (-*s*; -*e*) → *Telephon, etc.*

Telegramm [-'gram] *n* (-*s*; -*e*) telegram, wire; cable(gram); **~adresse, ~anschrift** *f* telegraphic address; cable address; **~formular** *n* telegraph form (*Am.* blank); **~schalter** *m* telegram-office; **~stil** *m* (-[*e*]*s*) telegraphic style, telegraphese.

Telegraph [-'graːf] *m* (-*s*; -*en*) telegraph.

Tele'graphen...: ~amt *n* telegraph office; **~arbeiter** *m* linesman; **~be-amte(r)** *m* telegraph clerk; **~bote** *m* telegraph messenger; **~draht** *m* telegraph wire; **~leitung** *f* telegraph line; **~mast** *m* telegraph pole; **~netz** *n* telegraph system; **~schlüssel** *m* telegraph code; **~stange** *f* telegraph pole.

Telegraphie [-gra'fiː] *f* (-) telegraphy; *drahtlose ~* wireless telegraphy, radiotelegraphy; **2ren** *v/t. and v/i.* (*h.*) telegraph (*a. sl. boxing*), wire; *from overseas*: cable.

tele'graphisch *adj.* telegraphic(ally *adv.*); *adv. usu.* by telegraph, by wire; by cable; *~e Überweisung* cable transfer; *~ überweisen* (send by) wire *or* cable.

Telegra'phist(in *f*) *m* (-*en*, -*en*; -, -*nen*) telegraph operator, telegrapher.

Tele-objektiv ['teːle-] *phot. n* telephoto lens.

Tele|pathie [telepa'tiː] *f* (-) telepathy; **2pathisch** [-'paːtɪʃ] *adj.* telepathic(ally *adv.*).

Telephon [-'foːn] *n* (-*s*; -*e*) telephone, phone; *am ~* on the (tele-)phone; *ans ~ gehen* answer the (tele)phone; *~ haben* be on the (tele)phone; *in compounds* → *Fernsprech...*

Telephonat [-fo'naːt] *n* (-[*e*]*s*; -*e*) → *Telephongespräch.*

Tele'phon...: ~anruf *m* (tele)phone call; **~anschluß** *m* telephone connection (*or* extension); *~ haben* be on the (tele)phone; **~apparat** *m* telephone set; **~buch** *n* telephone directory; **~gespräch** *n* telephone conversation; (tele)phone call; **~hörer** *m* (telephone) receiver, handset.

Telephonie [telefo'niː] *f* (-): (*drahtlose ~* wireless *or* radio) telephony; **2ren** *v/i.* (*h.*) telephone, phone; *mit j-m ~* ring (*or* call) a p. up, *a.* talk to a p. over the (tele)phone.

tele'phonisch *adj.* telephonic(ally *adv.*); *adv. usu.* by (tele)phone, over the (tele)phone; *~e Mitteilung* telephone message; *~ (nicht) erreichbar* (not) on the (tele)phone; **Telephonist(in** *f*) [-fo'nist(in)] *m* (*-en, -en; -, -nen*) (telephone) operator, *mil.* telephonist.

Tele'phon...: **~leitung** *f* telephone line; **~nummer** *f* telephone (*or* call) number; **~verbindung** *f* telephone connection; *e-e ~ herstellen* put through a call; **~zelle** *f* telephone (*or* call) box *or* booth; **~zentrale** *f* (telephone) exchange; *Am.* telephone central office.

'Telephotographie *f* telephotography; (*picture*) telephoto.

Teleskop [telɛ'sko:p] *n* (*-s; -e*) telescope; **~gabel** *mot. f* telescopic fork; **℗isch** *adj.* telescopic(ally *adv.*).

Telexdienst ['te:lɛks-] *m* telex [(service).]

Teller ['tɛlər] *m* (*-s; -*) plate; trencher; tray; *tech.* disk, disc; seat (*of valve*); snow ring, disc (*on ski stick*); palm (*of hand*); **~brett** *n* plate rack; **℗förmig** ['-fœrmiç] *adj.* plate-shaped; *~e Feder* plate spring; **~mine** *mil. f* Teller mine; **~mütze** *f* flat cap; beret; **~rad** *mot. n* (axle-drive) bevel gear; **~schrank** *m* cupboard, sideboard; **~tuch** *n* (*-[e]s; ⸚er*) dishcloth; **~ventil** *tech. n* disc valve; **~voll** *m* (*-s*) plateful; **~wärmer** ['-vɛrmər] *m* (*-s; -*) plate-warmer; **~wäscher** *m Am.* dishwasher.

Tellur [tɛ'lu:r] *chem. n* (*-s*) tellurium; **~silber** *n* silver telluride.

Tempel ['tɛmpəl] *m* (*-s; -*) temple; sanctuary; **~herr, ~ritter** *hist. m* (Knight) Templar; **~raub** *m*, **~schändung** *f* sacrilege.

Tempera-malerei ['tɛmpəra-] *f* painting in distemper.

Temperament [tɛmpəra'mɛnt] *n* (*-[e]s; -e*) temper(ament); mettle, spirits *pl.*; vivacity; → *Schwung*; *hitziges ~* hot temper; *sie hat kein ~* there is no life in her, she's got no pep; **℗los** *adj.* spiritless; **℗voll** *adj.* full of spirits, ebullient, (high-) spirited, mettlesome, vivacious; impetuous; glowing; passionate.

Temperatur [-'tu:r] *f* (*-; -en*) temperature; *med. ~ haben* have a temperature; *j-s ~ messen* take a p.'s temperature; **~anstieg** *m* rise of temperature; **~ausgleich** *m* temperature balance; **~einfluß** *m* influence of temperature; temperature factors *pl.*; **~regler** *tech. m* thermoregulator, thermostat; **~schwankung** *f* variation of temperature; **~sturz** *m* drop of temperature; **~unterschied** *m* difference in temperature.

Temperenzler [tɛmpə'rɛntslər] *m* (*-s; -*) abstemious person, teetotal(l)er.

Temperguß ['tɛmpər-] *metall. m* malleable cast iron.

tempe'rieren *v/t.* (*h.*) temper (*a. mus., metall.*); *temperiertes Wasser* lukewarm water.

'Temper-ofen *metall. m* annealing (*or* tempering) furnace.

Templer ['tɛmplər] *m* (*-s; -*) (Knight) Templar.

Tempo ['tɛmpo] *n* (*-; -s*) time, measure, *a. w.s.* tempo; pace; speed; rate; *fig.* tempo, pace (*of drama, etc.*); *in rasendem ~* at a breakneck speed; *in langsamem ~* at a slow pace (*or* rate); *das ~ angeben* set the pace; *das ~ steigern* increase the pace; *~!* hurry up!, step on it!

temporär [-'rɛ:r] *adj.* temporary.

'Temposchwung *m skiing*: speed swing.

Tempus ['tɛmpus] *gr. n* (*-; Tempora*) tense.

Tendenz [tɛn'dɛnts] *f* (*-; -en*) tendency; trend; current.

tendenziös [-'tsjø:s] *adj.* tendentious.

Ten'denz...: **~roman** *m* novel with a purpose, purpose-novel; **~stück** *thea. n* play with a purpose, purpose-play.

Tender ['tɛndər] *mar., rail. m* (*-s; -*) tender.

ten'dieren *v/i.* (*h.*) show a tendency, tend (*nach* to), incline (to).

Tenne ['tɛnə] *f* (*-; -n*) threshing-floor, barn-floor.

Tennis ['tɛnis] *n* (*-*) (lawn-)tennis; *~ spielen* play (*or* have a game of) tennis; **~ball** *m* tennis ball; **~halle** *f* covered court; **~platz** *m* tennis court; **~schläger** *m* (tennis) racket; **~schuhe** *m/pl.* tennis pumps, sand-shoes; **~spiel** *n* game of tennis; **~spieler(in** *f*) *m* tennis player; **~turnier** *n* tennis tournament.

Tenor[1] *esp. jur.* ['te:nɔr] *m* (*-s*) tenor, substance.

Tenor[2] [te'no:r] *m* (*-s; ⸚e*), **Teno'rist** *mus. m* (*-en; -en*) tenor; **Te'norstimme** *f* tenor (voice).

Teppich ['tɛpiç] *m* (*-s; -e*) carpet, rug; *on wall*: tapestry; *mit e-m ~ belegen* carpet; **~besen** *m*, **~bürste** *f* carpet brush; **~händler** *m* carpet dealer; **~kehrmaschine** *f* carpet-sweeper; **~schoner** *m* drugget; **~stange** *f* carpet rod; **~weber, ~wirker** *m* carpet-weaver; **~wirke'rei** *f* carpet weaving *or* manufacture.

Termin [tɛr'mi:n] *m* (*-[e]s; -e*) appointed time *or* day; (fixed) date *or* term, target date; closing date; *äußerster ~* final date, *Am.* deadline; date of completion; *sports*: fixture; term, time-limit; *jur.* **a)** hearing, **b)** summons (to appear in court); *e-n ~ anberaumen* appoint a date, fix a date (*für* for); **~einlage** *f banking*: time deposit; **℗gemäß, ℗gerecht** *adv.* in due time, on the due date, to schedule; **~geschäft** *n*, **~handel** *econ. m* time-bargain, forward transaction; *pl. a.* futures; **~kalender** *m* date-block, memo-book, *jur.* cause-list, *Am.* calendar; **~lieferung** *econ. f* forward (*or* future) delivery; **~liste** *jur. f* cause-list, *Am.* calendar; **~markt** *m* forward market.

Terminologie [tɛrminolo'gi:] *f* (*-; -n*) terminology; nomenclature.

Ter'min...: **~verkauf** *m* forward (*or* future) sale; **~verfolgungsplan** *m* (*-[e]s; ⸚e*) follow-up chart; **~verlängerung** *f* extension; **℗weise** [-vaizə] *adv.* by terms, at fixed times; by instal(l)ments; **~zahlung** *f* payment by instal(l)ments; instal(l)ment.

Termite [tɛr'mi:tə] *f* (*-; -n*) white ant, termite.

Terpentin [tɛrpɛn'ti:n] *n* (*-s; -e*) turpentine; **~öl** *n* oil of turpentine.

Terrain [tɛ'rɛ̃:] *n* (*-s; -s*) ground; plot of land; building-site; *fig. ~ aufholen* make up leeway; **~aufnahme** *f* surveying; **~verhältnisse** *n/pl.* condition *sg.* of the ground.

Terrakotta [tɛra'kɔta] *f* (*-; -tten*) terra-cotta.

Terrasse [tɛ'rasə] *f* (*-; -n*) terrace; **℗nförmig** [-nfœrmiç] *adj.* terraced, in terraces.

Terrine [tɛ'ri:nə] *f* (*-; -n*) tureen.

territorial [tɛritori'ɑ:l] *adj.* territorial; **℗truppen** *f/pl.* territorials.

Territorium [tɛri'to:rium] *n* (*-s; -ien*) territory.

Terror ['tɛrɔr] *m* (*-s*) terror; **~angriff** *m* terror attack; **~bande** *f* terror gang.

terrorisieren [tɛrori'zi:rən] *v/t.* (*h.*) terrorize.

Terro'rist *m* (*-en; -en*) terrorist.

Tertia ['tɛrtsia] *f* (*-; -ien*) *ped.* fourth form; *typ.* great primer.

tertiär [tɛrtsi'ɛ:r] *adj.* tertiary; **℗formation** *geol. f* tertiary formation.

Terz [tɛrts] *f* (*-; -en*) *mus.* third; *kleine (große) ~* minor (major) third; *fenc.* tierce.

Terzerol [tɛrtsə'ro:l] *n* (*-s; -e*) pocket-pistol.

Terzett [-'tsɛt] *mus. n* (*-[e]s; -e*) trio.

Tesching ['tɛʃiŋ] *n* (*-s; -e*) sub-calibre rifle.

Test [tɛst] *m* (*-[e]s; -e*) test; *chem.* cupel.

Testament [tɛsta'mɛnt] *n* (*-[e]s; -e*) (last) will, *jur.* last will and testament; *bibl. Altes (Neues) ~* Old (New) Testament; *ein ~ machen* make a will; *jur. Anerkennung des ~s* probate; *j-n im ~ bedenken* remember (*or* include) a p. in one's will; *ohne Hinterlassung e-s ~s sterben* die intestate.

testamentarisch [-'tɑ:riʃ] **I.** *adj.* testamentary; **II.** *adv.* by will; *~ verfügen* dispose by will.

Testa'ments...: **~bestätigung** *jur. f* probate; **~er-öffnung** *f* opening of the will; **~vollstrecker(in** *f*) *m* executor (*f* executrix); administrator; **~zusatz** *m* codicil.

Testator [tɛs'tɑ:tɔr] *jur. m* (*-s; -'toren*) testator.

'testen *v/t.* (*h.*) test.

te'stier|en **I.** *v/i.* (*h.*) make a will; **II.** *v/t.* (*h.*) dispose by will; bequeath; testify to; certify, attest; **~fähig** *jur. adj.*: *~ sein* have testamentary capacity.

'Testpilot *aer. m* test pilot.

Tetanus-serum ['te:tanus-] *med. n* antitetanic serum.

Tetrachlor'kohlenstoff [tetra-'klo:r-] *chem. m* carbon tetrachloride.

Tetraeder [-'e:dər] *chem. n* (*-s; -*) tetrahedron.

teuer ['tɔʏər] **I.** *adj.* dear, costly, expensive; valuable; *fig.* dear, precious, cherished, beloved; *~es Geld* dear (*or* close) money; *~e Preise* high prices; *wie ~ ist es?* how much is it?, what does it cost?; *das Hotel ist sehr ~* the hotel is very expensive; → *Rat*; **II.** *adv.* dearly, *etc.*; at a high price; → *erkaufen*; *~ verkaufen* sell (*a. fig. one's life*) dearly; *~ zu stehen kommen* cost dearly; *das wird ihn ~ zu stehen kommen* he will have to pay dearly for that.

'Teu(e)rung *f* (-; -*en*) dearness, high (*or* rising) prices *pl.*, high cost of living; dearth, scarcity; famine; **~swelle** *f* wave of high prices; **~s-zulage** *f* cost-of-living bonus; **~s-zuschlag** *m* extra charge due to increased cost; **~szuwachs** *m* price increment.

Teufe ['tɔʏfə] *f* (-; -*n*) *mining*: depth; **2n** *v/t.* (*h.*) deepen (*shaft*).

Teufel ['tɔʏfəl] *m* (-*s*; -) devil; fiend; *der ~* the Devil, Satan, the Evil One, Old Nick; *fig. armer ~* poor devil (*or* wretch); *der ~ der Habgier* the devil of greed; *pfui ~!* **a)** ugh!, faugh!, how nasty!, **b)** for shame!, disgusting!; *zum ~!* dickens!, hang it!; *wer* (*wo, was*) *zum ~?* who (where, what) the devil (*or* deuce *or* hell)?; *wie der ~* like the deuce (*or* devil), like blazes; *bist du des ~s?* are you mad?; *der ~ ist los* the fat is in the fire; *er fragt den ~ danach* he doesn't care a rap about it; *er hat den ~ im Leib* he is a devil of a fellow; *in ~s Küche kommen* get into a devil of a mess; *nur nicht den ~ an die Wand malen!* talk of the devil and he will appear!; *scher dich zum ~!* go to hell!, go to blazes!; *zum ~ gehen* go to the devil (*or* to the dogs), go to pot (*or* phut).

Teufe'lei *f* (-; -*en*) devilry, *Am.* deviltry; devilish trick.

'Teufels...: **~banner** *m* exorcist; **~beschwörung** *f* exorcism; **~brut** *f* hellish crew; **~kerl** *m* devil of a fellow; **~kreis** *fig. m* vicious circle; **~weib** *n* she-devil, devil of a woman; **~werk** *n* piece of devilry.

'teuflisch *adj.* devilish, diabolical, satanic, fiendish.

Text [tɛkst] *m* (-*es*; -*e*) text; wording; context; *of song*: words *pl.*; *of opera*: book, libretto; *typ.* **a)** letterpress, **b)** double pica; *redaktioneller ~* editorial matter; *fig. aus dem ~ bringen* fluster, put out; *aus dem ~ kommen* lose the thread, be put out; *j-m den ~ lesen* lecture a p., blow a p. up; *weiter im ~!* go on!; **~buch** *thea. n* (play)book, libretto; **~dichter** *thea. m* librettist; **~er** *m* (-*s*; -) copywriter.

Textil|arbeiter(in *f*) [tɛks'ti:l-] *m* textile worker; **~fabrik** *f* textile mill; **~industrie** *f* textile industry; **~ien** [-iən] *pl.*, **~waren** *f/pl.* textile goods, textiles.

'textlich I. *adj.* textual; **II.** *adv.* concerning the text.

'Text...: **~kritik** *f* textual criticism; **~schreiber** *m* → *Texter*; **~schrift** *typ. f* double pica.

Theater [te'ɑ:tər] *n* (-*s*; -) theatre, *Am.* (regular) theater; playhouse; stage; performance; (stage-)play; *fig. contp.* farce; fuss, to-do; *am or im ~* at the theatre; *ins ~ gehen* go to the theatre; *zum ~ gehen* go on the stage; *fig. ~ spielen* play-act, put on an act; *mach kein ~!* don't make a fuss!; *es ist immer das gleiche ~* it's always the same old story; **~agentur** *f* theatrical agency; **~bericht** *m* theatrical news *pl.*; **~besuch** *m* playgoing; **~besucher (-in *f*)** *m* playgoer; **~dichter(in *f*)** *m* dramatic author, playwright; **~direktor** *m* manager of theatre; **~effekt** *m* stage-effect; **~gruppe** *f* (theatrical) company; **~karte** *f* theatre ticket; **~kasse** *f* box office; **~kritiker** *m* drama critic; **~leiter** *m* producer; **~maler** *m* scene-painter; **~probe** *f* rehearsal; **~-stück** *n* (stage-)play; **~vorstellung** *f* theatrical performance; **~wesen** *n* (-*s*) theatrical concerns *pl.*, *the* stage; **~zettel** *m* play-bill.

theatralisch [-a'trɑ:liʃ] *adj.* theatrical, stagy; *e-e ~e Haltung annehmen* strike a theatrical pose.

Theismus [te'ismus] *m* (-) theism.

Theke ['te:kə] *f* (-; -*n*) bar, *Am. a.* counter.

Thema ['te:ma] *n* (-*s*; -*men*) theme (*a. mus., etc.*), subject; topic; *beim ~ bleiben* stick to the point.

the'matisch *adj.* thematic(ally *adv.*).

Theolog|e [teo'lo:gə] *m* (-*n*; -*n*), **~in** *f* (-; -*nen*) theologian, divine; *univ.* student of divinity.

Theologie [-lo'gi:] *f* (-; -*n*) theology, divinity; *Doktor der ~* Doctor of Divinity (*abbr.* D.D.); *~ studieren* read for holy orders, *Am.* study for ministry.

theo'logisch *adj.* theological.

Theoret|iker [teo're:tikər] *m* (-*s*; -) theorist; **2isch** *adj.* theoretical(ly *adv.*, *a.* in theory); *contp.* academic.

theoreti'sieren *v/i.* (*h.*) theorize.

Theorie [teo'ri:] *f* (-; -*n*) theory; *e-e ~ aufstellen* evolve a theory.

Theosophie [teozo'fi:] *f* (-; -*n*) theosophy.

Therapeut [tera'pɔʏt] *med. m* (-*en*; -*en*) therapist; **~ik** *f* (-) therapeutics *sg.*; **Therapie** [-'pi:] *f* (-; -*n*) therapy.

Thermal|bad [tɛr'mɑ:l] *n*, **~quellen** *f/pl.* hot springs *pl.*, thermal spa.

Therm|e ['tɛrmə] *f* (-; -*n*) thermal (*or* hot) spring; **~ik** *f* (-), **2isch** *adj.* thermal.

thermion|isch [tɛrmi'o:niʃ] *phys. adj.* thermionic; **2ik** *f* (-) thermionics *sg.*

Thermit [tɛr'mi:t] *n* thermite.

thermo|chemisch ['tɛrmo-] *adj.* thermochemical; **2dynamik** *f* thermodynamics *sg.*; **~elektrisch** *adj.* thermoelectric; **2element** *n* thermocouple element.

Thermo'meter *n* thermometer; **~kugel** *f* thermometer bulb; **~-säule** *f* thermometer column; **~-stand** *m* thermometer reading.

thermo'metrisch *adj.* thermometric(al).

'thermonuklear *adj.* thermonuclear.

thermo'plastisch *tech. adj.* thermoplastic(ally *adv.*).

'Thermosflasche *f* vacuum flask, thermos (flask *or* bottle).

Thermostat [tɛrmo'stɑ:t] *m* (-[*e*]*s*; -*e*[*n*]) thermostat.

thesaurieren [tezau'ri:rən] *econ. v/t.* (*h.*) hoard (up).

These ['te:zə] *f* (-; -*n*) thesis.

Thomas ['to:mas] *m* (-): *fig. ungläubiger ~* doubting Thomas; **~schlacke** *tech. f* Thomas (*or* basic) slag; **~stahl** *m* Thomas steel, basic converter steel.

Thrombose [trɔm'bo:zə] *f* (-; -*n*) *med. f* thrombosis.

Thron [tro:n] *m* (-[*e*]*s*; -*e*) throne; **'~anwärter** *m* heir apparent; **'~-besteigung** *f* accession to the throne; **'~bewerber(in *f*)** *m* pretender (*or* aspirant) to the throne; **'2en** *v/i.* (*h.*) be enthroned; *fig.* reign; **'~entsagung** *f* abdication; **'~erbe** *m*, **'~erbin** *f* heir(ess *f*) to the throne, heir apparent; **'~folge** *f* succession to the throne; **'~folger(in *f*)** ['-fɔlgər] *m* (-*s*, -; -, -*nen*) successor to the throne; **'~himmel** *m* canopy; **'~räuber** *m* usurper; **'~rede** *f* speech from the throne; *parl.* Queen's Speech; **'~sessel** *m* chair of state.

Thunfisch ['tu:n-] *m* tunny.

Thüring|en ['ty:riŋən] *n* (-*s*) Thuringia; **~er(in *f*)** *m* (-*s*, -; -, -*nen*), **2isch** *adj.* Thuringian.

Thymian ['ty:miɑ:n] *bot. m* (-*s*; -*e*) thyme.

Tiara [ti'ɑ:ra] *f* (-; -*ren*) tiara.

Tibetan|er(in *f*) [ti:be'tɑ:nər(in)] *m* (-*s*, -; -, -*nen*), **2isch** *adj.* Tibetan.

tick! [tik] *int.* tick; **~tack!** tick-tock.

Tick *m* (-[*e*]*s*; -*s*) crotchet, fad, kink; *colloq. auf j-n e-n ~ haben* have a grudge against a p.

'ticken *v/i.* (*h.*) tick.

tief [ti:f] **I.** *adj.* deep (*a. fig.*); profound (*knowledge, etc.*); low; deep, bass (*voice*), low-pitched (*tone*); *aus ~stem Herzen* from the bottom of one's heart; *im ~sten Elend* in utter (*or* extreme) misery; *im ~sten Frieden* in the lap of peace; *im ~sten Winter* in the depth (*or* dead) of winter; *in ~ster Nacht* in the dead of night; *bis ~ in die Nacht* far into the night; *in ~er Trauer* deeply afflicted; **II.** *adv.* deep; low; *fig.* deeply, profoundly; *~ atmen* take a deep breath; *~ seufzen* draw a deep sigh; *sich ~ verbeugen* make a low bow; *~ in j-s Schuld* deeply endebted to a p.; *fig. ~ liegen* range (*prices*: *a.* rule) low; *mus. ~er stimmen* lower the pitch; *zu ~ singen* sing flat; *das läßt ~ blicken* that speaks volumes.

Tief *n* (-*s*; -*s*) → *Tiefdruck*(*gebiet*).

'Tief...: **~angriff** *mil. m* low-level attack; strafing; **~aufschlag** *m* *tennis*: underhand service; **~bau** *m* (-[*e*]*s*) underground engineering (*or* construction); **2beleidigt** *adj.* stung to the soul; **2betrübt** *adj.* deeply grieved, very sad; **~bett-felge** *tech. f* (-; -*n*) drop base rim; **2bewegt** *adj.* deeply moved; **2-blau** *adj.* deep blue; **~blick** *fig. m* keen insight, penetration; **2blik-kend** *adj.* penetrating; **~bohrer** *tech. m* auger; **~bunker** *mil. m* deep (*or* underground) shelter; **~decker** [-dɛkər] *aer. m* (-*s*; -) low-wing monoplane; **~druck** *m* (-[*e*]*s*) *meteor.* low pressure, depression; *typ.* (*pl.* -*e*) intaglio, *Am.* rotogravure; **~druckgebiet** *n* low pressure (area), low.

'**Tiefe** *f* (-; -*n*) depth (*a. fig.*); deepness (*of voice, etc.*); *fig.* profoundness, profundity; deep, abyss; *~ des Gedankens* depth of thought; *~n pl. mus.* bass notes.

'**Tief-ebene** *f* low plain, low land.

tiefempfunden ['-ɛmpfundən] *adj.* heartfelt.

'**Tiefen...**: **~anzeiger** *m mar.* depth gauge; *radio*: bass indicator; **~ausdehnung** *f* extension in depth; **~feuer** *mil. n* searching fire; **~messung** *f* measuring of depth, sounding; **~psychologie** *f* depth psychology; **~ruder** *mar. n* hydrovane; **~schärfe** *phot. f* depth of focus; **~staffelung** *mil. f* echelonment in depth; **~wahrnehmung** *f* perception of depth; **~wirkung** *f* depth effect; plastic effect.

'**tief...**: **~ernst** *adj.* very grave; **2flieger** *aer. m* low-flying plane, strafer, hedgehopper; **2fliegerangriff** *m* → *Tiefangriff*; **2fliegerbeschuß** *m* strafing; **2flug** *m* low-level flight, hedgehopping; **2gang** *mar. m* draught; **2garage** *f* underground car park; **~gebeugt** [-gəbɔʏkt] *adj.* deeply afflicted, bowed down; **~gefühlt** *adj.* heartfelt; **~gegliedert** *adj.* distributed in depth; **~gehend** *adj.* deep-drawing (*ship*); *fig.* profound, intense; far-reaching, thoroughgoing; **~gekühlt** [-gəky:lt] *adj.* deep-freeze, quick-frozen; **~greifend** *adj.* far-reaching, thoroughgoing, fundamental, radical; **~gründig** [-gryndiç] *adj.* deep, profound; **~kühlen** *v/t.* (*h.*) deep-freeze, quick-freeze; **2kühlkost** *f* frozen food; **2kühltruhe** *f* deep-freeze chest; **2ladeanhänger** *mot. m* flat-bed trailer; **2ladewagen** *rail. m* well wag(g)on; **2land** *n* lowland(s *pl.*); **~liegend** *adj.* deep-seated; deep-set, sunken (*eyes*); **2lot** *n* deep-sea lead; **2punkt** *fig. m* low (mark), bottom; low point (*in life*); **2schlag** *m boxing*: low hit, hit below the belt; **~schürfend** *adj.* profound; thorough, exhaustive; **~schwarz** *adj.* deep black, jet-black; **2see** *f* deep sea; **2seeforschung** *f* deep-sea research; **2seekabel** *n* deep-sea cable; **2seekunde** *f* (-) oceanology; **2tauchkugel** [-taʊx-] *f* bathysphere; **2sinn** *m* (-[e]s) profoundness; melancholy; **~sinnig** *adj.* profound; thoughtful, meditative; melancholy, pensive; **2stand** *m* low level; lowness; *fig.* low (level), nadir; *e-n neuen ~ erreichen* hit a new low; **2start** *m sports*: crouch start; **2strahler** *m* flood light; **~stehend** *adj.* low-lying; *fig.* low, inferior; **2stwert** *m* minimum value; **~wurzelnd** *adj.* deep-rooted; **~ziehen** *tech. v/t.* (*irr.*, *h.*) deep-draw, cup.

Tiegel ['ti:gəl] *m* (-s; -) *cul.* saucepan, stewpan; *tech.* crucible, melting-pot; **~druck** *typ. m* (-[e]s; -e) platen-printing; **~ofen** *metall. m* crucible furnace; **~stahl** *m* crucible steel.

Tiekholz ['ti:khɔlts] *n* (-es) teak (-wood).

Tier [ti:r] *n* (-es; -e) animal; creature; beast; *wildes ~* wild beast; *fig. b.s.* beast, brute, animal; *colloq. großes* (*or hohes*) *~* bigwig, big bug, big shot, *mil.* brass-hat; *das ~ in j-m wecken* rouse the beast in a p.

'**Tier...**: **~art** *f* species of animal; **~arzt** *m* veterinary (surgeon), *esp. Am.* veterinarian, vet; **2ärztlich** *adj.* veterinary; **~bändiger(in** *f*) *m* tamer of wild beasts; **~beschreibung** *f* zoography; **~fabel** *f* animal fable; **~fänger** *m* animal trapper; **~fett** *n* animal fat; **~freund** *m* lover of animals; **~garten** *m* zoological gardens *pl.*, Zoo; (game) park, deer park; preserve; **~handlung** *f* pet shop; **~haut** *f* hide; **~heilkunde** *f* (-) veterinary science; **2isch** *adj.* animal; *fig. b.s.* bestial, brutish; *colloq. fig. ~er Ernst* awful seriousness; **~kohle** *f* (-) animal charcoal; **~kreis** *ast. m* zodiac; **~kreiszeichen** *n* sign of the zodiac; **~kunde** *f* (-) zoology; **~leben** *n* (-s) animal life; **~maler(in** *f*) *m* animal-painter; **~park** *m* → *Tiergarten*; **~quäler** *m* tormentor of animals; **~quäle'rei** *f* cruelty to animals; **~reich** *n* (-[c]s) animal kingdom; **2reich** *adj.* rich in animals; **~schau** *f* show of animals, menagerie; **~schutzgebiet** *n* game preserve; **~schutzverein** *m* Society for Prevention of Cruelty to Animals; **~versuch** *m* animal test, experiment on an animal; **~wärter** *m* keeper (of animals); **~welt** *f* (-) animal world; **~zucht** *f* animal husbandry, livestock breeding; **~zuchtschau** *f* cattle breed show.

Tiger ['ti:gər] *m* (-s; -) tiger; **~fell** *n* tiger skin; **~in** *f* (-; -*nen*), **~weibchen** *n* tigress; **~katze** *f* tiger-cat; **2n** *v/t.* (*h.*) speckle, spot.

Tilde ['tildə] *f* (-; -*n*) sign of repetition, swung dash (~), tilde.

tilgbar ['tilkbɑ:r] *adj.* extinguishable; *econ.* redeemable (*bond, etc.*), amortizable.

tilgen ['tilgən] *v/t.* (*h.*) extinguish; strike out, expunge, cancel, *typ.* delete; wipe (*or* blot) out (*a. fig.* = eradicate); efface, obliterate; cancel, annul; destroy; *econ.* discharge, pay (*or* clear) off (*debt*); redeem (*bond, etc.*); amortize; write off; *jur. im Strafregister ~* erase in the penal register; *fig.* expiate, wipe out *a disgrace*.

'**Tilgung** *f* (-; -*n*) extinction; cancel(l)ation; deletion; effacement, obliteration; annulment; destruction; *econ.* discharge, (re)payment, settlement; redemption; amortization; write-off; *jur.* erasure; *fig.* expiation; **~s-anleihe** *econ. f* amortization loan; **~sbetrag** *m* amortization instal(l)ment; **~sfonds** *m* redemption fund; *for securities*: sinking fund; **~s-plan** *m* scheme of redemption; **~szeichen** *typ. n* delete (δ).

Tingeltangel ['tiŋəltaŋəl] *m and n* (-s; -) (low) music hall, *Am.* honky-tonk.

Tinktur [tiŋktu:r] *f* (-; -*en*) tincture.

Tinte ['tintə] *f* (-; -*n*) ink; *paint.* tint; *fig. in der ~ sitzen* be in a scrape (*or* in the soup); *colloq. das ist klar wie dicke ~* that's as clear as mud.

'**Tinten...**: **~faß** *n* inkstand; inkwell; **~fisch** *m* cuttle-fish; **~fleck**, **~klecks** *m* ink-stain, ink-spot, (ink-)blot; **~gummi** *m* ink-eraser; **~kleckser** *colloq. m* scribbler, ink-slinger; **~löscher** *m* (rocker) blotter; **~stift** *m* copying(-ink) pencil, indelible (ink) pencil; **~wischer** *m* pen-wiper.

Tip [tip] *m* (-s; -s) hint, (*a. sports*) tip; *j-m e-n ~ geben* tip a p. off.

Tippel|bruder ['tipəl-] tramp, *Am.* hobo; **2n** *v/i.* (*sn*) tramp, hike.

tippen ['tipən] *v/t. and v/i.* (*h.*) touch with a finger, tip; *colloq.* type, pound the typewriter; *mot.* flood, tickle (*carburettor*); *colloq.* tip (*im Fußballtoto* in the football pool; *auf j-n* a p. to win, a win for a p.).

Tipp... [tip-]: '**~fehler** *m* error in typing, type slip; '**~fräulein** *n* typist.

tipptopp ['tip'tɔp] *colloq. adj.* tip-top, first class.

Tirol [ti'ro:l] *n* (-s) *the* Tyrol; **~er(in** *f*) *m* (-s, -; -, -nen), *adj.* Tyrolese.

Tisch [tiʃ] *m* (-[e]s; -e) table; board; *bei ~* at table, at dinner (*or* lunch); *getrennt von ~ und Bett* separated from bed and board; *parl. auf den ~ des Hauses legen* (lay on the) table; *fig.* → *grün*; *reinen ~ machen* (*damit*) make a clean sweep (of it); *sich zu ~ setzen* sit down to dinner *or* supper; *fig. unter den ~ fallen* fall flat; *unter den ~ fallen lassen* (let) drop; *unter den ~ trinken* drink under the table; *zu ~ bitten* invite (*or* ask) to dinner *or* supper; *bitte zu ~!* dinner is ready!; *eccl. zum ~e des Herrn gehen* partake of the Lord's Supper; → *decken*.

'**Tisch...**: **~apparat** *teleph. m* desk telephone; **~bein** *n* leg of a table; **~besen** *m* crumb-brush; **~blatt** *n* (table-)top; leaf (of a table); **~dame** *f* partner at table; **~decke** *f* table-cover; **~empfänger** *m radio, TV*: table set; **~ende** *n*: *oberes* (*unteres*) *~* head (foot) of the table; **2fertig** *adj.* ready-prepared (*food*); **~gast** *m* guest, diner; **~gebet** *n* grace; *das ~ sprechen* say grace; **~gerät**, **~geschirr** *n* table-requisites *pl.*; **~gesellschaft** *f* dinner-party; (company at) table; **~gespräch** *n* table-talk; **~glocke** *f* dinner-bell; hand-bell; **~herr** *m* partner at table; **~karte** *f* menu; place-card; **~kasten** *m*, **~lade** *f* table-drawer; **~klopfen** *n* table-rapping; **~lampe** *f* portable standard, table lamp; **~läufer** *m* table-cent|re (*Am.* -er); **~leindeckdich** ['-laɪn'dɛkdiç] *n* (-s) magic table.

Tischler ['tiʃlər] *m* (-s; -) joiner; cabinetmaker; **~arbeit** *f* joiner's work, joinery.

Tischle'rei *f* (-; -*en*) joinery; joiner's workshop.

'**Tischler...**: **~geselle** *m* journeyman joiner; **~leim** *m* solid (*or* bone) glue; **~meister** *m* master joiner; **2n I.** *v/i.* (*h.*) do joiner's work; **II.** *v/t.* (*h.*) make.

'**Tisch...**: **~messer** *n* table-knife;

~nachbar(in *f*) *m* neighbo(u)r at table; **~platte** *f* table-top; leaf; **~rede** *f* after-dinner speech, toast; **~rücken** *n* (-*s*) table-turning; **~telephon** *n* desk-telephone; **~tennis** *n* table tennis; **~tennisschläger** *m* table tennis bat; **~tuch** *n* (-[*e*]*s*; ⸚*er*) table cloth; **~tuchklammer** *f* table clamp; **~wäsche** *f* table linen; **~wein** *m* table wine; **~zeit** *f* meal-time.

Titan [ti'tɑːn] **1.** *m* (-*en*; -*en*) Titan; **2.** *chem. n* (-*s*) titanium; **♀isch** *adj.* titanic; **♀sauer** *chem. adj.* titanite of.

Titel ['tiːtəl] *m* (-*s*; -) title; heading; *jur.* **a**) title (to), **b**) title-deed; *econ. pl.* securities; *das Buch trägt den ~* the book is entitled; *sports*: *e-n ~ innehaben* hold a title; **~bewerber** *m sports*: aspirant to a title; **~bild** *n* frontispiece; cover (picture); **~blatt** *n* title-page; **~bogen** *typ. m* title-sheet; **~halter** *m sports*: title-holder; **~kampf** *m sports*: title bout; **~rolle** *thea. f* title-rôle, name-part; **~seite** *f* front page; **~sucht** *f* (-) craze for titles; **~verteidiger** *m* defender of championship, title-holder; **~wort** *n* (-[*e*]*s*; ⸚*er*) *dictionary*: head-word; **~zeile** *f* headline.

Titrier|analyse [ti'triːr-] *chem. f* volumetric analysis; **♀en** *v/t.* (*h.*) titrate; **~flüssigkeit** *f* standard solution.

titular [titu'lɑːr] *adj.* titular, nominal.

Titulatur [-la'tuːr] *f* (-; -*en*) titles *pl.*, styling.

titu'lieren *v/t.* (*h.*) give the title of; call, style, address as.

Toast [toːst] *m* (-[*e*]*s*; -*e*) toast (*a.* = toasted bread); *e-n ~ ausbringen* propose a toast; *auf j-n e-n ~ ausbringen* (propose a) toast (to) a p.; **♀en** *v/i.* (*h.*) toast (*auf j-n* a p.); drink toasts; **~röster** *m* toaster.

Tobak ['toːbak] *m* (-[*e*]*s*; -*e*) → *Tabak*.

toben ['toːbən] *v/i.* (*h.*) rage, rave, storm, bluster, foam; *children*: romp; *wind, sea, etc.*: rage, roar; rage (*battle*); **~d** *adj.* enraged, furious; frantic; tempestuous, boisterous; *~e See* raging sea; *~er Sturm* roaring storm; *~er Beifall* frantic applause.

'Tob...: **~sucht** *med. f* (-) raving madness, frenzy; **♀süchtig** *adj.* raving mad, frantic; seized with frenzy; **~suchts-anfall** *m* fit of raving madness; *fig.* tantrum; *e-n ~ bekommen* have (*or* throw) a tantrum, blow one's top.

Tochter ['tɔxtər] *f* (-; ⸚) daughter; *~ des Hauses* young lady of the house; *econ.* → *~gesellschaft*; **~geschwulst** *med. f* metastasis; **~gesellschaft** *econ. f* subsidiary (company); **~kind** *n* daughter's child; **~kirche** *f* filial church; **~land** *n* colony.

töchterlich ['tœçtərliç] *adj.* daughterly, filial.

'Töchterschule *f*: *Höhere ~* girls' high school.

'Tochter...: **~sprache** *f* derivative language; **~staat** *m* colony.

Tod [toːt] *m* (-[*e*]*s*; -[*e*]) death, *a. jur.* decease; *personified*: *der ~* death, the grim reaper; *den ~ finden* meet one's death, be killed, perish; (*ein Kind*) *des ~es sein* be doomed, be a dead man (*or* a goner); *e-s natürlichen ~es sterben* die a natural death; *für den ~ nicht leiden können* hate like poison; *sich den ~ holen* catch one's death (*of cold*); *sich zu ~e arbeiten* slave o.s. to death; → *erschrecken*; *fig. zu ~e hetzen or reiten* do *a th.* to death; *zu ~e langweilen* bore to death, bore stiff; → *tot...*; *zum ~e verurteilen* sentence to death; *zu ~e betrübt* mortally grieved, heart-broken; *des e-n ~ ist des andern Brot* one man's meat is another man's poison; *das wird noch mein ~ sein* it will be the death of me yet; *es geht um Leben und ~* it is a matter of life and death; *Kampf auf Leben und ~* life-and-death struggle; *nach j-s ~ veröffentlichte Werke, etc.* posthumous *works, etc.*; **♀bringend** *adj.* deadly, fatal; **♀ernst I.** *adj.* deadly serious; **II.** *adv.* in dead earnest.

Todes... ['toːdəs]: **~ahnung** *f* presentiment of death; **~angst** *f* agony (of death); *fig.* mortal fear; *Todesängste ausstehen* be scared to death, be frightened out of one's wits; **~anzeige** *f* obituary (notice); **~art** *f* manner of death; **~blässe** *f* deadly pallor; **~engel** *m* angel of death; **~erklärung** *jur. f* (official) declaration of death; **~fall** *m* (case of) death; *Todesfälle pl.* deaths, casualties; **~furcht** *f* fear of death; **~gefahr** *f* peril (*or* danger) of (one's) life, deadly peril; *in ~ schweben* be in mortal danger; **~kampf** *m* death-struggle, last agony, throes *pl.* of death; **~kandidat** *m* doomed man, goner; **~keim** *m* seeds *pl.* of death; **♀mutig** *adj.* defying death, fearless; **~nachricht** *f* news of a p.'s death; **~opfer** *n* death; *Zahl der ~* (death) toll; **~qualen** *f/pl.* pangs of death; **~röcheln** *n* death-rattle; **~stoß** *m* death-blow; *den ~ versetzen* deliver the death-blow (*dat.* to); **~strafe** *f* capital punishment, death penalty; *bei ~* on pain (*or* penalty) of death; **~strahlen** *m/pl.* death rays; **~stunde** *f* hour of death, last hour; **~sturz** *m* fatal fall, fall to one's death; **~tag** *m* day (*or* anniversary) of *a p.'s* death; **~ursache** *f* cause of death; **~urteil** *n* sentence of death; *a. fig.* death warrant; **~verachtung** *f* defiance of death; *mit ~* recklessly; **~wunde** *f* mortal wound; **~wunsch** *m* death wish.

'Tod...: **~feind(in** *f*) *m* deadly (*or* mortal) enemy; **~feindschaft** *f* deadly hatred; **♀geweiht** *adj.* doomed; **♀krank** *adj.* dangerously (*or* hopelessly) ill.

tödlich ['tøːtliç] **I.** *adj.* deadly; lethal (*poison, weapon*); fatal (*blow, etc.*), *wound*: *a.* mortal; *mit ~er Sicherheit* with deadly accuracy; **II.** *adv.*: *~ treffen* (*a. fig.*) strike a mortal blow to; *~ verunglücken* be killed in an accident; *fig. sich ~ langweilen* be bored to death, be bored stiff.

'tod...: **~müde** *adj.* tired to death, dead tired, dead-beat; **~schick** *adj.* dashing, gorgeous, groovy; **~sicher I.** *adj.* cock-sure (*a. person* = self-confident); (as) sure as death (*or* as fate); *Am. a.* surefire (*method, etc.*); *judgement*: unerring; *~er Schütze* dead shot; *~e Sache* sure thing, dead certainty, *Am. a.* cinch; **II.** *adv.* undoubtedly; *er kommt ~* he is sure to come; **♀sünde** *f* deadly (*or* mortal) sin; **~unglücklich** *adj.* dreadfully unhappy, sick at heart; **~wund** *adj.* mortally wounded.

Tohuwabohu ['toːhuva'boːhu] *n* (-[*s*]; -*s*) confusion, topsy-turvydom; hubbub.

Toilette [toa'lɛtə] *f* (-; -*n*) toilet; toilet(-table), *Am.* dresser; lavatory, gentlemen's (ladies') room, *esp. Am.* toilet; public convenience; *~ machen* make one's toilet, dress; *in großer ~* in full dress, in evening dress.

Toi'letten...: **~artikel** *m* toilet article *or* requisite; *pl. Am. a.* toiletry; **~garnitur** *f* toilet set; **~papier** *n* (-*s*) toilet paper; **~seife** *f* toilet soap; **~spiegel** *m* toilet glass; **~tisch** *m* toilet(-table), dressing-table, *Am.* dresser.

toleran|t [tole'rant] *adj.* tolerant (*gegen* of); broad-minded; **♀z** [-'rants] *f* (-) toleration, tolerant attitude, *etc.*; *tech.* (*pl.* -*en*) tolerance, allowance, allowable variation; correct clearance.

tole'rieren *v/t.* (*h.*) tolerate.

toll [tɔl] **I.** *adj.* raving mad, frantic; mad, crazy, wild (*all a. fig.*); dare-devil; break-neck; incredible, fantastic; frightful (*noise, etc.*), infernal, awful; hilarious, rollicking, too funny for words; terrific, great, fabulous, gorgeous, hot; breath-taking; grotesque; bizarre, eccentric; *er* (*es*) *ist nicht so ~* he (it) is not so hot; *~er Hund* mad dog; *~e Gerüchte* wild rumo(u)rs; *~er Kerl* devil of fellow, *Am. a.* wow, whiz; *e-e ~e Sache* a wild affair, *Am. a.* a wow, a humdinger; a perfect scream; *e-e ~e Wirtschaft* an awful mess; **II.** *adv.*: *wie ~* like mad; *es kommt noch ~er* the worst is yet to come; *er treibt es zu ~* he goes too far, he is overdoing it; *es ging ~ her or zu* it was a wild affair, things were at sixes and sevens.

'Tolle ['tɔlə] *colloq. f* (-; -*n*) tuft.

'tollen[1] *v/i.* (*h., sn*) romp, rag, fool about, frolic.

'tollen[2] *v/t.* (*h.*) crimp.

'Toll...: **~haus** *n* madhouse, lunatic asylum; *fig.* bedlam; **~häusler (-in** *f*) *m* mad(wo)man, maniac; **~heit** *f* (-; -*en*) madness, frenzy, fury; mad trick, piece of folly; **~kirsche** *bot. f* deadly nightshade, belladonna; **~kopf** *m* madcap; **♀kühn** *adj.* foolhardy, rash, dare-devil, reckless; **~kühnheit** *f* foolhardiness, rashness; **~wut** *f* hydrophobia, rabies; **♀wütig** *adj.* rabid.

Tolpatsch ['tɔlpatʃ] *m* (-*es*; -*e*) → *Tölpel, etc.*

Tölpel ['tœlpəl] *m* (-*s*; -*e*) awkward (*or* clumsy) fellow, gawk, butterfingers; boob(y), oaf, duffer; boor, lout; **Tölpe'lei** *f* (-; -*en*), **'Tölpelhaftigkeit** *f* (-) awkwardness, clumsiness; boorish manners *pl.*; '**tölpelhaft** *adj.* awkward, clumsy; doltish; boorish.

Tomate [to'mɑːtə] *f* (-; -*n*) tomato; *~n ziehen* raise tomatoes; **~nmark** *n* tomato-pulp.

Tombak ['tɔmbak] *m* (-*s*) tombac, pinchbeck.

Tombola ['tɔmbola] *f* (-; -*s*) tombola, raffle.

Ton[1] [toːn] *min. m* (-[e]*s*; -*e*) clay, potter's earth.

Ton[2] (-[e]*s*; ⁼*e*) *mus.* **a**) tone (*a. of speech*), **b**) note, **c**) key, **d**) timbre; sound; accent, stress; *fig.* tone; *paint.* tone (*a. phot.*), tint, shade; *med. Herztöne* heart tones; *guter ~* good form; *zum guten ~ gehören* be the fashion; *den ~ angeben* give the key-note, *fig.* set the tone (*or* fashion), call the tune; → *anschlagen*; *a. fig. den richtigen ~ treffen* strike the right note; *den ~ legen auf* (*acc.*) put the stress on; *in höchsten Tönen reden von or schildern* praise to the skies, speak in superlatives about, gush about; *colloq. große Töne reden* talk big, boast (*von* of); *keinen ~ von sich geben* not to utter a sound; *der ~ macht die Musik* it is the tone that makes the music; *keinen ~ mehr!* not another word!; *colloq. hast du Töne!* well I never!, *Am.* can you beat that!

'**Ton...:** **~abnehmer** *m* sound (*or* phono) pick-up; **2angebend** *adj.* setting the tone, leading, predominant; **~arm** *m* tone (*or* pickup) arm; **~art** *f* **1.** *min.* kind of clay; **2.** *mus.* key, pitch; *fig. in allen ~en* in all keys, in every possible strain; *e-e andere ~ anschlagen* change one's tune; **~assistent** *m film*: sound camera operator, *Am.* sound recorder; **~atelier** *n* sound studio; **~aufnahme** *f* sound recording; transcription; **~ausfall** *TV m* loss of sound; **~bad** *phot. n* toning solution; **~band** *n* (-[e]*s*; ⁼*er*) (recording) tape; *auf ~ aufnehmen* record on tape; **~bandaufnahme** *f* tape recording; **~band(aufnahme)gerät** *n* tape recorder; **~bereich** *m* audio range; **~blende** *f* tone control; **~boden** *m* clay(ey) soil; **~dichter** *m* (musical) composer, tone poet; **~dichtung** *f* tone poem.

tönen ['tøːnən] **I.** *v/i.* (*h.*) sound, ring; resound; *fig.* orate, hold forth; **II.** *v/t.* (*h.*) tone (*a. phot.*), tint, shade (down).

'**Ton-erde** *f* argillaceous earth; *essigsaure ~* alumina acetate.

tönern ['tøːnərn] *adj.* (of) clay, earthen, clayey; hollow (*sound*); *~e Füße* feet of clay.

'**Ton...:** **~fall** *m* (-[e]*s*) *mus.* cadence, modulation; *speech*: intonation, accent; **~farbe** *f* timbre; **~film** *m* sound film, talking film; **~fixierbad** *phot. n* (tone-)fixing bath; **~folge** *f* scale; strains *pl.*, melody; **~frequenz** *f* audio frequency; **~fülle** *f* sonority; volume (of sound); **~funk** *m* sound radio; **~gefäß** *n* earthen(ware) vessel; **~geschirr, ~gut** *n* (-[e]*s*) pottery, earthenware; **~grube** *f* clay-pit; **2haltig** [-haltiç] *adj.* clayey; **~höhe** *mus. f* pitch (of a note).

Tonika ['toːnika] *mus. f* (-; -*ken*) tonic.

'**Ton-ingenieur** *m* sound engineer.

'**tonisch** *med., mus. adj.* tonic.

'**Ton...:** **~kalk** *m* argillaceous limestone; **~kamera** *f* sound camera; **~kunst** *f* (-) musical art, music; **~künstler(in** *f*) *m* musician; **~lage** *mus. f* pitch; **~lager** *min. n* clay-bed; **~leiter** *mus. f* scale, gamut; **2los** *adj.* soundless; *gr.* unstressed; *fig.* toneless; **~meister** *m* sound engineer; **~messung** *f* measurement of sounds, tonometry; **~mischpult** *n* sound mixer; **2moduliert** *adj.* tone-modulated.

Tonnage [tɔ'nɑːʒə] *mar. f* (-; -*n*) tonnage.

Tonne ['tɔnə] *f* (-; -*n*) tun; cask, barrel; *mar.* buoy; (*weight*) ton.

'**Tonnen...:** **~brücke** *f* cask bridge; **~dach** *n* barrel roof; **2förmig** [-fœrmiç] *adj.* barrel-shaped; **~gehalt** *mar. m* tonnage; **~geld** *n* tonnage; **~gewölbe** *arch. n* barrel-vault; **2weise** [-vaɪzə] *adj.* by (*or* in) tuns *or* barrels.

'**Ton...:** **~papier** *phot. n* tinted paper; **~pfeife** *f* clay pipe; **~röhre** *f* earthenware tube, clay conduit; **~-Rundfunk** *m* sound radio; **~säule** *f* public address pillar; **~schreiber** *m* sound recorder; **~schwund** *m radio*: fading; **~setzer** *m* (musical) composer; **~silbe** *gr. f* accented (*or* tone) syllable; **~spur** *f film*: sound track; **~stärke** *f* intensity of tone; **~streifen** *m film*: sound track; **~stück** *n* piece of music; **~stufe** *mus. f* pitch.

Tonsur [tɔn'zuːr] *f* (-; -*en*) tonsure.

'**Ton...:** **~taube** *f* clay pigeon; **~taubenschießen** *n* clay pigeon shooting; **~techniker** *m* audio engineer; **~träger** *m* sound carrier.

Tönung ['tøːnuŋ] *paint. f* (-; -*en*) tinge, shading, tint; *phot.* tone.

'**Ton...:** **~veränderung** *f* change of tone; **~verstärker** *m* sound amplifier; **~verstärkung** *f* sound amplification; **~wagen** *m* sound van (*Am.* truck); **~waren** *f/pl.* pottery, earthenware *sg.*; **~wiedergabe** *f* sound reproduction; (audio) fidelity; **~zeichen** *n mus.* note; *gr.* accent.

Topas [to'pɑːs] *m* (-*es*; -*e*) topaz.

Topf [tɔpf] *m* (-[e]*s*; ⁼*e*) pot; sauce-pan; jar (*a. pharm.*); vessel; container; *in Töpfe setzen* pot (*plants*); *fig. in e-n ~ werfen* lump together.

Töpfchen ['tœpfçən] *n* (-*s*; -) small pot; *pharm.* gallipot; chamber pot; *colloq. aufs ~ gehen* go pottie.

'**Töpfer** *m* (-*s*; -) potter; stove-fitter; **~arbeit** *f* potter's work, pottery.

Töpfe'rei *f* (-; -*en*) potter's trade; ceramic art; potter's workshop.

'**Töpfer...:** **~erde** *f* potter's earth (*or* clay); **~scheibe** *f* potter's wheel; **~ware** *f* pottery, earthenware, crockery.

'**Topf...:** **~hut** *m* cloche (hat); **~lappen** *m* kettle-holder; **~pflanze** *f* potted plant, pot-plant; **~scherbe** *f* potsherd.

Topographie [topogra'fiː] *f* (-; -*n*) topography; **topographisch** [-'grɑːfiʃ] *adj.* topographical.

topp! [tɔp] *int.* done!, agreed!, I'm on!

'**Topp** *mar. m* (-*s*; -*e*) top, (mast-)head; *über die ~en flaggen* dress with mast-head flags; **~mast** *m* topmast; **~reep** *n* guy; **~segel** *n* topsail.

Tor[1] [toːr] *m* (-*en*; -*en*) fool.

Tor[2] [toːr] *n* (-[e]*s*; -*e*) gate (*a. of town and fig.*), door; portal; gateway (*a. fig.*); soccer goal; *skiing*: gate, pair of flags; *ein ~ schießen* shoot a goal, score (a goal); '**~bogen** *m* archway; '**~chance** *f soccer*: scoring chance; '**~(ein)fahrt** *f* gateway.

Torf [tɔrf] *m* (-[e]*s*) peat; *~ stechen* cut peat; **~boden** *m* peat-soil; **~erde** *f* peaty mo(u)ld; **~gewinnung** *f* peat cutting; **~kohle** *f* peat charcoal; **~lager** *n* peat bed *or* bog.

'**Torflügel** *m* wing of a gate.

'**Torf...:** **~moor** *n* peat bog; **~mull** *m* peat dust; **~stechen** *n*, **~stich** *m* peat cutting; **~streu** *f* peat litter.

'**Tor...:** **~halle** *f* porch; **~heit** *f* (-; -*en*) foolishness, folly; silliness; **~hüter** *m* gate-keeper; *sports*: goal-keeper, goalie.

töricht ['tøːriçt] **I.** *adj.* foolish, silly, unwise; **II.** *adv.*: *sich ~ benehmen* act like a fool, make a fool of o.s.; **~erweise** ['-ər'vaɪzə] *adv.* like a fool, foolishly enough.

Törin ['tøːrin] *f* (-; -*nen*) fool(ish woman).

torkeln ['tɔrkəln] *v/i.* (*h., sn*) stagger, reel, totter.

'**Tor...:** **~latte** *f sports*: cross-bar; **~lauf** *m skiing*: slalom; **~linie** *f sports*: goal-line; **2los** *adj.* goalless.

Tornado [tɔr'nɑːdo] *m* (-*s*; -*s*) tornado, *Am. a.* twister.

Tornister [tɔr'nistər] *m* (-*s*; -) knapsack, *mil. a.* (field) pack; *ped.* satchel; **~empfänger** *m* portable receiver; **~sprechfunkgerät** *n* walkie-talkie.

torpedieren [tɔrpe'diːrən] *mar. v/t.* (*h.*) torpedo (*a. fig.*).

Torpedo [tɔr'peːdo] *m* (-*s*; -*s*) torpedo; **~bahn** *f* torpedo wake; **~boot** *n* torpedo boat; **~(boot)zerstörer** *m* torpedo-boat destroyer; **~flugzeug** *n* torpedo plane (*or* bomber); **~rohr** *n* torpedo tube; **~schutznetz** *n* crinoline; **~spur** *f* → *Torpedobahn*; **~wulst** *m* torpedo bulge.

'**Tor...:** **~pfosten** *m* door-post; *sports*: goal-post; **~raum** *m soccer*: goal area; **~schluß** *m* (-*sses*) closing of the gates; closing-time; *fig. kurz vor ~* at the last minute, at the eleventh hour; **~schlußpanik** *colloq. f* last-minute panic; **~schuß, ~stoß** *m sports*: goal(-kick); **~schütze** *m sports*: scorer; **~steher** *m sports*: goal-keeper.

Torsion [tɔrzi'oːn] *tech. f* (-; -*en*) torsion, twist; **~sbe-anspruchung** *f* torsional stress; **~sfeder** *f* torsion spring; **~sfestigkeit** *f* torsional strength; **~s-stab** *m* torsion bar.

Torso ['tɔrzo] *m* (-*s*; -*s*) torso.

Tort [tɔrt] *m* (-[e]*s*) wrong, injury; *j-m zum ~* to spite a p.; *j-m e-n ~ antun* serve a p. a nasty trick.

Torte ['tɔrtə] *f* (-; -*n*) fancy-cake,

flat cake; tart, *Am.* pie; **~nbäcker** *m* pastry-cook; **~nform** *f* cake mo(u)ld; **~nheber** *m* cake server.

Tortur [tɔrˈtuːr] *f* (-; -*en*) torture; *fig.* ordeal.

ˈ**Tor...: ~wächter, ~wart** *m sports*: goal-keeper, goalie; **~weg** *m* gateway, archway.

tosen [ˈtoːzən] *v/i.* (*h.*, *sn*) roar, rage; *~der Beifall* frantic (*or* thundering) applause.

tot [toːt] *adj.* dead (*a. fig.*); deceased, defunct; lifeless, inanimate (*a. fig.*); dead, desolate; deserted; dead, dull; extinct; *sports*: *~er Ball* dead ball; *med. ~es Fleisch* proud flesh; *tech. ~er Gang* **a**) dead travel, **b**) *of transmission*: lost motion, **c**) *of thread*: backlash; *mining*: *~es Gebirge* exhausted mines; → *Geleise*; *jur. ~e Hand* mortmain; *~es Kapital* unemployed capital; *~es Konto* impersonal account; *das* *2e Meer* the Dead Sea; *~er Punkt tech.* dead cent|re, *Am.* -er, *fig.* impasse, deadlock, fatigue, *fig. auf dem ~en Punkt ankommen* **a**) reach a deadlock, **b**) be exhausted; *den ~en Punkt überwinden* **a**) break the deadlock, **b**) get one's second wind; *sports*: *~es Rennen* dead heat; *~e Sprache* dead language; *~er Winkel* shielded angle; *~es Wissen* useless knowledge; *~e Zeit* dead (*or* dull) season; *radio*: *~e Zone* blind spot *or* area.

total [toˈtɑːl] **I.** *adj.* total, complete; all-out; *~er Krieg* total (*or* all-out) war(fare); **II.** *adv.* altogether, utterly; clean (*gone, mad, wrong, etc.*); *~ verrückt* stark staring mad; **2ausfall** *m* total loss; **2ausverkauf** *m* clearance sale; **~e** *f* (-*n*; -*n*) *film*: long shot; **2finsternis** *ast. f* total eclipse.

Totalisator [totaliˈzɑːtɔr] *m* (-*s*; -ˈ*toren*) totalizer, tote.

totalitär [-ˈtɛːr] *adj.* totalitarian.

Totaliˈtät *f* (-) totality.

Toˈtalverlust *m* total loss.

ˈ**tot...: ~arbeiten:** *sich ~* (*h.*) kill o.s. with work, slave o.s. to death, *Am. a.* work o.s. to a frazzle; **~ärgern** *v/t.* (*h.*) devil the life out of a p.; *sich ~* (*h.*) fret and fume.

ˈ**Tote(r** *m*) *f* (-*n*, -*n*; -*en*, -*en*) dead (wo)man; (dead) body, corpse; *der* (*die*) *~*, *die ~n pl.* the dead, the deceased *or* departed; *mil. pl.* casualties.

töten [ˈtøːtən] *v/t.* (*h.*) kill, slay, put to death; destroy; murder; execute; *med.* deaden (*nerve*); *sich ~* kill o.s., take one's own life, commit suicide.

ˈ**Toten...: ~amt** *eccl. n* burial service; mass for the dead; **~bahre** *f* bier; **~bett** *n* deathbed; **2blaß, 2bleich** *adj.* deathly pale, (as) white as a sheet; **~blässe** *f* deadly pallor; **~feier** *f* obsequies *pl.*; **~geläut(e)** *n* knell; **~gerippe** *n* skeleton; **~glocke** *f* knell; **~gräber** *m* grave-digger; *zo.* burying beetle; **~gruft** *f* (funeral) vault; **~hemd** *n* shroud; **~klage** *f* bewailing of the dead; dirge; **~kopf** *m* death's-head (*a. zo.*), skull; (*symbol*) skull and crossbones; **~kranz** *m* funeral wreath; **~liste** *f* list of casualties, *esp. mil.* death-roll; **~maske** *f* death-mask; **~messe** *eccl. f* mass for the dead, requiem; **~reich** *n* realm of the dead, Hades; **~schädel** *m* → *Totenkopf*; **~schau** *jur. f* coroner's inquest; **~schein** *m* death certificate; **~sonntag** *m* Memorial Day; **~starre** *med. f* rigor mortis; **2still** *adj.* (as) silent as the grave, deathly silent; **~stille** *f* dead silence; **~tanz** *paint. m* Dance of Death, *a.* danse macabre (*Fr.*); **~uhr** *zo. f* death-watch (beetle); **~urne** *f* funeral urn; **~wache** *f* wake, death-watch; **~wagen** *m* hearse.

ˈ**tot...: ~fahren** *v/t.* (*irr.*, *h.*) kill (by running over); **~geboren** *adj.* stillborn; *fig.* abortive, predestined to failure; **2geburt** *f* still birth; stillborn child; **~lachen:** *sich ~* (*h.*) nearly die with laughter, split one's sides with laughter; *es ist zum 2* it's too funny for words, it's a (perfect) scream; *ich könnte mich ~* I am tickled to death (*a. iro.*); **2last** *f* dead load; **2lauf** *tech. m* dead travel; **~laufen** *fig.*: *sich ~* (*irr.*, *h.*) peter out; **~machen** *v/t.* (*h.*) → *töten*.

Toto [ˈtoːto] *m* (-*s*; -*s*) *horse racing*: tote; *soccer*: football pool; *im ~ spielen* bet on the pools; *im ~ gewinnen* win the pools; **~gewinn** *m* football pools win; **~gewinner** *m* pools winner; **~zettel** *m* pool coupon.

ˈ**tot...: 2punkt** *tech. m* dead cent|re, *Am.* -er; **~schießen** *v/t.* (*irr.*, *h.*) shoot dead, kill, bump off; **2schlag** *jur. m* second-degree murder; **~schlagen** *v/t.* (*irr.*, *h.*) kill, slay; *fig. die Zeit ~* kill time; *er läßt sich eher ~, als* he would rather cut off his arm than; *colloq. du kannst mich ~, ich weiß nicht* I'll be shot if I know; **2schläger** *m* killer, homicide; (*weapon*) cudgel, *Am.* blackjack; **~schweigen** *v/t.* (*irr.*, *h.*) hush up; pass over in silence; *a. j-n*: ignore; **~sicher** *adj.* → *todsicher*; **~stechen** *v/t.* (*irr.*, *h.*) stab to death; **~stellen:** *sich ~* (*h.*) feign death, play dead.

Tötung *f* (-; -*en*) killing, slaying; *jur.* homicide; *fahrlässige ~* manslaughter; → *Leibesfrucht*.

Tour [tuːr] *f* (-; -*en*) tour; excursion, trip; hike; *tech.* revolution, turn; *dancing*: figure, set; *knitting*: round; *colloq. fig.* trick, dodge; *auf ~* on the road; *auf ~ gehen* take the road; *tech. auf ~en* on speed; *auf ~en kommen mot.* pick (*or* rev) up, *fig.* get into one's stride, go into higher gear; *auf vollen ~en laufen fig.* go full blast, be in full swing; *in e-r ~* **a**) at a stretch, **b**) incessantly.

ˈ**Touren...: ~fahrt** *mot. f* touring competition; **~rad** *n* roadster; **~ski** *m* touring ski; **~wagen** *mot. m* touring car; **~zahl** *f* speed, revolutions *pl.* per minute (*abbr.* r.p.m.); **~zähler** *m* revolution indicator, tachometer.

Tourist [tuˈrist] *m* (-*en*; -*en*), **~in** *f* (-; -*nen*) tourist; **~enklasse** *aer.*, *mar. f* (-) tourist class; **~enverkehr** *m*, **Touˈristik** *f* (-) tourist traffic, tourism.

Tournee [turˈneː] *thea. f* (-; -*s*) tour; *auf ~ gehen* go on a tour.

Toxin [tɔˈksiːn] *med. n* (-*s*; -*e*) toxin; ˈ**toxisch** *adj.* toxic.

Trab [trɑːp] *m* (-[*e*]*s*) trot; *gestreckter* (*verkürzter*) *~* extended (collected) trot; *im ~* at a trot, *colloq. fig.* on the run; *fig. j-n auf ~ bringen* make a p. get a move on; *j-n im ~ halten* keep a p. on the trot (all day).

Trabant [traˈbant] *ast. m* (-*en*; -*en*) satellite; **~en-staat** *pol. m* satellite (state); **~enstadt** *f* satellite town.

traben [ˈtrɑːbən] *v/i.* (*h.*, *sn*) trot.

ˈ**Traber** *m* (-*s*; -) trotter; **~wagen** *m* sulky.

ˈ**Trabrennen** *n* trotting race.

Tracht [traxt] *f* (-; -*en*) dress, attire; (traditional) costume; (*nurses', etc.*) uniform; fashion, style; load; *of bees*: **a**) swarming-time, **b**) yield; *zo.* litter; e-e (*gehörige*) *~ Prügel* a sound thrashing.

trachten [ˈtraxtən] *v/i.* (*h.*): *~ nach* (*dat.*) strive for *or* after, aspire to, seek, endeavo(u)r (after); covet, have an eye on; (*danach*) *~, zu inf.* endeavo(u)r (*or* strive *or* try) to *inf.*; *j-m nach dem Leben ~* seek a p.'s life; ˈ**Trachten** *n* (-*s*) striving, aspiration; endeavo(u)rs *pl.*; → *Sinnen*.

ˈ**Trachtenfest** *n* show of national costumes.

trächtig [ˈtrɛçtiç] *adj.* (big) with young, pregnant, gravid; **2keit** *f* (-) pregnancy, gestation, gravidity.

Tradition [traditsiˈoːn] *f* (-; -*en*) tradition; **traditioˈnell** [-tsioˈnɛl] *adj.* traditional.

traf [trɑːf] *pret. of treffen*.

Trafo [ˈtrɑːfo] *el. m* (-[*s*]; -*s*) transformer.

Trag|bahre [ˈtrɑːk-] *f* stretcher, litter; **~(e)balken** *m* (supporting) beam; transom; stringer; girder; **~band** *n* (-[*e*]*s*; ⁼*er*) (carrying) strap; *med.* suspender; *tech.* conveyer belt; *arch.* strap, brace; **2bar** *adj.* portable; wearable; *fig.* bearable, supportable; acceptable; reasonable; *im Rahmen des 2en* within reason; **~bügel** *m* carrying handle.

Trage [ˈtrɑːgə] *f* (-; -*n*) hand-barrow; → *Tragbahre*.

träge [ˈtrɛːgə] *adj.* lazy, indolent; idle, slothful; sluggish (*a. stock exchange*: = dull); (*a. phys.*) inert.

tragen [ˈtrɑːgən] **I.** *v/t.* (*irr.*, *h.*) carry; take; convey, transport; lift; carry, support, (up)hold; bear, yield, produce; wear (*dress, hat, etc.*), have on; *e-e Brille* (*e-n Bart*) *~* wear glasses (a beard); carry (*sound*); bear (*fruit, fig. consequences, loss, name, responsibility, etc.*); bear, defray (*cost*); *fig.* bear, endure, suffer; → *Bedenken, Rechnung, Sorge, Verlangen, Zinsen, etc.*; *bei sich ~* have about one *or* on one's person; *fig. schwer ~ an* (*dat.*) be weighed down by; *sich ~ person*: dress; *sich gut ~ cloth*: wear well; *fig. sich mit et. ~* have one's mind occupied with, brood over *a th.*; *sich mit der Absicht ~ zu inf.* have in mind to *inf.*, intend to *inf.*, toy with the idea of (*ger.*); *econ. sich selbst ~* pay its way; **II.** *v/i.* (*irr.*, *h.*) carry loads; *tree*: bear fruit; *zo.* be with young; *voice*: carry (*weit far*); *gun*: carry, have a range of; *schwer* zu ~ *haben* be heavily laden; *getragen* **a)** worn, second-hand (*clothes*), **b)** *fig*. solemn, measured, slow; *von e-m Gedanken, etc., getragen sein* be governed (*or* inspired) by; be based on *an idea, etc.*

Träger ['trɛːgər] *m* (-*s*; -) **1.** (*a*. **~in** *f* (-; -*nen*) carrier (*a. med. of disease*), bearer; porter; holder, bearer; wearer; *fig*. representative, champion, sustainer (*of idea*); body responsible (*gen*. for *a th*.); supporter; **2.** (shoulder) strap; *tech*. support; *arch*. supporting beam; transom; pillar; girder; *el*. carrier; *chem*. vehicle; **~frequenz** *el*. *f* carrier frequency; **~kleid** *n* dress with shoulder-straps; **~lohn** *m* porterage; **2los** *adj*. strapless (*dress*); **~rakete** *f* carrier rocket; **~welle** *el*. *f* carrier wave.

Trag... ['trɑːk-]: **2fähig** *adj*. able to support load, strong; *econ*. productive; *fig*. sound; **~fähigkeit** *f* (-) carrying (*or* load) capacity; *of bridge*: safe load; *of crane, a. aer*.: lifting capacity; *mar*. tonnage; buoyancy; **~fläche** *f*, **~flügel** *aer*. *m* wing, airfoil; **~gurt** *m* carrying strap; *arch*. suspension band.

Trägheit ['trɛːkhaɪt] *f* (-) laziness, indolence; sluggishness; *phys*. inertia (*a. fig*.); *chem*. inactivity; **~sgesetz** *n* (-es) law of inertia; **~smoment** *n* moment of inertia.

Tragik ['trɑːgik] *f* (-) tragedy; *fig. a*. tragicalness, tragic nature; **~er** *m* (-*s*; -) tragic poet, tragedian.

'tragikomisch *adj*. tragicomic(ally *adv*.); *fig. a*. pathetic(ally *adv*.).

Tragiko'mödie *f* tragicomedy.

'tragisch I. *adj*. tragic(al *fig*.); **II.** *adv*. tragically; et. ~ *nehmen* take a th. to heart; *ich nehme es nicht* ~ I don't take it hard.

'Trag...: ~korb *m* pannier, hamper; back-basket; **~kraft** *f* (-) → *Tragfähigkeit*; **~last** *f* load, burden; portable luggage; *tech*. (load) capacity.

Tragöd|e [tra'gøːdə] *m* (-*n*; -*n*) tragic actor, tragedian; **~ie** [-diə] *f* (-; -*n*) tragedy; **~in** *f* (-; -*nen*) tragic actress, tragedienne.

'Trag...: ~pfeiler *m* pillar; **~riemen** *m* (carrying) strap; sling (*of rifle*); **~sattel** *m* pack-saddle; **~schrauber** [-ʃraubər] *aer*. *m* (-*s*; -) gyroplane, autogiro; **~seil** *n* supporting cable; **~sessel, ~stuhl** *m* sedan (-chair); **~tasche** *f* carrying case; **~tier** *n* pack animal; **~tüte** *f* carrier bag; **~weite** *f* (-) range; *fig*. reach, import(ance), consequences *pl*., implications *pl*.; *von großer* ~ of great moment; **~werk** *aer*. *n* wing unit.

Train [trɛ̃ː] *mil*. *m* (-*s*; -*s*) train, *Brit*. Army Service Corps.

Trainer ['trɛːnər] *m* (-*s*; -) trainer, coach.

trai'nieren *v/t. and v/i*. (*h*.) train, coach.

Training ['-niŋ] *n* (-*s*; -*s*) training; **~s-anzug** *m* training overall, track-suit; **~sfahrt** *mot*. *f* practise run; **~slager** *n* training camp.

Trajekt(schiff) [tra'jɛkt-] *n* (-[e]*s*; -e) train-ferry.

Trak|tat [trak'tɑːt] *n* (-[e]*s*; -e) treatise, *eccl*. tract; treaty; **2tieren** *v/t*. (*h*.) treat (*mit* to); *mit Fußtritten* ~ kick.

Traktor ['traktɔr] *m* (-*s*; -'*toren*) tractor.

trällern ['trɛlərn] *v/t. and v/i*. (*h*.) trill, hum.

Trampel ['trampəl] *colloq*. *m* (-*s*; -) clodhopper, lout; **2n** *v/i*. (*h*.) trample, stamp; **~pfad** *m* beaten track, trail; **~tier** *zo*. *n* Bactrian camel.

Tran [trɑːn] *m* (-[e]*s*; -e) train(-oil), whale-oil; blubber.

Trance [trɑ̃ːns] *f* (-; -*n*) trance; *in* ~ *fallen* go off into a trance; *in* ~ *versetzen* (en)trance, mediumize.

Tranche ['trɑ̃ːʃ(ə)] *econ*. *f* (-; -*n*) slice (of a loan).

Tranchier|besteck [trɑ̃'ʃiːr-] *n* (*ein* ~ a pair of) carvers *pl*.; **2en** *v/t*. (*h*.) carve, cut up; **~messer** *n* carving--knife.

Träne ['trɛːnə] *f* (-; -*n*) tear; *den* **~n** *nahe* on the verge of tears; *unter* **~n** amid tears; *in* **~n** *ausbrechen* burst into tears; → *auflösen*.

'tränen *v/i*. (*h*.) run with tears, water; **2drüse** *f* lachrymal gland; **~erstickt** *adj*. choked with tears; **2gas** *n* (-es) tear-gas; **~leer** *adj*. tearless; **~reich** *adj*. tearful, lachrymose; **2sack** *m* lachrymal sac; **2strom** *m* flood of tears; **~überströmt** *adj*. bathed in tears.

tranig ['trɑːniç] *adj*. smelling (*or* tasting) of train-oil; *w.s*. oily; *fig*. dull.

Trank [traŋk] *m* (-[e]*s*; ⸚e) drink, beverage; *pharm*. draught, potion; infusion.

trank *pret. of trinken*.

Tränke ['trɛŋkə] *f* (-; -*n*) watering--place, horse-pond; watering tank; **2n** *v/t*. (*h*.) *j-n*: give *a p*. to drink, still *a p.'s* thirst; water (*cattle, plant*); soak, steep; *tech. a*. impregnate; *chem*. saturate.

'Trank-opfer *n* drink-offering.

Trans-akti'on [trans'-] *f* transaction.

transat'lantisch *adj*. transatlantic.

Transfer [-'feːr] *econ*. *m* (-*s*) transfer; **~agent** *m* transfer agent.

transfe'rier|bar *econ*. *adj*. transferable; **2en** *v/t*. (*h*.) transfer (*an or auf acc*. to *or* on).

Transformati'on *f* transformation.

Transfor|mator [-fɔr'mɑːtɔr] *el*. *m* (-*s*; -'*toren*) transformer.

transfor'mieren *el*. *v/t*. (*h*.) transform; step up (*or* down).

Transfusion [-fuzi'oːn] *med*. *f* (-; -*en*) transfusion.

Transistorgerät [tran'zistɔr-] *n* transistor radio.

Transit|güter [tran'ziːt-] *econ*. *n/pl*. transit goods; **~handel** *m* transit trade.

transitiv ['-zitiːf] *gr*. *adj*. transitive.

transitorisch [-'toːriʃ] *adj*. transitory, transient; *econ*. suspense (*account, item, etc*.), transmitted (*loan*).

Tran'sitverkehr *econ*. *m* transit trade (*or* traffic).

Transjor'danien *n* Trans-Jordan.

Transmissi'on *tech*. *f* transmission; **~skette** *f* transmission (*or* driving) chain; **~swelle** *f* connecting shaft.

transoze'anisch *adj*. transoceanic.

transparent [-pa'rɛnt] *adj*. transparent, diaphanous; **2** *n* (-[e]*s*; -e) transparency; (*demonstrators', etc*.) banner.

Transpi|ration [-piratsi'oːn] *f* (-) perspiration; **2'rieren** *v/i*. (*h*.) perspire.

Transplan|tation [-plantatsi'oːn] *f* (-; -*en*) *med*. *f* (-; -*en*) transplantation, grafting; **2'tieren** *v/t*. (*h*.) transplant, graft.

transponieren [-po'niːrən] *mus*. *v/t*. (*h*.) transpose.

Transport [-'pɔrt] *m* (-[e]*s*; -e) transport(ation *Am*.), conveyance, carriage, *mar. or*. *Am*. shipment; haulage; *bookkeeping*: → *Übertrag*; *während des* **~es** in transit; **transpor'tabel** [-'tɑːbəl] *adj*. transportable; portable; mobile.

Trans'port...: ~arbeiter *m* transport worker; **~band** *n* (-[e]*s*; ⸚er) conveyor(-belt); **~er** *m* (-*s*; -) → *Transportschiff, Transportflugzeug*.

Transporteur [-'tøːr] *m* (-*s*; -e) transporter, carrier; *math*. protractor.

Trans'port...: 2fähig *adj*. transportable; *patient*: *a*. transferable; **~firma** *f* → *Transportunternehmen*; **~flugzeug** *n* transport aircraft *or* plane, cargo (*mil*. troop) carrier aircraft; **~gelegenheit** *f* transport facility; **~geschäft** *n* carrying trade, forwarding business.

transpor'tieren *v/t*. (*h*.) transport, carry, convey; move; haul; *mar. or Am*. ship; *bookkeeping*: carry forward.

Trans'port...: ~kolonne *f* motor convoy; **~kosten** *pl*. transport(ation) charges, carriage *sg*.; *mar*. freight (charges); cartage *sg*.; **~mittel** *n* means of transport(ation *Am*.) *or* conveyance; **~schiff** *n* transport, *mil*. troopship, *Brit. a*. trooper; **~schwimmen** *n* rescuing, carry swimming; **~schnecke** *tech*. *f* screw conveyor; **~unternehmen** *n* carriers *pl*., haulage contracting firm; **~unternehmer** *m* carrier, hauler, *Am. a*. teamster; **~versicherung** *f* insurance against risk of transport; (*See2*) marine insurance; **~wesen** *n* (-*s*) transportation (system).

transzendent [-tsɛn'dɛnt] *adj*. transcendental.

Trapez [tra'peːts] *n* (-es; -e) *math*. trapezoid; trapezium; *gym*. trapeze; **~effekt** *TV m* keystone effect; **2förmig** [-fœrmiç] *adj*. trapezoid(al); **~gewinde** *tech*. *n* acme thread; **~künstler(in** *f*) *m* trapezist, aerial acrobat.

Trappe ['trapə] *orn*. *f* (-; -*n*) bustard.

trappeln ['trapəln] *v/i*. (*h*., *sn*) tramp, clatter; patter.

Trara [tra'rɑː] *colloq*. *n* (-*s*; -*s*) fuss, noise, hullabaloo.

Tras|sant [tra'sant] *econ*. *m* (-*en*; -*en*) drawer; **~sat** [-'sɑːt] *m* (-*en*; -*en*) drawee.

Trasse ['trasə] *tech*. *f* (-; -*n*) line.

tras'sieren *v/t. and v/i*. (*h*.) *econ*. ~ *auf* (*acc*.) draw on; *tech*. lay out, trace (out).

trat [trɑːt] *pret. of treten*.

Tratsch [trɑːtʃ] *colloq*. *m* (-es) gossip, tittle-tattle; twaddle; **2en** *v/i*. (*h*.) gossip; twaddle, gabble.

Tratte ['tratə] *econ. f* (-; -*n*) draft; **~n-avis** *n* advice of draft; **~nkredit** *m* acceptance credit.
Traualtar ['trau-] *m* marriage-altar.
Traube ['traubə] *f* (-; -*n*) bunch of grapes; grape; *fig.* cluster.
'**Trauben...**: **~beere** *f* grape; **≈förmig** [-fœrmiç] *adj.* grape-like; **~kur** *f* grape-cure; **~lese** *f* vintage; **~presse** *f* wine-press; **~saft** *m* grape juice; **~säure** *f* racemic acid; **~stock** *m* vine; **~zucker** *m* grape-sugar, glucose.
trauen ['trauən] **I.** *v/t.* (*h.*) marry, join in marriage *or* wedlock; *sich ~ lassen* get married, marry, ankle up the aisle; **II.** *v/i.* (*h.*) trust (*j-m* a p.), confide (*dat.* in), have (*or* put one's) confidence (in); rely (*j-m* on a p.); → *Weg*; *trau, schau, wem!* look before you leap; *ich traute m-n Ohren nicht* I could not believe my ears; *sich ~* → *getrauen*.
Trauer ['trauər] *f* (-) sorrow, affliction, grief (*um* at, *j-n*: for *a p.*); (*a. ~kleidung*) mourning; *tiefe ~* deep mourning; *~ anlegen* (*ablegen*) go into (out of) mourning; *~ haben* be in mourning; **~anzeige** *f* obituary (notice); **~binde** *f* (black) crape; **~botschaft** *f* sad (*or* mournful) news *sg.*; **~esche** *bot. f* weeping ash; **~fahne** *f* black (*or* half-mast) flag; **~fall** *m* death; **~feier** *f* funeral service, obsequies *pl.*; **~flor** *m* mourning crape; **~geleit** *n* funeral procession; **~gottesdienst** *m* → *Trauerfeier*; **~haus** *n* house of mourning; **~jahr** *n* year of mourning; **~kleid** *n* mourning(-dress); **~kloß** *colloq. m* stick-in-the-mud, wet blanket, *Am. a.* lemon; **~marsch** *m* funeral march.
'**trauern** *v/i.* (*h.*) mourn (*um* for); *um j-n ~ a.* lament a p.'s loss; *w.s.* grieve (about); be in (*or* wear) mourning; *≈ n* (-*s*) mourning; **~d** *adj.* afflicted, grief-stricken; **≈de(r** *m*) *f* (-*n*, -*n*; -*en*, -*en*) mourner.
'**Trauer...**: **~nachricht** *f* sad (*or* mournful) news *sg.*; **~rand** *m* mourning-border, mourning-edge; *Briefpapier mit ~* mourning-paper; *humor.* dirty fingernails; **~rede** *f* funeral oration; **~schleier** *m* mourning-veil, weeper; **~spiel** *n* tragedy; **≈voll** *adj.* mournful, sad; **~weide** *f* weeping willow; **~zeit** *f* time of mourning; **~zug** *m* funeral procession.
Traufe ['traufə] *f* (-; -*n*) eaves *pl.*; gutter; → *Regen*.
träufeln ['trɔyfəln] **I.** *v/t.* (*h.*) drop, drip; **II.** *v/i.* (*h.*) drop, drip, trickle, fall in drops.
'**Trauf|rinne** *f* gutter; **~röhre** *f* gutter-pipe.
traulich ['trauliç] *adj.* intimate; cosy, snug; **≈keit** *f* (-) intimacy; cosiness.
Traum ['traum] *m* (-[e]s; ⸚e) dream (*a. fig.*); reverie, daydream; vision; *böser* (*quälender*) *~* nightmare, bad dream; *das fällt mir nicht im ~ ein* I would not dream of (doing) it; *all seine Träume erfüllten sich* all his dreams came true.
Trauma ['trauma] *n* (-*s*; -*men*) (*seelisches ~* psychic) trauma.
trau'matisch *adj.* traumatical.
'**Traum...**: **~bild** *n* vision, phantom; **~buch** *n* dream-book; **~deuter(in** *f*) [-dɔytər(in)] *m* (-*s*, -; -, -*nen*) dream-reader; **~deutung** *f* interpretation of dreams.
träumen ['trɔymən] *v/i. and v/t.* (*h.*) dream (*von* of) day-dream, be in a reverie; *schwer ~* have heavy dreams; *ich* (*or mir*) *träumte* I dreamt (*or* dreamed); *fig. das hätte ich mir nie ~ lassen* I should never have dreamed of such a thing; *träume schön!* pleasant dreams!; '**Träumen** *n* (-*s*) dreaming; dreams *pl.*
'**Träumer** *m* (-*s*; -), **~in** *f* (-; -*nen*) dreamer (*a. fig.* visionary; **Träume'rei** *f* (-; -*en*) dreaming; *fig. a.* reverie (*a. mus.*), day-dream, musing; '**träumerisch** *adj.* dreamy; (sinnend) musing, bemused.
'**Traum...**: **~gesicht** *n* (-[e]s; -e) → *Traumbild*; **≈haft** *adj.* dreamlike; **~land** *n* dreamland; **≈verloren**, **≈versunken** *adj.* lost in dreams; **~welt** *f* world of dreams; **~zustand** *m* (*hypnotischer ~*) trance.
'**Traurede** *f* marriage sermon.
traurig ['trauriç] *adj.* sad (*über acc.* at); grieved, sorrowful; mournful, brokenhearted; melancholy; unhappy; depressed, crestfallen, *Am. a.* blue; gloomy; wretched; deplorable, sorry (*sight*, *state*, *etc.*); *~ stimmen* sadden; **≈keit** *f* (-) sadness; grief, sorrow; melancholy, *the* blues; wretchedness.
'**Trau...**: **~ring** *m* wedding-ring; **~schein** *m* marriage certificate.
traut [traut] *adj.* beloved, dear; *a.* → *traulich*.
'**Trau...**: **~ung** *f* (-; -*en*) marriage ceremony; wedding; **~zeuge** *m* witness to a marriage.
Traveller-Scheck ['trɛvələr-] *m* traveller's cheque, *Am.* traveler's check.
Travestie [travɛ'stiː] *f* (-; -*n*), **≈ren** *v/t.* (*h.*) travesty.
Treber ['treːbər] *pl.* husks of grapes; draff *sg.*, brewer's grains.
Treck [trɛk] *m* (-*s*; -*s*) trek; '**≈en** *v/i.* (*h.*, *sn*) trek; *mar.* tow, haul; '**~er** *m* (-*s*; -) tractor.
Treff [trɛf] **1.** *n* (-*s*; -*s*) *cards*: club(s *pl.*); **2.** *m* (-[e]s; -e) hit, blow; *colloq.* e-n *~ weghaben* be no longer the same; **3.** rendezvous (*Fr.*).
treffen I. *v/t.* (*irr.*, *h.*) hit, strike; *nicht ~* miss; *der Schlag traf ihn am Kinn* the blow caught him on the chin; befall; *fig.* concern, touch, affect; hit *it* off (well); meet; find at home; *sich ~* (*irr.*, *h.*) meet; gather, assemble; *sich mit j-m ~ a.* have an appointment *or* rendezvous with a p., have a date with a p.; *sich ~* happen; *es traf sich, daß* it so happened that; *das trifft sich gut!* that's lucky!, how fortunate!, *Am. a.* what a break!; *colloq.* es gut *~* come at the right time, *w.s.* strike gold, strike it rich; *paint.*, *phot. du bist gut getroffen* this is a good likeness of you; *fig.* cut to the quick, hit hard; *sich getroffen fühlen* feel hurt; *das Los traf ihn* the lot fell on him; *wen trifft die Schuld?* who is to blame?, who is responsible for this?; *dieser Vorwurf trifft mich nicht* this reproach doesn't apply to me; → *Anstalten*, *Blitz*, *Entscheidung*, *Maßnahme*, *Ton*, *Vorkehrung*, *etc.*; **II.** *v/i.* (*irr.*, *h.*) hit, find its (*or* their) mark, go home (*all a. fig.*); *boxing*: *a.* land, connect; *nicht ~* miss (the mark); *getroffen!* hit!, *fenc.* touché (*Fr.*)!; *~ auf* (*acc.*) meet with, light on, come across, stumble on; *auf den Feind*: encounter, fall in with (*the enemy*); *≈ n* (-*s*) meeting, assembly, (*a. w.s.*) rendezvous; *Am. a.* rally; gathering; *sports*: meet, contest, bout; *mil.* encounter; *fig. Gründe ins ~ führen* put forward arguments; **~d** *adj.* striking; apt, appropriate, to the point.
'**Treffer** *m* (-*s*; -) hit (*a. fenc.*, *boxing*), good shot; (*Voll≈*) direct hit; *sports*: goal; *fig.* (lucky) hit, lucky strike; (*lottery*) prize; *thea.* great hit, draw; (*book*) best-seller; *~ erzielen* score (hits *or* goals), *boxing*: *a.* land (punches); **~bild** *n* *shooting*: group.
'**trefflich** *adj.* excellent; exquisite, choice; **≈keit** *f* (-) excellence, choiceness.
'**Treff...**: **~punkt** *m* meeting-place, rendezvous; *artillery*: point of impact; **≈sicher** *adj.* sure-hitting, unerring; *fig.* unerring, sound (*judgement*); **~sicherheit** *f* (-) accuracy of aim, unfailing aim.
Treib|anker ['traɪpˀ-] *mar. m* drag anchor; **~eis** *n* drift-ice, floating ice.
treiben ['traɪbən] **I.** *v/t.* (*irr.*, *h.*) drive (*a. ball*, *cattle*, *wheel*, *etc.*); *tech.* drive, work, operate; put in motion, propel; *e-n Nagel in die Wand ~* drive a nail into the wall; *den Feind aus dem Land ~* drive the enemy from the country; *river*: *Eis ~* carry ice; drift (*smoke*, *snow*); *bot.* put forth (*leaves*); force (*plants*); *med.* produce, promote (*sweat*); raise (*dough*); (en)chase, emboss, raise (*metal*); refine, cupel; *fig.* impel, move; drive (*worker*); *j-n ~ zu inf.* induce (*or* bring *or* prompt) a p. to *inf.*, urge (*or* press *or* force) a p. to *inf.*; practise; cultivate (*arts*, *science*); pursue, follow (*profession*); carry on (*business*, *trade*); *er trieb e-n schwunghaften Handel mit* he drove a roaring trade with; *e-e Politik ~* pursue a policy; → *Sport*; *Sprachen ~* study languages; *jur.* commit, practise; *Aufwand ~* live in great style; *es toll ~* carry on like mad, go too far; *wenn er es weiterhin so treibt* if he carries (*or* goes) on like that; *was treibst du?* what are you doing there?; *die Dinge ~ lassen* let things drift; *sich ~ lassen* float, *fig.* let o.s. drift (*or* go); → *Enge*, *Spitze*, *Unfug*, *Verzweiflung*, *etc.*; **II.** *v/i.* (*irr.*, *sn*) drive; float; drift (*a. of smoke*, *snow*; *fig. in e-n Krieg* into a war); *bot.* shoot forth, germinate; ferment, work; (*Urin ~*) be a (*or* act as) a dieretic; *mar. vor Anker ~* drag the anchor; *~de Kraft* driving force, moving power, *a. fig.* prime mover; *≈ n* (-*s*) driving, *etc.*; doings, activities *pl.*; goings-on *pl.*; bustle, stir, activity; *buntes ~* medley, colo(u)rful scene.

ˈTreiber *m* (-s; -) driver; drover; *hunt.* beater; oppressor, slave-driver; *tech.* propeller; *on loom*: picker.

Treibeˈrei *f* (-; -en) urging, rushing.

ˈTreib...: **~fäustel** [-fɔʏstəl] *m* (-s; -) sledge hammer; **~gas** *n* fuel (*or* propellent) gas; **~haus** *n* hothouse; **~hauspflanze** *f* hothouse plant; **~holz** *n* driftwood; **~jagd** *f* battue; *fig.* (witch-)hunt; **~kraft** *f* (-) propelling (*or* motive) power, driving power *or* force; **~ladung** *mil. f* propelling charge; **~mine** *f* floating mine; **~mittel** *tech. n* propellent (*a. fig.*); *med.* purgative, evacuant; *baking, etc.*: raising agent; **~öl** *n* fuel oil; **~rad** *n* driving-wheel; *mil.* sprocket wheel (*of tank*); **~riemen** *m* driving belt; **~satz** *m* propelling charge (*of rocket*); **~stoff** *mot. m* (power) fuel, *esp. of rocket*: propellent; → *Benzin*; **~stofflager** *n* fuel dump.

treidel|n [ˈtraɪdəln] *mar. v/t. and v/i.* (h.) tow; **ꝯpfad** *m* tow(ing)-path.

tremulieren [tremuˈliːrən] *mus. v/i.* (h.) quaver, shake; sing with a tremolo.

trennbar [ˈtrɛnbaːr] *adj.* separable; detachable; **ꝯkeit** *f* (-) separability.

ˈtrennen *v/t.* (h.) separate (*a. chem., tech.*), sever, put asunder; divide; detach; disjoin; isolate, segregate; disunite; separate (*spouses*); dissolve, break up; rip up, undo (*seam*); *teleph.* cut off, disconnect; *sich ~* (h.) separate (*von* from); part; *spouses*: separate; *sich in Zwietracht etc., ~ von* (*dat.*) break with, sever o.s. with, sever one's connection with *a p.*; *sich in zwei Lager ~* split (*into two camps, parties, etc.*); *j-m den Kopf vom Rumpfe ~* sever a p.'s head (from his body); *~!* *boxing*: break!; *getrennt leben* be separated; *econ. mit getrennter Post* under separate cover.

ˈTrenn...: **ꝯscharf** *adj. radio*: selective; **~schärfe** *f radio*: selectivity.

ˈTrennung *f* (-; -en) separation (*a. chem., tech.*), severance; disconnection; segregation; division (*a. gr.*); *jur. eheliche ~* judicial separation; *fig.* divorce; **~slinie** *f* dividing (*or* parting) line; **~sschmerz** *m* wrench, pain of separation; **~sstrich** *m* dash; → *Trennungszeichen*; **~sstunde** *f* parting hour; **~swand** *f* partition (wall); **~szeichen** *n gr., typ.* hyphen; di(a)eresis; *teleph.* cut-off signal; **~szulage** *f* separation allowance.

Trense [ˈtrɛnzə] *f* (-; -n) snaffle, *mil.* bridoon.

treppauf [trɛpˈʔaʊf] *adv.*: *~, treppab* upstairs, downstairs.

Treppe [ˈtrɛpə] *f* (-; -n) staircase, (*eine ~* a flight *or* pair of) stairs *pl.*; *Am. a.* stairway; steps *pl.*; *zwei ~n hoch* on the second floor; *die ~ hinab* (*hinauf*) downstairs (upstairs).

ˈTreppen...: **~absatz** *m* landing; **~flucht** *f* flight of steps; **ꝯförmig** [-fœrmɪç] *adj.* stepped, terraced; **~geländer** *n* banisters *pl.*; **~haus** *n* (well of a) staircase; **~läufer** *m* stair-carpet; **~stufe** *f* stair, step; **~witz** *m* after-wit; *w.s.* bad joke; *~ der Weltgeschichte* paradox of history.

Tresor [treˈzoːr] *m* (-s; -e) treasury; strong-room, *esp. Am.* vault; *n.s.* safe; **~abteilung** *f* safe deposit department; **~fach** *n* safe deposit box.

Tresse [ˈtrɛsə] *f* (-; -n) galloon, lace; *mil.* stripe.

Trester [ˈtrɛstər] *m pl.* → *Treber.*

Tret-anlasser [ˈtreːt-] *mot. m* kick-starter.

ˈtreten I. *v/i.* (*irr., sn*) tread; step, walk; stride; *cyclist*: treadle, pedal; *ins Haus ~* enter the house; *fig. in ein Amt ~* enter upon an office; *j-m in den Weg ~* block (*or* stand in) a p.'s way; *j-m unter die Augen ~* appear before (*or* face) a p.; *zu j-m ~* step (*or* walk) up to a p.; *über die Ufer ~* overflow its banks; → *nahe, näher*; *~ Sie näher!* step nearer!; → *Dasein, Kraft, Seite, Stelle*; **II.** *v/t.* (*irr., h.*) tread; treadle, work (*the treadle*); kick; *mit Füßen ~* trample upon; *sein Glück mit Füßen ~* spurn one's fortune; (*in*) *die Pedale ~* pedal (away); *in den Staub ~* crush under foot; *sich e-n Dorn in den Fuß ~* run a thorn into one's foot; *swimming*: *Wasser ~* tread water.

ˈTret...: **~hebel** *m*, **~kurbel** *f* treadle; **~mine** *mil. f* contact mine; **~mühle** *f* treadmill (*a. fig.*); **~schalter** *m* foot switch; **~(zwei)rad** *n* push-bicycle.

treu [trɔʏ] *adj.* faithful (*a. fig.* = accurate), true (*dat.* to); loyal (to); devoted (to); sta(u)nch (*adherent, friend*); trusty; faithful (*memory*); *zu ~en Händen* in trust; *~ wie Gold* true as steel; *sich* (*s-n Grundsätzen*) *~ bleiben* remain true to o.s. (one's principles); *s-m Vorsatz ~ bleiben* stick to one's purpose; *das Glück blieb ihm ~* his luck held; **ꝯ** *f* (-) → *Treue*; *auf ~ und Glauben* in good faith, in trust; *meiner ~!* upon my soul!

ˈTreu...: **~bruch** *m* breach of faith (*or* trust); disloyalty; perfidy; **ꝯbrüchig** *adj.* faithless; perfidious; **~e** *f* (-) faithfulness (*a. fig.* accuracy); loyalty; faith; *j-m die ~ brechen* break faith with a p., betray a p.; *j-m die ~ halten* keep faith with, remain loyal to *a p.*; **~eid** *m* oath of allegiance; **ꝯergeben, ꝯgesinnt** *adj.* loyal (*dat.* to); **~hand** *f* (-) trust; **~händer** [-hɛndər] *m* (-s; -) trustee, fiduciary, custodian; (official) receiver; **ꝯhänderisch I.** *adj.* fiduciary; **II.** *adv.* in trust; *~ verwalten* hold in trust; **~händerschaft** *f* (-) trusteeship; **~handgesellschaft** *f* trust company; **~handverhältnis** *n* trust; **~handvermögen** *n* trust estate, trust property; **~handvertrag** *m* trust-deed; **ꝯherzig** *adj.* guileless; candid, frank; simple-minded, ingenuous, naive; **~herzigkeit** *f* (-) guilelessness; frankness; ingenuousness; **ꝯlich** *adv.* faithfully; truly; **ꝯlos** *adj.* faithless (*gegen* to); disloyal (to); perfidious, treacherous; **~losigkeit** *f* (-) faithlessness; infidelity (*of spouse*); perfidy, treachery; **~pflicht** *f* conscientious obligation; *Verletzung der ~* breach of trust.

Triangel [ˈtriːaŋəl] *math., mus. m* (-s; -) triangle.

Tribun [triˈbuːn] *m* (-s; -e) tribune.

Tribunal [-buˈnɑːl] *n* (-s; -e) tribunal.

Tribüne [triˈbyːnə] *f* (-; -n) **1.** platform, rostrum; **2.** (grand)stand.

Tribut [-ˈbuːt] *m* (-[e]s; -e) tribute; *fig. j-m s-n ~ zollen* pay tribute to; **ꝯpflichtig** *adj.* tributary.

Trichine [triˈçiːnə] *f* (-; -n) trichina; **~nkrankheit, Trichiˈnose** [triçiˈnoːzə] *f* (-; -n) trichinosis.

Trichter [ˈtrɪçtər] *m* (-s; -) funnel; *tech.* feeding hopper; *metall.* (down)gate; *mil.* crater; horn (*of loudspeaker*); megaphone; *anat.* infundibulum; **~feld** *n* shell-pitted area; **ꝯförmig** [-fœrmɪç] *adj.* funnel-shaped; **~lautsprecher** *m* horn-loudspeaker; **ꝯn** *v/t.* (*h.*) pour through a funnel; **~wagen** *rail. m* hopper car.

Trick [trik] *m* (-s; -s) trick (*a. cards*); stunt; gimmick; artifice, dodge, sleight of hand; **ˈ~aufnahme** *f film*: trick shot; **ˈ~film** *m* trick film, stunt film; cartoon film.

Trieb [triːp] *m* (-[e]s; -e) *bot.* sprout, young shoot; germinating power; driving force; impulse; instinct; urge; desire; inclination, bent; *sinnlicher ~* carnal desire, sexual urge.

trieb *pret. of treiben.*

ˈTrieb...: **~feder** *f* main-spring; *fig. a.* motive; *die ~ e-r Sache sein* be at the bottom of a th.; **ꝯhaft** *adj.* instinctive; animal-like, being a slave to one's instincts; carnal; **~knospe** *f* leaf bud; **~kraft** *f* propelling (*a. fig.* motive) power, driving force; **~leben** *n* (-s) sex life; **~ling** [-lɪŋ] *tech. m* (-s; -e) (drive) pinion; **~rad** *n* driving wheel; **~sand** *m* quicksand; **~stahl** *m* pinion steel; **~verbrecher** *m* sex offender; **~wagen** *m rail.* rail-car, (rail) Diesel car, autorail, *Brit.* rail-motor; prime mover, motor carriage (*of streetcar*); **~wagenzug** *m* motorcoach train; **~welle** *tech. f* drive shaft; **~werk** *tech. n* gear (drive), (driving) mechanism, transmission (machinery); engine; power plant (*or* unit).

Trief|auge [ˈtriːf-] *n* blear-eye; **ꝯäugig** *adj.* blear-eyed; **ꝯen** *v/i.* (*irr., h.*) drip (*von* with); *eye, nose*: run; *candle*: gutter; *fig.* overflow (with); **ꝯnasig** [-nɑːzɪç] *adj.* snivel(l)ing; **ꝯnaß** *adj.* dripping wet.

triezen [ˈtriːtsən] *colloq. v/t.* (h.) vex, plague; tease, rib.

Trift [trift] *f* (-; -en) pasturage; pasture, *poet. a.* meadow; drove, herd; cattle-track; (timber) floating; *geol.* drift.

ˈtriftig *adj.* valid, sound, strong; weighty; cogent; convincing, conclusive; plausible; *~er Grund a.* good reason; **ꝯkeit** *f* (-) validity; weight(iness); cogency; plausibility.

Trigonometrie [trigonomeˈtriː] *f* (-) trigonometry; **trigonome-**

trisch [-ˈmeːtriʃ] *adj.* trigonometrical; ~**er** *Punkt* triangulation point.
Trikot [triˈkoː] *n* (-s; -s) (*cloth*) stockinet, (*a. garment*) tricot; *circus*: tights *pl.*; fleshings *pl.*; *sports*: vest.
Trikotagen [-koˈtɑːʒən] *pl.* hosiery, knitted goods *pl.*
Triˈkot...: ~**jacke** *f* jersey; ~**wäsche** *f* tricot lingerie.
Triller [ˈtrilər] *m* (-s; -) trill, shake; *mus.* quaver; ≈**n** *v/i. and v/t.* (*h.*) trill, shake; *mus.* quaver; *bird*: warble; ~**pfeife** *f* alarm-whistle.
Trillion [triliˈoːn] *f* (-; -*en*) trillion, *Am.* quintillion.
Trilogie [triloˈgiː] *f* (-; -*n*) trilogy.
ˈtrimmen [ˈtrimən] *v/t.* (*h.*) trim (*a. aer., mar., el.*).
Trinitrotoluol [trinitrotoluˈoːl] *n* (-s) trinitrotoluene (*abbr.* T.N.T.).
trink|bar [ˈtriŋkbɑːr] *adj.* drinkable, potable; ≈**becher** *m* drinking-cup; ≈**branntwein** *m* potable spirit(s *pl.*); ~**en** *v/t.* (*irr., h.*) drink (*a. v/i., a. b.s.*); take, have (*tea, etc.*); carouse, tipple; *fig.* imbibe, drink in; ~ *auf j-n or et.* drink to, toast (*a p. or th.*); *gern eins* ~ be fond of a drop; *der Wein läßt sich* ~ the wine is drinkable; *was* ~ *Sie?* what do you have (to drink)?, what's your poison?; ≈**en** *n* (-s) drinking; *sich das* ~ *angewöhnen* take to drinking (*or* the bottle); ≈**er(in** *f*) *m* (-s, -; -, -*nen*) drinker; *b.s.* drunkard, alcoholic; ≈**erheilanstalt** *f* institution for the cure of alcoholics; ~**fest** *adj.* able to stand alcohol; *er ist* ~ *a.* he holds his liquor well; ≈**gefäß** *n* drinking-vessel; ≈**gelage** *n* drinking-bout, carousal; ≈**geld** *n* gratuity, tip; *j-m (ein)* ~ *geben* tip a p.; ≈**glas** *n* drinking-glass; tumbler; ≈**halle** *f* **1.** *at spa*: pump-room; **2.** coffee-stall; ≈**halm** *m* drinking-straw; ≈**kur** *f* course of waters; *e-e* ~ *machen* drink the waters; ≈**lied** *n* drinking-song; ≈**milch** *f* certified milk; ≈**spruch** *m* toast; ≈**stube** *f* tap-room; ≈**wasser** *n* (-*s*) drinking-water; ≈**wasseraufbereitungsanlage** *f* water purification unit.
Trio [ˈtriːo] *n* (-*s*; -*s*) trio.
Triode [triˈoːdə] *el. f* (-; -*n*) triode, three-electrode tube.
Triole [triˈoːlə] *mus. f* (-; -*n*) triplet.
Triplik [triˈpliːk] *jur. f* (-; -*en*) (plaintiff's) surrejoinder.
trippeln [ˈtripəln] *v/i.* (*sn*) trip.
Tripper [ˈtripər] *med. m* (-*s*; -) gonorrh(o)ea, clap.
Triptik [ˈtriptik] *mot. n* (-*s*; -*s*) triptique.
Tritt [trit] *m* (-[e]s; -e) tread, step; pace; footprint, footstep; footfall; kick; stepstool; *tech.* treadle; → *Trittbrett, Trittleiter*; *mount.* foothold; *im* ~ in step; *in falschem* ~ out of step; ~ *fassen* fall in step; ~ *halten* keep step; *aus dem* ~ *geraten* break step; *j-m e-n* ~ *versetzen* give a p. a kick; *colloq. j-m den* ~ *geben* give a p. the push; *mil. ohne* ~, *marsch!* route step, march!; ~**brett** *n* footboard, carriage-step; *mot.* running-board; ~**fläche** *f* tread (*of ladder*); ~**leiter** *f* step-ladder, (*eine* ~ a pair of) steps *pl.*

Triumph [triˈumf] *m* (-[e]*s*; -e) triumph (*a. fig.*: *über acc.* over); *im* ~ triumphantly; *fig. große* ~*e feiern* achieve great triumphs, *fig. iro.* be rampant.
triumphal [-ˈfɑːl] *adj.* triumphant.
Triˈumph|bogen *m* triumphal arch; ~**geheul** *n* howl of triumph.
triumˈphieren *v/i.* (*h.*) triumph, exult (*über acc.* over); *b.s.* gloat (over); (*defeat*) triumph (*über acc.* over), score off *a p.*; have the last laugh (*on a p.*); *zu früh* ~ count unhatched chickens.
Triˈumphzug *m* triumphal procession (*fig.* march).
trivial [triviˈɑːl] *adj.* trivial.
trocken [ˈtrɔkən] **I.** *adj.* dry (*a. w.s. cough, cow, wine*); arid; ~*es Brot* dry (*or* plain) bread; ~*er Frost* black frost; *fig.* dry (*humour, remark*); jejune, dull, dry-as-dust; ~*er Kerl* prosy (fellow), dry stick; *prohibition*: ~*es Land* dry country; *econ.* ~*er Wechsel* promissory note; *im Trockenen* under cover, *fig. im trocknen* in safety, out of the wood; *fig. auf dem trocknen sitzen* be stranded (*or* in low water), be on the rocks; → *Schäfchen*; *noch nicht* ~ *hinter den Ohren* still wet behind the ears; ~ *bleiben (halten)* remain (keep) dry; **II.** *adv.*: *fig.* ..., *sagte er* ~ he said drily (*or* dryly).
ˈTrocken...: ~**anlage** *f* drier installation; ~**apparat** *m* drier; desiccator; ~**bagger** *m* excavator; ~**batterie** *el. f* dry battery; ~**boden** *m* drying loft; ~**dampf** *m* dry steam; ~**darre** *f* drying kiln; ~**dock** *mar. n* dry dock; ~**ei** *n* (-[e]s) dehydrated eggs, dried (whole) eggs *pl.*; ~**eis** *n* dry ice; ~**element** *el. n* dry cell; ~**farbe** *f* pigment; ~**fäule** *f* dry rot; ~**futter** *n* dry feed, provender; ~**gehalt** *m* dry content; ~**gemüse** *n* dried (*or* dehydrated) vegetables *pl.*; ~**gestell** *n* drying-rack; clothes-horse; ~**haube** *f* drying hood; ~**hefe** *f* dry yeast; ~**heit** *f* (-) dryness; aridity; drought; *fig.* dul(l)ness, tediousness; ~**kartoffeln** *f/pl.* dehydrated potatoes; ~**kost** *med. f* dry diet; ≈**legen** *v/t.* (*h.*) dry up; drain (*land, pit shaft*); change (*a baby's* napkins); ~**legung** [ˈ-leːguŋ] *f* (-) drainage; ~**maß** *n* dry measure; ~**milch** *f* dried (*or* powdered) milk; ~**mittel** *n* drying agent, (de)siccative; ~**obst** *n* dried fruit; ~**ofen** *m* drying kiln; ~**periode** *f* dry spell; ~**platz** *m* drying-ground; ~**rasierer** [-raziːrər] *m* (-*s*; -) dry-shaver; ~**reinigung** *f* dry cleaning; ~**schleuder** *f* centrifugal drier; ~**schliff** *tech. m* dry grinding; ~**skilauf** *m* dry skiing; ~**ständer** *m* drying rack; ~**stempel** *m* embossed seal; ~**substanz** *f* dry substance; ~**verfahren** *n* drying process; ~**zeit** *f* drying time; *meteor.* drought.
trockn|en [ˈtrɔknən] **I.** *v/t.* (*h.*) dry (up), wipe dry; *tech.* desiccate; season (*wood*); dehydrate (*fruit*); drain (*land, etc.*); air (*laundry*), hang up to dry; **II.** *v/i.* (*sn*) dry (up); ≈**er** *m* (-*s*; -) drier, desiccator; ≈**ung** *f* (-) drying; desiccating; seasoning; dehydration.
Troddel [ˈtrɔdəl] *f* (-; -*n*) tassel.
Trödel [ˈtrøːdəl] *m* (-s) second-hand articles *pl.*; lumber, *Am.* junk; rubbish, trash; ~**bude** *f* old-clothes shop.
Trödeˈlei *f* (-; -*en*) dawdling, loitering.
ˈTrödel...: ~**fritz** [-frits] *colloq. m* (-*en*; -*en*) slow-coach; ~**kram** *m* → *Trödel*; ~**markt** *m* old-clothes market, rag-fair; ≈**n** *v/i.* (*h.*) deal in second-hand goods; *fig.* dawdle, loiter.
Trödler [ˈtrøːdlər] *m* (-*s*; -) second-hand dealer, *Am.* junk-dealer; *fig.* dawdler, slow-coach; loiterer.
troff [trɔf] *pret. of triefen.*
Trog [troːk] *m* (-[e]s; ⸚e) trough; vat; *arch.* (mason's) hod.
trog [troːk] *pret. of trügen.*
T-Rohr [teː-] *tech. n* T-pipe (*or* -tube).
Trojan|er [troˈjɑːnər] *m* (-*s*; -), ~**erin** *f* (-; -*nen*), ≈**isch** *adj.* Trojan.
trollen [ˈtrɔlən] *v/i.* (*sn*) toddle along; *sich* ~ (*h.*) toddle off.
Trommel [ˈtrɔməl] *f* (-; -*n*) drum; *tech. a.* cylinder, barrel; *die* ~ *rühren* play the drum, *fig.* advertise, make propaganda; ~**fell** *n* drumskin; *anat.* eardrum, tympanic membrane; ≈**fell-erschütternd** *adj.* ear-splitting, deafening; ~**feuer** *n mil.* drumfire, *a. fig.* barrage (*of questions, etc.*); ≈**n** *v/i.* (*h.*) drum (*a. v/t.*); *nervös mit den Fingern* ~ drum with one's fingers, beat the devil's tattoo; pommel; ~**revolver** *m* revolver, *Am. a.* six-shooter; ~**schlag** *m* beat of the drum; *bei gedämpftem* ~ with muffled drums; ~**schlegel**, ~**stock** *m* drumstick; ~**wirbel** *m* roll of the drum(s), ruffle.
Trommler [ˈtrɔmlər] *m* (-*s*; -) drummer.
Trompete [trɔmˈpeːtə] *f* (-; -*n*) trumpet; *anat.* tube; ≈**n** *v/i. and v/t.* (*h.*) trumpet; (*only v/i.* [*h.*]) blow (*or* sound) the trumpet; ~**ngeschmetter** *n* blare of trumpets; ~**nstoß** *m* trumpet-blast; flourish of trumpets; ~**r** *m* (-*s*; -) trumpeter.
Tropen [ˈtroːpən] *pl.* tropics; ~**ausführung** *tech. f* tropical design; ~**ausrüstung** *f* tropical kit; ≈**beständig**, ≈**fest** *adj.* tropic-proof, withstanding tropical conditions, tropical; ~ *machen* tropicalize; ~**fieber** *med. n* tropical fever; ~**helm** *m* sun helmet, pith-helmet; ~**kleidung** *f* tropicals *pl.*; ~**koller** *med. m* tropical frenzy; ~**krankheit** *f* tropical disease.
Tropf [trɔpf] *m* (-[e]s; ⸚e) **1.** simpleton, dunce; **2.** rogue, rascal; *armer* ~ poor wretch; ≈**bar** *adj.* liquid.
tröpfeln [ˈtrœpfəln] **I.** *v/i.* (*h.*) drop, drip, trickle, fall in drops; *water tap*: leak; *rain*: *es tröpfelt* a few drops are falling; **II.** *v/t.* (*h.*) drop, drip.
tropfen [ˈtrɔpfən] *v/t.* (*h.*) *and v/i.* (*h.*) → *tröpfeln*; *candle*: gutter.
ˈTropfen *m* (-*s*; -) drop; bead (*of sweat*); *pl. pharm.* drops; *fig. guter*

~ splendid wine; *ein ~ auf den heißen Stein* a drop in the bucket; → *stet*; **~fänger** *m* dripcatcher; **~form** *tech. f* drop shape; **2förmig** [-fœrmiç] *adj.* drop-shaped; **~glas** *n* dropping-glass; **2weise** [-vaɪzə] *adv.* drop by drop, by drops, dropwise.

'Tropf...: ~flasche *f* dropping-bottle; **2flüssig** *adj.* liquid; **~leiste** *tech. f* drop ledge; **2naß** *adj.* dripping wet; **~ölung** *mot. f* drip-feed lubrication.

'Tropfstein *m* **a)** stalactite, **b)** stalagmite; **~höhle** *f* stalactite cavern.

'tropfwassergeschützt *adj.*: *~er Motor* drip-proof engine.

Trophäe [tro'fɛːə] *f* (-; *-n*) trophy.

'tropisch *adj.* tropical.

Troposphäre [tropo'sfɛːrə] *f* (-) troposphere.

'Troß [trɔs] *mil. m* (-sses; -sse) baggage(-train); *fig.* train, (camp-) followers, hangers-on *pl.*

Trosse ['trɔsə] *f* (-; *-n*) cable, *mar.* hawser.

'Troß...: ~pferd *n* baggage-horse; **~wagen** *m* baggage-cart.

Trost ['troːst] *m* (-es) comfort, consolation, solace; *schlechter ~* cold comfort; *~ schöpfen aus* (*dat.*) take comfort from, find solace in; *~ zusprechen* → *trösten*; *finden*; *du bist wohl nicht recht bei ~!* you must be out of your mind!; **2bedürftig** *adj.* in need of consolation, desolate; **2bringend** *adj.* comforting.

trösten ['trøːstən] *v/t.* (*h.*) console, comfort, solace; soothe; cheer (up); *sich ~* (*h.*) take comfort (*mit* from), find solace (in), console o.s. (with); *~ Sie sich!* take comfort!, cheer up!

'Tröster(in *f*) *m* (-s, -; -, *-nen*) comforter, consoler.

'tröstlich *adj.* comforting, consoling; cheering.

'Trost...: 2los *adj.* disconsolate, inconsolable (*über acc.* at), desolate; *fig.* cheerless; bleak, dreary, desolate; wretched, miserable; *matters*: *a.* hopeless, desperate; **~losigkeit** *f* (-) desolation, despair, prostration; *fig.* bleakness, dreariness; wretchedness; hopelessness; **~lauf** *m sports*: consolation contest; **~preis** *m* consolation prize, booby prize; **2reich** *adj.* consolatory; comforting.

'Tröstung *f* (-; *-en*) consolation, comfort; soothing (*or* cheering) words *pl.*

Trott [trɔt] *m* (-[e]s; -e) trot; *fig.* jog-trot, routine; *der alte ~* the old jog-trot.

Trottel ['trɔtəl] *m* (-s; -) idiot, fool, sap.

trotten *v/i.* (*sn, h.*) trot (along), jog along.

Trottoir [trɔto'ɑːr] *n* (-s; -e) pavement, footpath, *Am.* sidewalk.

trotz [trɔts] *prp.* (*gen. or dat.*) in spite of, despite, notwithstanding; in the face (*or* teeth) of; *~ alledem* for all that; *~ all s-r Bemühungen* for all his efforts.

Trotz *m* (-es) defiance; obstinacy, pigheadedness; *aus ~* from spite; *j-m zum ~* to spite a p.; *j-m ~ bieten* defy a p.; → *trotzen*.

trotzdem [-'deːm] **I.** *adv.* nevertheless, all the same, still, in spite of it; though; **II.** *cj.* although, even though, notwithstanding that.

'trotz|en *v/i.* (*h.*) (*dat.*) defy, dare; brave (*danger*); resist; be obstinate; sulk, be sulky; **~ig, ~köpfig** [-kœpfiç] *adj.* defiant; obstinate, pigheaded; sulky; **2kopf** *m* sulky child; *w.s.* stubborn (*or* pigheaded) person.

trüb(e) [tryːp, '-bə] *adj.* cloudy, turbid, muddy, thick (*liquid*); dull, dim (*eyes, window, etc.*); dull, cloudy (*weather*), *a fig.* dreary, gloomy, cheerless, bleak; sad (*experience, thought*); dismal (*times*); *im ~en fischen* fish in troubled waters; *es sieht ~e aus* things are looking black.

Trubel ['truːbəl] *m* (-s) turbulence, bustle, fuss; milling crowd.

'trüben *v/t.* (*h.*) make *liquid* (*sich* become) thick *or* muddy *or* turbid; (*a. sich ~*) cloud; (*a. sich ~*) dim (*a. light*), dull; *silver, mirror, etc.*: tarnish; (*a. sich ~*) darken; spoil, mar (*a p.'s pleasure*), cast a gloom over; blur (*vision, mind*); dull, becloud (*intellect, mind*); cloud, poison, *sich*: become strained; *der Himmel trübt sich* the sky is getting overcast; *fig. sein Urteil ist getrübt* his judgment is clouded; → *Wässerchen*.

'Trüb...: ~heit *f* (-) → *trüb*; muddiness, turbidness, turbidity; dimness; dul(l)ness; cloudiness; *fig.* gloom, dreariness; **~sal** *f* (-; -e) affliction; misery; distress; grief, sorrow; *~ blasen* mope, be in the dumps; **2selig** *adj.* sad, gloomy, melancholy; wretched, miserable; dejected, woeful, forlorn; dreary, bleak; **~seligkeit** *f* (-) sadness, gloominess; **~sinn** *m* (-[e]s) melancholy, gloom, low spirits *pl.*, blue devils; **2sinnig** *adj.* melancholy, gloomy, dejected, sad; **~ung** *f* (-; -en) → *trüben*; making muddy, rendering turbid; dimming, *etc.*; (*condition*) → *Trübheit*; opacity (*on X-ray picture*); *med.* cloudiness (*of urine*).

trudeln ['truːdəln] *aer. v/i.* (*sn*) spin; **'Trudeln** *n* (-s) (tail) spin; *ins ~ kommen* get into a spin.

Trüffel ['tryfəl] *bot. f* (-; *-n*) truffle.

trug [truːk] *pret. of tragen.*

'Trug *m* (-[e]s) deceit, fraud; delusion, illusion, deception; falsehood; **~bild** *n* phantom, vision; illusion, hallucination, mirage.

trüg|en ['tryːgən] **I.** *v/t.* (*irr., h.*) deceive; *wenn m-e Augen mich nicht ~* if my eyes do not deceive me; *wenn mich mein Gedächtnis nicht trügt* if my memory serves me right; **II.** *v/i.* (*irr., h.*) be deceptive; *der Schein trügt* appearances are deceptive; **2erisch** *adj.* deceitful, guileful; *fig.* deceptive; false; misleading; delusive, illusory; treacherous (*a. ice, weather*); fallacious.

'Trug|schluß *m* fallacy, false conclusion; **~werk** *n* deception; delusion.

Truhe ['truːə] *f* (-; *-n*) chest, trunk; *radio, etc.*: cabinet, console.

Trümmer ['trymər] *pl.* ruins; rubble, debris; *mar.* wreckage; fragments; remnants; *in ~ legen* lay in ruins; *in ~ gehen* go to pieces, be shattered; *in ~ schlagen* wreck, smash to pieces, *fig. a.* go to rack and ruin; **~beseitigung** *f* rubble clearance, rubble (and debris) clearing; **~feld** *n* expanse of ruins; *fig. a.* shambles; **~gestein** *geol. n* breccia; **~grundstück** *n* bombed site; **~haufen** *m* heap of ruins *or* rubble.

Trumpf [trumpf] *m* (-[e]s; ⸚e) (*a. fig.*) trump(-card); *was ist ~?* what are trumps; *alle Trümpfe in der Hand haben* hold all the trumps (*a. fig.*); *e-n ~ ausspielen* (play a) trump (*a. fig.*); *fig. den letzten ~ ausspielen* play one's last trump; *~ sein a. fig.* be trumps (*bei* in); *Höflichkeit ist ~* courtesy is the word; **'2en** *v/i. and v/t.* (*h.*) trump; **'~karte** *f* trump-card.

Trunk [truŋk] *m* (-[e]s; ⸚e) drink; *pharm.* potion; draught, gulp; drinking; *dem ~ ergeben* given to drink, addicted to the bottle; *im ~* when drunk *or* intoxicated.

'trunken *adj.* drunken; *pred.* drunk (*a. fig.* von with); intoxicated, inebriated; **2bold** [-bɔlt] *m* (-[e]s; -e) drunkard, sot; **2heit** *f* (-) drunkenness (*a. fig.*), intoxication; *jur. ~ am Steuer* drunken driving, driving while under the influence of alcohol.

'Trunksucht *f* (-) drunkenness, alcoholism, dipsomania.

'trunksüchtig *adj.* addicted to drinking, dipsomaniac; **2e(r** *m*) *f* (*-n, -n*; *-en, -en*) dipsomaniac, alcoholic.

Trupp [trup] *m* (-s; -s) troop (*a. zo.*), band, gang; *mil.* detachment, detail, party; gang, team, crew (*of workers*).

'Truppe *f* (-; *-n*) *mil.* troop, body; *die ~* the services, the armed forces *pl.*; unit; → *Truppengattung*; *kämpfende ~* fighting forces *pl.*, combat element; *thea.* company, troupe.

'Truppen *f/pl.* troops, forces; **~ansammlung** *f* concentration of forces; **~arzt** *m* medical officer; **~aushebung** *f* levy (of troops); **~betreuung** *f Brit.* Army Welfare Services *pl.*, *Am.* Special Services *pl.*; **~bewegungen** *f/pl.* troop movements; **~führer** *m* military leader, commander; **~gattung** *f* arm, branch (of the service); **~offizier** *m* line officer; **~schau** *f* military review; **~teil** *m* unit, formation; **~transport** *m* troop transport(ation) *or* movement; **~transporter** *m mar.* transport, troopship, *Brit. a.* trooper; *aer.* troop carrying aircraft, troop-carrier; **~übung** *f* field exercise, manœuvre, *Am.* maneuver; **~übungsplatz** *m* (*großer* major) training area; **~verbandplatz** *m* advanced field dressing station; clearing station; **~verschiebung** *f* dislocation of troops.

'Trupp...: ~führer *m* squad leader; **2weise** [-vaɪzə] *adv.* in troops.

Trust [trast] *econ. m* (-[e]s; -e) trust, *Am. a.* combine.

Trut|hahn ['truːt-] *m* turkey(-cock); **~henne** *f* turkey-hen.

Trutz [truts] *m* (-es) *poet.* = *Trotz.*

Tschako ['tʃako] *m* (*-s*; *-s*) shako.
Tschech|e ['tʃɛçə] *m* (*-n*; *-n*), **~in** *f* (*-*; *-nen*), **2isch** *adj.* Czech.
Tsetsefliege ['tsɛtse-] *zo. f* tsetse-fly.
T-Träger ['te:-] *arch. m* T-girder.
Tube ['tu:bə] *f* (*-*; *-n*) (collapsible) tube; *colloq. mot. auf die ~ drücken* step on it, step on the gas.
Tuberkel [tu'bɛrkəl] *m* (*-s*; *-*) tubercle; **~bazillus** *m* tubercle bacillus.
tuberkul|ös [-ku'lø:s] *adj.* tuberculous, tubercular; **2ose** [-ku'lo:zə] *f* (*-*; *-n*) tuberculosis; **~osenverdächtig** *adj.* suspected of tuberculosis.
Tuch [tu:x] *n* (*-[e]s*; *-e*) cloth; fabric; (*-[e]s*; *⸚er*) kerchief; shawl; scarf, neckerchief, muffler; duster; rag; *das wirkt auf ihn wie ein rotes ~* that's a red rag to him; **~ballen** *m* bale of cloth; **2en** *adj.* (of) cloth; **~fabrik** *f* cloth factory; **~fühlung** *mil. f* (*-*) close touch; *in ~* shoulder to shoulder; *fig. ~ haben mit* be in close touch with, rub shoulders with; **~handel** *m* cloth trade, drapery; **~händler** *m* (wool[l]en) draper; **~handlung** *f*, **~laden** *m* clothier's (*or* draper's) shop; **~macher** *m* cloth-maker.
tüchtig ['tyçtiç] **I.** *adj.* able, fit; (cap)able, competent, qualified; efficient; clever, skil(l)ful; proficient, experienced; excellent; good, considerable; powerful, strong; thorough; *~ in* (*dat.*) good at, proficient (*or* well versed) in; *~er Esser* hearty eater; **II.** *adv.* vigorously, with a vengeance, like blazes; thoroughly, well; *colloq.* awfully; *~ arbeiten* work hard; *~ essen* eat heartily; *~ verprügeln* give a sound thrashing; **2keit** *f* (*-*) ability, fitness; efficiency; cleverness; proficiency; excellency; *sportliche* (*soldatische*) *~* sporting (military) prowess.
'**Tuch...:** **~waren** *f/pl.* cloths, drapery *sg.*; **~zeichen** *aer. n* ground panel.
Tück|e ['tykə] *f* (*-*; *-n*) malice, spite; perfidy, insidiousness; trick (*of fate, memory*); **2isch** *adj.* malicious, spiteful; insidious (*a. disease* = malignant); vicious (*a. animal, blow*); treacherous (*a. ice, road, etc.*).
Tuff [tuf] *m* (*-s*; *-e*), '**~stein** *m* tuff.
tüft|eln ['tyftəln] *v/i.* (*h.*) split hairs, subtilize; *~ an* (*dat.*) fuss over; **2e'lei** *f* (*-*; *-en*) hair-splitting; '**2(e)ler** *colloq. m* (*-s*; *-*) (old) fuss-pot; '**~elig** *adj.* punctilious, fussy, pernickety, footling.
Tugend ['tu:gənt] *f* (*-*; *-en*) virtue; *es sich zur ~ machen, zu inf.* make a virtue of *doing a th.*; → *Not*; **~bold** [-bɔlt] *m* (*-[e]s*; *-e*), **~held** *m* paragon of virtue; **2haft** *adj.* virtuous; **2reich** *adj.* most virtuous; **~richter(in** *f*) *m* moralist, censor; **2sam** *adj.* virtuous; chaste.
Tüll [tyl] *m* (*-s*; *-e*) tulle; **~e** ['tylə] *f* (*-*; *-n*) socket; spout; **~spitzen** *f/pl.* net lace.
Tulpe ['tulpə] *f* (*-*; *-n*) *bot.* tulip; **~nzwiebel** *f* tulipbulb.
tummel|n ['tuməln] *v/t.* (*h.*) put in motion, set going; work (*horse*); *sich ~* **a)** disport o.s., bustle about, *children*: romp, frisk about, **b)** hurry (up), **c)** bestir o.s., *Am.* hustle; *tummelt euch!* hurry up!; **2platz** *m* play ground; *fig.* arena, scene; hotbed; stamping ground (*a. zo.*).
Tümmler ['tymlər] *m* (*-s*; *-*) *orn.* tumbler; *ichth.* porpoise.
Tumor ['tu:mɔr] *med. m* (*-s*; *-'moren*) tumo(u)r.
Tümpel ['tympəl] *m* (*-s*; *-*) pool.
Tumult [tu'mult] *m* (*-[e]s*; *-e*) tumult; riot, turmoil, uproar; racket, row, hubbub.
Tumultu|ant [-tu'ant] *m* (*-en*; *-en*) rioter; **2arisch** [-tu'ɑ:riʃ] *adj.* tumultuous, riotous.
tun [tu:n] *v/t.* (*irr., h.*) do; perform, make; → *machen*; put (*to school, into the bag, etc.*); make (*remark, request*); take (*jump, oath*); *nichts ~* do nothing; *so ~, als ob* make *or* act as if, pretend to *inf.*; *würdig, etc., ~* assume an air of (*or* affect) dignity, *etc.*; *~ Sie ganz, als ob Sie zu Hause wären* make yourself quite at home!; *was hat er dir getan?* what has he done to you?; *das will getan sein* that wants doing; *damit ist es nicht getan* that's not enough; *es tut nichts* it doesn't matter, never mind; *es tut sich* (*et*)*was* something is going on (*or* is in the wind *or* is brewing); *es tut nichts zur Sache* it is of no significance, that is neither here nor there; *das tut man nicht!* it is not done!; *gut daran ~* act wisely, do well *to inf.*; *du tätest gut daran, zu gehen* you had better go; *tu doch nicht so!* don't make a fuss!, be yourself!; *was ist zu ~?* what is to be done?; *dazu ~* **a)** add (to it), **b)** contribute, **c)** do in the matter; *ich kann nichts dazu ~* I cannot help it; *es ist mir darum zu ~* I am anxious about (it), it is of great consequence to me; *ihm ist nur um das Geld zu ~* he is only interested in the money; *das tut gut!* that is a comfort!, that does one good!; *das tut nicht gut* no good can come of it; *j-m nicht gut~* (*drug, etc.*) disagree with a p.; *was man zu ~ und zu lassen hat* the do's and don'ts; *zu ~ haben* be busy; *zu ~ haben mit* have to do with; concern; *viel zu ~ haben* have one's hands full; (*nichts*) *mit j-m zu ~ haben* have (no) business *or* dealings with a p.; *es zu ~ haben mit* be dealing with, find o.s. up against; *nichts zu ~ haben mit et.* have no part in (*or* concern with) *a th.*; *das hat damit nichts zu ~* that has nothing to do with it; *damit* (*mit ihm*) *will ich nichts mehr zu ~ haben* I wash my hands of it (him), I have done with it (him), *Am.* I am through with it (him); *du wirst es mit ihm zu ~ bekommen* you will have trouble with him, you will have him down on you; *und was habe ich damit zu ~?* and where do I come in?; *j-m zu wissen ~* let a p. know; → *daran, leid, schön, weh, etc.*; **Tun** *n* (*-s*) doings, activities; proceedings *pl.*; action; conduct; *~ und Treiben* ways and doings, actions.
Tünche ['tynçə] *f* (*-*; *-n*) whitewash; *fig.* varnish, veneer; **2n** *v/t.* (*h.*) whitewash; **~r** *m* whitewasher.
Tundra ['tundra] *f* (*-*) tundra.
Tunichtgut ['tu:niçtgu:t] *m* (*-[e]s*; *-e*) ne'er-do-well, good-for-nothing.
Tunke ['tuŋkə] *f* (*-*; *-n*) sauce; gravy; **2n** *v/t.* (*h.*) dip, steep.
'**tunlich** *adj.* practicable, feasible; expedient; **~st** *adv.* if possible, whenever practicable.
Tunnel ['tunəl] *m* (*-s*; *-*) tunnel; *tech. a.* duct; *mining*: gallery; subway; **~bau** *m* (*-[e]s*; *-ten*) tunnel(l)ing.
Tüpfel ['typfəl] *m and n* (*-s*; *-*) dot, spot; **~chen** *n* (*-s*; *-*) (small) dot; *fig. bis aufs ~* to a T; **2n** *v/t.* (*h.*) dot, spot; stipple.
tupfen ['tupfən] *v/t.* (*h.*) touch lightly, dab (*a. wound*); → *tüpfeln*; '**Tupfen** *m* (*-s*; *-*) dot, spot.
'**Tupfer** *m* (*-s*; *-*) *med.* swab, tampon; dot, spot; *mot.* tickler.
Tür [ty:r] *f* (*-*; *-en*) door; *in der ~* in the doorway; *fig. e-r Sache ~ und Tor öffnen* leave the door open for, open a door to *a th.*; *fig. mit der ~ ins Haus fallen* blunder out, blurt out the news; → *einrennen*; *fig. j-n vor die ~ setzen* turn a p. out; *fig. vor der ~ stehen* be near at hand, be forthcoming, be just (a)round the corner; *fig. zwischen ~ und Angel* on the point of leaving, *w.s.* off-hand; → *kehren*; '**~angel** *f* (door-) hinge.
Turban ['turbɑ:n] *m* (*-s*; *-e*) turban.
Turbine [tur'bi:nə] *f* (*-*; *-n*) turbine.
Tur'binen...: **~anlage** *f* turbine plant; **~dampfer** *m* turbine steamer; **~flugzeug** *n* turbo-jet plane; **~motor** *m* turbine engine; **~schaufel** *f* turbine blade; **~strahltriebwerk** *n* jet turbine engine.
Turbo|düsenmotor ['turbo-] *m* turbo-jet; **~gebläse** *n* turbo-blower; **~kompressor** *m* turbosuper-charger.
turbulent [turbu'lɛnt] *adj.* turbulent, hectic.
'**Tür...:** **~eingang** *m* doorway; **~flügel** *m* leaf (*or* wing) of a door; **~füllung** *f* door-panel; **~griff** *m* door-handle; **~hüter** *m* door-keeper, porter.
Türk|e ['tyrkə] *m* (*-n*; *-n*), **~in** *f* (*-*; *-nen*) Turk(ish woman).
Türkis [-'ki:s] *min. m* (*-es*; *-e*) turquoise.
'**türkisch** *adj.* Turkish; *~e Bohne* scarlet runner; *~er Honig* Turkish delight; *~er Weizen* Indian corn.
'**Tür...:** **~klinke** *f* door-handle, latch; **~klopfer** *m* knocker.
Turm [turm] *m* (*-[e]s*; *⸚e*) tower (*a. fig.*); (*church*) steeple; dungeon; *mil.* turret; *sports*: diving stage; *chess*: castle, rook; **~bau** *m* (*-[e]s*; *-ten*) building of a tower.
Türmchen ['tyrmçən] *n* (*-s*; *-*) turret.
'**türmen I.** *v/t.* (*h.*) pile up; *sich ~* tower (up), rise high, pile up; **II.** *v/i.* (*sn*) *colloq.* (*flee*) bolt, skedaddle, hook it, vamoose.
'**Türmer** *m* (*-s*; *-*) watchman on the tower, warder.
'**Turm...:** **~fahne** *f* vane; **~falke** *m* kestrel; **~geschütz** *mil. n* turret-

-gun; ♀**hoch I.** *adj.* (as) high as a tower, towering; *fig.* towering, lofty; **II.** *adv.*: *j-m ~ überlegen sein* tower above, be head and shoulders above, be vastly superior to *a p.*; **~schwalbe** *f* swift; **~spitze** *f* spire; **~springen** *n* high diving; **~uhr** *f* tower clock, church clock; **~verlies** *n* dungeon, keep; **~zinne** *f* battlement of a tower.

Turn|anzug ['turn-] *m* gym dress; ♀**en** *v/i.* (*h.*) do gymnastics, practise (*or* go in for) gymnastics; **~en** *n* (-*s*) gymnastics, gymnastic exercise(s); *ped.* physical training (*abbr.* P.T.); callisthenics *pl.*; **~er**(**in** *f*) *m* (-*s*, -; -, -*nen*) gymnast; **~e'rei** *f* (-) gymnastics *pl.*; ♀**erisch** *adj.* gymnastic; **~erschaft** *f* (-; -*en*) gymnastic club; **~fest** *n* gymnastic display; **~gerät** *n* gymnastic apparatus; **~halle** *f* gym(nasium); **~hemd** *n* singlet; **~hose** *f* P.T. (= physical training) shorts *pl.*

Turnier [tur'ni:r] *n* (-*s*; -*e*) tournament; *hist. a.* joust(ing); **~bahn**, **~platz** *hist. m* tilt-yard, *the* lists *pl.*; **~reiter**(**in** *f*) *m* tournament rider; **~schranken** *f/pl.* lists.

'**Turn...**: **~lehrer**(**in** *f*) *m* gym (-nastic) instructor; **~platz** *m* athletic grounds *pl.*; **~riege** *f* gym squad; **~schuh** *m* gym(nasium) shoe; **~spiele** *n/pl.* athletics; indoor games; **~stunde** *f* gym lesson, P.T. (= physical training) lesson; **~übung** *f* gymnastic exercise; **~unterricht** *m* instruction in gymnastics, P.T. (= physical training) lesson.

Turnus ['turnus] *m* (-; -*se*) turn, rotation, cycle; *im ~* in rotation, by turns; ♀**mäßig** [-mɛ:siç] *adj.* regular(ly recurring), in rotation.

'**Turn...**: **~verein** *m* gymnastic (*or* athletic) club; **~wart** *m* superintendent of gymnastics; squad leader.

'**Tür...**: **~pfosten** *m* door post; **~rahmen** *m* door frame; **~riegel** *m* bolt; **~schild** *n* door plate; **~schließer** *m* **1.** door catch; **2.** door-keeper; **~schloß** *n* (door-)lock; **~schwelle** *f* threshold; **~steher** *m* door-keeper; *jur.* usher; **~sturz** *arch. m* lintel.

Turteltaube ['turtəl-] *f* turtle-dove; *fig. wie die ~n* billing and cooing.

Tusch [tuʃ] *m* (-*es*; -*e*) flourish (of trumpets); *e-n ~ blasen* sound a flourish; strike up the band, break into a chord.

Tusche ['tuʃə] *f* (-; -*n*) → *Tuschfarbe.*

tuscheln ['tuʃəln] *v/i. and v/t.* (*h.*) whisper.

'**tuschen** *v/t. and v/i.* (*h.*) (colo[u]r-) wash; paint in watercolo(u)rs; draw in Indian ink.

'**Tusch...**: **~farbe** *f* watercolo(u)r; Indian (*or* Chinese) ink; **~kasten** *m* paint-box; **~pinsel** *m* ink-brush; **~zeichnung** *f* sketch in Indian ink, China-ink drawing.

Tüte ['ty:tə] *f* (-; -*n*) paper bag; (*icecream-*)cone; *colloq. kommt nicht in die ~!* nothing doing!

tuten ['tu:tən] *v/i. and v/t.* (*h.*) toot(le); *mot.* honk, blow one's horn; *fig. er hat keine Ahnung von ♀ und Blasen* he doesn't know the first thing about it.

Tüttel ['tytəl] *m* (-*s*; -), **~chen** *n* (-*s*; -) dot; *fig.* jot.

Twen [tvɛn] *m* (-*s*; -*s*) man in his twenties.

Twist [tvist] *m* (-[*e*]*s*; -*e*) twist, darning-cotton.

Typ [ty:p] *m* (-*s*; -*en*) type; *tech.* [*a.* model.]

Type ['ty:pə] *f* (-; -*n*) type; *colloq.* (*person*) character, crank; *finstere ~n* ugly customers, hooligans; **~nbezeichnung** *tech. f* model (*or* type) designation; **~ndruck** *typ. m* (-[*e*]*s*; -*e*) type-printing; **~ndrukker** *m* type printer; **~nhebel** *m* type bar; **~nschild** *tech. n* type (*or* name-)plate.

'**typgerecht** *adj.* true to type.

typhös [ty'fø:s] *med. adj.* typhoid.

Typhus ['ty:fus] *med. m* (-) typhoid (fever); **~bekämpfung** *f* anti-typhoid measures *pl.*; **~erreger** *m* typhoid bacillus; **~impfung** *f* anti-typhoid vaccination; **~kranke**(**r** *m*) *f* typhoid patient (*or* case).

'**typisch** *adj.* typical (*für* of); *~ sein für a.* typify; *das ♀e* the typical feature *or* character; *colloq. das ist ~ Georg* that's George all over.

Typo|graph [ty:po'gra:f] *m* (-*en*; -*en*) typographer; **~graphie** [-gra'fi:] *f* (-) typography; ♀'**graphisch** *adj.* typographic(al).

typisieren [typi'zi:rən] *v/t.* (*h.*) typify; *tech.* standardize.

Typus ['ty:pus] *m* (-; -*pen*) type.

Tyrann [ty'ran] *m* (-*en*; -*en*), **~in** *f* (-; -*nen*) tyrant (*a. fig.*), despot; **Tyran'nei** [-'naɪ] *f* (-; -*en*) tyranny, despotism.

Ty'rann|enmord *m*, **~enmörder**(**in** *f*) *m* tyrannicide; ♀**isch** *adj.* tyrannical, despotic.

tyrannisieren [-ni'zi:rən] *v/t.* (*h.*) tyrannize (over), oppress; bully *a p.*

U

U, u [u:] *n* U, u.

'**U-Bahn** *f* → *Untergrundbahn.*

übel ['y:bəl] **I.** *adj.* evil, bad; → *schlecht*; vile, loathsome, nasty, ugly; disastrous, dire, calamitous; foul (*smell, weather*); *nicht ~* not (half) bad, rather nice, pretty good *or* well; *kein übler Gedanke* not a bad idea; *ein übler Kerl* a bad lot, an ugly customer; *er ist kein übler Kerl* he is not a bad sort; *ein übler Streich* a nasty trick; *mir ist ~* I feel sick; *mir wird ~* I am feeling sick; *dabei kann einem ~ werden* it is enough to make one sick; *sich in e-r üblen Lage befinden* be in a fix, be in a bad mess *or* pinch; *Übles von j-m reden* talk badly *or* ill of a p., slander (*or* calumniate) a p.; **II.** *adv.* ill, badly, *comp.* worse; et. *~ aufnehmen* take a th. in bad part; *~ aufgenommen werden* be ill received; *~ beraten sein* be ill-advised; *~ gelaunt sein* be in a bad mood, be cross; *~ riechen* smell (badly), have an unpleasant (*or* offensive *or* foul) smell; *es gefällt mir nicht ~* I rather like it; *es ist ihm ~ bekommen* **a)** he had to pay for it (dearly), **b)** it did not agree with him; → *mitspielen, wohl.*

'**Übel** *n* (-*s*; -) evil; mischief, calamity; complaint, malady; harm; grievance, abuse; trial, visitation; nuisance, pest; *notwendiges ~* necessary evil; *das kleinere ~* the lesser evil; *von zwei ~n wähle das kleinere* of two evils choose the less; *vom ~* no good, harmful.

'**Übel...**: **~befinden** *n* (-*s*) indisposition; ♀**gelaunt** *adj.* ill-humo(u)red, cross; ♀**gesinnt** *adj.* ill-disposed (*dat.* towards); *j-m ~ sein a.* bear a p. a grudge; **~keit** *f* (-) sickness, nausea; *~ erregend* sickening, nauseating; ♀**launig** *adj.* ill-tempered; ♀**nehmen** *v/t.* (*irr., h.*) take *a th.* ill (*or* amiss *or* in bad part), take offen|ce (*Am.* -*se*) *or* be offended at, resent *a th.*; *es j-m ~* take it ill of a p.; ♀**nehmend**, ♀**nehmerisch** ['-ne:mərıʃ] *adj.* easily offended, touchy, huffy; ♀**riechend** *adj.* ill-smelling, malodorous, smelly; foul (*breath*); **~stand** *m* (-[*e*]*s*; ⸚*e*) inconvenience; grievance, abuse; drawback, defect; **~tat** *f* misdeed; **~täter**(**in** *f*) *m* evil-doer, wrongdoer, malefactor; ♀**wollen** *v/i.* (*h.*) wish ill (*dat.* to), bear *a p.* a grudge; have it in for *a p.*; **~wollen** *n* (-*s*) ill-will, malevolence; ♀**wollend** *adj.* malevolent, spiteful, hostile.

üben ['y:bən] *v/t. and v/i.* (*h.*) exercise, (*a. mus.*) practise; *mil.* drill, train; *sports*: train; cultivate (*arts*); *sich im Fechten ~* practise fencing; *fig.* practise; pursue (*trade*); *Geduld ~* have patience; *Gerechtigkeit ~* do justice (*gegen* to); → *Nachsicht, Rache, etc.*; → *geübt.*

über ['y:bər] **I.** *prp.* (*where? dat.*; *where to? acc.*) over, above; higher than; more than; *adm.* (*nicht*) *~* (not) exceeding; across; on account of, over; during, while; *~ dem Tisch* **a)** over the table, **b)** above the table; *~ e-n Graben springen* leap over *or* clear a ditch; *gehen, reisen, etc. ~* go, travel, *etc.*, **a)** across *a river, the sea*, **b)** by way of, via *a town*; *~ die Straße gehen* go across the street, cross the street; *~ e-e Dienststelle, etc.* through, by the agency of *an office, etc.*; concerning, relating to, as to; *speech, treatise,* *etc.* on (*a subject*); *talk, etc.*, about, of; *film, etc.*, dealing with, depicting; ~ *Geschäfte* (*den Beruf, Politik*) *reden* talk business (shop, politics); *nachdenken* ~ think about *or* over, reflect (up)on; ~ *hundert* more than (*or* over, above) a hundred; *Fehler* ~ *Fehler* fault upon fault; → *heute*; ~*s Jahr* next year, in a year; ~ (*hinaus*) beyond, past; ~ *meine Kräfte* beyond my strength; ~ *meinen Verstand* beyond me, over my head; ~ *Nacht* over night; *zehn Minuten* ~ *zwölf* 10 minutes past twelve; *er ist* ~ *70 Jahre alt* he is past (*or* over) seventy; *es ist* ~ *e-e Woche her* it is over (*or* more than) a week; *einer* ~ *den andern* one upon the other, one on top of the other; ~ *das Wochenende* over the weekend; ~ *einige Jahre verteilt* spread over a series of years; ~ *kurz oder lang* sooner or later; ~ *der Arbeit sein* be at work; ~ *den Büchern sitzen* sit (*or* pore) over one's books; ~ *der Arbeit einschlafen* go to sleep over one's work; ~ *j-m stehen fig.* be superior to a p.; *das geht mir* ~ *alles* I put it above everything else; *e-e Wandlung kam* ~ *ihn* a change came over him; *es geht nichts* ~ ... there is nothing like *or* better than ..., ... beats everything; ~ *den Erfolgen dürfen wir nicht die Nachteile vergessen* the success must not blind us to the drawbacks; **II.** *adv.*: ~ *und* ~ over and over, all over; *mil. Das Gewehr* ~! slope arms!; *die ganze Zeit* ~ all along; *j-m in et.* ~ *sein* surpass (*or* outdo) a p. in a th., → *überlegen* II.; *colloq. mir ist die Sache* ~ I am tired (*or* sick) of it; *colloq.* → *übrig, vorüber.*

über'all *adv.* everywhere, *Am. a.* all over; throughout; ~ *wo* wherever; ~**'her** *adv.* from all sides (*or* quarters); ~**'hin** *adv.* everywhere, in all directions.

überalter|t [-'ʔaltərt] *adj.* superannuated; 2**ung** *f* (-) rise in the ratio of old people to total population.

'Überangebot *n* excessive supply.

'überängstlich *adj.* over-anxious.

über'anstreng|en *v/t.* (*h.*) overexert, overstrain; 2**ung** *f* (-; -*en*) over-exertion.

über'antworten (*h.*) *v/t.* deliver up, give over, surrender (*dat.* to).

'Über-anzug *m* overall(s *pl. Am.*).

über'arbeit|en *v/t.* (*h.*) do over again, retouch, touch up, finish off; revise; *sich* ~ overwork o.s.; ~**et** *adj.* overworked, over-wrought; 2**ung** *f* **1.** (-; -*en*) revision, touching up; **2.** (-) overwork.

'Über-ärmel *m* oversleeve.

'überaus *adv.* exceedingly, extremely.

'Überbau *m* (-[e]s; -ten, -e) superstructure.

über'bauen *v/t.* (*h.*) build over.

'überbe-anspruchen *v/t.* (*h.*) *tech.* overload, (*a. arch.*) overstress; *fig.* (*sn*) strain, overtax, overwork.

'Überbein *med. n* node, exostosis.

'überbelast|en *v/t.* (*h.*), 2**ung** *f* (-; -*en*) overload.

'überbelegt *adj.* overcrowded.

'überbelicht|en *phot. v/t.* (*h.*) overexpose; 2**ung** *f* (-; -*en*) overexposure.

'überbesetzt *adj.* overstaffed.

'überbeton|en *v/t.* (*h.*) overemphasize; 2**ung** *f* (-; -*en*) overemphasis.

'Überbett *n* coverlet, quilt.

'überbewerten *v/t.* (*h.*) overvalue.

über'bieten *v/t.* (*irr., h.*) outbid; *fig.* surpass, outdo, beat; *sich gegenseitig* ~ *in et.* vie with one another in a th.

Überbleibsel ['-blaɪpsəl] *n* (s; -) remainder, remnant, *Am.* holdover; *pl. a.* remains (*a. fig.*); residue; *of meal*: leavings, left-overs *pl.*; *fig.* (*historic*) survival, *Am.* hangover.

über'blend|en *v/t.* (*h.*) *radio, film*: fade over; 2**ung** *f* (-; -*en*) fading.

'Überblick *m* survey; *fig. a.* summary, review, synopsis; *e-n* ~ *gewinnen* obtain a general view (*über acc.* of); *es fehlt ihm an* ~ he lacks perspective.

über...: ~**'blicken** *v/t.* (*h.*) glance over; overlook, survey; *fig.* survey, view; assess; ~**'bringen** *v/t.* (*irr., h.*): *j-m et.* ~ deliver (*or* take, bring, present) a th. to a p.; 2**'bringer(in** *f*) *m* (-s, -; -, -*nen*) bearer; 2**'bringung** *f* (-; -*en*) delivery; ~**'brücken** *v/t.* (*h.*) bridge, span; *fig.* bridge over *a th.*; 2**'brückungsgelder** *n/pl.* tide-over *sg.*; 2**'brückungshilfe** *f* stopgap relief, readjustment allowance; 2**'brückungskredit** *m* stopgap loan, temporary accommodation; ~**'bürden** *v/t.* (*h.*) overburden; 2**'bürdung** *f* (-) overburdening; overwork; overpressure; ~**'dachen** *v/t.* (*h.*) roof (over *or* in), shelter; ~**'dauern** *v/t.* (*h.*) outlast, outlive; ~**'decken** *v/t.* (*h.*) cover *a th.* over; overlap; conceal (*a. tech.*); *w.s.* veil, shroud; *tech. a.* mask (*a. taste*); ~**'denken** *v/t.* (*irr., h.*) think *a th.* over, reflect (up)on *a th.*, consider; ~**'dies** *adv.* besides, moreover, what is more; '2**dosis** *f* overdose; ~**'drehen** *v/t.* (*h.*) overwind (*watch*); overspeed (*engine*); strip (*thread*).

'Überdruck *m* (-[e]s; -e, ⸚e) transfer; *mail.* surcharge, overprint; *tech.* overpressure; ~**anzug** *m* high-pressure suit; 2**en** [-'drukən] *v/t.* (*h.*) overprint; ~**kabine** *f* pressurized cabin; ~**ventil** *n* (high-pressure) relief valve.

Über|druß ['y:bərdrus] *m* (-sses) weariness; disgust; satiety; *bis zum* ~ to satiety; 2**drüssig** ['-drysiç] *adj.* (*gen.*) disgusted with, tired (*or* sick *or* weary) of.

'überdurchschnittlich *adj.* above average, outstanding.

über'eck *adv.* across, diagonally.

'Über-eif|er *m* over-zeal; 2**rig** *adj.* over-zealous.

über'eign|en *v/t.* (*h.*) make *a th.* over (*dat.* to), assign, transfer; convey *real estate* (to); 2**ung** *f* (-; -*en*) assignment, transfer, conveyance.

über'eil|en *v/t.* (*h.*) precipitate *or* rush (*die Sache* matters); scamp (*work*); *sich* ~ hurry too much, act precipitately, overshoot the mark; *übereilt* over-hasty, precipitate, (*a. fig.*) rash; 2**ung** *f* (-; -*en*) precipitance, rashness, overhaste; *nur keine* ~! take your time!

über-ein'ander *adv.* one upon the other; ~**greifen** *v/i.* (*irr., h.*) overlap; ~**schlagen** *v/t.* (*irr., h.*) fold (*arms*); cross (*legs*).

über'ein|kommen *v/i.* (*irr., sn*) agree (*über acc.* about *or* on); reach an agreement, come to terms; *man kam überein, daß* it was agreed that; 2**kommen** *n* (-s), 2**kunft** [-kunft] *f* (-; ⸚e) agreement, arrangement, understanding; settlement, compromise; *eine* ~ *treffen* reach (*or* come to *or* make) an agreement; *laut* ~ as agreed (upon); ~**stimmen** *v/i.* (*h.*) *person*: *mit j-m* ~ (*über or in*) agree with a p. (on), concur with a p. (in), share a p.'s opinion (of); see eye to eye with a p.; *matter*: correspond, harmonize; be in agreement (*or* keeping), tally, coincide, square, *Am. a.* check (*all mit* with); ~**stimmend I.** *adj.* corresponding, conformable; concurring (*opinion*); consistent; unanimous; identical; **II.** *adv.*: ~ *mit* (*dat.*) in accordance (*or* conformity) with; in keeping with; 2**stimmung** *f* (-; -*en*) agreement; correspondence, conformity, concurrence; harmony, accord; unison; *in* ~ *mit* in agreement (*or* accordance *or* conformity) with, in keeping (*or* harmony, *Am. a.* line) with; *in* ~ *bringen* make agree (*mit* with), reconcile, synchronize (with).

'über-empfindlich *adj.* hyper- *or* oversensitive (*gegen acc.* to); 2**keit** *f* (-; -*en*) hypersensitiveness.

'über-entwickelt *adj.* overdeveloped.

über'essen (*irr., h.*) **I.** *sich* ~ overeat; **II.** *'überessen v/t.*: *sich eine Speise* ~ sicken o.s. of a dish.

'überfahren I. *v/i.* (*irr., sn, h.*) pass over, cross; **II.** *über'fahren v/t.* (*irr., h.*) run over (*a p., dog, etc.*); overrun (*signal*); cross (*river, etc.*); pass over *a th.*; *fig. j-n*: ride roughshod over, walk all over *a p.*, *sports*: *a.* trounce, whip.

'Überfahrt *f* passage; crossing (*über e-n Fluß, etc.*: *a river, etc.*).

'Überfall *m* sudden attack, surprise (attack); invasion; hold-up; assault; inroad; raid (*a. aer.*).

über'fallen *v/t.* (*irr., h.*) fall upon, attack suddenly, surprise; invade, raid; hold up; assault; *fig. disease, night*: overtake; *sleep*: steal upon; *fright*: seize; *er überfiel mich mit der Frage* he pounced on me with the question; *plötzlich überfiel es ihn* it came to him suddenly.

'überfällig *adj.* overdue.

'Überfall|kommando *n* flying (*Am.* riot) squad; *das* ~ *anrufen* send in a riot call; ~**wagen** *m* Q-car.

'überfein *adj.* superfine; *fig.* overrefined; fastidious (*tastes*).

über'feiner|n [-'faɪnərn] *v/t.* (*h.*) overrefine; 2**ung** *f* (-; -*en*) overrefinement.

über'fliegen *v/t.* (*irr., h.*) fly over *or* across; *fig. mit den Augen*: glance over, run over, skim; *den Ozean* ~ fly the ocean.

'**überfließen** *v/i.* (*irr., sn*) flow over, overflow.

über'flügeln *v/t.* (*h.*) *mil.* outflank; *fig.* surpass, outstrip.

'**Überfluß** *m* (-sses) abundance, plenty, profusion; superfluity; excess; redundancy; wealth (*all: an dat.* of); glut; surplus; ~ *haben an* (*dat.*), *et. im* ~ *haben* abound in, have plenty of, have oodles of; *im* ~ *vorhanden sein* be (super-) abundant *or* plentiful; *zum* ~ needlessly, unnecessarily.

'**überflüssig** *adj.* superfluous, unnecessary, useless; undesired, uncalled-for; surplus, excess; ~ *machen* render superfluous, *etc.*; *er ist hier* ~ we can certainly do without him.

überfluten [-'flu:tən] *v/t.* (*h.*) overflow; inundate, flood (*a. fig. and of light*); *den Damm* ~ top the dam.

über'forder|n *v/t.* (*h.*) overcharge; *fig.* overtax; 2**ung** *f* (-; -*en*) overcharge; *fig.* overstrain, overwork.

'**Überfracht** *f* overfreight, excess freight; excess luggage.

über'fragen *v/t.* (*h.*): *da bin ich überfragt* I am afraid I don't know that, that's one too many for me.

Überfremdung [-'frɛmduŋ] *f* (-) foreign infiltration *or* control.

'**überführen** *v/t.* (*h.*) **1.** carry *a p.* over, lead across; transport; **2.** *über'führen v/t.* (*h.*) convey; transport *deceased* (in state); *aer.* fly in, ferry; transfer (*money, etc.*); convince (*gen.* of); *jur.* convict (*gen.* of), find guilty (of).

Über'führung *f* (-; -*en*) transportation, conveyance; transfer; road-bridge, viaduct, fly-over, *Am.* overpass; *jur.* conviction.

'**Überfülle** *f* superabundance, profusion.

über'füll|en *v/t.* (*h.*) overfill; cram; (*a. stomach*); overload; overcrowd, jam; *econ.* overstock, glut (*the market*); 2**ung** *f* (-) overfilling; overloading; cramming; glut, surfeit; *econ.* overstock(ing); (traffic) congestion.

'**Überfunktion** *med. f* hyperfunction(ing).

über'füttern *v/t.* (*h.*) overfeed.

'**Übergabe** *f* (-) delivery, handing-over; submittal; *mil.* surrender (*a. jur.*); ~**verhandlungen** *f/pl.* negotiations for surrender.

'**Übergang** *m* passage, (*a. rail.*) crossing; *schienengleicher* ~ level crossing, *Am.* grade crossing; *fig.* transition, change; going over (*zum Feind* to the enemy); devolution, assignment (*of rights*).

'**Übergangs...:** ~**bestimmungen** *f/pl.* transitional (*or* provisional) regulations; ~**farbe** *f* transition colo(u)r; ~**kleidung** *f* interseasonal wear; ~**lösung** *f* interim solution, stopgap; ~**stadium** *n* transition stage; ~**stelle** *f* place of crossing; ~**zeit** *f* transition period.

über'geben I. *v/t.* (*irr., h.*) deliver up, give up; hand over, present (*j-m* et. a th. to a p.); *mil.* surrender (*a. sich* ~); *med. sich* ~ vomit, be sick; *fig.* j-m *et.* ~ entrust to, place into the hands of; consign to (*the flames*); *e-e Sache dem Gericht* ~ take a matter to court, submit a matter to the court; *dem Verkehr* ~ open for traffic; **II.** *v/i.* (*irr., h.*) hand over (*an acc.* to).

'**Übergebot** *econ. n* higher bid.

'**übergehen I.** *v/i.* (*irr., sn*) pass over (*zu* to); ~ *auf* (*acc.*) *office, etc.*: devolve upon (*successor*); ~ *in* (*acc.*) pass into, change (*or* turn) into, merge (*or* fade) into *another colo(u)r*; *ineinander* ~ blend; → *Fäulnis*; *in j-s Besitz* ~ pass to a p.; *in andere Hände* ~ change hands; *zu et.* ~ proceed to; start, take up; switch over to; take to *a th.*; *zu e-m anderen Thema* ~ go (*or* pass) on to another subject; *zum Angriff* ~ take the offensive; *zur Gegenpartei* ~ change sides, *pol. a.* rat; *die Augen gingen ihm über* his eyes filled with tears; **II.** *über'gehen v/t.* (*irr., h.*) pass over (*mit Stillschweigen* in silence), overlook, ignore; omit, skip; leave out, neglect.

Übergehung [-'ge:uŋ] *f* (-) passing over; omission; neglect.

'**übergenug** *adj.* more than enough, ample; ~ *haben* have enough and to spare.

'**überge-ordnet** [-ɔrdnət] *adj.* higher, superior.

'**Übergewicht** *n* (-[e]s) overweight; *fig.* preponderance, superiority (*über acc.* over); *das* ~ *bekommen* lose one's balance, *fig.* get the upper hand, prevail; *das* ~ *haben* predominate.

'**übergießen** *v/t.* (*irr., h.*) **1.** pour over; spill; **2.** *über'gießen* pour over; douse (*mit* with), cover (with); baste (*roast*); *chem.* transfuse; *fig.* suffuse (with); *mit Licht* ~ bathe in light; *mit Schamröte übergossen* blushing all over (with shame).

überglasen [-'gla:zən] *v/t.* (*h.*) glaze.

'**überglücklich** *adj.* extremely happy, overjoyed, delirious with joy.

'**übergreifen** *v/i.* (*irr., h.*) overlap; *mus. on violine*: shift; *fig.* ~ *auf or in* (*acc.*) encroach on, *epidemic, fire, panic, etc.*: spread to, *w.s. a.* affect.

'**Übergriff** *m* encroachment, infringement, inroad (*auf acc.* on).

'**über|groß** *adj.* outsize(d), oversize(d); immense, huge, colossal; 2**größe** *econ. f* oversize.

'**Überguß** *m* covering, crust; icing.

'**überhaben** *v/t.* (*irr., h.*) have *coat, etc.*, on; have left (over); *colloq.* *e-e Sache* ~ be (sick and) tired of a th., be fed up with a th.

über'handnehmen *v/i.* (*irr., h.*) prevail, increase, spread; 2 *n* (-*s*) increase, spread, prevalence.

'**Überhang** *m* overhang(ing rock, *etc.*); *arch.* projection; curtain; *fig. econ.* surplus, excess; residue; carry-over; backlog; 2**en** *v/i.* (*irr., h.*) hang over, overhang; *arch.* project, jut forth.

'**überhängen I.** *v/i.* (*irr., h.*) → *überhangen*; **II.** *v/t.* (*h.*) hang *a th.* over; throw *coat* round one's shoulders; sling *rifle* over one's shoulder.

über'hast|en *v/t.* (*h.*) hurry (*or* race through) *a th.*; ~**et I.** *adj.* overhasty, hurried; **II.** *adv.* precipitately, overhastily, hurry-skurry.

über'häufen *v/t.* (*h.*) overwhelm (*mit* with); swamp (with) (*letters, orders, applications, etc.*); *econ.* overstock, glut (*the market*); *mit Arbeit überhäuft* swamped with work.

über'haupt *adv.* generally (speaking), on the whole; actually; altogether; after all; ~ *nicht* not at all, not a bit; ~ *kein* ... no ... whatever; *wenn* ~ if at all; *du hättest es* ~ *nicht tun sollen* you shouldn't have done so in the first place; *gibt es* ~ *eine Möglichkeit?* is there any chance (whatever)?; *was willst du* ~? what are you driving at, anyhow?

über'heb|en *v/t.* (*irr., h.*) exempt, excuse (*gen.* from); *e-r Mühe, etc.*: spare *a p.* a trouble, *etc.*; *sich* ~ overstrain o.s. (by lifting), *fig.* be overbearing, presume too much; ~**lich** [-'he:pliç] *adj.* overbearing, presumptuous, arrogant; 2**lichkeit** *f* (-; -*en*) presumption, arrogance, hauteur (*Fr.*).

über|'heizen, ~**hitzen** [-'hitsən] *v/t.* (*h.*) overheat (*a. fig., econ.*); *tech.* superheat.

über'höh|en *v/t.* (*h.*) *arch.* surmount; superelevate, *Am.* bank (*road bend*); raise excessively, send up (*prices*); ~**t** *adj.* superelevated, *Am.* banked (*curve*); excessive, prohibitive (*prices*); 2**ung** *f* (-; -*en*) superelevation, bank; increase, excess.

'**überholen**[1] **I.** *v/t.* (*h.*) fetch *a p.* over, ferry over; *hol über!* ferryman ahoy!; **II.** *v/i.* (*h.*) *mar.* heel (*ship*).

über'hol|en[2] *v/t.* (*h.*) pass (*a. mot.*), overtake; (out)distance, outrun, outpace, (*a. fig.*) outstrip; *tech.* overhaul, recondition, service; 2**en** *n* (-*s*) passing (*a. mot.*); 2**fahrbahn** *f* passing lane; ~**t** *adj.* antiquated, out-of-date, outmoded; (~ *durch*) superseded (by); *tech.* overhauled, reconditioned; 2**ung** *tech. f* (-; -*en*) overhaul, reconditioning.

über'hören *v/t.* (*h.*) not to hear: **a)** miss, not to catch, **b)** ignore (*words*); *das will ich überhört haben!* don't say that again!

'**Über-Ich** *psych. n* superego.

'**über-irdisch** *adj.* supernatural; celestial, heavenly; divine; spiritual; *fig. von* ~*er Schönheit* of unearthly (*or* divine) beauty.

'**Überkapitalisierung** *f* overcapitalization.

'**überkippen** *v/i. and v/t.* (*sn*) till (*or* tip) over; lose one's balance.

'**überkleben, über'kleben** *v/t.* (*h.*) paste over.

'**Überkleid** *n* upper garment, outer dress; tunic; overall.

über'kleiden *v/t.* (*h.*) cover *a th.* over (*mit* with).

'**Überkleidung** *f* outer wear.

'**überklug** *adj.* overwise, too clever (by half); *ein* ~*er Mensch* a wiseacre.

'**überkochen** *v/i.* (*sn*) boil over; *fig.* (*vor Wut*) ~ boil with rage.

über'kommen I. *v/t.* (*irr., h.*) receive; *Furcht, etc. überkam ihn* he was overcome by fear, *etc.*; **II.** *v/i.* (*irr., sn*): *diese Sitte ist uns* ~ this custom has been handed down (*or* has come down) to us; **III.** *adj.* traditional, conventional.

'überkompensieren *v/t.* (*h.*) overcompensate.

'überkonfessionell *adj.* interdenominational.

'Überkonjunktur *econ. f* super-boom.

'überkopieren *phot. v/t.* (*h.*) overprint.

'überkritisch *adj.* overcritical.

über'kronen *v/t.* (*h.*) crown (*teeth*).

'Überkultur *f* overrefinement.

über'lad|en I. *v/t.* (*irr., h.*) overload (*a. stomach*); *mar.* overfreight; *tech.* overcharge (*a. gun*; *a. fig. description, picture*); *mit Arbeit* ~ overburden with work, overwork *a p.*; *fig. sich den Geist* ~ stuff o.s. (*mit* with); **II.** *adj. fig.* florid, ornate, too profuse (*all a. style*); **2ung** *f* overload(ing); overcharge.

über'lager|n *v/t.* (*h.*) super(im)pose, overlie; overlap; *tech.* overlay; *radio*: heterodyne; jam (*station*); **2ung** *f* super(im)position; heterodyning; jamming; **2ungs-empfänger** *m radio*: superhet(erodyne receiver).

Über'land|bahn *f* interurban railway; **~flug** *m* cross-country flight; **~leitung** *el. f* transmission line; **~omnibus** *m* cross-country bus, motor coach; **~straße** *f* highway; **~transport** *m* overland transport, long-distance haulage; **~verkehr** *m* interurban traffic; **~zentrale** *el. f* long-distance power station.

über'lappen *tech. v/t.* (*h.*) overlap.

über'lass|en *v/t.* (*irr., h.*): *j-m et.* ~ let a p. have a th., leave a th. to a p.('s discretion); cede, leave (to); *käuflich*: sell; *zur Miete*: let (*lodgings*); abandon, relinquish; entrust (to); *sich e-m Gefühl, etc.,* ~ give o.s. up to, give way to (*feeling, etc.*); *j-n sich selbst* ~ leave a p. to o.s. (*or s-m Schicksal* to one's fate); *sich selbst* ~ *sein* be left to one's own resources, be on one's own; ~ *Sie das mir* leave it to me; *es bleibt ihm* ~, *was er tun will* he is at liberty to do as he pleases; **2ung** *f* (-) leaving; abandonment; *jur.* cession.

'Überlast *f* overweight; overload.

über'last|en *v/t.* (*h.*) overload, overcharge; *fig.* overburden, overtax; **2ung** *f* (-; -*en*) overload, overcharge; *fig.* overstress, overwork, pressure of business.

'überlaufen I. *v/i.* (*irr., sn*) run (*or* flow) over; boil over; *paints*: *ineinander* ~ run (into one another); *mil.* desert, *w.s. a.* go over (*zu* to); *zum* 2 *voll* full to overflowing, brimful; **II.** *über'laufen v/t.* (*irr., h.*) overrun; spread over; pester, annoy; besiege; *ein Beruf* (*e-e Gegend*) *ist* ~ a profession (a region) is overcrowded; *es überlief mich kalt* a cold shudder seized me.

'Überläufer *m* deserter; *pol.* turncoat.

'Überlaufventil *n* overflow trap.

'überlaut *adj.* too loud (*or* noisy), overloud, deafening.

über'leb|en *v/t.* (*h.*) survive, outlive; *die Nacht, etc.,* ~ live the night, *etc.*, out; *das überlebe ich nicht* that will be the death of me; *das hat sich überlebt* that has had its day; **2ende(r** *m*) *f* (-*n*, -*n*; -*en*, -*en*) survivor; **2ens-chance** *f* survival chance; **~ensgroß** *adj.* more than life-sized, larger than life; **2enszeit** *f* survival time; **~t** [-'le:pt] *adj.* antiquated, out-of-date, disused.

'überlegen[1] *v/t.* (*h.*) lay over.

über'leg|en[2] **I.** *v/t. and v/i.* (*h.*) consider, reflect (up)on, think *a th.* over; *ich will es mir* ~ I will think it over; *noch einmal* ~ reconsider; *es sich wieder* (*or anders*) ~ change one's mind; *wenn ich es mir recht überlege* on second thoughts; *das will wohl überlegt sein* that requires careful consideration; *das würde ich mir zweimal* ~ I should think twice before doing it; **II.** *adj.* superior (*dat.* to; *an dat.* in); *j-m* ~ *sein a.* be more than a match for, have the edge on, be head and shoulders above *a p.*; *zahlenmäßig* ~ *sein* outnumber (*dat. opponents*); *mit* ~*er Miene* with a superior air; **III.** *adv.* in superior style; by a wide margin; ~ *besiegen* outclass, whip, mop the floor with *an opponent*; **2enheit** [-'le:gənhaɪt] *f* (-) superiority; preponderance; **~t** [-'le:kt] *adj.* considerate; deliberate; premeditated; prudent; **2theit** *f* (-) deliberation; circumspection; **2ung** [-'le:guŋ] *f* (-; -*en*) consideration, reflection, thought; *mit* ~ deliberately; *ohne* ~ inconsiderately, blindly, on the spur of the moment; *bei näherer* ~ on second thoughts; *nach reiflicher* ~ upon mature consideration.

'überleiten I. *v/t.* (*h.*) lead (*or* conduct) over; transfuse (*blood*); **II.** *v/i.* (*h.*) lead over (*zu* to), transfer; form a transition.

'Überleitungsvertrag *m* transition agreement.

über'lesen *v/t.* (*irr., h.*) read (*or* run) *a th.* over, peruse; overlook.

über'liefer|n *v/t.* (*h.*) deliver, hand over (*dat.* to); *der Nachwelt*: hand down, pass on (*to posterity*); *mil.* surrender; **~t** *adj.* traditional; **2ung** *f* (-; -*en*) delivery; *mil.* surrender; *fig.* tradition.

Über'liege|geld *econ. n* demurrage; **~tage** *m/pl.*, **~zeit** *f* (days of) demurrage.

über'listen *v/t.* (*h.*) outwit, dupe, outsmart.

überm ['y:bərm] *colloq.* = *über dem* → *über*.

über'machen *v/t.* (*h.*) make over (*dat.* to); remit.

'Über|macht *f* (-) superiority; superior strength (*esp. mil.* force); *fig.* predominance; *der* ~ *weichen* yield to superior force; **2mächtig** *adj.* superior (in strength), too powerful; predominant, paramount.

'übermalen *v/t.* (*h.*) **1.** paint over; **2.** *über'malen* paint out (*or* over).

überman'gansauer *chem. adj.* permanganic; ~*es Kali* permanganate of potash.

über'mannen *v/t.* (*h.*) overpower, overwhelm, overcome (*both a. fig.*).

'Über|maß *n* (-es) excess; → *Überfluß*; *im* ~ in excess, excessively; *bis zum* ~ to excess; **2mäßig I.** *adj.* excessive; immoderate; undue; **II.** *adv.* excessively, overmuch, *Am. a.* overly; ~ *arbeiten* work too hard; ~ *rauchen* overindulge with tobacco, smoke too much.

'übermechanisiert *adj.* overengined.

'Übermensch *m* superman; **2lich** *adj.* superhuman.

über'mitt|eln *v/t.* (*h.*) transmit, convey (*dat.* to); **2(e)lung** *f* (-; -*en*) transmission.

'übermodern *adj.* ultra-fashionable.

'übermorgen *adv.* the day after tomorrow.

über'müd|et *adj.* overtired; **2ung** *f* (-) overfatigue.

'Über|mut *m* wantonness; high spirits *pl.*; sportiveness, frolicsomeness; insolence; **2mütig** ['-my:tiç] *adj.* wanton; in high spirits; sportive, frolicsome, rollicking, playful; insolent, cocky; *ein* ~*er Film, etc.*, a rollicking film, *etc.*

'übernächst *adj. the* next but one; ~*e Woche* the week after next.

über'nachten *v/i.* (*h.*) pass (*or* spend) the night, stay over night.

übernächtig ['-nɛçtiç] *adj.* having stayed up all night; fatigued (from lack of sleep), worn (out), haggard, blear-eyed; ~ *aussehen a.* look seedy.

Über'nachtung *f* (-; -*en*) passing the night; night's lodging, overnight accommodation; **~sgeld** *n* night-lodging allowance; **~smöglichkeit** *f* lodging for the night, overnight accommodation.

Übernahme ['-nɑ:mə] *f* (-; -*n*) → *übernehmen 1*; taking over; acceptance; undertaking; assumption; adoption; taking charge of; taking possession of; entering upon, succession to (*estate, office*); *econ.* takeover; **~bedingungen** *f/pl.* conditions of acceptance; **~preis** *m* taking-over (*or* contract) price.

'übernational *adj.* supranational.

'übernatürlich *adj.* supernatural.

über'nehm|en *v/t.* (*irr., h.*) **1.** take over; receive; undertake, take upon o.s. (*duty, responsibility*); take (*command, lead, risk*); take charge of; accept (*duty, merchandise*; *a. estate* = enter upon); assume (*debt, responsibility*); take possession of; adopt (*method, etc.*); enter upon, succeed to (*an office*); → *annehmen*; *sich* ~ undertake too much, overstrain o.s., overextend o.s., in *et.*: overdo *a th.*; *im Essen*; overeat; *fig.* overreach o.s.; **2.** *'übernehmen* shoulder; *mil. das Gewehr*: slope (*Am.* shoulder) (*arms*); **2er** *m* (-s; -) one who takes (over *or* upon o.s.); receiver; contractor; *of bill of exchange*: **a)** acceptor, drawee; *jur.* assign, transfereee.

'über-ordnen *v/t.* (*h.*): *j-n* (*or et.*) *j-m* (*or e-r Sache*) ~ place (*or* set) a p. (*or* a th.) over a p. (*or* a th.).

'überparteilich *adj.* above party lines, non-partisan.

über'pinseln *v/t.* (*h.*) paint *a th.* over.

über'pflanz|en *v/t.* (*h.*) transplant; **2ung** *f* transplantation.

'Überpreis *m* excessive price.

'**Überproduktion** *f* overproduction.
über'prüf|en *v/t.* (*h.*) (re)consider, study; examine, investigate; scrutinize; screen (*a p. for security reasons*); review; check; verify; test; inspect; **2ung** *f* examination, investigation; scrutiny; checking; audit; review; verification; test (-ing); inspection.
über'quer [-'kve:r] *adv.* across, crossways, diagonally; **~en** *v/t.* (*h.*) cross, transverse; **2ung** *f* (-; -*en*) crossing.
über'ragen *v/t.* (*h.*) rise (*or* tower) above *a th.*, overtop (*or* overlook) *a th.*; *fig.* tower above, surpass, (*a. v/i.*) excel (*durch* by); **~d** *adj. fig.* paramount; outstanding, brilliant.
überrasch|en [-'raʃən] *v/t.* (*h.*) (take by) surprise; take unawares, come upon; catch (*bei* at); surprise; *vom Regen überrascht werden* be caught in the rain; **~end** *adj.* surprising; amazing, startling; unexpected; *~ kommen* come as a surprise (*dat.* to); **2ung** *f* (-; -*en*) surprise; **2ungs-angriff** *m* surprise (*or* sneak) attack; **2ungsmoment** *n* element of surprise; **2ungssieger** *m* surprise winner.
über'rechnen *v/t.* (*h.*) count (reckon) *a th.* over; check.
über'red|en *v/t.* (*h.*) persuade (*zu* [in]to); *j-n zu et. ~* talk a p. into (doing) a th.; *j-n zu ~ suchen* reason with a p.; *sich ~ lassen* allow o.s. to be persuaded, come round, *zu et.*: let o.s. be talked into a th.; **2ung** *f* (-) persuasion; **2ungsgabe** (-), **2ungskunst** *f* gift (*or* art) of persuasion; *Am. a.* salesmanship; **2ungskraft** *f* (-) power of persuasion, persuasiveness.
'**überregional** *adj.* supra-regional.
'**überreich** *adj.* too (*or* extremely) rich; *~ an* (*dat.*) abounding in; overflowing with.
über'reichen *v/t.* (*h.*) hand *a th.* over, present *a th.* (*j-m* to a p.); submit; enclose, attach.
'**überreichlich I.** *adj.* superabundant; **II.** *adv.* in profusion, amply.
Über'reichung *f* (-; -*en*) presentation.
'**überreif** *adj.* overripe.
über'reiz|en *v/t.* (*h.*) overexcite; overstrain (*nerves*); **~t** *adj.* overwrought; on edge; **2theit** (-), **2ung** *f* (-; -*en*) overexcitement, overstrain; overwrought state.
über'rennen *v/t.* (*irr., h.*) run over *or* down; *esp. mil.* overrun.
'**Überrest** *m* remainder; remnant (*a. fig.*); *chem., jur.* residue; (*a. ~e pl.*) remains *pl.*; *w.s.* ruins, relics *pl.*; *sterbliche ~e* mortal remains; → *Überbleibsel.*
'**Überrock** *m* overcoat, topcoat.
über'rollen *mil. v/t.* (*h.*) overroll, sweep over.
über'rumpel|n *v/t.* (*h.*) surprise, take unawares; rush; catch between wind and water; *mil.* take by surprise; *sich ~ lassen* be caught napping; **2ung** *f* (-; -*en*) surprise (attack *mil.*); **2ungstaktik** *f* rush tactics.
über'runden *v/t.* (*h.*) *sports* (out)lap.
'**übers** *colloq.* = *über das* → *über.*
über'sät *adj.* strewn, littered (*mit* with); *fig.* dotted, studded; bespangled (*mit* with *stars*).
'**übersatt** *adj.* surfeited (*von* with).
über'sättig|en *v/t.* (*h.*) surfeit (*a. fig.*); *chem.* oversaturate; *tech.* overheat (*steam*); *fig. übersättigt von* (*dat.*) (sick and) tired of, fed up with; **2ung** *f* surfeit (*a. fig.*); *chem.* supersaturation.
über'säuer|n *v/t.* (*h.*) make too sour; overacidify (*a. med.*); **2ung** *f* hyperacidity.
'**Überschall...** *phys.* supersonic, faster-than-sound; **~geschwindigkeit** *f* supersonic speed.
über'schatten *v/t.* (*h.*) overshadow (*a. fig.* = throw into the shade); *events, etc.*: cast a cloud over.
über'schätz|en *v/t.* (*h.*) overrate, overestimate; **2ung** *f* overestimation.
über'schauen *v/t.* (*h.*) overlook, survey.
'**überschäumen** *v/i.* (*sn*) foam (*or* froth) over; *fig.* brim (*or* bubble) over (*vor* with); **~d** *adj. fig.* exuberant.
'**Überschicht** *f* extra shift.
'**überschießen I.** *v/i.* (*irr., sn*) fall forward; be in excess; **II.** *über'schießen v/t.* (*irr., h.*) overshoot; **~d** *adj.* shifting (*ballast*); surplus.
überschlächtig ['-ʃlɛçtiç] *tech. adj.* overshot.
über'schlafen *v/t.* (*irr., h.*) sleep on *a th.*
'**Überschlag** *m* somersault, *gym. a.* handspring, overthrow; *aer.* loop, *on landing*: noseover; *tailoring*: facing; (rough) calculation, estimate; *el.* flashover.
'**überschlagen**[1] **I.** *v/t.* (*irr., h.*) cross (*legs*); **II.** *v/i.* (*irr., sn*) turn (*or* tumble) over; *spark*: flash across; *fig. ~ in* (*acc.*) turn abruptly into.
über'schlagen[2] **I.** *v/t.* (*irr., h.*) omit, skip, miss *a page*; calculate roughly, (make an) estimate (of); take the chill off; *sich ~* turn a somersault, tumble over, go head over heels; *car, etc.*: overturn, *mar.* capsize, *aer.* loop the loop, *on landing*: noseover, *mil. shell*: tumble; (*voice*), crack, break, *fig. events*: follow hot on the heels of one another; *sich vor Liebenswürdigkeit fast ~* fall over o.s. to be nice; **II.** *adj.* lukewarm, tepid.
'**überschlau** *adj.* oversmart, too clever by halves.
'**überschnappen** *v/i.* (*sn*) *voice*: squeak; *colloq.* go crazy, go mad, crack up, flip; *übergeschnappt* cracked, nuts.
über'schneid|en *v/t.* (*irr., h.*) *and sich ~* overlap (*a. fig.*); *lines*: intersect; **2ung** *f* (-; -*en*) overlapping; (point of) intersection.
über'schreiben *v/t.* (*irr., h.*) superscribe, head, entitle; address (*letter*); transfer, make *a th.* over (*dat.* to), sign over *rights* (to); *econ.* carry over; *auf ein Konto ~* pass to an account; give, transmit (*order*); label, mark.
über'schreien *v/t.* (*irr., h.*) cry down; *sich ~* overstrain one's voice.
über'schreit|bar *adj.* passable, crossable; **~en** *v/t.* (*irr., h.*) cross, pass over *a th.*, go across *a th.*; overstep (*boundary*); *fig.* transgress; infringe (*law*); exceed, overstep, go beyond (*measure*); exceed, fail to meet (*deadline*); surpass (*credit*); overdraw (*one's account*); *sein Einkommen ~* overspend; **2ung** *f* (-; -*en*) crossing; *fig.* transgression; infringement; exceeding.
'**Überschrift** *f* heading, title; headline.
'**Überschuh** *m* overshoe; galosh; **~e** *pl. Am.* rubbers.
über'schuld|et *adj.* deeply involved in debt; heavily encumbered (*property*); **2ung** *f* (-; -*en*) heavy indebtedness (*or* encumbrance).
'**Über|schuß** *m* surplus, excess; *econ.* **a)** balance (*a.* = remainder), **b)** margin, **c)** profit; *e-n ~ abwerfen* yield a profit; **~schußgebiet** *n* area producing a surplus; **2schüssig** ['-ʃysiç] *adj.* surplus, excess; (*a. adv.*) in excess; *~e Erzeugnisse* excess products, surplus goods; *~e Kaufkraft* surplus purchasing power; *~e Kräfte* unused strength, spare energy.
über'schütten *v/t.* (*h.*) cover; *fig.* overwhelm (*mit* with); *mit Geschenken*: shower with.
'**Überschwang** *m* (-[e]*s*) exuberance, excess.
über'schwemm|en *v/t.* (*h.*) inundate (*a. fig.*); flood, overflow; swamp (*esp. floor, table, etc.*); *fig. mit Briefen, Aufträgen, etc.*: deluge (*or* flood *or* swamp) with *letters, orders, etc.*; *econ.* overstock, glut (*the market*); **2ung** *f* (-; -*en*) inundation, flood(ing); *econ.* overstocking, glutting; **2ungskatastrophe** *f* flood disaster.
'**überschwenglich** ['-ʃvɛŋliç] *adj.* rapturous, effusive, gushing; **2keit** *f* (-; -*en*) effusiveness.
'**überschwer** *adj. mil.*: *~er Panzer* superheavy tank.
'**Übersee** *f* (-) oversea(s *pl.*); *nach ~ gehen* go overseas; **~bank** *f* (-; -*en*) overseas bank; **~dampfer** *m* transoceanic steamer, ocean liner; **~handel** *m* oversea(s) trade; **2isch** *adj.* oversea(s); transoceanic (*communication, steamer*); transmarine (*cable*); foreign (*market*); *~e Route* oversea route; **~kabel** *el. n* transoceanic (*or* transatlantic *or* submarine) cable; **~streitkräfte** *mil. f/pl.* overseas forces; **~telegramm** *n* cablegram; **~verkehr** *m* oversea (*or* transoceanic) traffic.
über'segeln *v/t.* (*h.*) run foul of *a ship.*
über'seh|bar *adj.* surveyable, visible at a glance, in full view; **~en** *v/t.* (*irr., h.*) → *überblicken*; survey, run the eye over, take in at a glance; overlook, miss, fail to notice; *~ werden* escape *a p.'s* notice; disregard, ignore, shut one's eyes to, wink at; realize, perceive; *er übersieht die Sache fast nicht mehr* he can hardly keep track of the business.
'**überselig** *adj.* overjoyed, delirious with joy.
über'send|en *v/t.* (*irr., h.*) send, forward, transmit; *econ.* consign, *Am.* ship (*goods*); remit (*money*); **2er(in** *f*) *m* (-*s*, -; -, -*nen*) sender;

econ. consigner; remitter; **2ung** *f* (-) sending; transmission; consignment; remittance.

über'setzbar *adj.* translatable.

'übersetzen¹ I. *v/i.* (*h.*) pass over; **II.** *v/t.* (*h.*) carry (*or* ferry) over.

über'setz|en² *v/t.* (*h.*) translate (*in acc.* into), render (into *English*); *falsch* ~ mistranslate; interpret; *tech.* gear; **2er(in** *f*) *m* (-s, -; -, -nen) translator; **2ung** *f* (-; -en) translation (*aus* from; *in acc.* into); rendering; version; *tech.* gear(ing), transmission; **2ungsfehler** *m* error of translation, misrendering; **2ungsgetriebe** *tech. n* transmission gearing; **2ungsverhältnis** *tech. n* gear ratio.

'Übersicht *f* (-; -en) survey, view; *fig.* survey, review; summary outline; synopsis; *e-e* ~ *bekommen* obtain a general view (*über acc.* of); *die* ~ *verlieren* lose control (over); *man verlor jede* ~ *a.* the matter got completely out of hand; **2lich** *adj.* easy to survey; clear(ly arranged); lucid; open (*terrain*); *fig.* predictable; **~lichkeit** *f* clearness; lucidity; **~skarte** *f* outline map; **~s-tabelle** *f* synoptical table.

'übersiedel|n *v/i.* (*sn*) (re)move (*nach* to); emigrate (to); **2ung** *f* removal; emigration.

'übersinnlich *adj.* transcendental; psychic(al) *forces*.

über'spann|en *v/t.* (*h.*): *mit et.* ~ cover *a th.* with a th.; overstretch, overstrain; *fig.* exaggerate (*demands*), push too far; overexcite, overheat (*imagination*); → *Bogen*; **~t** *adj.* extravagant, fantastic, outré (*Fr.*); high-flown (*idea, plan*); eccentric; **2theit** *f* extravagance, eccentricity; **2ung** *f* overstraining; *el.* excess voltage; *fig.* exaggeration.

über'spielen *v/t. and v/i.* (*h.*) *sports*: pass (*opponent*); *fig.* outmanoeuvre, *Am.* outmaneuver; *thea.* overact, *Am. a.* ham it up.

über'spinnen *v/t.* (*h.*) spin *a th.* over, cover; *übersponnener Draht* covered wire.

über'spitz|en *v/t.* (*h.*) subtilize; exaggerate, overdo; **~t** *adj.* oversubtle, sophisticated, footling; exaggerated.

'überspringen I. *v/i.* (*sn*) leap over; *el.* flash across; *fig. in conversation*: ~ *von ... zu* flit from ... to; *disease*: shift (*auf acc.* to *other parts*), *epidemic*: ~ *auf* spread to, grip; **II.** *über'springen v/t.* (*h.*) jump, clear; (*a. fig.*) overleap; skip; *j-n im Amt* ~ be promoted over the head of a p.

'übersprudeln *v/i.* (*sn*) bubble (*or* gush) over (*fig. vor dat.* with); ~*d* exuberant (*joy*); ~*der Witz* sparkling wit.

'überstaatlich *adj.* supranational.

'überständig *adj.* stale, flat; *fig.* decrepit, superannuated.

'überstehen I. *v/i.* (*irr., h.*) jut out, project; **II.** *über'stehen v/t.* (*irr., h.*) overcome, surmount; endure, get over (*a th., an illness*); survive; weather, ride out (*storm, crisis*); *er hat es überstanden* (*is dead*) he is at rest; *er hat es gut überstanden* he has stood it well; *das wäre überstanden!* that's that!

'übersteigen I. *v/i.* (*irr., sn*) step (*or* climb) over, cross; **II.** *über'steigen v/t.* (*irr., h.*) cross, climb over; *fig.* overcome, surmount; exceed, pass (*all expectations, one's understanding, etc.*); *j-s Kräfte* ~ be too much for a p.

über'steiger|n *v/t.* (*h.*) outbid (*a p.*); force up (*prices, etc.*); *fig.* overdo; **~t** *adj.* excessive; ~*er Nationalismus* ultranationalism.

über'steuern *v/t.* (*h.*) overcharge; *radio*: overmodulate.

über'stimmen *v/t.* (*h.*) outvote, vote down.

über'strahlen *v/t.* (*h.*) shine upon, irradiate; *fig.* outshine, eclipse.

über'streichen *v/t.* (*irr., h.*) paint *a th.* out (*a.* over), coat; *mit Firnis* ~ varnish.

'überstreifen *v/t.* (*h.*) slip *a th.* over.

'überströmen I. *v/i.* (*sn*) overflow, run over; *fig.* overflow (*vor dat.* with); *vor Freude* ~ exult with joy; ~*d fig.* gushing; **II.** *über'strömen v/t.* (*h.*) inundate, flood, deluge.

'überstülpen *v/t.* (*h.*) put on, tilt (*or* slip) over.

'Überstunde *f*, **~n** *pl.* overtime; ~*n machen* work overtime; **~ngeld(er** *pl.*) *n* overtime pay.

über'stürz|en *v/t.* (*h.*) hurry, rush, precipitate; *sich* ~ act rashly (*or* overhastily), *events, etc.*: press one another, follow in rapid succession; **~t** *adj.* precipitate, overhasty, rash; **2ung** *f* (-) precipitancy, hurry, rush; *nur keine* ~ there is no hurry!, take your time!

übertäuben [-'tɔʏbən] *v/t.* (*h.*) stun, deafen; stifle.

über'teuern *v/t.* (*h.*) overcharge.

über'tölpeln *v/t.* (*h.*) dupe, take in.

über'tönen *v/t.* (*h.*) drown (out).

Übertrag ['-trɑːk] *econ. m* (-[e]s; ¨e) **a)** carrying over, **b)** sum carried over *or* forward, carry-over, **c)** balance, **d)** transfer.

über'trag|bar *adj.* transferable; *econ.* negotiable; *nicht* ~ non-transferable, *econ.* non-negotiable; *med.* communicable, infectious, catching, contagious (*diseases*); → *übersetzbar*; **2barkeit** *f* (-) transferability; *econ.* negotiability; *med.* infectiousness, contagiousness; **~en** *v/t.* (*h.*) *econ.* **a)** carry over, bring forward, **b)** transfer; make over *property* (*auf j-n* to), transfer (to); assign (*a patent, right, etc.*, to); transfuse (*blood*); convey *real estate* (to); confer *office* ([up]on); delegate *powers* (to), vest (*a p.* with); *et. auf j-s Namen* ~ register a th. in a p.'s name; *j-m e-e Aufgabe, etc.,* ~ charge (*or* commission) a p. with *a task*, entrust *a th.* to a p.; translate, render, do (*in acc.* into *another language*); transcribe (*shorthand notes*); *med., phys., tech., radio*: transmit; *radio a.* broadcast, relay; televise; communicate *disease* (*auf acc.* to); *surgery*: transplant, graft; *sich* ~ *disease, fig. mood, panic, etc.*: communicate itself (*auf acc.* to), be infectious *or* catching; *die Krankheit übertrug sich auf mich* I caught the disease; ~*e Bedeutung* figurative (*or* metaphorical) sense; **2ung** *f* (-; -en) transfer (*a. econ.*); assignment (*of rights, patents, etc.*), cession; delegation (*of powers*); (*blood*) transfusion; conferring (*of an office*); conveyance (*of real estate*); *med., phys., tech., radio*: transmission; broadcast, program (-me); telecast; *of disease*: *a.* spreading; infection; translation; transcription (*of shorthand notes*); **2ungs-urkunde** *f* deed of conveyance; *for securities*: transfer deed.

über'treffen *v/t.* (*irr., h.*) excel, outdo (*sich selbst* o.s.), outstrip (*a p.*); surpass, exceed, beat (*a. a th.*) (*all*: *an dat., in dat.* in); *im Laufen* (*Boxen, in der Leistung, etc.*) ~ outrun (outbox, outperform, *etc.*); *alle Erwartungen* ~ exceed all expectations; *sich selbst* ~ eclipse o.s.

über'treib|en *v/t. and v/i.* (*irr., h.*) overdo; carry *a th.* too far; exaggerate, overstate; (*only v/i.*) draw the long bow, *stark* ~ *a.* lay it on thick; *thea.* overact, overdo, *Am. a.* ham it up; → *übertrieben*; **2ung** *f* (-; -en) overdoing; exaggeration, overstatement; overacting; *zu sagen, daß ..., wäre eine* ~ to say that ..., would be to exaggerate.

'übertreten I. *v/i.* (*irr., sn*) pass (*or* step) over; ~ *zu* go over to, join; *zu e-r andern Partei* (*Religion*) ~ change sides (one's religion); *zum Katholizismus* ~ turn Roman Catholic; **II.** *über'treten v/t.* (*irr., h.*) *sports*: overstep; *sich den Fuß* ~ sprain one's ankle; *fig.* transgress, trespass against, infract, violate (*ein Gesetz, etc.* a law, *etc.*).

Über'tret|er(in *f*) *m* (-s, -; -, -nen) transgressor, trespasser, offender; **~ung** *f* (-; -en) transgression, trespass; *jur.* infraction, violation; *n.s.* petty offen|ce, *Am.* -se.

übertrieben [-'triːbən] *adj.* overdone; exaggerated, magnified; excessive (*price, demands, etc.*); extravagant, extreme (*views*); outré (*Fr.*); unreasonable; *leicht* ~ slightly (*or* mildly) exaggerated; *in* ~*em Maße* excessively.

'Übertritt *m* going over (*zu* to), joining; *eccl.* conversion, change of religion.

über'trumpfen *v/t.* (*h.*) overtrump; *fig. a.* outdo, go one better than.

über'tünchen *v/t.* (*h.*) whitewash (*a. fig.*), brush over; *fig.* gloss over, varnish.

'überversichern *v/t.* (*h.*) over-insure.

übervölker|n [-'fœlkərn] *v/t.* (*h.*) overpopulate; **2ung** *f* (-) overpopulation.

'übervoll *adj.* overfull; brimful; overcrowded; ~ *von* (*dat.*) brimming (*or* bursting) with.

über'vorteil|en *v/t.* (*h.*) overcharge, overreach, do (down); cheat; **2ung** *f* (-) overreaching, *etc.*

über'wach|en *v/t.* (*h.*) watch over; supervise, superintend; control, inspect; *police*: keep under surveillance, shadow; *radio, etc.*: monitor; **2ung** *f* (-; -en) watching over; supervision, superintendence; control, inspection; surveillance; monitoring; **2ungsausschuß** *m* watch committee.

über'wachsen *v/t.* (*irr.*, *h.*) overgrow.

'überwallen *v/i.* (*sn*) boil over (*a. fig.*).

überwältigen [-'vɛltigən] *v/t.* (*h.*) overcome, overpower, overwhelm (*all a. fig.*); subdue; defeat; **~d** *adj.* overwhelming, imposing; *~e Mehrheit* overwhelming majority; *~e Schönheit* breathtaking beauty; *~er Sieg* smashing victory; *iro. nicht ~!* nothing to write home about!, not so hot!

über'weis|en *v/t.* (*irr.*, *h.*) assign, transfer; *for decision*: refer (*dat. or an acc.* to), *parl. a.* devolve (*an acc.* upon *a committee*); remit (*money*); transfer; **2ung** *f* assignment, transfer (*of property, etc.*); *for decision*: reference (*an acc.* to); *parl.* devolution (upon); (*Geld2*) remittance; **2ungs-auftrag** *m* remittance order; **2ungsformular** *n* transfer form; **2ungsscheck** *m* transfer cheque (*Am.* check); **2ungsverkehr** *m* bank transfer business, giro mechanism.

'überweltlich *adj.* ultramundane.

überwendlich [-'vɛntliç] *adj. and adv.*: *~ nähen* oversew, whip; *~e Naht* overhand seam.

'überwerfen I. *v/t.* (*irr.*, *h.*) throw over; slip (*or* fling) on; **II.** *über'werfen v/refl.* (*irr.*, *h.*): *sich mit j-m ~* fall out (*or* quarrel) with a p.

über'wiegen I. *v/t.* (*irr.*, *h.*) outweigh; **II.** *v/i.* (*irr.*, *h.*) have overweight; *fig.* preponderate, prevail; predominate; **2** *n* (-s) preponderance; **~d I.** *adj.* preponderant, prevailing, predominant, vast, overwhelming; *~er Teil* majority, bulk; **II.** *adv.* predominantly; chiefly, mainly; *~ schuldig* predominantly guilty.

über'wind|en *v/t.* (*irr.*, *h.*) overpower; overcome (*a. fig. one's inhibitions, etc.*); conquer (*a. fig. passion, etc.*); subdue (*a. fig.*); surmount, overcome, get over (*difficulties*); *sich selbst ~* carry a victory over o.s.; *sich ~ können zu et.* bring o.s. to *do a th.*; *ein überwundener Standpunkt* an antiquated view, an exploded idea; **2er(in** *f*) *m* (-s, -; -, -nen) conqueror; **2ung** *f* (-; -en) conquest; overcoming; surmounting; → *Selbstüberwindung*; *es kostete mich ~* it cost me an effort; *er tat es nur mit ~* he did it with reluctance.

über'winter|n I. *v/i.* (*h.*) (pass the) winter; *esp. zo.* hibernate; **II.** *v/t.* winter; **2ung** *f* (-) hibernation.

über'wölben *v/t.* (*h.*) arch (*or* vault) over.

über'wuchern *v/t.* (*h.*) overgrow, overrun; *fig.* stifle.

'Überwurf *m* wrap(per), shawl; *wrestling*: throw-back; **~mutter** *tech. f* (-; -n) screw cap.

'Überzahl *f* (-) superior number(s) *or* (*only mil.*) forces *pl.*, numerical superiority, odds *pl.*

über'zählen *v/t.* (*h.*) count *money* over.

'überzählig *adj.* supernumerary, odd; left over, surplus, spare.

'Überzahn *m* projecting tooth.

über'zeichn|en *econ. v/t.* (*h.*) oversubscribe; **2ung** *f* oversubscription.

über'zeug|en *v/t.* (*h.*) convince (*von* of), persuade; *esp. jur.* satisfy (*von* as to); *w.s.* be convincing (*a. performance, play, etc.*); *zu ~ suchen* argue (*or* reason) with; *sich ~ von* satisfy o.s. as to, make sure of; *~ Sie sich selbst!* go and see for yourself!; *Sie dürfen überzeugt sein, daß* you may rest assured that; **~end** *adj.* convincing; compelling (*a. speaker*), conclusive; telling (*argument, etc.*); convincing, brilliant (*performance*); *~ klingen or wirken* carry conviction; *das ist nicht sehr ~* (there is) not much force in that; **~t** [-'tsɔʏkt] *adj.* positive, assured; ardent, strong (*socialist, etc.*); *~ sein von Am. a.* be sold on *a th.*; **2ung** *f* (-; -en) conviction; persuasion; certainty, assurance; *gegen s-e ~* contrary to one's convictions; *der festen ~ sein* be thoroughly convinced; *zu der ~ gelangen, daß* come to the conclusion that, decide that; **2ungskraft** *f* (-) persuasive power, *esp. fig.* logic.

'überziehen[1] I. *v/t.* (*irr.*, *h.*) pull (*or* draw *or* slip) *a th.* over; *j-m eins ~* give a p. a cut with a stick; **II.** *v/i.* (*irr.*, *sn*) (re)move (*nach, in acc.* to).

über'ziehen[2] *v/t.* (*irr.*, *h.*) cover; coat; plate; line; *mit Zucker* (*Gips*) *~* ice (plaster); put fresh linen on *bed*; *aer.* stall; *econ.* overdraw (*account*); *ein Land mit Krieg ~* invade a country; *sich ~ sky*: become overcast.

'Überzieh|er *m* (-s; -) overcoat, topcoat; **~hose** *f* (e-e ~ a pair of) overalls *pl.*; **~socken** *f/pl.* golf socks.

Über'ziehung *econ. f* overdraft.

über'zuckern *v/t.* (*h.*) sugar (over); candy.

'Überzug *m* cover; *bed*: case, tick; *pillow*: slip; *tech.* coat(ing), film; plating; (protective) lining.

überzwerch [-'tsvɛrç] *colloq. adv.* across.

üble(r) ['y:blə(r)] → *übel*.

üblich ['y:pliç] *adj.* usual, customary; conventional (*a. tech.*); common, ordinary; normal, *esp. tech.* standard; *nicht mehr ~* (gone) out of use, antiquated, no longer practised; *es ist allgemein ~* it is a common practice; *wie es ~ war* as was the custom.

'U-Boot *n* submarine, U-boat; → *Unterseeboot*.

übrig ['y:briç] *adj.* left over, remaining; *chem., jur.* residual; odd; superfluous; *mein ~es Geld* the rest of my money; *im ~en Deutschland* in the rest of Germany; *die ~en pl.* the others, the rest; *im ~en, ~ens* **a)** (as) for the rest, otherwise, **b)** by the way, **c)** besides, **d)** after all; *~ behalten or haben* have *a th.* left; *keine Zeit ~ haben* have no time to spare; *et. ~ haben für* care for, have a soft spot for; *nichts* (*or nicht viel*) *~ haben für* care little for, have no use for, think little of; *ein ~es tun* do more than one's due, go out of one's way (*to do a th.*; *for a p.*); **'~bleiben** *v/i.* (*irr.*, *sn*) be left (*j-m* to a p.), remain (to; *j-m zu tun* for a p. to do); *fig. es blieb mir nichts anderes ~* (*als*) I had no (other) alternative *or* choice (but); **'~ens** *adv.* → *übrig*; **'~lassen** *v/t.* (*irr.*, *h.*) leave, spare; *viel* (*wenig*) *zu wünschen ~* leave much (little) to be desired.

Übung ['y:buŋ] *f* (-; -en) exercise (*a. gym., mus.*); *mus. a.* study; practice; use, practice, custom; *mil.* **a)** drill(ing), training, **b)** field exercise; *nicht in* (*or aus der*) *~ sein* be out of practice; *außer ~ sein* have fallen into disuse; *in ~ bleiben* keep in training, keep one's hand in.

'Übungs...: **~aufgabe** *f* exercise; **~bombe** *f* practice bomb; **~buch** *n* exercise-book; **~flug** *m* practice flight; **~flugzeug** *n* training (air-)plane, trainer; **~gelände** *n* training ground *or* area; **~handgranate** *f* practice grenade; **~hang** *m* (-[e]s; ⸚e) *skiing*: practice slope; **~heft** *n* exercise-book; **~lager** *n* training camp; **~marsch** *mil. m* route-march; **~munition** *mil. f* practice ammunition; **~platz** *mil. m* drill-ground; training area; **~schießen** *mil. n* practice firing, target practice.

Ufer ['u:fər] *n* (-s; -) shore; beach; lakeside; (*river*) bank; *am* (*or ans*) *~* ashore; *an den ~n der Themse* on the banks of the Thames; *über die ~ treten* overflow (its banks); **'~bewohner(in** *f*) *m* riparian (dweller); **'~damm** *m* embankment, *Am. a.* levee (*of river*); **'~land** *n* shoreland; **'2los** *adj. fig.* boundless; extravagant, wild; *ins ~e führen* lead nowhere; **'~mauer** *f* quay; → *Uferdamm*; **'~staat** *m* riparian state.

Uhr [u:r] *f* (-; -en) clock; watch; timepiece, mantle-clock; hour, time (of the day); *wieviel ~ ist es?* what time is it?; *es ist halb drei ~* it is half past two; *nach meiner ~ ist es vier* by my watch it is four o'clock; *um vier ~* at four o'clock; *um wieviel ~?* at what time?; *fig. wie nach der ~* like clockwork; **'~armband** *n* (wrist)watch band *or* strap, watch bracelet; expansion band; **'~aufzug** *m* clock winding; **'~deckel** *m* outer case of a watch; **'~enfabrik** *f* watch factory, makers *pl.* of clocks and watches; **'~engeschäft** *n* watchmaker's shop; **'~enhandel** *m* trade in clocks and watches; **'~feder** *f* watch (*or* clock) spring; **'~gehäuse** *n* watch (*or* clock) case; **'~getriebe** *n* pinion of a watch; **'~glas** *n* watch glass; **'~kette** *f* watch chain; **'~macher** *m* (-s; -) watch maker, clock-maker; **'~stempel** *m* time stamp; **'~werk** *n* clockwork, works *pl.*; **'~zeiger** *m* hand (of a watch *or* clock); **'~zeigersinn** *m*: *im ~* clockwise; *entgegen dem ~* counterclockwise, anti-clockwise; **'~zeit** *f* (clock) time.

Uhu ['u:hu:] *m* (-s; -s) eagle-owl.

Ukas ['u:kas] *m* (-ses; -se) ukase, decree.

U'K-Stellung *mil. f* exemption (from military service).

Ukrain|e [ukra'i:nə, -'kraɪnə] *f* (-): *die ~* the Ukraine; **2isch** *adj.* Ukrainian.

Ulan [u'lɑ:n] *mil. m* (-*en*; -*en*) uhlan, lancer.
Ulk [ulk] *m* (-*s*; -*e*) fun, (practical) joke, hoax; spree, lark; ~ *treiben* skylark; ~ *treiben mit* (*dat.*) make fun of; '**~bild** *n* caricature; '**2en** *v/i.* (*h.*) (sky)lark; joke, quip; '**2ig** *adj.* funny, droll, comical.
Ulme ['ulmə] *bot. f* (-; -*n*) elm.
Ultimatum [ulti'mɑ:tum] *n* (-*s*; -*ten*) ultimatum; *j-m ein* ~ *stellen* deliver an ultimatum to a p.
Ultimo ['ultimo] *econ. m* (-*s*; -*s*) last day (*or* end) of the month; *per* ~ for the monthly settlement; **~abrechnung** *f* monthly settlement; **~effekten** *f/pl.*, **~papiere** *n/pl. stock exchange*: forward securities; **~geld** *n* monthly loans *pl.*
Ultra...: **~dyn-empfänger** [ultra-'dyn-] *m* ultradyne receiver; **~'kurzwelle** *phys. f* (UKW) ultra-short wave; very high frequency (*abbr.* v.h.f.); **~'kurzwellensender** *m* ultra-short wave transmitter; **~ma'rin** *n* (-*s*) ultramarine; '**2mon'tan** *adj.* ultramontane; '**2rot** *adj.* ultrared, infrared; '**~schall** *phys. m* (-[e]s) ultrasonics *pl.*; **~'schallfrequenz** *f* supersonic frequency; **~'schallwelle** *f* ultrasonic wave; '**~strahlen** *m/pl.* cosmic rays; '**2violett** *adj.* ultraviolet.
um [um] **I.** *prp.* (*acc.*) about; → *ungefähr*; *time*: about, near, towards, *precisely*: at; *approximately*: (a-) round, round about; for (*a price, wage*); by (*a measure*); ~ *die Hälfte größer* larger by a half; ~ *die Zeit* (*herum*) about the time; → *Tag*; *einer* ~ *den andern* **a**) one by one, **b**) alternately, by turns; ~ *so besser* all (*or* so much) the better; ~ *so mehr* (*weniger*) all the more (less); (so much) the more (*als* as; *weil* because); ~ *so weniger darf er es tun* all the more reason why he should not do it; *je länger ich darüber nachdenke*, ~ *so weniger gefällt mir die Sache the longer I think about it* the less I like it; ~ *ein bedeutendes* (*Stück*) by a great deal, considerably; ~ *e-r Sache or j-s willen* for the sake (*or* on behalf) of *a th. or p.*; → *drehen, handeln, stehen, etc.*; **II.** *cj.*: ~ *zu inf.* (in order) to *inf.*; ~ *Fehler zu vermeiden* (in order) to avoid errors; **III.** *adv.* about; ~ *und* ~ **a**) round about, **b**) from (*or* on) all sides; ~ *sein* be over, be past, be gone, be up.
'**um-ackern** *v/t.* (*h.*) plough (*Am.* plow) up.
'**um-adressieren** *v/t.* (*h.*) redirect.
'**um-ändern** *v/t.* (*h.*) change, alter, modify; rearrange.
'**um-arbeit|en** *v/t.* (*h.*) work over; remodel, recast; improve, modify; make over, remodel (*dress*); revise (*book*); rewrite; (re)adapt (*for the screen, etc.*); *fig.* ~ *zu* (*dat.*) make (*or* turn) into; **2ung** *f* (-; -*en*) working over; remodel(l)ing; modification; revision; (re)adaptation.
umarm|en [-'ˀarmən] *v/t.* (*h.*) embrace (*a. einander, sich*), hug; **2ung** *f* (-; -*en*) embrace, hug.
'**Umbau** *m* (-[e]s; -*e*, -*ten*) reconstruction; rebuilding; alteration(s *pl.*), remodel(l)ing; **a**) modification, **b**) conversion (*in acc.* into); *fig.* reorganization, recasting; **2en** *v/t.* (*h.*) **1.** reconstruct, rebuild; remodel; alter; *tech.* **a**) modify, **b**) convert (*in acc.* into); *thea.* (*v/i.*) change the setting; *fig.* reorganize; **2.** *um'bauen*: enclose; surround with buildings; *umbauter Raum* enclosed area, interior space.
'**umbehalten** *v/t.* (*irr.*, *h.*) keep on.
'**umbenennen** *v/t.* (*irr.*, *h.*) re-designate, rename.
'**umbesetz|en** *v/t.* (*h.*) change; *thea.* recast; *pol.* reshuffle; **2ung** *f* change(s *pl.*); recast(ing); reshuffle, *Am. a.* shake-up.
'**umbetten** *v/t.* (*h.*) put into another (*or* fresh) bed.
'**umbiegen** *v/t.* (*irr.*, *h.*) bend (over); turn down *or* up.
'**umbild|en** *v/t.* (*h.*) remodel, reconstruct; recast, transform; reorganize; reform; *pol.* reshuffle (*cabinet*); **2ung** *f* (-; -*en*) remodel(l)ing, reconstruction; transformation; reorganization; reform; *pol.* reshuffle.
'**umbinden** *v/t.* (*irr.*, *h.*) tie round; put on (*apron, etc.*).
'**umblasen** *v/t.* (*irr.*, *h.*) blow down *or* over.
'**umblättern** *v/t. and v/i.* (*h.*) turn over (the page).
'**Umblick** *m* panorama, view round.
'**umbrechen** *v/t.* (*irr.*, *h.*) **1.** break down (*or* up; *a. agr.*); **2.** *um'brechen typ.* make up (into pages).
'**umbringen** *v/t.* (*irr.*, *h.*) kill, make away with (*both*: *sich* o.s.); murder, slay; *iro. bring dich bloß nicht um!* don't sprain something!; *sich* (*fast*) ~ bend over backwards (*to try, etc.*); *colloq. fig. nicht umzubringen person or thing*: indestructible.
'**Umbruch** *m typ.* **a**) making up into pages, **b**) page-proofs *pl.*; *fig.* radical change; *esp. pol.* revolution, upheaval; *parl.* landslide.
'**umbuch|en** *econ. v/t.* (*h.*) transfer (to another account); **2ung** *f* (book) transfer.
'**umdenken I.** *v/t.* (*irr.*, *h.*) rethink; **II.** *v/i.* (*irr.*, *h.*) change one's views (*or* approach).
'**umdeuten** *v/t.* (*h.*) give a new interpretation to.
'**umdichten** *v/t.* (*h.*) recast (*poem*).
'**umdisponieren I.** *v/t.* (*h.*) redispose, rearrange; **II.** *v/i.* (*h.*) make new arrangements, change one's plans.
um'drängen *v/t.* (*h.*) throng (*or* press) round.
'**umdrehen** *v/t.* (*h.*) turn (round), whirl, spin round (*all a. sich*); *fig.* twist; → *Spieß*.
Um'drehung *f* turning round; turn (*a. tech. of the screw, etc.*); *phys.* rotation, revolution; **~en** *pl. pro Minute* (U/Min.) revolutions per minute (*abbr.* r.p.m.); **~s-achse** *f* axis of rotation; **~sbewegung** *f* rotatory motion; **~szähler** *m* revolution counter, tachometer.
'**Umdruck** *typ. m* (-[e]s; -*e*) transfer (process), reprint; **2en** *v/t.* (*h.*) transfer.
um-ein'ander *adv.* round each other.
'**um-erzieh|en** *v/t.* (*irr.*, *h.*) re-educate; **2ung** *f* re-education.
'**umfahr|en 1.** *v/t.* (*irr.*, *h.*) run down; **2.** *um'fahren v/t.* (*irr.*, *h.*) drive (*or* sail) round; double (*cape*); **2t** *f* (circular) tour, round-trip.
'**Umfall** *m fig.* (sudden) change of mind (*or* opinion); *parl.* defection; **2en** *v/i.* (*irr.*, *sn*) fall (down *or* over); collapse; *vehicle*: (be) overturn(ed), be upset; *fig.* cave in, capitulate; *parl.* change sides, rat; *zum* 2 *müde sein* feel ready to drop.
'**Umfang** *m* (-[e]s) circumference, circuit; periphery; bulk; girth; *tailoring*: width; extent (*a. fig.*), size; radius, range (*a. fig.* = scope); *phys.* volume (*a. of traffic, sales, etc.*); *zehn Zoll im* ~ ten inches round; *in vollem* **~e** in its entirety; *in großem* **~e** on a large scale, large-scale, wholesale.
um'fangen *v/t.* (*irr.*, *h.*) encircle; embrace; *fig.* surround.
'**umfangreich** *adj.* extensive; voluminous; big; spacious, wide.
'**umfärben** *v/t.* (*h.*) redye.
um'fass|en *v/t.* (*h.*) grasp, grip; enclose, surround; embrace (*a. fig.*), clasp (round); *mil.* envelop, outflank, encircle; *fig.* comprise, cover, include; **~end** *adj.* comprehensive, extensive; complete, full, overall; all-out; sweeping, drastic; **2ung** *f* embracing, encompassing; enclosure; *mil.* envelopment, encirclement, outflanking; **2ungsbewegung** *mil. f* outflanking movement; **2ungsmauer** *f* enclosure wall.
um'flattern *v/t.* (*h.*) flutter around.
um'flechten *v/t.* (*irr.*, *h.*) plait round; braid (*wire*).
um'fliegen *v/t.* (*irr.*, *h.*) fly round *a th.*
um'fließen *v/t.* (*irr.*, *h.*) flow round, surround.
umflor|en [-'flo:rən] *v/t.* (*h.*) cover with crape, veil; **~t** *adj.* muffled (*voice*); dim with tears, sad (*glance*).
um'fluten *v/t.* (*h.*) → *umfließen*.
'**umform|en** *v/t.* (*h.*) remodel, recast, transform; redesign; *el.* transform, convert; **2er** *el. m* converter, transformer; (phase) inverter.
'**Umfrage** *f* inquiry (all round); *öffentliche*: (opinion) poll; ~ *halten* make general inquiries.
umfried(ig)|en [-'fri:d(ig)ən] *v/t.* (*h.*) enclose, fence in; **2ung** *f* (-; -*en*) enclosure, fence.
'**umfüllen** *v/t.* (*h.*) decant, transfuse.
'**umfunktionieren** *v/t.* (*h.*) convert (*in acc.* into).
'**Umgang** *m* (going) round, circuit; rotation, turn; *el.* convolution (*of winding*); *arch.* gallery, ambulatory; procession; social intercourse, relations *pl.* (*mit* with); *colloq.* company, acquaintances *pl.*, (circle of) friends; ~ *mit* way how to deal with, approach to; ~ *haben or pflegen mit* associate (*or* keep company) with, see a great deal of *a p.*; *guten* (*schlechten*) ~ *pflegen* keep good (bad) company; *wenig* ~ *haben* have few acquaintances, not to see many people.
umgänglich ['-gɛŋliç] *adj.* sociable, companionable, affable; easy to

get along with; **ℒkeit** *f* (-) sociability; affability.

'**Umgangs...:** **~formen** *f/pl.* (social) manners *pl.*, deportment; **~sprache** *f* colloquial language; *die englische ~* colloquial English; *Wendung der ~* colloquialism.

umgarnen [-'garnən] *v/t.* (*h.*) *fig.* ensnare.

um'gaukeln *v/t.* (*h.*) hover (*or* flutter) (a)round.

um'geb|en *v/t.* (*irr.*, *h.*) surround (*sich* o.s.; *mit* with); *mit Mauern* (*e-m Zaun*) ~ wall (fence) in; **ℒung** *f* (-; -*en*) environs; surroundings *pl.*; environment; neighbo(u)rhood, vicinity; background; company, set; **ℒungs-temperatur** *tech. f* ambient temperature.

'**Umgegend** *f* environs *pl.*, surroundings *pl.*, vicinity.

'**umgehen I.** *v/i.* (*irr.*, *sn*) go round; make a detour; go the round, circulate; ~ *lassen* pass *a th.* round, (let) circulate; *ghost*: walk, *an or in e-m Ort* haunt a place; *mit j-m ~* **a**) associate (*or* keep company) with, **b**) deal with, manage, handle; *er kann mit den Leuten ~* he knows how to deal with (*or* handle) people; *er weiß mit Frauen* (*Pferden, etc.*) *umzugehen* he has a way with women (horses, *etc.*); *kann er mit der Maschine ~?* does he know how to use (*or* handle, operate) the machine?; *mit j-m hart ~* treat a p. harshly; → *schonend, sparsam*; *mit et. ~* **a**) deal with, **b**) intend, plan, contemplate, **c**) be occupied with; *mit dem Gedanken* (*or Plan*) ~, *zu* be thinking of, have in mind to; *mit ~der Post*, *~d* by return of post; *~d* immediate(ly *adv.*), *econ.* at your earliest convenience; **II.** *um'gehen v/t.* (*irr.*, *h.*) go round (about); by-pass (*traffic*); *fig.* avoid, evade, circumvent, dodge, elude, by-pass; *mil.* **a**) outflank, envelop, **b**) by-pass.

Umgehung [-'ge:uŋ] *f mil.* **a**) outflanking, **b**) by-passing; *traffic*: detouring, by-passing; *fig.* elusion, (*a. jur.*) evasion; **~sstraße** *f* by-pass; perimeter (*or* ring) road; detour.

umgekehrt ['-gəke:rt] **I.** *adj.* reverse, inverted; opposite, contrary; ~ *proportional zu, im ~en Verhältnis zu* (*dat.*) in inverse ratio to; *~!* just the other way (round), quite the contrary!; *das ℒe* the reverse (*or* opposite *or* contrary); **II.** *adv.* (*dasselbe ~*) vice versa, conversely; by the same token.

'**umgestalten** *v/t.* (*h.*) alter, recast, transform; (*a. tech.*) remodel, redesign; reorganize; reform.

'**umgießen** *v/t.* (*irr.*, *h.*) decant; *metall.* refound, recast.

'**umgliedern** *v/t.* (*h.*) reorganize, regroup.

'**umgraben** *v/t.* (*irr.*, *h.*) dig (*or* turn) up (*field*); break up (*soil*).

um'grenzen *v/t.* (*h.*) bound; encircle; enclose; *fig.* circumscribe, limit.

'**umgründen** *econ. v/t.* (*h.*) convert (*in acc.* into), reorganize.

'**umgruppier|en** *v/t.* (*h.*) regroup; *pol.*, *sports*: reshuffle; **ℒung** *f* regrouping; reshuffling.

'**umgürten** *v/t.* (*h.*) **1.** gird; buckle on (*sword*); **2.** *um'gürten* (*h.*) gird up; *fig. ~ mit* gird (*or* encircle) with.

'**Umguß** *m* transfusion, decanting; *metall.* recast.

'**umhaben** *v/t.* (*irr.*, *h.*) have on.

'**umhacken** *v/t.* (*h.*) hoe (up); cut down, fell.

umhalsen [-'halzən] *v/t.* (*h.*) hug, embrace.

'**Umhang** *m* wrap; shawl.

um'hängen *v/t.* (*h.*) **1.** hang round (*mit* with); **2.** *'umhängen* put on, wrap *shawl, etc.*, about one; sling (*rifle*); take up (*knapsack, etc.*); rehang (*picture*).

'**Umhänge|tasche** *f* shoulder bag; **~tuch** *n* shawl, wrap.

'**umhauen** *v/t.* (*irr.*, *h.*) fell, cut down; *colloq. fig.* bowl over.

um'her *adv.* about, round, *Am.* around; → *herum(...)*; **~blicken** *v/i.* (*h.*) look about (one); **~bummeln** *v/i.* (*sn*) stroll about, have a stroll; **~irren, ~schweifen** *v/i.* (*sn*) wander (*or* roam) about, rove; **~schleichen** *v/i.* (*irr.*, *sn*) sneak about; **~streifen** *v/i.* (*sn*), **~ziehen** *v/i.* (*irr.*, *sn*) rove, gad about.

um'hin *adv.*: *ich kann nicht ~, zu sagen* I cannot help saying.

um'hüll|en *v/t.* (*h.*) wrap up (*mit* in); cover, envelop (with); veil; *tech.* cover, sheathe; **ℒung** *f* (-; -*en*) wrapping, wrap(per), cover(ing); envelope; *tech.* casing, sheathing.

Umkehr ['-ke:r] *f* (-) turning back, return (*zu* to; *a. fig.*); *fig.* change; *pol.* about-face; conversion; fresh start (in life); *tech.* reversal; **ℒbar** *adj.* reversible; **ℒen I.** *v/i.* (*sn*) turn back, return; retrace one's steps; *fig.* turn over a new leaf, make a fresh start; change one's ways; **II.** *v/t.* (*h.*) (*a. sich*) turn round (*or* about); overturn, upset; turn upside down; turn *a pocket, etc.* (inside) out; *gr.*, *math.*, *mus.* invert; *el.*, *tech.* reverse; *jur. die Beweislast ~* shift the burden of the proof; → *umdrehen, umgekehrt*; **~motor** *tech. m* reversible motor; **~ung** *f* (-; -*en*) overturning; reversal; inversion; *fig. a.* subversion.

'**umkippen I.** *v/t.* (*h.*) tip over, upset; **II.** *v/i.* (*sn*) tilt over, be upset; *vehicle*: *a.* overturn, *mar.* capsize; *a. person*: topple over.

um'klammer|n *v/t.* (*h.*) clasp, cling to, embrace; *wrestling*: lock, tie up; *boxing*: clinch; *mil.* encircle; **ℒung** *f* (-; -*en*) (*tödliche* deadly) embrace; *boxing*: clinch; *mil.* pincer-movement, envelopment.

'**umklapp|bar** *adj.* collapsible, folding; **~en I.** *v/t.* (*h.*) turn down, fold (back); **II.** *v/i.* (*sn*) collapse, drop down.

'**Umkleidekabine** *f* bathing cabin *or* cubicle; → *Umkleideraum*.

'**umkleiden** *v/t.* (*h.*) **1.** change *a p.'s* clothes (*or* dress); *sich ~* change (one's clothes *or* dress); **2.** *um'kleiden v/t.* (*h.*) clothe, cover.

'**Umkleideraum** *m* dressing-room; *sports*: locker room.

'**umknicken I.** *v/t.* (*h.*) break down, snap off; **II.** *v/i.* (*sn*): *mit dem Fuß ~* sprain one's foot.

'**umkniffen** *v/t.* (*h.*) fold down.

'**umkommen** *v/i.* (*sn*) perish, die, be killed; spoil, go to waste; *zum ℒ* unbearable, awful.

'**Umkreis** *m* (-es) circumference, circuit; *math.* periphery; vicinity; *im ~ von* within a radius of, for *three miles* round.

um'kreisen *v/t.* (*h.*) circle (*or* turn *or* revolve) round *a th.*

'**umkrempeln** *v/t.* (*h.*) turn (*or* tuck) up; turn *a th.* inside out; *fig.* turn *a th.* upside down, change radically.

'**umlad|en** *v/t.* (*irr.*, *h.*) reload, shift; *mar.* transship; **ℒung** *f* reloading, transshipment.

'**Umlage** *f* special fee; apportionment; → *Abgabe*.

um'lagern *v/t.* (*h.*) **1.** *mil.* surround closely, besiege; *fig.* beset, beleaguer; **2.** *'umlagern* restore (*goods*); *fig.* re-direct (*credits, etc.*).

'**Umlauf** *m phys.*, *tech.* rotation, revolution; cycle; circulation, currency (*of money*); circular (letter); *in ~ bringen or setzen* put in circulation, circulate, issue; circulate, spread, start (*rumour*); *im ~ sein* circulate, *rumour*: *a.* be abroad; *außer ~ setzen* withdraw from circulation, call in; *im ~ (befindlich)* in circulation; **~bahn** *astr. f* orbit.

um'laufen[1] *v/t.* (*irr.*, *h.*) run (*or* move) round.

'**umlaufen**[2] **I.** *v/t.* (*irr.*, *h.*) run down; **II.** *v/i.* (*irr.*, *sn*) revolve, rotate; *blood, money, report, rumour*: circulate; **~d** *tech. adj.* rotary, rotating.

'**Umlauf...:** **~getriebe** *tech. n* planetary gear; **~motor** *m* rotary engine; **~schmierung** *tech. f* circulation-system lubrication; **~skapital** *n* floating capital; **~(s)schreiben** *n* circular (letter); **~szeit** *f* period.

'**Umlaut** *gr. m* vowel mutation, umlaut; mutated (*or* modified) vowel; *umgelautet* mutated.

'**Umleg|(e)kragen** *m* turn-down collar; **ℒen** *v/t.* (*h.*) **1.** put on (*collar, etc.*); apply (*bandage*); turn down; tuck (*seam*); *tech.* throw (*lever*); lay (down); tilt; lower; place differently, shift; re-lay (*rails*); divert (*traffic*); *teleph.* transfer; *fig.* apportion (*cost, tax*); *vulg.* do in, bump off; *sich ~* tilt over, *ship*: carreen (over); *wind*: veer (round); **2.** *um'legen v/t.* (*h.*): *~ mit* lay *a th.* round with; **~ung** *f* (-; -*en*) shifting; transfer; diversion; apportionment.

'**umleit|en** *v/t.* (*h.*) divert, by-pass, *Am.* deroute (*traffic*); **ℒung** *f* by-pass, diversion, detour.

'**umlenken** *v/t.* (*h.*) turn round *or* back.

'**umlernen I.** *v/t.* (*h.*) learn anew; **II.** *v/i.* (*h.*) *fig.*: *~ müssen* have to change one's views (*or* relearn one's lesson).

'**umliegend** *adj.* surrounding, neighbo(u)ring; *~e Gegend a.* environs *pl.*

um'mantel|n *tech. v/t.* (*h.*) cover, case, jacket, sheathe; **ℒung** *f* (-; -*en*) jacket, casing.

um'mauern *v/t.* (*h.*) wall in *or* round.

ummodeln ['-mo:dəln] *v/t.* (*h.*) remodel, change.

'ummontieren *v/t.* (*h.*) remount.
um'nacht|en *v/t.* (*h.*) shroud in darkness; **~et** *adj. fig.* clouded, benighted; demented; **2ung** *f* (-) (*geistige ~*) mental derangement.
um'nebeln *v/t.* (*h.*) *fig.* (be)fog, obfuscate; befuddle.
'umnehmen *v/t.* (*irr.*, *h.*) take round one, put on, wrap o.s. up in.
'um-ordnen *v/t.* (*h.*) rearrange.
'um-organisieren *v/t.* (*h.*) re-organize.
'umpacken *v/t.* (*h.*) repack.
'umpflanzen *v/t.* (*h.*) **1.** transplant; **2.** *um'pflanzen: ~ mit* plant *a th.* round with.
'umpflügen *v/t.* (*h.*) plough (*Am.* plow) up.
umpol|en ['-po:lən] *el. v/t.* (*h.*) reverse; **2ung** *f* (-; -*en*) reversion, pole-changing.
'umprägen *v/t.* (*h.*) recoin.
'umquartieren *v/t.* (*h.*) remove to other quarters, rebillet; evacuate (*population*).
um'rahmen *v/t.* (*h.*) frame; *fig.* surround, serve as setting to.
umrand|en [-'randən] *v/t.* (*h.*) border, edge, put a border round; **2ung** *f* border, edge, rim.
um'ranken *v/t.* (*h.*) twine (itself) round *a th.*, cling to; *~ mit* entwine with.
'umräumen *v/t.* (*h.*) (re)move, rearrange.
'umrechn|en *v/t.* (*h.*) convert (*in acc.* into); *umgerechnet auf* converted into, expressed in terms of; **2ung** *f* conversion; **2ungsfaktor** *m* conversion factor; **2ungskurs** *m* rate of exchange; **2ungstabelle** *f* conversion table; **2ungswert** *m* exchange value.
'umreißen *v/t.* (*irr.*, *h.*) **1.** pull down; knock down; **2.** *um'reißen* outline; *scharf umrissen* sharply defined, clear-cut, edgy.
'umreiten *v/t.* (*irr.*, *h.*) **1.** ride down (*a p.*); **2.** *um'reiten* ride round *a th.*
'umrennen *v/t.* (*irr.*, *h.*) run (*or* knock) down.
um'ringen *v/t.* (*h.*) ring (*or* throng) round; surround; *fig.* beset.
'Umriß *m* outline (*a. fig.*), contour; *in kräftigen Umrissen* in bold outlines; *in Umrissen schildern* outline; **~karte** *f* outline (*or* skeleton-) map; **~zeichnung** *f* outline drawing, sketch.
'umrühren *v/t.* (*h.*) stir (up).
ums *colloq.* = *um das* → *um.*
'umsägen *v/t.* (*h.*) saw down.
'umsatteln *v/t. and v/i.* (*h.*) resaddle; *fig.* change one's profession *or* studies; *~ auf et.* switch to; *pol.* change sides.
'Umsatz *m* turnover; sales *pl.*; returns *pl.*; *schneller ~* quick returns; **~kapital** *n* working capital; **2los** *adj.* without turnover; dormant (*asset*); inactive (*account*); **~steuer** *f* turnover (*or* sales) tax; **~ziffer** *f* turnover rate.
um'säumen *v/t.* (*h.*) hem (round); *fig.* surround; line (*street, etc.*).
'umschalt|en *v/t.* (*h.*) switch (*or* change) over; shift; **2er** *m el.* (-*s*; -) change-over switch, commutator; *typewriter*: shift-key; **2hebel** *m el.* switch lever; *tech.* change lever; **2stöpsel** *el. m* switch plug; **2ung** *f* commutation.
um'schatten *v/t.* (*h.*) shade.
'Umschau *f* (-) look(ing) round; *fig.* survey, (*a. magazine*) review; *~ halten* look round, *nach et.*: be on the look-out for *a th.*; **2en** (*h.*): *sich ~* look round; → *umsehen*; look (*or* glance) back.
'umschaufeln *v/t.* (*h.*) turn (over), dig up.
'umschicht|en *v/t.* (*h.*) pile afresh; *fig.* shift, regroup, reshuffle; **~ig** *adv.* by (*or* in) turns, alternately; **2ung** *f* regrouping, shifting; *gesellschaftliche ~* social upheaval.
um'schiff|en *v/t.* (*h.*) **1.** circumnavigate, sail round; double (*a cape*); **2.** *'umschiffen mar.* transship (*cargo*); transfer (*passengers*); **2ung** *f* (-; -*en*) circumnavigation; doubling.
'Umschlag *m* (sudden) change, turn; revulsion; envelope; cover, wrapper, *of book*: jacket; *on sleeve*: cuff; *on trousers*: turn-up; *med.* **a)** compress, **b)** poultice, cataplasm; **~bild** *n* cover picture; **2en I.** *v/i.* (*irr.*, *sn*) turn over, overturn, upset, fall down, topple over; *mar.* capsize; *fig.* turn, change (abruptly) (*both*: *in acc.* into); *wind*: shift, veer (round); *voice*: break; **II.** *v/t.* (*irr.*, *h.*) knock down; turn over (*page, etc.*); turn up (*hem*); turn down (*collar*); tuck up (*sleeves*); put on, wrap round; **~(e)tuch** *n* (-[e]s; ⸚er) shawl, wrap; **~hafen** *m* port of transshipment; **~platz** *m* emporium.
um'schleichen *v/t.* (*irr.*, *h.*) sneak (*or* creep, prowl) round.
um'schließen *v/t.* (*irr.*, *h.*) surround, enclose; clasp (round); *mil.* invest (*fortress*); *fig.* encompass.
um'schling|en *v/t.* (*irr.*, *h.*) entangle; embrace, clasp; *wrestling*: lock, encircle; **2ung** *f* (-; -*en*) embrace, hug.
'umschmeißen *colloq. v/t.* (*irr.*, *h.*) → *umstoßen.*
um'schmeicheln *v/t.* (*h.*) → *schmeicheln.*
'umschmelzen *v/t.* (*irr.*, *h.*) remelt; recast (*a. fig.*).
'umschnallen *v/t.* (*h.*) buckle on, strap.
'umschreib|en *v/t.* (*irr.*, *h.*) **1.** rewrite; transcribe; transfer *property* (*auf acc.* to), → *übertragen*; *econ.* re-indorse (*bill of exchange*); **2.** *um'schreiben esp. math.* circumscribe; paraphrase; **~d** periphrastic; **2ung** *f* **1.** transcription; **2.** *Um'schreibung math.* description; paraphrase.
'Umschrift *f of coin*: (marginal) inscription, legend; (*phonetic*) transcription.
'umschulden *v/t.* (*h.*) convert, fund.
'umschul|en *v/t.* (*h.*) retrain, *esp. mil.* convert; **2ung** *f* retraining, conversion; *auf e-n Zivilberuf*: vocational rehabilitation; **2ungskurs** *m* course for retraining; *mil.* conversion course; *Teilnehmer e-s ~es* retrainee.
'umschütt|eln *v/t.* (*h.*) shake (up); **~en** *v/t.* (*h.*) pour out into another vessel, decant; spill, upset.
um'schwärmen *v/t.* (*h.*) swarm (*or* buzz) round; *fig.* → *schwärmen* (*für j-n*).
'Umschweif *m* circumlocution; digression; *~e machen* beat about the bush, make roundabout remarks; digress; *ohne ~e* without further ado; point-blank, plainly; *er machte keine ~e* he wasted no time in beating about the bush; **2ig** *adj.* roundabout.
'umschwenken *v/i.* (*sn*) wheel round; *fig.* veer round.
um'schwirren *v/t.* (*h.*) buzz (*or* whizz) round.
'Umschwung *m* revolution; reversal; change, reaction; revulsion; reverse (*of luck*), turn of the tide; *gym.* circle.
um'segel|n *v/t.* (*h.*) sail round, circumnavigate; double (*a cape*); **2ung** *f* (-; -*en*) sailing round; doubling; circumnavigation.
'umsehen (*irr.*, *h.*): *sich ~* look round (*nach* at), look about one; look *or* glance back; *fig.* look out (*nach* for), be on the look-out (for); *an, in e-m Ort, etc.*: take a view of, have a look around *a town, etc.*; *im 2* in a twinkling *or* jiffy.
'umseitig *adv.* overleaf, on the reverse (*or* next page).
'umsetz|bar *econ. adj. in Geld*: realizable; sal(e)able, marketable; negotiable; **~en** *v/t.* (*h.*) transpose (*a. mus.*), shift, transfer; *agr.* transplant; *tech.* change over; *el.* transform, convert; *typ.* reset; *weight-lifting*: clean; *econ.* realize; *in bares Geld ~ a.* turn (*or* convert) into cash; sell, dispose of (*goods*); turn over (*money*); *in die Tat, Musik, etc., ~* translate into action, music, *etc.*; *chem. sich ~ in* (*acc.*) change into, be converted into; *econ. es wurde wenig umgesetzt* there was a small turnover; **2ung** *f* (-; -*en*) transposition; transformation; conversion; realization; sale.
'Umsichgreifen *n* (-*s*) spread (-ing).
'Umsicht *f* circumspection; **2ig** *adj.* circumspect.
'umsied|eln I. *v/t.* (*h.*) resettle; **II.** *v/i.* (*sn*) (re)move to (*or* settle at) another place; **2ler** *m* resettler; evacuee; **2lung** *f* resettlement; (family) relocation; evacuation.
'umsinken *v/i.* (*irr.*, *sn*) sink down; fall into a swoon; *vor Müdigkeit ~* drop down with fatigue.
um'sonst *adv.* for nothing, gratis, gratuitously; free (of charge); in vain; to no purpose, useless, a waste of time; *nicht ~* not without good reason, not for nothing.
um'spannen *v/t.* (*h.*) span, encompass; *fig. a.* comprise, embrace; clasp.
'umspann|en I. *v/i.* (*h.*) change horses; **II.** *v/t. el.* transform; **2er** *el. m* (-*s*; -) transformer; **2werk** *el. n* transformer station.
um'spielen *v/t.* (*h.*) **1.** *sports*: pass; *soccer*: *a.* dribble round; **2.** *'umspielen* play back (*recording*).
um'spinnen *v/t.* (*irr.*, *h.*) spin (all) round; *tech.* braid, cover.
um'springen I. *v/t.* (*irr.*, *h.*) skip round; **II.** *'umspringen v/i.* (*irr.*, *sn*) *wind*: change, veer; *skiing*: jump-

-turn; *fig.* ~ *mit* manage, handle, treat, deal with.
'**umspulen** *v/t.* (*h.*) rewind.
um'spülen *v/t.* (*h.*) wash (a)round.
'**Umstand** *m* (-[e]s; ⸚e) circumstance; fact; detail; *pl. Umstände* (*Lage*) conditions, position, state (of affairs); *günstige Umstände* favo(u)rable factors; *nähere Umstände* (further) particulars; *unter Umständen* **a**) possibly, it is possible that, perhaps, **b**) if need be; *unter allen Umständen* **a**) in any case, at all events, **b**) by hook or by crook; *unter keinen Umständen* under no circumstances, on no (*or* not on any) account; *unter diesen Umständen* in these circumstances, as matters stand; *colloq. in andern* (*or gesegneten*) *Umständen* in the family way, expecting; *der* ~, *daß er nicht daheim war* the circumstance (*or* fact) that he was not in, his being away from home; *Umstände machen* **a**) *matter*: cause inconvenience *or* trouble, **b**) *person*: be formal (*or* ceremonious), make a fuss; *machen Sie* (*sich*) *meinetwegen keine Umstände!* don't put yourself out on my account!; *ohne viel Umstände* without much ado, without circumstance, (rather) unceremoniously; *nicht viel Umstände machen mit* make short work of.
umständehalber ['-ʃtendəhalbər] *adv.* owing to circumstances.
umständlich ['-ʃtentliç] **I.** *adj.* circumstantial; longwinded; minute, detailed; ceremonious; fussy; complicated, involved; troublesome; *das ist mir viel zu* ~ that is far too much trouble (for me); **II.** *adv.*: ~ *erzählen* narrate at great detail (*or* length); 2**keit** *f* (-) circumstantiality; formality (*a. pl.*); fussiness; complicatedness; troublesomeness.
'**Umstands...**: ~**kleid** *n* maternity dress; ~**krämer(in** *f*) *m* fussy person, fuss-pot; ~**wort** *gr. n* (-[e]s; ⸚er) adverb; ~ *der Art und Weise* adverb of manner.
'**umstecken** *v/t.* (*h.*) pin differently; change; rearrange (*dress, etc.*).
um'stehen *v/t.* (*irr., h.*) stand round.
'**umstehend I.** *adj.* next (*page*); *text*: (stated) overleaf; *die* 2*en pl.* the bystanders; **II.** *adv.* as stated overleaf.
'**Umsteig(e)|billet** *n*, ~**karte** *f* transfer-ticket.
'**umsteigen** *rail. v/i.* (*irr., sn*) change (*nach* to).
'**umstell|en** *v/t. and v/i.* (*h.*) **1.** shift, transpose; rearrange; *gr.* invert, transpose (*words*); adapt, readjust; convert, shift (*auf acc.* to), (*a. sich*) change over (to); switch (to); *tech.* reverse; *auf Maschinenbetrieb* ~ mechanize; *sports*: redispose (*one's forces*); *sich* ~ adapt *or* accommodate *or* readjust o.s. (*auf acc.* to), accommodate o.s. to new conditions, change one's attitude; **2.** *um'stellen* surround; 2**hebel** *m* reversing lever; 2**ung** *f* transposition; change of position; conversion, change-over (*auf acc.* to); *fig.* adaptation; switch-over; readjustment; change.
'**umsteuern** *tech. v/t.* (*h.*) reverse.
'**umstimmen** *v/t.* (*h.*) *mus.* retune; tune to another pitch; *fig. j-n* ~ change a p.'s mind, bring a p. round, talk a p. over.
'**umstoßen** *v/t.* (*irr., h.*) knock down *or* over, overthrow; *fig.* annul; overrule; reverse, set aside (*judgment*); upset, change (*plan*); change (*last will*).
um'strahlen *v/t.* (*h.*) bathe in light, irradiate.
um'stricken *fig. v/t.* (*h.*) ensnare.
umstritten [-'ʃtritən] *adj.* disputed, contested; controversial.
'**umstülpen** *v/t.* (*h.*) tilt over, bottoms-up; turn upside down (*or* inside out).
'**Umsturz** *m* overthrow, upheaval (*both a. fig.*), upset, overturn; *fig.* subversion, revolution.
'**umstürz|en I.** *v/t.* (*h.*) overthrow (*a. fig.*), upset, overturn; *fig.* subvert; **II.** *v/i.* (*sn*) fall down (*or* over), overturn; 2**ler(in** *f*) *m* (-*s*, -; -, -*nen*) revolutionist; ~**lerisch** *adj.* subversive, revolutionary.
'**Umsturzpartei** *f* revolutionary party.
'**umtaufen** *v/t.* (*h.*) rename, rechristen; *eccl.* rebaptize; *fig. j-n* ~ change a p.'s name.
'**Umtausch** *m* (-*es*) exchange; barter; conversion (*in acc.* into *another currency*); 2**bar** *adj.* convertible (*money*); 2**en** *v/t.* (*h.*) exchange (*gegen* for); convert.
um'toben *v/t.* (*h.*) rage (*or* roar) round.
'**umtopfen** *v/t.* (*h.*) repot (*plant*).
'**umtreiben** *fig. v/t.* (*irr., h.*) worry, be on *a p.'s* mind.
'**Umtrieb** *m forestry*: cycle of cultivation; *colloq.* activity, bustle; ~*e pl.* machinations, intrigues, (subversive) activities.
'**umtun** *v/t.* (*irr., h.*) put on (*shawl, etc.*); *sich* ~ bestir o.s.; *sich* ~ *nach* look out (*or* about) for; make inquiries after.
Um'wallung *f* circumvallation.
'**umwälz|en** *v/t.* (*h.*) roll round; *fig.* revolutionize; ~**end** *adj.* revolutionary, epoch-making (*invention, etc.*); 2**ung** *f* (-; -*en*) revolution, upheaval.
'**umwand|elbar** *adj. phys.* transformable; *econ.* convertible; ~**eln** *v/t.* (*h.*) change, (*a. phys.*) transform (*in acc.* into); *el.* transform, convert; *econ.* convert (*rate of interest*); commute *penalty* (*in acc.* into); *chem. sich* ~ *in* be converted into; *gr.* conjugate, inflect; *er ist wie umgewandelt* he is a changed man; 2**ler** *el. m* (-*s*; -) transformer, converter; 2**lung** *f* change; transformation; metamorphosis; *econ.* conversion; *physiol.* metabolism; *jur.* commutation; 2**lungstemperatur** *tech. f* equilibrium temperature.
'**umwechseln** *v/t.* (*h.*) *money*: change.
'**Umweg** *m* roundabout way, detour; *e-n* ~ *machen* go a roundabout way, take a circuitous route; *fig. auf* ~*en* indirectly, in a roundabout way; *b.s.* by devious means, underhand, stealthily; *ohne* ~*e* straight to the point, point-blank, plainly.
'**umwehen** *v/t.* (*h.*) **1.** blow down; **2.** *um'wehen* blow round, waft round, fan.
'**Umwelt** *f* environment, *the* world around us (*or* a p.); 2**bedingt** *adj.* environmental; ~**-einflüsse** *m/pl.* environmental factors.
'**umwenden** *v/t.* (*irr., h.*) turn over; *sich* ~ turn round.
um'werben *v/t.* (*irr., h.*) court, woo; *umworben a.* sought after.
'**umwerfen** *v/t.* (*irr., h.*) overthrow, overturn, upset, knock down; → *umstoßen*; throw *coat* round (one's shoulders).
'**umwert|en** *v/t.* (*h.*) revalue, convert; 2**ung** *f* revaluation, conversion; *phls.* ~ *aller Werte* transvaluation of all values.
um'wickeln *v/t.* (*h.*) wind round (*mit* with), lap (round); tape; *tech.* cover; wrap up (*mit* in).
um'winden *v/t.* (*irr., h.*) wind round *or* about, entwine (*mit* with).
um'wittern *fig. v/t.* (*h.*) surround.
'**umwohn|end** *adj.* neighbo(u)ring; 2**er** *m* (-*s*; -) inhabitant of the neighbo(u)ring district, neighbo(u)r.
umwölken [-'vœlkən] *v/t.* (*h.*) (*a. sich*) cloud (over), darken (*both a. fig.*).
'**umwühlen** *v/t.* (*h.*) ransack; *pig*: root (up).
umzäun|en [-'tsɔynən] *v/t.* (*h.*) fence in, enclose; 2**ung** *f* (-; -*en*) enclosure, fence.
'**umziehen**[1] **I.** *v/i.* (*irr., sn*) (remove (*nach* to), change one's residence; **II.** *v/t.* (*irr., h.*): *sich* ~ change (one's clothes).
um'ziehen[2] *v/t.* (*irr., h.*) surround; cover all round; draw the outlines of; *der Himmel hat sich umzogen* the sky has become overcast.
umzingel|n [-'tsiŋəln] *v/t.* (*h.*) surround, encompass, encircle; invest (*fortress*); 2**ung** *f* (-; -*en*) encirclement.
'**Umzug** *m* procession; pageant; move, removal, change of residence.
umzüngeln [-'tsyŋəln] *v/t.* (*h.*) *flames*: leap up, lick about.
un-ab|änderlich [-ˀapˀˀendərliç] *adj.* unalterable, irrevocable, definite; *sich ins* 2*e fügen* resign o.s. to what cannot be changed, bow to inevitability; ~**dingbar** [-ˀap'diŋbaːr] *adj.* unalterable; inalienable (*rights*); ~**hängig** ['-hɛŋiç] *adj.* independent (*von* of); *tech.* self-contained (unit); *gr.* absolute; free-lance (*writer, etc.*); ~ *von* irrespective of; 2**hängige(r)** ['-igə] *pol. m* (-*n*; -*n*) independent, *Am. a.* mugwump; 2**hängigkeit** *f* (-) independence; 2**hängigkeitskrieg** *m* war of independence; ~**kömmlich** ['-kœmliç] *adj.* indispensable, irreplaceable; *mil.* in reserved occupation; busy, unable to get away; '~**lässig** *adj.* incessant, unremitting; unrelenting (*efforts*); → *unaufhörlich*; '~**lösbar**, '~**löslich** *adj. fig. and econ.* irredeemable; consolidated (*loan*); perpetual (*annuity*); ~'**sehbar** *adj. fig.* not to be foreseen, incalculable; immense, vast, immeasurable; *in* ~*er Ferne* in a distant future, a far cry off; ~'**setzbar** *adj.* irremovable; '~**sichtlich** *adj.* un-

intentional, undesigned, involuntary; accidental; inadvertent; **~'weisbar, ~'weislich** [-'vaɪs-] *adj.* not to be refused; imperative, peremptory; inevitable; **~'wendbar** [-'vɛntbɑːr] *adj.* inevitable, inescapable, fated.

'un-achtsam *adj.* inattentive; absent-minded; careless, negligent; **2keit** *f* carelessness, negligence; inadvertence.

'un-ähnlich *adj.* unlike, dissimilar (*dat.* to); **2keit** *f* unlikeness, dissimilarity.

'un-an|fechtbar *adj.* unimpeachable, unchallengeable, incontestable; non-appealable (*judgment*); **~gebaut** ['-ˀangəbaʊt] *adj.* uncultivated; **~gebracht** *adj.* out of place, inappropriate; out of turn; inopportune; **~gefochten** ['-gəfɔxtən] *adj.* undisputed; unchallenged (*champion, etc.*); unhindered; unmolested; **~gemeldet** ['-gəmeldət] **I.** *adj.* unannounced; **II.** *adv.* without being (previously) announced; unadvised, without previous notice; **~gemessen** *adj.* unsuitable; improper; inadequate; incongruous; **~genehm** *adj.* disagreeable (*dat.* to), unpleasant; distasteful, hateful; unwelcome; awkward; annoying, troublesome, irksome; *das 2e dabei ist* the trouble with it is; **~getastet** *adj.* untouched; **~greifbar** *adj.* unassailable, impregnable; **~'nehmbar** *adj.* unacceptable; **2nehmlichkeit** *f* (-; -*en*) unpleasantness, difficulty; inconvenience, drawback; *~en pl.* trouble; → *zuziehen*; **~sehnlich** *adj.* unsightly, mean-looking; plain; insignificant, trifling; **2sehnlichkeit** *f* (-) unsightliness; plainness; insignificance, paltriness; **~ständig** *adj.* indecent (*a. w.s.*); obscene, blue; unmannerly; shocking; *~es Wort a.* four-letter word; **2ständigkeit** *f* (-; -*en*) indecency; obscenity; unmannerliness; **~'tastbar** *adj.* unimpeachable; sacrosanct, taboo; inviolable (*rights*); **~wendbar** *adj.* inapplicable.

'un-appetitlich *adj.* unsavo(u)ry.

'Un-art 1. *f* bad habit *or* trick; rudeness, incivility; illbreeding; naughtiness; **2.** *m* naughty child; **2ig** *adj.* rude, uncivil; ill-bred; naughty.

'un-artikuliert *adj.* inarticulate, indistinct.

'un-ästhetisch *adj.* not (a)esthetical; nasty, offensive; *~er Anblick* eyesore.

'un-auf|dringlich *adj.* unobtrusive; **~fällig** *adj.* inconspicuous, unobtrusive; **~findbar** [-'fint-] *adj.* not to be found, undiscoverable, untraceable; **~gefordert** ['-gəfɔrdərt] **I.** *adj.* unasked, unbidden; **II.** *adv.* of one's own accord, spontaneously; **~geklärt** *adj.* unexplained, mysterious; unsolved (*crime*); unenlightened (*person*); **~geschlossen** *adj.* narrow(-minded); reserved; **~haltsam** *adj.* irresistible, unchecked; **~hörlich** [-'høːr-] **I.** *adj.* incessant, continuous; endless, interminable; **II.** *adv.* incessantly, *etc.*; without letup; forever; *es regnete ~* it kept on raining; **~'lösbar, ~'löslich** *adj.* indissoluble; *a. chem., math.* insoluble; **~merksam** *adj.* inattentive; distracted, absent-minded; careless; thoughtless; **2merksamkeit** *f* inattention; thoughtlessness; **~richtig** *adj.* insincere; **2richtigkeit** *f* insincerity; **~schiebbar** [-'ʃiːpbɑːr] *adj.* not to be delayed; urgent, imperative; *die Sache ist ~* the matter brooks no delay.

un-aus|bleiblich ['-ˀaus'blaɪplɪç] *adj.* inevitable, unfailing; *das war ~* that was bound to happen; **'~'denkbar** *adj.* unimaginable, unthinkable; **'~'führbar** *adj.* impracticable, not feasible; impossible; **'~gebildet** *adj.* not (fully) formed *or* developed; *biol.* rudimentary; *mil.* untrained; **'~gefüllt** *adj.* blank (*form*); **'~geglichen** *adj.* unbalanced; **'2geglichenheit** *f* unbalance; disequilibrium; **'~gesetzt** *adj.* uninterrupted, incessant; **'~gesprochen** *adj.* unsaid, unspoken; → *still*; **~löschlich** ['-'lœʃlɪç] **I.** *adj.* inextinguishable; indelible; *fig.* lasting; **II.** *adv.*: *~ eingeprägt* deeply engraved on one's mind; **'~'rottbar** *adj.* not exterminable; ineradicable; **~sprechbar** ['-'ʃpreç-] *adj.* unpronounceable; *~es Wort* jaw-breaker; **'~'sprechlich** *adj.* inexpressible, ineffable; unspeakable; indescribable; *die 2en* (*trousers*) unmentionables; **~stehlich** ['-'ʃteː-] *adj.* insupportable, insufferable, intolerable; detestable, loathsome; *er ist ihr ~* she cannot bear the sight of him; **~weichlich** ['-'vaɪç-] *adj.* inevitable, unavoidable.

unbändig ['unbɛndɪç] *adj.* unruly, intractable; *colloq. fig.* tremendous.

'unbarmherzig *adj.* unmerciful; merciless, pitiless, relentless; **2keit** *f* unmercifulness, *etc.*

'un|be-absichtigt *adj.* unintentional, undesigned; inadvertent, unwitting; **~be-achtet** *adj.* unnoticed; *~ lassen* leave unnoticed, disregard; not to take into account; **~be-anstandet** *adj.* not objected to, unopposed, uncontested; **~be-antwortet** *adj.* unanswered; **~be-arbeitet** *adj.* crude, raw; *tech.* unfinished, unmachined; **~be-aufsichtigt** *adj.* uncontrolled, without supervision; not looked after; **~bebaut** *adj. agr.* untilled, idle; undeveloped (*terrain*); vacant (*property*); **~bedacht(sam)** *adj.* inconsiderate, thoughtless; imprudent; rash; **~bedeckt** *adj.* uncovered; bare; *~en Hauptes* bare-headed; **~bedenklich I.** *adj. matter*: unobjectionable; harmless; *person*: unhesitating, having no scruples; **II.** *adv.* without hesitation; **2bedenklichkeitsbescheinigung** *f pol., etc.* clearance certificate, clean bill of health; *econ.* import certificate, certificate of non-objection; **2bedenklichkeitsüberprüfung** *f* security clearance; **~bedeutend** *adj.* insignificant; slight, negligible, trifling; minor; **~bedingt I.** *adj.* unconditional; absolute; positive; implicit (*faith, obedience*); **II.** *adv.* absolutely; in any case, under any circumstances; without fail; by all means; **~be'eidigt** *adj.* unsworn; **~be-einflußt** *adj.* uninfluenced, unbiassed, unaffected (*von* by); **~be-einträchtigt** *adj.* unimpaired, unprejudiced (*durch* by); **~befähigt** *adj.* unqualified, incompetent; **~befahrbar** *adj.* impracticable, impassable; **~befangen** *adj.* impartial, (*a. jur.*) unbiassed; ingenuous; unembarrassed; unaffected, natural, free; **2befangenheit** *f* impartiality; freedom from bias; ease, openness; unaffectedness; **~befestigt** *adj. mil.* unfortified; unsurfaced (*road*); **~befleckt** *adj.* unsullied, spotless (*both a. fig.*); *fig.* undefiled, (*a. eccl.*) immaculate; **~befriedigend** *adj.* unsatisfactory; **~befriedigt** *adj.* unsatisfied, dissatisfied; disappointed; **~befristet I.** *adj.* unlimited; **II.** *adv.* for an unlimited period; **~befugt** *adj.* unauthorized, incompetent; **2befugte(r)** *m* (-*n*; -*n*) unauthorized person; trespasser; *Unbefugten ist der Eintritt verboten!* trespassing prohibited!, no admittance except on business!; **~befugterweise** *adv.* without authority *or* permission; **~begabt** *adj.* untalented, not gifted; **2begabtheit** *f* lack of talent; **~beglichen** ['-bəglɪçən] *adj.* unsettled, unpaid, outstanding; **~be'greiflich** *adj.* inconceivable, incomprehensible; inexplicable, mysterious; *das ist mir völlig ~* that is beyond me; **2be'greiflichkeit** *f* (-) inconceivability; **~begrenzt** *adj.* unlimited, boundless; *adv. a.* indefinitely; **~begründet** *adj.* unfounded, unbased, groundless; *jur. als ~ zurückweisen* dismiss *a case, a petition, etc.*, on the merits; **~behaart** *adj.* hairless; bald; *bot., zo.* smooth; **2behagen** *n* uneasiness, discomfort; **~behaglich** *adj.* uncomfortable; *fig. usu.* uneasy, *pred. a.* ill at ease; **~behauen** *adj.* unhewn, uncut; unsquared (*timber*); **~behelligt** *adj.* unmolested; **~beherrscht** *adj. fig.* lacking self-control, unrestrained; **2beherrschtheit** *f* (-) lack of self-control; **~behindert** *adj.* unhindered, unhampered, unimpeded, free; **~beholfen** ['-bəhɔlfən] *adj.* clumsy, awkward, fumbling; heavy(-handed *humour*); **2beholfenheit** *f* (-) clumsiness; awkwardness; heaviness; **~beirrbar** [-bəˀ'irbɑːr] *adj.* imperturbable, unwavering; **~be-irrt** [-ˀ'irt] *adj.* unperturbed, unswerving, unflustered; sta(u)nch; **~bekannt** *adj.* unknown; unfamiliar; *~ mit* unacquainted with, unfamiliar with; obscure; *math. die 2e* the unknown; (*a. fig.*) *~e Größe* unknown quantity; *aer. ~e Flugobjekte* unidentified objects; *das war mir ~* I did not know that, I was not aware of that; *es wird Ihnen nicht ~ sein, daß* you are aware, I suppose, that; *ich bin hier ~* I am a stranger here; **2bekannt** *jur.* person or persons unknown; **~be'kehrbar** *adj.* inconvertible, callous; **~bekleidet** *adj.* unclothed, undressed, with nothing on; **~bekümmert** *adj.* unconcerned, careless (*von* of); brisk; reckless; **~be-**

lastet *adj. fig.* unencumbered (*real estate*); *person*: carefree, light-hearted; ~ *von* free of; *pol.* with a clean record; *jur.* not incriminated, uncompromised; *el.* unloaded, no-load *condition*; **~belaubt** *adj.* leafless, bare; **~belebt** *adj.* inanimate; unfrequented, quiet (*street*); *stock exchange*: dull, slack, dead; **~beleckt** *adj.*: *fig. von der Kultur* ~ without a trace of culture, uncivilized; **~be'lehrbar** *adj.* unconvincable; ~ *sein* take no advice, not to listen to reason; **~belesen** *adj.* unlettered; **2belesenheit** *f* want of reading (*or* learning); **~belichtet** *phot. adj.* unexposed; **~beliebt** *adj.* disliked; unpopular (*bei* with); **2beliebtheit** *f* unpopularity; **~belohnt** *adj.* unrewarded; **~bemannt** *adj.* unmanned; *aer.* pilotless; **~bemerkbar** *adj.* imperceptible; **~bemerkt** *adj. and adv.* unnoticed, unseen; **~bemittelt** *adj.* without means, impecunious; **~benannt** ['-bənant] *adj.* unnamed; *math.* abstract; **~be'nommen** *adj.*: *es ist* (*or bleibt*) *Ihnen* ~ *zu* your are at liberty to; **~benutzt** *adj.* unused, unemployed; idle (*money*); unoccupied (*building*); *e-e Gelegenheit nicht* ~ *lassen* (not to fail) to make good use of an opportunity; **~be-obachtet** *adj.* unobserved; **~bequem** *adj.* inconvenient, uncomfortable; unwieldy; troublesome, irksome; *person*: disagreeable; **2bequemlichkeit** *f* lack of comfort; inconvenience; *j-m* ~*en bereiten* put a p. to trouble; **~be'rechenbar** *adj.* incalculable (*a. person*); dangerous; unpredictable; ~*e Umstände* imponderables *pl.*; **2be'rechenbarkeit** *f* (-) unpredictability; **~berechnet** *adj.* free of charge, complimentary; **~berechtigt** *adj.* unauthorized, (*a. adv.*) without authority; unfounded; unfair (*a. reproach*), unreasonable; unqualified, ineligible; **~berechtigterweise** *adv.* without authority; without good (*or* valid) reason; **~berücksichtigt** *adj.* unconsidered, not taken into account; ~ *lassen* leave out of account, make no allowance for; not to consider, neglect; **~berufen** *adj.* uncalled for, unbidden; → *unbefugt*; ~! (*usu. unbe'rufen*) touch wood!; **~berühmt** *adj.* obscure; **~berührt** *adj.* untouched; virgin (*forest, soil*); *von e-m Gesetz, etc.,* ~ *bleiben* not to be affected by, not to fall within the scope of *law, etc.*; **~beschadet** ['-bə'ʃɑːdət] *prp.* (*gen.*) without prejudice to; irrespective of, notwithstanding; **~beschädigt** *adj.* uninjured, intact; *econ.* undamaged, in good condition; **~beschäftigt** *adj.* unemployed, non-employed; idled; free, at leisure; **~bescheiden** immodest; presumptuous; unreasonable (*price, etc.*); **2bescheidenheit** *f* immodesty; presumption; **~beschnitten** ['-bəʃnitən] *adj.* deckle-edged (*book*); *med.* uncircumcised; *fig.* uncurtailed; **~bescholten** ['-bəʃɔltən] *adj.* blameless, irreproachable, of good reputation, of stainless character; **2bescholtenheit** *f* (-) blamelessness, integrity, good name; **~beschränkt** *adj.* unrestricted; absolute (*power, title*); uncontrolled; **~beschreiblich** ['-bəʃraɪpliç] *adj.* indescribable, past all (*or* beggaring) description; unspeakable; **~beschrieben** ['-bəʃriːbən] *adj.* blank (*paper*); *fig.* ~*es Blatt* unknown quantity; **~beschwert** *adj. fig.* unencumbered, unburdened, free and easy; light, easy (*conscience*); light-hearted, detached; **2beschwertheit** *f* (-) carefree nature, light-heartedness, detachment; **~beseelt** *adj.* unanimate; **~besehen** *adv.* unseen, unexamined; without inspection; **~besetzt** *adj.* unoccupied, free, disengaged; vacant (*office, post*); *teleph.* clear; **~besiegbar** ['-bə'ziːkbɑːr] *adj.* invincible; **2besiegbarkeit** *f* (-) invincibility; **~besiegt** *adj.* undefeated; **~besoldet** *adj.* unsalaried, unpaid; honorary; **~besonnen** *adj.* thoughtless, imprudent; rash; reckless; **2besonnenheit** *f* thoughtlessness; rashness; **~besorgt** *adj.* unconcerned; *seien Sie deswegen* ~ make your mind easy about it!, don't let it worry you!; **2bestand** *m* (-[e]s) → *Unbeständigkeit*; **~beständig** *adj.* inconstant, unsteady, unstable; unsettled (*weather, econ. market*); changeable; fluctuating; *person*: erratic, fickle, inconstant; **2beständigkeit** *f* inconstancy, instability; fickleness; **~bestätigt** *adj.* unconfirmed; **~be'stechlich** *adj.* incorruptible, unbribable; *fig.* keen, unerring; **2be'stechlichkeit** *f* incorruptibility, integrity; **~besteigbar** *adj.* inaccessible, unscaleable; **~be'stellbar** *mail. adj.* undeliverable; dead (*letter*); **~besteuert** *adj.* untaxed; **~bestimmbar** *adj.* indeterminable; undefinable; **~bestimmt** *adj.* indeterminate, vague, (*a. gr.*) indefinite; uncertain; undecided; *auf* ~*e Zeit* for an indefinite time, sine die; **2bestimmtheit** *f* indetermination; indefiniteness; vagueness; uncertainty; **~bestraft** *adj.* unpunished; → *straffrei*; **~be'streitbar** *adj.* incontestable, indisputable, unquestionable; **~bestritten** ['-bə'ʃtritən] **I.** *adj.* uncontested, undisputed; **II.** *adv.* indisputably, without doubt; **~beteiligt** *adj.* not concerned *or* interested; not involved; indifferent; detached; **2beteiligte(r** *m*) *f* (-n, -n; -en, -en) disinterested party, outsider; **~betont** *adj.* unaccented, unstressed; **~beträchtlich** *adj.* inconsiderable, insignificant, trifling; **~betreten** *adj.* untrodden, unbeaten (*track*); **~beugsam** *fig. adj.* inflexible, unshakable, uncompromising, adamant, *Am. a.* hard-shell; **~bewacht** *adj.* unwatched, (*a. fig.*) unguarded; **~bewaffnet** *adj.* unarmed, defenceless; naked, unaided (*eye*); **~bewaldet** *adj.* unwooded, bare; **~bewandert** *adj.* inexperienced (*in dat.* in), not versed (in), unskilled (in); **~beweglich** *adj.* immovable; motionless; *tech.* fixed; rigid; stationary; ~ *machen* immobilize; *jur.* ~*e Güter* immovables; ~*es Eigentum* immovable property, realty; *fig.* rigid; → *unbeugsam*; **2beweglichkeit** *f* immovableness; **~beweibt** ['-bəvaɪpt] *adj.* unmarried, bachelor; **~beweint** *adj.* unwept (for), unlamented; **~beweisbar** *adj.* unprovable, undemonstrable; **~bewiesen** ['-bə'viːzən] *adj.* unproven; **~bewirtschaftet** *adj.* not subject to control; non-rationed; **~bewohnbar** *adj.* uninhabitable; **~bewohnt** *adj.* uninhabited; unoccupied, vacant (*building*); deserted; **~bewölkt** *adj.* cloudless; **~bewußt** *adj.* unconscious (*gen.* of); involuntary, instinctive, mechanical; *mir* ~ without my knowledge; **~be'zahlbar** *adj.* beyond price; *fig.* invaluable, priceless; capital (*joke, etc.*); **~bezahlt** *adj.* unpaid, unsettled; outstanding (*claim*); **~be'zähmbar** *adj.* untamable; *fig.* indomitable; **~be'zwingbar** *adj.* invincible; impregnable (*fortress*); **~bezwungen** ['-bətsvuŋən] *adj.* unconquered (*a. mountain*).

'**un|biegsam** *adj.* inflexible; **2bildung** *f* lack of education, want of culture, illiteracy; **2bill** ['-bil] *f* (-; *-bilden*) injury, wrong; *Unbilden pl. der Witterung* inclemency of the weather; **~billig** *adj.* unfair, unreasonable; *jur. a.* inequitable; ~*e Härte* undue hardship; **2billigkeit** *f* unfairness; inequity; **~blutig** *adj.* bloodless; *adv.* without bloodshed.

'**unbotmäßig** *adj.* insubordinate; unruly, refractory; **2keit** *f* insubordination; unruliness.

'**unbrauchbar** *adj.* useless, of no use; *tech.* unserviceable; waste (*material*); impracticable, unworkable (*plan*); **2keit** *f* uselessness; **2machung** *f* (-) rendering *a th.* useless *or* unserviceable; dismounting (*of gun*).

'**unbußfertig** *adj.* impenitent, unrepenting; **2keit** *f* impenitence.

'**unchristlich** *adj.* unchristian.

und [unt] *cj.* and; ~? and after that?, what then?; *colloq. na* ~? what of it?, so what?; ~ *so fort or weiter* (*usf., usw.*) and so on *or* forth (*abbr.* etc., &, a.s.o.); *iro. er* ~ *Angst haben!* he afraid!; *ich* ~ *Tennisspielen!* playing tennis, my foot!; ~ *wenn* (*auch*) even if; ~ *er auch nicht* nor he either; *er schreibt nicht,* ~ *ich auch nicht* he does not write, neither (*or* nor) do I; *er kam* ~ *strahlte über das ganze Gesicht* he came along beaming.

'**Undank** *m* ingratitude, ungratefulness; ~ *ernten* get small thanks for it, get more kicks than ha'pence; **2bar** *adj.* ungrateful (*gegen* to); thankless (*task*); **~barkeit** *f* ingratitude; thanklessness.

'**un|datiert** *adj.* undated; **~definierbar** *adj.* indefinable; **~dehnbar** *adj.* inextensible, inelastic; **~deklinierbar** *adj.* indeclinable; **~'denkbar** *adj.* unthinkable; inconceivable; **~denklich** *adj.*: *seit* ~*en Zeiten* from times immemorial; **~deutlich** *adj.* indistinct; vague (*a. fig.* = obscure, hazy); blurred (*impression, picture*); inarticulate (*sound*); illegible (*writing*); **2deut-**

lichkeit *f* indistinctness; vagueness; obscurity; **~deutsch** *adj.* un-German; **~dicht** *adj.* not tight; leaky, leaking; not waterproof *or* watertight; not airtight; porous; ~ *sein a.* leak; **2ding** *n* absurdity; impossibility; monstrosity; *es wäre ein ~, zu behaupten* it would be absurd to maintain *that*; **~diszipliniert** *adj.* undisciplined; **~dramatisch** *adj.* undramatic.

'unduldsam *adj.* intolerant; **2keit** *f* intolerance.

'undurch'dringlich *adj.* impenetrable (*für* to); impervious; inscrutable (*face*); *~es Gesicht a.* poker face; **2keit** *f* impenetrability; imperviousness.

'undurchführbar *adj.* impracticable, *Am.* impractical; unworkable.

'undurchlässig *adj.* impervious (*für* to), impermeable; waterproof, watertight.

'undurchsichtig *adj.* non-transparent, opaque; *fig.* impenetrable; mysterious; unfathomable; **2keit** *f* opacity.

'un-eben *adj.* uneven; rough, rugged, bumpy (*road*); broken (*ground*); *nicht ~* not (so) bad; **~bürtig** *adj.* of inferior birth; *fig.* inferior.

'un-echt *adj.* not genuine; spurious, false (*a. fig.*); counterfeit(ed), fake(d), *Am. a.* phon(e)y; imitation (*only attr.*), artificial (*teeth*; *a. fig.*); fading, not fast (*colour*); *math.* improper; → *falsch.*

'un-edel *adj.* ignoble, (*a. metal*) base.

'un-ehelich *adj.* illegitimate, born out of wedlock; unmarried (*mother*); **2keit** *f* (-) illegitimacy.

'Un-ehr|e *f* dishono(u)r; *j-m ~ machen* discredit (*or* disgrace) a p.; **2enhaft** *adj.* dishono(u)rable; **2erbietig** *adj.* disrespectful, irreverent; **~erbietigkeit** *f* disrespect(fulness), irreverence; **2lich** *adj.* dishonest, insincere; **~lichkeit** *f* dishonesty; insincerity; duplicity.

'un|eigennützig *adj.* disinterested, unselfish; **~eigentlich** *adj.* not proper (*or* real); **~einbringlich** [-ˀaɪnˈbrɪŋlɪç] *econ. adj.* irrecoverable, bad (*debt*); **2ein'bringlichkeit** *f* (-): *im Falle der ~* in default of payment; **~eingedenk** *adj.* unmindful (*gen.* of); **~eingeladen** [ˈ-ˀaɪngəlaːdən] *adj.* uninvited, unasked; **~eingelöst** [ˈ-ˀaɪngəløːst] *econ. and fig. adj.* unredeemed; **~eingeschränkt** [ˈ-ˀaɪngəʃrɛŋkt] *adj.* unrestricted, unlimited, uncontrolled; full, unqualified; **~eingeweiht** *adj.* uninitiated; **2eingeweihte(r** *m*) *f* outsider; *pl. a. the* uninitiated; **~einheitlich** *adj.* non-uniform; irregular; *stock exchange*: *ein ~es Bild bieten* make a mixed showing; **~einig** *adj.* disagreeing, disunited, discordant, divided; ~ *sein* be at variance *or* issue *or* odds; ~ *werden* quarrel, fall out (*mit* with); *ich bin mit mir selbst noch ~* I have not yet made up my mind; **2einigkeit** *f* disagreement; dissension, discord, disharmony; **~ein'nehmbar** *adj.* impregnable; **~elegant** *adj.* inelegant (*a. fig.*); **~eins** *adj.*: ~ *sein* → *uneinig*; **~empfänglich** *adj.* insusceptible (*für* to), unreceptive, impervious (to); **~empfindlich** *adj.* insensible (*gegen* to); insensitive (to *pressure, light, etc.*); inured (to); *fig.* indifferent (to); **2empfindlichkeit** *f* insensibility, insensitiveness; **~'endlich I.** *adj.* endless; infinite (*a. fig. pleasure, care, etc.*); boundless; *phot. auf ~ einstellen* focus for infinity; *ins ~e* ad infinitum; *das geht ins 2e* there is no end to it; **II.** *adv.* infinitely (*a. fig.*), *etc.*; ~ *klein* infinitesimal; ~ *lang* endless; *fig.* hugely, vastly, tremendously; ~ *viel Sorgen, etc.* no end of trouble, *etc.*; **~englisch** *adj.* un-English; **~ent'behrlich** *adj.* indispensable; *er (es) ist mir ~* I cannot do without him (it); **2ent'behrlichkeit** *f* indispensableness; **~ent'geltlich** *adj.* gratuitous, (*a. adv.*) free (of charge), gratis.

un-ent'haltsam *adj.* intemperate; *esp. sexually*: incontinent; **2keit** *f* intemperance; incontinence.

un-ent'rinnbar *adj.* inescapable.

'un-entschieden *adj. and adv.* undecided (*a. person*); open, unsettled (*question*), pending; *sports*: drawn; *~es Rennen* dead heat, tie; ~ *enden* finish as a draw, be a tie; ~ *stehen* be even; ~ *spielen* draw; **2** *n* (-s; -) *sports*: draw, tie; **2heit** *f* undecidedness; indecision.

'un-entschlossen *adj.* irresolute, undecided; ~ *sein a.* waver, hesitate, → *schwanken*; *pol.* sit on the fence, *Am. a.* straddle; **2heit** *f* irresolution.

un-ent'schuld|bar *adj.* inexcusable, unpardonable; *es ist ~* it allows of no excuse; **~igt** *adj.*: *~es Fehlen* absence without valid excuse, absenteeism.

un-entwegt [ˈ-ˀɛntˈveːkt] *adj.* unswerving, unflinching, stalwart; **2e(r)** *pol. m* (-n; -n) die-hard, stalwart, *Am.* standpatter; **2heit** *f* (-) steadfastness; *pol.* die-hardism.

'un-entwickelt *adj.* undeveloped.

un-ent'wirrbar *adj.* inextricable.

un-ent'zifferbar *adj.* undecipherable.

un-ent'zündbar *adj.* non-inflammable; inert (*ammunition*).

'un|er'bittlich *adj.* inexorable, pitiless; *die ~en Tatsachen* the stubborn facts; **2er'bittlichkeit** *f* (-) inexorability, pitilessness; **~erfahren** *adj.* inexperienced (*in dat.* in), new (to); callow; green; **~erfindlich** [ˈ-ˀɛrˈfɪntlɪç] *adj.* undiscoverable; incomprehensible; *aus ~en Gründen* for obscure reasons; *es ist mir ~* it is a mystery to me; **~er'forschlich** *adj.* impenetrable; inscrutable (*mind, decision*); **~erforscht** *adj.* unexplored, unchartered; *w.s.* unaccounted; **~erfreulich** *adj.* unpleasant; **~er'füllbar** *adj.* unrealizable, unattainable; **~erfüllt** *adj.* unfulfilled; **~ergiebig** *adj.* unproductive; *w.s.* unprofitable; **~ergründlich** [ˈ-ˀɛrˈgryntlɪç] *adj.* unfathomable, bottomless; *fig. a.* inscrutable; **~erheblich** *adj.* inconsiderable, insignificant, unimportant, trivial; *esp. jur.* irrelevant (*für* to), immaterial; **2erheblichkeit** *f* inconsiderableness, insignificance, slightness, irrelevance; **'~erhört** *adj.* **1.** not granted, unheard; **2.** *uner'hört* unheard-of, unprecedented; outrageous, scandalous; *colloq.* tremendous, terrific; *~!* the insolence of it!, shame!; **~erkannt** [ˈ-ˀɛrkant] *adj.* unrecognized, unidentified; **~erkennbar** *adj.* unrecognizable; **~erkenntlich** *adj.* ungrateful; **~er'klärlich** *adj.* inexplicable, unaccountable, mysterious; **~er'läßlich** *adj.* indispensable, essential, imperative; *diese Maßnahme ist völlig ~* this measure is a must; **~erlaubt** *adj.* unauthorized, prohibited; illegal, illicit; *sports*: foul; *jur. ~e Handlung* tort(ious act), civil wrong; *mil. ~e Entfernung von der Truppe* absence without leave (*abbr.* AWOL); **~erledigt** *adj.* unsettled, not disposed of; pending; **~erlöst** *adj.* unredeemed; **~er'meßlich** *adj.* immeasurable, immense, vast; **2er'meßlichkeit** *f* (-) immeasurableness, immensity, vastness; **~ermüdlich** [ˈ-ˀɛrˈmyːtlɪç] *adj. person*: indefatigable; untiring, unflagging (*efforts*), unremitting(ly *adv.*); **2er'müdlichkeit** *f* (-) indefatigableness; **~erörtert** *adj.* undiscussed; **~erprobt** *adj.* untried, not tested; **~erquicklich** *adj.* unpleasant, unedifying; **~er'reichbar** *adj.* unattainable; inaccessible; *pred.* out of (*or* beyond) reach; **~er'reicht** *adj. fig.* unequal(l)ed, unrival(l)ed; record (*performance*); ~ *sein a.* stand alone; **~ersättlich** [ˈ-ˀɛrˈzɛtlɪç] *adj.* insatiable; **~erschlossen** [ˈ-ˀɛrʃlɔsən] *adj.* undeveloped (*area, market*); untapped (*market, resources*); **~er'schöpflich** *adj.* inexhaustible; **~erschrocken** *adj.* intrepid, undaunted, fearless; **2erschrockenheit** *f* (-) intrepidity, fearlessness; **~er'schütterlich** *adj.* unshakable; imperturbable, stolid; *pred.* (as) firm as a rock; → *unentwegt*; **~er'schwinglich** *adj.* unattainable, *pred.* beyond one's means; exorbitant, prohibitive (*price*); *das ist mir ~* I (simply) cannot afford it; **~er'setzlich** *adj.* irreplaceable; *thing*: *a.* irreparable, irrecoverable; **~er'sprießlich** *adj.* unprofitable; fruitless (*endeavour*); unpleasant; **~er'träglich** *adj.* intolerable, unbearable, insufferable; *pred.* past endurance; **~erwähnt** *adj.* unmentioned; ~ *lassen* fail to mention, make no mention of, pass *a th.* over (in silence); **~erwartet I.** *adj.* unexpected; unforeseen; surprise (*visitors, attack, etc.*); **II.** *adv.* unexpectedly, all of a sudden; **~er'weislich** *adj.* indemonstrable; **~erwidert** *adj.* unanswered (*letter, etc.*); unreturned, unrequited (*love*); **~erwünscht** *adj.* undesirable, unwelcome; **~erzogen** [ˈ-ˀɛrtsoːgən] *adj.* uneducated; *b.s.* ill-bred.

'unfähig *adj.* incapable (*gen.* of); unable (*zu inf.* to *inf.*); unfit (*für* for), incompetent; inefficient; *jur. für ~ erklären* incapacitate; **2keit** *f* incapacity; inability; incompetence, unfitness; inefficiency.

un'fahrbar *adj.* impracticable, impassable; *mar.* not navigable.
unfair ['-fɛ:r] *adj.* unfair; *sports*: *a.* foul; *pred.* below the belt (*a. fig.*).
'Unfall *m* accident; disaster; mishap; *Tod durch* ~ accidental death; *e-n* ~ *haben* meet with an accident; **~flucht** *f* absconding after an accident; **~kommando** *n* emergency car, ambulance; **~rente** *f* accident annuity; **~station** *f* first-aid station; **~stelle** *f* scene of accident; **~tod** *m* accidental death; **~verhütung** *f* accident prevention; **~verhütungsvorschrift** *f* safety rule(s *pl.*); **~verluste** *m/pl.* casualties; **~versicherung** *f* accident insurance; **~wagen** *m* motor ambulance; *aer.* crash tender; **~ziffer** *f* accident rate; toll of the road.
un'faßbar, ~lich *adj.* incomprehensible, inconceivable; *das ist mir* ~ that is beyond me, that beats me.
un'fehlbar I. *adj.* infallible (*a. R.C.*); unerring (*a. shot*); unfailing (*remedy, etc.*); **II.** *adv.* (as) sure as death; without fail; inevitably; **Ձkeit** *f* infallibility.
'unfein *adj.* indelicate; unmannerly, not gentlemanlike (*or* ladylike); coarse; *pred.* bad form, not nice.
'unfern I. *adv.* not far off, near (at hand); **II.** *prp.* (*gen. or von*) not far from, near.
'unfertig *adj.* not ready, unfinished, incomplete; *fig.* immature, half-baked.
Un|flat ['unflɑ:t] *m* (-[e]s) dirt, filth (*a. fig.*); **Ձflätig** ['-flɛ:tiç] *adj.* dirty, filthy; (*adv.*) ~ *schimpfen* swear like a fishwife *or* trooper.
'unfolgsam *adj.* disobedient; wayward; **Ձkeit** *f* disobedience.
unförm|ig ['-fœrmiç] *adj.* misshapen, deformed; shapeless; monstrous; unwieldy; bulky; clumsy; disproportionate; **Ձigkeit** *f* (-) shapelessness; deformity; monstrosity; clumsiness; **~lich** *adj.* informal, unceremonious.
'unfrankiert *adj.* not prepaid, carriage-forward; unstamped (*letter*).
'unfrei *adj.* unfree, not free; *fig.* constrained, self-conscious; **Ձheit** *f* bondage, serfdom; *fig.* constraint; **Ձwillig** *adj.* involuntary; compulsory; *aer.* forced (*landing*); unconscious (*humour*).
'unfreundlich *adj.* unfriendly, unkind (*zu, gegen* to); disobliging; gruff; inclement (*climate, weather*); cheerless (*room, etc*); **Ձkeit** *f* unfriendliness; ill-feeling; inclemency.
'Unfriede *m* discord; dissension, strife; → *stiften.*
'unfroh *adj.* cheerless.
'unfruchtbar *adj.* unfruitful (*a. fig.*), barren, sterile; *fig. auf* ~*en Boden fallen* fall upon stony ground, *bei j-m*: be lost on *a p.*; **Ձkeit** *f* unfruitfulness; barrenness, sterility.
Unfug ['unfu:k] *m* (-[e]s) mischief, nuisance; *Am. a.* monkeyshines, shenanigans *pl.*; *jur. grober* ~ gross misdemeano(u)r, public nuisance; ~ *treiben* be up to mischief, play (mischievous) tricks, monkey (*mit* with); ~*!* nonsense!
'unfügsam *adj.* unmanageable, intractable.
un'fühlbar *adj.* intangible, impalpable.
'unfundiert *econ. adj.* unfounded, floating.
'ungalant *adj.* ungallant, discourteous.
'ungangbar *adj.* impassable; *coin*: not current; unsal(e)able (*goods*).
Ungar ['uŋgɑ:r] *m* (-*n*; -*n*), **~in** *f* (-; -*nen*), **Ձisch** *adj.* Hungarian.
'ungastlich *adj.* inhospitable.
unge|achtet ['ungə'ʔaxtət] **I.** *adj.* not esteemed, despised; **II.** *prp.* (*gen.*) regardless of, irrespective of, notwithstanding; despite; **~ahndet** ['-'ʔɑ:ndət] *adj.* unpunished; *adv. a.* with impunity; **~ahnt** *adj.* undreamt-of, unthought-of; unexpected, unhoped-for; **~bahnt** *adj.* unbeaten, untrodden; **~bärdig** ['-bɛ:rdiç] *adj.* unruly, wild; **~beten** *adj.* uninvited, unasked; ~*er Gast* intruder, gatecrasher; **~beugt** *adj.* unbent, uncurbed; **~bildet** *adj.* uneducated, uncultured; ill-bred, uncivilized; unpolished; **~bleicht** *adj.* unbleached; **~boren** *adj.* unborn; **~bräuchlich** *adj.* unusual; obsolete; **~braucht** *adj.* unused, quite new.
'Ungebühr *f* (-) impropriety, indecency, unseemliness; excess, abuse; *jur.* ~ *vor Gericht* contempt of court; **Ձlich I.** *adj.* improper, indecent, unseemly, unbecoming; undue, unwarrantable; *jur.* ~*e Beeinflussung* undue influence; **II.** *adv.* unduly; **~lichkeit** *f* (-; -*en*) → *Ungebühr.*
'ungebunden *adj.* unbound; *book*: in sheets; *fig.* free, unrestrained; *b.s.* licentious, loose; ~*e Rede* prose; **Ձheit** *f fig.* freedom, unrestraint; licence.
'ungedämpft *phys. adj.* undamped, non-attenuated; continuous (*wave*).
'ungedeckt *adj.* uncovered (*a. sports* = unmarked); unsheltered, unprotected, exposed; uncovered (*cheque*); unsecured (*credit*); *der Tisch ist* ~ the cloth is not laid yet.
'ungedruckt *adj.* unprinted, *w.s.* unpublished.
'Ungeduld *f* impatience; *mit* ~ impatiently; → *brennen*; **Ձig** ['-diç] *adj.* impatient.
'unge-eignet *adj.* unfit (*zu* for); *person*: *a.* unqualified; inopportune (*moment*).
'unge-erdet *el. adj.* unearthed, *Am.* ungrounded.
ungefähr ['ungəfɛ:r] **I.** *adj.* approximate, rough; **II.** *adv.* about, approximately, in the neighbo(u)rhood (*or* region) of, *Am. a.* around; sketchily; ~ *hundert a.* a hundred or so (*or* thereabouts); *wo* ~*?* whereabouts?; ~ *wie* much as; *von* ~ **a)** by chance, **b)** out of a clear sky; *wenn ich* ~ *wüßte, was er will* if I had some idea of what he wants; Ձ *n* (-s) chance.
'ungefähr|det *adj.* unendangered, safe(ly *adv.*); *pred.* out of danger (*or* harm's way); **~lich** *adj.* harmless, not dangerous.
'ungefällig *adj.* disobliging (*person*); unpleasant, disagreeable (*matter*); **Ձkeit** *f* unkindness.
unge|färbt ['ungəfɛrpt] *adj.* undyed, uncolo(u)red; raw (*silk*); *fig.* unvarnished; ungarbled (*report*); **~fragt** ['-frɑ:kt] *adj.* without being asked; **~frühstückt** *adj.* without a breakfast, *adv. a.* on an empty stomach; **~füge** *adj.* clumsy, bulky, hulking; staggering (*blow*); **~fügig** *adj.* unpliant, unwieldy, clumsy; **~gerbt** ['-gɛrpt] *adj.* untanned; **~goren** *adj.* unfermented; **~halten** *adj.* displeased, annoyed, indignant (*über acc.* at); **~härtet** *tech. adj.* unhardened; **~heilt** *adj.* uncured; **~heißen I.** *adj.* unbidden; **II.** *adv.* of one's own accord; **~heizt** *adj.* unfired; cold; **~hemmt I.** *adj.* unchecked; **II.** *adv.* without restraint, freely; **~heuchelt** *adj.* unfeigned; sincere.
'ungeheuer I. *adj.* (*a.* unge'heuer) vast, huge, enormous, colossal, immense, monstrous; ~*e Freude* immense joy, huge pleasure; ~*er Fehler* colossal mistake; fabulous, tremendous, terrific; **II.** *adv.* vastly, *etc.*; awfully, tremendously, mighty.
'Ungeheuer *n* (-*s*; -) monster; **Ձlich** *adj.* monstrous, atrocious; **~lichkeit** *f* (-; -*en*) monstrosity; enormity; atrocity.
'ungehindert *adj.* unhindered; *adv. a.* without let or hindrance.
'ungehobelt *adj.* not planed; *fig.* uncouth, rude, churlish.
'ungehörig *adj.* undue; improper; impertinent; **Ձkeit** *f* (-; -*en*) impropriety.
'ungehorsam *adj.* disobedient; *mil.* insubordinate; **'Ungehorsam** *m* disobedience; insubordination.
'unge|hört *adj. and adv.* unheard; **~kämmt** *adj.* uncombed; *wool*: not carded; **~klärt** *adj.* unsettled, unclear; *pred.* open to question; *mil.* ~*e Lage* obscure situation; **~kocht** *adj.* unboiled, uncooked; **~künstelt** *adj.* unaffected, unstudied; **~kündigt** ['-diçt] *adj.*: *in* ~*er Stellung* fully employed; without notice having been given; **~kürzt** *adj.* unabridged (*book, right, etc.*); **~laden** *adj.* uninvited (*guest*); unloaded (*gun*); *el.* uncharged; **~leckt** *adj. fig.*; ~*er Bär* unlicked cub.
'ungelegen *adj.* inopportune, inconvenient, awkward; untimely, unseasonable; *j-m* ~ *kommen* inconvenience (*or* disturb) a p.; *das kommt mir sehr* ~*!* how awkward!; **Ձheit** *f* inconvenience; trouble; *j-m* ~*en machen* put a p. to inconvenience, give a p. trouble.
'unge|lehrig *adj.* indocile, unteachable, slow; **~lehrt** *adj.* unlearnt, illiterate; **~lenk** ['-lɛŋk] *adj.* stiff; *fig.* awkward, clumsy; **~lernt** *adj.* unskilled (*worker, work*); **~logen** *adv.* honestly, truly; no less than; **~löscht** *adj.* unquenched; unslaked (*lime*); **Ձmach** ['-mɑx] *n* (-[e]s; -e) hardship, trouble, adversity; **~mein I.** *adj.* uncommon, extraordinary; **II.** *adv.* exceedingly, profoundly, acutely; ~ *viel* an abundance of; **~messen** *adj.* unmeasured; *fig.* unlimited; **~mischt** *adj.* unmixed (*a. fig. joy*); **~münzt** *adj.* uncoined; ~*es Gold or Silber* bullion; **~mütlich** *adj.* uncomfortable; cheerless,

dreary; *colloq.* ticklish, *mil. a.* unhealthy; unpleasant, nasty (*person*); **~nannt** *adj.* unnamed; anonymous; **~nau** *adj.* inaccurate, inexact; **2nauigkeit** *f* inaccuracy.

'**ungeneigt** *adj.* disinclined, unwilling; **2heit** *f* disinclination.

ungeniert ['unʒeni:rt] **I.** *adj.* free and easy, unceremonious; nonchalant; undisturbed; **II.** *adv.* freely; nonchalantly; without let or hindrance; *völlig ~* with the greatest aplomb; *du darfst das ~ sagen* you can say that without the slightest misgivings; **2heit** *f* (-) free and easy ways *pl.*; unceremoniousness; nonchalance.

'**ungenießbar** *adj.* not fit to eat *or* drink; uneatable; undrinkable; unpalatable (*a. fig.*); *colloq. person*: in a bad humo(u)r, unbearable.

'**ungenüg|end I.** *adj.* insufficient, inadequate; *a. ped.* poor; **II.** *adv.*: *mar. ~ bemannt* undermanned; *~ bezahlt* underpaid; **~sam** *adj.* insatiable, greedy; **2samkeit** *f* insatiability, greediness.

'**ungenützt** *adj.* → *unbenutzt.*

'**unge|ordnet** *adj.* unarranged, unsettled; *b.s.* disorderly; *~e Verhältnisse* disorder; **~pflastert** *adj.* unpaved; **~pflegt** *adj.* uncared for, neglected; *a. person*: unkempt; **~rächt** *adj.* unavenged; **~rade** *adj.* uneven, out of line; odd (*number*); **~raten** *adj.* spoilt, undutiful (*child*); **~rechnet I.** *adj.* uncounted; not included; **II.** *adv.* not counting, apart from.

'**ungerecht** *adj.* unjust, unfair; **~fertigt** *adj.* unjustified, unwarrantable; **2igkeit** *f* injustice (*gegen* to).

'**ungeregelt** *adj.* not regulated; irregular; *b.s.* disorderly.

ungereimt ['ungəraımt] *adj.* unrhymed; *~e Verse* blank verse; *fig.* absurd; *~es Zeug reden* talk nonsense (*or* rot); **2heit** *f* (-; -en) absurdity.

'**ungerichtet** *adj.*: *~e Antenne* equiradial aerial.

'**ungern** *adv.* unwillingly, grudgingly; reluctantly; *~ tun a.* hate to do.

'**unge|rührt** *adj. fig.* unmoved, untouched, unaffected; **~rupft** *adj. fig.*: *~ davonkommen* get off lightly, get away without being fleeced; **~sagt** *adj.* unsaid; **~salzen** *adj.* unsalted; **~sättigt** *adj.* not satisfied, unsatiated; *chem.* unsaturated; **~säuert** *adj.* unleavened; **~säumt I.** *adj.* **1.** seamless (*cloth*); **2.** prompt, immediate; **II.** *adv. a.* without delay, forthwith; **~schehen** *adj.* undone; *~ machen* undo; *das kann man nicht ~ machen* that cannot be undone; **~schichtlich** *adj.* unhistorical.

'**Ungeschick** *n*, **~lichkeit** *f* awkwardness, clumsiness; bungling, fumble; **2t** *adj.* awkward, clumsy, maladroit; bungling, fumbling, thumb-fingered; *~ sein a.* be all thumbs.

unge|schlacht ['ungəʃlaxt] *adj.* bulky, hulking; uncouth; **~schlagen** *adj.* undefeated, unbeaten; **~schlechtlich** *adj.* asexual, neuter; **~schliffen** *adj.* unpolished (*a. fig.*); uncut, *diamond*: *a.* rough; *fig.* crude; rude, rough, uncivil; *~er Bengel* unlicked cub; **~schmälert** *adj.* undiminished, unimpaired, uncurtailed, in full; **~schminkt** *adj.* unpainted; *fig.* unvarnished, unadorned, plain (*truth*); **~schoren** *adj.* unshorn; *fig.* unmolested; *~ lassen* leave (*or* let) alone; **~schrieben** *adj.*: *~es Gesetz* unwritten law; **~schult** *adj.* untrained, unschooled; **~schützt** *adj.* unprotected, unsheltered; exposed; **~schwächt** *adj.* unweakened; *~e Tatkraft* unimpaired energy; **~sehen** *adj.* unseen, unnoticed; **~sellig** *adj.* unsociable.

'**ungesetzlich** *adj.* illegal, unlawful, illicit; *für ~ erklären* outlaw; **2keit** *f* illegality; **2keitserklärung** *f* outlawry (*gen.* of).

'**unge|sichert** *econ. adj.* unsecured; **~sittet** *adj.* uncivilized; unmannerly; **~stalt(et)** *adj.* misshapen; **~stillt** *adj.* unstilled (*pain, desire*); unappeased (*hunger*); unquenched (*thirst*); **~stört** *adj.* undisturbed, uninterrupted, peaceful; **~straft I.** *adj.* unpunished; **II.** *adv.* with impunity; *~ davonkommen* go scot-free.

ungestüm ['ungəʃty:m] *adj.* impetuous; vehement, violent; tumultuous.

'**Ungestüm** *n* (-[e]s) impetuosity; violence, vehemence.

'**unge|sucht** *fig. adj.* unaffected, unstudied; spontaneous; **~sühnt** *adj.* unpunished, unavenged; **~sund** *adj.* unhealthy; *matter*: *a.* unhealthful, unwholesome, injurious to health; *fig.* unsound; **~süßt** *adj.* unsweetened; **~tan** *adj.*: *et. ~ lassen* leave a th. undone; **~teilt** *adj.* undivided (*a. fig. attention, etc.*); integral; unanimous; **~trübt** ['ungətry:pt] *adj.* unclouded, clear; *fig.* untroubled, serene; unmixed (*pleasure*); **~übt** *adj.* untrained, unpractised; inexperienced; **~waschen** *adj.* unwashed; *fig. ~er Mund* foul (*or* filthy) tongue.

'**ungewiß** *adj.* uncertain; doubtful; undecided; *j-n im ungewissen lassen* keep a p. in suspense (*or* on tenterhooks); *Sprung ins Ungewisse* leap in the dark; **2heit** *f* uncertainty; suspense; wavering.

'**Ungewitter** *n* thunderstorm.

'**ungewöhnlich** *adj.* unusual, uncommon; abnormal; odd; novel.

'**ungewohnt** *adj.* unaccustomed; *diese Arbeit ist mir ~* I am unaccustomed to this kind of work; unusual, unwonted; **2heit** *f* (-) unwontedness.

'**ungewollt** *adj.* unintentional, involuntary.

'**ungezählt** *adj.* numberless, innumerable, countless, untold.

'**ungezähmt** *adj.* untamed; *fig.* unbridled (*passion*); uncurbed (*mind, etc.*).

Ungeziefer ['ungətsi:fər] *n* (-s; -) vermin; *voll ~* vermin-infested *or* -ridden; *Mittel gegen ~* vermin-killer.

'**ungeziemend** *adj.* improper, unseemly.

'**ungeziert** *adj.* unaffected.

'**ungezogen** *adj.* ill-bred, rude, uncivil; naughty; **2heit** *f* (-; -en) rudeness; naughtiness.

'**ungezügelt I.** *adj. fig.* unbridled; **II.** *adv.* without restraint.

'**ungezwungen** *adj.* unconstrained, without constraint; *fig. a.* off-hand; unaffected, easy; **2heit** *f* (-) unconstraint, ease.

'**Unglaube** *m* unbelief.

'**ungläubig** *adj.* incredulous, disbelieving; *eccl.* unbelieving; infidel; **2e(r** *m*) *f* unbeliever, infidel.

'**unglaub|lich** *adj.* incredible, unbelievable; **~würdig** *adj.* untrustworthy, not worthy of credit; incredible; fantastic; cock-and-bull *story.*

'**ungleich I.** *adj.* unequal, different; uneven; unlike, dissimilar; varying; odd (*number*); **II.** *adv. preceding comp.*: (by) far, a great deal, much (*better, etc.*); **~artig** *adj.* heterogeneous, different, diverse; **~förmig** *adj.* unequal, not uniform; irregular; **2heit** *f* inequality; irregularity; diversion, variation; **~mäßig** *adj.* uneven, unbalanced; disproportionate; unsymmetrical; erratic; non-uniform.

Unglimpf ['unglimpf] *m* (-[e]s) harshness; insult, affront; wrong; **2lich** *adj.* harsh; (*adv.*) *~ behandeln* deal harshly with.

'**Unglück** *n* misfortune; *at games*: ill luck; calamity; disaster; accident; misadventure, mishap; distress, misery; *ein ~ kommt selten allein* it never rains but it pours; *zum ~* unfortunately, as (ill) luck would have it; **2lich** *adj.* unfortunate; unhappy; unlucky, hapless; ill-fated; fatal; wretched, miserable; woebegone; *~e Liebe* unrequited love, disappointment in love; *~ enden* turn out badly, end in disaster; **2licherweise** *adv.* unfortunately, unluckily, as (ill) luck would have it; **~sbote** *m* bringer of bad tidings; **~sbringer** *m* voodoo, *Am.* hoodoo, jinx; **2selig** *adj.* unfortunate; miserable, lamentable; calamitous, disastrous; ill-starred.

'**Unglücks...:** **~fall** *m* misadventure; accident; **~gefährte** *m* fellow sufferer; **~rabe** *m fig.* **1.** croaker; **2.** unlucky fellow *or* bird; **~stern** *m*: *unter einem ~ (stehend)* ill-starred; **~tag** *m* fatal (*or* black) day; **~wurm** *colloq. m* poor creature.

'**Un|gnade** *f* disgrace, disfavo(u)r; *in ~ fallen* fall out of favo(u)r (*or* into disgrace), *bei j-m*: incur the displeasure of a p., get into a p.'s bad books; **2gnädig I.** *adj.* ungracious, unkind; ill-humo(u)red, cross; **II.** *adv.* ungraciously, *etc.*; with disfavo(u)r; **2graziös** *adj.* ungraceful, clumsy.

'**ungültig** *adj.* invalid, void; *ticket*: not available; *law*: inoperative; *coin*: not current; *pol. ~e Stimme* spoilt vote; *sports*: foul *blow, etc.*; *für ~ erklären* invalidate, declare null and void, (render) void, annul (*a. marriage*); set aside, quash (*judgment*); repeal, rescind (*law*); *sports*: disallow (*goal*); *~ machen a.* cancel; **2keit** *f* invalidity; voidness; nullity (*a. of marriage*); **2keits-erklärung** *f* invalidation, nullification; *of documents*: notice of legal extinction.

ˈ**Un|gunst** *f* disfavo(u)r, ill-will; inclemency (*of weather*); *zu j-s* ~*en* in a p.'s disfavo(u)r, to a p.'s disadvantage, against a p.; *das spricht zu seinen* ~*en* that tells against him; **2günstig** *adj.* unfavo(u)rable; disadvantageous, adverse, untoward.

ˈ**ungut** *adj.*: ~*es Gefühl* misgivings *pl.*; *nichts für* ~*!* no offen|ce, *Am.* -se!, no harm meant!, no hard feelings!

ˈ**unhaltbar** *adj.* untenable, indefensible; *promise*: that cannot be kept; *sports*: overpowering *shot*; **2keit** *f* untenability.

ˈ**unhandlich** *adj.* unwieldy; clumsy, bulky.

ˈ**unharmonisch** *adj.* inharmonious, discordant.

ˈ**Unheil** *n* mischief, harm; ruin; disaster, calamity; ~ *anrichten or stiften* cause mischief, *storm, etc.*: cause havoc; **2bar** *adj.* incurable; *fig.* irreparable; **2bringend** *adj.* unlucky, fatal, baneful; **2schwanger** *adj.* portentous, fraught with danger; ~**stifter(in** *f*) *m* mischief-maker; ~**verkündend** *adj.* ominous, portentous.

ˈ**unheimlich I.** *adj.* uncanny, weird (*a. fig.*), unearthly; sinister; *colloq. fig.* tremendous, terrific; **II.** *adv. colloq. fig.* dreadfully, awfully; ~ *viel* heaps of, an awful lot of.

ˈ**unhöflich** *adj.* uncivil, impolite; rude; **2keit** *f* incivility, impoliteness; rudeness.

ˈ**unhold** *adj.* ungracious; ill-disposed (*dat.* to).

ˈ**Unhold** *m* (-[e]s; -e) monster, fiend.

ˈ**unhörbar** *adj.* inaudible, imperceptible.

ˈ**unhygienisch** *adj.* insanitary, unsanitary.

uni [y'ni:] *econ. adj.* uni-colo(u)red, plain.

Uniform [uni'fɔrm] *f* (-; -*en*) uniform; **2** *adj.* uniform; **uniformiert** [-'mi:rt] *adj.* uniformed, in uniform; *fig.* uniform; **Uniformiˈtät** *f* (-; -*en*) uniformity.

Unikum ['u:nikum] *n* (-s; -*ka*) unique (thing); (*person*) original, character.

ˈ**un-interess|ant** *adj.* uninteresting, unattractive; ~**iert** *adj.* uninterested (*an dat.* in); **2iertheit** *f* (-) lack of interest, indifference.

Union [uni'o:n] *f* (-; -*en*) union; ~**s-priorität** *f patent law*: convention agreement.

unisono [uni'zo:no] *adv.* in unison.

Universal|erbe [univɛr'za:l-] *m* sole (*or* universal) heir; ~**genie** *n* universal genius, all-round man; ~**küchenmaschine** *f* universal kitchen machine; ~**mittel** *n* universal remedy, panacea, cure-all; ~**motor** *el. m* universal motor; ~**schraubenschlüssel** *m* monkey wrench; ~**werkzeug** *n* all-purpose tool.

universell [univɛr'zɛl] *adj.* universal, allround, *tech. a.* all-purpose.

Universität [univɛrzi'tɛ:t] *f* (-; -*en*) university; *auf der* ~ *sein* study at a university; ~**s-professor** *m* university professor; ~**szeit** *f* college years.

Universum [uni'vɛrzum] *n* (-s) universe.

Unke ['uŋkə] *f* (-; -*n*) toad; *colloq. fig.* croaker, Jeremiah; grumbler; **2n** *v/i.* (*h.*) *colloq. fig.* croak; grouse.

ˈ**unkennt|lich** *adj.* unrecognizable; ~ *machen* deface, obliterate; disguise; **2lichkeit** *f* (-) unrecognizable condition; *bis zur* ~ past recognition; **2nis** *f* (-) ignorance, unawareness; *in* ~ *sein über* be unaware of; *j-n in* ~ *lassen über* keep a p. in the dark about; ~ *schützt vor Strafe nicht* ignorance of the law is no excuse.

ˈ**unkeusch** *adj.* unchaste; **2heit** *f* unchastity.

ˈ**unkindlich** *adj.* unchildlike; unfilial; precocious.

ˈ**unkirchlich** *adj.* unclerical; secular, worldly.

ˈ**unklar** *adj.* not clear; muddy; misty; indistinct; *fig.* vague, obscure; muddled; woolly, fuzzy (*ideas*); *im* ~*en sein* be in the dark (*über acc.* about); *j-n im* ~*en lassen über* leave a p. guessing at *a th.*; **2heit** *f* want of clearness; vagueness, obscurity; open points.

ˈ**unkleidsam** *adj.* unbecoming.

ˈ**unklug** *adj.* unwise, imprudent, ill-advised; **2heit** *f* imprudence.

ˈ**unkompliziert** *adj.* uncomplicated, simple; straightforward.

ˈ**unkontrollierbar** *adj.* uncontrollable.

ˈ**unkollegial** *adj.* unlike a colleague, disobliging.

ˈ**unkonvertierbar** *adj.* inconvertible.

ˈ**unkörperlich** *adj.* incorporeal, immaterial; disembodied, spiritual.

ˈ**Unkosten** *pl.* costs, expenses, charges; *auf meine* ~ at my expense *sg.*; *allgemeine* ~ overhead expenses, overhead(s *pl.*); *kleine* ~ petty expenses, out-of-pocket expenses; → *stürzen*; ~**berechnung** *f* cost accounting; ~**beteiligung** *f* sharing (of) expenses; ~**konto** *n* expense account; ~**rechnung** *f* account of charges.

ˈ**Unkraut** *n* weed(s *pl.*); *fig.* ~ *vergeht nicht* ill weeds grow apace.

ˈ**un|kultiviert** *adj.* uncultivated; uncultured (*person*); ~**kündbar** *adj.* irrevocable, binding; irredeemable (*bond*); perpetual (*annuity*); permanent (*post*); non-callable (*capital*); permanent, funded (*debt*); ~**kundig** *adj.* ignorant (*gen.* of), unacquainted (with), not knowing (*a th. or how to do a th.*); *des Englischen* ~ *sein* have no (command of) English; ~**künstlerisch** *adj.* inartistic(ally *adv.*); *person*: unartistic; ~**längst** *adv.* lately, recently, not long ago; ~**lauter** *adj.* impure; shady; *econ.* unfair (*competition*); ~**legiert** *adj.* unalloyed; ~**leidlich** *adj.* intolerable, insufferable; ~**lenksam** *adj.* unmanageable, intractable, unruly; ~**leserlich** *adj.* illegible; **2leserlichkeit** *f* illegibility; ~**leugbar** ['unlɔʏkba:r] *adj.* undeniable; ~**lieb** *adj.* disagreeable; *es war ihr nicht* ~ she was rather glad (about it); ~**liebenswürdig** *adj.* unfriendly, unkind, surly; ~**liebsam** *adj.* disagreeable, unpleasant; ~**liniert** *adj.* unruled; ~**logisch** *adj.* illogical; ~**lösbar** *adj.* unsolvable (*problem*); inseparable; *a.* → ~**löslich** *chem. adj.* insoluble.

ˈ**Unlust** *f* (-) listlessness; dislike (*zu* for), aversion (to); **2ig** *adj.* listless; morose; (*widerstrebend*) reluctant (*zu* to).

ˈ**unmanierlich** *adj.* unmannerly, ill-behaved.

ˈ**unmännlich** *adj.* unmanly, effeminate; **2keit** *f* unmanliness.

ˈ**Unmaß** *n* (-es): *im* ~ to excess.

ˈ**Unmasse** *colloq. f* enormous (*or* vast) quantity *or* number; *e-e* ~ *gen. or von a.* a host of, heaps (*or* oodles) of *money, etc.*

ˈ**unmaßgeblich** *adj.* not authoritative; *nach m-r* ~*en Meinung* in my humble opinion, speaking under correction.

ˈ**unmäßig I.** *adj.* immoderate, excessive, inordinate; intemperate; **II.** *adv.* extremely, to excess; **2keit** *f* immoderateness, excess; intemperance.

ˈ**Unmenge** *f* → *Unmasse.*

ˈ**Unmensch** *m* monster, brute; *colloq. sei kein* ~*!* have a heart!; **2lich** *adj.* inhuman, brutal; degrading; superhuman; *colloq. fig.* tremendous, awful; ~**lichkeit** *f* inhumanity, brutality.

ˈ**un|merklich** *adj.* imperceptible; ~**meßbar** *adj.* immeasurable; ~**methodisch** *adj.* unmethodical; ~**militärisch** *adj.* unmilitary; ~**mißverständlich I.** *adj.* unmistakable, unequivocable; **II.** *adv.* unmistakably; plainly, bluntly; ~**mittelbar I.** *adj.* immediate, direct; ~*e Kenntnis(se)* first-hand knowledge; **II.** *adv.* immediately; ~ *an* (*acc.*) direct to; ~ *vor* (*dat.*) right before; ~ *bevorstehend* imminent; ~ *darauf* immediately afterwards; **2mittelbarkeit** *f* (-) immediateness; *fig.* immediacy, directness; ~**möbliert** *adj.* unfurnished; ~**modern** *adj.* outmoded, unfashionable; ~ *werden* go out (of fashion).

ˈ**unmöglich I.** *adj.* impossible (*a. fig.*); *es ist* ~, *mit ihr zu leben* there is no living with her; *zu e-r* ~*en Stunde* at an ungodly hour; **2***es leisten* do the impossible; *fig. sich* ~ *machen* compromise o.s., make a nuisance of o.s., be socially disgraced; **II.** *adv.* not possibly; **2keit** *f* impossibility, impracticability; → *Ding.*

ˈ**unmoralisch** *adj.* immoral.

ˈ**unmotiviert** *adj.* unmotivated, without a motive.

ˈ**unmündig** *adj.* under age, not of age, minor; **2e(r** *m*) *f* (-*n*, -*n*; -*en*, -*en*) minor; **2keit** *f* minority.

ˈ**unmusikalisch** *adj.* unmusical.

ˈ**Unmut** *m* ill humo(u)r, displeasure, annoyance (*über acc.* at); **2ig** *adj.* annoyed.

ˈ**un|nachahmlich** *adj.* inimitable, matchless; ~**nachgiebig** *adj.* unyielding, inflexible, uncompromising; *pred.* adamant; ~**nachsichtig** *adj.* strict, severe; ~**nahbar** [-'na:ba:r] *adj.* inaccessible, unapproachable, exclusive; **2ˈnahbarkeit** *f* (-) inaccessibility, haughty reserve.

ˈ**Unnatur** *f* unnaturalness, abnormity.

'**unnatürlich** *adj.* unnatural; affected; forced.

'**un|nennbar** *adj.* inexpressible; unnamable, unutterable; **~notiert** *adj. stock exchange*: unquoted; **~nötig** *adj.* unnecessary, needless; superfluous; **~nötigerweise** ['unnø:tigərvaɪzə] *adv.* unnecessarily, needlessly; **~nütz** ['unnyts] *adj.* useless, unprofitable; superfluous; *~es Gerede* idle talk; *sich ~ machen* make a nuisance of o.s.; **~operierbar** *med. adj.* inoperable; **~ordentlich** *adj.* disorderly, *person a.* careless; slovenly, slipshod; unkempt; untidy; **2ordentlichkeit** *f* disorderliness; untidiness; **2ordnung** *f* disorder, confusion, disarray, mess; *in ~* in a mess; *in ~ bringen* throw into disorder *or* confusion, disarrange, disorganize, mess up; *in ~ sein* be out of order; **~organisch** *adj.* inorganic; **~paar** *adj.* not even (*number*); odd, without a fellow (*glove, etc.*); **~pädagogisch** *adj.* unpedagogical; **~parlamentarisch** *adj.* unparliamentary.

'**unpartei|isch** *adj.* impartial, unbiass(ed); **2ische(r)** *m* (*-n*; *-n*) umpire; **2lichkeit** *f* impartiality.

'**unpassend** *adj.* unsuitable; inappropriate, *pred.* out of place; improper; unseasonable, untimely.

'**unpassierbar** *adj.* impassable.

unpäßlich ['unpɛsliç] *adj.* indisposed, unwell; *pred.* poorly, out of sorts; **2keit** *f* (*-; -en*) indisposition.

'**un|patriotisch** *adj.* unpatriotic(ally *adv.*); **~persönlich** *adj.* impersonal (*a. gr.*); **~pfändbar** *adj.* unseizable, exempt from execution; **~po-etisch** *adj.* unpoetical, prosy; **~politisch** *adj.* non-political; *fig.* impolitic; **~praktisch** *adj.* unpractical, *Am.* impractical; unskil(l)ful; **~produktiv** *adj.* unproductive; **~proportioniert** *adj.* unproportionate, disproportionate; *pred.* out of proportion; **~provoziert** *adj.* unprovoked; **~pünktlich** *adj.* unpunctual; **2pünktlichkeit** *f* unpunctuality; **~qualifizierbar** ['unkvalifitsi:rba:r] *adj.* unqualifiable; **~qualifiziert** *adj.* unqualified; **~quittiert** *adj.* unreceipted; **~rasiert** *adj.* unshaven; **2rast** *f* (*-*) restlessness; **2rat** *m* (*-[e]s*) rubbish; filth (*a. fig.*); *fig. ~ wittern* smell a rat; **~rationell** *adj.* inefficient, wasteful; **~rätlich, ~ratsam** *adj.* inadvisable.

'**unrecht** *adj.* wrong; → *falsch*; unjust, unfair; improper; inopportune; *am ~en Platze sein* be misplaced, be out of place; *an den 2en kommen* come to the wrong man, catch a Tartar; *in ~e Hände fallen* fall into the wrong hands; *zur ~en Zeit* at the wrong time; → *Gut.*

'**Unrecht** *n* (*-[e]s*) wrong; injustice; *j-m ~ tun* do a p. injustice, wrong a p.; *im ~ sein, 2 haben* be (in the) wrong, be mistaken; *er hat nicht so ganz 2* there is something in what he says, he is not so far out; *j-m 2 geben* decide against a p., disagree with a p.; *es ist ihm ~ geschehen* he has been wronged; *mit or zu ~* wrong(ful)ly, unjustly; *j-n ins ~ setzen* put a p. in the wrong.

'**unrechtmäßig** *adj.* unlawful, illegal; **2keit** *f* unlawfulness, illegality.

'**unredlich I.** *adj.* dishonest, underhand, shady; **II.** *adv.* in bad faith; **2keit** *f* dishonesty.

'**unre-ell** *adj.* dishonest; unfair; unreliable, unsound.

'**unregelmäßig** *adj.* irregular, erratic; *~ leben* lead an irregular life; **2keit** *f* irregularity.

'**unreif** *adj.* unripe, *fruit*: *a.* green; *fig.* immature, callow, raw; **2e** *f* unripeness; immaturity.

'**unrein** *adj.* impure (*a. fig.*), unclean; polluted (*air, water*); flawy (*gem*); *mus.* **a)** out of tune, **b)** false (*note*); *ins ~e schreiben* make a rough copy of; **2heit** *f* impurity; uncleanness.

'**unreinlich** *adj.* uncleanly; **2keit** *f* uncleanliness.

'**unrentabel** *adj.* unprofitable, not paying (its way).

'**unrettbar I.** *adj.* irrecoverable, *pred.* past recovery; ruined (*person*); **II.** *adv.*: *~ verloren* irretrievably lost, *person*: beyond help, ruined.

'**unrichtig** *adj.* incorrect, wrong; erroneous; *~e Angaben* misrepresentation, *jur.* false recital of fact; **2keit** *f* incorrectness; inaccuracy; error.

'**unritterlich** *adj.* unchivalrous.

Unruh ['unru:] *f* (*-; -en*) *of clock*: balance.

'**Unruh|e** *f* restlessness; unrest (*a. fig. among population*); *fig.* uneasiness; trouble, *Am. a.* worriment; commotion, tumult; alarm, anxiety, agitation; flurry; *tech.* balance (*of clock*); *~n pl.* disturbances, riots; *in ~ versetzen* alarm, disturb, worry; *in großer ~ sein* be very anxious; **~e-herd** *m* storm cen|tre, *Am.* -er, trouble spot; **2ig** *adj.* unquiet, restless; fidgety, nervous; broken, fitful (*sleep*); restive (*horse*); troubled, unsettled (*times*); rough, choppy (*sea*); *fig.* uneasy (*über acc.* about); alarmed, worried (at); turbulent.

'**unrühmlich** *adj.* inglorious, infamous.

'**Unruhstifter** *m* troublemaker; breaker of the public peace; agitator.

uns [uns] *pers. pron.* us; *only dat.*: to us; *refl.* (to) ourselves, *after prp.*: us; *ein Freund von ~* a friend of ours; *unter ~* between ourselves; *wir sehen ~ (einander) nie* we never see each other.

'**un|sachgemäß** *adj.* improper; inexpertly, faulty; **~sachlich** *adj.* not objective; personal; irrelevant, not pertinent; *pred. or adv.* off the point; **~sagbar** ['-'za:kba:r] *adj.* unspeakable, unutterable; **~säglich** ['-'zɛ:kliç] **I.** *adj.* untold; **II.** *adv.* immensely; infernally; beyond words; **~sanft** *adj.* ungentle, harsh; **~sauber** *adj.* unclean, dirty; unfair, underhand; *sports*: unfair; **~schädlich** *adj.* innocuous, harmless; *~ machen* render harmless, neutralize (*poison*), disarm (*mines*), put *tank, etc.*, out of action, hunt down (*criminal*); **~scharf** *adj.* blurred, fuzzy, poorly defined (*picture*); *mil.* unarmed; (*adv.*) *~ eingestellt* dimly focus(s)ed, *pred.* out of focus; **~schätzbar** *adj.* inestimable, invaluable; **~scheinbar** *adj.* insignificant; plain, *esp. Am.* homely; inconspicuous.

'**unschicklich** *adj.* unbecoming, unseemly, improper; indecent; **2keit** *f* impropriety, unseemliness; indecency.

'**unschlagbar** *adj.* unbeatable.

Unschlitt ['unʃlit] *n* (*-[e]s; -e*) tallow.

'**unschlüssig** *adj.* irresolute; undecided, wavering; **2keit** *f* (*-*) irresolution, indecision.

'**unschmackhaft** *adj.* unpalatable (*a. fig.*); tasteless, insipid.

'**unschön** *adj.* unlovely, unsightly; *~er Anblick* eye-sore; *fig.* unfair, unkind, *pred.* not nice.

'**Unschuld** *f* (*-*) innocence; purity (of heart *or* mind); virginity; *colloq. ~ vom Lande* naive country-girl, country-cousin; *in aller ~* quite innocently; *ich wasche m-e Hände in ~* I wash my hands of it; **2ig** *adj.* innocent (*an dat.* of); chaste; untouched, virgin; harmless; *für ~ erklären* declare innocent, acquit; *jur. sich für ~ erklären* plead not guilty; *den 2en spielen* do the innocent; **~s-engel** *m* little innocent; **~s-miene** *f* air of innocence.

'**unschwer I.** *adj.* not difficult, easy; **II.** *adv.* without difficulty.

'**Unsegen** *m* adversity; curse.

'**unselbständig** *adj.* dependent (on others); helpless, resourceless; *~e Erwerbsperson* employed person, wage or salary earner; *Einkommen aus ~er Arbeit* wage and salary incomes; **2keit** *f* (lack of in)dependence, helplessness.

'**unselig** *adj.* unfortunate, wretched; fatal (*event*); accursed (*habit, etc.*).

unser ['unzər] *pron.* **1.** *gen. of wir*: of us; *~ aller Wunsch* the wish of all of us; *es waren ~ vier* there were four of us; **2.** *possessive*: our, *pred.* ours; *der (die, das) ~e or uns(e)rige* ours; *die Unsrigen pl.* our people *or* men; **~eins** *indef. pron.* (such as) we; (*a.* **~esgleichen** ['-rəs'glaɪçən]) the likes of us, our equals; **~thalben** ['-thalbən], **~twegen** *adv.* for our sake; on account (*or* because) of us.

'**unsicher** *adj.* insecure; unsteady; unsafe, precarious; uncertain, doubtful; *e-e Gegend ~ machen* haunt *or* infest an area; *j-n mit Fragen ~ machen* rattle a p. with questions; *~ auf den Beinen* shaky, wobbly; **2heit** *f* insecurity; unsteadiness; precariousness; uncertainty.

'**unsichtbar** *adj.* invisible; *colloq. sich ~ machen* vanish, make o.s. scarce; **2keit** *f* invisibility.

'**Unsinn** *m* (*-[e]s*) nonsense; → *Quatsch*; *~ machen* play the fool, clown about, fool about; *~ reden* talk nonsense (*or* rot); **2ig I.** *adj.* nonsensical; foolish, unreasonable; absurd; insensate, insane, mad; **II.** *adv.* madly, crazily, insanely, *etc.*

'**Unsitt|e** *f* bad habit; abuse; **2lich** *adj.* immoral, indecent; **~lichkeit** *f* immorality.

'**unsoldatisch** *adj.* unsoldierlike.

'**un|solid**(**e**) *adj.* not solid; fickle, unstable (*character*); loose, dissipated (*life*); *econ.* unreliable; **~sozial** *adj.* unsocial, anti-social; **~sportlich** *adj.* unsportsmanlike, unfair.

uns(**e**)**rige** ['unz(ə)rigə] → *unser* 2.

'**unständig** *adj. and adv.*: ~ *Beschäftigter* casual worker.

'**unstarr** *aer. adj.* non-rigid.

'**unstatthaft** *adj.* inadmissible; illicit; *sports*: contrary to the rules, foul.

'**unsterblich I.** *adj.* immortal; undying (*love*); ~ *machen* immortalize; **II.** *adv. colloq. fig.* awfully, dreadfully; *sich* ~ *blamieren* make an ass of o.s.

'**Unstern** *m* (-[e]s) unlucky star; *fig.* misfortune, ill luck.

'**unstet** *adj.* unsteady; inconstant, changeable; restless; vagrant, unsettled, wandering; **2igkeit** *f* unsteadiness; inconstancy; restlessness; vagrancy.

'**unstillbar** *adj.* unappeasable; unquenchable (*thirst*).

Unstimmigkeit ['unʃtimiçkaɪt] *f* (-; -*en*) discrepancy, inconsistency; disagreement, dissension; friction.

'**unsträflich** *adj.* blameless.

'**unstreitig** *adj.* incontestable, indisputable.

'**Unsumme** *f* immense amount, enormous sum.

'**unsymmetrisch** *adj.* unsymmetrical, asymmetrical.

'**unsympathisch** *adj.* unpleasant, disagreeable, unappealing; *er* (*es*) *ist mir* ~ I don't like him (it).

'**untadel|haft, ~ig** *adj.* blameless, irreproachable; flawless (*material, performance*); immaculate (*dress*).

'**Untat** *f* (monstrous) crime, outrage.

'**untätig** *adj.* inactive; idle; **2keit** *f* (-) inaction, inactivity; idleness.

'**untauglich** *adj.* unfit (*a. mil.*); unsuitable, *tech.* unserviceable; unseaworthy (*ship*); useless; *person*: incompetent; ~ *machen* disqualify, (make) unfit, *mil.* disable; *jur.* ~*er Versuch* impossible attempt; **2keit** *f* unfitness; uselessness; disqualification.

'**unteilbar** *adj.* indivisible; **2keit** *f* indivisibility.

unten ['untən] *adv.* below, beneath; down; downstairs; ~ *am Berge* at the foot of the hill; (*dort*) ~ *am See* down by the lake; ~ *im Wasser, Faß* at the bottom of the water, of the cask; ~ *an der Seite* at the bottom (*or* foot) of the page; *da* ~ down there; *tief* ~ far below; *von* ~ *an* from the bottom, right up from below; *von* ~ *auf dienen* serve (*or* rise) from the ranks; *von oben bis* ~ from top to bottom; *siehe* ~ see below; ~ *näher bezeichnet* hereinafter mentioned, as (set forth) below; *colloq. er ist bei ihnen* ~ *durch* he is in their bad books, they are through with him; **~erwähnt, ~genannt** *adj.* undermentioned; **~stehend** *adj.* as (mentioned) below.

unter ['untər] **I.** *prp.* (*where at? dat.*; *where to? acc.*) under, below; beneath, underneath; among; *as to time* (*dat.*): during; ~ ... *hervor* from under ...; *mitten* ~ amid(st), in the midst of; ~ *Null* below zero; ~ *Pari* below par; ~ *21* (*Jahren*) under 21 (years of age); ~ *uns* among (*or* between) ourselves; (*ganz*) ~ *uns* (*gesagt*) between you and me; *nicht einer* ~ *hundert* not one in a hundred; ~ *anderem* (u.a.) among other things, among others, *jur. a.* including but not limited to; ~ *zehn Mark* for less than ten marks; ~ *aller Kritik* beneath contempt; ~ *diesem Gesichtspunkt* from this point of view; ~ *großem Gelächter* amid(st) roars of laughter; ~ *der Regierung von* under (*or* in) the reign of, under; ~ *meiner Würde* beneath my dignity; ~ *dem* (*Datum vom*) ... under the date of; ~ *dem heutigen Datum* under today's date; ~ *sich haben* have at one's command, be in charge of; *was versteht man* ~? what is meant by?; **II.** *adj.* **~**(**e**) low(er), inferior; ~*e Beamtenlaufbahn* minor civil service; ~*ste* lowest; *das* 2*ste zuoberst kehren* turn everything upside down (*or* topsy-turvy).

'**Unter** *m* (-s; -) *cards*: knave.

'**Unter|absatz** *m* sub-paragraph; **~abschnitt** *m* subsection; *mil.* subsector; **~abteilung** *f* subdivision; **~arm** *m* forearm; **~art** *f* subspecies, subvariety; **~arzt** *m* junior surgeon, physician assistant; *mil.* medical NCO (= noncommissioned officer); *mar.* surgeon ensign; **~ausschuß** *m* sub-committee; **~bau** *m* (-[e]s; -*ten*) substructure, foundation; *rail.* groundwork; base; **~bauch** *anat. m* hypogastrium; **~be-amte**(**r**) *m* subordinate official; **~befehlshaber** *m* second in command; **2belichten** *phot. v/t.* (*h.*) under-expose; **~belichtung** *f* under-exposure; **2besetzt** *adj.* understaffed, shorthanded; **~bett** *n* underbedding, under-blankets *pl.*; **2bevölkert** *adj.* underpopulated; **~bevollmächtigte**(**r**) *m* subagent; **~bewußtsein** *n the* subconscious; *im* ~ subconsciously.

unter'bieten *v/t.* (*irr., h.*) underbid; *econ.* undercut (*price*); undersell (*competitors*); lower (*record*).

'**Unterbilanz** *f* adverse balance, deficit.

'**unterbinden** *v/t.* (*irr., h.*) **1.** tie underneath; **2.** *unter'binden med.* tie up, ligature; *fig.* stop, call a halt to; cut off; *mil.* neutralize (*attack*); forestall, obviate.

unter'bleiben *v/i.* (*irr., sn*) remain (*or* be left) undone; not to take place, not to be forthcoming; be discontinued, cease; *das muß* ~ that must be stopped; 2 *n* (-s) omission.

unter'brech|en *v/t.* (*irr., h.*) interrupt, break, cut short; *rail. die Fahrt or Reise* ~ break one's journey, *Am.* stop over; *el., teleph.* disconnect; *mil.* stop, suspend (*fire*); hold up, suspend (*game*); *jur.* adjourn, stay, stop (*proceedings*); *sich* ~ stop short, pause; **2er** *el. m* contact breaker, cut-out; **2ung** *f* interruption, break; suspension; *rail.* ~ *der Fahrt Am.* stopover; *el.* disconnection; *ohne* ~ without a pause, non-stop; *mit* ~*en* intermittently, interruptedly.

unter'breit|en *v/t.* (*h.*) **1.**: *j-m* ~ lay before a p., submit to a p.; refer *to a higher court, etc.*; **2.** '*unterbreiten* lay (*or* spread) under; **2ung** *f* (-; -*en*) submission, submittal.

'**unterbring|en** *v/t.* (*irr., h.*) place (*a p.*; *econ. orders, loans, etc.*); accommodate, lodge; house; *mil.* quarter, billet; *jur.* commit (*in dat.* to *an institution*); store; *econ.* sell, dispose of (*goods*), invest (*capital*), *bill of exchange*: (have) discount(ed); place (*securities*); *tech.* instal, fit (*in* into); *fig.* get *or* fit (*in* into); *colloq. fig. ich kann ihn nirgends* ~ I can't place him; **2ung** *f* (-; -*en*) lodgings *pl.*, accommodation; housing; placing, placement; *jur.* committal (*in dat.* to *an institution*); storage; disposal; investment; **2ungsmöglichkeit**(**en** *pl.*) *f* accommodation.

'**Unterdeck** *mar. n* lower deck.

unterderhand [untərder'hant] *adv.* secretly, on the quiet; *econ.* privately.

unterdes(**sen**) [-'dɛs(ən)] *adv.* in the meantime, meanwhile; by that time.

'**Unterdruck** *phys. m* (-[e]s; ⸚e) low (*or* negative) pressure; **~kammer** *aer. f* low-pressure chamber; **~messer** *m* (-s; -) suction (*Am.* vacuum) ga(u)ge.

unter'drück|en *v/t.* (*h.*) suppress; stifle (*laugh, oath, etc.*); repress (*sigh*); oppress; crush, put down, quell (*revolt*); *unterdrücktes Gähnen* suppressed yawn; *unterdrücktes Gelächter* stifled laugh; **2er** *m* oppressor; **2ung** *f* (-; -*en*) suppression; oppression.

'**unterdurchschnittlich** *adj.* sub-average, below normal.

'**unter-einander** *adv.* **1.** one beneath the other; **2.** *unterein'ander* one (with) another, among one another, mutually; → *durcheinander*; ~ *heiraten* intermarry; ~ *verbinden* interconnect.

'**Unter-einheit** *f* sub-unit.

'**unter-entwickel|n** *phot. v/t.* (*h.*) underdevelop; **~t** *adj.* underdeveloped; *child, country, economy*: *a.* backward; *psych.* subnormal.

'**unter-ernähr|t** *adj.* underfed, undernourished; **2ung** *f* underfeeding, malnutrition.

unter'fangen *v/refl.* (*irr., h.*): *sich e-r Sache* (*gen.*) ~ attempt (*or* venture) a th., (dare to) undertake a th.; *sich* ~ *zu inf.* presume to *inf.*

Unter'fangen *n* (-s) (bold) attempt *or* venture, risky enterprise, undertaking.

'**unterfassen** *v/t.* (*h.*) take *a p.'s* arm; *sich* ~ link arms with each other.

unter'fertig|en *v/t.* (*h.*) sign, execute; **2te**(**r** *m*) *f* (-*n*, -*n*; -*en*, -*en*) *the* undersigned.

'**Unterführer** *mil. m* non-commissioned officer (*abbr.* NCO).

Unter'führung *f* subway (crossing), *Am.* underpass.

'**Unterfunktion** *f* subnormal functioning, weak function.

'**Unterfutter** *n* (inner) lining.

unter'füttern *v/t.* (*h.*) line underneath.
'**Untergang** *m ast.* setting; *fig.* (down)fall, ruin; destruction; end (*of the world*); *mar.* shipwreck.
'**Untergattung** *f* subspecies.
unter'geben *adj.*: *j-m* ~ *sein* be under a p.'s authority *or* control; 2**e(r)** *m* (*-n*; *-n*) inferior, subordinate; *contp.* underling.
untergehakt ['-gəha:kt] *adv.*: ~ *gehen* go arms linked.
'**untergehen** *v/i.* (*irr.*, *sn*) *mar.* go down (*or* under), sink, founder; *ast.* set; *fig.* perish, be ruined; *im Lärm* ~ be drowned by *or* be lost in noise; → *Fahne*.
unterge-ordnet ['-gə?ɔrdnət] *adj.* subordinate; *fig.* ancillary (*dat.* to); secondary (*importance*), minor (*a.* rôle); 2**e(r)** *m* (*-n*; *-n*) subordinate.
'**Untergeschoß** *n* ground-floor, *Am.* first floor.
'**Untergesenk** *tech. n* lower die.
'**Untergestell** *n* underframe, trestle; base; *on car*: undercarriage.
'**Untergewicht** *n* underweight.
unter'graben *v/t.* (*irr.*, *h.*) sap, undermine; *fig. a.* corrupt.
'**Untergriff** *m gym.*, *etc.*: reverse grip; *wrestling*: body lock.
'**Untergrund** *m* (-[e]s) subsoil; *fig.* underground; *fester* ~ bed-rock, *Am. a.* hardpan; *paint.* ground (-ing), undercoat; **~bahn** *f* underground (railway), *in London a.* tube, *Am.* subway; **~bewegung** *f* underground (movement).
'**Untergruppe** *f* sub-group.
'**unterhalb** *prp.* (*gen.*) below, under(neath).
'**Unterhalt** *m* (-[e]s) support, maintenance, upkeep; subsistence, livelihood, living; *jur.* maintenance, alimony; *s-n* ~ (*selbst*) *verdienen* earn one's (own) living, make a living (*durch* by); *s-n* ~ *bestreiten aus* (*dat.*) provide for one's maintenance from.
unter'halt|en *v/t.* (*irr.*, *h.*) support, maintain, keep up; operate; keep up, maintain (*correspondence*); keep on, feed (*fire*); keep, have (*account*); run (*business*); keep *building* in repair; entertain, amuse; *sich* ~ **a**) converse, talk (*mit j-m über acc.* with a p. on *or* about *a th.*), **b**) amuse (*or* enjoy) o.s., have a good time; **~end**, **~sam** *adj.* entertaining, amusing, pleasant; 2**er** *m* conversationalist; *thea.* entertainer.
'**Unterhalts...**: **~anspruch** *m* right to alimony; **~beihilfe** *f* subsistence allowance; 2**berechtigt** *adj.* entitled to maintenance; *wife*: entitled to alimony; **~berechtigte(r** *m*) *f* dependent; **~kosten** *pl.* alimony *sg.* (*of wife*); **~pflicht** *f* obligation to pay alimony; 2**pflichtig** *adj.* liable to pay the cost of maintenance.
Unter'haltung *f* entertainment; conversation, talk; maintenance, upkeep; **~sbeilage** *f* literary supplement; **~skosten** *pl.* (cost of) upkeep, maintenance (cost), operating cost; **~sfilm** *m* feature film; **~slektüre**, **~sliteratur** *f* light reading, fiction; **~smusik** *f* light music; **~s-programm** *n radio*: light program(me); **~s-ton** *m* conversational tone.
unter'handeln *v/i.* (*h.*) negotiate, treat (*mit* with); *mil.* (hold a) parley.
'**Unterhändler** *m* negotiator; *econ.* agent; *mil.* parlementaire (*Fr.*).
Unter'handlung *f* negotiation; *mil.* parley; *in* ~ *stehen mit* be in treaty with, carry on negotiations with; *in* ~ *treten* enter into negotiations (*or mil.* parley).
'**Unterhaus** *n* (-es) *Brit.* House of Commons.
'**Unterhemd** *n* vest, *Am.* undershirt.
unterhöhlen [-'hø:lən] *v/t.* (*h.*) undermine (*a. fig.*), hollow out (from below).
'**Unterholz** *n* (-es) underwood, brushwood, copse.
'**Unterhose(n** *pl.*) *f* (*eine* ~ a pair of) drawers *pl.*; (*men's*) pants *pl.*, *Am.* underdrawers; trunk drawers *pl.*; (*ladies'*) knickers *pl.*, panties *pl.*
'**unter-irdisch** *adj.* subterranean, underground.
'**Unteritalien** *n* Lower Italy.
'**Unterjacke** *f* (under)vest, *Am.* undershirt; singlet.
unterjoch|en [-'jɔxən] *v/t.* (*h.*) subjugate, subdue; enslave; 2**ung** *f* (-; -*en*) subjugation.
'**Unterkapitalisierung** *f* undercapitalization.
unter'kellern *v/t.* (*h.*) provide with a cellar.
'**Unter|kiefer** *m* lower jaw; **~klasse** *f* lower class *or* form; **~kleid** *n* undergarment; slip; **~kleidung** *f* underwear, underclothing; 2**kommen** *v/i.* (*irr.*, *sn*) find accommodation; find employment; be taken on; **~kommen** *n* accommodation, lodgings *pl.*; room; shelter; place, situation, berth; ~ *und Verpflegung* board and lodging; *mil.* quarter, billet; 2**kopieren** *v/t.* (*h.*) *phot.* underprint; **~körper** *m* lower part of the body; 2**kriegen** *colloq. v/t.* (*h.*) get *a p.* down, bring *a p.* to heel, get the better of *a p.*; *sich nicht* ~ *lassen* hold one's ground, not to give in (*or* knuckle under); *laß dich nicht* ~! bear up!, never say die!, don't let it get you (down)!; **~kunft** ['-kunft] *f* (-; ⸚e) → *Unterkommen*; **~kunftshaus** *n* hostel; **~kunftshütte** *f* refuge-hut; chalet; **~lage** *f tech.* base (plate), support, bed, rest; *rail.* groundwork; *geol.* substratum; *for babies*: waterproof sheet; *wrestling*: underneath position; *fig.* proof, voucher; **~n** *pl.* (supporting) documents, records, material; data; sources, references, literature *sg.*; **~land** *n* (-[e]s) lowland, low country; **~laß** [-'las] *m*: *ohne* ~ without intermission (*or* let-up), incessantly.
unter'lass|en *v/t.* (*irr.*, *h.*) omit; neglect; fail (*zu inf.* to); abstain (*or* refrain) from, forbear; leave off *doing a th.*, stop, discontinue; *nichts* ~ leave nothing undone; 2**ung** *f* (-; -*en*) omission; neglect, failure; *jur. a.* default; *auf* ~ *klagen* apply for an injunction; 2**ungsklage** *f* prohibitory action; 2**ungssünde** *f* sin of omission, lapse; 2**ungsurteil** *jur. n* restraining order.
'**Unterlauf** *m* (-[e]s) lower course.
unter'laufen I. *v/t.* (*irr.*, *h.*) run under a p.('s guard); **II.** *v/i.* (*irr.*, *sn*) *error*, *etc.*: slip (*or* creep) in (*a.* *mit*~); *mir ist ein Fehler* ~ I made a mistake; **III.** *p.p. and adj.*: suffused; *mit Blut* ~ bloodshot.
'**Unterleder** *n* sole leather.
'**unterlegen**[1] *v/t.* (*h.*) lay (*or* put) under; *e-r Sache* (*dat.*) *e-n anderen Sinn* ~ give another meaning to, put another construction upon *a th.*
unter'legen[2] **I.** *v/t.* (*h.*) underlay, line (*mit* with); **II.** *adj.* inferior (*dat.* to); 2**e(r** *m*) *f* (*-n*, *-n*; *-en*, *-en*) loser, underdog; 2**heit** *f* inferiority.
'**Unterlegscheibe** ['-le:k-] *tech. f* washer.
'**Unterleib** *m* abdomen, belly; **~s...** abdominal...; **~s-typhus** *m* typhoid fever.
'**Unterlieferant** *m* subcontractor.
unter'liegen *v/i.* (*irr.*, *sn*) be overcome (*dat.* by); be defeated (*a. sports* = lose to); get worsted; succumb (to); *fig. e-r Regel*, *etc.* ~ be subject to *or* be governed by a rule, *etc.*; *dem Zoll* ~ *a.* be dutiable; underlie, be at the bottom of; *Zweifeln* ~ be open to doubt; *es unterliegt keinem Zweifel* there is no doubt about it; *jur.* **~de** *Prozeßpartei* unsuccessful party.
'**Unterlippe** *f* lower lip.
'**Unterlizenz** *f* sublicen|ce, *Am.* -se.
unter'mal|en *v/t.* (*h.*) prime, ground; *fig. with music*: accompany, supply the background for; 2**ung** *f* (-; -*en*) *mus.* incidental music.
unter'mauer|n *v/t.* (*h.*) underpin; *fig.* bolster, corroborate; 2**ung** *fig. f* (-; -*en*) ground work.
unter|'mengen, **~'mischen** *v/t.* (*h.*) intermingle, intermix.
'**Untermensch** *m* subhuman; brute, gangster.
'**Untermiete** *f* sublease; *in* ~ *wohnen* be a subtenant (*Am.* a roomer); **~r(in** *f*) *m* subtenant, lodger, *Am.* roomer.
untermi'nieren *v/t.* (*h.*) undermine, sap.
unter'nehm|en *v/t.* (*irr.*, *h.*) undertake; attempt, venture upon; *es* ~ *zu inf.* take it upon o.s. to *inf.*; *er unternahm nichts* he did nothing, he took no action; → *Schritt*; 2**en** *n* **1.** *econ.* firm, enterprise, business, concern, company; operation; **2.** → *Unternehmung*; **3.** *mil.* operation; **~end** *adj.* enterprising; 2**er** *m* entrepreneur (*Fr.*); contractor; employer, *Am. a.* operator; industrialist; 2**ertum** *n* (-[e]s) *the* industrialists *pl.*, *the* employers *pl.*, *freies* ~ free enterprise; ~ *und Arbeiter* industry and labo(u)r; 2**erverband** *m* employers' association; 2**ung** *f* (-; -*en*) enterprise, undertaking; project; venture; transaction; *mil.* operation; 2**ungsgeist** *m* (-[e]s) (spirit of) enterprise, initiative, *Am.* go-ahead(ativeness); **~ungslustig** *adj.* enterprising, go-ahead; adventurous; full of go (*or* pep).
'**unter|normal** *adj.* subnormal; 2**offizier** *m* non-commissioned officer (*abbr.* NCO); corporal; *aer. Am.* airman 1st class; **~e** *und Mann-*

schaften Brit. other ranks, *Am.* enlisted personnel; 2**offiziersanwärter** *m* aspirant NCO; ⁓**ordnen** *v/t.* (*h.*) subordinate; *sich* ⁓ (*dat.*) submit (to); → *untergeordnet*; 2**ordnung** *f* subordination; *biol.* suborder; 2**organisation** *f* subsidiary; 2**pacht** *f* sublease; 2**pächter** *m* subtenant; 2**pfand** *n* pledge; ⁓**pflügen** *v/t.* (*h.*) plough (*Am.* plow) under.

Unterputz|leitung ['untər'putslaɪtuŋ] *el. f* (-; -en) concealed wiring; ⁓**schalter** *m* flush switch.

unter'red|en: *sich* ⁓ (*h.*) converse, confer; 2**ung** *f* (-; -en) conversation, conference, talk; *mil.* parley; interview; *j-m e-e* ⁓ *gewähren* grant a p. an interview.

Unterricht ['untərriçt] *m* (-[e]s; -e) instruction, training; lessons *pl.*; *ped. a.* classes *pl.*; tuition; ⁓ *geben* teach, give lessons; hold classes.

unter'richten *v/t.* (*h.*) instruct, teach, train; give lessons (*dat.* to; *über acc.* on); *fig.* inform (*von, über acc.* of); acquaint (with), advise (of); *laufend*: keep *a p.* informed; *falsch* ⁓ misinform; *sich* ⁓ *über* inform o.s. about, obtain information about; acquaint o.s. with; *unterrichtet sein* be (well) informed, be conversant (*über acc.* with); *unterrichtete Kreise* informed quarters.

'**Unterrichts...:** ⁓**briefe** *m/pl.* correspondence lessons *pl.*; *Lehrgang in* ⁓*n* correspondence course; ⁓**fach** *n*, ⁓**gegenstand** *m* subject of instruction; ⁓**film** *m* educational film; ⁓**ministerium** *n Brit.* Ministry of Education; *Am.* Office of Education; ⁓**raum** *m* class (*or* lecture) room; ⁓**stoff** *m* subject-matter; ⁓**stunde** *f* lesson, *Am. ped.* period; ⁓**werk** *n* school-book; ⁓**wesen** *n* (-s) public instruction, education(al affairs *pl.*).

Unter'richtung *f* (-; -en) instruction; information.

'**Unterrock** *m* petticoat; slip.

unter'sag|en *v/t.* (*h.*) forbid (*et.* a th.; *j-m et.* a p. to do a th.); prohibit (a th.; a p. from doing a th.); tell a p. not to do a th.; *jur. a.* restrain (a p. from doing a th.); 2**ung** *f* (-; -en) prohibition, interdiction.

'**Untersatz** *m* support; stand; *arch.* socle; saucer; *logics*: minor (proposition).

'**Unterschallgeschwindigkeit** *f* subsonic velocity.

unter'schätz|en *v/t.* (*h.*) undervalue; underestimate, underrate; 2**ung** *f* undervaluation, underestimate.

unterscheid|bar [-'ʃaɪtbɑːr] *adj.* distinguishable, discernible; ⁓**en** [-dən] *v/t. and v/i.* (*irr.*, *h.*) distinguish (*zwischen* between); make a distinction (between); tell (*von* from); discriminate; discern; differentiate; *sich* ⁓ differ (*von* from); ⁓**end** *adj.* distinctive, characteristic; 2**ung** *f* distinction, discrimination; difference; 2**ungsfähigkeit** *f* (-) distinctiveness (*of trade-mark*); 2**ungsmerkmal** *n* distinctive mark (*or* feature), (*a. tech.*) characteristic; criterion; 2**ungsvermögen** *n* (-s) power of distinction.

'**Unterschenkel** *m* shank, lower leg.

'**Unterschicht** *f* lower stratum; *geol.* substratum.

'**unterschieb|en** *v/t.* (*irr.*, *h.*) push under; substitute; *fig.* attribute falsely (*dat.* to), foist (*or* father) (on); (*Worten*) *e-n falschen Sinn* ⁓ put a wrong construction on (*words*); *untergeschoben* supposititious (*child, writings, etc.*); 2**ung** *f* substitution.

Unterschied ['-ʃiːt] *m* (-[e]s; -e) difference, distinction; *e-n* ⁓ *machen* make a distinction (*zwischen* between), discriminate; *zum* ⁓ *von* unlike, as distinguished from, as opposed to; *ohne* ⁓ indiscriminately; *ohne* ⁓ *der Nationalität* irrespective of nationality; *das ist ein großer* ⁓! that makes a great (*or* all the) difference!; 2**lich I.** *adj.* different; differing, variable, varied; **II.** *adv.*: ⁓ *behandeln* discriminate against; 2**slos I.** *adj.* indiscriminate; **II.** *adv.* indiscriminately, without exception.

'**unterschlagen** *v/t.* (*irr.*, *h.*) cross *one's arms*.

unter'schlag|en *v/t.* (*irr.*, *h.*) embezzle (*money*); intercept (*letter*); suppress (*evidence*); *fig.* hold back, keep silent about; 2**ung** *f* (-; -en) embezzlement; interception; suppression.

Unterschleif ['-ʃlaɪf] *m* (-[e]s; -e) embezzlement, defraudation, *jur. a.* peculation.

Unterschlupf ['-ʃlupf] *m* (-[e]s; ⁼e) hiding-place, *Am. a.* hide-out; shelter, refuge.

unter'schreiben *v/t.* (*irr.*, *h.*) sign, subscribe (*fig.* to *a view, etc.*); affix one's signature to, set one's hand (and seal) to, execute; *fig.* subscribe to, endorse.

unter'schreiten *v/t.* (*irr.*, *h.*) fall short of, remain under.

'**Unterschrift** *f* signature; *mit (s)einer* ⁓ *versehen* → *unterschreiben*; ⁓**enmappe** *f* signature blotting-book; ⁓**sbeglaubigung** *f* attestation, confirmation of signature; *jur.* formal witnessing of a signature; 2**sberechtigt** *adj.* authorized to sign; ⁓**s-probe** *f* specimen of signature.

unterschwellig ['-ʃvɛliç] *adj. psych.* subliminal.

'**Unterseeboot** *n* submarine (boat), U-boat; ⁓**abwehr** *f* anti-submarine defen|ce, *Am.* -se; ⁓**bunker** *m* submarine pen; ⁓**falle** *f* Q-ship; ⁓**jäger** *m* submarine chaser; ⁓**krieg** *m* submarine warfare.

untersee|isch ['-zeːiʃ] *adj.* submarine; 2**kabel** *n* submarine cable.

'**Unterseite** *f* underside, bottom side.

'**untersetzen** *v/t.* (*h.*) set (*or* place) under.

untersetzt [-'zɛtst] *adj.* stocky, square-built, thick-set, squat.

Untersetzung [-'zɛtsuŋ] *tech. f* (-; -en) (gear)reduction; ⁓**sgetriebe** *n* reduction gear(ing).

'**untersinken** *v/i.* (*irr.*, *sn*) sink (under), go down.

'**Unterspannung** *el. f* undervoltage.

unter'spülen *v/t.* (*h.*) wash away, hollow (from below).

unterst ['untərst] *adj.* lowest, undermost, lowermost, bottom(most); last.

Unter'staatssekretär *m* Under-secretary of State.

'**Unterstand** *mil. m* shelter; dug-out.

'**unterstecken** *v/t.* (*h.*) put (*or* stick) under.

'**unterstehen** *v/i.* (*irr.*, *h.*) **1.** take (*or* find) shelter; **2.** *unter'stehen*: *j-m* ⁓ be subordinate to; come under, be subject to (*law, jurisdiction*); *j-s Aufsicht* (*or j-m*) ⁓ be under a p.'s control, *Am.* report to a p.; *sich* ⁓ *zu inf.* dare, venture to *inf.*; have the impudence (*or* cheek) to *inf.*; ⁓ *Sie sich!* don't you dare!; *was* ⁓ *Sie sich?* how dare you?

'**unterstellen** *v/t.* (*h.*) **1.** place (*or* put) under; *mot.* garage, park; *sich* ⁓ take shelter (*vor dat.* from); **2.** *unter'stellen* **a)** impute (*dat.* to), **b)** presuppose, assume; *wenn man dies unterstellt* granting this to be so; *mil. j-m* ⁓ put *troops* under a p.'s command *or* control; assign to, attach to; **Unter'stellung** *f* imputation, supposition; assignment, attachment.

unter'streichen *v/t.* (*irr.*, *h.*) underline (*a. fig.* = emphasize), underscore; *s-e Worte mit Gesten* ⁓ punctuate one's words with gestures.

'**Unterströmung** *f* undercurrent.

'**Unterstufe** *f* lower grade.

unter'stütz|en *v/t.* (*h.*) prop, support; *fig.* support, back up, assist, aid; second; advocate, endorse; relieve (*the poor*); carry, second (*motion*); corroborate (*evidence*); 2**ung** *f* support (*a. mil.*); *fig. a.* assistance, aid; relief; subsidy; (*insurance*) benefit; *zur* ⁓ *e-r Klage, etc.* in support of an action, *etc.*; *zu Ihrer* ⁓ for your guidance; *auf staatliche* ⁓ *angewiesen sein* be a public charge; *von* ⁓ *leben* live on relief; ⁓**ungsberechtigt** *adj.* indigent; entitled to insurance benefit; 2**ungs-empfänger(in** *f*) *m* recipient of public relief, reliefer; 2**ungsfonds** *m* relief fund; 2**ungssumme** *f* allowance; 2**ungsleistungen** *f/pl.* benefits.

unter'suchen *v/t.* (*h.*) inquire (*or* look) into; examine (*a. med.*), inspect, scrutinize; test (*auf acc.* for); explore, investigate; analy|se, *Am.* -ze; lab-examine; *tech.* go over, overhaul (*machine*).

Unter'suchung *f* (-; -en) examination (*a. med.*); scrutiny; inquiry, investigation (*a. jur.*); test; *chem. or fig.* analysis; treatise; survey; ⁓**sausschuß** *m* committee of inquiry, fact-finding committee; ⁓**sgefangene(r** *m*) *f* prisoner at the bar *or* on trial *or* on remand; ⁓**sgericht** *n* court of inquiry; ⁓**shaft** *f* detention (pending trial), imprisonment on remand; *die* ⁓ *anrechnen* compensate the detention; *in* ⁓ *nehmen* commit for trial (*wegen* on a charge of); *in* ⁓ *sein* be on remand; *in die* ⁓ *zurücksenden* remand (into custody); ⁓**srichter** *m* examining magistrate, investigating judge.

Untertag|bau [-'tɑːkbau] *m* (-[e]s)

underground mining; ~e-arbeiter [-ˈtɑːgə-] *m* workman underground.
Untertan [ˈuntərtɑːn] *m* (-*s*; -*en*) subject; ♀ *pred. adj.*: *j-m* ~ subject to a p.; ~**en-eid** *m* oath of allegiance.
untertänig [ˈ-tɛːniç] *adj.* subject; *fig.* submissive, humble; ♀**keit** *f* (-) *fig.* submission, humility.
ˈ**Untertasse** *f* saucer.
ˈ**untertauchen** *v/i.* (*sn*) dive; *submarine*: submerge; (*a. v/t., h.*) duck, dip, *a. tech.* immerse; *fig.* disappear, go underground, lie low.
ˈ**Unterteil** *m* (*n*) lower part, base.
unterˈ**teilen** *v/t.* (*h.*) subdivide, break down; classify; ♀**ung** *f* subdivision; breakdown; classification; partition.
ˈ**Untertitel** *m* subhead(ing); subtitle, caption (*a. film*).
ˈ**Unterton** *m* undertone; *fig.* overtone(s *pl.*).
Untertreibung [-ˈtraɪbuŋ] *colloq. f* (-; -*en*) understatement.
ˈ**untertreten** *v/i.* (*irr., sn*) take shelter.
unterˈ**tunneln** *v/t.* (*h.*) tunnel.
ˈ**unter|verfrachten** *v/t.* (*h.*) subcharter; ♀**verkauf** *m* subsale; ~**vermieten** *v/t.* (*h.*) sublet; ♀**vermieter(in** *f*) *m* sublessor; ~**verpachten** *v/t.* (*h.*) sublease; ~**versichern** *v/t.* (*h.*) under-insure.
unterˈ**wander|n** *pol. v/t.* (*h.*) infiltrate; ♀**ung** *f* infiltration.
unterwärts [ˈvɛrts] *adv.* downward(s).
ˈ**Unterwäsche** *f* → *Unterkleidung*.
Unterˈ**wasser|bombe** *mar. f* depth-charge *or* -bomb; ~**horchgerät** *n* hydrophone; ~**ortung** *f* subaqueous ranging; ~**ortungsgerät** *n* SONAR (*abbr. of* sound navigation and ranging); ~**schallmeßgerät** *n* phonic chronometer; ~**wende** *f* *swimming*: underwater turn.
unterwegs [untərˈveːks] *adv.* on the way; en route (*Fr.*); *econ.* in transit; *immer* ~ always on the move.
unterˈ**weis|en** *v/t.* (*irr., h.*) instruct; ♀**ung** *f* instruction.
ˈ**Unterwelt** *f* underworld (*a. fig. criminals*), Hades.
unterˈ**werf|en** *v/t.* (*irr., h.*) subdue, subjugate; subject (*dat.* to *reign, interrogation, etc.*); submit (to *arbitration, etc.*); *sich* ~ submit (*dat.* to *a decision, etc.*), acquiesce (in), accept; *e-r Sache unterworfen sein* be subject to a th.; ♀**ung** [-ˈverfuŋ] *f* (-; -*en*) subjugation, conquest; subjection; *fig.* submission (*unter acc.* to), acquiescence (in).
unterˈ**wühlen** *v/t.* (*h.*) undermine.
unterwürfig [-ˈvyrfiç] *adj.* submissive; subservient, obsequious; ♀**keit** *f* (-) submissiveness; subservience.
unterˈ**zeichn|en** *v/t.* (*h.*) sign; → *unterschreiben*; ♀**er** *m* signer, *the* undersigned; subscriber (*gen. to charity, loan, etc.*); signatory (*of treaty*); ♀**erstaat** *m* signatory state; ♀**ete(r** *m*) [-ətə(r)] *f* (-*n*, -*n*; -*en*, -*en*) undersigned; ♀**ung** *f* signature, signing.
ˈ**Unterzeug** *n* (-[e]s) underwear.
ˈ**unterziehen I.** *v/t.* (*irr., h.*) pull (*or* draw) under; put on *garment* underneath; **II.** *unter*ˈ*ziehen v/t.* (*irr., h.*; *dat.*) subject to; *sich e-r Operation, Prüfung, etc.*, ~ undergo an operation, sit (*or* go in) for an examination, *etc.*; *sich der Mühe* ~ *zu inf.* take the trouble to *inf.*, take it upon o.s. to *inf.*
ˈ**untief** *adj.* shallow; ♀**e** *f* shallow, shoal; *w.s.* (bottomless) abyss.
ˈ**Untier** *n* monster (*a. fig.*).
unˈ**tilgbar** *adj.* inextinguishable, indelible; irredeemable (*loan*).
unˈ**tragbar** *adj.* unbearable, intolerable; *pred. a.* past endurance; prohibitive (*cost, price*).
unˈ**trennbar** *adj.* inseparable.
ˈ**untreu** *adj.* unfaithful, untrue; disloyal; *e-r Sache, etc.*, ~ *werden* desert *a cause*, deviate from *a policy*, give up *one's principles*; ♀**e** *f* unfaithfulness, disloyalty; infidelity; *jur.* **a)** breach of trust, **b)** fraudulent conversion, peculation.
unˈ**tröstlich** *adj.* inconsolable, disconsolate.
untrüglich [unˈtryːkliç] *adj.* infallible, unfailing, unerring; unmistakable; ♀**keit** *f* (-) infallibility.
ˈ**untüchtig** *adj.* unfit, incapable (*zu* for); inefficient; incompetent; *mar.* unseaworthy; ♀**keit** *f* unfitness, incapacity, inefficiency, incompetence.
ˈ**Untugend** *f* vice, bad habit, failing.
ˈ**untunlich** *adj.* impracticable.
unüber|brückbar [ˈunˀyːbər-ˈbrykbɑːr] *adj. fig.* unbridgeable, insurmountable; ~**legt** [ˈ-leːkt] *adj.* inconsiderate, thoughtless; ill-considered, unwise; rash; ~**sehbar** [-ˈzeːbɑːr] *adj.* immense, vast; incalculable; e-e ~*e Zahl von a.* a host (*or* sea) of; ~**setzbar** [-ˈzɛtsbɑːr] *adj.* untranslatable; ~**sichtlich** *adj.* badly arranged, difficult to survey; unmethodical; complex, involved; ~*e Fahrbahn!* blind corner!, concealed drive!; ~**steigbar** [-ˈʃtaɪkbɑːr] *adj.* insurmountable, insuperable; ~**tragbar** [-ˈtrɑːkbɑːr] *adj.* not transferable; non-negotiable (*securities*); ~ˈ**trefflich** *adj.* unsurpassable, matchless, peerless; ~**troffen** [-ˈtrɔfən] *adj.* unsurpassed, unmatched, unexcelled; ~*er Meister* past-master; ~**windlich** [-ˈvintliç] *adj.* invincible; impregnable (*fortress, etc.*); insurmountable (*difficulties*); insuperable (*aversion*).
unum|gänglich [unˀumˈgɛŋliç] *adj.* indispensable, unavoidable, absolutely necessary; ~**schränkt** [-ˈʃrɛŋkt] *adj.* unlimited; *pol.* absolute, autocratic(ally *adv.*); ~**stößlich** [-ˈʃtøːsliç] *adj.* irrefutable; incontestable; irrevocable; ~**wunden** [-ˈvundən] *adj.* (*and adv.*) frank(ly), plain(ly), flat(ly), blunt(-ly); *adv. a.* point-blank, without reserve, in so many words.
ununterbrochen [ˈunˀuntərbrɔxən] *adj.* uninterrupted, unbroken; continuous; incessant.
ˈ**unver|**ˈ**änderlich** unchangeable, (*a. gr.*) invariable; constant, stable; ♀**änderliche** *phys. f* (-*n*; -*n*) constant; ~**ändert** *adj.* unchanged, (just) as it was, the same as before; ~**antwortlich** *adj.* irresponsible; inexcusable, unwarrantable; ♀**antwortlichkeit** *f* irresponsibility; ~**arbeitet** *tech. adj.* unfinished, unwrought, *Am.* unprocessed; raw; *fig.* undigested; ~**ausgabt** *econ. adj.* unexpended; ~**äußerlich** *adj.* inalienable; ~**besserlich** *adj.* incorrigible, inveterate; ~**bindlich I.** *adj.* not binding (*or* obligatory); informal; noncommittal; disobliging; *econ. Preise* ~ prices subject to change; **II.** *adv.* without obligation *or* engagement; ♀**bindlichkeit** *f* (-) non-obligation; noncommittal attitude; disobliging manner; ~**blümt** *adj.* plain, direct, blunt; ~**braucht** *adj.* unused; unspent (*vitality*); fresh; ~**brennbar** *adj.* incombustible; ~**brieft** *econ. adj.* unsecured, non-bonded (*credit, etc.*); ~**brüchlich** [ˈunfɛrˈbryçliç] *adj.* inviolable, absolute; steadfast, unswerving, sta(u)nch; ~**bürgt** *adj.* unwarranted; unconfirmed (*news*); ~**dächtig** *adj.* unsuspected, unsuspicious; ~**daulich** *adj.* indigestible (*a. fig.*); ♀**daulichkeit** *f* indigestibility; ~**daut** *adj.* undigested (*a. fig.*); ~**derbt**, ~**dorben** *adj.* unspoilt (*a. fig.*), *esp. fig.* uncorrupted; *fig.* pure, innocent; ~**drossen** *adj.* indefatigable, unflagging, unwearied, persevering, patient; ~**dünnt** *adj.* undiluted; neat, *Am.* straight (*whisky, etc.*); ~**eidigt** *adj.* unsworn; ~**einbar** *adj.* incompatible, inconsistent, irreconcilable (*all: mit* with); ♀**einbarkeit** *f* (-) incompatibility; ~**fälscht** *adj.* unadulterated (*a. fig.*), pure; *fig.* genuine; ♀**fälschtheit** *f* (-) genuineness; ~**fänglich** *adj.* harmless, not captious; ~**formbar** *tech. adj.* non-workable; ~**froren** *adj.* unabashed, brazenfaced, impertinent; ♀**frorenheit** *f* (-) impertinence, impudence, cheek; ~**gänglich** *adj.* imperishable, everlasting; immortal, deathless; unfading (*fame*); ~**gessen** *adj.* unforgotten; ~**geßlich** *adj.* unforgettable, not to be forgotten, ever memorable; *das wird mir* ~ *bleiben* I shall never forget that; ~**gleichlich** *adj.* incomparable, peerless, unrival(l)ed; unique; ~ *sein a.* stand alone; ~**hältnismäßig** *adj.* disproportionate; excessive, unreasonable; ~**heiratet** *adj.* unmarried, single; ~**hofft** [ˈunfɛrˈhɔft] *adj.* unhoped-for; unexpected, unforeseen; sudden; ~**hohlen** *adj.* unconcealed; unreserved, frank; ~**hüllt** *adj.* unveiled (*a. fig.*); bare; *fig.* undisguised, open; ~**jährbar** *jur. adj.* imprescriptible, not subject to the statute of limitation; ~**käuflich** *adj.* unsal(e)able; not for sale; ~*e Ware* dead stock, drug on the market; ~**kauft** *adj.* unsold; *pred.* on hand; ~**kennbar** *adj.* unmistakable; obvious; ~**kürzt** *adj.* uncurtailed; unabridged; ~**langt** *adj.* unsolicited, not asked for; ~**letzbar**, ~**letzlich** *adj.* invulnerable, (*a. fig.*) inviolable (*rights*); *fig.* sacred; ♀**letzbarkeit** *f* (-) invulnerability; immunity; ~**letzt** *adj.* uninjured, unhurt, unharmed; safe (and sound); *w.s.* intact; ~**lierbar** *adj.* that cannot be lost, never lost; *pred.* in safe keep-

ing; **~mählt** *adj.* unmarried; **~meidlich** *adj.* inevitable, unavoidable, unfailing; *sich ins* 2*e fügen* bow to the inevitable; **~merkt** *adj.* unperceived; **~mindert** *adj.* undiminished; **~mischt** *adj.* unmixed; unblended; *metall.* unalloyed; **~mittelt** *adj.* abrupt, sudden, unheralded.

'**Unvermögen** *n* (*-s*) inability, incapacity; impotence; *econ.* insolvency; 2**d** *adj.* unable (*zu* to), incapable (*zu* of); impotent, powerless; impecunious, without means.

'**unvermutet** *adj.* unexpected, unforeseen.

'**unvernehmlich** *adj.* inaudible.

'**Unver|nunft** *f* lack of reason, unreasonableness; absurdity; 2**nünftig** *adj.* irrational; unreasonable, absurd, foolish; 2**öffentlicht** *adj.* unpublished; 2**packt** *adj.* unpacked, loose; 2**pfändet** *adj.* unpledged; 2**richtet** *adj.* unperformed; *~erdinge, ~ersache* unsuccessfully, without having achieved one's object; empty-handed; 2**rückbar** *adj.* unremovable; *fig.* steadfast, unshakable.

'**unverschämt** *adj.* impudent, impertinent, insolent, saucy, cheeky; bare-faced (*lie*); (*adv.*) *lie* shamelessly; unconscionable; 2**heit** *f* impudence, impertinence, insolence, effrontery, sauciness; *die ~ haben zu* have the face to.

'**unver|schlossen** *adj.* unlocked; unsealed (*letter*); **~schuldet** *adj.* undeserved; arising through no fault of *ours, etc.*; not in debt; unencumbered (*property*); **~sehens** *adv.* unexpectedly, all of a sudden, unawares; **~sehrt** *adj.* uninjured; intact; 2**sehrtheit** *f* (-) integrity; **~sichert** *adj.* uninsured; **~siegbar** ['unfɛr'zi:kbɑ:r] *adj.* inexhaustible, everflowing; **~siegelt** *adj.* unsealed; **~söhnlich** *adj.* implacable, irreconcilable; intransigent; 2**söhnlichkeit** *f* implacability; intransigence; **~sorgt** *adj.* unprovided for, without means.

'**Unverstand** *m* lack of judgement, injudiciousness; folly, stupidity.

unver|standen ['unfɛrʃtandən] *adj.* not understood; misunderstood; **~ständig** *adj.* injudicious, imprudent; foolish; **~ständlich** *adj.* unintelligible; incomprehensible, inconceivable; obscure (*reasons*); *das ist mir völlig ~* I cannot make head or tail of it, that's beyond me; 2**ständlichkeit** *f* (-) unintelligibility; inconceivableness; **~stellbar** *adj.* fixed; **~stellt** *adj.* undisguised, unfeigned; **~sucht** ['-zu:xt] *adj.* untried; *nichts ~ lassen* try everything, leave no stone unturned (*um zu* to); **~teidigt** *adj.* undefended, unprotected; **~tilgbar** ['-tilkbɑ:r] *adj.* ineradicable, indelible; **~träglich** *adj.* unsociable; quarrelsome, cantankerous; *fig. ~ mit* incompatible with; 2**träglichkeit** *f* unsociableness, quarrelsomeness; incompatibility; **~wandt** *adj.* fixed; steadfast; unswerving; *s-n Blick ~ richten auf* (*acc.*) rivet (*or* fix) one's eyes on; **~wechselbar** *adj.* unmistakable; **~wehrt** *adj.*: *es ist Ihnen ~* you are (quite) at liberty to *inf.*; **~weilt** *adv.* without delay, immediately; **~wendbar** *adj.* unusable, unemployable; **~weslich** *adj.* incorruptible; **~wundbar** *adj.* invulnerable; **~wüstlich** *adj.* indestructible; *tech. a.* (very) robust, of unlimited service life; everlasting; *fig.* irrepressible (*humour*); **~zagt** *adj.* intrepid, undaunted; **~zeihlich** *adj.* unpardonable; **~zerrt** *adj.* undistorted (*a. radio*); **~zinslich** *adj.* bearing no interest; *~e Papiere* non-interest bearing securities; *~es Darlehen* free loan; **~zollt** *adj.* duty unpaid; in bond; **~züglich** ['-tsy:kliç] *adj.* (*and adv.*) immediate(ly), instant(ly), prompt(ly); *adv. a.* forthwith, without delay, on the spot, at once.

'**unvoll|endet** *adj.* unfinished; **~kommen** *adj.* imperfect; defective, wanting; 2**kommenheit** *f* imperfection; **~ständig** *adj.* incomplete; 2**ständigkeit** *f* incompleteness; **~zählig** *adj.* incomplete.

'**unvor|bereitet** *adj.* unprepared; *adj. and adv.* extempore; *~ sprechen a.* extemporize, *Am.* ad-lib; **~denklich** ['unfo:rdɛŋkliç] *adj.*: *seit ~en Zeiten* from time immemorial; **~eingenommen** *adj.* unbias(s)ed, unprejudiced; **~hergesehen** ['-'he:rgəze:ən] *adj.* unforeseen; *~e Ausgaben* contingencies, incidentals; **~sätzlich** *adj.* unintentional, undesigned; *jur.* unpremeditated; **~schriftsmäßig** *adj.* improper, irregular; *pred. and adv.* contrary to regulations; **~sichtig** *adj.* incautious; inconsiderate; imprudent; rash; careless; 2**sichtigkeit** *f* (-; *-en*) incautiousness; imprudence; carelessness; *aus ~* through negligence; **~stellbar** *adj.* unimaginable; incredible; **~teilhaft** *adj.* unprofitable; unfavo(u)rable, disadvantageous; unbecoming (*dress*).

'**unwägbar** *adj.* imponderable; *~e Dinge* imponderables.

'**unwahr** *adj.* untrue, false; **~haftig** *adj.* untruthful, insincere; 2**heit** *f* untruth, falsehood; **~scheinlich** *adj.* improbable, unlikely; *fig.* incredible, fantastic; 2**scheinlichkeit** *f* improbability.

un'wandelbar *adj.* immutable, unchangeable; unshakable, sta(u)nch; 2**keit** *f* immutability.

unwegsam ['unve:kzɑ:m] *adj.* impassable, pathless.

'**unweiblich** *adj.* unwomanly.

unweigerlich [un'vaɪgərliç] *adj. and adv.* without fail, inevitab|le, *adv.* -ly; *ich muß es ~ tun* I cannot help doing it; *es mußte ~ so kommen* this was bound to happen.

'**unweise** *adj.* unwise, imprudent.

'**unweit I.** *adv.* not far (off), near; **II.** *prp.* (*gen.*) not far from, close to.

'**Unwesen** *n* (*-s*) nuisance; excesses *pl.*; *sein ~ treiben* do (*or* be up to) mischief, *an e-m Ort*: haunt *or* infest a place; 2**tlich** *adj.* unessential, immaterial (*für* to), unimportant; negligible; *pred.* of no consequence; beside the point.

'**Unwetter** *n* stormy weather; thunderstorm, tempest.

'**unwichtig** *adj.* unimportant, insignificant; 2**keit** *f* insignificance; *~en pl.* trivialities.

unwider'leg|bar, ~lich *adj.* irrefutable, conclusive; 2**barkeit** *f* (-) irrefutability.

unwider'ruflich *adj.* irrevocable (*a. econ.*), beyond recall; definite(ly), positive(ly *adv.*).

unwidersprochen ['unvi:dərʃprɔxən] *adj.* uncontradicted, unchallenged.

unwiderstehlich [-'ʃte:liç] *adj.* irresistible; overpowering (*desire*); 2**keit** *f* (-) irresistibility.

unwiederbringlich [unvi:dər'briŋliç] *adj.* irretrievable.

'**Unwill|e** *m* indignation, displeasure, anger; unwillingness; 2**ig** *adj.* indignant, displeased; annoyed, angry (*all*: *über acc.* at); unwilling, reluctant; 2**kommen** *adj.* unwelcome; 2'**kürlich** *adj.* involuntary; instinctive, automatic(ally *adv.*); *~ mußte ich an ihn denken* I could not help thinking of him.

'**unwirklich** *adj.* unreal.

'**unwirksam** *adj.* ineffective, inoperative (*jur. a.* void), inefficient; *chem.* inactive; 2**keit** *f* inefficiency, inoperativeness; *chem.* inactivity; futility.

unwirsch ['unvirʃ] *adj.* cross, testy.

'**unwirt|lich** *adj.* inhospitable, desolate; **~schaftlich** *adj.* uneconomic (-al *person*), unthrifty; inefficient.

'**unwissen|d** *adj.* ignorant; 2**heit** *f* (-) ignorance; **~schaftlich** *adj.* unscientific(ally *adv.*); **~tlich** *adj.* (*and adv.*) unwitting(ly), unknowing(ly), unconscious(ly).

'**unwohl** *adj.* unwell (*a. woman*), indisposed; out of sorts, seedy; 2**sein** *n* indisposition; *physiol.* monthly period(s *pl.*).

'**unwohnlich** *adj.* uncomfortable, cheerless.

'**unwürdig** *adj.* unworthy (*gen.* of); disgraceful; degrading; *das ist seiner ~* that is beneath him; 2**keit** *f* (-) unworthiness.

'**Unzahl** *f* (-) immense number; e-e *~ von* a host (*or* sea) of, no end of.

un'zähl|bar, ~ig *adj.* innumerable, numberless, countless.

'**unzart** *adj.* indelicate; rough; 2**heit** *f* indelicacy.

Unze ['untsə] *f* (-; *-n*) ounce (*abbr.* oz. = *28,35 g*).

'**Unzeit** *f* (-): *zur ~* at the wrong time, inopportunely; prematurely; 2**gemäß** *adj.* old-fashioned, behind the times; unseasonable, inopportune; 2**ig** *adj.* untimely (*a. adv.*); premature; ill-timed; unseasonable, inopportune.

unzer|'brechlich *adj.* unbreakable; **~'legbar** *adj.* undecomposable, indivisible; **~'reißbar** *adj.* untearable; **~'störbar** *adj.* indestructible; **~'trennlich** *adj.* inseparable.

'**unziem|end, ~lich** *adj.* unseemly, unbecoming; indecent.

'**Unzier(de)** *f* blemish, disfigurement; eye-sore.

'**unzivilisiert** *adj.* uncivilized.

'**Un|zucht** *f* (-) lewdness; *jur.* sexual offen|ce, *Am.* -se, (act of) indecency, *gewerbsmäßige*: prostitution; *widernatürliche*: sodomy; *außereheliche*: fornication; **2züchtig** *adj.* lewd, lascivious; obscene (*gesture, word, literature, etc.*), indecent.

'unzufrieden *adj.* dissatisfied, discontented, *esp. pol.* malcontent; **2heit** *f* dissatisfaction, discontent.

'unzugänglich *adj.* inaccessible (*a. tech.*), unapproachable; reserved, standoffish; *~er Geist* closed mind; *~ für (acc.)* impervious to, deaf to.

'unzulänglich *adj.* insufficient, inadequate; **2keit** *f* insufficiency, inadequacy; deficiency, shortcoming.

'unzulässig *adj.* inadmissible; undue (*a. jur. influence*); *für ~ erklären* rule out, *jur. a.* outlaw.

'unzumutbar *adj.* unimputable; unreasonable (*demands*); that cannot be expected *of a p.*

'unzurechnungsfähig *adj.* irresponsible, not responsible for one's actions; imbecile; insane; *jur. a.* non compos (mentis), of unsound mind; **2keit** *f* irresponsibility; imbecility; *jur.* diminished responsibility; *Einrede der ~* plea of insanity.

'unzureichend *adj.* insufficient.

'unzusammenhängend *adj.* disconnected; incoherent (*speech, etc.*).

'unzuständig *adj.* incompetent; having no jurisdiction (*für* over); **2keit** *f* incompetence, want of jurisdiction.

'unzuträglich *adj.* disadvantageous, prejudicial (*dat.* to), not good (for); unwholesome, unhealthy (*a. fig.*); **2keit** *f* unwholesomeness.

'unzutreffend *adj.* incorrect; unfounded; *das ist gänzlich ~* nothing could be further from the truth; inapplicable.

'unzuverlässig *adj.* unreliable, untrustworthy; uncertain; treacherous (*memory, weather, etc.*); *~e Freunde a.* fair-weather friends; **2keit** *f* unthrustworthiness; uncertainty; treacherousness.

'unzweckmäßig *adj.* inexpedient, unsuitable; **2keit** *f* inexpediency, unsuitableness.

'unzweideutig *adj.* unequivocal, unambiguous; plain, clear.

'unzweifelhaft I. *adj.* undoubted, indubitable; *~e Tatsache* established fact; **II.** *adv.* doubtless, without doubt.

üppig ['ypiç] *adj.* luxurious; luxuriant, exuberant (*vegetation, language, health, etc.*), lush; opulent, sumptuous (*meal*); well-developed, voluptuous, lush (*figure, woman*); *fig.* presuming, uppish, highty and mighty, cocky, *Am.* chesty; generous; *~ leben* live high (*or* on the fat of the land); *colloq. er wird zu ~* he is getting too big for his breeches; **2keit** *f* luxury; luxuriant growth, exuberance; opulence; voluptuousness; presumption; uppishness.

Ur [u:r] *zo. m* (-[e]s; -e) aurochs.

Ur... ['u:r-]: **a)** original; primitive, prime, **b)** thorough, **c)** *as adv. with adj.* extremely, very; **~abstimmung** *f* strike ballot; **~ahn** *m* great-grandfather; *w.s.* ancestor; **~ahne** *f* (-; -n) great-grandmother; **2alt** *adj.* very old, very ancient, old as the hills; age-long (*problem*); *seit ~en Zeiten* from time immemorial; **~anfang** *m* first beginning; prime origin; **2anfänglich** *adj.* original, primeval; **2aufführen** *v/t.* (*h.*) play for the first time, première, *film a.* release; **~aufführung** *f* first night *or* performance; release, première (*film*).

Uran [u'ra:n] *n* (-s) uranium; **~brenner** *m* uranium pile; **2haltig** *adj.* uraniferous, uranium-bearing; **~pechblende** *f*, **~pech-erz** *n* pitchblende; **~vorkommen** *n* uranium deposit.

urbar ['u:rba:r] *adj.* arable, cultivated; *~ machen* cultivate; clear, reclaim; **2machung** ['-maxuŋ] *f* (-) cultivation; reclamation.

'Ur...: ~bedeutung *f* original meaning; **~bestandteil** *m* primitive (*or* ultimate) constituent; **~bewohner** *m* original inhabitant, native; *pl.* aborigines; **~bild** *n* original, prototype, archetype; *fig.* ideal; **2deutsch** *adj.* thoroughly German, German to the core; **2eigen** *adj.* one's very own; innate, inherent; **~einwohner** *m* → *Urbewohner*; **~eltern** *pl.* ancestors; **~enkel** *m* great-grandson; **~enkelin** *f* great grand daughter; **~erzeugung** *f* primary production; **~fehde** *hist. f* oath of truce; **~form** *f* original form; **~gebirge** *n* primitive mountains *or* rocks *pl.*; **~geschichte** *f* (-) early (*or* primeval) history; **2geschichtlich** *adj.* prehistoric(ally *adv.*); **~großeltern** *pl.* great-grandparents *pl.*; **~großmutter** *f* great-grandmother; **~großvater** *m* great-grandfather; **~heber** *m* author (*a. b.s.*), originator; creator; **~heberrecht** *n* copyright; *Inhaber des ~s* copyright owner; **~heberschaft** *f* (-) authorship.

Urin [u'ri:n] *m* (-s; -e) urine; **~flasche** *f* urinal; **uri'nieren** *v/i.* (*h.*) urinate; **urin'treibend** *adj.* diuretic.

'ur...: ~komisch *adj.* extremely (*or* screamingly) funny; **2kraft** *f* original force; primitive strength.

'Urkunde *f* document, deed, legal instrument; record; title (deed); charter; *zu Urkund dessen* in witness whereof; **~nbeweis** *m* documentary evidence; **~ndolmetscher** *m* sworn interpreter for the translation of documents; **~nfälschung** *f* forgery of documents; **~nrolle** *f* document register.

urkund|lich ['u:rkuntliç] *adj.* documentary; authentic(ally *adv.*); *~ belegt* documented; *~ dessen* in witness whereof; **2sbe-amte(r)** *m* Clerk of the Court, registrar.

Urlaub ['u:rlaup] *m* (-[e]s; -e) leave (of absence); vacation, holidays *pl.*; *mil.* leave, furlough; *~ auf Ehrenwort* leave on parole; *~ bis zum Wecken* night leave; *auf ~* on vacation, (*a. mil.*) on leave; *~ nehmen* take a holiday, *Am.* vacation; **~er** ['-bər] *m* (-s; -) *mil.* man on leave, *pl.* leave personnel; (*civilian*) holiday-maker, *Am.* vacationist; **~erzug** *mil. m* leave train; **~s-anspruch** *m* vacation privilege; **~sschein** *mil. m* pass; **~sgesuch** *n* application for a leave; **~szeit** *f* holiday-time.

'Ur|maß *n* standard gauge; **~mensch** *m* primitive man.

'Urne ['urnə] *f* (-; -n) urn; *pol.* ballot-box.

'Ur...: ~ochs *m* aurochs; **2'plötzlich I.** *adj.* very sudden, abrupt, totally unexpected; **II.** *adv.* all of a sudden; **~quell** *m* primary source; **~sache** *f* cause; reason; occasion; motive; *er hat keine ~ zu inf.* there is no reason for him to *inf.*, there is no reason why he should *do so*; *das scheint die eigentliche ~ zu sein a.* this appears to be at the bottom of it; *keine ~!* don't mention it!, (you are) welcome!; → *Wirkung*; **~sachenzusammenhang** *jur. m* causal nexus; **2sächlich** *adj.* causal, *gr.* causative; **~sächlichkeit** *f* (-) causality; **~schleim** *m* protoplasm; **~schrift** *f* original (text *or* copy); **2schriftlich I.** *adj.* original, autographic; **II.** *adv.* in the original; **~sprache** *f* primitive language; *translation*: original; **~sprung** *m* source; *fig.* origin; *s-n ~ haben in (dat.)* originate in *or* from, take its rise from; *deutschen ~s* of German origin (*person a.* extraction); *econ.* made in Germany; **2sprünglich** ['-ʃpryŋliç] **I.** *adj.* original (*a. fig.*); primitive; initial; **II.** *adv.* in the beginning, at first; **~sprünglichkeit** *f* (-) originality; **~sprungsland** *econ. n* country of origin; **~sprungszeugnis** *econ. n* certificate of origin; **~stånd** ['-ʃtɛnt] *pl.*: *colloq. fröhliche ~ feiern* be happily revived; **~stoff** *m* primary matter; *chem.* element.

Urteil ['urtaıl] *n* (-s; -e) judg(e)ment; opinion; decision; *jur.* judgment; sentence; (*divorce*) decree; finding; verdict; (arbitration) award; → *fällen, etc.*; *meinem ~ nach* in my judgment; *sich ein ~ bilden über (acc.)* form (a) judgment of *or* on, form an opinion on; *ein ~ abgeben* express an opinion; **2en** *v/i.* (*h.*) judge (*über j-n* a p.; et. of a th.; *nach* by *or* from); *über et. ~ a.* give one's opinion on *a th.*; *er urteilte anders darüber* he took a different view of it; *darüber kann er nicht ~* he is no judge; *~ Sie selbst!* judge for yourself!; *nach seinem Aussehen zu ~* judging (*or* to judge) by his looks.

'Urteils...: ~aufhebung *f* reversal of judgment; **~begründung** *f* opinion; **~er-öffnung** *f* publication of a judgment; **2fähig** *adj.* discerning, discriminating; **~fällung** *f* passing of judgment; **~forderung** *f* judgment claim; **~gläubiger** *m* judgment creditor; **~kraft** *f* (-) (power of) judgment; discernment; **~schuldner** *m* judgment debtor; **~spruch** *m* sentence, judgment; **~verkündigung** *f* pronouncing of judgment; **~vollstreckung** *f* execution of the sentence.

'Ur...: ~text *m* original text; **~tierchen** ['-ti:rçən] *n* (-s; -) protozoon, *pl.* protozoa; **2tümlich** ['-ty:mliç] *adj.* original, native; **~urgroßvater** *m* great-great-grandfather; **~vater**

m first father, ancestor; **~väterzeit** ['u:rfɛ:tər-] *f* olden times, days of yore; **2verwandt** *adj.* of same origin; cognate (*words*); **~volk** *n* primitive people; aborigines *pl.*; **~wahl** *f* preliminary election; **~wald** *m* primeval (*or* virgin) forest, jungle; **~welt** *f* primeval world; **2weltlich** *adj.* primeval, antediluvian; **2wüchsig** ['-vy:ksiç] *adj.* original, native; *fig.* natural; rough, blunt; earthy (*humour, person*); **~zeit** *f* primitive times, dawn of history; *fig. vor* **~en** a long, long time ago; *seit* **~en** *nicht mehr* not for ages; **~zelle** *f* primitive cell; **~zeugung** *biol.* spontaneous generation; **~zustand** *m* primitive state; original state.

Usance [y'zã:s] *econ. f* (-; -*n*) usage, practice, custom.

Uso ['u:zo] *econ. m* (-s) *bill of exchange*: usance; **~wechsel** *m* bill at usance.

usuell [uzu'ɛl] *adj.* usual; *pred. nicht* **~** *a.* not the practice *or* custom.

Usur|pator [u:zur'pa:tɔr] *m* (-*s*; -'*toren*) usurper; **2'pieren** *v/t.* (*h.*) usurp.

Usus ['u:zus] *m* (-) usage, custom, practice, rule.

Utensilien [utɛn'zi:liən] *pl.* utensils, implements.

Utopie [u:to'pi:] *f* (-; -*n*), **Utopien** [u'to:piən] *n* (-*s*) Utopia.

u'topisch *adj.*, **Uto'pist(in** *f*) *m* (-*en*, -*en*; -, -*nen*) Utopian.

uzen ['u:tsən] *v/t.* (*h.*) tease, chaff, kid.

V

V, v [faʊ] *n* V, v.

vag [va:k] *adj.* vague.

Vagabund [vaga'bunt] *m* (-*en*; -*en*) vagabond, vagrant, tramp, *Am. a.* bum, hobo.

vagabundieren [-'di:rən] *v/i.* (*sn, h.*) tramp about, lead a vagabond life, vagabondize; *el.* stray; **~der** *Strom* stray current.

vakan|t [va'kant] *adj.* vacant; **2z** [-ts] *f* (-; -*en*) vacancy; → *Ferien.*

Vaku-Blitz ['va:ku-] *phot. m* photo-flash.

Vakuum ['va:kuum] *n* (-*s*; -*kuen*) vacuum; **~bremse** *f* vacuum brake; **~röhre** *f* vacuum tube; **~schalter** *el. m* vacuum switch.

Valenz [va'lɛnts] *chem. f* (-; -*en*) valence.

validieren [vali'di:rən] *v/t.* (*h.*) validate (*securities*).

Valuta [va'lu:ta] *f* (-; -*ten*) value; currency; *beständige* **~** standard; monies *pl.*; **~klausel** *f* exchange clause; **~kurs** *m* rate of exchange; **~notierung** *f* quotation of foreign exchange; **2schwach,** (**2stark**) *adj.* having a low (high) rate of exchange.

valu'tieren *v/t.* (*h.*) value.

Vampir ['vampi:r] *m* (-*s*; -*e*) vampire.

Vandal|e [van'da:lə] *m* (-*n*; -*n*), **2isch** *adj. fig.* Vandal.

Vandalismus [-da'lismus] *m* (-) vandalism.

Vanille [va'niliə] *f* (-) vanilla.

variabel [vari'a:bəl] *adj.* variable.

Variante [vari'antə] *f* (-; -*n*) variant.

Variation [-tsi'o:n] *f* (-; -*en*) variation.

Varietät [varie'tɛ:t] *f* (-; -*en*) variety.

Varieté [varie'te:] *n* (-*s*; -*s*), **~theater** *n* variety theatre, music-hall, *Am.* vaudeville theater; **~künstler** (**-in** *f*) *m* music-hall entertainer, *Am.* vaudeville performer; **~vorstellung** *f* variety show, *Am.* vaudeville.

variieren [vari'ʔi:rən] *v/i. and v/t.* (*h.*) vary.

Vario'meter [vario-] *n* variometer.

Vasall [va'zal] *m* (-*en*; -*en*) vassal; **~enstaat** *m* satellite state.

Vase ['va:zə] *f* (-; -*n*) vase.

Vaselin(e *f*, -) [vaze'li:n(ə)] *n* (-*s*; -) vaseline.

Vater ['fa:tər] *m* (-*s*; **¨**) father; *zo.* sire; *die Väter der Stadt* the town fathers; **~freuden** *f/pl.* parental joys; **~haus** *n* parental home; **~land** *n* one's country, native country; (*Germany*) *the* Fatherland; **2ländisch** ['-lɛndiʃ] *adj.* national; patriotic(ally *adv.*); **~landsliebe** *f* patriotism; **2landslos** *adj.* having no homeland; *contp.* unpatriotic, treacherous; **~landsverräter** *m* traitor to one's country.

väterlich ['fɛ:tərliç] **I.** *adj.* fatherly, paternal; **~es** *Erbteil* patrimony; **II.** *adv.* like a father; **~erseits** [-ərzaɪts] *adv.* on one's father's side.

'Vater...: **~liebe** *f* paternal love; **2los** *adj.* fatherless; **~mord** *m* parricide; **~mörder** *m* parricide (*a.* **~mörderin** *f*); stand-up collar; **~schaft** *f* (-) paternity, fatherhood; *jur. Feststellung der* **~** affiliation order; *j-s* **~** *zu e-m Kinde feststellen* affiliate a child to a p.; **~schaftsklage** *f* affiliation case, paternity suit.

'Vater(s)name *m* surname.

'Vater...: **~stadt** *f* native town, home-town; **~stelle** *f*: **~** *vertreten bei* (*dat.*) father, be a father to; **~teil** *n* patrimony; **~'unser** *n* (-*s*; -) Lord's Prayer.

Vati ['fa:ti] *colloq. m* (-*s*; -*s*) dad(dy).

Vegetabil|ien [vegeta'bi:liən] *pl.* vegetables; **2isch** *adj.* vegetable.

Vegetar|ier [vege'ta:riər] *m* (-*s*; -) vegetarian; **2isch** *adj.* vegetarian; **~e** *Lebensweise* vegetarianism.

Vegeta|tion [-tatsi'o:n] *f* (-; -*en*) vegetation; **2tiv** [-'ti:f] *adj.* vegetative (*a. physiol.*); **~es** *Nervensystem* autonomous nervous system.

vege'tieren *v/i.* (*h.*) vegetate (*a. fig.*).

Vehemenz [vehe'mɛnts] *f* (-) vehemence.

Vehikel [ve'hi:kəl] *n* (-*s*; -) vehicle [(*a. chem.*).

Veilchen ['faɪlçən] *n* (-*s*; -) violet; **2blau** *adj.* violet.

Veits-tanz ['faɪts-] *med. m* (-*es*) St. Vitus's dance.

Velar(laut) [vel'a:r-] *m* (-*s*; -*e*) [velar.

Velin [ve'lɛ̃:] *n* (-), **~papier** *n* vellum(-paper).

Velours [və'lu:r] *m* (-; -) velours.

Vene ['ve:nə] *f* (-; -*n*) vein; **~n-entzündung** *f* phlebitis.

venerisch [ve'ne:riʃ] *adj.* venereal.

Venezian|er [venetsi'a:nər] *m* (-*s*; -), **~erin** *f* (-; -*nen*), **2isch** *adj.* Venetian.

Ventil [vɛn'ti:l] *n* (-*s*; -*e*) valve; *fig.* vent, outlet, *a.* safety-valve.

Ventilation [-latsi'o:n] *f* (-; -*en*) ventilation.

Ventilator [-'la:tɔr] *m* (-*s*; -'*toren*) ventilator, (electric) fan; *tech. a.* blower.

venti'lieren *v/t.* (*h.*) ventilate, air (*both a. fig. question, grievance*).

Ven'til...: **~klappe** *f* flap-valve; **~kolben** *m* valve-piston; **~sitz** *m* valve seat(ing); **~steuerung** *f* valve timing; **~stößel** *m* tappet; **~teller** *m* valve face (*or* disc).

verabfolg|en [fɛr'ʔapfɔlgən] *v/t.* (*h.*) deliver, hand over; give (*a. humor. e-e Tracht Prügel* a thrashing); provide, serve (*food, drink*); *med.* administer; *j-m et.* **~** *lassen* let a p. have a th.; **2ung** *f* (-; -*en*) delivery; provision; *med.* administration.

ver'abred|en *v/t.* (*h.*) agree upon, arrange; appoint, fix (*time, place*); *sich* **~** make an appointment, (have a) date; *schon anderweitig verabredet sein* have a previous engagement; *ich bin für morgen mit ihm verabredet* I have an appointment with him for tomorrow, I am to meet him tomorrow; *contp. verabredete Sache* pre-arranged affair, put-up job; *wie verabredet* → **~etermaßen** [-dətər'ma:sən] *adv.* as arranged, as agreed (upon); **2ung** *f* (-; -*en*) agreement; arrangement; appointment, date; *jur.* conspiracy (*to commit a criminal act*); *nach* **~** by appointment. [*folgen.*

ver'abreichen *v/t.* (*h.*) → *verab-*

ver'absäumen *v/t.* (*h.*) neglect, fail to do; omit.

ver'abscheuen *v/t.* (*h.*) abhor, detest, loathe; **~swert** *adj.* detestable, loathsome, horrid.

verabschied|en [fɛr'ʔapʃi:dən] *v/t.* (*h.*) dismiss, discharge; retire (*officer*), put on the retired list; pass (*bill*); *sich* **~** take (one's) leave (*von* of), say good-bye (to *a p.*); **2ung** *f* (-; -*en*) dismissal; passing.

ver'achten *v/t.* (*h.*) despise, (hold in) disdain; scorn; *colloq. nicht zu* **~** not to be sneezed at.

Verächt|er [fɛr'ʔɛçtər] *m* (-*s*; -), **~in** *f* (-; -*nen*) despiser; **2lich** *adj.* contemptuous, disdainful, scornful; contemptible, despisable; abject, vile.

Ver'achtung *f* contempt, disdain.
ver'albern *v/t.* (*h.*) ridicule, mock, poke fun at.
ver'allgemeiner|n *v/t.* (*h.*) generalize; **2ung** *f* (-; -*en*) generalization.
ver'alte|n *v/i.* (*sn*) become obsolete *or* antiquated; go out of date, go out (of fashion); **~t** *adj.* antiquated, obsolete, out of date, dated; out-moded; ~*er Ausdruck* archaism.
Veranda [ve'randa] *f* (-; -*den*) veranda(h), *Am.* porch; piazza; stoop.
veränder|lich [fɛr'ˀɛndərliç] *adj.* changeable, (*a. math., gr.*) variable; ~*e Drehzahl* variable speed; fluctuating; **2lichkeit** *f* (-) changeableness; variability; **~n** *v/t.* (*h.*) (*a. sich*) alter, change; vary; *sich* ~ change one's place, take another situation; → *ändern*; **2ung** *f* (-; -*en*) change, alteration (*in dat.* in; *an dat.* to); variation; fluctuation.
verängstigt [-'ˀɛŋstiçt] *adj.* intimidated, scared.
ver'anker|n *v/t.* (*h.*) *mar.* anchor (*a. fig.*), *a. aer.* moor; *arch.* tie, grapple; *el.* stay, guy; *fig. in e-m Gesetz verankert* embodied in a law; **2ung** *f* (-; -*en*) anchorage, staying; *arch.* tie beam, anchor tie.
veranlag|en [fɛr'ˀanla:gən] *v/t.* (*h.*) *steuerlich*: assess (for taxation); **~t** *adj.* talented; *künstlerisch* ~ artistically gifted; ~ *sein für* (*acc.*) be cut out for; *med.* be predisposed to; *methodisch* ~ *sein* have a methodical turn of mind, be methodical; **2ung** *f* (-; -*en*) assessment; *fig.* disposition, turn of mind; bent, inclination; talent(s *pl.*), gift, turn (*für* for); predisposition (*zu* to); *s-r ganzen* ~ *nach* temperamentally.
veranlass|en [-'ˀanlasən] *v/t.* (*h.*) occasion, cause, call forth; arrange for; *j-n zu et.* ~ induce (*or* get) a p. to do a th., prevail (up)on a p. to do a th., make a p. do a th.; *das Nötige* ~ take the necessary steps; *sich veranlaßt fühlen zu inf.* feel bound (*or* urged) to *inf.*; **2ung** *f* (-; -*en*) occasion; cause, reason; motive; *auf* ~ *von or gen.* **a**) at the instance of, **b**) at *a p.'s* suggestion (*or* recommendation), **c**) at *a p.'s* request, **d**) at *a p.'s* initiative; *zu et.* ~ *geben* give rise to, occasion; *adm. zur weiteren* ~ for further action; *ohne jede* ~ without any provocation; *er hat keine* ~, *zu inf.* there is no occasion for him to *inf.*, there is no reason why he should *do so.*
veranschaulich|en [-'ˀanʃauliçən] *v/t.* (*h.*) illustrate, be illustrative of; **2ung** *f* (-; -*en*) illustration.
ver'-anschlag|en *v/t.* (*h.*) rate, value, estimate (*auf acc.* at); appropriate (in the budget); *zu hoch* (*niedrig*) ~ overestimate (underestimate); **2ung** *f* (-) valuation, estimate; appropriation.
veranstalt|en [fɛr'ˀanstaltən] *v/t.* (*h.*) arrange, organize; stage (*a. fig. humor.*); give (*concert, ball, etc.*); **2er** *m* (-*s*; -) organizer; *sports*: promoter; **2ung** *f* (-; -*en*) arrangement, organization; event; *sports*: event, meeting, fixture, *Am. a.* meet; **2ungskalender** *m* calendar of events.
ver'antwort|en *v/t.* (*h.*) answer (*or* account) for; *sich* ~ justify o.s. (*vor dat.* before); *das können Sie nicht* ~ you can't answer for that; **~lich** *adj.* responsible, answerable (*für* for); ~*e Stellung* responsible post; *j-n* ~ *machen* hold a p. responsible, blame a p. (*für* for), lay the blame (for *a th.*) on a p.; ~ *zeichnen für* be responsible for, be the author of; **2lichkeit** *f* (-) responsibility; accountability.
Ver'antwortung *f* (-; -*en*) responsibility; justification; *auf seine* ~ at his own responsibility, at his own risk; → *abwälzen*; ~ *übernehmen* take (*or* accept) responsibility; *zur* ~ *ziehen* call to account, hold responsible; **2sbewußt** *adj.* responsible; **~sbewußtsein** *n* sense of responsibility; **2sfreudig** *adj.* ready to take responsibility; **2slos** *adj.* irresponsible; **2svoll** *adj.* responsible.
veräppeln [-'ˀɛpəln] *colloq. v/t.* (*h.*) kid, rib, pull *a p.'s* leg.
ver'arbeitbar *adj.* workable, machinable; **2keit** *f* (-) workability, machinability.
ver'arbeit|en *v/t.* (*h.*) work up, consume; *tech.* put into work; manufacture, process, convert (*zu* into); treat; machine; digest (*food*; *a. fig.*); ~*de Industrie* manufacturing (*or* finishing) industry; *verarbeitetes Metall* wrought metal; *verarbeitete Hände* hard-worked hands; **2ung** *f* (-; -*en*) working up; manufacture, processing; (mechanical, chemical, *etc.*) treatment; digestion; workmanship.
verargen [-'ˀargən] *v/t.* (*h.*): *j-m et.* ~ blame a p. for a th.; *ich kann es ihm nicht* ~ I cannot blame him (*wenn* if), I won't hold it against him.
ver'ärger|n *v/t.* (*h.*) annoy, vex, anger; **2ung** *f* (-; -*en*) annoyance, irritation.
ver'arm|en I. *v/i.* (*sn*) become poor *or* impoverished, be reduced to poverty; **II.** *v/t.* (*h.*) impoverish; **~t** *adj.* impoverished; **2ung** *f* (-) impoverishment, pauperization.
ver'arzten *colloq. v/t.* (*h.*) doctor; *fig.* take care of.
verästel|n [fɛr'ˀɛstəln]: *sich* ~ (*h.*) ramify; **2ung** *f* (-; -*en*) ramification.
verauktionier|en [-ˀauktsio'ni:rən] *v/t.* (*h.*) sell by (*Am.* at) auction; **2ung** *f* (-; -*en*) public sale.
ver'ausgaben *v/t.* (*h.*) spend, expend; *sich* ~ run short of money; *fig.* spend o.s.
ver'auslagen *v/t.* lay out, disburse; advance.
ver'äußer|lich *adj.* alienable; negotiable (*securities*); **2er** *m* (-*s*; -) alienator, transferor, seller; **~n** *v/t.* (*h.*) alienate; transfer (*an acc.* to); dispose of, sell; **2ung** *f* (-; -*en*) alienation; disposal, sale; **2ungsrecht** *n* right of disposal; **2ungsverbot** *n* (total) restraint on alienation; receiving order.
Verb [vɛrp] *n* (-*s*; -*en*) verb.
verbal [-'ba:l] *adj.* verbal; **2adjektiv** *gr. n* verbal adjective; **2injurie** *jur. f* insult(ing words *pl.*).
verballhornen [fɛr'balhɔrnən] *v/t.* (*h.*) corrupt, transmogrify.
Ver'bal...: ~note *pol. f* verbal note; **~substantiv** *gr. n* verbal noun.
Verband [fɛr'bant] *m* (-[e]*s* ⁼e) *arch.* binding; bracing; *med.* dressing, bandage; *fig.* association, federation, union; *mil.* formation (*a. aer., mar.*), unit; task force; *fliegender* ~ **a**) flying unit, **b**) flight formation; **~kasten** *m* first-aid box; **~mull** *m* surgical gauze; **~päckchen** *n* first-aid packet; **~platz** *mil. m* field-dressing station; **~schere** *f* bandage scissors *pl.*; **~sflug** *aer. m* formation flying; **~s-preis** *econ. m* combine price; **~stelle** *f* first-aid post; **~stoff** *m* bandaging material; **~tasche** *f* first-aid bag; **~watte** *f* surgical wool; **~zeug** *n* dressing (material), first-aid kit.
ver'bann|en *v/t.* (*h.*) banish (*a. fig.*), exile; outlaw; deport; **2te(r** *m*) *f* (-*n*, -*n*; -*en*, -*en*) exile; outlaw; **2ung** *f* (-; -*en*) banishment, exile; deportment; *in* ~ *leben* live in exile.
verbarrikadieren [-barika'di:rən] *v/t.* (*h.*) barricade (*sich* o.s.); block.
ver'bauen *v/t.* (*h.*) **a**) build up, obstruct, block up; **b**) build badly; **c**) spend (*money*) *or* use up (*material*) in building; *fig. sich den Weg* ~ bar one's way (*zu* to), cut o.s. off (from).
verbauern [-'bauərn] *v/i.* (*sn*) become countrified.
ver'beißen *v/t.* (*irr., h.*) suppress (*pain, smile, etc.*); *sich das Lachen* ~ stifle one's laughter, bite one's lips; *ich konnte mir das Lachen nicht* ~ I could not help laughing; *fig. sich in et.* ~ stick doggedly to a th., be dead stuck on a th.
ver'bergen *v/t.* (*irr., h.*) conceal, hide (*vor dat.* from); → *verborgen*².
Ver'besser|er *m* (-*s*; -) improver; reformer; corrector; **2n** *v/t.* (*h.*) improve (*a. tech.*), (a)meliorate (*both a. sich*); correct, rectify; modify; revise (*edition*); *sich* ~ *speaker*: correct o.s., *financially*: better o.s.; **~ung** *f* (-; -*en*) improvement; correction; rectification; **2ungsbedürftig** *adj.* (*sehr* badly) in need of improvement; **~ungspatent** *n* patent of improvement.
verbeten [-'be:tən] *p. p. of verbitten*: *Beileidsbesuche* ~ no visitors will be received.
ver'beug|en: *sich* ~ (*h.*) bow (*vor dat.* to); **2ung** *f* (-; -*en*) bow.
verbeulen [-'bɔylən] *v/t.* (*h.*) dent, batter.
ver'biegen *v/t.* (*irr., h.*) bend, twist, distort; *sich* ~ twist; *wood*: warp.
ver'bieten *v/t.* (*irr., h.*) forbid (*j-m et.* [*zu tun*] a p. [to do] a th.), prohibit (a th.; a p. from doing a th.); ban; rule out; outlaw.
ver'bild|en *v/t.* (*h.*) form wrongly, deform; educate *or* train badly, miseducate, spoil; **~et** *adj.* (over-) sophisticated.
verbillig|en [-'biligən] *v/t.* (*h.*) bring down the price of, reduce (*or* lower) in price, cheapen; **2ung** *f* (-; -*en*) reduction in price, cheapening; **2ungsschein** *econ. m* price-reduction certificate.

ver'binden *v/t.* (*irr.*, *h.*) tie (together), bind (up); link (*mit* to); (*a. sich*) join, unite, combine (*mit* with); connect (*a. tech.*, *teleph.*), *tech. a.* couple, link; *chem.* combine (*mit* with); *econ. sich* ~ *mit* associate with, go into partnership with, *companies*: amalgamate with; join forces with; *sich ehelich* ~ (*mit*) marry; *med.* dress, bandage; *j-n* ~ dress a p.'s wounds; *teleph.* put a p. through (*mit* to, *Am.* with); *j-m die Augen* ~ blindfold a p.; *mit verbundenen Augen* blindfolded; *fig. eng verbunden sein mit* be bound up with; *ich bin Ihnen sehr verbunden* I am greatly obliged to you; *teleph. falsch verbunden!* wrong number!; *mit Gefahr verbunden* attended with danger, involving a risk; *das ist mit Gefahr verbunden* there is danger in it, it is dangerous; *die damit verbundenen Unkosten* the cost incident to it (*or* thereto); *die damit verbundenen Bedingungen* the conditions attaching thereto.

verbindlich [-'bintliç] *adj.* binding, obligatory, compulsory (*all*: *für* upon); obliging; *für* ~ *erklären* make *a th.* compulsory; *j-m* ~*en Dank sagen* express a p. one's sincere thanks!; ~(*st*)*en Dank!* my best thanks!; *sich* ~ *machen* bind o.s.; 2**keit** *f* (-; -*en*) obligation, liability, commitment; binding force (*of contract*, *etc.*); obligingness, readiness to oblige; civility, polite way(s *pl.*); compliment; *econ.* ~*en pl.* liabilities *pl.*; *s-n* ~*en nachkommen* meet one's engagements.

Ver'bindung *f* union (*a. marriage*); bond, alliance; combination; blending (*of colours*); association (*of ideas*); connexion, connection (*a. tech.*, *teleph.*); context; association, society; → *Studentenverbindung*; relation; *geschäftliche* ~ business relations *pl.* (*or* relationship); *traffic*, *teleph.*, *etc.*: communication; *mil.* **a**) liaison, **b**) *tactical*: contact, communication; *rückwärtige* ~*en* lines of communication; *chem.* compound; *tech.* joint, junction, union; *in* ~ *mit* (*dat.*) combined with; in connection with, in conjunction with; ~ *herstellen mit* contact (*a. mil.*), establish communication with (*a. radio*); *in* ~ *bleiben* keep in touch (*mit* with); *in* ~ *bringen mit fig.* connect (*or* associate) with, link up with; *in* ~ *stehen mit* communicate with, be in communication (*or* touch) with; correspond with; *fig.* be connected with; *die* ~ *verlieren mit* lose touch with; *teleph.* ~ *bekommen* (*haben*) get (be) through; ~ *aufnehmen* get in touch (*mit* with).

Ver'bindungs...: ~**bahn** *f* junction line; ~**gang** *m* connecting passage; ~**gleis** *n* junction-rail(s *pl.*); ~**kabel** *n* connector cable; ~**kanal** *m* junction canal; ~**klemme** *el. f* terminal, connector; ~**linie** *f* line of communication; ~**mann** *m* contact (*or* liaison) man; mediator, go-between; ~**offizier** *m* liaison officer; ~**rohr** *n* connecting tube; ~**schnur** *el. f* connecting cord, flex(ible cord); ~**stange** *tech. f* connecting-rod; ~**stecker** *el. m* connecting plug; ~**steg** *m* walkway; ~**stelle** *f* junction; *tech.* joint; *fig.* liaison office; information department; ~**straße** *f* communication road, feeder road; ~**stück** *n* connecting piece; tie, brace; coupling; union coupling (*of pipe*); *el.* connector; ~**tür** *f* communication door; ~**wärme** *f* heat of combination; ~**weg** *m mil.* line of communication; *radio*: transmission path.

verbissen [fɛr'bisən] *adj.* crabbed, morose; dogged, grim; ~ *sein in* (*acc.*) stick doggedly to; 2**heit** *f* (-) sourness of temper, moroseness; doggedness.

ver'bitten: *sich* ~ (*irr.*, *h.*) (beg to) decline; → *verbeten*; refuse to tolerate, not to stand for; *das verbitte ich mir!* I won't suffer (*or* stand for) that!

verbitter|n [-'bitərn] *v/t.* (*h.*) embitter, fill with bitterness; *j-m das Leben* ~ make life miserable for a p.; ~**t** *adj.* embittered, bitter; 2**ung** *f* (-) bitterness (of heart).

verblassen [-'blasən] *v/i.* (*sn*) (grow) pale; *cloth*, *etc.*, *a. fig.*: fade; *fig.* ~ *gegenüber* (*dat.*) pale (into insignificance) against *or* beside.

Verbleib [-'blaip] *m* (-[e]s) whereabouts; 2**en** *v/i.* (*irr.*, *sn*) be left, remain; *bei s-r Meinung*, *etc.* ~ persist in *or* stick to one's opinion, *etc.*; *wir sind so verblieben* it was (finally) agreed (that); ~ *wir hochachtungsvoll* (we remain,) Yours faithfully.

ver'bleichen *v/i.* (*irr.*, *sn*) → *verblassen*.

verbleit [-'blaɪt] *tech. adj.* leaded.

ver'blend|en *v/t.* (*h.*) blind, delude, dazzle; infatuate; *arch.* face; *esp. mil.* mask, screen; 2**stein** *m* face brick; 2**ung** *f* (-) blindness, delusion; infatuation; *arch.* facing; masking.

ver'bleuen *colloq. v/t.* (*h.*) beat black and blue, thrash.

verblichen [-'bliçən] *adj.* faded; 2**e(r** *m*) *f* (-*n*, -*n*; -*en*, -*en*) deceased.

ver'blöd|en *v/i.* (*sn*) turn imbecile, go gaga; 2**ung** *f* (-) imbecility.

verblüff|en [-'blyfən] *v/t.* (*h.*) amaze; perplex, bewilder, nonplus; dum(b)found, stupefy, stagger, flabbergast, stun; ~**t** *adj.* perplexed, *etc.*; taken aback; 2**ung** *f* (-) amazement, perplexity; stupefaction.

ver'blühen *v/i.* (*sn*) fade, wither; *fig. verblühte Schönheit* faded beauty.

verblümt [-'bly:mt] *adj.* veiled, allusive; figurative.

ver'bluten *v/i.* (*sn*) *and sich* ~ bleed to death.

ver'bocken *colloq. v/t.* (*h.*) bungle, botch.

ver'bohlen *v/t.* (*h.*) plank.

ver'bohr|en: *sich* ~ (*h.*) *in* (*acc.*) bend o.s. to; go mad about, be gone *or* dead set on; ~**t** *adj.* cranky, faddy; pigheaded, stubborn.

ver'bolzen *v/t.* (*h.*) bolt (together).

ver'borgen[1] *v/t.* (*h.*) lend (out).

verborgen[2] [-'bɔrgən] *adj.* hidden, concealed; secret; *a. phys.* latent; *im* ~*en* secretely, in secret; in obscurity; *et.* ~ *halten vor* (*dat.*) keep a th. secret from; 2**heit** *f* (-) concealment, secrecy; obscurity; retirement, seclusion.

Verbot [fɛr'bo:t] *n* (-[e]s; -e) prohibition; ban (*gen.* on); 2**en** *adj.* forbidden, prohibited; illicit; *sports*: foul; *Rauchen* (*streng*) ~ (positively) no smoking; → *Betreten*, *etc.*; ~**srecht** *jur. n* right of garnishment; ~**sschild** *n*, ~**s-tafel** *f* prohibitory sign.

verbrämen [-'brɛ:mən] *v/t.* (*h.*) border, edge, trim; fur; *fig.* gloss over; veil, cloak.

Verbrauch [-'braux] *m* (-[e]s) consumption (*an dat.* of); 2**en** *v/t.* (*h.*) consume; use up; spend; wear out; exhaust; waste; *verbraucht* stale (*air*), finished, run down (*battery*), worn out (*person*); ~**er** *m* (-s; -) consumer; user; ~**ergenossenschaft** *f* consumers' union, cooperative society; ~**ergruppe** *f* consumer group; ~**erkreis** *el. m* output load circuit; ~**erleitung** *el. f* service cable; ~**erwaren** *f/pl.*, ~**sgüter** *n/pl.* consumer goods, commodities, articles of consumption; ~**ssatz** *m* consumption rate; ~**ssteuer** *f* excise duty; ~**swirtschaft** *f* consumption.

ver'brechen *v/t.* (*irr.*, *h.*) commit; *humor.* perpetrate (*book*, *joke*, *etc.*); *was hat er verbrochen?* what is his offen|ce, *Am.* -se?, what has he done?; *ich habe nichts verbrochen* I have done no wrong.

Ver'brechen *n* (-s; -) crime; *jur. a.* felony, major offen|ce, *Am.* -se.

Ver'brecher *m* (-s; -) criminal, *jur. a.* felon (*a.* ~**in** *f*, -; -*nen*); crook, gangster.

Ver'brecher...: ~**album** *n* rogues' gallery; ~**bande** *f* gang; *Angehöriger e-r* ~ gangster; ~**film** *m* gangster film; 2**isch** *adj.* criminal, *jur. a.* felonious; *das* 2*e* the criminality (*of an act*); ~**kolonie** *f* convict colony; ~**nest** *n* criminals' hide-out; ~**tum** *n* (-*s*) criminality, outlawry; → ~**welt** *f* (-) crime world, underworld, *Am. a.* gangland.

ver'breiten *v/t.*, *a. sich* (*h.*) spread (*über acc.* over); diffuse (*a. phys.*); circulate (*news*); propagate, disseminate (*doctrine*, *etc.*); shed (*light*, *peace*); noise abroad; *sich* ~ *über* (*acc.*) enlarge (*or* expatiate) on, hold forth on (*a subject*); (*weit*) *verbreitet* wide-spread, common; widely-held (*view*); popular.

verbreiter|n [-'braɪtərn] *v/t.* (*h.*) (*a. sich*) widen, broaden; 2**ung** *f* (-; -*en*) widening, *etc.*

Ver'breitung *f* (-; -*en*) → *verbreiten*: spread(ing); diffusion; dissemination, propagation; distribution.

ver'brenn|bar *adj.* combustible; ~**en** (*irr.*) *v/t.* (*h.*) *and v/i.* (*sn*) burn; *only v/i.* (*sn*) be consumed by fire; *lebend*: be burnt to death; burn up; cremate; scorch; scald; *fig.* → *Finger*; *von der Sonne verbrannt* sunburnt, tanned; *mil. Strategie der verbrannten Erde* scorched earth strategy.

Ver'brennung *f* (-; -*en*) burning,

combustion; deflagration; cremation; death by fire; *med.* burn (*an dat.* to); → *Grad.*

Ver'brennungs...: ~halle *f* crematorium; **~kammer** *mot. f* combustion chamber; **~maschine** *f*, **~motor** *m* internal combustion engine; **~ofen** *m* combustion furnace; incinerator; **~vorgang** *m* process of combustion; **~wärme** *f* heat of combustion.

verbriefen [fɛr'bri:fən] *v/t.* (*h.*) confirm by documents; (secure by) charter; *verbriefte Forderung (Schuld)* bonded claim (debt); *verbrieftes Recht* vested right *or* interest.

ver'bringen *v/t.* (*irr.*, *h.*) spend, pass; transfer, take (*nach* to).

verbrüder|n [-'bry:dərn]: *sich* ~ (*h.*) fraternize; **2ung** *f* (-; -*en*) fraternization.

ver'brüh|en *v/t.* (*h.*), **2ung** *f* (-; -*en*) scald.

ver'buchen *v/t.* (*h.*) book; → *buchen*[1]; *fig.* register, secure.

Verbum ['vɛrbum] *gr. n* (-*s*; -*ba*) verb.

ver'bummel|n I. *v/t.* (*h.*) trifle away, squander, blue (*money*); idle away (*time*); neglect, forget (completely); lose; **II.** *v/i.* (*h.*) fall into idle ways, go to seed; **~t** *adj.* idling, loafing, dissolute; *~er Kerl* loafer.

verbünden [-'byndən] *v/t.* (*h.*) ally (*mit* to); confederate (with); *sich ~ mit* ally o.s. to, form an alliance with, enter into league with.

verbunden [-'bundən] *p.p. of verbinden.*

Ver'bundenheit *f* (-) community; bonds, ties *pl.*; solidarity; affection, cordiality.

Verbündete(r *m*) [-'byndətə(r)] *f* (-*n*, -*n*; -*en*, -*en*) ally (*a. fig.*), confederate; *die ~n pl.* the allies, the allied powers (*or mil.* forces).

Ver'bund|folie [fɛr'bunt-] *f* laminated foil; **~maschine** *tech. f* compound engine; **~motor** *m el.* compound motor; *aer.* aero engine coupled with turbo-supercharger; **~wirtschaft** *econ. f* integrated industries, collective economy.

ver'bürgen *v/t.* (*h.*) guarantee, warrant; *sich ~ für* answer *or* vouch for; → *bürgen*; *verbürgte Tatsache* authentic (*or* established) fact, matter of record.

ver'büß|en *v/t.* (*h.*): *s-e Strafe ~* complete one's sentence, serve one's time; **2ung** *f* (-) completion of one's sentence.

verchrom|en [-'kro:mən] *v/t.* (*h.*) chrome(-plate); **~t** *adj.* chromium-plated, chromed.

Verdacht [-'daxt] *m* (-[e]s) suspicion; *jur. dringender (hinreichender) ~* strong (reasonable) suspicion; *~ erregen* arouse suspicion; *in ~ haben* suspect; *in ~ kommen* be suspected; *~ schöpfen* become suspicious, smell a rat; *auf den ~ (gen.) hin* on the suspicion (of); *unter dem ~ gen.* under suspicion of.

verdächtig [-'dɛçtiç] *adj.* suspected, *pred.* suspect (*gen.* of); suspicious, fishy; *sich ~ machen* arouse suspicion; **~en** [-'dɛçtigən] *v/t.* (*h.*) suspect (*gen.* of); cast suspicion on; *j-n e-r Sache ~ a.* impute a th. to a p.; **2ung** *f* (-; -*en*) suspicion; insinuation.

Ver'dachts...: ~grund *m* cause (*or* ground) of suspicion; **~moment** *n* suspicious fact; **~person** *f* suspect.

verdamm|en [-'damən] *v/t.* (*h.*) condemn; damn, curse; *eccl.* damn, anathemize; **~enswert, ~lich** *adj.* damnable; **2nis** *eccl. f* (-) damnation, perdition; **~t I.** *adj.* damned, accursed, blasted, bloody; blessed, *Am.* darned; *~!* damn (it)!, confound it!, hang it!, dash it!, *Am. a.* doggone!; *dazu ~, et. zu tun* doomed (*or* condemned) to do a th.; → *Pflicht*; **II.** *adv.* damnably, awfully, goddam; *~ kalt* beastly cold; **2ung** *f* (-) condemnation; *eccl.* damnation.

ver'dampf|en *v/t.* (*h.*) *and v/i.* (*sn*) evaporate, vaporize; **2er** *m* (-*s*; -) evaporator; **2ung** *f* (-; -*en*) evaporation.

ver'danken *v/t.* (*h.*): *j-m et. ~* owe a th. to a p., be indebted to a p. for a th.; *es ist diesem Umstand (s-r Vorsicht) zu ~* it is owing to *or* due to this circumstance (his prudence).

verdarb [-'darp] *pret. of verderben.*

verdattert [-'datərt] *adj. and adv.* bewildered, dazed(ly); *ganz ~ Am.* all of a dither.

verdau|en [-'dauən] *v/t.* (*h.*) digest (*a. fig.*); **~lich** *adj.* digestible; *leicht ~* easy to digest, light; *schwer ~* hard to digest, heavy, rich; **2lichkeit** *f* (-) digestibility; **2ung** *f* (-) digestion.

Ver'dauungs... digestive...; **~beschwerden** *f/pl.* digestive troubles; **~kanal** *m* alimentary canal, digestive tract; **~organ** *n* digestive organ; **~schwäche** *f* weak digestion, dyspepsia; **~spaziergang** *m* constitutional; **~störung** *f* indigestion; **~werkzeug** *n* → *Verdauungsorgan.*

Ver'deck *n* covering; awning; *mar.* deck; *aer.* canopy; *mot.* roof, top (*a. of bus*); **2en** *v/t.* (*h.*) cover (up); hide, *a. tech.* conceal; *mil.*, *tech.* mask, screen; veil; cloak; *mil. verdeckte Feuerstellung* defiladed position; *mit verdeckten Karten spielen* not to show one's hand; **~sitz** *m* top seat, outside place.

ver'denken *v/t.* (*irr.*, *h.*) → *verargen.*

Verderb [fɛr'dɛrp] *m* (-[e]s) waste; ruin, destruction; deterioration; *dem ~ ausgesetzt* (*goods*) of a perishable nature; **2en** [-bən] **I.** *v/i.* (*irr.*, *sn*) spoil; get spoiled *or* damaged; go bad, deteriorate; rot; perish; *es mit j-m ~* fall out with a p., lose a p.'s favo(u)r, get into a p.'s bad book; *ich will es mit ihm nicht ~* I want to keep in with him; *er will es mit niemandem ~* he tries to please everybody; **II.** *v/t.* (*irr.*, *h.*) spoil; corrupt, deprave; ruin, destroy; deteriorate; make a hash of, botch; *sich die Augen ~* ruin one's eyes; *sich den Magen ~* upset one's stomach; *j-m die Freude ~* spoil (*or* mar) a p.'s pleasure; *j-s Laune ~* put a p. out of temper; **~en** [-bən] *n* (-*s*) corruption; ruin, destruction; doom; *j-n ins ~ stürzen* bring a p. to ruin, ruin a p.; *ins ~ rennen* rush (headlong) into destruction; *das wird noch sein ~ sein* that will be his undoing yet; **2enbringend** *adj.* fatal, ruinous; **2lich** [-'dɛrpliç] *adj.* pernicious, fatal (*für* to), ruinous; deadly; perishable (*goods*); **~lichkeit** *f* (-) perniciousness; perishableness; **~nis** *f* (-; -*se*) corruption, depravity; vice; **2t** *adj.* corrupted, depraved; **~theit** *f* (-) corruptness; depravity.

verdeutlichen [-'dɔʏtliçən] *v/t.* (*h.*) make plain *or* clear, elucidate; illustrate; **~d** *adj.* illustrative.

ver'dicht|en *v/t.* (*h.*) (*a. sich*) condense; solidify (*gas*); compress; *fig.* concentrate; *sich ~ a.* take shape (in one's mind); *suspicion*: grow stronger; **2er** *m* (-*s*; -) (steam) condenser; *mot.* compressor; **2ung** *f* condensation; compression; *fig.* concentration.

verdicken [fɛr'dikən] *v/t.* (*h.*) (*a. sich*) thicken; curdle (*milk*); *chem.* inspissate.

ver'dienen *v/t.* (*h.*) deserve (*praise, criticism, etc.*); earn, gain, make (*money*); *et. ~ an or bei* (*dat.*) make money out of; *gut ~* do well, be doing well; *ein Vermögen ~* make a fortune; *sich verdient machen um* (*acc.*) deserve well of; *daran ist nichts zu ~* there is no money in it; *das habe ich nicht um Sie verdient* I haven't deserved that from you; *das hatte er längst verdient* he had it coming to him.

Ver'dienst 1. *m* (-[e]s; -e) earnings *pl.*; wages *pl.*; salary; gain, profit; **2.** *fig. n* (-[e]s; -e) merit; *sich ~e erwerben um* deserve well of; *nach ~* according to one's merits; deservedly, duly; *es ist (allein) sein ~, daß* it is (entirely) owing *or* due to him that; **~ausfall** *m* loss of earnings; **~kreuz** *n* Distinguished Service Cross; **2lich, 2voll** *adj.* meritorious, of great merit, deserving; **~möglichkeit** *f* money-making opportunity; **~spanne** *econ. f* (profit) margin.

ver'dient *adj.* deserving (*person*); well-earned, deserved (*thing*); well-deserved (*punishment*); **~ermaßen** [-ər'ma:sən] *adv.* deservedly.

Verdikt [fɛr'dikt] *n* (-[e]s- -e) verdict.

ver'dingen *v/t.* hire out (*thing*); put *a p.* to service (*bei* with); *sich ~ bei* go into service with.

ver'dolmetschen *v/t.* (*h.*) interpret; translate.

ver'donner|n *colloq. v/t.* (*h.*) → *verurteilen*; **~t** *adj.* bewildered, thunderstruck.

verdoppel|n [fɛr'dɔpəln] *v/t.* (*h.*) double; *s-e Schritte ~* quicken one's steps; **2ung** *f* (-; -*en*) doubling.

verdorben [-'dɔrbən] *p.p. of verderben and adj.* foul (*air*); tainted (*meat*); disordered, upset (*stomach*); corrupt (*character, person*), depraved; **2heit** *f* (-) corruption, depravity.

ver'dorren *v/i.* (*sn*) dry up, wither.

ver'drahten *v/t.* (*h.*) wire.

ver'dräng|en *v/t.* (*h.*) push away, thrust aside; *phys. and fig.* displace; *fig. a.* supersede; oust; supplant;

drive away, dislodge; *psych.* repress; *verdrängte Personen* displaced persons; 2**ung** *f* (-; -*en*) displacement; *fig.* supersession; *psych.* repression.

ver'dreck|en *v/t.* (*h.*) cover with mud, soil, muck; ~**t** *adj.* filthy, covered with dirt.

ver'dreh|en *v/t.* (*h.*) distort, wrench, twist (*a. fig.*); *tech. a.* subject to torsional stress; sprain (*ankle, etc.*); roll (*one's eyes*); *fig.* pervert (*justice*); *den Sinn e-r Sache* ~ twist the meaning of a th.; *die Tatsachen* ~ distort (*or* misrepresent) the facts; *j-s Worte* ~ twist a p.'s words; *j-m den Kopf* ~ turn a p.'s head; ~**t** *adj.* distorted; crazy, cracked, screwy; 2**theit** *f* (-; -*en*) craziness, screwiness; 2**ung** *f* (-; -*en*) twist(ing), distortion; *tech. a.* torsion; 2**festigkeit** *f* torsional strength.

ver'dreifachen *v/t.* (*h.*) treble, triple.

ver'dreschen *colloq. v/t.* (*irr., h.*) thrash.

verdrieß|en [-'dri:sən] *v/t.* (*irr., h.*) vex, annoy, gall; *sich et. nicht* ~ *lassen* not to shrink from a th. *or* doing a th.; *laß dich's nicht* ~! don't let it discourage you!; *sich keine Mühe* ~ *lassen* grudge no pains; ~**lich** *adj.* vexed, annoyed; ill-humo(u)red, morose, peevish, glum; *matter*: annoying, irksome, tiresome; 2**lichkeit** *f* (-; -*en*) moroseness, peevishness, sulkiness; (*matter*) vexation, annoyance.

verdroß [-'drɔs] *pret. of verdrießen.*

verdrossen [-'drɔsən] **I.** *p.p. of verdrießen*; **II.** *adj.* peevish, cross, sulky; listless; 2**heit** *f* (-) peevishness, crossness; listlessness.

ver'drucken *typ. v/t.* (*h.*) misprint.

ver'drücken *colloq. v/t.* (*h.*) **a)** stow away, polish off (*food*), **b)** *sich heimlich* ~ sidle off, slip away.

Verdruß [-'drus] *m* (-*sses*) displeasure, vexation; annoyance, vexation; ~ *bereiten give a p.* trouble, vex, annoy; *j-m et. zum* ~ *tun* do a th. to spite a p.

verdübeln [-'dy:bəln] *tech. v/t.* (*h.*) dowel.

ver'duften *v/i.* (*sn*) evaporate (*a. colloq. fig.*); *colloq. fig.* hop it, *Am.* beat it, vamoose, take a powder.

verdumm|en [-'dumən] **I.** *v/t.* (*h.*) make stupid, stultify; *w.s.* play *a p.* for a fool; **II.** *v/i.* (*sn*) become stupid; 2**ung** *f* (-; -*en*) stultification, stupefaction.

ver'dunkel|n *v/t.* (*h.*) darken (*a. sich*), obscure (*a. sich*); cloud (*a. fig.*); deepen (*colours*); *air-raid precaution*: black out (*a. v/i.*); *ast.* eclipse (*a. fig.* = throw into the shade); *fig.* camouflage; 2**ung** *f* (-; -*en*) darkening; obscuration; blackout; *ast.* eclipse; *jur.* collusion; 2**ungsgefahr** *jur. f* danger of collusion; 2**ungsübung** *f* trial blackout.

verdünn|en [-'dynən] *v/t.* (*h.*) thin (*a. paint, varnish* = reduce); rarefy (*gas*); dilute (*liquid*); *pol. mil. verdünnte Zone* thinned-out zone; 2**ung** *f* (-; -*en*) thinning; rarefaction; dilution; 2**ungsmittel** *n* thinner, reducer.

verdunst|en [-'dunstən] *v/t.* (*h.*) *and v/i.* (*sn*) evaporate, volatilize; 2**ung** *f* (-) evaporation; 2**ungsdruck** *m* (-[e]s) vapo(u)r pressure.

verdursten [-'durstən] *v/i.* (*sn*) die with thirst.

verdüstern [-'dy:stərn] *v/t.* (*h.*) → *verdunkeln.*

verdutz|en [-'dutsən] *v/t.* (*h.*) disconcert, nonplus, startle; ~**t** *adj.* startled, bewildered, taken aback.

verebben [-'ʔɛbən] *v/i.* (*sn*) ebb, subside.

veredel|n [-'ʔe:dəln] *v/t.* (*h.*) ennoble; refine; purify; finish (*goods*), process, finish (*raw material*); improve (*animal, plant, soil*); graft (*fruit tree*); enrich; 2**ung** *f* (-; -*en*) refinement; improvement; processing, finishing; 2**ungsindustrie** *f* finishing industry; 2**ungsverkehr** *m* job-processing.

ver'ehelichen *v/t.* (*h.*) (*a. sich*) marry.

ver'ehr|en *v/t.* (*h.*) revere, venerate, look up to; worship, *fig. a.* admire, adore; *j-m et.* ~ make a p. a present of a th., present a p. with a th.; *Verehrte Anwesende!* Ladies and Gentlemen!; *Verehrtester!* my dear sir!; 2**er(in** *f*) *m* (-*s*, -; -, -*nen*) worshipper; admirer; ~**erpost** *f* fan mail; ~**lich** *adj.* hono(u)red, estimable (*a.* ~**t** *adj.*); 2**ung** *f* (-; -*en*) reverence, veneration; worship, *a. fig.* adoration; admiration; ~**ungswürdig** *adj.* venerable.

vereidig|en [fɛr'ʔaɪdigən] *v/t.* (*h.*) swear *a p.* (in) (*auf acc.* on); administer an oath to *a p.*, put *a p.* under an oath; ~**t** *adj.* sworn (in); ~*er Übersetzer* sworn translator; 2**ung** *f* (-; -*en*) swearing in.

Verein [fɛr'ʔaɪn] *m* (-[e]*s*; -*e*) **1.** union; *im* ~ *mit* together with, combined with, in conjunction with; **2.** society, association; club; *colloq. contp.* gang, bunch.

ver'einbar *adj.* compatible, consistent (*mit* with); 2**en** *v/t.* (*h.*) agree upon, arrange; *jur. a.* stipulate, covenant; *im voraus* ~ pre-arrange; *sich* (*nicht*) ~ *lassen mit* be (in)consistent with; ~**t** *adj.* agreed, stipulated; ~*es Vorgehen* concerted action; *es gilt als* ~, *daß* it is understood that; 2**ung** *f* (-; -*en*) agreement; convention; arrangement; clause, provision; appointment; *laut* ~ as agreed (upon); *nach* ~ by appointment; *e-e* ~ *treffen* make (*or* reach) an agreement.

ver'einen *v/t.* (*h.*) → *vereinigen*; *Vereinte Nationen* (*abbr. UNO*) United Nations; *mit vereinten Kräften* with one's united strength *or* combined effort.

vereinfach|en [-'ʔaɪnfaxən] *v/t.* (*h.*) simplify; *math.* reduce; ~**end** *adj.* simplistic; 2**ung** *f* (-; -*en*) simplification; *zur* ~ to simplify matters.

vereinheitlich|en [-'ʔaɪnhaɪtliçən] *v/t.* (*h.*) unify, standardize; 2**ung** *f* (-; -*en*) unification, standardization.

ver'einig|en *v/t.* (*h.*) unite, join (*a. sich*); combine (*a. sich and in sich* ~); pool (*capital, forces*); coordinate; *mil.* combine (*fire*); integrate (*in* within); associate (*a. sich*); *econ.* amalgamate, consolidate, merge (*zu* into) (*all a. sich*); assemble, gather; *esp. pol., mil.* rally (*all a. sich*); reconcile; *sich* ~ *rivers, etc.*: meet, merge; *Vereinigte Staaten* (*von Nordamerika*) (*abbr. USA*) United States (of North America); 2**ung** *f* (-; -*en*) union; combination; concentration; *of rivers*: confluence; *of persons*: association, → *Verein*; alliance, coalition, confederacy; *econ.* combination, amalgamation, merger; assembly, gathering; 2**ungs-punkt** *m* junction, meeting point; *mil.* rallying point, rendezvous.

vereinnahmen [-'ʔaɪnna:mən] *v/t.* (*h.*) take in, collect; *colloq. fig.* pocket.

vereinsam|en [fɛr'ʔaɪnza:mən] *v/i.* (*sn*) become isolated, grow lonely *or* solitary; 2**ung** *f* (-) isolation.

Ver'eins...: ~**bruder**, ~**kamerad** *m* club mate; ~**freiheit** *f* freedom of association; ~**haus**, ~**lokal** *n* club house; ~**kampf** *m* inter-club competition; ~**kasse** *f* treasury; ~**wesen** *n* (-*s*) (matters *pl.* relating to) clubs and societies; club activities *pl.*

vereint [-'ʔaɪnt] *adj.* → *vereinen.*

vereinzel|n [fɛr'ʔaɪntsəln] *v/t.* (*h.*) isolate; ~**t** *adj.* single; isolated; sporadic(ally *adv.* = here and there, now and then), scattered (*a. rain showers*).

vereis|en [fɛr'ʔaɪzən] *v/t.* (*h.*) *and v/i.* (*sn*) freeze (*a. med.*); *road*: be covered with ice; *aer.* ice up; ~**t** *adj.* ice-coated, iced(-over); *geol.* glaciated; 2**ung** *f* (-) freezing; icing; glaciation; 2**ungsgefahr** *f* danger of icing.

vereitel|n [-'ʔaɪtəln] *v/t.* (*h.*) frustrate, foil, thwart, defeat; disappoint, shatter (*hope*); 2**ung** *f* (-) frustration.

ver'eiter|n *v/i.* (*sn*) suppurate, fester; 2**ung** *f* (-; -*en*) suppuration.

ver'ekeln *v/t.* (*h.*): *j-m et.* ~ disgust a p. with a th., spoil a th. for a p.

verelend|en [-'ʔe:lɛndən] *v/i.* (*sn*) be reduced to misery, sink into poverty; 2**ung** *f* (-) (reduction to) misery, pauperization.

ver'enden *v/i.* (*sn*) perish, die.

ver'eng|e(r)n *v/t.* (*h.*) (*a. sich*) narrow; contract; 2**erung** *f* (-; -*en*) narrowing; contraction.

ver'erb|en *v/t.* (*h.*) leave, bequeath (*dat.* to), (transfer by) will (to); *med.* transmit; hand down (*tradition*); *sich* ~ be hereditary; *sich* ~ *auf* (*acc.*) descend (*or* devolve) (up)on, fall to; ~**lich** *adj.* (in)heritable; *physiol.* hereditary; ~**t** *adj. physiol.* hereditary; 2**ung** *f* (-) leaving, *etc.*; *med.* transmission; *physiol.* heredity; 2**ungsforscher** *m* geneticist; 2**ungsforschung** *f* genetics *pl.*; 2**ungsgesetz** *n* Mendelian law; 2**ungslehre** *f* genetics *pl.*

vererzen [fɛr'ʔe:rtsən] *v/t.* (*h.*) mineralize.

verewig|en [-'ʔe:vigən] *v/t.* (*h.*) perpetuate; immortalize; *colloq. sich* ~ *in* (*dat.*) inscribe one's name in, carve (*or* scratch) one's name into; perpetuate one's memory in; ~**t** *adj.* deceased, late, departed.

ver'fahren I. *v/i.* (*irr.*, *sn*) proceed, act (*nach* on); ~ *mit* deal with, handle; **II.** *v/t.* (*irr.*, *h.*) spend *money* on vehicles (*or* travelling about); bungle, muddle; *sich* ~ miss the way, take the wrong road; *fig.* blunder, get into a muddle; **III.** *adj.* bungled, muddled; e-e ~e *Geschichte* a muddle, a bungled job; ~ *sein* be in a bad tangle.

Ver'fahren *n* (-*s*; -) procedure (*a. jur.*); *jur.* (*trial*) proceedings *pl.*; *tech.* process, method, technique, practice; operation; *fig.* policy, system; *jur. das* ~ *einleiten gegen* take (*or* institute) proceedings against; **~splan** *m* procedural plan; **2srechtlich** *adj.* procedural; **~svorschrift** *f* procedural rule; **~sweise** [-vaɪzə] *f* (-; -*n*) → *Verfahren.*

Ver'fall *m* (-[e]s) decay, ruin, (*a. med.*) decline; dilapidation (*of building*); degeneracy; ~ *der Sitten* corruption of morals; *jur.* forfeiture (*an den Staat* to the public authority); expiration, lapse; foreclosure (*of mortgage*); maturity (*of bill of exchange*); *bei* ~ upon expiration, *bill of exchange*: when due, at maturity; *in* ~ *geraten* → *verfallen*; **~buch** *econ. n* bill-book, *Am.* maturity index, tickler; **~datum** *n* expiry date; date of maturity, due date (*of bill of exchange*); **2en I.** *v/i.* (*irr.*, *sn*) (fall into) decay, go to ruin; *house*: dilapidate, fall into disrepair; *jur.* expire, lapse; *pledge*: become forfeited; *right*: lapse; *bill of exchange*: fall due, mature; *patient*: waste away; *j-m* ~ **a)** become the property of, **b)** *fig.* become *a p.'s* slave, **c)** become addicted to (*a vice*); ~ *lassen* let go to waste; ~ *auf* (*acc.*) hit upon *an idea, etc.*, think of, *w.s.* take a fancy to; ~ *in* (*acc.*) fall (*or* lapse) into, slip back into, relapse into; *in Strafe*: incur *punishment*; *in e-e Krankheit* ~ fall ill; **II.** *adj.* ruinous; decayed; dilapidated, tumble-down; wasted, worn (*face*); *jur.* forfeited, lapsed; confiscated; expired; void; *für* ~ *erklären* forfeit; foreclose (*mortgage, pledge*); ~ (*dat.*) addicted to (*drug, etc.*); a slave to; **~s-erklärung** *f* foreclosure; **~s-erscheinung** *f* symptom of decline; **~tag** *m*, **~zeit** *f* day of payment; due date; expiry date; *bis zur Verfallzeit* until maturity, till due.

ver'fälsch|en *v/t.* (*h.*) falsify, *jur. a.* alter fraudulently; adulterate (*foodstuff*); → *fälschen*; **2er** *m* adulterer; **2ung** *f* falsification; adulteration; **2ungsmittel** *n* adulterant.

ver'fangen *v/t.* (*irr.*, *h.*) tell (*bei* on), go down (with *a p.*); *nicht* ~ avail nothing, cut no ice (*bei j-m* with a p.), be lost on (a p.); *sich* ~ be caught, become entangled, *fig.* contradict (*or* betray) o.s.

verfänglich [fɛr'fɛŋliç] *adj.* captious, insidious (*question*); risky; embarrassing, compromising; risqué (*joke*).

ver'färben *v/t.* (*h.*) discolo(u)r; *sich* ~ lose colo(u)r, *person*: change colo(u)r.

ver'fass|en *v/t.* (*h.*) compose, write, pen; → *abfassen*; **2er(in** *f*) *m* (-*s*, -; -, -*nen*) author, writer.

Ver'fassung *f* state, condition; disposition, state (*or* frame) of mind; system; *pol.* constitution; *in bester* (*körperlicher*) ~ in great (*or* top) form, in excellent shape; **2gebend** *adj.*: ~*e Versammlung* constituent assembly.

Ver'fassungs...: **~änderung** *f* amendment of the constitution; **~bruch** *m* breach of constitution; **~gericht** *n* Constitutional Court; **2mäßig** [-mɛːsiç] *adj.* constitutional; **~mäßigkeit** *f* constitutionality; **~recht** *n* (-[e]s) constitutional law; **2rechtlich** *adj.* under constitutional law, constitutional; **~schutz** *m*: *Amt für* ~ Office for the Protection of the Constitution; **~urkunde** *f* charter of the constitution; **2widrig** *adj.* unconstitutional.

ver'faulen *v/i.* (*sn*) rot, mo(u)lder, decay, putrefy.

ver'fecht|en *v/t.* (*irr.*, *h.*) stand up (*or* fight) for; defend; argue, maintain (*view*); assert (*right*); advocate; **2er(in** *f*) *m* defender; advocate, champion.

ver'fehl|en *v/t.* (*h.*) miss (*aim, train, profession, etc.*); *sich* (= *einander*) ~ miss each other, fail to meet; *nicht* ~, *zu inf.* not to fail to *inf.*; ~ *Sie nicht, zu* be sure to; *s-n Zweck* ~ miss its mark, fail of its object; *s-e Wirkung* ~ miss fire; **~t** *adj.* wrong, false; unsuccessful; misspent (*life*); miscarried (*plan*); ~*e Sache* failure, miss; **2ung** *f* (-; -*en*) offen|ce, *Am.* -se; mistake, lapse.

verfeind|en [fɛr'faɪndən] *v/t.* (*h.*) make enemies of; *j-n mit j-m* ~ set a p. against a p.; *sich* ~ make an enemy (*mit* of), fall out with; **~et** *adj.* hostile; on bad terms, at daggers drawn.

verfeiner|n [-'faɪnərn] *v/t.* (*h.*) (*a. sich*) refine; *tech. a.* improve; **2ung** *f* (-; -*en*) refinement.

verfemen [-'feːmən] *v/t.* (*h.*) outlaw; *socially*: ostracize, send to Coventry.

verfertig|en [-'fɛrtigən] *v/t.* (*h.*) make, manufacture, fabricate, prepare; compose (*poem, etc.*); **2er(in** *f*) *m* (-*s*, -; -, -*nen*) maker, manufacturer; **2ung** *f* (-; -*en*) making, manufacture, fabrication, preparation.

ver'festig|en *tech. v/t.* (*h.*) (strain-) harden, consolidate; **2ung** *f* (-; -*en*) strain-hardening, consolidation.

Verfettung [-'fɛtuŋ] *med. f* (-; -*en*) fatty degeneration, adiposis.

ver'feuern *v/t.* (*h.*) use up for fuel; use up, fire (*bullets, etc.*).

ver'film|en *v/t.* (*h.*) film, picturize, screen; **2ung** *f* (-; -*en*) filming, screening; picturization; film version, screen-adaptation.

ver'filzen *v/i.* (*sn*) felt; *hair*: mat; *sich* ~ get matted.

verfinstern [-'finstərn] *v/t.* (*h.*) → *verdunkeln.*

verflachen [-'flaxən] **I.** *v/t.* (*h.*) flatten; **II.** *v/i.* (*sn*) (*a. sich*) flatten, level off; (*a. fig.*) (become) shallow.

ver'flecht|en *v/t.* (*irr.*, *h.*) plait, interweave, interlace, entwine; *fig.* ~ *in* (*acc.*) entangle in, involve in; **2ung** *f* (-; -*en*) interlacing; *fig.* entanglement, complexity; ~ *von Umständen* (strange) coincidence; *econ.* interlocking; business concentration.

ver'fliegen *v/i.* (*irr.*, *sn*) fly away; *fig.* vanish; blow over, pass off; *time*: fly; evaporate; *sich* ~ (*irr.*, *h.*) *bird*: stray, *aer.* lose one's bearings, get lost.

ver'fließen *v/i.* (*irr.*, *sn*) flow away; *paints*: (*ineinander* ~) blend, run into each other; *time*: elapse, slip by.

verflixt [-'flikst] *adj.* confounded, deuced, blasted; ~*er Kerl* devil of a fellow.

verflossen [-'flɔsən] *adj.* past (*time*); *im* ~*en Jahr* last year; late, ex-... (*friend, president, etc.*).

ver'fluch|en *v/t.* (*h.*) curse, *Am. a.* cuss; **~t** *adj. and int.* → *verdammt.*

verflüchtigen [fɛr'flyçtigən] *v/t.* (*h.*) volatilize; *sich* ~ evaporate (*a. fig.*); *colloq. fig.* make o.s. scarce, vanish.

verflüssig|en [fɛr'flysigən] *v/t.* (*h.*) (*a. sich*) liquefy; *metall.* fuse; dilute, thin; **2ung** *f* (-) liquefaction; *econ.* increasing liquidity; **2ungsmittel** *n* liquefacient.

Verfolg [fɛr'fɔlk] *m* (-[e]s) course, progress; *im* ~ *gen.* **a)** in pursuance of, **b)** in the course of; *econ. im* ~ *unseres Schreibens* reverting to our letter; **2en** *v/t.* (*h.*) pursue (*a. mil.*; *fig. career, idea, policy, etc., a. jur. claim*); *b.s.* persecute; *jur.* prosecute; track (*game, criminal*); trail, shadow; *s-n Weg* ~ go one's way; *fig.* follow up (*a. mil.*); *dream, thought*: haunt (*a p.*); follow, observe (*event*); *jur. e-e Anklage* ~ prosecute an indictment, proceed with a charge; **~er(in** *f*) *m* (-*s*, -; -, -*nen*) pursuer; persecutor; **~te(r** *m*) *f* (-*n*, -*n*; -*en*, -*en*): *politisch* ~ persecutee; **~ung** *f* (-; -*en*) pursuit; persecution; pursuance; *strafrechtliche* ~ prosecution; *wilde* ~ chase; **~ungsjäger** *aer. m* pursuit plane; **~ungswahn** *m* persecution mania.

ver'form|bar *tech. adj.* workable, deformable; *warm* ~ thermoplastic; **~en** *v/t.* (*h.*) (de)form, work, shape; **2ung** *f* (-; -*en*) working; (*spanlose* ~ noncutting) shaping; *b.s.* deformation, distortion.

ver'fracht|en *v/t.* (*h.*) charter (*ship*); freight, *mar. or Am.* ship; *colloq. fig.* bundle *a p.* off, put in *a train, etc.*; **2er** *m* freighter, shipper.

verfranzen [fɛr'frantsən] *sl. aer.*: *sich* ~ (*h.*) wander off course, get lost.

Verfremdung [-'frɛmduŋ] *f* (-; -*en*) alienation; **~s-effekt** *thea. m* alienation effect.

verfroren [fɛr'froːrən] *adj.* sensitive to cold; chilled through.

verfrüht [fɛr'fryːt] *adj.* premature.

verfügbar [fɛr'fyːkbaːr] *adj.* available; *frei* ~ freely usable; ~*es Geld* (*capital*) uninvested capital, funds available, (*cash*) cash in hand; *tech.* ~*e Pferdestärke* actual horsepower; ~ *machen* make available (*dat.* to); **2keit** *f* (-) availability.

ver'fugen *arch. v/t.* (*h.*) point up.
ver'fügen I. *v/t.* (*h.*) decree, order; *law*: enact, provide; *sich* ~ proceed (*nach* to), betake o.s. (to); **II.** *v/i.* (*h.*): ~ *über* (*acc.*) dispose of, have at one's disposal, control; be provided *or* equipped with, have; make use of; ~ *Sie über mich!* I am at your service!
Ver'fügung *f* (-; -*en*) decree, order; instruction; *jur. einstweilige* ~ injunction; disposition; disposal; *freie* ~ *über* power freely to dispose of; *zur* ~ *stehen* be available; *j-m zur* ~ *stehen* be at a p.'s disposal *or* command, be available to a p.; *es steht zu Ihrer* ~ *a.* you are welcome to it; *j-m et. zur* ~ *stellen* make a th. available to a p., place a th. at a p.'s disposal; *sein Amt zur* ~ *stellen* tender one's resignation; *sich zur* ~ *stellen* volunteer; *sich zur* ~ *halten* keep ready; *mil. zur besonderen* ~ seconded for special duty; **2sberechtigt** *adj.* authorized to dispose; **~sbeschränkung** *f* restraint on disposal; **~sfreiheit** *f* discretion; **~sgewalt** *f* (*freie* discretionary) power of disposition; control; **~srecht** *n* right of disposal.
ver'führ|en *v/t.* (*h.*) lead astray; seduce; entice, tempt; lure; **2er** (**-in** *f*) *m* seducer; **~erisch** *adj.* seductive, bewitching; enticing, tempting; **2ung** *f* seduction; **2ungskünste** [-kynstə] *f/pl.* seductive ways *or* ruses.
ver'fünffachen *v/t.* (*h.*) quintuple.
ver'füttern *v/t.* (*h.*) feed.
Ver'gabe *f* giving away, gift; *econ.* placing (*of orders*); allocation (*of public funds*).
ver'gaffen: *sich* ~ (*h.*) fall in love (*in acc.* with), be smitten (with).
vergäl|len [fɛr'gɛlən] *v/t.* (*h.*) embitter, sour, mar; methylate, denature (*spirits*); **2lungsmittel** *n* denaturant.
vergalop'pieren: *sich* ~ (*h.*) make a (bad) blunder; overshoot the mark.
ver'gammeln *colloq. v/i.* (*sn*) rot; go to seed.
vergangen [fɛr'gaŋən] *adj.* (by-) gone, past; *im* ~*en Jahre* last year; **2heit** *f* (-; -*en*) past; *gr.* past tense; past, antecedents *pl.*; *politische* ~ political background; *e-e* ~ *haben* have a past (*thing*: history); *laßt die* ~ *ruhen* let bygones be bygones; *der* ~ *angehören* be a thing of the past.
ver'gänglich [fɛr'gɛŋliç] *adj.* passing, transitory, transient; fugitive, fleeting; **2keit** *f* (-) transitoriness.
ver'gären *v/i.* (*irr.*, *sn*) ferment.
vergaß [fɛr'gɑ:s] *pret. of vergessen.*
vergas|en [-'gɑ:zən] *v/t.* (*h.*) gasify; *mot.* carburet; *med.* gas; **2er** *mot. m* (-s; -) carburet(t)or; **2erbrand** *m* fire in the carburet(t)or; **2ermotor** *m* carburet(t)or engine; **2ung** *f* (-; -*en*) gasification; carburetion; gassing; *colloq. bis zur* ~ like blazes.
vergatter|n [fɛr'gatərn] *v/t.* (*h.*) grate; *mil.* sound *the guard mount*; *colloq. fig.* admonish; **2ung** *mil. f* (-; -*en*) guard mount.
ver'geb|en *v/t.* (*irr.*, *h.*) give away (*an acc.* to); *econ.* place *order* (with); confer, bestow (on); give out; let slip, miss (*chance*); relinquish, cede (*right*); *ein Amt an j-n* ~ appoint a p. to an office; *noch nicht* ~ still vacant (*position*); forgive; *sich et.* ~ compromise o.s. (*or* one's dignity); *es tut mir leid, ich bin schon* ~ sorry, I have a previous engagement; **~ens** *adv.* in vain; vainly; to no purpose, of no avail; **~lich I.** *adj.* vain, fruitless, futile, useless, wasted; *pred.* of no avail (*or* use); needless; **II.** *adv.* → *vergebens*; **2lichkeit** *f* (-) uselessness; **2ung** *f* (-; -*en*) giving away; placing (*of orders*); bestowal, conferment (*an acc.* on); forgiveness, pardon(ing); ~ *der Sünden* remission of sins; *j-n um* ~ *bitten* ask a p.'s forgiveness.
vergegenwärtig|en [fɛr'ge:gənvɛrtigən] *v/t.* (*h.*) represent, bring to mind, bring home (*dat.* to); *sich et.* ~ realize (*or* visualize) a th., picture a th. to o.s.; **2ung** *f* (-; -*en*) realization.
ver'gehen *v/i.* (*irr.*, *sn*) pass (away); fade (away); disappear, vanish; *pain, etc.*: pass off, blow over; *fig. vor et.* ~ die of; *vor Ungeduld* ~ be dying with impatience; *vor Angst schier* ~ be scared to death; *vor Gram* ~ pine away; *der Appetit ist mir vergangen* I have lost my appetite; → *Hören*; *sich* ~ commit an offen|ce, *Am.* -se; *sich* ~ *an j-m tätlich*: assault *a p.*, *unsittlich*: commit an indecent assault on, violate *a p.*; *sich* ~ *gegen ein Gesetz, etc.*: offend against, violate *a law, etc.*; **2** *n* (-s) offen|ce, *Am.* -se; delict.
vergeistig|en [fɛr'gaɪstigən] *v/t.* (*h.*) spiritualize; **2ung** *f* (-) spiritualization.
ver'gelt|en *v/t.* (*irr.*, *h.*) repay (*dat.* to), requite, return; reward (*j-m et.* a p. for a th.); *b.s.* retaliate, pay back; → *gleich*; **2ung** *f* (-) requital, return; reward; *b.s.* retribution, retaliation, reprisal; ~ *üben* retaliate (*an dat.* on); **2ungs-angriff** *mil. m* retaliation attack; **2ungsfeuer** *mil. n* retaliatory fire; **2ungsmaßnahme** *f* retaliatory measure; reprisal; **2ungswaffe** *f* retaliatory weapon.
vergesellschaft|en [fɛrgə'zɛlʃaftən] *v/t.* (*h.*) socialize, nationalize; *econ.* convert into a company (*Am.* corporation); *esp. med.* associate (*a. sich*); **~et** *med. adj.* associated; **2ung** *f* (-) socialization; *med.* association.
vergessen [fɛr'gɛsən] **I.** *v/t.* (*irr.*, *h.*) forget; leave (behind); overlook; omit; neglect; ~ *haben a.* be forgetful (*or* oblivious) of; *nicht* ~ *zu inf.* be careful to *inf.*; *sich* ~ forget o.s., lose one's head; *ich habe es* ~ *a.* it slipped my mind; *ich habe ganz* ~, *wie* I forget how; *das werde ich dir nicht* ~ I won't forget that; *das vergißt sich leicht* that is easily forgotten; **II.** *p.p. of* **I.**; **2heit** *f* (-) oblivion; *in* ~ *geraten* fall into oblivion.
vergeßlich [-'gɛsliç] *adj.* forgetful; ~ *sein a.* forget things; **2keit** *f* (-) forgetfulness.
vergeud|en [fɛr'gɔʏdən] *v/t.* (*h.*) dissipate, squander (*money*); *w.s.* waste; **2er(in** *f*) *m* (-s, -; -, -nen) squanderer; waster; **2ung** *f* (-; -*en*) dissipation; waste (*of material, strength, time, etc.*).
vergewaltig|en [fɛrgə'valtigən] *v/t.* (*h.*) violate, do violence to, use force on; violate, rape, ravish (*woman*); *fig.* twist (*truth*); **2ung** *f* (-; -*en*) violation; rape; *fig.* outrage (*gen.* upon).
vergewissern: *sich* ~ (*h.*) make sure (*e-r Sache* of a th.); ascertain (a th.).
ver'gießen *v/t.* (*irr.*, *h.*) shed (*blood, tears*); spill; *metall.* cast.
vergift|en [fɛr'giftən] *v/t.* (*h.*) poison (*a. fig.* = envenom); contaminate; *sich* ~ take poison; **2ung** *f* (-; -*en*) poisoning.
vergilbt [fɛr'gilpt] *adj.* yellowed.
ver'gipsen *v/t.* (*h.*) plaster.
Vergißmeinnicht [fɛr'gismaɪnniçt] *bot. n* (-[e]s; -[e]) forget-me-not(s *pl.*).
vergittern [fɛr'gɪtərn] *v/t.* (*h.*) (furnish with a) grate, lattice; wire in; bar.
verglasen [fɛr'glɑ:zən] *v/t. and v/i.* (*sn*) glaze (*a. fig. eyes*); vitrify; glass in (*room*).
Vergleich [fɛr'glaɪç] *m* (-[e]s; -e) comparison; simile; (*gütlicher* ~ amicable) agreement; arrangement, compromise; composition (*mit* with *creditors*); settlement; *im* ~ *zu* compared to, in comparison with; *den* ~ *aushalten* bear *or* stand comparison; *e-n* ~ *anstellen* make a comparison, draw a parallel; *das ist nichts im* ~ *zu* it does not compare to; → *eingehen*; **2bar** *adj.* comparable (*mit* to); **2en** *v/t.* (*irr.*, *h.*) compare (*mit* with; to); liken (to); check (*accounts, etc.*); collate (*texts*); synchronize (*clocks*); adjust, settle; *sich* ~ come to an agreement (*or* to terms), settle (*mit* with), compound (with *creditors*); *verglichen mit* as against, compared to; **2end** *adj.* comparative (*a. study, history, etc.*); **~smaßstab** *m* standard of comparison; **~sjahr** *n* base year; **~ssumme** *f* compensation; **~s-unterlage** *f* basis of comparison; **~sverfahren** *n* settlement proceedings *pl.*; **~sverwalter** *m* trustee in composition proceedings; **2sweise** [-vaɪzə] *adv.* comparatively; by way of comparison; **~swert** *m* relative value; **~szahlen** *f/pl.* comparative figures; **~ung** *f* (-; -*en*) → *Vergleich*.
ver'gletscher|n *v/i.* (*sn*) glaciate; **2ung** *f* (-; -*en*) glaciation.
ver'glimmen *v/i.* (*irr.*, *sn*) die away.
vergnügen [fɛr'gny:gən] *v/t.* (*h.*) amuse; *sich* ~ amuse (*or* enjoy *or* divert) o.s., (*an dat.*) take pleasure (in).
Ver'gnügen *n* (-s; -) pleasure, enjoyment; fun; entertainment; sport, pastime; ~ *an e-r Sache finden* find pleasure (*or* delight) in; (*großes*) ~ *bereiten* afford (great) pleasure, amuse (immensely); *es war mir ein* ~ it was a pleasure; *viel* ~! have a good time!, *iro.* I wish you joy!; *es war kein* ~ it was no picnic; *mit* ~ gladly; *mit größtem* ~ with the greatest pleasure.

ver'gnüglich *adj.* pleasant, amusing, enjoyable.

vergnügt [fɛr'gny:kt] *adj.* (*über acc.*) pleased (with), delighted (at), happy (at); joyous, merry, gay, cheerful; rollicking, in high spirits.

Ver'gnügung *f* (-; -*en*) pleasure, amusement, entertainment.

Ver'gnügungs...: ~dampfer *m* pleasure-boat; **~lokal** *n* place of entertainment; **~park** *m* amusement park; **~reise** *f* pleasure-trip; **~reisende(r** *m*) *f* tourist; **~steuer** *f* entertainment tax; **~stätte** *f* → *Vergnügungslokal*; **~sucht** *f* (-) (inordinate) love of pleasure; **2süchtig** *adj.* pleasure-seeking; *~er Mensch* pleasure-hunter.

vergold|en [fɛr'gɔldən] *v/t.* (*h.*) gild; gold-plate; **2er** *m* gilder; **2ung** *f* (-; -*en*) gilding; *~ mit Blattgold* burnished gilding.

ver'gönnen *v/t.* (*h.*) grant, allow; not to grudge; *es war mir vergönnt, zu inf.* I had the privilege to *inf.*

vergötter|n [fɛr'gœtərn] *v/t.* (*h.*) deify; *fig.* idolize, worship, adore; **2ung** *f* (-; -*en*) deification; idolatry, adoration.

ver'graben *v/t.* (*irr., h.*) hide in the ground, (*a. fig.*) bury.

ver'gram|en *hunt. v/t.* (*h.*) frighten away, start; **~t** *adj.* care-worn, woebegone, grief-stricken.

ver'greifen: *sich ~* (*irr., h.*) mistake; *mus.* touch the wrong note; *sich ~ an* (*dat.*) **a**) lay (violent) hands on, attack, assault, (*a. sexually*) violate *a p.*, **b**) misappropriate, encroach on *other people's property*; *sich an Geld ~* embezzle money; profane (*sacred things*); *sich im Ausdruck ~* confuse one's terms.

vergreis|en [fɛr'graɪzən] *v/i.* (*sn*) become senile; **2ung** *f* (-) senescence.

vergriffen [fɛr'grifən] *adj. book*: out-of-print, *pred.* out of print.

vergröbern [fɛr'grø:bərn] *v/t. and sich ~* (*h.*) coarsen.

vergrößer|n [fɛr'grø:sərn] *v/t., a. sich* (*h.*) enlarge (*a. phot.*); magnify (*a. fig.*); (*a. sich*) expand, extend (*a. tech. works*); widen (*a. fig. influence*); increase, augment, add to; *fig. a.* aggrandize; aggravate; *in vergrößertem Maßstab* on a larger scale; **2ung** *f* (-; -*en*) enlargement (*a. phot.*); *opt.* magnification; increase; augmentation; expansion, extension; aggravation; **2ungsapparat** *phot. m* enlarging camera, enlarger; **2ungsglas** *n* magnifying glass, magnifier.

Vergünstigung [fɛr'gynstiguŋ] *f* (-; -*en*) privilege, favo(u)r; benefit, allowance (*a. econ.*); preferential treatment.

vergüt|bar [fɛr'gy:tba:r] *adj.* remunerable; *tech.* heat-treatable; **~en** *v/t.* (*h.*) compensate (*j-m et.* a p. for a th.); reimburse, refund (*expenses*); allow (*discount*); indemnify (*damage, interest*); compensate for, make good (*loss*); *tech.* improve, (re)fine; quench and temper, air harden, oil harden and temper (*steel*); harden (*aluminum alloys*); **2ung** *f* (-; -*en*) compensation, allowance; reimbursement; indemnification; consideration; fee; *tech.* improvement; *of steel*: heat-treatment, hardening, *etc.*, → *vergüten.*

ver'haft|en *v/t.* (*h.*) arrest, apprehend, take into custody (*wegen* on a charge of); **~et** *adj.*: *~ mit* bound to, rooted in; dominated by; **2ung** *f* (-; -*en*) arrest, apprehension.

ver'hageln *v/i.* (*sn*) be damaged by hail.

ver'hallen *v/i.* (*sn*) die away.

ver'halten I. *v/t.* (*irr., h.*) keep back, retain (*a. urine, etc.*); hold in (*one's breath*); rope (*horse*); suppress, check; *sich ~* **a**) *matter*: be, **b**) *person*: behave, conduct o.s., act; *sich brav ~* behave o.s., be good; *sich ruhig ~* keep quiet, hold one's peace; *ich weiß nicht, wie ich mich ~ soll* I don't know what to do (*or* how to act); *sich anders ~ matter*: be different; *wissen Sie, wie sich die Sache verhält?* do you know the facts of the case?; *wenn es sich so verhält* if that is the case; *math. A verhält sich zu B wie C zu D* A is to B as C is to D; *sich umgekehrt ~ zu* be in inverse ratio to; **II.** *p.p.* of I. *and adj.* restrained; bated (*breath*); low (*voice*); pent-up (*feelings, anger*); suppressed (*laughter*); (*adv.*) *~ spielen* play a waiting game, play with plenty in reserve; *thea.* underact.

Ver'halten *n* (-*s*) behavio(u)r (*a. zo., etc.*), conduct, demeano(u)r; attitude; way of acting, *w.s.* policy; *tech.* characteristics *pl.*; *chem.* reaction; **~sforscher** *m* behavio(u)rial scientist; **~sforschung** *f* behavio(u)ristics.

Verhältnis [fɛr'hɛltnis] *n* (-*ses*; -*se*) proportion, rate; ratio; *pl. ~se* conditions, circumstances *pl.*, *econ.* financial status; means *pl.*; standards *pl.*; relation(s *pl.*) (*zu* with); liaison, love-affair; mistress; *außer ~ zu* (*dat.*) disproportionate to; *außer jedem ~ stehen* be out o f all proportion; *aus kleinen ~sen stammend* of humble origin, *coming* from a family in modest circumstances; *im ~ zu* in proportion to, compared with; *im ~ von 1 : 2* in the ratio (*or* at the rate) of one to two; *in freundlichem ~ mit* on friendly terms with; *im entsprechenden ~* proportionately; *in angenehmen ~sen* (*lebend*) in easy circumstances; *im umgekehrten ~ zu* at an inverse ratio to, inversely as; *über s-e ~se leben* live beyond one's means; *unter den ~sen* under the circumstances; *er hat kein inneres ~ zu s-r Arbeit* his heart is not in his work; **~anteil** *m* quota, share; **2mäßig I.** *adj.* proportional, comparative, rateable, pro rata; **II.** *adv.* in proportion; comparatively (speaking); **~wahl** *parl. f* proportional representation; **2widrig** *adj.* disproportionate; **~wort** *gr. n* (-[e]s; ⸗er) preposition; **~zahl** *f* proportional number; coefficient, factor.

Ver'haltungsmaßregeln *f/pl.* instructions.

ver'handeln I. *v/i.* (*h.*) negotiate, treat (*über acc., wegen* for); parley; deliberate, confer; *jur.* try (*über et.* a th.; *gegen j-n* a p.); *lawyer*: plead before a court; **II.** *v/t.* sell; discuss, argue, debate; *jur.* hear (and decide), dispose of.

Ver'handlung *f* (-; -*en*) negotiation; *mil.* parley; discussion, deliberation; conference, talks *pl.*; *jur.* hearing, trial; proceedings *pl.*; certificate, deed; *jur. zur ~ kommen* come up for hearing (*or* trial); **~sbericht** *m* minutes *pl.*, statement of proceedings; **~sfriede** *m* negotiated peace; **~sgegenstand** *m* issue, business, item; **~s-partner** *m* party to a deal; **~s-position** *f* bargaining position; **~ssaal** *jur. m* court-room; **~s-tag** *jur. m* day fixed for trial; **~stisch** *m* bargaining table; **~sweg** *m*: *auf dem ~e* by negotiation.

ver'häng|en *v/t.* (*h.*) cover (over), hang *or* drape (*mit* with); veil; impose, inflict, (*a. sports*) award (*penalty*); *mit verhängtem Zügel* with a loose rein; **2nis** *n* (-*ses*; -*se*) destiny, fate; doom; *e-m zum ~ werden* be a p.'s doom (*or* undoing); **~nisvoll** *adj.* fateful, fatal; disastrous.

verhärmt [fɛr'hɛrmt] *adj.* care-worn.

ver'harren *v/i.* (*h., sn*) persevere, hold out; (*auf, bei, in dat.*) persist (in), abide (by), stick (to).

verharschen [fɛr'harʃən] *v/i.* (*sn*) *snow*: crust; *wound*: *a.* close.

ver'härt|en *v/t.* (*h., a. sich*) harden; *med. den Leib ~* constipate the bowels; **2ung** *f* (-; -*en*) hardening; *fig. a.* induration; callosity.

ver'harzen *v/t.* (*h.*) resinify.

ver'haspeln *v/t.* (*h., a. sich*) tangle; *fig. sich ~* get muddled.

verhaßt [fɛr'hast] *adj.* hated, detested; hateful, odious (*dat.* to); *sich ~ machen* make o.s. unpopular (*bei* with); *es ist mir ~* I hate (*or* loathe) it.

ver'hätscheln *v/t.* (*h.*) coddle, pamper, spoil.

Verhau [fɛr'hau] *mil. m* (-[e]s; -e) abatis, entanglement; **2en** *v/t.* (*h.*) thrash, flog, beat up; spank (*child*); *colloq. fig.* make a hash of; muff (*a ball, catch, exam, etc.*); *sich ~* (make a) blunder.

ver'heben: *sich ~* (*irr., h.*) injure (*or* strain) o.s. in lifting.

verheddern [fɛr'hɛdərn]: *sich ~* (*h.*) get entangled; get muddled (*or* balled up).

verheer|en [fɛr'he:rən] *v/t.* (*h.*) devastate, lay waste, ravage; **~end** *fig. adj.* disastrous, awful; **2ung** *f* (-; -*en*) devastation, ravages *pl.*, havoc; *~en anrichten* play havoc (*unter dat.* among).

verhehl|en [fɛr'he:lən], **verheimlich|en** [fɛr'haɪmliçən] *v/t.* (*h.*) hide, conceal (*dat.* from); *j-m et. ~ a.* keep a th. secret from a p., keep a p. in the dark about; hush up; suppress, hold back; **2ung** *f* (-) concealment, dissimulation; suppression.

ver'heilen *v/i.* (*sn*) heal (up).

ver'heirat|en *v/t.* (*h.*) marry (*mit, an acc.* to), give in marriage, wed; *sich ~* marry, get married; *sich* *untereinander* ~ intermarry; *sich wieder* ~ marry again, remarry; *sich gut* ~ make a good match; *colloq. fig. ich bin ja nicht mit dir verheiratet* I am not wedded to you; **2ung** *f* (-) marriage.

ver'heiß|en *v/t. (irr., h.)* promise; **2ung** *f* (-; -en) promise; *Land der* ~ Land of Promise; **~ungsvoll** *adj.* (*wenig* ~ un)promising, (in)auspicious.

ver'heizen *v/t. (h.)* fire, use up (*fuel*); *colloq. fig.* send *troops* to glory.

ver'helfen *v/i. (irr., h.)*: *j-m* ~ *zu* help a p. to.

verherrlich|en [fɛr'hɛrliçən] *v/t. (h.)* glorify, exalt; **2ung** *f* (-; -en) glorification.

ver'hetz|en *v/t. (h.)* instigate; **2ung** *f* (-) instigation.

ver'hex|en *v/t. (h.)* bewitch, *Am. a.* put the jinx on (*a th.*); **2ung** *f* (-) bewitchment.

verhimmel|n [fɛr'himəln] *v/t. (h.)* deify, praise to the skies, worship; **2ung** *f* (-) deification; *w.s.* ecstasy, rapture.

ver'hinder|n *v/t. (h.)* prevent (*j-n an dat.* a p. from); hinder, stop; *wir können es nicht* ~ we cannot help it; *verhindert sein* be prevented from coming; *verhinderter Maler, etc.* would-be artist, *etc.*; **2ung** *f* (-) prevention; hindrance, obstacle; *im Falle seiner* ~ in the case of his disability.

verhohlen [-'ho:lən] *adj.* hidden, secret, surreptitious.

ver'höhn|en *v/t. (h.)* deride; jeer, mock, jibe (at), snap one's fingers at; taunt; **2ung** *f* (-; -en) derision; mockery; scoffing; jeer(s *pl.*), jibe(s *pl.*).

ver'holen *mar. v/t. (h.)* haul, tow.

ver'hökern *v/t. (h.)* → *verschachern*.

Verhör [fɛr'hø:r] *jur. n* (-[e]s; -e) examination; interrogation; *w.s.* trial, hearing; *ins* ~ *nehmen* (cross-) examine, question closely, *Am. a.* grill; *fig.* take to task; **2en** *v/t. (h.)* examine, interrogate, question; *w.s.* try, hear; *sich* ~ hear wrong, misunderstand a p.'s words.

verhudeln [fɛr'hu:dəln] *v/t. (h.)* bungle, botch, spoil.

ver'hüll|en *v/t. (h.)* cover, veil (*a. fig.* = disguise, cloak), wrap up (*a. fig.*: in darkness); drape; *in verhüllten Worten* in veiled language; **2ung** *f* (-; -en) cover, veil; disguise.

verhundertfachen [fɛr'hundərtfaxən] *v/t. (h.)* (*a. sich*) multiply a hundredfold, centuple.

ver'hungern *v/i. (sn)* die of hunger, starve; ~ *lassen* starve to death; *verhungert aussehen* look (half-) starved *or* famished.

verhunzen [fɛr'huntsən] *v/t. (h.)* bungle, make a hash of, muck (up), foozle; murder (*language*).

ver'hüt|en *v/t. (h.)* prevent, avert, obviate, ward off; **~end** *adj.* preventive; *med.* prophylactic; **2ung** *f* (-) prevention, *med.* prophylaxis; contraception; **2ungsmaßregel** *f* preventive measure; **2ungsmittel** *n* preventive, *med.* prophylactic; contraceptive.

verhütt|en [fɛr'hytən] *metall. v/t. (h.)* work (off), smelt (*ore*); **2ung** *f* (-) smelting.

verhutzelt [fɛr'hutsəlt] *adj.* shrivel(l)ed; wizened (*face, person*).

verinnerlich|en [fɛr'ʔinərliçən] *v/t. (h.)* spiritualize (*person*); intensify, deepen (*matter*); **2ung** *f* (-) spiritualization; intensification.

ver'irr|en: *sich* ~ *(h.)* go astray, lose one's way; *verirrtes Schaf* stray sheep; *verirrte Kugel* stray bullet; **2ung** *fig. f* (-; -en) aberration; error, mistake.

ver'jagen *v/t. (h.)* drive away, chase away; *fig.* banish.

verjähr|bar [fɛr'jɛ:rba:r] *adj.* prescriptible; **~en** *v/i. (sn) und sich* ~ *(h.) right*: become prescriptive; come under (*or* be barred by) the statute of limitations; **~t** *jur. adj.* prescriptive (*right*); superannuated (*claim, etc.*); *a. offence*: barred by the statute of limitations, statute-barred; **2ung** *f* (-; -en) limitation (by lapse of time), (negative) prescription; **2ungsfrist** *f* term of limitation.

verjazzen [fɛr'dʒɛzən] *v/t. (h.)* jazz.

ver'jubeln *colloq. v/t. (h.)* squander, blue.

verjüng|en [fɛr'jyŋən] *v/t. (h.)* make (*sich* ~ grow) young again *or* younger; restore to youth, (*a. sich*) rejuvenate; *phys.* taper (off *sich* ~); reduce (*scale*); *in verjüngtem Maßstab* on a reduced scale; **2ung** *f* (-) rejuvenescence; tapering; reduction; **2ungskur** *f* rejuvenating cure; **2ungsmaßstab** *m* scale of reduction.

verjuxen [fɛr'juksən] *colloq. v/t. (h.)* blue.

verkalk|en [fɛr'kalkən] *v/i. (sn), a. sich* ~ *(h.) physiol.* calcify; *colloq.* ossify; *chem.* calcine; **~t** *adj. med.* sclerotic, *colloq.* fossilated, dried up; **2ung** *f* (-) calcification; (arterio)sclerosis; calcination.

verkalku'lieren: *sich* ~ *(h.)* miscalculate; make a mistake.

ver'kapp|en *v/t. (h.)* disguise, mask; **~t** *adj.* secret, in disguise.

verkapsel|n [fɛr'kapsəln] *med.*: *sich* ~ *(h.)* encyst; encapsulate; **2ung** *f* (-; -en) encystment.

verkatert [fɛr'ka:tərt] *colloq. adj.* morning-afterish.

Ver'kauf *m* (-[e]s; ⸚e) sale; selling; realization; *zum* ~ for sale; **2en** *v/t. (h.)* sell (*a. sich*); dispose of, realize; *sich leicht* ~ sell readily, have a ready sale; *sich nicht* ~ *lassen* find no sale, be unsal(e)able; *zu* ~(d) for sale; *fig. (verraten und) verkauft* sold (down the river *Am.*).

Ver'käufer(in *f*) *m* seller; retailer; *a. jur.* vendor; shop-assistant, *Am.* clerk (*m and f*), salesman, *Am.* salesclerk, *f* saleswoman, shopgirl, *Am.* salesgirl.

ver'käuflich *adj.* for sale; (*gut* ~) sal(e)able, vendible; marketable; negotiable; *leicht* ~ easy to sell; *schwer* ~ hard to sell, unsal(e)able; **2keit** *f* (-) sal(e)ableness.

Ver'kaufs...: **~abteilung** *f* sales department; **~auftrag** *m* selling order; **~automat** *m* (automatic) vending machine; **~bedingungen** *f/pl.* conditions (*or* terms) of sale; **~berater** *m* sales consultant; **~büro** *n* sales office, distribution cent|re, *Am.* -er; **~erlös** *m* proceeds *pl.*; **~förderung** *f* sales promotion; **~gemeinschaft** *f* joint sales agency; **~ingenieur** *m* sales engineer; **~kontrolle** *f* sales control; **~leiter** *m* sales manager; **~organisation** *f* sales organization; **~personal** *n* selling staff; **~plan** *m* selling plan; **~preis** *m* selling-price; market value; **~raum** *m* sale-room; **~rechnung** *f* account-sales; **~recht** *n* right to sell; **~schlager** *m* best seller, drawcard, *Am.* hit-seller; **~stand** *m* stand, stall, booth; **~stelle** *f* outlet, retail shop; **~ und Einkaufsgenossenschaft** *f* marketing and purchasing cooperative; **~vertretung** *f* selling agency; **~werbung** *f* sales promotion; **~wert** *m* sale value; **~ziffer** *f* sales figure.

Verkehr [fɛr'ke:r] *m* (-[e]s) traffic; transport(ation *Am.*); communication; *aer., mar.* service; commerce, trade; (personal *or* sexual) intercourse; communion, communing; correspondence; *bargeldloser* ~ transfer business, clearing system; *aus dem* ~ *ziehen* withdraw from service (*money*: from circulation); *in* ~ *bringen* issue, *securities*: *a.* offer for sale, *Am.* market; *dem* ~ *übergeben* open for traffic; **2en** **I.** *v/t. (h.)* turn the wrong way (*or* upside down); invert, reverse; turn *or* change *or* convert (*all*: *in acc.* into); *fig.* pervert; **II.** *v/i. (h.) vehicle*: run, be operated; ply *or* run (*zwischen* between); traffic, trade; ~ *bei j-m* visit (*or* go to) a p.'s house, frequent a p.'s house; ~ *in (dat.)* frequent (*a restaurant, etc.*); ~ *mit* associate (*or* mix) with, hobnob with; have (sexual) intercourse with; *viel mit j-m* ~ see a great deal of a p.

Ver'kehrs...: **~abwicklung** *f* traffic handling; **~ader** *f* arterial road; **~ampel** *f* traffic light(s *pl.*); **~amt**, **~büro** *n* tourist office; **~andrang** *m* rush (of traffic); **~anlagen** *f/pl.* transport installations, traffic facilities; **~dichte** *f* density of traffic; **~disziplin** *f* (-) traffic discipline, road sense; **~einrichtungen** *f/pl.* traffic facilities; **~erziehung** *f* road safety campaign, kerb drill; **~flugzeug** *n* airliner; **~fluß** *m* traffic flow; **~gesellschaft** *f* transport(ation) company, *Am. a.* common carrier; **2günstig** *adj.*: ~ *gelegen* favo(u)rably situated as regards transport facilities; **~hindernis** *n* traffic block, obstruction to general street traffic; **~insel** *f* (street-)refuge, island; **~knotenpunkt** *m* junction; **~luftfahrt** *f* commercial (*or* civil) aviation; **~minister** *m* Minister of Transport; **~mittel** *n* (*öffentliches* public) conveyance, transport(ation *Am.*); **~netz** *n* network of communications; **~ordnung** *f* traffic regulations *pl.*; **~polizist** *m* → *Verkehrsschutzmann*; **~polizei** *f* traffic police; **2reich** *adj.* busy, congested; → *verkehrsstark*; **~schild** *n* traffic sign; **2schwach** *adj.*: **~e** *Zeit* slack period, *Am.* light hours *pl.*; **~schutzmann** *m* **a)** traffic constable *or* officer, pointsman, **b)** mobile policeman, *Am. a.* speed cop; **~sicherheit** *f* (-) safety in traffic (*or* on the road); **~spitze** *f* peak of traffic; **2stark** *adj.*: *~e Zeit* rush hours; **~stärke** *f* traffic load; **~stauung** *f* traffic jam *or* congestion; **~steuer** *f* property transfer tax; **~stockung** *f* stoppage of traffic, block, *Am.* blockade, traffic tie-up; **~störung** *f* interruption of traffic; breakdown; **~straße** *f* thoroughfare; **~streife** *f* traffic patrol; **~sünder** *m* traffic offender; **~tafel** *f* traffic sign; **~teilnehmer** *m* road user; **~turm** *m* traffic control tower; **~unfall** *m* traffic accident; **~unternehmen** *n* transport(ation *Am.*) firm *or* company; **~verein** *m* tourist bureau; **~verhältnisse** *pl.* traffic conditions; **~werbung** *f* tourist traffic propaganda; **~wert** *m* market value; **~wesen** *n* (-s) traffic (system); (system of) communications *pl.*, transport(ation *Am.*); **~widrigkeit** *f* traffic violation; **~zählung** *f* traffic census; **~zeichen** *n* traffic sign(al); signpost.

verkehrt [fɛr'ke:rt] *adj.* inverted, reversed; upside down; inside out; wrong; *fig.* perverse, absurd; wrongheaded (*person*); *Kaffee ~* white coffee, coffee dash; *~e Welt* crazy world; et. *~ anfangen* put the cart before the horse; do things hind end to; **2heit** *f* (-) wrongness, perversity, absurdity; wrongheadedness; folly.

ver'keilen *v/t.* (*h.*) wedge (tight), quoin; *colloq. fig.* thrash.

ver'kenn|en *v/t.* (*irr., h.*) mistake (*a p.*); misunderstand, misjudge; undervalue; fail to appreciate; *nicht zu ~* unmistakable; *verkanntes Genie* unappreciated genius; e-e *Sache nicht ~* be fully alive to a th.; *wir ~ die Schwierigkeit nicht* we are (not un)aware of the difficulty.

ver'kett|en *v/t.* (*h.*) chain up; *el.* interlink; *fig.* link together, concatenate; **2ung** *f* (*h.*) *tech.* interlinkage; *fig.* enchainment, concatenation.

ver'kitten *v/t.* (*h.*) cement (*a. fig.*), [putty; *chem.* lute.]

ver'klag|bar *adj.* suable, actionable; **~en** *v/t.* (*h.*) accuse, inform against; squeal on; *jur.* sue (*auf acc., wegen* for); take legal proceedings (*or* bring action) against, go to law with; **2te(r** *m*) [fɛr'klɑ:ktə(r)] *f* (*-n, -n; -en, -en*) accused.

ver'klär|en *v/t.* (*h.*) transfigure; *fig.* illumine; *sich ~* be(come) transfigured; *verklärt* radiant (*face, person*); **2ung** *f* (-; *-en*) transfiguration; *fig.* radiance, ecstasy.

Verklarung [fɛr'klɑ:ruŋ] *mar. f* (ship's) protest.

ver'klatschen *v/t.* (*h.*) slander, tell tales about; gossip away (*time*).

verklausulieren [fɛrklauzu'li:rən] *v/t.* (*h.*) safeguard (*or* hedge) by clauses; stipulate.

ver'kleben *v/t.* (*h.*) paste *a th.* over *or* up; *med.* apply a plaster to, plaster over; stick together, cement, glue.

ver'klecksen *v/t.* (*h.*) cover with blots *or* smudges, smudge.

ver'kleid|en *v/t.* (*h.*) disguise (*sich* o.s.); *thea.* (*a. sich*) make up as, dress up as; *tech.* line, *externally*: (en)case; *arch.* face; *mar.* plank; *mil.* → *tarnen*; *aer.* fair; panel, wainscot (*wall*); *mar.* timber; **2ung** *f* (-; *-en*) disguise; *thea.* make-up; *tech.* lining; facing; panel(l)ing, wainscoting.

verkleiner|n [fɛr'klaɪnərn] *v/t.* (*h.*) make smaller, reduce (in size); *math.* reduce (*a. scale*); scale down (*drawing*); diminish, lessen; depreciate (*value*); *~d gr.* diminutive; *fig.* belittle, minimize; derogate, detract from; disparage; **2ung** *f* (-; *-en*) reduction, diminution; *fig.* belittling, derogation, detraction (*gen.* from); disparagement; **2ungsmaßstab** *m* scale of reduction; **2ungssilbe** *f* diminutive ending; **2ungswort** *n* (-[e]s; ⸗er) diminutive.

ver'kleistern *v/t.* (*h.*) glue, paste up; (*a. fig.*) patch up.

verklemmt [fɛr'klɛmt] *psych. adj.* inhibited, repressed.

ver'klingen *v/i.* (*irr., sn*) die away (*a. fig.*).

ver'klopfen *colloq. v/t.* (*h.*) thrash.

ver'knacken *colloq. v/t.* (*h.*) → *verurteilen*.

verknacksen [fɛr'knaksən] *colloq.*: *sich den Fuß ~* sprain one's foot.

ver'knallen *colloq.*: *sich ~* (*h.*) fall violently in love (*in acc.* with); *verknallt sein in j-n* be smitten with (*or* gone on), have a crush on *a p.*

verknapp|en [fɛr'knapən] *v/i.* (*sn*) run short, become scarce; **2ung** *f* (-) shortage, scarcity, tightness; **2ungsfaktor** *econ. m* factor tending to cause shortage.

ver'kneifen *colloq*: *sich et. ~* (*irr., h.*) deny o.s. a th.; *er konnte sich nicht ~, zu sagen* he could not help saying; *verkniffen* pinched (*face, mouth*).

verknöcher|n [fɛr'knœçərn] *v/t.* (*h.*) *and v/i.* (*sn*) ossify; *fig. a.* fossilize; *verknöcherter Kerl* fossil; **2ung** *f* (-; *-en*) ossification, fossilization.

verknorpeln [fɛr'knɔrpəln] *v/i.* (*sn*) become cartilaginous.

verknoten [fɛr'kno:tən] *v/t.* (*h.*) fasten with knots, tie up.

ver'knüpf|en *v/t.* (*h.*) knot *or* tie (together); *fig.* connect, combine (*mit* with), attach (to); **~t** *adj. fig.*: *~ mit* involving, entailing, attended with (*costs, difficulties*); *eng ~ mit* closely associated (*or* entwined) with, bound up with; **2ung** *f* (-; *-en*) knotting (together); connection, nexus, concurrence.

verknusen [fɛr'knu:zən] *colloq. v/t.*: *ich kann ihn nicht ~* I cannot stand (*or* stomach, stick) him.

ver'kochen **I.** *v/i.* (*sn*) boil away; *fig. anger*: blow over; **II.** *v/t.* (*h.*) use up in cooking.

ver'kohlen *v/t.* (*h.*) carbonize, (*a. v/i. sn*) char; *colloq. fig.* hoax, pull *a p.'s* leg, fool.

verkok|en [fɛr'ko:kən] *v/t.* (*h.*) coke, carbonize; **2ung** *f* (-) carbonization, coking.

ver'kommen **I.** *v/i.* (*irr., sn*) decay, go to wreck and ruin, go to seed; *person*: come down in the world, go to the dogs; **II.** *adj.* decayed; depraved, corrupt; **2heit** *f* (-) depravity, immorality.

ver'koppeln *v/t.* (*h.*) couple, join.

ver'korken *v/t.* (*h.*) cork (up).

ver'korksen *v/t.* (*h.*) make a hash of, botch, bungle; foozle, muck; *sich den Magen ~* upset one's stomach.

verkörper|n [fɛr'kœrpərn] *v/t.* (*h.*) personify, embody; represent; *esp. thea.* impersonate; typify; **2ung** *f* (-; *-en*) personification, embodiment; incarnation; impersonation.

verköstig|en [fɛr'kœstigən] *v/t.* (*h.*) board, feed; **2ung** *f* (-) board, food.

ver'krachen *v/i.* (*sn*) become bankrupt, *Am. a.* go bust; *colloq. sich ~* (*h.*) fall out (*mit* with); *verkrachte Existenz* failure.

verkraften [fɛr'kraftən] *v/t.* (*h.*) bear, handle; cope *or* deal with, meet; *das konnte er nicht mehr ~* that was more than he could handle.

ver'kramen *v/t.* (*h.*) mislay, disarrange.

verkrampf|en [fɛr'krampfən]: *sich ~* (*h.*) cramp; *hand, jaws, etc.*: clench; **~t** *adj.* clenched, (*a. fig.*) cramped; tense.

ver'kriechen: *sich ~* (*irr., h.*) hide; crawl away; creep into a hole, *etc.*; *fig. sich ~ müssen vor* (*dat.*) be a fool to.

ver'krümeln *v/t., v/i. and sich ~* (*h.*) crumble away, fritter away; *colloq. sich ~* slink away, sidle off, make tracks, beat it.

ver'krümm|en *v/t.* (*h.*) crook, curve, bend; *wood*: *sich ~* warp; **~t** *adj.* crooked; **2ung** *f* (-; *-en*) distortion; *~ der Wirbelsäule* curvature of the spine.

verkrüppeln [fɛr'krypəln] **I.** *v/t.* (*h.*) cripple; deform; stunt; **II.** *v/i.* (*sn*) become crippled; be stunted (*or* deformed).

verkrusten [fɛr'krustən] *v/i.* (*sn*), *a. sich* (*h.*) become incrusted; *mud*: cake; *von Schmutz verkrustet* mud-caked.

ver'kühl|en *v/i.* (*sn*) cool down; *sich ~* (*h.*) catch (a) cold; **2ung** *f* (-) cold.

ver'kümmer|n **I.** *v/i.* (*sn*) become stunted, atrophy (*a. fig.*); waste away; pine (away); starve; **II.** *v/t.* (*h.*) curtail (*right*); spoil, embitter (*fun*); **~t** *adj.* stunted, dwarfed; *zo.* rudimentary, vestigial; **2ung** *f* (-; *-en*) stunted growth, atrophy (*a. fig.*); curtailment.

ver'künd(ig)|en *v/t.* (*h.*) announce, make known; publish, proclaim; promulgate (*law*); pronounce (*judgment*); *eccl.* preach *the gospel*; predict, prophesy; *matter*: bode (*ill*); *fig.* herald *a new epoch, etc.*; **2er** *m* (*-s; -*) harbinger, herald; prophet; **2ung** *f* (-; *-en*) announcement; proclamation; pronouncement; promulgation; preaching; prediction, prophesy; *Mariä ~* Annunciation, Lady Day.

ver'künsteln *v/t.* (*h.*) overrefine; *colloq. sich ~* tie o.s. into knots (*doing a th.*).

ver'kupfern *v/t.* (*h.*) copper(plate).
ver'kuppeln *v/t.* (*h.*) pander, sell, prostitute; *tech.* couple.
ver'kürz|en *v/t.* (*h.*) shorten; *paint.* foreshorten; clip; abridge; curtail; cut (down *wages*); beguile, while away (*time*); *sich* ~ become shorter, shorten; *verkürzte Arbeitszeit* short time (work); **2ung** *f* (-; -*en*) shortening; *paint.* foreshortening; abridgement; curtailment, cut.
ver'lachen *v/t.* (*h.*) laugh at, deride, snap one's fingers at.
Verlade|bahnhof [fɛr'laːdə-] *m* loading station; **~brücke** *f* loading bridge; **~hafen** *m* port of embarkation.
ver'laden *v/t.* (*irr.*, *h.*) load, ship; *rail.* entrain, *econ.* consign, forward; *mil.* entrain, *mar.* embark, *aer.* emplane, *mot.* entruck.
Ver'lade...: ~papiere *n/pl.* shipping documents; **~r** *econ. m* (-*s*; -) shipping agent, carrier; *rail.* consignor; *w.s.* exporter; **~rampe** *f* loading platform; **~schein** *m* certificate of receipt; **~stelle** *f* loading point; point of embarkation *or* shipment.
Ver'ladung *f* (-; -*en*) loading, shipping, shipment; entraining, *etc.*, → *verladen*.
Verlag [fɛr'laːk] *m* (-[e]s; -e) publication; publishing house, *the* publishers *pl.*; *im* ~ *von* published by; *in* ~ *nehmen* undertake the publication of, publish.
ver'lager|n *v/t.* (*h.*) displace, dislocate; (*a. sich*) shift (*a. phys., geol.*; *a. jur. the burden of proof*); transfer, remove (*nach* to); evacuate; *sich* ~ *interest*: be switched over (*von* ... *zu* from ... to); **2ung** *f* (-; -*en*) displacement; shifting; transfer, removal; evacuation; *fig.* shift, basic change.
Ver'lags...: ~anstalt *f* publishing house; **~artikel** *m* publication; **~buchhandel** *m* publishing trade (*or* business); **~buchhändler** *m* publisher; **~buchhandlung**, **~firma** *f* publishing house; **~katalog** *m* publisher's catalog(ue); **~recht** *n*, **2rechtlich** *adj.* copyright; **~werk** *n* publication.
ver'langen I. *v/t.* (*h.*) demand; claim; desire; charge; insist on, clamo(u)r for; *matter*: demand, require, call for; *es verlangt mich, zu erfahren* I am anxious to know; *das ist zuviel verlangt* that is asking too much; *mehr kann man nicht* ~ one cannot wish for more; *Sie werden am Telephon verlangt* you are wanted on the phone; *viel* ~ *school, etc.*: set a high standard; **II.** *v/i.* (*h.*): ~ *nach* (*dat.*) ask for; wish to see *a p.*; long for, hanker after, crave; **Ver'langen** *n* (-*s*) desire; craving; longing (*nach* for), *Am. a.* yen; demand, request; *auf* ~ by request, *econ.* on demand; *auf* ~ *von* at the request of; *zahlbar auf* ~ payable at call; ~ *tragen nach* have a longing for; *kein* ~ *haben, zu inf.* feel no desire to *inf.*, have no ambition to *inf.*
verlänger|n [fɛr'lɛŋərn] *v/t.* (*h.*) lengthen, elongate; *math.* produce; prolong (*time*), extend (*a. credit, patent, game*); renew (*contract, bill of exchange*); *film*: (*die Laufzeit* ~) hold over; *sports*: (*den Ball*) ~ help the ball on (*zu* to); *fig. verlängerter Arm* instrument(ality); **2ung** *f* (-; -*en*) lengthening, elongation; *math.* production; prolongation, extension; renewal; *sports*: **a)** extra time, **b)** first-time pass; projection; **2ungsschnur** *el. f* extension cord; **2ungsstück** *n tech.* extension piece; *econ.* allonge (*of bill of exchange*).
verlangsam|en [fɛr'laŋzaːmən] *v/t.* (*h.*) (*a. sich*) slacken down, slow down; retard, delay; impede; **2ung** *f* (-; -*en*) slackening, slow-down; retardation, delay.
verläppern [fɛr'lɛpərn] *v/t.* (*h.*) trifle (*or* fritter) away.
Verlaß [fɛr'las] *m* (-*sses*) reliance; *es ist kein* ~ *auf ihn* there is no relying on him, he cannot be trusted.
ver'lassen I. *v/t.* (*irr.*, *h.*) leave, quit; forsake, abandon, leave in the lurch; desert; *s-e Kräfte verließen ihn* his strength failed him; *sich* ~ *auf* (*acc.*) rely (*or* depend *or* count) on, *Am. a.* bank (*or* figure) on; *Sie können sich darauf* ~, *daß* you may rely on it that, you may rest assured that; *auf ihn* (*sein Wort*) *kann man sich* ~ he is as good as his word; *colloq. verlaß dich drauf!* take it from me!, you bet!; **II.** *adj.* forsaken, abandoned; deserted; desolate; forlorn; isolated; **2** *n* (-*s*) leaving, *etc.*; *jur.* ~ *in hilfloser Lage* exposure; *böswilliges* ~ wil(l)ful desertion; **2heit** *f* (-) abandonment; loneliness; forlornness; isolation.
verläßlich [fɛr'lɛsliç] *adj.* reliable; [**2keit** *f* (-) reliability.]
ver'last|en *mil. v/t.* (*h.*) pack (*or* load) on vehicles; **~et** *adj.* lorry-borne, *Am.* trucked (*troops*).
ver'lästern *v/t.* (*h.*) malign, slander.
Verlaub [fɛr'laʊp] *m* (-): *mit* ~ by your permission (*or* leave); *mit* ~ *zu sagen* if I may say so.
Ver'lauf *m* (-[e]s) lapse, course (*of time*); progress, course (*of event, process, illness*); development; *weiterer* ~ sequel; trend; *im* ~ *gen. or von* in the course of; *im weiteren* ~ in the sequel, later on; *nach* ~ *von* after (a lapse of); *e-n schlimmen* ~ *nehmen* take a bad turn; **2en I.** *v/i.* (*irr.*, *sn*) *time*: pass, elapse; *event, process*: take a ... course, proceed, develop; go, come off; *border, road, etc.*: run, extend; *paints*: run, bleed, blend; *sich* ~ (*irr.*, *h.*) go astray, lose one's way, get lost; *waters*: flow off, disperse; *crowd*: scatter, disperse, drift away; → *Sand*; **II.** *adj.* stray (*animal, child*).
verlaust [fɛr'laʊst] *adj.* full of lice, lousy.
verlaut|baren [fɛr'laʊtbaːrən] **I.** *v/t.* (*h.*) divulge, make known, disclose; issue a statement to the effect that; **II.** *v/i.* (*sn*) → **~en** *v/i.* (*h.*) be reported, be disclosed, transpire; ~ *lassen* give to understand, hint; be heard to say; *wie verlautet* as reported; **2barung** *f* (-; -*en*) announcement, report, statement, disclosure, bulletin; (press) release.
ver'leb|en *v/t.* (*h.*) spend, pass; *schöne Tage* ~ *a.* have nice days, have a good time; **~t** [-'leːpt] *adj.* dissipated; worn out; decrepit.
ver'legen¹ *v/t.* (*h.*) misplace; transfer (*a. mil. troops*), shift (*a. mil. fire*; *a. phys. centre of gravity*); remove (*a. residence*); evacuate (*nach* to); *den Schauplatz e-r Erzählung, etc.,* ~ *in or nach* lay (*or* locate) the scene *of story, etc.*, in; publish, bring out (*book*); *tech.* lay (*cable, etc.*); relocate (*road, railway line*); bar, cut off, block (*the way*); put off (*auf acc.* to), postpone, defer (to); *sich* ~ *auf* (*acc.*) apply (*or* devote) o.s. to, take up (*activity*), take to *a habit, etc. or* doing *a th.*, *aufs Bitten, Leugnen, etc.*: resort to (*begging, denials, etc.*).
ver'legen² *adj.* embarrassed, confused; self-conscious, ill at ease; blushing, ~ *um* at a loss for (*an answer, etc.*), short of *money*; **2heit** *f* (-) embarrassment; difficulty; predicament; *in* ~ *sein* be at a loss (*um* for); *colloq.* be in a scrape *or* fix; be in financial difficulties *or* straits; *in* ~ *bringen* embarrass; *in* ~ *kommen* get embarrassed, *w.s.* get o.s. into a scrape; *sich aus der* ~ *ziehen* get out of a difficulty; → *helfen*.
Verleger [fɛr'leːgər] *m* (-*s*; -) publisher.
Ver'legung *f* (-; -*en*) transfer, removal; evacuation; shifting; laying *of cables*, wiring; postponement; publishing, publication.
verleiden [fɛr'laɪdən] *v/t.*: *j-m et.* ~ (*h.*) disgust a p. with a th.; *j-m s-e Freude* ~ spoil (*or* mar) a p.'s pleasure; *es war ihm verleidet* he had taken a dislike to it; *mir ist alles verleidet* I am sick of everything.
Verleih [fɛr'laɪ] *m* (-[e]s; -e) hire service; *film*: **a)** distribution, **b)** distributors *pl.*; **2en** *v/t.* (*irr.*, *h.*) lend (out), *Am.* loan; hire out, let out; bestow, confer (*right, title, etc.*; *j-m* on a p.); vest (*authority, right dat.* in); grant (*favour, etc.*); award (*prize*); *Offiziersrang* ~ commission (*dat. a p.*); *j-m ein Amt* ~ appoint a p. to an office; give, impart *charm, quality* (*dat.* to); *e-m Gesetz Rechtskraft* ~ render *a law* effective; → *geben*; **~er(in** *f*) *m* (-*s*, -; -, -*nen*) lender; bestower; *jur.* grantor; *film*: distributor; **~ung** *f* (-; -*en*) lending out; bestowal; grant; award.
ver'leit|en *v/t.* (*h.*) mislead, lead astray; seduce; induce; ~ *zu* carry *a p.* away into doing *a th.*; *jur.* suborn (*to perjury*); *sich* ~ *lassen, zu* be talked into *ger.*, be induced to *inf.*; commit o.s. to, be carried away into *ger.*; *dies verleitete mich zu der Annahme* this led me to believe; **2ung** *f* (-) misleading; seduction; inducement; subornation.
ver'lernen *v/t.* (*h.*) unlearn, forget.
ver'lesen *v/t.* (*irr.*, *h.*) read out; call over (*names*); pick (*vegetables, etc.*); *sich* ~ read wrong, slip (in reading).
verletz|bar [fɛr'lɛtsbaːr] *adj.* damageable; vulnerable; unshielded,

exposed; *fig.* (over)sensitive, touchy; **~en** *v/t.* (*h.*) hurt, injure; wound; damage; *fig.* hurt, wound (*a p.'s feelings*), offend; violate (*oath, right*); infringe (*law, patent*); offend against (*rule, decency*); *s-e Pflicht ~* fail in one's duty; **~end** *adj.* offensive; cutting (*remark*); **~lich** *adj.* → *verletzbar*; **Ͻte(r** *m*) *f* (*-n, -n; -en, -en*) person injured, injured party, victim; *pl. die ~n* the injured; **Ͻung** *f* (*-; -en*) hurt; injury; damage; violation, infraction (*of law, etc.*), (*a.* patent) infringement; breach (*of duty, contract, etc.*); *~ der Sorgfaltspflicht* lack of proper care, neglect.

ver'leugn|en *v/t.* (*h.*) deny; disown, disavow (*child, friend*); renounce, disclaim (*principle*); act contrary to; *sich ~ lassen* have o.s. denied, not to be at home (*vor j-m* to a p.); *fig. sich nicht ~ lassen* reveal (*or* show) itself; **Ͻung** *f* (*-; -en*) denial, disavowal; renunciation.

verleumd|en [fɛr'lɔʏmdən] *v/t.* (*h.*) calumniate, backbite, defame; slander, *jur. a.* libel; **Ͻer(in** *f*) *m* (*-s, -; -, -nen*) calumniator; slanderer, libeller; **~erisch** *adj.* slanderous; calumnious, defamatory; slanderous, libellous; → *Beleidigung*; **Ͻung** *f* (*-; -en*) calumny, backbiting; defamation (*jur.* of character); slander, *jur. a.* libel.

ver'lieb|en: *sich ~* (*h.*) *in* (*acc.*) fall in love with; *w.s.* take a fancy to, be infatuated with; **~t** *adj.* (*in acc.*) in love (with), enamo(u)red (of), smitten (with), gone (on); amorous (*glances, etc.*); love-sick, madly in love; **Ͻtheit** *f* (*-; -en*) amorousness.

verlier|en [fɛr'li:rən] *v/t.* (*irr., h.*) lose (*a. v/i.*: *gegen* to); shed (*leaves, hair*); outgrow (*habit*); *aus den Augen ~* lose sight of; *bei j-m ~* sink in a p.'s estimation; *sich ~* lose o.s.; disappear; *crowd*: disperse; *colour*: fade; *sich ins Rote ~* melt into red; *pain*: subside; *sounds*: die away; *kein Wort darüber ~* not to waste a word on it; → *verloren*; **Ͻer(in** *f*) *m* (*-s, -; -, -nen*) loser; *guter* (*schlechter*) *~* good (bad) loser; *zum ~ erklären* declare *a p.* the loser.

Verlies [fɛr'li:s] *n* (*-es; -e*) dungeon, keep.

verlitzen [fɛr'litsən] *el. v/t.* (*h.*) strand.

ver'loben *v/t.* (*h.*) engage (*mit* to); *sich ~* become engaged *or* betrothed; *verlobt sein* be engaged to be married.

Verlöbnis [fɛr'lø:pnis] *n* (*-ses; -se*) betrothal, engagement; **~bruch** *m* breach of promise.

Verlobte(r *m*) [fɛr'lo:ptə(r)] *f* (*-n, -n; -en, -en*): *ihr ~r* her fiancé *or* intended (husband); *s-e ~* his fiancée *or* intended (wife); *die ~n pl.* the engaged couple, the betrothed.

Verlobung [fɛr'lo:buŋ] *f* (*-; -en*) betrothal, engagement; *e-e ~* (*auf-*) *lösen* break off an engagement; **~sanzeige** *f* announcement of an engagement; **~sring** *m* engagement ring.

ver'lock|en *v/t.* (*h.*) allure, entice; tempt; seduce; inveigle (*zu et.* into doing a th.); **~end** *adj.* tempting, enticing; **Ͻung** *f* (*-; -en*) allurement, lure, enticement; temptation; seduction.

verlogen [fɛr'lo:gən] *adj.* (given to) lying, untruthful, mendacious; **Ͻheit** *f* (*-*) constant lying; untruthfulness, mendacity.

ver'lohnen *v/refl.* (*h.*): *es verlohnt sich der Mühe* it is worth the trouble, it is worth while.

verlor [fɛr'lo:r] *pret. of verlieren.*

ver'loren *p.p. of verlieren and adj.* lost (*a. fig.*); forlorn; → *Ei*; *~e Hoffnung* vain hope; *~e Partie* losing game; *~er Haufen or Posten* forlorn hope; *auf ~em Posten stehen* fight a losing battle; *arch.* → *Schalung*; *der ~e Sohn* the prodigal son; *~ geben* give up for lost; *das Spiel ~ geben* throw up the game (for lost), *fig.* give in; **~gehen** *v/i.* (*irr., sn*) be (*or* get) lost; *letter*: *a.* miscarry; *an ihm ist ein Schauspieler verlorengegangen* he would have made a splendid actor.

ver'löschen I. *v/t.* (*h.*) extinguish; efface (*writing*); **II.** *v/i.* (*sn*) → *erlöschen.*

ver'los|en *v/t.* (*h.*) dispose of by lot; draw (*or* cast) lots for, raffle; **Ͻung** *f* (*-; -en*) lottery, raffle.

ver'löten *v/t.* (*h.*) solder up; *hart ~* braze; *colloq. e-n ~* (*drink*) hoist one, *Am.* have a snifter.

verlotter|n [fɛr'lɔtərn] *v/i.* (*sn*) *person*: go to the bad, come down (in the world); *matter*: go to rack and ruin, go to seed; **~t** *adj.* dissolute; *thing*: ruined.

Verlust [fɛr'lust] *m* (*-es; -e*) loss (*an dat.* of); bereavement; damage; waste; *~e pl. mil.* casualties; *at game*: losings; *bei ~ von* under pain of, with forfeiture of; *in ~ geraten* get lost; *mit ~ sell, work, etc.*, at a loss, at a sacrifice; **~anteil** *m* share in the loss; **~anzeige** *f* notice of (a) loss; **Ͻbringend** *adj.* involving (a) loss, losing *business*; **Ͻfrei** *adj.* free from losses; **~geschäft** *n* losing business; **Ͻig** *adv.* (*gen.*): *e-r Sache ~ gehen* forfeit a th., be deprived of a th.; lose a th.; *j-n e-r Sache für ~ erklären* declare a p. to have forfeited a th.; **~konto** *n* loss account; **~liste** *mil. f* (list of) casualties *pl.*; **~meldung** *f* report of loss; casualty report; **~rechnung** *f* → *Verlustkonto*; **Ͻreich** *adj.* involving heavy losses, bloody.

ver'machen *v/t.* (*h.*): *j-m et. ~* leave (*or* will) a th. to a p.; *jur.* bequeath, devise.

Vermächtnis [fɛr'mɛçtnis] *n* (*-ses; -se*) (last) will; *fig.* legacy, trust; bequest; *of money*: legacy; *of real estate*: devise; **~geber** *m* legator; **~nehmer** *m* legatee; devisee.

ver'mahlen *v/t.* (*h.*) grind up.

vermähl|en [fɛr'mɛ:lən] *v/t.* (*h.*) wed, marry (*mit* to; *sich mit j-m* a p.); *fig.* unite; *die Vermählten* the bridal pair, the newly married couple; **Ͻung** *f* (*-; -en*) wedding, marriage.

ver'mahn|en *v/t.* (*h.*) admonish, exhort, warn; **Ͻung** *f* (*-; -en*) admonition, exhortation, warning.

vermaledei|en [fɛrmalə'daɪən] *v/t.* (*h.*) curse, execrate; **~t** *adj.* → *verdammt.*

vermännlich|en [fɛr'mɛnliçən] *v/t.* (*h.*) masculinize; **Ͻung** *f* (*-*) masculinization.

ver'manschen *colloq. v/t.* (*h.*) mess up.

vermasseln [fɛr'masəln] *v/t.* (*h.*) bungle, make a botch of, *esp. sports*: foozle.

Vermassung [fɛr'masuŋ] *f* (*-*) stereotyping.

ver'mauern *v/t.* (*h.*) wall up (*or* in).

ver'mehr|en *v/t.* (*h.*) (*a. sich*) increase (*um* by), augment; multiply; propagate, *zo. a.* breed; add to; *vermehrte Auflage e-s Buches* enlarged edition; **Ͻung** *f* (*-*) increase; addition (*gen.* to); propagation.

ver'meid|en *v/t.* (*irr., h.*) avoid; evade, dodge, steer clear of; shun; *es läßt sich nicht ~* it is unavoidable, it cannot be helped; *tun Sie es nicht, wenn Sie es ~ können* don't do it, if you can help it; **~lich** [-'maɪtliç] *adj.* avoidable; **Ͻung** [-duŋ] *f* (*-*) avoidance.

ver'mein|en *v/t.* (*h.*) think, believe, suppose; **~tlich** [-'maɪntliç] *adj.* supposed; pretended, putative; imaginary; presumptive.

ver'melden *v/t.* (*h.*) announce; mention; inform, notify (*j-m et.* a p. of a th.).

ver'mengen *v/t.* (*h.*) mix (up), mingle, blend; confound, mix up; *sich ~ mit* mix (*or* blend) with; *in e-e Sache vermengt werden* be involved in, be mixed up in (*or* with) *a th.*

ver'menschlich|en *v/t.* (*h.*) represent in a human form, humanize; **Ͻung** *f* humanization.

Vermerk [fɛr'mɛrk] *m* (*-[e]s; -e*) note, notice; entry; endorsement; **Ͻen** *v/t.* (*h.*) note down, record; remark, observe; make a (mental) note of; enter, make an entry of; *übel ~* take *a th.* amiss, take offen|ce (*Am.* -se) at.

ver'mess|en I. *v/t.* (*irr., h.*) measure, take the measurement of; survey (*land*); *sich ~* measure wrong; dare, presume, have the temerity (*or* impudence) to; **II.** *adj.* daring, presumptious; impudent, insolent; **Ͻenheit** *f* (*-*) presumption; **Ͻer** *m* (*-s; -*) surveyor.

Ver'messung *f* (*-; -en*) measurement; survey (*of land*).

Ver'messungs...: **~amt** *n* surveyor's office; **~beamte(r)** *m* surveyor; **~flugzeug** *n* survey-plane; **~ingenieur** *m* land surveyor; **~kunde** *f* (*-*) geodesy; **~punkt** *m* survey point; **~trupp** *mil. m* survey party; **~wesen** *n* (*-s*) surveying.

ver'miet|bar *adj.* rentable; **~en** *v/t.* (*h.*) let (on hire), *esp. Am.* rent; hire (out); *jur.* lease; *Haus zu ~* house to (be) let; *Möbel, etc., zu ~* furniture, *etc.*, on hire; **Ͻer(in** *f*) *m* letter; landlord (*f* landlady); hirer (out); *jur.* lessor; **Ͻung** *f* (*-; -en*) letting; leasing; hiring (out).

ver'minder|n *v/t.* (*h.*) (*a. sich*) diminish, decrease, lessen; *sich ~*

a. decline, fall off; impair; reduce, curtail, cut (down, *Am.* back); 2**ung** *f* (-) diminution, decrease, lessening; impairment; reduction, cut.

verminen [fɛrˈmi:nən] *v/t.* (*h.*) mine.

verˈmisch|en *v/t.* (*h.*) mix (up), mingle; blend (*paints, tobaccos, tea*); interbreed, cross (*races*); adulterate; alloy; *sich* ~ mix, blend; interbreed; ~**t** *adj.* mixed; miscellaneous (*news, etc.*); ~*e Schriften* miscellany *sg.*; 2**ung** *f* (-) mixture; blend(ing); interbreeding, crossing; intermarriage; medley, jumble.

verˈmissen *v/t.* (*h.*) miss; fail to see; regret; ~ *lassen* lack, not to have; *vermißt* missing (in action *mil.*).

Vermißte(r *m*) [-ˈmistə(r)] *f* (*-n, -n*; *-en, -en*) missing person; *pl. the* missing, *mil.* missing personnel.

vermitt|eln [fɛrˈmitəln] **I.** *v/t.* (*h.*) mediate; arrange, adjust, settle; negotiate (*loan, peace*); reconcile; arrange; procure, obtain, get (*j-m* for a p.), supply *a p.* with; give, convey, offer (*idea, impression, picture*); impart *knowledge* (*j-m* to a p.); **II.** *v/i.* (*h.*) mediate, act as a mediator (*bei* in); intercede, interpose, intervene (*zwischen* between); ~**elnd** *adj.* intermediary, conciliatory; ~**els(t)** *prp.* (*gen.*) by means (*or* dint) of, through; 2**ler** (-**in** *f*) *m* (*-s, -*; *-, -nen*) mediator (*f a.* mediatrix), *often b.s.* go-between; *econ.* agent, middle-man.

Verˈmittlung *f* (*-; -en*) mediation, agency; settlement, adjustment; arrangement; negotiation; procuring, supplying; intercession, intervention; *durch* ~ *gen. or von* through (the intermediary of); *durch freundliche* ~ *des Herrn X.* by the good offices of Mr. X.; *teleph.* exchange; ~**s-amt** *teleph. n* (telephone) exchange, *Am.* central office; ~**s-ausschuß** *m* mediation committee; ~**s-gebühr,** ~**sprovision** *f* commission; brokerage; ~**sschrank** *teleph. m* switchboard; ~**svorschlag** *m* proposal for settlement.

vermöbeln [fɛrˈmø:bəln] *colloq. v/t.* (*h.*) → *verprügeln.*

verˈmodern *v/i.* (*sn*) mo(u)lder, decay, rot.

vermöge [fɛrˈmø:gə] *prp.* (*gen.*) in virtue of, on the strength of; by dint of; owing to.

vermögen [fɛrˈmø:gən] *v/t.* (*irr., h.*) be able to do; ~ *zu inf.* be able to *inf.*; be capable of *ger.*; be in a position to *inf.*, have the power to *inf.*; *wir werden sehen, was er vermag* we shall see what he can do; *et.* ~ *bei j-m* have influence with a p.; *j-n zu et.* ~ induce a p. (*or* prevail upon a p.) to do a th.; *es über sich* ~ bring o.s. to do it.

Verˈmögen *n* (*-s; -*) ability; power, capacity (*a. tech.*); property; fortune; means *pl.*; *econ.* capital; assets *pl.*; *ein* ~ *verdienen* make a fortune; *nach bestem* ~ to the best of one's ability; *das geht über mein* ~ that's beyond me; 2**d** *adj.* wealthy, rich, well-to-do; *pred.* well to do, well off.

Verˈmögens...: ~**abgabe** *f* capital levy; ~**abschätzung** *f* valuation of property; ~**anlage** *f* capital asset, (productive) investment; ~**aufsicht** *f* property control; ~**aufstellung** *f* financial statement; ~**bestand** *m* amount of property, assets *pl.*; ~**bilanz** *f* statement of resources and liabilities, *Am.* statement of condition; ~**bildung** *f* formation of wealth; ~**gegenstand** *m* asset; ~**masse** *f* (-) estate, assets *pl.*; (*ant. interest*) principal; 2**rechtlich** *adj.* under the law of property; ~*e Ansprüche* pecuniary claims; ~**steuer** *f* property tax; ~**verhältnisse** *pl.* pecuniary circumstances; *in angenehmen* ~*n* in easy circumstances; ~**werte** *m/pl.* assets *pl.*; ~**zuwachssteuer** *f* tax on the increment value of property.

vermottet [fɛrˈmɔtət] *adj.* mothy, moth-eaten.

vermumm|en [fɛrˈmumən] *v/t.* (*h.*) muffle up; disguise, mask; 2**ung** *f* (*-; -en*) disguise, mummery.

vermut|en [fɛrˈmu:tən] *v/t.* (*h.*) suppose, assume, *Am. a.* guess; conjecture, gather; expext; image; suspect; surmise; *ich vermutete, daß a.* I had an idea (*or* a hunch) that; ~**lich I.** *adj.* presumable, supposed; probable, likely; presumptive (*heir*); **II.** *adv.* presumably, *etc.*; I suppose; 2**ung** *f* (*-; -en*) presumption (*a. jur.*); supposition, *Am. a.* guess; idea, hunch; conjecture; expectation; speculation (*a. pl.*); (*bloße* mere) surmise *or* guesswork; ~*en anstellen* speculate (*über acc.* upon).

vernachlässig|en [fɛrˈnɑ:xlɛsigən] *v/t.* (*h.*) neglect; *s-e Pflicht* ~ fail (*or* be neglectful, *Am.* be derelict) in one's duty; 2**ung** *f* (-) neglect (-ing).

verˈnagel|n *v/t.* (*h.*) nail (up); nail down; *mit Brettern* ~ board up; ~**t** *colloq. adj.* dense, blockheaded; *ich war wie* ~ my mind was a blank.

verˈnähen *v/t.* (*h.*) sew up.

verˈnarben *v/i.* (*sn*; *a. sich* [*h.*]) cicatrice, scar over; heal (*or* close) up.

vernarr|en [fɛrˈnarən]: *sich* ~ (*h.*) *in* (*acc.*) become infatuated with, go wild about; ~**t** *adj.*: ~ *in* (*acc.*) infatuated with, madly in love with, gone on; *Am. a.* stuck (*or* nuts) on; wild (*or* crazy) about; *in ein Kind* ~ *sein* dote on a child.

verˈnaschen *v/t.* (*h.*) spend on sweets; *colloq. fig.* love up.

vernebel|n [fɛrˈne:bəln] *v/t.* (*h.*) *mil.* cover by a smoke screen, screen; *aer., mot.* atomize; *fig.* obscure; 2**ung** *f* (-) (smoke) screen; atomizing.

vernehm|bar [fɛrˈne:mbɑ:r] *adj.* perceptible, audible; within ear-shot; ~**en** *v/t.* (*irr., h.*) perceive, hear, become aware of; learn, hear, understand; interrogate, question, *jur. a.* examine, inspect; *als Zeuge vernommen werden* be called into the witness-box (*Am.* witness-stand); ~ *lassen* declare, intimate, say; *sich* ~ *lassen* be (*or* make o.s.) heard; 2**en** *n* (*-s*): *gutes* ~ good understanding, friendly terms; *dem* ~ *nach* as reported, from what I (*or* we) hear *or* understand; rumo(u)r has it that; *sicherem* ~ *nach* according to reliable reports, we have it on good authority that; *im* ~ *mit* in agreement with; ~**lich** *adj.* audible, distinct; loud, resounding; 2**ung** *f* (*-; -en*) interrogation, questioning; examination, inspection; 2**ungsbe-amte(r)** *m* interrogator; ~**ungsfähig** *adj.* in a condition to be examined.

verˈneig|en: *sich* ~ (*h.*), 2**ung** *f* (*-; -en*) bow; curtsy (*vor dat.* to).

vernein|en [fɛrˈnaınən] *v/t. and v/i.* (*h.*) say no *or* answer in the negative (*e-e Frage* to a question); deny; *er verneinte a.* the answer was no, his answer was in the negative; ~**end** *adj.* negative; 2**ung** *f* (*-; -en*) negation; denial; *gr.* negative; 2**ungssatz** *gr. m* negative clause; 2**ungswort** *gr. n* (*-[e]s; ⸚er*) negative.

vernichten [fɛrˈniçtən] *v/t.* (*h.*) annihilate; destroy (*a. documents*); exterminate; eradicate; dash, shatter (*hopes*); ~**d** *adj.* destructive, (*a. fig.*) devastating; *fig.* crushing (*answer, blow, defeat*); withering (*look*); scathing (*criticism, etc.*).

Verˈnichtung *f* (*-; -en*) annihilation; destruction; extermination.

Verˈnichtungs...: ~**feuer** *mil. n* annihilating fire; ~**krieg** *m* war of extermination; ~**lager** *n* extermination camp; ~**mittel** *n* (*weed, etc.*) killer; ~**schlacht** *f* battle of annihilation; ~**waffe** *f* destructive weapon.

vernickel|n [fɛrˈnikəln] *v/t.* (*h.*) nickel(-plate); 2**ung** *f* (-) nickel-plating.

verniedlichen [fɛrˈni:tliçən] *v/t.* (*h.*) make *a th.* look harmless, minimize, play *a th.* down.

verˈnieten *v/t.* (*h.*) rivet, clinch.

Vernunft [fɛrˈnunft] *f* (-) reason; judgment; *die gesunde* ~ common sense, good sense; ~ *annehmen* listen to reason; *j-n zur* ~ *bringen* bring a p. to reason *or* to his senses; *j-m* ~ *predigen* plead with a p. to be reasonable; *wieder zur* ~ *kommen* come back to one's senses; 2**begabt** *adj.* rational; ~**ehe** *f* marriage of convenience.

Vernünftelei [fɛrnynftəˈlaı] *f* (*-; -en*) subtlety, sophistry, hair-splitting; **vernünfteln** [-ˈnynftəln] *v/i.* (*h.*) subtilize, split hairs.

Verˈnunft...: 2**gemäß** *adj.* rational, reasonable, logical; ~**glaube** *m* rational belief, rationalism; ~**grund** *m* rational argument.

verˈnünftig *adj.* rational; reasonable; sensible, level-headed; judicious, wise; ~ *reden* talk sense; ~**erweise** [-vaızə] *adv.* reasonably; ~ *ging er nicht hin* he had the good sense not to go there.

verˈnunft...: ~**los** *adj.* senseless, unreasonable; ~**mäßig** *adj.* rational; ~**widrig** *adj.* contrary to reason, unreasonable, irrational.

vernuten [fɛrˈnu:tən] *tech. v/t.* (*h.*) groove.

veröd|en [fɛrˈˀø:dən] **I.** *v/t.* (*h.*) make desolate; lay waste, devastate; depopulate; *med.* sclerose, obliter-

ate, atrophy; **II.** *v/i.* (*sn*) become desolate *or* deserted; **Sung** *f* (-) desolation; devastation; depopulation; *med.* sclerosing, obliteration.
veröffentlich|en [fɛr'ˀœfəntliçən] *v/t.* (*h.*) publish; make public, announce; promulgate (*law*); advertise; **Sung** *f* (-; -*en*) publication (*a. book, treatise, etc.*); (public) announcement; promulgation.
ver'ordn|en *v/t.* (*h.*) *jur.* ordain, decree; establish, (*a. med.*) order; *med.* prescribe (*j-m* for a p.); **Sung** *f* (-; -*en*) decree, ordinance, regulation, order; *med.* prescription; **Sungsblatt** *n* official gazette; **Sungsweg** *m*: *auf dem* ~*e* by decree.
ver'pacht|en *v/t.* (*h.*) farm out; rent, *jur.* lease (*real estate*); **Sung** *f* (-; -*en*) farming out; *jur.* leasing.
Ver'pächter(in *f*) *m* (-*s*, -; -, -*nen*) lessor.
ver'pack|en *v/t.* (*h.*) pack (up); *econ.* package; wrap up; **Sung** *f* (-; -*en*) packing up; *econ.* packaging; packing material; wrapping; *econ. einschließlich* ~ packing included; **Sungsgewicht** *n* tare, dead weight; **Sungsstraße** *f* packaging line.
ver'passen *v/t.* (*h.*) let *opportunity* slip, miss (*a chance*); miss, lose (*train*); *mil.* fit (on) (*uniform, etc.*); *colloq. fig.* give; *j-m e-n Schlag* ~ land on a p., paste a p. one.
verpatzen [fɛr'patsən] *colloq. v/t.* (*h.*) → *vermasseln.*
verpest|en [fɛr'pɛstən] *v/t.* (*h.*) infect, poison, taint, pollute; *w.s. die Luft* ~ raise a stench; **Sung** *f* (-) infection; pollution.
ver'petzen *colloq. v/t.* (*h.*) peach on; *esp. ped.* sneak against.
ver'pfänd|en *v/t.* (*h.*) pledge (*a. fig. sein Wort* one's word); mortgage; pawn, *Am. a.* hock; **Sung** *f* (-; -*en*) pledging; mortgaging; pawning.
ver'pfeifen *colloq. v/t.* (*irr., h.*) squeal on.
ver'pflanz|en *v/t.* (*h.*) transplant; **Sung** *f* transplanting, *esp. med.* transplant(ation).
ver'pfleg|en *v/t.* (*h.*) → *pflegen*; board; cater for; *mil. a.* supply with rations, provision, victual; **Sung** *f* (-) board; catering, victual(l)ing, food supply; board, food; *mil.* provisions, rations.
Ver'pflegungs...: ~**amt** *n* food office; *mil.* commissariat; ~**geld** *n* basic allowance for subsistence; ration allowance; ~**lager** *n* ration depot; ~**offizier** *m* mess (*Brit.* catering) officer; ~**satz** *m* ration scale; daily ration quantity; ~**stärke** *f* ration strength; ~**unteroffizier** *m* mess (*Brit.* catering) sergeant; ~**wesen** *n* (-*s*) food service; catering.
verpflicht|en [fɛr'pfliçtən] *v/t.* (*h.*) oblige; *esp. contractually*: obligate, engage; sign (up); → *eidlich* II; *sich* ~ bind o.s.; sign on; *mil.* enrol(l), enlist; *sich zu et.* ~ bind (*or* engage, commit) o.s. to do a th., *jur. a.* undertake, covenant to do a th.; *in contracts*: *der Verkäufer verpflichtet sich, zu inf.* Seller agrees (and engages) to *inf.*; *zu Dank* ~ lay *a p.* under an obligation; *j-m zu Dank verpflichtet sein* be (greatly) obliged *or* indebted to a p.; *gesetzlich verpflichtet sein* be liable, be bound by law; *sich verpflichtet fühlen, zu inf.* feel bound to *inf.*; ~**end** *adj.* binding, obligatory; **Sung** *f* (-; -*en*) obligation; liability (*a. econ. debt*); pledge (*zu* of); duty; engagement, commitment; *e-e* ~ *eingehen* undertake an obligation, enter into an engagement, assume (*or* incur) a liability; ~*en gegen j-n haben* be under an obligation to a p.
ver'pfusch|en *v/t.* (*h.*) bungle, botch; make a mess (*or* hash) of; ~**t** *adj.* ruined, wrecked, misspent (*life*).
verpichen [fɛr'piçən] *v/t.* (*h.*) (coat *or* stop with) pitch; → *erpicht.*
ver'planen *v/t.* (*h.*) **1.** budget wrongly; misapply; **2.** budget; plan.
ver'plappern, ver'plaudern *v/t.* (*h.*) prattle away (*time*); *sich* ~ blab out a secret, let the cat out of the bag; give o.s. away.
verplempern [fɛr'plɛmpərn] *colloq. v/t.* (*h.*) spend (*or* waste) foolishly, fritter away; *sich* ~ fritter away one's energy.
verpönt [fɛr'pø:nt] *adj.* prohibited, taboo; *w.s.* despised.
ver'prassen *v/t.* (*h.*) dissipate (in luxury), get through *one's money.*
verproviantieren [fɛrproviant'ti:rən] *v/t.* (*h.*) victual, provision; supply with food (*or* rations).
ver'prügeln *v/t.* (*h.*) thrash (soundly), wallop, trounce, trim, flog, lick, *Am.* beat up.
ver'puffen *v/i.* (*h.*) deflagrate; detonate, explode; *fig.* fizzle out, go up in smoke; fall flat.
verpulvern [fɛr'pulfərn] *colloq. v/t.* (*h.*) squander, blue (*money*).
ver'pumpen *colloq. v/t.* (*h.*) lend, give on tick.
verpupp|en [fɛr'pupən]: *sich* ~ (*h.*) change into a chrysalis, pupate; **Sung** *f* (-) pupation.
ver'pusten *colloq.*: *sich* ~ (*h.*) recover (one's) breath, get one's wind back.
Ver'putz *m* (-*es*) *arch.* roughcast, plaster; *tech.* dressing; **Sen** *v/t.* (*h.*) roughcast, plaster; *colloq.* **a)** blue (*money*), **b)** polish off (*food*), **c)** *ich kann ihn* (*das*) *nicht* ~ I can't stand *or* stomach him (that).
verqualmt [fɛr'kvalmt] *adj.* filled (*or* thick) with smoke.
verquicken [fɛr'kvikən] *v/t.* (*h.*) amalgamate, fuse; *fig.* mix up (*mit* with).
verquollen [fɛr'kvɔlən] *adj.* warped (*wood*); swollen (*eyes, face*).
verramme(l)n *v/t.* (*h.*) bar(ricade), block up.
verramschen [fɛr'ramʃən] *colloq. v/t.* (*h.*) sell at a loss *or* dirt-cheap.
verrant [fɛr'rant] *fig. adj.*: ~ *sein in* (*acc.*) be stuck fast in; be blindly enamo(u)red of *an idea*; **Sheit** *f* (-) wrongheadedness, stubbornness.
Verrat [fɛr'rɑ:t] *m* (-[*e*]*s*) betrayal (*an dat.* of); *jur.* treason (to *one's country, etc.*); treachery (to); (unauthorized) divulging *or* disclosure (*gen. or von* of *secrets, etc.*); ~ *an j-m begehen* betray a p.; **Sen** *v/t.* (*irr., h.*) betray (*sich* o.s.), give *a p., o.s., a secret* away; blab out, let out, *Am. a.* spill; *alles* ~ give the show away; disclose, divulge (*secret*); *fig.* show, reveal, give evidence of, bespeak, betray; sell; *nicht* ~! mum's the word!
Verräter [fɛr'rɛ:tər] *m* (-*s*; -) traitor (*an dat.* to); *w.s.* betrayer; *an j-m zum* ~ *werden* betray a p.; **Verräte'rei** *f* (-; -*en*) treachery; **Ver'räter|in** *f* (-; -*nen*) traitress; **Sisch** *adj.* treacherous, traitorous, *jur.* treasonable; perfidious; *fig.* revealing; telltale.
ver'rauchen I. *v/i.* (*sn*) go off in smoke; *anger*: blow over; **II.** *v/t.* (*h.*) spend on smoking tobacco, *etc.*
ver'räucher|n *v/t.* (*h.*) fill with smoke; ~**t** *adj.* smoky, thick with smoke.
ver'rauschen *v/i.* (*sn*) pass away.
ver'rechnen *v/t.* (*h.*) reckon up; charge; pass to account; set off (*mit* against); compensate; clear; *sich* ~ miscalculate; *a. fig.* make a mistake; *sich verrechnet haben* be out in one's reckoning, *fig.* be mistaken; *sich um 10 Dollar verrechnet haben* be $10 out.
Ver'rechnung *f* (-; -*en*) reckoning up; charging; settling, settlement (of an account); clearing; miscalculation; *nur zur* ~ not negotiable, only for account (*cheque*).
Ver'rechnungs...: ~**abkommen** *n* clearing agreement; ~**bank** *f* (-; -*en*) clearing bank; ~**konto** *n* offset account; ~**land** *n* agreement country; ~**posten** *m* offset item; ~**scheck** *m* collection-only (*or* not negotiable) cheque (*Am.* check); ~**stelle** *f* clearing-house; ~**verkehr** *m* clearing system, clearings *pl.*; ~**währung** *f* agreement currency.
ver'recken *v/i.* (*sn*) perish, die; *vulg. person*: turn up one's toes, croak, kick the bucket.
ver'regne|n *v/t.* (*h.*) spoil by rain (-ing); ~**t** *adj.* rainy, rain-spoilt.
ver'reiben *v/t.* (*irr., h.*) grind down; *pharm.* triturate; spread by rubbing, rub in (*ointment*).
ver'reis|en *v/i.* (*sn*) go on a journey; ~ *nach* start (*or* leave, set out) for; ~**t** *adj.* out of town; away (*geschäftlich* on business).
ver'reißen *colloq. v/t.* (*irr., h.*) pull to pieces, slate.
verrenk|en [fɛr'rɛŋkən] *v/t.* (*h.*) contort; *med.* wrench, sprain; dislocate, luxate; *sich neugierig den Hals* ~ crane one's neck; **Sung** *f* (-; -*en*) contortion; dislocation, luxation.
ver'rennen *fig. v/i.* (*irr., h.*): *sich* ~ *in* (*acc.*) be stuck in *a matter*; → *verrannt.*
ver'richt|en *v/t.* (*h.*) do, perform; acquit o.s. of; execute, carry out; *s-e Andacht* ~ perform one's devotions, be at prayer; *sein Gebet* ~ say one's prayer(s); → *Notdurft*; **Sung** *f* (-; -*en*) performance; business; work; *tägliche* ~*en* daily work (*or* routine).
verriegeln [fɛr'ri:gəln] *v/t.* (*h.*) bolt, bar.
verringer|n [fɛr'riŋərn] *v/t.* (*h.*)

diminish, decrease, lessen (*a. sich*); reduce, cut (down, *Am.* back); *das Tempo* ~ slacken off, slow down; **2ung** *f* (-; -*en*) diminution; decrease; reduction, cut.
ver'rinnen *v/i.* (*irr.*, *sn*) run off *or* away; *time*: elapse, fly.
Ver'riß *colloq. m* (-sses; -sse) slating.
ver'röcheln *v/i.* (*sn*) breathe one's last.
verroh|en [fɛr'ro:ən] **I.** *v/t.* (*h.*) brutalize; **II.** *v/i.* (*sn*) grow brutal *or* brutish; **2ung** *f* (-) brutalization.
ver'rosten *v/i.* (*sn*) get rusty, rust (*a. fig.*); corrode.
verrotte|n [fɛr'rɔtən] *v/i.* (*sn*) rot; **~t** *adj.* rotten (*a. fig.* = corrupt).
verrucht [fɛr'ru:xt] *adj.* wicked, villainous; heinous (*crime*); **2heit** *f* (-) wickedness, villainy, infamy.
ver'rück|en *v/t.* (*h.*) displace, (re-)move, shift; disarrange; **~t** *adj.* mad, crazy, crack-brained, cracked, batty, balmy, nuts, loony; *pred.* out of one's mind, off one's onion; *fig.* ~ *nach* (*dat.*) mad on, crazy for, nuts on; ~ *auf* (*acc.*) crazy (*or* wild) about; ~*e Idee* crazy idea; *j-n* ~ *machen* drive a p. mad, *etc.*; ~ *spielen* play *or* act the (giddy) goat; *wie* ~ like mad; *ich werd'* ~*!* I'll be doggone!; **2te(r** *m*) *f* (-*n*, -*n*; -*en*, -*en*) lunatic; madman, *f* madwoman; crackpot, loon; **2theit** *f* (-; -*en*) madness; foolish action, folly; craze.
Ver'ruf *m* (-[e]s): *in* ~ *bringen* (*kommen*) bring (get) into discredit, bring (fall) into disrepute; *in* ~ *sein* be notorious, *w.s.* be under a cloud; *in* ~ *tun* boycott, taboo; **2en I.** *v/t.* (*irr.*, *h.*) decry, cry down; **II.** *adj.* ill-reputed, ill-famed, notorious.
ver'rühren *v/t.* (*h.*) stir, mix.
ver'rußen I. *v/t.* (*h.*) soot; **II.** *v/i.* (*sn*) become sooted *or* sooty.
ver'rutschen *v/i.* (*sn*) slip, get out of place.
Vers [fɛrs] *m* (-es; -e) verse (*a. bibl.*), line; stanza; *in* ~*e bringen* put into verse; *fig. er kann sich keinen* ~ *darauf machen* he cannot make head or tail of it.
versachlichen [fɛr'zaxliçən] *v/t.* (*h.*) render factual (*or contp.* banal).
ver'sag|en I. *v/t.* (*h.*) refuse, deny; *den Dienst* ~ fail (to act *or* work); *sich et.* ~ deny o.s. a th., forgo a th.; *versagt sein* be engaged; *e-n Tanz versagt haben* have promised a dance; *es war ihm versagt, zu inf.* it was denied to him to *inf.*; **II.** *v/i.* (*h.*) fail (*a. a p., voice, etc.*), *tech. a.* break down; *gun*: miss fire, misfire; **2en** *n* (-s) failure; **2er** *m* (-s; -) misfire, stoppage (*of gun*); dud; *fig.* (*a. person*) failure, flop, washout; **2ung** *f* (-; -*en*) refusal, denial.
ver'salzen *v/t.* (*h.*) oversalt; *fig.* spoil; → *Suppe.*
ver'samm|eln *v/t.* (*h.*) assemble, *mil. a.* rally; convoke, convene; collect (*horse*); *sich* ~ assemble, meet, gather; hold a meeting; flock together; **2lung** *f* (-; -*en*) assembly (*a. mil.*), meeting, gathering (*all a.* = assemblage); *aer.* forming-up; *gesetzgebende* ~ legislative assembly; *eccl.* congregation; **2lungs-ort, 2lungs-platz** *m* meeting-place; *mil.* rallying-point, rendezvous; **2lungsraum** *mil. m* assembly area; **2lungsrecht** *n* (-[e]s) right of assembly.
Versand [fɛr'zant] *m* (-[e]s) dispatch; delivery; *mar. or Am.* shipment; mailing; *ins Ausland a.* export(ation); **~abteilung** *f* forwarding department; **~anweisung** *f* shipping instruction; **~anzeige** *f* advice of dispatch; **~artikel** *m* article of exportation, *pl.* export goods, exports; **2bereit** *adj.* ready for delivery; **~bier** *n* export beer.
versanden [fɛr'zandən] *v/i.* (*sn*) silt up; *fig.* bog down, peter out, be deadlocked.
Ver'sand...: 2fertig *adj.* ready for delivery; **~geschäft** *n* export (*or* mail-order) business; **~haus** *n* mail--order house; **~kosten** *pl.* forwarding expenses; **~papiere** *n/pl.* shipping documents; **~wechsel** *m* out--of-town (*or* foreign) bill.
Versatz|mauer [fɛr'zats-] *f* partition wall; **~stück** *thea. n* set-scene.
versauen [fɛr'zauən] *colloq. v/t.* (*h.*) soil, mess up; *fig.* ruin, make a mess of, louse up.
ver'saufen *vulg. v/t.* (*irr.*, *h.*) waste on drink; → *versoffen.*
ver'säumen *v/t.* (*h.*) neglect (*duty*); miss, let slip (*opportunity*); miss (*train, school, etc.*); *Versäumtes nachholen* make up leeway, recover lost ground; ~ *zu tun* fail (*or* omit) to do.
Versäumnis [fɛr'zɔymnis] *n* (-ses; -se) neglect, (sin of) omission, failure; loss of time; **~urteil** *n* judgment by default.
'Versbau *m* (-[e]s) versification; metrical structure.
ver'schachern *v/t.* (*h.*) barter away, sell (*or* job) off.
verschachtel|n [fɛr'ʃaxtəln] *v/t.* (*h.*) interlock; *gr. verschachtelter Satz* involved period; **2ung** *f* (-; -*en*) interlocking.
ver'schaffen *v/t.* (*h.*) procure, get (*j-m* for a p.; a p. *a th.*), provide, furnish, supply (a p. with *a th.*); *sich et.* ~ obtain, get, secure; raise (*money*); *sich Respekt* ~ make o.s. respected; *sich Recht* ~ obtain justice, take the law into one's own hands; *sich e-n Vorteil* ~ gain an advantage.
verschal|en [fɛr'ʃa:lən] *v/t.* (*h.*) plank, *arch.* board; encase; *aer.* fair; **2ung** *f* (-; -*en*) planking; boarding; casing; *aer.* fairing.
verschämt [fɛr'ʃɛ:mt] *adj.* bashful, shamefaced; *die* ~*en Armen* the deserving poor; ~ *tun* put on a bashful air; **2heit** *f* (-) bashfulness.
verschandeln [fɛr'ʃandəln] *v/t.* (*h.*) disfigure; spoil, ruin; murder (*language*).
ver'schanz|en *v/t. and sich* ~ (*h.*) entrench, fortify (o.s.); *sich* ~ *hinter* (*dat.*) *fig.* (take) shelter behind; **2ung** *f* (-; -*en*) entrenchment.
verschärf|en *v/t.* (*h.*) add to, (*a. sich*) intensify, heighten; *b.s.* (*a. sich*) aggravate; *das Tempo* ~ increase the pace, step on the gas; **2ung** *f* (-; -*en*) intensification, heightening; aggravation.
ver'scharren *v/t.* (*h.*) bury (hurriedly).
ver'schätzen: *sich* ~ (*h.*) be out in one's reckoning, make a mistake.
ver'scheiden *v/i.* (*irr.*, *sn*) pass away, expire; **2** (-s) *n* decease.
ver'schenken *v/t.* (*h.*) give away; *den Sieg* ~ *fig.* throw away (*or* make a present of) the victory (*or* the race, the game, *etc.*); retail (*beer, etc.*).
ver'scherzen *v/t.* (*h.*) forfeit; let slip (*a chance*); *sein Glück* ~ spurn one's fortune.
ver'scheuchen *v/t.* (*h.*) scare away; chase off (*birds*); shoo away; *fig.* banish.
ver'schick|en *v/t.* (*h.*) send away, dispatch, forward; evacuate, send *children* (into the country); deport (*criminal*); **2ung** *f* (-; -*en*) sending away, dispatch(ing); evacuation; deportation.
verschiebbar [fɛr'ʃi:pba:r] *adj.* sliding, movable; adjustable.
Verschiebe|bahnhof [-'ʃi:bə-] *m* shunting station, marshalling (*Am.* switching) yard; **2n** *v/t.* (*irr.*, *h.*) shift, (re)move; displace; *rail.* shunt; disarrange; defer, put off, postpone; adjourn; *econ.* sell underhand, job away; *sich* ~ shift, get out of place.
Ver'schiebung *f* (-; -*en*) shift(ing); displacement (*a. tech.*; *mil. of troops*); postponement; adjournment; *geol.* dislocation; *econ.* illicit sale.
verschieden [fɛr'ʃi:dən] **I.** *p.p. of verscheiden*; **II.** *adj.* different, distinct (*von* from); dissimilar, unlike; varied; ~*e pl.* various, several, diverse; **2es** various things, *esp. econ.* sundries; miscellaneous things; *in den* ~*sten Ausführungen* of all (possible) designs, a great variety of *models*; *das ist* ~ that depends; *darüber kann man* ~*er Auffassung sein* opinions may differ as to that, that is a moot question; *colloq. da hört doch* ~*es auf!* that's really too much!; **~artig** [-a:rtiç] *adj.* of a different kind, different, dissimilar, heterogeneous; varied; **2artigkeit** *f* (-; -*en*) difference; heterogeneity; variety; **~erlei** [-ər-laɪ] *adj.* of various kinds, divers, sundry; **~farbig** *adj.* of different colo(u)rs, varicoloured; **2heit** *f* (-; -*en*) difference; dissimilarity; diversity, variety; **~tlich I.** *adj.* several, repeated; **II.** *adv.* repeatedly; at times, now and then, here and there.
ver'schießen I. *v/t.* (*irr.*, *h.*) expend, use up; *s-e Munition* (*or sich*) ~ run out of ammunition; → *Pulver*; **II.** *v/i.* (*irr.*, *sn*) *cloth, colour*: fade; → *verschossen.*
ver'schiff|en *v/t.* (*h.*) ship; **2ung** *f* (-) shipment; **2ungshafen** *m* port of shipment (*mil.* of embarkation).
ver'schimmeln *v/i.* (*sn*) get mo(u)ldy.
ver'schlacken *v/i.* (*sn*) *and sich* ~ (*h.*) turn into dross, slag, scorify.
ver'schlafen I. *v/t.* (*irr.*, *h.*) miss (*or* lose *or* neglect) by sleeping; *fig.* forget, neglect; sleep away (*time*); sleep off (*hangover, etc.*); oversleep

o.s.; **II.** *adj.* sleepy (*a. fig.*), drowsy; **2heit** *f* (-) sleepiness, drowsiness.

Ver'schlag *m* (-[e]s; ⸚e) partition; box; crate; shed; **2en I.** *v/t.* (*irr., h.*) board (up); nail up; *e-n Ball* ~ lose a ball; ~ *werden mar.* be driven out of one's course; *in e-e Stadt, etc.,* ~ *werden* be driven to, find o.s. in, wind up in (*a town, etc.*); *der Sturm verschlug sie nach Neuseeland* the gale drove them to New Zealand; *j-m den Atem* ~ take a p.'s breath away; *es verschlug ihm die Sprache* it dum(b)founded him, he was struck dumb; ~ *lassen* take the chill off; *es verschlägt nichts* it does not matter; **II.** *adj.* cunning, crafty, wily, sly; shifty (*eyes*); lukewarm, tepid (*water*); **~enheit** *f* (-) cunning, craftiness, slyness.

verschlammen [fɛr'ʃlamən] *v/i.* (*sn*) silt up; get choked with mud; become muddy.

ver'schlampen *colloq.* **I.** *v/t.* (*h.*) lose, forget; ruin through neglect; **II.** *v/i.* (*sn*) neglect o.s., get slovenly.

verschlechter|n [fɛr'ʃlɛçtərn] *v/t.* (*h.*) deteriorate, make worse, impair, debase; *jur.* waste; *sich* ~ deteriorate, get worse, worsen; change for the worse; fall off in quality (*or* performance, *etc.*); **2ung** *f* (-) deterioration; worsening; change for the worse.

verschleier|n [fɛr'ʃlaɪərn] *v/t.* (*h.*) veil (*a. fig.* = mask, disguise); *mar., mil.* screen; *econ. b.s.* cook, doctor, fake; **~t** *adj.* veiled (*a. look*); hazy (*meadows, etc.*); husky (*voice*); **2ung** *f* (-) veiling; screening; *econ.* window-dressing.

ver'schleifen *v/t.* (*h.*) slur (*syllables*).

ver'schleim|en *v/t.* (*h.*) obstruct with phlegm (*or* mucus); coat, fur (*tongue*); *verschleimt sein* suffer from phlegm; **2ung** *f* (-) obstruction through phlegm.

Verschleiß [fɛr'ʃlaɪs] *m* (-es; -e) retail trade; *tech.* wear (and tear); abrasion, attrition; erosion; corrosion; wastage; *med.* wear; **2en** *v/t.* (*irr., h.*) retail; (*a. sich*) wear out; **~erscheinung** *f* sign of wear; **2-fest** *adj.* wear-resistant; **~festigkeit** *f* (-) resistance to wear.

ver'schlemmen *v/t.* (*h.*) squander on food and drink.

ver'schlepp|en *v/t.* (*h.*) carry off, *pol.* displace; abduct, kidnap (*person*); misplace; protract, delay; *parl.* obstruct; *sich* ~ drag, be drawn out; *med.* **a)** carry, spread (*infection*), **b)** neglect (*illness*); *verschleppte Lungenentzündung* neglected case of pneumonia; **2te(r** *m*) *f* (-n, -n; -en, -en) displaced person (*abbr.* D.P.); **2ung** *f* (-) carrying off; displacement; abduction; procrastination, delay(ing); *parl.* obstructionism.

ver'schleuder|n *v/t.* (*h.*) dissipate, waste; *econ.* sell at a loss (*or* dirt-cheap); **2ung** *f* (-) dissipation; *econ.* underselling, *abroad*: dumping.

ver'schließ|bar *adj.* (provided) with lock and key, lockable; **~en** *v/t.* (*irr., h.*) shut, close; lock up, put under lock and key; bolt; block (up); seal (*letter*); *j-m die Tür* ~ lock the door against a p.; *sich e-r Sache* ~ close one's mind to, refuse to have anything to do with *a th.*; *sich j-m* ~ hide one's feelings from a p., shut o.s. off from a p.; *die Augen* ~ *vor et.* shut one's eyes to, wink at *a th.*

verschlimmer|n [fɛr'ʃlimərn] *v/t.* (*h.*) make worse, add to; aggravate (*a. sich*); *sich* ~ get (*or* grow) worse, worsen, change for the worse, go from bad to worse; **2ung** *f* (-) change for the worse; aggravation.

ver'schlingen *v/t.* (*irr., h.*) devour (*a. fig. with one's eyes or ears*), swallow; gobble up, gulp down, wolf; bolt; *fig. night, etc.*: engulf, devour; *mit den Augen* ~ stare hungrily at; *viel Geld* ~ run away with a lot of money; *die Ausgaben* ~ *seinen ganzen Verdienst* the expenses swallow up all his earnings; (*ineinander* ~) intertwine, entwine, interlace, entangle (*all a. sich*); *verschlungen fig.* intricate, complex; tortuous, winding (*path*).

verschlissen [fɛr'ʃlisən] *adj.* threadbare, worn-out.

verschlossen [fɛr'ʃlɔsən] *adj.* close(d), shut; locked (up); *fig.* taciturn, reserved, silent; *hinter* **~en** *Türen* behind closed doors; **2heit** *f* (-) taciturnity.

ver'schlucken *v/t.* (*h.*) swallow up (*a. fig.*); slur over (*syllable*); *sich* ~ swallow the wrong way.

Ver'schluß *m* (-sses; ⸚sse) fastener, fastening; lock; catch; clasp; stopper (*of bottle*); plug; *tech., a. customs*: seal; *phot.* shutter; breech (mechanism) (*of gun*); *Ware in* ~ *legen* bond goods; *unter* ~ *haben* keep under lock and key (*customs*: in bond); **~auslösung** *phot. f* shutter release; **~block** *mil. m* breech block; **~laut** *gr. m* (ex)plosive; **~mutter** *f* (-; -n) lock nut; **~schraube** *f* locking screw.

verschlüssel|n [fɛr'ʃlysəln] *v/t.* (*h.*) encode; **~t** *adj.*: **~e** *Meldung* code(d) message; **~er** *Text* code text, cryptogram; **2ung** *f* (-; -en) encoding.

ver'schmachten *v/i.* (*sn*) languish, pine away; die (*or* be dying) of thirst, be parched with thirst.

ver'schmähen *v/t.* (*h.*) disdain, scorn; *verschmähte Liebe* unrequited love.

ver'schmelz|en *v/t.* (*irr., h.*) *and v/i.* (*irr., sn*) melt into one another, (*a. fig.*) fuse; *chem.* amalgamate (*a. fig.* = merge); *colours*: blend (into one another); **2ung** *f* (-) fusion, amalgamation, *econ. a.* merger.

ver'schmerzen *v/t.* (*h.*) get over (the loss of), make the best of; *längst verschmerzt* long past and forgotten.

ver'schmieren *v/t.* (*h.*) smear (over); blur; stop up.

verschmitzt [fɛr'ʃmitst] *adj.* crafty, cunning, sly; roguish, arch(ly *adv.*); **2heit** *f* (-) slyness; roguishness.

ver'schmoren *v/t.* (*h.*) *and v/i.* (*sn*) scorch, char; *el.* fuse.

ver'schmutzen I. *v/t.* (*h.*) soil; pollute (*water*); foul (*gun, spark plug*); **II.** *v/i.* (*sn*) get dirty.

ver'schnappen *colloq.*: *sich* ~ (*h.*) blurt it out, let the cat out of the bag, give the show away, *Am. a.* spill the beans.

ver'schnauf|en: *sich* ~ (*h.*) stop for breath; *a. fig.* have a breather; **2-pause** *f* breather.

ver'schneiden *v/t.* (*irr., h.*) cut away, clip; cut up; cut wrong *or* badly, spoil (in cutting); blend (*wine, etc.*); *vet.* geld, castrate; *verschnittenes Tier* gelding.

verschneit [fɛr'ʃnaɪt] *adj.* snowed up; snow-capped.

Ver'schnitt *m* (-[e]s) blend; **2en** *econ. adj.* blended; **~ene(r)** *m* (-n; -n) eunuch.

verschnörkel|n [fɛr'ʃnœrkəln] *v/t.* (*h.*) adorn with flourishes; **~t** *adj.* ornate (*a. fig. style*).

ver'schnupfen *v/t.* (*h.*) *fig.* pique, huff; *med. verschnupft sein* have a cold.

ver'schnüren *v/t.* (*h.*) tie up, cord (up); lace.

verschollen [fɛr'ʃɔlən] *adj.* not heard of again; missing; *jur.* presumed dead; *für* ~ *erklären* declare legally dead; **~e(r** *m*) *f* (-n, -n; -en, -en) missing person, *jur. a.* absentee; **2heit** *f* (-) presumption of death.

ver'schonen *v/t.* (*h.*) spare; *j-n mit et.* ~ spare a p. a th.; *von Steuern, etc. verschont bleiben* be spared.

verschöner|n [fɛr'ʃø:nərn] *v/t.* (*h.*) embellish, beautify; improve (*a. sich*); brighten (*a. sich*); *sich* ~ grow beautiful; **2ung** *f* (-; -en) embellishment; improvement; face-lifting, facelift (*a. fig.*); **2ungsverein** *m* society for the improvement of local amenities.

verschorfen [fɛr'ʃɔrfən] *v/i.* (*sn*) scab.

verschossen [fɛr'ʃɔsən] *adj.* faded (*cloth, colour*); *colloq. fig.* ~ *sein in* (*acc.*) be madly in love with, be smitten with (*or* gone on); *Am.* be stuck on, have a crush on.

verschränken [fɛr'ʃrɛŋkən] *v/t.* (*h.*) cross, fold (*arms, legs*); *tech.* stagger; joggle (*beam*); set (the teeth of *saw*).

ver'schraub|en *v/t.* (*h.*) screw (on; *miteinander* together); **2ung** *f* (-; -en) screwed joint.

ver'schreib|en *v/t.* (*irr., h.*) use up (in writing); spend *time* in writing; write for, order; *med.* prescribe (*j-m* for a p.); *jur.* assign, make over (*j-m* to a p.); write incorrectly, miswrite; *sich* ~ make a slip of the pen; make a mistake in writing; *fig. sich e-r Sache* ~ devote (*b.s.* sell) o.s. to a th.; **2ung** *f* (-; -en) order; prescription; assignment; bond.

ver'schreien *v/t.* (*irr., h.*) decry, cry down; **verschrien** [-'ʃri:(ə)n] *adj.* ill reputed of, having a bad name; ~ *sein als* be notorious as, be branded as.

verschroben [fɛr'ʃro:bən] *adj.* eccentric, queer, odd, cranky; **~er** *Mensch* eccentric, crank; **2heit** *f* (-) eccentricity.

verschroten [fɛr'ʃro:tən] *v/t.* (*h.*) → *schroten.*

verschrott|en [fɛr'ʃrɔtən] *v/t.* (*h.*) scrap; **2ung** *f* (-) scrapping.

verschrumpeln [-'ʃrumpəln], **ver-**

ˈ**schrumpfen** *colloq.* *v/i.* (*sn*) shrink, shrivel (up).
verschüchtern [fɛrˈʃyçtərn] *v/t.* (*h.*) intimidate.
verˈschuld|en *v/t.* (*h.*) encumber with debts; *fig.* be guilty of, be to blame for; be the cause of, bring on; 2**en** *n* (-*s*) wrong, fault; guilt; responsibility; cause; *ohne mein* ~ through no fault of mine; ~**et** [-ət] *adj.* indebted, (involved) in debt; encumbered; 2**ung** *f* (-) indebtedness.
verˈschütten *v/t.* (*h.*) spill (*liquid*); fill up; block (up); bury (alive *person*).
verschwäger|t [fɛrˈʃvɛ:gərt] *adj.* related by marriage; *fig.* affiliated; hand in glove (*mit* with); 2**ung** *f* (-) relationship by marriage; *esp. jur. and fig.* affinity.
verˈschwatzen *v/t.* (*h.*) → *verplappern.*
verˈschweig|en *v/t.* (*irr.*, *h.*) conceal (*j-m* from a p.; *a. jur.*); keep secret, withhold, hide (from); 2**en** *n* (-*s*), 2**ung** *f* (-) concealment.
verˈschweißen *v/t.* (*h.*) weld together.
verschwend|en [fɛrˈʃvɛndən] *v/t.* (*h.*) waste, squander (*an acc.* on; *a. fig.*); lavish (on); 2**er** *m* (-*s*; -) spendthrift, squanderer, prodigal; ~**erisch** *adj.* prodigal, lavish (*mit* of); wasteful, extravagant; profuse; sumptuous; ~ *mit et. umgehen* be lavish of a th., lavish a th.; 2**ung** *f* (-) waste; extravagance; 2**ungssucht** *f* (-) waste(fulness), extravagance, prodigality; squandermania.
verschwiegen [fɛrˈʃvi:gən] *adj.* discrete, reticent, close; *fig.* secret, secluded (*place*); ~ *wie das Grab* silent as the grave; 2**heit** *f* (-) discretion; secrecy; *zur* ~ *verpflichtet* sworn to secrecy; *unter dem Siegel der* ~ under the seal of secrecy.
verˈschwimmen *v/i.* (*irr.*, *sn*) become indistinct *or* blurred; dissolve; (*ineinander* ~) melt into one another, blend; *fig.* fade (away); → *verschwommen.*
verˈschwinden *v/i.* (*irr.*, *sn*) disappear, vanish; dissolve, fade away; *j-n* (*or et.*) *spurlos* ~ *lassen* spirit a p. (*or* a th.) away; *colloq.* make o.s. scarce, beat it; *verschwinde!* fade away!, get lost!; *fig.* ~ *neben* (*dat.*) sink into insignificance by the side of; ~*d klein* infinitely small, infinitesimal; 2 *n* (-*s*) disappearance.
verschwister|n [fɛrˈʃvistərn]: *sich* ~ (*h.*) form a sisterly union; *fig.* associate; ~**t** *adj.* brother and sister; *fig.* closely united; congenial, kindred (*souls*); 2**ung** *f* (-) *fig.* close union, intimate connection.
verˈschwitzen *v/t.* (*h.*) soak with sweat; *colloq. fig.* forget; *ich hatte es ganz verschwitzt* it had completely slipped my mind.
verschwollen [fɛrˈʃvɔlən] *adj.* swollen.
verschwommen [fɛrˈʃvɔmən] *adj.* vague, indistinct, hazy; *fig. a.* foggy; *phot.* blurred; *paint. and fig.* woolly; 2**heit** *f* (-) indistinctness, vagueness; woolliness.
verˈschwör|en *v/t.* (*irr.*, *h.*) forswear; *sich* ~ conspire (*mit* with; *gegen* against), plot; *sich zu et.* ~ plot a th.; *verschworene Gemeinschaft* blood brotherhood; 2**er** *m* (-*s*; -) conspirator, plotter; 2**erin** *f* (-; -*nen*) conspiratress; 2**ung** *f* (-; -*en*) conspiracy, plot.
verˈsehen *v/t.* (*irr.*, *h.*) perform, discharge (*duty*); hold, act as, administer (*office*); fill (*post*); *j-s Amt or Dienst* ~ fill (*or* take) a p.'s place, do the work of; look after (*business, household*); *die Küche* ~ do the cooking; *mit et.* ~ furnish (*or* supply) with, (*a. tech.*) provide *or* equip with; *econ. mit Akzept* ~ accept; *mit Giro* ~ endorse; *mit Unterschrift* ~ affix one's signature to, sign; *mit Vollmacht* ~ invest with full power(s), authorize; *reichlich* ~ *sein mit* have plenty of, have ample *supplies, etc.*; neglect, overlook; *sich* ~ make a mistake (slip); *sich e-r Sache* ~ expect a th., be aware of (*or* prepared for) a th.; *ehe man sich's versieht* all of a sudden, before you know it; 2 *n* oversight, mistake, slip, blunder; inadvertence; *aus* ~ → ~**tlich** *adv.* by (a) mistake, through oversight, erroneously; inadvertently.
versehr|en [fɛrˈze:rən] *v/t.* (*h.*) hurt, injure; disable; damage; ~**t** *adj.* (war-)disabled; 2**te(r)** *m* (-*n*; -*n*) disabled person; 2**tenrente** *f* disability allowance; 2**tenstufe** *f* degree of disablement.
verˈseifen *v/t.* (*h.*) saponify.
verselbständigen [fɛrˈzɛlpʃtɛndigən] *v/t.* (*h.*) render independent.
verˈsend|en *v/t.* (*irr.*, *h.*) send, dispatch, forward; ship; *ins Ausland* ~ *a.* export; 2**ung** *f* (-) dispatch, shipment, forwarding.
verˈsengen *v/t.* (*h.*) singe, scorch.
versenk|bar [fɛrˈzɛŋkbɑ:r] *adj.*: ~*e Nähmaschine* table (sewing) machine; ~**en** *v/t.* (*h.*) sink; send *ship* to the bottom; *tech.* countersink (*screw head*), counterbore; *sich* ~ *in* immerse o.s. into, plunge into; *fig.* become absorbed in; ~**t** *tech. adj.* sunk; flush; 2**ung** *f* (-; -*en*) sinking; *thea.* trapdoor; *fig. spurlos in der* ~ *verschwinden* drop completely out of sight.
versessen [fɛrˈzɛsən] *adj.*: ~ *auf* (*acc.*) bent on, mad after, nuts on; 2**heit** *f* (-) craze.
verˈsetz|en I. *v/t.* (*h.*) displace, *a. ped.* remove, *esp. Am.* promote (*pupil*); shift; stagger (*a. tech.*); transplant (*tree*); transpose; transfer (*official, etc.*); pawn, pledge, *Am. a.* hock; *colloq.* stand *a p.* up; mix; *metall.* alloy; *das versetzte ihm den Atem* it took his breath away; *j-m e-n Schlag* ~ give (*or* deal) a p. a blow, land on a p.; *in e-e Lage, e-n Zustand* ~ put (*or* place) into *a position, a state*; *in Schwingungen* ~ set vibrating; → *Angst, Ruhestand, Stoß, etc.*; ~ *Sie sich in meine Lage* put (*or* place *or* imagine) yourself in my position; **II.** *v/i.* (*h.*) reply, retort; 2**ung** *f* (-; -*en*) removal; transplanting; transposition; transfer; *ped.* remove, *esp. Am.* promotion; pledging, pawning; alloy; *tech.* staggered arrangement; 2**ungsprüfung** *f* examination for promotion; 2**ungszeichen** *mus. n* accidental.
verseuch|en [fɛrˈzɔʏçən] *v/t.* (*h.*) infect (*a. mil. with mines*); poison; contaminate; *verseuchtes Gelände* contaminated area; 2**ung** *f* (-) infection; contamination.
ˈ**Versfuß** *m* (metrical) foot.
versicher|bar [fɛrˈziçərbɑ:r] *adj.* insurable; 2**er** *m* (-*s*; -) insurer; underwriter; ~**n** *v/t.* (*h.*) assure, assert; protest, (*a. jur.*) affirm; → *beteuern*; *j-n e-r Sache* ~ assure (*or* convince) a p. of *a th.*; *sich e-r Sache* ~ make sure of, ascertain *a th.*; *sich j-s* ~ make sure of a p.; secure a p., get a p. under one's control; insure (*property*; *sich* o.s.; *gegen* against; *bei* with); assure (*life*); *zu hoch* (*niedrig*) ~ overinsure (underinsure); *seien Sie dessen versichert* you may rely on it, you may rest assured of it; 2**te(r** *m*) *f* (-*n*, -*n*; -*en*, -*en*) → *Versicherungsnehmer.*
Verˈsicherung *f* assurance, (*a. jur.*) affirmation; protestation; guarantee; insurance; (life) assurance; → ~*sgesellschaft*; *prämienfreie* ~ paid up (*or* free) policy; *e-e* ~ *abschließen* effect an insurance, take out an insurance policy.
Verˈsicherungs...: ~**agent** *m* insurance agent; ~**anspruch** *m* insurance claim; ~**anstalt** *f* insurance bank (*or* company); ~**beitrag** *m* (insurance) premium; ~**betrag** *m* amount insured; ~**betrug** *m* insurance fraud; 2**fähig** *adj.* insurable; ~**fall** *m* occurrence of a loss; *Regelung des* ~*es* claim settlement; ~**fonds** *m* benefit fund; ~**gesellschaft** *f* insurance company; ~**höhe** *f* amount of insurance (policy); ~**leistung** *f* insurance benefit; ~**mathematik** *f* actuarial theory; ~**mathematiker** *m* actuary, insurance technician; ~**nehmer** *m* insurant, the insured, policy holder; assured; 2**pflichtig** *adj.* liable to pay insurance fees, subject to obligatory insurance; ~**police** *f*, ~**schein** *m* (insurance) policy; ~**prämie** *f* (insurance) premium, *Am.* insurance rate; ~**schutz** *m* insurance cover(age); ~**statistiker** *m* actuary; 2**statistisch** *adj.* actuarial; ~**summe** *f* sum insured; ~**träger** *m* underwriter; ~**vertrag** *m* contract of insurance, insurance policy; ~**wert** *m* insurance value; *assessed:* insurance valuation; ~**wesen** *n* (-*s*) insurance (business); ~**zwang** *m* (-[*e*]*s*) liability to insure.
verˈsickern *v/i.* (*sn*) ooze away.
verˈsieben *colloq.* *v/t.* (*h.*) → *vermasseln.*
verˈsiegel|n *v/t.* (*h.*) seal (up); *jur.* put under seal; ~**t** *adj.* sealed; under seal; 2**ung** *f* (-; -*en*) sealing.
verˈsiegen *v/i.* (*sn*) dry up, run dry; be exhausted; *nie* ~*d* inexhaustible.
versiert [vɛrˈzi:rt] *adj.* versed (*in dat.* in), experienced.
versilber|n [fɛrˈzilbərn] *v/t.* (*h.*) silver (*a. fig.*); *tech.* silver-plate; *fig.* realize, convert to cash; 2**ung** *f* (-) silvering; silver-plating; realization.
verˈsinken *v/i.* (*irr.*, *sn*) sink (down);

go under, *ship*: *a.* founder; *fig.* lapse (*in* into); → *versunken.*

ver'sinnbildlich|en *v/t.* (*h.*) symbolize, represent; **2ung** *f* (-) symbolization.

versintern [-'zintərn] *v/i.* (*sn*) sinter.

Version [verzi'o:n] *f* (-; -*en*) version.

versippt [fɛr'zipt] *adj.* closely related.

versittlichen [fɛr'zitliçən] *v/t.* (*h.*) civilize.

versklaven [fɛr'sklɑ:vən] *v/t.* (*h.*) enslave.

Vers...: **~kunst** *f* (-) versification; **~(e)macher** *m* versifier; **~maß** *n* metre.

versoffen [fɛr'zɔfən] *vulg. adj.* sodden (with drink), drunk, boozy.

versohlen [fɛr'zo:lən] *colloq. fig. v/t.* (*h.*) thrash (soundly), give *a p.* a good hiding; spank (*child*).

versöhn|en [fɛr'zø:nən] *v/t.* (*h.*) reconcile (*mit* to, with *a p.*; to *a fate, etc.*); appease, placate; *sich* (*wieder*) ~ be(come) reconciled, make it up, bury the hatchet; **~lich** *adj.* conciliatory, forgiving, placable; ~ *stimmen* conciliate, placate; **2lichkeit** *f* (-) placability; forgiveness; **2ung** *f* (-) reconciliation; **2ungstag** *m* Day of Atonement.

versonnen [-'zɔnən] *adj.* thoughtful, meditative; dreamy, pensive; lost in thought.

ver'sorg|en *v/t.* (*h.*) provide, supply, furnish (*mit* with); provide for (*child, family*); support, maintain; take care of, look after; → *versehen*; tend (*cattle*); tend, dress (*wound*); *sie ist gut versorgt* she is well looked after (*or financially*: provided for); **2er(in** *f*) *m* (-s, -; -, -*nen*) provider, supporter, breadwinner; **~t** *adj.* provided for; care-worn (*face*); **2ung** *f* (-) providing (for); supplying (*mit dat.* with); supply, provision; support, maintenance; subsistence, living; public assistance; situation; care; *ärztliche* ~ medical care *or* attention; *mil.* **a)** logistics *pl.*, **b)** supply; *tech.* servicing; ~ *aus der Luft* aerial *or* air supply.

Ver'sorgungs...: **~amt** *n* pension office; **~anspruch** *m* claim to maintenance; claim to pension; **~basis** *mil. f* supply base; **2berechtigt** *adj.* entitled to maintenance; **~betrieb** *m* public supply service; public utility (company); **~e** *pl.* public utilities; **~empfänger(in** *f*) *m* old-age beneficiary; pensioner; **~gesetz** *mil. n* Law Governing Pensions and Grants for All Ranks of the Armed Forces; **~lage** *f* supply position; food situation; **~netz** *el., tech. n* supply network, mains *pl.*; **~truppen** *f/pl.* supply services; **~weg** *m* supply line; **~wirtschaft** *f* public utilities *pl.*

ver'spann|en *tech. v/t.* (*h.*) brace, stay, guy; **2ung** *f* (-; -*en*) bracing, stays *pl.*

verspät|en: *sich* ~ (*h.*) be (*or* come) too late; be behind time; **~et** *adj.* belated; too late; **2ung** *f* (-; -*en*) lateness; delay; tardiness; *train, etc.*: (*2 Minuten*) ~ *haben* be (2 minutes) late *or* overdue; *mit 2 Stunden* ~ two hours behind schedule; ~ *aufholen* make up lost time.

ver'speisen *v/t.* (*h.*) eat up, consume.

verspeku'lieren: *sich* ~ (*h.*) make a bad speculation; ruin o.s. by speculation; *fig.* be out in one's reckoning.

ver'sperren *v/t.* (*h.*) bar, block (up), obstruct; barricade; lock (up), shut, close; *j-m die Aussicht* ~ obstruct a p.'s view.

ver'spiel|en I. *v/t.* (*h.*) lose (at play *or* at cards *or* in gambling); gamble away (*a. time*); **II.** *v/i.* (*h.*) lose (the game); *fig. bei j-m* ~ get into a p.'s bad books; *er hat bei mir verspielt* I am through with him; **~t** *adj.* playful.

ver'spleißen *tech. v/t.* (*h.*) splice.

versponnen [fɛr'ʃpɔnən] *adj.* meditative; ~ *in* (*acc.*) wrapt up in.

ver'spott|en *v/t.* (*h.*) scoff (*or* sneer) at, mock; jeer at, taunt; deride, ridicule; chaff, tease; **2ung** *f* (-) derision, ridicule; jeers *pl.*; chaff.

ver'sprech|en *v/t.* (*irr., h.*) promise; *sich* ~ make a mistake in speaking, make a slip of the tongue; → *sich verloben*; *sich et.* ~ *von* expect much of; *sich nicht viel* ~ *von a.* set no great hopes on, have no great hopes of; *er verspricht, ein guter Schauspieler zu werden* he promises to be a good actor; **2en** *n* (-s; -) promise; slip of the tongue; *j-m ein* ~ *abnehmen* exact a promise from a p.; **2er** *colloq. m* slip of the tongue; **2ung** *f* (-; -*en*) promise; *j-m große* ~*en machen* hold out great hopes to a p., promise a p. the earth.

ver'spreng|en *v/t.* (*h.*) disperse, scatter (*a. mil.*); **2te(r)** *mil. m* (-n; -n) straggler.

versprochenermaßen [fɛr'ʃprɔxənər'mɑ:sən] *adv.* as promised.

ver'spritzen *v/t.* (*h.*) squirt (away); spray; spatter, splash; spill; shed (*one's blood*); *tech.* die-cast.

ver'sprühen *v/t.* (*h.*) spray.

verspunden [fɛr'ʃpundən] *v/t.* (*h.*) bung up.

ver'spüren *v/t.* (*h.*) feel, perceive, sense, be conscious of.

verstaatlich|en [fɛr'ʃtɑ:tliçən] *v/t.* (*h.*) nationalize, put under government control, transfer to state ownership; expropriate; **2ung** *f* (-) nationalization.

verstädter|n [fɛr'ʃtɛ:tərn] **I.** *v/t.* (*h.*) urbanize; **II.** *v/i.* (*sn*) be(come) urbanized; **2ung** *f* (-; -*en*) urbanization.

verstadtlich|en [fɛr'ʃtatliçən] *v/t.* (*h.*) municipalize; **2ung** *f* (-) municipalization.

Verstand [fɛr'ʃtant] *m* (-[e]s) understanding; intelligence, intellect, brains *pl.*; (*Geist*) mind, wits *pl.*; reason; judg(e)ment; sense; *gesunder* ~ common (*or* good) sense; *klarer* (*kühler*) ~ clear (cool) head; *scharfer* ~ keen mind (*or* intellect); *den* ~ *verlieren* lose one's mind; *j-n um den* ~ *bringen* drive a p. out of his senses *or* wits; *s-n* ~ *zusammennehmen* keep one's wits about one; *wieder zu* ~ *kommen* come to one's senses; *med. bei* ~ *bleiben* retain one's mental faculties; *da steht mir der* ~ *still, das geht über meinen* ~ that's beyond me, that's over my head; *da steht einem der* ~ *still* the mind boggles at it, that leaves one gasping; *er ist nicht recht bei* ~ he is not in his right mind, he isn't all there; *mit* ~ sensibly, *colloq. das mußt du mit* ~ *essen!* (*or genießen*) you must really savo(u)r this!

Verstandes... [-'ʃtandəs-]: **~kraft** *f* intellectual faculty (*or* power); **2mäßig** *adj.* rational; intellectual; **~mensch** *m* matter-of-fact person; **~schärfe** *f* sagacity, acumen; **~wesen** *n* rational being.

verständig [fɛr'ʃtɛndiç] *adj.* intelligent; reasonable, sensible; judicious; **~es** *Alter* years *pl.* of discretion; **~en** [-gən] *v/t.* (*h.*) inform, notify, advise (*von* of); *sich mit j-m* ~ **a)** *in a foreign language*: make o.s. understood to a p., **b)** come to an understanding with a p., arrange with a p.; **2keit** *f* (-) sensibleness, good sense; prudence.

Verständigung [-'ʃtɛndiguŋ] *f* (-; -*en*) information; understanding, agreement; *teleph.* communication; audibility; (quality of) reception; **~sfriede** *m* negotiated peace; **~spolitik** *f* rapprochement policy.

verständlich [-'ʃtɛntliç] *adj.* intelligible; distinct; clear; *fig.* understandable; *allgemein* ~ within everybody's grasp, popular (*science, etc.*); *schwer* ~ difficult to grasp; abstruse; *j-m et.* ~ *machen* make a th. clear to a p.; *sich* ~ *machen* make o.s. understood (*j-m* by a p.); *es ist* ~, *daß er nicht will* it is obvious why, I quite understand that *he doesn't want to.*

Verständnis [-'ʃtɛntnis] *n* (-ses) understanding, comprehension; insight, understanding; appreciation (*für* of); sympathy; ~ *haben für* (*acc.*) appreciate, understand; *j-m* ~ *entgegenbringen* show understanding for a p.; *für solche Leute habe ich kein* ~ I have no patience with such people; *dafür fehlt mir jedes* ~ that is beyond me; **2innig** *adj.* knowing, meaningful; **2los** *adj.* uncomprehending; blank (*face, look*); unappreciative; unsympathetic(ally *adv.*); **~losigkeit** *f* (-) lack of comprehension (*fig.* of appreciation, sympathy); **2voll** *adj.* intelligent; *w.s.* understanding; appreciative; sympathetic; *glance*: knowing.

ver'stänkern *v/t.* (*h.*) fill with stench.

ver'stärk|en *v/t.* (*h.*) strengthen, (*a. tech., mil.*) reinforce; *el.* boost (*a. colloq. fig.*); *radio*: amplify; intensify, increase (*both a. sich*), add to; *sich* ~ grow stronger, strengthen (*a. fig. suspicion, etc.*); *tel.* gain; *mit Nylon verstärkt* nylon fortified; **2er** *m* (-s; -) *el., radio*: amplifier; *teleph.* repeater; *phot.* intensifier; **2erröhre** *f* amplifier valve (*or* tube); **2erstufe** *f* amplifier stage; **2ung** *f* (-; -*en*) strengthening (*a. tech.*) reinforcement; *el., radio*: amplification; intensification; *mil. tactical*: support; **~en** *pl.* reinforcements.

verstatten [fɛrˈʃtatən] *v/t.* (*h.*) → *gestatten.*
verˈstaub|en *v/i.* (*sn*) get dusty; **~t** *fig. adj.* dusty, antiquated, moth-eaten.
verˈstäuben I. *v/t.* (*h.*) dust; **II.** *v/i.* (*sn*) fly off as dust.
verˈstauch|en *v/t.* (*h.*) sprain; *sich den Fuß ~* sprain one's foot; **2ung** *f* (-; -*en*) spraining.
verˈstauen *v/t.* (*h.*) stow away.
Versteck [fɛrˈʃtɛk] *n* (-[e]s; -e) hiding-place; hideout (*of criminals*); ambush; *~ spielen* play at hide-and-seek; **2en** *v/t.* (*h.*) hide (*a. sich*), conceal; *sich versteckt halten* be in hiding; *fig. sich vor j-m ~ müssen* be a fool to a p.; **~spiel** *n* hide-and-seek (*a. fig.*); **2t** *adj.* hidden; *fig. a.* veiled, covert; ulterior (*intention, etc.*).
verˈstehen *v/t. and v/i.* (*irr., h.*) understand, get; see; realize; comprehend, grasp, catch; know (*language*); *falsch ~* misunderstand, get *a th.* wrong, *fig.* take *a th.* in bad part; *es ~, zu inf.* know (how) to, manage to *inf.*; *sich ~* understand one another; *sich ~ auf* (*acc.*) know well, be an expert at, be at home in, be a judge of; *sich mit j-m gut ~* get on well with a p.; *sich ~ zu* **a**) bring o.s. to *do*, **b**) agree (*or* consent, accede) to; *econ. die Preise ~ sich ...* prices are *ex works, etc.*; *Spaß ~* take (*or* see) a joke; (*dat.*) *zu ~ geben* give *a p.* to understand, intimate to; *ich weiß, er wird mich* (*or mein Tun*) *~* I know he will understand; *ich verstehe!* I see (*or* understand)!; *Sie ~ mich nicht* (*recht*)! you don't take my meaning!; *~ Sie?* do you see?; *verstanden?* (do you) understand?, (do you) get me?; (*das*) *versteht sich!* that's understood!, of course!; *es versteht sich von selbst* it goes without saying, it stands to reason; *was ~ Sie unter* (*dat.*)? what do you mean (*or* understand) by?; *wie ~ Sie diesen Satz?* how do you read this sentence?; *wie ~ Sie es?* what do you make of it?; *er versteht etwas davon* he knows a thing or two about it; *er versteht gar nichts davon* he doesn't know the first thing about it; *ich verstehe die Sache nicht* I cannot make it out, I don't get it; *wohl verstanden* let it be understood, mind you, to be sure; *wenn ich recht verstanden habe* I take it that *the show is off*.
verˈsteifen *v/t.* (*h.*) *tech.* strut, prop, brace; *sich ~* stiffen, harden (*a. econ. prices, etc.*); *fig. sich ~ auf* (*acc.*) make a point of, insist on.
verˈsteigen: *sich ~* (*irr., h.*) lose one's way (in the mountains); *fig. sich ~ zu* (*dat.*) go so far as to *inf.*; *er verstieg sich zu der Behauptung* he went so far as to claim (*that*).
Verˈsteiger|er *m* (-s; -) auctioneer; **2n** *v/t.* (*h.*) sell by (*Am.* at) auction, put up for public sale; **~ung** *f* (-; -*en*) (sale by) auction, public sale.
verˈsteiner|n *v/t.* (*h.*) *and v/i.* (*sn*) turn (in)to (*or* harden into) stone, (*a. fig.*) petrify; **~t** *adj. fig.* petrified, transfixed (*expression, etc.*); *wie ~* petrified, thunderstruck; **2ung** *f* (-; -*en*) petrification; petrifaction, fossil.
verˈstell|bar *adj.* adjustable; variable; **2barkeit** *f* (-) adjustability; **~en** *v/t.* (*h.*) shift; adjust; misplace; disarrange; bar, block, obstruct; disguise (*handwriting*), change, dissemble (*a. voice*); *sich ~* play a part, disguise o.s., dissemble, feign; *er kann sich gut ~* he is a good play-actor; **2ung** *f* (-; -*en*) dissimulation, disguise; make-believe, play-acting, preten|ce, *Am.* -se; *tech.* adjustment; **2ungskunst** *f* play-acting.
verˈsteuer|bar *adj.* dutiable, taxable; **~n** *v/t.* (*h.*) pay duty (*or* tax) on; *zu versteuernde Einkünfte* taxable income; *voll zu ~* subject to full taxation; **~t** *adj.* duty-paid; **2ung** *f* (-) *e-r Sache*: payment of duty on *a th.*; taxation; **2ungswert** *m* taxable value.
verstiegen [fɛrˈʃtiːgən] *fig. adj.* eccentric(ally *adv.*); high-flown (*ideas, plans, etc.*); **2heit** *f* (-; -*en*) eccentricity; extravagance.
verˈstimm|en *v/t.* (*h.*) put out of tune; *tech.* detune; *fig.* put out (of humo[u]r); *w.s.* irritate, huff; **~t** *adj.* out of tune; *fig.* cross (*über acc.* with), put out *or* disgruntled (about); irritated (at), huffed; upset (*stomach*); **2ung** *f* (-; -*en*) ill-humo(u)r; irritation; *w.s.* disagreement, tiff; ill-feeling, resentment.
verstockt [fɛrˈʃtɔkt] *adj.* hardened, callous, obdurate; impenitent; **2heit** *f* (-) obduracy, (*a. eccl.*) impenitence.
verˈstofflichen *v/t.* (*h.*) materialize.
verstohlen [fɛrˈʃtoːlən] **I.** *adj.* furtive, stealthy; surreptitious, clandestine; **II.** *adv.* stealthily, *etc.*; by stealth, on the sly; *~ lachen* laugh in one's sleeve; *~ anblicken* steal a glance at.
verˈstopf|en *v/t.* (*h.*) stop (up), plug; clog, obstruct; jam, choke up (*street*); tamp (*drilled hole*); *med.* constipate; **2ung** *f* (-; -*en*) stopping; clogging, obstruction; jam, congestion; *med.* constipation; *an ~ leiden* be constipated.
verstorben [fɛrˈʃtɔrbən] *adj.* late; deceased, defunct; **2e(r** *m*) *f* (-n, -n; -en, -en) *the* deceased; *die ~en pl.* the dead, the departed.
verstört [fɛrˈʃtøːrt] *adj.* distracted; bewildered; consternated; stricken, haggard (*face*); wild (*look*); **2heit** *f* (-) distraction; bewilderment; consternation.
Verˈstoß *m* (-es; ⸚e) offen|ce, *Am.* -se (*gegen* against); contravention, violation, infraction (of); infringement (of); mistake, fault; blunder; **2en I.** *v/t.* (*irr., h.*) expel (*aus* from), cast out; repudiate, divorce (*wife*); disown, cast off (*child*); **II.** *v/i.* (*irr., h.*): *~ gegen* offend against; violate, contravene; infringe; **~ene(r** *m*) *f* (-n, -n; -en, -en) outcast; **~ung** *f* (-; -*en*) expulsion; repudiation.
verˈstreb|en *tech. v/t.* (*h.*) strut, brace; **2ung** *f* (-; -*en*) strut(ting), brace.
verˈstreichen I. *v/i.* (*irr., sn*) *time*: pass (away), slip by, elapse; expire (*period*); **II.** *v/t.* (*irr., h.*) stop up (*joints*); spread (*butter, ointment*).
verˈstreuen *v/t.* (*h.*) disperse, scatter; *fig.* dot (about); *über e-e Fläche, etc. verstreut sein* be scattered over *an area*, dot *a country, etc.*
verˈstricken *v/t.* (*h.*) use up (*or* spend (*time*) in knitting; *fig.* entangle, ensnare; *in e-e Sache verstrickt sein* be involved in, be mixed up in (*or* with) *a matter*.
verstümmel|n [fɛrˈʃtyməln] *v/t.* (*h.*) mutilate; *fig.* garble (*message*); **2ung** *f* (-; -*en*) mutilation.
verstummen [-ˈʃtumən] *v/i.* (*sn*) grow dumb *or* silent; *vor Erstaunen*: be struck dumb with amazement; *noise*: stop, cease, die away; *rumours*: cease to be heard; *~ machen* silence.
Versuch [fɛrˈzuːx] *m* (-[e]s; -e) attempt (*a. jur.*), trial, try; *phys.* experiment; *a. tech.* test, try-out; endeavour; effort; *e-n ~ machen mit* give *a p. or a th.* a trial, try *a p. or a th.*, try one's hand at *a th.*, have a go (*or* shot) at *a th.*; *phys. e-n ~ anstellen mit* (make an) experiment on; *das käme auf e-n ~ an* we might as well try; **2en** *v/t.* (*h.*) attempt, try; endeavour, make an effort (*zu inf.* to); taste, try (*dish, etc.*); *j-n ~* tempt a p.; *alles ~* try everything; *es ~ mit* → *e-n Versuch machen mit*; *sein Glück ~* try one's luck; *versuch's noch mal!* try again!; **~er(in** *f*) *m* (-s, -; -, -*nen*) tempter, *f a.* temptress; *eccl. der ~* the Tempter.
Verˈsuchs...: **~abteilung** *f* experimental department; **~anlage** *f* testing (*or* pilot) plant; **~anstalt** *f* experimental station; research institute; **~ballon** *m* trial balloon; *fig. a.* kite, ballon d'essai (*Fr.*); *e-n ~ steigen lassen* fly a kite; **~bohrung** *f* test drilling; **~fahrt** *f* trial run; **~feld** *n* proving ground; **~ingenieur** *m* research engineer; **~kaninchen, ~karnickel** *fig. n* guinea-pig; **~laboratorium** *n* research laboratory; **~lauf** *m* → *Versuchsfahrt*; **~modell** *n* test (*or* working) model; **~muster** *n* experimental type; **~raum** *m* testing room; **~reihe** *f* series of experiments; **~schießen** *n* test firing; **~stadium** *n* experimental stage; **~stand** *m* testing stand; **~station** *f* experimental station; **~strecke** *f* test track; **~tier** *n* laboratory (*or* experimental, test) animal; **2weise** [-vaɪzə] *adv.* by way of trial *or* (an) experiment; on trial; tentatively; **~zweck** *m*: *zu ~en* for experimental purposes.
Verˈsuchung *f* (-; -*en*) temptation; *in ~ führen* lead into temptation, tempt; *in ~ kommen* be tempted.
verˈsumpfen [fɛrˈzumpfən] *v/i.* (*sn*) become marshy; *fig.* grow dissolute, go to the bad.
verˈsündig|en: *sich ~* (*h.*) sin (*an dat.* against), wrong *a p.*; **2ung** *f* (-; -*en*) sin.
versunken [fɛrˈzuŋkən] *adj.* sunk, submerged; *fig. ~ in* absorbed (*or* engrossed *or* lost) in; **2heit** *fig. f* (-) absorption; reverie.

ver'süßen *v/t.* (*h.*) sweeten (*a. fig.*).
ver'tag|en *v/t.* (*h.*) adjourn; *parl.* prorogue; *sich* ~ take a recess; **2ung** *f* (-; -en) adjournment; *parl.* prorogation, recess.
ver'tändeln *v/t.* (*h.*) trifle away.
vertäuen [-'tɔyən] *mar. v/t.* (*h.*) moor.
ver'tausch|en *v/t.* (*h.*) exchange (*gegen, für, mit, um* for); change *places*; *math.* substitute; → *verwechseln*; **2ung** *f* (-; -en) exchange.
ver'tausendfachen *v/t.* (*h.*) (*a. sich*) increase a thousandfold.
verteidig|en [fɛr'taɪdigən] *v/t.* (*h.*) defend, *jur. a.* plead on behalf of, appear for; uphold, support; stand up for; maintain (*thesis, view*); *sich* ~ justify (*or* vindicate) o.s.; **2er(in** *f*) *m* (-s, -; -, -nen) defender; *fig. a.* advocate, champion; *jur.* ~ *des Angeklagten* counsel for the defence, *Am.* defense counsel, attorney for the defense; *soccer*: full-back; **2ung** *f* (-) defen|ce, *Am.* -se (*a. sports*); *mil. tactical*: defensive; *zur* ~ *gen. or von* in defen|ce (*Am.* -se) of; *zu s-r* ~ in one's defen|ce, *Am.* -se.
Ver'teidigungs...: **~beitrag** *m* defence (*Am.* -se) contribution; **~bündnis** *n* defensive alliance; **~gemeinschaft** *f* defen|ce (*Am.* -se) community; **~krieg** *m* defensive war(fare); **~minister** *m* Minister of Defence, *Am.* Secretary of Defense; **~ministerium** *n* Ministry of Defence, *Am.* Department of Defense; **~rede** *f* speech for the defen|ce, *Am.* -se, plea; *w.s.* apology; **~schlacht** *f* defensive battle; **~schrift** *f* written defen|ce, *Am.* -se; apology; **~stellung** *f* defensive position; **~system** *n* defensive system; system of defences; **~waffe** *f* defensive weapon; **~zustand** *m* state of defen|ce, *Am.* -se.
ver'teil|bar *adj.* distributable; *econ.* *~er Gewinn* profit available for distribution; **~en** *v/t.* (*h.*) distribute (*auf acc., unter acc.* among; *a. econ.*); apportion, allot, allocate; share; divide; disseminate (*news*); *thea.* cast (*parts*); spread (*paint*; *a. fig. über e-n Zeitraum* over *a period*); *steuerlich* ~ spread out (*income*); (*a. sich*) disperse (*fog, crowd*); *sich* ~ be distributed (*unter acc.* among), *mil.* spread out, deploy.
Ver'teiler *m* (-s; -) distributor (*a. mot.*); retailer; *radio*: distribution frame; distribution list; **~dose** *el. f* junction box; **~feld** *n* distribution panel; **~finger** *mot. m* distributor arm; **~kasten** *m* distribution box; **~organisation** *econ. f* distributing organization.
Ver'teilung *f* (-) distribution (*a. econ.*); apportionment, allotment; dissemination; *thea.* casting; *mil.* deployment; ~ *der Geschäftsunkosten* overhead allocation; **~sschlüssel** *m* ratio of distribution.
verteuern [fɛr'tɔyərn] *v/t.* (*h.*) make dearer, raise (*or* increase) the price of.
verteufel|n [fɛr'tɔyfəln] *v/t.* (*h.*) make a bog(e)yman of; **~t** *colloq.* **I.** *adj.* devilish, fiendish, deuced; *~er Kerl* devil of a fellow; **II.** *adv.* devilish, fiendishly, awfully.
vertief|en [fɛr'ti:fən] *v/t.* (*h.*) deepen (*a. sich*); hollow out; *fig.* (*a. sich*) deepen; heighten (*impression, etc.*); *sich* ~ *in* (*acc.*) plunge into; become absorbed (*or* engrossed) in (*thoughts, book*); **2ung** *f* (-; -en) deepening (*a. fig.*); hollow, cavity; recess; *fig.* absorption.
vertiert [fɛr'ti:rt] *adj.* brutish.
vertikal [vɛrti'kɑ:l] *adj.* vertical; **2e** *f* (-; -en) vertical line; **2verflechtung** *econ. f* vertical combination.
vertilg|en [fɛr'tilgən] *v/t.* (*h.*) extirpate, exterminate; annihilate, wipe out; consume (*supply, food*); **2ung** *f* (-) extermination.
ver'tippen *v/t.* (*h.*) type wrong; *sich* ~ make a typing error.
verton|en [fɛr'to:nən] *v/t.* (*h.*) set to music, compose; **2ung** *f* (-; -en) composition, music.
vertrackt [fɛr'trakt] *colloq. adj.* confounded.
Vertrag [fɛr'trɑ:k] *m* (-[e]s; ⸚e) agreement, contract; *pol.* treaty; convention; pact; *mündlicher* ~ verbal agreement, parol contract; *auf Grund e-s ~es* under an agreement; *Anspruch aus e-m ~e* claim under a contract; *e-n* ~ *schließen* make (*or* enter into) an agreement; **2en** [-gən] *v/t.* (*irr., h.*) carry away; endure, *a. w.s.* stand (*a p.*; *a. alcohol, backtalk, etc.*); bear (*a. of things*), tolerate; *diese Speise kann ich nicht* ~ this food does not agree with me; *colloq.* et. ~ *können* be able to take it, hold one's liquor well; *colloq. er kann e-n Puff* ~ he can take a lot; *sich* ~ *things*: be compatible; *colours, etc.*: go well together, agree, harmonize; *persons*: agree; *sich* (*gut, schlecht*) *miteinander* ~ get on *or* along (well, ill) together; *sich wieder* ~ be reconciled (*mit* with), make it up (with); *die Farben* ~ *sich nicht a.* the colo(u)rs clash; **2lich** [-'trɑ:kliç] **I.** *adj.* contractual, stipulated; **II.** *adv.* by contract; under a (*or* this) agreement; as stipulated; ~ *verpflichtet sein* be bound by contract; *sich* ~ *verpflichten* contract (*zu* for a th., to do a th.).
verträglich [fɛr'trɛ:kliç] *adj.* sociable, peacable, conciliatory; good-natured; *things*: compatible, consistent; *med.* well tolerated; **2keit** *f* (-) sociability; compatibility.
Ver'trags...: **~abschluß** *m* conclusion of an agreement; **2ähnlich** *adj.* quasi-contractual; **~bedingung** *f* contractual term; **~bruch** *m* breach of contract; **2brüchig** *adj.* defaulting; ~ *werden* commit a breach of contract.
ver'tragschließend *adj.* contracting (*parties*).
Ver'trags...: **~dauer** *f* life (*or* term) of a contract; **~entwurf** *m* draft agreement; **2fähig** *adj.* competent to contract; **~fähigkeit** *f* (-) contracting capacity; **2gemäß** *adv.* according to (*econ.* as per) agreement, as stipulated; **~gegenstand** *m* object of agreement; **~hafen** *m* treaty port; **~händler** *m* appointed dealer; **~hilfe** *jur. f* judicial assistance; **2mäßig** *adj.* → *vertraglich*; **~macht** *f* treaty power; **~nehmer** *m* contractor; **~partei** *f*, **~partner** *m* party to a contract; **~pflicht** *f* obligation under a contract; **~preis** *m* contract price; **~recht** *n* law of contract; contractual right; **~strafe** *f* (conventional) penalty; **~verhältnis** *n* contractual relationship; **~werk** *n* (set of) agreements *pl.*; **2widrig** *adj.* contrary to (the terms of) an agreement.
ver'trauen **I.** *v/t.* (*h.*) → *anvertrauen*; **II.** *v/i.* (*h.*) trust (*j-m* a p.); ~ *auf* (*acc.*) trust (*or* confide) in, place confidence in, rely on; **2** *n* confidence, trust (*auf acc.* in); *im* ~ privately, confidentially; *ganz im* ~ between you and me; *j-m* (*ganz*) *im* ~ *sagen* tell *a p.* in (strict) confidence; *im* ~ *auf* trusting to, confiding in, relying on; ~ *haben zu* put faith in, have confidence in, trust; *j-m sein* ~ *schenken, sein* ~ *in j-n setzen* place confidence in a p.; *j-n ins* ~ *ziehen* take a p. into one's confidence, confide in a p.; *das* ~ *verlieren zu* lose faith in; **~erweckend** *adj.* inspiring trust *or* confidence; *fig.* promising; *wenig* ~ *a.* suspicious.
Ver'trauens...: **~arzt** *m* company doctor; **~bruch** *m* breach (*or* betrayal) of trust; indiscretion; **~frage** *f*: *die* ~ *stellen* pose the question (*or* ask for a vote) of confidence; **~mann** *m*, **~person** *f* man of confidence; confidential agent; confidant(e *f*); spokesman; shop steward; informant; **~posten** *m* position of trust; **~rat** *m* worker's council; **~sache** *f* confidential matter; *w.s. das ist* ~ that's a matter of confidence; **~schüler(in** *f*) *m* prefect; **2selig** *adj.* (too) confiding; gullible; **~seligkeit** *f* blind confidence; **~stellung** *f* position of trust; **~verhältnis** *n*: *persönliches* ~ personal confidence; **2voll** *adj.* trustful, trusting; **~votum** *n* vote of confidence; **2würdig** *adj.* trustworthy.
ver'trauern *v/t.* (*h.*) pass in mourning.
ver'traulich *adj.* confidential; intimate, familiar; (*a. plump* ~) chummy; et. ~ *behandeln* treat a th. confidentially; *streng* ~! strictly confidential!; **2keit** *f* (-; -en) confidence, intimacy, familiarity; *sich ~en herausnehmen* take liberties (*mit* with).
ver'träum|en *v/t.* (*h.*) dream away; **~t** *adj.* dreamy; sleepy (*village*).
ver'traut *adj.* intimate, familiar; ~ *mit* well acquainted with, (well) versed in, (fully) conversant with, at home in *a th.*; *sich mit et.* ~ *machen* acquaint (*or* familiarize) o.s. with a th.; *sich mit dem Gedanken* ~ *machen* get used to the idea; **2e(r** *m*) *f* (-n, -n; -en, -en) intimate friend, confidant(e *f*), chum; **2heit** *f* (-) familiarity; ~ *mit et.* intimate knowledge of, familiarity with.
ver'treib|en *v/t.* (*irr., h.*) drive away; expel (*aus* from); turn out (of the house); *j-n aus s-m Besitz-*

tum ~ dispossess a p., evict a p.; *j-n aus dem Lande* ~ banish (*or* exile) a p.; *den Feind (aus e-r Stellung)* ~ dislodge the enemy; *fig.* banish (*cares, etc.*); remove, cure (*disease*); *econ.* sell, distribute (*goods*), peddle; (*sich*) *die Zeit* ~ pass (*or* while) away one's time, kill time; **2ung** *f* (-) expulsion.

vertret|bar [-'tre:tba:r] *adj.* justifiable; defendable (*point of view*); *jur.* fungible (*things*); **~en** *v/t.* (*irr., h.*): *sich den Fuß* ~ sprain one's foot; *sich die Beine* ~ stretch one's legs; *j-m den Weg* ~ bar (*or* stand in) a p.'s way, stop a p.; represent, act on behalf of (*a p., company*); replace (*a p.*); act (*or* substitute, deputize) for (*an official*); *a. jur.* appear *or* plead for; *jur. j-s Sache* ~ plead a p.'s cause, hold a brief for a p.; attend to, safeguard, look after (*a p.'s interests*); answer for (*an action*); *e-e Ansicht* ~ take a view, hold; advocate (*scheme, etc.*); *parl.* sit for, represent (*constituency*); **2er(in** *f*) *m* (-s, -; -, -nen) representative; agent; sales representative; commercial traveller, *Am.* traveling salesman; proxy, agent, attorney (-in-fact); substitute, deputy; assistant; *of doctor*: locum tenens; advocate; champion; exponent; **2erprovision** *f* agent's commission; **2ervertrag** *m* contract of agency.

Ver'tretung *f* (-; -en) representation; *econ.* agency; *pol., mil.* mission (*abroad*); substitution (*in office*); *in* ~ by proxy; *in* ~ (*gen.*) (acting) for; *j-s* ~ *übernehmen* take the functions (*or* place) of a p., act as a substitute for a p.; **~smacht** *f* (agent's) authority; **~svollmacht** *f* power of attorney; **2sweise** [-vaɪzə] *adv.* as (a) representative, by proxy.

Vertrieb [fɛr'tri:p] *m* (-[e]s; -e) sale, marketing; distribution.

Vertriebene(r *m*) [-'tri:bənə(r)] *f* (-n, -n; -en, -en) expellee.

Ver'triebs...: **~abkommen** *n* marketing agreement; **~abteilung** *f* sales department; **~gemeinschaft** *f* joint marketing organization, sales combine; **~gesellschaft** *f* trading company, *Am. a.* marketing corporation; **~kosten** *pl.* distribution cost(s), sales expense *sg.*; **~leiter** *m* sales manager; **~recht** *n* right of sale; licen|ce, *Am.* -se; monopoly; copyright.

ver'trinken *v/t.* (*irr., h.*) spend on drink.

ver'trocknen *v/i.* (*sn*) dry up.

ver'trödeln *v/t.* (*h.*) dawdle away, waste.

ver'tröst|en *v/t.* (*h.*) feed with hopes (*auf acc.* on); console; put off (*auf acc.* till; *von e-m Tag zum andern* from day to day); **2ung** *f* (-; -en) empty promise(s *pl.*), fair words *pl.*

vertrusten [fɛr'trastən] *econ. v/t.* (*h.*) pool.

ver'tun *v/t.* (*irr., h.*) spend, squander, waste; *Zeit* ~ *mit* waste time on (*a th.*); *colloq. sich* ~ make a mistake.

ver'tuschen *v/t.* (*h.*) hush up, suppress; gloss over.

verübeln [fɛr'ʔy:bəln] *v/t.* (*h.*) take *a th.* amiss; *j-m et.* ~ blame a p. for a th.; *ich hoffe, Sie werden mir die Frage nicht* ~ I hope you won't mind the question.

ver'üb|en *v/t.* (*h.*) commit, perpetrate; play (*pranks*); **2ung** *f* (-) committing, perpetration.

ver'ulken *v/t.* (*h.*) make fun of, tease, pull *a p.'s* leg, guy, kid.

verunehren [fɛr'ʔunʔe:rən] *v/t.* (*h.*) dishono(u)r.

ver'uneinig|en *v/t.* (*h.*) disunite, set at variance; *sich* ~ fall out, quarrel; **2ung** *f* (-; -en) disunion, discord.

verun|glimpfen [fɛr'ʔunglimpfən] *v/t.* (*h.*) disparage, blacken, calumniate, slander; **2glimpfung** *f* (-; -en) defamation, calumny; *jur.* ~ *Verstorbener* blackening the memory of the deceased.

ver'un|glücken [-glykən] *v/i.* (*sn*) meet with an accident; be killed in an accident, perish; *matter*: fail, miscarry, go wrong; **2glückte(r** *m*) *f* (-n, -n; -en, -en) victim, casualty.

ver'unreinig|en *v/t.* (*h.*) soil, dirty (*a. wound*); infect, pollute (*air, water, etc.*); *fig.* dirty; **2ung** *f* (-; -en) soiling; pollution; defilement; impurity, impurities *pl.*

ver'unsichern *v/t.* (*h.*) rattle.

ver'unstalt|en [-ʃtaltən] *v/t.* (*h.*) deform, disfigure, deface; *verunstaltet a.* misshapen; **2ung** *f* (-; -en) disfigurement.

ver'untreu|en [-trɔʏən] *v/t.* (*h.*) embezzle; **2ung** *f* (-; -en) embezzlement; misappropriation.

ver'unzieren *v/t.* (*h.*) disfigure, mar.

verursachen [fɛr'ʔu:rzaxən] *v/t.* (*h.*) cause, occasion; produce, create; give rise to; entail; *j-m Kosten* (*Umstände*) ~ put a p. to expense (inconvenience).

ver'urteil|en *v/t.* (*h.*) condemn (*a. fig.*), sentence (*zu* to), convict; → *Kosten*; *zu e-r Geldstrafe* (*von 20 Mark*) ~ fine *a. p.* (20 marks); *zum Nichtstun verurteilt* condemned to idleness; → *Scheitern*; **2te(r** *m*) *f* (-n, -n; -en, -en) convict, person under sentence; **2ung** *f* (-; -en) condemnation (*a. fig.*), conviction; sentence; *im Falle der* ~ upon conviction.

vervielfältigen [fɛr'fi:lfɛltigən] *v/t., a. sich* (*h.*) multiply; manifold, duplicate; mimeograph; reproduce, duplicate.

Ver'vielfältigung *f* (-; -en) multiplication; duplication, mimeographing; duplicate, mimeographed sheet; **~s-apparat** *m* duplicating apparatus, hectograph, mimeograph; **~s-arbeit** *f* manifolding work; **~s-papier** *n* duplicating paper; **~srecht** *n* right of reproduction; **~sverfahren** *n* copying process, duplication.

vervierfachen [fɛr'fi:rfaxən] *v/t., a. sich* (*h.*) quadruple.

vervollkommn|en [fɛr'fɔlkɔmnən] *v/t.* (*h.*) perfect, improve (upon); **2ung** *f* (-) perfection, improvement.

ver'vollständig|en [-ʃtɛndigən] *v/t.* (*h.*) complete, supplement; *econ. sein Lager wieder* ~ replenish one's stock; **2ung** *f* (-) completion.

ver'wachs|en I. *v/i.* (*irr., sn*) grow together; *med.* close (*or* heal) up; become overgrown; **II.** *adj.* deformed, crooked; hunchbacked; dense, thick (*forest*); *fig.* ~ *mit* intimately bound up with, attached to, deeply rooted in; **2ung** *f* (-; -en) deformity; *med.* adhesion.

ver'wackeln I. *v/t.* (*h.*) *phot.* jump; **II.** *v/i.* (*sn*) *TV* be blurred.

ver'wahr|en *v/t.* (*h.*) keep, guard (*vor dat.* from); have in safe keeping; hold in trust; *j-m zu* ~ *geben* entrust to a p.'s care; *gut* ~*!* keep in safe place!; *fig. sich* ~ protest (*gegen* against); **2er** *m* (-s; -) keeper; custodian, depositary (*of assets*).

verwahrlos|en [fɛr'va:rlo:zən] **I.** *v/t.* (*h.*) neglect; **II.** *v/i.* (*sn*) be neglected, go to seed; *person*: be demoralized, go to the bad; *child*: run wild; **~t** *adj.* uncared-for, neglected; *person*: *a.* unkempt, ragged; demoralized, wild, wayward; **2ung** *f* (-) neglect; demoralization.

Ver'wahrung *f* (-; -en) keeping, guard; charge, custody; safekeeping; custodianship, *Am.* safe custody; *fig.* preservation (*vor dat.* from); (*j-m*) *in* ~ *geben* deposit, give into a p.'s charge; *gegen et.* ~ *einlegen* enter a protest against, take exception to (*a th.*); *in* ~ *haben* → *verwahren*; *in* ~ *nehmen* take charge of, take into custody *or* deposit; **~s-konto** *n* suspense account; **~s-ort** *m* depository; **~s-vertrag** *m* safe-deposit contract.

verwais|en [fɛr'vaɪzən] *v/i.* (*sn*) become an orphan, lose one's parents; *fig.* be deserted; **~t** *adj.* orphan(ed); *fig.* deserted.

ver'walt|en *v/t.* (*h.*) administer (*a. bankrupt's, etc., estate*); manage; conduct (*affairs*); control, supervise; hold in trust, act as a trustee to *a p.'s property*; hold (*office*); **2er** *m* (-s; -) administrator, manager; trustee, custodian; steward; **2erin** *f* (-; -nen) administratrix, manageress.

Ver'waltung *f* (-; -en) administration (*a. authorities*); management; *pol., mil.* caretaker control; Civil Service; administrative authority, governing body; department, agency; *städtische* ~ municipal administration (*or* authorities).

Ver'waltungs...: **~akt** *m* act of administration; **~apparat** *m* administrative machinery; **~ausschuß** *m* managing committee; **~be-amte(r)** *m* administrative official, Civil Servant; **~behörde** *f* → *Verwaltung*; **~bezirk** *m* administrative district; **~dienst** *m* Civil Service; **~gebäude** *n* administration building, offices *pl.*; **~gebühr** *f* administrative fee; *n.s.* management charge; **~gericht** *n* Administrative Court; **~kosten** *pl.* administrative expenses; **~offizier** *m* administrative officer; **~rat** *m* (-[e]s; ⸚e) governing council; board of trustees; *econ.* **a)** board of directors, **b)** director; **~weg** *m*: *auf dem* ~*e* through administrative channels, administratively; **~wesen** *n* (-s) (public) administration; **~zweig** *m* administrative department.

ver'wandel|bar *adj.* transformable, (*a. tech.*) convertible; **~n** *v/t.* (*h.*) change; turn, convert; transform (*all: in acc.* into); *math.* reduce; *scient.* transmute, metamorphose; *jur.* commute (*sentence*); *in e-n Aschenhaufen* ~ reduce to (a heap of) ashes; *in Staub* ~ turn to dust, pulverize; *soccer*: convert, *v/i. a.* score; *sich* ~ change; *sich* ~ *in* change into; be transformed *or* converted, *etc.* into.

Ver'wandlung *f* (-; -*en*) change; conversion; transformation; transmutation; metamorphosis; *jur.* commutation; *thea.* shifting of scenes; *eccl.* transsubstantiation; **~skünstler(in** *f*) *m* quick-change artist; **~sszene** *thea. f* transformation scene.

verwandt [fɛr'vant] *adj.* related (*mit* to); *fig. a.* kindred; *esp. words*: cognate (to, with); analogous (to); similar; *~e Gebiete* related (*or* allied) subjects; *~e Seelen* congenial (*or* kindred) souls; *er ist mit mir* ~ he is a relative (*or* relation) of mine; **2e(r** *m*) *f* (-*n*, -*n*; -*en*, -*en*) relative, relation; *jur. der nächste* ~ the next of kin; **2schaft** *f* (-; -*en*) relationship; kinship; consanguinity; relations *pl.*; *fig.* congeniality; affinity (*a. by marriage or chem.*); connection; **~schaftlich** *adj.* kinsmanlike; **2schaftsgrad** *m* degree of relationship (*or* affinity).

verwanzt [fɛr'vantst] *adj.* bug-ridden, buggy.

ver'warn|en *v/t.* (*h.*) warn (off), admonish; caution (*a. sports* = warn); **2ung** *f* (-; -*en*) warning, admonition; caution.

ver'waschen I. *v/t.* (*irr.*, *h.*) use up in washing; **II.** *adj.* washed out, faded (*both a. fig.*); pale; *fig.* vapid, wishy-washy.

ver'wässer|n *v/t.* (*h.*) water (*a. econ. stock*), dilute; *fig.* water down; **~t** *adj. fig.* watered-down; wishy-washy.

ver'weben *v/t.* (*irr.*, *h.*) interweave; *fig. a.* mingle (*mit* with; *a. sich*).

ver'wechs|eln *v/t.* (*h.*) change by mistake; exchange; confound (*mit* with); confuse (with), mix up (with); *j-n mit e-m andern* ~ (mistake a p. for another; *den Hut*, *etc.* ~ take the wrong hat, *etc.*; *sie sehen sich zum 2 ähnlich* they are as like as two peas; **2lung** *f* (-; -*en*) mistake; confusion; mix-up.

verwegen [fɛr've:gən] *adj.* daring, bold, audacious; rakish (*hat, etc.*); **2heit** *f* (-; -*en*) boldness, audacity, dare-devilry, temerity.

ver'weh|en I. *v/t.* (*h.*) blow away; scatter; cover with snow; **II.** *v/i.* (*sn*) blow away, drift (off); *voice, etc.*: trail away; **2ung** *f* (-; -*en*) (snow *or* sand) drift.

ver'wehren (*h.*): *j-m et.* ~ keep (*or* hinder, debar) a p. from; disallow a p. to; et. ~ bar a th.; *j-m Zutritt* ~ refuse a p. admittance (*zu* to).

verweichlich|en [fɛr'vaɪçliçən] **I.** *v/t.* (*h.*) render effeminate (*or* soft), coddle; **II.** *v/i.* (*sn*) grow effeminate (*or* soft); **~t** *adj.* effeminate, soft, coddled; **2ung** *f* (-) effeminacy, softness.

ver'weiger|n *v/t.* (*h.*) deny, refuse, decline; *econ. Auslieferung* ~ withhold delivery; *e-n Befehl* ~ disobey (*or* flout) an order; *j-m den Gehorsam* ~ disobey a p.; **2ung** *f* (-; -*en*) denial, refusal; *econ.* ~ *der Annahme* non-acceptance; **2ungsfall** *m*: *im* ~ in case of refusal.

ver'weilen *v/i.* (*sn*) stay, linger; *fig.* ~ *bei et.* dwell (*or* enlarge) on *a th.*

verweint [fɛr'vaɪnt] *adj.* tear-stained *face*; *eyes* red with tears.

Verweis [fɛr'vaɪs] *m* (-es; -e) reprimand, reproof, censure; set-down; reference; *j-m e-n* ~ *erteilen* reprimand (*or* rebuke, censure) a p. (*wegen* for), rap the knuckles of a p.; **2en** *v/t.* (*irr.*, *h.*) banish, exile; expel (*pupil*); *sports*: *des Feldes* ~ send off (the field); *j-m et.* ~ reprimand a p. for *a th.*; ~ *auf* (*acc.*) *or an* (*acc.*) refer to; **~ung** *f* (-; -*en*) banishment; expulsion; reference (*auf acc., an acc.* to); **~ungszeichen** *n* mark of reference.

ver'welken *v/i.* (*sn*) fade, wilt, wither.

verweltlich|en [fɛr'vɛltliçən] *v/t.* (*h.*) secularize; **2ung** *f* (-) secularization.

verwend|bar [fɛr'vɛntba:r] *adj.* applicable, available; usable; suitable; serviceable; **2barkeit** *f* (-) availability; usability, suitability; applicability; serviceableness; **~en** *v/t.* (*irr.*, *h.*) apply (*auf acc., für* to), employ, use (in, for); (*nützlich*) ~ utilize; spend, expend; ~ *auf* bestow *care* on; *Zeit* ~ *auf* devote time to; *sich bei j-m* ~ *für* intercede with a p. for, use one's influence on behalf of, recommend *a p.* to a p.; *er verwandte kein Auge von ihr* he never turned his eyes from her; **2ung** *f* application, use, employment; utilization; expenditure; intercession; *vielseitige* ~ versatility; *jur. widerrechtliche* ~ conversion; *keine* ~ *haben für* have no use for; *mil. zur besonderen* ~ (seconded) for special duty; **2ungszweck** *m* use, intended purpose.

ver'werf|en *v/t.* (*irr.*, *h.*) reject, repudiate, turn down; spurn; *jur. and fig.* dismiss (*action, idea*); quash (*sentence*); overrule (*motion*); *sich* ~ *wood*: warp; *geol.* dislocate; **~lich** *adj.* objectionable, blamable, reprehensible; bad, abject, abominable; **2lichkeit** *f* (-) reprehensibleness; badness, abjectness; **2ung** *f* (-; -*en*) rejection; *jur.* dismissal; quashing; *geol.* dislocation.

verwert|bar [fɛr've:rtba:r] *econ. adj.* realizable; usable; convertible (*shares, etc.*), negotiable; **~en** *v/t.* (*h.*) turn to account, make use of, utilize; evaluate; realize; commercialize; exploit; *sich gut* ~ *lassen* be most useful, come in handy, *econ.* find a ready sale (*or* market), fetch a good price; **2ung** *f* utilization; realization; commercialization; exploitation.

verwes|en [fɛr've:zən] **I.** *v/i.* (*sn*) rot, putrefy; decay, decompose; *halb verwest* putrefying, half rotten; **II.** *v/t.* (*h.*) administer; **2er** *m* (-s; -) asministrator; vice-regent; **~lich** *adj.* corruptible, putrefiable; **2ung** *f* (-) decay, putrefaction; decomposition; *in* ~ *übergehen* begin to putrefy; administration, management; **2ungsprozeß** *m* process of decomposition; putrefaction.

ver'wetten *v/t.* (*h.*) bet, wager, stake (*für* on); lose by betting; gamble away.

ver'wickel|n *v/t.* (*h.*) entangle (*in acc.* in); *fig. a.* involve, embroil, engage (in); complicate (*a matter*); *mil.* engage (*in combat*); *j-n* ~ *in a. b.s.* drag a p. into; *j-n in ein Streitgespräch* ~ engage a p. in an argument; *in et. verwickelt werden* be(come) involved in *a lawsuit, etc.*, get mixed up (in *or* with); *sich* ~ *in* get entangled in; **~t** *fig. adj.* complicated, involved, intricate; **2ung** *f* entanglement, implication; complexity; complication; confusion, tangle, imbroglio.

verwilder|n [fɛr'vildərn] *v/i.* (*sn*) *garden, etc.*: run to seed; *bot. and fig.* run wild; *morals*: degenerate; **~t** *adj.* uncultivated, weed-grown; *fig.* wild, unruly; degenerate.

verwind|en [fɛr'vindən] *v/t.* (*irr.*, *h.*) overcome, get over *a th.*; *tech.* distort, twist; **2ung** *f tech.* distortion; *aer.* wing twisting.

ver'wirk|en *v/t.* (*h.*) forfeit; incur, be liable to (*penalty*); **2ung** *f* forfeiture.

verwirklich|en [fɛr'virkliçən] *v/t.* (*h.*) realize; translate into reality (*or* action); *sich* ~ be realized, *esp. Am.* materialize; come true; **2ung** *f* (-) realization.

verwirr|en [fɛr'virən] *v/t.* (*h.*) entangle; *fig. j-n*: confound, bewilder, perplex; embarrass *a p.*; *et.*: make involved (*or* intricate), confuse *a th.*; *sich* ~ get entangled; **~t** *adj.* confused, bewildered, *etc.*; dazed; **2ung** *f* (-; -*en*) entanglement; *fig.* confusion; disorder; perplexity, bewilderment; embarrassment; mix-up, muddle, topsy-turvydom; tumult; *in* ~ *geraten or sein* get into (*or* be in) confusion; *in* ~ *bringen* throw into confusion, *j-n*: confuse, discompose *a p.*

ver'wirtschaften *v/t.* (*h.*) squander away.

ver'wischen *v/t.* (*h.*) wipe (*or* blot) out; (*a. fig.*) efface; blur, obscure; smear; cover (*tracks*); *sich* ~ become effaced *or* blurred, *fig.* vanish, become indistinct.

ver'witter|n *v/i.* (*sn*) weather (*a. v/t.*); disintegrate, decay; *chem.* effloresce; **~t** *adj.* weather-beaten, weather-worn; **2ung** *f* (-; -*en*) weathering; decomposition; efflorescence.

verwitwet [fɛr'vitvət] *adj.* widowed.

verwöhn|en [fɛr'vø:nən] *v/t.* (*h.*) spoil; coddle, pamper; **~t** *adj.* pampered, spoilt (*child*); fastidious (*palate, taste*); **2ung** *f* (-) spoiling; pampering.

verworfen [fɛr'vɔrfən] *adj.* depraved; base, abject, vile; **2heit** *f* (-) depravity; abjectness.

verworren [fɛr'vɔrən] *adj.* confused, muddled (*thoughts*); intricate, confused (*situation*); **≈heit** *f* (-) confusion, intricacy.

verwund|bar [fɛrˈvuntbɑːr] *adj.* vulnerable (*a. fig.*); **~en** [-dən] *v/t.* (*h.*) wound (*a. fig.*).

verˈwunder|lich *adj.* astonishing, remarkable; wondrous; odd, strange; *es ist nicht ~, daß* it is small wonder that; **~n** *v/t.* (*h.*) astonish, amaze; *sich ~* wonder, be astonished *or* surprised (*über acc.* at); *verwundert* wondering, astonished, lost in wonder; **≈ung** *f* (-) astonishment, surprise, amazement; *zu m-r ~* to my amazement.

Verwundete(r) [fɛrˈvundətə(r)] *mil. m* (*-n*; *-n*) wounded (soldier), casualty; **~n-abzeichen** *n* Wound Badge; *Brit.* Gold Stripe; *Am.* Purple Heart.

Verˈwundung *f* (-; *-en*) wound(ing), injury.

verwunschen [fɛrˈvunʃən] *adj.* enchanted (*prince, island*); haunted (*house*).

verˈwünsch|en *v/t.* (*h.*) curse, execrate; enchant, bewitch; **~t** *adj.* accursed, confounded, blessed; *~!* confound it!; **≈ung** *f* (-; *-en*) curse, imprecation; *~en ausstoßen gegen j-n* hurl imprecations at a p.

verˈwurzelt *adj.* (deeply) rooted (*in dat.* in); *fest ~* firmly rooted.

verwüst|en [fɛrˈvyːstən] *v/t.* (*h.*) lay waste, devastate; ravage (*a. fig. face*); **≈ung** *f* (-; *-en*) devastation, ravages *pl.*

verˈzag|en *v/i.* (*h.*) despair, despond (*an dat.* of); lose heart, give up hope; *nur nicht ~!* never say die!; **~t** *adj.* disheartened, despondent; pusillanimous, faint-hearted; **≈theit** *f* (-) despondency, hopelessness; faint-heartedness.

verˈzählen: *sich ~* (*h.*) miscount, make a mistake (in counting).

verˈzahn|en *v/t.* (*h.*) tooth, gear, cog (*wheel*); indent, dovetail (*board, etc.*); *fig.* (*a. sich*) link together, interlock; *fig. miteinander ~* dovetail; **≈ung** *f* (-; *-en*) *tech.* tooth system, toothing; *arch.* indentation; *fig.* interlocking.

verˈzapfen *v/t.* (*h.*) sell *beer* on draught; *tech.* tenon, mortise; *colloq. fig.* tell, dish out; *Unsinn ~* talk rot.

verzärtel|n [fɛrˈtsɛːrtəln] *v/t.* (*h.*) coddle, pamper; *verzärtelte Person* molly-coddle; **≈ung** *f* (-) pampering; effeminacy.

verˈzauber|n *v/t.* (*h.*) put a spell on, bewitch, charm, enchant; *~ in* (*acc.*) transform into; **~t** *adj.* enchanted (*island, prince, etc.*).

verzehnfachen [fɛrˈtseːnfaxən] *v/t. and sich ~* (*h.*) increase tenfold, decuple.

verˈzehr|en *v/t.* (*h.*) consume (*a. fig.*), eat (up); *fig. sich ~* eat one's heart out; *sich ~ vor Gram, etc.* pine away with, be consumed with (*grieve, etc.*); **~end** *adj. fig.* burning (*look, passion*); **≈ung** *f* (-) consumption; **≈zwang** *m* (-[e]s) obligation to order.

verˈzeich|nen *v/t.* (*h.*) note (*or* write) down; *adm., a. fig.* record, register; list, *econ.* quote; draw incorrectly; *fig.* misrepresent, draw a distorted picture of; *opt.* distort; *fig.* register, secure; *~ können or zu ~ haben* score (*success, victory*); *auf e-r Liste verzeichnet sein* figure in *or* on a list; **~net** [-nət] *adj.* out of drawing; **≈nis** *n* (-ses; -se) list, catalogue; register; statement; specification; inventory; roll; index (*of book*); table, schedule; *econ. ~ versandter Waren* invoice; **≈nung** *f* (-; *-en*) *opt., TV* distortion (*a. fig.*).

verˈzeih|en *v/t.* (*irr., h.*) pardon, forgive (*both*: *j-m* [et.] a p. [a th.]); excuse; condone; *~ Sie!* I beg your pardon!, excuse me!, (so) sorry; *nicht zu ~* inexcusable; **~lich** *adj.* pardonable, excusable; venial (*sin*); **≈ung** *f* (-) pardon; *j-n um ~ bitten* beg a p.'s pardon; *~!* I beg your pardon!, please forgive me!, (so) sorry!

verˈzerr|en *v/t.* (*h.*) distort, twist; *fig.* caricature; *sich ~* become *or* get distorted, get out of shape; *sich den Knöchel ~* sprain one's ankle; *das Gesicht ~* (make a) grimace, pull a face; **≈ung** *f* (-; *-en*) distortion; contortion, grimace; **~ungsfrei** *adj.* free from distortion.

verzetteln [fɛrˈtsɛtəln] *v/t.* (*h.*) fritter away; *sich ~* dissipate one's energies, squander one's strength.

Verzicht [fɛrˈtsiçt] *m* (-[e]s; -e) (*a.* **~leistung** *f*) renunciation (*auf acc.* of); sacrifice; abandonment; *jur.* waiver, disclaimer (*of claim, right*); *~ leisten* → **≈en** *v/i.* (*h.; auf acc.*) renounce, resign, relinquish; *jur.* waive, disclaim; deliver a waiver; dispense with, do without; for(e)go; **~erklärung** *f* waiver, disclaimer.

verˈziehen I. *v/i.* (*irr., sn*) (re)move (*nach* to); *falls verzogen* in case of change of address, if moved; linger; **II.** *v/t.* (*irr., h.*) distort; draw, screw up (*mouth*); *das Gesicht ~* make a wry face, (make a) grimace; *keine Miene ~* not to move a muscle, not to bat an eyelash; spoil (*child*); *sich ~ wood*: warp, *dress*: hang badly, drag; disappear, vanish, *colloq.* make off, make tracks; *fog, steam*: dissolve; *crowd, cloud*: disperse; *storm*: pass over; *pain*: blow over.

verˈzier|en *v/t.* (*h.*) adorn, decorate; trim; embellish; **≈ung** *f* (-; *-en*) decoration; ornament; *mus.* flourish, grace note; *colloq. fig.* frill(s *pl.*).

verzinken [fɛrˈtsiŋkən] *v/t.* (*h.*) zinc (coat), galvanize.

verzinnen [fɛrˈtsinən] *v/t.* (*h.*) tin.

verzins|en [fɛrˈtsinzən] *v/t.* (*h.*) pay interest on; *e-n Betrag zu 3% ~* pay 3 per cent interest on a sum; *5% verzinst* bearing 5 per cent interest; *sich ~* yield (*or* bear) interest; **~lich** *adj.* bearing interest; interest-bearing (*papers*); *~es Darlehen* loan on interest; *niedrig ~* low interest; *~ mit 4%* bearing interest at 4 per cent; *~ vom 1. Januar an* interest payable from January 1st; *~ anlegen* put out at interest; **≈ung** *f* (-) (payment of) interest; interest rate; interest return.

verzogen [fɛrˈtsoːgən] *adj.* spoiled (*child*); → *verziehen.*

verˈzöger|n *v/t.* (*h.*) delay, retard; slow down (*a. sich ~*); protract; *sich ~* be delayed; be long in coming; **≈ung** *f* (-; *-en*) delay, retardation, time-lag; *e-e ~ erleiden* suffer a delay, be delayed; **≈ungs-taktik** *f* delaying tactics *pl.*; **≈ungszünder** *mil. m* delay(-action) fuse.

verˈzoll|bar *adj.* subject to duty, dutiable; **~en** *v/t.* (*h.*) pay duty on; *mar.* clear; *haben Sie et. zu ~?* have you anything to declare?; **~t** *adj.* duty-paid; **≈ung** *f* (-) payment of duty; *mar.* clearance.

verˈzück|en *v/t.* (*h.*) ecstasize, enrapture; **~t** *adj.* ecstatic, enraptured; in raptures, rapt; **≈ung** *f* (-; *-en*) ecstasy, rapture; *in ~ geraten* go into ecstasies (*wegen* over).

verˈzuckern *v/t.* (*h.*) sugar (over); candy (*fruit*); ice (*cake*); *fig. die Pille ~* sugar the pill.

Verˈzug *m* (-[e]s) delay; *ohne ~* without delay, forthwith; *jur. in ~ geraten* come in default; *in ~ sein* default (*mit* with); *es ist Gefahr im ~* there is danger ahead; **~s-aktien** *f/pl.* deferred shares; **~s-strafe** *f* penalty for delay; **~s-tage** *m/pl.* days of grace; **~szinsen** *m/pl.* interest for delay (*or* on arrears).

verˈzweif|eln *v/i.* (*sn*) despair (*an dat.* of); be in despair, abandon hope; *es ist zum ≈* it is enough to drive one mad (*or* to despair); *nur nicht ~!* never say die!; **~elt** [-əlt] *adj.* despairing; desperate; *~e Versuche* desperate efforts; dreadful(ly *adv.*); **≈lung** *f* (-) despair; *in ~ geraten* (sink into) despair; *zur ~ bringen or treiben* drive to despair, drive mad; *Mut der ~* courage of despair.

verzweig|en [fɛrˈtsvaɪgən] *v/t. and sich ~* (*h.*) branch out, ramify; **≈ung** *f* (-; *-en*) ramification, branching.

verzwickt [fɛrˈtsvikt] *adj.* intricate, complicated, ticklish, tricky.

Vesper [fɛspər] *f* (-; *-n*) *eccl.* vespers *pl.*; *a.* **~brot** *n* light meal, snack; **≈n** *v/i.* (*h.*) have a snack.

Vestalin [vɛsˈtɑːlin] *f* (-; *-nen*) Vestal (virgin).

Vestibül [vɛstiˈbyːl] *n* (-s; -e) vestibule, hall.

Veteran [veteˈrɑːn] *m* (*-en*; *-en*) *Brit.* ex-serviceman, *Am.* veteran; *fig.* veteran.

Veterinär [veteriˈnɛːr] *m* (-s; -e) veterinary surgeon, veterinarian.

Veto [ˈveːto] *n* (-s; -s) veto; *ein ~ einlegen* interpose one's veto; *gegen*: (*acc.*) put a veto upon, veto *a th.*; **~recht** *n* power of veto.

Vettel [ˈfɛtəl] *f* (-; *-n*): *alte ~* old hag, harridan, slut.

Vetter [ˈfɛtər] *m* (-s; *-n*) cousin; **~nwirtschaft** *f* (-) nepotism, cronyism.

Vexier|bild [fɛˈksiːr-] *n* picture--puzzle; **≈en** *v/t.* (*h.*) vex, tease; puzzle, mystify; **~schloß** *n* puzzle--lock; **~spiegel** *m* distorting mirror; **~spiel** *n* (Chinese) puzzle.

V-förmig [ˈfaufœrmiç] *adj.* V--shaped.

Viadukt [viaˈdukt] *m* (-[e]s; -e) viaduct.

Vibration [vibratsiˈoːn] *f* (-; *-en*) vibration; **~smassage** *med. f* vibro--massage.

vibrier|en [vi'bri:rən] *v/i.* (*h.*) vibrate; **²tisch** *tech. m* vibrating table.

Videofrequenz ['vide°o-] *f* video frequency.

Vieh [fi:] *n* (-[e]s) cattle, livestock; *w.s., a. fig.* brute, beast; '**~ausstellung** *f* cattle show; '**~bestand** *m* livestock; '**~bremse** *f* gadfly; '**~futter** *n* fodder, provender; '**~händler** *m* cattle dealer; '**~hof** *m* stockyard; '**²isch** *adj.* bestial, brutal, beastly; '**~magd** *f* milkmaid; '**~markt** *m* cattle market; '**~salz** *n* cattle-salt; '**~seuche** *f* cattle-plague, rinderpest; '**~stand** *m* stock of cattle, livestock; '**~treiber** *m* (cattle-)drover; '**~wagen** *m* live-stock wag(g)on, *Am.* stock car; '**~weide** *f* pasturage; '**~zählung** *f* livestock census; '**~zeug** *n* animals *pl.*; '**~zucht** *f* stock farming, cattle breeding; '**~züchter** *m* stock-farmer, cattle-breeder, *Am. a.* rancher; **~züchte'rei** *f* (-; -en) cattle breeding establishment, *Am.* ranch.

viel [fi:l] *adj. and adv.* much; *~e pl.* many; *sg. and pl.*: a lot (of), lots of; plenty of *cake, money, room, time, etc.*; *sehr ~* a great deal; *sehr ~e pl.* a great many; *noch einmal so ~* as much again; *~ besser* much better; *ziemlich ~* a good deal (of); *ziemlich ~e pl.* a good many; *einer zu ~* one too many; *ein bißchen ~* a little too much; *~ zu ~* far too much; *das ~e Geld* all that money; *seine ~en Geschäfte* his numerous affairs; *in ~em* in many respects; *um ~es besser* far (*or* much, a great deal) better; *das will ~ sagen* that is saying a great deal; *es hätte nicht ~ gefehlt, so hätte er* a little more and he would have.

'**viel...**: **~adrig** [-°a:driç] *adj.* multi-core (*cable*); **~bändig** [-bɛndiç] *adj.* of many volumes; **~begehrt** *adj.* much sought-after, prized; **~beschäftigt** *adj.* very busy; sought-after, *doctor, lawyer* in large practice; **~deutig** [-dɔʏtiç] *adj.* ambiguous; **²deutigkeit** *f* (-) ambiguity; **²eck** [-°ɛk] *n* (-[e]s; -e) polygon; **~eckig** *adj.* polygonal; **²ehe** *f* polygamy; **~erlei** ['-ər'laɪ] *adj.* of many kinds, many kinds of, a great variety of; multifarious; **~erorts** ['-ər°ɔrts] *adv.* in many places; **~fach** [-fax] **I.** *adj.* multiple; **II.** *adv.* in many cases, frequently, widely; **²fache(s)** *n* (-*n*) multiple; *um ein ~s* many times over; **²fachschalter** *el. m* multiple switchboard; **²fachschaltung** *el. f* multiple connection; **~fältig** [-fɛltiç] *adj.* manifold, multifarious; **²fältigkeit** *f* (-) multiplicity; diversity, variety; **~farbig** *adj.* many-colo(u)red, variegated, *tech.* multi-colo(u)red, polychromatic; **²fraß** [-fra:s] *m* (-es; -e) glutton (*a. zo.* = wolverine); **~gebraucht** *adj.* much used; **~geliebt** *adj.* dearly (*or* well-)beloved; **~genannt** *adj.* often-mentioned; noted, distinguished; **~geprüft** [-gəpry:ft] *adj.* much tried; **~gereist** [-gəraɪst] *adj.* (widely) travel(l)ed; **~geschmäht** *adj.* [-gəʃmɛ:t] much abused; **~gestaltig** *adj.* multiform, polymorphic; *fig.* multifarious; **~gliedrig** [-gli:driç] *adj.* many-membered; *math.* polynominal; **²götterei** ['-gœtə'raɪ] *f* (-) polytheism; **²heit** *f* (-) multiplicity, variety, plurality; multitude, great number; **~jährig** *adj.* of many years, many years old; **~köpfig** [-kœpfiç] *adj.* many-headed, *scient.* polycephalous; *fig.* large (*crowd*).

vielleicht [fi'laɪçt] *adv.* perhaps, maybe; possibly, it is possible that; *Sie haben ~ recht* you may be right; *~ besuchen Sie ihn doch einmal!* it might be better if you called on him some time!; *weißt du ~ einen Rat?* (*a. iro.*) have you an idea, by any chance?; *contp. ist er ~ der Chef?* he isn't the boss, is he?; *colloq. das war ~ ein Durcheinander!* some (*or* what a) mess!

'**viel...**: **~malig** [-ma:liç] *adj.* often-repeated; frequent; **~mal(s)** [-ma:l(s)] *adv.* many times, frequently, often(times); *ich danke Ihnen ~* thank you very much, many thanks; *sie läßt (dich) ~ grüßen* she sends you her best regards; *ich bitte ~ um Entschuldigung* I am very sorry; **²männe'rei** *f* (-) polyandry; **~mehr** *adv.* rather; on the contrary; **~motorig** [-moto:riç] *adj.* multi-engined; **~phasig** *el. adj.* polyphase; **~polig** *el. adj.* multipolar; **~sagend** *adj.* significant, suggestive, eloquent; **~schichtig** *adj.* many-layered, stratified; **²schreiber** *m* prolific writer; *contp.* scribbler; **~seitig** ['-zaɪtiç] *adj.* many-sided, *person*: *a.* versatile, all-round; *math.* polygonal; multilateral (*treaty*); *~ verwendbar* multi-purpose, versatile; *auf ~en Wunsch* by popular request; **²seitigkeit** *f* (-) *fig.* many-sidedness, versatility; **²seitigkeits-prüfung** *f riding*: combined test; **~silbig** *adj.* polysyllabic; **~sprachig** *adj.* polyglot; **~stimmig** *adj.* many-voiced; *scient.* polyphonic; **~umstritten** *adj.* much discussed; **~verheißend, ~versprechend** *adj.* (very) promising, of great promise, up-and-coming; *nicht ~* unpromising; **²weibe'rei** *f* (-) polygamy; **~wertig** *adj.* multivalent; **²wisser** *m* (-s; -) pundit; *contp.* walking dictionary, sciolist; **²zahl** *f* multitude.

vier [fi:r] *adj.* four; *~ und ~, zu ~en* by fours; *zu ~t* four of us (*or* them); *auf allen ~en* on all fours; *unter ~ Augen* confidentially, privately; *um halb ~* at half past three; *alle ~e von sich strecken* **a)** stretch o.s. out, **b)** give up the ghost, turn up one's toes; → *Buchstaben, etc.*

'**vier...**: **~basisch** *chem. adj.* tetrabasic; **~beinig** *adj.* four-legged; **~blätt(e)rig** *adj.* four-leaved; **~dimensional** *adj.* [-dimɛnzio'na:l] four-dimensional; **²eck** [-°ɛk] *n* (-[e]s; -e) square, quadrangle; **~eckig** *adj.* square, quadrangular.

'**Vierer** *m* (-s; -) *rowing*: four; *~ mit Steuermann* coxed four; *golf*: foursome; *el.* quad, four-wire unit; **~bob** *m* four-seater bob; **²lei** [-laɪ] *adj.* of four different kinds, four kinds of; **~leitung** *el. f* phantom circuit; **~spiel** *n golf*: foursome.

'**vier...**: **~fach** [-fax], **~fältig** [-fɛltiç] *adj.* fourfold; *~e Ausfertigung* quadruplicate, four copies; **²farbendruck** *m* (-[e]s; -e) four-colo(u)r print(ing); **²felderwirtschaft** *f* four-strip cultivation; **~flächig** *adj.* tetrahedral; **~füßig** [-fy:siç] *adj.* four-footed; *zo.* quadruped; **²füß(l)er** [-fy:s(l)ər] *m* (-s; -) quadruped; **~gängig** *tech. adj.* quadruple threaded (*screw*); four-start (*worm*); **²gespann** *n* carriage-and-four, four-in-hand; *hist.* quadriga; *humor.* foursome; **~händig** [-hɛndiç] *adj.* quadrumanous; *mus.* fourhanded; *~ spielen* play a duet; **~hundert** *adj.* four hundred; **²'jahresplan** *m* four-year plan; **~jährig** *adj.* four years old, *attr.* four-year-old; quadrennial, four-year (*period*); **²kant** [-kant] *tech. m* square; **²kantholz** *n* squared timber; **~kantig** *adj.* square, tetragonal; **²kantschraube** *f* square-head(ed) bolt; **²kantstahl** *m* square steel (bar); **²leiterkabel** *el. n* four-core cable; **²ling** [-liŋ] *m* (-[e]s; -e) four-barrel(l)ed gun; **²linge** *pl.* quadruplets, quads; **²lingsflak** *mil. f* four-barrel(l)ed AA gun; **²'mächtebesprechung** [-mɛçtə-] *f* four-power talk; **~mal** *adv.* four times; **~malig** [-ma:liç] *adj.* four times repeated; **~motorig** [-moto:riç] *adj.* four-engined; **²pol** *el. m* four-terminal network; **~polig** *el. adj.* four-pole, quadripolar; **²polröhre** *f* tetrode; **²radantrieb** *mot. m* four-wheel drive; **²radbremse** *mot. f* four-wheel brake; **²radlenkung** *f* four-wheel steering; **~räd(e)rig** [-rɛ:d(ə)riç] *adj.* four-wheeled; **~schrötig** [-ʃrø:tiç] *adj.* square-built, thick-set; hulking; **~seitig** [-zaɪtiç] *adj.* four-sided; *math.* quadrilateral; **~silbig** [-zilbiç] *adj.* of four syllables, tetrasyllabic; **²sitzer** *m* (-s; -) four-seater; **~sitzig** *adj.* four-place, four-seater; **²spänner** [-ʃpɛnər] *m* (-s; -) carriage-and-four, (*a.* **~spännig** *adj.*) four-in-hand; **~stellig** *adj.* four-digit; **~stimmig** [-ʃtimiç] *mus. adj.* for (*or* in) four voices; **~stöckig** *adj.* four-storied; **~stufig** *tech. adj.* four-stage; **~tägig** *adj.* of four days, four-day; four days old; **²takt** *mot. m* four-stroke cycle; **²taktmotor** *m* four-cycle (*or* -stroke) engine; **~tausend** *adj.* four thousand; **~te(r)** *adj.* fourth; → *achte(r)*; **~teilen** *v/t.* (*h.*) divide into four parts, (*a. hist.*) quarter.

Viertel ['firtəl] *n* (-s; -) fourth (part); quarter; *ein ~ fünf or ein ~ nach vier* a quarter past four; *drei ~ (ein ~ auf) vier* a quarter to four; **~drehung** *f* quarter turn; **~finale** *n sports*: quarter-final; **~jahr** *n* three months *pl.*, quarter (of a year); **~jahresbericht** *m* quarterly report; **~jahres(steuer)-erklärung** *f* quarterly return; **~jahresschrift** *f* quarterly journal; **²jährig** *adj.* of three months, three-month; three months old; **²jährlich** *adj.* quarterly (*a. adv.* = every three months); *~e Kündigung* three months' notice; **~kreis** *m* quadrant; ≈**n** *v/t.* (*h.*) → *vierteilen*; ~**note** *mus. f* crotchet; ~**pause** *mus. f* crotchet-rest; ~'**pfund** *n* quarter of a pound; '~'**stunde** *f* quarter of an hour; *Am. a.* quarter hour; ≈**stündig** [-ʃtyndiç] *adj.* of a quarter of an hour, lasting fifteen minutes; ≈**stündlich** *adv.* every quarter of an hour; ~**takt** *mus. m* fourth of a bar; ~**ton** *m* quarter tone.

viertens ['fi:rtəns] *adv.* fourthly, in the fourth place.

'**Vier...**: ~'**vierteltakt** *mus. m* common time; ≈**zehn** *adj.* fourteen; ~ *Tage* fortnight, *Am.* two weeks; ≈**zehntägig** *adj.* fortnightly, *Am.* two-week; ≈**zehnte** *adj.* fourteenth; ~**zehntel** *n* fourteenth part; ~**zeiler** [-tsaɪlər] *m* (*-s*; *-*) quatrain, four-lined stanza.

vierzig ['firtsiç] *adj.* forty; ≈**er** ['-gər] *m* (*-s*; *-*), ≈**erin** *f* (*-*; *-nen*) man (*f* woman) in the forties; quadragenarian; *in den Vierzige*(*r*)*n* in the forties *or* on the wrong (*or* shady) side of forty; ~**ste**(**r**) *adj.* fortieth; ≈'**stundenwoche** *f* 40--hour week.

Vignette [vini'ɛtə] *f* (*-*; *-n*) vignette.

Vikar [vi'kɑ:r] *m* (*-s*; *-e*) curate, assistant.

Viktualien [viktu'ɑ:liən] *pl.* victuals, provisions, eatables.

Vill|a ['vila] *f* (*-*; *-llen*) villa; ~**enkolonie** *f* garden city, residential suburb; ~**enviertel** *n* residential district.

vinkuliert [viŋku'li:rt] *adj.*: ~*e Aktien* registered shares (*Am.* stock) not transferable without the consent of the board.

Viola [vi'o:la] *f* (*-*; *-len*) viola.

violett [vio'lɛt] *adj.* violet.

Violine [vio'li:nə] *f* (*-*; *-n*) violin.

Violinist(**in** *f*) [-li'nist(in)] *m* (*-en*, *-en*; *-*, *-nen*) violinist.

Violinschlüssel [-'li:n-] *m* treble clef.

Violon'cello [violɔn-] *n* violoncello.

Viper ['vi:pər] *f* (*-*; *-n*) viper.

virtuos [virtu'o:s] *adj.* masterly; ≈**e** *m* (*-n*; *-n*), ≈**in** *f* (*-*; *-nen*) virtuoso; ≈**entum** *n* (*-s*) professional skill.

Virtuosität [-ozi'tɛ:t] *f* (*-*) virtuosity, artistic perfection, masterly skill.

virulen|t [viru'lɛnt] *med. adj.* virulent; ≈**z** [-'lɛnts] *f* (*-*) virulence.

Virusforschung ['vi:rus-] *f* virus research.

Visage [vi'zɑ:ʒə] *vulg. f* (*-*; *-n*) mug, *Am.* map.

Visier [vi'zi:r] *n* (*-s*; *-e*) *on helmet*: visor; *on gun*: sight; *das* ~ *stellen* set the sight; *fig. mit offenem* ~ quite openly; ~**einrichtung** *f* sighting mechanism; ≈**en I.** *v/t.* (*h.*) *tech.* adjust; gauge; visa, endorse (*passport*); **II.** *v/i.* (*h.*) (take) aim *or* sight; ~**fernrohr** *n* rifle telescope; ~**kimme** *f* rear sight notch; ~**korn** *n* (*-[e]s*) fore sight; ~**linie** *f* line of sighting; ~**stab** *m surv.* ranging-pole; *tech.* gauging rod.

Vision [vizi'o:n] *f* (*-*; *-en*) vision; **visionär** [-zio'nɛ:r] *adj.* visionary.

Visitation [vizitatsi'o:n] *f* (*-*; *-en*) search; inspection.

Visite [vi'zi:tə] *f* (*-*; *-n*) visit (*a. med.*), social call; ~**nkarte** *f* visiting-card, *Am.* calling card.

visitieren [vizi'ti:rən] *v/t.* (*h.*) search; inspect.

Viskose [vis'ko:zə] *f* (*-*) viscose.

Viskosi'tät *f* (*-*) viscosity.

visuell [vizu'ɛl] *adj.* visual.

Visum ['vi:zum] *n* (*-s*; *-sa*) visé, visa; *mit e-m* ~ *versehen* visa.

Vitalität [vitali'tɛ:t] *f* (*-*) vitality, vigo(u)r.

Vitamin [vita'mi:n] *n* (*-s*; *-e*) vitamin(e); ~ *C* ascorbic acid; ~ B_2 *or G* riboflavin; ≈**arm** *adj.* lacking vitamins; ≈**haltig** *adj.* vitamin--containing; ~**mangel** *m* vitamin deficiency; ≈**reich** *adj.* rich in vitamins.

Vitrine [vi'tri:nə] *f* (*-*; *-n*) glass case (*or* cupboard); show-case, display case.

Vitriol [vitri'o:l] *n* (*-s*; *-e*) vitriol; ≈**artig** *adj.* vitriolic; ~**flasche** *f* carboy.

Vize|admiral ['fi:tsə-] *m* vice admiral; ~**kanzler** *m* vice-chancellor; ~**könig** *m* viceroy; ~**konsul** *m* vice--consul; ~**präsident** *m* vice-president; deputy chairman; ~**statthalter** *m* deputy governor.

Vlies [fli:s] *n* (*-es*; *-e*) fleece.

V-Mann *m* agent.

Vogel ['fo:gəl] *m* (*-s*; *⸚*) bird; ~ *Strauß* ostrich; *colloq. lustiger* ~ gay dog; *komischer* ~ queer bird; *colloq. fig. e-n* ~ *haben* have a bee in one's bonnet, have bats in the belfry, have a kink; *fig. den* ~ *abschießen* steal the show, take the cake; *friß,* ~, *oder stirb!* root, hog or die!; → *ausfliegen*; ~**augenholz** *n* bird's eye wood; ~**bauer** *n* (*-s*; *-*) bird--cage; ~**beerbaum** *m* mountain ash, rowan(-tree); ~**beere** *f* rowan--berry; ~**fang** *m* (*-[e]s*) bird-catching; ~**fänger** *m* bird-catcher; ~**flinte** *f* fowling-piece; ≈**frei** *adj.* outlawed; *für* ~ *erklären* outlaw; ~**futter** *n* bird seed; ~**händler** *m* bird-seller; ~**haus** *n* aviary; ~**hecke** *f* breeding-cage; ~**herd** *m* fowling--floor; ~**kirsche** *f* bird-cherry; ~**kunde** *f* (*-*) ornithology; ~**leim** *m* bird-lime; ~**liebhaber**(**in** *f*) *m* bird-fancier; ~**mist** *m* bird dung; ~**napf** *m* seed-box; ~**nest** *n* bird's nest; ~**perspektive** *f* (*-*) bird's-eye view; ~**pfeife** *f* bird-call; ~**schau** *f* (*-*): *Berlin aus der* ~ a bird's-eye view of Berlin; ~**scheuche** *f* scarecrow (*a. fig.*); ~**schutzgebiet** *n* bird sanctuary; ~**stange** *f* perch; ~**steller** [-ʃtɛlər] *m* (*-s*; *-*) bird--catcher; ~-'**Strauß-Politik** *f* ostrich policy; ~ *treiben* hide one's head in the sand; ~**warte** *f* ornithological station; ~**zug** *m* passage (*or* migration) of birds.

Vöglein ['vø:klaɪn] *n* (*-s*; *-*) little bird.

Vogt [fo:kt] *m* (*-[e]s*; *⸚e*) overseer; bailiff; governor; steward.

Vokabel [vo'kɑ:bəl] *f* (*-*; *-n*) word; ~**schatz** *m* (*-es*), **Vokabular** [-kabu'lɑ:r] *n* (*-s*; *-e*) vocabulary.

Vokal [vo'kɑ:l] *m* (*-s*; *-e*) vowel; ~**ablaut** *m* (vowel) gradation; ~**anlaut** *m* initial vowel; ~**auslaut** *m* final vowel; ≈**isch** *adj.* vocalic; vowel *sound, ending*; ≈**isieren** [vokali'zi:rən] *v/t.* (*h.*) vocalize; ~**musik** *f* vocal music; ~**partie** *mus. f* vocal part.

Volant [vo'lɑ̃:] *m* (*-s*; *-s*) *dressmaking*: flounce; *mot.* steering-wheel.

Volk [fɔlk] *n* (*-[e]s*; *⸚er*) people; nation; race; populace, the common people, the lower classes *pl.*; *contp. a.* the common herd; mob, rabble; *zo.* swarm (*of bees*); *hunt.* covey (*of partridges*); *das arbeitende* ~ the working classes; *der Mann aus dem* ~*e* the man in the street; *ein Mann aus dem* ~*e* a man of the people; *viel* ~(*s*) a large crowd, swarms of people; *im ganzen* ~*e Widerhall finden* find a nation-wide response.

'**volk-arm** *adj.* thinly peopled (*or* populated).

Völkchen ['fœlkçən] *n* (*-s*; *-*): *lustiges* ~ jolly crowd.

Völker... ['fœlkər-]: ~**beschreibung** *f* ethnography; ~**bund** *m* (*-[e]s*) League of Nations; ~**bundsrat** *m* League Council; ~**friede** *f* international peace; ~**kunde** *f* (*-*) ethnology; ≈**kundlich** ['-kuntliç] ethnological; ~**mord** *m* (*-[e]s*) genocide; ~**recht** *n* (*-[e]s*) law of nations, international law; ≈**rechtlich I.** *adj.* relating to the law of nations, international; **II.** *adv.* under international law; ~**schaft** *f* (*-*; *-en*) people; tribe; ~**schlacht** *f* battle of (the) nations; ~**verständigung** *f* agreement between nations; ~**wanderung** *f* migration of nations.

'**völkisch** *adj.* national, racial.

'**volkreich** *adj.* populous.

'**Volks...**: ~**abstimmung** *f* plebiscite; ~**aufklärung** *f* education of the people; ~**aufstand** *m* national uprising, insurrection; ~**ausdruck** *m* popular expression; ~**ausgabe** *f* popular edition; ~**bank** *f* (*-*; *-en*) people's bank; ~**befragung** *f* public opinion poll; → *Volksentscheid*; ~**begehren** *n* (*-s*; *-*) people's (*or* national) referendum; ~**belustigung** *f* popular amusement; ~**bewußtsein** *n* national consciousness; ~**bibliothek**, ~**büche'rei** *f* public library; ~**bühne** *f* (*-*) people's theatre organization; ~**bildung** *f* national education; ~**charakter** *f* national character; ~**demokratie** *f* people's democracy; ≈**deutsch** *adj.*, ~**deutsche**(**r** *m*) *f* Ethnic German; ~**dichter** *m* popular (*or* national) poet; ≈**eigen** *adj.* nationalized, publicly owned; ~**eigentum** *n* public property; *im* ~ publicly owned; *ins* ~ *überführen* nationalize; ~**einkommen** *n* national income; ~**empfinden** *n*: *das gesunde* ~ sound popular instinct; ~**entscheid** *m* (popular) referendum; plebiscite; ~**erhebung** *f* → *Volksaufstand*; ~**etymologie** *f* folk-etymology; ~**feind** *m* public enemy; ≈**feindlich** *adj.* subversive, unpatriotic; ~**fest** *n* public festival; ~**freund** *m* friend of the people; ~**front** *pol. f* popular front; ~**führer** *m* popular leader, demagogue; ~**gruppe** *f* ethnic group; ~**gunst** *f* popularity; ~**haufe**(**n**) *m* crowd; populace, mob; ~**herrschaft** *f* democracy; ~**hochschule** *f* University Extension; adult college (*or* education classes *pl.*); ~**justiz** *f* lynch law, mob justice; ~**küche** *f* (public) soup-kitchen; ~**kunde** *f* (*-*) folklore; ~**kund-**

ler(in *f*) ['-kuntlər] *m* (-s, -; -, -*nen*) folklorist; **∼kundlich** *adj.* (relating to) folklore; **∼kunst** *f* (-) folk art; **∼lied** *n* folk-song; **∼mäßig** *adj.* popular; **∼menge** *f* crowd (of people), multitude, *b.s.* mob; **∼mund** *m* (-[e]s) vernacular; **∼musik** *f* popular music; **∼partei** *f* people's party; **∼polizei** *f* people's police; **∼redner** *m* popular speaker; mob orator, *esp. Am.* stump orator; **∼sage** *f* folk-tale; **∼schicht** *f* social class (*or* stratum); **∼schlag** *m* race; **∼schule** *f* elementary (*or* primary, *Am. a.* grade) school; **∼schullehrer(in** *f*) *m* elementary (*or* primary, *Am.* grade) teacher; **∼schulwesen** *n* elementary education; **∼sprache** *f* popular (*or* vulgar) tongue; vernacular (language); **∼staat** *m* people's state; **∼stamm** *m* tribe, race; **∼stimme** *f* voice of the people; **∼stimmung** *f* public feeling; **∼stück** *n* folk-play; **∼tanz** *m* folk-dance; **∼tracht** *f* national costume; **∼trauertag** *m* day of national mourning; **∼tribun** *m* tribune (of the people), popular leader; **∼tum** *n* (-*s*) nationality, nationhood; national characteristics *pl.*; **∼tümlich** [ty:mliç] *adj.* **a**) national, **b**) popular; **∼tümlichkeit** *f* (-) popularity; **∼versammlung** *f* public meeting; **∼verbundenheit** *f* solidarity with the people; **∼vermögen** *n* national wealth; **∼vertreter** *m* representative of the people; deputy; **∼vertretung** *f* representation of the people; parliament; **∼wirt(schaftler)** *m* (political) economist; **∼wirtschaft** *f* **a**) political economics *pl.*, **b**) economic system; **∼wirtschaftlich** *adj.* relating to political economics; economic; **∼wirtschaftslehre** *f* political economy; **∼wohlfahrt** *f* public welfare; **∼zählung** *f* census.

voll [fɔl] **I.** *adj.* full; filled; *colloq.* drunk; *tech.* solid; full, round; well-developed, buxom; corpulent (*figure*); whole, complete, full (*amount*); *voller Knospen, etc.* = ∼ *von* full of (*buds, etc.*; *a. fig. hope, ideas, one's plan*); *e-e* ∼*e Stunde* a full (*or* solid) hour; *6* ∼*e Tage* six clear days; *ein* ∼*es Jahr* a whole year; ∼*e 40 Jahre alt* quite forty years old; ∼*e Beschäftigung* full (*or* full-time) employment; *die* ∼*e Wahrheit* the whole truth; ∼*e Einzelheiten* full details; *econ.* ∼*er Satz Verschiffungspapiere* complete set of shipping documents; *aus* ∼*er Brust* heartily, lustily; *aus* ∼*em Halse* at the top of one's voice; *aus* ∼*em Herzen* from the bottom of one's heart; *bei* ∼*er Besinnung* fully conscious; *im* ∼*en Sinne des Wortes* in the full(est) sense of the word; *im* ∼*en leben* live in the lap of luxury; *in* ∼*em Ernst* quite seriously, in dead earnest; *in* ∼*er Fahrt* at full speed; *aus dem* ∼*en schöpfen* draw on plentiful resources, have plenty; *mit* ∼*en Händen* lavishly, liberally; *mit* ∼*em Recht* with perfect right; *das Theater war ganz* ∼ the theatre was crowded *or* full; **II.** *adv.* fully, in full; *econ.* ∼ *eingezahlt* fully paid-up; ∼ *und ganz* fully, entirely; *clock*: ∼ *schlagen* strike the full hour; *j-n nicht für* ∼ *ansehen* not to take a p. seriously; ∼ *ausnützen v/t.* (*h.*) utilize to full advantage; → *vollmachen, etc.*; **'∼aktie** *econ. f* fully paid-up share (*Am.* stock); **∼auf** *adv.* abundantly, amply, plenty; perfectly.

'Vollast *el. f* (*when divided*: *Voll-last*) full load.

'vollaufen (*when divided*: *voll-laufen*) *v/i.* (*irr., sn*) fill, run to overflowing; *colloq. fig. sich* ∼ *lassen* get o.s. drunk.

'Voll...: **∼automat** *tech. m* fully automatic machine; **∼automatisch** *adj.* fully automatic; **∼bad** *n* complete bath, plunge (bath); **∼bart** *m* (full) beard; **∼berechtigt** *adj.* fully qualified; **∼beschäftigt** *adj.* fully employed; full-time *worker*; **∼beschäftigung** *f* full employment; **∼besitz** *m* full possession; **∼bier** *n* entire (beer); **∼bild** *n* full-page illustration; **∼bildfrequenz** *TV f* picture frequency; **∼blut(pferd)** *n*, **∼blüter** [-bly:tər] *m* (-s; -) thoroughbred (horse); **∼blütig** [-bly:tiç] *adj.* full-blooded; *med., scient.* plethoric; **∼blütigkeit** *f* (-) fullness of blood; *scient.* plethora; **∼'bringen** *v/t.* (*irr., h.*) accomplish, achieve; do, perform; **∼'bringung** *f* (-) accomplishment, achievement; **∼bürtig** [-byrtiç] *adj.* of the same parents, whole-blood; **∼busig** [-bu:ziç] *adj.* full-bosomed, bosomy; **∼dampf** *m* (-[e]s) full steam; *fig. mit* ∼ at full blast; ∼ *voraus!* full steam ahead!; **∼draht** *m* solid wire; **∼eigentümer** *jur. m* lawful owner in one's own right; **∼einzahlung** *f* payment in full; **∼elektrisch** *adj.* all-electric; **∼'enden** *v/t.* (*h.*) finish; bring to a close, terminate; complete (*a. studies, year of life, a. jur. offence*); round off; perfect, accomplish; **∼'endet** *adj.* perfect (*a. iro.*), accomplished, consummate; *iro.* utter, downright.

vollends ['fɔlɛnts] *adv.* entirely, wholly, quite; altogether; to top it off; ∼ *da* especially since.

Voll'endung *f* (-) finishing, completion; perfection; *nach* ∼ *des 21. Lebensjahres* upon completion of his 21st year.

voller ['fɔlər] **I.** *comp. of voll*: fuller; **II.** *with gen.* (= *voll von*) full of (*a. fig.*).

Völlerei [fœlə'raɪ] *f* (-; -*en*) gluttony.

voll'führ|en *v/t.* (*h.*) execute, carry out; make (*noise*); **∼ung** *f* (-; -*en*) execution.

'voll...: **∼füllen** *v/t.* (*h.*) fill (up); **∼gas** *mot. n* (-es) full throttle; *mit* ∼ at full throttle; ∼ *geben* open the throttle, step on it; **∼gefühl** *n*: *im* ∼ (*gen.*) fully conscious of; **∼genuß** *m* full enjoyment; **∼gepackt, ∼gepfropft, ∼gestopft** *adj.* crammed (full), jammed, packed; **∼gewicht** *n* full weight; **∼gießen** *v/t.* (*irr., h.*) fill (up); **∼gültig** *adj.* of full value, valid; **∼gummi** *n and m* solid rubber; **∼gummireifen** *m* solid tyre (*Am.* tire); **∼hauen** *colloq. v/t.* (*h.*): → *Jacke*.

völlig ['fœliç] **I.** *adj.* full, entire; complete, total; thorough; perfect; dead, absolute (*certainty*); downright, out-and-out (*fool*); **II.** *adv.* fully, thoroughly, perfectly, *etc.*; quite; clean (*gone, mad, through, wrong*).

'Voll...: **∼inhaltlich** *adj.* complete (-ly *adv.* = in all points); **∼jährig** *adj.* of (full) age; major *person*; ∼ *werden* come of age, attain one's majority; **∼jährigkeit** *f* (-) full age, majority; **∼jährigkeitserklärung** *f* declaration of majority; **∼jurist** *m* trained (*or* fully qualified) lawyer; **∼kettenfahrzeug** *mil. n* full-track vehicle; **∼kommen** [-kɔmən] *adj.* perfect; accomplished, consummate; absolute (*power, right, etc.*); → *völlig*; **∼kommenheit** *f* (-) perfection; **∼kornbrot** *n* wholemeal bread; **∼körnig** *adj.* full-grained; **∼kraft** *f* (-) full vigo(u)r; *in der* ∼ *seines Lebens* in the prime of life; **∼machen** *v/t.* (*h.*) fill (up); *fig.* complete; soil, dirty; *um das Unglück vollzumachen* to crown it all.

'Vollmacht *f* (-; -*en*) full power(s *pl.*), authority; proxy; *jur.* power of attorney; *gesetzliche* ∼ legal power; *unbeschränkte* ∼*en* plenary powers; *j-m* ∼ *erteilen* give a p. authority, authorize (*or* empower) a p.; **∼geber** *m* mandator, constituent; **∼haber** [-ha:bər], **∼träger** *m* (-s; -) mandatary, proxy.

'Voll...: **∼matrose** *m* able-bodied seaman; **∼milch** *f* whole milk; **∼milchpulver** *n* whole-milk powder; **∼mond** *m* full moon; *es ist* ∼ the moon is full; **∼motorisiert** *adj.* fully motorized, mobile; **∼mundig** [-mundiç] *adj.* full-bodied; **∼nehmen** *v/t.* (*irr., h.*): *den Mund* ∼ brag, boast; talk big; **∼packen, ∼pfropfen** → *vollstopfen*; **∼rohr** *n* solid tube; **∼saftig** *adj.* very juicy, succulent; **∼saugen:** *sich* ∼ (*h.*) suck o.s. full; **∼schenken** *v/t.* (*h.*) fill (up); **∼schiff** *n* full-rigged ship; **∼schlank** *adj.* plump, not-so-slim; **∼sitzung** *f* plenary sitting; **∼spurig** *adj.*, **∼spur...** *rail.* standard-gauge, broad-gauge; **∼ständig** **I.** *adj.* complete; whole, entire; total; integral; **II.** *adv.* fully, quite, wholly, utterly, absolutely, perfectly; altogether; ∼ *machen* complete; **∼ständigkeit** *f* (-) completeness, entirety; totality; integrity; **∼stopfen** *v/t.* (*h.*) stuff, cram; *sich* ∼ stuff o.s.; **∼'streckbar** *jur. adj.* executable, enforceable; ∼*er Titel* executory title; ∼*e Forderung* judgment-debt; **∼'strecken** *v/t.* (*h.*) execute, enforce, carry out; **∼'strecker(in** *f*) *m* (-s, -; -, -*nen*) executor, *f a.* executrix; *soccer*: scorer, striker; **∼'streckung** *f* execution; **∼'streckungs-aufschub** *m* stay of execution; **∼'streckungsbeamte(r)** *m* executory officer; **∼'streckungsbefehl** *m* writ of execution; **∼'streckungsschuldner** *m* judgment debtor; **∼tönend** *adj.* full-toned, sonorous, rich; **∼treffer** *m* direct hit; *a. fig.* bull's-eye; **∼versammlung** *f* plenary meeting (*or* assembly); **∼waise** *f* orphan who has lost both parents; **∼wertig** *adj.* full, of full value; up to standard; **²zählig** [-tsɛːliç] *adj.* complete, full; ~ *machen* complete; **~zähligkeit** *f* (-) completeness; **²-'ziehen** *v/t.* (*irr.*, *h.*) execute; effect, perform, carry out; consummate (*marriage*), *eccl.* solemnize; *die ~de Gewalt* the executive; *sich* ~ take place, come to pass; **~'ziehung** *f*, **~'zug** *m* (-[e]s) execution; *jur. a.* enforcement; **~'zugs-anordnung** *f* executive order; **~'zugs-anstalt** *jur. f* penal institution (where a sentence is carried out); **~'zugsgewalt** *f* executive power; **~'zugsmeldung** *f* report of execution.

Volontär [volɔ̃'tɛːr] *econ. m* volunteer; unpaid assistant, pupil.

Volt [vɔlt] *el. n* (-; -) volt; **voltaisch** [vɔl'taiʃ] *adj.* voltaic.

Volte ['vɔltə] *f* (-; -*n*) volt.

voltigieren [-ti'ʒiːrən] *v/i.* (*h.*) vault.

'Volt...: **~meter** *n* voltmeter; **~spannung**, **~zahl** *f* voltage.

Volumen [vo'luːmən] *n* (-s; -) volume (*a. fig.* = total amount); size; capacity; **~einheit** *f* unit of volume.

volu'metrisch *adj.* volumetric.

Vo'lumgewicht *n* weight of volume.

voluminös [volumi'nøːs] *adj.* voluminous.

Vo'lumverhältnis *n* volume ratio.

vom [fɔm] = *von dem*; → *von*.

von [fɔn] *prp.* (*dat.*) *as to place*: from; ~ *wo(her)?* from where?, whence?; ~ *seiten* (*gen.*) from, on the part of; *as to time*: from; ~ *morgen an* from tomorrow (on), *adm.* as of (*or* beginning, commencing) tomorrow; → *an* II.; ~ *Kindheit auf* from earliest childhood; *for genitive*: of; *die Einfuhr* ~ *Weizen* the import of wheat; *die Errichtung* ~ *Schulen* the erection of schools; *zwei* ~ *uns* two of us; *ein Freund* ~ *mir* a friend of mine; *ein Teufel* ~ *einem Weib* a devil of a woman; ~ *dem Apfel essen* eat (some) of the apple; *ich habe* ~ *ihm gehört* I have heard of him; *er weiß* ~ *der Sache* he knows about it; *was wollen Sie* ~ *mir?* what do you want of me?; *with titles proceding proper names*: *der Herzog* ~ *Edinburgh* the Duke of Edinburgh; *causally*, *with passive*: by; *ein Gedicht* ~ *Schiller* a poem by Schiller; *Kinder haben* ~ have children by; ~ *selbst*, ~ *sich aus* by oneself; → *selbst*; *measure*, *quality*: ~ *drei Ellen Länge* three yards long; *ein Betrag* ~ *300 Dollar* a sum of $ 300; *ein Mann* ~ *Bildung* a man of culture; *Aufenthalt* ~ *drei Wochen* a stay of three weeks; *Kind* ~ *drei Jahren* a child three years old; *9* ~ *10 Leuten* nine in ten persons; ~ *Vorteil* of advantage; ~ *Holz* (made) of wood; *subject*: of, about, on; *das ist nett* ~ *ihm* that is nice of him; ~ *mir aus* I don't mind, as far as I am concerned; for all I care.

von-ein'ander *adv.* of (*or* from) each other; → *auseinander*.

vonnöten [fɔn'nøːtən] *adj.* necessary, needful.

vonstatten [fɔn'ʃtatən] *adv.*: ~ *gehen* take place, proceed, come (*or* pass) off; *gut* ~ *gehen* go well *or* swimmingly, prove a success.

vor [foːr] *prp.* (*dat. or acc.*) *as to space or time*: before; *as to space*: in front of; ago; prior to, previous to; in advance of; preparatory to; ahead of; in the presence of (*witnesses*, *God*); opposite; *hide*, *protect*, *warn*, *etc.* from, against; on account of, because of; *tremble* with (*cold*, *etc.*); *preference*: before, above, in preference to; *am Tage* ~ (on) the day before, on the eve of; ~ *einigen Tagen* a few days ago, the other day; ~ *der Zeit* prematurely, too early; ~ *e-m Hintergrund* against a background; ~ *Hunger sterben* die of hunger; *sich fürchten* ~ be afraid of, fear, dread; (*heute*) ~ *acht Tagen* a week ago (today); *5 Minuten* ~ *12* five minutes to (*Am.* of) twelve, *fig.* at the eleventh hour; ~ *allen Dingen* above all; ~ *der Tür sein* be at the door, *fig.* be close at hand; (*dicht*) ~ *dem Untergang stehen* be on the brink (*or* verge) of ruin; ~ *sich gehen* take place, pass off, proceed; *et.* ~ *sich haben* be in for (*or* face) a th., *n.s.* be face to face with, be looking at; ~ *sich hin murmeln* (*lächeln*, *etc.*) mutter (smile, *etc.*) to o.s.; *sich* ~ *j-m auszeichnen* distinguish o.s. above a p.; *das Subjekt steht* ~ *dem Zeitwort* the subject comes before (*or* precedes) the verb.

vor'ab *adv.* in advance; first of all; beforehand; tentatively.

'Vor-abdruck *m* advance copy, preprint.

'Vor-abend *m* eve; *am* ~ on the eve (*gen.* of).

'vor-ahn|en *v/t.* (*h.*) have a presentiment of; **²ung** *f* (-; -*en*) presentiment, foreboding.

'Vor-alarm *mil. m* early warning.

'Vor-alpen *pl. the* Lower Alps.

voran [fo'ran] *adv.* before, at the head (*dat.* of), in front (of); *geh* ~! lead on!; *nur* ~! go on (*or* ahead)!; *Kopf* ~ head first (*or* foremost); **~eilen** *v/i.* (*sn*, *dat.*) hurry on before, run in front of; **~gehen** *v/i.* (*irr.*, *sn*) lead the way, walk in front (*dat.* of), go at the head (of), (*a. fig.*) take the lead; *a. as to space or rank*: precede (*j-m*, *etc.* a p., *etc.*); *work*: *gut* ~ make progress (*or* headway), get ahead; ~*d* preceding; **~kommen** *v/i.* (*irr.*, *sn*) make headway (*or* progress), advance, get ahead.

Vor-an|kündigung ['foːr-] *f* → *Voranzeige*; **~schlag** *m* (rough) estimate, previous calculation.

voran... [fo'ran-]: **~schreiten** *v/i.* (*irr.*, *sn*) stride ahead (*dat.* of); → *vorangehen*; **~stellen** *v/t.* (*h.*) place in front (*dat.* of); **~treiben** *v/t.* (*irr.*, *h.*) push, hasten; advance.

Vor-anzeige ['foːr-] *f* advance (*or* previous) notice; preliminary announcement; *film*: trailer.

'Vor-arbeit *f* preparatory work; general preparations *pl.*; preliminary studies *pl.*; spade work; *gute* ~ *leisten* prepare the ground well; **²en I.** *v/t.* (*h.*) prepare, do *a th.* in advance; *sich* ~ work one's way forward (*or* up), forge ahead; **II.** *v/i.* (*h.*) prepare work; *fig. j-m* ~ pave the way for a p.; **~er** *m* foreman; **~erin** *f* forewoman.

vorauf [fo'rauf] *adv.* → *voran*.

voraus [fo'raus] *adv.* in front, ahead (*dat.* of); *im* ~, *zum* ~ *usu.* '*voraus* in advance, beforehand; *thank* in anticipation; *Kopf* ~ head first (*or* foremost); *s-m Alter* ~ *sein* be forward (for one's age); *geh* ~! lead on!; **²abteilung** *f* advance detachment.

Vor-ausbildung ['foːr-] *f* preparatory training.

voraus... [fo'raus-]: **~bedingen** *v/t.* (*irr.*, *h.*) stipulate beforehand; **²berechnung** *f* precalculation, forecast; **~bestellen** *v/t.* (*h.*) → *vorbestellen*; **~bestimmen** *v/t.* (*h.*) predetermine; **~bezahlen** *v/t.* (*h.*) pay in advance, prepay; **²bezahlung** *f* advance payment, prepayment; **~datieren** *v/t.* (*h.*) → *vordatieren*; **~denken** *v/i.* (*irr.*, *h.*) look ahead; **~eilen** *v/i.* (*sn*) hurry on ahead *or* in advance (*dat.* of); **²exemplar** *n* advance copy; **~gehen** *v/i.* (*irr.*, *sn*) walk in front *or* ahead (*dat.* of), *a. fig.* precede; *geh voraus!* lead on!; **~haben** *v/t.* (*irr.*, *h.*): *j-m et.* ~ have an advantage over a p., be superior to a p. in a th.; have the edge on a p.; **²klage** *f* preliminary proceedings *against debtor*; **²planung** *f* forward planning; **²sage**, **²sagung** *f* (-; -*en*) prediction; prophecy; forecast; tip; **~sagen** *v/t.* (*h.*) foretell, predict; forecast; prophesy; **²schau** *f* forecast; **~schauend** *adj.* prospective; far-sighted, long-range (*policy*); **~schicken** *v/t.* (*h.*) send on in advance; *fig.* mention before, premise; **~sehen** *v/t.* (*irr.*, *h.*) foresee; **~setzen** *v/t.* (*h.*) presuppose, require; assume, presume; expect (*bei j-m* of a p.); *als bekannt* ~ take for granted; *vorausgesetzt, daß* provided (that); **²setzung** *f* (-; -*en*) (pre)supposition, assumption; pre--requisite, pre-condition, (basic) requirement; *die ~en erfüllen* meet the requirements, have the qualifications; *unter der* ~, *daß* on the understanding that, on condition that; *zur* ~ *haben* presuppose; → *ausgehen*; **²sicht** *f* foresight; *aller* ~ *nach* in all probability, by all known odds; **~sichtlich I.** *adj.* prospective, probable, presumable; expected; estimated; **II.** *adv.* probably; *er geht* ~ *a.* he is likely to go; *er trifft* ~ *morgen ein* he is expected to arrive tomorrow; **~wirkend** *adj.* anticipatory; **²zahlung** *f* advance payment (*or* instalment).

Vorbau ['foːr-] *m* (-[e]s; -*ten*) front building; porch; projecting structure; **²en I.** *v/t.* (*h.*) build in front; build out; **II.** *v/i.* (*h.*, *dat.*) guard (*or* take precautions) against, obviate; provide for (the future).

'Vorbe-arbeitung *tech. f* (-; -*en*) preliminary working.

'Vorbedacht *m* forethought, premeditation; *mit* ~ deliberately, on purpose, advisedly; **²** *adj.* premeditated; aforethought.

'vorbedeut|en *v/t.* (*h.*) forebode, presage; **²ung** *f* foreboding, omen, portent.

'**Vorbedingung** *f* precondition, prerequisite, basic requirement.

Vorbehalt ['fo:rbəhalt] *m* (-[e]s; -e) reservation, reserve, proviso; *innerer* ~ mental reservation; *ohne* ~ without restriction, unconditionally; *unter* ~ *aller Rechte* all rights reserved; **2en** *v/t.* (*irr.*, *h.*): *sich* ~ reserve to o.s.; *j-m* ~ *sein* be reserved for a p.; *Änderungen* ~ subject to change (without notice); *Irrtümer* ~ errors excepted; *es bleibt der Zukunft* ~ it remains for the future (*to show, etc.*); **2lich** *prp.* (*gen.*) subject to, with reservation as to; ~ § *23* subject to (the provisions of) Section 23, except as provided in Section 23; ~ *abweichender Vorschriften* unless otherwise provided; **2los** *adj.* unreserved, unconditional; **~sklausel** *f* proviso clause.

'**vorbehand|eln** *v/t.* (*h.*) pre-treat; **2lung** *f* preliminary treatment.

vor'bei [for'baɪ] *adv.* along, by, past (*all a.*: ~ *an dat.*); *time*: over, past, gone; ~! missed!; *es ist* ~ *mit ihm* it is all over with him; ~ *ist* ~ gone is gone, that's all water under the bridge; *3 Uhr* ~ past three (o'clock); **~drücken**: *sich* ~ (*h.*) squeeze by (*an j-m, etc.* a p., *etc.*); **~fahren** *v/i.* (*irr.*, *sn*) drive (*or mar.* sail, *etc.*) past (*an* et. a th.); pass (by); **~flitzen** *v/i.* (*sn*) flit by; **~gehen** *v/i.* (*irr.*, *sn*) pass by (*an j-m* a p.); *fig.* fail to see; steer clear of, avoid, side-step; pass over *a th.* in silence (*all*: *an dat. a p. or th.*); pass (over); *pain, rage, storm, etc., a.* blow over; miss the mark; *im* 2 in passing; **~kommen** *v/i.* (*irr.*, *sn*) pass by; *an* (*dat.*): get past *or* round (*obstacle, opponent*); *colloq.* (*visit*) drop in; **~lassen** *v/t.* (*irr.*, *h.*) let pass; **2marsch** *m* march(ing) past, march in review; **~marschieren** *v/i.* (*sn*) march past (*an j-m* a p.), file by; **~müssen** *v/i.* (*irr.*, *h.*) have to pass (*an dat.* by); **~reden** *v/i.* (*h.*): *aneinander* ~ be at cross-purposes; *an e-m Thema* ~ talk round the subject, evade the issue; **~schießen** *v/i.* (*irr.*, *h.*) shoot past (*an j-m or* et. a p. *or* a th.); miss the mark; miss (*an* et. a th.); **~schlagen** *v/i.* (*irr.*, *h.*) miss (in striking); **~tragen** *v/t.* (*irr.*, *h.*) carry past; **~ziehen** *v/i.* (*irr.*, *sn*) march past; pass (*an j-m* a p.).

Vorbemerkung ['fo:r-] *f* preliminary remark *or* note; preamble (*zu dat.* to *a treaty, etc.*); representations *pl.*

vorbenannt ['-bənant] *adj.* (afore-) said.

'**Vorbenutzung** *f patent law*: prior use.

'**vorbereit|en** *v/t.* (*h.*) prepare; *sich* ~ *auf acc.* (*or für*) prepare o.s. for, get ready for; *sich auf e-e Prüfung* ~ prepare for an examination; *e-e vorbereitete Rede* a set speech; *auf et. vorbereitet sein* be prepared for a th.; **~end** *adj.* preparatory; preliminary; **2ung** *f* preparation (*für, auf acc.* for); *als* ~ *zu* preparatory to; *in* ~ being prepared, *thea.* in rehearsal; **2ungs...** preparatory.

Vorberge ['-bɛrgə] *m/pl.* foot-hills.

'**Vorbericht** *m* preliminary report.

'**vorberuflich** *adj.* prevocational.

'**Vorbescheid** *m* preliminary decision; *patent law*: interim action.

'**Vorbesprechung** *f* preliminary discussion (*or* talk).

'**vorbestell|en** *v/t.* (*h.*) order in advance; subscribe for (*ein Buch* a book); book, *Am. a.* make reservation for (*seat, rooms, etc.*); **2ung** *f* advance order; booking, *Am. a.* reservation, billing; *econ. umfangreiche* ~*en* heavy booking.

'**vorbestraft** *adj.* previously convicted, having a (criminal) record; *nicht* 2*er* first offender.

'**vorbeten I.** *v/t.* (*h.*): *j-m et.* ~ repeat (*or* recite) *a prayer, etc.*, to a p.; **II.** *v/i.* (*h.*) lead in prayer.

'**vorbeug|en I.** *v/i.* (*h.*, *dat.*) prevent, obviate; guard against; **II.** *v/t.*, *a. sich* (*h.*) bend forward; **~end** *adj.* preventive; *med.* prophylactic; **2ung** *f* prevention; *med.* prophylaxis; **2ungsmaßregel** *f* preventive measure; **2ungsmittel** *n* preventive, preservative; *med., a. fig.* prophylactic.

'**Vorbilanz** *f* trial balance.

'**Vorbild** *n* model; pattern; standard; example; prototype; **2lich** *adj* exemplary; *attr. a.* model; ideal; representative, typical (*für* of); **~ung** *f* preparatory training; educational background.

'**vorbinden** *v/t.* (*irr.*, *h.*) tie (*or* put) *a th.* on.

'**vorbohr|en** *v/t. and v/i.* (*h.*) pre-drill; **2er** *m* gimlet, auger.

'**Vorbote** *m* forerunner; *fig.* harbinger, precursor; early sign, symptom.

'**vorbringen** *v/t.* (*irr.*, *h.*) bring forward, produce (*a. jur. evidence*); advance (*excuse, opinion, reason*); propose (*plan*); *jur.* prefer (*gegen a charge* against *a p.*), plead, allege; utter, say, state.

'**Vorbringen** *jur. n* (-s) pleading.

'**vorbuchstabieren** *v/t.* (*h.*) spell out (*j-m* to a p.).

'**Vorbühne** *thea. f* proscenium, apron.

'**vorchristlich** *adj.* pre-Christian.

'**vordatieren** *v/t.* (*h.*) **a**) antedate, **b**) postdate.

vordem [fo:r'de:m] *adv.* formerly.

vorder ['fɔrdər] *adj.* front, fore, anterior, forward.

'**Vorder...**: **~achs-antrieb** *mot. m* front axle drive; **~achse** *f* front axle; **~ansicht** *f* front view; *arch.* front elevation; **~antrieb** *mot. m* front (wheel) drive; **~arm** *m* forearm; **~asien** *n* Anterior Asia, *the* Near East; **~bein** *n* foreleg; **~deck** *n* fore-part of the deck; **~fuß** *m* forefoot; **~gebäude** *n* front building; **~grund** *m* foreground; *fig. in den* ~ *rücken* place into the foreground, throw into relief; *im* ~ *stehen* be well to the fore, be in the limelight, be in the foreground *of discussions*; *in den* ~ *treten* come to the fore; **2gründig** [-gryndiç] *fig.* **I.** *adj.* surface, superficial; **II.** *adv.* on the surface; on the face of it; **~hand** *f* forehand (*of horse*); **~haus** *n* → *Vordergebäude.*

'**vorderhand** *adv.* for the present, for the time being; just now.

'**Vorder...**: **~lader** [-la:dər] *m* (-s; -) muzzle-loader; **2lastig** [-lastiç] *aer. adj.* nose-heavy; **~lauf** *hunt. m* foreleg; **~mann** *m* man in front (*of a p.*), *mil. a.* front rank man; *fig.* superior; *econ.* **a**) *cheques, etc.*: prior (*or* previous) indorser, **b**) *securities*: previous holder; *mil. auf* ~ *stehen* be covered in file; ~! cover off!; *colloq. j-n auf* ~ *bringen* make a p. toe the line; **~mast** *m* foremast; **~rad** *n* front wheel; **~rad-antrieb** *mot. m* front wheel drive; **~radnabe** *f* front hub; **~reihe** *f* front row (*or* rank); **~satz** *phls. m* antecedent, premise; **~seite** *f* front (side), *arch., tech. a.* face; *of coin*: obverse; **2seitig** *adj.* front; **~sitz** *m* front seat.

vorderst ['fɔrdərst] *adj.* foremost, first; *mil.* ~*e Linie* front line.

'**Vorder...**: **~steven** *mar. m* stem; **~teil** *m and n* front (part), *mar.* prow; **~tür** *f* front door; **~zahn** *m* front tooth; **~zimmer** *n* front room.

vordrängen ['fo:r-] *v/t.*, *a. sich* (*h.*) press (*or* push) forward.

'**vordringen** *v/i.* (*irr.*, *sn*) advance, press forward, make headway, forge ahead, gain ground; 2 *n* (-s) advance.

'**vordringlich** *adj.* urgent, most important, (claiming) priority; ~*e Aufgabe* priority task; ~ *behandelt werden* be given priority, be treated as a matter of urgency; **2keit** *f* urgent nature, priority; **2keitsliste** *f* priority list.

'**Vordruck** *m* (-[e]s; -e) *adm.* form, *Am.* blank; *typ.* first impression.

'**vor-ehelich** *adj.* prenuptial, premarital.

'**vor-eilig** *adj.* hasty, rash, precipitate; ~*e Schlüsse ziehen* jump to conclusions; **2keit** ['-aɪlıçkaıt] *f* (-) rashness, overhaste; precipitancy.

'**vor-eingenommen** *adj.* prepossessed, prejudiced, biassed (*für* in favo[u]r of; *gegen* against); **2heit** *f* prepossession, prejudice, bias.

'**Vor-eltern** *pl.* forefathers, ancestors, progenitors.

'**vor-enthalt|en** *v/t.* (*irr.*, *h.*) keep back, withhold (*j-m* from a p.), deny (*a th.* to a p.); **2ung** *f* withholding, retention; denial; *jur.* detention.

'**Vor-entnahme** *jur. f* anticipatory succession.

'**Vor-entscheidung** *f* preliminary decision; *jur.* precedent.

'**Vor-erb|e** *m* heir in tail; **~schaft** *f* estate in tail.

'**vor-erst** *adv.* first of all; for the present, for the time being.

'**vor-erwähnt** *adj.* before- (*or* afore)mentioned, (afore)said, above.

'**Vor-erzeugnis** *n* primary product.

'**Vor-examen** *n* → *Vorprüfung.*

Vorfahr ['-fa:r] *m* (-en; -en) ancestor.

'**vorfahr|en** *v/i.* (*irr.*, *sn*) drive up; pass; *den Wagen* ~ *lassen* order the car; **2t**(**recht** *n*) *f* (-) right of way, priority; **2tzeichen** *n* priority sign.

'**Vorfall** *m* incident, occurrence; event; *med.* prolapsus; **2en** *v/i.* (*irr.*, *sn*) happen, occur; *med.* prolapse.

ˈ**Vor...:** **~feier** *f* preliminary celebration; **~feld** *n mil.* forefield, approaches *pl.*; *aer.* apron; **~fenster** *n* outer window; **~fertigung** *tech.f* prefabrication; **~film** *m* program(me) picture; **~finanzierung** *f* prefinancing; anticipatory credit; **2finden** *v/t.* (*irr., h.*) find, come upon; **2fordern** *v/t.* (*h.*) → *vorladen*; **~frage** *f* preliminary question; **~freude** *f* anticipated joy; **~frühling** *m* early spring; **2fühlen** *v/i.* (*h.*) *fig.* put out one's feelers; *bei j-m*: sound (out) *a p.*

ˈ**Vorführ|dame** *f* mannequin, model; **2en** *v/t.* (*h.*) bring forward; (*dat.*) bring before (*the judge*); produce (*witnesses*); show, display, exhibit; demonstrate (*machine, etc.*); show, present, *n.s.* project (*film*); **~er** *m* demonstrator; *cinema*: projectionist, operator; **~raum** *m* projection room; **~ung** *f* presentation, showing; projection; demonstration; *jur.* production (*of witness, etc.*); *thea., etc.* performance.

ˈ**Vorgabe** *f sports*: handicap; *games*: points (*or* odds) given; *Wettkampf ohne ~* scratch competition; **~rennen, ~spiel** *n* handicap.

ˈ**Vorgang** *m* proceedings *pl.*; facts *pl.*; record, reference; previous correspondence; *tech.* process, operation.

Vorgänger(in *f*) [ˈ-gɛŋər(in)] *m* (*-s, -; -, -nen*) predecessor.

ˈ**Vorgarten** *m* front garden, *Am.* front-yard.

ˈ**vorgaukeln** *v/t.* (*h.*): *j-m et. ~* mislead a p. with blandishments, deceive a p. with fair words, buoy a p. up with false hopes.

ˈ**vorgeben I.** *v/t.* (*irr., h.*) *sports*: give, owe; allege, assert, pretend, purport; **II.** *v/i.* (*irr., h.*) give odds (*j-m* to a p.); **2** *n* preten|ce, *Am.* -se, pretext.

ˈ**vorgebildet** *adj.*: *juristisch ~* legally trained.

ˈ**Vorgebirge** *n* promontory, cape; foot-hills *pl.*

vorgeblich [ˈ-ge:pliç] *adj.* pretended, ostensible, alleged; so-called, would-be.

vorgefaßt [ˈ-gəfast] *adj.* preconceived.

ˈ**Vorgefühl** *n* presentiment; *banges ~* foreboding, misgivings *pl.*

ˈ**vorgehen** *v/i.* (*irr., sn*) go forward, (*a. mil.*) advance; go before (*or* first), lead the way, take the lead; *clock*: be fast, gain (*fünf Minuten* five minutes); *in rank*: have the (*or* take) precedence (*dat.* of), *matter a.*: have priority (over), be more important (than); take action, act (*gegen* against; *rücksichtslos* ruthlessly); proceed (*a. jur. gegen* against); go on, happen, occur; *was geht hier vor?* what's going on here?; *was ging wohl in ihm vor?* I wonder what he was thinking (*or* what came over him).

ˈ**Vorgehen** *n* advance; proceeding, action; *gemeinschaftliches ~* concerted action.

ˈ**Vor...:** **2gelagert** *adj.*: *~e Inseln* offshore islands; **~gelege** [-gəle:gə] *mot. n* (*-s; -*) reduction gear; *a.* **~gelegewelle** *f* countershaft; **2genannt** *adj.* → *vorerwähnt*; **~genuß** *m* foretaste of pleasure; **~gericht** *n* → *Vorspeise*; **2gerückt** [-gərykt] *adj.* → *vorrücken*; **~geschichte** *f* (-) *scient.* prehistory, early history; *of matter*: previous (*or* past) history; *of person*: antecedents *pl.*; *med.* case history; **2geschichtlich** *adj.* prehistoric(ally *adv.*); **~geschmack** *m* (-[e]s) foretaste; **2geschoben** *mil. adj.* advanced, forward; **~gesetzte(r)** [-gəzɛtstə(r)] *m* (*-n; -n*) superior, senior; **~gesetztenverhältnis** *mil. n* authority; **2gestern** *adv.* the day before yesterday; **2gestrig** *adj.* of the day before yesterday, (of) two days ago; **~glühzeit** *mot. f* preliminary heating time; **2greifen** *v/i.* (*irr., h.*) anticipate, forestall (*j-m, e-r Sache* a p., a th.); *e-r Frage ~* prejudge a matter; prejudice; **~griff** *m* anticipation; **2gucken** *colloq. v/i.* (*h.*) peep out; *slip, etc.*: show.

ˈ**vorhaben** *v/t.* (*irr., h.*) have *an apron, etc.*, on; *fig.* intend, mean, have in mind, propose, *Am. a.* plan; be busy (*or* occupied) with, be engaged in; *j-n ~* **a)** question a p., **b)** have a p. on the carpet, call a p. to account; *was haben Sie heute vor?* what are your plans for today?; *haben Sie heute abend et. vor?* have you anything on tonight?; *was hat er jetzt wieder vor?* what is he up to now?; *was hast du mit ihm vor?* what are you going to do with him?

ˈ**Vorhaben** *n* (*-s; -*) intention, purpose, *jur.* intent; scheme, plan; project.

ˈ**Vorhafen** *m* outer harbo(u)r.

ˈ**Vorhaftung** *econ. f* prior commitment.

ˈ**Vorhalle** *f* vestibule, (entrance-) -hall; *parl.* lobby, *thea., hotel*: *a.* lounge.

ˈ**Vorhalt** *m mil.* lead; *mus.* suspension, retard; *jur.* query; **~e** *gym. f* (*-; -n*) (*Arme in ~*) arms at front horizontal; *Hang mit den Beinen in ~* half-lever hang; **2en I.** *v/t.* (*irr., h.*): *j-m et. ~* hold a th. before a p.; *fig.* reproach a p. with a th.; **II.** *v/i.* (*irr., h.*) *supplies, etc.*: last, hold out; *mil.* take (*or* apply) a lead; **~ewinkel** *mil. m* lead angle; lateral deflection; *for bombs*: dropping angle; **~ung** *f* remonstrance, representation; *j-m ~en machen* remonstrate with a p. (*über acc.* on), make representations to a p.

ˈ**Vorhand** *f* (-) *cards*: lead (*a. fig.*); *tennis*: forehand; *econ.* **a)** first claim, **b)** first option.

vorhanden [fo:rˈhandən] *adj.* present, at hand; available, *econ. a.* on hand, in stock; extant, existing; *~ sein* be at hand, *etc.*, exist; *davon ist nichts mehr ~* there is no more of it left; **2sein** *n* presence, availability; existence.

ˈ**Vor...:** **~handschlag** *m tennis*: forehand (stroke); **~hang** *m* curtain, *Am. a.* shade; *thea.* curtain; → *eisern*; *fig. thea. zehn Vorhänge haben* have ten curtains, *Am.* have ten curtain calls; **~hängeschloß** *n* padlock; **~hangstoff** *m* casement cloth, drapery fabric; **~haut** *anat.f* foreskin, prepuce.

vorher [ˈfo:rhe:r] *adv.* before, previously; in advance, before(hand); *am Abend ~* on the previous evening; *kurz ~* a short while before.

vorher... [fo:rˈhe:r-]: **~bestellen** *v/t.* (*h.*) → *vorbestellen*; **~bestimmen** *v/t.* (*h.*) determine beforehand, predetermine; preordain (*fate, etc.*); *eccl.* predestine; **2bestimmung** *f* predetermination; *eccl.* predestination; **~gehen** *v/i.* (*irr., sn*) (*dat.*) precede (*a th. or a p.*); **~gehend** *adj.* preceding, foregoing; *aus dem 2en* from the foregoing; **~ig** *adj.* preceding, previous, foregoing; former.

Vorherr|schaft [ˈfo:r-] *f* predominance; superiority; **2schen** *v/i.* (*h.*) predominate, prevail; **2schend** *adj.* predominant, prevalent, prevailing.

Vorˈher|sage *f*, **~sagung** [-za:guŋ] *f* (*-; -en*) → *Voraussage*; **2sehen** *v/t.* (*irr., h.*) foresee; **2wissen** *v/t.* (*irr., h.*) foreknow; **~wissen** *n* foreknowledge, precognition.

ˈ**vorhin** *adv.* a little while ago, just now.

ˈ**Vor...:** **~hof** *m* vestibule, front court, outer court; *anat.* atrium, auricle (*of heart*); **~hölle** *f* purgatory, limbo; **~hut** *mil. f* vanguard.

vorig [ˈfo:riç] *adj.* former, previous; last; *~en Monats* of last month.

ˈ**Vor...:** **~instanz** *f* lower court; **~jahr** *n* preceding (*or* previous, last) year; **2jährig** *adj.* of last year, last year's; **2jammern** *v/t.* (*h.*): *j-m et. ~* pour forth a tale of woe to a p.; **~kalkulation** *f* preliminary calculation; **~kammer** *f anat.* atrium, auricle (*of heart*); *mot.* antechamber; **~kampf** *m* semifinal; *boxing*: preliminary bout; **~kämpfer(in** *f*) *m* champion, protagonist, pioneer; **2kauen** *v/t.* (*h.*) *j-m*: chew *a th.* for *a p.*; *fig.* trash out *a th.* to, spoon-feed *a th.* to; **~kauf** *m* pre-emption; **~käufer** *m* pre-emptor; *stock exchange*: dealer in futures; **~kaufsrecht** *n* right of pre-emption, option right; *das ~ haben a.* have the (first) refusal (*für* of); **~kehrung** [ˈ-ke:ruŋ] *f* (*-; -en*) precaution; measure; *~en treffen* take precautions *or* measures (*gegen* against); make arrangements (*or* arrange) (*für* for).

ˈ**Vorkenntnis** *f* (*a. ~se pl.*) preliminary *or* previous *or* basic knowledge (*von* of); previous experience; (*er hat gute*) *~se in* (*dat.*) (he is well grounded in the) elements of.

ˈ**vorknöpfen** *colloq.*: *sich j-n ~* (*h.*) call a p. on the carpet, take a p. to task.

ˈ**Vorkommando** *n* advance party.

ˈ**vorkomm|en** *v/i.* (*irr., sn*) be found, be met (with), occur; happen; be brought forward, be proposed; *jur.* come on for hearing *or* trial; *es kommt mir vor* it seems to me; *es kommt mir merkwürdig vor* I think it rather strange, it strikes me as (being) strange; *sich dumm, etc., ~* feel silly, *etc.*; *sich klug* (*wichtig, etc.*) *~* fancy o.s. (*or* believe o.s. to be) clever (important, *etc.*); *das kommt dir nur so vor* you are just imagining that; *so etwas ist mir noch nicht vorgekommen!*

I have never heard of such a th.!, well, I never!; *dieses Wort kommt bei Goethe vor* this word occurs in Goethe; **2en** *n* occurrence; incidence; *min.* occurrence, deposit; **~endenfalls** ['fo:rkɔməndən'fals] *adv.* should the case arise; **2nis** *n* (-ses; -se) incident, occurrence; *mil. keine besonderen ~se* no unusual occurrence.

'**Vorkonnossement** *econ. n* initial bill of lading.

'**Vorkriegs...** *in compounds* pre-war.

'**Vor...: ~kühlung** *f* pre-cooling; **2laden** *v/t.* (*irr.*, *h.*) summon, serve a summons on, cite; subpoena; **~ladung** *f* (writ of) summons *sg.*, citation; subpoena; **~lage** *f* copy; pattern; *parl.* bill; presentation, submission; production; filing (*of documents*); *econ. zahlbar bei ~* payable on presentation (*or* demand), payable at sight; advance; rug, carpet; *artillery*: flash reducer; *distillation*: condenser; *soccer*: pass; *skiing*: forward lean, vorlage; **2lagern** *v/t.* (*h.*, *dat.*) extend in front of; **~land** *n* (-[e]s) foreland; **2lassen** *v/t.* (*irr.*, *h.*) let *a p.* pass in front *or* before, allow *a p.* to pass, admit; *vorgelassen werden a.* be shown in; **~lassung** *f* (-; -en) admission, admittance; **~lauf** *m sports*: preliminary run, eliminating heat; **~läufer(in** *f*) *m* forerunner, precursor; **2läufig** [-lɔʏfiç] **I.** *adj.* preliminary; provisional, temporary; interim; tentative; **II.** *adv.* provisionally, temporarily; for the present, for the time being; **2laut** *adj.* forward, pert; *~es Wesen* pertness; **2leben** *v/t.* (*h.*): *j-m et. ~* set an example of a th. to a p.; **~leben** *n* former life, past (life), antecedents *pl.*

Vorlege|besteck ['fo:rle:gə-] *n* (*ein ~* a pair of) carvers *pl.*; **~frist** *econ. f* time of presentation; **~gabel** *f* carving-fork; **~löffel** *m* soup-ladle; **~messer** *n* carving-knife.

'**vorlegen** *v/t.* (*h.*) lay *or* put forward (*or* before); put on (*padlock*); produce, submit, file (*documents*); propose (*plan*); present (*bill, cheque, etc.*); *zur Annahme* (*Zahlung*) *~* present for acceptance (payment); *j-m et. ~* lay (*or* place, put) a th. before a p.; show (*or* exhibit) a th. to a p.; *at table*: help a p. to a th.; *for examination, etc.*: submit (*or* refer) a th. to a p.; *fig. j-m e-e Frage ~* address (*or* put) a question to a p.; *sich ~* lean forward; *soccer*: pass *the ball* in front of *a p.*; *colloq. ein rasendes Tempo ~* go at a breakneck pace.

'**Vorlege|r** *m* (-s; -) rug; mat; **~schloß** *n* padlock; **~welle** *mot. f* countershaft.

'**Vorlegung** *f* (-; -en) → *Vorlage.*

'**Vorleistung** *econ. f* advance (payment).

'**Vorlese** *f* early vintage.

'**vorles|en** *v/t.* (*irr.*, *h.*) read aloud; *j-m et. ~* read a th. (out) to a p.; **2er(in** *f*) *m* reader; lecturer; **2ung** *f* reading; *univ., etc.*: lecture (*über acc.* on; *vor dat.* to); *e-e ~ halten* (give a) lecture; *~en halten über* (*acc.*) deliver a course of lectures on, lecture on; **2ungsverzeichnis** *n* (university) calendar, *Am.* catalog.

'**vorletzt** *adj.* last but one, *Am.* next to the last; *gr.* penultimate; *~e Nacht* the night before last.

'**Vorliebe** *f* predilection, preference, partiality (*für* for); *e-e ~ haben für a.* have a special liking for, be partial to.

vorliebnehmen [fo:r'li:p-] *v/i.* (*irr.*, *h.*): *~ mit* put up with; *at table*: *~ (mit dem, was da ist)* take pot luck.

vorliegen ['fo:r-] *v/i.* (*irr.*, *h.*): *j-m ~* lie before a p.; *fig. motion, etc.*: be in hand, be submitted; be under consideration; *w.s.* be there, exist; *es liegen keine Gründe vor, zu inf.* there are no reasons why; *da muß ein Irrtum ~* there must be a mistake here; *es liegt heute nichts vor* there is nothing to be discussed, *etc.*, today, nothing doing today; *was liegt gegen ihn vor?* what is the charge against him?; **~d** *adj.* present, in hand; in question, at issue.

'**Vorlizenz** *econ. f* preliminary licen|ce, *Am.* -se.

'**vorlügen** *v/t.* (*irr.*, *h.*): *j-m et. ~* tell a p. lies (*über acc.* about).

'**vormachen** *v/t.* (*h.*) put *a board, etc.*, before; *j-m et. ~* show a p. how to do a th. (*a. fig.*); demonstrate a th. to a p.; *b.s.* humbug (*or* mystify, hoodwink) a p.; *sich (selbst) et. ~* fool o.s.; *ihm kannst du nichts ~* he is nobody's fool.

'**Vormacht(stellung)** *f* predominance; supremacy; hegemony.

vormal|ig ['fo:rma:liç] *adj.* former; **~s** *adv.* formerly; erstwhile, onetime.

'**Vormann** *m* foreman; *econ.* → *Vordermann.*

'**Vormarsch** *m* advance; **~straße** *f* road (*or* route) of advance.

'**Vormast** *m* foremast.

'**Vormerk|buch** *n* memo-book; **2en** *v/t.* (*h.*) note (down), make a note of, mark down; reserve; book (*a. ~ lassen*); earmark; *sich ~ lassen für* put one's name down for; **~gebühr** *f* registration fee, booking fee; **~liste** *f* waiting list; **~ung** *f* (-; -en) note, entry; booking, reservation.

'**vormilitärisch** *adj.*: *~e Ausbildung* pre-military training.

'**Vormittag** *m* morning, forenoon; **2s** *adv.* in the morning, *abbr.* a.m.

'**Vormonat** *m* previous month.

'**Vormund** *m* guardian; **~schaft** *f* (-; -en) guardianship, tutelage; *unter ~ stehen (stellen)* be placed (place) under the care of a guardian; **2schaftlich** *adj.* of a guardian, tutelary; **~schaftsgericht** *n* Guardianship Court.

vorn [fɔrn] *adv.* in front, before; ahead, at the head; *ganz ~* right in front; at the beginning; *nach ~* forward; *von ~* from the front, from before; *ich sah sie von ~* I saw her face; *von ~ anfangen* begin at the beginning *or* anew *or* afresh, *a.* make a new start; *~ und hinten* before and behind; *von ~ bis hinten* from front to back, from first to last; *noch einmal von ~* all over again; → *vorn(e)an, etc.*

Vornahme ['fo:rna:mə] *f* (-; -n) undertaking, effecting; *~ von Rechtsgeschäften* engaging in transactions.

'**Vorname** *m* first name, Christian name, *Am. a.* given name.

vorn|e ['fɔrnə] → *vorn*; **~(e)an** *adv.* in (*or* at the) front.

vornehm ['fo:rne:m] *adj.* of (superior) rank, distinguished, refined, aristocratic; noble; elegant, fashionable; stylish; highclass; exclusive; *die 2en pl.* people of rank *or* quality; *~e Gesinnung* high mind; *~es Äußeres, ~er Anstrich* distinguished air *or* appearance; *~er Besuch* distinguished visitor(s *pl.*); *die ~e Welt* the rank and fashion, high society (*or* life); *~ste Aufgabe, Pflicht, etc.* principal, chief, first and foremost *duty, etc.*; *~ tun* give o.s. (*or* put on) airs; **~en** *v/t.* (*irr.*, *h.*) take before one; put on (*apron*); undertake, take in hand, take up; deal with; occupy (*or* busy) o.s. with; effect; make (*alterations, etc.*); *sich j-n ~* take a p. to task, take a p. up (*wegen* about); *sich et. ~* make up one's mind to do a th., resolve (up)on a th. *or* to do a th.; *sich vorgenommen haben* have made up one's mind, intend, propose, be determined (*zu inf.* to *inf.*); **2heit** *f* (-) rank; distinction; refinement; elegance; exclusiveness; high-mindedness; *~ der Erscheinung* distinguished appearance; **~lich** *adv.* especially, chiefly, largely, above all; **2tuerei** [-tu:ə'raɪ] *f* (-) putting on airs, snobbery.

vornherein ['fɔrn-] *adv.*: *von ~* from the beginning, from the first (*or* start).

Vornorm ['fo:r-] *tech. f* tentative standard.

'**vornotieren** *v/t.* (*h.*) → *vormerken.*

vornüber [fɔrn'ʔy:bər] *adj.* forward; head foremost.

Vor-ort ['fo:r-] *m* suburb; *of federation*: administrative cent|re, *Am.* -er; **~(s)...** ['fo:rʔɔrt(s)-] suburban; **~bahn** *f* suburban (*or* local) railway; **~verkehr** *m* suburban traffic; **~zug** *m* suburban (*or* local) train, city train, *Am. a.* commuter train.

'**Vorplatz** *m* place in front, forecourt; *of staircase*: landing; *in apartment*: hall(way *Am.*).

'**Vorposten** *mil. m* outpost; *auf ~* on outpost duty; **~boot** *n* patrol boat; **~kette** *f* line of outposts.

'**Vor|prämie** *econ. f* (premium for the) call, buyer's option; **~produkt** *n* initial product; **~prüfung** *f* previous (*or* preliminary) examination; *sports*: trial; **2pumpen** *mot. v/t.* (*h.*) prime (*fuel*); **2quellen** *v/i.* (*irr.*, *sn*) *eyes, etc.*: bulge (out); **2ragen** *v/i.* (*h.*) project, protrude, jut out.

'**Vorrang** *m* (-[e]s) pre-eminence; precedence; priority; *den ~ haben vor* (*dat.*) take precedence of, *matter*: *a.* have priority over; **2ig** *adj.* having priority, priority (*matter, treatment, etc.*).

Vorrat ['fo:rra:t] *m* (-[e]s; ⸗e) store, stock, supply, provision (*an dat.* of); reserve; *heimlicher ~* secret hoard; stockpile; *auf ~ kaufen* buy in stock; *solange der ~ reicht* while quantities last.

'**vorrätig** [-rɛːtiç] *adj.* available, *econ. a.* on hand, in stock, stocked; *nicht (mehr)* ~ out of stock; *wir haben diesen Artikel nicht mehr* ~ we are out of this line; et. ~ *halten* keep a th. in stock.

'**Vorrats...**: ~**ansammlung** *f* accumulation of stocks, stockpiling; ~**behälter** *m* storage bin; ~**bewirtschaftung** *f* inventory control; ~**haus** *n* storehouse, magazine; ~**kammer** *f* store-room; pantry, larder; ~**lager** *n* storage dump; ~**schrank** *m* pantry, safe.

'**Vorraum** *m* anteroom; outer office; → *Vorhalle.*

'**vorrechnen** *v/t.* (*h.*) reckon up (*j-m* to a p.); enumerate (to a p.).

'**Vorrecht** *n* privilege, prerogative; priority; preference.

'**Vorred|e** *f* opening speech, words of introduction; preface, introduction; *mit e-r* ~ *versehen* preface; 2**en** *v/t.* (*h.*): *j-m* et. ~ tell a p. tales (über *acc.* about), *Am. a.* hand a p. a line; ~**ner** *m* previous speaker.

'**vorreit|en I.** *v/i.* (*irr.*, *sn*) ride forward; ride before; *j-m* ~ show a p. how to ride; **II.** *v/t.* (*irr.*, *h.*): *ein Pferd* ~ put a horse through its paces; *fig. j-m* et. ~ parade a th. before a p.; 2**er** *m* outrider.

'**vorricht|en** *v/t.* (*h.*) prepare, get (*or* make) ready; put on, advance (*clock*); 2**ung** *f* preparation; device, contrivance, appliance, gadget; equipment; fixture, chuck; *patent*: e-e ~ *zum* a device for.

'**vorrücken I.** *v/t.* (*h.*) move *chair, etc.*, forward, advance; put on (*clock*); **II.** *v/i.* (*sn*) advance (*mil. in Richtung auf* on; *nach* to); *in office*: advance, be promoted; *in vorgerücktem Alter* at an advanced age; *zu e-r vorgerückten Stunde* at a late hour.

'**vorrufen** *v/t.* (*irr.*, *h.*) call forth.

'**Vorrunde** *f sports*: preliminary round, prelim.

vors [foːrs] *colloq.* = *vor das.*

'**Vorsaal** *m* entrance-hall, anteroom, vestibule.

'**vorsagen** *v/t.* (*h.*): *j-m* et. ~ recite a th. to a p.; prompt a p. (a th.).

'**Vorsaison** *f* early season; previous season; ~**geschäft** *n* early season business.

'**Vorsänger(in** *f*) *m eccl.* precentor; leader of a choir.

Vorsatz ['foːrzats] *m* (-es; ⸚e) intention, resolution; plan, design, purpose; *jur.* (criminal) intent, premeditation, malice aforethought; *gute Vorsätze* good intentions; *mit* ~ designedly, on purpose, *jur.* wil(l)fully, with malice aforethought; *jur. mit dem* ~ *zu inf.* with the intent of *ger.*; *den* ~ *fassen* resolve, make up one's mind (*zu inf.* to); ~**blatt** *typ. n* **a)** fly-leaf, **b)** end-paper; ~**gerät** *tech. n* attached device; *radio*: adapter; *film*: head.

vorsätzlich ['foːrzɛtsliç] **I.** *adj.* intentional, deliberate, *jur.* wil(l)ful; ~*er Mord* premeditated murder; **II.** *adv.* deliberately, *etc.*; *jur. a.* with criminal intent, with malice aforethought.

'**Vorsatzlinse** *phot. f* ancillary lens.

'**vorschalt|en** *v/t.* (*h.*) *el.* connect in series; *tech.* arrange *unit* ahead (*dat.* of); 2**widerstand** *m* series resistance.

'**Vorschau** *f* preview (*auf acc.* of); forecast; *film*: preview, trailer(s *pl.*).

'**Vorschein** *m*: *zum* ~ *bringen* bring to light, bring forward, produce; *zum* ~ *kommen* come forward (*or* to light), appear, turn up.

'**vorschicken** *v/t.* (*h.*) send forward (*or* to the front).

'**vorschieben** *v/t.* (*irr.*, *h.*) push forward *or* on, advance; *tech.* feed; slip (*bolt*); *fig.* → *Riegel*; pretend, plead (as an excuse); *j-n*: use *a p.* as a front *or* dummy.

'**vorschießen I.** *v/t.* (*irr.*, *h.*) advance (*sum*); **II.** *v/i.* (*irr.*, *sn*) dash forward, shoot forth.

'**Vorschiff** *n* forecastle.

'**Vorschlag** *m* proposal, proposition; recommendation; suggestion; offer; *parl.* motion; nomination (*of candidate*); *mus.* grace(-note); *book*: blank space on front page; *metall.* flux; *auf* ~ *von or gen.* on the proposal of, at the recommendation (*or* suggestion) of; 2**en** *v/t.* (*irr.*, *h.*) propose; suggest; recommend; offer; nominate (*candidate*); ~**hammer** *m* sledge hammer.

'**Vor|schleifen** *n* (-*s*), ~**schliff** *m* rough grinding.

'**Vorschlußrunde** *f sports*: semi-final.

'**vorschmecken** *v/i.* (*h.*) predominate.

'**Vorschneide|brett** *n* trencher; ~**messer** *n* carving-knife; *tech.* counterblade; 2**n** *v/t.* (*irr.*, *h.*) carve; make a first cut in; ~**r** *m* carver; *tech.* (wire) cutter; *for screws*: taper tap.

Vorschneidfräser ['foːrʃnait-] *tech. m* roughing cutter.

'**vorschnell** *adj.* → *voreilig.*

'**vorschreiben** *v/t.* (*irr.*, *h.*) set a copy of *a th.* (*dat.* to), write *a th.* out (for); prescribe, order, direct, tell; specify; *ich lasse mir nichts* ~ I won't be dictated to.

'**vorschreiten** *v/i.* (*irr.*, *sn*) step forward, advance; *vorgeschrittenes Stadium (vorgeschrittene Jahreszeit)* advanced state (season).

'**Vorschrift** *f esp. med.* prescription; direction, instruction; order; regulation(s *pl.*), rule(s *pl.*); manual; specification; provision (*of clause, section*); *streng nach* ~ *arbeiten* work to rule; *ich lasse mir keine* ~*en machen* I won't be dictated to; 2**smäßig** *adj.* prescribed, regulation; *pred. and adv.* according to regulations, as ordered, in due form; 2**swidrig** *adj.* irregular; *pred. and adv.* contrary to regulations.

'**Vorschub** *m tech.* feed; *fig.* assistance, furtherance, support, countenance; ~ *leisten (dat.)* lend one's countenance to, pander to *vice, etc.*; further, encourage; *jur.* aid and abet; ~**spindel** *tech. f* feed screw.

'**Vorschuh** *m* upper leather, vamp; 2**en** *v/t.* (*h.*) new-front, re-vamp.

'**Vorschule** *f* preparatory school; *w.s.* elementary course; (*book*) primer.

'**Vorschuß** *m* advance(d money); loan; retaining fee retainer (*of lawyer*); ~ *auf den Lohn* advance against wages; ~ *leisten* advance money, make a loan; ~**dividende** *f* interim dividend; ~**kasse** *f* loan fund; ~**lorbeeren** *fig. f/pl.* advance praise *sg.*; ~**verein** *m* loan society; 2**weise** ['-vaɪzə] *adv.* as an advance; by way of a loan.

'**vorschütz|en** *v/t.* (*h.*) plead (as an excuse), pretend; 2**ung** *f* (-; -*en*) preten|ce, *Am.* -se.

'**vorschweben** *v/i.* (*h.*): *mir schwebt etwas vor* I have a (vague) notion of a th., I have a dim recollection of a th., I have a th. (something else) in mind.

'**vorschwindeln** *v/i.* (*h.*): *j-m* et. ~ tell a p. (a pack of) lies, humbug a p. about a th.

'**Vorsegel** *n* foresail.

'**vorseh|en** *v/t.* (*irr.*, *h.*) provide for *a th.*; plan, schedule; assign (*or* earmark) (für for); *sich* ~ take care, be careful; *sich* ~ *vor* (*dat.*) (be on one's) guard against, look out for *a th.*; *das Gesetz sieht vor, daß* the law provides that; *was ist für heute vorgesehen* what is the program(me) today; *vorgesehen!* take care!, look out!; 2**ung** *f* (-) providence; (*God*) Providence; ~ *spielen (bei)* play Providence (in *a matter*).

'**vorsetzen** *v/t.* (*h.*) put forward; (*dat.*) place (*or* put *or* set) before; serve; offer (*a. fig.*); *gr.* prefix (*syllable*); *mus.* mark with; *sich* et. ~ resolve, decide.

'**Vorsicht** *f* caution; care; circumspection; discretion; *on boxes*: with care!; ~ *Stufe!* mind the step; ~! take care!, look out!, *as inscription*: caution!, danger!; *mit* ~ cautiously; *mit äußerster* ~ with the utmost caution; *mit* ~ *zu Werke gehen* proceed very cautiously, play (it) safe; ~ *ist die Mutter der Weisheit* caution is the mother of wit; ~ *ist besser als Nachsicht* prevention is better than cure; *colloq. er ist mit* ~ *zu genießen* he must be handled with kid gloves; 2**ig** *adj.* cautious, chary, wary (*in dat.* of); careful; conservative (*estimate, etc.*); ~! steady!, look (*Am.* watch) out!, careful!; 2**s-halber** *adv.* as a precaution; ~**smaßregel** *f* precaution (-ary measure); ~*n treffen* take precautions.

'**Vorsilbe** *gr. f* prefix.

'**vorsingen I.** *v/t.* (*irr.*, *h.*): *j-m* et. ~ sing a th. to a p.; **II.** *v/i.* (*irr.*, *h.*) lead (the choir). [(*a. fig.*).

'**vorsintflutlich** *adj.* antediluvian

'**Vorsitz** *m* (-es) presidency, chair (-manship); *den* ~ *haben or führen* be in the chair, preside (*bei* over, at); *den* ~ *übernehmen* take the chair; *unter dem* ~ *von* (*dat.*) under the chairmanship of, with ... in the chair; ~**ende(r** *m*) [-zitsəndə(r)] *f* (-*n*, -*n*; -*en*, -*en*) chairman (*f* chairwoman), president; *jur.* presiding judge.

'**Vorsorg|e** *f* (-) provision, providence; precaution; ~ *treffen* take precautions, make provision, provide (*gegen* against), see to it *that*; 2**en** *v/i.* (*h.*) provide (*für* for); take care; provide for the future; 2**lich** [-zɔrkliç] **I.** *adj.* provident; precautionary; **II.** *adv.* providently; as a precaution, just in case; ~ *kündigen* give protective notice (*dat.* to).

ˈ**Vorspann** *m* team of horses, relay; *film*: cast and credits; 𝟐**en** *v/t.* (*h.*) put *horses, etc.* (*dat. or vor acc.* to); *el.* bias; ~**ung** *el. f* bias voltage.

ˈ**Vorspeise** *f* hors d'oeuvre, entree, appetizer.

ˈ**vorspiegel|n** *v/t.* (*h.*) pretend (*dat.* to *a p.*); *j-m et.* ~ delude a p. (into believing a th.), (try to) make a p. believe a th.; 𝟐**ung** *f* preten|ce, *Am.* -se; delusion, make-believe; (unter) ~ *falscher Tatsachen* (under) false pretences.

ˈ**Vorspiel** *n mus.* prelude (*a. fig.*; *zu* to); overture; *thea.* curtain--raiser, (*a. fig.*) prologue; *sports*: preliminary match; 𝟐**en** *v/t.* (*h.*) *j-m et.* play a th. to *or* before *a p.*

ˈ**Vorspinnmaschine** *f* roving frame.

ˈ**vorsprechen I.** *v/t.* (*irr., h., dat.*) pronounce to *or* for *a p.*; **II.** *v/i.* (*irr., h.*) call, drop in (*bei* on *a p.*; at *an office*); see (*a p.*).

ˈ**vorspringen** *v/i.* (*irr., sn*) jump (*or* leap) forward; project, jut (out); ~**d** projecting, prominent (*chin, nose, etc.*); salient (*angle*).

ˈ**Vorsprung** *m arch.* projection; ledge; (head) start, lead, advantage (*vor dat.* of); *mit großem* ~ by a wide margin; *mit e-m* ~ *von 2 Sekunden* by a margin of 2 seconds; *er hat e-n* ~ *von 3 Runden* he is leading by 3 laps; → *abgewinnen.*

ˈ**Vorstadt** *f* suburb.

ˈ**Vorstädt|er(in** *f*) *m* suburban dweller; 𝟐**isch** *adj.* suburban.

ˈ**Vorstand** *m* board of directors, executive *or* managing board; board of trustees; (*person*) head, principal; *of company*: chairman of the board; ~**sgehälter** [ˈ-sgəhɛltər] *n/pl.* director's fees; ~**smitglied** *n* member of the managing board; managing director; ~**ssitzung** *f* board meeting; ~**swahl** *f* board elections.

ˈ**vorsteck|en** *v/t.* (*h.*) put before; pin (*or* stick) before; poke (*or* stick) out (*one's head*); *fig. das vorgesteckte Ziel erreichen* obtain one's object; 𝟐**er** *tech. m* cotter (pin); *of bomb, mine*: safety pin; 𝟐**nadel** *f* breast- (*or* scarf-)pin.

ˈ**vorsteh|en** *v/i.* (*irr., h.*) project, protrude, jut out; *vorstehende Zähne* buck-teeth; *fig.* (*dat.*) direct, superintend, be at the head of, be in charge of; preside over; administer, manage; ~*d* foregoing, preceding, above, aforesaid; *wie* ~*d* as above; *aus dem* 𝟐*den* from the foregoing; 𝟐**er(in** *f*) [-ʃteːər(in)] *m* (*-s, -; -, -nen*) director, superintendent, manager(ess *f*); head, chief; *of prison*: governor, *Am.* warden; *of cloister*: (*f* mother-) superior; *ped.* headmaster (*f* headmistress), *Am.* principal; 𝟐**erdrüse** *f* prostate gland; 𝟐**hund** *m* pointer; setter.

ˈ**vorstell|bar** *adj.* conceivable, imaginable; ~**en** *v/t.* (*h.*) put forward *or* in front; place before; put on, advance (*clock*); *j-n e-r Person* ~ introduce a p. to a p.; *darf ich Ihnen Herrn A.* ~? may I introduce you to Mr. A.?, *Am. a.* (I want you to) meet Mr. A.!; mean, signify; stand for; represent, *thea. a.* personate, play; *j-m et.* ~ **a)** point out a th. to a p., **b)** remonstrate with a p. about a th.; *sich* ~ **a)** stand in front, **b)** introduce o.s., present o.s. (*bei* at), make o.s. known; *sich et.* ~ imagine, fancy; envisage; visualize, picture (to o.s.); *colloq. stell dir vor!* imagine!, fancy that!; *stell dir meine Überraschung vor!* imagine (*or* picture) my surprise!; *stell dir das nicht so leicht vor* don't think it is so easy; *so stelle ich mir einen schönen Urlaub, etc., vor* that's my idea of fine holidays; *ich kann mir nichts Besseres* ~ I cannot think of anything better; *was soll das* ~? what is that supposed to be?; *colloq. er stellt etwas vor* he is quite impressive; ~**ig** *adj.*: ~ *werden* make representations (*bei* to); *bei der Behörde* ~ *werden* **a)** apply to the authorities, **b)** lodge a complaint with the authorities; 𝟐**ung** *f* introduction, presentation; interview (*bei* with); *thea.* performance; *film*: showing; idea, conception; *falsche* ~ wrong idea, misconception; *sich e-e* ~ *machen von* form (*or* get) an idea of; *du machst dir keine* ~! you have no idea!, you wouldn't believe it!; *das geht über alle* ~ imagination boggles at it; remonstrance, representation; *j-m* ~*en machen* make representations to a p., remonstrate with a p.; (*a.* 𝟐**ungsvermögen** *n, -s*) imaginative faculty, imagination.

ˈ**Vorstoß** *m mil.* thrust, drive, advance; *sports*: attack (*a. fig.*); piping; *fig.* attempt, try; 𝟐**en I.** *v/t.* (*irr., h.*) push (*or* thrust) forward; raise (*hem*); **II.** *v/i.* (*irr., sn*) *mil.* thrust forward, advance; *sports*: rush (forward), attack.

ˈ**Vorstrafe** *f* previous conviction; ~**n(register** *n*) *pl.* (criminal) record.

ˈ**vor...:** ~**strecken** *v/t.* (*h.*) thrust out, stretch forward, extend; put forward, poke (*or* stick) out (*one's head*); advance (*money*); 𝟐**studium** *n* preliminary studies *pl.*; 𝟐**stufe** *f* first step (*or* stage); (first) elements *pl.*; primary course; primer; *el.* input stage; ~**stürmen,** ~**stürzen** *v/i.* (*sn*) rush (*or* dash) forward; 𝟐**tag** *m* previous day, day before; ~**tanzen** *v/t. and v/i.* (*h.*) *j-m*: dance (*a th.*) before *a p.*; show *a p.* how to dance (*a th.*); lead off the dance; 𝟐**tänzer(in** *f*) *m* leader of the dance, leading dancer; ~**täuschen** *v/t.* (*h.*) feign, simulate, pretend, counterfeit; *e-n Schlag* ~ feint, fake (a blow); *Erregung* ~ put on emotion.

ˈ**Vorteil** *m* advantage; profit, benefit; main chance; *tennis*: (ad)vantage; *die Vor- und Nachteile e-r Sache abwägen* consider the pros and cons *of a matter*; ~ *bringen* be profitable, pay; ~ *haben von* (*dat.*) benefit from; *et. zu s-m* ~ *benützen* turn a th. to account; *sich auf s-n* ~ *verstehen* know on which side one's bread is buttered; *auf s-n* ~ *bedacht sein* have an eye to the main chance (*or* to one's own interests); *mit* ~ (*sell, etc.*) at a profit; *er ist im* ~ the odds are on his side; *zu deinem eignen* ~ in your own interest; *er hat sich zu seinem* ~ *verändert* he has changed for the better; → *abgewinnen, gewähren*; 𝟐**haft I.** *adj.* advantageous, profitable (*für* to); lucrative; favo(u)rable; beneficial; ~*es Geschäft* bargain, good deal; *econ. für beide Teile* ~ mutually profitable; ~ *aussehen* look one's best; **II.** *adv.* advantageously, *etc.*; *aufs* ~*este* to the best advantage.

ˈ**Vortrab** *m* vanguard.

Vortrag [ˈfoːrtraːk] *m* (-[e]s; ⸚e) performance; delivery, *rhet.* elocution; recitation (*of poem*); *mus.* **a)** recital, **b)** execution; lecture; *radio*: talk; report; *econ.* **a)** balance carried forward, carry-forward, **b)** balance, **c)** transfer; ~ *auf neue Rechnung* amount carried forward to fresh account; *einen* ~ *halten* read a paper, lecture (*über acc.* on); 𝟐**en** *v/t.* (*irr., h.*) carry forward (*a. mil. an attack*); report (*et.* on *a th.*; *j-m* to *a p.*); recite; lecture (on); deliver (*speech*); recite, declaim (*poem*); state, express (*views*); propose, submit; present; plead, contend; *mus.* execute; play, perform; *econ. den Saldo* ~ carry forward the balance; ~**ende(r** *m*) [ˈ-əndə(r)] *f* (*-n, -n; -en, -en*) performer; lecturer; speaker.

ˈ**Vortrags...:** ~**folge** *f* series of lectures; ~**kunst** *f* art of reciting *or* lecturing *or* delivery; ~**künstler** (**-in** *f*) *m rhet.* elocutionist; *mus.* executant, performer; ~**recht** *n*: *direktes* ~ direct access (*bei* to); ~**saal** *m* lecture hall.

vorˈ**trefflich** *adj.* excellent, splendid, superior, superb, capital; ~! capital!; 𝟐**keit** *f* excellence, superiority.

ˈ**vor...:** ~**treiben** *v/t.* (*irr., h.*) drive before *or* on; drive (on) (*tunnel*); ~**treten** *v/i.* (*irr., sn*) step (*or* come) forward; project, protrude, stick out; 𝟐**trieb** *m* propulsion, forward thrust; 𝟐**tritt** *m* (-[e]s) precedence; *j-m den* ~ *geben* give precedence to a p.; *den* ~ *haben vor j-m* take precedence over a p.; *unter* ~ (*gen.*) preceded by; ~**trocknen** *v/t.* (*h.*) pre-dry; 𝟐**trupp** *m* advance party.

vorüber [foˈryːbər] *adv.* along, by, past; *time*: gone by, over; *matter*: finished, done with; ~**gehen** *v/i.* (*irr., sn*) pass; pass (*or* go) by; *fig.* pass (over); *pain, rage, storm*: *a.* blow over; ~ *an* (*dat.*) ignore, pass *a th.* over in silence; ~ *lassen* miss (*opportunity*), let slip by; *die schlimmste Zeit ist nicht spurlos an ihr vorübergegangen* has told on her; ~**ziehen** *v/i.* (*irr., sn*) march past, pass by; *storm*: pass.

ˈ**Vor-übung** *f* preliminary practice, preparatory exercise.

ˈ**vor...:** 𝟐**untersuchung** *f* preliminary examination; *jur.* (preliminary) investigation, pre-trial hearings *pl.*; 𝟐**urteil** *n* prejudice; ~**urteilsfrei,** ~**urteilslos** *adj.* unprejudiced, unbias(s)ed; 𝟐**urteilslosigkeit** *f* (-) freedom from prejudice; open-mindedness; 𝟐**väter** [ˈ-fɛːtər] *m/pl.* forefathers, ancestors; **⁀verbrennung** *mot. f* precombustion; **~verdichten** *mot. v/t.* (*h.*) supercharge; **⁀verdichter** *mot. m* supercharger; **⁀vergangenheit** *gr. f* (-) past perfect, pluperfect; **⁀verkauf** *m* advance sale; *thea.* advance booking; *im ~ zu haben thea.* bookable; **⁀verkaufskasse** *thea. f* booking office; **~verlegen** *v/t.* (*h.*) advance; place on an earlier date; *mil. das Feuer ~* lift fire; **⁀versicherung** *f* previous insurance; **⁀verstärker** *m* pre-amplifier; **⁀versuch** *m* pilot test; **⁀vertrag** *m* provisional agreement; **⁀verzerrung** *f radio*: pre-emphasis; **~vorgestern** *adv.* three days ago *or* since; **~vorletzt** *adj.* last but two; **~wagen:** *sich ~* (*h.*) venture forward; **⁀wahl** *f* preliminary election, *Am.* primary (election); *el.* preselection; **⁀wähler** *el. m* preselector; **⁀wählnummer** *teleph. f* call prefix, *Am.* area code; **⁀wählschalter** *mot. m* preselector gear change; **~walten** *v/i.* (*h.*) prevail, predominate; **⁀wand** ['-vant] *m* (-[e]s; ⁼e) pretext, preten|ce, *Am.* -se, excuse; subterfuge; *unter dem ~ von or daß* on the pretext (*or* preten|ce, *Am.* -se, *or* plea) of *or* that; *e-n ~ suchen* look for an excuse; **~wärmen** *v/t.* (*h.*) warm up, *a. tech.* preheat; **⁀warnung** *mil. f* early warning.

vorwärts ['fo:rvɛrts] *adv.* forward, onward, on; *~!* go ahead!, let's go!; **⁀bewegung** *f* forward movement; **~bringen** *fig. v/t.* (*irr.*, *h.*) advance, further, promote; **~drängen** *v/i.* (*h.*) press on; **⁀gang** *mot. m* forward speed; **~gehen** *v/i.* (*irr.*, *sn*) go ahead, advance, progress; improve; **~kommen** *v/i.* (*irr.*, *sn*) make headway; *fig. a.* make one's way, get on *or* along in the world, improve one's position; **⁀strategie** *f* forward strategy.

vorweg [for'vɛk] *adv.* beforehand; from the beginning; to begin with; **⁀nahme** ['-na:mə] *f* (-) anticipation; *patent law*: prior art; **~nehmen** *v/t.* (*irr.*, *h.*) anticipate.

vor... ['fo:r-]: **⁀weihnachtszeit** *f* Advent season; **~weisen** *v/t.* (*irr.*, *h.*) produce, show; *fig. ~ können* be able to show, possess, boast; **⁀welt** *f* (-) former ages *pl.*; prehistoric world; **~weltlich** *adj.* prehistoric; *fig.* antediluvian; **~werfen** *v/t.* (*irr.*, *h.*) (*dat.*) throw (*or* cast) before; *fig. j-m et. ~* reproach a p. with a th., cast a th. in a p.'s teeth; *ich habe mir nichts vorzuwerfen* I have nothing to reproach myself with; *sie haben einander nichts vorzuwerfen* the one is as bad as the other; **⁀werk** *n* farm steading; *mil.* outwork; **⁀widerstand** *el. m* series resistance; *of tube*: dropping resistor; *of voltmeter*: voltage multiplier; **~wiegen** *v/i.* (*irr.*, *h.*) preponderate, predominate; **~wiegend I.** *adj.* preponderant, predominant; **II.** *adv.* predominantly, chiefly, mainly, mostly, largely; **⁀wissen** *n* (fore)knowledge, prescience; *ohne mein ~* unknown to me, without my knowledge; **⁀witz** *m* (-es) inquisitiveness, nosiness; forwardness, pertness; **~witzig** *adj.* inquisitive, nosy; forward, pert; **⁀wort** *n* (-[e]s; -e) preface; foreword; introduction; **⁀wurf** *m* reproach; blame; subject, theme; story; *e-n ~ or Vorwürfe machen* → *vorwerfen*; **~wurfsfrei** *adj.* irreproachable; **~wurfsvoll** *adj.* reproachful; **~zählen** *v/t.* (*h.*) enumerate, count out (*dat.* to *a p.*); **⁀zeichen** *n* omen, prognostic; *mus.* signature; accidental; *math.* sign; *med.* preliminary symptom; *fig. mit umgekehrten ~* with completely reversed premises, in a reversed situation; **~zeichnen** *v/t.* (*h.*): *j-m et. ~* draw (*or* sketch) a th. for a p.; show a p. how to draw a th.; mark *or* trace (out), indicate; **⁀zeichnung** *f* drawingcopy; pattern; design; *mus.* signature.

'**vorzeig|en** *v/t.* (*h.*) produce, show; exhibit; **⁀er** *m*: *der ~ dieses* the bearer of this; **⁀ung** *f* (-) producing, showing; exhibition.

'**Vorzeit** *f* (remote) antiquity; times of old, days of yore, olden times *pl.*; → *grau*.

vor'zeiten *adv.* in former times, formerly; once upon a time.

'**vorzeitig** *adj.* premature.

'**Vorzeitmensch** *m* prehistoric man.

'**vorziehen** *v/t.* (*irr.*, *h.*) draw forth; draw (*curtains*); *mot.* pull up (*the car*); *mil.* (*irr.*, *sn*) move up (*a. v/i.*); *esp. econ.* anticipate; *fig.* prefer (*et. e-r anderen Sache* a th. to another th.); give preference to; like better; *es ~ zu inf.* prefer to *inf.*, (*a. iro.*) choose to *inf.*

'**Vorzimmer** *n* antechamber, anteroom; outer office.

'**Vorzug** *m* preference; priority (*vor dat.* over); advantage; merit, (*a. tech.*) virtue; superiority; privilege; *rail.* pilot train, relief train; *den ~ haben, zu inf.* have the distinction of *ger.*; *den ~ geben* → *vorziehen*; *den ~ haben vor* (*dat.*) have the advantage over; excel (*or* be superior to) *a p. or th.*

vorzüglich [-'tsy:kliç] **I.** *adj.* excellent, superior; exquisite; first-rate; *pred.* of the first order; **II.** *adv.* especially; **⁀keit** *f* (-) excellence; superiority; superior (*or* first-rate) quality.

Vorzugs... ['fo:rtsu:ks-]: **~aktie** *f* preference (*or* preferred) share, *Am.* preferred stock; **~behandlung** *f* preferential treatment; **~milch** *f* certified milk; **~pfandrecht** *n* prior lien; **~preis** *m* special price; preferential rate; **~recht** *n* privilege; **⁀weise** ['-vaɪzə] *adv.* preferably, by preference; chiefly, mostly; **~zoll** *m* preferential duty.

'**Vorzündung** *mot. f* pre-ignition.

Votiv|bild [vo'ti:f-] *n* votive picture; **~tafel** *f* votive tablet.

Votum ['vo:tum] *n* (-s; -ten) vote.

vulgär [vul'gɛ:r] *adj.* vulgar.

Vulkan [vul'ka:n] *m* (-s; -e) volcano (*a. fig.*); **~fiber** *tech. f* vulcanized fib|re, *Am.* -er; **⁀isch** *adj.* volcanic (-ally *adv.*); **vulkanisieren** [-kani'zi:rən] *v/t.* (*h.*) vulcanize.

W

W, w [ve:] *n* W, w.

Waage ['va:gə] *f* (-; -n) balance, (pair of) scales *pl.*; (automatic) weigher; steelyard; weighing-machine; level; *ast.* Libra; *gym.* **a**) lever, **b**) lever hang; *die ~ halten* (*dat.*) counterbalance; *j-m*: be a match for *a p.*; *in der ~ halten* hold in equilibrium; **~balken** *m* (scale-)beam; **~haus** *n* weigh-house; **~meister** *m* public weigher; **⁀recht** *adj.* horizontal, level.

'**Waagrecht-Stoßmaschine** ['va:k-] *tech. f* shaper; shaping machine.

Waagschale ['va:k-] *f* scale; *fig. in die ~ fallen* be of weight *or* import (-ance); *in die ~ werfen* throw into the scale(s), bring to bear, tip the scales with; *s-e Worte auf die ~ legen* weigh one's words; *du darfst seine Worte nicht auf die ~ legen* don't attach too much importance to what he says.

wabb(e)lig ['vab(ə)liç] *adj.* wobbling, flabby.

Wabe ['va:bə] *f* (-; -n) honeycomb; **~nhonig** *m* honey in the comb; **~nkühler** *mot. m* honeycomb radiator.

wach [vax] *adj. pred.* awake; *ganz ~* wide awake; *~ werden* awake, wake up; *attr.* wakeful *state*; *fig.* alert *mind, person*; wideawake *person*; alive.

'**Wachbattaillon** *n* guard battalion, *the* guards *pl.*

'**Wache** *f* (-; -n) watch, guard; guard-house, guard-room; police-station; sentry, sentinel, guard; escort; *auf ~* on guard, on duty; *auf ~ ziehen* mount guard; *die ~ ablösen* relieve guard; *~ halten* keep guard; *~ stehen* be on guard (*or* duty), stand sentinel (*Am.* guard); *~ raus!* turn out, guard!; **⁀n** *v/i.* be awake; watch (*über acc.* over), guard; keep an eye on; *bei j-m ~* sit up with a p.

'**wachhalten** *v/t.* (*irr.*, *h.*) *fig.* keep alive; *sich ~* keep awake.

'**Wach|hund** *m* watchdog; **~mannschaft** *f* men on guard, guard detail.

Wacholder [va'xɔldər] *m* (-s; -) juniper; **~beere** *f* juniper-berry; **~branntwein** *m*, **~geist** *m* (-es) gin; **~strauch** *m* juniper tree.

'**Wach...:** **~posten** *m* guard, *mil. a.* sentry; **⁀rufen** *fig. v/t.* (*irr.*, *h.*) rouse, call forth; → *Erinnerung*; **⁀rütteln** *v/t.* (*h.*) (*a. fig.*) rouse, shake up (*aus* from); *fig. a.* shake into action.

Wachs [vaks] *n* (-es; -e) wax; '**~abdruck** *m* impression in wax.

wachsam ['vaxzaːm] *adj.* watchful, vigilant; alert; *~ sein* be on the alert, be on one's guard; *ein ~es Auge haben auf* (*acc.*) keep a sharp eye on; **2keit** *f* (-) watchfulness; vigilance.

wachsen[1] ['vaksən] *v/i.* (*irr.*, *sn*) grow (*a. fig.*; *an dat.* in); *fig.* increase (*an dat.* in); extend, expand; develop; *mit ~der Spannung* with growing (*or* mounting) suspense; *mit ~dem Argwohn* with a growing sense of suspicion; *sie ist mir ans Herz gewachsen* I have become attached to her; → *Kopf*.

'**wachsen[2]** *v/t.* (*h.*) wax (*a. ski*).

wächsern ['vɛksərn] *adj.* wax; *fig.* waxen, waxy.

'**Wachs...:** **~figur** *f* wax figure; *pl. a.* wax work; **~figurenkabinett** *n* waxworks (*usu. sg.*); **2gelb** *adj.* wax-colo(u)red; **~kerze** *f*, **~licht** *n* (-[e]s; -er) wax candle; **~leinwand** *f* oilcloth; **~matrize** *f* stencil; **~papier** *n* wax-coated paper; **~perle** *f* wax bead *or* pearl; **~puppe** *f* wax doll, **~stock** *m* (-[e]s; ⸚e) wax taper; **~streichholz** *n* (wax) vesta; **~tuch** *n* (-[e]s; ⸚er) oilcloth.

'**Wachs-tum** *n* (-s) growth; *fig. a.* increase, development; expansion; *im ~ hindern* stunt; **2sfördernd** *adj.* growth-promoting; **2shemmend** *adj.* growth-inhibiting.

'**wachsweich** *adj.* (as) soft as wax; medium boiled (*egg*).

Wacht [vaxt] *f* (-; -en) → *Wache*; **~boot** *n* patrol boat; **~dienst** *m* guard duty.

Wächte ['vɛçtə] *f* (-; -n) (snow-) cornice.

Wachtel ['vaxtəl] *f* (-; -n) quail; **~hund** *m* spaniel.

Wächter ['vɛçtər] *m* (-s; -) watcher, guard(ian), keeper; watchman; attendant; *el.* automatic control(l)er.

'**Wacht...:** **~feuer** *n* watch-fire; **2habend** *adj.* on duty; **~habende(r)** ['-haːbəndə(r)] *m* (-n; -n) commander of the guard; *mar.* officer of the watch; **~haus** *n* guardhouse; **~meister** *m* cavalry sergeant; sergeant; **~parade** *f* guard mounting.

'**Wach-traum** *m* waking dream, daydream.

'**Wacht...:** **~schiff** *n* guard-ship; **~stube** *f* guard-room; **~turm** *m* watch-tower; **~vergehen** *n* neglect of duty while on guard.

wack(e)lig ['vak(ə)liç] *adj.* shaky (*a. fig.*), tottering; unsteady; rickety (*chair*); loose (*pin, tooth*); ramshackle (*cabin*).

'**Wackelkontakt** *el. m* loose connection, intermittent contact.

'**wackeln** *v/i.* (*h.*) shake; rock; wobble; reel, totter, stagger; *pin, tooth*: be loose; *~ mit* wag with; *aer. mit den Flügeln ~* rock wings.

wacker ['vakər] **I.** *adj.* honest, upright, worthy (*a. iro.*); brave, stout; **II.** *adv.* heartily, lustily.

Wade ['vaːdə] *f* (-; -n) calf (of the leg); **~nbein** *n* fibula; **~nkrampf** *m* cramp in the leg; **~nstrumpf** *m* half-stocking.

Waffe ['vafə] *f* (-; -n) weapon (*a. fig.*); *usu. pl.* arm; *mil.* arm, (branch of the) service; → *greifen, strecken*; *fig. j-n mit s-n eigenen ~n schlagen* beat a p. at his own game; *unter den ~n stehen* be under arms.

Waffel ['vafəl] *f* (-; -n) waffle; wafer; **~eisen** *n* waffle-iron.

'**Waffen...:** **~amt** *n* ordnance department; **~appell** *m* arms inspection; **~ausbildung** *f* weapons training; **~bruder** *m* brother in arms, comrade; **~brüderschaft** *f* brotherhood in arms, alliance; **~dienst** *m* military service; **~fabrik** *f* (manu-) factory of arms, *Am.* armory; **~fabrikant** *m* arms manufacturer; **2fähig** *adj.* capable of bearing arms; **~gang** *m* passage of (*or* at) arms; **~gattung** *f* arm (of the service), service; **~gewalt** *f* (-) force of arms, armed force; **~kammer** *f* armo(u)ry; **~lager** *n* ordnance depot; cache; **2los** *adj.* weaponless, unarmed; **~meister** *m* armo(u)rer; **~meisterei** ['-maɪstə'raɪ] *f* (-; -en) armo(u)ry; **~pflege** *f* care of weapons, gun maintenance; **~rock** *m* service coat, tunic; **~ruhe** *f* suspension of hostilities, cease-fire; **~schein** *m* fire arm certificate, *Am.* gun license; **~schmied** *m* armo(u)rer; **~schmuggel** *m* gun-running; **~stillstand** *m* armistice, (*a. fig.*) truce; **~tat** *f* feat of arms, (military) exploit; **~übung** *f* military exercise.

'**waffnen** *v/t.* (*h.*) arm.

wägbar ['vɛːkbaːr] *adj.* weighable; *fig. a.* ponderable.

Wage|hals ['vaːgə-] *m* daredevil; **2halsig** ['-halziç] *adj.* foolhardy, daring, reckless; *attr.* daredevil, breakneck; **~halsigkeit** *f* (-; -en) foolhardiness, daredevilry; **~mut** *m* daring; spirit of adventure.

'**wagen** *v/t.* (*h.*) venture (*a. sich*); risk, hazard; dare; *es ~* take the plunge, take a chance; *es mit j-m ~* measure one's strength with a p.; *es mit et. ~* try a th., *Am.* take a crack at a th.; *alles ~* risk (*or* stake) everything; *viel ~* take a great gamble; *wer nicht wagt, der nicht gewinnt* nothing venture nothing have; *er wagte sich nicht aus dem Hause* he did not venture out of doors; → *gewagt*.

Wagen ['vaːgən] *m* (-s; -) carriage (*a. rail., Am.* car); coach (*a. rail.*); wag(g)on; cart; *mot.* car; lorry, *Am.* truck; van; *of typewriter*: carriage; *ast. der Große ~* Charles's Wain, the Plough, the Great Bear, *Am.* the Big Dipper; *fig. j-m an den ~ fahren* tread on a p.'s toes.

wägen ['vɛːgən] *v/t.* (*h.*) weigh (*a. fig.*); *erst ~, dann wagen* look before you leap.

'**Wagen...:** **~abteil** *rail. n* compartment; **~antenne** *f* car aerial; **~aufbau** *m* (-[e]s; -ten) car body, coachwork; **~bauer** *m* (-s; -) carriage builder, coach builder; **~burg** *f* barricade of wag(g)ons, laager; **~führer** *m* driver; **~haltung** *f* upkeep of a car; car maintenance; **~heber** *m mot.* (lifting)jack; garage trolley jack; *of typewriter*: carriage lever; **~heizung** *f* heating system (of a car), car heater; **~kasten** *m* car body; **~ladung** *f* wag(g)on-load, carload; **~meister** *m* wag(g)on inspector; **~park** *m* (-[e]s) vehicle fleet; **~pflege** *f* maintenance (of a car); servicing; **~schlag** *m* carriage-door, car-door; **~schmiere** *f* cart-grease; **~schuppen** *m* car-shed; coachhouse; **~spur** *f* wheel-track, rut; **~winde** *f* screw-jack.

'**Wagestück** *n* daring deed.

Waggon [va'gɔŋ] *rail. m* (-s; -s) (railway) carriage, *Am.* (railroad) car; goods van, *Am.* freight car; *econ. frei ~* free on rail (*abbr.* f.o.r.); **~fracht** *f* carload freight; **~waage** *f* wag(g)on weigh-bridge; **2weise** [-vaɪzə] *adv.* by the carload.

waghalsig ['vaːkhalziç] *adj.* → *wagehalsig*.

Wagner ['vaːgnər] *m* (-s; -) cartwright.

Wagnis ['vaːknis] *n* (-ses; -se) venture, risk, hazard(ous enterprise); **~zuschlag** *econ. m* addition for risk involved.

Wahl [vaːl] *f* (-; -en) choice; alternative; selection; option; *aus freier ~* of one's own (free) choice; *pol.* election, poll(ing); *econ.* (-) *erste ~* first quality; *zweite ~* seconds; *pol. ~en abhalten* hold elections; *fig. die ~ haben* have one's choice; *keine ~ haben* have no alternative (*als* but); *es bleibt mir keine* (*andere*) *~* I have no choice; it's Hobson's choice; *in die engere ~ kommen* be on the short list, be selected for further consideration; *s-e ~ treffen* make one's choice; *zur ~ schreiten* go to the polls; *das Mädchen seiner ~* the girl of his choice; '**~alter** *n* voting age.

Wähl-amt ['vɛːl-] *n* automatic exchange.

'**Wahl-ausschreiben** *n* (-s) writ for an election.

'**wählbar** *adj.* eligible; *nicht ~* ineligible; **2keit** *f* (-) eligibility.

'**Wahl...:** **2berechtigt** *adj.* entitled to vote; **~bericht** *m* election return; **~beteiligung** *f* percentage of voting, turnout; *starke* (*schwache*) *~* heavy (light) voting (*or* polling); **~bezirk** *m* division, ward.

'**wählen** *v/t. and v/i.* (*h.*) choose; select, pick (out); take one's choice; *pol.* elect; *~* (*gehen*) go to the polls; *zu s-m Führer ~* choose as one's leader; *zum König ~* elect (*or* choose) *a p.* king; → *gewählt*; *teleph.* dial.

'**Wahl-ergebnis** *n* election result (*or* return).

'**Wähler** *m* (-s; -), **~in** *f* (-; -nen) elector, voter; *teleph.* selector; **~betrieb** *teleph. m* dial system; **2isch** *adj.* particular, nice (*in dat.* about); choosy; dainty, *a. w.s.* fastidious; *~ sein* pick and choose; *fig. nicht gerade ~* not over-fastidious *in his choice of friends*; *er ist in seinen Mitteln nicht gerade ~* he is not too particular about his methods; **~liste** *f* register of voters, voters' list; **~schaft** *f* (-; -en) constituency; *w.s.* voting population; **~scheibe** *teleph. f* (selector) dial.

'**Wahl...:** **~fach** *n ped.* optional subject, *Am.* elective; **2fähig** *adj.*

a) having a vote, b) eligible; **~feldzug** *m* election campaign; **2frei** *adj. ped.* optional, *Am.* elective; **~gang** *m* ballot; **~geheimnis** *n* (-es) election secrecy; **~gesetz** *n* electoral law; **~handlung** *f* poll; **~heimat** *f* adopted country; **~kampf** *m* election campaign; **~kommissar** *m* returning officer; **~kreis** *m* constituency, electoral district; **~liste** *f* elective register; **~lokal** *n* polling place (*or* station); **2los I.** *adj.* indiscriminate; **II.** *adv.* indiscriminately, at random, haphazardly; **~mann** *m* delegate, constituent, *Am.* elector; **~maschine** *f* voting machine; **~ort** *m* polling-place; **~prüfer** *m* scrutineer; **~prüfung** *f* scrutiny; **~recht** *n* (-[e]s) *aktives*: franchise; *passives*: eligibility; *allgemeines ~* universal suffrage; **~rede** *f* election speech, electoral address; *~n halten* electioneer, *Am.* stump (*in e-m Bezirk* a district); **~redner** *m* election speaker, campaigner, *Am. a.* stump orator; **~schlacht** *f* election campaign; **~spruch** *m* device, motto; slogan; **~stimme** *f* vote; **~tag** *m* election-day; **~urne** *f* ballot- (*or* voting-) box; *fig. zur ~ schreiten* go to the polls; **~versammlung** *f* election meeting, electoral assembly; **~versprechen** *n* election pledge; **~verwandtschaft** *f chem.* elective affinity; *fig.* affinity, congeniality; **2weise** ['-vaɪzə] **I.** *adj.* alternative, selective; **II.** *adv.* alternatively; **~zeit** *f* election time; *n.s.* hours for voting; period for which *a p.* is elected; **~zelle** *f* polling- (*or* voting-)booth; **~zettel** *m* voting paper, ballot.

Wahn [vaːn] *m* (-[e]s) delusion, illusion; madness; mania; *in e-m ~ befangen sein* labour under an delusion; **'~bild** *n* chimera, phantom; hallucination.

wähnen ['vɛːnən] *v/t.* (*h.*) fancy, imagine, believe.

'Wahn...: **~idee** *f* delusion, mania; crazy notion; **~sinn** *m* (-[e]s) insanity, madness; *religiöser ~* religious mania; *es wäre heller ~, zu inf.* it would be (sheer) madness to *inf.*; **2sinnig I.** *adj.* insane, (*a. fig.*) mad (*vor dat.* with); *fig. a.* frantic; horrible, dreadful (*fear, pain, shock, etc.*); → *verrückt*; **II.** *adv. colloq.* madly, crazily, awfully; *~ verliebt* madly in love; *ich habe ~ viel zu tun* I have an unconscionable lot to do; **~sinnige(r** *m*) ['-zinigə(r)] *f* (-*n*, -*n*; -*en*, -*en*) madman, *f* madwoman; lunatic; **~vorstellung** *f* delusion, hallucination; fixed idea; **~witz** *m* (-es) madness; absurdity; **2witzig** *adj.* mad; reckless, irresponsible; → *wahnsinnig.*

wahr [vaːr] *adj.* true; real, veritable; genuine; proper; sincere, frank, open; *es ist ~, daß* it is true (*or* a fact) that; *ein ~er Künstler* a true (*or* veritable) artist; *~e Liebe* true love; *e-e ~e Wohltat* quite a comfort; *so ~ ich lebe!* as sure as I live!; *so ~ mir Gott helfe!* so help me God; *et. ~ machen* carry out, go ahead with, translate into action, make *a th.* come true; *sein ~es Gesicht zeigen* show the cloven hoof, drop the mask; *es ist kein ~es Wort daran* there is not a word of truth in it; *das ist leider nur zu ~* that is only too true; *et. 2es wird schon dran sein* no smoke without fire; *das ist nicht das 2e* that's not the thing, *Am.* that's not the real McCoy; → *wahrhaben.*

'wahren *v/t.* (*h.*) watch over; guard, defend; preserve, keep (*a. secret*); look after, protect, safeguard (*interests*); *s-e Würde ~* maintain one's dignity; *den Schein ~* keep up appearances.

währen ['vɛːrən] *v/i.* (*h.*) last, continue; *es währte nicht lange, so* it was not long before.

'während I. *prp.* (*gen.*) during; in the course of; *jur.* pending; *~ eines Jahres* for a year; **II.** *cj.* a) while, whilst, b) whereas, while; **~'dessen** *adv.* meanwhile.

'wahrhaben *v/t.* (*h.*): *et. nicht ~ wollen* not to admit a th.

'wahrhaft, wahr'haftig I. *adj.* true, veritable; truthful, veracious; **II.** *adv.* truly, really, indeed, in all conscience; *~!* upon my word!, no mistake!; *~ nicht!* certainly not!, by no means!; **Wahr'haftigkeit** *f* (-) truthfulness, veracity.

'Wahrheit *f* (-; -*en*) truth; *in ~* in truth, in fact, in reality; *colloq. j-m die ~ sagen* give a p. a piece of one's mind; *um die ~ zu sagen* to tell the truth.

'Wahrheits...: **~beweis** *m*: *den ~ antreten or erbringen* embark upon the proof of a th.; **2gemäß, 2getreu I.** *adj.* true, truthful, faithful; **II.** *adv.* truly, in accordance with the facts; **~liebe** *f* (-) love of truth, veracity; **2liebend** *adj.* truthful, veracious; **~sucher** *m* seeker of truth.

'wahrlich *adv.* truly, in truth; [*bibl.* verily.]

'wahrnehm|bar *adj.* perceptible, noticeable; visible; audible; **~en** *v/t.* (*irr., h.*) perceive, notice, observe; become aware of; make use of, avail o.s. of, seize (*opportunity*); look after, protect, safeguard (*interests*); observe (*deadline*); *das Amt e-s Statthalters, etc., ~* exercise the functions of *a governor, etc.*; **2ung** *f* (-; -*en*) (*sinnliche* sense) perception, observation; care (*gen.* of); safeguarding (*of interests*); acting on behalf *of a p.*; *jur. ~ berechtigter Interessen* fair comment (on a matter of public interest); **2ungsvermögen** *n* (-s) perceptive faculty.

'wahrsag|en *v/t. and v/i.* (*h.*) prophesy, predict; tell fortunes; *sich ~ lassen* have one's fortune told; **2er(in** *f*) *m* (-s, -; -, -*nen*) soothsayer; fortune-teller; **2e'rei** *f* (-; -*en*) fortune-telling.

wahrscheinlich [vaːr'ʃaɪnliç] **I.** *adj.* probable, likely; **II.** *adv.* probably; *er wird ~ (nicht) kommen* he is (not) likely to come; *~ wird er verlieren* chances (*or* the odds) are that he will lose; **2keit** *f* (-) probability, likelihood; *aller ~ nach* in all probability, by all known odds; **2keitsrechnung** *f* theory of probabilities, probability calculus.

'Wahrspruch *m* verdict.

'Wahrung *f* (-) maintenance; safeguarding, protection (*of interests*).

Währung ['vɛːruŋ] *f* (-; -*en*) currency; (*gold, etc.*) standard; *harte (weiche) ~* hard (soft) currency.

'Währungs...: **~abkommen** *n* monetary agreement; **~angleichung** *f* adjustment of exchange rates; **~ausgleichfonds** *m* exchange equalization fund; **~bank** *f* (-; -*en*) bank of issue; **~-Dollar** *m* currency dollar; **~einheit** *f* monetary unit; **~gebiet** *n* currency area; **~krise** *f* monetary crisis; **~parität** *f* par of exchange; **~politik** *f* currency (*or* monetary) policy; **2politisch** *adj.* from the point of view of monetary policy; monetary; **~reform** *f* currency reform; **~schnitt** *m* currency cut; **~standard** *m* monetary standard; **~umstellung** *f* currency conversion.

'Wahrzeichen *n* (distinctive) sign *or* mark, token; landmark.

Waise ['vaɪzə] *f* (-; -*n*) orphan; **~nhaus** *n* orphanage, orphan asylum; **~nkind** *n* orphan; **~nknabe** *m* orphan (boy); *colloq. fig. er ist ein ~ gegen ihn* he is a fool to him.

Wal [vaːl] *m* (-[e]s; -e) whale.

Wald [valt] *m* (-[e]s; ⸚er) wood, forest; woodland, wooded area; *fig. er sieht den ~ vor lauter Bäumen nicht* he does not see the wood for trees; *wie man in den ~ hineinruft, so schallt's heraus* as the question, so the answer; **'~ameise** *f* red ant; **'2arm** *adj.* destitute of forests, sparsely wooded; **'~bestand** *m* forest stand; **'~brand** *m* forest fire.

Wäldchen ['vɛltçən] *n* (-s; -) little wood, grove.

'Wald...: **~erdbeere** *f* wood-strawberry; **~erholungsheim** *n* woodland recreation home; **~esdunkel** ['valdəs-] *n* forest gloom; **~fläche** *f* wooded area; **~frevel** *m* offen|ce (*Am.* -se) against the forest-laws; **~gebirge** *n* woody mountains *pl.*; **~gegend** *f* woodland; **~gelände** *n* wooded area; **~gott** *m* sylvan deity, faun; **~horn** *n* (-[e]s; ⸚er) French horn; *poet.* bugle(-horn); **~hüter** *m* forest-keeper, ranger; **2ig** ['valdiç] *adj.* woody, wooded; **~kampf** *mil. m* combat in woods; **~land** *n* woodland; **~lauf** *m* cross-country run; **~meister** *bot. m* (-s) woodruff; **~mensch** *m* wild man; **~nymphe** *f* wood-nymph, dryad; **~rand** *m* edge of the forest; **2reich** *adj.* rich in forests, well-wooded; **~schnepfe** *f* woodcock; **~ung** ['valduŋ] *f* (-; -*en*) wood(ed area), woodland, forest; **~wiese** *f* (forest-)glade; **~wirtschaft** *f* forest culture.

'Wal...: **~fang** *m* whaling; **~fänger** *m* whaler (*a. ship*); **~fisch** *colloq. m* whale; **~speck** *m* blubber; **~tran** *m* train-oil.

Walk|e ['valkə] *f* (-; -*n*) fulling; fulling machine; **2en** *v/t.* (*h.*) full; felt (*hat*); work (*grease*); *colloq. fig.* thrash; **~er** *m* (-s; -) fuller; **~erde** *f* fuller's earth; **~mühle** *f* fulling-mill; **~müller** *m* fuller.

Walküre [val'kyːrə] *f* (-; -*n*) Valkyrie.

Wall [val] *m* (-[e]s; ⸚e) *mil.* rampart

(*a. fig.*); dam, dike, embankment; mound; *fig. a.* bulwark, wall, dam.

Wallach ['valax] *m* (-[e]s; -e) gelding.

wallen ['valən] *v/i.* (*h.*) **1.** wave; *hair, robe*: flow; simmer; boil (*a. fig. blood*); **2.** (*sn*) → *wallfahr(t)en.*

'**Wall|fahrer(in** *f*) *m* pilgrim; **~fahrt** *f* pilgrimage; **2fahr(t)en** *v/i.* (*sn*) (go on a) pilgrimage; *w.s.* wander, march; **~fahrts-ort** *m* (-[e]s; -e) place of pilgrimage.

'**Wallgraben** *m* moat.

'**Wallung** *f* (-; -en) ebullition (*a. fig.*); *med.* flush, congestion; *fig. in ~ bringen* make *a p.'s* blood boil, enrage; *in ~ kommen* boil (with rage), fly into a passion.

Walmdach ['valm-] *arch. n* hip-roof.

Walnuß ['val-] *f* (*Am.* English) walnut; **~baum** *m* walnut-tree.

Walpurgisnacht [val'purgis-] *f* Walpurgisnight.

Walroß ['val-] *n* walrus.

Walstatt ['vɑːlʃtat] *f* (-; ⸚en) battlefield.

walten ['valtən] *v/i. and v/t.* (*h.*) govern, rule; be at work; → *schalten*; *s-s Amtes ~* attend to one's duties; *walte deines Amtes!* do your duty!; *j-n ~ lassen* let a p. do as he pleases, give a p. a free hand; *Gnade ~ lassen* show mercy; *Sorgfalt ~ lassen* exercise proper care; *in diesem Hause waltet ein guter Geist* a friendly spirit presides over this house; *das walte Gott!* God grant it!; 2 *n* (-s) rule; working, *the* hand *of God, etc.*

Walzblech ['valts-] *n* rolled plate.

'**Walze** *f* (-; -n) roller (*a. typ.*); cylinder (*a. typ.*); *tech. a.* roll; *of typewriter*: platen; *of barrel-organ, etc.*: barrel; drum; *colloq. fig. auf der ~* on the tramp; *auf die ~ gehen* take to the road.

'**Walz-eisen** *n* rolled iron.

'**walzen I.** *v/t.* (*h.*) *tech.* roll; grind, crush; **II.** *v/i.* (*h., sn*) waltz; *colloq.* (*sn*) hike, tramp.

wälzen ['vɛltsən] *v/t.* (*a. sich*) (*h.*) roll; *sich ~* wallow (*in dat.* in *mud, etc.*); welter (*in one's blood*); *sich schlaflos im Bette ~* toss and turn; *Bücher ~* thumb (*or* pore over) books; *Gedanken ~* turn thoughts over on one's mind; *von sich ~* release o.s. from, shift *the blame, burden, etc.* from o.s.; *sich vor Lachen ~* be rolling (*or* convulsed) with laughter; *die Schuld auf j-n ~* lay the blame on a p.; *colloq.* es ist *zum* 2 it's a (perfect) scream.

walzenförmig ['-fœrmiç] *adj.* cylindrical.

'**Walzer** *mus. m* (-s; -) waltz; *~ tanzen* (dance a) waltz.

'**Wälzer** *m* (-s; -) bulky volume, huge tome.

'**Walzgold** *n* rolled gold.

'**Wälzlager** *n* anti-friction bearing.

'**Walzstahl** *m* rolled steel (*or* stock).

'**Walzwerk** *n* rolling mill.

Wamme ['vamə] *f* (-; -n) dewlap; *fur-making*: belly part; *colloq.* paunch.

Wams [vams] *n* (-es; ⸚er) jacket; *hist.* doublet.

wand [vant] *pret. of winden.*

Wand [vant] *f* (-; ⸚e) wall; partition; *tech.* screen, panel; side (*of vessel*); *fig. in s-n vier Wänden* at home; *j-n an die ~ drücken* push a p. to the wall; *an die ~ gedrückt werden* go to the wall; *an die ~ stellen* shoot (dead), execute; *mit dem Kopf durch die ~ wollen* run one's head against a wall; *Wände haben Ohren* walls have ears; *es ist, um an den Wänden hochzugehen* it's enough to drive you mad; '**~arm** *m* (wall) bracket; '**~bekleidung** *f* wall facing; panel(l)ing, wainscot (-ing); '**~bewurf** *m* plastering; '**~dekoration** *f* mural decoration.

Wandel ['vandəl] *m* (-s) change; *~ der Zeiten* changing times; way of living; behavio(u)r, conduct; *Handel und ~* trade and traffic; *~ schaffen* bring about a change; **~anleihe** *econ. f* convertible loan; **~bahn** *f* covered walk; **2bar** *adj.* changeable; variable; **~barkeit** *f* (-) changeableness, inconstancy; **~gang** *m*, **~halle** *f parl.* lobby, *thea. a.* foyer; *at spa*: pump room; **2n I.** *v/i.* (*sn*) *poet.* walk; wander, travel; *colloq. fig. ~des Lexikon* walking encyclop(a)edia; **II.** *v/t.* (*h.*) change (*a. person*), alter, vary (*all a. sich*); *sich ~ in* (*acc.*) change (*or* turn) into; **~obligation** *econ. f* convertible bond; **~stern** *m* planet.

Wander|arbeiter ['vandər-] *m* itinerant worker; **~ausrüstung** *f* hiking outfit; **~ausstellung** *f* touring exhibition; **~bühne** *f* travelling theatre, *Am.* traveling theater, touring company; **~bursche** *m* travel(l)ing journeyman; tramp; **~düne** *f* shifting sand dune; **~er(in** *f*) *m* (-s, -; -, -nen) wanderer, travel(l)er; hiker; **~geschwindigkeit** *phys. f* speed of travel; **~gewerbe** *n* itinerant trade; **~heuschrecke** *f* migratory locust; **~jahre** *n/pl.* (journeyman's) years of travel; **~leben** *n* (-s) vagrant life.

'**wandern** *v/i.* (*sn*) wander, travel; ramble, rove; walk; hike; *birds, tribes, etc.*: migrate; *dune*: shift; *chem.* diffuse; *tech.* creep; *fig.* go; *glance, thoughts*: wander, rove; *ins Gefängnis ~* go to prison; **~d** *adj.* itinerant; nomadic, migratory; strolling; travel(l)ing.

'**Wander...:** **~niere** *f* floating kidney; **~prediger** *m* itinerant preacher; **~pokal** *m* challenge cup; **~preis** *m* challenge trophy; **~ratte** *f* brown (*or* Norway) rat; **~schaft** *f* (-) wanderings *pl.*, travel(l)ing, travels *pl.*; *auf der ~* on the tramp; *auf die ~ gehen* go on one's travels, take to the road; **~smann** *m* (-[e]s; -leute) → *Wanderer*; **~stab** *m* (walking-) stick; *fig. den ~ ergreifen* set out on one's travels; **~trieb** *m* (-[e]s) roving spirit; *biol.* migratory instinct; **~truppe** *thea. f* strolling players *pl.*, touring company; **~ung** *f* (-; -en) walking-tour, hike; → *Ausflug*; *of tribes, etc.*: migration; *fig.* er *setzte seine ~ durch das Zimmer fort* he continued to pace the room; **~vogel** *m* bird of passage; *pl. fig.* Ramblers, Hikers *pl.*; **~weg** *m* footpath; **~welle** *phys. f* transient wave.

'**Wand...:** **~fliese** *f* wall flag; **~gemälde** *n* mural (painting); **~heizkörper** *m* wall heater; **~kalender** *m* sheet almanac; **~karte** *f* wall-map; **~konsole** *f* wall bracket.

Wandler ['vandlər] *m* (-s; -) *el.* converter; (instrument) transformer, transducer; (*Bild*2) phototube.

'**Wand...:** **~leuchter** *m* bracket (-candlestick), sconce; **~lüfter** *m* wall ventilator.

Wandlung ['vandluŋ] *f* (-; -en) change, (*a. el.*) transformation; *eccl.* transubstantiation; *jur.* redhibition, conversion; **~sklage** *jur. f* redhibitory action.

'**Wand...:** **~male'rei** *f* mural painting; **~pfeiler** *m* pilaster; **~schalter** *m* wall-mounted switch; **~schirm** *m* folding-screen; **~schoner** *m* splasher; **~schrank** *m* wall-chest, closet; **~spiegel** *m* pier-glass; **~stärke** *f* (wall) thickness; **~stecker** *m* wall plug; **~tafel** *f* blackboard; wall panel; **~teppich** *m* wall-hanging; **~uhr** *f* wall-clock; **~ung** ['vanduŋ] *f* (-; -en) → *Wand*; **~verkleidung** *f* → *Wandbekleidung.*

wandte ['vantə] *pret. of wenden.*

Wange ['vaŋə] *f* (-; -n) cheek; *tech. a.* side wall (*or* piece).

Wankel|mut ['vaŋkəl-] *m* fickleness, inconstancy; **2mütig** ['myːtiç] *adj.* fickle, inconstant.

'**wanken** *v/i.* (*h., sn*) totter, stagger, reel; sway; *ground, house*: rock; *ihm wankten die Knie* his knees gave (way); *fig.* waver, falter, vacillate; *ins* 2 *bringen* shake, rock (the foundations of); *ins* 2 *kommen* shake, become unsettled; *nicht ~ und nicht weichen* be as firm as a rock, not to budge (an inch).

wann [van] *adv.* when; → *dann*; *seit ~?* how long?, since what time?; *bis ~?* till when?, by what time?

Wanne ['vanə] *f* (-; -n) tub; bath; vat; trough; *mot.* oil sump; *mil.* hull (*of tank*); *aer.* underfuselage tunnel.

'**wannen** *adv.*: *von ~* whence.

'**Wannenbad** *n* tub-bath, tubbing.

Wanst [vanst] *m* (-es; ⸚e) paunch, belly.

Want [vant] *mar. m* (-; -en) shroud.

Wanz|e ['vantsə] *f* (-; -n) bug, *Am.* bedbug; **2ig** *adj.* buggy, bug-ridden.

Wappen ['vapən] *n* (-s; -) (coat of) arms *pl.*; *ein ~ führen* bear a coat of arms; *im ~ führen* bear; **~bild** *n* heraldic figure; **~buch** *n* book of heraldry; **~halter** *m* supporter; **~herold**, **~könig** *m* herald, King-of-Arms; **~kunde** *f* (-) heraldry; **~schild** *m* escutcheon, blazon; **~spruch** *m* heraldic motto; **~tier** *n* heraldic animal.

wappnen ['vapnən] *v/t.* (*h.*) arm; *fig. sich mit Geduld ~* have patience; *gewappnet* forearmed.

warb [varp] *pret. of werben.*

Ware ['vɑːrə] *f* (-; -n) ware; article (of commerce), commodity; *collect., a.* **~n** *pl.* merchandise; product, line; **~n** *pl.* goods; *stock exchange*: stock, supply, *on list*: offers, sellers.

wäre ['vɛːrə] → *sein*; *wie ~ es mit?*

how about?; *wie* ~ *es, wenn?* what if?, how about (*ger.*)?

Waren...: **~akkreditiv** *n* commercial letter of credit; **~akzept** *n* trade acceptance; **~aufzug** *m* hoist, *Am.* freight elevator; **~ausfuhr** *f* export(ation of goods); **~ausgangsbuch** *n* sales ledger; **~austauschabkommen** *n* barter agreement; **~begleitschein** *m* → *Begleitschein*; **~bestand** *m* stock (on hand); **~bezeichnung** *f* trade description; **~börse** *f* produce exchange; **~eingang** *m* goods received; **~einheit** *f* unit of (*exported, etc.*) goods; **~empfänger** *m* consignee; **~forderungen** *f/pl. balance-sheet*: trade debtors; **~haus** *n* store(s *pl.*), *Am.* department store; **~kenntnis** *f* knowledge of goods; **~konto** *n* goods account; **~kredit** *m* goods credit; **~kunde** *f* (-) → *Warenkenntnis*; **~lager** *n* stock-in-trade; warehouse, depot, magazine; **~niederlage** *f* warehouse, magazine, depot; **~probe** *f* sample, specimen; pattern; **~rechnung** *f* invoice; **~speicher** *m* warehouse; **~stempel** *m* trade-mark; **~umsatz** *m* goods turnover; **~umschlag** *m* movement of goods; **~verkehr** *m* merchandise traffic; **~verzeichnis** *n* inventory, list of goods; **~vorrat** *m* stock; **~wechsel** *m* trade bill; **~zeichen** *n* trade-mark; *mit* ~ *versehene Güter* trade-marked goods; **~zeichenschutz** *m* trade-mark protection; **~zoll** *m* customs duty.

warf [varf] *pret. of werfen.*

warm [varm] **I.** *adj.* warm (*a. fig.*), *a. tech.* hot; *mir ist* ~ I am warm; *~er Empfang* warm reception; *mit ~en Worten* warmly; ~ *werden* warm up (*a. fig. für et.* to a th.), get hot; *ich kann nicht mit ihm* ~ *werden* I can't get close to him at all; *weder* ~ *noch kalt* neither fish nor flesh; et. *≈es essen* have a hot meal, eat something warm; **II.** *adv.* warmly; *sich* ~ *halten* keep o.s. warm; *die Sonne scheint* ~ the sun is hot; *fig.* ~ *empfehlen* recommend warmly; *er sitzt* ~ he is in clover, he is sitting pretty; *tech.* ~ *satiniert* hot rolled; '**≈bad** *n* warm bath; thermal springs *pl.*; '**~behandelt** *tech. adj.* heat-treated; **≈blüter** ['-bly:tər] *m* (-s; -) warm-blooded animal.

Wärme ['vɛ:rmə] *f* (-) warmth (*a. fig.*); *phys.* heat; temperature; *gebundene (freie)* ~ latent (uncombined) heat; **~abgabe** *f* loss of heat; heat emission; **~ausdehnung** *f* thermal expansion; **~ausgleich** *m* heat balance; **~ausnutzung** *f* heat utilization; **~ausstrahlung** *f* heat radiation; **~austausch** *m* heat exchange; **~bedarf** *m* heat requirement; **~behandlung** *f* heat treatment; **≈beständig** *adj.* heat-resistant; **~beständigkeit** *f* resistance to heat, high-temperature (*or* thermal) stability; **~bilanz** *f* → *Wärmeausgleich*; **~einheit** *f* thermal unit, unit of heat, caloric unit; **~elektrizität** *f* thermo-electricity; **≈geformt** *adj.* die-formed; **~grad** *m* degree of heat; **~isolierung** *f* heat insulation; **~kraftmaschine** *f* heat engine; **~lehre** *f* (-) theory of heat, thermodynamics *pl.*; **~leiter** *m* conductor of heat; **~leitfähigkeit** *f* heat conductivity; **~mauer** *aer. f* heat barrier; **~mechanik** *f* thermodynamics *pl.*; **~menge** *f* quantity of heat; **~messer** *m* (-s; -) thermometer; calorimeter; **≈n** *v/t.* (*h.*) warm, make warm *or* hot; heat; *sich die Füße* ~ warm one's feet; **~regler** *m* thermostat; **~speicher** *m* heat accumulator; **~speicherung** *f* heat storage; **~tauscher** ['-tauʃər] *m* (-s; -) heat exchanger; **~technik** *f* (-) thermodynamics *pl.*; **~wert** *m* thermal value; *Zündkerze mit hohem (niedrigem)* ~ cold (hot) plug.

'**warmfest** *adj.* heat-resistant; *~er Stahl* high-temperature steel.

'**Wärmflasche** *f* hot-water bottle.

'**warm...:** **~halten** *v/t.* (*irr., h.*) keep warm; *fig. sich j-n* ~ keep in with a p.; **≈halter** *m* plate-warmer; **~herzig** *adj.* warm-hearted; **~laufen** *v/i.* (*irr., sn*) run hot, run up; *sich* ~ (*irr., h.*) warm up; *mot.* ~ *lassen* warm (*or* run) up; **≈luftfront** *f* warm front; **≈luftheizung** *f* hot-air heating; **≈luftklappe** *f* heater valve; **≈luftmassen** *f/pl.* warm air masses.

'**Wärmplatte** *f* warming plate.

'**warm...:** **~recken** *tech. v/t.* (*h.*) hot-strain; **≈ver-arbeitung, ≈verformung** *f* hot-working.

Warm'wasser|bereiter [-bəraɪtər] *m* (-s; -) (instantaneous) water heater; **~heizung** *f* hot-water (*or* central) heating; **~speicher** *m* hot-water tank; **~versorgung** *f* hot-water supply.

'**warmziehen** *tech. v/t.* (*irr., h.*) hot-draw.

Warn|boje ['varn-] *f* fairway buoy; **~dienst** *m* warning service; **≈en** *v/t.* (*h.*) (*vor dat.*) warn (of, against), caution (against); *davor* ~, *zu inf.* warn against doing *a th.*; *vor Hunden, etc. wird gewarnt!* beware of *the dog, etc.*!; *Sie sollten gewarnt sein durch* you should take warning from; **~er(in** *f*) *m* (-s, -; -, -nen) warner, admonisher; **~lampe** *tech. f* warning (*or* tell-tale) lamp; **~ruf** *m* warning cry; **~schuß** *m* warning shot; **~signal** *n* warning (*or* danger) signal; **~streik** *m* token strike; **~tafel** *f* danger (*or* warning) board; **~ung** *f* (-; -en) warning; admonition; caution; *laß dir das zur* ~ *dienen* let that be a warning (*or* lesson) to you; **~zeichen** *n* warning sign(al).

Wart [vart] *m* (-[e]s; -e) *tech.* maintenance man, mechanic; *aer.* ground engineer.

Warte ['vartə] *f* (-; -n) watch-tower, look-out; *tech.* switchboard gallery; *fig.* level; *von hoher geistiger* ~ from a lofty standpoint.

'**Warte...:** **~frau** *f* → *Wärterin*; **~geld** *n mil.* half-pay; *mar.* demurrage; *auf* ~ on half-pay; **~liste** *f* waiting list.

warten ['vartən] **I.** *v/i.* (*h.*) wait; stay; ~ *auf* (*acc.*) wait for, await; be in store for *a p.*, lie ahead of *a p.*; *j-n* ~ *lassen* keep a p. waiting; *mit dem Essen auf j-n* ~ keep dinner waiting for a p.; (*nicht lange*) *auf sich* ~ *lassen* (not to) be long in coming; *warte mal!* wait a minute!, let me see!; *na, warte!* you just wait!; *da(rauf) kannst du lange* ~ you can wait for it till you are blue in the face; *iro. auf dich haben wir bloß noch gewartet* you were all we wanted; **II.** *v/t.* (*h.*) nurse; *w.s.* attend to, look after; *tech.* service, maintain.

'**Warten** *n* (-s) waiting, wait.

wartepflichtig ['-pfliçtiç] *adj.*: *~e Straße* stop street.

Wärter ['vɛrtər] *m* (-s; -) attendant; guard; (prison) warder, *Am.* (prison-)guard; (*esp.* lunatic's) keeper; (male) nurse; *rail.* lineman.

'**Warte-raum** *m* waiting-room.

'**Wärter...:** **~häus-chen** *n* lineman's hut; **~in** *f* (-; -nen) (female) attendant; nurse.

'**Warte...:** **~saal** *m*, **~zimmer** *n* → *Warteraum*; **~zeit** *f* waiting period; *mar.* (days of) demurrage.

'**Wartung** *f* (-) attendance, tending; nursing; *tech.* maintenance, servicing; *laufende* ~ maintenance routine; **≈sfrei** *tech. adj.* maintenance-free.

warum [va'rum] *adv.* why, wherefore, for what reason, on what grounds; ~ *nicht?* why not?; ~ *nicht gar?* what next?; *ich weiß nicht* ~ I don't know why; ~ *er es tat, ist nicht klar* (the reason) why he did it is not clear.

Warz|e ['vartsə] *f* (-; -n) wart; nipple; *zo.* teat, dug; *bot.* tubercle; *tech.* lug, stud; **~enschwein** *n* wart-hog; **≈ig** *adj.* warty; *tech.* nodular.

was [vas] **I.** *interr. pron.* what; *rel. pron.* (*das was*) what, *a.* that which; *alles,* ~ *er weiß* all (that) he knows; which; ~ *ihn völlig kalt ließ* which left him quite cold; ~ *auch immer,* ~ *nur* what(so)ever, no matter what; ~ *für (ein)?* what?, what sort of?; ~ *für (ein)!* what (a)!; ~ *ihn betrifft* as for him; ~ *kostet es?,* ~ *bekommen Sie?* how much is it?; *ich lief,* ~ *ich konnte* I ran as fast as I could; ~ *haben sie gelacht!* how they laughed!; **II.** *colloq.* (*etwas*) something; *colloq. ich will dir* ~ *sagen* I'll tell you what; *colloq.* ~ *brauchte er zu lügen* why need he tell a lie; *colloq.* (*nicht wahr?*) what?; isn't it?, eh?

Wasch|anstalt ['vaʃ-] *f* laundry; **~automat** *m* automatic washing-machine; **≈bar** *adj.* washable; fast (*colour*); **~bär** *m* racoon; *Am. a.* coon; **~becken** *n* wash- (*or* hand-)basin; **~benzin** *n* dry-cleaning spirit; **~blau** *n* washing-blue; **~brett** *n* washboard; **~bütte** *f* wash(ing)-tub.

Wäsche ['vɛʃə] *f* (-; -n) wash; washing; laundry; linen; underwear; lingerie; *große* ~ washing-day; *schmutzige* ~ dirty linen (*a. fig.*); *mining*: dressing floor; *in die* ~ *geben* get *a th.* washed, send *a th.* to the laundry; *das Hemd ist in der* ~ the shirt is at the wash *or* is being washed; *die* ~ *wechseln* change one's underclothes.

'**wasch-echt** *adj.* fast; *colloq. fig.* genuine, true-blue, dyed-in-the-wool.

ˈ**Wäsche...**: **~geschäft** *n* lingerie store; **~klammer** *f* clothes-peg; **~leine** *f* clothes-line.

ˈ**waschen** *v/t., v/i. and sich* ~ (*irr., h.*) wash (*a. mining, metall.*); launder; shampoo; wash, scour (*wool*); *sich gut ~ lassen* wash well; *colloq. fig. e-e Ohrfeige, e-e Kritik, etc.,* die sich *gewaschen hat a slap, criticism, etc.,* that really made itself felt.

ˈ**Wäscher** *m* (-*s*; -) washer; laundryman; **Wäscheˈrei** *f* (-; -*en*) laundry; (wool) scouring mill; ˈ**Wäscherin** *f* (-; -*nen*) washerwoman, laundress.

ˈ**Wäsche...**: **~rolle** *f* mangle; **~sack** *m* laundry bag; **~schleuder** *f* centrifugal laundry drier, spin-drier; **~schrank** *m* linen-cupboard, linen-press; **~tinte** *f* marking-ink; **~trockner** *m* clothes-airer.

ˈ**Wasch...**: **~faß** *n* wash-tub; **~flasche** *f* wash(ing) bottle; **~frau** *f* → *Wäscherin*; **~gelegenheit** *f* washing facility; **~gold** *n* placer gold; **~haus** *n* wash-house, laundry; **~kessel** *m* copper, wash boiler; **~kleid** *n* washable dress, cotton frock; **~korb** *m* clothes basket; **~küche** *f* wash-house, wash-room; *sl. aer.* (*fog*) pea-soup; **~lappen** *m* face cloth, *Am.* wash-rag; dish-cloth; *colloq. fig.* sissy; **~lauge** *f* lye; **~leder** *n*, **2ledern** *adj.* wash-leather, chamois, shammy; **~maschine** *f* washing-machine, washer; **~mittel** *n* washing agent, detergent; **~pulver** *n* washing powder; **~raum** *m* lavatory; **~schüssel** *f* → *Waschbecken*; **~seide** *f* washing silk; **~seife** *f* washing-soap, laundry soap; **~tag** *m* washing-day; **~tisch** *m*, **~toilette** *f* washing-stand; **~trog** *m* washing trough.

ˈ**Waschung** *f* (-; -*en*) washing; *esp. med., eccl.* ablution.

ˈ**Wasch...**: **~wanne** *f* wash(ing)-tub; **~wasser** *n* (-*s*) water for washing; **~weib** *fig. n* (old) gossip, chatterbox; **~zettel** *m* laundry list; *fig.* blurb (*on book*); **~zeug** *n* washing kit; **~zuber** *m* → *Waschwanne*.

Wasser [ˈvasər] *n* (-*s*; -, *a.* ˆ) water; *fließendes* (*stehendes*) ~ running (stagnant) water; *chem. schweres* ~ heavy water; urine, water; *~ lassen* pass water; *unter ~ setzen* flood, submerge; *zu ~ und zu Land* by sea and land; *fig. ~ auf beiden Schultern tragen* blow hot and cold; *das ist ~ auf s-e Mühle* that's grist to his mill; *vom reinsten ~* of the first water; *bei ~ und Brot sitzen* be on bread and water; *ins ~ fallen* not to come off; *zu ~ werden* come to naught, end in smoke; *sich* (*mühsam*) *über ~ halten* keep one's head (barely) above water; *das ~ läuft mir im Munde zusammen* my mouth waters; *er kann ihr das ~ nicht reichen* he is not fit to hold a candle to her; *er ist mit allen ~n gewaschen* he is a smooth customer (*or* an old hand); → *still, Schlag, etc.*

ˈ**Wasser...**: **~ablaß** *m* drain; **2abstoßend** *adj.* water-repellent; **~anlage** *f* waterworks *pl.*; **2arm** *adj.* ill supplied with water; arid; **~auslaß**, **~austritt** *m* water outlet; **~ball(spiel)** *n* (-*s*) water polo; **~bau** *m* (-[e]s; -*ten*) hydraulic engineering (*or* structure); **~baukunst** *f* hydraulic engineering; **~baumeister** *m* hydraulic engineer; **~bekken** *n* (water) basin; **~bedarf** *m* water requirement; **~behälter** *m* reservoir, tank, cistern; well (*of steam engine*); **2beständig** *adj.* water-resistant, waterproof; **~bewohner** *m* aquatic (animal *or* plant); **2bindend** *adj.* water-absorbent; **~blase** *f* bubble; *med.* water-blister, vesicle; **~blau** *n* sea-blue; **~bombe** *f* depth charge; **~bruch** *med. m* hydrocele.

Wässerchen [ˈvɛsərçən] *fig. n* (-*s*; -): *er sah so aus, als könnte er kein ~ trüben* he looked as if butter would not melt in his mouth.

ˈ**Wasser...**: **~dampf** *m* water-vapo(u)r, steam; **2dicht** *adj.* waterproof, impermeable; *mar.* watertight; *~ sein a.* hold water; *~ verschlossen* moisture-sealed; **~druck** *m* (-[e]s) water pressure, hydraulic pressure; **~eimer** *m* (water) pail, bucket; **~enthärtungs-anlage** *f* water softener; **~entziehung** *f* dehydration; **~fahrt** *f* boating; **~fahrzeug** *n* watercraft, vessel; **~fall** *m* waterfall; cataract; cascade; *wie ein ~ dahinrauschen* cascade; *fig. sie redete wie ein ~* she talked the hindleg off a donkey; **~farbe** *f* water-colo(u)r; **2fest** *adj.* water-resistant, waterproof; **~fläche** *f* surface of (the) water; sheet of water; **~flasche** *f* water-bottle; **~floh** *m* water-flea; **~flugzeug** *n* waterplane, seaplane, hydroplane; **~flut** *f* flood; **~fracht** *f* water-carriage (*Am.* water freight); **2führend** *adj.* water-bearing; **~gas** *n* water gas; **2gekühlt** *adj.* water-cooled; **~glas** *n* water glass (*a. chem.*); tumbler; *fig.* → *Sturm*; **~graben** *m* drain; *hist.* moat; *sports*: water jump; **~hahn** *m* water-tap, water cock, *Am. a.* (water) faucet; **2haltig** *adj.* containing water, *chem.* aqueous, hydrated; **~härtungsstahl** *m* water-hardening steel; **~haushalt** *m* water conservation; *physiol.* water balance; **~heilanstalt** *f* hydropathic establishment; **~heilkunde** *f* hydropathy; **~heizung** *f* hot-water heating; **2hell** *adj.* clear as water, transparent; **~hose** *f* waterspout; **~huhn** *n* coot.

ˈ**wässerig** *adj.* watery; diluted, weak; *~e Lösung* hydrous solution; *med.* serous; *fig.* washy; *j-m den Mund ~ machen* make a p.'s mouth water (*nach* for).

ˈ**Wasser...**: **~jungfer** *zo. f* dragon-fly; **~kanne** *f* water-jug, ewer; **~karte** *f* hydrographic chart; **~kasten** *m* water tank (*or* compartment); *mot.* header (tank); **~kessel** *m* kettle; copper; *tech.* boiler; **~klosett** *n* water-closet, W.C.; **~kopf** *m* hydrocephalus; **~kraft** *f* water-power, hydraulic power; *a.* white coal; **~kraftwerk** *n* hydro-electric power plant; **~kran** *m* feeding crane; **~krug** *m* water-jug, pitcher; **~kühlung** *f* water cooling (system); *mit ~* water-cooled; **~kultur** *bot. f* hydroponics *pl.*; **~kunde** *f* (-) hydrology; **~kunst** *f* fountain; **~kur** *f* water-cure; **~landflugzeug** *n* amphibian plane; **~lauf** *m* watercourse; **~leitung** *f* water pipe(s *pl.*), water conduit (*or* main); aqueduct; **~leitungsrohr** *n* water pipe; **~lilie** *f* water-lily; **~linie** *f* water-line, water mark; **~linse** *bot. f* duckweed; **~loch** *n* drain hole; **2löslich** *adj.* water-soluble; **~mangel** *m* water shortage, water famine; **~mann** *ast. m* (-[e]s) Watercarrier, Aquarius, *Am. a.* Water Bearer; **~mantel** *tech. m* (-s) water jacket; **~marke** *f* watermark; **~melone** *f* water-melon; **~messer** *m* (-*s*; -) hydrometer, water-gauge; **~mine** *f* submarine mine; **~mühle** *f* water mill.

ˈ**wassern** *aer. v/i.* (*sn*) alight on water.

ˈ**wässern** *v/t.* (*h.*) water; irrigate (*fields, etc.*); soak, steep; *phot.* wash; *chem.* hydrate.

ˈ**Wasser...**: **~nymphe** *f* water-nymph, naiad; **~pflanze** *f* aquatic plant; **~pistole** *f* water pistol; **~pocken** *med. f/pl.* chicken-pox; **~rad** *n* water wheel; **~ratte** *f* water-rat; *fig.* enthusiastic swimmer; **2reich** *adj.* abounding in water; of high humidity; **~reinigungs-anlage** *f* water-purification plant; **~rinne** *f* gutter; water channel; **~rohr** *n* water pipe; **~rohrbruch** *m* water main burst; **~röhrenkessel** *m* water-tube boiler; **~rutschbahn** *f* water chute; **~sack** *m* canvas bucket; **~säule** *f* water column; **~schaden** *m* damage caused by water, water damage; **~scheide** *f* watershed, *Am.* divide; **2scheu** *adj.* afraid of water, hydrophobic; **~scheu** *f* dread of water, hydrophobia, water-funk; **~schlange** *f* water-snake; **~schnecke** *tech. f* hydraulic screw.

ˈ**Wassersnot** *f* (-) distress caused by water, flood.

ˈ**Wasser...**: **~speicher** *m* reservoir, tank; **~speicherung** *f* storage of water; **~speier** [ˈ-ʃpaɪər] *m* (-*s*; -) gargoyle; **~spiegel** *m* water-surface, water level; **~sport** *m* aquatic sports *pl.*, aquatics *pl.*; **~spülung** *f* (water) flushing; **~stand** *m* water level (*or* gauge), height of level; *höchster schiffbarer ~* highest navigable flood-stage; **~stands-anzeiger** *m* water-level indicator; **~start** *m* water take-off; **~stein** *m* scale (from water), incrustation; **~stiefel** *m/pl.* waterproof boots, waders.

ˈ**Wasserstoff** *chem. m* (-[e]s) hydrogen; *schwerer ~* heavy hydrogen, deuterium; **~bombe** *f* hydrogen bomb, hydrobomb, H-bomb; **~gas** *n* hydrogen gas; **2haltig** *adj.* hydrogenous; **~säure** *f* hydracid; **~superoxyd** *n* (-[e]s) hydrogen peroxide.

ˈ**Wasser...**: **~strahl** *m* jet of water; *fig. kalter ~* cold water; **~straße** *f* waterway, canal; **~straßennetz** *n* inland waterways system; **~straßenverkehr** *m* inland waterborne transport; **~sucht** *f* (-) dropsy; **2süchtig** *adj.* dropsical; **~suppe** *f* water-gruel; **~tankanhänger** *m* water-tank trailer; **~tier** *n* aquatic animal; **~träger** *m* water-carrier; **~tropfen** *m* drop of water; **~turm** *m* water-tower; **~uhr** *f* water meter; **2undurchlässig** *adj.* → *wasserdicht.*

'Wässerung *f* (-) watering, irrigation; soaking, steeping; *phot.* washing.

'Wasserung *f* (-) alighting on water.

'Wasser...: 2unlöslich *adj.* insoluble in water; **~verdrängung** *f* displacement of water; **~vergoldung** *f* water gilding; **~verschluß** *m* water seal; **~versorgung** *f*, **~vorrat** *m* water supply; **~vogel** *m* aquatic bird, *pl. a.* water-fowl; **~waage** *f* (spirit *or* bubble) level; **~wagen** *m* water-tank lorry; **~weg** *m* waterway; *auf dem ~* by water; *Handel auf dem ~e* water- (*or* sea-, river-)borne commerce; **~welle** *f hairdo*: water-wave; **~werfer** *m* water gun; **~werk(e** *pl.*) *n* water works; **~wirtschaft** *f* (-) water supply; **~wirtschafts-amt** *n* water resources agency; **~zeichen** *n* water-mark; **~zins** *m* water rate.

wäßrig ['vɛsriç] *adj.* → *wässerig.*

waten ['vɑ:tən] *v/i.* (*sn*) wade.

watschel|ig ['vɑ:tʃəliç] *adj.* waddling; **~n** *v/i.* (*sn*) waddle.

Watt [vat] *n* (-[e]s; -en) **1.** *geogr.* banks of sands, flats *pl.*; **2.** (-s; -) *el.* watt.

Watte ['vatə] *f* (-; -n) cotton wool, *Am.* cotton; wadding; surgical cotton; *blutstillende ~* styptic cotton; **~bausch, ~pfropfen** *m* wad; **~kugel** *f* cotton-wool ball.

wat'tieren *v/t.* (*h.*) wad, pad.

'Watt...: ~leistung *el. f* real power, wattage; **~stunde** *f* watt-hour; **~verbrauch** *m*, **~zahl** *f* wattage.

'Watvermögen *mot. n* (-s) fording ability.

'Watvogel *m* wader.

wauwau ['vaʊ'vaʊ]: *~!* bow-bow; **2** *m* (-s; -s) bow-bow, doggie.

weben ['ve:bən] *v/t. and v/i.* (*h.*) weave.

'Weber *m* (-s; -), **~in** *f* (-; -nen) weaver; **~baum** *m* loom beam; **~blatt** *n* weaver's reed.

Webe'rei *f* (-; -en) weaving; weaving mill; woven material; **~erzeugnis** *n* weaving product.

'Weber...: ~kamm *m* weaver's reed; **~knecht** *zo. m* harvestman, daddy-longlegs; **~knoten** *m* reef knot; **~schiffchen** *n* shuttle.

Web... ['ve:p-]: **~fehler** *m* flaw (in weaving); **~stoff** *m* woven material; **~stuhl** *m* (weaver's) loom; **~vogel** *tech. m* picker; **~waren** *f/pl.* woven goods, textiles; **~warenfabrik** *f* weaving mill, textile mill.

Wechsel ['vɛksəl] *m* (-s; -) change; vicissitude, reverse; exchange; succession; rotation; fluctuation; *econ.* bill of exchange, bill; allowance; *hunt.* runway, *Am.* trace; *sports*: **a)** (baton) change, **b)** change of ends, **c)** *skating*: crossing; *econ. eigener* (*trockener*) *~* promissory note; *gezogener* (*or trassierter*) *~* drawn bill; *kurzer ~* short bill; *~ auf Sicht* bill payable at sight, sight bill; *offener ~* letter of credit; *~ zum Inkasso* bill for collection; *e-n ~ ausstellen* make (*or* issue) a bill, *auf j-n*: draw a bill on a p.

'Wechsel...: ~abrechnung *f* discount liquidation; **~agent** *m* bill broker; **~agio** *n* exchange; **~akzept** *n* acceptance of a bill; **~arbitrage** *f* arbitrage in (foreign) exchange; **~bad** *med. n* alternating *or* contrast bath; **~balg** *m* changeling; **~bank** *f* (-; -en) discount house; → *Wechselstube*; **~bestand** *m* bill holdings *pl.*, *Am.* bills *pl.* receivable; *Wechsel- und Scheckbestand* bills and cheques (*Am.* checks) in hand; **~beziehung** *f* correlation, interrelation; **~brief** *m* bill of exchange; **~buch** *n* bill register; **~bürge** *m* guarantor of a bill; **~bürgschaft** *f* guarantee (*Am.* guaranty) of the due payment of a bill, collateral acceptance on a bill; **~diskontierung** *f* (-) discounting of bills; **~domizil** *n* domicile of a bill; **2fähig** *adj.* authorized to draw bills (of exchange); **~fälle** *pl.* vicissitudes, reverses, ups and downs *of life, etc.*; **~fälschung** *f* forgery of bills; **2farbig** *adj.* iridescent; **~fieber** *med. n* intermittent fever, malaria; **~folge** *f* alternation, rotation; **~forderung** *f* claim based on a bill (of exchange); **~frist** *f* usance; **~geber** *m* drawer of a bill; **~geld** *n* exchange, agio; (small) change, small coin; **~gesang** *m* antiphony, glee; **~gesetz** *n* (-es) Bills of Exchange Act; **~gespräch** *n* dialogue; **~getriebe** *tech. n* change(-speed) gear, variable gear; **~giro** *n* indorsement (on a bill of exchange); **~gläubiger, ~inhaber** *m* holder of a bill of exchange; **~handel** *m* bill (*Am.* note) brokerage; **~inkassogeschäft** *n* collection of bills (of exchange); **~jahre** *physiol. pl.* climacteric (period), change of life, menopause; **~klage** *f* action arising out of a bill of exchange: *~ erheben* sue on a bill of exchange; **~kredit** *m* acceptance credit; discount credit; **~kurs** *m* rate of exchange, (foreign) exchange rate; **~lager** *tech. n* double-thrust bearing; **~laufzeit** *f* currency of a bill; **~makler** *m* bill broker, exchange broker.

'wechseln *v/t. and v/i.* (*h.*) change; vary; exchange (*a. blows, words, etc.*); *Briefe ~* exchange letters, correspond (*mit* with); shift; alternate; reverse; *hunt.* pass; *die Kleider ~* change (one's clothes); *~ mit* vary (*food, etc.*); → *Besitzer, Farbe*; **~d** *adj.* changing, varying, alternating; changeable.

'Wechsel...: ~nehmer *m* taker of a bill, payee; **~pari** *n* par of exchange; **~protest** *m* protest of a bill; *~ einlegen* have a bill protested; **~recht** *n* (-[e]s) law relating to bills of exchange; **~reiter** *m* bill-jobber; **~reite'rei** *f* bill-jobbing, kite flying; **~richter** *el. m* inverse rectifier; **~schalter** *el. m* change-over switch; **~schnee** *m* changing (*or* patchy) snow; **~schuld** *f* debt founded on a bill of exchange; *pl.* → *a. Wechselverbindlichkeiten*; **2seitig** ['-zaɪtiç] *adj.* mutual, reciprocal; **~seitigkeit** *f* (-) reciprocity; **~spiel** *n* alternate play, interplay; **~sprung** *m sports*: reverse; **~stempel** *m* bill-stamp.

'Wechselstrom *el. m* alternating current (*abbr.* A.C., a.c., ac., a—c); **~generator** *m* alternator, A.C. generator; **~motor** *m* alternating-current motor; **~spannung** *f* alternating voltage.

'Wechsel...: ~stube *f* exchange office; **~tierchen** ['-ti:rçən] *n* (-s; -) amoeba; **~verbindlichkeiten** *f/pl.* bills (*Am.* notes) payable; **~verkehr** *teleph. m* two-way communication; **2voll** *adj.* changeable; eventful; **~winkel** *m/pl.* alternate angles; **~wirkung** *f* reciprocal action, interaction.

'Wechsler *econ. m* (-s; -) money-changer; (exchange) banker.

Weck [vɛk] *m* (-[e]s; -e), **'~e** *f* (-; -n), **'~en** *m* (-s; -) roll.

wecken ['vɛkən] *v/t.* (*h.*) awake, wake(n) (*a. fig.*), call; rouse (*a. fig.*); **'Wecken** *n* (-s) awakening; *mil.* reveille.

'Wecker *m* (-s; -) awakener, knocker-up; alarm(-clock); *teleph.* bell, ringer.

'Weckruf *m* reveille.

Wedel ['ve:dəl] *m* (-s; -) whisk; fan; duster; *bot.* frond; *zo.* tail, brush; **2n** *v/t. and v/i.* (*h.*) fan; wag (*mit dem Schwanz* one's tail).

weder ['ve:dər] *cj.*: *~ ... noch* neither ... nor; not either ... or.

Weg [ve:k] *m* (-[e]s; -e) way; path; road; route; walk; passage; *phys.* distance; *tech.* travel; errand; direction, way; *fig.* way; manner, method; course; *der ~ zum Erfolg* the road to success; *Mitte des ~es* midway; → *halb*; *e-e Meile ~es* a distance of a mile; *am ~e* by the wayside; *auf dem ~e über* (*acc.*) by way of, via, *fig. a.* through (the channel of); *auf diplomatischem ~e* through diplomatic channels; *auf gerichtlichem ~e* by legal steps, legally; *auf gütlichem ~e* amicably; *fig. auf den rechten ~ bringen* put in the right way; *fig. auf dem richtigen ~e sein* be on the right track; *sich auf den ~ machen* set out, start; *j-m in den ~ laufen or kommen* get in a p.'s way; *er steht mir im ~e* he is in my way; *s-r ~e gehen* go one's ways; *aus dem ~e gehen* get out of the way, stand aside; *fig.* avoid, dodge (*dat. a th.*); *fig. j-m weit aus dem ~e gehen* give a p. a wide berth; *aus dem ~e räumen* remove (*a. fig.* = liquidate, bump off); *den ~ bereiten* (*dat.*) pave the way for; *in die ~e leiten* set on foot, initiate, start *a th.*; prepare, pave the way for; *~ und Steg kennen* know one's way; *neue ~e beschreiten* apply new methods; *wohin des ~s?* where are you off to?; *ich traue ihm nicht über den ~* I don't trust him out of my sight; *der gerade ~ ist der beste* honesty is the best policy.

weg [vɛk] *adv.* away, off; gone; gone, lost; *~ da!* be off!, get away!; *~ damit!* take it away!, away with it!; *Hände ~!* hands off! *ich muß ~* I must be off; *er war völlig ~* **a)** he was quite beside himself (*vor Freude* with joy), he was in ecstasies (*über* *acc.* about), **b**) he was dum(b)-founded *or* flabbergasted.

wegbekommen ['vɛk-] *v/t.* (*irr.*, *h.*) get off; *colloq. fig.* get the knack (*or* hang) of.

Wegbereit|er ['ve:kbəraɪtər] *m* (-s; -) pioneer; *der ~ sein für* (*acc.*) pave the way for; **~ung** *f* (-) pioneering.

weg... ['vɛk-]: **~blasen** *v/t.* (*irr.*, *h.*) blow off *or* away; *fig. wie weggeblasen* clean gone, without leaving a trace; **~bleiben** *v/i.* (*irr.*, *sn*) stay away; be omitted; **~blicken** *v/i.* (*h.*) look away; **~brechen** *v/t.* (*irr.*, *h.*) break off; **~bringen** *v/t.* (*irr.*, *h.*) take away, remove; take out (*spots*); **~denken** *v/i.* (*irr.*, *h.*) unthink, imagine as not being there; *dies ist aus dem Erziehungswesen nicht wegzudenken* education would be unthinkable without it; **~dürfen** *v/i.* (*irr.*, *h.*) be allowed to go (away); *darf ich weg?* may I go (*or* leave)?

Wege... ['ve:gə-]: **~bau** *m* (-[e]s; -*ten*) road building; **~biegung** *f* road bend; **~gabel** *f* road fork; **~geld** *n* travelling allowance, *Am.* mileage; (turnpike) toll; **~lagerer** ['-la:gərər] *m* (-s; -) highwayman; **~meister** *m* road surveyor.

wegen ['ve:gən] *prp.* (*gen.*) because of, on account of; by reason of; owing to, due to, as a result of; for the sake of, for; regarding; *jur. ~ Diebstahls* for larcency; *econ.* for account of; *von Amts ~* ex officio, officially; *von Rechts ~* by right; *colloq. ~ mir* I don't mind.

weg-engagieren ['vɛk-] *v/t.* (*h.*) hire away.

'**Wegerecht** *n* right of way.

Wegerich ['ve:gəriç] *bot. m* (-s; -e) plantain.

weg... ['vɛk-]: **~essen** *v/t.* (*irr.*, *h.*) eat up; *er hat mir alles weggegessen* he ate all my *sandwiches, etc.*; **~fahren I.** *v/t.* (*irr.*, *h.*) carry away, cart off; drive away; **II.** *v/i.* (*irr.*, *sn*) leave; drive away; **≈fall** *m* (-[e]s) omission; suppression; cessation; abolition, removal; *jur.* lapse (*of claims, rights*); *in ~ kommen* → **~fallen** *v/i.* (*irr.*, *sn*) fall away; be omitted *or* dropped; be abolished; not to take place; cease; become void, be cancel(l)ed; *~ lassen* discard, leave out, drop; **~fangen** *v/t.* (*irr.*, *h.*), *colloq.* **~fischen** *v/t.* (*h.*) snatch away (*j-m et.* a th. from under a p.'s nose); **~fegen** *v/t.* (*h.*) sweep away (*a. fig.*); **~führen** *v/t.* (*h.*) lead (*or* take) away; **≈gang** *m* (-[e]s) leaving, going away, departure; **~geben** *v/t.* (*irr.*, *h.*) give away, dispose of, *econ.* sell; **~gehen** *v/i.* (*irr.*, *sn*) go away *or* off; sell (*wie warme Semmeln* like hot cakes); *~ über* (*acc.*) pass over (*a. fig.*); **~gießen** *v/t.* (*irr.*, *h.*) pour away; **~haben** *colloq. v/t.* (*h.*) have got *or* received *one's share*; *er will ihn ~* he wants to get rid of him; *fig.* have got the hang of; *colloq. der hat einen weg* **a**) he is drunk, **b**) he has a screw loose; **~hängen** *v/t.* (*h.*) hang away; **~helfen** *v/i.* (*irr.*, *h.*) (*dat.*) help *a p.* to get away; **~holen** *v/t.* (*h.*) fetch away; **~jagen** *v/t.* (*h.*) drive (*or* chase) away, expel; **~kapern** *colloq. v/t.* (*h.*) → *wegfischen*; **~kommen** *v/i.* (*irr.*, *sn*) get away, get off; be (*or* get) lost; *fig. gut* (*schlecht*) *~* come off well (badly); *über et. ~* get over (*a. fig.*); **~lassen** *v/t.* (*irr.*, *h.*) let go; leave out, omit, drop; **≈lassung** ['-lasuŋ] *f* (-; -en) omission; **~legen** *v/t.* (*h.*) lay (*or* put) aside, put away; **~machen** *v/t.* (*h.*) take away, remove; take out (*spots*); *colloq. sich ~* make off, make o.s. scarce.

Weg... ['ve:k-]: **~markierung** *f* marking of the road, marker; **~messer** *tech. m* (-s; -) odometer, mileage recorder.

weg... ['vɛk-]: **~müssen** *v/i.* (*irr.*, *h.*) be obliged (*or* have) to go; *ich muß weg* I must be off; *das muß weg* that must go; **≈nahme** ['-na:mə] *f* (-; -*n*) taking (away); seizure; *mar., mil.* capture; *jur. widerrechtliche ~* unlawful taking; **~nehmen** *v/t.* (*irr.*, *h.*) take away (*j-m* from a p.); remove; capture; rob (*j-m* et. a p. of a th.); seize; take up, occupy (*space, time*); *mot. Gas ~* release the accelerator, throttle down; **~pakken** *v/t.* (*h.*) pack away; *sich ~* pack off, beat it; **~putzen** *v/t.* (*h.*) wipe away *or* off; *colloq.* polish off (*one's food*); **~radieren** *v/t.* (*h.*) erase; **~raffen** *v/t.* (*h.*) carry off; **~räumen** *v/t.* (*h.*) clear away, remove (*a. fig.*); **~reisen** *v/i.* (*sn*) depart, leave; start (on a journey); **~reißen** *v/t.* (*irr.*, *h.*) tear (*or* pull) away *or* off; snatch away (*j-m* from a p.); *storm, etc.*: sweep *or* carry away; pull down (*houses*); **~rücken I.** *v/t.* (*h.*) move away, remove; **II.** *v/i.* (*sn*) move (*or* edge) away; **~schaffen** *v/t.* (*h.*) clear away, remove, carry off; do away with, get rid of; *math.* eliminate; **~scheren** *colloq.*: *sich ~* (*h.*) beat it; **~schikken** *v/t.* (*h.*) send away *or* off, dispatch; *colloq. fig.* send *a p.* packing; **~schieben** *v/t.* (*irr.*, *h.*) push away; **~schießen** *v/t.* (*irr.*, *h.*) shoot away *or* off; **~schleichen:** *sich ~* (*irr.*, *h.*) steal away, sneak away; **~schleppen** *v/t.* (*h.*) drag off; **~schließen** *v/t.* (*irr.*, *h.*) lock up (*or* away), put under lock and key; **~schmeißen** *v/t.* (*irr.*, *h.*) throw away; **~schnappen** *v/t.* (*h.*) snatch away (*j-m* et. a th. from a p.).

Wegschnecke ['vɛk-] *f* slug.

weg... ['vɛk-]: **~schütten** *v/t.* (*h.*) dump; pour away; **~sehen** *v/i.* (*irr.*, *h.*) look away; *~ über* (*acc.*) overlook, shut one's eyes to; **~sein** *v/i.* (*irr.*) be away *or* absent; not to be in; be gone; be gone *or* lost; *weg sein über* (*acc.*) have passed a th.; *colloq.* → *weg*; **~setzen I.** *v/t.* (*h.*) put away; *fig. sich ~ über* (*acc.*) disregard, ignore; **II.** *v/i.* (*sn*): *~ über* jump (over) *a th.*, clear (*or* take) *a th.*; **~spülen** *v/t.* (*h.*) wash away (*a. geol.*); **~stecken** *v/t.* (*h.*) put away; hide; **~sterben** *v/i.* (*irr.*, *sn*) die off; **~streben** *v/i.* (*sn*): *~ von* (*dat.*) tend from.

Wegstrecke ['ve:k-] *f* stretch (of road); distance covered, mileage; *schlechte ~!* bad road!; **~nmesser** *m* mileage recorder.

weg... ['vɛk-]: **~streichen** *v/t.* (*irr.*, *h.*) strike out, take off, cancel; **~stoßen** *v/t.* (*irr.*, *h.*) push away; **~treiben I.** *v/t.* (*irr.*, *h.*) drive away; **II.** *v/i.* (*irr.*, *sn*) drift away; **~treten** *v/i.* (*irr.*, *sn*) step aside; stand off; *mil.* break (the) ranks; *~ lassen* dismiss; *weggetreten!* dismiss(ed *Am.*)!, move out!; **~tun** *v/t.* (*irr.*, *h.*) put away *or* aside, remove; *tu die Hände weg!* (take your) hands off!

Wegweiser ['ve:k-] *m* signpost, guidepost, finger-post; *in building*: directory; (*book, person*) guide.

weg... ['vɛk-]: **~wenden** *v/t.*, *a. sich* (*irr.*, *h.*) turn away *or* off; avert (*face, eyes*); **~werfen** *v/t.* (*irr.*, *h.*) throw away; *fig. sich ~* throw o.s. away (*an j-n* on a p.). degrade o.s.; **~werfend** *adj.* disparaging, deprecating; **~wischen** *v/t.* (*h.*) wipe off; *fig.* dismiss (*objection, etc.*); **~zaubern** *v/t.* (*h.*) spirit away.

Wegzehrung ['ve:k-] *f* provisions *pl.* for the journey; *eccl. letzte ~* viaticum.

weg... ['vɛk-]: **~zerren** *v/t.* (*h.*) drag off; **~ziehen I.** *v/t.* (*irr.*, *h.*) pull (*or* draw) away; **II.** *v/i.* (*irr.*, *sn*) (re)move (*aus* from *dwelling*); *mil.* march away; **≈zug** *m* (-[e]s) removal.

weh [ve:] *adj.* sore, painful, aching; *~er Finger* sore finger; *~es Gefühl* pang, *at farewell*: wrench; *mit ~em Herzen* with an aching heart; *~!* woe!; *~ mir!* woe is me!; *~e dir, etc.!* woe be to you, *etc.*!, *iro.* you just wait!; *~ tun* ache, hurt, *j-m*: pain (*or* hurt) a p., cause a p. pain; grieve (*or* wound) a p.; *mir tut der Finger ~* my finger hurts; *sich ~ tun* hurt o.s.; **Weh** *n* (-[e]s; -e) pain; grief, woe; → *Wohl*.

Wehe ['ve:ə] *f* (-; -*n*) drift.

'**Wehen** *pl.* labo(u)r-pains; *esp. fig.* travail.

'**wehen I.** *v/i.* (*h.*) blow; drift, waft; flutter, wave; *~de Gewänder* flowing robes; *fig. spirit*: live, reign; **II.** *v/t.* (*h.*) blow along; drift.

'**Weh...:** **~geschrei** *n* woeful cries *pl.*, wail; **~klage** *f* lament(ation); **≈klagen** *v/i.* (*h.*) lament, wail (*um* for; *über acc.* over); *~ um a.* bewail; **≈leidig** *adj.* sorry for o.s., snivelling; plaintive, tearful (*voice, etc.*); *sei nicht so ~!* don't be a sissy!; **~mut** ['-mu:t] *f* (-) (sweet) melancholy, woefulness; wistfulness; nostalgic feelings *pl.*; **≈mütig** ['-my:tiç] *adj.* melancholy, sad; wistful; nostalgic; **~mutter** *f* (-; ⸚) midwife.

Wehr [ve:r] **1.** *f* (-; -en) defen|ce, *Am.* -se; resistance; weapon; armo(u)r; bulwark; *sich zur ~ setzen* offer resistance, show (*or* put up a) fight, struggle (*a. w.s.*; *gegen* against); **2.** *n* (-[e]s; -e) weir; dam, barrage; '**≈en** *v/i.* (*h.*) (*dat.*) restrain, check; *j-m et. ~* hinder (*or* keep) a p. from doing a th., forbid a th. to a p.; *dem Feuer ~* arrest (*or* check) the spread of fire; *sich ~* (*h.*) defend o.s., offer resistance; *sich mit Händen und Füßen ~* put up a fierce resistance (*gegen* to), struggle (against).

'**Wehr...**: ~**auftrag** *m* defen|ce (*Am.* -se) contract; ~**be-auftragte(r)** *m* ombudsman, Commissioner for the Armed Forces; ~**bereich** *m* military district; ~**bezirk** *m* military sub-district; ~**bezirkskommando** *n* military sub-district command; ~**dienst** *m* military service; ~**dienstbeschädigung** *f* disability incurred in line of duty; ~**dienstpflicht**, *etc.* → *Wehrpflicht, etc.*; ~**ersatz(amt** *n*) *m* recruiting and replacement (office); ~**ertüchtigung** *f* pre-military training; ~**ersatzdienst** *mil. m* alternative service (for conscientious objectors); 2**fähig** *adj.* fit for military service, able-bodied; 2**freudig** *adj.* military-minded; ~**gehänge**, ~**gehenk** *n* sword-belt; ~**gesetz** *n Brit.* National Service Act, *Am.* Universal Military Training and Service Act; 2**haft** *adj.* → *wehrfähig*; ~**hoheit** *f* (-) military sovereignty; ~**kraft** *f* (-) military power; 2**los** *adj.* defenceless, *Am.* defenseless; unarmed; helpless; ~ *machen* disarm; ~**macht** *f* (-) armed services, *Am.* armed forces; ~**machtsbericht** *m* communiqué of the High Command; ~**machts-teil** *m* service, branch (of the services); ~**meldeamt** *n* (local) recruiting station; ~**ordnung** *f* Army statute; ~**paß** *m* service record (book); ~**pflicht** *f* (-): (*allgemeine*) ~ (universal) compulsory military service, (universal) conscription; 2**pflichtig** *adj.* liable to military service; ~*er Jahrgang* (draft-)age class; ~**pflichtige(r)** ['-pflɪçtigər] *m* (-*n*; -*n*) person liable to military service; inductee, draftee, conscript; ~**sold** *m* (service) pay; ~**sport** *m* military sports *pl.*; ~**stammblatt** *n* military registration record; ~**stammbuch** *n* basic military record book; ~**stammrolle** *f* service roster; 2**unwürdig** *adj.* ineligible for military service; ~**vorlage** *parl. f* Defence Bill; ~**wissenschaft** *f* (-) military science.

Weib [vaɪp] *n* (-[e]*s*; -*er*) woman (*a. contp.*); wife; ~**chen** *n* (-*s*; -) little woman; little wife, wifey; *zo.* female.

Weiber... ['vaɪbər-]: ~**art** *f* woman's ways *pl.*; ~**feind** *m* woman-hater, misogynist; ~**geschwätz** *n* gossip, (women's) cackle; ~**held** *m* lady-killer, lady's man; ~**herrschaft** *f* (-) petticoat government; ~**klatsch** *m* → *Weibergeschwätz*; ~**laune** *f* woman's caprice; ~**narr** *m* philanderer; ~**rock** *m.* woman's skirt; petticoat; ~**volk** *colloq. n* (-[e]s) women(folk).

'**weib...**: ~**isch** ['-bɪʃ] *adj.* womanish, effeminate; ~**lich** *adj.* female, *gr.* feminine; womanly, feminine (*nature*); *das ewig* 2*e* the Eternal Woman; 2**lichkeit** *f* (-) womanliness; *a. collect.* womanhood; *die holde* ~ the fair sex.

'**Weibs|bild** *n*, ~**person** *f* female, hussy, wench, skirt, *Am. a.* broad.

weich [vaɪç] *adj.* soft (*a. fig.*); tender (*a. meat*); mellow; smooth; supple, pliable; flabby; tender-hearted; ~ *werden* (*a. fig.*) soften; *fig.* yield, give way; relent; be moved (*bei* at); ~ *gekochte Eier* soft-boiled eggs.

'**Weichbild** *n* precincts *pl.*, municipal area; city boundaries *pl.*; outskirts *pl.*

'**Weiche** *f* (-; -*n*) **1.** *anat.* flank, side; *pl.* groin; **2.** *rail.* switch, *Brit. a.* points *pl.*; ~*n stellen* shift (*or* throw) the switch; *fig. die* ~*n stellen* set the course.

'**weichen**[1] *v/t.* (*h.*) → *aufweichen.*

weichen[2] ['vaɪçən] *v/i.* (*a. fig.*) (*irr.*, *sn*) give way *or* ground, yield (*dat.* to); *mil.* fall back, retreat; *fig. prices*: ease off, recede; *von j-m* ~ leave, abandon; *j-m nicht von der Seite* ~ not to budge from a p.'s side; *nicht von der Stelle* ~ not to budge an inch.

'**Weichen...**: ~**signal** *rail. n* switch-signal; ~**steller** ['-ʃtɛlər] *m* (-*s*; -) pointsman, *esp. Am.* switchman.

weichgeglüht ['-gəgly:t] *adj.* soft annealed.

'**Weichheit** *f* (-) → *weich*: softness; tenderness; mellowness; smoothness; suppleness; flabbiness; plasticity.

'**weich...**: ~**herzig** *adj.* tender-hearted; 2**herzigkeit** *f* (-) tender-heartedness; 2**holz** *n* softwood; 2**käse** *m* cream-cheese; ~**lich** *adj.* soft, tender; sloppy; *fig.* weak, effeminate; indolent; 2**ling** ['-lɪŋ] *m* (-*s*; -*e*) weakling, mollycoddle, sissy, softie; ~**löten** *tech. v/t.* (*h.*) (soft) solder; 2**macher** *tech. m* softening agent, plasticiser.

Weichsel|kirsche ['vaɪksəl-] *f* mahaleb cherry, morello; ~**rohr** *n* cherry-wood tube; ~**zopf** *m* Polish plait.

'**Weich...**: ~**teile** *anat. pl.* soft parts; abdomen; ~**tier** *n* mollusc.

Weide ['vaɪdə] *f* (-; -*n*) **1.** *bot.* willow; *for wickerwork*: osier; **2.** *agr.* pasture, meadow; *auf der* ~ at grass; *auf die* ~ *gehen* (*treiben*) go (turn out) to grass; ~**koppel** *f* grazing padlock; ~**land** *n* pasture-land, pasture-ground; 2**n I.** *v/i.* (*h.*) graze, pasture; **II.** *v/t.* (*h.*) turn out to grass, feed; *fig. sich* ~ *an* (*dat.*) revel in, gloat over; feast one's eyes on.

'**Weiden...**: ~**baum** *m* willow(-tree); ~**geflecht** *n* wickerwork; ~**gehölz** *n* willow-plot; ~**kätzchen** *n* willow catkin; ~**korb** *m* wicker-basket; ~**rute** *f* osier switch.

'**Weide...**: ~**platz** *m* pasture-ground; ~**recht** *n* pasture rights *pl.*

Weiderich ['vaɪdərɪç] *bot. m* (-*s*) willow-herb; (purple) loosestrife.

weidgerecht ['vaɪt-] *adj.* skilled in hunting; sportsmanlike.

'**weidlich** *adv.* thoroughly, fully, properly.

Weid|mann ['vaɪt-] *m* huntsman, sportsman; 2**männisch** ['-mɛnɪʃ] *adj.* sportsmanlike; ~**mannsheil** *n*: ~! good sport!; ~**mannssprache** *f* hunter's slang; ~**messer** *n* hunting knife; ~**werk** *n* (-[e]s) sportsmanship, *the* chase, hunting; 2**wund** *adj.* shot in the belly.

weige|rn ['vaɪgərn]: *sich* ~ (*h.*) refuse, decline; be unwilling (to do a th.); 2**rung** *f* (-; -*en*) refusal; 2**rungsfall** *m*: *im* ~*e* in case of refusal.

Weih [vaɪ] *orn. m* (-[e]*s*; -*e*) kite.

Weih|altar ['vaɪ-] *m* consecrated altar; ~**becken** *n* holy-water font; ~**bischof** *m* suffragan (bishop).

'**Weihe** *f* (-; -*n*) **1.** consecration; inauguration; dedication; ordination (*of priest*); solemn mood; *j-m die* ~ *erteilen* consecrate a p. in holy orders; **2.** → *Weih.*

'**weihen** *v/t.* (*h.*) consecrate; ordain (*a p.* as a priest); devote (*sich e-r Sache* o.s. to a th.), dedicate; *eccl. sich* ~ *lassen* take holy orders; *fig. dem Tode, etc., geweiht* doomed (to death, *etc.*).

Weiher ['vaɪər] *m* (-*s*; -) (fish-)pond.

'**Weihe...**: ~**stätte** *f* shrine; ~**stunde** *f* hour of commemoration; 2**voll** *adj.* solemn.

'**Weihgeschenk** *n* oblation.

Weihnacht|en ['vaɪnaxtən] *n* (-; -) Christmas, Xmas; *fröhliche* ~! Merry Christmas!; 2**lich** *adj.* Christmas.

'**Weihnachts...**: ~**abend** *m* Christmas Eve; ~**baum** *m* Christmas tree; ~**bescherung** *f* (giving) Christmas presents *pl.*; ~**fest** *n* Christmas; ~**geschenk** *n* Christmas present; ~**gratifikation** *f* Christmas bonus; ~**lied** *n* Christmas carol; ~**mann** *m* (Old) Father Christmas, Santa Claus; ~**markt** *m* Christmas fair; ~**tag** *m*: *erster* ~ Christmas Day; *zweiter* ~ Boxing Day; ~**zeit** *f* (-) Christmas tide, Yuletide.

'**Weih...**: ~**rauch** *m* incense; ~**wasser** *n* (-*s*) holy water; ~**wasserbecken** *n* (holy-water) font; ~**wedel** *m* aspergillum, holy-water sprinkler.

weil [vaɪl] *cj.* because, since.

weiland ['vaɪlant] *adv.* formerly, erstwhile, onetime; late, deceased.

Weil|chen ['vaɪlçən] *n* (-*s*): *ein* ~ a little while, a spell; *warte ein* ~ wait a bit; ~**e** *f a* while, *a* (space of) time; leisure; *geraume* ~ long time; *damit hat es gute* ~ there is no hurry (about it); 2**en** *v/i.* (*h.*) stay; linger, tarry; *fig. er weilt nicht mehr unter uns* he is no longer with us.

Weiler ['vaɪlər] *m* (-*s*; -) hamlet.

Wein [vaɪn] *m* (-[e]*s*; -*e*) wine; *bot.* vine; *wilder* ~ Virginia creep; *fig. j-m klaren* ~ *einschenken* tell a p. the plain truth; ~, *Weib und Gesang* wine, woman and song.

'**Wein...**: 2**artig** ['-ɑ:rtɪç] *adj.* vinous; ~**bau** *m* (-[e]s) wine-growing, viniculture; ~**bauer** *m* wine-grower; ~**beere** *f* grape; ~**berg** *m* vineyard; ~**bergschnecke** *f* edible snail; ~**blatt** *n* vine-leaf; ~**brand** *m* (-*s*; ⸚*e*) brandy, cognac; ~**brenne'rei** *f* distillery.

wein|en ['vaɪnən] *v/i.* (*h.*) weep (*um*, *vor dat.* for), shed tears (*um* over), cry; *dem* 2 *nahe* on the verge of tears, close to tears; *iro. es ist zum* 2 it's a shame; ~**erlich** *adj.* tearful, lachrymose; whining, crying.

'**Wein...**: ~**ernte** *f* vintage; ~**erzeuger** *m* wine-grower; ~**essig** *m* wine-

-vinegar; ~**faß** *n* wine-cask; ~**flasche** *f* wine-bottle; ~**garten** *m* vineyard; ~**gärtner** *m* vine-dresser; ~**gegend** *f* wine(-growing) district; ~**geist** *m* (-es; -e) spirit(s *pl.*) of wine; ~**glas** *n* (-es; ≈er) wine-glass; ~**händler** *m* wine-merchant; ~**handlung** *f* wine-store; ~**heber** *m* wine-syphon; ~**hefe** *f* dregs *pl.* of wine; ~**jahr** *n a good, etc.*, wine-year; ~**karte** *f* wine-list; ~**keller** *m* wine-cellar; vaults *pl.*; ~**kelle'rei** *f* winery; ~**kelter** *f* winepress; ~**kenner** *m* connoisseur of wine; ~**krampf** *m* crying fit; ~**küfer** *m* cooper; ~**kühler** *m* wine-cooler; ~**lager** *n* stock of wine(s *pl.*); ~**laub** *n* vine-leaves *pl.*; ~**laune** *f* (-) expansive mood (inspired by wine); *in e-r* ~ in one's cups; ~**lese** *f* vintage, grape-gathering; ~**leser(in** *f*) *m* vintager; ~**most** *m* must; ~**presse** *f* winepress; ~**probe** *f* wine test; ~**ranke** *f* tendril of vine; ~**rebe** *f* (grape)vine; ♀**rot** *adj.* ruby-colo(u)red; ♀**sauer** *adj.* tartrate of; ~**säure** *f* acidity of wine; *chem.* tartaric acid; ~**schenke** *f* wine-shop *or* -house; ~**schlauch** *m* wine-skin; ♀**selig** *adj.* in one's cups, vinous, tipsy; ~**stube** *f* wine-tavern; ~**traube** *f* bunch of grapes, grape; ~**trester** *pl.* skins (*or* husks) of pressed grapes.

weise ['vaɪzə] *adj.* wise; *a. iro.* sage; wise, prudent; ♀(**r**) *m* (-n; -n) wise man, sage; *die* ~*n aus dem Morgenland* the (three) wise men from the East, the (three) Magi; *Stein der* ~*n* philosopher's stone.

Weise ['vaɪzə] *f* (-; -n) manner, way, mode, fashion, style; → *Art*; *mus.* melody, tune, air; *auf diese* ~ in this way, by this means; *auf jede* ~ in every way; *in der* ~, *daß* in such a way that, so that; *in keiner* ~ in no way; *jeder nach seiner* ~ everyone in his own way.

'**weisen I.** *v/t.* (*irr.*, *h.*) point out, show; ~ *an* (*acc.*) refer to; *j-n* ~ *nach* direct to; *von sich* ~ refuse, reject; *aus dem Lande* ~ banish, exile; *j-m die Tür* ~ show a p. the door; *das wird sich* ~ we shall see; → *Hand*; *sports*: *vom Felde* ~ send off (the field); **II.** *v/i.* (*irr.*, *h.*): ~ *auf* (*acc.*) point at *or* to.

'**Weiser** *m* (-s; -) pointer; signpost; → Weise(r).

Weis... ['vaɪs-]: ~**heit** *f* (-; -en) wisdom; *mit seiner* ~ *am Ende sein* be at one's wits' end; *der* ~ *letzter Schluß* the last resort; *behalte deine* ~*en für dich!* keep your remarks to yourself!, mind your own business!; ~**heitskrämer** *m* wiseacre; ~**heitszahn** *m* wisdom-tooth; ♀**lich** *adv.* wisely, prudently; ♀**machen** *v/t.* (*h.*): *j-m et.* ~ make a p. believe a th., tell a p. a yarn; *laß dir nichts* ~! don't be fooled; *mach das einem anderen weis!* tell that to the marines!

weiß [vaɪs] *adj.* white; clean; ♀*er Sonntag* Low Sunday; ~ *machen* whiten; ~ *werden* whiten, turn white; *j-n* ~*waschen* whitewash a p.; *econ.* ♀*e Woche* white sale; *das* ♀*e* the white (*of eye, egg*); → Weiße(r).

'**weis...:** ~**sagen** *v/t.* (*h.*) foretell, predict, prophesy; ♀**sager(in** *f*) ['-za:gər] *m* (-s, -; -, -nen) prophet (-ess *f*); ♀**sagung** ['-za:gʊŋ] *f* (-; -en) prophecy.

'**Weiß...:** ~**bäcker** *m* baker and confectioner; ~**bier** *n* pale beer; ~**blech** *n* tinplate; ~**bluten** *n*: *zum* ~ *bringen* bleed *a p.* white; ~**brot** *n* white bread; ~**buch** *pol. n* white-paper; ~**buche** *f* white beech; ~**dorn** *bot. m* (-[e]s; -e) whitethorn.

'**Weiße(r** *m*) *f* (-n, -n; -en, -en) white man (*a. collect.*); *f* white woman.

'**weißen** *v/t.* (*h.*) whiten; whitewash.

'**Weiß...:** ~**fisch** *m* whiting, dace; whitebait; ~**fluß** *med. m* leucorrh(o)ea; ♀**gekleidet** *adj.* dressed in white; ♀**gelb** *adj.* pale yellow; ~**gerber** *m* tawer; ♀**glühend** *adj.* white-hot, incandescent; ~**glut** *f* (-) white heat, incandescence; *fig. bis zur* ~ *reizen* make *a p.* see red; ♀**haarig** *adj.* white-haired; ~**käse** *m* curds *pl.*; ~**kohl** *m* (white) cabbage; ♀**lich** *adj.* whitish; ~**mehl** *n* fine flour; ~**metall** *n* white metal; ~**nähe'rei** *f* plain (needle)work; ~**näherin** *f* plain seamstress; ~**tanne** *f* white fir; ~**tüncher** *m* white-washer; ~**wandreifen** *mot. m* white-wall tyre; ~**waren** *pl.* linen goods *pl.*; ~**warenhändler** *m* linen draper; ~**wäsche** *f*, ~**zeug** *n* (-[e]s) (household) linen; ~**wein** *m* white wine, hock.

'**Weisung** *f* (-; -en) direction; instruction, order; ♀**sgebunden** *adj.* subject to directions; ♀**sgemäß** *adv.* as directed (*or* instructed).

weit [vaɪt] **I.** *adj.* distant; wide; broad, *esp. tech.* wide; large, spacious; extensive; vast, immense; loose (*a. tech.*); ~*e Reise*, (~*er Weg*) long journey (way); *fig.* ~*e Auslegung* broad interpretation; ~*er Begriff* comprehensive idea; ~*es Gewissen* elastic conscience; ~*er Unterschied* vast difference; *im* ~*esten Sinne* in the broadest sense; *wenn es so* ~ *ist* when it is ready, *fig.* when the time has come; *so* ~ *ist es noch nicht* it has not come to that yet; *so* ~ *ist es nun gekommen?* has it come to that?; **II.** *adv.* far, wide(ly); ~ *entfernt* far away; ~ *entfernt von a.* a long distance from, *fig.* far from, a far cry from; *fig.* ~ *entfernt!*, ~ *gefehlt!* far from it!; *e-e Meile* ~ *entfernt* a mile off; ~ *und breit* far and wide; ~ *über sechzig* (*Jahre alt*) well over sixty; *bei* ~*em* by far; *bei* ~*em besser* far (*or* much) better; *bei* ~*em nicht* not by a long way; *bei* ~*em nicht so gut* not nearly so good; *so* ~ *wie möglich* as far as possible; *von* ~*em* from afar; *fig. nicht* ~ *her sein mit* not to be worth much, not to be up to much, be not so hot; *es* ~ *bringen* get on in the world, go far; attain great proficiency *in a field*; *er wird es noch* ~ *bringen* he will go a long way yet; *fig. zu* ~ *gehen* go too far, overshoot the mark, overplay one's hand; *das geht zu* ~ that's going too far; *ich bin so* ~ I am ready; *wie* ~ *bist du* (*mit der Arbeit*)? how far have you got (with your work)?; → Weite, weiter.

'**weit...:** ~**ab** *adv.* far away (*von* from); ~**aus** *adv.* by far, much; ~**bekannt** *adj.* widely known, far-famed; ♀**blick** *m* (-[e]s) far-sightedness, vision; ~**blickend** *adj.* far-sighted.

'**Weite 1.** *f* (-; -n) wideness, *tech.* width; *tech.* diameter; → *licht*; largeness; distance; expanse; *fig.* range, scope; **2.** *n* (-): *das* ~ *suchen* take to one's heels, decamp, cut and run.

'**weiten** *v/t. and sich* ~ (*h.*) widen; enlarge; expand; stretch (*shoes, etc.*); *fig.* widen, broaden.

weiter ['vaɪtər] *comp. adj. and adv.* wider; more distant; farther, (*esp. fig.*) further; additional(ly *adv.*), added (*proof, etc.*); on, forward; further(more), moreover; ~! go on!; *immer* ~ on and on; *nichts* ~ nothing more (*or* further *or* else), that's all; ~ *niemand* no one else; *und* ~? and then?; *und so* ~ and so on (*or* forth), et cetera (*abbr.* etc.); ♀*es* the rest; further details, more; *das* ♀*e* what follows; *bis auf* ~*es* until further notice, for the time being; *ohne* ~*es* without further ceremony *or* ado, easily, readily; *das hat* ~ *nichts zu sagen* that's not very important; *es fiel mir* ~ *nicht auf* it did not strike me particularly; *fig. er ging noch viel* ~ he went much further.

'**weiter...:** ~**befördern** *v/t.* (*h.*) forward (on), send on; redirect; ♀**beförderung** *f* re-forwarding; further transportation; *zur* ~ to be forwarded; ~**begeben** *econ. v/t.* (*irr.*, *h.*) negotiate (further); ♀**bestand** *m* (-[e]s) continued existence, continuance, survival; ~**bestehen** *v/i.* (*irr.*, *h.*) continue to exist, survive; ~**bilden** *v/t.* (*h.*) develop; *sich* ~ continue one's studies, develop one's knowledge; ♀**bildung** *f* (further) development; continued education; ~**bringen** *v/t.* (*irr.*, *h.*) help on; *das bringt mich nicht weiter* that is not much help; ♀**e(s)** *n* (-n) → weiter; ~**empfehlen** *v/t.* (*irr.*, *h.*) recommend; ♀**entwicklung** *f* (further) development; ~**erzählen** *v/t.* (*h.*) tell others, repeat, spread; ~**führen** *v/t.* (*h.*) carry on; continue; extend (*pipeline, etc.*); ♀**führung** *f* (-) carrying-on, continuation; ♀**gabe** *f* (-) passing-on, transmission; ~**geben** *v/t.* (*irr.*, *h.*) pass on, transmit; → *weiterleiten*; ~**gehen** *v/i.* (*irr.*, *sn*) go (*or* walk *or* pass) on; ~! move on!; *fig.* continue, go on; *das kann so nicht* ~! things cannot go on like this!; ~**hin** *adv.* further on, in (*or* for the) future; further(more), moreover; *et.* ~ *tun* continue doing *or* to do a th., keep doing a th.; ~**kämpfen** *v/i.* (*h.*) continue fighting; ~**kommen** *v/i.* (*irr.*, *sn*) get on; *fig. a.* progress, advance; *nicht* ~ get stuck; *so kommen wir nicht weiter* this won't get us anywhere; ♀**kommen** *n* advancement; ~**können** *v/i.* (*irr.*, *h.*) be able to go on; *nicht* ~ be stuck; ~**leben** *v/i.* (*h.*) live on, survive (*a. fig.*); ♀**leben** *n* (-s) continued existence, survival; ~ *nach dem Tode* life after death;

~**leiten** *v/t.* (*h.*) forward, transmit (*letter, etc.*); refer *application, case, etc.* (*an acc.* to); ~**lesen** *v/i. and v/t.* (*irr., h.*) go on (reading), continue reading *or* to read; ~**machen** *v/t. and v/i.* (*h.*) carry on, continue; *mil.* ~! *a.* as you were!; ~**schreiten** *v/i.* (*irr., sn*) advance (*a. fig.*); 2**ungen** *f/pl.* complications, difficulties, (unpleasant) consequences; 2**ver-arbeitung** *f* processing, subsequent treatment; machining; ~**verfolgen** *v/t.* (*h.*) follow up; 2**verkauf** *m* resale; ~**vermieten** *v/t.* (*h.*) sub-let; 2**versand** *m* re-forwarding.

'**weit...:** ~**gehend I.** *adj.* extensive, far-reaching, large; sweeping (*statement*); full (*understanding*); wide (*powers*); **II.** *adv.* largely; ~**gereist** ['-gəraɪst] *adj.* widely travel(l)ed; ~**gesteckt** ['-gəʃtɛkt] *adj.* long-range (*goal*); ~**greifend** *adj.* far-reaching; ~**her** *adv.* from afar; ~**hergeholt** [-'heːrgəhoːlt] *adj.* far-fetched; ~**herzig** *adj.* broad-minded; ~**läufig I.** *adj.* extensive, vast; spacious; rambling; detailed; complicated; circumstantial; → *weitschweifig*; straggling (*village, etc.*); distant (*relation*); **II.** *adv.* at great length (*or* detail); ~ *verwandt* distantly related; 2**läufigkeit** ['-lɔʏfiçkaɪt] *f* (-) vast extent; spaciousness; complicated nature; → *Weitschweifigkeit*; ~**maschig** *adj.* wide-meshed; ~**reichend** *adj.* far-reaching; *mil.* long-range; ~**schweifig** ['-ʃvaɪfiç] *adj.* diffuse, long-winded, lengthy, verbose; 2**schweifigkeit** *f* (-) diffuseness, lengthiness, verbosity, prolixity; ~**sichtig** ['-ziçtiç] *adj.* long-sighted; *fig.* farsighted; 2**sichtigkeit** *f* (-) long-sightedness; 2**sprung** *m* long (*Am.* broad) jump; 2**sprunggrube** *f* long-jump pit; ~**spurig** ['-ʃpuːriç] *rail. adj.* wide-tracked, broad-gauged; ~**tragend** *adj.* long-range; *fig.* far-reaching; 2**ung** *f* (-) widening; ~**verbreitet** *adj.* widespread; widely held (*view*); widely circulated (*newspaper*); ~**verzweigt** *adj.* widely ramified.

Weizen ['vaɪtsən] *m* (-s) wheat; → *türkisch*; *fig. sein* ~ *blüht* he is in clover; ~**brand** *m* (-[e]s) black rust; ~**flocken** *f/pl.* squashed wheat; ~**mehl** *n* wheaten flour; ~**schrot** *n* shredded wheat.

welch [vɛlç] **1.** *interr. pron.* what; which; ~*er?* which one?; ~*er von den beiden?* which of the two?; ~ *ein Mann!* what a man!; **2.** *rel. pron.* who, which, that; ~*er (auch) immer* who(so)ever; ~*es (auch) immer* whatever, whichever; *von* ~*er Art auch* of whatever kind; **3.** *indef. pron.* some, any; *have you any money?* — *ja, ich habe* ~*es* yes, I have some; *brauchen Sie* ~*es?* do you want any?; *es gibt* ~*e, die sagen* there are some who say; ~**erlei** ['-ərlaɪ] *adj.* of what kind.

welk [vɛlk] *adj.* faded, withered; flabby; shrivelled; ~*e Reize* (*Schönheit*) faded charms (beauty); '~**en** *v/t.* (*sn*) fade, wither; '2**heit** *f* (-) faded (*or* withered) state; flabbiness.

Wellblech ['vɛl-] *n* corrugated sheet iron (*or* steel); ~**baracke** *f* tin hut, *Am. mil.* Quonset hut.

'**Welle** *f* (-; -*n*) wave (*a. el., opt., etc.*; *in hair*; *of attack*; *of heat*); billow; ripple; breaker; undulation; *radio*: wave(-length); *tech.* shaft, axle (-tree); fag(g)ot; *gym.* circle, grinder; ~*n schlagen* rise in waves; *fig.* ~ *der Begeisterung, etc.* wave, (up)surge *of enthusiasm, etc.*; 2**n** *v/t. and sich* ~ (*h.*) undulate.

Wellen... ['vɛlən-]: ~**antenne** *f* wave aerial; ~**anzeiger** *m radio*: wave-detector; 2**artig** ['-ɑːrtiç] *adj.* wave-like, wavy, undulatory; ~**bad** *n* sea-bath; *artificial*: wave-bath; ~**band** *n* (-[e]s; ⸚er) wave band; ~**bereich** *m radio*: wave range; ~**bewegung** *f* undulation, undulatory motion; ~**brecher** *mar. m* breakwater; ~**filter** *m* wave filter; 2**förmig** ['-fœrmiç] *adj.* undulatory; ~**kupplung** *tech. f* shaft coupling; ~**länge** *f radio, nuclear psysics, etc.*: wave-length; ~**linie** *f* waved line; ~**messer** *m* (-s; -) *radio*: wavemeter; ~**reiten** *n* surf-riding, surfing; ~**reiter** *m* surf-rider, surfer; ~**schlag** *m* (-[e]s) wash (*or* dashing) of the waves; *kurzer* ~ choppy sea; ~**schreiber** *m* ondograph; ~**sittich** *m* budgerigar; ~**strom** *el. m* wave current; ~**tal** *n* trough of the sea; ~**theorie** *f* wave theory; ~**verteilung** *f radio*: allocation of frequencies; ~**zapfen** *tech. m* journal.

'**wellig** *adj.* wavy (*a. hair*), undulating; undulatory.

'**Wellpappe** *f* corrugated board.

Welpe ['vɛlpə] *m* (-*n*; -*n*) puppy.

welsch [vɛlʃ] *adj.* Roman, Latin; Italian, French; southern.

Welt [vɛlt] *f* (-; -*en*) world (*a. fig.*); *alle* ~ all the world, everybody; *die große* ~ the great world, high society; → *vornehm*; *die* ~ *der Wissenschaft* the world (*or* realm) of science, the scientific world; *die künstlerische* ~ the world of art; *die Neue* ~ the New World; *ein Mann von* ~ a man of the world; *auf der* ~ in the world; *die ganze* ~ the whole world; → *ganz*; *bis ans Ende der* ~ to the world's end; *was in aller* ~? what in the world (*or* on earth)?; *um alles in der* ~! for goodness sake!; *nicht um alles in der* ~! not for the world!, not on my (*or* your, *etc.*) life!; *aus der* ~ *schaffen* do away with; settle (*quarrel, problem*); *in die* ~ *setzen* beget, put *children* into the world; *zur* ~ *bringen* bring into the world, give birth to; *zur* ~ *kommen* come into the world, be born; *colloq. es ist nicht aus der* ~ it isn't all that far away; *es wird die* ~ *nicht kosten* it won't cost a fortune; *du bist die* ~ *für mich* you are all the world to me; *du bist der beste Mann von der* ~ you are the best man alive.

'**Welt...:** 2**abgeschieden** *adj.* secluded (from the world), isolated; 2**abgewandt** [-apgəvant] *adj.* detached from the world; ~**all** *n* universe, cosmos; ~**alter** *n* age; 2**anschaulich** *adj.* ideological; ~**anschauung** *f* philosophy of life, world-outlook, Weltanschauung; ideology; ~**ausstellung** *f* international exhibition, World's Fair; ~**bank** *f* (-; -*en*) World Bank; 2**bekannt**, 2**berühmt** *adj.* generally known, known all over the world; world-famed, world-renowned, of worldwide fame; ~**berühmtheit** *f* (person of) worldwide fame; ~**bestleistung** *f* world record; 2**bewegend** *adj.*: *iro. es war nicht* ~ it was not exactly earth-shaking, it was not so hot; ~**bild** *n* view of life; ~**brand** *m* world conflagration; ~**bummler** *m* globe-trotter; ~**bund** *m* international union; ~**bürger** *m* citizen of the world, cosmopolite; 2**bürgerlich** *adj.* cosmopolitan; ~**bürgertum** *n* cosmopolitanism; ~**dame** *f* woman of the world, fashionable lady; ~**enraum** *m* → *Weltraum*; ~**er-eignis** *n* event of worldwide importance, international sensation; 2**erfahren** *adj.* experienced in the ways of the world, worldly-wise; ~**erfahrung** *f* experience in the ways of the world.

Weltergewicht(**ler** *m*) ['-ərgəviçt (-lər)] *n* (-[e]s; -s, -) *boxing*: welter-weight.

Welt...: 2**erschütternd** *adj.* world-shaking; ~**firma** *f* firm of international importance, world-renowned firm; ~**flucht** *f* (-) withdrawal from life, escapism; ~**flug** *m* round-the-world flight; 2**fremd** *adj.* worldly innocent, ignorant of the world; unworldly; starry-eyed; ivory-towered (*scholar, etc.*); ~**friede**(**n**) *m* universal peace; ~**gebäude** *n* cosmic system; ~**geistliche**(**r**) *m* secular priest; ~**geltung** *f* international standing *or* reputation; ~**gericht** *n* last judgment; ~**geschehen** *n* world affairs *pl.*; ~**geschichte** *f* (-) world history; *colloq. fig. da hört doch die* ~ *auf!* that's the last straw!; 2**gewandt** *adj.* versed in the ways of the world, having savoir vivre (*Fr.*); ~**gewandtheit** *f* savoir vivre (*Fr.*); ~**gewerkschaftsbund** *m* World Federation of Trade Unions; ~**handel** *m* international trade, world's commerce; ~**herrschaft** *f* (-) world domination; ~**karte** *f* map of the world; ~**kenntnis** *f* knowledge of the world; ~**kind** *n* worldling, child of this world; 2**klug** *adj.* worldly-wise, politic(ally *adv.*); ~**klugheit** *f* worldly wisdom; ~**körper** *m* heavenly body; ~**krieg** *m* world war; *der* ~ (*1914—18*) World War I, (*1939—45*) World War II; ~**kugel** *f* globe; ~**lage** *f* international situation; ~**lauf** *m* course of the world.

'**weltlich** *adj.* worldly, mundane; secular, temporal; profane; ~*e Freuden* worldly pleasures; ~*e Schule* secular school; ~ *gesinnt* worldly-minded; 2**keit** *f* (-) worldliness; secular state.

'**Welt...:** ~**literatur** *f* universal literature; ~**lust** *f* (-) worldly pleasure; ~**macht** *f* world power; ~**machtpolitik** *f* imperialist policy, imperialism; ~**mann** *m* man of the world; 2**männisch** ['-mɛniʃ] *adj.* gentlemanly; man-of-the-world (*air, etc.*); ~**markt** *m* (-[e]s) international market; ~**meer** *n* ocean; ~**meister(in** *f*) *m* champion of the world, world champion; ~**meisterschaft(skämpfe** *m/pl.*) *f* world championship(s); ~**monopol** *n* global monopoly; ~**ordnung** *f* system of the world; ~**politik** *f* international (*or* world-)politics *pl.*; ~**postverein** *m* (Universal) Postal Union; ~**rätsel** *n* riddle of the universe; ~**raum** *m* (-[e]s) (outer) space; ~**raumforscher** *m* space-explorer; ~**raumschiff** *n* space-ship; ~**raumschiffahrt** *f* (-) space travel, astronautics *pl.*; ~**raumstation** *f* space station; ~**reich** *n* universal empire; *das Britische* ~ the British Empire; ~**reise** *f* journey round the world, world tour; ~**reisende(r** *m*) *f* globe-trotter; ~**rekord** *m* world record; ~**rekordinhaber,** ~**rekordler** ['-rekɔrtlər] *m* (-s; -), ~**rekordmann** *m* world-record holder; ~**ruf** *m* (-[e]s) world-wide renown, international reputation; ~**schmerz** *m* (-es) world-weariness, Weltschmerz; ~**sprache** *f* universal (*or* world) language; ~**stadt** *f* metropolis; ~**stadtverkehr** *m* metropolitan traffic; ~**teil** *m* part of the world; continent; ♀**umfassend** *adj.* world-spanning, worldwide, global; ~**umsegler** *m* circumnavigator (of the globe); ~**umseglung** *f* circumnavigation of the globe; ~**untergang** *m* end of the world; ~**weise(r)** *m* philosopher; ~**weisheit** *f* philosophy; ♀**weit** *adj.* worldwide; global; ~**wende** *f* turning-point in world history; ~**wirtschaft** *f* (-) world (*or* international) economy; ~**wirtschaftskrise** *f* international economic crisis, world depression; ~**wunder** *n* wonder of the world, prodigy.

wem [veːm] *dat. of* **wer**: to whom; *von* ~ of whom, by whom.

wen [veːn] *acc. of* **wer**: whom; *colloq.* somebody.

Wende ['vɛndə] *f* (-; -*n*) turning-point (*a. fig.*); *sports*: turn; *gym.* front vault *or* dismount; ~**getriebe** *mot. n* reversing gear(box); ~**hals** *orn. m* wryneck; ~**kreis** *m geogr.* tropic; *mot.* turning circle.

Wendel ['vɛndəl] *tech. f* (-; -*n*) coil, helix; ♀**n** *v/t.* (*h.*) coil; ~**treppe** *f* (*e-e* ~ a flight of) winding stairs *pl.*, spiral staircase.

'**Wendemarke** *f sports*: turning mark.

'**wenden** *v/t. and v/i., a. sich* (*h., a. irr.*) turn (about *or* round); *dressmaking*: turn; turn over (*page, hay*); put about (*ship*); *el.* reverse; (*a. sich*) change; *Geld* ~ *an* (*acc.*) spend money on; *Mühe, Zeit*: devote *efforts, time* to; *s-e Kräfte* ~ *auf* (*acc.*) direct one's energies to; *bitte* ~! please turn over! (*abbr.* P.T.O.); *mit* ~*der Post* by return of post; *kein Auge* ~ *von* (*dat.*) not to take one's eyes off; *sich* ~ *an j-n* address o.s. to a p.; apply to a p. (*um* for), consult (*or* see) a p., appeal (*or* turn) to a p. (*for help*); *sich* ~ *gegen* turn against *or* on, *gegen et.*: *a.* set one's face against, criticize, object to *a th.*; *sich zur Flucht* (*zum Gehen*) ~ turn to flight (to leave); *sich zum Besseren* ~ take a turn to the better; *sich zum besten* ~ turn out for the best.

'**Wende...:** ~**pol** *el. m* reversing pole; ~**punkt** *m* turning-point (*a. fig.*); *ast.* solstitial point.

'**wendig** *adj.* nimble, agile (*a. fig. mind*); (*a. fig.*) manoeuvrable, *Am.* maneuverable; easily steered, flexible (*car, boat*); versatile, resourceful (*person*); adaptable; ♀**keit** *f* (-) nimbleness, agility; manoeuvrability, *Am.* maneuverability; flexibility; *fig.* versatility, resourcefulness; adaptability.

wendisch ['vɛndiʃ] *adj.* Wendish.

'**Wendung** *f* (-; -*en*) turn(ing); *mil.* facing; *mar.* turn; going about (*the wind*); *fig.* turn; change; *entscheidende* ~ decisive turn, crisis; expression, figure of speech, phrase; idiom(atic expression); → *Redensart*; ~ *zum Besseren* (*Schlimmeren*) change (*or* turn) for the better (worse); *eine neue* ~ *geben* (*dat.*) give a new turn to; *glückliche* ~ favo(u)rable turn.

wenig ['veːniç] *adj. and adv.* little; *pl.* few, *su.* few (people); ~*er* less, *math. a.* minus, *pl.* fewer; *das* ~*e* the little; *das* ~*ste* the least; *am* ~*sten* least (of all); *ein* ~ a little; *ein* ~ *übertrieben* a little (*or* a bit, somewhat, slightly) exaggerated; *ein* ~ *schneller* a little quicker; *nicht* ~ not a little; *ich war nicht* ~ *erstaunt* I was not a little surprised; *nicht* ~*e* not a few, a good many, quite a few (people); *einige* ~*e* some few, a few; *nicht* ~*er als* no less than, *pl.* no(t) fewer than; *nichts* ~*er als* nothing less than, anything but; *die* ~*en wahren Künstler* the few true artists; *mein* ~*es Geld* the little money I have, my little all; ~*er werden* become less, diminish, decrease; ~ *bekannt* little known; *in* ~*er als sieben Jahren* in under seven years; ♀**keit** *f* (-) small quantity; little, trifle; *meine* ~ my humble self, yours truly; ~**stens** ['-stəns] *adv.* at least; *wenn* ... ~ if only ...

wenn [vɛn] *cj. as to time*: when; *conditional*: if, in case; *jur.* if and when; whenever; as long as; as soon as; ~ *nicht* unless, if not, except if (*or* when); → *außer*; provided (that); ~ *auch, selbst* ~ (al)though, even if *or* though; ~ *auch noch so* however; ~ *bloß or doch or nur* if only; ~ *er nicht gewesen wäre* had it not been for him, but for him; ~ *ich das gewußt hätte* if I had (*or* had I) known that; ~ *man bedenkt, daß* to think that; ~ *man ihn reden hört* to hear him (talk); *es ist nicht gut,* ~ *man* it is not good to *inf.*; *es ist, als* ~ *er es geahnt hätte* one would think he had felt it; ~ *du (erst) einmal dort bist* once you are there; ~ *man von ... spricht* speaking of ...; ~ *man nach ... urteilt* judging from *or* by ...; ~ *schon!* what of it?, so what?; ~ *schon, denn schon* in for a penny, in for a pound, I (we) may as well be hanged for a sheep as for a lamb; **II.** *das* ♀ the if; *ohne* ~ *und Aber* without 'ifs' or 'buts', unreservedly; ~'**gleich,** ~'**schon** *cj.* although, though.

Wenzel ['vɛntsəl] *m* (-s; -) *cards*: knave.

wer [veːr] **1.** *rel. pron.* who, he who; ~ *auch* (*immer*) who(so)ever; **2.** *interr. pron.* who?, which?; ~ *von euch?* which of you?; *mil.* ~ *da?* who goes there?; **3.** *colloq. indef. pron.* somebody, anybody.

Werbe|abteilung ['vɛrbə-] *f* advertising (*or* publicity) department; ~**agent** *m* advertising agent, canvasser; ~**aktion** *f* → *Werbefeldzug*; ~**artikel** *m* advertising novelty; ~**berater** *m* advertisement consultant; ~**beratung** *f* advertising advice; ~**blatt** *n* leaflet; ~**brief** *m* publicity (*or* sales) letter; ~**büro** *n* advertising agency; *mil.* recruiting office; ~**erfolg** *m* advertising result, effectiveness of advertising; ~**fachmann** *m* advertising expert (*or* man), publicity specialist; ~**feldzug** *m* publicity campaign, (advertising) drive; ~**film** *m* advertising film; ~**fläche** *f* advertising space; ~**graphik** *f* advertising (*or* commercial) art; ~**kosten** *pl.* advertising expenditure; ~**kraft** *f* (-) advertising appeal, publicity value, pull; eye appeal; ♀**kräftig** *adj.* having advertising appeal, effective; ~**leiter** *m* publicity manager; ~**material** *n* advertising material; ~**mittel** *n* advertising medium (*pl.* media), means of publicity; *pl.* advertising appropriation; ~**muster** *n* trial sample.

'**werben** *v/i. and v/t.* (*irr., h.*) *mil.* enlist, recruit; enlist (*members*); canvass (*customers, votes*); *j-n für e-e Sache* ~ win a p. over to a th.; ~ *für* (*acc.*) make propaganda for, *Am. a.* publicize; *econ.* advertise, boost, push, plug; ~ *um* (*acc.*) sue for, *lover*: court, *rhet.* woo (*both a. fig.*); ~*des Kapital* working capital; '**Werben** *n* (-s) → *Werbung*.

'**Werber** *m* (-s; -) suitor; *econ.* canvasser; *mil.* recruiting officer; ~**kolonne** *f* team of canvassers.

'**Werbe...:** ~**schrift** *f* prospectus, brochure; advertising pamphlet, leaflet, *Am. a.* folder; ~**sendung** *f* commercial; ~**spruch** *m* (advertising) slogan; ~**trommel** *f*: *die* ~ *rühren* beat up for recruits; *fig.* make propaganda, advertise; → *werben*; ♀**wirksam** *adj.* → *werbekräftig*; ~**woche** *f* propaganda week; ~**zweck** *m* advertising purpose.

'**Werbung** *f* (-; -*en*) *mil.* recruiting; *of suitor*: courting, wooing; courtship; *econ.* propaganda; publicity, advertising; sales promotion; publicity campaign; canvassing (*von* of *orders, etc.*); ~**skosten** *pl. tax return*· professional outlay, *of company*: business expenses; → *Werbekosten*.

Werdegang ['veːrdə-] *m* (-[e]s) development; career (*of person*), background; *tech.* process of manufacture.

'**werden I.** *v/i.* (*irr., sn*) become, get; grow, come to be; turn *pale*, *sour, etc.*; come into existence, arise; turn out, prove; *Arzt* ~ become a doctor; *blind* ~ go blind; *böse* ~ grow (*or* get) angry; *gesund* ~ get well, recover; *Mohammedaner* ~ turn Mohammedan; *ein* (*or zum*) *Verräter* ~ turn traitor; *es wird kalt* ~ it is getting cold; *was soll aus ihm* (*or daraus*) ~? what will become of him (*or* it)?; *was ist aus ihm geworden?* what has become of him?; *was will er* ~? what is he going to be?; *was soll nun* ~? what (are we going to do) now?; *daraus wird nichts* **a**) nothing will come of it, **b**) that's out!, nothing doing!; *es ist nichts daraus geworden* it has come to nothing; *es wird schon* ~ it will be all right; *es muß anders* ~ there must be a change, we cannot go on like this; *colloq. er wird wieder* ~ he will come round; *es werde Licht! und es ward Licht* let there be light! and there was light; **II.** *v/aux. ich werde fahren* I shall drive; *sie wird gleich weinen* she is going to cry; *es wurde getanzt* there was dancing, they danced; *er würde es mir gesagt haben* he would have told me; *es ist uns gesagt worden* we have been told; *geliebt* ~ be loved; *gebaut* ~ **a**) be built, **b**) be being built; 2 *n* (-s) growing; development; rise, birth; formation; progress; *noch im* ~ *sein* be in process of development, be in embryo; *Amerika im* ~ America in the making; *große Dinge sind im* ~ great things are preparing; **~d** *adj.* growing, nascent; *~e Mutter* expectant mother.

Werder ['vɛrdər] *m* (-s; -) river-islet, holm.

werf|en ['vɛrfən] *v/t.* (*irr., h.*) throw (*a. v/i.*; *nach* at); fling, hurl; *a. fig.* cast (*anchor, light, look, shadow*); toss; *aer.* drop (*bombs*); project (*picture*); emit (*rays*); *Junge* ~ bring forth (*or* drop) young, *cow, mare*: foal, *beast of prey*: cub, *sow*: litter; *Falten* ~ raise folds, pucker; *tech. sich* ~ buckle, distort, *wood*: warp; *fig. sich auf* (*acc.*) ~ apply o.s. to, throw o.s. into *space research, etc.*; *von sich* ~ throw away, cast off; *um sich* ~ *mit* **a**) be lavish of (*money, etc.*), **b**) bandy about (*words of praise, etc.*), **c**) show off with (*fancy words, etc.*); *aufs Papier* ~ jot down; *mil. aus e-r Stellung* ~ dislodge (*or* drive) from a position; *er wirft zuerst* he has the first throw; *e-n Gegner* ~ throw an opponent; → *Brust, Hals, Haufen, etc.*; **2er** *m* (-s; -) *sports*: pitcher; *mil.* mortar; (*rocket*) launcher.

Werft [vɛrft] *f* (-; -en) shipyard, dockyard; *aer.* → *Werfthalle*; '**~arbeiter** *m* docker; '**~halle** *aer. f* repair hangar.

Werg [vɛrk] *n* (-[e]s) tow; oakum; '**~dichtung** *tech. f* hemp packing.

Werk [vɛrk] *n* (-[e]s; -e) work (*a. of artist, author* = opus; *a. collect.*); act(ion), deed; performance, achievement; undertaking, enterprise; work, production; mechanism, works *pl.*; works *usu. sg.*, factory, (industrial) plant; workmanship; *econ. ab* ~ ex works; *ans* ~! now for it!, let us begin!; *am* ~ *sein* be at work; *ans* ~ *gehen, Hand ans* ~ *legen* set (*or* go) to work; *ein gutes* ~ *tun* perform a good deed, do an act of kindness (*an dat.* to); *im ~e sein* be on foot *or* in the wind; *ins* ~ *setzen* set going *or* on foot, bring about, engineer; *zu ~e gehen* proceed, go about it; *b.s. es war sein* ~ it was his doing; *es war das* ~ *weniger Augenblicke* it was a matter of seconds, it took a few moments.

'**Werk...**: **~anlage** *f* industrial plant, works *usu. pl.*; **~bahn** *f* factory railway; **~bank** *f* (-; ⸚e) (work-) bench; **~blei** *n* work (*or* raw) lead; **~druckpapier** *n* book paper; **2en** *v/i.* (*h.*) work; be busy, potter about; **2fremd** *adj.* outside; **~führer** *m* foreman, *Am.* superintendent; **~halle** *f* workshop hall; **~küche** *f* factory canteen; **~leistung** *f* service; **~leute** *pl.* workmen; **~lieferungsvertrag** *m* contract for work, labo(u)r, and materials; **~lohn** *m* wage(s *pl.*); **~meister** *m* foreman; **~nummer** *f* factory serial number; **~photo** *n* studio still; **~prüfung** *f* testing of materials; **~s-angehörige(r** *m*) *f* employee (of the firm); **~schutz** *m* works-protection force; **~seide** *f* floss silk; **~s-erprobung** *f* factory test; **~s-kantine** *f* work canteen; **~s-leiter** *m* works manager; **~s-norm** *f* works standard specification; **~spionage** *f* industrial espionage; **~statt, ~stätte** *f* workshop; **~statt-auftrag** *m* work order; **~statt-montage** *f* shop assembly; **~statt-schreiber** *m* time recorder; **~statt-wagen** *m* mobile repair-shop, *Am.* maintenance truck; **~stattzeichnung** *f* workshop drawing; **~stelle** *f* workshop; factory, works *usu. sg.*; place of work; **~stein** *m* freestone; **~stoff** *m* material, stock; raw material; plastic material; **~stoff-ermüdung** *f* material fatigue; **~stück** *tech. n* workpiece, work(ing part); **~stückzeichnung** *f* component drawing; **~student** *m* working (*or* part-time) student; **~s-vorschrift** *f* works specification; **~tag** *m* workday, weekday; working-day; **2täglich** *adj.* weekday; workaday; **2tags** *adv.* on weekdays; **2tätig** *adj.* working; *die 2en* the working population; **~tisch** *m* work-table; **~vertrag** *m* work contract, contract of manufacture; **~wohnung** *f* company(-owned) dwelling; **~zeichnung** *f* working drawing.

'**Werkzeug** *n* tool; instrument; implement; *physiol.* organ; *fig.* tool; *nur Gottes* ~ God's passive agent; **~ausrüstung** *f* tool kit; **~halter** *tech. m* toolholder; **~kasten** *m* tool box *or* kit; **~lehre** *f* (-) tool gauge; **~macher** *m* tool maker; **~maschine** *f* machine tool; **~satz** *m* tool set; **~schlitten** *m* tool carriage, saddle; **~schlosser** *m* → *Werkzeugmacher*; **~schlüssel** *m* tool wrench; **~schrank** *m* tool chest; **~stahl** *m* tool steel; **~tasche** *f* tool-bag.

Wermut ['ve:rmu:t] *m* (-[e]s) *bot.* wormwood; verm(o)uth; *fig.* sorrow, bitterness.

wert [ve:rt] *adj.* worth (*e-r Sache* a th.); worthy (*gen.* of); dear; esteemed, valued; *nicht viel* ~ not up to much (*a. person*); *nichts* ~ worth nothing, worthless, of no value, good for nothing; → *Mühe, Rede*; *Ihr ~es Schreiben* your (esteemed) letter; *das ist schon viel* ~ that's a great point gained; *das Buch ist* ~, *daß man es liest* the book is worth reading; *er ist es nicht* ~, *daß* he does not deserve that; *colloq. er ist drei Millionen Dollar* ~ he is worth three million dollars; *wie ist Ihr ~er Name?* may I ask your name?

Wert *m* (-[e]s; -e) value (*a. phys., math., tech.*); worth; equivalent; price; asset; *of coin*: standard; *chem.* valence; *phys., tech.* coefficient, factor; use; *äußerer* ~ face value; *künstlerischer* ~ merit; *math. fester* (*veränderlicher*) ~ fixed (variable) quantity; *~e pl. phys., tech.* data; *econ.* assets; securities, issues, stocks; *greifbare ~e* tangible assets; *innerer* ~ intrinsic value; *im ~e von* of the value of, valued at; *Waren im ~e von 300 Dollar* $300 worth of goods; *von geringem* ~ of small value; *e-e Entdeckung von unschätzbarem* ~ an invaluable discovery; (*großen*) ~ *legen auf* set (*a* high) value on, attach (great) importance to, set (great) store by; make a point of, insist on; *im* ~ *sinken* depreciate; *econ.* ~ *erhalten* value received.

'**Wert...**: **~angabe** *f* declaration of value; **~arbeit** *f* high-class workmanship; **~berichtigung** *econ. f* adjustment of value; *Rückstellung für* ~ re-valuation reserves; **~berichtigungsbuchung** *f* reversing entry; **~berichtigungs-posten** *m* adjustment item; **2beständig** *adj.* of fixed value; *fig.* lasting in value; stable (*currency*); **~beständigkeit** *f* fixed value; stability; **~bestimmung** *f* valuation; appraisal, estimate; computation; (tax) assessment; *phys.* determination of value (*chem.* of valence); **~brief** *m* insured letter; money-letter; **2en** *v/t.* (*h.*) value; appraise; judge; classify; *esp. ped., sports*: rate (*nach Leistung* on performance); *sports*: *a.* score; evaluate; admit; *soccer*: *ein Tor nicht* ~ disallow (*or* annul) a goal; **~gegenstand** *m* article of value; *pl.* valuables; **2geschätzt** *adj.* esteemed; **~grenze** *f* maximum value; **2ig** *chem. adj.*: *zwei~* divalent; *drei~* trivalent; **~igkeit** *f* (-) valence; **~igkeitsstufe** *f* valency; **2los** *adj.* worthless (*a. person*), valueless; useless; futile; **2mäßig** *econ. adj. and adv.* ad valorem; **~maßstab, ~messer** *m* (-s; -) standard (of value) (*für* for); **~minderung** *f* depreciation, deterioration in value; **~paket** *n* insured parcel; **~papiere** *n/pl.* securities; **~papierkonto** *n* deposit account; **~sachen** *f/pl.* valuables; **2schaffend** *adj.* productive; **2schätzen** *v/t.* (*h.*) esteem highly, appreciate (highly); **~schätzung** *f* esteem (*gen.* for), appreciation (of); **~sendung** *f* consignment of valuables; remittance (*of money*); **~steigerung** *f* increase in value; improvement (*of real estate*); **~ung** *f* (-; -*en*) → *werten*; valuation; appraisal, estimate; rating; judging; evaluation; scoring; **~urteil** *n* judgment as to value; **~verlust** *m*, **~verringerung** *f* depreciation; **2voll** *adj.* valuable, precious; **~zeichen** *n* (postage) stamp; **~zoll** *m* ad valorem duty; **~zuwachs** *m* accretion, increment value; **~zuwachssteuer** *f* increment-value tax.

Werwolf ['ve:r-] *m* Wer(e)wolf.

Wesen ['ve:zən] *n* (-s; -) being, creature; *phls.* (-) entity; essence, substance; nature, character; personality; manners *pl.*, way, bearing; *gekünsteltes ~* affected air; *mürrisches ~* moroseness; organization; affairs, matters *pl.*; system; *Sparkassen2* savings-bank system; *Bank2* banking; fuss, ado; *armes ~* poor creature (*or* thing); *kein lebendes ~ weit und breit* not a living soul anywhere; *viel ~s von et. machen* make a fuss about a th.; *nicht viel ~s mit j-m machen* treat a p. unceremoniously; *sein ~ treiben* be active, *ghost, etc.*: haunt (*in, an dat. a place*); *2 v/i.* (*h.*) *poet.* live, (be at) work; **2haft** *adj.* substantial, real; characteristic; **~heit** *f* (-) essence; substantiality; **2los** *adj.* unsubstantial; unreal, shadowy.

'Wesens...: **~art** *f* nature, character, mentality; **2eigen** *adj.* characteristic; **2fremd** *adj.* foreign to one's nature, incompatible; **2gleich** *adj.* identical (in character); **~gleichheit** *f* identity (of character), essential likeness; **~lehre** *f* (-) ontology; **~zug** *m* characteristic (feature *or* trait).

wesentlich ['ve:zəntliç] **I.** *adj.* essential, substantial; material (*für* to); vital; fundamental; *das 2e* the essential, the vital point; *~er Inhalt* substance *of a book, etc.*; *kein ~er Unterschied* no appreciable difference; *im ~en* essentially, in the main; **II.** *adv.*: *~ verschieden* very (*or* vastly) different.

weshalb [vɛs'halp] **1.** *interr. pron.* why, wherefore, for what reason; **2.** *cj.* and therefore, and so, and that's why.

Wespe ['vɛspə] *f* (-; -*n*) wasp; **~nnest** *n* wasps' nest; *fig. in ein ~ stechen* bring a hornets' nest about one's ears, stir a nest of vipers; **~nstich** *m* wasp's sting; **~ntaille** *f* wasp-waist.

wessen ['vɛsən] **1.** *gen. of wer*: whose; **2.** *gen. of was*: of what; *~ wird er beschuldigt?* what is he accused of?

West [vɛst] **1.**: *Stuttgart, etc. ~* Stuttgart, *etc.* West; **2.** *m* (-[e]s, -e) → *Westwind.*

Weste ['vɛstə] *f* (-; -*n*) waistcoat, *econ. and Am.* vest; *fig. er hat eine reine ~* his scutcheon is clean.

Westen ['vɛstən] *m* (-s) west; (*land*) West; occident; *nach ~* westward.

Westen|tasche *f* vest-pocket; *fig. wie seine ~ kennen* know *a th. or p.* inside out; know all the ins and outs (*of area, house*); **~taschenformat** *n*: *im ~* pocket-size *dictionary, car, etc.*

'West...: **~europa** *n* Western Europe; **2europäisch** *adj.* Western European; **~fale** [-'fa:lə] *m* (-*n*; -*n*), **2fälisch** [-'fɛ:liʃ] *adj.* Westphalian; **2lich** *adj.* west(ern), westerly; *die ~e Welt* the West(ern World), the Occident; *~ von* (to the) west of; **~mächte** ['-mɛçtə] *f/pl.* Western Powers; **~mark** *f* (-; -) (*currency*) Western mark; **2wärts** ['-vɛrts] *adv.* westward; **~wind** *m* west(erly) wind.

weswegen ['vɛs've:gən] → *weshalb.*

wett [vɛt] *pred. adj.* even, equal; quits.

Wett-annahme ['vɛt-] *f* betting office.

Wettbewerb ['-bəvɛrp] *m* (-[e]s; -e) competition, contest; *sports*: *a.* event; *econ. freier ~* free competition, competitive trade; *unlauterer ~* unfair competition; *außer ~* non-competitive; *in ~ stehen* (*mit*) compete (with), rival (*a p. or th.*); *in ~ treten mit* enter into competition with; **~er(in** *f*) *m* competitor, contestant; **~s-beschränkung** *f* restraint on trade; **2s-fähig** *adj.* competitive.

'Wettbüro *n* betting office.

'Wette *f* (-; -*n*) bet, wager; *e-e ~ eingehen* make a bet; *ich gehe jede ~ ein, daß* I bet you ten to one that; *was gilt die ~?* what will you bet?; *et. um die ~ tun* vie with each other in doing a th.; *sie liefen um die ~* they raced each other; *sie lachten um die ~* they nearly split their sides with laughter.

'Wett-eifer *m* emulation, rivalry; **2n** *v/i.* (*h.*) vie (*mit* with; *in dat.* in *a th.*); compete (with; in; *um* et. for a th.); *mit j-m ~ a.* emulate *or* rival a p.

'wetten *v/t. and v/i.* (*h.*) bet, wager (*mit j-m* a p.; *um* et. a th.); *~ auf* (*acc.*) bet (*or* lay) on, back (*a horse*); *ich wette zehn zu eins, daß* I bet you ten to one that; *fig. so haben wir nicht gewettet* we did not bargain for that; *2 n* (-s) betting; **2de(r** *m*) *f* (-*n*, -*n*; -*en*, -*en*), **'Wetter¹(in** *f*) *m* (-s, -; -, -*nen*) better; backer.

Wetter² ['vɛtər] *n* (-s) weather; storm, bad weather; thunderstorm; *mining* (-s; -): *böses ~* damp; *schlagende ~ pl.* fire damp; *es war schönes ~* the weather was fine, it was a beautiful day; *falls das ~ mitmacht* (wind and) weather permitting; *fig. gut ~ bei j-m machen* put a p. in the right frame of mind; *alle ~!* **a**) hang it all!, **b**) dear me!, by Jove!, *Am.* golly!, gee!; **~ansage** *f* → *Wetterbericht*; **~aussichten** *f/pl.* weather-outlook *sg.*; **~be-obachter** *m* weather observer; **~be-obachtung** *f* meteorological observation; **~bericht** *m* weather report, weather forecast; **~dach** *n* penthouse, open shed; **~dienst** *m* weather service; **~fahne** *f* (weather) vane; **2fest** *adj.* weatherproof; **~front** *f* front; **~frosch** *colloq. m* weatherman; **~fühlig** ['-fy:liç] *med. adj.* sensitive to changes in the weather, meteorosensitive; **~glas** *n* weather-glass; **~hahn** *m* weather-cock; **2hart** *adj.* weather-beaten; **~karte** *f* weather-chart; **~kunde** *f* (-) meteorology; **~lage** *f* weather conditions *pl.*; **~leuchten** *n* sheet-lightning, summer-lightning; *fig. ~ am politischen Horizont* clouds (*or* storm brewing) on the political horizon; **2leuchten** *v/i.* (*h.*): *es wetterleuchtet* there is sheet-lightning; **~mantel** *m* raincoat, trenchcoat; **~meldung** *f* weather-report; **2n** *v/i.* (*h.*) be stormy; *fig.* storm, thunder; swear; *~ gegen a.* inveigh against; **~prophet** *m* weather-prophet; **~schacht** *m mining*: air-shaft; **~schaden** *m* damage done by the weather; **~schutz** *m* weather protection; **~seite** *f* weather-side; **~sturz** *m* sudden fall of temperature; **~verhältnisse** *n/pl.* weather conditions; **~voraussage, ~vorhersage** *f* weather forecast; **~warte** *f* weather-station, *Am.* weather bureau; **~wechsel** *m* change of weather; **2wendisch** ['-vɛndiʃ] *adj.* changeable, fickle; **~wolke** *f* thunder-cloud; **~zeichen** *n* sign of approaching storm; **~zone** *f* zone of bad weather.

'Wett...: **~fahrt** *f* race; **~fliegen** *n*, **~flug** *m* air-race; **~gesang** *m* singing-match; **~kampf** *m* contest, competition; → *Wettspiel*; **~kampfbestimmungen** *f/pl.* competition rules; **~kämpfer(in** *f*) *m* competitor, contestant; athlete; **~kampfspeer** *m* standard javelin; **~kurs** *m* odds *pl.*, *often sg.*; **~lauf** *m* (foot-)race, running-match; ski-race; *fig. ~ mit der Zeit* race against time; **~läufer(in** *f*) *m* runner; ski-racer; **2machen** *v/t.* (*h.*) make up for, square; make good, make up for (*loss, omission*); *du mußt es wieder ~ bei ihr!* make it up to her!; **~rennen** *n* race; **~rudern** *n* boat-race; **~rüsten** *n* armament race; **~schwimmen** *n* swimming contest; **~segeln** *n* regatta; **~spiel** *n* match, *Am.* game; **~springen** *n* ski-jumping competition; **~steuer** *f* betting tax; **~streit** *m* contest, match; *fig. edler ~* noble contest; *es war ein edler ~* they vied with each other for the hono(u)r *of doing it*; **~zettel** *m* betting-slip.

wetzen ['vɛtsən] *v/t.* (*h.*) whet, sharpen; grind; rub.

'Wetz|stahl *m* (butcher's) steel; **~stein** *m* whetstone, hone.

Whisky ['viski] *m* (-s; -s) whisk(e)y; *~ und Soda* whisk(e)y and soda, *Am.* highball.

wich [viç] *pret. of weichen.*

Wichs [viks] *m* (-es; -e) gala; *in vollem ~* in full dress; **'~bürste** *f* blacking-brush; **'~e** *f* (-; -*n*) blacking, polish; **'2en** *v/t.* (*h.*) black; polish, shine; *colloq.* thrash.

Wicht [viçt] *m* (-[e]s; -e) wight, creature; *armer ~* poor wretch; *kleiner ~* hop-o'-my-thumb, whipper-snapper; urchin, brat.

Wichte ['viçtə] *tech. f* (-; -*n*) specific gravity, weight per unit volume.

'Wichtelmännchen *n* brownie.

wichtig ['viçtiç] *adj.* important (*für* to); momentous; essential; vital;

weighty; ~ *tun* assume an air of importance, give o.s. airs; ≈**keit** *f* (-) importance, import, moment; seriousness; ≈**tuer** [ˈ-tuːər] *m* (-*s*; -) pompous ass, bumble, busy-body; ≈**tueˈrei** *f* (-; -*en*) pomposity, bumbling; ~**tuerisch I.** *adj.* pompous, bumbling; **II.** *adv.* pompously, importantly.

Wicke [ˈvikə] *bot. f* (-; -*n*) vetch; sweet pea.

Wickel [ˈvikəl] *m* (-*s*; -) roll(er); *med.* packing; *feuchter* ~ wet compress; *heißer* ~ hot fomentation; hair-curler, curling-paper; *colloq. j-n beim* ~ *kriegen* take a p. by the scruff of his neck, collar a p.; ~**band** *n* (-[e]*s*; ≈*er*) swaddling-band; ~**gamasche** *f* puttee; ~**kind** *n* child in swaddling-clothes, baby (in arms); ~**kondensator** *el. m* roller type capacitor; ~**maschine** *f* winding machine; *spinning*: lap-machine; ≈**n** *v/t.* (*h.*) wind, roll, coil; reel, spool; curl (*hair*); wrap up; swathe, swaddle (*baby*); roll, make (*cigar, cigarette*); *sich* ~ *um* wind *or* coil (o.s.) round *a th.*; *sich in eine Decke* ~ wrap a blanket about one; *fig.* → *Finger, schief*; ~**schürze** *f* wrap-over apron; ~**schwanz** *m* prehensile tail; ~**tuch** *n* (-[e]*s*; ≈*er*) wrapper, baby's roller.

ˈ**Wicklung** *el. f* (-; -*en*) winding.

Widder [ˈvidər] *m* (-*s*; -) ram; *ast.* Ram, Aries.

wider [ˈviːdər] *prp.* (*acc.*) against, contrary to, in opposition to, versus, in the face of; → *für*; *gegen*; ~**borstig** *adj.* cross-grained, stubborn; ~ˈ**fahren** *v/i.* (*irr., sn*) (*dat.*) befall, happen to (*a p.*); meet with *an accident, etc.*; *j-m* **et.** ~ *lassen* mete a th. out to a p.; *j-m Gerechtigkeit* ~ *lassen* do justice to a p., *esp. w.s.* give a p. his due; ~**haarig** *adj.* cross-grained, refractory; ≈**haken** *m* barbed hook; *on arrow, fishing-line, etc.*: barb; *mit* ~ *versehen* barbed; ≈**hall** *m* echo, reverberation, resonance (*all a. fig.*); *fig. keinen* ~ *finden* meet with no response; ~ *in der Presse* press echo; ~**hallen** *v/i.* (*h.*) (re-)echo, resound (*von* with); ≈**klage** *f* counter-action, counter-claim; ≈**kläger(in** *f*) *m* defendant counter--claiming; ≈**lager** *n arch.* abutment; counterfort; *tech.* support; ~**legbar** [-ˈleːkbɑːr] *adj.* refutable; ~ˈ**legen** *v/t.* (*h.*) refute, disprove; *diese Erkenntnis widerlegte die ganze Theorie* this finding defeated the whole theory; *s-e eigenen Worte* ~ give the lie to one's own words; ≈**legung** [-ˈleːguŋ] *f* (-; -*en*) refutation, confutation, *esp. jur.* rebuttal.

ˈ**widerlich** *adj.* repugnant, repulsive; distasteful, (*a. person*) loathsome, disgusting, sickening; nauseating; → *widerwärtig*; ≈**keit** *f* (-) repulsiveness; loathsomeness.

ˈ**wider...:** ~**natürlich** *adj.* unnatural, perverse; → *Unzucht*; ≈**natürlichkeit** *f* perversity; ≈**part** *m* opponent, adversary; ~ *halten* (*dat.*) oppose; ~ˈ**raten** *v/t.* (*irr., h.*): *j-m et.* ~ dissuade a p. from a th., advise a p. against a th.; ~**rechtlich** *adj.* illegal, unlawful, wrongful; *jur.* ~ *betreten* trespass (up)on; *sich* ~ *aneignen* misappropriate, usurp; ≈**rechtlichkeit** *f* illegality, unlawfulness; ≈**rede** *f* contradiction, objection; *Am.* backtalk; *ohne* ~ unquestionably; ≈**rist** *vet. m* withers *pl.*; ≈**ruf** *m* revocation; recantation, retraction, disavowal (*of statement*); *econ.* countermand, *a. of command, etc.*: cancel(l)ation, withdrawal; (*gültig*) *bis auf* ~ until recalled, unless countermanded *or* cancel(l)ed; ~ˈ**rufen** *v/t.* (*irr., h.*) revoke; retract, recant (*statement*); repeal; cancel, countermand, withdraw (*contract, order, command*); ~ˈ**ruflich I.** *adj.* revocable; **II.** *adv.* revocably; on probation; at pleasure, at will; ≈**sacher** [ˈ-zaxər] *m* (-*s*; -) adversary, antagonist, opponent (*all*: *a. f*); *eccl. the* Foe *or* Fiend; ≈**schein** *m* reflection; ~ˈ**setzen:** *sich* ~ (*h.*) (*dat.*) oppose, resist; set one's face against; struggle against; disobey (*law, order*); ~**setzlich** [-ˈzɛtsliç] *adj.* refractory; insubordinate; obstructive; ≈ˈ**setzlichkeit** *f* (-) refractoriness; insubordination; ≈**sinn** *m* (-[e]*s*) nonsense, absurdity; ~**sinnig** *adj.* paradoxical; absurd, nonsensical, preposterous; ~**spenstig** [ˈ-ʃpɛnstiç] *adj.* refractory, recalcitrant; obstinate, stubborn; rebellious, restive; unruly (*child, hair, etc.*); *der* ≈*en Zähmung* the Taming of the Shrew; ≈**spenstigkeit** *f* (-) refractoriness, obstinacy; ≈**spiel** *n* contrary, reverse, counterpart; ~ˈ**sprechen** *v/i.* (*irr., h.*) (*dat.*) contradict (*sich* o.s.); oppose (*a proposal, etc.*); be repugnant to (*a law*); *sich or einander* ~ *views, instructions, etc.*: be contradictory, be at variance; ~ˈ**sprechend** *adj.* contradictory; conflicting (*feelings, laws, etc.*).

ˈ**Wider|spruch** *m* contradiction; opposition (*gegen* to *a proposal, a.* to *patent application*); *Am.* backtalk; *innerer* ~ inconsistency; ~ *in sich selbst* contradiction in terms; *im* ~ *zu* in contradiction to; *in offenem* ~ *zu* in flagrant contradiction to; *im* ~ *stehen zu* be inconsistent with, be at variance with; ≈**sprüchlich** [ˈ-ʃpryçliç] *adj.* contradictory, inconsistent.

ˈ**Widerspruchs...:** ~**geist** *m* (-*es*) contradictoriness; ≈**los I.** *adj.* uncontradicted; **II.** *adv.* without contradiction; meekly; ≈**voll** *adj.* (self-)contradictory, incongruous.

ˈ**Widerstand** *m* resistance, opposition; *el.* **a)** resistance, *spezifischer* ~ volume resistivity, **b)** resistor; *aer.* drag of air; *tech.* (material) strength, stability; *mil. hinhaltender* ~ delaying action; ~ *leisten* offer (*or* put up a) resistance; *auf* (*heftigen*) ~ *stoßen* meet with fierce resistance, run into stiff opposition; *den* ~ *aufgeben* give in; *jur.* ~ *gegen die Staatsgewalt* resisting a public officer in the execution of his office.

ˈ**Widerstands...:** ~**bewegung** *f* resistance movement, *the* Resistance; ≈**fähig** *adj.* resistant, robust, rugged (*all a. tech.*); ~**fähigkeit** *f* (-) resistance, strength; ~**kämpfer** *pol. m* member of the Resistance; ~**kern** *mil. m* cent|re (*Am.* -er) of resistance, strong point; ~**kraft** *f* power of resistance; *tech.* strength, stability; ≈**los** *adj.* unresisting; *adv. a.* without resistance; meekly; ~**messer** *el. m* (-*s*; -) ohmmeter; ~**nest** *mil. n* pocket of resistance; ~**schweißung** *f* resistance welding; ~**wert** *m* coefficient of resistance.

ˈ**wider...:** ~ˈ**stehen** *v/i.* (*irr., h.*) (*dat.*) resist, withstand; be repugnant to; *food*: disagree with, make *a p.* heave; *er konnte der Versuchung nicht* ~ he could not resist (*or* he succumbed to) temptation; ~ˈ**streben** *v/i.* (*h.*) (*dat.*) oppose; strive (*or* struggle) against; be repugnant to, go against one's grain; *es widerstrebt mir, dies zu tun* I am reluctant to do it, I hate to do it; ≈ˈ**streben** *n* resistance, opposition; reluctance; *mit* ~ → ~ˈ**strebend** *adv.* reluctantly, with reluctance; ≈**streit** *m* (-[e]*s*) opposition, antagonism; *fig.* conflict, clash; ~ˈ**streiten** *v/i.* (*irr., h.*) (*dat.*) conflict (*or* clash) with, be contrary to; ~ˈ**streitend** *adj.* antagonistic; conflicting, clashing; ~**wärtig** [ˈ-vɛrtiç] *adj.* unpleasant, disagreeable; repulsive; disgusting, loathsome, nasty; hateful, odious; ≈**wärtigkeit** *f* (-) unpleasantness, disagreeableness; repulsiveness; nastiness; nuisance; adversity, untoward event; ≈**wille** *m* aversion (*gegen* to), dislike (for), antipathy (to); disgust (at), loathing; reluctance; ~**willig I.** *adj.* unwilling, reluctant; grudging (*admiration, etc.*); **II.** *adv.* reluctantly, with reluctance; with distaste *or* disgust; grudgingly.

widm|en [ˈvitmən] *v/t.* (*h.*) dedicate; devote (*all*: *dat.* to); *sich e-r Sache* ~ devote o.s. (*or* give o.s. up) to a th.; *sich j-m* ~ attend to, devote one's time to, entertain *a p.*; ≈**ung** *f* (-; -*en*) dedication; ≈**ungsexemplar** *n* presentation copy.

widrig [ˈviːdriç] *adj.* adverse, untoward, contrary; → *widerwärtig*; ~**enfalls** [ˈ-gən-] *adv.* failing which, in default of which, otherwise; ≈**keit** *f* (-) contrariety, unpleasantness; repulsiveness, loathsomeness; adversity, untoward event.

wie [viː] *adv.* **1.** *interr.* how?, in what way?; ~ *alt sind Sie?* how old are you?, what is your age?; ~ *sagten Sie?* what did you say?, (I beg your) pardon?; ~ *ist* (*or war*) *es mit?* what about?; ~ *wäre es mit?* what about?; ~ *wäre es, wenn?* what if?; **2.** *int.* ~ *schön?* how beautiful!; ~ *froh war ich!* how glad I was!; ~ *gut, daß!* lucky for him (us, them) that!; *und* ~! and how!, not half!; **3.** *comparative*: as, *usu.* as ... as; → *so*; such as; like; ~ *ein Freund* as (*or* like) a friend; *ein Mann* ~ *er* a man such as he, a man like him; (*nicht*) *so alt* ~ as (not so) old as; *er sieht nicht* ~ *50* (*Jahre alt*) *aus* he doesn't look fifty; ~ *oben* (*zuvor*) as above (before); ~ *gesagt* as has been said, as I have said before; ~ *du mir, so ich dir* tit for tat; ~ *man mir gesagt hat* as I have been told; **4.** *as to time*: (*cj.*) as; ~ *er dies hörte* hearing this; ~ *ich so vorbeiging* just as I was passing by; *ich sah*, ~ *ihm die Tränen in die Augen traten* I saw tears come into his eyes; *ich hörte*, ~ *er es sagte* I heard him say so; **5.** *with adv.*: ~ *sehr er es auch versuchte* much as he tried; *parenthetical*: ~ *es scheint* it seems; **6.** *generalizing*: ~ (*auch*) *immer* however, no matter how; ~ *dem auch sei* however that may be, be that as it may; ~ *sie auch alle heißen mögen* whatever their names may be.

Wie *n* (-): *das* ~ *und Warum* the why and the wherefore; *auf das* ~ *kommt es an* it all depends on how it is done (*or* said).

Wiedehopf ['vi:dəhɔpf] *m* (-[e]s; -e) hoopoe.

wieder ['vi:dər] *adv.* again, once more; anew, afresh; back; in return; ~ *und* ~ again and again, over and over again; ~ *ist ein Tag vergangen* another day has passed; **2abdruck** *m* (-[e]s; -e) reprint, new impression; **2anfang** *m* → *Wiederbeginn*; **~'anknüpfen** *fig. v/i.* (*h.*) renew; **2anlage** *econ. f* reinvestment; **2annäherung** *pol. f* rapprochement; **~'annehmen** *v/t.* (*irr.*, *h.*) reassume (*name, title*); **~'anstellen** *v/t.* (*h.*) reappoint, reinstall; → *wiedereinstellen*; **2'anstellung** *f* reappointment; **2'aufbau** *m* (-[e]s) reconstruction; rehabilitation; rebuilding; **~'aufbauen** *v/t.* (*h.*) rebuild; reconstruct; rehabilitate; **~'aufblühen** *v/i.* (*sn*) → *aufblühen*; **~'auf-erstehen** *v/i.* (*irr.*, *sn*) rise from the dead; **2'auf-erstehung** *f* resurrection; **~aufführen** *thea. v/t.* (*h.*) reproduce; **2aufführung** *f* reproduction; **~'aufkommen** *v/i.* (*irr.*, *sn*) *fashion, etc.*: revive, come into fashion again; *patient*: recover; **2'aufkommen** *n* revival; recovery; **~'aufladen** *v/t.* (*irr.*, *h.*) recharge (*battery, etc.*); **~'aufleben** *v/i.* (*sn*) (*a.* ~ *lassen*) revive; *Versicherung* ~ *lassen* reinstate (*insurance*); **2'aufleben** *n* revival; **2'aufnahme** *f* resumption; **2'aufnahmeverfahren** *jur. n* new hearing; new trial, trial de novo; *das* ~ *einleiten in e-m Prozeß* (*gegen j-n*) retry a case (a p.); **~'aufnehmen** *v/t.* (*irr.*, *h.*) resume; **~'aufrichten** *v/t.* (*h.*) set up (again), re-erect; **~aufrüsten** *v/t. and v/i.* (*h.*) rearm; **2'aufrüstung** *f* rearmament, rearming; **~'auftauchen** *v/i.* (*sn*) come to light again, reappear, turn up again; *mar.* re-surface; **~'auftreten** *v/i.* (*irr.*, *sn*) reappear; **2'auftreten** *n* reappearance; **2ausfuhr** *f* re-exportation; **2ausgabe** *econ. f* reissue; **2beginn** *m* recommencement; re-opening (*of school, etc.*); **~bekommen** *v/t.* (*irr.*, *h.*) get back, recover; **~beleben** *v/t.* (*h.*) restore to life; *fig.* revive, put new life into, reanimate, revitalize; **2belebung** *f* revival, reanimation; *med.* resuscitation; **2belebungsmittel** *n* restorative; **2belebungsversuch** *m* attempt at resuscitation; **~beschaffen** *v/t.* (*h.*) replace; **~bringen** *v/t.* (*irr.*, *h.*) bring back; return, restore (*dat.* to); **~'einbauen** *v/t.* (*h.*) reinstall; **~'einbringen** *v/t.* (*irr.*, *h.*) make good, recover; make up for; **~'einfinden** *n*: *sich* ~ (*irr.*, *h.*) turn up again; **2'einfuhr** *f* re-importation; *zollfreie* ~ duty-free return; **~'einführen** *v/t.* (*h.*) re-introduce; revive, re-establish; *econ.* re-import; **2'einführung** *f* reintroduction; **2'eingliederung** *f* reintegration (*in* within); vocational rehabilitation; **2'einlieferung** *f med.* rehospitalization; *jur.* reincarceration; **~'einlösen** *v/t.* (*h.*) redeem; **2'einlösung** *f* redemption; **2'einnahme** *f* recapture; **~'einnehmen** *v/t.* (*irr.*, *h.*) recapture; resume (*place, seat*); **~'einpacken** *v/t.* (*h.*) pack up again; **2'einreise-erlaubnis** *f* re-entry permit; **2'einschiffung** *f* re-embarkation; **~'einsetzen** *v/t.* (*h.*) replace; reinstate (*in acc.* in *an office, etc.*), restore (to); restitute (to *rights*); **2'einsetzung** *f* reinstatement, restoration; restitution; **~'einstellen** *v/t.* (*h.*) re-engage, re-employ; *mil.* re-enlist; *sich* ~ turn up again; **2'einstellung** *f* re-engagement, re-employment; *mil.* re-enlistment; **~ergreifen** *v/t.* (*irr.*, *h.*) reseize, recapture; **2ergreifung** *f* reseizure; **~erhalten** *v/t.* (*irr.*, *h.*) get back; recover; **~erkennen** *v/t.* (*irr.*, *h.*) recognize; *nicht wiederzuerkennen* totally changed; past recognition; **2erkennung** *f* recognition; **~erlangen** *v/t.* (*h.*) recover, get back; be restored to *the throne, etc.*; **2erlangen** *n* (-s) recovery (*des Eigentums* of title); **~ernennen** *v/t.* (*irr.*, *h.*) reappoint; **~er-obern** *v/t.* (*h.*) reconquer, recapture; **2er-öffnung** *f* re-opening; resumption (*of hostilities*); **~erscheinen** *v/i.* (*irr.*, *sn*) reappear; *newspaper*: resume publication; ~ *lassen* republish; **~erstatten** *v/t.* (*h.*) restore, return, restitute (*dat.* to); refund, reimburse (*costs*); **2erstattung** *f* restitution; repayment; refund, reimbursement; **~erstehen** *v/i.* (*irr.*, *sn*) be rebuild, rise again; *fig.* (*a.* ~ *lassen*) revive; **~erzählen** *v/t.* (*h.*) retell, repeat; **~finden** *v/t.* (*irr.*, *h.*) find again; **2gabe** *f* restitution, return; reproduction (*of sound, picture, etc.*); rendering (*of text, music*); **2gabegerät** *n* reproducer; **2gabegüte** *f* quality of reproduction, fidelity; **2gaberöhre** *TV f* picture tube, *Am.* kinescope; **2gabetreue** *f* fidelity (of reproduction); **~geben** *v/t.* (*irr.*, *h.*) give back, return; restore (*dat.* to); reproduce; render, interpret; quote; reflect; **2geburt** *f* rebirth, regeneration, palingenesis; **~genesen** *v/i.* (*irr.*, *sn*) recover; **2genesung** *f* recovery; **~gewinnen** *v/t.* (*irr.*, *h.*) regain, recover; reclaim (*material*); **2gewinnung** *f* recovery; *tech.* reclamation, salvage; **~grüßen** *v/i.* (*h.*) return a bow (*or mil.* a salute); **~'gutmachen** *v/t.* (*h.*) make good, repair; cure (*a default*); *nicht wiedergutzumachen* irreparable; **2'gutmachung** *f* (-; -en) reparation; **~haben** *v/t.* have back (again); **~'herstellen** *v/t.* (*h.*) restore (*a. right*); re-establish (*connection*); *med.* *wiederhergestellt* cured, recovered; **2'herstellung** *f* restoration; restitution (*of right*); *med.* recovery; re-establishing (*of contacts*); **~holbar** [-'ho:lba:r] *adj.* repeatable; reproducible; **~'holen** *v/t.* (*h.*) **1.** repeat, say (over) again; reiterate; recapitulate, sum up; *sich* ~ *person*: repeat o.s.; *matter*: *a.* happen again, recur; **2.** '*wiederholen* fetch back, bring back; take back; **~holt** [-'ho:lt] *adj.* repeated(ly *adv.*); **2holung** [-'ho:luŋ] *f* (-; -*en*) repetition; repeat; reiteration; recapitulation; **2'holungsfall** *m*: *im* ~*e* if it should occur again, in case of recurrence; **2'holungslehrgang** *m* refresher course; **2'holungszeichen** *n mus.* repeat; *typ.* ditto-marks *pl.*; **2hören** *n*: *auf* ~ good-bye; **~in'standsetzen** *v/t.* (*h.*) repair; recondition, overhaul; **2in'standsetzung** *f* repair(s *pl.*); reconditioning, overhaul; **~käuen** ['-kɔʏən] **I.** *v/i.* (*h.*) ruminate, (*a. fig.*) chew the cud; **II.** *v/t.* (*h.*) (*fig.*) repeat over and over; **2käuer** *m* (-s; -) ruminant; **2kauf** *m* repurchase; **2kehr** ['-ke:r] *f* (-) return; recurrence; anniversary; **~kehren** *v/i.* (*sn*) return, come back; recur, repeat itself; **~kehrend** *adj.* recurrent, periodical; **~kommen** *v/i.* (*irr.*, *sn*) come again; come back, return; **2kunft** ['-kunft] *f* (-) return; **2nahme** ['-na:mə] *f* (-) taking back; *mar.*, *mil.* recapture; **~sehen** *v/t.*, *a. sich* (*irr.*, *h.*) see (*or* meet) again; **2sehen** *n* meeting again, reunion; *auf* ~! good-bye!, au revoir (*Fr.*)!, see you again!, so long!, cheerio!; **2taufe** *f* rebaptism; **2täufer** *m* anabaptist; **~tun** *v/t.* (*irr.*, *h.*) do again, repeat; **~um** *adv.* again, anew; on the other hand; in his, *etc.*, turn; **~'umkehren** *v/i.* (*sn*) turn back, retrace one's steps; **~vereinigen** *v/t.*, *a. sich* (*h.*) reunite; **2vereinigung** *f* reunion; *a. pol.* reunification; **~vergelten** *v/t.* (*irr.*, *h.*) *b.s.* requite, retaliate, pay back; **2vergeltung** *f* requital, reprisal; retaliation; **~verheiraten** *v/t.*, *a. sich* (*h.*) remarry; **2verheiratung** *f* remarriage; **~verkaufen** *v/t.* (*h.*) resell; **2verkäufer** *m* reseller; retailer, retail dealer; **2verkaufs-preis** *m* trade price; **2verkaufsrecht** *n* right of resale; **~verpflichten** *mil. v/t.*, *a. sich* (*h.*) re-enlist; **2verwendung** *f* re-use; **2verwertung** *f* reutilization; **2'vorlage** *f* renewed submission; **2wahl** *f* re-election; *sich zur* ~ *stellen* stand for re-election; **~wählen** *v/t.* (*h.*) re-elect; **~'zulassen** *v/t.* (*irr.*, *h.*) readmit; **2'zulassung** *f* readmission; **~zu'sammenbauen** *v/t.* (*h.*) reassemble; **~zu'sammentreten** *v/i.* (*irr.*, *sn*) reassemble, reconvene; **~'zustellen** *v/t.* (*h.*), **2'zustellung** *f* return.

Wiege ['vi:gə] *f* (-; -*n*) cradle (*a. mil. of gun*; *a. fig. origin*); *fig. seine* ~ *stand in Berlin* he was born in Berlin; *von der* ~ *bis zur Bahre* from cradle to grave; *das ist ihm auch* *nicht an der ~ gesungen worden* no one would have thought he would come to this; **~brett** *n* chopping-board; **~brücke** *f* weigh-bridge; **~messer** *n* mincing-knife.

wiegen[1] ['vi:gən] *v/t., v/i.* (*irr., h.*) weigh; *only v/i.*: have a weight of; *was ~ Sie?* what is your weight?; *fig.* carry weight; *schwerer ~ als* outweigh.

'**wiegen**[2] *v/t.* (*h.*) **1.** rock (*in den Schlaf* to sleep); *den Kopf ~* shake one's head slowly; *sich ~* sway, seesaw, *Am.* teeter; *sich in den Hüften ~d* with swaying hips; *fig. sich ~ in* (*dat.*) delude o.s. with; *~der Gang* rolling gait; **2.** mince, chop.

'**Wiegen...**: **~druck** *typ. m* (-[e]s; -e) incunabulum; **~fest** *n* birthday; **~kind** *n* infant in the cradle, baby; **~lied** *n* lullaby, cradlesong.

wiehern ['vi:ərn] *v/i.* (*h.*) neigh; *fig.* hee-haw, guffaw; *~des Gelächter* horse-laugh, guffaw; 2 *n* (-s) neighing.

Wien [vi:n] *n* (-s) Vienna; '**Wiener** *m* (-s; -), **~in** *f* (-; -nen), **2isch** *adj.* Viennese.

wies [vi:s] *pret. of weisen.*

Wiese ['vi:zə] *f* (-; -n) meadow; lawn; pasture.

Wiesel ['vi:zəl] *n* (-s; -) weasel; → *flink.*

'**Wiesen...**: **~bau** *m* (-[e]s) cultivation of meadows; **~klee** *m* red clover; **~land** *n* meadow-land, grassland; **~schaumkraut** *n* (-[e]s) cuckoo-flower.

wie'so? why?, why so?, but why?; *~ weißt du das?* how is it you know that?

wie'viel? how much?; *~(e) pl.* how many; *int.* how!; *um ~ mehr!* how much more!; *~ Uhr ist es?* what is the time?; **~mal?** how many times?; *der, die, das* **~te?** ['-tə] which?; what number?; *den ~n haben wir heute?* what day of the month is it?; *zum ~n Male jetzt?* that makes it how many times?

wie'wohl *cj.* (al)though.

wild [vilt] *adj.* wild; savage; ferocious; fierce; furious, enraged; tempestuous, *fig. a.* impetuous; turbulent, uproarious; unruly, unmanageable (*child*); dishevel(l)ed, unkempt (*hair*); *~es Mädchen* tomboy, romp; *~er Boden* virgin soil; *med. ~es Fleisch* proud flesh; *~e Ehe* concubinage; *~e Flucht* headlong flight, rout; → *Jagd*; *~er Streik* illegal strike, *esp. Am.* wildcat strike; *~e Vermutungen* wild speculation; → *Wein*; *~ machen* drive *a p.* wild, enrage, infuriate; frighten (*animal*); *~ sein auf* (*acc.*) be wild *or* crazy about; *~ wachsen* grow wild; *~ werden* turn wild, *fig.* see red, get wild; *seid nicht so ~!* don't make so much noise!

'**Wild** *n* (-[e]s) game; head of game; deer; (*meat*) game, venison; **~bach** *m* torrent; **~bad** *n* hotsprings *pl.*, thermal baths *pl.*; **~bahn** *f* hunting-ground; **~braten** *m* roast venison; **~bret** ['-brɛt] *n* (-s) game; venison; **~dieb** *m* poacher; **~diebe'rei** *f* poaching; **~ente** *f* common wild duck.

Wilde(**r**) ['vildə(r)] *m* (-n; -n) savage; *parl.* free lance; *fig. wie ein ~r* like mad.

'**Wilder|er** *m* (-s; -) poacher; **2n** *v/i.* (*h.*) poach.

'**Wild...**: **~fang** *m* madcap; (*girl*) *a.* romp, tomboy; **~fleisch** *n* → *Wildbret*; **2fremd** *adj.* quite strange; *~er Mensch* complete stranger; **~gans** *f* wild goose; **~geschmack** *m* (-[e]s) gamy taste; **~heit** *f* (-) wildness; savageness; ferocity; fierceness; savagery; **~hüter** *m* gamekeeper; **~leder** *n*, **2ledern** *adj.* buckskin; doeskin; chamois-leather; **~lederschuhe** *m/pl.* suede shoes; **~ling** ['-liŋ] *bot. m* (-s; -e) wild stock *or* tree; wilding; *fig.* → *Wildfang*; **~nis** *f* (-; -se) wilderness, wild (*a. fig.*); jungle (*a. fig.*); **~park** *m* (game-)preserve, deer-park; **~sau** *f* (-; -en) wild sow; **~schaden** *m* damage done by game; **~schütz(e)** *m* poacher; **~schutzgebiet** *n* game reserve; **~schwein** *n* wild boar (*f* sow); **~stand** *m* stock of game; **2wachsend** *adj.* (growing) wild; **~wasser** *n* torrent; **~wechsel** *m* *Am.* deer pass; **~west...** Western; **~westfilm** *m* Western (film).

Wille(n) ['vilə(n)] *m* (-[n]s; -[n]) will; *esp. phls.* volition; intent(ion); determination; *böser ~* ill-will; *guter ~* good intention; *letzter ~* (last) will, *jur.* last will and testament; *aus freiem ~n* of one's own free will, of one's own accord, voluntarily; *gegen s-n ~n* **a**) against one's will, **b**) despite of o.s.; *mit ~n* on purpose, expressly; *um ... 2n* for the sake of; → *willens*; *j-m s-n ~n lassen* let a p. have his (own) way; *j-m zu ~n sein* comply with a p.'s wishes, oblige a p.; *s-n ~n durchsetzen* have one's way, carry one's point; *ich kann es beim besten ~n nicht tun* I cannot do it, much as I should like to (*or* not for the life of me); *wenn es nach s-m ~n ginge* if he had his way; *wo ein ~ ist, ist auch ein Weg* where there is a will, there is a way.

'**willen...**: **~los** *adj.* lacking will-power, will-less; irresolute; spineless; *j-s ~es Werkzeug sein* be a p.'s slave; *j-m ~ ausgeliefert sein* be at a p.'s mercy; **2losigkeit** *f* (-) lack of will-power; indecision.

'**willens** *adj.*: *~ sein, zu inf.* be willing *or* ready to *inf.*; *ich bin nicht ~ zu, inf. a.* I do not propose to *inf.*

'**Willens...**: **~akt** *m* act of volition; **~anstrengung** *f* effort of will; **~äußerung** *f* expression of one's will; *a.* = **~erklärung** *jur. f* declaratory act; *one's* act and deed; **~freiheit** *f* (-) freedom of (the) will, free will; **~kraft** *f* (-) will-power, strength of mind; **2schwach** *adj.* weak(-willed), lacking will-power; **~schwäche** *f* (-) weak will, lack of will-power; **2stark** *adj.* strong-willed; **~stärke** *f* (-) will-power, strong will.

'**willentlich** *adv.*: *wissentlich und ~* consciously and deliberately.

will'fahren *v/i.* (*h.*) (*dat.*) comply with, grant, accede to; *j-m ~* please (*or* gratify) a p.; humo(u)r a p.

willfährig ['-fɛ:riç] *adj.* compliant, complaisant; docile; *contp.* obsequious; *j-s ~es Werkzeug sein* be at a p.'s beck and call; **2keit** *f* (-) compliance, complaisance; docility; obsequiousness.

'**willig** *adj.* willing, ready; docile; *ein ~es Ohr leihen* (*dat.*) lend a willing ear to; **~en** ['-gən] *v/i.* → *einwilligen*; **2keit** *f* (-) willingness; zeal.

'**Will...**: **~komm** *m* (-s; -e), **~'kommen** *n* (*m*) (-s; -) welcome, reception; **2'kommen** *adj.* welcome (*a. fig.*); *j-n ~ heißen* welcome a p., bid a p. welcome.

Willkür ['-ky:r] *f* (-) arbitrariness; discretion; *j-s ~ preisgegeben sein* be at the mercy of; **~akt** *m* arbitrary act; **~herrschaft** *f* arbitrary rule, despotism; **2lich I.** *adj.* arbitrary, high-handed; random (*sample, etc.*); **II.** *adv.* in an arbitrary, *etc.*, manner; at will, at pleasure; at random; **~lichkeit** *f* (-) arbitrariness; arbitrary act.

wimmeln ['viməln] *v/i.* (*h.*) swarm (*von* with), be alive (*or* crawling, teeming) (with).

wimmern ['vimərn] *v/i.* (*h.*) whimper, whine.

'**Wimmern** *n* (-s) whimper.

Wimpel ['vimpəl] *m* (-s; -) pennant, pennon, streamer; **~stange** *f* pennant staff.

Wimper ['vimpər] *f* (-; -n) eyelash; *zo., bot. ~n pl.* cilia; *ohne mit der ~ zu zucken* without wincing, *fig.* without turning a hair, *Am.* without batting an eyelash; **~ntusche** *f* eyelash black.

Wind [vint] *m* (-[e]s; -e) wind; *med.* flatulence, wind; *guter, günstiger ~* fair wind; *starker ~* high wind, gale; → *Windstoß*; *sanfter ~* (gentle) breeze; *~ von vorn* head wind; *beim ~, dicht am ~ sail* on the wind, close-hauled; *gegen den ~* into the wind, (right) into the wind's eye; *mit dem ~* down wind; *im ~e flattern* flutter before the wind; *bei ~ und Wetter* in storm and rain, in all weathers; *fig. ~ bekommen* (*or haben*) *von* get wind of; *~ machen fig.* boast, brag, talk hot air, gas; *j-m den ~ aus den Segeln nehmen* take the wind out of a p.'s sails, steal a p.'s thunder; *~ säen und Sturm ernten* sow the wind and reap the whirlwind; *in alle ~e zerstreuen* scatter to the four winds; *in den ~ reden* speak to the winds; *in den ~ schlagen* toss to the winds, make light of, ignore; *sich den ~ um die Nase wehen lassen* see the world; *wissen, woher der ~ weht* know how the wind blows; → *Mantel.*

'**Wind...**: **~beutel** *m cul.* cream-puff, éclair (*Fr.*); *colloq. fig.* windbag, humbug; **~beutelei** ['-bɔʏtə'laɪ] *f* (-; -en) swaggering, humbug; **~blattern** *med. f/pl.* chicken-pox; **~bluse** *f* → *Windjacke*; **~bruch** *m* windfall; **~büchse** *f* air-gun.

Winde ['vində] *f* (-; -n) *tech.* winch, windlass, hoist; *of anchor*: capstan; lifting jack; reel; *bot.* bindweed.

'**Wind-ei** *n* wind-egg.

Windel ['vindəl] *f* (-; -n) diaper,

(baby's) napkin; *pl.* ~*n a.* swaddling-clothes (*a. fig.*); *colloq. fig.* (*noch*) *in den* ~*n steckend* (still) in its infancy (*or* early stages); 2**n** *v/t.* (*h.*) swaddle, swathe; 2**weich** *adj.*: *j-n* ~ *schlagen* beat a p. to a jelly.

winden[1] ['vindən] *v/i.* (*impers., h.*): *es windet* there is a wind blowing.

'**winden**[2] *v/t.* (*irr., h.*) wind; twist, twirl (*um* round); coil; reel (*yarn, etc.*); make, bind (*wreath*); *in die Höhe* ~ hoist; *j-m et. aus den Händen* ~ wrest a th. out of a p.'s hands; *sich* ~ squirm, writhe (*vor dat.* with *pain, shame*); *road*: wind, twist its way (along); *river*: meander; *worm*: wriggle, turn; *fig. sich* ~ *und drehen* wriggle like an eel; → *gewunden.*

'**Windes·eile** *f*: *mit* ~ at lightning-speed, in no time; *das Gerücht verbreitete sich mit* ~ the rumo(u)r spread like wildfire.

'**Wind...**: ~**fahne** *f* (weather-)vane; ~**fang** *m* draught-screen; *tech.* vent hole; *arch.* porch; ~**fangfenster** *n* air-trap window; ~**flügel** *mot. m* fan (blade); 2**geschützt** *adj.* protected against the wind; ~**hafer** *m* wild oats *pl.*; ~**harfe** *f* Aeolian harp; ~**hauch** *m* breath of wind, gentle breeze; ~**hose** *f* whirlwind, tornado; ~**hund** *m* greyhound; *fig.* giddy fellow.

windig ['-diç] *adj.* windy, wind-swept; *fig.* giddy, frivolous (*person*); precarious, shaky (*thing*); thin, lame (*excuse*).

'**Wind...**: ~**jacke** *f* field-jacket, *Am.* windbreaker; ~**kanal** *m* wind tunnel; ~**kessel** *m* air-chamber; ~**klappe** *f* air-valve; ~**licht** *n* (-[e]s; -er) storm lantern; ~**messer** *m* (-s; -) wind gauge, anemometer; ~**mühle** *f* windmill; *fig. gegen* ~*n kämpfen* fight windmills; ~**mühlenflugzeug** *n* gyroplane, autogyro; ~**pocken** *med. f/pl.* chicken-pox; ~**rad** *n* fan blower; ~**richtung** *f* direction of the wind; ~**röschen** ['-rø:sçən] *bot. n* (-s; -) anemone; ~**rose** *mar. f* (compass-) card, rhumb-card, wind rose; ~**sack** *aer. m* wind cone (*or* sleeve); ~**sbraut** *f* (-) hurricane, gale whirlwind; ~**schacht** *m mining*: air-shaft; ~**schatten** *m* (-s) *mar.* lee; *aer.* sheltered zone; 2**schief** *adj.* warped (*a. fig.*), *esp. arch.* skew; *fig.* awry, *Am.* cock-eyed; ~**schirm** *m* wind-screen, draught-screen; 2**schlüpfrig**, 2**schnittig** *adj.* streamlined, aerodynamic; ~(**schutz**)**scheibe** *f* wind-screen, *Am.* windshield; ~**seite** *f* windward (*or* weather-)side; ~**spiel** *n* Italian greyhound; ~**stärke** *f* wind force *or* velocity; ~ *1* Beaufort 1; 2**still** *adj.* calm; ~**stille** *f* calm, lull; ~**stoß** *m* blast of wind, gust, squall; ~**streichhölzchen** ['-ʃtraiçhœltsçən] *n* (-s; -) fusee, vesuvian; ~**tunnel** *m* wind tunnel.

Windung ['vinduŋ] *f* (-; -en) winding, turn, convolution; bend, sinuosity; coil; whorl (*of spiral, shell*); worm, thread (*of screw*); ~**szahl** *tech. f* number of turns.

'**Wind...**: ~**wehe** *f* snowdrift; ~**zug** *m* draught, current of air.

Wink [viŋk] *m* (-[e]s; -e) sign; wave; wink; nod; *fig.* hint, pointer, tip-off, tip; → *Zaunpfahl*; *j-m e-n* ~ *geben* give (*or* drop) a p. a hint *einen* ~ *verstehen* take a hint.

Winkel ['viŋkəl] *m* (-s; -) *math.* angle; *w.s.* corner, nook; *fig.* recess (*of the heart*); *mil.* chevron; *tech.* square; *el.* phase angle; → *spitz, tot, etc.*; *im rechten* ~ at a right angle; ~**abstand** *m* angular distance; ~**abweichung** *f* angular deflection; ~**advokat** *m* pettifogger, hedge-lawyer, *Am.* shyster; ~**beschleunigung** *f* angular acceleration; ~**börse** *econ. f* bucket-shop; ~**eisen** *tech. n* angle iron; 2**förmig** ['-fœrmiç] *adj.* angular; ~**funktion** *math. f* goniometric function; ~**gasse** *f* back lane; ~**getriebe** *mot. n* mitre-gear; ~**haken** *typ. m* composing-stick; ~**halbierende** ['-halbi:rəndə] *f* (-n; -n) bisector of an angle; ~**hebel** *m* bell-crank.

'**wink(e)lig** *adj.* angular; *w.s.* full of corners, cornered; crooked (*lane*); *in compounds, esp. math.* ...angled.

'**Winkel...**: ~**makler** *m* outside broker, *Am.* bucketeer; ~**maß** *n* (steel) square; ~**messer** *m* (-s; -) protractor; *surv.* goniometer; *mil.* clinometer; ~**planierer** ['-plani:rər] *m* (-s; -) angle-dozer; 2**recht** **I.** *adj.* right-angled; **II.** *adv.* at right angles; ~**reflektor** *m* corner reflector; ~**schere** *f* angular scissors *pl.*; ~**stellung** *f* angular adjustment; ~**stütze** *f* bracket; ~**zug** *m* dodge, subterfuge, shift, trick; evasion; *Winkelzüge machen* dodge, shuffle, prevaricate; use shifts, *etc.*

'**wink|en** *v/i.* (*h.*) make a sign, signal (*dat.* to); wave, motion, beckon; nod; wink; *mar., mil.* semaphore, flag; *mit der Hand* (*dem Taschentuch*) ~ wave one's hand (handkerchief); *fig. reward*: be in store (*dat.* for); 2**er** *m* (-s; -) *mot.* direction indicator; *mil.* (*person*) flag signal(l)er; 2**erflagge** *mil. f* signalling flag; 2**spruch** *m* semaphore message; 2**zeichen** *mil. n* semaphore; ~ *geben* semaphore, flag.

winseln ['vinzəln] *v/i.* (*h.*) whimper, whine.

Winter ['vintər] *m* (-s; -) winter; *im* ~ in winter; → *mitten*; ~**aufenthalt** *m* winter abode; winter resort; ~**betrieb** *tech. m* winter operation; ~**feldzug** *m* winter campaign; 2**fest** *adj.* winterproof; *tech.* ~ *machen* winterize; *bot.* hardy; ~**frische** *f* (-; -n) winter holidays *pl.*; winter resort; ~**frucht** *f*, ~**getreide** *n* wintercorn; ~**garten** *m* winter garden; ~**grün** *bot. n* winter-green, periwinkle; ~**halbjahr** *n* winter half-year; ~**hart** *adj.* cold-climate; ~**kleidung** *f* winter clothes *pl.*, (*a. fig.*) winter garment; ~**korn** *n* (-[e]s; -e) → *Winterfrucht*; 2**lich** *adj.* wintry; ~**mantel** *m* winter overcoat; ~**märchen** *n* winter tale; ~**mode** *f* winter fashion; ~**öl** *mot. n* winter oil; ~**olympiade** *f* → *Winterspiele*; ~**quartier** *n* winter quarters *pl.*; ~**saat** *f* winter corn; ~**schlaf** *m* winter-sleep, hibernation; *med. künstlicher* ~ artificial hibernation, hypothermia; ~ *halten* hibernate; ~**semester** *n* winter term; ~**sonnenwende** *f* winter solstice; ~**spiele** *n/pl.*: *Olympische* ~ Olympic Winter Games; ~**sport** *m* winter sport(s *collect.*); ~**sportplatz** *m* winter sports centre; ~**überzieher** *m* winter overcoat; ~**vorrat** *m* winter stock.

Winzer ['vintsər] *m* (-s; -) vine-dresser; wine-grower; vintager.

winzig ['vintsiç] *adj.* (*a.* ~ *klein*) tiny, minute, diminutive; infinitesimal, microscopic; *ein* ~*es Kerlchen* (*Zimmer*) *a.* a slip of a boy (room); 2**keit** *f* (-) tininess, minuteness, diminutive size; 2**posten** *econ. pl.* petty accounts.

Wipfel ['vipfəl] *m* (-s; -) (tree-)top.

Wipp|e ['vipə] *f* (-; -n) seesaw; 2**en** *v/i.* (*h.*) seesaw, rock; *Am. a.* teeter; *gym.* dip, spring the board; ~ *mit* wag (*one's tail, etc.*); ~**säge** *f* jig saw.

wir [vi:r] *pers. pron.* we; ~ *beide* (*alle*) both (all) of us; ~ *drei* we three, the three of us.

wirb [virp] → *werben.*

Wirbel ['virbəl] *m* (-s; -) whirl, swirl; eddy; whirlpool, maelstrom, (*a. phys.*) vortex; whirlwind; *tech.* turbulence; eddy, wreath (*of smoke*); flurry (*of dust, snow, blows*); *anat.* vertebra (*pl.* -ae); crown (of the head); swivel (*of chain*); peg (*of violin*); (*drum*) roll; (*bird song*) warble; *fig.* whirl (*of pleasure, traffic, etc.*); vortex (*of society, etc.*), maelstrom (*of politics, etc.*); turbulence, hurly-burly; row, racket; *e-n* ~ *machen* make a big fuss *or* noise; ~**bildung** *phys. f* turbulence; 2**förmig** ['-fœrmiç] *adj.* whirling; vertebral; 2**frei** *adj.* irrotational; ~**gelenk** *tech. n* swivel joint; 2**ig** *adj.* whirling; *fig.* giddy, vertiginous, wild; ~**kammer** *mot. f* turbulence chamber; ~**kasten** *mus. m* pegbox, head (*of violin, etc.*); ~**knochen** *m* vertebra; 2**los** *adj.* invertebrate, spineless; 2**n** *v/i.* (*sn*) whirl; eddy; (*h.*) *drums*: roll; *bird*: warble (*a. v/t.*); *fig. mir wirbelt der Kopf* my head is in a whirl; ~**säule** *f* spinal (*or* vertebral) column, spine; ~**strom** *el. m* eddy current; ~**sturm** *m* cyclone, tornado, *Am. a.* twister; ~**tier** *n* vertebrate; ~**wind** *m* whirlwind (*a. fig.*).

wirk|en ['virkən] **I.** *v/t.* (*h.*) work (*Wunder* wonders), cause, effect; knit, weave (*stockings, etc.*); knead (*dough*); **II.** *v/i.* (*h.*) (be at) work, operate, be active; take (effect) (*a. med.*); ~ *als* act as, function as (*a. tech.*); ~ *auf* (*acc.*) produce an impression on, influence, impress; *beruhigend, etc.,* ~ have a soothing, *etc.*, effect *or* influence; *auf die Sinne* ~ affect the senses; *dahin* ~, *daß* see that, bring one's influence to bear that; *an e-r Schule* ~ teach at a school; 2**en** *n* (-s) work, effect, action; functioning; influence; activity; ~**end** *adj.* acting, active; *stark* ~ highly effective, drastic; 2**er** *m* (-s; -) knitter, weaver; 2**e'rei** *f* (-; -en) knitting, weaving; 2**leistung** *tech. f* true power; true output.

'**wirklich** **I.** *adj.* real, actual; true,

genuine; substantial; visible (*supply, etc.*); *mil.* ~*er Bestand* effective strength; **II.** *adv.* really, actually, truly, in fact; ~? (*a. iro.*) really?, indeed?, is that so?; **⁀keit** *f* (-; -*en*) reality, actuality; truth; real life; *rauhe* ~ harsh reality, hard facts *pl.*; *in* ~ in reality; **⁀keitsform** *gr. f* indicative mood; **~keitsfremd** *adj.* unrealistic; starry-eyed; **~keitsnah** *adj.* realistic, down-to-earth; **⁀keitssinn** *m* (-[e]s) realism, realistic outlook.

'**Wirkmaschine** *f* knitting (*or* hosiery) machine.

'**wirksam** *adj.* effective, efficacious, (*esp. person*) efficient; *med. a.* operative; *sehr* ~ powerful, drastic; ~ *gegen* effective against, good for; telling (*blow, etc.*); impressive; ~ *werden* take effect, *law, etc.*: *a.* become effective, come into force; **⁀keit** *f* (-) efficacy; effectiveness (*a. med.*); efficiency; impressiveness.

'**Wirk...:** **~spannung** *el. f* active voltage; **~stoff** *m* active substance, additive; hormone; enzyme; biocatalyst; **~stuhl** *m* knitting frame.

'**Wirkung** *f* (-; -*en*) effect; operation (*a. of drug*); action; consequence; result; impression, impact; *esp. thea.* appeal; reaction; *adm., etc. mit* ~ *vom* with effect from, as from (*or* of); *mit sofortiger* ~ effective immediately, as of now; ~ *erzielen* produce an effect, tell; *s-e* ~ *verfehlen, ohne* ~ *bleiben* fail to work, produce no effect, prove ineffectual; ~ *zeigen boxing*: be groggy, wilt; *Gesetz über Ursache und* ~ law of cause and effect; *keine* ~ *ohne Ursache* no effect without cause, no smoke without a fire.

'**Wirkungs...:** **~bereich** *m* sphere (*mil.* radius) of action; *artillery*: effective radius; operation (*of law*); **~dauer** *f* duration of effect; *chem.* persistency; **~feuer** *mil. n* fire for effect; **~grad** *tech. m* effect; efficiency; **~kraft** *f* efficacity; **~kreis** *m* sphere (*or* field) of activity; province, domain; **⁀los** *adj.* inefficacious, ineffectual, inefficient; ~ *bleiben* produce no effect, *joke, etc.*: fall flat, *bei j-m*: be lost on a p.; **~losigkeit** *f* (-) inefficacy, inefficiency; **⁀voll** *adj.* → *wirksam*; **~weise** *f* mode of action (*or* operation); working; mechanism.

'**Wirkwaren** *pl.* knit(ted) goods, knitwear.

'**Wirkzeit** *chem. f* reaction time.

wirr [vir] *adj.* confused; bewildered, *contp.* muddle-headed; disorderly, chaotic; incoherent (*talk*); dishevel(l)ed (*hair*); tangled (*a. fig.*); *mir ist ganz* ~ *im Kopf* my head is in a whirl.

'**Wirren** *pl.* disorders, troubles.

'**Wirr...:** **~kopf** *fig. m* muddle-headed fellow, scatterbrain; **~nis** *f*, **~sal** *n* (-[e]s; -e) chaos, confusion, entanglement; **~warr** ['-var] *m* (-s) confusion, chaos, jumble, muddle; mess; hubbub, hurly-burly.

Wirsing(kohl) ['virziŋ-] *m* (-s) savoy.

Wirt [virt] *m* (-[e]s; -e) host (*a. biol.*); landlord; innkeeper, (restaurant) proprietor, *Am. a.* saloonkeeper; *fig. den* ~ *machen* do the hono(u)rs; *die Rechnung ohne den* ~ *machen* reckon without one's host; '**~in** *f* (-; -*nen*) hostess; landlady; innkeeper's wife; proprietress; '**⁀lich** *adj.* hospitable; habitable.

'**Wirtschaft** *f* (-; -*en*) housekeeping; domestic economy; economy; economic system; trade and industry; economics *pl.*; *freie* ~ free enterprise, free competitive system; economic activity; household; *agr.* farm; husbandry; public house, pub; *Am.* saloon; inn; *rail.* refreshment room; *contp.* doings *pl.*, goings-on *pl.*; mess; bustle, racket; **⁀en** *v/i.* (*h.*) keep house, run the household; economize, husband, operate economically; (*gut* ~) manage well, be a good manager; (*schlecht* ~) mismanage; hustle (*or* potter) about, rummage (about); **~er** *m* (-*s*; -) manager; steward; **~erin** *f* (-; -*nen*) manageress; housekeeper; **~ler** ['-lər] *m* (-*s*; -) economist, economic expert; **⁀lich** *adj.* economic(ally *adv.*); financial; commercial; business *turnover, value*; economical, thrifty; efficient; profitable, paying; ~ *gestalten* rationalize; **~lichkeit** *f* (-) economy; good management; efficiency; profitability.

'**Wirtschafts...:** **~abkommen** *n* trade agreement; **~ablauf** *m* economic process; **~barometer** *m* business barometer; **~berater** *m* business consultant, methods study man; **~betrieb** *m* (business) enterprise, industrial unit; *rail.* buffet service; **~beziehungen** *f/pl.* economic (*or* trade) relations; **~buch** *n* housekeeping book; **~einheit** *f* economic entity; **~form** *f* economic system; **~fragen** *f/pl.* economic problems; **~führer** *m* industrial leader, captain of industry; business executive; **~gebäude** *n/pl.* farm buildings *pl.*; *mil.* domestic offices; **~geld** *n* housekeeping money; **~gemeinschaft** *f*: *Europäische* ~ European Economic Community; **~geographie** *f* economic geography; **~güter** *n/pl.* economic goods; *balance-sheet*: asset; **~hilfe** *f* economic aid; **~jahr** *n* financial year; *agr.* farm year; **~kraft** *f* (-) economic power (*or* resources *pl.*); **~krieg** *m* economic war(fare); **~krise** *f* economic crisis, business depression, slump; **~leben** *n* (-s) economic activity (*or* life); **~leistung** *f* economic effort; production; **~lenkung** *f* governmental control, *Am.* guidance of trade; **~minister** *m* minister for economic affairs; **~ministerium** *n* ministry of economics; *Am.* Department of Commerce; **~plan** *m* budget, economics *pl.*; **~politik** *f* economic policy; **⁀politisch** *adj.* economic(ally *adv.*); **~potential** *n* economic potential; **~prüfer** *m* chartered accountant, *Am.* certified public accountant; **~rat** *m* (-[e]s; ⁼e) economic council; **~sachverständige(r)** *m* economic expert (*or* consultant); **~teil** *m* trade section (*of newspaper*); **~unternehmen** *n* business enterprise, industrial firm; **~verband** *m* trade association; **~volumen** *n* volume of economic activity; **~wunder** *n* economic miracle; **~zeitung** *f* economic paper; **~zweig** *m* sector of the economy, branch of trade.

'**Wirts...:** **~haus** *n* public house, pub; *Am.* saloon; inn; **~leute** *pl.* host and hostess; landlord and landlady.

Wisch [viʃ] *m* (-es; -e) wisp of straw, *etc.*; *contp.* scrap of paper; **⁀en** *v/t.* (*h.*) wipe; mop; *sich den Mund* ~ wipe one's mouth; *sich mit dem Taschentuch die Stirn* ~ mop one's brow; **~er** *m* (-*s*; -) *mot.* wiper; *mil.* slush brush; *for drawing*: stump; *colloq.* telling-off, wigging; **~lappen** *m* dish-cloth; floor-cloth; **~stock** *mil. m* cleaning rod; **~tuch** *n* (-[e]s; ⁼er) → *Wischlappen*.

Wisent ['vi:zɛnt] *m* (-[e]s; -e) bison.

Wismut ['vismu:t] *n* (-[e]s) bismuth.

wispern ['vispərn] *v/i. and v/t.* (*h.*) whisper.

Wiß|begier(de) ['vis-] *f* thirst for knowledge, (intellectual) curiosity; curiosity; **⁀begierig** *adj.* eager for knowledge, anxious to learn; *w.s.* curious, inquisitive.

wissen ['visən] *v/t.* (*irr., h.*) know (et. a th.; *um, von* about, of); ~ *von a.* have knowledge of, be aware *or* informed of (*daß* that); ~, *zu inf.* know how to; *j-n* ~ *lassen, j-m et. zu* ~ *tun* let a p. know a th., acquaint a p. with a th., send a p. word of a th.; give a p. to understand (*daß* that); *genau* ~, *daß* be positive that; *nichts von et.* ~ *a.* be quite in the dark about a th., have no idea of a th.; → *Bescheid, Dank, Rat*; *ich möchte gern* ~ I should like to know, (ob) I wonder if; *man kann nie* ~ you never can tell, you never know (*bei* with); *ich weiß nicht recht!* I am not so sure!; *nicht, daß ich wüßte!* not that I know of!; *soviel ich weiß* as far as I know, for aught (*or* all) I know; *was weiß ich!* search me!; *und, was weiß ich noch alles* and what not; *als ob es, wer weiß was, gekostet habe* as if it had cost a fortune; *ich will von ihm* (*davon*) *nichts* ~ I will have nothing to do with him (it); *er will nichts davon* ~ *a.* he won't hear of it; *ich will von ihr nichts mehr* ~ I am through with her; *ich weiß mir kein größeres Vergnügen als* for me, there is nothing nicer than; *weißt du noch?* (do you) remember?; *was ich nicht weiß, macht mich nicht heiß* what the eye does not see, the heart does not grieve about; ⁀ *n* (-s) knowledge; learning; scholarship, erudition; information; *tech.* know-how; *ohne mein* ~ without my knowledge, unknown to me; *meines* ~*s* to my knowledge, as far as I know; *wider besseres* ~ against one's better judg(e)ment, despite one's better knowledge; *nach bestem* ~ *und Gewissen* to the best of one's knowledge and belief; **~d** *adj.* knowing (*glance*).

'**Wissenschaft** *f* (-; -*en*) science; knowledge; intelligence; **~ler** ['-lər] *m* (-*s*; -) man of science *or* learning, scholar; scientist, scientific man; researcher; **2lich** *adj.* scientific(ally *adv.*); ~ *gebildet* academically trained; **~lichkeit** *f* (-) scientific character *or* method.

'Wissens...: ~drang *m* (-[e]s), **~durst** *m* urge (*or* thirst) for knowledge; **2durstig** *adj.* eager for knowledge, anxious to learn, curious; **~gebiet** *n* field of knowledge; **~schatz** *m* (great) store of knowledge; **~trieb** *m* → *Wissensdrang*; **2wert** *adj.* worth knowing *or* learning; interesting; **2es** interesting facts *pl. or* information.

'wissentlich I. *adj.* knowing, conscious; wil(l)ful, deliberate; **II.** *adv.* knowingly, *etc.*; wittingly.

wittern ['vitərn] *v/t.* (*h.*) scent, smell; *fig. a.* suspect; et. (*or Unrat*) ~ smell a rat; → *Gefahr, etc.*

'Witterung *f* (-) weather; → *~sverhältnisse*; *zo., hunt.* scent; *bei günstiger* ~ weather permitting; *bei jeder* ~ in all weathers; *e-e feine* ~ *haben* (*a. fig.*) have a good nose.

'Witterungs...: 2beständig *adj.* weatherproof; rustless (*steel*); **~einflüsse** ['-aɪnflysə] *m/pl.* influence of the weather, atmospheric effects, weather factors *pl.*; **~kunde** *f* (-) meteorology; **~umschlag** *m* sudden change of the weather; **~verhältnisse** *n/pl.* atmospheric (*or* meteorological) conditions.

Wittum ['vitu:m] *n* (-[e]s; ⸗er) dower; *jur.* jointure, widow's estate.

Witwe ['vitvə] *f* (-; -*n*) widow; *Königin2* Queen Dowager, *Herzogin2* dowager duchess.

'Witwen...: ~geld *n* widow's pension *or* allowance; **~jahr** *n* year of mourning; **~kasse** *f* widow's fund; **~rente** *f* → *Witwengeld*; **~stand** *m* (-[e]s) widowhood; **~tracht, ~trauer** *f* widow's weeds *pl.*

'Witwer *m* (-*s*; -) widower.

Witz [vits] *m* (-*es*) wit; mother wit; (*pl.* -*e*) joke; witticism, quip, wisecrack; pun; pleasantry, gag; *alter* ~ stale joke, chestnut; *beißender* ~ caustic wit, sarcasm; *~e reißen* crack jokes; *das ist der* ~ *an der Sache* that's the funny part of it, that's where the fun comes in, *w.s.* that's the point (of it)!; *colloq. das ist der ganze* ~ that's all; *colloq. mach keine ~e!* you don't say!, *Am.* no kidding?; **'~blatt** *n* comic paper; **'~bold** ['-bɔlt] *m* (-[e]s; -*e*) wit(ty fellow), joker; wag; *Am. a.* wisecracker; **~elei** [-ə'laɪ] *f* (-; -*en*) witticism; joking; chaffing, leg-pulling; **2eln** ['-əln] *v/i.* (*h.*) affect wit; quip, wisecrack; ~ *über* (*acc.*) mock, poke fun at; *über j-n*: *a.* be witty at a p.'s expense; **'2ig** *adj.* witty; facetious; funny; clever, ingenious; *iro.* (*das*) *ist ja ~!* that's rich!; **'~igkeit** *f* (-) wittiness.

W-Motor ['ve:-] *m* arrow-type engine.

wo [vo:] **1.** *interr. pron. and rel. pron.*: where; **2.** *cj.* when; while; ~ *nicht* if not, unless; ~ *auch* (*nur*) wherever; *colloq.* (*irgend~*) somewhere; *colloq. i ~!, ach ~!, ~ werd' ich!* (I'll do) nothing of the kind!, nonsense!, oh, no!

wob [vo:p] *pret. of weben.*

wobei [vo:'baɪ] **1.** *interr. pron.* at what?; **2.** *rel. pron.* at which; in doing so, in the course of which; through which, whereby; ~ *der Bolzen im Gehäuse einrastet* the bolt engaging in the recess provided in the casing.

Woche ['vɔxə] *f* (-; -*n*) week; → *weiß*; *in einer* ~ in a week; *heute über* (*or vor*) *drei ~n* this day three weeks; ~ *um* ~ week in, week out; *in den ~n sein or liegen* be lying in; *in die ~n kommen* be confined, be delivered (*mit* of *a child*).

'Wochen...: ~ausgabe *f* weekly edition; **~ausweis** *econ. m of bank*: weekly return (*Am.* statement); **~(bei)hilfe** *f* maternity benefit; **~bericht** *m* weekly report; **~bett** *n* childbed, lying-in, confinement; *in compounds* puerperal (*fever, psychosis*); → *Woche*; **~blatt** *n* weekly (paper); **~end...** ['-ʔɛnt-], **~ende** *n* week-end; *das ~ verleben bei* week-end with; **~endurlaub** *m* week-end leave; **~fieber** *n* puerperal fever; **~geld** *n* weekly allowance; *econ.* weekly fixtures (*Am.* loans) *pl.*; *med.* maternity allowance; **2lang** *adj.* for weeks, for whole weeks together; *nach ~em Warten* after (many) weeks of waiting; **~lohn** *m* weekly pay (*or* wages *pl.*); **~markt** *m* weekly market; **~pflegerin** *f* monthly nurse; **~schau** *f film*: newsreel; *tönende* ~ sound-news; **~tag** *m* week-day; day of the week; **2tags** *adv.* on week-days.

wöchentlich ['vœçəntliç] **I.** *adj.* weekly; week-by-week; **II.** *adv.* every week, weekly; by the week; *einmal* ~ once a week; *dreimal* ~ three times a week, three times weekly.

wochenweise ['-vaɪzə] → *wöchentlich.*

Wöchnerin ['vœçnərin] *f* (-; -*nen*) woman in childbed, maternity case; **~nenheim** *n* maternity home.

Wodka ['vɔtka] *m* (-*s*; -*s*) vodka.

wo|'durch 1. *interr. pron.* by what?, by what means?, whereby?, how?; **2.** *rel. pron.* by (*or* through) which; by means of which; whereby; **~'fern** *cj.* provided that, in so far as, if; ~ *nicht* unless; **~'für 1.** *interr. pron.* for what?, what ... for?; ~ *ist das gut?* what is that good for?; ~ *halten Sie mich?* what do you take me for?; **2.** *rel. pron.* for which, in return for which.

wog [vo:k] *pret. of wägen and wiegen.*

Woge ['vo:gə] *f* (-; -*n*) wave, billow; *fig.* wave, (up)surge *of enthusiasm, etc.*; *fig. die ~n glätten* pour oil on (the) troubled waters; *die ~n glätten sich* the tempest subsided.

wo'gegen 1. *interr. pron.* against what?; **2.** *rel. pron.* against which; in return *or* exchange for which; **3.** *cj.* whereas, whilst; *he, etc.*, on the other hand.

'wog|en *v/i.* (*h.*) surge (*a. fig.*), billow; *wheat, etc.*: *a.* wave; *a. bosom*: heave; undulate; fluctuate; *battle*: seesaw; **~ig** *adj.* wavy, billowy, surging.

wo|'her 1. *interr. pron. and rel. pron.* from where, where ... from, from what place; whence; ~ *wissen Sie das?* how do you (come to) know that?; *ich frage mich, ~ er das hat* I wonder where he got that from; **2.** *colloq. int.*: ~ *denn!* I should say not!, nothing of the kind!, far from it!; **~'hin 1.** *interr. pron. and rel. pron.* where (... to), whither; ~ *auch* wherever; **2.** *indef. pron.* somewhere, (to) some place; **~hin'gegen** *cj.* whereas, while, whilst.

wohl [vo:l] **I.** *pred., adj. and adv.*: well; *er* (*or ihm*) *ist* ~ he is well; *sich ~ fühlen*, **a)** be well (*or* in good health), **b)** be happy *or* at ease, be in good spirits; feel at home (*bei* with; *in dat.* in); *sich nicht ~ fühlen* **a)** be unwell, be out of sorts, **b)** be ill at ease; → *bekommen, leben*; ~ *oder übel* willy-nilly; *wir müssen ~ oder übel hingehen* we cannot help going there, we have no choice but go there; *er weiß das sehr* ~ he knows that all right *or* well enough; *ich bin mir dessen ~ bewußt* I am fully conscious (*or* aware) of that; *das kann ~ sein, das ist ~ möglich* that may well be; ~ *dem, der* happy he who; ~ *ihm, daß* good for him that; ~ *daran tun, zu inf.* do well to *inf.*; *es sich ~ sein lassen* enjoy (*or* indulge) o.s., have a good time; *siehst du ~, daß* now you see that; **II.** *concessive or suppositional*: I presume (*or* daresay, suppose, think), I should say, to be sure, surely; (it is) true; probably; doubtless; possibly; perhaps, maybe; *er könnte ~ noch kommen* he might come yet; ~ *kaum* hardly, there is little chance that; *das kann er ~ nicht tun* he cannot very well do that; *er ist ~ gesund, aber* he is healthy enough, but; *ich kann ~ schwimmen, aber* I can swim all right, but; ~ *hundertmal* at least a hundred times; *ob er ~ weiß, daß* I wonder if *or* whether he knows, *that ...*; *das habe ich mir ~ gedacht* I thought as much.

Wohl *n* (-[e]s) welfare; well-being, prosperity; *das gemeine* ~ the common weal; *sein ~ und Weh* his weal and woe; *auf Ihr ~!, zum ~!* your health!, here is to you!; → *anstoßen.*

wohl'an *int.* well!, now then!, all right!

'wohl...: ~angebracht *adj.* opportune, (very) apt; **~anständig** *adj.* well-becoming, decent; **~'auf 1.** *pred. adj.* well, in good health; **2.** *int.* well!, cheer up!, come on!; **~bedacht** *adj.* well-considered, deliberate; **2bedacht** *m*: *mit* ~ after mature reflection; deliberately; **2befinden** *n* good health, well-being; **2behagen** *n* comfort, ease; *mit* ~ with relish; **~behalten** *adj.* safe (and sound); *thing*: in good condition; **~bekannt** *adj.* well-known, familiar, *b.s.* notorious; **~beleibt** *adj.* corpulent, portly; **~beschaffen** *adj.* in good condition; **~bestellt** ['-bəʃtɛlt] *adj.* duly appointed; **2ergehen** *n* welfare, prosperity; health and happiness; **~ergehen** *v/i.* (*irr., sn*) (*dat.*) go well with, prosper; **~erwogen** ['-ər-

ˈvoːgən] *adj.* well-weighed; **~erworben** [ˈ-ərˈvɔrbən] *adj.* duly acquired; *~es Recht* vested (*or* well-established) rights; **~erzogen** [ˈ-ərˈzoːgən] *adj.* well-bred, well-behaved.

ˈ**Wohlfahrt** *f* (-) welfare; (*öffentliche*) ~ (public) relief, public assistance.

ˈ**Wohlfahrts...**: **~amt** *n* welfare cent|re, *Am.* -er; **~ausschuß** *m* public welfare committee; **~beamte(r)** *m* welfare officer *or* worker; **~einrichtung** *f* welfare institution; **~fonds** *m* benefit (*or* relief) fund; ~ *für Angestellte* employees' benefit fund; **~organisation** *f* charitable institution, non-profitmaking organization; **~pflege** *f* welfare work; **~rente** *f* benefit pension; **~staat** *m* welfare state; **2staatlich** *adj.* welfarist; **~unterstützung** *f* public relief.

ˈ**wohl...**: **~feil** *adj.* cheap, low-priced; **2feilheit** *f* cheapness; **~geartet** *adj.* well-disposed; well-bred, well-mannered; **~geboren** *adj.*: *Ew.* 2 Sir; *in letters*: 2 *Herrn Wilhelm Braun* William Brown Esq. (= Esquire); **2gefallen** *n* pleasure, satisfaction (*über acc.* at); *sein ~ haben an* be well pleased with *or* by, take delight in; *sich in ~ auflösen* be settled to everyone's satisfaction, *humor.* end in smoke, *colloq. book*: go to pieces, come apart; **~gefällig I.** *adj.* pleasant, agreeable; complacent; *ein Gott ~es Leben* a life well pleasing to God; **II.** *adv.* with pleasure, contentedly; **2gefälligkeit** *f* (-) pleasantness; complacency; **2gefühl** *n* (-[e]s) pleasant sensation; sense of well-being; **~gelitten** *adj.* well (*or* much) liked, popular, welcome; **~gemeint** [ˈ-gəmaɪnt] *adj.* well-meant, well-intentioned; **~gemerkt!** [ˈ-gəmɛrkt] mind you!, mark you!, remember!; **~gemut** [ˈ-gəmuːt] *adj.* cheerful; **~genährt** [ˈ-gənɛːrt] *adj.* well-fed; **~geneigt** *adj.* affectionate, well-affected; well disposed (*dat.* towards); **~geraten** *adj.* well-behaved, good (*child*); *thing* (*pred.*): well-done; **2geruch** *m* pleasant odo(u)r, fragrance, perfume; **2geschmack** *m* (-[e]s) pleasant taste, flavo(u)r; **~gesetzt** *adj.* well-chosen (*words*); well-worded (*or* formulated) (*speech*); **~gesinnt** *adj.* well-meaning; *j-m ~* well-disposed towards a p.; **~gesittet** *adj.* well-mannered; **2gestalt** *f* (-) fine shape, shapeliness; **~gestaltet** *adj.* well-shaped, well-turned; shapely; **~habend** *adj.* well-to-do, wealthy; well-off (*pred.* well off), moneyed; **2habenheit** *f* (-) easy circumstances *pl.*, wealth; prosperity.

ˈ**wohlig** *adj.* comfortable, pleasant; cosy, snug.

ˈ**Wohl...**: **~klang** *m* (-[e]s), **~laut** *m* melodious sound, harmony, euphony; **2klingend** *adj.* melodious, harmonious, musical, pleasing to the ear; **~leben** *n* (-s) life of pleasure, good living, luxury; **2meinend** *adj.* well-meaning, friendly; **2riechend** *adj.* fragrant, perfumed, sweet-scented; **2schmeckend** *adj.* savo(u)ry, palatable, tasty; **~sein** *n* (-s) well-being; good health; *Ihr* (*or zum*) ~ your health!; **~stand** *m* (-[e]s) prosperity, wealth, affluence; **~standsgesellschaft** *f* affluent society; **~tat** *f* good deed, kindness, charity; (*a. jur.*) benefit; *fig.* boon, blessing; comfort, treat; *das ist e-e wahre ~* it's quite a comfort; **~täter** *m* benefactor; **~täterin** *f* benefactress; **2tätig** *adj.* charitable; beneficent, salutary; **~tätigkeit** *f* (-) charity; beneficence; **~tätigkeitsbasar** *m* charity bazaar; **~tätigkeitsveranstaltung** *f* charity performance, benefit; **~tätigkeitsverein** *m* charitable (*or* benevolent) society; **~tätigkeitszweck** *m* charitable use, charity; **2tuend** *adj.* pleasant, comfortable; ~ *berührt* pleasantly surprised, gratified (*durch* at); **2tun** *v/i.* (*irr.*, *h.*) do good; *j-m ~* do a p. good, be pleasing to a p.; *das tut einem wohl* it does one good; *er tut wohl daran, zu inf.* he does well to *inf.*; **2überlegt** *adj.* well-considered; deliberate; set (*speech*); **2unterrichtet** *adj.* well-informed; **2verdient** *adj.* well-deserved, well-earned; *person*: of great merit; **~verhalten** *n* good conduct; **2verstanden** [ˈ-fɛrʃtandən] *adj.* well-understood; ~! mind you!, mark my words!; **2weislich** *adv.* prudently, very wisely; *et. ~ tun* be careful to do a th.; **~wollen** *n* (-s) goodwill, benevolence; favo(u)r; **2wollen** *v/i.* (*h.*): *j-m ~* wish a p. well, be well-disposed towards a p.; **2wollend** *adj.* kind, benevolent; favo(u)rable; *e-r Sache ~ gegenüberstehen* favo(u)r a th., take a favo(u)rable view of a th.

Wohn|atelier [ˈvoːn-] *n* residential studio; **~bedarf** *m* home requirements *pl.*, household furnishings *pl.*; **~bevölkerung** *f* resident population; **~bezirk** *m* residential district; **~block** *m* (-[e]s; -s) block of flats.

ˈ**wohnen** *v/i.* (*h.*) live (*bei* with), dwell, reside; *adm.* reside, be domiciled (*in dat.* at); stay (*bei* with); lodge (*in dat.* at, *bei* with); *fig.* dwell, live.

ˈ**Wohn...**: **~fläche** *f* dwelling (*or* floor) space; **~gebäude** *n* dwelling-house, residential premises *pl.*; block of flats, *Am.* apartment house; **~gelegenheit** *f* accommodation; **~grundstück** *n* residential property (*or* site); **2haft** *adj.* resident, living (*in* at); **~haus** *n* → *Wohngebäude*; **~heim** *n* residential home, *Am.* rooming house; **~küche** *f* kitchen-living room; **~kultur** *f* (-) style of living; **2lich** *adj.* comfortable, livable; cosy, snug; *in ~em Zustand* in tenantable repair; **~ort** *m* (-[e]s; -e) dwelling-place, residence; *gesetzlicher ~* (legal) domicile, place of residence; *fester* (*ständiger*) ~ permanent residence; *ohne festen ~* → *wohnungslos*; **~partei** *f* family unit, tenant(s *pl.*); **~raum** *m* housing space; → *Wohnstube*; **~-Schlafzimmer** *n* bed-sitting room; **~siedlung** *f* housing estate, residential settlement; **~sitz** *m* residence; *mit ~ in* resident in; → *Wohnort*; **~straße** *f* residential street; **~stube** *f* sitting-room, *esp. Am.* living room.

ˈ**Wohnung** *f* (-; -*en*) dwelling, habitation; lodgings, apartment(s), rooms *pl.*; flat; home; accommodation; → *Wohnsitz*

ˈ**Wohnungs...**: **~amt** *n* housing office; **~bau** *m* (-[e]s) housebuilding, housing construction, *Am.* home-building; **~baugenossenschaft** *f* co-operative house-building society; **~bauprogramm** *n* housing program(me); **~einheit** *f* dwelling unit; **~frage** *f* housing problem; **~inhaber** *m* lodger, tenant; **2los** *adj.* homeless; *adm.* without permanent home, having no fixed address; **~mangel** *m* (-s), **~not** *f* (-) housing shortage (*or* problem); **~nachweis** *m* house-agency; **~suche** *f* house-hunting; **~wechsel** *m* change of residence (*or* address); **~wesen** *n* (-s) housing; **~zwecke** *m/pl.* habitation *sg.*

ˈ**Wohn...**: **~verhältnisse** *n/pl.* housing conditions; **~viertel** *n* residential quarter (*Am.* section); **~wagen** *m* caravan, *Am.* trailer (coach); **~zimmer** *n* → *Wohnstube*.

Woilach [ˈvɔɪlax] *m* (-s; -e) saddle blanket.

wöl|ben [ˈvœlbən] *v/t. and sich ~* (*h.*) arch, vault; *tech.* curve; **2bung** *f* (-; -*en*) vault, arch; dome; curvature; *tech. a.* camber, buckling; *of road*: crossfall.

Wolf [vɔlf] *m* (-[e]s; ⸚e) *zo.* wolf; *spinning*: willow; *metall.* **a**) devil, **b**) pig bloom; *cul.* mincer, meat grinder; *colloq. fig. durch den ~ drehen* put in a meat grinder; *med.* chafing, intertrigo; *med. e-n ~ haben* be sore; *fig. mit den Wölfen muß man heulen* when in Rome do as the Romans do; → *Schafpelz*.

Wölfin [ˈvœlfin] *f* (-; -*nen*) she-wolf.

ˈ**wölfisch** *adj.* wolfish.

Wolfram [ˈvɔlfram] *chem. n* (-s) tungsten; **~karbid** *n* tungsten carbide; **~stahl** *m* tungsten steel.

ˈ**Wolfs...**: **~falle** *f* wolf-trap; *a.* → **~grube** *f* pitfall; *mil.* obstacle pit; **~hund** *m* Alsatian (dog); **~hunger** *m* wolfish appetite, ravenous hunger; **~milch** *bot. f* spurge; **~rachen** *med. m* cleft palate; **~rudel** *n* wolf pack.

Wolke [ˈvɔlkə] *f* (-; -*n*) cloud (*a. fig.*); *in gem*: flaw; *fig. aus allen ~n gefallen sein* be thunderstruck; *fig. über den ~n schweben* live in the clouds; *colloq. fig.* humdinger, wow.

ˈ**Wolken...**: **~bank** *f* (-; ⸚e) cloud bank; **~bildung** *f* cloud formation; **~bruch** *m* cloudburst; **2bruchartig** [ˈ-ʔaːrtiç] *adj.* torrential; **~decke** *f* (-) cloud cover; **~fetzen** *m/pl.* tattered clouds; **~himmel** *m* clouded sky; **~höhe** *aer. f* (cloud) ceiling; **~kratzer** *m* skyscraper; **~kuckucksheim** *n* cloud cuckooland, fool's paradise; **~kunde** *f* (-) nephology; **~landschaft** *f* skyscape; **2los** *adj.* cloudless (*a. fig.*), clear; **~meer** *n* sea of clouds; **~schicht** *f* cloud layer; **~schleier** *m* cloud veil, haze; **~streifen** *m* cloud banner; ≗umhüllt *adj.* cloud-hidden; ~wand *f* bank of clouds; ~zug *m* passage of clouds.

wölken ['vœlkən] → *bewölken.*

'**wolkig** *adj.* cloudy, clouded; overcast.

Woll|abfall ['vɔl-] *m* wool waste; **~arbeiter** *m* wool-dresser, wool-picker; **~atlas** *m* worsted satin; **~börse** *f* wool-hall; **~decke** *f* (wool) blanket; **~e** *f* (-) wool; *in der ~ gefärbt* dyed in the wool (*a. fig.*); *fig. in der ~ sitzen* live in clover; *~ lassen müssen* get fleeced; *sich in die ~ geraten* have a row (*mit* with); *colloq. j-n in die ~ bringen* nettle, enrage, get *a p.'s* goat; → *Geschrei.*

'**wollen**[1] *adj.* wool(l)en; *stockings*: *a.* worsted; *~e Sachen* wool(l)ens *pl.*

wollen[2] ['vɔlən] *v/t. and v/i.* (*h.*) will; wish, desire; want; demand, claim; be willing (to *inf.*); intend, mean; be going (*or* about) to *inf.*, be on the point of *ger.*; *lieber ~* prefer; *ich will* (*or wollte*) *lieber* I should prefer, I would (*or* had) rather; *unbedingt ~* insist on; *nicht ~* refuse (*a. thing*: *to work, etc.*); be unwilling to, not to want (*or* like) to; *so Gott will!* please God!; *ich will es (nicht) tun* I will (won't) do it; *ich will das nicht gehört haben!* mind your tongue!; *das will überlegt sein* that requires some thinking; → *heißen, meinen, etc.*; *was ~ Sie von mir?* what do you want (of me)?; *was ~ Sie damit sagen?* what do you mean by it?, what are you driving at?; *was ~ Sie mit einem Regenschirm?* what do you want with an umbrella?; *ohne es zu ~* in spite of o.s., unintentionally; *er mag ~ oder nicht* whether he likes it or not, willy-nilly; *dem sei, wie ihm wolle* be that as it may; *er weiß nicht, was er will* he doesn't know his own mind; *mach, was du willst!* do what you want!, do your worst!; *du hast es ja so gewollt* you asked for it; *wie du willst* as you like, suit yourself; *hier ist nichts zu ~* there is nothing to be had here, nothing doing; → *gewollt.*

'**Wollen** *n* (-s) will; *phls.* volition; intention(s *pl.*); aspiration(s *pl.*), ambition.

'**Woll...:** **~färber** *m* wool-dyer; **~faser** *f* wool fib|re, *Am.* -er; **~fett** *n* wool grease; **~garn** *n* wool(l)en yarn, worsted; **~haar** *n* strand of wool; wool(l)y hair; **~handel** *m* wool-trade; **~händler** *m* wool-merchant; ≗**ig** *adj.* wool(l)y; **~industrie** *f* wool(l)en industry; **~jacke** *f* guernsey, cardigan; **~kämmer** *m* wool carder; **~kleidung** *f* wool(l)en clothing; **~markt** *m* wool market (*or* mart); **~sachen** *f/pl.* wool(l)ens *pl.*; **~sack** *m* wool-bag; *Brit. parl.* woolsack; **~schaf** *n* wool-sheep; **~schur** *f* sheep-shearing; **~schweiß** *m* suint; **~spinne'rei** *f* wool-spinning mill.

Wol|lust ['vɔlust] *f* (-) voluptousness, lust; ≗**lüstig** ['-lystiç] *adj.* voluptuous; → *lüstern*; **~lüstling** ['-lystliŋ] *m* (-s; -e) voluptuary, libertine, debauchee.

'**Woll...:** **~waren** *f/pl.* wool(l)en goods, wool(l)ens; **~warenhändler** *m* wool(l)en-draper; **~wäsche'rei** *f* scouring mill.

wo...: **~'mit** 1. *interr. pron.* with what?, what ... with?, by what (means)?; *~ kann ich dienen?* what can I do for you?; 2. *rel. pron.* with which, by which, whereby; *~ ich nicht sagen will* by which I do not mean to say; **~'möglich** *adv.* if possible; possibly; *das Bild ist ~ noch schlechter als* the picture is if anything worse than; **~'nach** 1. *interr. pron.* after what?; *~ fragt er?* what is he asking for?; 2. *rel. pron.* after which, whereupon; according to which.

Wonne ['vɔnə] *f* (-; -n) delight, bliss; *in (eitel) ~ schwimmend* → *wonnetrunken*; *colloq. mit ~* with relish; **~gefühl** *n* thrill of delight; **~leben** *n* (-s) blissful life; **~monat, ~mond** *m* month of delight (*or* May); **~schauer** *m* thrill of delight; ≗**trunken** *adj.* blissful, in raptures (*or* ecstasies), riding on air; ≗**voll** *adj.* blissful; delicious.

'**wonnig** *adj.* delightful, blissful; lovely, sweet.

wor|an [voː'ran] 1. *interr. pron.* at what?, by what?; *~ denken Sie?* what are you thinking of?; *~ liegt es, daß?* how is it that?, what is the reason for?; 2. *rel. pron.* at which, against which, by which; *ich weiß nicht, ~ ich bin* I don't know where I stand, *mit ihm*: I don't know what to make of him; **~'auf** 1. *interr. pron.* on what?, what ... on?; *~ wartest du?* what are you waiting for?; 2. *rel. pron.* on which; whereupon, after which; **~'aus** 1. *interr. pron.* out of what?, from what?; what ... of?; 2. *rel. pron.* out of which, from which, whence; **~'ein** 1. *interr. pron.* into where?; into what?; 2. *rel. pron.* into which.

worfeln ['vɔrfəln] *agr. v/t.* (*h.*) winnow, fan.

wor'in 1. *interr. pron.* in what; 2. *rel. pron.* in which, wherein.

Wort [vɔrt] *n* (-[e]s; ⸗er) word; term, expression; saying, word; word (of hono[u]r); *~e pl.* words; *in ~en* in letters; *in ~ und Bild* with text and illustrations; *in ~ und Tat* in word and deed; *ein Mann von ~ sein, ~ halten* be as good as one's word, keep one's word; *ein Mann, ein ~!* word of hono(u)r!, hono(u)r bright!; *~ Gottes* Word of God, Gospel; *auf ein ~!* a word with you!; *aufs ~ gehorchen* obey to the letters (*or* implicitly); *aufs ~ glauben* believe implicitly; *e-r Sache das ~ reden* hold a brief for, back, support, defend *a cause*; *ein gutes ~ einlegen für j-n* intercede for, put in a good word for *a p.*; *das ~ erhalten* be allowed to speak, *parl.* catch the Speaker's eye, *esp. Am.* get the floor; → *entziehen*; *das ~ ergreifen* (begin) to speak, *parl.* rise to speak, address the House, *esp. Am.* take the floor; *j-m das ~ erteilen* give the floor; *das ~ führen* be the spokesman, do the talking; *das große ~ führen* **a**) do all the talking, **b**) talk big, **c**) lay down the law; *das ~ haben* have leave to speak, *parl. a.* have the ear of the house; *esp. Am.* have (*or* hold) the floor; *das letzte ~ haben* **a**) have the final say, **b**) have the last word; *das letzte Wort ist noch nicht gesprochen* the last word has not yet been said; → *fassen, kleiden, melden, mitreden*; *j-m ins ~ fallen* cut a p. short; *mit anderen ~en* in other words; *mit einem ~* in a word; *ums ~ bitten* ask permission to speak; *zu ~e kommen* get a hearing; *nicht zu ~e kommen* not to get a word in edgewise; *ohne viel ~e zu machen* without further ado; *kein ~ mehr!* not another word!; *colloq. hast du ~e!* well, I never!; *j-n beim ~ nehmen* take a p. at his (her) words; *man kann sein eigenes ~ nicht verstehen* one cannot hear one's own voice; *er macht nicht viele ~e* he is a man of few words.

'**Wort...:** **~akzent** *m* word-stress; ≗**arm** *adj.* poor in words; **~armut** *f* poverty of words; **~art** *gr. f* part of speech; **~aufwand** *m* verbosity; **~bedeutungslehre** *f* (-) semantics *pl.*; **~bildung** *f* word formation; **~bruch** *m* breach of one's word (*or* faith), treachery; ≗**brüchig** *adj.* false (to one's word), treacherous; *~ werden* break one's word.

Wörter|buch ['vœrtər-] *n* dictionary; **~verzeichnis** *n* list of words, vocabulary.

'**Wort...:** **~familie** *f* family of words; **~folge** *f* word order; **~fügung** *f* construction; (*a.* = **~fügungslehre** *f*, -) syntax; **~führer(in** *f*) *m* speaker; *only m*: spokesman; **~fülle** *f* verbosity; **~gefecht** *n* dispute, altercation; **~geklingel** *n* jingle of words; **~gemälde** *n* word-picture; **~gepränge** *n* bombast; ≗**getreu** *adj.* literal, word-for-word, true; ≗**gewandt** *adj.* eloquent, glib; ≗**karg** *adj.* taciturn, silent, sparing of words; **~kargheit** *f* taciturnity; **~klasse** *gr. f* part of speech; **~klauber(in** *f*) ['-klaubər] *m* (-s, -; -, -nen) quibbler; **~klaube'rei** *f* (-; -en) word-splitting; **~krämer** *m* phrasemonger; **~kunde** *f* (-) word lore; **~laut** *m* (-[e]s) wording; text; *jur.* tenor; *der Brief hat folgenden ~* the letter runs as follows.

Wörtlein ['vœrtlaın] *n* (-s; -): *ein (gewichtiges) ~ mitzureden haben* have (quite) a say in the matter.

'**wörtlich** *adj.* verbal, literal; word-for-word.

'**Wort...:** **~malerei** *f* word-painting; **~rätsel** *n* rebus; ≗**reich** *adj.* abundant in words; *b.s.* verbose, wordy; **~reichtum** *m* (-s) abundance of words; *b.s.* verbosity; **~schatz** *m* (-es) stock of words, vocabulary, word-power; **~schwall** *m* (-[e]s) flood (*or* torrent) of words, verbiage; **~sinn** *m* (-[e]s) literal sense; **~spiel** *n* play on words, pun; **~stamm** *m* radical, root; **~stammkunde** *f* (-) etymology; **~stellung** *f* word-order; **~streit** *m* dispute, altercation, squabble, words *pl.*; **~verdreher(-in** *f*) ['-fɛrdreːər] *m* (-s, -; -, -nen) distorter of words, equivocator; **~verdrehung** *f* distortion of words; **~wechsel** *m* dispute, altercation; e-n ~ *haben a.* have words (*mit* with); **~witz** *m* (-es) pun; **2wörtlich I.** *adj.* literal; word-for-word; **II.** *adv.* literally (*a. fig.*); word for word.

wor|über [vo:ˈry:bər] **1.** *interr. pron.* over (*or* upon) what?, what ... over (*or* about *or* on)?; ~ *lachst du?* what are you laughing at *or* about?; **2.** *rel. pron.* over (*or* upon) which, about which; ~ *er ärgerlich war* which annoyed him; **~ˈum 1.** *interr. pron.* about what?, what ... about?; ~ *handelt es sich?* what is it about?; **2.** *rel. pron.* about which, for which; **~ˈunter 1.** *interr. pron.* under (*or* among) what?, what ... under?; **2.** *rel. pron.* under (*or* among) which.

wo...: **~ˈselbst** *adv.* where; **~ˈvon 1.** *interr. pron.* of (*or* from) what?, what ... from *or* of?, about what?, what ... about?; → *leben, etc.*; **2.** *rel. pron.* of (*or* from) which, whereof; **~ˈvor 1.** *interr. pron.* before what?; of what?, what ... of?; **2.** *rel. pron.* before which; of which; → *sich fürchten, etc.*; **~ˈzu 1.** *interr. pron.* for what?, what (...) for?; why?; to what point?; **2.** *rel. pron.* for which; why; ~ *noch kommt* to which must be added; **3.** *indef. pron.* for something.

Wrack [vrak] *mar. n* (-[e]s; -s) wreck (*a. fig.*); **ˈ~gut** *n* wrecked goods *pl.*, wreckage; flotsam.

Wrasen [ˈvrɑ:zən] *m* (-s; -) vapo(u)r(s *pl.*).

wring|en [ˈvriŋən] *v/t.* (*irr., h.*) wring; **2maschine** *f* wringing-machine, wringer.

Wucher [ˈvu:xər] *m* (-s) usury; profiteering; ~ *treiben* practise usury; **~er** *m* (-s; -) usurer; profiteer; **~gesetz** *n* law against usury (*or* profiteering); **~gewinn** *m* usurious profit; **2haft, 2isch** *adj.* usurious; profiteering; **~handel** *m* usurious trade; profiteering; **~miete** *f* rack-rent; **2n** *v/i.* (*h.*) *bot.* grow exuberantly *or* rankly; *med.* grow luxuriantly, proliferate; *jur.* practise usury; profiteer; *fig.* be rampant, rankle; → *Pfund*; **~preis** *m* exorbitant (*or* cut-throat) price; **~ung** *f* (-; -en) *bot.* rank growth; *med.* excrescence, growth, tumo(u)r; proud flesh; vegetation; proliferation; **~zins(en** *pl.*) *m* usurious interest (*sg.*).

Wuchs [vu:ks] *m* (-es) growth; figure, shape; stature, physique, build; height.

wuchs *pret. of wachsen.*

Wucht [vuxt] *f* (-) weight; force; impetus; impact (*a. fig.*); *phys.* inertia force, momentum, kinetic energy; *die volle* ~ *e-s Angriffs, etc., aushalten müssen* bear the brunt of an attack, *etc.*; *mit voller* ~ *rennen gegen* (*acc.*) cannon against; *colloq. fig.* eine *ganze* ~ a load (*gen.* of); *sl. das is 'ne* ~ it's a wow!; **ˈ2en I.** *v/i.* (*h.*) weigh heavy, press heavily (*auf acc.* upon); *colloq. fig.* work like a nigger; **II.** *v/t.* (*h.*) raise (by lever), lever up, heave; balance; **ˈ2ig** *adj.* weighty, heavy; powerful (*blow, figure, style, etc.*).

Wühl|arbeit [ˈvy:l-] *fig. f* subversive (*or* underground) activity, insidious agitation; **2en** *v/i.* (*h.*) dig; *animal*: burrow (*a. sich*; *in* into); *pig*: root *or* grub (about); ~ *in* rummage in; *fig. usu. pol.* agitate, foment; *fig. im Gelde* ~ wallow in money, be rolling in riches; → *Wunde*; *in j-m* ~ *hatred, insult*: rankle in a p., gnaw at a p.'s vitals; **~er** *fig. m* (-s; -) agitator, fomentor; **2erisch** [ˈ-əriʃ] *adj.* subversive, inflammatory, rabble-raising; **~maus** *f* vole; *fig.* → *Wühler.*

Wulst [vulst] *m* (-es; ⸚e) roll; pad; bulge; hump; chignon; tuberosity; *arch.* torus; *mot.* bead (*on tyre*); **~felge** *f* clincher rim; **2ig** *adj.* stuffed, padded; bulging; puffed up; thick, protruding, pouting (*lips*); **~lippen** *f/pl.* thick lips, blubber lips; **~reifen** *mot. m* bead tyre (*Am.* tire); **~schutzstreifen** *mot. m* chafing strip.

wummern [ˈvumərn] *colloq. v/i.* (*h.*) boom.

wund [vunt] *adj.* sore; galled, chafed; wounded (*a. fig. heart*); *~e Stelle* sore; *fig. ~er Punkt* tender spot, sore point; *sich die Füße* ~ *laufen* get sore feet, become foot-sore; ~ *reiben* gall, chafe; **ˈ2arzt** *m* surgeon; **ˈ~ärztlich** *adj.* surgical; **ˈ2benzin** *n* surgical spirit; **ˈ2brand** *m* gangrene; **2e** [ˈvundə] *f* (-; -n) wound (*a. fig.* = hurt); injury; sore; cut, gash; *fig.* → *Punkt*; *alte ~n wieder aufreißen* open old sores; *in e-r* ~ *wühlen* turn the knife in the wound; *s-n Finger in eine offene* ~ *legen* put one's finger on an open sore; *die Zeit heilt alle ~n* time is a great healer.

Wunder [ˈvundər] *n* (-s; -) miracle; wonder, marvel; (*thing, person*) prodigy; ~ *der Technik* engineering marvel; (*es ist*) *kein* ~, (*daß*) no (*or* small) wonder (that); ~ *tun* (*or wirken*) do (*or* work) miracles *or* (*esp. fig.*) wonders; ~ *verrichten* perform miracles; *es grenzt an* ~ it borders on the miraculous; *sein blaues* ~ *erleben* get the shock (*or* surprise) of one's life; *wenn nicht ein* ~ *geschieht, sind wir verloren* only a miracle could save us; *2 was halten von* think the world of; *er glaubt 2, was er getan hat* he thinks a world of what he has done; *er bildet sich 2 was darauf ein* he prides himself ever so much on it; *ich dachte 2, was das wäre* I expected something wonderful; → *Zeichen*; **2bar** *adj.* wonderful, marvel(l)ous; miraculous, magic; wondrous; astounding, fabulous, great; capital; *~e Sache* wonder, marvel; **2barerweise** [ˈ-bɑ:rərˈvaɪzə] *adv.* miraculously; strange to say, mysteriously; **~bild** *n* miraculous (*or* wonder-working) image; **~ding** *n* wonder(ful thing), marvel, prodigy; **~droge** *f* miracle drug; **~doktor** *m* quack; faith-healer; **~geschichte** *f* miraculous story, legend; **~glaube** *m* belief in miracles; **~horn** *n* magic horn; **2hübsch** *adj.* lovely, awfully nice; **~kerze** *f* sparkler; **~kind** *n* infant prodigy; **~knabe** *m* boy wonder; **~kraft** *f* miraculous (*or* magic) power; **~kur** *f* miraculous cure; **~lampe** *f* magic lantern; **~land** *n* Fairyland, wonderland; **2lich** *adj.* queer, quaint, odd, strange; whimsical; peculiar; eccentric; *~er Kauz* queer chap, eccentric; **~lichkeit** *f* (-; -en) queerness, strangeness, oddity; whimsicality; eccentricity; **~mittel** *n* wonder-drug, panacea; **2n** *v/t.* (*h.*) surprise, astonish; *sich* ~ wonder (*über acc.* at), be surprised *or* astonished (at); be surprised *to see, etc.*; *es wundert mich* I am surprised, *etc.*, (at it); *es sollte mich nicht* ~, *wenn* I shouldn't be at all surprised if, I shouldn't wonder if; **2nehmen** *v/t.* (*irr., h.*) astonish, surprise; *es nimmt mich wunder, daß* I am astonished that; **2sam** *adj.* wondrous, wonderful; **2schön** *adj.* very beautiful, of breathtaking beauty, lovely; **~spiegel** *m* magic mirror; **~tat** *f* miraculous deed, miracle; **~täter(in** *f*) *m* miracle-worker; **2tätig** *adj.* wonder-working, miraculous; **~tier** *n* monster; *fig.* prodigy; *er wurde wie ein* ~ *angestarrt* he was stared at as if he were a strange animal; **2voll** *adj.* wonderful, marvel(l)ous, admirable; grand (*day*); **~welt** *f* world of wonders; **~werk** *n* miracle; *fig. a.* wonder, marvel; **~zeichen** *n* miraculous sign.

ˈWund...: **~fieber** *n* wound-fever; **2laufen:** *sich* ~ (*irr., h.*) get footsore; **2liegen:** *sich* ~ (*irr., h.*) get bedsore; **~mal** *n* (-[e]s; -e) scar; *eccl.* stigma; *~e pl.* stigmata; **~mittel** *n* remedy for wounds, vulnerary; **~pflaster** *n* adhesive plaster; **~pulver** *n* vulnerary powder; **~rand** *m* lip of wound; **~rose** *f* wound erysipelas; **~salbe** *f* ointment, salve; **~schere** *f* surgical scissors *pl.*; **~schorf** *m* scab; **~sein** *n* soreness; *of babies*: diaper rash; **~starrkrampf** *m* (-[e]s) tetanus.

Wunsch [vunʃ] *m* (-es; ⸚e) wish, desire; request; ambition; *auf* ~ by (*or* on) request; if desired; *auf j-s* ~ at a p.'s request; *auf allgemeinen* ~ by popular request; (*je*) *nach* ~ as desired; *es ging alles nach* ~ everything went smoothly; *mit den besten Wünschen* with the best wishes; *mit den besten Wünschen zum Fest* with the compliments of the season; *haben Sie noch e-n ~?* is there anything else I can do for you?; → *fromm*; **ˈ~bild** *n* ideal; **ˈ~denken** *n* wishful thinking.

Wünschelrute [ˈvynʃəl-] *f* divining-rod, dowser's rod; **~ngänger** [ˈ-gɛŋər] *m* (-s; -) diviner, dowser.

wünschen [ˈvynʃən] *v/t.* (*h.*) wish, desire (*j-m et.* a th. for a p.); want; request; → *Glück*; *sich* ~ wish for, long for; *viel zu* ~ *übriglassen* leave much to be desired; *j-m e-n guten Morgen* ~ bid a p. good morning; (*ich*) *wünsche wohl geruht zu haben* I hope you have slept well; *ich wünsche Ihnen alles Gute* I wish you well *or* all the best; *ich wünsche es Ihnen von ganzem Herzen* I wish it for you with all my heart; *was ~ Sie (von mir)?* what do you want (of me)?, what can I do for you?; *wie Sie ~* as you please, *iro.* suit yourself; **~swert** *adj.* desirable.

'**Wunsch...: ~form** *gr. f* optative form; **2gemäß** *adv.* as requested (*or* desired), according to one's wishes; **~konzert** *n* (musical) request program(me); **2los** *adv.*: *~ glücklich* perfectly happy; **~traum** *m* wish-dream; wishful thinking; *Am. a.* pipe dream; **~zettel** *m* list of wishes, letter to Santa Claus.

wupp [vup], '**wuppdich I.** *int.* pop!; **II.** *adv.* like a shot, in a flash.

wurde ['vurdə] *pret. of werden I and II.*

Würde ['vyrdə] *f* (-; *-n*) dignity; *w.s. a.* (position of) hono(u)r, title, office; *akademische ~* academic degree; *unter aller ~* beneath contempt; *unter meiner ~* beneath my dignity; **2los** *adj.* undignified; **~(n)träger** *m* dignitary, high official; **2voll I.** *adj.* dignified; solemn, grave; **II.** *adv.* with dignity.

'**würdig** *adj.* worthy (*gen.* of); deserving (of); dignified; *er ist dessen nicht ~* he does not deserve it; **~en** ['-gən] *v/t.* (*h.*) appreciate, value; give proper attention to; mention hono(u)rably; laud, praise; assess; *j-n e-s Blickes (Wortes) ~* deign to look at (speak to) a p.; *j-n keines Blickes ~* ignore a p. completely, do not so much as look at a p.; *er würdigte mich, etc., keiner Antwort* he vouchsafed no answer; *er kann solche Dinge nicht recht ~* he has no appreciation of such things; **2ung** ['-guŋ] *f* (-; *-en*) appreciation, assessment (*both a. jur.*); valuation; *in ~ s-r Verdienste* in appreciation of, in recognition of *his merits.*

Wurf [vurf] *m* (-[e]s; ⸗e) throw (*a. wrestling*), cast; pitch; *aer.* release (*of bombs*); *zo.* (*~ Junge*) litter, brood; *fig.* (*glücklicher ~*) hit, ten-strike; *fig. e-n guten ~ tun* have a stroke of luck, hit the jackpot; *großer ~* bold design, great success; *alles auf einen ~ setzen* put all one's eggs in one basket, stake all on a single throw *or* card; '**~anker** *m* kedge, grapnel; '**~bahn** *f* trajectory; '**~disziplin** *f sports*: throwing event.

Würfel ['vyrfəl] *m* (-s; -) cube; *games*: die, *pl.* dice; *falsche ~* loaded dice; *~ spielen* play (at) dice; *die ~ sind gefallen* the die is cast; **~becher** *m* dice-box; **2förmig** ['-fœrmiç] *adj.* cubic(al), cube-shaped; **2ig** *adj.* cubic(al); chequered (*pattern*); **~muster** *n* chequered design; **2n I.** *v/i.* (*h.*) play (at) dice; throw dice; *um et. ~* throw dice for, raffle for *a th.*; **II.** *v/t.* (*h.*) chequer (*fabric*); **~schraube** *tech. f* cube-headed screw; **~spiel** *n* game of dice; **~spieler** *m* dice-player; **~zucker** *m* lump sugar, cube-sugar.

'**Wurf...: ~gerät** *mil. n* projector; → *Wurfrahmen*; **~geschoß** *n* missile, projectile; **~granate** *f* mortar shell; **~höhe** *f* height of projection; **~kraft** *f* (-) projectile force; **~lehre** *f* (-) ballistics *pl.*; **~leine** *mar. f* warp line; **~linie** *f* line of projection, projectile curve; **~messer** *n* throwing knife; **~pfeil** *m* dart; **~rahmen** *mil. m* multiple rocket launcher; **~schaufel** *agr. f* winnow (-ing shovel); **~scheibe** *f* quoit; discus; **~sendung** *f* bulk mail; **~speer, ~spieß** *m* javelin; **~taube** *f* clay pigeon; **~weite** *mil. f* mortar (*or* throwing) range; forward travel.

Würg|egriff ['vyrgə-] *m* stranglehold (*a. fig.*); **2en I.** *v/t.* (*h.*) throttle, choke (*both a. tech.*); strangle, take by the throat; *poet.* slay, slaughter; *thing*: choke, stick in *a p.'s* throat; **II.** *v/i.* (*h.*) choke; retch; gag on one's food; gulp; *fig. an e-r Arbeit ~* struggle hard at, sweat over *a job*; **~engel** *m* destroying angel; **~er** *m* (-s; -) slayer, butcher, murderer (*a.* **~erin** *f*, -; *-nen*); *orn.* butcher-bird.

Wurm [vurm] **1.** *m* (-[e]s; ⸗er) worm (*a. med., tech., and fig.*); grub, maggot; dragon; *anat.* vermiform process; *med. on finger*: whitlow; *vet.* farcy; *colloq. fig.* crotchet, maggots *pl.* in the brain; *colloq. j-m die Würmer aus der Nase ziehen* worm secrets out of a p., draw a p. out; **2.** *colloq. n* mite (of a child); *das arme ~!* poor little mite!; '**2abtreibend** *adj.* anthelmintic; *a.* (*~es Mittel*) vermifuge; '**2ähnlich** *adj.* worm-like, vermicular.

Würmchen ['vyrmçən] *n* (-s; -) little worm; *colloq. fig.* (poor) little mite.

'**wurmen** *v/t.* (*h.*) gall, vex; rankle (*j-n* in a p.).

'**Wurm...: 2förmig** ['-fœrmiç] *adj.* vermicular, wormshaped, vermiform; **~fortsatz** *anat. m* appendix; **~fraß** *m* damage done by worms; **2ig** *adj.* wormy, worm-eaten; maggoty; **2krank** *adj.* suffering from worms; **~krankheit** *f* (intestinal) worms *pl.*; **~kur** *f* cure for worms, vermifuge; **~loch** *n* → *Wurmstich*; **~mehl** *n* worm-dust; **~mittel** *n* vermifuge; **~stich** *m* worm-hole; **2stichig** ['-ʃtiçiç] *adj.* worm-eaten; wormy (*fruit*); *fig.* unsound, rotten, corrupt.

Wurst [vurst] *f* (-; ⸗e) sausage; *colloq. ~ wider ~* tit for tat; *colloq. es ist mir (ganz) ~* I don't care (a rap), it's all the same to me; *colloq. jetzt geht's um die ~!* now or never!, it's do or die now!; *mit der ~ nach der Speckseite werfen* cast a sprat to catch a mackerel; '**~blatt** *colloq. n* (*newspaper*) rag.

Würstchen ['vyrstçən] *n* (-s; -) little sausage; *warmes ~* hot sausage, *Am.* hot dog; *colloq. fig. kleines ~* small fry, *a* nobody, *Am. a.* small-time operator.

'**Wurstdarm** *m* sausage skin.

Wurstelei [vurstə'laɪ] *colloq. f* (-) muddling, muddle.

'**wursteln** *colloq. v/i.* (*h.*) muddle along (*or* through).

'**wursten** *v/i.* (*h.*) make sausages.

'**Wurst...: ~fleisch** *n* sausage-meat; **2förmig** ['-fœrmiç] *adj.* sausage-shaped; **~händler** *m* pork-butcher; **~haut** *f* sausage skin (*or* casing); **2ig** *colloq. adj.* quite indifferent, devil-may-care; **~igkeit** *colloq. f* (-) (utter) indifference, unconcern, nonchalance; **~kessel** *m*: *colloq. im ~ sitzen* be in the soup; **~laden** *m* pork-butcher's shop; **~vergiftung** *f* sausage-poisoning, botulism; **~waren** *f/pl.* sausages (and similar products); **~zipfel** *m* sausage-end.

Würze ['vyrtsə] *f* (-; *-n*) spice, condiment; seasoning, flavo(u)r; *for beer*: wort; fragrance; *fig.* (special) flavo(u)r; → *Kürze*; *~ des Lebens* salt of life.

Würzelchen ['vyrtsəlçən] *n* (-s; -) rootlet, radicle.

Wurzel ['vurtsəl] *f* (-; *-n*) root (*a. math., of tooth, and fig.*); *gr.* root, stem; (*hair*) bulb; carrot; *math. zweite (dritte) ~* square (cubic) root; *~ fassen or schlagen (a. fig.)* take (*or* strike) root; *math. die ~ (aus e-r Zahl) ziehen* find (*or* extract) the root (of a number); *fig. mit der ~ ausrotten* eradicate; **2artig** ['-ɑːrtiç] *adj.* root-like; **~behandlung** *f* root-treatment; **~brand** *m* (-[e]s) root-rot; **2echt** *bot. adj.* own-rooted; **~exponent** *math. m* radical index; **~faser** *f* root fibril; **~fäule** *f* → *Wurzelbrand*; **2fest** *adj.* root-bound; **~füllung** *med. f* root filling; **~gemüse** *n* root vegetables *pl.*; **~größe** *math. f* radical quantity; **2haft** *adj.* rooted; **2ig** *adj.* rooty (*ground*); **~keim** *m* radicle; **~knollen** *m* tuber, bulb; **2los** *adj.* rootless; **2n** *v/i.* (*h., sn*) (take) root, send out roots; *fig. ~ in* have its root in, be rooted (*or* grounded) in; *tief ~* be deep-rooted; **~schößling** *m* sucker, runner; **~silbe** *gr. f* root syllable; **~stock** *m* (-[e]s; ⸗e) root stock; **~trieb** *m* root sucker, rootling; **~werk** *n* (-[e]s) root system, roots *pl.*; **~wort** *gr. n* (-[e]s; ⸗er) radical word, root; **~zahl** *math. f* root; **~zeichen** *math. n* radical sign.

'**würz|en** *v/t.* (*h.*) spice, season, flavo(u)r; *fig. a.* give zest to, ginger up; **~ig** *adj.* spicy, well-seasoned, aromatic; piquant; **2kräuter** *n/pl.* aromatic herbs; **~los** *adj.* unspiced, flavo(u)rless; *fig.* flat; **2nelke** *f* clove; **2stoff** *m* seasoning, aromatic essence; **2wein** *m* spiced wine.

wusch [vuːʃ] *pret. of waschen.*

wuschel|ig ['vuʃəliç] *adj.* tousled; **2kopf** *m* mop of curly hair.

wuseln ['vuːzəln] *v/i.* (*sn*) swarm (*von* with); be crawling (with).

wußte ['vustə] *pret. of wissen.*

Wust [vuːst] *m* (-es) tangled mass; rubbish, trash; mess, jumble.

wüst [vyːst] *adj.* desert, waste, desolate; confused; wild, dissolute, depraved; vulgar; filthy, vile; *colloq.* awful; *~ und leer* waste and void; **2e(nei)** ['-ə('naɪ)] *f* (-; *-en*) desert, waste, wilderness; *fig. Rufer in der ~* voice crying in the wilderness; *fig. in die ~ schicken* send into the wilderness; '**~en** *v/i.* (*h.*): *mit et. ~* waste, ruin; play havoc with; '**2enschiff** *fig. n* ship of the desert, camel; **2ling** ['-liŋ] *m*

(-s; -e) libertine, debauchee, rake, lecher.
Wut [vu:t] *f* (-) rage, fury; towering rage; wrath; mania; *in ~* in a rage; *in ~ geraten* fly into a rage *or* passion, see red; *j-n in ~ bringen* enrage (*or* incense, infuriate) a p.; *colloq. vor ~ platzen* hit the ceiling, blow one's top; *vor ~ kochen* boil with rage, foam (at the mouth), fume; → *auslassen, etc.*; '**~anfall** *m* fit of rage; '**~ausbruch** *m* outburst of fury, explosion; tantrum.
wüten ['vy:tən] *v/i.* (*h.*) rage, storm; *person*: *a.* rave, foam; *crowd*: riot; **~d I.** *adj.* furious, raving, fuming, rabid; convulsed with rage; *esp. Am.* mad (*auf acc., über acc.* at), hot under the collar; *fig.* furious, fierce, savage (*attack, etc.*); raging (*elements*); **II.** *adv.* furiously; *~ machen* infuriate, incense, enrage; *~ blicken* glare, look daggers.
wutentbrannt ['-ˀɛntbrant] *adj.* enraged, infuriated, furious.
Wüterich ['vy:təriç] *m* (-[e]s; -e) berserk, bloodthirsty man; maniac; tyrant.
'**wütig** *adj.* → *wütend.*
'**wutschnaubend** *adj.* foaming (with rage), breathing revenge.
'**Wutschrei** *m* yell of rage.

X, Y

X, x [iks] *n* X, x; *j-m ein ~ für ein U vormachen* throw dust in a p.'s eyes; *er läßt sich kein ~ für ein U vormachen* he is nobody's fool.
'**X-Achse** *math. f* axis of x.
'**X-Beine** *n/pl.* knock-knees; **X-beinig**-['-baɪniç] *adj.* knock-kneed.
'**x-beliebig** *adj.* any (... you please).
'**x-mal** *colloq. adv.* (ever so) many times, umpteen times.
'**X-Motor** *m* X-type engine.
'**X-Koordinate** *math. f* x-coordinate.
xte ['ikstə] *adj.*: *zum ~n Male* for the nth (*or* umpteenth, umptieth) time.
Xylo|graph [ksylo'grɑ:f] *m* (-*en*; -*en*) xylographer; **~gra'phie** *f* (-; -*n*) xylography; **♀'graphisch** *adj.* xylographic(al).
Xylol [ksy'lo:l] *n* (-*s*) xylene.
Xylophon [ksylo'fo:n] *mus. n* (-*s*; -*e*) xylophon.
Xylose [ksy'lo:zə] *f* (-) xylose.
Y, y ['ypsilɔn] *n* Y, y.
'**Y-Achse** *math. f* axis of y.
Ypsilon ['ypsilɔn] *n* (-[*s*]; -*s*) the letter Y.
Ysop ['y:zɔp] *bot. m* (-*s*; -*e*) hyssop.

Z

Z, z [tsɛt] *n* **Z**, z.
Zäckchen ['tsɛkçən] *n* (-*s*; -) denticle; small prong; *of lace*: purl.
Zacke ['tsakə] *f* (-; -*n*), **~n** *m* (-*s*; -) (sharp) point; prong, tine; indent (-ation); spike; (*mountain*) jag, peak; *bot.* crenature; tooth (*of comb, saw*); notch; *dressmaking*: scallop; wave (*of cardiogram, etc.*).
'**zacken** *v/t.* (*h.*) indent, notch; tooth; jag; *dressmaking*: scallop, pink; **♀borste** *f* purl-edging; **~förmig** ['-fœrmiç] *adj.* serrated, jagged.
'**zackig** *adj.* indented, notched; jagged; pointed; branched; *bot.* crenate, serrate(d); scalloped (*dress*); *colloq. fig.* smart, snappy, *Am. a.* snazzy.
zag|en ['tsɑ:gən] *v/i.* (*h.*) quail; shrink, flinch; waver; **♀en** *n* (-*s*) quailing; trembling; shrinking, flinching; **~haft** ['tsɑ:k-] *adj.* faint-hearted, fearful; timid; cautious; gingerly (*a. adv.*); **♀haftigkeit** *f* (-) faint-heartedness; timidity.
zäh|(e) ['tsɛ:(ə)] *adj.* tough, tenacious; ropy, viscous, glutinous (*liquid*); stringy (*meat*); *metall.* ductile; *fig.* tough; wiry; tenacious; stubborn; grim, dogged (*energy*); *~er Bursche* hard customer; *ein ~es Leben haben* be tenacious of life, be difficult to kill; **♀festigkeit** *tech. f* tenacity; **~flüssig** *adj.* viscous, thickly liquid, sticky; **♀igkeit** *f* (-) toughness, tenacity; ropiness; viscosity; *metall.* ductility; *fig.* tenacity; doggedness.
Zahl [tsɑ:l] *f* (-; -*en*) number; figure; numeral; cipher; digit; *vierstellige ~* 4-digit number; *in großer ~* in large numbers; *an ~ übertreffen* outnumber.
Zähl-apparat ['tsɛ:l-] *m* → *Zähler.*
zahlbar ['tsɑ:l-] *adj.* payable (*bei* at, with; *an acc.* to); *~ sein or werden* fall due, be(come) payable; *~ machen or stellen* make payable; domiciliate (*bill of exchange*); *~ bei Lieferung* cash (*Am.* collect) on delivery (*abbr.* C.O.D.).
'**zählbar** *adj.* countable, computable.
'**Zahlbrett** *n* money-tray.
zählebig ['tsɛ:le:biç] *adj.* tenacious of life.
'**zahlen** *v/t. and v/i.* (*h.*) pay; settle *debt* (*dat.* with), pay off; meet (*bill of exchange*); *Kinder ~ die Hälfte* children half-price; *at restaurant*: *~!* the bill (*Am.* the check), please!
'**zählen** *v/t. and v/i.* (*h.*) count (*a. fig.*); number; *cards, sports, etc.*: (keep the) score; *parl. Stimmen ~* tell the votes; take the census of (*population*); *tech.* register, integrate; *~des Meßgerät* integrating meter; *fig.* number, have; boast, call one's own; *~ auf* (*acc.*) count on; *unter* (*acc.*) ... *~*, *zu* (*dat.*) ... *~* number among, rank with, *v/i. a.* be reckoned among, be considered one of, be classed with; *sie zählte 12 Jahre* she was twelve (years old); *er* (*es*) *zählt nicht* he (it) does not count; *seine Tage sind gezählt* his days are numbered; → *drei.*
'**Zahlen...**: **~akrobatik** *f* juggling with figures; **~angaben** *f/pl.* numerical data, figures; **~beispiel** *n* numerical example; **~bild** *n* figures *pl.*; **~bruch** *math. m* numerical fraction; **~folge** *f* numerical order; **~größe** *math. f* numerical quantity; **~lotterie** *f*, **~lotto** *n* → *Lotto*; **♀mäßig** ['-mɛ:siç] **I.** *adj.* numerical; **II.** *adv. a.* in terms of figures; *j-m ~ überlegen sein* outnumber; **~material** *n* → *Zahlenangaben*; **~reihe** *f* numerical series; **~schloß** *n* combination lock; **~sinn** *m* (-[e]s) sense (*or* head) for figures; **~verhältnis** *n* numerical proportion; **~wert** *m* numerical value.
'**Zahler(in** *f*) *m* (-*s*, -; -, -*nen*) payer; *pünktlicher* (*säumiger*) *~* prompt (dilatory) payer.
'**Zähler** *m* (-*s*; -) counter; *bank, parl.*: teller; *math.* numerator; *tech.* counter; integrating meter; *el., etc.*: meter; **~ablesungen** *f/pl.* meter readings; **~tafel** *f* meter board; **~taste** *f* register key.
'**Zahl...**: **~grenze** *f* fare stage; **~karte** *f* paying-in form *or* slip.
'**Zählkarte** *f sports*: scoring card; *statistics*: census-paper.
'**Zahl...**: **~kellner** *m* head waiter, cashier; **♀los** *adj.* numberless, innumerable, countless; a sea of; **~meister** *m mil.* paymaster, *mar.* purser; **~meisterei** ['-maɪstə'raɪ] *f* (-; -*en*) paymaster's office; **~pfennig** *m* counter; **♀reich I.** *adj.* numerous, a great many; **II.** *adv.*: in great number.
'**Zählrohr** *n* Geiger counter.
'**Zahlstelle** *f* paying office; sub-branch (*of bank*).
'**Zählstrich** *m* tally.
'**Zahltag** *m* pay day; *stock exchange*: settling day.
'**Zähltaste** *tech. f* register key.
'**Zahlung** *f* (-; -*en*) payment; settlement, clearance (*of debt*); disbursement (*of expenses*); *gegen* (*mangels*) *~* against (in default of) payment;

an ~*s Statt* in lieu of payment; ~ *leisten* make (*or* effect) payment; e-e ~ *leisten* make a payment; *in* ~ *geben* offer as payment; trade in; *in* ~ *nehmen* take in part payment *or* in part exchange, receive in payment.

ˈ**Zählung** *f* (-; -*en*) counting; count; numeration; census; *tech.* metering, registering.

ˈ**Zahlungs...**: ~**abkommen** *n* payments agreement; ~**anweisung** *f* order to pay; money order, postal order; → *Scheck*; ~**anzeige** *f* advice of payment; ~**aufforderung** *f* request for payment; ~**aufschub** *m* respite, extension of time, moratorium; ~**auftrag** *m* payment order; ~**ausgang** *m* out-payment; ~**ausgleich** *m* settlement of payments; ~**bedingungen** *f/pl.* terms of payment; ~**befehl** *m* default summons, writ of execution; ~**beleg** *m* voucher; ~**bilanz** *f* balance of payments; ~**bilanzkredit** *m* balance of payments credit; ~**eingang** *m* in-payment; *pl.* payments received; ~**einstellung** *f* suspension of payment; ~**empfänger** *m* payee; ~**erleichterungen** *f/pl.* facilities (of payment), deferred terms available; *mit* ~ on extended terms; ♀**fähig** *adj.* able to pay; solvent; ~**fähigkeit** *f* (-) ability to pay; *econ.* solvency; ~**freigrenze** *f* free quota for payments; ~**frist** *f* term of payment; → *Zahlungsaufschub*; ♀**kräftig** *adj.* substantial; ~**mittel** *n* currency; *gesetzliches* ~ legal tender; *bargeldloses* ~ credit instrument; ~**ort** *m* place of payment; domicile (*of bill of exchange*); ~**plan** *m* instal(l)ment plan, partial payment plan; terms *pl.* of redemption; ~**schwierigkeiten** *f/pl.* financial difficulties, pecuniary embarrassment; ~**sperre** *f* stoppage of payments; blocking; ♀**technisch** *adj.* relating to payments; ~ *bedingt* due to payment factors; ~**termin** *m* date of payment; ♀**unfähig** *adj.* unable to pay; *econ.* insolvent; ~**unfähigkeit** *f* (-) inability to pay; *econ.* insolvency; ~**union** *f*: *Europäische* ~ (*E.Z.U.*) European Payments Union; ~**verkehr** *m* payments system; transfers *pl.*; *bargeldloser* ~ clearance system, cashless transfer system; ~**verpflichtung** *f* liability (to pay); ~**versprechen** *n* promise to pay; promissory note; ~**verweigerung** *f* refusal to pay, non-payment; ~**verzug** *m* default; ~**weise** *f* mode of payment.

ˈ**Zählwerk** *n* counting train; meter, register.

ˈ**Zahl...**: ~**wort** *gr. n* (-[e]s; ¨er) numeral; ~**zeichen** *n* figure, cipher.

zahm [tsɑːm] *adj.* tame, domestic (-ated); *bot.* cultivated; *fig.* tame (*man, story, etc.*); gentle; mild; tractable; *j-n* ~ *machen* bring a p. to heel.

zähm|bar [ˈtsɛːmbɑːr] *adj.* tamable; ~**en** *v/t.* (*h.*) tame (*a. fig.*), domesticate; break in (*horse*); *fig.* restrain, control, master, check (*sich* o.s.).

ˈ**Zahmheit** *f* (-) tameness; *fig.* mildness.

ˈ**Zähmung** *f* (-; -*en*) taming.

Zahn [tsɑːn] *m* (-[e]s; ¨e) tooth; *zo.* fang; tusk; *tech.* tooth, gear, cog; *Zähne betreffend* dental; *fig. der* ~ *der Zeit* the ravages *pl.* of time; *Zähne bekommen* cut one's teeth; *bis an die Zähne bewaffnet* armed to the teeth; *die Zähne zeigen* show one's teeth (*a. fig.*: *j-m* to a p.), *beast*: bare one's fangs; → *zusammenbeißen*; *colloq. etwas für den hohlen* ~ precious little; *j-m auf den* ~ *fühlen* sound a p.; *colloq. mit e-m tollen* ~ at a roaring speed; *sich e-n* ~ *ausbeißen* break a tooth; *fig. sich die Zähne ausbeißen* bite a file; → *fletschen, knirschen*; ˈ~**arzt** *m* dental surgeon, dentist; ˈ♀**ärztlich** *adj.* dental; ˈ~**behandlung** *f* dental treatment; ˈ~**bein** *n* dentin(e); ˈ~**belag** *m* film (on the teeth); ˈ~**bohrer** *m* dental drill; ˈ~**bürste** *f* tooth brush; ˈ~**chirurgie** *f* dental surgery; ˈ~**durchbruch** *m* dentition.

Zähne [ˈtsɛːnə-]: ~**fletschen** *n* (-s) showing one's teeth, snarl, bared teeth *or* fangs; ~**klappern** *n* chattering of teeth; *mit* ~ with chattering teeth; ~**knirschen** *n* (-s) gnashing of teeth; ♀**knirschend** *adv.* gnashing (*or* gritting) his (her) teeth, grimly.

ˈ**zahnen I.** *v/i.* (*h.*) cut one's teeth, be teething; **II.** *v/t.* (*h.*) *tech.* tooth, notch; ♀ *n* (-s) teething, dentition.

ˈ**zähnen** *v/t.* (*h.*) indent, notch; denticulate.

ˈ**Zahn...**: ~**ersatz** *m* (artificial) denture, dental prosthesis; ~**fäule** *f* caries; ~**fistel** *f* alveolar fistula; ~**fleisch** *n* gums *pl.*; ~**fleischblutung** *f* bleeding from the gums; ~**formel** *f* dental formula, dentition; ~**füllung** *f* filling, stopping; ~**geschwür** *n* abscess in the gums, gum boil; ~**hals** *m* neck of a tooth; ~**heilkunde** *f* (-) dentistry; ~**höhle** *f* socket of a tooth; *med.* dental cavity; ~**infektion** *f* dental infection; ~**klinik** dental clinic; ~**kranz** *tech. m* gear rim; ~**krem** *f* tooth-paste; ~**krone** *f* crown; ~**laut** *gr. m* dental (sound); ~**lippenlaut** *gr. m* labiodental (sound); ♀**los** *adj.* toothless; ~**lücke** *f* gap between two teeth; *tech.* tooth space; ~**nerv** *m* (dental) pulp, nerve (of tooth); ~**paste** *f* tooth-paste; ~**patient** *m* dental patient; ~**pflege** *f* care of one's teeth, dental hygiene; ~**plombe** *f* filling, stopping; ~**prothese** *f* denture, dental prosthesis; ~**pulver** *n* tooth-powder.

ˈ**Zahnrad** *n* cog-wheel, gear(-wheel), toothed wheel; ~**abwalzfräsmaschine** *f* gear hobbing machine; ~**antrieb** *m* gear drive; ~**bahn** *f* rack-railway, cog-wheel railway; ~**fräser** *m* gear cutter; ~**getriebe** *n* toothed gear, gear transmission; pinion gear; ~**übersetzung** *f* (back) gearing, transmission gear.

ˈ**Zahn...**: ~**reinigungsmittel** *n* dentifrice; ~**schmelz** *m* dental enamel; ~**schmerz** *m* toothache; ~**schutz** *m sports*: mouthpiece, gum shield; ~**stange** *f* (toothed) rack; ~**stein** *med. m* (-[e]s) tartar; ~**stocher** *m* toothpick; ~**techniker** *m* dental technician.

ˈ**Zähnung** *f* (-; -*en*) serration; *tech.* toothing.

ˈ**Zahn...**: ~**wasser** *n* tooth wash; ~**wechsel** *m* second dentition; ~**weh** *n* toothache; ~**werk** *tech. n* rack-work; ~**wurzel** *f* root of a tooth; ~**zange** *f* dental forceps; ~**zerfall** *m* dental necrosis, tooth decay; ~**ziehen** *n* extraction *or* pulling of teeth.

Zähre [ˈtsɛːrə] *poet. f* (-; -*n*) tear.

Zander [ˈtsandər] *ichth. m* (-*s*; -) pike-perch.

Zange [ˈtsaŋə] *f* (-; -*n*) (*e-e* ~ a pair of) tongs *pl.*; nippers; pliers *pl.*; tweezers *pl.*; *med.* forceps (*a. zo.* = forcipated claw), *a. zo.* pincers *pl.*; *fig. j-n in die* ~ *nehmen* work on a p. (from two sides), corner a p., *soccer*: sandwich a p.; ~**nbewegung** *mil. f* pincer movement; ~**ngeburt** *f* forceps delivery; ~**nvorschub** *tech. m* gripper feed.

Zank [tsaŋk] *m* (-[e]s) quarrel; bickering, squabble, row; ˈ~**apfel** *m* (-*s*) apple of discord, bone of contention; ˈ♀**en** *v/i. and sich* ~ (*h.*) quarrel (*um* over), wrangle, squabble, bicker; brawl; *sich* ~ *mit a.* have words with.

Zän|ker [ˈtsɛŋkər] *m* (-*s*; -), ~**kerin** *f* (-; -*nen*) quarrel(l)er, wrangler, squabbler; *only f*: scold, termagant, shrew; ~**keˈrei** *f* (-; -*en*) bickering, quarrel(l)ing.

ˈ**zankhaft**, ˈ**zänkisch** *adj.* quarrelsome, bickering, nagging.

ˈ**Zank|sucht** *f* (-) quarrelsomeness; ♀**süchtig** *adj.* quarrelsome.

Zäpfchen [ˈtsɛpfçən] *n* (-*s*; -) small peg; *anat. gr.* uvula; *in eye*: cone; *med.* suppository; ~... *a. gr.* uvular.

Zapfen [ˈtsapfən] *m* (-*s*; -) plug; peg, pin; tenon; bung, spigot; pivot; journal; trunnion; stud; *bot.* cone; ♀ *v/t.* (*h.*) tap; join *beams* with (mortise and) tenon; ~**bohrer** *m* tap borer; ♀**förmig** [ˈ-fœrmiç] *adj.* peg-shaped, cone-shaped; ~**lager** *tech. n* pivot (*or* journal) bearing; trunnion seat; bush; chock (*of cylinder*); ~**loch** *n* tap hole; *tech.* pivot hole; *cabinet-making*: mortise; ~**streich** *mil. m* curfew; tattoo, retreat, *Am.* taps *pl.*; ♀**tragend** *adj.* coniferous.

ˈ**Zapf...**: ~**er** *m* (-*s*; -) tapster; *tech.* feeder; ~**hahn** *m* tap, *Am.* faucet; *mot.* hose nozzle; ~**säule** *mot. f* (fuel) dispensing pump; ~**stelle** *f* tap; *mot.* filling station; *el.* wiring point.

Zaponlack [tsaˈpoːn-] *m* Zapon varnish.

zappel|ig [ˈtsapəliç] *adj.* fidgety, restless; nervous; ~**n** *v/i.* (*h.*) struggle; wriggle; flounder; fidget; *fig. j-n* ~ *lassen* keep a p. in suspense *or* on tenterhooks; tantalize a p.; ♀**liese** [ˈ-liːzə] *f* (-; -*n*), ♀**philipp** [ˈ-filip] *colloq. m* (-*s*; -*e*) fidget.

Zar [tsɑːr] *m* (-*en*; -*en*) tsar, czar; ˈ**Zarentum** *n* (-*s*) tsardom; **Zarewitsch** [tsaˈreːvitʃ] *m* (-[e]s; -*e*) tsarevitch.

Zarge [ˈtsargə] *tech. f* (-; -*n*) border, edge; frame, case; sash; side (*of violin, etc.*).

ˈ**Zarin** *f* (-; -nen) tsarina.

zart [tsɑːrt] *adj.* tender (*age, conscience, heart, meat, etc.*); soft (*skin, sound, etc.*); *colour*: *a.* pale, subdued; gentle; sensitive; delicate (*child, flower, health, skin*); slight, dainty (*child, girl*); *das* ~*e Geschlecht* the gentle sex; ~*er Wink* gentle hint; ˈ~**besaitet** *fig. adj.* delicately strung, sensitive; ˈ~**fühlend** *adj.* delicate, tactful; ˈ2**gefühl** *n* (-[e]s) delicacy (of feeling), good sense, tactfulness; ˈ~**grün** *adj.* pale green; ˈ2**heit** *f* (-) tenderness; softness; delicacy, delicateness; gentleness.

zärtlich [ˈtsɛːrtliç] *adj.* tender; fond, loving, amorous; 2**keit** *f* (-; -en) tenderness; fondness; caress.

Zaster [ˈtsastər] *colloq. m* (-s) (*money*) brass, dough.

Zäsur [tsɛˈzuːr] *f* (-; -en) caesura; cut; break.

Zauber [ˈtsaubər] *m* (-s; -) spell, charm, magic (*all a. fig.*); enchantment; glamo(u)r; lure; *contp.* trick; *fauler* ~ humbug, swindle; *der ganze* ~ the whole concern; ~ *des Rampenlichts* glamo(u)r of the footlights; *wie durch* ~ as if by magic; *den* ~ *lösen* break the spell; ~**bann** *m* spell; ~**buch** *n* conjuring book.

Zaube|ˈrei *f* (-; -en) magic, sorcery; witchcraft; conjuring, juggling, sleight-of-hand; ˈ~**rer** *m* (-s; -) sorcerer, magician, (*a. fig.*) wizard; *fig.* enchanter; → *Zauberkünstler*.

ˈ**Zauber...:** ~**flöte** *f* magic flute; ~**formel** *f* spell, charm, magic formula; ~**garten** *m* enchanted garden; 2**haft,** 2**isch** *adj.* enchanting, magical, glamo(u)rous, bewitching; ~**in** *f* (-; -nen) sorceress; *fig.* enchantress; ~**kraft** *f* magic (power); ~**kunst** *f* magic (*or* black) art, witchcraft; → *Zauberkunststück*; ~**künstler** *m* conjurer, illusionist, juggler; ~**kunststück** *n* conjuring trick, sleight-of-hand; ~**land** *n* enchanted land, Fairyland; ~**mittel** *n* charm, spell; 2**n I.** *v/i.* (*h.*) practise magic; do conjuring tricks; *colloq. fig. ich kann doch nicht* ~ I can't work miracles; **II.** *v/t.* (*h.*) produce by magic, conjure; ~**schloß** *n* enchanted castle; ~**spiegel** *m* magic mirror; ~**spruch** *m* → *Zauberformel*; ~**stab** *m* magic wand; ~**trank** *m* magic potion, philtre; ~**wald** *m* enchanted forest; ~**werk** *n* witchcraft, sorcery; ~**wort** *n* (-[e]s; -e) magic word.

Zauder|er [ˈtsaudərər] *m* (-s; -) lingerer, delayer; irresolute person, temporizer; 2**n** *v/i.* (*h.*) linger, delay; hesitate (*mit* about), waver; temporize, shilly-shally; ~**n** *n* (-s) lingering; hesitation, wavering.

Zaum [tsaum] *m* (-[e]s; ⸚e) bridle; *fig. im* ~ *halten* keep in check; keep a tight rein on; curb, bridle (*passion, etc.*).

zäumen [ˈtsɔymən] *v/t.* (*h.*) bridle.

ˈ**Zaum...:** ~**pfad** *m* bridle-path; ~**zeug** *n* headgear, bridle.

Zaun [tsaun] *m* (-[e]s; ⸚e) fence; *lebendiger* ~ quickset hedge; hoarding, boarding; *fig. vom* ~*e brechen* **a)** *e-n Krieg*: start *a war*, **b)** *e-e Gelegenheit*: make *an opportunity*, **c)** *e-n Streit*: (take the first opportunity to) pick *a quarrel*; *fig. j-m über den* ~ *helfen* help a p. over the stile; ˈ~**gast** *m* deadhead, intruder, looker-on; ˈ~**könig** *orn. m* wren; ˈ~**pfahl** *m* pale; *j-m e-n Wink mit dem* ~ *geben* give a p. a broad hint; ˈ~**rebe** *bot. f* Virginia creeper.

zausen [ˈtsauzən] *v/t.* (*h.*) pull about; tousle (*hair*), *a. fig.* ruffle.

Zebra [ˈtseːbra] *n* (-s; -s) zebra; ~**streifen** *m traffic*: zebra crossing.

Zech|bruder [ˈtsɛç-] *m* tippler, toper; boon-companion; ~**e** *f* (-; -n) **1.** score, reckoning, bill; *die* ~ *bezahlen* foot the bill, *fig.* pay the piper; **2.** mine; coal pit, colliery; mining company; 2**en** *v/i.* (*h.*) carouse, tipple, banquet; ~**enkohle** *f* mine coal; ~**enkoks** *m* furnace coke; ~**er** *m* (-s; -) (hard) drinker, tippler, toper, revel(l)er; ~**gelage** *f* carouse, drinking-bout, spree; ~**kumpan** *m* boon-companion; ~**preller** [ˈ-prɛlər] *m* (-s; -) bilk(er), hotel-bill skipper; ~**prelleˈrei** *f* (-; -en) hotel fraud, bilk(ing).

Zecke [ˈtsɛkə] *f* (-; -n) tick.

Zedent [tseˈdɛnt] *m* (-en; -en) transferor, assigner.

Zeder [ˈtseːdər] *bot. f* (-; -n) cedar.

zeˈdieren *v/t.* (*h.*) cede, transfer, assign (*dat.* to).

Zeh [tseː] *m* (-[e]s; -en), ˈ~**e** *f* (-; -n) toe; *bot.* clove (*of garlic*); *großer* (*kleiner*) ~ big (little) toe; ˈ~**ennagel** *m* toenail; ˈ~**enspitze** *f* point *or* tip of the toe; *auf den* ~*n* on tiptoe.

zehn [tseːn] *adj.* ten; → *acht*; 2 *f* (-; -en) (number) ten; 2**eck** [ˈ-ˀɛk] *n* (-[e]s; -e) decagon; 2**ender** [ˈ-ˀɛndər] *m* (-s; -) stag of ten points (*or* antlers); ˈ2**er** *m* (-s; -) ten; ten-pfennig piece; *colloq. fig. der* ~ *fällt* the penny drops; ~**erlei** [ˈ-ərlaɪ] *adj.* of ten sorts, ten different (kinds of); ˈ2**erreihe** *f* column of tens; ˈ2**erstelle** *f* decimal place; ˈ~**fach,** ~**fältig** [ˈ-fɛltiç] *adj.* tenfold; ˈ2**fingersystem** *n typing*: touch system; ˈ~**jährig** *adj.* ten-year-old; of (*or* lasting) ten years, ten-year; ˈ2**kampf** *m* decathlon; ˈ2**kämpfer** *m* decathlon competitor *or* man; ˈ~**mal** *adv.* ten times; ˈ~**malig** *adj.* ten (times repeated); ˈ~**tägig** *adj.* of (*or* lasting) ten days, ten days', ten-day; ˈ~**tausend** *adj.* ten thousand; 2*e von Exemplaren, etc.* tens of thousands of copies, *etc.*; ~**te** [ˈ-tə] *adj.* tenth; ˈ2**te** *m* (-en; -en) tithe; 2**tel** [ˈ-təl] *n* (-s; -) tenth (part); ˈ~**ten** *v/t.* (*h.*) tithe; *math.* decimate; ~**tens** [ˈ-təns] *adv.* tenth(ly), in the tenth place; ˈ~**tpflichtig** *adj.* tithable.

zehren [ˈtseːrən] *v/i.* (*h.*): ~ *von* (*dat.*) live (*or* exist) on; *fig.* live off *the capital*; draw on *supplies*; *von e-r Erinnerung* (*an et.*) ~ remember *a th.* fondly, enjoy a recollection; *physiol.* make thin; give an appetite; *fig.* ~ *an* (*dat.*) gnaw at, prey upon, undermine; ~**d** *med. adj.* consumptive, wasting.

ˈ**Zehr...:** ~**fieber** *med. n* hectic fever; ~**geld** *n,* ~**pfennig** *m* travel(l)ing money; ~**ung** *f* (-) (expenses *pl.* of) living; provisions *pl.*; *eccl. letzte* ~ viaticum; waste.

Zeichen [ˈtsaɪçən] *n* (-s; -) sign (*a. ast., mus., typ., and fig.*), token; symbol; mark; badge; indication, sign, *esp. med.* symptom; signal; brand; trade-mark; omen; warning; *the* hand on the wall; *econ. unser* (*Ihr*) ~ our (your) reference (*abbr.* Ref.); ~ *der Freundschaft* token (*or* mark) of friendship; *das* ~ *des Kreuzes* the sign of the cross; ~ *und Wunder* signs and wonders; *es geschehen noch* ~ *und Wunder* wonders will never cease; ~ *der Zeit* signs of the time; *auf ein* ~ *von* at a sign of; *ein* ~ *geben* make a sign (*dat.* to), (give a) signal (to); *das* ~ *geben für* give the word for; *ein* ~ *sein für* be a sign of, be indicative of; *im* ~ *des ... stehen ast.* be in ..., *fig.* be marked by, show; be under the banner of ...; be affected by; be governed by; *s-s* ~*s ein Bäcker* a baker by trade; *zum* ~ *gen.* in *or* as a sign of, as a mark of; *zum* ~, *daß* as a proof that.

ˈ**Zeichen...:** ~**block** *m* sketch block; ~**brett** *n* drawing board; ~**buch** *n* sketch-book; ~**büro** *n* drawing office, *Am.* drafting room; ~**deuter** [ˈ-dɔytər] *m* (-s; -) astrologer; ~**drei-eck** *math. n* set-square; ~**erklärung** *f* list of conventional signs; signs and symbols; ~**feder** *f* drawing pen; ~**film** *m* (animated) cartoon; ~**garn** *n* marking thread; ~**gerät** *n* drawing instrument; ~**kunst** *f* (art of) drawing; ~**lehrer** *m* art master; ~**mappe** *f* portfolio; ~**papier** *n* drawing paper; ~**rolle** *f* register of trade-marks; ~**saal** *m* → *Zeichenbüro*; *ped.* art room; ~**schule** *f* school of drawing; ~**schutz** *m* protection of registered trademarks and designs; ~**setzung** [ˈ-sɛtsuŋ] *f* (-) punctuation; ~**sprache** *f* sign language; ~**stift** *m* crayon; ~**system** *n* code; ~**talent** *n* talent for drawing; ~**tisch** *m* drawing board; ~**trickfilm** *m* animated cartoon; ~**unterricht** *m* drawing lessons *pl.*; *ped.* art.

zeichn|en [ˈtsaɪçnən] *v/t. and v/i.* (*h.*) draw (*nach* from *life, etc.*), delineate (*a. fig.*); design; *tech.* draft, draught; sketch, outline (*a. fig.*); mark; sign; subscribe (*für e-n Fonds* to *a fund*); subscribe for (*loan, shares*), take up (*stock*); underwrite (*a risk, a policy*); *in letters*: *ich zeichne hochachtungsvoll* I am (*or* I remain), dear Sir(s), ...; → *gezeichnet*; 2**en** *n* (-s) drawing, *etc.*; *ped.* art; 2**er(in** *f*) *m* (-s, -; -, -nen) draughtsman, *esp. Am.* draftsman; *f* draughtswoman; *m and f* designer; *econ.* subscriber (*gen.* to); ~**erisch** *adj.*: ~*e Darstellung* graphic representation; ~*e Konstruktion* design; ~*e Begabung* gift for drawing.

ˈ**Zeichnung** *f* (-; -en) drawing (*a. tech.*); sketch; design; illustration, *tech.* figure, diagram; blueprint; marking; *of wood*: grain; pattern; signing, signature; *econ.* subscription (*gen.* for [*loan, etc.*]); → *auflegen, aufgelegt*; 2**sberechtigt** *adj.* authorized to sign (*für* for), having signatory power; ~**sliste** *econ. f* subscription list; **~svollmacht** *f* signatory power, authority to sign *on behalf of the firm*; *for stock, etc.*: subscription privilege; ~ *haben* have the signature, be authorized to sign.

Zeigefinger [ˈtsaɪgə-] *m* forefinger, index (finger).

ˈ**zeigen** *v/t.* (*h.*) show (*a. fig.*; *wie* how to *inf.*); *thea.*, *film*: *a.* present; point at *or* out, indicate; *thermometer*: stand at; *clock*: point to; indicate; exhibit, display (*a. fig.*); register (*effect, etc.*); present, show; set forth, point out; demonstrate, prove; *sich* ~ **a**) show o.s., **b**) appear, make an appearance, turn (*or* show) up; *sich freundlich* ~ be friendly; *sich* ~ *als* prove (o.s.) to be; *sich* ~ *wollen*, *sich* ~ *mit* show off; *matter*: show, appear, become apparent, come to light; *es zeigte sich, daß* it appeared that; *es wird sich ja* ~ we shall see, time will tell; *colloq. ihm werd' ich's* ~ I'll show him; → *erkenntlich.*

ˈ**Zeiger** *m* (-*s*; -) *of clock*: hand; *kleiner* (*großer*) ~ short (long) hand; *of barometer, etc.*: pointer; *tech. a.* indicator, needle, *math. a.* index; **~ausschlag** *m* pointer deflection; *radar*: needle deviation; **~instrument** *n* indicating instrument.

ˈ**Zeigestock** *m* (-[e]s; ¨e) pointer.

zeihen [ˈtsaɪən] *v/t.* (*irr.*, *h.*) (*gen.*) accuse of.

Zeile [ˈtsaɪlə] *f* (-; -*n*) line; *TV* (scanning) line; row; *j-m ein paar ~n schreiben* drop a p. a line.

ˈ**Zeilen...**: **~abstand** *m* line spacing; **~abtastung** *f* (-) *TV*: line scanning; **~flimmern** *n* (-s) line flicker; **~honorar** *n* lineage, *Am.* space rates *pl.*; **~raster** *m TV*: line-scanning pattern; **~schalter** *n of typewriter*: spacer; **2weise** [ˈ-vaɪzə] *adv.* by the line; **~zahl** *f* lineage.

Zeisig [ˈtsaɪzɪç] *orn. m* (-[e]s; -e) siskin; *fig. lockerer* ~ loose fish; **2grün** *adj.* canary-green.

Zeit [tsaɪt] *f* (-; -*en*) time; times, days; hours *pl.*; *gr.* tense; epoch, era, age; period, space (of time); season; term, duration; stage, phase; *freie* ~ spare-time, off-time, leisure hours *pl.*; *schlechte ~en* hard times; *für schlechte ~en save* for a rainy day; *econ. auf* ~ on account, on credit; *Kauf auf* ~ forward purchase; *sports*: *auf* ~ *laufen* make a time trial; *der beste Spieler, etc., aller ~en* the best player, etc., of all time; *die ganze* ~ *her or über* ever since, all along; *er hat es die ganze* ~ (*über*) *gewußt* he knew it all along; *sports*: *die* ~ *nehmen* time (*von a run*); *eine ~lang* for a time; *für alle ~en* for all time, for good; *gegen die* ~ (*run, work*) against time; *in der* ~ *vom ... bis ...* in the time between ... and ...; *in kurzer* ~ in a short time; *in kürzester* ~ in no time; *in letzter* ~ lately, of late, recently; *mit der* ~ in course of time, with time; *mit der* ~ *gehen* keep pace (*or* go) with the times; *von* ~ *zu* ~ from time to time, now and then; *vor der* ~ prematurely; *vor ~en* in former times; *vor langer* ~ long ago, a long time ago; *zur* ~ **a**) (*gen.*) in the time of, **b**) at present, at the moment, at (*or* for) the time being; *zur gleichen* ~ at the same time; *zuzeiten* at times; *zu meiner* ~ in my time; *zu s-r* ~ in due course; *alles zu s-r* ~ all in good time; → *recht*; *die* ~ *nutzen* take time by the forelock, let no grass grow under one's feet; *j-m* ~ *lassen* give a p. time; *sich* ~ *lassen* take one's time about it; *boxing*: *für die* ~ *zu Boden gehen* go down for the count; ~ *schinden* temporize, play for time; *das hat* ~ there is no hurry (about it), that will keep; *das hat* ~ *bis nächste Woche* that can wait till next week; *gib mir* ~! give me time!; *ich gebe dir* ~ *bis morgen* (*ich gebe dir 5 Minuten* ~) I give you till tomorrow (five minutes); *ich habe keine* ~ I have no time (*für* for; *zu* to *inf.*); *es ist* (*höchste*) ~ it is (high) time; *es ist* ~ *anzufangen* it is about time to begin; *ihre Zeit* (*der Entbindung*) *ist nahe* she is near her time (of delivery); *die* ~ *ist gekommen, zu inf.* the time has come to *inf.*, now is the time for *ger.*; → *totschlagen, vertreiben.*

zeit *prp.*: ~ (*seines*) *Lebens* during (his) life-time; → *zeitlebens.*

ˈ**Zeit...**: **~ablauf** *m* lapse of time (*a. jur.*); **~abschnitt** *m* epoch; period; **~abstand** *m* (time) interval; *in regelmäßigen Zeitabständen* periodically; **~alter** *n* age, era, epoch; generation; **~angabe** *f* exact date and hour; date; *ohne* ~ undated; **~aufnahme** *phot. f* time exposure; **~aufwand** *m* time spent (*für* on); sacrifice of time; **2bedingt** *adj.* entailed by the times, under today's circumstances; **~begriff** *m* conception of time; **~bombe** *f* time bomb; **~dauer** *f* length of time; period, term, duration; **~dehner** [ˈ-deːnər] *m* (-*s*; -) → *Zeitlupe*; **~dokument** *m* document of *our* time; **~einheit** *f* unit of time; **~enfolge** *gr. f* sequence of tenses; **~ereignis** *n* event; **~ersparnis** *f* saving of time; **~faktor** *m* time element; **~folge** *f* chronological order; **~form** *gr. f* tense; **~funk** *m* topical talk(s *pl.*) *or* news *pl.*; **~geber** *tech. m* timer; **~geist** *m* (-es) spirit of the age, zeitgeist; **2gemäß** *adj.* seasonable, opportune, timely; modern, up-to-date; current; **~genosse** *m*, **~genossin** *f*, **2genössisch** [ˈ-gənœsɪʃ] *adj.* contemporary; **2gerecht I.** *adj.* timely; **II.** *adv.* in (*or* on) time, according to schedule; **~geschäft** *econ. n* time bargain; **~e** *pl. a.* forward transactions, *Am.* (trading in) futures; **~geschichte** *f* (-) contemporary history; **~geschmack** *m* prevailing taste; **~gewinn** *m* saving of time; **2ig I.** *adj.* early; mature; **II.** *adv.* in good time, in (*or* on) time; **2igen** [ˈ-igən] *v/t.* (*h.*) mature, ripen; produce, call forth; **~karte** *f* season-ticket, *Am.* commutation *or* commuter's ticket; *auf* ~ *fahren* travel by season-ticket, *Am.* commute; **~karten-inhaber** *m* season-ticket holder, *Am.* commuter; **~konstante** *f* time constant, period; **~kontrollwesen** *tech. n* (-*s*) time study; **2kritisch** *adj.* topical; **~lang** *f*: *eine* ~ for a (*or* some) time, for a while; **~lauf** *m* course of time, period; **~läufte** [ˈ-lɔʏftə] *pl.* conjunctures, times; **2lebens** *adv.* for life, during life; all one's life; **2lich I.** *adj.* temporal; time (*factor, etc.*); chronological; **~e** *Abstimmung* timing; *das* **2***e segnen* depart this life; **II.** *adv.* as to time; within a given time; per unit time; ~ *berechnen* time; ~ *zusammenfallen* coincide; **~lichkeit** *f* (-) temporal state, temporality; **~lohn** *m* time-wage(s *pl.*); **2los** *adj.* timeless (*a. beauty, etc.*); **~lupe** *f* (-) slow-motion camera; **~lupen-aufnahme** *f* slow-motion picture; **~lupentempo** *n* slow motion; *fig. im* ~ at a snail's pace; **~mangel** *m* (-s) lack of time; **~maß** *n* measure of time; *poet.* quantity; *mus.* time; **~messer** *m* (-*s*; -) chronometer; *mus.* metronome; **~messung** *f* timing, time-measuring; **2nah(e)** *adj.* topical, current, up-to-date; **~nehmer** *m sports*: time-keeper, timer; *tech.* time-study man; **~ordnung** *f* chronological order; **~plan** *m* time-table, schedule; timing, phasing; **~punkt** *m* (point of) time, moment, instant; timing; date; juncture; **~raffer** [ˈ-rafər] *m* (-*s*; -) *film*: time-lapse motion camera; **~raffer-aufnahme** *f* quick-motion picture; **2raubend** *adj.* time-consuming; **~raum** *m* space (of time), period; **~rechnung** *f* chronology; *christliche* ~ Christian era; **~reihendiagramm** *n* time-series diagram; **~relais** *el. n* time-limit relay; **~schalter** *m* time switch; timer; **~schaltgerät** *n* preset timer; **~schrift** *f* journal, periodical, magazine; review; **~schriftenwesen** *n* (-*s*) periodical literature; **~sichtwechsel** *econ. m* after-sight bill; **~sinn** *m* (-[e]s) time sense; **~spanne** *f* space (of time), span; **2sparend** *adj.* time-saving; **~e** *Vorrichtungen, etc.* time-savers; **~es** *Verfahren* short cut; **~stempel** *m* (automatic) time-stamp; **~stil** *m*: *Haus im* ~ period house; **~stück** *thea. n* period play; **~studienbe-amte(r)** *m* efficiency engineer, time-study man; **~tafel** *f* chronological table; **~umstände** [ˈ-umʃtɛndə] *m/pl.* circumstances, conjunctures.

ˈ**Zeitung** *f* (-; -*en*) (news)paper, journal; gazette; *fig.* tidings *pl.*; *in die* ~ *setzen* insert in a newspaper, advertise.

ˈ**Zeitungs...**: **~abonnement** *n* subscription to a paper; **~anzeige** *f* → *Zeitungsinserat*; **~artikel** *m* newspaper article; **~ausschnitt** *m* press (*or* newspaper) cutting, *Am.* (newspaper) clipping; **~austräger** *m* → *Zeitungsjunge*; **~beilage** *f* supplement (of *or* to a newspaper); **~deutsch** *n* journalese; **~ente** *f* (newspaper) hoax, canard; **~halter** *m* newspaper holder; **~händler** *m* news-agent, *Am.* news-dealer; **~inserat** *n* press advertisement, insertion, ad; **~junge** *m* newsboy,

Am. a. newsy; **~kiosk** *m* news-stall, *esp. Am.* newsstand; **~korrespondent** *m* press correspondent; **~lesezimmer** *n* news-room; **~notiz** *f* press item; **~nummer** *f* copy; *alte* ~ back number; **~papier** *n* newsprint; **~redakteur** *m* editor of a newspaper; **~reklame** *f* press advertising; **~schreiber(in** *f*) *m* journalist, columnist; **~stand** *m* → *Zeitungskiosk*; **~stil** *m* journalese; **~verkäufer(in** *f*) *m* **a)** news-vendor, newsman, newsboy, **b)** → *Zeitungshändler*; **~verleger** *m* newspaper proprietor, *Am.* newspaper publisher; **~werbung** *f* press advertising; **~wesen** *n* (-*s*) journalism, *the* daily press; **~wissenschaft** *f* (science of) journalism.

'Zeit...: **~verlust** *m* loss of time, delay; **~vergeudung, ~verschwendung** *f* waste of time; **~vertreib** *m* pastime, diversion, amusement; *zum* ~ to pass the time; **~wegschreiber** ['-ve:k-] *mot. m* tachograph, recording mileage counter; **2weilig** ['-vaılıç] **I.** *adj.* temporary; intermittent; **II.** *adv.* → **2weise** ['-vaızə] *adv.* for a time; from time to time, at times, occasionally; **~wert** *econ. m* current value; **~wort** *n* (-[e]*s*; ⸚*er*) verb; **~zeichen** *n radio*: time signal; **~zünder** *m* time fuse; *of bomb*: delayed-action cap.

zelebrieren [tsele'bri:rən] *v/t.* (*h.*) celebrate, officiate at.

Zelle ['tsɛlə] *f* (-; -*n*) cell (*a. biol., pol.*); *el. a.* element; *aer.* air-frame; *mar.* tank; *teleph.* booth, phone-box.

'Zellen...: **~atmung** *physiol. f* vesicular breathing; **~aufbau** *m* (-[e]*s*) cell structure; **~bildung** *f* cell formation; **2förmig** ['-fœrmiç] *adj.* cellular; **~gefangene(r)** *m* prisoner in solitary confinement; **~genosse** *m* cell mate; **~gewebe** *anat. n* cellular tissue; **~kühler** *mot. m* cell-type radiator.

'Zell...: **~faser** *f* cellulose fib|re, *Am.* -er; **~haut** *f* cellophane.

'zellig *adj.* cellular.

'Zellkern *biol. m* cell nucleus.

Zellophanpapier [tselo'fa:n-] *n* (-*s*) cellophane.

'Zell...: **~stoff** *m* cellulose; pulp; **~stoffseide** *f* cellulose silk; **~stoffwatte** *f* cellucotton; **~tätigkeit** *biol. f* (-) cell activity; **~teilung** *biol. f* cell division.

Zelluloid [tsɛlu'lɔyt] *n* (-[e]*s*) celluloid.

Zellulose [-'lo:zə] *f* (-; -*n*) cellulose.

'Zell...: **~wand** *f* cell wall; **~wolle** *f* (-) rayon staple, synthetic.

Zelot [tse'lo:t] *m* (-*en*; -*en*) zealot; **2isch** *adj.* fanatical.

Zelt [tsɛlt] *n* (-[e]*s*; -*e*) tent; pavilion, marquee; *poet. fig.* canopy; **~ausrüstung** *f* tent equipment; camping outfit; **~bahn** *f* tent square; *mil. Brit.* ground sheet, *Am.* shelter half; **~bau** *m* (-[e]*s*; -*ten*) tent pitching; **~dach** *n* tent-roof; **~decke** *f* awning; **2en** *v/i.* (*h.*) tent, camp (out); **2en** *n* (-*s*) camping.

'Zelter *m* (-*s*; -) palfrey.

'Zelt...: **~fahrt** *f* camping trip; **~lager** *n* (tent) camp; **~leine** *f* guy rope; **~leinwand** *f* tent-cloth, canvas; **~pflock** *m* tent peg; **~platz** *m* camping site; **~stange** *f*, **~stock** *m* tent pole.

Zement [tse'mɛnt] *m* (-[e]*s*) cement; **~beton** *m* cement concrete; **~bewurf** *m* cement facing; **~formstück** *n* concrete block; **~fußboden** *m* concrete floor.

zemen'tier|en *v/t.* (*h.*) cement (*a. fig.*); *metall.* case-harden, carburize; *fig. econ.* solidify; **2mittel** *n* cementing agent; **2ung** *f* (-) cementation.

Zenit [tse'ni:t] *m* (-[e]*s*) zenith (*a. fig.*); *im* ~ at the zenith.

zensieren [tsɛn'zi:rən] *v/t.* (*h.*) censor; *ped.* mark, give marks, *Am.* grade; *fig.* censure, criticise.

Zensor ['tsɛnzɔr] *m* (-*s*; -'*oren*) censor.

Zensur [tsɛn'zu:r] *f* (-; -*en*) censorship; certificate, marks *pl.*; *ped.* (term's) report, *Am. a.* credit, grade; mark, *Am.* point; *gute* ~ good mark.

zentesimal [tsɛntezi'ma:l] *adj.* centesimal.

Zenti|'gramm [tsɛnti-] *n* centigram(me); **~'meter** *n and m* centimet|re, *Am.* -er; **~'meterwelle** *tel. f* centimetre wave; superhigh frequency (*abbr.* SHF).

Zentner ['tsɛntnər] *m* (-*s*; -) (metric) hundred-weight, quintal; **~last** *fig. f* heavy burden; *e-e* ~ *fiel mir vom Herzen* that was a load off my mind; **2schwer** *adj.* very heavy, crushing.

zentral [tsɛn'tra:l] *adj.* central; **2bank** *f* (-; -*en*) central bank; **2bahnhof** *m* central station; **2e** *f* (-; -*n*) central (*or* head) office, *Am. a.* headquarters *pl.*; *tech.* control room; *el.* central station, power house; *mar.* control station; *teleph.* telephone exchange; **2gewalt** *f* central authority; **2heizung** *f* central heating.

zentra|li'sieren *v/t.* (*h.*) centralize; **2li'sierung** *f* (-) centralization; **2lismus** [-tra'lismus] *pol. m* (-) centralism.

Zen'tral...: **~kartei** *f* master file; **~nervensystem** *n* central nervous system; **~schmierung** *mot. f* central lubrication; **~verband** *m* central association.

zen'trieren *tech. v/t.* (*h.*) cent|re, *Am.* center.

zentri|fugal [tsɛntrifu'ga:l] *adj.* centrifugal; **2fu'galkraft** *f* centrifugal force; **2'fuge** *f* centrifuge, (cream) separator; **~fu'gieren** *v/t.* (*h.*) centrifuge; **~petal** [-pe'ta:l] *adj.* centripetal.

'zentrisch *adj.* (con)centric(ally *adv.*).

Zentrum ['tsɛntrum] *n* (-*s*; -*tren*) cent|re, *Am.* -er; bull's-eye; **~bohrer** *tech. m* centre-bit.

Zephir ['tse:fir] *m* (-*s*) zephyr (*a. econ.*).

Zeppelin ['tsɛpə'li:n] *m* (-*s*; -*e*) Zeppelin, Zepp.

zer|'beißen [tsɛr-] *v/t.* (*irr., h.*) bite through (*or* to pieces), crunch; **~'bersten** *v/i.* (*irr., sn*) burst asunder; **~beulen** [-'bɔylən] *v/t.* (*h.*) dent; (c)rumple (*garment*); **~'bleuen** *v/t.* (*h.*) beat soundly; **~bombt** [-'bɔmt] *adj.* bomb-wrecked, bombed; **~'brechen** *v/t.* (*irr., h.*) *and v/i.* (*irr., sn*) break (to pieces), crack; *fig.* ~ an break under, be broken by; *sich den Kopf* ~ rack one's brain (*über acc.* over); **~brechlich** [-'brɛçliç] *adj.* breakable; fragile (*a. person, figure*); brittle; **2'brechlichkeit** *f* (-) fragility, brittleness; **~'bröckeln** *v/t.* (*h.*) *and v/i.* (*sn*) crumble; **~'drükken** *v/t.* (*h.*) crush, squash; mash (*potatoes*); crumple, wrinkle, crease (*garment*).

zerebral [tsere'bra:l] *adj.* cerebral.

Zeremonie [-mo'ni:] *f* (-; -*n*) ceremony.

zeremoniell [-moni'ɛl] *adj.* ceremonial, formal; **2** *n* (-*s*; -*e*) ceremonial.

Zeremonienmeister [tsere'mo:niən-] *m* master of ceremonies.

zeremoniös [-moni'ø:s] *adj.* ceremonious.

zer'fahren [tsɛr-] **I.** *v/t.* (*irr., h.*) ruin (by driving over); **II.** *v/i.* (*irr., sn*) burst asunder; **III.** *adj.* rutted, rutty (*road*); *fig.* flighty, giddy, harum-scarum; scatter-brained; absent-minded, distracted; **2heit** *f* (-) flightiness; giddiness; thoughtlessness; absent-mindedness; inconsistency.

Zer'fall *m* (-[e]*s*) ruin, decay; *fig. a.* decadence; *phys.* disintegration (*a. fig.*), dissociation; *chem.* decomposition; → *Atom2*; **2en** *v/i.* (*irr., sn*) fall apart (*or* to pieces); fall into ruin, decay; collapse, crumple (away); disintegrate (*a. phys., chem.*); ~ *in mehrere Teile* fall (*or* divide) into *several pieces*; *fig.* ~ *mit j-m* fall out with, quarrel with *a p.*; ~ *sein mit* be at variance with; **~s-produkt** *n* decomposition product, dissociated constituent.

zer... [tsɛr-]: **~'fasern** *v/t.* (*h.*) reduce to fib|res, *Am.* -ers; *paper-making*: pulp, rag; unravel (*cloth*); (*a. v/i., sn*) fray out, fuzz; **~'flattern** *v/i.* (*sn*) flutter away, be scattered; **~fetzen** [-'fɛtsən] *v/t.* (*h.*) tear up, tear in (*or* to) pieces *or* rags; shred; slash; **~'fetzt** *adj.* ragged, torn (to pieces), tattered; **~fleischen** ['-flaıʃən] *v/t.* (*h.*) mangle; lacerate; rend, tear to pieces; slash; *fig. einander im Krieg* ~ slaughter one another (*in war*); **~'fließen** *v/i.* (*irr., sn*) melt, dissolve (*fig. in Tränen* in tears); *chem.* deliquesce; *paint, ink*: run; *fig. hope, etc.*: melt away; **~'fressen** *v/t.* (*irr., h.*) eat away, gnaw; *chem.* corrode; **~furcht** [-'furçt] *adj.* furrowed; **~'gehen** *v/i.* (*irr., sn*) dissolve, melt; *fig. a.* dwindle, vanish; *in nichts* ~ dwindle to nothing; **~'gliedern** *v/t.* (*h.*) dismember; *anat.* dissect; *fig.* analy|se, *Am.* -ze (*a. gr.*); **2'gliederung** *f* dismemberment; dissection; analysis; **~'hacken** *v/t.* (*h.*) hack *or* cut in(to) pieces; mince; chop; slash; **~'hauen** *v/t.* (*h.*) cut (asunder *or* to pieces); **~'kauen** *v/t.* (*h.*) chew (well), masticate thoroughly; **~kleinern** [-'klaınərn] *v/t.* (*h.*) reduce to small pieces, comminute; mince; chop up (*wood*); crush (*stones*); grind, pulverize; **ᘐ'kleinerung** *f* (-) breaking up; cutting to bits; comminution; mincing; chopping; crushing; grinding; **~'klopfen** *v/t.* (*h.*) knock to pieces, pound, smash; **~klüftet** [-'klyftət] *adj.* fissured, cleft, rugged; **~'knallen** *v/i.* (*sn*) detonate, explode; **~'knautschen** *colloq. v/t.* (*h.*) crumple; **~'knicken** *v/t.* (*h.*) break, crack, snap; **~knirscht** [-'knirʃt] *adj.* contrite; **ᘐ'knirschung** *f* (-) contrition; **~'knittern** *v/t.* (*h.*) *and v/i.* (*sn*) (c)rumple, crease, wrinkle; *colloq. fig.* zerknittert crestfallen, down in the mouth; **~'knüllen** *v/t.* (*h.*) crumple; **~'kochen** *v/t.* (*h.*) *and v/i.* (*sn*) cook to rags; **~'kratzen** *v/t.* (*h.*) scratch; **~'krümeln** *v/t.* (*h.*) *and v/i.* (*sn*) crumble; **~'lassen** *v/t.* (*irr., h.*) melt, dissolve.

zerleg|bar [tsɛr'le:kbɑ:r] *adj.* divisible (*a. math.*); *tech.* capable of being disassembled, collapsible; *chem.* decomposable; **~en** [-gən] *v/t.* (*h.*) take apart (*or* to pieces); cut up; carve (*meat, etc.*); *anat.* dissect (*a. fig.*); *chem.* decompose; *tech.* disassemble, *Am. a.* knock down; strip, dismantle; disperse (*light, military unit*); *fig.* analys|e, *Am.* -ze (*a. gr.*); *math., mus.* resolve; *in zwei Teile* ~ divide in two; **ᘐung** [-guŋ] *f* (-) taking to pieces; carving; dissection; disassembly; stripping, dismantling; decomposition; analysis.

zer... [tsɛr-]: **~'lesen** *adj.* well-thumbed; **~löchern** [-'lœçərn] *v/t.* (*h.*) perforate; **~'löchert** *adj.* full of holes; **~lumpt** [-'lumpt] *adj.* ragged, tattered; *~er Kerl* ragamuffin; **~'mahlen** *v/t.* (*h.*) grind (fine *or* down), pulverize; **~malmen** [-'malmən] *v/t.* (*h.*) crush (*a. fig.*); crunch; **~'martern** *v/t.* (*h.*) torment; *sich den Kopf* ~ rack one's brains; **~mürben** [-'myrbən] *v/t.* (*h.*) wear down *or* out; punish; break down the resistance *or* defen|ce, *Am.* -se of; *~d* punishing; **ᘐ'mürbung** *f* (-; -en) wearing down; attrition; **ᘐ'mürbungskrieg** *m* war of attrition; **~'nagen** *v/t.* (*h.*) gnaw away *or* asunder; *chem., etc.* corrode, (*a. fig.*) erode; **~'pflücken** *v/t.* (*h.*) pluck (*fig.* pull) to pieces; **~'platzen** *v/i.* (*sn*) burst (asunder), explode; **~'quetschen** *v/t.* (*h.*) crush, bruise (*both a. tech.*); squash; mash.

Zerrbild ['tsɛr-] *n* caricature; *fig. a.* distorted picture.

zer'reiben *v/t.* (*irr., h.*) rub to powder, grind down, pulverize; *chem.* triturate.

zerreiß|bar [tsɛr'raɪsbɑ:r] *adj.* capable of being torn, tearable; **~en I.** *v/t.* (*irr., h.*) tear, rip up; rend (*in Stücke* to pieces); disconnect, sever, disrupt; dismember; shred; lacerate; *med.* rupture; → *Zielband*; **II.** *v/i.* (*irr., sn*) tear; break, snap; split; *clouds, fog, thread*: break; **ᘐfestigkeit** *f* tear resistance, tensile strength; **ᘐprobe** *f* tensile test; *fig.* breaking test; **ᘐung** *f* (-) rending, tearing; dismemberment; *med.* rupture; laceration.

zerren ['tsɛrən] *v/t.* (*h.*) tug, pull (*v/i.*: *an dat.* at); drag (*durch den Schmutz* through the mud); strain (*muscle, sinew*); *fig. vor Gericht* ~ haul before a court.

zer'rinnen *v/i.* (*irr., sn*) melt away (*a. fig. hopes*); *fig.* vanish, dissolve; *in nichts* ~ dwindle to nothing, end in smoke; *das Geld zerrinnt ihm zwischen den Fingern* runs through his fingers like water.

zerrissen [tsɛr'risən] *adj.* torn (*a. fig.*); **ᘐheit** *f* (-) raggedness; *fig.* confusion of mind; inner strife, disruption.

'Zerrspiegel *m* distorting mirror.

'Zerrung *med. f* (-; -en) strain.

zer'rupfen *v/t.* (*h.*) → *zerpflücken*.

zerrütt|en [-'rytən] *v/t.* (*h.*) derange, unsettle; disorganize; ruin, shatter, disorder (*health, nerves, etc.*); derange, unhinge (*mind*); wreck, *jur.* disrupt the foundations of (*a marriage*); **ᘐung** *f* (-) derangement; disruption; disorganization; disorder; disruption.

zer... [tsɛr-]: **~'sägen** *v/t.* (*h.*) saw up (*or* to pieces); **~'schellen I.** *v/t.* (*h.*) dash (*or* smash) to pieces, shatter; **II.** *v/i.* (*sn*) be dashed *or* smashed; *mar.* be wrecked; *aer., etc.* crash; **~'schießen** *v/t.* (*irr., h.*) shoot to pieces, batter; riddle with bullets; **~'schlagen I.** *v/t.* (*irr., h.*) knock *or* break *or* smash (to pieces); batter; *fig.* smash; *sich* ~ come to nothing; *hopes*: be disappointed, be blasted; *engagement, etc.*: be broken off; **II.** *adj.* battered (*a. face*), shattered; *fig.* knocked up, (all) washed-out, all in; **~schlissen** [-'ʃlisən] *adj.* tattered, worn to shreds; **~'schmelzen** *v/i.* (*irr., sn*) melt away (*a. fig.*); **~'schmettern I.** *v/t.* (*h.*) dash *or* smash (to pieces), shatter; crush, flatten; **II.** *v/i.* (*sn*) be dashed, *etc.*; *aer.* crash; **~'schneiden** *v/t.* (*irr., h.*) cut up, cut in two *or* to pieces; slice; shred; carve (*roast*); *fig. j-m das Herz* ~ break a p.'s heart; **~'schrammen** *v/t.* (*h.*) bruise, scratch; mar; **~'schroten** *v/t.* (*h.*) bruise; **~'setzen** *v/t. and sich* ~ (*h.*) decompose, (*a. fig.*) disintegrate; *fig.* undermine, demoralize; **ᘐsetzung** [-'zɛtsuŋ] *f* (-) decomposition, disintegration; decay; demoralization; *pol.* subversion; sedition; **ᘐ'setzungswärme** *f* heat of decomposition; **~'spalten** *v/t.* (*h.*) cleave, split; **~'splittern** *v/t.* (*h.*) split (up), shiver (to pieces), splinter (*all a. v/i.*); *fig.* (*a. sich*) split (*or* break up); disperse (*crowd, troops*); dissipate (*energy, time*), fritter away (*sich* one's energy); **~'splittert** *adj. med.* splintered; *fig.* disunited; **ᘐ'splitterung** *f* (-) dispersal; dissipation; disunion; fragmentation (*of property, etc.*); **~'sprengen** *v/t.* (*h.*) break, burst open, blow up; disperse, scatter (*crowd*); *mil.* rout; **~'springen** *v/i.* (*irr., sn*) burst, break; *glass*: crack; *fig. head*: be splitting; *heart*: burst (*vor dat.* with); **~'stampfen** *v/t.* (*h.*) crush (underfoot), trample down; pound.

zer'stäub|en I. *v/t.* (*h.*) pulverize; spray, atomize; *fig.* disperse, scatter; **II.** *v/i.* (*sn*) fall to dust, be scattered as dust; **ᘐer** *m* (-s; -) pulverizer; sprayer, atomizer; scent-spray; **ᘐerdüse** *f* spray nozzle.

zer... [tsɛr-]: **~'stechen** *v/t.* (*irr., h.*) prick *or* sting (all over); *insects*: bite; pierce; **~'stieben** *v/i.* (*irr., sn*) fly away, be scattered as dust, vanish, disperse.

zerstör|bar [tsɛr'ʃtø:rbɑ:r] *adj.* destructible; **~en** *v/t.* (*h.*) destroy (*a. fig.*), demolish; lay in ruins, ruin (*a. fig. health, etc.*); wreck (*a. marriage, etc.*); devastate, ravage; *fig.* destroy, blast (*happiness*); **ᘐer** *m* (-s; -) destroyer (*a. mar.*); *aer.* pursuit interceptor; **~erisch** [-əriʃ] *adj.* destructive; **ᘐung** *f* (-; -en) destruction, demolition; ruin; devastation, ravages *pl.*; **ᘐungskraft** *f* destructive power; **ᘐungs-trieb** *m* impulse to destroy; **ᘐungswerk** *n* work of destruction; **ᘐungswut** *f* vandalism.

zer'stoßen *v/t.* (*irr., h.*) bruise, break; mar; *in mortar*: pound; powder, pulverize.

Zer'strahlung *f* (-) *nuclear physics*: annihilation (of matter).

zer'streu|en *v/t.* (*h.*) disperse, scatter (*both a. sich*); *phys.* diffuse; *fig.* dispel, dissipate (*scruples*); divert, amuse (*sich* o.s.); **~t** *adj.* scattered, dispersed; diffuse(d) (*light*); *fig.* absent(-minded), distracted; **ᘐtheit** *f* (-) absent-mindedness; **ᘐung** *f* scattering, dispersion; diffusion; diversion, amusement; → *Zerstreutheit*; **ᘐungslinse** *opt. f* dispersing lens.

zer'stückel|n *v/t.* (*h.*) cut up *or* into pieces; dismember (*body, land*); parcel out; disintegrate; **ᘐung** *f* cutting up; parcel(l)ing out; dismemberment.

zer'teil|en *v/t., a. sich* (*h.*) divide (*in acc.* into), split; disperse; separate; *math., med.* resolve; **ᘐung** *f* division; dispersion; *math., med.* resolution.

Zertifikat [tsɛrtifi'kɑ:t] *n* (-[e]s; -e) certificate.

zer... [tsɛr-]: **~'trampeln** *v/t.* (*h.*) trample down; crush underfoot; **~'trennen** *v/t.* (*h.*) rip up (*garment*); **~'treten** *v/t.* (*irr., h.*) tread down, crush underfoot; stamp out (*fire*; *a. fig.*); crush.

zertrümmer|n [-'trymərn] *v/t.* (*h.*) demolish, wreck; smash, shatter; lay in ruins; *phys.* split, disintegrate (*atoms*); **ᘐung** *f* (-) demolition, smashing.

Zervelatwurst [tsɛrvə'lɑ:t-] *f* saveloy.

zer'wühlen *v/t.* (*h.*) root up (*ground*); dishevel (*hair*), rumple (*a. bed*).

Zerwürfnis [-'vyrfnis] *n* (-ses; -se) discord, quarrel, disunion, dissension.

zer'zaus|en *v/t.* (*h.*) rumple, tousle; pull about (*a p.*); **~t** *adj.* tousled (*hair*); untidy.

zer'zupfen *v/t.* (*h.*) pull (*or* pick) to pieces.

Zession [tsɛsi'o:n] *jur. f* (-; -en) assignment, transfer; conveyance;

Zessionar [-oˈnɑːr] *m* (-s; -e) transferee, assignee, *Am.* assign.

Zeter [ˈtseːtər] *n* (-s): ~ *und Mord(io) schreien* cry murder, raise a hue and cry; **~geschrei, ~mordio** *n* loud outcry, clamo(u)r; **2n** *v/i.* (*h.*) clamo(u)r; scold, nag.

Zettel [ˈtsɛtəl] *m* (-s; -) slip (of paper), (scrap of) paper; note; ticket; label, *Am.* sticker; tag; placard, poster, bill; handbill, leaflet; *thea.* play-bill; *weaving*: warp; **~ankleben** *n* (-s): ~ *verboten!* stick no bills!; **~ankleber** *m* (-s; -) bill-sticker; **~bank** *econ. f* (-; -en) bank of issue; **~kasten** *m* card index (box), filing cabinet; **~katalog** *m* card index; **2n** *v/t.* (*h.*) *weaving*: warp; **~verteiler** *m* bill-boy; **~wahl** *f* ballot (*or* card) vote.

Zeug [tsɔʏk] *n* (-[e]s; -e) stuff (*a. colloq. alcohol, etc.*), material; cloth, fabric; linen; (*paper*) pulp; tools *pl.*; things *pl.*; *contp.* stuff, trash, rubbish, junk; → *dumm, scharf*; *tolles* ~ hot stuff; *fig. das* ~ *zu et. haben* have the makings of *a doctor, etc.*, be cut out for, have it in one to be *or* do *a th.*; *er hat das* ~ *dazu* he has got what it takes; *colloq. was das* ~ *hält* to beat the band, hell for leather, *play the piano* for all it is worth; *sich ins* ~ *legen* put one's back into it, put one's shoulders to the wheel; *sports*: extend o.s., make a tremendous effort; *j-m am* ~ *flicken* pick holes in, find fault with, show up *a p.*

ˈ**Zeug...**: **~amt** *n* arsenal; (ordnance) depot; **~druck** *m* (-[e]s; -e) cloth printing.

Zeuge [ˈtsɔʏgə] *m* (-n; -n) witness; → *anrufen, etc.*; *vor* ~*n* in the presence of witnesses; **2n**[1] *v/i.* (*h.*) witness; *jur.* give evidence; *für* (*gegen, von*) et. ~ testify for (against, of) a th.; *fig.* ~ *von* be evidence of, testify to *a th.*, bespeak *strength, etc.*; **2n**[2] **I.** *v/t.* (*h.*) engender, beget, procreate; *fig.* generate, produce, create; **II.** *v/i.* (*h.*) produce offspring.

ˈ**Zeugen...**: **~aussage** *f* testimony (of a witness), evidence; deposition; **~bank** *f* (-; ⸚e) witness-box, *Am.* witness stand; **~be-einflussung** *f* corruption (*or* suborning) of witnesses; **~beweis** *m* (proof of) evidence; **~eid** *m* oath of a witness; **~geld** *n* conduct money; **~verhör** *n*, **~vernehmung** *f* hearing (*or* examination) of witnesses.

Zeughaus [ˈtsɔʏk-] *mil. n* arsenal.

Zeugin [ˈtsɔʏgin] *f* (-; -nen) (female) witness.

Zeugmeister [ˈtsɔʏk-] *mil. m* master of (the) ordnance.

Zeugnis [ˈtsɔʏknis] *n* (-ses; -se) *jur.* testimony, evidence; deposition; certificate, attestation; witness; testimonial; character; *ärztliches* ~ medical certificate; *ped.* **a)** (term's) report, *Am.* credit, grade, **b)** mark, *Am.* point; *zum* ~ (*gen.*) in witness of; *zum* ~ *dessen* in witness whereof; ~ *ablegen or geben* bear witness (*für* to; *von* of); *matter*: give proof (of), testify (to); *wir können ihr nur das beste* ~ *ausstellen* we cannot speak highly enough of her; **~abschrift** *f* copy of testimonial; **~verweigerung** *f* refusal to give evidence.

Zeug... [ˈtsɔʏk-]: **~schmied** *m* toolsmith; **~schuhe** *m/pl.* cloth shoes.

Zeugung [ˈtsɔʏguŋ] *f* (-; -en) procreation, generation.

ˈ**Zeugungs...**: **~akt** *m* progenitive act; **2fähig** *adj.* capable of begetting, procreative; **~fähigkeit** *f* (-) procreative capacity; **~kraft** *f* generative power; **~organe** *n/pl.* genital (*or* reproductive) organs; **~trieb** *m* procreative instinct; **2unfähig** *adj.* impotent, sterile; **~unfähigkeit** *f* (-) impotency, sterility.

Zichorie [tsiˈçoːriə] *f* (-; -n) chicory, succory.

Zick|e [ˈtsikə] *colloq. f* (-; -n) → *Ziege*; *colloq. mach keine* ~*n* don't be funny!; **~lein** [ˈ-laın] *n* (-s; -) kid.

Zickzack [ˈtsiktsak] *m* (-[e]s; -e) zigzag; *im* ~ *fahren, etc.* zigzag; **~kurs** *m* zigzag course; **~linie** *f* zigzag line.

Ziege [ˈtsiːgə] *f* (-; -n) (she-)goat, nanny-goat.

Ziegel [ˈtsiːgəl] *m* (-s; -) brick; tile; **~brennen** *n* brick burning; **~brenner** *m* brickmaker; **~brenneˈrei** *f* brickworks *pl.*, brickyard; **~dach** *n* tiled roof; **~decker** [ˈ-dɛkər] *m* (-s; -) tiler.

Ziegeˈlei *f* (-; -en) → *Ziegelbrennerei*.

ˈ**Ziegel...**: **~erde** *f* brick clay; **2farben** *adj.* brick-colo(u)red; **~ofen** *m* brick-kiln; **2rot** *adj.* brick red; **~stein** *m* brick; **~streicher** *m* (-s; -) brickmaker.

ˈ**Ziegen...**: **~bart** *m* goat-beard; (*man's*) goatee; **~bock** *m* he-goat, billy-goat; **~fell** *n* goatskin; **~hirt** *m* goatherd; **~käse** *m* goat-cheese; **~leder** *n* kid(-leather); **~milch** *f* goat's milk; **~peter** [ˈ-peːtər] *med. m* (-s; -) mumps *sg.*

zieh [tsiː] *pret. of* zeihen.

Zieh|bank [ˈtsiː-] *tech. f* (-; ⸚e) draw-bench; **2bar** *metall. adj.* ductile; **~brücke** *f* drawbridge; **~brunnen** *m* draw-well.

ˈ**ziehen I.** *v/t.* (*irr., h.*) pull; draw (*a. line, lot, conclusion*); tug, haul; *econ.* draw *a bill* (*auf j-n* on a p.), make out; *bot.* cultivate; *zo.* breed, rear; *at chess, etc.*: move; *tech.* draw; rifle (*barrel*); take off (*hat*); build, erect (*wall*); dig, cut (*ditch*); describe (*circle*); tow, haul (*ship*); *math.* erect, drop (*perpendicular*); extract, pull (*tooth*); *auf Fäden* ~ thread, *pearls*: string; *auf Flaschen* ~ bottle; *Blasen* ~ raise blisters; *e-n Gewinn* ~ draw a winner; *Wasser* ~ leak, *sun*: suck up water; *j-n an den Haaren* (*Ohren*) ~ pull a p.'s hair (ears); *an sich* ~ draw to one, attract; monopolize; *Boot an Land* ~ haul *boat* ashore; *auf sich* ~ attract (*attention, etc.*), incur (*enmity, etc.*); *j-n auf seine Seite* ~ win a p. over to one's side; *math. die Wurzel aus e-r Zahl* ~ extract the root of a number; *j-n ins Vertrauen* ~ take a p. into one's confidence; *et. nach sich* ~ bring on, entail, involve, have *a th.* as consequence; *Gewinn* ~ *aus et.* derive profit from; ~ *durch* pass *a th.* through; → *Schmutz*; ~ *über* pull over, stretch across; → *Fell*; *es zog mich nach dem Süden* I was drawn towards the South; → *Bilanz, Länge, Lehre, Rat, Rechenschaft, Schlußstrich, Wache, Zweifel, etc.*; **II.** *v/i.* (*irr., h.*) pull (*an dat.* at); *an e-r Glocke*: pull, ring *a bell*; (*irr., sn*) move; go; march, advance; migrate; *durch ein Dorf, etc.* ~ pass through *a village, etc.*; *in den Krieg* ~ go to war; ~ *aus* quit; (*irr., h.*) *pipe, stove, etc.*: draw; *an der Zigarette, etc.*: have a whiff *or* puff, puff (*Am.* drag) *at a cigar, etc.*; *tea*: infuse, draw; ~ *lassen* allow to draw (*or* stand); *chess, etc.*: move; *pain*: twinge, ache; *sports*: *runner*: set the pace; *sich von j-m* ~ *lassen* cling to a p., ride on a p.'s heels; *nach vorne* ~ move up; *rowing*: draw it home; *film, stage play*: catch on, draw (large audiences); *merchandise*: draw (custom), take (*a. book*); *zu j-m* ~ go to live with, take lodgings with; *ich bin hierhergezogen* I have come to live here; *dieser Grund zieht bei mir nicht* this reason does not weigh with me; *das zieht bei mir nicht* that cuts no ice with me; *diese Wahlparole zieht beim Volke* (*nicht*) this election slogan does (not) go down with the people; *es zieht hier* there is a draught (*Am.* draft) here; **III.** *sich* ~ (*irr., h.*) extend, stretch, run (*durch* through; *über acc.* over, across); *wood*: warp; *steel*: distort; *liquid*: be ropy; *stockings*: give; *sich in die Länge* ~ drag on; *fig. sich* ~ *durch* run through; → *Affäre*.

ˈ**Ziehen** *n* (-s) drawing (*a. tech.*), pulling; hauling; *bot.* cultivation; *zo.* breeding, rearing; removal; migration; twinge, ache, rheumatic pain.

ˈ**Zieher** *econ. m* (-s; -) drawer.

ˈ**Zieh...**: **~harmonika** *f* accordion, concertina; **~kind** *n* foster-child; **~kraft** *f* → *Zugkraft*; **~presse** *tech. f* extrusion press; **~schleifen** *tech. n* (-s) honing; **~schnur** *f* draw cord.

ˈ**Ziehung** *f* (-; -en) drawing (of lots; *econ.* of bills, securities); **~sliste** *f* drawing list; **~s-tag** *m* drawing day.

Ziel [ˈtsiːl] *n* (-[e]s; -e) aim; *fig. a.* end, target, object; *mil.* (*tactical*) objective; mark; target, butt (*a. fig.*); *of journey*: destination; *racing*: winning-post, finish, goal; purpose; term; *econ.* credit; *auf* ~ *kaufen* → *auf Zeit kaufen*; *auf kurzes* ~ at short date; *gegen 3 Monate* ~ at 3 months' credit; ~ *wie gewöhnlich* at the usual date; *mil. das* ~ *ansprechen* designate the target; *das* ~ *aufsitzen lassen* hold at bottom of target; *sports*: *durchs* ~ *gehen* reach the winning-post, → *Zielband*; *als Sieger durchs* ~ *gehen* finish first (*or* as the winner); *als Zweiter durchs* ~ *gehen* come in (*or* run) second; *sich ins* ~ *werfen* lunge into the tape; *fig. sein* ~ *erreichen, zum* ~ *gelangen* reach one's goal, gain one's end(s *pl.*), achieve one's object, get there; *e-r Sache ein* ~ *setzen* set bounds (*or* limits) to, put a stop to *a th.*; *sich das ~ setzen or stecken zu (inf.)* aim at (*ger. or* to *inf.*); *sich ein hohes ~ setzen* aim high; *über das ~ hinausschießen* overshoot the mark; *zum ~e führen* succeed, be successful; *nicht zum ~e führen* fail, miscarry; *er ist weit vom ~* he is far afield.

'**Ziel...**: **~anflug** *aer. m* approach run; **~anfluggerät** *n* homing device; **~ansprache** *mil. f* target designation; **2ansteuernd** *adj.* → *zielsuchend*; **~band** *n* (-[e]s; ⸚er) *sports*: tape; *das ~ zerreißen* breast (*or* break) the tape; **~bewußt** *adj.* purposeful, single-minded, systematic(ally *adv.*); **2en** *v/i.* (*irr., h.*) (take) aim, level, sight; *~ auf* (*acc.*) aim at, (*fig.*) drive at; tend to; *gezielt measure*: directed to specific objectives, control(l)ed; **~erfassung** *mil. f* target pick-up; **~fehler** *m* sighting error; **~fernrohr** *n* telescopic sight; **~flug** *m* homing; **~geber** *m* tracker; **~genauigkeit** *f* accuracy of aim (*or* sighting); **~gerade** *f sports*: home stretch, straight; **~gerät** *n* sighting mechanism; *aer.* bomb sight; **~kamera** *f sports*: photo-finish camera; **~linie** *f sports*: finishing line; **2los** *adj.* aimless(ly *adv.*), purposeless; **~photographie** *f sports*: photo-finish; **~punkt** *m* aiming point, mark; *sports and fig.*: goal; **~richter** *m sports*: judge; **~scheibe** *f* target butt; *fig. ~ des Spottes* butt of derision, laughing-stock; **~schiff** *n* target ship; **~setzung** ['-zɛtsuŋ] *f* (-; *-en*) fixing one's aim; objective, target; **2sicher** *adj.* sure of one's aim; unerring; *a.* → **2strebig** ['-ʃtre:biç] *adj.* single-minded, purposeful, systematic(ally *adv.*); **~strebigkeit** *f* (-) singleness (*or* steadfastness) of purpose, determination; **2suchend** *adj.* homing, target-seeking (*missile*); **~sucher** *m* homing device; **~vorrichtung** *f* → *Zielgerät*.

ziemen ['tsi:mən] *v/i. and sich ~* (*impers., h.*) → *geziemen*.

Ziemer ['tsi:mər] *m* (*-s*; -) haunch; pizzle; whip.

'**ziemlich I.** *adj.* passable; tolerable, pretty, middling; considerable, quite a; *e-e ~e Anzahl* a fair (*or* good) number; *e-e ~e Strecke* a considerable distance, rather a long way; **II.** *adv.* pretty, fairly, rather, tolerably; about; *~ gut* pretty good, fair; *~ lang* pretty long, longish; *~ ausführlich* at some length; *~ gleichaltrig* much of an age; *~ viel* quite a lot; a good deal of; *~ viel Leute* a good many people, quite a few; *so ~ alles* practically (*or* almost) everything; *so ~ dasselbe* pretty much (*or* very nearly) the same thing.

ziepen ['tsi:pən] *colloq. v/t.* (*h.*) pull (*an den Haaren* by the hair), tweak; (*a. v/i.*) twinge.

Zier [tsi:r] *f* (-) ornament, embellishment.

Zierat ['tsi:ra:t] *m* (-[e]s; *-e*) ornament, decoration, adornment, finery; baubles *pl.*

'**Zier...**: **~baum** *m* ornamental tree; **~de** ['-də] *f* (-; *-n*) ornament; *fig.* ornament, hono(u)r, credit (*für* to); **2en** *v/t.* (*h.*) adorn, embellish, grace; decorate; garnish; *sich ~* (*h.*) *fig.* be affected, give o.s. airs, *woman*: be prim *or* prudish, act coy; stand on ceremony; refuse, *at table*: need pressing; → *geziert*; *~ Sie sich nicht!* don't be funny!, come on!; **~erei** [-ə'raɪ] *f* (-; *-en*) affectation; airs and graces *pl.*; **~fisch** *m* toy fish; **~garten** *m* pleasure-garden; **~kappe** *mot. f* hub cap; **~lampe** *f* decorative lamp; **~leiste** *f* moulding; edging; *typ.* vignette; **2lich** *adj.* dainty, delicate; graceful, elegant; neat, natty; slight; **~lichkeit** *f* (-) daintiness, delicacy; gracefulness, elegance; neatness; **~nagel** *m* stud, nailhead; **~pflanze** *f* ornamental plant; **~puppe** *f* dressy woman; **~schrift** *f* ornate type.

Ziffer ['tsifər] *f* (-; *-n*) figure, numeral; digit; cipher; subparagraph; item; **~blatt** *n* dial(-plate), (clock-) face; **2nmäßig** *adj.* numerical, in figures; **~nschrift** *f* cipher code.

...zig [-tsiç] *colloq. adj.* umpteen; **~ste** [-tsiçstə] *colloq. adj.* umpteenth.

Zigarette [tsiga'rɛtə] *f* (-; *-n*) cigaret(te).

Ziga'retten...: **~automat** *m* cigarette slot-machine; **~etui** *n* cigarette-case; **~marke** *f* brand of cigarettes; **~packung** *f* pack of cigarettes; **~spitze** *f* cigarette-holder; **~stummel** *m* cigarette-end, butt, stub.

Zigarillo [tsiga'rilo] *n* (*-s*; *-s*) cigarillo, small cigar.

Zigarre [tsi'garə] *f* (-; *-n*) cigar; *colloq. fig. j-m e-e ~ verpassen* blow a p. up, give a p. a dressing-down.

Zi'garren...: **~abschneider** *m* cigar-cutter; **~deckblatt** *n* wrapper; **~händler** *m* tobacconist; **~kiste** *f* cigar-box; **~laden** *m* tobacconist's shop, *Am.* cigar store; **~spitze** *f* cigar-holder; cigar-tip; **~stummel** *m* cigar-end, butt, stub; **~tasche** *f* cigar-case.

Zigeuner [tsi'gɔʏnər] *m* (*-s*; -) gipsy; **2haft** *adj.* gipsy(-like); **~in** *f* (-; *-nen*) gipsy (girl *or* woman); **~kapelle** *f* gipsy (*or* tsigane) band; **~leben** *fig. n* (*-s*) roving life; Bohemianism; **~musik** *f* tsigane music; **~wagen** *m* gipsy caravan.

Zikade [tsi'ka:də] *f* (-; *-n*) cicade.

Zimbel ['tsimbəl] *f* (-; *-n*) cymbal.

Zimmer ['tsimər] *n* (*-s*; -) room; apartment; *das ~ hüten* keep to one's room; **~antenne** *f radio*: indoor aerial (*Am.* antenna); **~arbeit** *f* carpenter's work, carpentry; **~axt** *f*, **~beil** *n* carpenter's ax(e); **~bestellung** *f* booking of rooms; **~dekoration** *f* upholstery; **~einrichtung** *f* furnishing; furniture; interior; **~flucht** *f* suite of rooms; **~gesell**(e) *m* journeyman carpenter; **~genosse** *m* room-mate; **~gymnastik** *f* indoor gymnastics *pl.*; **~handwerk** *n* carpenter's trade, carpentry; **~herr** *m* lodger, *Am.* roomer; **~holz** *n* timber.

...zimmerig *adj.* ...-roomed.

'**Zimmer...**: **~kamerad** *m* room-mate; **~kellner** *m* bedroom waiter; **~mädchen** *n* chambermaid; **~mann** *m* (-[e]s; *-leute*) carpenter; *fig. j-m zeigen, wo der ~ das Loch gelassen hat* show a p. the door; **2n** *v/t.* (*h.*) timber; carpenter (*a. v/i.*); make, construct; *fig.* frame; **~pflanze** *f* indoor plant; **~platz** *m* carpenter's yard, timber-yard; **~temperatur** *f* room temperature; **~vermieter(in** *f*) *m* lodging-house keeper; landlord, (*f* landlady); **~werk** *n* → *Zimmerarbeit*.

zimperlich ['tsimpərliç] *adj.* prim, kid-glove; prudish; affected; squeamish; super-sensitive; plaintive; *sei nicht so ~* don't be a sissy; **2keit** *f* (-) primness; prudery; affectation; super-sensitiveness; squeamishness.

Zimt [tsimt] *m* (-[e]s; *-e*) cinnamon; *colloq. fig.* → *Quatsch*; *der ganze ~* the whole business.

Zink [tsiŋk] *n* (-[e]s) zinc; '**~ätzung** *f* **a)** zincograph, **b)** zincography; '**~blech** *n* sheet zinc; zinc plate; '**~blende** *f* zinc blende; '**~blume** *f* zinc bloom.

Zinke ['tsiŋkə] *f* (-; *-n*) prong, tine; *of comb*: tooth; **~n** *m* (*-s*; -) → *Zinke*; *colloq.* (*nose*) proboscis, boko.

'**zinken** *v/t.* (*h.*) mark *cards* (secretly).

'**Zink...**: **2haltig** *adj.* stanniferous; **~hütte** *f* zinc works *pl.*

...zinkig *adj.* ...-pronged.

'**Zinksalbe** *f* zinc ointment.

Zinn [tsin] *n* (-[e]s) tin; pewter; tinware.

Zinne ['tsinə] *f* (-; *-n*) *arch.* pinnacle (*a. fig.*); *mil.* battlement.

'**zinne(r)n** *adj.* tin; pewter.

'**Zinn...**: **~erz** *n* tin ore; **~folie** *f* tin-foil; **~geschirr** *n* pewter; **~gießer** *m* tin-founder, pewterer; **2haltig** *adj.* stanniferous; **~krug** *m* pewter mug.

Zinnober [tsi'no:bər] *m* (*-s*) cinnabar; **2rot** *adj.* vermilion.

'**Zinnsoldat** *m* tin soldier.

Zins [tsins] *m* (*-es*; *-en*) rent; (ground-)rent; tribute; *usu. ~en pl.* interest (*sg.*); *aufgelaufene ~en* accumulated interest; *rückständige ~en* arrears of interest; *~en zum Satz von* interest at the rate of; *Aktien mit 4% ~en* four-per-cents; *~en berechnen* compute the interest; charge interest; *~en tragen* bear interest; *die ~en zum Kapital schlagen* add the interest to the capital; *fig. mit ~en heimzahlen* return with usury; *mit ~ und Zinseszinsen* in full measure; '**~abschnitt** *m* (interest) coupon; '**2bar** *adj.* tributary; → *zinsbringend*; '**2billig** *adj. and adv.* at a low rate of interest; '**~bogen** *m* coupon-sheet; '**2bringend** *adj.* bearing interest, interest-bearing; *~ anlegen* put out at interest; '**~darlehen** *n* interest-bearing loan; '**~einkommen** *n* interest income; '**~erhöhung** *f* increase in the interest rate.

Zinseszins ['-əstsins] *m* (*-es*; *-en*) compound interest; *fig.* → *Zins*.

'**zins...**: **~frei** *adj.* rent-free; free of interest; **2fuß** *m* rate of interest, interest (rate); bank rate; **2gefälle** *n* interest margin; **2gut** *n* leasehold;

2herabsetzung *f* reduction in the rate of interest; **2kupon** *m* (interest) coupon; **2leiste** *f* talon; **~los** *adj.* free of interest; no interest-bearing *loan, etc.*; **2marge** *f* interest margin; **2mehraufwand** *m* net interest paid; **2mehrertrag** *m* net interest earned; **~pflichtig** *adj.* tributary; subject to rent; **2politik** *f* interest rate policy; **2rechnung** *f* calculation of interest; interest account; **2schein** *m* coupon, *for stock*: dividend warrant; **2satz** *m* → *Zinsfuß*; *Darlehen mit niedrigem ~* low-interest loan; **~tragend** *adj.* → *zinsbringend*; **2verlust** *m* loss of interest; **2voraus** *m* (-es) preferential interest margin; **2wucher** *m* usury; **2zahlungen** *f/pl.* interest payments.

Zionis|mus [tsio'nismus] *m* (-) Zionism; **~t** *m* (-en; -en), **~tin** *f* (-; -nen), **2tisch** *adj.* Zionist.

Zipfel ['tsipfəl] *m* (-s; -) tip, point, end; *anat., tel.* lobe; corner (*of cloth, etc.*); *fig.* et. *am rechten ~ anfassen* tackle a th. from the right angle; **2ig** *adj.* having points *or* ends, pointed; **~mütze** *f* jelly-bag cap; night-cap.

Zipperlein ['tsipərlaɪn] *colloq. med. n* (-s) gout.

Zirbel|drüse ['tsirbəl-] *anat. f* pineal gland; **~kiefer** *f* cembra pine.

zirka ['tsirka] *adv.* about, approximately, in the neighbo(u)rhood of; or thereabouts.

Zirkel ['tsirkəl] *m* (-s; -) circle (*a. fig.*); (ein ~ a pair of) compasses *or* dividers; *in compounds*: → *Kreis...*; **2n** *v/i.* (h.) measure with compasses; *fig.* (move in a) circle.

Zirkonlampe [tsir'ko:n-] *f* zirconium lamp.

Zirku|lar [tsirku'la:r] *n* (-s; -e) circular; **2'lieren** *v/i.* (h.) circulate; *~ lassen* circulate, pass round.

Zirkumflex [tsirkum'flɛks] *m* (-es; -e) circumflex.

Zirkus ['tsirkus] *m* (-; -se) circus; *colloq. fig.* hurly-burly; **~reiter(in** *f*) *m* circus-rider.

zirpen ['tsirpən] *v/i. and v/t.* (h.) chirp, cheep.

Zirruswolke ['tsirus-] *f* cirrus cloud.

zisch|eln ['tsiʃəln] *v/i. and v/t.* (h.) whisper, hiss; **2eln** *n* (-s) whisper (-ing); **~en** *v/i. and v/t* (h.) *gas, snake, person, etc.*: hiss; *thing*: *a.* sizzle, fizz; whiz(z); *colloq. einen ~* have a drink; **2laut** *m* hissing sound; *gr.* sibilant.

Ziselier|arbeit [tsize'li:r-] *f* chased work; **2en** *v/t.* (h.) chase.

Zisterne [tsi'stɛrnə] *f* (-; -n) cistern, tank.

Zitadelle [tsita'dɛlə] *f* (-; -n) citadel.

Zitat [tsi'ta:t] *n* (-[e]s; -e) quotation; *falsches ~* misquotation.

Zither ['tsitər] *f* (-; -n) zither.

zi'tieren *v/t.* (h.) cite, summon; invoke (*ghosts*); cite, quote.

Zitronat [tsitro'na:t] *n* (-[e]s; -e) candied (lemon) peel.

Zitrone [tsi'tro:nə] *f* (-; -n) lemon.

Zi'tronen...: **~baum** *m* lemon-tree; **~falter** *m* brimstone butterfly; **2gelb** *adj.* lemon (yellow), citrine; **~limonade** *f* lemonade; lemon squash; **~presse** *f* lemon-squeezer; **~saft** *m* (-[e]s) lemon juice; **2sauer** *chem. adj.* citrate of; **~säure** *f* citric acid; **~schale** *f* lemon-peel; **~scheibe** *f* slice of lemon; **~wasser** *n* (still) lemonade.

Zitter|aal ['tsitər-] *m* electric eel; **~gras** *n* quaking-grass; **2ig** *adj.* trembly, shaky; *voice*: *a.* tremulous, faltering; **2n** *v/i.* (h.) tremble, shake, quiver (*vor* with *cold, fear, etc.*); *a. earth*: quake; shiver; vibrate; *~ und beben* shiver and shake, quake in one's shoes; **~n** *n* (-s) trembling, *etc.*; shiver(s *pl.*); vibration(s *pl.*); *mit ~ und Zagen* shaking with fear, fearfully; **~pappel** *f* aspen, trembling poplar; **~rochen** *ichth. m* electric ray, torpedo fish.

Zitze ['tsitsə] *f* (-; -n) teat, dug, nipple.

zivil [tsi'vi:l] *adj.* civil; (*ant. military*) civilian; *econ.* reasonable, moderate (*prices*); **2** *n* (-s) (*ant. military*) civil body, civilians *pl.*; civilian (*or* plain) clothes; *esp. mil.* mufti; **2angestellte(r)** *m* civil employee; **2anzug** *m* civilian suit; **2arbeiter** *m* civilian worker; **2bevölkerung** *f* civilian population, civilians *pl.*; *mil. a.* non-combatants *pl.*; **2courage** *f* courage (of one's convictions), moral courage; **2ehe** *f* civil marriage.

Zivili|sation [tsivilizatsi'o:n] *f* (-) civilization; **~sati'onskrankheiten** *f/pl.* ills of civilization; **2satorisch** [-za'to:riʃ] *adj.* civilizing; **2'sieren** *v/t.* (h.) civilize.

Zivi'list *m* (-en; -en) civilian.

Zi'vil...: **~klage** *f* → *Zivilprozeß*; **~kleidung** *f* civilian (*or* plain) clothes *pl.*; **~luftfahrt** *f* civil aviation; **~person** *f* civilian; **~prozeß** *jur. m* civil action *or* suit; **~prozeßordnung** *f* Code of Civil Procedure; **~recht** *n* (-[e]s) civil law; **2rechtlich** *adj. and adv.* under (*or* according to) civil law; civil law; *~ verfolgen* bring a civil action against, sue; **~sache** *f* civil case; **~versorgung** *f* guarantee of civil employment for ex-servicemen; **~verteidigung** *f* civil defen|ce, *Am.* -se; **~verwaltung** *f* civil administration.

Zobel ['tso:bəl] *zo. m* (-s; -) sable; *a.* → **~fell** *n* sable-skin; **~pelz** *m* sable-fur.

Zodiakus [tso'di:akus] *ast. m* (-) zodiac.

Zofe ['tso:fə] *f* (-; -n) lady's maid.

zog [tso:k] *pret. of ziehen.*

zögern ['tsø:gərn] *v/i.* (h.) hesitate; waver, shilly-shally; linger, tarry; delay; *~ mit* defer, delay; *er zögerte nicht, zu inf.* he did not hesitate to *inf.*, he lost no time in *ger.*; **2** *n* (-s) hesitation, hesitancy; delay; *ohne ~* unhesitatingly, without (a moment's) hesitation; **~d** *adj.* hesitating, hesitant; dilatory; slow, gradual.

Zögling ['tsø:kliŋ] *m* (-s; -e) pupil.

Zölibat [tsøli'ba:t] *n and m* (-[e]s) celibacy.

Zoll [tsɔl] *m* **1.** (-[e]s; -) inch; *jeder ~ ein Ehrenmann* every inch a gentleman; **2.** (-[e]s; ⸚e) custom, duty; → *Zolltarif*; toll; tribute (*a. fig.*); customs; *fig. s-n ~ fordern* take its toll; **'~abfertigung(sstelle)** *f* customs clearance; **'~amt** *n* custom-house *or* -office; **'2amtlich** *adj.*: *~e Untersuchung* customs inspection; *unter ~em Verschluß* in bond; **'~aufschlag** *m* additional duty; **'~aufseher** *m* surveyor of customs; **'~beamte(r)** *m* customs official *or* officer; **'~begleitschein** *m* customs bond warrant; **'~begünstigungsliste** *f* Special Tariff List; **'~behörde** *f* board of customs and excise; **'~einfuhrschein** *m* bill of entry; **'~einnehmer** *m* collector of customs; **'2en** *v/t.* (h.) *fig.* give, pay; *Anerkennung ~* pay tribute (*dat.* to); *Dank ~* express one's gratitude (to), thank (*a p.*); *Beifall ~* applaud (*a p.*); **'~erklärung** *f* customs declaration; **'~ermäßigung** *f* tariff reduction; **'~fahndungsstelle** *f* customs-search office; **'2frei** *adj.* duty-free; *fig. Gedanken sind ~* thoughts pay no toll; **'~freiheit** *f* exemption from duty; **'~gebiet** *n* customs district; **'~gebühren** *f/pl.* customs duties; **'~gesetz** *n* tariff law; **'~grenze** *f* customs frontier; **'~haus** *n* custom-house; **'~hinterziehung** *f* evasion of the customs.

...zöllig [-tsœliç] *adj.* ...-inch.

'Zoll...: **~inland** *n* (*German, etc.*) customs area; **~inspektor** *m* customs officer; **~kasse** *f* customs collection office; **~kontrolle** *f* customs examination; **~krieg** *m* tariff war; **~(l)ager** *n* bonded warehouse.

Zöllner ['tsœlnər] *m* (-s; -) customs collector; *bibl.* publican.

'Zoll...: **~papiere** *n/pl.* customs documentation *sg.*; **2pflichtig** *adj.* liable to duty, dutiable; **~plombe** *f* (customs) seal; **~politik** *f* customs policy; **~revision** *f* customs examination; **~satz** *m* rate of duty; **~schein** *m* clearance(-bill); **~schiff** *n* revenue cutter; **~schranke** *f* customs-barrier; **~schutz** *m* tariff protection; **~senkung** *f* customs tariff reduction; **~speicher** *m* bonded warehouse; **~stock** *m* (-[e]s; ⸚e) foot-rule; folding rule; yard-stick; **~straße** *f* turnpike (*or* toll) road; **~tarif** *m* tariff (of duties); → *Zollsatz*; **2tief** *adj.* inches deep; **~verband, ~verein** *m* customs (*or* tariff) union; **~vergünstigungen** *f/pl.*p referential tariff; **~verschluß** *m* customs seal, bond; *Waren unter ~* bonded goods; *unter ~ lassen* leave in bond; **~vertrag** *m* tariff agreement; **~vorschriften** *f/pl.* customs regulations; **~wächter** *m* → *Zollbeamter*; **2weise** ['-vaɪzə] *adv.* by inches.

Zone ['tso:nə] *f* (-; -n) zone; region, climate; *britisch besetzte ~* British-occupied zone; *heiße (kalte, gemäßigte) ~* torrid (frigid, temperate) zone; *radio*: *tote ~* silent area; **~ngrenze** *f* zonal border; **~ntarif** *m* zone-tariff.

Zoo [tso:] *colloq. m* (-[s]; -s) (= *Zoologischer Garten*) Zoo, Zoological Gardens.

Zoolo|ge [tsoˀo'lo:gə] *m* (-n; -n) zoologist; **~'gie** *f* (-) zoology; **2gisch** *adj.* zoological.

Zopf [tsɔpf] *m* (-[e]s; ⸗e) plait of hair, tress; pigtail; *fig.* pedantry, formality; (*alter*) ~ antiquated custom, obsolete tradition; *falscher* ~ switch; *in Zöpfe flechten* plait; *sie trägt Zöpfe* she wears her hair plaited *or* in plaits; '**~band** *n* (-[e]s; ⸗er) pigtail ribbon, hair-ribbon; '**2ig** *fig.* pedantic(ally *adv.*); antiquated; '**~stil** *m* (-[e]s) *art*: late rococo (style).

Zorn [tsɔrn] *m* (-[e]s) anger; *rhet.* wrath, ire; rage; temper; resentment; *in ~ geraten* fly into a passion, bridle up; *in ~ versetzen* anger, incense, infuriate; → *auslassen, etc.* '**~ausbruch** *m* fit of anger, outburst, explosion; **2entbrannt** ['-ɛntbrant] *adj.* boiling with rage, furious, fuming; '**2ig** *adj.* angry (*auf acc.* at *a th.*, with *a p.*), mad (at); '**~röte** *f* flush of anger.

Zot|e ['tso:tə] *f* (-; *-n*) ribald jest, filthy (*or* smutty) joke, obscenity; *~n reißen* talk smut, make obscene jokes; **2enhaft**, **2ig** *adj.* obscene, smutty, filthy; **~enreißer** *m* obscene talker.

Zott|e ['tsɔtə] *f* (-; *-n*) tuft (of hair); *anat.* villus; **~el** ['-əl] *f* (-; *-n*) tuft; tassel; **2eln** *colloq. v/i.* (*sn*) shuffle along, toddle; (*trödeln*) dawdle; **2ig** *adj.* shaggy, tufted; matted; *anat.* villous.

zu [tsu:] **I.** *prp.* (*dat.*) to; towards, up to; at, in, on; in addition to; along with; beside, next to; for; *~ Beginn* at the beginning *or* outset; *~ Berlin* in (*adm.* at) Berlin; → *Beispiel, Bett, Ende, Fuß, Gesicht, Haus, Hundert, Tausend, Mal, Not, etc.*; *sports*: *3 ~ 1* three (points, *etc.*) and one; *~ deutsch* in German; *~ Weihnachten, etc.* at Christmas, *etc.*; *balance-sheet ~m 31. Dezember* as at December 31st; *der Schlüssel ~m Schrank* the key of the cupboard; *~ ebener Erde* on the ground floor; *~m Ergötzen* (*gen.*) to the amusement of; *~ m-m Erstaunen* to my surprise; *~r Hälfte* by half, half of it; *~m Preise von* at a price of; *~m Scherz* in fun; *~r Stadt* to town; *~ Tal* downhill; *~r Unterhaltung* (*gen.*) for the entertainment of; *Liebe ~ Gott* love of God; *aus Freundschaft ~ ihm* out of friendship for him; *~m Dichter geboren* born (to be) a poet; *~ j-m gehen* go to see a p.; *j-n ~ et. ermuntern* encourage a p. to do a th.; *j-n ~m Freunde* (*Vater*) *haben* have a p. for a friend (father); *j-n ~m Oberst befördern* raise a p. to the rank of a colonel; *j-n ~m Präsidenten wählen* elect a p. President; *sich ~ j-m setzen* sit down by a p.'s side; *~ et. werden* turn (*or* change) into *a th.*; *Brot ~m Ei essen* have bread with one's egg; **II.** *adv.* **1.** *before adj. and adv.*: too; *~ sehr* too much; *gar ~* far too, all too; *~ viel* far too much; (*gar*) *~ vorsichtig* (*eilig*) overcautious (overhasty); *~ sehr betonen* overstress; **2.** closed; *Tür ~!* shut (*or* close) the door!; *die Tür ist ~* the door is to *or* shut; *immer* (*or nur*) *~!* go ahead!; **3.** *with infinitive*: *~ sein* to be; *ich habe ~ arbeiten* I have to work, I have work to do; *ich erinnere mich, ihn gesehen ~ haben* I remember seeing him; *es ist ~ hoffen* it may be hoped for; *ein nachzuahmendes Beispiel* an example worthy of imitation; *ein sorgfältig ~ erwägender Plan* a plan requiring careful consideration; *die auszuwechselnden Fahrzeugteile* the parts to be exchanged.

zu'aller|erst *adv.* first of all; **~letzt** *adv.* last of all.

'**zubauen** *v/t.* (*h.*) build (*or* wall) up *or* in; block (*passage, view*).

Zubehör ['-bəhø:r] *n* (-[e]s; -e) appurtenances (*a. jur. of real estate*), fittings (*a. jur. of chattels*), *Am.* fixings; *esp. tech.* accessories; attachment(s *pl.*); *Wohnung von sechs Zimmern mit ~* six-roomed flat (*Am.* apartment) with all conveniences *or* appointments; **~kasten** *tech. m* accessories box; **~teil** *n* accessory (part); *pl. ~e* accessories.

'**zubeißen** *v/i.* (*irr., h.*) bite; snap.

'**zubekommen** *v/t.* (*irr., h.*) get in addition (*or* into the bargain); get *a door, etc.*, shut.

Zuber ['tsu:bər] *m* (-s; -) tub.

'**zubereit|en** *v/t.* (*h.*) prepare; mix (*drink*); dress (*salad*; *a. tech.*); **2ung** *f* preparation; dressing.

'**zubilligen** *v/t.* (*h.*) grant, concede, allow; *jur.* award.

'**zubinden** *v/t.* (*irr., h.*) tie (*or* bind) up; bandage; blindfold (*eyes*).

'**zubleiben** *v/i.* (*irr., sn*) remain closed *or* shut.

'**zublinzeln** *v/i.* (*h.*) *j-m*: wink at *a p.*

'**zubring|en** *v/t.* (*irr., h.*) pass, spend (*time*); *tech.* feed; **2er** ['-briŋər] *tech. m* (-s; -) feeder; **2erdienst** *m* feeder service; **2erlinie** *aer. f* feeder-line; **2erstraße** *f*, **2weg** *m* feeder road.

'**Zubuße** *f* allowance; contribution, additional payment.

Zucht [tsuxt] *f* (-) breeding, rearing, farming; culture (*of bees, bacteria*); *bot.* (*pl.* -*en*) cultivation, growing; *zo.* breed, race, stock; *fig.* education; training; *harte ~* drill; discipline; decency, propriety, modesty; *in ~ halten* (*nehmen*) keep (take) in hand; '**~buch** *n* stud-book; '**~bulle** *m* bull (for breeding).

zücht|en ['tsyçtən] *v/t.* (*h.*) breed, rear, raise (*animals*); grow, cultivate (*plants*); culture (*bacteria, pearls*); **2er(in** *f*) *m* (-s, -; -, -*nen*) breeder; (*bee-*)keeper; grower.

'**Zucht...**: **~haus** *n* penitentiary; *zwei Jahre ~* sentence of two years' penal servitude *or* hard labo(u)r; **~hausarbeit** *f* convict labo(u)r; **~häusler** *m* convict; **~hausstrafe** *f* penal servitude, *Am.* confinement in a penitentiary; **~hengst** *m* stud-horse, stallion; **~henne** *f* brood-hen; **~holz** *n* trees grown artificially.

züchtig ['tsyçtiç] *adj.* chaste, modest, coy, demure; **2keit** *f* (-) chastity, modesty, coyness.

züchtig|en ['-gən] *v/t.* (*h.*) correct, punish; discipline; flog, *rhet.* chastise; **2ung** *f* (-; -*en*) correction, punishment; flogging, corporal punishment; chastisement.

'**Zucht...**: **2los** *adj.* undisciplined, without discipline; unruly, wild; disorderly, licentious; **~losigkeit** *f* (-) want of discipline; disorderly ways *pl.*, licentiousness; **~meister** *m* task-master, disciplinarian; **~mittel** *n* means of correction, disciplinary measure; **~perle** *f* culture pearl; **~rasse** *f* improved breed; **~rute** *f* rod of correction, scourge; **~sau** *f* brood sow; **~schaf** *n* ewe for breeding; **~stier** *m* bull (for breeding); **~stute** *f* brood mare.

'**Züchtung** *f* (-; -*en*) breeding, farming; *bot.* growing, cultivation; culture (*of bacteria*); *neue ~* variety.

'**Zucht...**: **~vieh** *n* breeding cattle, registered cattle; **~wahl** *f*: *natürliche ~* natural selection.

zuckeln ['tsukəln] *colloq. v/i.* (*sn*) jog along.

zucken ['tsukən] *v/i.* (*h.*) jerk; move convulsively, twitch (*both*: *mit et.* a th.); quiver; wince; *flame, light*: flicker; flash; dart; → *Achsel, Wimper.*

zücken ['tsykən] *v/t.* (*h.*) draw (*sword, etc.*); pull out (*purse*); poise (*pen, etc.*).

Zucker ['tsukər] *m* (-s) sugar; *ein Stück ~* a lump of sugar; *med. er hat ~* he has diabetes; **2artig** ['-a:rtiç] *adj.* sugary; **~bäcker** *m* confectioner; *humor. in compounds*: gingerbread *gothic, etc.*; **~bäcke'rei** *f* confectioner's shop; **~bildung** *f* formation of sugar; *biol.* glycogenesis; **~brezel** *f* sweet cracknel; **~brot** *n* sweet bread; *~ und Peitsche* carrot or the stick; **~büchse**, **~dose** *f* sugar-basin, *Am.* -bowl; **~erbse** *f bot.* green pea; sugar-plum; **~fabrik** *f* sugar factory *or* works; **~gewinnung** *f* extraction of sugar; sugar manufacture; **~guß** *m* sugar-icing, frosting, sugar-coating; *mit ~ überziehen* ice, frost; **2haltig** *adj.* containing sugar, saccharated; **~hut** *m* sugar-loaf; **2ig** *adj.* sugary; **~kand(is)** *m* (-[e]s; -) sugar candy; **2krank**, **~kranke(r** *m*) *f* diabetic; **~krankheit** *f* (-) diabetes; **~mäulchen** *n* sweet-tooth; **2n** *v/t.* (*h.*) sugar; **~pflanzung** *f* sugar plantation; **~plätzchen** *n* drop, lozenge; **~raffinerie** *f* sugar refinery; **~rohr** *n* sugar cane; **~rübe** *f* sugar-beet; sweet turnip; **~saft** *m* syrup; **~säure** *f* saccharic acid; **~schale** *f* → *Zuckerbüchse*; **~sieder** *m* sugar refiner; **~siede'rei** *f* sugar refinery; **~sirup** *m* molasses *pl.*, treacle; **2süß** *adj.* (as) sweet as sugar; *fig.* honeyed; **~wasser** *n* sugared water; **~ware** *f*, **~werk** *n* (-[e]s) confectionery, sweetmeats *pl.*; *Am.* candy; **~zange** *f* (*eine ~* a pair of) sugar-tongs *pl.*

'**Zuckung** *f* (-; -*en*) convulsion, spasm; jerk, twitch; quiver; *a. fig. letzte ~en* death throes.

'**zudämmen** *v/t.* (*h.*) dam up.

'**zudecken** *v/t.* (*h.*) cover (up); *fig.* conceal, cover up; *colloq. j-n ~ mit rain blows, etc.*, on a p., shower a p. with *gifts, etc.*, *mil. with fire*: pin down.

zu'dem *adv.* besides, moreover, in addition (to this).

'**zudenken** *v/t.* (*irr., h.*): *j-m et. ~*

intend a th. for a p., want a p. to have a th.

'**zudiktieren** *v/t.* (*h.*) impose, inflict *penalty* (*j-m* upon a p.).

'**Zudrang** *m* rush; (*zu dat.*) run (on).

'**zudrängen:** *sich* ~ (*h.*) press forward, crowd, throng (*zu* to).

'**zudrehen** *v/t.* (*h.*) turn off (*faucet, water, etc.*); *j-m den Rücken* ~ turn one's back on a p.

'**zudringlich** *adj.* importunate, obtrusive; intruding, forward; ~ *werden e-m Mädchen gegenüber* make advances, make a pass *at a girl*; **2keit** *f* importunity, obtrusiveness, forwardness; pass.

'**zudrücken** *v/t.* (*h.*) close, shut; → *Auge.*

'**zu-eign|en** *v/t.* (*h.*) dedicate *book, etc.* (*dat.* to); *sich et.* ~ appropriate (to one's use), *illegally*: misappropriate, *jur. a.* convert (unlawfully) into one's own use; **2ung** *f* dedication; appropriation.

'**zu-eilen** *v/i.* (*sn*) (*dat.*; *auf acc.*) hasten to(wards), run *or* rush up to.

'**zu-erkenn|en** *v/t.* (*irr., h.*) award (*a. prize*) (*dat.* to); confer (on); *jur.* award, adjudge, adjudicate (to); **2ung** *f* award; adjudication.

zu'erst *adv.* **1.** first; *er kam* ~ *an a.* he was the first to arrive; **2.** first (of all), in the first place, above all; to begin with; **3.** at first, in (*or* at) the beginning; ~ *tat er* he began by *ger.*; *fig. wer* ~ *kommt, mahlt* ~ first come first served.

'**zu-erteilen** *v/t.* (*h.*) → *zuteilen, zuerkennen.*

'**zufächeln** *v/t.* (*h.*): *j-m et.* ~ fan a th. to(wards) a p., *wind*: waft a th. to a p.; *sich Luft* ~ fan o.s.

'**zufahr|en** *v/i.* (*irr., sn*) drive (*or* go) on; *auf et.* ~ drive to(wards) *or* in the direction of, head (*or* make) for; *door, etc.*: slam (shut); *fig. auf j-n* ~ rush at, pitch into; **2t(sstraße)** *f* approach (road); *to house*: drive(way *Am.*).

'**Zufall** *m* chance, accident; coincidence; *bloßer* ~ mere accident; *glücklicher* ~ lucky chance, (lucky) break; *unglücklicher* ~ piece of ill-luck, unfortunate accident, mischance, bad break; *durch* ~ by chance, by accident, → *zufällig*; *durch glücklichen* ~ by a fluke; *es dem* ~ *überlassen* leave it to chance; *der* ~ *fügte es, daß wir* luck would have it that we, as it happened we; *es hängt vom* ~ *ab, ob* it is a matter of chance whether; *es ist kein* ~, *wenn* it is no accident that; **2en** *v/i.* (*irr., sn*) *eyes*: be closing (with sleep); *door*: shut (of) itself, slam shut; *j-m* ~ fall to a p.('s share), *inheritance*: *a.* devolve upon a p.; *task*: fall to a p., devolve upon a p., be incumbent upon a p.

'**zufällig I.** *adj.* accidental; chance; fortuitous; casual; incidental; random (*a. phys.*); ~*es Zusammentreffen* **a)** chance encounter, **b)** coincidence; **II.** *adv.* (*a.* ~**erweise** ['-gər'vaɪzə]) accidentally, by chance; as it happened; *er war* ~ *zu Hause* he happened to be at home; *ich traf ihn* ~ I happened (*or* chanced) to meet him; *ich stieß* ~ *auf dieses Wort* I came across (*or* stumbled upon) that word; **2keit** *f* accidentalness; casualness; fortuitousness; contingency; ~*en pl. a.* coincidences.

'**Zufalls|...** chance ...; ~**auswahl** *f* random sample; ~**gesetz** *n* law of probability; ~**kurve** *f* probability curve; ~**moment** *n* chance factor; ~**treffer** *m* chance (*or* fluke) hit.

'**zufassen** *v/i.* (*h.*) make a grasp *or* grab; catch, seize, clutch; *helper*: (*mit*) ~ lend *or* give a hand; *fig.* seize the opportunity.

'**zufliegen** *v/i.* (*irr., sn*) (*dat.*; *auf acc.*) fly to(wards); *door*: slam (shut), (shut with a) bang; *fig. es fliegt ihm alles zu* things come easily to him.

'**zufließen** *v/i.* (*irr., sn*) (*dat.*) flow to(wards); *fig.* be devoted to *charity, etc.*; *j-m*: come to, *profit*: accrue to *a p.*; *j-m* ~ *lassen* bestow on, grant, let have.

'**Zuflucht** *f* (-) refuge, shelter, resort; *s-e* ~ *nehmen bei j-m* take refuge with *a p.*, *zu et.*: have recourse to, resort to, take refuge to *a th.*; ~**s-ort** *m* (-[e]s; -e) place of refuge, retreat, asylum, sanctuary.

'**Zufluß** *m* afflux; influx (*a. fig. of capital, goods, etc.*); *tech.* feed, (in-)flow; *river*: affluent; *econ.* supply; ~**gebiet** *n* basin; ~**graben** *m* feeder; ~**menge** *tech. f* rate of flow; ~**regler** *tech. m* flow regulator; ~**rohr** *n* feed pipe.

'**zuflüstern** *v/t.* (*h.*) *j-m*: whisper to *a p.*; prompt to.

zufolge [tsu'fɔlgə] *prp.* (*gen. and dat.*) in consequence of, as a result of, due (*or* owing) to; according to; on the strength of, by virtue of.

zufrieden [tsu'fri:dən] *adj.* content (-ed), satisfied; pleased, gratified; *j-n* ~ *lassen* let alone, leave in peace; *sich* ~ *geben mit* rest (*or* be) content with, put up with, acquiesce in; *nicht* ~ dissatisfied, displeased; **2heit** *f* (-) contentment, satisfaction; contentedness; *zu m-r größten* ~ to my greatest satisfaction; ~**stellen** *v/t.* (*h.*) content, satisfy; give satisfaction to; gratify, satisfy (*a p.'s wishes*); *schwer zufriedenzustellen* difficult to please, exacting; ~**stellend** *adj.* satisfactory.

'**zufrieren** *v/i.* (*irr., sn*) freeze up *or* over.

'**zufügen** *v/t.* (*h.*) add; do, cause (*dat.* to); inflict *harm, losses* ([up-] on); *j-m Schaden* ~ harm (*or* injure) a p.; *sich selbst zugefügt* self-inflicted (*wound, etc.*).

Zufuhr ['tsu:fu:r] *f* (-) supply; importation; *meteor.* influx; supplies *pl.*; → *Zuführung*; *j-m die* ~ *abschneiden* cut off a p.'s supplies.

'**zuführ|en** *v/t.* (*h.*) carry (up), convey (to the spot), lead, bring; *tech.* feed; supply (*goods, etc.*; *a tech.*), deliver (*a. tech.*); lead in (*wire*); import; *e-m Heere Lebensmittel* ~ provision, cater for; *j-m e-e Person* ~ introduce a p. to a p.; *j-n s-r Bestrafung* ~ punish a p.; *e-e Sache ihrer Bestimmung* ~ devote a th. to its proper purpose; **2ung** *f* conveyance; *tech.* feeding; (*machine element*) feed; (*wire*) lead; *econ.* supply; delivery; importation; approach, feeder road; intake (*of food*); ~ *durch Druck* pressure feed.

'**Zuführungs...:** ~**apparat** *tech. m* feeder; ~**draht** *m* feed (*el.* lead) wire; ~**kabel** *n* leading-in cable; ~**leitung** *f* supply main; ~**rohr** *n* supply (*or* feed) pipe; ~**schnur** *el. f* flexible cable.

'**zufüllen** *v/t.* (*h.*) add; pour on; fill up (*hole*).

Zug [tsu:k] *m* (-[e]s; ⸚e) draw; *a. gym., wrestling, swimming, weight-lifting*: pull; jerk; *tech.* pull, traction; tension, stress; suction; piston; drawing tool; hoist; pulley; grip; strap; march; procession; expedition, campaign; column; file; range (*of mountains*); *rail.* train; shoal (*of fish*); flight, passage; migration (*of birds*); drift (*of clouds*); team (*of oxen, etc.*); herd, flock; *mil.* platoon; draught, *Am.* draft (*of air*); flue; *mus.* slide; (*organ*) stop, register; *chess, etc.*: move; *at drinking*: draught, *Am.* draft, swig; *at smoking*: whiff, puff; drag (*an dat.* at), pull (at *a pipe*); *of rifle*: groove, *pl.* Züge rifling *sg.*; *of face*: feature; *fig.* bent, tendency, trend; trait, feature, characteristic; *fig.* ~ *der Zeit* trend of the times; ~ *des Herzens* inner voice; *dem* ~*e s-s Herzens folgen* follow the promptings of one's heart; *auf einen* ~ at one draught (*Am.* draft); *im* ~*e rail.* in (*Am.* on) the train, *fig.* in train, in progress; *im* ~*e der Neugestaltung* in the course of reorganization; *im besten* ~*e sein* be well under way, be in full swing, *person*: be going strong; *er ist jetzt gut im* ~*e a.* his ball is rolling good now; *in einem* ~ at a stretch, at one go; *in kurzen Zügen* in a few strokes, in brief outlines; *in großen Zügen* in broad outlines, along general lines; → *grob*; *in vollen Zügen genießen* enjoy thoroughly, revel in; *in den letzten Zügen liegen* be breathing one's last, *fig. matter*: be in its death throes, be petering out; ~ *um* ~ without delay, without a break, in rapid succession, *econ.* concurrently, pari passu; against counterdelivery; *Zahlung* ~ *um* ~ *bei Auslieferung* cash on delivery; *chess*: *wer ist am* ~? whose move is it?; *fig. er kam nicht zum* ~*e* he did not get a chance; *fig. j-s Züge tragen* bear the imprint of; *das ist ein schöner* ~ *an ihr* that's very decent of her; *fig. da ist kein* ~ *drin* it is slow (*or* dull), there is no snap to it.

'**Zugabe** *f* addition; extra; bonus, premium; makeweight; *thea.* encore; *als* ~ into the bargain.

Zug-abfertigung(**sdienst** *m*) *f* train dispatch (service).

'**Zugang** *m* access (*a. fig.*); approach, access road; gate(way) (*a. fig.*), *fig.* doorway; entry; increase; *econ.* accrual; receipts *pl.*; in-payment; credit entries *pl.*; arrivals, incoming stocks *pl.*; *of personnel, members, library books*: accession(s *pl.*); ~ *zu Urkunden gewähren* give access to documents.

zugänglich ['tsu:gəŋliç] *adj.* accessible (*für* to); *fig.* ~ *für* (*or dat.*)

amenable to, open to, willing to listen to *reason*; *fig.* approachable, get-at-able; responsive; *leicht* ~ *person*: easy of access; ~ *machen* make accessible (*or* available); *fig. der breiten Öffentlichkeit* ~ *machen* throw open to the public, bring within the reach of the masses, popularize.

'**Zugangsweg** *m* access road, approach.

'**Zug...**: ~**artikel** *econ. m* draw; ~**aufsichtsbe-amte(r)** *m* train dispatcher; ~**be-anspruchung** *tech. f* tensile load, tractive stress; ~**(begleit)personal** *rail. n* train staff, *Am.* train crew; ~**brücke** *f* drawbridge.

'**zugeben** *v/t.* (*irr.*, *h.*) add; *econ.* give into the bargain, throw in; allow; confess; concede, admit, grant; *zugegeben* granted; *zugegeben, sie ist nicht klug* true, she is not smart; *ein Lied* ~ give a song as an extra treat; *man muß* ~, *daß er* you must grant it to him that he;

zugegebenermaßen ['tsu:gəge:bənər'ma:sən] *adv.* admittedly.

zugegen [tsu'ge:gən] *pred. adj.* present (*bei* at); ~ *sein bei a.* attend.

'**zugehen** *v/i.* (*irr.*, *sn*) close, shut; move on, go faster; happen; *auf j-n* ~ go up to, walk towards; *geraden Wegs auf et.* ~ make for, head for, make a beeline for; *j-m* ~ come to a p.'s hand, reach a p.; *adm.* be served on a p.; *j-m et.* ~ *lassen* forward (*or* transmit) to a p., let a p. have *a th.*; *wie geht es zu, daß?* how is it that?; *es müßte seltsam* ~, *wenn* it would be strange if; *das geht nicht mit rechten Dingen zu* there is something uncanny about it, it looks fishy (to me); → *hergehen.*

'**zugehören** *v/i.* (*h.*) (*dat.*) belong to.

'**zugehörig** *adj.* (*dat.*) belonging to *a p. or a th.*; appertaining, pertinent; accompanying; matching, *colo(u)r, etc.*, to match; ᴥ**keit** *f* (-) membership (*zu dat.* of), affiliation (to); belonging (to).

zugeknöpft ['tsu:gəknœpft] *fig. adj.* reserved, uncommunicative, silent.

Zügel ['tsy:gəl] *m* (-s; -) rein; bridle; *fig. a.* curb, restraint; *die* ~ *pl. der Regierung* the reins of government; *die* ~ *schießen lassen* (*dat.*) give *a horse* its head, *fig.* give full rein to; *j-n an die* ~ *nehmen* take a p. in hand; *sich an die* ~ *nehmen* get a grip on o.s.; *in die* ~ *fallen* (*dat.*) seize by the bridle, *fig.* stop, restrain; → *anziehen.*

'**zugelassen** → *zulassen.*

'**Zügel...**: ~**hilfe** *f* rein aid; ᴥ**los** *adj.* unbridled; *fig. a.* unrestrained; inordinate; licentious, dissolute; ~ *werden* get out of hand; ~**losigkeit** *f* (-) dissoluteness, licentiousness, looseness; ᴥ**n** *v/t.* (*h.*) rein, pull up; *fig.* bridle, rein, curb, check.

Zugereiste(r *m*) ['tsu:gəraɪstə(r)] *f* (-*n*, -*n*; -*en*, -*en*) newcomer.

'**zugesellen** *v/t.* (*h.*) give as a companion; (*a. sich*) join (*dat.* to; *j-m* a p.), associate (with).

zugestandenermaßen ['tsu:gəʃtandənər'ma:sən] *adv.* admittedly.

'**Zugeständnis** *n* concession, admission; ~*se machen* (*dat.*) make concessions, *fig.* make allowances (*wegen* for). [admit, grant.]

'**zugestehen** *v/t.* (*irr.*, *h.*) concede,

'**zugetan** *pred. adj.* (*dat.*) attached to, devoted to; *j-m* ~ *sein a.* feel kindly towards, be fond of, have a great affection for *a p.*

Zugewanderte(r *m*) ['tsu:gəvandərtə(r)] *f* (-*n*, -*n*; -*en*, -*en*) newcomer.

'**zugewandt** *adj.* (*dat.*) interested (in); → *zuwenden.*

Zug... ['tsu:k-]: ~**fähre** *f* cable ferry; ~**feder** *tech. f* tension spring; *of watch*: barrel spring; ~**festigkeit** *tech. f* (-) tensile strength; ᴥ**frei** *adj.* draught-free; ~**führer** *m rail.* chief guard, *Am.* conductor; *mil.* platoon-leader; ~**gespräch** *rail. teleph. n* train-call; ~**griff** *tech. m* pull handle, grip; ~**hebel** *m* draw lever.

'**zugießen** *v/t.* (*irr.*, *h.*) add, pour on; fill up (*mit* with).

zugig ['tsu:giç] *adj.* draughty, *Am.* drafty.

zügig ['tsy:giç] *adj.* speedy; free, easy; uninterrupted; efficient; *econ.* ~ *beliefern* supply freely; *mot.* ~ *schalten* change gears smoothly; ᴥ**keit** *f* (-) easy flow *of traffic.*

'**Zug...**: ~**klappe** *f* damper; ~**knopf** *m* pull knob; ~**kraft** *f* power of traction, tractive force; drawbar pull; *fig.* attraction, draw, appeal; ᴥ**kräftig** *adj. fig.* attractive, popular, powerful; ~ *sein a.* be a draw.

zugleich [tsu'glaɪç] *adv.* at the same time; together.

'**Zug...**: ~**leine** *f* towing rope; ~**leistung** *f* tractive power; ~**luft** *f* (-) draught, *Am.* draft; ~**(luft)schraube** *aer. f* tractor (airscrew); ~**maschine** *f* traction engine, prime mover, tractor; truck tractor; ~**meldewesen** *n* (-s) train-signal(l)ing system; ~**mittel** *fig. n* draw, attraction; ~**nummer** *thea. f* drawing card; ~**ochse** *m* draught-ox; ~**personal** *n* train staff, *Am.* train crew; ~**pferd** *n* draught-horse; ~**pflaster** *n* blistering plaster, vesicatory.

'**zugreifen** *v/i.* (*irr.*, *h.*) make a grasp *or* grab; grab *or* grasp it; *at table*: help o.s.; fall to; (*mit*) ~ lend (*or* take) a hand; *fig.* seize the opportunity; put one's back into it; *er braucht nur zuzugreifen* he may have it for the mere asking.

Zugrichtung ['tsu:k-] *rail. f* direction in which the (*or* a) train runs.

'**Zugriff** *m* grip, clutch; *fig. a.* seizure; *dem* ~ *j-s entziehen* get out of the reach of a p.

Zugring ['tsu:k-] *m* pull ring.

zugrunde [tsu'grundə] *adv.*: ~ *gehen fig.* go to ruin, perish; ~ *legen* take as a basis (*dat.* for); *er legte seinen Behauptungen ...* ~ he based his allegations on ...; ~ *liegen* (*dat.*) underlie *a th.*, form the basis *or* be at the bottom (of *a th.*); ~ *richten* ruin, destroy, wreck; ᴥ**legung** [-le:guŋ] *f* (-): *unter* ~ (*gen. or von*) taking as a basis; ~**liegend** *adj.* underlying.

Zug... ['tsu:k-]: ~**salbe** *med. f* vesicant ointment, *Am.* resin cerate; ~**schaffner** *m* train conductor; ~**schalter** *el. m* pull switch; ~**seil** *n* towing-line; traction rope, haulage rope; control cable; hoisting rope; ~**stange** *f* tie rod; drawbar; *machine tool*: draw-in spindle; ~**stemme** ['-ʃtɛmə] *f* (-; -*n*) *gym.* uprise from straight hang; ~**stiefel** *m/pl.* (boots with) elastic sides; ~**stück** *n* draw, *Am.* hit; ~**tier** *n* draught (*Am.* draft) animal.

'**zugucken** *colloq.* → *zuschauen.*

'**Zug-unglück** *n* train accident.

zugunsten [tsu'gunstən] *prp.* (*gen.*) in favo(u)r of, for the benefit of; to the credit of.

zugute [tsu'gu:tə] *pred.*: *j-m et.* ~ *halten* give a p. credit for a th.; pardon a p. a th.; *j-m s-e Jugend* ~ *halten* make allowance for a p.'s youth; ~ *kommen* (*dat.*) be for the benefit of, be an advantage to; stand *a p.* in good stead; *jur.* inure to; *sich et.* ~ *tun auf e-e Sache* pride (*or* pique, plume) o.s. on a th.

zu guter Letzt *adv.* in the end, at long last; last but not least.

Zug... ['tsu:k-]: ~**verkehr** *m* train service; ~**vieh** *n* draught-cattle *pl.*; ~**vogel** *m* bird of passage, migrant (bird); ~**wache** *f* trainguard; ᴥ**weise** ['-vaɪzə] *adv.* in troops *or* flocks; *mil.* in platoons; ~**welle** *tech. f* feed screw; ~**wind** *m* → *Zugluft.*

'**zuhaben** *v/t. and v/i.* (*h.*) keep *or* have *a th.* closed *or* shut *or* (*dress*) buttoned up; *das Geschäft hat am Montag zu* the shop does not open on Monday.

'**zuhaken** *v/t.* (*h.*) hook (up).

'**zuhalten I.** *v/t.* (*irr.*, *h.*) keep *a th.* shut; close (*eyes*); stop (*ears*); clench (*fist*); *sich die Nase* ~ hold one's nose; **II.** *v/i.* (*irr.*, *h.*): *auf et.* ~ make for a th., go straight for a th.; *sich* ~ bestir o.s., hurry up.

Zuhälter ['tsu:hɛltər] *m* (-s; -) pimp; **Zuhälte'rei** *f* (-) procuring, living on a woman's immoral earnings.

'**Zuhaltung** *f* tumbler (*on lock*).

'**zuhämmern** *v/t.* (*h.*) hammer down.

zuhanden [tsu'handən] *prp.* (*gen.*) to be handed to; Attention: *Mr. Wiseacre.*

'**zuhängen** *v/t.* (*h.*) hang (*or* cover) with curtains, *etc.*

'**zuhauen I.** *v/i.* (*h.*) strike (out); lay about one; **II.** *v/t.* (*h.*) rough--hew; trim, shape, dress.

zuhauf [tsu'hauf] *poet. adv.* together.

Zuhause [tsu'hauzə] *n* (-) home.

'**zuheften** *v/t.* (*h.*) stitch up.

'**zuheilen** *v/i.* (*sn*) heal up, close, skin over, cicatrize.

Zuhilfenahme [tsu'hilfəna:mə] *f* (-): *unter* ~ *von* (*dat.*) with (*or* by) the aid of; *ohne* ~ *von* without having recourse to.

zu'hinterst [tsu-] *adv.* last of all, at the (very) end.

'**zuhören** *v/i.* (*h.*) (*dat.*) listen, attend (*both*: to); listen in (on), eavesdrop; *hör mal zu!* listen!

'**Zuhörer** *m*, ~**in** *f* hearer, listener; *pl.* audience *pl.*; *ein guter* ~ a good listener; ~**raum** *m* lecture room, auditorium, auditory; ~**schaft** *f* (-) audience.

zu'innerst [tsu-] *adv.* innermost, in one's heart (of hearts), deeply.
'zujauchzen, 'zujubeln *v/i.* (*h.*) (*dat.*) shout to, cheer; *a. fig.* hail.
'zukaufen *v/t.* (*h.*) buy in addition.
'zukehren *v/t.* (*h.*) (*dat.*) turn to (-wards); *j-m das Gesicht* ~ face a p.; *j-m den Rücken* ~ turn one's back (up)on a p.
'zukitten *v/t.* (*h.*) cement (up), putty up.
'zuklappen *v/t.* (*h.*) *and v/i.* (*sn*) shut, close (with a snap); *laut* ~ bang, slam (to *v/i.*).
'zuklatschen *v/i.* (*h.*) (*dat.*) applaud, clap, give *a p.* a hand.
'zukleben *v/t.* (*h.*) paste (*or* glue) up; seal (*letter*).
'zuklemmen *v/t.* (*h.*) squeeze together.
'zuklinken *v/t.* (*h.*) latch.
'zuknallen *v/t.* (*h.*) bang, slam.
'zukneifen *v/t.* (*irr., h.*) squeeze together; shut (*eye*); *er kniff listig ein Auge zu* he winked.
'zuknöpfen *v/t.* (*h.*) button (up); *fig.* → *zugeknöpft.*
'zuknüpfen *v/t.* (*h.*) tie (up).
'zukommen *v/i.* (*irr., sn*): *auf j-n* ~ come up to a p., (*a. fig.*) approach a p.; *j-m* ~ **a)** *letter, etc.*: reach *a p.*, **b)** fall to *a p.'s* share, **c)** be due to, **d)** befit; *das kommt ihm nicht zu* he has no right to that, he has no business (*or* it is not for him) to do, *etc.*, that; *j-m et.* ~ *lassen* let a p. have a th., furnish a p. with a th., send a p. a th.; pass a th. on to a p.; *jedem was ihm zukommt* everyone his due.
'zukorken *v/t.* (*h.*) cork (up).
'Zukost *f* vegetables, trimmings *pl.*; preserves *pl.*
'zukriegen *v/t.* (*h.*) → *zubekommen.*
Zukunft ['tsu:kunft] *f* (-) future, *a.* time to come; *gr.* future (tense); prospects *pl.*; *Blick in die* ~ forward glance; *Mann der* ~ *the* coming man; *in* ~ in future, henceforth, from now on; *in naher (nächster)* ~ in the near (immediate) future; *e-e große* ~ *haben* have a great future; *die* ~ *lesen* read the future; *was die* ~ *j-m bringt* what the future has in store for a p.; *das ist der* ~ *vorbehalten* time will tell.
'zukünftig I. *adj.* future; *person*: *a.* prospective, would-be; ~*er Vater* father-to-be; *meine* ²*e*, *mein* ²*er* my intended; *jur.* expectant (*right*); **II.** *adv.* in future, for the future.
'Zukunfts...: ~forschung *f* futurology; **~musik** *fig. f* dreams *pl.* of the future; castles *pl.* in Spain; **~pläne** ['-plɛ:nə] *m/pl.* plans for the future; **²reich** *adj.* ... with a great future, promising; **~roman** *m* science fiction novel.
'zulächeln *v/i.* (*h.*) (*dat.*) smile at, give a smile; smile (up)on.
'Zuladung *f* additional load; *aer.* disposable load.
'Zulage *f* additional allowance, *e.g.*, *Familien*² family allowance; extra pay, increase; rise, *Am.* raise.
zulande [tsu'landə] *adv.*: *bei uns* ~ in my *or* our (native) country; *hier* ~ in this country, here.
'zulangen *v/i.* (*h.*) → *zugreifen*; *at table*: help o.s.; be enough *or* sufficient, do.
zulänglich ['tsu:lɛŋliç] *adj.* adequate, sufficient; **²keit** *f* (-) adequacy, sufficiency.
'zulassen *v/t.* (*irr., h.*) leave shut; keep closed, not to open; admit (*a p.*); *als Rechtsanwalt* ~ call (*Am.* admit) to the Bar; *zu e-m Gericht* ~ admit to a court; *adm.* license (*car, person, etc.*); qualify (*doctor*); *jur.* approve, authorize; grant leave for; *Kaution* ~ grant bail; *wieder* ~ re-admit; suffer, tolerate, allow; admit of (*doubt, interpretation*).
'zulässig *adj.* admissible, permissible, allowable; authorized, approved; *tech.* ~*e Abweichung* permissible variation, tolerance, allowance; ~*e Belastung* safe load; *das ist (nicht)* ~ that is (not) allowed; **²keit** *f* (-) admissibility.
Zulassung ['tsu:lasuŋ] *f* (-; -*en*) admission, permission; licen|ce, *Am.* -se; *stock exchange*: listing; *jur.* *e-r Berufung*: preliminary leave of a court to appeal.
'Zulassungs...: ~nummer *mot. f* licence number; **~papiere** *n/pl.* registration papers; **~prüfung** *f* acceptance test; *aer.* certification test; **~schein** *m* licen|ce, *Am.* -se.
'Zulauf *m* (-[e]s) rush (of people), throng; *großen* ~ *haben* be much run (*or* sought) after, be much in demand; *doctor, lawyer*: have an extensive practice; *business*: have a rush of customers; *stage-play*: have a great run, be very popular, draw large crowds; *speaker, etc.*: have large audiences; **²en** *v/i.* (*irr., sn*) run on *or* faster; *j-m*: come *or* stray to, crowd (*or* flock) to *a p.*; *auf j-n* ~ run up to *a p.*; *zugelaufener Hund* stray dog.
'zulegen I. *v/t.* (*h.*) cover up (*mit* with); add (*dat.* to), *e-m Gehalt et.* ~ increase a salary by, raise a p.'s pay by; *sich et.* ~ get (o.s.), buy, treat o.s. to *a th.*; *humor. sich e-e Frau* ~ get o.s. married; **II.** *v/i.* (*h.*) put on weight; lose money (*bei* on); raise one's offer.
zuleide [tsu'laɪdə] *adv.*: *j-m et.* ~ *tun* do a p. harm, harm (*or* hurt) a p.; *was hat er dir* ~ *getan?* what harm has he done (to) you?, what has he done to you?
'zuleimen *v/t.* (*h.*) glue up, cement.
'zuleit|en *v/t.* (*h.*) let in (*water, etc.*); *tech.* supply, pipe in, feed; (*dat.*) conduct (*or* lead, direct) to; pass to *a p.*; transmit *news* to; impart to; *adm.* channel to; **²ung** *f* supply; conduction; transmission; *tech.* feed; *el.* lead; **²ungsdraht** *el. m* lead-in wire; **²ungsrohr** *n* supply (*or* feed) pipe.
'zulernen *v/t.* (*h.*) learn (in addition), add to one's stock of knowledge.
zuletzt [tsu'lɛtst] *adv.* finally, in the end, eventually; at last, ultimately; after all; at last; *er kommt immer* ~ he is always the last to arrive; *wir blieben bis* ~ we sat it out; *als ich ihn* ~ *sah* when I saw him for the last time, when I last saw him; *nicht* ~ *dank s-r Bemühungen* not least owing to his efforts.
zuliebe [tsu'li:bə] *adv.*: *j-m* ~ for a p.'s sake, to please a p.; *tun Sie es mir* ~ do it for my sake.
Zuliefer|er ['tsu:li:fərər] *m* (-s; -) supplier, subcontractor; **²n** *v/t.* (*h.*) supply; **~betrieb** *m* mill-supply house, subcontractors *pl.*; **~ung** *f* supply; **~(ungs)industrie** *f* supplying (*or* ancillary) industry; **~ungs-teile** *m/pl.* fabricating parts.
Zulu(kaffer) ['tsu:lu-] *m* (-[s]; -[s]) Zulu.
'zumachen I. *v/t.* (*h.*) shut, close; stop up (*hole*); seal, close (*letter*); button, do up (*dress*); put down (*umbrella*); fasten; *ich habe kein Auge zugemacht* I didn't sleep a wink (last night); **II.** *v/i.* (*h.*) close down (*business*); *colloq. fig. da können wir* ~ we might as well pack up; *mach zu!* hurry up!, be quick!, step on it!
zumal [tsu'ma:l] *cj.*: (*da or weil*) *positive*: the more so as, especially (*or* particularly) since; *negative*: the less so since; ~ *es eine Erklärung enthält a.* including, as it does, an explanation.
'zumauern *v/t.* (*h.*) wall up; brick.
zumeist [tsu'maɪst] *adv.* mostly; for the most part.
'zumessen *v/t.* (*irr., h.*) measure out; (*dat.*) apportion, allot (*a p. his share, a time*); mete out (*punishment, etc.*).
zumindest [tsu'mindəst] *adv.* at least.
'zumischen *v/t.* (*h.*) admix, add.
zumutbar ['tsu:mu:tba:r] *adj.* reasonable; → *zumuten.*
zumute [tsu'mu:tə] *pred.*: ~ *sein schlecht*: feel ill, be in low spirits; *gut*: be in good spirits, be of good cheer, feel fine; *mir war sonderbar* ~ I felt strange, I had a funny feeling; *mir ist nicht danach* ~ I am not in the mood for it; *mir ist nicht lächerlich* ~ I am in no joking mood.
'zumut|en *v/t.* (*h.*): *j-m et.* ~ expect a th. of a p.; demand (*or* exact) a th. from a p.; burden (*or* saddle) a p. with a th.; *sich zuviel* ~ overtask o.s., attempt too much, bite off more than one can chew; **²ung** *f* (-; -*en*) exacting (*or* unreasonable) demand, exaction; suggestion; impudence; *eine (starke)* ~ a tall order, a bit strong; *welch eine* ~! what a thing to ask for!
zunächst [tsu'nɛ:çst] **I.** *prp.* (*dat.*) next to; **II.** *adv.* first of all, above all; to begin with, in the first instance; for the present, for the time being; **²liegende(s)** [-li:gəndə(s)] *n* (-*n*) *the* obvious (thing to do).
'zunageln *v/t.* (*h.*) nail up; nail down (*a lid*).
'zunähen *v/t.* (*h.*) sew up.
Zunahme ['tsu:na:mə] *f* (-; -*n*) increase, growth; rise; improvement; increment.
'Zuname *m* surname, last name.
Zünd|anlage ['tsynt-] *mot. f* ignition system; **~batterie** *f* ignition battery; **~bolzen** *mil. m* percussion pin; **~einstellung** *mot. f* ignition (*Diesel*: injection) timing; **²en** ['-dən] **I.** *v/i.* (*h.*) catch fire, kindle; *esp. mot.* ignite; *fig. bei j-m* ~ catch

a p.; electrify (*beim Publikum* the audience); **II.** *v/t.* (*h.*) kindle; *esp. mot.* ignite; detonate, fire (*dynamite, etc.*); ≈**end** ['-dənt] *fig. adj.* stirring, catching, electrifying.

Zunder ['tsundər] *m* (-s) tinder, touchwood; punk; *metall.* scale; *sl. mil.* heavy punishment *or* fire.

Zünder ['tsyndər] *m* (-s; -) fuse; detonator, igniter.

Zünd... ['tsynt-]: **~flamme** *f* by-pass, pilot flame; **~folge** *mot. f* firing order; **~funke** *mot. m* (ignition) spark; **~holz** *n*, **~hölzchen** ['-hœltsçən] *n* (-s; -) match; **~hütchen** ['-hy:tçən] *n* (-s; -) percussion cap; **~kabel** *n mot.* ignition cable; firing wire; **~kapsel** *f* detonator (cap); **~kerze** *mot. f* sparking plug, spark plug; **~loch** *mil. n* touch-hole; vent, flash hole; **~magnet** *mot. m* magneto; **~moment** *mot. n* firing point; **~nadelgewehr** *n* needle-gun; **~punkt** *mot. m* ignition point; **~punkt-einstellung** *mot. f* magneto timing; **~satz** *m* priming charge; *of ammunition*: igniting charge; **~schalter** *mot. m* ignition switch; **~schlüssel** *mot. m* ignition key; **~schnur** *f* (safety) fuse, (slow) match; **~schwamm** *m* tinder; **~stein** *m* flint; **~stift** *mot. m* cent|re (*Am.* -er) electrode; **~stoff** *m* inflammable matter; fuel; *fig.* dynamite.

Zündung ['-duŋ] *f* (-; -en) ignition.

Zünd... ['tsynt-]: **~verteiler** *mot. m* ignition distributor; **~vorrichtung** *f* ignition device.

'**zunehmen** *v/i.* (*irr.*, *h.*) increase, gain (*an dat.* in); grow (larger, bigger, longer, stronger, stouter); rise, augment; *days*: grow (*or* get) longer; *evil*: grow (*or* get) worse; *an Alter* ~ advance in years; *an Gewicht* ~ *person*: put on weight; *an Wert* ~ improve in value; *an Zahl* (*Umfang*) ~ increase in number (bulk); **~d I.** *adj.* increasing, growing (*a. antipathy, etc.*); *~er Mond* waxing moon; *mit ~em Alter* with advancing years, as one grows older; *in ~em Maße* → **II.** *adv.* increasingly, more and more.

'**zuneig|en** *v/t.* (*h.*) *and sich* ~ (*dat.*) lean towards; incline to; *sich dem Ende* ~ draw to a close; ≈**ung** *f* affection (*für, zu* for); attachment (to); ~ *zu j-m fassen* take a liking (*or* fancy) to a p., take to a p.

Zunft [tsunft] *f* (-; ⸗e) guild, corporation; *b.s.* gang, clique, tribe; **~geist** *m* (-es) clannishness; ≈**gemäß** *adj. and adv.* according to the statutes of a guild.

zünftig ['tsynftiç] *adj.* → *zunftgemäß*; belonging to a guild; *fig.* skilled, expert, competent; *esp. sports*: scientific; real; *colloq.* thorough(ly *adv.*).

'**Zunftwesen** *n* (-s) system of guilds.

Zunge ['tsuŋə] *f* (-; -n) tongue (*a. of shoe*; *a. language*); *mus. of wind instrument*: reed; *of organ*: languet; *of clasp*: catch; *of scales*: pointer; *fig. böse* (*lose, scharfe*) ~ malicious (loose, sharp) tongue; *e-e geläufige* ~ *haben* have the gift of the gab; *e-e feine* ~ *haben* have a delicate palate, be a gourmet; *e-e schwere* ~ *haben* have an impediment of one's speech, *drunk person*: have a thick voice; *auf der* ~ *zergehen* melt on the tongue; *sich auf die* ~ *beißen* bite one's tongue, *fig.* bite one's lips; *es lag mir auf der* ~ I had it on the tip of my tongue; *hüte deine* ~! mind your tongue!; → *herausstrecken, lösen.*

züngeln ['tsyŋəln] *v/i.* (*h.*) play with the tongue; dart; *flame*: lick; *snake*: hiss.

'**Zungen...**: **~band** *n* (-[e]s; ⸗er) ligament of the tongue; **~bein** *n* hyoid bone; **~belag** *med. m* fur on the tongue; **~brecher** *fig. m* jaw-breaker; ≈**brecherisch** *adj.* crack-jaw; **~fehler** *m* defect in one's speech; ≈**fertig** *adj.* voluble; glib; **~fertigkeit** *f* (-) volubility, glibness, gift of the gab; ≈**förmig** ['-fœrmiç] *adj.* tongue-shaped; **~gegend** *f* lingual region; **~krebs** *med. m* (-es) cancer of the tongue; **~kuß** *m* deep kiss; **~laut** *gr. m* lingual (sound); **~pfeife** *mus. f* reed-pipe; **~schlag** *m* stammering; *of drunk person*: thick voice; *e-n guten* ~ *haben* have a good long tongue; **~spitze** *f* tip of the tongue; **~(spitzen)-R** ['-(ʃpitsən)ʔɛr] *gr. n* (-; -) lingual r.

Zünglein ['tsyŋlaɪn] *n* (-s; -) little tongue; *das* ~ *der Waage* index (*or* tongue) of the scales; *fig. das* ~ *an der Waage bilden* hold the balance of power, tip the scales.

zunichte [tsu'niçtə] *pred.*: ~ *machen* bring to nothing; destroy, undo; blight (*happiness*); blast (*hope*); frustrate, thwart, defeat (*plan, etc.*); explode (*theory*); ~ *werden* come to nothing; be frustrated, *etc.*

'**zunicken** *v/i.* (*h.*) (*dat.*) nod to; *j-m beifällig* ~ nod one's approval to a p.

zunutze [tsu'nutsə] *pred.*: *sich et.* ~ *machen* turn *a th.* to account, utilize, avail o.s. of; take advantage of, make the most of; *b.s.* practise on *a th.*, capitalize on.

zuoberst [tsu'ʔo:bərst] *adv.* (quite) at the top, uppermost, topmost.

'**zu-ordnen** *v/t.* (*h.*) → *beiordnen.*

'**zupacken** *v/i.* (*h.*) → *zugreifen*; **~d** *fig. adj.* powerful, gripping (*style*).

zupaß [tsu'pas], **zupasse** [-'pasə] *adv.*: ~ *kommen* come at the right time *or* in the nick of time, come in handy; *j-m*: suit *a p.* admirably *or a p.'s* book.

zupf|en ['tsupfən] *v/t.* (*h.*) pull, pluck, tug (*all a. v/i.*: *an dat.* at); pick (*wool*); *j-n am Ärmel* ~ pull a p. by *the sleeve*; ≈**instrument** *n* plucking instrument; ≈**leinwand** *f* lint.

'**zupfropfen** *v/t.* (*h.*) cork (up), stopper up.

'**zuprosten** *v/i.* (*h.*) (*dat.*) raise one's glass to.

zur [tsu:r] = *zu der*; → *zu.*

'**zuraten** *v/i.* (*irr.*, *h.*) advise; *j-m zu et.* ~ advise a p. to (do) a th.; *ich will weder zu- noch abraten* I don't wish to advise you one way or another; *auf sein* ≈ by his advice.

'**zurechn|en** *v/t.* (*h.*) add; *zu e-r Klasse, etc.*: number (*or* reckon) among (*a class, etc.*), class with; *fig. j-m*: ascribe (*or* attribute) to, *b.s.* impute to *a p.*; ≈**ung** *f* (-) addition; inclusion; *fig.* attribution; imputation; *mit* ~ *aller Kosten* including all charges; **~ungsfähig** *adj.* sane, of sound mind, *jur. a.* responsible; ≈**ungsfähigkeit** *f* (-) accountability; sanity, soundness of mind; *jur.* (capacity for) penal responsibility; *verminderte* ~ diminished responsibility.

zurecht [tsu'rɛçt] *pred.* right, in order; to rights, rightly, with reason; **~basteln** *v/t.* (*h.*) tinker (*or* rig) up; **~bringen** *v/t.* (*irr.*, *h.*) put to rights, set right; bring about, contrive; **~finden**: *sich* ~ (*irr.*, *h.*) find (*fig.* see) one's way; **~hämmern** *v/t.* (*h.*) hammer into shape; **~kommen** *v/i.* (*irr.*, *sn*) arrive in (good) time; *fig.* ~ (*mit*) get on well (with), *mit et.*: *a.* manage a th., see one's way to do a th.; **~legen** *v/t.* (*h.*) lay in order, (*a. fig.*) arrange; *fig. sich et.* ~ **a)** explain a th. to o.s., **b)** prepare (*or* figure out) a th.; **~machen** *v/t.* (*h.*) get ready, prepare, *Am. a.* fix; make up (*bed*); dress (*salad*); *sich* ~ get ready, *lady*: make (o.s.) up; tidy up (*room*); **~schneiden** *v/t.* (*irr.*, *h.*) trim to size; **~setzen** *v/t.* (*h.*) set right, put straight, put in the right place; *fig. j-m den Kopf* ~ put a p.'s head right, bring a p. to his senses; **~stellen** *v/t.* (*h.*) put right *or* in the right place; set up; **~stutzen** *v/t.* (*h.*) trim to size, cut to shape; **~weisen** *v/t.* (*irr.*, *h.*) reprimand, rebuke; ≈**weisung** *f* reprimand, rebuke; instruction; **~zimmern** *v/t.* (*h.*) rig up; *fig.* concoct, make up.

'**zureden** *v/i.* (*h.*): *j-m* ~ try to persuade a p.; coax a p. *to do a th.*; urge a p.; encourage a p.; exhort a p.; ≈ *n* (-s) persuasion; coaxing; urging, urgent request, entreaty; encouragement; exhortation, admonition.

'**zureichen I.** *v/t.* (*h.*) reach *or* hand (over); hold out (*dat.* to), pass (to); **II.** *v/i.* (*h.*) be sufficient, reach, do.

'**zureit|en I.** *v/t.* (*irr.*, *h.*) break in; **II.** *v/i.* (*irr.*, *sn*) ride on; ride faster; ~ *auf* (*acc.*) ride up to; ≈**er** *m* breaker-in.

'**zuricht|en** *v/t.* (*h.*) prepare; *tech.* dress (*a. leather, tool*); cut, trim, square (*stone, wood*); finish (*fabric*); *typ.* make (*or* get) ready; *übel* ~ *j-n*: use *a p.* badly, handle roughly, injure badly, maul; *a. et.*: batter (*a p. or th.*); make a mess of (*a th.*); ≈**ebogen** *typ. m* register sheet; ≈**er** *m* preparer; *tech.* dresser; *typ.* feeder; ≈**ung** *f* preparation; dressing; trimming, finish; *typ.* make-ready.

'**zuriegeln** *v/t.* (*h.*) bolt (up).

zürnen ['tsyrnən] *v/i.* (*h.*) be angry (*mit j-m* with a p.; *über acc.* about); storm, fume.

zurren ['tsurən] *v/t.* (*h.*) lash, tie.

Zur'schaustellung *f* display, exhibition; *fig. a.* parading.

zurück [tsu'ryk] *adv.* back; backward(s); behind; in arrears, behindhanded; *sports*: *11 Punkte* ~ 11 points down; → *zurücksein, etc.*; ~ *an den Absender* returned to writer; ~! stand back!, back there!, go back!; **~beben** *v/i.* (*sn*) shrink back (*vor dat.* from), recoil; **~begeben:** *sich ~* (*irr., h.*) return, go back; **~begleiten** *v/t.* (*h.*) conduct back, see *a p.* home; **~behalten** *v/t.* (*irr., h.*) keep back, retain, detain; withhold; **2behaltung** [-bəhaltuŋ] *f* (-; *-en*) retention, detention; **2behaltungsrecht** *jur. n* (-[e]s) right of detention, lien; *~ an der Ware* lien on the goods; **~bekommen** *v/t.* (*irr., h.*) get back; recover; **~belasten** *econ. v/t.* (*h.*) re-debit; **~be-ordern** *v/t.* (*h.*) order back; **~berufen** *v/t.* (*irr., h.*) call back; recall; **~bezahlen** *v/t.* (*h.*) pay back, repay, refund, reimburse; **~bleiben** *v/i.* (*irr., sn*) remain (*or* stay) behind; be left behind; survive; *sports*: be left behind, drop back; be left over, be left (as a residue); *fig.* fall behind, lag; *at school*: be kept down; *~ hinter* fall short of (*expectations, etc.*); *production, etc.*: *hinter dem letzten Jahr ~* drop off from last year; *mentally, etc.*: be backward, be retarded; *geistig zurückgeblieben* mentally retarded, backward; **~blenden** *v/i.* (*h.*) *film, a. fig.*: flash back; **~blikken** *v/i.* (*h.*) look back (*a. fig.*); **~bringen** *v/t.* (*irr., h.*) bring back (*ins Leben* to life); return, (*a. fig.*) restore; *math.* reduce (*auf acc.* to); **~datieren** *v/t.* (*h.*) date back, antedate; **~denken** *v/i.* (*irr., h.*) think back (*an acc.* to), recall *a th.* (to memory); *sich ~* carry one's thoughts back, cast one's mind back; **~drängen** *v/t.* (*h.*) push back; *mil.* drive *or* force back; *fig.* restrain, repress; **~drehen** *v/t.* (*h.*) turn (*or* put) back; **~dürfen** *v/i.* (*irr., h.*) be allowed to go back *or* to return; **~eilen** *v/i.* (*sn*) hasten back; **~erhalten** *v/t.* (*irr., h.*) get back, be restored *a th.*; **~erbitten** *v/t.* (*irr., h.*) ask back; **~erinnern** (*h.*): *sich ~* (*an*) remember, recollect; → *zurückdenken*; **~er-obern** *v/t.* (*h.*) reconquer; **~erstatten** *v/t.* (*h.*) restore, return; refund, repay, reimburse (*cost, outlay*); remise, restore (*right*); **~fahren I.** *v/i.* (*irr., sn*) drive back; *w.s.* go (*or* travel) back (by train, *etc.*), return; rebound, *fig.* start back; **II.** *v/t.* (*irr., h.*) drive back; **~fallen** *v/i.* (*irr., sn*) fall back; *rays*: be reflected; fall behind, *sports*: drop back; relapse (*in acc.* into); *jur. ~ an* (*acc.*) revert to; *fig. shame, etc.*: *auf j-n ~* reflect on; **~finden:** *sich ~* (*irr., h.*) find the (*or* one's) way back; **~fließen** *v/i.* (*irr., sn*) flow back; **~fluten** *v/i.* (*sn*) flow back, flood back (*a. fig.*); *mil.* sweep back; **~fordern** *v/t.* (*h.*) claim back, reclaim; **2forderung** *f* reclamation; **~führen** *v/t.* (*h.*) lead (*or* conduct) back; *tech.* feed back; *in die Heimat*: repatriate; *jur. in die Haft ~* remand to custody; *fig. auf ein Minimum, e-n Nenner, e-e Regel, etc. ~* reduce to (*a minimum, a denominator, a rule, etc.*); *~ auf e-e Ursache, etc.* trace (back) to, attribute to, explain by (*a cause*); *zurückzuführen auf* traceable to, due to, to be explained by; **2führung** *f* reduction; **2gabe** *f* return (-ing), restitution; surrender; **~geben** *v/t.* give back, return, restore; surrender; *sports*: pass back; *speaker*: retort, give back; **~gehen** *v/i.* (*irr., sn*) go back, walk back, return; *denselben Weg*: *a.* retrace one's steps; *mil.* fall back, retreat; *fig. ~ auf* (*acc.*) trace back to *the sources, etc.*; originate in *a th. or* from *a p.*, have its origin in; be due to; diminish, decrease; *epidemic, etc.*: subside, abate; *business*: recede, fall off; *price*: go down, decline, give way; *swelling*: recede; *deal*: be off, be cancelled, *engagement*: be broken off; *~ lassen* return, send back; **~geleiten** *v/t.* (*h.*) lead back, conduct (*or* escort) back; **~gewinnen** *v/t.* (*irr., h.*) win back, regain, recuperate, recover; **~gezogen** *adj.* retired, secluded; *~ leben* lead a retired life, live in seclusion; **2gezogenheit** *f* (-) retirement, seclusion; privacy; **~girieren** *v/t.* (*h.*) endorse (*or* indorse) back, negotiate back; **~greifen** *v/i.* (*irr., h.*): *fig. ~ auf* (*acc.*) fall back (up)on *reserves, etc.*; *w.s a.* have recourse to, refer to; *weiter ~ in der Erzählung, etc.* begin (*or* go) farther back (*in one's story*); **~halten I.** *v/t.* (*irr., h.*) hold (*or* keep) back, retain; withhold; delay, (*a. tech.*) retard; suppress; *j-n ~* keep a p. back (*von* from), restrain a p.; restrain, repress *feelings*, keep to o.s.; hold back, restrain *tears*; *sich ~* be reserved, keep to o.s., keep aloof; restrain o.s., check o.s., hold back; **II.** *v/i.* (*irr., h.*): *~ mit* keep (*or* hold) *a th.* back; conceal; *mit s-r Meinung ~* reserve one's opinion; **~haltend** *adj.* reserved, (*a. stock exchange*) distant, exclusive, offish; uncommunicative; cautious, guarded; discreet *nicht ~ sein* be not bashful, *mit Tadel, Lob*: be unsparing in (*criticism, praise*); **2haltung** *f* (-) retention; *fig.* reserve; caution; discretion; *econ.* dul(l)ness, slackness; *mit ~* guardedly; *sich ~ auferlegen* exercise restraint; **~hängen** *colloq. v/i.* (*h.*) lag behind, trail; **~holen** *v/t.* (*h.*) fetch back; *j-n* (*a. fig.*): call back *a p.*; **~klappen** *v/t.* (*h.*) fold back, tip back; **~kaufen** *v/t.* (*h.*) buy back, repurchase; redeem (*pawn*); **~kehren** *v/i.* (*sn*) return, go (*or* come) back; **~kommen** *v/i.* (*irr., sn*) come back, return; *auf et. ~* return (*or* revert) to a th.; *econ. wir kommen zurück auf Ihr Schreiben* we revert (*or* refer) to your letter; **~können** *v/i.* (*irr., h.*) be able to return *or* recede; *jetzt kann er nicht mehr zurück* now he is in for it; **2kunft** [-kunft] *f* (-) return; **~lassen** *v/t.* (*irr., h.*) leave (behind; *a. children, wife*); abandon; outstrip, outdistance, leave (far) behind; allow to return; **~laufen** *v/i.* (*irr., sn*) run back; **~legen** *v/t.* (*h.*) put back; lay aside, hold in reserve (*money, goods*); put aside (*for a buyer*); put by, save (*money*); complete (*years of life*); cover (*distance, a. sports*), travel, traverse; *zurückgelegte Strecke* distance covered, *mot., etc.*: *a.* mileage; *sich ~* lie back, recline; **~lehnen** *v/t.* *and sich ~* (*h.*) lean back; **~leiten** *v/t.* (*h.*) lead back, return; *tech.* feed back; **~lenken** *v/t.* (*h.*): *s-e Schritte ~* retrace one's steps; **~liegen** *v/i.* (*irr., h.*) date back; belong to the past; **~melden:** *sich ~* (*h.*) report back; **~müssen** *v/i.* (*irr., h.*) be obliged to return, have to go back; *das Buch muß zurück the book* has to be returned; *der Schreibtisch muß zurück* must be moved back; **2nahme** [-nɑːmə] *f* (-; *-n*) → *zurücknehmen*; taking back; reacceptance; revocation; withdrawal; retractation; recantation; *jur.* withdrawal of an action, nonsuit; **~nehmen** *v/t.* (*irr., h.*) take back; withdraw, retract (*statement*), eat *one's words*; revoke (*a. law, etc.*); *econ.* countermand, cancel (*an order*); *jur.* withdraw, drop (*a charge*), *Am.* nol-pros; *ein Versprechen ~* go back from (*or* on) *or* retract one's promise *or* word; *mot.* throttle back; **~prallen** *v/i.* (*sn*) rebound, recoil, bounce off; *bullet*: ricochet; *rays*: reverberate, be reflected; *person*: recoil, start back (*vor dat.* from); **~rechnen** *v/t.* (*h.*) count back; **~reichen I.** *v/t.* (*h.*) hand back, return (*a. documents*); **II.** *v/i.* (*h.*) *fig.* go back to *a time*; **~reisen** *v/i.* (*sn*) travel back, return; **~rufen** *v/t.* (*irr., h.*) call back; withdraw (*bill of exchange*); *ins Gedächtnis ~* call to mind, recall (to one's memory); **~sagen** *v/t.* (*h.*) reply; *~ lassen* send back word; **~schaffen** *v/t.* (*h.*) convey (*or* take) back, haul back; return; **~schallen** *v/i.* (*h.*) resound, re-echo; **~schalten** *mot. v/i.* (*h.*) change down; **~schaudern** *v/i.* (*sn*) shrink (back) (*vor dat.* from); **~schauen** *v/i.* (*h.*) look back; **~scheuen** *v/i.* (*sn*) shrink (back) (*vor dat.* from), flinch (from), balk (at); *vor nichts ~* stick at nothing; **~schicken** *v/t.* (*h.*) send back, return; *jur. in die Haft ~* remand (to custody); **~schlagen I.** *v/t.* (*irr., h.*) strike back; beat off, repel, repulse (*attack, enemy*); fold back (*blanket*); throw open (*coat*); return (*ball*); **II.** *v/i.* (*irr., sn, h.*) hit back; *flame*: flash back; **~schnellen** *v/i.* (*sn*) rebound, jump back; **~schrecken I.** *v/t.* (*h.*) frighten away, deter; **II.** *v/i.* (*sn*) shrink (back) (*von, vor dat.* from), start back (from); *vor nichts ~* stop (*or* stick) at nothing; **~schreiben** *v/i.* (*irr., h.*) write back; **~sehnen:** *sich ~* (*h.*) long to return, wish o.s. back; **~sein** *v/i.* have come back, be back; *fig.* be behind(hand), be in arrears (*mit* with); be backward (*in knowledge, development*); (*hinter der Zeit*) *~* be behind the times; not to be up to date; **~senden** *v/t.* (*irr., h.*) send back; return; **~setzen** *v/t.* (*h.*) place (*or* put) back; *fig. j-n*: slight, neglect (*a p.*); lower, reduce (*price*); *zurückgesetzte Waren* marked-down articles, seconds; **2setzung** [-zɛtsuŋ] *f* (-; *-en*) slight, disregard, neglect; discrimination; *econ.* reduction (*of prices*); **~sinken** *v/i.* (*irr., sn*) sink (*or* fall) back; *fig.* relapse (*in acc.* into); **~spiegeln** *v/t.* (*h.*) reflect; **~spielen** *v/t.* *and v/i.*

(h.) *sports*: pass (the ball) back; **~springen** *v/i.* (*irr.*, *sn*) leap (*or* jump) back; rebound; *arch.* recede; **~stecken I.** *v/t.* (*h.*) put back; **II.** *v/i.* (*h.*) *fig.* come down a peg or two; **~stehen** *v/i.* (*irr.*, *h.*) stand back; *fig.* ~ *hinter* (*dat.*) be inferior to; not to come up to *expectations, standards, etc.*; ~ *müssen* have to wait, have to forgo it; **~stellen** *v/t.* (*h.*) place (*or* set) back; put back (*a. watch*); replace; defer; postpone, hold over; set aside, lay aside (*reserves, supply*); *mil.* **a)** defer, **b)** exempt from service; *teleph.* delay; *tech.* reset; *die eigenen Interessen* ~ sink one's own interest; **2stellung** *mil. f* deferment; exemption from service; **~stoßen** *v/t.* (*irr.*, *h.*) push back; *fig.* repel, repulse; **~strahlen I.** *v/t.* (*h.*) reflect, reverberate; **II.** *v/i.* (*h.*) be reflected, reverberate; **2strahlung** *f* reflection, reverberation; **~streifen** *v/t.* (*h.*) turn (*or* tuck) up; **~taumeln** *v/i.* (*sn*) reel back; **~telegraphieren** *v/t. and v/i.* (*h.*) wire back; **~trassieren** *econ. v/t.* (*h.*) redraw; **~treiben** *v/t.* (*irr.*, *h.*) drive back; *esp. mil.* repel, repulse; **~treten** *v/i.* (*irr.*, *sn*) step (*or* stand) back; *mil. in Reih u. Glied*: fall back (into the ranks); *river*: subside; *fig. a.* recede *von* from); resign; retire (to private life); ~ *von* withdraw from *contract, etc.*, back out of, terminate, cancel (*contract*); be unimportant (*gegenüber* in comparison with); *et.* ~ *lassen* put into the background, throw into the shade; **~tun** *v/t.* (*irr.*, *h.*) put back; *e-n Schritt* ~ take a step back; **~übersetzen** *v/t.* (*h.*) retranslate, translate back (*ins Englische* into English); **2übersetzung** *f* retranslation; **~verfolgen** *v/t.* (*h.*) retrace (*way*); *fig.* trace back (*zu* to); **~vergüten** *v/t.* (*h.*) refund; **~versetzen** *v/t.* (*h.*) restore (to a former condition); *ped.* send *pupil* back to a lower form, *Am.* demote; *sich in e-e frühere Zeit* ~ think (*or* turn one's mind) back to a former period; *sich ins Mittelalter zurückversetzt fühlen* feel to have stepped back into the Middle Ages; **~verwandeln** *v/t.* (*h.*) retransform (*in acc.* into); (*a. sich*) change back (into), revert (to); **~verweisen** *v/t.* (*irr.*, *h.*) refer back (*an acc.* to; *a. jur.*); *parl.* recommit (to); **~weichen** *v/i.* (*irr.*, *sn*) (*a. mil.*) fall back; give ground *or* way; *erschreckt*: shrink (back); (*a. fig.*) recede (*a. arch., etc.*); yield, give way; **~weisen** *v/t.* (*irr.*, *h.*) turn back; refuse (to accept), decline, (*a. econ., tech.*) reject; rebuff; repulse (*attack*); *jur.* dismiss (*action*); dishono(u)r (*bill of exchange*); *als unberechtigt* ~ repudiate; ~ *auf* (*acc.*) refer to; **2weisung** *f* refusal, rejection; rebuff; repulse; dismissal; repudiation; **~wenden** *v/t. and sich* ~ (*irr.*, *h.*) turn back; **~werfen** *v/t.* (*irr.*, *h.*) throw back; repulse (*enemy*); toss (*one's head*); *fig.* set back (*in health, economic power, etc.*); *phys.* reflect (*light, etc.*), reverberate (*sound*); **~wirken** *v/i.* (*h.*) react (*auf acc.* upon); *law, etc.*: have retroactive effect; **~wollen** *v/i.* (*h.*) wish to return, want to go back; **~wünschen** *v/t.* (*h.*) wish (*sich* o.s.) back; **~zahlen** *v/t.* (*h.*) pay back, repay (*both a. fig.*); refund (*outlay*); redeem (*mortgage*); pay off (*debt*); **2zahlung** *f* repayment; refund (-ment); **~ziehen I.** *v/t.* (*irr.*, *h.*) draw back, retract (*a. fig. a statement* = recant); call in (*money*); withdraw (*troops*; *a. fig.*); *sich* ~ retire, withdraw; *mil.* retreat; *to rest*: retire; *sich vom Geschäft* ~ retire from business; *sich zur Beratung* ~ retire for deliberation; *sich in sich selbst* ~ retire into o.s.; *sich* ~ *auf et.* (*acc.*) fall back (up)on *a th.*; *sich von et.* ~ retire from, quit, give up; **II.** *v/i.* (*irr.*, *sn*) move (*or* march) back; **2ziehung** *f* withdrawal.

Zuruf ['tsu:-] *m* call, shout; acclamation, *pl.* cheers; *durch* ~ (*a. parl.*) by acclamation; **2en** *v/i. and v/t.* (*irr.*, *h.*) *j-m*: call (out) to, shout to *a p.*; acclaim, cheer.

'**zurüst|en** *v/t.* (*h.*) prepare; fit out, equip; *tech.* make (*or* get) ready; **2ung** *f* preparation; fitting-out, equipment.

'**Zusage** *f* promise, word; assent; undertaking; acceptance; approval; **2n I.** *v/t.* (*h.*) promise; *j-m et. auf den Kopf* ~ tell a th. to a p.'s face; **II.** *v/i.* (*h.*) promise to come; *j-m* ~ **a)** *climate, food, etc.*: agree with a p., **b)** suit (*or* please) a p., be to a p.'s taste *or* liking, appeal to a p.; accept a p.'s invitation; **~de** *Antwort* acceptance.

zusammen [tsu'zamən] *adv.* together; (con)jointly; ~ *mit* along with, in company with; in conjunction with; at the same time; *alle* ~ all in a body, all of them, (*sing, say*) in chorus; *alles* ~ (all) in all, all together, the whole lot; ~ *betragen* amount (*or* come) to, total; *wir haben 6 Dollar* ~ we have 6 dollars between us; **2arbeit** *f* co-operation; collaboration (*mit* with *the enemy*); teamwork; **~arbeiten** *v/i.* (*h.*) work together; co-operate, collaborate; **~backen** *v/i.* (*h.*) cake (together); **~ballen** *v/t. and sich* ~ (*h.*) form into a ball, conglomerate; bunch (*or* mass) together; *mil.* concentrate, mass; **2ballung** *f* bunch (-ing) (*a. phys.*), massing; conglomeration; congestion; *mil.* concentration, massing; **2bau** *tech. m* (-[e]s; -e) assembly; → *Montage*; **~bauen** *v/t.* (*h.*) *tech.* assemble; *mar.* rig; **~beißen** *v/t.* (*irr.*, *h.*): *die Zähne* ~ set (*or* clench) one's teeth (*a. fig.*); **~bekommen** *v/t.* (*irr.*, *h.*) succeed in joining, get together; raise, scrape together (*money*); **~berufen** *v/t.* (*irr.*, *h.*) convoke, call together, summon; **~binden** *v/t.* (*irr.*, *h.*) bind (*or* tie) together; **~brauen** *v/t.* (*h.*) concoct (*a. fig.*); *fig. sich* ~ be brewing; **~brechen** *v/i.* (*irr.*, *sn*) break down; collapse (*unter* under), *econ. a.* fail, smash; drop; *a. person*: go to pieces; *unter e-r Last* ~ give way to, buckle under *a load*; **~bringen** *v/t.* (*irr.*, *h.*) bring (*or* get) together; join, unite; collect (*a. s-e Gedanken* one's thoughts), gather; raise (*money*); (*wieder*) ~ reconcile; *colloq.* manage, muster; *das war alles, was er* ~ *konnte* that was all he had to say; **2bruch** *m* breakdown (*a. med., mil., pol.*); collapse, debacle; *econ.* failure, smash; nervous breakdown, crack-up; **~drängen** *v/t.* (*h.*) press (*or* crowd) together; compress; condense; *sich* ~ crowd (*or* huddle) together; **~drehen** *v/t.* (*h.*) twist (together); **~drücken** *v/t.* (*h.*) compress, press (*or* squeeze) together; **~fahren I.** *v/i.* (*irr.*, *sn*) collide (*mit* with), crash (into); *fig.* start (*bei e-m Anblick* at *a sight*; *vor dat.* with *fright*); wince; **II.** *v/t.* (*irr.*, *h.*) ruin, smash (*car, etc.*); **~fallen** *v/i.* (*irr.*, *sn*) fall in, collapse; crumble away; *person*: lose flesh (*or* strength); *fig.* coincide; **~falten** *v/t.* (*h.*) fold up; furl (*sail*); **~fassen** *v/t.* (*h.*) comprise, comprehend, embrace; collect (*a. s-e Gedanken* one's thoughts); unite, combine, concentrate; *mil.* mass (*troops*), concentrate (*fire, forces*); pool (*material*); integrate; condense (*book*); summarize, sum up, recapitulate; **~d** summary, comprehensive; **2fassung** *f* collection; (*a. mil.*) concentration; pooling; condensation; summary, résumé; synopsis; recapitulation; **~finden:** *sich* ~ (*irr.*, *h.*) meet, come together; **~flicken** *v/t.* (*h.*) patch up; **~fließen** *v/i.* (*irr.*, *sn*) flow together, meet, join; **2fluß** *m* confluence, junction; **~fügen** *v/t.* (*h.*) join (together), unite (*a. sich*); *tech. a.* fit into one another; assemble; **~führen** *v/t.* (*h.*) bring together; **~geben** *v/t.* (*irr.*, *h.*) join in marriage, marry; **~gehen** *v/i.* (*irr.*, *sn*) go together; *in colo(u)r, etc.*: *a.* match; diminish; shrink; close; *eng* ~ fold down compactly; **~gehören** *v/i.* (*h.*) belong together; *fig. a.* be correlated; form a pair, be pairs, be fellows; **~gehörig** *adj.* belonging together (*or* to one another); homogeneous; related, allied; **2gehörigkeit** *f* (-) fellowship, solidarity; homogeneousness; unity; **2gehörigkeitsgefühl** *n* feeling of fellowship, solidarity; team-spirit; **~genommen** *adj.* combined; **~geraten** *v/i.* (*irr.*, *sn*) *fig.* collide (*mit* with), clash (with), have words (with); **~gesetzt** *adj.* composed (*aus* of), consisting (of); *esp. gr., math., mus., pharm.*: compound; complex; **~er** *Satz* complex (*or* compound) sentence; **~es** *Wort* compound (word); **~gewürfelt** *adj.* motley, mixed; scratch (*team*); **2halt** *m* (-[e]s) holding together; sticking together; tie, bond; team-spirit, esprit de corps (*Fr.*); solidarity; unity; **~halten I.** *v/i.* (*irr.*, *h.*) hold together (*a. fig.*), cohere; *friends*: stick together; keep together; **II.** *v/t.* (*irr.*, *h.*) hold together (*a. fig.*); compare; **2hang** *m* coherence; connection; (cor)relation; continuity; context; association; *aus dem* ~ *kommen* lose the thread; *aus dem* ~ *reißen* separate (*or* divorce) *words* from their context; *im* ~ *stehen mit* be connected with; *nicht im* ~ *stehen mit a.* have no connection with; *in* ~ *bringen* *mit* connect with, link to; *in diesem* ~ in this connection; **~hängen** *v/i.* (*irr.*, *h.*) hang together, cohere; *fig.* be connected; *das hängt damit nicht zusammen* that has nothing to do with it; **~hängend** *adj.* coherent; continuous; connected; related, allied; interdependent; **~hang(s)los** *adj.* incoherent, disconnected; loose, rambling; **2hang(s)losigkeit** *f* (-) incoherence; **~hauen** *v/t.* (*h.*) smash (*or* dash) to pieces; *colloq.* beat up *a p.*; **~häufen** *v/t.* (*h.*) heap up, pile up, accumulate; **~heften** *v/t.* (*h.*) stitch together (*book*); tack (*dress, etc.*); **~heilen** *v/i.* (*sn*) heal up *or* over, close; **~holen** *v/t.* (*h.*) fetch from all sides, bring together; **~kauern:** *sich* ~ (*h.*) cower, squat down; **~kaufen** *v/t.* (*h.*) buy up; **~ketten** *v/t.* (*h.*) chain together; **~kitten** *v/t.* (*h.*) cement (*a. fig.*); **2klang** *m* accord, harmony; **~klappbar** *adj.* folding, fold-away, collapsible; **~klappen I.** *v/t.* (*h.*) fold up; *knife*: shut; *die Hacken* ~ click one's heels; **II.** *colloq. v/i.* (*sn*) *person*: break down, collapse, go to pieces; **~kleben** *v/t. and v/i.* (*h.*) stick together; **~knüllen** *v/t.* (*h.*) crumple; **~kommen** *v/i.* (*irr.*, *sn*) come together, meet, assemble; **~krachen** *v/i.* (*sn*) crash down; **~kratzen** *v/t.* (*h.*) scrape together; **2kunft** [-kunft] *f* (-; ⸚e) meeting, assembly; gathering; conference; interview; social gathering, reunion; *ast.* conjunction; **2kunftsort** *m* meeting place; **~läppern** *colloq.*: *sich* ~ (*h.*) accumulate, mount up, run into money; **~laufen** *v/i.* (*irr.*, *sn*) run together (*a. paints*), crowd together; *math.*, *roads*: converge; *milk*: curdle; → *Wasser*; **~leben** *v/i.* (*h.*) live together; *mit j-m* ~ live with a p.; **2leben** *n* (-*s*) living together, companionship; corporate (*or* social) life; **~legbar** [-le:kba:r] *adj.* folding, collapsible; **~legen** *v/t.* (*h.*) lay (*or* put) together; fold up; fold (*one's arms*); club *money* (together), pool (*money or expenses, etc.*); *econ.* reduce *share capital* (*Am. capital stock*); combine, consolidate, merge, fuse; centralize, integrate; **2legung** [-le:guŋ] *f* (-; -*en*) consolidation (*a. of shares, real estate*); integration; merger, fusion; centralization; **~nehmen** *v/t.* (*irr.*, *h.*) take together; gather (up); collect (*one's thoughts*); *sich* ~ collect o.s., control o.s.; pull o.s. together, be on one's good behavio(u)r; *s-e Kräfte* ~ brace o.s., summon all one's strength; *alles zusammengenommen* all in all, all things considered; in total; **~packen** *v/t.* (*h.*) pack up; **~passen I.** *v/t.* (*h.*) fit (into one another), adjust; match; **II.** *v/i.* (*h.*) be (well) matched, go well together, harmonize, agree; **~pferchen** *v/t.* (*h.*) pen up; *fig. a.* crowd together, pack like sardines; **2prall** [-pral] *m* (-[e]s; -e) collision, clash (*both a. fig.*); impact; **~prallen** *v/i.* (*sn*) collide, clash (*both a. fig.*); bump (mit against *or* into); **~pressen** *v/t.* (*h.*) press (*or* squeeze) together, compress; condense; clench, set (*one's teeth*); **~raffen** *v/t.* (*h.*) snatch up, collect in haste; *fig.* amass (*money*); *sich* ~ pull o.s. together; *sich noch einmal* ~ rally; **~rechnen** *v/t.* (*h.*) add (*or* cast, sum, reckon) up, total; *alles zusammengerechnet fig.* all in all, taking everything into account; **~reimen** *fig. v/t.* (*h.*) make out; es *sich* ~ put two and two together; *sich* ~ add up; *wie reimt sich das zusammen?* how do you account for (*or* reconcile) that?; **~reißen:** *sich* ~ (*irr.*, *h.*) pull o.s. together; **~rollen** *v/t.* (*h.*) roll (*or* coil) up; *sich* ~ roll o.s. up; **~rotten:** *sich* ~ (*h.*) flock (*or* troop) together; *b.s.* band together; riot; *sich mit j-m* (*gegen j-n*) ~ *Am.* gang up with (on) a p.; **2rottung** [-rɔtuŋ] *f* (-; -*en*) riot(ing); riotous assembly, (public) mob; **~rücken I.** *v/t.* (*h.*) move together *or* (*chairs, etc.*) closer; **II.** *v/i.* (*sn*) move up, sit closer; make room; **~rufen** *v/t.* (*irr.*, *h.*) call together; convoke, convene; *parl.* summon; **~sacken** *v/i.* (*sn*) fall in a heap, collapse, drop; **~scharen** *v/t. and sich* ~ (*h.*) flock together, rally; **~scharren** *v/t.* (*h.*) scrape (*or* rake) together; **2schau** *f* (-) synopsis; **~schiebbar** [-ʃi:pba:r] *adj.* telescopic; **~schieben** *v/t.* (*irr.*, *h.*) push together; *tech.* (*a. sich*) telescope; **~schießen** *v/t.* (*irr.*, *h.*) shoot down (*or* to pieces); batter down; *colloq.* club *or* pool *money* (together); **~schlagen I.** *v/t.* (*irr.*, *h.*) beat (*or* strike) together; smash; throw together; *colloq.* beat *a p.* to a pulp, give *a p.* the works; *die Hacken* ~ click one's heels; *die Hände* ~ clap one's hands (together); *die Hände über dem Kopf* ~ throw up one's hands *in surprise, etc.*; **II.** *v/i.* (*irr.*, *sn*) clash; ~ *über* (*dat.*) dash over, engulf; **~schließen** *v/t.* (*irr.*, *h.*) link together; (*a. sich*) join (closely); (*a. sich*) unite, *econ.* merge, amalgamate, pool; integrate (*zu* into *a whole*); consolidate; *sich* ~ *a.* join forces; combine; form an alliance; (*a. sich*) rally; → *zusammenrotten*; **2schluß** *m* union; combination, association, federation; integration, consolidation; *econ.* amalgamation, merger; alliance; **~schmelzen I.** *v/t.* (*irr.*, *h.*) melt down; fuse; **II.** *v/i.* (*irr.*, *sn*) melt away (*a. fig.* dwindle); **~schmieden** *fig. v/t.* (*h.*) weld together; **~schmieren** *fig. v/t.* (*h.*) scribble; **~schnüren** *v/t.* (*h.*) lace up; cord up; choke, strangle; *fig.* wring (*a. p.'s heart*); *j-m die Kehle* ~ choke *a p.*; **~schrauben** *v/t.* (*h.*) bolt together; **~schrecken** *v/i.* (*irr.*, *sn*) (give a) start (*bei* at); **~schreiben** *v/t.* (*irr.*, *h.*) write in one word; compile; *contp.* scribble; **~schrumpfen** *v/i.* (*sn*) shrivel (up); shrink (up), *fig. a.* dwindle, run short; **~schweißen** *v/t.* (*h.*) weld together (*a. fig.*); **2sein** *n* meeting, gathering; → *Zusammenkunft*; **~setzen** *v/t.* (*h.*) put together; *mil. die Gewehre*: pile (*arms*); compose; compound (*medicine, word*); *tech.* assemble; *sich* ~ sit (down) together, *fig. Am.* get together, go into a huddle (*mit* with); **2setzspiel** *n* jigsaw puzzle; **2setzung** [-zɛtsuŋ] *f* (-; -*en*) composition; *chem.*, *gr.* compound; *chem. a.* chemical analysis; ingredients *pl.*; structure; **~sinken** *v/i.* (*irr.*, *sn*) sink down, collapse; **2spiel** *n* (-[e]s) *sports, thea.*: team-work; *soccer*: combination; (~ *der Kräfte*) interplay (*of forces*); (*Zusammenarbeit*) co-operation; **~stecken I.** *v/t.* (*h.*) put together (*a. die Köpfe their heads*), join; **II.** *colloq. v/i.* (*h.*) be hand in glove with one another; *immer* ~ be always together, be inseparable; **~stehen** *v/i.* (*irr.*, *h.*) stand together (*or* side by side); *fig.* hold (*or* stick) together; **~stellen** *v/t.* (*h.*) place (*or* put) together; *fig.* arrange; group; classify; assort; match; make up (*list*); compile (*dictionary, documents, list, medicine, etc.*); assemble (*train, troops*); combine; **2stellung** *f* putting together; combination, compilation; arrangement; grouping; classification; (comparison) table, schedule; survey, summarizing sheet, synopsis; *mil.*, *rail.* assembly; **~stimmen** *v/i.* (*h.*) harmonize, agree, match; tally; **~stoppeln** *v/t.* (*h.*) patch up, piece together; **2stoß** *m* collision (*a. fig.* = clash, conflict); *mot. a.* smash-up, *Am.* crash; *frontaler* ~ head-on collision; impact, shock; **~stoßen I.** *v/t.* (*irr.*, *h.*) strike (*or* knock, bang) together; touch, clink (*glasses*); **II.** *v/i.* (*irr.*, *sn*) collide (*a. fig.* = clash); ~ *mit a.* run into, crash with *or* into; *fig.* adjoin, meet, abut (on); **~streichen** *v/t.* (*irr.*, *h.*) cut down; **~strömen** *v/i.* (*sn*) flow together; flock (*or* crowd) together; **~stürzen** *v/i.* (*sn*) collapse; fall in; **~suchen** *v/t.* (*h.*) gather; collect; **~tragen** *v/t.* (*irr.*, *h.*) bring (*or* carry) together; gather (*a. fig. information*); compile (*notes, etc.*); **~treffen** *v/i.* (*irr.*, *sn*) meet; *fig.* coincide, concur; **2treffen** *n* meeting; encounter; coincidence, concurrence; **~treiben** *v/t.* (*irr.*, *h.*) drive together, *Am.* round up; *hunt.* beat up; *fig.* raise (*money*); drum up (*people, things*); **~treten** *v/i.* (*irr.*, *sn*) meet; *parl. a.* assemble, convene; **2tritt** *m* (-[e]s) meeting; **~trommeln** *v/t.* (*h.*) drum up, call together, get hold of; **~tun** *v/t.* (*irr.*, *h.*) put together; *sich* ~ combine, join forces, team up (*mit* with), gang up (*gegen* on); **~wachsen** *v/i.* (*irr.*, *sn*) grow together; **~werfen** *v/t.* (*irr.*, *h.*) throw together; confound; mix up, jumble up; lump together; **~wickeln** *v/t.* (*h.*) wrap up; roll up; **~wirken** *v/i.* (*h.*) co-operate, collaborate, work together; *a. matter*: combine; **2wirken** *n* co-operation, combined action, joint operation; interplay; concurrence; **~zählen** *v/t.* (*h.*) add (*or* cast, count, sum) up, total (up), *Am.* tote up; **~ziehbar** *adj.* contracti(b)le; **~ziehen I.** *v/t.* (*irr.*, *h.*) draw together (*a. fig.*); (*a. phys.*) contract (*a. sich*); knit (*one's brows*); *med.* a(d)stringe; shrink (*a. sich*); condense (*text*); *mil.* gather, mass, concentrate (*forces*); → *zusammenzählen*; *sich ~ storm*: gather, (*a. fig.*) be brewing; *fig.* draw nearer; **II.** *v/i.* (*irr.*, *sn*) move together; ~ *mit j-m* go to live with; share rooms with *a p.*; **~ziehend** *adj. pharm.* astringent; **ℒziehung** *f* contraction (*a. gr.*); constriction; condensation; *mil.* concentration; *gr.* contracted form *or* word.

Zusatz [ˈtsu:zats] *m* (-es; ⸚e) addition; addendum; admixture, additive; *metall.* alloy; dash; appendix; supplement; postscript; rider; codicil; **~abkommen** *n* supplementary agreement; **~aggregat** *n tech.* additional set; *el.* booster aggregate; **~antrag** *parl. m* amendment; **~ausrüstung** *f* auxiliary equipment; **~batterie** *el. f* booster battery; **~behälter** *mot. m* spare tank; **~düse** *tech. f* auxiliary jet; **~eisen** *metall. n* additive agent; **~feder** *tech. f* helper spring; **~frage** *f* additional question; **~gerät** *n* attachment; adaptor; **~klausel** *f* additional clause; **~ladung** *f mot.* supercharge; *mil.* booster (charge); **~last** *el. f* additional load; **~motor** *m* booster (engine); **~nahrung** *f* supplemental feed; **~patent** *n* patent of addition; **~schalter** *el. m* booster switch; **~steuer** *f* supplementary tax; **~versicherung** *f* complementary insurance; **~vertrag** *m* supplementary agreement.

zusätzlich [ˈtsu:zetsliç] **I.** *adj.* additional, added; supplementary, supplemental; extra; auxiliary; **II.** *adv.* besides, in addition (zu to), on top of that, into the bargain.

ˈ**Zuschaltung** *tech. f* synchronizing.

zuschanden [tsuˈʃandən] *adv.*: ~ *hauen* knock to pieces; ~ *machen* ruin, spoil, wreck, smash, destroy, blight; bring to naught, defeat; frustrate, thwart; *ein Pferd ~ reiten* founder a horse; ~ *werden* be ruined, go to ruin, go to the dogs; come to naught, be frustrated.

ˈ**zuschanzen** *colloq. v/t.* (*h.*): *j-m et.* ~ get a p. a th., play it a p.'s way.

ˈ**zuscharren** *v/t.* (*h.*) cover up, fill up.

ˈ**zuschau|en** *v/i.* (*h.*) look on (*e-r Sache* at a th.); watch (*a game, the proceedings, etc.*); *j-m*: watch *a p.* (*bei* et. doing a th.); **ℒer(in** *f*) *m* (-s, -; -, -nen) spectator; looker-on, onlooker; by-stander; observer; (eye-)witness; **ℒerraum** *thea. m* auditorium; **ℒertribüne** *f* → *Tribüne*.

ˈ**zuschaufeln** *v/t.* (*h.*) shovel (*or* fill) up.

ˈ**zuschicken** *v/t.* (*h.*) send (*dat.* to); mail; consign, forward (to); remit (*money*).

ˈ**zuschieben** *v/t.* (*irr.*, *h.*) close; shoot (*the bolt*); shut (*drawer*); (*dat.*) push towards, *fig. b.s.* impute to; *jur. j-m den Eid ~* administer the oath to a p., put a p. on his (her) oath; *j-m die Schuld ~* lay the blame on a p. *or* at a p.'s door; *j-m die Verantwortung ~* saddle the responsibility on a p.

ˈ**zuschießen I.** *v/t. and v/i.* (*irr.*, *h.*) contribute (*money*); add, supply; *j-m e-n Blick ~* dart a glance at, give *a p.* a rapid look; **II.** *v/i.* (*irr.*, *sn*): ~ *auf* (*acc.*) rush up to, rush at.

ˈ**Zuschlag** *m* addition; extra (*or* additional) charge, increase (in price); compensation; *rail.*, *etc.*: excess fare; *mail.* surcharge; surtax, additional tax; *metall.* flux, addition; road metal; *auction*: knocking down; *econ.* award (of contract), acceptance of tender; *den ~ erhalten* obtain the contract; **ℒen I.** *v/i.* (*irr.*, *sn*, *h.*) strike; *door*: slam to; **II.** *v/t.* (*irr.*, *h.*) shut (*book*); bang, slam (*door, lid*); *fig.* add; *auction*: knock down; *econ.* award (*the contract*); **~(s)gebühr** *f* additional fee; *mail.* surcharge; *rail.* excess fare; **~(s)karte** *f* extra (*or* additional) ticket; **ℒ(s)pflichtig** *adj.* liable to extra payment; **~porto** *n* excess postage, surcharge; **~steuer** *f* surtax; **~zoll** *m* additional duty.

ˈ**zuschließen** *v/t.* (*irr.*, *h.*) lock (up).

ˈ**zuschmeißen** *colloq. v/t.* (*irr.*, *h.*) bang, slam (*door, lid*); *j-m et.*: chuck (*or* throw) *a th.* to *a p.*

ˈ**zuschmieren** *v/t.* (*h.*) smear up *or* over.

ˈ**zuschnallen** *v/t.* (*h.*) buckle (up); strap up, fasten.

ˈ**zuschnappen** *v/i.* (*sn*, *h.*) snap (*nach* at); *lock*, *etc.*: snap to, close with a snap, click (shut).

ˈ**zuschneid|en** *v/t.* (*irr.*, *h.*) cut up; cut *suit* (to size), *w.s.* style; *fig. zugeschnitten auf* tailored for, *stage part*: *a.* written for; **ℒer(in** *f*) *m* cutter.

ˈ**Zuschnitt** *m* (-[e]s) cut; *w.s. and fig.* style; *geistiger ~* turn of mind.

ˈ**zuschnüren** *v/t.* (*h.*) lace up; cord up; *das schnürt mir den Hals zu* it chokes me; *die Kehle war ihm wie zugeschnürt* he felt a lump in his throat, he choked with emotion.

ˈ**zuschrauben** *v/t.* (*h.*) screw up *or* tight.

ˈ**zuschreiben** *v/t.* (*irr.*, *h.*): *j-m et.* ~ **a)** ascribe (*or* attribute *or* put down) to a p., **b)** *b.s.* impute to *or* blame on a p.; *j-m die Schuld ~* lay the blame on a p., blame a p. (*an* for); *et. e-r Sache ~* ascribe (*or* put down, set down, trace) *a th.* to a th.; *es ist dem Umstande zuzuschreiben, daß* it is due (*or* owing) to the fact that; *das hast du dir selbst zuzuschreiben* it is your own fault (*or* doing), you have to thank yourself for it; *j-m e-e Summe ~* place an amount to a p.'s credit.

ˈ**zuschreien** *v/t. and v/i.* (*irr.*, *h.*): *j-m ~* shout to a p., call (*or* cry) out (*a th.*) to a p.

ˈ**zuschreiten** *v/i.* (*irr.*, *sn*; *auf acc.*) step up to; *tüchtig ~* step out (well), strike out, walk on briskly.

ˈ**Zuschrift** *f* letter; official communication.

zuschulden [tsuˈʃuldən] *adv.*: *sich et. ~ kommen lassen* make o.s. guilty of a th., do something wrong; *w.s.* misconduct o.s., misbehave; sin, err.

ˈ**Zuschuß** *m* allowance; contribution; subsidy, grant(-in-aid); **~betrieb** *m* subsidized undertaking; **~bogen** *typ. m* extra sheet; **~gebiet** *n* deficiency area.

ˈ**zuschütten** *v/t.* (*h.*) add; fill up.

ˈ**zuschwören** *v/t.* (*irr.*, *h.*): *j-m et. ~* swear a th. to a p.

ˈ**zusehen** *v/i.* (*irr.*, *h.*) look on (*bei* at), watch, witness; *j-m*: watch *a p.* (*bei et.* doing *a th.*); *fig.* **a)** ~, *daß* see (to it) that, take care that (*or* to *inf.*); *da müssen Sie selber ~* you must see to it yourself, **b)** wait and see, be patient, **c)** tolerate; *ich kann nicht länger ~* I cannot stand it any longer; *bei genauerem ℒ* on closer inspection; *fig. das ℒ haben* be left out in the cold; **~ds** *adv.* visibly, noticeably.

ˈ**zusenden** *v/t.* (*irr.*, *h.*) → *zuschicken*.

ˈ**zusetzen I.** *v/t.* (*h.*) add; *chem. a.* admix; put on (*meal*); lose (*money, time*); **II.** *v/i.* (*h.*) lose (money), be a loser (*bei* by); *j-m ~* **a)** press a p. hard, **b)** urge a p., be urgent with a p., **c)** importune (*or* pester, plague) a p. (*mit* with); *mit Fragen, Gründen*: ply a p. with *questions, reasons*, **d)** *heat, trouble, etc.*: be hard on a p., tell on a p., *sports*: punish a p.

ˈ**zusicher|n** *v/t.* (*h.*): *j-m et.* ~ assure a p. of a th., guarantee a th. to a p.; promise a p. a th.; **ℒung** *f* promise, assurance; guarantee, pledge.

ˈ**zusiegeln** *v/t.* (*h.*) seal (up).

Zuspätkommende [tsuˈʃpɛ:tkɔməndə] *pl.* late-comers.

ˈ**Zuspeise** *f* side dish, trimmings *pl.*

ˈ**zusperren** *v/t.* (*h.*) shut, close, lock, bar.

ˈ**Zuspiel** *n sports*: pass(es *pl.*); **ℒen** *v/t.* (*h.*): *j-m et. ~* play a th. into a p.'s hands (*or* a p.'s way); *sports*: pass (*the ball*) to a p.

ˈ**zuspitz|en** *v/t.* (*h.*) point, sharpen; *sich ~* taper (off); *fig.* become more and more critical, come to a point *or* head; **ℒung** *f* (-): ~ *der Lage* increasing gravity of the situation.

ˈ**zusprechen I.** *v/t.* (*irr.*, *h.*) phone (*telegramme*); *j-m Trost ~* comfort (*or* console) a p.; *j-m Mut ~* cheer up a p., encourage a p., give a p. a pep-talk; adjudge, award; **II.** *v/i.* (*irr.*, *h.*) (*dat.*) *wacker ~* eat heartily of; partake freely of; drink copiously; *j-m gut ~* reason with a p.

ˈ**zuspringen** *v/i.* (*irr.*, *sn*): *auf j-n ~* spring (*or* leap) towards; rush at *or* upon *a p.*; *lock*: snap to.

ˈ**Zuspruch** *m* (-[e]s) encouragement, pep-talk; consolation, words of comfort; exhortation, lecture; run (of customers); custom, clientele; *sich e-s großen ~s erfreuen* be much sought after, be greatly in demand.

ˈ**Zustand** *m* state, condition, *Am. a.* shape; *pl.* state of affairs; circumstances; position, situation; phase; (*legal, political*) status; frame of mind; fit, spell; *Zustände bekommen* have a fit; *in gutem ~* in good condition *or* order, in good repair; *in betrunkenem ~* drunk, while under the influence; *contp. hier herrschen Zustände!* what a mess!

zustande [tsuˈʃtandə] *adv.*: ~ *bringen* bring about (*or* off), manage, achieve, accomplish, get *a th.* done, wangle; realize; negotiate; ~ *kom-*

men come about (*or* off), be accomplished, *plan*: materialize, be realized, *event*: take place, *contract*: be reached (*or* signed); *nicht* ~ *kommen* fail (to materialize), not to come off, come to naught; 2**kommen** *n* realization, accomplishment; *am* ~ *e-s Vertrages kann nicht gezweifelt werden* an agreement is sure to be reached.

zuständig ['tsu:ʃtendiç] *adj.* competent; responsible; proper, appropriate; local; duly qualified; *jur.* having jurisdiction (*für* over); ~*es Postamt* serving post-office; *sich in e-r Sache für* ~ *erklären* assume jurisdiction over a case; *für die Berufung* ~ *sein* have appellate jurisdiction; *in erster Instanz* ~ *sein* have original jurisdiction; *dafür bin ich nicht* ~ that's not in my province *or* department; 2**keit** *f* (-; -*en*) competence; responsibility; powers *pl.*; *jur. sachliche*: jurisdiction (*für* over), *örtliche*: (territorial) jurisdiction, venue; 2**keitsbereich** *m* jurisdiction; (sphere of) responsibility.

zustatten [tsu'ʃtatən] *adv.*: (*gut*) ~ *kommen* (*dat.*) be useful to *a p.*, stand *a p.* in good stead; come in handy, serve to good purpose.

'**zustecken** *v/t.* (*h.*) pin (up); *j-m et.* ~ slip a p. a th., slip a th. into a p.'s hand *or* pocket, *etc.*

'**zustehen** *v/i.* (*irr.*, *h.*; *dat.*) be due to, belong to; *es steht ihm zu* he is entitled to it; *power*: be vested in; accrue to; befit, behoove; *es steht ihm nicht zu, zu inf.* he has no right to *inf.*, it is not for him to *inf.*

'**zustell|en** *v/t.* (*h.*) deliver (*a. mail.*); *jur.* serve (*j-m* on a p., a p. with *legal process or a writ*); *öffentlich* ~ cause the service by publication (*or* public citation); 2**ung** *f* delivery; *jur.* service; ~*en pl.* (service of) legal process; (*Ladung durch*) *öffentliche* ~ public citation; 2**ungsbevollmächtigte(r** *m*) *f* person authorized to receive service of legal process on a p.'s behalf; 2**ungsgebühr** *f* delivery charge; 2**ungs-urkunde** *jur. f* writ of summons.

'**zusteuern I.** *v/t.* (*h.*) contribute (*zu* to); **II.** *v/i.* (*sn*): ~ *auf* (*acc.*) steer (*or* make) for; *fig.* aim at; drift towards, be headed for.

'**zustimm|en** *v/i.* (*h.*; *dat.*) agree (to *a th.*; with *a p.*), consent, (give one's) assent (to *a th.*); approve (of *a th.*), acquiesce (in *a th.*), *Am. a.* okay (*a th.*); subscribe (to *a th.*), endorse (*a th.*); ~**end I.** *adj.* affirmative; ~*e Antwort* answer in the affirmative, consent; **II.** *adv.* in the affirmative, approvingly; ~ *nicken* nod assent; 2**ung** *f* consent, assent, agreement; endorsement; *allgemeine* ~ *finden* meet with unanimous approval; 2**ungserklärung** *f* declaration of consent.

'**zustopfen** *v/t.* (*h.*) stop up, plug, stuff; mend, darn.

'**zustöpseln** *v/t.* (*h.*) stopper, plug (up).

'**zustoßen I.** *v/t.* (*irr.*, *h.*) push *a th.* to; close, shut, slam (*door*); **II.** *v/i.* (*irr.*, *sn*, *h.*) *fenc.* lunge, thrust (*mit* with); *fig. j-m* ~ happen to a p., befall a p.; *ihm ist et. zugestoßen* he has had (*or* met with) an accident; *falls mir et.* ~ *sollte* in case anything should happen to me.

'**zustreben** *v/i.* (*sn*; *dat.*) make for; *fig.* aim at, strive for *or* after; *matter*: tend towards.

'**Zustrom** *m* (-[e]s) influx; *pol.* infiltration; *econ.* run (*of customers*); rich flow (*of ideas, etc.*).

'**zuströmen** *v/i.* (*sn*; *dat.*) stream *or* flow towards; *fig. crowd*: throng (*or* mill, pour) to(wards).

'**zustürzen** *v/i.* (*sn*; *auf acc.*) rush up to.

'**zustutzen** *v/t.* (*h.*) trim; fit (up), cut to size (*a. fig.*); *fig.* adapt (*für* for *the stage, etc.*); lick into shape.

zutage [tsu'tɑ:gə] *adv.* open to view, to light; ~ *bringen or fördern* bring to light, *fig. a.* unearth; ~ *liegen* be evident; ~ *treten* come to light, become evident, manifest itself, *geol.* outcrop.

Zutaten ['tsu:tɑ:tən] *f/pl. cul.* ingredients; seasoning; garnishing *sg.*; *of dress*: trimmings.

zuteil [tsu'taɪl] *adv.*: *j-m* ~ *werden* fall to a p.'s share (*fig. a.* lot); *j-m et.* ~ *werden lassen* allot (*or* grant, mete out) a th. to a p., bestow a th. on a p.; *in reichem Maße*: lavish a th. on a p.; *ihm wurde eine freundliche Aufnahme* ~ he met with a kind reception, he was kindly received.

zuteil|en ['tsu:taɪlən] *v/t.* (*h.*) allot (*a. econ. shares, etc.*); allocate, apportion; grant, allow; issue; distribute; *j-n*: *mil., pol.* attach *a p.*; assign; delegate *powers* (*dat.* to); 2**ung** *f* allotment, allocation, apportionment; allowance; distribution; attachment, assignment; quota; ration; 2**ungskurs** *econ. m* allotment rate (*for shares*); 2**ungssystem** *m* quota system.

zutiefst [tsu'ti:fst] *adv.* deeply, intensely; badly.

'**zutragen** *v/t.* (*irr.*, *h.*) carry (*dat.* to; *a. fig.*); *sich* ~ happen, come to pass, take place, occur.

'**Zuträger(in** *f*) *m* talebearer, telltale, informer.

Zuträge'rei *f* (-; -*en*) talebearing, informing; gossip, tittle-tattle.

zuträglich ['tsu:tre:kliç] *adj.* conducive, beneficial (*dat. or für* to); advantageous (to); salubrious (*climate*); wholesome (*food, etc.*); *j-m* (*nicht*) ~ *sein* (dis)agree with a p.; 2**keit** *f* (-; -*en*) conduciveness, advantageousness; salubrity; wholesomeness.

'**zutrau|en** *v/t.* (*h.*): *j-m et.* ~ believe a p. capable of a th., credit a p. with a th.; *sich zuviel* ~ **a**) overrate o.s., **b**) take too much on o.s.; *ich traue es mir* (*nicht*) *zu* I (don't) think I can do it; *ich traue ihm nicht viel zu* he is no great shakes (, if you ask me); *iro. ich traue es ihm glatt zu* I would not put it past him; *ich hätte es ihm nie zugetraut* I never knew he had it in him; 2**en** *n* (-*s*) confidence (*zu* in); ~**lich** *adj.* confiding, trusting; *animal*: unafraid, friendly, tame; 2**lichkeit** *f* (-; -*en*) confidingness; tameness.

'**zutreffen** *v/i.* (*irr.*, *h.*) be right *or* true (*bei* of), be correct, be the case; hold true, come true; ~ *auf* (*acc.*) be true of, (*a.* ~ *für*) apply to; *das dürfte nicht ganz* ~ that's not quite correct; *es trifft nicht immer zu* it does not always follow; ~**d** *adj.* right, true, correct; apt, to the point; applicable; ~**denfalls** ['-dənfals] *adv.* if this is correct, if so; *in questionnaires*: where applicable.

'**zutrinken** *v/i.* (*irr.*, *h.*) *j-m*: drink to, raise one's glass to.

'**Zutritt** *m* (-[e]s) access; admission; ~ *frei* admission free; ~ *verboten!* no admittance!, private!, no entry!, *mil.* out of bounds!, *Am.* off limits (*für* to)! *freien* ~ *haben zu* have free access to, have the run of.

'**zutun** *v/t.* (*irr.*, *h.*) close, shut; add; → *Auge, zugetan*; '**Zutun** *n*: *ohne sein* ~ without his help (*or* agency); through no fault of his; *es geschah ohne mein* ~ I had nothing to do with it.

zutu(n)lich ['tsu:tu:(n)liç] *adj.* **a**) → *zutraulich*; **b**) obliging.

zuungunsten [tsu'ʔungunstən] *prp.* (*gen.*) to the disadvantage of.

zuunterst [tsu'ʔuntərst] *adv.* right at the bottom.

zuverlässig ['tsu:fɛrlesiç] *adj.* reliable (*a. tech.*), dependable, trustworthy, trusty; loyal, staunch; safe (*a. econ., tech.*); *news*: sure, certain, authentic; *aus* ~*er Quelle* from a reliable source; *von* ~*er Seite erfahren haben, daß* have it on good authority that; 2**keit** *f* (-) reliability; dependability; trustworthiness; loyalty; certainty; 2**keitsfahrt** *mot. f* reliability trial; 2**keits-prüfung** *f* reliability test; 2**keits-überprüfung** *pol. f* security clearance, screening (*of personnel*).

Zuversicht ['tsu:fɛrziçt] *f* (-) confidence, trust; *die* (*feste*) ~ *haben* be confident that; *mit* ~ confidently; 2**lich** *adj.* confident, optimistic (-ally *adv.*); ~**lichkeit** *f* (-) confidence, assurance.

zuviel [tsu'fi:l] *adv.* too much; *einer, etc.*, ~ one, *etc.*, too many; *viel* ~ far too much; ~ *des Guten* too much of a good thing; *was* ~ *ist, ist* ~! that's really too much!; 2 *n* (-*s*) excess.

zuvor [tsu'fo:r] *adv.* before, previously; first, beforehand; *kurz* ~ shortly before; *so klug als wie* ~ none the wiser (for it).

zuvörderst [tsu'fœrdərst] *adv.* first and foremost, first of all; to begin with.

zu'vor|kommen *v/i.* (*irr.*, *sn*) *j-m*: anticipate, forestall, get the start of, steal a march on (*mit or in* with) *a p.*; *er kam mir zuvor Am.* he beat me to it; *e-r Sache*: anticipate, obviate, prevent *a th.*; ~**kommend** *adj.* obliging, accommodating; courteous; 2**kommenheit** *f* (-) obligingness, considerateness; ~**tun** *v/t.* (*irr.*, *h.*): *es j-m* ~ surpass (*or* outdo) a p., go one better than a p.

Zuwachs ['tsu:vaks] *m* (-*es*) increase, increment, accretion; *econ. a.* accession (*to real estate*); *colloq.* (*child*) addition to the family, little newcomer; *auf ~ geschneidert* made so as to allow for growing; **2en** *v/i.* (*irr., sn*) become overgrown; *med.* heal up *or* over, close; *j-m*: accrue to *a p.*; **~rate** *econ. f* ratio of increase; **~steuer** *f* increment tax.

'**zuwandern** *v/i.* (*sn*) immigrate.

Zuwasserlassen [tsu'vasərlasən] *mar. n* (*-s*) launching; lowering (*gen. or von of boats*).

'**zuwarten** *v/i.* (*h.*) wait (patiently), wait and see.

zuwege [tsu've:gə] *adv.*: *~ bringen* bring about, bring to pass, succeed (in doing), put *it* across; accomplish, get *a th.* done; *gut ~ sein* be quite well.

'**zuwehen** *v/t.* (*h.*) blow (*or* waft) (*dat.* to *or* toward[s]); block up (with sand *or* snow).

zuweilen [tsu'vaılən] *adv.* at times, sometimes; occasionally, now and then.

'**zuweis|en** *v/t.* (*irr., h.*) assign; → *zuteilen*; **2ung** *f* assignment; allocation.

'**zuwend|en** *v/t.* (*irr., h.; dat.*) turn to(wards); *j-m das Gesicht ~* face a p.; *fig. j-m et. ~* let a p. have, present a p. with, give a p. *a th.*; bestow *love, etc.*, on a p.; devote *one's attention, efforts* to *a th.*; *sich e-r Tätigkeit ~* proceed to *do*, apply o.s. to, switch over to *an activity*; *sich e-m Beruf, e-r Aufgabe ~* devote o.s. to *a trade, task*; *sich alle Herzen ~* win all hearts; **2ung** *f* allowance, benefit; allocation; grant; bequest; donation; *unentgeltliche ~* gift, voluntary settlement.

zuwenig [tsu've:niç] *adv.* too little.

'**zuwerfen** *v/t.* (*irr., h.*) *j-m*: throw to, toss to *a p.*; *e-n Blick*: cast, flash, dart *a glance*; fill up (*pit*); slam, bang (*door*).

zuwider [tsu'vi:dər] *prp.* (*dat.*) contrary to, opposed to, against; repugnant, distasteful, hateful; → *zuwidersein*; **~handeln** *v/i.* (*h.; dat.*) act contrary to, counteract; contravene, violate, offend against (*a law, etc.*); **2handelnde(r** *m*) (-handəlndə(r)] *f* (*-n, -n; -en, -en*) offender, trespasser; **2handlung** *jur. f* contravention, violation, offen|ce, (*Am.* -se); **~laufen** *v/i.* (*irr., sn; dat.*) run counter to, be contrary to; **~sein** *v/i.* (*irr.; dat.*) displease, be repugnant to; *er* (*es*) *ist mir zuwider a.* I dislike him (it), I loathe (*or* hate) him (it), he (it) makes me sick.

'**zuwinken** *v/i.* (*h.; dat.*) make a sign to, motion to (*a p. to do a th.*); wave to; beckon to; nod to.

'**zuzahlen** *v/t.* (*h.*) pay extra *or* in addition, pay an additional *$100*.

'**zuzählen** *v/t.* (*h.*) add; include.

zuzeiten [tsu'tsaıtən] *adv.* at times.

'**zuzieh|en I.** *v/t.* (*irr., h.*) draw *a knot* together; tighten (*noose, screw*) (*a. sich*); draw (*curtains*); *fig.* consult, call in (*doctor, expert*); *sich et. ~* incur (*hatred, punishment, etc.*), catch, get, contract (*disease*); *sich Unannehmlichkeiten ~* get into trouble; *j-n als Zeugen ~* take a p. to witness, call a p. as witness; **II.** *v/i.* (*irr., sn*) *tenant*: move in; immigrate; settle (down); **2ung** *f* (-) consultation, calling-in; *unter ~ gen. a.* with the aid of.

'**Zuzug** *m* immigration; arrival; additional population; *mil.* reinforcements *pl.*

zuzüglich ['tsu:tsy:kliç] *prp.* (*gen.*) plus; including.

'**Zuzugsgenehmigung** *f* residence permit.

zwacken ['tsvakən] *v/t.* (*h.*) pinch; *fig.* torment; fleece.

Zwang [tsvaŋ] *m* (*-[e]s; ⸚e*) compulsion, coercion; constraint, restraint; moral obligation; pressure (*a. med.* = tenesmus); *esp. jur.* duress; *psychischer ~* mental duress; force; *~ antun* (*dat.*) **a**) do violence to, **b**) twist the meaning of (*a text*), **c**) pervert *the law*; *sich ~ antun or auferlegen* check (*or* restrain) o.s.; *tun Sie sich nur keinen ~ an!* don't stand on ceremony!, make yourself at home!; *iro. tun Sie Ihren Gefühlen nur keinen ~ an!* (go ahead,) speak your mind!; *unter ~ stehen* (*or handeln*) be (*or* act) under duress.

zwang *pret. of zwingen.*

zwängen ['tsvɛŋən] *v/t.* (*h.*) press, force.

'**zwang|los** *adj.* unconstrained; *fig. a.* free and easy, unceremonious, informal, *Am. a.* shirt-sleeve (*conference, etc.*); **2losigkeit** *f* (-) ease, informality, unceremoniousness.

Zwangs... [tsvaŋs-]: '**~anleihe** *f* forced loan; '**~antrieb** *mot. m* positive drive; '**~arbeit** *f* forced labo(u)r; *jur.* hard labo(u)r; '**~ausgleich** *m* compulsory settlement; '**~beitreibung** *f* forcible collection; '**2bewirtschaftet** *adj.* under economic control, control(l)ed; '**~bewirtschaftung** *f* (economic) control; '**~ent-eignung** *f* compulsory expropriation; '**~ernährung** *f* forcible feeding; '**~erziehungs-anstalt** *f* reformatory; '**~förderung** *mot. f* pump feed; '**2geschmiert** *mot. adj.* positively lubricated; '**2gestellt** *adj.* in custody; '**~gestellung** *f* arrest, detention; '**~haft** *jur. f* coercive detention; '**~handlung** *f* compulsive act; '**~herrschaft** *f* despotism; '**~idee** *f* compulsive (*or* obsessional) idea; '**~innung** *f* obligatory guild; '**~jacke** *f* straitjacket (*a. fig.*); *j-n in e-e ~ stecken* straitjacket *a p.*; '**~kapitalbildung** *f* compulsory formation of capital; '**~kauf** *m* compulsory purchase; '**~lage** *f* position of constraint, exigency, embarrassing situation; quandary, fix; *sich in e-r ~ befinden a.* be hard pressed; '**2läufig I.** *adj. tech.* guided, geared; *mot.* positive *drive*; *fig.* necessary, inevitable; **II.** *adv.* with necessity, inevitably, automatically; '**~liquidation** *f* compulsory liquidation; compulsory winding-up (*of company*); '**2mäßig** *adj.* forced, compulsory; '**~maßregel** *f* coercive measure; *pol.* sanction; reprisal; *zu ~n greifen* employ (*or* resort to) compulsion; '**~mieter** *m* assigned tenant; '**~mittel** *n* means of coercion; '**~neurose** *f* compulsion neurosis; '**~preis** *m* controlled price; '**~psychose** *f* compulsive insanity; '**~räumung** *f* compulsory evacuation; '**~steuerung** *mot. f* positive control; '**~verfahren** *n* coercive proceedings *pl.*; '**~vergleich** *m* enforced settlement; '**2verpflichtet** *adj.* conscript; '**~versicherung** *f* compulsory insurance; '**~versteigerung** *f* forced sale *or* auction; '**~verwalter** *m* (official) receiver, judicial trustee, sequestrator; '**2verwalten** *v/t.* (*h.*) sequester; '**~verwaltung** *f* forced administration, sequestration; '**~verwaltungsbeschluß** *m* receiving-order; '**2vollstrecken** *v/t.* (*h.*) issue execution; foreclose; '**~vollstreckung** *f* execution, distraint; *e-e ~ vornehmen* put in an execution; '**~vorstellung** *med. f* obsession(al idea); **2weise** ['-vaızə] *adv.* compulsorily, by force; on an obligatory basis; '**~wirtschaft** *f* Government control; controlled economy; *Aufhebung der ~* decontrol.

zwanzig ['tsvantsiç] *adj.* twenty; *in den ~er Jahren* in the twenties; **2** *f* (*-; -en*) (number) twenty; **2er** ['-gər] *m* (*-s; -*) person of twenty; *Männer in den ~n* men in the twenties; *in den ~n sein* be under thirty; **~erlei** ['-ərlaı] *adj.* of twenty kinds, twenty different (kinds of); **~fach, ~fältig** ['-fɛltiç] *adj.* twentyfold; **~st** *adj.* twentieth; **2stel** ['-stəl] *n* (*-s; -*) twentieth (part); **~stens** ['-stəns] *adv.* in the twentieth place.

zwar [tsvɑ:r] *adv.* indeed, (it is) true, I admit; certainly, no doubt, of course; *und ~* **a**) and that, **b**) that is, namely; *er kam ~, aber* he did come but.

Zweck [tsvɛk] *m* (*-[e]s; -e*) purpose; object (*a. of company, invention*), aim, end; intent, design; intended use; application; function; point; *~ und Ziel* aim and purpose; *ein Mittel zum ~* a means to an end; *e-n ~ verfolgen* pursue an object, be after (*or* out for) something; *s-n ~ erfüllen* answer (*or* serve) its purpose; *s-n ~ erreichen* achieve one's purpose; *s-n ~ verfehlen* miss its mark, fail of its object; *zu dem ~e* (*gen. or zu inf.*) for the purpose of (*a th. or ger.*), with a view to (*a th. or ger.*), with the object of (*ger.*); *zu diesem ~e* to this end; *zu welchem ~e?* to what purpose?, what (...) for?; *welchen ~ soll es haben, zu inf.?* what is the point of *ger.*?; *colloq. das ist* (*gerade*) *der ~ der Übung* that's just the point; *das wird wenig ~ haben* that won't help much (*or* do any good), there is no point in doing it; *entspricht das Ihren ~en?* does that serve your turn?; *der ~ heiligt die Mittel* the end justifies the means; '**~bau** *m* (*-[e]s; -ten*) functional building; '**2bestimmt** *adj.* purposive; *tech.* functional; tendentious (*publication, etc.*); '**~bestimmung** *f* application, appropriation (*of funds*); '**2betont** *adj.* purposive; utilitarian, utility ...; functional; '**~denken** *n* utility thinking; '2**dienlich** *adj.* serviceable; useful, expedient, suitable; efficient; relevant, pertinent; '~**dienlichkeit** *f* (-) serviceableness; usefulness, expediency; efficiency.

Zwecke ['tsvɛkə] *f* (-; -*n*) tack, brad; peg; drawing-pin, *Am.* thumb tack; 2**n** *v/t.* (*h.*) tack; peg.

'**zweck...:** ~**entfremdet** *adj.* used for purposes other than originally intended; ~**entsprechend** *adj.* answering the purpose, appropriate, proper; 2**freundschaft** *f* working friendship; ~**gebunden** *adj.* earmarked, appropriated (*funds*); ~**los** *adj.* aimless, purposeless; useless, pointless, *pred.* of no use, to no point; *es ist* ~ *zu inf. a.* there is no point in *ger.*; ~**mäßig** *adj.* expedient, well-directed, appropriate, suitable, practical, proper; advisable; *tech.* functional; *es für* ~ *halten, zu inf. a.* think fit (*or* proper) to *inf.*; 2**mäßigkeit** *f* (-) expediency, fitness, practicality; 2**mäßigkeits-erwägung** *f* interest of expediency; 2**möbel** *pl.* functional furniture; ~**pessimismus** *m* calculated pessimism.

zwecks *prp.* (*gen.*) for the purpose of, with a view to, by way of (*a th. or doing*).

'**Zweck...:** ~**verband** *m* (local) administration union; ~**vermögen** *n* special-purpose fund; 2**widrig** *adj.* inexpedient, inappropriate, unserviceable.

zwei [tsvaɪ] *adj.* (*gen.* ~*er*; *dat.* ~*en*) two; *zu* ~*en* in (*or* by) twos, two by two; *halb* ~ (*Uhr*) half past one; 2**achser** ['-aksər] *mot. m* (-*s*; -) two-axle vehicle, four-wheeler; ~**achsig** ['-aksiç] *adj.* biaxial; *mot.* two-axle, four-wheeled; '~**armig** *adj.* two-armed; '~**atomig** *adj.* diatomic; ~**bändig** ['-bɛndiç] *adj.* two-volume, in two volumes; ~**basisch** ['-bɑːziʃ] *chem. adj.* dibasic; '2**bein** *n* bipod; '~**beinig** *adj.* two-legged; '~**bettig** *adj.* double-bedded; '~**blätt(e)rig** *bot. adj.* two-leaved, bifoliate; 2**decker** ['-dɛkər] *aer. m* (-*s*; -) biplane; ~**deutig** ['-dɔʏtiç] *adj.* ambiguous, equivocal; *b.s.* suggestive, risqué (*Fr.*), *Am.* off-color (*joke*); '2**deutigkeit** *f* (-; -*en*) ambiguity, equivocality; *b.s.* suggestive remark, risqué joke; ~**dimensional** ['-dimɛnzio'nɑːl] *adj.* two-dimensional; 2'**drittelmehrheit** *f* two thirds majority; ~**eiig** ['-aɪiç] *biol. adj.* binovular; ~*e Zwillinge* fraternal twins; '2**er** *m* (-*s*; -) (figure) two; *rowing*: pair, two(-seater); ~ *mit Steuermann* coxed two; '2**erbob** *m* two-man bob; ~**erlei** ['-ərlaɪ] *adj.* of two kinds, two sorts of, two different (kinds of); '~**fach,** ~**fältig** ['-fɛltiç] *adj.* double, twofold, dual; twice; *in* ~*er Ausfertigung* in duplicate; 2'**fadenlampe** *el. f* bifilar bulb; '2**familienhaus** *n* duplex house; 2'**farbendruck** *m* (-[*e*]*s*; -*e*) two-colo(u)r print(ing); '~**farbig** *adj.* two-colo(u)red, dichromatic, two-tone.

Zweifel ['tsvaɪfəl] *m* (-*s*; -) doubt; uncertainty; misgiving(s *pl.*); suspicion; *berechtigter* ~ reasonable doubt; *außer* ~ beyond doubt; *über allen* ~ *erhaben* beyond all doubt; *ohne* ~ without doubt, no doubt, doubtless, unquestionably; *im* ~ *sein* be doubtful *or* in doubt (*über acc.* about), be in two minds (about); in ~ *ziehen* doubt, (call in) question; *es besteht kein* ~ there is no doubt; → *aufkommen, unterliegen.*

Zweifelderwirtschaft [tsvaɪ'fɛldər-] *agr. f* twocrop rotation.

'**Zweifel...:** 2**haft** *adj.* doubtful, dubious; questionable; precarious; *econ.* ~*e Außenstände* **a**) doubtful claims, **b**) doubtful debts, *Am.* bad debts; *von* ~*em Wert* of debatable merit; *et.* ~ *machen* cast a doubt on, call in question; *es erscheint kaum* ~ there appears little doubt; 2**los** *adj.* undoubted, (*a. adv.*) doubtless; 2**n** *v/i.* (*h.*) doubt (*an dat. a th., a p.*); ~ *an e-r Sache a.* be in doubt about *or* as to, be in two minds about, question *a th.*; ~*d* doubting, → *zweifelsüchtig*; ~**sfall** *m* (*im* ~ in) case of doubt; 2**sohne** *adv.* doubtless, without doubt, beyond all doubt; ~**sucht** *f* (-) scepticism, *Am.* skepticism; 2**süchtig** *adj.* sceptic(al), *Am.* skeptic(al).

Zweifler ['tsvaɪflər] *m* (-*s*; -), ~**in** *f* (-; -*nen*) doubter, sceptic, *Am.* skeptic; 2**isch** *adj.* sceptical, *Am.* skeptical.

'**zwei...:** ~**flügelig** *adj.* two-winged; *aer.* two-bladed (*air-screw*); 2**frontenkrieg** ['-'frɔntən-] *m* war on two fronts.

Zweig [tsvaɪk] *m* (-[*e*]*s*; -*e*) branch (*a. fig.*), bough; *kleiner* ~ twig; → *grün.*

'**Zwei...:** ~**ganggetriebe** *n* two-speed gear; 2**gängig** *adj.* double-threaded (*screw*).

Zweig...: ~**anstalt** *f* branch; ~**bahn** *f* branch line.

'**Zwei...:** 2**geschlechtig** *adj.* bisexual; ~**gespann** *n* carriage and four; *colloq.* (*persons*) twosome; 2**gestrichen** *mus. adj.*: ~*e Note* semiquaver; 2**geteilt** *adj.* bipartite; divided, split.

'**Zweig...:** ~**geschäft** *n* branch (establishment); ~**gesellschaft** *f* affiliated company; subsidiary (company).

Zweigitterröhre ['tsvaɪ'gitər-] *f radio*: tetrode, *Am.* double grid tube.

'**Zweig...:** ~**leitung** *f* branch line; ~**niederlassung** *f* → *Zweiggeschäft*; ~**schalter** *el. m* branch switch; ~**stelle** *f* branch (office).

'**Zwei...:** 2**händig** *adj.* two-handed; *mus.* for two hands; ~**heit** *f* (-) duality; 2**höckerig** *adj.* two-humped; ~**hufer** ['-huːfər] *m* (-*s*; -) cloven-footed animal; 2**hundert** *adj.* two hundred; ~**hundertjahrfeier** *f* bicentenary; 2**jährig** *adj.* two-year-old; of (*or* lasting) two years, two years', two-year; *esp. bot.* biennial; 2**jährlich** *adj.* (happening) every two years, biennial; ~**kampf** *m* duel; *mil.* single combat; ~**leiterkabel** *el. n* two-core cable; 2**mal** *adv.* twice; *es sich* ~ *überlegen* think twice (*before doing it*); *sich et. nicht* ~ *sagen lassen* not to wait to be told twice, jump at a th.; ~ *die Woche* twice a week; ~ *im Monat* (*Jahr*) *erscheinend* bimonthly (biannual); 2**malig** ['-mɑːliç] *adj.* done twice; (twice) repeated; ~**master** ['-mastər] *mar. m* (-*s*; -) two-master; 2**monatig** *adj.* of (*or* lasting) two months, two months', two-month; 2**monatlich** *adj.* (recurring) every second month; 2**motorig** ['-motoːriç] *adj.* two-engined, twin-engined; bimotored; ~**par'teiensystem** *pol. n* two-party system; ~**phasen...,** 2**phasig** *adj.* two-phase; 2**polig** *adj.* two-pole, bipolar; two-pin (plug); ~**polröhre** *f* diode, two-electrode valve; ~**rad** *n* bicycle; 2**räd(e)rig** ['-rɛːd(ə)riç] *adj.* two-wheeled; 2**reihig** ['-raɪiç] *adj.* having two rows, double-row; double-breasted (*suit*); ~**röhrenempfänger** *m radio*: two-valve receiver; 2**schläf(e)rig** ['-ʃlɛːf(ə)riç] *adj. bed* for two persons, double; 2**schneidig** *adj.* double-edged, two-edged (*a. fig.*); *fig.* ~ *sein a.* cut both ways; 2**seitig** ['-zaɪtiç] *adj.* two-sided; bilateral (*treaty, etc.*); bipartite (*administration, negotiations*); reversible (*cloth*); 2**silbig** ['-zilbiç] *adj.* dissyllabic; ~*es Wort* dissyllable; ~**sitzer** *m* (-*s*; -) two-seater (*a. aer.*); *mot. a.* **a**) runabout, roadster, **b**) coupé; 2**sitzig** ['-zitsiç] *adj.* two-seated; double-seated; with tandem seats; 2**spaltig** *adj.* with two columns, in double columns; ~**spänner** ['-ʃpɛnər] *m* (-*s*; -) carriage-and-pair; 2**spännig** *adj.* drawn by two horses; 2**sprachig** ['-ʃprɑːxiç] *adj.* in two languages, bilingual; ~**stärkenglas** *n* bifocal lens; 2**stellig** *adj.*: ~*e Zahl* two-digit (*or* two-place) number; 2**stimmig** ['-ʃtimiç] *adj.* for (*song*: in) two voices; ~*er Gesang* duet; 2**stöckig** *adj.* two-storied; double-deck (*bed*); 2**stufig** *adj.* two-stage; 2**stündig** ['-ʃtyndiç] *adj.* of (*or* lasting) two hours, two-hour; 2**stündlich** *adv.* every two hours, every second hour.

zweit [tsvaɪt] *adj.* second; next; ~*er April* April (the) 2nd, *Am.* April 2; *ein* ~*er* another; *ein* ~*er Bismarck* another Bismarck; ~*es Ich* alter ego; ~*es Gesicht* second sight; *aus* ~*er Hand gekauft* (*kaufen*) bought (buy) second-hand; *jeder* ~*e* every other person; *zu* ~ by twos, two by two, in pairs; *wir waren zu* ~ we were two of us; *zum* ~*en* secondly, in the second place; → *Geige.*

'**zweitägig** *adj.* of two days, two days', two-day.

Zweitakt|er ['-taktər] *m* (-*s*; -), ~**motor** *m* two-stroke (cycle) engine, two-cycle engine; ~**gemisch** *n* petrol mixture, *Am.* gasoline-oil mixture, two-stroke blend; ~**öl** *n* two-stroke oil; ~**verfahren** *n* two-stroke cycle.

'**zweit-älteste** *adj.* second eldest.

zwei'tausend *adj.* two thousand.

'**Zweit-ausfertigung** *f* second copy, duplicate.

'**zweitbest** *adj.* second-best.

'**zweiteil|ig** *adj.* bipartite; two-

-piece (*suit, etc.*); 𝔖**ung** *f* bisection, bipartition; division.

zweitens ['tsvaɪtəns] *adv.* secondly, in the second place.

'**zweit...:** ~**geboren** *adj.* second, younger; ~**größt** *adj.* second largest; ~**höchst** *adj.* second in height; ~**jüngst** *adj.* youngest but one; ~**klassig** *adj.* second-class, second-rate; ~**letzt** *adj.* last but one, *Am.* next to the last; ~**rangig** *adj.* of secondary importance, secondary; 𝔖**schrift** *f* second copy, duplicate; 𝔖**schuldner** *m* secondary debtor.

'**Zwei...:** ~**unddreißigstelnote** *mus. f* demisemiquaver; ~**viertelnote** *f* minim; ~**vierteltakt** *m* two-four time; ~**wegehahn** ['-ve:gəha:n] *m* two-way cock; ~**weggleichrichter** ['-ve:klaɪçrɪçtər] *m* full wave rectifier; 𝔖**wertig** *chem. adj.* bivalent; ~*es Element* dyad; 𝔖**wöchentlich** *adj.* bi-weekly; 𝔖**wöchig** ['-vœçɪç] *adj.* fortnightly, *esp. Am.* two-week; 𝔖**zackig,** 𝔖**zinkig** *adj.* two-pronged; ~**zeiler** ['-tsaɪlər] *m* (-*s*; -) distich, couplet; 𝔖**zeilig** *adj.* of two lines; *typewriter, etc.*: double-spaced; ~**zweck...** double-purpose; ~**zylindermotor** *m* two-cylinder engine.

Zwerchfell ['tsvɛrç-] *anat. n* diaphragm, midriff; *fig. das* ~ *erschüttern* make a p.'s side split; ~**atmung** *f* diaphragmatic breathing; 𝔖**erschütternd** *adj.* side-splitting.

Zwerg [tsvɛrk] *m* (-[e]*s*; -e), ~**in** ['-gin] *f* (-; -*nen*) dwarf, pygmy, (*only m*) gnome; midget; '~**baum** *m* dwarf-tree; '~**betrag** *econ. m* diminutive amount; 𝔖**enhaft** ['-gənhaft] *adj.* dwarfish, pygmean, diminutive; '~**huhn** *n* bantam; '~**hund** *m* lap dog; '~**maus** *f* harvest-mouse; '~**mensch** *m* pygmy; '~**pflanze** *f* dwarf (plant); '~**schule** *f* one-room school; '~**staat** *m* mini-state; '~**wuchs** *m* stunted growth, nanism.

Zwetsch(g)e ['tsvɛtʃ(g)ə] *f* (-; -*n*) plum; *gedörrte* ~ prune; ~**nschnaps** *m*, ~**nwasser** *n* plum brandy.

Zwickel ['tsvɪkəl] *m* (-*s*; -) *dressmaking*: gore, gusset; *tech.* wedge; *arch.* spandrel.

zwick|en ['tsvɪkən] *v/t. and v/i.* (*h.*) pinch, nip, tweak; *colloq. es zwickt mich im Bauch* I have the gripes; 𝔖**en** *n* (-*s*) twinge; gripe; 𝔖**er** *m* (-*s*; -) pince-nez (*Fr.*); 𝔖**mühle** *f* double-mill; *fig.* dilemma, quandary; *in e-r* ~ *sein* be caught on the horns of a dilemma, be in a quandary, *etc.*; 𝔖**zange** *f* (*eine* ~ a pair of) pincers *pl.*, nippers *pl.*

Zwieback ['tsvi:bak] *m* (-[e]*s*; ⸚e) rusk, zwieback, *Am. a.* biscuit.

Zwiebel ['tsvi:bəl] *f* (-; -*n*) onion; bulb; *colloq.* (*watch*) turnip; 𝔖**artig** ['-ɑ:rtɪç] *adj.* bulbous; ~**fisch** *typ. m* pie; 𝔖**förmig** ['-fœrmɪç] *adj.* bulb-shaped, bulbous; ~**gewächs** *n* bulbous plant; ~**knollen** *m* bulbous tuber; 𝔖**n** *colloq. v/t.* (*h.*) torment, make it hot for, give *a p.* a bad time; ~**schale** *f* onion-skin; ~**turm** *m* bulbous spire.

zwie|fach ['tsvi:fax], ~**fältig** ['-fɛltɪç] *adj.* double, twofold; 𝔖**gespräch** *n* dialogue; colloquy; talk; interview; 𝔖**licht** *n* (-[e]s) twilight; ~**lichtig** ['-lɪçtɪç] *adj.* dusky; *fig.* shady.

Zwiesel ['tsvi:zəl] *f* (-; -*n*) *bot.* forked branch; bifurcation, fork.

'**Zwie...:** ~**spalt** *m* (-[e]*s*; -e) disunion, discord; conflict, strife; schism; discrepancy; *innerer* ~ inner conflict; *im* ~ *sein mit* be at variance with; 𝔖**spältig** ['-ʃpɛltɪç] *adj.* disunited, discordant; conflicting (*feelings*); ~**sprache** *f* dialogue; *fig.* ~ *halten mit* commune with; ~**tracht** *f* (-) discord, disunion; strife; feud; ~ *säen* sow the seeds of discord; 𝔖**trächtig** *adj.* discordant; at variance.

Zwil(li)ch ['tsvɪl(i)ç] *m* (-[e]*s*; -e) tick(ing).

Zwilling ['tsvɪlɪŋ] *m* (-*s*; -e) twin; double-barreled gun; ~**e** *ast. pl.* Gemini, Twins.

'**Zwillings...:** ~**bereifung** *mot. f* dual tyres (*Am.* tires); ~**bruder** *m* twin brother; ~**paar** *n a* pair of twins; ~**schwester** *f* twin sister; ~**waffe** *mil. f* twin-barrel(l)ed *or* two-barrel(l)ed gun.

Zwing|burg ['tsvɪŋ-] *f* (tyrant's) strong castle, fortress; ~**e** *f* (-; -*n*) ferrule; *tech.* clamp; 𝔖**en** *v/t.* (*irr., h.*) compel, constrain, force, make (*zu inf.* to *inf.*); oblige; conquer, overcome, master, get the better of; cope with; *sich* ~ *zu e-r Sache* force o.s. to (*or* to do) *a th.*, make o.s. do *a th.*; make an effort to be *polite, etc.*; *ich mußte mich dazu* ~ it cost me an effort; *gezwungen sein* (*or sich gezwungen sehen*) *zu inf.* be compelled, *etc.*, to *inf.*, see o.s. obliged to *inf.*; → *gezwungen*; 𝔖**end** *adj.* forcible; cogent, compelling (*reason, etc.*); imperative (*necessity*); conclusive (*evidence*); peremptory (*rules*); ~**er** *m* (-*s*; -) tower, dungeon, keep; (dog) kennel; bear-pit; cage; outer court-yard; ~**herr** *m* tyrant, despot; ~**herrschaft** *f* tyranny.

zwinkern ['tsvɪŋkərn] *v/i.* (*h.*) blink (one's eyes); *verschmitzt*: twinkle, wink; 𝔖 *n* (-*s*) twinkle, winking.

zwirbeln ['tsvɪrbəln] *colloq. v/t.* (*h.*) twirl, twist.

Zwirn [tsvɪrn] *m* (-[e]*s*; -e) (twisted) thread, sewing cotton; twine, twisted yarn; '𝔖**en I.** *adj.* thread; **II.** *v/t.* (*h.*) twist, twine; throw (*silk*); '~**handschuh** *m* cotton glove; '~**knäuel** *m* ball of thread; '~**maschine** *f* twine-machine; twisting-frame; '~**seide** *f* thrown silk; '~**sfaden** *m* thread; '~**spitze** *f* thread-lace.

zwischen ['tsvɪʃən] *prp.* (*dat.*) between, *poet.* betwixt; among.

'**Zwischen...:** ~**abschluß** *econ. m* → *Zwischenbilanz*; ~**akt** *thea. m* entr'acte (*Fr.*); ~**aktsmusik** *f* (musical) entr'acte; ~**aufenthalt** *m* intermediate stop; ~**ausweis** *econ. m* interim return; ~**bemerkung** *f* incidental remark; interruption; ~**bescheid** *m* intermediate reply; 𝔖**betrieblich** *adj.* intercompany; ~**bilanz** *f* interim financial statement; interim results *pl.*; ~**blatt** *n* interleaf; ~**deck** *mar. n* between decks *pl.*, steerage; ~**decks-passagier** *m* steerage passenger; ~**ding** *n* intermediate (thing), cross, *a* bit of both; 𝔖**durch** *adv.* through; in the midst; at intervals, occasionally; in between; for a change; ~**empfang** *m* (-[e]s) *radio*: superheterodyne reception; ~**entscheidung** *jur. f* interlocutory decree, interim judgment; ~**ergebnis** *n* provisional result; ~**fall** *m* incident; unforeseen event; *ohne* ~ without a hitch; ~**frequenz** *f* intermediate frequency; ~**fuß** *m* metatarsus; ~**fußknochen** *m* metatarsal; ~**frage** *f* (incidental *or* interpolated) question; interruption; ~**frucht** *agr. f* intercrop; ~**futter** *tech. n* interlining; ~**gas** (-es) *mot. n* double clutching; ~ *geben* double-clutch; ~**gelenk** *n* intermediate link; ~**gericht** *n cul.* extra dish, entremets (*Fr.*) *pl.*; ~**geschoß** *n* → *Zwischenstock*; ~**glied** *n* connecting link; ~**glühen** *metall. n* (-s) process annealing; ~**handel** *m* intermediate trade, commission business; transit trade; wholesale trade; ~**händler** *m* middleman, intermediary (agent), commission agent; ~**handlung** *f* episode, incident; ~**hirn** *n* mid-brain, diencephalon; ~**hoch** *meteor. n* ridge of high pressure; ~**jahreszeit** *f* between-season; ~**kiefer** *m* intermaxillary bone; ~**konto** *n* suspense account; ~**kredit** *m* interim credit; ~**legscheibe** *tech. f* washer; ~**landung** *f* intermediate landing, stop, *Am.* stopover; *Flug ohne* ~ non-stop flight; 𝔖**liegend** *adj.* intermediate; intervening (*time*); ~**lösung** *f* interim solution; → *Notbehelf*; ~**mauer** *f* partition wall; ~**pause** *f* interval, intermission, break; ~**person** *f* intermediary, middleman, go-between; ~**prüfung** *f* intermediate test; ~**raum** *m* (inter)space, interval; distance; clearance; interstice, gap; spacing; ~**raumtaste** *f typewriter*: space-bar; ~**rede** *f* interruption; ~**regierung** *f* interregnum; ~**ruf** *m* (loud) interruption; boo; *durch* ~*e aus der Fassung bringen* heckle; ~**rufer** *m* (-s; -) interrupter; heckler; ~**runde** *f sports*: semi-final; ~**satz** *gr. m* parenthesis; 𝔖**schalten** *v/t.* (*h.*) *el., tech.* insert, interpose (*a. econ. mortgage bonds, etc.*); interconnect; ~**schalter** *el. m* intermediate switch; ~**schaltung** *f el.* insertion, interposition; *typ.* interlineation; ~**schein** *econ. m* provisional (*Am.* interim) certificate (*for shares*); ~**sender** *m* relay station; ~**spurt** *m sports*: spurt off (*a. vb. e-n* ~ *einschalten*); 𝔖**staatlich** *adj.* inter-governmental, international; interstate; ~**stadium** *n* intermediate phase; ~**station** *f* intermediate station; ~**stecker** *el. m* adapter plug; ~**stock** *m* (-[e]*s*; -*werke*) entresol (*Fr.*), intermediate stor|ey, *Am.* -y; ~**stück** *n* intermediate piece, connection; *el.* adapter; *thea.* interlude, entr'acte; ~**stufe** *f* intermediate stage; ~**stunde** *f* intermediate hour; *ped.* recreation; **~summe** *f* sub-total; **~tief** *meteor. n* ridge of low pressure; **~ton** *m* intermediate tone; *fig.* overtone; **~träger(in** *f*) *m* talebearer, telltale, informant; **~träge'rei** *f* (-) talebearing, taletelling; **~urteil** *n* → *~entscheidung*; **~verkauf** *econ. m*: *~ vorbehalten* subject unsold (*or* to prior sale); **~verkehr** *m* intercommunication; **~verstärker** *el. m* intermediate amplifier; **~vorhang** *thea. m* drop-scene; **~wand** *f* partition (wall); **~zeile** *typ. f* space line; **~zeit** *f* interval, interim (period), intervening period; *in der ~* (*a.* **2zeitlich** *adv.*) in the meantime, meanwhile; → *vorläufig*.

Zwist [tsvist] *m* (-es; -e) discord; disunion; quarrel, dispute, feud; **'2ig** *adj.* → *zwieträchtig*; **'~igkeit** *f* (-; -en) → *Zwist*.

zwitschern ['tsvitʃərn] *v/i. and v/t.* (*h.*) twitter, chirp; **2** *n* (-s) chirp (-ing), twitter(ing).

Zwitter ['tsvitər] *m* (-s; -) hermaphrodite (*a. bot.*); hybrid (*a. bot.*), cross; **~blüte** *f* hermaphrodite flower; **2haft** *adj.* hermaphrodite, *bot. a.* gynandrous; bisexual; hybrid; **~haftigkeit** *f* (-) hybrid character; **~stellung** *fig. f* ambiguous position; **~wort** *gr. n* (-[e]s; ⸚er) hybrid (word).

zwo [tsvo:] → *zwei*.

zwölf [tsvœlf] *adj.* twelve; *um ~ Uhr* at twelve (o'clock), at noon, at midnight; *fig. fünf Minuten vor ~* at the eleventh hour; **2** *f* (-; -en) (number) twelve; **2eck** ['-ɛk] *n* (-[e]s; -e) dodecagon; **'~eckig** *adj.* dodecagonal; **2ender** ['-ɛndər] *hunt. m* (-s; -) stag with twelve points; **~erlei** ['-ərlaɪ] *adj.* of twelve different kinds, twelve different (sorts of); **'~fach** *adj.* twelvefold; **2'fingerdarm** *m* duodenum; *Geschwür am ~* duodenal ulcer; **'~flächig** *adj.* dodecahedral; **'~jährig** *adj.* twelve-year-old (*child*); of twelve years, twelve years', twelve-year; **~malig** ['-ma:liç] *adj.* repeated twelve times; **~seitig** ['-zaɪtiç] *adj.* twelve-sided; **~stündig** ['-ʃtyndiç] *adj. of* twelve hours, twelve-hour; **~t** *adj.* twelfth; *fig. in ~er Stunde* at the eleventh hour; **'~tägig** *adj.* of twelve days; **2tel** ['-təl] *n* (-s; -) twelfth (part); **~tens** ['-təns] *adv.* in the twelfth place; **'2tonmusik** *f* twelve-tone music.

Zyan [tsy'ˀa:n] *chem. n* (-s) cyanogen; **~eisen** *n* iron cyanide.

Zyan'kali [tsyan-] *n* potassium cyanide.

Zyklon [tsy'klo:n] *m* (-s; -e), **~e** *f* (-; -n) cyclone.

Zyklop [tsy'klo:p] *m* (-en; -en) Cyclops, *pl.* Cyclopes; **2isch** *adj.* cyclopean.

Zyklotron [tsyklo'tro:n] *n* (-s; -e) cyclotron.

'zyk|lisch *adj.* cyclic(al); **2lus** ['-lus] *m* (-; -len) cycle; *of lectures, etc.*: course, set.

Zylinder [tsy'lindər] *m* (-s; -) *math., tech.* cylinder; *of lamp*: chimney; silk hat, top-hat; **~block** *tech. m* (-[e]s; ⸚e) cylinder block; **~bohrung** *tech. f* cylinder bore; **~büchse** *tech. f* cylinder liner; **~hub** *mot. m* cylinder stroke; **~inhalt** *mot. m* swept volume, piston displacement; **~kopf** *tech. m* cylinder head; **~kühlrippe** *mot. f* cylinder cooling fin; **~mantel** *tech. m* cylinder jacket; **~reihe** *mot. f* bank of cylinders.

zy'lindrisch *adj.* cylindrical.

Zyn|iker ['tsy:nikər] *m* (-s; -) cynic; **2isch** *adj.* cynical.

Zynismus [tsy'nismus] *m* (-) cynicism.

Zypresse [tsy'prɛsə] *f* (-; -n) cypress(-tree); **~nhain** *m* cypress grove.

Zyste ['tsystə] *f* (-; -n) cyst.

Proper Names

Eigennamen

A

Aachen ['ɑːxən] *n* Aachen, *Fr.* Aix-la-Chapelle.
Aargau ['ɑːrgaʊ] *m* Argovia (*Swiss canton*).
Abessinien [abɛ'siːniən] *n* Abyssinia.
Adelheid ['ɑːdəlhaɪt] *f* Adelaide.
Adenauer ['ɑːdənauər] *first chancellor of the Federal Republic of Germany.*
Adler ['ɑːdlər] *Austrian psychologist.*
Adolf ['ɑːdɔlf] *m* Adolph.
Adorno [a'dɔrno] *German philosopher.*
Adria ['ɑːdria] *f*, **Adriatische(s) Meer** [adri'ɑːtiʃə(s)] *n* Adriatic Sea.
Afghanistan [af'gɑːnistɑːn] *n* Afghanistan.
Afrika ['ɑːfrika] *n* Africa.
Ägäis [ɛ'gɛːis] *f*, **Ägäische(s) Meer** [ɛ'gɛːiʃə(s)] *n* Aegean Sea.
Agathe [a'gɑːtə] *f* Agatha.
Agnes ['agnɛs] *f* Agnes.
Ägypten [ɛ'gyptən] *n* Egypt.
Aichinger ['aɪçiŋər] *Austrian authoress.*
Akropolis [a'kroːpolis] *f* Acropolis.
Albanien [al'bɑːniən] *n* Albania.
Albert ['albɛrt], **Albrecht** ['albrɛçt] *m* Albert.
Albertus Magnus [al'bertus 'magnus] *German philosopher.*
Alexander [alɛ'ksandər] *m* Alexander.
Alexandria [alɛksan'driːa], **Alexandrien** [alɛ'ksandriən] *n* Alexandria.
Alfons ['alfɔns] *m German Christian name.*
Alfred ['alfreːt] *m* Alfred.
Algerien [al'geːriən] *f* Algeria.
Algier ['alʒiːr] *n* Algiers.
Allgäu ['algɔʏ] *n* Al(l)gäu (*region of Bavaria*).
Alpen ['alpən] *pl.* Alps *pl.*
Altdorfer ['altdɔrfər] *German painter.*
Amazonas [ama'tsoːnas] *m* Amazon.
Amerika [a'meːrika] *n* America.
Anden ['andən] *pl.* Andes *pl.*
Andersch ['andərʃ] *German author.*
Andorra [an'dɔra] *n* Andorra.
Andrea [an'dreːa] *f*, **Andreas** [an'dreːas] *m* Andrea, Andrew.
Angelika [aŋ'geːlika] *f* Angelica.
Anna ['ana], **Anne** ['anə] *f* Anna.
Anneliese ['anəliːzə] *f German Christian name.*
Annemarie ['anəmariː] *f German Christian name.*
Annette [a'nɛtə] *f* Annette.
Antarktis [ant'ʔarktis] *f* Antarctica.
Antillen [an'tilən] *pl.* Antilles *pl.*
Anton ['antoːn] *m* Anthony.
Antwerpen [ant'vɛrpən] *n* Antwerp.
Apenninen [apɛ'niːnən] *pl.* Apennines *pl.*
Appenzell [apən'tsɛl] *n Swiss canton.*
Arabien [a'rɑːbiən] *n* Arabia.
Argentinien [argɛn'tiːniən] *n* Argentina.
Ärmelkanal ['ɛrməlkanɑːl] *m* English Channel.
Armenien [ar'meːniən] *n* Armenia.
Arnold ['arnɔlt] *m* Arnold.
Arp [arp] *German painter.*
Art(h)ur ['artur] *m* Arthur.
Asien ['ɑːziən] *f* Asia.
Athen [a'teːn] *n* Athens.
Äthiopien [ɛti'oːpiən] *n* Ethiopia.
Atlantik [at'lantik], **Atlantische(r) Ozean** [at'lantiʃə(r)] *m* Atlantic, Atlantic Ocean.
Ätna ['ɛːtna] *m* Etna.
Attika ['atika] *n* Attica.
Augsburg ['aʊksburk] *n town in Bavaria.*
August ['aʊgust] *m* August.
Australien [aʊs'trɑːliən] *n* Australia.
Axel ['aksəl] *m shortened form of* → *Alexander.*
Azoren [a'tsoːrən] *pl.* Azores *pl.*

B

Babette [ba'bɛtə] *f* Babette.
Bach [bax] *German composer.*
Bachmann ['baxman] *Austrian authoress.*
Baden-Württemberg ['bɑːdən-'vyrtəmbɛrk] *n Land of the Federal Republic of Germany.*
Balkan ['balkan] *m* Balkan Peninsula.
Baltikum ['baltikum] *n the three former* Baltic Provinces of Russia.
Barbara ['barbara], **Bärbel** ['bɛrbəl] *f* Barbara.
Barbarossa [barba'rɔsa] *hist. appellation of the German emperor Friedrich I.*
Barcelona [bartse'loːna] *n* Barcelona.
Barlach ['barlax] *German sculptor.*
Barth [bɑ(ː)rt] *Swiss theologian.*
Barzel ['bartsəl] *German politician.*
Basel ['bɑːzəl] *n* Basel, Basle, *Fr.* Bâle (*Swiss town and canton*).
Baskenland ['baskənlant] *n*, **Baskische(n) Provinzen** ['baskiʃə(n)] *f/pl.* Basque Provinces *pl.*
Baumeister ['baumaɪstər] *German painter.*
Bayern ['baɪərn] *n* Bavaria (*Land of the Federal Republic of Germany*).
Bayerische(r) Wald ['baɪəriʃə(r)] *m* Bavarian Forest.
Beatrice [bea'triːsə] *f* Beatrice.
Bebel ['beːbəl] *German socialist.*
Beckmann ['bɛkman] *German painter.*
Beethoven ['beːthoːfən] *German composer.*
Belgien ['bɛlgiən] *n* Belgium.
Belgrad ['bɛlgrɑːt] *n* Belgrade.
Benares [be'nɑːrɛs] *n* Banaras Benares.
Benedikt ['beːnedikt] *m* Benedict.
Bengalen [bɛŋ'gɑːlən] *n* Bengal.
Benjamin ['bɛnjamiːn] *m* Benjamin.
Benn [bɛn] *German poet.*
Berg [bɛrk] *Austrian composer.*
Bergische(s) Land ['bɛrgiʃə(s)] *n mountainous region of North Rhine-Westphalia.*
Beringstraße ['beːriŋʃtrɑːsə] *f* Bering Strait.
Berlin [bɛr'liːn] *n* Berlin.
Bermuda-Inseln [bɛr'muːda-] *f/pl.* Bermudas *pl.*
Bern [bɛrn] *n* Bern, *Fr.* Berne (*Swiss town and canton*).
Bernhard ['bɛrnhart] *m* Bernard.
Bert(h)a ['bɛrta] *f*, **Bert(h)old** ['bɛrtɔlt] *m* Bertha, Berthold.
Bielefeld ['biːləfɛlt] *n town in West Germany.*
Biermann ['biːrman] *German poet.*
Biskaya [bis'kɑːja] *f* Biscay, *Golf von* ~ *m* Bay of Biscay.
Bismarck ['bismark] *German statesman.*
Bloch [blɔx] *German philosopher.*
Böcklin ['bœklin] *German painter.*
Bodensee ['boːdənzeː] *m* Lake of Constance.
Böhm [bøːm] *Austrian conductor.*
Böhmen ['bøːmən] *n* Bohemia, *Böhmer Wald m* Bohemian Forest.

Bolivien [bo'li:viən] *n* Bolivia.
Böll [bœl] *German author.*
Bonn [bɔn] *n capital of the Federal Republic of Germany.*
Born [bɔrn] *German physicist.*
Bosporus ['bɔsporus] *m* Bosporus.
Bozen ['bo:tsən] *n* Bolzano.
Brahms [brɑ:ms] *German composer.*
Brandt [brant] *fourth chancellor of the Federal Republic of Germany.*
Brasilien [bra'zi:liən] *n* Brazil.
Braunschweig ['braunʃvaık] *n* Brunswick.
Brecht [brɛçt] *German poet.*
Bremen ['bre:mən] *n Land of the Federal Republic of Germany.*
Brigitte [bri'gitə] *f* Bridget.
Broch [brɔx] *Austrian author.*
Bruckner ['bruknər] *Austrian composer.*
Brügge ['brygə] *n* Brugge, Bruges.
Brunhilde [bru:n'hildə] *f German Christian name.*
Brüning ['bry:niŋ] *Chancellor of the Weimar Republic.*
Brünn [bryn] *n* Brno.
Bruno ['bru:no] *m German Christian name.*
Brüssel ['brysəl] *n* Brussels.
Buber ['bu:bər] *German philosopher.*
Büchner ['by:çnər] *German poet.*
Budapest ['bu:dapɛst] *n* Budapest.
Buenos Aires [bu'ɛnɔs 'aırɛs] *n* Buenos Aires.
Bukarest ['bu:karest] *n* Bucharest.
Bulgarien [bul'gɑ:riən] *n* Bulgaria.
Bunsen ['bunzən] *German chemist.*
Burgenland ['burgənlant] *n province of Austria.*
Burgund [bur'gunt] *n* Burgundy.
Burma ['burma] *n* Burma.
Busch [buʃ] *German satirist.*
Butenandt ['bu:tənant] *German chemist.*

C

Cäcilie [tsɛ'tsi:liə] *f* Cecilia.
Calais [ka'lɛ:] *n*: *Straße von* ~ Straits of Dover.
Calvin [kal'vi:n] *Swiss religious reformer.*
Capri ['kɑ:pri] *n* Capri.
Celan ['tsɛ:lan] *Austrian poet.*
Ceylon ['tsaılɔn] *n* Ceylon.
Charlotte [ʃar'lɔtə] *f* Charlotte.
Chikago [ʃi'kɑ:go] *n* Chicago.
Chile ['tʃi:le] *n* Chile.
China ['çi:na] *n* China.
Christian ['kristian] *m*, **Christi(a)ne** [kris'ti:nə (kristi'ɑ:nə)] *f* Christian, Christiana.
Christoph ['kristɔf] *m* Christopher.
Christus ['kristus] *m* Christ.
Chur [ku:r] *n* Chur, *Fr.* Coire.
Claudia ['klaudia] *f* Claudia.
Claudius ['klaudius] *German poet.*
Corinth [ko'rint] *German painter.*
Cottbus ['kɔtbus] *n town and district in the German Democratic Republic.*
Cranach ['krɑ:nax] *German painter.*

D

Daimler ['daımlər] *German inventor.*
Damaskus [da'maskus] *n* Damascus.
Dänemark ['dɛ:nəmark] *n* Denmark.
Daniel ['dɑ:niɛl] *m* Daniel.
David ['dɑ:fit, 'dɑ:vi:t] *m* David.
Den Haag [den 'hɑ:k] *n* → *Haag.*
Deutschland ['dɔʏtʃlant] *n* Germany.
Diesel ['di:zəl] *German inventor.*
Dieter ['di:tər], **Dietrich** ['di:triç] *m German Christian name.*
Dietrich ['di:triç] *German actress.*
Döblin ['dø:bli:n] *German author.*
Dolomiten [dolo'mi:tən] *pl.* Dolomites *pl.*
Dominikanische Republik [domini'kɑ:niʃə] *f* Dominican Republic.
Donau ['do:nau] *f* Danube.
Dora ['do:ra] *f* Dora.
Dorothea [doro'te:a] *f* Dorothy.
Dortmund ['dɔrtmunt] *n industrial town in West Germany.*
Dresden ['dre:sdən] *n town and district in the German Democratic Republic.*
Droste-Hülshoff ['drɔstə 'hylshɔf] *German poetess.*
Dublin ['dablin] *n* Dublin.
Dünkirchen ['dy:nkirçən] *n* Dunkirk.
Dürer ['dy:rər] *German painter.*
Dürrenmatt ['dyrənmat] *Swiss dramatist.*
Düsseldorf ['dysəldɔrf] *n capital of North Rhine-Westphalia.*

E

Eberhard ['e:bərhart] *m German Christian name.*
Ebert ['e:bərt] *first president of the Weimar Republic.*
Eckart ['ɛkart]: Meister ~ *founder of German mysticism.*
Ecuador [ekua'do:r] *n* Ecuador.
Edgar ['ɛtgar] *m* Edgar.
Edinburgh ['e:dinburk] *n* Edinburgh.
Edith ['e:dit] *f* Edith.
Edmund ['ɛtmunt] *m* Edmund.
Eduard ['e:duart] *m* Edward.
Egk [ɛk] *German composer.*
Eichendorff ['aıçəndɔrf] *German poet.*
Einstein ['aınʃtaın] *German physicist.*
Eismeer ['aısme:r] *n*: *Nördliches* ~ Arctic Ocean, *Südliches* ~ Antarctic Ocean.
Elba ['ɛlba] *n* Elba.
Elbe ['ɛlbə] *f German river.*
Eleonore [eleo'no:rə] *f* Eleanor.
Elfenbeinküste ['ɛlfənbaınkystə] *f* Ivory Coast.
Elisabeth [e'li:zabɛt] *f* Elizabeth.
El Salvador [ɛl zalva'do:r] *n* El Salvador.
Elsaß ['ɛlzas] *n* Alsace.
Emil ['e:mi:l] *m German Christian name.*
Emilia [e'mi:lia], **Emilie** [e'mi:liə] *f* Emily.
Emma ['ɛma] *f* Emma.
Engadin [ɛŋga'di:n] *n* Engadine.
Engels ['ɛŋəls] *German philosopher.*
England ['ɛŋlant] *n* England.
Enzensberger ['ɛntsənsbɛrgər] *German author.*
Erfurt ['ɛrfurt] *n town and district in the German Democratic Republic.*
Erhard ['e:rhart] *second chancellor of the Federal Republic of Germany.*
Erich ['e:riç] *m*, **Erika** ['e:rika] *f* Eric, Erica.
Ernst [ɛrnst] **1.** *m* Ernest; **2.** *German painter.*
Erzgebirge ['e:rtsgəbirgə] *n* Erz Gebirge.
Essen ['ɛsən] *n industrial town in West Germany.*
Esther ['ɛstər] *f* Esther.
Estland ['e:stlant] *n* Estonia.
Etzel ['ɛtsəl] *hist. m* Attila.
Eugen ['ɔʏge:n] *m* Eugene.
Euphrat ['ɔʏfrat] *m* Euphrates.
Eurasien [ɔʏ'rɑ:ziən] *n* Eurasia.
Europa [ɔʏ'ro:pa] *n* Europe.
Eva ['e:fa, 'e:va] *f* Eve.

F

Feldberg ['fɛltbɛrk] *m German mountain.*
Felix ['fe:liks] *m*, **Felizitas** [fe'li:tsitas] *f* Felix, Felizia.
Ferdinand ['fɛrdinant] *m German Christian name.*
Ferne(r) Osten *m* Far East.
Feuerbach ['fɔʏərbax] *German philosopher.*
Fichte ['fiçtə] *German philosopher.*
Finnland ['finlant] *n* Finland.
Florenz [flo'rɛnts] *n* Florence.
Florian ['flo:riɑ:n] *m German Christian name.*
Fontane [fɔn'tɑ:nə] *German author.*
Formosa [fɔr'mo:za] **(Taiwan)** *n* Formosa.
Frank [fraŋk] *m* Frank.
Franken ['fraŋkən] *n* Franconia.
Frankfurt am Main ['fraŋkfurt] *n* Frankfort on the Main.
Frankfurt an der Oder ['fraŋkfurt] *n* Frankfort on the Oder (*town and district in the German Democratic Republic*).
Frankreich ['fraŋkraıç] *n* France.
Franz [frants] *m*, **Franziska** [fran'tsiska] *f* Francis, Frances.
Freiburg ['fraıburk] *n Fr.* Fribourg (*Swiss town and canton*).
Freiburg im Breisgau ['fraıburk im 'braısgau] *n town in West Germany.*
Freud [frɔʏt] *Austrian psychologist.*
Fridolin ['fri:doli:n] *m German Christian name.*
Friederike [fri:də'ri:kə] *f* Frederica.
Friedrich ['fri:driç] **1.** *German painter*; **2.** ~ *der Große* Frederick the Great (*king of Prussia*).
Friedrich ['fri:driç] *m* Frederic.
Friesische(n) Inseln ['fri:ziʃə(n)] *f/pl.* Frisian Islands *pl.*
Frisch [friʃ] *Swiss author.*
Fritz [frits] *m shortened form of* → *Friedrich.*
Fudschijama [fudʒi'jɑ:ma] *m* Fujiyama.

G

Gabriel ['gɑ:briɛl] *m*, **Gabriele** [gabri'e:lə] *f* Gabriel, Gabriella.
Ganges ['gaŋgɛs] *m* Ganges.
Gardasee ['gardaze:] *m* Lake Garda.
Garmisch ['garmiʃ] *n health resort in Bavaria.*
Gauss [gaus] *German mathematician.*
Genf [gɛnf] *n* Geneva (*Swiss town and canton*).
Genua ['ge:nua] *n* Genoa.
Georg [ge'ˀɔrk, 'ge:ɔrk] *m* George.
Gera ['ge:ra] *n town and district in the German Democratic Republic.*
Gerd [gɛrt] *m shortened form of* → *Gerhard.*

Gerhard ['ge:rhart] *m* Gerard.
Gerhardt ['ge:rhart] *German poet.*
Gertrud(e) ['gɛrtru:t (gɛr'tru:də)] *f* Gertrude.
Ghana ['gɑ:na] *n* Ghana.
Gibraltar [gi'braltar] *n* Gibraltar.
Glarus ['glɑ:rus] *n Swiss town and canton.*
Gluck [gluk] *German composer.*
Gobi ['go:bi] *f* Gobi.
Goethe ['gø:tə] *German poet.*
Goldküste ['gɔltkystə] *f* Gold Coast.
Gottfried ['gɔtfri:t] *m* Godfrey.
Grass [gras] *German author.*
Graubünden [grau'byndən] *n Fr.* Grisons *pl.* (*Swiss canton*).
Gregor ['gre:gɔr] *m* Gregory.
Grete(l) ['gre:tə(l)] *f shortened form of* → *Margarete.*
Griechenland ['gri:çənlant] *n* Greece.
Grieshaber ['gri:shɑ:bər] *German painter.*
Grillparzer ['grilpartsər] *Austrian dramatist.*
Grimm [grim]: *Gebrüder* ~ *German philologists.*
Grimmelshausen ['grimәlshauzən] *German poet.*
Grönland ['grø:nlant] *n* Greenland.
Gropius ['gro:pius] *German architect.*
Großbritannien [gro:sbri'taniən] *n* Great Britain.
Großglockner [gro:s'glɔknər] *m Austrian mountain.*
Grünewald ['gry:nəvalt] *German painter.*
Guatemala [guate'mɑ:la] *n* Guatemala.
Guayana [gua'jɑ:na] *n* Guiana.
Guinea [gi'ne:a] *n* Guinea.
Gustav ['gustaf] *m* Gustavus.
Gutenberg ['gu:tənbɛrk] *German inventor.*

H

Haag [hɑ:k] *n*: *Den* ~ The Hague.
Habermas ['hɑ:bərmɑ:s] *German philosopher.*
Habsburg ['hɑ:psburk] *hist. n* Hapsburg (*German dynasty*).
Hahn [hɑ:n] *German chemist.*
Haiti [ha'i:ti] *n* Haiti.
Halle ['halə] *n town and district in the German Democratic Republic.*
Hamburg ['hamburk] *n Land of the Federal Republic of Germany.*
Händel ['hɛndəl] Handel (*German composer*).
Handke ['hantkə] *Austrian poet.*
Hanna ['hana] *f* Hannah.
Hannelore ['hanəlo:rə] *f German Christian name.*
Hannes, Hans ['hanəs, hans] *m* Jack.
Hannover [ha'no:fər] *n* Hanover (*capital of Lower Saxony*).
Hanoi [ha'nɔʏ] *n* Hanoi.
Harz [hɑ:rts] *m* Harz Mountains *pl.*
Hauptmann ['hauptman] *German dramatist.*
Haydn ['haɪdən] *German composer.*
Hebriden [he'bri:dən] *pl.* Hebrides *pl.*
Hedwig ['he:tviç] *f* Hedwig.
Hegel ['he:gəl] *German philosopher.*
Heidegger ['haɪdɛgər] *German philosopher.*
Heidelberg ['haɪdəlbɛrk] *n town in West Germany.*
Heine ['haɪnə] *German poet.*
Heinemann ['haɪnəman] *third president of the Federal Republic of Germany.*
Heinrich ['haɪnriç] *m* Henry.
Heisenberg ['haɪzənbɛrk] *German physicist.*
Heißenbüttel ['haɪsənbytəl] *German poet.*
Helena ['he:lena], **Helene** [he'le:nə] *f* Helen.
Helgoland ['hɛlgolant] *n* Heligoland.
Helsinki ['hɛlziŋki] *n* Helsinki.
Henriette [hɛnri'ɛtə] *f* Henrietta.
Henze ['hɛntsə] *German composer.*
Hermann der Cherusker ['hɛrman der çe'ruskər] *hist.* Arminius.
Hesse ['hɛsə] *German author.*
Hessen ['hɛsən] *n* Hesse (*Land of the Federal Republic of Germany*).
Hessische(s) Bergland ['hɛsiʃə(s)] *n mountainous region of Hesse.*
Herder ['hɛrdər] *German philosopher.*
Hertz [hɛrts] *German physicist.*
Heuss [hɔʏs] *first president of the Federal Republic of Germany.*
Hildegard ['hildəgart] *f German Christian name.*
Himalaja [hi'mɑ:laja] *m* Himalaya.
Hindemith ['hindəmit] *German composer.*
Hindustan [hindus'tɑ:n] *n* Hindustan.
Hiros(c)hima [hiro'ʃi:ma] *n* Hiroshima.
Hochhuth ['ho:xhu:t] *German dramatist.*
Hoffmann ['hɔfman] *German poet.*
Hohenzollern [ho:ən'tsɔlərn] *m/pl. hist. German dynasty.*
Hölderlin ['hœldərlin] *German poet.*
Holland ['hɔlant] *n* Holland.
Horkheimer ['hɔrkhaɪmər] *German philosopher.*
Hubert ['hu:bɛrt] *m* Hubert.
Hudsonbai ['hadsənbaɪ] *f* Hudson Bay.
Hugo ['hu:go] *m* Hugh.
Humboldt ['humbɔlt] *German naturalist.*

I

Iberische Halbinsel [i'be:riʃə] *f* Iberian Peninsula.
Ida ['i:da] *f* Ida.
Ilse ['ilzə] *f* Ilse.
Indien ['indiən] *n* India.
Indische(r) Ozean ['indiʃə(r)] *m* Indian Ocean.
Indochina ['indo'çi:na] *n* Indochina.
Indonesien [indo'ne:ziən] *n* Indonesia.
Inn [in] *m affluent of the Danube.*
Innerasien ['inər'ʔɑ:ziən] *n* Central Asia.
Innsbruck ['insbruk] *n town in Austria.*
Ionische(s) Meer [i'o:niʃə(s)] *n* Ionian Sea.
Irak [i'rɑ:k] *m* Iraq.
Iran [i'rɑ:n] *n* Iran.
Irene [i're:nə] *f* Irene.
Irische Republik ['i:riʃə] *f* Republic of Ireland.
Irische See ['i:riʃə] *f* Irish Sea.
Irland ['irlant] *n* Ireland.
Irma ['irma] *f* Irma.
Isabella [iza'bɛla] *f* Isabel.
Island ['i:slant] *n* Iceland.
Isolde [i'zɔldə] *f* Isolde.
Israel ['israɛl] *n* Israel.
Istanbul ['istambu:l] *n* Istanbul.
Italien [i'tɑ:liən] *n* Italy.

J

Jakob ['jɑ:kɔp] *m* Jacob, James.
Jalta ['jalta] *n* Yalta.
Jamaika [ja'maɪka] *n* Jamaica.
Jangtse ['jaŋtse] *m* Yangtze.
Japan ['jɑ:pan] *n* Japan.
Japanische(s) Meer [ja'pɑ:niʃə(s)] *n* Sea of Japan.
Jaspers ['jaspərs] *German philosopher.*
Java ['jɑ:va] *n* Java.
Jean Paul [ʒɑ̃ 'paul] *German poet.*
Jemen ['je:mən] *m* Yemen.
Jenissei [jeni'se:i] *m* Yenisei.
Jerusalem [je'ru:zalɛm] *n* Jerusalem.
Jesus ['je:zus] *m* Jesus.
Joachim ['jo:axim, jo'axim], **Jochen** ['jɔxən] *m* Joachim.
Johann(es) [jo'han(əs)] *m* John.
Johanna, Johanne [jo'hana, jo'hanə] *f* Joan(na).
Johnson ['jo:nzɔn] *German author.*
Jörg [jœrk] *m shortened form of* → *Georg.*
Jordanien [jɔr'dɑ:niən] *n* Jordan.
Josef, Joseph ['jo:zɛf] *m* Josef.
Judith ['ju:dit] *f* Judith.
Jugoslawien [jugo'slɑ:viən] *n* Yugoslavia.
Julia ['ju:lia], **Julie** ['ju:liə] *f* Julia.
Jung [juŋ] *Swiss psychologist.*
Jura ['ju:ra] *m mountain range in France and Switzerland.*
Jürgen ['jyrgən] *m* → *Georg.*
Jutta ['juta] *f* → *Judith.*

K

Kafka ['kafka] *German poet.*
Kairo ['kaɪro] *n* Cairo.
Kalifornien [kali'fɔrniən] *n* California.
Kalkutta [kal'kuta] *n* Calcutta.
Kambodscha [kam'bɔdʒa] *n* Cambodia.
Kamerun [kamə'ru:n] *n* Cameroon.
Kanada ['kanada] *n* Canada.
Kanalinseln [ka'nɑ:linzəln] *f/pl.* Channel Islands *pl.*
Kant [kant] *German philosopher.*
Kanton ['kantɔn] *n* Canton.
Kap der Guten Hoffnung *n* Cape of Good Hope.
Kapstadt ['kapʃtat] *n* Cape Town.
Kap Verde ['verdə] *n* Cape Verde.
Karajan ['kɑ:rajan] *Austrian conductor.*
Karibische(n) Inseln [ka'ri:biʃə(n)] *f/pl.* Caribbees *pl.*
Karin ['kɑ:ri:n] *f* Karen.
Karl [karl] *m*, **Karla** ['karla] *f* Charles, Carol.
Karl der Große *hist.* Charlemagne (*Holy Roman emperor*).
Karl-Marx-Stadt [karl'marksʃtat] *n* (*formerly Chemnitz*) *town and district in the German Democratic Republic.*
Karlsruhe ['karlsru:ə] *n town in West Germany.*
Kärnten ['kɛrntən] *n* Carinthia (*province of Austria*).
Karola ['kɑ:rola, ka'ro:la], **Karoline** [karo'li:nə] *f* Carol, Caroline.

Karpaten [kar'pɑ:tən] *pl.* Carpathian Mountains *pl.*
Kaschmir ['kaʃmir] *n* Cashmere.
Kaspische(s) Meer ['kaspiʃə(s)] *n*, **Kaspisee** ['kaspize:] *m* Caspian Sea.
Kassel ['kasəl] *n* Cassel.
Kästner ['kɛstnər] *German author.*
Katharina [kata'ri:na] *f* Catherine.
Käthe ['kɛ:tə], **Kathrein** [ka'traɪn], **Kathrine** [ka'tri:nə] *f shortened forms of* → *Katharina.*
Kaukasus ['kaukazus] *m* Caucasus Mountains *pl.*
Kenia ['ke:nia] *n* Kenya.
Kepler ['kɛplər] *German astronomer.*
Kiel [ki:l] *n capital of Schleswig-Holstein.*
Kiesinger ['ki:ziŋər] *third chancellor of the Federal Republic of Germany.*
Kiew ['ki:ɛf] *n* Kiev.
Kilimandscharo [kiliman'dʒɑ:ro] *m* Mount Kilimanjaro.
Klara ['klɑ:ra] *f* Clara, Clare.
Klaudia ['klaʊdia] *f* Claudia.
Klaus [klaʊs] *m shortened form of* → *Nikolaus.*
Klee [kle:] *Swiss painter.*
Kleinasien [klaɪn'ʔɑ:ziən] *n* Asia Minor.
Koblenz ['ko:blɛnts] *n* Coblenz.
Koch [kɔx] *German bacteriologist.*
Kokoschka [ko'kɔʃka] *Austrian painter.*
Köln [kœln] *n* Cologne.
Kolumbien [ko'lumbiən] *n* Columbia.
Kolumbus [ko'lumbus] *m* Columbus.
Kongo ['kɔŋgo] *m* Congo.
Konrad ['kɔnrɑ:t] *m* Conrad.
Konstantin [kɔnstan'ti:n] *m* Constantine.
Konstanz ['kɔnstants] *n* Constance; → *Bodensee.*
Kopenhagen [kopən'hɑ:gən] *n* Copenhagen.
Korea [ko're:a] *n* Korea.
Korfu ['kɔrfu] *n* Corfu.
Korinth [ko'rint] *n* Corinth.
Kornelia [kɔr'ne:lia] *f* Cornelia.
Kreisky ['kraɪski] *federal chancellor of Austria.*
Kreml ['kre:məl] *m* Kremlin.
Kreta ['kre:ta] *n* Crete.
Krim [krim] *f* Crimea.
Kuba ['ku:ba] *f* Cuba.
Kurt [kurt] *m* Curtis.

L

Lappland ['laplant] *n* Lapland.
Lassalle [la'sal] *German socialist.*
Lateinamerika [la'taɪname:rika] *n* Latin America.
Leibniz ['laɪbnits] *German philosopher.*
Leipzig ['laɪptsiç] *n* Leipsic (*town and district in the German Democratic Republik*).
Lena ['le:na], **Lenchen** ['le:nçən], **Lene** ['le:nə] *f shortened forms of* → *Magdalene, Helene.*
Lenz [lɛnts] *German author.*
Leo ['le:o] *m* Leo.
Leonhard ['le:ɔnhart] *m* Leonard.
Lessing ['lɛsiŋ] *German poet.*
Lettland ['lɛtlant] *n* Latvia.
Libanon ['li:banɔn] *m* Lebanon.
Liberia [li'be:ria] *n* Liberia.
Libyen ['li:byən] *n* Libya.
Liebig ['li:biç] *German chemist.*
Liebknecht ['li:pknɛçt] *German socialist.*
Liechtenstein ['liçtənʃtaɪn] *n* Liechtenstein.
Liese ['li:zə], **Lisbeth** ['lisbɛt] *f shortened forms of* → *Elisabeth.*
Lieselotte ['li:zəlɔtə] *f German Christian name.*
Lissabon ['lisabɔn] *n* Lisbon.
Litauen ['li:taʊən] *n* Lithuania.
London ['lɔndɔn] *n* London.
Lore ['lo:rə] *f shortened form of* → *Hannelore.*
Lothringen ['lo:triŋən] *n Fr.* Lorraine.
Lotte ['lɔtə] *f shortened form of* → *Charlotte, Lieselotte.*
Lübeck ['ly:bɛk] *n town in West Germany.*
Lübke ['lypkə] *second president of the Federal Republic of Germany.*
Ludwig ['lu:tviç] *m* Louis.
Luise [lu'i:zə] *f* Louisa.
Lüneburg ['ly:nəburk] *n town in West Germany*, *~er Heide f* Lüneburg Heath.
Luther ['lutər] *German religious reformer.*
Luxemburg ['luksəmburk] **1.** *n* Luxemb(o)urg; **2.** *German female socialist.*
Luzern [lu'tsɛrn] *n Fr.* Lucerne (*Swiss town and canton*).

M

Maas [mɑ:s] *f* Maas, *Fr.* Meuse.
Madagaskar [mada'gaskar] *n* Madagascar.
Madrid [ma'drit] *n* Madrid.
Magda ['makda], **Magdalena** [makda'le:na] *f* Magdalen.
Magdeburg ['makdəburk] *n town and district in the German Democratic Republic.*
Mahler ['mɑ:lər] *Austrian composer.*
Mailand ['maɪlant] *n* Milan.
Main [maɪn] *m German river.*
Mainz [maɪnts] *n* Mayence (*capital of Rhineland-Palatinate*).
Malaysia [ma'laɪzia] *n* Malaysia.
Mali ['mɑ:li] *n* Mali.
Mallorca [ma'lɔrka] *n* Majorca.
Malta ['malta] *n* Malta.
Mandschurei [mandʒu'raɪ] *f* Manchuria.
Manfred ['manfre:t] *m German Christian name.*
Mann [man] *German authors.*
Mannheim ['manhaɪm] *n town in West Germany.*
Marc [mark] *German painter.*
Marcuse [mar'ku:zə] *German sociologist.*
Margareta [marga're:ta], **Margarete** [marga're:tə] *f* Margaret.
Margot ['margɔt] *f* Margot.
Maria [ma'ri:a], **Marie** [ma'ri:] *f* Mary.
Marianne [mari'anə] *f* Marian.
Marion ['mɑ:riɔn] *f* Marion.
Marokko [ma'rɔko] *n* Morocco.
Martha ['marta] *f* Martha.
Martin ['marti:n] *m* Martin.
Marx [marks] *German philosopher.*
Mathilde [ma'tildə] *f* Mat(h)ilda.
Matterhorn ['matərhɔrn] *n Swiss mountain.*
Matthias [ma'ti:as] *m* Matthias.
Max(imilian) [maks(i'mi:liɑ:n)] *m* Max.
Mazedonien [matsə'do:niən] *n* Macedonia.
Meißen ['maɪsən] *n* Meissen.
Mekka ['mɛka] *n* Mecca.
Melanchthon [me'lançtɔn] *German religious reformer.*
Memel ['me:məl] *f* Niemen (River).
Menzel ['mɛntsəl] *German painter.*
Mexiko ['mɛksiko] *n* Mexico.
Metternich ['mɛtərniç] *Austrian statesman.*
Michael ['miçaɛl], **Michel** ['miçəl] *m* Michael.
Mies van der Rohe ['mi:s fan der 'ro:ə] *German architect.*
Mittelamerika ['mitəla'me:rika] *n* Middle America.
Mitteldeutschland ['mitəldɔʏtʃlant] *n* Middle Germany.
Mitteleuropa ['mitəlɔʏ'ro:pa] *n* Central Europe.
Mittelmeer ['mitəlme:r] *n* Mediterranean (Sea).
Mittlere(r) Osten *m* Middle East.
Moldau ['mɔldaʊ] *f* Moldavia.
Moltke *German field marshal.*
Mongolei [mɔŋgo'laɪ] *f*: *die Innere ~* Inner Mongolia; *die Äußere ~* Outer Mongolia.
Monika ['mo:nika] *f* Monica.
Mörike ['mø:rikə] *German poet.*
Moritz ['mo:rits] *m German Christian name.*
Mosel ['mo:zəl] *f Fr.* Moselle.
Moskau ['mɔskaʊ] *n* Moscow.
Mozambique [mozam'bik] *n* Mozambique.
Mozart ['mo:tsart] *German composer.*
München ['mynçən] *n* Munich (*capital of Bavaria*).
Münster ['mynstər] *n town in West Germany.*
Musil ['musil, 'mu:zil] *Austrian author.*

N

Nahe(r) Osten *m* Near East.
Neapel [ne'ɑ:pəl] *n* Naples.
Neiße ['naɪsə] *f German river*; → *Oder-Neiße-Grenze.*
Nepal [ne'pɑ:l] *n* Nepal.
Neubrandenburg [nɔʏ'brandənburk] *n town and district in the German Democratic Republic.*
Neu-Delhi [nɔʏ'de:li] *n* New Delhi.
Neuenburg ['nɔʏənburk] *n Fr.* Neuchâtel (*Swiss town and canton*).
Neufundland [nɔʏ'funtlant] *n* Newfoundland.
Neuguinea [nɔʏgi'ne:a] *n* New Guinea.
Neuseeland [nɔʏ'ze:lant] *n* New Zealand.
Newa ['ne:va] *f* Neva.
Niagarafälle [nia'gɑ:rafɛlə] *m/pl.* Niagara Falls *pl.*
Niederlande ['ni:dərlandə] *pl.* Netherlands *pl.*
Niederösterreich ['ni:dərø:stəraɪç] *n* Lower Austria (*province of Austria*)
Niedersachsen ['ni:dərzaksən] *n* Lower Saxony (*Land of the German Federal Republic*).
Nietzsche ['ni:tʃə] *German philosopher.*
Nigeria [ni'ge:ria] *n* Nigeria.
Nikolaus ['ni:kolaus] *m* Nicholas.
Nil [ni:l] *m* Nile.
Nizza ['nitsa] *n Fr.* Nice.

Nolde ['nɔldə] *German painter.*
Norbert ['nɔrbɛrt] *m* Norbert.
Nordamerika ['nɔrta'me:rika] *n* North America.
Nordirland ['nɔrt'ʔirlant] *n* Northern Ireland.
Nordkap ['nɔrtkap] *n* North Cape.
Nord-Ostsee-Kanal [nɔrt'ʔɔstze:-kana:l] *m* Kiel Canal.
Nordrhein-Westfalen ['nɔrtraɪn-vɛst'fa:lən] *n* North Rhine-Westphalia (*Land of the Federal Republic of Germany*).
Nordsee ['nɔrtze:] *f* German Ocean, North Sea.
Norwegen ['nɔrve:gən] *n* Norway.
Novalis [no'va:lis] *German poet.*
Nowgorod ['nɔfgɔrɔt] *n* Novgorod.
Nubien ['nu:biən] *n* Nubia.
Nürnberg ['nyrnbɛrk] *n* Nuremberg.

O

Ob [ɔp] *m* Ob.
Oberösterreich ['o:bərøstəraɪç] *n* Upper Austria (*province of Austria*).
Odenwald ['o:dənvalt] *m mountainous region in Hesse.*
Oder ['o:dər] *f German river.*
Oder-Neiße-Grenze ['o:dər'naɪsə-] *f* Oder-Neisse Line.
Olaf ['o:laf] *m* Olaf.
Oldenburg ['ɔldənburk] *n town in West Germany.*
Olymp [o'lymp] *m* Mount Olympus.
Orff [ɔrf] *German composer.*
Oskar ['ɔskar] *m* Oscar.
Oslo ['ɔslo] *n* Oslo.
Osnabrück [ɔsna'bryk] *n town in West Germany.*
Ossietzky [ɔsi'ɛtski] *German writer and pacifist.*
Ostasien ['ɔst'ʔa:ziən] *n* Eastern Asia.
Ost-Berlin ['ɔstbɛrlin] *n* East Berlin (*town and district in the German Democratic Republic*).
Ostdeutschland ['ɔstdɔʏtʃlant] *n* East Germany.
Ostende [ɔst'ʔɛndə] *n* Ostend.
Österreich ['ø:stəraɪç] *n* Austria.
Ostpreußen ['ɔstprɔʏsən] *n* East Prussia.
Ostsee ['ɔstze:] *f* Baltic Sea.
Ottawa ['ɔtava] *n* Ottawa.
Otto ['ɔto] *m* Otto.
Otto der Große Otto the Great (*Holy Roman emperor*).

P

Pakistan ['pa:kista(:)n] *n* Pakistan.
Palästina [palɛ'sti:na] *n* Palestine.
Panamakanal ['panamakana:l] *m* Panama Canal.
Pandschab [pan'dʒa:p] *m* Punjab.
Paracelsus [para'tsɛlzus] *German chemist and physician.*
Paraguay [paragu'a:i] *n* Paraguay.
Paris [pa'ri:s] *n* Paris.
Paul [paʊl] *m*, **Paula** ['paʊla] *f* Paul, Paula.
Pazifik [pa'tsi:fik], **Pazifische(r) Ozean** [pa'tsi:fiʃə(r)] *m* Pacific Ocean.
Peking ['pe:kiŋ] *n* Peking.
Peloponnes [pelopɔ'ne:s] *m* Peloponnesus.
Penninische(s) Gebirge [pɛ'ni:niʃə(s)] *n* Pennine Chain.
Persien ['pɛrziən] *n* Persia.
Peru [pe'ru:] *n* Peru.
Pestalozzi [pɛsta'lɔtsi] *Swiss educationist.*
Peter ['pe:tər] *m* Peter.
Petersburg ['pe:tərsburk] *hist. n* Saint Petersburg.
Pfalz [pfalts] *f* → *Rheinland-Pfalz.*
Philipp ['fi:lip] *m* Philip.
Philippinen [fili'pi:nən] *pl.* Philippine Islands, Philippines *pl.*
Planck [plaŋk] *German physicist.*
Plattensee ['platənze:] *m* Plattensee, Balaton.
Po [po:] *m* Po.
Polen ['po:lən] *n* Poland.
Pommern ['pɔmərn] *n* Pomerania.
Pompeji [pɔm'pe:ji] *m* Pompeii.
Portugal ['pɔrtugal] *n* Portugal.
Potsdam ['pɔtsdam] *n town and district in the German Democratic Republic.*
Prag [pra:k] *n* Prague.
Preußen ['prɔʏsən] *hist. n* Prussia.
Puerto Rico [pu'ɛrto 'ri:ko] *n* Puerto Rico.
Pyrenäen [pyre'nɛ:ən] *pl.* Pyrenees *pl.*

Q

Quebec [kwi'bɛk], **Quebeck** [kve-'bɛk] *n* Quebec.

R

Raabe ['ra:bə] *German poet.*
Raimund, Reimund ['raɪmunt] *m* Raymond.
Rainer, Reiner ['raɪnər] *m* Rayner
Rathenau ['ra:tənaʊ] *German industrialist and statesman.*
Rebekka [re'bɛka] *f* Rebecca.
Regensburg ['re:gənsburk] *n* Ratisbon, Regensburg.
Reger ['re:gər] *German composer.*
Regina [re'gi:na], **Regine** [re'gi:nə] *f* Regina.
Reich [raɪç] *German psychologist.*
Renate [re'na:tə] *f* Renata.
Reykjavik ['raɪkjavik] *n* Reykjavik.
Rhein [raɪn] *m* Rhine.
Rheinland-Pfalz ['raɪnlant'pfalts] *n* Rhineland-Palatinate (*Land of the Federal Republic of Germany*).
Rhodesien [ro'de:ziən] *n* Rhodesia.
Rhodos ['ro(:)dɔs] *n* Rhodes.
Rhone ['ro:nə] *f* Rhone.
Richard ['riçart] *m* Richard.
Riga ['ri:ga] *n* Riga.
Rilke ['rilkə] *Austrian poet.*
Riviera [rivi'e:ra] *f* Riviera.
Robert ['ro:bɛrt] *m* Robert.
Roland ['ro:lant] *m* Roland.
Rolf [rɔlf] *m shortened form of* → *Rudolf.*
Rom [ro:m] *n* Rome.
Röntgen ['rœntgən] *German physicist.*
Rosemarie ['ro:zəmari:] *f* Rosemary.
Rostock ['rɔstɔk] *n town and district in the German Democratic Republic.*
Rote(s) Meer *n* Red Sea.
Rudolf, Rudolph ['ru:dɔlf] *m* Rudolph.
Rügen ['ry:gən] *n German island.*
Ruhr [ru:r] *f German river*; **~gebiet** *n industrial centre of West Germany.*
Rumänien [ru'mɛniən] *n* Ro(u)mania.
Rupert ['ru:pɛrt], **Ruprecht** ['ru:-prɛçt] *m* Rupert.
Rußland ['ruslant] *n* Russia.
Ruth [ru:t] *f* Ruth.

S

Saale ['za:lə] *f German river.*
Saar [za:r] *f affluent of the Moselle*; **~brücken** [~'brykən] *n capital of the Saar*; **~land** ['~lant] *n* Saar (*Land of the Federal Republic of Germany*).
Sabine [za'bi:nə] *f* Sabina.
Sachalin [zaxa'li:n] *n* Sakhalin.
Sachs [zaks] *German poet.*
Sachsen ['zaksən] *n* Saxony.
Sahara ['za:hara, za'ha:ra] *f* Sahara.
Salzburg ['zaltsburk] *n town and province of Austria.*
Sankt Bernhard [zaŋkt 'bɛrnhart] *m*: *Große(r)* ~ Great Saint Bernard; *Kleine(r)* ~ Little Saint Bernard.
Sankt Gallen [zaŋkt 'galən] *n* Saint Gallen (*Swiss town and canton*).
Sankt Gotthard [zaŋkt 'gɔthart] *m* Saint Gotthard.
Sankt-Lorenz-Strom [zaŋkt'lo:-rents-] *m* Saint Lawrence.
Sankt Moritz ['zaŋkt 'mo:rits] *n* Saint-Moritz.
Santiago de Chile [zanti'a:go] *n* Santiago de Chile.
Sardinien [zar'di:niən] *n* Sardinia.
Saudi-Arabien [zaʊdia'ra:biən] *n* Saudi Arabia.
Schaffhausen [ʃaf'haʊzən] *n Fr.* Schaffhouse (*Swiss town and canton*).
Schanghai ['ʃaŋhaɪ] *n* Shanghai.
Scheel [ʃe:l] *German politician.*
Schiller ['ʃilər] *German poet.*
Schlesien ['ʃle:ziən] *n* Silesia.
Schleswig-Holstein ['ʃle:sviç'hɔl-ʃtaɪn] *n Land of the Federal Republic of Germany.*
Schönberg ['ʃø:nbɛrk] *Austrian composer.*
Schopenhauer ['ʃo:pənhaʊər] *German philosopher.*
Schottland ['ʃɔtlant] *n* Scotland.
Schubert ['ʃu:bərt] *Austrian composer.*
Schumann ['ʃu:man] *German composer.*
Schwaben ['ʃva:bən] *n* Swabia.
Schwarze(s) Meer *n* Black Sea.
Schwarzwald ['ʃvartsvalt] *m* Black Forest.
Schweden ['ʃve:dən] *n* Sweden.
Schweiz [ʃvaɪts] *f*: *die* ~ Switzerland.
Schwerin [ʃve'ri:n] *n town and district in the German Democratic Republic.*
Schwind [ʃvint] *German painter.*
Schwyz [ʃvi:ts] *n Swiss town and canton.*
Sebastian [ze'bastian] *m German Christian name.*
Senegal ['ze:negal] *n* Senegal.
Serbien ['zɛrbiən] *n* Serbia.
Sewastopol [ze'vastopɔl] *n* Sevastopol.
Shetland-Inseln ['ʃɛtlantinzəln] *f/pl.* Shetland Islands *pl.*
Sibirien [zi'bi:riən] *n* Siberia.
Sibylle [zi'bilə] *f* Sibyl.
Siebengebirge ['zi:bəngəbirgə] *n mountain range along the Rhine.*
Siemens ['zi:məns] *German inventor.*
Sinai ['zi:nai] *f* Sinai.
Singapur ['ziŋgapu:r] *n* Singapore.
Sizilien [zi'tsi:liən] *n* Sicily.

Skandinavien [skandi'nɑ:viən] *n* Scandinavia.
Slowakei [slova'kaɪ] *f*: *die* ~ Slovakia.
Sofia ['zɔfia, 'zo:fia] *n* Sofia.
Solothurn ['zo:loturn] *n Swiss town and canton.*
Somaliland [zo'mɑ:lilant] *n* Somaliland.
Sophie [zo'fi:] *f* Sophia.
Sowjetunion [zɔ'vjɛtunio:n] *f* Soviet Union.
Spanien ['ʃpɑ:niən] *n* Spain.
Spengler ['ʃpɛŋlər] *German philosopher.*
Spitzbergen ['ʃpitsbɛrgən] *n* Spitsbergen.
Spitzweg ['ʃpitsve:k] *German painter.*
Spranger ['ʃpraŋər] *German philosopher.*
Spree [ʃpre:] *f German river.*
Stefan, Stephan ['ʃtɛfan] *m* Stephen.
Steiermark ['ʃtaɪərmark] *f* Styria (*province of Austria*).
Stifter ['ʃtiftər] *Austrian author.*
Stille(r) Ozean *m* → *Pazifik.*
Stockholm ['ʃtɔkhɔlm] *n* Stockholm.
Storm [ʃtɔrm] *German poet.*
Straßburg ['ʃtrɑ:sburk] *n Fr.* Strasbourg.
Strauss [ʃtraʊs]: *Richard* ~ *German composer.*
Strauß [ʃtraʊs]: *Johann* ~ *Austrian composer.*
Stresemann ['ʃtre:zəman] *German statesman.*
Stuttgart ['ʃtutgart] *n capital of Baden-Württemberg.*
Südafrika ['zy:t'ʔɑ:frika] *n* South Africa.
Südamerika ['zy:ta'me:rika] *n* South America.
Sudan [zu:'dɑ:n] *m* S(o)udan.
Sudeten [zu'de:tən] *pl.* Sudetes, Sudetic Mountains *pl.*
Südsee ['zy:tze:] *f* South Sea, South Pacific Ocean.
Südwestafrika [zy:t'vɛstɑ:frika] *n* South-West Africa.
Sueskanal ['zu:ɛskanɑ:l] *m* Suez Canal.
Suhl [zu:l] *n town and district in the German Democratic Republic.*
Susanne [zu'zanə] *f* Susan.
Syrien ['zy:riən] *n* Syria.

T

Taiwan ['taɪvan] *n* → *Formosa.*
Tanganjika [taŋgan'ji:ka] *n* Tanganyika.
Teheran [tehe'rɑ:n] *n* Teh(e)ran.
Tel Aviv [tɛla'vi:f] *n* Tel Aviv.
Telemann ['te:ləman] *German composer.*
Teneriffa [tene'rifa] *n* Tenerif(f)e.
Tessin [tɛ'si:n] *n* Ticino (*Swiss canton*).
Thailand ['taɪlant] *n* Thailand.
Theiß [taɪs] *f* Tisza, Theiss.
Themse ['tɛmzə] *f* Thames.
Theodor ['te:odo:r] *m* Theodore.
Therese [te're:zə] *f* Theresa.
Thomas ['to:mas] *m* Thomas.
Thurgau ['tu:rgaʊ] *m* Thurgovia (*Swiss canton*).
Thüringen ['ty:riŋən] *n* Thuringia.
Thüringer Wald ['ty:riŋər] *m* Thuringian Forest.
Tiber ['ti:bər] *m* Tiber.
Tibet ['ti:bɛt] *n* Tibet.
Tieck [ti:k] *German poet.*
Tigris ['ti:gris] *m* Tigris.
Tirana [ti'rɑ:na] *n* Tirana.
Tirol [ti'ro:l] *n* Tyrol (*province of Austria*).
Tokio ['to:kio] *n* Tokyo.
Tom [tɔm] *m shortened form of* → *Thomas.*
Tongking ['tɔŋkiŋ] *n* Tonkin(g).
Toskana [tɔs'kɑ:na] *f* Tuscany.
Tote(s) Meer *n* Dead Sea.
Trakl ['trɑ:kəl] *Austrian poet.*
Trient [tri'ɛnt] *n* Trent.
Trier [tri:r] *n* Trier, *Fr.* Treves.
Triest [tri'ɛst] *n* Trieste.
Tschechoslowakei [tʃɛçoslova'kaɪ] *f*: *die* ~ Czechoslovakia.
Tucholsky [tu'xɔlski] *German author.*
Tunesien [tu'ne:ziən] *n* Tunis(ia).
Türkei [tyr'kaɪ] *f*: *die* ~ Turkey.
Tyrrhenische(s) Meer [ty're:niʃə(s)] *n* Tyrrhenian Sea.

U

Ukraine [ukra'i:nə, u'kraɪnə] *f* Ukraine.
Ulrich ['ulriç] *m* Ulric.
Ungarn ['uŋgarn] *n* Hungary.
Union der Sozialistischen Sowjetrepubliken *f* Union of Soviet Socialist Republics.
Ural [u'rɑ:l] *m* Ural, Ural Mountains *pl.*
Uri ['u:ri] *n Swiss canton.*
Ursula ['urzula] *f German Christian name.*
Uruguay [urugu'ɑ:i] *n* Uruguay.
Ussuri [ussu'ri] *m* Ussuri.

V

Vaduz [fa'duts, va'du:ts] *n* Vaduz.
Valentin ['vɑ:lɛnti:n] *m* Valentine.
Vatikan [vati'kɑ:n] *m* Vatican.
Venedig [ve'ne:diç] *n* Venice.
Venezuela [venetsu'e:la] *n* Venezuela.
Vereinigte Arabische Republik *f* United Arab Republic.
Vereinigte(s) Königreich (von Großbritannien und Nordirland) *n* United Kingdom (of Great Britain and Northern Ireland).
Vereinigte(n) Staaten (von Amerika) *pl.* United States (of America).
Veronika [ve'ro:nika] *f* Veronica.
Vesuv [ve'zu:f] *m* Vesuvius.
Viktor ['viktɔr] *m*, **Viktoria** [vik'to:ria] *f* Victor, Victoria.
Vierwaldstätter See [fi:r'valtʃtɛtər] *m* Lake of Lucerne.
Vietnam [vi'ɛtnam] *n* Vietnam, Viet Nam.
Virchow ['firço, 'virço] *German pathologist.*
Vogesen [vo'ge:zən] *pl. Fr.* Vosges *pl.*
Volksrepublik China ['çi:na] *f* People's Republic of China.
Vorarlberg ['fo:rarlbɛrk] *n province of Austria.*
Vorderasien ['fɔrdər'ʔɑ:ziən] *n* Anterior Asia, Near East.

W

Waadt [vɑ:t, vat] *f Fr.* Vaud (*Swiss canton*).
Wagner ['vɑ:gnər] *German composer.*
Wallenstein ['valənʃtaɪn] *Austrian general.*
Wallis ['valis] *n Fr.* Valais (*Swiss canton*).
Walser ['valzər] *German author.*
Walter ['valtər] *m* Walter.
Walther von der Vogelweide ['valtər fɔn der 'fo:gəlvaɪdə] *German poet.*
Wankel ['vaŋkəl] *German inventor.*
Warschau ['varʃaʊ] *n* Warsaw.
Weber ['ve:bər] *German composer.*
Weichsel ['vaɪksəl] *f* Vistula.
Weiß [vaɪs] *German dramatist.*
Weiße(s) Meer *n* White Sea.
Weißrußland ['vaɪsruslant] *n* White Russia.
Weizsäcker ['vaɪtszɛkər] *German physicist.*
Werfel ['vɛrfəl] *Austrian author.*
Weser ['ve:zər] *f German river.*
West-Berlin ['vɛstbɛrli:n] *n* West Berlin.
Westdeutschland ['vɛstdɔʏtʃlant] *n* West Germany.
Westfalen [vɛst'fɑ:lən] *n* → *Nordrhein-Westfalen.*
Westindische(n) Inseln ['vɛst'ʔindiʃə(n)] *f/pl.* West Indies *pl.*
Wieland ['vi:lant] *German poet.*
Wien [vi:n] *n* Vienna (*capital and province of Austria*).
Wiesbaden ['vi:sbɑ:dən] *n capital of Hesse.*
Wilhelm ['vilhɛlm] *m* William.
Willi ['vili] *m shortened form of* → *Wilhelm.*
Windhuk ['vinthuk] *n* Windhoek.
Wittgenstein ['vitgənʃtaɪn] *Austrian philosopher.*
Wladiwostok [vladivɔs'tɔk] *n* Vladivostok.
Wolfram von Eschenbach ['vɔlfram fɔn 'ʔɛʃənbax] *German poet.*
Wolga ['vɔlga] *f* Volga.
Wuppertal ['vupərtɑ:l] *n town in West Germany.*
Württemberg ['vyrtəmbɛrk] *n* → *Baden-Württemberg.*
Würzburg ['vyrtsburk] *n town in West Germany.*

X

Xaver ['ksɑ:vər] *m German Christian name.*

Z

Zentralafrikanische Republik [tsɛn'trɑ:lafrikɑ:niʃə] *f* Central African Republic.
Zeppelin ['tsɛpəli:n] *German inventor.*
Zuckmayer ['tsukmaɪər] *German dramatist.*
Zug [tsu:k] *n Swiss town and canton.*
Zugspitze ['tsu:kʃpitsə] *f highest mountain of Germany.*
Zuidersee ['zɔʏdərze:] *f* Zuider Zee, Ijsselmeer.
Zürich ['tsy:riç] *n* Zurich (*Swiss town and canton*).
Zweig [tsvaɪk] *Austrian author.*
Zwingli ['tsviŋli] *Swiss Reformation leader.*
Zypern ['tsy:pərn] *n* Cyprus.

Current German Abbreviations

Gebräuchliche deutsche Abkürzungen

A

A *Ampere* ampere.
AA *Auswärtiges Amt* Foreign Office.
a.a.O. *am angeführten Ort* in the place cited, *abbr.* loc.cit., l.c.
Abb. *Abbildung* illustration, *abbr.* fig. (= figure).
ABC *Argentinien, Brasilien und Chile* Argentina, Brazil, and Chile; *atomar, biologisch und chemisch* atomic, biological, and chemical.
Abf. *Abfahrt* departure.
Abg. *Abgeordnete(r)* parliamentary representative, Member of Parliament, *etc.*
Abk. *Abkürzung* abbreviation.
Abs. *Absatz* paragraph; *Absender* sender.
Abschn. *Abschnitt* paragraph, chapter.
Abt. *Abteilung* department.
abzgl. *abzüglich* less.
a. Chr. (n.) *ante Christum (natum)* before Christ, *abbr.* B.C.
A. D. *Anno Domini, Im Jahre des Herrn* in the year of our Lord.
a. D. *außer Dienst* retired; *an der Donau* on the Danube.
ADAC *Allgemeiner Deutscher Automobil-Club* General German Automobile Association.
ADN *Allgemeiner Deutscher Nachrichtendienst* General German News Service (*in the → DDR*).
Adr. *Adresse* address.
AG *Aktiengesellschaft* (public) limited company, *Am.* (stock) corporation.
a. G. *thea. als Gast* as a guest.
A.-Gew. *Atomgewicht* atomic weight.
Ah *Amperestunde* ampere-hour.
Akad. *Akademie* academy.
allg. *allgemein* general.
allj. *alljährlich* annual.
allm. *allmählich* gradual.
alph. *alphabetisch* alphabetic(al).
Alu *Aluminium* aluminium, *Am.* aluminum.
a. M. *am Main* on the Main.
amtl. *amtlich* official.
anat. *anatomisch* anatomic(al).
Anf. *Anfang* beginning.
Angest. *Angestellte(r)* employee.
Anh. *Anhang* appendix.
Ank. *Ankunft* arrival.
Anl. *Anlage with letter*: enclosure.
Anm. *Anmerkung* note.
Antw. *Antwort* answer.
Anz. *Anzahlung* first instal(l)ment.
a. O. *an der Oder* on the Oder.
AOK *Allgemeine Ortskrankenkasse* local health insurance.
ao. Prof., a. o. Prof. *außerordentlicher Professor* senior lecturer, *Am.* associate professor.
APO *Außerparlamentarische Opposition* extra-parliamentary opposition.
ARD *Arbeitsgemeinschaft der öffentlich-rechtlichen Rundfunkanstalten der Bundesrepublik Deutschland* Working Pool of the Broadcasting Corporations of the Federal Republic of Germany.
a. Rh. *am Rhein* on the Rhine.
Art. *Artikel* article.
ASTA *Allgemeiner Studentenausschuß* general students' committee.
A. T. *Altes Testament* Old Testament.
at *technische Atmosphäre* technical atmosphere.
atm *physikalische Atmosphäre* physical atmosphere.
atü *Atmosphärenüberdruck* atmospheric excess pressure.
Aufl. *Auflage* edition.
Aug. *August* August.
ausschl. *ausschließlich* exclusive(ly), excluding.
AvD *Automobilclub von Deutschland* Automobile Association of Germany.
Az *Aktenzeichen* file number.

B

b. *bei* at; with; *place*: near; *address*: care of.
b. a. w. *bis auf weiteres* until further notice.
Bd. *Band* volume.
Bde. *Bände* volumes.
BDI *Bundesverband der deutschen Industrie* Federal Association of German Industry.
bed. *bedingt* limited, conditional.
Beibl. *Beiblatt* supplement(ary publication).
beil. *beiliegend* enclosed.
Bem. *Bemerkung* note, comment, observation.
BENELUX *Belgien, Niederlande, Luxemburg* Belgium, Netherlands, Luxemb(o)urg.
bes. *besonders* especially.
Best. Nr. *Bestellnummer* order number.
Betr. *Betreff, betrifft at head of letter*: subject, re.
betr. *betreffend, betrifft, betreffs* concerning, respecting, regarding.
bev. *bevollmächtigt* authorized.
Bez. *Bezirk* district.
bez. *bezahlt* paid, *bezüglich* with reference to.
BFH *Bundesfinanzhof* Federal Finance Court.
BGB *Bürgerliches Gesetzbuch* (German) Civil Code.
BGH *Bundesgerichtshof* Federal Supreme Court.
BGS *Bundesgrenzschutz* Federal Border Police.
BHE *Bund der Heimatvertriebenen und Entrechteten* Union of Expellees and Persons Deprived of their Rights.
Bhf. *Bahnhof* station.
Biol. *Biologie* biology.
bisw. *bisweilen* sometimes, occasionally.
BIZ *Bank für internationalen Zahlungsausgleich* Bank of International Settlements.
Bj. *Baujahr* year of construction, model.
Bkl. *Beklagte(r)* defendant.
Bl. *Blatt* sheet; *Seite* page.
Bln. *Berlin* Berlin.
BND *Bundesnachrichtendienst* Federal Intelligence Service.
Bot. *Botanik* botany.
BP *Bundespost* Federal Postal Administration.
BRD *Bundesrepublik Deutschland* Federal Republic of Germany.
brosch. *broschiert* stitched.
BRT *Brutto-Register-Tonnen* gross register tons.
btto. *brutto* gross.
BVN *Bund der Verfolgten des Naziregimes* Union of Persons Persecuted under the Nazi Regime.
Bw *Bundeswehr* Federal Armed Forces.
b. w. *bitte wenden* please turn over.
BWM *Bundeswirtschaftsministerium* Federal Ministry for Economic Affairs.
bzgl. *bezüglich* with reference to.
bzw. *beziehungsweise* respectively.

C

C *Celsius* Celsius, centigrade.
ca. *circa, ungefähr, etwa* about, approximately.
Cal *Kilogrammkalorie* kilogram(me)-calory, *Am.* -calorie.
cal *(Gramm)Kalorie* gram(me)-calory, *Am.* -calorie.
cand. *candidatus, Kandidat* candidate.
cbm *Kubikmeter* cubic metre, *Am.* -er.
ccm *Kubikzentimeter* cubic centimetre, *Am.* -er.
CDU *Christlich-Demokratische Union* Christian Democratic Union.
cent. *centum, hundert* a hundred.
chem. *chemisch* chemical.
Chr. *Christus* Christ, Jesus.
Cie. *Kompanie* Company.
cm *Zentimeter* centimetre, *Am.* -er.
Co. *Kompagnon* partner; *Kompanie* Company.
cos. *Kosinus* cosine.
cot., cotg. *Kotangens* cotangent.
CSU *Christlich-Soziale Union* Christian Social Union.
c. t. *cum tempore, mit akademischem Viertel* with a quarter of an hour's allowance.
C.V.J.F. *Christlicher Verein Junger Frauen* Young Women's Christian Association, *abbr.* Y.W.C.A.
C.V.J.M. *Christlicher Verein Junger Männer* Young Men's Christian Association, *abbr.* Y.M.C.A.

D

D *D-Zug* corridor train, *Am.* express train.
D. → *Dr. theol.*
3D *dreidimensional* tridimensional.
d. Ä. *der Ältere* senior.
DAG *Deutsche Angestellten-Gewerkschaft* Trade Union of German Employees.
DAK *Deutsche Angestellten-Krankenkasse* Employees' Health Insurance.
DB *Deutsche Bundesbahn* German Federal Railway; *Deutsche Bundesbank* German Federal Bank.
dB, db *Dezibel* decibel.
Dbd. *Doppelband* double volume.
DBGM *Deutsches Bundesgebrauchsmuster* German Federal Registered Design (Pattern).
DBP *Deutsche Bundespost* German Federal Postal Administration; *Deutsches Bundespatent* German Federal Patent.
D.B.P.a. *Deutsches Bundespatent angemeldet* German Federal Patent pending.
DDR *Deutsche Demokratische Republik* German Democratic Republic, *abbr.* G.D.R.
den *Denier* denier.
DER *Deutsches Reisebüro* German Travel Agency.
desgl. *desgleichen* the like.
Dez. *Dezember* December.
DGB *Deutscher Gewerkschaftsbund* Federation of German Trade Unions.
dgl. *dergleichen, desgleichen* the like.
d. Gr. *der Große* the Great.
d. h. *das heißt* that is, *abbr.* i.e.
d. i. *das ist* that is, *abbr.* i.e.
DIN *Deutsche Industrie-Norm* German Industrial Standards.
Dipl. *Diplom* diploma.
Dipl.-Kfm. *Diplomkaufmann* person holding an academy's diploma in commerce.
Dipl.-Ing. *Diplomingenieur* academically trained engineer.
Dir. *Direktion* management; *Direktor* director, manager; *Dirigent* conductor.
d. J. *dieses Jahres* of this year; *der Jüngere* junior.
DJH *Deutsches Jugendherbergswerk* German Youth Hostel Association.
dkg *Dekagramm* decagram(me).
DKP *Deutsche Kommunistische Partei* German Communist Party.
DM *Deutsche Mark* German Mark.
dm *Dezimeter* decimetre, *Am.* -er.
d. M. *dieses Monats* instant.
DNA *Deutscher Normenausschuß* German Committee of Standards.
do. *dito* ditto.
d. O. *der (die, das) Obige* the above-mentioned.
dopp. *doppelt* double.
Doz. *Dozent* university lecturer.
dpa *Deutsche Presse-Agentur* German Press Agency.
D.P.a. *deutsches Patent angemeldet* German Patent pending.
Dpf. *D-Pfennig* German Pfennig.
Dr. *Doktor* Doctor; ~ **jur.** *Doktor der Rechte* Doctor of Laws (LL.D.); ~ **med.** *Doktor der Medizin* Doctor of Medicine (M.D.); ~ **phil.** *Doktor der Philosophie* Doctor of Philosophy (D. ph[il].), Ph.D.; ~ **theol.** (*evangelisch* D.) *Doktor der Theologie* Doctor of Divinity (D.D.).
DRK *Deutsches Rotes Kreuz* German Red Cross.
DSB *Deutscher Sportbund* German Sports Association.
DSG *Deutsche Schlafwagen- und Speisewagen-Gesellschaft* German Society for Dining- and Sleeping-Cars.
dt(sch). *deutsch* German.
dto. *dito* ditto.
Dtschld. *Deutschland* Germany.
Dtzd. *Dutzend* dozen.
d. U. *der Unterzeichnete* the undersigned.
Dupl. *Duplikat* duplicate.
d. Verf. *der Verfasser* the author.
dz *Doppelzentner* 100 kilogrammes.
dz. *derzeit* at present.

E

E *Eilzug* fast train.
ebd. *ebenda* in the same place.
Ed. *Edition, Ausgabe* edition.
ed. *edidit = hat (es) herausgegeben*; **edd.** *ediderunt = haben (es) herausgegeben* published by.
EDV *elektronische Datenverarbeitung* electronic data processing.
eff. *effektiv* effective.
EGKS *Europäische Gemeinschaft für Kohle und Stahl* European Coal and Steel Community.
EGmbH *Eingetragene Genossenschaft mit beschränkter Haftpflicht* Registered Co-operative Society with Limited Liability.
e.h. *ehrenhalber of degree*: honorary.
ehem., ehm. *ehemals* formerly.
eig., eigtl. *eigentlich* really, strictly speaking.
einschl. *einschließlich* inclusive(ly), including.
Einw. *Einwohner* inhabitant.
EKD *Evangelische Kirche in Deutschland* Protestant Church in Germany.
EKG *Elektrokardiogramm* electrocardiogram.
el *elektrisch* electric, electrical.
ela *elektroakustisch* electroacoustic.
E-Lok *elektrische Lokomotive* electric engine.
EMK *elektromotorische Kraft* electromotive force.
Empf. *Empfänger* addressee.
Empf. (Preis) *Empfohlen(er Preis)* recommended (price).
engl. *englisch* English.
entspr. *entsprechend* corresponding.
entw. *entweder* either; *entwickelt* developed.
ER *Europarat* Council of Europe.
erg. *ergänze* supply, add.
Erl. *Erläuterung* explanation, (explanatory) note.
erstkl. *erstklassig* first-rate.
erw. *erweitert* extended.
E-Straßen *Europastraßen* European highways.
EU *Europaunion* European Union.
Euratom *Europäische Atomgemeinschaft* European Atomic Community.
ev. *evangelisch* Protestant.
e. V. *eingetragener Verein* registered society *or* association.
evtl. *eventuell* perhaps, possibly.
EWA *Europäisches Währungsabkommen* European Monetary Agreement.
E-Werk *Elektrizitätswerk* (electric) power station.
EWG *Europäische Wirtschaftsgemeinschaft* European Economic Community.
e. Wz. *eingetragenes Warenzeichen* registered trade-mark.
exkl. *exklusive* except(ed), not included.
Expl. *Exemplar*, sample, copy.

F

F *Fahrenheit* Fahrenheit; *Farad* farad.
f. *folgende (Seite)* following (page).
Fa. *Firma* firm; *in letters*: Messrs.
Fak. *Fakultät* faculty.
Fam. *Familie* family.
FC *Fußballclub* football club.
FDGB *Freier Deutscher Gewerkschaftsbund* Free Federation of German Trade Unions (*of the* → *DDR*).
FDJ *Freie Deutsche Jugend* Free German Youth (*of the* → *DDR*).
FDP *Freie Demokratische Partei* Liberal Democratic Party.
F. d. R. *Für die Richtigkeit* I certify (that) this (*statement*) is correct.
Febr. *Februar* February.
ff *sehr fein* extra fine.
ff. *folgende Seiten* following pages.
Ffm. *Frankfurt am Main* Frankfort on the Main.
Fig. *Figur* figure.
fig. *figürlich, bildlich* figurative.
Fil. *Filiale* branch.
FKK *Freikörperkultur* nudism.

fl. W. *fließendes Wasser* running water.
fm *Festmeter* cubic metre, *Am.* -er.
fortl. *fortlaufend* running, successive.
Forts. *Fortsetzung* continuation.
Fr. *Frau* Mrs.
fr. *franko, frei* post paid, free.
frdl. *freundlich* kind.
Frhr. *Freiherr* Baron.
Frl. *Fräulein* Miss.
frz. *französisch* French.
FSV *Fußballsportverein* football association.
F.T. *Funkentelegraphie* radiotelegraphy.
FU *Freie Universität (Berlin)* Free University of Berlin.
Fu *Funk* radio.
F-Zug *Fernschnellzug* long-distance express train.

G

g *Gramm* gram(me).
gar. *garantiert* guaranteed.
Gbd. *Großband* oversize volume.
Gbf *Güterbahnhof* goods station.
Geb. *Gebühr* charge, fee; *Gebäude* building.
geb. *geboren* born; *geborene* ... née; *gebunden* bound.
Gebr. *Gebrüder* Brothers.
gebr. *gebraucht* used.
gefl. *gefällig(st)* kind(ly), (if you) please.
gegr. *gegründet* founded.
geh. *geheftet* stitched.
gek. *gekürzt* abbreviated.
gem. *gemäß* according to; *gemischt* mixed.
Gem. *Gemeinde* community, local authority.
GEMA *Gesellschaft für musikalische Aufführungs- und mechanische Vervielfältigungsrechte* association for the protection of musical works regarding their performance in public and their reproduction in any material form.
Gen. *Genossenschaft* co-operative (society).
Gen. Dir. *Generaldirektor* managing director.
gepr. *geprüft* tested.
Ges. *Gesellschaft* association, company; society; *Gesetz* law.
ges. *gesamt* total; *gesetzlich* legal.
gesch. *geschieden* divorced.
ges. gesch. *gesetzlich geschützt* registered.
geschl. *geschlossen* closed; private.
Geschw. *Geschwister* brother(s) and sister(s); *Geschwindigkeit* speed.
gest. *gestorben* deceased.
gew. *gewisser* certain; *gewöhnlich* usually.
gez. *gezeichnet* (*in front of signatures*) signed.
GG *Grundgesetz* Basic Constutional Law.
ggez. *gegengezeichnet* countersigned → **gez.**
ggf. *gegebenenfalls* if necessary, if the occasion arises.
GHz *Gigahertz* gigacycles per second.
GmbH, G.m.b.H. *Gesellschaft mit beschränkter Haftung* private limited company.
GMD. *Generalmusikdirektor* musical director.
gr. *gratis* gratis, free of charge.
griech.-or. *griech-orthodox* Greek-Orthodox.
Guth. *Guthaben* credit.
gzj. *ganzjährig* all-year, full-year.
Gzln *Ganzleinen(band)* full-cloth (volume).

H

h *Stunde* hour.
ha *Hektar* hectare.
habil. *habilitatus, habilitiert*; *of univ. degree*: habilitated.
haupts. *hauptsächlich* principally, mainly.
Hbf. *Hauptbahnhof* central (*or* main station).
Hbg. *Hamburg* Hamburg.
h. c. *honoris causa, ehrenhalber*; *of univ. degree*: honorary.
Hdb. *Handbuch* handbook, manual.
Hdt *Hundert* hundred.
herg. *hergestellt* made, produced.
HF *Hochfrequenz* high frequency.
HG *Handelsgesellschaft* trading company.
HGB *Handelsgesetzbuch* Commercial Code.
Hj. *Halbjahr* half-year.
hj. *halbjährlich* half-yearly.
hl *Hektoliter* 22 gallons.
Hl. *Heilige(r)* saint.
hl. *heilig* holy.
Hln *Halbleinenband* half-cloth (volume).
HO *Handelsorganisation* Trade Organization (*of the* → *DDR*).
höfl. *höflich(st)* kindly (kindliest).
Hptst. *Hauptstadt* capital.
hpts. *hauptsächlich* principally, mainly.
Hr., Hrn. *Herr(n)* Mr.
hrsg. *herausgegeben* edited.
Hrsg. *Herausgeber* editor.
Hst. *Haltestelle* stop.
HTL *Höhere Technische Lehranstalt* polytechnical school.
Hz *Hertz* cycle per second.

I

i. *im, in* in.
i. A. *im Auftrag* for, by order, under instruction.
i. allg. *im allgemeinen* in general, generally speaking.
i. B. *im Bau* under construction.
i. b. *im besonderen* in particular.
i. D. *im Durchschnitt* on an average.
id. *identisch* identical.
i. Fa. *in Firma* care of.
IG *Industriegewerkschaft* Industry Trade Union.
I.G. *Interessengemeinschaft* pool, trust.
i. g. *im ganzen* on the whole.
i. J. *im Jahre* in the year.
i. L. *in Liquidation* in liquidation.
ill. *illustriert* illustrated.
inbegr. *inbegriffen* included.
Ing. *Ingenieur* engineer.
Inh. *Inhaber* proprietor; *Inhalt* contents.
inkl. *inklusive, einschließlich* inclusive(ly), including.
insb. *insbesondere* in particular.
insg. *insgesamt* altogether.
Insp. *Inspektor* inspector, supervisor.
Inst. *Instanz* instance; *Institut* institute.
Int. *Intendant* director; *Internist* internal specialist.
int. *international* international; *intern* internal.
Interpol *Internationale Kriminalpolizei-Kommission* International Criminal Police Commission.
inzw. *inzwischen* meanwhile, in the meantime.
IOK *Internationales Olympisches Komitee* International Olympic Committee.
IQ *Intelligenzquotient* intelligence quotient.
IR *Infrarot...* infra-red.
i. R. *im Ruhestand* retired, *esp. univ.*: emeritus.
IRK *Internationales Rotes Kreuz* International Red Cross.
IS *Ingenieurschule* engineering college.
i. S. *im Sinne* (*gen.*) in the meaning (of); *in Sachen* in re, in the matter of.
ISG *Internationale Schlafwagen- und Speisewagengesellschaft* International Society for Dining- and Sleeping-cars.
i. V. *in Vertretung* by proxy, by order, on behalf of; *im Vorjahre* in the last (*or* previous) year; *in Vorbereitung* in preparation.
i. W. *in Worten* in words.
i. w. S. *im weiteren Sinne* in a broad sense.

J

Jan. *Januar* January.
Jb. *Jahrbuch* annual.
jew. *jeweils* at a time.
Jg. *Jahrgang* age-group, volume; *Jugend* youth.
JH *Jugendherberge* youth hostel.
Jh. *Jahrhundert* century.
jhrl. *jährlich* annual.
jr., jun. *junior, der Jüngere* junior.
jur. *juristisch* legal.

K

Kal. *Kalender* calendar.
Kap. *Kapitel* chapter.
kart. *kartoniert* bound in boards.
Kat. *Kategorie* category.
kath. *katholisch* Catholic.
Kfm. *Kaufmann* merchant.
kfm. *kaufmännisch* commercial.
Kfz. *Kraftfahrzeug* motor vehicle.
KG *Kommanditgesellschaft* limited partnership.
kg *Kilogramm* kilogram(me).
Kgl. *Königlich* Royal.
kHz, KHz *Kilohertz* kilocycles per second.
k. J. *kommenden Jahres* of next year
Kl. *Klasse* class; *school*: form.
k. M. *kommenden Monats* of next month.
km *Kilometre* kilometre, *Am.* -er.
kn *Knoten* (= 1,852 *km/h*) knot (= 1,852 *km/h*).
Koeff. *Koeffizient* coefficient.
komb. *kombiniert* combined.
komm. *kommunistisch* Communist; *kommunal* municipal.
Komp. *Kompanie* company.
kompl. *komplett* complete.
Konf. *Konfession* creed, denomination.

konst. *konstant* constant.
konv. *konventionell* conventional.
KP *Kommunistische Partei* Communist Party.
kp *Kilopond* (*unit of force*) kilogram(me)-weight.
KPdSU *Kommunistische Partei der Sowjetunion* Communist Party of the Soviet Union.
Kpt. *Kapitän* captain.
Kripo *Kriminalpolizei* Criminal Investigation Department.
Kr(s). *Kreis* district.
Kto. *Konto* account.
KW *Kurzwelle* short wave.
kW *Kilowatt* kilowatt.
kWh *Kilowattstunde* kilowatt hour.
KZ *Konzentrationslager* concentration camp.
Kzf. *Kurzform* abbreviated form.

L

l Liter litre, *Am.* -er.
l. *links* on the left.
Lab. *Labor(atorium)* lab(oratory).
LAG *Lastenausgleichsgesetz* Equalization of Burdens Law.
landw. *landwirtschaftlich* agricultural.
Ldkr. *Landkreis* (rural) district.
LDPD *Liberal-Demokratische Partei Deutschlands* Liberal Democratic Party of Germany (*of the → DDR*).
led. *ledig* unmarried.
Lekt. *Lektion* lesson.
lfd. *laufend* current, running.
lfd. Js. *laufenden Jahres* of the current year.
lfd. Ms. *laufenden Monats* of the current month.
lfd. Nr. *laufende Nummer* current number.
Lfg., Lfrg. *Lieferung* delivery; instal(l)ment.
LG *Landgericht* District Court.
lib. *liberal* liberal.
Lit. *Literatur* literature.
liz. *lizensiert* licensed.
Lkw. *Lastkraftwagen* lorry, truck.
Ln. *Leinen(einband)* cloth binding.
log *Logarithmus* logarithm.
Lok *Lokomotive* engine.
LSD *Lysergsäurediäthylamid* lysergic acid dietylamide; *Liberaler Studentenbund Deutschlands* Association of Liberal Students of Germany.
lt. *laut* according to.
ltd. *leitend* managing.
Ltg. *Leitung* direction, management.
luth. *lutherisch* Lutheran.
LW *Langwelle* long wave.

M

M *Mark* German Mark (*in the → DDR*); *Mega...* mega...
m *Meter* metre, *Am.* -er.
MA. *Mittelalter* Middle Ages.
mA *Milliampere* milliampere.
ma. *mittelalterlich* medieval.
m. A. n. *meiner Ansicht nach* in my opinion.
Math. *Mathematik* mathematics.
m. a. W. *mit anderen Worten* in other words.
max. *maximal* maximum.
mb *Millibar* millibar.
m. b. H. *mit beschränkter Haftung* with limited liability.
MdB, M. d. B. *Mitglied des Bundestages* Member of the "Bundestag".
MdL, M. d. L. *Mitglied des Landtages* Member of the "Landtag".
mdl. *mündlich* verbal.
ME *Mache-Einheit* Mache Unit.
m. E. *meines Erachtens* in my opinion.
mech *mechanisch* mechanical.
med. *medizinisch* medical.
mehrf. *mehrfach* multiple.
Mehrw.St. *Mehrwertsteuer* value-added tax.
Meth. *Methode* method.
MEZ *mitteleuropäische Zeit* Central European Time.
mg *Milligramm* milligram(me[s]).
MG *Maschinengewehr* machine-gun.
MHz *Megahertz* megacycles per second.
Mill. *Million(en)* million(s).
Min., min. *Minute(n)* minute(s).
min. *minimal* minimum.
mind. *minderjährig* minor; *mindestens* at least.
mkg *Meterkilogramm* kilogram(me)-metre, *Am.* -er.
ml *Milliliter* millilitre, *Am.* -er.
mm *Millimeter* millimetre, *Am.* -er.
möbl. *möbliert* furnished.
mod. *modern* modern.
MP *Militärpolizei* Military Police; *Maschinenpistole* submachine gun.
Mrd. *Milliarde* thousand millions, *Am.* billion.
Ms., Mskr. *Manuskript* manuscript.
m/sec *Metersekunde* metres (*Am.* -ers) per second.
mtl. *monatlich* monthly.
mV *Millivolt* millivolt.
m. W. *meines Wissens* as far as I know.

N

N *Norden* north; *Leistung* power.
Nachdr. *Nachdruck* reprint.
Nachf. *Nachfolger* successor.
nachm. *nachmittags* in the afternoon, *abbr.* p.m.
Nachtr. *Nachtrag* appendix, supplement.
nat. *national* national.
naturw. *naturwissenschaftlich* scientific.
N.B. *notabene* note carefully.
n. Br. *nördlicher Breite* of northern latitude.
n. Chr. *nach Christus* after Christ, *abbr.* A.D.
NDPD *National-Demokratische Partei Deutschlands* National-Democratic Party of Germany (*in the → DDR*).
NDR *Norddeutscher Rundfunk* North German Broadcasting Station.
NF *Niederfrequenz* audiofrequency.
n. J. *nächsten Jahres* of next year.
n. M. *nächsten Monats* of next month.
NN *Normalnull* sea-level.
N.N. *nescio nomen, Name unbekannt* name unknown.
NO *Nordosten* north-east.
NOK *Nationales Olympisches Komitee* National Olympic Committee.
Nov. *November* November.
NPD *National-Demokratische Partei Deutschlands* National-Democratic Party of Germany.
Nr. *Numero, Nummer* number.
NS *Nachschrift* postscript; *hist. nationalsozialistisch* National Socialistic.
N.T. *Neues Testament* New Testament.
NW *Nordwesten* north-west.
NWDR *Nordwestdeutscher Rundfunk* North-West German Broadcasting Station.

O

O *Osten* east.
o. *oben* above; *oder* or; *ohne* without.
o. ä. *oder ähnlich* or the like.
ö. A. *öffentliche Anstalt* public institution.
ÖAMTC *Österreichischer Automobil-, Motorrad- und Touring-Club* Austrian Automobile, Motorcycle and Touring Association.
OB *Oberbürgermeister* Chief Burgomaster.
o. B. *med. ohne Befund* no appreciable disease.
ÖBB *Österreichische Bundesbahnen* Federal Railways of Austria.
Obb. *Oberbayern* Upper Bavaria.
obh. *oberhalb* above.
od. *oder* or.
OEZ *Osteuropäische Zeit* time of the East European zone.
öff., öffentl. *öffentlich* public.
offiz. *offiziell* official.
OHG *Offene Handelsgesellschaft* general partnership.
o. J. *ohne Jahr* no date.
Okt. *Oktober* October.
ö. L. *östlicher Länge* of eastern longitude.
OLG *Oberlandesgericht* Regional Appeal Court.
O.P. *Originalpackung* original pack.
Op. *Operationssaal* operating room.
o. Prof. *ordentlicher Professor* (ordinary) professor.
organ. *organisch* organic.
orient. *orientalisch* oriental.
Orig. *Original* original.
orth. *orthodox* orthodox.
ÖVP *Österreichische Volkspartei* Austrian People's Party.

P

PA *Patentanmeldung* patent application.
p. A(dr). *per Adresse* care of.
päd. *pädagogisch* pedagogic, educational.
Part. *Parterre* groundfloor; *Partizip* participle.
pat. *patentiert* patented.
Pf *Pfennig* (*German coin*) pfennig.
Pfd. *Pfund* (*weight*) German pound.
PH *Pädagogische Hochschule* teachers' college.
pharm. *pharmazeutisch* pharmaceutical.
phot. *photographisch* photographic.
Pkt. *Punkt* point.
PKW, Pkw. *Personenkraftwagen* (motor) car.
Pl. *Platz* square.
pl., Pl. *Plural* plural.
pol. *politisch* political; *polizeilich* police.
pop. *populär* popular.
Pos. *Position* position, post.

Postf. *Postfach* post-office box.
P.P. *praemissis praemittendis* omitting titles, to whom it may concern.
p.p., p.pa., ppa. *per procura* per proxy.
Ppbd. *Pappband* volume bound in boards.
priv. *privat* private.
Priv.-Doz. *Privatdozent* (unsalaried) private lecturer.
Prof. *Professor* professor.
prom. *promoviert* graduated.
prot. *protestantisch* Protestant.
Prov. *Provinz* province.
prov. *provisorisch* provisional.
PS *Pferdestärke(n)* horse-power; *postscriptum, Nachschrift* postscript.
Psych. *Psychiatrie* psychiatry, psychiatrics; *Psychologie* psychology.

Q

qkm *Quadratkilometer* square kilometre, *Am.* -er.
qm *Quadratmeter* square metre, *Am.* -er.

R

r. *rechts* on the right.
rd. *rund* roughly, in round figures.
Red. *Redakteur* editor; *Redaktion* editorial staff, editor's office.
Reg. *Regierung* government, administration; *Regisseur* stage manager, producer; *Register* register.
Reg.Bez. *Regierungsbezirk* administrative district.
REFA *Reichsausschuß für Arbeitsstudien* Reich Committee for Labo(u)r Research.
Rel. *Religion* religion.
Rep. *Republik* republic.
resp. *respektive* respectively.
Rhj. *Rechnungshalbjahr* half of the financial year.
RIAS *Rundfunk im amerikanischen Sektor (von Berlin)* Radio in the American Sector (of Berlin).
rk. *römisch-katholisch* Roman Catholic.
rm *Raummeter* cubic metre, *Am.* -er.
röm. *römisch* Roman.

S

S *Süden* south.
S. *Seite* page.
s. *siehe* see, *abbr.* v. (= vide).
s. a. *siehe auch* see also.
S-Bahn *Schnellbahn* city-railway.
SB. *Selbstbedienung* self-service.
SBB *Schweizerische Bundesbahnen* Swiss Federal Railways.
s.Br. *südlicher Breite* of southern latitude.
s. d. *siehe dies* see this.
SDR *Süddeutscher Rundfunk* South German Broadcasting Station.
SDS *Sozialistischer Deutscher Studentenbund* Association of German Socialist Students.
sec *Sekunde* second.
SED *Sozialistische Einheitspartei Deutschlands* United Socialist Party of Germany (*of the* → *DDR*).
Sek., sek *Sekunde* second.
Sekt. *Sektion, Sektor* section.
selbst. *selbständig* independent.
Sen. *Senator* senator.
sen. *senior, der Ältere* senior.
Sept. *September* September.
Ser. *Serie* series.
SFB *Sender Freies Berlin* Broadcasting Station of Free Berlin.
sin. *Sinus* sine.
sm *Seemeile* nautical mile.
SO *Südosten* south-east.
s. o. *siehe oben* see above.
sog. *sogenannt* so-called.
SOS *internationales Notsignal* international signal of distress.
soz. *sozial(istisch)* social, socialist.
SPD *Sozialdemokratische Partei Deutschlands* Social Democratic Party of Germany.
spez. *speziell* special; *spezifisch* specific.
SPÖ *Sozialistische Partei Österreichs* Socialist Party of Austria.
SS *Sommersemester* summer term.
SSD *Staatssicherheitsdienst* State Security Service (*of the* → *DDR*).
St. *Stück* piece; *Sankt* Saint.
staatl. gepr. *staatlich geprüft* state-certificated.
städt. *städtisch* urban, municipal.
StAng. *Staatsangehöriger* citizen, subject; *Staatsangehörigkeit* nationality, citizenship.
Std., Stde. *Stunde* hour.
stdl. *stündlich* every hour.
stellv. *stellvertretend* assistant.
StGB *Strafgesetzbuch* Penal Code.
StKl. *Steuerklasse* tax bracket.
StPO *Strafprozeßordnung* Code of Criminal Procedure.
Str. *Straße* street, road.
stud. *studiosus, Student* student.
StVO *Straßenverkehrsordnung* road traffic regulations.
s. t. *sine tempore, ohne akademisches Viertel* sharp, on time.
SU *Sowjetunion* Soviet Union.
s. u. *siehe unten* see below.
SV *Sportverein* sports club.
svw. *soviel wie* as much as.
SW *Südwesten* south-west.
SWF *Südwestfunk* South-West Broadcasting Station.
s. Z. *seinerzeit* at that time.

T

t *Tonne* ton.
TA *Tonabnehmer* pick-up.
Tab. *Tabelle* table, chart.
tägl. *täglich* daily, per day.
Tb, Tbc *Tuberkulose* tuberculosis.
techn. *technisch* engineering, technical; *technologisch* technological.
TEE *Trans-Europ-Express* Trans-European Express Train.
Teilh. *Teilhaber* partner.
Teilz. *Teilzahlung* part-payment.
Tel. *Telephon* telephone; *Telegramm* wire, cable.
Temp. *Temperatur* temperature.
tg *Tangens* tangent.
TH *Technische Hochschule* technical university *or* college.
Tit. *Titel* title.
TNT *Trinitrotoluol* trinitrotoluol.
Tsd. *Tausend* thousand.
TSV *Turn- und Sportverein* gymnastics and sports club.
TU *Technische Universität (Berlin)* Technical University.
TÜV *Technischer Überwachungsverein* Association for Technical Inspection.
TV *Turnverein* gymnastics club.

U

u. *und* and.
u. a. *und andere(s)* and others; *unter anderem or anderen* among other things, inter alia.
u. ä. *und ähnliche(s)* and the like.
U.A.w.g. *Um Antwort wird gebeten* an answer is requested.
übl. *üblich* usual.
u. desgl. (m.) *und desgleichen (mehr)* and the like.
u. dgl. (m.) *und dergleichen (mehr)* and the like.
u. d. Ltg. *unter der Leitung von* under the direction of.
u. d. M. *unter dem Meeresspiegel* below sea level; **ü. d. M.** *über dem Meeresspiegel* above sea level.
UdSSR *Union der Sozialistischen Sowjetrepubliken* Union of Soviet Socialist Republics.
u. d. T. *unter dem Titel* under the title of.
u. E. *unseres Erachtens* in our opinion.
u. f., u. ff. *und folgende* and the following.
UHF *Ultra-Hochfrequenz* ultra-high frequency.
UKW *Ultrakurzwelle* ultra-short wave, very high frequency.
ult. *ultimo* on the last day of the month.
U/min. *Umdrehungen in der Minute* revolutions per minute.
Univ. *Universität* university.
univ. *universal* universal.
unverk. *unverkäuflich* not for sale.
urspr. *ursprünglich* original(ly).
US(A) *Vereinigte Staaten (von Amerika)* United States (of America).
usf. *und so fort* and so forth.
usw. *und so weiter* and so on, *abbr.* etc.
u. U. *unter Umständen* circumstances permitting.
u. ü. V. *unter üblichem Vorbehalt* with the usual reservation.
UV *ultraviolett* ultra-violet.
u. v. a. (m.) *und viele(s) andere mehr* and many others more.
u. W. *unseres Wissens* as far as we know.
u. zw. *und zwar* that is, namely.

V

v. *von, vom* of; from; by.
V *Volt* volt; *Volumen* volume.
V. *Vers* line, verse.
VA *Voltampere* volt-ampere.
VAR *Vereinigte Arabische Republik* United Arabic Republic.
var. *variabel* variable.
v. A. w. *von Amts wegen* ex officio, officially.
v. Chr. *vor Christus* before Christ, *abbr.* B.C.
VDE *Verband deutscher Elektrotechniker* Association of German Electrical Engineers.
VDI *Verein deutscher Ingenieure* Association of German Engineers.
VDS *Verband deutscher Studentenschaften* Association of German Students.

VEB *Volkseigener Betrieb* People's Enterprise (*in the* → *DDR*).
Verbr.Pr. *Verbraucherpreis* consumer price.
Verf., Vf. *Verfasser* author.
verh. *verheiratet* married.
Verl. *Verlag* publishing firm; *Verleger* publisher.
verl. *verlängert* prolonged, extended.
Verm. *Vermerk* note; *Vermögen* property.
versch. *verschieden* different.
verst. *verstorben* deceased.
vgl. *vergleiche* compare, *abbr.* cf., cp.
v. g. u. *vorgelesen, genehmigt, unterschrieben* read, confirmed, signed.
v. H. *vom Hundert* per cent.
v. J. *vorigen Jahres* of last year.
v. M. *vorigen Monats* of last month.
v. o. *von oben* from above.
Vollm. *Vollmacht* authority, full power.
vollst. *vollständig* complete.
vorl. *vorläufig* provisional.
vorm. *vormittags* in the morning, *abbr.* a.m.; *vormals* formerly.
Vors. *Vorsitzender* chairman.
VR *Volksrepublik* People's Republic.
v. R. w. *von Rechts wegen* de jure, by operation of law.
v. T. *vom Tausend* per thousand.
v. u. *von unten* from below.

W

W *Westen* west; *Watt* watt(s).
WDR *Westdeutscher Rundfunk* West German Broadcasting Station.
WE *Wärmeeinheit* thermal unit.
WEU *Westeuropäische Union* Western European Union.
WEZ *westeuropäische Zeit* Western European time (Greenwich mean time).
WGB *Weltgewerkschaftsbund* World Federation of Trade Unions.
Whg. *Wohnung* flat, *Am.* apartment.
Wkst. *Werkstatt* workshop; *Werkstück* workpiece.
w. L. *westlicher Länge* of western longitude.
w. o. *wie oben* as above mentioned.
WS *Wintersemester* winter term.
Wwe. *Witwe* widow.
Wwr. *Witwer* widower.
Wz. *Warenzeichen* registered trade-mark.

Z

Z. *Zahl* number; *Zeile* line.
z. *zu, zum, zur* at; to.
z. A. *zur Ansicht* for approval, for inspection.
z. B. *zum Beispiel* for instance, *abbr.* e.g.
zck *zurück* back, returned.
z. d. A. *zu den Akten* to be filed.
ZDF *Zweites Deutsches Fernsehen* Second Program(me) of German Television Broadcasting.
ZF *Zwischenfrequenz* intermediate frequency.
zfr. *zollfrei* duty-free.
zgl. *zugleich* at the same time.
z. H(d). *zu Händen* attention of, to be delivered to, care of.
Zi *Zimmer* room.
Ziff. *Ziffer* figure.
ZK *Zentralkomitee* Central Committee.
z. K. *zur Kenntnisnahme* for information.
ZPO *Zivilprozeßordnung* Code of Civil Procedure.
z. S. *zur Sache* to the subject; *zur See* of the Navy.
z. T. *zum Teil* partly.
Ztg. *Zeitung* newspaper.
Ztr. *Zentner about* hundredweight.
Ztschr. *Zeitschrift* periodical.
Zub. *Zubehör* accessories.
zuf. *zufolge* as a result of, due to.
zus. *zusammen* together.
zw. *zwischen* between; among.
z. Wv. *zur Wiedervorlage* for renewed submission.
z. w. V. *zur weiteren Veranlassung* for further action.
z. Z(t). *zur Zeit* at the time, at present, for the time being.

Rules for Converting Temperatures

Temperatur-Umrechnungsregeln

	Celsius	Fahrenheit	Réaumur
x °C	—	$= \left(32 + \frac{9}{5}x\right)$ °F	$= \left(\frac{4}{5}x\right)$ °R
x °F	$= \left(x - 32\right)\frac{5}{9}$ °C	—	$= \left(x - 32\right)\frac{4}{9}$ °R
x °R	$= \left(\frac{5}{4}x\right)$ °C	$= \left(32 + \frac{9}{4}x\right)$ °F	—

Thermometer Comparisons

Temperatur-Umrechnungs-Tabelle

Thermometer Scales			Clinical Thermometer		
Fahrenyeit °F	Celsius °C	Réaumur °R	°F	°C	°R
			104.0	40.0	32.0
+482	+250	+200	103.6	39.8	31.8
392	200	160	103.3	39.6	31.7
302	150	120	102.9	39.4	31.5
212	100	80	102.6	39.2	31.4
176	80	64	102.2	39.0	31.2
140	60	48	101.8	38.8	31.0
122	50	40	101.5	38.6	30.9
104	40	32	101.1	38.4	30.7
86	30	24	100.8	38.2	30.6
68	20	16	100.4	38.0	30.4
50	10	8	100.0	37.8	30.2
32	0	0	99.7	37.6	30.1
14	—10	— 8	99.3	37.4	29.9
0	—17.8	—14.2	99.0	37.2	29.8
— 4	—20	—16	98.6	37.0	29.6
—22	—30	—24	98.2	36.8	29.4
—40	—40	—32	97.9	36.6	29.3

Numerals — Zahlwörter

Cardinal Numbers
Grundzahlen

0 null *nought, zero, cipher*
1 eins *one*
2 zwei *two*
3 drei *three*
4 vier *four*
5 fünf *five*
6 sechs *six*
7 sieben *seven*
8 acht *eight*
9 neun *nine*
10 zehn *ten*
11 elf *eleven*
12 zwölf *twelve*
13 dreizehn *thirteen*
14 vierzehn *fourteen*
15 fünfzehn *fifteen*
16 sechzehn *sixteen*
17 siebzehn *seventeen*
18 achtzehn *eighteen*
19 neunzehn *nineteen*
20 zwanzig *twenty*
21 einundzwanzig *twenty-one*
22 zweiundzwanzig *twenty-two*
23 dreiundzwanzig *twenty-three*
30 dreißig *thirty*
31 einunddreißig *thirty-one*
40 vierzig *forty*
41 einundvierzig *forty-one*
50 fünfzig *fifty*
51 einundfünfzig *fifty-one*
60 sechzig *sixty*
61 einundsechzig *sixty-one*
70 siebzig *seventy*
71 einundsiebzig *seventy-one*
80 achtzig *eighty*
81 einundachtzig *eighty-one*
90 neunzig *ninety*
91 einundneunzig *ninety-one*
100 hundert a (*or one*) *hundred*
101 hundert(und)eins *hundred and one*
200 zweihundert *two hundred*
300 dreihundert *three hundred*
572 fünfhundert(und)zweiundsiebzig *five hundred and seventy-two*
1000 tausend *a* (*or one*) *thousand*
2000 zweitausend *two thousand*
1 000 000 eine Million *a* (*or one*) *million*
2 000 000 zwei Millionen *two million*
1 000 000 000 eine Milliarde *a* (*or one*) *billion*

Ordinal Numbers
Ordnungszahlen

1. erste *first*
2. zweite *second*
3. dritte *third*
4. vierte *fourth*
5. fünfte *fifth*
6. sechste *sixth*
7. siebente *seventh*
8. achte *eighth*
9. neunte *ninth*
10. zehnte *tenth*
11. elfte *eleventh*
12. zwölfte *twelfth*
13. dreizehnte *thirteenth*
14. vierzehnte *fourteenth*
15. fünfzehnte *fifteenth*
16. sechzehnte *sixteenth*
17. siebzehnte *seventeenth*
18. achtzehnte *eighteenth*
19. neunzehnte *nineteenth*
20. zwanzigste *twentieth*
21. einundzwanzigste *twenty-first*
22. zweiundzwanzigste *twenty-second*
23. dreiundzwanzigste *twenty-third*
30. dreißigste *thirtieth*
31. einunddreißigste *thirty-first*
40. vierzigste *fortieth*
41. einundvierzigste *forty-first*
50. fünfzigste *fiftieth*
51. einundfünfzigste *fifty-first*
60. sechzigste *sixtieth*
61. einundsechzigste *sixty-first*
70. siebzigste *seventieth*
71. einundsiebzigste *seventy-first*
80. achtzigste *eightieth*
81. einundachtzigste *eighty-first*
90. neunzigste *ninetieth*
100. hundertste (*one*) *hundredth*
101. hundertunderste *hundred and first*
200. zweihundertste *two hundredth*
300. dreihundertste *three hundredth*
572. fünfhundert(und)zweiundsiebzigste *five hundred and seventy-second*
1000. tausendste (*one*) *thousandth*
2000. zweitausendste *two thousandth*
1 000 000. millionste *millionth*
2 000 000. zweimillionste *two millionth*

Fractional Numbers and other Numerical Values
Bruchzahlen und andere Zahlenwerte

$^1/_2$ ein halb *one* (*or a*) *half*
$1^1/_2$ anderthalb *one and a half*
$2^1/_2$ zweieinhalb *two and a half*
$^1/_2$ Meile *half a mile*
$^1/_3$ ein Drittel *one* (*or a*) *third*
$^2/_3$ zwei Drittel *two thirds*
$^1/_4$ ein Viertel *one* (*or a*) *fourth, one* (*or a*) *quarter*
$^3/_4$ drei Viertel *three fourths, three quarters*
$1^1/_4$ ein und eine Viertelstunde *one hour and a quarter*
$^1/_5$ ein Fünftel *one* (*or a*) *fifth*
$3^4/_5$ drei vier Fünftel *three and four fifths*
0,4 Null Komma vier *point four* (.4)
2,5 zwei Komma fünf *two point five* (2.5)

Einfach *single*
zweifach *double*
dreifach *treble, triple, threefold*
vierfach *fourfold, quadruple*
fünffach *fivefold etc.*

Einmal *once*
zweimal *twice*
drei-, vier-, fünfmal *etc. three, four, five times*
zweimal soviel(e) *twice as much* (*or many*)
noch einmal *once more*

Erstens, zweitens, drittens *etc.* *firstly, secondly, thirdly, in the first* (*second, third*) *place*

$2 \times 3 = 6$ zweimal drei ist (*or* macht) sechs *twice three is* (*or makes*) *six*

$7 + 8 = 15$ sieben und acht ist fünfzehn *seven and eight are fifteen*

$10 - 3 = 7$ zehn weniger drei ist sieben *ten less three is seven*

$20:5 = 4$ zwanzig geteilt (*or* dividiert) durch fünf ist vier *twenty divided by five makes four*

German Measures and Weights

Deutsche Maße und Gewichte

I. Linear Measures

1 mm *Millimeter* millimetre
= 1/1000 metre
= 0.001 093 6 yard
= 0.003 280 8 foot
= 0.039 370 08 inch

1 cm *Zentimeter* centimetre
= 1/100 metre
= 0.3937 inch

1 dm *Dezimeter* decimetre
= 1/10 metre
= 3.9370 inches

1 m *Meter* metre
= 1.0936 yard
= 3.2808 feet
= 39.37008 inches

1 km *Kilometer* kilometre
= 1000 metres
= 1093.613 yards
= 3280.840 feet
= 39370.079 inches
= 0.621 37 British or Statute Mile

1 sm *Seemeile* nautical mile
= 1852 metres

II. Surface or Square Measures

1 mm² *Quadratmillimeter* square millimetre
= 1/1000000 square metre
= 0.000 001 196 square yard
= 0.000 010 763 9 square foot
= 0.00155 square inch

1 cm² *Quadratzentimeter* square centimetre
= 1/10000 square metre

1 dm² *Quadratdezimeter* square decimetre
= 1/100 square metre

1 m² *Quadratmeter* square metre
= 1 × 1 metre
= 1.19599 square yard
= 10.7639 square feet
= 1550 square inches

1 a *Ar* are
= 100 square metres
= 119.599 square yards
= 1076.391 square feet

1 ha *Hektar* hectare
= 100 ares
= 10 000 square metres
= 11959.90 square yards
= 107639.10 square feet
= 2.4711 acres

1 km² *Quadratkilometer* square kilometre
= 100 hectares
= 1 000 000 square metres
= 247.11 acres
= 0.3861 square mile

III. Cubic or Solid Measures

1 cm³ *Kubikzentimeter* cubic centimetre
= 1000 cubic millimetres
= 0.061 cubic inch

1 dm³ *Kubikdezimeter* cubic decimetre
= 1000 cubic centimetres
= 61.0239 cubic inches

1 m³ *Kubikmeter* }
1 rm *Raummeter* } cubic metre
1 fm *Festmeter* }
= 1000 cubic decimetres
= 1.3079 cubic yard
= 35.3134 cubic feet

1 RT *Registertonne* register ton
= 2.832 m³
= 100 cubic feet

IV. Measures of Capacity

1 l *Liter* litre
= 10 decilitres
= 1.7607 pint (Brit.)
= 7.0431 gills (Brit.)
= 0.8804 quart (Brit.)
= 0.2201 gallon (Brit.)
= 2.1134 pints (U.S.)
= 8.4534 gills (U.S.)
= 1.0567 quart (U.S.)
= 0.2642 gallon (U.S.)

1 hl *Hektoliter* hectolitre
= 100 litres
= 22.009 gallons (Brit.)
= 2.751 bushels (Brit.)
= 26.418 gallons (U.S.)
= 2.84 bushels (U.S.)

V. Weights

1 mg *Milligramm* milligramme
= 1/1000 gramme
= 0.0154 grain (troy)

1 g *Gramm* gramme
= 1/1000 kilogramme
= 15.4324 grains (troy)

1 dkg *Dekagramm* decagramme
= 10 grammes
= 0.3527 ounce

1 Pfd *Pfund* pound (German)
= 1/2 kilogramme
= 500 grammes
= 1.1023 pound (avdp.)
= 1.3396 pound (troy)

1 kg *Kilogramm, Kilo* kilogramme
= 1000 grammes
= 2.2046 pounds (avdp.)
= 2.6792 pounds (troy)

1 Ztr. *Zentner* centner
= 100 pounds (German)
= 50 kilogrammes
= 110.23 pounds (avdp.)
= 0.9842 British hundredweight
= 1.1023 U.S. hundredweight

1 dz *Doppelzentner*
= 100 kilogrammes
= 1.9684 British hundredweight
= 2.2046 U.S. hundredweights

1 t *Tonne* ton
= 1000 kilogrammes
= 0.984 British ton
= 1.1023 U.S. ton

Second Part

ENGLISH-GERMAN

New Edition 1988

By

HEINZ MESSINGER

Vorwort

Neubearbeitung

Wörterbücher aus dem Langenscheidt-Verlag sind unverwechselbar. Sie haben eine lange Tradition, und sie stammen aus einer großen „lexikographischen Werkstatt": mehrere Teams von qualifizierten Lexikographen und Redakteuren bemühen sich, die Wünsche der Wörterbuchbenutzer zu erfüllen und gleichzeitig bei Neubearbeitungen dem Wandel der Sprachen Rechnung zu tragen.

Dies gilt auch für die vorliegende Neubearbeitung von Langenscheidts „Concise English-German Dictionary". Im folgenden eine kurze Darstellung der wichtigsten Verbesserungen, die das neue Wörterbuch aufweist:

Benutzerfreundlicher durch neue Schriftarten

Gegenüber dem Vorgänger haben die Wörterbuchseiten der Neubearbeitung an Übersichtlichkeit gewonnen. Dies wurde vor allem durch zwei typographische Änderungen erzielt:

(1) Für die Stichwörter findet jetzt eine Schriftart Verwendung, die sich bisher schon in Langenscheidts „German Universal Dictionary" bewährt hat. Durch ihre „neue Sachlichkeit" mit den gleichmäßig starken (serifenlosen) Buchstaben ermöglicht sie ein leichteres Auffinden der Stichwörter.

(2) Systematische Meinungsumfragen bei Lehrern und Schülern haben ergeben, daß die bisher verwandte Schrift für die Wendungen (Anwendungsbeispiele, idiomatische Redensarten und Kollokationen) als zu schwach empfunden wurde. Wir verwenden deshalb in der vorliegenden Neubearbeitung für diese Wendungen eine „halbfette" Schrift. Im Gegensatz zu der für die Stichwörter verwandten Schrift ist diese „halbfette" Schrift jedoch eine Kursivschrift (Schrägschrift), so daß sie bei der Stichwortsuche nicht störend wirkt. Die Wendungen werden durch diese Auszeichnungsschrift stärker hervorgehoben – sie sind daher innerhalb eines Stichwortartikels leichter zu finden.

Hochaktuell mit „rumpies" und „woopies"!

Es versteht sich von selbst, daß bei dieser Neubearbeitung viele neue Wörter aufgenommen wurden, die den augenblicklichen Stand der Sprache widerspiegeln. Nicht nur neue griffige allgemeinsprachliche Ausdrücke wie *rumpie* oder *woopie* sind als Stichwörter vorhanden. Die Vielgestaltigkeit des neuen Wortschatzes zeigt sich auch im Fachwortschatz.

Einige Beispiele: Im Bereich der Technik wurden *pixel, APT* und *Eftpos* aufgenommen; für die Wirtschaft sei *management buy-out,* für den Sport *paraglider* genannt. Auch unerfreuliche staatliche Neuerungen (z.B. *withholding tax*) wurden nicht vergessen.

Umfangreicher nicht nur von A–Z!

Durch die neue typographische Gestaltung war es möglich, noch mehr Stichwörter, Wendungen und Übersetzungen unterzubringen. Dies kam vor allem dem Wörterbuchteil (A–Z) zugute.

Aber auch der Gesamtumfang der Anhänge konnte wesentlich erweitert werden: Die Eigennamen- und Abkürzungsverzeichnisse allein nehmen z. B. 20 engbedruckte Seiten ein.

Stichwort oder Wendung: der „overkill"

Die Anzahl der Stichwörter ist eine Aussage, die sich auf das „Skelett" eines Wörterbuchs bezieht; das sogenannte „Fleisch" sind die Anwendungsbeispiele, die idiomatischen Redensarten und die Kollokationen.

Der Lexikograph hat die Aufgabe, eine Ausgewogenheit zwischen den Stichwörtern und diesen Wendungen herzustellen – denn zuviel Fleisch ist ungesund! Belanglose Stilvarianten und unwichtige Anwendungsbeispiele (die lediglich die Grundübersetzung in einem Satz zeigen, ohne Bedeutungsveränderung) führen zu einem „overkill", einem Übermaß an Beispielen, die das Suchen in einem Stichwortartikel für den Benutzer zur Qual machen.

Idiomatik und Kollokationen in angemessener Anzahl zu bieten, daneben aber nicht die Anzahl der Stichwörter und Übersetzungen zu vermindern – dies ist auch die Grundstruktur der vorliegenden Neubearbeitung. Nur so konnten wir den vielfältigen Bedürfnissen der Wörterbuchbenutzer Rechnung tragen, die durchaus auch das fachsprachliche Wort in einem Wörterbuch dieser Größenordnung erwarten.

Lautschrift und Silbentrennung

Durchweg findet die dem Lernenden heute vertraute Internationale Lautschrift (*English Pronouncing Dictionary,* 14. Auflage) Verwendung. Die Angabe der Silbentrennungsmöglichkeiten in den englischen Stichwörtern wurde – da oft sehr hilfreich – beibehalten.

Great dictionaries don't change – they mature! Wir hoffen, daß dies auch auf die vorliegende Neubearbeitung zutrifft: benutzerfreundliche Neuerungen und Modernität unter Beibehaltung der bewährten Grundstruktur.

LANGENSCHEIDT

Preface

Revised and enlarged edition

Langenscheidt dictionaries are unmistakable. They have a long tradition behind them and come out of a large "lexicographers' workshop" in which teams of experienced dictionary compilers and editors labour with two important goals in mind: to fulfil the needs and expectations of the dictionary user and to keep up with the rapid developments in language today.

These two aims also guided the preparation of the present revised and enlarged edition of Langenscheidt's "Concise English-German Dictionary". Some of its significant innovations are described in the following.

New typefaces for better readability

Two typographical adaptations have produced a clearer visual arrangement of the dictionary page:

(1) Entry words are printed in a typeface that has already proved itself in Langenscheidt's "German Universal Dictionary": the neutral, sans serif letters with their even thickness allow the entry words to be picked out quickly and effortlessly.

(2) Widespread surveys among teachers and pupils have shown that the typeface hitherto used for phraseology (i.e. illustrative phrases, idiomatic expressions and collocations) is not considered emphatic enough. This new edition of the dictionary employs a boldface type for phraseology, and in order to distinguish it from the entry words, it is in italics. Phrases are thus given prominence and can be traced more easily within the dictionary article.

"Rumpies" and "woopies"

It goes without saying that this revised dictionary includes a host of neologisms. Not only does it contain popular expressions such as *rumpie* and *woopie,* but a wide variety of specialized terms has been taken up, too.

From the realm of technology we have *pixel, APT* and *Eftpos,* for example; from economics there is *management buy-out,* from sports we have *paraglider,* and from the legal sphere *withholding tax,* to mention but a few.

Expanded dictionary plus much more

The new typography has allowed the inclusion of more entries, phrases and translations in the dictionary proper, but the appendices, too, have profited from these changes. Twenty closely printed pages, for example, are devoted to proper names and abbreviations alone.

Entry words versus phraseology: the problem of overkill

The entry words in a dictionary might be said to constitute its "skeleton", to which is added the "flesh" in the form of illustrative phrases, idioms and collocations.

The lexicographer's task is to try and strike a balance between the two, taking care not to burden the user with an unhealthy excess of flesh. Superfluous stylistic variants and illustrative phrases which do no more than show the basic meaning of a word in context can quickly lead to "overkill", or a glut of examples which can turn any search for a phrase into a gruelling task.

It has thus been a fundamental concern in compiling this dictionary to provide an adequate selection of idioms and collocations without taking away from the number of entries and translations. Only in this way can we hope to fulfil the multifarious needs of our dictionary users, who justifiably expect to find a representative selection of specialized vocabulary in a dictionary of this size.

Pronunciation and word division

The phonetic transcriptions which follow the entry words are based on the now well-known International Phonetic Alphabet (*English Pronouncing Dictionary*, 14th edition). Syllabification marks in the English entry words have been retained as a useful guide to word division.

Great dictionaries don't change – they mature. We trust this goes for the present dictionary too, whose endeavour has been to integrate practical innovations and the latest developments in language into a traditional and well-tried framework.

LANGENSCHEIDT

Contents
Inhaltsverzeichnis

Wie benutzen Sie das Wörterbuch?

Keine Angst vor unbekannten Wörtern!

Das Wörterbuch tut alles, um Ihnen das Nachschlagen und Kennenlernen eines gesuchten Wortes so leicht wie möglich zu machen. Legen Sie diese Einführung daher bitte nicht gleich zur Seite. Folgen Sie uns Schritt für Schritt. Wir versprechen Ihnen, daß Sie mit uns am Ende sagen werden "It isn't as bad as all that, is it?"

Und damit Sie in Zukunft von Ihrem Wörterbuch den besten Gebrauch machen können, wollen wir Ihnen zeigen, wie und wo Sie all die Informationen finden können, die Sie für Ihre Übersetzungen in der Schule und privat, im Beruf, in Briefen oder zum Sprechen brauchen.

Wie und wo finden Sie ein Wort?

Sie suchen ein bestimmtes Wort. Und wir sagen Ihnen erst einmal, daß das Wörterbuch in die Buchstaben von A–Z unterteilt ist. Auch innerhalb der einzelnen Buchstaben sind die Wörter **alphabetisch geordnet:**

ha**y** – haze
se·cre·tar·**i**·al – sec·re·tar·**y**

Neben den Stichwörtern mit ihren Ableitungen und Zusammensetzungen finden Sie an ihrem alphabetischen Platz auch noch

a) die unregelmäßigen Formen des Komparativs und Superlativs (z.B. **better**, **worst**),
b) die verschiedenen Formen der Pronomina (z.B. **her**, **them**),
c) das Präteritum und Partizip Perfekt der unregelmäßigen Verben (z.B. **came**, **bitten**).

Eigennamen und Abkürzungen haben wir für Sie am Schluß des Buches in einem besonderen Verzeichnis zusammengestellt.

Wenn Sie nun ein bestimmtes englisches Wort suchen, wo fangen Sie damit an? – Sehen Sie sich einmal die fettgedruckten Wörter über den Spalten in den oberen äußeren Ecken auf jeder Seite an. Das sind die sogenannten **Leitwörter**, an de-

How to use this dictionary

This dictionary endeavours to do everything it can to help you find the words and translations you are looking for as quickly and as easily as possible. All the more reason, then, to take a little time to read through these guidelines carefully. We promise that in the end you will agree that using a dictionary properly isn't as bad as all that.

To enable you to get the most out of your dictionary in the long term, you will be shown exactly where and how to find the information that will help you choose the right translation in every situation – whether at school or at home, in your profession, when writing letters, or in everyday conversation.

How to find a word

When you are looking for a particular word it is important to know that the dictionary entries are arranged in strict **alphabetical order:**

ha**y** – haze
se·cre·tar·**i**·al – sec·re·tar·**y**

Besides the entry words and their derivatives and compounds, the following are also given as individual entries, in alphabetical order:

a) irregular comparative and superlative forms (e.g. **better**, **worst**),
b) the various pronoun forms (e.g. **her**, **them**),
c) the past tense and past participle of irregular verbs (e.g. **came**, **bitten**).

Proper names and abbreviations are given in separate lists at the end of the dictionary.

How then do you go about finding a particular word? Take a look at the words in bold print at the top of each page. These are so-called **catchwords** and they serve as a guide to tracing your word as quickly as possible. The catchword on the top left

nen Sie sich orientieren können. Diese Leitwörter geben Ihnen jeweils (links) das ***erste*** fettgedruckte Stichwort auf der linken Seite des Wörterbuches an bzw. (rechts) das ***letzte*** fettgedruckte Stichwort auf der rechten Seite, z. B.

backhand – bag

Wollen Sie nun das Wort ***badly***, zum Beispiel, suchen, so muß es in unserem Beispiel im Alphabet zwischen ***backhand*** und ***bag*** liegen. Suchen Sie jetzt z. B. das Wort ***effort***. Blättern Sie dazu schnell das Wörterbuch durch, und achten Sie dabei auf die linken und rechten Leitwörter. Welches Leitwort steht Ihrem gesuchten Wort ***effort*** wohl am nächsten? Dort schlagen Sie das Wörterbuch auf (in diesem Fall zwischen ***edition*** und ***ego***). Sie werden so sehr bald die gewünschte Spalte mit *Ihrem Stichwort* finden.

Wie ist das aber nun, wenn Sie auch einmal ein Stichwort nachschlagen wollen, das aus zwei einzelnen Wörtern besteht? Nehmen Sie z. B. ***evening classes*** oder einen Begriff, bei dem die Wörter mit einem Bindestrich (hyphen) miteinander verbunden sind, wie in ***baby-sit(ter)***. Diese Wörter werden wie ein einziges Wort behandelt und dementsprechend alphabetisch eingeordnet. Sollten Sie einmal ein solches zusammengesetztes Wort nicht finden, so zerlegen Sie es einfach in seine Einzelbestandteile und schlagen dann bei diesen an ihren alphabetischen Stellen nach. Sie werden sehen, daß Sie sich auf diese Weise viele Wörter selbst erschließen können.

Beim Nachschlagen werden Sie auch merken, daß viele sogenannte „Wortfamilien“ entstanden sind. Das sind Stichwortartikel, die von einem gemeinsamen Stamm oder Grundwort ausgehen und deshalb – aus Gründen der Platzersparnis – in einem Artikel zusammengefaßt sind:

de·pend – de·pend·a·bil·i·ty – de·pend·a·ble – de·pend·ance etc.
door – '~·bell – ~ han·dle – '~,keep·er etc.

Wie schreiben Sie ein Wort?

Sie können in Ihrem Wörterbuch wie in einem Rechtschreibwörterbuch nachschlagen, wenn Sie wissen wollen, wie ein Wort richtig geschrieben wird. Sind die **britische** und die **amerikanische Schreibung** eines Stichwortes verschieden, so wird von der amerikanischen Form auf die britische verwiesen:

a·ne·mi·a, a·ne·mic *Am.* → ***anaemia, anaemic***
cen·ter *etc. Am.* → ***centre*** *etc.*
col·or *etc. Am.* → ***colour*** *etc.*

gives you the first word on the left-hand page, while that on the top right gives you the last word on the right-hand page, e. g.

backhand – bag

If you are looking for the word ***badly***, for example, you will find it somewhere on this double page between ***backhand*** and ***bag***. Let us take the word ***effort***: flick through the dictionary, keeping an eye open for the catchwords on the top right and left. Find the catchwords which come closest to ***effort*** and look for the word on these pages (in this case those covering ***edition*** to ***ego***). With a little practice you will be able to find the words you are looking for quite quickly.

What about entries comprising two words, such as ***evening classes***, or hyphenated expressions like ***baby-sit(ter)***? Expressions of this kind are treated in the same way as single words and thus appear in strict alphabetical order. Should you be unable to find a compound in the dictionary, just break it down into its components and look these up separately. In this way the meaning of many compound expressions can be derived indirectly.

When using the dictionary you will notice many 'word families', or groups of words stemming from a common root, which have been collated within one article in order to save space:

de·pend – de·pend·a·bil·i·ty – de·pend·a·ble – de·pend·ance etc.
door – '~·bell – ~ han·dle – '~,keep·er etc.

Spelling

Where the British and American spelling of a word differs, a cross reference is given from the American to the British form, where the word is treated in full:

a·ne·mi·a, a·ne·mic *Am.* → ***anaemia, anaemic***
cen·ter *etc. Am.* → ***centre*** *etc.*
col·or *etc. Am.* → ***colour*** *etc.*

Ein eingeklammertes u oder l in einem Stichwort oder Anwendungsbeispiel kennzeichnet ebenfalls den Unterschied zwischen britischer und amerikanischer Schreibung:

col·o(u)red bedeutet: britisch ***coloured***, amerikanisch ***colored***; **trav·el·(l)er** bedeutet: britisch ***traveller***, amerikanisch ***traveler***.

In seltenen Fällen bedeutet ein eingeklammerter Buchstabe aber auch ganz allgemein zwei Schreibweisen für ein und dasselbe Wort: **lan·o·lin(e)** wird entweder ***lanolin*** oder ***lanoline*** geschrieben.

Für die Abweichungen in der Schreibung geben wir Ihnen für das amerikanische Englisch ein paar einfache Regeln:

Die amerikanische Rechtschreibung

weicht von der britischen hauptsächlich in folgenden Punkten ab:

1. Für **...our** tritt **...or** ein, z.B. hon*or* = honour, lab*or* = labour.
2. **...re** wird zu **...er**, z.B. cent*er* = centre, meag*er* = meagre; ausgenommen sind og*re* und die Wörter auf ...cre, z.B. massa*cre*, a*cre*.
3. Statt **...ce** steht **...se**, z.B. defen*se* = defence, licen*se* = licence.
4. Bei den meisten Ableitungen der Verben auf **...l** und einigen wenigen auf **...p** unterbleibt die Verdoppelung des Endkonsonanten, also travel – trave*l*ed – trave*l*ing – trave*l*er, worship – worshi*p*ed – worshi*p*ing – worshi*p*er. Auch in einigen anderen Wörtern wird der Doppelkonsonant durch einen einfachen ersetzt, z.B. woo*l*en = woollen, carbure*t*or = carburettor.
5. Ein stummes **e** wird in gewissen Fällen weggelassen, z.B. ax = ax*e*, good-by = good-by*e*.
6. Bei einigen Wörtern mit der Vorsilbe **en...** gibt es auch noch die Schreibung **in...**, z.B. *in*close = enclose, *in*snare = ensnare.
7. Der Schreibung **ae** und **oe** wird oft diejenige mit **e** vorgezogen, z.B. an*e*mia = anaemia, diarrh*e*a = diarrhoea.
8. Aus dem Französischen stammende stumme Endsilben werden meist weggelassen, z.B. catalog = catalog*ue*, program = program*me*, prolog = prolog*ue*.
9. Einzelfälle sind: st*a*nch = staunch, m*o*ld = mould, m*o*lt = moult, gr*a*y = grey, pl*ow* = plough, ski*ll*ful = skilful, t*i*re = tyre etc.

A 'u' or 'l' in parentheses in an entry word or phrase also indicates variant spellings:

col·o(u)red means: British ***coloured***, American ***colored***; **trav·el·(l)er** means: British ***traveller***, American ***traveler***.

In a few rare cases a letter in parentheses indicates that there are two interchangeable spellings of the word: thus **lan·o·lin(e)** may be written ***lanolin*** or ***lanoline***.

Here are a few basic guidelines to help you distinguish between British and American spelling:

American spelling

differs from British spelling in the following respects:

1. **...our** becomes **...or** in American, e.g. hon*or* = honour, lab*or* = labour.
2. **...re** becomes **...er**, e.g. cent*er* = centre, meag*er* = meagre; exceptions are og*re* and words ending in ...cre, such as massa*cre*, a*cre*.
3. **...ce** becomes **...se**, e.g. defen*se* = defence, licen*se* = licence.
4. Most derivatives of verbs ending in **...l** and some of verbs ending in **...p** do not double the final consonant: travel – trave*l*ed – trave*l*ing – trave*l*er, worship – worshi*p*ed – worshi*p*ing – worshi*p*er. In certain other words, too, the double consonant is replaced by a single consonant: woo*l*en = woollen, carbure*t*or = carburettor.
5. A silent **e** is sometimes omitted, as in ax = ax*e*, good-by = good-by*e*.
6. Some words with the prefix **en...** have an alternative spelling with **in...**, e.g. *in*close = enclose, *in*snare = ensnare.
7. **ae** and **oe** are often simplified to **e**, e.g. an*e*mia = anaemia, diarrh*e*a = diarrhoea.
8. Silent endings of French origin are usually omitted, e.g. catalog = catalog*ue*, program = program*me*, prolog = prolog*ue*.
9. Further differences are found in the following words: st*a*nch = staunch, m*o*ld = mould, m*o*lt = moult, gr*a*y = grey, pl*ow* = plough, ski*ll*ful = skilful, t*i*re = tyre, etc.

Wie trennen Sie ein Wort?

Die Silbentrennung im Englischen ist für uns Deutsche ein heikles Kapitel. Aus diesem Grunde haben wir Ihnen die Sache erleichtert und geben Ihnen für jedes mehrsilbige englische Wort die Aufteilung in Silben an. Bei mehrsilbigen Stichwörtern müssen Sie nur darauf achten, wo zwischen den Silben ein halbhoher Punkt oder ein Betonungsakzent steht, z.B. **ex·pect**, **ex'pect·ance**. Bei alleinstehenden Wortbildungselementen, wie z.B. **electro-**, entfällt die Angabe der Silbentrennung, weil diese sich je nach der weiteren Zusammensetzung ändern kann.

Die Silbentrennungspunkte haben für Sie den Sinn, zu zeigen, an welcher Stelle im Wort Sie am Zeilenende trennen können. Sie sollten es aber vermeiden, nur einen Buchstaben abzutrennen, wie z.B. in **a·mend** oder **cit·y**. Hier nehmen Sie besser das ganze Wort auf die neue Zeile.

Word division

Word division in English can be a somewhat tricky matter. To make things easier we have marked the divisions of each word containing more than one syllable with a centred dot or an accent, as in **ex·pect**, **ex'pect·ance**. Combining forms which appear as individual entries (e.g. **electro-**) do not have syllabification marks since these depend on the subsequent element(s) of the compound.

Syllabification marks indicate where a word can be divided at the end of a line. The separation of a single letter from the rest of the word, as in **a·mend** or **cit·y**, should, however, be avoided if at all possible. In such cases it is better to bring the entire word forward to the new line.

Was bedeuten die verschiedenen Schriftarten?

Sie finden **fettgedruckt** alle englischen Stichwörter, alle römischen Ziffern zur Unterscheidung der Wortarten (Substantiv, transitives und intransitives Verb, Adjektiv, Adverb etc.) und alle arabischen Ziffern zur Unterscheidung der einzelnen Bedeutungen eines Wortes:

> **feed** ... **I** *v/t.* [*irr.*] **1.** Nahrung zuführen (*dat.*) ...; **II** *v/i.* [*irr.*] **10.** a) fressen (*Tier*) ...; **III** *s.* **12.** Fütterung *f* ...

Sie finden *kursiv*

a) alle Grammatik- und Sachgebietsabkürzungen: *s.*, *v/t.*, *v/i.*, *adj.*, *adv.*, *hist.*, *pol.* etc.;
b) alle Genusangaben (Angaben des Geschlechtswortes): *m*, *f*, *n*;
c) alle Zusätze, die entweder als Dativ- oder Akkusativobjekt der Übersetzung vorangehen oder ihr als erläuternder Hinweis vor- oder nachgestellt sind:

> **e·lect** ... **1.** *j-n in ein Amt* wählen ...
> **cut** ... **19.** ... *Baum* fällen ...
> **byte** ... *Computer*: Byte *n*
> **bike** ... ‚Maschine' *f* (*Motorrad*) ...

d) alle Erläuterungen bei Wörtern, die keine genaue deutsche Entsprechung haben:

> **cor·o·ner** ... ⚖ Coroner *m* (*richterlicher Beamter zur Untersuchung der Todesursache in Fällen unnatürlichen Todes*) ...

Sie finden in ***halbfetter kursiver Auszeichnungsschrift*** alle Wendungen und Hinweise zur Konstruktion mit Präpositionen:

> **gain** ... ***~ experience*** ...
> **de·pend** ... ***it ~s on you*** ...
> **de·part** ... **1.** (***for*** nach) weg-, fortgehen ...
> **glance** ... **6.** flüchtiger Blick (***at*** auf *acc.*) ...

The different typefaces and their functions

Bold type is used for the English entry words, for Roman numerals separating different parts of speech (nouns, transitive and intransitive verbs, adjectives and adverbs, etc.) and for Arabic numerals distinguishing various senses of a word:

> **feed** ... **I** *v/t.* [*irr.*] **1.** Nahrung zuführen (*dat.*) ...; **II** *v/i.* [*irr.*] **10.** a) fressen (*Tier*) ...; **III** *s.* **12.** Fütterung *f* ...

Italics are used for

a) grammatical abbreviations and subject labels: *s.*, *v/t.*, *v/i.*, *adj.*, *adv.*, *hist.*, *pol.* etc.;
b) gender labels (masculine, feminine and neuter): *m*, *f*, *n*;
c) any additional information preceding or following a translation (including dative or accusative objects, which are given before the translation):

> **e·lect** ... **1.** *j-n in ein Amt* wählen ...
> **cut** ... **19.** ... *Baum* fällen ...
> **byte** ... *Computer*: Byte *n*
> **bike** ... ‚Maschine' *f* (*Motorrad*) ...

d) definitions of English words which have no direct correspondence in German:

> **cor·o·ner** ... ⚖ Coroner *m* (*richterlicher Beamter zur Untersuchung der Todesursache in Fällen unnatürlichen Todes*) ...

Boldface italics are used for phraseology and for prepositions taken by the entry word:

> **gain** ... ***~ experience*** ...
> **de·pend** ... ***it ~s on you*** ...
> **de·part** ... **1.** (***for*** nach) weg-, fortgehen ...
> **glance** ... **6.** flüchtiger Blick (***at*** auf *acc.*) ...

Sie finden in normaler Schrift
a) alle Übersetzungen;
b) alle kleinen Buchstaben zur weiteren Bedeutungsdifferenzierung eines Wortes oder einer Wendung:

Goth·ic … **4.** … a) ba'rock, ro'mantisch, b) Schauer…
give in … **2.** (***to*** *dat.*) a) nachgeben (*dat.*), b) sich anschließen (*dat.*) …

Normal type is used for
a) translations of the entry words;
b) small letters marking subdivisions of meaning:

Goth·ic … **4.** … a) ba'rock, ro'mantisch, b) Schauer…
give in … **2.** (***to*** *dat.*) a) nachgeben (*dat.*), b) sich anschließen (*dat.*) …

Wie sprechen Sie ein Wort aus?

Sie haben das gesuchte Stichwort mit Hilfe der Leitwörter gefunden. Hinter dem Stichwort sehen Sie nun eine Reihe von Zeichen in einer eckigen Klammer. Dies ist die sogenannte Lautschrift. Die Lautschrift beschreibt, wie Sie ein Wort aussprechen sollen. So ist das „th“ in ***thin*** ein ganz anderer Laut als das „th“ in ***these***. Da die normale Schrift für solche Unterschiede keine Hilfe bietet, ist es nötig, diese Laute mit anderen Zeichen zu beschreiben. Damit *jeder* genau weiß, welches Zeichen welchem Laut entspricht, hat man sich international auf eine Lautschrift geeinigt. Da die Zeichen von der **I**nternational **P**honetic **A**ssociation als verbindlich angesehen werden, nennt man sie auch **IPA-Lautschrift**.

Hier sind nun die Zeichen, ohne die Sie bei unbekannten englischen Wörtern nicht auskommen werden.

Pronunciation

When you have found the entry word you are looking for, you will notice that it is followed by certain symbols enclosed in square brackets. This is the phonetic transcription of the word, which tells you how it is pronounced. As our normal alphabet cannot distinguish between certain crucial differences in sounds (e.g. that between ‘th’ in ***thin*** and in ***these***), a different system of symbols has to be used. To avoid the confusion of conflicting systems, one phonetic alphabet has come to be used internationally, namely that of the International Phonetic Association. This phonetic system is known by the abbreviation **IPA**. The symbols used in this dictionary are listed and illustrated in the table below:

Die englischen Laute in der Internationalen Lautschrift

[ʌ]	much [mʌtʃ], come [kʌm]	kurzes *a* wie in *Matsch*, *Kamm*
[ɑː]	after ['ɑːftə], park [pɑːk]	langes *a*, etwa wie in *Bahn*
[æ]	flat [flæt], madam ['mædəm]	mehr zum *a* hin als *ä* in *Wäsche*
[ə]	after ['ɑːftə], arrival [ə'raɪvl]	wie das End-*e* in *Berge*, *mache*, *bitte*
[e]	let [let], men [men]	*ä* wie in *hätte*, *Mäntel*
[ɜː]	first [fɜːst], learn [lɜːn]	etwa wie *ir* in *flirten*, aber offener
[ɪ]	in [ɪn], city ['sɪtɪ]	kurzes *i* wie in *Mitte*, *billig*
[iː]	see [siː], evening ['iːvnɪŋ]	langes *i* wie in *nie*, *lieben*
[ɒ]	shop [ʃɒp], job [dʒɒb]	wie *o* in *Gott*, aber offener
[ɔː]	morning ['mɔːnɪŋ], course [kɔːs]	wie in *Lord*, aber ohne *r*
[ʊ]	good [gʊd], look [lʊk]	kurzes *u* wie in *Mutter*
[uː]	too [tuː], shoot [ʃuːt]	langes *u* wie in *Schuh*, aber offener
[aɪ]	my [maɪ], night [naɪt]	etwa wie in *Mai*, *Neid*
[aʊ]	now [naʊ], about [ə'baʊt]	etwa wie in *blau*, *Couch*
[əʊ]	home [həʊm], know [nəʊ]	von [ə] zu [ʊ] gleiten
[eə]	air [eə], square [skweə]	wie *är* in *Bär*, aber kein *r* sprechen
[eɪ]	eight [eɪt], stay [steɪ]	klingt wie *äi*
[ɪə]	near [nɪə], here [hɪə]	von [ɪ] zu [ə] gleiten
[ɔɪ]	join [dʒɔɪn], choice [tʃɔɪs]	etwa wie *eu* in *neu*
[ʊə]	sure [ʃʊə], tour [tʊə]	wie *ur* in *Kur*, aber kein *r* sprechen

[j]	yes [jes], tube [tju:b]	wie *j* in *jetzt*
[w]	way [weɪ], one [wʌn], quick [kwɪk]	sehr kurzes *u* – kein deutsches *w*!
[ŋ]	thing [θɪŋ], English ['ɪŋglɪʃ]	wie *ng* in *Ding*
[r]	room [ru:m], hurry ['hʌrɪ]	nicht rollen!
[s]	see [si:], famous ['feɪməs]	stimmloses *s* wie in *lassen*, *Liste*
[z]	zero ['zɪərəʊ], is [ɪz], runs [rʌnz]	stimmhaftes *s* wie in *lesen*, *Linsen*
[ʃ]	shop [ʃɒp], fish [fɪʃ]	wie *sch* in *Scholle*, *Fisch*
[tʃ]	cheap [tʃi:p], much [mʌtʃ]	wie *tsch* in *tschüs*, *Matsch*
[ʒ]	television ['telɪvɪʒn]	stimmhaftes *sch* wie in *Genie*, *Etage*
[dʒ]	just [dʒʌst], bridge [brɪdʒ]	wie in *Job*, *Gin*
[θ]	thanks [θæŋks], both [bəʊθ]	wie *ß* in *Faß*, aber gelispelt
[ð]	that [ðæt], with [wɪð]	wie *s* in *Sense*, aber gelispelt
[v]	very ['verɪ], over ['əʊvə]	etwa wie deutsches *w*, aber Oberzähne auf Oberkante der Unterlippe
[x]	loch [lɒx]	wie *ch* in *ach*

[:] bedeutet, daß der vorhergehende Vokal lang zu sprechen ist.

[:] indicates that the preceding vowel is long.

Lautsymbole der nichtanglisierten Stichwörter

In nichtanglisierten Stichwörtern, d.h. in Fremdwörtern, die noch nicht als eingebürgert empfunden werden, werden gelegentlich einige Lautsymbole der französischen Sprache verwandt, um die nichtenglische Lautung zu kennzeichnen. Die nachstehende Liste gibt einen Überblick über diese Symbole:

[ɑ̃] ein nasaliertes, offenes a wie im französischen Wort *enfant*.

[ɛ̃] ein nasaliertes, offenes ä wie im französischen Wort *fin*.

[ɔ̃] ein nasaliertes, offenes o wie im französischen Wort *bonbon*.

[œ] ein offener ö-Laut wie im französischen Wort *jeune*.

[ø] ein geschlossener ö-Laut wie im französischen Wort *feu*.

[y] ein kurzes ü wie im französischen Wort *vu*.

[ɥ] ein kurzer Reibelaut, Zungenstellung wie beim deutschen ü („gleitendes ü"). Wie im französischen Wort *muet*.

[ɲ] ein j-haltiges n, noch zarter als in *Champagner*. Wie im französischen Wort *Allemagne*.

Phonetic symbols for foreign loan-words

Occasionally French phonetic symbols have been used to transcribe foreign loan-words whose pronunciation has not been Anglicized:

[ɑ̃] like the e or a in the French *enfant*.

[ɛ̃] like the i in the French *fin*.

[ɔ̃] like the o in the French *bonbon*.

[œ] like the eu in the French *jeune*.

[ø] like the eu in the French *feu*.

[y] like the u in the French *vu*.

[ɥ] like the u in the French *muet*.

[ɲ] like the gn in the French *Champagne*.

Kursive phonetische Zeichen

Ein kursives phonetisches Zeichen bedeutet, daß der Buchstabe gesprochen oder nicht gesprochen werden kann. Beide Aussprachen sind dann im Englischen gleich häufig. Z.B. das kursive *ʊ* in

Phonetic symbols in italics

If a phonetic symbol appears in italics, this means that it may be spoken or not. In such cases, both pronunciations are more or less equally common. The italic *ʊ*, for example, in the phonetic

der Umschrift von molest [məʊˈlest] bedeutet, daß die Aussprache des Wortes mit [ə] oder mit [əʊ] etwa gleich häufig ist.

transcription of molest [məʊˈlest] means that it can be pronounced with [ə] or [əʊ].

Die **Betonung** der englischen Wörter wird durch das Zeichen ˈ für den Hauptakzent bzw. ˌ für den Nebenakzent vor der zu betonenden Silbe angegeben:

on·ion [ˈʌnjən] – **dis·loy·al** [ˌdɪsˈlɔɪəl]

Bei den zusammengesetzten Stichwörtern ohne Lautschriftangabe wird der Betonungsakzent im zusammengesetzten Stichwort selbst gegeben, z. B. **ˌupˈstairs**. Die Betonung erfolgt auch dann im Stichwort, wenn nur ein Teil der Lautschrift gegeben wird, z. B. **adˈmin·is·tra·tor** [-treɪtə], **ˈdog·ma·tism** [-ətɪzəm].

Bei einem Stichwort, das aus zwei oder mehreren einzelnen Wörtern besteht, können Sie die Aussprache bei dem jeweiligen Einzelwort nachschlagen, z. B. **school leav·ing cer·tif·i·cate**.

Primary (or strong) stress is indicated by ˈ preceding the stressed syllable, and secondary (or weak) stress by ˌ preceding the stressed syllable:

on·ion [ˈʌnjən] – **dis·loy·al** [ˌdɪsˈlɔɪəl]

In the case of compounds without phonetic transcription, the accents are given in the entry word itself, as in **ˌupˈstairs**. Stress is also indicated in the entry word if only part of the phonetic transcription is given, as in **adˈmin·is·tra·tor** [-treɪtə], **ˈdog·ma·tism** [-ətɪzəm].

For the pronunciation of entries consisting of more than one word, each individual word should be looked up, as with **school leav·ing cer·tif·i·cate**.

Einige Worte noch zur **amerikanischen Aussprache**:
Amerikaner sprechen viele Wörter anders aus als die Briten. In diesem Wörterbuch geben wir Ihnen aber meistens nur die britische Aussprache, wie Sie sie auch in Ihren Lehrbüchern finden. Ein paar Regeln für die Abweichungen in der amerikanischen Aussprache wollen wir Ihnen hier aber doch geben.

Die amerikanische Aussprache weicht hauptsächlich in folgenden Punkten von der britischen ab:

1. ɑː wird zu (gedehntem) æ(ː) in Wörtern wie *ask* [æ(ː)sk = ɑːsk], *castle* [ˈkæ(ː)sl = ˈkɑːsl], *grass* [græ(ː)s = grɑːs], *past* [pæ(ː)st = pɑːst] etc.; ebenso in *branch* [bræ(ː)ntʃ = brɑːntʃ], *can't* [kæ(ː)nt = kɑːnt], *dance* [dæ(ː)ns = dɑːns] etc.
2. ɒ wird zu ɑ in Wörtern wie *common* [ˈkɑmən = ˈkɒmən], *not* [nɑt = nɒt], *on* [ɑn = ɒn], *rock* [rɑk = rɒk], *bond* [bɑnd = bɒnd] und vielen anderen.
3. juː wird zu uː, z. B. *due* [duː = djuː], *duke* [duːk = djuːk], *new* [nuː = njuː].
4. r zwischen vorhergehendem Vokal und folgendem Konsonanten wird stimmhaft gesprochen, indem die Zungenspitze gegen den harten Gaumen zurückgezogen wird, z. B. *clerk* [klɜːrk = klɑːk], *hard* [hɑːrd = hɑːd]; ebenso im Auslaut, z. B. *far* [fɑːr = fɑː], *her* [hɜːr = hɜː].
5. Anlautendes p, t, k in unbetonter Silbe (nach betonter Silbe) wird zu b, d, g abgeschwächt, z. B. in *property*, *water*, *second*.
6. Der Unterschied zwischen stark- und schwachbetonten Silben ist viel weniger ausgeprägt; längere Wörter haben einen deutlichen Nebenton, z. B. *dictionary* [ˈdɪkʃəˌnerɪ = ˈdɪkʃənrɪ], *ceremony* [ˈserəˌməʊnɪ = ˈserɪmənɪ], *inventory* [ˈɪnvənˌtɔːrɪ = ˈɪnvəntrɪ], *secretary* [ˈsekrəˌterɪ = ˈsekrətrɪ].
7. Vor, oft auch nach nasalen Konsonanten (m, n, ŋ) sind Vokale und Diphthonge nasal gefärbt, z. B. *stand*, *time*, *small*.

Was sagen Ihnen die Symbole und Abkürzungen?

Wir geben Ihnen die Symbole und Abkürzungen im Wörterbuch, um Sie davor zu bewahren, durch falsche Anwendung einer Übersetzung in das berühmte „Fettnäpfchen“ zu treten.

Die Liste mit den **Abkürzungen** zur Kennzeichnung des Grammatik- und Sachgebietsbereiches finden Sie auf den Seiten 28 und 29.

Die **Symbole** zeigen Ihnen, in welchem Lebens-, Arbeits- und Fachbereich ein Wort am häufigsten benutzt wird.

~ ≗ Tilde; siehe Seite 18.
⚘ Botanik, *botany.*
⚙ Handwerk, *handicraft*; Technik, *engineering.*
⚒ Bergbau, *mining.*
⚔ militärisch, *military term.*
⚓ Schiffahrt, *nautical term.*
☦ Handel u. Wirtschaft, *commercial term.*
🚂 Eisenbahn, *railway, railroad.*
✈ Flugwesen, *aviation.*
📯 Postwesen, *post and telecommunications.*
♪ Musik, *musical term.*
△ Architektur, *architecture.*
ϟ Elektrotechnik, *electrical engineering.*
⚖ Rechtswissenschaft, *legal term.*
A Mathematik, *mathematics.*
⚒ Landwirtschaft, *agriculture.*
⚗ Chemie, *chemistry.*
⚕ Medizin, *medicine.*
→ Verweiszeichen; siehe Seite 20.

Ein weiteres Symbol ist das Kästchen: □. Steht es nach einem englischen Adjektiv, so bedeutet das, daß das Adverb regelmäßig durch Anhängung von ***-ly*** an das Adjektiv oder durch Umwandlung von ***-le*** in ***-ly*** oder von ***-y*** in ***-ily*** gebildet wird, z. B.

bald □ = ***baldly***
change·a·ble □ = ***changeably***
bus·y □ = ***busily***

Es gibt auch noch die Möglichkeit, ein Adverb durch Anhängen von ***-ally*** an das Stichwort zu bilden. In diesen Fällen haben wir auch das angegeben:

his·tor·ic (□ ***~ally***) = ***historically***

Bei Adjektiven, die auf ***-ic*** und ***-ical*** enden können, wird die Adverbbildung auf folgende Weise gekennzeichnet:

phil·o·soph·ic, phil·o·soph·i·cal *adj.* □

d. h. ***philosophically*** ist das Adverb zu beiden Adjektivformen.

Wird bei der Adverbangabe auf das Adverb selbst verwiesen, so bedeutet dies, daß unter diesem Stichwort vom Adjektiv abweichende Übersetzungen zu finden sind:

a·ble □ → ***ably***

Symbols and abbreviations

Symbols and abbreviations indicating subject areas are designed to aid the user in choosing the appropriate translation of a word.

A list of **abbreviations** of grammatical terms and subject areas is given on pp. 28–29.

The pictographic **symbols** indicate the field in which a word is most commonly used.

~ ≗ tilde; see p. 18.
⚘ Botanik, *botany.*
⚙ Handwerk, *handicraft*; Technik, *engineering.*
⚒ Bergbau, *mining.*
⚔ militärisch, *military term.*
⚓ Schiffahrt, *nautical term.*
☦ Handel u. Wirtschaft, *commercial term.*
🚂 Eisenbahn, *railway, railroad.*
✈ Flugwesen, *aviation.*
📯 Postwesen, *post and telecommunications.*
♪ Musik, *musical term.*
△ Architektur, *architecture.*
ϟ Elektrotechnik, *electrical engineering.*
⚖ Rechtswissenschaft, *legal term.*
A Mathematik, *mathematics.*
⚒ Landwirtschaft, *agriculture.*
⚗ Chemie, *chemistry.*
⚕ Medizin, *medicine.*
→ cross-reference mark; see p. 20.

A square box □ after an English adjective indicates that the adverb is formed regularly by adding ***-ly***, changing ***-le*** into ***-ly***, or ***-y*** into ***-ily***:

bald □ = ***baldly***
change·a·ble □ = ***changeably***
bus·y □ = ***busily***

Some adverbs are formed by adding ***-ally*** to the adjective. This is indicated by a box followed by the adverbial ending:

his·tor·ic (□ ***~ally***) = ***historically***

Adverb forms deriving from adjectives which may end in ***-ic*** or ***-ical*** are given as follows:

phil·o·soph·ic, phil·o·soph·i·cal *adj.* □

i. e., ***philosophically*** is the adverb derived from both adjective forms.

If an adjective is followed by a cross-reference to the adverb, this means that the adverb is used in a sense quite different from that of the adjective:

a·ble □ → ***ably***

Was bedeutet das Zeichen ~, die Tilde?

Ein Symbol, das Ihnen ständig in den Stichwortartikeln begegnet, ist ein Wiederholungszeichen, die Tilde (~ ≗).

Zusammengehörige oder verwandte Wörter sind häufig zum Zwecke der Raumersparnis unter Verwendung der Tilde zu Gruppen vereinigt. Die Tilde vertritt dabei entweder das ganze Stichwort oder den vor dem senkrechten Strich (|) stehenden Teil des Stichworts.

drink·ing ... **~ wa·ter** = ***drinking water***
'head|·light ... **'~·line** = ***headline***

Bei den in halbfetter kursiver Auszeichnungsschrift gesetzten Redewendungen vertritt die Tilde stets das unmittelbar vorhergehende Stichwort, das selbst schon mit Hilfe der Tilde gebildet worden sein kann:

ˌdou·ble|-'act·ing ... **ˌ~-'edged** ...: ***~ sword*** = ***double-edged sword***

Wechselt die Schreibung von klein zu groß oder von groß zu klein, steht statt der einfachen Tilde (~) die Kreistilde (≗):

mid·dle| age ... **≗ Ag·es** = ***Middle Ages***
Ren·ais·sance ... **2.** ≗ 'Wiedergeburt *f* ... = ***renaissance***

The swung dash, or tilde (~)

A symbol you will repeatedly come across in the dictionary articles is the so-called tilde (~ ≗), which serves as a replacement mark. For reasons of space, related words are often combined in groups with the help of the tilde. In these cases, the tilde replaces either the entire entry word or that part of it which precedes a vertical bar (|):

drink·ing ... **~ wa·ter** = ***drinking water***
'head|·light ... **'~·line** = ***headline***

In the case of the phrases in boldface italics, the tilde replaces the entry word immediately preceding, which itself may also have been formed with the help of a tilde:

ˌdou·ble|-'act·ing ... **ˌ~-'edged** ...: ***~ sword*** = ***double-edged sword***

If there is a switch from a small initial letter to a capital or vice-versa, the standard tilde (~) appears with a circle (≗):

mid·dle| age ... **≗ Ag·es** = ***Middle Ages***
Ren·ais·sance ... **2.** ≗ 'Wiedergeburt *f* ... = ***renaissance***

Einige Worte zu den Übersetzungen und Wendungen

Nach dem fettgedruckten Stichwort, der Ausspracheangabe in eckigen Klammern und der Bezeichnung der Wortart kommt als nächstes das, was für Sie wahrscheinlich das Wichtigste ist: **die Übersetzung**.

Die Übersetzungen haben wir folgendermaßen untergliedert: römische Ziffern zur Unterscheidung der Wortarten (Substantiv, Verb, Adjektiv, Adverb etc.), arabische Ziffern zur Unterscheidung der einzelnen Bedeutungen, kleine Buchstaben zur weiteren Bedeutungsdifferenzierung, z. B.

face ... **I** *s.* **1.** Gesicht *n* ...; ***in*** (***the***) ***~ of*** a) angesichts (*gen.*), gegenüber (*dat.*), b) trotz (*gen. od. dat.*) ...; **II** *v/t.* **11.** ansehen ...; **III** *v/i.* ...

Weist ein Stichwort grundsätzlich verschiedene Bedeutungen auf, so wird es mit einer hochgestellten Zahl, dem Exponenten, als eigenständiges Stichwort wiederholt:

chap¹ [tʃæp] *s.* F Bursche *m*, Junge *m* ...
chap² [tʃæp] *s.* Kinnbacken *m* ...
chap³ [tʃæp] **I** *v/t. u. v/i.* rissig machen *od.* werden ...; **II** *s.* Riß *m*, Sprung *m*.

Dies geschieht aber nicht in Fällen, in denen sich die zweite Bedeutung aus der Hauptbedeutung des Grundwortes entwickelt hat.

Translations and phraseology

After the boldface entry word, its phonetic transcription in square brackets, and its part of speech label, we finally come to the most important part of the entry: **the translation(s)**.

Where an entry word has several different meanings, the translations have been arranged as follows: different parts of speech (nouns, verbs, adjectives, adverbs etc.) separated by Roman numerals, different senses by Arabic numerals, and related senses by small letters:

face ... **I** *s.* **1.** Gesicht *n* ...; ***in*** (***the***) ***~ of*** a) angesichts (*gen.*), gegenüber (*dat.*), b) trotz (*gen. od. dat.*) ...; **II** *v/t.* **11.** ansehen ...; **III** *v/i.* ...

Where a word has fundamentally different meanings, it appears as two or more separate entries distinguished by exponents, or raised figures:

chap¹ [tʃæp] *s.* F Bursche *m*, Junge *m* ...
chap² [tʃæp] *s.* Kinnbacken *m* ...
chap³ [tʃæp] **I** *v/t. u. v/i.* rissig machen *od.* werden ...; **II** *s.* Riß *m*, Sprung *m*.

This does not apply to senses which have directly evolved from the primary meaning of the word.

Anwendungsbeispiele in halbfetter kursiver Auszeichnungsschrift werden meist unter den zugehörigen Ziffern aufgeführt. Sind es sehr viele Beispiele, so werden sie in einem eigenen Abschnitt „*Besondere Redewendungen*" zusammengefaßt (siehe Stichwort ***heart***). Eine Übersetzung der Beispiele wird nicht gegeben, wenn diese sich aus der Grundübersetzung von selbst ergibt:

> **a·like** … **II** *adv.* gleich, ebenso, in gleichem Maße: ***she helps enemies and friends ~.***

Bei sehr umfangreichen Stichwortartikeln werden auch die Zusammensetzungen von **Verben mit Präpositionen oder Adverbien** an das Ende der betreffenden Artikel angehängt, z. B. ***come across***, ***get up***.

Bei den Übersetzungen wird in Fällen, in denen die Aussprache Schwierigkeiten verursachen könnte, die Betonung durch **Akzent(e)** vor der zu betonenden Trennsilbe gegeben. Akzente werden gesetzt bei Wörtern, die nicht auf der ersten Silbe betont werden, z. B. „Bäcke'rei", „je'doch", außer wenn es sich um eine der stets unbetonten Vorsilben handelt, sowie bei Zusammensetzungen mit Vorsilben, deren Betonung wechselt, z. B. „'Mißtrauen", „miß'trauen". Grundsätzlich entfällt der Akzent jedoch bei Verben auf „-ieren" und deren Ableitungen. Bei kursiven Erläuterungen und bei den Übersetzungen von Anwendungsbeispielen werden keine Akzente gesetzt.

Der **verkürzte Bindestrich** (-) steht zwischen zwei Konsonanten, um anzudeuten, daß sie getrennt auszusprechen sind, z. B. „Häus-chen", ebenso in Fällen, die zu Mißverständnissen führen können, z. B. „Erb-lasser".

Wie Sie sicher wissen, gibt es im **britischen und amerikanischen Englisch** hier und da unterschiedliche Bezeichnungen für dieselbe Sache. Ein Engländer sagt z. B. ***pavement***, wenn er den „Bürgersteig" meint, der Amerikaner spricht dagegen von ***sidewalk***. Im Wörterbuch finden Sie die Wörter, die hauptsächlich im britischen Englisch gebraucht werden, mit *Brit.* gekennzeichnet. Die Wörter, die typisch für den amerikanischen Sprachgebrauch sind, werden mit *Am.* gekennzeichnet.

Auf die verschiedenen Wortarten haben wir bereits hingewiesen. Der Eintrag ***dependence*** z. B. ist ein Substantiv (Hauptwort). Dies können Sie daran erkennen, daß hinter der Lautschriftklammer ein kursives *s.* steht. Dementsprechend steht hinter der deutschen Übersetzung „Abhängigkeit" ein kursives *f*, bzw. hinter „Angewiesensein" ein kursives *n*. Diese Buchstaben geben – wie auch das kursive *m* – das **Genus** (Geschlecht) des deutschen Wortes an und kennzeichnen es damit als Substantiv. Die Genusangabe unterbleibt, wenn

Illustrative phrases in boldface italics are generally given within the respective categories of the dictionary article. Where there are a lot af examples, these are found in a separate section entitled "*Besondere Redewendungen*" (see for example the entry ***heart***).

Illustrative phrases whose meaning is self-evident are not translated:

> **a·like** … **II** *adv.* gleich, ebenso, in gleichem Maße: ***she helps enemies and friends ~.***

In the case of particularly long articles, **verbal phrases** such as ***come across***, ***get up*** etc. are given separately at the end of the main part of the article.

Where the pronunciation of a German translation could be ambiguous or problematical, **accents** are placed before the stressed syllable(s). Accents are also given in words whose initial syllable is unstressed (e. g. 'Bäcke'rei', 'je'doch'), unless it is a generally unstressed prefix. They are further given in compounds in which the accent shifts (e. g. ''Mißtrauen', 'miß'trauen'). Accentuation is not provided for verbs ending in '-ieren' and their derivatives, nor in definitions in italics or translations of phraseology.

A **hyphen** is inserted between two consonants to indicate that they are pronounced separately (e. g. 'Häus-chen') and in words which might be misinterpreted (e. g. 'Erb-lasser').

British and American English occasionally differ in the way they describe things. For ***pavement***, for example, an American would say ***sidewalk***. In the dictionary, words which are predominantly used in British English are marked *Brit.*, and those which are typically American are marked *Am.*

We have already mentioned the different parts of speech. The entry word ***dependence***, for example, is a noun. This is indicated by the letter *s.* in italics following the phonetic transcription in square brackets. The German translations 'Abhängigkeit' and 'Angewiesensein' are followed by an italic *f* and *n* respectively. These letters, together with the italic *m*, indicate the gender of the German noun, i. e. they show whether it is masculine, feminine or neuter. The gender is not given if it can be inferred from the context, e. g. from the

das Genus aus dem Zusammenhang ersichtlich ist, z. B. „scharfes Durchgreifen", und wenn die weibliche Endung in Klammern steht, z. B. „Verkäufer (-in)". Sie unterbleibt auch bei Erläuterungen in kursiver Schrift, wird aber in den Anwendungsbeispielen dann gegeben, wenn sich das Genus der Übersetzungen hier nicht aus der Grundübersetzung ergibt.

Oft wird Ihnen aber auch die folgende Abweichung begegnen:

Unter ***dependant*** finden Sie die Übersetzung „(Fa'milien)Angehörige(r *m*) *f*". „Angehörige" ist weiblich; deshalb steht hinter der Klammer ein *f*. Es besteht aber auch die Möglichkeit, ***dependant*** als „Angehöriger" zu übersetzen – und das ist männlich. Genau das steht in der Klammer: (r *m*), das Endungs-r und *m* = maskulin.

adjective ending in 'scharfes Durchgreifen', or if the feminine ending is added in brackets, as in 'Verkäufer(in)'. Definitions in italics do not contain gender indications, and they are only given in phraseology where they cannot be derived from the primary translations.

Frequently you will come across translations such as '(Familien)Angehörige(r *m*) *f*' in the article ***dependant***. Here 'Angehörige' is feminine, as indicated by the *f* after the parentheses. But ***dependant*** can also be translated 'Angehöriger', which is masculine. This is indicated by (r *m*) in parentheses, which gives the ending -r and the gender indication *m* to show that it is masculine.

Sie werden bereits gemerkt haben, daß es selten vorkommt, daß nur eine Übersetzung hinter dem jeweiligen Stichwort steht. Meist ist es so, daß ein Stichwort mehrere sinnverwandte Übersetzungen hat, die durch **Komma** voneinander getrennt werden.

Die Bedeutungsunterschiede in den Übersetzungen werden gekennzeichnet:

a) durch das **Semikolon** und die Unterteilung in **arabische Ziffern**:

bal·ance ... **1.** Waage *f* ...; **2.** Gleichgewicht *n* ...

b) durch Unterteilung in **kleine Buchstaben** zur weiteren Bedeutungsdifferenzierung,
c) durch **Erläuterungen** in kursiver Schrift,
d) durch vorangestellte **bildliche Zeichen** und **abgekürzte Begriffsbestimmungen** (siehe das Verzeichnis auf Seite 17 und die Liste mit den Abkürzungen auf den Seiten 28 und 29).

Siehe auch das Kapitel über die verschiedenen Schriftarten auf Seite 13.

It is quite rare for an entry word to be given just one translation. Usually a word will have several related translations, which are separated by a **comma**.

Different senses of a word are indicated by

a) **semicolons** and **Arabic numerals**:

bal·ance ... **1.** Waage *f* ...; **2.** Gleichgewicht *n* ...

b) **small letters** for related senses,
c) italics for **definitions**,
d) **pictographic symbols** and **abbreviations of subject areas** (see p. 17 and the list of abbreviations on pp. 28–29).

See also the section on p. 13 concerning the different typefaces.

Einfache Anführungszeichen bedeuten, daß eine Übersetzung entweder einer niederen Sprachebene angehört:

gov·er·nor ... **4.** F *der* ‚Alte'

oder in figurativer (bildlicher) Bedeutung gebraucht wird:

land·slide ... **1.** Erdrutsch *m*; **2.** ... *fig.* ‚Erdrutsch' *m*

Single quotation marks mean that a translation is either very informal:

gov·er·nor ... **4.** F *der* ‚Alte'

or used in figurative sense:

land·slide ... **1.** Erdrutsch *m*; **2.** ... *fig.* ‚Erdrutsch' *m*

Häufig finden Sie auch bei einem Stichwort oder einem Stichwortartikel ein **Verweiszeichen** (→). Es hat folgende Bedeutungen:

a) Verweis von Stichwort zu Stichwort bei Bedeutungsgleichheit, z. B.

gaun·try → ***gantry***

Frequently you will come across an **arrow** (→) after an entry word or elsewhere in a dictionary article. It is used

a) as a cross reference to another entry:

gaun·try → ***gantry***

b) Verweis innerhalb eines Stichwortartikels, z. B.

dice [daɪs] **I** *s. pl. von* ***die***[2] 1 Würfel *pl.*, Würfelspiel *n*: ***play*** **(*at*)** ~ → II … **II** *v/i.* würfeln, knobeln

c) oft wurde an Stelle eines Anwendungsbeispiels auf ein anderes Stichwort verwiesen, das ebenfalls in dem Anwendungsbeispiel enthalten ist:

square … **15.** *A* a) den Flächeninhalt berechnen von (*od. gen.*), b) *Zahl* quadrieren, ins Qua'drat erheben, c) *Figur* quadrieren; → ***circle*** 1

Das heißt, daß die Wendung ***square the circle*** unter dem Stichwort ***circle*** aufgeführt und dort übersetzt ist.

Runde Klammern werden verwendet

a) zur Vereinfachung der Übersetzung, z. B.

cov·er … **4.** … (Bett-, Möbel- *etc.*)Bezug *m* …

b) zur Raumersparnis bei gekoppelten Anwendungsbeispielen, z. B.

make (break) contact Kontakt herstellen (unterbrechen) = ***make contact/break contact*** …

Grammatik auch im Wörterbuch?

Etwas Grammatik wollen wir Ihnen zumuten. Mit diesem letzten Punkt sind Sie, wie wir glauben, für die Arbeit mit *Ihrem Wörterbuch* bestens gerüstet.

Den grammatisch richtigen Gebrauch eines Wortes können Sie häufig den „Zusätzen" entnehmen.

Die **Rektion** von deutschen Präpositionen wird dann angegeben, wenn sie verschiedene Fälle regieren können, z. B. „vor", „über".

Die Rektion von Verben wird nur dann angegeben, wenn sie von der des Grundwortes abweicht oder wenn das englische Verb von einer bestimmten Präposition regiert wird. Folgende Anordnungen sind möglich:

a) wird ein Verb, das im Englischen transitiv ist, im Deutschen intransitiv übersetzt, so wird die abweichende Rektion angegeben:

con·tra·dict … *v/t.* **1.** … wider'sprechen (*dat.*) …

b) gelten für die deutschen Übersetzungen verschiedene Rektionen, so steht die englische Präposition in halbfetter kursiver Auszeichnungsschrift in Klammern vor der ersten Übersetzung, die deutschen Rektionsangaben stehen hinter jeder Einzelübersetzung:

de·scend … **4.** (***to***) zufallen (*dat.*), 'übergehen, sich vererben (auf *acc.*) …

b) as a reference within an article:

dice [daɪs] **I** *s. pl. von* ***die***[2] 1 Würfel *pl.*, Würfelspiel *n*: ***play*** **(*at*)** ~ → II … **II** *v/i.* würfeln, knobeln

c) as a cross reference to another entry which provides an illustrative phrase containing the initial entry word:

square … **15.** *A* a) den Flächeninhalt berechnen von (*od. gen.*), b) *Zahl* quadrieren, ins Qua'drat erheben, c) *Figur* quadrieren; → ***circle*** 1

This tells you that the expression ***square the circle*** and its translation are found in the entry ***circle***.

Parentheses are used

a) to help present the translations as simply as possible:

cov·er … **4.** … (Bett-, Möbel- *etc.*)Bezug *m* …

b) to combine related phrases in order to save space:

make (break) contact Kontakt herstellen (unterbrechen) = ***make contact/break contact*** …

Grammar in a dictionary?

A little bit of grammar, we feel, is not amiss in a dictionary, and knowing what to do with the grammatical information available will enable the user to get the most out of this dictionary.

Information on the correct grammatical use of a word is usually appended to the translation(s).

Where a German preposition can govern either the dative or accusative case, the appropriate case is indicated, as with 'vor' and 'über'.

The cases governed by verbs are given only if they deviate from those of the English verb or where an English verb takes a preposition. The following arrangements are possible:

a) where an English transitive verb is rendered intransitively in German, the required case is given:

con·tra·dict … *v/t.* **1.** … wider'sprechen (*dat.*) …

b) where the German translations take varying cases, the appropriate English preposition is given in boldface italics and in brackets preceding the first translation, while the German grammatical indicators follow each individual translation:

de·scend … **4.** (***to***) zufallen (*dat.*), 'übergehen, sich vererben (auf *acc.*) …

c) stimmen Präposition und Rektion für alle Übersetzungen überein, so stehen sie in Klammern hinter der letzten Übersetzung:

ob·serve ... **4.** Bemerkungen machen, sich äußern (***on, upon*** über *acc.*) ...

Außerdem finden Sie bei den Stichwörtern noch die folgenden **besonderen Grammatikpunkte** aufgeführt:

a) unregelmäßiger Plural:

child ... *pl.* **chil·dren** ...
a·nal·y·sis ... *pl.* **-ses** ... (= *pl.* ***analyses***)

b) unregelmäßige Verben:

give ... **II** *v/t.* [*irr.*] ... **III** *v/i.* [*irr.*] ...
out·grow ... [*irr.* → ***grow***] ...

Der Hinweis *irr.* bedeutet: in der Liste der unregelmäßigen englischen Verben auf Seite 23 und 24 finden Sie die unregelmäßigen Formen.

c) auslautendes ***-c*** wird zu ***-ck*** vor ***-ed***, ***-er***, ***-ing*** und ***-y***:

frol·ic ... **II** *v/i. pret. u. p.p.* **'frol·icked** ...

d) bei unregelmäßigen Steigerungsformen Hinweis auf die Grundform:

bet·ter ... **I** *comp. von* ***good*** ... **III** *comp. von* ***well*** ...
best ... **I** *sup. von* ***good*** ... **II** *sup. von* ***well*** ...

Die vorausgegangenen Seiten zeigen, daß Ihnen das Wörterbuch mehr bietet als nur einfache Wort-für-Wort-Gleichungen, wie Sie sie in den Vokabelspalten von Lehrbüchern finden.

Und nun viel Erfolg bei der Suche nach den lästigen, aber doch so notwendigen Vokabeln!

c) where the English preposition and the German case apply to all translations, they are given in brackets after the final translation:

ob·serve ... **4.** Bemerkungen machen, sich äußern (***on, upon*** über *acc.*) ...

The following grammatical information is also provided:

a) irregular plurals:

child ... *pl.* **chil·dren** ...
a·nal·y·sis ... *pl.* **-ses** ... (= *pl.* ***analyses***)

b) irregular verbs:

give ... **II** *v/t.* [*irr.*] ... **III** *v/i.* [*irr.*] ...
out·grow ... [*irr.* → ***grow***] ...

The abbreviation *irr.* means that the principal parts of the verb can be found in the list of irregular verbs on pp. 23–24.

c) final ***-c*** becomes ***-ck*** before ***-ed***, ***-er***, ***-ing*** and ***-y***:

frol·ic ... **II** *v/i. pret. u. p.p.* **'frol·icked** ...

d) irregular comparative and superlative forms include a reference to the base form:

bet·ter ... **I** *comp. von* ***good*** ... **III** *comp. von* ***well*** ...
best ... **I** *sup. von* ***good*** ... **II** *sup. von* ***well*** ...

We hope that this somewhat lengthy introduction has shown you that this dictionary contains a great deal more than simple one-to-one translations, and that you are now well-equipped to make the most of all it has to offer.

Happy word-hunting!

Irregular Verbs
Unregelmäßige Verben

The verb forms are given in the following order: infinitive (in bold print), past tense (after the first dash), past participle (after the second dash).

abide – abode, abided – abode, abided
arise – arose – arisen
awake – awoke, awaked – awoken, awaked

be – was, were – been
bear – bore – borne
beat – beat – beaten, beat
become – became – become
beget – begot – begotten
begin – began – begun
bend – bent – bent
bereave – bereft, bereaved – bereft, bereaved
beseech – besought, beseeched – besought, beseeched
bet – bet, betted – bet, betted
bid – bad(e), bid – bid, bidden
bide – bode, bided – bided
bind – bound – bound
bite – bit – bitten, bit
bleed – bled – bled
blow – blew – blown
break – broke – broken
breed – bred – bred
bring – brought – brought
broadcast – broadcast, broadcasted – broadcast, broadcasted
build – built – built
burn – burnt, burned – burnt, burned
burst – burst – burst
buy – bought – bought

cast – cast – cast
catch – caught – caught
chide – chid, chided – chidden, chid, chided
choose – chose – chosen
cleave – cleft, clove, cleaved – cleft, cloven, cleaved
cling – clung – clung
come – came – come
cost – cost – cost
creep – crept – crept
cut – cut – cut

deal – dealt – dealt
deepfreeze – deepfroze, -freezed – deepfrozen, -freezed
dig – dug – dug
dive – dived, *Am. a.* dove – dived
do – did – done
draw – drew – drawn
dream – dreamt, dreamed – dreamt, dreamed
drink – drank – drunk
drive – drove – driven
dwell – dwelt, dwelled – dwelt, dwelled

eat – ate – eaten

fall – fell – fallen
feed – fed – fed
feel – felt – felt
fight – fought – fought
find – found – found
flee – fled – fled
fling – flung – flung
fly – flew – flown
forbid – forbade, forbad – forbidden
forget – forgot – forgotten, forgot
forgive – forgave – forgiven
forsake – forsook – forsaken
freeze – froze – frozen

get – got – got, *Am.* gotten
gild – gilded, gilt – gilded, gilt
gird – girded, girt – girded, girt
give – gave – given
go – went – gone
grind – ground – ground
grow – grew – grown

hang – hung, hanged – hung, hanged
have – had – had
hear – heard – heard
heave – heaved, hove – heaved, hove
hew – hewed – hewn, hewed
hide – hid – hidden, hid
hit – hit – hit
hold – held – held
hurt – hurt – hurt

inset – inset – inset

keep – kept – kept
kneel – knelt, kneeled – knelt, kneeled
knit – knitted, knit – knitted, knit
know – knew – known

lade – laded – laded, laden
lay – laid – laid
lead – led – led
lean – leant, leaned – leant, leaned
leap – leapt, leaped – leapt, leaped
learn – learnt, learned – learnt, learned
leave – left – left
lend – lent – lent
let – let – let
lie – lay – lain
light – lit, lighted – lit, lighted
lose – lost – lost

make – made – made
mean – meant – meant
meet – met – met
mow – mowed – mown, mowed

outbid – outbid – outbid, outbidden

pay – paid – paid
put – put – put

read – read – read
rend – rent – rent
rid – rid – rid
ride – rode – ridden
ring – rang – rung
rise – rose – risen
rive – rived – rived, riven
run – ran – run

saw – sawed – sawn, sawed
say – said – said
see – saw – seen
seek – sought – sought
sell – sold – sold
send – sent – sent
set – set – set
sew – sewed – sewn, sewed
shake – shook – shaken
shave – shaved – shaved, shaven
shed – shed – shed
shine – shone – shone
shit – shit, shat – shit
shoe – shod, shoed – shod, shoed
shoot – shot – shot
show – showed – shown, showed
shrink – shrank, shrunk – shrunk
shut – shut – shut
sing – sang – sung
sink – sank, sunk – sunk

sit – sat – sat
slay – slew – slain
sleep – slept – slept
slide – slid – slid, slidden
sling – slung – slung
slink – slunk – slunk
slit – slit – slit
smell – smelt, smelled – smelt, smelled
smite – smote – smitten
sow – sowed – sown, sowed
speak – spoke – spoken
speed – sped, speeded – sped, speeded
spell – spelt, spelled – spelt, spelled
spend – spent – spent
spill – spilt, spilled – spilt, spilled
spin – spun, span – spun
spit – spat, *Am. a.* spit – spat, *Am. a.* spit
split – split – split
spoil – spoilt, spoiled – spoilt, spoiled
spread – spread – spread

spring – sprang, *Am. a.* sprung – sprung
stand – stood – stood
stave – staved, stove – staved, stove
steal – stole – stolen
stick – stuck – stuck
sting – stung – stung
stink – stank, stunk – stunk
strew – strewed – strewn, strewed
stride – strode – stridden
strike – struck – struck
string – strung – strung
strive – strove – striven
swear – swore – sworn
sweat – sweat, sweated – sweat, sweated
sweep – swept – swept
swell – swelled – swollen, swelled
swim – swam – swum
swing – swung – swung

take – took – taken
teach – taught – taught
tear – tore – torn
tell – told – told
think – thought – thought
thrive – thrived, throve – thrived, thriven
throw – threw – thrown
thrust – thrust – thrust
tread – trod – trodden, trod

wake – woke, waked – woken, waked
wear – wore – worn
weave – wove – woven
wed – wedded, wed – wedded, wed
weep – wept – wept
wet – wetted, wet – wetted, wet
win – won – won
wind – wound – wound
wring – wrung – wrung
write – wrote – written

Numerals
Zahlwörter

Cardinal Numbers
Grundzahlen

0 nought, zero; *teleph.* 0 [əʊ] *null*
1 one *eins*
2 two *zwei*
3 three *drei*
4 four *vier*
5 five *fünf*
6 six *sechs*
7 seven *sieben*
8 eight *acht*
9 nine *neun*
10 ten *zehn*
11 eleven *elf*
12 twelve *zwölf*
13 thirteen *dreizehn*
14 fourteen *vierzehn*
15 fifteen *fünfzehn*
16 sixteen *sechzehn*
17 seventeen *siebzehn*
18 eighteen *achtzehn*
19 nineteen *neunzehn*
20 twenty *zwanzig*
21 twenty-one *einundzwanzig*
22 twenty-two *zweiundzwanzig*
30 thirty *dreißig*
31 thirty-one *einunddreißig*
40 forty *vierzig*
41 forty-one *einundvierzig*
50 fifty *fünfzig*
51 fifty-one *einundfünfzig*
60 sixty *sechzig*
61 sixty-one *einundsechzig*
70 seventy *siebzig*
71 seventy-one *einundsiebzig*
80 eighty *achtzig*
81 eighty-one *einundachtzig*
90 ninety *neunzig*
91 ninety-one *einundneunzig*
100 a *od.* one hundred *hundert*
101 a hundred and one *hundert(und)eins*
200 two hundred *zweihundert*
300 three hundred *dreihundert*
572 five hundred and seventy-two *fünfhundert(und)zweiundsiebzig*
1000 a *od.* one thousand (*ein*)*tausend*
1066 ten sixty-six *tausendsechsundsechzig*
1992 nineteen (hundred and) ninety-two *neunzehnhundertzweiundneunzig*
2000 two thousand *zweitausend*
5044 *teleph.* five 0 double four *fünfzig vierundvierzig*
1000000 a *od.* one million *eine Million*
2000000 two million *zwei Millionen*
1000000000 a *od.* one billion, *Brit. a.* a *od.* one thousand million *eine Milliarde*

Ordinal Numbers
Ordnungszahlen

1. first *erste*
2. second *zweite*
3. third *dritte*
4. fourth *vierte*
5. fifth *fünfte*
6. sixth *sechste*
7. seventh *siebente*
8. eighth *achte*
9. ninth *neunte*
10. tenth *zehnte*
11. eleventh *elfte*
12. twelfth *zwölfte*
13. thirteenth *dreizehnte*
14. fourteenth *vierzehnte*
15. fifteenth *fünfzehnte*
16. sixteenth *sechzehnte*
17. seventeenth *siebzehnte*
18. eighteenth *achtzehnte*
19. nineteenth *neunzehnte*
20. twentieth *zwanzigste*
21. twenty-first *einundzwanzigste*
22. twenty-second *zweiundzwanzigste*
23. twenty-third *dreiundzwanzigste*
30. thirtieth *dreißigste*
31. thirty-first *einunddreißigste*
40. fortieth *vierzigste*
41. forty-first *einundvierzigste*
50. fiftieth *fünfzigste*

Ordnungszahlen

51. fifty-first *einundfünfzigste*
60. sixtieth *sechzigste*
61. sixty-first *einundsechzigste*
70. seventieth *siebzigste*
71. seventy-first *einundsiebzigste*
80. eightieth *achtzigste*
81. eighty-first *einundachtzigste*
90. ninetieth *neunzigste*
100. (one) hundredth *hundertste*
101. hundred and first *hundertunderste*
200. two hundredth *zweihundertste*
300. three hundredth *dreihundertste*
572. five hundred and seventy-second *fünfhundertundzweiundsiebzigste*
1000. (one) thousandth *tausendste*
1950. nineteen hundred and fiftieth *neunzehnhundertfünfzigste*
2000. two thousandth *zweitausendste*
1000000. millionth *millionste*
2000000. two millionth *zweimillionste*

Bruchzahlen und andere Zahlenwerte

½ one *od.* a half *ein halb*
1½ one and a half *anderthalb*
2½ two and a half *zweieinhalb*
⅓ one *od.* a third *ein Drittel*
⅔ two thirds *zwei Drittel*
¼ one *od.* a quarter, one fourth *ein Viertel*
¾ three quarters, three fourths *drei Viertel*
⅕ one *od.* a fifth *ein Fünftel*
3⅘ three and four fifths *drei vier Fünftel*
⅝ five eighths *fünf Achtel*
12/20 twelve twentieths *zwölf Zwanzigstel*
75/100 seventy-five hundredths *fünfundsiebzig Hundertstel*
.45 point four five *null Komma vier fünf*
2.5 two point five *zwei Komma fünf*

once *einmal*
twice *zweimal*
three (four) times *drei-* (*vier*)*mal*
twice as much (many) *zweimal* od. *doppelt so viel*(*e*)
firstly (secondly, thirdly), in the first (second, third) place *erstens* (*zweitens*, *drittens*)
7 + 8 = 15 seven and eight are fifteen *sieben und* od. *plus acht ist fünfzehn*
9 − 4 = 5 nine less four are five *neun minus* od. *weniger vier ist fünf*
2 × 3 = 6 twice three are *od.* make six *zweimal drei ist sechs*
20 : 5 = 4 twenty divided by five make four *zwanzig dividiert* od. *geteilt durch fünf ist vier*

British and American Weights and Measures

Britische und amerikanische Maße und Gewichte

Linear Measure
Längenmaße

1 inch	= 2,54 cm
1 foot	= 12 inches = 30,48 cm
1 yard	= 3 feet = 91,44 cm
1 (statute) mile	
	= 1760 yards = 1,609 km
1 hand	= 4 inches = 10,16 cm
1 rod (perch, pole)	
	= 5½ yards = 5,029 m
1 chain	= 4 rods = 20,117 m
1 furlong	= 10 chains
	= 201,168 m

Nautical Measure
Nautische Maße

1 fathom	= 6 feet = 1,829 m
1 cable's length	
	= 100 fathoms = 182,9 m
	⚓⚔ *Brit.* = 608 feet
	= 185,3 m
	⚓⚔ *Am.* = 720 feet
	= 219,5 m
1 nautical mile	
	= 10 cables' length
	= 1,852 km

Square Measure
Flächenmaße

1 square inch	= 6,452 cm^2
1 square foot	= 144 square inches
	= 929,029 cm^2
1 square yard	= 9 square feet
	= 8361,26 cm^2
1 acre	= 4840 square yards
	= 4046,8 m^2
1 square mile	= 640 acres
	= 259 ha = 2,59 km^2
1 square rod (square pole,	
square perch)	= 30¼ square yards
	= 25,293 m^2
1 rood	= 40 square rods
	= 1011,72 m^2
1 acre	= 4 roods = 4046,8 m^2

Avoirdupois Weight
Handelsgewichte

1 grain	= 0,0648 g
1 dram	= 27.3438 grains
	= 1,772 g
1 ounce	= 16 drams = 28,35 g
1 pound	= 16 ounces = 453,59 g
1 hundredweight	= 1 quintal
Brit.	= 112 pounds
	= 50,802 kg
Am.	= 100 pounds
	= 45,359 kg
1 long ton	
Brit.	= 20 hundredweights
	= 1016,05 kg
1 short ton	
Am.	= 20 hundredweights
	= 907,185 kg
1 stone	= 14 pounds = 6,35 kg
1 quarter	
Brit.	= 28 pounds
	= 12,701 kg
Am.	= 25 pounds
	= 11,339 kg

Troy Weight
Troygewichte

1 grain	= 0,0648 g
1 pennyweight	
	= 24 grains = 1,5552 g
1 ounce	= 20 pennyweights
	= 31,1035 g
1 pound	= 12 ounces
	= 373,2418 g

Cubic Measure
Raummaße

1 cubic inch	= 16,387 cm^3
1 cubic foot	= 1728 cubic inches
	= 0,02832 m^3
1 cubic yard	= 27 cubic feet
	= 0,7646 m^3

British Measure of Capacity
Britische Hohlmaße

Trocken- und Flüssigkeitsmaße

1 gill	= 0,142 l	
1 pint	= 4 gills	= 0,568 l
1 quart	= 2 pints	= 1,136 l
1 gallon	= 4 quarts	= 4,5459 l
1 quarter	= 64 gallons	= 290,935 l

Trockenmaße

1 peck	= 2 gallons	= 9,092 l
1 bushel	= 4 pecks	= 36,368 l

Flüssigkeitsmaße

1 barrel	= 36 gallons = 163,656 l

American Measure of Capacity
Amerikanische Hohlmaße

Trockenmaße – Dry Measure

1 pint	= 0,5506 l	
1 quart	= 2 pints	= 1,1012 l
1 gallon	= 4 quarts	= 4,405 l
1 peck	= 2 gallons	= 8,8096 l
1 bushel	= 4 pecks	= 35,2383 l

Flüssigkeitsmaße – Liquid Measure

1 gill	= 0,1183 l	
1 pint	= 4 gills	= 0,4732 l
1 quart	= 2 pints	= 0,9464 l
1 gallon	= 4 quarts	= 3,7853 l
1 barrel	= 31.5 gallons	
	= 119,228 l	
1 hogshead	= 2 barrels	= 238,456 l
1 barrel petroleum		
	= 42 gallons	= 158,97 l

Abbreviations used in the dictionary

Im Wörterbuch verwandte Abkürzungen

a.	auch, *also.*
abbr.	*abbreviation*, Abkürzung.
acc.	*accusative* (*case*), Akkusativ.
act.	*active voice*, Aktiv.
adj.	*adjective*, Adjektiv.
adv.	*adverb*, Adverb.
allg.	allgemein, *generally.*
Am.	*(originally) American English*, (ursprünglich) amerikanisches Englisch.
amer., amer.	amerikanisch, *American.*
anat.	*anatomy*, Anatomie.
antiq.	*antiquity*, Antike.
Arab.	*Arabic*, arabisch.
ast.	*astronomy*, Astronomie.
art.	*article*, Artikel.
attr.	*attributive*(*ly*), attributiv.
bibl.	*biblical*, biblisch.
biol.	*biology*, Biologie.
Brit.	*in British usage only*, nur im britischen Englisch gebräuchlich.
brit., brit.	britisch, *British.*
b.s.	*bad sense*, im schlechten Sinne.
bsd.	besonders, *particularly.*
cj.	*conjunction*, Konjunktion.
coll.	*collectively*, als Sammelwort.
comp.	*comparative*, Komparativ.
contp.	*contemptuously*, verächtlich.
dat.	*dative* (*case*), Dativ.
dem.	*demonstrative*, Demonstrativ…
dial.	*dialectal*, dialektisch.
eccl.	*ecclesiastical*, kirchlich, geistlich.
e-e, *e-e*	eine, *a* (*an*).
e-m, *e-m*	einem, *to a* (*an*).
e-n, *e-n*	einen, *a* (*an*).
engS.	im engeren Sinne, *in the narrower sense.*
e-r, *e-r*	einer, *of a* (*an*), *to a* (*an*).
e-s, *e-s*	eines, *of a* (*an*).
et., *et.*	etwas, *something.*
etc.	*et cetera*, usw.
euphem.	*euphemistically*, beschönigend.
F	*familiar*, umgangssprachlich.
f	*feminine*, weiblich.
fenc.	*fencing*, Fechten.
fig.	*figuratively*, im übertragenen Sinne, bildlich.
Fr.	*French*, französisch.
gen.	*genitive* (*case*), Genitiv.
geogr.	*geography*, Geographie.
geol.	*geology*, Geologie.
Ger.	*German*, deutsch.
ger.	*gerund*, Gerundium.
Ggs.	Gegensatz, *antonym.*
her.	*heraldry*, Heraldik, Wappenkunde.
hist.	*historical*, historisch; inhaltlich veraltet.
humor.	*humorously*, scherzhaft.
hunt.	*hunting*, Jagd.
ichth.	*ichthyology*, Ichthyologie, Fischkunde.
impers.	*impersonal*, unpersönlich.
ind.	*indicative* (*mood*), Indikativ.
inf.	*infinitive* (*mood*), Infinitiv.
int.	*interjection*, Interjektion.
interrog.	*interrogative*, Interrogativ…
Ir.	*Irish*, irisch.
iro.	*ironically*, ironisch.
irr.	*irregular*, unregelmäßig.
Ital.	*Italian*, italienisch.
j-d, *j-d*	jemand, *someone.*
j-m, *j-m*	jemandem, *to someone.*
j-n, *j-n*	jemanden, *someone.*
j-s, *j-s*	jemandes, *someone's.*
konkr.	konkret, *concretely.*
konstr.	konstruiert, *construed.*
Lat.	*Latin*, lateinisch.
ling.	*linguistics*, Linguistik, Sprachwissenschaft.
lit.	*literary*, literarisch.
m	*masculine*, männlich.
m-e, *m-e*	meine, *my.*
metall.	*metallurgy*, Metallurgie.

meteor. *meteorology*, Meteorologie.
min. *mineralogy*, Mineralogie.
m-m, *m-m* meinem, *to my*.
m-n, *m-n* meinen, *my*.
mot. *motoring*, Auto, Verkehr.
mount. *mountaineering*, Bergsteigen.
m-r, *m-r* meiner, *of my*, *to my*.
m-s, *m-s* meines, *of my*.
mst meistens, *mostly*, *usually*.
myth. *mythology*, Mythologie.

n *neuter*, sächlich.
neg. *negative*, verneinend.
nom. *nominative* (*case*), Nominativ.
npr. *proper name*, Eigenname.

obs. *obsolete*, veraltet.
od., *od.* oder, *or*.
opt. *optics*, Optik.
orn. *ornithology*, Ornithologie, Vogelkunde.
o.s. *oneself*, sich.

paint. *painting*, Malerei.
parl. *parliamentary term*, parlamentarischer Ausdruck.
pass. *passive voice*, Passiv.
ped. *pedagogy*, Pädagogik; Schülersprache.
pers. *personal*, Personal...
pharm. *pharmacy*, Pharmazie.
phls. *philosophy*, Philosophie.
phot. *photography*, Fotografie.
phys. *physics*, Physik.
physiol. *physiology*, Physiologie.
pl. *plural*, Plural.
poet. *poetically*, dichterisch.
pol. *politics*, Politik.
poss. *possessive*, Possessiv...
p.p. *past participle*, Partizip Perfekt.
pred. *predicative*(*ly*), prädikativ.
pres. *present*, Präsens.
pres.p. *present participle*, Partizip Präsens.
pret. *preterit*(*e*), Präteritum.
pron. *pronoun*, Pronomen.
prp. *preposition*, Präposition.
psych. *psychology*, Psychologie.

R.C. *Roman-Catholic*, römisch-katholisch.
Redew. Redewendung, *phrase*.
refl. *reflexive*, reflexiv.
rel. *relative*, Relativ...
rhet. *rhetoric*, Rhetorik.

s. *substantive*, *noun*, Substantiv.
Scot. *Scottish*, schottisch.
sculp. *sculpture*, Bildhauerei.
s-e, *s-e* seine, *his*, *one's*.
sg. *singular*, Singular.
sl. *slang*, Slang.
s-m, *s-m* seinem, *to his*, *to one's*.
s-n, *s-n* seinen, *his*, *one's*.
s.o., *s.o.* *someone*, jemand(en).
sociol. *sociology*, Soziologie.
sport *sports*, Sport.
s-r, *s-r* seiner, *of his*, *of one's*, *to his*, *to one's*.
s-s, *s-s* seines, *of his*, *of one's*.
s.th., *s.th.* *something*, etwas.
subj. *subjunctive* (*mood*), Konjunktiv.
sup. *superlative*, Superlativ.
surv. *surveying*, Landvermessung.

tel. *telegraphy*, Telegrafie.
teleph. *telephone system*, Fernsprechwesen.
thea. *theatre*, Theater.
TM *trademark*, Warenzeichen.
TV *television*, Fernsehen.
typ. *typography*, Buchdruck.
u., *u.* und, *and*.
univ. *university*, Hochschulwesen; Studentensprache.

V *vulgar*, vulgär, unanständig.
v/aux. *auxiliary verb*, Hilfsverb.
vet. *veterinary medicine*, Tiermedizin.
v/i. *intransitive verb*, intransitives Verb.
v/refl. *reflexive verb*, reflexives Verb.
v/t. *transitive verb*, transitives Verb.

weitS. im weiteren Sinne, *more widely taken*.

z.B. zum Beispiel, *for instance*.
zo. *zoology*, Zoologie.
Zs.-, zs.- zusammen, *together*.
Zssg(*n*) Zusammensetzung(en), *compound word*(*s*).

A

A, a [eɪ] **I** *s.* **1.** A *n*, a *n* (*Buchstabe,* ♪ *Note*): ***from A to Z*** von A bis Z; **2.** ***A*** *ped. Am.* Eins *f* (*Note*); **II** *adj.* **3.** ***A*** erst; **4.** ***A*** *Am.* ausgezeichnet.

A 1 [ˌeɪ'wʌn] *adj.* **1.** ⚓ erstklassig (*Schiff*); **2.** F I a, 'prima.

a [eɪ; ə], *vor vokalischem Anlaut* **an** [æn; ən] **1.** ein, eine (*unbestimmter Artikel*): ***a woman***; *manchmal vor pl.*: ***a barracks*** eine Kaserne; ***a bare five minutes*** knappe fünf Minuten; **2.** der-, die-, das'selbe: ***two of a kind*** zwei (von jeder Art); **3.** per, pro, je: ***twice a week*** zweimal wöchentlich *od.* in der Woche; ***fifty pence a dozen*** fünfzig Pence pro *od.* das Dutzend; **4.** einzig: ***at a blow*** auf 'einen Schlag.

Aar·on's rod [ˌeərənz-] *s.* ⚘ **1.** Königskerze *f*; **2.** Goldrute *f*.

a·back [ə'bæk] *adv.* **1.** ⚓ back, gegen den Mast; **2.** nach hinten, zurück; **3.** *fig.* ***taken ~*** bestürzt, verblüfft, sprachlos.

ab·a·cus ['æbəkəs] *pl.* **-ci** [-saɪ] *u.* **-cus·es** *s.* 'Abakus *m*: a) Rechenbrett *n*, -gestell *n*, b) ⚠ Kapi'telldeckplatte *f*.

a·baft [ə'bɑ:ft] ⚓ **I** *prp.* achter, hinter; **II** *adv.* achteraus.

a·ban·don [ə'bændən] **I** *v/t.* **1.** auf-, preisgeben, verzichten auf (*acc.*) (*a.* ☨), entsagen (*dat.*), *Hoffnung* fahrenlassen; **2.** (*a.* ⚓ *Schiff*) aufgeben, verlassen; *Aktion* einstellen; *sport* Spiel abbrechen; **3.** im Stich lassen; *Ehefrau* böswillig verlassen; *Kinder* aussetzen; **4.** (***s.th. to s.o.*** j-m et.) über'lassen, ausliefern; **5.** ***~ o.s.*** (***to***) sich 'hingeben, sich über'lassen (*dat.*); **II** *s.* [abɑ̃dɔ̃] **6.** Hemmungslosigkeit *f*, Wildheit *f*; ***with ~*** mit Hingabe, wie toll; **a'ban·doned** [-nd] *adj.* **1.** verlassen, aufgegeben; herrenlos; **2.** liederlich; **3.** hemmungslos, wild; **a'ban·don·ment** [-mənt] *s.* **1.** Auf-, Preisgabe *f*, Verzicht *m*; (***to*** an *acc.*) Über'lassung *f*, Abtretung *f*; **2.** (⚖ böswilliges) Verlassen; (Kindes-) Aussetzung *f*; **3.** → ***abandon*** 6.

a·base [ə'beɪs] *v/t.* erniedrigen, demütigen, entwürdigen; **a'base·ment** [-mənt] *s.* Erniedrigung *f*, Demütigung *f*, Verfall *m*.

a·bash [ə'bæʃ] *v/t.* beschämen; in Verlegenheit *od.* aus der Fassung bringen.

a·bate [ə'beɪt] **I** *v/t.* **1.** vermindern, verringern; *Preis etc.* her'absetzen, ermäßigen; **2.** *Schmerz* lindern; *Stolz, Eifer* mäßigen; **3.** ⚖ *Mißstand* beseitigen; *Verfügung* aufheben; *Verfahren* einstellen; **II** *v/i.* **4.** abnehmen, nachlassen; sich legen (*Wind, Schmerz*); fallen (*Preis*); **a'bate·ment** [-mənt] *s.* **1.** Abnehmen *n*, Nachlassen *n*, Verminderung *f*, Linderung *f*; (*Lärm- etc.*)Bekämpfung *f*; **2.** Abzug *m*, (*Preis- etc.*)Nachlaß *m*; **3.** ⚖ Beseitigung *f*, Aufhebung *f*.

ab·a·tis ['æbətɪs] *s. sg. u. pl.* [*pl.* -ti:z] ⚔ Baumverhau *m*.

ab·at·toir ['æbətwɑ:] (*Fr.*) *s.* Schlachthaus *n*.

ab·ba·cy ['æbəsɪ] *s.* Abtswürde *f*; **ab·bess** ['æbes] *s.* Äb'tissin *f*; **ab·bey** ['æbɪ] *s.* **1.** Ab'tei *f*: ***the*** ♀ *Brit.* die Westminsterabtei; **2.** *Brit.* herrschaftlicher Wohnsitz (*frühere Abtei*); **ab·bot** ['æbət] *s.* Abt *m*.

ab·bre·vi·ate [ə'bri:vɪeɪt] *v/t.* (ab)kürzen; **ab·bre·vi·a·tion** [əˌbri:vɪ'eɪʃn] *s.* (*bsd. ling.* Ab)Kürzung *f*.

ABC, Abc [ˌeɪbi:'si:] **I** *s.* **1.** *Am. oft pl.* Abc *n*, Alpha'bet *n*; **2.** *fig.* Anfangsgründe *pl.*; **3.** alpha'betisch angeordnetes Handbuch; **II** *adj.* **4.** ***the ~ powers*** die ABC-Staaten (*Argentinien, Brasilien, Chile*); **5.** ***~ weapons*** ABC-Waffen, atomare, biologische u. chemische Waffen; ***~ warfare*** ABC-Kriegführung *f*.

ab·di·cate ['æbdɪkeɪt] **I** *v/t. Amt, Recht etc.* aufgeben, niederlegen; verzichten auf (*acc.*), entsagen (*dat.*); **II** *v/i.* abdanken; **ab·di·ca·tion** [ˌæbdɪ'keɪʃn] *s.* Abdankung *f*, Verzicht *m* (***of*** auf *acc.*); freiwillige Niederlegung (*e-s Amtes etc.*): ***~ of the throne*** Thronverzicht *m*.

ab·do·men ['æbdəmen] *s.* **1.** *anat.* Ab'domen *n*, 'Unterleib *m*, Bauch *m*; **2.** *zo.* ('Hinter)Leib *m* (*von Insekten etc.*); **ab·dom·i·nal** [æb'dɒmɪnl] *adj.* **1.** *anat.* Unterleibs…, Bauch…; **2.** *zo.* Hinterleibs…

ab·duct [æb'dʌkt] *v/t. gewaltsam* entführen; **ab'duc·tion** [-kʃn] *s.* Entführung *f*.

a·beam [ə'bi:m] *adv. u. adj.* ⚓, ✈ querab, dwars.

a·be·ce·dar·i·an [ˌeɪbi:si:'deərɪən] **I** *s.* **1.** Abc-Schütze *m*; **II** *adj.* **2.** alpha'betisch (geordnet); **3.** *fig.* elemen'tar.

a·bed [ə'bed] *adv.* zu *od.* im Bett.

Ab·er·don·i·an [ˌæbə'dəʊnjən] **I** *adj.* aus Aber'deen stammend; **II** *s.* Einwohner (-in) von Aberdeen.

ab·er·ra·tion [ˌæbə'reɪʃn] *s.* **1.** Abweichung *f*; **2.** *fig.* a) Verirrung *f*, Fehltritt *m*, b) (geistige) Verwirrung; **3.** *phys.*, *ast.* Aberrati'on *f*.

a·bet [ə'bet] *v/t.* begünstigen, Vorschub leisten (*dat.*); aufhetzen; anstiften; ⚖ → ***aid*** 1; **a'bet·ment** [-mənt] *s.* Beihilfe *f*, Vorschub *m*; Anstiftung *f*; **a'bet·tor** [-tə] *s.* Anstifter *m*, (Helfers)Helfer *m*, ⚖ *a.* Gehilfe *m*.

a·bey·ance [ə'beɪəns] *s.* Unentschiedenheit *f*, Schwebe *f*: ***in ~*** a) *bsd.* ⚖ in der Schwebe, schwebend unwirksam, b) ⚖ herrenlos (*Grund u. Boden*); ***fall into ~*** zeitweilig außer Kraft treten.

ab·hor [əb'hɔ:] *v/t.* ver'abscheuen; **ab·hor·rence** [əb'hɒrəns] *s.* **1.** Abscheu *m* (***of*** vor *dat.*); **2.** → ***abomination*** 2; **ab·hor·rent** [əb'hɒrənt] *adj.* □ verabscheuungswürdig; abstoßend; verhaßt (***to*** *dat.*).

a·bide [ə'baɪd] [*irr.*] **I** *v/i.* **1.** bleiben, fortdauern; **2.** ***~ by*** treu bleiben (*dat.*), bleiben bei, festhalten an (*dat.*); sich halten an (*acc.*); sich abfinden mit; **II** *v/t.* **3.** erwarten; **4.** F (*mst neg.*) (v)ertragen, ausstehen: ***I can't ~ him***; **a'biding** [-dɪŋ] *adj.* □ dauernd, beständig.

Ab·i·gail ['æbɪgeɪl] (*Hebrew*) **I** *npr.* **1.** *bibl.* Abi'gail *f*; **2.** *weiblicher Vorname*; **II** *s.* **3.** ♀ (Kammer)Zofe *f*.

a·bil·i·ty [ə'bɪlətɪ] *s.* **1.** Fähigkeit *f*, Befähigung *f*; Können *n*; *psych.* A'bility *f*: ***to the best of one's ~*** nach besten Kräften; ***~ to pay*** ☨ Zahlungsfähigkeit; ***~ test*** Eignungsprüfung *f*; **2.** *mst pl.* geistige Anlagen *pl.*

ab·ject ['æbdʒekt] *adj.* □ **1.** niedrig, gemein; elend; kriecherisch; **2.** *fig.* tiefst, höchst, äußerst: ***~ despair***, ***~ misery***.

ab·ju·ra·tion [ˌæbdʒʊə'reɪʃn] *s.* Abschwörung *f*; **ab·jure** [əb'dʒʊə] *v/t.* abschwören, (feierlich) entsagen (*dat.*); aufgeben; wider'rufen.

ab·lac·ta·tion [ˌæblæk'teɪʃn] *s.* Abstillen *n e-s Säuglings*.

ab·la·ti·val [ˌæblə'taɪvl] *adj. ling.* Ablativ…; **ab·la·tive** ['æblətɪv] **I** *s.* 'Ablativ *m*; **II** *adj.* Ablativ…

ab·laut ['æblaʊt] (*Ger.*) *s. ling.* Ablaut *m*.

a·blaze [ə'bleɪz] *adv. u. adj.* **1.** *a. fig.* in Flammen, *a. fig.* lodernd: ***set ~*** entflammen; **2.** *fig.* (***with***) a) entflammt (von), b) glänzend (vor *dat.*, von): ***all ~*** Feuer und Flamme.

a·ble ['eɪbl] *adj.* □ → ***ably***; **1.** fähig, geschickt, tüchtig: ***be ~ to*** können, imstande sein zu; ***he was not ~ to get up*** er konnte nicht aufstehen; ***~ to work*** arbeitsfähig; ***~ to pay*** ☨ zahlungsfähig; ***~ seaman*** → ***able-bodied*** 1; **2.** begabt, befähigt; **3.** (vor)'trefflich: ***an ~ speech***; **4.** ⚖ befähigt, fähig; **ˌable-'bod·ied** *adj.* **1.** körperlich leistungsfähig, kräftig: ***~ seaman*** *Brit.* Vollmatrose (*abbr.* ***A.B.***); **2.** ⚔ wehrfähig, (dienst)tauglich.

ab·let ['æblɪt] *s. ichth.* Weißfisch *m*.

a·bloom [ə'blu:m] *adv. u. adj.* in Blüte (stehend), blühend.

ab·lu·tion [ə'blu:ʃn] *s. eccl. u. humor.* Waschung *f*.

a·bly [ˈeɪblɪ] *adv.* geschickt, mit Geschick, gekonnt.
A-B meth·od *s.* ⚡ A-B-Betrieb *m.*
ab·ne·gate [ˈæbnɪgeɪt] *v/t.* (ab-, ver-) leugnen; aufgeben, verzichten auf (*acc.*); **ab·ne·ga·tion** [ˌæbnɪˈgeɪʃn] *s.* **1.** Ab-, Verleugnung *f*; **2.** Verzicht *m* (**of** auf *acc.*); **3.** *mst* **self-~** Selbstverleugnung *f.*
ab·nor·mal [æbˈnɔːml] *adj.* □ **1.** ˈabnorˌmal, ˈanomal, ungewöhnlich; geistig behindert; mißgebildet; **2.** ⚙ ˈnormwidrig; **ab·nor·mal·i·ty** [ˌæbnɔːˈmælətɪ] *s.*, **abˈnor·mi·ty** [-mətɪ] *s.* Abnormiˈtät *f*; Anomaˈlie *f.*
a·board [əˈbɔːd] *adv. u. prp.* ⚓, ✈ an Bord; in (*e-m od. e-n Bus etc.*): **go ~** an Bord gehen, ⚓ *a.* sich einschiffen; **all ~!** a) alle Mann *od.* alle Reisenden an Bord!, b) 🚂 *etc.* alles einsteigen!
a·bode [əˈbəʊd] **I** *pret. u. p.p. von* ***abide***; **II** *s.* Aufenthalt *m*; Wohnort *m*, -sitz *m*; Wohnung *f*: **take one's ~** s-n Wohnsitz aufschlagen; **of no fixed ~** ⚖ ohne festen Wohnsitz.
a·boil [əˈbɔɪl] *adv. u. adj.* siedend, kochend, in Wallung (*alle a. fig.*).
a·bol·ish [əˈbɒlɪʃ] *v/t.* **1.** abschaffen, aufheben; **2.** vernichten; **ab·o·li·tion** [ˌæbəʊˈlɪʃn] *s.* Abschaffung *f* (*Am. bsd. der Sklaverei*), Aufhebung *f*, Beseitigung *f*; ⚖ Niederschlagung *f* (*e-s Verfahrens*); **ˌab·oˈli·tion·ism** [-ʃənɪzəm] *s.* Abolitioˈnismus *m*: a) *hist.* (Poliˈtik *f* der) Sklavenbefreiung *f*, b) Bekämpfung *f* e-r bestehenden Einrichtung; **ˌab·oˈli·tion·ist** [-ʃənɪst] *s. hist.* Abolitioˈnist(in).
ˈA-bomb *s.* Aˈtombombe *f.*
a·bom·i·na·ble [əˈbɒmɪnəbl] *adj.* □ abscheulich, scheußlich; **aˈbom·i·nate** [-neɪt] *v/t.* verˈabscheuen; **a·bom·i·na·tion** [əˌbɒmɪˈneɪʃn] *s.* **1.** Abscheu *m* (**of** vor *dat.*); **2.** Greuel *m*, Gegenstand *m* des Abscheus: **smoking is her pet ~** F das Rauchen ist ihr ein wahrer Greuel.
ab·o·rig·i·nal [ˌæbəˈrɪdʒənl] **I** *adj.* □ eingeboren, ureingesessen, ursprünglich, einheimisch; **II** *s.* Ureinwohner *m*; **ab·oˈrig·i·nes** [-dʒəniːz] *s. pl.* **1.** Ureinwohner *pl.*, Urbevölkerung *f*; **2.** *die* ursprüngliche Flora und Fauna.
a·bort [əˈbɔːt] **I** *v/i.* **1.** ⚕ e-e Fehl- *od.* Frühgeburt haben; **2.** *biol.* verkümmern; **3.** fehlschlagen; **II** *v/t.* **4.** *Raumflug etc.* abbrechen; **aˈbort·ed** [-tɪd] *adj.* → ***abortive*** 1, 3, 4; **aˌbor·tiˈfa·cient** [-tɪˈfeɪʃənt] *s.* Abtreibungsmittel *n*; **a·bor·tion** [əˈbɔːʃn] *s.* **1.** ⚕ a) Abˈort *m*, Fehl- *od.* Frühgeburt *f*, b) Abtreibung *f*, ˈSchwangerschaftsunterˌbrechung *f*: **procure an ~** e-e Abtreibung vornehmen (**on s.o.** bei j-m); **2.** ˈMißgeburt *f* (*a. fig.*); Verkümmerung *f*; **3.** *fig.* Fehlschlag *m*; **a·bor·tion·ist** [əˈbɔːʃnɪst] *s.* Abtreiber(in); **aˈbor·tive** [-tɪv] *adj.* □ **1.** zu früh geboren; **2.** vorzeitig; **3.** mißˈlungen, erfolg-, fruchtlos: **prove ~** sich als Fehlschlag erweisen; **4.** *biol.* verkümmert; **5.** ⚕ Frühgeburt verursachend; abtreibend.
a·bound [əˈbaʊnd] *v/i.* **1.** im ˈÜberfluß *od.* reichlich vorˈhanden sein; **2.** ˈÜberfluß haben (**in** an *dat.*); **3.** voll sein, wimmeln (**with** von); **aˈbound·ing** [-dɪŋ] *adj.* reichlich (vorˈhanden); reich (**in** an *dat.*), voll (**with** von).
a·bout [əˈbaʊt] **I** *prp.* **1.** um, um ... herum; **2.** umher in (*dat.*): **wander ~ the streets**; **3.** bei, auf (*dat.*), an (*dat.*), um, in (*dat.*): (**somewhere**) **~ the house** irgendwo im Haus; **have you any money ~ you?** haben Sie Geld bei sich?; **look ~ you!** sieh dich um!; **there is nothing special ~ him** an ihm ist nichts Besonderes; **4.** wegen, über (*acc.*), um (*acc.*), von: **talk ~ business** über Geschäfte sprechen; **I'll see ~ it** ich werde danach sehen *od.* mich darum kümmern; **what is it ~?** worum handelt es sich?; **5.** im Begriff, daˈbei: **he was ~ to go out**; **6.** beschäftigt mit: **what is he ~?** was macht er (da)?; **he knows what he is ~** er weiß, was er tut *od.* was er will; **II** *adv.* **7.** umˈher, (ˈrings-, ˈrund)herˌum: **drive ~** umher- *od.* herumfahren; **the wrong way ~** falsch herum; **three miles ~** drei Meilen im Umkreis; **all ~** überall; **a long way ~** ein großer Umweg; **~ face!** *Am.*, **~ turn!** *Brit.* ⚔ (ganze Abteilung) kehrt!; **8.** ungefähr, etwa, um, gegen: **~ three miles** etwa drei Meilen; **~ this time** ungefähr um diese Zeit; **~ noon** um die Mittagszeit, gegen Mittag; **that's just ~ enough!** das reicht (mir gerade)!; **9.** auf, in Bewegung: **be** (**up and**) **~** auf den Beinen sein; **there is no one ~** es ist niemand in der Nähe *od.* da; **smallpox is ~** die Pocken gehen um; **10.** → **bring about** *etc.*; **~-face**, **~-turn** *s.* Kehrtwendung *f*, *fig. a.* (völliger) ˈUmschwung.
a·bove [əˈbʌv] **I** *prp.* **1.** über (*dat.*), oberhalb (*gen.*): **~ sea level** über dem Meeresspiegel; **~** (**the**) **average** über dem Durchschnitt; **2.** *fig.* über, mehr als; erhaben über (*acc.*): **~ all** vor allem; **you, ~ all others** von allen Menschen gerade du; **he is ~ that** er steht über der Sache, er ist darüber erhaben; **she was ~ taking advice** sie war zu stolz, Rat anzunehmen; **he is not ~ accepting a bribe** er scheut sich nicht, Bestechungsgelder anzunehmen; **~ praise** über alles Lob erhaben; **be ~ s.o.** j-m überlegen sein; **it is ~ me** es ist mir zu hoch, es geht über m-n Verstand; **II** *adv.* **3.** oben, oberhalb; **4.** *eccl.* droben im Himmel: **from ~** von oben, vom Himmel; **the powers ~** die himmlischen Mächte; **5.** über, darˈüber (hinˈaus): **over and ~** obendrein, überdies; **6.** weiter oben, oben...: **~-mentioned**; **7.** nach oben; **III** *adj.* **8.** obig, obenerwähnt: **the ~ remarks**; **IV** *s.* **9.** *das* Obige, *das* Obenerwähnte.
aˌbove|-ˈboard *adv. u. adj.* **1.** offen, ehrlich; **2.** einwandfrei; **~ˈground** *adj.* **1.** ⚙, ⚒ über Tage, oberirdisch; **2.** *fig.* (noch) am Leben.
A-B pow·er pack *s.* ⚡ Netzteil *n* für Heiz- u. Anˈodenleistung.
ab·ra·ca·dab·ra [ˌæbrəkəˈdæbrə] *s.* **1.** Abrakaˈdabra *n* (*Zauberwort*); **2.** *fig.* Kauderwelsch *n.*
ab·rade [əˈbreɪd] *v/t.* abschürfen, ab-, aufscheuern; abnutzen, verschleißen (*a. fig.*); ⚙ *a.* abschleifen.
A·bra·ham [ˈeɪbrəhæm] *npr. bibl.* ˈAbraham *m*: **in ~'s bosom** (sicher wie) in Abrahams Schoß.
ab·ra·sion [əˈbreɪʒn] *s.* **1.** Abreiben *n*, Abschleifen *n* (*a.* ⚙); **2.** ⚙ Abrieb *m*; Abnützung *f*, Verschleiß *m*; **3.** ⚕ (Haut)Abschürfung *f*, Schramme *f*; **abˈra·sive** [-sɪv] **I** *adj.* □ abreibend, abschleifend, Schleif..., Schmirgel...; *fig.* ätzend; **II** *s.* ⚙ Schleifmittel *n.*
ab·re·act [ˌæbrɪˈækt] *v/t. psych.* abreagieren; **ˌab·reˈac·tion** [-kʃn] *s.* ˈAbreaktiˌon *f.*
a·breast [əˈbrest] *adv.* Seite an Seite, nebeneinˈander: **four ~**; **~ of** *od.* **with** auf der Höhe *gen. od.* von, neben; **keep ~ of** (*od.* **with**) *fig.* Schritt halten mit.
a·bridge [əˈbrɪdʒ] *v/t.* **1.** (ab-, ver)kürzen; zs.-ziehen; **2.** *fig.* beschränken, beschneiden; **aˈbridged** [-dʒd] *adj.* (ab-) gekürzt, Kurz...; **aˈbridg(e)·ment** [-mənt] *s.* **1.** (Ab-, Ver)Kürzung *f*; **2.** Abriß *m*, Auszug *m*; gekürzte (Buch-) Ausgabe; **3.** Beschränkung *f.*
a·broad [əˈbrɔːd] *adv.* **1.** im *od.* ins Ausland, auswärts, draußen: **go ~** ins Ausland reisen; **from ~** aus dem Ausland; **2.** draußen, im Freien: **be ~ early** schon früh aus dem Haus sein; **3.** weit umˈher, überallˈhin: **spread ~** (weit) verbreiten; **the matter has got ~** die Sache ist ruchbar geworden; **a rumo(u)r is ~** es geht das Gerücht; **4.** *fig.* **all ~** a) ganz im Irrtum, b) völlig verwirrt.
ab·ro·gate [ˈæbrəʊgeɪt] *v/t.* abschaffen, *Gesetz etc.* aufheben; **ab·ro·gation** [ˌæbrəʊˈgeɪʃn] *s.* Abschaffung *f*, Aufhebung *f.*
ab·rupt [əˈbrʌpt] *adj.* □ **1.** abgerissen, zs.-hanglos (*a. fig.*); **2.** jäh, steil; **3.** kurz angebunden, schroff; **4.** plötzlich, abˈrupt, jäh; **abˈrupt·ness** [-nɪs] *s.* **1.** Abgerissenheit *f*, Zs.-hangslosigkeit *f*; **2.** Steilheit *f*; **3.** Schroffheit *f*; **4.** Plötzlichkeit *f.*
ab·scess [ˈæbsɪs] *s.* ⚕ Abˈszeß *m*, Geschwür *n*, Eiterbeule *f.*
ab·scis·sion [æbˈsɪʒn] *s.* Abschneiden *n*, Abtrennung *f.*
ab·scond [əbˈskɒnd] *v/i.* **1.** sich heimlich daˈvonmachen, flüchten (**from** vor *dat.*); *a.* **~ from justice** sich den Gesetzen *od.* der Festnahme entziehen: **~ing debtor** flüchtiger Schuldner; **2.** sich verstecken.
ab·sence [ˈæbsəns] *s.* **1.** Abwesenheit *f* (**from** von): **~ of mind** → ***absent-mindedness***; **2.** (**from**) Fernbleiben *n* (von), Nichterscheinen *n* (in *dat.*, bei, zu): **~ without leave** ⚔ unerlaubte Entfernung von der Truppe; **3.** (**of**) Fehlen *n* (*gen. od.* von), Mangel *m* (an *dat.*): **in the ~ of** in Ermangelung von (*od. gen.*).
ab·sent I *adj.* □ [ˈæbsənt] **1.** abwesend, fehlend, nicht vorˈhanden *od.* zuˈgegen: **be ~** fehlen; **2.** geistesabwesend, zerstreut; **II** *v/t.* [æbˈsənt] **3. ~ o.s.** (**from**) fernbleiben (*dat. od.* von), sich entfernen (von, aus); **ab·sen·tee** [ˌæbsənˈtiː] *s.* **1.** Abwesende(r *m*) *f*: **~ ballot**, **~ vote** *pol.* Briefwahl *f*; **~ voter** Briefwähler(in); **2.** (unentschuldigt) Fehlende(r *m*) *f*; **3.** Eigentümer, der nicht auf s-m Grundstück lebt; **ab·sen·tee·ism** [ˌæbsənˈtiːɪzəm] häufiges *od.* längeres (unentschuldigtes) Fehlen (am Arbeitsplatz, in der Schule); **ˌab·sent-ˈmind·ed** *adj.* □ geistesabwesend, zerstreut; **ˌab·sent-ˈmind·ed·ness** [-nɪs] *s.* Gei-

stesabwesenheit *f*, Zerstreutheit *f*.

ab·sinth(e) ['æbsɪnθ] *s*. **1.** ⚘ Wermut *m*; **2.** Ab'sinth *m* (*Branntwein*).

ab·so·lute ['æbsəlu:t] **I** *adj*. □ **1.** abso'lut (*a.* Ⱥ, *ling.*, *phys.*, *phls.*): **~ *altitude*** ✈ absolute (Flug)Höhe; **~ *majority*** *pol.* absolute Mehrheit; **~ *temperature*** absolute (*od.* Kelvin)Temperatur; **~ *zero*** absoluter Nullpunkt; **2.** unbedingt, unbeschränkt: **~ *monarchy*** absolute Monarchie; **~ *ruler*** unumschränkter Herrscher; **~ *gift*** Schenkung *f*; **3.** ⚗ rein, unvermischt: **~ *alcohol*** absoluter Alkohol; **4.** rein, völlig, abso'lut, voll'kommen: **~ *nonsense***; **5.** bestimmt, wirklich; 'positiv: **~ *fact*** nackte Tatsache; ***become* ~** ⚖ rechtskräftig werden; **II** *s*. **6. *the* ~** das Absolute; **'ab·so·lute·ly** [-lɪ] *adv*. **1.** abso'lut, völlig, vollkommen, 'durchaus; **2.** F abso'lut(!), unbedingt(!), ganz recht(!); **ab·so·lu·tion** [ˌæbsə'lu:ʃn] *s*. **1.** *eccl.* Absoluti'on *f*, Sündenerlaß *m*; **2.** ⚖ Freisprechung *f*; **ab·so·lu·tism** ['æbsəlu:tɪzəm] *s*. *pol.* Absolu'tismus *m*, unbeschränkte Regierungsform *od.* Herrschergewalt.

ab·solve [əb'zɒlv] *v/t*. **1.** frei-, lossprechen (***of*** von *Sünde*, ***from*** von *Verpflichtung*), entbinden (***from*** von *od. gen.*); **2.** *eccl.* Absoluti'on erteilen (*dat.*)

ab·sorb [əb'sɔ:b] *v/t*. **1.** absorbieren, auf-, einsaugen, (ver)schlucken; *a. fig. Wissen etc.* (in sich) aufnehmen; vereinigen (***into*** mit); **2.** sich einverleiben, trinken; **3.** *fig.* aufzehren, verschlingen, schlucken; ☿ *Kaufkraft* abschöpfen; **4.** *fig.* ganz in Anspruch nehmen *od.* beschäftigen, fesseln; **5.** *phys.* absorbieren, resorbieren, in sich aufnehmen, auffangen, *Schall* schlucken, *Schall, Stoß* dämpfen; **ab'sorbed** [-bd] *adj.* □ *fig.* (***in***) gefesselt (von), vertieft *od.* versunken (in *acc.*): **~ *in thought***; **ab'sorb·ent** [-bənt] **I** *adj.* absorbierend, aufsaugend: **~ *cotton*** ⚕ Verbandwatte *f*; **II** *s*. Absorpti'onsmittel *n*; **ab'sorb·ing** [-bɪŋ] *adj.* □ **1.** aufsaugend; *fig.* fesselnd, packend; **2.** ⚙, *biol.* Absorptions..., Aufnahme... (*a.* ☿); **ab·sorp·tion** [əb'sɔ:pʃn] *s*. **1.** *a.* ⚡, ⚘, ⚙, *biol.*, *phys.* Auf-, Einsaugung *f*, Aufnahme *f*, Absorpti'on *f*; Vereinigung *f*; **2.** Verdrängung *f*, Verbrauch *m*; (*Schall-, Stoß*)Dämpfung *f*; **3.** *fig.* (***in***) Vertieftsein *n* (in *acc.*), gänzliche In'anspruchnahme (durch); **ab·sorp·tive** [əb'sɔ:ptɪv] *adj.* absorp'tiv, Absorptions..., absorbierend, (auf)saug-, aufnahmefähig.

ab·stain [əb'steɪn] *v/i*. **1.** sich enthalten (***from*** *gen.*); **2.** *a.* **~ *from voting*** sich der Stimme enthalten; **ab'stain·er** [-nə] *s*. *mst* ***total* ~** Absti'nenzler *m*.

ab·ste·mi·ous [æb'sti:mjəs] *adj.* □ enthaltsam, mäßig, fru'gal (*a. Essen*).

ab·sten·tion [æb'stenʃn] *s*. **1.** Enthaltung *f* (***from*** von); **2.** *a.* **~ *from voting*** *pol.* Stimmenthaltung *f*.

ab·sti·nence ['æbstɪnəns] *s*. Absti'nenz *f*, Enthaltung *f* (***from*** von), Enthaltsamkeit *f*: ***total* ~** (völlige) Abstinenz, vollkommene Enthaltsamkeit; ***day of* ~** *R.C.* Abstinenztag *m*; **'ab·sti·nent** [-nt] *adj.* □ enthaltsam, mäßig, absti'nent.

ab·stract¹ ['æbstrækt] **I** *adj.* □ **1.** ab'strakt, theo'retisch, rein begrifflich; **2.** *ling.* ab'strakt (*Ggs. konkret*); **3.** Ⱥ ab'strakt, rein (*Ggs. angewandt*): **~ *number*** abstrakte Zahl; **4.** → ***abstruse***; **5.** *paint.* ab'strakt; **II** *s*. **6.** *das* Ab'strakte: ***in the* ~** rein theoretisch (betrachtet), an u. für sich; **7.** *ling.* Ab'straktum *n*, Begriffs(haupt)wort *n*; **8.** Auszug *m*, Abriß *m*, Inhaltsangabe *f*, 'Übersicht *f*: **~ *of account*** ☿ Konto-, Rechnungsauszug; **~ *of title*** ⚖ Besitztitel *m*, Eigentumsnachweis *m*.

ab·stract² [æb'strækt] *v/t*. **1.** *Geist etc.* ablenken; (ab)sondern, trennen; **2.** abstrahieren; für sich *od.* (ab)gesondert betrachten; **3.** e-n Auszug machen von, kurz zs.-fassen; **4.** ⚗ destillieren; **5.** entwenden; **ab'stract·ed** [-tɪd] *adj.* □ **1.** (ab)gesondert, getrennt; **2.** zerstreut, geistesabwesend; **ab'strac·tion** [-kʃn] *s*. **1.** Abstrakti'on *f*, *a.* ⚗ Absonderung *f*; **2.** *a.* ⚖ Wegnahme *f*, Entwendung *f*; **3.** *phls.* Abstrakti'on *f*, ab'strakter Begriff; **4.** Versunkenheit *f*, Zerstreutheit *f*; **5.** ab'straktes Kunstwerk.

ab·struse [æb'stru:s] *adj.* □ dunkel, schwerverständlich, ab'strus.

ab·surd [əb'sɜ:d] *adj.* □ ab'surd (*a. thea.*), unsinnig, lächerlich; **ab'surd·i·ty** [-dətɪ] *s*. Absurdi'tät *f*, Sinnlosigkeit *f*, Albernheit *f*, Unsinn *m*: ***reduce to* ~** ad absurdum führen.

a·bun·dance [ə'bʌndəns] *s*. **1.** (***of***) 'Überfluß *m* (an *dat.*), Fülle *f* (von), (große) Menge (von): ***in* ~** in Hülle und Fülle; **2.** 'Überschwang *m der Gefühle*; **3.** Wohlstand *m*, Reichtum *m*; **a'bun·dant** [-nt] *adj.* □ **1.** reichlich (vor'handen); **2.** (***in*** *od.* ***with***) im 'Überfluß besitzend (*acc.*), reich (an *dat.*), reichlich versehen (mit); **3.** Ⱥ abun'dant; **a'bun·dant·ly** [-ntlɪ] *adv.* reichlich, völlig, in reichem Maße.

a·buse I *v/t*. [ə'bju:z] **1.** miß'brauchen; 'übermäßig beanspruchen; **2.** grausam behandeln, miß'handeln; *Frau* miß'brauchen; **3.** beleidigen, beschimpfen; **II** *s*. [ə'bju:s] **4.** 'Mißbrauch *m*, -stand *m*, falscher Gebrauch; 'Übergriff *m*: **~ *of authority*** ⚖ Amts-, Ermessensmißbrauch; **5.** Miß'handlung *f*; **6.** Kränkung *f*, Beschimpfung *f*, Schimpfworte *pl.*; **a'bu·sive** [-ju:sɪv] *adj.* □ **1.** 'mißbräuchlich; **2.** beleidigend, ausfallend: ***he became* ~**; **~ *language*** Schimpfworte *pl.*; **3.** falsch (angewendet).

a·but [ə'bʌt] *v/i*. angrenzen, -stoßen, (sich) anlehnen (***on***, ***upon***, ***against*** an *acc.*); **a'but·ment** [-mənt] *s*. ▲ Strebepfeiler *m*, 'Widerlager *n e-r Brücke etc.*; **a'but·tals** [-tlz] *s*. *pl.* (Grundstücks-)Grenzen *pl*; **a'but·ter** [-tə] *s*. ⚖ Anlieger *m*, Anrainer *m*.

a·bysm [ə'bɪzəm] *s*. *poet.* Abgrund *m*; **a'bys·mal** [-zml] *adj.* □ abgrundtief, bodenlos, unergründlich (*a. fig.*): **~ *ignorance*** grenzenlose Dummheit; **a·byss** [ə'bɪs] *s*. **1.** *a. fig.* Abgrund *m*, Schlund *m*; **2.** Hölle *f*.

Ab·ys·sin·i·an [ˌæbɪ'sɪnjən] **I** *adj.* abes'sinisch; **II** *s*. Abes'sinier(in).

a·ca·cia [ə'keɪʃə] *s*. **1.** ⚘ a) A'kazie *f*, b) *a.* ***false* ~** Gemeine Ro'binie; **2.** A'kazienˌgummi *m*, *n*.

ac·a·dem·i·a [ˌækə'di:mɪə] *s*. die akademische Welt; **ac·a·dem·ic** [ˌækə'demɪk] **I** *adj.* (□ **~*ally***) **1.** aka'demisch, Universitäts...: **~ *dress*** *od.* ***costume*** akademische Tracht; **~ *year*** Studienjahr *n*; **2.** (geistes)wissenschaftlich: **~ *achievement***; ***an* ~ *course***; **3.** a) aka'demisch, (rein) theo'retisch: ***an* ~ *question***, b) unpraktisch, nutzlos; **4.** konventio'nell, traditio'nell; **II** *s*. **5.** Aka'demiker(in); **6.** Universi'tätsmitglied *n* (*Dozent, Student etc.*); **ˌac·a'dem·i·cal** [-kl] **I** *adj.* □ → ***academic*** 1, 2; **II** *s*. *pl.* aka'demische Tracht; **a·cad·e·mi·cian** [əˌkædə'mɪʃn] *s*. Akade'miemitglied *n*; **a·cad·e·my** [ə'kædəmɪ] *s*. **1.** ℌ Akade'mie *f* (*Platos Philosophenschule*); **2.** a) Hochschule *f*, b) höhere Lehranstalt (*allgemeiner od. spezieller Art*): ***military* ~** Militärakademie *f*, Kriegsschule *f*; ***riding* ~** Reitschule *f*; **3.** Akade'mie *f der Wissenschaften etc.*, gelehrte Gesellschaft.

ac·a·jou ['ækəʒu:] → ***cashew***.

a·can·thus [ə'kænθəs] *s*. **1.** ⚘ Bärenklau *m*, *f*; **2.** ▲ A'kanthus *m*, Laubverzierung *f*.

ac·cede [æk'si:d] *v/i*. **~ *to*** **1.** *e-m Vertrag, Verein etc.* beitreten; *e-m Vorschlag* beipflichten, in *et.* einwilligen; **2.** zu *et.* gelangen; *Amt* antreten; *Thron* besteigen.

ac·cel·er·ant [æk'selərənt] **I** *adj.* beschleunigend; **II** *s*. ⚗ 'positiver Kataly'sator; **ac·cel·er·ate** [æk'seləreɪt] **I** *v/t*. **1.** beschleunigen, die Geschwindigkeit erhöhen von (*od. gen.*); *fig. Entwicklung etc.* beschleunigen, fördern; *et.* ankurbeln; **2.** *Zeitpunkt* vorverlegen; **II** *v/i*. **3.** schneller werden; **ac'cel·er·at·ing** [-reɪtɪŋ] *adj.* Beschleunigungs...: **~ *grid*** ⚡ Beschleunigungs-, Schirmgitter *n*; **ac·cel·er·a·tion** [ækˌselə'reɪʃn] *s*. **1.** *bsd.* ⚙, *phys.*, *ast.* Beschleunigung *f*: **~ *lane*** *mot.* Beschleunigungsspur *f*; **2.** ⚕ Akzelerati'on *f*, Entwicklungsbeschleunigung *f*; **ac'cel·er·a·tor** [-reɪtə] *s*. **1.** *bsd.* ⚙ Beschleuniger *m*, *mot. a.* Gashebel *m*, 'Gaspeˌdal *n*: ***step on the* ~** Gas geben; **2.** *anat.* Sym'pathikus *m*.

ac·cent I *s*. ['æksənt] Ak'zent *m*: a) *ling.* Ton *m*, Betonung *f*, b) *ling.* Tonzeichen *n*, c) Tonfall *m*, Aussprache *f*, d) ♪ Ak'zent(zeichen *n*) *m*, e) *fig.* Nachdruck (***on*** auf *dat.*); **II** *v/t*. [æk'sent] → **ac·cen·tu·ate** [æk'sentjʊeɪt] *v/t*. akzentuieren, betonen: a) her'vorheben (*a. fig.*), b) mit e-m Ak'zent(zeichen) versehen; **ac·cen·tu·a·tion** [ækˌsentjʊ'eɪʃn] *s*. *allg.* Betonung *f*.

ac·cept [ək'sept] **I** *v/t*. **1.** annehmen: a) entgegennehmen: **~ *a gift***, b) akzeptieren: **~ *a proposal***; **2.** *fig.* akzeptieren: a) *j-n od. et.* anerkennen, *bsd. et.* gelten lassen, b) *et.* 'hinnehmen, sich mit *et.* abfinden; **3.** *j-n* aufnehmen (***into*** in *acc.*); **4.** auffassen, verstehen: → ***accepted***; **5.** ☿ *Auftrag* annehmen; *Wechsel* akzeptieren: **~ *the tender*** den Zuschlag erteilen; **II** *v/i*. **6.** annehmen, zusagen, einverstanden sein; **ac·cept·a·bil·i·ty** [əkˌseptə'bɪlətɪ] *s*. **1.** Annehmbarkeit *f*, Eignung *f*; **2.** Erwünschtheit *f*; **ac'cept·a·ble** [-təbl] *adj.* □ **1.** akzep'tabel, annehmbar, tragbar (***to*** für); **2.** angenehm, will'kommen; **3.** ☿ beleihbar, lom'bardfähig; **ac'cept·ance** [-təns] *s*. **1.** Annahme *f*, Empfang *m*; **2.** Aufnahme *f* (***into*** in *acc.*); **3.** Zusage *f*, Billigung *f*, Anerkennung *f*; **4.** 'Übernahme *f*; **5.** 'Hinnahme *f*; **6.** *bsd.* ✝ Abnahme *f von Waren*: ~ ***test*** Abnahmeprüfung *f*; **7.** ✝ a) Annahme *f od.* Anerkennung *f e-s Wechsels*, b) Ak'zept *n*, angenommener Wechsel; **ac·cep·ta·tion** [ˌæksep'teɪʃn] *s. ling.* gebräuchlicher Sinn, landläufige Bedeutung; **ac'cept·ed** [-tɪd] *adj.* allgemein anerkannt; üblich, landläufig: ***in the ~ sense***; ~ ***text*** offizieller Text; **ac'cept·er**, **ac'cep·tor** [-tə] *s.* **1.** Annehmer *m*, Abnehmer *m etc.*; **2.** ✝ Akzep'tant *m*, Wechselnehmer *m*.

ac·cess ['ækses] *s.* **1.** Zugang *m* (*Weg*): ~ ***hatch*** ⚓, ✈ Einsteigluke *f*; ~ ***road*** *Am.* a) Zufahrtsstraße *f*, b) (Autobahn-) Zubringerstraße *f*; **2.** *fig.* (***to***) Zugang *m* (zu), Zutritt *m* (zu, bei); Gehör *n* (bei); *Computer*: Zugriff (auf *acc*): ~ ***to means of education*** Bildungsmöglichkeiten *pl.*; ***easy of ~*** leicht zugänglich; **3.** (Wut-, Fieber- *etc.*)Anfall *m*, Ausbruch *m*; **ac'ces·sa·ry** → ***accessory***; **ac·ces·si·bil·i·ty** [ækˌsesə'bɪlətɪ] *s.* Erreichbarkeit *f*, Zugänglichkeit *f* (*a. fig.*); **ac·ces·si·ble** [æk'sesəbl] *adj.* □ **1.** zugänglich, erreichbar (***to*** für); **2.** *fig.* 'um-, zugänglich; **3.** zugänglich, empfänglich (***to*** für); **ac·ces·sion** [æk'seʃn] *s.* **1.** (***to***) Gelangen *n* (zu *e-r Würde*): ~ ***to power*** Machtübernahme *f*; **2.** (***to***) Anschluß *m* (an *acc.*), Beitritt *m* (zu); Antritt *m* (*e-s Amtes*): ~ ***to the throne*** Thronbesteigung *f*; **3.** (***to***) Zuwachs *m* (an *dat.*), Vermehrung *f* (*gen.*): ***recent ~s*** Neuanschaffungen; **4.** Wertzuwachs *m*, Vorteil *m*; **5.** (***to***) Erreichung *f e-s Alters*.

ac·ces·so·ry [æk'sesərɪ] **I** *adj.* **1.** zusätzlich, beitragend, Hilfs…, Neben…, Begleit…; **2.** nebensächlich, 'untergeordnet; **3.** teilnehmend, mitschuldig (***to*** an *dat.*); **II** *s.* **4.** Zusatz *m*, Anhang *m*; **5.** *pl.* ⚙ Zubehör(teile *pl.*) *n*, *m*; **6.** *oft pl.* Hilfsmittel *n*, Beiwerk *n*; **7.** ⚖ Teilnehmer *m an e-m Verbrechen*: ~ ***after the fact*** Begünstiger *m*, *z. B.* Hehler *m*; ~ ***before the fact*** a) Anstifter *m*, b) (Tat-) Gehilfe *m*.

ac·ci·dence ['æksɪdəns] *s. ling.* Formenlehre *f*.

ac·ci·dent ['æksɪdənt] *s.* **1.** Zufall *m*, zufälliges Ereignis: ***by ~*** zufällig; **2.** zufällige Eigenschaft, Nebensächlichkeit *f*; **3.** Unfall *m*, Unglücksfall *m*: ***in an ~*** bei e-m Unfall; ~ ***benefit*** Unfallentschädigung *f*; ***~-free*** unfallfrei; ***~-prone*** unfallgefährdet; **4.** Mißgeschick *n*; **ac·ci·den·tal** [ˌæksɪ'dentl] **I** *adj.* □ **1.** zufällig, unbeabsichtigt; nebensächlich; **2.** Unfall…: ~ ***death*** Tod *m* durch Unfall; **II** *s.* **3.** ♪ Vorzeichen *n*; **4.** *mst pl. paint.* Nebenlichter *pl.*

ac·claim [ə'kleɪm] **I** *v/t.* **1.** *j-n*, *fig. et.* mit (lautem) Beifall *od.* Jubel begrüßen; *j-m* zujubeln; **2.** jauchzend ausrufen: ***they ~ed him*** (***as***) ***king*** sie riefen ihn zum König aus; **3.** sehr loben; **II** *s.* **4.** Beifall *m*.

ac·cla·ma·tion [ˌæklə'meɪʃn] *s.* **1.** lauter Beifall; **2.** hohes Lob; **3.** *pol.* Abstimmung *f* durch Zuruf: ***by ~*** durch Akklamation.

ac·cli·mate [ə'klaɪmət] *bsd. Am.* → ***acclimatize***; **ac·cli·ma·tion** [ˌæklaɪ'meɪʃn] *s.*, **ac·cli·ma·ti·za·tion** [əˌklaɪmətaɪ'zeɪʃn] *s.* Akklimatisierung *f*, Eingewöhnung *f* (*beide a. fig.*); ⚘ *zo.* Einbürgerung *f*; **ac·cli·ma·tize** [ə'klaɪmətaɪz] *v/t. u. v/i.* (sich) akklimatisieren, (sich) gewöhnen (***to*** an *acc.*) (*a. fig.*).

ac·cliv·i·ty [ə'klɪvətɪ] *s.* Steigung *f*.

ac·co·lade ['ækəʊleɪd] *s.* **1.** Akko'lade *f*: a) Ritterschlag *m*, b) (feierliche) Um'armung. **2.** *fig. Am.* Auszeichnung *f*. **3.** ♪ Klammer *f*.

ac·com·mo·date [ə'kɒmədeɪt] **I** *v/t.* **1.** (***to***) a) anpassen (*dat.*, an *acc.*): ~ ***o.s. to circumstances***, b) in Einklang bringen (mit): ~ ***facts to theory***; **2.** *j-n* versorgen, *j-m* aushelfen *od.* gefällig sein (***with*** mit): ~ ***s.o. with money***; **3.** *Streit* schlichten, beilegen; **4.** 'unterbringen, Platz haben für, fassen; **II** *v/i.* **5.** sich einstellen (***to*** auf *acc.*); **6.** ⚕ sich akkommodieren; **ac'com·mo·dat·ing** [-tɪŋ] *adj.* □ gefällig, entgegenkommend; anpassungsfähig; **ac·com·mo·da·tion** [əˌkɒmə'deɪʃn] *s.* **1.** Anpassung *f* (***to*** an *acc.*); Über'einstimmung *f*; **2.** Über'einkommen *n*, gütliche Einigung; **3.** Gefälligkeit *f*, Aushilfe *f*, geldliche Hilfe; **4.** Versorgung *f* (***with*** mit); **5.** *a. pl.* Einrichtung(en *pl.*) *f*; Bequemlichkeit(en *pl.*) *f*; Räumlichkeit (-en *pl.*) *f*: ***seating ~*** Sitzgelegenheit *f*; **6.** *Brit. sg.*, *Am. mst pl.* (Platz *m* für) 'Unterkunft *f*, -bringung *f*, Quar'tier *n*; **7.** *a.* ~ ***train*** *Am.* Per'sonenzug *m*.

ac·com·mo·da·tion| ad·dress *s.* 'Deckaˌdresse *f*; ~ **bill**, ~ **draft** *s.* ✝ Gefälligkeitswechsel *m*; ~ **lad·der** *s.* ⚓ Fallreep *n*; ~ **road** *s.* Hilfs-, Zufahrtsstraße *f*.

ac·com·pa·ni·ment [ə'kʌmpənɪmənt] *s.* **1.** ♪ Begleitung *f*, *a. fig. iro.* Begleitmusik *f*; **2.** *fig.* Begleiterscheinung *f*; **ac'com·pa·nist** [-pənɪst] *s.* ♪ Begleiter (-in); **ac·com·pa·ny** [ə'kʌmpənɪ] *v/t.* **1.** *a.* ♪ *u. fig.* begleiten; **2.** *fig.* e-e Begleiterscheinung sein von *od. gen.*: ***accompanied by*** *od.* ***with*** begleitet von, verbunden mit; ***~ing address*** (***phenomenon***) Begleitadresse *f* (-erscheinung *f*); **3.** verbinden (***with*** mit): ~ ***the advice with a warning***.

ac·com·plice [ə'kʌmplɪs] *s.* Kom'plice *m*, 'Mittäter(in).

ac·com·plish [ə'kʌmplɪʃ] *v/t.* **1.** *Aufgabe* voll'bringen, voll'enden, erfüllen, *Absicht* ausführen, *Zweck* erreichen, erfüllen, *Ziel* erreichen; **2.** leisten; **3.** ver'vollkommnen, schulen; **ac'com·plished** [-ʃt] *adj.* **1.** 'vollständig ausgeführt; **2.** kultiviert, (fein *od.* vielseitig) gebildet; **3.** voll'endet, per'fekt (*a. iro.*): ***an ~ liar*** ein Erzlügner; **ac'com·plish·ment** [-mənt] *s.* **1.** Ausführung *f*, Voll'endung *f*; Erfüllung *f*; **2.** Ver'vollkommnung *f*; **3.** Voll'kommenheit *f*; Könnerschaft *f*; **4.** *mst pl.* Fertigkeiten *pl.*, Ta'lente *pl.*, Künste *pl.*; **5.** Leistung *f*.

ac·cord [ə'kɔːd] **I** *v/t.* **1.** bewilligen, gewähren, *Lob* spenden; **II** *v/i.* **2.** über'einstimmen, harmonieren, passen; **III** *s.* **3.** Über'einstimmung *f*, Einklang *m*; **4.** Zustimmung *f*; **5.** Über'einkommen *n*, *pol.* Abkommen *n*; ⚖ Vergleich *m*: ***with one ~*** einstimmig, einmütig; ***of one's own ~*** aus eigenem Antrieb, freiwillig; **ac'cord·ance** [-dəns] *s.* Über'einstimmung *f*: ***to be in ~ with*** übereinstimmen mit; ***in ~ with*** in Übereinstimmung mit, gemäß; **ac'cord·ing** [-dɪŋ] **I** ~ ***as*** *cj.* je nach'dem (wie *od.* ob), so wie; **II** ~ ***to*** *prp.* gemäß, nach, laut (*gen.*): ~ ***to taste*** (je) nach Geschmack; ~ ***to directions*** vorschriftsmäßig; **ac'cord·ing·ly** [-dɪŋlɪ] *adv.* demgemäß, folglich; entsprechend.

ac·cor·di·on [ə'kɔːdjən] *s.* Ak'kordeon *n*, 'Zieh-, 'Handharˌmonika *f*.

ac·cost [ə'kɒst] *v/t.* her'antreten an (*acc.*), *j-n* ansprechen.

ac·couche·ment [ə'kuːʃmɑ̃ːŋ] (*Fr.*) *s.* Entbindung *f*, Niederkunft *f*; **ac·cou·cheur** [ˌækuː'ʃɜː; akuʃœːr] *s.* Geburtshelfer *m*; **ac·cou·cheuse** [ˌækuː'ʃɜːz; akuʃøːz] *s.* Hebamme *f*.

ac·count [ə'kaʊnt] **I** *v/t.* **1.** ansehen als, erklären für, betrachten als: ~ ***s.o.*** (***to be***) ***guilty***; ~ ***o.s. happy*** sich glücklich schätzen; **II** *v/i.* ~ ***for*** **2.** Rechenschaft ablegen über *acc.*; verantwortlich sein für; **3.** (er)klären, begründen: ***how do you ~ for that?*** wie erklären Sie das?; ***Henry ~s for ten of them*** zehn davon kommen auf H.; ***there is no ~ing for it*** das ist nicht zu begründen, das ist Ansichtssache; (***not***) ***~ed for*** (un)geklärt; **4.** *hunt.* (ab)schießen; *fig. sport* ‚erledigen'; **III** *s.* **5.** Rechnung *f*, Ab-, Berechnung *f*; ✝ *pl.* (Geschäfts)Bücher *pl.*, (Rechnungs-, Jahres)Abschluß *m*; 'Konto *n*: ***~-book*** Konto-, Geschäftsbuch *n*; ~ ***current*** *od.* ***current ~*** laufende Rechnung, Kontokorrent *n*; ~ ***sales*** Verkaufsabrechnung; ***~s payable*** Verbindlichkeiten, Kreditoren; ***~s receivable*** Außenstände, Debitoren; ***on ~*** auf Abschlag, a conto, als Teilzahlung; ***for ~ only*** nur zur Verrechnung; ***for one's own ~*** auf eigene Rechnung; ***payment on ~*** Anzahlung *f*; ***on one's own ~*** auf eigene Rechnung (u. Gefahr), für sich selber; ***balance an ~*** e-e Rechnung bezahlen, ein Konto ausgleichen; ***carry to a new ~*** auf neue Rechnung vortragen; ***charge to s.o.'s ~*** j-s Konto belasten mit, j-m in Rechnung stellen; ***keep an ~*** Buch führen; ***open an ~*** ein Konto eröffnen; ***place to s.o.'s ~*** j-m in Rechnung stellen; ***render an ~*** (***for***) Rechnung (vor)legen (für); ~ ***rendered*** vorgelegte Rechnung; ***settle an ~*** e-e Rechnung begleichen; ***settle*** *od.* ***square ~s with***, ***make up one's ~ with*** *a. fig.* abrechnen mit; ***square an ~*** ein Konto ausgleichen; → ***statement*** 5; **6.** Rechenschaft(sbericht *m*) *f*: ***bring to ~*** *fig.* abrechnen mit; ***call to ~*** zur Rechenschaft ziehen; ***give*** *od.* ***render an ~ of*** Rechenschaft ablegen über (*acc.*) → 7; ***give a good ~ of*** *et.* gut erledigen, *Gegner* abfertigen; ***give a good ~ of o.s.*** s-e Sache gut machen, sich bewähren; **7.** Bericht *m*, Darstellung *f*, Beschreibung *f*: ***by all ~s*** nach allem, was man hört; ***give*** *od.* ***render an ~ of*** Bericht erstatten über (*acc.*) → 6; **8.** Liste *f*, Verzeichnis *n*; **9.** 'Umstände *pl.*, Erwägung *f*: ***on ~ of*** um … willen, wegen; ***on his ~*** seinetwegen; ***on no ~*** keineswegs, unter keinen Umständen; ***leave out of ~*** außer Betracht lassen; ***take ~ of***, ***take into ~*** Rechnung tragen (*dat.*), in Betracht ziehen, berücksichtigen; **10.** Wichtigkeit *f*, Wert *m*: ***of no ~*** ohne Bedeutung; **11.** Vorteil *m*: ***find one's ~ in*** bei et. profitieren *od.* auf s-e Kosten kommen; ***turn to (good) ~*** (gut) (aus)nutzen, Kapital schlagen aus; **ac·count·a·bil·i·ty** [əˌkaʊntəˈbɪlətɪ] *s.* Verantwortlichkeit *f*; **acˈcount·a·ble** [-təbl] *adj.* □ **1.** verantwortlich, rechenschaftspflichtig (***to*** *dat.*); **2.** erklärlich; **acˈcount·an·cy** [-tənsɪ] *s.* Buchhaltung *f*; Buchführung *f*, Rechnungswesen *n*; *Brit.* Steuerberatung *f*; **acˈcount·ant** [-tənt] *s.* **1.** (*a.* Bilanz)Buchhalter *m*, Rechnungsführer *m*; **2.** (***chartered*** *od.* ***certified ~*** amtlich zugelassener) Buchprüfer *od.* Steuerberater; ***certified public ~*** *Am.* Wirtschaftsprüfer *m*; **3.** *Brit.* Steuerberater *m*; **acˈcount·ing** [-tɪŋ] *s.* **1.** → ***accountancy***; **2.** Abrechnung *f*: ***~ period*** Abrechnungszeitraum *m*; ***~ year*** Geschäftsjahr *n*.

ac·cou·tred [əˈku:təd] *adj.* ausgerüstet; **acˈcou·tre·ment** [-təmənt] *s. mst pl.* **1.** Kleidung *f*, Ausstattung *f*; **2.** ⚔ Ausrüstung *f* (*außer Uniform u. Waffen*).

ac·cred·it [əˈkredɪt] *v/t.* **1.** *bsd. e-n Gesandten* akkreditieren, beglaubigen (***to*** bei); **2.** bestätigen, als berechtigt anerkennen; **3.** ***~ s.th. to s.o.*** *od.* ***s.o. with s.th.*** j-m et. zuschreiben.

ac·cre·tion [æˈkri:ʃn] *s.* **1.** Zuwachs *m*, Zunahme *f*, Anwachsen *n*; **2.** ⚖ Anwachsung *f* (*Erbschaft*); (Land)Zuwachs *m*; **3.** ⚕ Zs.-wachsen *n*.

ac·cru·al [əˈkru:əl] *s.* ✝, ⚖ Anfall *m* (*Dividende, Erbschaft etc.*); Entstehung *f* (*Anspruch etc.*); Auflaufen *n* (*Zinsen*); Zuwachs *m*.

ac·crue [əˈkru:] *v/i.* erwachsen, entstehen, zufallen, zukommen (***to*** *dat.*, ***from, out of*** aus): ***~d interest*** aufgelaufene Zinsen *pl*.

ac·cu·mu·late [əˈkju:mjʊleɪt] **I** *v/t.* ansammeln, anhäufen, aufspeichern (*a.* ⚙), aufstauen; **II** *v/i.* anwachsen, sich anhäufen *od.* ansammeln *od.* akkumulieren, ⚙ sich summieren; auflaufen (*Zinsen*); **ac·cu·mu·la·tion** [əˌkju:mjʊˈleɪʃn] *s.* Ansammlung *f*, Auf-, Anhäufung *f*, Akkumulation *f*, *a.* ⚙ (Auf-)Speicherung *f*, *a. psych.* (Auf)Stauung *f*: ***~ of capital*** ✝ Kapitalansammlung *f*; ***~ of interest*** Auflaufen *n* von Zinsen; ***~ of property*** Vermögensanhäufung *f*; **acˈcu·mu·la·tive** [-lətɪv] *adj.* (sich) anhäufend *etc.*; Häufungs..., Zusatz..., Sammel...; **acˈcu·mu·la·tor** [-tə] *s.* ⚡ Akkumuˈlator *m*, ˈAkku *m*, (Strom-)Sammler *m*.

ac·cu·ra·cy [ˈækjʊrəsɪ] *s.* Genauigkeit *f*, Sorgfalt *f*, Präzisiˈon *f*; Richtigkeit *f*, Exˈaktheit *f*; **ˈac·cu·rate** [-rət] *adj.* □ **1.** genau; sorgfältig; pünktlich; **2.** richtig, zutreffend, exˈakt.

ac·curs·ed [əˈkɜ:sɪd] *adj.*, *a.* **acˈcurst** [-st] *adj.* verflucht, verwünscht, F *a.* ‚verflixt'.

ac·cu·sa·tion [ˌækju:ˈzeɪʃn] *s.* Anklage *f*, An-, Beschuldigung *f*: ***bring an ~ against s.o.*** e-e Anklage gegen j-n erheben; **ac·cu·sa·ti·val** [əˌkju:zəˈtaɪvl] *adj.* □ *ling.* ˈakkusativisch; **ac·cu·sa·tive** [əˈkju:zətɪv] *s. a.* ***~ case*** ˈAkkusativ *m*, 4. Fall.

ac·cuse [əˈkju:z] *v/t. a.* ⚖ anklagen, beschuldigen (***of*** *gen.*; ***before, to*** bei); **acˈcused** [-zd] *s.* a) Angeklagte(r *m*) *f*, b) *die* Angeklagten *pl*; **acˈcus·ing** [-zɪŋ] *adj.* □ anklagend.

ac·cus·tom [əˈkʌstəm] *v/t.* gewöhnen (***to*** an *acc.*): ***be ~ed to do(ing) s.th.*** gewohnt sein, et. zu tun, et. zu tun pflegen; ***get ~ed to s.th.*** sich an et. gewöhnen; **acˈcus·tomed** [-md] *adj.* **1.** gewohnt, üblich; **2.** gewöhnt (***to*** an *acc.*, zu *inf.*).

ace [eɪs] **I** *s.* **1.** As *n* (*Spielkarte*): ***an ~ in the hole*** *Am.* F ein Trumpf in petto; **2.** Eins *f* (*Würfel*); **3.** *fig.* ***he came within an ~ of losing*** um ein Haar hätte er verloren; **4.** ⚔ (Flieger)As *n*; **5.** *bsd. sport* ‚Kaˈnone' *f*, As *n*; **6.** *Tennis:* (Aufschlag)As *n*. **II** *adj.* **7.** herˈvorragend, Spitzen..., Star...: ***~ reporter***.

ac·er·bate [ˈæsəbeɪt] *v/t.* er-, verbittern; **a·cer·bi·ty** [əˈsɜ:bətɪ] *s.* **1.** Herbheit *f*, Bitterkeit *f* (*a. fig.*); **2.** saurer Geschmack, Säure *f*; **3.** *fig.* Schärfe *f*, Heftigkeit *f*.

ac·e·tate [ˈæsɪteɪt] *s.* **1.** ⚗ Aceˈtat *n*; **2.** *a.* ***~ rayon*** Acetatseide *f*; **a·ce·tic** [əˈsi:tɪk] *adj.* ⚗ essigsauer: ***~ acid*** Essigsäure *f*; **a·cet·i·fy** [əˈsetɪfaɪ] **I** *v/t.* in Essig verwandeln, säuern; **II** *v/i.* sauer werden; **a·cet·y·lene** [əˈsetɪli:n] *s.* ⚗ Acetyˈlen *n*: ***~ welding*** ⚙ Autogenschweißen *n*.

ache [eɪk] **I** *v/i.* **1.** schmerzen, weh tun; Schmerzen haben: ***I am aching all over*** mir tut alles weh; **2.** F sich sehnen (***for*** nach), darˈauf brennen (***to do*** *et.* zu tun); **II** *s.* **3.** (*anhaltender*) Schmerz.

a·chieve [əˈtʃi:v] *v/t.* **1.** zuˈstande bringen, vollˈbringen, schaffen, leisten; **2.** erlangen; *Ziel* erreichen, *Erfolg* erzielen; **aˈchieve·ment** [-mənt] *s.* **1.** Vollˈbringung *f*, Schaffung *f*, Zuˈstandebringen *n*; **2.** Erzielung *f*, Erreichen *n*; **3.** Erringung *f*; **4.** (Groß)Tat *f*, (große) Leistung, Errungenschaft *f*: ***~-oriented*** leistungsorientiert; ***~ test*** *psych.* Leistungstest *m*; **aˈchiev·er** [-və] *s.* j-d, der es zu et. bringt.

A·chil·les [əˈkɪli:z] *npr.* Aˈchill(es) *m*: ***~ heel*** *fig.* Achillesferse *f*; ***~ tendon*** *anat.* Achillessehne *f*.

ach·ing [ˈeɪkɪŋ] *adj.* schmerzend.

ach·ro·ma·tic [ˌækrəʊˈmætɪk] *adj.* (□ ***~ally***) **1.** *phys.*, *biol.* achroˈmatisch, farblos: ***~ lens***; **2.** ♪ diaˈtonisch.

ac·id [ˈæsɪd] **I** *adj.* □ **1.** sauer, scharf (*Geschmack*): ***~ drops*** *Brit.* saure (Frucht)Bonbons, Drops; **2.** *fig.* bissig, beißend: ***~ remark***; **3.** ⚗, ⚙ säurehaltig, Säure...: ***~ bath*** Säurebad *n*; ***~ rain*** saurer Regen; **II** *s.* **4.** ⚗ Säure *f*: ***~-proof*** ⚙ säurefest; **5.** *sl.* LSˈD *n*: ***~-head*** LSD-Süchtiger *m*; **a·cid·i·fy** [əˈsɪdɪfaɪ] *v/t.* (an)säuern; in Säure verwandeln; **a·cid·i·ty** [əˈsɪdətɪ] *s.* **1.** Säure *f*, Schärfe *f*, Säuregehalt *m*; **2.** (ˈüberschüssige) Magensäure; **ac·id re·sist·ance** *s.* Säurefestigkeit *f*; **ac·id test** *s.* **1.** ⚗, ⚡ Scheide-, Säureprobe *f*; **2.** *fig.* strengste Prüfung, Feuerprobe *f*: ***put to the ~*** auf Herz u. Nieren prüfen.

a·cid·u·lat·ed [əˈsɪdjʊleɪtɪd] *adj.* (an-)gesäuert: ***~ drops*** saure Bonbons; **aˈcid·u·lous** [-ləs] *adj.* säuerlich; *fig.* → ***acid*** 2.

ack-ack [ˌækˈæk] *s* ⚔ *sl.* Flak(feuer *n*, -kanone[n *pl.*] *f*) *f*.

ack·em·ma [ækˈemə] *Funkerwort für* ***a.m.*** *Brit. sl.* **I** *adv.* vormittags; **II** *s.* ˈFlugzeugmeˌchaniker *m*.

ac·knowl·edge [əkˈnɒlɪdʒ] *v/t.* **1.** anerkennen; **2.** zugeben, einräumen; **3.** sich bekennen zu; **4.** (dankbar) anerkennen; sich erkenntlich zeigen für; **5.** *Empfang* bestätigen, quittieren; *Gruß* erwidern; **6.** ⚖ *Urkunde* beglaubigen; **acˈknowl·edged** [-dʒd] *adj.* anerkannt; **acˈknowl·edg(e)·ment** [-mənt] *s.* **1.** Anerkennung *f*; **2.** Ein-, Zugeständnis *n*; **3.** Bekenntnis *n*; **4.** (lobende) Anerkennung; Erkenntlichkeit *f*, Dank *m* (***of*** für); **5.** (Empfangs)Bestätigung *f*; **6.** ⚖ Beglaubigungsklausel *f* (*Urkunde*).

ac·me [ˈækmɪ] *s.* **1.** Gipfel *m*; *fig. a.* Höhepunkt *m*; **2.** ⚕ ˈKrisis *f*.

ac·ne [ˈæknɪ] *s.* ⚕ ˈAkne *f*.

ac·o·lyte [ˈækəʊlaɪt] *s.* **1.** *eccl.* Meßgehilfe *m*, Alˈtardiener *m*; **2.** Gehilfe *m*; Anhänger *m*.

a·corn [ˈeɪkɔ:n] *s.* ⚘ Eichel *f*.

a·cous·tic *adj.*, **a·cous·ti·cal** [əˈku:stɪk(l)] *adj.* □ ⚙, *phys.* aˈkustisch, Schall..., *a.* ⚕ Gehör..., Hör...: ***~ engineering*** Tontechnik *f*; ***~ frequency*** Hörfrequenz *f*; ***~ nerve*** Gehörnerv *m*; **aˈcous·tics** [-ks] *s. pl. phys.* **1.** *mst sg konstr.* Aˈkustik *f*, Lehre *f* vom Schall; **2.** *pl. konstr.* Aˈkustik *f e-s Raumes*.

ac·quaint [əˈkweɪnt] *v/t.* **1.** (***o.s.*** sich) bekannt (*fig. a.* vertraut) machen (***with*** mit); → ***acquainted***; **2.** *j-m* mitteilen (***with a th.*** et., ***that*** daß); **acˈquaint·ance** [-təns] *s.* **1.** (***with***) Bekanntschaft *f* (mit), Kenntnis *f* (von *od.* *gen.*): ***make s.o.'s ~*** j-n kennenlernen; ***on closer ~*** bei näherer Bekanntschaft; **2.** Bekanntschaft *f*: a) Bekannte(r *m*) *f*, b) Bekanntenkreis *m*: ***an ~ of mine*** eine(r) meiner Bekannten; **acˈquaint·ed** [-tɪd] *adj.* bekannt: ***be ~ with*** kennen; ***become ~ with*** *j-n od. et.* kennenlernen.

ac·qui·esce [ˌækwɪˈes] *v/i.* **1.** (***in***) sich fügen (in *acc.*), hinnehmen (*acc.*), dulden (*acc.*); **2.** einwilligen; **ˌac·quiˈes·cence** [-sns] *s.* (***in***) Ergebung *f* (in *acc.*); Einwilligung *f* (in *acc.*); Nachgiebigkeit *f* (gegenüber); **ˌac·quiˈes·cent** [-snt] *adj.* □ ergeben, fügsam.

ac·quire [əˈkwaɪə] *v/t.* (käuflich *etc.*) erwerben; erlangen, erreichen, gewinnen; *fig. a.* *Wissen etc.* erwerben, (er-)lernen, sich aneignen: ***~d taste*** anerzogener *od.* angewöhnter Geschmack; **acˈquire·ment** [-mənt] *s.* **1.** Erwerbung *f*; **2.** (erworbene) Fähig- *od.* Fertigkeit; *pl.* Kenntnisse *pl*.

ac·qui·si·tion [ˌækwɪˈzɪʃn] *s.* **1.** Erwerbung *f*, Erwerb *m*; Kauf *m*, (Neu-)Anschaffung *f*; Errungenschaft *f*; **2.** Gewinn *m*, Bereicherung *f*.

ac·quis·i·tive [əˈkwɪzɪtɪv] *adj.* **1.** auf Erwerb gerichtet, gewinnsüchtig, Erwerbs...; **2.** (lern)begierig; **acˈquis·i·tive·ness** [-nɪs] *s.* Gewinnsucht *f*, Erwerbstrieb *m*.

ac·quit [əˈkwɪt] *v/t.* **1.** *Schuld* bezahlen, *Verbindlichkeit* erfüllen; **2.** entlasten; ⚖ freisprechen (***of*** von); **3.** (***of***) *j-n e-r Verpflichtung* entheben; **4.** ***~ o.s.*** (***of***) *Pflicht etc.* erfüllen; sich *e-r Aufgabe* entledigen: ***~ o.s. well*** s-e Sache gut machen; **ac'quit·tal** [-tl] *s.* **1.** ⚖ Freisprechung *f*, Freispruch *m*; **2.** Erfüllung *f e-r Pflicht*; **ac'quit·tance** [-təns] *s.* **1.** Erfüllung *f e-r Verpflichtung*, Begleichung *f*, Tilgung *f e-r Schuld*; **2.** Quittung *f*.

a·cre ['eɪkə] *s.* Acre *m* (*4047 qm*): **~s and ~s** weite Flächen; **a·cre·age** ['eɪkərɪdʒ] *s.* Fläche(ninhalt *m*) *f* (nach Acres).

ac·rid ['ækrɪd] *adj.* □ scharf, ätzend, beißend (*alle fig.*).

ac·ri·mo·ni·ous [ˌækrɪ'məʊnjəs] *adj.* □ *fig.* scharf, bitter, beißend; **ac·ri·mo·ny** ['ækrɪmənɪ] *s.* Schärfe *f*, Bitterkeit *f*.

ac·ro·bat ['ækrəbæt] *s.* Akro'bat *m*; **ac·ro·bat·ic**, **ac·ro·bat·i·cal** [ˌækrəʊ'bætɪk(l)] *adj.* □ akro'batisch: ***acrobatic flying*** Kunstfliegen *n*; **ac·ro·bat·ics** [ˌækrəʊ'bætɪks] *s. pl. mst sg. konstr.* Akro'batik *f*; akro'batische Kunststücke *pl.*; Kunstflug *m*.

ac·ro·nym ['ækrəʊnɪm] *s. ling.* Akro'nym *n*, Initi'alwort *n*.

a·cross [ə'krɒs] **I** *prp.* **1.** (quer *od.* mitten) durch; **2.** a) (quer) über (*acc.*), b) jenseits (*gen.*), auf der anderen Seite (*gen.*): ***~ the street*** über die Straße *od.* auf der gegenüberliegenden Straßenseite; ***from ~ the lake*** von jenseits des Sees; **II** *adv.* **3.** kreuzweise, über Kreuz; verschränkt; **4.** ***ten feet ~*** zehn Fuß im Durchmesser *od.* breit; **5.** (quer) hin- *od.* herüber, (quer) durch; → ***come across*** *etc.*; **6.** drüben, auf der anderen Seite; **aˌcross-the-'board** *adj.* glo'bal, line'ar: ***~ tax cut***.

a·cros·tic [ə'krɒstɪk] *s.* A'krostichon *n*.

act [ækt] **I** *s.* **1.** Tat *f*, Werk *n*, Handlung *f*, Maßnahme *f*, Akt *m*: ***~ of force*** Gewaltakt; ***~ of God*** ⚖ höhere Gewalt; ***~ of grace*** Gnadenakt; ***~ of state*** (staatlicher) Hoheitsakt; ***~ of war*** kriegerische Handlung; (***sexual***) ***~*** Geschlechts-, Liebesakt; ***catch s.o. in the ~*** j-n auf frischer Tat ertappen; **2.** ⚖ a) *a.* ***~ and deed*** Urkunde *f*, Akte *f*, Willenserklärung *f*, b) Rechtshandlung *f*, c) Tathandlung *f*, d) (Straf)Tat *f*: → ***bankruptcy*** 1; **3.** *mst* ♀ Verordnung *f*, Gesetz *n*: ***♀ of Parliament*** *Brit.*, ***♀ of Congress*** *Am.* (verabschiedetes) Gesetz; **4.** ***♀s*** (***of the Apostles***) *pl. bibl.* Apostelgeschichte *f*; **5.** *thea.* Aufzug *m*, Akt *m*; **6.** Stück *n*, (Zirkus)Nummer *f*; **7.** F *fig.* Pose *f*, ‚Tour' *f*: ***put on an ~*** ‚Theater spielen'; **II** *v/t.* **8.** aufführen, spielen; darstellen: ***~ a part*** e-e Rolle spielen; ***~ the fool*** a) sich wie ein Narr benehmen, b) sich dumm stellen; ***~ one's part*** s-e Pflicht tun; ***~ out*** F *et.* durchspielen; **III** *v/i.* **9.** (The'ater) spielen, auftreten; *fig.* ‚The'ater spielen'; **10.** handeln, tätig sein *od.* werden, eingreifen: ***~ as*** fungieren *od.* amtieren *od.* dienen als; ***~ in a case*** in e-r Sache vorgehen; ***~ for s.o.*** für j-n handeln, j-n vertreten; ***~*** (***up***)***on*** handeln *od.* sich richten nach; **11.** (***towards***) sich (*j-m* gegenüber) verhalten; **12.** *a.* ⚗, ⚙ (***on***) (ein)wirken (auf *acc.*); **13.** funktionieren, gehen, arbeiten; **14.** ***~ up*** F a) verrückt spielen (*Person od. Sache*), b) sich aufspielen; **'act·a·ble** [-təbl] *adj. thea.* bühnengerecht; **'act·ing** [-tɪŋ] **I** *adj.* **1.** handelnd, tätig: ***~ on your instructions*** gemäß Ihren Anweisungen; **2.** stellvertretend, amtierend, geschäftsführend: ***the ♀ Consul***; **3.** *thea.* spielend, Bühnen...: ***~ version*** Bühnenfassung *f*; **II** *s.* **4.** Handeln *n*, A'gieren *n*; **5.** *thea.* Spiel(en) *n*, Aufführung *f*; Schauspielkunst *f*.

ac·tion ['ækʃn] *s.* **1.** Handeln *n*, Handlung *f*, Tat *f*, Akti'on *f*: ***man of ~*** Mann *m* der Tat; ***full of ~*** → ***active*** 1; ***course of ~*** Handlungsweise *f*; ***for further ~*** zur weiteren Veranlassung; ***~ committee*** *pol.* Aktionskomitee *n*, (Bürger)Initiative *f*; ***put into ~*** in die Tat umsetzen; ***take ~*** Schritte unternehmen, handeln, et. *in e-r Angelegenheit* tun; ***take ~ against*** vorgehen gegen; → 9; **2.** *a.* ⚙ a) Tätigkeit *f*, Gang *m*, Funktionieren *n*, b) Mecha'nismus *m*, Werk *n*: ***~ of the bowels*** (***heart***) ⚕ Stuhlgang *m* (Herztätigkeit *f*); ***put out of ~*** unfähig *od.* unbrauchbar machen, außer Betrieb setzen; → 10; ***~!*** *Film*: Aufnahme!; **3.** *a.* ⚗, ⚙, *phys.* (Ein)Wirkung *f*, Einfluß *m*; Vorgang *m*, Pro'zeß *m*: ***the ~ of acid on metal*** die Einwirkung der Säure auf Metall; **4.** Handlung *f e-s Dramas*; **5.** Verhalten *n*, Benehmen *n*; **6.** Bewegung *f*, Gangart *f e-s Pferdes*; **7.** *rhet., thea.* Vortragsweise *f*, Ausdruck *m*; **8.** *Kunst u. fig.*: Action *f*, (dra'matisches) Geschehen: ***~ painting*** Action-painting *n*; ***where the ~ is*** F wo was los ist; **9.** ⚖ Klage *f*, Prozeß *m*: ***bring an ~ against*** *j-n* verklagen; ***take ~*** Klage erheben; → 1; **10.** ⚔ Gefecht *n*, Kampf *m*, Einsatz *m*: ***killed*** (***wounded***) ***in ~*** gefallen (verwundet); ***go into ~*** eingreifen, in Aktion treten (*a. fig.*); ***put out of ~*** außer Gefecht setzen (*a. sport etc.*; → 2); ***~ station*** Gefechtsstation *f*; ***~ stations!*** Alarm!; ***he saw ~*** er war im Einsatz *od.* an der Front; **'ac·tion·able** [-ʃnəbl] *adj.* ⚖ (ein-, ver)klagbar; strafbar.

ac·ti·vate ['æktɪveɪt] *v/t* **1.** ⚗, ⚙ aktivieren, in Betrieb setzen, (*a.* radio)ak'tiv machen: ***~d carbon*** Aktivkohle *f*; **2.** ⚔ a) *Truppen* aufstellen, b) *Zünder* scharf machen; **ac·ti·va·tion** [ˌæktɪ'veɪʃn] *s.* Aktivierung *f*.

ac·tive ['æktɪv] *adj.* □ **1.** tätig, emsig, geschäftig, rührig, lebhaft, tatkräftig, ak'tiv: ***an ~ mind*** ein reger Geist; ***~ volcano*** tätiger Vulkan; ***become ~*** in Aktion treten, aktiv werden; **2.** wirklich, tatsächlich: ***take an ~ interest*** reges Interesse zeigen; **3.** *a.* ⚗, ⚕, *biol.*, *phys.* (schnell) wirkend, wirksam, ak'tiv: ***~ current*** Wirkstrom *m*; **4.** ⚚ produk'tiv, zinstragend (*Wertpapiere*); rege, lebhaft (*Markt*): ***~ balance*** Aktivsaldo *m*; **5.** ⚔ ak'tiv: ***on ~ service***, ***on the ~ list*** im aktiven Dienst; **6.** *ling.* ak'tiv(isch): ***~ verb*** aktivisch konstruiertes Verb; ***~ voice*** Aktiv *n*, Tatform *f*; **'ac·ti·vist** [-vɪst] *s. pol.* Akti'vist *m*; **ac·tiv·i·ty** [æk'tɪvətɪ] *s.* **1.** Tätigkeit *f*, Betätigung *f*; Rührigkeit *f*; *pl.* Leben *n* u. Treiben *n*, Unter'nehmungen *pl.*, Veranstaltungen *pl.*: ***social activities***; ***political activities*** politische Betätigung(en *pl.*) *f od.* Aktivitäten *od. b.s.* Umtriebe *pl.*; ***in full ~*** in vollem Gang; ***~ holiday*** Aktivurlaub *m*; **2.** Lebhaftigkeit *f*, Beweglichkeit *f*; Betrieb(samkeit *f*) *m*, Aktivi'tät *f*; **3.** Wirksamkeit *f*.

ac·tor ['æktə] *s.* **1.** Schauspieler *m*; **2.** *fig.* Ak'teur *m*, Täter *m* (*a.* ⚖); **'~-ˌman·ag·er** *s.* The'aterdiˌrektor, der selbst Rollen über'nimmt.

ac·tress ['æktrɪs] *s.* Schauspielerin *f*.

ac·tu·al ['æktʃʊəl] *adj.* □ **1.** wirklich, tatsächlich, eigentlich: ***an ~ case*** ein konkreter Fall; ***~ power*** ⚙ effektive Leistung; **2.** gegenwärtig, jetzig: ***~ cost*** ⚚ Ist-Kosten *pl.*; ***~ inventory*** (*od.* ***stock***) Ist-Bestand *m*; **ac·tu·al·i·ty** [ˌæktʃʊ'ælətɪ] *s.* **1.** Wirklichkeit *f*; **2.** *pl.* Tatsachen *pl.*, Gegebenheiten *pl.*; **ac·tu·a·lize** ['æktʃʊəlaɪz] **I** *v/t.* **1.** verwirklichen; **2.** rea'listisch darstellen; **II** *v/i.* **3.** sich verwirklichen; **'ac·tu·al·ly** [-lɪ] *adv.* **1.** wirklich, tatsächlich; **2.** augenblicklich, jetzt; **3.** so'gar, tatsächlich (*obwohl nicht erwartet*); **4.** F eigentlich (*unbetont*): ***what time is it ~?***

ac·tu·ar·i·al [ˌæktjʊ'eərɪəl] *adj.* ver'sicherungsstaˌtistisch; **ac·tu·ar·y** ['æktjʊərɪ] *s.* Ver'sicherungsstaˌtistiker *m*, -matheˌmatiker *m*.

ac·tu·ate ['æktjʊeɪt] *v/t.* **1.** in Gang bringen; **2.** antreiben, anreizen; **3.** ⚙ betätigen, auslösen; **ac·tu·a·tion** [ˌæktjʊ'eɪʃn] *s.* Anstoß *m*, Antrieb *m* (*a.* ⚙); ⚙ Betätigung *f*.

a·cu·i·ty [ə'kju:ətɪ] *s.* Schärfe *f* (*a. fig.*); → ***acuteness*** 2.

a·cu·men [ə'kju:men] *s.* Scharfsinn *m*.

ac·u·pres·sure ['ækjʊˌpreʃə] *s.* ⚕ Akupres'sur *f*; **'ac·uˌpunc·ture** [-ˌpʌŋktʃə] ⚕ **I** *s.* Akupunk'tur *f*; **II** *v/t.* akupunktieren; **ˌac·u'punc·tur·ist** [-'pʌŋktʃərɪst] *s.* Akupunk'teur *m*.

a·cute [ə'kju:t] *adj.* □ **1.** scharf; *bsd.* △ spitz: ***~ triangle*** spitzwink(e)liges Dreieck; → ***angle***[1] 1; **2.** scharf (*Sehvermögen*); heftig (*Schmerz, Freude etc.*); fein (*Gehör*); a'kut, brennend (*Frage*); bedenklich: ***~ shortage***; **3.** scharfsinnig, schlau; **4.** schrill, 'durchdringend; **5.** ⚕ a'kut, heftig; **6.** *ling.* ***~ accent*** A'kut *m*; **a'cute·ness** [-nɪs] *s.* **1.** Schärfe *f*, Heftigkeit *f*, A'kutheit *f* (*a.* ⚕); **2.** Scharfsinnigkeit *f*.

ad [æd] *s. abbr. für* ***advertisement***: ***small ~*** Kleinanzeige *f*.

ad·age ['ædɪdʒ] *s.* Sprichwort *n*.

Ad·am ['ædəm] *npr.* 'Adam *m*: ***I don't know him from ~*** F ich kenne ihn überhaupt nicht; ***cast off the old ~*** F den alten Adam ausziehen; ***~'s ale*** F ‚Gänsewein' *m*; ***~'s apple*** Adamsapfel *m*.

ad·a·mant ['ædəmənt] *adj.* **1.** steinhart; **2.** *fig.* unerbittlich, unnachgiebig, eisern (***to*** gegenüber).

a·dapt [ə'dæpt] **I** *v/t.* **1.** anpassen, angleichen (***for***, ***to*** an *acc.*), *a.* ⚙ 'umstellen (***to*** auf *acc.*), zu'rechtmachen: ***~ the means to the end*** die Mittel dem Zweck anpassen; **2.** anwenden (***to*** auf *acc.*); **3.** *Text* bearbeiten: ***~ed from English*** nach dem Englischen bearbeitet; ***~ed from*** (frei) nach; **II** *v/i.* **4.** sich anpassen (*to dat. od.* an *acc.*); **a·dapt·a·bil·i·ty** [əˌdæptə'bɪlətɪ] *s.* **1.** Anpassungsfähigkeit *f* (***to*** an *acc.*); **2.** (***to***) Anwendbarkeit *f* (auf *acc.*), Verwendbarkeit *f* (für, zu); **a'dapt·a·ble** [-təbl] *adj.* **1.** anpassungsfähig (***to*** an *acc.*); **2.** anwendbar (***to*** auf *acc.*); **3.** verwendbar (***to*** für); **ad·ap·ta·tion** [ˌædæp'teɪʃn] *s.* **1.** *a. biol.* Anpassung *f* (***to*** an *acc.*); **2.** Anwendung *f*; **3.** *thea. etc.* Bearbeitung *f* (***from*** nach, ***to*** für);

a'dapt·er [-tə] *s.* **1.** *thea. etc.* Bearbeiter *m*; **2.** *phys.* A'dapter *m*, Anpassungsvorrichtung *f*; **3.** ⚙ Zwischen-, Paß-, Anschlußstück *n*, Vorsatzgerät *n*; ⚡ Zwischenstecker *m*; **a'dap·tive** [-tɪv] *adj.* → ***adaptable*** 1; **a'dap·tor** [-tə] → ***adapter***.

add [æd] **I** *v/t.* **1.** (*to*) hin'zufügen, -rechnen (zu); ⚗ beimischen, zufügen (*dat.*): ***he ~ed that ...*** er fügte hinzu, daß ...; ***~ to this that ...*** hinzu kommt, daß ...; **2.** *a.* ***~ up*** *od.* ***together*** addieren, zs.-zählen; **3.** ✝, ⩓, ⚙ aufschlagen: ***~ 5% to the price*** 5% auf den Preis aufschlagen; **II** *v/i.* **4.** ***~ to*** hin'zukommen zu, beitragen zu, vermehren (*acc.*); **5.** ***~ up*** a) ⩓ aufgehen, stimmen (*a. fig.*), b) *fig.* e-n Sinn ergeben, ‚hinhauen'; ***~ up to*** a) sich belaufen auf (*acc.*), b) *fig.* hinauslaufen auf (*acc.*), bedeuten; **add·ed** ['ædɪd] *adj.* vermehrt, erhöht, zusätzlich.

ad·den·dum [ə'dendəm] *pl.* **-da** [-də] *s.* Zusatz *m*, Nachtrag *m*.

ad·der ['ædə] *s. zo.* Natter *f*, Otter *f*, 'Viper *f*: ***common ~*** Gemeine Kreuzotter.

ad·dict I *s.* ['ædɪkt] **1.** Süchtige(r *m*) *f*: ***alcohol*** (***drug***) ***~***; **2.** *humor.* (*Fußball-etc.*)Fan *m*, (*Film- etc.*)Narr *m*; **II** *v/t.* [ə'dɪkt] **3.** ***~ o.s.*** sich hingeben (***to s.th.*** e-r Sache); **4.** *j-n* süchtig machen, *j-n* gewöhnen (***to*** an *Rauschgift etc.*); **III** *v/i.* **5.** süchtig machen; **ad'dic·ted** [-tɪd] *adj.* süchtig, abhängig (***to*** von), verfallen (***to*** *dat.*): ***~ to drugs*** (***television***) drogen- *od.* rauschgift- (fernseh-) süchtig; ***be ~ to films*** (***football***) ein Filmnarr (Fußballfanatiker) sein; **ad·dic·tion** [æ'dɪkʃən] *s.* **1.** Hingabe *f* (to an *acc.*); **2.** Sucht *f*, (*Zustand*) *a.* Süchtigkeit *f*: ***~ to drugs*** (***television***) Drogen- *od.* Rauschgift- (Fernseh)Sucht *f*; **ad·dic·tive** [æ'dɪktɪv] *adj.* suchterzeugend: ***be ~*** süchtig machen; ***~ drug*** Suchtmittel *n*.

add·ing ma·chine ['ædɪŋ] *s.* Ad'dier-, Additi'onsma͵schine *f*.

ad·di·tion [ə'dɪʃn] *s.* **1.** Hin'zufügung *f*, Ergänzung *f*, Zusatz *m*, Beigabe *f*: ***in ~*** noch dazu, außerdem; ***in ~ to*** außer (*dat.*), zusätzlich zu; **2.** Vermehrung *f* (***to*** *gen.*), (*Familien-, Vermögens- etc.*) Zuwachs *m*: ***recent ~s*** Neuerwerbungen; **3.** ⩓ Additi'on *f*, Zs.-zählen *n*: ***~ sign*** Pluszeichen *n*; **4.** ✝ Auf-, Zuschlag *m*; **5.** ⚗, ⚙ Zusatz *m*, Beimischung *f*; ⚙ Anbau *m*, Zusatz *m*; **6.** *Am.* neuerschlossenes Baugelände; **ad'di·tion·al** [-ʃənl] *adj.* ☐ **1.** zusätzlich, ergänzend, weiter(er, -e, -es); **2.** Zusatz..., Mehr..., Extra..., Über..., Nach...: ***~ charge*** ✝ Auf-, Zuschlag *m*; ***~ charges*** ✝ Mehrkosten; ***~ postage*** Nachporto *n*; **ad'di·tion·al·ly** [-ʃnəlɪ] *adv.* zusätzlich, in verstärktem Maße, außerdem; **ad·di·tive** ['ædɪtɪv] **I** *adj.* zusätzlich; **II** *s.* Zusatz *m* (*a.* ⚗).

ad·dle ['ædl] **I** *v/i.* **1.** faul werden, verderben (*Ei*); **II** *v/t.* **2.** *Ei* verderben; **3.** *Verstand* verwirren; **III** *adj.* **4.** unfruchtbar, faul (*Ei*); **5.** verwirrt, kon'fus; **'~-brain** *s.* Hohlkopf *m*; **'~-͵head·ed**, **'~-͵pat·ed** *adj.* **1.** hohlköpfig; **2.** → ***addle*** 5.

ad·dress [ə'dres] **I** *v/t.* **1.** *Worte etc.* richten (***to*** an *acc.*), *j-n* anreden (***as*** als); *Brief* adressieren, richten, schreiben (***to*** an *acc.*); **2.** e-e Ansprache halten an (*acc.*); **3.** *Waren* (ab)senden (***to*** an *acc.*); **4.** ***~ o.s. to*** sich zuwenden (*dat.*), sich an *et.* machen; sich anschicken zu; sich an *j-n* wenden; **II** *s.* **5.** Anrede *f*; Ansprache *f*, Rede *f*; **6.** A'dresse *f*, Anschrift *f*: ***change one's ~*** s-e Adresse ändern, umziehen; ***~ tag*** Kofferanhänger *m*; **7.** Eingabe *f*, Bitt-, Dankschrift *f*, Er'gebenheitsa͵dresse *f*: ***the ~*** *Brit. parl.* die Erwiderung des Parlaments auf die Thronrede; **8.** Lebensart *f*, Manieren *pl.*; **9.** Geschick *n*, Gewandtheit *f*; **10.** *pl.* Huldigungen *pl.*: ***pay one's ~es to a lady*** e-r Dame den Hof machen; **ad·dress·ee** [͵ædre'si:] *s.* Adres'sat *m*, Empfänger(in).

ad·duce [ə'dju:s] *v/t.* *Beweis etc.* beibringen.

ad·e·noid ['ædɪnɔɪd] ⚕ **I** *adj.* die Drüsen betreffend, Drüsen..., drüsenartig; **II** *mst pl.* Po'lypen *pl.* (*in der Nase*); (Rachenmandel)Wucherungen *pl.*

ad·ept ['ædept] **I** *s.* **1.** Meister *m*, Ex'perte *m* (***at, in*** in *dat.*); **2.** A'dept *m*, Anhänger *m* (*e-r Lehre*); **II** *adj.* **3.** erfahren, geschickt (***at, in*** *dat.*).

ad·e·qua·cy ['ædɪkwəsɪ] *s.* Angemessenheit *f*, Zulänglichkeit *f*; **ad·e·quate** ['ædɪkwət] *adj.* ☐ **1.** angemessen, entsprechend (***to*** *dat.*); **2.** aus-, 'hinreichend, genügend.

ad·here [əd'hɪə] *v/i.* (***to***) **1.** kleben, haften (an *dat.*); **2.** *fig.* festhalten (an *dat.*), *Regel etc.* einhalten, sich halten (an *e-e Regel etc.*), bleiben (bei *e-r Meinung, e-r Gewohnheit, e-m Plan*), *j-m, e-r Partei, e-r Sache etc.* treu bleiben, halten (zu *j-m*); **3.** angehören (*dat.*); **ad'her·ence** [-ərəns] *s.* (***to***) **1.** (An-, Fest)Haften *n* (an *dat.*); **2.** Anhänglichkeit *f* (an *dat.*); **3.** Festhalten *n* (an *dat.*), Befolgung *f*, Einhaltung (*e-r Regel*); **ad'her·ent** [-ərənt] **I** *adj.* **1.** (an-) haftend, (an)klebend; **2.** *fig.* festhaltend, (fest)verbunden (***to*** mit), anhänglich; **II** *s.* **3.** Anhänger(in).

ad·he·sion [əd'hi:ʒn] *s.* **1.** (An-, Fest)Haften *n*; ⚙ *phys.* Haftvermögen *n*, Klebkraft *f*, Adhäsi'on *f*; **2.** *fig.* → ***adherence*** 2, 3; **3.** Beitritt *m*; Einwilligung *f*; **ad'he·sive** [-sɪv] **I** *adj.* ☐ **1.** (an)haftend, klebend, gummiert, Klebe...: ***~ plaster*** Heftpflaster *n*; ***~ powder*** Haftpulver *n*; ***~ tape*** a) Heftpflaster *n*, b) Klebstreifen *m*; ***~ rubber*** Klebgummi *m*, *n*; **2.** gar zu anhänglich, aufdringlich; **3.** ⚙, *phys.* haftend, Adhäsions...: ***~ power*** → ***adhesion*** 1; **II** *s.* **4.** Bindemittel *n*, Klebstoff *m*.

ad hoc [͵æd'hɒk] (*Lat.*) *adv. u. adj.* ad hoc, (eigens) zu diesem Zweck (gemacht), spezi'ell; Augenblicks..., Ad-hoc-...

a·dieus, **a·dieux** [ə'dju:z] *pl.* Lebe'wohl *n*: ***make one's ~*** Lebewohl sagen.

ad in·fi·ni·tum [͵æd ɪnfɪ'naɪtəm] (*Lat.*) *adv.* endlos, ad infi'nitum.

ad·i·pose ['ædɪpəʊs] **I** *adj.* fett(haltig), Fett...: ***~ tissue*** Fettgewebe *n*; **II** *s.* (Körper)Fett *n*.

ad·it ['ædɪt] *s.* **1.** *bsd.* ⚒ Zugang *m*, Stollen *m*; **2.** *fig.* Zutritt *m*.

ad·ja·cent [ə'dʒeɪsənt] *adj.* ☐ angrenzend, -liegend, -stoßend (***to*** an *acc.*); benachbart (*dat.*), Nachbar..., Neben...: ***~ angle*** ⩓ Nebenwinkel *m*.

ad·jec·ti·val [͵ædʒek'taɪvl] *adj.* ☐ 'adjektivisch; **ad·jec·tive** ['ædʒɪktɪv] **I** *s.* **1.** 'Adjektiv *n*, Eigenschaftswort *n*; **II** *adj.* ☐ **2.** 'adjektivisch; **3.** abhängig; **4.** *Färberei*: 'adjektiv: ***~ dye*** Beizfarbe *f*; **5.** ⚖ for'mell (*Recht*).

ad·join [ə'dʒɔɪn] **I** *v/t.* **1.** (an)stoßen *od.* (an)grenzen an (*acc.*); **2.** beifügen (***to*** *dat.*); **II** *v/i.* **3.** angrenzen; **ad'join·ing** [-nɪŋ] *adj.* angrenzend, benachbart, Nachbar..., Neben...

ad·journ [ə'dʒɜ:n] **I** *v/t.* **1.** aufschieben, vertagen: ***~ sine die*** ⚖ auf unbestimmte Zeit vertagen; **2.** *Sitzung etc.* schließen; **II** *v/i.* **3.** *a.* ***stand ~ed*** sich vertagen; **4.** den Sitzungsort verlegen (***to*** nach): ***~ to the sitting-room*** F sich ins Wohnzimmer zurückziehen; **ad'journ·ment** [-mənt] *s.* **1.** Vertagung *f*, Verschiebung *f*; **2.** Verlegung *f* des Sitzungsortes.

ad·judge [ə'dʒʌdʒ] *v/t.* **1.** ⚖ entscheiden (über *acc.*), erkennen (für), für *schuldig etc.* erklären, *ein Urteil* fällen: ***~ s.o. bankrupt*** über j-s Vermögen den Konkurs eröffnen; **2.** ⚖, *a. sport* zuerkennen; zusprechen; **3.** verurteilen (***to*** zu).

ad·ju·di·cate [ə'dʒu:dɪkeɪt] **I** *v/t.* **1.** gerichtlich *od.* als Schiedsrichter entscheiden, ein Urteil fällen über (*acc.*): ***~d bankrupt*** Gemeinschuldner *m*; **II** *v/i.* **2.** (zu Recht) erkennen, entscheiden (***upon*** über *acc.*); **3.** als Schieds- *od.* Preisrichter fungieren (***at*** bei); **ad·ju·di·ca·tion** [ə͵dʒu:dɪ'keɪʃn] *s.* **1.** richterliche Entscheidung, Urteil *n*; **2.** Zuerkennung *f*; **3.** Kon'kurseröffnung *f*.

ad·junct ['ædʒʌŋkt] *s.* **1.** Zusatz *m*, Beigabe *f*, Zubehör *n*; **2.** *ling.* Attri'but *n*, Beifügung *f*; **ad·junc·tive** [ə'dʒʌŋktɪv] *adj.* ☐ beigeordnet, verbunden.

ad·ju·ra·tion [͵ædʒʊ'reɪʃn] *s.* **1.** Beschwörung *f*, inständige Bitte; **2.** Auferlegung *f* des Eides; **ad·jure** [ə'dʒʊə] *v/t.* **1.** beschwören, inständig bitten; **2.** *j-m* den Eid auferlegen.

ad·just [ə'dʒʌst] **I** *v/t.* **1.** in Ordnung bringen, ordnen, regulieren, abstimmen; berichtigen; **2.** anpassen (*a. psych.*), angleichen (***to*** *dat.*, an *acc.*); **3.** ***~ o.s.*** (***to***) sich anpassen (*dat.*, an *acc.*) *od.* einfügen (in *acc.*) *od.* einstellen (auf *acc.*); **4.** ✝ *Konto etc.* bereinigen; *Schaden etc.* berechnen, festsetzen; **5.** *Streit* schlichten; **6.** ⚙ an-, einpassen, (ein-, ver-, nach)stellen, richten, regulieren; *a. Gewehr etc.* justieren; **7.** *Maße* eichen; **II** *v/i.* **8.** sich anpassen; **9.** sich einstellen lassen; **ad'just·a·ble** [-təbl] *adj.* ☐ *bsd.* ⚙ regulierbar, ein-, nach-, verstellbar, Lenk..., Dreh..., Stell...: ***~ speed*** regelbare Drehzahl; **ad'just·er** [-tə] *s.* **1.** j-d der *od.* et. was regelt, ausgleicht, ordnet; Schlichter *m*; **2.** *Versicherung*: Schadenssachverständige(r) *m*; **ad'just·ing** [-tɪŋ] *adj. bsd.* ⚙ (Ein)Stell..., Richt..., Justier...: ***~ balance*** Justierwaage *f*; ***~ lever*** (Ein)Stellhebel *m*; ***~ screw*** Stellschraube *f*; **ad'just·ment** [-tmənt] *s.* **1.** *a.* ✝, *psych. etc.* Anpassung *f* (***to*** an *acc.*); **2.** Regelung *f*, Berichtigung *f*; Abstimmung *f*, Ausgleich *m*; **3.** Schlichtung *f*, Beilegung *f* (*e-s Streits*); **4.** ⚙ Ein-, Nach-, Verstellung *f*; Einstellvorrichtung *f*; Berichtigung *f*; Regulierung *f*; Eichung *f*; **5.** Berechnung *f* von Schadens(ersatz)ansprüchen.

ad·ju·tant ['ædʒʊtənt] *s.* ⚔ Adju'tant *m*; '**~-,gen·er·al** *pl.* '**~s-,gen·er·al** *s.* ⚔ Gene'raladju,tant *m.*

ad-lib [,æd'lɪb] **I** *v/i. u. v/t.* F improvisieren, aus dem Stegreif sagen; **II** *adj.* Stegreif..., improvisiert.

ad lib·i·tum [,æd 'lɪbɪtəm] (*Lat.*) *adj. u. adv.* ad libitum: a) nach Belieben, b) aus dem Stegreif.

ad·man ['ædmæn] *s.* [*irr.*] F **1.** Anzeigen-, Werbetexter *m*; **2.** Anzeigenvertreter *m*; **3.** *typ.* Akzi'denzsetzer *m*; **ad·mass** ['ædmæs] *s.* **1.** Kon'sumbeeinflussung *f*; **2.** werbungsmanipulierte Gesellschaft.

ad·min ['ædmɪn] *s.* F Verwaltung *f.*

ad·min·is·ter [əd'mɪnɪstə] **I** *v/t.* **1.** verwalten; **2.** ausüben, handhaben: ***~ justice*** (*od.* ***the law***) Recht sprechen; ***~ punishment*** Strafe(n) verhängen; **3.** verabreichen, erteilen (***to*** *dat.*): ***~ medicine*** Arznei (ein)geben; ***~ a shock*** e-n Schrecken einjagen; ***~ an oath*** e-n Eid abnehmen; ***~ the Blessed Sacrament*** das heilige Sakrament spenden; **II** *v/i.* **4.** als Verwalter fungieren; **5.** *obs.* beitragen (***to*** zu); **ad·min·is·trate** [əd'mɪnɪstreɪt] *v/t. u. v/i.* verwalten; **ad·min·is·tra·tion** [əd,mɪnɪ'streɪʃn] *s.* **1.** (*Betriebs-, Vermögens-, Nachlaß-, etc.*)Verwaltung *f*; **2.** Verwaltung(sbehörde) *f*, Mini'sterium *n*; Staatsverwaltung *f*, Regierung *f*; **3.** *Am.* 'Amtsperi,ode *f* (*bsd. e-s Präsidenten*); **4.** Handhabung *f*, 'Durchführung *f*: ***~ of justice*** Rechtsprechung *f*; ***~ of an oath*** Eidesabnahme *f*; **5.** Aus-, Erteilung *f*, Verabreichung *f* (*Arznei*); Spendung *f* (*Sakrament*); **ad'min·is·tra·tive** [-trətɪv] *adj.* □ verwaltend, Verwaltungs..., Regierungs...: ***~ body*** Behörde *f*, Verwaltungskörper *m*; **ad'min·is·tra·tor** [-treɪtə] *s.* **1.** Verwalter *m*, Verwaltungsbeamte(r) *m*; **2.** ⚖ Nachlaß-, Vermögensverwalter *m*; **ad'min·is·tra·trix** [-treɪtrɪks] *pl.* **-trices** [-trɪsiːz] *s.* (Nachlaß)Verwalterin *f.*

ad·mi·ra·ble ['ædmərəbl] *adj.* □ bewundernswert, großartig.

ad·mi·ral ['ædmərəl] *s.* **1.** Admi'ral *m*: ***2 of the Fleet*** Großadmiral; **2.** *zo.* Admi'ral *m* (*Schmetterling*); '**ad·mi·ral·ty** [-tɪ] *s.* **1.** Admi'ralsamt *n*, -würde *f*; **2.** Admirali'tät *f*: ***Lords Commissioners of 2*** (*od.* ***Board of 2***) *Brit.* Marineministerium *n*; ***First Lord of the 2*** (britischer) Marineminister; ***~ law*** ⚖ Seerecht *n*; **3.** *2 Brit.* Admiralitätsgebäude *n* (*in London*).

ad·mi·ra·tion [,ædmə'reɪʃn] *s.* Bewunderung *f* (***of, for*** für): ***she was the ~ of everyone*** sie wurde von allen bewundert.

ad·mire [əd'maɪə] *v/t.* **1.** bewundern (***for*** wegen); **2.** hochschätzen, verehren; **ad'mir·er** [-ərə] *s.* Bewunderer *m*; Verehrer *m*; **ad'mir·ing** [-ərɪŋ] *adj.* □ bewundernd.

ad·mis·si·bil·i·ty [əd,mɪsə'bɪlətɪ] *s.* Zulässigkeit *f*; **ad·mis·si·ble** [əd'mɪsəbl] *adj.* **1.** *a.* ⚖ zulässig; statthaft; **2.** würdig, zugelassen zu werden; **ad·mis·sion** [əd'mɪʃn] *s.* **1.** Einlaß *m*, Ein-, Zutritt *m*: ***gain ~*** Einlaß finden; ***~ free*** Eintritt frei; ***~ ticket*** Eintrittskarte *f*; **2.** Eintrittserlaubnis *f*; *a.* ***~ fee*** Eintritt(sgeld *n*, -gebühr *f*) *m*; **3.** Zulassung *f*, Aufnahme *f* (*als Mitglied etc.*; *Am. a. e-s Staates in die Union*): ***2 Day*** Jahrestag *m* der Aufnahme in die Union; **4.** Ernennung *f*; **5.** Eingeständnis *n*, Einräumung *f*: ***by*** (*od.* ***on***) ***his own ~*** wie er selbst zugibt *od.* zugab; **6.** ⚙ Eintritt *m*, -laß *m*, Zufuhr *f*: ***~ stroke*** Einlaßhub *m.*

ad·mit [əd'mɪt] **I** *v/t.* **1.** zu-, ein-, vorlassen: ***~ bearer*** dem Inhaber *dieser Karte* ist der Eintritt gestattet; ***~ s.o. into one's confidence*** j-n ins Vertrauen ziehen; **2.** Platz haben für, fassen: ***the theatre ~s 800 persons***; **3.** *als Mitglied in e-e Gemeinschaft, Schule etc.* aufnehmen; *in ein Krankenhaus* einliefern, *zu e-m Amt etc.* zulassen: → ***bar*** 10; **4.** gelten lassen, anerkennen, zugeben: ***I ~ this to be wrong*** *od.* ***that this is wrong*** ich gebe zu, daß dies falsch ist; ***~ a claim*** e-e Reklamation anerkennen; **5.** ⚖ a) für amtsfähig erklären, b) als rechtsgültig anerkennen; **6.** ⚙ zuführen, einlassen; **II** *v/i.* **7.** ***~ of*** gestatten, *a. weitS. Zweifel etc.* zulassen: ***it ~s of no excuse*** es läßt sich nicht entschuldigen; **ad'mit·tance** [-təns] *s.* **1.** Zulassung *f*, Einlaß *m*, Zutritt *m*: ***no ~*** (***except on business***) Zutritt (für Unbefugte) verboten; **2.** Aufnahme *f*; **3.** ⚡ Admit'tanz *f*, Scheinleitwert *m*; **ad'mit·ted** [-tɪd] *adj.* □ anerkannt, zugegeben: ***an ~ fact***; ***an ~ thief*** anerkanntermaßen ein Dieb; **ad'mit·ted·ly** [-tɪdlɪ] *adv.* anerkanntermaßen, zugegeben(ermaßen).

ad·mix [əd'mɪks] *v/t.* beimischen (***with*** *dat.*); **ad'mix·ture** [-tʃə] *s.* Beimischung *f*, Mischung *f*; Zusatz(stoff) *m.*

ad·mon·ish [əd'mɒnɪʃ] **1.** *v/t.* (er-) mahnen, *j-m* dringend raten (***to*** *inf.* zu *inf.*, ***that*** daß); **2.** *j-m* Vorhaltungen machen (***of*** *od.* ***about*** wegen *gen.*); **3.** warnen (***not to*** *inf.* davor, zu *inf. od.* ***of*** vor *dat.*): ***he was ~ed not to go*** er wurde davor gewarnt zu gehen; **ad·mo·ni·tion** [,ædmə'nɪʃn] *s.* **1.** Ermahnung *f*; **2.** Warnung *f*, Verweis *m*; **ad'mon·i·to·ry** [-ɪtərɪ] *adj.* ermahnend, warnend.

ad nau·se·am [,æd 'nɔːzɪæm] (*Lat.*) *adv.* (bis) zum Erbrechen.

ad·noun ['ædnaʊn] *s. ling.* Attri'but *n.*

a·do [ə'duː] *s.* Getue *n*, Wirbel *m*, Mühe *f*: ***much ~ about nothing*** viel Lärm um nichts; ***without more ~*** ohne weitere Umstände.

a·do·be [ə'dəʊbɪ] *s.* Lehmstein(haus *n*) *m*, Luftziegel *m*, A'dobe *m.*

ad·o·les·cence [,ædəʊ'lesns] *s.* jugendliches Alter, Adoles'zenz *f*; **,ad·o'les·cent** [-nt] **I** *s.* Jugendliche(r *m*) *f*, Her'anwachsende(r *m*) *f*; **II** *adj.* her'anwachsend, jugendlich; Jünglings...

A·do·nis [ə'dəʊnɪs] *npr. antiq. u. s. fig.* A'donis *m.*

a·dopt [ə'dɒpt] *v/t.* **1.** adoptieren, (an Kindes Statt) annehmen: ***~ out*** *Am.* zur Adoption freigeben; **2.** *fig.* annehmen, über'nehmen, einführen, sich *ein Verfahren etc.* zu eigen machen; *Handlungsweise* wählen; *Maßregeln* ergreifen; **3.** *pol. e-r Gesetzesvorlage* zustimmen; **4.** ***~ a town*** die Patenschaft für e-e Stadt über'nehmen; **5.** *pol. e-n Kandidaten* (*für die nächste Wahl*) annehmen; **6.** F sti'bitzen; **a'dopt·ed** [-tɪd] *adj. an Kindes Statt* angenommen, Adoptiv...: ***his ~ country*** s-e Wahlheimat; **a'dop·tion** [-pʃn] *s.* **1.** Adopti'on *f*, Annahme *f* (an Kindes Statt); **2.** Aufnahme *f in e-e Gemeinschaft*; **3.** *fig.* Annahme *f*, Aneignung *f*, 'Übernahme *f*, Wahl *f*; **a'dop·tive** [-tɪv] → ***adopted***: ***~ parents*** Adoptiveltern.

a·dor·a·ble [ə'dɔːrəbl] *adj.* □ **1.** anbetungswürdig; liebenswert; **2.** allerliebst, entzückend; **ad·o·ra·tion** [,ædə'reɪʃn] *s.* **1.** *a. fig.* Anbetung *f*, Verehrung *f*; **2.** *fig.* (innige) Liebe, (tiefe) Bewunderung; **a·dore** [ə'dɔː] *v/t.* **1.** anbeten (*a. fig.*); **2.** *fig.* (innig) lieben, (heiß) verehren, (tief) bewundern; **3.** schwärmen für; **a'dor·er** [-rə] *s.* Anbeter(in); Verehrer(in); Bewunderer *m*; **a'dor·ing** [-rɪŋ] *adj.* □ anbetend, bewundernd, schmachtend.

a·dorn [ə'dɔːn] *v/t.* **1.** schmücken, zieren (*a. fig.*); **2.** *fig.* verschöne(r)n, Glanz verleihen (*dat*); **a'dorn·ment** [-mənt] *s.* Schmuck *m*, Verzierung *f*; Zierde *f*, Verschönerung *f.*

ad·re·nal [ə'driːnl] *anat.* **I** *adj.* Nebennieren...: ***~ gland*** → **II** *s.* Nebennierendrüse *f*; **ad·ren·al·in** [ə'drenəlɪn] *s.* Adrena'lin *n.*

A·dri·at·ic [,eɪdrɪ'ætɪk] *geogr.* **I** *adj.* adri'atisch: ***~ Sea*** → **II** *s.* ***the ~*** das Adriatische Meer, die 'Adria.

a·drift [ə'drɪft] *adv. u. adj.* **1.** (um'her-) treibend, Wind und Wellen preisgegeben: ***cut ~*** treiben lassen; **2.** *fig.* aufs Geratewohl; hilflos: ***be all ~*** weder aus noch ein wissen; ***cut o.s. ~*** sich losreißen *od.* frei machen *od.* lossagen; ***turn s.o. ~*** j-n auf die Straße setzen.

a·droit [ə'drɔɪt] *adj.* □ geschickt, gewandt; schlagfertig, pfiffig.

ad·u·late ['ædjʊleɪt] *v/t.* *j-m* schmeicheln, lobhudeln; **ad·u·la·tion** [,ædjʊ'leɪʃn] *s. niedere* Schmeiche'lei, Lobhude'lei *f*; '**ad·u·la·tor** [-tə] *s.* Schmeichler *m*, Speichellecker *m*; '**ad·u·la·to·ry** [-tərɪ] *adj.* schmeichlerisch, lobhudelnd.

a·dult ['ædʌlt] **I** *adj.* **1.** erwachsen; reif, *fig. a.* mündig; **2.** (nur) für Erwachsene: ***~ film***; ***~ education*** Erwachsenenbildung *f*, *engS.* Volkshochschule *f*; **3.** ausgewachsen (*Tier, Pflanze*); **II** *s.* **4.** Erwachsene(r *m*) *f.*

a·dul·ter·ant [ə'dʌltərənt] *s.* Verfälschungsmittel *n*; **a·dul·ter·ate** [ə'dʌltəreɪt] *v/t.* **1.** *Nahrungsmittel* verfälschen; **2.** *fig.* verschlechtern, verderben; **a·dul·ter·a·tion** [ə,dʌltə'reɪʃn] *s.* Verfälschung *f*, verfälschtes Pro'dukt, Fälschung *f*; **a'dul·ter·er** [-rə] *s.* Ehebrecher *m*; **a'dul·ter·ess** [-rɪs] *s.* Ehebrecherin *f*; **a'dul·ter·ous** [-tərəs] *adj.* □ ehebrecherisch; **a'dul·ter·y** [-rɪ] *s.* Ehebruch *m.*

a·dult·hood ['ædʌlthʊd] *s.* Erwachsensein *n*, Erwachsenenalter *n.*

ad·um·brate ['ædʌmbreɪt] *v/t.* **1.** skizzieren, um'reißen, andeuten; **2.** 'hindeuten auf (*acc.*), vor'ausahnen lassen; **ad·um·bra·tion** [,ædʌm'breɪʃn] *s.* Andeutung *f*: a) flüchtiger Entwurf, Skizze *f*, b) Vorahnung *f.*

ad va·lo·rem [ˌædvəˈlɔːrem] (*Lat.*) *adj. u. adv.* dem Wert entsprechend: **~ *duty*** Wertzoll *m*.

ad·vance [ədˈvɑːns] **I** *v/t.* **1.** vorwärtsbringen, vorrücken (lassen), vorschieben; **2.** a) *Uhr, Fuß* vorstellen, b) *Zeitpunkt* vorverlegen, c) hinˈaus-, aufschieben; **3.** *Meinung, Grund, Anspruch* vorbringen, geltend machen; **4.** a) fördern, verbessern: **~ *one's position***, b) beschleunigen: **~ *growth***; **5.** *pol. Am.* als Wahlhelfer fungieren in (*dat.*); **6.** erheben (*im Amt od. Rang*), befördern (***to the rank of general*** zum General); **7.** *Preis* erhöhen; **8.** *Geld* vorˈausbezahlen; vorschießen, leihen; im voraus liefern; **II** *v/i.* **9.** vor-, vorwärtsgehen, vordringen, vormarschieren, vorrücken (*a. fig. Zeit*); **10.** vorˈankommen, Fortschritte machen: **~ *in knowledge***; **11.** *im Rang* aufrücken, befördert werden; **12.** a) zunehmen (***in*** an *dat.*), steigen, b) ☤ steigen (*Preis*); teurer werden (*Ware*); **13.** *pol. Am.* a) als Wahlhelfer fungieren, b) Wahlveranstaltungen vorbereiten (***for*** für); **III** *s.* **14.** Vorwärtsgehen *n*, Vor-, Anrükken *n*, Vormarsch *m* (*a. fig.*); Vorrükken *n des Alters*; **15.** Aufrücken *n* (*im Amt*), Beförderung *f*; **16.** Fortschritt *m*, Verbesserung *f*; **17.** Vorsprung *m*: ***in*** **~** a) voraus, b) vorn, c) im voraus, vorher; **~ *section*** vorderer Teil; ***be in*** **~** (e-n) Vorsprung haben (***of*** vor *dat.*); ***arrive in ~ of the others*** vor den anderen ankommen; ***order*** (*od.* ***book***) ***in ~*** vor(aus)bestellen; **~ *booking*** a) Vor(aus)bestellung *f*, b) Vorverkauf *m*; **~ *censorship*** Vorzensur *f*; **~ *copy*** *typ.* Vorausexemplar *n*; **18.** *a.* **~ *payment*** Vorschuß *m*, Vorˈauszahlung *f*: ***in*** **~** in pränumerando; **19.** (Preis)Erhöhung *f*; Mehrgebot *n* (*Versteigerung*); **20.** *mst pl.* Entgegenkommen *n*, Vorschlag *m*, erster Schritt (*zur Verständigung*): ***make ~s to s.o.*** a) j-m entgegenkommen, b) sich an j-n heranmachen, *bsd. e-r Frau* Avancen machen; **21.** ⚔ *Am.* Vorhut *f*, Spitze *f*: **~ *guard*** *a. Brit.* Vorhut *f*; **22.** *pol. Am.* Wahlhilfe *f*: **~ *man*** Wahlhelfer *m*; **adˈvanced** [-st] *adj.* **1.** vorgerückt (*Alter, Stunde*), vorgeschritten: **~ *in pregnancy*** hochschwanger; **2.** fortgeschritten (*Stadium etc.*); fortschrittlich, modern: **~ *opinions***; **~ *students***; **~ *English*** Englisch für Fortgeschrittene; ***highly*** **~** hochentwickelt (*Kultur, Technik*); **3.** gar zu fortschrittlich, exˈtrem, kühn; **4.** ⚔ vorgeschoben, Vor(aus)...; **adˈvance·ment** [-mənt] *s.* **1.** Förderung *f*; **2.** Beförderung *f*; **3.** Emˈpor-, Weiterkommen *n*, Aufstieg *m*, Fortschritt *m*, Wachstum *n*.

ad·van·tage [ədˈvɑːntɪdʒ] **I** *s.* **1.** Vorteil *m*: a) Überˈlegenheit *f*, Vorsprung *m*, b) Vorzug *m*: ***to*** **~** günstig, vorteilhaft; ***have an ~ over*** *j-m* gegenüber im Vorteil sein; ***you have the ~ of me*** ich kenne leider Ihren (werten) Namen nicht; **2.** Nutzen *m*, Gewinn *m*: ***take ~ of s.o.*** j-n übervorteilen *od.* ausnutzen; ***take ~ of s.th.*** et. ausnutzen; ***derive*** *od.* ***gain ~ from s.th.*** aus et. Nutzen ziehen; **3.** günstige Gelegenheit; **4.** *Tennis etc.*: Vorteil *m*; **II** *v/t.* **5.** fördern, begünstigen; **ad·van·ta·geous** [ˌædvənˈteɪdʒəs] *adj.* ☐ vorteilhaft, günstig, nützlich.

Ad·vent [ˈædvənt] *s.* **1.** *eccl.* Adˈvent *m*, Adˈventszeit *f*; **2.** ≈ Kommen *n*, Erscheinen *n*, Ankunft *f*; **ˈAd·vent·ist** [-tɪst] *s.* Advenˈtist *m*; **ˌad·venˈti·tious** [-ˈtɪʃəs] *adj.* ☐ **1.** (zufällig) hinˈzugekommen; zufällig, nebensächlich: **~ *causes*** Nebenursachen; **2.** ⚕, ⚖ zufällig erworben.

ad·ven·ture [ədˈventʃə] **I** *s.* **1.** Abenteuer *n*: a) Wagnis *n*: ***life of ~*** Abenteuerleben *n*, b) (tolles) Erlebnis, c) ☤ Spekulatiˈonsgeschäft *n*; **~ *playground*** Abenteuerspielplatz *m*; **II** *v/t.* **2.** wagen, gefährden; **3.** **~ *o.s.*** sich wagen (***into*** in *acc.*); **III** *v/i.* **4.** sich wagen (***on***, ***upon*** in, auf *acc.*); **adˈven·tur·er** [-tʃərə] *s.* Abenteurer *m*: a) Wagehals *m*, b) Glücksritter *m*, Hochstapler *m*, c) Spekuˈlant *m*; **adˈven·ture·some** [-tʃəsəm] *adj.* → ***adventurous***; **adˈven·tur·ess** [-tʃərɪs] *s.* Abenteu(r)erin *f* (*a. fig. b.s.*); **adˈven·tur·ism** [-tʃərɪzəm] *s.* Abenteurertum *n*; **adˈven·tur·ous** [-tʃərəs] *adj.* ☐ **1.** abenteuerlich: a) waghalsig, verwegen, b) gewagt, kühn (*Sache*); **2.** abenteuerlustig.

ad·verb [ˈædvɜːb] *s.* Adˈverb *n*, Umstandswort *n*; **ad·ver·bi·al** [ədˈvɜːbjəl] *adj.* ☐ adverbiˈal: **~ *phrase*** adverbiale Bestimmung.

ad·ver·sar·y [ˈædvəsərɪ] *s.* **1.** Gegner (-in), ˈWidersacher(in); **2.** ≈ *eccl.* Teufel *m*; **ad·ver·sa·tive** [ədˈvɜːsətɪv] *adj.* ☐ *ling.* gegensätzlich, adversaˈtiv: **~ *word***; **ad·verse** [ˈædvɜːs] *adj.* ☐ **1.** entgegenwirkend, zuˈwider, widrig (***to*** *dat.*): **~ *winds*** widrige Winde; **2.** gegnerisch, feindlich: **~ *party*** Gegenpartei *f*; **3.** ungünstig, nachteilig (***to*** für): **~ *decision***; **~ *balance of trade*** passive Handelsbilanz; ***have an ~ effect (up)on***, ***affect ~ly*** sich nachteilig auswirken auf (*acc.*); **4.** ⚖ entgegenstehend: **~ *claim***; **ad·ver·si·ty** [ədˈvɜːsətɪ] *s.* Mißgeschick *n*, Not *f*, Unglück *n*.

ad·vert I *v/i.* [ədˈvɜːt] hinweisen, sich beziehen (***to*** auf *acc.*); **II** *s.* [ˈædvɜːt] *Brit.* F *für* ***advertisement***.

ad·ver·tise, *Am. a.* **ad·ver·tize** [ˈædvətaɪz] **I** *v/t.* **1.** ankündigen, anzeigen, *durch die Zeitung etc.* bekanntmachen: **~ *a post*** eine Stellung *öffentlich* ausschreiben; **2.** *fig.* ausposaunen: ***you need not ~ the fact*** *a.* du brauchst es nicht an die große Glocke zu hängen; **2.** *durch Zeitungsanzeige etc.* Reˈklame machen für, werben für; **II** *v/i.* **3.** inserieren, annoncieren, öffentlich ankündigen: **~ *for*** durch Inserat suchen; **4.** werben, Reklame machen; **ad·ver·tise·ment** [ədˈvɜːtɪsmənt] *s.* **1.** *öffentliche* Anzeige, Ankündigung *f in e-r Zeitung*, Inseˈrat *n*, Anˈnonce *f*: ***put an ~ in a paper*** ein Inserat in e-r Zeitung aufgeben; **2.** Reˈklame *f*, Werbung *f*; **ˈad·ver·tis·er** [-zə] *s.* **1.** Inseˈrent(in); **2.** Werbeträger *m*; **3.** Werbefachmann *m*; **4.** Anzeiger *m*, Anzeigenblatt *n*; **ˈad·ver·tis·ing** [-zɪŋ] **I** *s.* **1.** Inserieren *n*; Ankündigung *f*; **2.** Reklame *f*, Werbung *f*; **II** *adj.* **3.** Reklame..., Werbe...: **~ *agency*** Werbeagentur *f*; **~ *agent*** a) Anzeigenvertreter *m*, b) Werbeagent *m*; **~ *campaign*** Werbefeldzug *m*; **~ *expert*** Werbefachmann *m*; **~ *space*** Reklamefläche *f*; **ˈad·ver·tize** *etc.* → ***advertise*** *etc.*

ad·vice [ədˈvaɪs] *s.* **1.** (*a.* ***piece of***) Rat(schlag) *m*; Ratschläge *pl.*: ***at*** (*od.* ***on***) ***s.o.'s ~*** auf j-s Rat hin; ***take medical ~*** e-n Arzt zu Rate ziehen; ***take my ~*** folge meinem Rat; **2.** Nachricht *f*, Anzeige *f*, (schriftliche) Mitteilung; **3.** ☤ Aˈvis *m*, Bericht *m*: ***letter of ~*** Benachrichtigungsschreiben *n*; ***as per ~*** laut Aufgabe *od.* Bericht.

ad·vis·a·bil·i·ty [ədˌvaɪzəˈbɪlətɪ] *s.* Ratsamkeit *f*; **ad·vis·a·ble** [ədˈvaɪzəbl] *adj.* ☐ ratsam; **ad·vis·a·bly** [ədˈvaɪzəblɪ] *adv.* ratsamerweise.

ad·vise [ədˈvaɪz] **I** *v/t.* **1.** *j-m* raten *od.* empfehlen (***to*** *inf.* zu *inf.*); *et.* (an)raten; *j-n* beraten: ***he was ~d to go*** man riet ihm zu gehen; **2.** **~ *against*** warnen vor (*dat.*); *j-m* abraten von; **3.** ☤ benachrichtigen (***of*** von, ***that*** daß), avisieren (***s.o. of s.th.*** j-m et.); **II.** *v/i.* **4.** sich beraten (***with*** mit); **adˈvised** [-zd] *adj.* ☐ **1.** beraten: ***badly ~***; **2.** wohlbedacht, überˈlegt; → ***ill-advised***; ***well-advised***; **adˈvis·ed·ly** [-zɪdlɪ] *adv.* **1.** mit Bedacht *od.* Überˈlegung; **2.** vorsätzlich, absichtlich; **adˈvis·er** *od.* **adˈvi·sor** [-zə] *s.* **1.** Berater *m*, Ratgeber *m*; **2.** *ped. Am.* ˈStudienberater *m*; **adˈvi·so·ry** [-zərɪ] *adj.* beratend, Beratungs...: **~ *board***, **~ *committee*** Beratungsausschuß *m*, Beirat *m*, Gutachterkommission *f*; **~ *body***, **~ *council*** Beirat *m*; → ***capacity*** 6.

ad·vo·ca·cy [ˈædvəkəsɪ] *s.* (***of***) Befürwortung *f*, Empfehlung *f* (*gen.*), Eintreten *n* (für); **ad·vo·cate I** *s.* [ˈædvəkət] **1.** Verfechter *m*, Befürworter *m*, Verteidiger *m*, Fürsprecher *m*: ***an ~ of peace***; **2.** *Scot. u. hist.* Advoˈkat *m*, (plädierender) Rechtsanwalt: ***Lord*** ≈ Oberster Staatsanwalt; **3.** *Am.* Rechtsbeistand *m*; **II** *v/t.* [ˈædvəkeɪt] **4.** verteidigen, befürworten, eintreten für.

adze [ædz] *s.* Breitbeil *n*.

Ae·ge·an [iːˈdʒiːən] *geogr.* **I** *adj.* äˈgäisch: **~ *Sea*** Ägäisches Meer; **II** *s.* ***the ~*** die Äˈgäis.

ae·gis [ˈiːdʒɪs] *s. myth.* ˈÄgis *f*; *fig.* Äˈgide *f*, Schirmherrschaft *f*: ***under the ~ of***.

Ae·o·li·an [iːˈəʊljən] *adj.* äˈolisch: **~ *harp*** Äolsharfe *f*.

ae·on [ˈiːən] *s.* Äˈone *f*; Ewigkeit *f*.

aer·ate [ˈeəreɪt] *v/t.* **1.** (*a.* ⚙ be- *od.* ˈdurch- *od.* ent)lüften; **2.** a) mit Kohlensäure sättigen, b) zum Sprudeln bringen; **3.** ⚕ *dem Blut* Sauerstoff zuführen.

aer·i·al [ˈeərɪəl] **I** *adj.* ☐ **1.** Luft..., in der Luft lebend *od.* befindlich, fliegend, hoch: **~ *advertising*** Luftwerbung *f*, Himmelsschrift *f*; **~ *cableway*** Seilschwebebahn *f*; **~ *camera*** Luftbildkamera *f*; **~ *railway*** Hänge-, Schwebebahn *f*; **~ *spires*** hochragende Kirchtürme; **2.** aus Luft bestehend, leicht, gasförmig, flüchtig; **3.** äˈtherisch, zart: **~ *fancies*** Phantastereien; **4.** ✈ Flug(zeug)..., Luft..., Flieger...: **~ *attack*** Luft-, Fliegerangriff *m*; **~ *barrage*** a) (Luft)Sperr-, Flakfeuer *n*, b) Ballonsperre *f*; **~ *combat*** Luftkampf *m*; **~ *map*** Luftbildkarte *f*; **~ *navigation*** Luftschiffahrt *f*; **~ *survey*** Luftbildvermessung *f*; **~ *view*** Flugzeugaufnahme *f*,

Luftbild *n*; **5.** ⚙ oberirdisch, Ober..., Frei..., Luft...: ~ ***cable*** Luftkabel *n*; ~ ***wire*** ⚡ Ober-, Freileitung *f*; **6.** ⚡, *Radio, TV*: Antennen...: ~ ***wire***; **II** *s*. **7.** ⚡, *Radio, TV*: An'tenne *f*; '**aer·i·al·ist** [-lɪst] *s*. Tra'pezkünstler *m*.

aer·ie, *Am. a.* **aër·ie** ['eərɪ] *s*. **1.** Horst *m* (*Raubvogelnest*); **2.** *fig.* Adlerhorst *m* (*hochgelegener Wohnsitz etc.*).

aer·o ['eərəʊ] **I** *pl.* **-os** *s*. Flugzeug *n*, Luftschiff *n*; **II** *adj.* Luft(schiffahrt)..., Flug(zeug)...: ~ ***engine***.

aero- [eərəʊ] *in Zssgn*: Aëro..., Luft...

aer·o·bat·ics [ˌeərəʊ'bætɪks] *s. pl. sg. konstr.* Kunstflug *m*; '**aer·o·drome** [-ədrəʊm] *s. bsd. Brit.* Flugplatz *m*.

aer·o|·dy·nam·ic [ˌeərəʊdaɪ'næmɪk] **I** *adj.* □ aerody'namisch, Stromlinien...; **II** *s. pl. sg. konstr.* Aerody'namik *f*; '**~·dyne** [-əʊdaɪn] *s*. Luftfahrzeug *n* schwerer als Luft; '**~·foil** [-əʊfɔɪl] *s. Brit.* Tragfläche *f*, *a.* Höhen-, Kiel- *od.* Seitenflosse *f*; '**~·gram** [-əʊgræm] *s*. **1.** Funkspruch *m*; **2.** Luftpostleichtbrief *m*; '**~·lite** [-əʊlaɪt] *s*. Aero'lith *m*, Mete-'orstein *m*.

aer·ol·o·gy [eə'rɒlədʒɪ] *s. phys.* **1.** Aerolo'gie *f*, Erforschung *f* der höheren Luftschichten; **2.** aero'nautische Wetterkunde; **aer·o·med·i·cine** [ˌeərəʊ'medsɪn] *s*. 'Aero-, 'Luftfahrtmediˌzin *f*; **aer'om·e·ter** [-'ɒmɪtə] *s. phys.* Aero'meter *m*, Luftdichtemesser *m*.

aer·o|·naut ['eərənɔːt] *s*. Aero'naut *m*, Luftschiffer *m*; **~·nau·tic**, **~·nau·ti·cal** [ˌeərə'nɔːtɪk(l)] *adj.* □ aero'nautisch, Flug...; **~·nau·tics** [ˌeərə'nɔːtɪks] *s. pl. sg. konstr.* Aero'nautik *f*: a) *obs.* Luftfahrt *f*, b) Luftfahrtkunde *f*; **~·plane** ['eərəpleɪn] *s. bsd. Brit.* Flugzeug *n*; **~·sol** ['eərəʊsɒl] *s*. **1.** ⚗ Aero'sol *n*; **2.** Spraydose *f*; **~·space** ['eərəʊspeɪs] **I** *s*. Weltraum *m*; **II** *adj.* a) Raumfahrt..., b) (Welt)Raum...; **~·stat** ['eərəʊstæt] *s*. Luftfahrzeug *n* leichter als Luft; **~·stat·ic**, **~·stat·i·cal** [ˌeərəʊ'stætɪk(l)] *adj.* □ aero'statisch; **~·stat·ics** [ˌeərəʊ'stætɪks] *s. pl. sg. konstr.* Aero'statik *f*.

Aes·cu·la·pi·an [ˌiːskjʊ'leɪpjən] *adj.* **1.** Äskulap...; **2.** ärztlich.

aes·thete ['iːsθiːt] *s*. Äs'thet *m*; **aes·thet·ic**, **aes·thet·i·cal** [iːs'θetɪk(l)] *adj.* □ äs'thetisch; **aes·thet·i·cism** [iːs'θetɪsɪzəm] *s*. **1.** Ästheti'zismus *m*; **2.** Schönheitssinn *m*; **aes·thet·ics** [iːs'θetɪks] *s. pl. sg. konstr.* Äs'thetik *f*.

aes·ti·val [iː'staɪvl] *adj.* sommerlich.

ae·ther *etc.* → ***ether*** *etc.*

a·far [ə'fɑː] *adv.* fern: ~ ***off*** in der Ferne; ***from*** ~ von fern, weither.

af·fa·bil·i·ty [ˌæfə'bɪlətɪ] *s*. Leutseligkeit *f*, Freundlichkeit *f*; **af·fa·ble** ['æfəbl] *adj.* □ leutselig, freundlich, 'umgänglich.

af·fair [ə'feə] *s*. **1.** Angelegenheit *f*, Sache *f*: ***a disgraceful*** ~; ***that is his*** ~ das ist seine Sache; ***that is not my*** ~ das geht mich nichts an; ***make an*** ~ ***of s.th.*** et. aufbauschen; ***my own*** ~ meine (eigene) Angelegenheit, meine Privatsache; ~ ***of honour*** Ehrensache *f*, -handel *m*; **2.** *pl.* Angelegenheiten *pl.*, Verhältnisse *pl.*: ***public*** ~***s*** öffentliche Angelegenheiten; ***state of*** ~***s*** Lage *f* der Dinge, Sachlage *f*; → ***foreign*** 1; **3.** Af'färe *f*: a) Ereignis *n*, b) Skan'dal *m*, c) (Liebes)Verhältnis *n*; **4.** F Ding *n*, Sache *f*, ‚Appa'rat' *m*: ***the car was a shiny*** ~.

af·fect¹ [ə'fekt] *v/t.* **1.** lieben, e-e Vorliebe haben für, be'vorzugen: ~ ***bright colo(u)rs*** lebhafte Farben bevorzugen; ***much*** ~***ed by*** sehr beliebt bei; **2.** zur Schau tragen, erkünsteln, nachahmen: ***he*** ~***s an Oxford accent*** er redet mit gekünstelter Oxforder Aussprache; ***he*** ~***s the freethinker*** er spielt den Freidenker; **3.** vortäuschen: ~ ***ignorance***; ~ ***a limp*** so tun, als hinke man; **4.** bewohnen, vorkommen in (*dat.*) (*Tiere u. Pflanzen*).

af·fect² [ə'fekt] *v/t.* **1.** betreffen: ***that does not*** ~ ***me***; **2.** (ein- *od.* sich aus-) wirken auf (*acc.*), beeinflussen, beeinträchtigen, in Mitleidenschaft ziehen, ⚕ *a.* angreifen, befallen: ~ ***the health***; **3.** bewegen, rühren, ergreifen.

af·fec·ta·tion [ˌæfek'teɪʃn] *s*. **1.** Affektiertheit *f*, Gehabe *n*; **2.** Verstellung *f*; **3.** Vorliebe (***of*** für).

af·fect·ed¹ [ə'fektɪd] *adj.* □ **1.** affektiert, gekünstelt, geziert; **2.** angenommen, vorgetäuscht; **3.** geneigt, gesinnt.

af·fect·ed² [ə'fektɪd] *adj.* **1.** ⚕ befallen (***with*** von *Krankheit*), angegriffen (*Augen etc.*); **2.** betroffen, berührt; **3.** gerührt, bewegt, ergriffen.

af·fect·ing [ə'fektɪŋ] *adj.* □ ergreifend; **af'fec·tion** [-kʃn] *s*. **1.** *oft pl.* Liebe *f*, (Zu)Neigung *f* (***for***, ***towards*** zu); **2.** Gemütsbewegung *f*, Stimmung *f*; **3.** ⚕ Erkrankung *f*, Leiden *n*; **4.** Einfluß *m*, Einwirkung *f*; **af'fec·tion·ate** [-kʃnət] *adj.* □ gütig, liebevoll, herzlich, zärtlich; **af'fec·tion·ate·ly** [-kʃnətlɪ] *adv.*: ***yours*** ~ Dein Dich liebender (*Briefschluß*); ~ ***known as Pat*** unter dem Kosenamen Pat bekannt.

af·fi·ci·o·na·do → ***aficionado***.

af·fi·ance [ə'faɪəns] **I** *s*. **1.** Vertrauen *n*; **2.** Eheversprechen *n*; **II** *v/t.* **3.** *j-n od. sich* verloben (***to*** mit).

af·fi·ant [ə'faɪənt] *s. Am.* Aussteller (-in) e-s ***affidavit***.

af·fi·da·vit [ˌæfɪ'deɪvɪt] *s*. ⚖ *schriftliche* beeidigte Erklärung: ~ ***of means*** Offenbarungseid *m*.

af·fil·i·ate [ə'fɪlɪeɪt] **I** *v/t.* **1.** *als Mitglied* aufnehmen; **2.** *j-m* die Vaterschaft *e-s Kindes* zuschreiben: ~ ***a child on*** (*od.* ***to***); **3.** (***on***, ***upon***) zu'rückführen (auf *acc.*), zuschreiben (*dat.*); **4.** (***to***) verknüpfen, verbinden (mit); angliedern, anschließen (*dat.*, an *acc.*); **II** *v/i.* **5.** sich anschließen (***with*** an *acc.*); **III** *s*. [-ɪɪt] **6.** *Am.* 'Zweigorganisatiˌon *f*, Tochtergesellschaft *f*; **af'fil·i·at·ed** [-tɪd] *adj.* angeschlossen: ~ ***company*** Tochter-, Zweiggesellschaft *f*; **af·fil·i·a·tion** [əˌfɪlɪ'eɪʃn] *s*. **1.** Aufnahme *f* (*als Mitglied etc.*); **2.** Zuschreibung *f* der Vaterschaft; **3.** Zu'rückführung *f* (*auf den Ursprung*); **4.** Angliederung *f*; **5.** *oft eccl.* Zugehörigkeit *f*, Mitgliedschaft *f*.

af·fin·i·ty [ə'fɪnətɪ] *s*. **1.** ⚖ Schwägerschaft *f*; **2.** *fig.* a) (Wesens)Verwandtschaft *f*, Affini'tät *f*, b) (Wahl-, Seelen-) Verwandtschaft *f*, gegenseitige Anziehung; **3.** ⚗ Affini'tät *f*, stofflich-'chemische Verwandtschaft.

af·firm [ə'fɜːm] *v/t.* **1.** versichern, beteuern; **2.** bekräftigen; ⚖ *Urteil* bestätigen; **3.** ⚖ an Eides Statt versichern; **af·fir·ma·tion** [ˌæfɜː'meɪʃn] *s*. **1.** Versicherung *f*, Beteuerung *f*; **2.** Bestätigung *f*, Bekräftigung *f*; **3.** ⚖ Versicherung *f* an Eides Statt; **af'firm·a·tive** [-mətɪv] **I** *adj.* □ **1.** bejahend, zustimmend, positiv; **2.** positiv, bestimmt: ~ ***action*** *Am.* Aktion *f* gegen die Diskriminierung von Minderheitsgruppen; **II** *s*. **3.** Bejahung *f*: ***answer in the*** ~ bejahen.

af·fix **I** *v/t.* [ə'fɪks] **1.** (***to***) befestigen, anbringen (an *dat.*), anheften, ankleben (an *acc.*); **2.** (***to***) beilegen, -fügen (*dat.*), hin'zufügen (zu); *Siegel* anbringen (an *dat.*); *Unterschrift* setzen (unter *acc.*); **II** *s*. ['æfɪks] **3.** *ling.* Af'fix *n*, Anhang *m*, Hin'zufügung *f*.

af·flict [ə'flɪkt] *v/t.* betrüben, quälen, plagen, heimsuchen; **af'flict·ed** [-tɪd] *adj.* **1.** niedergeschlagen, betrübt; **2.** (***with***) leidend (an *dat.*); belastet, behaftet (mit), geplagt (von); **af'flic·tion** [-kʃn] *s*. **1.** Betrübnis *f*, Kummer *m*; **2.** a) Gebrechen, b) *pl.* Beschwerden; **3.** Elend *n*, Not *f*; Heimsuchung *f*.

af·flu·ence ['æflʊəns] *s*. **1.** Fülle *f*, 'Überfluß *m*; **2.** Reichtum *m*, Wohlstand *m*: ***demoralization by*** ~ Wohlstandsverwahrlosung *f*; '**af·flu·ent** [-nt] **I** *adj.* □ **1.** reichlich; **2.** wohlhabend, reich (***In*** an *dat.*): ~ ***society*** Wohlstandsgesellschaft *f*; **II** *s*. **3.** Nebenfluß *m*; **af·flux** ['æflʌks] *s*. **1.** Zufluß *m*, Zustrom *m* (*a. fig.*); **2.** ⚕ (Blut-) Andrang *m*.

af·ford [ə'fɔːd] *v/t.* **1.** gewähren, bieten; *Schatten* spenden; *Freude* bereiten; **2.** *als Produkt* liefern; **3.** sich leisten, sich erlauben, die Mittel haben für; *Zeit* erübrigen: ***I can't*** ~ ***it*** ich kann es mir nicht leisten (*a. fig.*); **af'ford·a·ble** *adj.* erschwinglich.

af·for·est·a·tion [æˌfɒrɪ'steɪʃn] *s*. Aufforstung *f*.

af·fran·chise [ə'frænˌtʃaɪz] *v/t.* befreien (***from*** aus).

af·fray [ə'freɪ] *s*. **1.** Schläge'rei *f*, Kra'wall *m*; **2.** ⚖ Raufhandel *m*.

af·freight [ə'freɪt] *v/t.* ⚓ chartern, befrachten.

af·fri·cate ['æfrɪkət] *s. ling.* Affri'kata *f* (*Verschlußlaut mit folgendem Reibelaut*).

af·front [ə'frʌnt] **I** *v/t.* **1.** beleidigen, beschimpfen; **2.** trotzen (*dat.*); **II** *s*. **3.** Beleidigung *f*, Af'front *m*.

Af·ghan ['æfgæn] **I** *s*. **1.** Af'ghane *m*, Af'ghanin *f*; **2.** Af'ghan *m* (*Teppich*); **II** *adj.* **3.** af'ghanisch.

afi·ci·o·na·do [əˌfɪsjə'nɑːdəʊ] *s*. (*Span.*) begeisterter Anhänger *m*, ‚Fan' *m*.

a·field [ə'fiːld] *adv.* **1.** a) im *od.* auf dem Feld, b) ins *od.* aufs Feld; **2.** in der *od.* in die Ferne, draußen, hin'aus: ***far*** ~ weit entfernt; **3.** *bsd. fig.* in die Irre: ***lead s.o.*** ~; ***quite*** ~ a) auf dem Holzwege (*Person*), b) ganz falsch (*Sache*).

a·fire [ə'faɪə] *adv. u. adj.* brennend, in Flammen: ***all*** ~ *fig.* Feuer und Flamme.

a·flame [ə'fleɪm] → ***afire***.

a·float [ə'fləʊt] *adv. u. adj.* **1.** flott, schwimmend: ***keep*** ~ (sich) über Wasser halten (*a. fig.*); **2.** an Bord, auf See; **3.** in 'Umlauf; **4.** im Gange; **5.** über'schwemmt.

a·foot [ə'fʊt] *adv. u. adj.* **1.** zu Fuß, auf den Beinen; **2.** *fig.* a) im Gange, b) im Anzug, im Kommen.

a·fore [əˈfɔː] *obs.* **I** *prp.* vor; **II** *adv.* (nach) vorn; **III** *cj.* ehe, bevor; **~·men·tioned** [əˌfɔːˈmenʃənd], **~·said** [əˈfɔːsed] *adj.* obenerwähnt *od.* -genannt; **~·thought** [əˈfɔːθɔːt] *adj.* vorbedacht; → ***malice*** 3.

a·fraid [əˈfreɪd] *adj.*: ***be ~*** Angst haben, sich fürchten (***of*** vor *dat.*); ***I am ~*** (***that***) ***he will not come*** ich fürchte, er wird nicht kommen; ***I am ~ I must go*** F leider muß ich gehen; ***I'm ~ so*** leider ja!; ***I shall tell him, don't be ~!*** F (nur) keine Angst, ich werde es ihm sagen!; ***~ of hard work*** F arbeitsscheu; ***be ~ to do*** sich scheuen zu tun.

a·fresh [əˈfreʃ] *adv.* von neuem, von vorn: ***start ~***.

Af·ri·can [ˈæfrɪkən] **I** *s.* **1.** Afriˈkaner (-in); **2.** Neger(in) (*in Amerika lebend*); **II** *adj.* **3.** afriˈkanisch; **4.** afriˈkanischer Abstammung, Neger…

Af·ri·kaans [ˌæfrɪˈkɑːns] *s. ling.* Afriˈkaans(ch) *n*, Kapholländisch *n*; ˌ**Af·ri·ˈkan·(d)er** [-ˈkæn(d)ə] *s.* Afriˈkander *m* (*Weißer mit Afrikaans als Muttersprache*).

Af·ro [ˈæfrəʊ] *pl.* **-ros** *s.* **1.** Afro-Look *m*; **2.** *a.* ***~ hairdo*** ˈAfro-Friˌsur *f.*

ˌ**Af·ro|-A'mer·i·can** [ˌæfrəʊ-] *s.* Afroameriˈkaner(in); ˌ**~-ˈA·sian** *adj.* ˈafroasiˈatisch.

aft [ɑːft] *adv.* ⚓ (nach) achtern.

aft·er [ˈɑːftə] **I** *prp.* **1.** nach: ***~ lunch***; ***~ a week***; ***day ~ day*** Tag für Tag; ***the day ~ tomorrow*** übermorgen; ***the month ~ next*** der übernächste Monat; ***~ all*** schließlich, im Grunde, immerhin, (also) doch; ***~ all my trouble*** nach *od.* trotz all meiner Mühe; → ***look after*** *etc.*; **2.** hinter … (*dat.*) (her): ***I came ~ you***; ***shut the door ~ you***; ***the police are ~ you*** die Polizei ist hinter dir her; ***~ you, sir!*** nach Ihnen!; ***one ~ another*** nacheinander; **3.** nach, gemäß: ***named ~ his father*** nach s-m Vater genannt; ***~ my own heart*** ganz nach m-m Herzen *od.* Wunsch; ***a picture ~ Rubens*** ein Gemälde nach (*im Stil von*) Rubens; **II** *adv.* **4.** nachˈher, hinterˈher, daˈnach, später: ***follow ~*** nachfolgen; ***for months ~*** noch monatelang; ***shortly ~*** kurz danach; **III** *adj.* **5.** später, künftig, Nach…: ***in ~ years***; **6.** ⚓ Achter…; **IV** *cj.* **7.** nachˈdem: ***~ he*** (***had***) ***sat down***; **V** *s. pl.* **8.** *Brit.* F Nachspeise *f*: ***for ~s*** zum Nachtisch; ˈ**~·birth** *s.* ⚕ Nachgeburt *f*; ˈ**~ˌburn·er** *s.* ✈ Nachbrenner *m*; ˈ**~-ˌcab·in** *s.* ⚓ ˈHeckkaˌbine *f*; ˈ**~-care** *s.* **1.** ⚕ Nachbehandlung *f*; **2.** ⚖ Resozialisierungshilfe *f*; ˈ**~-crop** *s.* Nachernte *f*; ˈ**~·death** → ***afterlife*** 1; ˈ**~·deck** *s.* ⚓ Achterdeck *n*; ˈ**~-ˌdin·ner** *adj.* nach Tisch: ***~ speech*** Tischrede *f*; ˈ**~-efˌfect** [-ərɪ-] *s.* Nachwirkung *f* (*a.* ⚕), Folge *f*; ˈ**~·glow** *s.* **1.** Nachglühen *n* (*a.* ⚙ *u. fig.*); **2.** a) Abendrot *n*, b) Alpenglühen *n*; ˈ**~·hold** *s.* ⚓ Achterraum *m*; ˈ**~-hours** *s. pl.* Zeit *f* nach Dienstschluß; ˈ**~·life** *s.* **1.** Leben *n* nach dem Tode; **2.** (zu)künftiges Leben; ˈ**~·math** [-mæθ] *s.* **1.** ✓ Grummet *n*, Spätheu *n*; **2.** *fig.* Nachwirkungen *pl.*; ˌ**~ˈnoon** *s.* Nachmittag *m*: ***in the ~*** am Nachmittag, nachmittags; ***this ~*** heute nachmittag; ***~ of life*** Herbst *m* des Lebens; → ***good*** 1; ˈ**~·pains** *s. pl.* ⚕ Nachwehen *pl.*; ˈ**~·play** *s.* (sexuˈelles) Nachspiel; ˈ**~-sales ser·vice** *s.* ✝ Kundendienst *m*; ˈ**~-ˌsea·son** *s.* ˈNachsaiˌson *f*; ˈ**~-shave lo·tion** *s.* After-shave-Lotion *f*, Rasierwasser *n*; ˈ**~·taste** *s.* Nachgeschmack *m* (*a. fig.*); **~ tax** *adj.* ✝ nach Abzug der Steuern, *a.* Netto…; ˈ**~·thought** *s.* nachträglicher Einfall: ***as an ~*** nachträglich; ˈ**~-ˌtreat·ment** *s.* ⚕, ⚙ Nachbehandlung *f.*

aft·er|·ward [ˈɑːftəwəd] *Am.*, ˈ**~·wards** [-dz] *adv.* später, nachˈher, hinterˈher; ˈ**~·years** *s. pl.* Folgezeit *f.*

a·gain [əˈgen] *adv.* **1.** ˈwieder(um), von neuem, aber-, nochmals: ***come ~!*** komm wieder!; ***~ and ~*** immer wieder; ***now and ~*** hin und wieder; ***be o.s. ~*** wieder gesund *od.* der alte sein; **2.** schon wieder: ***that fool ~*** schon wieder dieser Narr!; ***what's his name ~?*** F wie heißt er doch schnell?; **3.** außerdem, ferner; **4.** noch einmal: ***as much ~*** noch einmal so viel; ***half as much ~*** anderthalbmal so viel; **5.** *a.* ***then ~*** andererseits, daˈgegen, aber: ***these ~ are more expensive***.

a·gainst [əˈgenst] *prp.* **1.** gegen, wider, entgegen: ***~ the law***; ***to run*** (***up***) ***~ s.o.*** j-n zufällig treffen; **2.** gegen, gegenˈüber: ***my rights ~ the landlord***; ***over ~ the town hall*** gegenüber dem Rathaus; **3.** auf … (*acc.*) zu, an (*dat. od. acc.*), vor (*dat. od. acc.*), gegen: ***~ the wall***; **4.** *a.* ***as ~*** verglichen mit, gegenüber; **5.** in Erwartung (*gen.*), für.

a·gamic [ˌeɪˈgæmɪk] *adj. biol.* aˈgam, geschlechtslos.

a·gape [əˈgeɪp] *adv. u. adj.* gaffend, mit offenem Munde (*vor Staunen*).

a·gar·ic [ˈægərɪk] *s.* ⚘ Blätterpilz *m*, -schwamm *m*; → ***fly agaric***.

ag·ate [ˈægət] *s.* **1.** *min.* Aˈchat *m*; **2.** *Am.* bunte Glasmurmel; **3.** *typ. Am.* Paˈriser Schrift *f.*

a·ga·ve [əˈgeɪvɪ] *s.* ⚘ Aˈgave *f.*

age [eɪdʒ] **I** *s.* **1.** (Lebens)Alter *n*, Altersstufe *f*: ***what is his ~*** *od.* ***what ~ is he?*** wie alt ist er?; ***ten years of ~*** 10 Jahre alt; ***at the ~ of*** im Alter von; ***at his ~*** in seinem Alter; ***be over ~*** über der Altersgrenze liegen; ***act one's ~*** sich s-m Alter entsprechend benehmen; ***be your ~!*** sei kein Kindskopf!; ***a girl your ~*** ein Mädchen deines Alters; ***he does not look his ~*** man sieht ihm sein Alter nicht an; **2.** (Zeit *f* der) Reife: ***full ~*** Volljährigkeit *f*; (***come***) ***of ~*** mündig *od.* volljährig (werden); ***under ~*** minderjährig; **3.** *a.* ***old ~*** Alter *n*: ***~ before beauty*** Alter kommt vor Schönheit; **4.** Zeit *f*, Zeitalter *n*; Menschenalter *n*, Generatiˈon *f*: ***Ice*** ♎ Eiszeit; ***the ~ of Queen Victoria***; ***in our ~*** in unserer (*od.* der heutigen) Zeit; ***down the ~s*** durch die Jahrhunderte; **5.** *oft pl.* F lange Zeit, Ewigkeit *f*: ***I haven't seen him for ~s*** ich habe ihn seit e-r Ewigkeit nicht gesehen; **II** *v/t.* **6.** alt machen; **7.** *j-n* um Jahre älter machen; **8.** ⚙ altern, vergüten; *Wein etc.* ablagern lassen; *Käse etc.* reifen lassen; **III** *v/i.* **9.** alt werden, altern; **age brack·et** → ***age group***; **aged** [eɪdʒd] *adj.* … Jahre alt: ***~ twenty***; **a·ged** [ˈeɪdʒɪd] *adj.* bejahrt, betagt; **age group** *s.* Altersklasse *f*, Jahrgang *m*; **age·ing** → ***aging***; **age·less** [ˈeɪdʒlɪs] *adj.* nicht alternd, zeitlos; **age lim·it** *s.* Altersgrenze *f*; ˈ**age·long** *adj.* lebenslänglich, dauernd.

a·gen·cy [ˈeɪdʒənsɪ] *s.* **1.** (wirkende) Kraft *f*, (ausführendes) Orˈgan, Werkzeug *n* (*fig.*); **2.** Tätigkeit *f*, Wirkung *f*; **3.** Vermittlung *f*, Mittel *n*, Hilfe *f*: ***by*** *od.* ***through the ~ of***; **4.** ✝ Agenˈtur *f*: a) (Handels)Vertretung *f*, b) Büˈro *n od.* Amt *n* e-s Aˈgenten; **5.** ⚖ (ˈHandlungs)ˌVollmacht *f*; **6.** (ˈNachrichten-) Agenˌtur *f*; **7.** Geschäfts-, Dienststelle *f*; Amt *n*, Behörde *f*; **~ busi·ness** *s.* Kommissiˈonsgeschäft *n.*

a·gen·da [əˈdʒendə] *s.* Tagesordnung *f.*

a·gent [ˈeɪdʒənt] *s.* **1.** Handelnde(r *m*) *f*, Urheber(in): ***free ~*** selbständig Handelnde(r), *weitS.* *ein* freier Mensch; **2.** ⚗, ⚕, *biol.*, *phys.* ˈAgens *n*, Wirkstoff *m*, (be)wirkende Kraft *od.* Ursache, Mittel *n*, Werkzeug *n*: ***protective ~*** Schutzmittel; **3.** a) ✝ (Handels)Vertreter *m*, Aˈgent *m*, *a.* Makler *m*, Vermittler *m*, b) ⚖ (Handlungs)Bevollmächtigte(r *m*) *f*, (Stell)Vertreter(in); **4.** *pol.* (Geheim)Agent(in).

a·gent pro·vo·ca·teur *pl.* **a·gents pro·vo·ca·teurs** [ˈæʒɑ̃ːŋ prəˌvɒkəˈtɜː] (*Fr.*) *s.* Lockspitzel *m.*

ˈ**age|-old** *adj.* uralt; ˈ**~-worn** *adj.* altersschwach.

ag·glom·er·ate **I** *v/t. u. v/i.* [əˈglɒməreɪt] **1.** (sich) zs.-ballen, (sich) an- *od.* aufhäufen; **II** *s.* [-rət] **2.** angehäufte Masse, Ballung *f*; **3.** ⚙, *geol.*, *phys.* Agglomeˈrat *n*; **III** *adj.* [-rət] **4.** zs.-geballt, gehäuft; **ag·glom·er·a·tion** [əˌglɒməˈreɪʃn] *s.* Zs.-ballung *f*; Anhäufung *f*; (wirrer) Haufen.

ag·glu·ti·nate **I** *adj.* [əˈgluːtɪnət] **1.** zs.-geklebt, verbunden; **2.** *ling.* agglutiniert; **II** *v/t.* [-neɪt] **3.** zs.-kleben, verbinden; **4.** *biol.*, *ling.* agglutinieren; **ag·glu·ti·na·tion** [əˌgluːtɪˈneɪʃn] *s.* **1.** Zs.-kleben *n*; aneinˈanderklebende Masse; **2.** *biol.*, *ling.* Agglutinatiˈon *f.*

ag·gran·dize [əˈgrændaɪz] *v/t.* **1.** *Macht, Reichtum* vermehren, -größern, erhöhen; **2.** verherrlichen, ausschmücken, *j-n* erhöhen; **agˈgran·dize·ment** [-dɪzmənt] *s.* Vermehrung *f*, Vergrößerung *f*, Erhöhung *f*, Aufstieg *m.*

ag·gra·vate [ˈægrəveɪt] *v/t.* **1.** erschweren, verschärfen, verschlimmern; verstärken: ***~d larceny*** ⚖ schwerer Diebstahl; **2.** F erbittern, ärgern; ˈ**ag·gra·vat·ing** [-tɪŋ] *adj.* □ **1.** erschwerend *etc.*, graˈvierend; **2.** F ärgerlich, aufreizend; **ag·gra·va·tion** [ˌægrəˈveɪʃn] *s.* **1.** Erschwerung *f*, Verschlimmerung *f*, erschwerender ˈUmstand; **2.** F Ärger *m.*

ag·gre·gate [ˈægrɪgət] **I** *adj.* □ **1.** angehäuft, vereinigt, gesamt, Gesamt…: ***~ amount*** → II; **2.** zs.-gesetzt, Sammel…; **II** *s.* **3.** Anhäufung *f*; (Gesamt-) Menge *f*; Summe *f*: ***in the ~*** insgesamt; **4.** ⚡, ⚙, *biol.* Aggreˈgat *n*; **III** *v/t.* [-geɪt] **5.** anhäufen, ansammeln; vereinigen (***to*** mit); **6.** sich insgesamt belaufen auf (*acc.*); **ag·gre·ga·tion** [ˌægrɪˈgeɪʃn] *s.* **1.** Anhäufung *f*, Ansammlung *f*; Zs.-fassung *f*; **2.** *phys.* Aggreˈgat *n*: ***state of ~*** Aggregatzustand *m.*

ag·gres·sion [əˈgreʃn] *s.* Angriff *m*, ˈÜberfall *m*; Aggressiˈon *f* (*a. pol. u. psych.*); **agˈgres·sive** [-esɪv] *adj.* □ aggresˈsiv: a) streitsüchtig, angriffslustig, b) eˈnergisch, draufgängerisch, dyˈna-

misch, forsch; **ag'gres·sor** [-esə] *s.* Angreifer *m.*
ag·grieved [ə'gri:vd] *adj.* **1.** bedrückt, betrübt; **2.** *bsd.* ⚖ geschädigt, beschwert, benachteiligt.
a·ghast [ə'gɑ:st] *adj.* entgeistert, bestürzt, entsetzt (***at*** über *acc.*).
ag·ile ['ædʒaɪl] *adj.* □ flink, be'hend(e) (*Verstand etc.*); **a·gil·i·ty** [ə'dʒɪlətɪ] *s.* Flinkheit *f*, Be'hendigkeit *f*; Aufgewecktheit *f*.
ag·ing ['eɪdʒɪŋ] **I** *s.* **1.** Altern *n*; **2.** ⚙ Alterung *f*, Vergütung *f*; **II** *pres. p. u. adj.* **3.** alternd.
ag·i·o ['ædʒəʊ] *pl.* **ag·i·os** *s.* ✝ 'Agio *n*, Aufgeld *n*; **ag·i·o·tage** ['ædʒətɪdʒ] *s.* Agio'tage *f*.
ag·i·tate ['ædʒɪteɪt] **I** *v/t.* **1.** hin und her bewegen, schütteln; (um)rühren; **2.** *fig.* beunruhigen, auf-, erregen; **3.** aufwiegeln; **4.** erwägen, lebhaft erörtern; **II** *v/i.* **5.** agitieren, wühlen, hetzen; Propa'ganda machen (***for*** für, ***against*** gegen); **'ag·i·tat·ed** [-tɪd] *adj.* □ aufgeregt; **ag·i·ta·tion** [ˌædʒɪ'teɪʃn] *s.* **1.** Erschütterung *f*, heftige Bewegung; **2.** Aufregung *f*, Unruhe *f*; **3.** Agitati'on *f*, Hetze'rei *f*; Bewegung *f*, Gärung *f*; **'ag·i·ta·tor** [-tə] *s.* **1.** Agi'tator *m*, Aufwiegler *m*, Wühler *m*, Hetzer *m*; **2.** ⚙ 'Rührappaˌrat *m*, -werk *n*, -arm *m*;
ag·it·prop [ˌædʒɪt'prɒp] **1.** Agit'prop *f* (*kommunistische Agitation u. Propaganda*); **2.** Agit'propredner *m*.
a·glow [ə'gləʊ] *adv. u. adj. a. fig.* glühend (***with*** von, vor *dat.*).
ag·nate ['ægneɪt] **I** *s.* **1.** A'gnat *m* (*Verwandter väterlicherseits*); **II** *adj.* **2.** väterlicherseits verwandt; **3.** stamm-, wesensverwandt; **ag·nat·ic** *adj.*; **ag·nat·i·cal** [æg'nætɪk(l)] *adj.* □ → ***agnate*** 2, 3.
ag·nos·tic [æg'nɒstɪk] **I** *s.* A'gnostiker *m*; **II** *adj.* → ***agnostical***; **ag'nos·ti·cal** [-kl] *adj.* a'gnostisch; **ag'nos·ti·cism** [-tɪsɪzəm] *s.* Agnosti'zismus *m*.
a·go [ə'gəʊ] *adv. u. adj.* vor'über, her, vor: ***ten years ~*** vor zehn Jahren; ***long ~*** vor langer Zeit; ***long, long ~*** lang, lang ist's her; ***no longer ~ than last month*** erst vorigen Monat.
a·gog [ə'gɒg] *adv. u. adj.* gespannt, erpicht (***for*** auf *acc.*): ***all ~*** ganz aus dem Häuschen, ‚gespannt wie ein Regenschirm'.
ag·o·nize ['ægənaɪz] **I** *v/t.* **1.** quälen, martern; **II** *v/i.* **2.** mit dem Tode ringen; **3.** Höllenqualen leiden; **4.** sich (ab-) quälen, verzweifelt ringen; **'ag·o·niz·ing** [-zɪŋ] *adj.* □ qualvoll, herzzerreißend; **'ag·o·ny** [-nɪ] *s.* **1.** heftiger Schmerz, Höllenqualen *pl.*, Qual *f*, Pein *f*, Seelenangst *f*: ***~ of despair***; ***~ column*** F *Zeitung*: Seufzerspalte *f*; ***pile on the ~*** F ‚dick auftragen'; **2.** ♀ Ringen *n* Christi mit dem Tode; **3.** Todeskampf *m*, Ago'nie *f*.
ag·o·ra·pho·bi·a [ˌægərə'fəʊbjə] *s.* ⚕ Platzangst *f*.
a·grar·i·an [ə'greərɪən] **I** *adj.* **1.** a'grarisch, landwirtschaftlich, Agrar...: ***~ unrest*** Unruhe in der Landwirtschaft; **2.** gleichmäßige Landaufteilung betreffend; **II** *s.* **3.** Befürworter *m* gleichmäßiger Aufteilung des (Acker)Landes.
a·gree [ə'gri:] **I** *v/i.* **1.** (***to***) zustimmen (*dat.*), einwilligen (in *acc.*), beipflichten (*dat.*), genehmigen (*acc.*), einverstanden sein (mit), eingehen (auf *acc.*), gutheißen (*acc.*): ***~ to a plan***; ***I ~ to come with you*** ich bin bereit mitzukommen; ***you will ~ that*** du mußt zugeben, daß; **2.** (***on***, ***upon***, ***about***) sich einigen *od.* verständigen (über *acc.*); vereinbaren, verabreden (*acc.*): ***they ~d about the price***; ***~ to differ*** sich auf verschiedene Standpunkte einigen; ***let us ~ to differ!*** ich fürchte, wir können uns da nicht einigen!; **3.** über'einkommen, vereinbaren (***to*** *inf.* zu *inf.*, ***that*** daß): ***it is ~d*** es ist vereinbart, es steht fest; → ***agreed*** 2; **4.** (***with*** mit) über'einstimmen (*a. ling.*), (sich) einig sein, gleicher Meinung sein: ***I ~ that your advice is best*** auch ich bin der Meinung, daß Ihr Rat der beste ist; → ***agreed*** 1; **5.** sich vertragen, auskommen, zs.-passen, sich vereinigen (lassen); **6.** ***~ with*** *j-m* bekommen, zuträglich sein: ***wine does not ~ with me***; **II** *v/t.* **7.** ✝ *Konten etc.* abstimmen.
a·gree·a·ble [ə'grɪəbl] *adj.* □ → ***agreeably***; **1.** angenehm; gefällig, liebenswürdig; **2.** einverstanden (***to*** mit): ***~ to the plan***; **3.** F bereit, gefügig; **4.** (***to***) über'einstimmend (mit), entsprechend (*dat.*): ***~ to the rules***; **a'gree·a·ble·ness** [-nɪs] *s.* angenehmes Wesen; Annehmlichkeit *f*; **a'gree·a·bly** [-lɪ] *adv.* **1.** angenehm: ***~ surprised***; **2.** einverstanden (***to*** mit); entsprechend (***to*** *dat.*): ***~ to his instructions***.
a·greed [ə'gri:d] *adj.* **1.** einig (***on*** über *acc.*); einmütig: ***~ decisions***; **2.** vereinbart: ***the ~ price***; ***~!*** abgemacht!, einverstanden!; **a'gree·ment** [-mənt] *s.* **1.** a) Abkommen *n*, Vereinbarung *f*, Einigung *f*, Verständigung *f*, Über'einkunft *f*, b) Vertrag *m*, c) (gütlicher) Vergleich: ***by ~*** wie vereinbart; ***come to an ~*** sich einigen, sich verständigen; ***by mutual ~*** in gegenseitigem Einvernehmen; ***~ country*** (***currency***) ✝ Verrechnungsland *n* (-währung *f*); **2.** Einigkeit *f*, Eintracht *f*; **3.** Über'einstimmung *f* (*a. ling.*), Einklang *m*; **4.** Genehmigung *f*, Zustimmung *f*.
ag·ri·cul·tur·al [ˌægrɪ'kʌltʃərəl] *adj.* □ landwirtschaftlich, Landwirtschaft(s)...: ***~ labo(u)rer*** Landarbeiter *m*; ***~ show*** Landwirtschaftsausstellung *f*; **ˌag·ri'cul·tur·al·ist** [-rəlɪst] → ***agriculturist***; **ag·ri·cul·ture** ['ægrɪkʌltʃə] *s.* Landwirtschaft *f*, Ackerbau *m* (u. Viehzucht *f*); **ˌag·ri'cul·tur·ist** [-tʃərɪst] *s.* (Dip'lom)Landwirt *m*.
ag·ro·nom·ics [ˌægrə'nɒmɪks] *s. pl. sg. konstr.* Agrono'mie *f*, Ackerbaukunde *f*; **a·gron·o·mist** [ə'grɒnəmɪst] *s.* Agro'nom *m*, (Dip'lom)Landwirt *m*; **a·gron·o·my** [ə'grɒnəmɪ] → ***agronomics***.
a·ground [ə'graʊnd] *adv. u. adj.* ⚓ gestrandet: ***run ~*** a) auflaufen, stranden, b) auf Grund setzen; ***be ~*** a) aufgelaufen sein, b) *fig.* auf dem trocknen sitzen.
a·gue ['eɪgju:] *s.* Schüttelfrost *m*; (Wechsel)Fieber *n*.
ah [ɑ:] *int.* ah, ach, oh, ha, ei!
a·ha [ɑ:'hɑ:] **I** *int.* a'ha, ha'ha!; **II** *adj.*: ***~ experience*** Aha-Erlebnis *n*.
a·head [ə'hed] *adv. u. adj.* **1.** vorn; vor'aus, vor'an; vorwärts, nach vorn; einen Vorsprung habend, an der Spitze; be'vorstehend: ***right*** (*od.* ***straight***) ***~*** geradeaus; ***the years ~*** (***of us***) die bevorstehenden (*od.* vor uns liegenden) Jahre; ***look*** (***think***, ***plan***) ***~*** vorausschauen (-denken, -planen); ***look ~!*** a) sieh dich vor!, b) *fig.* denk an die Zukunft!; → ***get ahead***, ***go ahead***, ***speed*** 1; **2.** ***~ of*** vor (*dat.*), vor'aus (*dat.*): ***be ~ of the others*** vor den anderen sein *od.* liegen, den anderen voraus sein, (e-n) Vorsprung vor den anderen haben, die anderen übertreffen; ***get ~ of s.o.*** j-n überholen *od.* überflügeln; ***~ of the times*** der *od.* s-r Zeit voraus.
a·hem [m'mm] *int.* hm!
a·hoy [ə'hɔɪ] *int.* ⚓ ho!, a'hoi!
aid [eɪd] **I** *v/t.* **1.** unter'stützen, fördern; *j-m* helfen, behilflich sein (***in*** bei, ***to*** *inf.* zu *inf.*): ***~ and abet*** ⚖ a) Beihilfe leisten (*dat.*), b) begünstigen (*acc.*); **II** *s.* **2.** Hilfe *f* (***to*** für), -leistung *f* (***in*** bei), Unter'stützung *f*: ***he came to her ~*** er kam ihr zu Hilfe; ***by*** *od.* ***with*** (***the***) ***~ of*** mit Hilfe von; ***in ~ of*** zugunsten von (*od. gen.*); **3.** Helfer(in), Beistand *m*, Assis'tent(in); **4.** Hilfsmittel *n*, (Hilfs-) Gerät *n*, Mittel *n*: → ***hearing*** 2.
aide [eɪd] *s.* **1.** Berater *m*; **2.** → **aid(e)-de-camp** [ˌeɪddə'kɑ̃:ŋ] *pl.* **ˌaid(e)s-de-'camp** [ˌeɪdz-] *s.* ⚔ Adju'tant *m*.
aide-mé·moire [ˌeɪdmem'wɑ:] (*Fr.*) *s. sg. u. pl.* **1.** Gedächtnisstütze *f*, No'tiz *f*; **2.** *pol.* Denkschrift *f*.
ai·grette ['eɪgret] *s.* **1.** *orn.* kleiner, weißer Reiher; **2.** Ai'grette *f*, Kopfschmuck *m* (*aus Federn etc.*).
ail [eɪl] **I** *v/t.* schmerzen: ***what ~s you?*** *a. fig.* was hast du denn?; **II** *v/i.* kränkeln.
ai·ler·on ['eɪlərɒn] (*Fr.*) *s.* ✈ Querruder *n*.
ail·ing ['eɪlɪŋ] *adj.* kränklich, leidend; **ail·ment** ['eɪlmənt] *s.* Unpäßlichkeit *f*, Leiden *n*.
aim [eɪm] **I** *v/i.* **1.** zielen (***at*** auf *acc.*, nach); **2.** *mst* ***~ at*** *fig. et.* beabsichtigen, an-, erstreben, bezwecken: ***~ing to please*** zu gefallen suchend; ***be ~ing to do*** *Am.* vorhaben *et.* zu tun; **3.** abzielen (***at*** auf *acc.*): ***that was not ~ed at you*** das war nicht auf dich gemünzt; **II** *v/t.* (***at***) **4.** *Waffe etc.*, *a. Bestrebungen* richten (auf *acc.*); **5.** *Bemerkungen* richten (gegen); **III** *s.* **6.** Ziel *n*, Richtung *f*: ***take ~ at*** zielen auf (*acc.*) *od.* nach; **7.** Ziel *n*, Zweck *m*, Absicht *f*; **'aim·less** [-lɪs] *adj.* □ ziel-, zweck-, planlos.
ain't [eɪnt] V *abbr. für*: ***am not***, ***is not***, ***are not***, ***has not***, ***have not***.
air[1] [eə] **I** *s.* **1.** Luft *f*, Atmo'sphäre *f*, Luftraum *m*: ***by ~*** auf dem Luftwege, mit dem Flugzeug; ***in the open ~*** im Freien; ***hot ~*** *sl.* leeres Geschwätz, blauer Dunst; → ***beat*** 11; ***clear the ~*** die Luft (*fig.* die Atmosphäre) reinigen; ***vanish into thin ~*** *fig.* sich in nichts auflösen; ***change of ~*** Luftveränderung *f*; ***be in the ~*** *fig.* a) in der Luft liegen, b) in der Schwebe sein (*Frage etc.*), c) im Umlauf sein (*Gerücht etc.*); ***be up in the ~*** *fig.* a) (völlig) in der Luft hängen, b) völlig ungewiß sein, c) F ganz aus dem Häuschen sein (***about*** wegen); ***take the ~*** a) frische Luft schöpfen, b) ✈ abheben, aufsteigen; ***walk on ~*** sich wie im Himmel fühlen, selig sein; ***in the ~*** *fig.* (völ-

lig) ungewiß; ***give s.o. the ~ Am.*** j-n an die (frische) Luft setzen; **2.** Brise *f*, Luftzug *m*, Lüftchen *n*; **3.** ⚒ Wetter *n*: ***foul ~*** schlagende Wetter *pl.*; **4.** *Radio, TV:* 'Äther *m*: ***on the ~*** im Rundfunk *od.* Fernsehen; ***be on the ~*** a) senden, b) gesendet werden, c) auf Sendung sein (*Person*), d) zu hören *od.* zu sehen sein (*Person*); ***go off the ~*** a) die Sendung beenden (*Person*), b) sein Programm beenden (*Sender*); ***put on the ~*** senden, übertragen; ***stay on the ~*** auf Sendung bleiben; **5.** Art *f*, Stil *m*; **6.** Miene *f*, Aussehen *n*, Wesen *n*: ***an ~ of importance*** e-e gewichtige Miene; **7.** *mst pl.* Getue *n*; ‚Gehabe' *n*, Pose *f*: ***~s and graces*** affektiertes Getue; ***put on*** (*od.* ***give o.s***) ***~s*** vornehm tun; **II** *v/t.* **8.** der Luft aussetzen, lüften; **9.** *Wäsche* trocknen, zum Trocknen aufhängen; **10.** *Getränke* abkühlen; **11.** an die Öffentlichkeit *od.* zur Sprache bringen, äußern: ***~ one's grievances***; **12.** ***~ o.s.*** frische Luft schöpfen; **III** *adj.* **13.** Luft..., pneu'matisch.

air² [eə] *s.* ♪ **1.** Lied *n*, Melo'die *f*, Weise *f*; **2.** Arie *f*.

air| a·lert *s.* 'Flieger-, 'Lufta,larm *m*; **~ arm** *s.* ✈ *Brit.* Luftwaffe *f*; **~ bag** *s. mot.* Luftsack *m*; **~ bar·rage** *s.* ✈ Luftsperre *f*; **'~·base** *s.* ✈ Luft-, Flugstützpunkt *m*, Fliegerhorst *m*; **'~·bath** *s.* Luftbad *n*; **~ bea·con** *s.* ✈ Leuchtfeuer *n*; **'~·bed** *s.* 'Luftma,tratze *f*; **'~,blad·der** *s. ichth.* Schwimmblase *f*; **'~·borne** *adj.* **1.** a) im Flugzeug befördert *od.* eingebaut, Bord...: ***~ transmitter*** Bordfunkgerät *n*, b) Luftlande...: ***~ troops***, c) auf dem Luftwege; **2.** in der Luft befindlich, aufgestiegen: ***be ~***; **~ brake** *s.* **1.** ⚙ Luft(druck)bremse *f*; **2.** ✈ Landeklappe *f*: ***~ parachute*** Landefallschirm *m*; **'~·brick** *s.* ⚙ Luftziegel *m*; **'~·bridge** *s.* ✈ **1.** Luftbrücke *f*; **2.** Fluggastbrücke *f*; **~ bub·ble** *s.* Luftblase *f*; **~ bump** *s.* ✈ Bö *f*, aufsteigender Luftstrom; **~ bus** *s.* ✈ Airbus *m*; **~ car·go** *s.* Luftfracht *f*; **~ car·ri·er** *s.* ✈ **1.** Fluggesellschaft *f*; **2.** Charterflugzeug *n*; **~ cas·ing** *s.* ⚙ Luftmantel *m*; **~ cham·ber** *s.* ⚘, *zo.*, ⚙ Luftkammer *f*; **~ com·pres·sor** *s.* ⚙ Luftverdichter *m*; **'~-con,di·tion** *v/t.* ⚙ mit Klimaanlage versehen, klimatisieren; **'~-con,di·tion·ing** *s.* ⚙ Klimatisierung *f*; *a.* ***~ plant*** Klimaanlage *f*; **'~-cooled** *adj.* luftgekühlt; **2 Corps** *s. hist. Am.* Luftwaffe *f*; **~ cor·ri·dor** *s.* 'Luft,korridor *m*, Einflugschneise *f*; **~ cov·er** *s.* Luftsicherung *f*.

'air·craft *s.* Flugzeug *n*; *coll.* Luftfahr-, Flugzeuge *pl.*; **~ car·ri·er** *s.* Flugzeugträger *m*; **~ en·gine** *s.* 'Flug,motor *m*; **~ in·dus·try** *s.* 'Luftfahrt-, 'Flugzeugindu,strie *f*; **'~·man** [-mən] *s.* [*irr.*] *Brit.* Flieger *m* (*Dienstgrad*); **~ weap·ons** *s. pl.* Bordwaffen *pl.*

air| crash *s.* Flugzeugabsturz *m*; **~ crew** *s.* (Flugzeug)Besatzung *f*; **~ cush·ion** *s. a.* ⚙ Luftkissen *n*; **'~,cush·ion ve·hic·le** *s.* ⚙ Luftkissenfahrzeug *n*; **~ de·fence**, *Am.* **~ de·fense** *s.* ⚔ Luftschutz *m*, -verteidigung *f*, Fliegerabwehr *f*.

air·drome ['eədrəʊm] *s. Am.* Flugplatz *m*.

'air|·drop I *s.* a) Fallschirmabwurf *m*, b) ⚔ Luftlandung *f*; **II** *v/t.* a) mit dem Fallschirm abwerfen, b) ⚔ *Fallschirmjäger etc.* absetzen; **'~-dry** *v/t. u. v/i.* lufttrocknen; **'~·field** *s.* Flugplatz *m*; **~ flap** *s.* ⚙ Luftklappe *f*; **'~·foil** *s.* ✈ Tragfläche *f*; **~ force**, **2 Force** *s.* ✈ Luftwaffe *f*, Luftstreitkräfte *pl.*; **'~·frame** *s.* ✈ Flugwerk *n*, (Flugzeug-)Zelle *f*; **'~·freight** *s.* Luftfracht *f*; **'~,freight·er** *s.* **1.** Luftfrachter *m*; **2.** 'Luftspediti,on *f*; **'~·graph** [-grɑːf] *s.* 'Fotoluftpostbrief *m*; **,~-'ground** *adj.* ✈ Bord-Boden-...; **'~·gun** *s.* Luftgewehr *n*; **~ host·ess** *s.* ✈ ('Luft),Stewardeß *f*; **'~·house** *s.* Traglufthalle *f*.

air·i·ly ['eərɪlɪ] *adv.* 'leicht'hin, unbekümmert; **'air·i·ness** [-nɪs] *s.* **1.** Luftigkeit *f*; luftige Lage; **2.** Leichtigkeit *f*; Munterkeit *f*; **3.** Leichtfertigkeit *f*; **'air·ing** [-rɪŋ] *s.* **1.** (Be)Lüftung *f*, Trocknen *n*: ***give s.th. an ~*** et. lüften; **2.** Spaziergang *m*: ***take an ~*** frische Luft schöpfen; **3.** Äußerung *f*; Erörterung *f*.

air| in·take *s.* ⚙ **1.** Lufteinlaß *m*; **2.** Zuluftstutzen *m*; **~ jack·et** *s.* **1.** Schwimmweste *f*; **2.** ⚙ Luftmantel *m*; **~ jet** *s.* ⚙ Luftstrahl *m*, -düse *f*; **~ lane** *s.* Luftroute *f*.

air·less ['eəlɪs] *adj.* **1.** ohne Luft(zug); **2.** dumpf, stickig.

air| let·ter *s.* **1.** Luftpostbrief *m* (*auf Formular*); **2.** *Am.* Luftpostleichtbrief *m*; **~ lev·el** *s.* ⚙ Li'belle *f*, Setzwaage *f*; **'~·lift I** *s.* Luftbrücke *f*; **II** *v/t.* über e-e Luftbrücke befördern; **'~·line** *s.* Luft-, Flugverkehrsgesellschaft *f*; **~ liner** *s.* ✈ Verkehrs-, Linienflugzeug *n*; **'~·lock** *s.* ⚙ **1.** Luftschleuse *f*; **2.** Druckstauung *f*; **~ mail** *s.* (***by ~*** mit *od.* per) Luftpost *f*; **'~·man** [-mən] *s.* [*irr.*] Flieger *m*; **'~-me,chan·ic** *s.* ✈ 'Bordmon,teur *m*; **'~-,mind·ed** *adj.* ✈ luft(fahrt)-, flug(sport)begeistert; **'~-,op·er·at·ed** *adj.* ⚙ preßluftbetätigt; **~ par·cel** *Brit.* 'Luftpostpa,ket *n*; **~ pas·sage** *s.* **1.** *anat.*, *biol.*, Luft-, Atemweg *m*; **2.** ⚙ Luftschlitz *m*; **~ pas·sen·ger** *s.* ✈ Fluggast *m*; **~ pho·to(·graph)** *s.* ✈ Luftbild *n*, -aufnahme *f*; **~ pi·ra·cy** *s.* 'Luftpirate,rie *f*; **~ pi·rate** *s.* 'Luftpi,rat *m*; **'~·plane** *s.* ✈ *bsd. Am.* Flugzeug *n*; **'~·plane car·ri·er** *bsd. Am.* → ***aircraft carrier***; **~ pock·et** *s.* Fallbö *f*, Luftloch *n*; **~ pol·lu·tion** *s.* Luftverschmutzung *f*; **'~·port** *s.* ✈ Flughafen *m*; **'~·proof** *adj.* luftbeständig, -dicht; **~ pump** *s.* ⚙ Luftpumpe *f*; **~ raft** *s.* Schlauchboot *n*; **~ raid** *s.* Luftangriff *m*.

'air-raid| pre·cau·tions *s. pl.* Luftschutz *m*; **~ shel·ter** *s.* Luftschutzraum *m*, -bunker *m*, -keller *m*; **~ ward·en** *s.* Luftschutzwart *m*; **~ warn·ing** *s.* Luft-, Fliegerwarnung *f*, 'Fliegera,larm *m*.

air| ri·fle *s.* Luftgewehr *n*; **~ route** *s.* ✈ Flugroute *f*; **~ sched·ule** *s.* Flugplan *m*; **'~·screw** *s.* ✈ Luftschraube *f*; **'~-seal** *v/t.* ⚙ luftdicht verschließen; **'~·ship** *s.* Luftschiff *n*; **'~-sick** *adj.* luftkrank; **'~-,sick·ness** *s.* Luftkrankheit *f*; **'~·space** *s.* Luftraum *m*; **~ speed** *s.* ✈ (Flug)Eigengeschwindigkeit *f*; **'~·strip** *s.* ✈ **1.** Behelfslandeplatz *m*; **2.** *Am.* Roll-, Start-, Landebahn *f*; **~ tax·i** *s.* ✈ Lufttaxi *n*; **~ tee** *s.* ✈ Landekreuz *n*; **~ ter·mi·nal** *s.* ✈ **1.** Großflughafen *m*; **2.** Terminal *m*, *n*: a) (Flughafen)Abfertigungsgebäude, b) *Brit.* 'Endstati,on *f* der 'Zubringer,linie zum und vom Flughafen; **'~·tight** *adj.* **1.** luftdicht; **2.** *fig.* todsicher, völlig klar; **,~-to-'air** *adj.* ✈ Bord-Bord-...; **,~-to-'ground** *adj.* ✈ Bord-Boden-...; **~ traf·fic** *s.* Luft-, Flugverkehr *m*; **'~-,traf·fic con·trol** *s.* ✈ Flugsicherung *f*; **'~-,traf·fic con·trol·ler** *s.* ✈ Fluglotse *m*; **'~-tube** *s.* **1.** ⚙ Luftschlauch *m*; **2.** *anat.* Luftröhre *f*; **~ um·brel·la** *s.* ✈ Luftschirm *m*; **'~·way** *s.* **1.** ⚙, ⚒ Wetterstrecke *f*, Luftschacht *m*; **2.** ✈ a) Luft(verkehrs)weg *m*, Luftroute *f*, b) → ***airline***; **'~,wom·an** *s.* [*irr.*] Fliegerin *f*; **'~,wor·thi·ness** *s.* ✈ Lufttüchtigkeit *f*.

air·y ['eərɪ] *adj.* □ → ***airily***; **1.** Luft...; **2.** luftig, *a.* windig; **3.** körperlos; **4.** grazi'ös; **5.** lebhaft, munter; **6.** über'spannt, verstiegen: ***~ plans***; **7.** lässig: ***an ~ manner***; **8.** vornehmtuerisch.

aisle [aɪl] *s.* **1.** ⛪ a) Seitenschiff *n*, -chor *m* (*e-r Kirche*), b) Schiff *n*, Abteilung *f* (*e-r Kirche od. e-s Gebäudes*); **2.** (Mittel)Gang *m* (*zwischen Bänken etc.*); **3.** *fig.* Schneise *f*.

aitch [eɪtʃ] *s.* H *n*, h *n* (*Buchstabe*): ***drop one's ~es*** das H nicht aussprechen (*Zeichen der Unbildung*); **'aitch-bone** *s.* **1.** Lendenknochen *m*, **2.** Lendenstück *n* (*vom Rind*).

a·jar [ə'dʒɑː] *adv. u. adj.* **1.** halb offen, angelehnt (*Tür*); **2.** *fig.* im Zwiespalt.

a·kim·bo [ə'kɪmbəʊ] *adv. die Arme* in die Seite gestemmt.

a·kin [ə'kɪn] *adj.* **1.** (bluts- *od.* stamm-) verwandt (***to*** mit); **2.** verwandt; sehr ähnlich (***to*** *dat.*).

al·a·bas·ter ['æləbɑːstə] **I** *s. min.* Ala'baster *m*; **II** *adj.* ala'bastern, ala'basterweiß, Alabaster...

a·lac·ri·ty [ə'lækrətɪ] *s.* **1.** Munterkeit *f*; **2.** Bereitwilligkeit *f*, Eifer *m*.

A·lad·din's lamp [ə'lædɪnz] *s.* 'Aladins Wunderlampe *f*; *fig.* wunderwirkender 'Talisman.

à la mode [,ɑːlɑː'məʊd] (*Fr.*) *adj.* **1.** à la mode, modisch; **2.** gespickt u. geschmort u. mit Gemüse zubereitet: ***beef ~***; **3.** *Am.* mit (Speise)Eis (serviert): ***cake ~***.

a·larm [ə'lɑːm] **I** *s.* **1.** A'larm *m*, Warnruf *m*, Warnung *f*: ***false ~*** blinder Alarm, falsche Meldung; ***give*** (***raise, sound***) ***the ~*** Alarm geben *od. fig.* schlagen; **2.** a) Weckvorrichtung *f*, b) Wecker *m*; **3.** A'larmvorrichtung *f*, **4.** Lärm *m*, Aufruhr *m*; **5.** Angst *f*, Unruhe *f*, Bestürzung *f*; **II** *v/t.* **6.** alarmieren, warnen; **7.** beunruhigen, erschrecken (***at*** über *acc.*, ***by*** durch): ***be ~ed*** sich ängstigen, bestürzt sein; **~ bell** *s.* A'larm-, Sturmglocke *f*; **~ clock** *s.* Wecker *m* (*Uhr*).

a·larm·ing [ə'lɑːmɪŋ] *adj.* □ beunruhigend, beängstigend; **a'larm·ist** [-mɪst] **I** *s.* Bangemacher *m*, Schwarzseher *m*, ‚Unke' *f*; **II** *adj.* schwarzseherisch.

a·las [ə'læs] *int.* ach!, leider!

alb [ælb] *s. eccl.* Albe *f*, Chorhemd *n*.

Al·ba·ni·an [æl'beɪnjən] **I** *adj.* al'banisch; **II** *s.* Al'ban(i)er(in).

al·ba·tross ['ælbətrɒs] *s. orn.* 'Albatros *m*, Sturmvogel *m*.

al·be·it [ɔːl'biːɪt] *cj.* ob'gleich, wenn auch.

al·bert ['ælbət] *s. a.* **2 chain** *Brit.* (kurze) Uhrkette.

al·bi·no [æl'bi:nəʊ] *pl.* **-nos** *s.* Al'bino *m*, 'Kakerlak *m*.

Al·bion ['ælbjən] *npr. poet.* 'Albion *n* (*Britannien od. England*).

al·bum ['ælbəm] *s.* **1.** 'Album *n*, Stammbuch *n*; **2.** (Briefmarken-, Foto-, Schallplatten- *etc.*)Album *n*; **3.** a) 'Schallplattenkas,sette *f*, b) Album *n* (*Langspielplatte*[*n*]); **4.** Gedichtsammlung *etc.* (in Buchform).

al·bu·men ['ælbjʊmɪn] *s.* **1.** *zo.* Eiweiß *n*, Al'bumen *n*; **2.** ⚘, ⚗, ⚘ Eiweiß(stoff *m*) *n*, Albu'min *n*; **al·bu·min** ['ælbjʊmɪn] → ***albumen*** 2; **al·bu·mi·nous** [æl'bju:mɪnəs] *adj.* eiweißartig, -haltig.

al·chem·ic *adj.*; **al·chem·i·cal** [æl'kemɪk(l)] *adj.* □ alchi'mistisch; **al·che·mist** ['ælkɪmɪst] *s.* Alchi'mist *m*, Goldmacher *m*; **al·che·my** ['ælkɪmɪ] *s.* Alchi'mie *f*.

al·co·hol ['ælkəhɒl] *s.* 'Alkohol *m*: a) Sprit *m*, 'Spiritus *m*, Weingeist *m*: ***ethyl ~*** Äthylalkohol *m*, b) geistige *od.* alko'holische Getränke *pl.*; **al·co·hol·ic** [,ælkə'hɒlɪk] **I** *adj.* **1.** alko'holisch, 'alkoholartig, -haltig, Alkohol...: ***~ drinks***; ***~ strength*** Alkoholgehalt *m*; **II** *s.* **2.** (Gewohnheits)Trinker(in), Alko'holiker(in); **3.** *pl.* Alko'holika *pl.*, alkoholische Getränke *pl.*; **'al·co·hol·ism** [-lɪzəm] *s.* Alkoho'lismus *m*: a) Trunksucht *f*, b) *durch Trunksucht verursachte Organismusschädigungen*.

al·cove ['ælkəʊv] *s.* Al'koven *m*, Nische *f*; (Garten)Laube *f*, Grotte *f*.

al·de·hyde ['ældɪhaɪd] *s.* ⚗ Alde'hyd *m*.

al·der ['ɔ:ldə] *s.* ⚘ Erle *f*.

al·der·man ['ɔ:ldəmən] *s.* [*irr.*] Ratsherr *m*, Stadtrat *m*; **'al·der·man·ry** [-rɪ] *s.* **1.** (von e-m Ratsherrn vertretener) Stadtbezirk; **2.** → **'al·der·man·ship** [-ʃɪp] *s.* Amt *n* e-s Ratsherrn; **al·der·wom·an** ['ɔ:ldə,wʊmən] *s.* [*irr.*] Stadträtin *f*.

ale [eɪl] *s.* Ale *n* (*helles, obergäriges Bier*).

a·leck ['ælɪk] *s. Am.* F → ***smart aleck***.

a·lee [ə'li:] *adv. u. adj.* leewärts.

'ale-house *s.* 'Bierlo,kal *n*.

a·lem·bic [ə'lembɪk] *s.* **1.** Destillierkolben *m*; **2.** *fig.* Re'torte *f*.

a·lert [ə'lɜ:t] **I** *adj.* □ **1.** wachsam, auf der Hut; achtsam: ***~ to*** klar bewußt (*gen.*); **2.** rege, munter; **3.** aufgeweckt, forsch, a'lert; **II** *s.* **4.** (A'larm-)Bereitschaft *f*: ***on the ~*** auf der Hut, in Alarmbereitschaft; **5.** A'larm(si,gnal *n*) *m*, Warnung *f*; **III** *v/t.* **6.** alarmieren, warnen, ⚔ *a.* in A'larmzustand versetzen, *weitS.* mobilisieren: ***~ s.o. to s.th.*** *fig.* j-m et. zum Bewußtsein bringen; **a'lert·ness** [-nɪs] *s.* **1.** Wachsamkeit *f*; **2.** Munterkeit *f*, Flinkheit *f*; **3.** Aufgewecktheit *f*, Forschheit *f*.

A lev·el *s. Brit. ped.* (*etwa*) Abi'tur *n*: ***he has three ~s*** er hat das Abitur in drei Fächern gemacht.

Al·ex·an·drine [,ælɪg'zændraɪn] *s.* Alexan'driner *m* (*Versart*).

al·fal·fa [æl'fælfə] *s.* ⚘ Lu'zerne *f*.

al·fres·co [æl'freskəʊ] (*Ital.*) *adj. u. adv.* im Freien: ***~ lunch***.

al·ga ['ælgə] *pl.* **-gae** [-dʒi:] *s.* ⚘ Alge *f*, Tang *m*.

al·ge·bra ['ældʒɪbrə] *s.* ⚓ Algebra *f*; **,al·ge'bra·ic** [-reɪk] *adj.* □ alge'braisch: ***~ calculus*** Algebra *f*.

Al·ge·ri·an [æl'dʒɪərɪən] **I** *adj.* al'gerisch; **II** *s.* Al'gerier(in).

Al·gol ['ælgɒl] *s.* ALGOL *n* (*Computersprache*).

a·li·as ['eɪlɪæs] **I** *adv.* 'alias, sonst (... genannt); **II** *s. pl.* **-as·es** angenommener Name, Deckname *m*.

al·i·bi ['ælɪbaɪ] *s.* **1.** ⚖ 'Alibi *n*: ***establish one's ~*** sein Alibi erbringen; **3.** F Ausrede *f*, 'Alibi *n*.

al·ien ['eɪljən] **I** *adj.* **1.** fremd; ausländisch: ***~ subjects*** ausländische Staatsangehörige; **2.** außerirdisch (*Wesen*); **3.** *fig.* andersartig, fernliegend, fremd (***to*** *dat.*); **4.** *fig.* zu'wider, 'unsym,pathisch (***to*** *dat.*); **II** *s.* **5.** Fremde(r *m*) *f*, Ausländer(in): ***enemy ~*** feindlicher Ausländer; ***~s police*** Fremdenpolizei *f*; **6.** nicht naturalisierter Bewohner des Landes; **7.** *fig.* Fremdling *m*; **8.** außerirdisches Wesen; **9.** *ling.* Fremdwort *n*; **'al·ien·a·ble** [-nəbl] *adj.* veräußerlich; über'tragbar; **'al·ien·age** [-nɪdʒ] *s.* Ausländertum *n*; **'al·ien·ate** [-neɪt] *v/t.* **1.** ⚖ veräußern, über'tragen; **2.** entfremden, abspenstig machen (***from*** *dat.*); **al·ien·a·tion** [,eɪljə'neɪʃn] *s.* **1.** ⚖ Veräußerung *f*, Über'tragung *f*; **2.** Entfremdung *f* (*a. psych., pol.*) (***from*** von), Abwendung *f*, Abneigung *f*: ***~ of affections*** ⚖ Entfremdung (ehelicher Zuneigung); **3.** *a.* ***mental ~*** Alienati'on *f*, Psy'chose *f*; **4.** *literarische* Verfremdung: ***~ effect*** Verfremdungs-, V-Effekt *m*; **'al·ien·ist** [-nɪst] *s. obs.* Nervenarzt *m*.

a·light[1] [ə'laɪt] *v/i.* **1.** ab-, aussteigen; **2.** sich niederlassen, sich setzen (*Vogel*), fallen (*Schnee*): ***~ on one's feet*** auf die Füße fallen; **3.** ✈ niedergehen, landen; **4.** (***on***) (zufällig) stoßen (auf *acc.*), antreffen (*acc.*).

a·light[2] [ə'laɪt] *adj.* **1.** → ***ablaze***; **2.** erleuchtet (***with*** von).

a·lign [ə'laɪn] **I** *v/t.* **1.** ausfluchten, in e-e (gerade) 'Linie bringen; in gerader Linie *od.* in Reih und Glied aufstellen; ausrichten (***with*** nach); **2.** *fig.* zu e-r Gruppe (*Gleichgesinnter*) zs.-schließen; **3.** ***~ o.s.*** (***with***) sich anschließen, sich anpassen (an *acc.*); **II** *v/i.* **4.** sich in gerader Linie *od.* in Reih und Glied aufstellen; sich ausrichten (***with*** nach); **a'lign·ment** [-mənt] *s.* **1.** Anordnung *f* in 'einer Linie, Ausrichten *n*; Anpassung *f*: ***in ~ with*** in 'einer Linie *od.* Richtung mit (*a. fig.*); **2.** ⚙ a) Ausfluchten *n*, Ausrichten *n*, b) 'Linien-, Zeilenführung *f*, c) 'Absteckungs,linie *f*, Trasse *f*, Flucht *f*, Gleichlauf *m*; **3.** *fig.* Ausrichtung *f*, Gruppierung *f*: ***~ of political forces***.

a·like [ə'laɪk] **I** *adj.* gleich, ähnlich; **II** *adv.* gleich, ebenso, in gleichem Maße: ***she helps enemies and friends ~***.

al·i·ment ['ælɪmənt] *s.* Nahrung(smittel *n*) *f*; **2.** *et.* Lebensnotwendiges; **al·i·men·ta·ry** [,ælɪ'mentərɪ] *adj.* **1.** nahrhaft; **2.** Nahrungs..., Ernährungs...: ***~ canal*** Verdauungskanal *m*; **al·i·men·ta·tion** [,ælɪmen'teɪʃn] *s.* Ernährung *f*, Unterhalt *m*.

al·i·mo·ny ['ælɪmənɪ] *s.* ⚖ 'Unterhalt(szahlung *f*) *m*.

a·line *etc.* → ***align*** *etc.*

al·i·quant ['ælɪkwənt] *adj.* ⚓ ali'quant, mit Rest teilend; **'al·i·quot** [-kwɒt] *adj.* ⚓ ali'quot, ohne Rest teilend.

a·live [ə'laɪv] *adj.* **1.** lebend, (noch) am Leben: ***the proudest man ~*** der stolzeste Mann der Welt; ***no man ~*** kein Sterblicher; ***man ~!*** F Menschenskind!; **2.** tätig, in voller Kraft *od.* Wirksamkeit, im Gange: ***keep ~*** a) aufrechterhalten, bewahren, b) am Leben bleiben; **3.** lebendig, lebhaft, belebt: ***~ and kicking*** F gesund u. munter; ***look ~!*** F (mach) fix!, paß auf!; **4.** (***to***) empfänglich (für), bewußt (*gen.*), achtsam (auf *acc.*); **5.** voll, belebt, wimmelnd (***with*** von); **6.** ⚡ stromführend, geladen, unter Strom stehend.

al·ka·li ['ælkəlaɪ] ⚗ **I** *pl.* **-lies** *od.* **-lis** *s.* **1.** Al'kali *n*; **2.** (in wäßriger Lösung) stark al'kalisch reagierende Verbindung: ***caustic ~*** Ätzalkali; ***mineral ~*** kohlensaures Natron; **3.** *geol.* kalzinierte Soda; **II** *adj.* **4.** al'kalisch: ***~ soil***; **'al·ka·line** [-laɪn] *adj.* ⚗ al'kalisch, al'kalihaltig, basisch; **al·ka·lin·i·ty** [,ælkə'lɪnətɪ] *s.* ⚗ Alkalini'tät *f*, al'kalische Eigenschaft; **'al·ka·lize** [-laɪz] *v/t.* ⚗ alkalisieren, auslaugen; **'al·ka·loid** [-lɔɪd] ⚗ **I** *s.* Alkalo'id *n*; **II** *adj.* al'kaliartig, laugenhaft.

all [ɔ:l] **I** *adj.* **1.** all, sämtlich, vollständig, ganz: ***~ the wine*** der ganze Wein; ***~ day*** (***long***) den ganzen Tag; ***for ~ that*** dessenungeachtet, trotzdem; ***~ the time*** die ganze Zeit; ***for ~ time*** für immer; ***~ the way*** die ganze Strecke, *fig.* völlig, rückhaltlos; ***with ~ respect*** bei aller Hochachtung; **2.** jeder, jede, jedes (beliebige); alle *pl.*: ***at ~ hours*** zu jeder Stunde; ***beyond ~ question*** fraglos; → ***event*** 3, ***mean***[3] 3; **3.** ganz, rein: ***~ wool*** reine Wolle; → ***all-American***; **II** *s.* **4.** das Ganze, alles; Gesamtbesitz *m*: ***his ~*** a) sein Hab u. Gut, b) sein ein u. alles; **III** *pron.* **5.** alles: ***~ of it*** alles; ***~ of us*** wir alle; ***~'s well that ends well*** Ende gut, alles gut; ***when ~ is said*** (***and done***) F letzten Endes, im Grunde genommen; ***what is it ~ about?*** um was handelt es sich?; ***the best of ~ would be*** das allerbeste wäre; ***in ~*** insgesamt; ***~ in ~*** alles in allem; ***is that ~?*** a) sonst noch et.?, b) F schöne Geschichte!; **IV** *adv.* **6.** ganz, gänzlich, völlig, höchst: ***~ wrong*** ganz falsch, völlig im Irrtum; ***that is ~ very well, but ...*** das ist ja ganz schön u. gut, aber ...; ***he was ~ ears*** (***eyes***) er war ganz Ohr (Auge); ***she is ~ kindness*** sie ist die Güte selber; ***~ the better*** um so besser; ***~ one*** einerlei, gleichgültig; ***~ the same*** a) ganz gleich, gleichgültig, b) gleichwohl, trotzdem, immerhin; → ***above*** 2, ***after*** 1, ***at***[1] 7, ***but*** 13, ***once*** 4b; **7.** *Sport:* ***two ~*** zwei beide, zwei zu zwei;

Zssgn mit adv. u. prp.:

all| a·long a) der ganzen Länge nach, b) F die ganze Zeit, schon immer; ***~ in*** *sl.* ‚fertig', ganz ‚erledigt'; ***~ out*** a) ‚auf dem Holzweg', b) völlig ‚ka'putt', c) mit aller Macht: ***be ~ for s.th.*** mit aller Macht auf et. aussein; → ***go*** 16; ***~ o·ver*** a) *es ist* alles aus, b) gänzlich: ***that is Max ~*** F das sieht Max ähnlich, das ist typisch Max, c) am ganzen Körper, d) über'all(hin); ***~ right*** ganz richtig; in Ordnung(!), schön!, (na) gut!; ***~ round*** 'ringsum'her, über'all; ***~ there***: ***he is***

not* ~** F er ist nicht ganz bei Trost; **~ *up*:** ***it's* ~ *with him mit ihm ist's aus; ***for* ~** a) trotz: ***~ his smartness***; **~ *that*** trotzdem, b) so'viel: ***~ I know***; ***~ I care*** F das ist mir doch egal!, meinetwegen!; ***in* ~** insgesamt.

ˌall|-A'mer·i·can *adj.* rein ameri'kanisch, die ganzen USA vertretend; *Sport*: National…; **ˌ~-a'round** *Am.* → ***all-round***; **'all-ˌau·to'mat·ic** *adj.* ⚙ 'vollautoˌmatisch.

al·lay [ə'leɪ] *v/t.* beschwichtigen, beruhigen; *Streit* schlichten; mildern, lindern, *Hunger, Durst* stillen.

ˌall|-'clear *s.* **1.** Ent'warnung(ssiˌgnal *n*) *f*; **2.** *fig.* ‚grünes Licht'; **'~-ˌdu·ty** *adj.* ⚙ Allzweck…

al·le·ga·tion [ˌælɪ'geɪʃn] *s.* *unerwiesene* Behauptung, Aussage *f*, Vorbringen *n*; Darstellung *f*.

al·lege [ə'ledʒ] *v/t.* **1.** *Unerwiesenes* behaupten, erklären, vorbringen; **2.** vorgeben, vorschützen; **al'leged** [-dʒd] *adj*; **al'leg·ed·ly** [-dʒɪdlɪ] *adv.* an-, vorgeblich.

al·le·giance [ə'liːdʒəns] *s.* **1.** 'Untertanenpflicht *f*, -treue *f*, -gehorsam *m*: ***oath of* ~** Treu-, ⚔ Fahneneid *m*; ***change one's* ~** s-e Staats- *od.* Parteiangehörigkeit wechseln; **2.** (***to***) Treue *f* (zu), Loyali'tät *f*; Bindung *f* (an *acc.*); Ergebenheit *f*, Gefolgschaft *f*.

al·le·gor·ic, al·le·gor·i·cal [ˌælɪ'gɒrɪk(l)] *adj.* □ alle'gorisch, (sinn)bildlich; **al·le·go·rize** ['ælɪgəraɪz] **I** *v/t.* allegorisch darstellen; **II** *v/i.* in Gleichnissen reden; **al·le·go·ry** ['ælɪgərɪ] *s.* Allego'rie *f*, Sinnbild *n*, sinnbildliche Darstellung, Gleichnis *n*.

al·le·lu·ia [ˌælɪ'luːjə] **I** *s.* Halle'luja *n*, Loblied *n*; **II** *int.* halleluja!

al·ler·gic [ə'lɜːdʒɪk] *adj.* ⚕ *u.* F *fig.* all'ergisch, äußerst empfindlich (***to*** gegen); **al·ler·gy** ['ælədʒɪ] *s.* **1.** ⚘, ⚕, *zo.* Aller'gie *f*, 'Überempfindlichkeit *f*; **2.** F ‚Aller'gie' *f*, 'Widerwille *m* (***to*** gegen).

al·le·vi·ate [ə'liːvɪeɪt] *v/t.* erleichtern, lindern, mildern, (ver)mindern; **al·le·vi·a·tion** [əˌliːvɪ'eɪʃn] *s.* Erleichterung *f etc.*

al·ley ['ælɪ] *s.* **1.** (schmale) Gasse, Verbindungsgang *m*, 'Durchgang *m* (*a. fig.*): ***that's down*** (*od.* ***up***) ***my* ~** F das ist et. für mich, das ist ganz mein Fall; → ***blind alley***; **2.** Spielbahn *f*; → ***bowling-alley*** *etc.*; **'~·way** *s.* → ***alley*** 1.

All| Fools' Day [ˌɔːl'fuːlzdeɪ] *s.* der 1. A'pril; **ꝯ fours** alle vier (*Kartenspiel*); → ***four*** 2; **~ Hal·lows** [ˌɔːl'hæləʊz] *s.* Aller'heiligen *n*.

al·li·ance [ə'laɪəns] *s.* **1.** Verbindung *f*, Verknüpfung *f*; **2.** Bund *m*, Bündnis *n*: ***offensive and defensive* ~** Schutz- und Trutzbündnis; ***form an* ~** ein Bündnis schließen; **3.** Heirat *f*, Verwandtschaft *f*, Verschwägerung *f*; **4.** *weitS.* Verwandtschaft *f*; **5.** *fig.* Bund *m*, (Inter'essen)Gemeinschaft *f*; **6.** Über'einkunft *f*; **al·lied** [ə'laɪd; *attr.* 'ælaɪd] *adj.* **1.** verbündet, alliiert (***with*** mit): ***the* ꝯ *Powers***; **2.** *fig.* (art)verwandt (***to*** mit); **Al·lies** ['ælaɪz] *s. pl.*: ***the* ~** die Alliierten, die Verbündeten.

al·li·ga·tor ['ælɪgeɪtə] *s. zo.* Alli'gator *m*; 'Kaiman *m*; **~ pear** *s.* → ***avocado***; **~ skin** *s.* Kroko'dilleder *n*.

'all|-imˌpor·tant *adj.* äußerst wichtig; **ˌ~-'in, 'all-inˌclu·sive** *adj. bsd. Brit.* alles inbegriffen, Gesamt…, Pauschal…: **~ *insurance*** Generalversicherung *f*; **~ *wrestling*** *sport* Catchen *n*.

al·lit·er·ate [ə'lɪtəreɪt] *v/t.* **1.** alliterieren; **2.** im Stabreim dichten; **al·lit·er·a·tion** [əˌlɪtə'reɪʃn] *s.* Alliterati'on *f*, Stabreim *m*; **al'lit·er·a·tive** [-rətɪv] *adj.* □ alliterierend.

ˌall|-'mains *adj.* ⚡ Allstrom…, mit Netzanschluß; **ˌ~-'met·al** *adj.* Ganzmetall…

al·lo·cate ['æləʊkeɪt] *v/t.* **1.** ver-, zuteilen, an-, zuweisen (***to*** *dat.*): **~ *duties***; **~ *shares*** Aktien zuteilen; **2.** → ***allot*** 3; **3.** den Platz bestimmen für; **al·lo·ca·tion** [ˌæləʊ'keɪʃn] *s.* **1.** Zu-, Verteilung *f*; An-, Zuweisung *f*, Kontin'gent *n*; Aufschlüsselung *f*; **2.** ✝ Bewilligung *f*, Zahlungsanweisung *f*.

al·lo·cu·tion [ˌæləʊ'kjuːʃn] *s.* feierliche *od.* ermahnende Ansprache.

al·lo·path ['æləʊpæθ] *s.* ⚕ Allo'path *m*; **al·lop·a·thy** [ə'lɒpəθɪ] *s.* ⚕ Allopa'thie *f*.

al·lot [ə'lɒt] *v/t.* **1.** zu-, aus-, verteilen; auslosen; **2.** bewilligen, abtreten; **3.** bestimmen (***to, for*** für *j-n od. e-n Zweck*); **al'lot·ment** [-mənt] *s.* **1.** Ver-, Zuteilung *f*, Anteil *m*; zugeteilte 'Aktien *pl.*; **2.** *Brit.* Par'zelle *f*; (*a.* **~ *garden***) Schrebergarten *m*; **3.** Los *n*, Schicksal *n*.

ˌall-'out *adj.* **1.** to'tal, um'fassend, Groß…: **~ *effort***; **2.** kompro'mißlos, radi'kal.

al·low [ə'laʊ] **I** *v/t.* **1.** erlauben, gestatten, zulassen: ***he is not ~ed to go there*** er darf nicht hingehen; **2.** gewähren, bewilligen, gönnen, zuerkennen: **~ *more time***; ***we are ~ed two ounces a day*** uns stehen täglich zwei Unzen zu; **~ *an item of expenditure*** e-n Ausgabeposten billigen; **3.** a) zugeben: ***I* ~ *I was rather nervous***, b) gelten lassen, *Forderung* anerkennen: **~ *a claim***; **4.** lassen, dulden, ermöglichen: ***you must* ~ *the soup to get cold*** du mußt die Suppe abkühlen lassen; **5.** *Summe für gewisse Zeit* zuwenden, geben: ***my father ~s me £100 a year*** mein Vater gibt mir jährlich £ 100 (*Zuschuß od. Unterhaltsgeld*); **6.** ab-, anrechnen, abziehen, nachlassen, vergüten: **~ *a discount*** e-n Rabatt gewähren; **~ *10% for inferior quality***; **7.** *Am.* a) meinen, b) beabsichtigen; **II** *v/i.* **8. ~ *of*** erlauben, zulassen, ermöglichen (*acc.*): ***it ~s of no excuse*** es läßt sich nicht entschuldigen; **9. ~ *for*** berücksichtigen, bedenken, in Betracht ziehen, anrechnen (*acc.*): **~ *for wear and tear***; **al'low·a·ble** [-əbl] *adj.* □ **1.** erlaubt, zulässig, rechtmäßig; **2.** abziehbar, -zugsfähig: **~ *expenses*** ✝ abzugsfähige Ausgaben; **al'low·ance** [-əns] **I** *s.* **1.** Erlaubnis *f*, Be-, Einwilligung *f*, Anerkennung *f*; **2.** *geldliche* Zuwendung; Zuteilung *f*, Rati'on *f*, Maß *n*; Zuschuß *m*, Beihilfe *f*, Taschengeld *n*: ***weekly* ~**; ***family* ~** Familienunterstützung *f*; ***dress* ~** Kleidergeld *n*; **3.** Nachsicht *f*: ***make* ~ *for*** berücksichtigen, bedenken, in Betracht ziehen; **4.** Entschädigung *f*, Vergütung *f*: ***expense* ~** Aufwandsentschädigung; **5.** ✝ Nachlaß *m*, Ra'batt *m*: **~ *for cash*** Skonto *m*, *n*; ***tax* ~** Steuerermäßigung *f*; **6.** ⚙, ⚒ Tole'ranz *f*, Spiel(raum *m*) *n*, zulässige Abweichung; **7.** *sport* Vorgabe *f*; **II** *v/t.* **8.** a) *j-n* auf Rationen setzen, b) *Waren* rationieren.

al·loy I *s.* ['ælɔɪ] **1.** Me'tallegierung *f*; **2.** ⚙ Legierung *f*, Gemisch *n*; **3.** [ə'lɔɪ] *fig.* (Bei)Mischung *f*: ***pleasure without* ~** ungetrübte Freude; **II** *v/t.* [ə'lɔɪ] **4.** *Metalle* legieren, mischen; **5.** *fig.* beeinträchtigen, verschlechtern.

ˌall|-'par·ty *adj. pol.* Allparteien…; **ˌ~-'pur·pose** *adj.* für jeden Zweck verwendbar, Allzweck…, Universal…: **~ *outfit***; **ˌ~-'red** *adj. bsd. geogr.* rein 'britisch; **ˌ~-'round** *adj.* all-, vielseitig, Allround…; **ˌ~-'round·er** *s.* Alleskönner *m*; *sport* All'roundsportler *m*, -spieler *m*; **ꝯ Saints' Day** [ˌɔːl'seɪntsdeɪ] *s.* Aller'heiligen *n*; **ꝯ Souls' Day** [ˌɔːl'səʊlzdeɪ] *s.* Aller'seelen *n*; **ˌ~-'star** *adj. thea., sport* nur mit ersten Kräften besetzt: **~ *cast*** Star-, Galabesetzung *f*; **ˌ~-'steel** *adj.* Ganzstahl…; **ˌ~-ter'rain** *adj. mot.* geländegängig, Gelände…; **ˌ~-'time** *adj.* **1.** bisher unerreicht, *der (die, das) beste etc.* aller Zeiten: **~ *high*** Höchstleistung *f*, -stand *m*; **~ *low*** Tiefststand *m*; **2.** hauptberuflich, Ganztags…: **~ *job***.

al·lude [ə'luːd] *v/i.* (***to***) anspielen, hinweisen (auf *acc.*); *et.* andeuten, erwähnen.

al·lure [ə'ljʊə] **I** *v/t.* **1.** (an-, ver)locken, gewinnen (***to*** für); abbringen (***from*** von); **2.** anziehen, reizen; **II** *s.* **3.** → **al'lure·ment** [-mənt] *s.* **1.** (Ver)Lokkung *f*; **2.** Lockmittel *n*, Köder *m*; **3.** Anziehungskraft *f*, Zauber *m*, Reiz *m*; **al'lur·ing** [-ərɪŋ] *adj.* □ verlockend, verführerisch.

al·lu·sion [ə'luːʒn] *s.* (***to***) Anspielung *f*, Hinweis *m* (auf *acc.*); Erwähnung *f*, Andeutung *f* (*gen.*); **al'lu·sive** [-uːsɪv] *adj.* □ anspielend, verblümt, vielsagend.

al·lu·vi·al [ə'luːvjəl] *adj. geol.* angeschwemmt, alluvi'al; **al'lu·vi·on** [-ən] *s.* **1.** *geol.* Anschwemmung *f*; **2.** Alluvi'on *f*, angeschwemmtes Land; **al'lu·vi·um** [-əm] *pl.* **-vi·ums** *od.* **-vi·a** [-vjə] *s. geol.* Al'luvium *n*, Schwemmland *n*.

ˌall|-'wave *adj.* ⚡: **~ *receiving set*** Allwellenempfänger *m*; **ˌ~-'weath·er** *adj.* ⚙ Allwetter…; **ˌ~-'wheel** *adj.* ⚙, *mot.* Allrad…

al·ly [ə'laɪ] **I** *v/t.* **1.** (*durch Heirat, Verwandtschaft, Ähnlichkeit*) vereinigen, verbinden (***to, with*** mit); **2. ~ *o.s.*** sich verbinden *od.* verbünden (***with*** mit); **II** *v/i.* **3.** sich vereinigen, sich verbinden, sich verbünden (***to, with*** mit); → ***allied***; **III** *s.* ['ælaɪ] **4.** Alliierte(r *m*) *f*, Verbündete(r *m*) *f*, Bundesgenosse *m*, Bundesgenossin *f* (*a. fig.*); **5.** ⚘, *zo.* verwandte Sippe.

al·ma·nac ['ɔːlmənæk] *s.* 'Almanach *m*, Ka'lender *m*, Jahrbuch *n*.

al·might·y [ɔːl'maɪtɪ] *adj.* **1.** allmächtig: ***the* ꝯ** der Allmächtige; **2.** *a. adv.* F ‚riesig', ‚mächtig'.

al·mond ['ɑːmənd] *s.* ⚘ Mandel *f*; Mandelbaum *m*; **'~-eyed** *adj.* mandeläugig.

al·mon·er ['ɑːmənə] *s.* **1.** *hist.* 'Almosenpfleger *m*; **2.** *Brit.* Sozi'alarbeiter(in) im Krankenhaus.

al·most ['ɔːlməʊst] *adv.* fast, beinahe.

alms [ɑːmz] *s. sg. u. pl.* 'Almosen *n*; **'~·house** *s.* **1.** *Brit.* a) pri'vates Altenheim, b) privates Wohnheim für sozi'al Schwache; **2.** *hist.* Armenhaus *n*; '**~man** [-mən] *s.* [*irr.*] *hist.* 'Almosenempfänger *m*.

al·oe ['æləʊ] *s.* **1.** ♀ 'Aloe *f*; **2.** *pl. sg. konstr.* ⚕ Aloe *f* (*Abführmittel*).

a·loft [ə'lɒft] *adv.* **1.** *poet.* hoch (oben *od.* hin'auf), em'por, droben, in der *od.* die Höhe; **2.** ⚓ oben, in der *od.* die Takelung.

a·lone [ə'ləʊn] **I** *adj.* al'lein, einsam; → ***leave alone, let alone, let***[1] *Redew.*; **II** *adv.* allein, bloß, nur.

a·long [ə'lɒŋ] **I** *prp.* **1.** entlang, längs; **II** *adv.* **2.** entlang, längs; **3.** vorwärts, weiter: → ***get along***; **4.** zu'sammen (mit), mit, bei sich: ***take ~*** mitnehmen; ***come ~*** komm mit!, ‚komm doch schon!'; ***I'll be ~ in a few minutes*** ich werde in ein paar Minuten da sein; **5.** → ***all along***; **a|long'shore** *adv.* längs der Küste; **a|long'side** **I** *adv.* **1.** ⚓ längsseits; **2.** *fig.* (***of, with***) verglichen (mit), im Vergleich (zu); **II** *prp.* **3.** längsseits (*gen.*); neben (*dat.*).

a·loof [ə'lu:f] **I** *adv.* fern, abseits, von fern: ***keep ~*** sich fernhalten (***from*** von), Distanz wahren; ***stand ~*** für sich bleiben; **II** *adj.* zu'rückhaltend, reser'viert; **a'loof·ness** [-nɪs] *s.* Zu'rückhaltung *f*, Reser'viertheit *f*, Dis'tanz *f*.

a·loud [ə'laʊd] *adv.* laut, mit lauter Stimme.

alp [ælp] *s.* Alp(e) *f*, Alm *f*.

al·pac·a [æl'pækə] *s.* **1.** *zo.* 'Pako *n*, Al'paka *n*; **2.** a) Al'pakawolle *f*, b) Al'pakastoff *m*.

'**al·pen|·glow** ['ælpən-] *s.* Alpenglühen *n*; '**~horn** (*Ger.*) *s.* Alphorn *n*; '**~stock** ['ælpɪn-] (*Ger.*) *s.* Bergstock *m*.

al·pha ['ælfə] *s.* **1.** 'Alpha *n*: ***the ~ and omega*** *fig.* das A u. O; **2.** ***~ particles*** (***rays***) *pl. phys.* 'Alphateilchen (-strahlen) *pl.*; **3.** *univ. Brit.* Eins *f* (*beste Note*): ***~ plus*** hervorragend.

al·pha·bet ['ælfəbɪt] *s.* **1.** Alpha'bet *n*, Abc *n*; **2.** *fig.* Anfangsgründe *pl.*, Abc *n*; **al·pha·bet·ic, al·pha·bet·i·cal** [ˌælfə'betɪk(l)] *adj.* □ alpha'betisch: ***~ order*** alphabetische Reihenfolge.

Al·pine ['ælpaɪn] *adj.* **1.** Alpen…; **2.** al'pin, Hochgebirgs…: ***~ sun*** ⚕ Höhensonne *f*; ***~ combined*** *sport* Alpine Kombination; '**Al·pin·ism** [-pɪnɪzəm] *s.* **1.** Alpi'nismus *m*; **2.** al'piner Skisport; '**Al·pin·ist** [-pɪnɪst] *s.* Alpi'nist(in); **Alps** [ælps] *s. pl. die* Alpen *pl.*

al·read·y [ɔ:l'redɪ] *adv.* schon, bereits.

al·right [ˌɔ:l'raɪt] *adv. Brit.* F *od. Am. für **all right***.

Al·sa·tian [æl'seɪʃjən] **I** *adj.* **1.** elsässisch; **II** *s.* **2.** Elsässer(in); **3.** *a.* ***~ dog*** (deutscher) Schäferhund.

al·so ['ɔ:lsəʊ] *adv.* auch, ferner, außerdem, ebenfalls; '**al·so-ran** *s.* **1.** *sport Rennteilnehmer* (*a. Pferd*), *der sich nicht plazieren kann*: ***she was an ~*** sie kam unter ‚ferner liefen' ein; **2.** F Versager *m*, Niete *f*.

al·tar ['ɔ:ltə] *s.* Al'tar *m*: ***lead to the ~*** zum Altar führen, heiraten; ***~ boy*** *s.* Mini'strant *m*; ***~ cloth*** *s.* Al'tardecke *f*; '**~-piece** *s.* Al'tarblatt *n*, -gemälde *n*; '**~-screen** *s. reichverzierte* Al'tarrückwand, Re'tabel *n*.

al·ter ['ɔ:ltə] **I** *v/t.* **1.** (ver)ändern, ab-, 'umändern; **2.** *Am. dial. Tiere* kastrieren; **II** *v/i.* **3.** sich (ver)ändern; '**al·ter·a·ble** [-tərəbl] *adj.* veränderlich, wandelbar; **al·ter·a·tion** [ˌɔ:ltə'reɪʃn] *s.* **1.** (Ab-, 'Um-, Ver)Änderung *f*; **2.** *a. pl.* 'Umbau *m*.

al·ter·ca·tion [ˌɔ:ltə'keɪʃn] *s.* heftige Ausein'andersetzung.

al·ter e·go [ˌæltər'egəʊ] (*Lat.*) *s.* Alter ego *n*: a) *das* andere Ich, b) *j-s* Busenfreund(in).

al·ter·nate [ɔ:l'tɜ:nət] **I** *adj.* □ → ***alternately***; **1.** (mitein'ander) abwechselnd, wechselseitig: ***on ~ days*** jeden zweiten Tag; **2.** ⚔ Ausweich…: ***~ position***; **II** *s.* **3.** *pol. Am.* Stellvertreter *m*; **III** *v/t.* ['ɔ:ltəneɪt] **4.** wechselweise tun; abwechseln lassen, *miteinander* vertauschen; **5.** ⚡, ⚙ peri'odisch verändern; **IV** *v/i.* ['ɔ:ltəneɪt] **6.** abwechseln, alternieren; **7.** ⚡ wechseln; **al'ter·nate·ly** [-lɪ] *adv.* abwechselnd, wechselweise; **al·ter·nat·ing** ['ɔ:ltəneɪtɪŋ] *adj.* abwechselnd, Wechsel…: ***~ current*** ⚡ Wechselstrom *m*; ***~ voltage*** ⚡ Wechselspannung *f*; **al·ter·na·tion** [ˌɔ:ltə'neɪʃn] *s.* Abwechslung *f*, Wechsel *m*; **al'ter·na·tive** [-nətɪv] **I** *adj.* □ → ***alternatively***; **1.** alterna'tiv, die Wahl lassend, ein'ander ausschließend, nur 'eine Möglichkeit lassend; **2.** ander(er, e, es) (*von zweien*), Ersatz…, Ausweich…: ***~ airport*** Ausweichflughafen *m*; **II** *s.* **3.** Alterna'tive *f*, Wahl *f*: ***have no*** (***other***) ***~*** keine andere Möglichkeit *od.* Wahl *od.* keinen anderen Ausweg haben; **al'ter·na·tive·ly** [-nətɪvlɪ] *adv.* im anderen Falle, ersatz-, hilfsweise; **al·ter·na·tor** ['ɔ:ltəneɪtə] *s.* ⚡ 'Wechselstromma|schine *f*.

al·tho [ɔ:l'ðəʊ] *Am.* → ***although***.

alt-horn ['ælthɔ:n] *s.* ♪ Althorn *n*.

al·though [ɔ:l'ðəʊ] *cj.* ob'wohl, ob'gleich, wenn auch.

al·tim·e·ter ['æltɪmi:tə] *s. phys.* Höhenmesser *m*.

al·ti·tude ['æltɪtju:d] *s.* **1.** Höhe *f* (*bsd. über dem Meeresspiegel, a.* ✈, ✈, *ast.*): ***~ control*** Höhensteuerung *f*; ***~ flight*** Höhenflug *m*; ***~ of the sun*** Sonnenstand *m*; **2.** *mst pl.* hochgelegene Gegend, (Berg)Höhen *pl.*; **3.** *fig.* Erhabenheit *f*.

al·to ['æltəʊ] *pl.* '**al·tos** (*Ital.*) *s.* ♪ **1.** Alt *m*, Altstimme *f*; **2.** Al'tist(in), Altsänger(in).

al·to·geth·er [ˌɔ:ltə'geðə] **I** *adv.* **1.** völlig, gänzlich, ganz u. gar *schlecht etc.*; **2.** insgesamt, im ganzen genommen; **II** *s.* **3.** ***in the ~*** splitternackt.

al·to-re·lie·vo [ˌæltəʊrɪ'li:vəʊ] (*Ital.*) *s.* 'Hochreli|ef *n*.

al·tru·ism ['æltrʊɪzəm] *s.* Altru'ismus *m*, Nächstenliebe *f*, Uneigennützigkeit *f*; '**al·tru·ist** [-ɪst] *s.* Altru'ist(in); **al·tru·is·tic** [ˌæltrʊ'ɪstɪk] *adj.* (□ ***~ally***) altru'istisch, uneigennützig, selbstlos.

al·um ['æləm] *s.* ⚗ A'laun *m*.

a·lu·mi·na [ə'lju:mɪnə] *s.* ⚗ Tonerde *f*.

al·u·min·i·um [ˌæljʊ'mɪnjəm], *Am.* **a·lu·mi·num** [ə'lu:mɪnəm] *s.* ⚗ Alu'minium *n*.

a·lum·na [ə'lʌmnə] *pl.* **-nae** [-ni:] *s.* ehemalige Stu'dentin *od.* Schülerin; **a'lum·nus** [-nəs] *pl.* **-ni** [naɪ] *s.* ehemaliger Stu'dent *od.* Schüler.

al·ve·o·lar [æl'vɪələ] *adj.* **1.** *anat.* alveo'lär, das Zahnfach betreffend; **2.** *ling.* alveo'lar, am Zahndamm artikuliert; **al·ve·o·lus** [æl'vɪələs] *pl.* **-li** [-laɪ] *s. anat.* Alve'ole *f*: a) Zahnfach *n*, b) Zungenbläs-chen *n*.

al·ways ['ɔ:lweɪz] *adv.* **1.** immer, stets, jederzeit; **2.** F auf jeden Fall, immer'hin.

a·lys·sum ['ælɪsəm] *s.* ♀ Steinkraut *n*.

am [æm; əm] *1. sg. pres. von **be***.

a·mal·gam [ə'mælgəm] *s.* **1.** Amal'gam *n*; **2.** *fig.* Mischung *f*, Gemenge *n*, Verschmelzung *f*; **a'mal·gam·ate** [-meɪt] **I** *v/t.* **1.** amalgamieren; **2.** *fig.* vereinigen, verschmelzen; zs.-legen, zs.-schließen, ✝ fusionieren; **II** *v/i.* **3.** sich amalgamieren; **4.** sich vereinigen, verschmelzen, sich zs.-schließen, ✝ fusionieren; **a·mal·gam·a·tion** [əˌmælgə'meɪʃn] *s.* **1.** Amalgamieren *n*; **2.** Vereinigung *f*, Verschmelzung *f*, Mischung *f*; **3.** *bsd.* ✝ Zs.-schluß *m*, Fusi'on *f*.

a·man·u·en·sis [əˌmænjʊ'ensɪs] *pl.* **-ses** [-si:z] *s.* Amanu'ensis *m*, (Schreib)Gehilfe *m*, Sekre'tär(in).

am·a·ranth ['æmərænθ] *s.* **1.** ♀ Ama'rant *m*, Fuchsschwanz *m*; **2.** *poet.* unverwelkliche Blume; **3.** Ama'rantfarbe *f*, Purpurrot *n*.

am·a·ryl·lis [ˌæmə'rɪlɪs] *s.* ♀ Ama'ryllis *f*, Nar'zissenlilie *f*.

a·mass [ə'mæs] *v/t. bsd. Geld etc.* an-, aufhäufen, ansammeln.

am·a·teur ['æmətə] *s.* Ama'teur *m*: a) (Kunst- *etc.*)Liebhaber *m*, b) Amateursportler(in): ***~ flying*** Sportfliegerei *f*, c) Nichtfachmann *m*, *contp.* Dilet'tant *m*, Stümper *m* (***at painting*** im Malen), d) Bastler *m*; **am·a·teur·ish** [ˌæmə'tɜ:rɪʃ] *adj.* □ dilet'tantisch; '**am·a·teur·ism** [-ərɪzəm] *s.* **1.** *sport* Amateu'rismus *m*; **2.** Dilet'tantentum *n*.

am·a·tive ['æmətɪv] *adj.*, '**am·a·to·ry** [-tərɪ] → ***amorous***.

a·maze [ə'meɪz] *v/t.* in Staunen setzen, verblüffen, über'raschen; **a'mazed** [-zd] *adj.*; **a'maz·ed·ly** [-zɪdlɪ] *adv.* erstaunt, verblüfft (***at*** über *acc.*); **a'maze·ment** [-mənt] *s.* (Er)Staunen *n*, Verblüffung *f*, Verwunderung *f*; **a'maz·ing** [-zɪŋ] *adj.* □ erstaunlich, verblüffend; unglaublich, ‚toll'.

Am·a·zon ['æməzən] *s.* **1.** *antiq.* Ama'zone *f*; **2.** ♀ *fig.* Ama'zone *f*, Mannweib *n*; **Am·a·zo·ni·an** [ˌæmə'zəʊnjən] *adj.* **1.** ama'zonenhaft, Amazonen…; **2.** *geogr.* Amazonas…

am·bas·sa·dor [æm'bæsədə] *s.* **1.** *pol.* a) Botschafter *m* (*a. fig.*), b) Gesandte(r) *m*; **2.** Abgesandte(r) *m*, Bote *m* (*a. fig.*): ***~ of peace***; **am·bas·sa·do·ri·al** [æmˌbæsə'dɔ:rɪəl] *adj.* Botschafts…; **am'bas·sa·dress** [-drɪs] *s.* **1.** Botschafterin *f*; **2.** Gattin *f* e-s Botschafters.

am·ber ['æmbə] **I** *s.* **1.** *min.* Bernstein *m*; **2.** Gelb *n*, gelbes Licht (*Verkehrsampel*): ***at ~*** bei Gelb; ***the lights were at ~*** die Ampel stand auf Gelb; **II** *adj.* **3.** Bernstein…; **4.** bernsteinfarben.

am·ber·gris ['æmbəgri:s] *s.* (graue) Ambra.

am·bi·dex·trous [ˌæmbɪ'dekstrəs] *adj.* □ **1.** beidhändig; **2.** mit beiden Händen gleich geschickt, *weitS.* ungewöhnlich geschickt; **3.** doppelzüngig, 'hinterhältig.

am·bi·ence ['æmbɪəns] *s. Kunst*: Ambi'ente *n*, *fig. a.* a) Mili'eu *n*, 'Umwelt *f*, b) Atmo'sphäre *f*; **'am·bi·ent** [-nt] *adj.* um'gebend, um'kreisend; ⚙ Umgebungs...(*-temperatur etc.*), Neben... (*-geräusch*).

am·bi·gu·i·ty [ˌæmbɪ'gjuːɪtɪ] *s.* Zwei-, Vieldeutigkeit *f*, Doppelsinn *m*; Unklarheit *f*; **am·big·u·ous** [æm'bɪgjʊəs] *adj.* □ zweideutig; unklar.

am·bit ['æmbɪt] *s.* **1.** 'Umkreis *m*; **2.** a) Um'gebung *f*, b) Grenzen *pl.*; **3.** *fig.* Bereich *m*.

am·bi·tion [æm'bɪʃn] *s.* Ehrgeiz *m*, Ambiti'on *f* (*beide a. Gegenstand des Ehrgeizes*); Streben *n*, Begierde *f*, Wunsch *m* (***of*** nach *od. inf.*), Ziel *n*, *pl.* Bestrebungen *pl.*; **am'bi·tious** [-ʃəs] *adj.* □ **1.** ehrgeizig (*a. Plan etc.*); **2.** strebsam; begierig (***of*** nach); **3.** ambiti'ös, anspruchsvoll.

am·bi·va·lence [ˌæmbɪ'veɪləns] *s. psych.*, *phys.* Ambiva'lenz *f*, Doppelwertigkeit *f*; *fig.* Zwiespältigkeit *f*; **ˌam·bi'va·lent** [-nt] *adj. bes. psych.* ambiva'lent.

am·ble ['æmbl] **I** *v/i.* im Paßgang gehen *od.* reiten; *fig.* schlendern; **II** *s.* Paß(-gang) *m* (*Pferd*); *fig.* gemächlicher (Spazier)Gang, Schlendern *n*.

am·bro·si·a [æm'brəʊzjə] *s. antiq.* Am'brosia *f*, Götterspeise *f* (*a. fig.*); **am'bro·si·al** [-əl] *adj.* □ am'brosisch; *fig.* köstlich (duftend).

am·bu·lance ['æmbjʊləns] *s.* **1.** Ambu'lanz *f*, Kranken-, Sani'tätswagen *m*; **2.** ⚔ 'Feldlazaˌrett *n*; ~ **bat·tal·ion** *s.* ⚔ 'Krankentransˌportbataiˌlon *n*; ~ **box** *s.* Verbandskasten *m*; ~ **sta·tion** *s.* Sani'tätswache *f*, 'Unfallstatiˌon *f*.

am·bu·lant ['æmbjʊlənt] *adj.* ambu'lant: a) wandernd: ~ ***trade*** Wandergewerbe *n*, b) ⚕ gehfähig: ~ ***patients***; ~ ***treatment*** ambulante Behandlung; **'am·bu·la·to·ry** [-ətərɪ] **I** *adj.* **1.** beweglich, (orts)veränderlich; **2.** → ***ambulant***; **II** *s.* **3.** Ar'kade *f*, Wandelgang *m*.

am·bus·cade [ˌæmbəs'keɪd], **am·bush** ['æmbʊʃ] **I** *s.* **1.** 'Hinterhalt *m*; **2.** im 'Hinterhalt liegende Truppen *pl.*; **II** *v/i.* **3.** im 'Hinterhalt liegen; **III** *v/t.* **4.** in e-n 'Hinterhalt legen; **5.** aus dem 'Hinterhalt über'fallen, auflauern (*dat.*).

a·me·ba, **a·me·bic** *Am.* → ***amoeba***, ***amoebic***.

a·mel·io·rate [ə'miːljəreɪt] **I** *v/t.* verbessern (*bsd.* ✓); **II** *v/i.* besser werden, sich bessern; **a·mel·io·ra·tion** [əˌmiːljə'reɪʃn] *s.* (✓ Boden)Verbesserung *f*.

a·men [ˌɑː'men; ˌeɪ'men] **I** *int.* 'amen!; **II** *s.* 'Amen *n*.

a·me·na·ble [ə'miːnəbl] *adj.* □ (***to***) **1.** zugänglich (*dat.*): ~ ***to flattery***; **2.** gefügig; **3.** unter'worfen (*dat.*): ~ ***to a fine***; **4.** verantwortlich (*dat.*).

a·mend [ə'mend] **I** *v/t.* **1.** (ver)bessern, berichtigen; **2.** *Gesetz etc.* (ab)ändern, ergänzen; **II** *v/i.* **3.** sich bessern (*bsd. Betragen*).

a·mende ho·no·ra·ble [amɑ̃ːd ɔnɔrabl] (*Fr.*) *s.* öffentliche Ehrenerklärung *od.* Abbitte.

a·mend·ment [ə'mendmənt] *s.* **1.** (*bsd. sittliche*) Besserung; **2.** Verbesserung *f*, Berichtigung *f*, Neufassung *f*; **3.** *bsd.* ⚖, *parl.* (Ab)Änderungs-, Ergänzungsantrag *m* (*zu e-m Gesetz*), *Am.* 'Zusatzarˌtikel *m* zur Verfassung, Nachtragsgesetz *n*: ***the Fifth*** **2**.

a·mends [ə'mendz] *s. pl. sg. konstr.* (Schaden)Ersatz *m*, Genugtuung *f*: ***make*** ~ Schadenersatz leisten, es wiedergutmachen.

a·men·i·ty [ə'miːnətɪ] *s.* **1.** Annehmlichkeit *f*, angenehme Lage; **2.** Anmut *f*, Liebenswürdigkeit *f*; **3.** *pl.* Konventi'on *f*, Eti'kette *f*; Höflichkeiten *pl.*; **4.** *pl.* (na'türliche) Vorzüge *pl.*, Reize *pl.*, Annehmlichkeiten *pl.*

Am·er·a·sian [ˌæmə'reɪʃjən] *adj. u. s.* (Per'son *f*) ameri'kanisch-asi'atischer Abstammung.

A·mer·i·can [ə'merɪkən] **I** *adj.* **1.** a) ameri'kanisch, b) die USA betreffend: ***the*** ~ ***navy***; **II** *s.* **2.** a) Ameri'kaner(in), b) Bürger(in) der USA; **3.** Ameri'kanisch *n* (*Sprache der USA*); **A·mer·i·ca·na** [əˌmerɪ'kɑːnə] *s. pl.* Ameri'kana *pl.* (*Schriften etc. über Amerika*).

A·mer·i·can| cloth *s.* Wachstuch *n*; ~ **foot·ball** *s. sport* American Football *m* (*rugbyähnliches Spiel*); ~ **In·di·an** *s.* Indi'aner(in).

A·mer·i·can·ism [ə'merɪkənɪzəm] *s.* **1.** Ameri'kanertum *n*; **2.** Amerika'nismus *m*: a) ameri'kanische Spracheigentümlichkeit, b) ameri'kanischer Brauch;

A·mer·i·can·i·za·tion [əˌmerɪkənaɪ'zeɪʃən] *s.* Amerikanisierung *f*; **A·mer·i·can·ize** [ə'merɪkənaɪz] **I** *v/t.* amerikanisieren; **II** *v/i.* Ameri'kaner *od.* ameri'kanisch werden.

A·mer·i·can| leath·er → ***American cloth***; ~ **Le·gion** *s. Am.* Frontkämpferbund *m*; ~ **or·gan** *s.* ♪ Har'monium *n*; ~ **plan** *s. Am.* 'Vollpensiˌon *f*.

Am·er·ind ['æmərɪnd], **Am·er·in·di·an** [ˌæmər'ɪndjən] *s.* ameri'kanischer Indi'aner *od.* 'Eskimo.

am·e·thyst ['æmɪθɪst] *s. min.* Ame'thyst *m*.

a·mi·a·bil·i·ty [ˌeɪmjə'bɪlətɪ] *s.* Freundlichkeit *f*, Liebenswürdigkeit *f*; **a·mi·a·ble** ['eɪmjəbl] *adj.* □ liebenswürdig, freundlich, gewinnend, reizend.

am·i·ca·ble ['æmɪkəbl] *adj.* □ freund(schaft)lich, friedlich: ~ ***settlement*** gütliche Einigung; **'am·i·ca·bly** [-lɪ] *adv.* freundschaftlich, in Güte, gütlich.

a·mid [ə'mɪd] *prp.* in'mitten (*gen.*), (mitten) in *od.* unter (*dat. od. acc.*); **a'mid·ship(s)** [-ʃɪp(s)] ⚓ **I** *adv.* mittschiffs; **II** *adj.* in der Mitte des Schiffes (befindlich); **a'midst** [-st] → ***amid***.

a·mine ['æmaɪn] *s.* ⚗ A'min *n*.

amino- [əmiːnəʊ] ⚗ *in Zssgn* Amino...: ~ ***acid***.

a·miss [ə'mɪs] **I** *adv.* verkehrt, verfehlt, schlecht: ***take*** ~ übelnehmen; **II** *adj.* unpassend, verkehrt, falsch, übel: ***there is s.th.*** ~ etwas stimmt nicht; ***it would not be*** ~ es würde nicht schaden.

am·i·ty ['æmətɪ] *s.* Freundschaft *f*, gutes Einvernehmen.

am·me·ter ['æmɪtə] *s.* ⚡ Am'pereˌmeter *n*, Strom(stärke)messer *m*.

am·mo ['æməʊ] *s. sl.* Muniti'on *f*.

am·mo·ni·a [ə'məʊnjə] *s.* ⚗ Ammoni'ak *n*: ***liquid*** ~ (*od.* ~ ***solution***) Salmiakgeist *m*; **am'mo·ni·ac** [-nɪæk] *adj.* ammonia'kalisch: (***gum***) ~ Ammoniakgummi *m*, *n*; → ***sal***.

am·mo·ni·um [ə'məʊnjəm] s. ⚗ Am'monium *n*; ~ **car·bon·ate** *s.* ⚗ Hirschhornsalz *n*; ~ **chlo·ride** *s.* ⚗ Am'moniumchloˌrid *n*, 'Salmiak *m*; ~ **ni·trate** *s.* ⚗ Am'moniumniˌtrat *n*, Ammoni'aksalˌpeter *m*.

am·mu·ni·tion [ˌæmjʊ'nɪʃn] *s.* Muniti'on *f* (*a. fig.*): ~ ***belt*** Patronengurt *m*; ~ ***carrier*** Munitionswagen *m*; ~ ***dump*** Munitionslager *n*.

am·ne·si·a [æm'niːzjə] *s.* ⚕ Amne'sie *f*, Gedächtnisschwund *m*.

am·nes·ty ['æmnɪstɪ] **I** *s.* Amne'stie *f*, allgemeiner Straferlaß; **II** *v/t.* begnadigen, amnestieren.

a·moe·ba [ə'miːbə] *s. zo.* A'möbe *f*; **a'moe·bic** [-bɪk] *adj.* a'möbisch: ~ ***dysentery*** Amöbenruhr *f*.

a·mok [ə'mɒk] → ***amuck***.

a·mong(st) [ə'mʌŋ(st)] *prp.* (mitten) unter (*dat. od. acc.*), in'mitten (*gen.*), zwischen (*dat. od. acc.*), bei: ***who*** ~ ***you?*** wer von euch?; ***a custom*** ~ ***the savages*** e-e Sitte bei den Wilden; ***be*** ~ ***the best*** zu den Besten gehören; ~ ***other things*** unter anderem; ***from among*** aus der Zahl (derer), aus ... heraus; ***they had two pounds*** ~ ***them*** sie hatten zusammen zwei Pfund.

a·mor·al [ˌeɪ'mɒrəl] *adj.* 'amoˌralisch.

am·o·rist ['æmərɪst] *s.* E'rotiker *m*; a) Herzensbrecher *m*, b) Verfasser *m* von 'Liebesroˌmanen *etc.*

am·o·rous ['æmərəs] *adj.* □ amou'rös: a) e'rotisch, sinnlich, Liebes..., b) liebebedürftig, verliebt (***of*** in *acc.*); **'am·o·rous·ness** [-nɪs] *s.* amou'röse Art, Verliebtheit *f*.

a·mor·phous [ə'mɔːfəs] *adj.* a'morph: a) formlos, b) ungestalt, c) *min.* 'unkristalˌlinisch.

a·mor·ti·za·tion [əˌmɔːtɪ'zeɪʃn] *s.* **1.** Amortisierung *f*, Tilgung *f* (*von Schulden*); **2.** Abschreibung *f* (*von Anlagewerten*); **3.** ⚖ Veräußerung *f* (*von Grundstücken*) an die tote Hand; **a·mor·tize** [ə'mɔːtaɪz] *v/t.* **1.** amortisieren, tilgen, abzahlen; **2.** ⚖ an die tote Hand veräußern.

a·mount [ə'maʊnt] **I** *v/i.* **1.** (***to***) sich belaufen (auf *acc.*), betragen (*acc.*): ***his debts*** ~ ***to £120***; **2.** hin'auslaufen (***to*** auf *acc.*), bedeuten: ***it*** ~***s to the same thing*** es läuft *od.* kommt auf dasselbe hinaus; ***that doesn't*** ~ ***to much*** das ist unbedeutend; ***you'll never*** ~ ***to much*** F aus dir wird nie etwas werden; **II** *s.* **3.** Betrag *m*, Summe *f*, Höhe *f* (*e-r Summe*); Menge *f*: ***to the*** ~ ***of*** bis zur *od.* in Höhe von, im Betrag *od.* Wert von; ***net*** ~ Nettobetrag; ~ ***carried forward*** Übertrag *m*; **4.** *fig.* Inhalt *m*, Ergebnis *n*, Wert *m*, Bedeutung *f*.

a·mour [ə'mʊə] (*Fr.*) *s.* Liebschaft *f*, A'mour *f*, ‚Verhältnis' *n*; ~**-pro·pre** [ˌæmʊə'prɒprə] (*Fr.*) *s.* Eigenliebe *f*, Eitelkeit *f*.

amp [æmp] *s.* F **1.** a) → ***ampere***, b) → ***amplifier***; **2.** ♪ 'E-Giˌtarre *f*.

am·per·age [æm'peərɪdʒ] *s.* ⚡ Stromstärke *f*, Am'perezahl *f*; **am·pere**, **am·père** ['æmpeə] (*Fr.*) *s.* ⚡ Am'pere *n*; ~ **me·ter** → ***ammeter***.

am·per·sand ['æmpəsænd] *s. typ.* das Zeichen & (*abbr. für* ***and***).

am·phet·a·mine [æm'fetəmɪn] *s.* ⚗ Ampheta'min *n*.

amphi- [æmfɪ] *in Zssgn* doppelt, zwei...,

zweiseitig, beiderseitig, umher…

Am·phib·i·a [æm'fıbıə] *s. pl. zo.* Am'phibien *pl.*, Lurche *pl.*; **am'phibi·an** [-ən] **I** *adj.* **1.** *zo.*, *a.* ⚔, ⚙ am'phibisch, Amphibien…; **II** *s.* **2.** *zo.* Am'phibie *f*, Lurch *m*; **3.** a) Am'phibienflugzeug *n*, b) Am'phibien-, Schwimmfahrzeug *n*, c) ⚔ Schwimmkampfwagen *m*; **am'phib·i·ous** [-əs] *adj.* **1.** → ***amphibian*** 1: ~ ***landing*** amphibische Landung *od.* Operation; ~ ***tank*** → ***amphibian*** 3 c; ~ ***vehicle*** → ***amphibian*** 3 b; **3.** von gemischter Na'tur, zweierlei Wesen habend.

am·phi·the·a·tre, *Am.* **am·phi·the·a·ter** ['æmfı͵θıətə] *s.* Am'phithe͵ater *n* (*a. fig. Gebäudeteil od. Tal etc. in der Form e-s Amphitheaters*).

am·pho·ra ['æmfərə] *pl.* **-rae** [-ri:] *od.* **-ras** (*Lat.*) *s.* Am'phore *f.*

am·ple ['æmpl] *adj.* □ → ***amply***; **1.** weit, groß, geräumig; weitläufig; stattlich (*Figur*), üppig (*Busen*); **2.** ausführlich, um'fassend; **3.** reich(lich), mehr als genug, (vollauf) genügend: ~ ***means*** reich(lich)e Mittel; **'am·ple·ness** [-nıs] *s.* **1.** Weite *f*, Geräumigkeit *f*; **2.** Reichlichkeit *f*, Fülle *f*.

am·pli·fi·ca·tion [͵æmplıfı'keıʃn] *s.* **1.** Erweiterung *f*, Vergrößerung *f*, Ausdehnung *f*; **2.** weitere Ausführung, Weitschweifigkeit *f*, Ausschmückung *f*; **3.** ϟ, *Radio, phys.* Vergrößerung *f*, Verstärkung *f*.

am·pli·fi·er ['æmplıfaıə] *s.* **1.** *phys.* Vergrößerungslinse *f*; **2.** *Radio, phys.* Verstärker *m*: ~ ***tube*** (*od.* ***valve***) Verstärkerröhre *f*; **am·pli·fy** ['æmplıfaı] **I** *v/t.* **1.** erweitern, vergrößern, ausdehnen; **2.** ausmalen, -schmücken; weitläufig darstellen; näher ausführen *od.* erläutern; **3.** *Radio*, *phys.* verstärken; **II** *v/i.* **4.** sich weitläufig ausdrücken *od.* auslassen; **'am·pli·tude** [-tju:d] *s.* **1.** Weite *f*, 'Umfang *m* (*a. fig.*), Reichlichkeit *f*, Fülle *f*; **2.** *phys.* Ampli'tude *f*, Schwingungsweite *f* (*Pendel etc.*).

am·ply ['æmplı] *adv.* reichlich.

am·poule ['æmpu:l] *s.* Am'pulle *f.*

am·pul·la [æm'pʊlə] *pl.* **-lae** [-li:] *s.* **1.** *antiq.* Am'pulle *f*, Phi'ole *f*, Salbengefäß *n*; **2.** Blei- *od.* Glasflasche *f der Pilger*; **3.** *eccl.* Krug *m* für Wein u. Wasser (*Messe*); Gefäß *n* für das heilige Öl (*Salbung*).

am·pu·tate ['æmpjʊteıt] *v/t.* **1.** *Bäume* stutzen; **2.** ⚕ amputieren (*a. fig.*), *ein Glied* abnehmen; **am·pu·ta·tion** [͵æmpjʊ'teıʃn] *s.* Amputati'on *f*; **'am·pu·tee** [-ti:] *s.* Ampu'tierte(r *m*) *f.*

a·muck [ə'mʌk] *adv.*: ***run*** ~ Amok laufen, *fig. a.* blindwütig rasen (***at***, ***on***, ***against*** gegen *et.*).

am·u·let ['æmjʊlıt] *s.* Amu'lett *n.*

a·muse [ə'mju:z] *v/t.* (***o.s.*** sich) amüsieren, unter'halten, belustigen: ***you*** ~ ***me!*** da muß ich (über dich) lachen!; ***be*** ~***d*** sich freuen (***at***, ***by***, ***in***, ***with*** über *acc.*); ***it*** ~***s them*** es macht ihnen Spaß; ***he*** ~***s himself with gardening*** er gärtnert zu s-m Vergnügen; **a'mused** [-zd] *adj.* amüsiert, belustigt, erfreut; **a'muse·ment** [-mənt] *s.* Unter'haltung *f*, Belustigung *f*, Vergnügen *n*, Freude *f*, Zeitvertreib *m*: ***to the*** ~ ***of*** zur Belustigung (*gen.*); ~ ***arcade*** *Brit.* Spielsalon *m*; ~ ***park*** Vergnügungspark *m*; **a'mus·ing** [-zıŋ] *adj.* □ amü'sant, unter'haltsam; 'komisch.

am·yl ['æmıl] *s.* ⚗ A'myl *n*; **am·y·la·ceous** [͵æmı'leıʃəs] *adj.* stärkemehlartig, stärkehaltig.

an [æn; ən] *unbestimmter Artikel* (*vor Vokalen od. stummem h*) ein, eine.

an·a·bap·tism [͵ænə'bæptızəm] *s.* Ana'bap'tismus *m*; **͵an·a'bap·tist** [-ıst] *s.* Wiedertäufer *m.*

an·a·bol·ic [͵ænə'bɒlık] *s.* ⚕ Ana'bolikum *n.*

a·nach·ro·nism [ə'nækrənızəm] *s.* Anachro'nismus *m*; **a·nach·ro·nis·tic** [ə͵nækrə'nıstık] *adj.* (□ ~***ally***) anachro'nistisch.

a·nae·mi·a [ə'ni:mjə] *s.* ⚕ Anä'mie *f*, Blutarmut *f*, Bleichsucht *f*; **a'nae·mic** [-mık] *adj.* **1.** ⚕ blutarm, bleichsüchtig, an'ämisch; **2.** *fig.* farblos, blaß.

an·aes·the·si·a [͵ænıs'θi:zjə] *s.* ⚕ **1.** Anästhe'sie *f*, Nar'kose *f*, Betäubung *f*; **2.** Unempfindlichkeit *f* (*gegen Schmerz*); **͵an·aes'thet·ic** [-'θetık] **I** *adj.* (□ ~***ally***) nar'kotisch, betäubend, Narkose…; **II** *s.* Betäubungsmittel *n*; **an·aes·the·tist** [æ'ni:sθətıst] *s.* Anästhe'sist *m*, Nar'kosearzt *m*; **an·aes·the·tize** [æ'ni:sθətaız] *v/t.* betäuben, narkotisieren.

an·a·gram ['ænəgræm] *s.* Ana'gramm *n.*

a·nal ['eınl] *adj. anat.* a'nal, Anal…

an·a·lects ['ænəlekts] *s. pl.* Ana'lekten *pl.*, Lesefrüchte *pl.*

an·al·ge·si·a [͵ænæl'dʒi:zjə] *s.* ⚕ Unempfindlichkeit *f* gegen Schmerz, Schmerzlosigkeit *f*; **͵an·al'ge·sic** [-'dʒesık] **I** *adj.* schmerzlindernd; **II** *s.* schmerzlinderndes Mittel.

an·a·log·ic, **an·a·log·i·cal** [͵ænə'lɒdʒık(l)] *adj.* □, **a·nal·o·gous** [ə'næləgəs] *adj.* □ ana'log, ähnlich, entsprechend, paral'lel (***to*** *dat.*); **an·a·logue** ['ænəlɒg] *s.* A'nalogon *n*, Entsprechung *f*: ~ ***computer*** Analogrechner *m*; **a·nal·o·gy** [ə'nælədʒı] *s.* **1.** *a. ling.* Analo'gie *f*, Entsprechung *f*: ***on the*** ~ ***of*** (*od.* ***by*** ~ ***with***) analog, nach, gemäß (*dat.*); **2.** ⩲ Proporti'on *f.*

an·a·lyse ['ænəlaız] *v/t.* **1.** analysieren: a) ⚗, ⩲, *psych. etc.* zergliedern, zerlegen, b) *fig.* genau unter'suchen, c) erläutern, darlegen; **a·nal·y·sis** [ə'næləsıs] *pl.* **-ses** [-si:z] *s.* **1.** Ana'lyse *f*: a) ⚗ *etc.* Zerlegung *f*, ('kritische) Zergliederung, b) *fig.* gründliche Unter'suchung, Darlegung *f*, Deutung *f*: ***in the last*** ~ im Grunde, letzten Endes; **2.** ⩲ A'nalysis *f*; **3.** (Psycho)Ana'lyse *f*; **'an·a·lyst** [-lıst] *s.* **1.** ⚗, ⩲ Ana'lytiker(in); *fig.* Unter'sucher(in): ***public*** ~ (behördlicher) Lebensmittelchemiker; **2.** Psychoana'lytiker *m*; **3.** Sta'tistiker *m*; **an·a·lyt·ic**, **an·a·lyt·i·cal** [͵ænə'lıtık(l)] *adj.* □ **1.** ana'lytisch: ***analytical chemist*** Chemiker(in); **2.** psychoana'lytisch; **an·a·lyt·ics** [͵ænə'lıtıks] *s. pl. sg. konstr.* Ana'lytik *f.*

an·a·lyze *bsd. Am.* → ***analyse.***

an·am·ne·sis [͵ænæm'ni:sıs] *pl.* **-ses** [-si:z] *s.* Anam'nese *f*: a) Wiedererinnerung *f*, b) ⚕ Vorgeschichte *f.*

an·aph·ro·dis·i·ac [æ͵næfrəʊ'dızıæk] ⚕ **I** *adj.* den Geschlechtstrieb hemmend; **II** *s.* Anaphrodi'siakum *n.*

an·ar·chic, **an·ar·chi·cal** [æ'nɑ:kık(l)] *adj.* □ an'archisch, anar'chistisch, gesetzlos, zügellos.

an·arch·ism ['ænəkızəm] *s.* **1.** Anar'chie *f*, Regierungs-, Gesetzlosigkeit *f*; **2.** Anar'chismus *m*; **'an·arch·ist** [-ıst] **I** *s.* Anar'chist(in), 'Umstürzler *m*; **II** *adj.* anar'chistisch, 'umstürzlerisch.

an·ar·cho- [ænɑ:kəʊ] *in Zssgn* Anarcho…: ~***-scene***; ~***-situationist*** Chaote *m.*

an·arch·y ['ænəkı] *s.* **1.** → ***anarchism***; **2.** *fig.* 'Chaos *n.*

an·as·tig·mat·ic [ə͵næstıg'mætık] *adj. phys.* anastig'matisch (*Linse*).

a·nath·e·ma [ə'næθəmə] (*Greek*) *s.* **1.** *eccl.* A'nathema *n*, Kirchenbann *m*; *fig.* Fluch *m*, Verwünschung *f*; **2.** *eccl.* Exkommunizierte(r *m*) *f*, Verfluchte(r *m*) *f*; **3.** *fig. etwas* Verhaßtes, Greuel *m*; **a'nath·e·ma·tize** [-ətaız] *v/t.* in den Bann tun, verfluchen.

an·a·tom·ic, **an·a·tom·i·cal** [͵ænə'tɒmık(l)] *adj.* □ ana'tomisch.

a·nat·o·mist [ə'nætəmıst] *s.* **1.** Ana'tom *m*; **2.** Zergliederer *m* (*a. fig.*); **a'nat·o·mize** [-maız] *v/t.* **1.** ⚕ zerlegen, sezieren; **2.** *fig.* zergliedern; **a'nat·o·my** [-mı] *s.* **1.** Anato'mie *f* (*Aufbau, Wissenschaft, Abhandlung*); **2.** F a) ‚Wanst' *m*, Körper *m*, b) ‚Gerippe' *n*, Gestell *n*.

an·ces·tor ['ænsestə] *s.* **1.** Vorfahr *m*, Ahn(herr) *m*, Stammvater *m* (*a. fig.*): ~ ***worship*** Ahnenkult *m*; **2.** *fig.* Vorläufer *m*; **3.** ⚖ Vorbesitzer *m*; **an·ces·tral** [æn'sestrəl] *adj.* der Vorfahren, Ahnen…, angestammt, Erb…, Ur…; **'an·ces·tress** [-trıs] *s.* Ahnfrau *f*, Stammmutter *f*; **'an·ces·try** [-trı] *s.* Abstammung *f*, *hohe* Geburt; Ahnen(reihe *f*) *pl*; *fig.* Vorgänger *pl.*: ~ ***research*** Ahnenforschung *f.*

an·chor ['æŋkə] **I** *s.* **1.** ⚓ Anker *m*: ***at*** ~ vor Anker; ***weigh*** ~ a) den Anker lichten, b) abfahren; ***cast*** (*od.* ***drop***) ~ ankern, vor Anker gehen; ***ride at*** ~ vor Anker liegen; **2.** *fig.* Rettungsanker *m*, Zuflucht *f*; **3.** ⚙ Anker *m*, Schließe *f*, Klammer *f*; **4.** *Radio, TV*: *Am.* a) Mode'rator *m*, Modera'torin *f e-r Nachrichtensendung*, b) Diskussi'onsleiter (-in); **5.** *sport*: a) Schlußläufer(in), b) Schlußschwimmer(in); **II** *v/t.* **6.** verankern, vor Anker legen; **7.** ⚙ *u. fig.* verankern; **8.** *Radio*, *TV*: *Am.* a) *e-e Nachrichtensendung* moderieren, b) *e-e Diskussion* leiten; **9.** Schlußläufer(in) *od.* -schwimmer(in) *e-r Staffel* sein; **III** *v/i.* **10.** ankern, vor Anker gehen *od.* liegen; **11.** *Radio*, *TV*: *Am.* Moderator (-in) *od.* Diskussi'onsleiter(in) sein.

an·chor·age ['æŋkərıdʒ] *s.* **1.** Ankerplatz *m*; **2.** *a.* ~***-dues*** Anker-, Liegegebühr *f*; **3.** fester Halt, Verankerung *f*; **4.** *fig.* → ***anchor*** 2.

an·cho·ress ['æŋkərıs] *s.* Einsiedlerin *f*; **'an·cho·ret** [-ret], **'an·cho·rite** [-raıt] *s.* Einsiedler *m.*

'an·chor|·man [-mən] *s.* [*irr.*], **'~͵wo·man** *s* [*irr.*] → ***anchor*** 4, 5.

an·cho·vy ['æntʃəvı] *s. ichth.* An'(s)chovis *f*, Sar'delle *f.*

an·cient ['eınʃənt] **I** *adj.* □ **1.** alt, aus alter Zeit, das Altertum betreffend, an'tik: ~ ***Rome***; **2.** uralt (*a. humor.*), altberühmt; **3.** altertümlich; ehemalig; **II** *s.* **4.** ***the*** ~***s*** a) die Alten (*Griechen u. Römer*), b) die (antiken) Klassiker; **5.** Alte(r *m*) *f*, Greis(in); F ‚Olle(r' *m*) *f*;

'an·cient·ly [-lɪ] *adv.* vor'zeiten.

an·cil·lar·y [æn'sɪlərɪ] *adj.* 'untergeordnet (*to dat.*), Hilfs…, Neben…: **~ equipment** Zusatz-, Hilfsgerät *n*; **~ industries** Zulieferbetriebe; **~ road** Nebenstraße *f*.

and [ænd; ən(d)] *cj.* und: **~ so forth** und so weiter; **there are books ~ books** es gibt gute und schlechte Bücher; **nice ~ warm** schön warm; **~ all** F und so weiter; **skin ~ all** mitsamt der Haut; **a little more ~ …** es fehlte nicht viel, so …; **try ~ come** versuchen Sie zu kommen.

and·i·ron ['ændaɪən] *s.* Feuer-, Brat-, Ka'minbock *m*.

An·drew ['ændru:] *npr.* An'dreas *m*: **St. ~'s cross** Andreaskreuz *n*.

an·drog·y·nous [æn'drɒdʒɪnəs] *adj.* zwitterartig, zweigeschlechtig; ⚘ zwitterblütig.

an·droid ['ændrɔɪd] *s.* Andro'id(e) *m* (*Kunstmensch*).

an·droph·a·gous [æn'drɒfəgəs] *adj.* menschenfressend.

an·dro·pho·bi·a [ˌændrəʊ'fəʊbjə] *s.* Andropho'bie *f*, Männerscheu *f*.

an·ec·do·tal [ˌænek'dəʊtl] → **anecdotic**; **an·ec·dote** ['ænɪkdəʊt] *s.* Anek'dote *f*; **an·ec·dot·ic, an·ec·dot·i·cal** [ˌænek'dɒtɪk(l)] *adj.* □ anek'dotenhaft, anek'dotisch.

a·ne·mi·a, a·ne·mic *Am.* → **anaemia, anaemic**.

an·e·mom·e·ter [ˌænɪ'mɒmɪtə] *s. phys.* Windmesser *m*.

a·nem·o·ne [ə'nemənɪ] *s.* **1.** ⚘ Ane'mone *f*; **2.** *zo.* 'Seeaneˌmone *f*.

an·er·oid ['ænərɔɪd] *s. phys. a.* **~ barometer** Anero'idbaroˌmeter *n*.

an·es·the·si·a *etc. Am.* → **anaesthesia** *etc.*

a·new [ə'nju:] *adv.* von neuem, aufs neue; auf neue Art und Weise.

an·gel ['eɪndʒəl] *s.* **1.** Engel *m*: **~ of death** Todesengel; **rush in where ~s fear to tread** sich törichter- *od.* anmaßenderweise in Dinge einmischen, an die sich sonst niemand heranwagt; **2.** *fig.* Engel *m* (*Person*): **be an ~ and …** sei doch so lieb und …; **3.** *sl.* Geldgeber *m*, fi'nanzkräftiger 'Hintermann.

'an·gel|·food *Am.*, **'~-cake** *s. Art* Bis'kuitkuchen *m*.

an·gel·ic [æn'dʒelɪk] *adj.* (□ **~ally**) engelhaft, -gleich, Engels…

an·gel·i·ca [æn'dʒelɪkə] *s.* **1.** ⚘ Brustwurz *f* (*als Gewürz*); **2.** kandierte An'gelikawurzel.

an·gel·i·cal [æn'dʒelɪkl] *adj.* □ → **angelic**.

An·ge·lus ['ændʒɪləs] *s. eccl.* 'Angelus (-gebet *n*, -läuten *n*) *m*.

an·ger ['æŋgə] **I** *s.* Ärger *m*, Zorn *m*, Wut *f* (**at** über *acc.*); **II** *v/t.* erzürnen, ärgern.

An·ge·vin ['ændʒɪvɪn] **I** *adj.* **1.** aus An'jou (*in Frankreich*); **2.** die Plan'tagenets betreffend; **II** *s.* **3.** Mitglied *n* des Hauses Plan'tagenet.

an·gi·na [æn'dʒaɪnə] *s.* ⚕ An'gina *f*, Halsentzündung *f*; **~ pec·to·ris** ['pektərɪs] *s.* ⚕ An'gina *f* 'pectoris.

an·gle¹ ['æŋgl] **I** *s.* **1.** *bsd.* ⩓ Winkel *m*: **acute** (**obtuse, right**) **~** spitzer (stumpfer, rechter) Winkel; **~ of incidence** Einfallswinkel; **at right ~s to** im rechten Winkel zu; **2.** ⚙ a) Knie(stück) *n*, b) *pl.* Winkeleisen *pl.*; **3.** Ecke *f*, Vorsprung *m*, spitze Kante; **4.** *fig.* a) Standpunkt *m*, Gesichtswinkel *m*, b) As'pekt *m*, Seite *f*: **consider all ~s of a question**; **5.** *Am.* Me'thode *f* (*et. zu erreichen*); **6.** *sl.* Trick *m*, ‚Tour' *f*, ‚Masche' *f*; **II** *v/t.* **7.** 'umbiegen; **8.** *fig.* tendenzi'ös färben, verdrehen.

an·gle² ['æŋgl] *v/i.* angeln (*a. fig.* **for** nach).

an·gled ['æŋgld] *adj.* **1.** winklig, *mst in Zssgn*: **right-~** rechtwinklig; **2.** *fig.* tendenzi'ös.

'an·gle|-ˌdo·zer [-ˌdəʊzə] *s.* ⚙ Pla'nierraupe *f*, Winkelräumer *m*; **'~-park** *v/t. u. v/i. mot.* schräg parken.

an·gler ['æŋglə] *s.* **1.** Angler(in); **2.** *ichth.* Seeteufel *m*.

An·gles ['æŋglz] *s. pl. hist.* Angeln *pl.*; **'An·gli·an** [-glɪən] **I** *adj.* englisch; **II** *s.* Angehörige(r *m*) *f* des Volksstammes der Angeln.

An·gli·can ['æŋglɪkən] *eccl.* **I** *adj.* angli'kanisch, hochkirchlich; **II** *s.* Angli'kaner(in).

An·gli·cism ['æŋglɪsɪzəm] *s.* **1.** *ling.* Angli'zismus *m*; **2.** englische Eigenart; **'An·gli·cist** [-ɪst] *s.* An'glist(in); **'An·gli·cize** [-saɪz], *a.* 𝔏 *v/t. u. v/i.* (sich) anglisieren, englisch machen (werden).

an·gling ['æŋglɪŋ] *s.* Angeln *n*.

An·glist ['æŋglɪst] *s.* An'glist(in); **An·gli·stics** [æŋ'glɪstɪks] *s. pl. sg. konstr.* An'glistik *f*.

Anglo- [æŋgləʊ] *in Zssgn* Anglo…, anglo…, englisch, englisch und …

'An·glo|-A'mer·i·can [-əʊ-] **I** *s.* 'Anglo-Ameri'kaner(in); **II** *adj.* anglo-ameri'kanisch; **'~-'In·di·an** [-əʊ-] **I** *s.* Anglo-'inder(in); **II** *adj.* anglo'indisch; **ˌ~'ma·ni·a** [-əʊ-] *s.* Angloma'nie *f*; **'~-'Nor·man** [-əʊ-] **I** *s.* **1.** Anglonor'manne *m*; **2.** *ling.* Anglonor'mannisch *n*; **II** *adj.* **3.** anglonor'mannisch; **'~·phile** [-əʊfaɪl] **I** *s.* Anglo'phile *m*, Englandfreund *m*; **II** *adj.* anglo'phil, englandfreundlich; **'~·phobe** [-əʊfəʊb] **I** *s.* Anglo'phobe *m*, Englandfeind *m*; **II** *adj.* englandfeindlich; **ˌ~'pho·bi·a** [-əʊ'fəʊbjə] *s.* Anglopho'bie *f*; **ˌ~-'Sax·on** [-əʊ-] **I** *s.* **1.** Angelsachse *m*; **2.** *ling.* Altenglisch *n*, Angelsächsisch *n*; **3.** F urwüchsiges u. einfaches Englisch; **II** *adj.* **4.** angelsächsisch; **ˌ~-'Scot** [-əʊ-] *s.* dauernd in England lebender Schotte.

an·go·la [æŋ'gəʊlə], **an·go·ra** [æŋ'gɔ:rə], *a.* 𝔏 *s.* Gewebe *n* aus An'gorawolle; **~ cat** *s. zo.* An'gorakatze *f*; **~ goat** *s. zo.* An'goraziege *f*; **~ wool** *s.* An'gorawolle *f*; Mo'här *m*.

an·gry ['æŋgrɪ] *adj.* □ **1.** (**at, about**) ärgerlich, ungehalten (über *acc.*), zornig, böse (auf *j-n*, über *et.*, **with** mit *j-m*): **~ young man** *Literatur*: ‚zorniger junger Mann'; **2.** ⚕ entzündet, schlimm; **3.** *fig.* drohend, stürmisch; finster.

angst [æŋst] *s. psych.* Angst *f*.

ang·strom, *a.* 𝔏 ['æŋstrəm] *s. phys. a.* **~ unit** Angström(einheit *f*) *n*.

an·guish ['æŋgwɪʃ] *s.* Qual *f*, Pein *f*, Angst *f*, Schmerz *m*: **~ of mind** Seelenqual(en *pl.*) *f*.

an·gu·lar ['æŋgjʊlə] *adj.* □ **1.** winklig, winkelförmig, eckig; Winkel…; **2.** *fig.* knochig, hager; **3.** *fig.* eckig, steif; barsch; **an·gu·lar·i·ty** [ˌæŋgjʊ'lærətɪ] *s.* **1.** Winkligkeit *f*; **2.** *fig.* Eckigkeit *f*, Steifheit *f*.

an·hy·drous [æn'haɪdrəs] *adj.* ⚗, *biol.* kalziniert, wasserfrei; getrocknet, Dörr… (*Obst etc.*).

an·il ['ænɪl] *s.* ⚘ 'Indigopflanze *f*; Indigo (-farbstoff) *m*.

an·i·line ['ænɪli:n] *s.* Ani'lin *n*: **~ dye** Anilinfarbstoff *m*, *weitS.* chemisch hergestellte Farbe.

an·i·mad·ver·sion [ˌænɪmæd'vɜ:ʃn] *s.* Tadel *m*, Rüge *f*, Kri'tik *f*; **ˌan·i·mad'vert** [-'vɜ:t] *v/i.* (**on, upon**) kritisieren; tadeln, rügen (*acc.*).

an·i·mal ['ænɪml] **I** *s.* **1.** Tier *n*, ‚Vierfüß(l)er' *m*; tierisches Lebewesen (*Ggs. Pflanze*, F *a. Ggs. Vogel*): **there's no such ~!** F so was gibt's ja gar nicht!; **2.** *fig.* Tier *n*, viehischer Mensch, 'Bestie *f*; **II** *adj.* **3.** ani'malisch, tierisch (*beide a. fig.*); Tier…: **~ kingdom** Tierreich *n*; **~ magnetism** a) tierischer Magnetismus, b) *bsd. humor.* erotische Anziehungskraft; **~ spirits** *pl.* Lebenskraft *f*, -geister *pl.*, Vitalität *f*.

an·i·mal·cu·le [ˌænɪ'mælkju:l] *s.* mikro'skopisch kleines Tierchen: **infusorial ~s**.

an·i·mal·ism ['ænɪməlɪzəm] *s.* **1.** Vertierheit *f*; **2.** Sinnlichkeit *f*; **3.** Lebenstrieb *m*, -kraft *f*; **'an·i·mal·ist** [-ɪst] *s.* Tiermaler(in), -bildhauer(in).

an·i·mate **I** *v/t.* ['ænɪmeɪt] **1.** beseelen, beleben, mit Leben erfüllen (*alle a. fig.*); anregen, aufmuntern; **2.** lebendig gestalten: **~ a cartoon** e-n Zeichentrickfilm herstellen; **II** *adj.* [-mət] **3.** belebt, lebend; lebhaft, munter; **'an·i·mat·ed** [-tɪd] *adj.* □ **1.** lebendig, beseelt (**with, by** von), voll Leben: **~ cartoon** Zeichentrickfilm *m*; **2.** ermutigt; **3.** lebhaft, angeregt; **an·i·ma·tion** [ˌænɪ'meɪʃn] *s.* **1.** Leben *n*, Feuer *n*, Lebhaftigkeit *f*, Munterkeit *f*; Leben *n* und Treiben *n*; **2.** a) Herstellung *f* von Zeichentrickfilmen, b) (Zeichen)Trickfilm *m*; **'an·i·ma·tor** [-tə] *s.* Zeichner *m* von Trickfilmen.

an·i·mos·i·ty [ˌænɪ'mɒsətɪ] *s.* Feindseligkeit *f*, Erbitterung *f*, Animosi'tät *f*.

an·i·mus ['ænɪməs] *s.* **1.** (innewohnender) Geist; **2.** *psych.* Animus *m*; **3.** ⚖ Absicht *f*; **4.** → **animosity**.

an·ise ['ænɪs] *s.* ⚘ A'nis *m*; **'an·i·seed** [-si:d] *s.* A'nis(samen) *m*.

an·i·sette [ˌænɪ'zet] *s.* Ani'sett *m*, A'nisliˌkör *m*.

an·kle ['æŋkl] **I** *s. anat.* **1.** (Fuß)Knöchel *m*: **sprain one's ~** sich den Fuß verstauchen; **2.** Knöchelgegend *f des Beins*; **II** *v/i.* **3.** F marschieren; **'~·bone** *s.* Sprungbein *n*; **~ boot** *s.* Halbstiefel *m*; **ˌ~-'deep** *adj.* knöcheltief, bis zu den Knöcheln; **ˌ~-'length** *adj.* knöchellang; **'~·sock** *s.* Knöchelsocke *f*, Söckchen *n*; **'~-strap** *s.* Schuhspange *f*: **~ shoes** Spangenschuhe.

an·klet ['æŋklɪt] *s.* **1.** Fußkettchen *n*, -spange *f* (*als Schmuck od. Fessel*); **2.** → **anklesock**.

an·na ['ænə] *s.* An'na *m* (*ind. Münze*).

an·nal·ist ['ænəlɪst] *s.* Chro'nist *m*; **annals** ['ænlz] *s. pl.* **1.** An'nalen *pl.*, Jahrbücher *pl.*; **2.** hi'storischer Bericht; **3.** *regelmäßig erscheinende* wissenschaftliche Berichte *pl.*; **4.** *a. sg. konstr.* (Jahres)Bericht *m*.

an·neal [əˈniːl] *v/t.* **1.** ⚙ *Metall* ausglühen, anlassen, vergüten, tempern; *Glas* kühlen; **2.** *fig.* härten, stählen.

an·nex I *v/t.* [əˈneks] **1.** (*to*) beifügen (*dat.*), anhängen (an *acc.*); **2.** annektieren, (sich) einverleiben: ***the province was ~ed to France*** Frankreich verleibte sich das Gebiet ein; **3. *~ to*** verknüpfen mit; **4.** F sich aneignen, ‚sich unter den Nagel reißen'; **II** *s.* [ˈæneks] **5.** Anhang *m*, Nachtrag *m*; Anlage *f zum Brief*; **6.** Nebengebäude *n*, Anbau *m*; **an·nex·a·tion** [ˌænekˈseɪʃn] *s.* **1.** Hinˈzufügung *f* (*to* zu); **2.** Annexiˈon *f*, Einverleibung *f* (*to* in *acc.*); **3.** Aneignung *f*; **an·nexe** [ˈæneks] (*Fr.*) → ***annex*** 6; **anˈnexed** [-kst] *adj.* ✝ beifolgend, beigefügt.

an·ni·hi·late [əˈnaɪəleɪt] *v/t.* **1.** vernichten (*a. fig.*); **2.** ⚔ aufreiben; **3.** *sport* vernichtend schlagen; **4.** *fig.* zuˈnichte machen, aufheben; **an·ni·hi·la·tion** [əˌnaɪəˈleɪʃn] *s.* Vernichtung *f*; Aufhebung *f*.

an·ni·ver·sa·ry [ˌænɪˈvɜːsərɪ] *s.* Jahrestag *m*, -feier *f*, jährlicher Gedenktag, Jubiˈläum *n*: ***wedding ~*** Hochzeitstag *m*; ***the 50th ~ of his death*** die 50. Wiederkehr s-s Todestages.

an·no Dom·i·ni [ˌænəʊˈdɒmɪnaɪ] (*Lat.*) im Jahre des Herrn, Anno Domini.

an·no·tate [ˈænəʊteɪt] **I** *v/t. e-e Schrift* mit Anmerkungen versehen, kommentieren; **II** *v/i.* (*on*) Anmerkungen machen (zu), einen Kommenˈtar schreiben (über *acc.*); **an·no·ta·tion** [ˌænəʊˈteɪʃn] *s.* Kommentieren *n*; Anmerkung *f*, Kommenˈtar *m*; **ˈan·no·ta·tor** [-tə] *s.* Kommenˈtator *m*.

an·nounce [əˈnaʊns] **I** *v/t.* **1.** ankündigen; **2.** bekanntgeben, verkünden; **3.** a) *Radio, TV*: ansagen, b) (*über Lautsprecher*) ˈdurchsagen; **4.** *Besucher etc.* melden; **5.** *Geburt etc.* anzeigen, bekanntgeben; **II** *v/i.* **6.** *pol. Am.* seine Kandidaˈtur bekanntgeben (***for*** für das Amt *gen.*); **7. *~ for*** *Am.* sich aussprechen für; **anˈnounce·ment** [-mənt] *s.* **1.** Ankündigung *f*; **2.** Bekanntgabe *f*; (*Geburts- etc.*)Anzeige *f*; **3.** a) *Radio, TV*: Ansage *f*, b) (ˈLautsprecher-)ˌDurchsage *f*; **anˈnounc·er** [-sə] *s. Radio, TV*: Ansager(in), Sprecher(in).

an·noy [əˈnɔɪ] *v/t.* **1.** ärgern: ***be ~ed*** sich ärgern (***at s.th.*** über et., ***with s.o.*** über j-n); **2.** belästigen, stören; schikanieren; **anˈnoy·ance** [-ɔɪəns] *s.* **1.** Störung *f*, Belästigung *f*, Ärgernis *n*; Ärger *m*; **2.** Plage(geist *m*) *f*; **anˈnoyed** [-ɔɪd] *adj.* ärgerlich; **anˈnoy·ing** [-ɔɪɪŋ] *adj.* □ ärgerlich (*Sache*), lästig; **anˈnoy·ing·ly** [-ɔɪɪŋlɪ] *adv.* ärgerlicherweise.

an·nu·al [ˈænjʊəl] **I** *adj.* □ **1.** jährlich, Jahres…; **2.** *bsd.* ♀ einjährig: ***~ ring*** Jahresring *m*; **II** *s.* **3.** jährlich erscheinende Veröffentlichung, Jahrbuch *n*; **4.** einjährige Pflanze; → ***hardy*** 2.

an·nu·i·tant [əˈnjuːɪtənt] *s.* Empfänger (-in) e-r Jahresrente, Rentner(in); **anˈnu·i·ty** [-tɪ] *s.* **1.** (Jahres)Rente *f*; **2.** Jahreszahlung *f*; **3.** ✝ *a.* ***~ bond*** Rentenbrief *m*; **4.** *pl.* ˈRentenpaˌpiere *pl.*

an·nul [əˈnʌl] *v/t.* aufheben, für ungültig erklären, annullieren.

an·nu·lar [ˈænjʊlə] *adj.* □ ringförmig; **ˈan·nu·late** [-leɪt], **ˈan·nu·lat·ed** [-leɪtɪd] *adj.* geringelt, aus Ringen bestehend, Ring…

an·nul·ment [əˈnʌlmənt] *s.* Aufhebung *f*, Nichtigkeitserklärung *f*, Annullierung *f*; ***action for ~*** Nichtigkeitsklage *f*.

an·nun·ci·ate [əˈnʌnʃɪeɪt] *v/t.* verkünden, ankündigen; **an·nun·ci·a·tion** [əˌnʌnsɪˈeɪʃn] *s.* **1.** An-, Verkündigung *f*; **2.** ♀, *a.* ***♀ Day*** *eccl.* Maˈriä Verkündigung *f*; **anˈnun·ci·a·tor** [-tə] *s.* ⚡ Siˈgnalanlage *f*, -tafel *f*.

an·ode [ˈænəʊd] *s.* ⚡ Anˈode *f*, ˈpositiver Pol: ***~ potential*** Anodenspannung *f*; ***DC ~*** Anodenruhestrom *m*; **an·od·ize** [ˈænəʊdaɪz] *v/t.* eloxieren.

an·o·dyne [ˈænəʊdaɪn] **I** *adj.* schmerzstillend; *fig.* a) lindernd, beruhigend, b) verwässert, kraftlos; **II** *s.* schmerzstillendes Mittel; *fig.* Beruhigungspille *f*.

a·noint [əˈnɔɪnt] *v/t.* **1.** einölen, einschmieren; **2.** *bsd. eccl.* salben; **aˈnoint·ment** [-mənt] *s.* Salbung *f*.

a·nom·a·lous [əˈnɒmələs] *adj.* □ ˈanomal, abˈnorm; ungewöhnlich, abweichend; **aˈnom·a·ly** [-lɪ] *s.* Anomaˈlie *f*.

a·non [əˈnɒn] *adv.* bald, soˈgleich: ***ever and ~*** immer wieder.

an·o·nym·i·ty [ˌænəˈnɪmətɪ] *s.* Anonymiˈtät *f*; **a·non·y·mous** [əˈnɒnɪməs] *adj.* □ anoˈnym, namenlos, ungenannt; unbekannten Ursprungs.

a·noph·e·les [əˈnɒfɪliːz] *s. zo.* Fiebermücke *f*.

a·no·rak [ˈænəræk] *s.* Anorak *m*.

an·oth·er [əˈnʌðə] *adj. u. pron.* **1.** ein anderer, eine andere, ein anderes (***than*** als): ***~ thing*** etwas anderes; ***one ~*** a) einander, b) uns (euch, sich) gegenseitig; ***one after ~*** einer nach dem andern; ***he is ~ man now*** jetzt ist er ein (ganz) anderer Mensch; **2.** ein zweiter *od.* weiterer *od.* neuer, eine zweite *od.* weitere *od.* neue, ein zweites *od.* weiteres *od.* neues; **3.** *a.* ***yet ~*** noch ein(er, e, es): ***~ cup of tea*** noch eine Tasse Tee; ***~ five weeks*** weitere *od.* noch fünf Wochen; ***tell us ~!*** F das glaubst du doch selbst nicht!; ***you are ~!*** F *iro.* danke gleichfalls!; ***~ Shakespeare*** ein zweiter Shakespeare; ***A.N.Other*** *sport* ein ungenannter (Ersatz)Spieler.

An·schluss [ˈɑːnʃlʊs] (*Ger.*) *s. pol.* Anschluß *m*.

an·swer [ˈɑːnsə] **I** *s.* **1.** Antwort *f*, Entgegnung *f* (*to* auf *acc.*): ***in ~ to*** a) in Beantwortung (*gen.*), b) auf *et.* hin; **2.** *fig.* Antwort *f*, Erwiderung *f*; Reaktiˈon *f* (*alle*: ***to*** auf *acc.*); **3.** Gegenmaßnahme *f*, -mittel *n*; **4.** ⚖ Klagebeantwortung *f*, Gegenschrift *f*; *weitS.* Rechtfertigung *f*; **5.** Lösung *f* (*to e-s Problems etc.*); ♈ Auflösung *f*: ***he knows all the ~s*** a) ‚er blickt voll durch', b) *contp.* er weiß immer alles besser; **II** *v/i.* **6.** antworten (***to*** *j-m*, auf *acc.*): ***~ back*** a) freche Antworten geben, b) widersprechen, sich (*mit Worten*) verteidigen *od.* wehren; **7.** sich verantworten, Rechenschaft ablegen (***for*** für); **8.** verantwortlich sein, haften, bürgen (***for*** für); **9.** die Folgen tragen, büßen (***for*** für): ***you have much to ~ for*** du hast viel auf dem Kerbholz; **10.** *fig.* (*to*) reagieren (auf *acc.*), hören (auf *e-n Namen*); gehorchen, Folge leisten (*dat.*); **11. *~ to*** *e-r Beschreibung* entsprechen; **12.** sich eignen, taugen; gelingen (*Plan*); **III** *v/t.* **13.** a) *j-m* antworten, b) *et.* beantworten, antworten auf (*acc.*); **14.** a) sich *j-m gegenüber* verantworten, *j-m* Rechenschaft ablegen (***for*** für), b) sich gegen *e-e Anklage etc.* verteidigen; **15.** reagieren *od.* eingehen auf (*acc.*); *e-m Befehl etc.* Folge leisten; sich auf *eine Anzeige etc.* hin melden: ***~ the bell*** (*od.* ***door***) auf das Läuten *od.* Klopfen die Tür öffnen; ***~ the telephone*** den Anruf entgegennehmen, ans Telefon gehen; **16.** *dem Steuer* gehorchen; *Gebet* erhören; *Zweck, Wunsch etc.* erfüllen; *Auftrag etc.* ausführen: ***~ the call of duty*** dem Ruf der Pflicht folgen; **17.** *bsd. Aufgabe* lösen; **18.** *e-r Beschreibung, e-m Bedürfnis* entsprechen; **19.** *j-m* genügen, *j-n* zuˈfriedenstellen; **ˈan·swer·a·ble** [-sərəbl] *adj.* **1.** verantwortlich (***for*** für): ***to be ~ to s.o. for s.th.*** j-m für et. bürgen, sich vor j-m für et. verantworten müssen; **2.** (*to*) entsprechend, angemessen, gemäß (*dat.*); **3.** zu beantworten(d).

ant [ænt] *s. zo.* Ameise *f*.

an't [ɑːnt; ænt] → ***ain't***.

ant·ac·id [ˌæntˈæsɪd] *adj. u. s.* ⚕ gegen Magensäure wirkend(es Mittel).

ant·ag·o·nism [ænˈtægənɪzəm] *s.* **1.** ˈWiderstreit *m*, Gegensatz *m*, ˈWiderspruch *m* (***between*** zwischen *dat.*); **2.** Feindschaft *f* (***to*** gegen); ˈWiderstand *m* (***against***, ***to*** gegen); **anˈtag·o·nist** [-ɪst] *s.* Gegner(in), ˈWidersacher(in); **an·tag·o·nis·tic** [ænˌtægəˈnɪstɪk] *adj.* (□ ***~ally***) gegnerisch, feindlich (***to*** gegen); widerˈstreitend (***to*** *dat.*); **anˈtag·o·nize** [-naɪz] *v/t.* ankämpfen gegen; sich *j-n* zum Feind machen, *j-n* gegen sich aufbringen.

ant·arc·tic [æntˈɑːktɪk] **I** *adj.* antˈarktisch, Südpol…: ***♀ Circle*** südlicher Polarkreis; ***♀ Ocean*** südliches Eismeer; **II** *s.* Antˈarktis *f*.

ˈant-bear *s. zo.* Ameisenbär *m*.

an·te [ˈæntɪ] (*Lat.*) **I** *adv.* vorn, voˈran, b) *zeitlich*: vorher, zuˈvor; **II** *prp.* vor; **III** *s.* F *Poker*: Einsatz *m*: ***raise the ~*** a) den Einsatz (*weitS.* den Preis *etc.*) erhöhen, b) F (das nötige) Geld beschaffen; **IV** *v/t. u. v/i. mst* ***~ up*** (ein)setzen; *fig. Am.* a) (be)zahlen, ‚blechen', b) (dazu) beisteuern.

ˈant-ˌeat·er *s. zo.* Ameisenfresser *m*.

an·te·ced·ence [ˌæntɪˈsiːdəns] *s.* **1.** Vortritt *m*, -rang *m*; **2.** *ast.* Rückläufigkeit *f*; **ˌan·teˈced·ent** [-nt] **I** *adj.* **1.** vorˈhergehend, früher (***to*** als); **II** *s.* **2.** *pl.* Vorgeschichte *f*: ***his ~s*** sein Vorleben; **3.** *fig.* Vorläufer *m*; **4.** *ling.* Beziehungswort *n*.

an·te|·cham·ber [ˈæntɪˌtʃeɪmbə] *s.* Vorzimmer *n*; **~·date** [ˌæntɪˈdeɪt] *v/t.* **1.** vor- *od.* zuˈrückdatieren, ein früheres Datum setzen auf (*acc.*); **2.** vorˈwegnehmen; **3.** *zeitlich* vorˈangehen (*dat.*); **~·di·lu·vi·an** [ˌæntɪdɪˈluːvjən] **I** *adj.* vorsintflutlich (*a. fig.*); **II** *s.* vorsintflutliches Wesen; *contp.* a) rückständige Perˈson, b) ‚Fosˈsil' *n* (*sehr alte Person*).

an·te·lope [ˈæntɪləʊp] *s.* **1.** *zo.* Antiˈlope *f*; **2.** Antiˈlopenleder *n*.

an·te me·rid·i·em [ˌæntɪməˈrɪdɪəm] (*Lat.*) *abbr.* ***a.m.*** vormittags.

an·te·na·tal [ˌæntɪˈneɪtl] **I** *adj.* pränaˈtal: ***~ care*** Mutterschaftsfürsorge *f*; **II** *s.* F Mutterschaftsvorsorgeuntersuchung *f*.

an·ten·na [ænˈtenə] *s.* **1.** *pl.* **-nae** [-niː]

zo. Fühler *m*; Fühlhorn *n*; *fig.* Gespür *n*, ‚An'tenne' *f*; **2.** *pl.* **-nas** *bsd. Am.* ϟ Antenne *f*.

an·te|·nup·tial [ˌæntɪ'nʌpʃl] *adj.* vorhochzeitlich; **~·pe·nul·ti·mate** [ˌæntɪpɪ'nʌltɪmət] **I** *adj.* drittletzt (*bsd. Silbe*); **II** *s.* drittletzte Silbe.

an·te·ri·or [æn'tɪərɪə] *adj.* **1.** vorder; **2.** vor'hergehend, früher (***to*** als).

an·te-room ['æntɪrʊm] *s.* Vor-, Wartezimmer *n*.

an·them ['ænθəm] *s.* 'Hymne *f*, Cho'ral *m*: ***national ~*** Nationalhymne.

an·ther ['ænθə] *s.* ⚘ Staubbeutel *m*.

'ant-hill *s. zo.* Ameisenhaufen *m*.

an·thol·o·gy [æn'θɒlədʒɪ] *s.* Antholo'gie *f*, (Gedicht)Sammlung *f*.

an·thra·cite ['ænθrəsaɪt] *s. min.* Anthra'zit *m*, Glanzkohle *f*.

an·thrax ['ænθræks] *s.* ⚕ 'Anthrax *m*, Milzbrand *m*.

an·thro·poid ['ænθrəʊpɔɪd] *zo.* **I** *adj.* menschenähnlich, Menschen…; **II** *s.* Menschenaffe *m*; **an·thro·po·log·i·cal** [ˌænθrəpə'lɒdʒɪk(l)] *adj.* □ anthropo'logisch; **an·thro·pol·o·gist** [ˌænθrə'pɒlədʒɪst] *s.* Anthropo'loge *m*; **an·thro·pol·o·gy** [ˌænθrə'pɒlədʒɪ] *s.* Anthropolo'gie *f*; **an·thro·po·mor·phous** [ˌænθrəpəʊ'mɔːfəs] *adj.* anthropo'morph(isch), von menschlicher *od.* menschenähnlicher Gestalt; **an·thro·poph·a·gi** [ˌænθrəʊ'pɒfəgaɪ] *s. pl.* Menschenfresser *pl.*; **an·thro·poph·a·gous** [ˌænθrəʊ'pɒfəgəs] *adj.* menschenfressend.

an·ti ['æntɪ] F **I** *prp.* gegen; **II** *adj.*: ***be ~*** dagegen sein; **III** *s.* Gegner(in).

ˌan·ti|-'air·craft [ˌæntɪ-] *adj.* ⚔ Fliegerabwehr…: ***~ gun*** Flakgeschütz *n*, Fliegerabwehrkanone *f*; **'~·auˌthor·i·'tar·i·an** *adj.* antiautori'tär; **ˌ~-'ba·by pill** *s.* ⚕ Anti'babypille *f*; **ˌ~·bal'lis·tic** *adj.* ⚔ antibal'listisch; **ˌ~·bi'ot·ic** [-baɪ'ɒtɪk] **I** *s.* Antibi'otikum *n*; **II** *adj.* antibi'otisch; **'~ˌbod·y** *s.* ⚗, *biol.* 'Antikörper *m*, Abwehrstoff *m*; **ˌ~'cath·ode** *s.* ϟ Antika'thode *f*; **'~·christ** *s. eccl.* 'Antichrist *m*; **ˌ~'chris·tian** **I** *adj.* christenfeindlich; **II** *s.* Christenfeind(in).

an·tic·i·pate [æn'tɪsɪpeɪt] *v/t.* **1.** vor'ausempfinden, -sehen, -ahnen; **2.** erwarten, erhoffen: ***~d profit*** voraussichtlicher Verdienst; **3.** im vor'aus tun *od.* erwähnen, vor'wegnehmen; *Ankunft* beschleunigen; vor'auseilen (*dat.*); **4.** *j-m od. e-m Wunsch etc.* zu'vorkommen; **5.** *e-r Sache* vorbauen, verhindern; **6.** *bsd.* † vorzeitig bezahlen *od.* verbrauchen; **an·tic·i·pa·tion** [ænˌtɪsɪ'peɪʃn] *s.* **1.** Vorgefühl *n*, Vorahnung *f*, Vorgeschmack *m*; **2.** Ahnungsvermögen *n*, Vor'aussicht *f*; **3.** Erwartung *f*, Hoffnung *f*, Vorfreude *f*; **4.** Zu'vorkommen *n*, Vorgreifen *n*, Vor'wegnahme *f*: ***in ~*** im voraus; **5.** Verfrühtheit *f*: ***payment by ~*** Vorauszahlung *f*; **an'tic·i·pa·to·ry** [-tərɪ] *adj.* **1.** vor'wegnehmend, vorgreifend, erwartend, Vor…; **2.** *ling.* vor'ausdeutend; **3.** *Patentrecht*: neuheitsschädlich: ***~ reference*** Vorwegnahme *f*.

ˌan·ti|'cler·i·cal *adj.* kirchenfeindlich; **ˌ~'cli·max** *s.* (enttäuschendes) Abfallen, Abstieg *m*; *a.* ***sense of ~*** plötzliches Gefühl der Leere *od.* Enttäuschung; **ˌ~'clock·wise** *adv. u. adj.* entgegen dem Uhrzeigersinn: ***~ rotation*** Linksdrehung *f*; **ˌ~·cor'ro·sive** *adj.* rostfest; Rostschutz…

an·tics ['æntɪks] *s. pl.* Possen *pl.*, *fig.* Mätzchen *pl.*, (tolle) Streiche *pl.*

ˌan·ti|'cy·cli·cal *adj.* † anti'zyklisch, konjunk'turdämpfend; **ˌ~'cy·clone** *s. meteor.* Hoch(druckgebiet) *n*; **ˌ~-'dazzle** *adj.* Blendschutz…: ***~ switch*** Abblendschalter *m*; **ˌ~·de'pres·sant** *s.* ⚕ Antidepres'sivum *n*; **'~-dim** *adj.* ⚙ Klar(sicht)…; **ˌ~·dis'tor·tion** *s.* ϟ Entzerrung *f*; **'~·dot·al** [-dəʊtl] *adj.* als Gegengift dienend (*a. fig.*); **'~·dote** [-dəʊt] *s.* Gegengift *n*, -mittel *n* (***against***, ***for***, ***to*** gegen); **ˌ~'fad·ing** ϟ **I** *s.* Schwundausgleich *m*; **II** *adj.* schwundmindernd; **ˌ~-'Fas·cist** *pol.* **I** *s.* Antifa'schist(in); **II** *adj.* antifa'schistisch; **ˌ~'fe·brile** *s.* ⚕ Fiebermittel *n*; **ˌ~'fed·er·al·ist** *s. Am. hist.* Antiködera'list *m*; **'~-freeze** **I** *adj.* Gefrier-, Frostschutz…; **II** *s.* Frostschutzmittel *n*; **'~ˌfric·tion** *s.* Schmiermittel *n*: ***~ metal*** Lagermetall *n*; **'~-gas** *adj.* Gasschutz…

an·ti·gen ['æntɪdʒən] *s.* ⚕ Anti'gen *n*, Abwehrstoff *m*.

ˌan·ti|-'glare → ***anti-dazzle***; **ˌ~'ha·lo** *adj. phot.* lichthoffrei; **'~ˌhe·ro** *s.* Antiheld *m*; **ˌ~·im'pe·ri·al·ist** *s.* Gegner *m* des Imperia'lismus; **'~ˌin·ter'fer·ence** *adj.* ϟ Entstörungs…, Störschutz…; **'~-jam** *v/t. u. v/i. Radio* entstören; **ˌ~'knock** ⚗, *mot.* **I** *adj.* klopffest; **II** *s.* Anti'klopfmittel *n*.

an·ti|·ma·cas·sar [ˌæntɪmə'kæsə] **I** *s.* Sofa- *od.* Sesselschoner *m*; **II** *adj. fig.* altmodisch; **ˌ~-ma'lar·i·al** *s.* ⚕ Ma'lariamittel *n*; **'~ˌmat·ter** *s. phys.* 'Antimaˌterie *f*; **ˌ~'mis·sile** *s.* ⚔ Antira'ketenraˌkete *f*.

an·ti·mo·ny ['æntɪmənɪ] *s.* ⚗, *min.* Anti'mon *n*.

an·tin·o·my [æn'tɪnəmɪ] *s.* Antino'mie *f*, 'Widerspruch *m*.

ˌan·ti·pa'thet·ic, **ˌan·ti·pa'thet·i·cal** [-pə'θetɪk(l)] *adj.* □ (***to***) **1.** zu'wider (*dat.*); **2.** abgeneigt (*dat.*); **an·tip·a·thy** [æn'tɪpəθɪ] *s.* Antipa'thie *f*, Abneigung *f* (***against***, ***to*** gegen).

ˌan·ti|-per·son'nel *adj.*: ⚔ ***~ bomb*** Splitterbombe *f*; ***~ mine*** Schützen-, Tretmine *f*; **ˌ~·phlo'gis·tic** [-fləʊ'dʒɪstɪk] **I** *adj.* **1.** ⚗ antiphlo'gistisch; **2.** ⚕ entzündungshemmend; **II** *s.* **3.** ⚕ Antiphlo'gistikum *n*.

an·tiph·o·ny [æn'tɪfənɪ] *s.* Antipho'nie *f*, Wechselgesang *m*.

an·tip·o·dal [æn'tɪpədl] *adj.* anti'podisch, *fig. a.* genau entgegengesetzt; **an·tip·o·de·an** [ænˌtɪpə'diːən] *s.* Anti'pode *m*, Gegenfüßler *m*; **an·tip·o·des** [æn'tɪpədiːz] *s. pl.* **1.** die diame'tral gegen'überliegenden Teile *pl.* der Erde; **2.** *sg. u. pl.* Gegenteil *n*, -satz *m*, -seite *f*.

ˌan·ti|-pol'lu·tion *adj.* umweltschützend; **ˌ~·pol'lu·tion·ist** [-pə'luːʃənɪst] *s.* Umweltschützer *m*; **'~·pope** *s.* Gegenpapst *m*; **ˌ~·py'ret·ic** ⚕ **I** *adj.* fieberverhütend; **II** *s.* Fiebermittel *n*; **ˌ~'py·rin(e)** [-'paɪərɪn] *s.* ⚕ Antipy'rin *n*.

an·ti·quar·i·an [ˌæntɪ'kweərɪən] **I** *adj.* altertümlich; **II** *s.* → **an·ti·quar·y** ['æntɪkwərɪ] *s.* **1.** Altertumskenner *m*, -forscher *m*; **2.** Antiqui'tätensammler *m*, -händler *m*; **an·ti·quat·ed** ['æntɪkweɪtɪd] *adj.* veraltet, altmodisch, über'holt, anti'quiert.

an·tique [æn'tiːk] **I** *adj.* □ **1.** an'tik, alt; **2.** altmodisch, veraltet; **II** *s.* **3.** Antiqui'tät *f*: ***~ dealer*** Antiquitätenhändler *m*; **4.** *typ.* Egypti'enne *f*; **an·tiq·ui·ty** [æn'tɪkwətɪ] *s.* **1.** Altertum *n*, Vorzeit *f*; **2.** die Alten *pl.* (*bsd. Griechen u. Römer*); **3.** *die* Antike; **4.** *pl.* Antiqui'täten *pl.*, Altertümer *pl.*; **5.** (ehrwürdiges) Alter.

ˌan·ti|-'rust *adj.* Rostschutz…; **'~-ˌsab·ba'tar·i·an** *adj. u. s.* der strengen Sonntagsheiligung abgeneigt(e Per'son); **ˌ~-'Sem·ite** *s.* Antise'mit(in); **ˌ~-Se'mit·ic** *adj.* antise'mitisch; **ˌ~-'Sem·i·tism** *s.* Antisemi'tismus *m*; **ˌ~'sep·tic** ⚕ **I** *adj.* (□ ***~ally***) anti'septisch; **II** *s.* Anti'septikum *n*; **ˌ~-'skid** *adj.* ⚙, *mot.* gleit-, schleudersicher, Gleitschutz…; rutschfest; **ˌ~'so·cial** *adj.* 'unsoziˌal, gesellschaftsfeindlich; ungesellig; **ˌ~-'tank** *adj.* ⚔ Panzerabwehr… (*-kanone etc.*), Panzer… (*-sperre etc.*); Panzerjäger…: ***~ battalion***.

an·tith·e·sis [æn'tɪθɪsɪs] *pl.* **-ses** [-siːz] *s.* Anti'these *f*: a) Gegensatz *m*, b) 'Widerspruch *m*; **an·ti·thet·ic**, **an·ti·thet·i·cal** [ˌæntɪ'θetɪk(l)] *adj.* □ im Widerspruch stehend, gegensätzlich, anti'thetisch; **an'tith·e·size** [-saɪz] *v/t.* in Gegensätzen ausdrücken; in 'Widerspruch bringen.

ˌan·ti|'tox·in *s.* ⚕ Antito'xin *n*, Gegengift *n*; **ˌ~-'trust** *adj.* kar'tell- u. mono'polfeindlich, Antitrust…; **ˌ~'un·ion** *adj.* gewerkschaftsfeindlich; **'~·world** *s.* Antiwelt *f*.

ant·ler ['æntlə] *s. zo.* **1.** Geweihsprosse *f*; **2.** *pl.* Geweih *n*.

an·to·nym ['æntənɪm] *s. ling.* Anto'nym *n*.

a·nus ['eɪnəs] *s.* After *m*, Anus *m*.

an·vil ['ænvɪl] *s.* Amboß *m* (*a. anat. u. fig.*).

anx·i·e·ty [æŋ'zaɪətɪ] *s.* **1.** Angst *f*, Unruhe *f*; Bedenken *n*, Besorgnis *f*, Sorge *f* (***for*** um); **2.** ⚕ Angst(gefühl *n*) *f*, Beklemmung *f*: ***~ neurosis*** Angstneurose *f*; ***~ state*** Angstzustand *m*; **3.** starkes Verlangen, eifriges (Be)Streben *n* (***for*** nach); **anx·ious** ['æŋkʃəs] *adj.* □ **1.** ängstlich, bange, besorgt, unruhig (***about*** um, wegen): ***~ about his health*** um s-e Gesundheit besorgt; **2.** *fig.* (***for***, ***to*** *inf.*) begierig (auf *acc.*, nach, zu *inf.*), bestrebt (zu *inf.*), bedacht (auf *acc.*): ***~ for his report*** auf s-n Bericht begierig *od.* gespannt; ***he is ~ to please*** er gibt sich alle Mühe(, es recht zu machen); ***I am ~ to see him*** mir liegt daran, ihn zu sehen; ***I am ~ to know*** ich möchte zu gern wissen, ich bin begierig zu wissen.

an·y ['enɪ] **I** *adj.* **1.** (*fragend, verneinend od. bedingend*) (irgend)ein, (irgend)welch; etwaig; einige *pl.*; etwas: ***have you ~ money on you?*** haben Sie Geld bei sich?; ***if I had ~ hope*** wenn ich irgendwelche Hoffnung hätte; ***not ~*** kein; ***there was not ~ milk in the house*** es war keine Milch im Hause; ***I cannot eat ~ more*** ich kann nichts mehr essen; **2.** (*bejahend*) jeder, jede, jedes (beliebige): ***~ cat will scratch*** jede Katze kratzt; ***~ amount*** jede beliebige Menge, ein ganzer Haufen; ***in ~***

case auf jeden Fall; ***at ~ rate*** jedenfalls, wenigstens; ***at ~ time*** jederzeit; **II** *pron. sg. u. pl.* **3.** irgendein; irgendwelche *pl.*; etwas: ***no money and no prospect of ~*** kein Geld und keine Aussicht auf welches; ***I'm not having ~!*** *sl.* ich pfeife drauf!; ***it doesn't help ~*** *sl.* es hilft einen Dreck; **III** *adv.* **4.** irgend(wie), (noch) etwas: ***~ more?*** noch (etwas) mehr?; ***not ~ more than*** ebensowenig wie; ***is he ~ happier now?*** ist er denn jetzt glücklicher?; → ***if*** 1; **'~,bod·y** *pron.* irgend jemand, irgendeine(r), ein beliebiger, eine beliebige: ***~ but you*** jeder andere eher als du; ***is he ~ at all?*** ist er überhaupt jemand (von Bedeutung)?; ***ask ~ you meet*** frage den ersten besten, den du triffst; ***it's ~'s match*** F das Spiel ist (noch) völlig offen; → ***guess*** 7; **'~·how** *adv.* **1.** irgendwie; so gut wie's geht, schlecht und recht; **2.** a) trotzdem, jedenfalls, b) sowie'so, ohne'hin, c) immer'hin: ***you won't be late ~*** jedenfalls wirst du nicht zu spät kommen; ***who wants him to come ~?*** wer will denn überhaupt, daß er kommt?; ***I am going there ~*** ich gehe ohnehin dorthin; **'~·one** → ***anybody***; **'~·place** *Am.* → ***anywhere***; **'~·thing** *pron.* **1.** (irgend) etwas, etwas Beliebiges: ***not ~*** gar nichts; ***not for ~*** um keinen Preis; ***take ~ you like*** nimm, was du willst; ***my head aches like ~*** F mein Kopf schmerzt wie toll; ***for ~ I know*** soviel ich weiß; ***~ goes!*** F alles ist ,drin'!; **2.** alles: ***~ but*** alles andere (eher) als; **'~·way** *adv.* **1.** irgendwie; **2.** → ***anyhow*** 2; **'~·where** *adv.* **1.** irgendwo (-hin): ***not ~*** nirgendwo; **2.** über'all: ***from ~*** von überall her.

A one → ***A 1***.

a·o·rist ['eərɪst] *s. ling.* Ao'rist *m.*

a·or·ta [eɪ'ɔːtə] *s. anat.* A'orta *f*, Hauptschlagader *f.*

a·pace [ə'peɪs] *adv.* schnell, rasch, zusehends.

A·pach·e *pl.* **-es** *od.* **-e** *s.* **1.** [ə'pætʃɪ] A'pache *m* (*Indianer*); **2.** ♀ [ə'pæʃ] A'pache *m*, 'Unterweltler *m.*

ap·a·nage → ***appanage***.

a·part [ə'pɑːt] *adv.* **1.** einzeln, für sich, (ab)gesondert (***from*** von): ***keep ~*** getrennt *od.* auseinanderhalten; ***take ~*** zerlegen, auseinandernehmen (*a. fig.* F *j-n*); ***~ from*** abgesehen von; **2.** abseits, bei'seite: ***joking ~*** Scherz beiseite.

a·part·heid [ə'pɑːtheɪt] *s.* A'partheid *f*, (Poli'tik *f* der) Rassentrennung *f in Südafrika.*

a·part·ho·tel [ə,pɑːthəʊ'tel] *s. Brit. Eigentumswohnanlage, deren Wohneinheiten bei Abwesenheit der Eigentümer als Hotelsuiten vermietet werden.*

a·part·ment [ə'pɑːtmənt] *s.* **1.** Zimmer *n*; **2.** *Am.* (E'tagen)Wohnung *f*; **3.** *Brit.* große Luxuswohnung; **~ block** *s.*, **~ build·ing** *s.* Mietshaus *n*; **~ ho·tel** *s. Am.* A'partho,tel *n* (*das Appartements mit Bedienung u. Verpflegung vermietet*); **~ house** *s.* Mietshaus *n.*

ap·a·thet·ic, **ap·a·thet·i·cal** [,æpə'θetɪk(l)] *adj.* □ a'pathisch, teilnahmslos; **ap·a·thy** ['æpəθɪ] *s.* Apa'thie *f*, Teilnahmslosigkeit *f*; Gleichgültigkeit *f* (***to*** gegen).

ape [eɪp] **I** *s. zo.* (*bsd.* Menschen)Affe *m*; *fig.* a) Nachäffer(in), b) ,Affe' *m*, ,Go'rilla' *m*: ***go ~*** ,überschnappen'; **II** *v/t.* nachäffen.

a·pe·ri·ent [ə'pɪərɪənt] ⚕ **I** *adj.* abführend; **II** *s.* Abführmittel *n.*

a·pé·ri·tif [ɑː,perɪ'tiːf] *s.* Aperi'tif *m.*

ap·er·ture ['æpə,tjʊə] *s.* **1.** Öffnung *f*, Schlitz *m*, Loch *n*; **2.** *phot.*, *phys.* Blende *f.*

a·pex ['eɪpeks] *pl.* **'a·pex·es** *od.* **'a·pi·ces** [-pɪsiːz] *s.* **1.** (*a. anat. Lungen- etc.*) Spitze *f*, Gipfel *m*, Scheitelpunkt *m*; **2.** *fig.* Gipfel *m*, Höhepunkt *m.*

a·phe·li·on [æ'fiːljən] *s.* **1.** *ast.* A'phelium *n*; **2.** *fig.* entferntester Punkt.

a·phid ['eɪfɪd], *a.* **a·phis** ['eɪfɪs] *pl.* **'aph·i·des** [-diːz] *s. zo.* Blattlaus *f.*

aph·o·rism ['æfərɪzəm] *s.* Apho'rismus *m*, Gedankensplitter *m*; **'aph·o·rist** [-ɪst] *s.* Apho'ristiker *m.*

aph·ro·dis·i·ac [,æfrəʊ'dɪzɪæk] ⚕ **I** *adj.* aphro'disisch, den Geschlechtstrieb steigernd; *weitS.* erotisierend, erregend; **II** *s.* Aphrodi'siakum *n.*

a·pi·ar·i·an [,eɪpɪ'eərɪən] *adj.* Bienen(zucht)...; **a·pi·a·rist** ['eɪpjərɪst] *s.* Bienenzüchter *m*, Imker *m*; **a·pi·ar·y** ['eɪpjərɪ] *s.* Bienenhaus *n.*

ap·i·cal ['æpɪkl] *adj.* □ Spitzen...: ***~ angle*** ⩚ Winkel *m* an der Spitze; ***~ pneumonia*** ⚕ Lungenspitzenkatarrh *m.*

a·pi·cul·ture ['eɪpɪkʌltʃə] *s.* Bienenzucht *f.*

a·piece [ə'piːs] *adv.* für jedes Stück, je; pro Per'son, pro Kopf.

ap·ish ['eɪpɪʃ] *adj.* □ **1.** affenartig; **2.** nachäffend; albern, läppisch.

a·plomb [ə'plɒm] (*Fr.*) *s.* **1.** A'plomb *m*, (selbst)sicheres Auftreten, Selbstbewußtsein *n*; **2.** Fassung *f.*

A·poc·a·lypse [ə'pɒkəlɪps] *s.* **1.** *bibl.* Apoka'lypse *f*, Offen'barung *f* Jo'hannis; **2.** ♀ a) Enthüllung *f*, Offen'barung *f*, b) Apoka'lypse *f*, ('Welt)kata,strophe *f*; **a·poc·a·lyp·tic** [ə,pɒkə'lɪptɪk] *adj.* (□ ***~ally***) **1.** apoka'lyptisch (*a. fig.*); **2.** *fig.* dunkel, rätselhaft; **3.** *fig.* unheilkündend.

a·poc·ry·pha [ə'pɒkrɪfə] *s. bibl.* Apo'kryphen *pl.*; **a'poc·ry·phal** [-fl] *adj.* apo'kryphisch, von zweifelhafter Verfasserschaft; zweifelhaft; unecht.

ap·o·gee ['æpəʊdʒiː] *s.* **1.** *ast.* Apo'gäum *n*, Erdferne *f*; **2.** *fig.* Höhepunkt *m*, Gipfel *m.*

a·po·lit·i·cal [,eɪpə'lɪtɪkl] *adj.* 'apolitisch.

A·pol·lo [ə'pɒləʊ] *npr. myth. u. s. fig.* A'poll(o) *m.*

a·pol·o·get·ic [ə,pɒlə'dʒetɪk] **I** *s.* **1.** Entschuldigung *f*, Verteidigung *f*; **2.** *mst pl. eccl.* Apolo'getik *f*; **II** *adj.* **3.** → **a,pol·o'get·i·cal** [-kl] *adj.* □ **1.** entschuldigend, rechtfertigend; **2.** kleinlaut, reumütig, schüchtern; **ap·o·lo·gi·a** [,æpə'ləʊdʒɪə] *s.* Verteidigung *f*, (Selbst-) Rechtfertigung *f*, Apolo'gie *f*; **a·pol·o·gist** [ə'pɒlədʒɪst] *s.* **1.** Verteidiger(in); **2.** *eccl.* Apolo'get *m*; **a·pol·o·gize** [ə'pɒlədʒaɪz] *v/i.* : ***~ to s.o.*** (***for s.th.***) sich bei j-m (für et.) entschuldigen, j-n (für et.) um Verzeihung bitten; **a·pol·o·gy** [ə'pɒlədʒɪ] *s.* **1.** Entschuldigung *f*, Abbitte *f*; Rechtfertigung *f*: ***make an ~ to s.o.*** (***for s.th***) → ***apologize***; **2.** Verteidigungsrede *f*, -schrift *f*; **3.** F minderwertiger Ersatz: ***an ~ for a meal*** ein armseliges Essen.

ap·o·phthegm → ***apothegm***.

ap·o·plec·tic, **ap·o·plec·ti·cal** [,æpə'plektɪk(l)] *adj.* □ apo'plektisch: a) Schlaganfall..., b) zum Schlaganfall neigend; *fig.* e-m Schlaganfall nahe (vor Wut): ***~ fit***, ***~ stroke*** → **ap·o·plex·y** ['æpəpleksɪ] *s.* ⚕ Apople'xie *f*, Schlaganfall *m*, (Gehirn)Schlag *m.*

a·pos·ta·sy [ə'pɒstəsɪ] *s.* Abfall *m*, Abtrünnigkeit *f* (*vom Glauben, von e-r Partei etc.*); **a'pos·tate** [-teɪt] **I** *s.* Abtrünnige(r *m*) *f*, Rene'gat *m*; **II** *adj.* abtrünnig; **a'pos·ta·tize** [-tətaɪz] *v/i.* **1.** (***from***) abfallen (von), abtrünnig *od.* untreu werden (*dat.*); **2.** 'übergehen (***from ... to*** von ... zu).

a·pos·tle [ə'pɒsl] *s.* **1.** *eccl.* A'postel *m*: ***♀s' Creed*** Apostolisches Glaubensbekenntnis; **2.** *fig.* A'postel *m*, Verfechter *m*, Vorkämpfer *m*: ***~ of Free Trade***; **a·pos·to·late** [ə'pɒstəʊlət] *s.* Aposto'lat *n*, A'postelamt *n*, -würde *f*; **ap·os·tol·ic**, *oft* ♀ [,æpə'stɒlɪk] *adj.* (□ ***~ally***) apos'tolisch: ***~ succession*** apostolische Nachfolge; ***♀ See*** Heiliger Stuhl.

a·pos·tro·phe [ə'pɒstrəfɪ] *s.* **1.** (feierliche) Anrede; **2.** *ling.* Apo'stroph *m*; **a'pos·tro·phize** [-faɪz] *v/t.* apostrophieren: a) mit e-m Apo'stroph versehen, b) *j-n besonders* ansprechen, sich wenden an (*acc.*).

a·poth·e·car·y [ə'pɒθəkərɪ] *s. obs. bsd. Am.* Apo'theker *m.*

ap·o·thegm ['æpəʊθem] *s.* Denk-, Kern-, Lehrspruch *m*; Ma'xime *f.*

a·poth·e·o·sis [ə,pɒθɪ'əʊsɪs] *s.* **1.** Apothe'ose *f*: a) Vergöttlichung *f*, b) *fig.* Verherrlichung *f*, Vergötterung *f*; **2.** *fig.* Ide'al *n.*

Ap·pa·lach·i·an [,æpə'leɪtʃjən] *adj.*: ***~ Mountains*** die Appalachen (*Gebirge im Nordosten der USA*).

ap·pal, *Am. a.* **ap·pall** [ə'pɔːl] *v/t.* erschrecken, entsetzen: ***be ~led*** entsetzt sein (***at*** über *acc.*); **ap'pal·ling** [-lɪŋ] *adj.* □ erschreckend, entsetzlich, beängstigend.

ap·pa·nage ['æpənɪdʒ] *s.* **1.** Apa'nage *f e-s Prinzen*; *fig.* Erbteil *n*; Einnahme (-quelle) *f*; **2.** abhängiges Gebiet; **3.** *fig.* Merkmal *n*, Zubehör *n.*

ap·pa·ra·tus [,æpə'reɪtəs] *pl.* **-tus** [-təs], **-tus·es** *s.* **1.** Appa'rat *m*, Gerät *n*, Vorrichtung *f*; *coll.* Apparat(e *pl.*) *m* (*a. fig.*), Appara'tur *f*, Maschine'rie *f* (*a. fig.*): ***~ work*** Geräteturnen *n*; **2.** ⚕ Sy'stem *n*, Appa'rat *m*: ***respiratory ~*** Atmungsapparat, Atemwerkzeuge *pl.*

ap·par·el [ə'pærəl] *s.* **1.** Kleidung *f*, Tracht *f*; **2.** *fig.* Gewand *n*, Schmuck *m.*

ap·par·ent [ə'pærənt] *adj.* □ → ***apparently***; **1.** sichtbar; **2.** augenscheinlich, offenbar; ersichtlich, einleuchtend: → ***heir***; **3.** scheinbar, anscheinend, Schein...; **ap'par·ent·ly** [-lɪ] *adv.* anscheinend, wie es scheint; **ap·pa·ri·tion** [,æpə'rɪʃən] *s.* **1.** (plötzliches) Erscheinen; **2.** Erscheinung *f*, Gespenst *n*, Geist *m.*

ap·peal [ə'piːl] **I** *v/i.* **1.** (***to***) appellieren, sich wenden (an *acc.*); *j-n od. et.* (als Zeugen) anrufen, sich berufen (auf *acc.*): ***~ to the law*** das Gesetz anrufen; ***~ to history*** die Geschichte als Zeugen anrufen; ***~ to the country*** *pol. Brit.*

(das Parlament auflösen u.) Neuwahlen ausschreiben; **2.** (*to s.o. for s.th.*) (j-n) dringend (um et.) bitten, (j-n um et.) anrufen; **3.** Einspruch erheben; *bsd.* ⚖ Berufung *od.* Revisi'on *od.* Beschwerde einlegen (*against*, ⚖ *mst* ***from*** gegen); **4.** (*to*) wirken (auf *acc.*), reizen (*acc.*), gefallen, zusagen (*dat.*), Anklang finden (bei); **II** *s.* **5.** (*to*) dringende Bitte (an *acc.*, ***for*** um); Aufruf *m*, Mahnung *f* (an *acc.*); Werbung *f* (bei); Aufforderung *f* (*gen.*); **6.** (*to*) Ap'pell *m* (an *acc.*), Anrufung *f* (*gen.*): ***~ to reason*** Appell an die Vernunft; **7.** (*to*) Verweisung *f* (an *acc.*), Berufung *f* (auf *acc.*); **8.** ⚖ Rechtsmittel *n* (***from*** *od.* ***against*** gegen): a) Berufung *f*, Revisi'on *f*, b) (Rechts)Beschwerde *f*, Einspruch *m*: ***Court of ♀*** Berufungs- *od.* Revisionsgericht *n*; **9.** (*to*) Wirkung *f*, Anziehung(skraft) *f* (auf *acc.*); ✝, *thea. etc.* Zugkraft *f*; Anklang *m*, Beliebtheit *f* (bei); **ap'peal·ing** [-lɪŋ] *adj.* ☐ **1.** flehend; **2.** ansprechend, reizvoll, gefällig.

ap·pear [ə'pɪə] *v/i.* **1.** erscheinen (*a. von Büchern*), sich zeigen; *öffentlich* auftreten; **2.** erscheinen, sich stellen (*vor Gericht etc.*); **3.** scheinen, den Anschein haben, aussehen, *j-m* vorkommen: ***it ~s to me you are right*** mir scheint, Sie haben recht; ***he ~s to be tired***; ***it does not ~ that*** es liegt kein Anhaltspunkt dafür vor, daß; **4.** sich her'ausstellen: ***it ~s from this*** hieraus ergibt sich *od.* geht hervor; **ap·pearance** [ə'pɪərəns] *s.* **1.** Erscheinen *n*, *öffentliches* Auftreten, Vorkommen *n*: ***make one's ~*** sich einstellen, sich zeigen; ***put in an ~*** (persönlich) erscheinen; **2.** (äußere) Erscheinung, Aussehen *n*, *das* Äußere: ***at first ~*** beim ersten Anblick; **3.** äußerer Schein, (An)Schein *m*: ***there is every ~ that*** es hat ganz den Anschein, daß; ***in ~*** anscheinend; ***to all ~(s)*** allem Anschein nach; ***~s are against him*** der (Augen)Schein spricht gegen ihn; ***keep up*** (*od.* ***save***) ***~s*** den Schein wahren.

ap·pease [ə'pi:z] *v/t.* **1.** *j-n od. j-s Zorn etc.* beruhigen, beschwichtigen; *Streit* schlichten, beilegen; *Leiden* mildern; *Durst etc.* stillen; *Neugier* befriedigen; **2.** *bsd. pol.* (durch Nachgiebigkeit *od.* Zugeständnisse) beschwichtigen; **ap'pease·ment** [-mənt] *s.* Beruhigung *f etc.*; Be'schwichtigung(spoli,tik) *f*; **ap'peas·er** [-zə] *s. pol.* Be'schwichtigungspo,litiker *m*.

ap·pel·lant [ə'pelənt] **I** *adj.* appellierend; **II** *s.* Appel'lant *m*, Berufungskläger(in); Beschwerdeführer(in); **ap'pel·late** [-lət] *adj.* Berufungs...: ***~ court*** Berufungsinstanz *f*, Revisions-, Appellationsgericht *n*.

ap·pel·la·tion [,æpə'leɪʃn] *s.* Benennung *f*, Name *m*; **ap·pel·la·tive** [ə'pelətɪv] **I** *adj.* ☐ *ling.* appella'tiv: ***~ name*** Gattungsname *m*; **II** *s. ling.* Gattungsname *m*.

ap·pel·lee [,æpe'li:] *s.* ⚖ Berufungsbeklagte(r *m*) *f*.

ap·pend [ə'pend] *v/t.* **1.** (*to*) befestigen, anbringen (an *dat.*), anhängen (an *acc.*); **2.** hin'zu-, beifügen (*to dat.*, zu): ***to ~ the signature***; ***to ~ a price-list***; **ap'pend·age** [-dɪdʒ] *s.* **1.** Anhang *m*, Anhängsel *n*, Zubehör *n*, *m*; **2.** *fig.* Anhängsel *n*: a) Beigabe *f*, b) (ständiger) Begleiter; **ap·pen·dec·to·my** [,æpen'dektəmɪ] *s.* 'Blinddarmoperati,on *f*; **ap·pen·di·ces** *pl. von* ***appendix***; **ap·pen·di·ci·tis** [ə,pendɪ'saɪtɪs] *s.* ⚕ Blinddarmentzündung *f*; **ap·pen·dix** [ə'pendɪks] *pl.* **-dix·es**, **-di·ces** [-dɪsi:z] *s.* **1.** Anhang *m e-s Buches*; **2.** ⚙ Ansatz *m*; **3.** *anat.* Fortsatz *m*: (***vermiform***) ***~*** Wurmfortsatz *m*, Blinddarm *m*.

ap·per·tain [,æpə'teɪn] *v/i.* (*to*) gehören (zu), (zu)gehören (*dat.*); *j-m* zustehen, gebühren (*dat.*).

ap·pe·tence ['æpɪtəns], **'ap·pe·ten·cy** [-sɪ] *s.* **1.** Verlangen *n* (***of***, ***for***, ***after*** nach); **2.** instink'tive Neigung; (Na'tur) Trieb *m*.

ap·pe·tite ['æpɪtaɪt] *s.* **1.** (***for***) Verlangen *n*, Gelüst *n* (nach); Neigung *f*, Trieb *m*, Lust *f* (zu), ‚Appe'tit' (auf *acc.*); **2.** Appe'tit *m* (***for*** auf *acc.*), Eßlust *f*: ***have an ~*** Appetit haben; ***take away*** (*od.* ***spoil***) ***s.o.'s ~*** j-m den Appetit nehmen *od.* verderben; ***loss of ~*** Appetitlosigkeit *f*; ***~ suppressant*** Appetitzügler *m*; **'ap·pe·tiz·er** [-aɪzə] *s.* appe'titanregendes Mittel *od.* Getränk *od.* Gericht, Aperi'tif *m*; **'ap·pe·tiz·ing** [-aɪzɪŋ] *adj.* ☐ appe'titanregend; appe'titlich, lecker (*beide a. fig.*); *fig.* reizvoll, ‚zum Anbeißen'.

ap·plaud [ə'plɔ:d] **I** *v/i.* applaudieren, Beifall spenden; **II** *v/t.* beklatschen, *j-m* Beifall spenden; *fig.* loben, billigen; *j-m* zustimmen; **ap·plause** [ə'plɔ:z] *s.* **1.** Ap'plaus *m*, Beifall(klatschen *n*) *m*: ***break into ~*** in Beifall ausbrechen; **2.** *fig.* Zustimmung *f*, Anerkennung *f*, Beifall *m*.

ap·ple ['æpl] *s.* Apfel *m*: ***~ of discord*** *fig.* Zankapfel; ***~ of one's eye*** *anat.* Augapfel (*a. fig.*); **'~-cart** *s.* Apfelkarren *m*: ***upset the*** *od.* ***s.o.'s ~*** *fig.* alle *od.* j-s Pläne über den Haufen werfen; **~ char·lotte** ['ʃɑ:lət] *s.* 'Apfelchar,lotte *f* (*e-e Apfelspeise*); **~ dump·ling** *s.* Apfel *m* im Schlafrock; **~ frit·ters** *s. pl.* (in Teig gebackene) Apfelschnitten *pl.*; **'~-jack** *s. Am.* Apfelschnaps *m*; **'~-pie** *s.* (warmer) gedeckter Apfelkuchen; **'~-pie or·der** *s.* F schönste Ordnung: ***everything is in ~*** alles ‚in Butter' *od.* in bester Ordnung; **~ pol·ish·er** *s. Am.* F Speichellecker *m*; **'~-sauce** *s.* **1.** Apfelmus *n*; **2.** *Am. sl.* a) ‚Schmus' *m*, Schmeiche'lei *f*, b) *int.* Quatsch!; **'~-tree** *s.* ⚘ Apfelbaum *m*.

ap·pli·ance [ə'plaɪəns] *s.* Gerät *n*, Vorrichtung *f*, Appa'rat *m*.

ap·pli·ca·bil·i·ty [,æplɪkə'bɪlətɪ] *s.* (*to*) Anwendbarkeit *f* (auf *acc.*), Eignung *f* (für); **ap·pli·ca·ble** ['æplɪkəbl] *adj.* ☐ (*to*) anwendbar (auf *acc.*), passend, geeignet (für): ***not ~*** *in Formularen*: nicht zutreffend, entfällt; **ap·pli·cant** ['æplɪkənt] *s.* (***for***) Bewerber(in) (um), Besteller(in) (*gen.*); Antragsteller(in); (Pa'tent)Anmelder(in); **ap·pli·ca·tion** [,æplɪ'keɪʃn] *s.* **1.** ⚕ Auf-, Anlegen *n e-s Verbandes etc.*; Anwendung *f* (*to* auf *acc.*); **2.** (*to* für) An-, Verwendung *f*, Gebrauch *m*: ***~ of poison***; ***~ of drastic measures***; **3.** (*to*) Anwendung *f*, Anwendbarkeit *f* (auf *acc.*); Beziehung *f* (zu): ***have no ~*** keine Anwendung finden, unangebracht sein, nicht zutreffen; **4.** (***for***) Gesuch *n*, Bitte *f* (um); Antrag *m* (auf *acc.*): ***an ~ for help***; ***make an ~*** ein Gesuch einreichen, e-n Antrag stellen; ***~ for a patent*** Anmeldung *f* zum Patent; ***samples on ~*** Muster auf Verlangen *od.* Wunsch; **5.** Bewerbung *f* (***for*** um): (***letter of***) ***~*** Bewerbungsschreiben *n*; **6.** Fleiß *m*, Eifer *m* (***in*** bei): ***~ in one's studies***; **ap·plied** [ə'plaɪd] *adj.* angewandt: ***~ chemistry*** (***psychology*** *etc.*); ***~ art*** Kunstgewerbe *n*, Gebrauchsgraphik *f*.

ap·pli·qué [æ'pli:keɪ] *adj.* aufgelegt, -genäht, appliziert: ***~ work*** Applikation (-sstickerei) *f*.

ap·ply [ə'plaɪ] **I** *v/t.* **1.** (*to*) auflegen, -tragen, legen (auf *acc.*), anbringen (an, auf *dat.*): ***~ a plaster to a wound***; **2.** (*to*) a) verwenden (auf *acc.*, für), b) anwenden (auf *acc.*): ***~ a rule***; ***applied to modern conditions*** auf moderne Verhältnisse angewandt, c) gebrauchen (für): ***~ the brakes*** bremsen, d) verwerten (zu, für); **3.** *Sinn* richten (*to* auf *acc.*); **4.** ***~ o.s.*** sich widmen (*to dat.*): ***~ o.s. to a task***; **II** *v/i.* **5.** (*to*) sich wenden (an *acc.*, ***for*** wegen), sich melden (bei): ***~ to the manager***; **6.** (***for***) beantragen (*acc.*); sich bewerben, sich bemühen, ersuchen (um): ***~ for a job***; **7.** (***for***) (*bsd.* zum Pa'tent) anmelden (*acc.*); **8.** (*to*) Anwendung finden (bei, auf *acc.*), passen, zutreffen (auf *acc.*), gelten (für): ***cross out that which does not ~*** Nichtzutreffendes bitte streichen.

ap·point [ə'pɔɪnt] *v/t.* **1.** ernennen, berufen, an-, bestellen: ***~ a teacher*** e-n Lehrer anstellen; ***~ an heir*** e-n Erben einsetzen; ***~ s.o. governor*** j-n zum Gouverneur ernennen, j-n als Gouverneur berufen; ***~ s.o. to a professorship*** j-m e-e Professur übertragen; **2.** festsetzen, bestimmen; vorschreiben; verabreden: ***~ a time***; ***the ~ed day*** der festgesetzte Tag *od.* Termin, der Stichtag; ***the ~ed task*** die vorgeschriebene Aufgabe; **3.** einrichten, ausrüsten: ***a well-~ed house***; **ap·point·ee** [əpɔɪn'ti:] *s.* Ernannte(r *m*) *f*; **ap'point·ment** [-mənt] *s.* **1.** Ernennung *f*, Anstellung *f*, Berufung *f*, Einsetzung *f* (*a. e-s Erben*), Bestellung *f* (*bsd. e-s Vormunds*); ***♀(s) Board*** Behörde *f* zur Besetzung höherer Posten; ***by special ~ to the King*** Königlicher Hoflieferant; **2.** Amt *n*, Stellung *f*; **3.** Festsetzung *f bsd. e-s Termins*; **4.** Verabredung *f*; Zs.-kunft *f*; *geschäftlich, beim Arzt etc.*: Ter'min *m*: ***by ~*** nach Vereinbarung; ***make an ~*** e-e Verabredung treffen; ***keep*** (***break***) ***an ~*** eine Verabredung (nicht) einhalten; ***~ book*** Terminkalender *m*; **5.** *pl.* Ausstattung *f*, Einrichtung *f e-r Wohnung etc.*

ap·por·tion [ə'pɔ:ʃn] *v/t. e-n Anteil* zuteilen, (proportio'nal *od.* gerecht) ein-, verteilen; *Lob* erteilen, zollen; *Aufgabe* zuteilen; *Schuld* beimessen; *Kosten* 'umlegen; **ap'por·tion·ment** [-mənt] *s.* (gleichmäßige *od.* gerechte) Ver-, Zuteilung, Einteilung *f*; ('Kosten),Umlage *f*.

ap·po·site ['æpəʊzɪt] *adj.* ☐ (*to*) passend (für), angemessen (*dat.*), geeignet (für); angebracht, treffend; **'ap·po·site·ness** [-nɪs] *s.* Angemessenheit *f*; **ap·po·si·tion** [,æpə'zɪʃn] *s.* **1.** Bei-, Hin'zufügung *f*; **2.** *ling.* Appositi'on *f*,

Beifügung *f.*

ap·prais·al [ə'preɪzl] *s.* (Ab)Schätzung *f*, Taxierung *f*; Schätzwert *m*, *a. ped.* Bewertung *f*; *fig.* Beurteilung *f*, Würdigung *f*; **ap·praise** [ə'preɪz] *v/t.* (ab-, ein)schätzen, taxieren, bewerten, beurteilen, würdigen; **ap'praise·ment** [-mənt] → ***appraisal***; **ap'prais·er** [-zə] *s.* (Ab)Schätzer *m.*

ap·pre·ci·a·ble [ə'pri:ʃəbl] *adj.* □ merklich, spürbar, nennenswert; **ap·pre·ci·ate** [ə'pri:ʃɪeɪt] **I** *v/t.* **1.** (hoch-) schätzen; richtig einschätzen, würdigen, zu schätzen *od.* würdigen wissen; **2.** aufgeschlossen sein für, Gefallen finden an (*dat.*), Sinn haben für: ***~ music***; **3.** dankbar sein für: ***I ~ your kindness***; **4.** (richtig) beurteilen, einsehen, (klar) erkennen: ***~ a danger***; **5.** *bsd. Am.* a) den Wert *e-r Sache* erhöhen, b) aufwerten; **II** *v/i.* **6.** im Wert steigen; **ap·pre·ci·a·tion** [əˌpri:ʃɪ'eɪʃn] *s.* **1.** Würdigung *f*, (Wert-, Ein)Schätzung *f*, Anerkennung *f*; **2.** Verständnis *n*, Aufgeschlossenheit *f*, Sinn *m* (***of*** für): ***~ of music***; **3.** richtige Beurteilung, Einsicht *f*; **4.** (kritische) Würdigung, *bsd. günstige* Kri'tik; **5.** (***of***) Dankbarkeit *f* (für), (dankbare) Anerkennung (*gen.*); **6.** ✝ a) Wertsteigerung *f*, b) Aufwertung *f*; **ap'pre·ci·a·tive** [-ʃjətɪv] *adj.*; **ap'pre·ci·a·to·ry** [-ʃjətərɪ] *adj.* □ (***of***) **1.** anerkennend, würdigend (*acc.*); **2.** verständnisvoll, empfänglich, dankbar (für): ***be ~ of*** zu schätzen wissen.

ap·pre·hend [ˌæprɪ'hend] *v/t.* **1.** ergreifen, festnehmen, verhaften: ***~ a thief***; **2.** *fig.* wahrnehmen, erkennen; begreifen, erfassen; **3.** *fig.* (be)fürchten, ahnen, wittern; **ˌap·pre'hen·sion** [-nʃn] *s.* **1.** Festnahme *f*, Verhaftung *f*; **2.** *fig.* Begreifen *n*, Erfassen *n*; Verstand *m*, Fassungskraft *f*; **3.** Begriff *m*, Ansicht *f*: ***according to popular ~***; **4.** (Vor)Ahnung *f*, Besorgnis *f*: ***in ~ of*** *et.* befürchtend; **ˌap·pre'hen·sive** [-sɪv] *adj.* □ besorgt (***for*** um; ***of*** wegen; ***that*** daß), ängstlich: ***~ for one's life*** um sein Leben besorgt; ***be ~ of dangers*** sich vor Gefahren fürchten.

ap·pren·tice [ə'prentɪs] **I** *s.* Lehrling *m*, Auszubildende(r) *m*; Prakti'kant(in); *fig.* Anfänger *m*, Neuling *m*; **II** *v/t.* in die Lehre geben: ***be ~d to*** in die Lehre kommen zu, in der Lehre sein bei; **ap'pren·tice·ship** [-tɪʃɪp] *s.* a) *a. fig.* Lehrjahre *pl.*, -zeit *f*, Lehre *f*: ***serve one's ~ (with)*** in die Lehre gehen (bei), b) Lehrstelle *f.*

ap·prise [ə'praɪz] *v/t.* in Kenntnis setzen, unter'richten (***of*** von).

ap·pro ['æprəʊ] *s.*: ***on ~*** ✝ F zur Ansicht, zur Probe.

ap·proach [ə'prəʊtʃ] **I** *v/i.* **1.** sich nähern; (her'an)nahen, bevorstehen; **2.** *fig.* nahekommen, ähnlich sein (***to*** *dat.*); **3.** ✈ an-, einfliegen; **II** *v/t.* **4.** sich nähern (*dat.*): ***~ the city***; ***~ the end***; **5.** *fig.* nahekommen (*dat.*), (fast) erreichen: ***~ the required sum***; **6.** her'angehen an (*acc.*): ***~ a task***; **7.** her'antreten *od.* sich her'anmachen an (*acc.*): ***~ a customer***; ***~ a girl***; **8.** *j-n* angehen, bitten; sich an *j-n* wenden (***for*** um, ***on*** wegen); **9.** auf *et.* zu sprechen kommen; **III** *s.* **10.** (Heran)Nahen *n* (*a. e-s Zeitpunktes etc.*); Annäherung *f*, Anmarsch *m* (*a.* ⚔), ✈ Anflug *m*; **11.** *fig.* (***to***) Nahekommen *n*, Annäherung *f* (an *acc.*); Ähnlichkeit *f* (mit): ***an ~ to truth*** annähernd die Wahrheit; **12.** Zugang *m*, Zufahrt *f*, Ein-, Auffahrt *f*; *pl.* ⚔ Laufgräben *pl.*; **13.** (***to***) Einführung *f* (in *acc.*), erster Schritt (zu), Versuch *m* (*gen.*): ***a good ~ to philosophy***; ***an ~ to a smile*** der Versuch e-s Lächelns; **14.** *oft pl.* Herantreten *n* (***to*** an *acc.*), Annäherungsversuche *pl.*; **15.** *a.* ***method*** *od.* ***line of ~*** (***to***) a) Art *f* und Weise *f et.* anzupacken, Me'thode *f*, Verfahren *n*: (***basic***) ***~*** Ansatz *m*, b) Auffassung *f* (*gen.*), Haltung *f*, Einstellung *f* (zu), Stellungnahme *f* (zu); Behandlung *f e-s Themas etc.*; **ap'proach·a·ble** [-tʃəbl] *adj.* zugänglich (*a. fig.*).

ap·pro·ba·tion [ˌæprəʊ'beɪʃn] *s.* Billigung *f*, Genehmigung *f*; Bestätigung *f*; Zustimmung *f*, Beifall *m.*

ap·pro·pri·ate I *adj.* [ə'prəʊprɪət] □ **1.** (***to***, ***for***) passend, geeignet (für, zu), angemessen (*dat.*), entsprechend (*dat.*), richtig (für); **2.** eigen, zugehörig (***to*** *dat.*); **II** *v/t.* [-ɪeɪt] **3.** verwenden, bereitstellen; *parl. bsd. Geld* bewilligen (***to*** zu, ***for*** für); **4.** sich *et.* aneignen (*a. widerrechtlich*); **ap·pro·pri·a·tion** [əˌprəʊprɪ'eɪʃn] *s.* **1.** Aneignung *f*, Besitzergreifung *f*; **2.** Verwendung *f*, Bereitstellung *f*; *parl.* (Geld)Bewilligung *f.*

ap·prov·a·ble [ə'pru:vəbl] *adj.* zu billigen(d), anerkennenswert; **ap'prov·al** [-vl] *s.* **1.** Billigung *f*, Genehmigung *f*: ***the plan has my ~***; ***on ~*** zur Ansicht, auf Probe; **2.** Anerkennung *f*, Beifall *m*: ***meet with ~*** Beifall finden; **ap·prove** [ə'pru:v] **I** *v/t.* **1.** billigen, gutheißen, anerkennen, annehmen; bestätigen, genehmigen; **2.** ***~ o.s.*** sich erweisen *od.* bewähren (***as*** als); **II** *v/i.* **3.** billigen, anerkennen, gutheißen, genehmigen (***of*** *acc.*): ***~ of s.o.*** j-n akzeptieren; ***be ~d of*** Anklang finden; **ap'proved** [-vd] *adj.* **1.** erprobt, bewährt: ***an ~ friend***; ***in the ~ manner***; **2.** anerkannt: ***~ school*** *Brit. hist.* (staatliche) Erziehungsanstalt; **ap'prov·er** [-və] *s.* ⚖ *Brit.* Kronzeuge *m*; **ap'prov·ing·ly** [-vɪŋlɪ] *adv.* zustimmend, beifällig.

ap·prox·i·mate I *adj.* [ə'prɒksɪmət] □ → ***approximately***; **1.** annähernd, ungefähr; Näherungs… (*-formel, -rechnung, -wert*); **2.** *fig.* sehr ähnlich; **II** *v/t.* [-meɪt] **3.** sich *e-r Menge od. e-m Wert* nähern, nahe- *od.* näherkommen (*dat.*); **III** *v/i.* [-meɪt] **4.** nahe- *od.* näherkommen (*oft mit* ***to*** *dat.*); **ap'prox·i·mate·ly** [-lɪ] *adv.* annähernd, ungefähr, etwa; **ap·prox·i·ma·tion** [əˌprɒksɪ'meɪʃn] *s.* **1.** Annäherung *f* (***to*** *an acc.*): ***an ~ to the truth*** annähernd die Wahrheit; **2.** ⩲ a) (An)Näherung *f* (***to*** an *acc.*), b) Näherungswert *m*; annähernde Gleichheit; **ap'prox·i·ma·tive** [-ətɪv] *adj.* □ annähernd.

ap·pur·te·nance [ə'pɜ:tɪnəns] *s.* **1.** Zubehör *n*, *m*; **2.** *pl.* ⚖ Re'alrechte *pl.* (*aus Eigentum an Liegenschaften*); **ap'pur·te·nant** [-nt] *adj.* zugehörig (***to*** *dat.*).

a·pri·cot ['eɪprɪkɒt] *s.* Apri'kose *f.*

A·pril ['eɪprəl] *s.* A'pril *m*: ***in ~*** im April; ***~ fool*** Aprilnarr *m*; ***~ Fools Day*** der 1. April; ***make an ~ fool of s.o.***, ***~-fool s.o.*** j-n in den April schicken.

a pri·o·ri [ˌeɪpraɪ'ɔ:raɪ] *adv. u. adj. phls.* **1.** a pri'ori, deduk'tiv; **2.** F mutmaßlich, ohne (Über)'Prüfung.

a·pron ['eɪprən] *s.* **1.** Schürze *f*; Schurz (-fell *n*) *m*; **2.** Schurz *m von Freimaurern od. engl. Bischöfen*; **3.** ⚙ a) Schutzblech *n*, -haube *f*, b) *mot.* Blech-, Windschutz *m*, c) Schutzleder *n*, Kniedecke *f an Fahrzeugen*; **4.** ✈ (betoniertes) (Hallen)Vorfeld; **5.** *a.* ***~-stage*** *thea.* Vorbühne *f*; '***~-strings*** *s. pl.* Schürzenbänder *pl.*; *fig.* Gängelband *n*: ***tied to one's mother's ~*** an Mutters Schürzenzipfel hängend; ***tied to s.o.'s ~*** unter j-s Fuchtel stehend.

ap·ro·pos ['æprəpəʊ] **I** *adv.* **1.** angemessen, zur rechten Zeit: ***he arrived very ~*** er kam wie gerufen; **2.** 'hinsichtlich (***of*** *gen.*): ***~ of our talk***; **3.** apro'pos, nebenbei bemerkt; **II** *adj.* **4.** passend, angemessen, treffend: ***his remark was very ~.***

apse [æps] *s.* ⩓ 'Apsis *f.*

apt [æpt] *adj.* □ **1.** passend, geeignet; treffend: ***an ~ remark***; **2.** geneigt, neigend (***to*** *inf.* zu *inf.*): ***he is ~ to believe it*** er wird es wahrscheinlich glauben; ***~ to be overlooked*** leicht zu übersehen; ***~ to rust*** leicht rostend; **3.** (***at***) geschickt (in *dat.*), begabt (für): ***an ~ pupil.***

ap·ter·ous ['æptərəs] *adj.* **1.** *zo.* flügellos; **2.** ⚘ ungeflügelt.

ap·ti·tude ['æptɪtju:d] *s.* (*ped.* Sonder-) Begabung *f*, Befähigung *f*, Ta'lent *n*; Fähigkeit *f*; Auffassungsgabe *f*; Eignung *f* (***for*** für, zu): ***~ test*** *Am.* Eignungsprüfung *f*; **apt·ness** ['æptnɪs] *s.* **1.** Angemessenheit *f*, Tauglichkeit *f* (***for*** für, zu); **2.** (***for***, ***to***) Neigung *f* (zu), Eignung *f* (für, zu), Geschicklichkeit *f* (in *dat.*).

aq·ua·cul·ture ['ækwəkʌltʃə] *s.* 'Aquakulˌtur *f.*

aq·ua for·tis [ˌækwə'fɔ:tɪs] *s.* ⚗ Scheidewasser *n*, Sal'petersäure *f.*

aq·ua·lung ['ækwəlʌŋ] *s.* Taucherlunge *f*, Atmungsgerät *n*; '**aq·ua·lun·ger** [-ŋə] *s.* Tiefsee-, Sporttaucher(in).

aq·ua·ma·rine [ˌækwəmə'ri:n] *s.* **1.** *min.* Aquama'rin *m*; **2.** Aquama'rinblau *n.*

aq·ua·plane ['ækwəpleɪn] **I** *s.* **1.** *Wassersport*: Monoski *m*; **II** *v/i.* **2.** Monoski laufen; **3.** *mot.* a) aufschwimmen (*Reifen*), b) ‚schwimmen', die Bodenhaftung verlieren; '**aq·ua·plan·ing** *s.* **1.** Monoskilauf *m*; **2.** *mot.* Aqua'planing *n.*

aq·ua·relle [ˌækwə'rel] *s.* Aqua'rell(maleˌrei *f*) *n*; ˌ**aq·ua'rel·list** [-lɪst] *s.* Aqua'rellmaler(in).

A·quar·i·an [ə'kweərɪən] *s. ast.* Wassermann *m* (*Person*).

a·quar·i·um [ə'kweərɪəm] *pl.* **-i·ums** *od.* **-i·a** [-ɪə] *s.* A'quarium *n.*

A·quar·i·us [ə'kweərɪəs] *s. ast.* Wassermann *m.*

aq·ua show ['ækwə] *s. Brit.* 'Wasserbalˌlett *n.*

a·quat·ic [ə'kwætɪk] **I** *adj.* **1.** Wasser…: ***~ plants***; ***~ sports*** Wassersport *m*; **II** *s.* **2.** *biol.* Wassertier *n*, -pflanze *f*; **3.** *pl.* Wassersport *m.*

aq·ua·tint ['ækwətɪnt] *s.* Aqua'tinta *f*, 'Tuschmaˌnier *f.*

aq·ua vi·tae [ˌækwə'vaɪti:] *s.* **1.** ⚗ *hist.* 'Alkohol *m*; **2.** Branntwein *m.*

aq·ue·duct ['ækwɪdʌkt] *s.* Aquä'dukt *m*, *n*.

a·que·ous ['eɪkwɪəs] *adj.* wässerig, wäßrig (*a. fig.*), wasserartig, -haltig.

Aq·ui·la ['ækwɪlə] *s. ast.* Adler *m*.

aq·ui·le·gi·a [ˌækwɪ'li:dʒjə] *s.* ⚘ Ake'lei *f*.

aq·ui·line ['ækwɪlaɪn] *adj.* gebogen, Adler…, Habichts…: **~ *nose***.

Ar·ab ['ærəb] **I** *s.* **1.** Araber(in); **2.** Araber *m* (*Pferd*); **3.** → ***street Arab***; **II** *adj.* **4.** a'rabisch; **ar·a·besque** [ˌærə'besk] **I** *s.* Ara'beske *f*; **II** *adj.* ara'besk; **A·ra·bi·an** [ə'reɪbjən] **I** *adj.* **1.** a'rabisch: ***The ~ Nights*** Tausendundeine Nacht; **II** *s.* **2.** → ***Arab*** 1; **3.** → ***Arab*** 2; **'Ar·a·bic** [-bɪk] **I** *adj.* a'rabisch: **~ *figures*** (*od.* ***numerals***) arabische Ziffern *od.* Zahlen; **II** *s. ling.* A'rabisch *n*; **'Ar·ab·ist** [-bɪst] *s.* Ara'bist *m*.

ar·a·ble ['ærəbl] **I** *adj.* pflügbar, anbaufähig; **II** *s.* Ackerland *n*.

Ar·a·by ['ærəbɪ] *s. poet.* A'rabien *n*.

ar·au·ca·ri·a [ˌærɔ:'keərɪə] *s.* ⚘ Zimmertanne *f*, Arau'karie *f*.

ar·bi·ter ['ɑ:bɪtə] *s.* **1.** Schiedsrichter *m*; **2.** *fig.* Richter *m* (***of*** über *acc.*); **3.** *fig.* Herr *m*, Gebieter *m*; **ar·bi·trage** [ˌɑ:bɪ'trɑ:ʒ] *s.* ☤ Arbi'trage *f*; **ar·bi·tral** ['ɑ:bɪtrəl] *adj.* schiedsrichterlich: **~ *award*** Schiedsspruch *m*; **~ *body*** *od.* ***court*** Schiedsgericht *n*, -stelle *f*; **~ *clause*** Schiedsklausel *f*; **ar·bi·trar·i·ness** ['ɑ:bɪtrərɪnɪs] *s.* Willkür *f*, Eigenmächtigkeit *f*; **ar·bi·trar·y** ['ɑ:bɪtrərɪ] *adj.* □ **1.** willkürlich, eigenmächtig, -willig; **2.** launenhaft; **3.** ty'rannisch; **ar·bi·trate** ['ɑ:bɪtreɪt] **I** *v/t.* **1.** (als Schiedsrichter *od.* durch Schiedsspruch) entscheiden, schlichten, beilegen; **2.** e-m Schiedsspruch unter'werfen; **II** *v/i.* **3.** Schiedsrichter sein; **ar·bi·tra·tion** [ˌɑ:bɪ'treɪʃn] *s.* **1.** Schieds(gerichts)verfahren *n*; Schiedsspruch *m*; Schlichtung *f*: ***court of ~*** Schiedsgericht *n*, -hof *m*; **~ *board*** Schiedsstelle *f*; ***submit to ~*** e-m Schiedsgericht unterwerfen; ***settle by ~*** schiedsgerichtlich beilegen; **2.** ☤ (**~ *of exchange*** Wechsel)Arbitrage *f*; **'ar·bi·tra·tor** [-reɪtə] *s.* ⚖ Schiedsrichter *m*, -mann *m*.

ar·bor[1] *Am.* → ***arbour***; **♀ *Day*** *Am.* Tag *m* des Baums.

ar·bor[2] ['ɑ:bə] *s.* ⚙ Achse *f*, Welle *f*; (Aufsteck)Dorn *m*, Spindel *f*.

ar·bo·re·al [ɑ:'bɔ:rɪəl] *adj.* baumartig; Baum…; auf Bäumen lebend; **ar'bo·re·ous** [-ɪəs] *adj.* **1.** baumreich, waldig; **2.** baumartig; Baum…; **ar·bo·res·cent** [ˌɑ:bə'resnt] *adj.* baumartig, verzweigt; **ar·bo·re·tum** [ˌɑ:bə'ri:təm] *pl.* **-ta** [-tə] *s.* Arbo'retum *n*; **ar·bo·ri·cul·ture** ['ɑ:bərɪkʌltʃə] *s.* Baumzucht *f*.

ar·bor vi·tae [ˌɑ:bə'vaɪtɪ] *s.* ⚘ Lebensbaum *m*.

ar·bour ['ɑ:bə] *s.* Laube *f*.

arc [ɑ:k] **I** *s.* **1.** *a.* ∢, ⚙, *ast.* Bogen *m*; **2.** ⚡ (Licht)Bogen *m*: **~ *welding*** Lichtbogenschweißen *n*; **II** *v/i. a.* **~ *over*** ⚡ e-n (Licht)Bogen bilden, ‚funken'.

ar·cade [ɑ:'keɪd] *s.* Ar'kade *f*: a) Säulen-, Bogen-, Laubengang *m*, b) Pas'sage *f*; **ar'cad·ed** [-dɪd] *adj.* mit Arkaden (versehen).

Ar·ca·di·a [ɑ:'keɪdjə] *s.* Ar'kadien *n*, ländliches Para'dies *od.* I'dyll; **Ar'ca·di·an** [-ən] *adj.* ar'kadisch, i'dyllisch.

ar·cane [ɑ:'keɪn] *adj.* geheimnisvoll; **ar'ca·num** [-nəm] *pl.* **-na** [-nə] *s.* **1.** *hist.* ⚗ Ar'kanum *n*; Eli'xier *n*; **2.** *mst pl.* Geheimnis *n*, My'sterium *n*.

arch[1] [ɑ:tʃ] **I** *s.* **1.** *mst* △ (Brücken-, Fenster- *etc.*)Bogen *m*; über'wölbter (Ein-, 'Durch)Gang; ('Eisenbahn- *etc.*) Über'führung *f*; Tri'umphbogen *m*; **2.** Wölbung *f*, Gewölbe *n*: **~ *of the instep*** (Fuß)Rist *m*, Spann *m*; **~ *support*** Senkfußeinlage *f*; ***fallen ~es*** Senkfuß *m*; **II** *v/t.* **3.** *a.* **~ *over*** mit Bogen versehen, über'wölben; **4.** wölben, krümmen: **~ *the back*** e-n Buckel machen (*Katze*); **III** *v/i.* **5.** sich wölben; sich krümmen.

arch[2] [ɑ:tʃ] *adj. oft* **arch-** erst, oberst, Haupt…, Erz…; schlimmst, Riesen…: **~ *rogue*** Erzschurke *m*.

arch[3] [ɑ:tʃ] *adj.* □ schalkhaft, schelmisch: ***an ~ look***.

arch- [ɑ:tʃ] *Präfix bei Titeln etc.*: erst, oberst, Haupt…, Erz…

ar·chae·o·log·ic, **ar·chae·o·log·i·cal** [ˌɑ:kɪə'lɒdʒɪk(l)] *adj.* □ archäo'logisch, Altertums…; **ar·chae·ol·o·gist** [ˌɑ:kɪ'ɒlədʒɪst] *s.* Archäo'loge *m*, Altertumsforscher *m*; **ar·chae·ol·o·gy** [ˌɑ:kɪ'ɒlədʒɪ] *s.* Archäolo'gie *f*, Altertumskunde *f*.

ar·cha·ic [ɑ:'keɪɪk] *adj.* (□ **~*ally***) ar'chaisch: a) altertümlich, b) *bsd. ling.* veraltet, altmodisch; **ar·cha·ism** ['ɑ:keɪɪzəm] *s.* **1.** *ling.* Archa'ismus *m*, veralteter Ausdruck; **2.** *et.* Veraltetes.

arch·an·gel ['ɑ:kˌeɪndʒəl] *s.* Erzengel *m*.

ˌarch|'bish·op [ˌɑ:tʃ-] *s.* Erzbischof *m*; **ˌ~'bish·op·ric** *s.* **1.** Erzbistum *n*; **2.** Amt *n* e-s Erzbischofs; **ˌ~'dea·con** *s.* Archidia'kon *m*; **ˌ~'di·o·cese** *s.* 'Erzdiöˌzese *f*; **ˌ~'du·cal** *adj.* erzherzoglich; **ˌ~'duch·ess** *s.* Erzherzogin *f*; **ˌ~'duch·y** *s.* Erzherzogtum *n*; **ˌ~'duke** *s.* Erzherzog *m*.

arched [ɑ:tʃt] *adj.* gewölbt, gebogen, gekrümmt.

ˌarch-'en·e·my *s.* → ***arch-fiend***.

arch·er ['ɑ:tʃə] *s.* **1.** Bogenschütze *m*; **2.** **♀** *ast.* Schütze *m*; **'arch·er·y** [-rɪ] *s.* **1.** Bogenschießen *n*; **2.** *coll.* Bogenschützen *pl*.

ar·che·typ·al ['ɑ:kɪtaɪpl] *adj.* arche'typisch; **'ar·che·type** [-taɪp] *s.* Urform *f*, -bild *n*, Arche'typ(us) *m*.

ˌarch-'fiend [ˌɑ:tʃ-] *s.* Erzfeind *m*: a) Todfeind *m*, b) 'Satan *m*, Teufel *m*.

ar·chi·e·pis·co·pal [ˌɑ:kɪɪ'pɪskəpl] *adj.* erzbischöflich; **ˌar·chi·e'pis·co·pate** [-pɪt] *s.* Amt *n od.* Würde *f* e-s Erzbischofs.

Ar·chi·pel·a·go [ˌɑ:kɪ'pelɪgəʊ] **I** *npr.* Ä'gäisches Meer; **II** **♀** *pl.* **-gos** *s.* Archi'pel *m*, Inselmeer *n*, -gruppe *f*.

ar·chi·tect ['ɑ:kɪtekt] **I** *s.* **1.** Archi'tekt (-in); **2.** *fig.* Schöpfer(in), Urheber(in), Archi'tekt *m*: ***the ~ of one's fortunes*** des eigenen Glückes Schmied; **II** *v/t.* **3.** bauen, entwerfen; **ar·chi·tec·ton·ic** [ˌɑ:kɪtek'tɒnɪk] **I** *adj.* (□ **~*ally***) **1.** architek'tonisch, baulich; **2.** aufbauend, konstruk'tiv, planvoll, schöpferisch, syste'matisch; **II** *s.* **3.** *mst pl. sg. konstr.* Architek'tonik *f*: a) Baukunst *f* (*als Fach*), b) künstlerischer Aufbau; **ar·chi·tec·tur·al** [ˌɑ:kɪ'tektʃərəl] *adj.* □ architek'tonisch, Architektur…, Bau…; **'ar·chi·tec·ture** [-tʃə] *s.* Architek'tur *f*: a) Baukunst *f*; Bauart *f*, Baustil *m*, b) Konstrukti'on *f*; (Auf)Bau *m*, Struk'tur *f*, Anlage *f* (*a. fig.*), c) Bau (-werk *n*) *m*, *coll.* Gebäude *pl.*, Bauten *pl*.

ar·chi·trave ['ɑ:kɪtreɪv] *s.* △ Archi'trav *m*, Tragbalken *m*.

ar·chive ['ɑ:kaɪv] *s. mst pl.* Ar'chiv *n*; Urkundensammlung *f*; **ar·chi·vist** ['ɑ:kɪvɪst] *s.* Archi'var *m*.

arch·ness ['ɑ:tʃnɪs] *s.* Schalkhaftigkeit *f*, Durch'triebenheit *f*.

ˌarch'priest [ˌɑ:tʃ-] *s. eccl. hist.* Erzpriester *m*.

'arch|·way ['ɑ:tʃ-] *s.* △ Bogengang *m*, über'wölbter Torweg; **'~·wise** [-waɪz] *adv.* bogenartig.

'arc|-lamp *s.* ⚡ Bogenlampe *f*; **'~-light** *s.* Bogenlicht *n*, -lampe *f*.

arc·tic ['ɑ:ktɪk] **I** *adj.* **1.** 'arktisch, nördlich, Nord…, Polar…: **♀ *Circle*** Nördlicher Polarkreis; **♀ *Ocean*** Nördliches Eismeer; **~ *fox*** Polarfuchs *m*; **2.** *fig.* sehr kalt, eisig; **II** *s.* **3.** *die* 'Arktis; **4.** *pl. Am.* gefütterte, wasserdichte 'Überschuhe *pl*.

ar·dent ['ɑ:dənt] *adj.* □ **1.** *bsd. fig.* heiß, glühend, feurig: **~ *eyes***; **~ *love***; **~ *spirits*** hochprozentige Spirituosen; **2.** *fig.* feurig, heftig, inbrünstig, leidenschaftlich: **~ *wish***; **~ *admirer*** glühender Verehrer; **3.** *fig.* begeistert; **ar·dour**, *Am.* **ar·dor** ['ɑ:də] *s. fig.* **1.** Feuer *n*, Glut *f*, Inbrunst *f*, Leidenschaft *f*; **2.** Eifer *m*, Begeisterung *f* (***for*** für).

ar·du·ous ['ɑ:djʊəs] *adj.* □ **1.** schwierig, anstrengend, mühsam: ***an ~ task***; **2.** ausdauernd, zäh, e'nergisch: ***an ~ worker***; **3.** steil, jäh (*Berg etc.*); **'ar·du·ous·ness** [-nɪs] *s.* Schwierigkeit *f*, Mühsal *f*.

are[1] [ɑ:; ə] *pres. pl. u. 2 sg. von* **be**.

are[2] [ɑ:] *s.* Ar *n* (*Flächenmaß*).

a·re·a ['eərɪə] *s.* **1.** (begrenzte) Fläche, Flächenraum *m od.* -inhalt *m*; Grundstück *n*, Are'al *n*; Ober-, Grundfläche *f*; **2.** Raum *m*, Gebiet *n*, Gegend *f*: ***danger ~*** Gefahrenzone *f*; ***prohibited*** (*od.* ***restricted***) **~** Sperrzone *f*; **~ *code*** *teleph. Am.* Vorwahl *f*, Vorwählnummer *f*; ***in the Chicago ~*** im (Groß-) Raum (von) Chikago; **3.** *fig.* Bereich *m*, Gebiet *n*; **4.** *a.* **~*way*** Kellervorhof *m*; **5.** ⚔ Operati'onsgebiet *n*: **~ *bombing*** Bombenflächenwurf *m*; ***back ~*** Etappe *f*; ***forward ~*** Kampfgebiet *n*; **6.** *anat.* (*Seh- etc.*)Zentrum *n*; **a·re·al** [-əl] *adj.* Flächen(inhalts)…

a·re·na [ə'ri:nə] *s.* A'rena *f*: a) Kampfplatz *m*, b) 'Stadion *n*, c) *fig.* Schauplatz *m*, Bühne *f*: ***political ~***.

aren't [ɑ:nt] F *für* ***are not***.

a·rête [æ'reɪt] (*Fr.*) *s.* (Fels)Grat *m*.

ar·gent ['ɑ:dʒənt] **I** *s.* Silber(farbe *f*) *n*; **II** *adj.* silberfarbig.

Ar·gen·tine ['ɑ:dʒəntaɪn], **Ar·gen·tin·e·an** [ˌɑ:dʒən'tɪnɪən] **I** *adj.* argen'tinisch; **II** *s.* Argen'tinier(in).

ar·gil ['ɑ:dʒɪl] *s.* Ton *m*, Töpfererde *f*; **ar·gil·la·ceous** [ˌɑ:dʒɪ'leɪʃəs] *adj.* tonartig, Ton…

ar·gon ['ɑ:gɒn] *s.* ⚗ 'Argon *n*.

Ar·go·naut ['ɑ:gənɔ:t] *s.* **1.** *myth.* Argo'naut *m*; **2.** *Am.* Goldsucher *m* in Kali'fornien (*1848/49*).

ar·got ['ɑ:gəʊ] *s.* Ar'got *n*, Jar'gon *m*, Slang *m*, *bsd.* Gaunersprache *f*.

ar·gu·a·ble ['ɑ:gjʊəbl] *adj.* □ disku-

ˈtabel, vertretbar: ***it is ~*** man könnte mit Recht behaupten; **ˈar·gu·a·bly** [-lɪ] *adv.* vertretbarerweise; **ar·gue** [ˈɑːgjuː] **I** *v/i.* **1.** argumentieren; Gründe (für *od.* wider) anführen: ***~ for s.th.*** a) für et. eintreten, b) für et. sprechen (*Sache*); ***~ against s.th.*** a) gegen et. Einwände machen, b) gegen et. sprechen (*Sache*); ***don't ~!*** keine Widerrede!; **2.** streiten, rechten (***with*** mit); disputieren (***about*** über *acc.*, ***for*** für, ***against*** gegen, ***with*** mit); **II** *v/t.* **3.** *e-e Angelegenheit* erörtern, diskutieren; **4.** *j-n* überˈreden *od.* (durch Arguˈmente) bewegen: ***~ s.o. into s.th.*** j-n zu et. überreden; ***~ s.o. out of s.th.*** j-n von et. abbringen; **5.** geltend machen, behaupten: ***~ that black is white***; **6.** begründen, beweisen; folgern (***from*** aus); **7.** verraten, (an)zeigen, beweisen: ***his clothes ~ poverty***; **ar·gu·ment** [ˈɑːgjʊmənt] *s.* **1.** Arguˈment *n*, (Beweis)Grund *m*; Beweisführung *f*, Schlußfolgerung *f*; **2.** Behauptung *f*; Entgegnung *f*, Einwand *m*; **3.** Erörterung *f*, Besprechung *f*: ***hold an ~*** diskutieren; **4.** F (Wort)Streit *m*, Auseinˈandersetzung *f*; Streitfrage *f*; **5.** ˈThema *n*, (Haupt)Inhalt *m*; **ar·gu·men·ta·tion** [ˌɑːgjʊmenˈteɪʃn] *s.* **1.** Beweisführung *f*, Schlußfolgerung *f*; **2.** Erörterung *f*; **ar·gu·men·ta·tive** [ˌɑːgjʊˈmentətɪv] *adj.* ☐ **1.** streitlustig; **2.** strittig, umˈstritten; **3.** ˈkritisch; **4.** ***~ of*** hindeutend auf (*acc.*).

Ar·gus [ˈɑːgəs] *npr. myth.* ˈArgus *m*; **ˈ~-eyed** *adj.* ˈargusäugig, wachsam, mit ˈArgusaugen.

a·ri·a [ˈɑːrɪə] *s.* ♪ ˈArie *f*.

Ar·i·an [ˈeərɪən] *eccl.* **I** *adj.* ariˈanisch; **II** *s.* Ariˈaner *m*.

ar·id [ˈærɪd] *adj.* ☐ dürr, trocken, unfruchtbar; *fig.* trocken, öde; **a·rid·i·ty** [æˈrɪdətɪ] *s.* Dürre *f*, Trockenheit *f*, Unfruchtbarkeit *f* (*a. fig.*).

A·ri·es [ˈeəriːz] *s. ast.* Widder *m*.

a·right [əˈraɪt] *adv.* recht, richtig: ***set ~*** richtigstellen.

a·rise [əˈraɪz] *v/i.* [*irr.*] **1.** (***from***, ***out of***) entstehen, entspringen, herˈvorgehen (aus), herrühren, stammen (von); **2.** entstehen, sich ergeben (***from*** aus); sich erheben, erscheinen, auftreten; **3.** aufstehen, sich erheben; **a·ris·en** [əˈrɪzn] *p.p. von arise*.

ar·is·toc·ra·cy [ˌærɪˈstɒkrəsɪ] *s.* **1.** Aristokraˈtie *f*, *coll. a.* Adel *m*; **2.** *fig.* Eˈlite *f*, Adel *m*; **a·ris·to·crat** [ˈærɪstəkræt] *s.* Aristoˈkrat(in); Adlige(r *m*) *f*; *fig.* Paˈtrizier(in); **a·ris·to·crat·ic**, **a·ris·to·crat·i·cal** [ˌærɪstəˈkrætɪk(l)] *adj.* ☐ aristoˈkratisch, Adels…; *fig.* adlig, vornehm.

a·rith·me·tic [əˈrɪθmətɪk] *s.* Arithˈmetik *f*, Rechnen *n*, Rechenkunst *f*; **ar·ith·met·ic**, **ar·ith·met·i·cal** [ˌærɪθˈmetɪk(l)] *adj.* ☐ arithˈmetisch, Rechen…; **a·rith·me·ti·cian** [əˌrɪθməˈtɪʃn] *s.* Rechner(in), Rechenmeister(in).

ark [ɑːk] *s.* **1.** Arche *f*: ***Noah's ~*** Arche Noah(s); **2.** Schrein *m*: ***ℒ of the Covenant*** *bibl.* Bundeslade *f*.

arm¹ [ɑːm] *s.* **1.** *anat.* Arm *m*: ***keep s.o. at ~'s length*** *fig.* sich j-n vom Leibe halten; ***within ~'s reach*** in Reichweite; ***with open ~s*** *fig.* mit offenen Armen; ***fly into s.o.'s ~s*** j-m in die Arme fliegen; ***take s.o. in one's ~s*** j-n in die Arme nehmen; ***infant*** (*od.* ***babe***) ***in ~s*** Säugling *m*; **2.** Fluß-, Meeresarm *m*; **3.** Arm-, Seitenlehne *f*; **4.** Ast *m*, großer Zweig; **5.** Ärmel *m*; **6.** ⚙ Arm *m e-r Maschine etc.*: ***~ of a balance*** Waagebalken *m*; **7.** *fig.* Arm *m des Gesetzes etc.*

arm² [ɑːm] **I** *s.* **1.** ⚔ *mst pl.* Waffe(n *pl.*) *f*: ***do ~s drill*** Gewehrgriffe üben; ***in ~s*** bewaffnet; ***rise in ~s*** zu den Waffen greifen, sich empören; ***up in ~s*** a) in Aufruhr, b) *fig.* in Harnisch, in hellem Zorn; ***by force of ~s*** mit Waffengewalt; ***bear ~s*** a) Waffen tragen, b) als Soldat dienen; ***lay down ~s*** die Waffen strecken; ***take up ~s*** zu den Waffen greifen (*a. fig.*); ***~s dealer*** Waffenhändler *m*; ***~s control*** Rüstungskontrolle *f*; ***~s race*** Wettrüsten *n*; ***ground ~s!*** Gewehr nieder!; ***order ~s!*** Gewehr ab!; ***pile ~s!*** setzt die Gewehre zusammen!; ***port ~s!*** fällt das Gewehr!; ***present ~s!*** präsentiert das Gewehr!; ***slope ~s!*** das Gewehr über!; ***shoulder ~s!*** das Gewehr an Schulter!; ***to ~s!*** zu den Waffen!, ans Gewehr!; → ***passage at arms***; **2.** Waffengattung *f*, Truppe *f*: ***the naval ~*** die Kriegsmarine; **3.** *pl.* Wappen *n*; → ***coat*** 1; **II** *v/t.* **4.** bewaffnen: ***~ed to the teeth*** bis an die Zähne bewaffnet; **5.** ⚙ armieren, bewehren, befestigen, verstärken, *mit Metall* beschlagen; **6.** ⚔ *Munition, Mine* scharf machen; **7.** (aus)rüsten, bereit machen, versehen: ***be ~ed with an umbrella***; ***be ~ed with arguments***; **III** *v/i.* **8.** sich bewaffnen, sich (aus)rüsten.

ar·ma·da [ɑːˈmɑːdə] *s.* **1.** ℒ *hist.* Arˈmada *f*; **2.** Kriegsflotte *f*, Luftflotte *f*, Geschwader *n*.

ar·ma·dil·lo [ˌɑːməˈdɪləʊ] *s. zo.* **1.** Arˈmaˈdill *n*, Gürteltier *n*; **2.** Apoˈthekerassel *f*.

Ar·ma·ged·don [ˌɑːməˈgedn] *s. bibl. u. fig.* Entscheidungskampf *m*.

ar·ma·ment [ˈɑːməmənt] *s.* ⚔ **1.** Kriegsstärke *f*, -macht *f e-s Landes*: ***naval ~*** Kriegsflotte *f*; **2.** Bewaffnung *f*, Bestückung *f e-s Kriegsschiffes etc.*; **3.** (Kriegsaus)Rüstung *f*: ***~ race*** Wettrüsten *n*; **ar·ma·ture** [ˈɑːməˌtjʊə] *s.* **1.** Rüstung *f*, Panzer *m*; **2.** ⚙ Panzerung *f*, Beschlag *m*, Bewehrung *f*, Armierung *f*, Armaˈtur *f*; **3.** ⚡ Anker *m* (*a. e-s Magneten etc.*), Läufer *m*: ***~ shaft*** Ankerwelle *f*; **4.** ♀, *zo.* Bewehrung *f*.

ˈarm|·band *s.* Armbinde *f*; **ˌ~ˈchair** **I** *s.* Lehnstuhl *m*, (Lehn)Sessel *m*; **II** *adj.* vom (*od.* am) grünen Tisch; Stammtisch…, Salon…: ***~ strategists***.

armed [ɑːmd] *adj.* **1.** bewaffnet: ***~ conflict***; ***~ neutrality***; ***~ forces*** (Gesamt-)Streitkräfte; ***~ robbery*** schwerer Raub; **2.** ⚔ a) scharf, zündfertig (*Munition etc.*), b) *a.* ⚙ → ***armoured***.

Ar·me·ni·an [ɑːˈmiːnjən] **I** *adj.* arˈmenisch; **II** *s.* Arˈmenier(in).

ˈarm·ful [-fʊl] *s.* Armvoll *m*.

arm·ing [ˈɑːmɪŋ] *s.* **1.** Bewaffnung *f*, (Aus)Rüstung *f*; **2.** ⚙ Armierung *f*, Armaˈtur *f*; **3.** Wappen *n*.

ar·mi·stice [ˈɑːmɪstɪs] *s.* Waffenstillstand *m* (*a. fig.*); ***ℒ Day*** *s.* Jahrestag *m* des Waffenstillstandes vom 11. November 1918.

arm·let [ˈɑːmlɪt] *s.* **1.** Armbinde *f als Abzeichen*; Armspange *f*; **2.** kleiner Meeres- *od.* Flußarm.

ar·mor *etc. Am.* → ***armour*** *etc.*

ar·mo·ri·al [ɑːˈmɔːrɪəl] **I** *adj.* Wappen…, heˈraldisch: ***~ bearings*** Wappen(schild *m*, *n*) *n*; **II** *s.* Wappenbuch *n*; **ar·mor·y** [ˈɑːmərɪ] *s.* **1.** Heˈraldik *f*, Wappenkunde *f*; **2.** *Am.* → ***armoury***.

ar·mour [ˈɑːmə] *s.* **1.** Rüstung *f*, Panzer *m* (*a. fig.*); **2.** ⚔, ⚙ Panzer(ung *f*) *m*, Armierung *f*; *coll.* Panzerfahrzeuge *pl.*, -truppen *pl.*; **3.** ♀, *zo.* Panzer *m*, Schutzdecke *f*; **ˈ~-clad** → ***armour-plated***.

ar·moured [ˈɑːməd] *adj.* ⚔, ⚙ gepanzert, Panzer…: ***~ cable*** armiertes Kabel, Panzerkabel *n*; ***~ car*** a) Panzerkampfwagen *m*, b) gepanzerter (Geld-)Transportwagen; ***~ infantry*** Panzergrenadiere *pl*; ***~ train*** Panzerzug *m*; **ˈar·mour·er** [-ərə] *s.* Waffenschmied *m*; ⚔, ⚓ Waffenmeister *m*.

ˈar·mour|-ˌpierc·ing *adj.* panzerbrechend, Panzer…: ***~ ammunition***; **ˈ~-ˌplat·ed** *adj.* gepanzert, Panzer…

ar·mour·y [ˈɑːmərɪ] *s.* **1.** Rüst-, Waffenkammer *f* (*a. fig.*), Arseˈnal *n*, Zeughaus *n*; **2.** *Am.* a) ˈWaffenfaˌbrik *f*, b) Exerzierhalle *f*.

ˈarm|·pit *s.* Achselhöhle *f*; **ˈ~·rest** *s.* Armlehne *f*, -stütze *f*; **ˈ~-ˌtwist·ing** *s.* F Druckausübung *f*.

ar·my [ˈɑːmɪ] *s.* **1.** Arˈmee *f*, Heer *n*; Miliˈtär *n*: ***~ contractor*** Heereslieferant *m*; ***join the ~*** Soldat werden; ***~ of occupation*** Besatzungsarmee; ***~ issue*** *die* dem Soldaten gelieferte Ausrüstung, Heereseigentum *n*; **2.** Arˈmee *f* (*als militärische Einheit*); **3.** *fig.* Heer *n*, Menge *f*: ***a whole ~ of workmen***; ***~ chap·lain*** *s.* Miliˈtärgeistliche(r) *m*; ***~ corps*** *s.* Arˈmeekorps *n*.

ar·ni·ca [ˈɑːnɪkə] *s.* ⚘ ˈArnika *f*.

a·ro·ma [əˈrəʊmə] *s.* **1.** Aˈroma *n*, Duft *m*, Würze *f*; Blume *f* (*Wein*); **2.** *fig.* Würze *f*, Reiz *m*; **ar·o·mat·ic** *adj.* [ˌærəʊˈmætɪk] *adj.* (☐ ***~ally***) aroˈmatisch, würzig, duftig: ***~ bath*** Kräuterbad *n*.

a·rose [əˈrəʊz] *pret. von arise*.

a·round [əˈraʊnd] **I** *adv.* **1.** ˈringsherˈum, im Kreise; rundum, nach *od.* auf allen Seiten, überˈall: ***I've been ~*** F *fig.* ich kennˈ mich aus; **2.** *bsd. Am.* F umˈher, (in der Gegend) herum; in der Nähe, daˈbei; **II** *prp.* **3.** um, um … her(um), rund um; **4.** *bsd. Am.* F a) (rings- *od.* in der Gegend) herum; durch, hin und her, b) (nahe) bei, in, c) ungefähr, etwa; **aˌround-the-ˈclock** *adj.* den ganzen Tag dauernd, 24stündig; Dauer…

a·rouse [əˈraʊz] *v/t.* **1.** *j-n* (auf-)wecken; **2.** *fig.* aufrütteln; *Gefühle etc.* erregen.

ar·que·bus [ˈɑːkwɪbəs] → ***harquebus***.

ar·rack [ˈærək] *s.* ˈArrak *m*.

ar·raign [əˈreɪn] *v/t.* **1.** ⚖ a) vor Gericht stellen, b) zur Anklage vernehmen; **2.** *öffentlich* beschuldigen, rügen; **3.** *fig.* anfechten; **arˈraign·ment** [-mənt] *s.* ⚖ Vernehmung *f* zur Anklage; *bsd. fig.* Anklage *f*.

ar·range [əˈreɪndʒ] **I** *v/t.* **1.** (an)ordnen; aufstellen; einteilen; ein-, ausrichten; erledigen: ***~ one's ideas*** s-e Gedanken ordnen; ***~ one's affairs*** s-e Angelegenheiten regeln; **2.** verabreden, vereinbaren; festsetzen, planen: ***everything***

had been ~d beforehand; ***an ~d marriage*** e-e (von den Eltern) arrangierte Ehe; **3.** *Streit etc.* beilegen, schlichten; **4.** ♪, *thea.* einrichten, bearbeiten; **II** *v/i.* **5.** sich verständigen (***about*** über *acc.*); **6.** Anordnungen *od.* Vorkehrungen treffen (***for***, ***about*** für, zu, ***to*** *inf.* zu *inf.*); es einrichten, dafür sorgen, veranlassen (***that*** daß): ***~ for the car to be ready***; **7.** sich einigen (***with s.o. about s.th.*** mit j-m über et.); **ar'range·ment** [-mənt] *s.* **1.** (An)Ordnung *f*, Einrichtung *f*, Einteilung *f*, Auf-, Zs.-stellung *f*; Sy'stem *n*; **2.** Vereinbarung *f*, Verabredung *f*, Abmachung *f*: ***make an ~ with s.o.*** mit j-m e-e Verabredung treffen; **3.** Ab-, Über'einkommen *n*; Schlichtung *f*: ***come to an ~*** e-n Vergleich schließen; **4.** *pl.* ***make ~s*** Vorkehrungen *od.* Vorbereitungen *od.* s-e Dispositionen treffen; ***today's ~s*** die heutigen Veranstaltungen; **5.** *thea.* Bearbeitung *f*, ♪ *a.* Arrange'ment *n.*

ar·rant ['ærənt] *adj.* □ völlig, ausgesprochen, ‚kom'plett': ***an ~ fool***; ***~ nonsense***; ***an ~ rogue*** ein Erzgauner.

ar·ray [ə'reɪ] **I** *v/t.* **1.** ordnen, aufstellen (*bsd. Truppen*); **2.** ⚖ *Geschworene* aufrufen; **3.** *fig.* aufbieten; **4.** (***o.s.*** sich) kleiden, putzen; **II** *s.* **5.** Ordnung *f*; Schlachtordnung *f*; **6.** ⚖ Geschworenen(liste *f*) *pl.*; **7.** 'Phalanx *f*, stattliche Reihe, Menge *f*, Aufgebot *n*; **8.** Kleidung *f*, Staat *m*, Aufmachung *f*.

ar·rear [ə'rɪə] *s.* a) *mst pl.* Rückstand *m*, *bsd.* Schulden *pl.*: ***~s of rent*** rückständige Miete; ***in ~(s)*** im Rückstand *od.* Verzug, b) *et.* Unerledigtes, Arbeitsrückstände *pl.*

ar·rest [ə'rest] **I** *s.* **1.** Aufhalten *n*, Hemmung *f*, Stockung *f*; **2.** ⚖ a) Verhaftung *f*, Haft *f*: ***under ~*** verhaftet, in Haft, b) Beschlagnahme *f*, c) *a.* ***~ of judgment*** Urteilssistierung *f*; **II** *v/t.* **3.** an-, aufhalten, hemmen, hindern: ***~ progress***; ***~ed growth*** *biol.* gehemmtes Wachstum; ***~ed tuberculosis*** ⚕ inaktive Tuberkulose; **4.** ⚙ feststellen, sperren, arretieren; **5.** ⚖ a) verhaften, b) beschlagnahmen, c) ***~ judgment*** das Urteil vertagen; **6.** *Geld etc.* einbehalten, konfiszieren; **7.** *Aufmerksamkeit etc.* fesseln, festhalten; **ar'rest·ing** [-tɪŋ] *adj.* fesselnd, interes'sant; **ar'restment** [-mənt] *s.* Beschlagnahme *f*.

ar·rière-pen·sée [ˌærɪeə(r)'pɒnseɪ] (*Fr.*) *s.* 'Hintergedanke *m*.

ar·riv·al [ə'raɪvl] *s.* **1.** Ankunft *f*, Eintreffen *n*; *fig.* Gelangen *n* (***at*** zu); **2.** Erscheinen *n*, Auftreten *n*; **3.** a) Ankömmling *m*: ***new ~*** Neuankömmling, Familienzuwachs *m*, b) *et.* Angekommenes; **4.** *pl.* ankommende Züge *pl. od.* Schiffe *pl. od.* Flugzeuge *pl. od.* Per'sonen *pl.*; Zufuhr *f*; ✝ (Waren)Eingänge *pl.*; **ar·rive** [ə'raɪv] *v/i.* **1.** (an-) kommen, eintreffen; **2.** erscheinen, auftreten; **3.** *fig.* (***at***) erreichen (*acc.*), gelangen (zu): ***~ at a decision***; **4.** kommen, eintreten (*Zeit, Ereignis*); **5.** Erfolg haben.

ar·ro·gance ['ærəgəns] *s.* Arro'ganz *f*, Anmaßung *f*, Über'heblichkeit *f*; **'ar·ro·gant** [-nt] *adj.* □ arro'gant, anmaßend, über'heblich; **ar·ro·gate** ['ærəʊgeɪt] *v/t.* **1.** ***~ to o.s.*** sich *et.* anmaßen, *et.* für sich in Anspruch nehmen; **2.** zuschreiben, zuschieben (***s.th. to s.o.*** j-m et.); **ar·ro·ga·tion** [ˌærəʊ'geɪʃn] *s.* Anmaßung *f*.

ar·row ['ærəʊ] *s.* **1.** Pfeil *m*; **2.** Pfeil (-zeichen *n*) *m*; **3.** *surv.* Zähl-, Markierstab *m*; **'ar·rowed** [-əʊd] *adj.* mit Pfeilen *od.* Pfeilzeichen (versehen).

'ar·row|·head *s.* **1.** Pfeilspitze *f*; **2.** (Zeichen *n* der) Pfeilspitze *f* (*brit. Regierungsgut kennzeichnend*); **'~·root** *s.* ⚘ a) Pfeilwurz *f*, b) Pfeilwurzstärke *f*.

arse [ɑːs] **I** *s.* V Arsch *m*; **II** *v/i. sl.* ***~ around*** ‚herumspinnen'; **'~·hole** *s.* V ‚Arschloch' *n* (*a. fig. contp.*); **~ lick·er** *s.* V ‚Arschkriecher' *m*.

ar·se·nal ['ɑːsənl] *s.* **1.** Arse'nal *n* (*a. fig.*), Zeughaus *n*, Waffenlager *n*; **2.** 'Waffen-, Muniti'onsfaˌbrik *f*.

ar·se·nic I *s.* ['ɑːsnɪk] Ar'sen(ik) *n*; **II** *adj.* [ɑː'senɪk] ar'senhaltig; Arsen…

ar·sis ['ɑːsɪs] *s.* **1.** *poet.* Hebung *f*, betonte Silbe; **2.** ♪ Aufschlag *m*.

ar·son ['ɑːsn] *s.* ⚖ Brandstiftung *f*; **'ar·son·ist** [-nɪst] *s.* Brandstifter *m*.

art[1] [ɑːt] **I** *s.* **1.** (*bsd.* bildende) Kunst: ***the fine ~s*** die schönen Künste; ***brought to a fine ~*** *fig.* zu e-r wahren Kunst entwickelt; ***work of ~*** Kunstwerk *n*; **2.** Kunst(fertigkeit) *f*, Geschicklichkeit *f*: ***the ~ of the painter***; ***the ~ of cooking***; ***industrial ~(s)*** (*od.* ***~s and crafts***) Kunstgewerbe *n*, -handwerk *n*; ***the black ~*** die Schwarze Kunst, die Zauberei; **3.** *pl. univ.* Geisteswissenschaften *pl.*: ***Faculty of ⁓s***, *Am.* ***⁓s Department*** philosophische Fakultät; ***liberal ~s*** humanistische Fächer; → ***master*** 10, ***bachelor*** 2; **4.** *mst pl.* Kunstgriff *m*, Kniff *m*, List *f*, Tücke *f*; **5.** *Patentrecht*: a) Fach(gebiet) *n*, b) Fachkenntnis *f*, c) (***state of the ~*** Stand *m* der) Technik; → ***prior*** 1; **II** *adj.* **6.** Kunst…: ***~ critic***; ***~ director*** a) *thea. etc.* Bühnenmeister *m*, b) *Werbung*: Art-director *m*, künstlerischer Leiter; **7.** künstlerisch, dekora'tiv: ***~ pottery***; **III** *v/t.* **8.** ***~ up*** *sl.* (künstlerisch) ‚aufmöbeln'.

art[2] [ɑːt] *obs. 2. pres. sg. von* ***be***.

ar·te·fact → ***artifact***.

ar·te·ri·al [ɑː'tɪərɪəl] *adj.* **1.** ⚕ arteri'ell, Arterien…: ***~ blood*** Pulsaderblut *n*; **2.** *fig.* ***~ road*** Hauptverkehrsader *f*, Ausfall-, Durchgangs-, Hauptverkehrs-, *a.* Fernverkehrsstraße *f*.

ar·te·ri·o·scle·ro·sis [ɑːˌtɪərɪəʊsklɪə'rəʊsɪs] *s.* ⚕ Arterioskle'rose *f*, Ar'terienverkalkung *f*.

ar·ter·y ['ɑːtərɪ] *s.* **1.** Ar'terie *f*, Puls-, Schlagader *f*; **2.** *fig.* Verkehrsader *f*, *bsd.* Hauptstraße *f*, -fluß *m*: ***~ of traffic***; ***~ of trade*** Haupthandelsweg *m*.

ar·te·sian well [ɑː'tiːzjən] *s.* ar'tesischer (*Am.* tiefer) Brunnen.

art·ful ['ɑːtfʊl] *adj.* □ schlau, listig, verschlagen; **'art·ful·ness** [-nɪs] *s.* List *f*, Schläue *f*, Verschlagenheit *f*.

ar·thrit·ic, ar·thrit·i·cal [ɑː'θrɪtɪk(l)] *adj.* ⚕ ar'thritisch, gichtisch; **ar·thri·tis** [ɑː'θraɪtɪs] *s.* ⚕ Ar'thritis *f*; **ar·thro·sis** [ɑː'θrəʊsɪs] *s.* Ar'throse *f*.

Ar·thu·ri·an [ɑː'θʊərɪən] *adj.* (König) Arthur *od.* Artus betreffend, Arthur…, Artus…

ar·ti·choke ['ɑːtɪtʃəʊk] *s.* ⚘ **1.** *a.* ***globe ~*** Arti'schocke *f*; **2.** ***Jerusalem ~*** 'Erdartiˌschocke *f*.

ar·ti·cle ['ɑːtɪkl] **I** *s.* **1.** ('Zeitungs- *etc.*) Arˌtikel *m*, Aufsatz *m*; **2.** Ar'tikel *m*, Gegenstand *m*, Sache *f*; Posten *m*, Ware *f*: ***~ of trade*** Handelsware; ***the genuine ~*** F der ‚wahre Jakob'; **3.** Abschnitt *m*, Para'graph *m*, Klausel *f*, Punkt *m*: ***~s of apprenticeship*** Lehrvertrag *m*; ***~s*** (***of association***, *Am.* ***incorporation***) ✝ Satzung *f*; ***the Thirty-nine ⁓s*** die 39 Glaubensartikel *der Anglikanischen Kirche*; ***according to the ~s*** ✝ satzungsgemäß; **4.** *ling.* Ar'tikel *m*, Geschlechtswort *n*; **II** *v/t.* **5.** vertraglich binden; in die Lehre geben (***to*** bei); **'ar·ti·cled** [-ld] *adj.* **1.** vertraglich gebunden; **2.** in der Lehre (***to*** bei): ***~ clerk*** *Brit.* Anwaltsgehilfe *m*.

ar·tic·u·late I *v/t.* [ɑː'tɪkjʊleɪt] **1.** artikulieren, deutlich (aus)sprechen; **2.** gliedern; **3.** *Knochen* zs.-fügen; **II** *adj.* [-lət] **4.** klar erkennbar, deutlich (gegliedert), artikuliert, verständlich (*Wörter etc*); **5.** fähig, sich klar auszudrücken, sich klar ausdrückend; **6.** sich Gehör verschaffend; **7.** ⚕, ⚘, *zo.* gegliedert; **ar'tic·u·lat·ed** [-tɪd] *adj.* ⚙ Gelenk…, Glieder…: ***~ train***; ***~ lorry*** *Brit.* Sattelschlepper *m*; **ar·tic·u·la·tion** [ɑːˌtɪkjʊ'leɪʃn] *s.* **1.** *bsd. ling.* Artikulati'on *f*, deutliche Aussprache; Verständlichkeit *f*; **2.** Anein'anderfügung *f*; **3.** ⚙ Gelenk(verbindung *f*) *n*; **4.** Gliederung *f*.

ar·ti·fact ['ɑːtɪfækt] *s.* Arte'fakt *n*: a) Werkzeug *n od.* Gerät *n bsd. primitiver od. prähistorischer Kulturen*, b) ⚕ 'Kunstproˌdukt *n*; **'ar·ti·fice** [-fɪs] *s.* Kunstgriff *m*; Kniff *m*, List *f*; **ar·tif·i·cer** [ɑː'tɪfɪsə] *s.* **1.** → ***artisan***; **2.** ⚔ a) Feuerwerker *m*, b) Handwerker *m*; **3.** Urheber(in).

ar·ti·fi·cial [ˌɑːtɪ'fɪʃl] *adj.* □ **1.** künstlich, Kunst…: ***~ silk***; ***~ leg*** Beinprothese *f*; ***~ teeth*** künstliche Zähne; ***~ person*** ⚖ juristische Person; **2.** *fig.* gekünstelt, falsch; **ar·ti·fi·ci·al·i·ty** [ˌɑːtɪfɪʃɪ'ælətɪ] *s.* Künstlichkeit *f*; *et.* Gekünsteltes.

ar·til·ler·ist [ɑː'tɪlərɪst] *s.* Artille'rist *m*, Kano'nier *m*.

ar·til·ler·y [ɑː'tɪlərɪ] *s.* **1.** Artille'rie *f*; **2.** *sl.* ‚Artille'rie' *f*, Schießeisen *n od. pl.*

ar·ti·san [ˌɑːtɪ'zæn] *s.* (Kunst)Handwerker *m*.

art·ist ['ɑːtɪst] *s.* **1.** a) Künstler(in), *bsd.* Kunstmaler(in), b) → ***artiste***; **2.** *fig.* Künstler(in), Könner(in); **ar·tiste** [ɑː'tiːst] (*Fr.*) *s.* Ar'tist(in), Künstler (-in), Sänger(in), Schauspieler(in), Tänzer(in); **ar·tis·tic, ar·tis·ti·cal** [ɑː'tɪstɪk(l)] *adj.* □ **1.** künstlerisch, Künstler…, Kunst…; **2.** kunstverständig; **3.** kunst-, geschmackvoll; **'art·ist·ry** [-trɪ] *s.* **1.** Künstlertum *n*, *das* Künstlerische; **2.** künstlerische Wirkung *od.* Voll'endung; **3.** Kunstfertigkeit *f*.

art·less ['ɑːtlɪs] *adj.* □ **1.** ungekünstelt, na'türlich, schlicht, unschuldig, na'iv; **2.** offen, arglos, ohne Falsch; **3.** unkünstlerisch, stümperhaft.

Art Nou·veau [ˌɑːrnuː'vəʊ] (*Fr.*) *s.* *Kunst*: Art *f* nou'veau, Jugendstil *m*.

art·sy ['ɑːtsɪ] → ***arty***.

'art·work *s.* Artwork *n*: a) künstlerische Gestaltung, Illustrati'on(en *pl.*) *f*, Grafik *f*, b) (grafische *etc.*) Gestaltungsmittel *pl.*

art·y ['ɑːtɪ] *adj.* F **1.** (gewollt) künstlerisch *od.* bohemi'enhaft; **2.** ‚kunstbeflissen'; **ˌ~(-and)-'craft·y** *adj.* **1.** *iro.* ‚künstlerisch', mo'dern-verrückt; **2.** → ***arty*** 1.

Ar·y·an ['eərɪən] **I** *s.* **1.** Arier *m*, Indoger'mane *m*; **2.** *ling.* arische Sprachengruppe; **3.** Arier *m*, Nichtjude *m* (*in der Nazi-Ideologie*); **II** *adj.* **4.** arisch; **5.** arisch, nichtjüdisch.

as [æz; əz] **I** *adv.* **1.** (ebenso) wie, so: ***~ usual*** wie gewöhnlich *od.* üblich; ***~ soft ~ butter*** weich wie Butter; ***twice ~ large*** zweimal so groß; ***just ~ good*** ebenso gut; **2.** als: ***he appeared ~ Macbeth***; ***I knew him ~ a child***; ***~ prose style this is bad*** für Prosa ist das schlecht; **3.** wie (z. B.): ***cathedral cities, ~ Ely***; **II** *cj.* **4.** wie, so wie: ***~ follows***; ***do ~ you are told!*** tu, wie man dir sagt!; ***~ I said before***; ***~ you were!*** ⚔ Kommando zurück!; ***~ it is*** unter diesen Umständen, ohnehin; ***~ it were*** sozusagen, gleichsam; **5.** als, in'dem, während: ***~ he entered*** als er eintrat, bei s-m Eintritt; **6.** ob'gleich, wenn auch; wie, wie sehr, so sehr: ***old ~ I am*** so alt wie ich bin; ***try ~ he would*** so sehr er (es) auch versuchte; **7.** da, weil: ***~ you are sorry I'll forgive you***; **III** *pron.* **8.** was, wie: ***~ he himself admits***; → ***such*** 7;

Zssgn mit adv. u. prp.:

as| ... as (eben)so ... wie: ***as fast as I could*** so schnell ich konnte; ***as sweet as can be*** so süß wie möglich; ***as cheap as five pence a bottle*** schon für (*od.* für nur) fünf Pence die Flasche; ***as recently as last week*** noch (*od.* erst) vorige Woche; ***as good as*** so gut wie, sozusagen; ***not as bad as*** (***all***) ***that*** gar nicht so schlimm; ***as fine a song as I ever heard*** ein Lied, wie ich kein schöneres je gehört habe; **~ far as** so'weit (wie), so'viel: ***~ I know*** soviel ich weiß; ***~ Cologne*** bis (nach) Köln; ***as far back as 1890*** schon im Jahre 1890; **~ for** was ... (an)betrifft, bezüglich (*gen.*); **~ from** *vor Zeitangaben*: von ... an, ab, mit Wirkung vom...; **~ if** *od.* **though** als ob, als wenn: ***he talks ~ he knew them all***; **~ long as** a) so'lange (wie): ***~ he stays***, b) wenn (nur); vor'ausgesetzt, daß: ***~ you have enough money***; **~ much** gerade (*od.* eben) das: ***I thought ~***; ***~ again*** doppelt soviel; **~ much as** (*neg. mst* ***not so much as***) a) (eben)soviel wie: ***~ my son***, b) so sehr, so viel: ***did he pay ~ that?*** hat er so viel (dafür) bezahlt?, c) so'gar, über'haupt (*neg.* nicht einmal): ***without ~ looking at him*** ohne ihn überhaupt *od.* auch nur anzusehen; **~ per** laut, gemäß (*dat.*); **~ soon as** → ***soon*** 3; **~ to 1.** → ***as for***; **2.** (als *od.* so) daß: ***be so kind ~ come*** sei so gut und komm; **3.** nach, gemäß (*dat.*); **~ well** → ***well***[1] 11; **~ yet** → ***yet*** 2.

as·bes·tos [æz'bestɒs] *s. min.* As'best *m*: ***~ board*** Asbestpappe *f*.

as·cend [ə'send] **I** *v/i.* **1.** (auf-, em'por-, hin'auf)steigen; **2.** ansteigen, (schräg) in die Höhe gehen: ***the path ~s here***; **3.** *zeitlich* hin'aufreichen, zu'rückgehen (***to*** bis in *acc.*, bis auf *acc.*); **4.** ♪ steigen (*Ton*); **II** *v/t.* **5.** be-, ersteigen: ***~ a river*** e-n Fluß hinauffahren; ***~ the throne*** den Thron besteigen; **as'cend·an·cy, as'cend·en·cy** [-dənsɪ] *s.* (***over***) Über'legenheit *f*, Herrschaft *f*, Gewalt *f* (über *acc.*); (bestimmender) Einfluß (auf *acc.*); **as'cend·ant, as'cend·ent** [-dənt] **I** *s.* **1.** *ast.* Aufgangspunkt *m e-s Gestirns*: ***in the ~*** *fig.* im Kommen *od.* Aufstieg; **2.** → ***ascendancy***; **3.** Verwandte(r *m*) *f* (*in aufsteigender Linie*); Vorfahr *m*; **II** *adj.* **4.** aufgehend, aufsteigend; **5.** über'legen, (vor)herrschend; **as'cend·ing** [-dɪŋ] *adj.* (auf-) steigend (*a. fig.*): ***~ air current*** Aufwind *m*; **as'cen·sion** [-nʃn] *s.* **1.** Aufsteigen *n* (*a. ast.*), Besteigung *f*; **2.** ***the*** **℘** die Himmelfahrt Christi: **℘ *Day*** Himmelfahrtstag *m*; **as'cent** [-nt] *s.* **1.** Aufstieg *m* (*a. fig.*), Besteigung *f*; **2.** *bsd.* ⛏, ⚙ Steigung *f*, Gefälle *n*, Abhang *m*; **3.** Auffahrt *f*, Rampe *f*, (Treppen)Aufgang *m*.

as·cer·tain [ˌæsə'teɪn] *v/t.* feststellen, ermitteln; in Erfahrung bringen; **ˌas·cer'tain·a·ble** [-nəbl] *adj.* feststellbar, zu ermitteln(d); **ˌas·cer'tain·ment** [-mənt] *s.* Feststellung *f*, Ermittlung *f*.

as·cet·ic [ə'setɪk] **I** *adj.* (□ ***~ally***) as'ketisch, Asketen...; **II** *s.* As'ket *m*; **as'cet·i·cism** [-ɪsɪzəm] *s.* As'kese *f*; Ka'steiung *f*.

as·cor·bic ac·id [ə'skɔːbɪk] *s.* Askor'binsäure *f*, Vitamin C *n*.

as·crib·a·ble [ə'skraɪbəbl] *adj.* zuzuschreiben(d), beizumessen(d); **as·cribe** [ə'skraɪb] *v/t.* (***to***) zuschreiben, beimessen, beilegen (*dat.*); zu'rückführen (auf *acc.*).

a·sep·sis [æ'sepsɪs] *s.* ⚕ A'sepsis *f*; keimfreie Wundbehandlung; **a'sep·tic** [-ptɪk] *adj.* (□ ***~ally***) a'septisch, keimfrei, ste'ril.

a·sex·u·al [eɪ'seksjʊəl] *adj.* □ *biol.* asexual: a) geschlechtslos (*a. fig.*), b) ungeschlechtlich: ***~ reproduction*** ungeschlechtliche Fortpflanzung.

ash[1] [æʃ] *s.* ⚘ **1.** *a.* ***~-tree*** Esche *f*: ***weeping ~*** Traueresche; **2.** *a.* ***~ wood*** Eschenholz *n*.

ash[2] [æʃ] *s.* **1.** Asche *f* (*a.* ⚗): ***~ bin*** (*Am.* ***can***) Aschen-, Mülleimer *m*; ***~ furnace*** Glasschmelzofen *m*; **2.** *mst pl.* Asche *f*: ***lay in ~es*** niederbrennen; **3.** *pl. fig.* sterbliche 'Überreste *pl.*; Trümmer *pl.*, Staub *m*: ***rise from the ~es*** *fig.* (wie ein Phönix) aus der Asche aufsteigen; **4.** ***win the ℘es*** (*Kricket*) gegen Australien gewinnen.

a·shamed [ə'ʃeɪmd] *adj.* □ sich schämend, beschämt: ***be*** (*od.* ***feel***) ***~ of*** sich *e-r Sache od. j-s* schämen; ***be ~ to*** (*inf.*) sich schämen zu (*inf.*); ***I am ~ that*** es ist mir peinlich, daß; ***you ought to be ~ of yourself!*** du solltest dich schämen!

ash·en[1] ['æʃn] *adj.* ⚘ eschen, aus Eschenholz.

ash·en[2] ['æʃn] *adj.* Aschen...; *fig.* aschfahl, -grau.

Ash·ke·naz·im [ˌæʃkɪ'næzɪm] (*Hebrew*) *s. pl.* As(ch)ke'nasim *pl.*

ash·lar ['æʃlə] *s.* ⚠ Quaderstein *m*.

a·shore [ə'ʃɔː] *adv. u. adj.* ans *od.* am Ufer *od.* Land: ***go ~*** an Land gehen; ***run ~*** a) stranden, auflaufen, b) auf Strand setzen.

'ash|·pit *s.* Aschengrube *f*; **'~·tray** *s.* Aschenbecher *m*; **℘ Wednes·day** *s.* Ascher'mittwoch *m*.

ash·y ['æʃɪ] *adj.* **1.** aus Asche (bestehend); mit Asche bedeckt; **2.** → ***ashen***[2].

A·sian ['eɪʃn], **A·si·at·ic** [ˌeɪʃɪ'ætɪk] **I** *adj.* asi'atisch; **II** *s.* Asi'at(in).

a·side [ə'saɪd] **I** *adv.* **1.** bei'seite, auf die *od.* zur Seite, seitwärts; abseits: ***step*** (***set***) ***~***; **2.** *thea.* beiseite: ***speak ~***; **3.** ***~ from*** *Am.* abgesehen von; **II** *s.* **4.** *thea.* A'parte *n*, beiseite gesprochene Worte *pl.*; **5.** a) Nebenbemerkung *f*, b) geflüsterte Bemerkung.

as·i·nine ['æsɪnaɪn] *adj.* eselartig, Esels...; *fig.* eselhaft, dumm.

ask [ɑːsk] **I** *v/t.* **1.** a) *j-n* fragen: ***~ the policeman***, b) nach *et.* fragen: ***~ the way***; ***~ the time*** fragen, wie spät es ist; ***~ a question of s.o.*** e-e Frage an j-n stellen; **2.** *j-n* nach *et.* fragen, sich bei *j-m* nach *et.* erkundigen: ***~ s.o. the way***; ***may I ~ you a question?*** darf ich Sie (nach) etwas fragen?; ***~ me another!*** F keine Ahnung!; **3.** *j-n* bitten (***for*** um, ***to*** *inf.*, ***that*** daß): ***~ s.o. for advice***; ***we were ~ed to believe*** man wollte uns glauben machen; **4.** bitten um, erbitten: ***~ his advice***; ***be there for the ~ing*** umsonst *od.* mühelos zu haben sein; → ***favour*** 2; **5.** einladen, bitten: ***~ s.o. to lunch***; ***~ s.o. in*** j-n hereinbitten; **6.** fordern, verlangen: ***~ a high price***; ***that is ~ing too much!*** das ist zuviel verlangt!; **7.** → ***banns***; **II** *v/i.* **8.** (***for***) bitten (um), verlangen (*acc. od.* nach); fragen (nach), *j-n* zu sprechen wünschen; *et.* erfordern: ***~*** (***s.o.***) ***for help*** (j-n) um Hilfe bitten; ***s.o. has been ~ing for you*** es hat jemand nach Ihnen gefragt; ***the matter ~s for great care*** die Angelegenheit erfordert große Sorgfalt; **9.** *fig.* her'beiführen: ***you ~ed for it*** (*od.* ***for trouble***) du wolltest es ja so haben; **10.** fragen, sich erkundigen (***after***, ***about*** nach, wegen).

a·skance [ə'skæns] *adv.* von der Seite; *fig.* schief, scheel, mißtrauisch: ***look ~ at s.o.*** (*od.* ***s.th.***).

a·skew [ə'skjuː] *adv.* schief, schräg (*a. fig.*).

a·slant [ə'slɑːnt] **I** *adv. u. adj.* schräg, quer; **II** *prp.* quer über *od.* durch.

a·sleep [ə'sliːp] *adv. u. adj.* **1.** schlafend, im *od.* in den Schlaf: ***be ~*** schlafen; ***fall ~*** einschlafen; **2.** *fig.* entschlafen, leblos; **3.** *fig.* schlafend, unaufmerksam; **4.** *fig.* eingeschlafen (*Glied*).

a·slope [ə'sləʊp] *adv. u. adj.* abschüssig, schräg.

a·so·cial [æ'səʊʃəl] *adj.* □ **1.** ungesellig, kon'taktfeindlich; **2.** → ***antisocial***.

asp[1] [æsp] *s. zo.* Natter *f*.

asp[2] [æsp] → ***aspen***.

as·par·a·gus [ə'spærəgəs] *s.* ⚘ Spargel *m*: ***~ tips*** Spargelspitzen.

as·pect ['æspekt] *s.* **1.** Aussehen *n*, Äußere(s) *n*, Erscheinung *f*, Anblick *m*, Gestalt *f*; **2.** Gebärde *f*, Miene *f*; **3.** A'spekt *m* (*a. ast.*), Gesichtspunkt *m*, Seite *f*; Hinsicht *f*, (Be)Zug *m*: ***in its true ~*** im richtigen Licht; **4.** Aussicht *f*, Lage *f*: ***the house has a southern ~*** das Haus liegt nach Süden.

as·pen ['æspən] ⚘ **I** *s.* Espe *f*, Zitterpappel *f*; **II** *adj.* espen: ***tremble like an ~ leaf*** wie Espenlaub zittern.

as·per·gill ['æspədʒɪl], **as·per·gil·lum** [ˌæspə'dʒɪləm] *s. eccl.* Weihwedel *m.*
as·per·i·ty [æ'sperətɪ] *s. bsd. fig.* Rauheit *f*, Schroffheit *f*; Schärfe *f*, Strenge *f*, Herbheit *f*.
as·perse [ə'spɜːs] *v/t.* verleumden, in schlechten Ruf bringen, schlechtmachen, schmähen; **as'per·sion** [-ɜːʃn] *s.* **1.** *eccl.* Besprengung *f*; **2.** Verleumdung *f*, Anwurf *m*, Schmähung *f*: ***cast ~s on*** *j-n* verleumden *od.* mit Schmutz bewerfen.
as·phalt ['æsfælt] **I** *s. min.* As'phalt *m*; **II** *v/t.* asphaltieren.
as·phyx·i·a [æs'fɪksɪə] *s.* ⚕ a) Erstikkung(stod *m*) *f*, b) Scheintod *m*; **as·phyx·i·ant** [əs'fɪksɪənt] **I** *adj.* erstikkend; **II** *s.* erstickender (⚔ Kampf-) Stoff *m*; **as·phyx·i·ate** [əs'fɪksɪeɪt] *v/t.* ersticken: ***be ~d*** ersticken; **as·phyx·i·a·tion** [əsˌfɪksɪ'eɪʃn] *s.* Erstickung *f*.
as·pic ['æspɪk] *s.* A'spik *m*, Ge'lee *n*.
as·pir·ant [ə'spaɪərənt] *s.* (***to, after, for***) Aspi'rant(in), Kandi'dat(in) (für); (eifriger) Bewerber (um): ***~ officer*** Offiziersanwärter *m*.
as·pi·rate ['æspərət] *ling.* **I** *s.* Hauchlaut *m*; **II** *adj.* aspiriert; **III** *v/t.* [-pəreɪt] aspirieren; **as·pi·ra·tion** [ˌæspə'reɪʃn] *s.* **1.** Bestrebung *f*, Aspirati'on *f*, Trachten *n*, Sehnen *n* (***for, after*** nach); **2.** *ling.* Aspirati'on *f*; Hauchlaut *m*; **3.** ⚙, ⚕ An-, Absaugung *f*; **as·pi·ra·tor** ['æspəreɪtə] *s.* ⚙, ⚕ 'Saugappaˌrat *m*; **as·pire** [əs'paɪə] *v/i.* **1.** streben, trachten, verlangen (***to, after*** nach, ***to*** *inf.* zu *inf.*); **2.** *fig.* sich erheben.
as·pi·rin ['æspərɪn] *s.* ⚕ Aspi'rin *n*: ***two ~s*** zwei Aspirintabletten.
as·pir·ing [əs'paɪərɪŋ] *adj.* □ hochstrebend, ehrgeizig.
ass¹ [æs] *s. zo.* Esel *m*; *fig.* Esel *m*, Dummkopf *m*: ***make an ~ of o.s.*** sich lächerlich machen.
ass² [æs] *s. Am.* V Arsch *m*.
as·sail [ə'seɪl] *v/t.* **1.** angreifen, über'fallen, bestürmen (*a. fig.*): ***~ a city***; ***~ s.o. with blows***; ***~ s.o. with questions*** j-n mit Fragen überschütten; ***~ed by fear*** von Furcht ergriffen; ***~ed by doubts*** von Zweifeln befallen; **2.** (eifrig) in Angriff nehmen; **as'sail·a·ble** [-ləbl] *adj.* angreifbar (*a. fig.*); **as'sail·ant** [-lənt], **as'sail·er** [-lə] *s.* Angreifer(in), Gegner(in); *fig.* 'Kritiker *m*.
as·sas·sin [ə'sæsɪn] *s.* (Meuchel)Mörder (-in); po'litischer Mörder, Atten'täter (-in); **as'sas·si·nate** [-neɪt] *v/t.* (meuchlings) (er)morden; **as·sas·si·na·tion** [əˌsæsɪ'neɪʃn] *s.* Meuchelmord *m*, Ermordung *f*, (politischer) Mord, Atten'tat *n*.
as·sault [ə'sɔːlt] **I** *s.* **1.** Angriff *m* (*a. fig.*), 'Überfall *m* (***upon, on*** auf *acc.*); **2.** ⚔ Sturm *m*: ***carry*** (*od.* ***take***) ***by ~*** erstürmen; ***~ boat*** a) Sturmboot *n*, b) Landungsfahrzeug *n*; ***~ troops*** Stoßtruppen; **3.** ⚖ tätliche Bedrohung *od.* Beleidigung: ***~ and battery*** schwere tätliche Beleidigung, Mißhandlung *f*; ***indecent*** *od.* ***criminal ~*** unzüchtige Handlung (*Belästigung*), Sittlichkeitsvergehen *n*; **II** *v/t.* **4.** angreifen, über'fallen (*a. fig.*); anfallen, tätlich werden gegen; **5.** ⚔ bestürmen (*a. fig.*); **6.** ⚖ tätlich *od.* schwer beleidigen; **7.** vergewaltigen.
as·say [ə'seɪ] **I** *s.* **1.** ⚙, ⚗ Probe *f*, Ana'lyse *f*, Prüfung *f*, Unter'suchung *f*, *bsd.* Me'tall-, Münzprobe *f*: ***~ office*** Prüfungsamt *n*; **II** *v/t.* **2.** *bsd.* (*Edel*)*Metalle* prüfen, unter'suchen; **3.** *fig.* versuchen, probieren; **III** *v/i.* **4.** *Am.* 'Edelmeˌtall enthalten; **as'say·er** [-eɪə] *s.* (Münz-) Prüfer *m*.
as·sem·blage [ə'semblɪdʒ] *s.* **1.** Zs.-kommen *n*, Versammlung *f*; **2.** Ansammlung *f*, Schar *f*, Menge *f*; **3.** ⚙ Zs.-setzen *n*, Mon'tage *f*; **4.** *Kunst*: Assem'blage *f*; **as·sem·ble** [ə'sembl] **I** *v/t.* **1.** versammeln, zs.-berufen; *Truppen* zs.-ziehen; **2.** ⚙ *Teile* zs.-setzen, -bauen, montieren; *Computer*: assemblieren; **II** *v/i.* **3.** sich versammeln, zs.-kommen; *parl.* zs.-treten; **as'sem·bler** [-lə] *s.* **1.** ⚙ Mon'teur *m*; **2.** *Computer*: As'sembler *m*; **as'sem·bly** [-lɪ] *s.* **1.** Versammlung *f*, Zs.-kunft *f*, Gesellschaft *f*: ***~ hall***, ***~ room*** Gesellschafts-, Ballsaal *m*; **2.** *oft* ℒ *pol.* beratende *od.* gesetzgebende Körperschaft; *Am.* ℒ, *a.* ***General*** ℒ 'Unterhaus *n* (*in einigen Staaten*): ***~ man*** Abgeordnete(r) (→ 3); **3.** ⚙ Zs.-bau *m*, Mon'tage *f*; *a. Computer*: Baugruppe *f*: ***~ line*** Montage-, Fließband *n*, (Fertigungs)Straße *f*, laufendes Band; ***~ man*** Fließbandarbeiter *m* (→ 2); ***~ plant*** Montagewerk *n*; ***~ shop*** Montagehalle *f*; **4.** ⚔ a) Bereitstellung *f*, b) 'Sammelsiˌgnal *n*: ***~ area*** Bereitstellungsraum *m*.
as·sent [ə'sent] **I** *v/i.* (***to***) zustimmen (*dat.*), beipflichten (*dat.*), billigen (*acc.*); genehmigen (*acc.*); **II** *s.* Zustimmung *f*: ***royal ~*** *pol. Brit.* königliche Genehmigung.
as·sert [ə'sɜːt] *v/t.* **1.** behaupten, erklären; **2.** *Anspruch, Recht* behaupten, geltend machen; 'durchsetzen; bestehen auf (*acc.*); verteidigen, einstehen für: ***~ one's liberties***; **3.** ***~ o.s.*** a) sich behaupten, sich geltend machen *od.* 'durchsetzen, b) sich zu'viel anmaßen; **as·ser·tion** [ə'sɜːʃn] *s.* **1.** Behauptung *f*, Erklärung *f*: ***make an ~*** e-e Behauptung aufstellen; **2.** Geltendmachung *f od.* 'Durchsetzung *f e-s Anspruches etc.*; **as'ser·tive** [-tɪv] *adj.* □ **1.** 'positiv, zur Geltung kommend, ausdrücklich; **2.** anspruchsvoll, anmaßend.
as·sess [ə'ses] *v/t.* **1.** besteuern, zur Steuer einschätzen *od.* veranlagen (***in*** *od.* ***at*** [***the sum of***] mit); **2.** *Steuer, Geldstrafe etc.* auferlegen (***upon*** *dat.*): ***~ed value*** Einheitswert *m*; **3.** *bsd. Wert zur Besteuerung od. e-s Schadens* schätzen, veranschlagen, festsetzen; **4.** *fig. Leistung etc.* bewerten, einschätzen, beurteilen, würdigen; **as'sess·a·ble** [-səbl] *adj.* □ **1.** (ab)schätzbar; **2.** (***~ to income tax*** einkommens)steuerpflichtig; **as'sess·ment** [-mənt] *s.* **1.** (Steuer)Veranlagung *f*, Einschätzung *f*, Besteuerung *f*: ***~ notice*** Steuerbescheid *m*; ***rate of ~*** Steuersatz *m*; **2.** Festsetzung *f* e-r Zahlung (*als Entschädigung etc.*), (*Schadens*)Feststellung *f*; **3.** (*Betrag der*) Steuer *f*, Abgabe *f*, Zahlung *f*; **4.** *fig.* Bewertung *f*, Beurteilung *f*, Würdigung *f*; **as'ses·sor** [-sə] *s.* **1.** Steuereinschätzer *m*; **2.** ⚖ (sachverständiger) Beisitzer *m*, Sachverständige(r) *m*.
as·set ['æset] *s.* **1.** ✝ Vermögen(swert *m*, -gegenstand *m*) *n*; *Bilanz*: Ak'tivposten *m*, *pl.* Ak'tiva *pl.*, (Aktiv-, Betriebs)Vermögen *n*; (Kapital)Anlagen *pl.*; Guthaben *n u. pl.*: ***~s and liabilities*** Aktiva u. Passiva; ***concealed*** (*od.* ***hidden***) ***~s*** stille Reserven; **2.** *pl.* ⚖ Vermögen(smasse *f*) *n*, Nachlaß *m*; (***bankrupt's***) ***~s*** Kon'kursmasse *f*; **3.** *fig.* a) Vorzug *m*, -teil *m*, Plus *n*, Wert *m*, b) Gewinn (***to*** für), wertvolle Kraft, guter Mitarbeiter *etc.*
as·sev·er·ate [ə'sevəreɪt] *v/t.* beteuern; **as·sev·er·a·tion** [əˌsevə'reɪʃn] *s.* Beteuerung *f*.
as·si·du·i·ty [ˌæsɪ'djuːətɪ] *s.* Emsigkeit *f*, (unermüdlicher) Fleiß; Dienstbeflissenheit *f*; **as·sid·u·ous** [ə'sɪdjʊəs] *adj.* □ **1.** emsig, fleißig, eifrig, beharrlich; **2.** aufmerksam, dienstbeflissen.
as·sign [ə'saɪn] **I** *v/t.* **1.** *Aufgabe etc.* zu-, anweisen, zuteilen, über'tragen (***to s.o.*** j-m); **2.** *j-n zu e-r Aufgabe etc.* bestimmen, *j-n mit et.* beauftragen; *e-m Amt,* ⚔ *e-m Regiment* zuteilen; **3.** *fig. et.* zuordnen (***to*** *dat.*); **4.** *Zeit, Aufgabe* festsetzen, bestimmen; **5.** *Grund etc.* angeben, anführen; **6.** zuschreiben (***to*** *dat.*); **7.** ⚖ (***to***) über'tragen (auf *acc.*), abtreten (an *acc.*); **II** *s.* **8.** ⚖ Rechtsnachfolger(in), Zessio'nar *m*; **as'sign·a·ble** [-nəbl] *adj.* bestimmbar, zuweisbar; zuzuschreiben(d); anführbar; ⚖ über'tragbar; **as·sig·na·tion** [ˌæsɪg'neɪʃn] *s.* **1.** → ***assignment*** 1, 2, 4; **2.** *et.* Zugewiesenes, (Geld)Zuwendung *f*; **3.** Stelldichein *n*; **as·sign·ee** [ˌæsɪ'niː] *s.* ⚖ **1.** → ***assign*** 8; **2.** Bevollmächtigte(r *m*) *f*; Treuhänder *m*: ***~ in bankruptcy*** Konkursverwalter *m*; **as'sign·ment** [-mənt] *s.* **1.** An-, Zuweisung *f*; **2.** Bestimmung *f*, Festsetzung *f*; **3.** Aufgabe *f*, Arbeit *f* (*a. ped.*); Auftrag *m*; *bes. Am.* Stellung *f*, Posten *m*; **4.** ⚖ a) Übertragung *f*, Abtretung *f*, b) Abtretungsurkunde *f*; **as·sign·or** [ˌæsɪ'nɔː] *s.* ⚖ Ze'dent(in), Abtretende(r *m*) *f*.
as·sim·i·late [ə'sɪmɪleɪt] **I** *v/t.* **1.** assimilieren: a) angleichen (*a. ling.*), anpassen (***to, with*** *dat.*), b) *bsd. sociol.* aufnehmen, absorbieren, *a.* gleichsetzen (***to, with*** mit), c) *biol. Nahrung* einverleiben, 'umsetzen; **2.** vergleichen (***to, with*** mit); **II** *v/i.* **3.** sich assimilieren, gleich *od.* ähnlich werden, sich anpassen, sich angleichen; **4.** aufgenommen werden; **as·sim·i·la·tion** [əˌsɪmɪ'leɪʃn] *s.* (***to***) Assimilati'on *f* (an *acc.*): a) *a. sociol.* Angleichung *f* (an *acc.*), Gleichsetzung *f* (mit), b) *biol., sociol.* Aufnahme *f*, Einverleibung *f*, c) *bot.* Photosyn'these *f*, d) *ling.* Assimilierung *f*.
as·sist [ə'sɪst] **I** *v/t.* **1.** *j-m* helfen, beistehen; *j-n od. et.* unter'stützen: ***~ed take-off*** Abflug *m* mit Starthilfe; **2.** fördern, (*mit Geld*) unter'stützen: ***~ed immigration*** Einwanderung mit (staatlicher) Beihilfe; **II** *v/i.* **3.** Hilfe leisten, mithelfen (***in*** bei): ***~ in doing a job*** bei e-r Arbeit (mit)helfen; **4.** (***at***) beiwohnen (*dat.*), teilnehmen (an *dat.*); **III** *s.* **5.** F → ***assistance***; **6.** *Eishockey etc.*: Vorlage *f*; **as'sist·ance** [-təns] *s.* Hilfe *f*, Unter'stützung *f*, Beistand *m*: ***economic*** (***judicial***) ***~*** Wirtschafts-(Rechts)Hilfe; ***social ~*** Sozialhilfe *f*;

afford (*od.* ***lend***) ~ Hilfe gewähren *od.* leisten; **as'sist·ant** [-tənt] **I** *adj.* **1.** behilflich (***to*** *dat.*); **2.** Hilfs…, Unter…, stellvertretend, zweite(r): ***~ driver*** Beifahrer *m*; ***~ judge*** ⚖ Beisitzer *m*; **II** *s.* **3.** Assi'stent(in), Gehilfe *m*, Gehilfin *f*, Mitarbeiter(in); Angestellte(r *m*) *f*; **4.** Ladengehilfe *m*, -gehilfin *f*, Verkäufer(in).

as·size [ə'saɪz] *s. hist.* **1.** ⚖ (Schwur-)Gerichtssitzung *f*, Gerichtstag *m*; **2.** **~s** *pl.* ⚖ *Brit.* As'sisen *pl.*, peri'odische (Schwur)Gerichtssitzungen *pl.* des ***High Court of Justice*** in den einzelnen Grafschaften (*bis 1971*).

as·so·ci·a·ble [ə'səʊʃjəbl] *adj.* (gedanklich) vereinbar (***with*** mit).

as·so·ci·ate [ə'səʊʃɪeɪt] **I** *v/t.* **1.** (***with***) vereinigen, verbinden, verknüpfen (mit); hin'zufügen, angliedern, -schließen, zugesellen (*dat.*): ***~d company*** ✝ *Brit.* Schwestergesellschaft *f*; **2.** *bsd. psych.* assoziieren, (gedanklich) verbinden, in Zs.-hang bringen, verknüpfen; **3.** ***~ o.s.*** sich anschließen (***with*** *dat.*); **II** *v/i.* (***with*** mit) **4.** 'Umgang haben, verkehren; **5.** sich verknüpfen, sich verbinden; **III** *adj.* [-ʃɪət] **6.** eng verbunden, verbündet; verwandt (***with*** mit); **7.** beigeordnet, Mit…: ***~ editor*** Mitherausgeber *m*; ***~ judge*** beigeordneter Richter; **8.** außerordentlich: ***~ member***, ***~ professor***; **IV** *s.* [-ʃɪət] **9.** ✝ Teilhaber *m*, Gesellschafter *m*; **10.** Gefährte *m*, Genosse *m*, Kol'lege *m*, Mitarbeiter *m*; **11.** außerordentliches Mitglied, Beigeordnete(r *m*) *f*; **12.** *Am. univ.* Lehrbeauftragte(r *m*) *f*.

as·so·ci·a·tion [əˌsəʊsɪ'eɪʃn] *s.* **1.** Vereinigung *f*, Verbindung *f*, An-, Zs.-schluß *m*; **2.** Verein(igung *f*) *m*, Gesellschaft *f*; Genossenschaft *f*, Handelsgesellschaft *f*, Verband *m*; **3.** Freundschaft *f*, Kame'radschaft *f*; 'Umgang *m*, Verkehr *m*; **4.** Zs.-hang *m*, Beziehung *f*, Verknüpfung *f*; (Gedanken)Verbindung *f*, (I'deen)Assoziatiˌon *f*: ***~ of ideas***; **~ foot·ball** *s. sport* (Verbands-)Fußball(spiel *n*) *m* (*Ggs. Rugby*).

as·so·nance ['æsənəns] *s.* Asso'nanz *f*, vo'kalischer Gleichklang; **'as·so·nant** [-nt] **I** *adj.* anklingend; **II** *s.* Gleichklang *m*.

as·sort [ə'sɔːt] **I** *v/t.* **1.** sortieren, gruppieren, (passend) zs.-stellen; **2.** ✝ assortieren; **II** *v/i.* **3.** (***with***) passen (zu), über'einstimmen (mit); **4.** verkehren, 'umgehen (***with*** mit); **as'sort·ed** [-tɪd] *adj.* **1.** sortiert, geordnet; **2.** ✝ assortiert, *a. fig.* gemischt, verschiedenartig, allerlei; **as'sort·ment** [-mənt] *s.* **1.** Sortieren *n*, Ordnen *n*; **2.** Zs.-stellung *f*, Sammlung *f*; **3.** *bsd.* ⚖ Sorti'ment *n*, Auswahl *f*, Mischung *f*, Kollekti'on *f*.

as·suage [ə'sweɪdʒ] *v/t.* **1.** erleichtern, lindern, mildern; **2.** besänftigen, beschwichtigen; **3.** *Hunger etc.* stillen.

as·sume [ə'sjuːm] *v/t.* **1.** annehmen, vor'aussetzen, unter'stellen: ***assuming that*** angenommen, daß; **2.** *Amt, Pflicht, Schuld etc.* über'nehmen, (*a. Gefahr*) auf sich nehmen: ***~ office***; **3.** *Gestalt, Eigenschaft etc.* annehmen, bekommen; sich zulegen, sich geben, sich angewöhnen; **4.** sich anmaßen *od.* aneignen: ***~ power*** die Macht ergreifen; **5.** vorschützen, vorgeben, (er)heucheln; **6.** *Kleider etc.* anziehen; **as'sumed** [-md] *adj.* □ **1.** angenommen, vor'ausgesetzt; **2.** vorgetäuscht, unecht: ***~ name*** Deckname *m*; **as'sum·ed·ly** [-mɪdlɪ] *adv.* vermutlich; **as'sum·ing** [-mɪŋ] *adj.* □ anmaßend.

as·sump·tion [ə'sʌmpʃn] *s.* **1.** Annahme *f*, Vor'aussetzung *f*; Vermutung *f*: ***on the ~ that*** in der Annahme, daß; **2.** 'Übernahme *f*, Annahme *f*; **3.** ('widerrechtliche) Aneignung; **4.** Anmaßung *f*; **5.** Vortäuschung *f*; **6.** **2** (***Day***) *eccl.* Mariä Himmelfahrt *f*.

as·sur·ance [ə'ʃʊərəns] *s.* **1.** Ver-, Zusicherung *f*; **2.** Bürgschaft *f*, Garan'tie *f*; **3.** ✝ (*bsd.* Lebens)Versicherung *f*; **4.** Sicherheit *f*, Gewißheit *f*; Sicherheitsgefühl *n*, Zuversicht *f*; **5.** Selbstsicherheit *f*, -vertrauen *n*; sicheres Auftreten; *b.s.* Dreistigkeit *f*; **as·sure** [ə'ʃʊə] *v/t.* **1.** sichern, sicherstellen, bürgen für: ***this will ~ your success***; **2.** ver-, zusichern: ***~ s.o. of s.th.*** j-n e-r Sache versichern, j-m et. zusichern; ***~ s.o. that*** j-m versichern, daß; **3.** beruhigen; **4.** (***o.s.*** sich) über'zeugen *od.* vergewissern; **5.** *Leben* versichern: ***~ one's life with*** e-e Lebensversicherung abschließen bei *e-r Gesellschaft*; **as·sured** [ə'ʃʊəd] **I** *adj.* □ **1.** ge-, versichert; **2.** a) sicher, über'zeugt, b) selbstsicher, c) beruhigt, ermutigt; **3.** gewiß, zweifellos; **II** *s.* **4.** Versicherte(r *m*) *f*; **as'sur·ed·ly** [-rɪdlɪ] *adv.* ganz gewiß; **as·sured·ness** [ə'ʃʊədnɪs] *s.* Gewißheit *f*; Selbstvertrauen *n*; *b.s.* Dreistigkeit *f*; **as'sur·er** [-rə] *s.* Versicherer *m*.

As·syr·i·an [ə'sɪrɪən] **I** *adj.* as'syrisch; **II** *s.* As'syrer(in).

as·ter ['æstə] *s.* ⚘ Aster *f*.

as·ter·isk ['æstərɪsk] *s. typ.* Sternchen *n*.

a·stern [ə'stɜːn] *adv.* ⚓ **1.** achtern, hinten; **2.** achteraus.

as·ter·oid ['æstərɔɪd] *s. ast.* Astero'id *m* (*kleiner Planet*).

asth·ma ['æsmə] *s.* ☤ 'Asthma *n*, Atemnot *f*; **asth·mat·ic** [æs'mætɪk] **I** *adj.* (□ **~ally**) asth'matisch; **II** *s.* Asth'matiker (-in); **asth·mat·i·cal** [æs'mætɪkl] → ***asthmatic*** I.

as·tig·mat·ic [ˌæstɪg'mætɪk] *adj.* (□ **~ally**) *phys.* astig'matisch; **a·stig·ma·tism** [æ'stɪgmətɪzəm] *s.* Astigma'tismus *m*.

a·stir [ə'stɜː] *adv. u. adj.* **1.** auf den Beinen: a) in Bewegung, rege, b) auf(gestanden), aus dem Bett, munter; **2.** in Aufregung (***with*** über *acc.*, wegen).

as·ton·ish [ə'stɒnɪʃ] *v/t.* **1.** in Erstaunen *od.* Verwunderung setzen; **2.** über'raschen, befremden: ***be ~ed*** erstaunt *od.* überrascht sein (***at*** über *acc.*, ***to*** *inf.* zu *inf.*), sich wundern (***at*** über *acc.*); **as'ton·ish·ing** [-ʃɪŋ] *adj.* □ erstaunlich, überraschend; **as'ton·ish·ing·ly** [-ʃɪŋlɪ] *adv.* erstaunlich(erweise); **as'ton·ish·ment** [-mənt] *s.* Verwunderung *f*, (Er)Staunen *n*, Befremden *n* (***at*** über *acc.*): ***to fill*** (*od.* ***strike***) ***with ~*** in Erstaunen setzen.

as·tound [ə'staʊnd] *v/t.* verblüffen, in Erstaunen setzen, äußerst über'raschen; **as'tound·ing** [-dɪŋ] *adj.* □ verblüffend, höchst erstaunlich.

as·tra·chan → ***astrakhan***.

a·strad·dle [ə'strædl] *adv.* rittlings.

as·tra·khan [ˌæstrə'kæn] *s.* 'Astrachan *m*, Krimmer *m* (*Pelzart*).

as·tral ['æstrəl] *adj.* Stern(en)…, Astral…: ***~ body*** Astralleib *m*; ***~ lamp*** Astrallampe *f*.

a·stray [ə'streɪ] **I** *adv.*: ***go ~*** a) vom Weg abkommen, b) *fig.* auf Abwege geraten, c) *fig.* irre-, fehlgehen, d) das Ziel verfehlen (*Schuß etc.*); ***lead ~*** *fig.* irreführen, verleiten; **II** *adj.* irregehend, abschweifend (*a. fig.*); irrig, falsch.

a·stride [ə'straɪd] *adv., adj. u. prp.* rittlings (***of*** auf *dat.*), mit gespreizten Beinen: ***ride ~*** im Herrensattel reiten; ***~*** (***of***) ***a horse*** zu Pferde; ***~*** (***of***) ***a road*** quer über die Straße.

as·tringe [ə'strɪndʒ] *v/t.* (*a.* ☤) zs.-ziehen, adstringieren; **as'trin·gent** [-dʒənt] **I** *adj.* □ **1.** ☤ adstringierend, zs.-ziehend; **2.** *fig.* streng, hart; **II** *s.* **3.** ☤ Ad'stringens *n*.

as·tri·on·ics [ˌæstrɪ'ɒnɪks] *s. pl. sg. konstr.* Astri'onik *f*, 'Raumfahrtelekˌtronik *f*.

as·tro·dome ['æstrəʊdəʊm] *s.* ✈ Kuppel *f* für astro'nomische Navigati'on;

as·tro·labe ['æstrəʊleɪb] *s. ast.* Astro'labium *n*.

as·trol·o·ger [ə'strɒlədʒə] *s.* Astro'loge *m*, Sterndeuter *m*; **as·tro·log·ic**, **as·tro·log·i·cal** [ˌæstrə'lɒdʒɪk(l)] *adj.* □ astro'logisch; **as·trol·o·gy** [ə'strɒlədʒɪ] *s.* Astrolo'gie *f*, Sterndeutung *f*.

as·tro·naut ['æstrənɔːt] *s.* (Welt-)Raumfahrer *m*, Astro'naut *m*; **as·tro·nau·tics** [ˌæstrə'nɔːtɪks] *s. pl. sg. konstr.* Raumfahrt *f*.

as·tron·o·mer [ə'strɒnəmə] *s.* Astro'nom *m*; **as·tro·nom·ic**, **as·tro·nom·i·cal** [ˌæstrə'nɒmɪk(l)] *adj.* □ **1.** astro'nomisch, Stern…, Himmels…; **2.** *fig.* riesengroß: ***~ figures*** astronomische Zahlen; **as·tron·o·my** [ə'strɒnəmɪ] *s.* Astrono'mie *f*, Sternkunde *f*.

as·tro·phys·i·cist [ˌæstrəʊ'fɪzɪsɪst] *s.* Astro'physiker *m*; **as·tro·phys·ics** [ˌæstrəʊ'fɪzɪks] *s. pl. sg. konstr.* Astrophy'sik *f*.

as·tute [ə'stjuːt] *adj.* □ **1.** scharfsinnig; **2.** schlau, gerissen, raffiniert; **as'tute·ness** [-nɪs] *s.* Scharfsinn *m*; Schlauheit *f*.

a·sun·der [ə'sʌndə] **I** *adv.* ausein'ander, ent'zwei, in Stücke: ***cut s.th. ~***; **II** *adj.* ausein'ander(liegend); *fig.* verschieden.

a·sy·lum [ə'saɪləm] *s.* **1.** A'syl *n*, Heim *n*, (Pflege)Anstalt *f*: (***insane*** *od.* ***lunatic***) ***~*** Irrenanstalt *f*; **2.** A'syl *n*: a) Freistätte *f*, Zufluchtsort *m*, b) *fig.* Zuflucht *f*, Schutz *m*, c) po'litisches A'syl: ***right of ~*** Asylrecht *n*.

a·sym·met·ric, **a·sym·met·ri·cal** [ˌæsɪ'metrɪk(l)] *adj.* □ asym'metrisch, 'unsymˌmetrisch, ungleichmäßig: ***asymmetrical bars*** *Turnen*: Stufenbarren *m*; **a·sym·me·try** [æ'sɪmətrɪ] *s.* Asymme'trie *f*, Ungleichmäßigkeit *f*.

a·syn·chro·nous [æ'sɪŋkrənəs] *adj.* □ 'asynchron, Asynchron…

at[1] [æt; *unbetont* ət] *prp.* **1.** (*Ort*) an (*dat.*), bei, zu, auf (*dat.*), in (*dat.*): ***~ the corner*** an der Ecke; ***~ the door*** an *od.* vor der Tür; ***~ home*** zu Hause; ***~ the baker's*** beim Bäcker; ***~ school*** in der Schule; ***~ a ball*** bei (*od.* auf) e-m Ball; ***~ Stratford*** in Stratford (***at*** *vor dem Namen jeder Stadt außer London* *u. dem eigenen Wohnort*; *vor den beiden letzteren* ***in***); **2.** (*Richtung*) auf (*acc.*), nach, gegen, zu, durch: ***point ~ s.o.*** auf j-n zeigen; **3.** (*Art u. Weise, Zustand*) in (*dat.*), bei, zu, unter (*dat.*), auf (*acc.*): ***~ work*** bei der Arbeit; ***~ your service*** zu Ihren Diensten; ***good ~ Latin*** gut in Latein; ***~ my expense*** auf meine Kosten; ***~ a gallop*** im Galopp; ***he is still ~ it*** er ist noch dabei *od.* dran *od.* damit beschäftigt; **4.** (*Zeit*) um, bei, zu, auf (*dat.*): ***~ 3 o'clock*** um 3 Uhr; ***~ dawn*** bei Tagesanbruch; ***~ Christmas*** zu Weihnachten; ***~ (the age of) 21*** im Alter von 21 Jahren; **5.** (*Grund*) über (*acc.*), von, bei: ***alarmed ~*** beunruhigt über; **6.** (*Preis, Maß*) für, um, zu: ***~ 6 dollars***; ***charged ~*** berechnet mit; **7.** ***~ all*** *in neg. od. Fragesätzen*: über'haupt, gar *nichts etc.*: ***is he suitable ~ all?*** ist er überhaupt geeignet?; ***not ~ all*** überhaupt nicht; ***not ~ all!*** F nichts zu danken!, gern geschehen!

At² [æt] *s. Brit.* ⚔ *hist.* F Angehörige *f* der Streitkräfte.

at·a·vism ['ætəvɪzəm] *s. biol.* Ata'vismus *m*, (Entwicklungs)Rückschlag *m*; **at·a·vis·tic** [ˌætə'vɪstɪk] *adj.* ata'vistisch.

a·tax·i·a [ə'tæksɪə], **a'tax·y** [-ksɪ] *s.* ⚕ Ata'xie *f*, Bewegungsstörung *f*.

ate [et] *pret. von* ***eat***.

at·el·ier ['ætəlɪeɪ] (*Fr.*) *s.* Ateli'er *n*.

a·the·ism ['eɪθɪɪzəm] *s.* Athe'ismus *m*, Gottesleugnung *f*; **'a·the·ist** [-ɪst] *s.* **1.** Athe'ist(in); **2.** gottloser Mensch; **a·the·is·tic** *adj.*; **a·the·is·ti·cal** [ˌeɪθɪ'ɪstɪk(l)] *adj.* ☐ **1.** athe'istisch; **2.** gottlos.

A·the·ni·an [ə'θiːnjən] **I** *adj.* a'thenisch; **II** *s.* A'thener(in).

a·thirst [ə'θɜːst] *adj.* **1.** durstig; **2.** begierig (***for*** nach).

ath·lete ['æθliːt] *s.* **1.** Ath'let *m*: a) Sportler *m*, Wettkämpfer *m*, b) *fig.* Hüne *m*; **2.** *Brit.* 'Leichtathˌlet *m*; ***~'s foot*** *s.* ⚕ Fußpilz *m*.

ath·let·ic [æθ'letɪk] *adj.* (☐ ***~ally***) ath'letisch: a) Sport..., b) von athletischem Körperbau, musku'lös, c) sportlich (gewandt); ***~ heart*** *s.* ⚕ Sportherz *n*.

ath·let·i·cism [æθ'letɪsɪzəm] *s.* → ***athletics*** 2; **ath'let·ics** [-ɪks] *s. pl. sg. konstr.* **1.** a) Sport *m*, b) *Brit.* 'Leichtathˌletik *f*; **2.** sportliche Betätigung *od.* Gewandtheit, Sportlichkeit *f*.

at-home [ət'həʊm] *s.* (zwangloser) Empfang(stag), At-'home *n*.

a·thwart [ə'θwɔːt] **I** *adv.* **1.** quer, schräg hin'durch; ⚓ dwars (über); **2.** *fig.* verkehrt, ungelegen, in die Quere; **II** *prp.* **3.** (quer) über (*acc.*) *od.* durch; ⚓ dwars (über *acc.*); **4.** *fig.* (ent)gegen.

a·tilt [ə'tɪlt] *adv. u. adj.* **1.** vorgebeugt, kippend; **2.** mit eingelegter Lanze: ***run*** (*od.* ***ride***) ***~ at s.o.*** *fig.* gegen j-n e-e Attacke reiten.

At·lan·tic [ət'læntɪk] **I** *adj.* at'lantisch; **II** *s.*: ***the ~*** der At'lantik, der Atlantische Ozean; ***~ Char·ter*** *s. pol.* At'lantikˌCharta *f*; ***~ (standard) time*** *s.* At'lantische ('Standard)Zeit (*im Osten Kanadas*).

at·las ['ætləs] *s.* **1.** Atlas *m* (*Buch*); **2.** △ At'lant *m*, Atlas *m* (*Gebälkträger*); **3.** *fig.* Hauptstütze *f*; **4.** *anat.* Atlas *m* (*oberster Halswirbel*); **5.** *großes Papierformat*; **6.** Atlas(seide *f*) *m*.

at·mos·phere ['ætməˌsfɪə] *s.* **1.** Atmo'sphäre *f*, Lufthülle *f*; **2.** Luft *f*: ***a moist ~***; **3.** ⚙ Atmo'sphäre *f* (*Druckeinheit*); **4.** *fig.* Atmo'sphäre *f*: a) Um'gebung *f*, b) Stimmung *f*.

at·mos·pher·ic [ˌætməs'ferɪk] *adj.* (☐ ***~ally***) **1.** atmo'sphärisch, Luft...: ***~ pressure*** *phys.* Luftdruck; **2.** Witterungs..., Wetter...; **3.** ⚙ mit (Luft-)Druck betrieben; **4.** *fig.* stimmungsvoll, Stimmungs...; **at·mos'pher·ics** [-ks] *s. pl.* **1.** ⚙ atmo'sphärische Störungen *pl.*; **2.** *fig.* (*bsd.* opti'mistische) Atmo'sphäre.

at·oll ['ætɒl] *s. geogr.* A'toll *n*.

at·om ['ætəm] *s.* **1.** *phys.* A'tom *n*: ***~ bomb*** Atombombe *f*; ***~ smashing*** Atomzertrümmerung *f*; ***~ splitting*** Atom(kern)spaltung *f*; **2.** *fig.* A'tom *n*, winziges Teilchen, bißchen *n*: ***not an ~ of truth*** kein Körnchen Wahrheit.

a·tom·ic [ə'tɒmɪk] *adj. phys.* (☐ ***~ally***) ato'mar, a'tomisch, Atom...: ***~ age*** Atomzeitalter *n*; ***~ bomb*** Atombombe *f*; ***~ clock*** Atomuhr *f*; ***~ decay***, ***~ disintegration*** Atomzerfall *m*; ***~ energy*** Atomenergie *f*; ***~ fission*** Atomspaltung *f*; ***~ fuel*** Kernbrennstoff *m*; ***~ index***, ***~ number*** Atomzahl *f*; ***~ nucleus*** Atomkern *m*; ***~ pile*** Atombatterie *f*, -säule *f*, -meiler *m*; ***~-powered*** mit Atomkraft getrieben, Atom...; ***~ power plant*** Atomkraftwerk *n*; ***~ weight*** Atomgewicht *n*.

a·tom·i·cal [ə'tɒmɪkl] → ***atomic***.

a·tom·ics [ə'tɒmɪks] *s. pl. mst sg. konstr.* A'tomphyˌsik *f*.

at·om·ism ['ætəmɪzəm] *s. phls.* Ato'mismus *m*; **at·om·is·tic** [ˌætəʊ'mɪstɪk] *adj.* (☐ ***~ally***) ato'mistisch.

at·om·ize ['ætəʊmaɪz] *v/t.* **1.** in A'tome auflösen; **2.** *Flüssigkeit* zerstäuben; **3.** in s-e Bestandteile auflösen, atomisieren; **4.** ⚔ mit Atombomben belegen; **'at·om·iz·er** [-maɪzə] *s.* ⚙ Zerstäuber *m*.

at·o·my¹ ['ætəmɪ] *s.* **1.** A'tom *n*; **2.** *fig.* Zwerg *m*, Knirps *m*.

at·o·my² ['ætəmɪ] *s.* F ‚Gerippe' *n*.

a·tone [ə'təʊn] *v/i.* (***for***) büßen (für); sühnen, wieder'gutmachen (*acc.*); **a'tone·ment** [-mənt] *s.* **1.** Buße *f*, Sühne *f*, Genugtuung *f* (***for*** für): ***Day of ~*** *eccl.* a) Buß- und Bettag *m*, b) Versöhnungstag *m* (*jüd. Feiertag*); **2.** ***the ~*** *eccl.* das Sühneopfer Christi.

a·ton·ic [æ'tɒnɪk] *adj.* **1.** ⚕ a'tonisch, schlaff, schwächend; **2.** *ling.* a) unbetont, b) stimmlos; **at·o·ny** ['ætənɪ] *s.* ⚕ Ato'nie *f*.

a·top [ə'tɒp] **I** *adv.* oben(auf), zu'oberst; **II** *prp. a.* ***~ of*** (oben) auf (*dat.*); *fig.* besser als.

a·trip [ə'trɪp] *adj.* ⚓ **1.** gelichtet (*Anker*); **2.** steifgeheißt (*Segel*).

a·tri·um ['ɑːtrɪəm] *pl.* **-a** [-ə] *s.* 'Atrium *n*: a) *antiq.* Hauptraum *m*, b) △ Lichthof *m*, c) *anat.* (*bsd.* Herz)Vorhof *m*, Vorkammer *f*.

a·tro·cious [ə'trəʊʃəs] *adj.* ☐ scheußlich, gräßlich, grausam, *fig.* F *a.* mise'rabel; **a·troc·i·ty** [ə'trɒsətɪ] *s.* **1.** Scheußlichkeit *f*; **2.** Greuel(tat *f*) *m*; **3.** F a) Ungeheuerlichkeit *f*, (grober) Verstoß, b) ‚Greuel' *m*, *et.* Scheußliches.

at·ro·phied ['ætrəfɪd] *adj.* ⚕ atrophiert, geschrumpft, verkümmert (*a. fig.*); **'at·ro·phy** [-fɪ] ⚕ **I** *s.* Atro'phie *f*, Abzehrung *f*, Schwund *m*, Verkümmerung *f* (*a. fig.*); **II** *v/t.* abzehren *od.* verkümmern lassen; **III** *v/i.* schwinden, verkümmern (*a. fig.*).

Ats [æts] *s. pl. Brit. hist.* F *statt* ***A.T.S.*** ['eɪ'tiː'es] *abbr. für* (***Women's***) ***Auxiliary Territorial Service*** *Organisation der weiblichen Angehörigen der Streitkräfte*.

at·ta·boy ['ætəbɔɪ] *int. Am.* F bravo!, so ist's recht!

at·tach [ə'tætʃ] **I** *v/t.* **1.** (***to***) befestigen, anbringen (an *dat.*), beifügen (*dat.*), anheften, -binden, -kleben (an *acc.*), verbinden (mit); **2.** *fig.* (***to***) *Sinn etc.* verknüpfen, verbinden (mit); *Wert, Wichtigkeit, Schuld* beimessen (*dat.*), *Namen* beilegen (*dat.*): ***~ conditions*** (***to***) Bedingungen knüpfen (an *acc.*); → ***importance*** 1; **3.** *fig. j-n* fesseln, gewinnen, für sich einnehmen: ***be ~ed to s.o.*** an j-m hängen; ***be ~ed*** ‚in festen Händen sein' (*Mädchen etc.*); ***~ o.s.*** sich anschließen (***to*** *dat.*, an *acc.*); **4.** (***to***) *j-n* angliedern, zuteilen (*dat.*); **5.** ⚖ a) *j-n* verhaften, b) *et.* beschlagnahmen, *Forderung*, *Konto etc.* pfänden; **II** *v/i.* **6.** (***to***) anhaften (*dat.*), verknüpft *od.* verbunden sein (mit): ***no blame ~es to him*** ihn trifft keine Schuld; **7.** ⚖ als Rechtsfolge eintreten: ***liability ~es***; **at'tach·a·ble** [-tʃəbl] *adj.* **1.** anfügbar, an-, aufsteckbar; **2.** *fig.* verknüpfbar (***to*** mit); **3.** ⚖ zu beschlagnahmen(d); beschlagnahmefähig, pfändbar.

at·ta·ché [ə'tæʃeɪ] (*Fr.*) *s.* Atta'ché *m*: ***commercial ~*** Handelsattaché; ***~ case*** *s.* Aktenkoffer *m*.

at·tached [ə'tætʃt] *adj.* **1.** befestigt, fest, da'zugehörig: ***with collar ~*** mit festem Kragen; **2.** angeschlossen, zugeteilt; **3.** anhänglich, *j-m* zugetan; **at'tach·ment** [-tʃmənt] *s.* **1.** Befestigung *f*, Anbringung *f*; Anschluß *m*; **2.** Verbindung *f*, Verknüpfung *f*; **3.** Anhängsel *n*, Beiwerk *n*; ⚙ Zusatzgerät *n*; **4.** *fig.* (***to***, ***for***) Bindung *f* (an *acc.*); Zugehörigkeit *f* (zu); Anhänglichkeit *f* (an *acc.*), Neigung *f*, Liebe *f* (zu); **5.** ⚖ a) Verhaftung *f*, b) Beschlagnahme *f*, Pfändung *f*, dinglicher Ar'rest: ***~ of a debt*** Forderungspfändung; ***order of ~*** Beschlagnahmeverfügung *f*.

at·tack [ə'tæk] **I** *v/t.* **1.** angreifen, über'fallen; **2.** *fig.* angreifen, scharf kritisieren; **3.** *fig. Arbeit etc.* in Angriff nehmen, sich über *Essen etc.* hermachen; **4.** *fig.* befallen (*Krankheit*); angreifen: ***acid ~s metals***; **II** *s.* **5.** Angriff *m* (***on*** auf *acc.*) (*a.* ⚗ *Einwirkung*), 'Überfall *m*; **6.** *fig.* Angriff *m*, At'tacke *f*, (scharfe) Kri'tik: ***be under ~*** unter Beschuß stehen; **7.** ⚕ Anfall *m*, At'tacke *f*; **8.** In'angriffnahme *f*; **at'tack·er** [-kə] *s.* Angreifer *m*.

at·tain [ə'teɪn] **I** *v/t. Zweck etc.* erreichen; erlangen; erzielen; **II** *v/i.* (***to***) gelangen (zu), erreichen (*acc.*): ***after ~ing the age of 18 years*** nach Vollendung des 18. Lebensjahres; **at'tain·a·ble** [-nəbl] *adj.* erreichbar; **at'tain·der** [-ndə] *s.* ⚖ Verlust *m* der bürgerlichen Ehrenrechte u. Einziehung *f* des Vermögens; **at'tain·ment** [-mənt] *s.* **1.** Erreichung *f*, Erwerbung *f*; **2.** *pl.* Kenntnisse *pl.*, Fertigkeiten *pl.*; **at'taint** [-nt] **I** *v/t.* **1.** zum Tode und zur

Ehrlosigkeit verurteilen; **2.** befallen (*Krankheit*); **3.** *fig.* beflecken, entehren; **II** *s.* **4.** Makel *m*, Schande *f*.

at·tar ['ætə] *s.* 'Blumenesˌsenz *f*, *bsd.* ~ ***of roses*** Rosenöl *n*.

at·tempt [ə'tempt] **I** *v/t.* **1.** versuchen, probieren; **2.** ~ ***s.o.'s life*** e-n Mordanschlag auf j-n verüben; ~***ed murder*** Mordversuch *m*; **3.** in Angriff nehmen, sich wagen *od.* machen an (*acc.*); **II** *s.* **4.** Versuch *m*, Bemühung *f* (***to*** *inf.* zu *inf.*): ~ ***at explanation*** Erklärungsversuch; **5.** Angriff *m*: ~ ***on s.o.'s life*** (Mord)Anschlag *m*, Attentat *n* auf j-n.

at·tend [ə'tend] **I** *v/t.* **1.** *j-m* aufwarten; als Diener *od.* dienstlich begleiten; **2.** *bsd. Kranke* pflegen; *ärztlich* behandeln; **3.** *fig.* begleiten: ~***ed by*** *od.* ***with*** begleitet von, verbunden mit (*Schwierigkeiten etc.*); **4.** beiwohnen (*dat.*), teilnehmen an (*dat.*); *Vorlesung, Schule, Kirche etc.* besuchen; **5.** ⚙ a) bedienen, b) warten, pflegen, über'wachen; **II** *v/i.* **6.** (***to***) beachten (*acc.*), hören, achten (auf *acc.*): ~ ***to what I am saying***; **7.** (***to***) sich kümmern (um), sich widmen (*dat.*); ⚚ *j-n* bedienen (*im Laden*), abfertigen; **8.** (***to***) sorgen (für); besorgen, erledigen (*acc.*); **9.** ([***up***]***on***) *j-m* aufwarten, zur Verfügung stehen; *j-n* bedienen; **10.** erscheinen, zu'gegen sein (***at*** bei); **11.** *obs.* achtgeben; **at'tend·ance** [-dəns] *s.* **1.** Bedienung *f*, Aufwartung *f*, Pflege *f* (***on***, ***upon*** *gen.*), Dienst(leistung *f*) *m*: ***medical*** ~ ärztliche Hilfe; ***hours of*** ~ Dienststunden; ***in*** ~ diensthabend, -tuend; → ***dance*** 3; **2.** (***at***) Anwesenheit *f*, Erscheinen *n* (bei), Beteiligung *f*, Teilnahme *f* (an *dat.*), Besuch *m* (*gen.*): ~ ***list*** Anwesenheitsliste *f*; ***hours of*** ~ Besuchszeit *f*; **3.** ⚙ Bedienung *f*, Wartung *f*; **4.** Begleitung *f*, Dienerschaft *f*, Gefolge *n*; **5.** a) Besucher(zahl *f*) *pl.*, b) Besuch *m*, Beteiligung *f*: ***in*** ~ ***at*** anwesend bei; **at'tend·ant** [-dənt] **I** *adj.* **1.** (***on***, ***upon***) begleitend (*acc.*), diensttuend (bei); **2.** anwesend (***at*** bei); **3.** *fig.* (***upon***) verbunden (mit), zugehörig (*dat.*), Begleit...: ~ ***circumstances*** Begleitumstände; ~ ***expenses*** Nebenkosten; **II** *s.* **4.** Begleiter(in), Gefährte *m*, Gesellschafter(in); **5.** Diener(in), Bediente(r *m*) *f*; Aufseher(in), Wärter (-in); **6.** *pl.* Dienerschaft *f*, Gefolge *n*; **7.** ⚙ Bedienungsmann *m*; **8.** Begleiterscheinung *f*, Folge *f*.

at·ten·tion [ə'tenʃn] *s.* **1.** Aufmerksamkeit *f*, Beachtung *f*: ***call*** ~ ***to*** die Aufmerksamkeit lenken auf (*acc.*); ***come to s.o.'s*** ~ j-m zur Kenntnis gelangen; ***pay*** ~ ***to*** *j-m od. et.* Beachtung schenken; **2.** Berücksichtigung *f*, Erledigung *f*: (***for the***) ~ ***of*** zu Händen von (*od. gen.*); ***for immediate*** ~ zur sofortigen Erledigung; **3.** Aufmerksamkeit *f*, Freundlichkeit *f*; *pl.* Aufmerksamkeiten *pl.*: ***pay one's*** ~***s to s.o.*** j-m den Hof machen; **4.** ~***!*** Achtung!, ⚔ *a.* stillgestanden!; ***stand at*** *od.* ***to*** ~ ⚔ stillstehen, Haltung annehmen; **5.** Bedienung *f*, Wartung *f*; **at'ten·tive** [-ntɪv] *adj.* □ (***to***) aufmerksam: a) achtsam (auf *acc.*), b) *fig.* höflich (zu).

at·ten·u·ate **I** *v/t.* [ə'tenjʊeɪt] **1.** dünn *od.* schlank machen; verdünnen; ⚡ dämpfen; **2.** *fig.* vermindern, abschwächen; **II** *adj.* [-jʊət] **3.** verdünnt, vermindert, abgeschwächt, abgemagert; **at·ten·u·a·tion** [əˌtenjʊ'eɪʃn] *s.* Verminderung *f*, Verdünnung *f*, Schwächung *f*, Abmagerung *f*; ⚡ Dämpfung *f*.

at·test [ə'test] **I** *v/t.* **1.** a) beglaubigen, bescheinigen, b) amtlich begutachten *od.* attestieren: ***to*** ~ ***cattle***; **2.** bestätigen, beweisen; **3.** ⚔ *Br.* vereidigen; **II** *v/i.* **4.** zeugen (***to*** für); **at·tes·ta·tion** [ˌætes'teɪʃn] *s.* **1.** Bezeugung *f*, Zeugnis *n*, Beweis *m*, Bescheinigung *f*, Bestätigung *f*; **2.** Eidesleistung *f*, Vereidigung *f*.

at·tic[1] ['ætɪk] *s.* **1.** Dachstube *f*, Man'sarde *f*; *pl.* Dachgeschoß *n*; **2.** F *fig.* ‚Oberstübchen' *n*, Kopf *m*.

At·tic[2] ['ætɪk] *adj.* 'attisch: ~ ***salt***, ~ ***wit*** attisches Salz, feiner Witz.

at·tire [ə'taɪə] **I** *v/t.* **1.** kleiden, anziehen; **2.** putzen; **II** *s.* **3.** Kleidung *f*, Gewand *n*; **4.** Schmuck *m*.

at·ti·tude ['ætɪtju:d] *s.* **1.** Stellung *f*, Haltung *f*: ***strike an*** ~ e-e Pose annehmen; **2.** *fig.* Haltung *f*: a) Standpunkt *m*, Verhalten *n*: ~ ***of mind*** Geisteshaltung, b) Stellung(nahme) *f*, Einstellung *f* (***to***, ***towards*** zu, gegenüber); **3.** (*a.* ✈) Lage *f*; **at·ti·tu·di·nize** [ˌætɪ'tju:dɪnaɪz] *v/i.* **1.** sich in Posi'tur setzen, posieren; **2.** affektiert tun.

at·tor·ney [ə'tɜ:nɪ] *s.* ⚖ (Rechts)Anwalt *m* (*Am. a.* ~ ***at law***); Bevollmächtigte(r *m*) *f*, (Stell)Vertreter *m*: ***letter*** (*od.* ***warrant***) ***of*** ~ schriftliche Vollmacht; ***power of*** ~ Vollmacht(surkunde) *f*; ***by*** ~ im Auftrag; **Atˌtor·ney-'Gen·er·al** *s.* ⚖ *Brit.* Kronanwalt *m*, Gene'ralstaatsanwalt *m*; *Am.* Ju'stizmiˌnister *m*.

at·tract [ə'trækt] *v/t.* **1.** anziehen (*a. phys.*); **2.** *fig.* anziehen, anlocken, fesseln, reizen; *Mißfallen etc.* auf sich lenken (*od.* ziehen): ~ ***attention*** Aufmerksamkeit erregen; ~ ***new members*** neue Mitglieder gewinnen; ~***ed by the music*** von der Musik angelockt; ***be*** ~***ed*** (***to***) eingenommen sein (für), liebäugeln (mit), sich hingezogen fühlen (zu); **at'trac·tion** [-kʃn] *s.* **1.** *phys.* Anziehungskraft *f*: ~ ***of gravity*** Gravitationskraft *f*; **2.** *fig.* Anziehungskraft *f*, -punkt *m*, Reiz *m*, Attrakti'on *f*; *thea.* ('Haupt)Attraktiˌon *f*, Zugstück *n*, -nummer *f*; **at'trac·tive** [-tɪv] *adj.* □ anziehend, *fig. a.* attrak'tiv, reizvoll, fesselnd, verlockend; zugkräftig; **at'trac·tive·ness** [-tɪvnɪs] *s.* Reiz *m*, *das* Attrak'tive.

at·trib·ut·a·ble [ə'trɪbjʊtəbl] *adj.* 'zuzuschreiben(d), beizumessen(d); **at·trib·ute** **I** *v/t.* [ə'trɪbju:t] (***to***) **1.** zuschreiben, beilegen, -messen (*dat.*); *b.s. a.* unter'stellen (*dat.*); **2.** zu'rückführen (auf *acc.*); **II** *s.* ['ætrɪbju:t] **3.** Attri'but *n* (*a. ling.*), Eigenschaft *f*, Merkmal *n*; **4.** (Kenn)Zeichen *n*, Sinnbild *n*; **at·tri·bu·tion** [ˌætrɪ'bju:ʃn] *s.* **1.** Zuschreibung *f*; **2.** beigelegte Eigenschaft; **3.** zuerkanntes Recht; **at'trib·u·tive** [-tɪv] **I** *adj.* □ **1.** zugeschrieben, beigelegt; **2.** *ling.* attribu'tiv; **II** *s.* **3.** *ling.* Attri'but *n*.

at·trit·ed [ə'traɪtɪd] *adj.* abgenutzt; **at·tri·tion** [ə'trɪʃn] *s.* **1.** Abrieb *m*, Abnutzung *f*, ⚙ *a.* Verschleiß *m*; **2.** Zermürbung *f*: ***war of*** ~ Zermürbungs-, Abnutzungskrieg *m*.

at·tune [ə'tju:n] *v/t.* ♪ stimmen; *fig.* (***to***) in Einklang bringen (mit), anpassen (*dat.*); abstimmen (auf *acc.*).

a·typ·i·cal [ˌeɪ'tɪpɪkl] *adj.* □ 'atypisch.

au·ber·gine ['əʊbəʒi:n] *s.* ⚘ Auber'gine *f*.

au·burn ['ɔ:bən] *adj.* ka'stanienbraun (*Haar*).

auc·tion ['ɔ:kʃn] **I** *s.* Aukti'on *f*, Versteigerung *f*: ***sell by*** (*Am.* ***at***) ~, ***put up for*** (*od.* ***to***, *Am.* ***at***) ~ verauktionieren, versteigern; ***Dutch*** ~ Auktion, bei der der Preis so lange erniedrigt wird, bis sich ein Käufer findet; ***sale by*** (*od.* ***at***) ~ Versteigerung; ~ ***bridge*** *Kartenspiel*: Auktionsbridge *n*; ~ ***room*** Auktionslokal *n*; **II** *v/t. mst* ~ ***off*** versteigern; **auc·tion·eer** [ˌɔ:kʃə'nɪə] **I** *s.* Auktio'nator *m*, Versteigerer *m*, *pl. a.* Aukti'onshaus *n*; **II** *v/t.* → ***auction*** II.

au·da·cious [ɔ:'deɪʃəs] *adj.* □ kühn: a) verwegen, b) keck, dreist, unverfroren; **au·dac·i·ty** [ɔ:'dæsətɪ] *s.* Kühnheit *f*: a) Verwegenheit *f*, Waghalsigkeit *f*, b) Dreistigkeit *f*, Unverfrorenheit *f*.

au·di·bil·i·ty [ˌɔ:dɪ'bɪlətɪ] *s.* Hörbarkeit *f*, Vernehmbarkeit *f*; Lautstärke *f*; **au·di·ble** ['ɔ:dəbl] *adj.* □ hör-, vernehmbar, vernehmlich; ⚙ a'kustisch: ~ ***signal***.

au·di·ence ['ɔ:djəns] *s.* **1.** Anhören *n*, Gehör *n* (*a.* ⚖): ***give*** ~ ***to s.o.*** j-m Gehör schenken, j-n anhören; ***right of*** ~ ⚖ rechtliches Gehör; **2.** Audi'enz *f* (***of***, ***with*** bei), Gehör *n*; **3.** 'Publikum *n*: a) Zuhörer(schaft *f*) *pl.*, b) Zuschauer *pl.*, c) Besucher *pl.*, d) Leser(kreis *m*) *pl.*: ~ ***rating*** *Radio*, *TV* Einschaltquote *f*.

audio- [ɔ:dɪəʊ] *in Zssgn* Hör..., Ton..., Audio...: ~ ***frequency*** Tonfrequenz *f*; ~ ***range*** Tonfrequenzbereich *m*.

au·di·on ['ɔ:dɪən] *s.* *Radio*: 'Audion *n*: ~ ***tube*** *Am.*, ~ ***valve*** *Brit.* Verstärkerröhre *f*.

au·di·o·phile ['ɔ:dɪəʊfaɪl] *s.* Hi-Fi-Fan *m*.

au·di·o|·tape ['ɔ:dɪəʊteɪp] *s.* (besprochenes) Tonband; ~**·typ·ist** ['ɔ:dɪəʊˌtaɪpɪst] *s.* Phonoty'pistin *f*; ~**·vis·u·al** [ˌɔ:dɪəʊ'vɪzjʊəl] **I** *adj. ped.* audiovisu'ell: ~ ***aids*** → **II** *s. pl.* audiovisu'elle 'Unterrichtsmittel *pl.*

au·dit ['ɔ:dɪt] **I** *s.* **1.** ⚚ (Rechnungs-, Wirtschafts)Prüfung *f*, 'Bücherrevisiˌon *f*: ~ ***year*** Prüfungs-, Rechnungsjahr *n*; **2.** *fig.* Rechenschaftslegung *f*; **II** *v/t.* **3.** *Geschäftsbücher* (amtlich) prüfen, revidieren; **'au·dit·ing** [-tɪŋ] *s.* → ***audit*** 1.

au·di·tion [ɔ:'dɪʃn] **I** *s.* **1.** ⚕ Hörvermögen *n*, Gehör *n*; **2.** *thea.*, ♪ a) Vorsprechen *n od.* -singen *n od.* -spielen *n*, b) Anhörprobe *f*; **II** *v/t.* **3.** *thea. etc. j-n* vorsprechen *od.* vorsingen *od.* vorspielen lassen.

au·di·tor ['ɔ:dɪtə] *s.* **1.** Rechnungs-, Wirtschaftsprüfer *m*, 'Bücherreˌvisor *m*; **2.** *Am. univ.* Gasthörer(in); **au·di·to·ri·um** [ˌɔ:dɪ'tɔ:rɪəm] *s.* Audi'torium *n*, Zuhörer-, Zuschauerraum *m*, Hörsaal *m*; *Am.* Vortragssaal *m*, Festhalle *f*; **'au·di·to·ry** [-tərɪ] **I** *adj.* **1.** Gehör..., Hör...; **II** *s.* **2.** Zuhörer(schaft *f*) *pl.*; **3.** → ***auditorium***.

au fait [ˌəʊ 'feɪ] (*Fr.*) *adj.* auf dem laufenden, vertraut (***with*** mit).

au fond [ˌəʊ 'fɔ̃:ŋ] (*Fr.*) *adv.* im Grunde.

Au·ge·an [ɔ:'dʒi:ən] *adj.* Augias...,

'überaus schmutzig: ***cleanse the ~ stables*** *fig.* die Augiasställe reinigen.
au·ger ['ɔ:gə] *s.* ⚙ *großer* Bohrer, Löffel-, Schneckenbohrer *m*; Förderschnecke *f*.
aught [ɔ:t] *pron.* (irgend) etwas: ***for ~ I care*** meinetwegen; ***for ~ I know*** soviel ich weiß.
aug·ment [ɔ:g'ment] **I** *v/t.* vermehren, vergrößern; **II** *v/i.* sich vermehren, zunehmen; **III** *s.* ['ɔ:gmənt] *ling.* Aug'ment *n* (*Vorsilbe in griech. Verben*); **aug·men·ta·tion** [ˌɔ:gmen'teɪʃn] *s.* Vergrößerung *f*, Vermehrung *f*, Zunahme *f*, Wachstum *n*, Zuwachs *m*; Zusatz *m*; **aug'ment·a·tive** [-tətɪv] **I** *adj.* vermehrend, verstärkend; **II** *s. ling.* Verstärkungsform *f*.
au gra·tin [ˌəʊ 'grætæ̃ŋ] (*Fr.*) *adj. Küche*: au gra'tin, über'krustet.
au·gur ['ɔ:gə] **I** *s. antiq.* 'Augur *m*, Wahrsager *m*; **II** *v/t. u. v/i.* prophe'zeien, ahnen (lassen), verheißen: ***~ ill*** (***well***) ein schlechtes (gutes) Zeichen sein (***for*** für), Böses (Gutes) ahnen lassen; **au·gu·ry** ['ɔ:gjʊrɪ] *s.* **1.** Weissagung *f*, Prophe'zeiung *f*; **2.** Vorbedeutung *f*, Anzeichen *n*, Omen *n*; Vorahnung *f*.
au·gust[1] [ɔ:'gʌst] *adj.* □ erhaben, hehr, maje'stätisch.
Au·gust[2] ['ɔ:gəst] *s.* Au'gust *m*: ***in ~*** im August.
Au·gus·tan age [ɔ:'gʌstən] *s.* **1.** Zeitalter *n* des (Kaisers) Au'gustus; **2.** Blütezeit *f* e-r Nati'on.
Au·gus·tine [ɔ:'gʌstɪn], *a.* **~ fri·ar** *s.* Augu'stiner(mönch) *m*.
auld [ɔ:ld] *adj. Scot.* alt; **~ lang syne** [ˌɔ:ldlæŋ'saɪn] *s. Scot.* die gute alte Zeit.
aunt [ɑ:nt] *s.* Tante *f*; **'aunt·ie** [-tɪ] *s.* F Tantchen *n*; **Aunt Sal·ly** ['sælɪ] *s.* **1.** volkstümliches Wurfspiel; **2.** *fig.* (gute) Zielscheibe *f*, *a.* Haßobjekt *n*.
au pair [ˌəʊ 'peə] **I** *adv.* als Au-'pair-Mädchen (*arbeiten etc.*); **II** *s. a.* ***~ girl*** Au-'pair-Mädchen *n*; **III** *v/i.* als Au-'pair-Mädchen arbeiten.
au·ra ['ɔ:rə] *pl.* **-rae** [-ri:] *s.* **1.** Hauch *m*, Duft *m*; A'roma *n*; **2.** ⚕ Vorgefühl *n* vor Anfällen; **3.** *fig.* Aura *f*: a) Fluidum *n*, Ausstrahlung *f*, b) Atmo'sphäre *f*, c) 'Nimbus *m*.
au·ral ['ɔ:rəl] *adj.* □ Ohr..., Ohren..., Gehör...; Hör..., a'kustisch: ***~ surgeon*** Ohrenarzt *m*.
au·re·o·la [ɔ:'rɪəʊlə], **au·re·ole** ['ɔ:rɪəʊl] *s.* **1.** Strahlenkrone *f*, Aure'ole *f*; **2.** *fig.* 'Nimbus *m*; **3.** *ast.* Hof *m*.
au·ri·cle ['ɔ:rɪkl] *s. anat.* **1.** äußeres Ohr, Ohrmuschel *f*; **2.** Herzvorhof *m*; Herzohr *n*.
au·ric·u·la [ə'rɪkjʊlə] *s.* ⚘ Au'rikel *f*.
au·ric·u·lar [ɔ:'rɪkjʊlə] *adj.* □ **1.** Ohren..., Hör...: ***~ confession*** Ohrenbeichte *f*; ***~ tradition*** mündliche Überlieferung; ***~ witness*** Ohrenzeuge *m*; **2.** *anat.* zu den Herzohren gehörig.
au·rif·er·ous [ɔ:'rɪfərəs] *adj.* goldhaltig.
au·rist ['ɔ:rɪst] *s.* ⚕ Ohrenarzt *m*.
au·rochs ['ɔ:rɒks] *s. zo.* Auerochs *m*, Ur *m*.
au·ro·ra [ɔ:'rɔ:rə] *s.* **1.** *poet.* Morgenröte *f*; **2.** ♀ *myth.* Au'rora *f*; **~ bo·re·a·lis** *s. phys.* Nordlicht *n*.
aus·cul·tate ['ɔ:skəlteɪt] *v/t.* ⚕ *Lunge, Herz etc.* abhorchen; **aus·cul·ta·tion** [ˌɔ:skəl'teɪʃn] *s.* ⚕ Abhorchen *n*.
aus·pice ['ɔ:spɪs] *s.* **1.** (günstiges) Vor-, Anzeichen; **2.** *pl. fig.* Au'spizien *pl.*; Schutzherrschaft *f*: ***under the ~s of ...*** unter der Schirmherrschaft von ...; **aus·pi·cious** [ɔ:'spɪʃəs] *adj.* □ günstig, verheißungsvoll, glücklich; **aus·pi·cious·ness** [ɔ:'spɪʃəsnɪs] *s.* günstige Aussicht, Glück *n*.
Aus·sie ['ɒzɪ] F **I** *s.* Au'stralier(in); **II** *adj.* aus'tralisch.
aus·tere [ɒ'stɪə] *adj.* □ **1.** streng, herb; rauh, hart; **2.** einfach, nüchtern; mäßig, enthaltsam, genügsam; **3.** dürftig, karg; **aus·ter·i·ty** [ɒ'sterətɪ] *s.* **1.** Strenge *f*, Ernst *m*; **2.** As'kese *f*, Enthaltsamkeit *f*; **3.** Herbheit *f*; **4.** Nüchternheit *f*, Strenge *f*, Schmucklosigkeit *f*; **5.** Einfachheit *f*, Nüchternheit *f*; **6.** Mäßigung *f*, Genügsamkeit *f*; *Brit.* strenge (wirtschaftliche) Einschränkung, Sparmaßnahmen *pl.* (*in Notzeiten*): ***~ program(me)*** Sparprogramm *n*.
aus·tral ['ɔ:strəl] *adj. ast.* südlich.
Aus·tral·a·sian [ˌɒstrə'leɪʒn] **I** *adj.* au'stralˌasisch; **II** *s.* Au'stralˌasier(in), Bewohner(in) Oze'aniens.
Aus·tral·ian [ɒ'streɪljən] **I** *adj.* au'stralisch; **II** *s.* Au'stralier(in).
Aus·tri·an ['ɒstrɪən] **I** *adj.* österreichisch; **II** *s.* Österreicher(in).
Austro- [ɒstrəʊ] *in Zssgn* österreichisch: ***~-Hungarian Monarchy*** österreichisch-ungarische Monarchie.
au·tar·chic, au·tar·chi·cal [ɔ:'tɑ:kɪk(l)] *adj.* **1.** selbstregierend; **2.** → ***autarkic***; **au·tarch·y** ['ɔ:tɑ:kɪ] *s.* **1.** Selbstregierung *f*, volle Souveräni'tät; **2.** → ***autarky*** 1.
au·tar·kic, au·tar·ki·cal [ɔ:'tɑ:kɪk(l)] *adj.* au'tark, wirtschaftlich unabhängig; **au·tar·ky** ['ɔ:tɑ:kɪ] *s.* **1.** Autar'kie *f*, wirtschaftliche Unabhängigkeit; **2.** → ***autarchy***.
au·then·tic [ɔ:'θentɪk] *adj.* (□ ***~ally***) **1.** au'thentisch: a) echt, verbürgt, b) glaubwürdig, zuverlässig, c) origi'nal, urschriftlich: ***~ text*** maßgebender Text, authentische Fassung; **2.** ⚖ rechtskräftig, -gültig, beglaubigt; **au'then·ti·cate** [-keɪt] *v/t.* **1.** die Echtheit (*gen.*) bescheinigen; **2.** beglaubigen, beurkunden, rechtskräftig machen; **au·then·ti·ca·tion** [ɔ:ˌθentɪ'keɪʃn] *s.* Beglaubigung *f*, Legalisierung *f*; **au·then·tic·i·ty** [ˌɔ:θen'tɪsətɪ] *s.* **1.** Authentizi'tät *f*: a) Echtheit *f*, b) Glaubwürdigkeit *f*; **2.** ⚖ (Rechts)Gültigkeit *f*.
au·thor ['ɔ:θə] *s.* **1.** Urheber(in); **2.** 'Autor *m*, Au'torin *f*, Schriftsteller(in), Verfasser(in); **au·thor·ess** ['ɔ:θərɪs] *s.* Au'torin *f*, Schriftstellerin *f*, Verfasserin *f*.
au·thor·i·tar·i·an [ɔ:ˌθɒrɪ'teərɪən] *adj.* autori'tär; **auˌthor·i'tar·i·an·ism** [-nɪzəm] *s. pol.* autori'täres Re'gierungssyˌstem; **au·thor·i·ta·tive** [ɔ:'θɒrɪtətɪv] *adj.* □ **1.** gebieterisch, herrisch; **2.** autorita'tiv, maßgebend, -geblich.
au·thor·i·ty [ɔ:'θɒrətɪ] *s.* **1.** Autori'tät *f*, (Amts)Gewalt *f*: ***by ~*** mit amtlicher Genehmigung; ***on one's own ~*** aus eigener Machtbefugnis; ***be in ~*** die Gewalt in Händen haben; **2.** 'Vollmacht *f*, Ermächtigung *f*, Befugnis *f* (***for***, ***to*** *inf.* zu *inf.*): ***on the ~ of ...*** im Auftrage *od.* mit Genehmigung von (*od. gen.*) ...; → 4; **3.** Ansehen *n* (***with*** bei), Einfluß *m* (***over*** auf *acc.*); Glaubwürdigkeit *f*: ***of great ~*** von großem Ansehen; **4.** a) Zeugnis *n e-r Persönlichkeit*, b) Gewährsmann *m*, Quelle *f*, Beleg *m*: ***on good ~*** aus glaubwürdiger Quelle; ***on the ~ of ...*** a) nach Maßgabe *od.* auf Grund von (*od. gen.*) ..., b) mit ... als Gewährsmann; → 2; **5.** Autori'tät *f*, Sachverständige(r *m*) *f*, Fachmann *m* (***on*** auf *e-m Gebiet*): ***he is an ~ on the subject of Law***; **6.** *mst pl.* Behörde *f*, Obrigkeit *f*: ***the local authorities*** die Ortsbehörde(n); **au·thor·i·za·tion** [ˌɔ:θəraɪ'zeɪʃn] *s.* Ermächtigung *f*, Genehmigung *f*, Befugnis *f*; **au·thor·ize** ['ɔ:θəraɪz] *v/t.* **1.** *j-n* ermächtigen, bevollmächtigen, berechtigen, autorisieren; **2.** *et.* gutheißen, billigen, genehmigen; *Handlung* rechtfertigen; **au·thor·ized** ['ɔ:θəraɪzd] *adj.* **1.** autorisiert, bevollmächtigt, befugt; zulässig: ***~ capital*** ✝ autorisiertes Kapital; ***~ person*** Befugte(r *m*) *f*; ***~ to sign*** unterschriftsberechtigt; ♀ ***Version*** *eccl.* engl. Bibelübersetzung von 1611; **2.** ⚖ rechtsverbindlich; **au·thor·ship** ['ɔ:θəʃɪp] *s.* **1.** 'Autorschaft *f*, Urheberschaft *f*; **2.** Schriftstellerberuf *m*.
au·tism ['ɔ:tɪzm] *s. psych.* Au'tismus *m*.
au·to ['ɔ:təʊ] *Am.* F **I** *pl.* **-tos** *s.* Auto *n*: ***~ graveyard*** Autofriedhof *m*; **II** *v/i.* (mit dem Auto) fahren.
auto- [ɔ:təʊ] *in Zssgn* a) selbsttätig, selbst..., Selbst..., auto..., Auto..., b) Auto..., Kraftfahr...
au·to·bahn ['ɔ:təʊbɑ:n] *pl.* **-bahnen** [-nən] (*Ger.*) *s.* Autobahn *f*.
au·to·bi·og·ra·pher [ˌɔ:təʊbaɪ'ɒgrəfə] *s.* Autobio'graph(in); **au·to·bi·o·graph·ic** ['ɔ:təʊˌbaɪəʊ'græfɪk] *adj.* (□ ***~ally***) autobio'graphisch; **ˌau·to·bi'og·ra·phy** [-fɪ] *s.* Autobiogra'phie *f*, 'Selbstbiograˌphie *f*.
au·to·bus ['ɔ:təʊbʌs] *s. Am.* Autobus *m*.
au·to·cade ['ɔ:təʊkeɪd] → ***motorcade***.
au·to·car ['ɔ:təʊkɑ:] *s.* Auto(mo'bil) *n*, Kraftwagen *m*.
'au·to-ˌchang·er *s.* Plattenwechsler *m*.
au·toch·thon [ɔ:'tɒkθən] *s.* Auto'chthone *m*, Ureinwohner *m*; **au'toch·tho·nous** [-θənəs] *adj.* auto'chthon, ureingesessen, bodenständig.
au·to·cide ['ɔ:təʊsaɪd] *s.* **1.** Selbstvernichtung *f*; **2.** Selbstmord *m* mit dem Auto.
au·to·clave ['ɔ:təʊkleɪv] *s.* **1.** Schnell-, Dampfkochtopf *m*; **2.** ⚗, ⚙ Auto'klav *m*.
au·to·code ['ɔ:təʊkəʊd] *s. Computer*: Autocode *m*.
au·toc·ra·cy [ɔ:'tɒkrəsɪ] *s.* Autokra'tie *f*, Selbstherrschaft *f*; **au·to·crat** ['ɔ:təʊkræt] *s.* Auto'krat(in), unumschränkter Herrscher; **au·to·crat·ic, au·to·crat·i·cal** [ˌɔ:təʊ'krætɪk(l)] *adj.* □ auto'kratisch, selbstherrlich, unum'schränkt.
au·to·cue ['ɔ:təʊkju:] *s. TV* ‚Neger' *m*.
au·to-da-fé [ˌɔ:təʊdɑ:'feɪ] *pl.* **au·tos-da-fé** [ˌɔ:təʊzdɑ:'feɪ] *s.* **1.** *hist.* Autoda'fé *n*, Ketzergericht *n*, -verbrennung *f*; **2.** *pol.* (Bücher- *etc.*)Verbrennung *f*.
au·to·di·dact ['ɔ:təʊdɪˌdækt] *s.* Autodi'dakt(in).
au·to·e·rot·ic [ˌɔ:təʊɪ'rɒtɪk] *adj. psych.* autoe'rotisch.

au·tog·a·mous [ɔː'tɒgəməs] *adj.* ⚘ auto'gam, selbstbefruchtend.
au·tog·e·nous [ɔː'tɒdʒɪnəs] *adj. allg.* auto'gen: ~ **training**; ~ **welding** ⚙ Autogenschweißen *n.*
au·to·gi·ro [ˌɔːtəʊ'dʒaɪərəʊ] *pl.* **-ros** *s.* ✈ Auto'giro *n*, Tragschrauber *m.*
au·to·graph ['ɔːtəgrɑːf] **I** *s.* **1.** Auto'gramm *n*, eigenhändige 'Unterschrift; **2.** eigene Handschrift; **3.** Urschrift *f*; **II** *adj.* **4.** eigenhändig unter'schrieben: ~ **letter** Handschreiben *n*; **III** *v/t.* **5.** eigenhändig (unter)'schreiben; mit s-m Auto'gramm versehen: ~**ing session** Autogrammstunde *f*; **6.** ⚙ autographieren, 'umdrucken; **au·to·graph·ic** [ˌɔːtəʊ'græfɪk] *adj.* (□ ~**ally**) auto'graphisch, eigenhändig geschrieben; **au·tog·ra·phy** [ɔː'tɒgrəfɪ] *s.* **1.** ⚙ Autogra'phie *f*, 'Umdruck *m*; **2.** Urschrift *f.*
au·to·ig·ni·tion [ˌɔːtəʊɪg'nɪʃn] *s.* ⚙ Selbstzündung *f.*
au·to·ist ['ɔːtəʊɪst] *s. Am.* F Autofahrer(in).
au·to·mat ['ɔːtəʊmæt] *s.* **1.** Auto'matenrestauˌrant *n*; **2.** (Ver'kaufs)Autoˌmat *m*; **3.** ⚙ Auto'mat *m* (*Maschine*); '**au·to·mate** [-meɪt] *v/t.* automatisieren; **au·to·mat·ic** [ˌɔːtə'mætɪk] **I** *adj.* □ → **automatically**; **1.** auto'matisch: a) selbsttätig, ⚙ *a.* Selbst…, zwangsläufig, ⚔ *a.* Selbstlade…, b) *fig.* unwillkürlich, me'chanisch; **II** *s.* **2.** 'Selbstladepiˌstole *f*, -gewehr *n*; **3.** → **automat** 3; **4.** *mot.* Auto *n* mit Auto'matik; **au·to·mat·i·cal** [ˌɔːtə'mætɪkl] → **automatic** 1; **au·to·mat·i·cal·ly** [ˌɔːtə'mætɪkəlɪ] *adv.* auto'matisch; ohne weiteres.
au·to·mat·ic| lathe *s.* ⚙ 'Drehautoˌmat *m*; ~ **ma·chine** → **automat** 2; ~ **pi·lot** *s.* ✈ → **autopilot**; ~ **pis·tol** *s.* 'Selbstladepiˌstole *f*; ~ **start·er** *s.* ⚙ Selbstanlasser *m.*
au·to·ma·tion [ˌɔːtə'meɪʃn] *s.* ⚙ Automati'on *f*; **au·tom·a·ton** [ɔː'tɒmətən] *pl.* **-ta** [-tə], **-tons** *s.* Auto'mat *m*, 'Roboter *m* (*beide a. fig.*).
au·to·mo·bile ['ɔːtəməʊbiːl] *s. bsd. Am.* Auto *n*, Automo'bil *n*, Kraftwagen *m*; **au·to·mo·bil·ism** [ˌɔːtə'məʊbɪlɪzəm] *s.* Kraftfahrwesen *n*; **au·to·mo·bil·ist** [ˌɔːtə'məʊbɪlɪst] *s.* Kraftfahrer *m*; **au·to·mo·tive** [ˌɔːtə'məʊtɪv] *adj.* selbstbewegend, -fahrend; *bsd. Am.* 'kraftfahrˌtechnisch, Auto(mobil)…, Kraftfahrzeug…
au·ton·o·mous [ɔː'tɒnəməs] *adj.* auto'nom, sich selbst regierend; **au'ton·o·my** [-mɪ] *s.* Autono'mie *f*, Selbständigkeit *f.*
au·to·pi·lot ['ɔːtəʊˌpaɪlət] *s.* ✈ Autopi'lot *m*, auto'matische Steuervorrichtung.
au·top·sy ['ɔːtəpsɪ] **I** *s.* **1.** ⚕ Autop'sie *f*, Obdukti'on *f*; **2.** *fig.* kritische Ana'lyse; **II** *v/t.* **3.** ⚕ e-e Autop'sie vornehmen an (*dat.*).
au·to·sug·ges·tion [ˌɔːtəʊsə'dʒestʃən] *s.* Autosuggesti'on *f.*
au·to·type ['ɔːtətaɪp] **I** *s. typ.* Autoty'pie *f*: a) Rasterätzung *f*, b) Fak'simileabdruck *m*; **II** *v/t.* mittels Autotypie vervielfältigen.
au·tumn ['ɔːtəm] *s. bsd. Brit.* Herbst *m* (*a. fig.*): **the ~ of life**; **au·tum·nal** [ɔː'tʌmnəl] *adj.* herbstlich, Herbst… (*a. fig.*).

aux·il·ia·ry [ɔːg'zɪljərɪ] **I** *adj.* **1.** helfend, mitwirkend, Hilfs…: ~ **engine** Hilfsmotor *m*; ~ **troops** Hilfstruppen; ~ **verb** Hilfszeitwort *n*; **2.** ⚔ Behelfs…, Ausweich…; **II** *s.* **3.** Helfer *m*, Hilfskraft *f*, *pl. a.* Hilfspersonal *n*; **4.** *pl.* ⚔ Hilfstruppen *pl.*; **5.** *ling.* Hilfszeitwort *n.*
a·vail [ə'veɪl] **I** *v/t.* **1.** nützen (*dat.*), helfen (*dat.*), fördern; **2.** ~ **o.s. of s.th.** sich e-r Sache bedienen, et. benutzen, Gebrauch von et. machen; **II** *v/i.* **3.** nützen, helfen; **III** *s.* **4.** Nutzen *m*, Vorteil *m*, Gewinn *m*: **of no ~** nutzlos; **of what ~ is it?** was nützt es?; **to no ~** vergeblich; **5.** *pl.* ✝ *Am.* Ertrag *m*;
a·vail·a·bil·i·ty [əˌveɪlə'bɪlətɪ] *s.* **1.** Vor'handensein *n*; **2.** Verfügbarkeit *f*; **3.** *Am.* verfügbare Per'son *od.* Sache; **4.** ⚖ Gültigkeit *f*; **a'vail·a·ble** [-ləbl] *adj.* □ **1.** verfügbar, erhältlich, vor'handen, vorrätig, zu haben(d): **make ~** bereitstellen, verfügbar machen; **2.** anwesend, abkömmlich; **3.** benutzbar; statthaft; **4.** ⚖ a) gültig, b) zulässig.
av·a·lanche ['ævəlɑːnʃ] *s.* La'wine *f*, *fig. a.* Unmenge *f.*
av·ant-garde [ˌævɑ̃ːŋ'gɑːd] (*Fr.*) **I** *s.* *fig.* A'vantgarde *f*; **II** *adj.* avantgar'distisch; ˌ**av·ant-'gard·ist(e)** [-dɪst] *s.* Avantgar'dist(in).
av·a·rice ['ævərɪs] *s.* Geiz *m*, Habsucht *f*; **av·a·ri·cious** [ˌævə'rɪʃəs] *adj.* □ geizig (**of** mit), habgierig.
a·ve ['ɑːvɪ] **I** *int.* **1.** sei gegrüßt!; **2.** leb wohl!; **II** *s.* **3.** ♀ 'Ave(-Ma'ria) *n.*
a·venge [ə'vendʒ] *v/t.* **1.** rächen (**on**, **upon** an *dat.*): ~ **one's friend** s-n Freund rächen; ~ **o.s.**, **be ~d** sich rächen; **2.** *et.* rächen, ahnden; **a'veng·er** [-dʒə] *s.* Rächer(in); **a'veng·ing** [-dʒɪŋ] *adj.*: ~ **angel** Racheengel *m.*
av·e·nue ['ævənjuː] *s.* **1.** *mst fig.* Zugang *m*, Weg *m* (**to**, **of** zu): ~ **to fame** Weg zum Ruhm; **2.** Al'lee *f*; **3.** a) Haupt-, Prachtstraße *f*, Ave'nue *f*, b) (Stadt)Straße *f.*
a·ver [ə'vɜː] *v/t.* **1.** behaupten, als Tatsache hinstellen (**that** daß); **2.** ⚖ beweisen.
av·er·age ['ævərɪdʒ] **I** *s.* **1.** 'Durchschnitt *m*: **on an** (*od.* **the**) ~ im Durchschnitt, durchschnittlich; **strike an ~** den Durchschnitt schätzen *od.* nehmen; **2.** ⚓, ⚖ Hava'rie *f*, Seeschaden *m*: ~ **adjuster** Dispacheur *m*; **general ~** große Havarie; **particular ~** besondere (*od.* partikulare) Havarie; **petty ~** kleine Havarie; **under ~** havariert; **3.** *Börse*: *Am.* 'Aktienindex *m*; **II** *adj.* □ **4.** 'durchschnittlich; Durchschnitts…: ~ **amount** Durchschnittsbetrag *m*; ~ **Englishman** Durchschnittsengländer *m*; **be only ~** nur Durchschnitt sein; **III** *v/t.* **5.** den 'Durchschnitt schätzen (**at** auf *acc.*) *od.* nehmen von (*od. gen.*); **6.** ✝ anteilsmäßig auf-, verteilen: ~ **one's losses**; **7.** 'durchschnittlich betragen, haben, erreichen, verlangen, tun *etc.*: **I ~ £60 a week** ich verdiene durchschnittlich £ 60 die Woche; **IV** *v/i.* **8.** ~ **out at** sich im Durchschnitt belaufen auf (*acc.*).
a·ver·ment [ə'vɜːmənt] *s.* **1.** Behauptung *f*; **2.** ⚖ Beweisangebot *n*, Tatsachenbehauptung *f.*

a·verse [ə'vɜːs] *adj.* □ **1.** abgeneigt (**to**, **from** *dat.*, **to** *inf.* zu *inf.*): **not ~ to a drink**; ~ **from such methods**; **2.** zu'wider (**to** *dat.*); **a·ver·sion** [ə'vɜːʃn] *s.* **1.** (**to**, **for**, **from**) 'Widerwille *m*, Abneigung *f* (gegen), Abscheu *m* (vor *dat.*): **take an ~** (**to**) e-e Abneigung fassen (gegen); **2.** Unlust *f*, Abgeneigtheit *f* (**to** *inf.* zu *inf.*); **3.** Gegenstand *m* des Abscheus: **beer is my pet** (*od.* **chief**) ~ Bier ist mir ein Greuel.
a·vert [ə'vɜːt] *v/t.* **1.** abwenden, -kehren: ~ **one's face**; **2.** *fig.* abwenden, -wehren, verhüten.
a·vi·ar·y ['eɪvjərɪ] *s.* Vogelhaus *n*, Voli'ere *f.*
a·vi·ate ['eɪvɪeɪt] *v/i.* ✈ fliegen; **a·vi·a·tion** [ˌeɪvɪ'eɪʃn] *s.* ✈ Luftfahrt *f*, Flugwesen *n*, Fliegen *n*, Flugsport *m*: ~ **industry** Flugzeugindustrie *f*; **Ministry of ♀** Ministerium *n* für zivile Luftfahrt;
a·vi·a·tor ['eɪvɪeɪtə] *s.* Flieger *m.*
a·vi·cul·ture ['eɪvɪkʌltʃə] *s.* Vogelzucht *f.*
av·id ['ævɪd] *adj.* □ (be)gierig (**of** nach, **for** auf *acc.*); *weitS.* leidenschaftlich, begeistert; **a·vid·i·ty** [ə'vɪdətɪ] *s.* Gier *f*, Begierde *f*, Habsucht *f.*
a·vi·on·ics [ˌeɪvɪ'ɒnɪks] *s. pl. sg. konstr.* Avi'onik *f*, 'Flugelekˌtronik *f.*
a·vi·ta·min·o·sis ['eɪˌvaɪtəmɪ'nəʊsɪs] *s.* Vita'minmangel(krankheit *f*) *m.*
av·o·ca·do [ˌævəʊ'kɑːdəʊ] *s.* ⚘ Avo'cato(birne) *f.*
av·o·ca·tion [ˌævəʊ'keɪʃn] *s. obs.* **1.** (Neben)Beschäftigung *f*; **2.** F (Haupt)Beruf *m.*
a·void [ə'vɔɪd] **1.** (ver)meiden, ausweichen (*dat.*), aus dem Wege gehen (*dat.*), *Pflicht etc.* um'gehen, *e-r Gefahr* entgehen: ~ **s.o.** j-n meiden; ~ **doing s.th.** es vermeiden, et. zu tun; **2.** ⚖ a) aufheben, ungültig machen, b) anfechten; **a'void·a·ble** [-dəbl] *adj.* **1.** vermeidbar; **2.** ⚖ a) annullierbar, b) anfechtbar; **a'void·ance** [-dəns] *s.* **1.** Vermeidung *f* (*Sache*), Meidung *f* (*Person*); Um'gehung *f*; **2.** ⚖ a) Aufhebung *f*, Nichtigkeitserklärung *f*, b) Anfechtung *f.*
av·oir·du·pois [ˌævədə'pɔɪz] *s.* **1.** ✝ *a.* ~ **weight** Handelsgewicht *n* (*1 Pfund = 16 Unzen*): ~ **pound** Handelspfund *n*; **2.** F ‚Lebendgewicht' *n e-r Person.*
a·vow [ə'vaʊ] *v/t.* (offen) bekennen, (ein)gestehen; rechtfertigen; anerkennen: ~ **o.s.** sich bekennen, sich erklären; **a·vow·al** [ə'vaʊəl] *s.* Bekenntnis *n*, Geständnis *n*, Erklärung *f*; **a·vowed** [ə'vaʊd] *adj.* □ erklärt: **his ~ principle**; **he is an ~ Jew** er bekennt sich offen zum Judentum; **a·vow·ed·ly** [ə'vaʊɪdlɪ] *adv.* eingestandenermaßen.
a·vun·cu·lar [ə'vʌŋkjʊlə] *adj.* **1.** Onkel…; **2.** *iro.* onkelhaft.
a·wait [ə'weɪt] *v/t.* **1.** erwarten (*acc.*), entgegensehen (*dat.*); **2.** *fig. j-n* erwarten: **a hearty welcome ~s you.**
a·wake [ə'weɪk] **I** *v/t.* [*irr.*] **1.** wecken; **2.** *fig.* erwecken, aufrütteln (**from** aus): ~ **s.o. to s.th.** j-m et. zum Bewußtsein bringen; **II** *v/i.* [*irr.*] **3.** auf-, erwachen; **4.** *fig. zu neuer Tätigkeit etc.* erwachen: ~ **to s.th.** sich e-r Sache bewußt werden; **III** *adj.* **5.** wach; **6.** *fig.* munter, wach(sam), auf der Hut: **be ~ to s.th.** sich e-r Sache bewußt sein; **a'wak·en**

[-kən] → ***awake*** 1–4; **a'wak·en·ing** [-knɪŋ] *s.* Erwachen *n*: ***a rude ~ fig.*** ein unsanftes Erwachen.

a·ward [ə'wɔ:d] **I** *v/t.* **1.** zuerkennen, zusprechen, ⚖ *a.* (*durch Urteil od. Schiedsspruch*) zubilligen: ***he was ~ed the prize*** der Preis wurde ihm zuerkannt; **2.** gewähren, verleihen, zuwenden, zuteilen; **II** *s.* **3.** ⚖ Urteil *n*, (Schieds)Spruch *m*; **4.** Belohnung *f*, Auszeichnung *f*, (*a.* Film- *etc.*)Preis *m*, (Ordens)Verleihung *f*, ✝ 'Prämie *f*; **5.** ✝ Zuschlag *m* (*auf ein Angebot*), (Auftrags)Vergabe *f*.

a·ware [ə'weə] *adj.* **1.** gewahr (***of*** *gen.*, ***that*** daß): ***be ~*** sich bewußt sein, wissen, (er)kennen; ***become ~ of s.th.*** et. gewahr werden *od.* merken, sich e-r Sache bewußt werden; ***not that I am ~ of*** nicht, daß ich wüßte; **2.** aufmerksam, ‚hellwach'; **a'ware·ness** [-nɪs] *s.* Bewußtsein *n*, Kenntnis *f*.

a·wash [ə'wɒʃ] *adv. u. adj.* ⚓ **1.** über'flutet; **2.** über'füllt (***with*** von).

a·way [ə'weɪ] **I** *adv.* **1.** weg, hin'weg, fort: ***go ~*** weg-, fortgehen; ***~ with you!*** fort mit dir!; **2.** (***from***) entfernt, (weit) weg (von), fern, abseits (*gen.*): ***~ from the question*** nicht zur Frage *od.* Sache gehörend; **3.** fort, abwesend, verreist: ***~ from home*** nicht zu Hause; ***~ on leave*** auf Urlaub; **4.** *bei Verben oft* (drauf)'los: ***chatter ~***; ***work ~***; **5.** *bsd. Am.* bei weitem: ***~ below the average***; **II** *adj.* **6.** *sport* Auswärts…: ***~ match*** → **III** *s.* **7.** *sport* Auswärtsspiel *n*.

awe [ɔ:] **I** *s.* **1.** Ehrfurcht *f*, (heilige) Scheu (***of*** vor *dat.*): ***hold s.o. in ~*** Ehrfurcht vor j-m haben; ***stand in ~ of*** a) e-e heilige Scheu haben *od.* sich fürchten vor (*dat.*), b) e-n gewaltigen Respekt haben vor (*dat.*); **2.** *fig.* Macht *f*, Maje'stät *f*; **II** *v/t.* **3.** (Ehr)Furcht einflößen (*dat.*), einschüchtern; **'awe-in·ˌspir·ing** *adj.* ehrfurchtgebietend, eindrucksvoll; **awe·some** ['ɔ:səm] *adj.* □ **1.** furchteinflößend, schrecklich; **2.** → ***awe-inspiring***; **'awe·struck** *adj.* von Ehrfurcht *od.* Scheu *od.* Schrecken ergriffen.

aw·ful ['ɔ:fʊl] *adj.* □ **1.** → ***awe-inspiring***; **2.** furchtbar, schrecklich; **3.** F ['ɔ:fl] furchtbar: a) riesig, kolos'sal: ***an ~ lot*** e-e riesige Menge, b) scheußlich, schrecklich: ***an ~ noise***; **aw·ful·ly** ['ɔ:flɪ] *adv.* F furchtbar, schrecklich, äußerst: ***~ cold***; ***~ nice*** furchtbar *od.* riesig nett; ***I am ~ sorry*** es tut mir schrecklich leid; ***thanks ~!*** tausend Dank!; **'aw·ful·ness** [-nɪs] *s.* **1.** Schrecklichkeit *f*; **2.** Erhabenheit *f*.

a·while [ə'waɪl] *adv.* ein Weilchen.

awk·ward ['ɔ:kwəd] *adj.* □ **1.** ungeschickt, unbeholfen, linkisch, tölpelhaft: ***feel ~*** verlegen sein; → ***squad*** 1; **2.** peinlich, mißlich, unangenehm: ***an ~ silence*** (***matter***); **3.** unhandlich, schwer zu behandeln, schwierig, lästig, ungünstig, ‚dumm': ***an ~ door to open*** e-e schwer zu öffnende Tür; ***an ~ customer*** ein unangenehmer Zeitgenosse; ***it's a bit ~ on Sunday*** am Sonntag paßt es (mir) nicht so recht; **'awk·ward·ness** [-nɪs] *s.* **1.** Ungeschicklichkeit *f*, Unbeholfenheit *f*; **2.** Peinlichkeit *f*, Unannehmlichkeit *f*; **3.** Lästigkeit *f*.

awl [ɔ:l] *s.* ⚙ Ahle *f*, Pfriem *m*.

awn [ɔ:n] *s.* ⚘ Granne *f*.

awn·ing ['ɔ:nɪŋ] *s.* **1.** ⚓ Sonnensegel *n*; **2.** Wagendecke *f*, Plane *f*; **3.** Mar'kise *f*; 'Baldachin *m*; Vorzelt *n*.

a·woke [ə'wəʊk] *pret. von* ***awake*** I *u.* II; **a'wok·en** *p.p. von* ***awake*** I *u.* II.

a·wry [ə'raɪ] *adv. u. adj.* **1.** schief, krumm: ***look ~ fig.*** schief *od.* scheel blicken; **3.** *fig.* verkehrt: ***go ~*** fehlgehen (*Person*), schiefgehen (*Sache*).

ax, *mst* **axe** [æks] **I** *s.* **1.** Axt *f*, Beil *n*: ***have an ~ to grind*** eigennützige Zwekke verfolgen, es auf et. abgesehen haben; **2.** F *fig.* a) rücksichtslose Sparmaßnahme, b) Abbau *m*, Entlassung *f*: ***get the ~*** entlassen werden, ‚rausfliegen'; **3.** ♪ *Am. sl.* Instru'ment *n*; **II** *v/t.* **4.** F *fig.* drastisch kürzen *od.* zs.-streichen; *Beamte etc.* abbauen, *Leute* entlassen, ‚feuern'.

ax·i·al ['æksɪəl] *adj.* □ ⚙ Achsen…, axi'al.

ax·il ['æksɪl] *s.* ⚘ Blattachsel *f*.

ax·i·om ['æksɪəm] *s.* Ax'iom *n*, allgemein anerkannter Grundsatz: ***~ of law*** Rechtsgrundsatz; **ax·i·o·mat·ic** [ˌæksɪəʊ'mætɪk] *adj.* (□ ***~ally***) axio'matisch, 'unumˌstößlich, selbstverständlich.

ax·is ['æksɪs] *pl.* **'ax·es** [-si:z] *s.* **1.** ⩘, ⚙, *phys.* Achse *f*, 'Mittelˌlinie *f*: ***~ of the earth*** Erdachse; **2.** *pol.* Achse *f*: ***the ~*** die Achse Berlin-Rom-Tokio (*vor dem u. im 2. Weltkrieg*); ***the ~ powers*** die Achsenmächte.

ax·le ['æksl] *s.* ⚙ **1.** *a.* ***~-tree*** (Rad-) Achse *f*, Welle *f*; **2.** Angel(zapfen *m*) *f*.

ay → ***aye***.

a·yah ['aɪə] *s. Brit. Ind.* 'Aja *f*, indisches Kindermädchen.

aye [aɪ] **I** *int. bsd.* ⚓ *u. parl.* ja: ***~, ~, Sir!*** zu Befehl!; **II** *s. parl.* Ja *n*, Jastimme *f*: ***the ~s have it*** die Mehrheit ist dafür.

a·za·le·a [ə'zeɪljə] *s.* ⚘ Aza'lee *f*.

az·i·muth ['æzɪməθ] *s. ast.* Azi'mut *m*, Scheitelkreis *m*.

a·zo·ic [ə'zəʊɪk] *adj. geol.* a'zoisch (*ohne Lebewesen*): ***the ~ age***.

Az·tec ['æztek] s. Az'teke *m*.

az·ure ['æʒə] **I** *adj.* a'zur-, himmelblau; **II** *s.* a) A'zur(blau *n*) *m*, b) *poet.* das blaue Himmelszelt.

B

B, b [biː] *s.* **1.** B *n*, b *n* (*Buchstabe*); **2.** ♪ H *n*, h *n* (*Note*): ***B flat*** B *n*, b *n*; ***B sharp*** His *n*, his *n*; **3.** *ped. Am.* Zwei *f* (*Note*); **4.** ***B flat*** *Brit. sl.* Wanze *f*.

baa [bɑː] **I** *s.* Blöken *n*; **II** *v/i.* blöken; **III** *int.* bäh!

Ba·al [ˈbeɪəl] **I** *npr. bibl. Gott* Baal *m*; **II** *s.* Abgott *m*, Götze *m*; **ˈBa·al·ism** [-lɪzəm] *s.* Götzendienst *m*.

baas [bɑːs] *s. S. Afr.* Herr *m*.

Bab·bitt [ˈbæbɪt] *s.* **1.** *Am.* (selbstzufriedener) Spießer; **2.** ♀ (***metal***) ⚙ ˈLagerweißmeˌtall *n*.

bab·ble [ˈbæbl] **I** *v/t. u. v/i.* **1.** stammeln; plappern, schwatzen; nachschwatzen, ausplaudern; **2.** plätschern, murmeln (*Bach*); **II** *s.* **3.** Geplapper *n*, Geschwätz *n*; **ˈbab·bler** [-lə] *s.* **1.** Schwätzer(in); **2.** *orn. e-e* Drossel *f*.

babe [beɪb] *s.* **1.** kleines Kind, Baby *n*, *fig. a.* Naˈivling *m*; → ***arm***[1] 1; **2.** *Am. sl.* ‚Puppe' *f* (*Mädchen*).

Ba·bel [ˈbeɪbl] **I** *npr. bibl.* Babel *n*; **II** *s.* ♀ *fig.* Babel *n*, Wirrwarr *m*, Stimmengewirr *n*.

ba·boo [ˈbɑːbuː] *s. Brit.-Ind.* **1.** Herr *m* (*bei den Hindus*); **2.** Inder *m* mit oberflächlicher engl. Bildung.

ba·boon [bəˈbuːn] *s. zo.* ˈPavian *m*.

ba·by [ˈbeɪbɪ] **I** *s.* **1.** Baby *n*: a) Säugling *m*, b) jüngstes Kind: ***be left holding the ~*** F der Dumme sein, die Sache am Hals haben; **2.** a) ‚Kindskopf' *m*, b) ‚Heulsuse' *f*; **3.** *sl.* ‚Schatz' *m*, ‚Kindchen' *n* (*Mädchen*); **4.** *sl.* Sache *f*: ***it's your ~***; **II** *adj.* **5.** Säuglings…, Baby…, Kinder…; **6.** kindlich, kindisch: ***plead the ~ act*** *Am.* F auf Unreife plädieren; **7.** klein; **~ bond** *s.* ✝ *Am.* Baby-Bond *m*, Kleinschuldverschreibung *f*; **~ bot·tle** *s.* (Saug)Flasche *f*; **~ car** *s.* Klein(st)wagen *m*; **~ car·riage** *s. Am.* Kinderwagen *m*; **~ farm·er** *s. mst contp.* Frau, die gewerbsmäßig Kinder in Pflege nimmt; **~ grand** *s.* ♪ Stutzflügel *m*.

ba·by·hood [ˈbeɪbɪhʊd] *s.* Säuglingsalter *n*; **ˈba·by·ish** [-ɪɪʃ] *adj.* **1.** kindlich; **2.** kindisch.

Bab·y·lon [ˈbæbɪlən] **I** *npr.* ˈBabylon *n*; **II** *s. fig.* (Sünden)Babel *n*; **Bab·y·lo·ni·an** [ˌbæbɪˈləʊnjən] **I** *adj.* babyˈlonisch; **II** *s.* Babyˈlonier(in).

ˈba·by|-ˌmind·er *s. Brit.* Tagesmutter *f*; **ˈ~-sit** *v/i.* [*irr.* → ***sit***] babysitten; **ˈ~-ˌsit·ter** *s.* Babysitter *m*; **~ snatch·er** *s. ältere Person* (*Mann od. Frau*), *die mit einem blutjungen Mädchen od. Mann ein Verhältnis hat*: ***I'm no ~*** ich vergreif' mich doch nicht an kleinen Kindern!; **~ spot** *s.* Baby-Spot *m* (*kleiner Suchscheinwerfer*); **~ talk** *s.* Babysprache *f*.

bac·ca·lau·re·ate [ˌbækəˈlɔːrɪət] *s. univ.* Bakkalaureˈat *n*; **2.** *a.* **~ *sermon*** *Am.* Predigt *f* an die promovierten Stuˈdenten.

bac·ca·ra(t) [ˈbækərɑː] *s.* ˈBakkarat *n* (*Glücksspiel*).

bac·cha·nal [ˈbækənl] **I** *s.* **1.** Bacˈchant (-in); **2.** ausgelassener *od.* trunkener Zecher; **3.** *a. pl.* Bacchaˈnal *n* (*wüstes Gelage*); **II** *adj.* **4.** ˈbacchisch; **5.** bacˈchantisch; **bac·cha·na·li·a** [ˌbækəˈneɪljə] → ***bacchanal*** 3; **bac·cha·na·li·an** [ˌbækəˈneɪljən] **I** *adj.* bacˈchantisch, ausschweifend; **II** *s.* Bacˈchant(in); **bac·chant** [ˈbækənt] **I** *s.* Bacˈchant *m*; *fig.* wüster Trinker *od.* Schwelger; **II** *adj.* bacˈchantisch; **bac·chan·te** [bəˈkæntɪ] *s.* Bacˈchantin *f*; **bac·chic** [ˈbækɪk] → ***bacchanal*** 4 *u.* 5.

bac·cy [ˈbækɪ] *s.* F *abbr. für* **tobacco**.

bach [bætʃ] F **I** *s.* → ***bachelor*** 1; **II** *v/i. mst* **~ *it*** ein Strohwitwerdasein führen.

bach·e·lor [ˈbætʃələ] *s.* **1.** Junggeselle *m*; *in Urkunden*: ledig (*dem Namen nachgestellt*); **2.** *univ.* Bakkaˈlaureus *m* (*Grad*): ♀ ***of Arts*** (*abbr.* ***B.A.***) Bakkalaureus der philosophischen Fakultät; ♀ ***of Science*** (*abbr.* ***B.Sc.***) Bakkalaureus der Naturwissenschaften; **~ girl** *s.* Junggesellin *f*.

bach·e·lor·hood [ˈbætʃələhʊd] *s.* **1.** Junggesellenstand *m*; **2.** *univ.* Bakkalaureˈat *n*.

ba·cil·lar·y [bəˈsɪlərɪ] *adj.* **1.** stäbchenförmig; **2.** ⚕ Bazillen…; **ba·cil·lus** [bəˈsɪləs] *pl.* **-li** [-laɪ] *s.* ⚕ Baˈzillus *m* (*a. fig.*).

back[1] [bæk] **I** *s.* **1.** Rücken *m* (*Mensch, Tier*); **2.** ˈHinter-, Rückseite *f* (*Kopf, Haus, Tür, Bild, Brief, Kleid etc*); (Rücken)Lehne *f* (*Stuhl*); **3.** *untere od. abgekehrte Seite*: (*Hand-, Buch-, Messer*)Rücken *m*, ˈUnterseite *f* (*Blatt*), linke Seite (*Stoff*), Kehrseite *f* (*Münze*), Oberteil *m*, *n* (*Bürste*); → ***beyond*** 6; **4.** *rückwärtiger od. entfernt gelegener Teil*: hinterer Teil (*Mund, Schrank, Wald etc.*), ˈHintergrund *m*; Rücksitz *m* (*Wagen*); **5.** Rumpf *m* (*Schiff*); **6.** ***the*** ♀***s*** die Parkanlagen *pl.* hinter den Colleges in Cambridge; **7.** *sport* Verteidiger *m*;

Besondere Redewendungen:

(***at the***) **~ *of*** hinter (*dat.*), hinten in (*dat.*); ***be at the ~ of s.th.*** *fig.* hinter e-r Sache stecken; **~ *to front*** die Rückseite nach vorn, falsch herum; ***have s.th. at the ~ of one's mind*** a) insgeheim an et. denken, b) sich dunkel an et. erinnern; ***turn one's ~ on*** *fig. j-m* den Rücken kehren, *et.* aufgeben; ***behind s.o.'s ~*** hinter j-s Rücken; ***on one's ~*** a) auf dem Körper (*Kleidungsstück*), b) bettlägerig, c) am Boden, hilflos, verloren; ***have one's ~ to the wall*** mit dem Rücken zur Wand stehen; ***break s.o.'s ~*** a) j-m das Kreuz brechen (*a. fig.*), b) j-n ‚fertigmachen' *od.* zugrunde richten; ***break the ~ of s.th.*** das Schwierigste e-r Sache hinter sich bringen; ***put one's ~ into s.th.*** sich bei e-r Sache ins Zeug legen, sich in et. hineinknien; ***put s.o.'s ~ up*** j-n ‚auf die Palme bringen';

II *adj.* **8.** rückwärtig, letzt, hinter, Rück…, Hinter…, Nach…: ***the ~ left-hand corner*** die hintere linke Ecke; **9.** rückläufig; **10.** rückständig (*Zahlung*); **11.** zuˈrückliegend, alt (*Zeitung etc.*); **12.** fern, abgelegen; *fig.* finster; **III** *adv.* **13.** zuˈrück, rückwärts; zurückliegend; (wieder) zurück: ***he is ~ again*** er ist wieder da; ***he is ~ home*** er ist wieder zu Hause; **~ *home*** *Am.* bei uns (zulande); **~ *and forth*** hin und her; **14.** zuˈrück, ˈvorher: ***20 years ~*** vor 20 Jahren; **~ *in 1900*** (schon) im Jahre 1900; **IV** *v/t.* **15.** *Buch* mit e-m Rücken *od. Stuhl* mit e-r Lehne *od.* Rückenverstärkung versehen; **16.** hinten grenzen an (*acc.*), den Hintergrund *e-r Sache* bilden; **17.** *a.* **~ *up*** *j-m* den Rücken dekken *od.* stärken, *j-n* unterˈstützen, eintreten für; **18.** *a.* **~ *up*** zuˈrückbewegen; *Wagen, Pferd, Maschine* rückwärts fahren *od.* laufen lassen: **~ *one's car up*** mit dem Auto zurückstoßen; **~ *a car out of the garage*** e-n Wagen rückwärts aus der Garage fahren; **~ *water*** (*od.* ***the oars***) rückwärts rudern; **~*ed up*** (***with traffic***) *Am.* verstopft (*Straße*); **19.** auf der Rückseite beschreiben; *Wechsel* verantwortlich gegenzeichnen, avalieren; **20.** wetten *od.* setzen auf (*acc.*); **V** *v/i.* **21.** *a.* **~ *up*** sich rückwärts bewegen, zuˈrückgehen *od.* -fahren; **22.** **~ *and fill*** a) ⚓ lavieren, b) *Am.* F unschlüssig sein; **~ down** (**from**), **~ out** (**of**) *v/i.* zuˈrücktreten *od.* sich zuˈrückziehen (von), aufgeben (*acc.*); F sich drücken (vor *dat.*), abspringen (von), ‚aussteigen' (bei), kneifen (vor *dat.*); klein beigeben, ‚den Schwanz einziehen'.

back[2] [bæk] *s.* ⚙, *Brauerei, Färberei etc.*: Bottich *m*.

ˈback|·ache *s.* Rückenschmerzen *pl.*; **~ al·ley** *s. Am.* finsteres Seitengäßchen; **ˌ~ˈbench·er** *s. parl.* ˈHinterbänkler *m*; **ˈ~·bend** *s. sport* Brücke *f* (aus dem Stand); **ˈ~·bite** *v/t. u. v/i.* [*irr.* → ***bite***] *j-n* verleumden; **ˈ~ˌbit·er** *s.* Verleumder (-in); **ˈ~·bone** *s.* **1.** Rückgrat *n*: ***to the ~*** bis auf die Knochen, ganz u. gar; **2.** *fig.* Rückgrat *n*: a) (Chaˈrakter)Stärke *f*, Mut *m*, b) Hauptstütze *f*; **ˈ~-ˌbreak·ing** *adj.* ‚mörderisch', zermürbend: ***a ~ job***; **ˈ~-ˌburn·er** *adj.* F nebensächlich, zweitrangig; **ˈ~·chat** *s. sl.* **1.** freche Antwort(en *pl.*); **2.** *Brit.* schlagfertiges Hin und Her; **~·cloth** → ***backdrop***; **ˈ~-ˌcou·pled** *adj.* ↯ rückgekoppelt; **ˌ~-ˈdate** *v/t.* **1.** zuˈrückdatieren; **2.** rückwirkend in Kraft setzen; **~ door** *s.* ˈHintertür *f* (*a. fig. Ausweg*); **ˌ~-ˈdoor** *adj.* heimlich, geheim; **ˈ~·down** *s. Am.* F ‚Rückzieher' *m*; **ˈ~·drop** *s.* **1.** *thea.* Proˈspekt *m*; **2.** ˈHintergrund *m*, ˈFolie *f*.

backed [bækt] *adj.* **1.** mit Rücken, Lehne *etc.* (versehen); **2.** gefüttert: ***a curtain ~ with satin***; **3.** *in Zssgn*: ***straight-~*** mit geradem Rücken, geradlehnig.

back·er [ˈbækə] *s.* **1.** Unterˈstützer(in), Helfer(in), Förderer *m*; **2.** ✝ a) (Wechsel)Bürge *m*, b) ˈHintermann *m*, Geldgeber *m*; **3.** Wetter(in).

ˌback|ˈfire I *v/i.* **1.** *mot.* früh-, fehlzünden; **2.** *fig.* fehlschlagen, ‚ins Auge gehen': ***the plan ~d*** der Schuß ging nach hinten los; **II** *s.* **3.** ⚙ Früh-, Fehlzündung *f*; **~ for·ma·tion** *s. ling.* Rückbildung *f*; **~ˈgam·mon** *s.* Backˈgammon *n*, Puffspiel *n*; **ˈ~·ground** *s.* **1.** ˈHintergrund *m*: ***keep in the ~***; **2.** *fig.* ˈHintergrund *m*, ˈHintergründe *pl.*, ˈUmstände *pl.*; ˈUmwelt *f*, Miliˈeu *n*; ˈHerkunft *f*; Werdegang *m*, Vorgeschichte *f*; Bildung *f*, Erfahrung *f*, Wissen *n*: ***educational ~*** Vorbildung *f*; **ˈ~·hand I** *s.* **1.** nach links geneigte Handschrift; **2.** *sport* Rückhand(schlag *m*) *f*; **II** *adj.* **3.** *sport* Rückhand…: ***~ stroke*** Rückhandschlag *m*; **ˌ~ˈhand·ed** *adj.* **1.** nach links geneigt (*Schrift*); **2.** Rückhand…; **3.** zweideutig; unredlich, ˈindiˌrekt; **ˈ~·hand·er** *s.* **1.** a) → ***backhand*** 2, b) Schlag *m* mit dem Handrücken; **2.** F ˈindiˌrekter Angriff; **3.** F ‚Schmiergeld' *n*.

back·ing [ˈbækɪŋ] *s.* **1.** Unterˈstützung *f*, Hilfe *f*; Beifall *m*; *coll.* Unterˈstützer *pl.*, Förderer *pl.*, ˈHintermänner *pl.*; **2.** rückwärtige Verstärkung; (*Rock- etc.*) Futter *n*; Stützung *f*; **3.** ✝ a) Wechselbürgschaft *f*, b) Gegenzeichnen *n*, c) Deckung *f*.

ˈback|·lash *s.* **1.** ⚙ toter Gang, Flankenspiel *n*; **2.** (heftige) Reaktiˈon, Rückwirkung *f*; **ˈ~·log** *s.* **1.** großes Scheit hinten im Kaˈmin; **2.** (*Arbeits-, Auftrags- etc.*)Rückstand *m*, ˈÜberhang *m* (***of*** an *dat.*): ***~ demand*** Nachholbedarf *m*; **3.** Rücklage *f*, Reˈserve *f* (***of*** an *dat.*, von); **~ num·ber** *s.* **1.** alte Nummer *e-r Zeitung etc.*; **2.** *fig.* rückständige *od.* altmodische Perˈson *od.* Sache; **ˈ~-pack I** *s.* Rucksack *m*, Back-Pack *m*; **II** *v/i.* ***~ it*** F (mit dem Rucksack) trampen; **~ pay** *s.* Lohn-, Gehaltsnachzahlung *f*; **ˌ~-ˈped·al** *v/i.* **1.** rückwärtstreten (*Radfahrer*); **2.** F *fig.* e-n ‚Rückzieher' machen; **ˈ~ˌped·al brake** *s.* Rücktrittbremse *f*; **ˈ~·rest** *s.* Rückenstütze *f*; **~ room** *s.* ˈHinterzimmer *n*; **ˈ~-room boy** *s. Brit.* F Wissenschaftler, der an Geˈheimproˌjekten arbeitet; **~ sal·a·ry** → ***back pay***; **~ scratch·ing** *s.* F gegenseitige Unterˈstützung; **~ seat** *s.* Rücksitz *m*: ***back-seat driver*** *fig.* Besserwisser(in); ***take a ~*** *fig.* in den Hintergrund treten.

back·sheesh → ***baksheesh***.

ˌback|ˈside *s.* **1.** F Hintern *m*; **2.** *mst* ***back side*** Kehr-, Rückseite *f*, hintere *od.* linke Seite; **ˈ~·sight** *s.* **1.** ⚙ Visier *n*; **2.** ⚔ (Visier)Kimme *f*; **~ slang** *s.* ˈUmkehrung *f* der Wörter (*beim Sprechen*); **ˌ~ˈslap·per** *s. Am.* joviˈaler *od.* plump-vertraulicher Mensch; **ˌ~ˈslide** *v/i.* [*irr.* → ***slide***] **1.** rückfällig werden; **2.** auf die schiefe Bahn geraten, abtrünnig werden; **ˌ~ˈslid·er** *s.* Rückfällige(r *m*) *f*; **ˈ~·space con·trol** *s.* Rückholtaste *f* (*Tonbandgerät*); **ˌ~ˈspac·er** *s.* Rücktaste *f* (*Schreibmaschine*); **~·stage I** *s.* [ˈbæksteɪdʒ] **1.** *thea.* Gardeˈrobenräume *pl.* u. Bühne *f* hinter dem Vorhang; **II** *adv.* [ˌbækˈsteɪdʒ] **2.** (hinten) auf der Bühne; **3.** hinter dem *od.* den Vorhang, hinter den *od.* die Kuˈlissen (*a. fig.*); **ˌ~ˈstairs** *s.* ˈHintertreppe *f*: ***~ talk*** (bösartige) Anspielungen *pl.*; ***~ influence*** Protektion *f*; **ˈ~·stop** *s.* **1.** *Kricket*: Feldspieler *m*, Fänger *m*; **2.** *Baseball*: Gitter *n* (*hinter dem Fänger*); **3.** *Am. Schießstand*: Kugelfang *m*; **ˈ~·stroke** *s. sport* **1.** Rückschlag *m des Balls*; **2.** Rückenschwimmen *n*; **ˈ~·swept** *adj.* **1.** ⚙, ✈ nach hinten verjüngt, pfeilförmig; **2.** zuˈrückgekämmt (*Haar*), **~ talk** *s. sl.* unverschämte Antwort(en *pl.*); **ˈ~·track** *v/i. Am.* **1.** denˈselben Weg zuˈrückgehen; **2.** *fig.* a) → ***back down*** (***from***), b) e-e Kehrtwendung machen; **ˈ~·up I** *s.* **1.** Unterˈstützung *f*; **2.** → ***backing*** 2; **3.** *mot. Am.* (Rück)Stau *m*; **4.** *fig.* ‚Rückzieher' *m*; **5.** ⚙ Ersatzgerät *n*; **II** *adj.* **6.** Unterstützungs…, Hilfs…; ⚙ Ersatz…, Reserve…

back·ward [ˈbækwəd] **I** *adj.* **1.** rückwärts gerichtet, Rück(wärts)…; ˈumgekehrt; **2.** hinten gelegen, Hinter…; **3.** langsam, schwerfällig, schleppend; **4.** zuˈrückhaltend, schüchtern; **5.** *in der Entwicklung* zuˈrückgeblieben (*Kind etc.*), rückständig (*Land, Arbeit*); **6.** vergangen; **II** *adv.* **7.** *a.* ***backwards*** [-dz] rückwärts, zuˈrück: ***~ and forwards*** vor u. zurück; **8.** *fig.* ˈumgekehrt; zum Schlechten; **back·ward·a·tion** [ˌbækwəˈdeɪʃn] *s. Brit.* ✝ Deˈport *m*, Kursabschlag *m*; **ˈback·ward·ness** [-nɪs] *s.* **1.** Rückständigkeit *f*; **2.** Langsamkeit *f*, Trägheit *f*; **3.** Widerˈstreben *n*; **ˈback·wards** [-dz] → ***backward*** 7.

ˈback|·wash *s.* **1.** Rückströmung *f*; Kielwasser *n*; **2.** *fig.* Nachwirkung *f*; **ˈ~ˌwa·ter** *s.* **1.** totes Wasser, Stauwasser *n*; **2.** Seitenarm *m e-s Flusses*; **3.** *fig.* a) tiefste Provinz, (kultuˈrelles) Notstandsgebiet, b) Rückständigkeit *f*, Stagnatiˈon *f*; **ˈ~·woods I** *s. pl.* **1.** ˈHinterwälder *pl.*, abgelegene Wälder; *fig.* (tiefste) Proˈvinz; **II** *adj.* **2.** ˈhinterwäldlerisch (*a. fig.*), Provinz…; **3.** *fig.* rückständig; **ˈ~·woods·man** [-mən] *s.* [*irr.*] **1.** ˈHinterwäldler *m* (*a. fig.*); **2.** *Brit. parl.* Mitglied *n* des Oberhauses, das selten erscheint; **~ yard** *s.* ˈHinterhof *m*; *Am. a.* Garten *m* hinter dem Haus.

ba·con [ˈbeɪkən] *s.* Speck *m*: ***~ and eggs*** Speck mit (Spiegel)Ei; ***he brought home the ~*** F er hat es geschafft; ***save one's ~*** F a) mit heiler Haut davonkommen, b) s-e Haut retten.

Ba·co·ni·an [beɪˈkəʊnjən] *adj.* Sir Francis Bacon betreffend; **~ the·o·ry** *s.* ˈBacon-Theoˌrie *f* (*daß Francis Bacon Shakespeares Werke verfaßt habe*).

bac·te·ri·a [bækˈtɪərɪə] *s. pl.* Bakˈterien *pl.*; **bacˈte·ri·al** [-əl] *adj.* Bakterien…; **bac·te·ri·cid·al** [bækˌtɪərɪˈsaɪdl] *adj.* bakteriˈzid, bakˈterientötend; **bac·te·ri·cide** [bækˈtɪərɪsaɪd] *s.* Bakteriˈzid *n*; **bac·te·ri·o·log·i·cal** [bækˌtɪərɪəˈlɒdʒɪkl] *adj.* □ bakterioˈlogisch; **bac·te·ri·ol·o·gist** [bækˌtɪərɪˈɒlədʒɪst] *s.* Bakterioˈloge *m*; **bac·te·ri·ol·o·gy** [bækˌtɪərɪˈɒlədʒɪ] *s.* Bakˈterienkunde *f*; **bac·te·ri·um** [bækˈtɪərɪəm] *sg. von* ***bacteria***.

Bac·tri·an cam·el [ˈbæktrɪən] *s. zo.* Trampeltier *n*, zweihöckriges Kaˈmel.

bad [bæd] **I** *adj.* □ → ***badly***; **1.** *allg.* schlecht, schlimm: ***~ manners*** schlechte Manieren; ***from ~ to worse*** immer schlimmer; **2.** böse, ungezogen: ***a ~ boy***; ***a ~ lot*** F ein schlimmes Pack; **3.** lasterhaft, schlecht: ***a ~ woman***; **4.** anstößig, häßlich: ***a ~ word***; ***~ language*** a) häßliche Ausdrücke *pl.*, b) lästerliche Reden *pl.*; **5.** unbefriedigend, ungünstig, schlecht: ***~ lighting*** schlechte Beleuchtung; ***~ name*** schlechter Ruf; ***in ~ health*** kränkelnd; ***his ~ German*** sein schlechtes Deutsch; ***he is ~ at mathematics*** er ist in Mathematik schwach; ***~ debts*** ✝ zweifelhafte Forderungen; ***~ title*** mangelhafter Rechtstitel; **6.** unangenehm, schlecht: ***a ~ smell***; ***~ news***; (***that's***) ***too ~!*** F (das ist doch) zu dumm *od.* schade!; ***not*** (***half*** *od.* ***too***) ***~*** (gar) nicht übel; **7.** schädlich: ***~ for the eyes***; ***~ for you***; **8.** schlecht, verdorben (*Fleisch, Ei etc.*): ***go ~*** schlecht werden; **9.** ungültig, falsch (*Münze etc.*); **10.** unwohl, krank: ***he is*** (*od.* ***feels***) ***~***; ***a ~ finger*** ein schlimmer *od.* böser Finger; ***he is in a ~ way*** es geht ihm nicht gut, er ist schlecht d(a)ran; **11.** heftig, schlimm, arg: ***a ~ cold***; ***a ~ crime*** ein schweres Verbrechen; **II** *s.* **12.** *das* Schlechte: ***go to the ~*** F auf die schiefe Bahn geraten; → ***worse*** 4; **13.** ✝ ˈDefizit haben, Verlust *m*: ***be £5 to the ~*** £5 Defizit haben; **14.** ***be in ~ with s.o.*** *Am.* F bei j-m in Ungnade sein; **III** *adv.* **15.** → ***badly***.

bad·die [ˈbædɪ] *s.* F *Film etc.*: Bösewicht *m*, Schurke *m*.

bad·dish [ˈbædɪʃ] *adj.* ziemlich schlecht.

bad·dy → ***baddie***.

bade [beɪd] *pret. von* ***bid*** 7, 8, 9.

badge [bædʒ] *s.* Ab-, Kennzeichen *n* (*a. fig.*); (*Dienst- etc.*)Marke *f*; ⚔ (Ehren)Spange *f*; *fig.* Merkmal *n*, Stempel *m*.

badg·er [ˈbædʒə] **I** *s.* **1.** *zo.* Dachs *m*; **2.** *Am.* F Bewohner(in) von Wisˈconsin; **II** *v/t.* **3.** hetzen; **4.** *fig.* plagen, ‚piesaken', *j-m* zusetzen.

bad·i·nage [ˈbædɪnɑːʒ] *s.* Neckeˈrei *f*, Schäkeˈrei *f*.

ˈbad·lands *s. pl. Am.* Ödland *n*.

bad·ly [ˈbædlɪ] *adv.* **1.** schlecht, schlimm: ***he is ~*** (*Am. a.* ***bad***) ***off*** es geht ihm schlecht (*mst finanziell*); ***do*** (*od.* ***come off***) ***~*** schlecht fahren (***in*** bei, mit); ***be in ~ with*** (*od.* ***over***) *Am.* F über Kreuz stehen mit; ***feel ~*** (*Am. a.* ***bad***) (***about it***) ein ‚mieses' Gefühl haben (deswegen); **2.** dringend, heftig, sehr: ***~ needed*** dringend nötig; ***~***

wounded schwerverwundet.

bad·min·ton ['bædmɪntən] *s.* **1.** *sport* Badminton *n*; **2.** Federballspiel *n*.

'**bad·mouth** *v/t.* F *j-n* übel beschimpfen.

bad·ness ['bædnɪs] *s.* **1.** schlechte Beschaffenheit; **2.** Schlechtigkeit *f*, Verderbtheit *f*; Bösartigkeit *f*.

ˌ**bad-'tem·pered** *adj.* schlechtgelaunt, übellaunig.

Bae·de·ker ['beɪdɪkə] *s.* Baedeker *m*, Reiseführer *m*; *weitS.* Handbuch *n*.

baf·fle ['bæfl] *v/t.* **1.** *j-n* verwirren, verblüffen, narren, täuschen, *j-m* ein Rätsel aufgeben: ***be ~d*** vor e-m Rätsel stehen; **2.** *Plan etc.* durch'kreuzen, unmöglich machen: ***it ~s description*** es spottet jeder Beschreibung; **~ paint** *s.* ⚔ Tarnungsanstrich *m*; **~ plate** *s.* Ablenk-, Prallplatte *f*; Schlingerwand *f* (*im Kraftstoffbehälter*).

baf·fling ['bæflɪŋ] *adj.* □ **1.** verwirrend, vertrackt, rätselhaft; **2.** vereitelnd, hinderlich; **3.** 'umspringend (*Wind*).

bag [bæg] **I** *s.* **1.** Sack *m*, Beutel *m*, Tüte *f*, (Schul-, Hand- *etc.*)Tasche *f*; *engS.* a) Reisetasche *f*, b) Geldbeutel *m*: ***mixed ~ fig.*** Sammelsurium *n*; ***~ and baggage*** (mit) Sack u. Pack, mit allem Drum und Dran; ***the whole ~ of tricks*** alles, der ganze Krempel; ***give s.o. the ~*** F j-m den Laufpaß geben; ***be left holding the ~*** *Am.* F die Sache ausbaden müssen; ***that's (just) my ~*** *sl.* das ist genau mein Fall; ***that's not my ~*** *sl.* das ist nicht ‚mein Bier'; ***that's in the ~*** das haben wir (so gut wie) sicher; → ***bone*** 1; **2.** *hunt.* a) Jagdtasche *f*, b) Jagdbeute *f*, Strecke *f*; **3.** (***pair of***) ***~s*** F Hose *f*; **4.** (***old***) ***~*** *sl.* Weibsbild *n*, ‚alte Ziege'; **II** *v/t.* **5.** in e-n Sack *etc.* tun, ⚙ einsacken, abfüllen; **6.** *hunt.* zur Strekke bringen, fangen (*a. fig.*); **7.** *sl.* a) sich *et.* schnappen, b) ‚klauen', c) *j-n* ‚in die Tasche stecken', besiegen; **8.** bauschen; **III** *v/i.* **9.** sich bauschen.

bag·a·telle [ˌbægə'tel] *s.* **1.** Baga'telle *f* (*a.* ♪), Kleinigkeit *f*; **2.** 'Tivolispiel *n*.

bag·gage ['bægɪdʒ] *s.* **1.** *bsd. Am.* (Reise)Gepäck *n*; **2.** ⚔ Ba'gage *f*, Gepäck *n*, Troß *m*; **3.** V ‚Flittchen' *n*; **4.** F ‚Fratz' *m*, (kleiner) Racker (*Mädchen*); **~ al·low·ance** *s.* ✈ Freigepäck *n*; **~ car** *s. Am.* Gepäckwagen *m*; **~ check** *s. Am.* Gepäckschein *m*; **~ claim** *s.* ✈ Gepäckausgabe *f*; **~ hold** *s. Am.* Gepäckraum *m*; **~ in·sur·ance** *s. Am.* (Reise)Gepäckversicherung *f*.

bag·ging ['bægɪŋ] **I** *s.* **1.** Sack-, Packleinwand *f*; **II** *adj.* **2.** sich bauschend; **3.** → **bag·gy** ['bægɪ] *adj.* bauschig, zu weit, sackartig herabhängend; ausgebeult (*Hose*).

'**bag|·pipe** *s.* ♪ Dudelsack(pfeife *f*) *m*; '**~ˌpip·er** *s.* Dudelsackpfeifer *m*; '**~ˌsnatch·er** *s.* Handtaschenräuber *m*.

bah [bɑ(:)] *int.* pah! (*Verachtung*).

bail[1] [beɪl] ⚖ **I** *s.* (*nur sg.*) **1.** a) Bürge *m*: ***find ~*** sich e-n Bürgen verschaffen, b) Bürgschaft *f*, Sicherheitsleistung *f*, Kauti'on *f*: ***admit to ~*** → 4; ***allow*** (*od.* ***grant***) ***~*** a) → 4, b) Kaution zulassen; ***be out on ~*** gegen Kaution auf freiem Fuß sein; ***forfeit one's ~*** (*bsd. wegen Nichterscheinens*) die Kaution verlieren; ***go*** (*od.* ***stand***) ***~ for s.o.*** für j-n Sicherheit leisten *od.* Kaution stellen; ***jump ~*** *Am.* F die Kaution ‚sausenlassen' (u. verschwinden); ***release on ~*** → 4; ***surrender to*** (*od.* ***save***) ***one's ~*** vor Gericht erscheinen; **2.** *a.* ***release on ~*** Freilassung *f* gegen Kauti'on *od.* Sicherheitsleistung *f*; **II** *v/t.* **3.** *mst* ***~ out*** *j-s* Freilassung gegen Kauti'on erwirken; **4.** *j-n* gegen Kauti'on freilassen; **5.** *Güter* (*zur treuhänderischen Verwahrung*) übergeben (***to s.o.*** j-m); **6.** ***~ out*** *fig. j-n* retten, *j-m* her'aushelfen (***of*** aus *dat.*).

bail[2] [beɪl] **I** *v/t.* ⚓ ausschöpfen: ***~ out water*** (***a boat***); **II** *v/i.* ***~ out*** ‚aussteigen': a) ✈ mit dem Fallschirm abspringen, b) *fig.* nicht mehr mitmachen.

bail[3] [beɪl] *s.* Bügel *m*, Henkel *m*.

bail·a·ble ['beɪləbl] *adj.* ⚖ kauti'onsfähig.

bail·ee [ˌbeɪ'liː] *s.* ⚖ Verwahrer *m* (*e-r beweglichen Sache*), *z.B.* Spedi'teur *m*.

bai·ley ['beɪlɪ] *s. hist.* Außenmauer *f*, Außenhof *m e-r Burg*: ***Old ≳*** *Hauptkriminalgericht in London*.

bail·iff ['beɪlɪf] *s.* **1.** ⚖ a) Gerichtsvollzieher *m*, b) Gerichtsdiener *m*, c) *Am.* Jus'tizwachtmeister *m*; **2.** *bsd. Brit.* (Guts)Verwalter *m*; **3.** *hist. Brit.* königlicher Beamter.

bail·i·wick ['beɪlɪwɪk] *s.* ⚖ Amtsbezirk *m* e-s ***bailiff***.

bail·ment ['beɪlmənt] *s.* ⚖ (vertragliche) Hinter'legung (*e-r beweglichen Sache*), Verwahrung(svertrag *m*) *f*.

bail·or ['beɪlə] *s.* ⚖ Hinter'leger *m*.

bairn [beən] *s. Scot.* Kind *n*.

bait [beɪt] **I** *s.* **1.** Köder *m*; *fig. a.* Lokkung *f*, Reiz *m*: ***take*** (*od.* ***rise to***) ***the ~*** anbeißen, den Köder schlucken, *fig. a.* auf den Leim gehen; **2.** Rast *f*, Imbiß *m*; **3.** Füttern *n* (*Pferde*); **II** *v/t.* **4.** mit Köder versehen; **5.** *fig.* ködern, (an-)locken; **6.** *obs. Pferde unterwegs* füttern; **7.** mit Hunden hetzen; **8.** *fig. j-n* reizen, quälen, peinigen; '**bait·er** [-tə] *s.* Hetzer *m*, Quäler *m*; '**bait·ing** [-tɪŋ] *s.* **1.** *fig.* Hetze *f*, Quäle'rei *f*; **2.** Rast *f*.

baize [beɪz] *s.* Boi *m*, *mst grüner* Fries (*Wollstoff für Tischüberzug*).

bake [beɪk] **I** *v/t.* **1.** backen, im (Back-) Ofen braten: ***~d potatoes*** Folien-, Ofenkartoffeln *pl.*; **2.** a) dörren, austrocknen, härten: ***sun-baked ground***, b) *Ziegel* brennen, c) ⚙ *Lack* einbrennen; **II** *v/i.* **3.** backen, braten (*a. fig. in der Sonne*); gebacken werden (*Brot etc.*); **4.** dörren, hart werden; **III** *s.* **5.** *Am.* gesellige Zs.-kunft; '**~·house** *s.* Backhaus *n*, -stube *f*.

ba·ke·lite ['beɪkəlaɪt] *s.* ⚙ Bake'lit *n*.

bak·er ['beɪkə] *s.* **1.** Bäcker *m*: ***~'s dozen*** dreizehn; **2.** *Am.* tragbarer Backofen; '**bak·er·y** [-ərɪ] *s.* Bäcke'rei *f*.

bakh·shish → ***baksheesh***.

bak·ing ['beɪkɪŋ] **I** *s.* Backen *n*; Brennen *n* (*Ziegel*); **II** *adv. u. adj.* glühend heiß; '**~-pow·der** *s.* Backpulver *n*.

bak·sheesh, bak·shish ['bækʃiːʃ] *s.* 'Bakschisch *n*, Trinkgeld *n*; Bestechungsgeld *n* (*im Orient*).

Ba·la·kla·va (hel·met) [ˌbælə'klɑːvə] *s.* ⚔ *Brit.* (wollener) Kopfschützer.

bal·a·lai·ka [ˌbælə'laɪkə] *s.* Bala'laika *f* (*russ. Zupfinstrument*).

bal·ance ['bæləns] **I** *s.* **1.** Waage *f* (*a. fig.*); **2.** Gleichgewicht *n* (*a. fig.*): ***~ (of mind)*** inneres Gleichgewicht, Gelassenheit *f*; ***~ of nature*** Gleichgewicht der Natur; ***~ of power*** (politisches) Gleichgewicht der Kräfte; ***loss of ~*** ⚕ Gleichgewichtsstörungen *pl.*; ***hold the ~*** *fig.* das Zünglein an der Waage bilden; ***turn the ~*** den Ausschlag geben; ***lose one's ~*** das Gleichgewicht *od. fig.* die Fassung verlieren; ***in the ~*** in der Schwebe; ***tremble*** (*od.* ***hang***) ***in the ~*** auf Messers Schneide stehen; **3.** Gegengewicht *n*, Ausgleich *m*; **4.** ***on ~*** alles in allem, ‚unterm Strich'; **5.** → ***balance-wheel***; **6.** ✝ 'Saldo *m*, Ausgleichsposten *m*, 'Überschuß *m*, Guthaben *n*, 'Kontostand *m*; Bi'lanz *f*; Rest (-betrag) *m*: ***adverse ~*** Unterbilanz; ***~ brought*** (*od.* ***carried***) ***forward*** Übertrag *m*, Saldovortrag *m*; (***un***)***favo***(***u***)***rable ~ of trade*** aktive (passive) Handelsbilanz; ***~ due*** Debetsaldo; ***~ at the bank*** Bankguthaben; ***~ in hand*** Kassenbestand *m*; ***~ of payments*** Zahlungsbilanz; ***strike a ~*** den Saldo *od.* (*a. fig.*) die Bilanz ziehen; **7.** Bestand *m*; F ('Über)Rest *m*; **II** *v/t.* **8.** *fig.* (er-, ab)wägen; **9.** (*a.* ***o.s.*** sich) im Gleichgewicht halten; ins Gleichgewicht bringen, ausgleichen; ausbalancieren; ✝ *Rechnung od. Konto* ausgleichen, aufrechnen, saldieren, abschließen: ***~ the cash*** Kasse(nsturz) machen; → ***account*** 5; **10.** *Kunstwerk* har'monisch gestalten; **III** *v/i.* **11.** balancieren, *fig. a.* ***~ out*** sich im Gleichgewicht halten (*a. fig.*); **12.** sich (hin u. her) wiegen; *fig.* schwanken; **13.** ✝ sich ausgleichen; **14.** *a.* ***~ out*** ⚙ (sich) einspielen; **~ beam** *s. Turnen*: Schwebebalken *m*.

bal·anced ['bælənst] *adj. fig.* (gut) ausgewogen, wohlerwogen, ausgeglichen (*a.* ✝ *u.* ⚡), gleichmäßig: ***~ diet*** ausgeglichene Kost; ***~ judg(e)ment*** wohlerwogenes Urteil.

'**bal·ance|-,i·tem** *s.* Bi'lanzposten *m*; '**~-sheet** *s* ✝ Bi'lanz *f*; Rechnungsabschluß *m*: ***first*** (*od.* ***opening***) ***~*** Eröffnungsbilanz; '**~-wheel** *s.* ⚙ Hemmungsrad *n*, Unruh *f* (*Uhr*).

bal·co·ny ['bælkənɪ] *s.* Bal'kon *m* (*a. thea.*).

bald [bɔːld] *adj.* □ **1.** kahl (*ohne Haar, Federn, Laub, Pflanzenwuchs*): ***as ~ as a coot*** völlig kahl; **2.** *fig.* kahl, schmucklos, nüchtern, armselig, dürftig; **3.** *fig.* nackt, unverhüllt, trocken, unverblümt: ***a ~ statement***; **4.** *zo.* weißköpfig (*Vögel*), mit Blesse (*Pferde*).

bal·da·chin, bal·da·quin ['bɔːldəkɪn] *s.* 'Baldachin *m*, Thron-, Traghimmel *m*.

bal·der·dash ['bɔːldədæʃ] *s.* ‚Quatsch' *m*, Unsinn *m*.

'**bald|·head** *s.* Kahlkopf *m*; ˌ**~-'head·ed** *adj.* kahlköpfig: ***go ~ into*** *sl.* blindlings hineinrennen in (*acc.*).

bald·ing ['bɔːldɪŋ] *adj.* kahl werdend;

bald·ness ['bɔːldnɪs] *s.* Kahlheit *f*; *fig.* Dürftigkeit *f*, Nacktheit *f*; '**bald·pate** *s.* **1.** Kahl-, Glatzkopf *m*; **2.** *orn.* Pfeifente *f*.

bale[1] [beɪl] **I** *s.* ✝ Ballen *m*: ***~ goods*** Ballengüter *pl.*, Ballenware *f*; **II** *v/t.* in Ballen verpacken.

bale[2] → ***bail***[2].

'**bale·fire** *s.* **1.** Si'gnalfeuer *n*; **2.** Freudenfeuer *n*.

bale·ful ['beɪlfʊl] *adj.* □ **1.** unheilvoll (*Einfluß*); **2.** a) bösartig, rachsüchtig,

b) haßerfüllt (*Blick*); **3.** niedergeschlagen.

balk [bɔːk] **I** *s.* **1.** Hindernis *n*; **2.** Enttäuschung *f*; **3.** *dial. u. Am.* Auslassung *f*, Fehler *m*, Schnitzer *m*; **4.** (Furchen-) Rain *m*; **5.** Hindernis *n*, Hemmnis *n*; **6.** ⚠ Hauptbalken *m*; **7.** *Billard*: Quartier *n*; **8.** *Am. Baseball*: vorgetäuschter Wurf; **II** *v/i.* **9.** stocken, stutzen; scheuen (**at** bei, vor. *dat.*) (*Pferd*); *Reitsport*: verweigern (*acc.*); **10.** ~ **at** *fig.* a) sich sträuben gegen, b) zu'rückschrecken vor (*dat.*); **III** *v/t.* **11.** (ver)hindern, vereiteln: ~ ***s.o. of s.th.*** j-n um et. bringen; **12.** ausweichen (*dat.*), um'gehen; **13.** sich entgehen lassen.

Bal·kan ['bɔːlkən] **I** *adj.* Balkan...; **II** *s.*: ***the ~s*** *pl.* die 'Balkanstaaten, der 'Balkan; **'Bal·kan·ize** [-naɪz] *v/t. Gebiet* balkanisieren.

ball¹ [bɔːl] **I** *s.* **1.** Ball *m*, Kugel *f*; Knäuel *m*, *n*, Klumpen *m*, Kloß *m*, Ballen *m*: ***three ~s*** drei Kugeln (*Zeichen des Pfandleihers*); **2.** Kugel *f* (*zum Spiel*); **3.** *sport* a) Ball *m*, b) *Am.* Ballspiel *n*, *bsd.* Baseball(spiel *n*) *m*, c) *Tennis*: Ball *m*, Schlag *m*, d) *Fußball*: Ball *m*, Schuß *m*, e) Wurf *m*: ***be on the ~*** F ‚auf Draht' sein; ***have a lot on the ~*** *Am.* F ‚schwer was los' haben; ***have the ~ at one's feet*** s-e große Chance haben; ***keep the ~ rolling*** das Gespräch *od.* die Sache in Gang halten; ***the ~ is with you*** *od.* ***in your court!*** jetzt bist 'du dran!; ***play ~*** F mitmachen, ‚spuren'; **4.** ⚔ *etc.* Kugel *f*; **5.** (Abstimmungs)Kugel *f*; → ***black ball***; **6.** *ast.* Himmelskörper *m*, Erdkugel *f*; **7.** ~ ***of the eye*** Augapfel *m*; ~ ***of the foot*** Fußballen *m*; ~ ***of the thumb*** Handballen; **8.** *pl.* V → ***balls***; **II** *v/t.* **9.** (*v/i.* sich) zs.-ballen; **10.** ~ ***up*** *Am. sl.* a) (völlig) durchein'anderbringen, b) ‚vermasseln': **11.** (*a. v/i.*) V ‚bumsen'.

ball² [bɔːl] *s.* (Tanz- *etc.*)Ball *m*: ***open the ~*** a) den Ball (*mst fig.* den Reigen) eröffnen, b) *fig.* die Sache in Gang bringen; ***have a ~*** *Am.* F sich (prima) amüsieren; ***get a ~ out of s.th.*** *Am.* F an et. Spaß haben.

ball³ [bɔːl] *s.* große Arz'neipille (*für Pferde etc.*).

bal·lad ['bæləd] *s.* Bal'lade *f*; **'bal·lad·,mon·ger** *s.* Bänkelsänger *m*; Dichterling *m*; **'bal·lad·ry** [-drɪ] *s.* Bal'ladendichtung *f*.

,ball-and-'sock·et joint *s.* ⚙, *anat.* Kugel-, Drehgelenk *n*.

bal·last ['bæləst] **I** *s.* **1.** ⚓, ✈ Ballast *m*, Beschwerung *f*: ***in ~*** in Ballast; **2.** *fig.* (sittlicher) Halt; **3.** ⚙ Schotter *m*, 'Bettungsmateri,al *n*; **II** *v/t.* **4.** ⚓, ✈ mit Ballast beladen; **5.** *fig. j-m* Halt geben; **6.** ⚙ beschottern.

ball| bear·ing(s *pl.*) *s.* ⚙ Kugellager *n*; **'~·boy** *s. Tennis*: Balljunge *m*.

bal·le·ri·na [,bælə'riːnə] *s.* **1.** (Prima-) Balle'rina *f*; **2.** Bal'lettänzerin *f*.

bal·let ['bæleɪ] *s.* **1.** *allg.* Bal'lett *n*; **2.** Bal'lettkorps *n*; **~ danc·er** ['bælɪ] *s.* Bal'lettänzer(in); **~ danc·ing** ['bælɪ] *s.* Bal'lettanzen *n*; Tanzen *n*.

bal·let·o·mane ['bælɪtəʊmeɪn] *s.* Bal'lettfa,natiker(in).

'ball|-,flow·er *s.* ⚠ Ballenblume *f* (*gotische Verzierung*); **~ game** *s.* **1.** *sport* (*Am.* Base)Ballspiel *n*; **2.** *Am.* F a) Situati'on *f*, b) Sache *f*.

bal·lis·tic [bə'lɪstɪk] *adj.* (□ ***~ally***) *phys.*, ⚔ bal'listisch; → ***missile*** 2; **bal'lis·tics** [-ks] *s. pl. mst sg. konstr. phys.*, ⚔ Bal'listik *f*.

ball joint *s. anat.*, ⚙ Kugelgelenk *n*.

bal·lon d'es·sai [balɔ̃ desɛ] (*Fr.*) *s. bsd. fig.* Ver'suchsbal,lon *m*.

bal·loon [bə'luːn] **I** *s.* **1.** ✈ Bal'lon *m*: ~ ***barrage*** ⚔ Ballonsperre *f*; ***when the ~ goes up*** F wenn es losgeht; **2.** Luftballon *m* (*Spielzeug*); **3.** ⚠ (Pfeiler)Kugel *f*; **4.** ⚗ Bal'lon *m*, Rezipi'ent *m*; **5.** *in Comics etc.*: (Sprech-, Denk)Blase *f*; **6.** ~ (***glass***) 'Kognakschwenker *m*; **7.** *sl. sport* ‚Kerze' *f* (*Hochschuß*); **II** *v/i.* **8.** im Ballon aufsteigen; **9.** sich blähen; **III** *v/t.* **10.** *sl. sport den Ball* ‚in die Wolken jagen'; **11.** aufblasen; *fig.* aufblähen, über'treiben, steigern; **12.** † *Am. Preise* in die Höhe treiben; **IV** *adj.* **13.** aufgebläht: ~ ***sleeve*** Puffärmel *m*; **bal·loon·ist** [bə'luːnɪst] *s.* Bal'lonfahrer *m*; **bal·loon tire** (*Brit.* **tyre**) *s.* ⚙ Bal'lonreifen *m*.

bal·lot ['bælət] **I** *s.* **1.** *hist.* Wahlkugel *f*; *weitS.* Stimmzettel *m*; **2.** (geheime) Wahl: ***voting is by ~*** die Wahl ist geheim; ***at the first ~*** im ersten Wahlgang; **3.** Zahl *f* der abgegebenen Stimmen, *weitS.* Wahlbeteiligung *f*; **II** *v/i.* **4.** (geheim) abstimmen; **5.** losen (**for** um); **~ box** *s.* Wahlurne *f*; **~ pa·per** *s.* Stimmzettel *m*; **~ vote** *s.* Urabstimmung *f* (*bei Lohnkämpfen*).

'ball|(-point) pen *s.* Kugelschreiber *m*; **~ race** *s.* ⚙ Kugellager-, Laufring *m*; **~ re·cep·tion** *s. TV* Ball-, Re'laisempfang *m*; **'~-room** *s.* Ball-, Tanzsaal *m*: ~ ***dancing*** Gesellschaftstanz *m*, -tänze *pl*.

balls [bɔːlz] **I** *s. pl.* V **1.** ‚Eier' *pl.* (*Hoden*); **II** *int.* ‚Quatsch'!, Blödsinn!

'ball·up *s. Am. sl.* Durchein'ander *n*.

bal·ly·hoo [,bælɪ'huː] F **I** *s.* (Re'klame)Rummel *m*, Ballyhoo *n*, *a. weitS.* ‚Tam'tam' *n*, ‚Wirbel' *m*; **II** *v/i. u. v/t.* e-n Rummel machen (um), marktschreierisch anpreisen.

bal·ly·rag ['bælɪræg] *v/t.* mit *j-m* Possen *od.* Schindluder treiben.

balm [bɑːm] *s.* **1.** 'Balsam *m*: a) aro'matisches Harz, b) wohlriechende Salbe, c) *fig.* Trost *m*, *a.* Wohltat *f*; **2.** *fig.* bal'samischer Duft; **3.** ⚘ ♎ ***of Gilead*** 'Balsamstrauch *m od.* -harz *n*.

bal·mor·al [bæl'mɒrəl] *s.* Schottenmütze *f*.

balm·y ['bɑːmɪ] *adj.* □ **1.** bal'samisch; **2.** *fig.* mild; heilend; **3.** *Brit. sl.* ‚bekloppt'.

bal·ne·ol·o·gy [,bælnɪ'ɒlədʒɪ] *s.* ⚕ Balneolo'gie *f*, Bäderkunde *f*.

ba·lo·ney [bə'ləʊnɪ] → ***boloney***.

bal·sam ['bɔːlsəm] *s.* **1.** → ***balm*** 1; **2.** ⚘ a) Springkraut *n*, b) Balsa'mine *f*; **bal·sam·ic** [bɔːl'sæmɪk] *adj.* (□ ***~ally***) **1.** 'balsamartig, Balsam...; **2.** bal'samisch (duftend); **3.** *fig.* mild, sanft; lindernd, heilend.

Balt [bɔːlt] *s.* Balte *m*, Baltin *f*; **'Bal·tic** [-tɪk] **I** *adj.* **1.** baltisch; **2.** Ostsee...; **II** *s.* **3.** *a.* ~ ***Sea*** Ostsee *f*.

bal·us·ter ['bæləstə] → ***banister***; **bal·us·trade** [,bælə'streɪd] *s.* Balu'strade *f*, Brüstung *f*; Geländer *n*.

bam·boo [bæm'buː] *s.* **1.** ⚘ 'Bambus *m*: ~ ***curtain*** *pol.* Bambusvorhang *m* (*von Rotchina*); ~ ***shoot*** Bambussprosse *f*; **2.** 'Bambusrohr *n*, -stock *m*.

bam·boo·zle [bæm'buːzl] *v/t. sl.* **1.** beschwindeln (***out of*** um), übers Ohr hauen; **2.** foppen, verwirren.

ban [bæn] **I** *v/t.* **1.** verbieten: ~ ***a play***; ~ ***s.o. from speaking*** j-m verbieten zu sprechen; **2.** *sport j-n* sperren; **II** *s.* **3.** (amtliches) Verbot, Sperre *f* (*a. sport*): ***travel ~*** Reiseverbot; ***lift a ~*** ein Verbot aufheben; **4.** Ablehnung *f* durch die öffentliche Meinung: ***under a ~*** allgemein mißbilligt, geächtet; **5.** ⚖, *eccl.* Bann *m*, Acht *f*: ***under the ~*** in die Acht erklärt, exkommuniziert.

ba·nal [bə'nɑːl] *adj.* ba'nal, abgedroschen, seicht; **ba·nal·i·ty** [bə'nælətɪ] *s.* Banali'tät *f*; **ba·na·lize** [bə'nɑːlaɪz] *v/t.* banalisieren.

ba·nan·a [bə'nɑːnə] *s.* ⚘ Ba'nane *f*: ***go ~s*** *sl.* ‚überschnappen'; ~ **plug** *s.* ⚡ Ba'nanenstecker *m*; **~ re·pub·lic** *s. iro.* Ba'nanenrepu,blik *f*.

band¹ [bænd] **I** *s.* **1.** Schar, *f*, Gruppe *f*; Bande *f*: ~ ***of robbers*** Räuberbande; **2.** Band *f*, (Mu'sik)Ka,pelle *f*, ('Tanz-) Or,chester *n*: ***big ~*** Big Band; → ***beat*** 12; **II** *v/t.* **3.** ~ ***together*** (zu e-r Gruppe *etc.*) vereinigen; **III** *v/i.* **4.** ~ ***together*** sich zs.-tun, *b.s.* sich zs.-rotten.

band² [bænd] **I** *s.* **1.** (flaches) Band; (Heft)Schnur *f*: ***rubber ~*** Gummiband; **2.** Band *n* (*an Kleidern*), Gurt *m*, Binde *f*, (Hosen- *etc.*)Bund *m*, Einfassung *f*; **3.** Band *n*, Ring *m* (*als Verbindung od. Befestigung*); Bauchbinde *f* (*Zigarre*); **4.** ⚕ (Gelenk)Band *n*; Verband *m*; **5.** (Me'tall)Reifen *m*; Ring *m*; Streifen *m*; **6.** ⚙ Treibriemen *m*; **7.** *pl.* Beffchen *n der Geistlichen u. Richter*; **8.** *andersfarbiger od. andersartiger* Streifen, Querstreifen *m*; Schicht *f*; **9.** *Radio*: (Fre'quenz)Band *n*; **II** *v/t.* **10.** mit e-m Band *od.* e-r Binde versehen, zs.-binden; *Am. Vogel* beringen; **11.** mit (e-m) Streifen versehen; **band·age** ['bændɪdʒ] **I** *s.* **1.** ⚕ Verband *m*, Binde *f*, Ban'dage *f*: ~ ***case*** Verbandskasten *m*; **2.** Binde *f*, Band *n*; **II** *v/t.* **3.** *Wunde etc.* verbinden, *Bein etc.* bandagieren.

'band-aid *Am.* **I** *s.* Heftpflaster *n*; **II** *adj.* F Behelfs...

ban·dan·(n)a [bæn'dænə] *s.* buntes Taschen- *od.* Halstuch.

band|·box ['bændbɒks] *s.* Hutschachtel *f*: ***as if he (she) came out of a ~*** wie aus dem Ei gepellt; **'~-brake** *s.* ⚙ Band-, Riemenbremse *f*.

ban·deau ['bændəʊ] *pl.* **-deaux** [-dəʊz] (*Fr.*) *s.* Haar- *od.* Stirnband *n*.

ban·de·rol(e) ['bændərəʊl] *s.* **1.** langer Wimpel, Fähnlein *n*; **2.** Inschriftenband *n*.

ban·dit ['bændɪt] *pl. a.* **-ti** [bæn'dɪtɪ] *s.* Ban'dit *m*, (Straßen)Räuber *m*, *weitS.* Gangster *m*: ***a banditti*** *coll.* e-e Räuberbande; → ***one-armed***; **'ban·dit·ry** [-trɪ] *s.* Ban'ditentum *n*.

band·mas·ter ['bænd,mɑːstə] *s.* ♪ Ka'pellmeister *m*.

'ban·dog *s. Brit.* Kettenhund *m*.

ban·do·leer, ban·do·lier [,bændəʊ'lɪə] *s.* ⚔ (*um die Brust geschlungener*) Pa'tronengurt.

'band|-pass fil·ter *s. Radio*: Bandfilter *n*, *m*; **~ pul·ley** *s.* ⚙ Riemenscheibe *f*,

Schnurrad *n*; **~ saw** *s.* ⚙ Bandsäge *f*; **~ shell** *s.* (muschelförmiger) Or'chester-ˌpavillon.

bands·man ['bændzmən] *s.* [*irr.*] ♪ 'Musiker *m*, Mitglied *n* e-r (Mu'sik)KaˌpelIe.

'band|·stand *s.* Mu'sikˌpavillon *m*; Podium *n*; **~ switch** *s. Radio*: Fre'quenz-(band)ˌumschalter *m*; **'~ˌwag·on** *s.* **1.** Wagen *m* mit e-r Mu'sikkaˌpelle; **2.** F *pol.* erfolgreiche Seite *od.* Par'tei: ***climb on the ~*** mit ‚einsteigen', sich der erfolgversprechenden Sache anschließen; **'~·width** *s. Radio*: Bandbreite *f*.

ban·dy ['bændɪ] **I** *v/t.* **1.** sich *et.* zuwerfen; **2.** sich *et.* erzählen; **3.** sich (gegenseitig) *Vorwürfe, Komplimente etc.* machen, *Blicke, böse Worte, Schläge etc.* tauschen: ***~ words*** sich streiten; **4.** *a.* ***~ about*** *Gerüchte* in 'Umlauf setzen *od.* weitertragen; **5.** *a.* ***~ about*** *j-s Namen* immer wieder erwähnen: ***his name was bandied about*** *a.* er war ins Gerede gekommen; **II** *s.* **6.** *sport* Bandy *n* (*Abart des Eishockey*).

'bandy-legged [-legd] *adj.* O- *od.* säbelbeinig.

bane [beɪn] *s.* Verderben *n*, Ru'in *m*: ***the ~ of his life*** der Fluch s-s Lebens; **'bane·ful** [-fʊl] *adj.* □ verderblich, tödlich, schädlich.

bang¹ [bæŋ] **I** *s.* **1.** Bums *m*, Schlag *m*, Krach *m*, Knall *m*: ***go over with a ~*** *Am.* F ein Bombenerfolg sein; **2.** V ‚Nummer' *f* (*Koitus*); **3.** *sl.* ‚Schuß' *m* (*Rauschgift*); **II** *v/t.* **4.** dröhnend schlagen, knallen mit, *Tür etc.* zuknallen: ***~ one's head against*** sich den Kopf anschlagen an (*dat.*); ***~ one's fist on the table*** mit der Faust auf den Tisch schlagen; ***~ sense into s.o.*** j-m Vernunft einbleuen; ***~ up*** kaputtmachen, -schlagen, *Auto* zu Schrott fahren; ***~ed(-)up*** zerbeult, (arg) mitgenommen, demoliert; **5.** ***~ about*** *fig. j-n* he'rumstoßen; **6.** V ‚bumsen', ‚vögeln'; **III** *v/i.* **7.** knallen: a) krachen, b) zuschlagen (*Tür etc.*), c) ballern, schießen: ***~ at*** an *die Tür etc.* schlagen; ***~ away*** drauflosballern; ***~ into*** bumsen *od.* knallen gegen; **8.** V ‚bumsen', ‚vögeln'; **IV** *adv.* **9.** bums: a) mit e-m Knall *od.* Krach, b) F *fig.* ‚zack', genau: ***~ in the eye***, c) F *fig.* plötzlich: ***~ off*** *sl.* sofort, ‚zack'; ***~ on*** *sl.* (haar)genau; **V** *int.* **10.** bums!, peng!

bang² [bæŋ] *s. mst pl.* Pony *m*; 'Ponyfriˌsur *f*.

bang·er ['bæŋə] *s.* **1.** et., das knallt, *z.B.* Knallkörper *m*; ‚Klapperkiste' *f* (*Auto*); **2.** (Brat)Würstchen *n*: ***~s pl. and mash*** Würstchen *pl.* mit Kartoffelbrei.

ban·gle ['bæŋgl] *s.* Armring *m*, -reif *m*; Fußring *m*, -spange *f*.

'bang|-on *adv.* F haargenau; genau (richtig); **'~-up** *adv. u. adj. Am. sl.* ‚prima'.

ban·ish ['bænɪʃ] *v/t.* **1.** verbannen, ausweisen (***from*** aus); **2.** *fig.* (ver)bannen, verscheuchen, vertreiben: ***~ care***; **'banish·ment** [-mənt] *s.* **1.** Verbannung *f*, Ausweisung *f*; **2.** *fig.* Vertreiben *n*, Bannen *n*.

ban·is·ter ['bænɪstə] *s.* Geländersäule *f*; *pl.* Treppengeländer *n*.

ban·jo ['bændʒəʊ] *pl.* **-jos**, **-joes** *s.* ♪ Banjo *n*; **'ban·jo·ist** [-əʊɪst] *s.* Banjospieler *m*.

bank¹ [bæŋk] **I** *s.* **1.** ☤ Bank *f*, Bankhaus *n*: ***the* ♀ *Brit.*** die Bank von England; ***~ of deposit*** Depositenbank; ***~ of issue*** (*od.* ***circulation***) Noten-, Emissionsbank; **2.** (Spiel)Bank *f*: ***break*** (***keep***) ***the ~*** die Bank sprengen (halten); ***go*** (***the***) ***~*** Bank setzen; **3.** Vorrat *m*, Re'serve *f*, Bank *f*: → ***blood bank*** *etc.*; **II** *v/i.* **4.** ☤ Geld auf e-r Bank haben: ***I ~ with …*** ich habe mein Bankkonto bei …; **5.** *Glücksspiel*: die Bank halten; **6.** ***~ on*** *fig.* bauen *od.* s-e Hoffnung setzen auf (*acc.*); **III** *v/t.* **7.** *Geld* bei e-r Bank einzahlen *od.* hinter'legen.

bank² [bæŋk] **I** *s.* **1.** (Erd)Wall *m*, Damm *m*, (Straßen- *etc.*)Böschung *f*; Über'höhung *f e-r Straße*; **2.** Ufer *n*; **3.** (Sand)Bank *f*, Untiefe *f*: ***Dogger* ♀** Doggerbank; **4.** Bank *f*, Wand *f*, Wall *m*; Zs.-ballung *f*: ***~ of clouds*** Wolkenbank; ***snow ~*** Schneewall; **5.** ✈ Querneigung *f in der Kurve*; **II** *v/t.* **6.** eindämmen, mit e-m Wall um'geben; *fig.* dämpfen; **7.** *e-e Straße in der Kurve* über'höhen; **8.** *a.* ***~ up*** aufhäufen, zs.-ballen; **9.** ✈ in die Kurve legen, in Schräglage bringen; **10.** *a.* ***~ up*** *ein Feuer* mit Asche belegen; **III** *v/i.* **11.** *a.* ***~ up*** sich aufhäufen, sich zs.-ballen; **12.** ✈ in die Kurve gehen; **13.** e-e Über'höhung haben (*Straße in der Kurve*).

bank³ [bæŋk] *s.* **1.** Ruderbank *f od.* (Reihe *f* der) Ruderer *pl. in e-r Galeere*; **2.** ⚙ Reihe *f*, Gruppe *f*, Reihenanordnung *f*.

bank·a·ble ['bæŋkəbl] *adj.* ☤ bankfähig, diskontierbar; *fig.* verläßlich, zuverlässig.

bank| ac·count *s.* ☤ 'Bankˌkonto *n*; **~ bill** → ***bank draft***; **~ book** *s.* Sparbuch *n*; **~ clerk** *s.* Bankangestellte(r *m*) *f*, -beamte(r) *m*, -beamtin *f*; **~ code num·ber** *s.* Bankleitzahl *f*; **~ dis·count** *s.* 'Bankdisˌkont *m*; **~ draft** *s.* Bankwechsel *m* (*von e-r Bank auf e-e andere gezogen*).

bank·er ['bæŋkə] *s.* **1.** ☤ Banki'er *m*: ***~'s discretion*** Bankgeheimnis *n*; ***~'s order*** Dauerauftrag *m*; **2.** *Kartenspiel etc.*: Bankhalter *m*.

bank hol·i·day *s.* Bankfeiertag *m*.

bank·ing¹ ['bæŋkɪŋ] ☤ **I** *s.* Bankwesen *n*; **II** *adj.* Bank…

bank·ing² ['bæŋkɪŋ] *s.* ✈ Schräglage *f*.

bank·ing| ac·count *s.* ☤ 'Bankˌkonto *n*; **~ charg·es** *s. pl.* Bankgebühren *pl.*; **~ house** *s.* Bankhaus *n*.

bank| man·ag·er *s.* 'Bankdiˌrektor *m*; **~ note** *s.* ☤ Banknote *f*; **~ rate** *s.* ☤ Dis'kontsatz *m*; **~ re·turn** *s.* Bankausweis *m*; **'~-ˌrob·ber·y** *s.* Bankraub *m*; **'~·roll** *s. Am.* **1.** Bündel *n* Banknoten; **2.** Geld(mittel *pl.*) *n*.

bank·rupt ['bæŋkrʌpt] **I** *s.* **1.** ⚖ Kon'kurs-, Gemeinschuldner *m*, Bankrot'teur *m*: ***~'s certificate*** Dokument *n* über Einstellung des Konkursverfahrens; ***~'s creditor*** Konkursgläubiger *m*; ***~'s estate*** Konkursmasse *f*; ***declare o.s. a ~*** (s-n) Konkurs anmelden; **2.** *fig.* bank'rotter *od.* her'untergekommener Mensch; **II** *adj.* **3.** ⚖ bank'rott: ***go ~*** in Konkurs geraten, Bankrott machen; **4.** *fig.* bank'rott (*a. Politik, Politiker etc.*), ruiniert: ***morally ~*** moralisch bankrott, sittlich verkommen; ***~ in intelligence*** bar aller Vernunft; **III** *v/t.* **5.** ⚖ bank'rott machen; **6.** *fig.* zu'grunde richten; **'bank·rupt·cy** [-rəptsɪ] *s.* **1.** ⚖ Bank'rott *m*, Kon'kurs *m*: ***act of ~*** Konkurshandlung *f*; ***♀ Act*** Konkursordnung *f*; ***declaration of ~*** Konkursanmeldung *f*; ***petition in ~*** Konkursantrag *m*; ***referee in ~*** Konkursrichter *m*; **2.** *fig.* Ru'in *m*, Bank'rott *m*.

bank state·ment *s.* ☤ **1.** Bankausweis *m*; **2.** *Brit.* Kontoauszug *m*.

ban·ner ['bænə] **I** *s.* **1.** Banner *n*, Fahne *f*, Heeres-, Kirchen-, Reichsfahne *f*; **2.** *fig.* Banner *n*, Fahne *f*: ***the ~ of freedom***; **3.** Spruchband *n*, Transpa'rent *n bei politischen Umzügen*; **4.** *a.* ***~ headline*** 'Balkenˌüberschrift *f*, Schlagzeile *f*; **II** *adj. Am.* **5.** führend, 'prima: ***~ class*** beste Sorte; **'~ˌbear·er** *s.* **1.** Fahnenträger *m*; **2.** Vorkämpfer *m*.

banns [bænz] *s. pl. eccl.* Aufgebot *n des Brautpaares vor der Ehe*: ***ask the ~*** das Aufgebot bestellen; ***publish*** (*od.* ***put up***) ***the ~*** (***of***) (*das Brautpaar*) kirchlich aufbieten.

ban·quet ['bæŋkwɪt] **I** *s.* Ban'kett *n*, Festessen *n*; **II** *v/t.* festlich bewirten; **III** *v/i.* tafeln; **'ban·quet·er** [-tə] *s.* Ban'ketteilnehmer(in).

ban·shee [bæn'ʃi:] *s. Ir., Scot.* Todesfee *f*.

ban·tam ['bæntəm] **I** *s.* **1.** *zo.* 'Bantam-, Zwerghuhn *n*, -hahn *m*; **2.** *fig.* Zwerg *m*, Knirps *m*; **II** *adj.* **3.** klein, ⚙ Klein…, *a.* handlich; **'~·weight** *s. sport* 'Bantamgewicht(ler *m*) *n*.

ban·ter ['bæntə] **I** *v/t.* necken, hänseln; **II** *v/i.* necken, scherzen; **III** *s.* Necke'rei *f*, Scherz(e *pl.*) *m*; **'ban·ter·er** [-ərə] *s.* Spaßvogel *m*.

Ban·tu [ˌbæn'tu:] **I** *pl.* **-tu**, **-tus** *s.* **1.** 'Bantu(neger) *m*; **2.** 'Bantusprache *f*; **II** *adj.* **3.** Bantu…

ban·zai [ˌbæn'zaɪ] *int.* Banzai! (*japanischer Hoch- od. Hurraruf*).

ba·o·bab ['beɪəʊbæb] *s.* ⚘ 'Baobab *m*, Affenbrotbaum *m*.

bap·tism ['bæptɪzəm] *s.* **1.** *eccl.* Taufe *f*: ***~ of blood*** Märtyrertod *m*; **2.** *fig.* Taufe *f*, Einweihung *f*, Namensgebung *f*: ***~ of fire*** ⚔ Feuertaufe; **bap·tis·mal** [bæp'tɪzml] *adj. eccl.* Tauf…; **'bap·tist** [-ɪst] *s. eccl.* **1.** Bap'tist(in); **2.** Täufer *m*: ***John the ♀***; **'bap·tis·ter·y** [-ɪstərɪ], **'bap·tist·ry** [-ɪstrɪ] *s.* **1.** 'Taufkaˌpelle *f*; **2.** Taufbecken *n*; **bap·tize** [bæp'taɪz] *v/t. u. v/i. eccl. u. fig.* taufen.

bar [bɑ:] **I** *s.* **1.** Stange *f*, Stab *m*: ***~s*** Gitter *n*; ***prison ~s*** Gefängnis *n*; ***behind ~s*** *fig.* hinter Schloß u. Riegel; **2.** Riegel *m*, Querbalken *m*, -holz *n*, -stange *f*, Schranke *f*, Sperre *f*; **3.** *fig.* (***to***) Hindernis *n* (für) (*a.* ⚖), Verhinderung *f* (*gen.*), Schranke *f* (gegen); ⚖ Ausschließungsgrund *m*: ***~ to progress*** Hemmnis *n* für den Fortschritt; ***~ to marriage*** Ehehindernis *n*; ***as a ~ to***, ***in ~ of*** ⚖ zwecks Ausschlusses (*gen.*); **4.** Riegel *m*, Stange *f*: ***a ~ of soap*** ein Riegel Seife; ***~ soap*** Stangenseife *f*; ***a chocolate ~*** ein Riegel (*a.* e-e Tafel) Schokolade; ***gold ~*** Goldbarren *m*; **5.** Barre *f*, Sandbank *f* (*am Hafeneingang*); **6.** Strich *m*, Streifen *m*, Band *n*, Strahl *m* (*Farbe, Licht*); **7.** ⚡ La'melle *f*; **8.** ♪ a) Taktstrich *m*, b) *ein* Takt; **9.** Streifen *m*, Band *n an e-r Medaille*; Spange *f am Orden*; **10.** ⚖ a) Schranke *f vor der Richterbank*: ***prisoner at the ~*** Angeklagte(r *m*) *f*; ***trial at ~*** *Brit.* Verhandlung *f* vor dem vollen Strafsenat des ***High Court of Justice*** (*z.B. bei Landesverrat*), b) Schranke *f* in den ***Inns of Court***: ***be called*** (*Am.* ***admitted***) ***to the ~*** als Anwalt *od. Brit.* als Barrister (*plädierender Anwalt*) zugelassen werden; ***be at the ~*** Barrister sein; ***read for the ~*** Jura studieren, c) ***the ~*** die (gesamte) Anwaltschaft, *Brit.* die Barristers *pl.*: ***2 Association*** *Am.* (halbamtliche) Anwaltsvereinigung, -kammer; **11.** *parl.*: ***the ~ of the House*** Schranke im brit. Unterhaus (*bis zu der geladene Zeugen vortreten dürfen*); **12.** *fig.* Gericht *n*, Tribu'nal *n*: ***the ~ of public opinion*** das Urteil der Öffentlichkeit; **13.** Bar *f*: a) Bü'fett *n*, Theke *f*, b) Schankraum *m*, Imbißstube *f*; → ***ice-cream bar***; **II** *v/t.* **14.** verriegeln: ***~ in*** (***out***) ein- (aus)sperren; **15.** *a.* ***~ up*** vergittern, mit Schranken um'geben: ***~red window*** Gitterfenster *n*; **16.** versperren: ***~ the way*** (*a. fig.*); **17.** hindern (***from*** an *dat.*); hemmen, aufhalten; **18.** ausschließen (***from*** von; *a.* ⚖), verbieten; → ***barred*** 4; **19.** absehen von; **20.** *Brit. sl.* nicht leiden können; **21.** mit Streifen versehen; **III** *prp.* **22.** außer, abgesehen von: ***~ one*** außer einem; ***~ none*** (alle) ohne Ausnahme.

barb[1] [bɑːb] *s.* **1.** 'Widerhaken *m*; **2.** *fig.* a) Stachel *m*, b) Spitze *f*, spitze Bemerkung, Pfeil *m* des Spottes; **3.** *zo.* Bart (-faden) *m*; Fahne *f e-r Feder.*

barb[2] [bɑːb] *s.* Berberpferd *n*.

bar·bar·i·an [bɑː'beərɪən] **I** *s.* **1.** Bar'bar *m*; **2.** *fig.* Bar'bar *m*, roher u. ungesitteter Mensch; Unmensch *m*; **II** *adj.* **3.** bar'barisch, unzivilisiert; **4.** *fig.* roh, ungesittet, grausam; **bar·bar·ic** [bɑː'bærɪk] *adj.* (□ ***~ally***) bar'barisch, wild, roh, ungesittet; **bar·ba·rism** ['bɑːbərɪzəm] *s.* **1.** Barba'rismus *m*, Sprachwidrigkeit *f*; **2.** Barba'rei *f*, 'Unkulˌtur *f*; **bar·bar·i·ty** [bɑː'bærətɪ] *s.* Barba'rei *f*, Roheit *f*, Grausamkeit *f*, Unmenschlichkeit *f*; **bar·ba·rize** ['bɑːbəraɪz] **I** *v/t.* **1.** verrohen *od.* verwildern lassen; **2.** *Sprache, Kunst etc.* barbarisieren, verderben; **II** *v/i.* **3.** verrohen; **bar·ba·rous** ['bɑːbərəs] *adj.* □ bar'barisch, roh, ungesittet, grausam.

bar·be·cue ['bɑːbɪkjuː] **I** *s.* **1.** Barbecue *n*: a) Grillfest *n* (*bei dem ganze Tiere gebraten werden*), b) Bratrost *m*, Grill *m*, c) gegrilltes *od.* gebratenes Fleisch; **2.** *Am.* in Essigsoße zubereitete Fleisch- *od.* Fischstückchen; **II** *v/t.* **3.** (auf dem Rost *od.* am Spieß) im ganzen *od.* in großen Stücken) braten; **2.** braten, grillen; **3.** *Am.* in stark gewürzter (Essig)Soße zubereiten; **4.** *Am.* a) dörren, b) räuchern.

barbed [bɑːbd] *adj.* **1.** mit 'Widerhaken *od.* Stacheln (versehen), Stachel...; **2.** *fig.* bissig, spitz: ***~ remarks***; ***~ wire*** *s.* Stacheldraht *m*.

bar·bel ['bɑːbəl] *s. ichth.* Barbe *f*.

'bar·bell *s. sport* Hantel *f mit langer Stange*, Kugelstange *f*.

bar·ber ['bɑːbə] **I** *s.* Bar'bier *m*, ('Heren)Friˌseur *m*; **II** *v/t. Am.* rasieren; frisieren.

bar·ber·ry ['bɑːbərɪ] *s.* ⚘ Berbe'ritze *f*.

'bar·ber·shop *s.* **1.** *bsd. Am.* Fri'seurgeschäft *n*; **2.** *a.* ***~ singing*** *Am.* F (zwangloses) Singen im Chor.

bar·ber's| itch ['bɑːbəz] *s.* ⚕ Bartflechte *f*; ***~ pole*** *s. spiralig bemalte Stange als Geschäftszeichen der Friseure.*

bar·bi·tal ['bɑːbɪtæl] *s. pharm. Am.* Barbi'tal *n*; ***~ so·di·um*** *s. pharm.* 'Natriumsalz *n* von Barbi'tal.

bar·bi·tone ['bɑːbɪtəʊn] *s. Brit.* → ***barbital***; **bar·bi·tu·rate** [bɑː'bɪtjʊrət] *s. pharm.* □ Barbitu'rat *n*; **bar·bi·tu·ric** [ˌbɑːbɪ'tjʊərɪk] *adj. pharm.*: ***~ acid*** Barbitursäure *f*.

bar·ca·rol(l)e ['bɑːkərəʊl] *s.* ♪ Barka'role *f* (*Gondellied*).

bar cop·per *s.* ⚙ Stangenkupfer *n*.

bard [bɑːd] *s.* **1.** Barde *m* (*keltischer Sänger*); **2.** *fig.* Barde *m*, Sänger *m* (*Dichter*): ***2 of Avon*** Shakespeare; **'bard·ic** [-dɪk] *adj.* Barden...; **bard·ol·a·try** [bɑː'dɒlətrɪ] *s.* Shakespeare-vergötterung *f*.

bare [beə] **I** *adj.* □ → ***barely***; **1.** nackt, unbekleidet, bloß: ***in one's ~ skin*** splitternackt; **2.** kahl, leer, nackt, unbedeckt: ***~ walls*** kahle Wände; ***the ~ boards*** der nackte Fußboden; ***the larder was ~*** *fig.* es war nichts zu essen im Hause; ***~ sword*** bloßes *od.* blankes Schwert; **3.** ⚘, *zo.* kahl; **4.** unverhüllt, klar: ***lay ~*** zeigen, enthüllen (*a. fig.*); ***the ~ facts*** die nackten Tatsachen; ***~ nonsense*** barer *od.* reiner Unsinn; **5.** (***of***) entblößt (von), arm (an *dat.*), ohne; **6.** knapp, kaum hinreichend: ***~ majority*** a) knappe Mehrheit, b) (***of votes***) einfache Stimmenmehrheit; ***a ~ ten pounds*** gerade noch 10 Pfund; **7.** bloß, al'lein, nur: ***the ~ thought*** der bloße (*od.* allein der) Gedanke; **II** *v/t.* **8.** entblößen, entkleiden; **9.** *fig.* bloßlegen, enthüllen: ***~ one's heart*** sein Herz öffnen (***to*** *j-m*); **'~·back(ed)** [-bæk(t)] *adj. u. adv.* ungesattelt; **'~·faced** [-feɪst] *adj.* □ schamlos, frech; **'~·foot** *adj. u. adv.* barfuß; **ˌ~'foot·ed** [-'fʊtɪd] *adj.* barfuß, barfüßig; **ˌ~-'head·ed** [-'hedɪd] *adj. u. adv.* mit bloßem Kopf, barhäuptig; **ˌ~-'legged** [-'legd] *adj.* mit nackten Beinen.

bare·ly ['beəlɪ] *adv.* **1.** kaum, knapp, gerade (noch): ***~ enough time***; **2.** ärmlich, spärlich; **bare·ness** ['beənɪs] *s.* **1.** Nacktheit *f*, Blöße *f*, Kahlheit *f*; **2.** Dürftigkeit *f*.

bare·sark ['beəsɑːk] **I** *s.* Ber'serker *m*; **II** *adv.* ohne Rüstung.

bar·gain ['bɑːgɪn] **I** *s.* **1.** (geschäftliches) Abkommen, Handel *m*, Geschäft *n*: ***a good*** (***bad***) ***~***; **2.** *a.* ***good ~*** vorteilhaftes Geschäft, günstiger Kauf, Gelegenheitskauf *m* (*a. die gekaufte Sache*): ***at £10 it is a*** (***dead***) ***~*** für £10 ist es spottbillig; ***it's a ~!*** abgemacht!, topp!; ***into the ~*** obendrein, noch dazu; ***strike*** *od.* ***make a ~*** ein Abkommen treffen, e-n Handel abschließen; ***make the best of a bad ~*** sich so gut wie möglich aus der Affäre ziehen; ***drive a hard ~*** hart feilschen, ‚mächtig rangehen'; **3.** *Brit. Börse*: (*einzelner*) Abschluß: ***~ for account*** Termingeschäft *n*; **II** *v/i.* **4.** handeln, feilschen (***for***, ***about*** um); **5.** verhandeln, über'einkommen (***for*** über *acc.*, ***that*** daß): ***~ing point*** Verhandlungspunkt *m*; ***~ing position*** Verhandlungsposition *f*; **6.** ***~ for*** rechnen mit, erwarten (*acc.*) (*mst neg.*): ***I did not ~ for that*** darauf war ich nicht gefaßt; ***it was more than we had ~ed for*** damit hatten wir nicht gerechnet; **7.** ***~ on*** *fig.* zählen auf (*acc.*); **III** *v/t.* **8.** (ein)tauschen (***for*** gegen); **9.** ***~ away*** verschachern, *fig. a.* verschenken; ***~ basement*** *s.* Niedrigpreisabteilung *f* im Tiefgeschoß *e-s Warenhauses*; ***~ counter*** *s.* **1.** ✝ Wühltisch *m*; **2.** *fig. pol.* 'Tauschobˌjekt *n*.

bar·gain·er ['bɑːgɪnə] *s.* **1.** Feilscher (-in); **2.** Verhandler *m*; **'bar·gain·ing** [-nɪŋ] *s.* Handeln *n*, Feilschen *n*; Verhandeln *n*: → ***collective bargaining***.

bar·gain| price *s.* Spott-, Schleuderpreis *m*; ***~ sale*** *s.* (Ramsch)Ausverkauf *m*.

barge [bɑːdʒ] **I** *s.* **1.** ⚓ a) flaches Flußod. Ka'nalboot, Lastkahn *m*, b) Bar'kasse *f*, c) Hausboot *n*; **II** *v/i.* **2.** F ungeschickt gehen *od.* fahren *od.* sich bewegen, torkeln, stürzen, prallen (***into*** in *acc.*, ***against*** gegen); **3.** ***~ in*** F her'einplatzen, sich einmischen; **bar·gee** [bɑː'dʒiː] *s. Brit.* Kahnführer *m*: ***swear like a ~*** fluchen wie ein Landsknecht.

'barge|·man [-mən] *s.* [*irr.*] *Am.* Kahnführer *m*; **'~·pole** *s.* Bootsstange *f*: ***I wouldn't touch him*** (***it***) ***with a ~*** *Brit.* F a) den (das) würde ich nicht mal mit e-r Feuerzange anfassen, b) mit dem (damit) will ich nichts zu tun haben.

bar·ic ['beərɪk] *adj.* ⚗ Barium...

bar i·ron *s.* ⚙ Stabeisen *n*.

bar·i·tone ['bærɪtəʊn] *s.* ♪ 'Bariton *m* (*Stimme u. Sänger*).

bar·i·um ['beərɪəm] *s.* ⚗ 'Barium *n*; ***~ meal*** *s.* ⚕ Kon'trastmittel *n*, -brei *m*.

bark[1] [bɑːk] **I** *s.* **1.** ⚘ (Baum)Rinde *f*, Borke *f*; **2.** → ***Peruvian*** I; **3.** ⚙ (Gerber)Lohe *f*; **II** *v/t.* **4.** abrinden; **5.** abschürfen: ***~ one's knees***.

bark[2] [bɑːk] **I** *v/i.* **1.** bellen, kläffen (*a. fig.*): ***~ at s.o.*** *fig.* j-n anschnauzen; ***~ing dogs never bite*** Hunde, die bellen, beißen nicht; ***~ up the wrong tree*** a) auf dem Holzweg sein, b) an der falschen Adresse sein; **2.** *fig.* ‚bellen' (*husten*); ‚bellen', krachen (*Schußwaffe*); **3.** F *Ware* marktschreierisch anpreisen; **II** *s.* **4.** Bellen *n*: ***his ~ is worse than his bite*** er kläfft nur (aber beißt nicht); **5.** *fig.* ‚Bellen' *n* (*Husten*); Krachen *n*.

bark[3] [bɑːk] *s.* **1.** ⚓ Bark *f*; **2.** *poet.* Schiff *n*.

'bar|·keep *Am.* F → **'~ˌkeep·er** *s.* **1.** Barkellner *m*, -mixer *m*; **2.** Barbesitzer *m*.

bark·er ['bɑːkə] *s.* **1.** Beller *m*, Kläffer *m*; **2.** F ‚Anreißer' *m* (*Kundenwerber*); Marktschreier *m*; *Am. a.* Fremdenführer *m*.

bark| pit *s. Gerberei*: Lohgrube *f*; ***~ tree*** *s.* ⚘ 'Chinarindenbaum *m*.

bar·ley ['bɑːlɪ] *s.* ⚘ Gerste *f*: ***French ~***, ***pearl ~*** Perlgraupen *pl.*; ***pot ~*** ungeschälte Graupen *pl.*; **'~·corn** *s.* Gerstenkorn *n*: ***John 2*** *scherzhafte Personifikation* (*der Gerste als Grundstoff*) *von Bier* (*‚Gerstensaft'*) *od. Whisky*; ***~ sug-***

ar *s.* Gerstenzucker *m*; **~ wa·ter** *s. aromatisiertes Getränk aus Gerstenextrakt*; **~ wine** *s. ein Starkbier.*
bar line *s.* ♪ Taktstrich *m.*
barm [bɑːm] *s.* Bärme *f*, (Bier)Hefe *f.*
'bar|·maid *s. bsd. Brit.* Bardame *f*, -kellnerin *f*; **'~·man** [-mən] *s.* [*irr.*] → ***barkeeper*** 1.
barm·y ['bɑːmɪ] *adj.* **1.** heftig, gärend, schaumig; **2.** *Brit. sl.* ‚bekloppt': ***go ~*** überschnappen.
barn [bɑːn] *s.* **1.** Scheune *f*; **2.** *Am.* (Vieh)Stall *m.*
bar·na·cle¹ ['bɑːnəkl] *s.* **1.** *orn.* Ber'nikel-, Ringelgans *f*; **2.** *zo.* Entenmuschel *f*; **3.** *fig.* a) ‚Klette' *f* (*lästiger Mensch*), b) (lästige) Fessel.
bar·na·cle² ['bɑːnəkl] *s.* **1.** *mst pl.* Nasenknebel *m für unruhige Pferde*; **2.** *pl. Brit.* F Kneifer *m*, Zwicker *m.*
barn| dance *s. Am.* ländlicher Tanz; **ˌ~'door** *s.*: ***as big as a ~*** F (so) groß wie ein Scheunentor, nicht zu verfehlen; **ˌ~'door fowl** *s.* Haushuhn *n*; **'~·owl** *s.* Schleiereule *f*; **'~·storm** *v/i.* F ‚auf die Dörfer gehen': a) *thea. etc.* auf Tour'nee (durch die Pro'vinz) gehen, b) *pol.* überall Wahlreden halten; **'~ˌstorm·er** *s.* F **1.** Wander- *od.* Schmierenschauspieler *m*; **2.** her'umreisender Wahlredner; **~ swal·low** *s.* Rauchschwalbe *f.*
bar·o·graph ['bærəʊɡrɑːf] *s. phys., meteor.* Baro'graph *m* (*selbstaufzeichnender Luftdruckmesser*).
ba·rom·e·ter [bə'rɒmɪtə] *s.* Baro'meter *n*: a) Wetterglas *n*, Luftdruckmesser *m*, b) *fig.* Grad-, Stimmungsmesser *m*; **bar·o·met·ric** [ˌbærəʊ'metrɪk] *adj.* (□ **~ally**) *phys.* baro'metrisch, Barometer...: ***~ maximum*** Hoch(druckgebiet) *n*; ***~ pressure*** Luftdruck *m*; **ˌbar·o'met·ri·cal** [-'metrɪkl] *adj.* → ***barometric.***
bar·on ['bærən] *s.* **1.** *hist.* Pair *m*, Ba'ron *m*; *jetzt*: Ba'ron *m* (*brit. Adelstitel*); **2.** *nicht-Brit.* Ba'ron *m*, Freiherr *m*; **3.** *fig.* (Indu'strie- *etc.*)Baˌron *m*, Ma'gnat *m*; **4. ~** (***of beef***) *Küche*: doppeltes Lendenstück.
bar·on·age ['bærənɪdʒ] *s.* **1.** *coll. die* Ba'rone *pl.*; **2.** Verzeichnis *n* der Ba'rone; **3.** Rang *m* e-s Ba'rons; **'bar·on·ess** [-nɪs] *s.* **1.** *Brit.* Ba'ronin *f*; **2.** *nicht-Brit.* Ba'ronin *f*, Freifrau *f*; **'bar·on·et** [-nɪt] **I** *s.* Baronet *m* (*brit. Adelstitel*; *abbr.* ***Bart.***); **II** *v/t.* zum Baronet ernennen; **'bar·on·et·age** [-nɪtɪdʒ] *s.* **1.** *coll.* die Baronets *pl.*; **2.** Verzeichnis *n* der Baronets; **'bar·on·et·cy** [-nɪtsɪ] *s.* Titel *m od.* Rang *m* e-s Baronet; **ba·ro·ni·al** [bə'rəʊnjəl] *adj.* **1.** Barons..., freiherrlich; **2.** prunkvoll, großartig; **'bar·o·ny** [-nɪ] *s.* Baro'nie *f* (*Gebiet od. Würde*).
ba·roque [bə'rɒk] **I** *adj.* **1.** ba'rock (*a. von Perlen u. fig.*); **2.** *fig.* prunkvoll; über'steigert; bi'zarr, verschnörkelt; **II** *s.* **3.** *allg.* Ba'rock *n*, *m.*
'bar-ˌpar·lour *s. Brit.* Schank-, Gaststube *f.*
barque → ***bark³***.
bar·rack ['bærək] **I** *s.* **1.** *mst pl.* Ka'serne *f*: ***a ~s*** e-e Kaserne; → ***confine*** 3; **2.** *mst pl. fig.* 'Mietskaˌserne *f*; **II** *v/t.* **3.** in Ka'sernen *od.* Ba'racken 'unterbringen; **4.** F *sport, pol.* auspfeifen, -buhen; **III** *v/i.* **5.** F buhen, pfeifen: ***~ for*** (lautstark) anfeuern; **~ square** *s.* ⚔ Ka'sernenhof *m.*
bar·rage¹ ['bærɑːʒ] *s.* **1.** ⚔ Sperrfeuer *n*; **2.** ⚔ Sperre *f*: ***creeping ~*** Feuerwalze *f*; ***~ balloon*** Sperrballon *m*; **3.** *fig.* über'wältigende Menge: ***a ~ of questions*** ein Schwall *od.* Kreuzfeuer von Fragen.
bar·rage² ['bærɑːʒ] *s.* Talsperre *f*, Staudamm *m.*
bar·ra·try ['bærətrɪ] *s.* **1.** ⚖, ⚓ Baratte'rie *f* (*Veruntreuung*); **2.** ⚖ schika'nöses Prozessieren (*od.* Anstiftung *f* dazu); **3.** Ämterschacher *m.*
barred [bɑːd] *adj.* **1.** (ab)gesperrt, verriegelt; **2.** gestreift; **3.** ♪ durch Taktstriche abgeteilt; **4.** ⚖ verjährt.
bar·rel ['bærəl] **I** *s.* **1.** Faß *n*, Tonne *f*; *im Ölhandel*: Barrel *n*: ***have s.o. over a ~*** F j-n in s-r Gewalt haben; ***scrape the ~*** F den letzten, schäbigen Rest zs.-kratzen; **2.** ⚙ Walze *f*, Rolle *f*, Trommel *f*, Zy'linder *m*, (rundes) Gehäuse; (Gewehr)Lauf *m*, (Geschütz)Rohr *n*; Kolbenrohr *n*; Rumpf *m e-s Dampfkessels*; Tintenbehälter *m e-r Füllfeder*; Walze *f der Drehorgel*; Kiel *m e-r Feder*; Zylinder *m e-r Spritze*; **3.** Rumpf *m e-s Pferdes etc.*; **II** *v/t.* **4.** in Fässer füllen *od.* packen; **III** *v/i.* **5.** F rasen, sausen; **~ chair** *s.* Lehnstuhl *m* mit hoher runder Lehne; **'~-drain** *s.* ⚙, ⚠ gemauerter runder 'Abzugskaˌnal; **~ house** *s. Am. sl.* Spe'lunke *f*, Kneipe *f.*
bar·rel(l)ed ['bærəld] *adj.* **1.** faßförmig; **2.** in Fässer gefüllt; **3.** ...läufig (*Gewehr*).
'bar·rel|ˌmak·er *s.* Faßbinder *m*; **'~-ˌor·gan** *s.* ♪ Drehorgel *f*; **~ roll** *s.* ✈ Rolle *f* (*im Kunstflug*); **~ roof** *s.* ⚠ Tonnendach *n*; **~ vault** *s.* ⚠ Tonnengewölbe *n.*
bar·ren ['bærən] **I** *adj.* □ **1.** unfruchtbar (*Lebewesen, Pflanze etc.*; *a. fig.*); **2.** öde, kahl, dürr; **3.** *fig.* trocken, langweilig, seicht; dürftig; **4.** 'unprodukˌtiv (*Geist*); tot (*Kapital*); **5.** leer, arm (***of*** an *dat.*); **II** *s.* **6.** *mst pl.* Ödland *n*; **'bar·ren·ness** [-nɪs] *s.* **1.** Unfruchtbarkeit *f* (*a. fig.*); **2.** *fig.* Trockenheit *f*, geistige Leere, Dürftigkeit *f*, Dürre *f.*
bar·ri·cade [ˌbærɪ'keɪd] **I** *s.* **1.** Barri'kade *f*: ***mount*** (*od.* ***go to***) ***the ~s*** auf die Barrikaden steigen (*a. fig.*); **2.** *fig.* Hindernis *n*; **II** *v/t.* **3.** (ver)barrikadieren, (ver)sperren (*a. fig.*).
bar·ri·er ['bærɪə] *s.* **1.** Schranke *f* (*a. fig.*), Barri'ere *f*, Sperre *f*: ***~ cream*** Schutzcreme *f*; **2.** Schlag-, Grenzbaum *m*; **3.** *sport* 'Startmaˌschine *f*; **4.** *fig.* Hindernis *n* (***to*** für); Mauer *f*; (*Sprach- etc.*)Barri'ere *f*; **5.** ♀ 'Eisbarriˌere *f* der Ant'arktis: ♀ ***Reef*** Barriereriff *n.*
bar·ring ['bɑːrɪŋ] *prp.* abgesehen von, ausgenommen: ***~ errors*** Irrtümer vorbehalten; ***~ a miracle*** wenn kein Wunder geschieht.
bar·ris·ter ['bærɪstə] *s.* ⚖ **1.** *a.* ***~-at-law*** *Brit.* Barrister *m*, *plädierender* Rechtsanwalt (vor höheren Gerichten); **2.** *Am. allg.* Rechtsanwalt *m.*
'bar-room *s.* Schankstube *f.*
bar·row¹ ['bærəʊ] *s.* **1.** 'Tumulus *m*, Hügelgrab *n*; **2.** Hügel *m.*
bar·row² ['bærəʊ] *s.* (Hand-, Schub-, Gepäck-, Obst)Karre(n *m*) *f.*
bar·row³ ['bærəʊ] *s.* ⚘ Bork *m* (*im Ferkelalter kastriertes Schwein*).
bar·row| boy *s.*, **'~·man** [-mən] *s.* [*irr.*] Straßenhändler *m*, ‚fliegender Händler'.
bar| steel *s.* ⚙ Stangenstahl *m*; **'~ˌtend·er** *s.* → ***barkeeper*** 1.
bar·ter ['bɑːtə] **I** *v/i.* Tauschhandel treiben; **II** *v/t. im Handel* (ein-, 'um)tauschen, austauschen (***for, against*** gegen): ***~ away*** verschachern, -kaufen (*a. fig. Ehre etc.*); **III** *s.* Tauschhandel *m*, Tausch *m* (*a. fig.*): ***~ shop*** Tauschladen *m*; **~ trans·ac·tion** *s.* ✝ Tausch(handels)-, Kompensati'onsgeschäft *n.*
bar·y·tone → ***baritone.***
bas·al ['beɪsl] *adj.* □ **1.** an der Basis *od.* Grundfläche befindlich; **2.** *mst fig.* grundlegend: ***~ metabolism*** ⚕ Grundstoffwechsel *m*; ***~ metabolic rate*** ⚕ Grundumsatz *m*; ***~ cell*** *biol.* Basalzelle *f.*
ba·salt ['bæsɔːlt] *s. geol.* Ba'salt *m*; **ba·sal·tic** [bə'sɔːltɪk] *adj.* ba'saltisch, Basalt...
base¹ [beɪs] **I** *s.* **1.** Basis *f*, 'Unterteil *m*, *n*, Boden *m*; 'Unterbau *m*, -lage *f*; Funda'ment *n*; **2.** Fuß *m*, Sockel *m*; Sohle *f*; **3.** *fig.* Basis *f*: a) Grund(lage *f*) *m*, b) Ausgangspunkt *m*, c) *a.* ***~ camp*** *mount.* Basislager *n*; **4.** Grundstoff *m*, Hauptbestandteil *m*; **5.** Ѧ Grundlinie *f*, -fläche *f*, -zahl *f*; **6.** ⚗ Base *f*; *Färberei*: Beize *f*; **7.** *sport* a) Grund-, Startlinie *f*, b) Mal *n*: ***not to get to first ~*** (***with s.o.***) F *fig.* keine Chance haben (bei j-m); **8.** ⚔, ⚓ a) Standort *m*, Stati'on *f*, b) (Operati'ons)Basis *f*, Stützpunkt *m*, c) (Flug)Basis *f*, *Am.* (Flieger)Horst *m*: ***naval ~*** Flottenstützpunkt, d) E'tappe *f*; **II** *v/t.* **9.** stützen, gründen (***on, upon*** auf *acc.*): ***be ~d on*** beruhen auf (*dat.*), sich stützen auf (*acc.*); ***~ o.s. on*** sich verlassen auf (*acc.*); **10.** *a.* ⚔ stationieren; → ***based*** 2.
base² [beɪs] *adj.* □ **1.** gemein, niedrig, niederträchtig; **2.** minderwertig; unedel: ***~ metals***; **3.** falsch, unecht (*Geld*): ***~ coin*** falsche Münze, *coll.* Falschgeld *n*, *Am.* Scheidemünze *f*; **4.** *ling.* unrein, unklassisch.
'base·ball *s. sport* **1.** Baseball(spiel *n*) *m*; **2.** Baseball *m.*
based [beɪst] *adj.* **1.** (***on***) gegründet (auf *acc.*), beruhend (auf *dat.*), mit e-r Grundlage (von); **2.** ⚔ *in Zssgn* mit ... als Stützpunkt, stationiert in (*dat.*), *a.* (land- *etc.*)gestützt; **3.** *in Zssgn* mit Sitz in (*dat.*): ***a London-~ company.***
base·less ['beɪslɪs] *adj.* grundlos, unbegründet.
base| line *s.* **1.** Grundlinie *f* (*a. sport*); **2.** *surv.* Standlinie *f*; **3.** ⚔ Basislinie *f*; **~ load** *s.* ⚡ Grundlast *f*, -belastung *f*; **'~·man** [-mən] *s.* [*irr.*] *Baseball*: Malhüter *m.*
base·ment ['beɪsmənt] *s.* ⚠ **1.** Kellergeschoß *n*; **2.** Grundmauer(n *pl.*) *f.*
base·ness ['beɪsnɪs] *s.* **1.** Gemeinheit *f*, Niederträchtigkeit *f*; **2.** Minderwertigkeit *f*; **3.** Unechtheit *f.*
ba·ses ['beɪsiːz] *pl. von* ***basis.***
base wal·lah *s.* ⚔ *Brit. sl.* E'tappenschwein *n.*
bash [bæʃ] F **I** *v/t.* **1.** heftig schlagen, einhauen auf (*acc.*) (*a.* F *fig.*): ***~ in*** a) einschlagen, b) verbeulen; ***~ up*** a) *j-n* zs.-schlagen, b) *Auto* zu Schrott fahren; **II** *s.* **2.** heftiger Schlag: ***have a ~ at s.th.*** es mit et. probieren; **3.** Beule *f*

(*am Auto etc.*); **4.** *Brit.* (tolle) Party.
bash·ful ['bæʃfʊl] *adj.* □ schüchtern, verschämt, scheu; zu'rückhaltend; **'bash·ful·ness** [-nɪs] *s.* Schüchternheit *f*, Scheu *f*.
bash·ing ['bæʃɪŋ] *s.* F ‚Senge' *f*, Prügel *pl.*: ***get*** (*od.* ***take***) ***a ~*** Prügel beziehen (*a. fig.*).
bas·ic ['beɪsɪk] **I** *adj.* (□ **~*ally***) **1.** grundlegend, die Grundlage bildend; elemen'tar; Einheits..., Grund...; **2.** ⚗, *geol.*, *min.* basisch; **3.** ⚡ ständig (*Belastung*); **II** *s.* **4.** *pl.* a) Grundlagen *pl.*, b) *das* Wesentliche; **5.** → ***Basic English***; **'bas·i·cal·ly** [-kəlɪ] *adv.* im Grunde, grundsätzlich.
Bas·ic| Eng·lish *s.* Basic English *n* (*vereinfachte Form des Englischen von C. K. Ogden*); ♀ **for·mu·la** *s.* ⩓ Grundformel *f*; ♀ **in·dus·try** *s.* 'Grund(stoff)-, 'Schlüsselindu,strie *f*; ♀ **i·ron** *s.* ⚙ Thomaseisen *n*; ♀ **load** *s.* ⚡ ständige Grundlast; ♀ **ma·ter·i·als** *s. pl.* Grund-, Ausgangsstoffe *pl.*; ♀ **ra·tion** *s.* ⚔ Mindestverpflegungssatz *m*; ♀ **research** *s.* Grundlagenforschung *f*; ♀ **sal·a·ry** *s.* ✝ Grundgehalt *n*; ♀ **size** *s.* ⚙ Sollmaß *n*; ♀ **slag** *s.* ⚗ Thomasschlacke *f*; ♀ **steel** *s.* ⚙ Thomasstahl *m*; ♀ **train·ing** *s. a.* ⚔ Grundausbildung *f*; ♀ **wage** *s.* ✝ Grundlohn *m*.
bas·il ['bæzl] *s.* ⚘ Ba'silienkraut *n*, Ba'silikum *n*.
ba·sil·i·ca [bə'zɪlɪkə] *s.* ⩓ Ba'silika *f*.
bas·i·lisk ['bæzɪlɪsk] **I** *s.* **1.** Basi'lisk *m* (*Fabeltier*); **2.** *zo.* Legu'an *m*; **II** *adj.* **3.** Basilisken...: **~ *eye***.
ba·sin ['beɪsn] *s.* **1.** (Wasser-, Wasch- *etc.*)Becken *n*, Schale *f*, Schüssel *f*; **2.** Fluß-, Hafenbecken *n*; Schwimmbekken *n*, Bas'sin *n*; **3.** a) Stromgebiet *n*, b) (kleine) Bucht; **4.** Wasserbehälter *m*; **5.** Becken *n*, Einsenkung *f*, Mulde *f*; **6.** (Kohlen- *etc.*)Lager *n od.* Revier *n*.
ba·sis ['beɪsɪs] *pl.* **-ses** [-si:z] *s.* **1.** Basis *f*, Grundlage *f*, Funda'ment *n*: **~ *of discussion*** Diskussionsbasis *f*; ***take as a ~*** zugrunde legen; **2.** Hauptbestandteil *m*; **3.** ⩓ Basis *f*, Grundlinie *f*, -fläche *f*; **4.** ⚔, ⚓ (Operati'ons)Basis *f*, Stützpunkt *m*.
bask [bɑ:sk] *v/i.* sich aalen, sich sonnen (*a. fig.*): **~ *in the sun*** ein Sonnenbad nehmen.
bas·ket ['bɑ:skɪt] *s.* **1.** Korb *m*; **2.** Korb (-voll) *m*; **3.** *Basketball*: a) Korb *m*, b) Treffer *m*, Korb *m*; **4.** (Passa'gier)Korb *m*, Gondel *f* (*e-s Luftballons od. Luftschiffes*); **5.** Säbelkorb *m*; **6.** Tastenfeld *n* (*der Schreibmaschine*); **'~·ball** *s. sport* **1.** Basketball(spiel *n*) *m*; **2.** Basketball *m*; **~ case** *Am.* F **1.** Arm- u. Beinamputierte(r *m*) *f*; **2.** to'tales ‚Wrack'; **~ chair** *s.* Korbsessel *m*; **~ din·ner** *s. Am.* Picknick *n*.
bas·ket·ful ['bɑ:skɪtfʊl] *pl.* **-fuls** *s. ein* Korb(voll) *m*.
bas·ket| hilt *s.* Säbelkorb *m*; **~ lunch** *s. Am.* Picknick *n*.
bas·ket·ry ['bɑskɪtrɪ] *s.* Korbwaren *pl.*
Basque [bæsk] **I** *s.* Baske *m*, Baskin *f*; **II** *adj.* baskisch.
bas-re·lief ['bæsrɪ,li:f] *s. sculp.* 'Bas-, 'Flachreli,ef *n*.
bass¹ [beɪs] ♪ **I** *adj.* Baß...; **II** *s.* Baß *m* (*Stimme, Sänger, Instrument u. Partie*).
bass² [bæs] *pl. mst* **bass** *s. ichth.* Barsch *m*.
bass³ [bæs] *s.* **1.** (Linden)Bast *m*; **2.** Bastmatte *f*.
bas·set ['bæsɪt] *s. zo.* Basset *m* (*ein Dachshund*).
bas·si·net [,bæsɪ'net] *s.* **1.** Korbwiege *f*; Stubenwagen *m*; Korb(kinder)wagen *m* (*mit Verdeck*).
bas·soon [bə'su:n] *s.* ♪ Fa'gott *n*.
bas·so| pro·fun·do ['bæsəʊ prə'fʌndəʊ] (*Ital.*) *s.* ♪ tiefster Baß (*Stimme od. Sänger*); **,~-re'lie·vo** [-rɪ'li:vəʊ] *pl.* **-vos** → ***bas-relief***.
'bass-re,lief ['bæs-] → ***bas-relief***.
bass vi·ol [beɪs] *s.* ♪ 'Cello *n*.
'bass-wood ['bæs-] *s.* ⚘ **1.** Linde *f*; **2.** Lindenholz *n*.
bast [bæst] *s.* (Linden)Bast *m*.
bas·tard ['bæstəd] **I** *s.* **1.** Bastard *m*, *a.* ⚖ uneheliches Kind; **2.** *biol.* Bastard *m*, Mischling *m*; **3.** *fig.* a) Fälschung *f*, Nachahmung *f*, b) Scheußlichkeit *f*; **4.** a) V ‚Schwein' *n*, ‚Scheißkerl' *m*, b) *iro.* alter Ha'lunke, c) Kerl *m*; **II** *adj.* **5.** unehelich, Bastard...; **6.** *biol.* Bastard...; **7.** *fig.* unecht, falsch; **8.** ab'norm; **'bas·tard·ize** [-daɪz] **I** *v/t.* **1.** ⚖ für unehelich erklären; **2.** verschlechtern, verfälschen; **II** *v/i.* **3.** entarten; **'bas·tard·ized** [-daɪzd] *adj.* entartet, Mischlings..., Bastard...
bas·tard| slip → ***bastard*** 1; **~ ti·tle** *s. typ.* Schmutztitel *m*.
bas·tar·dy ['bæstədɪ] *s.* uneheliche Geburt: **~ *procedure*** Verfahren *n* zur Feststellung der (unehelichen) Vaterschaft u. Unterhaltspflicht.
baste¹ [beɪst] *v/t.* **1.** ‚(ver)hauen', verprügeln; **2.** *fig.* beschimpfen, herfallen über (*acc.*).
baste² [beɪst] *v/t.* **1.** *Braten etc.* mit Fett begießen; **2.** *Docht der Kerze* mit geschmolzenem Wachs begießen.
baste³ [beɪst] *v/t.* lose (an)heften.
bast·ing ['beɪstɪŋ] *s.* (Tracht *f*) Prügel *pl.*
bas·tion ['bæstɪən] *s.* ⚔ Ba'stei *f*, Basti'on *f*, Bollwerk *n* (*a. fig.*).
bat¹ [bæt] **I** *s.* **1.** *sport* a) Schlagholz *n*, Schläger *m* (*bsd. Baseball u. Kricket*): ***carry one's ~*** *Kricket*: noch im Spiel sein; ***off one's own ~*** *Kricket u. fig.* selbständig, ohne Hilfe, auf eigene Faust; ***right off the ~*** F auf Anhieb; ***be at*** (***the***) **~** am Schlagen sein, dran sein; ***go to ~ for s.o.*** *Baseball*: für j-n einspringen, *fig.* → 6, b) → ***batsman***; **2.** F Stockhieb *m*; **3.** *Brit. sl.* (Schritt)Tempo *n*: ***at a rare ~*** mit e-m ‚Affenzahn'; **4.** *Am. sl.* ‚Saufe'rei' *f*: ***go on a ~*** e-e ‚Sauftour' machen; **II** *v/i.* **5.** a) (mit dem Schlagholz) schlagen, b) am Schlagen sein; → ***batting*** 3; **6.** **~ *for s.o.*** *fig.* für j-n eintreten.
bat² [bæt] *s.* **1.** *zo.* Fledermaus *f*: ***have ~s in the belfry*** verrückt sein, ‚e-n Vogel haben'; → ***blind*** 1; **2.** ✈, ⚔ 'radargelenkte Bombe.
bat³ [bæt] *v/t.*: **~ *the eyes*** mit den Augen blinzeln *od.* zwinkern; ***without ~ting an eyelid*** (***Am. eyelash***) ohne mit der Wimper zu zucken; ***I never ~ted an eyelid*** ich habe kein Auge zugetan.
ba·ta·ta [bə'tɑ:tə] *s.* ⚘ Ba'tate *f*, 'Süßkar,toffel *f*.
batch [bætʃ] *s.* **1.** Schub *m* (*die auf einmal gebackene Menge Brot*): ***a ~ of bread***; **2.** ⚙ a) Schub *m*, b) Satz *m* (*Material*), Charge *f*, Füllung *f*; **3.** Schub *m*; ‚Schwung' *m*: a) Gruppe *f* (*von Personen*), Trupp *m* (*Gefangener*), b) Schicht *f*, Satz *m* (*Muster*), Stapel *m*, Stoß *m* (*Briefe etc.*), Par'tie *f*, Posten *m* (*gleicher Dinge*), *Computer*: Stapel *m*: ***in ~es*** schubweise; **'~-,process** *v/t. Computer*: stapelweise verarbeiten.
bate¹ [beɪt] **I** *v/i.* abnehmen, nachlassen; **II** *v/t.* schwächen, *Hoffnung etc.* vermindern, *Neugier etc.* mäßigen, *Forderung etc.* her'absetzen: ***with ~d breath*** mit verhaltenem Atem, gespannt.
bate² [beɪt] *s.* ⚙ *Gerberei*: Ätzlauge *f*.
bate³ [beɪt] *s. Brit. sl.* Wut *f*.
ba·teau [bɑ:'təʊ] *pl.* **-teaux** [-'təʊz] (*Fr.*) *s. Am.* leichtes langes Flußboot; **~ bridge** *s.* Pon'tonbrücke *f*.
bath [bɑ:θ] **I** *pl.* **baths** [-ðz] *s.* **1.** (Wannen)Bad *n*: ***take a ~*** ein Bad nehmen, baden, *Am. sl.* (*bsd. finanziell*) ‚baden gehen'; **2.** Badewasser *n*; **3.** Badewanne *f*: ***enamelled ~***; **4.** Badezimmer *n*; **5.** *mst pl.* a) Badeanstalt *f*, b) Badeort *m*; **6.** ⚗ *phot.* a) Bad *n* (*Behandlungsflüssigkeit*), b) Behälter *m dafür*; **7.** *Brit.*: ***order of the ♀*** Bathorden *m*; ***Knight of the ♀*** Ritter *m* des Bathordens; ***Knight Commander of the ♀*** Komtur *m* des Bathordens; **II** *v/t.* **8.** *Kind etc.* baden; **III** *v/i.* **9.** baden, ein Bad nehmen.
Bath| brick *s.* Me'tallputzstein *m*; **~ bun** *s.* über'zuckertes Kuchenbrötchen; **~ chair** *s.* Rollstuhl *m*.
bathe [beɪð] **I** *Auge, Hand,* (*verletzten*) *Körperteil* baden, in Wasser *etc.* tauchen; **2.** ***~d in sunlight*** (***perspiration***) in Sonne (Schweiß) gebadet; ***~d in tears*** in Tränen aufgelöst; **3.** *poet.* bespülen; **II** *v/i.* **4.** (sich) baden; **5.** schwimmen; **6.** (Heil)Bäder nehmen; **7.** *fig.* sich baden *od.* schwelgen (***in*** in *dat.*); **III** *s.* **8.** *bsd. Brit.* Bad *n im Freien*; **'bath·er** [-ðə] *s.* **1.** Badende(r *m*) *f*; **2.** Badegast *m*.
'bath·house *s. Am.* **1.** Badeanstalt *f*; **2.** 'Umkleideka,binen *pl.*
bath·ing ['beɪðɪŋ] *s.* Baden *n*; **~ beau·ty** *s.*, **~ belle** *s.* F Badeschönheit *f*; **'~ ,cos·tume** → ***bathing-suit***; **'~-,draw·ers** *s. pl.* Badehose *f*; **'~-dress** → ***bathing-suit***; **'~-gown** *s.* Bademantel *m*; **'~-ma,chine** *s. hist.* Badekarren *m* (*fahrbare Umkleidekabine*); **'~-suit** *s.* Badeanzug *m*.
Bath met·al *s.* ⚙ 'Tombak *m*.
ba·thos ['beɪθɒs] *s.* **1.** Abgleiten *n* vom Erhabenen zum Lächerlichen; **2.** Gemeinplatz *m*, Plattheit *f*; **3.** falsches Pathos; **4.** a) Null-, Tiefpunkt *m*, b) Gipfel *m der Dummheit etc.*
'bath|·robe *s.* Bademantel *m*; **'~·room** [-rʊm] *s.* Badezimmer *n*; *weitS.* Klo'sett *n*; **~ salts** *s. pl.* Badesalz *n*; ♀ **stone** *s.* Muschelkalkstein *m*; **~ tow·el** *s.* Badetuch *n*; **'~·tub** *s.* Badewanne *f* (*a.* F *Skisport*).
ba·thym·e·try [bə'θɪmɪtrɪ] *s.* Tiefen- *od.* Tiefseemessung *f*.
bath·y·sphere ['bæθɪ,sfɪə] *s.* ⚙ Tiefseetaucherkugel *f*.
ba·tik ['bætɪk] *s.* 'Batik(druck) *m*.
ba·tiste [bæ'ti:st] *s.* Ba'tist *m*.
bat·man ['bætmən] *s.* [*irr.*] ⚔ *Brit.* Offi-

ˈziersbursche *m.*

ba·ton [ˈbætən] *s.* **1.** (Amts-, Komˈmando)Stab *m*: ***Field-Marshal's ~*** Marschallsstab; **2.** ♪ Taktstock *m*, Stab *m*; **3.** *sport* (Staffel)Stab *m*; **4.** *Brit.* Schlagstock *m*, (Poliˈzei)Knüppel *m*.

ba·tra·chi·an [bəˈtreɪkjən] *zo.* **I** *adj.* frosch-, krötenartig; **II** *s.* Baˈtrachier *m*, Froschlurch *m*.

bats·man [ˈbætsmən] *s.* [*irr.*] *Kricket, Baseball etc.*: Schläger *m*, Schlagmann *m*.

bat·tal·ion [bəˈtæljən] *s.* ⚔ Batailˈlon *n*.

bat·tels [ˈbætlz] *s. pl.* (*Universität Oxford*) College-Rechnungen *pl.* für Lebensmittel *etc.*

bat·ten[1] [ˈbætn] *v/i.* **1.** fett werden (***on*** von *dat.*), gedeihen; **2.** (***on***) *a. fig.* sich mästen (mit), sich gütlich tun (an *dat.*): ***~ on others*** auf Kosten anderer dick u. fett werden.

bat·ten[2] [ˈbætn] **I** *s.* **1.** Latte *f*, Leiste *f*; **2.** Diele *f*, (Fußboden)Brett *n*; **II** *v/t.* **3.** mit Latten verkleiden *od.* befestigen; **4.** ***~ down the hatches*** a) ⚓ die Luken schalken, b) *fig.* dichtmachen.

bat·ter[1] [ˈbætə] △ **I** *v/i.* sich nach oben verjüngen; **II** *s.* Böschung *f*, Verjüngung *f*, Abdachung *f*.

bat·ter[2] [ˈbætə] **I** *v/t.* **1.** mit heftigen Schlägen traktieren; (zer)schlagen, demolieren; *Ehefrau, Kind* (ständig) mißhandeln *od.* schlagen *od.* prügeln: ***~ed wives*** mißhandelte (Ehe)Frauen; ***~ down*** (*od.* ***in***) *Tür* einschlagen; **2.** ⚔ *u. weitS.* bombardieren: ***~ down*** zs.-schießen; **3.** beschädigen, zerbeulen, *a. j-n* böse zurichten, arg mitnehmen; **II** *v/i.* **4.** heftig *od.* wiederholt schlagen: ***~ at the door*** gegen die Tür hämmern; ˈ**bat·tered** [-təd] *adj.* **1.** zerschlagen, zerschmettert, demoliert; **2.** a) abgenutzt, zerbeult, beschädigt, b) *a. fig.* arg mitgenommen, übel zugerichtet, c) mißˈhandelt (*Kind etc.*).

ˈ**bat·ter·ing-ram** [ˈbætərɪŋ-] *s.* ⚔ *hist.* (Belagerungs)Widder *m*, Sturmbock *m*.

bat·ter·y [ˈbætərɪ] *s.* **1.** a) ⚔ Batteˈrie *f*, b) ⚓ Geschützgruppe *f*; **2.** ⚡, ⚙ Batteˈrie *f*, Eleˈment *n*; **3.** *fig.* Reihe *f*, Satz *m*, Batteˈrie *f* (*von Maschinen, Flaschen etc.*); **4.** ⚘ ˈLegebatteˌrie *f*; **5.** ♪ Batteˈrie *f*, Schlagzeuggruppe *f*; **6.** *Baseball*: Werfer *m* u. Fänger *m*; **7.** ⚖ Tätlichkeit *f*, *a.* Körperverletzung *f*; → ***assault*** 3; **~ cell** *s.* Sammlerzelle *f*; ˈ**~ˌcharg·ing sta·tion** *s.* ⚡ ˈLadestatiˌon *f*; ˈ**~ˌop·er·at·ed** *adj.* batteriebetrieben, Batterie…; **~ hen** *s.* Batteˈriehenne *f*.

bat·ting [ˈbætɪŋ] *s.* **1.** Schlagen *n bsd. der Rohbaumwolle zu Watte*; **2.** (Baumwoll)Watte *f*; **3.** *Kricket, Baseball etc.*: Schlagen *n*, Schlägerspiel *n*: ***~ average*** *a. fig.* Durchschnitt(sleistung *f*) *m*.

bat·tle [ˈbætl] **I** *s.* **1.** Schlacht *f* (***of*** *mst* bei), Gefecht *n*: ***~ of Britain*** Schlacht um England (*2. Weltkrieg*); **2.** *fig.* Kampf *m*, Ringen *n* (***for*** um, ***against*** gegen): ***do ~*** kämpfen, sich schlagen; ***fight a ~*** e-n Kampf führen; ***fight a losing ~ against*** e-n aussichtslosen Kampf führen gegen; ***fight s.o.'s ~*** j-s Sache vertreten; ***give*** (*od.* ***join***) ***~*** e-e Schlacht liefern, sich zum Kampf stellen; ***that is half the ~*** damit ist es schon halb gewonnen; ***line of ~*** Schlachtlinie *f*; ***~ of words*** Wortgefecht *n*; ***~ of wits*** geistiges Duell; **II** *v/i.* **3.** *mst fig.* kämpfen, streiten, fechten (***with*** mit, ***for*** um, ***against*** gegen); **~ ar·ray** *s.* ⚔ Schlachtordnung *f*; ˈ**~-ax(e)** *s.* **1.** ⚔ *hist.* Streitaxt *f*; **2.** F ‚alter Drachen' (*Frau*); ˈ**~ˌcruis·er** *s.* ⚔ Schlachtkreuzer *m*; ˈ**~-cry** *s.* Schlachtruf *m* (*a. fig.*).

bat·tle·dore [ˈbætldɔː] *s.* **1.** Waschschlegel *m*; **2.** *sport hist.* a) Federballschläger *m*, b) *a.* ***~ and shuttle-cock*** *Art* Federballspiel *n*.

bat·tle| dress *s. Brit.* ⚔ Dienst-, Feldanzug *m*; **~ fa·tigue** *s.* ˈKriegsneuˌrose *f*; ˈ**~·field**, ˈ**~·ground** *s.* Schlachtfeld *n* (*a. fig.*).

bat·tle·ment [ˈbætlmənt] *s. mst pl.* (Brustwehr *f* mit) Zinnen *pl.*

bat·tle| or·der *s.* **1.** Schlachtordnung *f*; **2.** Gefechtsbefehl *m*; **~ piece** *s.* Schlachtenszene *f* (*in Malerei od. Literatur*); **~ roy·al** *s.* erbitterter Kampf (*a. fig.*); Massenschlägeˈrei *f*; ˈ**~·ship** *s.* ⚔ Schlachtschiff *n*.

bat·tue [bæˈtuː] (*Fr.*) *s.* **1.** Treibjagd *f*; **2.** (auf e-r Treibjagd erlegte) Strecke; **3.** *fig.* Masˈsaker *n*.

bat·ty [ˈbætɪ] *adj. sl.* ‚bekloppt'.

bau·ble [ˈbɔːbl] *s.* **1.** Nippsache *f*; **2.** (protziger) Schmuck; **3.** (Kinder)Spielzeug *n*; **4.** *fig.* Spieleˈrei *f*, Tand *m*.

baulk [bɔːk] → ***balk***.

Ba·var·i·an [bəˈveərɪən] **I** *adj.* bay(e)risch; **II** *s.* Bayer(in).

bawd [bɔːd] *s. obs.* Kupplerin *f*; ˈ**bawd·ry** [-drɪ] *s.* **1.** Kuppeˈlei *f*; **2.** Unzucht *f*; **3.** Obszöniˈtät *f*.

bawd·y [ˈbɔːdɪ] *adj.* unzüchtig, unflätig (*Rede*); ˈ**~·house** *s.* Borˈdell *n*.

bawl [bɔːl] **I** *v/i.* schreien, grölen, brüllen, *Am. a.* ‚heulen' (*weinen*): ***~ at s.o.*** j-n anbrüllen; **II** *v/t. a.* ***~ out*** F *j-n* anbrüllen, zs.-stauchen.

bay[1] [beɪ] *s.* **1.** ⚘ *a.* ***~ tree*** Lorbeer(-baum) *m*; **2.** *pl.* a) Lorbeerkranz *m*, b) *fig.* Lorbeeren *pl.*, Ehren *pl.*

bay[2] [beɪ] *s.* **1.** Bai *f*, Bucht *f*, Meerbusen *m*; **2.** Talbucht *f*.

bay[3] [beɪ] *s.* **1.** △ Fach *n*, Abteilung *f*, Feld *n zwischen Pfeilern, Balken etc.*; Brückenglied *n*, Joch *n*; **2.** △ Fensternische *f*, Erker *m*; **3.** ✈ Abteilung *f od.* Zelle *f* im Flugzeugrumpf; **4.** ⚓ ˈSchiffslazaˌrett *n*; **5.** 🚂 *Brit.* Seitenbahnsteig *m*, *bsd.* ˈEndstatiˌon *f* e-s Nebengeleises.

bay[4] [beɪ] **I** *v/i.* **1.** (dumpf) bellen (*bsd. Jagdhund*): ***~ at s.o.*** *od.* ***s.th.*** j-n *od.* et. anbellen; **II** *v/t.* **2.** *obs.* anbellen: ***~ the moon***; **III** *s.* **3.** dumpfes Gebell *der Meute*: ***be*** (*od.* ***stand***) ***at ~*** gestellt sein (*Wild*), *fig.* in die Enge getrieben sein; ***bring to ~*** *Wild* stellen, *fig.* in die Enge treiben; ***keep*** (*od.* ***hold***) ***at ~*** a) sich *j-n* vom Leibe halten, b) *j-n* in Schach halten, fernhalten; *Seuche, Feuer etc.* unter Kontrolle halten; ***turn to ~*** sich stellen (*a. fig.*).

bay[5] [beɪ] **I** *adj.* kaˈstanienbraun (*Pferd*): ***~ horse*** → **II** *s.* Braune(r) *m*.

bay leaf *s.* Lorbeerblatt *n*.

bay·o·net [ˈbeɪənɪt] ⚔ **I** *s.* Bajoˈnett *n*, Seitengewehr *n*: ***at the point of the ~*** mit dem Bajoˈnett, im Sturm; ***fix the ~*** das Seitengewehr aufpflanzen; **II** *v/t.* mit dem Bajoˈnett angreifen *od.* niederstechen; **III** *adj.* ⚙ Bajonett… (*-fassung, -verschluß*).

bay·ou [ˈbaɪuː] *s. Am.* sumpfiger Flußarm (*Südstaaten der USA*).

bay| rum *s.* ˈBayrum *m*, Piˈmentrum *m*; **~ salt** *s.* Seesalz *n*; **⁀ State** *s. Am.* (*Beiname von*) Massachusetts; **~ win·dow** *s.* **1.** Erkerfenster *n*; **2.** *Am. sl.*, ‚Vorbau' *m*, Bauch *m*; ˈ**~·work** *s.* △ Fachwerk *n*.

ba·zaar [bəˈzɑː] *s.* **1.** (*Orient*) Baˈsar *m*; **2.** ☤ Warenhaus *n*; **3.** ˈWohltätigkeitsbaˌsar *m*.

ba·zoo·ka [bəˈzuːkə] *s.* ⚔ Baˈzooka *f* (*Panzerabwehrwaffe*).

B bat·ter·y *s.* ⚡ Anˈodenbatteˌrie *f*.

be [biː; bɪ] [*irr.*] **I** *v/aux.* **1.** *bildet das Passiv transitiver Verben*: ***I was cheated*** ich wurde betrogen; ***I was told*** man sagte mir; **2.** *lit.*, *bildet das Perfekt einiger intransitiver Verben*: ***he is come*** er ist gekommen *od.* da; **3.** *bildet die umschriebene Form* (*continuous od. progressive form*) *der Verben*: ***he is reading*** er liest gerade; ***the house was being built*** das Haus war im Bau; ***what I was going to say*** was ich sagen wollte; **4.** *drückt die* (*nahe*) *Zukunft aus*: ***I am leaving for Paris tomorrow*** ich reise morgen nach Paris (ab); **5.** *mit inf. zum Ausdruck der Absicht, Pflicht, Möglichkeit etc.*: ***I am to go*** ich soll gehen; ***the house is to let*** das Haus ist zu vermieten; ***he is to be pitied*** er ist zu bedauern; ***it was not to be found*** es war nicht zu finden; **6.** *Kopula*: ***trees are green*** (die) Bäume sind grün; ***the book is mine*** (***my brother's***) das Buch gehört mir (m-m Bruder); **II** *v/i.* **7.** (vorˈhanden *od.* anwesend) sein, bestehen, sich befinden, geschehen; werden: ***I think, therefore I am*** ich denke, also bin ich; ***to be or not to be*** sein oder nicht sein; ***it was not to be*** es hat nicht sollen sein; ***so ~ it!*** so sei es!, gut so!; ***how is it that ...?*** wie kommt es, daß …?; ***what will you be when you grow up?*** was willst du werden, wenn du erwachsen bist?; ***there is no substitute for wool*** für Wolle gibt es keinen Ersatz; **8.** stammen (***from*** aus): ***he is from Liverpool***; **9.** gleichkommen, bedeuten: ***seeing is believing*** was man (selbst) sieht, glaubt man; ***that is nothing to me*** das bedeutet mir nichts; **10.** kosten: ***the picture is £10*** das Bild kostet 10 Pfund; **11.** ***been*** (*p.p.*): ***have you been to Rome?*** sind Sie (je) in Rom gewesen?; ***has anyone been?*** F ist j-d dagewesen?

beach [biːtʃ] **I** *s.* Strand *m*; **II** *v/t.* ⚓ *Schiff* auf den Strand setzen *od.* ziehen; **~ ball** *s.* Wasserball *m*; **~ bug·gy** *s. mot.* Strandbuggy *m*; ˈ**~ˌcomb·er** *s.* **1.** ⚓ F a) Strandgutjäger *m*, b) Herˈumtreiber *m*, c) *fig.* Nichtstuer *m*; **2.** breite Strandwelle; ˈ**~·head** *s.* **1.** ⚔ Lande-, Brückenkopf *m*; **2.** *fig.* Ausgangsbasis *f*; **~ wear** *s.* Strandkleidung *f*.

bea·con [ˈbiːkən] **I** *s.* **1.** Leucht-, Siˈgnalfeuer *n*; (Feuer)Bake *f*, Seezeichen *n*; **2.** Leuchtturm *m*; **3.** ✈ Funkfeuer *n*, -bake *f*, Landelicht *n*; **4.** (***traffic***) **~** Verkehrsampel *f*, *bsd.* Blinklicht *n* an Zebrastreifen; **5.** *fig.* a) Faˈnal *n*, b) Leitstern *m*, c) ˈWarnsigˌnal *n*; **II** *v/t.* **6.** mit Baken versehen; **7.** *fig.* a) erleuchten, b) *j-n* leiten.

bead [bi:d] **I** *s.* **1.** (Glas-, Stick-, Holz-) Perle *f*; **2.** (*Blei- etc.*)Kügelchen *n*; **3.** *pl. eccl.* Rosenkranz *m*: ***tell one's ~s*** den Rosenkranz beten; **4.** (Schaum-) Bläs-chen *n*, (Tau-, Schweiß- *etc.*)Perle *f*, Tröpfchen *n*; **5.** ⚠ perlartige Verzierung; **6.** ⚙ Wulst *m*; **7.** ⚔ (Perl)Korn *n am Gewehr*: ***draw a ~ on*** zielen auf (*acc.*); **II** *v/t.* **8.** mit Perlen *od.* perlartiger Verzierung *etc.* versehen; **9.** *wie Perlen* aufziehen, aufreihen; **III** *v/i.* **10.** perlen, Perlen bilden; '**bead·ed** [-dɪd] *adj.* **1.** mit Perlen versehen *od.* verziert; **2.** ⚙ mit Wulst; '**bead·ing** [-dɪŋ] *s.* **1.** 'Perlsticke,rei *f*; **2.** ⚠ Rundstab *m*; **3.** ⚙ Wulst *m*.

bea·dle ['bi:dl] *s.* **1.** *bsd. Brit.* Kirchendiener *m*; **2.** *univ. Brit.* Pe'dell *m*, (Fest- *etc.*)Ordner *m*; **3.** *obs.* Büttel *m*, Gerichtsdiener *m*; '**bea·dle·dom** [-dəm] *s.* büttelhaftes Wesen.

bead mo(u)ld·ing *s.* ⚠ Perl-, Rundstab *m*, Perlleiste *f*.

bead·y ['bi:dɪ] *adj.* **1.** mit Perlen verziert; **2.** perlartig; **3.** perlend; **4.** ***~ eyes*** glänzende Knopfaugen.

bea·gle ['bi:gl] *s.* **1.** *zo.* Beagle *m* (*Hunderasse*); **2.** *fig.* Spi'on *m*.

beak¹ [bi:k] *s.* **1.** *zo.* Schnabel *m*; **2.** F (scharfe) Nase, ‚Zinken' *m*; **3.** ⚙ a) Tülle *f*, Ausguß *m*, b) Schnauze *f*, Nase *f*, Röhre *f*.

beak² [bi:k] *s. Brit. sl.* **1.** ‚Kadi' *m* (*Richter*); **2.** *ped.* ‚Rex' *m* (*Direktor*).

beaked [bi:kt] *adj.* **1.** geschnäbelt, schnabelförmig; **2.** vorspringend, spitz.

beak·er ['bi:kə] *s.* **1.** Becher *m*; **2.** ⚗ Becherglas *n*.

'**be-all**: ***the ~ and end-all*** F das A und O, das Wichtigste; *j-s* ein und alles.

beam [bi:m] **I** *s.* **1.** ⚠ Balken *m*; Tragbalken *m* (*Haus*, *Brücke*); *a.* ✈ Holm *m*; **2.** ⚓ a) Deckbalken *m*, b) größte Schiffsbreite: ***in the ~*** in der Breite; ***on the starboard ~*** querab an Steuerbord; **3.** *fig.* F Körperbreite *f e-s Menschen*: ***broad in the ~*** breit (gebaut); **4.** ⚙ a) (Waage)Balken *m*, b) Weberbaum *m*, c) Pflugbaum *m*, d) Spindel *f der Drehbank*; **5.** *zo.* Stange *f am Geweih*; **6.** (Licht)Strahl *m*; (Strahlen)Bündel *n*; *mot.* Fernlicht *n*; **7.** *Funk*: Richt-, Peil-, Leitstrahl *m*: ***ride the ~*** ✈ genau auf dem Leitstrahl steuern; ***on the ~*** a) auf dem richtigen Kurs, b) *fig.* F ‚auf Draht'; ***off the ~*** *fig.* auf dem Holzweg, (völlig) daneben (*abwegig*); **8.** strahlender Blick, Glanz *m*; **II** *v/t.* **9.** ⚙ *Weberei*: *Kette* aufbäumen; **10.** *a. phys.* (aus-) strahlen; **11.** a) ϟ *Funkspruch* mit Richtstrahler senden, b) *Radio*, *TV*: ausstrahlen; **III** *v/i.* **12.** strahlen, glänzen (*a. fig.*): ***~ (up)on s.o.*** j-n anstrahlen; ***~ing with joy*** freudestrahlend; **~ aer·i·al**, *bsd. Am.* **~ an·ten·na** *s. Radio*: 'Richtstrahler *m*, -an,tenne *f*; **,~-'ends** *s. pl.* **1.** ⚓ ***on her ~*** mit starker Schlagseite, in Gefahr; **2.** *fig.*: ***on one's ~*** ‚pleite'; **~ trans·mis·sion** *s.* Richtsendung *f*; **~ trans·mit·ter** *s.* Richt(strahl)sender *m*.

bean [bi:n] **I** *s.* **1.** ⚘ Bohne *f*: ***full of ~s*** F ‚putzmunter', ‚aufgekratzt'; ***give s.o. ~s*** *sl.* j-m ‚Saures geben' (*j-n schlagen*, *strafen*, *schelten*); ***not to know ~s*** *Am. sl.* keine Ahnung haben; ***I haven't a ~*** *sl.* ich habe keinen roten Heller; ***spill the ~s*** *sl.* alles ausplaudern, ‚auspakken'; **2.** bohnenförmiger Samen, (*Kaffee- etc.*)Bohne *f*; **3.** *sl.* a) Kerl *m*, b) ‚Birne' *f* (*Kopf*), c) ‚Grips' *m* (*Verstand*); **II** *v/t.* **4.** *Am. sl. j-m* ‚auf die Rübe hauen'; **~ curd** *s.* 'Bohnengal,lerte *f* (*Ostasien*); '**~·feast** *s. Brit.* F **1.** *jährliches Festessen für die Belegschaft*; **2.** (feucht)fröhliches Fest.

bean·o ['bi:nəʊ] F → ***beanfeast*** 2.

bean| pod *s.* Bohnenhülse *f*; **~ pole** *s.* Bohnenstange *f* (*a.* F *Person*).

bean·y ['bi:nɪ] *adj.* F ‚putzmunter', tempera'mentvoll.

bear¹ [beə] **I** *v/t.* [*irr.*] [*p.p.* ***borne***; ***born*** (*bei Geburt*; → *a.* ***borne*** 2)] **1.** *Lasten etc.* tragen, befördern: ***~ a message*** e-e Nachricht überbringen; → ***borne*** 1; **2.** *fig. Waffen*, *Namen etc.* tragen, führen; *Datum* tragen; **3.** *fig. Kosten*, *Verlust*, *Verantwortung*, *Folgen etc.* tragen, über'nehmen; → ***blame*** 4, ***palm²*** 2, ***penalty*** 1; **4.** *fig. Zeichen*, *Stempel etc.* tragen, zeigen; → ***resemblance***; **5.** zur Welt bringen, gebären: ***~ children***; ***he was born into a rich family*** er kam als Kind reicher Eltern zur Welt; → ***born***; **6.** *fig.* her'vorbringen: ***~ fruit*** Früchte tragen (*a. fig.*); ***~ interest*** Zinsen tragen; **7.** *fig. Schmerzen etc.* ertragen, (er)dulden, (er)leiden, aushalten; *e-r Prüfung etc.* standhalten: ***~ comparison*** den Vergleich aushalten; *mst neg. od. interrog.*: ***I cannot ~ him*** ich kann ihn nicht leiden *od.* ausstehen; ***I cannot ~ it*** ich kann es nicht ausstehen *od.* aushalten; ***his words won't ~ repeating*** s-e Worte lassen sich unmöglich wiederholen; ***it does not ~ thinking about*** daran mag man gar nicht denken; **8.** *fig.*: ***~ a hand*** zur Hand gehen, helfen (*dat.*); ***~ love*** (***a grudge***) Liebe (Groll) hegen; ***~ a part in*** e-e Rolle spielen bei; **9.** ***~ o.s.*** sich betragen: ***~ o.s. well***; **II** *v/i.* [*irr.*] **10.** tragen, halten (*Balken*, *Eis etc.*): ***will the ice ~ today?*** wird das Eis heute tragen?; **11.** Früchte tragen; **12.** Richtung annehmen: ***~ (to the) left*** sich links halten; ***~ to the north*** sich nach Norden erstrekken; **13.** → ***bring*** 1.

Zssgn mit prp.:

bear| a·gainst *v/i.* drücken gegen; 'Widerstand leisten (*dat.*); **~ on** *od.* **up·on** *v/i.* **1.** sich beziehen auf (*acc.*), betreffen (*acc.*); **2.** einwirken *od.* zielen auf (*acc.*); **3.** drücken *od.* sich stützen auf (*acc.*), lasten auf (*dat.*); **4.** ***bear hard on*** *j-m* sehr zusetzen, *j-n* bedrükken; **5.** ⚔ beschießen; **~ with** *v/i.* Nachsicht üben mit, Geduld haben mit;

Zssgn mit adv.:

bear| a·way I *v/t.* forttragen, -reißen (*a. fig.*); **II** *v/i.* ⚓ absegeln, abfahren; **~ down I** *v/t.* über'winden, über'wältigen; **II** *v/i.*: ***~ on*** a) sich wenden gegen, sich stürzen auf (*acc.*), überwältigen (*acc.*), b) sich (schnell) nähern (*dat.*), zusteuern auf (*acc.*); **~ in** *v/t.*: ***it was borne in upon him*** es wurde ihm klar, es drängte sich ihm auf; **~ out** *v/t.* **1.** bestätigen, bekräftigen: ***bear s.o. out*** j-m recht geben; **2.** unter'stützen; **~ up I** *v/t.* **1.** stützen, ermutigen; **II** *v/i.* **2.** (***against***) (tapfer) standhalten (*dat.*), die Stirn bieten (*dat.*), mutig ertragen (*acc.*), *weitS.* sich fabelhaft halten; **3.** *Brit.* Mut fassen: ***~!*** Kopf hoch!

bear² [beə] **I** *s.* **1.** *zo.* Bär *m*; **2.** *fig.* a) Bär *m*, Tolpatsch *m*, b) ‚Brummbär' *m*, Ekel *n*; **3.** ✝ 'Baissespeku,lant *m*, Baissi'er *m*: ***~ market*** Baissemarkt *m*; **4.** *ast.*: ***Great(er)*** ♎ Großer Bär; ***Little*** *od.* ***Lesser*** ♎ Kleiner Bär; **II** *v/i.* **5.** ✝ auf Baisse spekulieren; **III** *v/t.* **6.** ✝ ***~ the market*** die Kurse drücken (wollen).

bear·a·ble ['beərəbl] *adj.* □ tragbar, erträglich, zu ertragen(d).

'**bear-bait·ing** *s. hist.* Bärenhetze *f*.

beard [bɪəd] **I** *s.* **1.** Bart *m* (*a. von Tieren*); → ***grow*** 6; **2.** ⚘ Grannen *pl.*; **3.** ⚙ 'Widerhaken *m* (*an Pfeil*, *Angel etc.*); **II** *v/t.* **4.** *fig.* mutig entgegentreten, Trotz bieten (*dat.*): ***~ the lion in his den*** sich in die Höhle des Löwen wagen; '**beard·ed** [-dɪd] *adj.* **1.** bärtig; **2.** ⚘ mit Grannen; **3.** ⚙ mit (e-m) 'Widerhaken; '**beard·less** [-lɪs] *adj.* **1.** bartlos; **2.** ⚘ ohne Grannen; **3.** *fig.* jugendlich, unreif.

bear·er ['beərə] *s.* **1.** Träger(in); **2.** Über'bringer(in) *e-s Briefes*, *Schecks etc.*; **3.** ✝ Inhaber(in) *e-s Wechsels etc.*: ***~ bond*** Inhaberobligation *f*; ***~ cheque*** (*Am.* ***check***) Inhaberscheck *m*; ***~ securities*** Inhaberpapiere; ***~ share*** (*od.* ***stock***) Inhaberaktie *f*; → ***payable*** 1; **4.** ⚘ ***a good ~*** ein Baum, der gut trägt; **5.** *her.* Schildhalter *m*.

bear| gar·den *s.* **1.** Bärenzwinger *m*; **2.** *fig.* ‚Tollhaus' *n*; **~ hug** *s.* F heftige Um'armung.

bear·ing ['beərɪŋ] **I** *adj.* **1.** tragend; **2.** ⚗, *min.* ... enthaltend, ...haltig; **II** *s.* **3.** (Körper)Haltung *f*: ***of noble ~***; **4.** Betragen *n*, Verhalten *n*: ***his kindly ~***; **5.** (***on***) Bezug *m* (auf *acc.*), Beziehung *f* (zu), Verhältnis *n* (zu), Zs.-hang *m* (mit); Tragweite *f*, Bedeutung *f*: ***have no ~ on*** keinen Einfluß haben auf (*acc.*), nichts zu tun haben mit; ***consider it in all its ~s*** es in s-r ganzen Tragweite *od.* von allen Seiten betrachten; **6.** *pl.* ⚓, ✈, *surv.* Richtung *f*, Lage *f*; Peilung *f*; *fig.* Orientierung *f*: ***take the ~s*** die Richtung *od.* Lage feststellen, peilen; ***take one's ~s*** sich orientieren; ***find*** (*od.* ***get***) ***one's ~s*** sich zurechtfinden; ***lose one's ~s*** die Orientierung verlieren, *fig.* in Verlegenheit *od.* ‚ins Schwimmen' geraten; **7.** Ertragen *n*, Erdulden *n*, Nachsicht *f*: ***beyond*** (***all***) ***~*** unerträglich; ***there is no ~ with such a fellow*** solch ein Kerl ist unerträglich; **8.** *mst pl.* ⚙ a) (Zapfen-, Achsen- *etc.*)Lager *n*, b) Stütze *f*; **9.** *pl. her.* → ***armorial*** I; **10.** (Früchte)Tragen *n*: ***beyond ~*** ⚘ nicht mehr tragend.

bear·ing| com·pass *s.* ⚓ 'Peil,kompaß *m*; **~ line** *s.* ⚓, ✈ 'Peil-, Vi'sier,linie *f*; **~ met·al** *s.* ⚙ 'Lagerme,tall *n*; **~ pin** *s.* ⚙ Lagerzapfen *m*.

bear·ish ['beərɪʃ] *adj.* **1.** bärenhaft; **2.** *fig.* plump; brummig, unfreundlich; **3.** ✝ flau, Baisse...: ***~ operation*** Baissespekulation *f*.

bear lead·er *s. hist.* Bärenführer *m* (*a. fig. Reisebegleiter*).

'**bear|·skin** *s.* **1.** Bärenfell *n*; **2.** ⚔ Bärenfellmütze *f*; '**~·wood** *s.* ⚘ Kreuz-, Wegdorn *m*.

beast [bi:st] *s.* **1.** *bsd. vierfüßiges u. wildes* Tier: ***~ of burden*** Lasttier; ***~s of***

the forest Waldtiere; ***~ of prey*** Raubtier; ***the ~ in us*** *fig.* das Tier(ische) in uns; **2.** ⸗ Vieh *n* (*Rinder*), *bsd.* Mastvieh *n*; **3.** *fig.* a) bru'taler Mensch, Rohling *m*, 'Bestie *f*, b) ‚Biest' *n*, Ekel *n*; **beast·li·ness** ['bi:stlɪnɪs] *s.* **1.** Brutali'tät *f*, Roheit *f*; **2.** F a) Scheußlichkeit *f*, b) Gemeinheit *f*; **beast·ly** ['bi:stlɪ] **I** *adj.* **1.** *fig.* viehisch, bru'tal, roh, gemein; **2.** F ab'scheulich, garstig, eklig, *Person*: *a.* ekelhaft, gemein; **II** *adv.* **3.** F scheußlich, ‚verdammt': ***it was ~ hot.***

beat [bi:t] **I** *s.* **1.** (*regelmäßig wiederholter*) Schlag; Herz-, Puls-, Trommelschlag *m*; Ticken *n* (*Uhr*); **2.** ♪ a) Takt (-schlag) *m*, b) *Jazz*: Beat *m*, 'rhythmischer Schwerpunkt, c) → ***beat music***; **3.** *Versmaß*: Hebung *f*; **4.** *phys.*, *Radio*: Schwebung *f*; **5.** Runde *f od.* Re'vier *n e-s Schutzmanns etc.*: ***be on one's ~*** die Runde machen; ***be off*** (*od.* ***out of***) ***one's ~*** *fig.* nicht in s-m Element sein; ***that is outside my ~*** *fig.* das schlägt nicht in mein Fach *od.* ist mir ungewohnt; **6.** *Am.* (Verwaltungs)Bezirk *m*; **7.** *Am.* F a) *wer od. was alles übertrifft*: ***I've never seen his ~*** der schlägt alles, was ich je gesehen habe, b) (sensatio'nelle) Erst- *od.* Al'leinmeldung *e-r Zeitung*, c) → ***deadbeat***, d) → ***beatnik***; **8.** *hunt.* Treibjagd *f*; **II** *adj.* **9.** F (wie) erschlagen: a) ‚ganz ka'putt', erschöpft, b) verblüfft; **10.** *Am. sl.* 'antikonfor͵mistisch, illusi'onslos: ***the ♀ Generation*** die Beat generation; **III** *v/t.* [*irr.*] **11.** (*regelmäßig od. häufig*) schlagen; *Teppich etc.* klopfen; *Metall* hämmern *od.* schmieden; *Eier*, *Sahne* (zu Schaum *od.* Schnee) schlagen; *Takt*, *Trommel* schlagen: ***~ a horse*** ein Pferd schlagen; ***~ a path*** e-n Weg (durch Stampfen *etc.*) bahnen; ***~ the wings*** mit den Flügeln schlagen; ***~ the air*** *fig.* vergebliche Versuche machen, gegen Windmühlen kämpfen; ***~ a charge*** *Am. sl.* e-r Strafe entgehen; ***~ s.th. into s.o.'s head*** j-m et. einbleuen; ***~ one's brains*** sich den Kopf zerbrechen; ***~ it*** *sl.* ‚abhauen', ‚verduften'; → ***retreat*** 1; **12.** *Gegner* schlagen, besiegen; über'treffen, -'bieten; zu'viel sein für *j-n*: ***~ s.o. at tennis*** j-n im Tennis schlagen; ***~ the record*** den Rekord brechen; ***to ~ the band*** (*Wendung*) mit aller Macht, wie toll; ***~ s.o. hollow*** j-n vernichtend schlagen; ***~ s.o. to it*** j-m zuvorkommen; ***that ~s me!*** F das ist mir zu hoch!, da komme ich nicht mit!; ***this poster takes some ~ing*** dieses Plakat ist schwer zu überbieten; ***that ~s everything!*** F a) das ist die Höhe!, b) ist ja sagenhaft!; ***can you ~ that!*** F das darf doch nicht wahr sein!; ***the journey ~ me*** die Reise hat mich völlig erschöpft; ***hock ~s claret*** Weißwein ist besser als Rotwein; **13.** *Wild* aufstöbern, treiben: ***~ the woods*** e-e Treibjagd *od.* Suche durch die Wälder veranstalten; **14.** schlagen, verprügeln, (ver)hauen; **15.** abgehen, ‚abklopfen', e-n Rundgang machen um; **IV** *v/i.* [*irr.*] **16.** schlagen (*a. Herz etc.*); ticken (*Uhr*): ***~ at*** (*od.* ***on***) ***the door*** (fest) an die Tür pochen; ***rain ~ on the windows*** der Regen schlug *od.* peitschte gegen die Fenster; ***the hot sun was ~ing down on us*** die heiße Sonne brannte auf uns nieder; **17.** *hunt.* treiben; → ***bush***[1] 1; **18.** ⚓ lavieren: ***~ against the wind*** gegen den Wind kreuzen;

Zssgn mit adv.:

beat| back *v/t.* zu'rückschlagen, -treiben, abwehren; **~ down I** *v/t.* **1.** *fig.* niederschlagen, unter'drücken; **2.** ✝ a) *den Preis* drücken, b) *j-n* her'unterhandeln (***to*** auf *acc.*); **II** *v/i.* **3.** a) her'unterbrennen (*Sonne*), b) niederprasseln (*Regen*); **~ off** *v/t.* *Angriff*, *Gegner* abschlagen, -wehren; **~ out** *v/t.* **1.** *Metall* (aus)schmieden, hämmern: ***~ s.o.'s brains*** j-m den Schädel einschlagen; **2.** *Feuer* ausschlagen; **3.** *fig. et.* ‚ausknobeln', her'ausarbeiten; **4.** F *j-n* ausstechen; **~ up** *v/t.* **1.** *Eier*, *Sahne* (zu Schaum *od.* Schnee) schlagen; **2.** ⚔ *Rekruten* werben; **3.** *j-n* zs.-schlagen, verprügeln; **4.** *fig.* aufrütteln; **5.** *et.* auftreiben.

beat·en ['bi:tn] *p.p. u. adj.* geschlagen; besiegt; erschöpft; ausgetreten, vielbegangen (*Weg*): ***~ gold*** Blattgold *n*; ***the ~ track*** *fig.* das ausgefahrene Geleise; ***off the ~ track*** a) abgelegen, b) *fig.* ungewohnt; ***~ biscuit*** *Am. ein* Blätterteiggebäck *n*.

beat·er ['bi:tə] *s.* **1.** Schläger *m*, Klopfer *m* (*Person od. Gerät*); Stößel *m*, Stampfe *f*; **2.** *hunt.* Treiber *m*.

be·a·tif·ic [͵bi:ə'tɪfɪk] *adj.* **1.** glück'selig; **2.** seligmachend; **be·at·i·fi·ca·tion** [bi:͵ætɪfɪ'keɪʃn] *s. eccl.* Seligsprechung *f*; **be·at·i·fy** [bi:'ætɪfaɪ] *v/t.* **1.** beseligen, selig machen; **2.** *eccl.* seligsprechen, beatifizieren.

beat·ing ['bi:tɪŋ] *s.* **1.** Schlagen *n* (*a. Herz*, *Flügel etc.*); **2.** Prügel *pl.*: ***give s.o. a good ~*** j-m e-e tüchtige Tracht Prügel verabreichen, *fig.* j-m e-e böse Schlappe bereiten; ***give the enemy a good ~*** den Feind aufs Haupt schlagen; ***take a ~*** Prügel beziehen, e-e Schlappe erleiden.

be·at·i·tude [bi:'ætɪtju:d] *s.* (Glück)'Seligkeit *f*: ***the ♀s*** *bibl.* die Seligpreisungen.

beat mu·sic *s.* 'Beatmu͵sik *f*.

beat·nik ['bi:tnɪk] *s. hist.* Beatnik *m*, junger 'Antikonfor͵mist.

beau [bəʊ] *pl.* **beaus** *od.* **beaux** [bəʊz] (*Fr.*) *s. obs.* **1.** Beau *m*, Geck *m*; **2.** Liebhaber *m*, ‚Kava'lier' *m*.

beau i·de·al *s.* **1.** ('Schönheits)Ide͵al *n*, Vorbild *n*; **2.** vollkommene Schönheit.

beaut [bju:t] *s. sl.* → ***beauty*** 3.

beau·te·ous ['bju:tjəs] *adj. mst poet.* (*äußerlich*) schön.

beau·ti·cian [bju:'tɪʃn] *s.* Kos'metiker (-in).

beau·ti·ful ['bju:təfʊl] **I** *adj.* ☐ **1.** schön: ***the ~ people*** F die ‚Schickeria'; **2.** wunderbar; **II** *s.* **3.** ***the ~*** das Schöne; die Schönen *pl.*; **'beau·ti·ful·ly** [-təflɪ] *adv.* F schön, wunderbar, ausgezeichnet: ***~ warm*** schön warm; **'beau·ti·fy** [-tɪfaɪ] *v/t.* verschönern, verzieren.

beau·ty ['bju:tɪ] *s.* **1.** Schönheit *f*; **2.** *das* Schön(st)e, *et.* Schönes: ***that is the ~ of it*** das ist das Schönste daran; **3.** a) Prachtstück *n*: ***a ~ of a vase*** ein Gedicht von e-r Vase, b) F ‚tolles Ding' schicke Sache: ***that goal was a ~!*** das Tor war Klasse!; **4.** Schönheit *f*, schöne Per'son (*mst Frau*; *a. Tier*): ***~ queen*** Schönheitskönigin *f*; **5.** *iro.*: ***you are a ~!*** du bist mir ein Schöner *od.* ein Schlimmer!; **~ con·test** *s.* Schönheitswettbewerb *m*; **~ par·lo(u)r**, **~ sa·lon**, **~ shop** *s.* 'Schönheitssa͵lon *m*; **~ sleep** *s.* Schlaf *m* vor Mitternacht; **~ spot** *s.* **1.** Schönheitspflästerchen *n*; **2.** schönes Fleckchen Erde, lohnendes Ausflugsziel.

beaux *pl. von* ***beau***.

bea·ver[1] ['bi:və] **I** *s.* **1.** *zo.* Biber *m*: ***work like a ~*** → 5; **2.** Biberpelz *m*; **3.** ✝ Biber *m* (*filziger Wollstoff*); **4.** *sl.* a) Bart(träger) *m*, b) *Am.* ‚Muschi' *f*; **II** *v/i.* **5.** *mst* ***~ away*** (schwer) schuften.

bea·ver[2] ['bi:və] *s.* ⚔ *hist.* Vi'sier *n*, Helmsturz *m*.

be·bop ['bi:bɒp] *s.* ♪ Bebop *m* (*Jazz*).

be·calm [bɪ'kɑ:m] *v/t.* **1.** beruhigen; **2.** ***be ~ed*** ⚓ in e-e Flaute geraten.

be·came [bɪ'keɪm] *pret. von* ***become.***

be·cause [bɪ'kɒz] **I** *cj.* weil, da; **II** ***~ of*** *prp.* wegen (*gen.*), in'folge von (*od. gen.*).

bêche-de-mer [͵beɪʃdə'meə] (*Fr.*) *s. zo.* eßbare Seewalze, 'Trepang *m*.

beck[1] [bek] *s.* Wink *m*, Nicken *n*: ***be at s.o.'s ~ and call*** j-m auf den (leisesten) Wink gehorchen, nach j-s Pfeife tanzen.

beck[2] [bek] *s. Brit.* (Wild)Bach *m*.

beck·on ['bekən] **I** *v/t.* *j-m* (zu)winken, zunicken, *j-n* her'anwinken, *j-m* ein Zeichen geben; **II** *v/i.* winken, *fig. a.* locken.

be·cloud [bɪ'klaʊd] *v/t.* um'wölken, verdunkeln, *fig. a.* vernebeln.

be·come [bɪ'kʌm] [*irr.* → ***come***] **I** *v/i.* **1.** werden: ***~ an actor***; ***~ warmer***; ***what has ~ of him?*** a) was ist aus ihm geworden?, b) F wo steckt er nur?; **II** *v/t.* **2.** sich schicken für, sich (ge)ziemen für: ***it does not ~ you***; **3.** *j-m* stehen, passen zu, *j-n* kleiden (*Hut etc.*); **be'com·ing** [-mɪŋ] *adj.* ☐ **1.** schicklich, geziemend, anständig; **2.** kleidsam.

bed [bed] **I** *s.* **1.** Bett *n*: ***~ and breakfast*** Übernachtung *f* mit Frühstück; ***his life is no ~ of roses*** er ist nicht auf Rosen gebettet; ***marriage is not always a ~ of roses*** die Ehe hat nicht nur angenehme Seiten; ***die in one's ~*** e-s natürlichen Todes sterben; ***get out of ~ on the wrong side*** mit dem verkehrten *od.* linken Fuß zuerst aufstehen; ***go to ~*** zu Bett *od.* schlafen gehen; ***keep one's ~*** das Bett hüten; ***make the ~*** das Bett machen; ***as you make your ~, so you must lie upon it*** wie man sich bettet, so schläft man; ***put to ~*** *j-n* zu Bett bringen; ***take to one's ~*** sich (krank) ins Bett legen; **2.** Federbett *n*; **3.** Ehebett *n*: ***~ and board*** Tisch *m* u. Bett (*Ehe*); **4.** Lager(statt *f*) *n* (*a. e-s Tieres*): ***~ of straw*** Strohlager; **5.** *fig.* letzte Ruhestätte; **6.** 'Unterkunft *f*: ***~ and breakfast*** Zimmer *n* mit Frühstück; **7.** (Fluß- *etc.*)Bett *n*; **8.** ⸗ Beet *n*; **9.** ⚙, ⚠ Bett *n* (*a. e-r Werkzeugmaschine*), Bettung *f*, 'Unterlage *f*, Schicht *f*: ***~ of concrete*** Betonunterlage *f*; **10.** *geol.*, ⚒ Bett *n*, Schicht *f*, Lage *f*, Lager *n*, Flöz *n* (*Kohle*); **11.** 🚂 'Unterbau *m*; **II** *v/t.* **12.** zu Bett bringen; **13.** ***be bedded*** bettlägerig sein; **14.** *mst* ***~ down*** a) *j-m* das Bett machen, b) *j-n* für die Nacht 'unterbringen, d) *Pferd etc.* mit Streu versorgen; **15.** *mst* ***~ out*** in ein

Beet pflanzen, auspflanzen; **III** *v/i.* **16.** *a.* ~ ***down*** a) ins *od.* zu Bett gehen, b) sein Nachtlager aufschlagen; **17.** (sich ein)nisten (*a. fig.*).

be·dad [bɪˈdæd] *int. Ir.* bei Gott!

be·daub [bɪˈdɔ:b] *v/t.* beschmieren.

be·daz·zle [bɪˈdæzl] *v/t.* blenden.

ˈbed|·bug *s. zo.* Wanze *f*; ~ **bun·ny** *s.* F ‚Betthäschen' *n*; **ˈ~ˌcham·ber** *s.* (königliches) Schlafgemach: ***Gentleman*** *od.* ***Groom of the*** ♀ königlicher Kammerherr; ***Lady of the*** ♀ königliche Kammerzofe; **ˈ~·clothes** *s. pl.* Bettwäsche *f*.

bed·ding [ˈbedɪŋ] **I** *s.* **1.** Bettzeug *n*, Bett *n* u. ˈZubehör *n*, *m*; **2.** (Lager-)Streu *f für Tiere*; **3.** ⚙ Bettung *f*, ˈUnterschicht *f*, -lage *f*, Lager *n*; **II** *adj.* **4.** ~ ***plants*** Beetpflanzen (*Blumen etc.*).

be·deck [bɪˈdek] *v/t.* (ver)zieren, schmücken.

be·del(l) [beˈdel] *s. Brit. univ.* Herold *m*.

be·dev·il [bɪˈdevl] *v/t. fig.* **1.** *fig.* verhexen; **2.** a) plagen, peinigen, b) bedrücken, belasten; **3.** *fig.* verwirren, durcheinˈanderbringen.

be·dew [bɪˈdju:] *v/t.* betauen, benetzen.

ˈbed|·fast *adj.* bettlägerig; **ˈ~ˌfel·low** *s.* **1.** ˈSchlafkameˌrad *m*, Bettgenosse *m*; **2.** *fig.* Genosse *m*; **ˈ~·gown** *s.* (Frauen)Nachthemd *n*.

be·dim [bɪˈdɪm] *v/t.* trüben.

be·diz·en [bɪˈdaɪzn] *v/t.* (überˈtrieben) herˈausputzen.

bed·lam [ˈbedləm] *s. fig.* Tollhaus *n*: ***cause a*** ~ e-n Tumult auslösen; **ˈbed·lam·ite** [-maɪt] *s. obs.* Irre(r *m*) *f*.

Bed·ou·in [ˈbeduɪn] **I** *s.* Beduˈine *m*; **II** *adj.* Beduinen…

ˈbed|·pan *s.* ⚕ Stechbecken *n*, Bettschüssel *f*; **ˈ~·plate** *s.* ⚙ ˈUnterlagsplatte *f*, -gestell *n od.* -rahmen *m*; **ˈ~·post** *s.* Bettpfosten *m*: ***between you and me and the*** ~ F unter uns *od.* im Vertrauen (gesagt).

be·drag·gled [bɪˈdrægld] *adj.* **1.** a) verdreckt, b) durchˈnäßt; **2.** *fig.* verwahrlost.

ˈbed|ˌrid·den *adj.* bettlägerig; **ˈ~·rock I** *s.* **1.** *geol.* unterste Felsschicht, Grundgestein *n*; **2.** (*mst fig.*) Grundlage *f*: ***get down to*** ~ der Sache auf den Grund gehen; **3.** *fig.* Tiefpunkt *m*; **II** *adj.* **4.** F a) grundlegend, b) (felsen)fest, c) ✝ äußerst, niedrigst: ~ ***price***; **ˈ~·roll** *s.* zs.-gerolltes Bettzeug; **ˈ~·room** [-rʊm] *s.* Schlafzimmer *n*: ~ ***eyes*** F ‚Schlafzimmeraugen'; ~ ***suburb*** Schlafstadt *f*; **ˈ~·setˌtee** *s.* Schlafcouch *f*; **ˈ~·sheet** *s.* Bettlaken *n*.

ˈbed·side *s.*: ***at the*** ~ am (Kranken-)Bett; ***good*** ~ ***manner*** gute Art, mit Kranken umzugehen; ~ **lamp** *s.* Nachttischlampe *f*; ~ **read·ing** *s.* ˈBettlekˌtüre *f*; ~ **rug** *s.* Bettvorleger *m*; ~ **stor·y** *s.* Gutenachtgeschichte *f*; ~ **ta·ble** *s.* Nachttisch *m*.

ˈbed|·sit *Brit.* **I** *v/i.* [*irr.*] ein möbliertes Zimmer bewohnen; **II** *s.* → **ˈ~ˌsit·ter** *s.*, **ˈ~ˌsit·ting·room** *s. Brit.* **1.** möbliertes Zimmer; **2.** Einˈzimmerappartеˌment *n*; **ˈ~·sore** *s.* ⚕ wundgelegene Stelle; **ˈ~·space** *s.* (An)Zahl *f* der Betten (*in Klinik etc.*); **ˈ~·spread** *s.* (Zier-)Bettdecke *f*; Tagesdecke *f*; **ˈ~·stead** *s.* Bettstelle *f*, -gestell *n*; **ˈ~·straw** *s.* ⚘ Labkraut *n*; **ˈ~·tick** *s.* Inlett *n*; **ˈ~·time** *s.* Schlafenszeit *f*; **ˈ~ˌwet·ting** *s.* Bettnässen *n*.

bee[1] [bi:] *s.* **1.** *zo.* Biene *f*: ***have a*** ~ ***in one's bonnet*** F ‚e-n Vogel haben'; **2.** *fig.* Biene *f*, fleißiger Mensch; → ***busy*** 2; **3.** *bsd. Am.* a) Treffen *n von Freunden* zur Gemeinschaftshilfe *od.* Unterˈhaltung: ***sewing*** ~ Nähkränzchen *n*, b) Wettbewerb *m*.

bee[2] [bi:] *s.* B, b *n* (*Buchstabe*).

Beeb [bi:b] *s.*: ***the*** ~ *Brit.* F die BBˈC.

beech [bi:tʃ] *s.* ⚘ Buche *f*; Buchenholz *n*; **beech·en** [ˈbi:tʃən] *adj.* aus Buchenholz, Buchen…

beech| mar·ten *s. zo.* Steinmarder *m*; **ˈ~·mast** *s.* Bucheckern *pl.*; **ˈ~·nut** *s.* Buchecker *f*.

beef [bi:f] *pl.* **beeves** [bi:vz], *a.* **beefs I** *s.* **1.** Mastrind *n*, -ochse *m*, -bulle *m*; **2.** Rindfleisch *n*; **3.** F a) Fleisch *n* (*am Menschen*), b) (Muskel)Kraft *f*; **4.** *sl.* ‚Meckeˈrei' *f*, Beschwerde *f*; **5.** *Am. sl.* ‚dufte Puppe'; **II** *v/i.* **6.** *sl.* nörgeln, ‚meckern', sich beschweren; **III** *v/t.* **7.** ~ ***up*** F *et.* ‚aufmöbeln'; **ˈ~·cake** *s. Am. sl.* Bild *n* e-s Muskelprotzen; **ˈ~ˌeat·er** *s. Brit.* Beefeater *m*, Tower-Wächter *m* (*in London*); **ˌ~ˈsteak** *s.* ˈBeefsteak *n*; ~ **tea** *s.* (Rind)Fleisch-, Kraftbrühe *f*, Bouilˈlon *f*.

beef·y [ˈbi:fɪ] *adj.* **1.** fleischig; **2.** F bullig, kräftig.

ˈbee|·hive *s.* **1.** Bienenstock *m*, -korb *m*; **2.** *fig.* ‚Taubenschlag' *m*; **ˈ~ˌkeep·er** *s.* Bienenzüchter *m*, Imker *m*; **ˈ~ˌkeep·ing** *s.* Bienenzucht *f*, Imkeˈrei *f*; **ˈ~·line** *s.*: ***make a*** ~ ***for*** schnurgerade auf *et.* losgehen.

Be·el·ze·bub [bi:ˈelzɪbʌb] **I** *npr.* Beˈelzebub *m*; **II** *s.* Teufel *m*.

ˈbee-ˌmas·ter *s.* → ***beekeeper***.

been [bi:n; bɪn] *p.p. von* **be**.

beep [bi:p] *s.* **1.** ⚡ Piepton *m*; **2.** *mot.* ˈHupsigˌnal *n*.

beer [bɪə] *s.* **1.** Bier *n*: ***two*** **~*s*** zwei Glas Bier; ***life is not all*** ~ ***and skittles*** *Brit.* F das Leben besteht nicht nur aus Vergnügen; → ***small beer***; **2.** bierähnliches Getränk (*aus Pflanzen*); ~ **can** *s.* Bierdose *f*; **ˈ~ˌen·gine** *s.* ˈBierˌdruckappaˌrat *m*; **ˈ~ˌgar·den** *s.* Biergarten *m*; **ˈ~·house** *s. Brit.* Bierschenke *f*; **ˈ~·mat** *s.* Bierfilz *m*, -deckel *m*; **ˈ~·pull** *s.* (Griff *m* der) Bierpumpe *f*.

beer·y [ˈbɪərɪ] *adj.* **1.** bierartig; **2.** bierselig; **3.** nach Bier riechend.

beest·ings [ˈbi:stɪŋz] *s.* Biestmilch *f* (*erste Milch nach dem Kalben*).

bees·wax [ˈbi:zwæks] *s.* Bienenwachs *n*.

beet [bi:t] *s.* ⚘ **1.** Runkelrübe *f*, Mangold *m*, Bete *f*: ~ ***greens*** Mangoldgemüse *n*; **2.** *Am.* rote Bete.

bee·tle[1] [ˈbi:tl] *s. zo.* Käfer *m*; → ***blind*** 1.

bee·tle[2] [ˈbi:tl] **I** *s.* **1.** Holzhammer *m*, Schlegel *m*; **2.** ⚙ a) Erdstampfe *f*, b) ˈStampfkaˌlander *m*; **II** *v/t.* **3.** mit e-m Schlegel bearbeiten, (ein)stampfen; **4.** ⚙ kaˈlandern.

bee·tle[3] [ˈbi:tl] **I** *adj.* ˈüberhängend; **II** *v/i.* vorstehen, ˈüberhängen.

ˈbee·tle|-browed *adj.* **1.** mit buschigen Augenbrauen; **2.** finster blickend; **ˈ~ˌcrush·ers** *s. pl.* ‚Elbkähne' *pl.* (*riesige Schuhe*).

ˈbeet|·root *s.* ⚘ **1.** *Brit.* Wurzel *f* der roten Bete; **2.** *Am.* → ***beet*** 1; ~ **sug·ar** *s.* ⚘ Rübenzucker *m*.

beeves [bi:vz] *pl. von* ***beef***.

be·fall [bɪˈfɔ:l] [*irr.* → ***fall***] *obs. od. poet.* **I** *v/i.* sich ereignen; **II** *v/t.* zustoßen, widerˈfahren (*dat.*).

be·fit [bɪˈfɪt] *v/t.* sich ziemen *od.* schicken für; **beˈfit·ting** [-tɪŋ] *adj.* □ geziemend, schicklich.

be·fog [bɪˈfɒg] *v/t.* **1.** in Nebel hüllen; **2.** *fig.* a) umˈnebeln, b) verwirren.

be·fool [bɪˈfu:l] *v/t.* zum Narren haben, täuschen.

be·fore [bɪˈfɔ:] **I** *prp.* **1.** *räumlich*: vor: ***he sat*** ~ ***me***; ~ ***my eyes***; ***the question*** ~ ***us*** die (uns) vorliegende Frage; **2.** vor, in Gegenwart von: ~ ***witnesses***; **3.** *Reihenfolge*, *Rang*: vorˈaus: ***be*** ~ ***the others in class*** den anderen in der Klasse voraus sein; **4.** *zeitlich*: vor, früher als: ~ ***lunch*** vor dem Mittagessen; ***an hour*** ~ ***the time*** e-e Stunde früher *od.* zu früh; ~ ***long*** in Kürze, bald; ~ ***now*** schon früher *od.* vorher; ***the day*** ~ ***yesterday*** vorgestern; ***the month*** ~ ***last*** vorletzten Monat; ***to be*** ~ ***one's time*** s-r Zeit voraus sein; **II** *cj.* **5.** beˈvor, ehe: ***he died*** ~ ***I was born***; ***not*** ~ nicht früher *od.* eher als bis, erst als *od.* wenn; **6.** lieber … als daß: ***I would die*** ~ ***I lied***; **III** *adv.* **7.** *räumlich*: vorn, voˈran: ***go*** ~ vorangehen; ~ ***and behind*** vorn u. hinten; **8.** *zeitlich*: ˈvorher, vormals, früher, zuˈvor; (schon) früher: ***the year*** ~ das vorige *od.* vorhergehende Jahr, das Jahr zuvor; ***an hour*** ~ e-e Stunde vorher *od.* früher *od.* zuvor; ***long*** ~ lange vorher; ***never*** ~ noch nie (-mals), nie zuvor; **beˈfore·hand** *adv.* zuˈvor, (im) voraus: ***know s.th.*** ~ et. im voraus wissen; ***be*** ~ ***in one's suspicions*** zu früh e-n Verdacht äußern; **beˈfore-ˌmen·tioned** *adj.* vorerwähnt; **beˈfore-tax** *adj.* ✝ vor Abzug der Steuern, Brutto…

be·foul [bɪˈfaʊl] *v/t.* besudeln, beschmutzen (*a. fig.*).

be·friend [bɪˈfrend] *v/t. j-m* Freundschaft erweisen; *j-m* behilflich sein, sich *j-s* annehmen.

be·fud·dle [bɪˈfʌdl] *v/t.* ‚benebeln', berauschen.

beg [beg] **I** *v/t.* **1.** *et.* erbitten (***of s.o.*** von j-m), bitten um: ***to*** ~ ***leave*** um Erlaubnis bitten; → ***pardon*** 4; **2.** betteln *od.* bitten um: ***to*** ~ ***a meal***; **3.** *j-n* bitten (***to do s.th.*** et. zu tun); **II** *v/i.* **4.** betteln: ***go*** **~*ging*** a) betteln (gehen), b) keinen Interessenten finden; **5.** (dringend) bitten (***for*** um, ***of s.o. to*** *inf.* j-n zu *inf.*): ~ ***off*** sich entschuldigen, absagen; **6.** sich erlauben: ***I*** ~ ***to differ*** ich erlaube mir, anderer Meinung zu sein; ***I*** ~ ***to inform you*** ✝ *obs.* ich erlaube mir, Ihnen mitzuteilen; **7.** schönmachen, Männchen machen (*Hund*); **8.** → ***question*** 1.

be·gad [bɪˈgæd] *int.* F bei Gott!

be·gan [bɪˈgæn] *pret. von* ***begin***.

be·gat [bɪˈgæt] *obs. pret. von* ***beget***.

be·get [bɪˈget] *v/t.* [*irr.*] **1.** zeugen; **2.** *fig.* erzeugen, herˈvorbringen; **beˈget·ter** [-tə] *s.* **1.** Erzeuger *m*, Vater *m*; **2.** *fig.* Urheber *m*.

beg·gar [ˈbegə] **I** *s.* **1.** Bettler(in); Arme(r *m*) *f*: **~*s must not be choosers*** arme Leute dürfen nicht wählerisch sein; **2.** F Kerl *m*, Bursche *m*: ***lucky ~*** Glückspilz *m*; ***a naughty little ~*** ein kleiner Schelm; **II** *v/t.* **3.** an den Bettelstab bringen; **4.** *fig.* erschöpfen; über'steigen: ***it ~s description*** a) es spottet jeder Beschreibung, b) es läßt sich nicht mit Worten beschreiben; **'beg·gar·ly** [-lɪ] *adj.* **1.** (sehr) arm; **2.** *fig.* armselig, lumpig; **ˌbeg·gar-my-'neigh·bo(u)r** [-mɪ-] *s.* Bettelmann *m* (*Kartenspiel*); **'beg·gar·y** [-ərɪ] *s.* Bettelarmut *f*: ***reduce to ~*** an den Bettelstab bringen.

be·gin [bɪ'gɪn] [*irr.*] **I** *v/t.* **1.** beginnen, anfangen: ***to ~ a new book***; **2.** (be-)gründen; **II** *v/i.* **3.** beginnen, anfangen: ***~ with s.o.*** *od.* ***s.th*** mit *od.* bei j-m *od.* et. anfangen; ***to ~ with*** (*Wendung*) a) zunächst, b) erstens (einmal); ***~ on s.th.*** et. in Angriff nehmen; ***he began by asking*** zuerst fragte er; ***... began to be put into practice*** ... wurde bald in die Praxis umgesetzt; ***he does not even ~ to try*** er versucht es nicht einmal; ***it doesn't ~ to do him justice*** F es wird ihm nicht annähernd gerecht; **4.** entstehen; **be'gin·ner** [-nə] *s.* Anfänger(in), Neuling *m*: ***~'s luck*** Anfängerglück *n*; **be'gin·ning** [-nɪŋ] *s.* **1.** Anfang *m*, Beginn *m*: ***from the*** (***very***) ***~*** (ganz) von Anfang an; ***the ~ of the end*** der Anfang vom Ende; **2.** Ursprung *m*; **3.** *pl.* a) Anfangsgründe *pl.*, b) Anfänge *pl.*

be·gone [bɪ'gɒn] *int.* fort (mit dir)!

be·go·ni·a [bɪ'gəʊnjə] *s.* Be'gonie *f*.

be·got [bɪ'gɒt] *pret. von* ***beget***.

be·got·ten [bɪ'gɒtn] *p.p. von* ***beget***: ***God's only ~ son*** Gottes eingeborener Sohn.

be·grime [bɪ'graɪm] *v/t.* (*mit Ruß, Rauch etc.*) beschmutzen.

be·grudge [bɪ'grʌdʒ] *v/t.* **1.** ***~ s.o. s.th.*** j-m et. mißgönnen; **2.** *et.* nur ungern geben.

be·guile [bɪ'gaɪl] *v/t.* **1.** täuschen; betrügen (***of*** *od.* ***out of*** um); **2.** verleiten (***into doing*** zu tun); **3.** *Zeit* (angenehm) vertreiben; **4.** betören; **be'guil·ing** [-lɪŋ] *adj.* □ verführerisch, betörend.

be·gun [bɪ'gʌn] *p.p. von* ***begin***.

be·half [bɪ'hɑːf] *s.*: ***on*** (*od.* ***in***) ***~ of*** zugunsten *od.* im Namen *od.* im Auftrag von (*od. gen*), für *j-n*; ***on*** (*od.* ***in***) ***my ~*** zu m-n Gunsten, für mich; ***act on one's own ~*** im eigenen Namen handeln.

be·have [bɪ'heɪv] **I** *v/i.* **1.** sich (gut) benehmen, sich zu benehmen wissen: ***please ~!*** bitte benimm dich!; ***he doesn't know how to ~, he can't ~*** er kann sich nicht (anständig) benehmen; **2.** sich verhalten; funktionieren (*Maschine etc.*); **II** *v/t.* **3.** ***~ o.s.*** sich (gut) benehmen: ***~ yourself!*** beninmm dich!; **be'haved** [-vd] *adj.*: ***he is well-~*** er hat ein gutes Benehmen.

be·hav·io(u)r [bɪ'heɪvjə] *s.* Benehmen *n*, Betragen *n*; Verhalten *n* (*a.* ⚗, ⚙, *phys.*): ***~ pattern*** *psych.* Verhaltensmuster *n*; ***~ therapy*** *psych.* Verhaltenstherapie *f*; ***during good ~*** *Am.* auf Lebenszeit (*Ernennung*); ***be in office on one's good ~*** ein Amt auf Bewährung innehaben; ***be on one's best ~*** sich von seiner besten Seite zeigen; ***put s.o. on his good ~*** j-m einschärfen, sich gut zu benehmen; **be'hav·io(u)r·al** [-ərəl] *adj. psych.* Verhaltens...: ***~ science*** Verhaltensforschung *f*; **be'hav·io(u)r·ism** [-ərɪzəm] *s. psych.* Behavio'rismus *m*.

be·head [bɪ'hed] *v/t.* enthaupten.

be·held [bɪ'held] *pret. u. p.p. von* ***behold***.

be·he·moth [bɪ'hiːmɒθ] **1.** *Bibl.* Behemoth; **2.** *fig.* Ko'loß *m*, Ungeheuer *n*.

be·hest [bɪ'hest] *s. poet.* Geheiß *n*: ***at s.o.'s ~*** auf j-s Geheiß *od.* Befehl *od.* Veranlassung.

be·hind [bɪ'haɪnd] **I** *prp.* **1.** hinter: ***~ the tree*** hinter dem *od.* den Baum; ***he looked ~ him*** er blickte hinter sich; ***be ~ s.o.*** a) hinter j-m stehen, j-n unterstützen, b) j-m nachstehen, hinter j-m zurück sein; ***what is ~ all this?*** was steckt dahinter?; **II** *adv.* **2.** hinten, da'hinter, hinter'her: ***walk ~*** hinterhergehen; **3.** nach hinten, zu'rück: ***to look ~*** zurückblicken; **4.** zu'rück, im Rückstand: ***~ with one's work*** mit s-r Arbeit im Rückstand; ***my watch is ~*** meine Uhr geht nach; → ***time*** 7; **5.** *fig.* da'hinter, verborgen: ***there is more ~*** da steckt (noch) mehr dahinter; **III** *s.* **6.** F ‚Hintern' *m*, Gesäß *n*; **be'hind·hand** *adv. u. pred. adj.* **1.** → ***behind*** 4; **2.** *fig.* rückständig; altmodisch.

be·hold [bɪ'həʊld] **I** *v/t.* [*irr.* → ***hold***] erblicken, anschauen; **II** *int.* siehe da!; **be'hold·en** [-dən] *adj.* verpflichtet, dankbar (***to*** *dat.*); **be'hold·er** [-də] *s.* Beschauer(in), Betrachter(in).

be·hoof [bɪ'huːf] *s. lit.*: ***in*** (*od.* ***to, for, on***) (***the***) ***~ of*** um ... willen; ***on her ~*** zu ihren Gunsten.

be·hoove [bɪ'huːv] *Am.*, **be'hove** [-'həʊv] *Brit. v/t. impers.*: ***it ~s you*** (***to*** *inf.*), a) es obliegt dir *od.* ist deine Pflicht (zu *inf.*), b) es gehört sich für dich (zu *inf.*).

beige [beɪʒ] **I** *s.* Beige *f* (*Wollstoff*); **II** *adj.* beige(farben).

be·ing ['biːɪŋ] *s.* **1.** (Da)Sein *n*: ***in ~*** existierend, wirklich (vorhanden); ***come into ~*** entstehen; ***call into ~*** ins Leben rufen; **2.** *j-s* Wesen *n od.* Sein, Na'tur *f*; **3.** Wesen *n*; Geschöpf *n*: ***living ~*** Lebewesen.

be·la·bo(u)r [bɪ'leɪbə] *v/t.* **1.** (mit den Fäusten *etc.*) bearbeiten, 'durchprügeln; **2.** *fig. j-n* ‚bearbeiten', *j-m* zusetzen.

be·lat·ed [bɪ'leɪtɪd] *adj.* **1.** verspätet; **2.** von der Nacht über'rascht.

be·laud [bɪ'lɔːd] *v/t.* preisen.

be·lay [bɪ'leɪ] *v/t.* [*irr.* → ***lay***] **1.** ⚓ festmachen, *Tau* belegen; **2.** *mount. j-n* sichern.

belch [beltʃ] **I** *v/i.* **1.** aufstoßen, rülpsen; **II** *v/t.* **2.** *Rauch etc.* ausspeien; **III** *s.* **3.** Rülpsen *n*; **4.** *fig.* Ausbruch *m* (*Rauch etc.*).

bel·dam(e) ['beldəm] *s. obs.* Ahnfrau *f*; alte Frau; Vettel *f*, Hexe *f*.

be·lea·guer [bɪ'liːgə] *v/t.* **1.** belagern (*a. fig.*); **2.** *fig.* a) heimsuchen, b) um'geben.

bel es·prit [ˌbel es'priː] *pl.* **beaux es·prits** [ˌbəʊz es'priː] (*Fr.*) *s.* Schöngeist *m*.

bel·fry ['belfrɪ] *s.* **1.** Glockenturm *m*; → ***bat***[2] 1; **2.** Glockenstuhl *m*.

Bel·gian ['beldʒən] **I** *adj.* belgisch; **II** *s.* Belgier(in).

be·lie [bɪ'laɪ] *v/t.* **1.** Lügen erzählen über (*acc.*), *et.* falsch darstellen; **2.** *j-n od. et.* Lügen strafen; **3.** wider'sprechen (*dat.*); **4.** hin'wegtäuschen über (*acc.*); **5.** *Hoffnung etc.* enttäuschen, *e-r Sache* nicht entsprechen.

be·lief [bɪ'liːf] *s.* **1.** *eccl.* Glaube *m*, Religi'on *f*: ***the ~*** das apostolische Glaubensbekenntnis; **2.** (***in***) a) Glaube *m* (an *acc.*): ***beyond ~*** unglaublich, b) Vertrauen *n* (auf *et. od.* zu *j-m*); **3.** Meinung *f*, Anschauung *f*, Über'zeugung *f*: ***to the best of my ~*** nach bestem Wissen u. Gewissen.

be·liev·a·ble [bɪ'liːvəbl] *adj.* glaubhaft; **be·lieve** [bɪ'liːv] **I** *v/i.* **1.** glauben (***in*** an *acc.*); **2.** (***in***) Vertrauen haben (zu), viel halten (von): ***I do not ~ in sports*** F ich halte nicht viel von Sport; **II** *v/t.* **3.** glauben, meinen, denken: ***~ it or not*** ob Sie es glauben *od.* nicht!, ganz sicher; ***do not ~ it*** glaube es nicht; ***would you ~ it!*** nicht zu glauben!; ***he is ~d to be a miser*** man hält ihn für e-n Geizhals; **4.** Glauben schenken, glauben (*dat.*): ***~ me*** glaube mir; ***not to ~ one's eyes*** s-n Augen nicht trauen; **be'liev·er** [-və] *s.* **1.** ***be a great*** *od.* ***firm ~ in*** fest glauben an (*acc.*), viel halten von; **2.** *eccl.* Gläubige(r *m*) *f*: ***a true ~*** ein Rechtgläubiger; **be'liev·ing** [-vɪŋ] *adj.* □ gläubig: ***a ~ Christian***.

Be·lish·a bea·con [bɪ'liːʃə] *s. Brit.* (gelbes) Blinklicht *n* an 'Fußgängerˌüberwegen.

be·lit·tle [bɪ'lɪtl] *v/t.* **1.** verkleinern; **2.** her'absetzen, schmälern; **3.** herabsetzen, schmähen; **4.** verharmlosen.

bell[1] [bel] **I** *s.* **1.** Glocke *f*, Klingel *f*, Schelle *f*: ***carry away*** (*od.* ***bear***) ***the ~*** Sieger sein; ***does that name ring a*** (*od.* ***the***) ***~?*** erinnert dich der Name an et.?; ***the ~ has rung*** es hat geklingelt; → ***clear*** 5, ***sound***[1] 1; **2.** *pl.* ⚓ (halbstündige Schläge *pl.* der) Schiffsglocke *f*; **3.** Taucherglocke *f*; **4.** ⚘ glockenförmige Blumenkrone, Kelch *m*; **5.** △ Glocke *f*, Kelch *m* (*am Kapitell*); **II** *v/t.* **6.** ***~ the cat*** *fig.* der Katze die Schelle umhängen.

bell[2] [bel] *v/i.* röhren (*Hirsch*).

bel·la·don·na [ˌbelə'dɒnə] *s.* ⚘ Bella'donna *f* (*a. pharm.*), Tollkirsche *f*.

'bell|-ˌbot·tomed *adj.* unten weit ausladend: ***~ trousers***; **'~·boy** *s. Am.* Ho'telpage *m*; **~ buoy** *s.* ⚓ Glockenboje *f*; **~ but·ton** *s.* ⚡ Klingelknopf *m*.

belle [bel] (*Fr.*) *s.* Schöne *f*, Schönheit *f*: ***~ of the ball*** Ballkönigin *f*.

belles-let·tres [ˌbel'letrə] (*Fr.*) *s. pl. sg. konstr.* Belle'tristik *f*, Unter'haltungsliteraˌtur *f*.

'bell|ˌflow·er *s.* ⚘ Glockenblume *f*; **~ found·ry** *s.* Glockengieße'rei *f*; **~ glass** *s.* Glasglocke *f*; **'~·hop** *s. Am.* Ho'telpage *m*.

bel·li·cose ['belɪkəʊs] *adj.* □ kriegslustig, kriegerisch; **bel·li·cos·i·ty** [ˌbelɪ'kɒsətɪ] *s.* **1.** Kriegslust *f*; **2.** → ***belligerence*** 2.

bel·lied ['belɪd] *adj.* bauchig; *in Zssgn* ...bauchig, ...bäuchig.

bel·lig·er·ence [bɪ'lɪdʒərəns] *s.* **1.** Kriegführung *f*; **2.** Kampfeslust *f*, Streitsucht *f*; **bel'lig·er·en·cy** [-rənsɪ] *s.* **1.** Kriegszustand *m*; **2.** → ***belligerence***; **bel'lig·er·ent** [-nt] **I** *adj.* ☐ **1.** kriegführend: ***the ~ powers***; ***~ rights*** Rechte der Kriegführenden; **2.** *fig.* streitlustig; **II** *s.* **3.** kriegführender Staat.

bell| lap *s. sport* letzte Runde; **'~·man** [-mən] *s.* [*irr.*] öffentlicher Ausrufer; **~ met·al** *s.* ⚙ 'Glockenme͵tall *n*, -speise *f*; **'~-mouthed** *adj.* (*a.* ⚔) mit trichterförmiger Öffnung.

bel·low ['beləʊ] **I** *v/t. u. v/i.* brüllen; **II** *s.* Gebrüll *n*.

bel·lows ['beləʊz] *s. pl.* (*a. sg. konstr.*) **1.** ⚙ a) Gebläse *n*, b) *a.* ***pair of ~*** Blasebalg *m*; **2.** Lunge *f*; **3.** *phot.* Balg *m*.

bell| pull *s.* Klingelzug *m*; **~ push** *s.* Klingelknopf *m*; **~ ring·er** *s.* Glöckner *m*; **~ rope** *s.* **1.** Glockenstrang *m*; **2.** Klingelzug *m*; **'~-shaped** *adj.* glockenförmig; **~ tent** *s.* Rundzelt *n*; **'~͵weth·er** *s.* Leithammel *m* (*a. fig.*, *mst contp.*).

bel·ly ['belɪ] **I** *s.* **1.** Bauch *m* (*a. fig.*); 'Unterleib *m*: ***go ~ up*** → 8; **2.** Magen *m*; **3.** *fig.* a) Appe'tit *m*, b) Schlemme'rei *f*; **4.** Bauch *m*, Ausbauchung *f*, Höhlung *f*; **5.** 'Unterseite *f*; **6.** ♪ Reso'nanzboden *m*; Decke *f* (*Saiteninstrument*); **II** *v/i.* **7.** sich (aus)bauchen, (an)schwellen; **8.** ***~ up*** a) ‚abkratzen' (*sterben*), b) ‚Pleite' machen, ‚eingehen'; **'~·ache I** *s.* Bauchweh *n*; **II** *v/i.* F ‚meckern', nörgeln; **'~-band** *s.* Bauch-, Sattelgurt *m*; **~ but·ton** *s.* F (Bauch-)Nabel *m*; **~ danc·er** *s.* Bauchtänzerin *f*; **~ flop** *s.* F ‚Bauchklatscher' *m*; ✈ Bauchlandung *f*; **'~·ful** *s.*: ***have had a ~ (of)*** F die Nase voll haben (von); **'~·hold** *s.* ✈ Frachtraum *m*; **~ land·ing** *s.* ✈ Bauchlandung *f*; **~ laugh** *s.* F dröhnendes Lachen; **~ tank** *s.* Rumpfabwurfbehälter *m*.

be·long [bɪ'lɒŋ] *v/i.* **1.** gehören (***to*** *dat.*): ***this ~s to me***; **2.** gehören (***to*** zu), da'zugehören, am richtigen Platz sein: ***this lid ~s to another pot*** dieser Dekkel gehört zu e-m anderen Topf; ***where does this book ~?*** wohin gehört dieses Buch?; ***he does not ~*** er gehört nicht dazu *od.* hierher; **3.** (***to***) sich gehören (für), *j-m* ziemen; **4.** *Am.* a) verbunden sein (***with*** mit), gehören *od.* passen (***with*** zu), b) wohnen (***in*** in *dat.*); **5.** an-, zugehören (***to*** *dat*): ***~ to a club***; **be'long·ings** [-ŋɪŋz] *s. pl.* a) Habseligkeiten *pl.*, Habe *f*, Gepäck *n*, b) Zubehör *n*, c) F Angehörige *pl.*

be·lov·ed [bɪ'lʌvd] **I** *adj.* [*attr. a.* -vɪd] (innig) geliebt (***of***, ***by*** von); **II** *s.* [*mst* -vɪd] Geliebte(r *m*) *f*.

be·low [bɪ'ləʊ] **I** *adv.* **1.** unten: ***he is ~*** er ist unten (*im Haus*); ***as stated ~*** wie unten erwähnt; **2.** hin'unter; **3.** *poet.* hie'nieden; **4.** in der Hölle; **5.** (dar-)'unter, niedriger: ***the class ~***; **6.** strom'ab; **II** *prp.* **7.** unter, 'unterhalb, tiefer als: ***~ the line*** unter der *od.* die Linie; ***~ cost*** unter dem Kostenpreis; ***~ s.o.*** unter j-s Rang, Würde, Fähigkeit *etc.*; ***20 ~*** F 20 Grad Kälte.

belt [belt] **I** *s.* **1.** Gürtel *m*, Gurt *m*: ***hit below the ~*** *Boxen u. fig. j-m* e-n Tiefschlag versetzen; ***that was below the ~*** *a. fig.* das war unter der Gürtellinie *od.* unfair; ***tighten one's ~*** *fig.* den Gürtel enger schnallen; ***the Black*** ***2*** *Judo*: der Schwarze Gürtel (→ 5); ***under one's ~*** F a) im Magen, b) *fig.* ‚in der Tasche', c) hinter sich; **2.** ⚔ Koppel *n*; Gehenk *n*; **3.** ⚓ Panzergürtel *m* (*Kriegsschiff*); **4.** Gürtel *m*, Gebiet *n*, Zone *f*: ***green ~*** Grüngürtel (*um e-e Stadt*); ***cotton ~*** *Am. geogr.* Baumwollgürtel; **5.** *Am.* Gebiet *n* (*in dem ein Typus vorherrscht*): ***the black ~*** vorwiegend von Negern bewohnte Staaten der USA; **6.** ⚙ a) (Treib)Riemen *m*: ***~ drive*** Riemenantrieb *m*, b) *a.* ***conveyer ~*** Förderband *n*, c) Streifen *m*, d) ⚔ (Ma'schinengewehr)Gurt *m*; **II** *v/t.* **7.** um'gürten, mit Riemen befestigen; zs.-halten; **8.** 'durchprügeln; *j-m* ‚eine knallen'; **9.** ***~ out*** *sl. Lied* schmettern; **10.** *a.* ***~ down*** *Schnaps etc.* ‚kippen'; **III** *v/i.* **11.** ***~ up!*** *sl.* (halt die) Schnauze!; **12.** *sl.* rasen: ***~ down the road***; **~ con·vey·er** *s.* ⚙ Bandförderer *m*; **~ drive** *s.* ⚙ Riemenantrieb *m*; **~ line** *s. Am.* Verkehrsgürtel *m um e-e Stadt*; **~ pul·ley** *s.* ⚙ Riemenscheibe *f*; **~ saw** *s.* Bandsäge *f*; **~ trans·mis·sion** *s.* ⚙ 'Riementransmissi͵on *f*; **'~·way** *s. Am.* Um'gehungsstraße *f*.

be·lu·ga [bɪ'lu:gɑ:] *s. ichth.* Be'luga *f*: a) Weißwal *m*, b) Hausen *m*.

be·moan [bɪ'məʊn] *v/t.* beklagen, betrauern, beweinen.

be·muse [bɪ'mju:z] *v/t.* verwirren, benebeln, betäuben; nachdenklich stimmen; **be'mused** [-zd] *adj.* **1.** verwirrt *etc.*; **2.** nachdenklich; gedankenverloren.

bench [bentʃ] *s.* **1.** Bank *f* (*zum Sitzen*); **2.** ⚖ (*oft* ***2***) a) Richterbank *f*, b) Gerichtshof *m*, c) *coll.* Richter *pl.*: ***raised to the ~*** zum Richter ernannt; ***~ and bar*** die Richter u. die Anwälte; ***be on the ~*** Richter sein; **3.** *parl. etc.* Platz *m*, Sitz *m*; **4.** ⚙ a) Werkbank *f*, -tisch *m*, Experimentiertisch *m*: ***carpenter's ~*** Hobelbank, b) Bank *f*, Reihe *f von Geräten*; **5.** *geogr. Am.* a) Riff *n*, b) ter'rassenförmiges Flußufer; **6.** *sport* a) (Teilnehmer-, Auswechsel-, Re'serve-)Bank *f*, b) Ruderbank *f*; **'bench·er** [-tʃə] *s.* **1.** *Brit.* Vorstandsmitglied *n* e-r Anwaltsinnung; **2.** *parl.* → ***backbencher***, ***front-bencher***.

bench| lathe *s.* ⚙ Me'chanikerdrehbank *f*; **~ sci·en·tist** *s.* La'borwissenschaftler *m*; **'~͵war·rant** *s.* ⚖ richterlicher Haftbefehl.

bend [bend] **I** *v/t.* [*irr.*] **1.** biegen, krümmen: ***~ out of shape*** verbiegen; **2.** beugen, neigen: ***~ the knee*** a) das Knie beugen, *fig.* sich unterwerfen, b) beten; **3.** *Bogen*, *Feder* spannen; **4.** ⚓ *Tau*, *Segel* festmachen; **5.** *fig.* beugen: ***~ the law*** das Recht beugen; ***~ s.o. to one's will*** sich j-n gefügig machen; **6.** richten, (zu)wenden: ***~ one's steps towards home*** s-e Schritte heimwärts lenken; ***~ o.s.*** (***one's mind***) ***to a task*** sich (s-e Aufmerksamkeit) e-r Sache zuwenden, sich auf e-e Sache konzentrieren; **II** *v/i.* [*irr.*] **7.** sich biegen, sich krümmen, sich winden: ***the road ~s here*** die Straße macht hier e-e Kurve; **8.** sich neigen, sich beugen: ***~ down*** sich niederbeugen, sich bücken; **9.** (***to***) *fig.* sich beugen, sich fügen (*dat.*); **10.** (***to***) sich zuwenden, sich widmen (*dat.*); **III** *s.* **11.** Biegung *f*, Krümmung *f*, Windung *f*, Kurve *f*; **12.** Knoten *m*, Schlinge *f*; **13.** ***drive s.o. round the ~*** *sl.* j-n verrückt machen; **14.** ***the ~s*** *pl.* ⚕ Cais'sonkrankheit *f*; **'bend·ed** [-dɪd] *adj.* gebeugt: ***on ~ knees*** kniefällig; **'bend·er** [-də] *s. sl.* ‚Saufe'rei' *f*, ‚Bummel' *m*; **'bend·ing** [-dɪŋ] *adj.* ⚙ Biege…: ***~ pressure***; ***~ test***.

bend sin·is·ter *s. her* Schrägbalken *m*.

be·neath [bɪ'ni:θ] **I** *adv.* dar'unter, 'unterhalb, (weiter) unten; **II** *prp.* unter, unterhalb (*gen.*): ***~ a tree*** unter e-m Baum; ***it is ~ him*** es ist unter s-r Würde; ***~ notice*** nicht der Beachtung wert; ***~ contempt*** unter aller Kritik.

Ben·e·dic·tine *s.* **1.** [͵benɪ'dɪktɪn] Benedik'tiner *m* (*Mönch*); **2.** [-ti:n] Benedik'tiner *m* (*Likör*).

ben·e·dic·tion [͵benɪ'dɪkʃn] *s. eccl.* Segnung *f*, Segen(sspruch) *m*.

ben·e·fac·tion [͵benɪ'fækʃn] *s.* **1.** Wohltat *f*; **2.** Spende *f*, Geschenk *n*; Zuwendungen *pl.*; **3.** wohltätige Stiftung; **ben·e·fac·tor** ['benɪfæktə] *s.* **1.** Wohltäter *m*; **2.** Gönner *m*; Stifter *m*; **ben·e·fac·tress** ['benɪfæktrɪs] *s.* Wohltäterin *f etc.*

ben·e·fice ['benɪfɪs] *s. eccl.* Pfründe *f*; **'ben·e·ficed** [-st] *adj.* im Besitz e-r Pfründe; **be·nef·i·cence** [bɪ'nefɪsns] *s.* Wohltätigkeit *f*; **be·nef·i·cent** [bɪ'nefɪsnt] *adj.* ☐ wohltätig, gütig, wohltuend.

ben·e·fi·cial [͵benɪ'fɪʃl] *adj.* ☐ **1.** (***to***) nützlich, wohltuend, förderlich (*dat.*); vorteilhaft (für); **2.** ⚖ nutznießend: ***~ owner*** unmittelbarer Besitzer, Nießbraucher *m*; **͵ben·e'fi·ci·ar·y** [-'fɪʃərɪ] *s.* **1.** Nutznießer(in); Begünstigte(r *m*) *f*; Empfänger(in); **2.** Pfründner *m*.

ben·e·fit ['benɪfɪt] **I** *s.* **1.** Vorteil *m*, Nutzen *m*, Gewinn *m*: ***for the ~ of*** zum Besten *od.* zugunsten (*gen.*); ***derive ~ from*** Nutzen ziehen aus *od.* haben von; ***give s.o. the ~ of*** j-n in den Genuß *e-r Sache* kommen lassen, j-m *et.* gewähren; ***~ of the doubt*** Rechtswohltat *f* des Grundsatzes ‚im Zweifel für den Angeklagten'; ***give s.o. the ~ of the doubt*** im Zweifelsfalle zu j-s Gunsten entscheiden; **2.** ✝ Zuwendung *f*, Beihilfe *f*: a) (*Sozial-*, *Versicherungs- etc.*)Leistung *f*, b) (*Alters- etc.*)Rente *f*, c) (*Arbeitslosen- etc.*)Unter'stützung *f*, d) (*Kranken-*, *Sterbe- etc.*)Geld *n*; **3.** Bene'fiz(vorstellung *f*, *sport* -spiel *n*) *n*, Wohltätigkeitsveranstaltung *f*; **4.** Wohltat *f*, Gefallen *m*, Vergünstigung *f*; **II** *v/t.* **5.** nützen (*dat.*), zu'gute kommen (*dat.*), fördern (*acc.*), begünstigen (*acc.*), *a. j-m* (gesundheitlich) guttun; **III** *v/i.* **6.** (***by***, ***from***) Vorteil haben (von, durch), Nutzen ziehen (aus).

Ben·e·lux ['benɪlʌks] *s.* Benelux-Länder *pl.* (*Belgien*, *Niederlande*, *Luxemburg*).

be·nev·o·lence [bɪ'nevələns] *s.* Wohlwollen *n*, Güte *f*; Wohltätigkeit *f*, Wohltat *f*; **be'nev·o·lent** [-nt] *adj.* ☐ wohl-, mildtätig, gütig; wohlwollend: ***~ fund*** Unterstützungsfonds *m*; ***~ society*** Hilfsverein *m* (auf Gegenseitigkeit).

Ben·gal [͵beŋ'gɔ:l] *npr.* Ben'galen *n*: ***~ light*** bengalisches Feuer; **Ben'ga·li** [-lɪ] **I** *s.* **1.** Ben'gale *m*, Ben'galin *f*; **2.** *ling.* das Ben'galische; **II** *adj.* **3.** ben'galisch.

be·night·ed [bɪ'naɪtɪd] *adj.* **1.** von der Dunkelheit über'rascht; **2.** *fig.* a) ‚geistig um'nachtet', ‚verblödet', b) unbedarft.

be·nign [bɪˈnaɪn] *adj.* □ **1.** gütig; **2.** günstig, mild, zuträglich; **3.** ⚕ gutartig; **be·nig·nant** [bɪˈnɪgnənt] *adj.* □ **1.** gütig, freundlich; **2.** günstig, wohltuend; **3.** → ***benign*** 3; **be·nig·ni·ty** [bɪˈnɪgnətɪ] *s.* Güte *f*, Freundlichkeit *f*.

ben·i·son [ˈbenɪzn] *s. poet.* Segen *m*, Gnade *f*.

bent[1] [bent] **I** *pret. u. p.p. von* ***bend*** I *u.* II; **II** *adj.* a) entschlossen (***on doing*** zu tun), b) erpicht (***on*** auf *acc.*), darauf aus (***on doing*** zu tun); **III** *s.* Neigung *f*, Hang *m*, Trieb *m* (***for*** zu); Veranlagung *f*: ***to the top of one's ~*** nach Herzenslust; ***allow full ~*** freien Lauf lassen (*dat.*).

bent[2] [bent] *s.* ⚘ **1.** *a.* ***~ grass*** Straußgras *n*; **2.** Sandsegge *f*.

ˈbent·wood *s.* Bugholz *n*: ***~ chair*** Wiener Stuhl *m*.

be·numb [bɪˈnʌm] *v/t.* betäuben: a) gefühllos machen, b) *fig.* lähmen; **beˈnumbed** [-md] *adj.* betäubt, gelähmt (*a. fig.*), starr, gefühllos.

ben·zene [ˈbenziːn] *s.* ⚗ Benˈzol *n*.

ben·zine [ˈbenziːn] *s.* ⚗ Benˈzin *n*.

ben·zo·ic [benˈzəʊɪk] *adj.* ⚗ Benzoe…: ***~ acid*** Benzoesäure *f*; **ben·zo·in** [ˈbenzəʊɪn] *s.* Benˈzoeˌgummi *n, m*, -harz *n*, Benˈzoe *f*.

ben·zol(e) [ˈbenzɒl] *s.* ⚗ Benˈzol *n*; **ˈben·zo·line** [-zəʊliːn] → ***benzine***.

be·queath [bɪˈkwiːð] *v/t.* **1.** *Vermögen* hinterˈlassen, vermachen (***to s.o.*** j-m); **2.** überˈliefern, vererben (*fig.*).

be·quest [bɪˈkwest] *s.* Vermächtnis *n*, Hinterˈlassenschaft *f*.

be·rate [bɪˈreɪt] *v/t.* heftig ausschelten, auszanken.

Ber·ber [ˈbɜːbə] **I** *s.* **1.** Berber(in); **2.** *ling.* Berbersprache(n *pl.*) *f*; **II** *adj.* **3.** Berber…

Ber·ber·is [ˈbɜːbərɪs], **ber·ber·ry** [ˈbɜːbərɪ] → ***barberry***.

be·reave [bɪˈriːv] *v/t.* [*irr.*] **1.** berauben (***of*** *gen.*); **2.** hilflos zuˈrücklassen; **beˈreaved** [-vd] *adj.* durch den Tod beraubt, hinterˈblieben: ***the ~*** die (trauernden) Hinterbliebenen; **beˈreave·ment** [-mənt] *s.* schmerzlicher Verlust (*durch Tod*); Trauerfall *m*.

be·reft [bɪˈreft] **I** *pret. u. p.p. von* ***bereave***; **II** *adj.* beraubt (***of*** *gen.*) (*mst fig.*): ***~ of hope*** aller Hoffnung beraubt; ***~ of reason*** von Sinnen.

be·ret [ˈbereɪ] *s.* **1.** Baskenmütze *f*; **2.** ⚔ *Brit.* ˈFelduniˌformmütze *f*.

berg [bɜːg] → ***iceberg***.

ber·ga·mot [ˈbɜːgəmɒt] *s.* **1.** ⚘ Bergaˈmottenbaum *m*; **2.** Bergaˈmottöl *n*; **3.** Bergaˈmotte *f* (*Birnensorte*).

be·rib·boned [bɪˈrɪbənd] *adj.* mit (Ordens)Bändern geschmückt.

ber·i·ber·i [ˌberɪˈberɪ] *s.* ⚕ Beriˈberi *f*, Reisesserkrankheit *f*.

Ber·lin| black [bɜːˈlɪn] *s.* schwarzer Eisenlack; ***~ wool*** *s.* feine Strickwolle.

ber·ry [ˈberɪ] **I** *s.* **1.** ⚘ a) Beere *f*, b) Korn *n*, Kern *m* (*beim Getreide*); **2.** *zo.* Ei *n* (*vom Hummer od. Fisch*); **II** *v/i.* **3.** a) ⚘ Beeren tragen, b) Beeren sammeln.

ber·serk [bəˈsɜːk] *adj. u. adv.* wütend, rasend: ***go ~*** (***with***) rasend werden (vor), *fig. a.* wahnsinnig werden (vor); **berˈserk·er** [-kə] *s. hist.* Berˈserker *m* (*a. fig. Wüterich*): ***~ rage*** Berserkerwut *f*; ***go ~*** wild werden, Amok laufen.

berth [bɜːθ] **I** *s.* **1.** ⚓ (genügend) Seeraum (*an der Küste od. zum Ausweichen*): ***give a wide ~ to*** a) weit abhalten von (*Land, Insel etc.*), b) *fig.* um *j-n* e-n Bogen machen; **2.** ⚓ Liegeplatz *m* (*e-s Schiffes am Kai*); **3.** a) ⚓ (Schlaf-) Koje *f*, b) Bett *n* (*Schlafwagen*); **4.** *Brit.* F Stellung *f*, ‚Pöstchen' *n*: ***he has a good ~***; **II** *v/t.* **5.** ⚓ am Kai festmachen; vor Anker legen, docken; **6.** *Brit j-m* einen (Schlaf)Platz anweisen; *j-n* ˈunterbringen; **III** *v/i.* **7.** ⚓ anlegen.

ber·yl [ˈberɪl] *s. min.* Beˈryll *m*; **be·ryl·li·um** [beˈrɪljəm] *s.* ⚗ Beˈryllium *n*.

be·seech [bɪˈsiːtʃ] *v/t.* [*irr.*] *j-n* dringend bitten (***for*** um), ersuchen, anflehen (***to*** *inf.* zu *inf.*, ***that*** daß); **beˈseech·ing** [-tʃɪŋ] *adj.* □ flehend, bittend; **beˈseech·ing·ly** [-tʃɪŋlɪ] *adv.* flehentlich.

be·seem [bɪˈsiːm] *v/t.* sich ziemen *od.* schicken für.

be·set [bɪˈset] [*irr.* → ***set***] *v/t.* **1.** umˈgeben, (von allen Seiten) bedrängen, verfolgen: ***~ with difficulties*** mit Schwierigkeiten überhäuft; **2.** *Straße* versperren; **beˈset·ting** [-tɪŋ] *adj.* **1.** hartnäkkig, unausrottbar: ***~ sin*** Gewohnheitslaster *n*; **2.** ständig drohend (*Gefahr*).

be·side [bɪˈsaɪd] *prp.* **1.** neben, dicht bei: ***sit ~ me*** setz dich neben mich; **2.** *fig.* außerhalb (*gen.*), außer, nicht gehörend zu: ***~ the point*** nicht zur Sache gehörig; ***~ o.s.*** außer sich (***with*** vor *dat.*); **3.** im Vergleich zu; **beˈsides** [-dz] **I** *adv.* **1.** außerdem, ferner, überˈdies, noch daˈzu; **2.** *neg.* sonst; **II** *prp.* **3.** außer, neben (*dat.*); **4.** über … hinˈaus.

be·siege [bɪˈsiːdʒ] *v/t.* **1.** belagern (*a. fig.*); **2.** *fig.* bestürmen, bedrängen.

be·slav·er [bɪˈslævə] *v/t.* **1.** begeifern; **2.** *fig. j-m* lobhudeln.

be·slob·ber [bɪˈslɒbə] *v/t.* **1.** → ***beslaver***; **2.** ‚abschlecken', abküssen.

be·smear [bɪˈsmɪə] *v/t.* beschmieren.

be·smirch [bɪˈsmɜːtʃ] *v/t.* besudeln (*bsd. fig.*).

be·som [ˈbiːzəm] *s.* (Reisig)Besen *m*.

be·sot·ted [bɪˈsɒtɪd] *adj.* □ **1.** töricht, dumm; **2.** (***on, about***) vernarrt (in *acc.*), verrückt (auf *acc.*); **3.** berauscht (***with*** von).

be·sought [bɪˈsɔːt] *pret. u. p.p. von* ***beseech***.

be·spat·ter [bɪˈspætə] *v/t.* **1.** (mit Kot *etc.*) bespritzen, beschmutzen; **2.** *fig.* (mit Vorwürfen *etc.*) überˈschütten.

be·speak [bɪˈspiːk] [*irr.* → ***speak***] *v/t.* **1.** (vorˈaus)bestellen, im voraus bitten um: ***~ a seat*** e-n Platz bestellen; ***~ s.o.'s help*** j-n um Hilfe bitten; **2.** zeigen, zeugen von; **3.** *poet.* anreden.

be·spec·ta·cled [bɪˈspektəkld] *adj.* bebrillt.

be·spoke [bɪˈspəʊk] **I** *pret. von* ***bespeak***; **II** *adj. Brit.* auf Bestellung *od.* nach Maß angefertigt, Maß…: ***~ tailor*** Maßschneider *m*; **beˈspo·ken** [-kən] *p.p. von* ***bespeak***.

be·sprin·kle [bɪˈsprɪŋkl] *v/t.* besprengen, bespritzen, bestreuen.

Bes·se·mer steel [ˈbesɪmə] *s.* ⚙ Bessemerstahl *m*.

best [best] **I** *sup. von* ***good*** *adj.* **1.** best: ***the ~ of wives*** die beste aller (Ehe-) Frauen; ***be ~ at*** hervorragend sein in (*dat.*); **2.** geeignetst; höchst; **3.** größt, meist: ***the ~ part of*** der größte Teil (*gen.*); **II** *sup. von* ***well*** *adv.* **4.** am besten (meisten, passendsten): ***as ~ I can*** so gut ich kann; ***the ~ hated man of the year*** der meist- *od.* bestgehaßte Mann des Jahres; ***~ used*** meistgebraucht; ***you had ~ go*** es wäre das beste, Sie gingen; **III** *v/t.* **5.** überˈtreffen; **6.** F überˈvorteilen; **IV** *s.* **7.** *der* (*die, das*) Beste (Passendste *etc.*): ***at ~*** bestenfalls, höchstens; ***with the ~*** mindestens so gut wie jeder andere; ***for the ~*** zum besten; ***do one's*** (***level***) ***~*** sein Bestes geben, sein möglichstes tun; ***be at one's ~*** in bester Verfassung (*od.* Form) sein, *a.* in seinem Element sein; ***that is the ~ of …*** das ist der Vorteil (*gen. od.* wenn …); ***give s.o. ~*** sich vor j-m beugen; ***look one's ~*** am vorteilhaftesten *od.* blendend aussehen; ***have*** (*od.* ***get***) ***the ~ of it*** am besten dabei wegkommen; ***make the ~ of*** a) bestens ausnutzen, b) sich abfinden mit, c) *e-r Sache* die beste Seite abgewinnen, das Beste machen aus; ***all the ~!*** alles Gute!, viel Glück!; → ***ability*** 1, ***belief*** 3, ***job***[1] 5.

bes·tial [ˈbestjəl] *adj.* □ **1.** tierisch (*a. fig.*); *fig.* bestiˈalisch, entmenscht, viehisch; **2.** *fig.* gemein, verderbt; **bes·ti·al·i·ty** [bestɪˈælətɪ] *s.* **1.** Bestialiˈtät *f*: a) tierisches Wesen, b) *fig.* bestiˈalische Grausamkeit; **2.** ⚖ Sodoˈmie *f*.

be·stir [bɪˈstɜː] *v/t.*: ***~ o.s.*** sich rühren, sich aufraffen; sich bemühen: ***~ yourself!*** tummle dich!

best man *s.* [*irr.*] *Freund des Bräutigams, der bei der Ausrichtung der Hochzeit e-e wichtige Rolle spielt.*

be·stow [bɪˈstəʊ] *v/t.* **1.** schenken, gewähren, geben, spenden, erweisen, verleihen (***s.th.*** [***up***]***on s.o.*** j-m et.): ***~ one's hand on s.o.*** j-m die Hand fürs Leben reichen; **2.** *obs.* ˈunterbringen; **beˈstow·al** [-əʊəl] *s.* **1.** Gabe *f*, Schenkung *f*, Verleihung *f*; **2.** *obs.* ˈUnterbringung *f*.

be·strew [bɪˈstruː] [*irr.* → ***strew***] *v/t.* **1.** bestreuen; **2.** verstreut liegen auf (*dat.*).

be·strid·den [bɪˈstrɪdn] *p.p. von* ***bestride***; **be·stride** [bɪˈstraɪd] *v/t.* [*irr.*] **1.** rittlings sitzen auf (*dat.*), reiten; **2.** mit gespreizten Beinen stehen auf *od.* über (*dat.*); **3.** überˈspannen, überˈbrücken; **4.** sich (schützend) breiten über (*acc.*); **be·strode** [bɪˈstrəʊd] *pret. von* ***bestride***.

best| sell·er *s.* ˈBestseller *m*, Verkaufsschlager *m* (*Buch etc.*); **ˈ~-ˌsell·ing** *adj.* meistgekauft, Erfolgs…, Bestseller…

bet [bet] **I** *s.* Wette *f*; Wetteinsatz *m*; gewetteter Betrag *od.* Gegenstand: ***the best ~*** F das Beste(, was man tun kann), die sicherste Methode; ***that's a better ~ than*** das ist viel besser *od.* sicherer als…; **II** *v/t. u. v/i.* [*irr.*] wetten, (ein)setzen: ***I ~ you ten pounds*** ich wette mit Ihnen um zehn Pfund; (***I***) ***you ~!*** *sl.* aber sicher!; ***~ one's bottom dollar*** *Am. sl.* den letzten Heller wetten, *a.* sich s-r Sache völlig sicher sein.

be·ta [ˈbiːtə] *s.* ˈBeta *n*: a) *griech. Buchstabe*, b) ⚘, *ast., phys. Symbol für 2. Größe*, c) *ped. Brit.* Zwei *f* (*Note*): ***~ rays*** *phys.* Betastrahlen *pl.*

be·take [bɪˈteɪk] [*irr.* → ***take***] *v/t.*: **~ *o.s.*** (***to***) sich begeben (nach); s-e Zuflucht nehmen (zu).

be·tel [ˈbiːtl] *s.* ˈBetel *m*; **ˈ~-nut** *s.* ♀ ˈBetelnuß *f.*

bête noire [ˌbeɪtˈnwɑː] (*Fr.*) *s. fig.* Schreckgespenst *n.*

beth·el [ˈbeθl] *s.* **1.** *Brit.* Disˈsenterkaˌpelle *f*; **2.** *Am.* Kirche *f* für Maˈtrosen.

be·think [bɪθɪŋk] *v/t.* [*irr.* → ***think***]: **~ *o.s.*** sich überˈlegen, sich besinnen; sich vornehmen; **~ *o.s. to do*** sich in den Kopf setzen zu tun.

be·thought [bɪˈθɔːt] *pret. u. p.p. von* ***bethink***.

be·tide [bɪˈtaɪd] *v/i. u. v/t.* (*nur 3. sg. pres. subj.*) (*j-m*) geschehen; *v/t. j-m* zustoßen; → ***woe*** II.

be·times [bɪˈtaɪmz] *adv.* **1.** beiˈzeiten, rechtzeitig; **2.** früh(zeitig).

be·to·ken [bɪˈtəʊkən] *v/t.* **1.** bezeichnen, bedeuten; **2.** anzeigen.

be·took [bɪˈtʊk] *pret. von* ***betake***.

be·tray [bɪˈtreɪ] *v/t.* **1.** Verrat begehen an (*dat.*), verraten (***to*** an *acc.*); **2.** *j-n* hinterˈgehen; *j-m* die Treue brechen: **~ *s.o.'s trust*** j-s Vertrauen mißbrauchen; **3.** *fig.* offenˈbaren; (*a.* ***o.s.*** sich) verraten; **4.** verleiten (***into, to*** zu); **beˈtray·al** [-eɪəl] *s.* Verrat *m*, Treubruch *m.*

be·troth [bɪˈtrəʊð] *v/t. j-n* (*od.* ***o.s.*** sich) verloben (***to*** mit); **beˈtroth·al** [-ðl] *s.* Verlobung *f*; **beˈtrothed** [-ðd] *s.* Verlobte(r *m*) *f.*

bet·ter¹ [ˈbetə] **I** *comp. von* ***good*** *adj.* **1.** besser: ***I am*** **~** es geht mir (*gesundheitlich*) besser; ***get*** **~** a) besser werden, b) sich erholen; **~ *late than never*** besser spät als nie; ***go one*** **~ *than s.o.*** j-n (noch) übertreffen; **~ *off*** a) besser daran, b) wohlhabender; ***be*** **~ *than one's word*** mehr tun als man versprach; ***my*** **~ *half*** m-e bessere Hälfte; ***on*** **~ *acquaintance*** bei näherer Bekanntschaft; **II** *s.* **2.** *das* Bessere: ***for*** **~ *for worse*** a) in Freud u. Leid (*Trauformel*), b) was auch geschehe; ***get the*** **~** (***of***) die Oberhand gewinnen (über *acc.*), *j-n* besiegen *od.* ausstechen, *et.* überwinden; **3.** *pl. mit pers. pron.* Vorgesetzte *pl.*, Höherstehende *pl.*, Überˈlegene *pl.*; **III** *comp. von* ***well*** *adv.* **4.** besser: ***I know*** **~** ich weiß es besser; ***think*** **~ *of it*** sich e-s Besseren besinnen, es sich anders überlegen; ***think*** **~ *of s.o.*** e-e bessere Meinung von j-m haben; ***so much the*** **~** desto besser; ***you had*** **~** (*od.* F *mst* ***you*** **~**) ***go*** es wäre besser, wenn du gingest; ***you'd*** **~ *not!*** F laß das lieber sein!; ***know*** **~ *than to ...*** gescheit genug sein, nicht zu ...; **5.** mehr: ***like*** **~** lieber haben; **~ *loved***; **IV** *v/t.* **6.** *allg.* verbessern; **7.** überˈtreffen; **8.** **~ *o.s.*** sich (*finanziell*) verbessern, vorwärtskommen; *a.* sich weiterbilden; **V** *v/i.* **9.** besser werden.

bet·ter² [ˈbetə] *s.* Wetter(in).

bet·ter·ment [ˈbetəmənt] *s.* **1.** (Ver-) Besserung *f*; **2.** Wertzuwachs *m* (*bei Grundstücken*), Melioratiˈon *f.*

bet·ting [ˈbetɪŋ] *s. sport* Wetten *n*; **~ man** *s.* [*irr.*] (regelmäßiger) Wetter; **~ of·fice** *s.*, **~ shop** *s.* ˈWettbüˌro *n.*

bet·tor → ***better²***.

be·tween [bɪˈtwiːn] **I** *prp.* **1.** zwischen: **~ *the chairs*** a) zwischen den Stühlen, b) zwischen die Stühle; **~ *nine and ten at night*** abends zwischen neun und zehn; **2.** unter: ***they shared the money*** **~ *them*** sie teilten das Geld unter sich; **~ *ourselves***, **~ *you and me*** unter uns (gesagt); ***we had fifty pence*** **~ *us*** wir hatten zusammen fünfzig Pence; **II** *adv.* **3.** daˈzwischen: ***the space*** **~** der Zwischenraum; ***in*** **~** dazwischen, zwischendurch; **~ decks** *s. pl. sg. konstr.* ⚓ Zwischendeck *n*; **beˈtween·times**; **beˈtween·whiles** *adv.* zwischendurch.

be·twixt [bɪˈtwɪkst] **I** *adv.* daˈzwischen: **~ *and between*** halb u. halb, weder das e-e noch das andere; **II** *prp. obs.* zwischen.

bev·el [ˈbevl] ⚙ **I** *s.* **1.** Abschrägung *f*, Schräge *f*; **2.** Fase *f*, Faˈcette *f*; **2.** Schrägmaß *n*; **3.** Kegel *m*, Konus *m*; **II** *v/t.* **4.** abschrägen: **~(*l*)*ed edge*** abgeschrägte Kante; **~(*l*)*ed glass*** facettiertes Glas; **III** *adj.* **5.** abgeschrägt; **~ cut** *s.* Schrägschnitt *m*; **~ gear** *s.* ⚙ Kegelrad(getriebe) *n*, konisches Getriebe; **~ plane** *s.* ⚙ Schräghobel *m*; **~ wheel** *s.* ⚙ Kegelrad *n.*

bev·er·age [ˈbevərɪdʒ] *s.* Getränk *n.*

bev·y [ˈbevɪ] *s.* Schar *f*, Schwarm *m* (*Vögel*; *a. fig. Mädchen etc.*).

be·wail [bɪˈweɪl] **I** *v/t.* beklagen, betrauern; **II** *v/i.* wehklagen.

be·ware [bɪˈweə] *v/i.* sich in acht nehmen, sich hüten (***of*** vor *dat.*, ***lest*** daß nicht): **~*!*** Achtung!; **~ *of pickpockets!*** vor Taschendieben wird gewarnt!; **~ *of the dog!*** Warnung vor dem Hunde!

be·wil·der [bɪˈwɪldə] *v/t.* **1.** irreführen; **2.** verwirren, verblüffen; **3.** bestürzen; **beˈwil·dered** [-əd] *adj.* verwirrt; verblüfft, bestürzt, verdutzt; **beˈwil·der·ing** [-dərɪŋ] *adj.* ☐ verwirrend; **beˈwil·der·ment** [-mənt] *s.* Verwirrung *f*, Bestürzung *f.*

be·witch [bɪˈwɪtʃ] *v/t.* berücken, betören, bezaubern; **beˈwitch·ing** [-tʃɪŋ] *adj.* ☐ berückend *etc.*

bey [beɪ] *s.* Bei *m* (*Titel e-s höheren türkischen Beamten*).

be·yond [bɪˈjɒnd] **I** *prp.* **1.** jenseits: **~ *the seas*** in Übersee; **2.** außer, abgesehen von: **~ *dispute*** außer allem Zweifel, unstreitig; **3.** über ... (*acc.*) hinˈaus; mehr als, weiter als: **~ *the time*** über die Zeit hinaus; **~ *belief*** unglaublich; **~ *all blame*** über jeden Tadel erhaben; **~ *endurance*** unerträglich; **~ *hope*** hoffnungslos; **~ *measure*** über die Maßen; ***it is*** **~ *my power*** es übersteigt m-e Kraft; **~ *praise*** über alles Lob erhaben; **~ *repair*** nicht mehr zu reparieren; **~ *reproach*** untadelig; ***that is*** **~ *me*** das ist mir zu hoch, das geht über m-n Verstand; **~ *me in Latin*** weiter als ich in Latein; **II** *adv.* **4.** daˈrüber hinˈaus, jenseits; **5.** weiter weg; **III** *s.* **6.** Jenseits *n*: ***at the back of*** **~** im entlegensten Winkel, am Ende der Welt.

ˈB-girl *s. Am.* Animierdame *f.*

bi·an·nu·al [ˌbaɪˈænjʊəl] *adj.* ☐ halbjährlich, zweimal jährlich.

bi·as [ˈbaɪəs] **I** *s.* **1.** schiefe Seite, schräge Richtung; **2.** schräger Schnitt: ***cut on the*** **~** diagonal geschnitten; **3.** *Bowling*: ˈÜberhang *m* der Kugel; **4.** (***towards***) *fig.* Hang *m*, Neigung *f* (zu); Vorliebe *f* (für); **5.** *fig.* a) Tenˈdenz *f*, b) Vorurteil *n*, c) ⚖ Befangenheit *f*: ***free from*** **~** unvoreingenommen; ***challenge a judge for*** **~** e-n Richter wegen Befangenheit ablehnen; **6.** *Statistik etc.*: Verzerrung *f*: ***cause*** **~ *to the figures*** die Zahlen verzerren; **7.** ⚡ (Gitter-) Vorspannung *f*; **II** *adj u. adv.* **8.** schräg, schief; **III** *v/t.* **9.** (*mst* ungünstig) beeinflussen; gegen *j-n* einnehmen; **ˈbi·as(s)ed** [-st] *adj.* voreingenommen; ⚖ befangen; tendenziˈös.

bi·ath·lete [ˌbaɪˈæθliːt] *s. sport* ˈBiathˌlet *m*, ˈBiathlonkämpfer *m*; **biˈath·lon** [-ˈæθlɒn] *s.* ˈBiathlon *n.*

bi·ax·i·al [ˌbaɪˈæksɪəl] *adj.* zweiachsig.

bib [bɪb] **I** *s.* **1.** Lätzchen *n*; **2.** Schürzenlatz *m*; → ***tucker*** 2; **II** *v/i.* **3.** (unmäßig) trinken.

Bi·ble [ˈbaɪbl] *s.* **1.** Bibel *f*; **2.** ♀ *fig.* Bibel *f* (*maßgebendes Buch*); **~ clerk** *s.* (*in Oxford*) *Student, der in der College-Kapelle während des Gottesdienstes die Bibeltexte verliest*; **~ thump·er** *s.* Moˈralprediger *m.*

bib·li·cal [ˈbɪblɪkl] *adj.* ☐ biblisch, Bibel...

bib·li·og·ra·pher [ˌbɪblɪˈɒgrəfə] *s.* Biblioˈgraph *m*; **bib·li·o·graph·ic, bib·li·o·graph·i·cal** [ˌbɪblɪəʊˈgræfɪk(l)] *adj.* ☐ biblioˈgraphisch; **bib·liˈog·ra·phy** [-fɪ] *s.* Bibliograˈphie *f*; **bib·li·o·ma·ni·a** [ˌbɪblɪəʊˈmeɪnjə] *s.* Bibliomaˈnie *f*, (krankhafte) Bücherleidenschaft; **bib·li·o·ma·ni·ac** [ˌbɪblɪəʊˈmeɪnɪæk] *s.* Büchernarr *m*; **bib·li·o·phil** [ˈbɪblɪəʊfɪl], **bib·li·o·phile** [ˈbɪblɪəʊfaɪl] *s.* Biblioˈphile *m*, Bücherliebhaber(in); **bib·li·o·the·ca** [ˌbɪblɪəʊˈθiːkə] *s.* **1.** Biblioˈthek *f*; **2.** ˈBücherkataˌlog *m.*

bib·u·lous [ˈbɪbjʊləs] *adj.* ☐ **1.** trunksüchtig; **2.** weinselig.

bi·cam·er·al [baɪˈkæmərəl] *adj. pol.* Zweikammer...

bi·car·bon·ate [baɪˈkɑːbənɪt] *s.* ⚗ Bikarboˈnat *n*: **~ *of soda*** doppel(t)kohlensaures Natrium.

bi·cen·te·nar·y [ˌbaɪsenˈtiːnərɪ] **I** *adj.* zweihundertjährig; **II** *s.* Zweihundertjahrfeier *f*; **ˌbi·cenˈten·ni·al** [-ˈtenjəl] **I** *adj.* zweihundertjährig; alle zweihundert Jahre eintretend; **II** *s. bsd. Am.* → ***bicentenary*** II.

bi·ceph·a·lous [ˌbaɪˈsefələs] *adj.* zweiköpfig.

bi·ceps [ˈbaɪseps] *s. anat.* ˈBizeps *m.*

bick·er [ˈbɪkə] *v/i.* **1.** (sich) zanken; quengeln; **2.** plätschern (*Fluß, Regen*); **3.** zucken; **ˈbick·er·ing** [-ərɪŋ] *s. a. pl.* Gezänk *n.*

bi·cy·cle [ˈbaɪsɪkl] **I** *s.* Fahrrad *n*, Zweirad *n*; **II** *v/i.* radfahren, radeln; **ˈbi·cy·cler** [-lə] *Am.*, **ˈbi·cy·clist** [-lɪst] *Brit. s.* Radfahrer(in).

bid [bɪd] **I** *s.* **1.** a) Gebot *n* (*bei Versteigerungen*), b) ✝ Angebot *n* (*bei öffentlichen Ausschreibungen*), c) *Börse*: Geld *n* (*Nachfrage*): **~ *and asked*** Geld u. Brief; ***higher*** **~** Mehrgebot; ***highest*** **~** Meistgebot; ***invitation for*** **~*s*** Ausschreibung *f*; **2.** *Kartenspiel*: Reizen *n*, Melden *n*: ***no*** **~** ich passe; **3.** Bemühung *f*, Bewerbung *f* (***for*** um); Versuch *m* (***to*** *inf.* zu *inf.*): **~ *for power*** Versuch, an die Macht zu kommen; ***make a*** **~ *for*** sich bemühen um *et. od.* zu *inf.*; **4.** *Am.* F Einladung *f*; **II** *v/t.* [*irr.*] 5 *u.* 6 *pret. u. p.p.* **bid**; 7–9 *pret.* **bade** [beɪd], *p.p. mst* **bid·den** [ˈbɪdn] **5.** bieten (*bei Ver-*

steigerungen): **~ up** *den Preis* in die Höhe treiben; **6.** *Kartenspiel*: melden, reizen; **7.** *Gruß* entbieten; wünschen: **~ good morning** e-n guten Morgen wünschen; **~ farewell** Lebewohl sagen; **8.** *lit. j-m et.* gebieten, befehlen; *j-n et. tun* lassen, heißen: **~ him come in** laß ihn hereinkommen; **9.** *obs.* einladen (**to** zu); **III** *v/i.* [*irr., pret. u. p.p.* **bid**] **10.** ✝ ein (Preis)Angebot machen; **11.** *Kartenspiel*: melden, reizen; **12.** (**for**) werben, sich bemühen (um); '**bid·den** [-dn] *p.p. von* **bid**; '**bid·der** [-də] *s.* **1.** Bieter *m* (*bei Versteigerungen*): **highest ~** Meistbietende(r); **2.** Bewerber *m bei Ausschreibungen*; '**bid·ding** [-dɪŋ] *s.* **1.** Gebot *n*, Bieten *n* (*bei Versteigerungen*); **2.** Geheiß *n*: **do s.o.'s ~** tun, was j-d will.

bide [baɪd] *v/t.* [*irr.*] er-, abwarten: **~ one's time** (den rechten Augenblick) abwarten.

bi·en·ni·al [baɪ'enɪəl] **I** *adj.* □ **1.** alle zwei Jahre eintretend; **2.** ♀ zweijährig; **II** *s.* **3.** ♀ zweijährige Pflanze; **bi'en·ni·al·ly** [-lɪ] *adv.* alle zwei Jahre.

bier [bɪə] *s.* (Toten)Bahre *f.*

biff [bɪf] *sl.* **I** *v/t.* ,hauen', schlagen; **II** *s.* Schlag *m*, Hieb *m.*

bif·fin ['bɪfɪn] *s.* roter Kochapfel.

bi·fo·cal [ˌbaɪ'fəʊkl] **I** *adj.* **1.** Bifokal-, Zweistärken...; **II** *s.* **2.** Bifo'kal-, Zweistärkenlinse *f*; **3.** *pl.* Bifo'kal-, Zweistärkenbrille *f.*

bi·fur·cate ['baɪfəkeɪt] **I** *v/t.* gabelförmig teilen; **II** *v/i.* sich gabeln; **III** *adj.* gegabelt, gabelförmig; **bi·fur·ca·tion** [ˌbaɪfə'keɪʃn] *s.* Gabelung *f.*

big [bɪg] **I** *adj.* **1.** groß, dick; stark, kräftig (*a. fig.*): **the ~ toe** der große Zeh; **~ business** Großunternehmertum *n*, Großindustrie *f*; **~ ideas** F ,große Rosinen im Kopf'; **~ money** ein Haufen Geld; **a ~ voice** e-e kräftige Stimme; **2.** groß, weit: **get too ~ for one's boots** (*od.* **breeches**) *fig.* ,üppig' *od.* größenwahnsinnig werden; **3.** groß, hoch: **~ game** Großwild *n*, *fig.* hochgestecktes Ziel; **4.** groß, erwachsen: **my ~ brother**; **5.** schwanger; *fig.* voll: **~ with child** hochschwanger; **~ with fate** schicksalsschwer; **6.** hochmütig, eingebildet: **~ talk** ,große Töne', Angeberei *f*; **7.** F groß, bedeutend, wichtig, führend: **the** ♀ **Three** (**Five**) die großen Drei (Fünf) (*führende Staaten, Banken etc.*); **8.** großmütig, edel: **a ~ heart**; **that's ~ of you** F das ist sehr anständig von dir; **II** *adv.* **9.** großspurig: **talk ~** ,große Töne spucken', angeben; **10.** *sl.* a) ,mächtig', b) *Am.* tapfer.

big·a·mist ['bɪgəmɪst] *s.* Biga'mist(in); '**big·a·mous** [-məs] *adj.* □ biga'mistisch; '**big·a·my** [-mɪ] *s.* Biga'mie *f*, Doppelehe *f.*

big| bang *s. phys.* Urknall *m*; **~ game** *s.* Großwild *n*; **~ gun** *s.* F **1.** ,schweres Geschütz'; **2.** → **bigwig.**

bight [baɪt] *s.* **1.** Bucht *f*; Einbuchtung *f*; **2.** Krümmung *f*; **3.** ⚓ Bucht *f* (*im Tau*).

'**big·mouth** *s.* F Großmaul *n.*

big·ness ['bɪgnɪs] *s.* Größe *f.*

big·ot ['bɪgət] *s.* **1.** blinder Anhänger, Fa'natiker *m*; **2.** Betbruder *m*, -schwester *f*, Frömmler(in); '**big·ot·ed** [-tɪd] *adj.* bi'gott, fa'natisch, frömmlerisch; '**big·ot·ry** [-trɪ] *s.* **1.** blinder Eifer, Fana'tismus *m*, Engstirnigkeit *f*; **2.** Bigotte'rie *f*, Frömme'lei *f.*

big| shot *s.* → **bigwig**; **~ stick** *s.* F *pol.* ,großer Knüppel': **~ policy** Politik *f* des Säbelrasselns; '**~-time** *adj. sl.* ,groß', Spitzen...; '**~-ˌtim·er** *s.* ,Spitzenmann' *m*, ,großer Macher'; **~ top** *s. Am.* **1.** großes 'Zirkuszelt; **2.** 'Zirkus *m* (*a. fig.*).

'**big·wig** *s.* ,großes' *od.* ,hohes Tier', Bonze *m.*

bike [baɪk] F **I** *s.* a) (Fahr)Rad *n*, b) ,Maschine' *f* (*Motorrad*); **II** *v/i.* a) radeln, b) (mit dem) Motorrad fahren.

bi·lat·er·al [ˌbaɪ'lætərəl] *adj.* □ zweiseitig, bilate'ral: a) ⚖ beiderseitig verbindlich, gegenseitig (*Vertrag etc.*), b) *biol.* beide Seiten betreffend, c) ⚙ doppelseitig (*Antrieb*).

bil·ber·ry ['bɪlbərɪ] *s.* ♀ Heidel-, Blaubeere *f.*

bile [baɪl] *s.* **1.** ⚕ a) Galle *f*, b) Gallenflüssigkeit *f*; **2.** *fig.* Galle *f*, Ärger *m.*

bilge [bɪldʒ] *s.* **1.** ⚓ Kielraum *m*, Bilge *f*, Kimm *f*; **2.** → **bilge water**; **3.** *sl.* ,Quatsch' *m*, ,Mist' *m*, Unsinn *m*; **~ pump** *s.* ⚓ Lenzpumpe *f*; **~ wa·ter** *s.* ⚓ Bilgenwasser *n.*

bi·lin·e·ar [ˌbaɪ'lɪnɪə] *adj.* doppellinig; ⩘ biline'ar.

bi·lin·gual [baɪ'lɪŋgwəl] *adj.* zweisprachig.

bil·ious ['bɪljəs] *adj.* □ **1.** ⚕ Gallen...: **~ complaint** Gallenleiden *n*; **2.** *fig.* gallig, gereizt, reizbar; '**bil·ious·ness** [-nɪs] *s.* **1.** Gallenkrankheit *f*; **2.** *fig.* Gereiztheit *f.*

bilk [bɪlk] **I** *v/t.* prellen, betrügen; **II** *s.*, *a.* '**bilk·er** [-kə] *s.* Betrüger *m.*

bill[1] [bɪl] **I** *s.* **1.** *zo.* a) Schnabel *m*, b) schnabelähnliche Schnauze; **2.** Spitze *f am Anker, Zirkel etc.*; **3.** *geogr.* spitz zulaufende Halbinsel; **4.** *hist.* ⚔ Pike *f*; **5.** → **billhook**; **II** *v/i.* **6.** (sich) schnäbeln; **7.** *fig., a.* **~ and coo** (mitein'ander) turteln.

bill[2] [bɪl] **I** *s.* **1.** *pol.* (Gesetzes)Vorlage *f*, Gesetzentwurf *m*: **~ of Rights** a) *Brit.* Staatsgrundgesetz *n*, Freiheitsurkunde *f* (*von 1689*), b) *USA*: die ersten 10 Zusatzartikel zur Verfassung; **bring in a ~** e-n Gesetzentwurf einbringen; **2.** ⚖ *a.* **~ of indictment** Anklageschrift *f*: **find a true ~** die Anklage für begründet erklären; **3.** ✝ *a.* **~ of exchange** Wechsel *m*, Tratte *f*: **~s payable** Wechselschulden; **~s receivable** Wechselforderungen; **long**(**-dated**) **~** langfristiger Wechsel; **~ after date** Datowechsel *m*; **~ after sight** Nachsichtwechsel *m*; **~ of lading** Seefrachtbrief *m*, Konnossement *n*, *Am. a.* Frachtbrief *m*; **4.** Rechnung *f*: **~ of costs** Kostenberechnung *f*; **~ of sale** Kauf-, Übereignungsvertrag *m*; F *fig.* **fill the ~** den Ansprüchen genügen; **sell s.o. a ~ of goods** F j-n ,verschaukeln'; **5.** Liste *f*, Schein *m*, Zettel *m*, Pla'kat *n*: **~ of fare** Speisekarte *f*; (**theatre**) **~** Theaterzettel *m*, -programm *n*; (**clean**) **~ of health** Gesundheitszeugnis *n*, -paß *m*, *fig.* Unbedenklichkeitsbescheinigung *f*; **6.** *Am.* Banknote *f*, (Geld)Schein *m*; **II** *v/t.* **7. ~ s.o. for s.th.** j-m et. in Rechnung stellen *od.* berechnen; **8.** (durch Pla'kate) ankündigen, *thea. etc. a. Am. Darsteller etc.* ,bringen'.

'**bill|·board** *s.* Anschlagbrett *n*, Re'klamefläche *f*, -tafel *f*: **~ advertising** Plakatwerbung *f*; **~ case** *s.* ✝ 'Wechselporteˌfeuille *n e-r Bank*; **~ dis·count** *s.* ✝ 'Wechseldisˌkont *m.*

bil·let[1] ['bɪlɪt] **I** *s.* **1.** ⚔ a) Quartierzettel *m*, b) Quartier *n*: **in ~s** privat einquartiert; **2.** 'Unterkunft *f*; **3.** F ,Job' *m*, Posten *m*; **II** *v/t.* **4.** 'unterbringen, einquartieren (**on** bei).

bil·let[2] ['bɪlɪt] *s.* **1.** Holzscheit *n*, -klotz *m*; **2.** *metall.* Knüppel *m.*

bil·let-doux [ˌbɪleɪ'du:] (*Fr.*) *s. humor.* Liebesbrief *m.*

'**bill|·fold** *s. Am.* Scheintasche *f*; '**~·head** *s.* gedrucktes 'Rechnungsformuˌlar; '**~·hook** *s.* ✔ Hippe *f.*

bil·liard ['bɪljəd] **I** *s.* **1.** *pl. mst sg. konstr.* Billard(spiel) *n*; **2.** *Billard*: Karambo'lage *f*; **II** *adj.* **3.** Billard...; **~ ball** *s.* Billardkugel *f*; **~ cue** *s.* Queue *n*, Billardstock *m.*

bill·ing ['bɪlɪŋ] *s.* **1.** ✝ a) Rechnungsschreibung *f*, b) Buchung *f*, *a.* (Vor'aus)Bestellung *f*; **2.** *thea.* a) Ankündigung *f*, b) Re'klame *f.*

Bil·lings·gate ['bɪlɪŋzgɪt] **I** *npr. Fischmarkt in London*; **II** ♀ *s.* wüstes Geschimpfe, Unflat *m*: **talk ~** keifen wie ein Fischweib.

bil·lion ['bɪljən] *s.* **1.** Milli'arde *f*; **2.** *Brit. obs.* Billi'on *f.*

'**bill|-·job·ber** *s.* ✝ *Brit.* Wechselreiter *m*; '**~-·job·bing** *s.* ✝ *Brit.* Wechselreite'rei *f.*

bil·low ['bɪləʊ] **I** *s.* **1.** Woge *f* (*a. fig.*); **2.** (Nebel- *etc.*)Schwaden *m*; **II** *v/i.* **3.** wogen; **4.** *a.* **~ out** sich bauschen *od.* blähen; **III** *v/t.* bauschen, blähen; '**bil·low·y** [-əʊɪ] *adj.* **1.** wogend; **2.** gebauscht, gebläht.

'**bill|-ˌpost·er**, '**~-ˌstick·er** *s.* Pla'kat-, Zettelankleber *m.*

bil·ly ['bɪlɪ] *s. Am.* (Poli'zei)Knüppel *m*; '**~·cock** (**hat**) *s. Brit.* F ,Me'lone' *f* (*steifer Filzhut*); **~ goat** *s.* F Ziegenbock *m.*

bim·bo ['bɪmbəʊ] *s. sl.* ,Knülch' *m.*

bi·met·al·lism [ˌbaɪ'metəlɪzəm] Bimetal'lismus *m*, Doppelwährung *f* (*Gold u. Silber*).

bi·month·ly [ˌbaɪ'mʌnθlɪ] **I** *adj. u. adv.* **1.** a) zweimonatlich, alle zwei Monate ('wiederkehrend *od.* erscheinend), b) zweimal im Monat (erscheinend); **II** *s.* **2.** zweimonatlich erscheinende Veröffentlichung; **3.** Halbmonatsschrift *f.*

bi·mo·tored [ˌbaɪ'məʊtəd] *adj.* ✈ 'zweimoˌtorig.

bin [bɪn] *s.* **1.** (großer) Behälter, Kasten *m*; *a.* Silo *m, n*; **2.** Verschlag *m*; **3.** *sl.* ,Klapsmühle' *f.*

bi·na·ry ['baɪnərɪ] *adj.* ⚗, ⚙, ⩘, *phys.* bi'när, aus zwei Einheiten bestehend: **~ digit** Binärziffer *f*; **~** (**number**) ⩘ Binär-, Dualzahl *f*; **~** (**star**) *ast.* Doppelstern *m*; **~ fission** *biol.* Zellteilung *f.*

bind [baɪnd] **I** *s.* **1.** Band *n*; **2.** ♪ Halte- *od.* Bindebogen *m*; **3.** F **be in a ~** in ,Schwulitäten' sein; **be in a ~ for** *et. od. j-n* dringend brauchen, verlegen sein um; **II** *v/t.* [*irr.*] **4.** binden, an-, 'umfestbinden, verbinden: **~ to a tree** an e-n Baum binden; **bound hand and foot** *fig.* an Händen u. Füßen gebunden; **5.** *Buch* (ein)binden; **6.** *Saum etc.* einfassen; **7.** *Rad etc.* (mit Me'tall) beschlagen; **8.** *Sand etc.* fest *od.* hart machen; zs.-fügen; **9.** (***o.s.*** sich) binden (*a. vertraglich*), verpflichten; zwingen: ***~ an apprentice*** *j-n* in die Lehre geben (***to*** bei); ***~ a bargain*** e-n Handel (durch Anzahlung) verbindlich machen; → ***bound***[1] 1; **10.** ⚗, ⚙ binden; **11.** ⚕ verstopfen; **II** *v/i.* **12.** binden, fest *od.* hart werden, zs.-halten; ***~ over*** *v/t.* ⚖ **1.** zum Erscheinen verpflichten (***to*** vor *e-m Gericht*); **2.** *Brit. j-n* auf Bewährung entlassen; ***~ up*** *v/t.* **1.** vereinigen, zs.-binden; *Wunde* verbinden; **2.** *pass.* ***be bound up*** (***in*** *od.* ***with***) a) eng verknüpft sein (mit), b) ganz in Anspruch genommen werden (von).

bind·er ['baındə] *s.* **1.** a) (*Buch-, Garben*)Binder(in), b) Garbenbinder *m* (*Maschine*); **2.** Binde *f*, Band *n*, Schnur *f*; **3.** Aktendeckel *m*, 'Umschlag *m*; **4.** ⚙ Bindemittel *n*; **5.** ✝ Vorvertrag *m*; **'bind·er·y** [-ərı] *s.* Buchbinde'rei *f*.

bind·ing ['baındıŋ] **I** *adj.* **1.** *fig.* bindend, (rechts)verbindlich ([***up***]***on*** für): ***~ force*** bindende Kraft; ***~ law*** zwingendes Recht; **II** *s.* **2.** (Buch)Einband *m*; **3.** a) Einfassung *f*, Borte *f*, b) (Me'tall-) Beschlag *m* (*Rad*), c) (Ski)Bindung *f*; ***~ a·gent*** → ***binder*** 4; ***~ post*** *s.* ⚡ (Pol-, Anschluß)Klemme *f*.

'bind·weed *s.* ⚘ *e-e* Winde *f*.

bine [baın] *s.* ⚘ Ranke *f*.

binge [bındʒ] *s.* F ‚Sauf- *od.* Freßgelage' *n*: ***go on a ~*** ‚einen draufmachen'.

bin·go ['bıŋgəʊ] *s.* Bingo *n* (*ein Glücksspiel*): ***~!*** F Zack!, Volltreffer!

bin·na·cle ['bınəkl] *s.* ⚓ 'Kompaßhaus *n*.

bin·oc·u·lar I *adj.* [ˌbaı'nɒkjʊlə] binoku'lar, für beide *od.* mit beiden Augen; **II** *s.* [bı'n-] *mst pl.* Fernglas *n*; Opernglas *n*.

bi·no·mi·al [ˌbaı'nəʊmjəl] *adj.* **1.** ⚹ bi'nomisch, zweigliedrig; **2.** ⚘, *zo.* → ***binominal***.

bi·nom·i·nal [ˌbaı'nɒmınl] *adj.* ⚘, *zo.* binomi'nal, zweinamig: ***~ system*** (System *n* der) Doppelbenennung *f*.

bi·nu·cle·ar [ˌbaı'nju:klıə], **bi'nu·cle·ate** [-ıət] *adj. phys.* zweikernig.

bi·o·chem·i·cal [ˌbaıəʊ'kemıkl] *adj.* □ bio'chemisch; **ˌbi·o'chem·ist** [-ıst] *s.* Bio'chemiker *m*; **ˌbi·o'chem·is·try** [-ıstrı] *s.* Bioche'mie *f*.

bi·o·de·gra·dab·le [ˌbaıəʊdı'greıdəbl] *adj.* ⚗ (bio'logisch) abbaubar.

bi·o·en·er·get·ics ['baıəʊˌenə'dʒetıks] *s. pl. sg. konstr.* Bioener'getik *f*.

bi·o·en·gi·neer·ing ['baıəʊˌendʒı'nıərıŋ] *s.* Biotechnik *f*.

bi·og·ra·pher [baı'ɒgrəfə] *s.* Bio'graph *m*; **bi·o·graph·ic**, **bi·o·graph·i·cal** [ˌbaıəʊ'græfık(l)] *adj.* □ bio'graphisch; **bi'og·ra·phy** [-fı] *s.* Biogra'phie *f*, Lebensbeschreibung *f*.

bi·o·log·ic [ˌbaıəʊ'lɒdʒık] *adj.* (□ ***~ally***) → **bi·o'log·i·cal** [-kl] *adj.* □ bio'logisch: ***~ warfare*** Bakterienkrieg *m*; **bi·ol·o·gist** [baı'ɒlədʒıst] *s.* Bio'loge *m*; **bi·ol·o·gy** [baı'ɒlədʒı] *s.* Biolo'gie *f*.

bi·ol·y·sis [baı'ɒləsıs] *s. biol.* Bio'lyse *f*.

bi·on·ics [baı'ɒnıks] *s. pl. sg. konstr. phys.* Bi'onik *f*.

bi·o·nom·ics [ˌbaıəʊ'nɒmıks] *s. pl. sg. konstr. biol.* Ökolo'gie *f*; **bi·o·phys·ics** [ˌbaıəʊ'fızıks] *s. pl. sg. konstr.* Biophy'sik *f*.

bi·o·tope [ˌbaıəʊ'təʊp] *s. biol. geogr.* Bio'top *m*, *n*.

bi·par·ti·san [ˌbaıpɑ:tı'zæn] *adj.* zwei Par'teien vertretend, Zweiparteien...; **ˌbi·par·ti'san·ship** [-ʃıp] *s.* Zugehörigkeit *f* zu zwei Parteien; **bi·par·tite** [ˌbaı'pɑ:taıt] *adj.* **1.** zweiteilig; **2.** *pol.*, ⚖ a) zweiseitig (*Vertrag etc.*), b) in doppelter Ausfertigung (*Dokumente*).

bi·ped ['baıped] *s. zo.* Zweifüß(l)er *m*.

bi·plane ['baıpleın] *s.* ✈ Doppel-, Zweidecker *m*.

birch [bɜ:tʃ] **I** *s.* **1.** a) ⚘ Birke *f*, b) Birkenholz *n*; **2.** (Birken)Rute *f*; **II** *v/t.* **3.** mit der Rute züchtigen; **'birch·en** [-tʃən] *adj.* birken, Birken...; **'birch·ing** [-tʃıŋ] *s.* (Ruten)Schläge *pl.*; **'birch-rod** → ***birch*** 2.

bird [bɜ:d] *s.* **1.** Vogel *m*: ***~ of paradise*** Paradiesvogel; ***~ of passage*** Zugvogel (*a. fig.*); ***~ of prey*** Raub-, Greifvogel; F ***early ~*** Frühaufsteher *m*, wer früh kommt; ***the early ~ catches the worm*** Morgenstund hat Gold im Mund; ***~s of a feather flock together*** gleich u. gleich gesellt sich gern; ***kill two ~s with one stone*** zwei Fliegen mit e-r Klappe schlagen; ***a ~ in the hand is worth two in the bush*** ein Sperling in der Hand ist besser als e-e Taube auf dem Dach; ***fine feathers make fine ~s*** Kleider machen Leute; ***the ~ is*** (*od.* ***has***) ***flown*** *fig.* der Vogel ist ausgeflogen; ***give s.o. the ~*** j-n auspfeifen *od.* ‚abfahren lassen', j-m den Laufpaß geben; F ***a little ~ told me*** mein kleiner Finger hat es mir gesagt; ***tell a child about the ~s and the bees*** ein Kind aufklären; ***that's for the ~s*** F das ist ‚für die Katz'; **2.** a) F ‚Knülch' *m*, Kerl *m*, b) *Brit. sl.* ‚Puppe' *f* (*Mädchen*): ***queer ~*** komischer Kauz; ***old ~*** alter Knabe; ***gay ~*** lustiger Vogel; **3.** *sl.* a) ‚Vogel' *m* (*Flugzeug*), b) *Am.* Rangabzeichen *n e-s Colonel etc.*; **'~·brain** *s.* F ‚Spatzen(ge)hirn' *n*; ***~ cage*** *s.* Vogelbauer *n*, -käfig *m*; **'~·call** *s.* Vogelruf *m*; Lockpfeife *f*; ***~ dog*** *s.* Hühnerhund *m*; **'~-ˌfan·ci·er** *s.* Vogelliebhaber(in), -züchter(in), -händler(in).

bird·ie ['bɜ:dı] *s.* **1.** Vögelchen *n*; **2.** ‚Täubchen' *n* (*Kosewort*); **3.** *Golf*: 'Birdie *n* (*1 Schlag unter Par*).

bird| life *s.* Vogelleben *n*, -welt *f*; **'~·lime** *s.* Vogelleim *m*; **'~·man** *s.* [*irr.*] **1.** Vogelkenner *m*; **2.** ✈ F Flieger *m*; **'~-ˌnest·ing** *s.* Ausnehmen *n* von Vogelnestern; **'~·seed** *s.* Vogelfutter *n*.

'bird's|-eye [bɜ:dz] **I** *s.* **1.** ⚘ A'donisröschen *n*; **2.** Feinschnittabak *m*; **3.** ✝ Pfauenauge(nmuster) *n*; **II** *adj.* **4.** ***~ view*** (Blick *m* aus der) Vogelperspektive *f*, allgemeiner Überblick; ***~ nest*** *s.* (*a. eßbares*) Vogelnest.

bird watch·er *s.* Vogelbeobachter *m*.

bi·ro ['baıərəʊ] *s.* (*TM*) *Brit.* Kugelschreiber *m*.

birth [bɜ:θ] *s.* **1.** Geburt *f*; Wurf *m* (*Hunde etc.*): ***give ~ to*** gebären, zur Welt bringen, *fig.* hervorbringen, -rufen; ***by ~*** von Geburt; **2.** Abstammung *f*, Herkunft *f*; *engS.* edle Herkunft; **3.** Ursprung *m*, Entstehung *f*; ***~ cer·tif·i·cate*** *s.* Geburtsurkunde *f*; ***~ con·trol*** *s.* Geburtenregelung *f*, -beschränkung *f*; **'~·day** *s.* Geburtstag *m*: ***~ honours*** *Brit.* Titelverleihungen zum Geburtstag des Königs *od.* der Königin; ***in one's ~ suit*** im Adams- *od.* Evaskostüm; ***~ party*** Geburtstagsparty *f*; **'~·mark** *s.* Muttermal *n*; **'~·place** *s.* Geburtsort *m*; ***~ rate*** *s.* Geburtenziffer *f*: ***falling ~*** Geburtenrückgang *m*; **'~·right** *s.* (Erst-) Geburtsrecht *n*.

bis·cuit ['bıskıt] **I** *s.* **1.** *Brit.* Keks *m*: ***that takes the ~!*** F a) das ist doch das Allerletzte!, b) das ist (einsame) Spitze!; **2.** *Am.* weiches Brötchen; **3.** → ***biscuit ware***; **II** *adj.* **4.** a) blaßbraun, b) graugelb; ***~ ware*** *s.* ⚙ Bis'kuit *n* (*Porzellan*).

bi·sect [baı'sekt] *v/t.* **1.** in zwei Teile zerschneiden; **2.** ⚹ halbieren; **bi·section** [ˌbaı'sekʃn] *s.* ⚹ Halbierung *f*.

bi·sex·u·al [ˌbaı'seksjʊəl] *adj. allg.* bisexu'ell.

bish·op ['bıʃɒp] *s.* **1.** Bischof *m*; **2.** *Schach*: Läufer *m*; **3.** Bischof *m* (*Getränk*); **'bish·op·ric** [-rık] *s.* Bistum *n*, Diö'zese *f*.

bi·son ['baısn] *s. zo.* **1.** Bison *m*, amer. Büffel *m*; **2.** euro'päischer Wisent.

bis·sex·tile [bı'sekstaıl] **I** *s.* Schaltjahr *n*; **II** *adj.* Schalt...: ***~ day*** Schalttag *m*.

bit[1] [bıt] *s.* **1.** Gebiß *n* (*am Pferdezaum*): ***take the ~ between one's teeth*** a) durchgehen (*Pferd*), b) störrisch werden (*a. fig.*), c) *fig.* ‚rangehen'; → ***champ***[1]; **2.** *fig.* Zaum *m*, Zügel *m u. pl.*; **3.** ⚙ a) Bohrerspitze *f*, b) Hobeleisen *n*, c) Maul *n* der Zange *etc.*, d) Bart *m* des Schlüssels.

bit[2] [bıt] *s.* **1.** Stückchen *n*: ***a ~ of bread***; ***a ~*** ein bißchen, ein wenig, leicht; ***a ~ of a ...*** so et. wie ein(e) ...; ***a ~ of a fool*** etwas närrisch; ***~ by ~*** Stück für Stück, allmählich; ***after a ~*** nach e-m Weilchen; ***every ~ as good*** ganz genauso gut; ***not a ~ better*** kein bißchen besser; ***not a ~*** (***of it***) ‚keine Spur', ganz und gar nicht; ***do one's ~*** a) s-e Pflicht tun, b) s-n Beitrag leisten; ***give s.o. a ~ of one's mind*** j-m (gehörig) die Meinung sagen; **2.** kleine Münze: a) *Brit.* F ***threepenny ~***, b) *Am.* F ***two ~s*** 25 Cent; **3.** F ‚Mieze' *f* (*Mädchen*); **4.** *a.* ***~ part*** *thea.* F kleine Rolle: ***~ player***.

bit[3] [bıt] *s. Computer*: Bit *n*.

bit[4] [bıt] *pret. von* ***bite***.

bitch [bıtʃ] **I** *s.* **1.** Hündin *f*; **2.** *a.* ***~ fox*** Füchsin *f*; *a.* ***~ wolf*** Wölfin *f*; **3.** V *contp.* a) Schlampe *f*, b) ‚Miststück' *n*; **4.** *sl.* ‚Scheißding' *n*; **II** *v/t.* **5.** *sl. a.* ***~ up*** ‚versauen'; **III** *v/i.* **6.** *sl.* ‚meckern'; **bitch·y** ['bıtʃı] *adj.* F ‚gemein'.

bite [baıt] **I** *s.* **1.** Beißen *n*, Biß *m*; Stich *m* (*Insekt*): ***put the ~ on s.o.*** *Am. sl.* j-n unter Druck setzen; **2.** Bissen *m*, Happen *m*: ***not a ~ to eat***; **3.** (An-) Beißen *n* (*Fisch*); **4.** ⚙ Fassen *n*, Greifen *n*; **5.** *fig.* a) Bissigkeit *f*, Schärfe *f*, Spitze *f*, b) ‚Biß' *m* (*Aggressivität*): ***the ~ was gone***; **6.** *fig.* Würze *f*, Geist *m*; **II** *v/t.* [*irr.*] **7.** beißen: ***~ one's lips*** sich auf die Lippen (*fig.* auf die Zunge) beißen; ***~ one's nails*** an den Nägeln kauen; ***bitten with a desire*** *fig.* von e-m Wunsch gepackt; ***what's biting you?*** *Am. sl.* was ist mit dir los?; → ***dust*** 1; **8.** beißen, stechen (*Insekt*); **9.** ⚙ fassen, greifen; schneiden in (*acc.*); **10.** ⚗ beizen, zerfressen, angreifen; beschädigen; **11.** F *pass.*: ***be bitten***

hereingefallen sein; ***once bitten twice shy*** gebranntes Kind scheut das Feuer; **III** *v/i.* [*irr.*] **12.** beißen; **13.** (an-) beißen; *fig.* sich verlocken lassen; **14.** ⚙ fassen, greifen (*Rad, Bremse, Werkzeug*); **15.** *fig.* beißen, schneiden, brennen, stechen, scharf sein (*Kälte, Wind, Gewürz, Schmerz*); **16.** *fig.* beißend *od.* verletzend sein; ~ **off** *v/t.* abbeißen: ~ ***more than one can chew*** sich zuviel zumuten.

bit·er ['baɪtə] *s.*: ***the ~ bit*** der betrogene Betrüger; ***the ~ will be bitten*** wer andern e-e Grube gräbt, fällt selbst hinein.

bit·ing ['baɪtɪŋ] *adj.* □ *a. fig.* beißend, scharf, schneidend.

bit·ten ['bɪtn] *p.p. von* ***bite.***

bit·ter ['bɪtə] **I** *adj.* □ → *a.* 4; **1.** bitter (*Geschmack*); **2.** *fig.* bitter (*Schicksal, Wahrheit, Tränen, Worte etc.*), schmerzlich, hart: ***to the ~ end*** bis zum bitteren Ende; **3.** *fig.* verärgert, böse, verbittert; streng, unerbittlich; rauh, unfreundlich (*a. Wetter*); **II** *adv.* **4.** *nur*: ~ ***cold*** bitter kalt; **III** *s.* **5.** Bitterkeit *f* (*a. fig.*): ***take the ~ with the sweet*** das Leben (so) nehmen, wie es ist; **6.** *a.* ~ ***beer*** *Brit. stark gehopftes Faßbier*; **7.** *pl.* Magenbitter *m.*

bit·tern¹ ['bɪtən] *s. orn.* Rohrdommel *f.*

bit·tern² ['bɪtən] *s.* **1.** ⚗ Mutterlauge *f*; **2.** Bitterstoff *m* (*für Bier*).

bit·ter·ness ['bɪtənɪs] *s.* **1.** Bitterkeit *f*; **2.** *fig.* Bitterkeit *f*, Schmerzlichkeit *f*; **3.** *fig.* Verbitterung *f*, Härte *f*, Grausamkeit *f.*

'bit·ter·sweet I *adj.* bittersüß; halbbitter; **II** *s.* ⚘ Bittersüß *n.*

bi·tu·men ['bɪtjʊmɪn] *s.* **1.** *min.* Bi'tumen *n*, Erdpech *n*, As'phalt *m*; **2.** *geol.* Bergteer *m.*

bi·tu·mi·nous [bɪ'tju:mɪnəs] *adj. min.* bitumi'nös, as'phalt-, pechhaltig; ~ **coal** *s.* Stein-, Fettkohle *f.*

bi·va·lent ['baɪˌveɪlənt] *adj.* ⚗ zweiwertig.

bi·valve ['baɪvælv] *s. zo.* zweischalige Muschel (*z.B. Auster*).

biv·ouac ['bɪvʊæk] **I** *s.* 'Biwak *n*; **II** *v/i.* biwakieren.

bi·week·ly [ˌbaɪ'wi:klɪ] **I** *adj. u. adv.* **1.** zweiwöchentlich, vierzehntägig, halbmonatlich; **2.** zweimal die Woche; **II** *s.* **3.** Halbmonatsschrift *f.*

biz [bɪz] *s.* F *für* ***business.***

bi·zarre [bɪ'zɑ:] *adj.* bi'zarr, phan'tastisch, ab'sonderlich.

blab [blæb] **I** *v/t.* ausplaudern; **II** *v/i.* schwatzen; **III** *s.* Schwätzer(in), Klatschbase *f*, -weib *n*; **'blab·ber** [-bə] *s.* Schwätzer(in).

black [blæk] **I** *adj.* **1.** schwarz (*a. Tee, Kaffee*): ~ ***as coal*** (*od.* ***the devil*** *od.* ***ink*** *od.* ***night*** *od.* ***pitch***) kohlrabenpechschwarz; → ***black eye, belt*** 1, 5, ***diamond*** 1; **2.** dunkel: ~ ***in the face*** dunkelrot im Gesicht (*vor Aufregung etc.*); **3.** dunkel(häutig): ~ ***man*** Schwarzer *m*, Neger *m*; **4.** schwarz, schmutzig: ~ ***hands***; **5.** *fig.* dunkel, trübe, düster (*Gedanken, Wetter*); **6.** böse, schlecht: ~ ***soul*** schwarze Seele; ***not so ~ as he is painted*** besser als sein Ruf; **7.** ‚schwarz', ungesetzlich; **8.** ärgerlich, böse: ~ ***look(s)*** böser Blick; ***look ~ at s.o.*** j-n böse anblicken; **9.** schlimm: ~ ***despair*** völlige Verzweiflung; **10.** *Am.* eingefleischt; **11.** ‚schwarz' (*makaber*): ~ ***humo(u)r***, **12.** *TV* schwarz'weiß; **II** *s.* **13.** Schwarz *n*; **14.** *et.* Schwarzes, schwarzer Fleck: ***wear*** ~ Trauer(kleidung) tragen; **15.** Schwarze(r *m*) *f*, Neger(in); **16.** Schwärze *f*, schwarze Schuhkrem; **17.** ***be in the ~*** *bsd.* ✝ a) mit Gewinn arbeiten, b) aus den roten Zahlen heraus sein; **III** *v/t.* **18.** schwärzen, *Schuhe* wichsen; ~ **out I** *v/t.* **1.** (völlig) abdunkeln, *a.* ⚔ verdunkeln; **2.** ⚙ *u. fig.* ausschalten, außer Betrieb setzen; *Funkstation* (durch Störgeräusche) ausschalten; **3.** *j-n* bewußtlos machen; **4.** *fig.* (*a. durch Zensur*) unter'drücken; **II** *v/i.* **5.** sich verdunkeln; **6.** a) das Bewußtsein verlieren, b) e-n ‚Blackout' haben; **7.** ⚙ *etc.* ausfallen.

black Af·ri·ca *s. pol.* Schwarzafrika *n.*

black·a·moor ['blækəˌmʊə] *s. obs.* Neger(in *f*) *m*, Mohr(in *f*) *m.*

black| and blue *adj.*: ***beat s.o.*** ~ j-n grün und blau schlagen; ~ **and tan** *adj.* schwarz mit braunen Flecken; ~ **and white** *s.* **1.** Schwarz'weißzeichnung *f*; **2.** ***in*** ~ schwarz auf weiß, schriftlich, gedruckt; **3.** *TV etc.* schwarz'weiß; ~ **art** → ***black magic***; ~ **ball** *s.* schwarze (Wahl)Kugel; *fig.* Gegenstimme *f*; **'~ball** *v/t.* gegen *j-n* stimmen, *j-n* ausschließen; ~ **bee·tle** *s. zo.* Küchenschabe *f*; **'~·ber·ry** [-bərɪ] *s.* ⚘ Brombeere *f*; **'~·bird** *s. orn.* Amsel *f*; **'~·board** *s.* (Schul-, Wand)Tafel *f*; ~ **box** *s.* ✈ Flugschreiber *m*; ~ **cap** *s.* schwarze Kappe (*des Richters bei Todesurteilen*); **'~·cap** *s. orn.* a) Kohlmeise *f*, b) Schwarzköpfige Grasmücke; ~ **cat·tle** *s. zo.* schwarze Rinderrasse; **'~ˌcoat(·ed)** *adj. Brit.*: ~ ***worker*** Büroangestellte(r) *m* (*Ggs. Arbeiter*); **'~·cock** *s. orn.* Schwarzes Schottisches Moorhuhn (*Hahn*); ♀ **Coun·try** *s.* Indu'striegebiet *n* von Staffordshire u. Warwickshire; ♀ **Death** *s. der* Schwarze Tod, Pest *f*; ~ **dog** *s.* F schlechte Laune.

black·en ['blækən] **I** *v/t.* **1.** schwärzen; wichsen; **2.** *fig.* anschwärzen: ~***ing the memory of the deceased*** ⚖ Verunglimpfung *f* Verstorbener; **II** *v/i.* **3.** schwarz werden.

black| eye *s.* ‚blaues Auge': ***get away with a ~*** mit e-m blauen Auge davonkommen; **'~·face** *s. typ.* (halb)fette Schrift; ~ **flag** *s.* schwarze (Pi'raten-) Flagge; ♀ **Fri·ar** *s. eccl.* Domini'kaner *m*; ~ **frost** *s.* strenge, aber trockene Kälte; ~ **game** *s. orn.* schwarzes Rebhuhn; ~ **grouse** *s. orn.* Birkhuhn *n.*

black·guard ['blægɑ:d] **I** *s.* Lump *m*, Schuft *m*; **II** *v/t.* *j-n* beschimpfen; **'black·guard·ly** [-lɪ] *adj.* gemein; unflätig.

'black|·head *s.* ⚕ Mitesser *m*; ~ **ice** *s.* Glatteis *n.*

black·ie ['blækɪ] *s.* → ***blacky.***

black·ing ['blækɪŋ] *s.* **1.** schwarze (Schuh)Wichse; **2.** (Ofen)Schwärze *f.*

black·ish ['blækɪʃ] *adj.* schwärzlich.

'black|·jack I *s.* **1.** → ***black flag***; **2.** *Am.* Totschläger *m* (*Waffe*); **3.** 'Siebzehnund'vier *n* (*Kartenspiel*); **II** *v/t.* **4.** *Am.* mit e-m Totschläger zs.-schlagen; ~ **lead** [led] *s. min.* Gra'phit *m*, Reißblei *n*; **ˌ~-'lead pen·cil** *s.* Graphitstift *m*; **'~·leg I** *s.* **1.** a) Falschspieler *m*, b) Wettbetrüger *m*; **2.** *Brit.* Streikbrecher *m*; **II** *v/i.* **3.** als Streikbrecher auftreten; ~ **let·ter** *s. typ.* Frak'tur *f*, gotische Schrift; **ˌ~-'let·ter** *adj.*: ~ ***day*** schwarzer Tag, Unglückstag *m*; **'~·list I** *s.* schwarze Liste; **II** *v/t.* *j-n* auf die schwarze Liste setzen; ~ **mag·ic** *s.* Schwarze Ma'gie; **'~·mail I** *s.* **1.** ⚖ Erpressung *f*; **2.** Erpressungsgeld *n*; **II** *v/t.* **3.** *j-n* erpressen, von *j-m* Geld erpressen: ~ ***s.o. into s.th*** j-n durch Erpressung zu et. zwingen; **'~ˌmail·er** *s.* Erpresser *m*; ♀ **Ma·ri·a** [mə'raɪə] *s.* F ‚Grüne Minna', (Poli'zei)Gefangenenwagen *m*; ~ **mark** *s.* schlechte Note, Tadel *m*; ~ **mar·ket** *s.* schwarzer Markt, Schwarzmarkt *m*, -handel *m* (***in*** mit); ~ **mar·ket·eer** *s.* Schwarzhändler(in); ~ **mass** *s.* Schwarze Messe, Teufelsmesse *f*; ~ **monk** *s.* Benedik'tiner(mönch) *m.*

black·ness ['blæknɪs] *s.* **1.** Schwärze *f*, Dunkelheit *f*; **2.** *fig.* Verderbtheit *f*, Ab'scheulichkeit *f.*

'black|·out *s.* **1.** *bsd.* ⚔ Verdunkelung *f*; **2.** (*Nachrichten- etc.*)Sperre *f*: ***news*** ~; **3.** ⚕ a) Blackout *n*, *m* (*kurze Ohnmacht, Bewußtseinsstörung etc.*), b) Bewußtlosigkeit *f*, Ohnmacht *f*; **4.** ⚙ *u. fig.* Ausfall *m*; ϟ to'taler Stromausfall; **5.** *TV* a) Austasten *n*, b) Pro'gramm- *od.* Bildausfall *m*; **6.** *phys. etc., a. thea.* Blackout *n*, *m*; ♀ **Prince** *s. der* Schwarze Prinz (*Eduard, Prinz von Wales*); ~ **pud·ding** *s. Brit.* Blutwurst *f*; ♀ **Rod** *s.* **1.** oberster Dienstbeamter des brit. Oberhauses; **2.** erster Zere'monienmeister des Hosenbandordens; ~ **sheep** *s. fig.* schwarzes Schaf; **'~·shirt** *s.* Schwarzhemd *n* (*italienischer Faschist*); **'~·smith** *s.* (Grob-, Huf)Schmied *m*; ~ **spot** *s. mot.* schwarzer Punkt, Gefahrenstelle *f*; **'~·strap** *s. Am.* **1.** *Getränk aus Rum u. Sirup*; **2.** F Rotwein *m* aus dem Mittelmeergebiet; **'~·thorn** *s.* ⚘ Schwarz-, Schlehdorn *m*; ~ **tie** *s.* **1.** schwarze Fliege; **2.** Smoking *m*; **'~·top** *s.* Asphaltbelag *m od.* -straße *f*; **'~ˌwa·ter fe·ver** *s.* ⚕ Schwarzwasserfieber *n*; ~ **wid·ow** *s. zo.* Schwarze Witwe (*Spinne*).

black·y ['blækɪ] *s.* F Schwarze(r *m*) *f* (*Neger od. Schwarzhaarige[r]*).

blad·der ['blædə] *s.* **1.** *anat.* (Gallen-, *engS.* Harn)Blase *f*; **2.** (*Fußball- etc.*) Blase *f*; **3.** *zo.* Schwimmblase *f*; ~ **wrack** *s.* ⚘ Blasentang *m.*

blade [bleɪd] *s.* **1.** ⚘ Blatt *n* (*mst poet.*), Spreite *f* (*e-s Blattes*), Halm *m*: ***in the ~*** auf dem Halm; ~ ***of grass*** Grashalm; **2.** ⚙ Blatt *n* (*Säge, Axt, Schaufel, Ruder*); **3.** ⚙ a) Flügel *m* (*Propeller*); *Hubschrauber*: Rotor *m*, Drehflügel *m*, b) Schaufel *f* (*Schiffsrad, Turbine*); **4.** ⚙ Klinge *f* (*Messer, Degen etc.*); **5.** → ***shoulder-blade***; **6.** *poet.* a) Degen *m*, Klinge *f*, b) Kämpfer *m*; **7.** F (forscher) Kerl, Bursche *m.*

blae·ber·ry ['bleɪbərɪ] → ***bilberry.***

blah¹ [blɑ:] *a.* **ˌblah-'blah** F **I** *s.* ‚Bla'bla', Geschwafel *n*; **II** *v/i.* schwafeln.

blah² [blɑ:] F **I** *adj.* (stink)fad; **II** *s. pl. Am.* a) Langeweile *f*, b) ‚mieses Gefühl'.

blain [bleɪn] *s.* ⚕ Pustel *f.*

blam·a·ble ['bleɪməbl] *adj.* □ zu tadeln(d), schuldig; **blame** [bleɪm] **I** *v/t.* **1.** tadeln, rügen, *j-m* Vorwürfe machen (**for** wegen); **2.** (**for**) verantwortlich machen (für), *j-m* die Schuld geben (an *dat.*): **he is to ~ for it** er ist daran schuld; **he has only himself to ~** das hat er sich selbst zuzuschreiben; **I cannot ~ him for it** ich kann es ihm nicht verübeln; **II** *s.* **3.** Tadel *m*, Vorwurf *m*, Rüge *f*; **4.** Schuld *f*, Verantwortung *f*: **lay** (*od.* **put**) **the ~ on s.o.** j-m die Schuld geben; **bear** (*od.* **take**) **the ~** die Schuld auf sich nehmen; **'blame·less** [-lɪs] *adj.* □ untadelig, schuldlos (**of** an *dat.*); **'blame·less·ness** [-lɪsnɪs] *s.* Schuldlosigkeit *f*, Unschuld *f*; **'blame,wor·thy** *adj.* tadelnswert, schuldig.

blanch [blɑːntʃ] **I** *v/t.* **1.** bleichen, weiß machen; *fig.* erbleichen lassen; **2.** ✓ (*durch Ausschluß von Licht*) bleichen; **3.** *Küche*: *Mandeln etc.* blanchieren, brühen; **4.** ⚙ weiß sieden; brühen; **5. ~ over** *fig.* beschönigen; **II** *v/i.* **6.** erbleichen.

blanc·mange [blə'mɒnʒ] *s. Küche*: Pudding *m*.

bland [blænd] *adj.* □ **1.** a) mild, sanft, b) höflich, verbindlich, c) (ein)schmeichelnd; **2.** a) kühl, b) i'ronisch.

blan·dish ['blændɪʃ] *v/t.* schmeicheln, zureden (*dat.*); **'blan·dish·ment** [-mənt] *s.* Schmeiche'lei *f*, Zureden *n*; *pl.* Über'redungskünste *pl.*

blank [blæŋk] **I** *adj.* □ **1.** leer, nicht ausgefüllt, unbeschrieben; Blanko... (*bsd.* ♱): **a ~ page**; **a ~ space** ein leerer Raum; **~ tape** Leerband *n*; **in ~** blanko; **leave ~** frei lassen; **~ acceptance** Blankoakzept *n*; **~ signature** Blankounterschrift *f*; → **cheque**; **2.** leer, unbebaut; **3.** blind (*Fenster, Tür*); **4.** leer, ausdruckslos; **5.** verdutzt, verblüfft, verlegen: **a ~ look**; **6.** bar, rein, völlig: **~ astonishment** sprachloses Erstaunen; **~ despair** helle Verzweiflung; **7.** → **cartridge** 1, **fire** 13, **verse** 3; **II** *s.* **8.** Formblatt *n*, Formu'lar *n*, Vordruck *m*; unbeschriebenes Blatt (*a. fig.*); **9.** leerer *od.* freier Raum (*bsd. für Wort[e] od. Buchstaben*); Lücke *f*, Leere *f* (*a. fig.*): **leave a ~** e-n freien Raum lassen (*beim Schreiben etc.*); **his mind was a ~** a) er hatte alles vergessen, b) in s-m Kopf herrschte völlige Leere; **10.** *Lotterie*: Niete *f*: **draw a ~** a) e-e Niete ziehen, b) *fig.* kein Glück haben; **11.** *bsd. sport* Null *f*; **12.** *das* Schwarze (*Zielscheibe*); **13.** Öde *f*, Nichts *n*; **14.** ⚙ unbearbeitetes Werkstück, Rohling *m*; ungeprägte Münzplatte; **15.** Gedankenstrich *m* (*an Stelle e-s [unanständigen] Wortes*), ‚Pünktchen' *pl.*; **III** *v/t.* **16.** *mst* **~ out** a) verhüllen, auslöschen, b) *fig.* ‚erledigen', abtun; **17. ~ out** *typ.* gesperrt drucken; **18.** *Wort* durch e-n Gedankenstrich *od.* Pünktchen ersetzen; **19.** *TV Brit.* austasten; **20.** *sport* zu Null schlagen.

blan·ket ['blæŋkɪt] **I** *s.* **1.** (wollene) Decke, Bettdecke *f*: **to get between the ~s** F in die Federn kriechen; **born on the wrong side of the ~** F unehelich; → **wet** 1; **2.** *fig.* Decke *f*, Hülle *f*: **~ of snow** Schneedecke; **3.** ⚙ 'Filz,unterlage *f*; **II** *v/t.* **4.** zudecken; **5.** ⚓ den Wind abfangen (*dat.*); **6.** *fig.* verdecken, unter'drücken, ersticken, vertuschen; **7.** ϟ, ⚔ abschirmen; **8.** *Radio*: stören, über'lagern; **9.** prellen; **10.** *Am.* zs.-fassen, um'fassen; **III** *adj.* **11.** alles einschließend, gene'rell: **~ clause** Generalklausel *f*; **~ insurance** Kollektivversicherung *f*; **~ mortgage** Gesamthypothek *f*; **~ policy** Pauschalpolice *f*; **~ sheet** *Am.* Zeitung *f* in Großfolio.

blan·ket·ing ['blæŋkɪtɪŋ] *s.* Stoff *m* für Wolldecken.

blare [bleə] **I** *v/i. u. v/t.* a) schmettern (*Trompete*), b) brüllen, plärren (*a. Radio etc.*); **II** *s.* a) Schmettern *n*, b) Brüllen *n*, Plärren *n*, c) Lärm *m*.

blar·ney ['blɑːnɪ] F **I** (plumpe) Schmeiche'lei, ‚Schmus' *m*; **II** *v/t. u. v/i.* (*j-m*) schmeicheln.

bla·sé ['blɑːzeɪ] (*Fr.*) *adj.* gleichgültig, gelangweilt.

blas·pheme [blæs'fiːm] **I** *v/t.* (*engS. Gott*) lästern; schmähen; **II** *v/i.*: **~ against** *j-m* fluchen, *j-n* lästern; **blas'phem·er** [-mə] *s.* (Gottes)Lästerer *m*; **blas·phe·mous** ['blæsfəməs] *adj.* □ blas'phemisch; **blas·phe·my** ['blæsfəmɪ] *s.* **1.** Blasphe'mie *f*, (Gottes)Lästerung *f*; **2.** Fluchen *n*.

blast [blɑːst] **I** *s.* **1.** (heftiger) Windstoß *m*; **2.** ♪ Schmettern *n*, Schall *m*: **~ of a trumpet** Trompetenstoß *m*; **3.** Si'gnal *n*, (Heul-, Pfeif)Ton *m*; Tuten *n*; **4.** *fig.* Pesthauch *m*, Fluch *m*; **5.** ⚘ Brand *m*, Mehltau *m*; Verdorren *n*; **6.** ⚙ a) Sprengladung *f*, b) Sprengung *f*; **7.** a) Explosi'on *f*, Detonati'on *f*, b) *a.* **~ wave** Druckwelle *f*; **8.** ⚙ Gebläse(luft *f*) *n*: (**at**) **full ~** *a. fig.* auf Hochtouren, *a.* mit voller Lautstärke; **9.** F a) heftige At'tacke, b) ‚Anschiß' *m*; **10.** *Am. sl.* Party *f*; **II** *v/t.* **11.** sprengen; **12.** *a.* ⚘ vernichten (*a.* F *sport*), *fig. a.* zu'nichte machen; **13.** ⚔ unter Beschuß nehmen, *fig. a.* heftig attackieren, F ‚anscheißen'; *Science Fiction*: durch Strahler(schuß) töten; **14.** verfluchen: **~ed** verflucht; **~ it!** verdammt!; **~ him!** der Teufel soll ihn holen!; **15. ~ off** in den Weltraum schießen; **III** *v/i.* **16.** sprengen; **17.** ‚knallen': **~ away at** ballern auf (*acc.*), *fig.* heftig attackieren; **18. ~ off** abheben (*Rakete*); **~ fur·nace** *s.* ⚙ Hochofen *m*; **'~·hole** *s.* ⚙ Sprengloch *n*; **'~·off** *s.* (Ra'keten)Start *m*.

bla·tan·cy ['bleɪtənsɪ] *s.* lärmendes Wesen, Angebe'rei *f*; **'bla·tant** [-nt] *adj.* □ **1.** brüllend; **2.** marktschreierisch, lärmend; **3.** aufdringlich; **4.** offenkundig, ekla'tant: **~ lie**.

blath·er ['blæðə] **I** *v/i.* ‚(blöd) quatschen'; **II** *s.* ‚Gewäsch' *n*; Quatsch *m*; **'~·skite** [-skaɪt] *s.* F **1.** ‚Quatschkopf' *m*; **2.** → **blather** II.

blaze [bleɪz] **I** *s.* **1.** *lodernde* Flamme, Feuer *n*, Glut *f*: **be in a ~** in Flammen stehen; **2.** *pl.* Hölle *f*: **go to ~s!** *sl.* scher dich zum Teufel!; **like ~s** F wie verrückt *od.* toll; **what the ~s is the matter?** F was zum Teufel ist denn los?; **3.** Leuchten *n*, Glanz *m* (*a. fig.*): **~ of noon** Mittagshitze *f*; **~ of fame** Ruhmesglanz *m*; **~ of colo(u)r** Farbenpracht *f*; **~ of publicity** volles Licht der Öffentlichkeit; **4.** *fig.* (plötzlicher) Ausbruch, Auflodern *n* (*Gefühl*): **~ of anger** Wutanfall *m*; **5.** Blesse *f* (*bei Rind od. Pferd*); **6.** Anschalmung *f*, Markierung *f an Waldbäumen*; **II** *v/i.* **7.** (auf)flammen, (auf)lodern, (ent)brennen (*alle a. fig.*): **~ into prominence** *fig.* e-n kometenhaften Aufstieg erleben; **~ with anger** vor Zorn glühen; **in a blazing temper** in heller Wut; **8.** leuchten, strahlen (*a. fig.*); **III** *v/t.* **9.** Bäume anschalmen; → **trail** 15;

Zssgn mit adv.:

blaze| a·broad *v/t.* verkünden, 'ausposaunen; **~ a·way** *v/i.* drauf'losschießen; *fig.* F loslegen (**at** mit *et.*), herziehen (**about** über *acc.*); **~ out**, **~ up** *v/i.* **1.** auflodern, -flammen; **2.** *fig.* in Wut geraten, (wütend) auffahren.

blaz·er ['bleɪzə] *s.* Blazer *m*, Klub-, Sportjacke *f*.

blaz·ing ['bleɪzɪŋ] *adj.* **1.** lodernd (*a. fig.*); **2.** *fig.* a) schreiend, auffallend: **~ colo(u)rs**, b) offenkundig, ekla'tant: **~ lie**, c) *hunt.* warm (*Fährte*); → **scent** 3; **3.** F verteufelt; **~ star** *s.* Gegenstand *m* allgemeiner Bewunderung.

bla·zon ['bleɪzn] **I** *s.* **1.** a) Wappenschild *m, n* b) Wappenkunde *f*; **2.** lautes Lob; **II** *v/t.* **3.** *Wappen* ausmalen; **4.** *fig.* schmücken, zieren; **5.** *fig.* her'ausstreichen, rühmen; **6.** *mst* **~ abroad**, **~ out** 'auspo,saunen; **'bla·zon·ry** [-rɪ] *s.* **1.** a) Wappenzeichen *n*, b) He'raldik *f*; **2.** *fig.* Farbenschmuck *m*.

bleach [bliːtʃ] **I** *v/t.* bleichen (*a. fig.*); **II** *s.* Bleichmittel *n*; **'bleach·er** [-tʃə] *s.* **1.** Bleicher(in); **2.** *mst pl. Am. sport* 'unüber,dachte Tri'büne.

bleak [bliːk] *adj.* □ **1.** kahl, öde; **2.** ungeschützt, windig (gelegen); **3.** rauh (*Wind, Wetter*); **4.** *fig.* trost-, freudlos, trübe, düster: **~ prospects** trübe Aussichten.

blear [blɪə] **I** *adj.* verschwommen, trübe (*a. Augen*); **II** *v/t.* trüben; **~-eyed** ['blɪəraɪd] *adj.* **1.** a) mit trüben Augen, b) verschlafen; **2.** kurzsichtig, *fig. a.* einfältig.

bleat [bliːt] *v/i.* **1.** blöken (*Schaf, Kalb*), meckern (*Ziege*); **2.** in weinerlichem Ton reden; **II** *s.* **3.** Blöken *n*, Gemecker *n* (*a. fig.*).

bled [bled] *pret. u. p.p. von* **bleed**.

bleed [bliːd] [*irr.*] **I** *v/i.* **1.** (ver)bluten (*a. Pflanze*): **~ to death** verbluten; **2.** sein Blut vergießen, sterben (**for** für); **3.** *fig.* (**for**) bluten (um) (*Herz*), (tiefes) Mitleid empfinden (mit); **4.** F ‚bluten' (*zahlen*): **~ for s.th.** für et. schwer bluten müssen; **5.** auslaufen, ‚bluten' (*Farbe*); zerlaufen (*Teer etc.*); leck sein, lekken; **6.** *typ.* angeschnitten *od.* bis eng an den Druck beschnitten sein (*Buch, Bild*); **II** *v/t.* **7.** ⚕ zur Ader lassen; **8.** *Flüssigkeit, Dampf etc.* ausströmen lassen, abzapfen: **~ valve** Ablaßventil *n*; **9.** ⚙, *bsd. mot. Bremsleitung* entlüften; **10.** F ‚bluten lassen', schröpfen: **~ white** *j-n* bis zum Weißbluten auspressen; **'bleed·er** [-də] *s.* **1.** ⚕ Bluter *m*; **2.** F a) Erpresser *m*, b) (blöder *etc.*) Kerl, c) ‚Scheißding' *n*; **3.** ⚙ 'Ablaßven,til *n*; **4.** ϟ 'Vorbelastungs,widerstand *m*.

bleed·ing ['bliːdɪŋ] **I** *s.* **1.** Blutung *f*, Aderlaß *m* (*a. fig.*): **~ of the nose** Nasenbluten *n*; **2.** ⚙ ‚Bluten' *n*, Auslaufen *n* (*Farbe, Teer*); **3.** ⚙ Entlüften *n*; **II** *adj.* **4.** *sl.* verdammt; **~ heart** *s.* ⚘ F Flammendes Herz.

bleep [bliːp] **I** *s.* **1.** Piepton *m*; **2.** → ***bleeper***; **II** *v/i.* **3.** piepen; **'bleep·er** [-pə] *s.* F ‚Piepser' *m* (*Funkrufempfänger*).

blem·ish ['blemɪʃ] **I** *v/t.* verunstalten, schaden (*dat.*); *fig.* beflecken; **II** *s.* Fehler *m*, Mangel *m*; Makel *m*, Schönheitsfehler *m*.

blench¹ [blentʃ] **I** *v/i.* **1.** verzagen; **2.** zu'rückschrecken (***at*** vor *dat.*); **II** *v/t.* (ver)meiden.

blench² [blentʃ] → ***blanch*** 6.

blend [blend] **I** *v/t.* **1.** (ver)mengen, (ver)mischen, verschmelzen; **2.** mischen, mixen; e-e (*Tee-*, *Tabak-*, *Whisky*)Mischung zs.-stellen; *Wein etc.* verschneiden; **II** *v/i.* **3.** (***with***) sich mischen *od.* har'monisch verbinden (mit); **4.** verschmelzen, inein'ander 'übergehen (*Farben*); **III** *s.* **5.** Mischung *f*, (harmonische) Zs.-stellung (*Getränke*, *Tabak*, *Farben*); (*Wein*)Verschnitt *m*; **~ word** *s. ling.* Misch-, Kurzwort *n*.

blende [blend] *s. min.* Blende *f*, *engS.* Zinkblende *f*.

Blen·heim or·ange ['blenɪm] *s. Brit. eine Apfelsorte*.

blent [blent] *obs. pret. u. p.p. von* ***blend***.

bless [bles] *v/t.* **1.** segnen; **2.** segnen, preisen; glücklich machen: ***~ed with*** gesegnet mit (*Talent*, *Reichtum etc.*); ***I ~ the day I met you*** ich segne *od.* preise den Tag, an dem ich dich kennenlernte; ***~ one's stars*** sich glücklich schätzen; **3. *~ o.s.*** sich bekreuzigen;
Besondere Redewendungen:
(***God***) ***~ you!*** a) alles Gute!, b) *beim Niesen*: Gesundheit!; ***well, I'm ~ed!*** F na, so was!; ***I'm ~ed if I know*** F ich weiß es wirklich nicht; ***Mr. Brown, ~ him*** Herr Brown, der Gute; ***~ my soul!*** F du meine Güte!; ***not at all, ~ you!*** *iro.* o nein, mein Verehrtester! *od.* meine Beste!; ***~ that boy, what is he doing there?*** F was zum Kuckuck stellt der Junge dort an?; ***not to have a penny to ~ o.s. with*** keinen roten Heller besitzen.

bless·ed ['blesɪd] **I** *adj.* **1.** gesegnet, selig, glücklich: ***of ~ memory*** seligen Angedenkens; ***~ event*** freudiges Ereignis (*Geburt e-s Kindes*); **2.** gepriesen, selig, heilig: ***the ☡ Virgin*** die Heilige Jungfrau (Maria); **3. *the whole ~ day*** F den lieben langen Tag; ***not a ~ soul*** keine Menschenseele; **II** *s.* **4. *the ~*** (***ones***) die Seligen; **'bless·ed·ness** [-nɪs] *s.* Glück'seligkeit *f*, Glück *n*; Seligkeit *f*: ***live in single ~*** Junggeselle sein; **'blessing** [-sɪŋ] *s.* Segen *m*, Segnung *f*, Wohltat *f*, Gnade *f*: ***ask a ~*** a) Segen erbitten, b) das Tischgebet sprechen; ***what a ~ that ...*** welch ein Segen, daß ...; ***it turned out to be a ~ in disguise*** es stellte sich im nachhinein als Segen heraus; ***count one's ~s*** dankbar sein für das, was e-m beschert ist; ***give one's ~ to*** s-n Segen geben zu, *fig. a. et.* absegnen.

blest [blest] **I** *poet. pret. u. p.p. von* ***bless***; **II** *pred. adj. poet.* → ***blessed***; **III** *s.*: ***the Isles of the ☡*** die Inseln der Seligen.

bleth·er ['bleðə] → ***blather***.

blew [bluː] *pret. von* ***blow¹*** II *u.* III *u.* ***blow³***.

blight [blaɪt] **I** *s.* **1.** ⚘ Mehltau *m*, Fäule *f*, Brand *m* (*Pflanzenkrankheit*); **2.** *fig.* Gift-, Pesthauch *m*; Vernichtung *f*; Fluch *m*; Enttäuschung *f*, Schatten *m*; **3.** Verwahrlosung *f e-r Wohngegend*; **II** *v/t.* **4.** *fig.* im Keim ersticken, zu'nichte machen, vereiteln; **'blight·er** [-tə] *s. Brit.* F a) Kerl *m*, ‚Knülch' *m*, b) ‚Mistkerl' *m*, c) ‚Mistding' *n*.

Blight·y ['blaɪtɪ] *s.* ⚔ *Brit. sl.* **1.** die Heimat, England *n*; **2.** a) *a.* ***a ~ one*** ‚Heimatschuß' *m*, b) Heimaturlaub *m*.

bli·mey ['blaɪmɪ] *int.* F *Brit.* a) ich werd' verrückt! (*überrascht*), b) verdammt!

blimp¹ [blɪmp] *s.* F **1.** unstarres Kleinluftschiff; **2.** *phot.* schalldichte Kamerahülle.

Blimp² [blɪmp] *s.*: (***Colonel***) ***~*** *Brit.* selbstgefälliger Erzkonservativer.

blind [blaɪnd] **I** *adj.* ☐ → *a.* 9 **1.** blind: ***~ in one eye*** auf 'einem Auge blind; ***struck ~*** mit Blindheit geschlagen; ***as ~ as a bat*** (*od.* ***beetle***) stockblind; **2.** *fig.* blind, verständnislos (***to*** gegen['über]): ***~ to s.o.'s faults*** j-s Fehlern gegenüber blind; ***~ chance*** blinder Zufall; ***~ with rage*** blind vor Wut; ***~ side*** *fig.* schwache Seite; ***turn a ~ eye*** *fig.* ein Auge zudrücken, *et.* absichtlich übersehen; **3.** unbesonnen: ***~ bargain***; **4.** zweckziellos, leer: ***~ excuse*** Ausrede *f*; **5.** verborgen, geheim: ***~ staircase*** Geheimtreppe; **6.** schwererkennbar: ***~ corner*** unübersichtliche Ecke *od.* Kurve; ***~ copy*** *typ.* unleserliches Manuskript; **7.** ⌂ blind: ***~ window***; **8.** ⚘ blütenlos, taub; **II** *adv.* **9. *~ drunk*** sinnlos betrunken, ‚blau'; *fig.* ***go it ~*** blindlings handeln; **III** *v/t.* **10.** blenden, blind machen; *j-m* die Augen verbinden: ***~ing rain*** alles verhüllender Regen; **11.** verblenden, täuschen; blind machen (***to*** gegen); **12.** *fig.* verdunkeln, verbergen, vertuschen, verwischen; **IV** *v/i.* **13.** *Brit. sl.* blind drauf'lossausen; **V** *s.* **14. *the ~*** die Blinden *pl.*; **15.** a) Rolladen *m*, b) Rou'leau *n*, Rollo *n*, c) Mar'kise *f*; → ***Venetian*** I; **16.** *pl.* Scheuklappen *pl.*; **17.** *fig.* a) Vorwand *m*, b) (Vor)Täuschung *f*, c) Tarnung *f*, d) F Strohmann *m*; **18.** *hunt.* Deckung *f*; **19.** *Brit. sl.* Saufe'rei *f*; **~ al·ley** *s.* Sackgasse *f* (*a. fig.*); **ˌ~-'al·ley** *adj.*: ***~ occupation*** Stellung *f* ohne Aufstiegsmöglichkeit; **~ coal** *s.* Anthra'zit *m*; **~ date** *s.* F a) Verabredung *f* mit e-r *od.* e-m Unbekannten, b) unbekannter Partner bei e-m solchen Rendezvous.

blind·er ['blaɪndə] *s. Am.* Scheuklappe *f* (*a. fig.*).

blind| flight *s.* ✈ Blindflug *m*; **'~·fold I** *adj. u. adv.* **1.** mit verbundenen Augen: ***~ chess*** Blindschach *n*; **2.** blind (-lings) (*a. fig.*): ***~ rage*** blinde Wut; **II** *v/t.* **3.** *j-m* die Augen verbinden; **4.** *fig.* blind machen; **~ gut** *s. anat.* Blinddarm *m*; **ˌ~-man's-'buff** [ˌblaɪndmænz-] *s.* Blindekuh(spiel *n*) *f*.

blind·ness ['blaɪndnɪs] *s.* **1.** Blindheit *f* (*a. fig.*); **2.** *fig.* Verblendung *f*.

blind| shell *s.* ⚔ Blindgänger *m*; **~ spot** *s.* **1.** ⚕ blinder Fleck *auf der Netzhaut*; **2.** *fig.* schwacher *od.* wunder Punkt; **3.** *mot.* toter Winkel *im Rückspiegel*; **4.** *Radio*: Empfangsloch *n*; **~ stitch** *s.* blinder (*unsichtbarer*) Stich; **'~·worm** *s. zo.* Blindschleiche *f*.

blink [blɪŋk] **I** *v/i.* **1.** blinken, blinzeln, zwinkern: ***~ at*** a) *j-m* zublinzeln, b) → 2 *u.* 5; **2.** erstaunt *od.* verständnislos dreinblicken: ***~ at*** *fig.* sich maßlos wundern über (*acc.*); **3.** flimmern, schimmern; **II** *v/t.* **4. *~ one's eyes*** mit den Augen zwinkern; **5.** *et.* ignorieren, die Augen verschließen vor (*dat.*): ***there is no ~ing the fact*** (***that***) es ist nicht zu leugnen (, daß); **6.** *Meldung* blinken; **III** *s.* **7.** Blinzeln *n*; **8.** (Licht)Schimmer *m*; **9.** flüchtiger Blick; **10.** Augenblick *m*; **11. *on the ~*** *sl.* a) de'fekt, nicht in Ordnung, b) ‚am Eingehen' (*Gerät etc.*); **'blink·er** [-kə] **I** *s.* **1.** *pl.* Scheuklappen *pl.* (*a. fig.*); **2.** *pl.* F Schutzbrille *f*; **3.** F ‚Gucker' *pl.* (*Augen*); **4.** a) Blinklicht *n*, b) *mot.* Blinker *m*; **5.** a) Blinkgerät *n*, b) Blinkspruch *m*; **II** *v/t.* **6.** *e-m Pferd* Scheuklappen anlegen: ***~ed*** mit Scheuklappen (*a. fig.*); **7.** → ***blink*** 6.

'blink·ing [-kɪŋ] *adj. u. adv. Brit. sl.* verdammt.

blip [blɪp] *s.* **1.** Klicken *n*; **2.** *Radar*: 'Echoimˌpuls *m*, -zeichen *n*.

bliss [blɪs] *s.* Freude *f*, Entzücken *n*, (Glück)'Seligkeit *f*, Wonne *f*; **'bliss·ful** [-fʊl] *adj.* ☐ (glück)'selig, völlig glücklich; **'bliss·ful·ness** [-fʊlnɪs] *s.* Wonne *f*.

blis·ter ['blɪstə] **I** *s.* **1.** ⚕ (*Haut*)Blase *f*, Pustel *f*; **2.** Blase *f* (*auf bemaltem Holz, in Glas etc.*); **3.** ⚕ Zugpflaster *n*; **4.** ⚔, ✈ a) Bordwaffen- *od.* Beobachterstand *m*, b) Radarkuppel *f*; **II** *v/t.* **5.** Blasen her'vorrufen auf (*dat.*); **6.** *fig.* scharf kritisieren, ‚fertigmachen'; **7.** brennenden Schmerz her'vorrufen auf (*dat.*): ***~ing heat*** glühende Hitze; **III** *v/i.* **8.** Blasen ziehen *od.* ⚙ werfen.

blithe [blaɪð] *adj.* ☐ vergnügt.

blith·er·ing ['blɪðərɪŋ] *adj. Brit.* F verdammt: ***~ idiot*** Vollidiot *m*.

blitz [blɪts] ⚔ **I** *s.* **1.** Blitzkrieg *m*; **2.** schwerer Luftangriff; schwere Luftangriffe *pl.*; **II** *v/t.* **3.** schwer bombardieren: ***~ed area*** zerbombtes Gebiet; **'~·krieg** [-kriːg] → ***blitz*** 1.

bliz·zard ['blɪzəd] *s.* Schneesturm *m*.

bloat¹ [bləʊt] **I** *v/t. a.* ***~ up*** aufblasen, -blähen (*a. fig.*); **II** *v/i. a.* ***~ out*** auf-, anschwellen; **'bloat·ed** [-tɪd] *adj.* aufgebläht (*a. fig.*), (auf)gedunsen.

bloat·er ['bləʊtə] *s.* Räucherhering *m*.

blob [blɒb] *s.* **1.** Tropfen *m*, Klümpchen *n*, Klecks *m*; **2.** *Kricket*: null Punkte; **3.** F ‚Kloß' (*Person*).

bloc [blɒk] *s. pol.* Block *m*: ***sterling ~*** † Sterlingblock

block [blɒk] **I** *s.* **1.** Block *m*, Klotz *m* (*mst Holz, Stein*): ***on the ~*** zur Versteigerung anstehend, unterm Hammer; **2.** Hackklotz *m*; **3. *the ~*** der Richtblock: ***go to the ~*** das Schafott besteigen; **4.** ⚙ Block *m*, Rolle *f*; ***pulley*** 1, ***tackle*** 3; **5.** *typ.* Kli'schee *n*, Druckstock *m*; Prägestempel *m*; **6.** a) *a.* ***~ of flats*** *Brit.* Wohnhaus *n*, b) → ***office block***, c) *Am.* Zeile *f* (*Reihenhäuser*), d) *bsd. Am.* Häuserblock *m*: ***three ~s from here*** drei Straßen weiter; **7.** Block *m*, Masse *f*, Gruppe *f*; *attr.* Gesamt...: ***~ of shares*** Aktienpaket *n*; (***data***) ***~*** *Computer*: (Daten)Block *m*; **8.** Abreißblock *m*: ***scribbling ~*** Notiz-, Schmierblock;

9. *fig.* Klotz *m*, Tölpel *m*; **10.** a) Verstopfung *f*, Hindernis *n*, Stockung *f*, b) Sperre *f*, Absperrung *f*: ***traffic ~*** Verkehrsstockung *f*; ***mental ~*** *fig.* ‚geistige Ladehemmung'; **11.** 🚆 Blockstrecke *f*; **12.** *sport:* a) Sperren *n*, b) *Volleyball etc.*: Block *m*; **II** *v/t.* **13.** (auf e-m Block) formen: ***~ a hat***; **14.** hemmen, hindern, blockieren, *fig. a.* durch'kreuzen: ***~ a bill*** *Brit. pol.* die Beratung e-s Gesetzentwurfs verhindern; **15.** *oft* ***~ up*** (ab-, ver)sperren, verstopfen, blokkieren: ***road ~ed*** Straße ge-, versperrt; **16.** ✝ *Konto,* ⚡ *Röhre, Leitung* sperren; ✝ *Kredit etc.* einfrieren: ***~ed account*** Sperrkonto *n*; **17.** *sport* a) *Gegner* sperren, *a. Schlag etc.* abblocken, b) *Ball* stoppen, halten; **~ in** *v/t.* skizzieren, entwerfen; **~ out** *v/t.* **1.** → ***block in***; **2.** *Licht* nehmen (*Bäume etc.*); **3.** *phot. Negativteil* abdecken; **~ up** *v/t.* → ***block*** 15.

block·ade [blɒ'keɪd] **I** *s.* Bloc'kade *f*, (Hafen)Sperre *f*: ***impose a ~*** e-e Blokkade verhängen; ***raise a ~*** e-e Blockade aufheben; ***run the ~*** die Blockade brechen; **II** *v/t.* blockieren, absperren; **block'ad·er** [-də] *s.* Bloc'kadeschiff *n*; **block'ade-ˌrun·ner** *s.* Bloc'kadebrecher *m*.

block| brake *s.* Backenbremse *f*; **'~·buster** *s.* F **1.** ⚔ Minenbombe *f*; **2.** *fig.* ‚Knüller' *m*, ‚Hammer' *m*, tolles Ding; **~ di·a·gram** *s.* ⚙, ⚡ 'Blockdiaˌgramm *n*, -schaltbild *n*; **'~·head** *s.* Dummkopf *m*; **'~·house** *s.* Blockhaus *n*; **~ let·ters** *s. pl. typ.* Blockschrift *f*; **~ print·ing** *s.* Handdruck *m*; **~ sys·tem** *s.* **1.** 🚆 'Blocksyˌstem *n*; **2.** ⚡ Blockschaltung *f*; **~ vote** *s.* Sammelstimme *f* (*e-e ganze Organisation vertretend*).

bloke [bləʊk] *s.* F Kerl *m*.

blond [blɒnd] *adj.* **1.** blond (*Haar*), hell (*Gesichtsfarbe*); **2.** blond(haarig); **blonde** [blɒnd] *s.* **1.** Blon'dine *f*; **2.** ✝ Blonde *f* (*seidene Spitze*).

blood [blʌd] *s.* **1.** Blut *n*: ***spill ~*** Blut vergießen; ***give one's ~*** (***for***) sein Blut (*od.* Leben) lassen (für); ***taste ~*** *fig.* Blut lecken; ***fresh ~*** *fig.* frisches Blut; ***~-and-thunder*** (***story***) *Brit.* F ‚Reißer' *m* (*Roman*); Schauergeschichte *f*; **2.** *fig.* Blut *n*, Tempera'ment *n*, Wesen *n*: ***it made his ~ boil, his ~ was up*** er kochte vor Wut; ***his ~ froze*** (*od.* ***ran cold***) das Blut erstarrte ihm in den Adern; ***breed*** (*od.* ***make***) ***bad ~*** böses Blut machen; → ***cold blood, curdle*** II; **3.** (edles) Blut, Geblüt; *n* Abstammung *f*; Rasse *f* (*Mensch*), 'Vollblut *n* (*bes. Pferd*): ***prince of the ~ royal*** Prinz *m* von königlichem Geblüt; ***noble ~*** → ***blue blood***; ***related by ~*** blutsverwandt; ***it runs in the ~*** es liegt im Blut *od.* in der Familie; ***~ will out*** Blut bricht sich Bahn; **~ al·co·hol (con·cen·tra·tion)** *s.* Blutalkohol(gehalt) *m*; **~ bank** *s.* ⚕ Blutbank *f*; **~ broth·er** *s.* **1.** leiblicher Bruder; **2.** Blutsbruder *m*; **~ cir·cu·la·tion** *s.* ⚕ Blutkreislauf *m*; **~ clot** *s.* ⚕ Blutgerinnsel *n*; **'~ˌcur·dler** *s.* F ‚Reißer' *m* (*Roman etc.*); **'~ˌcur·dling** *adj.* grauenhaft; **~ do·nor** *s.* ⚕ Blutspender *m*.

blood·ed ['blʌdɪd] *adj.* **1.** Vollblut...; **2.** *in Zssgn* ...blütig.

blood| feud *s.* Blut-, Todfehde *f*; **~ group** *s.* ⚕ Blutgruppe *f*; **~ group·ing** *s.* ⚕ Blutgruppenbestimmung *f*; **'~·guilt** *s.* Blutschuld *f*; **~ heat** *s.* ⚕ Blutwärme *f*, 'Körpertemperaˌtur *f*; **~ horse** *s.* 'Vollblut(pferd) *n*; **'~·hound** *s.* **1.** Schweiß-, Bluthund *m*; **2.** F ‚Schnüffler' *m* (*Detektiv*).

blood·less ['blʌdlɪs] *adj.* ☐ **1.** blutlos, -leer (*a. fig.*); **2.** bleich; **3.** *fig.* kalt; **4.** unblutig (*Kampf etc.*).

'blood|ˌlet·ting *s.* **1.** Aderlaß *m* (*a. fig.*); **2.** → ***bloodshed***; **~ mon·ey** *s.* Blutgeld *n*; **~ poi·son·ing** *s.* ⚕ Blutvergiftung *f*; **~ pres·sure** *s.* ⚕ Blutdruck *m*; **~ re·la·tion** *s.* Blutsverwandte(r *m*) *f*; **~ sam·ple** *s.* ⚕ Blutprobe *f*; **'~·shed** *s.* Blutvergießen *n*; **'~·shot** *adj.* 'blutunterˌlaufen; **~ spec·i·men** *s.* ⚕ Blutprobe *f*; **~ sports** *s.* Hetz-, *bsd.* Fuchsjagd *f*; **'~·stained** *adj.* blutbefleckt (*a. fig.*); **'~·stock** *s.* 'Vollblutpferde *pl.*; **~ stream** *s.* **1.** ⚕ Blut(kreislauf *m*) *n*; **2.** *fig.* Lebensstrom *m*; **'~ˌsuck·er** *s.* Blutsauger *m* (*a. fig.*); **~ sug·ar** *s.* ⚕ Blutzucker *m*; **~ test** *s.* ⚕ Blutprobe *f*, 'Blutunterˌsuchung *f*; **'~ˌthirst·i·ness** *s.* Blutdurst *m*; **'~ˌthirst·y** *adj.* blutdürstig; **~ trans·fu·sion** *s.* ⚕ 'Blutüberˌtragung *f*; **~ typ·ing** *s.* → ***blood grouping***; **~ ves·sel** *s. anat.* Blutgefäß *n*.

blood·y ['blʌdɪ] **I** *adj.* ☐ **1.** blutig, blutbefleckt: ***~ flux*** ⚕ rote Ruhr; **2.** blutdürstig, mörderisch, grausam: ***a ~ battle*** e-e blutige Schlacht; **3.** *Brit. sl.* verdammt, saumäßig, Scheiß... (*oft nur verstärkend*): ***not a ~ soul*** kein Schwanz; ***a ~ fool*** ein Vollidiot *m*; ***~ thing*** ‚Scheißding' *n*; **II** *adv.* **4.** *Brit. sl.* mordsmäßig, verdammt: ***~ awful*** ‚beschissen'; ***you ~ well know*** du weißt ganz genau; ♀ **Ma·ri·a** [mə'raɪə; mə'rɪə] *s. Am. Getränk aus Tequila u. Tomatensaft*; ♀ **Mar·y** ['meərɪ] *s. Getränk aus Wodka u. Tomatensaft*; **ˌ~-'mind·ed** *adj. Br.* F **1.** gemein, ekelhaft; **2.** störrisch, stur.

bloom[1] [blu:m] **I** *s.* **1.** Blüte *f*, Blume *f*: ***in full ~*** in voller Blüte; **2.** *fig.* Blüte (-zeit) *f*, Jugendfrische *f*; **3.** Flaum *m* (*auf Pfirsichen etc.*); **4.** *fig.* Schmelz *m*, Glanz *m*; **II** *v/i.* **5.** (er)blühen (*a. fig.*).

bloom[2] [blu:m] *metall.* **I** *s.* **1.** Walzblock *m*; **2.** Puddelluppe *f*: ***~ steel*** Puddelstahl *m*; **II** *v/t.* **3.** luppen: ***~ing mill*** Luppenwalzwerk *n*.

bloom·er ['blu:mə] *s. sl.* grober Fehler, Schnitzer *m*, (Stil)Blüte *f*.

bloom·ers ['blu:məz] *s. pl.* a) *obs.* (Damen)Pumphose *f*, b) Schlüpfer *m* mit langem Bein, ‚Liebestöter' *m*.

bloom·ing ['blu:mɪŋ] *pres. p. u. adj.* **1.** blühend (*a. fig.*); **2.** *sl.* → ***bloody*** 3.

blos·som ['blɒsəm] **I** *s.* (*bsd.* Obst)Blüte *f*; Blütenfülle *f*: ***in ~*** in (voller) Blüte; **II** *v/i. a. fig.* blühen, Blüten treiben: ***~*** (***out***) (***into***) erblühen, gedeihen (zu).

blot [blɒt] **I** *s.* **1.** (Tinten)Klecks *m*, Fleck *m*; **2.** *fig.* Schandfleck *m*, Makel *m*; → ***escutcheon*** 1; **3.** Verunstaltung *f*, Schönheitsfehler *m*; **II** *v/t.* **4.** *mit Tinte* beschmieren, beklecksen; **5.** ***~ out*** *Schrift* ausstreichen; **6.** ***~ out*** *fig.* a) *Erinnerungen etc.* auslöschen, b) verdunkeln, verhüllen: ***fog ~ted out the view*** Nebel verhüllte die Aussicht; **7.** *mit Löschpapier* (ab)löschen.

blotch [blɒtʃ] **I** *s.* **1.** Fleck *m*, Klecks *m*; **2.** *fig.* → ***blot*** 2; **3.** ⚕ Hautfleck *m*; **II** *v/t.* **4.** beklecksen; **III** *v/i.* **5.** klecksen; **'blotch·y** [-tʃɪ] *adj.* **1.** klecksig; **2.** ⚕ fleckig.

blot·ter ['blɒtə] *s.* **1.** (Tinten)Löscher *m*; **2.** *Am.* Kladde *f*, Berichtsliste *f* (*bsd. der Polizei*).

blot·ting| pad ['blɒtɪŋ] *s.* 'Schreibˌunterlage *f od.* Block *m* aus 'Löschpaˌpier; **~ pa·per** *s.* Löschpapier *n*.

blot·to ['blɒtəʊ] *adj. sl.* ‚sternhagelvoll', ‚stinkbesoffen'.

blouse [blaʊz] *s.* **1.** Bluse *f*; **2.** ⚔ a) Uni'formjacke *f*, b) Feldbluse *f*.

blow[1] [bləʊ] **I** *s.* **1.** Blasen *n*, Luftzug *m*, Brise *f*: ***go for a ~*** an die frische Luft gehen; **2.** Blasen *n*, Schall *m*: ***a ~ on a whistle*** ein Pfiff; **3.** *Am.* F a) Angebe'rei *f*, b) Angeber *m*; **II** *v/i.* [*irr.*] **4.** blasen, wehen, pusten: ***it is ~ing hard*** es weht ein starker Wind; ***~ hot and cold*** *fig.* ‚mal so, mal so' *od.* wetterwendisch sein; **5.** ertönen: ***the horn is ~ing***; **6.** keuchen, schnaufen; **7.** spritzen, blasen (*Wal*); **8.** *Am.* F ‚angeben'; **9.** a) explodieren, b) platzen (*Reifen*), c) ⚡ 'durchbrennen (*Sicherung*), d) ausbrechen (*Erdöl etc.*); **III** *v/t.* [*irr.*] **10.** wehen, treiben (*Wind*): ***~n ashore*** auf Strand geworfen; **11.** anfachen: ***~ the fire***; **12.** (an)blasen: ***~ the soup***; **13.** blasen, ertönen lassen: ***~ the horn*** ins Horn stoßen; **14.** auf-, ausblasen: ***~ bubbles*** Seifenblasen machen; ***~ glass*** Glas blasen; ***~ one's nose*** sich die Nase putzen, sich schnauben; ***~ an egg*** ein Ei ausblasen; **15.** *sl. Geld* ‚verpulvern'; **16.** zum Platzen bringen: ***blew itself to pieces*** zersprang in Stücke; → ***top*** 4; **17.** F (*p.p.* ***blowed***) verfluchen: ***~ it!*** verflucht!; ***I'll be ~ed*** (***if***) ***...!*** zum Teufel (wenn) ...!; **18.** *sl.* a) ‚verpfeifen', verraten, b) aufdecken, c) ‚verduften' aus (*dat.*); **19.** *sl.* ‚vermasseln'; **20.** V *j-m* ‚e-n blasen';

Zssgn mit adv.:

blow| a·way *v/t.* **1.** wegblasen; **2.** F *j-n* ‚wegpusten' (*töten*); **~ down** *v/t.* her'unter-, 'umwehen; **~ in I** *v/i. fig.* auftauchen, her'einschneien; **II** *v/t. Scheiben* eindrücken; **~ off I** *v/i.* **1.** fortwehen; **2.** abtreiben (*Schiff*); **II** *v/t.* **3.** fortblasen; verjagen; **4.** *Dampf etc.* ablassen; → ***steam*** 1; **~ out I** *v/i.* **1.** verlöschen; **2.** platzen; **3.** ⚡ 'durchbrennen (*Sicherung*); **II** *v/t.* **4.** *Licht* ausblasen, *Feuer* (aus)löschen; **5.** her'ausblasen, -treiben: ***~ one's brains*** sich e-e Kugel durch den Kopf jagen; **6.** sprengen, zertrümmern; **~ o·ver I** *v/i. fig.* vor'beigehen, sich legen; **II** *v/t.* 'umwehen; **~ up I** *v/t.* **1.** a) (in die Luft) sprengen, b) vernichten, *fig. a.* ruinieren; **2.** aufblasen, -pumpen; *fig. et.* aufbauschen; **3.** *Foto* (stark) vergrößern; **4.** F *j-n* ‚anschnauzen'; **II** *v/i.* **5.** a) in die Luft fliegen, b) explodieren (*a.* F *fig. Person*): ***~ at s.o.*** j-m ‚ins Gesicht springen'; **6.** aus-, losbrechen; **7.** *fig.* eintreten, auftauchen.

blow[2] [bləʊ] *s.* **1.** Schlag *m*, Streich *m*, Stoß *m*: ***at a*** (*od.* ***one***) ***~*** mit 'einem Schlag *od.* Streich; ***without striking a ~*** *fig.* ohne jede Gewalt(anwendung), mühelos; ***come to ~s*** handgemein werden; ***strike a ~ at*** e-n Schlag führen gegen (*a. fig.*); ***strike a ~ (for)*** sich einsetzen (für), helfen (*dat.*); **2.** *fig.* (Schicksals)Schlag *m*, Unglück *n*: ***it was a ~ to his pride*** es traf ihn schwer in s-m Stolz.

blow³ [bləʊ] *v/i.* [*irr.*] (auf)blühen, sich entfalten (*a. fig.*).

'blow|·ball *s.* ⚘ Pusteblume *f*; **'~-dry** *v/t.* (*j-m* die Haare) fönen; **~ dry·er** *s.* Haartrockner *m.*

blowed [bləʊd] *p.p. von* ***blow¹*** 17.

blow·er ['bləʊə] *s.* **1.** Bläser *m*: ***glass-~***; ***~ of a horn***; **2.** ⚙ a) Gebläse *n*, b) *mot.* Vorverdichter *m*; **3.** F Telefon *n.*

'blow|·fly *s. zo.* Schmeißfliege *f*; **'~·gun** *s.* **1.** Blasrohr *n*; **2.** ⚙ 'Spritzpis,tole *f*; **'~·hard** *s. Am.* F Angeber *m*; **'~·hole** *s.* **1.** Luft-, Zugloch *n*; **2.** Nasenloch *n* (*Wal*); **'~·lamp** *s.* ⚙ Lötlampe *f.*

blown¹ [bləʊn] **I** *p.p. von* ***blow¹*** II *u.* III; **II** *adj.* **1.** *oft* ***~ up*** aufgeblasen, -gebläht (*a. fig.*); **2.** außer Atem.

blown² [bləʊn] **I** *p.p. von* ***blow³***; **II** *adj. a. fig.* blühend, aufgeblüht.

'blow|-out *s.* **1.** a) Zerplatzen *n*, b) Reifenpanne *f*; **2.** F Koller *m*, (Wut)Ausbruch *m*; **3.** *sl.* a) große Party, b) ('Freß),Orgie *f*; **'~·pipe** *s.* **1.** ⚙ Lötrohr *n*, Schweißbrenner *m*; **2.** Puste-, Blasrohr *n*; **'~·torch** *s.* ⚙ *Am.* Lötlampe *f*; **'~·up** *s.* **1.** Explosi'on *f*; **2.** *fig.* a) ,Krach' *m*, b) Koller *m*; **3.** *phot.* Vergrößerung *f*, Großfoto *n.*

blow·y ['bləʊɪ] *adj.* windig, luftig.

blowz·y ['blaʊzɪ] *adj.* **1.** schlampig (*bsd. Frau*); **2.** rotgesichtig (*Frau*).

blub·ber ['blʌbə] **I** *s.* Tran *m*, Speck *m*; **II** *v/i.* heulen, ,flennen'.

bludg·eon ['blʌdʒən] **I** *s.* **1.** Knüppel *m*, Keule *f*; **II** *v/t.* **2.** 'niederknüppeln; **3.** *j-n* zwingen (***into*** zu).

blue [bluː] **I** *adj.* **1.** blau: ***till you are ~ in the face*** F bis Sie schwarz werden; → ***moon*** 1; **2.** F trübe, schwermütig, traurig: ***feel ~*** niedergeschlagen sein; ***look ~*** trübe aussehen (*Person, Umstände*); **3.** *pol. Brit.* ,schwarz', konserva'tiv; **4.** *Brit.* F nicht sa'lonfähig, ordi'när: ***~ jokes***; ***~ movie*** Pornofilm *m*; **5.** F schrecklich; → ***funk*** 1, ***murder*** 1; **II** *s.* **6.** Blau *n*, blaue Farbe; **7.** Waschblau *n*; **8.** blaue Kleidung; **9.** *mst poet.* ***the ~*** a) der Himmel, b) das Meer: ***out of the ~*** aus heiterem Himmel, völlig unerwartet; **10.** *pol. Brit.* Konserva'tive(r *m*) *f*; **11.** ***the dark (light) ~s*** *pl. Studenten von Oxford (Cambridge), die bei Wettkämpfen ihre Universität vertreten*: ***get one's ~*** in die Universitätsmannschaft aufgenommen werden; **12.** *pl.* F Trübsinn *m*: ***have the ~s*** ,den Moralischen haben'; **13.** *pl.* ♪ Blues *m*; **III** *v/t.* **14.** *Wäsche* bläuen; **15.** *sl. Geld* ,verjuxen'; ***~ ba·by*** *s.* ⚕ Blue baby *n* (*mit angeborenem Herzfehler*); **'♀,beard** *s.* (Ritter) Blaubart *m* (*Frauenmörder*); **'~·bell** *s.* ⚘ **1.** 'Sternhya,zinthe *f* (*England*); **2.** *e-e* Glockenblume *f* (*Schottland*); **'~·ber·ry** [-bərɪ] *s.* ⚘ Blau-, Heidelbeere *f*; **~ blood** *s.* **1.** blaues Blut, alter Adel; **2.** Aristo'krat(in), Adlige(r *m*) *f*; **~ book** *s.* Blaubuch *n*: a) *Brit. amtliche politische Veröffentlichung*, b) F *Am. Verzeichnis prominenter Persönlichkeiten*; **'~,bot·tle** *s.* **1.** *zo.* Schmeißfliege *f*; **2.** ⚘ Kornblume *f*; **3.** F *Brit.* ,Bulle' *m* (*Polizist*); **,~-'col·lar work·er** *s.* Fa'brikarbeiter *m*; **'~-eyed** *adj.* blauäugig (*a. fig.*): ***~ boy*** F ,Liebling' *m des Chefs etc.*; **'~,jack·et** *s. fig.* Blaujacke *f*, Ma'trose *m*; **~ laws** *s. pl. Am.* strenge puri'tanische Gesetze *pl.* (*bsd. gegen die Entheiligung des Sonntags*).

blue·ness ['bluːnɪs] *s.* Bläue *f.*

blue| pen·cil *s.* **1.** Blaustift *m*; **2.** *fig.* Zen'sur *f*; **,~-'pen·cil** *v/t.* **1.** *Manuskript etc.* (mit Blaustift) korrigieren *od.* (zs.-, aus)streichen; **2.** *fig.* zensieren, unter'sagen; **~ print** *s.* **1.** Blaupause *f*; **2.** *fig.* Plan *m*, Entwurf *m*: ***do you need a ~?*** *iro.* ,brauchst du e-e Zeichnung'?; **'~-print** **I** *v/t.* entwerfen, planen; **II** *adj.*: ***~ stage*** Planungsstadium *n*; **~ rib·bon** *s.* blaues Band: a) *des Hosenbandordens*, b) *als Auszeichnung für e-e Höchstleistung, bsd.* ⚓ *das* Blaue Band des 'Ozeans; **'~,stock·ing** *s. fig.* Blaustrumpf *m*; **'~-stone** *s.* ⚗ 'Kupfervitri,ol *n*; **'~·throat** *s. orn.* Blaukehlchen *n*; **~ tit (-mouse)** *s. orn.* Blaumeise *f.*

bluff¹ [blʌf] **I** *v/t.* **1.** a) *j-n* bluffen, b) ***~ it out*** sich (kühn) herausreden *od.* ,durchmogeln'; **2.** *et.* vortäuschen; **II** *v/i.* **3.** bluffen; **III** *s.* **4.** Bluff *m*: ***call s.o.'s ~*** j-n zwingen, Farbe zu bekennen.

bluff² [blʌf] **I** *adj.* **1.** ⚓ breit (*Bug*); **2.** schroff, steil (*Felsen, Küste*); **3.** rauh, aber herzlich; gutmütig-derb; **II** *s.* **4.** Steilufer *n*, Klippe *f.*

bluff·er ['blʌfə] *s.* Bluffer *m.*

blu·ish ['bluːɪʃ] *adj.* bläulich.

blun·der ['blʌndə] **I** *s.* **1.** (grober) Fehler, Schnitzer *m*; **II** *v/i.* **2.** e-n (groben) Fehler *od.* Schnitzer machen, e-n Bock schießen; **3.** pfuschen, unbesonnen handeln; **4.** stolpern (*a. fig.*): ***~ into a dangerous situation***; ***~ about*** umhertappen; ***~ on*** *fig.* weiterwursteln; ***~ upon s.th.*** zufällig auf et. stoßen; **III** *v/t.* **5.** verpfuschen, verpatzen; **6.** ***~ out*** her'ausplatzen mit.

blun·der·buss ['blʌndəbʌs] *s.* ⚔ *hist.* Donnerbüchse *f.*

blun·der·er ['blʌndərə] *s.* Stümper *m*, Pfuscher *m*, Tölpel *m*; **'blun·der·ing** [-dərɪŋ] *adj.* stümper-, tölpelhaft, ungeschickt.

blunt [blʌnt] **I** *adj.* □ **1.** stumpf: ***~ instrument*** ⚖ stumpfer Gegenstand (*Mordwaffe*); **2.** *fig.* unempfindlich (***to*** gegen); **3.** *fig.* ungeschliffen, derb, ungehobelt (*Manieren etc.*); **4.** schonungslos, offen; schlicht; **II** *v/t.* **5.** stumpf machen, abstumpfen (*a. fig.*); **6.** *Gefühle etc.* mildern, schwächen; **III** *s.* **7.** *pl.* kurze Nähnadeln *pl.*; **'blunt·ly** [-lɪ] *adv. fig.* frei her'aus, grob: ***to put it ~*** um es ganz offen zu sagen; ***refuse ~*** glatt ablehnen; **'blunt·ness** [-nɪs] *s.* **1.** Stumpfheit *f* (*a. fig.*); **2.** *fig.* Grobheit *f*, schonungslose Offenheit.

blur [blɜː] **I** *v/t.* **1.** *Schrift* verwischen, verschmieren; *Bild* verschwommen machen; verschleiern; **2.** verdunkeln, verwischen, *Sinne* trüben; **3.** *fig.* besudeln, entstellen; **II** *v/i.* **4.** verschwimmen; **III** *s.* **5.** Fleck *m*, verwischte Stelle; **6.** *fig.* Makel *m*; **7.** undeutlicher *od.* nebelhafter Eindruck; **8.** (huschender) Schatten; **9.** Schleier *m* (*vor den Augen*).

blurb [blɜːb] *s.* F *Buchhandel*: a) ,Waschzettel' *m*, Klappentext *m*, b) ,Bauchbinde' *f* (*Reklamestreifen*).

blurred [blɜːd] *adj.* unscharf, verschwommen, verwischt; schattenhaft; *fig.* nebelhaft.

blurt [blɜːt] *v/t.* ***~ out*** ('voreilig *od.* unbesonnen) her'ausplatzen mit, ausschwatzen.

blush [blʌʃ] **I** *v/i.* erröten, rot werden, in Verwirrung geraten (***at, for*** über *acc.*); sich schämen (***to do*** zu tun); **II** *s.* Erröten *n*, (Scham)Röte *f*: ***at first ~*** *obs.* auf den ersten Blick; ***put to (the) ~*** *j-n* zum Erröten bringen; **'blush·er** [-ʃə] *s.* F Rouge *n*; **'blush·ing** [-ʃɪŋ] *adj.* □ errötend; *fig.* züchtig.

blus·ter ['blʌstə] **I** *v/i.* **1.** brausen, tosen, stürmen; **2.** *fig.* poltern, toben, schimpfen; **3.** prahlen, bramarbasieren: ***~ing fellow*** Bramarbas *m*, Großmaul *n*; **II** *s.* **4.** Brausen *n*, Getöse *f*, Toben *n* (*a. fig.*); **5.** Schimpfen *n*; **6.** Prahlen *n*, ,große Töne' *pl.*

bo [bəʊ] *int.* hu!: ***he can't say ~ to a goose*** er ist ein Hasenfuß.

bo·a ['bəʊə] *s.* **1.** *zo.* Boa *f*, Riesenschlange *f*; **2.** *Mode*: Boa *f.*

boar [bɔː] *s. zo.* Eber *m*, Keiler *m*: ***wild ~*** Wildschwein *n.*

board [bɔːd] **I** *s.* **1.** Brett *n*, Planke *f*; **2.** (*Schach-, Bügel*)Brett *n*: ***~ game*** Brettspiel *n*; ***sweep the ~*** alles gewinnen; **3.** Anschlagbrett *n*; **4.** *ped.* → ***blackboard***; **5.** *sport* a) (Surf)Board *n*, b) *pl.* ,Bretter' *pl.*, Skier *pl.*; **6.** *pl. fig.* Bretter *pl.*, Bühne *f*: ***tread (od. walk) the ~s*** auf den Brettern stehen, Schauspieler sein; **7.** Tisch *m*, Tafel *f* (*nur in festen Ausdrücken*): → ***above-board***, ***bed*** 3, ***groan*** 2; **8.** Kost *f*, Verpflegung *f*: ***~ and lodging*** Kost und Logis, Wohnung u. Verpflegung; **9.** *fig. oft* ♀ Ausschuß *m*, Behörde *f*, Amt *n*: ***♀ of Admiralty*** Admiralität *f*; ***♀ of Examiners*** Prüfungskommission *f*; ***♀ of Governors*** Verwaltungsrat *m*, (Schul- *etc.*)Behörde *f*; ***♀ of Trade*** a) *Brit.* Handelsministerium *n*, b) *Am.* Handelskammer *f*; **10.** ***~ of directors***, (***the***) ♀ ✝ Verwaltungsrat *m*, Direkti'on *f* (*Vorstand u. Aufsichtsrat in einem*); ***~ of management*** ✝ Vorstand *m e-r AG*; **11.** ⚓ Bord *m*, Bordwand *f* (*nur in festen Ausdrücken*): ***on ~*** a) an Bord *e-s Schiffs, Flugzeugs*, b) im Zug *od.* Bus; ***on ~ a ship*** an Bord e-s Schiffes; ***free on ~*** (*abbr.* ***f.o.b.***) ✝ frei an Bord (geliefert); ***go by the ~*** über Bord gehen *od.* fallen, *fig. a.* zugrunde gehen, verlorengehen, scheitern; **12.** Pappe *f*: ***in ~s*** kartoniert (*Buch*); **II** *v/t.* **13.** täfeln; mit Brettern bedecken *od.* absperren, dielen, verschalen; **14.** beköstigen, in Kost nehmen *od.* geben (***with*** bei); **15.** a) an Bord *e-s Schiffs od. Flugzeugs* gehen, b) in *e-n Zug etc.* einsteigen, c) ⚔, ⚓ entern; **III** *v/i.* **16.** sich in Kost *od.* Pensi'on befinden, wohnen (***with*** bei); **~ out** **I** *v/t.* außerhalb in Kost geben; **II** *v/i.* auswärts essen; **~ up** *v/t.* mit Brettern vernageln.

board·er ['bɔːdə] *s.* **1.** a) Kostgänger (-in), b) Pensi'onsgast *m*; **2.** Inter'natsschüler(in).

board·ing ['bɔːdɪŋ] *s.* **1.** Bretterverschalung *f*, Dielenbelag *m*, Täfelung *f*; **2.** Kost *f*, Verpflegung *f*; **~ card** *s.* ✈ Bordkarte *f*; **'~·house** *s.* Pensi'on *f*; **~**

school *s.* Inter'nat *n*, Pensio'nat *n*.
board| meet·ing *s.* Vorstandssitzung *f*; **~ room** *s.* Sitzungssaal *m*; **~ wag·es** *s. pl.* Kostgeld *n des Personals*; '**~·walk** *s. Am.* Plankenweg *m*, (hölzerne) 'Strandprome,nade.
boast [bəʊst] **I** *s.* **1.** Prahle'rei *f*, Groß-tue'rei *f*; **2.** Stolz *m* (*Gegenstand des Stolzes*): ***it was his proud ~ that ...*** es war sein ganzer Stolz, daß ...; ***he was the ~ of his age*** er war der Stolz s-r Zeit; **II** *v/i.* **3.** (***of, about***) prahlen, großtun (mit): ***he ~s of his riches***; ***it is not much to ~ of*** damit ist es nicht weit her; **4.** (***of***) sich rühmen (*gen.*), stolz sein (auf *acc.*): ***our village ~s of a fine church***; **III** *v/t.* **5.** sich (des Besitzes) *e-r Sache* rühmen, aufzuweisen haben: ***our street ~s the tallest house in the town***; '**boast·er** [-tə] *s.* Prahler(in); '**boast·ful** [-fʊl] *adj.* □ prahlerisch, über'heblich.
boat [bəʊt] **I** *s.* **1.** Boot *n*, Kahn *m*; *allg.* Schiff *n*; Dampfer *m*: ***we are all in the same ~*** *fig.* wir sitzen alle in 'einem Boot; ***miss the ~*** *fig.* den Anschluß verpassen; ***burn one's ~s*** alle Brücken hinter sich abbrechen; **2.** bootförmiges Gefäß, (*bsd.* Soßen)Schüssel *f*; **II** *v/i.* **3.** (in e-m) Boot fahren: ***go ~ing*** e-e Bootsfahrt machen (*mst* rudern).
boat·er ['bəʊtə] *s. Brit.* steifer Strohhut, ‚Kreissäge' *f*.
boat·ing ['bəʊtɪŋ] *s.* Bootfahren *n*; Rudersport *m*; Bootsfahrt *f*.
'**boat|·man** [-mən] *s.* [*irr.*] Bootsführer *m*, -verleiher *m*; **~ race** *s.* 'Ruderre,gatta *f*; **~·swain** ['bəʊsn] *s.* ⚓ Bootsmann *m*; **~ train** *s.* Zug *m* mit Schiffsanschluß.
bob¹ [bɒb] **I** *s.* **1.** Haarschopf *m*, Büschel *n*; Bubikopf(haarschnitt) *m*; gestutzter Pferdeschwanz; Quaste *f*; **2.** Ruck *m*; Knicks *m*; **3.** *sg. u. pl. obs. Brit.* F Schilling *m*: ***five ~***; ***~ a job*** e-n Schilling für jede Arbeit; **4.** *abbr. für* ***bobsled***; **II** *v/t.* **5.** ruckweise (hin u. her, auf u. ab) bewegen; **6.** *Haare, Pferdeschwanz etc.* kurz schneiden, stutzen: ***~bed hair*** Bubikopf *m*; **III** *v/i.* **7.** sich auf u. ab *od.* hin u. her bewegen, baumeln, tänzeln; **8.** schnappen (***for*** nach); **9.** knicksen; **10.** Bob fahren; **11.** ***~ up*** (plötzlich) auftauchen: ***~ up like a cork*** *fig.* immer wieder hochkommen, sich nicht unterkriegen lassen.
Bob² [bɒb] *npr.*, *abbr. für* ***Robert***: ***~'s your uncle*** ‚fertig ist die Laube'.
bob·bin ['bɒbɪn] *s.* **1.** ⚙ Spule *f*, (Garn-)Rolle *f*; **2.** ⚡ Indukti'onsspule *f*; **3.** Klöppel(holz *n*) *m*; '**~-lace** *s.* Klöppelspitze *f*.
bob·by ['bɒbɪ] *s. Brit.* F ‚Bobby' *m* (*Polizist*); **~ pin** *s.* Haarklemme *f* (*aus Metall*); **~ socks** *s. pl. Am.* F Söckchen *pl.*; '**~,sox·er** [-,sɒksə] *s. Am.* F *hist.* ‚Backfisch' *m*.
'**bob|·sled**, '**~·sleigh** *s.* Bob *m* (*Rennschlitten*); '**~·tail** *s.* **1.** Stutzschwanz *m*; **2.** Pferd *n od.* Hund *m* mit Stutzschwanz.
bock (beer) [bɒk] *s.* Bockbier *n*.
bode¹ [bəʊd] **I** *v/t.* ahnen lassen: ***this ~s you no good*** das bedeutet nichts Gutes für dich; **II** *v/i.*: ***~ well*** Gutes versprechen: ***~ ill*** Schlimmes ahnen lassen.
bode² [bəʊd] *pret. von **bide***.
bod·ice ['bɒdɪs] *s.* **1.** *allg.* Mieder *n*; **2.** Oberteil *n*.
bod·ied ['bɒdɪd] *adj. in Zssgn* ...gebaut, von ... Körperbau *od.* Gestalt: ***small-~*** klein von Gestalt.
bod·i·less ['bɒdɪlɪs] *adj.* **1.** körperlos; **2.** unkörperlich, wesenlos; '**bod·i·ly** [-ɪlɪ] **I** *adj.* körperlich, leiblich: ***~ injury*** (⚖ ***harm***) Körperverletzung *f*; **II** *adv.* leib'haftig, per'sönlich.
bod·kin ['bɒdkɪn] *s.* **1.** ⚙ Ahle *f*, Pfriem *m*: ***sit ~*** eingepfercht sitzen; **2.** 'Durchzieh-, Schnürnadel *f*; **3.** *obs.* lange Haarnadel.
bod·y ['bɒdɪ] **I** *s.* **1.** Körper *m*, Leib *m*: ***heir of one's ~*** Leibeserbe *m*; ***in the ~*** lebend; ***~ and soul*** mit Leib u. Seele; ***keep ~ and soul together*** Leib u. Seele zs.-halten; **2.** *engS.* Rumpf *m*, Leib *m*: ***one wound in the leg and one in the ~***; **3.** *oft* ***dead ~*** Leiche *f*; **4.** Hauptteil *m*, *das* Wesentliche, Kern *m*, Stamm *m*, Rahmen *m*, Gestell *n*; Rumpf *m* (*Schiff, Flugzeug*); eigentlicher Inhalt, Sub'stanz *f* (*Schriftstück, Rede*): ***car ~*** Karosserie *f*; ***hat ~*** Hutstumpen *m*; **5.** Gesamtheit *f*, Masse *f*: ***in a ~*** zusammen, geschlossen, wie 'ein Mann; ***~ of water*** Wassermasse *f*, -fläche *f*, Gewässer *n*; ***~ of facts*** Tatsachenmaterial *n*; ***~ of laws*** Gesetz(es)-sammlung *f*; **6.** Körper(schaft *f*) *m*, Gesellschaft *f*; Gruppe *f*; Gremium *n*: ***~ politic*** a) juristische Person, b) Gemeinwesen *n*; ***diplomatic ~*** diplomatisches Korps; ***governing ~*** Verwaltungskörper *m*; ***a ~ of unemployed*** e-e Gruppe Arbeitsloser; ***student ~*** Studentenschaft *f*; **7.** ⚔ Truppenkörper *m*, Trupp *m*, Ab'teilung *f*; **8.** *phys.* Körper *m*: ***solid ~*** fester Körper; ***heavenly ~*** *ast.* Himmelskörper; **9.** ⚗ Masse *f*, Sub'stanz *f*; **10.** F Bursche *m*, Kerl *m*; **11.** *fig.* Güte *f*, Stärke *f*, Festigkeit *f*, Gehalt *m*, Körper *m* (*Wein*), (Klang-)Fülle *f*; **II** *v/t.* **12.** *mst* ***~ forth*** *fig.* verkörpern; **~ blow** *s. Boxen*: Körperschlag *m*; *fig.* harter Schlag; **~ build** *s. biol.* Körperbau *m*; **~ build·er** *s.* Bodybuilder *m*; **~ build·ing** *s.* Bodybuilding *n*; '**~·check** *s. sport* Bodycheck *m*; '**~·guard** *s.* **1.** Leibwächter *m*; **2.** Leibgarde *f*; **~ lan·guage** *s. psych.* Körpersprache *f*; '**~-,mak·er** *s.* ⚙ Karosse'riebauer *m*; **~ o·do(u)r** *s.* Körpergeruch *m*; **~ plasm** *s. biol.* 'Körper,plasma *n*; **~ search** *s.* 'Leibesvisitati,on *f*; **~ seg·ment** *s. biol.* 'Rumpfseg,ment *n*; **~ serv·ant** *s.* Leib-, Kammerdiener *m*; **~ snatch·er** *s.* ⚖ Leichenräuber *m*; **~ stock·ing**, **~ suit** *s.* Bodystocking *m* (*einteilige Unterkleidung [mit Strümpfen]*); '**~·work** *s.* ⚙ Karosse'rie *f*.
bof·fin ['bɒfɪn] *s. Brit. sl.* (Geheim)Wissenschaftler *m*.
Boer ['bəʊə] **I** *s.* Bur(e) *m*, Boer *m* (*Südafrika*); **II** *adj.* burisch: ***~ War*** Burenkrieg *m*.
bog [bɒg] **I** *s.* **1.** Sumpf *m*, Mo'rast *m* (*a. fig.*); Moor *n*; **2.** V Scheißhaus *n*; **II** *v/t.* **3.** im Sumpf versenken; *fig. a.* ***~ down*** zum Stocken bringen, versanden lassen; **III** *v/i.* **4.** *a.* ***~ down*** im Sumpf *od.* Schlamm versinken; *a. fig.* steckenbleiben, sich festfahren, versanden.
bo·gey ['bəʊgɪ] *s.* **1.** *Golf*: a) Par *n*, b) Bogey *n* (*1 Schlag über Par*); **2.** → ***bogy***.
bog·gle ['bɒgl] *v/i.* **1.** (***at***) zu'rückschrecken (vor *dat.*): ***imagination ~s at the thought*** es wird einem schwindlig bei dem Gedanken; **2.** stutzen (***at*** vor, bei *dat.*); zögern (***at doing*** zu tun); **3.** pfuschen.
bog·gy ['bɒgɪ] *adj.* sumpfig.
bo·gie ['bəʊgɪ] *s.* **1.** ⚙ *Brit.* a) Blockwagen *m*, b) 🚂 Dreh-, Rädergestell *n*; **2.** ⚒ *Art* Förderkarren *m*; **3.** → ***bogy***; **~ wheel** *s.* ⚔ (Ketten)Laufrad *n*.
'**bog,trot·ter** *s. contp.* Ire *m*.
bo·gus ['bəʊgəs] *adj.* falsch, unecht, Schein..., Schwindel...
bo·gy ['bəʊgɪ] *s.* **1.** 'Kobold *m*, 'Popanz *m* **2.** (*a. fig.* Schreck)Gespenst *n*; **~ man** *s.* [*irr.*] **1.** Butzemann *m*, *der* Schwarze Mann (*Kindersprache*); **2.** *fig.* ‚Buhmann' *m*.
Bo·he·mi·an [bəʊ'hi:mjən] **I** *s.* **1.** Böhme *m*, Böhmin *f*; **2.** Bohemi'en *m* (*bsd. Künstler*); **II** *adj.* **3.** böhmisch; **4.** *fig.* bo'hemehaft; **bo'he·mi·an·ism** [-nɪzəm] *s.* Bo'heme *f*, ‚Künstlerleben' *n*.
boil¹ [bɔɪl] *s.* ⚕ Geschwür *n*, Fu'runkel *m*; Eiterbeule *f*.
boil² [bɔɪl] **I** *s.* **1.** Kochen *n*, Sieden *n*: ***bring to the ~*** zum Kochen bringen; ***come to the ~*** zu kochen anfangen, *fig.* F sich zuspitzen, s-n Höhepunkt erreichen; ***come off the ~*** F sich ‚legen' *od.* beruhigen; **2.** Wallen *n*, Wogen *n*, Schäumen *n* (*Gewässer*); **3.** *fig.* Erregung *f*, Wut *f*, Wallung *f*; **II** *v/i.* **4.** kochen, sieden; **5.** wallen, wogen, brausen, schäumen; **6.** *fig.* kochen, schäumen (***with*** vor *Wut*); **III** *v/t.* **7.** kochen (lassen), zum Kochen bringen, ab-, einkochen: ***~ eggs*** Eier kochen; ***to ~ clothes*** Wäsche kochen; ***go ~ your head!*** F häng dich doch auf!; **~ a·way** *v/i.* **1.** verdampfen; **2.** weiterkochen; **~ down I** *v/t.* verdampfen, einkochen; *fig.* zs.-fassen, kürzen; **II** *v/i.*: ***~ to*** hin'auslaufen auf (*acc.*); **~ o·ver** *v/i.* 'überkochen, -laufen, -schäumen (*alle a. fig.*).
boiled| din·ner [bɔɪld] *s. Am.* Eintopf (-gericht *n*) *m*; **~ po·ta·toes** *s. pl.* Salzkartoffeln *pl.*; **~ shirt** *s.* F Frackhemd *n*; **~ sweet** *s.* Bon'bon *m*, *n*.
boil·er ['bɔɪlə] *s.* **1.** Sieder *m*: ***soap ~***; **2.** ⚙ Dampfkessel *m*; **3.** 'Boiler *m*, Heißwasserspeicher *m*; **4.** Siedepfanne *f*; **5.** ***be a good ~*** sich (gut) zum Kochen eignen; **6.** Suppenhuhn *n*; **~ suit** *s.* 'Overall *m*.
boil·ing ['bɔɪlɪŋ] **I** *adj.* kochend, heiß; *fig.* kochend, schäumend (***with rage*** vor Wut); **II** *adv.*: ***~ hot*** kochend heiß; **~ point** *s.* Siedepunkt *m* (*a. fig.*).
bois·ter·ous ['bɔɪstərəs] *adj.* □ **1.** stürmisch, ungestüm, rauh; **2.** ausgelassen, lärmend, turbu'lent; '**bois·ter·ous·ness** [-nɪs] *s.* Ungestüm *n*.
bold [bəʊld] *adj.* □ **1.** kühn, zuversichtlich, mutig, unerschrocken; **2.** keck, verwegen, dreist, frech; anmaßend: ***make ~ to ...*** sich erdreisten *od.* es wagen zu ...; ***make ~ (with)*** sich Freiheiten herausnehmen (gegen); ***as ~ as brass*** F frech wie Oskar, unverschämt; **3.** kühn, gewagt: ***a ~ plan*** **4.** a) kühn (*Entwurf etc.*), b) scharf her'vortretend, ins Auge fallend: ***in ~ outline*** in

deutlichen Umrissen; ***a few ~ strokes of the brush*** ein paar kühne Pinselstriche; **5.** steil (*Küste*); **6.** → **'bold-face** *adj. typ.* (halb)fett; **'~-faced** *adj.* **1.** kühn, frech; **2.** *typ.* → ***bold-face.***

bold·ness ['bəʊldnɪs] *s.* **1.** Kühnheit *f*: a) Mut *m*, Beherztheit *f*, b) Keckheit *f*, Dreistigkeit *f*; **2.** scharfes Her'vortreten.

bole [bəʊl] *s.* starker Baumstamm.

bo·le·ro[1] [bə'leərəʊ] *s.* Bo'lero *m* (*spanischer Tanz*).

bo·le·ro[2] ['bɒlərəʊ] *s.* Bo'lero *m* (*kurzes Jäckchen*).

boll [bəʊl] *s.* ⚘ Samenkapsel *f.*

bol·lard ['bɒləd] *s.* ⚓ Poller *m* (*a. weitS. Sperrpfosten an Verkehrsinseln etc.*).

bol·locks ['bɒləks] *s. pl.* V ‚Eier' *pl.* (*Hoden*).

Bo·lo·gna sau·sage [bə'ləʊnjə] *s. bsd. Am.* Morta'della *f.*

bo·lo·ney [bə'ləʊnɪ] *s.* **1.** *sl.* ‚Quatsch' *m*, Geschwafel *n*; **2.** *bsd. Am.* Morta'della *f*; → ***polony.***

Bol·she·vik ['bɒlʃɪvɪk] **I** *s.* Bolsche'wik *m*; **II** *adj.* bolsche'wistisch; **'Bol·she·vism** [-ɪzəm] *s.* Bolsche'wismus *m*; **'Bol·she·vist** [-ɪst] **I** *s.* Bolsche'wist *m*; **II** *adj.* bolsche'wistisch; **'Bol·she·vize** [-vaɪz] *v/t.* bolschewisieren.

bol·ster ['bəʊlstə] **I** *s.* **1.** Kopfpolster *n* (*unter dem Kopfkissen*), Keilkissen *n*; **2.** Polster *n*, Polsterung *f*, 'Unterlage *f* (*a.* ⚙); **II** *v/t.* **3.** *j-m* Kissen 'unterlegen; **4.** (aus)polstern; **5.** ***~ up*** unter'stützen, stärken, künstlich aufrechterhalten.

bolt[1] [bəʊlt] **I** *s.* **1.** Schraube *f* (mit Mutter), Bolzen *m*: ***~ nut*** Schraubenmutter *f*; **2.** Bolzen *m*, Pfeil *m*: ***shoot one's ~*** e-n (letzten) Versuch machen; ***he has shot his ~*** er hat sein Pulver verschossen; ***~ upright*** kerzengerade; **3.** ⚙ (Tür-, Schloß)Riegel *m*: ***behind ~ and bar*** hinter Schloß u. Riegel; **4.** Schloß *n an Handfeuerwaffen*; **5.** Blitzstrahl *m*: ***a ~ from the blue*** ein Blitz aus heiterem Himmel; **6.** plötzlicher Sprung, Flucht *f*: ***he made a ~ for the door*** er machte e-n Satz zur Tür; ***he made a ~ for it*** F er machte sich aus dem Staube; **7.** *pol. Am.* Abtrünnigkeit *f* von der Poli'tik der eigenen Par'tei; **8.** ✝ a) (Stoff)Ballen *m*, b) (Ta'peten- *etc.*)Rolle *f*; **II** *v/t.* **9.** *Tür etc.* ver-, zuriegeln; **10.** *Essen* hin'unterschlingen; **11.** *Am. pol.* sich von *s-r Partei* lossagen; **III** *v/i.* **12.** 'durchgehen (*Pferd*); **13.** da'vonlaufen, ausreißen, ‚'durchbrennen'.

bolt[2] [bəʊlt] *v/t. Mehl* sieben.

bolt·er ['bəʊltə] *s.* **1.** 'Durchgänger *m* (*Pferd*); **2.** *pol. Am.* Abtrünnige(r *m*) *f.*

bo·lus ['bəʊləs] *s.* ⚕ Bolus *m*, große Pille.

bomb [bɒm] **I** *s.* **1.** Bombe *f*: ***the ♀*** die (Atom)Bombe; **2.** ⚙ a) Gasflasche *f*, b) Zerstäuberflasche *f*; **3.** F a) Bombenerfolg *m*, b) Heidengeld *n*, c) *thea. etc. Am.* ‚'Durchfall' *m*, ‚Flop' *m*; **II** *v/t.* **4.** mit Bomben belegen, bombardieren; zerbomben: ***~ed out*** ausgebombt; ***~ed site*** Ruinengrundstück *n*; **5.** ***~ up*** ✈ mit Bomben beladen; **III** *v/i.* **6.** *sl.* e-e ‚Pleite' sein, *thea.* ‚'durchfallen', *bsd. Am.* (*im Examen*) ‚'durchrasseln'.

bom·bard [bɒm'bɑːd] *v/t.* **1.** ⚔ bombardieren, Bomben werfen auf (*acc.*), beschießen; **2.** *fig.* (***with***) bombardieren, bestürmen (mit); **3.** *phys.* bombardieren, beschießen; **bom·bard·ier** [ˌbɒmbə'dɪə] *s.* ⚔ **1.** *Brit.* Artille'rieˌunteroffiˌzier *m*; **2.** Bombenschütze *m* (*im Flugzeug*); **bom'bard·ment** [-mənt] *s.* Bombarde'ment *n*, Beschießung *f* (*a. phys.*), Belegung *f* mit Bomben, Bombardierung *f.*

bom·bast ['bɒmbæst] *s. fig.* Bom'bast *m*, (leerer) Wortschwall, Schwulst *m*; **bom·bas·tic** [bɒm'bæstɪk] *adj.* (□ ***~ally***) bom'bastisch, schwülstig.

bomb| at·tack *s.* Bombenanschlag *m*; **~ bay** *s.* ✈ Bombenschacht *m*; **~ dis·pos·al** *s.* ⚔ Bombenräumung *f*: ***~ squad*** Bombenräumungs-, Sprengkommando *n.*

bom·be [bɔ̃:mb] (*Fr.*) *s.* Eisbombe *f.*

bombed [bɒmd] *adj. sl.* **1.** ‚besoffen'; **2.** ‚high' (*im Drogenrausch*).

bomb·er ['bɒmə] *s.* **1.** Bomber *m*, Bombenflugzeug *n*; **2.** Bombenleger *m.*

bomb·ing ['bɒmɪŋ] *s.* Bombenabwurf *m*: ***~ raid*** Bombenangriff *m.*

'bomb|·proof ⚔ **I** *adj.* bombensicher; **II** *s.* Bunker *m*; **~ scare** *s.* Bombendrohung *f*; **'~-shell** *s. fig.* Bombe *f*: ***the news came like a ~*** die Nachricht schlug ein wie e-e Bombe.

bo·na fi·de [ˌbəʊnə'faɪdɪ] *adj. u. adv.* **1.** in gutem Glauben, auf Treu u. Glauben: ***~ owner*** ⚖ gutgläubiger Besitzer; **2.** ehrlich; echt; **ˌbo·na 'fi·des** [-diːz] *s. pl.* guter Glaube, Treu *f* und Glauben *m*, ehrliche Absicht; Rechtmäßigkeit *f.*

bo·nan·za [bəʊ'nænzə] **I** *s.* **1.** *min.* reiche Erzader (*bsd. Edelmetalle*); **2.** F Goldgrube *f*, Glücksquelle *f*, *a.* Fundgrube *f*; **3.** Fülle *f*, Reichtum *m*; **II** *adj.* **4.** sehr einträglich *od.* lukra'tiv.

bon·bon ['bɒnbɒn] *s.* Bon'bon *m, n.*

bond [bɒnd] **I** *s.* **1.** *pl. obs.* Fesseln *pl.*: ***in ~s*** in Fesseln, gefangen, versklavt; ***burst one's ~s*** s-e Ketten sprengen; **2.** *sg. od. pl. fig.* Bande *pl.*: ***~s of love***; **3.** Verpflichtung *f*; Bürgschaft *f*; (*a.* 'Haft)Kautiˌon *f*; Vertrag *m*; Urkunde *f*; Garan'tie(schein *m*) *f*: ***enter into a ~*** e-e Verpflichtung eingehen; ***his word is as good as his ~*** er ist ein Mann von Wort; **4.** ✝ a) Schuldschein *m*, b) *öffentliche* Schuldverschreibung, (festverzinsliches) 'Wertpaˌpier *n*, Obligati'on *f*, (Schuld-, Staats)Anleihe *f*: ***industrial ~*** Industrieobligation, -anleihe; → ***mortgage bond***; **5.** ✝ Zollverschluß *m*: ***in ~*** unter Zollverschluß; **6.** △ Verband *m*, Verbindungsstück *n*; **7.** ⚗ a) Bindung *f*, b) Bindemittel *n*, c) Wertigkeit *f*; **8.** → ***bond paper***; **II** *v/t.* **9.** verpfänden; **10.** ✝ unter Zollverschluß legen; **11.** ⚙ *Lack etc.* binden (*a. v/i.*): ***~ing agent*** Bindemittel *n*; **'bond·age** [-dɪdʒ] *s. hist.* Knechtschaft *f*, Sklave'rei *f* (*a. fig.*); *fig. a.* Hörigkeit *f*: ***in the ~ of vice*** dem Laster verfallen; **'bond·ed** [-dɪd] *adj.* ✝: ***~ debt*** fundierte Schuld; ***~ goods*** Waren unter Zollverschluß; ***~ warehouse*** Zollspeicher *m.*

'bond|ˌhold·er *s.* Obligati'onsinhaber *m*; **'~·man** [-mən] *s.* [*irr.*] Sklave *m*, Leibeigene(r) *m*; **~ mar·ket** *s.* ✝ Rentenmarkt *m*; **~ pa·per** *s.* Bankpost *f*, 'Post-, 'Banknotenpaˌpier *n*; **~ slave** *s. fig.* Sklave *m.*

bonds·man ['bɒndzmən] *s.* [*irr.*] **1.** → ***bondman***; **2.** ⚖ a) Bürge *m*, b) *Am.* gewerblicher Kauti'onssteller.

bone [bəʊn] **I** *s.* **1.** Knochen *m*; Bein *n*: ***~ of contention*** Zankapfel *m*; ***to the ~*** bis auf die Knochen *od.* die Haut, durch u. durch (*naß od. kalt*); ***price cut to the ~*** aufs äußerste reduzierter Preis, Schleuderpreis; ***I feel it in my ~s*** *fig.* ich spüre es in den Knochen (*ahne es*); ***a bag of ~s*** F nur (noch) Haut u. Knochen, ein Skelett; ***my old ~s*** m-e alten Knochen; ***bred in the ~*** angeboren; ***make no ~s about it*** nicht viel Federlesens machen, nicht lange (damit) fackeln; ***have a ~ to pick with s.o.*** ein Hühnchen mit j-m zu rupfen haben; **2.** *pl.* Gebeine *pl.*; **3.** (Fisch-)Gräte *f*; **4.** *pl.* Kor'settstangen *pl.*; **5.** *pl. Am.* a) Würfel *pl.*, b) 'Dominosteine *pl.*; **II** *v/t.* **6.** die Knochen her'ausnehmen aus (*dat.*), *Fisch* entgräten; **III** *v/i.* **7.** *oft* ***~ up on*** *sl. et.* ‚büffeln', ‚ochsen', ‚pauken'; **IV** *adj.* **8.** beinern, knöchern, aus Bein *od.* Knochen; **'~·black** *s.* **1.** ⚗ Knochenkohle *f*; **2.** Beinschwarz *n* (*Farbe*); **~ chi·na** *s.* 'Knochenporzelˌlan *n.*

boned [bəʊnd] *adj.* **1.** *in Zssgn* …knochig: ***strong-~*** starkknochig; **2.** *Küche*: a) ohne Knochen: ***~ chicken***, b) entgrätet: ***~ fish.***

ˌbone|-'dry *adj.* **1.** staubtrocken; **2.** F völlig ‚trocken': a) streng 'antialkoˌholisch, b) ohne jeden Alko'hol (*Party etc.*); **~ glue** *s.* Knochenleim *m*; **'~·head** *s. sl.* Holz-, Dummkopf *m*; **'~ˌhead·ed** *adj. sl.* dumm; **~ lace** *s.* Klöppelspitze *f*; **ˌ~'la·zy** *adj.* F ‚stinkfaul'; **~ meal** *s.* Knochenmehl *n.*

bon·er ['bəʊnə] *s. Am. sl.* Schnitzer *m*, (grober) Fehler.

'bone|ˌshak·er *s. sl.* ‚Klapperkasten' *m* (*Bus etc.*); **'~·yard** *s. Am.* **1.** Schindanger *m*; **2.** F (*a.* Auto- *etc.*)Friedhof *m.*

bon·fire ['bɒnfaɪə] *s.* **1.** Freudenfeuer *n*; **2.** Feuer *n* im Freien (*zum Unkrautverbrennen etc.*); **3.** *allg.* Feuer *n*, ‚Scheiterhaufen' *m*: ***make a ~ of s.th.*** et. vernichten.

bon·ho·mie ['bɒnɒmiː] (*Fr.*) *s.* Gutmütigkeit *f*, Joviali'tät *f.*

bon·kers ['bɒŋkəz] *adj. sl.* verrückt.

bon·net ['bɒnɪt] **I** *s.* **1.** (*bsd.* Schotten)Mütze *f*, Kappe *f*; → ***bee***[1] 1; **2.** (Damen)Hut *m*, (Damen- *od.* Kinder-)Haube *f* (*mst randlos*); **3.** Kopfschmuck *m* der Indi'aner; **4.** ⚙ Schornsteinkappe *f*; **5.** *mot. Brit.* 'Motorhaube *f*; **6.** ⚙ Schutzkappe *f* (*für Ventil, Zylinder etc.*); **II** *v/t.* **7.** *j-m* den Hut über die Augen drücken; **'bon·net·ed** [-tɪd] *adj.* e-e Mütze *etc.* tragend.

bon·ny ['bɒnɪ] *adj. bsd. Scot.* **1.** hübsch, nett (*a. iron.*), *fig.* ‚prima'; **2.** F drall.

bo·nus ['bəʊnəs] *s.* ✝ **1.** 'Bonus *m*, 'Prämie *f*, Gratifikati'on *f*, Sondervergütung *f*, (Sonder)Zulage *f*, Tanti'eme *f*: ***Christmas ~*** Weihnachtsgratifikation; **2.** 'Prämie *f*, 'Extradiviˌdende *f*, Sonderausschüttung *f*: ***~ share*** Gratisaktie *f*; **3.** *Am.* Dreingabe *f* (*beim Kauf*); **4.** Vergünstigung *f.*

bon·y ['bəʊnɪ] *adj.* **1.** knöchern, Knochen…; **2.** starkknochig; **3.** voll Knochen *od.* Gräten; **4.** knochendürr.

bonze [bɒnz] *s.* Bonze *m* (*buddhistischer Mönch od. Priester*).

boo [buː] **I** *int.* **1.** huh! (*um j-n zu er-*

schrecken); → *a.* ***bo***; **2.** buh!, pfui! (*Ausruf der Verachtung*); **II** *s.* **3.** Buh (-ruf *m*) *n*, Pfui(ruf *m*) *n*; **III** *v/i.* **4.** buh! *od.* pfui! schreien, buhen; **IV** *v/t.* **5.** durch Pfui- *od.* Buhrufe verhöhnen; auspfeifen, ausbuhen, niederbrüllen.

boob [bu:b] *sl.* **I** *s.* **1.** ‚Schnitzer' *m*, Fehler *m*; **2.** → ***booby*** 1; **3.** *pl.* ‚Titten' *pl.* (*Brüste*); **II** *v/i.* **4.** e-n ‚Schnitzer' machen, ‚Mist bauen'.

boo-boo ['bu:bu:] *s. Am. sl.* → ***boob*** 1.

boob tube *s. Am. sl. TV* ‚Röhre' *f*, ‚Glotze' *f* (*Fernseher*).

boo·by ['bu:bɪ] *s.* **1.** ‚Dussel' *m*, Trottel *m*; **2.** Letzte(r *m*) *f*, Schlechteste(r *m*) *f* (*in Wettkämpfen etc.*); **3.** *orn.* Tölpel *m*, Seerabe *m*; **~ hatch** *s. Am. sl.* ‚Klapsmühle' *f* (*Irrenanstalt*); **~ prize** *s.* Trostpreis *m*; **~ trap** *s.* (versteckte) Sprengladung *od.* Bombe; *allg.* (*bsd.* Todes)Falle *f*; **'~-trap** *v/t.* a) e-e Bombe *etc.* verstecken in (*dat.*), b) durch e-e versteckte Bombe *etc.* e-n Anschlag verüben auf (*acc.*).

boo·dle ['bu:dl] *s. Am. sl.* **1.** → ***caboodle***; **2.** Falschgeld *n*; **3.** Schmiergelder *pl.*

boo·gie-woo·gie ['bu:gɪˌwu:gɪ] *s.* ♪ Boogie-Woogie *m* (*Tanz*).

boo·hoo [ˌbu:'hu:] **I** *s.* lautes Geschluchze; **II** *v/i.* laut schluchzen, plärren.

book [bʊk] **I** *s.* **1.** Buch *n*: ***be at one's ~s*** über s-n Büchern sitzen; ***without the ~*** auswendig; ***he talks like a ~*** er redet sehr gestelzt; ***the ~ of life*** (***nature***) *fig.* das Buch des Lebens (der Natur); ***a closed ~*** a) ein Buch mit sieben Siegeln, b) e-e erledigte Sache; ***the 2*** (***of 2s***) die Bibel; ***kiss the 2*** die Bibel küssen; ***swear on the 2*** bei der Bibel schwören; ***suit s.o.'s ~*** *fig.* j-m passen *od.* recht sein; ***throw the ~ at s.o.*** F a) j-n (zur Höchststrafe) ‚verdonnern', b) j-n wegen sämtlicher einschlägigen Delikte belangen; ***by the ~*** a) ganz korrekt *od.* genau, b) ‚nach allen Regeln der Kunst'; ***in my ~*** F wie 'ich es sehe; → ***leaf*** 3; **2.** Buch *n* (*Teil e-s Gesamtwerkes*); **3.** ✝ Geschäfts-, Handelsbuch *n*: ***close the ~s*** die Bücher abschließen; ***keep ~s*** Bücher führen; ***be deep in s.o.'s ~s*** bei j-m tief in der Kreide stehen; ***bring to ~*** a) *j-n* zur Rechenschaft ziehen, b) ✝ (ver)buchen; ***be in s.o.'s good*** (***bad*** *od.* ***black***) ***~s*** bei j-m gut (schlecht) angeschrieben sein; **4.** (Schreib)Heft *n*, No'tizblock *m*; **5.** (Namens)Liste *f*, Verzeichnis *n*, Buch *n*: ***visitors' ~*** Gästebuch; ***be on the ~s*** auf der Mitgliedsliste (*univ.* Liste der Immatrikulierten) stehen; **6.** Heft(chen) *n*, Block *m*: ***~ of stamps*** Briefmarkenheft; **7.** Wettbuch *n*: ***you can make a ~ on that!*** F darauf kannst du wetten!; **8.** a) *thea.* Text *m*, b) ♪ Textbuch *n*, Lib'retto *n*; **II** *v/t.* **9.** ✝ (ver)buchen, eintragen; **10.** *j-n* verpflichten, engagieren; **11.** *j-n als* (*Fahr*)*Gast*, *Teilnehmer etc.* einschreiben, vormerken; **12.** *Platz*, *Zimmer* bestellen, *a. Überfahrt etc.* buchen; *Eintritts-*, *Fahrkarte* lösen; *Auftrag* notieren; *Güter*, *Gepäck* (*zur Beförderung*) aufgeben; *Ferngespräch* anmelden; → ***booked***; **13.** *j-n polizeilich* aufschreiben *od. sport* notieren (***for*** wegen); **III** *v/i.* **14.** eine Fahrkarte *etc.* lösen *od.* nehmen: ***~ through*** (***to***) durchlösen (bis, nach); **15.** Platz *etc.* bestellen; **16.** ***~ in*** sich (*im Hotel*) eintragen: ***~ in at*** absteigen in (*dat.*); **'book·a·ble** [-kəbl] *adj.* im Vorverkauf erhältlich (*Karten etc.*).

'book|ˌbind·er *s.* Buchbinder *m*; **'~ˌbinding** *s.* Buchbinderhandwerk *n*, Buchbinde'rei *f*; **'~-case** *s.* 'Bücherschrank *m*, -reˌgal *n*; **~ cloth** *s.* Buchbinderleinwand *f*; **~ club** *s.* Buchgemeinschaft *f*; **~ cov·er** *s.* 'Buchdecke *f*, -ˌumschlag *m*; **~ debt** *s.* ✝ Buchschuld *f*.

booked [bʊkt] *adj.* **1.** gebucht, eingetragen; **2.** vorgemerkt, bestimmt, bestellt: ***all ~*** (***up***) voll besetzt *od.* belegt, ausverkauft.

book end *s. mst pl.* Bücherstütze *f*.

book·ie ['bʊkɪ] *sl.* → ***bookmaker***.

book·ing ['bʊkɪŋ] *s.* **1.** Buchung *f*, Eintragung *f*; **2.** Bestellung *f*; **~ clerk** *s.* Schalterbeamte(r) *m*, Fahrkartenverkäufer *m*; **~ hall** *s.* Schalterhalle *f*; **~ of·fice** *s.* **1.** Fahrkartenschalter *m*; **2.** *thea. etc.* Kasse *f*; Vorverkaufsstelle *f*; **3.** *Am.* Gepäckschalter *m*.

book·ish ['bʊkɪʃ] *adj.* □ **1.** belesen, gelehrt; **2.** voll Bücherweisheit: ***~ person*** a) Büchernarr *m*, b) Stubengelehrte(r) *m*; ***~ style*** papierener Stil; **'book·ish·ness** [-nɪs] *s.* trockene Gelehrsamkeit.

'book|ˌkeep·er *s.* Buchhalter(in); **'~ˌkeep·ing** *s.* Buchhaltung *f*, -führung *f*: ***~ by single*** (***double***) ***entry*** einfache (doppelte) Buchführung; **~ knowl·edge**, **~ learn·ing** *s.* Buchwissen *n*, Bücherweisheit *f*.

book·let ['bʊklɪt] *s.* Büchlein *n*, Bro'schüre *f*.

'book|ˌmak·er *s.* Buchmacher *m*; **'~·man** [-mən] *s.* [*irr.*] Büchermensch *m*, Gelehrte(r) *m*; **'~·mark** *s.* Lesezeichen *n*; **'~·moˌbile** [-məʊˌbi:l] *s. Am.* 'Auto-, 'Wanderbücheˌrei *f*; **'~·plate** *s.* Ex'libris *n*; **~ post** *s. Brit.* (***by ~*** als) Büchersendung *f*; **~ prof·it** *s.* ✝ Buchgewinn *m*; **'~·rack** *s.* 'Büchergestell *n*, -reˌgal *n*; **'~·rest** *s.* **1.** Buchstütze *f*; **2.** (kleines) Lesepult; **~ re·view** *s.* Buchbesprechung *f*; **~ re·view·er** *s.* 'Buchˌkritiker *m*; **'~ˌsell·er** *s.* Buchhändler (-in); **'~·shelf** *s.* Bücherbrett *n*, -gestell *n*; **'~·shop** *s.* Buchhandlung *f*; **'~·stack** *s.* Bücherregal *n*; **'~·stall** *s.* **1.** Bücher(verkaufs)stand *m*; **2.** Zeitungsstand *m*; **'~·stand** → ***book-rack***; **'~·store** *s. Am.* Buchhandlung *f*.

book·sy ['bʊksɪ] *adj. Am.* F ‚hochgestochen'.

book| to·ken *s. Brit.* Büchergutschein *m*; **~ trade** *s.* Buchhandel *m*; **~ val·ue** *s.* ✝ Buchwert *m*; **'~·worm** *s. zo. u. fig.* Bücherwurm *m*.

boom¹ [bu:m] **I** *s.* Dröhnen *n*, Donnern *n*, Brausen *n*; **II** *v/i.* dröhnen, donnern, brausen; **III** *v/t. a.* ***~ out*** dröhnen(d äußern).

boom² [bu:m] *s.* **1.** ⚓ Baum *m* (*Hafen- od. Flußsperrgerät*); **2.** ⚓ Baum *m*, Spiere *f* (*Stange am Segel*); **3.** *Am.* Schwimmbaum *m* (*zum Auffangen des Floßholzes*); **4.** *Film*, *TV*: (Mikro'phon)Galgen *m*.

boom³ [bu:m] **I** *s.* **1.** Aufschwung *m*; Berühmtheit *f*, *das* Berühmtwerden, Blüte(zeit) *f*; **2.** ✝ Boom *m*: a) ('Hoch-) Konjunkˌtur *f*: ***building ~*** Bauboom, b) Aufschwung *m*, c) *Börse*: Hausse *f*; **3.** Re'klamerummel *m*, aufdringliche Pro'paganda; **II** *v/i.* **4.** e-n (ra'piden) Aufschwung nehmen, in die Höhe schnellen, anziehen (*Preise, Kurse*), blühen: ***~ing*** florierend, blühend; **III** *v/t.* **5.** die Werbetrommel rühren für; *Preise* in die Höhe treiben; **ˌ~-and-'bust** *s. Am.* F außergewöhnlicher Aufstieg, dem e-e ernste Krise folgt.

boom·er·ang ['bu:məræŋ] **I** *s.* Bumerang *m* (*a. fig.*); **II** *v/i. fig.* (***on***) sich als Bumerang erweisen (für), zurückschlagen (auf *acc.*).

boon¹ [bu:n] *s.* **1.** Wohltat *f*, Segen *m*; **2.** Gefälligkeit *f*.

boon² [bu:n] *adj. lit.* freundlich, munter: ***~ companion*** lustiger Kumpan *od.* Zechbruder.

boon·docks ['bu:ndɒks] *s. pl. Am. sl. die* Pro'vinz.

boor [bʊə] *s. fig.* a) ‚Bauer' *m*, ungehobelter Kerl, b) Flegel *m*; **boor·ish** ['bʊərɪʃ] *adj.* □ *fig.* ungehobelt, flegelhaft; **boor·ish·ness** ['bʊərɪʃnɪs] *s.* ungehobeltes Benehmen *od.* Wesen.

boost [bu:st] **I** *v/t.* **1.** hochschieben, -treiben; nachhelfen (*dat.*) (*a. fig.*); **2.** ✝ F a) fördern, Auftrieb geben (*dat.*) (*a. fig.*), *Produktion etc.* ‚ankurbeln', *Preise* in die Höhe treiben: ***~ the morale*** die (*Arbeits- etc.*)Moral heben, b) anpreisen, Re'klame machen für; **3.** ⚙, ϟ *Druck*, *Spannung* erhöhen, verstärken; **II** *s.* **4.** Förderung *f*, Erhöhung *f*; Auftrieb *m*; **5.** *fig.* Re'klame *f*.

boost·er ['bu:stə] *s.* **1.** F Förderer *m* Re'klamemacher *m*; Preistreiber *m*; **2.** ⚙, ϟ 'Zusatz(aggreˌgat *n*, -dyˌnamo *m*, -verstärker *m*) *m*; Kom'pressor *m*; Servomotor *m*; *Rakete*: a) 'Antriebsaggreˌgat *n*, b) Zündstufe *f*, c) 'Trägerraˌkete *f*; **~ bat·ter·y** *s.* ϟ 'Zusatzbatteˌrie *f*; **~ rock·et** *s.* 'Startraˌkete *f*; **~ shot** *s.* ⚕ Wieder'holungsimpfung *f*.

boot¹ [bu:t] **I** *s.* **1.** (*Am.* Schaft)Stiefel *m*; *pl. Mode*: Boots *pl.*: ***the ~ is on the other leg*** a) der Fall liegt umgekehrt, b) die Verantwortung liegt bei der anderen Seite; ***die in one's ~s*** a) in den Sielen sterben, b) e-s plötzlichen *od.* gewaltsamen Todes sterben; ***get the ~*** *sl.* ‚rausgeschmissen' (*entlassen*) werden; → ***big*** 2; **2.** *Brit. mot.* Kofferraum *m*; **3.** ⚙ Schutzkappe *f*, -hülle *f*; **II** *v/t.* **4.** *sl. j-m* e-n Fußtritt geben; **5.** *sl. fig. j-n* ‚rausschmeißen' (*entlassen*); **6.** F *Fußball* treten; **7.** *Computer*: *Programm* booten, starten.

boot² [bu:t] *s. nur noch in*: ***to ~*** obendrein, noch dazu.

'boot·black *s. Am.* Schuhputzer *m*.

boot·ed ['bu:tɪd] *adj.* Stiefel tragend: ***~ and spurred*** gestiefelt u. gespornt.

booth [bu:ð] *s.* **1.** (Markt)Bude *f*; (Messe)Stand *m*; **2.** (Fernsprech-, *pol.* Wahl)Zelle *f*; **3.** a) *Radio*, *TV*: (Über'tragungs)Kaˌbine *f*, b) ('Abhör-) Kaˌbine *f* (*Schallplattengeschäft*); **4.** Nische *f*, Sitzgruppe *f im Restaurant*.

'boot|·jack *s.* Stiefelknecht *m*; **'~·lace** *s. bsd. Brit.* Schnürsenkel *m*.

boot·leg ['bu:tleg] *v/t. u. v/i. Am. sl. bsd. Spirituosen* 'illegal herstellen, schwarz verkaufen, schmuggeln; **'bootˌleg·ger** [-gə] *s. Am. sl.* ('Alkohol-)

Schmuggler *m*, (-)Schwarzhändler *m*; **'boot,leg·ging** [-gɪŋ] *s. Am. sl.* ('Alkohol)Schmuggel *m*.

boot·less ['bu:tlɪs] *adj.* □ nutzlos, vergeblich.

'boot|·lick *v/t. u. v/i.* F (vor *j-m*) kriechen; '**~,lick·er** *s.* F ‚Kriecher' *m*.

boots [bu:ts] *s. sg.* Hausdiener *m* (*im Hotel*).

'boot|·strap *s.* Stiefelstrippe *f*, -schlaufe *f*: ***pull o.s. up by one's own ~s*** sich aus eigener Kraft hocharbeiten; **~ top** *s.* Stiefelstulpe *f*; **~ tree** *s.* Schuh-, Stiefelleisten *m*.

boot·y ['bu:tɪ] *s.* **1.** (Kriegs)Beute *f*, Raub *m*; **2.** *fig.* Beute *f*, Fang *m*.

booze [bu:z] F **I** *v/i.* ‚saufen'; **II** *s.* a) Schnaps *m*, 'Alkohol *m*, b) ‚Saufe'rei' *f*, Besäufnis *n*: ***go on*** (*od.* ***hit***) ***the ~*** → I; **boozed** [-zd] *adj.* F ‚blau', ‚voll', besoffen; **'booz·er** [-zə] *s.* **1.** F Säufer *m*; **2.** *Brit. sl.* Kneipe *f*.

'booze-up → ***booze*** II b.

booz·y ['bu:zɪ] *adj.* F **1.** → ***boozed***; **2.** versoffen.

bo·rac·ic [bə'ræsɪk] *adj.* ⚗ 'boraxhaltig, Bor…: ***~ acid*** Borsäure *f*.

bor·age ['bɒrɪdʒ] *s.* ⚘ Borretsch *m*, Gurkenkraut *n*.

bo·rax ['bɔ:ræks] *s.* ⚗ 'Borax *m*.

bor·der ['bɔ:də] **I** *s.* **1.** Rand *m*, Kante *f*; **2.** (*Landes- od. Gebiets*)Grenze *f*; *a.* ***~ area*** Grenzgebiet *n*: ***the ℒ*** Grenze *od.* Grenzgebiet zwischen England u. Schottland; ***north of the ℒ*** in Schottland; ***~ incident*** Grenzzwischenfall *m*; **3.** Um'randung *f*, Borte *f*, Einfassung *f*, Saum *m*; Zierleiste *f*; **4.** Randbeet *n*, Ra'batte *f*; **II** *v/t.* **5.** einfassen, besetzen; **6.** begrenzen, (um)'säumen: ***a lawn ~ed by trees***; **7.** grenzen an (*acc.*): ***my park ~s yours***; **III** *v/i.* **8.** grenzen (***on*** an *acc.*) (*a. fig.*); **'bor·der·er** [-ərə] *s.* **1.** Grenzbewohner *m*; **2.** ***ℒs*** *pl.* ⚔ 'Grenzregi,ment *n*.

'bor·der|·land *s.* Grenzgebiet *n* (*a. fig.*); **'~·line I** *s.* 'Grenz,linie *f*; *fig.* Grenze *f*; **II** *adj.* auf *od.* an e-r Grenze: ***~ case*** Grenzfall *m*.

bor·dure ['bɔ:,djʊə] *s. her.* 'Schild-, 'Wappenum,randung *f*.

bore¹ [bɔ:] **I** *v/t.* **1.** (durch)'bohren: ***~ a well*** e-n Brunnen bohren; ***to ~ one's way*** *fig.* sich (mühsam) e-n Weg bahnen; **II** *v/i.* **2.** (***for***) bohren, Bohrungen machen (nach); ⚒ schürfen (nach); **3.** ⚙ *bei Holz*: (ins Volle) bohren; *bei Metall*: (aus-, auf)bohren; **4.** sich einbohren (***into*** in *acc.*); **III** *s.* **5.** ⚒ Bohrung *f*, Bohrloch *n*; **6.** ⚔, ⚙ Bohrung *f*, Seele *f*, Ka'liber *n* (*e-r Schußwaffe*).

bore² [bɔ:] **I** *s.* **1.** *et.* Langweiliges *od.* Lästiges *od.* Stumpfsinniges: ***what a ~*** a) wie langweilig, b) wie dumm; ***the book is a ~ to read*** das Buch ist ‚stinkfad'; **2.** a) fader Kerl, b) unangenehmer Kerl, (altes) Ekel; **II** *v/t.* **3.** langweilen: ***be ~d*** sich langweilen; ***look ~d*** gelangweilt aussehen.

bore³ [bɔ:] *s.* Springflut *f*.

bore⁴ [bɔ:] *pret. von* ***bear¹***.

bo·re·al ['bɔ:rɪəl] *adj.* nördlich, Nord…; **bo·re·a·lis** [bɔ:rɪ'eɪlɪs] → ***aurora borealis***; **Bo·re·as** ['bɒrɪæs] **I** *npr.* 'Boreas *m*; **II** *s. poet.* Nordwind *m*.

bore·dom ['bɔ:dəm] *s.* **1.** Langeweile *f*, Gelangweiltsein *n*; **2.** Langweiligkeit *f*, Stumpfsinn *m*.

bor·er ['bɔ:rə] *s.* **1.** ⚙ Bohrer *m*; **2.** *zo.* Bohrer *m* (*Insekt*).

bo·ric ['bɔ:rɪk] *adj.* ⚗ Bor…: ***~ acid*** Borsäure *f*.

bor·ing ['bɔ:rɪŋ] *adj.* **1.** bohrend, Bohr…; **2.** langweilig.

born [bɔ:n] **I** *p.p. von bear¹*; **II** *adj.* geboren: ***~ of …*** geboren von …, Kind des *od.* der …; ***a ~ poet, ~ a poet*** ein geborener Dichter, zum Dichter geboren; ***a ~ fool*** ein völliger Narr; ***an Englishman ~ and bred*** ein echter Engländer; ***never in all my ~ days*** mein Lebtag (noch) nie.

borne [bɔ:n] *p.p. von* ***bear¹*** **1.** getragen *etc.*: ***lorry-~*** mit (e-m) Lastwagen befördert; **2.** geboren (*in Verbindung mit* ***by*** *und dem Namen der Mutter*): ***Elizabeth I was ~ by Anne Boleyn***.

bor·né ['bɔ:neɪ] (*Fr.*) *adj.* borniert.

bo·ron ['bɔ:rɒn] *s.* ⚗ Bor *n*.

bor·ough ['bʌrə] *s.* **1.** *Brit.* a) Stadt *f od.* im Parla'ment vertretener städtischer Wahlbezirk, b) Stadtteil *m* (*von Groß-London*): ***ℒ Council*** Stadtrat *m*; **2.** *Am.* a) Stadt- *od.* Dorfgemeinde *f*, b) Stadtbezirk *m* (*in New York*).

bor·row ['bɒrəʊ] *v/t.* **1.** (aus)borgen, (ent)leihen (***from, of*** von): ***~ed funds*** ☤ Fremdmittel *pl.*; **2.** *fig.* entlehnen, *humor.* ‚borgen': ***~ed word*** Lehnwort *n*; **'bor·row·er** [-əʊə] *s.* **1.** Entleiher (-in), Borger(in); **2.** ☤ Kre'ditnehmer (-in); **'bor·row·ing** [-əʊɪŋ] *s.* (Aus)Borgen *n*; Darlehns-, Kre'ditaufnahme *f*, Anleihe *f*: ***~ power*** ☤ Kreditfähigkeit *f*.

Bor·stal (**In·sti·tu·tion**) ['bɔ:stl] *s. Brit. erzieherisch gestaltete Jugendstrafanstalt*: ***Borstal training*** Strafvollzug *m* in e-m ***Borstal***.

bosh [bɒʃ] *s.* F ‚Quatsch' *m*.

bos·om ['bʊzəm] *s.* **1.** Busen *m*, Brust *f*, *fig. a.* Herz *n*: ***~ friend*** Busenfreund (-in); ***keep*** (*od.* ***lock***) ***in one's*** (***own***) ***~*** in s-m Busen verschließen; ***take s.o. to one's ~*** j-n ans Herz drücken; **3.** *fig.* Schoß *m*: ***in the ~ of one's family*** (***the Church***); → ***Abraham***; **4.** Brustteil *m* (*Kleid etc.*); *bsd. Am.* Hemdbrust *f*; **5.** Tiefe *f*, *das* Innere: ***in the ~ of the earth*** im Erdinnern; **'bos·omed** [-md] *adj. in Zssgn* …busig; **'bos·om·y** [-mɪ] *adj.* vollbusig.

boss¹ [bɒs] **I** *s.* Beule *f*, Buckel *m*, Knauf *m*, Knopf *m*, erhabene Verzierung; ⚙ (*Rad-, Schiffsschrauben*)Nabe *f*; **II** *v/t.* mit Buckeln *etc.* verzieren, bosseln, treiben.

boss² [bɒs] F **I** *s.* **1.** *a.* ***~-man*** Chef *m*, Vorgesetzte(r) *m*, ‚Boß' *m*; **2.** *fig.* ‚Macher' *m*, ‚Boß' *m*, Tonangebende(r) *m*; **3.** *Am. pol.* (Par'tei)Bonze *m*, (-)Boß *m*; **II** *v/t.* **4.** Herr sein über (*acc.*): ***~ the show*** der Chef vom Ganzen sein; **III** *v/i.* **5.** den Chef *od.* Herrn spielen, kommandieren; **6.** ***~ about*** herumkommandieren; **boss·y** ['bɒsɪ] *adj.* F **1.** herrisch, dikta'torisch; **2.** rechthaberisch.

bo·sun ['bəʊsn] → ***boatswain***.

bo·tan·ic, bo·tan·i·cal [bə'tænɪk(l)] *adj.* □ bo'tanisch.

bot·a·nist ['bɒtənɪst] *s.* Bo'taniker *m*, Pflanzenkenner *m*; **'bot·a·nize** [-naɪz] *v/i.* botanisieren; **'bot·a·ny** [-nɪ] *s.* Bo'tanik *f*, Pflanzenkunde *f*.

botch [bɒtʃ] **I** *s.* Flickwerk *n*, *fig. a.* Pfuscharbeit *f*: ***make a ~ of s.th*** et. verpfuschen; **II** *v/t.* zs.-schustern *od.* -stoppeln; verpfuschen; **III** *v/i.* pfuschen, stümpern; **'botch·er** [-tʃə] *s.* **1.** Flickschneider *m*, -schuster *m* (*a. fig.*); **2.** Pfuscher *m*, Stümper *m*.

both [bəʊθ] **I** *adj. u. pron.* beide, beides: ***~ my sons*** m-e beiden Söhne; ***~ parents*** beide Eltern; ***~ of them*** sie (*od.* alle) beide; ***you can't have it ~ ways*** du kannst nicht beides *od.* nur eins von beiden haben; **II** *adv. od. cj.*: ***~ … and*** sowohl … als (auch): ***~ boys and girls***.

both·er ['bɒðə] **I** *s.* **1.** a) Last *f*, Plage *f*, Mühe *f*, Ärger *m*, Schere'rei *f*, b) Aufregung *f*, ‚Wirbel' *m*, Getue *n*: ***this boy is a great ~*** dieser Junge ist e-e große Plage; **II** *v/t.* **2.** belästigen, quälen, stören, beunruhigen, ärgern: ***don't ~ me!*** laß mich in Frieden!; ***be ~ed about s.th.*** über et. beunruhigt sein; ***I can't be ~ed with it*** ich kann mich nicht damit abgeben; ***~ one's head about s.th.*** sich über et. den Kopf zerbrechen; ***~*** (***it***)***!*** F verflixt!; **III** *v/i.* **3.** (***about***) sich sorgen (um), sich aufregen (über *acc.*); **4.** sich Mühe geben: ***don't ~!*** bemüh dich nicht!; **5.** (***about***) sich kümmern (um), sich befassen (mit), sich Gedanken machen (wegen): ***I shan't ~ about it***; **both·er·a·tion** [,bɒðə'reɪʃn] F **I** *s.* Belästigung *f*; **II** *int.* ‚Mist'!

bo-tree ['bəʊtri:] *s. der* heilige Feigenbaum (*Buddhas*).

bot·tle ['bɒtl] **I** *s.* **1.** Flasche *f* (*a.* ⚙): ***wine in ~s*** Flaschenwein *m*; ***bring up on the ~*** *Säugling* mit der Flasche aufziehen; ***be fond of the ~*** gern ‚einen heben'; **II** *v/t.* **2.** in Flaschen abfüllen; **3.** *bsd. Brit. Früchte etc.* in Gläsern einmachen; **~ up** *v/t.* **1.** *fig. Gefühle etc.* unter'drücken: ***bottled-up*** aufgestaut; **2.** einschließen: ***~ the enemy's fleet***.

bot·tle cap *s.* Flaschenkapsel *f*.

bot·tled ['bɒtld] *adj.* in Flaschen *od.* (Einmach)Gläser (ab)gefüllt: ***~ beer*** Flaschenbier *n*; → ***bottle up*** 1.

'bot·tle|-feed *v/t.* [*irr.*] mit der Flasche aufziehen, aus der Flasche ernähren: ***bottle-fed child***; **~ gourd** *s.* ⚘ Flaschenkürbis *m*; **'~-green** *adj.* flaschen-, dunkelgrün; **'~-,hold·er** *s.* **1.** *Boxen*: Sekun'dant *m*; **2.** *fig.* Helfershelfer *m*; **~ imp** *s.* Flaschenteufelchen *n*; **'~-neck** *s.* Engpaß *m* (*a. fig.*); **'~-nosed** *adj.* mit e-r Säufernase; **'~,par·ty** *s.* Bottle-Party *f* (*zu der jeder Gast e-e Flasche Wein etc. mitbringt*); **~ post** *s.* Flaschenpost *f*.

bot·tler ['bɒtlə] *s.* 'Abfüllma,schine *f od.* -betrieb *m*.

'bot·tle-,wash·er *s.* **1.** Flaschenreiniger *m*; **2.** *humor.* Fak'totum *n*, ‚Mädchen *n* für alles'.

bot·tom ['bɒtəm] **I** *s.* **1.** *der* unterste Teil, 'Unterseite *f*, Boden *m* (*Gefäß etc.*), Fuß *m* (*Berg, Treppe, Seite etc.*), Sohle *f* (*Brunnen, Tal etc.*): ***~s up!*** *sl.* ex! (*beim Trinken*); **2.** Boden *m*, Grund *m* (*Gewässer*): ***go to the ~*** versinken; ***send to the ~*** versenken; ***touch ~*** a) auf Grund geraten, b) *fig.* den Tiefpunkt erreichen; ***the ~ has fallen out of the market*** der Markt hat e-n Tiefstand erreicht; **3.** *fig.* Grund(lage *f*) *m*: ***what is at the ~ of it?*** was ist der

Grund dafür?, was steckt dahinter?; ***knock the ~ out of s.th.*** et. gründlich widerlegen; ***get to the ~ of s.th.*** e-r Sache auf den Grund gehen *od.* kommen: ***from the ~ up*** von Grund auf; **4.** *fig. das* Innere, Tiefe *f*: ***from the ~ of my heart*** aus tiefstem Herzen; ***at ~*** im Grunde; **5.** ⚓ Schiffsboden *m*; Schiff *n*: ***~ up(wards)*** kieloben; ***shipped in British ~s*** in brit. Schiffen verladen; **6.** (*Stuhl*)Sitz *m*; **7.** F *der* Hintern, ‚Po (-ˈpo)' *m*: ***smack the boy's ~*** den Jungen ‚versohlen'; ***smooth as a baby's ~*** glatt wie ein Kinderpopo; **8.** (unteres) Ende (*Tisch*, *Klasse*, *Garten*); **II** *adj.* **9.** unterst, letzt, äußerst: ***~ shelf*** unterstes (*Bücher*)Brett; ***~ drawer*** a) unterste Schublade (*a. fig.*), b) *Brit.* Aussteuer (-truhe) *f*; ***~ price*** äußerster Preis; ***~ line*** letzte Zeile; **III** *v/t.* **10.** mit e-m Boden *od.* Sitz versehen; **11.** ergründen; **ˈbot·tomed** [-md] *adj.*: ***~ on*** beruhend auf (*dat.*); ***double-~*** mit doppeltem Boden; ***cane-~*** mit Rohrsitz (*Stuhl*); **ˈbot·tom·less** [-lɪs] *adj.* bodenlos (*a. fig.*); unergründlich; unerschöpflich; **ˈbot·tom·ry** [-rɪ] *s.* ⚓ Bodmeˈrei(geld *n*) *f*.

bot·u·lism [ˈbɒtjʊlɪzəm] *s.* ⚕ Botuˈlismus *m* (*Fleischvergiftung etc.*).

bou·doir [ˈbuːdwaː] (*Fr.*) *s.* Bouˈdoir *n*.

bough [baʊ] *s.* Ast *m*, Zweig *m*.

bought [bɔːt] *pret. u. p.p. von* ***buy***.

boul·der [ˈbəʊldə] *s.* Fels-, Geröllblock *m*; *geol.* erˈratischer Block: ***~ period*** Eiszeit *f*.

bou·le·vard [ˈbuːlvɑː] *s.* Bouleˈvard *m*, Prachtstraße *f*, *Am. a.* Hauptverkehrsstraße *f*.

boult → ***bolt***[2].

bounce [baʊns] **I** *v/i.* **1.** springen, (hoch)schnellen, hüpfen: ***the ball ~d***; ***he ~d out of his chair***; ***~ about*** herumhüpfen; **2.** stürzen, stürmen: ***~ into a room***; **3.** auf-, anprallen (***against*** gegen): ***~ off*** abprallen; **4.** ☤ ‚platzen' (*Scheck*); **II** *v/t.* **5.** *Ball* (auf)springen lassen; **6.** *Brit.* F *j-n* drängen (***into*** zu); **7.** *Am. sl. j-n* ‚rausschmeißen' (*a. fig. entlassen*); **III** *s.* **8.** Sprungkraft *f*; **9.** Sprung *m*, Schwung *m*, Stoß *m*; **10.** Unverfrorenheit *f*; **11.** F ‚Schwung' *m*, Eˈlan *m*; **12.** *Am. sl.* ‚Rausschmiß' *m* (*Entlassung*); **ˈbounc·er** [-sə] *s.* F **1.** a) Angeber *m*, b) Lügner *m*; **2.** freche Lüge; **3.** a) ‚Mordskerl' *m*, b) ‚Prachtweib' *n*, c) ‚Mordssache' *f*; **4.** *Am.* ‚Rausschmeißer' *m* (*in Nachtlokalen etc.*); **5.** ungedeckter Scheck; **ˈbounc·ing** [-sɪŋ] *adj.* **1.** stramm (*kräftig*): ***~ baby***, ***~ girl***; **2.** munter, lebhaft; **3.** Mords...

bound[1] [baʊnd] **I** *pret. u. p.p. von* ***bind***; **II** *adj.* **1.** ***be ~ to do*** zwangsläufig *et.* tun müssen; ***he is ~ to tell me*** er ist verpflichtet, es mir zu sagen; ***he is ~ to be late*** er muß ja zu spät kommen; ***he is ~ to come*** er kommt bestimmt; ***I'll be ~*** ich bürge dafür, ganz gewiß; **2.** *in Zssgn* festgehalten *od.* verhindert durch: ***ice-~***; ***storm~***.

bound[2] [baʊnd] *adj.* (***for***) bestimmt, unterˈwegs (nach): ***~ for London***; ***homeward (outward) ~*** ⚓ auf der Heimreise (Hin-, Ausreise) (befindlich); ***where are you ~ for?*** wohin reisen *od.* gehen Sie?

bound[3] [baʊnd] **I** *s.* **1.** Grenze *f*, Schranke *f*, Bereich *m*: ***beyond all ~s*** maß-, grenzenlos; ***keep within ~s*** in vernünftigen Grenzen halten; ***set ~s to*** Grenzen setzen (*dat.*), in Schranken halten; ***within the ~s of possibility*** im Bereich des Möglichen; ***out of ~s*** a) *sport* aus, im Aus, b) (***to***) Zutritt verboten (für); **II** *v/t.* **2.** be-, abgrenzen, die Grenze von *et.* bilden; **3.** *fig.* beschränken, in Schranken halten.

bound[4] [baʊnd] **I** *v/i.* **1.** (hoch)springen, hüpfen (*a. fig.*); **2.** lebhaft gehen, laufen; **3.** an-, abprallen; **II** *s.* **4.** Sprung *m*, Satz *m*, Schwung *m*: ***at a single ~*** mit ˈeinem Satz; ***on the ~*** beim Aufspringen (*Ball*).

bound·a·ry [ˈbaʊndərɪ] *s.* **1.** *a. fig.* Grenze *f*, *a.* ***~ line*** ˈGrenzˌlinie *f*; **2.** *fig.* Bereich *m*; **4.** △, *phys.* a) Begrenzung *f*, b) Rand *m*, c) ˈUmfang *m*.

bound·en [ˈbaʊndən] *adj.*: ***my ~ duty*** m-e Pflicht u. Schuldigkeit.

bound·er [ˈbaʊndə] *s. sl.* ‚Stromer' *m*, Kerl *m*.

bound·less [ˈbaʊndlɪs] *adj.* □ grenzenlos, unbegrenzt, *fig. a.* ˈübermäßig.

boun·te·ous [ˈbaʊntɪəs] *adj.* □ **1.** freigebig, großzügig; **2.** (allzu) reichlich; **ˈboun·ti·ful** [-tɪfʊl] *adj.* □ → ***bounteous***; **boun·ty** [ˈbaʊntɪ] *s.* **1.** Freigebigkeit *f*; **2.** (milde) Gabe; Spende *f* (*bsd. e-s Herrschers*); **3.** ⚔ Handgeld *n*; **4.** ☤ (*bsd.* Exˈport)ˌPrämie *f*, Zuschuß *m* (***on*** auf, für); **5.** Belohnung *f*.

bou·quet [bʊˈkeɪ] *s.* **1.** Buˈkett *n*, (Blumen)Strauß *m*; **2.** Aˈroma *n*; Blume *f* (*Wein*); **3.** *bsd. Am.* Kompliˈment *n*.

Bour·bon [ˈbʊəbən] *s.* **1.** *pol. Am.* Reaktioˈnär *m*; **2.** ♀ [ˈbɜːbən] ˈBourbon *m* (*amer. Whiskey aus Mais*).

bour·geois[1] [ˈbʊəʒwɑː] *contp.* **I** *s.* Bourˈgeois *m*; **II** *adj.* bourˈgeois, (spieß)bürgerlich.

bour·geois[2] [bɜːˈdʒɔɪs] *typ.* **I** *s.* ˈBorgis *f*; **II** *adj.* in ˈBorgisˌlettern gedruckt.

bourn(e)[1] [bʊən] *s.* (Gieß)Bach *m*.

bourn(e)[2] [bʊən] *s.* **1.** *obs.* Grenze *f*; **2.** *poet.* Ziel *n*; Gebiet *n*, Bereich *m*.

bourse [bʊəs] *s.* ☤ Börse *f*.

bout [baʊt] *s.* **1.** Arbeitsgang *m*; *Fechten*, *Tanz*: Runde *f*: ***drinking ~*** Zecherei *f*; **2.** (Krankheits)Anfall *m*, Atˈtacke *f*; **3.** Zeitspanne *f*; **4.** Kraftprobe *f*, Kampf *m*; **5.** (*bsd.* Box-, Ring)Kampf *m*.

bo·vine [ˈbəʊvaɪn] *adj.* **1.** *zo.* Rinder...; **2.** *fig.* (*a. geistig*) träge, schwerfällig, dumm.

bov·ver [ˈbɒvə] *s. Brit. sl.* Schlägeˈrei *f* *bsd.* zwischen Rockern: ***~ boots*** Rokker-Stiefel *pl.*

bow[1] [baʊ] **I** *s.* **1.** Verbeugung *f*, Verneigung *f*: ***make one's ~*** a) sich vorstellen, b) sich verabschieden; ***take a ~*** sich verbeugen, sich für den Beifall bedanken; **II** *v/t.* **2.** beugen, neigen: ***~ one's head*** den Kopf neigen; ***~ one's neck*** *fig.* den Nacken beugen; ***~ one's thanks*** sich dankend verneigen; ***~ed with grief*** gramgebeugt; → ***knee*** 1; **3.** biegen: ***the wind has ~ed the branches***; **III** *v/i.* **4.** (***to***) sich verbeugen *od.* verneigen (vor *dat.*), grüßen (*acc.*): ***a ~ing acquaintance*** e-e Grußbekanntschaft; ***on ~ing terms*** auf dem Grußfuße, flüchtig bekannt; ***~ and scrape*** Kratzfüße machen, *fig.* katzbuckeln; **5.** *fig.* sich beugen *od.* unterˈwerfen (***to*** *dat.*): ***~ to the inevitable*** sich in das Unvermeidliche fügen; ***~ down*** *v/i.* (***to***) **1.** verehren, anbeten (*acc.*); **2.** sich unterˈwerfen (*dat.*); ***~ in*** *v/t. j-n* unter Verbeugungen hinˈeingeleiten; ***~ out*** **I** *v/t. j-n* hinˈauskomplimentieren; **II** *v/i.* sich verabschieden.

bow[2] [bəʊ] **I** *s.* **1.** (Schieß)Bogen *m*: ***have more than one string to one's ~*** *fig.* mehrere Eisen im Feuer haben; ***draw the long ~*** *fig.* aufschneiden, übertreiben; **2.** ♪ (*Violin- etc.*)Bogen *m*; **3.** △, ⚙ a) Bogen *m*, Kurve *f*, b) *pl.* ˈBogenˌzirkel *m*; **4.** Bügel *m* (*der Brille*); **5.** Knoten *m*, Schleife *f*; **II** *v/i.* **6.** ♪ den Bogen führen.

bow[3] [baʊ] *s.* ⚓ **1.** *a. pl.* Bug *m*; **2.** Bugmann *m* (*im Ruderboot*).

Bow| bells [bəʊ] *s. pl.* Glocken *pl.* der Kirche ***St. Mary le Bow*** (*London*): ***be born within the sound of ~*** ein echter Cockney sein; **♀ com·pass(·es)** *s. sg. od. pl.* △, ⚙ → ***bow***[2] 3b.

bowd·ler·ize [ˈbaʊdləraɪz] *v/t. Bücher* (von anstößigen Stellen) säubern; *fig.* verwässern.

bow·els [ˈbaʊəlz] *s. pl.* **1.** *anat.* Darm *m*; Gedärm *n*, Eingeweide *pl.*: ***open ~*** ⚕ offener Leib; ***have open ~*** regelmäßig Stuhlgang haben; **2.** *das* Innere, Mitte *f*: ***the ~ of the earth*** das Erdinnere.

bow·er[1] [ˈbaʊə] *s.* (Garten)Laube *f*, schattiges Plätzchen; *obs.* (Frauen)Gemach *n*.

bow·er[2] [ˈbaʊə] *s.* ⚓ Buganker *m*.

bow·er·y [ˈbaʊərɪ] *s. hist. Am.* Farm *f*, Pflanzung *f*: ***the ♀*** die Bowery (*heruntergekommene Straße u. Gegend in New York City*).

ˈbow-head [ˈbəʊ-] *s. zo.* Grönlandwal *m*.

ˈbow·ie-knife [ˈbəʊɪ-] *s.* [*irr.*] ˈBowiemesser *n* (*langes Jagdmesser*).

bowl[1] [bəʊl] *s.* **1.** Napf *m*, Schale *f*; Bowle *f* (*Gefäß*); **2.** Schüssel *f*, Becken *n*; **3.** *poet.* Gelage *n*; **4.** a) (Pfeifen-)Kopf *m*, b) Höhlung *f* (*Löffel etc.*); **5.** *Am.* ˈStadion *n*.

bowl[2] [bəʊl] **I** *s.* **1.** a) (*Bowling-*, *Bowls-*, *Kegel*)Kugel *f*, b) → ***bowls*** 1, c) Wurf *m*; **II** *v/t.* **2.** *allg.* rollen (lassen); *Bowling etc*: *die Kugel* werfen; *Ball* rollen, werfen (*a. Kricket*); *Reifen* schlagen, treiben; **III** *v/i.* **3.** a) bowlen, Bowls spielen, b) bowlen, Bowling spielen, c) kegeln, d) werfen; **4.** *mst* ***~ along*** ‚(dahin)gondeln' (*Wagen*); ***~ out*** *v/t. Kricket*: *den Schläger* (durch Treffen des Dreistabes) ‚ausmachen'; *fig. j-n* ‚erledigen', schlagen; ***~ o·ver*** *v/t.* ˈumwerfen (*a. fig.*).

ˈbow-legged [ˈbəʊ-] *adj.* säbel-, O-beinig; **ˈbow-legs** *s. pl.* Säbel-, O-Beine *pl.*

bowl·er [ˈbəʊlə] *s.* **1.** a) Bowls-Spieler (-in), b) Bowling-Spieler(in), c) Kegler (-in); **2.** *Kricket*: Werfer *m*; **3.** *a.* ***~ hat*** *Brit.* ‚Meˈlone' *f*.

bow·line [ˈbəʊlɪn] *s.* ⚓ Buˈlin *f*.

bowl·ing [ˈbəʊlɪŋ] *s.* **1.** Bowling *n*; **2.** Kegeln *n*; ***~ al·ley*** *s.* **1.** Bowlingbahn *f*; **2.** Kegelbahn *f*; ***~ green*** *s. Bowls etc*: Rasenplatz *m*.

bowls [bəʊlz] *s. pl. sg. konstr.* **1.** Bowls (-Spiel) *n*; **2.** Kegeln *n*.

bow|·man ['bəʊmən] *s.* [*irr.*] Bogenschütze *m*; '**~·shot** *s.* Bogenschußweite *f*; '**~·sprit** *s.* ⚓ Bugspriet *m*; ♀ **Street** *npr. Straße in London mit dem Polizeigericht*; '**~·string I** *s.* Bogensehne *f*; **II** *v/t.* erdrosseln; **~ tie** *s.* (Frack)Schleife *f*, Fliege *f*; **~ win·dow** *s.* Erkerfenster *n*.

bow-wow I *int.* [ˌbaʊ'waʊ] wau'wau!; **II** *s.* ['baʊwaʊ] *Kindersprache*: Wau'wau *m* (*Hund*).

box[1] [bɒks] **I** *s.* **1.** Kasten *m*, Kiste *f*; *Brit. a.* Koffer *m*; **2.** Büchse *f*, Schachtel *f*, Etu'i *n*, Dose *f*, Kästchen *n*; **3.** Behälter *m*, (*a. Buch-, Film- etc.*)Kas'sette *f*, Hülse *f*, Gehäuse *n*, Kapsel *f*; **4.** Häus-chen *n*; Ab'teil *n*, Ab'teilung *f*, Loge *f* (*Theater etc.*); ⚖ a) Zeugenstand *m*, b) (Geschworenen)Bank *f*; **5.** Box *f*: a) *Pferdestand*, b) *mot. Einstellplatz in e-r Großgarage*; **6.** Fach *n* (*a. für Briefe etc.*); **7.** Kutschbock *m*; **8.** *Am.* Wagenkasten *m*; **9.** *Baseball*: Standplatz *m* (*des Schlägers*); **10.** a) Postfach *n*, b) → ***box number***, c) Briefkasten *m*; **11.** *pol.* (Wahl)Urne *f*; **12.** *typ.* Kasten *m*, Kästchen (*eingeschobener, umrandeter Text*), Rub'rik *f*; **13.** F ,Kasten' *m* (*Fernsehapparat, Fußballtor etc.*); **II** *v/t.* **14.** in Schachteln, Kasten *etc.* legen, packen, einschließen; **15. ~ *the compass*** a) ⚓ alle Kompaßpunkte aufzählen, b) *fig.* alle Gesichtspunkte vorbringen u. schließlich zum Ausgangspunkt zurückkehren, e-e völlige Kehrtwendung machen; **~ in** *v/t.* **1.** → ***box***[1] 14; **2.** → **~ up** *v/t.* einschließen, -klemmen.

box[2] [bɒks] **I** *s.* **1.** Schlag *m* mit der Hand: **~ *on the ear*** Ohrfeige *f*; **II** *v/t.* **2. ~ *s.o.'s ears*** j-n ohrfeigen; **3.** gegen *j-n* boxen; **III** *v/i.* **4.** *sport* boxen.

box[3] [bɒks] *s.* ♀ Buchsbaum(holz *n*) *m*.

box| bar·rage *s.* ⚔ Abriegelungsfeuer *n*; '**~·calf** *s.* 'Boxkalf *n* (*Leder*); **~ cam·er·a** *s. phot.* 'Box(ˌkamera) *f*; '**~·car** *s.* 🚂 *Am.* geschlossener Güterwagen.

box·er ['bɒksə] *s.* **1.** *sport* Boxer *m*; **2.** *zo.* Boxer *m* (*Hunderasse*); **3.** ♀ *hist.* Boxer *m* (*Anhänger e-s chinesischen Geheimbundes um 1900*).

box·ing ['bɒksɪŋ] *s.* **1.** *sport* Boxen *n*; **2.** Ver-, Einpacken *n*; ♀ **Day** *s. Brit.* der zweite Weihnachtsfeiertag; **~ gloves** *s. pl.* Boxhandschuhe *pl.*; **~ match** *s. sport* Boxkampf *m*.

'**box|-ˌi·ron** *s.* Bolzen(bügel)eisen *n*; **~ junc·tion** *s. Brit. markierte Kreuzung, in die bei stehendem Verkehr nicht eingefahren werden darf*; '**~ˌkeep·er** *s. thea.* 'Logenschließer(in); **~ num·ber** *s.* 'Chiffre(nummer) *f* (*in Zeitungsanzeigen*); **~ of·fice** *s.* **1.** (The'ater- *etc.*) Kasse *f*; **2. *be good* ~** ein Kassenerfolg *od.* -schlager sein; **3.** Einspielergebnis *n*; '**~-ˌof·fice** *adj.* Kassen…: **~ *success*** *od.* ***draw*** Kassenschlager *m*; '**~·room** *s.* Abstellraum *m*; '**~ˌwal·lah** *s. Brit.-Ind.* **1.** F indischer Hausierer; **2.** *contp.* Handlungsreisende(r) *m*; '**~·wood** →***box***[3].

boy [bɔɪ] **1.** Knabe *m*, Junge *m*, Bursche *m*, ,Mann' *m*: ***the*** (*od.* ***our***) **~*s*** unsere Jung(en)s (*z. B. Soldaten*); ***old* ~** a) ,alter Knabe', b) → ***old boy***; ***a* ~ *child*** ein Kind männlichen Geschlechts, ein Junge; **~ *singer*** Sängerknabe; **~ *wonder*** *oft iro.* Wunderknabe; **2.** Laufbursche *m*; **3.** Boy *m*, (*bsd.* eingeborener) Diener.

boy·cott ['bɔɪkət] **I** *v/t.* boykottieren; **II** *s.* Boy'kott *m*.

'**boy·friend** *s.* Freund *m* (*e-s Mädchens*).

boy·hood ['bɔɪhʊd] *s.* Knabenalter *n*, Kindheit *f*, Jugend *f*.

boy·ish ['bɔɪɪʃ] *adj.* □ a) jungenhaft: **~ *laughter***, b) knabenhaft.

boy scout *s.* Pfadfinder *m*.

bo·zo ['bəʊzəʊ] *s. Am. sl.* Kerl *m*.

B pow·er sup·ply *s.* ⚡ Ener'gieversorgung *f* des An'odenkreises.

bra [brɑ:] *s.* F *für* ***brassière***: B'H *m*.

brace [breɪs] **I** *s.* **1.** ⚙ Stütze *f*, Strebe *f*, (*a.* ⚕ Zahn)Klammer *f*, Anker *m*, Versteifung *f*; (Trag)Band *n*, Gurt *m*; ⚕ Stützband *n*; **2.** ⚙ Griff *m* der Bohrkurbel: **~ *and bit*** Bohrkurbel *f*; **3.** ⚠, ♪, ⚕, *typ.* (geschweifte) Klammer *f*; **4.** ⚓ Brasse *f*; **5.** (***a pair of***) **~*s*** *pl. Brit.* Hosenträger *m od. pl.*; **6.** (*pl.* ***brace***) ein Paar, zwei (*bsd. Hunde, Kleinwild, Pistolen*; *contp. Personen*); **II** *v/t.* **7.** ⚙ versteifen, -streben, stützen, verankern, befestigen; **8.** ⚙, ♪, *typ.* klammern; **9.** ⚓ brassen; **10.** *fig.* stärken, erfrischen; **11.** *a.* **~ *up*** *s-e Kräfte, s-n Mut* zs.-nehmen; **12. ~ *o.s.*** (***up***) a) → 11, b) ***for s.th.*** sich auf et. gefaßt machen; **brace·let** ['breɪslɪt] *s.* **1.** Armband *n*, -reif *m*, -spange *f*; **2.** *pl. humor.* Handschellen *pl.*; '**brac·er** [-sə] *s. Am.* F Stärkung *f*, *bsd.* Schnäpschen *n*; *fig.* Ermunterung *f*.

bra·chi·al ['breɪkjəl] *adj.* Arm…; '**bra·chi·ate** [-kɪeɪt] *adj.* ♀ paarweise gegenständig.

brach·y·ce·phal·ic [ˌbrækɪke'fælɪk] *adj.* kurzköpfig.

brac·ing ['breɪsɪŋ] *adj.* stärkend, kräftigend, erfrischend (*bsd. Klima*).

brack·en ['brækən] *s.* **1.** Farnkraut *n*; **2.** farnbewachsene Gegend.

brack·et ['brækɪt] **I** *s.* **1.** ⚙ Träger *m*, Halter *m*; **2.** Kon'sole *f*, Krag-, Tragstein *m*, Stützbalken *m*, Winkelstütze *f*; **3.** Wandarm *m*; **4.** ⚔ Gabel *f* (*Einschießen*); **5.** ⚕, *typ.* (*Am. mst* eckige) Klammer: ***in* ~*s***; ***square* ~*s*** eckige Klammern; **6.** Gruppe *f*, Klasse *f*, Stufe *f*: ***lower income* ~** niedrige Einkommensstufe; **II** *v/t.* **7.** einklammern; **8.** *a.* **~ *together*** in dieselbe Gruppe einordnen; auf gleiche Stufe stellen; **9.** ⚔ eingabeln.

brack·ish ['brækɪʃ] *adj.* brackig.

bract [brækt] *s.* ♀ Deckblatt *n*.

brad [bræd] *s.* ⚙ Nagel *m* ohne Kopf; (Schuh)Zwecke *f*.

Brad·shaw ['brædʃɔ:] *s. Brit.* (Eisenbahn)Kursbuch *n* (*1839–1961*).

brae [breɪ] *s. Scot.* Abhang *m*, Böschung *f*.

brag [bræg] **I** *s.* **1.** Prahle'rei *f*; **2.** → ***braggart*** I; **II** *v/i.* **3.** (***about***, ***of***) prahlen (mit), sich rühmen (*gen.*).

brag·ga·do·ci·o [ˌbrægə'dəʊtʃɪəʊ] *s.* Prahle'rei *f*, Aufschneide'rei *f*.

brag·gart ['brægət] **I** *s.* Prahler *m*, Aufschneider *m*; **II** *adj.* prahlerisch.

Brah·man ['brɑ:mən] *s.* Brah'mane *m*; '**Brah·ma·ni** [-nɪ] *s.* Brah'manin *f*; **Brah·man·ic**, **Brah·man·i·cal** [brɑ:'mænɪk(l)] *adj.* brah'manisch.

Brah·min ['brɑ:mɪn] *s.* **1.** → ***Brahman***; **2.** gebildete, kultivierte Per'son; **3.** *Am. iro.* dünkelhafte(r) Intellektu'elle(r).

braid [breɪd] **I** *v/t.* **1.** *bsd. Haar, Bänder* flechten; **2.** mit Litze, Band, Borte besetzen, schmücken; **3.** ⚙ um'spinnen; **II** *s.* **4.** (*Haar*)Flechte *f*; **5.** Borte *f*, Litze *f*, Tresse *f* (*bsd.* ⚔): ***gold* ~** goldene Tresse(n); '**braid·ed** [-dɪd] *adj.* geflochten; mit Litze *etc.* besetzt; um'sponnen; '**braid·ing** [-dɪŋ] *s.* Litzen *pl.*, Borten *pl.*, Tressen *pl.*, Besatz *m*.

braille [breɪl] *s.* Blindenschrift *f*.

brain [breɪn] **I** *s.* **1.** Gehirn *n*; → ***blow out*** 5; **2.** *fig.* (*oft pl.*) a) ,Köpfchen' *n*, ,Grips' *m*, Verstand *m*, b) Kopf *m* (*Leiter*), *b.s.* ,Drahtzieher' *m*: ***a clear* ~** ein klarer Kopf; ***who is the* ~ *behind it?*** wessen Idee ist das?; ***have* ~*s*** intelligent sein, ,Köpfchen' haben; ***have*** (***got***) ***s.th on the* ~** et. dauernd im Kopf haben; ***cudgel*** (*od.* ***rack***) ***one's* ~*s*** sich den Kopf zerbrechen, sich das Hirn zermartern; ***pick s.o.'s* ~*s*** a) geistigen Diebstahl an j-m begehen, b) j-n ,ausholen'; **II** *v/t.* **3.** *j-m* den Schädel einschlagen; **~ child** *s.* 'Geistesproˌdukt *n*; **~ drain** *s.* Abwanderung *f* von Wissenschaftlern, Brain-Drain *m*.

brained [breɪnd] *adj.*, *nur in Zssgn* …köpfig, mit e-m … Gehirn: ***feeble-~*** schwachköpfig.

'**brain|·fag** *s.* geistige Erschöpfung; **~ fe·ver** *s.* ⚕ Gehirnentzündung *f*.

brain·less ['breɪnlɪs] *adj.* **1.** hirnlos, dumm; **2.** gedankenlos.

'**brain|·pan** *s. anat.* Hirnschale *f*, Schädeldecke *f*; '**~·storm** *s.* **1.** geistige Verwirrung; **2.** verrückter Einfall; **3.** *Am.* F → ***brain wave*** 2 ; '**~ˌstorm·ing** *s.* Brainstorming *n* (*Problemlösung durch Sammeln spontaner Einfälle*).

brains trust [breɪnz] *s.* **1.** *Brit.* Teilnehmer *pl.* an e-r 'Podiumsdiskussiˌon; **2.** → ***brain trust***.

brain|' trust *s. Am.* F po'litische *od.* wirtschaftliche Beratergruppe, Brain Trust *m*; **~ trust·er** *s. Am.* F Brain-Truster *m*, Mitglied *n* e-s ***brain trust***; **~ twist·er** *s.* ,(harte) Nuß', schwierige Aufgabe; '**~·wash** *v/t. bsd. pol. j-n* e-r Gehirnwäsche unter'ziehen; *weitS.* verdummen; '**~ˌwash·ing** *s. pol.* Gehirnwäsche *f*; **~ wave** *s.* **1.** Hirn(strom)welle *f*; **2.** F Geistesblitz *m*, ,tolle I'dee'; '**~-ˌwork·er** *s.* Kopf-, Geistesarbeiter *m*.

brain·y ['breɪnɪ] *adj.* gescheit.

braise [breɪz] *v/t. Küche*: schmoren: **~*d beef*** Schmorbraten *m*.

brake[1] [breɪk] **I** *s.* ⚙ Bremse *f*, Hemmschuh *m* (*a. fig.*): ***put on*** (*od.* ***apply***) ***the* ~** bremsen, die Bremse ziehen, *fig. a.* der Sache Einhalt gebieten; **II** *v/t.* bremsen.

brake[2] [breɪk] ⚙ **I** *s.* (*Flachs- etc.*)Breche *f*; **II** *v/t. Flachs etc.* brechen.

brake[3] → ***break*** 11.

brake| block → ***brake shoe***; **~ horse·pow·er** *s.* ⚙ (*abbr.* ***b.h.p.***) Nutz-, Bremsleistung *f*; **~ flu·id** *s.* Bremsflüssigkeit *f*; **~ lin·ing** *s.* Bremsbelag *m*; '**~·man** *Am.* → ***brakesman***; **~ par·a·chute** *s.* ✈ Bremsfallschirm *m*; **~ shoe** *s.* ⚙ Bremsbacke *f*, -klotz *m*.

brakes·man ['breɪksmən] *s.* [*irr.*] 🚂

Brit. Bremser m.

brak·ing dis·tance ['breɪkɪŋ] s. mot. Bremsweg m.

bra·less ['brɑːlɪs] adj. F ohne B'H.

bram·ble ['bræmbl] s. **1.** ⚘ Brombeerstrauch m: ~ **jelly** Brombeergelee n; **2.** Dornenstrauch m, -gestrüpp n; ~ **rose** s. ⚘ Hundsrose f.

bram·bly ['bræmblɪ] adj. dornig.

bran [bræn] s. Kleie f.

branch [brɑːntʃ] **I** s. **1.** ⚘ Zweig m; **2.** fig. a) Zweig m, ('Unter)Abteilung f, Sparte f, b) Branche f, Wirtschafts-, Geschäftszweig m, c) a. ~ **of service** ⚔ Waffen-, Truppengattung f; **3.** fig. Zweig m, 'Linie f (Familie); **4.** a. ~ **establishment** ✝ Außen-, Zweig-, Nebenstelle f, Fili'ale f, Niederlassung f: ~ **bank** Filialbank f; **5.** 🚂 Zweigbahn f; 'Neben,linie f; **6.** geogr. a) Arm m (Gewässer), b) Ausläufer m (Gebirge), c) Am. Nebenfluß m, Flüßchen n; **II** adj. **7.** Zweig..., Tochter..., Filial..., Neben...; **III** v/i. **8.** Zweige treiben; **9.** oft ~ **off** (od. **out**) sich verzweigen, sich ausbreiten; abzweigen: **here the road ~es** hier gabelt sich die Straße; ~ **out** v/i. s-e Unter'nehmungen ausdehnen, sich vergrößern; → **branch** 9.

bran·chi·a ['bræŋkɪə] pl. **-chi·ae** [-kiː] s. zo. Kieme f; **'bran·chi·ate** [-kɪeɪt] adj. zo. kiementragend.

branch| line s. **1.** 🚂 'Zweig-, 'Neben,linie f, **2.** 'Seiten,linie f (Familie); ~ **man·ag·er** s. Fili'al-, Zweigstellenleiter m; ~ **of·fice** s. Fili'ale f; ~ **road** s. Am. Nebenstraße f.

brand [brænd] **I** s. **1.** Feuerbrand m; fig. Fackel f; **2.** Brandmal n (auf Tieren, Waren etc.); **3.** fig. Schandmal n, -fleck m: ~ **of Cain** Kainszeichen n; **4.** Brand-, Brenneisen n; **5.** a) ✝ (Handels-, Schutz)Marke f, Warenzeichen n, Markenbezeichnung f, Sorte f, Klasse f: ~ **name** Markenname m; **best ~ of tea** beste Sorte Tee, b) fig. ‚Sorte' f, Art f: **his ~ of humour**; **6.** ⚘ Brand m (Getreidekrankheit); **II** v/t. **7.** mit e-m Brandmal od. -zeichen od. ✝ mit e-r Schutzmarke etc. versehen: **~ed goods** Markenartikel; **8.** fig. brandmarken; **9.** einprägen (**on s.o's mind** j-m).

brand·ing i·ron ['brændɪŋ] → **brand** 4.

bran·dish ['brændɪʃ] v/t. (bsd. drohend) schwingen.

brand·ling ['brændlɪŋ] s. ichth. junger Lachs.

brand-new [,brænd'njuː] adj. (funkel-) nagelneu.

bran·dy ['brændɪ] s. Weinbrand m, Kognak m; **'~·ball** s. Brit. 'Weinbrandbon,bon m, n.

bran-new [,bræn'njuː] → **brand-new**.

brant [brænt] s. orn. e-e Wildgans f.

brash [bræʃ] **I** s. **1.** geol. Trümmergestein n; **2.** ⚓ Eistrümmer pl.; **II** adj. Am. **3.** brüchig, bröckelig; **4.** fig. a) (naß)forsch, frech, unverfroren, b) ungestüm, c) grell, aufdringlich.

brass [brɑːs] **I** s. **1.** Messing n; **2.** Brit. ziselierte Gedenktafel (aus Messing od. Bronze, bsd. in Kirchen); **3.** Messingzierat m; **4.** ♪ **the ~** die 'Blechinstru,mente pl. (e-s Orchesters), Blechbläser pl.; **5.** F coll. ‚hohe Tiere' pl., a. hohe Offi'ziere pl.: **top ~** die höchsten ‚Tiere' (e-s Konzerns etc.) od. Offiziere; **6.** Brit. sl. ‚Moos' n, ‚Kies' m (Geld); **7.** F Unverschämtheit f, Frechheit f; → **bold** 2; **II** adj. **8.** Messing...; **III** v/t. **9.** mit Messing über'ziehen.

bras·sard ['bræsɑːd] s. Armbinde f (als Abzeichen).

brass band s. ♪ 'Blaska,pelle f; 'Blechmu,sik f; Mili'tärka,pelle f.

bras·se·rie ['bræsərɪ] (Fr.) s. 'Bierstube f, -lo,kal n; Restau'rant n.

brass| far·thing s. F ‚roter Heller': **I don't care a ~** das kümmert mich e-n Dreck; ~ **hat** s. ⚔ sl. ‚hohes Tier', hoher Offi'zier.

bras·sière ['bræsɪə] (Fr.) s. Büstenhalter m, F B'H m.

brass| knuck·les s. pl. Am. Schlagring m; ~ **plate** s. Messingschild n (mit Namen), Türschild n; ~ **tacks** s. pl.: **get down to ~** zur Sache kommen; **'~·ware** s. Messinggeschirr n, -gegenstände pl.; ~ **winds** bsd. Am. → **brass** 4.

brass·y ['brɑːsɪ] adj. □ **1.** messingartig, -farbig; **2.** blechern (Klang); **3.** fig. unverschämt, frech.

brat [bræt] s. Balg m, n, Gör n, Racker m (Kind).

bra·va·do [brə'vɑːdəʊ] s. gespielte Tapferkeit, her'ausforderndes Benehmen.

brave [breɪv] **I** adj. □ **1.** tapfer, mutig, unerschrocken: **as ~ as a lion** mutig wie ein Löwe; **2.** obs. stattlich, ansehnlich; **II** s. **3.** poet. Tapfere(r) m: **the ~** coll. die Tapferen; **III** v/t. **4.** mutig begegnen, trotzen, die Stirn bieten (dat.): **~ death**; **~ it out** es (trotzig) durchstehen; **5.** her'ausfordern; **'brav·er·y** [-vərɪ] s. **1.** Tapferkeit f, Mut m; **2.** Pracht f, Putz m, Staat m.

bra·vo¹ [,brɑː'vəʊ] **I** int. 'bravo!; **II** pl. **-vos** s. 'Bravo(ruf m) n.

bra·vo² ['brɑːvəʊ] s. 'Bravo m, Ban'dit m.

bra·vu·ra [brə'vʊərə] s. ♪ od. fig. **1.** Bra'vour f, Meisterschaft f; **2.** Bra'vourstück n.

brawl [brɔːl] **I** s. **1.** Streite'rei f, Kra'keel m, Lärm m; **2.** Raufe'rei f, Kra'wall m, ⚖ Raufhandel m; **II** v/i. **3.** kra'keelen, zanken, keifen, lärmen; **4.** rauschen (Fluß); **'brawl·er** [-lə] s. Raufbold m, Kra'keeler(in); **'brawl·ing** [-lɪŋ] s. **1.** → **brawl** 1, 2; **2.** ⚖ Brit. Ruhestörung f bsd. in Kirchen.

brawn [brɔːn] s. **1.** Muskeln pl.; **2.** fig. Muskelkraft f, Stärke f; **3.** Preßkopf m, (Schweine)Sülze f; **'brawn·y** [-nɪ] adj. musku'lös; fig. kräftig, stämmig, stark.

bray¹ [breɪ] **I** s. **1.** (bsd. Esels)Schrei m; **2.** Schmettern n (Trompete); gellender od. 'durchdringender Ton; **II** v/i. **3.** schreien (bsd. Esel); **4.** schmettern; kreischen, gellen.

bray² [breɪ] v/t. zerstoßen, -reiben, -stampfen (im Mörser).

braze [breɪz] v/t. ⚙ (hart)löten.

bra·zen ['breɪzn] **I** adj. □ **1.** ehern, bronzen, Messing...; **2.** fig. me'tallisch, grell (Ton); **3.** a. **~-faced** fig. unverschämt, frech, schamlos; **II** v/t. **4.** **~ it out** die Sache ‚frech wie Oskar' durchstehen; **'bra·zen·ness** [-nɪs] s. Unverschämtheit f.

bra·zier ['breɪzjə] s. **1.** Kupferschmied m, Gelbgießer m; **2.** große Kohlenpfanne.

Bra·zil [brə'zɪl] → **brazilwood**; **Bra'zil·ian** [-ljən] **I** adj. brasili'anisch; **II** s. Brasili'aner(in).

Bra·zil| nut s. ⚘ 'Paranuß f; **≈·wood** s. ✝ Bra'sil-, Rotholz n.

breach [briːtʃ] **I** s. **1.** fig. Bruch m, Über'tretung f, Verletzung f, Verstoß m: ~ **of contract** Vertragsbruch; ~ **of duty** Pflichtverletzung; ~ **of etiquette** Verstoß gegen den guten Ton; ~ **of faith** (od. **trust**) Vertrauensbruch, Untreue f; ~ **of the law** Übertretung des Gesetzes; ~ **of the peace** öffentliche Ruhestörung, Aufruhr m, oft grober Unfug; ~ **of promise** (**to marry**) ⚖ Bruch des Eheversprechens; ~ **of prison** Ausbruch m aus dem Gefängnis; **2.** fig. Bruch m, Riß m, Zwist m; **3.** ⚔ u. fig. Bresche f, Lücke f: **stand in** (od. **step into**) **the ~** in die Bresche springen, (aus)helfen; **4.** ⚓ Einbruch m der Wellen; **5.** ⚙ 'Durchbruch m; **II** v/t. **6.** ⚔ e-e Bresche schlagen in (acc.), durch'brechen; **7.** Vertrag etc. brechen.

bread [bred] **I** s. **1.** Brot n; **2.** fig., a. **daily ~** (tägliches) Brot, 'Lebens,unterhalt m: **earn one's ~** sein Brot verdienen; ~ **and butter** a) Butterbrot, b) Lebensunterhalt, ‚Brötchen' pl.; **quarrel with one's ~ and butter** a) mit s-m Los hadern, b) sich ins eigene Fleisch schneiden; ~ **buttered both sides** großes Glück, Wohlstand m; **know which side one's ~ is buttered** s-n Vorteil (er)kennen; **take the ~ out of s.o.'s mouth** j-n brotlos machen; **cast one's ~ upon the waters** et. ohne Aussicht auf Erfolg tun; ~ **and water** Wasser u. Brot; ~ **and wine** eccl. Abendmahl n; **3.** sl. ‚Kies' m, ‚Kohlen' pl. (Geld); **II** v/t. **4.** Am. Küche: panieren.

,bread|-and-'but·ter adj. F **1.** einträglich, Brot...: ~ **education** Brotstudium n; **2.** praktisch, sachlich; **3.** ~ **letter** Dankesbrief m für erwiesene Gastfreundschaft; **'~,bas·ket** s. **1.** Brotkorb m; **2.** sl. Magen m; ~ **bin** s. Brotkasten m; **'~·board** s. Brit. Brotschneidebrett n: ~ **circuit** ⚡ Brettschaltung f; **'~·crumb I** s. **1.** Brotkrume f; **2.** das Weiche des Brotes (ohne Rinde); **II** v/t. **3.** Küche: panieren; **'~·fruit** s. ⚘ **1.** Brotfrucht f; **2.** → **bread tree**; **'~·grain** s. Brotgetreide n; **'~·line** s. Schlange f von Bedürftigen (an die Nahrungsmittel verteilt werden); ~ **sauce** s. Brottunke f; **'~·stuffs** s. pl. Brotgetreide n.

breadth [bredθ] s. **1.** Breite f, Weite f; **2.** ⚙ Bahn f, Breite f (Stoff); **3.** fig. Ausdehnung f, Größe f; **4.** fig., a. Kunst: Großzügigkeit f.

bread| tree s. ⚘ Brotfruchtbaum m; **'~,win·ner** s. Ernährer m, Geldverdiener m (e-r Familie).

break [breɪk] **I** s. **1.** (Ab-, Zer-, 'Durch)Brechen n, Bruch m (a. fig.), Abbruch m (a. fig. von Beziehungen), Bruchstelle f: ~ **in the voice** Umschlagen n der Stimme; ~ **of day** Tagesanbruch m; **a ~ with tradition** ein Bruch mit der Tradition; **make a ~ for it** (sich) flüchten, das Weite suchen; **2.** Lücke f (a. fig.), Zwischenraum m; Lichtung f; **3.** Pause f, Ferien pl.; Unter'brechung f (a. ⚡), Aufhören n, fig. u. Metrik: a. Zä'sur f: **without a ~** ununterbrochen; **tea ~** Teepause; **4.**

Wechsel *m*, Abwechslung *f*; ˈUmschwung *m*; Sturz *m* (*Wetter*, *Preis*); **5.** *typ.* Absatz *m*; **6.** *Billard*: Serie *f*; **7.** *Tennis*: Break *m*, *n* (*Durchbrechen des gegnerischen Aufschlagspiels*); **8.** *Jazz*: Break *m*, *n*; **9.** *Am. sl.* Chance *f*, Gelegenheit *f*: ***bad* ~** ,Pech' *n*; ***give s.o. a* ~** j-m e-e Chance geben; **10.** *Am. sl.* Schnitzer *m*, Fauxˈpas *m*; **11.** a) Kremser *m*, b) Wagen *m* zum Einfahren von Pferden; **12.** ⚙ → ***brake***[1]; **II** *v/t.* [*irr.*] **13.** brechen (*a. fig.*), auf-, ˈdurch-, zerbrechen, entˈzweibrechen: **~ *one's arm*** (sich) den Arm brechen; **~ *s.o.'s heart*** j-m das Herz brechen; **~ *jail*** aus dem Gefängnis ausbrechen; **~ *a seal*** ein Siegel erbrechen; **~ *s.o.'s resistance*** j-s Widerstand brechen; **14.** *Geldschein* kleinmachen, wechseln; **15.** zerreißen, -schlagen, -trümmern, kaˈputtmachen: ***I've broken my watch*** m-e Uhr ist kaputt; **16.** unterˈbrechen (*a.* ϟ), aufheben, -geben: **~ *a journey*** e-e Reise unterbrechen; **~ *the circuit*** ϟ den Stromkreis unterbrechen; **~ *the silence*** das Schweigen brechen; **~ *a custom*** e-e Gewohnheit aufgeben; **17.** *Vorrat etc.* anbrechen; **18.** *fig.* brechen, verletzen, verstoßen gegen, nicht (ein-) halten: **~ *a contract*** e-n Vertrag brechen; **~ *the law*** das Gesetz übertreten; **19.** *fig.* zuˈgrunde richten, ruinieren, *a. j-n* kaˈputtmachen: **~ *the bank*** die Bank sprengen; **20.** vermindern, abschwächen; **21.** *Tier* zähmen, abrichten; gewöhnen (***to*** an *acc.*): **~ *a horse to harness*** ein Pferd einfahren *od.* zureiten; **22.** *Nachricht* eröffnen: **~ *that news gently to her*** bring ihr diese (*schlechte*) Nachricht schonend bei; **23.** ✓ pflügen, urbar machen; → ***ground***[1] 1; **24.** *Flagge* aufziehen; **III** *v/i.* [*irr.*] **25.** brechen, zerbrechen, -springen, -reißen, platzen, entˈzwei-, kaˈputtgehen: ***glass* ~*s easily*** Glas bricht leicht; ***the rope broke*** das Seil zerriß; **26.** *fig.* brechen (*Herz*, *Kraft*); **27.** sich brechen (*Wellen*); **28.** unterˈbrochen werden; **29.** sich (zer)teilen (*Wolken*); sich auflösen (*Heer*); **30.** nachlassen (*Gesundheit*); zuˈgrunde gehen (*Geschäft*); vergehen, aufhören; **31.** anbrechen (*Tag*); aufbrechen (*Wunde*); aus-, losbrechen (*Sturm*, *Gelächter*); **32.** brechen (*Stimme*): ***his voice broke*** *a.* er befand sich im Stimmwechsel, er mutierte; **33.** sich verändern, ˈumschlagen (*Wetter*); **34.** ✝ im Preise fallen; **35.** bekannt(gegeben) werden (*Nachricht*); **36.** *Boxen*: brechen;

Zssgn mit adv. u. prp.:

break| a·way *v/i.* **1.** ab-, losbrechen; **2.** sich loßreißen, ausreißen; **3.** sich trennen, sich lossagen, absplittern; **4.** *sport* a) sich absetzen (***from***, ***of*** von), ausreißen, b) *Am.* e-n Fehlstart verursachen; **~ down I** *v/t.* **1.** niederreißen, abbrechen; **2.** *fig. j-n*, *j-s Widerstand* brechen; **3.** zerlegen (*a.* ⚙); auflösen; *Statistik*: aufgliedern, -schlüsseln; **II** *v/i.* **4.** zs.-brechen (*a. fig.*); **5.** zerbrechen (*a. fig.*); **6.** versagen, scheitern; stekkenbleiben; *mot. a.* e-e Panne haben; **7.** *fig.* zerfallen (*in einzelne Gruppen etc.*); **~ e·ven** *v/i.* ✝ kostendeckend arbeiten; **~ forth** *v/i.* **1.** herˈvorbrechen; **2.** sich erheben (*Geschrei etc.*); **~ in I** *v/t.* **1.** einschlagen; **2.** *Tier* abrichten; *Pferd* zureiten; *Auto etc.* einfahren; *Person* einarbeiten; *j-n* gewöhnen (***to*** an *acc.*); **II** *v/i.* **3.** einbrechen: **~ *on*** sich einmischen in (*acc.*), *Unterhaltung etc.* unterbrechen; **~ in·to** *v/i.* **1.** einbrechen *od.* -dringen in (*acc.*); **2.** *fig.* in *Gelächter etc.* ausbrechen; **3.** *Vorrat etc.* anbrechen; **~ off** *v/t. u. v/i.* abbrechen (*a. fig.*); **~ out** *v/i.* ausbrechen (*a. fig.*): **~ *in a rash*** ⚕ e-n Ausschlag bekommen; **~ through I** *v/t.* (durch)ˈbrechen, überˈwinden; **II** *v/i.* ˈdurchbrechen, erscheinen; **~ up I** *v/t.* **1.** zer-, aufbrechen; zerlegen (*a. hunt. Wild*); *weitS.* zerstören, kaˈputtmachen, *fig. a.* zerrütten: ***that breaks me up!*** F ich lach' mich tot!; **2.** abbrechen, *Sitzung etc.* aufheben, *Versammlung*, *Menge*, *a. Haushalt* auflösen; **II** *v/i.* **3.** aufgehoben werden, sich auflösen (*Versammlung etc.*, *a. Nebel etc.*); **4.** aufhören; schließen (*Schule etc.*); **5.** zerbrechen (*Ehe etc.*); sich trennen, Schluß machen (*Paar*); zerfallen (*Reich etc.*); **6.** *fig.* zs.-brechen (*Person*); **7.** aufklaren (*Wetter*, *Himmel*); **8.** aufbrechen (*Straße*, *Eis*); **~ with** *v/i.* brechen *od.* Schluß machen mit (*e-m Freund*, *e-r Gewohnheit*).

break·a·ble [ˈbreɪkəbl] **I** *adj.* zerbrechlich; **II** *s. pl.* zerbrechliche Ware *sg.*; **ˈbreak·age** [-kɪdʒ] *s.* **1.** Bruch(stelle *f*) *m*; **2.** Bruchschaden *m*; **ˈbreak·a·way** *s.* **1.** (***from***) *pol.* Absplitterung *f*, Lossagung *f* (von), Bruch *m* (mit): **~ *group*** Splittergruppe *f*; **2.** *sport* a) Ausreißen *n*, b) ˈDurchbruch *m*, c) *Am.* Fehlstart *m*.

ˈbreak·down *s.* **1.** Zs.-bruch *m*, Scheitern *n*: ***nervous* ~** Nervenzusammenbruch; **~ *of marriage*** ⚖ Zerrüttung *f* der Ehe; **2.** Panne *f*, (Maˈschinen)Schaden *m*, (Betriebs)Störung *f*; ϟ ˈDurchschlag *m*; **3.** Zerlegung *f*, *bsd. statistische* Aufgliederung, Aufschlüsselung *f*, Anaˈlyse *f* (*a.* ⚗); **~ ser·vice** *s. mot. Brit.* Pannendienst *m*; **~ truck**, **~ van** *s. Brit.* Abschleppwagen *m*; **~ volt·age** *s.* ϟ ˈDurchschlagsspannung *f*.

break·er [ˈbreɪkə] *s.* **1.** Brecher *m* (*bsd. in Zssgn Person od. Gerät*); ˈAbbruchsunterˌnehmer *m*, Verschrotter *m*; **2.** Abrichter *m*, Dresˈseur *m*; **3.** Brecher *m*, Sturzwelle *f*: **~*s*** Brandung *f*.

ˌbreak-ˈe·ven point *s.* ✝ Rentabiliˈtätsgrenze *f*, Gewinnschwelle *f*.

break·fast [ˈbrekfəst] **I** *s.* Frühstück *n*: **~ *television*** Frühstücksfernsehen *n* (*am frühen Morgen*); ***have* ~** → **II** *v/i.* frühstücken.

ˈbreak-in → ***breaking-in***.

break·ing [ˈbreɪkɪŋ] *s.* Bruch *m*: **~ *of the voice*** Stimmbruch, -wechsel *m*; **~ *and entering*** ⚖ Einbruch *m*; **ˈ~-in** *s.* **1.** ⚖ Einbruch *m*; **2.** Abrichten *n*; Zureiten *n*; *mot.* Einfahren *n*; Einarbeitung *f*, Anlernen *n von Personen*; **~ point** *s.* ⚙, *phys.* Bruch-, Festigkeitsgrenze *f*: ***to* ~** *fig.* bis zur (totalen) Erschöpfung; ***have reached* ~** kurz vor dem Zs.-bruch stehen; **~ strength** *s.* ⚙, *phys.* Bruch-, Reißfestigkeit *f*.

ˈbreak|·neck *adj.* halsbrecherisch; **ˈ~·out** *s.* Ausbruch *m* (*aus Gefängnis etc.*); **ˈ~·through** *s. bsd.* ⚔ ˈDurchbruch *m* (*a. fig. Erfolg*); **ˈ~·up** *s.* **1.** Zerbrechen *n*, -bersten *n*; Bersten *n* (*von Eis*); **2.** *fig.* Zerrüttung *f*, Zs.-bruch *m*, Zerfall *m*; **3.** Bruch *m* (*e-r Freundschaft etc.*); **4.** Auflösung *f* (*e-r Versammlung etc.*); **ˈ~ˌwa·ter** *s.* Wellenbrecher *m*.

bream[1] [briːm] *s. ichth.* Brassen *m*.

bream[2] [briːm] *v/t.* ⚓ den Schiffsboden reinkratzen u. -brennen.

breast [brest] **I** *s.* **1.** Brust *f*; (*weibliche*) Brust, Busen *m*; **2.** *fig.* Brust *f*, Herz *n*, Busen *m*: ***make a clean* ~ *of s.th.*** et. gestehen; **3.** Brust(stück *n*) *f e-s Kleides etc.*; **4.** Wölbung *f e-s Berges*; **II** *v/t.* **5.** mutig auf *et.* losgehen; gegen *et.* ankämpfen, mühsam bewältigen: **~ *the waves*** gegen die Wellen ankämpfen; **6.** *sport das Zielband* durchˈreißen; **ˈ~·bone** [ˈbrest-] *s.* Brustbein *n*; **ˌ~-ˈdeep** *adj.* brusthoch.

breast·ed [ˈbrestɪd] *adj. in Zssgn* …brüstig.

ˈbreast|-feed *v/t. u. v/i.* [*irr.*] stillen: ***breast-fed child*** Brustkind *n*; **ˈ~·pin** [ˈbrest-] *s.* Ansteck-, Kraˈwattennadel *f*; **ˈ~·stroke** *s. sport* Brustschwimmen *n*; **ˈ~·work** *s.* ⚔, ⚠ Brustwehr *f*.

breath [breθ] *s.* **1.** Atem(zug) *m*: ***bad* ~** (übler) Mundgeruch; ***draw one's first* ~** das Licht der Welt erblicken; ***draw one's last* ~** den letzten Atemzug tun (*sterben*); ***it took my* ~ *away*** *fig.* es verschlug mir den Atem; ***take* ~** Atem schöpfen (*a. fig.*); ***catch one's* ~** den Atem anhalten; ***save your* ~!** spar dir die Worte!; ***waste one's* ~** *fig.* in den Wind reden; ***out of* ~** außer Atem; ***under one's* ~** leise, im Flüsterton; ***with his last* ~** mit s-m letzten Atemzug, als letztes; ***in the same* ~** im gleichen Atemzug; **2.** *fig.* Spur *f*, Anflug *m*; **3.** Hauch *m*, Lüftchen *n*: ***a* ~ *of air***; **4.** Duft *m*.

breath·a·lyz·er [ˈbreθəlaɪzə] *s. mot.* Alkoholtestgerät *n*.

breathe [briːð] **I** *v/i.* **1.** atmen; *fig.* leben; **2.** Atem holen; *fig.* sich verschnaufen: **~ *again*** (*od.* ***freely***) (erleichtert) aufatmen; **3.** **~ *upon*** anhauchen; *fig.* besudeln; **4.** duften (***of*** nach); **II** *v/t.* **5.** (ein- u. aus)atmen; *fig.* ausströmen: **~ *a sigh*** seufzen; **6.** hauchen, flüstern: ***not to* ~ *a word*** kein Sterbenswörtchen sagen; **ˈbreath·er** [-ðə] *s.* **1.** Atem-, Verschnaufpause *f* (*a. fig.*): ***take a* ~** sich verschnaufen; **2.** *sport* F ,Spaˈziergang' *m*; **3.** F Straˈpaze *f*; **ˈbreath·ing** [-ðɪŋ] *s.* **1.** Atmen *n*, Atmung *f*; **2.** (Luft)Hauch *m*: **~ *space*** Atempause *f*.

breath·less [ˈbreθlɪs] *adj.* ☐ **1.** außer Atem; atemlos (*a. fig.*); **2.** *fig.* atemberaubend; **3.** windstill.

ˈbreath|ˌtak·ing *adj.* ☐ atemberaubend; **~ test** *s. Brit.* (*an e-m Verkehrsteilnehmer vorgenommener*) Alkoholtest.

bred [bred] *pret. u. p.p. von* ***breed***.

breech [briːtʃ] *s.* **1.** Hosenboden *m*; **2.** ⚔ Verschluß *m* (*Geschütz*, *Hinterlader*); **~ de·liv·er·y** *s.* ⚕ Steißgeburt *f*.

breech·es [ˈbrɪtʃɪz] *s. pl.* Knie-, Reithose(*n pl.*) *f*, Breeches *pl.*; → ***big*** 1, ***wear*** 1.

ˈbreechˌload·er *s.* ⚔ ˈHinterlader *m*.

breed [briːd] **I** *v/t.* [*irr.*] **1.** herˈvorbringen, gebären; **2.** *Tiere* züchten; *Pflan-*

zen züchten, ziehen: ***French-bred*** in Frankreich gezüchtet; **3.** *fig.* her'vorrufen, verursachen, erzeugen: ***war ~s misery***; **4.** auf-, erziehen; ausbilden; **II** *v/i.* [*irr.*] **5.** zeugen, brüten, sich paaren, sich fortpflanzen, sich vermehren; **6.** entstehen; **III** *s.* **7.** Rasse *f*, Zucht *f*, Stamm *m*; **8.** Art *f*, Schlag *m*, Herkunft *f*; **'breed·er** [-də] *s.* **1.** Züchter(in); **2.** Zuchttier *n*; **3.** *a.* ***~ reactor*** *phys.* Brüter *m*, 'Brutreˌaktor *m*; **'breed·ing** [-dɪŋ] *s.* **1.** Fortpflanzung *f*; Züchtung *f*, Zucht *f*: ***~ place*** *fig.* Brutstätte *f*; **2.** Erziehung *f*, Ausbildung *f*; **3.** Benehmen *n*; Bildung *f*, (gute) Lebensart *od.* ‚Kinderstube'.

breeze¹ [bri:z] **I** *s.* **1.** Brise *f*, leichter Wind; **2.** F Krach *m*: a) Lärm *m*, b) Streit *m*; **3.** *Am.* ‚Kinderspiel' *n*, ‚Spaziergang' *m*; **II** *v/i.* **4.** wehen; **5.** F a) ‚schweben' (*Person*), b) sausen.

breeze² [bri:z] *s.* ⚙ Kohlenlösche *f*.

breez·y ['bri:zɪ] *adj.* □ **1.** luftig, windig; **2.** F a) forsch, flott, unbeschwert, b) oberflächlich.

Bren gun [bren] *s.* leichtes Ma'schinengewehr.

brent goose [brent] → ***brant***.

breth·ren ['breðrən] *pl. von* ***brother*** 2.

Bret·on ['bretən] **I** *adj.* bre'tonisch; **II** *s.* Bre'tone *m*, Bre'tonin *f*.

breve [bri:v] *s. typ.* Kürzezeichen *n*.

bre·vet ['brevɪt] ⚔ **I** *s.* Bre'vet *n* (*Offizierspatent zu e-m Titularrang*): ***~ major*** Hauptmann *m* im Range e-s Majors (*ohne entsprechendes Gehalt*); **II** *adj.* Brevet...: ***~ rank*** Titularrang *m*.

bre·vi·ar·y ['bri:vjərɪ] *s.* Bre'vier *n*.

bre·vier [brə'vɪə] *s. typ.* Pe'titschrift *f*.

brev·i·ty ['brevətɪ] *s.* Kürze *f*.

brew [bru:] **I** *v/t.* **1.** *Bier* brauen; **2.** *Getränke* (*a. Tee*) (zu)bereiten; **3.** *fig.* aushecken, -brüten; **II** *v/i.* **4.** brauen, Brauer sein; **5.** sich zs.-brauen, in der Luft liegen, im Anzuge sein (*Gewitter*, *Unheil*); **III** *s.* **6.** Gebräu *n* (*a. fig.*); **brew·age** ['bru:ɪdʒ] *s.* Gebräu *n* (*a. fig.*); **brew·er** ['bru:ə] *s.* Brauer *m*: ***~'s yeast*** Bierhefe *f*; **brew·er·y** ['brʊərɪ] *s.* Braue'rei *f*.

bri·ar → ***brier***.

brib·a·ble ['braɪbəbl] *adj.* bestechlich; **bribe** [braɪb] **I** *v/t.* **1.** bestechen; **2.** *fig.* verlocken; **II** *s.* **3.** Bestechung *f*; **4.** Bestechungsgeld *n*, -geschenk *n*: ***taking (of) ~s*** ⚖ Bestechlichkeit *f*, passive Bestechung, *pol.* Vorteilsnahme *f*; **'brib·er** [-bə] *s.* Bestecher *m*; **'brib·er·y** [-bərɪ] *s.* Bestechung *f*.

bric-à-brac ['brɪkəbræk] *s.* **1.** Antiqui'täten *pl.*; **2.** Nippsachen *pl.*

brick [brɪk] **I** *s.* **1.** Ziegel-, Backstein *m*: ***drop a ~*** F ‚ins Fettnäpfchen treten'; ***swim like a ~*** wie e-e bleierne Ente schwimmen; **2.** (Bau)Klötzchen *n* (*Spielzeug*): ***box of ~s*** Baukasten *m*; **3.** F prima Kerl; **II** *adj.* **4.** Ziegel..., Backstein...: ***red-~ university*** *Brit.* moderne Universität (*ohne jahrhundertealte Tradition*); **III** *v/t.* **5.** mit Ziegelsteinen belegen *od.* pflastern: ***to ~ in*** (*od.* ***up***) zumauern; **'~·bat** *s.* Ziegelbrocken *m* (*bsd. als Wurfgeschoß*); **'~ˌlay·er** *s.* Maurer *m*; **'~ˌlay·ing** *s.* Maure'rei *f*; **'~ˌmak·er** *s.* Ziegelbrenner *m*; **~ tea** *s.* (*chinesischer*) Ziegeltee; **~ wall** *s.* Backsteinmauer *f*; *fig.* Wand *f*: ***see through a ~*** das Gras wachsen hören; **'~·work** *s.* **1.** Mauerwerk *n*; **2.** *pl. sg. konstr.* Ziege'lei *f*.

brid·al ['braɪdl] **I** *adj.* □ bräutlich, Braut...; Hochzeits...; **II** *s. poet.* Hochzeit *f*.

bride [braɪd] *s.* Braut *f* (*am u. kurz vor u. nach dem Hochzeitstage*), Neuvermählte *f*: ***give away the ~*** Brautvater sein.

bride·groom ['braɪdgrʊm] *s.* Bräutigam *m*; **brides·maid** ['braɪdzmeɪd] *s.* Brautjungfer *f*.

bride·well ['braɪdwəl] *s.* Gefängnis *n*, Besserungsanstalt *f*.

bridge¹ [brɪdʒ] **I** *s.* **1.** Brücke *f*: ***burn one's ~s (behind one)*** *fig.* alle Brükken hinter sich abbrechen; ***don't cross your ~s before you come to them*** *fig.* laß doch die Dinge einfach auf dich zukommen; **2.** ⚓ Kom'mandobrücke *f*; **3.** ♪ (Vio'linen- *etc.*)Steg *m*; ⚕ (Zahn-)Brücke *f*; (Brillen)Steg *m*; **4.** *a.* ***~ of the nose*** Nasenrücken *m*; **5.** ('Straßen)Überˌführung *f*; **6.** *Turnen*, *Ringen*: Brücke *f*; **7.** ⚡ (Meß)Brücke *f*; Brückenschaltung *f*; **II** *v/t.* **8.** e-e Brükke schlagen über (*acc.*); **9.** *fig.* über'brücken: ***bridging loan*** † Überbrükkungskredit *m*.

bridge² [brɪdʒ] *s.* Bridge *n* (*Kartenspiel*).

'bridge|·head *s.* ⚔ Brückenkopf *m*; **~ toll** *s.* Brückenmaut *f*; **'~·work** *s.* ⚕ (Zahn)Brücke *f*.

bri·dle ['braɪdl] **I** *s.* **1.** Zaum *m*, Zaumzeug *n*; **2.** Zügel *m*: ***give a horse the ~*** e-m Pferd die Zügel schießen lassen; **II** *v/t.* **3.** *Pferd* (auf)zäumen; **4.** *Pferd* (*a. fig. Leidenschaft etc.*) zügeln, im Zaum halten; **III** *v/i.* **5.** *a.* ***~ up*** (*verächtlich od. stolz*) den Kopf zu'rückwerfen, *weitS.* hochfahren, ärgerlich werden; **6.** Anstoß nehmen (***at*** an *dat.*); **~ hand** *s.* Zügelhand *f* (*Linke des Reiters*); **~ path** *s.* schmaler Reitweg, Saumpfad *m*; **~ rein** *s.* Zügel *m*.

brief [bri:f] **I** *adj.* □ **1.** kurz: ***be ~!*** fasse dich kurz!; **2.** kurz, gedrängt: ***in ~*** kurz (gesagt); **3.** kurz angebunden, schroff; **II** *s.* **4.** (päpstliches) Breve; **5.** ⚖ a) Schriftsatz *m*, b) *Brit.* Beauftragung *f* u. Informierung *f* (*des* ***barrister*** *durch den* ***solicitor***) zur Vertretung vor Gericht, *weitS.* Man'dat *n*, c) *Am.* (schriftliche) Informierung des Gerichts (*durch den Anwalt*): ***abandon*** (*od.* ***give up***) ***one's ~*** sein Mandat niederlegen; ***hold a ~ for s.o.*** ⚖ j-s Sache vertreten, *fig.* für j-n e-e Lanze brechen; ***I hold no ~ for*** ich halte nichts von ...; ***hold a watching ~*** j-s Interessen (*bei Gericht*) als Beobachter vertreten; **6.** → ***briefing***; **III** *v/t.* **7.** *j-n* instruieren *od.* einweisen, *j-m* genaue Anweisungen geben; **8.** ⚖ a) *e-m Anwalt* e-e Darstellung des Sachverhalts geben, b) *e-n Anwalt* mit s-r Vertretung beauftragen; **'~·case** *s.* Aktentasche *f*.

brief·ing ['bri:fɪŋ] *s.* **1.** ⚖ Beauftragung *f e-s Anwalts*; **2.** *a.* ⚔ (genaue) Anweisung, Instrukti'on *f*, Einweisung *f*; **3.** ⚔ Lage-, Einsatzbesprechung *f*, Befehlsausgabe *f*; **'brief·less** [-lɪs] *adj.* unbeschäftigt (*Anwalt*); **'brief·ness** [-nɪs] *s.* Kürze *f*.

briefs [bri:fs] *s. pl.* Slip *m* (*kurze Unterhose*).

bri·er ['braɪə] *s.* ⚘ **1.** Dornstrauch *m*; **2.** wilde Rose: ***sweet ~*** Weinrose; **3.** Bruy'ereholz *n*: ***~ (pipe)*** Bruyèrepfeife *f*.

brig [brɪg] *s.* **1.** ⚓ Brigg *f*; **2.** ⚔ F ‚Bau' *m*.

Bri·gade [brɪ'geɪd] *s.* **1.** ⚔ Bri'gade *f*; **2.** (*mst* uniformierte) Vereinigung; *contp.* ‚Verein' *m*; **brig·a·dier** [ˌbrɪgə'dɪə] *s.* ⚔ a) *Brit.* Bri'gadekommanˌdeur *m*, -geneˌral *m*, b) *Am. a.* ***~ general*** Brigadegeneral *m*.

brig·and ['brɪgənd] *s.* Ban'dit *m*, (Straßen)Räuber *m*; **'brig·and·age** [-dɪdʒ] *s.* Räuberunwesen *n*.

bright [braɪt] *adj.* □ **1.** hell, glänzend, blank, leuchtend; strahlend (*Wetter*, *Augen*): ***~ red*** leuchtend rot; **2.** klar, 'durchsichtig; heiter (*Wetter*); **3.** *fig.* ‚hell', gescheit, klug; **4.** munter, fröhlich; **5.** glänzend, berühmt; **6.** günstig; **7.** ⚙ blank, Blank...: ***~ wire***; **'bright·en** [-tn] **I** *v/t.* **1.** hell(er) machen; *a. fig.* auf-, erhellen; **2.** *fig.* a) heiter(er) machen, beleben, b) fröhlich stimmen; **3.** polieren, blank putzen; **II** *v/i.* *oft* ***~ up*** **4.** sich aufhellen (*Gesicht*, *Wetter etc.*), aufleuchten (*Gesicht*); **5.** *fig.* a) sich beleben, b) besser werden (*Aussichten etc.*); **'bright·ness** [-nɪs] *s.* **1.** Glanz *m*, Helle *f*, Klarheit *f*: ***~ control*** *TV* Helligkeitssteuerung *f*; **2.** Aufgewecktheit *f*, Gescheitheit *f*; **3.** Munterkeit *f*.

Bright's dis·ease [braɪts] *s.* ⚕ Brightsche Krankheit *f*, Nierenentzündung *f*.

bril·liance ['brɪljəns], **'bril·lian·cy** [-sɪ] *s.* **1.** Leuchten *n*, Glanz *m*; Helligkeit *f* (*a. TV*); **2.** *fig.* a) Scharfsinn *m*, b) Bril'lanz *f*, (*das*) Her'vorragende; **'bril·liant** [-nt] **I** *adj.* □ **1.** leuchtend, glänzend; **2.** *fig.* bril'lant, glänzend, her'vorragend; **II** *s.* **3.** Bril'lant *m* (*Diamant*); **4.** *typ.* Bril'lant *f* (*Schriftgrad*).

bril·lian·tine [ˌbrɪljən'ti:n] *s.* **1.** Brillan'tine *f*, 'Haarpoˌmade *f*; **2.** *Am.* al'pakaartiger Webstoff.

brim [brɪm] **I** *s.* **1.** Rand *m* (*bsd. Gefäß*); **2.** (Hut)Krempe *f*; **II** *v/i.* **3.** voll sein (***with*** von; *a. fig.*): ***~ over*** übervoll sein, überfließen, -sprudeln; **ˌbrim'ful** [-'fʊl] *adj.* rand-, 'übervoll (*a. fig.*); **brimmed** [-md] *adj.* mit Rand, mit Krempe.

brim·stone ['brɪmstən] *s.* **1.** Schwefel *m*; **2.** → ***~ but·ter·fly*** *s. zo.* Zi'tronenfalter *m*.

brin·dled ['brɪndld] *adj.* gestreift, scheckig.

brine [braɪn] *s.* **1.** Sole *f*, (Salz)Lake *f*; **2.** *poet.* Meer(wasser) *n*; **'~-pan** *s.* Salzpfanne *f*.

bring [brɪŋ] *v/t.* [*irr.*] **1.** bringen, mit-, herbringen, her'beischaffen: ***~ him (it) with you*** bring ihn (es) mit; ***~ before the judge*** vor den Richter bringen; ***~ good luck*** Glück bringen; ***~ to bear*** *Einfluß etc.* zur Anwendung bringen, geltend machen, *Druck etc.* ausüben; **2.** *Gründe*, *Beschuldigung etc.* vorbringen; **3.** her'vorbringen; *Gewinn* einbringen; mit sich bringen, her'beiführen: ***~ into being*** ins Leben rufen, entstehen lassen; ***~ to pass*** zustande bringen; **4.** *j-n* veranlassen, bewegen, dazu bringen (***to*** *inf.* zu *inf.*): ***I can't ~ myself to do it*** ich kann mich nicht dazu durchringen (, es zu tun); *Zssgn mit adv.*: **bring| a·bout** *v/t.* **1.** zu'stande bringen; **2.** bewirken, verursachen; **3.** ⚓ wenden; **~ a·long** *v/t.* **1.** → ***bring*** 1; **2.** *fig.* mit sich bringen; **~ back** *v/t.* zu'rück-, *a. fig.* wiederbringen; *fig.* a) *Erinnerungen* wachrufen (***of*** an *acc.*), b) Erinnerungen wachrufen an (*acc.*); **~ down** *v/t.* **1.** *a. Flugzeug* her'unterbringen; **2.** *hunt. Wild* erlegen; **3.** ⚔ *Flugzeug* abschießen; **4.** *sport j-n* ‚legen'; **5.** *Regierung etc.* stürzen, zu Fall bringen; **6.** *Preise* drücken; **7.** ***~ on one's head*** sich *j-s Zorn* zuziehen; **8.** ***~ the house*** F a) stürmischen Beifall auslösen, b) Lachstürme entfesseln; **~ forth** *v/t.* **1.** her'vorbringen, gebären; **2.** verursachen, zeitigen; **~ for·ward** *v/t.* **1.** *Wunsch etc.* vorbringen; **2.** ✝ *Betrag* über'tragen: (***amount***) ***brought forward*** Übertrag *m*; **~ in** *v/t.* **1.** hereinbringen; **2.** *Ernte*, *a.* ✝ *Gewinn*, *Kapital*, *a. parl. Gesetzesentwurf* einbringen; **3.** a) *j-n* einschalten, b) *j-n* beteiligen (***on*** an *dat.*); **4.** ⚖ *Schuldspruch etc.* fällen: ***~ a verdict of guilty***; **~ off** *v/t.* **1.** retten; **2.** ‚schaffen', fertigbringen; **~ on** *v/t.* **1.** her'beibringen; **2.** her'beiführen, verursachen; **3.** in Gang bringen; **4.** zur Sprache bringen; **5.** *thea. Stück* ‚bringen', aufführen; **~ out** *v/t.* **1.** a) *Buch*, *Theaterstück* her'ausbringen, b) ✝ *Waren* auf den Markt bringen; **2.** *Sinn etc.* her'ausarbeiten; **3.** ***bring s.o. out of himself*** j-n dazu bringen, mehr aus sich her'auszugehen; **4.** *j-n* in die Gesellschaft einführen; **~ o·ver** *v/t.* 'umstimmen, bekehren; **~ round** *v/t.* **1.** *Ohnmächtigen* wieder zu sich bringen, *Patienten* 'durchbringen; **2.** *j-n* umstimmen, ‚her'umkriegen'; **3.** *das Gespräch* bringen (***to*** auf *acc.*); **~ through** *v/t.* *Kranken od. Prüfling* 'durchbringen; **~ to** *v/t.* **1.** *Ohnmächtigen* wieder zu sich bringen; **2.** ⚓ stoppen; **~ up** *v/t.* **1.** *Kind* auf-, erziehen; **2.** zur Sprache bringen; **3.** ⚔ *Truppen* her'anführen; **4.** zum Stillstand bringen; **5.** *et.* (er-) brechen: ***~ one's lunch***; **6.** ***~ short*** zum Halten bringen; **7.** → ***date***[2] 5, ***rear***[2] 3.

bring·ing-up [ˌbrɪŋɪŋ'ʌp] *s.* **1.** Auf-, Großziehen *n*; **2.** Erziehung *f*.

brink [brɪŋk] *s.* Rand *m* (*mst fig.*): ***on the ~ of*** am Rande (*e-s Krieges*, *des Ruins etc.*); ***be on the ~ of the grave*** mit e-m Fuß im Grabe stehen; **'~·man·ship** [-mənʃɪp] *s. pol.* Poli'tik *f* des äußersten 'Risikos.

brin·y ['braɪnɪ] **I** *adj.* salzig, solehaltig; **II** *s. Brit.* F: ***the ~*** die See.

bri·oche [bri:'ɒʃ] (*Fr.*) *s.* Bri'oche *f* (*süßes Hefegebäck*).

bri·quet(te) [brɪ'ket] (*Fr.*) *s.* Bri'kett *n*.

brisk [brɪsk] **I** *adj.* □ **1.** lebhaft, flott, flink; **2.** frisch (*Wind*), lustig (*Feuer*); schäumend (*Wein*); **3.** a) lebhaft, munter, b) forsch, e'nergisch; **4.** ✝ lebhaft, flott; **II** *v/t.* **5.** *mst* ***~ up*** anfeuern, beleben.

bris·ket ['brɪskɪt] *s. Küche*: Brust(stück *n*) *f* (*Rind*).

bris·ling ['brɪslɪŋ] *s. ichth.* Sprotte *f*.

bris·tle ['brɪsl] **I** *s.* **1.** Borste *f*; (Bart-) Stoppel *f*; **II** *v/i.* **2.** sich sträuben (*Haar*); **3.** *a.* ***~ up*** (***with anger***) hochfahren, zornig werden: ***~ with anger***; **4.** (***with***) strotzen, starren, voll sein (von).

bris·tling → ***brisling***.

bris·tly ['brɪslɪ] *adj.* stachelig, rauh; struppig; stoppelig, Stoppel…

Brit [brɪt] *s.* F Brite *m*, Britin *f*.

Bri·tan·nic [brɪ'tænɪk] *adj.* bri'tannisch.

Brit·i·cism ['brɪtɪsɪzəm] *s.* Angli'zismus *m*; **'Brit·ish** [-tɪʃ] **I** *adj.* britisch: ***~ subject*** britischer Staatsangehöriger; **II** *s.*: ***the ~*** die Briten *pl.*; **'Brit·ish·er** [-tɪʃə] *s.* Brite *m*; **'Brit·on** [-tn] *s.* **1.** Brite *m*, Britin *f*; **2.** *hist.* Bri'tannier(in)

brit·tle ['brɪtl] *adj.* **1.** spröde, zerbrechlich; bröckelig; brüchig (*metall etc.*; *a. fig.*); **2.** reizbar.

broach [brəʊtʃ] **I** *s.* **1.** Stecheisen *n*; Räumnadel *f*; **2.** Bratspieß *m*; **3.** Turmspitze *f*; **II** *v/t.* **4.** *Faß* anstechen; **5.** ⚙ räumen; **6.** *fig. Thema* anschneiden.

broad [brɔ:d] **I** *adj.* □ → ***broadly***; **1.** breit: ***it is as ~ as it is long*** *fig.* es ist gehüpft wie gesprungen; **2.** weit, ausgedehnt; weitreichend, um'fassend, voll: ***~ jump*** *sport* Weitsprung *m*; ***in the ~est sense*** im weitesten Sinne; ***in ~ daylight*** am hellichten Tage; **3.** deutlich, ausgeprägt; breit (*Akzent*, *Dialekt*); → ***hint*** 1; **4.** ungeschminkt, offen, derb: ***a ~ joke*** ein derber Witz; **5.** allgemein, einfach: ***the ~ facts*** die allgemeinen Tatsachen; ***in ~ outline*** in groben Umrissen, in großen Zügen; **6.** großzügig: ***a ~ outlook*** e-e tolerante Auffassung; **7.** *Radio*: unscharf; **II** *s.* **8.** *sl.* a) ‚Weib(sbild)' *n*, b) ‚Nutte' *f*; **~ ar·row** *s.* breitköpfiger Pfeil (*amtliches Zeichen auf brit. Regierungsgut u. auf Sträflingskleidung*); **'~-ax(e)** *s.* **1.** Breitbeil *n*; **2.** *hist.* Streitaxt *f*; **~ beam** *s.* ⚡ Breitstrahler *m*; **~ bean** *s.* ⚘ Saubohne *f*.

broad·cast ['brɔ:dkɑ:st] **I** *v/t.* [*irr.* → ***cast***; *pret. u. p.p. a.* ***~ed***] **1.** breitwürfig säen; **2.** *fig. Nachricht* verbreiten, *iro.* 'auspoˌsaunen; **3.** durch Rundfunk *od.* Fernsehen verbreiten, über'tragen, senden, ausstrahlen; **II** *v/i.* **4.** im Rundfunk *od.* Fernsehen auftreten; **5.** senden; **III** *s.* **6.** Rundfunk-, Fernsehsendung *f*, Über'tragung *f*; **IV** *adj.* **7.** Rundfunk…, Fernseh…; **'broad·cast·er** [-tə] *s.* **1.** Rundfunk-, Fernsehsprecher(in); **2.** → ***broadcasting station***.

broad·cast·ing ['brɔ:dkɑ:stɪŋ] **I** *s.* **1.** → ***broadcast*** 6; **2.** a) Rundfunk *m od.* Fernsehen *n*: ***~ area*** Sendebereich *m*, b) Sendebetrieb *m*; **II** *adj.* **3.** Rundfunk…, Fernseh…; **~ sta·tion** *s.* 'Rundfunk-, 'Fernsehstatiˌon *f*, Sender *m*; **~ stu·di·o** *s.* Senderaum *m*, 'Studio *n*.

Broad| Church *s. liberale Richtung in der anglikanischen Kirche*; **'≈·cloth** *s.* feiner Wollstoff.

broad·en ['brɔ:dn] *v/t. u. v/i.* (sich) verbreitern, (sich) erweitern: ***~ one's mind*** *fig.* sich bilden, s-n Horizont erweitern; ***travel(l)ing ~s the mind*** Reisen bildet.

'broad-ga(u)ge *adj.* 🚂 Breitspur…

broad·ly ['brɔ:dlɪ] *adv.* **1.** weitgehend (*etc.*, → ***broad*** I); **2.** allgemein (gesprochen), in großen Zügen.

ˌbroad'mind·ed *adj.* großzügig, tole'rant.

'broad|·sheet *s.* **1.** *typ.* Planobogen *m*; **2.** *hist.* große, einseitig bedruckte Flugschrift; Flugblatt *n*; **'~·side** *s.* **1.** ⚓ Breitseite *f* (*Geschütze u. Salve*): ***fire a ~*** e-e Breitseite abgeben; **2.** F ‚Breitseite' *f*, mas'sive At'tacke; **3.** → ***broadsheet***; **'~·sword** *s.* breites Schwert, 'Pallasch *m*.

bro·cade [brəʊ'keɪd] *s.* ✝ **1.** Bro'kat *m*; **2.** Broka'tell(e *f*) *m*.

bro·chure ['brəʊʃə] *s.* Bro'schüre *f*.

brock·et ['brɒkɪt] *s. hunt.* Spießer *m*, zweijähriger Hirsch.

brogue [brəʊg] *s.* **1.** a) irischer Ak'zent (des Englischen), b) dia'lektisch gefärbte Aussprache; **2.** derber Straßenschuh.

broil[1] [brɔɪl] **I** *v/t.* auf dem Rost braten, grillen; **II** *v/i.* schmoren, braten, kochen (*alle a. fig.*).

broil[2] [brɔɪl] *s.* Krach *m*, Streit *m*.

broil·er[1] ['brɔɪlə] *s.* **1.** Bratrost *m*; Bratofen *m* mit Grillvorrichtung; **2.** Brathühnchen *n* (*bratfertig*); **3.** F glühend heißer Tag.

broil·er[2] ['brɔɪlə] *s.* Streithammel *m*.

broil·ing ['brɔɪlɪŋ] *adj. a.* ***~ hot*** glühend heiß.

broke[1] [brəʊk] *pret. von* ***break***.

broke[2] [brəʊk] *adj.* F pleite: a) bank'rott, ruiniert, b) ‚abgebrannt', ‚blank': ***go ~*** pleite gehen; ***go for ~*** alles riskieren.

bro·ken ['brəʊkən] **I** *p.p. von* ***break***; **II** *adj.* □ → ***brokenly***; **1.** zerbrochen, entzwei, ka'putt; zerrissen; **2.** gebrochen; **3.** unter'brochen (*Schlaf*); angebrochen, unvollständig: ***~ line*** gestrichelte *od.* punktierte Linie; **4.** *fig.* (seelisch) gebrochen: ***a ~ man***; **5.** zerrüttet (*Ehe*, *Gesundheit*): ***~ home*** zerrüttete Familienverhältnisse *pl.*; **6.** uneben, holperig (*Boden*); zerklüftet (*Gelände*); bewegt (*Meer*); **7.** *ling.* gebrochen: ***~ German***; **ˌ~-'down** *adj.* **1.** ruiniert, unbrauchbar; **2.** erschöpft, geschwächt, zerrüttet, ‚ka'putt'; **3.** zs.-gebrochen (*a. fig.*); **ˌ~-'heart·ed** *adj.* un'tröstlich, (ganz) gebrochen.

bro·ken·ly ['brəʊkənlɪ] *adv.* **1.** stoßweise, mit Unter'brechungen; **2.** mit gebrochener Stimme.

bro·ken| num·ber *s.* ✗ gebrochene Zahl, Bruch *m*; **~ stone** *s.* Splitt *m*, Schotter *m*; **ˌ~-'wind·ed** *adj.* dämpfig, kurzatmig (*Pferd*).

bro·ker ['brəʊkə] *s.* a) (Handels)Makler *m*, (*weitS. a.* Heirats)Vermittler *m*: ***honest ~*** *pol.*, *fig.* ehrlicher Makler, b) (Börsen)Makler *m*, Broker *m* (*der im Kundenauftrag Geschäfte tätigt*); **'bro·ker·age** [-ərɪdʒ] *s.* **1.** Maklergebühr *f*, Cour'tage *f*; **2.** Maklergeschäft *n*.

brol·ly ['brɒlɪ] *s. Brit.* F Schirm *m*.

bro·mide ['brəʊmaɪd] *s.* **1.** ⚗ Bro'mid *n*: ***~ paper*** *phot.* Bromsilberpapier *n*; **2.** *fig.* a) Plattheit *f*, Banali'tät *f*, b) langweiliger Mensch; **'bro·mine** [-mi:n] *s.* ⚗ Brom *n*.

bron·chi ['brɒŋkaɪ], **'bron·chi·a** [-kɪə] *s. pl. anat.* 'Bronchien *pl.*; **'bron·chi·al** [-kjəl] *adj.* Bronchial…; **bron·chi·tis** [brɒŋ'kaɪtɪs] *s.* ⚕ Bron'chitis *f*, Bronchi'alkaˌtarrh *m*.

bron·co ['brɒŋkəʊ] *pl.* **-cos** *s.* kleines, halbwildes Pferd (*Kalifornien*): ***~ buster*** Zureiter *m* (von wilden Pferden).

Bronx cheer [brɒŋks] *s. Am. sl.* ,'Pfeifkonˌzert' *n.*

bronze [brɒnz] **I** *s.* **1.** Bronze *f*: **~ *age*** Bronzezeit *f*; **~ *medal(l)ist*** Bronzemedaillengewinner(in); **2.** ('Statue *f etc.* aus) Bronze *f*; **II** *v/t.* **3.** bronzieren; **III** *adj.* **4.** bronzefarben, Bronze...; **bronzed** [-zd] *adj.* **1.** bronziert; **2.** (sonnen)gebräunt.

brooch [brəʊtʃ] *s.* Brosche *f*, Spange *f*.

brood [bru:d] **I** *s.* **1.** Brut *f*; **2.** Nachkommenschaft *f*; **3.** *contp.* Brut *f*, Horde *f*; **II** *v/i.* **4.** brüten; **5.** *fig.* (***on, over***) brüten (über *dat.*), grübeln (über *acc.*); **6.** brüten, lasten (*Hitze etc.*); **III** *adj.* **7.** Brut..., Zucht...: **~ *mare*** Zuchtstute *f*; '**brood·er** [-də] *s.* **1.** Bruthenne *f*; **2.** Brutkasten *m*; '**brood·y** [-dɪ] *adj.* **1.** brütig (*Henne*); **2.** *fig.* brütend, grüblerisch; trübsinnig.

brook¹ [brʊk] *s.* Bach *m*.

brook² [brʊk] *v/t.* erdulden: ***it ~s no delay*** es duldet keinen Aufschub.

broom [bru:m] *s.* **1.** Besen *m*: ***a new ~ sweeps clean*** neue Besen kehren gut; **2.** ⚘ (Besen)Ginster *m*; '**~·stick** ['brʊm-] *s.* Besenstiel *m*.

broth [brɒθ] *s.* (Fleisch-, Kraft)Brühe *f*, Suppe *f*.

broth·el ['brɒθl] *s.* Bor'dell *n*.

broth·er ['brʌðə] *s.* **1.** Bruder *m*: **~*s and sisters*** Geschwister; ***Smith* ℒ*s*** ✝ Gebrüder Smith; **2.** *eccl. pl.* ***brethren*** Bruder *m*, Nächste(r) *m*, Mitglied *n* e-r (religi'ösen) Gemeinschaft; **3.** Amtsbruder *m*, Kol'lege *m*: **~ *in arms*** Waffenbruder; **~ *student*** Kommilitone, Studienkollege *m*; **~ *officer*** Regimentskamerad *m*; **~!** F Mann!, Mensch!; ˌ**broth·er-'ger·man** *s.* leiblicher Bruder; '**broth·er·hood** [-hʊd] *s.* **1.** Bruderschaft *f*; **2.** Brüderlichkeit *f*; **broth·er-in-law** ['brʌðərɪnlɔ:] *s.* Schwager *m*.

broth·er·ly ['brʌðəlɪ] *adj.* brüderlich.

brough·am ['bru:əm] *s.* **1.** Brougham *m* (*geschlossener, vierrädriger, zweisitziger Wagen*); **2.** *hist. mot.* Limou'sine *f* mit offenem Fahrersitz.

brought [brɔ:t] *pret. u. p.p. von* ***bring***.

brou·ha·ha [bru:'hɑ:hɑ:] *s.* Getue *n*, Wirbel *m*, Lärm *m*.

brow [braʊ] *s.* **1.** (Augen)Braue *f*: ***knit*** (*od.* ***gather***) ***one's ~s*** die Stirn runzeln; **2.** Stirn *f*; **3.** Vorsprung *m*, Abhang *m*, (Berg)Kuppe *f*; '**~·beat** *v/t.* [*irr.* → ***beat***] einschüchtern, tyrannisieren.

brown [braʊn] **I** *adj.* braun: ***do s.o.*** (***up***) **~** F j-n ,anschmieren' *od.* ,reinlegen'; **II** *s.* Braun *n*; **III** *v/t. Haut etc.* bräunen, *Fleisch etc.* (an)bräunen; ⚙ brünieren: **~*ed off*** F ,restlos bedient', ,sauer'; **IV** *v/i.* braun werden; **~ *bear*** *s. zo.* Braunbär *m*; **~ *bread*** *s.* Vollkorn- *od.* Schwarzbrot *n*; **~ *coal*** *s.* Braunkohle *f*.

brown·ie ['braʊnɪ] *s.* **1.** Heinzelmännchen *n*; **2.** *Am.* kleiner Schoko'ladenkuchen mit Nüssen; **3.** ,Wichtel' *m* (*junge Pfadfinderin*).

Brown·ing ['braʊnɪŋ] *s.* Browning *m* (*e-e Pistole*).

'**brown|-nose** *Am.* V **I** *s.* ,Arschkriecher' *m*; **II** *v/t. j-m* ,in den Arsch kriechen'; **~ pa·per** *s.* 'Packpaˌpier *n*; 'ℒ**·shirt** *s. hist.* Braunhemd *n* (*SA-Mann od. Nazi*); '**~·stone** *Am.* **I** *s.* brauner Sandstein; **II** *adj.* F wohlhabend, vornehm.

browse [braʊz] *v/i.* **1.** grasen, weiden; *fig.* naschen (***on*** von); **2.** *in Büchern* blättern *od.* schmökern; **3.** *a.* **~ *around*** sich (unverbindlich) 'umsehen (*in e-m Laden*).

bru·in ['bru:ɪn] *s. poet.* (Meister) Petz *m* (*Bär*).

bruise [bru:z] **I** *v/t.* **1.** *Körperteil* quetschen; *Früchte* anstoßen; **2.** zerstampfen, schroten; **3.** *j-n* grün u. blau schlagen; **II** *v/i.* **4.** e-e Quetschung *od.* e-n blauen Fleck bekommen; **III** *s.* **5.** ⚕ Quetschung *f*, Bluterguß *m*; blauer Fleck; **6.** Druckstelle *f* (*auf Obst*); '**bruis·er** [-zə] *s.* **1.** F Boxer *m*; **2.** a) ,Schläger' *m*, b) ,Schrank' *m* (*Hüne*).

bruit [bru:t] *v/t.*: **~ *about*** *obs. Gerücht* verbreiten.

Brum·ma·gem ['brʌmədʒəm] F **I** *s.* **1.** *npr.* Birmingham (*Stadt*); **2.** ℒ Schund(-ware *f*) *m* (*bsd. in Birmingham hergestellt*); **II** *adj.* **3.** billig, kitschig, Schund..., unecht.

brunch [brʌntʃ] *s.* F (*aus* ***breakfast*** *u.* ***lunch***) Brunch *m*.

bru·nette [bru:'net] **I** *adj.* brü'nett, dunkelbraun; **II** *s.* Brü'nette *f*.

brunt [brʌnt] *s.* Hauptstoß *m*, -last *f*, volle Wucht *des Angriffs* (*a. fig.*): ***bear the ~*** die Hauptlast tragen.

brush [brʌʃ] **I** *s.* **1.** Bürste *f*; Besen *m*: ***tooth-~*** Zahnbürste *f*; **2.** Pinsel *m*: ***shaving-~***; **3.** a) Pinselstrich *m* (*Maler*), b) Maler *m*, c) ***the ~*** die Malerei; **4.** Bürsten *n*: ***give a ~*** (***to***) *et.* abbürsten; **5.** buschiger Schwanz (*bsd. Fuchs*); **6.** ⚡ (Kon'takt)Bürste *f*; **7.** *phys.* Strahlenbündel *n*; **8.** ⚔ Feindberührung *f*; Schar'mützel *n* (*a. fig.*): ***have a ~ with s.o.*** mit j-m aneinandergeraten; **9.** → ***brushwood***; **II** *v/t.* **10.** bürsten; **11.** fegen: **~ *away*** (*od.* ***off***) abwischen, -streifen (*a. mit der Hand*); **~ *off*** *fig. j-n* abwimmeln *od.* abweisen; **~ *aside*** *fig.* beiseite schieben, abtun; **12.** **~ *up*** *fig.* ,aufpolieren', auffrischen; **13.** streifen, leicht berühren; **III** *v/i.* **14.** **~ *against*** streifen (*acc.*); **15.** da'hinrasen: **~ *past*** vorbeisausen; '**brush·ing** [-ʃɪŋ] *s. mst pl.* Kehricht *m*, *n*; '**brush·less** [-lɪs] *adj.* **1.** ohne Bürste; **2.** ohne Schwanz (*Fuchs*); '**brush·off** *s.* F Abfuhr *f*; '**brush·wood** *s.* **1.** 'Unterholz *n*, Gestrüpp *n*; Busch *m* (*USA u. Australien*); **2.** Reisig *n*.

brusque [brʊsk] *adj.* □ brüsk, barsch, schroff.

Brus·sels ['brʌslz] *npr.* Brüssel *n*; **~ lace** *s.* Brüsseler Spitzen *pl.*; **~ sprouts** [ˌbrʌsl'spraʊts] *s. pl.* Rosenkohl *m*.

bru·tal ['bru:tl] *adj.* □ **1.** viehisch; bru'tal, roh, unmenschlich; **2.** scheußlich; **bru·tal·i·ty** [bru:'tælətɪ] *s.* Brutali'tät *f*, Roheit *f*; '**bru·tal·ize** [-təlaɪz] **I** *v/t.* **1.** zum Tier machen, verrohen lassen; **2.** brutal behandeln; **II** *v/i.* verrohen, zum Tier werden.

brute [bru:t] **I** *s.* (*unvernünftiges*) Tier, Vieh *n*, *fig. a.* Untier *n*, Scheusal *n*: ***the ~ in him*** das Tier in ihm; **II** *adj.* tierisch (*a.* = *triebhaft, unvernünftig, brutal*); viehisch, roh; hirnlos, dumm; gefühllos: **~ *force*** rohe Gewalt; '**brut·ish** [-tɪʃ] *adj.* □ → ***brute*** II.

Bry·thon·ic [brɪ'θɒnɪk] *s.* Ursprache *f* der Kelten in Wales, 'Cornwall u. der Bre'tagne.

bub·ble ['bʌbl] **I** *s.* **1.** (*Luft-, Gas-, Seifen*)Blase *f*; **2.** *fig.* Seifenblase *f*; Schwindel(geschäft *n*) *m*: ***prick the ~*** den Schwindel aufdecken; **~ *company*** Schwindelfirma *f*; **3.** Sprudeln *n*, Brodeln *n*, (Auf)Wallen *n*; **4.** *Am.* Traglufthalle *f*; **II** *v/i.* sprudeln, brodeln, wallen; perlen: **~ *over*** übersprudeln (*a. fig.* ***with*** vor *dat.*); **~ *up*** aufsprudeln, in Blasen aufsteigen; **~ *bath*** *s.* Schaumbad *n*; **~ *car*** *s.* **1.** Kleinstauto *n*, Ka'binenroller *m*; **2.** Wagen *m* mit kugelsicherer Kuppel; **~ *gum*** *s.* Bal'lon-, Knallkaugummi *m*.

bu·bo ['bju:bəʊ] *pl.* **-boes** *s.* ⚕ 'Bubo *m* (*Drüsenschwellung*); Beule *f*; **bu·bon·ic** [bju:'bɒnɪk] *adj.*: **~ *plague*** ⚕ Beulenpest *f*.

buc·ca·neer [ˌbʌkə'nɪə] **I** *s.* Seeräuber *m*, Freibeuter *m*; **II** *v/i.* Seeräube'rei betreiben.

buck¹ [bʌk] **I** *s.* **1.** *zo.* Bock *m* (*Hirsch, Reh, Ziege etc.*; *a. Turnen*); Rammler *m* (*Hase, Kaninchen*); *engS.* Rehbock *m*; **2.** *obs.* Stutzer *m*, Geck *m*; Lebemann *m*; **3.** *Am. obs. contp.* a) Rothaut *f*, b) Nigger *m*; **4.** *Am. Poker: Spielmarke, die e-n Spieler daran erinnern soll, daß er am Geben ist*: ***pass the ~ to*** F *j-m* ,den Schwarzen Peter (*die Verantwortung*) zuschieben'; **II** *v/i.* **5.** bocken (*Pferd, Esel etc.*); **6.** *Am.* F ,meutern', sich sträuben (***at, against*** bei, gegen); **7.** **~ *up*** F a) sich ranhalten, b) sich zs.-reißen: **~ *up!*** Kopf hoch!; **III** *v/t.* **8.** *Reiter* durch Bocken abwerfen (wollen); **9.** *Am.* wütend angreifen; angehen gegen; **10.** *a.* **~ *up*** F aufmuntern: ***greatly ~ed*** hocherfreut; **IV** *adj.* **11.** männlich; **12.** **~ *private*** ⚔ *Am.* F einfacher Soldat.

buck² [bʌk] *s. Am.* F Dollar *m*.

buck·et ['bʌkɪt] **I** *s.* **1.** Eimer *m*, Kübel *m*: ***champagne ~*** Sektkühler *m*; ***kick the ~*** F ,abkratzen' (*sterben*); **2.** ⚙ a) Schaufel *f e-s Schaufelrades*, b) Eimer *m od.* Löffel *m e-s Baggers*, c) (Pumpen)Kolben *m*; **II** *v/t.* **3.** (aus)schöpfen; **4.** *Pferd* zu'schanden reiten; **III** *v/i.* **5.** F (da'hin)rasen; **~ con·vey·or** *s.* Becherwerk *n*; **~ dredg·er** *s.* Löffelbagger *m*; '**~·ful** [-fʊl] *pl.* **-fuls** *s. ein* Eimer(voll) *m*.

buck·et| seat *s.* **1.** *mot.*, ✈ Klapp-, Notsitz *m*; **2.** *mot.* Schalensitz *m*; **~ shop** *s.* **1.** 'unreˌelle Maklerfirma; **2.** ,Klitsche' *f*, kleiner ,Laden'.

'**buck|·eye** *s. Am.* **1.** ⚘ *e-e* 'Roßkaˌstanie *f*; **2.** ℒ F Bewohner(in) von Ohio; '**~·horn** *s.* Hirschhorn *n*; '**~·hound** *s. zo.* Jagdhund *m*; '**~ˌjump·er** *s.* störrisches Pferd.

buck·le ['bʌkl] **I** *s.* **1.** Schnalle *f*, Spange *f*; **2.** ⚔ Koppelschloß *n*; **3.** ⚙ verbogene *od.* verzogene Stelle; **II** *v/t.* **4.** *a.* **~ *on*, ~ *up*** an-, 'um-, zuschnallen; **5.** ⚙ (ver)biegen, krümmen; **6.** **~ *o.s. to*** → 9; **III** *v/i.* **7.** ⚙ sich (ver)biegen *od.* verziehen, sich wölben *od.* krümmen; **8.** nachgeben *unter e-r Last*: **~ (*under*)** *fig.* zs.-brechen; **9.** **~ *down to*** F sich hinter *e-e Aufgabe* ,klemmen'.

buck·ling ['bʌklɪŋ] (*Ger.*) *s.* Bückling *m* (*geräucherter Hering*).

buck·ling strength ['bʌklɪŋ] *s.* ⚙

Knickfestigkeit *f*.

buck·ram ['bʌkrəm] I *s*. **1.** Steifleinen *n*; **2.** *fig*. Steifheit *f*, Förmlichkeit *f*; II *adj*. **3.** *fig*. steif, for'mell.

'**buck|·saw** *s. Am*. Bocksäge *f*; '**~·shot** *s. hunt*. grober Schrot, Rehposten *m*; '**~·skin** *s*. **1.** a) Wildleder *n*, b) *pl*. Lederhose *f*; **2.** Buckskin *m* (*Wollstoff*); '**~·thorn** *s*. ⚘ Kreuzdorn *m*; '**~·tooth** *s*. [*irr*.] vorstehender Zahn; '**~·wheat** *s*. ⚘ Buchweizen *m*.

bu·col·ic [bju:'kɒlɪk] I *adj*. (□ **~ally**) **1.** bu'kolisch: a) Hirten…, b) ländlich, i'dyllisch; II *s*. **2.** I'dylle *f*, Hirtengedicht *n*; **3.** *humor*. Landmann *m*.

bud [bʌd] I *s*. **1.** ⚘ Knospe *f*; Auge *n* (*Blätterknospe*): ***be in ~*** knospen; **2.** Keim *m*; **3.** *fig*. Keim *m*, Ursprung *m*; → ***nip***[1] 2; **4.** unentwickeltes Wesen; **5.** *Am*. F Debü'tantin *f*; II *v/i*. **6.** knospen, sprossen; **7.** sich entwickeln *od*. entfalten: ***~ding lawyer*** angehender Jurist; III *v/t*. **8.** ⚘ okulieren.

Bud·dha ['bʊdə] *s*. 'Buddha *m*; '**Bud·dhism** [-dɪzəm] *s*. Bud'dhismus *m*; '**Bud·dhist** [-dɪst] I *s*. Bud'dhist *m*; II *adj*. → **Bud·dhis·tic** [bʊ'dɪstɪk] *adj*. bud'dhistisch.

bud·dy ['bʌdɪ] *s*. F **1.** ‚Kumpel' *m*, ‚Spezi' *m*, Kame'rad *m*; **2.** *Anrede*: Freundchen *n*.

budge [bʌdʒ] *mst neg*. I *v/i*. sich (von der Stelle) rühren, sich (im geringsten) bewegen: ***~ from*** *fig*. von et. abrücken; II *v/t*. (vom Fleck) bewegen.

budg·er·i·gar ['bʌdʒərɪgɑ:] *s. orn*. Wellensittich *m*.

budg·et ['bʌdʒɪt] I *s*. **1.** *bsd. pol*. Bud'get *n*, (Staats)Hauhalt *m*, E'tat *m*, (*a*. pri'vater) Haushaltsplan: ***open the ~*** das Budget vorlegen; ***~ cut*** Etatkürzung *f*; ***for the low ~*** für den schmalen Geldbeutel; ***~(-priced)*** preisgünstig; **2.** *fig*. Vorrat *m*: ***a ~ of news*** ein Sack voll Neuigkeiten; II *v/t*. **3.** a) *Mittel* bewilligen, vorsehen, *Ausgaben* einplanen; III *v/i*. **4.** planen, ein Bud'get machen: ***~ for s.th.*** et. im Haushaltsplan vorsehen, die Kosten für et. veranschlagen; '**budg·et·ar·y** [-tərɪ] *adj*. Budget…, Etat…, Haushalts…: ***~ deficit***.

budg·ie ['bʌdʒɪ] *s*. F *für* ***budgerigar***.

buff[1] [bʌf] *s*. **1.** starkes Ochsen- *od*. Büffelleder; **2.** F bloße Haut: ***in the ~*** im Adams- *od*. Evaskostüm (*nackt*); **3.** Lederfarbe *f*; **4.** F ‚Fex' *m*, Fan *m*: ***hi-fi ~***; II *adj*. **5.** lederfarben.

buff[2] [bʌf] *v/t*. ⚙ schwabbeln, polieren.

buf·fa·lo ['bʌfələʊ] *pl*. **-loes**, *Am. a*. **-los** I *s*. **1.** *zo*. Büffel *m*; nordamer. 'Bison *m*; **2.** ⚔ am'phibischer Panzerwagen; II *v/t*. **3.** *Am*. F *j-n* täuschen *od*. einschüchtern.

buf·fer ['bʌfə] I *s*. ⚙ a) Stoßdämpfer *m*, b) Puffer *m* (*a*. ⚗, *Computer u. fig*.), c) Prellbock (*a. fig*.): ***~ solution*** ⚗ Pufferlösung *f*; ***~ state*** *pol*. Pufferstaat *m*; **3.** *a*. ***~ memory*** *Computer*: Pufferspeicher *m*; II *v/t*. **4.** als Puffer wirken gegen; **5.** *Computer*: puffern, zwischenspeichern.

buf·fet[1] ['bʌfɪt] I *s*. **1.** Puff *m*, Stoß *m*; Schlag *m* (*a. fig*.); II *v/t*. **2.** a) *j-m* e-n Schlag versetzen, b) *j-n od. et*. her'umstoßen: ***~ (about)*** durchrütteln; **3.** gegen *Wellen etc*. (an)kämpfen.

buf·fet[2] *s*. **1.** ['bʌfɪt] Bü'fett *n*, Anrichte *f*; **2.** ['bʊfeɪ] Bü'fett *n*: a) Theke *f*, b) *Tisch mit Speisen*, c) Erfrischungsbar *f*, Imbißstube *f*: ***~ car*** 🚃 Büfettwagen *m*; ***~ dinner*** kaltes Büfett.

buf·foon [bʌ'fu:n] *s*. **1.** Possenreißer *m*, Hans'wurst *m* (*a. fig. contp*.); **2.** derber Witzbold; **buf'foon·er·y** [-nərɪ] *s*. Possen(reißen *n*) *pl*.

bug [bʌg] I *s*. **1.** *zo*. (Bett)Wanze *f*; **2.** *zo. bsd. Am. allgemein* In'sekt *n* (*Ameise, Fliege, Spinne, Käfer*); **3.** F Ba'zillus *m* (*a. fig*.): ***the golf ~*** die Golfleidenschaft; **4.** ⚙ *Am*. F De'fekt *m*, *mst pl*. ‚Mucken' *pl*.; **5.** ***big ~*** F ‚großes' *od*. ‚hohes Tier' (*Person*); **6.** *Am*. F Fan *m*, Fa'natiker *m*: ***baseball ~***; **7.** *sl*. ‚Wanze' *f* (*Abhörgerät*); II *v/t. sl*. **8.** a) ‚Wanzen' anbringen in *e-m Raum etc*., b) (heimlich) abhören; **9.** *Am*. F *j-n* nerven: ***what's ~ging you?*** was hast du denn?

bug·a·boo ['bʌgəbu:] *s*. **1.** → ***bugbear***, **2.** ‚Quatsch' *m*.

'**bug|·bear** *s*. a) ‚Buhmann' *m*, b) Schreckgespenst *n*; '**~-eyed** *adj*. mit her'vorquellenden Augen.

bug·ger ['bʌgə] I *s*. **1.** a) Sodo'mit *m*, b) Homosexu'elle(r) *m*; **2.** V a) ‚Scheißkerl' *m*, b) Kerl *m*, ‚Knülch' *m*, c) ‚Scheißding' *n*; II *v/t*. **3.** a) Sodo'mie treiben mit, b) a'nal verkehren mit: ***~ (it)!*** V Scheiße!; ***~ you!*** V leck mich!; **4.** a) *j-n* ‚fertigmachen', b) *j-n* ‚nerven'; **5.** ***~ (up)*** V *et*. versauen *od*. vermasseln; III *v/i*. **6.** ***~ around*** V he'rumgammeln; **7.** ***~ off*** V ‚abhauen'; '**bug·ger·y** [-ərɪ] *s*. **1.** Sodo'mie *f*, 'widerna,türliche Unzucht; **2.** Homosexuali'tät *f*.

bug·gy[1] ['bʌgɪ] *s*. **1.** leichter (Pferde-) Wagen; **2.** *mot*. Buggy *m* (*geländegängiges, offenes Freizeitauto*); **3.** *Am*. Kinderwagen *m*.

bug·gy[2] ['bʌgɪ] *adj*. **1.** verwanzt; **2.** *Am. sl*. ‚bekloppt', verrückt.

'**bug|·house** *Am. sl*. I *s*. ‚Klapsmühle' *f* (*Nervenheilanstalt*); II *adj*. verrückt; '**~-,hunt·er** *s. sl*. In'sektensammler *m*.

bu·gle ['bju:gl] *s*. **1.** Wald-, Jagdhorn *n*; **2.** ⚔ Si'gnalhorn *n*: ***sound the ~*** ein Hornsignal blasen; '**bu·gle-call** *s*. 'Hornsi,gnal *n*; '**bu·gler** [-lə] *s*. Hor'nist *m*.

buhl [bu:l] *s*. Einlege-, Boulearbeit *f*.

build [bɪld] I *v/t*. [*irr*.] **1.** (er)bauen, errichten: ***~ a fire*** (ein) Feuer machen; ***~ in*** a) einbauen (*a. fig*.), b) zubauen; **2.** ⚙ bauen: a) konstruieren, b) herstellen: ***~ cars***; **3.** *mst* ***~ up*** aufbauen, gründen, (er)schaffen: ***~ up a business*** ein Geschäft aufbauen; ***~ up one's health*** s-e Gesundheit festigen; ***~ up a reputation*** sich e-n Namen machen; ***~ up a case*** *bsd*. ⚖ (Beweis)Material zs.-tragen; **4.** ***~ up*** a) zubauen, vermauern: ***~ up a window***, b) *Gelände* aus-, bebauen; **5.** ***~ up*** *fig. j-n* ‚aufbauen' *od*. groß her'ausstellen, Re'klame machen für; **6.** *fig*. gründen, setzen: ***~ one's hopes on s.th.***; II *v/i*. [*irr*.] **7.** bauen; gebaut werden: ***the house is ~ing*** das Haus ist im Bau; **8.** *fig*. bauen, sich verlassen (***on*** auf *acc*.); **9.** ***~ (up)*** a) sich entwickeln, b) zunehmen, wachsen; III *s*. **10.** Bauart *f*, Gestalt *f*; **11.** Körperbau *m*, Fi'gur *f*; **12.** Schnitt *m* (*Kleid*); '**build·er** [-də] *s*. **1.** Erbauer *m*; **2.** Baumeister *m*; **3.** 'Bauunter,nehmer *m*, Bauhandwerker *m*: ***~'s merchant*** Baustoffhändler *m*.

build·ing ['bɪldɪŋ] *s*. **1.** Bauen *n*, Bauwesen *n*; **2.** Gebäude *n*, Bau *m*, Bauwerk *n*; **~ block** *s*. **1.** ⚙ *u. fig*. Baustein *m*; **2.** Bauklötzchen *n für Kinder*; **~ con·trac·tor** *s*. 'Bauunter,nehmer *m*; **~ lease** *s*. ⚖ *Brit*. Baupacht(vertrag *m*) *f*; **~ line** *s*. ⚙ 'Bauflucht(,linie) *f*; **~ lot**, **~ plot**, **~ site** *s*. **1.** Bauplatz *m*, -stelle *f*; **2.** Baugrundstück *n*, Baugelände *n*; **~ own·er** *s*. Bauherr *m*; **~ so·ci·e·ty** *s*. *Brit*. Bausparkasse *f*.

'**build-up** *s*. **1.** Aufbau *m*, Zs.-stellung *f*; **2.** Zunahme *f*; **3.** ‚Aufbauen' *n*, Re'klame *f*, Propa'ganda *f*; **4.** dra'matische Steigerung.

built [bɪlt] I *pret. u. p.p. von* ***build*** I *u*. II; II *adj*. gebaut, geformt: ***he is ~ that way*** F so ist er eben; **,~-'in** *adj*. eingebaut (*a. fig*.), Einbau…; '**~-up a·re·a** *s*. **1.** bebautes Gelände; **2.** *Verkehr*: geschlossene Ortschaft.

bulb [bʌlb] I *s*. **1.** ⚘ Knolle *f*, Zwiebel *f* (*e-r Pflanze*); **2.** Zwiebelgewächs *n*; **3.** (*Glas- etc*.)Bal'lon *m od*. Kolben *m*; Kugel *f* (*Thermometer*); **4.** ⚡ Glühbirne *f*, -lampe *f*; II *v/i*. **5.** rundlich anschwellen; Knollen bilden; **bulbed** [-bd] *adj*. knollenförmig; '**bulb·ous** [-bəs] *adj*. knollig, Knollen…: ***~ nose***.

Bul·gar ['bʌlgɑ:] *s*. Bul'gare *m*, Bul'garin *f*; **Bul·gar·i·an** [bʌl'geərɪən] I *adj*. bul'garisch; II *s*. → ***Bulgar***.

bulge [bʌldʒ] I *s*. **1.** (Aus)Bauchung *f*, (*a*. ⚔ Front)Ausbuchtung *f*; Anschwellung *f*, Beule *f*; Vorsprung *m*, Buckel *m*; Rundung *f*, Bauch *m*, Wulst *m*: ***Battle of the ~*** Ardennenschlacht *f* (*1944*); **2.** ⚓ → ***bilge*** 1; **3.** Anschwellen *n*, Zunahme *f*, plötzliches Steigen (*bsd. der Börsenkurse*); **4.** *a*. ***~ age-group*** geburtenstarker Jahrgang; **5.** ***have a ~ on s.o.*** *sl*. j-m gegenüber im Vorteil sein; II *v/i*. **6.** sich (aus)bauchen, her'vortreten, -ragen, -quellen, sich blähen *od*. bauschen; '**bulg·ing** [-dʒɪŋ] *adj*. (zum Bersten) voll (***with*** von).

bulk [bʌlk] I *s*. **1.** 'Umfang *m*, Größe *f*, Masse *f*; **2.** große *od*. massige Gestalt; 'Körper,umfang *m*, -fülle *f*; **3.** Hauptteil *m*, -masse *f*, Großteil *m*, Mehrheit *f*; **4.** ✝ (gekaufte) Gesamtheit; ⚓ (unverpackte) Schiffsladung: ***in ~*** a) unverpackt, lose, b) in großen Mengen, en gros; ***break ~*** ⚓ zu löschen anfangen; ***~ cargo***, ***~ goods*** ✝ Schüttgut *n*, Massengüter *pl*.; ***~ buying*** ✝ Mengeneinkauf *m*; ***~ mail*** Postwurfsendung *f*; ***~ mortgage*** *Am*. Fahrnishypothek *f*; II *v/i*. **5.** 'umfangreich *od*. sperrig sein; **6.** *fig*. wichtig sein: ***~ large*** e-e große Rolle spielen; III *v/t*. **7.** *bsd. Am*. aufstapeln; '**~·head** *s*. **1.** ⚓ Schott *n*; **2.** ⚙ a) Schutzwand *f*, b) Spant *m*.

bulk·y ['bʌlkɪ] *adj*. **1.** (sehr) 'umfangreich, massig; **2.** sperrig: ***~ goods*** ✝ Sperrgut *n*.

bull[1] [bʊl] I *s*. **1.** *zo*. Bulle *m*, Stier *m*: ***like a ~ in a china shop*** wie ein Elefant im Porzellanladen; ***take the ~ by the horns*** den Stier bei den Hörnern packen; **2.** *zo*. (*Elefanten-, Elch-, Wal- etc*.)Bulle *m*; **3.** ✝ Haussi'er *m*, 'Haussespeku,lant *m*; **4.** *Am. sl*. ‚Bulle' *m* (*Polizist*); **5.** *ast*. Stier *m*; **6.** → ***bull's-eye*** 3 *u*. 4; II *v/t*. **7.** ✝ Preise in die Höhe treiben für *et.*: **~ the market** auf Hausse kaufen; **III** *v/i.* **8.** ✝ auf Hausse spekulieren; **IV** *adj.* **9.** männlich; **10.** ✝ steigend, Hausse...: **~ market**.

bull² [bʊl] *s.* (päpstliche) Bulle.

bull³ [bʊl] *s. sl.* **1.** *a.* **Irish ~** ungereimtes Zeug, 'widersprüchliche Behauptung; **2.** Schnitzer *m*, Faux'pas *m*; **3.** *Am.* Quatsch *m*, Blödsinn *m*.

'bull|-ˌbait·ing *s.* Stierhetze *f*; **'~·dog I** *s.* **1.** *zo.* Bulldogge *f*; **2.** *Brit. univ.* Begleiter *m* des 'Proctors; **3.** *e-e* Pi'stole *f*; **II** *adj.* **4.** mutig, zäh, hartnäckig; **'~·doze** *v/t.* **1.** planieren, räumen; **2.** F ‚über'fahren', einschüchtern, terrorisieren; zwingen (**into** zu); **'~ˌdoz·er** [-ˌdəʊzə] *s.* **1.** ⚙ Planierraupe *f*, Bulldozer *m*; **2.** *fig.* F → **bully²** 1.

bul·let ['bʊlɪt] *s.* (Gewehr- *etc.*)Kugel *f*, Geschoß *n*: **bite the ~** *fig.* die bittere Pille schlucken; **'~-head** *s.* **1.** Rundkopf *m*; **2.** *Am.* F Dickkopf *m*.

bul·le·tin ['bʊlɪtɪn] *s.* **1.** Bulle'tin *n*: a) Tagesbericht *m* (*a.* ⚔), b) Krankenbericht *m*, c) offizi'elle Bekanntmachung: **~ board** *Am.* schwarzes Brett (*für Anschläge*); **2.** Mitteilungsblatt *n*; **3.** *Am.* Kurznachricht *f*.

'bul·let-proof *adj.* kugelsicher.

'bull|·fight *s.* Stierkampf *m*; **'~ˌfight·er** *s.* Stierkämpfer *m*; **'~·finch** *s.* **1.** *orn.* Dompfaff *m*; **2.** hohe Hecke; **'~·frog** *s. zo.* Ochsenfrosch *m*; **ˌ~-'head·ed** *adj.* starrköpfig.

bul·lion ['bʊljən] *s.* **1.** ungemünztes Gold *od.* Silber: **~ point** ✝ Goldpunkt *m*; **2.** Gold *n od.* Silber *n* in Barren; **3.** Gold-, Silberlitze *f*, -schnur *f*, -troddel *f*.

bull·ish ['bʊlɪʃ] *adj.* **1.** dickköpfig; **2.** ✝ steigend, Hausse...

ˌbull-'necked *adj.* stiernackig.

bull·ock ['bʊlək] *s. zo.* Ochse *m*.

bull| pen *s. Am.* **1.** *sl.* Ba'racke *f* für Holzfäller; **2.** F a) ‚Kittchen' *n*, b) große (Gefängnis)Zelle; **3.** *Baseball*: Übungsplatz *m* für Re'servewerfer; **'~·ring** *s.* 'Stierkampfaˌrena *f*.

bull's-eye ['bʊlzaɪ] *s.* **1.** ⚓, ⚠ Bullauge *n*, rundes Fensterchen; **2.** *a.* **~ pane** Ochsenauge *n*, Butzenscheibe *f*; **3.** Zentrum *n od. das* Schwarze *der Zielscheibe*; **4.** *a. fig.* Schuß *m* ins Schwarze, 'Volltreffer *m*; **5.** 'Blendlaˌterne *f*; **6.** großer runder 'Pfefferminzbonˌbon.

'bull|·shit *s. u. int.* V Scheiß(dreck) *m*; **~ ter·ri·er** *s. zo.* 'Bullˌterrier *m*.

bul·ly¹ ['bʊlɪ] *s. a.* **~ beef** Rinderpökelfleisch *n* (in Büchsen).

bul·ly² ['bʊlɪ] **I** *s.* **1.** bru'taler Kerl, ‚Schläger' *m*; Ty'rann *m*; Maulheld *m*; **2.** *obs.* Zuhälter *m*; **3.** *Hockey*: Bully *n*, Anspiel *n*; **II** *v/t.* **4.** tyrannisieren, schikanieren, einschüchtern, piesacken; **III** *adj.* **5.** F ‚prima' (*a. int.*); **IV** *int.* **6.** F bravo!, Klasse!

bul·ly| beef → **bully¹**; **'~·rag** → **ballyrag**.

bul·rush ['bʊlrʌʃ] *s.* ⚘ *große* Binse.

bul·wark ['bʊlwək] *s.* **1.** Bollwerk *n*, Wall *m* (*beide a. fig.*); **2.** ⚓ a) Hafendamm *m*, b) Schanzkleid *n*.

bum¹ [bʌm] *bsd. Brit.* F **1.** ‚Hintern' *m*; **2.** ‚Niete' *f*, ‚Flasche' *f*.

bum² [bʌm] *bsd. Am.* F **I** *s.* **1.** a) ‚Stromer' *m*, ‚Gammler' *m*, He'rumtreiber *m*, b) Tippelbruder *m*, c) Schnorrer *m*, d) Mistkerl *m*; **II** *v/i.* **2.** *mst* **~ around** ‚he'rumgammeln'; **3.** schnorren (**off** bei); **III** *v/t.* **4.** *et.* schnorren (**of** bei, von); **IV** *adj.* **5.** a) ‚mies', schlecht, b) ka'putt.

bum·ble-bee ['bʌmblbi:] *s. zo.* Hummel *f*.

bum·ble·dom ['bʌmbldəm] *s.* Wichtigtue'rei *f* der kleinen Beamten.

bumf [bʌmf] *s. Brit. sl.* **1.** *contp.* ‚Pa'pierkram' *m* (*Akten, Formulare etc.*); **2.** ‚'Klopaˌpier' *n*.

bum·mer ['bʌmə] → **bum²** 1.

bump [bʌmp] **I** *v/t.* **1.** (heftig) stoßen, (an)prallen: **~ one's head** sich den Kopf anstoßen; **I ~ed my head against** (*od.* **on**) **the door** ich stieß *od.* rannte mit dem Kopf gegen die Tür; **~ a car** auf ein Auto auffahren; **2.** *Rudern*: *Boot* über'holen u. anstoßen; **3. ~ off** *sl.* ‚'umlegen', ‚kaltmachen'; **4. ~ up** F *Preise etc.* hochtreiben, *Gehalt etc.* aufbessern; **II** *v/i.* **5.** (**against**, **into**) stoßen, prallen, bumsen (gegen), zs.-stoßen (mit): **~ into** *fig. j-n* zufällig treffen, zufällig stoßen auf (*acc.*); **6.** rütteln, holpern (*Wagen*); **III** *s.* **7.** heftiger Stoß, Bums *m*; **8.** ⚕ Beule *f*, Höcker *m*, **9.** Unebenheit *f* (*Straße*), **10.** Sinn *m* (*für et.*): **~ of locality** Ortssinn; **11.** ✈ (Steig)Bö *f*; **IV** *adv.* **12.** bums!

bump·er ['bʌmpə] *s.* **1.** randvolles Glas (*Wein etc.*); **2.** F *et.* Riesiges: **~ crop** Rekordernte *f*; **~ house** *thea.* volles Haus; **3.** 🚗 *Am.* Puffer *m*; **4.** *mot.* Stoßstange *f*: **~ car** (Auto)Skooter *m*; **~ guard** Stoßstangenhorn *n*; **~ sticker** Autoaufkleber *m*.

bump·kin ['bʌmpkɪn] *s.* Bauernlackel *m*.

'bump-start *s. Brit. mot.* **I** *s.* Anschieben *n*; **II** *v/t. Auto* anschieben.

bump·tious ['bʌmpʃəs] *adj.* □ aufgeblasen.

bump·y ['bʌmpɪ] *adj.* **1.** holperig, uneben; **2.** ✈ ‚bockig', böig.

bum| steer *s. Am. sl.*: **give s.o. the ~** j-n ‚verschaukeln'; **'~ˌsuck·er** *s.* V ‚Arschkriecher' *m*.

bun¹ [bʌn] *s.* **1.** süßes Brötchen: **she has a ~ in the oven** *sl.* bei ihr ist was unterwegs; **2.** (Haar)Knoten *m*.

bun² [bʌn] *s. Brit.* Ka'ninchen *n*.

bunch [bʌntʃ] **I** *s.* **1.** Bündel *n* (*a.* ⚡), Bund *n*, Büschel *n*: **~ of flowers** Blumenstrauß *m*; **~ of grapes** Weintraube *f*; **~ of keys** Schlüsselbund; **2.** F a) Haufen *m*, b) ‚Verein' *m*: **the best of the ~** der Beste von allen; **II** *v/t.* **3.** bündeln (*a.* ⚡), zs.-fassen, -binden; falten: **~ed circuit** ⚡ Leitungsbündel *n*; **III** *v/i.* **4.** sich zs.-legen, -schließen; **5.** sich bauschen; **'bunch·y** [-tʃɪ] *adj.* büschelig, bauschig, in Bündeln.

bun·co ['bʌŋkəʊ] *v/t. Am. sl.* ‚reinlegen', betrügen.

bun·dle ['bʌndl] **I** *s.* **1.** Bündel *n*, Bund *n*; Pa'ket *n*; Ballen *m*: **~ of energy** (**nerves**) *fig.* Kraft-(Nerven)Bündel *n*; **2.** *fig.* a) Menge *f*, Haufen *m*, b) F ‚Batzen' *m* Geld; **II** *v/t.* **3.** in Bündel zs.-binden, -packen; **4.** *et. wohin* stopfen; **5.** *mst* **~ off** (*od.* **out**) *j-n* abschieben, (eilig) fortschaffen: **he was ~d into a taxi** er wurde in ein Taxi verfrachtet *od.* gepackt; **III** *v/i.* **6. ~ off** (*od.* **out**) sich packen *od.* da'vonmachen.

bung [bʌŋ] **I** *s.* **1.** Spund(zapfen) *m*, Stöpsel *m*; **2.** ⚔ Mündungspfropfen *m* (*Geschütz*); **II** *v/t.* **3.** verspunden, verstopfen; zupfropfen; **4.** F ‚schmeißen', werfen; **5. ~ up** *Röhre, Öffnung* verstopfen (*mst pass.*): **~ed up** verstopft; **6.** *mst* **~ up** *Am.* F *Auto etc.* schwer beschädigen, verbeulen.

bun·ga·low ['bʌŋgələʊ] *s.* 'Bungalow *m*.

'bung·hole *s.* Spund-, Zapfloch *n*.

bun·gle ['bʌŋgl] **I** *v/i.* **1.** stümpern, pfuschen; **II** *v/t.* **2.** verpfuschen; **III** *s.* **3.** Stümpe'rei *f*; **4.** Fehler *m*, ‚Schnitzer' *m*; **'bun·gler** [-lə] *s.* Stümper *m*, Pfuscher *m*; **'bun·gling** [-lɪŋ] *adj.* □ ungeschickt, stümperhaft.

bun·ion ['bʌnjən] *s.* ⚕ entzündeter Fußballen.

bunk¹ [bʌŋk] **I** *s.* a) ⚓ (Schlaf)Koje *f*, b) Schlafstelle *f*, Bett *n*, ‚Falle' *f*: **~ bed** Etagenbett *n*; **II** *v/i.* a) in e-r Koje schlafen, b) *oft* **~ down** F ‚kampieren'.

bunk² [bʌŋk] *abbr. für* **bunkum**.

bunk³ [bʌŋk] *Brit.* F **I** *s.*: **do a ~** → **II** *v/i.* ‚ausreißen', ‚türmen'.

bunk·er ['bʌŋkə] **I** *s.* **1.** ⚓ (Kohlen)Bunker *m*; **2.** ⚔ Bunker *m*, bombensicherer 'Unterstand; **3.** *Golf*: Bunker *m* (*Hindernis*), **II** *v/t.* **4.** ⚓ bunkern; **5.** *Golf*: *Ball* in e-n Bunker schlagen; **'bunk·ered** [-əd] *adj.* F in der Klemme.

bun·kum ['bʌŋkəm] *s.* ‚Blech' *n*, Blödsinn *m*, Quatsch *m*.

bun·ny ['bʌnɪ] *s.* Häs-chen *n* (*a.* F *süßes Mädchen*).

bun·ting¹ ['bʌntɪŋ] *s.* **1.** Flaggentuch *n*; **2.** *coll.* Flaggen *pl.*

bun·ting² ['bʌntɪŋ] *s. orn.* Ammer *f*.

buoy [bɔɪ] **I** *s.* **1.** ⚓ Boje *f*, Bake *f*, Seezeichen *n*; **II** *v/t.* **2.** *a.* **~ out** *Fahrrinne* durch Bojen markieren; **3.** *mst* **~ up** flott erhalten; **4.** *fig.* Auftrieb geben (*dat.*), beleben: **~ed up** hoffnungsvoll; **buoy·an·cy** ['bɔɪənsɪ] *s.* **1.** *phys.* Schwimm-, Tragkraft *f*; **2.** ✈ Auftrieb *m* (*a. fig.*); **3.** *fig.* Schwung *m*, Spann-, Lebenskraft *f*; **buoy·ant** ['bɔɪənt] *adj.* □ **1.** schwimmend, tragend (*Wasser etc.*); **2.** *fig.* schwungvoll, lebhaft; **3.** ✝ steigend; lebhaft.

bur [bɜ:] *s.* **1.** ⚘ Klette *f* (*a. fig.*): **cling to s.o. like a ~** *fig.* wie e-e Klette an j-m hängen; **2.** → **burr¹** I.

bur·ble ['bɜ:bl] **I** *v/i.* **1.** brodeln, sprudeln; **2.** plappern; **II** *s.* **3.** ⚙, ✈ Wirbel *m*.

bur·bot ['bɜ:bət] *s. ichth.* Quappe *f*.

bur·den¹ [bɜ:dn] *s.* **1.** Re'frain *m*, Kehrreim *m*; **2.** Hauptgedanke *m*, Kern *m*.

bur·den² ['bɜ:dn] **I** *s.* **1.** Last *f*, Ladung *f*; **2.** *fig.* Last *f*, Bürde *f*, (*a.* finanzi'elle) Belastung, Druck *m*: **~ of proof** ⚖ Beweislast; **~ of years** Last der Jahre; **he is a ~ on me** er fällt mir zur Last; **3.** ⚙ Traglast *f*; **4.** ⚓ Tragfähigkeit *f*; Ladung *f*; **II** *v/t.* **5.** belasten: **~ s.o. with s.th.** j-m et. aufbürden; **'bur·den·some** [-səm] *adj.* lästig, drückend.

bur·dock ['bɜ:dɒk] *s.* ⚘ Große Klette.

bu·reau ['bjʊərəʊ] *pl.* **-reaus, -reaux** [-rəʊz] *s.* **1.** Bü'ro *n*; Geschäfts-, Amtszimmer *n*; **2.** Behörde *f*; **3.** *Brit.* Schreibpult *n*; **4.** *Am.* ('Spiegel)Komˌmode *f*; **bu·reauc·ra·cy** [bjʊə'rɒkrəsɪ] *s.* **1.** Bürokra'tie *f*; **2.** *coll.* Beamtenschaft *f*; **'bu·reau·crat** [-əʊkræt] *s.* Bü-

ro'krat *m*; **bu·reau·crat·ic** [ˌbjʊərəʊ'krætɪk] *adj.* (□ **~ally**) büro'kratisch; **bu·reauc·ra·tize** [bjʊə'rɒkrətaɪz] *v/t.* bürokratisieren.
bu·rette [bjʊə'ret] *s.* ⚗ Bü'rette *f.*
burg [bɜ:g] *s. Am.* F Stadt *f.*
bur·geon ['bɜ:dʒən] **I** *s.* ⚘ Knospe *f*; **II** *v/i.* knospen, (her'vor)sprießen (*a. fig.*).
bur·gess ['bɜ:dʒɪs] *s. hist.* **1.** Bürger *m*; **2.** Abgeordnete(r) *m.*
burgh ['bʌrə] *s. Scot.* Stadt *f* (= *Brit.* **borough**); **burgh·er** ['bɜ:gə] *s.* **1.** (konserva'tiver) Bürger; **2.** Städter *m.*
bur·glar ['bɜ:glə] *s.* Einbrecher: **we had ~s last night** bei uns wurde letzte Nacht eingebrochen; **~ a·larm** *s.* A'larmanlage *f.*
bur·glar·i·ous [bɜ:'gleərɪəs] *adj.* □ Einbruchs…, einbrecherisch; **bur·glar·ize** ['bɜ:gləraɪz] → **burgle**.
'bur·glar-proof *adj.* einbruchsicher.
bur·gla·ry ['bɜ:glərɪ] *s.* (nächtlicher) Einbruch; Einbruchdiebstahl *m*; **bur·gle** ['bɜ:gl] *v/t.* einbrechen in (*acc.*).
bur·go·mas·ter ['bɜ:gəʊˌmɑ:stə] *s.* Bürgermeister *m* (*in Deutschland, Holland etc.*).
bur·gun·dy ['bɜ:gəndɪ] *s. a.* **~ wine** Bur'gunder *m.*
bur·i·al ['berɪəl] *s.* **1.** Begräbnis *n*, Beerdigung *f*; **2.** Leichenfeier *f*; **3.** Ein-, Vergraben *n*; **~ ground** *s.* Begräbnisplatz *m*, Friedhof *m*; **~ mound** *s.* Grabhügel *m*; **~ place** *s.* Grabstätte *f*; **~ ser·vice** *s.* Trauerfeier *f.*
burke [bɜ:k] *v/t. fig.* a) vertuschen, b) vermeiden.
bur·lap ['bɜ:læp] *s.* Sackleinwand *f*, Rupfen *m*, Juteleinen *n.*
bur·lesque [bɜ:'lesk] **I** *adj.* **1.** bur'lesk, possenhaft; **II** *s.* **2.** Bur'leske *f*, Posse *f*; **3.** *Am.* Varie'té *n.*
bur·ly ['bɜ:lɪ] *adj.* stämmig.
Bur·man ['bɜ:mən] *s.* Bir'mane *m*, Bir'manin *f*; **Bur·mese** [ˌbɜ:'mi:z] **I** *adj.* bir'manisch; **II** *s.* a) → **Burman**, b) Bir'manen *pl.*
burn[1] [bɜ:n] **I** *s.* **1.** verbrannte Stelle; **2.** Brandwunde *f*, -mal *n*; **II** *v/i.* [*irr.*] **3.** (ver)brennen, in Flammen stehen, in Brand geraten: **the house is ~ing** das Haus brennt; **the stove ~s well** der Ofen brennt gut; **all the lights were ~ing** alle Lichter brannten; **4.** *fig.* (ent)brennen, dar'auf brennen (**to** *inf.* zu *inf.*): **~ing with anger** wutentbrannt; **~ing with love** von Liebe entflammt; **5.** an-, verbrennen, versengen: **the meat is ~t** das Fleisch ist angebrannt; **6.** brennen (*Gesicht, Zunge etc.*); **7.** verbrannt werden, in den Flammen 'umkommen; → 9; **III** *v/t.* [*irr.*] **8.** (ver)brennen: **our boiler ~s coke**; **his house was ~t** sein Haus brannte ab; **9.** ver-, anbrennen, versengen, durch Feuer *od.* Hitze verletzen: **~ a hole** ein Loch brennen; **the soup is ~t** die Suppe ist angebrannt; **I have ~t my fingers** ich habe mir die Finger verbrannt (*a. fig.*); **~ to death** verbrennen; → 7; **10.** ⚙ *Porzellan*, (*Holz*)*Kohle*, *Ziegel* brennen; **~ down** *v/t. u. v/i.* ab-, niederbrennen; **~ out I** *v/i.* ausbrennen; ⚡ 'durchbrennen; **II** *v/t.* ausbrennen, -räuchern: **~ o.s. out** *fig.* sich kaputtmachen *od.* völlig verausgaben; **~ up I** *v/t.* **1.** ganz verbrennen; **2.** *Am.* F *j-n* wütend machen; **II** *v/i.* **3.** auflodern; **4.** a) ab-, aus-, verbrennen, b) verglühen (*Rakete etc.*).
burn[2] [bɜ:n] *s. Scot.* Bach *m.*
burn·er ['bɜ:nə] *s.* Brenner *m* (*Person u. Gerät*): **gas-~**.
burn·ing ['bɜ:nɪŋ] *adj.* brennend, heiß, glühend (*a. fig.*): **a ~ question** e-e brennende Frage; **~ glass** *s.* Brennglas *n.*
bur·nish ['bɜ:nɪʃ] **I** *v/t.* **1.** polieren, blank reiben; **2.** ⚙ brünieren; **II** *v/i.* **3.** blank *od.* glatt werden; **'bur·nish·er** [-ʃə] *s.* Polierer *m*, Brünierer *m*;
bur·nouse [bɜ:'nu:z] *s.* 'Burnus *m.*
'burn·out *s.* **1.** ⚡ 'Durchbrennen *n*; **2.** Brennschluß *m* (*e-r Rakete*).
burnt| al·monds [bɜ:nt] *s. pl.* gebrannte Mandeln *pl.*; **~ lime** *s.* ⚙ gebrannter Kalk; **~ of·fer·ing** *s. bibl.* Brandopfer *n.*
burp [bɜ:p] **I** rülpsen, aufstoßen, ein ‚Bäuerchen' machen (*Baby*); **II** *v/t. Baby* ein ‚Bäuerchen' machen lassen.
burr[1] [bɜ:] **I** *s.* **1.** ⚙ Grat *m* (*rauhe Kante*); **2.** ⚙ Schleif-, Mühlstein *m*; **3.** ⚕ (Zahn)Bohrer *m*; **II** *v/t.* **4.** ⚙ abgraten.
burr[2] [bɜ:] **I** *s.* **1.** Zäpfchenaussprache *f* des R; **II** *v/t. u. v/i.* **2.** (das R) schnarren; **3.** undeutlich sprechen.
burr[3] [bɜ:] → **bur** 1.
'burr-drill *s.* ⚙, ⚕ Drillbohrer *m.*
bur·row ['bʌrəʊ] **I** *s.* **1.** (*Fuchs- etc.*)Bau *m*, Höhle *f*; **II** *v/i.* **2.** sich eingraben; **3.** *fig.* sich verkriechen *od.* verbergen; sich vertiefen (**into** in *acc.*); **III** *v/t.* **4.** *Bau* graben.
bur·sar ['bɜ:sə] *s. univ.* **1.** 'Quästor *m*, Fi'nanzverwalter *m*; **2.** Stipendi'at *m*; **'bur·sa·ry** [-ərɪ] *s. univ.* **1.** Quä'stur *f*; **2.** Sti'pendium *n.*
bur·si·tis [bɜ:'saɪtɪs] *s.* ⚕ Schleimbeutelentzündung *f.*
burst [bɜ:st] **I** *v/i.* [*irr.*] **1.** bersten, (auf- *od.* zer)platzen, (auf-, zer)springen; explodieren; sich entladen (*Gewitter*); aufspringen (*Knospe*); aufgehen (*Geschwür*): **~ open** aufplatzen, -springen; **2. ~ in** (**out**) herein-(hinaus)stürmen: **~ in** (**up**)**on** a) hereinplatzen bei *j-m*, b) sich einmischen in (*acc.*); **3.** *fig.* ausbrechen, her'ausplatzen: **~ into tears** in Tränen ausbrechen; **~ into laughter**, **~ out laughing** in Gelächter ausbrechen; **~ out** herausplatzen (*sagen*); **4.** *fig.* platzen, bersten (**with** vor *dat.*); gespannt sein, brennen: **~ with envy** vor Neid platzen; **I am ~ing to tell you** ich brenne darauf, es dir zu sagen; **5.** zum Bersten voll sein (**with** von): **a larder ~ing with food**; **~ with health** (**energy**) vor Gesundheit (Kraft) strotzen; **6.** *a.* **~ up** zs.-brechen, bank'rott gehen; **7.** plötzlich sichtbar werden: **~ into view**; **~ forth** hervorbrechen, -sprudeln; **~ upon s.o.** j-m plötzlich klarwerden; **II** *v/t.* [*irr.*] **8.** sprengen, auf-, zerbrechen, zum Platzen bringen (*a. fig.*): **~ open** sprengen, aufbrechen; **I have ~ a bloodvessel** mir ist e-e Ader geplatzt; **the river ~ its banks** a) der Fluß trat über die Ufer, b) der Fluß durchbrach die Dämme; **the car ~ a tyre** ein Reifen am Wagen platzte; **~ one's sides with laughter** sich vor Lachen ausschütten; **9.** *fig.* zum Scheitern bringen, auffliegen lassen, ruinieren; **III** *s.* **10.** Bersten *n*, Platzen *n*, Explosi'on *f*; ⚔ Feuerstoß *m* (*Maschinengewehr*); Auffliegen *n*, Ausbruch *m*: **~ of laughter** Lachsalve *f*; **~ of applause** Beifallssturm *m*; **~ of hospitality** plötzliche Anwandlung von Gastfreundschaft; **11.** Bruch *m*, Riß *m*, Sprung *m* (*a. fig.*); **12.** plötzliches Erscheinen; **13.** *sport* (Zwischen)Spurt *m.*
'burst-up *s. sl.* **1.** Bank'rott *m*, Zs.-bruch *m*, Pleite *f*; **2.** Krach *m*, Streit *m*; **3.** Saufe'rei *f.*
bur·y ['berɪ] *v/t.* **1.** begraben, beerdigen; **2.** ein-, vergraben, verschütten, versenken (*a. fig.*): **buried cable** ⚙ Erdkabel *n*; **3.** verbergen; **4.** *fig.* begraben, vergessen; **5. ~ o.s.** sich verkriechen; *fig.* sich vertiefen.
bus [bʌs] **I** *pl.* **'bus·es** [-sɪz] *s.* **1.** Omnibus *m*, (Auto)Bus *m*: **miss the ~** F den Anschluß (*Gelegenheit*) verpassen; **2.** *sl.* ‚Kiste' *f* (*Auto od. Flugzeug*); **II** *v/i.* **3.** *a.* **~ it** mit dem Omnibus fahren; **III** *v/t.* **4.** mit dem Bus transportieren; **~ bar** *s.* ⚡ Sammel-, Stromschiene *f*; **~ boy** *s. Am.* 'Pikkolo *m*, Hilfskellner *m.*
bus·by ['bʌzbɪ] *s.* ⚔ Bärenmütze *f.*
bush[1] [bʊʃ] *s.* **1.** Busch *m*, Strauch *m*: **beat about the ~** *fig.* wie die Katze um den heißen Brei herumgehen, um die Sache herumreden; **2.** Gebüsch *n*, Dikkicht *n*; **3.** Busch *m*, Urwald *m*; **4.** (Haar)Schopf *m.*
bush[2] [bʊʃ] *s.* ⚙ Lagerfutter *n.*
bushed [bʊʃt] *adj.* ‚erledigt', erschöpft.
bush·el[1] ['bʊʃl] *s.* Scheffel *m* (*36,37 l*); → **light**[1] 1.
bush·el[2] ['bʊʃl] *v/t. Am. Kleidung* ausbessern, flicken, ändern.
'bush|-ˌfight·er *s.* Gue'rillakämpfer *m*; **~ league** *s. bsd. Baseball*: *Am.* F a) untere Spielklasse, b) Pro'vinzliga *f*; **'~-league** *adj. Am.* F Schmalspur…; Provinz…; **'~·man** [-mən] *s.* [*irr.*] **1.** Buschmann *m*; **2.** 'Hinterwäldler *m.*
bush·y ['bʊʃɪ] *adj.* buschig.
busi·ness ['bɪznɪs] *s.* **1.** Geschäft *n*, Tätigkeit *f*, Arbeit *f*, Beruf *m*, Gewerbe *n*: **what is his ~?** was ist er von Beruf?; → *a.* 5; **on ~** beruflich, geschäftlich; **~ of the day** Tagesordnung *f*; **2.** a) Handel *m*, Kaufmannsberuf *m*, Geschäftsleben *n*, b) *a.* **~ activity** Ge'schäftsvoˌlumen *n*, 'Umsatz *m*: **go into ~** Kaufmann werden; **be in ~** Kaufmann sein; **go out of ~** das Geschäft *od.* den Beruf aufgeben; **do good ~** (**with**) gute Geschäfte machen (mit); **lose ~** Kundschaft *od.* Aufträge verlieren; **~ as usual!** nichts Besonderes!; → **big** 1; **3.** Geschäft *n*, Firma *f*, Unter'nehmen *n*, Laden *m*, Ge'schäftsloˌkal *n*; **4.** Aufgabe *f*, Pflicht *f*; Recht *n*: **make it one's ~** (**to** *inf.*) es sich zur Aufgabe machen (zu *inf.*); **have no ~** (**to** *inf.*) kein Recht haben (zu *inf.*); **what ~ had you** (**to** *inf.*)**?** wie kamst du dazu (zu *inf.*)?; **send s.o. about his ~** j-m heimleuchten; **he means ~** er meint es ernst; **5.** Sache *f*, Angelegenheit *f*: **that is none of your ~** das geht dich nichts an; **mind your own ~** kümmere dich um d-e eigenen Angelegenheiten; **what is your ~?** was ist dein Anliegen?; → *a.* 1; **what a ~ it is!** das ist ja e-e schreckliche Geschich-

te!; ***like nobody's ~*** F ‚wie nichts', ‚ganz toll'; ***get down to ~*** zur Sache kommen; ~ **ad·dress** *s.* Ge'schäftsa₁dresse *f*; ~ **ad·min·is·tra·tion** → ***business economics***; ~ **al·low·ance** *s.* Werbungskosten *pl.*; ~ **cap·i·tal** *s.* Be'triebskapi₁tal *n*; ~ **card** *s.* Geschäftskarte *f*; ~ **col·lege** *s.* Wirtschaftsoberschule *f*; ~ **con·sult·ant** *s.* Betriebsberater *m*; ~ **cy·cle** *s.* Konjunk'tur(zyklus *m*) *f*; ~ **e·co·nom·ics** *s. pl. sg. konstr. Brit.* Betriebswirtschaft (-slehre) *f*; ~ **end** *s.* F wesentlicher Teil, *z.B.* Spitze *f e-s Bohrers od. Dolches*, Mündung *f e-s Gewehres*; ~ **hours** *s. pl.* Geschäftsstunden *pl.*, -zeit *f*; ~ **let·ter** *s.* Geschäftsbrief *m*; '~**·like** *adj.* **1.** geschäftsmäßig, sachlich, nüchtern; **2.** (geschäfts)tüchtig; ~ **lunch** *s.* Arbeitsessen *n*; '~**·man** *s.* [*irr.*] Geschäfts-, Kaufmann *m*; ~ **prac·tic·es** *s. pl.* Geschäftsmethoden *pl.*, -gebaren *n*; ~ **prem·is·es** *s. pl.* Geschäftsräume *pl.*; ~ **re·search** *s.* Konjunk'turforschung *f*; ~ **suit** *Am.* → ***lounge suit***; ~ **trip** *s.* Geschäfts-, Dienstreise *f*; '~₁**wom·an** *s.* [*irr.*] Geschäftsfrau *f*; ~ **year** *s.* Geschäftsjahr *n*.

busk[1] [bʌsk] *s.* Kor'settstäbchen *n*.

busk[2] [bʌsk] *v/i. Brit.* F auf der Straße musizieren *etc.*; '**busk·er** [-kə] *s. Brit.* 'Straßenmusi₁kant *m od.* -akro₁bat *m*.

bus·kin ['bʌskɪn] *s.* **1.** Halbstiefel *m*; **2.** Ko'thurn *m*; **3.** *fig.* Tra'gödie *f*.

'**bus·man** [-mən] *s.* [*irr.*] Omnibusfahrer *m*: ~***'s holiday*** mit der üblichen Berufsarbeit verbrachter Urlaub.

bus·sing ['bʌsɪŋ] *s. Am. Beförderung von Schülern mit Bussen in andere Schulen, um Rassenintegration zu erreichen.*

bust[1] [bʌst] *s.* Büste *f*: a) Brustbild *n*, Kopf *m* (*aus Marmor, Bronze etc.*), b) *anat.* Busen *m*.

bust[2] [bʌst] *sl.* **I** *v/i.* **1.** *oft* ~ ***up*** ‚ka'puttgehen', ‚eingehen', ✝ *a.* ‚pleite' gehen; **2.** ‚auffliegen', ‚platzen'; **II** *v/t.* **3.** ‚ka'puttmachen': a) sprengen, b) ruinieren; **4.** ‚auffliegen' lassen, zerschlagen; **5.** *Am.* ‚knallen', hauen; **6.** einbrechen in (*acc.*); **7.** einsperren; **8.** ⚔ degradieren; **III** *s.* **9.** Sauftour *f*: ***go on the ~*** ‚einen draufmachen'; **10.** ‚Pleite' *f*, Bank'rott *m*; **11.** Razzia *f*; **IV** *adv.* **12.** ***go ~*** → 1.

bus·tard ['bʌstəd] *s. orn.* Trappe *f*.

bust·er ['bʌstə] *s.* **1.** *sl.* a) ‚Mordsding' *n*, b) Kerl *m*, Bursche *m*, ‚Kumpel' *m*; **2.** *in Zssgn* …knacker *m*: ***safe ~*** Geldschrankknacker; **3.** → ***bust***[2] 9.

bus·tle[1] ['bʌsl] *s. hist.* Tur'nüre *f*.

bus·tle[2] ['bʌsl] **I** *v/i. a.* ~ ***about*** geschäftig hin u. her rennen, ‚her'umfuhrwerken', hasten, sich tummeln; **II** *v/t.* ~ ***up*** hetzen; **III** *s.* Geschäftigkeit *f*, geschäftiges Treiben, Getriebe *n*, Gewühl *n*; Gehetze *n*; Getue *n*; '**bus·tler** [-lə] *s.* geschäftiger Mensch; '**bus·tling** [-lɪŋ] *adj.* geschäftig.

'**bust-up** *s.* F ‚Krach' *m*.

bus·y ['bɪzɪ] **I** *adj.* ☐ **1.** beschäftigt, tätig: ***be ~ packing*** mit Packen beschäftigt sein; ***get ~*** F sich ‚ranmachen'; **2.** geschäftig, rührig, fleißig: ***as ~ as a bee*** bienenfleißig; **3.** belebt (*Straße etc.*); ereignis-, arbeitsreich (*Zeit*); **4.** auf-, zudringlich; **5.** *teleph. Am.* besetzt (*Leitung*): ~ ***signal*** Besetztzeichen *n*; **II** *v/t.* **6.** (***o.s.*** sich) beschäftigen (***with, in, at, about*** *ger.* mit); '~₁**bod·y** *s.* ‚Gschaftlhuber' *m*, 'Übereifrige(r) *m*, Wichtigtuer *m*.

bus·y·ness ['bɪzɪnɪs] *s.* Geschäftigkeit *f*.

but [bʌt; bət] **I** *cj.* **1.** aber, je'doch, sondern: ***small ~ select*** klein, aber fein; ***I wished to go ~ I couldn't*** ich wollte gehen, aber ich konnte nicht; ***not only … ~ also*** nicht nur …, sondern auch; **2.** außer, als: ***what could I do ~ refuse*** was blieb mir übrig, als abzulehnen; ***he couldn't ~ laugh*** er mußte einfach lachen; **3.** ohne daß: ***justice was never done ~ someone complained***; **4.** ~ ***that*** a) wenn nicht: ***I would do it ~ that I am busy***, b) daß: ***you cannot deny ~ that it was you***, c) daß nicht: ***I am not so stupid ~ that I can learn it*** ich bin nicht so dumm, daß ich es nicht lernen könnte; **5.** ~ ***then*** andererseits, immer'hin; **6.** ~ ***yet***, ~ ***for all that*** (aber) trotzdem; **II** *prp.* **7.** außer: ~ ***that*** außer daß; ***all ~ me*** alle außer mir; → 13; ***anything ~ clever*** alles andere als klug: ***the last ~ one*** der vorletzte; ***the last ~ two*** der drittletzte; **8.** ~ ***for*** ohne, wenn nicht: ~ ***for the war*** ohne den Krieg, wenn der Krieg nicht (gewesen *od.* gekommen) wäre; **III** *adv.* **9.** nur, bloß: ~ ***a child***; ***I did ~ glance*** ich blickte nur flüchtig hin; ~ ***once*** nur 'einmal; **10.** erst, gerade: ***he left ~ an hour ago***; **11.** immerhin, wenigstens: ***you can ~ try***; **12.** ***nothing ~, none ~*** nur; **13.** ***all ~*** fast: ***he all ~ died*** er wäre fast gestorben; → 7; **IV** *neg. rel. pron.* **14.** ***few of them ~ rejoiced*** es gab wenige, die sich nicht freuten; **V** *s.* **15.** Aber *n*; → ***if*** 5.

bu·tane ['bju:teɪn] *s.* ⚗ Bu'tan *n*.

butch·er ['bʊtʃə] **I** *s.* **1.** Fleischer *m*, Schlachter *m*, Metzger *m*: ~***'s meat*** Schlachtfleisch *n*; **2.** *fig.* Mörder *m*, Schlächter *m*; **3.** 🚂 *Am.* (Süßwaren- *etc.*)Verkäufer *m*; **II** *v/t.* **4.** schlachten; **5.** *fig.* morden, abschlachten; '**butch·er·ly** [-lɪ] *adj.* blutdürstig; '**butch·er·y** [-ərɪ] *s.* **1.** Schlachterhandwerk *n*; **2.** Schlachthaus *n*, -hof *m*; **3.** *fig.* Gemetzel *n*.

but·ler ['bʌtlə] *s.* **1.** Butler *m*; **2.** Kellermeister *m*.

butt [bʌt] **I** *s.* **1.** (dickes) Ende (*e-s Werkzeugs etc.*); **2.** (*Gewehr*)Kolben *m*; **3.** (*Zigaretten- etc.*)Stummel *m*; **4.** ⚘ unteres Ende (*von Stiel od. Stamm*); **5.** ⚙ Stoß *m*; → ***butt joint***; **6.** ⚔ Kugelfang *m*; *pl.* Schießstand *m*; **7.** *fig.* Zielscheibe *f* (*des Spottes etc.*); **8.** (Kopf- *etc.*)Stoß *m*; **9.** *sl.* ‚Hintern' *m*; **II** *v/t.* **10.** (*bsd.* mit dem Kopf) stoßen; **11.** ⚙ anein'anderfügen; **III** *v/i.* **12.** (an-) stoßen, angrenzen (***on, against*** an *acc.*); **13.** ~ ***in*** F sich einmischen: ~ ***in on***, ~ ***into*** sich einmischen in (*acc.*); ~ **end** *s.* **1.** (Gewehr)Kolben *m*; **2.** dickes Endstück; Ende *n*.

but·ter ['bʌtə] **I** *s.* **1.** Butter *f*: ***melted ~*** zerlassene Butter; ***he looks as if ~ would not melt in his mouth*** er sieht aus, als könnte er nicht bis drei zählen; **2.** (*Erdnuß-, Kakao- etc.*)Butter *f*; **3.** F ‚Schmus' *m*, Schmeiche'lei(en *pl.*) *f*; **II** *v/t.* **4.** mit Butter bestreichen *od.* zubereiten; **5.** ~ ***up*** F *j-n* ‚einwickeln', *j-m* schmeicheln; ~ **bean** *s.* ⚘ Wachsbohne *f*; ~ **churn** *s.* Butterfaß *n* (*zum Buttern*); '~**·cup** *s.* ⚘ Butterblume *f*; ~ **dish** *s.* Butterdose *f*; '~₁**fin·gers** *s. pl. sg. konstr.* F Tolpatsch *m*, ‚Tapps' *m*.

but·ter·fly ['bʌtəflaɪ] *s.* **1.** *zo.* Schmetterling *m* (*a. fig. flatterhafter Mensch*); **2.** *sport a.* ~ ***stroke*** Schmetterlingsstil *m*; ~ **nut** *s.* ⚙ Flügelmutter *f*; ~ **valve** *s.* ⚙ Drosselklappe *f*.

but·ter·ine ['bʌtəri:n] *s.* Kunstbutter *f*.

'**but·ter**|**·milk** *s.* Buttermilch *f*; '~**·scotch** *s.* Kara'melbon₁bon *m, n*.

but·ter·y ['bʌtərɪ] **I** *adj.* **1.** butterartig, Butter…; **2.** F schmeichlerisch; **II** *s.* **3.** Speisekammer *f*; **4.** *Brit. univ.* Kan'tine *f*.

butt joint *s.* ⚙ Stoßfuge *f*, -verbindung *f*.

but·tock ['bʌtək] *s.* **1.** *anat.* 'Hinterbakke *f*; *mst pl.* 'Hinterteil *n*, Gesäß *n*; **2.** *Ringen*: Hüftschwung *m*.

but·ton ['bʌtn] **I** *s.* **1.** (Kleider)Knopf *m*: ***not worth a ~*** keinen Pfifferling wert; ***not to care a ~ (about)*** F sich nichts machen (aus); ***a ~ short*** F ‚leicht beknackt'; (***boy in***) ~***s*** (Hotel)Page *m*; ***take by the ~*** a) *j-n* fest-, aufhalten, b) sich *j-n* vorknöpfen; **2.** (*Klingel-, Licht- etc.*)Knopf *m*; → ***press*** 2; **3.** Knopf *m* (*Gegenstand*), *z.B.* a) Abzeichen *n*, Pla'kette *f*, b) (Mikro'phon)Kapsel *f*; **4.** ⚘ Knospe *f*, Auge *n*; **5.** *sport sl.* ‚Punkt' *m*, Kinnspitze *f*; **II** *v/t.* **6.** *a.* ~ ***up*** (zu-) knöpfen: ~ ***one's mouth*** den Mund halten; ~***ed up*** *fig.* a) ‚zugeknöpft' (*Person*), b) ‚in der Tasche', unter Dach und Fach (*Sache*); **III** *v/i.* **7.** sich knöpfen lassen, geknöpft werden; '~**·hole I** *s.* **1.** Knopfloch *n*; **2.** *Brit.* Knopflochsträußchen *n*, Blume *f* im Knopfloch; **II** *v/t.* **3.** *j-n* festhalten (u. auf ihn einreden); **4.** mit Knopflöchern versehen.

but·tress ['bʌtrɪs] **I** *s.* **1.** ⚠ Strebepfeiler *m*, -bogen *m*; **2.** Stütze *f* (*a. fig.*); **II** *v/t. a.* ~ ***up*** **3.** (durch Strebepfeiler) stützen; **4.** *fig.* stützen.

'**butt-weld** *v/t.* ⚙ stumpfschweißen.

bu·tyl ['bju:tɪl] *s.* ⚗ Bu'tyl *n*.

bu·tyr·ic [bju:'tɪrɪk] *adj.* ⚗ Butter…

bux·om ['bʌksəm] *adj.* drall.

buy [baɪ] **I** *s.* **1.** F Kauf *m*, *das* Gekaufte: ***a good ~*** ein günstiger Kauf; **II** *v/t.* [*irr.*] **2.** (an-, ein)kaufen (***of, from*** von, ***at*** bei): ***money cannot ~ it*** es ist für Geld nicht zu haben; ~***ing power*** (überschüssige) Kaufkraft; **3.** *fig.* erkaufen: ***dearly bought*** teuer erkauft; **4.** *j-n* kaufen, bestechen; **5.** loskaufen, auslösen; **6.** *Am. sl. et.* ‚abkaufen', glauben; **7.** ~ ***it*** *Brit. sl.* ‚dran glauben müssen'; **III** *v/i.* [*irr.*] **8.** kaufen; **9.** ~ ***into*** ✝ sich einkaufen in (*acc.*);

Zssgn mit adv.:

buy| **in** *v/t.* **1.** sich eindecken mit; **2.** (*auf Auktionen*) zu'rückkaufen; **3.** ***buy o.s. in*** ✝ sich einkaufen; ~ **off** *v/t.* → ***buy*** 4; ~ **out** *v/t.* **1.** *Teilhaber etc.* auszahlen, abfinden; **2.** *Firma etc.* aufkaufen; ~ **o·ver** *v/t.* → ***buy*** 4; ~ **up** *v/t.* aufkaufen.

buy·er ['baɪə] *s.* **1.** Käufer(in), Abnehmer(in): ~***-up*** Aufkäufer; ~***s' market*** ✝ Käufermarkt *m*; ~***s' strike*** Käuferstreik *m*; **2.** ✝ Einkäufer(in).

buy-out ['baɪaʊt] *s. a.* ***management ~***

Aufkauf *m* e-r Firma durch deren Manager (*der so neuer Eigentümer wird*).

buzz [bʌz] **I** *v/i.* **1.** summen, brummen, surren, schwirren: **~ about** (*od.* **around**) herumschwirren (*a. fig.*); **~ing with excitement** in heller Aufregung; **~ off** *sl.* ‚abschwirren', ‚abhauen'; **2.** säuseln, sausen; **3.** murmeln, durcheinˈanderreden; **II** *v/t.* **4.** F a) *j-n* mit dem Summer rufen, b) *teleph. j-n* anrufen; **5.** ✈ a) in geringer Höhe überˈfliegen, b) (bedrohlich) anfliegen; **III** *s.* **6.** Summen *n*, Brummen *n*, Schwirren *n*; **7.** Stimmengewirr *n*; **8.** Gerücht *n*.

buz·zard [ˈbʌzəd] *s. orn.* Bussard *m*.

buzz·er [ˈbʌzə] *s.* **1.** Summer *m*, *bsd.* summendes Inˈsekt; **2.** Summer *m*, Summpfeife *f*; **3.** ⚡ Summer *m*; **4.** ⚔ a) ˈFeldteleˌgraph *m*, b) *sl.* Telegraˈphist *m*; **5.** *Am. sl.* Poliˈzeimarke *f*.

buzz saw *s. Am.* Kreissäge *f*.

by [baɪ] **I** *prp.* **1.** (*Raum*) (nahe) bei *od.* an (*dat.*), neben (*dat.*): **~ the window** beim *od.* am Fenster; **2.** durch (*acc.*), über (*acc.*), via, an (*dat.*) … entlang *od.* vorˈbei: **he came ~ Park Road** er kam über *od.* durch die Parkstraße; **we drove ~ the park** wir fuhren am Park entlang; **~ land** zu Lande; **3.** (*Zeit*) während, bei: **~ day** bei Tage; **day ~ day** Tag für Tag; **~ lamplight** bei Lampenlicht; **4.** bis (zu *od.* um *od.* spätestens): **be here ~ 4.30** sei um 4 Uhr 30 hier; **~ the allotted time** bis zum festgesetzten Zeitpunkt; **~ now** nunmehr, inzwischen, schon; **5.** (*Urheber*) von, durch: **a book ~ Shaw** ein Buch von Shaw; **settled ~ him** durch ihn *od.* von ihm geregelt; **~ nature** von Natur (aus); **~ oneself** aus eigener Kraft, selbst, allein; **6.** (*Mittel*) durch, mit, vermittels: **~ listening** durch Zuhören; **driven ~ steam** mit Dampf betrieben; **~ rail** per Bahn; **~ letter** brieflich; **7.** gemäß, nach: **~ my watch it is now ten** nach m-r Uhr ist es jetzt zehn; **8.** (*Menge*) um, nach: **too short ~ an inch** um einen Zoll zu kurz; **sold ~ the metre** meterweise verkauft; **9.** ⅍ a) mal: **3** (**multiplied**) **~ 4**; **the size is 9 feet ~ 6** die Größe ist 9 mal 6 Fuß, b) durch: **6** (**divided**) **~ 2**; **10. ~ the way** *od.* **~ the ~(e)** übrigens; **II** *adv.* **11.** daˈbei: **close ~, hard ~** dicht dabei; **12. ~ and large** im großen u. ganzen; **~ and ~** demnächst, nach u. nach; **13.** vorˈbei, -ˈüber: **pass ~** vorübergehen; **14.** beiˈseite: **put ~**.

by- [baɪ] *Vorsilbe* **1.** Neben…, Seiten…; **2.** geheim.

bye [baɪ] **I** *s. sport* a) *Kricket*: durch einen vorˈbeigelassenen Ball ausgelöster Lauf, b) Freilos *n*: **draw a ~** ein Freilos ziehen; **II** *adj.* ˈuntergeordnet, Neben…

bye- → **by-**.

bye-bye I *s.* [ˈbaɪbaɪ] *Kindersprache*: ‚Heia' *f*, Bett *n*, Schlaf *m*; **II** *int.* [ˌbaɪˈbaɪ] F Wiedersehen!, Tschüs!

ˈbye-law → **bylaw**.

ˈby|-eˌlec·tion *s.* Ersatz-, Nachwahl *f*; **ˈ~·gone I** *adj.* vergangen; **II** *s. das* Vergangene: **let ~s be ~s** laß(t) das Vergangene ruhen; **ˈ~·law** *s.* **1.** Gemeindeverordnung *f*, -satzung *f*; **2.** *pl.* Staˈtuten *pl.*, Satzung *f*; **3.** ˈDurchführungsverordnung *f*; **ˈ~·line** *s.* **1.** 🚂 ˈNebenˌlinie *f*; **2.** Verfasserangabe *f* (*unter der Überschrift e-s Zeitungsartikels*); **3.** Nebenbeschäftigung *f*; **ˈ~·name** *s.* **1.** Beiname *m*; **2.** Spitzname *m*; **ˈ~·pass I** *s.* **1.** ˈUmleitung *f*, Umˈgehungsstraße *f*; **2.** Nebenleitung *f*; **3.** *Gasbrenner*: Dauerflamme *f*; **4.** ⚡ Nebenschluß *m*; **5.** ⚕ Bypass *m*; **II** *v/t.* **6.** ˈumleiten; **7.** umˈgehen (*a. fig.*); **8.** vermeiden, überˈgehen; **ˈ~·path** *s.* Seitenweg *m* (*a. fig.*); **ˈ~·play** *s. thea.* Nebenhandlung *f*; **ˈ~-ˌprod·uct** *s.* ˈNebenproˌdukt *n*, *fig. a.* Nebenerscheinung *f*.

byre [ˈbaɪə] *s. Brit.* Kuhstall *m*.

ˈby|·road *s.* Seiten-, Nebenstraße *f*; **ˈ~ˌstand·er** *s.* Zuschauer(in); **ˈ~·street** → **byroad**.

byte [baɪt] *s. Computer*: Byte *n*.

ˈby|·way *s.* **1.** Seiten-, Nebenweg *m*; **2.** *fig.* ˈNebenasˌpekt *m*; **ˈ~·word** *s.* **1.** Sprichwort *n*; **2.** (**for**) Inbegriff *m* (*gen.*), Musterbeispiel *n* (für); **3.** Schlagwort *n*.

By·zan·tine [bɪˈzæntaɪn] *adj.* byzanˈtinisch.

C

C, c [siː] *s.* **1.** C *n*, c *n* (*Buchstabe*); **2.** ♪ C *n*, c *n* (*Note*); **3.** *ped. Am.* Drei *f*, Befriedigend *n* (*Note*); **4.** *Am. sl.* ‚Hunderter' *m* (*Banknote*).

cab [kæb] **I** *s.* **1.** a) Droschke *f*, b) Taxi *n*; **2.** a) 🚂 Führerstand *m*, b) Führersitz *m* (*Lastauto*), c) Lenkerhäus-chen *n* (*Kran*); **II** *v/i.* **3.** mit e-r Droschke *od.* e-m Taxi fahren.

ca·bal [kəˈbæl] **I** *s.* **1.** Kaˈbale *f*, Inˈtrige *f*; **2.** Clique *f*, Klüngel *m*; **II** *v/i.* **3.** intrigieren, Ränke schmieden, sich verschwören.

cab·a·ret [ˈkæbəreɪ] *s.* **1.** (*a. politisches*) Kabaˈrett, Kleinkunstbühne *f*: **~ performer** Kabarettist(in); **2.** Restauˈrant *n od.* Nachtklub *m* mit Varieˈtédarbietungen.

cab·bage [ˈkæbɪdʒ] *s.* ⚘ **1.** Kohl(pflanze *f*) *m*: **become a ~** F verblöden, dahinvegetieren; **2.** Kohlkopf *m*; **~ but·ter·fly** *s. zo.* Kohlweißling *m*; **ˈ~·head** *s.* **1.** Kohlkopf *m*; **2.** F Dummkopf *m*; **ˈ~·white** → **cabbage butterfly**.

ca(b)·ba·la [kəˈbɑːlə] *s.* ˈKabbala *f*, Geheimlehre *f* (*a. fig.*).

cab·by [ˈkæbɪ] F → **cab driver**.

cab driv·er *s.* **1.** Droschkenkutscher *m*; **2.** Taxifahrer *m*.

ca·ber [ˈkeɪbə] *s. Scot.* Baumstamm *m*: **tossing the ~** Baumstammwerfen *n*.

cab·in [ˈkæbɪn] *s.* **1.** Häus-chen *n*, Hütte *f*; **2.** ⚓ Kaˈbine *f*, Kaˈjüte *f*; **3.** ✈ Kaˈbine *f*: a) Fluggastraum *m*, b) Kanzel *f*; **4.** *Brit.* 🚂 Stellwerk *n*; **~ boy** *s.* ⚓ Kaˈbinenˌsteward *m*; **~ class** *s.* ⚓ Kaˈjütenklasse *f*; **~ cruis·er** *s.* Kaˈbinenkreuzer *m*.

cab·i·net [ˈkæbɪnɪt] *s.* **1.** *oft* 2 *pol.* Kabiˈnett *n*: **~ council, ~ meeting** Kabinettssitzung *f*; **~ crisis** Regierungskrise *f*; **2.** (Schau-, Sammlungs-, *a.* Büˈro-, Karˈtei- *etc.*)Schrank *m*, (Wand-)Schränkchen *n*, Viˈtrine *f*; **3.** *Radio etc.*: Gehäuse *n*; **4.** *phot.* Kabiˈnettforˌmat *n*; **ˈ~ˌmak·er** *s.* **1.** Kunsttischler *m*; **2.** *humor.* Miˈnisterpräsiˌdent *m* bei der Regierungsbildung; **ˈ~ˌmak·ing** *s.* ˈKunsttischleˌrei *f*; 2 **Min·is·ter** *s. pol.* Kabiˈnettsmiˌnister *m*; **~ size** → **cabinet** 4.

cab·in scoot·er *s. mot.* Kaˈbinenroller *m*.

ca·ble [ˈkeɪbl] **I** *s.* **1.** Kabel *n*, Tau *n*, (Draht)Seil *n*; **2.** ⚓ Trosse *f*, Ankertau *n*, -kette *f*; **3.** ⚡ (Leitungs)Kabel *n*; **4.** → **cablegram**; **II** *v/t. u. v/i.* **5.** kabeln, telegraphieren; **~ car** *Seilbahn*: a) Kaˈbine *f*, b) Wagen *m*; **ˈ~·cast I** *v/t.* [*irr.* → **cast**] per Kabelfernsehen überˈtragen; **II** *s.* Sendung *f* im Kabelfernsehen.

ca·ble·gram [ˈkeɪblɡræm] *s.* Kabel *n*, (ˈÜbersee)Teleˌgramm *n*.

ca·ble rail·way *s.* **1.** Drahtseilbahn *f*; **2.** *Am.* Drahtseil-Straßenbahn *f*.

ca·blese [keɪˈbliːz] *s.* Teleˈgrammstil *m*.

ˈca·ble's-length [ˈkeɪblz-] *s.* ⚓ Kabellänge *f* (*100 Faden*).

ca·ble| tel·e·vi·sion *s.* Kabelfernsehen *n*; **ˈ~·way** *s.* Drahtseilbahn *f*.

ˈcab·man [-mən] *s.* [*irr.*] → **cab driver**.

ca·boo·dle [kəˈbuːdl] *s. sl.*: **the whole ~** a) der ganze Klimbim, b) die ganze Sippschaft.

ca·boose [kəˈbuːs] *s.* **1.** ⚓ Komˈbüse *f*, Schiffsküche *f*; **2.** 🚂 *Am.* Dienst-, Bremswagen *m*.

cab rank *s. Brit.* Taxi-, Droschkenstand *m*.

cab·ri·o·let [ˈkæbrɪəleɪ] *s. a. mot.* Kabrioˈlett *n*.

ca'can·ny [ˌkɑːˈkænɪ] *s. Scot.* ✝ Bummelstreik *m*.

ca·ca·o [kəˈkɑːəʊ] *s.* **1.** ⚘ *a.* **~-tree** Kaˈkaobaum *m*; **2.** Kaˈkaobohnen *pl.*; **~ bean** *s.* Kaˈkaobohne *f*; **~ but·ter** *s.* Kaˈkaobutter *f*.

cache [kæʃ] **I** *s.* geheimes (Waffen- *od.* Proviˈant- *etc.*)Lager, Versteck *n*; **II** *v/t.* verstecken.

ca·chet [ˈkæʃeɪ] *s.* **1.** a) Siegel *n*, b) *fig.* Stempel *m*, Merkmal *n*; **2.** ⚕ Kapsel *f*.

cack·le [ˈkækl] **I** *v/i.* gackern (*a. fig. lachen*), schnattern (*a. fig. schwatzen*); **II** *s.* (*a. fig.*) Gegacker *n*, Geschnatter *n*: **cut the ~!** F quatsch nicht!

ca·coph·o·nous [kæˈkɒfənəs] *adj.* ˈmißtönend; **caˈcoph·o·ny** [-nɪ] *s.* Kakophoˈnie *f* (*Mißklang*).

cac·tus [ˈkæktəs] *pl.* **-ti** [-taɪ], **-tus·es** *s.* ⚘ ˈKaktus *m*.

cad [kæd] *s.* **1.** ordiˈnärer Kerl; **2.** gemeiner Kerl.

ca·das·tral [kəˈdæstrəl] *adj.*: **~ survey** Katasteraufnahme *f*.

ca·dav·er·ous [kəˈdævərəs] *adj.* leichenhaft.

cad·die [ˈkædɪ] *s.* a) ˈCaddie *m* (*Golfjunge*), b) → **ˈ~-cart** *s.* ˈCaddie *m* (*Golfschlägerwagen*).

cad·dish [ˈkædɪʃ] *adj.* **1.** proˈletenhaft, **2.** gemein, niederträchtig.

cad·dy[1] → **caddie**.

cad·dy[2] [ˈkædɪ] *s.* Teedose *f*; **~ spoon** *s.* Tee-, Meßlöffel *m*.

ca·dence [ˈkeɪdəns] *s.* **1.** (ˈVers-, ˈSprech)ˌRhythmus *m*; **2.** ♪ Kaˈdenz *f*; **3.** Tonfall *m* (*am Satzende*); **ˈca·denced** [-st] *adj.* ˈrhythmisch.

ca·det [kəˈdet] *s.* **1.** ⚔ Kaˈdett *m*; **2.** (Poliˈzei- *etc.*)Schüler *m*; **3.** jüngerer Sohn *od.* Bruder; **4.** *in Zssgn a.* Nachwuchs…: **~ researcher, ~ nurse** Lernschwester *f*.

cadge [kædʒ] *v/i. u. v/t.* ‚schnorren'; **ˈcadg·er** [-dʒə] *s.* ‚Schnorrer' *m*, ‚Nassauer' *m*.

ca·di [ˈkɑːdɪ] *s.* Kadi *m*, Bezirksrichter *m* (*im Orient*).

cad·mi·um [ˈkædmɪəm] *s.* ⚗ ˈKadmium *n*; **ˈ~ˌplate** *v/t.* ⚙ kadmieren.

ca·dre [ˈkɑːdə] *s.* **1.** Kader *m*: a) ⚔ (Truppen)Stamm *m*, b) *pol.* Führungsgruppe *f*, c) ˈRahmenorganisatiˌon *f*; **2.** *fig.* Grundstock *m*.

ca·du·ce·us [kəˈdjuːsjəs] *pl.* **-ce·i** [-sjaɪ] *s.* Merˈkurstab *m* (*a. ärztliches Abzeichen*).

cae·cum [ˈsiːkəm] *s. anat.* Blinddarm *m*.

Cae·sar [ˈsiːzə] *s.* **1.** ˈCäsar *m* (*Titel römischer Kaiser*); **2.** Autoˈkrat *m*.

Cae·sar·e·an, Cae·sar·i·an [siːˈzeərɪən] *adj.* cäˈsarisch: **~ (operation** *od.* **section)** ⚕ Kaiserschnitt *m*.

Cae·sar·ism [ˈsiːzərɪzəm] *s.* Diktaˈtur *f*; Herrschsucht *f*.

cae·su·ra [siːˈzjʊərə] *s.* Zäˈsur *f*: a) (Vers)Einschnitt *m*, b) ♪ Ruhepunkt *m*.

ca·fé [ˈkæfeɪ] *s.* **1.** a) Caˈfé *n*, b) Restauˈrant *n*; **2.** *Am.* Bar *f*.

caf·e·te·ri·a [ˌkæfɪˈtɪərɪə] *s.* ˈSelbstbedienungsrestauˌrant *n*, Cafeteˈria *f*.

caf·fe·ine [ˈkæfiːn] *s.* ⚗ Koffeˈin *n*; **ˈ~-free** *adj.* koffeˈinfrei.

caf·tan [ˈkæftæn] *s.* ˈKaftan *m* (*a. Damenmode*).

cage [keɪdʒ] **I** *s.* **1.** Käfig *m* (*a. fig.*); (Vogel)Bauer *n*; **2.** Gefängnis *n* (*a. fig.*); **3.** Kriegsgefangenenlager *n*; **4.** Kaˈbine *f e-s Aufzuges*; **5.** ⚒ Förderkorb *m*; **6.** *a.* ⚠ Stahlgerüst *n*; **7.** a) *Baseball*: abgegrenztes Trainingsfeld, b) *Eishockey*: Tor *n*, c) *Basketball*: Korb *m*; **II** *v/t.* **8.** (in e-n Käfig) einsperren; **9.** *Eishockey*: *den Puck* ins Tor schießen; **~ aer·i·al** *s. Brit.*, **~ an·ten·na** *s. Am.* ⚡ ˈKäfiganˌtenne *f*.

ca·gey [ˈkeɪdʒɪ] *adj.* F **1.** verschlossen; **2.** vorsichtig, berechnend; **3.** ‚gerissen', schlau.

ca·hoot [kəˈhuːt] *s.*: **be in ~s (with)** F unter e-r Decke stecken (mit).

Cain [keɪn] *s.*: **raise ~** F Krach schlagen.

cairn [keən] *s.* **1.** Steinhaufen *m* (*als Grenz- od. Grabmal*); **2.** *mount.* Steinmann *m*; **3.** *a.* **~ terrier** *zo.* ˈCairn-ˌTerrier *m* (*Hund*).

cais·son [kəˈsuːn] *s.* **1.** ⚙ Caisˈson *m*, Senkkasten *m*; **2.** ⚔ Munitiˈonswagen *m*; **~ dis·ease** *s.* ⚕ Caisˈsonkrankheit *f*.

ca·jole [kəˈdʒəʊl] *v/t.* *j-m* schmeicheln *od.* schöntun; *j-n* beschwatzen, verleiten (**into** zu): **~ s.th. out of s.o.** j-m et.

abbetteln; **ca'jol·er·y** [-lərɪ] *s.* Schmeiche'lei *f*, gutes Zureden; Liebediene'rei *f*.

cake [keɪk] **I** *s.* **1.** Kuchen *m* (*a. fig.*): ***parcel out the ~*** *fig.* den (*finanziellen*) Kuchen verteilen; ***take the ~*** den Preis davontragen, *fig.* den Vogel abschießen; ***that takes the ~!*** F a) das ist (einsame) Spitze!, b) *contp.* das ist die Höhe!; ***be selling like hot ~s*** weggehen wie warme Semmeln; ***you can't eat your ~ and have it!*** du kannst nur eines von beiden tun *od.* haben!, entweder – oder!; ***~s and ale*** Lustbarkeit(en *pl.*) *f*, ‚süßes Leben'; **2.** Kuchen *m* (*Masse*); Tafel *f Schokolade*, Riegel *m Seife etc.*; **3.** (Schmutz- *etc.*)Kruste *f*; **II** *v/i.* **4.** zs.-backen, -ballen, verkrusten: ***~d with filth*** mit e-r Schmutzkruste (überzogen *od.* bedeckt); **~ mix** *s.* Backmischung *f*; **'~·walk** *s.* 'Cakewalk *m* (*Tanz*).

cal·a·bash ['kæləbæʃ] *s.* ⚘ Kale'basse *f*: a) Flaschenkürbis *m*, b) *daraus gefertigtes Trinkgefäß*.

ca·lam·i·tous [kə'læmɪtəs] *adj.* □ katastro'phal, unheilvoll, Unglücks...

ca·lam·i·ty [kə'læmətɪ] *s.* **1.** Unglück *n*, Unheil *n*, Kata'strophe *f*; **2.** Elend *n*, Mi'sere *f*; **~ howl·er** *s. bsd. Am.* Schwarzseher *m*, 'Panikmacher *m*; **♀ Jane** *s.* F Pechmarie *f*, Unglückswurm *m*.

cal·car·e·ous [kæl'keərɪəs] *adj.* ⚗ kalkartig, Kalk...; kalkhaltig.

cal·cif·er·ous [kæl'sɪfərəs] *adj.* ⚗ kalkhaltig; **cal·ci·fi·ca·tion** [ˌkælsɪfɪ'keɪʃn] *s.* **1.** ⚕ Verkalkung *f*; **2.** *geol.* Kalkablagerung *f*; **cal·ci·fy** ['kælsɪfaɪ] *v/t. u. v/i.* verkalken; **cal·ci·na·tion** [ˌkælsɪ'neɪʃn] *s.* ⚙ Kalzinierung *f*, Glühen *n*; **cal·cine** ['kælsaɪn] *v/t.* ⚙ kalzinieren, (aus)glühen, zu Asche verbrennen.

cal·ci·um ['kælsɪəm] *s.* ⚗ 'Kalzium *n*; **~ car·bide** *s.* ⚗ ('Kalzium)Karˌbid *n*; **~ chlo·ride** *s.* ⚗ Chlor'kalzium *n*; **~ light** *s.* Kalklicht *n*.

cal·cu·la·ble ['kælkjʊləbl] *adj.* berechenbar, kalkulierbar (*Risiko*).

cal·cu·late ['kælkjʊleɪt] **I** *v/t.* **1.** aus-, er-, berechnen; † kalkulieren; **2.** *mst pass.* berechnen, planen; → ***calculated***; **3.** *Am.* F vermuten, glauben; **II** *v/i.* **4.** rechnen; † kalkulieren; **5.** über'legen; **6.** (***upon***) rechnen (mit, auf *acc.*), sich verlassen (auf *acc.*); **'cal·cu·lat·ed** [-tɪd] *adj.* berechnet, gewollt, beabsichtigt: ***~ indiscretion*** gezielte Indiskretion; ***~ risk*** kalkuliertes Risiko; ***~ to deceive*** darauf angelegt zu täuschen; ***not ~ for*** nicht geeignet *od.* bestimmt für; **'cal·cu·lat·ing** [-tɪŋ] *adj.* **1.** (schlau) berechnend, (kühl) über'legend; **2.** Rechen...: ***~ machine***; **cal·cu·la·tion** [ˌkælkjʊ'leɪʃn] *s.* **1.** Kalkulati'on *f*, Berechnung *f*: ***be out in one's ~*** sich verrechnet haben; **2.** Voranschlag *m*; **3.** Über'legung *f*; **4.** *fig.* a) Berechnung *f*, b) Schläue *f*; **'cal·cu·la·tor** [-tə] *s.* **1.** Kalku'lator *m*; **2.** 'Rechentaˌbelle *f*; **3.** 'Rechenmaˌschine *f*, Rechner *m*.

cal·cu·lus ['kælkjʊləs] *pl.* **-li** [-laɪ] *s.* **1.** ⚕ (*Blasen-, Gallen-, Nieren- etc.*)Stein *m*; **2.** 𝔄 a) (*bsd. Differential-, Integral-*) Rechnung *f*, Rechnungsart *f*, b) höhere A'nalysis: ***~ of probabilities*** Wahrscheinlichkeitsrechnung.

cal·dron ['kɔːldrən] → ***cauldron***.

Cal·e·do·ni·an [ˌkælɪ'dəʊnjən] *poet.* **I** *adj.* kale'donisch (*schottisch*); **II** *s.* Kale'donier *m* (*Schotte*).

cal·e·fac·tion [ˌkælɪ'fækʃn] *s.* Erwärmung *f*, Erhitzung *f*.

cal·en·dar ['kælɪndə] **I** *s.* **1.** Ka'lender *m*; **2.** *fig.* Zeitrechnung *f*; **3.** Jahrbuch *n*; **4.** Liste *f*, Re'gister *n*; **5.** *Brit. univ.* Vorlesungsverzeichnis *n*; **6.** †, *Am.* ⚖ Ter'minkaˌlender *m*; **II** *v/t.* **7.** registrieren; **~ month** *s.* Ka'lendermonat *m*.

cal·en·der ['kælɪndə] ⚙ **I** *s.* Ka'lander *m*; **II** *v/t.* ka'landern.

cal·ends ['kælɪndz] *s. pl. antiq.* Ka'lenden *pl.*: ***on the Greek ~*** am St. Nimmerleinstag.

calf[1] [kɑːf] *pl.* **calves** [-vz] *s.* **1.** Kalb *n* (*der Kuh, a. von Elefant, Wal, Hirsch etc.*): ***with*** (*od.* ***in***) ***~*** trächtig (*Kuh*); **2.** Kalbleder *n*: ***~-bound*** in Kalbleder gebunden (*Buch*); **3.** F ‚Kalb' *n*, ‚Schaf' *n*; **4.** treibende Eisscholle.

calf[2] [kɑːf] *pl.* **calves** [-vz] *s.* Wade *f* (*Bein, Strumpf etc.*).

'calf|·love *s.* F erste, junge Liebe; **'~'s-foot jel·ly** ['kɑːvz-] *s.* Kalbsfußsülze *f*; **'~·skin** *s.* Kalbleder *n*.

cal·i·ber *Am.* → ***calibre***; **'cal·i·bered** *Am.* → ***calibred***; **cal·i·brate** ['kælɪbreɪt] *v/t.* ⚙ kalibrieren: a) mit e-r Gradeinteilung versehen, b) eichen; **cal·i·bra·tion** [ˌkælɪ'breɪʃn] *s.* ⚙ Kalibrierung *f*, Eichung *f*; **cal·i·bre** ['kælɪbə] *s.* **1.** ⚔ Ka'liber *n*; **2.** ⚙ a) ('Innen)Durchmesser *m*, b) Ka'liberlehre *f*; **3.** *fig.* Ka'liber *n*, For'mat *n*; **'cal·i·bred** [-bəd] *adj.* ...kalibrig.

cal·i·ces ['kælɪsiːz] *pl. von* ***calix***.

cal·i·co ['kælɪkəʊ] **I** *pl.* **-coes**, *Am. a.* **-cos** *s.* **1.** 'Kaliko *m*, (bedruckter) Kat'tun; **2.** *Brit.* weißer *od.* ungebleichter Baumwollstoff; **II** *adj.* **3.** Kattun...; **4.** F bunt.

ca·lif, cal·if·ate → ***caliph, caliphate***.

Cal·i·for·ni·an [kælɪ'fɔːnjən] **I** *adj.* kali'fornisch; **II** *s.* Kali'fornier(in).

cal·i·pers ['kælɪpəz] *s. pl.* Greif-, Tastzirkel *m*; ⚙ Tast(er)lehre *f*.

ca·liph ['kælɪf] *s.* Ka'lif *m*; **'cal·iph·ate** [-feɪt] *s.* Kali'fat *n*.

cal·is·then·ics → ***callisthenics***.

ca·lix ['keɪlɪks] *pl.* **cal·i·ces** ['kælɪsiːz] *s. anat., zo., eccl.* Kelch *m*; → ***calyx***.

calk[1] [kɔːk] **I** *s.* **1.** Stollen *m* (*am Hufeisen*); **2.** Gleitschutzbeschlag *m* (*an der Schuhsohle*); **II** *v/t.* **3.** mit Stollen *od.* Griffeisen versehen.

calk[2] [kɔːk] *v/t.* ('durch)pausen.

calk[3] [kɔːk] → ***caulk***.

cal·kin ['kælkɪn] *Brit.* → ***calk***[1] I.

call [kɔːl] **I** *s.* **1.** Ruf *m* (*a. fig.*); Schrei *m*: ***within ~*** in Rufweite; ***the ~ of duty***; ***the ~ of nature*** *humor.* ‚ein dringendes Bedürfnis'; **2.** (Tele'fon)Anruf *m*, (-)Gespräch *n*: ***give s.o. a ~*** j-n anrufen; → ***local*** 1, ***personal*** 1; **3.** *thea.* Her'vorruf *m*; **4.** Lockruf *m* (*Tier*); *fig.* Ruf *m*, Lockung *f*: ***the ~ of the East***; **5.** Namensaufruf *m*; **6.** Ruf *m*, Berufung *f* (***to*** in *ein Amt etc.*, auf *e-n Lehrstuhl*); **7.** (innere) Berufung, Drang *m*, Missi'on *f*; **8.** Si'gnal *n*; **9.** (Auf)Ruf *m*; († Zahlungs)Aufforderung *f*; † Abruf *m*, Kündigung *f von Geldern*; 'Kaufoptiˌon *f*; *Brit.* Vorprämie *f*, Vorprämiengeschäfte *pl.*; *a.* Nachfrage *f* (***for*** nach): ***~ on shares*** Aufforderung zur Einzahlung auf Aktien; ***at ~, on ~*** auf Abruf *od.* sofort bereit(stehend), † *a.* jederzeit kündbar; ***money at ~*** † Tagesgeld *n*; **10.** a) Veranlassung *f*, Grund *m*, b) Recht *n*: ***he had no ~ to do that***; **11.** In'anspruchnahme *f*: ***many ~s on my time*** starke Beanspruchung m-r Zeit; ***have the first ~*** den Vorrang haben; **12.** kurzer Besuch (***at*** in *e-m Ort*, ***on*** bei *j-m*); ⚓ Anlaufen *n*: ***port of ~*** Anlaufhafen *m*; **II** *v/t.* **13.** *j-n* (her'bei)rufen; *et.* (*a. weitS. Streik*) ausrufen; *Versammlung* einberufen; *teleph.* anrufen; *thea. Schauspieler* her'vorrufen: ***~ into being*** *fig.* ins Leben rufen; **14.** berufen (***to*** in *ein Amt*); **15.** ⚖ a) *Zeugen, Sache* aufrufen, b) *als Zeugen* vorladen; **16.** *Arzt, Auto* kommen lassen; **17.** nennen, bezeichnen als; **18.** *pass.* heißen (***after*** nach): ***he is ~ed Max***; ***what is it ~ed in English?*** wie heißt es auf englisch?; **19.** nennen, heißen (*lit.*), halten für: ***I ~ that a blunder***; ***we'll ~ it a pound*** wir wollen es bei einem Pfund bewenden lassen; **20.** wecken: ***~ me at 6 o'clock***; **21.** *Kartenspiel*: a) *Farbe* ansagen, b) ***~ s.o.'s hand*** *Poker*: j-n auffordern, s-e Karten vorzuzeigen; **III** *v/i.* **22.** rufen: ***you must come when I ~***; ***duty ~s***; ***he ~ed for help*** er rief um Hilfe; → ***call for***; **23.** *teleph.* anrufen: ***who is ~ing?*** wer ist dort?; **24.** (kurz) vor'beischauen (***on s.o.*** bei j-m);

Zssgn mit prp. u. adv.:

call| at *v/i.* **1.** besuchen (*acc.*), vorsprechen bei *od.* in (*dat.*), gehen *od.* kommen zu; **2.** ⚓ *Hafen* anlaufen; anlegen in (*dat.*); 🚂 halten in (*dat.*); **~ a·way** *v/t.* ab-, wegrufen; *fig.* ablenken; **~ back I** *v/t.* **1.** zu'rückrufen; **2.** wider'rufen; **II** *v/i.* **3.** *teleph.* zu'rückrufen; **~ down** *v/t.* **1.** *Segen etc.* her'abrufen, -flehen; *Zorn etc.* auf sich ziehen; **2.** *Am.* F ‚zs.-stauchen'; **~ for** *v/i.* **1.** nach *j-m* rufen; *Waren* abrufen; *thea.* her'ausrufen; **2.** *et.* erfordern, verlangen: ***~ courage***; ***your remark was not called for*** Ihre Bemerkung war unnötig; **3.** *j-n od. et.* abholen: ***to be called for*** a) abzuholen(d), b) postlagernd; **~ forth** *v/t.* **1.** her'vorrufen, auslösen; **2.** *Kraft* aufbieten; **~ in I** *v/t.* **1.** her'ein-, her'beirufen; hin'zu-, zu Rate ziehen; **2.** zu'rückfordern; *Geld* kündigen; *Schulden* einfordern; *Banknoten etc.* einziehen; **II** *v/i.* **3.** vorsprechen (***on*** bei *j-m*; ***at*** in *dat.*); **~ off** *v/t.* **1.** ab(be)rufen: ***~ goods*** Waren abrufen; **2.** *fig. et.* abbrechen, absagen, abblasen: ***~ a strike***; **3.** *Aufmerksamkeit, Gedanken* ablenken; **~ on** *od.* **up·on** *v/i.* **1.** *j-n* besuchen; bei *j-m* vorsprechen; **2.** *j-n* auffordern; **3.** ***~ s.o. for s.th.*** et. von j-m fordern, sich an j-n um et. wenden; ***I am*** (*od.* ***I feel***) ***called upon*** ich bin *od.* fühle mich genötigt (***to*** *inf.* zu *inf.*); **~ out I** *v/t.* **1.** her'ausrufen; **2.** *Polizei, Militär* aufbieten; **3.** *zum Kampf* her'ausfordern; *zum Streik* auffordern; **II** *v/i.* **4.** aufschreien; laut rufen; **~ o·ver** *v/t.* **1.** *Namen* verlesen; **2.** *Zahlen, Text* kollationieren; **~ to** *v/i. j-m* zurufen, *j-n* anrufen; **~ up** *v/t.* **1.** auf-, her'beirufen; *teleph.* anrufen; **2.** ⚔ einberufen; **3.** *fig.* her'vor-, wachrufen, her'aufbeschwören; **4.** sich ins Gedächtnis zu'rückrufen; **~ up·on** → ***call on***.

call·a·ble ['kɔːləbl] *adj.* ✝ kündbar (*Geld, Kredit*); einziehbar (*Forderungen etc.*).

'call|·back *s.* ✝, ⚙ 'Rückrufaktiˌon *f in die Werkstatt*; **~ box** *s.* **1.** *Brit.* Fernsprechzelle *f*; **2.** *Am.* a) Postfach *n*, b) Notrufsäule *f*; **'~·boy** *s.* **1.** Ho'telpage *m*; **2.** *thea.* Inspizi'entengehilfe *m*; **~ but·ton** *s.* Klingelknopf *m*.

called [kɔːld] *adj.* genannt, namens.

call·er ['kɔːlə] *s.* **1.** *teleph.* Anrufer(in); **2.** Besucher(in); **3.** Abholer(in).

call| girl *s.* Callgirl *n* (*Prostituierte*); **~ house** *s. Am.* Bor'dell *n*.

cal·lig·ra·phy [kə'lɪgrəfɪ] *s.* Kalligra'phie *f*, Schönschreibkunst *f*.

'call-in *s. Radio, TV*: Sendung *f* mit tele'fonischer Publikumsbeteiligung.

call·ing ['kɔːlɪŋ] *s.* **1.** Beruf *m*, Geschäft *n*, Gewerbe *n*; **2.** *eccl.* Berufung *f*; **3.** Einberufung *f e-r Versammlung*; **~ card** *s.* Vi'sitenkarte *f*.

cal·li·pers → ***calipers***.

cal·lis·then·ics [ˌkælɪs'θenɪks] *s. pl. mst sg. konstr.* Freiübungen *pl.*

call| loan *s.* ✝ täglich kündbares Darlehen; **~ mon·ey** *s.* ✝ Tagesgeld *n*; **~ num·ber** *s. teleph.* Rufnummer *f*; **~ of·fice** *s.* Fernsprechstelle *f*, -zelle *f*.

cal·los·i·ty [kæ'lɒsətɪ] *s.* Schwiele *f*, Hornhautbildung *f*; **cal·lous** ['kæləs] **I** *adj.* □ schwielig; *fig.* abgebrüht, gefühllos; **II** *v/i.* sich verhärten, schwielig werden; *fig.* abstumpfen; **cal·lous·ness** ['kæləsnɪs] *s.* Schwieligkeit *f*; *fig.* Abgebrühtheit *f*, Gefühllosigkeit *f*.

cal·low ['kæləʊ] *adj.* **1.** ungefiedert, nackt; **2.** *fig.* ‚grün', unreif.

call| sign, ~ sig·nal *s. teleph. etc.* Rufzeichen *n*; **'~-up** *s.* ⚔ a) Einberufung, b) Mobilisierung *f*.

cal·lus ['kæləs] *pl.* **-li** [-laɪ] *s.* ⚕ **1.** Knochennarbe *f*; **2.** Schwiele *f*.

calm [kɑːm] **I** *s.* **1.** Stille *f*, Ruhe *f* (*a. fig.*); **2.** Windstille *f*, Flaute *f*; **II** *adj.* □ **3.** still, ruhig; friedlich; **4.** windstill; **5.** *fig.* ruhig, gelassen: **~ *and collected*** ruhig u. gefaßt; **6.** F unverfroren, ‚kühl'; **III** *v/t.* **7.** beruhigen, besänftigen; **IV** *v/i.* **8.** *a.* **~ *down*** sich beruhigen; **'calm·ness** [-nɪs] *s.* **1.** Ruhe *f*, Stille *f*; **2.** Gemütsruhe *f*, Gelassenheit *f*.

ca·lor·ic [kə'lɒrɪk] *phys.* **I** *s.* Wärme *f*; **II** *adj.* ka'lorisch, Wärme...: **~ *engine*** Heißluftmaschine *f*; **cal·o·rie** ['kælərɪ] *s.* Kalo'rie *f*, Wärmeeinheit *f*; **cal·o·rif·ic** [ˌkælə'rɪfɪk] *adj.* (□ **~*ally***) Wärme erzeugend; Wärme..., Heiz...; **cal·o·ry** → ***calorie***.

cal·u·met ['kæljʊmet] *s.* Kalu'met *n*, (indi'anische) Friedenspfeife.

ca·lum·ni·ate [kə'lʌmnɪeɪt] *v/t.* verleumden; **ca·lum·ni·a·tion** [kəˌlʌmnɪ'eɪʃn] *s.* Verleumdung *f*; **ca'lum·ni·a·tor** [-tə] *s.* Verleumder(in); **ca'lum·ni·ous** [-ɪəs] *adj.* □ verleumderisch; **cal·um·ny** ['kæləmnɪ] *s.* Verleumdung *f*.

Cal·va·ry ['kælvərɪ] *s.* **1.** *bibl.* 'Golgatha *n*; **2.** *eccl.* Kal'varienberg *m*; **3.** ♀ Bildstock *m*, Marterl *n*; **4.** ♀ *fig.* Mar'tyrium *n*.

calve [kɑːv] *v/i.* **1.** *zo.* kalben; **2.** kalben, Eisstücke abstoßen (*Eisberg, Gletscher*).

calves [kɑːvz] *pl. von* ***calf***; **'~-foot jel·ly** → ***calf's-foot jelly***.

Cal·vin·ism ['kælvɪnɪzəm] *s. eccl.* Kalvi'nismus *m*; **'Cal·vin·ist** [-ɪst] *s.* Kalvi'nist(in).

ca·lyx ['keɪlɪks] *pl.* **'ca·lyx·es** [-ɪksɪz], **'ca·ly·ces** [-ɪsiːz] *s.* ⚘ (*Blüten*)Kelch *m*; → ***calix***.

cam [kæm] *s.* ⚙ Nocken *m*, Mitnehmer *m*, (Steuer)Kurve *f*: **~ *gear*** Nockensteuerung *f*, Kurvengetriebe *n*; **~*shaft*** Nocken-, Steuerwelle *f*; **~*-control(l)ed*** nockengesteuert.

ca·ma·ra·de·rie [ˌkæmə'rɑːdərɪ] *s.* Kame'radschaft(lichkeit) *f*; *b.s.* Kumpa'nei *f*.

cam·a·ril·la [ˌkæmə'rɪlə] *s.* Kama'rilla *f*; 'Hofkaˌbale *f*.

cam·ber ['kæmbə] **I** *v/t. u. v/i.* (sich) wölben; **II** *s.* leichte Wölbung, Krümmung *f*; *mot.* (Rad)Sturz *m*; **'cam·bered** [-əd] *adj.* **1.** gewölbt, geschweift; **2.** gestürzt (*Achse, Rad*).

Cam·bo·di·an [kæm'bəʊdjən] **I** *s.* Kambo'dschaner(in); **II** *adj.* kambo'dschanisch.

Cam·bri·an ['kæmbrɪən] **I** *s.* **1.** Wa'liser (-in); **2.** *geol.* 'Kambrium *n*; **II** *adj.* **3.** wa'lisisch; **4.** *geol.* 'kambrisch.

cam·bric ['keɪmbrɪk] *s.* Ba'tist *m*.

came [keɪm] *pret. von* ***come***.

cam·el ['kæml] *s.* **1.** *zo.* Ka'mel *n*: ***Arabian* ~** Dromedar *n*; → ***Bactrian camel***; **2.** ⚓, ⚙ Ka'mel *n*, Hebeleichter *m*; **cam·el·eer** [ˌkæmɪ'lɪə] *s.* Ka'meltreiber *m*; **cam·el hair** → ***camel's hair***.

ca·mel·li·a [kə'miːljə] *s.* ⚘ Ka'melie *f*.

cam·el's| hair ['kæmlz] *s.* Ka'melhaar (-stoff *m*) *n*; **'~-hair** *adj.* Kamelhaar...

cam·e·o ['kæmɪəʊ] **I** *s.* Ka'mee *f*; **II** *adj. fig.* Miniatur...

cam·er·a ['kæmərə] *s.* **1.** 'Kamera *f*: a) 'Fotoappaˌrat *m*, b) 'Film- *od.* 'Fernsehˌkamera *f*: ***be on* ~** a) auf Sendung *od.* im Bild sein, b) vor der Kamera stehen; **2. *in* ~** ⚖ unter Ausschluß der Öffentlichkeit, nicht öffentlich; *fig.* geheim; **'~·man** [-mæn] *s.* [*irr.*] **1.** 'Pressefotoˌgraf *m*; **2.** *Film*: 'Kameramann *m*; **~ ob·scu·ra** [ɒb'skjʊərə] *s. opt.* 'Lochˌkamera *f*, 'Camera *f* ob'scura; **'~-shy** *adj.* 'kamerascheu.

cam·i·knick·ers ['kæmɪˌnɪkəz] *s. pl. Brit.* (Damen)Hemdhose *f*.

cam·i·sole ['kæmɪsəʊl] *s.* **1.** Bett-, Morgenjäckchen *n*; **2.** (Trachten- *etc.*)Mieder *n*.

cam·o·mile ['kæməʊmaɪl] *s.* ⚘ Ka'mille *f*: **~ *tea*** Kamillentee *m*.

cam·ou·flage ['kæmʊflɑːʒ] **I** *s.* ⚔ Tarnung *f* (*a. fig.*): **~ *paint*** Tarnanstrich *m*; **II** *v/t.* tarnen, *fig. a.* verschleiern.

camp[1] [kæmp] **I** *s.* **1.** (Zelt-, Ferien)Lager *n*, Lagerplatz *m*, Camp *n*: ***break*** *od.* ***strike* ~** das Lager abbrechen, aufbrechen; **2.** ⚔ Feld-, Heerlager *n*; **3.** *fig.* Lager *n*, Par'tei *f*, Anhänger *pl. e-r Richtung*: ***the rival* ~** das gegnerische Lager; **II** *adj.* **4.** Lager..., Camping...: **~ *bed*** a) Feldbett *n*, b) Campingliege *f*; **III** *v/i.* **5.** *a.* **~ *out*** zelten, campen, kampieren.

camp[2] [kæmp] F **I** *adj.* **1.** a) ‚schwul', ‚tuntenhaft', b) über'zogen, über'trieben, ‚irr', c) verkitscht; **II** *v/i.* **2.** → 4; **III** *v/t.* **3.** *et.* ‚aufmotzen', *thea. etc. a.* über'ziehen, über'trieben darstellen, *a.* verkitschen; **4. ~ *it up*** a) die Sache ‚aufmotzen', *thea. etc. a.* über'ziehen, b) sich ‚tuntenhaft' benehmen.

cam·paign [kæm'peɪn] **I** *s.* **1.** ⚔ Feldzug *m*; **2.** *pol. u. fig.* Schlacht *f*, Kam'pagne *f*, (*a.* Werbe)Feldzug *m*, Akti'on *f*; **3.** *pol.* 'Wahlkampf *m*, -kamˌpagne *f*: **~ *button*** Wahlkampfplakette *f*; **II** *v/i.* **4.** ⚔ an e-m Feldzug teilnehmen, kämpfen; **5.** *fig.* kämpfen, zu Felde ziehen (***for*** für; ***against*** gegen); **6.** *pol.* a) sich am Wahlkampf beteiligen, im Wahlkampf stehen, b) Wahlkampf machen (***for*** für), c) *Am.* kandidieren; **cam'paign·er** [-nə] *s.* **1.** Feldzugteilnehmer *m*: ***old* ~** *fig.* alter Praktikus *od.* Hase; **2.** *fig.* Kämpfer *m* (***for*** für).

cam·pan·u·la [kəm'pænjʊlə] *s.* ⚘ Glokkenblume *f*.

camp·er ['kæmpə] *s.* **1.** Camper(in); **2.** *Am.* a) Wohnanhänger *m*, -wagen *m*, b) 'Wohnmoˌbil *n*.

camp| fe·ver *s.* ⚕ 'Typhus *m*; **'~ˌfire** *s.* Lagerfeuer *n*: **~ *girl*** Pfadfinderin *f*; **~ fol·low·er** *s.* **1.** Sol'datenprostituierte *f*; **2.** *pol. etc.* Sympathi'sant(in), Mitläufer(in); **'~·ground** → ***camping ground***.

cam·phor ['kæmfə] *s.* ⚗ Kampfer *m*; **'cam·phor·at·ed** [-əreɪtɪd] *adj.* mit Kampfer behandelt, Kampfer...

cam·phor| ball *s.* Mottenkugel *f*; **'~·wood** *s.* Kampferholz *n*.

camp·ing ['kæmpɪŋ] *s.* Camping *n*, Zelten *n*; Kampieren *n*; **~ ground, ~ site** *s.* Zelt-, Campingplatz *m*.

cam·pi·on ['kæmpjən] *s.* ⚘ Lichtnelke *f*.

camp meet·ing *s. Am.* religi'öse Versammlung im Freien; 'Zeltmissiˌon *f*.

cam·po·ree [ˌkæmpə'riː] *s. Am.* regio'nales Pfadfindertreffen.

cam·pus ['kæmpəs] *s.* Campus *m* (*Gesamtanlage e-r Universität od. Schule*), *weitS.* ‚Uni' *f od.* Gym'nasium *n*.

'cam·wood *s.* Kam-, Rotholz *n*.

can[1] [kæn; kən] *v/aux.* [*irr.*], *pres. neg.* **'can·not 1.** können: **~ *you do it?***; ***he cannot read***; ***we could do it now*** wir könnten es jetzt tun; ***how could you?*** wie konntest du nur (so etwas tun)?; **~ *do!*** *sl.* (wird) gemacht!; ***no* ~ *do!*** *sl.* das geht nicht!; **2.** dürfen, können: ***you* ~ *go away now***.

can[2] [kæn] **I** *s.* **1.** (Blech)Kanne *f*; (*Öl-*) Kännchen *n*: ***carry the* ~** *sl.* der Sündenbock sein, dran sein; **2.** (Kon'serven)Dose *f*, (-)Büchse *f*: **~ *opener*** Büchsenöffner *m*; ***in the* ~** F ‚abgedreht', ‚im Kasten' (*Film*), *allg.* unter Dach u. Fach; **3.** (Blech)Trinkgefäß *n*; **4.** Ka'nister *m*; **5.** *Am. sl.* a) ‚Kittchen' *n*, ‚Knast' *m*, b) ‚Klo' *n*, c) ‚Arsch' *m*; **II** *v/t.* **6.** in Büchsen konservieren, eindosen; **7.** F auf Schallplatte *od.* Band aufnehmen; **8.** *Am sl.* a) ‚rausschmeißen', entlassen, b) ‚einlochen', c) aufhören mit.

Ca·na·di·an [kə'neɪdjən] **I** *adj.* ka'nadisch; **II** *s.* Ka'nadier(in).

ca·naille [kə'nɑːiː] (*Fr.*) *s.* Pöbel *m*.

ca·nal [kə'næl] *s.* **1.** Ka'nal *m* (*für Schiffahrt etc.*): **~*s of Mars*** Marskanäle; **2.** *anat.*, *zo.* Ka'nal *m*, Gang *m*, Röhre *f*; **ca·nal·i·za·tion** [ˌkænəlaɪ'zeɪʃn] *s.* Kanalisierung *f*; Ka'nalnetz *n*; **ca·nal·ize** ['kænəlaɪz] *v/t.* **1.** kanalisieren, schiffbar machen; **2.** *fig.* (in bestimmte Bahnen) lenken, kanalisieren.

can·a·pé [ˈkænəpeɪ] (*Fr.*) *s.* Appeˈtithappen *m*, belegtes Brot.
ca·nard [kæˈnɑːd] (*Fr.*) *s.* (Zeitungs)Ente *f*, Falschmeldung *f*.
ca·nar·y [kəˈneərɪ] **I** *s.* **1.** *a.* ~ ***bird*** *orn.* Kaˈnarienvogel *m*; **2.** *a.* ♀ ***wine*** Kaˈnarienwein *m*; **II** *adj.* **3.** hellgelb.
can·cel [ˈkænsl] **I** *v/t.* **1.** (durch-, aus-)streichen; **2.** widerˈrufen, aufheben (*a.* ♪), annullieren (*a.* ✝), rückgängig machen, absagen; ✝ stornieren; **3.** ungültig machen, tilgen; erlassen; *Briefmarke, Fahrschein etc.* entwerten; *fig.* zuˈnichte machen; *a.* ~ ***out*** ausgleichen, kompensieren; **4.** A heben, streichen; **II** *v/i.* **5.** *mst* ~ ***out*** sich (gegenseitig) aufheben *od.* ausgleichen **6.** ~ ***out*** absagen, die Sache abblasen; **III** *s.* **7.** Streichung *f*; **can·cel·la·tion** [ˌkænsəˈleɪʃn] *s.* **1.** Streichung *f*; Aufhebung *f*; ˈWiderruf *m*; Absage *f*; **2.** ✝ Annullierung *f*, Stornierung *f*: ~ ***clause*** Rücktrittsklausel *f*; ~ ***charge***, ~ ***fee*** Rücktrittsgebühr *f*; **3.** Entwertung *f* (*Briefmarke etc.*).
can·cer [ˈkænsə] *s.* **1.** ⚕ Krebs *m*; Karziˈnom *n*; **2.** *fig.* Krebsgeschwür *n*, Übel *n*; **3.** ♀ *ast.* Krebs *m*; **ˈcan·cer·ous** [-sərəs] *adj.* ⚕ a) krebsbefallen: ~ ***lung***, b) Krebs...: ~ ***tumo(u)r***, c) krebsartig: ~ ***growth*** *fig.* Krebsgeschwür *n*.
can·de·la·bra [ˌkændɪˈlɑːbrə] *pl.* **-bras**, **can·deˈla·brum** [-brəm] *pl.* **-bra**, *Am. a.* **-brums** *s.* Kandeˈlaber *m*; (Arm-, Kron)Leuchter *m*.
can·des·cence [kænˈdesns] *s.* Weißglut *f*.
can·did [ˈkændɪd] *adj.* ☐ **1.** offen (u. ehrlich), freimütig; **2.** aufrichtig, unvoreingenommen, objekˈtiv; **3.** freizügig, (taˈbu)frei: ***a*** ~ ***film***; **4.** *phot.* ungestellt, unbemerkt aufgenommen: ~ ***camera*** a) Kleinstbildkamera *f*, b) versteckte Kamera; ~ ***shot*** Schnappschuß *m*.
can·di·da·cy [ˈkændɪdəsɪ] *s.* Kandidaˈtur *f*, Bewerbung *f*, Anwartschaft *f*; **can·di·date** [ˈkændɪdət] *s.* **1.** (***for***) Kandiˈdat *m* (für) (*a. fig.*), Bewerber *m* (um), Anwärter (auf *acc.*); **2.** (ˈPrüfungs-)Kandiˌdat(in); **ˈcan·di·da·ture** [-dətʃə] → ***candidacy***.
can·died [ˈkændɪd] *adj.* **1.** kandiert, überˈzuckert: ~ ***peel*** Zitronat *n*; **2.** *fig. contp.* ,honigsüß'.
can·dle [ˈkændl] *s.* **1.** (Wachs- *etc.*)Kerze *f*, Licht *n*: ***burn the*** ~ ***at both ends*** *fig.* Raubbau mit s-r Gesundheit treiben; ***not to be fit to hold a*** ~ ***to*** das Wasser nicht reichen können (*dat.*); → ***game***[1] 4; **2.** → ***candlepower***; **ˈ~ˌber·ry** [-ˌbərɪ] *s.* ⚘ Wachsmyrtenbeere *f*; **ˈ~end** *s.* **1.** Kerzenstummel *m*; **2.** *pl. fig.* Abfälle *pl.*, Krimskrams *m*; **ˈ~light** *s.* **1.** (***by*** ~ bei) Kerzenlicht *n*; **2.** Abenddämmerung *f*.
Can·dle·mas [ˈkændlməs] *s. R.C.* (Maˈriä) Lichtmeß *f*.
ˈcan·dleˌpow·er *s. phys.* (Norˈmal)Kerze *f* (*Lichteinheit*); **ˈ~·stick** *s.* (Kerzen-)Leuchter *m*; **ˈ~·wick** *s.* Kerzendocht *m*.
can·do(u)r [ˈkændə] *s.* **1.** Offenheit *f*, Aufrichtigkeit *f*; **2.** ˈUnparˌteilichkeit *f*, Objektiviˈtät *f*.
can·dy [ˈkændɪ] **I** *s.* **1.** Kandis(zucker) *m*; **2.** *Am.* a) Süßigkeiten *pl.*, Konˈfekt *n*, b) *a.* ***hard*** ~ Bonˈbon *m*, *n*; **II** *v/t.* **3.** kandieren, glacieren; mit Zucker einmachen; **4.** *Zucker* kristallisieren lassen; **III** *v/i.* **5.** kristallisieren (*Zucker*); **ˈ~floss** *s.* Zuckerwatte *f*; ~ **store** *s. Am.* Süßwarengeschäft *n*.
cane [keɪn] **I** *s.* **1.** ⚘ (*Bambus-, Zucker-, Schilf*)Rohr *n*; **2.** spanisches Rohr; **3.** Rohrstock *m*; **4.** Spazierstock *m*; **II** *v/t.* **5.** (mit dem Stock) züchtigen *od.* prügeln; **6.** *Stuhl* mit Rohrgeflecht versehen: ~***-bottomed*** mit Sitz aus Rohr; ~ **chair** *s.* Rohrstuhl *m*; ~ **sug·ar** *s.* Rohrzucker *m*; **ˈ~·work** *s.* Rohrgeflecht *n*.
ca·nine **I** *adj.* [ˈkeɪnaɪn] Hunde...; *fig. contp.* hündisch; **II** *s.* [ˈkænaɪn] *anat. a.* ~ ***tooth*** Eckzahn *m*.
can·ing [ˈkeɪnɪŋ] *s.*: ***give s.o. a*** ~ → ***cane*** 5.
can·is·ter [ˈkænɪstə] *s.* **1.** Kaˈnister *m*, Blechdose *f*; **2.** ⚔ *a.* ~ ***shot*** Karˈtätsche *f*.
can·ker [ˈkæŋkə] **I** *s.* **1.** ⚕ Mund- *od.* Lippengeschwür *n*; **2.** *vet.* Strahlfäule *f*; **3.** ⚘ Rost *m*, Brand *m*; **4.** *fig.* Krebsgeschwür *n*; **II** *v/t.* **5.** *fig.* an-, zerfressen, verderben; **III** *v/i.* **6.** angefressen werden, verderben; **ˈcan·kered** [-əd] *adj.* **1.** ⚘ a) brandig, b) (von Raupen) zerfressen; **2.** *fig.* a) bösartig, b) mürrisch; **ˈcan·ker·ous** [-ərəs] *adj.* **1.** → ***cankered*** 1; **2.** fressend, schädlich, vergiftend.
can·na·bis [ˈkænəbɪs] *s.* ˈCannabis *m*: a) ⚘ Hanf *m*, b) Haschisch *n*.
canned [kænd] *adj.* **1.** konserviert, Dosen..., Büchsen...: ~ ***food*** Konserven *pl.*; ~ ***meat*** Büchsenfleisch *n*; **2.** F ,aus der Konserve': ~ ***music***; ~ ***film*** *TV* Aufzeichnung *f*; **3.** *sl.* ,blau', betrunken; **4.** stereoˈtyp, schaˈblonenhaft; **can·ner** [ˈkænə] *s.* **1.** Konˈservenfabriˌkant *m*; **2.** Arbeiter(in) in e-r Konˈservenfaˌbrik; **ˈcan·ner·y** [-ərɪ] *s.* Konˈservenfaˌbrik *f*.
can·ni·bal [ˈkænɪbl] **I** *s.* Kanniˈbale *m*, Menschenfresser *m*; **II** *adj.* kanniˈbalisch (*a. fig.*); **ˈcan·ni·bal·ism** [-bəlɪzəm] *s.* Kannibaˈlismus *m* (*a. zo.*); *fig.* Unmenschlichkeit *f*; **can·ni·bal·is·tic** [ˌkænɪbəˈlɪstɪk] *adj.* (☐ ~***ally***) kanniˈbalisch (*a. fig.*); **ˈcan·ni·bal·ize** [-bəlaɪz] *v/t. altes Auto etc.* ,ausschlachten'.
can·ning [ˈkænɪŋ] *s.* Konˈservenfabrikaˌtiˌon *f*: ~ ***factory*** *od.* ***plant*** → ***cannery***.
can·non [ˈkænən] **I** *s.* **1.** ⚔ a) Kaˈnone *f*, Geschütz *n*, b) *coll.* Kaˈnonen *pl.*, Artilleˈrie *f*; **2.** Wasserwerfer *m*; **3.** ⚙ Zyˈlinder *m* um e-e Welle; **4.** *Billard*: *Brit.* Karamboˈlage *f*; **II** *v/i.* **5.** *Billard*: *Brit.* karambolieren; **6.** (***against***, ***into***, ***with***) rennen, prallen (gegen), karambolieren (mit); **can·non·ade** [ˌkænəˈneɪd] **I** *s.* **1.** Kanoˈnade *f*; **2.** *fig.* Dröhnen *n*; **II** *v/t.* **3.** beschießen.
ˈcan·non|·ball *s.* **1.** Kaˈnonenkugel *f*; **2.** *Fußball*: F Bombe(nschuß *m*) *f*; **ˈ~·bone** *s. zo.* Kaˈnonenbein *n* (*Pferd*); **ˈ~ˌfod·der** *s. fig.* Kaˈnonenfutter *n*.
can·not [ˈkænɒt] → ***can***[1].
can·nu·la [ˈkænjʊlə] *s.* ⚕ Kaˈnüle *f*.
can·ny [ˈkænɪ] *adj.* ☐ *Scot.* **1.** schlau, gerissen; **2.** nett.
ca·noe [kəˈnuː] **I** *s.* Kanu *n* (*a. sport*), Paddelboot *n*: ~ ***slalom*** Kanu-, Wildwasserslalom *m*; ***paddle one's own*** ~ auf eigenen Füßen stehen, selbständig sein; **II** *v/i.* Kanu fahren, paddeln; **caˈnoe·ist** [-uːɪst] *s.* Kaˈnute *m*, Kaˈnutin *f*.
can·on[1] [ˈkænən] *s.* **1.** Regel *f*, Richtschnur *f*, Grundsatz *m*, ˈKanon *m*; **2.** *eccl.* ˈKanon *m*: a) kaˈnonische Bücher *pl.*, b) ˈMeßˌkanon *m*, c) Ordensregeln *pl.*, d) → ***canon law***; **3.** ♪ ˈKanon *m*; **4.** *typ.* ˈKanon(schrift) *f*.
can·on[2] [ˈkænən] *s. eccl.* Kaˈnoniker *m*, Dom-, Stiftsherr *m*.
ca·ñon [ˈkænjən] → ***canyon***.
can·on·ess [ˈkænənɪs] *s. eccl.* Kanoˈnissin *f*, Stiftsdame *f*.
ca·non·i·cal [kəˈnɒnɪkl] **I** *adj.* ☐ kaˈnonisch, vorschriftsmäßig; *bibl.* auˈthentisch; **II** *s. pl. eccl.* kirchliche Amtstracht; ~ **books** → ***canon***[1] 2 a; ~ **hours** *s. pl.* a) regelmäßige Gebetszeiten *pl.*, b) *Brit.* Zeiten *pl.* für Trauungen.
can·on·ist [ˈkænənɪst] *s.* Kirchenrechtslehrer *m*; **can·on·i·za·tion** [ˌkænənaɪˈzeɪʃn] *s. eccl.* Heiligsprechung *f*; **ˈcan·on·ize** [-naɪz] *v/t. eccl.* heiligsprechen; **can·on law** *s.* kaˈnonisches Recht, Kirchenrecht *n*.
ca·noo·dle [kəˈnuːdl] *v/t. u. v/i. sl.* ,schmusen', ,knutschen'.
can·o·py [ˈkænəpɪ] **I** *s.* **1.** ˈBaldachin *m*, (Bett-, Thron-, Trag)Himmel *m*: ~ ***of heaven*** Himmelszelt *n*; **2.** Schutz-, Kaˈbinendach *n*, Verdeck *n*; **3.** Fallschirm (-kappe *f*) *m*; **4.** △ Überˈdachung *f*; **II** *v/t.* **5.** überˈdachen; *fig.* bedecken.
canst [kænst; kənst] *obs. 2. sg. pres. von* ***can***[1].
cant[1] [kænt] **I** *s.* **1.** Fach-, Zunftsprache *f*; **2.** Jarˈgon *m*, Gaunersprache *f*; **3.** Gewäsch *n*; **4.** Frömmeˈlei *f*, scheinheiliges Gerede; **5.** (leere) Phrase(n *pl.*) *f*; **II** *v/i.* **6.** frömmeln, scheinheilig reden; **7.** Phrasen dreschen.
cant[2] [kænt] **I** *s.* **1.** (Ab)Schrägung *f*, schräge Lage; **2.** Ruck *m*, Stoß *m*; plötzliche Wendung; **II** *v/t.* **3.** (ver)kanten, kippen; **4.** ⚙ abschrägen; **III** *v/i.* **5.** *a.* ~ ***over*** sich neigen, sich auf die Seite legen; ˈumkippen.
can't [kɑːnt] F *für* ***cannot***; → ***can***[1].
Can·tab [ˈkæntæb] *abbr. für* **Can·ta·brig·i·an** [ˌkæntəˈbrɪdʒɪən] *s.* Stuˈdent (-in) *od.* Absolˈvent(in) der Universiˈtät Cambridge (*England*) *od.* der Harvard University (*USA*).
can·ta·loup(e) [ˈkæntəluːp] *s.* ⚘ Kantaˈlupe *f*, ˈWarzenmeˌlone *f*.
can·tan·ker·ous [kænˈtæŋkərəs] *adj.* ☐ streitsüchtig.
can·ta·ta [kænˈtɑːtə] *s.* ♪ Kanˈtate *f*.
can·teen [kænˈtiːn] *s.* **1.** (Miliˈtär-, Beˈtriebs- *etc.*)Kanˌtine *f*; **2.** ⚔ a) Feldflasche *f*, b) Kochgeschirr *n*; **3.** Besteck-, Silberkasten *m*.
can·ter [ˈkæntə] **I** *s.* ˈKanter *m*, kurzer Gaˈlopp: ***win in a*** ~ mühelos siegen; **II** *v/i.* im kurzen Galopp reiten.
can·ti·cle [ˈkæntɪkl] *s. eccl.* Lobgesang *m*: ♀***s*** *bibl. das* Hohelied (Saloˈmonis).
can·ti·le·ver [ˈkæntɪliːvə] **I** *s.* **1.** △ Konˈsole *f*; **2.** ⚙ freitragender Arm, vorspringender Träger, Ausleger *m*; **II** *adj.* **3.** freitragend; ~ **bridge** *s.* Auslegerbrücke *f*; ~ **wing** *s.* ✈ unverspreizte Tragfläche.
can·to [ˈkæntəʊ] *pl.* **-tos** *s.* Gesang *m* (*Teil e-r größeren Dichtung*).

can·ton¹ ['kæntɒn] **I** *s.* Kan'ton *m*, (Verwaltungs)Bezirk *m*; **II** *v/t.* in Kan'tone *od.* Bezirke einteilen.

can·ton² ['kæntən] **I** *s.* **1.** *her.* Feld *n*; **2.** Gösch *f* (*Obereck an Flaggen*); **II** *v/t.* **3.** *her.* in Felder einteilen.

can·ton³ [kæn'tu:n] *v/t.* ⚔ einquartieren.

Can·ton·ese [ˌkæntə'ni:z] **I** *adj.* kanto'nesisch; **II** *s.* Bewohner(in) 'Kantons.

can·ton·ment [kæn'tu:nmənt] *s.* ⚔ *oft pl.* Quar'tier *n*, 'Ortsˌunterkunft *f*.

Ca·nuck [kə'nʌk] *s.* a) Ka'nadier(in) (*französischer Abstammung*), b) *Am. contp.* Ka'nadier(in).

can·vas ['kænvəs] *s.* **1.** a) Segeltuch *n*: **~ shoes** Segeltuchschuhe, b) *coll.* (*alle*) Segel *pl.*: **under ~** unter Segel; **2.** Pack-, Zeltleinwand *f*: **under ~** in Zelten; **3.** 'Kanevas *m*, Stra'min *m* (*zum Sticken*); **4.** a) (Maler)Leinwand *f*, b) (Öl)Gemälde *n*.

can·vass ['kænvəs] **I** *v/t.* **1.** gründlich erörtern *od.* prüfen; **2.** a) *pol.* *Stimmen* werben, b) *Am.* *Wahlresultate* prüfen, c) ✝ *Aufträge* her'einholen, *Abonnenten*, *Inserate* sammeln; **3.** *Wahlkreis od. Geschäftsbezirk* bereisen, bearbeiten; **4.** um *et.* werben, *j-n od. et.* anpreisen; **II** *v/i.* **5.** e-n Wahlfeldzug veranstalten; **6.** *Am.* 'Wahlresulˌtate prüfen; **7.** werben (**for** um); **III** *s.* **8.** *pol.* a) Stimmenwerbung *f*, Wahlfeldzug *m*, b) *Am.* Wahl(stimmen)prüfung *f*; **9.** ✝ Kundenwerbung *f*; He'reinholen *n* von Aufträgen; **'can·vass·er** [-sə] *s.* **1.** ✝ Kundenwerber *m*; **2.** *pol.* a) Wahleinpeitscher *m*, b) *Am.* Wahl(stimmen)prüfer *m*; **'can·vass·ing** [-sɪŋ] *s.* **1.** 'Wahlpropaˌganda *f*; **2.** ✝ Kundenwerbung *f*.

can·yon ['kænjən] *s.* 'Cañon *m*, Felsschlucht *f*.

caou·tchouc ['kaʊtʃʊk] *s.* 'Kautschuk *m*, 'Gummi *n*, *m*.

cap¹ [kæp] **I** *s.* **1.** Mütze *f*, Kappe *f*, Haube *f*: **~ and bells** Schellen-, Narrenkappe; **~ in hand** mit der Mütze in der Hand, demütig; **if the ~ fits wear it** *fig.* wen's juckt, der kratze sich; **set one's ~ at s.o.** F hinter j-m her sein, sich j-n zu angeln suchen (*Frau*); **2.** *univ.* Ba'rett *n*: **~ and gown** *univ.* Barett u. Talar; **3.** (Sport-, Stu'denten-, Klub-, Dienst)Mütze *f*; **4.** *sport Brit.* Auswahl-, Natio'nalspieler(in): **get** *od.* **win one's ~** in die Nationalmannschaft berufen werden; **5.** (Schutz-, Verschluß)Kappe *f od.* (-)Kapsel *f*, Deckel *m*, Aufsatz *m*; ⚔ Zündkapsel *f*; **6.** *mot.* (Reifen)Auflage *f*: **full ~** Runderneuerung *f*; **7.** ⚕ Pes'sar *n*; **8.** Spitze *f*, Gipfel *m*; **II** *v/t.* **9.** (mit *od.* wie mit e-r Kappe) bedecken; **10.** mit (Schutz-) Kappe, Kapsel, Deckel, Aufsatz *etc.* versehen; *mot.* *Reifen* runderneuern; **11.** *Brit. univ.* *j-m* e-n aka'demischen Grad verleihen; **12.** oben liegen auf (*dat.*), krönen (*a. fig. abschließen*); **13.** *fig.* über'treffen, -'trumpfen; **14.** *sport Brit.* *j-n* in die Natio'nalmannschaft berufen.

cap² [kæp] *abbr. für* **capital¹** 2.

ca·pa·bil·i·ty [ˌkeɪpə'bɪlətɪ] *s.* **1.** Fähigkeit *f* (**of** zu); **2.** Tauglichkeit *f* (**for** zu); **3.** *a. pl.* Ta'lent *n*, Begabung *f*; **ca·pable** ['keɪpəbl] *adj.* ☐ **1.** (*Personen*) a) fähig, tüchtig, b) (**of**) fähig (zu *od. gen.*), im'stande (zu *inf.*) (*mst b.s.*): **legally ~** rechts-, geschäftsfähig; **2.** (*Sachen*) a) geeignet, tauglich (**for** zu), b) (**of**) (*et.*) zulassend, (zu *et.*) fähig: **~ of being divided** teilbar.

ca·pa·cious [kə'peɪʃəs] *adj.* ☐ geräumig, weit; um'fassend (*a. fig.*).

ca·pac·i·tance [kə'pæsɪtəns] *s.* ⚡ kapazi'tiver ('Blind)ˌWiderstand, Kapazi'tät *f*; **ca'pac·i·tate** [-teɪt] *v/t.* befähigen, ermächtigen (*a.* ⚖); **ca'pac·i·tor** [-tə] *s.* ⚡ Konden'sator *m*; **ca'pac·i·ty** [-sətɪ] **I** *s.* **1.** (Raum)Inhalt *m*, Fassungsvermögen *n*; Kapazi'tät *f* (*a.* ⚡, *phys.*): **measure of ~** Hohlmaß *n*; **seating ~** Sitzgelegenheit *f* (**of** für); **full to ~** ganz voll, *thea. etc.* ausverkauft; **2.** Leistungsfähigkeit *f*, Vermögen *n*; **3.** ✝, ⚙ Kapazi'tät *f*, Leistungsfähigkeit *f*, (Nenn)Leistung *f*: **working to ~** mit Höchstleistung arbeitend, voll ausgelastet; **4.** *fig.* Auffassungsgabe *f*, *geistige* Fähigkeit; **5.** ⚖ (Geschäfts-, Tes'tier- *etc.*)Fähigkeit *f*: **~ to sue and to be sued** Prozeßfähigkeit; **6.** Eigenschaft *f*, Stellung *f*: **in my ~ as** in m-r Eigenschaft als; **in an advisory ~** in beratender Funktion; **II** *adj.* **7.** maxi'mal, Höchst...: **~ business** Rekordgeschäft *n*; **8.** *thea. etc.* voll, ausverkauft: **~ house**; **~ crowd** *sport* ausverkauftes Stadion.

ca·par·i·son [kə'pærɪsn] *s.* **1.** Scha'brake *f*; **2.** *fig.* Aufputz *m*.

cape¹ [keɪp] *s.* Cape *n*, 'Umhang *m*; Schulterkragen *m*.

cape² [keɪp] *s.* Kap *n*, Vorgebirge *n*: **the ♀** das Kap der Guten Hoffnung; **♀ Dutch** Kapholländisch *n*; **♀ wine** Kapwein *m*.

ca·per¹ ['keɪpə] **I** *s.* **1.** Kapri'ole *f*: a) Freuden-, Luftsprung *m*, b) Streich *m*, Schabernack *m*: **cut ~s** → 3; **2.** F *fig.* ‚Ding' *n*, ‚Spaß' *m*, Sache *f*; **II** *v/i.* **3.** a) Luftsprünge machen, b) he'rumtollen.

ca·per² ['keɪpə] *s.* **1.** ⚘ Kapernstrauch *m*; **2.** Kaper *f*.

cap·er·cail·lie [ˌkæpə'keɪlɪ], **ˌcap·er'cail·zie** [-lɪ] *s. orn.* Auerhahn *m*.

ca·pi·as ['keɪpɪæs] *s.* ⚖ Haftbefehl *m* (*bsd. im Vollstreckungsverfahren*).

cap·il·lar·i·ty [ˌkæpɪ'lærətɪ] *s. phys.* Kapillari'tät *f*; **cap·il·lar·y** [kə'pɪlərɪ] **I** *adj.* haarförmig, -fein, kapil'lar: **~ attraction** Kapillaranziehung *f*; **~ tube** → II; **II** *s. anat.* Kapil'largefäß *n*.

cap·i·tal¹ ['kæpɪtl] **I** *s.* **1.** Hauptstadt *f*; **2.** Großbuchstabe *m*; **3.** ✝ Kapi'tal *n*: a) Vermögen *n*, b) Unter'nehmer(tum *n*) *pl.*: **♀ and Labo(u)r**; **4.** Vorteil *m*, Nutzen *m*: **make ~ out of** aus *et.* Kapital schlagen; **II** *adj.* **5.** ⚖ a) kapi'tal, todeswürdig: **~ crime** Kapitalverbrechen *n*, b) Todes...: **~ punishment** Todesstrafe *f*; **6.** größt, wichtigst, Haupt...: **~ city** Hauptstadt *f*; **~ ship** Großkampfschiff *n*; **7.** verhängnisvoll: **a ~ error** ein Kapitalfehler *m*; **8.** großartig: **a ~ joke**; **a ~ fellow** ein Prachtkerl *m*; **9.** ✝ Kapital...: **~ fund** Stamm-, Grundkapital *n*; **10.** **~ letter** → 2; **~ B** großes B.

cap·i·tal² ['kæpɪtl] *s.* ⚠ Kapi'tell *n*.

cap·i·tal| ac·count *s.* ✝ Kapi'talkonto *n*; **~ as·sets** *s. pl.* Anlagevermögen *n*; **~ ex·pend·i·ture** *s.* Investiti'onsaufwand *m*; **~ flight** *s.* Kapi'talflucht *f*; **~ gains tax** *s.* Kapi'talertragssteuer *f*; **~ goods** *s. pl.* Investiti'onsgüter *pl.*; **'~-inˌten·sive** *adj.* kapi'talintenˌsiv; **~ in·vest·ment** *s.* Kapi'talanlage *f*.

cap·i·tal·ism ['kæpɪtəlɪzəm] *s.* Kapita'lismus *m*; **'cap·i·tal·ist** [-ɪst] **I** Kapita'list *m*; **II** *adj.* → **cap·i·tal·is·tic** [ˌkæpɪtə'lɪstɪk] *adj.* (☐ **~ally**) kapita'listisch; **cap·i·tal·i·za·tion** [ˌkæpɪtəlaɪ'zeɪʃn] *s.* **1.** ✝ *allg.* Kapitalisierung *f*; **2.** Großschreibung *f*; **'cap·i·tal·ize** [-laɪz] **I** *v/t.* **1.** ✝ kapitalisieren; **2.** *fig.* sich *et.* zu'nutze machen; **3.** groß (*mit Großbuchstaben od. mit großen Anfangsbuchstaben*) schreiben; **II** *v/i.* **4.** Kapi'tal anhäufen; **5.** e-n Kapi'talwert haben (**at** von); **6.** *fig.* Kapital schlagen (**on** aus).

cap·i·tal| lev·y *s.* ✝ Vermögensabgabe *f*; **~ mar·ket** *s.* Kapi'talmarkt *m*; **~ stock** *s.* ✝ 'Aktienkapiˌtal *n*.

cap·i·ta·tion [ˌkæpɪ'teɪʃn] *s.* **1.** *a.* **~ tax** Kopfsteuer *f*; **2.** Zahlung *f* pro Kopf: **~ grant** Zuschuß *m* pro Kopf.

Cap·i·tol ['kæpɪtl] *s.* Kapi'tol *n*: a) *im alten Rom*, b) *in Washington*.

ca·pit·u·lar [kə'pɪtjʊlə] *eccl.* **I** *adj.* kapitu'lar, zum Ka'pitel gehörig; **II** *s.* Kapitu'lar *m*, Domherr *m*.

ca·pit·u·late [kə'pɪtjʊleɪt] *v/i.* ⚔ *u. fig.* kapitulieren (**to** vor *dat*); **ca·pit·u·la·tion** [kəˌpɪtjʊ'leɪʃn] *s.* ⚔ a) Kapitulati'on *f*, 'Übergabe *f*, b) Kapitulati'onsurkunde *f*.

ca·pon ['keɪpən] *s.* Ka'paun *m*; **'ca·pon·ize** [-naɪz] *v/t.* *Hahn* kastrieren, ka'paunen.

capped [kæpt] *adj.* mit e-r Kappe *od.* Mütze bedeckt: **~ and gowned** in vollem Ornat.

ca·price [kə'pri:s] *s.* Ka'price *f*, Laune *f*, Grille *f*; Launenhaftigkeit *f*; **ca'pri·cious** [-ɪʃəs] *adj.* ☐ launenhaft, launisch; kaprizi'ös; **ca'pri·cious·ness** [-ɪʃəsnɪs] *s.* Launenhaftigkeit *f*; kaprizi'öse Art.

Cap·ri·corn ['kæprɪkɔ:n] *s. ast.* Steinbock *m*.

cap·ri·ole ['kæprɪəʊl] **I** *s.* Kapri'ole *f* (*a. Reiten*), Bock-, Luftsprung *m*; **II** *v/i.* Kapri'olen machen.

cap·si·cum ['kæpsɪkəm] *s.* ⚘ 'Paprika *m*, Spanischer Pfeffer.

cap·size [kæp'saɪz] **I** *v/i.* **1.** ⚓ kentern; **2.** *fig.* 'umschlagen; **II** *v/t.* **3.** ⚓ zum Kentern bringen.

cap·stan ['kæpstən] *s.* ⚓ Gangspill *n*, Ankerwinde *f*; **~ lathe** *s.* ⚙ Re'volverdrehbank *f*.

cap·su·lar ['kæpsjʊlə] *adj.* kapselförmig, Kapsel...; **cap·sule** ['kæpsju:l] **I** *s.* **1.** *anat.* (Gelenk- *etc.*)Kapsel *f*, Hülle *f*, Schale *f*; **2.** ⚘ a) Kapselfrucht *f*, b) Sporenkapsel *f*; **3.** *pharm.* (Arz'nei-) Kapsel *f*; **4.** (Me'tall-, Verschluß)Kapsel *f*; **5.** (Raum)Kapsel *f*; **6.** ⚗ Abdampfschale *f*; **7.** *fig.* kurze 'Übersicht *od.* Beschreibung *etc.*; **II** *adj.* **8.** *fig.* kurz, gedrängt, Kurz...

cap·tain ['kæptɪn] **I** *s.* **1.** Führer *m*, Oberhaupt *n*: **~ of industry** Industriekapitän *m*; **2.** ⚔ a) Hauptmann *m*, b) *Kavallerie*: *hist.* Rittmeister *m*; **3.** ⚓ a) Kapi'tän *m*, Komman'dant *m*, b) *Kriegsmarine*: Kapitän *m* zur See; **4.** 'Flugkapiˌtän *m*; **5.** *sport* ('Mannschafts)Kapiˌtän *m*; **6.** *ped.* Klassensprecher(in); **7.** Vorarbeiter *m*; ⚒ Obersteiger *m*; **8.** *Am.* (Poli'zei-)ˌHauptkommisˌsar *m*; **II** *v/t.* **9.** (an)führen; '**cap·tain·cy** [-sɪ], '**cap·tain·ship** [-ʃɪp] *s.* **1.** ⚔ Hauptmanns-, Kapi'tänsposten *m*, -rang *m*; **2.** Führerschaft *f*.

cap·tion ['kæpʃn] **I** *s.* **1.** a) 'Überschrift *f*, Titel *m*, b) ('Bild)ˌUnterschrift *f*, c) *Film*: 'Untertitel *m*; **2.** ⚖ a) Prä'ambel *f*, b) *Prozeßrecht*: 'Rubrum *n*; **II** *v/t.* **3.** mit e-r Überschrift *etc.* versehen; *Film* unter'titeln.

cap·tious ['kæpʃəs] *adj.* □ **1.** verfänglich; **2.** spitzfindig; **3.** krittelig, pe'dantisch.

cap·ti·vate ['kæptɪveɪt] *v/t. fig.* gefangennehmen, fesseln, bestricken, bezaubern; '**cap·ti·vat·ing** [-tɪŋ] *adj. fig.* fesselnd, bezaubernd; **cap·ti·va·tion** [ˌkæptɪ'veɪʃn] *s. fig.* Bezauberung *f*.

cap·tive ['kæptɪv] **I** *adj.* **1.** gefangen, in Gefangenschaft: ***be held ~*** gefangengehalten werden; ***take ~*** gefangennehmen (*a. fig.*); **2.** festgehalten, ‚gefangen': **~ *balloon*** Fesselballon *m*; **3.** *fig.* gefangen, gefesselt (***to*** von); **II** *s.* **4.** Gefangene(r) *m*, *fig. a.* Sklave *m* (***to*** *gen.*); **cap·tiv·i·ty** [kæp'tɪvətɪ] *s.* **1.** Gefangenschaft *f*; **2.** *fig.* Knechtschaft *f*.

cap·tor ['kæptə] *s.* **1.** ***his ~*** der ihn gefangennahm; **2.** ⚓ Kaper *m*; '**cap·ture** [-tʃə] **I** *v/t.* **1.** fangen; gefangennehmen; **2.** ⚔ erobern; erbeuten; **3.** ⚓ kapern, aufbringen; **4.** *fig.* (*a. Stimmung etc., a. phys. Neutronen*) einfangen; erobern, für sich einnehmen, gewinnen, erlangen; an sich reißen; **II** *s.* **5.** Gefangennahme *f*, Fang *m*; **6.** ⚔ Eroberung *f* (*a. fig.*); Erbeutung *f*; Beute *f*; **7.** ⚓ a) Kapern *n*, Aufbringung *f*, b) Prise *f*.

Cap·u·chin ['kæpjʊʃɪn] *s.* **1.** *eccl.* Kapu'ziner(mönch) *m*; **2.** ♀ 'Umhang *m* mit Ka'puze; **3.** *a.* **~ *monkey*** *zo.* Kapu'zineraffe *m*.

car [kɑː] *s.* **1.** Auto *n*, Wagen *m*: ***by ~*** mit dem (*od.* im) Auto; **2.** (Eisenbahn *etc.*)Wagen *m*, Wag'gon *m*; **3.** Wagen *m*, Karren *m*; **4.** (*Luftschiff- etc.*)Gondel *f*; **5.** Ka'bine *f e-s Aufzuges*; **6.** *poet.* Kriegs- *od.* Tri'umphwagen *m*.

ca·rafe [kə'ræf] *s.* Ka'raffe *f*.

car·a·mel ['kærəmel] *s.* **1.** Kara'mel *m*, gebrannter Zucker; **2.** Kara'melle *f* (*Bonbon*).

car·a·pace ['kærəpeɪs] *s. zo.* Rückenschild *m* (*Schildkröte, Krebs*).

car·at ['kærət] *s.* Ka'rat *n*: a) *Juwelen- od. Perlengewicht*, b) *Goldfeingehalt*: ***18-~ gold*** 18karätiges Gold.

car·a·van ['kærəvæn] **I** *s.* **1.** Kara'wane *f* (*a. fig.*); **2.** a) Wohnwagen *m* (*von Schaustellern etc.*), b) *Brit.* Caravan *m*, Wohnwagen *m*, -anhänger *m*: **~ *park*** *od.* ***site*** Campingplatz *m* für Wohnwagen; **II** *v/i.* **3.** im Wohnwagen *etc.* reisen; '**car·a·van·ner** [-nə] *s.* **1.** Reisende(r) in e-r Kara'wane; **2.** *mot. Brit.* Caravaner *m*; ˌ**car·a'van·sa·ry** [-sərɪ], ˌ**car·a'van·se·rai** [-səraɪ] *s.* Karawanse'rei *f*.

car·a·vel ['kærəvəl] *s.* ⚓ Kara'velle *f*.

car·a·way ['kærəweɪ] *s.* ⚘ Kümmel *m*; **~ seeds** *s. pl.* Kümmelkörner *pl.*

car·bide ['kɑːbaɪd] *s.* ⚗ Kar'bid *n*.

car·bine ['kɑːbaɪn] *s.* ⚔ Kara'biner *m*.

car bod·y *s.* ⚙ Karosse'rie *f*.

car·bo·hy·drate [ˌkɑːbəʊ'haɪdreɪt] *s.* ⚗ 'Kohle(n)hyˌdrat *n*.

car·bol·ic ac·id [kɑː'bɒlɪk] *s.* ⚗ Kar'bol(säure *f*) *n*, Phe'nol *n*.

car·bo·lize ['kɑːbəlaɪz] *v/t.* ⚗ mit Kar'bolsäure behandeln.

car·bon ['kɑːbən] *s.* **1.** ⚗ Kohlenstoff *m*; **2.** ⚡ 'Kohle(elekˌtrode) *f*; **3.** a) 'Kohlepaˌpier *n*, b) 'Durchschlag *m*; **car·bo·na·ceous** [ˌkɑːbəʊ'neɪʃəs] *adj.* kohlenstoff-, kohleartig; Kohlen…; '**car·bon·ate** ⚗ **I** *s.* [-nɪt] **1.** kohlensaures Salz: **~ *of lime*** Kalziumkarbonat *n*, Kreide *f*; **~ *of soda*** Natriumkarbonat *n*, kohlensaures Natrium, Soda *f*; **II** *v/t.* [-neɪt] **2.** mit Kohlensäure *od.* Kohlen'dioˌxyd behandeln: **~*d water*** kohlensäurehaltiges Wasser, Sodawasser; **3.** karbonisieren, verkohlen.

car·bon| brush *s.* ⚡ Kohlebürste *f*; **~ cop·y** *s.* **1.** 'Durchschlag *m*, -schrift *f*, Ko'pie *f*; **2.** *fig.* Abklatsch *m*, Dupli'kat *n*; **~ dat·ing** *s.* Radiokar'bonmeˌthode *f*, 'C-'14-Meˌthode *f* (*zur Altersbestimmung*); **~ di·ox·ide** *s.* ⚗ Kohlen'dioˌxyd *n*; **~ fil·a·ment** *s.* ⚡ Kohlefaden *m*.

car·bon·ic [kɑː'bɒnɪk] *adj.* ⚗ kohlenstoffhaltig; Kohlen…; **~ ac·id** *s.* ⚗ Kohlensäure *f*; **~-'ac·id gas** *s.* ⚗ Kohlen'dioˌxyd *n*, Kohlensäuregas *n*; **~ ox·ide** *s.* ⚗ Kohlen('mon)oˌxyd *n*.

car·bon·if·er·ous [ˌkɑːbə'nɪfərəs] *adj.* kohlehaltig, kohleführend: ♀ ***Period*** *geol.* Karbon *n*, Steinkohlenzeit *f*; **car·bon·i·za·tion** [ˌkɑːbənaɪ'zeɪʃn] *s.* **1.** Verkohlung *f*; **2.** Verkokung *f*: **~ *plant*** Kokerei *f*; '**car·bon·ize** [-naɪz] *v/t.* **1.** verkohlen; **2.** verkoken.

car·bon| mi·cro·phone *s.* 'Kohlemikroˌphon *n*; **~ pa·per** *s.* 'Kohlepaˌpier *n* (*a. phot.*); **~ print** *s. typ.* Kohle-, Pig'mentdruck *m*; **~ steel** *s.* Kohlenstoff-, Flußstahl *m*.

car·bo·run·dum [ˌkɑːbə'rʌndəm] *s.* ⚙ Karbo'rundum *n* (*Schleifmittel*).

car·boy ['kɑːbɔɪ] *s.* Korbflasche *f*, ('Glas)Balˌlon *m* (*bsd. für Säuren*).

car·bun·cle ['kɑːbʌŋkl] *s.* **1.** ⚕ Kar'bunkel *m*; **2.** Kar'funkel *m*, geschliffener Gra'nat.

car·bu·ret ['kɑːbjʊret] *v/t.* ⚙ karburieren; *mot.* vergasen; '**car·bu·ret·(t)ed** [-tɪd] *adj.* karburiert; '**car·bu·ret·ter, -ret·tor** [-tə], *Am. mst* **-ret·or** [-reɪtə] *s.* ⚙, *mot.* Vergaser *m*.

car·bu·rize ['kɑːbjʊraɪz] *v/t.* **1.** ⚗ a) mit Kohlenstoff verbinden, b) karburieren; **2.** ⚙ einsatzhärten.

car·cass, car·case ['kɑːkəs] *s.* **1.** Ka'daver *m*, (Tier-, Menschen)Leiche *f*; *humor.* ‚Leichnam' *m* (*Körper*); **2.** Rumpf *m* (*e-s geschlachteten Tieres*): **~ *meat*** frisches Fleisch (*Ggs. konserviertes*); **3.** Gerippe *n*, Ske'lett *n*, ⚠ *a.* Rohbau *m*; **4.** ⚙ Kar'kasse *f e-s Gummireifens*; **5.** *fig.* Ru'ine *f*.

car·cin·o·gen [kɑː'sɪnədʒən] *s.* Karzino'gen *n*, Krebserreger *m*; **car·cin·o·gen·ic** [ˌkɑːsɪnə'dʒenɪk] *adj.* karzino'gen, krebserzeugend; **car·ci·nol·o·gy** [ˌkɑːsɪ'nɒlədʒɪ] *s.* ⚕, *a. zo.* Karzinolo'gie *f*; **car·ci·no·ma** [ˌkɑːsɪ'nəʊmə] *pl.* **-ma·ta** [-mətə] *od.* **-mas** *s.* ⚕ Karzi'nom *n*, Krebsgeschwür *n*.

card[1] [kɑːd] *s.* **1.** (*Spiel*)Karte *f*: ***play*** (***at***) **~*s*** Karten spielen; ***game of ~s*** Kartenspiel *n*; ***a pack of ~s*** ein Spiel Karten; ***house of ~s*** *fig.* Kartenhaus *n*; ***a safe ~*** *fig.* eine sichere Sache, et., auf das (*a.* j-d, auf den) man sich verlassen kann; ***play one's ~s well*** *fig.* geschickt vorgehen; ***put one's ~s on the table*** *fig.* s-e Karten auf den Tisch legen; ***show one's ~s*** *fig.* s-e Karten aufdekken; ***on the ~s*** *fig.* (durchaus) möglich, ‚drin'; **2.** (*Post-, Glückwunsch etc., Geschäfts-, Visiten-, Eintritts-, Einladungs*)Karte *f*; **3.** Mitgliedskarte *f*: ***~-carrying member*** eingeschriebenes Mitglied; **4.** *pl.* ('Arbeits)Paˌpiere *pl.*: ***get one's ~s*** F entlassen werden; **5.** ⚙ (Loch)Karte *f*; **6.** *sport* Pro'gramm *n*; **7.** Windrose *f* (*Kompaß*); **8.** F ‚Type' *f*, Witzbold *m*.

card[2] [kɑːd] ⚙ **I** *s.* Wollkratze *f*, Krempel *f*; **II** *v/t.* *Wolle* krempeln, kämmen: ***~ed yarn*** Streichgarn *n*.

car·dan| joint ['kɑːdən] *s.* ⚙ Kar'dangelenk *n*; **~ shaft** *s.* ⚙ Kar'dan-, Gelenkwelle *f*.

'**card|-ˌbas·ket** *s.* Vi'sitenkartenschale *f*; '**~·board I** *s.* **1.** Kar'ton(paˌpier *n*) *m*, Pappe *f*; **II** *adj.* **2.** Karton…, Papp…: **~ *box*** Pappschachtel *f*, Karton *m*; **3.** *fig. contp.* ‚nachgemacht', Pappmaché-…; **~ *cat·a·logue*** → ***card index***.

card·er ['kɑːdə] *s.* ⚙ **1.** Krempler *m*, Wollkämmer *m*; **2.** 'Krempelmaˌschine *f*.

car·di·ac ['kɑːdɪæk] ⚕ **I** *adj.* **1.** Herz…: **~ *arrest*** Herzstillstand *m*; **II** *s.* **2.** Herzmittel *n*; **3.** 'Herzpatiˌent *m*.

car·di·gan ['kɑːdɪgən] *s.* Strickjacke *f*.

car·di·nal ['kɑːdɪnl] **I** *adj.* **1.** grundsätzlich, grundlegend, hauptsächlich, Haupt…, Kardinal…: **~ *points*** *die* vier (Haupt)Himmelsrichtungen; **~ *principles*** Grundprinzipien; **~ *number*** Kardinalzahl *f*; **2.** *eccl.* Kardinals…; **3.** scharlachrot, hochrot: ***~-flower*** ⚘ hochrote Lobelie; **II** *s.* **4.** *eccl.* Kardi'nal *m*; **5.** *orn. a.* ***~-bird*** Kardi'nal *m*; '**car·di·nal·ship** [-ʃɪp] *s.* Kardi'nalswürde *f*.

card in·dex *s.* Karto'thek *f*, Kar'tei *f*; '**card-ˌin·dex** *v/t.* **1.** e-e Kartei anlegen von, verzetteln; **2.** in e-e Kartei eintragen.

card·ing ['kɑːdɪŋ] *s.* ⚙ Krempeln *n*, Kratzen *n* (*Wolle*): **~ *machine*** Krempel-, Kratzmaschine *f*.

cardio- [kɑːdɪəʊ] *in Zssgn* Herz…

car·di·o·gram ['kɑːdɪəʊgræm] *s.* ⚕ Kardio'gramm *n*; **car·di·ol·o·gy** [ˌkɑːdɪ'ɒlədʒɪ] *s.* Kardiolo'gie *f*, Herz(heil)kunde *f*.

card| room *s.* (Karten)Spielzimmer *n*; '**~·sharp**, '**~ˌsharp·er** *s.* Falschspieler *m*; **~ ta·ble** *s.* Spieltisch *m*; **~ trick** *s.* Kartenkunststück *n*; **~ vote** *s. Brit.* (*mst gewerkschaftliche*) Abstimmung durch Wahlmänner.

care [keə] **I** *s.* **1.** Sorge *f*, Kummer *m*: ***be free from ~(s)*** keine Sorgen haben; ***without a ~ in the world*** völlig sorgenfrei; **2.** Sorgfalt *f*, Aufmerksamkeit *f*, Vorsicht *f*: ***ordinary ~*** ⚖ verkehrsübliche Sorgfalt; ***with due ~*** mit der erforderlichen Sorgfalt; ***have a ~!*** *Brit.* F a) paß doch auf!, b) ich bitte dich!; ***take ~*** a) vorsichtig sein, aufpassen, b) sich Mühe geben, c) darauf achten *od.* nicht vergessen (***to do*** zu tun; ***that*** daß); ***take ~ not to do s.th.*** sich hüten, et. zu tun; et. ja nicht tun; ***take ~ not to drop it!*** laß es ja nicht fallen; ***take ~!*** F mach's gut!; **3.** a) Obhut *f*, Schutz *m*, Fürsorge *f*, Betreuung *f*, (*Kinder- etc.*, *a. Körper- etc.*)Pflege *f*, b) Aufsicht *f*, Leitung *f*: ***~ and custody*** (*od.* ***control***) ⚖ Sorgerecht *n* (***of*** für *j-n*); ***take ~ of*** a) → 6, b) aufpassen auf (*acc.*), c) *et.* erledigen *od.* besorgen; ***take ~ of yourself!*** paß auf dich auf!, mach's gut!; ***that takes ~ of that!*** F das wäre (damit) erledigt!; **4.** Pflicht *f*: ***his special ~s***; **II** *v/i.* **5.** sich sorgen (***about*** über *acc.*, um); **6.** ***~ for*** sorgen für, sich kümmern um, betreuen, pflegen: (***well***) ***~d-for*** (gut)gepflegt; **7.** (***for***) (*j-n*) gern haben *od.* mögen: ***he doesn't ~ for her*** er macht sich nichts aus ihr, er mag sie nicht; ***he does ~*** (***for her***) er mag sie wirklich; **8.** sich etwas daraus machen: ***I don't ~ for whisky*** ich mache mir nichts aus Whisky; ***he ~s a great deal*** es ist ihm sehr daran gelegen, es macht ihm schon etwas aus; ***she doesn't really ~*** in Wirklichkeit liegt ihr nicht viel daran: ***I don't ~ a damn*** (*od.* ***fig***, ***pin***, ***straw***), ***I couldn't ~ less*** es ist mir völlig gleich(gültig) *od.* egal *od.* ‚schnuppe'; ***who ~s?*** na, und?, (und) wenn schon?; ***for all I ~*** meinetwegen, von mir aus; ***for all you ~*** wenn es nach dir ginge; ***I don't ~ to do it now*** ich habe keine Lust, es jetzt zu tun; ***I don't ~ to be seen with you*** ich lege keinen Wert darauf, mit dir gesehen zu werden; ***would you ~ for a drink?*** möchtest du et. zu trinken?; ***we don't ~ if you stay here*** wir haben nichts dagegen *od.* es macht uns nichts aus, wenn du hierbleibst; ***I don't ~ if I do!*** F von mir aus!

ca·reen [kə'ri:n] **I** *v/t.* **1.** ⚓ *Schiff* kielholen; **II** *v/i.* **2.** ⚓ krängen, sich auf die Seite legen; **3.** *fig.* (hin u. her) schwanken, torkeln.

ca·reer [kə'rɪə] **I** *s.* **1.** Karri'ere *f*, Laufbahn *f*, Werdegang *m*: ***enter upon a ~*** e-e Laufbahn einschlagen; **2.** (*erfolgreiche*) Karri'ere: ***make a ~ for o.s.*** Karriere machen; **3.** (Lebens)Beruf *m*: ***~ diplomat*** Berufsdiplomat *m*; ***~ girl*** *od.* ***woman*** Karrierefrau *f*; ***~s guidance*** *Brit.* Berufsberatung *f*; ***~s officer*** *Brit.* Berufsberater *m*; **4.** gestreckter Ga'lopp, Karri'ere *f*: ***in full ~*** in vollem Galopp (*a. weitS.*); **II** *v/i.* **5.** galoppieren; **6.** rennen, rasen, jagen; **ca·reer·ist** [kə'rɪərɪst] *s.* Karri'eremacher *m.*

'care·free *adj.* sorgenfrei.

care·ful ['keəfʊl] *adj.* ☐ **1.** vorsichtig, achtsam: ***be ~!*** nimm dich in acht!; ***be ~ to*** *inf.* darauf achten zu *inf.*, nicht vergessen zu *inf.*; ***be ~ not to*** *inf.* sich hüten zu *inf.*; aufpassen, daß nicht; ***be ~ of your clothes!*** gib acht auf deine Kleidung!; **2.** bedacht, achtsam (***of***, ***for***, ***about*** auf *acc.*), 'umsichtig; **3.** sorgfältig, genau, gründlich: ***a ~ study***; **4.** *Brit.* sparsam; **'care·ful·ness** [-nɪs] *s.* Vorsicht *f*, Sorgfalt *f*; Gründlichkeit *f*; 'Umsicht *f.*

care·less ['keəlɪs] *adj.* ☐ **1.** nachlässig, unvorsichtig, unachtsam; leichtsinnig; **2.** (***of***, ***about***) unbekümmert (um), unbesorgt (um), gleichgültig (gegen-'über): ***~ of danger***; **3.** unbedacht, unbesonnen: ***a ~ remark***; ***a ~ mistake*** ein Flüchtigkeitsfehler; **4.** sorgenfrei, fröhlich: ***~ youth***; **'care·less·ness** [-nɪs] *s.* Nachlässigkeit *f*; Unbedachtheit *f*; Sorglosigkeit *f*, Unachtsamkeit *f.*

ca·ress [kə'res] **I** *s.* Liebkosung *f*; *pl. a.* Zärtlichkeiten *pl.*; **II** *v/t.* liebkosen; streicheln; *fig. der Haut etc.* schmeicheln; **ca'ress·ing** [-sɪŋ] *adj.* ☐ zärtlich; schmeichelnd.

car·et ['kærət] *s.* Einschaltungszeichen *n* (*für Auslassung im Text*).

'care|-,tak·er *s.* **1.** a) Hausmeister *m*, b) (Haus- *etc.*)Verwalter *m*; **2.** ***~ government*** geschäftsführende Regierung, 'Übergangskabi,nett *n*; **'~·worn** *adj.* vergrämt, abgehärmt.

Ca·rey Street ['keərɪ] *s.*: ***in ~*** *Brit.* F ‚pleite', bankrott.

'car·fare *s. Am.* Fahrgeld *n*, -preis *m.*

car·go ['kɑ:gəʊ] *pl.* **-goes**, *Am. a.* **-gos** *s.* ⚓, ✈ Ladung *f*, Fracht(gut *n*) *f*; **~ boat** *s.* ⚓ Frachtschiff *n*; **'~-,car·ry·ing** *adj.* Fracht…, Transport…: ***~ glider*** Lastensegler *m*; **~ hold** *s.* Laderaum *m*; **~ par·a·chute** *s.* Lastenfallschirm *m*; **~ plane** *s.* ✈ Trans'portflugzeug *n.*

'car·hop *s. Am.* Kellner(in) in e-m Drive-'in-Restau,rant.

Car·ib·be·an [,kærɪ'bi:ən] **I** *adj.* ka'ribisch; **II** *s. geogr.* Ka'ribisches Meer.

car·i·bou, **car·i·boo** ['kærɪbu:] *s. zo.* 'Karibu *m.*

car·i·ca·ture ['kærɪkə,tjʊə] **I** *s.* Karika'tur *f* (*a. fig.*); **II** *v/t.* karikieren; **'car·i·ca,tur·ist** [-ʊərɪst] *s.* Karikatu'rist *m.*

car·i·es ['keərɪi:z] *s.* ⚕ 'Karies *f*: a) Knochenfraß *m*, b) Zahnfäule *f.*

car·il·lon ['kærɪljən] *s.* (Turm)Glockenspiel *n*, 'Glockenspielmu,sik *f.*

car·ing ['keərɪŋ] *adj.* liebevoll, mitfühlend; sozi'al (engagiert).

Ca·rin·thi·an [kə'rɪnθɪən] **I** *adj.* kärntnerisch; **II** *s.* Kärntner(in).

car·i·ous ['keərɪəs] *adj.* ⚕ kari'ös, angefressen, faul.

car| jack *s.* ⚙ Wagenheber *m*; **'~·load** *s.* **1.** Wagenladung *f*; **2.** *Am.* a) Güterwagenladung *f*, b) Mindestladung *f* (*für Frachtermäßigung*); **3.** *Am. fig.* ‚Haufen' *m*, Menge *f*; **'~·man** [-mən] *s.* [*irr.*] **1.** Fuhrmann *m*; **2.** (Kraft)Fahrer *m*; **3.** Spedi'teur *m.*

car·mine ['kɑ:maɪn] **I** *s.* Kar'minrot *n*; **II** *adj.* kar'minrot.

car·nage ['kɑ:nɪdʒ] *s.* Blutbad *n*, Gemetzel *n.*

car·nal ['kɑ:nl] *adj.* ☐ fleischlich, sinnlich; geschlechtlich: ***~ knowledge*** ⚖ Geschlechtsverkehr (***of*** mit); **car·nal·i·ty** [kɑ:'nælətɪ] *s.* Fleischeslust *f*, Sinnlichkeit *f.*

car·na·tion [kɑ:'neɪʃn] *s.* **1.** ⚘ (Garten-) Nelke *f*; **2.** Blaßrot *n.*

car·net ['kɑ:neɪ] *s. mot.* Car'net *n*, 'Zollpas,sierschein *m.*

car·ni·val ['kɑ:nɪvl] *s.* **1.** 'Karneval *m*, Fasching *m*; **2.** Volksfest *n*; **3.** ausgelassenes Feiern; **4.** *Am.* (Sport- *etc.*)Veranstaltung *f.*

car·niv·o·ra [kɑ:'nɪvərə] *s. pl. zo.* Fleischfresser *pl.*; **car·ni·vore** ['kɑ:nɪvɔ:] *s. zo.* Fleischfresser *m*, *bsd.* Raubtier *n*; **car'niv·o·rous** [-rəs] *adj. zo.* fleischfressend.

car·ob ['kærəb] *s.* ⚘ Jo'hannisbrot(baum *m*) *n.*

car·ol ['kærəl] **I** *s.* **1.** Freuden-, *bsd.* Weihnachtslied *n*; **II** *v/i.* **2.** Weihnachtslieder singen; **3.** jubilieren.

Car·o·lin·gi·an [,kærəʊ'lɪndʒɪən] *hist.* **I** *adj.* 'karolingisch; **II** *s.* 'Karolinger *m.*

car·om ['kærəm] *bsd. Am.* **I** *s.* **1.** *Billard*: Karambo'lage *f*; **II** *v/i.* **2.** karambolieren; **3.** abprallen.

ca·rot·id [kə'rɒtɪd] *s. u. adj. anat.* (die) Halsschlagader (betreffend).

ca·rous·al [kə'raʊzl] *s.* Trinkgelage *n*, Zeche'rei *f*; **ca·rouse** [kə'raʊz] **I** *v/i.* (lärmend) zechen; **II** *s.* → ***carousal.***

carp[1] [kɑ:p] *v/i.* (***at***) nörgeln (an *dat.*), kritteln (über *acc.*).

carp[2] [kɑ:p] *s. ichth.* Karpfen *m.*

car·pal ['kɑ:pl] *anat.* **I** *adj.* Handwurzel…; **II** *s.* Handwurzelknochen *m.*

car park *s.* Parkplatz *m*, -haus *n*: ***underground ~*** Tiefgarage *f.*

car·pel ['kɑ:pel] *s.* ⚘ Fruchtblatt *n.*

car·pen·ter ['kɑ:pəntə] **I** *s.* Zimmermann *m*; **II** *v/t. u. v/i.* zimmern; **~ ant** *s. zo.* Holzameise *f*; **~ bee** *s. zo.* Holzbiene *f.*

car·pen·ter's| bench ['kɑ:pəntəz] *s.* Hobelbank *f*; **~ lev·el** *s.* ⚙ Setzwaage *f.*

car·pen·try ['kɑ:pəntrɪ] *s.* Zimmerhandwerk *n*; Zimmerarbeit *f.*

car·pet ['kɑ:pɪt] **I** *s.* **1.** Teppich *m* (*a. fig.*), (*Treppen etc.*)Läufer *m*: ***be on the ~*** *fig.* a) zur Debatte stehen, auf dem Tapet sein, b) F ‚zs.-gestaucht' werden; ***sweep under the ~*** *a. fig.* unter den Teppich kehren; → ***red carpet***; **II** *v/t.* **2.** mit (*od.* wie mit) e-m Teppich belegen; **3.** *Brit.* F ‚zs.-stauchen'; **~ bag** *s.* Reisetasche *f*; **'~,bag·ger** *s. Am.* F **1.** (po'litischer) Abenteurer (*ursprünglich nach dem Bürgerkrieg*); **2.** *allg.* Schwindler *m*; **~ bomb·ing** *s.* ⚔ Bombenteppichwurf *m*; **~ dance** *s.* zwangloses Tänzchen; **'~·knight** *s. Brit.* Sa'lonlöwe *m*; **~ sweep·er** *s.* 'Teppichkehrma,schine *f.*

carp·ing ['kɑ:pɪŋ] **I** *s.* Kritte'lei *f*; **II** *adj.* ☐ krittelig: ***~ criticism*** → I.

car| pool *s.* **1.** Fuhrpark *m*; **2.** Fahrgemeinschaft *f*; **'~·port** *s.* Einstellplatz *m* (*im Freien*).

car·pus ['kɑ:pəs] *pl.* **-pi** [-paɪ] *s. anat.* Handgelenk *n*, -wurzel *f.*

car·rel ['kærəl] *s.* Lesenische *f* (*in e-r Bibliothek*).

car·riage ['kærɪdʒ] *s.* **1.** Wagen *m*, Kutsche *f*: ***~ and pair*** Zweispänner *m*; **2.** *Brit.* Eisenbahnwagen *m*; **3.** Beförderung *f*, Trans'port *m*: ***~ by sea*** Seetransport; **4.** ⚵ Trans'portkosten *pl.*, Fracht(gebühr) *f*; Fuhrlohn *m*, Rollgeld *n*: ***~ paid*** frachtfrei, franko; ***~ forward*** *Brit.* Fracht gegen Nachnahme; **5.** ⚔ La'fette *f*; **6.** ✈ Fahrgestell *n*; **7.** a) Karren *m*, Laufbrett *n* (*e-r Druckerpresse*), b) Wagen *m* (*e-r Schreibmaschine etc.*), c) Schlitten *m* (*e-r Werkzeugmaschine*); **8.** (Körper)Haltung *f*, Gang *m*: ***a graceful ~***; **9.** *pol.* 'Durchbringen *n*, Annahme *f* (*Gesetz etc.*); **'car·riage·a·ble** [-dʒəbl] *adj.* befahrbar.

car·riage| bod·y *s.* Wagenkasten *m*, Karosse'rie *f*; **'~·drive** *s.* Fahrweg *m*; **'~·road**, **'~·way** *s. Brit.* Fahrbahn *f.*

car·ri·er ['kærɪə] *s.* **1.** Über'bringer *m*, Bote *m*; **2.** Spedi'teur *m*, *a.* **~s** *pl.* Spediti'onsfirma *f*: ***common ~*** ⚵ Frachtführer *m*, Transportunternehmer *m*,

-unternehmen *n* (*a.* ✈, ⚓ *etc.*); **3.** ⚕ ('Krankheits)Über,träger *m*; Keimträger *m*; **4.** ⚗ (Über)'Träger *m*, Kataly'sator *m*; **5.** ⚡ Träger(strom *m*, -welle *f*) *m*; **6.** Träger *m*, Tragbehälter *m*, -netz *n*, -kiste *f*, -gestell *n*; Gepäckhalter *m am Fahrrad*; *mot.* Dachgepäckträger *m*; **7.** ⚙ a) Schlitten *m*, Trans'port *m*, b) Mitnehmer *m*; **8.** *abbr. für* ***aircraft carrier***; '**~·bag** *s.* Tragtasche *f*, -tüte *f*; **~ pi·geon** *s.* Brieftaube *f*; **~ rock·et** *s.* 'Trägerra,kete *f*.

car·ri·on ['kærɪən] *s.* **1.** Aas *n*; **2.** verdorbenes Fleisch; **3.** *fig.* Unrat *m*, Schmutz *m*; **~ bee·tle** *s. zo.* Aaskäfer *m*.

car·rot ['kærət] *s.* **1.** ⚘ Ka'rotte *f*, Mohrrübe *f*: ***~ or stick*** *fig.* Zuckerbrot oder Peitsche; ***hold out a ~ to s.o.*** *fig.* j-n zu ködern versuchen; **2.** F a) *pl.* rotes Haar, b) Rotkopf *m*; '**car·rot·y** [-tɪ] *adj.* **1.** gelbrot; **2.** rothaarig.

car·rou·sel [,kærʊ'zel] *s. bsd. Am.* Karus'sell *n*.

car·ry ['kærɪ] **I** *s.* **1.** Trag-, Schußweite *f*; **2.** Flugstrecke *f* (*Golfball*); **3.** → ***portage*** 2; **II** *v/t.* **4.** tragen: ***~ a burden***; ***~ o.s.*** (*od.* ***one's body***) ***well*** e-e gute (Körper)Haltung haben; **5.** bei sich haben, (an sich) haben: ***~ money about one*** Geld bei sich haben; ***~ in one's head*** im Kopf haben *od.* behalten; ***~ authority*** großen Einfluß ausüben; ***~ conviction*** überzeugen(d sein *od.* klingen); ***~ a moral*** e-e Moral (zum Inhalt) haben; **6.** befördern, bringen; mit sich bringen *od.* führen; (ein)bringen: ***railways ~ goods*** die Eisenbahnen befördern Waren; ***~ a message*** e-e Nachricht überbringen; ***~ interest*** Zinsen tragen *od.* bringen; ***~ insurance*** versichert sein; ***~ consequences*** Folgen haben; **7.** (hin'durch-, he'rum)führen; fortsetzen, ausdehnen: ***~ a wall around the park*** e-e Mauer um den Park ziehen; ***~ to excess*** übertreiben; ***you ~ things too far*** du treibst die Dinge zu weit; **8.** erlangen, gewinnen; erobern (*a.* ⚔): ***~ all before one*** auf der ganzen Linie siegen, vollen Erfolg haben; ***~ the audience with one*** die Zuhörer mitreißen; ***~ an election*** e-e Wahl gewinnen; ***~ a district*** *Am.* e-n Wahlkreis *od.* -bezirk erobern, den Wahlsieg in e-m Bezirk davontragen; **9.** 'durchbringen, -setzen: ***~ a motion*** e-n Antrag durchbringen; ***carried unanimously*** einstimmig angenommen; ***~ one's point*** s-e Ansicht durchsetzen, sein Ziel erreichen; **10.** *Waren* führen; *Zeitungsmeldung* bringen; **11.** *Rechnen*: über'tragen, ‚sich merken': ***~ two*** gemerkt zwei; ***~ to a new account*** ✝ auf neue Rechnung vortragen; **III** *v/i.* **12.** *weit* tragen, reichen (*Stimme*, *Schall*; *Schußwaffen*);

Zssgn mit adv.:

car·ry| a·way *v/t.* **1.** wegtragen; fortreißen (*a. fig.*); **2.** *fig.* hinreißen: a) begeistern, b) verleiten: ***get carried away*** a) in Verzückung geraten, b) die Selbstkontrolle verlieren, sich hinreißen lassen (***into doing*** *et.* zu tun); **~ for·ward** *v/t.* **1.** fortsetzen, vor'anbringen; **2.** ✝ *Summe od. Saldo* vortragen: ***amount carried forward*** a) Vor-, Übertrag *m*, b) *Rechnen*: Transport *m*; **~ off** *v/t.* forttragen, -schaffen; ab-, entführen, verschleppen; *j-n* hinwegraffen (*Krankheit*); *Preis etc.* gewinnen, erringen; **~ on I** *v/t.* **1.** *fig.* fortführen, -setzen; *Plan* verfolgen; *Geschäft* betreiben; *Gespräch* führen; **II** *v/i.* **2.** fortfahren; weitermachen; **3.** fortbestehen; **4.** F a) ein ‚The'ater' *od.* e-e Szene machen, sich schlecht aufführen, es wild *od.* wüst treiben, b) ‚es (*ein Verhältnis*) haben' (***with*** mit); **~ out** *v/t.* aus-, 'durchführen, erfüllen; **~ o·ver** *v/t.* ✝ **1.** → ***carry forward*** 2; **2.** *Waren* übrigbehalten; **3.** *Börse*: prolongieren; **~ through** *v/t.* 'durchführen; *j-m* 'durchhelfen, *j-n* 'durchbringen.

'**car·ry|·all** *s. Am.* **1.** Per'sonen,auto *n* mit Längssitzen; **2.** große (Einkaufs-, Reise)Tasche; '**~·cot** *s.* (Baby)Tragetasche *f*; '**~-,for·ward** *s.* ✝ *Brit.* ('Saldo-)Vortrag *m*, 'Übertrag *m*.

car·ry·ing ['kærɪɪŋ] *s.* Beförderung *f*; Trans'port *m*; **~ a·gent** *s.* Spedi'teur *m*; **~ ca·pac·i·ty** *s.* Lade-, Tragfähigkeit *f*; **,~-'on** *pl.* **,~s-'on** *s.* F **1.** ‚The'ater' *n*: a) Getue *n*, b) Af'färe *f*; **2.** schlechtes Benehmen; **~ trade** *s.* Spediti'onsgewerbe *n*.

,car·ry'o·ver *s.* ✝ **1.** → ***carry-forward***; **2.** *Brit. Börse*: Prolongati'on *f*: ***~ rate*** Reportsatz *m*.

'**car|·sick** *adj.* eisenbahn- *od.* autokrank; '**~-,sick·ness** *s.* Autokrankheit *f*, Übelkeit *f* beim Autofahren.

cart [kɑːt] **I** *s.* (Fracht)Karren *m*, Lieferwagen *m*; Handwagen *m*: ***put the ~ before the horse*** *fig.* das Pferd beim Schwanz aufzäumen; ***in the ~*** *Brit.* F in der Klemme; **II** *v/t.* karren, fördern, fahren: ***~ about*** umherschleppen; '**cart·age** [-tɪdʒ] *s.* Fuhrlohn *m*, Rollgeld *n*.

carte blanche [,kɑːt'blɑ̃ːnʃ] *s.* **1.** ✝ Blan'kett *n*; **2.** *fig.* unbeschränkte Vollmacht: ***have ~*** (völlig) freie Hand haben.

car·tel [kɑː'tel] *s.* **1.** ✝, *a. pol.* Kar'tell *n*; **2.** ⚔ Abkommen *n* über den Austausch von Kriegsgefangenen; **car·tel·i·za·tion** [,kɑːtəlaɪ'zeɪʃn] *s.* ✝ Kartellierung *f*; **car·tel·ize** ['kɑːtəlaɪz] *v/t. u. v/i.* ✝ kartellieren.

cart·er ['kɑːtə] *s.* ('Roll)Fuhrunter,nehmer *m*.

Car·te·sian [kɑː'tiːzjən] **I** *adj.* kartesi'anisch; **II** *s.* Kartesi'aner *m*, Anhänger *m* der Lehre Des'cartes'.

'**cart-horse** *s.* Zugpferd *n*.

Car·thu·sian [kɑː'θjuːzjən] *s.* **1.** Kar'täuser(mönch) *m*; **2.** Schüler *m* der Charterhouse-Schule (*in England*).

car·ti·lage ['kɑːtɪlɪdʒ] *s. anat.*, *zo.* Knorpel *m*; **car·ti·lag·i·nous** [,kɑːtɪ'lædʒɪnəs] *adj.* knorpelig.

'**cart·load** *s.* Wagenladung *f*, Fuhre *f*; *fig.* Haufen *m*.

car·tog·ra·pher [kɑː'tɒgrəfə] *s.* Karto'graph *m*, Kartenzeichner *m*; **car'tog·ra·phy** [-fɪ] *s.* Kartogra'phie *f*.

car·ton ['kɑːtən] *s.* **1.** (Papp)Schachtel *f*, Kar'ton *m*: ***a ~ of cigarettes*** e-e Stange Zigaretten; **2.** das ‚Schwarze' (*der Zielscheibe*).

car·toon [kɑː'tuːn] *s.* **1.** Karika'tur *f*: ***~ (film)*** Zeichentrickfilm *m*; **2.** *mst pl.* Cartoon(s *pl.*) *m*, Comics-Serie *f*, Bilder(fortsetzungs)geschichte *f*; **3.** *paint.* Kar'ton *m*, Entwurf *m* (*in natürlicher Größe*); **car'toon·ist** [-nɪst] *s.* Karika'tu'rist *m*.

car·touch(e) [kɑː'tuːʃ] *s.* ⚠ Kar'tusche *f* (*Ornament*).

car·tridge ['kɑːtrɪdʒ] *s.* **1.** ⚔ a) Pa'trone *f*, b) *Artillerie*: Kar'tusche *f*: ***blank ~*** Platzpatrone *f*; **2.** *phot.* ('Film)Pa,trone *f* (*Kleinbildkamera*), (-)Kas,sette *f* (*Film- od. Kassettenkamera*); **3.** Tonabnehmer *m*; **4.** ('Füllhalter)Pa,trone *f*; **~ belt** *s.* ⚔ Pa'tronengurt *m*; **~ case** *s.* Pa'tronenhülse *f*; **~ clip** *s.* Ladestreifen *m*; **~ pa·per** *s.* 'Zeichenpa,pier *n*; **~ pen** *s.* Pa'tronenfüllhalter *m*.

'**cart|·wheel** *s.* **I** *s.* **1.** Wagenrad *n*; **2.** ***turn a ~*** *sport* radschlagen; **II** *v/i.* **3.** radschlagen; **4.** sich mehrmals (seitlich) über'schlagen; '**~·wright** *s.* Stellmacher *m*, Wagenbauer *m*.

carve [kɑːv] **I** *v/t.* **1.** (*in*) *Holz* schnitzen, (*in*) *Stein* meißeln: ***~ out of stone*** aus Stein meißeln *od.* hauen; ***~ one's name on a tree*** s-n Namen in e-n Baum einritzen *od.* -schneiden; **2.** mit Schnitze'reien *etc.* verzieren: ***~ the leg of a table***; **3.** *Fleisch* vorschneiden, zerlegen, tranchieren; **4.** *fig. oft* ***~ out*** gestalten: ***~ out a fortune*** ein Vermögen machen; ***~ out a career for o.s.*** sich e-e Karriere aufbauen; **5.** ***~ up*** aufteilen, zerstückeln; **6.** ***~ up*** F *j-n* mit dem Messer übel zurichten; **II** *v/i.* **7.** schnitzen, meißeln; **8.** (Fleisch) vorschneiden.

car·vel ['kɑːvl] → ***caravel***; '**~-built** *adj.* ⚓ kra'weelgebaut.

carv·er ['kɑːvə] *s.* **1.** (Holz)Schnitzer *m*, Bildhauer *m*; **2.** Tranchierer *m*; **3.** a) Tranchiermesser *n*, b) *pl.* Tranchierbesteck *n*; '**carv·er·y** [-ərɪ] *s. Lokal, in dem man für e-n Einheitspreis soviel Fleisch essen kann, wie man will.*

carv·ing ['kɑːvɪŋ] *s.* Schnitze'rei *f*, Schnitzwerk *n*; **~ knife** → ***carver*** 3 a.

'**car·wash** *s.* **1.** Autowäsche *f*; **2.** (Auto)Waschanlage *f*.

car·y·at·id [,kærɪ'ætɪd] *s.* ⚠ Karya'tide *f*.

cas·cade [kæ'skeɪd] **I** *s.* **1.** Kas'kade *f*, Wasserfall *m*; **2.** *fig.* Kas'kade *f*, *z.B.* Feuerregen *m* (*Feuerwerk*), Faltenbesatz *m*, Faltenwurf *m* (*Kleidung*), *chem. Tandemanordnung von Gefäßen od. Geräten*; **3.** ⚡ *a.* ***~ connection*** Kas'kade(nschaltung) *f*; **II** *adj.* **4.** ⚡ Kaskaden…(*-motor*, *-verstärker etc.*); **III** *v/i.* **5.** kas'kadenartig her'abstürzen; wellig fallen.

case[1] [keɪs] **I** *s.* **1.** Fall *m*, 'Umstand *m*, Vorfall *m*, Sache *f*, Frage *f*: ***a ~ in point*** ein typischer Fall, ein treffendes Beispiel; ***a ~ of fraud*** ein Fall von Betrug; ***a ~ of conscience*** e-e Gewissensfrage; ***a hard ~*** a) ein schwieriger Fall, b) ein schwerer Gegner, c) F ein ‚schwerer Junge'; ***that alters the ~*** das ändert die Sache *od.* Lage; ***in ~*** im Falle, falls; ***in ~ of*** im Falle von (*od. gen.*); ***in ~ of need*** im Notfall; ***in any ~*** auf jeden Fall, jedenfalls; ***in that ~*** in dem Falle; ***if that is the ~*** wenn das der Fall ist, wenn das zutrifft; ***as the ~ may be*** je nachdem; ***it is a ~ of*** es handelt sich um; ***the ~ is this*** die Sache liegt so; ***state one's ~*** s-e Sache *od.* s-n Standpunkt vortragen *od.* vertreten (*a.* ⚖); → 3; ***come down to ~s*** zur Sache kommen; **2.** ⚖ (Rechts)Fall *m*, Pro'zeß *m*: ***leading ~*** Präzedenzfall; **3.** ⚖ Sachverhalt *m*; Begründung *f*, Be'weismateri,al *n*; (*a.* begründeter) Standpunkt *e-r Partei*: ***~ for the Crown*** Anklage *f*; ***~ for the defence*** Verteidigung *f*; ***make out a*** (*od.* ***one's***) ***~ for*** (***against***) alle Rechtsgründe *od.* Argumente vorbringen für (gegen); ***he has a strong ~*** er hat schlüssige Beweise, s-e Sache steht günstig; ***he has no ~*** s-e Sache ist unbegründet; ***there is a ~ for s.th.*** et. ist begründet *od.* berechtigt, es gibt triftige Gründe für et.; **4.** *ling.* 'Kasus *m*, Fall *m*,; **5.** ⚕ (Krankheits)Fall *m*; Pati'ent(in): ***two ~s of typhoid*** zwei Typhusfälle *od.* Typhuskranke; ***a mental ~*** F ein Geisteskranker; **6.** *Am.* F komischer Kauz; **II** *v/t.* **7.** ***~ the joint*** *sl.* ,den Laden ausbaldowern'.

case² [keɪs] **I** *s.* **1.** Kiste *f*, Kasten *m*; Koffer *m*; (*Schmuck*)Kästchen *n*; Schachtel *f*; Behälter *m*; **2.** (*Bücher-, Glas*)Schrank *m*; (*Uhr*)Gehäuse *n*; (*Patronen*)Hülse *f*, (*Samen*)Kapsel *f*; (*Zigaretten*)E'tui *n*; (*Brillen-, Messer*)Futte'ral *n*; (Schutz)Hülle *f* (*für Bücher, Messer etc.*); (*Akten*)Tasche *f*; (*Schreib*)Mappe *f*; (*Kissen*)Bezug *m*, 'Überzug *m*: ***pencil ~*** Federmäppchen *n*; **3.** ⚙ Verkleidung *f*, Einfassung *f*, Mantel *m*, Rahmen *m*; Scheide *f*: ***lower*** (***upper***) ***~*** *typ.* (Setzkasten *m* für) kleine (große) Buchstaben *pl.*; **II** *v/t.* **4.** in ein Gehäuse *od.* Futte'ral *etc.* stecken; **5.** ver-, um'kleiden, um'geben (***in, with*** mit); **6.** *Buchbinderei*: *Buch* einhängen.

'case|·book *s.* **1.** ⚖ kommentierte Entscheidungssammlung; **2.** ⚕ Pati'entenbuch *n*; **~ end·ing** *s. ling.* 'Kasusendung *f*; **'~-,hard·ened** *adj.* **1.** *metall.* schalenhart, im Einsatz gehärtet; **2.** *fig.* abgehärtet, hartgesotten; **~ his·to·ry** *s.* **1.** Vorgeschichte *f* (*e-s Falles*); **2.** ⚕ Krankengeschichte *f*, Ana'mnese *f*; **3.** typisches Beispiel.

ca·se·in ['keɪsiːɪn] *s.* Kase'in *n*.

case law *s.* ⚖ ,Fallrecht' *n* (*auf Präzedenzfällen beruhend*).

case·mate ['keɪsmeɪt] *s.* ⚔ Kase'matte *f*.

case·ment ['keɪsmənt] *s.* a) Fensterflügel *m*, b) *a.* ***~-window*** Flügelfenster *n*.

ca·se·ous ['keɪsɪəs] *adj.* käsig, käseartig.

case| shot *s.* ⚔ Schrap'nell *n*, Kar'tätsche *f*; **~ stud·y** *s.* (Einzel)Fallstudie *f*; **'~·work** *s. sociol.* Einzelfallhilfe *f*, sozi'ale Einzelarbeit; **'~,work·er** *s.* Sozi'alarbeiter(in) (für Individu'albetreuung).

cash¹ [kæʃ] **I** *s.* **1.** (Bar)Geld *n*; **2.** † Barzahlung *f*, Kasse *f*: ***~ down, for ~*** gegen Barzahlung, in bar; ***~ in advance*** gegen Vorauszahlung; → ***cash and carry***; ***~ at bank*** Bankguthaben *n*; ***~ in hand*** Bar-, Kassenbestand *m*; ***~ on delivery*** per Nachnahme, zahlbar bei Lieferung; ***~ with order*** zahlbar bei Bestellung; ***be in*** (***out of***) ***~*** bei (nicht bei) Kasse sein; ***he is rolling in ~*** er hat Geld wie Heu; **II** *v/t.* **3.** *Scheck etc.* einlösen, -kassieren; **~ in I** *v/t.* **1.** *Poker etc.*: *s-e Spielmarken* einlösen; **II** *v/i.* **2.** F ,abkratzen', sterben; **3.** F **~** (***on***) ,absahnen' (bei), profitieren (von).

cash² [kæʃ] *s. sg. u. pl.* Käsch *n* (*kleine Münze in Indien u. China*).

cash| ac·count *s.* † Kassenkonto *n*; **~ and car·ry I** *s.* **1.** Selbstabholung *f* gegen Barzahlung; **2.** Cash-and-carry-Geschäft *n*; **II** *adv.* **3.** (nur) gegen Barzahlung u. Selbstabholung; **,~-and-'car·ry** *adj.* Cash-and-carry-...; **~ bal·ance** *s.* Kassenbestand *m*; Barguthaben *n*; **~ book** *s.* Kassenbuch *n*; **~ cheque** *s. Brit.* Barscheck *m*; **~ crop** *s.* für den Verkauf bestimmte Anbaufrucht; **~ desk** *s.* Kasse *f im Warenhaus etc.*; **~ dis·count** *s.* 'Barzahlungsra,batt *m*; **~ dis·pens·er** *s.* 'Geldauto,mat *m*.

ca·shew [kæ'ʃuː] *s.* **1.** Aca'joubaum *m*; **2.** *a.* ***~ nut*** Aca'jou-, 'Cashewnuß *f*.

cash flow *s.* † Cash-flow *m*, Kassenzufluß *m*.

cash·ier¹ [kæ'ʃɪə] *s.* Kassierer(in): ***~'s check*** *Am.* Bankscheck *m*; ***~'s desk*** *od.* ***office*** Kasse *f*.

cash·ier² [kə'ʃɪə] *v/t.* ⚔ (unehrenhaft) entlassen.

cash·less ['kæʃlɪs] *adj.* † bargeldlos.

cash·mere [kæʃ'mɪə] *s.* **1.** 'Kaschmir *m* (*feiner Wollstoff*); **2.** 'Kaschmirwolle *f*.

cash·o·mat ['kæʃəʊmæt] → ***cash dispenser***.

cash| pay·ment *s.* Barzahlung *f*; **~ price** *s.* Bar(zahlungs)preis *m*; **~ reg·is·ter** *s.* Registrierkasse *f*; **~ sale** *s.* Barverkauf *m*; **~ sur·ren·der val·ue** *s.* Rückkaufswert *m* (*e-r Police*); **~ vouch·er** *s.* Kassenbeleg *m*.

cas·ing ['keɪsɪŋ] *s.* **1.** Be-, Um'kleidung *f*, Um'hüllung *f*; **2.** (Fenster)Futter *n*; (Tür)Verkleidung *f*; **3.** Gehäuse *n*, Futte'ral *n*; *mot.* Mantel *m e-s Reifens*; **4.** (Wurst)Darm *m*, (-)Haut *f*.

ca·si·no [kə'siːnəʊ] *pl.* **-nos** *s.* ('Spiel-, Unter'haltungs)Ka,sino *n*.

cask [kɑːsk] *s.* Faß *n*; (hölzerne) Tonne: ***a ~ of wine*** ein Faß Wein.

cas·ket ['kɑːskɪt] *s.* **1.** (Schmuck)Kästchen *n*; **2.** (Bestattungs)Urne *f*; **3.** *Am.* Sarg *m*.

Cas·pi·an ['kæspɪən] *adj.* kaspisch: ***~ Sea*** Kaspisches Meer.

Cas·san·dra [kə'sændrə] *s. fig.* Kas'sandra *f* (*Unglücksprophetin*).

cas·sa·tion [kæ'seɪʃn] *s.* ⚖ Kassati'on *f*: ***Court of ~*** Kassationshof *m*.

cas·se·role ['kæsərəʊl] *s.* Kasse'rolle *f*, Schmortopf *m* (mit Griff).

cas·sette [kæ'set] *s.* ('Film-, 'Tonband-*etc.*)Kas,sette *f*; **~ re·cord·er** *s.* Kas'settenre,corder *m*.

cas·sock ['kæsək] *s. eccl.* Sou'tane *f*.

cast [kɑːst] **I** *s.* **1.** Wurf *m* (*a. mit Würfeln*); **2.** a) Auswerfen *n* (*Angel, Netz, Lot*), b) Angelhaken *m*; **3.** a) Auswurf *m* (*gewisser Tiere*), *bsd.* Gewölle *n* (*von Raubvögeln*), b) abgestoßene Haut (*Schlange, Insekt*); **4.** ***~ in the eye*** Schielen *n*; **5.** Aufrechnung *f*, Additi'on *f*; **6.** ⚙ Gußform *f*, Abguß *m*, -druck *m*; ⚕ Gipsverband *m*; *fig.* Zuschnitt *m*, Anordnung *f*; **7.** *thea.* (Rollen)Besetzung *f*; Mitwirkende *pl.*; Truppe *f*; **8.** Farbton *m*; *fig.* Anflug *m*; **9.** Typ *m*, Art *f*, Schlag *m*: ***~ of mind*** Geistesart *f*; ***~ of features*** Gesichtsausdruck *m*; **II** *v/t.* [*irr.*] **10.** werfen: ***the die is ~*** die Würfel sind gefallen; ***~ s.th. in s.o.'s teeth*** j-m et vorwerfen; **11.** *Angel, Netz, Anker, Lot* (aus)werfen; **12.** *zo.* a) *Haut, Geweih* abwerfen, b) *Junge* vorzeitig werfen; **13.** *fig. Blick, Licht, Schatten* werfen; *Horoskop* stellen: ***~ the blame*** die Schuld zuschieben (***on*** *dat.*); ***~ a slur*** (***on***) verunglimpfen (*acc.*); ***~ one's vote*** s-e Stimme abgeben; ***~ lots*** losen; **14.** *thea.* a) *Stück* besetzen: ***the play is well ~***, b) *Rollen* besetzen, verteilen: ***he was badly ~*** er war e-e Fehlbesetzung; **15.** *Metall, Statue etc.* gießen; *fig.* formen, bilden, anordnen; **16.** ⚖ *pass.* ***be ~ in costs*** zu den Kosten verurteilt werden; **17.** *a.* ***~ up*** aus-, zs.-rechnen: ***to ~ accounts*** Abrechnung machen; **III** *v/i.* [*irr.*] **18.** sich werfen, sich (ver)ziehen; **19.** die Angel auswerfen.

Zssgn mit adv.:

cast| a·bout, ~ a·round *v/i.* **1.** ***~ for*** suchen nach, *fig. a.* sich 'umsehen nach; **2.** ⚓ um'herlavieren; **~ a·way** *v/t.* **1.** wegwerfen; **2.** verschwenden; **3.** ***be ~*** ⚓ verschlagen werden; **~ back** *v/t.*: ***~ one's mind*** (***to***) zu'rückdenken (an *acc.*); **~ down** *v/t.* **1.** *fig.* entmutigen: ***be ~*** niedergeschlagen sein; **2.** *die Augen* niederschlagen; **~ in** *v/t.*: ***~ one's lot with s.o.*** sein Los mit j-m teilen, sich j-m anschließen; **~ off I** *v/t.* **1.** ab-, wegwerfen; *Kleider etc.* ablegen, ausrangieren; **2.** sich befreien von, sich entledigen (*gen.*); **3.** *Freund etc.* fallenlassen; **4.** *Stricken*: *Maschen* abketten; **5.** *typ.* den 'Umfang (*gen.*) berechnen; **II** *v/i.* **6.** ⚓ ablegen, losmachen; **~ on** *v/t. u. v/i. Stricken*: *die ersten Maschen* aufnehmen; **~ out** *v/t.* vertreiben, ausstoßen; **~ up** *v/t.* **1.** *die Augen* aufschlagen; **2.** anspülen; **3.** → ***cast*** 17.

cas·ta·net [,kæstə'net] *s.* Kasta'gnette *f*.

'cast·a·way I *s.* **1.** Ausgestoßene(r *m*) *f*; **2.** ⚓ Schiffbrüchige(r *m*) *f* (*a. fig.*); **3.** *et.* Ausrangiertes, *bsd.* abgelegtes Kleidungsstück; **II** *adj.* **4.** ausgestoßen; **5.** ausrangiert (*Möbel etc.*), abgelegt (*Kleider*); **6.** ⚓ schiffbrüchig.

caste [kɑːst] *s.* **1.** (*indische*) Kaste: ***~ feeling*** Kastengeist *m*; **2.** Kaste *f*, Gesellschaftsklasse *f*; **3.** Rang *m*, Stellung *f*, Ansehen *n*: ***lose ~*** an gesellschaftlichem Ansehen verlieren (***with*** bei).

cas·tel·lan ['kæstələn] *s.* Kastel'lan *m*;

'cas·tel·lat·ed [-leɪtɪd] *adj.* **1.** mit Türmen u. Zinnen; **2.** burgenreich.

cast·er ['kɑːstə] *s.* → ***castor³***.

cas·ti·gate ['kæstɪgeɪt] *v/t.* **1.** züchtigen; **2.** *fig.* geißeln; **3.** *fig. Text* verbessern; **cas·ti·ga·tion** [,kæstɪ'geɪʃn] *s.* **1.** Züchtigung *f*; **2.** Geißelung *f*; scharfe Kri'tik; **3.** Textverbesserung *f*.

cast·ing ['kɑːstɪŋ] *s.* **1.** ⚙ a) Guß *m*, Gießen *n*, b) Gußstück *n*; *pl.* Gußwaren *pl.*; **2.** ⚠ (roher) Bewurf; **3.** *thea.* Rollenverteilung *f*; **4.** *a.* ***~-up*** Additi'on *f*; **5.** Fischen *n* (*mit dem Netz*); **~ net** *s.* Wurfnetz *n*; **~ vote** *s.* entscheidende Stimme.

cast| i·ron *s.* Gußeisen *n*; **,~-'i·ron** *adj.* **1.** gußeisern; **2.** *fig.* eisern (*Konstitution, Wille etc.*); hart (*Gesetze etc.*); hieb- u. stichfest (*Alibi*), 'unum,stößlich, unbeugsam: ***~ constitution*** eiserne Gesundheit.

cas·tle ['kɑːsl] **I** *s.* **1.** Burg *f*, Schloß *n*: ***~s in the air*** (*od.* ***in Spain***) *fig.* Luftschlösser; **2.** *Schach*: Turm *m*; **II** *v/i.* **3.** *Schach*: rochieren; **~ nut** *s.* ⚙ Kronenmutter *f*.

cas·tling ['kɑ:slɪŋ] *s. Schach*: Ro'chade *f.*

'cast|·off *s.* **1.** ausrangiertes Kleidungsstück; **2.** *typ.* 'Umfangsberechnung *f*; **,~-'off** *adj.* **1.** abgelegt, ausrangiert: **~ *clothes***; **2.** *et.* Abgelegtes *od.* Weggeworfenes.

Cas·tor¹ ['kɑ:stə] *s. ast.* 'Kastor *m.*

cas·tor² ['kɑ:stə] *s. vet.* Spat *m.*

cas·tor³ ['kɑ:stə] *s.* **1.** (*Salz- etc.*)Streuer *m*; **2.** *pl.* Me'nage *f*, Gewürzständer *m*; **3.** (schwenkbare) Laufrolle.

cas·tor| oil *s.* ⚕ 'Rizinus-, 'Kastoröl *n*; **~ sug·ar** *s.* 'Kastorzucker *m.*

cas·trate [kæ'streɪt] *v/t.* **1.** ⚕, *vet.* kastrieren (*a. fig. iro.*); **2.** *Buch* zensieren; **cas'tra·tion** [-eɪʃn] *s.* Kastrierung *f*, Kastrati'on *f.*

cast steel *s.* Gußstahl *m.*

cas·u·al ['kæʒjʊəl] **I** *adj.* ☐ **1.** zufällig, unerwartet; **2.** gelegentlich, unregelmäßig: **~ *labo(u)r(er)*** Gelegenheitsarbeit(er *m*) *f*; **3.** unbestimmt, ungenau; **4.** lässig: a) nachlässig, gleichgültig, b) ungezwungen, zwanglos, *bsd. Mode*: sa'lopp, sportlich: **~ *wear*** Freizeitkleidung *f*; **5.** beiläufig: ***a ~ remark***; **~ *glance*** flüchtiger Blick; **II** *s.* **6.** a) sportliches Kleidungsstück, Straßenanzug *m*, b) *pl.* Slipper *pl.* (*flache Schuhe*); **7.** *Brit.* a) Gelegenheitsarbeiter *m*, b) gelegentlicher Kunde *od.* Besucher; **'cas·u·al·ism** [-lɪzəm] *s. philos.* Kasua'lismus *m*; **'cas·u·al·ness** [-nɪs] *s.* (Nach)Lässigkeit *f*, Gleichgültigkeit *f.*

cas·u·al·ty ['kæʒjʊəltɪ] *s.* **1.** Unfall *m* (*e-r Person*); **2.** a) Verunglückte(r *m*) *f*, (Unfall)Opfer *n*, b) ⚔ Verwundete(r) *m od.* Gefallene(r) *m*: ***casualties*** Opfer *pl. e-r Katastrophe etc.*, ⚔ *mst* Verluste *pl.*; **~ *list*** Verlustliste *f*; **3.** *a.* **~ *ward*** ⚕ 'Unfallstati,on *f.*

cas·u·ist ['kæzjʊɪst] *s.* Kasu'ist *m*; **cas·u·is·tic, cas·u·is·ti·cal** [,kæzjʊ'ɪstɪk(l)] *adj.* ☐ **1.** kasu'istisch; **2.** spitzfindig; **'cas·u·ist·ry** [-trɪ] *s.* **1.** Kasu'istik *f*; **2.** Spitzfindigkeit *f.*

cat [kæt] *s.* **1.** *zo.* Katze *f*: ***let the ~ out of the bag*** die Katze aus dem Sack lassen; ***it's raining ~s and dogs*** F es gießt wie mit Kübeln; ***has the ~ got your tongue?*** hat es dir die Sprache verschlagen?; ***wait for the ~ to jump*** *od.* ***see which way the ~ jumps*** *fig.* sehen, wie der Hase läuft; ***that ~ won't jump!*** F so geht's nicht!; ***set the ~ among the pigeons*** für helle Aufregung sorgen; ***think one is the cat's whiskers*** *od.* ***pyjamas*** sich für was Besonderes halten; ***not room to swing a ~*** *sl.* kaum Platz zum Umdrehen; ***they lead a ~-and-dog life*** sie leben wie Hund u. Katze; ***it's enough to make a ~ laugh*** F da lachen ja die Hühner; **2.** *zo. bsd. pl.* (Fa'milie *f* der) Katzen *pl.*; **3.** *fig.* falsche Katze (*Frau*): ***old ~*** alte Hexe; **4.** *Am. sl.* a) 'Jazzfa,natiker *m*, b) *a.* ***cool ~*** ,dufter Typ'; **5.** ⚓ Kattanker *m.*

cat·a·clysm ['kætəklɪzəm] *s.* **1.** *geol.* Kata'klysmus *m*, erdgeschichtliche Kata'strophe; **2.** Über'schwemmung *f*; **3.** *fig.* (gewaltige) 'Umwälzung.

cat·a·comb ['kætəku:m] *s.* Kata'kombe *f.*

cat·a·falque ['kætəfælk] *s.* **1.** Kata'falk *m*; **2.** offener Leichenwagen.

Cat·a·lan ['kætələn] **I** *adj.* kata'lanisch; **II** *s.* Kata'lane *m*, Kata'lanin *f.*

cat·a·lep·sis [,kætə'lepsɪs], **cat·a·lep·sy** ['kætəlepsɪ] *s.* ⚕ Starrkrampf *m.*

cat·a·logue, *Am. a.* **cat·a·log** ['kætəlɒg] **I** *s.* **1.** Kata'log *m*; **2.** Verzeichnis *n*, (Preis- *etc.*)Liste *f*; **3.** *Am. univ.* Vorlesungsverzeichnis *n*; **II** *v/t.* **4.** katalogisieren.

ca·tal·y·sis [kə'tælɪsɪs] *s.* ⚗ Kata'lyse *f*; **cat·a·lyst** ['kætəlɪst] *s.* ⚗ *u. fig.* Kataly'sator *m*; **cat·a·lyt·ic** [,kætə'lɪtɪk] **I** *adj.* ⚗ kata'lytisch: **~ *converter*** Kataly'sator *m*; **II** *s.* → ***catalyst***; **cat·a·lyze** ['kætəlaɪz] *v/t.* katalysieren (*a. fig.*); **cat·a·lyz·er** ['kætəlaɪzə] → ***catalyst***.

cat·a·ma·ran [,kætəmə'ræn] *s.* **1.** ⚓ a) Floß *n*, b) Auslegerboot *n*; **2.** F ,Kratzbürste' *f*, Xan'thippe *f.*

cat·a·mite ['kætəmaɪt] *s.* Lustknabe *m.*

cat·a·plasm ['kætəplæzəm] *s.* ⚕ 'Brei,umschlag *m*, Kata'plasma *n.*

cat·a·pult ['kætəpʌlt] **I** *s.* **1.** Kata'pult *m*, *n*: a) *hist.* 'Wurfma,schine *f*, b) (Spiel)Schleuder *f*, c) ✈ Startschleuder *f*; **II** *adj.* **2.** ✈ Schleuder...(*-sitz, -start*); **III** *v/t.* **3.** schleudern, katapultieren (*a.* ✈); **4.** mit e-r Schleuder beschießen.

cat·a·ract ['kætərækt] *s.* **1.** Kata'rakt *m*: a) Wasserfall *m*, b) Stromschnelle *f*, c) *fig.* Flut *f*; **2.** ⚕ grauer Star.

ca·tarrh [kə'tɑ:] *s.* ⚕ Ka'tarrh *m*; Schnupfen *m*; **ca'tarrh·al** [-ɑ:rəl] *adj.* katar'rhalisch: **~ *syringe*** Nasenspritze *f.*

ca·tas·tro·phe [kə'tæstrəfɪ] *s.* Kata'strophe *f* (*a. im Drama u. geol.*), Verhängnis *n*, Unheil *n*, Unglück *n*; **cat·a·stroph·ic, cat·a·stroph·i·cal** [,kætə'strɒfɪk(l)] *adj.* katastro'phal.

'cat|·bird *s. orn.* amer. Spottdrossel *f*; **'~·boat** *s.* ⚓ kleines Segelboot (*mit einem Mast*); **~ bur·glar** *s.* Fas'sadenkletterer *m*, Einsteigdieb *m*; **'~·call I** *s.* a) Buh(ruf *m*) *n*, b) Pfiff *m*; **II** *v/i.* buhen, pfeifen; **III** *v/t. j-n* ausbuhen, -pfeifen.

catch [kætʃ] **I** *s.* **1.** Fangen *n*, Fang *m*; *fig.* Fang *m*, Beute *f*, Vorteil *m*: ***a good ~*** a) ein guter Fang (*beim Fischen u. fig.*), b) e-e gute Partie (*Heirat*); ***no ~*** kein gutes Geschäft; **2.** *Kricket, Baseball*: a) Fang *m*, b) Fänger *m*; **3.** Halter *m*, Griff *m*, Klinke *f*; Haken *m*; **4.** Sperr-, Schließhaken *m*, Schnäpper *m*; Sicherung *f*; Verschluß *m*; **5.** Stocken *n*, Anhalten *n*; **6.** *fig.* a) Haken *m*, Schwierigkeit *f*, b) Falle *f*, Trick *m*, Kniff *m*: ***there is a ~ in it*** die Sache hat e-n Haken; ***~-22*** F gemeiner Trick; **II** *v/t.* [*irr.*] **7.** *Ball, Tier etc.* fangen; *Dieb etc. a.* fassen, ,schnappen', *a. Blick* erhaschen; *Tropfendes* auffangen; *allg.* erwischen, ,kriegen': **~ *a train*** e-n Zug erreichen *od.* kriegen; → ***glimpse*** 1, ***sight*** 3; **8.** ertappen, über'raschen (***s.o. at*** j-n bei): **~ *me*** (***doing that***)***!*** F ich denke (ja) nicht dran!, ,denkste'!; ***I caught myself lying*** ich ertappte mich beim Lügen; ***caught in a storm*** vom Unwetter überrascht; **9.** ergreifen, packen, *Gewohnheit, Aussprache* annehmen; → ***hold²*** 1; **10.** *fig.* fesseln, packen, gewinnen; einfangen; → ***eye*** 2, ***fancy*** 5; **11.** *fig.* ,mitkriegen', verstehen: ***I didn't ~ what you said***; **12.** einholen: ***I soon caught him***; → ***catch up*** 2; **13.** sich holen *od.* zuziehen, angesteckt werden von (*Krankheit etc.*); → ***cold*** 8, ***fire*** 1; **14.** sich zuziehen, *Strafe, Tadel* bekommen: **~ *it*** F ,sein Fett bekommen'; **15.** streifen, mit *et.* hängenbleiben: ***a nail caught my dress*** mein Kleid blieb an e-m Nagel hängen; **~ *one's finger in the door*** sich den Finger in der Tür klemmen; **16.** a) schlagen: **~ *s.o. a blow*** j-m e-n Schlag versetzen, b) *mit e-m Schlag* treffen *od.* ,erwischen': ***the blow caught him on the chin***; **III** *v/i.* [*irr.*] **17.** greifen: **~ *at*** greifen *od.* schnappen nach, (*fig. Gelegenheit* gern) ergreifen; → ***straw*** 1; **18.** ⚙ (ein)greifen (*Räder*), einschnappen (*Schloß etc.*); **19.** sich verfangen, hängenbleiben: ***the plane caught in the trees***; **20.** klemmen; **21.** *mot.* anspringen;

Zssgn mit adv.:

catch| on *v/i.* F **1.** ,kapieren' (***to s.th.*** et.); **2.** Anklang finden, einschlagen; **~ out** *v/t.* **1.** ertappen; **2.** *Kricket*: (durch Fangen des Balles) *den Schläger* ,ausmachen'; **~ up I** *v/t.* **1.** *j-n* unter'brechen; **2.** *j-n* einholen; **3.** *et.* schnell ergreifen; *Kleid* aufraffen; **4.** ***be caught up in*** a) vertieft sein in (*acc.*), b) verwickelt sein in (*acc.*); **II** *v/i.* **5.** aufholen: **~ *with*** einholen (*a. fig.*); **~ *on*** *od.* ***with*** *et.* auf- *od.* nachholen.

'catch|·all *s. Am.* **1.** Tasche *f od.* Behälter *m* für alles mögliche; **2.** *fig.* Sammelbezeichnung *f*, -begriff *m*; **'~-as-,catch-'can** *s. sport* Catchen *n*; **~ *wrestler*** Catcher *m.*

catch·er ['kætʃə] *s.* Fänger *m*; **'catch·ing** [-tʃɪŋ] *adj.* **1.** ⚕ ansteckend (*a. fig.*); **2.** *fig.* anziehend, fesselnd; **3.** eingängig (*Melodie*); **4.** verfänglich; arglistig.

catch·ment ['kætʃmənt] *s.* **1.** Auffangen *n von Wasser etc.*; **2.** *geol.* Reservo'ir *n*; **~ a·re·a** *s.* Einzugsgebiet *n* (*e-s Flusses; a. fig.*).

'catch|,pen·ny I *adj.* Schund...; auf Kundenfang berechnet, Lock..., Schleuder...: **~ *title*** reißerischer Titel; **II** *s.* Schundware *f*, 'Ramschar,tikel *m*; **'~·phrase** *s.* Schlagwort *n*, (hohle) Phrase; **'~·pole, '~·poll** *s.* Gerichtsdiener *m*; **~ ques·tion** *s.* Fangfrage *f*; **'~·up** → ***ketchup***; **'~·weight** *s. sport* durch keinerlei Regeln beschränktes Gewicht e-s Wettkampfteilnehmers; **'~·word** *s.* **1.** *bsd. thea.* Stichwort *n*; **2.** Schlagwort *n*; **3.** *typ.* a) *hist.* 'Kustos *m*, b) Ko'lumnentitel *m.*

catch·y ['kætʃɪ] *adj.* F **1.** → ***catching*** 2, 3; **2.** unregelmäßig; **3.** schwierig.

cat·e·chism ['kætɪkɪzəm] *s.* **1.** ♰ *eccl.* Kate'chismus *m*; **2.** *fig.* Reihe *f od.* Folge *f* von Fragen; **'cat·e·chist** [-kɪst] *s.* Kate'chet *m*, Religi'onslehrer *m*; **'cat·e·chize** [-kaɪz] *v/t.* **1.** *eccl.* katechisieren; **2.** gründlich ausfragen, examinieren.

cat·e·chu ['kætɪtʃu:] *s.* ⚗ 'Katechu *n.*

cat·e·chu·men [,kætɪ'kju:men] *s.* **1.** *eccl.* Konfir'mand(in); **2.** *fig.* Neuling *m.*

cat·e·gor·i·cal [,kætɪ'gɒrɪkl] *adj.* ☐ kate'gorisch, bestimmt, unbedingt; **cat·e·go·ry** ['kætɪgərɪ] *s.* Katego'rie *f*, Klasse *f*, Gruppe *f.*

ca·ter ['keɪtə] **I** *v/i.* **1.** (***for***) Speisen u. Getränke liefern (für): ***~ing industry***

od. ***trade*** Gaststättengewerbe *n*; **2.** sorgen (***for*** für); **3.** *fig.* befriedigen (***for***, ***to*** *acc.*); etwas bieten (***to*** *dat.*); **II** *v/t.* **4.** mit Speisen u. Getränken beliefern; **'ca·ter·er** [-ərə] *s.* Liefe'rant *m* für Speisen u. Getränke.

cat·er·pil·lar ['kætəpɪlə] *s.* **1.** *zo.* Raupe *f*; **2.** ⚙ (*Warenzeichen*) Raupenfahrzeug *n*.

cat·er·waul ['kætəwɔ:l] **I** *v/i.* **1.** jaulen (*Katze etc.*); **2.** kreischen; keifen; **II** *s.* **3.** Jaulen *n*; **4.** Keifen *n*, Kreischen *n*.

'cat|-eyed *adj.* katzenäugig; *weitS.* im Dunkeln sehend; **'~-fish** *s. ichth.* Katzenfisch *m*, Wels *m*; **'~-foot** *v/i. a.* ***~ it*** F schleichen; **'~·gut** *s.* **1.** Darmsaite *f*; **2.** ⚕ 'Katgut *n*; **3.** *Art* Steifleinen *n*.

ca·thar·sis [kə'θɑ:sɪs] *s.* **1.** *Ästhetik, a. psych.*: 'Katharsis *f*; **2.** ⚕ Abführung *f*.

ca·the·dral [kə'θi:drəl] **I** *s.* Kathe'drale *f*, Dom *m*; **II** *adj.* Dom...: ***~ church*** → I; ***~ town*** → ***city*** 2.

Cath·er·ine-wheel ['kæθərɪnwi:l] *s.* **1.** ⚠ Katha'rinenrad *n* (*Radfenster*); **2.** *Feuerwerk*: Feuerrad *n*; **3.** *sport* ***turn ~s*** radschlagen.

cath·e·ter ['kæθɪtə] *s.* ⚕ Ka'theter *m*.

cath·ode ['kæθəʊd] *s.* ⚡ Ka'thode *f*; **~ ray** *s.* Ka'thodenstrahl *m*; **'~-ray tube** *s.* Ka'thodenstrahlröhre *f*.

cath·o·lic ['kæθəlɪk] **I** *adj.* (□ ***~ally***) **1.** ('all)um,fassend, univer'sal: ***~ interests*** vielseitige Interessen; **2.** großzügig, tole'rant; **3.** ♀ ka'tholisch; **II** *s.* **4.** ♀ Katho'lik(in); **Ca·thol·i·cism** [kə'θɒlɪsɪzəm] *s.* Katholi'zismus *m*; **cath·o·lic·i·ty** [,kæθəʊ'lɪsətɪ] *s.* **1.** Universali'tät *f*; **2.** Großzügigkeit *f*, Tole'ranz *f*; **3.** a) ka'tholischer Glaube, b) ♀ Katholizi'tät *f* (*Gesamtheit der katholischen Kirche*).

cat ice *s.* dünne Eisschicht.

cat·kin ['kætkɪn] *s.* ♀ (Blüten)Kätzchen *n* (*an Weiden etc.*).

'cat|·lick *s.* F ,Katzenwäsche' *f*; **'~·nap** *s.* ,Nickerchen' *n*, kurzes Schläfchen.

cat-o'-nine-tails [,kætə'naɪnteɪlz] *s.* neunschwänzige Katze (*Peitsche*).

'cat's|-eye ['kæts-] *s.* **1.** *min.* Katzenauge *n*; **2.** a) Katzenauge *n*, Rückstrahler *m*, b) Leuchtnagel *m*; **'~-paw** *s. fig.* Handlanger *m*, *j-s* Werkzeug *n*.

cat suit *s.* einteiliger Hosenanzug, Overall *m*.

cat·sup ['kætsəp] → ***ketchup***.

cat·tish ['kætɪʃ] *adj.* katzenhaft; *fig.* boshaft, gehässig, gemein.

cat·tle ['kætl] *s. coll.* (*mst pl. konstr.*) **1.** (Rind)Vieh *n*, Rinder *pl.*; **2.** *contp.* Viehzeug *n* (*Menschen*); **~ car** *s.* 🚂 *Am.* Viehwagen *m*; **'~-,feed·er** *s.* ⚙ 'Futterma,schine *f*; **'~-,lead·er** *s.* Nasenring *m*; **'~-,lift·er** *s.* Viehdieb *m*; **~ plague** *s. vet.* Rinderpest *f*; **~ ranch**, **~ range** *s.* Viehweide(land *n*) *f*.

cat·ty ['kætɪ] → ***cattish***.

'cat|·walk *s.* **1.** ⚙ Laufplanke *f*, Steg *m*; **2.** *Mode*: Laufsteg *m*; **~ whisk·er** *s.* ⚡ De'tektornadel *f*.

Cau·ca·sian [kɔ:'keɪzjən] **I** *adj.* kau'kasisch; **II** *s.* Kau'kasier(in).

cau·cus ['kɔ:kəs] *s. pol. bsd. Am.* **1.** Par'teiausschuß *m* zur Wahlvorbereitung; **2.** Par'teikonfe,renz *f*, -tag *m*; **3.** Par'teiclique *f*.

cau·dal ['kɔ:dl] *adj. zo.* Schwanz...; **'cau·date** [-deɪt] *adj.* geschwänzt.

caught [kɔ:t] *pret. u. p.p. von* ***catch***.

caul·dron ['kɔ:ldrən] *s.* (großer) Kessel.

cau·li·flow·er ['kɒlɪflaʊə] *s.* ♀ Blumenkohl *m*; **~ ear** *s. Boxen*: ,Blumenkohlohr' *n*.

caulk [kɔ:k] *v/t.* ⚓ kal'fatern, *a. allg.* abdichten; **'caulk·er** [-kə] *s.* ⚓, ⚙ Kal'faterer *m*.

caus·al ['kɔ:zl] *adj.* □ ursächlich, kau'sal: ***~ connection*** → ***causality*** 2; **cau·sal·i·ty** [kɔ:'zælətɪ] *s.* **1.** Ursächlichkeit *f*, Kausali'tät *f*: ***law of ~*** Kausalgesetz *n*; **2.** Kau'salzu,sammenhang *m*; **cau·sa·tion** [kɔ:'zeɪʃn] *s.* **1.** Verursachung *f*; **2.** Ursächlichkeit *f*; **3.** Kau'salprin,zip *n*; **'caus·a·tive** [-zətɪv] *adj.* □ **1.** kau'sal, begründend, verursachend; **2.** *ling.* 'kausativ.

cause [kɔ:z] **I** *s.* **1.** Ursache *f*: ***~ of death*** Todesursache; **2.** Grund *m*; Veranlassung *f*, Anlaß *m*: ***~ for complaint*** Grund *od.* Anlaß zur Klage; ***~ to be thankful*** Grund zur Dankbarkeit; ***without ~*** ohne (triftigen) Grund, grundlos (*entlassen etc.*); **3.** (gute) Sache: ***fight for one's ~*** für s-e Sache kämpfen; ***make common ~ with*** gemeinsame Sache machen mit; **4.** ⚖ a) (Streit)Sache *f*, Rechtsstreit *m*, Pro'zeß *m*, b) Gegenstand *m*; Rechtsgründe *pl.*: ***~-list*** Terminliste *f*, ***show ~*** s-e Gründe darlegen *od.* dartun (***why*** warum); ***upon good ~ shown*** bei Vorliegen von triftigen Gründen; ***~ of action*** Klagegrund *m*; **5.** Sache *f*, Angelegenheit *f*, Gegenstand *m*, 'Thema *n*, Frage *f*, Pro'blem *n*: ***lost ~*** verlorene *od.* aussichtslose Sache; ***in the ~ of*** um ... (*gen.*) willen, für; **II** *v/t.* **6.** veranlassen, (*j-n et.*) lassen: ***I ~ed him to sit down*** ich ließ ihn sich setzen; ***he ~ed the man to be arrested*** er ließ den Mann verhaften, er veranlaßte, daß der Mann verhaftet wurde; **7.** verursachen, bewirken, her'vorrufen, her'beiführen: ***~ a fire*** e-n Brand verursachen; **8.** bereiten, zufügen: ***~ s.o. a loss*** j-m e-n Verlust zufügen; ***~ s.o. trouble*** j-m Schwierigkeiten bereiten.

cause cé·lè·bre [,kəʊz se'lebrə] (*Fr.*) *s.* Cause *f* célèbre.

cause·less ['kɔ:zlɪs] *adj.* □ grundlos.

cau·se·rie ['kəʊzərɪ] (*Fr.*) *s.* Plaude'rei *f*.

cause·way ['kɔ:zweɪ], *Brit. a.* **'cau·sey** [-zeɪ] *s.* erhöhter Fußweg, Damm *m* (*durch e-n See od. Sumpf*).

caus·tic ['kɔ:stɪk] **I** *adj.* (□ ***~ally***) **1.** ⚗ kaustisch, ätzend, beizend, brennend: ***~ potash*** Ätzkali *n*; ***~ soda*** Ätznatron *n*; ***~-soda solution*** Ätzlauge *f*; **2.** *fig.* ätzend, beißend, sar'kastisch (*Worte etc.*); **II** *s.* **3.** ⚗ Beiz-, Ätzmittel *n*: ***lunar ~*** ⚕ Höllenstein *m*; **caus·tic·i·ty** [kɔ:'stɪsətɪ] *s.* **1.** Ätz-, Beizkraft *f*; **2.** *fig.* Sar'kasmus *m*, Schärfe *f*.

cau·ter·i·za·tion [,kɔ:təraɪ'zeɪʃn] *s.* ⚕, ⚙ (Aus)Brennen *n*; Ätzen *n*; **cau·ter·ize** ['kɔ:təraɪz] *v/t.* **1.** ⚕, ⚙ (aus)brennen, ätzen; **2.** *fig. Gefühl etc.* abstumpfen; **cau·ter·y** ['kɔ:tərɪ] *s.* Brenneisen *n*; Ätzmittel *n*.

cau·tion ['kɔ:ʃn] **I** *s.* **1.** Vorsicht *f*, Behutsamkeit *f*: ***proceed with ~*** Vorsicht walten lassen; **2.** Warnung *f*; *a. sport* Verwarnung; **3.** ⚖ Eides- *od.* Rechtsmittelbelehrung *f*; **4.** ⚔ 'Ankündigungskom,mando *n*; **5.** F a) *et.* Origi'nelles, ,tolles Ding', b) ulkige ,Nummer' (*Person*), c) unheimlicher Kerl; **II** *v/t.* **6.** warnen (***against*** vor *dat.*); **7.** verwarnen; **8.** ⚖ belehren (***as to*** über *acc.*); **'cau·tion·ary** [-ʃnərɪ] *adj.* warnend, Warnungs...: ***~ tale*** Geschichte *f* mit e-r Moral.

cau·tious ['kɔ:ʃəs] *adj.* □ vorsichtig, behutsam, auf der Hut; **'cau·tious·ness** [-nɪs] → ***caution*** 1.

cav·al·cade [,kævl'keɪd] *s.* Kaval'kade *f*, Reiterzug *m*, *a.* Zug *m* von Autos *etc.*

cav·a·lier [,kævə'lɪə] **I** *s.* **1.** *hist.* Ritter *m*; **2.** Kava'lier *m*; **3.** ♀ *hist.* Roya'list *m* (*Anhänger Karls I. von England*); **II** *adj.* □ **4.** anmaßend, rücksichtslos; **5.** unbekümmert, ,eiskalt', keck.

cav·al·ry ['kævlrɪ] *s.* ⚔ Kavalle'rie *f*, Reite'rei *f*; **'~·man** [-mən] *s.* [*irr.*] Kavalle'rist *m*.

cave¹ [keɪv] **I** *s.* **1.** Höhle *f*; **2.** *pol. Brit.* a) Abspaltung *f e-s Teils e-r Partei*, b) Sezessi'onsgruppe *f*; **II** *v/t.* **3.** *mst* ***~ in*** eindrücken, zum Einsturz bringen; **III** *v/i.* **4.** *mst* ***~ in*** einstürzen, -sinken; **5.** *mst* ***~ in*** F a) nachgeben, klein beigeben (***to*** *dat.*), b) zs.-brechen, ,zs.-klappen'; **6.** *pol. Brit.* sich *von der Partei* absondern.

ca·ve² ['keɪvɪ] (*Lat.*) *ped. sl.* **I** *int.* Vorsicht!, Achtung!; **II** *s.*: ***keep ~*** ,Schmiere stehen', aufpassen.

ca·ve·at ['kævɪæt] *s.* **1.** ⚖ Einspruch *m*, Verwahrung *f*: ***enter a ~*** Verwahrung einlegen; ***~ emptor*** Mängelausschluß *m*; **2.** Warnung *f*.

cave| bear [keɪv] *s. zo.* Höhlenbär *m*; **~ dwell·er** → ***caveman*** 1; **'~·man** [-mæn] *s.* [*irr.*] **1.** Höhlenbewohner *m*, -mensch *m*; **2.** F a) Na'turbursche *m*, ,Bär' *m*, b) ,Tier' *n*.

cav·ern ['kævən] *s.* **1.** Höhle *f*; **2.** ⚕ Ka'verne *f*; **'cav·ern·ous** [-nəs] *adj.* **1.** voller Höhlen; **2.** po'rös; **3.** tiefliegend, hohl (*Augen*); eingefallen (*Wangen*); tief (*Dunkelheit*); **4.** ⚕ kaver'nös.

cav·i·ar(e) ['kævɪɑ:] *s.* 'Kaviar *m*: ***~ to the general*** Kaviar fürs Volk.

cav·il ['kævɪl] **I** *v/i.* nörgeln, kritteln (***at*** an *dat.*); **II** *s.* Nörge'lei *f*; **'cav·il·(l)er** [-lə] *s.* Nörgler(in).

cav·i·ty ['kævətɪ] *s.* **1.** (Aus)Höhlung *f*, Hohlraum *m*; **2.** *anat.* Höhle *f*, Raum *m*, Grube *f*: ***abdominal ~*** Bauchhöhle; ***mouth ~*** Mundhöhle; **3.** ⚕ Loch *n* (*im Zahn*).

ca·vort [kə'vɔ:t] *v/i.* F he'rumtollen, -tanzen.

ca·vy ['keɪvɪ] *s. zo.* Meerschweinchen *n*.

caw [kɔ:] **I** *s.* Krächzen *n* (*Rabe, Krähe etc.*); **II** *v/i.* krächzen.

cay·enne [keɪ'en], *a.* **~ pep·per** ['keɪən] *s.* Cay'ennepfeffer *m*.

cay·man ['keɪmən] *pl.* **-mans** *s. zo.* 'Kaiman *m*.

cease [si:s] **I** *v/i.* **1.** aufhören, enden: ***the noise ~d***; **2.** (***from***) ablassen (von), aufhören (mit): ***~ and desist order*** ⚖ *Am.* Unterlassungsanordnung *f*; **II** *v/t.* **3.** aufhören (***doing*** *od.* ***to do*** mit *et. od. et.* zu tun); **4.** einstellen: ***~ fire*** ⚔ das Feuer einstellen; ***~ payment*** ✝ die Zahlungen einstellen; **,cease'fire** *s.* ⚔ **1.** (Befehl *m* zur) Feuereinstellung *f*; **2.** Waffenruhe *f*; **'cease·less** [-lɪs] *adj.* □ unaufhörlich.

ce·dar ['si:də] *s.* **1.** ♀ Zeder *f*; **2.** Ze-

dernholz *n.*
cede [si:d] **I** *v/t.* (***to***) abtreten (*dat. od.* an *acc.*), über'lassen (*dat.*); **II** *v/i.* nachgeben, weichen.
ce·dil·la [sɪ'dɪlə] *s.* Ce'dille *f.*
cee [si:] *s.* C *n*, c *n* (*Buchstabe*).
ceil·ing ['si:lɪŋ] *s.* **1.** Decke *f e-s Raumes*; **2.** ⚓ Innenbeplankung *f*; **3.** Höchstmaß *n*, -grenze *f*, ✝ *a.* Pla'fond *m e-s Kredits*: **~ *price*** ✝ Höchstpreis *m*; **4.** ✈ a) Gipfelhöhe *f*, b) Wolkenhöhe *f.*
cel·e·brant ['selɪbrənt] *s. eccl.* Zele'brant *m*; **cel·e·brate** ['selɪbreɪt] **I** *v/t.* **1.** *Fest etc.* feiern, begehen; **2.** *j-n* feiern (*preisen*); **3.** *R. C. Messe* zelebrieren, lesen; **II** *v/i.* **4.** feiern; *R. C.* zelebrieren; **'cel·e·brat·ed** [-breɪtɪd] *adj.* gefeiert, berühmt (***for*** für, wegen); **cel·e·bra·tion** [ˌselɪ'breɪʃn] *s.* **1.** Feier *f*; Feiern *n*: ***in ~ of*** zur Feier (*gen.*); **2.** *R. C.* Zelebrieren *n*, Lesen *n* (*Messe*); **ce·leb·ri·ty** [sɪ'lebrətɪ] *s.* **1.** Berühmtheit *f*, Ruhm *m*; **2.** Berühmtheit *f* (*Person*).
ce·ler·i·ac [sɪ'lerɪæk] *s.* ⚘ Knollensellerie *m, f.*
ce·ler·i·ty [sɪ'lerɪtɪ] *s.* Geschwindigkeit *f.*
cel·er·y ['selərɪ] *s.* ⚘ (Stauden)Sellerie *m, f.*
ce·les·tial [sɪ'lestjəl] **I** *adj.* □ **1.** himmlisch, Himmels…, göttlich; selig; **2.** *ast.* Himmels…: **~ *body*** Himmelskörper *m*; **~ *map*** Himmelskarte *f*; **3.** ♀ chi'nesisch: ♀ ***Empire*** China (*alter Name*); **II** *s.* **4.** Himmelsbewohner(in), Selige(r *m*) *f*; **5.** ♀ F Chi'nese *m*, Chi'nesin *f*; ♀ **City** *s. das* Himmlische Je'rusalem.
cel·i·ba·cy ['selɪbəsɪ] *s.* Zöli'bat *n, m*, Ehelosigkeit *f*; **'cel·i·bate** [-bət] **I** *s.* Unverheiratete(r *m*) *f*, Zöliba'tär *m*; **II** *adj.* unverheiratet, zöliba'tär.
cell [sel] *s.* **1.** (*Kloster-, Gefängnis- etc.*) Zelle *f*: ***condemned ~*** Todeszelle; **2.** *allg., a. biol., phys., pol.* Zelle *f*, *a.* Kammer *f*, Fach *n*: **~ *division*** Zellteilung *f*; **3.** ⚡ Zelle *f*, Ele'ment *n.*
cel·lar ['selə] *s.* **1.** Keller *m*; **2.** Weinkeller *m*: ***he keeps a good ~*** er hat e-n guten Keller; **'cel·lar·age** [-ərɪdʒ] *s.* **1.** Keller(räume *pl.*) *m*; **2.** Einkellerung *f*; **3.** Kellermiete *f*; **'cel·lar·er** [-ərə] *s.* Kellermeister *m.*
-celled [seld] *adj. in Zssgn* …zellig.
cel·list ['tʃelɪst] *s.* ♪ Cel'list(in); **cel·lo** ['tʃeləʊ] *pl.* **-los** *s.* (Violon)'Cello *n.*
cel·lo·phane ['seləʊfeɪn] *s.* ⚙ Zello'phan *n*, Zellglas *n.*
cel·lu·lar ['seljʊlə] *adj.* **1.** zellig, Zell(en)…: **~ *tissue*** Zellgewebe *n*; **~ *therapy*** ⚕ Zelltherapie *f*; **2.** netzartig: **~ *shirt*** Netzhemd *n*; **'cel·lule** [-ju:l] *s.* kleine Zelle.
cel·lu·loid ['seljʊlɔɪd] *s.* ⚙ Zellu'loid *n.*
cel·lu·lose ['seljʊləʊs] *s.* Zellu'lose *f*, Zellstoff *m.*
Cel·si·us ['selsjəs], **~ ther·mom·e·ter** *s. phys.* 'Celsiusthermoˌmeter *n.*
Celt [kelt] *s.* Kelte *m*, Keltin *f*; **'Celt·ic** [-tɪk] **I** *adj.* keltisch; **II** *s. ling. das* Keltische; **'Celt·i·cism** [-tɪsɪzəm] *s.* Kelti'zismus *m* (*Brauch od. Spracheigentümlichkeit*).
ce·ment [sɪ'ment] **I** *s.* **1.** Ze'ment *m*, (Kalk)Mörtel *m*; **2.** Klebstoff *m*, Kitt *m*; Bindemittel *n*; **3.** a) *biol.* 'Zahnzeˌment *m*, b) ⚕ Ze'ment *m* zur Zahnfüllung; **4.** *fig.* Band *n*, Bande *pl.*; **II** *v/t.* **5.** a) zementieren, b) kitten; **6.** *fig.* festigen, ‚zementieren'; **ce·men·ta·tion** [ˌsi:men'teɪʃn] *s.* **1.** Zementierung *f* (*a. fig.*); **2.** Kitten *n*; **3.** *metall.* Einsatzhärtung *f*; **4.** *fig.* Bindung *f.*
cem·e·ter·y ['semɪtrɪ] *s.* Friedhof *m.*
cen·o·taph ['senəʊtɑ:f] *s.* (leeres) Ehren(grab)mal: ***the*** ♀ *das brit. Ehrenmal in London für die Gefallenen beider Weltkriege.*
cense [sens] *v/t.* (mit Weihrauch) beräuchern; **'cen·ser** [-sə] *s.* (Weih-) Rauchfaß *n.*
cen·sor ['sensə] **I** *s.* **1.** ('Kunst-, 'Schrifttums)ˌZensor *m*; **2.** 'Briefˌzensor *m*; **3.** *antiq.* 'Zensor *m*, Sittenrichter *m*; **II** *v/t.* **4.** zensieren; **cen·so·ri·ous** [sen'sɔ:rɪəs] *adj.* □ **1.** 'kritisch, streng; **2.** tadelsüchtig, krittelig; **'cen·sor·ship** [-ʃɪp] *s.* **1.** Zen'sur *f*; **2.** 'Zensoramt *n*; **cen·sur·a·ble** ['senʃərəbl] *adj.* tadelnswert, sträflich; **cen·sure** ['senʃə] **I** *s.* Tadel *m*, Verweis *m*; Kri'tik *f*, 'Mißbilligung *f*: ***motion of ~*** *parl.* Mißtrauensantrag *m*; → ***vote*** 1; **II** *v/t.* tadeln, miß'billigen, kritisieren.
cen·sus ['sensəs] *s.* 'Zensus *m*, (*bsd.* Volks)Zählung *f*, Erhebung *f*: ***livestock ~*** Viehzahlung *f*; **~*-taker*** Volkszähler *m*; ***take a ~*** e-e (Volks- *etc.*) Zählung vornehmen.
cent [sent] *s.* **1.** Hundert *n* (*nur noch in*): ***per ~*** Prozent, vom Hundert; **2.** *Am.* Cent *m* (1/100 *Dollar*): ***not worth a ~*** keinen (roten) Heller wert.
cen·taur ['sentɔ:] *s.* **1.** *myth.* Zen'taur *m*; **2.** *fig.* Zwitterwesen *n*; **Cen·tau·rus** [sen'tɔ:rəs] *s. ast.* Zen'taur *m.*
cen·te·nar·i·an [ˌsentɪ'neərɪən] **I** *adj.* hundertjährig; **II** *s.* Hundertjährige(r *m*) *f*; **cen·te·nar·y** [sen'ti:nərɪ] **I** *adj.* **1.** hundertjährig; **2.** hundert betragend; **II** *s.* **3.** Jahr'hundert *n*; **4.** Hundert'jahrfeier *f.*
cen·ten·ni·al [sen'tenjəl] **I** *adj.* hundertjährig; **II** *s. bsd. Am.* Hundert'jahrfeier *f.*
cen·ter *etc. Am.* → ***centre*** *etc.*
cen·tes·i·mal [sen'tesɪml] *adj.* □ zentesi'mal, hundertteilig.
cen·ti·grade ['sentɪgreɪd] *adj.* hundertteilig, -gradig: **~ *thermometer*** Celsiusthermometer *n*; ***degree(s) ~*** Grad Celsius; **'cen·ti·gram(me)** [-græm] *s.* Zenti'gramm *n*; **'cen·tiˌme·tre**, *Am.* **'cen·tiˌme·ter** [-ˌmi:tə] *s.* Zenti'meter *m, n*; **'cen·ti·pede** [-pi:d] *s. zo.* Hundertfüßer *m.*
cen·tral ['sentrəl] **I** *adj.* □ **1.** zen'tral (gelegen); **2.** Haupt…, Zentral…: **~ *office*** Hauptbüro *n*, Zentrale *f*; **~ *idea*** Hauptgedanke *m*; **II** *s.* **3.** *Am.* a) (Tele'fon)Zenˌtrale *f*, b) Telefo'nist(in) (*in e-r Zentrale*); ♀ **A·mer·i·can** *adj.* 'mittelameriˌkanisch; **~ city** *s. Am.* Stadtkern *m*, Innenstadt *f*; ♀ **Eu·ro·pe·an time** *s.* 'mitteleuroˌpäische Zeit (*abbr. MEZ*); **~ heat·ing** *s.* Zen'tralheizung *f.*
cen·tral·ism ['sentrəlɪzəm] *s.* Zentra'lismus *m*, (Sy'stem *n* der) Zentralisierung *f*; **'cen·tral·ist** [-ɪst] *s.* Verfechter *m* der Zentralisierung; **cen·tral·i·za·tion** [ˌsentrəlaɪ'zeɪʃn] *s.* Zentralisierung *f*; **'cen·tral·ize** [-laɪz] *v/t.* (*v/i.* sich) zentralisieren.
cen·tral| lock·ing *s. mot.* Zen'tralverriegelung *f*; **~ nerv·ous sys·tem** *s. anat.* Zen'tralˌnervensyˌstem *n*; **~ point** *s.* ⩚ Mittelpunkt *m*; ⚡ Nullpunkt *m*; ♀ **Pow·ers** *s. pl. pol. hist.* Mittelmächte *pl.*; **~ re·serve** *s. mot. Brit.* Mittelstreifen *m*; **~ sta·tion** *s.* **1.** ⚓ ('Bord)Zenˌtrale *f*, Kom'mandostand *m*; **2.** Haupt-, Zen'tralbahnhof *m*; **3.** ⚡ Zen'trale *f.*
cen·tre ['sentə] **I** *s.* **1.** 'Zentrum *n*, Mittelpunkt *m* (*a. fig.*): **~ *of attraction*** *fig.* Hauptanziehungspunkt *m*; **~ *of gravity*** *phys.* Schwerpunkt *m*; **~ *of motion*** *phys.* Drehpunkt *m*; **~ *of trade*** Handelszentrum; **2.** Hauptstelle *f*, -gebiet *n*, Sitz *m*, Herd *m*: ***amusement ~*** Vergnügungszentrum *n*; **~ *of interest*** Hauptinteresse *n*; → ***shopping, training centre***; **3.** *pol.* Mitte *f*, 'Mittelparˌtei *f*; **4.** ⚙ Spitze *f*: **~ *lathe*** Spitzendrehbank *f*; **5.** *sport* Flanke *f*; **6.** (Pra'linen- *etc.*)Füllung *f*; **II** *v/t.* **7.** in den Mittelpunkt stellen (*a. fig.*); konzentrieren, vereinigen (***on, in*** auf *acc.*); ⚙ einmitten, zentrieren; ankörnen: **~ *the bubble*** die Libelle einspielen lassen; **III** *v/i.* **8.** im Mittelpunkt stehen (*a. fig.*); *fig.* sich drehen (***round*** um); **9.** (***in, on***) sich konzentrieren, sich gründen (auf *acc.*); **10.** *Fußball*: flanken; **'~-bit** *s.* ⚙ 'Zentrumsbohrer *m*; **'~-board** *s.* ⚓ (Kiel)Schwert *n*; **~ cir·cle** *s. Fußball*: Anstoßkreis *m*; **~ court** *s. Tennis*: 'Centre Court *m*; **~ for·ward** *s. Fußball*: Mittelstürmer *m*; **~ half** *s. Fußball*: 'Vorˌstopper *m*; **~ par·ty** *s. pol.* 'Mittelparˌtei *f*, 'Zentrum *n*; **'~-piece** *s.* **1.** Mittelstück *n*; **2.** (mittlerer) Tafelaufsatz; **3.** *fig.* Hauptstück *n*; **~ punch** *s.* ⚙ (An)Körner *m*; **~ sec·ond** *s.* Zen'tralseˌkundenzeiger *m.*
cen·tric, cen·tri·cal ['sentrɪk(l)] *adj.* □ zen'tral, zentrisch.
cen·trif·u·gal [sen'trɪfjʊgl] *adj. phys.* zentrifu'gal; Schleuder…, Schwung…: **~ *force*** Zentrifugal-, Fliehkraft *f*; **~ *governor*** Fliehkraftregler *m*; **cen·tri·fuge** ['sentrɪfju:dʒ] **I** *s.* Zentri'fuge *f*, Trennschleuder *f*; **II** *v/t.* zentrifugieren, schleudern.
cen·trip·e·tal [sen'trɪpɪtl] *adj.* zentripe'tal: **~ *force*** Zentripetalkraft *f.*
cen·tu·ple ['sentjʊpl], **cen·tu·pli·cate** [sen'tju:plɪkət] **I** *adj.* hundertfach; **II** *v/t.* verhundertfachen; **III** *s.* (*das*) Hundertfache.
cen·tu·ri·on [sen'tjʊərɪən] *s. antiq.* (*Rom*) ⚔ Zen'turio *m.*
cen·tu·ry ['sentʃʊrɪ] *s.* **1.** Jahr'hundert *n*: ***centuries-old*** jahrhundertealt; **2.** Satz *m od.* Gruppe *f* von hundert; *bsd. Kricket*: 100 Läufe *pl.*; **3.** *Am. sl.* hundert Dollar *pl.*; **4.** *antiq.* (*Rom*) Zen'turie *f*, Hundertschaft *f.*
ce·phal·ic [ke'fælɪk] *adj. anat., zo.* Schädel…, Kopf…; **ceph·a·lo·pod** ['sefələʊpɒd] *s. zo.* Kopffüßer *m*; **ceph·a·lous** ['sefələs] *adj. zo.* mit e-m … Kopf, …köpfig.
ce·ram·ic [sɪ'ræmɪk] **I** *adj.* **1.** ke'ramisch; **II** *s.* **2.** Ke'ramik *f* (*einzelnes Produkt*); **3.** *pl. mst sg. konstr.* Ke'ramik *f* (*Technik*); **4.** *pl.* Ke'ramik *f*, ke'ramische Erzeugnisse; **cer·a·mist** ['serəmɪst] *s.* Ke'ramiker *m.*
Cer·ber·us ['sɜ:bərəs] *s. fig.* 'Zerberus *m* (*a. ast.*), grimmiger Wächter: ***sop to***

~ Beschwichtigungsmittel *n*.

ce·re·al ['sɪərɪəl] **I** *adj.* **1.** Getreide…; **II** *s.* **2.** *mst pl.* Zere'alien *pl.*, Getreidepflanzen *pl.*, -früchte *pl.*; **3.** Frühstückskost *f aus Weizen, Hafer etc.*

cer·e·bel·lum [ˌserɪ'beləm] *s. anat.* Kleinhirn *n*; **cer·e·bral** ['serɪbrəl] *adj.* **1.** *anat.* Gehirn…: ~ ***death*** ⚕ Hirntod *m*; **2.** *ling.* alveo'lar; ˌ**cer·e'bra·tion** [-'breɪʃn] *s.* Gehirntätigkeit *f*; Denken *n*, 'Denkproˌzeß *m*; **cer·e·brum** ['serɪbrəm] *s. anat.* Großhirn *n*, Ze're-brum *n*.

cere·cloth ['sɪəklɒθ] *s.* Wachsleinwand *f*, *bsd. als* Leichentuch *n*.

cere·ment ['sɪəmənt] *s. mst pl.* Leichentuch *n*, Totenhemd *n*.

cer·e·mo·ni·al [ˌserɪ'məʊnjəl] **I** *adj.* □ **1.** feierlich, förmlich; **2.** ritu'ell; **II** *s.* **3.** Zeremoni'ell *n*; ˌ**cer·e'mo·ni·ous** [-jəs] *adj.* □ **1.** → ***ceremonial*** 1 *u.* 2; **2.** 'umständlich, steif; **cer·e·mo·ny** ['serɪmənɪ] *s.* **1.** Zeremo'nie *f*, Feierlichkeit *f*, feierlicher Brauch; Feier *f*; → ***master*** 12; **2.** Förmlichkeit(en *pl.*) *f*: ***without*** ~ ohne Umstände; ***stand on*** ~ a) sehr förmlich sein, b) Umstände machen; **3.** Höflichkeit *f*.

ce·rise [sə'ri:z] *adj.* kirschrot, ce'rise.

cert [sɜ:t] *s. a.* ***dead*** ~ *Brit. sl.* ‚todsichere Sache'.

cer·tain ['sɜ:tn] *adj.* □ **1.** (*von Sachen*) sicher, gewiß, bestimmt: ***it is*** ~ ***to happen*** es wird gewiß geschehen; ***I know for*** ~ ich weiß ganz bestimmt; **2.** (*von Personen*) über'zeugt, sicher, gewiß: ***to make*** ~ ***of s.th.*** sich e-r Sache vergewissern; **3.** bestimmt, zuverlässig, sicher: ***a*** ~ ***cure*** e-e sichere Kur; ***a*** ~ ***day*** ein (ganz) bestimmter Tag; **4.** gewiß: ***a*** ~ ***Mr. Brown*** ein gewisser Herr Brown; ***for*** ~ ***reasons*** aus bestimmten Gründen; '**cer·tain·ly** [-lɪ] *adv.* **1.** sicher, zweifellos, bestimmt; **2.** sicherlich, (aber) sicher *od.* na'türlich; '**cer·tain·ty** [-tɪ] *s.* **1.** Sicherheit *f*, Bestimmtheit *f*, Gewißheit *f*: ***know for a*** ~ mit Sicherheit wissen; **2.** Über'zeugung *f*.

cer·ti·fi·a·ble [ˌsɜ:tɪ'faɪəbl] *adj.* □ **1.** feststellbar; **2.** ⚕ *Brit.* a) meldepflichtig (*Krankheit*), b) geisteskrank, c) F verrückt.

cer·tif·i·cate I *s.* [sə'tɪfɪkət] Bescheinigung *f*, At'test *n*, Zeugnis *n*, Schein *m*, Urkunde *f*: ***death*** ~ Sterbeurkunde; ***school*** ~ Schul(abgangs)zeugnis; ~ ***of baptism*** Taufschein; ~ ***of origin*** ✝ Ursprungszeugnis; ***share*** (*Am.* ***stock***) ~ Aktienzertifikat *n*; → ***health*** 1, ***master*** 7, ***medical*** 1; **II** *v/t.* [-keɪt] *j-m* e-e Bescheinigung *od.* ein Zeugnis geben; *et.* attestieren, bescheinigen: ~***d*** amtlich anerkannt *od.* zugelassen; ~***d bankrupt*** rehabilitierter Konkursschuldner; ~ ***engineer*** Diplomingenieur *m*; **cer·ti·fi·ca·tion** [ˌsɜ:tɪfɪ'keɪʃn] *s.* **1.** Bescheinigung *f*; Bestätigung *f* (*Am.* ✝ *a. e-s Schecks*); **2.** (amtliche) Beglaubigung *od.* beglaubigte Erklärung.

cer·ti·fied ['sɜ:tɪfaɪd] *adj.* **1.** bescheinigt, beglaubigt, garantiert: ~ ***copy*** beglaubigte Abschrift; **2.** staatlich zugelassen *od.* anerkannt, *Am.* Diplom…; **3.** ⚕ *Brit.* für geisteskrank erklärt; ~ **accountant** *s.* ✝ *Brit.* konzessionierter Buch- *od.* Steuerprüfer; ~ **cheque**, *Am.* **check** *s.* (*als gedeckt*) bestätigter Scheck; ~ **mail** *s. Am.* eingeschriebene Sendung(en *pl.*) *f*; ~ **milk** *s.* amtlich geprüfte Milch; ~ **pub·lic ac·count·ant** *s.* ✝ *Am.* amtlich zugelassener 'Bücherreˌvisor *od.* Wirtschaftsprüfer.

cer·ti·fy ['sɜ:tɪfaɪ] **I** *v/t.* **1.** bescheinigen: ***this is to*** ~ hiermit wird bescheinigt; **2.** beglaubigen; **3.** *Scheck* (als gedeckt) bestätigen (*Bank*); **4.** ~ ***s.o.*** (***insane***) ⚖ *Brit.* j-n für geisteskrank erklären; **5.** ⚖ *Sache* verweisen (***to*** an *ein anderes Gericht*); **II** *v/i.* **6.** (***to***) bezeugen (*acc.*).

cer·ti·tude ['sɜ:tɪtju:d] *s.* Sicherheit *f*, Gewißheit *f*.

ce·ru·men [sɪ'ru:men] *s.* Ohrenschmalz *n*.

ce·ruse ['sɪəru:s] *s.* **1.** ⚗ Bleiweiß *n*; **2.** weiße Schminke.

cer·vi·cal [sɜ:'vaɪkl] *anat.* **I** *adj.* Hals…, Nacken…; **II** *s.* Halswirbel *m*.

Ce·sar·e·vitch [sɪ'zɑ:rəvɪtʃ] *s. hist.* Za'rewitsch *m*.

ces·sa·tion [se'seɪʃn] *s.* Aufhören *n*, Ende *n*; Stillstand *m*, Einstellung *f*.

ces·sion ['seʃn] *s.* Abtretung *f*, Zessi'on *f*.

cess·pit ['sespɪt], '**cess·pool** [-pu:l] *s.* **1.** Jauche-, Senkgrube *f*; **2.** *fig.* (Sündən)Pfuhl *m*.

ce·ta·cean [sɪ'teɪʃjən] *zo.* **I** *s.* Wal (-fisch) *m*; **II** *adj.* Wal(fisch)…

ce·tane ['si:teɪn] *s.* ⚗ Ce'tan *n*: ~ ***number*** Cetanzahl *f*.

chafe [tʃeɪf] **I** *v/t.* **1.** warmreiben, frottieren; **2.** ('durch)reiben, wund reiben, scheuern; **3.** *fig.* ärgern, reizen; **II** *v/i.* **4.** sich ('durch)reiben, sich wund reiben, scheuern (***against*** an *dat.*); **5.** ⚙ verschleißen; **6.** a) sich ärgern, b) toben, wüten.

chaf·er ['tʃeɪfə] *s. zo.* Käfer *m*.

chaff [tʃɑ:f] **I** *s.* **1.** Spreu *f*: ***separate the*** ~ ***from the wheat*** die Spreu vom Weizen scheiden; ***as*** ~ ***before the wind*** wie Spreu im Winde; **2.** Häcksel *m, n*; **3.** ⚔ 'Störˌfolie *f* (*Radar*); **4.** *fig.* wertloses Zeug; **5.** Necke'rei *f*; **II** *v/t.* **6.** zu Häcksel schneiden; **7.** *fig.* necken, aufziehen; '~**-cut·ter** *s.* ✓ Häckselbank *f*.

chaf·fer ['tʃæfə] **I** *s.* Feilschen *n*; **II** *v/i.* feilschen, schachern.

chaf·finch ['tʃæfɪntʃ] *s.* Buchfink *m*.

chaf·ing dish ['tʃeɪfɪŋ] *s.* Re'chaud *m, n*.

cha·grin ['ʃægrɪn] **I** *s.* **1.** Ärger *m*, Verdruß *m*; **2.** Kränkung *f*; **II** *v/t.* **3.** ärgern, verdrießen: ~***ed*** ärgerlich, gekränkt.

chain [tʃeɪn] **I** *s.* **1.** Kette *f* (*a.* ⚗, ⚡, ⚙, *phys.*): ~ ***of office*** Amtskette; **2.** *fig.* Kette *f*, Fessel *f*: ***in*** ~***s*** in Ketten, gefangen; **3.** *fig.* Kette *f*, Reihe *f*: ~ ***of events***; **4.** *a.* ~ ***of mountains*** Gebirgskette *f*; **5.** ✝ (Laden- *etc.*)Kette *f*; **6.** ⚙ Meßkette *f* (*66 engl. Fuß*); **II** *v/t.* **7.** (an)ketten, mit e-r Kette befestigen: ~ (***up***) ***a dog*** e-n Hund an die Kette legen; ~ ***a prisoner*** e-n Gefangenen in Ketten legen; ~ ***a door*** e-e Tür durch e-e Kette sichern; **8.** *fig.* (***to***) verketten (mit), ketten *od.* fesseln (an *acc.*); **9.** *Land* mit der Meßkette messen; ~ **armo(u)r** *s.* Kettenpanzer *m*; ~ **belt** *s.* ⚙ endlose Kette, 'Kettentransmissiˌon *f*; ~ **bridge** *s.* Hängebrücke *f*; ~ **drive** *s.* ⚙ Kettenantrieb *m*; ~ **gang** *s.* Trupp *m* anein'andergeketteter Sträflinge; '~**-less** ['tʃeɪnlɪs] *adj.* ⚙ kettenlos; ~ **let·ter** *s.* Kettenbrief *m*; ~ **mail** → ***chain armo(u)r***; ~ **pump** *s.* Pater'nosterwerk *n*; ~ **re·ac·tion** *s. phys. u. fig.* 'Kettenreaktiˌon *f*; '~**-smoke** *v/i. u. v/t.* Kette rauchen; '~**-ˌsmok·er** *s.* Kettenraucher *m*; ~ **stitch** *s. Nähen*: Kettenstich *m*; ~ **store** *s.* ✝ Kettenladen *m*.

chair [tʃeə] **I** *s.* **1.** Stuhl *m*, Sessel *m*: ***take a*** ~ sich setzen; **2.** *fig.* Vorsitz *m*: ***be in*** (***take***) ***the*** ~ den Vorsitz führen (übernehmen); ***address the*** ~ sich an den Vorsitzenden wenden; ***leave the*** ~ die Sitzung aufheben; ~***!*** ~***!*** *parl. Brit.* zur Ordnung!; **3.** Lehrstuhl *m*, Profes'sur *f* (***of German*** für Deutsch); **4.** *Am.* F *der* e'lektrische Stuhl; **5.** 🚂 Schienenstuhl *m*; **6.** Sänfte *f*; **II** *v/t.* **7.** (in ein Amt) einsetzen, auf *e-n Lehrstuhl etc.* berufen; **8.** den Vorsitz führen von (*od. gen.*); **9.** ~ ***s.o. off*** j-n (im Tri'umph) auf den Schultern (da'von-) tragen; ~ **back** *s.* Stuhllehne *f*; ~ **bottom** *s.* Stuhlsitz *m*; '~**-car** *s.* 🚂 Sa'lonwagen *m*; ~ **lift** *s.* Sesselbahn *f*, -lift *m*.

chair·man ['tʃeəmən] *s.* [*irr.*] **1.** Vorsitzende(r) *m*, Präsi'dent *m*; **2.** Sänftenträger *m*; '**chair·man·ship** [-ʃɪp] *s.* Vorsitz *m*.

chair·o·plane ['tʃeərəpleɪn] *s.* 'Kettenkarusˌsell *n*.

'**chair**|ˌ**per·son** *s.* Vorsitzende(r *m*) *f*; '~ˌ**wom·an** *s.* [*irr.*] Vorsitzende *f*.

chaise [ʃeɪz] *s.* Chaise *f*, Halbkutsche *f*; ~ **longue** [lɔ̃:ŋg] *s.* Chaise'longue *f*, Liegesofa *n*.

chal·cog·ra·pher [kæl'kɒgrəfə] *s.* Kupferstecher *m*.

cha·let ['ʃæleɪ] *s.* Cha'let *n*: a) Sennhütte *f*, b) Landhaus *n*.

chal·ice ['tʃælɪs] *s.* **1.** *poet.* (Trink)Becher *m*; **2.** *eccl.* (Abendmahls)Kelch *m*; **3.** ⚘ Blütenkelch *m*.

chalk [tʃɔ:k] **I** *s.* **1.** *min.* Kreide *f*; **2.** (Zeichen)Kreide *f*, Kreidestift *m*: ***colo(u)red*** ~ Buntstift; ***red*** ~ a) Rötel *m*, b) Rotstift; ***as different as*** ~ ***and cheese*** grundverschieden; **3.** Kreidestrich *m*: a) (Gewinn)Punkt *m* (*bei Spielen*), b) *Brit.* (angekreidete) Schuld: ***by a long*** ~ bei weitem; **II** *v/t.* **4.** mit Kreide (be)zeichnen; **5.** ~ ***out*** entwerfen; *fig. Weg* vorzeichnen; **6.** ~ ***up*** anschreiben; ankreiden, auf die Rechnung setzen: ~ ***it up to s.o.*** es j-m ankreiden; ~ **mark** *s.* Kreidestrich *m*; '~**-pit** *s.* Kreidegrube *f*; '~**-stone** *s.* ⚕ Gichtknoten *m*.

chalk·y ['tʃɔ:kɪ] *adj.* kreidig; kreidehaltig.

chal·lenge ['tʃælɪndʒ] **I** *s.* **1.** Her'ausforderung *f* (*a. sport u. fig.*), Forderung *f* (*zum Duell etc.*); (Auf-, An)Forderung *f*; Aufruf *m*; **2.** ⚔ Anruf *m* (*Wachtposten*); **3.** *hunt.* Anschlagen *n* (*Hund*); **4.** *bsd.* ⚖ a) Ablehnung *f* (*e-s Geschworenen od. Richters*), b) Anfechtung *f* (*e-s Beweismittels*); **5.** 'Widerspruch *m*, Kri'tik *f*, Bestreitung *f*, Kampfansage *f*; Angriff *m*; Streitfrage *f*; **6.** Her'ausforderung *f*: a) Bedrohung *f*, kritische Lage, b) Schwierigkeit *f*, Pro'blem *n*, c) (schwierige *od.* lockende) Aufgabe; **7.** ⚕ Immuni'tätstest *m*; **II** *v/t.* **8.** her'ausfordern (*a. sport u. fig.*); zur Rede stellen; aufrufen, -fordern; ⚔ anrufen; **9.** Anforderungen an *j-n* stellen; auf die Probe stellen; **10.** bestreiten, anzweifeln; *bsd.* ⚖ anfechten, *Geschworenen etc.* ablehnen; → ***bias*** 5; **11.** trotzen (*dat.*); angreifen; **12.** *j-n* reizen, lokken, fordern (*Aufgabe*); **13.** *j-m Bewunderung etc.* abnötigen; ˈ**chal·lenge·a·ble** [-dʒəbl] *adj.* herˈauszufordern(d); anfechtbar; **chal·lenge cup** *s. sport* ˈWanderpoˌkal *m*; ˈ**chal·leng·er** [-dʒə] *s.* Herˈausforderer *m*; **chal·lenge tro·phy** *s.* Wanderpreis *m*; ˈ**chal·leng·ing** [-dʒɪŋ] *adj.* □ **1.** herˈausfordernd; **2.** *fig.* lockend *od.* schwierig (*Aufgabe*).

cha·lyb·e·ate [kəˈlɪbɪət] *min.* **I** *adj.* stahl-, eisenhaltig: ~ ***spring*** Stahlquelle *f*; **II** *s.* Stahlwasser *n.*

cham·ber [ˈtʃeɪmbə] *s.* **1.** *obs.* Zimmer *n*, Kammer *f*, Gemach *n*; **2.** *pl. Brit.* a) (*zu vermietende*) Zimmer *pl.*: ***live in ~s*** privat wohnen, b) Geschäftsräume *pl.*; **3.** (*Empfangs*)Zimmer *n* (*im Palast etc.*); **4.** *parl.* a) Pleˈnarsaal *m*, b) Kammer *f*; **5.** *pl. Brit.* a) ˈAnwaltsbüˌro *n*, b) Amtszimmer *n* des Richters: ***in ~s*** in nichtöffentlicher Sitzung; **6.** ⚙ Kammer *f*; Raum *m*; (Gewehr)Kammer *f*; ~ **con·cert** *s.* ˈKammerkonˌzert *n*; ~ **coun·sel** *s. Brit.* (nur) beratender Anwalt.

cham·ber·lain [ˈtʃeɪmbəlɪn] *s.* **1.** Kammerherr *m*; **2.** Schatzmeister *m.*

ˈ**cham·ber|·maid** *s.* Zimmermädchen *n* (*in Hotels*); ~ **mu·sic** *s.* ˈKammermuˌsik *f*; ♀ **of Com·merce** *s.* Handelskammer *f*; ~ **pot** *s.* Nachtgeschirr *n.*

cha·me·le·on [kəˈmiːljən] *s. zo.* Chaˈmäleon *n* (*a. fig.*).

cham·fer [ˈtʃæmfə] **I** *s.* **1.** △ Auskehlung *f*; **2.** ⚙ Schrägkante *f*, Fase *f*; **II** *v/t.* **3.** △ auskehlen; **4.** ⚙ abfasen, abschrägen.

cham·ois [ˈʃæmwɑː] *pl.* ~ [-ɑːz] *s.* **1.** *zo.* Gemse *f*; **2.** *a.* ~ ***leather*** [*mst* ˈʃæmɪ] a) Sämischleder *n*, b) ⚙ Polierleder *n.*

champ[1] [tʃæmp] *v/i. u. v/t.* (heftig *od.* geräuschvoll) kauen: ~ ***at the bit*** a) am Gebiß kauen (*Pferd*), b) *fig.* vor Ungeduld (fast) platzen, c) mit den Zähnen knirschen.

champ[2] [tʃæmp] *sl.* → ***champion*** 3.

cham·pagne [ˌʃæmˈpeɪn] *s.* **1.** Chamˈpagner *m*, Sekt *m*, Schaumwein *m*: ~ ***cup*** Sektkelch *m*, -schale *f*; **2.** Chamˈpagnerfarbe *f.*

cham·pi·on [ˈtʃæmpjən] **I** *s.* **1.** Kämpe *m*, (Turˈnier)Kämpfer *m*; **2.** *fig.* Vorkämpfer *m*, Verfechter *m*, Fürsprecher *m*; **3.** a) *sport* Meister *m*, Titelhalter *m*, b) Sieger *m* (*Wettbewerb*); **II** *v/t.* **4.** verfechten, eintreten für, verteidigen; **III** *adj.* **5.** Meister…, best, preisgekrönt; ˈ**cham·pi·on·ship** [-ʃɪp] *s.* **1.** Meisterschaft *f*, -titel *m*; **2.** *pl.* Meisterschaftskämpfe *pl.*, Meisterschaften *pl.*; **3.** Verfechten *n*, Eintreten *n für etwas.*

chance [tʃɑːns] **I** *s.* **1.** Zufall *m*: ***by*** ~ zufällig; **2.** Glück *n*; Schicksal *n*; ˈRisiko *n*: ***game of*** ~ Glücksspiel *n*; ***take one's*** ~ sein Glück versuchen; ***take a*** (*od.* ***one's***) ~ es darauf ankommen lassen, es riskieren; ***take no ~s*** nichts riskieren (wollen); **3.** Chance *f*: a) Glücksfall *m*, (günstige) Gelegenheit: ***the ~ of his lifetime*** die Chance s-s Lebens, e-e einmalige Gelegenheit; ***give him a ~!*** gib ihm e-e Chance!, versuch's mal mit ihm!; → ***main chance***, b) Aussicht *f* (***of*** auf *acc.*): ***stand a*** ~ Aussichten haben, c) Möglichkeit *f*, Wahrscheinlichkeit *f*: ***the ~s are that*** aller Wahrscheinlichkeit nach; ***the ~s are against you*** die Umstände sind gegen dich; ***on the*** (***off***) ~ auf gut Glück, ‚auf Verdacht', für den Fall (*daß*); **II** *v/t.* **4.** riskieren: ~ ***it*** es darauf ankommen lassen, es wagen; **III** *v/i.* **5.** (unerwartet) geschehen: ***I ~ed to meet her*** zufällig traf ich sie; **6.** ~ ***upon*** auf *j-n od. et.* stoßen; **IV** *adj.* **7.** zufällig, Zufalls…, gelegentlich, † *a.* Gelegenheits…; unerwartet: ~ ***customers*** Laufkundschaft *f.*

chan·cel [ˈtʃɑːnsl] *s.* △ Alˈtarraum *m*, hoher Chor.

chan·cel·ler·y [ˈtʃɑːnsələrɪ] *s.* ˈBotschafts- *od.* Konsuˈlatskanzˌlei *f.*

chan·cel·lor [ˈtʃɑːnsələ] *s.* **1.** Kanzler *m* (*a. univ.*); *univ. Am.* Rektor *m*; ♀ ***of the Exchequer*** *Brit.* Schatzkanzler *m*, Finanzminister *m*; → ***Lord*** ♀; **2.** Kanzˈleivorstand *m*; ˈ**chan·cel·lor·ship** [-ʃɪp] *s.* Kanzleramt *n*, -würde *f.*

chan·cer·y [ˈtʃɑːnsərɪ] *s.* Kanzˈleigericht *n* (*Brit. Gerichtshof des Lordkanzlers*; *Am. Billigkeitsgericht*): ***in*** ~ a) unter gerichtlicher Verwaltung, b) F in der Klemme; ***ward in*** ~ Mündel *n* unter Amtsvormundschaft; ♀ **Di·vi·sion** *s.* ⚖ *Brit.* Kammer *f* für Billigkeitsrechtsprechung des ***High Court of Justice***.

chan·cre [ˈʃæŋkə] *s.* ⚕ Schanker *m.*

chan·de·lier [ˌʃændəˈlɪə] *s.* Arm-, Kronleuchter *m*, Lüster *m.*

chan·dler [ˈtʃɑːndlə] *s.* Krämer *m*; ♀ **Act** *s. Am.* Konˈkursordnung *f.*

change [tʃeɪndʒ] **I** *v/t.* **1.** (ver)ändern, ˈumändern, verwandeln (***into*** in *acc.*): ~ ***one's lodgings*** umziehen; ~ ***the subject*** das Thema wechseln, von et. anderem reden; ~ ***one's position*** die Stellung wechseln, sich beruflich verändern; → ***mind*** 4, ***colour*** 3; **2.** (ˈum-, ver)tauschen (***for*** gegen), wechseln: ~ ***one's shirt*** ein anderes Hemd anziehen; ~ ***hands*** den Besitzer wechseln; ~ ***places with s.o.*** den Platz mit j-m tauschen; ~ ***trains*** umsteigen; → ***side*** 9; **3.** *Geld*, *Banknoten* (ein)wechseln; *Scheck* einlösen; **4.** *j-m* andere Kleider anziehen; *Säugling* trockenlegen; *Bett* frisch überˈziehen *od.* beziehen; **5.** ⚙ schalten: ~ ***up*** (***down***) hinauf- (herunter)schalten; ~ ***over*** *Betrieb*, *Maschinen etc.* umstellen (***to*** auf *acc.*); **II** *v/i.* **6.** sich (ver)ändern, wechseln; **7.** sich verwandeln (***to*** *od.* ***into*** in *acc.*); **8.** 🚂 *etc.* ˈumsteigen: ***all ~!*** alles umsteigen *od.* aussteigen!; **9.** sich ˈumziehen: ~ ***into evening dress*** sich für den Abend umziehen; **10.** ~ ***to*** ˈübergehen zu: ~ ***to cigars***; **III** *s.* **11.** (Ver)Änderung *f*, Wechsel *m*; Wandlung *f*, Wendung *f*, ˈUmschwung *m*: ***no*** ~ unverändert; ~ ***for the better*** Besserung *f*; ~ ***of heart*** Sinnesänderung *f*; ~ ***of life*** Wechseljahre *pl.*; ~ ***of moon*** Mondwechsel; ~ ***of voice*** Stimmwechsel; ~ ***in the weather*** Witterungsumschlag *m*; **12.** Abwechs(e)lung *f*, *et.* Neues; Tausch *m*: ***for a*** ~ zur Abwechs(e)lung; ***a ~ of clothes*** Wäsche zum Wechseln; ***you need a*** ~ Sie müssen mal ausspannen; **13.** Wechselgeld *n*: (***small***) ~ Kleingeld; ***can you give me ~ for a pound?*** a) können Sie mir auf ein Pfund herausgeben?, b) können Sie mir ein Pfund wechseln?; ***get no ~ out of s.o.*** *fig.* nichts (*keine Auskunft od. keinen Vorteil*) aus j-m herausholen können, bei j-m nicht ‚landen' können; **14.** ♀ *Brit.* Börse *f*; **change·a·bil·i·ty** [ˌtʃeɪndʒəˈbɪlətɪ] *s.* Veränderlichkeit *f*; *fig.* Wankelmut *m*; ˈ**change·a·ble** [-dʒəbl] *adj.* □ **1.** veränderlich; **2.** wankelmütig; ˈ**change·ful** [-fʊl] *adj.* □ veränderlich, wechselvoll; **change gear** *s.* ⚙ Wechselgetriebe *n*; ˈ**change·less** [-lɪs] *adj.* unveränderlich, beständig; ˈ**change·ling** [-lɪŋ] *s.* Wechselbalg *m*; ˈuntergeschobenes Kind; ˈ**changeˌo·ver** *s.* **1.** (***to***) ˈÜbergang *m* (zu), Wechsel *m* (zu), ˈUmstellung *f* (auf *acc.*) (*a.* ⚙ *von Maschinen, e-s Betriebs etc.*); **2.** ⚙ ˈUmschaltung *f*; **3.** *sport* (Stab)Wechsel *m*; ˈ**chang·er** [-dʒə] *s. in Zssgn* …wechsler *m* (*Person od. Gerät*); ˈ**chang·ing** [-dʒɪŋ] *s.* Wechsel *m*, Veränderung *f*: ~ ***of the guard*** ⚔ Wachablösung *f*; ~ ***room*** Umkleidezimmer *n*; ~ ***cubicle*** Umkleidekabine *f.*

chan·nel [ˈtʃænl] **I** *s.* **1.** Flußbett *n*; **2.** Fahrrinne *f*, Kaˈnal *m*; **3.** Rinne *f*; ˈDurchlaßröhre *f*; **4.** breite Wasserstraße: ***the*** (***English***) ♀ *geogr.* der (Ärmel-) Kanal; **5.** Rille *f*, Riefe *f*; △ Auskehlung *f*; **6.** *fig.* Weg *m*, Kaˈnal *m*: ***~s of trade*** Handelswege, *a.* Absatzgebiete; ***official ~s*** Dienstweg; ***through the usual ~s*** auf dem üblichen Wege; **7.** *Radio*, *TV*: Proˈgramm *n*, Kaˈnal *m*: ~ ***selector*** Kanalwähler *m*; **II** *v/t.* **8.** *fig.* leiten, lenken; **9.** ⚙ furchen, riefeln; △ kannelieren, auskehlen.

chant [tʃɑːnt] **I** *s.* **1.** *eccl.* Kirchengesang *m*, -lied *n*; **2.** Singsang *m*, eintöniger Gesang *od.* Tonfall; **3.** Sprechchor *m* (*als Geschrei*); **II** *v/t.* **4.** *Kirchenlied* singen; **5.** absingen, ˈherleiern; **6.** im Sprechchor rufen.

chan·te·relle [ˌtʃæntəˈrel] *s.* ♀ Pfifferling *m.*

chan·ti·cleer [ˌtʃæntɪˈklɪə] *s. poet.* Hahn *m.*

chan·try [ˈtʃɑːntrɪ] *s. eccl.* **1.** Stiftung *f* von Seelenmessen; **2.** Voˈtivkaˌpelle *f od.* -alˌtar *m.*

chant·y [ˈtʃɑːntɪ] *s.* Maˈtrosenlied *n*, Shanty *n.*

cha·os [ˈkeɪɒs] *s.* ˈChaos *n*, *fig. a.* Wirrwarr *m*, Durcheinˈander *n*; **cha·ot·ic** [keɪˈɒtɪk] *adj.* (□ ***~ally***) chaˈotisch, wirr.

chap[1] [tʃæp] *s.* F Bursche *m*, Junge *m*: ***a nice*** ~ ein netter Kerl; ***old*** ~ ‚alter Knabe'.

chap[2] [tʃæp] *s.* Kinnbacken *m* (*bsd. Tier*), *pl.* Maul *n.*

chap[3] [tʃæp] **I** *v/t. u. v/i.* rissig machen *od.* werden: ***~ped hands*** aufgesprungene Hände; **II** *s.* Riß *m*, Sprung *m.*

chap·el [ˈtʃæpl] *s.* **1.** Kaˈpelle *f*; Gotteshaus *n* (der Disˈsenters): ***I am*** ~ F ich bin ein Dissenter; **2.** (ˈSeiten)Kaˌpelle *f* in e-r Katheˈdrale; **3.** Gottesdienst *m*; **4.** *typ.* betriebliche Geˈwerkschaftsorganisatiˌon der Drucker; ˈ**chap·el·ry** [-rɪ] *s. eccl.* Sprengel *m.*

chap·er·on [ˈʃæpərəʊn] **I** *s.* **1.** An-

standsdame *f*; **2.** Be'gleitper,son *f*; **II** *v/t.* (als Anstandsdame) begleiten.
'chap,fall·en *adj.* niedergeschlagen.
chap·lain ['tʃæplɪn] *s.* **1.** Ka'plan *m*, Geistliche(r) *m* (*an e-r Kapelle*); **2.** Hof-, Haus-, Anstalts-, Mili'tär-, Ma'rinegeistliche(r) *m*; **'chap·lain·cy** [-sɪ] *s.* Ka'plans-amt *n*, -pfründe *f*.
chap·let ['tʃæplɪt] *s.* **1.** Kranz *m*; **2.** *eccl.* Rosenkranz *m*.
chap·py ['tʃæpɪ] *adj.* rissig, aufgesprungen: **~ hands**.
chap·ter ['tʃæptə] *s.* **1.** Ka'pitel *n* (*Buch u. fig.*): **~ and verse** a) *bibl.* Kapitel u. Vers, b) genaue Einzelheiten; **give ~ and verse** *a.* genau zitieren; **to the end of the ~** bis ans Ende; **2.** *eccl.* 'Dom-, 'Ordenska,pitel *n*; **3.** *Am.* Orts-, 'Untergruppe *f e-r Vereinigung*; **~ house** *s.* **1.** *eccl.* 'Domka,pitel *n*, Stiftshaus *n*; **2.** *Am.* Verbindungshaus *n* (*Studenten*).
char¹ [tʃɑ] *v/t. u. v/i.* verkohlen.
char² [tʃɑ:] *s. ichth.* 'Rotfo,relle *f*.
char³ [tʃɑ:] *Brit.* **I** *v/i.* **1.** als Putzfrau *od.* Raumpflegerin arbeiten; **II** *s.* **2.** Putzen *n* (*als Lebensunterhalt*); **3.** → **charwoman**.
char-à-banc ['ʃærəbæŋ] *pl.* **-bancs** [-z] *s.* **1.** Kremser *m* (*Kutsche*); **2.** Ausflugsautobus *m*.
char·ac·ter ['kærəktə] *s.* **1.** Cha'rakter *m*, Wesen *n*, Na'tur *f* (*e-s Menschen*): **a bad ~** a) ein schlechter Charakter, b) ein schlechter Kerl; **a strange ~** ein eigenartiger Mensch; **quite a ~** ein Original; **2.** Cha'rakter(stärke *f*) *m*, (ausgeprägte) Per'sönlichkeit: **a man of ~**; **a public ~** e-e bekannte Persönlichkeit; **~ actor** *thea.* Charakterdarsteller *m*; **~ part** *thea.* Charakterrolle *f*; **~ assassination** Rufmord *m*; **~ building** Charakterbildung *f*; **~ defect** Charakterfehler *m*; **3.** Cha'rakter *m*, Gepräge *n*, Eigenart *f*; Merkmal *n*, Kennzeichen *n*; **4.** Stellung *f*, Rang *m*, Eigenschaft *f*: **he came in the ~ of a friend** er kam (in s-r Eigenschaft) als Freund; **5.** Leumund *m*, Ruf *m*, Name *m*: **have a good ~** in gutem Ruf stehen; **~ witness** ⚖ Leumundszeuge *m*; **6.** Zeugnis *n* (*für Personal*): **give s.o. a good ~** a) j-m ein gutes Zeugnis geben, b) gut von j-m sprechen; **7.** *thea.* Per'son *f*, Rolle *f*: **in ~** a) der Rolle gemäß, b) (zs.-)passend; **it is out of ~** es paßt nicht (dazu, zu ihm *etc.*); **8.** *Roman*: Fi'gur *f*, Gestalt *f*; **9.** Schriftzeichen *n* (*a. Computer*), Schrift *f*; Handschrift *f*.
char·ac·ter·is·tic [,kærəktə'rɪstɪk] **I** *adj.* □ → **characteristically**; charakte'ristisch, bezeichnend, typisch (**of** für): **~ curve** ⚙ Leistungskurve *f*; **II** *s.* charakte'ristisches Merkmal, Eigentümlichkeit *f*, Kennzeichen *n*, Eigenschaft *f*: (**performance**) **~** ⚙ (Leistungs)Angabe *f*, (-)Kennwert *m*; **,char·ac·ter'is·ti·cal** [-kl] → **characteristic** I; **,char·ac·ter'is·ti·cal·ly** [-kəlɪ] *adv.* bezeichnenderweise; **char·ac·ter·i·za·tion** [,kærəktəraɪ'zeɪʃn] *s.* Charakterisierung *f*, Kennzeichnung *f*; **char·ac·ter·ize** ['kærəktəraɪz] *v/t.* charakterisieren: a) beschreiben, b) kennzeichnen, charakte'ristisch sein für; **char·ac·ter·less** ['kærəktəlɪs] *adj.* nichtssagend.
cha·rade [ʃə'rɑ:d] *s.* **1.** Scha'rade *f* (*Ratespiel mit Verkleidungsszenen*); **2.** *fig.* Farce *f*.
'char·broil *v/t.* auf Holzkohle grillen.
char·coal ['tʃɑ:kəʊl] *s.* **1.** Holzkohle *f*; **2.** (Zeichen)Kohle *f*, Kohlestift *m*; **3.** Kohlezeichnung *f*; **~ burn·er** *s.* Köhler *m*, Kohlenbrenner *m*; **~ draw·ing** *s.* Kohlezeichnung *f*.
chard [tʃɑ:d] *s.* ⚘ Mangold(gemüse *n*) *m*.
charge [tʃɑ:dʒ] **I** *v/t.* **1.** belasten, beladen, beschweren (**with** mit) (*mst fig.*); **2.** *Gewehr etc.* laden; *Batterie* aufladen: (**emotionally**) **~d atmosphere** *fig.* geladene (*od.* angeheizte) Stimmung; **3.** (an)füllen; ⚙, ⚒ beschicken; ⚗ sättigen; **4.** beauftragen, betrauen: **~ s.o. with a task**; **5.** ermahnen: **I ~d him not to forget** ich schärfte ihm ein, es nicht zu vergessen; **6.** Weisungen geben (*dat.*); belehren: **~ the jury** ⚖ den Geschworenen Rechtsbelehrung geben; **7.** zur Last legen, vorwerfen, anlasten (**on** *dat.*): **he ~d the fault on me** er schrieb mir die Schuld zu; **8.** beschuldigen, anklagen (**with** *gen.*): **~ s.o. with murder**; **9.** angreifen, *sport a.* ‚angehen', rempeln; anstürmen gegen: **~ the enemy**; **10.** *Preis etc.* fordern, berechnen: **he ~d (me) a dollar for it** er berechnete (mir) e-n Dollar dafür; **11.** ✝ *j-n* mit *et.* belasten, *j-m et.* in Rechnung stellen: **~ these goods to me** (*od.* **to my account**); **II** *v/i.* **12.** angreifen; stürmen: **the lion ~d at me** der Löwe fiel mich an; **13.** (e-n Preis) fordern, (Kosten) berechnen: **~ too much** zuviel berechnen; **I shall not ~ for it** ich werde es nicht berechnen; **III** *s.* **14.** ⚔, ⚡, *mot.* Ladung *f*; ⚙ (Spreng)Ladung *f*; Füllung *f*, Beschickung *f*; *metall.* Einsatz *m*; **15.** Belastung *f*, Forderung *f* (*beide a.* ✝), Last *f*, Bürde *f*; Anforderung *f*, Beanspruchung *f*: **~** (**on an estate**) (Grundstücks)Belastung; **real ~** Grundschuld *f*; **be a ~ on s.o.** j-m zur Last fallen; **a first ~ on s.th.** e-e erste Forderung an et. (*acc.*); **16.** (*a. pl.*) Preis *m*, Kosten *pl.*, Spesen *pl.*, Unkosten *pl.*; Gebühr *f*: **no ~**, **free of ~** kostenlos, gratis; **~s forward** per Nachnahme; **~s** (**to be**) **deducted** abzüglich der Unkosten; **17.** Aufgabe *f*, Amt *n*, Pflicht *f*, Verantwortung *f*; **18.** Aufsicht *f*, Obhut *f*, Pflege *f*, Sorge *f*; Verwahrung *f*; Verwaltung *f*: **person in ~** verantwortliche Person, Verantwortliche(r), Leiter(in); **be in ~ of** verantwortlich sein für, die Aufsicht *od.* den Befehl führen über (*acc.*), leiten; **have ~ of** in Obhut *od.* Verwahrung haben, betreuen, versorgen; **put s.o. in ~ of** j-m die Leitung *od.* Aufsicht *etc.* übertragen (*gen.*); **take ~** die Leitung *etc.* übernehmen, die Sache in die Hand nehmen; **19.** Gewahrsam *m*: **give s.o. in ~** j-n der Polizei übergeben; **take s.o. in ~** j-n festnehmen; **20.** ⚖ Mündel *m*; Pflegebefohlene(r *m*) *f*, Schützling *m*; *a.* anvertraute Sache; **21.** Befehl *m*, Anweisung *f*, Mahnung *f*; ⚖ Rechtsbelehrung *f*; **22.** Vorwurf *m*, Beschuldigung *f*; ⚖ (Punkt *m* der) Anklage *f*: **on a ~ of murder** wegen Mord; **return to the ~** *fig.* noch einmal ‚einhaken' (*Diskussion*); **23.** Angriff *m*, (An)Sturm *m*; **24. get a ~ out of** *Am. sl.* an *e-r Sache* mächtig Spaß haben; **~ ac·count** *s.* ✝ **1.** ('Kunden)Kre,ditkonto *n*; **2.** Abzahlungskonto *n*.
charge·a·ble ['tʃɑ:dʒəbl] *adj.* □ **1.** anzurechnen(d), zu Lasten gehen(d) (**to** von); zu berechnen(d) (**on** *dat.*); zu belasten(d) (**with** mit); *teleph.* gebührenpflichtig; **2.** zahlbar; **3.** strafbar.
char·gé (**d'af·faires**) [,ʃɑ:ʒeɪ(dæ'feə)] *pl.* **char·gés** (**d'af·faires**) [-ʒeɪdæ'feəz] (*Fr.*) *s. pol.* Geschäftsträger *m*.
'charge-nurse *s.* ⚕ Stati'ons-, Oberschwester *f*.
charg·er ['tʃɑ:dʒə] *s.* **1.** ⚔ Dienstpferd *n* (*es Offiziers*); **2.** *poet.* Schlachtroß *n*; **3.** ⚙ Aufgeber *m*.
'charge-sheet *s. Brit.* **1.** polizeiliches Aktenblatt über den Beschuldigten u. die ihm zur Last gelegte Tat; **2.** ⚔ Tatbericht *m*.
char·i·ness ['tʃeərɪnɪs] *s.* **1.** Behutsamkeit *f*; **2.** Sparsamkeit *f*.
char·i·ot ['tʃærɪət] *s. antiq.* zweirädriger Streit- *od.* Tri'umphwagen; **char·i·ot·eer** [,tʃærɪə'tɪə] *s. poet.* Wagen-, Rosselenker *m*.
cha·ris·ma [kə'rɪzmə] *pl.* **-ma·ta** [-mətə] *s. eccl.* 'Charisma *n* (*a. fig. persönliche Ausstrahlung*); **char·is·mat·ic** [,kærɪz'mætɪk] *adj.* charis'matisch.
char·i·ta·ble ['tʃærətəbl] *adj.* □ **1.** mild-, wohltätig, karita'tiv, Wohltätigkeits…; **2.** mild, nachsichtig; **'char·i·ta·ble·ness** [-nɪs] *s.* Wohltätigkeit *f*; Güte *f*, Milde *f*, Nachsicht *f*; **char·i·ty** ['tʃærətɪ] *s.* **1.** Nächstenliebe *f*; **2.** Wohltätigkeit *f*; Freigebigkeit *f*: **~ stamp** Wohlfahrtsmarke *f*; **~ begins at home** zuerst kommt die eigene Familie *od.* das eigene Land; → **cold** 3; **3.** Güte *f*; Milde *f*, Nachsicht *f*; **4.** Almosen *n*, milde Gabe; Wohltat *f*, gutes Werk; **5.** Wohlfahrtseinrichtung *f*.
cha·ri·va·ri [,ʃɑ:rɪ'vɑ:rɪ] *s.* **1.** 'Katzenmu,sik *f*; **2.** Lärm *m*, Getöse *n*.
char·la·dy ['tʃɑ:,leɪdɪ] → **charwoman**.
char·la·tan ['ʃɑ:lətən] *s.* 'Scharlatan *m*: a) Quacksalber *m*, Marktschreier *m*, b) Schwindler *m*; **'char·la·tan·ry** [-tənrɪ] *s.* Scharlatane'rie *f*.
Charles's Wain [,tʃɑ:lzɪz'weɪn] *s. ast.* Großer Bär.
char·ley horse ['tʃɑ:lɪ] *s. Am.* F Muskelkater *m*.
char·lock ['tʃɑ:lɒk] *s.* ⚘ Hederich *m*.
charm [tʃɑ:m] **I** *s.* **1.** Anmut *f*, Charme *m*, (Lieb)Reiz *m*, Zauber *m*: (**feminine**) **~s** weibliche Reize; **~ of style** reizvoller Stil; **turn on the old ~** s-n Charme spielen lassen; **2.** Zauber *m*, Bann *m*; Zauberformel *f*: **it worked like a ~** *fig.* es klappte phantastisch; **3.** Amu'lett *n*, 'Talisman *m*; **II** *v/t.* **4.** bezaubern, reizen, entzücken: **be ~ed to meet s.o.** entzückt *od.* erfreut sein, j-n zu treffen; **~ed with** entzückt von; **5.** be-, verzaubern: **~ed against** gefeit gegen; **~ away** wegzaubern; **III** *v/i.* **6.** bezaubern(d wirken), entzücken; **'charm·er** [-mə] *s.* **1.** *fig.* Zauberer *m*, Zauberin *f*; **2.** a) bezaubernder Mensch, Char'meur *m*, b) reizvolles Geschöpf, ‚Circe' *f*; **'charm·ing** [-mɪŋ] *adj.* □ char'mant; *a. Sache*: bezaubernd, entzückend, reizend.
char·nel house ['tʃɑ:nl] *s.* Leichen-, Beinhaus *n*.

chart [tʃɑ:t] **I** *s.* **1.** (*bsd.* See-, Himmels)Karte *f*: **~room** ⚓ Kartenhaus *n*; **2.** Ta'belle *f*; **3.** a) graphische Darstellung, *z.B.* (Farb)Skala *f*, (Fieber)Kurve *f*, (Wetter)Karte *f*, b) *bsd.* ⚙ Dia'gramm *n*, Schaubild *n*, Kurve(nblatt *n*) *f*; **II** *v/t.* **4.** auf e-r (See- *etc.*)Karte einzeichnen; **5.** graphisch darstellen, skizzieren; **6.** *fig.* planen, entwerfen.

char·ta ['tʃɑ:tə] → ***Magna C(h)arta***.

char·ter ['tʃɑ:tə] **I** *s.* **1.** Urkunde *f*; Freibrief *m*; Privi'leg *n*; **2.** a) Gründungsurkunde *f*, b) *Am.* Satzung *f* (*e-r AG etc.*), c) Konzessi'on *f*; **3.** *pol.* Charta *f*; **4.** ⚓, ✈ a) Chartern *n*, b) → ***charter party***; **II** *v/t.* **5.** *Bank etc.* konzessionieren: **~ed company** zugelassene Gesellschaft; → ***accountant*** 2; **6.** chartern: a) ⚓, ✈ mieten, b) befrachten; **'char·ter·er** [-ərə] *s.* ⚓ Befrachter *m*.

char·ter| flight *s.* Charterflug *m*; **~ par·ty** *s.* 'Chartepar,tie *f*, Miet-, Frachtvertrag *m*.

char·wom·an ['tʃɑ:ˌwʊmən] *s.* [*irr.*] Reinemach-, Putzfrau *f*, Raumpflegerin *f*.

char·y ['tʃeərɪ] *adj.* ☐ **1.** vorsichtig, behutsam (***in***, ***of*** in *dat.*, bei); **2.** sparsam, zu'rückhaltend (***of*** mit).

chase¹ [tʃeɪs] **I** *v/t.* **1.** jagen, nachjagen (*dat.*), verfolgen; **2.** *hunt.* hetzen, jagen; **3.** *fig.* verjagen, vertreiben; **II** *v/i.* **4.** nachjagen (***after*** *dat.*); F sausen, rasen; **III** *s.* **5.** Verfolgung *f*: ***give ~*** die Verfolgung aufnehmen; ***give ~ to*** → 1; **6.** *hunt.* ***the ~*** die Jagd; **7.** *Brit.* 'Jagdre,vier *n*; **8.** gejagtes Wild (*a. fig.*) *od.* Schiff *etc.*

chase² [tʃeɪs] **I** *s.* **1.** *typ.* Formrahmen *m*; **2.** Rinne *f*, Furche *f*; **II** *v/t.* **3.** ziselieren, ausmeißeln, punzen: **~d work** getriebene Arbeit; **4.** ⚙ *Gewinde* strehlen, schneiden.

chas·er¹ ['tʃeɪsə] *s.* **1.** Jäger *m*; Verfolger *m*; **2.** ⚓ a) Verfolgungsschiff *n*, (*bsd.* U-Boot-)Jäger *m*, b) Jagdgeschütz *n*; **3.** ✈ Jagdflugzeug *n*; **4.** F ,Schluck *m* zum Nachspülen'; **5.** *sl.* a) Schürzenjäger *m*, b) mannstolles Weib.

chas·er² ['tʃeɪsə] *s.* ⚙ **1.** Zise'leur *m*; **2.** Gewindestahl *m*; Treibpunzen *m*.

chasm ['kæzəm] *s.* **1.** Kluft *f*, Abgrund *m* (*beide a. fig.*) **2.** Schlucht *f*; **3.** Riß *m*, Spalte *f*; **4.** Lücke *f*.

chas·sis ['ʃæsɪ] *pl.* **'chas·sis** [-sɪz] *s.* **1.** Chas'sis *n*: a) ✈, *mot.* Fahrgestell *n*, b) *Radio*: Grundplatte *f*; **2.** ⚔ La'fette *f*.

chaste [tʃeɪst] *adj.* ☐ **1.** keusch (*a. fig. schamhaft; anständig, tugendhaft*); rein, unschuldig; **2.** rein, von edler Schlichtheit: ***~ style***.

chas·ten ['tʃeɪsn] *v/t.* **1.** züchtigen, strafen; **2.** läutern; **3.** mäßigen, dämpfen; ernüchtern.

chas·tise [tʃæ'staɪz] *v/t.* **1.** züchtigen, strafen; **2.** geißeln, tadeln; **chas·tise·ment** ['tʃæstɪzmənt] *s.* Züchtigung *f*, Strafe *f*.

chas·ti·ty ['tʃæstətɪ] *s.* **1.** Keuschheit *f*: ***~ belt*** Keuschheitsgürtel *m*; **2.** Reinheit *f*; **3.** Schlichtheit *f*.

chas·u·ble ['tʃæzjʊbl] *s. eccl.* Meßgewand *n*.

chat [tʃæt] **I** *v/i.* plaudern, schwatzen; **II** *v/t.* **~ *s.o.* (*up*)** F a) auf j-n einreden, b) j-n ,anquatschen'; **III** *s.* Plaude'rei *f*: ***~ show*** *Brit.* Talk-Show *f*; ***have a ~*** → I.

chat·e·laine ['ʃætəleɪn] *s.* **1.** Schloßherrin *f*; **2.** Kastel'lanin *f*; **3.** (Gürtel)Kette *f* (*für Schlüssel etc.*).

chat·tel ['tʃætl] *s.* **1.** *mst pl.* bewegliches Eigentum, Habe *f*: ***~ mortgage*** Mobiliarhypothek *f*; ***~ paper*** *Am.* Verkehrspapier *n*; → ***good*** 18; **2.** *mst* ***~ slave*** Leibeigene(r) *m*.

chat·ter ['tʃætə] **I** *v/i.* **1.** plappern, schwatzen; **2.** schnattern; **3.** klappern (*a. Zähne*), rattern; **4.** plätschern; **II** *s.* **5.** Geplapper *n*, Geschnatter *n*; Klappern *n*; **'chat·ter·box** *s.* Plappermaul *n*; **'chat·ter·er** [-ərə] *s.* Schwätzer(in).

chat·ty ['tʃætɪ] *adj.* **1.** gesprächig; **2.** unter'haltsam (*Person, Brief*), im Plauderton (geschrieben *etc.*).

chauf·feur ['ʃəʊfə] (*Fr.*) *s.* Chauf'feur *m*, Fahrer *m*; **chauf·feuse** [ʃəʊ'fɜ:z] *s.* Fahrerin *f*.

chau·vie ['ʃəʊvɪ] *s.* F ,Chauvie' *m* (→ ***chauvinist*** 2).

chau·vin·ism ['ʃəʊvɪnɪzəm] *s.* Chauvi'nismus *m*; **'chau·vin·ist** [-ɪst] *s.* **1.** Chauvi'nist *m*; **2.** ***male ~*** *sociol.* männlicher Chauvinist; **chau·vin·is·tic** [ˌʃəʊvɪ'nɪstɪk] *adj.* (☐ **~ally**) chauvi'nistisch.

cheap [tʃi:p] **I** *adj.* ☐ **1.** billig, preiswert: ***get off ~*** mit e-m blauen Auge davonkommen; ***hold ~*** wenig halten von; ***~ as dirt*** spottbillig; **2.** billig, minderwertig; schlecht, kitschig: ***~ and nasty*** billig u. schlecht; **3.** verbilligt, ermäßigt: ***~ fare***; ***~ money*** billiges Geld; **4.** *fig.* billig, mühelos; **5.** *fig.* ,billig', schäbig: ***feel ~*** a) sich ,billig' *od.* ärmlich vorkommen, b) *sl.* sich elend fühlen; **II** *adv.* **6.** billig; **III** *s.* **7.** ***on the ~*** F billig; **'cheap·en** [-pən] *v/t.* (*v/i.* sich) verbilligen; her'absetzen (*a. fig.*): ***~ o.s.*** sich herabwürdigen; **'cheap·jack I** *s.* billiger Jakob; **II** *adj.* Ramsch…; **'cheap·ness** [-nɪs] *s.* Billigkeit *f* (*a. fig.*); **'cheap·skate** *s. Am. sl.* ,Knikker' *m*, Geizhals *m*.

cheat [tʃi:t] **I** *s.* **1.** Betrüger(in), Schwindler(in); ,Mogler(in)'; **2.** Betrug *m*, Schwindel *m*; Moge'lei *f*; **II** *v/t.* **3.** betrügen (***of***, ***out of*** um); **4.** durch List bewegen (***into*** zu); **5.** sich entziehen (*dat.*), ein Schnippchen schlagen (*dat.*): ***~ justice***; **III** *v/i.* **6.** betrügen, schwindeln, mogeln.

check [tʃek] **I** *s.* **1.** Schach(stellung *f*) *n*: ***in ~*** im Schach (stehend); ***give ~*** Schach bieten; ***hold*** (*od.* ***keep***) ***in ~*** *fig.* in Schach halten; **2.** Hemmnis *n*, Hindernis *n* (***on*** für): ***put a ~ upon s.o.*** j-m e-n Dämpfer aufsetzen, j-n zurückhalten; **3.** Unter'brechung *f*, Rückschlag *m*: ***give a ~ to*** Einhalt gebieten (*dat.*); **4.** Kon'trolle *f*, Über'prüfung *f*, Nachprüfung *f*, Über'wachung *f*: ***keep a ~ upon s.th.*** etwas unter Kontrolle halten; **5.** Kon'trollzeichen *n*, *bsd.* Häkchen *n* (*auf Listen etc.*); **6.** ✝ *Am.* Scheck *m* (***for*** über *acc.*); **7.** *bsd. Am.* Kassenschein *m*, -zettel *m*, Rechnung *f* (*im Kaufhaus od. Restaurant*); **8.** Kon'trollabschnitt *m*, -marke *f*, -schein *m*; **9.** *bsd. Am.* Aufbewahrungsschein *m*: a) Garde'robenmarke *f*, b) Gepäckschein *m*; **10.** (*Essens- etc.*)Bon *m*, Gutschein *m*; **11.** a) Schachbrett-, Würfel-, Karomuster *n*, b) Karo *n*, Viereck *n*, c) karierter Stoff; **12.** Spielmarke *f*: ***to pass*** (*od.* ***hand***) ***in one's ~s*** *Am.* F ,abkratzen' (*sterben*); **13.** *Eishockey*: Check *m*; **II** *v/t.* **14.** Schach bieten (*dat.*): **~!** Schach!; **15.** hemmen, hindern, aufhalten, eindämmen; **16.** ⚙, *a. fig.* ✝ *etc.* drosseln, bremsen; **17.** zu'rückhalten, bremsen, zügeln, dämpfen: ***~ o.s.*** (plötzlich) innehalten, sich e-s anderen besinnen; **18.** *Eishockey*: *Gegner* checken; **19.** kontrollieren, über'prüfen, nachprüfen, ,checken' (***for*** auf *e-e Sache* hin): ***~ against*** vergleichen mit; **20.** *Am.* (*auf e-r Liste etc.*) abhaken, ankreuzen; **21.** *bsd. Am.* a) (zur Aufbewahrung *od.* in der Garde'robe) abgeben, b) (als Reisegepäck) aufgeben; **22.** *bsd. Am.* a) (zur Aufbewahrung) annehmen, b) zur Beförderung (als Reisegepäck) über'nehmen *od.* annehmen; **23.** karieren, mit e-m Karomuster versehen; **III** *v/i.* **24.** a) stimmen, b) (***with***) über'einstimmen (mit); **25.** *oft* ***~ up*** (***on***) nachprüfen, (*e-e Sache od. j-n*) über'prüfen: **~!** *Am.* F klar!; **26.** *Am.* e-n Scheck ausstellen (***for*** über *acc.*); **27.** (plötzlich) inne- *od.* anhalten, stutzen.

Zssgn mit adv.:

check| back *v/i.* rückfragen (***with*** bei); ***~ in* I** *v/i.* **1.** sich anmelden; **2.** ✝ einstempeln; **3.** ✈ einchecken; **II** *v/t.* **4.** anmelden; **5.** ✈ einchecken, abfertigen; ***~ off*** → ***check*** 20; ***~ out* I** *v/t.* **1.** → ***check*** 19; **II** *v/i.* **2.** (*aus e-m Hotel*) abreisen; **3.** ✝ ausstempeln; **4.** *Am. sl.* ,abkratzen'; ***~ o·ver*** → ***check*** 19; ***~ up*** → ***check*** 25.

'check|·back *s.* Rückfrage *f*; **~ bit** *s.* *Computer*: Kon'trollbit *n*; **'~·book** → ***chequebook***; **'~·card** *s. Am.* Scheckkarte *f*.

checked [tʃekt] *adj.* kariert: ***~ pattern*** Karomuster *n*.

check·er ['tʃekə] *etc. Am.* → ***chequer*** *etc.*

'check·in *s.* **1.** Anmeldung *f in e-m Hotel*; **2.** ✝ Einstempeln *n*; **3.** ✈ Einchekken *n*: ***~ counter*** Abfertigungsschalter *m*; ***~ time*** Eincheckzeit *f*.

check·ing ac·count ['tʃekɪŋ] *s. econ. Am.* Girokonto *n*.

check| list *s.* Kon'trolliste *f*; **~ lock** *s.* kleines Sicherheitsschloß; **'~·mate I** *s.* **1.** (Schach)'Matt *n*, Mattstellung *f*; **2.** *fig.* Niederlage *f*; **II** *v/t.* **3.** (schach)'matt setzen (*a. fig.*); **III** *int.* **4.** schach'matt!; **~ nut** *s.* ⚙ Gegenmutter *f*; **'~-out** *s.* **1.** Abreise *f aus e-m Hotel*; **2.** ✝ Ausstempeln *n*; **3.** *a.* ***~ counter*** Kasse *f im Kaufhaus*; **'~-out test** *s.* ✝ Tauglichkeitstest *m für ein Produkt*; **'~,o·ver** → ***checkup*** 1; **'~·point** *s. pol.* Kon'trollpunkt *m* (*an der Grenze*); **'~·room** *s. Am.* **1.** 🚂 Gepäckaufbewahrung(sstelle) *f*; **2.** Garde'robe(nraum *m*) *f*; **'~·up** *s.* **1.** Über'prüfung *f*, Kon'trolle *f*; **2.** ⚕ 'Vorsorgeunter,suchung *f*, Check-up *m*; **~ valve** *s.* ⚙ 'Absperr- *od.* 'Rückschlagven,til *n*.

Ched·dar (cheese) ['tʃedə] *s.* 'Cheddarkäse *m*.

cheek [tʃi:k] **I** *s.* **1.** Backe *f*, Wange *f*: ***~ by jowl*** dicht *od.* vertraulich beisammen; **2.** ⚙ Backe *f*; **3.** F Frechheit *f*, Unverfrorenheit *f*: ***have the ~*** die Frechheit *od.* Stirn besitzen (***to*** *inf.* zu *inf.*); **II** *v/t.* **4.** frech sein zu; **'cheek-**

bone *s.* Backenknochen *m*; **cheeked** [-kt] *adj.* ...wangig, ...bäckig; ˈ**cheek·i·ness** [-kɪnɪs] *s.* F Frechheit *f*; ˈ**cheek·y** [-kɪ] *adj.* ☐ frech.

cheep [tʃiːp] **I** *v/t. u. v/i.* piep(s)en; **II** *s.* Pieps(er) *m* (*a. fig.*).

cheer [tʃɪə] **I** *s.* **1.** Beifall(sruf) *m*, Hurˈra(ruf *m*) *n*, Hoch(ruf *m*) *n*: ***three ~s for him!*** ein dreifaches Hoch auf ihn!, er lebe hoch, hoch, hoch!; ***to the ~s of*** unter dem Beifall *etc.* (*gen.*); **2.** Ermunterung *f*, Trost *m*: ***words of ~***; ***~s!*** prosit!; **3.** a) gute Laune, vergnügte Stimmung, Fröhlichkeit *f*, b) Stimmung *f*: ***good ~*** → a); ***be of good ~*** guter Laune *od.* Dinge sein, vergnügt sein; ***be of good ~!*** sei guten Mutes!; ***make good ~*** sich amüsieren, *a.* gut essen u. trinken; **II** *v/t.* **4.** Beifall spenden (*dat.*), zujubeln (*dat.*), mit Hoch- *od.* Bravorufen begrüßen, hochleben lassen; **5.** *a.* ***~ on*** anspornen, anfeuern; **6.** *a.* ***~ up*** *j-n* er-, aufmuntern, aufheitern; **III** *v/i.* **7.** Beifall spenden, hoch *od.* hurˈra rufen, jubeln; **8.** *meist* ***~ up*** Mut fassen, (wieder) fröhlich werden: ***~ up!*** Kopf hoch!

cheer·ful [ˈtʃɪəfʊl] *adj.* ☐ **1.** heiter, fröhlich; (*iro.* quietsch)vergnügt; **2.** erfreulich, freundlich; **3.** freudig, gern; ˈ**cheer·ful·ness** [-nɪs], **cheer·i·ness** [ˈtʃɪərɪnɪs] *s.* Heiterkeit *f*, Frohsinn *m*; **cheer·i·o** [ˌtʃɪərɪˈəʊ] *int.* F *bsd. Brit.* a) mach's gut!, tschüs!, b) ˈprosit!; ˈ**cheer-ˌlead·er** *s. sport Am.* Einpeitscher *m* (*beim Anfeuern*); **cheer·less** [ˈtʃɪəlɪs] *adj.* ☐ freudlos, trüb, trostlos; unfreundlich (*Zimmer*, *Wetter etc.*); **cheer·y** [ˈtʃɪərɪ] *adj.* ☐ fröhlich, heiter, vergnügt.

cheese [tʃiːz] **I** *s.* **1.** Käse *m*; → ***chalk*** 2; **2.** käseartige Masse; Geˈlee *n*, *m*; **3.** ***big ~*** *sl.* ‚hohes Tier'; **4.** *sl. das* Richtige *od.* einzig Wahre: ***that's the ~!*** so ist's richtig!; ***hard ~!*** schöne Pleite!; **II** *v/t.* **5.** *sl.*: ***~ it!*** ‚hau ab'!; ˈ**~·cake** *s.* **1.** Käsekuchen *m*, -törtchen *n*; **2.** *Am.* Pin-up-Girl *n*, Sexbombe *f* (*Bild*); ˈ**~·cloth** *s.* Mull *m*, Gaze *f*; ˈ**~ˌmon·ger** *s.* Käsehändler *m*; ˈ**~ˌpar·ing I** *s.* **1.** wertlose Sache; **2.** Knauseˈrei *f*; **II** *adj.* **3.** knauserig; **~ straws** *s. pl.* Käsestangen *pl.*

chee·tah [ˈtʃiːtə] *s. zo.* ˈGepard *m*.

chef [ʃef] (*Fr.*) *s.* Küchenchef *m*.

chem·i·cal [ˈkemɪkl] **I** *adj.* ☐ chemisch, Chemie...: ***~ agent*** ⚔ Kampfstoff *m*; ***~ engineer*** Chemotechniker *m*; ***~ fibre*** Chemie-, Kunstfaser *f*; ***~ warfare*** chemische Kriegführung; **II** *s.* Chemiˈkalie, chemisches Präpaˈrat.

che·mise [ʃɪˈmiːz] **1.** (Damen)Hemd *n*; **2.** *a.* ***~ dress*** Hängekleid *n*.

chem·ist [ˈkemɪst] *s.* **1.** *a.* ***analytical ~*** Chemiker *m*; **2.** *Brit. a.* ***dispensing ~*** Apoˈtheker *m*: ***~'s shop*** *Brit.* Apotheke *f*, Drogerie *f*; ˈ**chem·is·try** [-trɪ] *s.* **1.** Cheˈmie *f*; **2.** chemische Zs.-setzung; **3.** *fig.* Naˈtur *f*, Wirken *n*.

cheque [tʃek] *s.* ✝ *Brit.* Scheck *m* (***for*** über *e-e Summe*): ***blank ~*** Blankoscheck, *fig.* unbeschränkte Vollmacht; ***crossed ~*** Verrechnungsscheck; **~ ac·count** *s.* ✝ *Brit.* ˈGiroˌkonto *n*; ˈ**~·book** *s. Brit.* Scheckbuch *n*.

cheq·uer [ˈtʃekə] *Brit.* **I** *s.* **1.** Schach-, Karomuster *n*; **2.** *pl. sg. konstr.* Damespiel *n*; **II** *v/t.* **3.** karieren; **4.** bunt *od.* unregelmäßig gestalten; ˈ**cheq·uer·board** *s. Brit.* Damebrett *n*; ˈ**cheq·uered** [-əd] *adj. Brit.* kariert; *fig.* bunt; wechselvoll, bewegt.

cher·ish [ˈtʃerɪʃ] *v/t.* **1.** schätzen, hochhalten; **2.** sorgen für, pflegen; **3.** *Gefühle etc.* hegen; bewahren; **4.** *fig.* festhalten an (*dat.*).

che·root [ʃəˈruːt] *s.* Stumpen *m* (*Zigarre*).

cher·ry [ˈtʃerɪ] **I** *s.* **1.** ⚘ Kirsche *f* (*Frucht od. Baum*); **2.** *sl.* a) Jungfräulichkeit *f*, b) Jungfernhäutchen *n*; **II** *adj.* **3.** kirschrot; **~ bran·dy** *s.* Cherry Brandy *m*, ˈKirschliˌkör *m*; **~ pie** *s.* **1.** Kirschtorte *f*; **2.** ⚘ Helioˈtrop *n*; **~ stone** *s.* Kirschkern *m*; ˈ**~·wood** *s.* Kirschbaumholz *n*.

cher·ub [ˈtʃerəb] *pl.* **-ubs**, **-u·bim** [-əbɪm] *s.* **1.** *bibl.* ˈCherub *m*, Engel *m*; **2.** geflügelter Engelskopf; **3.** a) pausbäckiges Kind, b) *fig.* Engel(chen *n*) *m* (*Kind*).

cher·vil [ˈtʃɜːvɪl] *s.* ⚘ Kerbel *m*.

Chesh·ire cat [ˈtʃeʃə] *s.*: ***grin like a ~*** grinsen wie ein Affe; **~ cheese** *s.* ˈChesterkäse *m*.

chess [tʃes] *s.* Schach(spiel) *n*: ***a game of ~*** e-e Partie Schach; ˈ**~·board** *s.* Schachbrett *n*; ˈ**~·man** [-mæn] *s.* [*irr.*] ˈSchachfiˌgur *f*; **~ prob·lem** *s.* Schachaufgabe *f*.

chest [tʃest] *s.* **1.** Kiste *f*, Kasten *m*, Truhe *f*: ***~ of drawers*** Kommode *f*; **2.** kastenartiger Behälter; **3.** Brust(kasten *m*) *f*: ***have a weak ~*** schwach auf der Brust sein; ***~ expander*** Expander *m*; ***~ note*** Brustton *m*; ***~ trouble*** Lungenleiden; ***beat one's ~*** *fig.* sich reuig an die Brust schlagen; ***get s.th. off one's ~*** F sich et. von der Seele schaffen; ***play (one's cards) close to one's ~*** *a. fig.* sich nicht in die Karten gucken lassen; **4.** Kasse *f*, Kassenverwaltung *f*; ˈ**chest·ed** [-tɪd] *adj. in Zssgn* ...brüstig.

ches·ter·field [ˈtʃestəfiːld] *s.* **1.** Chesterfield *m* (*Herrenmantel*); **2.** ˈPolsterˌsofa *n*.

chest·nut [ˈtʃesnʌt] **I** *s.* **1.** ⚘ Kaˈstanie *f* (*Frucht, Baum od. Holz*); **2.** Braune(r) *m* (*Pferd*); **3.** alter Witz, ‚alte Kaˈmelle'; **II** *adj.* **4.** kaˈstanienbraun.

chest·y [ˈtʃestɪ] *adj.* **1.** F tief(sitzend) (*Husten*); **2.** F dickbusig; **3.** *sl.* eingebildet, arroˈgant.

chev·a·lier [ˌʃevəˈlɪə] *s.* **1.** (Ordens)Ritter *m*; **2.** *fig.* Kavaˈlier *m*.

chev·ron [ˈʃevrən] *s.* **1.** *her.* Sparren *m*; **2.** ⚔ Winkel *m* (*Rangabzeichen*); **3.** △ Zickzackleiste *f*.

chev·y [ˈtʃevɪ] → ***chiv(v)y***.

chew [tʃuː] **I** *v/t.* **1.** kauen: ***~ the rag*** *od.* ***fat*** a) ‚quatschen', plaudern, b) ‚mekkern'; → ***cud***; **2.** *fig.* sinnen auf (*acc.*), überˈlegen, brüten; **3.** ***~ over*** F *et.* besprechen; **4.** ***~ up*** *Am. sl. j-n* ‚anscheißen'; **II** *v/i.* **5.** kauen; **6.** F ˈTabak kauen; **7.** nachsinnen, grübeln (***on***, ***over*** über *acc.*); **III** *s.* **8.** Kauen *n*; **9.** Priem *m*; ˈ**chew·ing-gum** [ˈtʃuːɪŋ-] *s.* ˈKauˌgummi *m*.

chi·a·ro·scu·ro [kɪˌɑːrəsˈkʊərəʊ] *pl.* **-ros** (*Ital*) *s. paint.* Helldunkel *n*.

chic [ʃiːk] **I** *s.* Schick *m*, Eleˈganz *f*, Geschmack *m*; **II** *adj.* schick, eleˈgant.

chi·cane [ʃɪˈkeɪn] **I** *s.* **1.** Schiˈkane *f* (*a. Motorsport*); **2.** *Bridge*: Blatt *n* ohne Trümpfe; **II** *v/t. u. v/i.* **3.** schikanieren; **4.** betrügen (***out of*** um); **chiˈcan·er·y** [-nərɪ] *s.* Schiˈkane *f*, (*bsd.* Rechts-)Kniff *m*.

chi·chi [ˈʃiːʃiː] *adj.* F **1.** (tod)schick; **2.** *contp.* auf schick gemacht.

chick [tʃɪk] *s.* **1.** Küken *n* (*a. fig. Kind*); junger Vogel; **2.** *sl.* ‚Biene' *f*, ‚Puppe' *f*.

chick·en [ˈtʃɪkɪn] **I** *s.* **1.** Küken *n*; Hühnchen *n*, Hähnchen *n*: ***count one's ~s before they are hatched*** das Fell des Bären verkaufen, ehe man ihn hat; **2.** Huhn *n*; **3.** Hühnerfleisch *n*; **4.** F ‚Küken' *n*: ***she is no ~*** sie ist auch nicht mehr die Jüngste; **5.** *sl.* Mutprobe-Spiel *n*; **6.** ***give s.o. ~*** ⚔ *sl.* ‚mit j-m Schlitten fahren'; **II** *adj.* **7.** *sl.* feig(e); **III** *v/i.* **8.** *sl.* ‚Schiß' bekommen: ***~ out*** ‚kneifen'; ˈ**~-ˌbreast·ed** *adj.* hühnerbrüstig; **~ broth** *s.* Hühnerbrühe *f*; ˈ**~-feed** *s.* **1.** Hühnerfutter *n*; **2.** *sl.* ‚ein paar Groschen', lächerliche Summe: ***no ~*** kein Pappenstiel; ˈ**~-ˌheart·ed**, ˈ**~-ˌliv·ered** *adj.* feig(e); **~ pox** *s.* ⚕ Windpocken *pl.*; **~ run** *s.* Hühnerauslauf *m*.

ˈ**chick·pea** *s.* ⚘ Kichererbse *f*.

chic·le [ˈtʃɪkl], *a.* **~ gum** *s.* (Rohstoff *m* von) ˈKauˌgummi *m*.

chic·o·ry [ˈtʃɪkərɪ] *s.* ⚘ **1.** Ziˈchorie *f*; **2.** Chicorée *m*, *f*.

chid [tʃɪd] *pret. u. p.p. von* ***chide***; **chidden** [-dn] *p.p. von* ***chide***; **chide** [tʃaɪd] *v/t. u. v/i.* [*irr.*] schelten, tadeln, (aus-)schimpfen.

chief [tʃiːf] **I** *s.* **1.** Haupt *n*, Oberhaupt *n*, Anführer *m*; Chef *m*, Vorgesetzte(r) *m*; Leiter *m*: ***2 of Staff*** ⚔ (General-)Stabschef *m*; ***2 of State*** Staatschef *m*, -oberhaupt *n*; ***in ~*** hauptsächlich; **2.** Häuptling *m*; **3.** *her.* Schildhaupt *n*; **II** *adj.* ☐ → ***chiefly***; **4.** erst, oberst, höchst; bedeutendst, Ober..., Höchst..., Haupt...: ***~ designer*** Chefkonstrukteur *m*; ***~ mourner*** Hauptleidtragende(r *m*) *f*; ***~ part*** Hauptrolle *f*; **~ clerk** *s.* **1.** Büˈrovorsteher *m*; erster Buchhalter; **2.** *Am.* erster Verkäufer; **2 Con·sta·ble** *s.* Poliˈzeipräsiˌdent *m*; **~ en·gi·neer** *s.* **1.** ˈChefingeniˌeur *m*; **2.** ⚓ erster Maschiˈnist; **2 Ex·ec·u·tive** *s. Am.* Leiter *m* der Verwaltung, *bsd.* Präsiˈdent *m* der U.S.A.; **2 Jus·tice** *s.* Oberrichter *m*.

chief·ly [ˈtʃiːflɪ] *adv.* hauptsächlich.

chief·tain [ˈtʃiːftən] *s.* Häuptling *m* (*Stamm*); Anführer *m* (*Bande*); ˈ**chief·tain·cy** [-sɪ] *s.* Stellung *f* e-s Häuptlings.

chif·fon [ˈʃɪfɒn] Chifˈfon *m*.

chil·blain [ˈtʃɪlbleɪn] *s.* Frostbeule *f*.

child [tʃaɪld] *pl.* **chil·dren** [ˈtʃɪldrən] *s.* **1.** Kind *n*: ***with ~*** schwanger; ***from a ~*** von Kindheit an; ***be a good ~!*** sei artig!; ***~'s play*** *fig.* ein Kinderspiel (***to*** für); **2.** *fig.* Kind *n*, kindische *od.* kindliche Perˈson; **3.** Kind *n*, Nachkomme *m*: ***the children of Israel***; **4.** *fig.* Kind *n*, Proˈdukt *n*; **5.** Jünger *m*; **~ al·low·ance** *s.* Kinderfreibetrag *m*; ˈ**~ˌbear·ing** *s.* Gebären *n*; ˈ**~·bed** *s.* Kind-, Wochenbett *n*; **~ ben·e·fit** *s. Brit.* Kindergeld *n*; ˈ**~·birth** *s.* Geburt *f*, Entbindung *f*, Niederkunft *f*; **~ care** *s.* Jugendfürsorge *f*; **~ guid·ance** *s.* ˈheilpädaˌgogische Betreuung (des Kindes).

child·hood [ˈtʃaɪldhʊd] *s.* Kindheit *f*:

second ~ zweite Kindheit (*Senilität*); **'child·ish** [-dɪʃ] *adj.* □ **1.** kindisch; **2.** kindlich; **'child·ish·ness** [-dɪʃnɪs] *s.* **1.** Kindlichkeit *f*; **2.** kindisches Wesen; **'child·less** [-lɪs] *adj.* kinderlos; **'child·like** *adj.* kindlich; **child mind·er** *s.* Tagesmutter *f*; **child prod·i·gy** *s.* Wunderkind *n*.

chil·dren ['tʃɪldrən] *pl. von* ***child***: ***~'s allowance*** Kindergeld; *Radio, TV*: ***~'s hour*** Kinderstunde *f*.

child| wel·fare *s.* Jugendfürsorge *f*: ***~ worker*** Jugendfürsorger(in), Jugendpfleger(in); **~ wife** *s.* Kindweib *n*, sehr junge Ehefrau.

chil·e → ***chilli***.

Chil·e·an ['tʃɪlɪən] **I** *s.* Chi'lene *m*, Chi'lenin *f*; **II** *adj.* chi'lenisch.

Chil·e| pine ['tʃɪlɪ] *s.* ♀ Chiletanne *f*, Arau'karie *f*; **~ salt·pe·tre**, *Am.* **salt·pe·ter** *s.* ⚗ 'Chilesalˌpeter *m*.

chil·i *Am.* → ***chilli***.

chill [tʃɪl] **I** *s.* **1.** Kältegefühl *n*, Frösteln *n*; (*a.* Fieber)Schauer *m*: ***~ of fear*** eisiges Gefühl der Angst; **2.** Kälte *f*: ***take the ~ off*** leicht anwärmen, überschlagen lassen; **3.** Erkältung *f*: ***catch a ~*** sich erkälten; **4.** *fig.* Kälte *f*, Lieblosigkeit *f*, Entmutigung *f*: ***cast a ~ upon*** → 9; **5.** ⚙ Ko'kille *f*, Gußform *f*; **II** *adj.* **6.** kalt, frostig, kühl (*a. fig.*); entmutigend; **III** *v/i.* **7.** abkühlen; **IV** *v/t.* **8.** (ab)kühlen; erstarren lassen: ***~ed meat*** Kühlfleisch *n*; **9.** *fig.* abkühlen, dämpfen, entmutigen; **10.** ⚙ abschrecken, härten: ***~ed (cast) iron*** Hartguß *m*.

chil·li ['tʃɪlɪ] *s.* ♀ Chili *m*.

chill·i·ness ['tʃɪlɪnɪs] *s.* Kälte *f*, Frostigkeit *f* (*beide a. fig.*); **chill·ing** ['tʃɪlɪŋ] *adj.* kalt, frostig; *fig.* niederdrückend; **chill·y** ['tʃɪlɪ] *adj.* a) kalt, frostig, kühl (*alle a. fig.*), b) fröstelnd: ***feel ~*** frösteln.

Chil·tern Hun·dreds ['tʃɪltən] *s. Brit. parl.*: ***apply for the ~*** s-n Sitz im Unterhaus aufgeben.

chi·mae·ra [kaɪ'mɪərə] *s.* **1.** *zo.* a) Chi'märe *f*, Seehase *m*, b) Seedrachen *m*; **2.** → ***chimera***.

chime [tʃaɪm] **I** *s.* **1.** *oft pl.* Glockenspiel *n*, Geläut(e) *n*; **2.** *fig.* Einklang *m*, Harmo'nie *f*; **II** *v/i.* **3.** läuten; ertönen; schlagen (*Uhr*); **4.** *fig.* über'einstimmen, harmonieren: ***~ in*** einfallen, -stimmen, *weitS.* sich (ins Gespräch) einmischen; ***~ in with*** a) beipflichten (*dat.*), b) übereinstimmen mit; **III** *v/t.* **5.** läuten, ertönen lassen; *die Stunde* schlagen.

chi·me·ra [kaɪ'mɪərə] *s.* **1.** *myth.* Chi'mära *f*; **2.** Schi'märe *f*: a) Schreckgespenst *n*, b) Hirngespinst *n*; **chi'mer·i·cal** [-'merɪkl] *adj.* □ schi'märisch, phan'tastisch.

chim·ney ['tʃɪmnɪ] *s.* **1.** Schornstein *m*, Schlot *m*, Ka'min *m*; Rauchfang *m*: ***smoke like a ~*** F rauchen wie ein Schlot; **2.** (*Lampen*)Zy'linder *m*; **3.** a) *geol.* Vul'kanschlot *m*, b) *mount.* Ka'min *m*; **~ cor·ner** *s.* Sitzecke *f* am Ka'min; **~ piece** *s.* Ka'minsims *m*, *n*; **~ pot** *s.* Schornsteinaufsatz *m*: ***~ hat*** F ‚Angströhre' *f* (*Zylinderhut*); **~ stack** *s.* Schornstein(kasten) *m*; **~ sweep (-er)** *s.* Schornsteinfeger *m*.

chimp [tʃɪmp] *s.* F, **chim·pan·zee** [ˌtʃɪmpən'ziː] *s. zo.* Schim'panse *m*.

chin [tʃɪn] **I** *s.* Kinn *n*: ***up to the ~*** *fig.* bis über die Ohren; ***take it on the ~*** *fig.* a) schwer einstecken müssen, b) e-e böse ‚Pleite' erleben, c) es standhaft ertragen; (***keep your***) ***~ up!*** halt die Ohren steif!; **II** *v/i. sl.* ‚quasseln'; **III** *v/t.* ***~ o.s.*** (***up***) *Am.* e-n Klimmzug *od.* Klimmzüge machen.

chi·na ['tʃaɪnə] **I** *s.* **1.** Porzel'lan *n*; **2.** (Porzel'lan)Geschirr *n*; **II** *adj.* **3.** Porzellan…; **♀ bark** *s.* ♀ Chinarinde *f*; **~ clay** *s. min.* Kao'lin *n*, Porzel'lanerde *f*; **'♀·man** [-mən] *s.* [*irr.*] Chi'nese *m*; **♀ tea** *s.* chi'nesischer Tee; **'♀·town** *s.* Chi'nesenviertel *n*; **'~·ware** *s.* Porzel'lan(waren *pl.*) *n*.

chinch [tʃɪntʃ] *s. Am.* Wanze *f*.

chin-chin [ˌtʃɪn'tʃɪn] *int.* (*Pidgin-English*) **1.** a) (guten) Tag!, b) tschüs!; **2.** 'prosit!, prost!

chine [tʃaɪn] *s.* **1.** Rückgrat *n*, Kreuz *n* (*Tier*); **2.** *Küche*: Kammstück *n*; **3.** (Berg)Grat *m*, Kamm *m*.

Chi·nese [ˌtʃaɪ'niːz] **I** *adj.* **1.** chi'nesisch; **II** *s.* **2.** Chi'nese *m*, Chi'nesin *f*, Chi'nesen *pl.*; **3.** *ling.* Chi'nesisch *n*; **~ cab·bage** *s.* ♀ Chinakohl *m*; **~ lan·tern** *s.* **1.** Lampi'on *m*, *n*; **2.** ♀ Lampi'onpflanze *f*; **~ puz·zle** *s.* **1.** Ve'xier-, Geduldspiel *n*; **2.** *fig.* schwierige Sache.

Chink¹ [tʃɪnk] *s. sl.* Chi'nese *m*.

chink² [tʃɪŋk] *s.* **1.** Riß *m*, Ritz *m*, Ritze *f*, Spalt *m*, Spalte *f*: ***the ~ in his armo(u)r*** *fig.* sein schwacher Punkt; **2.** ***~ of light*** dünner Lichtstrahl.

chink³ [tʃɪŋk] **I** *v/i. u. v/t.* klingen *od.* klirren (lassen), klimpern (mit) (*Geld etc.*); **II** *s.* Klirren *n*, Klang *m*.

chin strap *s.* Kinnriemen *m*.

chintz [tʃɪnts] *s.* Chintz *m*, buntbedruckter 'Möbelkatˌtun; **'chintz·y** [-sɪ] *adj.* **1.** Plüsch…; **2.** *fig.* kleinbürgerlich, spießig.

'chin·wag I *s.* **1.** Plausch *m*; **2.** Tratsch *m*; **II** *v/i.* **3.** plauschen; **2.** tratschen.

chip [tʃɪp] **I** *s.* **1.** (*Holz- od. Metall*)Splitter *m*, Span *m*, Schnitzel *n*, *m*; Scheibchen *n*; abgebrochenes Stückchen; *pl.* Abfall *m*: ***dry as a ~*** fade, *fig. a.* trokken, ledern; ***a ~ of the old block*** ganz (wie) der Vater; ***have a ~ on one's shoulder*** F sehr empfindlich sein; **2.** angeschlagene Stelle; **3.** *pl.* a) *Brit.* Pommes 'frites *pl.*: ***fish and ~s***, b) *Am.* (Kar'toffel)Chips *pl.*; **4.** Spielmarke *f*: ***when the ~s are down*** *fig.* wenn es hart auf hart geht; ***hand in one's ~s*** *Am. sl.* ‚abkratzen'; ***have had one's ~s*** *sl.* ‚fertig' sein; **5.** *pl. sl.* ‚Zaster' *m* (*Geld*): ***in the ~s*** (gut) bei Kasse; **6.** *Computer*: Chip *m* (*Mikrobaustein*); **II** *v/t.* **7.** (ab)schnitzeln; abraspeln; **8.** *Kante von Geschirr etc.* ab-, anschlagen; *Stückchen* ausbrechen; **9.** F hänseln; **III** *v/i.* **10.** (leicht) abbrechen; **~ in** *v/i.* **1.** sich (in ein Gespräch) einmischen; **2.** F beisteuern (*a. v/t.*); **~ off** *v/i.* abblättern, abbröckeln.

chip| bas·ket *s.* Spankorb *m*; **~ hat** *s.* Basthut *m*; **'~·board** *s.* (Holz)Spanplatte *f*.

chip·muck ['tʃɪpmʌk], **'chip·munk** [-mʌŋk] *s. zo.* amer. gestreiftes Eichhörnchen.

'chip-pan *s. Küche*: Fri'teuse *f*.

Chip·pen·dale ['tʃɪpəndeɪl] *s.* Chippendale(stil *m*) *n* (*Möbelstil*).

chip·per ['tʃɪpə] *Am.* **I** *v/i.* zwitschern; schwatzen; **II** *adj.* F munter, vergnügt.

chip·ping ['tʃɪpɪŋ] *s.* Schnitzel *n*, *m*, abgeschlagenes Stück, angestoßene Ecke; Span *m*; *pl.* Splitt *m*.

chip·py ['tʃɪpɪ] **I** *adj.* **1.** angeschlagen (*Geschirr etc.*); schartig; **2.** *fig.* trokken, fade; **3.** *sl.* verkatert; **II** *s.* **4.** *Am. sl.* ‚Flittchen' *n*.

chi·ro·man·cer ['kaɪərəʊmænsə] *s.* Handleser *m*; **'chi·ro·man·cy** [-sɪ] *s.* Handlesekunst *f*.

chi·rop·o·dist [kɪ'rɒpədɪst] *s.* Fußpfleger(in), Pedi'küre *f*; **chi·rop·o·dy** [-dɪ] *s.* Fußpflege *f*, Pedi'küre *f*.

chirp [tʃɜːp] **I** *v/i. u. v/t.* zirpen, zwitschern; schilpen (*Spatz*); **II** *s.* Gezirp *n*, Zwitschern *n*; **'chirp·y** [-pɪ] *adj.* F munter, vergnügt.

chirr [tʃɜː] *v/i.* zirpen (*Heuschrecke*).

chir·rup ['tʃɪrəp] *v/i.* **1.** zwitschern; **2.** schnalzen.

chis·el ['tʃɪzl] **I** *s.* **1.** Meißel *m*; **2.** ⚙ Beitel *m*, Grabstichel *m*; **II** *v/t.* **3.** meißeln; **4.** *fig.* sti'listisch ausfeilen; **5.** *sl.* a) betrügen, ‚reinlegen', b) ergaunern, her'ausschinden; **'chis·el(l)ed** [-ld] *adj. fig.* **1.** ausgefeilt: ***~ style***; **2.** scharf geschnitten: ***~ face***; **'chis·el·(l)er** [-lə] *s.* F Gauner(in); ‚Nassauer' *m*.

chit¹ [tʃɪt] *s.* Kindchen *n*: ***a ~ of a girl*** ein junges Ding, ein Fratz.

chit² [tʃɪt] *s.* **1.** kurzer Brief; Zettel *m*; **2.** vom Gast abgezeichnete (Speise-) Rechnung.

chit·chat ['tʃɪttʃæt] → ***chinwag***.

chit·ter·ling ['tʃɪtəlɪŋ] *s. mst pl.* Gekröse *n*, Inne'reien *pl.* (*bsd. Schwein*).

chiv·al·rous ['ʃɪvlrəs] *adj.* □ ritterlich, ga'lant; **'chiv·al·ry** [-rɪ] *s.* **1.** Ritterlichkeit *f*; **2.** Tapferkeit *f*; **3.** Rittertum *n*; **4.** Ritterdienst *m*.

chive¹ [tʃaɪv] *s.* ♀ Schnittlauch *m*.

chive² [tʃaɪv] *sl.* **I** *s.* Messer *n*; **II** *v/t.* (er)stechen.

chiv·(v)y ['tʃɪvɪ] *v/t.* **1.** *j-n* her'umjagen, hetzen; **2.** schikanieren.

chlo·ral ['klɔːrəl] *s.* ⚗ Chlo'ral *n*: ***~ hydrate*** Chloralhydrat *n*; **'chlo·rate** [-reɪt] *s.* ⚗ chlorsaures Salz; **'chlo·ric** [-rɪk] *adj.* ⚗ Chlor…: ***~ acid*** Chlorsäure *f*; **'chlo·ride** [-raɪd] *s.* ⚗ Chlo'rid *n*, Chlorverbindung *f*: ***~ of lime*** Chlorkalk *m*; **'chlo·rin·ate** [-rɪneɪt] *v/t.* chloren, chlorieren; **chlo·rin·a·tion** [ˌklɔːrɪ'neɪʃn] *s.* Chloren *n*; **'chlo·rine** [-riːn] *s.* ⚗ Chlor *n*.

chlo·ro·form ['klɒrəfɔːm] **I** *s.* ⚗, ⚕ Chloro'form *n*; **II** *v/t.* chloroformieren; **'chlo·ro·phyll** [-fɪl] *s.* ♀ Chloro'phyll *n*, Blattgrün *n*.

chlo·ro·sis [klə'rəʊsɪs] *s.* ⚕, ♀ Bleichsucht *f*; **chlo·rous** ['klɔːrəs] *adj.* chlorig.

choc [tʃɒk] *s.* F *abbr. für* ***chocolate***: ***~ ice*** Eis *n* mit Schokoladenüberzug.

chock [tʃɒk] **I** *s.* **1.** (Brems-, Hemm-) Keil *m*; **2.** ⚓ Klampe *f*; **II** *v/t.* **3.** festkeilen; **4.** *fig.* vollpfropfen; **III** *adv.* **5.** dicht; **~-a-block** [ˌtʃɒkə'blɒk] *adj.* vollgepfropft; **ˌ~-'full** *adj.* zum Bersten voll.

choc·o·late ['tʃɒkələt] **I** *s.* **1.** Schoko'lade *f* (*a. als Getränk*); **2.** Pra'line *f*: ***~s*** Pralinen, Konfekt *n*; **II** *adj.* **3.** schoko'ladenbraun; **~ cream** *s.* 'Cremepraˌline *f*.

choice [tʃɔɪs] **I** *s.* **1.** Wahl *f*: ***make a ~*** wählen, e-e Wahl treffen; ***take one's ~*** s-e Wahl treffen; ***this is my ~*** dies habe ich gewählt; **2.** freie Wahl: ***at ~*** nach Belieben; ***by*** (*od.* ***for***) ***~*** vorzugsweise; ***from ~*** aus Vorliebe; **3.** (große) Auswahl; Sorti'ment *n*: ***a ~ of colours***; **4.** Wahl *f*, Möglichkeit *f*: ***I have no ~*** ich habe keine (andere) Wahl, *a.* es ist mir einerlei; **5.** Auslese *f*, *das* Beste; **II** *adj.* ☐ **6.** auserlesen, vor'züglich; ✝ Qualitäts...: ***~ fruit*** feinstes Obst; ***~ words*** a) gewählte Worte, b) *humor.* deftige Sprache; ***~ quality*** ✝ ausgesuchte Qualität; **'choice·ness** [-nɪs] *s.* Erlesenheit *f.*

choir ['kwaɪə] **I** *s.* **1.** (Kirchen-, Sänger-) Chor *m*; **2.** Chor *m*, ('Chor)Em͵pore *f*; **II** *v/i. u. v/t.* **3.** im Chor singen; **'~·boy** *s.* Chor-, Sängerknabe *m*; **'~͵mas·ter** *s.* Chorleiter *m*; **~ stalls** *s. pl.* Chorgestühl *n.*

choke [tʃəʊk] **I** *s.* **1.** Würgen *n*; **2.** *mot.* Luftklappe *f*, Choke *m*: ***pull out the ~*** den Choke ziehen; **3.** → ***choke coil***; **4.** → ***chokebore***; **II** *v/i.* **5.** würgen; ersticken (*a. fig.*): ***with a choking voice*** mit erstickter Stimme; **III** *v/t.* **6.** ersticken (*a. fig.*); erwürgen; würgen (*a. weitS. Kragen etc.*); **7.** hindern; dämpfen, drosseln (*a.* ⚡, ⚙); **8.** *a.* ***~ up*** a) verstopfen, b) 'vollstopfen; ***~ back*** *v/t.* **1.** *Lachen etc.* ersticken, unter'drücken; **2.** → ***choke off***; ***~ down*** *v/t.* **1.** hin'unterwürgen (*a. fig.*); **2.** → ***choke back*** 1; ***~ off*** *v/t. fig.* ‚abwürgen', nicht aufkommen lassen; *Konjunktur etc.* drosseln; ***~ up*** → ***choke*** 8.

'choke|·bore *s.* ⚙ Chokebohrung *f*; **~ coil** *s.* ⚡ Drosselspule *f*; **'~·damp** *s.* ⚒ Nachschwaden *m.*

chok·er ['tʃəʊkə] *s.* F enger Kragen *od.* Schal; enge Halskette.

chol·er ['kɒlə] *s.* **1.** *obs.* Galle *f*; **2.** *fig.* Zorn *m.*

chol·er·a ['kɒlərə] *s.* ⚕ 'Cholera *f.*

chol·er·ic ['kɒlərɪk] *adj.* cho'lerisch.

cho·les·ter·ol [kə'lestərɒl] *s. physiol.* Choleste'rin *n.*

choose [tʃu:z] **I** *v/t.* [*irr.*] **1.** (aus)wählen, aussuchen: ***to ~ a hat***; ***he was chosen king*** er wurde zum König gewählt; ***the chosen people*** *bibl.* das auserwählte Volk; **2.** belieben (*a. iro.*), (es) vorziehen, lieber wollen; beschließen: ***he chose to go*** er zog es vor *od.* er beschloß fortzugehen; ***do as you ~*** tu, wie *od.* was du willst; **II** *v/i.* [*irr.*] **3.** wählen: ***not much to ~*** kaum ein Unterschied; ***he cannot ~ but come*** er hat keine andere Wahl als zu kommen; **'choos·er** [-zə] *s.* (Aus)Wählende(r *m*) *f*; → ***beggar*** 1; **'choos·y** [-zɪ] *adj.* F wählerisch.

chop¹ [tʃɒp] **I** *s.* **1.** Hieb *m*, Schlag *m* (*a. Karate*); *Boxen, Tennis*: Chop *m*; **2.** *Küche*: Kote'lett *n*; **3.** *pl.* a) (Kinn)Backen *pl.*: ***lick one's ~s*** sich die Lippen lecken, b) *fig.* Maul *n*, Rachen *m*; **II** *v/t.* **4.** (zer)hacken, hauen, spalten: ***~ wood*** Holz hacken; ***~ one's words*** abgehackt sprechen; **5.** *Tennis*: *den Ball* choppen; ***~ down*** *v/t.* fällen; ***~ in*** *v/i.* sich einmischen; ***~ off*** *v/t.* abhauen; ***~ up*** *v/t.* zer-, kleinhacken.

chop² [tʃɒp] **I** *v/i. a.* ***~ about***, ***~ round*** sich drehen, 'umschlagen (*Wind*): ***~ and change*** s-n Standpunkt dauernd ändern, hin u. her schwanken; **II** *v/t. Worte* wechseln; **III** *s. pl.* ***~s and changes*** ewiges Hin und Her.

chop³ [tʃɒp] *s.* (*Indien u. China*) **1.** Stempel *m*, Siegel *n*; **2.** Urkunde *f*; **3.** (Handels)Marke *f*; **4.** Quali'tät *f*: ***first-~*** erste Sorte, erstklassig.

'chop·house *s.* Steakhaus *n.*

chop·per ['tʃɒpə] *s.* **1.** Hackmesser *n*, -beil *n*; **2.** ⚡ Zerhacker *m*; **3.** *Am. sl.* Hubschrauber *m*; **4.** *pl. sl.* Zähne *pl.*

chop·ping¹ ['tʃɒpɪŋ] *adj.* stramm (*Kind*).

chop·ping² ['tʃɒpɪŋ] *s.* Wechsel *m*: ***~ and changing*** ewiges Hin und Her.

chop·ping| block ['tʃɒpɪŋ] *s.* Hackblock *m*, -klotz *m*; ***~ board*** *s.* Hackbrett *n*; ***~ knife*** *s.* [*irr.*] Hackmesser *n.*

chop·py ['tʃɒpɪ] *adj.* **1.** kabbelig (*Meer*); **2.** böig (*Wind*); **3.** *fig.* wechselnd; **4.** *fig.* abgehackt.

'chop|·stick *s.* Eßstäbchen *n* (*China etc.*); **͵~-'su·ey** [-'su:ɪ] *s.* Chop-suey *n* (*chinesisches Mischgericht*).

cho·ral ['kɔ:rəl] *adj.* ☐ Chor..., im Chor gesungen: ***~ service*** Gottesdienst *m* mit Chorgesang; ***~ society*** Chor *m*; **cho·rale** [kɒ'rɑ:l] *s.* Cho'ral *m.*

chord [kɔ:d] *s.* **1.** ♪, *poet.*, *fig.* Saite *f*; **2.** ♪ Ak'kord *m*; *fig.* Ton *m*: ***break into a ~*** e-n Tusch spielen; ***strike the right ~*** *bei j-m* die richtige Saite anschlagen; ***does that strike a ~?*** erinnert *dich* das an etwas?; **3.** ⚲ Sehne *f*; **4.** *anat.* Band *n*, Strang *m*; **5.** ✈ Pro'filsehne *f*; **6.** ⚙ Gurt *m.*

chore [tʃɔ:] *s.* **1.** (Haus)Arbeit *f*; **2.** schwierige Aufgabe.

cho·re·a [kɒ'rɪə] *s.* ⚕ Veitstanz *m.*

cho·re·og·ra·pher [͵kɒrɪ'ɒgrəfə] *s.* Choreo'graph *m*; **cho·re'og·ra·phy** [-fɪ] *s.* Choreogra'phie *f.*

chor·is·ter ['kɒrɪstə] *s.* **1.** Chorsänger (-in), *bsd.* Chorknabe *m*; **2.** *Am.* Kirchenchorleiter *m.*

chor·tle ['tʃɔ:tl] **I** *v/i.* glucksen(d lachen); **II** *s.* Glucksen *n.*

cho·rus ['kɔ:rəs] **I** *s.* **1.** Chor *m* (*a. antiq.*), Sängergruppe *f*; **2.** Tanzgruppe *f* (*e-r Revue*); **3.** *a. thea.* Chor *m*, gemeinsames Singen: ***~ of protest*** Protestgeschrei *n*; ***in ~*** im Chor (*a. fig.*); **4.** Chorsprecher *m* (*im elisabethanischen Theater*); **5.** (im Chor gesungener) Kehrreim; **6.** Chorwerk *n*; **II** *v/i. u. v/t.* **7.** im Chor singen *od.* sprechen *od.* rufen; ***~ girl*** *s.* (Re'vue)Tänzerin *f.*

chose [tʃəʊz] *pret. von* ***choose.***

cho·sen ['tʃəʊzn] *p.p. von* ***choose.***

chough [tʃʌf] *s. orn.* Dohle *f.*

chow [tʃaʊ] *s.* **1.** *zo.* Chow-'Chow *m* (*Hund*); **2.** *sl.* ‚Futter' *n*, Essen *n.*

chow·chow [͵tʃaʊ'tʃaʊ] (*Pidgin-Englisch*) *s.* **1.** chi'nesische Mixed Pickles *pl. od.* 'Fruchtkonfi͵türe *f*; **2.** → ***chow*** 1.

chow·der ['tʃaʊdə] *s. Am. dicke Suppe aus Meeresfrüchten.*

Christ [kraɪst] **I** *s.* der Gesalbte, 'Christus *m*: ***before ~*** (***B.C.***) vor Christi Geburt (*v. Chr.*); **II** *int. sl.* verdammt noch mal!; ***~ child*** *s.* Christkind *n.*

chris·ten ['krɪsn] *v/t. eccl.*, ⚓ *u. fig.* taufen; **'Chris·ten·dom** [-dəm] *s.* Christenheit *f*; **'chris·ten·ing** [-nɪŋ] **I** *s.* Taufe *f*; **II** *adj.* Tauf...

Chris·tian ['krɪstjən] **I** *adj.* ☐ **1.** christlich; **2.** F anständig; **II** *s.* **3.** Christ(in); **4.** guter Mensch; **5.** Mensch *m* (*Ggs. Tier*); ***~ era*** *s.* christliche Zeitrechnung.

Chris·ti·an·i·ty [͵krɪstɪ'ænətɪ] *s.* Christentum *n*; **Chris·tian·ize** ['krɪstjənaɪz] *v/t.* zum Christentum bekehren, christianisieren.

Chris·tian| name *s.* Tauf-, Vorname *m*; ***~ Sci·ence*** *s.* Christian Science *f*; ***~ Sci·en·tist*** *s.* Anhänger(in) der Christian Science.

Christ·mas ['krɪsməs] *s.* Weihnachten *n u. pl.*: ***at ~*** zu *od.* an Weihnachten; ***merry ~!*** frohe Weihnachten!; ***~ bo·nus*** *s.* ✝ 'Weihnachtsgratifikati͵on *f*; ***~ card*** *s.* Weihnachtskarte *f*; ***~ car·ol*** *s.* Weihnachtslied *n*; ***~ Day*** *s.* der erste Weihnachtsfeiertag; ***~ Eve*** *s.* der Heilige Abend; ***~ pud·ding*** *s. Brit.* Plumpudding *m*; **'~·tide**, **'~·time** *s.* Weihnachtszeit *f*; **'~·tree** *s.* Weihnachts-, Christbaum *m.*

Christ·mas·y ['krɪsməsɪ] *adj.* F weihnachtlich.

chro·mate ['krəʊmeɪt] *s.* ⚗ Chro'mat *n*, chromsaures Salz.

chro·mat·ic [krəʊ'mætɪk] *adj.* (☐ ***~ally***) **1.** *phys.* chro'matisch, Farben...; **2.** ♪ chromatisch; **chro'mat·ics** [-ks] *s. pl. sg. konstr.* **1.** Farbenlehre *f*; **2.** ♪ Chro'matik *f.*

chrome [krəʊm] **I** *s.* **1.** ⚗ a) Chrom *n*, b) Chromgelb *n*; **2.** Chromleder *n*; **II** *v/t.* **3.** *a.* ***~-plate*** verchromen.

chro·mi·um ['krəʊmjəm] *s.* ⚗ Chrom *n*; **͵~-'plat·ed** *adj.* verchromt; **͵~-'plat·ing** *s.* Verchromung *f*; ***~ steel*** *s.* Chromstahl *m.*

chro·mo·lith·o·graph [͵krəʊməʊ'lɪθəʊgrɑ:f] *s.* Chromolithogra'phie *f*, Mehrfarbensteindruck *m* (*Bild*); **͵chro·mo·li'thog·ra·phy** [-lɪ'θɒgrəfɪ] *s.* Mehrfarbensteindruck *m* (*Verfahren*).

chro·mo·some ['krəʊməsəʊm] *s. biol.* Chromo'som *n*; **'chro·mo·type** [-məʊtaɪp] *s.* **1.** Farbdruck *m*; **2.** Chromoty'pie *f.*

chron·ic ['krɒnɪk] *adj.* (☐ ***~ally***) **1.** ständig, (an)dauernd, ‚chronisch'; **2.** *mst* ⚕ chronisch, langwierig; **3.** *sl.* scheußlich.

chron·i·cle ['krɒnɪkl] **I** *s.* **1.** Chronik *f*; **2.** 𝔖*s pl. bibl.* (*das* Buch der) Chronik *f*; **II** *v/t.* **3.** aufzeichnen; **'chron·i·cler** [-lə] *s.* Chro'nist *m.*

chron·o·gram ['krɒnəʊgræm] *s.* Chrono'gramm *n*; **'chron·o·graph** [-grɑ:f] *s.* Chrono'graph *m*, Zeitmesser *m*; **chron·o·log·i·cal** [͵krɒnə'lɒdʒɪkl] *adj.* ☐ chrono'logisch: ***~ order*** zeitliche Reihenfolge; **chro·nol·o·gize** [krə'nɒlədʒaɪz] *v/t.* chronologisieren; **chro·nol·o·gy** [krə'nɒlədʒɪ] *s.* **1.** Chronolo'gie *f*, Zeitbestimmung *f*; **2.** Zeittafel *f*; **chro·nom·e·ter** [krə'nɒmɪtə] *s.* Chrono'meter *n*; **chro·nom·e·try** [krə'nɒmɪtrɪ] *s.* Zeitmessung *f.*

chrys·a·lis ['krɪsəlɪs] *pl.* **-lis·es** [-lɪsɪz], **chry·sal·i·des** [krɪ'sælɪdi:z] *s. zo.* (*Insekten*)Puppe *f.*

chrys·an·the·mum [krɪ'sænθəməm] *s.* ⚘ Chrysan'theme *f.*

chub [tʃʌb] *s. ichth.* Döbel *m.*

chub·by ['tʃʌbɪ] *adj.* a) pausbäckig, b) rundlich.

chuck¹ [tʃʌk] **I** *s.* **1.** F Wurf *m*; **2.** zärtlicher Griff unters Kinn; **3.** ***give s.o. the ~*** F j-n ‚rausschmeißen' (*entlassen*); **II** *v/t.* **4.** F schmeißen, werfen; **5.** ***~ s.o. under the chin*** j-n unters Kinn fassen; **6.** F a) Schluß machen mit: ***~ it!*** laß das!, b) → ***chuck up***; **~ a·way** *v/t.* F **1.** ‚wegschmeißen'; **2.** *Geld* verschwenden; **3.** *Gelegenheit* ‚verschenken'; **~ out** *v/t.* F ‚rausschmeißen'; **~ up** *v/t.* F *Job etc.* ‚hinschmeißen'.

chuck² [tʃʌk] **I** *s.* **1.** Glucken *n* (*Henne*); **2.** F ‚Schnuckie' *m* (*Kosewort*); **II** *v/i. u. v/t.* **3.** glucken; **III** *int.* **4.** put, put! (*Lockruf für Hühner*).

chuck³ [tʃʌk] ⚙ **I** *s.* Spann- *od.* Bohrfutter *n*; **II** *v/t.* (in das Futter) einspannen.

chuck·er-out [ˌtʃʌkər'aʊt] *s.* F ‚Rausschmeißer' *m* (*in Lokalen etc.*).

chuck·le ['tʃʌkl] **I** *v/i.* **1.** glucksen, in sich hin'einlachen; **2.** sich (insgeheim) freuen (***at, over*** über *acc.*); **3.** glucken (*Henne*); **II** *s.* **4.** leises Lachen, Glucksen *n*; '**~·head** *s.* Dummkopf *m*.

chuffed [tʃʌft] *adj. Brit.* F froh.

chug [tʃʌg], **chug-chug** [ˌtʃʌg'tʃʌg] **I** *s.* Tuckern *n* (*Motor*); **II** *v/i.* tuckern(d fahren).

chuk·ker ['tʃʌkə] *s. Polospiel*: Chukker *m* (*Spielabschnitt*).

chum [tʃʌm] F **I** *s.* **1.** ‚Kumpel' *m*, ‚Spezi' *m*, Kame'rad *m*: ***be great ~s*** dicke Freunde sein; **2.** Stubengenosse *m*; **II** *v/i.* **3.** gemeinsam wohnen (***with*** mit); **4.** ***~ up with s.o.*** sich mit j-m anfreunden; '**chum·my** [-mɪ] *adj.* **1.** ‚dick' befreundet; **2.** gesellig; **3.** *contp.* plump-vertraulich.

chump [tʃʌmp] *s.* **1.** Holzklotz *m*; **2.** dickes Ende (*bsd. Hammelkeule*); **3.** F Dummkopf *m*; **4.** *bsd. Brit. sl.* ‚Kürbis' *m*, ‚Birne' *f* (*Kopf*): ***off one's ~*** (total) verrückt.

chunk [tʃʌnk] *s.* F **1.** (Holz)Klotz *m*; Klumpen *m*, dickes Stück (*Fleisch etc.*), ‚Runken' *m* (*Brot*); *weitS.* ‚großer Brocken'; **2.** *Am.* a) unter'setzter Mensch, b) kleines, stämmiges Pferd; '**chunk·y** [-kɪ] *adj.* **1.** *Am.* unter'setzt, stämmig; **2.** klobig, klotzig.

church [tʃɜːtʃ] **I** *s.* **1.** Kirche *f*: ***in ~*** in der Kirche, beim Gottesdienst; ***~ is over*** die Kirche ist aus; **2.** Kirche *f*, Religi'onsgemeinschaft *f*, *bsd.* Christenheit *f*; **3.** Geistlichkeit *f*: ***enter the ~*** Geistlicher werden; **II** *adj.* **4.** Kirch(en)…; kirchlich; '**~ˌgo·er** *s.* Kirchgänger(in); **⁀ of Eng·land** *s.* englische Staatskirche, anglikanische Kirche; **~ rate** *s.* Kirchensteuer *f*; ˌ**~'ward·en** *s.* **1.** *Brit.* Kirchenvorsteher *m*: ***~ pipe*** langstielige Tonpfeife; **2.** *Am.* Verwalter *m* der weltlichen Angelegenheiten e-r Kirche; **~ wed·ding** *s.* kirchliche Trauung.

church·y ['tʃɜːtʃɪ] *adj.* F kirchlich (gesinnt).

'**church·yard** *s.* Kirchhof *m*.

churl [tʃɜːl] *s.* **1.** Flegel *m*, Grobian *m*; **2.** Geizhals *m*, Knauser *m*; '**churl·ish** [-lɪʃ] *adj.* ☐ **1.** grob, ungehobelt, flegelhaft; **2.** geizig, knauserig; **3.** mürrisch.

churn [tʃɜːn] **I** *s.* **1.** Butterfaß *n* (*Maschine*); **2.** *Brit.* (große) Milchkanne; **II** *v/t.* **3.** verbuttern; **4.** ('durch)schütteln, aufwühlen; **5.** *fig.* ***~ out*** am laufenden Band produzieren, ausstoßen; **III** *v/i.* **6.** buttern; **7.** schäumen; **8.** sich heftig bewegen.

chute [ʃuːt] *s.* **1.** Stromschnelle *f*, starkes Gefälle; **2.** ⚙ a) Rutsche *f*, b) Schacht *m*, c) Müllschlucker *m*; **3.** Rutsche *f*, Rutschbahn *f* (*auf Spielplätzen etc.*); **4.** Rodelbahn *f*; **5.** F → ***parachute*** 1; ˌ**~-the-'chute(s)** → ***chute*** 3.

chutz·pa(h) ['hʊtspə] *s.* F Chuzpe *f*, Frechheit *f*.

ci·bo·ri·um [sɪ'bɔːrɪəm] *s. eccl.* **1.** 'Hostienkelch *m*, Zi'borium *n*; **2.** Al'tarˌbaldachin *m*.

ci·ca·da [sɪ'kɑːdə], **ci'ca·la** [-ɑːlə] *s. zo.* Zi'kade *f*.

cic·a·trice ['sɪkətrɪs] *s.* Narbe *f*; ⚘ Blattnarbe *f*; '**cic·a·triced** [-st] *adj.* ☤ vernarbt; '**cic·a·trize** [-raɪz] *v/i. u. v/t.* vernarben (lassen).

cic·er·o ['sɪsərəʊ] *s. typ.* Cicero *f* (*Schriftgrad*).

ci·ce·ro·ne [ˌtʃɪtʃə'rəʊnɪ] *pl.* **-ni** [-niː] *s.* Cice'rone *m*, Fremdenführer *m*.

ci·der ['saɪdə] *s.* (*Am.* ***hard ~***) Apfelwein *m*: (***sweet***) ***~*** *Am.* Apfelmost *m*.

ci·gar [sɪ'gɑː] *s.* Zi'garre *f*; **~ box** *s.* Zi'garrenkiste *f*; **~ case** *s.* Zi'garreneˌtui *n*, -tasche *f*; **~ cut·ter** *s.* Zi'garrenabschneider *m*.

cig·a·ret(te) [ˌsɪgə'ret] *s.* Ziga'rette *f*; **~ case** *s.* Ziga'retteneˌtui *n*; **~ end** *s.* Ziga'rettenstummel *m*; **~ hold·er** *s.* Ziga'rettenspitze *f* (*Halter*).

cil·i·a ['sɪlɪə] *s. pl.* **1.** (Augen)Wimpern *pl.*; **2.** ⚘, *zo.* Wimper-, Flimmerhärchen *pl.*; '**cil·i·ar·y** [-ərɪ] *adj.* Wimper…; '**cil·i·at·ed** [-ɪeɪtɪd] *adj.* ⚘, *zo.* bewimpert.

cinch [sɪntʃ] *s.* **1.** *Am.* Sattelgurt *m*; **2.** *sl.* a) ‚todsichere Sache', ‚klarer Fall', b) ‚Kinderspiel' *n*.

cin·cho·na [sɪŋ'kəʊnə] *s.* **1.** ⚘ 'Chinarindenbaum *m*; **2.** 'Chinarinde *f*.

cinc·ture ['sɪŋktʃə] **I** *s.* **1.** Gürtel *m*, Gurt *m*; **2.** (Säulen)Kranz *m*; **II** *v/t.* **3.** um'gürten, um'geben.

cin·der ['sɪndə] *s.* **1.** Schlacke *f*: ***burnt to a ~*** verkohlt, völlig verbrannt; **2.** *pl.* Asche *f*.

Cin·der·el·la [ˌsɪndə'relə] *s.* Aschenbrödel *n*, -puttel *n* (*a. fig.*).

cin·der| path *s.* **1.** Schlackenweg *m*; **2.** → **~ track** *s. sport* Aschenbahn *f*.

cine- [sɪnɪ] *in Zssgn* Kino…, Film…: ***~ camera*** (Schmal)Filmkamera *f*; ***~ film*** Schmalfilm *m*; ***~-record*** filmen, mit der Schmalfilmkamera aufnehmen.

cin·e·aste ['sɪnɪæst] *s.* Cine'ast *m*, Filmliebhaber(in).

cin·e·ma ['sɪnɪmə] *s.* **1.** 'Lichtspieltheˌater *n*, 'Kino *n*; **2.** ***the ~*** Film(kunst *f*) *m*; '**~ˌgo·er** *s.* 'Kinobesucher(in).

cin·e·mat·ic [ˌsɪnɪ'mætɪk] *adj.* (☐ ***~ally***) filmisch, Film…; **cin·e·mat·o·graph** [ˌsɪnə'mætəgrɑːf] **I** *s.* Kinemato'graph *m*; **II** *v/t.* (ver)filmen; **cin·e·ma·tog·ra·pher** [ˌsɪnəmə'tɒgrəfə] *s.* 'Kameramann *m*; **cin·e·mat·o·graph·ic** [ˌsɪnəmætə'græfɪk] (☐ ***~ally***) kinemato'graphisch; **cin·e·ma·tog·ra·phy** [ˌsɪnəmə'tɒgrəfɪ] *s.* Kinematogra'phie *f*.

cin·e·ra·ri·um [ˌsɪnə'reərɪəm] *s.* Urnennische *f od.* -friedhof *m*.

cin·er·ar·y ['sɪnərərɪ] *adj.* Aschen…; **~ urn** *s.* Totenurne *f*.

cin·er·a·tor ['sɪnəreɪtə] *s.* Feuerbestattungsofen *m*.

cin·na·bar ['sɪnəbɑː] *s.* Zin'nober *m*.

cin·na·mon ['sɪnəmən] **I** *s.* **1.** Zimt *m*, Ka'neel *m*; **2.** Zimtbaum *m*; **II** *adj.* **3.** zimtfarbig.

cinque [sɪŋk] (*Fr.*) *s.* Fünf *f* (*Würfel od. Spielkarten*); '**~·foil** [-fɔɪl] *s.* **1.** ⚘ Fingerkraut *n*; **2.** ⚠ Fünfpaß *m*; **⁀ Ports** ['sɪŋkpɔːts] *s. pl. Gruppe von ursprünglich fünf südenglischen Seestädten.*

ci·on ['saɪən] → ***scion***.

ci·pher ['saɪfə] **I** *s.* **1.** 𝔄 *die Ziffer* Null *f*; **2.** (a'rabische) Ziffer, Zahl *f*; **3.** *fig.* a) Null *f* (*Person*), b) Nichts *n*; **4.** Chiffre *f*, Geheimschrift *f*: ***in ~*** chiffriert; **5.** *fig.* Schlüssel *m*, Kennwort *n*; **6.** Mono'gramm *n*; **II** *v/i.* **7.** rechnen; **III** *v/t.* **8.** chiffrieren; **9.** *a.* ***~ out*** be-, ausrechnen; entziffern; *Am.* F ‚ausknobeln'; **~ code** *s.* Codechiffre *f*, Tele'gramm-, Chiffrierschlüssel *m*.

cir·ca ['sɜːkə] *prp.* um (*vor Jahreszahlen*).

Cir·ce ['sɜːsɪ] *npr. myth.* 'Circe *f* (*a. fig. Verführerin*).

cir·cle ['sɜːkl] **I** *s.* **1.** 𝔄 Kreis *m*: ***full ~*** im Kreise herum, volle Wendung, wieder da, wo *man* angefangen hat; ***run*** (*a.* ***talk***) ***in ~s*** *fig.* sich im Kreis bewegen; ***square the ~*** 𝔄 den Kreis quadrieren (*a. fig. das Unmögliche vollbringen*); → ***vicious circle***; **2.** *ast., geogr.* Kreis *m*; **3.** Kreis *m*, Gruppe *f*: ***~ of friends*** Freundeskreis; → ***upper*** I; **4.** Ring *m*, Kranz *m*, Reif *m*; **5.** Kreislauf *m*, 'Umlauf *m*, Runde *f*; Wiederkehr *f*, 'Zyklus *m*; **6.** *thea.* Rang *m*; **7.** Kreis *m*, Gebiet *n*; **8.** a) *Turnen*: Welle *f*, b) *Hockey*: (Schuß)Kreis *m*; **II** *v/t.* **9.** um'kreisen; um'zingeln; **10.** um'winden; **III** *v/i.* **11.** sich im Kreise bewegen, kreisen; die Runde machen; **12.** ⚔ schwenken.

cir·clet ['sɜːklɪt] *s.* **1.** kleiner Kreis, Reif, Ring; **2.** Dia'dem *n*.

circs [sɜːks] *s. pl.* F *für* ***circumstances***.

cir·cuit ['sɜːkɪt] **I** *s.* **1.** 'Kreisˌlinie *f*, 'Um-, Kreislauf *m*; Bahn *f*; **2.** 'Umkreis *m*; **3.** 'Umweg *m*; **4.** Rundgang *m*, -flug *m*; *mot.* Rennstrecke *f*; **5.** ⚖ a) *Brit. hist.* Rundreise *f* der Richter e-s Bezirks (*zur Abhaltung der* ***assizes***), b) Anwälte *pl.* e-s Gerichtsbezirks, c) Gerichtsbezirk *m*; **6.** ⚡ a) Strom-, Schaltkreis *m*: → ***short*** (***closed***) ***circuit***, b) Schaltung *f*, 'Schaltsyˌstem *n*; **7.** *Am.* (Per'sonen)Kreis *m*; **8.** *sport* ‚Zirkus' *m*: ***the tennis ~***; **II** *v/t.* **9.** um'kreisen; **III** *v/i.* **10.** kreisen; **~ break·er** *s.* ⚡ Ausschalter *m*; **~ di·a·gram** *s.* ⚡ Schaltbild *n*, -plan *m*.

cir·cu·i·tous [sə'kjuːɪtəs] *adj.* ☐ weitschweifig, -läufig: ***~ route*** Umweg *m*; **cir·cuit·ry** ['sɜːkɪtrɪ] *s.* ⚡ **1.** 'Schaltsyˌstem *n*; **2.** Schaltungen *pl.*; **3.** Schaltbild *n*.

cir·cu·lar ['sɜːkjʊlə] **I** *adj.* ☐ **1.** (kreis-)rund, kreisförmig; **2.** Rund…, Kreis…, Ring…; **II** *s.* **3.** a) Rundschreiben *n*, b) (Post)Wurfsendung *f*; '**cir·cu·lar·ize** [-əraɪz] *v/t. a.* (Post)Wurfsendungen verschicken an (*acc.*); Fragebogen schicken an (*acc.*); durch (Post)Wurfsendungen werben für.

cir·cu·lar| let·ter → ***circular*** 3a; **~ let·ter of cred·it** *s.* ✝ 'Reisekreˌditbrief *m*; **~ note** *s.* **1.** *pol.* Zirku'larnote *f*; **2.** 'Reisekreˌditbrief *m*; **~ saw** *s.* ⚙ Kreissäge *f*; **~ skirt** *s.* Glockenrock *m*; **~ tick·et** *s.* Rundreisekarte *f*; **~ tour**, **~**

trip *s.* Rundreise *f*, -fahrt *f*.
cir·cu·late ['sɜːkjʊleɪt] **I** *v/i.* **1.** zirkulieren: a) 'umlaufen, kreisen, b) im 'Umlauf sein, kursieren (*Geld, Gerücht etc.*); **2.** her'umreisen, -gehen; **II** *v/t.* **3.** in Umlauf setzen, zirkulieren lassen.
cir·cu·lat·ing ['sɜːkjʊleɪtɪŋ] *adj.* zirkulierend, 'umlaufend; ~ **cap·i·tal** *s.* 'Umlauf-, Be'triebskapiˌtal *n*; ~ **dec·i·mal** *s.* peri'odischer Dezi'malbruch; ~ **li·brar·y** *s.* 'Leihbücheˌrei *f*.
cir·cu·la·tion [ˌsɜːkjʊ'leɪʃn] *s.* **1.** Kreislauf *m*, Zirkulati'on *f*; **2.** *physiol.* ('Blut)Zirkulatiˌon *f*, (-)Kreislauf *m*; **3.** a) 'Umlauf *m*, Verkehr *m*, b) Verbreitung *f*, Absatz *m*, c) Auflage(nziffer) *f* (*Zeitung etc.*), d) 'Zahlungsmittelˌumlauf *m*: ***out of*** ~ außer Kurs (gesetzt); ***put into*** ~ in Umlauf setzen; ***withdraw from*** ~ aus dem Verkehr ziehen (*a. fig.*); **4.** Strömung *f*, 'Durchzug *m*, -fluß *m*; **cir·cu·la·tor** ['sɜːkjʊleɪtə] *s.* Verbreiter(in); **cir·cu·la·to·ry** [ˌsɜːkjʊ'leɪtərɪ] *adj.* zirkulierend, 'umlaufend; *physiol.* Kreislauf…: ~ ***collapse***; ~ ***system*** (Blut)Kreislauf *m*.
cir·cum·cise ['sɜːkəmsaɪz] *v/t.* **1.** , *eccl.* beschneiden; **2.** *fig.* läutern; **cir·cum·ci·sion** [ˌsɜːkəm'sɪʒn] *s.* **1.** , *eccl.* Beschneidung *f*, **2.** *fig.* Läuterung *f*; **3.** ♀ Fest *n* der Beschneidung Christi; **4.** ***the*** ~ *bibl.* die Beschnittenen *pl.* (*Juden*).
cir·cum·fer·ence [sə'kʌmfərəns] *s.* 'Umkreis *m*, 'Umfang *m*, Periphe'rie *f*; **cir·cum·flex** ['sɜːkəmfleks] *s. a.* ~ ***accent*** *ling.* Zirkum'flex *m*; **cir·cum·ja·cent** [ˌsɜːkəm'dʒeɪsənt] *adj.* 'umliegend.
cir·cum·lo·cu·tion [ˌsɜːkəmlə'kjuːʃn] *s.* **1.** Um'schreibung *f*; **2.** a) 'Umschweife *pl.*, b) Weitschweifigkeit *f*; **cir·cum·loc·u·to·ry** [ˌsɜːkəm'lɒkjʊtərɪ] *adj.* weitschweifig.
cir·cum·nav·i·gate [ˌsɜːkəm'nævɪgeɪt] *v/t.* um'schiffen, um'segeln; **cir·cum·nav·i·ga·tion** ['sɜːkəmˌnævɪ'geɪʃn] *s.* Um'segelung *f*; **ˌcir·cum'nav·i·ga·tor** [-tə] *s.* Um'segler *m*.
cir·cum·scribe ['sɜːkəmskraɪb] *v/t.* **1.** a) um'schreiben (*a.*), b) definieren; **2.** begrenzen, einschränken; **cir·cum·scrip·tion** [ˌsɜːkəm'skrɪpʃn] *s.* **1.** Um'schreibung *f* (*a.*) **2.** 'Umschrift *f* (*Münze etc.*); **3.** Begrenzung *f*, Beschränkung *f*.
cir·cum·spect ['sɜːkəmspekt] *adj.* □ 'um-, vorsichtig; **cir·cum·spec·tion** [ˌsɜːkəm'spekʃn] *s.* 'Um-, Vorsicht *f*, Behutsamkeit *f*.
cir·cum·stance ['sɜːkəmstəns] *s.* **1.** 'Umstand *m*, Tatsache *f*; Ereignis *n*; Einzelheit *f*: ***a fortunate*** ~ ein glücklicher Umstand; **2.** *pl.* 'Umstände *pl.*, Lage *f*, Sachverhalt *m*, Verhältnisse *pl.*: ***in*** (*od.* ***under***) ***the*** ~***s*** unter diesen Umständen; ***under no*** ~***s*** auf keinen Fall; **3.** *pl.* Verhältnisse *pl.*, Lebenslage *f*: ***in good*** ~***s*** gut situiert; **4.** 'Umständlichkeit *f*, Weitschweifigkeit *f*; **5.** Förmlichkeit(en *pl.*) *f*, Umstände *pl.*: ***without*** ~ ohne (alle) Umstände; **'cir·cum·stanced** [-st] *adj.* in e-r … Lage; …situiert; gelagert (*Sache*): ***poorly*** ~ in ärmlichen Verhältnissen; ***well timed and*** ~ zur rechten Zeit u. unter günstigen Umständen; **cir·cum·stan·tial** [ˌsɜːkəm'stænʃl] *adj.* □ **1.** 'umständlich; **2.** ausführlich, genau; **3.** zufällig; **4.** ~ ***evidence*** ⚖ Indizienbeweis *m*; **cir·cum·stan·ti·ate** [ˌsɜːkəm'stænʃɪeɪt] *v/t.* **1.** genau beschreiben; **2.** ⚖ durch In'dizien beweisen.
cir·cum·vent [ˌsɜːkəm'vent] *v/t.* **1.** über'listen; **2.** vereiteln, verhindern; **3.** um'gehen; **ˌcir·cum'ven·tion** [-nʃn] *s.* **1.** Vereitelung *f*; **2.** Um'gehung *f*.
cir·cum·vo·lu·tion [ˌsɜːkəmvə'ljuːʃn] *s.* **1.** 'Umdrehung *f*, 'Umwälzung *f*; **2.** Windung *f*.
cir·cus ['sɜːkəs] *s.* **1.** a) 'Zirkus *m*, b) 'Zirkustruppe *f*, c) ('Zirkus)Vorstellung *f*, d) A'rena *f*; **2.** *Brit. runder Platz mit Straßenkreuzungen*; **3.** *Brit. sl.* ⚔ a) im Kreis fliegende Flugzeugstaffel, b) ‚fliegende' Einheit; **4.** F ‚'Zirkus' *m*, Rummel *m*.
cir·rho·sis [sɪ'rəʊsɪs] *s.* Zir'rhose *f*, (*Leber*)Schrumpfung *f*.
cir·rose [sɪ'rəʊs], **cir·rous** ['sɪrəs] *adj.* **1.** mit Ranken; **2.** *zo.* mit Haaren *od.* Fühlern; **3.** federartig.
cir·rus ['sɪrəs] *pl.* **-ri** [-raɪ] *s.* **1.** Ranke *f*; **2.** *zo.* Rankenfuß *m*; **3.** 'Zirrus *m*, Federwolke *f*.
cis·al·pine [sɪs'ælpaɪn] *adj.* diesseits der Alpen; **cis·at·lan·tic** [sɪsət'læntɪk] *adj.* diesseits des At'lantischen 'Ozeans.
cis·sy → ***sissy***.
Cis·ter·cian [sɪ'stɜːʃjən] **I** *s.* Zisterzi'enser(mönch) *m*; **II** *adj.* Zisterzienser…
cis·tern ['sɪstən] *s.* **1.** Wasserbehälter *m*; **2.** Zi'sterne *f*, ('unterirdischer) Regenwasserspeicher.
cit·a·del ['sɪtədəl] *s.* **1.** Zita'delle *f* (*a. fig.*); **2.** Burg *f*; *fig.* Zuflucht *f*.
ci·ta·tion [saɪ'teɪʃn] *s.* **1.** Anführung *f*; **2.** a) Zi'tat *n* (*zitierte Stelle*), b) ⚖ (***of***) Berufung *f* (auf *acc.*), Her'anziehung *f* (*gen.*), c) ⚖ Vorladung *f*; **3.** *bsd.* ⚔ ehrenvolle Erwähnung.
cite [saɪt] *v/t.* **1.** zitieren; **2.** (als Beispiel *od.* Beweis) anführen; **3.** ⚖ vorladen; **4.** ⚔ lobend erwähnen.
cith·er ['sɪθə] *poet.* → ***zither***.
cit·i·fy ['sɪtɪfaɪ] *v/t.* verstädtern.
cit·i·zen ['sɪtɪzn] *s.* **1.** Bürger *m*, Staatsangehörige(r *m*) *f*: ~ ***of the world*** Weltbürger; **2.** Städter(in); **3.** Einwohner(in): ~***s' band*** CB-Funk *m*; **4.** Zivi'list *m*; **'cit·i·zen·ry** [-rɪ] *s.* Bürgerschaft *f* (*e-s Staates*); **'cit·i·zen·ship** [-ʃɪp] *s.* **1.** Staatsangehörigkeit *f*; **2.** Bürgerrecht *n*.
cit·rate ['sɪtreɪt] *s.* Zi'trat *n*.
cit·ric ac·id ['sɪtrɪk] *s.* Zi'tronensäure *f*.
cit·ri·cul·ture ['sɪtrɪkʌltʃə] *s.* Anbau *m* von 'Zitrusfrüchten.
cit·rus ['sɪtrəs] *s.* 'Zitrusgewächs *n*, -frucht *f*.
cit·y ['sɪtɪ] *s.* **1.** (Groß)Stadt *f*: ♀ ***of God*** *fig.* Himmelreich *n*; **2.** *Brit.* inkorporierte Stadt (*mst mit Kathedrale*); **3.** ***the*** ♀ die (Londoner) City (*Altstadt od. Geschäftsviertel od. Geschäftswelt*); **4.** *Am.* inkorporierte Stadtgemeinde; ♀ **ar·ti·cle** *s.* Börsenbericht *m*; ♀ **Com·pa·ny** *s. Brit.* e-e der großen Londoner Gilden; ~ **coun·cil** *s.* Stadtrat *m*; ~ **desk** *s. Brit.* 'Wirtschafts-, *Am.* Lo'kalredaktiˌon *f*; ~ **ed·i·tor** *s.* **1.** *Am.* Lo'kalredakˌteur *m*; **2.** *Brit.* Redak'teur *m* des Handelsteiles; ~ **fa·ther** *s.* Stadtrat *m*; *pl.* Stadtväter *pl.*; ~ **hall** *s.* Rathaus *n*; ♀ **man** *s. Brit.* Fi'nanz-, Geschäftsmann *m* der City; ~ **man·ag·er** *s. Am.* 'Stadtdiˌrektor *m*; ~ **state** *s.* Stadtstaat *m*.
civ·et (**cat**) ['sɪvɪt] *s. zo.* 'Zibetkatze *f*.
civ·ic ['sɪvɪk] *adj.* (□ ~***ally***) **1.** städtisch, Stadt…; **2.** → ***civil*** 2; ~ **cen·tre**, *Am.* **cen·ter** *s.* Behördenviertel *n*, Verwaltungszentrum *n*.
civ·ics ['sɪvɪks] *s. pl. sg. konstr.* Staatsbürgerkunde *f*.
civ·ies ['sɪvɪz] *bsd. Am.* → ***civvies***.
civ·il ['sɪvl] *adj.* (□ *nur für 6.*) **1.** staatlich: ~ ***affairs*** Verwaltungsangelegenheiten; **2.** (staats)bürgerlich, Bürger…: ~ ***duty***; ~ ***commotion*** Aufruhr *m*, innere Unruhen *pl.*; ~ ***death*** bürgerlicher Tod; ~ ***liberties*** bürgerliche Freiheiten; ~ ***list*** *Brit.* Zivilliste *f*; ~ ***rights*** Bürgerrechte, bürgerliche Ehrenrechte; ~ ***rights activist*** Bürgerrechtler(in); ~ ***rights movement*** Bürgerrechtsbewegung *f*; ♀ ***Servant*** Staatsbeamte(r); ♀ ***Service*** Staats-, Verwaltungsdienst *m*; ~ ***war*** Bürgerkrieg *m*; → ***disobedience*** 1; **3.** zi'vil (*Ggs. militärisch*): ~ ***aviation*** Zivilluftfahrt *f*; ~ ***defence***, *Am.* ~ ***defense*** Zivilverteidigung *f*, -schutz *m*; ~ ***government*** Zivilverwaltung *f*; ~ ***life*** Zivilleben *n*; **4.** zi'vil (*Ggs. kirchlich*): ~ ***marriage*** Ziviltrauung *f*; **5.** ⚖ zi'vil(rechtlich), bürgerlich: ~ ***case*** *od.* ***suit*** Zivilprozeß *m*; ~ ***code*** Bürgerliches Gesetzbuch; ~ ***year*** bürgerliches Jahr; ~ ***law*** a) römisches *od.* kontinentales Recht, b) Zivilrecht *n*, bürgerliches Recht; **6.** höflich: ~***-spoken*** höflich; ~ **en·gi·neer** *s.* 'Bauingeniˌeur *m*; ~ **en·gi·neer·ing** *s.* Tiefbau *m*.
ci·vil·ian [sɪ'vɪljən] **I** *s.* Zivi'list *m*; **II** *adj.* zi'vil, Zivil…: ~ ***life***; ~ ***casualties*** Verluste unter der Zivilbevölkerung; **ci'vil·i·ty** [-lətɪ] *s.* Höflichkeit *f*, Artigkeit *f*.
civ·i·li·za·tion [ˌsɪvɪlaɪ'zeɪʃn] *s.* Zivilisati'on *f*, Kul'tur *f*; **civ·i·lize** ['sɪvɪlaɪz] *v/t.* zivilisieren; **civ·i·lized** ['sɪvɪlaɪzd] *adj.* **1.** zivilisiert: ~ ***nations*** Kulturvölker; **2.** gebildet, kultiviert.
civ·vies ['sɪvɪz] *s. pl. sl.* Zi'vil(klaˌmotten *pl.*) *n*; **civ·vy street** ['sɪvɪ] *s. sl.* Zi'villeben *n*.
clack [klæk] **I** *v/i.* **1.** klappern, knallen; **2.** plappern; **II** *s.* **3.** Klappern *n*; **4.** Plappern *n*; **5.** ⚙ (Ven'til)Klappe *f*.
clad [klæd] *adj.* gekleidet.
claim [kleɪm] **I** *v/t.* **1.** fordern, verlangen: ~ ***damages*** Schadenersatz fordern; **2.** a) Anspruch erheben auf (*acc.*), beanspruchen: ~ ***the crown***, b) *fig.* in Anspruch nehmen, erfordern: ~ ***attention***; **3.** für sich in Anspruch nehmen: ~ ***victory***; **4.** (*a.* von sich) behaupten (*a.* ***to*** *inf.* zu *inf.*, ***that*** daß): ~ ***accuracy*** die Richtigkeit behaupten; ***the club*** ~***s 200 members*** der Klub behauptet, 200 Mitglieder zu haben; **5.** zu'rück-, einfordern; *Opfer, Leben* fordern: ***death*** ~***ed him*** der Tod ereilte ihn; **II** *v/i.* **6.** reklamieren; **7.** ~ ***against s.o.*** j-n verklagen; **III** *s.* **8.** Forderung *f* (***on s.o.*** gegen *od.* an j-n), (*a.* Rechts- *od.* Pa'tent)Anspruch *m*: ~ ***for damages*** Schadensersatzanspruch; ~ ***under a contract*** Anspruch aus e-m Vertrag; ***lay*** (*od.* ***make a***) ~ ***to*** An-

spruch erheben auf (*acc.*); ***put in a ~ for*** e-e Forderung auf *et.* stellen; ***make ~s upon*** *fig. j-n od. j-s Zeit* (stark) in Anspruch nehmen; **9.** (An)Recht *n* (***to*** auf *acc.*); **10.** Behauptung *f*; **11.** ✝ Reklamati'on *f*; **12.** Versicherungssumme *f*; Schaden(sfall) *m*; **13.** ⚖ Klage(begehren *n*) *f*; → ***statement*** 4; **14.** ⚒ Mutung *f*; *bsd. Am.* zugeteiltes *od.* beanspruchtes Stück Land; **'claim·a·ble** [-məbl] *adj.* zu beanspruchen(d); **'claim·ant** [-mənt] *s.* **1.** Antragsteller (-in), ⚖ *a.* Kläger(in); (Pa'tent)Anmelder(in); **2.** (***for***) Anwärter(in) (auf *acc.*), Bewerber(in) (für): ***rightful ~*** Anspruchsberechtigte(r).

clair·voy·ance [kleə'vɔɪəns] *s.* Hellsehen *n*; **clair'voy·ant** [-nt] **I** *adj.* hellseherisch; **II** *s.* Hellseher(in).

clam [klæm] *s.* **1.** *zo.* eßbare Muschel: ***hard*** *od.* ***round ~*** 'Venusmuschel *f*; **2.** *Am.* F ‚zugeknöpfter' Mensch; **'~·bake** *s. Am.* **1.** Picknick *n*; **2.** große Party; **3.** ‚Gaudi' *f.*

cla·mant ['kleɪmənt] *adj.* **1.** lärmend, schreiend (*a. fig.*); **2.** dringend.

clam·ber ['klæmbə] *v/i.* (mühsam) klettern, klimmen.

clam·my ['klæmɪ] *adj.* □ feuchtkalt (u. klebrig), klamm.

clam·or·ous ['klæmərəs] *adj.* □ lärmend, schreiend, laut; tobend; *fig.* lautstark; **clam·o(u)r** ['klæmə] **I** *s.* **1.** *a. fig.* Lärm *m*, (zorniges) Geschrei, Tu'mult *m*; **2.** *bsd. fig.* (Auf)Schrei *m* (***for*** nach); Schimpfen; **3.** Tu'mult *m*; **II** *v/i.* **4.** (laut) schreien (***for*** nach; *a. fig. wütend verlangen*); heftig protestieren; toben; **III** *v/t.* **5. *~ down*** niederbrüllen.

clamp¹ [klæmp] *s.* **1.** Haufen *m*; **2.** (Kar'toffel- *etc.*)Miete *f.*

clamp² [klæmp] **I** *s.* **1.** ⚙ Klammer *f*, Krampe *f*, Klemmschraube *f*, Zwinge *f*, ⚡ Erdungsschelle *f*; **2.** *sport* Strammer *m* (*Ski*); **II** *v/t.* **3.** festklammern, -klemmen; befestigen; **4.** *fig. a.* ***~ down*** als Strafe auferlegen; **III** *v/i.* **5. *~ down*** *fig.* zuschlagen, einschreiten, scharf vorgehen (***on*** gegen); **'clamp·down** *s.* F scharfes Vorgehen (***on*** gegen).

clan [klæn] *s.* **1.** *Scot.* Clan *m*, Stamm *m*, Sippe *f*; **2.** *fig.* Clan *m*, Sippschaft *f*, Clique *f.*

clan·des·tine [klæn'destɪn] *adj.* □ heimlich, verstohlen, Schleich…

clang [klæŋ] **I** *v/i.* schallen, klingen, klirren; **II** *v/t.* laut schallen *od.* erklingen lassen; **III** *s.* → ***clango(u)r***, **clang·er** ['klæŋə] *s. sl.* Faux'pas *m*: ***drop a ~*** ‚ins Fettnäpfchen treten'; **clang·or·ous** ['klæŋgərəs] *adj.* □ schallend, schmetternd; klirrend; **clang·o(u)r** ['klæŋgə] → ***clank.***

clank [klæŋk] **I** *s.* Klirren *n*, Gerassel *n*, harter Klang; **II** *v/i. u. v/t.* rasseln *od.* klirren (mit).

clan·nish ['klænɪʃ] *adj.* **1.** Sippen…; **2.** stammesbewußt; **3.** (unter sich) zs.-haltend, *contp.* cliquenhaft; **'clan·nish·ness** [-nɪs] *s.* **1.** Stammesbewußtsein *n*; **2.** Zs.-halten *n*, *contp.* Cliquenwesen *n*; **clan·ship** ['klænʃɪp] *s.* **1.** Vereinigung *f* in e-m Clan; **2.** → ***clannishness*** 1; **clans·man** ['klænzmən] *s.* [*irr.*] Mitglied *n* e-s Clans.

clap¹ [klæp] **I** *s.* **1.** (Hände)Klatschen *n*; **2.** (Beifall)Klatschen *n*; **3.** Klaps *m*; **4.** Knall *m*, Krach *m*: ***~ of thunder*** Donnerschlag *m*; **II** *v/t.* **5.** a) klatschen: ***~ one's hands*** in die Hände klatschen, b) schlagen: ***~ the wings*** mit den Flügeln schlagen; **6.** klopfen; **7.** *j-m* Beifall klatschen; **8.** hastig an-, auflegen *od.* ausführen: ***~ eyes on*** erblicken; ***~ a hat on one's head*** den Hut auf den Kopf stülpen; **9. *~ on*** F *j-m et.* ‚aufbrummen'; **III** *v/i.* **10.** (Beifall) klatschen.

clap² [klæp] *s.* V (*a.* ***dose of ~***) Tripper *m.*

'clap|·board I *s.* **1.** *Brit.* Faßdaube *f*; **2.** *Am.* Verschalungsbrett *n*; **II** *v/t.* **3.** *Am.* verschalen; **'~-net** *s.* Fangnetz *n* (*für Vögel etc.*).

clap·per ['klæpə] *s.* **1.** Klöppel *m* (*Glocke*); **2.** Klapper *f*; **3.** Beifallsklatscher *m*; **'~·board** *s. Am. Film*: Klappe *f.*

clap·trap ['klæptræp] **I** *s.* Ef'fekthasche,rei *f*; Klim'bim *m*; Re'klame(rummel *m*) *f*; Gewäsch *n*, Unsinn *m*; **II** *adj.* ef'fekthaschend; hohl.

claque [klæk] *s.* Claque *f.*

clar·en·don ['klærəndən] *s. typ.* halbfette Egypti'enne.

clar·et ['klærət] *s.* **1.** roter Bor'deaux (-wein); *weitS.* Rotwein *m*; **2.** Weinrot *n*; **3.** *sl.* Blut *n*; ***~ cup*** *s.* Rotweinbowle *f.*

clar·i·fi·ca·tion [ˌklærɪfɪ'keɪʃn] *s.* **1.** ⚙ (Ab)Klärung *f*, Läuterung *f*; **2.** Aufklärung *f*, Klarstellung *f*; **clar·i·fy** ['klærɪfaɪ] **I** *v/t.* **1.** ⚙ (ab)klären, läutern, reinigen; **2.** (auf-, er)klären; **II** *v/i.* **3.** ⚙ sich (ab)klären; **4.** sich (auf)klären, klar werden.

clar·i·net [ˌklærɪ'net] *s.* ♪ Klari'nette *f*; **ˌclar·i'net·(t)ist** [-tɪst] *s.* Klarinet'tist *m.*

clar·i·on ['klærɪən] **I** *s.* **1.** ♪ Cla'rino *n*; **2.** *poet.* Trom'petenschall *m*: ***~ call*** *fig.* Auf-, Weckruf *m*; Fan'fare *f*; ***~ voice*** Trompetenstimme *f*; **II** *v/t.* **3.** laut verkünden, 'auspoˌsaunen.

clar·i·ty ['klærətɪ] *s. allg.* Klarheit *f.*

clash [klæʃ] **I** *v/i.* **1.** klirren, rasseln; **2.** prallen (***into*** gegen), (*a. feindlich u. fig.*) zs.-prallen, -stoßen (***with*** mit); **3.** *fig.* (***with***) kollidieren: a) (zeitlich) zs.-fallen (mit), b) im 'Widerspruch stehen (zu), unvereinbar sein (mit); **4.** nicht zs.-passen (***with*** mit), sich ‚beißen' (*Farben*); **II** *v/t.* **5.** klirren *od.* rasseln mit; klirrend zs.-schlagen; **III** *s.* **6.** Geklirr *n*, Getöse *n*, Krach *m*; **7.** Zs.-prall *m*, Kollisi'on *f*; **8.** (feindlicher) Zs.-stoß; **9.** (zeitliches) Zs.-fallen; **10.** Kon'flikt *m*, 'Widerstreit *m.*

clasp [klɑːsp] **I** *v/t.* **1.** ein-, zuhaken, zuschnallen; **2.** fest ergreifen, um'klammern, fest um'fassen; um'ranken: ***~ s.o.'s hand*** j-m die Hand drücken; ***~ s.o. in one's arms*** j-n umarmen; ***~ one's hands*** die Hände falten; **II** *v/i.* **3.** sich die Hand reichen; **III** *s.* **4.** Klammer *f*, Haken *m*; Schnalle *f*, Spange *f*, Schließe *f*; Schloß *n* (*Buch etc.*); **5.** Um'klammerung *f*, Um'armung *f*; Händedruck *m*; **6.** ⚔ (Ordens)Spange *f*; ***~ knife*** *s.* [*irr.*] Klapp-, Taschenmesser *n.*

class [klɑːs] **I** *s.* **1.** Klasse *f* (*a.* 🚂 *etc.*, ♀, *zo.*), Gruppe *f*; **2.** Klasse *f*, Sorte *f*, Güte *f*, Quali'tät *f*; *engS.* Erstklassigkeit *f*: ***in the same ~ with*** gleichwertig mit; ***in a ~ of one's*** (*od.* ***its***) ***own*** e-e Klasse für sich (*überlegen*); ***no ~*** F minderwertig; **3.** Stand *m*, Rang *m*, Schicht *f*: ***the*** (***upper***) ***~es*** die oberen (Gesellschafts)Klassen; ***pull ~ on s.o.*** F j-n s-e gesellschaftliche Überlegenheit fühlen lassen; **4.** *ped., univ.* a) Klasse *f*: ***top of the ~*** Klassenerste(r), b) 'Unterricht *m*, Stunde *f*: ***a ~ in cookery*** Kochstunde, c) *pl.* 'Kurs(us) *m*, d) Semi'nar *n*, e) *Brit.* Stufe *f* bei der Universi'tätsprüfung: ***take a ~*** e-n ***honours degree*** erlangen; **5.** *univ. Am.* Jahrgang *m*; **II** *v/t.* **6.** klassifizieren: a) in Klassen einteilen, b) einordnen, einstufen: ***~ with*** gleichstellen mit; ***be ~ed as*** angesehen werden als; **'~-book** *s. ped.* **1.** *Brit.* Lehrbuch *n*; **2.** *Am.* Klassenbuch *n*; **'~-ˌcon·scious** *adj.* klassenbewußt; ***~ dis·tinc·tion*** *s. sociol.* 'KlassenˌunterSchied *m*; ***~ ha·tred*** *s.* Klassenhaß *m.*

clas·sic ['klæsɪk] **I** *adj.* (□ ***~ally***) **1.** erstklassig, ausgezeichnet; **2.** klassisch, mustergültig, voll'endet; **3.** klassisch: a) griechisch-römisch, b) die klassische Litera'tur *od.* Kunst *etc.* betreffend, c) berühmt, d) edel (*Stil etc.*); **4.** klassisch: a) 'herkömmlich, b) zeitlos; **II** *s.* **5.** Klassiker *m*; **6.** klassisches Werk; **7.** Jünger(in) der Klassik; **8.** *pl.* a) klassische Litera'tur, b) *die* alten Sprachen; **'clas·si·cal** [-kl] *adj.* □ **1.** → ***classic*** 1, 2, 3: ***~ music*** klassische Musik; **2.** a) altsprachlich, b) huma'nistisch (gebildet): ***~ education*** humanistische Bildung; ***the ~ languages*** die alten Sprachen; ***~ scholar*** Altphilologe *m*, Humanist *m*; **'clas·si·cism** [-sɪzəm] *s.* **1.** Klassi'zismus *m*; **2.** klassische Redewendung; **'clas·si·cist** [-sɪst] *s.* Kenner *m od.* Anhänger *m* des Klassischen u. der Klassiker.

clas·si·fi·ca·tion [ˌklæsɪfɪ'keɪʃn] *s.* Klassifizierung *f* (*a.* ⚓), Einteilung *f*, -stufung *f*, Anordnung *f*; Ru'brik *f*: (***security***) ***~*** *pol.* a) Geheimhaltungseinstufung *f*, b) Geheimhaltungsstufe *f*; **clas·si·fied** ['klæsɪfaɪd] *adj.* **1.** klassifiziert, eingeteilt: ***~ advertisements*** Kleinanzeigen (*Zeitung*); ***~ directory*** Branchenverzeichnis *n*; **2.** ⚔, *pol.* geheim, Geheim…: ***~ material***; ***~ information*** Verschlußsache(n *pl.*) *f*; **clas·si·fy** ['klæsɪfaɪ] *v/t.* klassifizieren, einteilen; einstufen; ⚔, *pol.* für geheim erklären.

class·less ['klɑːslɪs] *adj.* klassenlos: ***~ society.***

'class|·mate *s.* 'KlassenkameˌradIin); ***~ room*** *s.* Klassenzimmer *n*; ***~ war*** *s. pol.* Klassenkampf *m.*

class·y ['klɑːsɪ] *adj. sl.* ‚Klasse', ‚Klasse…'.

clat·ter ['klætə] **I** *v/i.* **1.** klappern, rasseln; **2.** trappeln, trampeln; **II** *v/t.* **3.** klappern *od.* rasseln mit; **III** *s.* **4.** Klappern *n*, Rasseln *n*, Krach *m*; **5.** Getrappel *n*; **6.** Lärm *m*; Stimmengewirr *n.*

clause [klɔːz] *s.* **1.** *ling.* Satz(teil *m*, -glied *n*) *m*; **2.** *jur.* a) 'Klausel *f*, Bestimmung *f*, Vorbehalt *m*, b) Absatz *m*, Para'graph *m.*

claus·tro·pho·bi·a [ˌklɔːstrə'fəʊbjə] *s.* Klaustropho'bie *f.*

clav·i·chord ['klævɪkɔːd] *s.* ♪ Clavi'chord *n.*

clav·i·cle ['klævɪkl] *s. anat.* Schlüsselbein *n.*

claw [klɔː] **I** *s.* **1.** *zo.* a) Klaue *f*, Kralle *f* (*beide a. fig.*), b) Schere *f* (*Krebs etc.*), c) Pfote *f* (*a. fig.* F *Hand*): ***get one's ~s into s.o.*** *fig.* j-n in s-e Klauen bekommen; ***pare s.o.'s ~s*** *fig.* j-m die Krallen beschneiden; **2.** ⚙ Klaue *f*, (Greif)Haken *m*; **II** *v/t.* **3.** (zer)kratzen, zerreißen, zerren; **4.** *a.* ***~ hold of*** um'krallen, packen; **5.** ***~ back*** *fig.* a) zurückgewinnen, b) zurücknehmen; **III** *v/i.* **6.** kratzen; **7.** reißen, zerren (***at*** an); **8.** pakken, greifen (***at*** nach); **9.** ⚓ ***~ off*** vom Ufer abhalten; **'~-ˌham·mer** *s.* **1.** ⚙ Klauenhammer *m*; **2.** *a.* ***~ coat*** F Frack *m*.

clay [kleɪ] *s.* **1.** Ton *m*, Lehm *m*: ***~ hut*** Lehmhütte *f*; ***feet of ~*** *fig.* tönerne Füße; → ***potter²*** 1; **2.** *fig.* Erde *f*, Staub *m* u. Asche *f*; **3.** → ***clay pipe***; ***~ court*** *s.* *Tennis*: Rotgrantplatz *m*.

clay·ey ['kleɪɪ] *adj.* lehmig, Lehm…

clay·more ['kleɪmɔː] *s. hist.* schottisches Breitschwert.

clay| pi·geon *s. sport* Wurf-, Tontaube *f*; **~ pipe** *s.* Tonpfeife *f*; **~ pit** *s.* Lehmgrube *f*.

clean [kliːn] **I** *adj.* □ **1.** rein, sauber; → ***breast*** 2; **2.** sauber, frisch, neu (*Wäsche*); unbeschrieben (*Papier*); **3.** reinlich; stubenrein; **4.** einwandfrei, makellos (*a. fig.*); astfrei (*Holz*); fast fehlerlos (*Korrekturbogen*); → ***copy*** 1; **5.** (*moralisch*) lauter, sauber; anständig, gesittet; schuldlos: ***~ record*** tadelloser Ruf; ***keep it ~!*** keine Ferkeleien!; ***~ living!*** bleib sauber!; ***Mr.*** ♀ Saubermann *m*; **6.** ebenmäßig, von schöner Form; glatt (*Schnitt, Bruch*); **7.** sauber, geschickt (ausgeführt), tadellos; **8.** F ‚sauber' (*ohne Waffen, Schmuggelware etc.*); **II** *adv.* **9.** rein, sauber: ***sweep ~*** rein ausfegen; ***come ~*** F alles gestehen; **10.** rein, glatt, völlig, to'tal: ***I ~ forgot*** ich vergaß ganz; ***~ gone*** a) spurlos verschwunden, b) *sl.* total übergeschnappt; ***~ through the wall*** glatt durch die Wand; **III** *v/t.* **11.** reinigen, säubern; *Kleider* ('chemisch) reinigen; **12.** *Fenster, Schuhe, Zähne* putzen; **IV** *v/i.* **13.** sich reinigen lassen; **~ down** *v/t.* gründlich reinigen; abwaschen; **~ out** *v/t.* **1.** reinigen; **2.** auslesen, -räumen; räumen; **3.** *sl.* a) ‚ausnehmen', ‚schröpfen', b) *Am. a. j-n* ‚fertigmachen'; **4.** F *Kasse etc.* leer machen; *Laden etc.* leer kaufen; **5.** F *Bank etc.* ‚ausräumen'; **~ up** *v/t.* **1.** gründlich reinigen; **2.** aufräumen (mit *fig.*); in Ordnung bringen, erledigen, *fig. a.* bereinigen; *Stadt etc.* säubern; **3.** *sl.* (*v/i.* schwer) einheimsen.

clean| and jerk *s. Gewichtheben*: Stoßen *n*; **~ bill of lad·ing** *s.* ✝ reines Konosse'ment; **ˌ~-'bred** *adj.* reinrassig; **ˌ~-'cut** *adj.* **1.** klar um'rissen; klar, deutlich; **2.** regelmäßig; wohlgeformt; **3.** scharf geschnitten: ***~ face***.

clean·er ['kliːnə] *s.* **1.** Reiniger *m* (*Person, Gerät od. Mittel*); Reinemachfrau *f*, Raumpflegerin *f*; (Fenster- *etc.*)Putzer *m*; **2.** *pl.* Reinigung(sanstalt) *f*: ***take s.o. to the ~s*** *sl.* a) j-n total ‚ausnehmen', b) j-n ‚fertigmachen'.

ˌclean|-'hand·ed *adj.* schuldlos; **ˌ~-'limbed** *adj.* wohlproportioniert.

clean·li·ness ['klenlɪnɪs] *s.* Reinlichkeit *f*; **clean·ly** ['klenlɪ] *adj.* □ reinlich.

cleanse [klenz] *v/t.* **1.** (*a. fig.*) reinigen, säubern, reinwaschen (***from*** von); **2.** läutern; **'cleans·er** [-zə] *s.* Reinigungsmittel *n*; **'cleans·ing** [-zɪŋ] *adj.* Reinigungs…: ***~ cream***.

ˌclean|-'shav·en *adj.* glattrasiert; **'~·up** *s.* **1.** (gründliche) Reinigung *f*; **2.** F 'Säuberungsaktiˌon *f*; Ausmerzung *f*; **3.** *Am. sl.* ‚Schnitt' *m*, (großer) Pro'fit.

clear [klɪə] **I** *adj.* □ → ***clearly***; **1.** klar, hell, 'durchsichtig, rein (*a. fig.*): ***a ~ day*** ein klarer Tag; ***as ~ as day(light)***, ***~ as mud*** F sonnenklar; ***a ~ conscience*** ein reines Gewissen; **2.** klar, deutlich; 'übersichtlich; scharf (*Photo, Sprache, Verstand*): ***a ~ head*** ein klarer Kopf; ***~ judgment*** gesundes Urteil; ***be ~ in one's mind*** sich klar darüber sein; ***make o.s. ~*** sich verständlich machen; **3.** klar, offensichtlich; sicher, zweifellos: ***I am quite ~ (that)*** ich bin ganz sicher (daß); **4.** klar, rein; unvermischt; ✝ netto: ***~ amount*** Nettobetrag *m*; ***~ profit*** Reingewinn *m*; ***~ loss*** reiner Verlust; ***~ skin*** reine Haut; ***~ soup*** klare Suppe; ***~ water*** (nur) reines Wasser; **5.** klar, hell (*Ton*): ***as ~ as a bell*** glokkenrein; **6.** frei (***of*** von), offen; unbehindert; ohne: ***keep the roads ~*** die Straßen offenhalten; ***~ of debt*** schuldenfrei; ***~ title*** *jur.* unbestrittenes Recht; ***see one's way ~*** freie Bahn haben; ***keep ~ of*** a) (ver)meiden, b) sich fernhalten von; ***keep ~ of the gates!*** Eingang (*Tor*) freihalten!; ***be ~ of s.th.*** et. los sein; ***get ~ of*** loskommen von; **7.** ganz, voll: ***a ~ month*** ein voller Monat; **8.** ⚙ licht (*Höhe, Weite*); **II** *adv.* **9.** hell; klar, deutlich; **10.** frei, los, fort; **11.** völlig, glatt: ***~ over the fence*** glatt über den Zaun; **III** *s.* **12.** ⚙ lichte Weite; **13.** ***in the ~*** a) frei, her'aus, b) *sport* freistehend, c) aus der Sache heraus, vom Verdacht gereinigt, d) *Funk etc.*: im Klartext; **IV** *v/t.* **14.** *a.* ***~ up*** (auf)klären, erläutern; **15.** säubern, reinigen (*a. fig.*), befreien; losmachen (***of*** von): ***~ the street of snow*** die Straße von Schnee reinigen; **16.** *Saal etc.* räumen, leeren; ✝ *Waren(lager)* räumen (→ 23); *Tisch* abräumen, abdecken; *Straße* freimachen; *Land, Wald* roden: ***~ the way*** Platz machen, den Weg bahnen; ***~ out of the way*** *fig.* beseitigen; **17.** reinigen, säubern: ***~ the air*** *a. fig.* die Atmosphäre reinigen; ***~ one's throat*** sich räuspern; **18.** frei-, lossprechen; entlasten (***of, from*** von *e-m Verdacht etc.*); *Am. j-m* (po'litische) Unbedenklichkeit bescheinigen; *Am.* die Genehmigung für *et.* einholen (***with*** bei): ***~ one's conscience*** sein Gewissen entlasten; ***~ one's name*** s-n Namen reinwaschen; **19.** (knapp *od.* heil) vor'beikommen an (*dat.*): ***my car just ~ed the bus***; **20.** *Hindernis* nehmen, glatt springen über (*acc.*): ***~ the hedge***; ***~ 6 feet*** 6 Fuß hoch springen; **21.** Gewinn erzielen, einheimsen: ***~ expenses*** die Unkosten einbringen; **22.** ⚓ a) *Schiff* klarmachen (***for action*** zum Gefecht), b) *Schiff* ausklarieren, c) *Ladung* löschen, d) *aus e-m Hafen* auslaufen; **23.** ✝ bereinigen, bezahlen; verrechnen; *Scheck* einlösen; *Hypothek* tilgen; *Ware* verzollen (→ 16); abfertigen; **V** *v/i.* **24.** sich klären, klar werden; **25.** sich aufklären (*Wetter*): ***~ (away)*** sich verziehen (*Nebel etc.*); **26.** sich klären (*Wein etc.*); **27.** ⚓ a) die 'Zollformaliˌtäten erledigen, b) ausklarieren;

Zssgn mit adv.:

clear| a·way **I** *v/t.* **1.** wegräumen; beseitigen; **II** *v/i.* **2.** verschwinden; → ***clear*** 25; **3.** (den Tisch) abdecken; **~ off** **I** *v/t.* **1.** beseitigen, loswerden; **2.** erledigen; **II** *v/i.* **3.** → ***clear out*** 3; **~ out** **I** *v/t.* **1.** ausräumen, reinigen; **2.** ✝ ausverkaufen; **II** *v/i.* **3.** verschwinden, ‚sich verziehen', ‚abhauen'; **~ up** **I** *v/t.* **1.** ab-, forträumen; **2.** bereinigen, erledigen; **3.** aufklären, lösen; **II** *v/i.* **4.** sich aufklären (*Wetter*).

clear·ance ['klɪərəns] *s.* **1.** Räumung *f* (*a.* ✝), Beseitigung *f*; Leerung *f*; Freilegung *f*; **2.** a) Rodung *f*, b) Lichtung *f*; **3.** ⚙ lichter Raum, Zwischenraum *m*; Spiel(raum *m*) *n*; *mot. etc.* Bodenfreiheit *f*; **4.** *allg.* Abfertigung *f*, *bsd.* a) ✈ Freigabe *f*, Start- od. 'Durchflugerlaubnis *f*, b) ⚓ Auslaufgenehmigung *f* (→ 7); **5.** ✝ a) Tilgung *f*, volle Bezahlung *f*, b) Verrechnung *f* (→ ***clearing*** 2), c) → ***clearance sale***; **6.** ⚓ a) (Ein-, Aus-) Klarierung *f*, Zollabfertigung *f*, b) Zollschein *m*: ***~ (papers)*** Zollpapiere; **7.** *pol. etc.* Unbedenklichkeitsbescheinigung *f*; **~ sale** *s. Brit.* (Räumungs)Ausverkauf *m*.

ˌclear|-'cut *adj.* scharf um'rissen; klar, eindeutig; **ˌ~-'head·ed** *adj.* klardenkend, intelli'gent.

clear·ing ['klɪərɪŋ] *s.* **1.** Lichtung *f*, Rodung *f*; **2.** ✝ Clearing *n*, Verrechnungsverkehr *m* (*Bank*); **~ bank** *s.* 'Girobank *f*; ♀ **Hos·pi·tal** *s.* ⚔ *Brit.* 'Feldlazaˌrett *n*; **~ house** *s.* ✝ 'Clearinginstiˌtut *n*, Verrechnungsstelle *f*; **~ of·fice** *s.* Verrechnungsstelle *f*; **~ sys·tem** *s.* ✝ Clearingverkehr *m*.

clear·ly ['klɪəlɪ] *adv.* **1.** klar, deutlich; **2.** ***~, that is wrong*** offensichtlich ist das falsch; **3.** zweifellos, ‚klar'; **clear·ness** ['klɪənɪs] *s.* **1.** Klarheit *f*, Deutlichkeit *f*; **2.** *fig.* Reinheit *f*; Schärfe *f*.

ˌclear|-'sight·ed *adj.* **1.** scharfsichtig; **2.** *fig.* klardenkend, hellsichtig, klug; **'~-starch** *v/t.* *Wäsche* stärken; **'~·way** *s.* *Brit.* Schnellstraße *f*.

cleat [kliːt] *s.* **1.** ⚓ Klampe *f*; **2.** Keil *m*, Pflock *m*; **3.** ϟ Isolierschelle *f*; **4.** ⚙ Querleiste *f*; **5.** breiter Schuhnagel.

cleav·age ['kliːvɪdʒ] *s.* **1.** Spaltung *f* (*a.* ⚗ *u. fig.*); Spaltbarkeit *f*; **2.** Zwiespalt *m*; **3.** *biol.* (Zell)Teilung *f*; **4.** Brustansatz *m*, Dekolleté *n*.

cleave¹ [kliːv] *v/i.* **1.** kleben (***to*** an *dat.*); **2.** *fig.* (***to***) festhalten (an *dat.*), halten (zu *j-m*), treu bleiben (*dat.*), anhängen (*dat.*).

cleave² [kliːv] **I** *v/t.* [*irr.*] **1.** (zer)spalten; **2.** hauen, reißen; *Weg* bahnen; **3.** *Wasser, Luft etc.* durch'schneiden, (zer)teilen; **II** *v/i.* [*irr.*] **4.** sich spalten, bersten; **'cleav·er** [-və] *s.* Hackmesser *n*, -beil *n*.

clef [klef] *s.* ♪ (Noten)Schlüssel *m*.

cleft¹ [kleft] *pret. u. p.p. von* ***cleave²***.

cleft² [kleft] **I** *s.* Spalte *f*, Kluft *f*, Riß *m*; **II** *adj.* gespalten, geteilt; **~ pal·ate** *s.* Gaumenspalte *f*, Wolfsrachen *m*; **~ stick** *s.*: ***be in a ~*** ‚in der Klemme' sitzen.

clem·a·tis ['klemətɪs] *s.* ♀ Kle'matis *f.*

clem·en·cy ['klemənsɪ] **I** *s.* Milde *f* (*a. Wetter*), Nachsicht *f*; **II** *adj.* Gnaden… (*-behörde etc.*); '**clem·ent** [-nt] *adj.* □ mild (*a. Wetter*), nachsichtig, gnädig.

clench [klentʃ] **I** *v/t.* **1.** *bsd. Lippen* zs.-pressen; *Zähne* zs.-beißen; *Faust* ballen: **~ *one's fist*; 2.** fest anpacken; (an)spannen (*a. fig.*); **3.** → ***clinch*** 1, 2, 3; **II** *v/i.* **4.** sich fest zs.-pressen; sich ballen.

cler·gy ['klɜːdʒɪ] *s. eccl.* Geistlichkeit *f*, Klerus *m*, *die* Geistlichen *pl.*: ***20 ~*** 20 Geistliche; '**~·man** [-mən] *s.* [*irr.*] Geistliche(r) *m.*

cler·ic ['klerɪk] *s.* Kleriker *m*; '**cler·i·cal** [-kl] **I** *adj.* □ **1.** geistlich: **~ *collar*** Kragen *m* des Geistlichen; **2.** *pol.* kleri'kal; **3.** Schreib…, Büro…: **~ *error*** Schreibfehler *m*; **~ *work*** Büroarbeit *f*; **II** *s.* **4.** *pol.* Kleri'kale(r) *m*; '**cler·i·cal·ism** [-kəlɪzəm] *s. pol.* Klerika'lismus *m*, kleri'kale Poli'tik.

cler·i·hew ['klerɪhjuː] *s.* 'Clerihew *n* (*witziger Vierzeiler*).

clerk [klɑːk] **I** *s.* **1.** Sekre'tär *m*; Schriftführer *m*; (Bü'ro)Schreiber *m*: **~ *of the court*** Urkundsbeamte(r) *m*; → ***articled*** 2, ***town clerk***; **2.** Bü'roangestellte(r *m*) *f*; Buchhalter(in); (Bank)Beamte(r) *m*, (-)Beamtin *f*; **3.** *Brit.* Vorsteher *m*, Leiter *m*: **~ *of* (*the*) *works*** Bauleiter; **~ *of the weather*** *fig.* Wettergott, Petrus; **4.** *Am.* a) Verkäufer(in) *im Laden*, b) (Ho'tel)Porti͵er *m*, Empfangschef *m*, -dame *f*; **5. ~ *in holy orders*** *eccl.* Geistliche(r) *m*; **II** *v/i.* **6.** als Schreiber *etc. od. Am.* als Verkäufer (-in) tätig sein; '**clerk·ship** [-ʃɪp] *s.* Stellung *f* e-s Bü'roangestellten *etc. od. Am.* Verkäufers.

clev·er ['klevə] *adj.* □ **1.** geschickt, raffiniert (*Person u. Sache*); gewandt: **~ *dick*** F ‚Klugscheißer' *m*; **2.** klug, gescheit; begabt (***at*** in); **3.** geistreich (*Worte, Buch*); **4.** *a.* '**~-'~** *contp.* ‚superklug'; '**clev·er·ness** [-nɪs] *s.* Geschicklichkeit *f*; Klugheit *f etc.*

clew [kluː] **I** *s.* **1.** Knäuel *m, n* (*Garn*); **2.** → ***clue*** 1, 2; **3.** ⚓ Schothorn *n*; **II** *v/t.* **4. ~ *up*** *Segel* aufgeien; **~ *gar·net*** *s.* ⚓ Geitau *n.*

cli·ché ['kliːʃeɪ] *s.* Kli'schee *n*: a) *typ.* Druckstock *m*, b) *fig.* Gemeinplatz *m*, abgedroschene Phrase.

click [klɪk] **I** *s.* **1.** Klicken *n*, Knipsen *n*, Knacken *n*, Ticken *n*; Einschnappen *n*; **2.** ⚙ Schnapp-, Sperrvorrichtung *f*; Sperrhaken *m*, Klinke *f*; **3.** Schnalzen *n*; **II** *v/i.* **4.** klicken, knacken, ticken; **5.** schnalzen; **6.** (zu-, ein)schnappen: **~ *into place*** einrasten, *fig.* sein (richtiges) Plätzchen finden; **7.** *sl.* F ‚einschlagen', Erfolg haben (***with*** mit); **8.** sofort Gefallen anein'ander finden, *engS.* sich inein'ander ‚verknallen'; **9.** F über'einstimmen (***with*** mit); **10. *it ~ed*** F bei *mir etc.* ‚klingelte' es (*als ich hörte etc.*); **III** *v/t.* **11.** klicken *od.* ticken *od.* knakken *od.* einschnappen lassen: **~ *the door*** (***to***) die Tür zuklinken; **~ *one's heels*** die Hacken zs.-schlagen; **12.** schnalzen mit: **~ *one's tongue*.**

cli·ent ['klaɪənt] *s.* **1.** ⚖ Kli'ent(in), Man'dant(in): **~** (***state***) *pol.* abhängiger Staat; **2.** ✝ Kunde *m*, Kundin *f*; **3.** Pati'ent(in) (*e-s Arztes*); **cli·en·tele** [͵kliːɑ̃ːn'tel] *s.* **1.** Klien'tel *f*, Kli'enten *pl.*; **2.** Pa'tienten(kreis *m*) *pl.*; **3.** Kunden(kreis *m*) *pl.*, Kundschaft *f.*

cliff [klɪf] *s.* Klippe *f*, Felsen *m*: ***go over the ~*** F *fig.* ‚eingehen', pleite gehen; **~ *dwell·ing*** *s.* Felsenwohnung *f*; '**~-**͵**hang·er** *s.* F **1.** 'Fortsetzungsro͵man *m* (*etc.*), der jeweils im spannendsten Mo'ment abbricht; **2.** äußerst spannende Sache.

cli·mac·ter·ic [klaɪ'mæktərɪk] **I** *adj.* **1.** entscheidend, 'kritisch; **2.** ⚕ klimak'terisch; **II** *s.* **3.** ⚕ Klimak'terium *n*, Wechseljahre *pl.*; **4.** a) kritische Zeit, b) (Lebens)Wende *f.*

cli·mate ['klaɪmɪt] *s.* **1.** 'Klima *n*; **2.** Gegend *f*; **3.** *fig.* (*politisches, Betriebs- etc.*)'Klima *n*, Atmo'sphäre *f*; **cli·mat·ic** [klaɪ'mætɪk] *adj.* (□ ***~ally***) kli'matisch; **cli·ma·to·log·ic, cli·ma·to·log·i·cal** [͵klaɪmətə'lɒdʒɪk(l)] *adj.* □ klimato'logisch; **cli·ma·tol·o·gy** [͵klaɪmə'tɒlədʒɪ] *s.* Klimatolo'gie *f*, 'Klimakunde *f.*

cli·max ['klaɪmæks] **I** *s.* **1.** Steigerung *f*; **2.** Gipfel *m*, Höhepunkt *m*; 'Krisis *f*; **3.** (sexu'eller) Höhepunkt, Or'gasmus *m*; **II** *v/t.* **4.** auf e-n Höhepunkt bringen; *Laufbahn etc.* krönen; **III** *v/i.* **5.** e-n Höhepunkt erreichen; **6.** e-n Or'gasmus haben.

climb [klaɪm] **I** *s.* **1.** Aufstieg *m*, Besteigung *f*; 'Kletterpar͵tie *f*; **2.** ✈ Steigen *n*, Steigflug *m*; **II** *v/i.* **3.** klettern; **4.** steigen (*Straße, Flugzeug*); **5.** (auf-, em'por)steigen, (hoch)klettern (*a. fig. Preise etc.*); **6.** ♀ sich hin'aufranken; **III** *v/t.* **7.** be-, ersteigen; steigen *od.* klettern auf (*acc.*), erklettern; **~ *down*** *v/i.* **1.** hin'untersteigen, -klettern; **2.** *fig.* e-n ‚Rückzieher' machen, klein beigeben; **~ *up*** *v/t. u. v/i.* hin'aufsteigen, -klettern.

climb·a·ble ['klaɪməbl] *adj.* ersteigbar; '**climb-down** *s.* F ‚Rückzieher' *m*, Nachgeben *n*; '**climb·er** [-mə] *s.* **1.** Kletterer *m*; Bergsteiger(in); **2.** ♀ Kletter-, Schlingpflanze *f*; **3.** *orn.* Klettervogel *m*; **4.** F (gesellschaftlicher) Streber, Aufsteiger *m.*

climb·ing| a·bil·i·ty ['klaɪmɪŋ] *s.* **1.** ✈ Steigvermögen *n*; **2.** *mot.* Bergfreudigkeit *f*; **~ *i·rons*** *s. pl. mount.* Steigeisen *pl.*

clime [klaɪm] *s. poet.* Gegend *f*, Landstrich *m*; *fig.* Gebiet *n*, Sphäre *f.*

clinch [klɪntʃ] **I** *v/t.* **1.** entscheiden, zum Abschluß bringen; *Handel* festmachen: ***that ~ed it*** damit war die Sache entschieden; **~ *an argument*** den Streit für sich entscheiden; **2.** ⚙ a) sicher befestigen, b) vernieten; **3.** *Boxen*: um'klammern; **II** *v/i.* **4.** *Boxen*: clinchen; **III** *s.* **5.** fester Griff *od.* Halt; **6.** *Boxen*: Clinch *m* (*a. sl. Umarmung*); **7.** ⚙ Vernietung *f*; Niet *m*; '**clinch·er** [-tʃə] *s.* F entscheidender 'Umstand *od.* Beweis *etc.*, Trumpf *m.*

cling [klɪŋ] *v/i.* [*irr.*] **1.** (***to***) *a. fig.* kleben, haften (an *dat.*); anhaften (*dat.*): **~ *together*** zs.-halten; **2.** (***to***) *a. fig.* sich klammern (an *j-n, e-e Hoffnung etc.*), festhalten (an *e-r Sitte, Meinung etc.*): **~ *to the text*** am Text kleben; **3.** sich (an)schmiegen (***to*** an *acc.*); **4.** *fig.* (***to***) hängen (an *dat.*), anhängen (*dat.*); '**cling·ing** [-ŋɪŋ] *adj.* enganliegend, hauteng (*Kleid*).

clin·ic ['klɪnɪk] *s.* **1.** Klinik *f*, (Pri'vat- *od.* Universi'täts)Krankenhaus *n*; **2.** Klinikum *n*, klinischer 'Unterricht; **3.** 'Poliklinik *f*, Ambu'lanz *f*; **4.** *Am.* Fachkurs(us) *m*, Semi'nar *n*; '**clin·i·cal** [-kl] *adj.* □ **1.** klinisch: **~ *instruction*** Unterweisung *f* am Krankenbett; **~ *thermometer*** Fieberthermometer *n*; **2.** *fig.* nüchtern, kühl analysierend; **clin·i·car** ['klɪnɪkɑː] *s.* Notarztwagen *m*; **cli·ni·cian** [klɪ'nɪʃn] *s.* Kliniker *m.*

clink[1] [klɪŋk] **I** *v/i.* klingen, klimpern, klirren; **II** *v/t.* klingen *od.* klirren lassen: **~ *glasses*** (mit den Gläsern) anstoßen; **III** *s.* Klingen *n etc.*

clink[2] [klɪŋk] *s. sl.* ‚Knast' *m*, ‚Kittchen' *n* (*Gefängnis*): ***in ~*.**

clink·er[1] ['klɪŋkə] *s.* **1.** Klinker *m*, Hartziegel *m*; **2.** Schlacke *f.*

clink·er[2] ['klɪŋkə] *bsd. Am. sl.* **1.** ‚Patzer' *m*; **2.** ‚Pleite' *f* (*Mißerfolg*).

'**clink·er-built** *adj.* ⚓ klinkergebaut.

cli·nom·e·ter [klaɪ'nɒmɪtə] *s.* Neigungs-, Winkelmesser *m.*

Cli·o ['klaɪəʊ] *s. Am. alljährlicher Preis für die beste Leistung im Werbefernsehen.*

clip[1] [klɪp] **I** *v/t.* **1.** abschneiden; *a. fig.* beschneiden; *Schwanz, Flügel, Hecke* stutzen: **~ *s.o.'s wings*** *fig.* j-m die Flügel beschneiden; **2.** *Haare* (*mit der Maschine*) schneiden; *Tiere* scheren; **3.** *aus der Zeitung* ausschneiden; *Fahrschein* lochen; **4.** *Silben od. Buchstaben* verschlucken: ***~ped speech*** a) undeutliche (Aus)Sprache, b) knappe *od.* schneidige Sprechweise; **5.** *j-m* e-n Schlag ‚verpassen'; **6.** F a) *j-n* ‚erleichtern' (***for*** um), b) *j-n* ‚neppen'; **II** *s.* **7.** Haarschnitt *m*; **8.** Schur *f*; **9.** Wollertrag *m e-r Schur*; **10.** F Hieb *m*; **11.** F Tempo *n*: ***at a good ~*** in scharfem Tempo.

clip[2] [klɪp] **I** *s.* **1.** (Bü'ro-, Heft)Klammer *f*, Klemme *f*, Spange *f*, Halter *m*; **2.** ⚔ (*Patronen*)Rahmen *m*, Ladestreifen *m*; **II** *v/t.* **3.** festhalten; befestigen, (an)klammern.

'**clip-joint** *s. sl.* 'Nepplo͵kal *n.*

clip·per ['klɪpə] *s.* **1.** ⚓ Klipper *m*, Schnellsegler *m*; **2.** ✈ Clipper *m*; **3.** Renner *m* (*schnelles Pferd*); **4.** *pl.* 'Haarschneide-, 'Scherma͵schine *f*, Schere *f.*

clip·pie ['klɪpɪ] *s.* F *Brit.* Busschaffnerin *f.*

clip·ping ['klɪpɪŋ] *s.* **1.** *Am.* (Zeitungs-)Ausschnitt *m*: **~ *bureau*** Zeitungsausschnittsdienst *m*; **2.** *mst pl.* Schnitzel *pl.*, Abfälle *pl.*

clique [kliːk] *s.* Clique *f*, Klüngel *m*; '**cli·quish** [-kɪʃ] *adj.* cliquenhaft.

clit [klɪt] *sl. für* **cli·to·ris** ['klɪtərɪs] *s. anat.* 'Klitoris *f*, Kitzler *m.*

clo·a·ca [kləʊ'eɪkə] *pl.* **-s, -cae** [-kiː] *s.* Klo'ake *f* (*a. zo.*; *a. fig. Sündenpfuhl*).

cloak [kləʊk] **I** *s.* **1.** (loser) Mantel, 'Umhang *m*; **2.** *fig.* Deckmantel *m*: ***under the ~ of night*** im Schutz der Nacht; **II** *v/t.* **3.** (wie) mit e-m Mantel bedekken; **4.** *fig.* bemänteln, verhüllen; ͵**~-and-'dag·ger** *adj.* **1.** ‚Mantel-und-Degen-…': **~ *drama*; 2.** Spionage…: **~ *story*;** '**~·room** *s.* **1.** Garde'robe *f*; **2.** *Brit.* F Toi'lette *f.*

clob·ber ['klɒbə] *v/t. sl.* **1.** verprügeln,

fig. ‚fertigmachen'; **2.** *sport* ‚über'fahren', ‚vernaschen'.
cloche [klɑʊʃ] *s.* **1.** Glasglocke *f* (*für Pflanzen*); **2.** Glocke *f* (*Damenhut*).
clock[1] [klɒk] **I** *s.* **1.** (*Wand-, Turm-, Stand*)Uhr *f*: ***five o'clock*** fünf Uhr; (***a***)***round the ~*** rund um die Uhr, den ganzen Tag (*arbeiten etc.*); ***put the ~ back*** *fig.* das Rad zurückdrehen; **2.** F a) Kon'troll-, Stoppuhr *f*, b) Fahrpreisanzeiger *m* (*Taxi*); **3.** *Computer*: Taktgeber *m*; **4.** F ⚘ Pusteblume *f*; **II** *v/t.* **5.** *bsd. sport* a) (*mit der Uhr*) (ab)stoppen, b) *Zeit* nehmen, c) *Zeit* erreichen; **6.** *a.* ***~ up*** F *Zeit, Zahlen etc.* registrieren; **III** *v/i.* **7.** ***~ in*** *od.* ***on*** (***off*** *od.* ***out***) einstempeln (ausstempeln) (*Arbeitnehmer*).
clock[2] [klɒk] *s.* (Strumpf)Verzierung *f*.
'clock|-face *s.* Zifferblatt *n*; **~ ra·di·o** *s.* 'Radiowecker *m*; **'~-ˌwatch·er** *s.* F Angestellte(r), der *od.* die immer nach der Uhr sieht; **'~·wise** *adj. u. adv.* im Uhrzeigersinn; rechtsläufig, Rechts...: ***~ rotation***; **'~·work** *s.* Uhrwerk *n*: ***like ~*** a) wie am Schnürchen, b) (pünktlich) wie die Uhr; ***~ toy*** mechanisches Spielzeug; ***~ fuse*** ⚔ Uhrwerkzünder *m*.
clod [klɒd] *s.* **1.** Erdklumpen *m*, Scholle *f*; **2.** *fig.* ‚Heini' *m*, Trottel *m*; **'~ˌhop·per** *s.* Bauerntölpel *m*; **'~ˌhop·ping** *adj.* F ungehobelt.
clog [klɒg] **I** *s.* **1.** Holzklotz *m*; **2.** Pan'tine *f*, Holzschuh *m*; **3.** *fig.* Hemmnis *n*, Hindernis *n*; **II** *v/t.* **4.** (be)hindern, hemmen; **5.** verstopfen; **6.** *fig.* belasten, 'vollpfropfen; **III** *v/i.* **7.** sich verstopfen; stocken; **8.** klumpig werden, sich zs.-ballen; **~ dance** *s.* Holzschuhtanz *m*.
clois·ter ['klɔɪstə] **I** *s.* **1.** Kloster *n*; **2.** ⚠ a) Kreuzgang *m*, b) *oft pl.* gedeckter (Säulen)Gang *um e-n Hof*; **II** *v/t.* **3.** in ein Kloster stecken; **4.** *fig.* (*a.* ***o.s.*** sich) von der Welt abschließen; **'clois·tered** [-əd] *adj.* zu'rückgezogen, abgeschieden; **'clois·tral** [-trəl] *adj.* klösterlich.
clone [kləʊn] *n biol.* **I** *s.* Klon *m*; **II** *v/t.* klonen.
close[1] [kləʊs] **I** *adj.* □ → ***closely***; **1.** geschlossen (*a. ling.*): ***~ formation*** (*od.* ***order***) ⚔ (Marsch)Ordnung *f*; ***~ company*** *Brit.*, ***~ corporation*** ⚕ *Am.* GmbH *f*; **2.** zu'rückgezogen, abgeschlossen; **3.** verschlossen, verschwiegen, zu'rückhaltend; **4.** verborgen, geheim; **5.** geizig; sparsam; **6.** knapp (*Geld*; *Sieg*): ***~ election*** knapper Wahlsieg; ***~ price*** ⚕ scharf kalkulierter Preis; **7.** eng, beschränkt (*Raum*); **8.** nahe, dicht; *fig.* eng, vertraut: ***~ friend***; ***~ combat*** ⚔ Nahkampf *m*; ***~ proximity*** nächste Nähe; ***~ fight*** zähes Ringen, Handgemenge *n*; ***~ finish*** scharfer Endkampf; ***~ shave*** (*od.* ***call***) F knappes Entrinnen; ***that was ~!*** F das war knapp!; ***~ shot*** *phot.* Nahaufnahme *f*; → ***quarter*** 10; **9.** dicht, eng; fest; enganliegend (*Kleid*): ***~ texture*** dichtes Gewebe; ***~ writing*** gedrängte Schrift; **10.** genau, gründlich, streng, eingehend (*Prüfung, Verhör etc.*); scharf (*Aufmerksamkeit, Bewachung*); streng (*Haft*); scharf (*Wettbewerb*); stark (*Ähnlichkeit*); (wort)getreu (*Übersetzung, Abschrift*); **11.** schwül, dumpf; **II** *adv.* **12.** nahe, eng, dicht, gedrängt: ***~ by*** nahe (da)bei; ***~ at hand*** nahe bevorstehend; ***~ to the ground*** dicht am Boden; ***~ on 40*** beinahe 40; ***come ~ to*** *fig.* dicht herankommen an (*acc.*); ***cut ~*** sehr kurz schneiden; ***keep ~*** in der Nähe bleiben; ***keep o.s. ~*** sich zurückhalten; ***press s.o. ~*** j-n (be)drängen; ***run s.o. ~*** j-m fast gleichkommen; **III** *s.* **13.** Einfriedigung *f*, (eingefriedetes) Grundstück; **14.** (Schul)Hof *m*; **15.** Sackgasse *f*; **16.** *Scot.* 'Hausˌdurchgang *m zum Hof*.
close[2] [kləʊz] **I** *s.* **1.** (Ab)Schluß *m*, Ende *n*: ***bring to a ~*** beendigen; ***draw to a ~*** sich dem Ende nähern; **2.** a) Schlußwort *n*, b) Briefschluß *m*; **3.** ♪ Ka'denz *f*; **II** *v/t.* **4.** *Augen, Tür etc.* schließen, zumachen (→ ***door*** 2, ***eye*** 2); *Straße* sperren; *Loch* verstopfen: ***~ a shop*** a) e-n Laden schließen, b) ein Geschäft aufgeben; ***~ about s.o.*** j-n umschließen *od.* umgeben; **5.** beenden, ab-, beschließen; zum Abschluß bringen, erledigen: ***~ the books*** ⚕ die Bücher abschließen; ***~ an account*** ein Konto auflösen; **III** *v/i.* **6.** schließen, geschlossen werden; sich schließen; **7.** enden, aufhören; **8.** sich nähern, her'anrücken; **9.** ***~ with*** a) (handels)einig werden mit *j-m*, sich mit *j-m* einigen (***on*** über *acc.*), b) handgemein mit *j-m* werden; ***~ down*** **I** *v/t.* **1.** schließen; *Geschäft* aufgeben; *Betrieb* stillegen; **II** *v/i.* **2.** schließen; stillgelegt werden; **3.** *Radio, TV*: Sendeschluß haben; **4.** ***~ on*** scharf vorgehen gegen; ***~ in*** *v/i.* (***upon***) her'einbrechen (über *acc.*), sich her'anarbeiten (an *acc.*); ***~ out*** *v/t.* **1.** ⚕ a) *Lager* räumen, b) → ***wind up*** 4; **2.** *fig. Am.* abwickeln, erledigen; ***~ up*** **I** *v/t.* (ver)schließen, verstopfen, ausfüllen; **II** *v/i.* näher rücken, aufschließen; sich schließen *od.* füllen.
ˌclose|-'bod·ied [ˌkləʊs-] *adj.* enganliegend (*Kleider*); **ˌ~-'cropped** *adj.* kurzgeschoren.
closed| cir·cuit [kləʊzd] *s.* ⚡ geschlossener Stromkreis; **'~-ˌcir·cuit tel·e·vi·sion** *s.* Kurzschluß-, Betriebsfernsehen *n*.
'close-down ['kləʊz-] *s.* **1.** Schließung *f*, Stillegung *f*; **2.** *Radio, TV*: Sendeschluß *m*.
closed shop *s.* gewerkschaftspflichtiger Betrieb.
ˌclose|-'fist·ed [ˌkləʊs-] *adj.* geizig, knauserig; **~ fit** *s.* enge Paßform; ⚙ Edelpassung *f*; **ˌ~-'fit·ting** *adj.* enganliegend; **ˌ~-'grained** *adj.* feinkörnig (*Holz etc.*); **ˌ~-'hauled** *adj.* ⚓ hart am Winde; **ˌ~-'knit** *adj. fig.* engverbunden; **ˌ~-'lipped** *adj.* verschlossen.
close·ly ['kləʊslɪ] *adv.* **1.** dicht, eng, fest; **2.** aus der Nähe; **3.** genau; **4.** scharf, streng; **'close·ness** [-snɪs] *s.* **1.** Nähe *f*; **2.** Enge *f*, Knappheit *f*; **3.** Dichte *f*, Festigkeit *f*; **4.** Genauigkeit *f*, Schärfe *f*, Strenge *f*; **5.** Verschlossenheit *f*; **6.** Schwüle *f*; **7.** Geiz *m*.
'close|-out ['kləʊz-] *s. a.* ***~ sale*** Ausverkauf *m* wegen Geschäftsaufgabe; **'~-range** ['kləʊs-] *adj.* aus nächster Nähe, Nah...; **~ sea·son** [kləʊs] *s. hunt.* Schonzeit *f*.
clos·et ['klɒzɪt] **I** *s.* **1.** kleine Kammer; Gelaß *n*, Kabi'nett *n*; Geheimzimmer *n*: ***~ drama*** Lesedrama *n*; **2.** *Am.* (Wand)Schrank *m*; **3.** ('Wasser)Kloˌsett *n*; **II** *adj.* **4.** pri'vat, geheim; **III** *v/t.* **5.** einschließen: ***be ~ed together with s.o.*** e-e vertrauliche Besprechung mit j-m haben.
close| time [kləʊs] *s. hunt.* Schonzeit *f*; **ˌ~-'tongued** *adj.* verschlossen; **'~-up** *s.* **1.** *Film*: Nah-, Großaufnahme *f*; **2.** *fig.* genaue Betrachtung, scharfes Bild.
clos·ing| date ['kləʊzɪŋ] *s.* letzter Ter'min; ***~ price*** *s. Börse*: 'Schlußnoˌtierung *f*; **~ speech** *s.* Schlußrede; ⚖ 'Schlußplädoˌyer *n*; **~ time** *s.* **1.** Geschäftsschluß *m*; **2.** Poli'zeistunde *f*.
clo·sure ['kləʊʒə] **I** *s.* **1.** Verschluß *m* (*a. Vorrichtung*); **2.** Schließung *f e-s Betriebs*, Stillegung *f*; **3.** *parl.* Schluß *m* der De'batte: ***apply*** (*od.* ***move***) ***the ~*** Antrag auf Schluß der Debatte stellen; **II** *v/t.* **4.** *Debatte etc.* schließen.
clot [klɒt] **I** *s.* **1.** Klumpen *m*, Klümpchen *n*: ***~ of blood*** Blutgerinnsel *n*; **2.** F ‚Blödmann' *m*; **II** *v/i.* **3.** gerinnen, Klumpen bilden: ***~ted hair*** verklebtes Haar.
cloth [klɒθ] *pl.* **cloths** [-θs] *s.* **1.** Tuch *n*, Stoff *m*; *engS.* Wollstoff *m*: ***~ of gold*** Goldbrokat *m*; → ***coat*** 1, ***whole*** 3; **2.** Tuch *n*, Lappen *m*: ***lay the ~*** den Tisch decken; **3.** geistliche Amtstracht: ***the ~*** die Geistlichkeit; **4.** ⚓ a) Segeltuch *n*, b) Segel *pl.*; **5.** (Buchbinder)Leinwand *f*: ***~ binding*** Leinenband *m*; ***~-bound*** in Leinen gebunden.
clothe [kləʊð] *v/t.* **1.** (an- be)kleiden; **2.** einkleiden, mit Kleidung versehen; **3.** *fig. in Worte* kleiden; **4.** *fig.* einhüllen; um'hüllen.
clothes [kləʊðz] *s. pl.* **1.** Kleider *pl.*, Kleidung *f*; **2.** (Leib-, Bett)Wäsche *f*; **~ hang·er** *s.* Kleiderbügel *m*; **'~·horse** *s.* Wäscheständer *m*; **~ line** *s.* Wäscheleine *f*; **'~-peg**, **'~-pin** *s.* Wäscheklammer *f*; **'~·press** *s.* Wäsche-, Kleiderschrank *m*; **~ tree** *s.* Kleiderständer *m*.
cloth hall *s. hist.* Tuchbörse *f*.
cloth·ier ['kləʊðɪə] *s.* Tuch-, Kleiderhändler *m*; **'cloth·ing** [-ðɪŋ] *s.* Kleidung *f*: ***article of ~*** Kleidungsstück *n*; ***~ industry*** Bekleidungsindustrie *f*.
clo·ture ['kləʊtʃə] *Am.* → ***closure*** 3.
cloud [klaʊd] **I** *s.* **1.** Wolke *f* (*a. fig.*); Wolken *pl.*: ***~ of dust*** Staubwolke; ***have one's head in the ~s*** *fig.* a) in höheren Regionen schweben, b) geistesabwesend sein; ***be on ~ nine*** F im siebten Himmel schweben; → ***silver lining***; **2.** *fig.* Schwarm *m*, Haufen *m*: ***a ~ of flies***; **3.** dunkler Fleck, Fehlstelle *f*; **4.** *fig.* Schatten *m*: ***~ of title*** ⚖ (geltend gemachter) Fehler im Besitz; ***cast a ~ on s.th.*** e-n Schatten auf et. werfen; ***under the ~ of night*** im Schatten der Nacht; ***under a ~*** a) unter Verdacht, b) in Ungnade, c) in Verruf; **II** *v/t.* **5.** be-, um'wölken; **6.** *fig.* verdunkeln, trüben: ***~ the issue*** die Sache vernebeln; **7.** ädern, flecken; **8.** ⚙ *Stoff* moirieren; **III** *v/i.* **9.** *a.* ***~ over*** sich be- *od.* um'wölken, sich trüben (*a. fig.*); **'~-burst** *s.* Wolkenbruch *m*; **'~-ˌcuck·oo-land** *s.* Wolken'kuckucksheim *n*.
cloud·ed ['klaʊdɪd] *adj.* **1.** be-, um'wölkt; *fig.* nebelhaft; **2.** trübe, wolkig (*Flüssigkeit etc.*); beschlagen (*Glas*); **3.** gefleckt, geädert; **'cloud·ing** [-dɪŋ] *s.* **1.** Wolkigkeit *f*; Trübung *f* (*a. fig.*); **2.** Wolken-, Moirémuster *n*; **'cloud·less**

[-lɪs] *adj.* □ **1.** wolkenlos; **2.** *fig.* ungetrübt; ˈ**cloud·y** [-dɪ] *adj.* □ **1.** wolkig, bewölkt; **2.** geädert; moiriert (*Stoff*); **3.** trübe (*Flüssigkeit*); unklar, verschwommen; **4.** düster.

clout [klaʊt] F **I** *s.* **1.** Schlag *m*; **2.** *fig.* a) Macht *f*, Einfluß *m*, b) Wucht *f*; **II** *v/t.* **3.** hauen, schlagen; ~ **nail** *s.* (Schuh)Nagel *m*.

clove¹ [kləʊv] *s.* ⚘ Gewürznelke *f*.

clove² [kləʊv] *s.* ⚘ Brut-, Nebenzwiebel *f*: ~ ***of garlic*** Knoblauchzehe *f*.

clove³ [kləʊv] *pret. von* ***cleave²***.

clove⁴ [kləʊv] *s. Am.* Bergschlucht *f*.

clo·ven [ˈkləʊvn] **I** *p.p. von* ***cleave²***; **II** *adj.* gespalten; ~ **foot** → ~ **hoof** *s.* **1.** Huf *m* der Paarhufer; **2.** *fig.* ‚Pferdefuß' *m*: ***show the*** ~ *fig.* den Pferdefuß *od.* sein wahres Gesicht zeigen; ˌ**~-ˈhoofed** *adj.* **1.** *zo.* paarzehig, -hufig; **2.** teuflisch.

clove pink *s.* ⚘ Gartennelke *f*.

clo·ver [ˈkləʊvə] *s.* ⚘ Klee *m*: ***be*** (*od.* ***live***) ***in*** ~ ‚in der Wolle' sitzen, üppig leben; ˈ**~·leaf** *s.* Kleeblatt *n*: ~ (***intersection***) Kleeblatt (*Autobahnkreuzung*).

clown [klaʊn] **I** *s.* **1.** Clown *m*, Hansˈwurst *m*, Kasper *m* (*alle a. fig.*); **2.** Bauernlümmel *m*, ˈGrobian *m*; **II** *v/i.* **3.** *a.* ~ ***around*** heˈrumkaspern; ˈ**clown·er·y** [-nərɪ] *s.* **1.** Clowneˈrie *f*; **2.** Posse *f*; ˈ**clown·ish** [-nɪʃ] *adj.* □ **1.** bäurisch, tölpelhaft; **2.** närrisch.

cloy [klɔɪ] *v/t.* **1.** überˈsättigen; **2.** anwidern; **cloy·ing** [ˈklɔɪɪŋ] *adj.* widerlich.

club [klʌb] **I** *s.* **1.** Keule *f*, Knüppel *m*; **2.** *sport* a) Schlagholz *n*, Schläger *m*, b) *a.* ***Indian*** ~ (Schwing)Keule *f*; **3.** Klub *m*: a) Verein *m*, Gesellschaft *f*, b) Klub-, Vereinshaus *n*, c) *fig., a. pol.* Klub *m*; **4.** *Spielkarten*: Treff *n*, Kreuz *n*, Eichel *f*; **II** *v/t.* **5.** mit e-r Keule *od.* mit dem Gewehrkolben schlagen; **6.** *Geld* zs.-legen, -schießen; sich teilen in (*acc.*); **III** *v/i.* **7.** *mst* ~ ***together*** (Geld) zs.-legen, sich zs.-tun; **club·(b)a·ble** [ˈklʌbəbl] *adj.* **1.** klub-, gesellschaftsfähig; **2.** → ˈ**club·by** [-bɪ] *adj.* gesellig.

club| car *s.* 🚃 *Am.* Saˈlonwagen *m*; ˌ**~-ˈfoot** *s.* ⚕ Klumpfuß *m*; ˌ**~-ˈfoot·ed** *adj.* klumpfüßig; ˈ**~·house** → ***club*** 3b; ˈ**~·land** *s.* Klubviertel *n* (*bsd. in London*); ˈ**~·man** [-mən] *s.* [*irr.*] **1.** Klubmitglied *n*; **2.** Klubmensch *m*; ~ **sandwich** *s. Am.* ˈSandwich *n* (*aus drei Lagen bestehend*); ~ **steak** *s.* Clubsteak *n*.

cluck [klʌk] **I** *v/i.* **1.** glucken, locken: ***~ing hen*** Glucke *f*; **II 2.** Glucken *n*; **3.** *Am. sl.* ‚Blödmann' *m*.

clue [klu:] **I 1.** Anhaltspunkt *m*, Fingerzeig *m*, Spur *f*: ***I haven't a ~!*** keine Ahnung!; **2.** *fig.* a) Faden *m*, b) Schlüssel *m* (*e-s Rätsels etc.*); **3.** → ***clew*** 1, 3; **II** *v/t.* **4.** ~ ***s.o.*** (***in*** *od.* ***up***) *sl.* j-n ins Bild setzen *od.* informieren.

clump [klʌmp] **I** *s.* **1.** Klumpen *m* (*Erde*), (*Holz*)Klotz *m*; **2.** (Baum)Gruppe *f*; **3.** Doppelsohle *f*; **4.** schwerer Tritt; **II** *v/i.* **5.** trampeln; **III** *v/t.* **6.** zs.-ballen; **7.** doppelt besohlen; **8.** F *j-m* e-n Schlag ‚verpassen'.

clum·si·ness [ˈklʌmzɪnɪs] *s.* Plumpheit *f*: a) Ungeschicklichkeit *f*, b) Unbeholfenheit *f*, Schwerfälligkeit *f*, c) Taktlosigkeit *f*, d) Unförmigkeit *f*; **clum·sy** [ˈklʌmzɪ] *adj.* □ plump: a) ungeschickt, unbeholfen, schwerfällig (*a. Stil*), b) taktlos, c) unförmig.

clung [klʌŋ] *pret. u. p.p. von* ***cling***.

clus·ter [ˈklʌstə] **I** *s.* **1.** ⚘ Büschel *n*, Traube *f*; **2.** Haufen *m* (*a. ast.*), Menge *f*, Schwarm *m*, Gruppe *f*; *a.* ⚙ Bündel *n*, traubenförmige Anordnung; **3.** ⚔ *Am.* (Ordens)Spange *f*; **II** *v/i.* **4.** in Büscheln *od.* Trauben wachsen; **5.** sich sammeln *od.* häufen *od.* drängen *od.* ranken (***round*** um); in Gruppen stehen.

clutch¹ [klʌtʃ] **I** *v/t.* **1.** fest (er)greifen, packen; drücken; **2.** ⚙ kuppeln; **II** *v/i.* **3.** (gierig) greifen (***at*** nach); **III** *s.* **4.** fester Griff: ***make a ~ at*** (gierig) greifen nach; **5.** *pl.*, *mst. fig.* Klauen *pl.*; Gewalt *f*, Macht *f*, Bande *pl.*: ***in*** (***out of***) ***s.o.'s ~es*** in (aus) j-s Klauen *od.* Gewalt; **6.** ⚙ (Schalt-, Ausrück)Kupplung *f*; Kupplungshebel *m*: ***let in the ~*** einkuppeln; ***disengage the ~*** auskuppeln; **7.** ⚙ Greifer *m*.

clutch² [klʌtʃ] *s.* **1.** Gelege *n*; Brut *f*; **2.** *fig.* F Schwarm *m von Leuten*.

clutch| disk *s.* Kupplungsscheibe *f*; ~ **le·ver** *s.*, ~ **ped·al** *s.* ˈKupplungspeˌdal *n*, -hebel *m*.

clut·ter [ˈklʌtə] **I** *v/t.* **1.** *a.* ~ ***up*** in Unordnung bringen; **2.** ˈvollstopfen, anfüllen, überˈhäufen; umˈherstreuen; **II** *s.* **3.** Wirrwarr *m*.

clys·ter [ˈklɪstə] *s.* ⚕ *obs.* Kliˈstier *n*.

coach [kəʊtʃ] **I** *s.* **1.** Kutsche *f*: ~ ***and four*** Vierspänner *m*; **2.** 🚃 *Brit.* (*Personen*)Wagen *m*; **3.** *mot.* a) (Fern-, Reise)Omnibus *m*, b) *Am.* Limouˈsine *f*, c) → ***coachwork***; **4.** Nachhilfe-, Priˈvatlehrer *m*, Einpauker *m*; **5.** *sport* ˈTrainer *m*, Betreuer *m*; **II** *v/t.* **6.** ˈNachhilfeˌunterricht *od.* Anweisungen geben (*dat.*), instruieren, einarbeiten: ~ ***s.o. in s.th.*** j-m et. einpauken; **7.** *sport* trainieren; **III** *v/i.* **8.** in e-r Kutsche reisen; **9.** Nachhilfeunterricht erteilen; ~ **box** *s.* Kutschbock *m*; ˈ**~-ˌbuild·er** *s.* **1.** Stellmacher *m*; **2.** *mot. Brit.* Karosseˈriebauer *m*; ~ **horse** *s.* Kutschpferd *n*; ˈ**~-house** *s.* Wagenschuppen *m*.

coach·ing [ˈkəʊtʃɪŋ] *s.* **1.** Reisen *n* in e-r Kutsche; **2.** ˈNachhilfeˌunterricht *m*; **3.** Unterˈweisung *f*, Anleitung *f*.

ˈ**coach·work** *s. mot.* Karosseˈrie *f*.

co·ac·tion [kəʊˈækʃn] *s.* **1.** Zs.-wirken *n*; **2.** Zwang *m*.

co·ag·u·late [kəʊˈægjʊleɪt] **I** *v/i.* **1.** gerinnen; **2.** flockig *od.* klumpig werden; **II** *v/t.* **3.** gerinnen lassen; **co·ag·u·la·tion** [kəʊˌægjʊˈleɪʃn] *s.* Gerinnen *n*; Flockenbildung *f*.

coal [kəʊl] **I** *s.* **1.** Kohle *f*; *engS.* Steinkohle *f*; *a* (ein) Stück Kohle; **2.** *pl. Brit.* Kohle *f*, Kohlen *pl.*, Kohlenvorrat *m*: ***lay in ~s*** sich mit Kohlen eindecken; ***carry ~s to Newcastle*** *fig.* Eulen nach Athen tragen; ***call*** (*od.* ***haul***) ***s.o. over the ~s*** j-n ‚fertigmachen'; ***heap ~s of fire on s.o.'s head*** *fig.* feurige Kohlen auf j-s Haupt sammeln; **3.** glimmendes Stück Kohle *od.* Holz; **II** *v/t.* **4.** 🚃, ⚓ bekohlen, mit Kohle versorgen, **III** *v/i.* **5.** 🚃, ⚓ Kohle einnehmen, bunkern; ˈ**~·bed** *s. geol.* Kohlenflöz *n*; ˈ**~·box** *s.* Kohlenkasten *m*; ~ **car** *s.* 🚃 *Am.* Kohlenwagen *m*; ˈ**~·dust** *s.* Kohlengrus *m*.

coal·er [ˈkəʊlə] *s.* Kohlenschiff *n*; ˈKohlenzug *m*, -wagˌgon *m*.

co·a·lesce [ˌkəʊəˈles] *v/i.* **1.** verschmelzen, sich verbinden *od.* vereinigen; **2.** *fig.* zs.-passen; ˌ**co·aˈles·cence** [-sns] *s.* Verschmelzung *f*, Vereinigung *f*.

ˈ**coal|·field** *s.* ˈKohlenreˌvier *n*; ~ **gas** *s.* Leuchtgas *n*.

coal·ing sta·tion [ˈkəʊlɪŋ] *s.* ⚓ ˈBunker-, ˈKohlenstatiˌon *f*.

co·a·li·tion [ˌkəʊəˈlɪʃn] *s.* Zs.-schluß *m*, Vereinigung *f*; *pol.* Koalitiˈon *f*; ~ **partner** *s. pol.* Koalitiˈonspartner *m*.

coal| mine *s.* Kohlenbergwerk *n*, Kohlengrube *f*, -zeche *f*; ~ **min·er** *s.* Grubenarbeiter *m*, Bergmann *m*; ~ **min·ing** *s.* Kohlenbergbau *m*; ~ **oil** *s. Am.* Peˈtroleum *n*; ˈ**~·pit** *s.* Kohlengrube *f*; ~ **seam** *s. geol.* Kohlenflöz *n*; ~ **tar** *s.* Steinkohlenteer *m*; ~ **wharf** *s.* ⚓ Bunkerkai *m*.

coarse [kɔ:s] *adj.* □ **1.** grob (*Ggs. fein*): ~ ***texture*** grobes Gewebe; **2.** grobkörnig: ~ ***bread*** Schrotbrot *n*; **3.** *fig.* grob, derb, ungehobelt; unanständig, anstößig; **4.** einfach, gemein: ~ ***fare*** grobe *od.* einfache Kost; ˈ**~-grained** *adj.* **1.** grobkörnig, -faserig; grob (*Gewebe*); **2.** → ***coarse*** 3.

coars·en [ˈkɔ:sn] **I** *v/t.* grob machen, vergröbern (*a. fig.*); **II** *v/i.* grob werden (*bsd. fig.*); ˈ**coarse·ness** [-nɪs] *s.* **1.** grobe Qualiˈtät; **2.** *fig.* Grob-, Derbheit *f*; Unanständigkeit *f*.

coast [kəʊst] **I** *s.* **1.** Küste *f*, Meeresufer *n*: ***the ~ is clear*** *fig.* die Luft ist rein, die Bahn ist frei; **2.** Küstenlandstrich *m*; **3.** *Am.* a) Rodelbahn *f*, b) (Rodel-)Abfahrt *f*; **II** *v/i.* **4.** ⚓ a) die Küste entlangfahren, b) Küstenschiffahrt treiben; **5.** *Am.* rodeln; **6.** *mit e-m Fahrzeug* (bergˈab) rollen; im Freilauf (*Fahrrad*) *od.* im Leerlauf (*Auto*) fahren: ~ ***on*** *sl.* auf *e-n Trick etc.* ‚reisen'; **7.** *sl.* mühelos vorˈankommen; ˈ**coast·al** [-tl] *adj.* Küsten...

coast·er [ˈkəʊstə] *s.* **1.** ⚓ Küstenfahrer *m* (*bsd. Schiff*); **2.** *Am.* Rodelschlitten *m*; **3.** *Am.* Achterbahn *f*; **4.** Taˈblett *n*, *bsd.* Serviertischchen *n*; ~ **brake** *s. Am.* Rücktrittbremse *f*.

coast guard *s.* **1.** *Brit.* Küstenwache *f* (*a.* ⚔); Küstenzollwache *f*; **2.** *Am.* ⚓ (staatlicher) Küstenwach- u. Rettungsdienst; **3.** Angehörige(r) *m* von 1 u. 2.

coast·ing [ˈkəʊstɪŋ] *s.* **1.** Küstenschiffahrt *f*; **2.** *Am.* Rodeln *n*; **3.** Bergˈabfahren *n* (*im Freilauf od. bei abgestelltem Motor*); ~ **trade** *s.* Küstenhandel *m*.

ˈ**coast|·line** *s.* Küstenlinie *f*, -strich *m*; ˈ**~·wise** *adj. u. adv.* längs der Küste; Küsten...

coat [kəʊt] **I** *s.* **1.** Jacˈkett *n*, Jacke *f*: ***wear the king's ~*** *hist.* des Königs Rock tragen (*Soldat sein*); ~ ***and skirt*** (Schneider)Kostüm *n*; ~ ***of arms*** Wappen *n*; ~ ***armo(u)r*** Familienwappen *n*; ~ ***of mail*** Panzerhemd *n*; ***cut one's ~ according to one's cloth*** sich nach der Decke strecken; **2.** Mantel *m*: ***turn one's ~*** sein Mäntelchen nach dem Winde hängen; **3.** Fell *n*, Pelz *m* (*Tier*); **4.** Schicht *f*, Lage *f*; Decke *f*, Hülle *f*, (*a. Farb-, Metall- etc.*)ˈÜberzug *m*, Belag *m*, Anstrich *m*; Bewurf *m*: ***a second ~ of paint*** ein zweiter Anstrich; **II** *v/t.* **5.** anstreichen, überˈstreichen, -ˈziehen, beschichten: ~ ***with silver*** plattieren; **6.** um'hüllen, -'kleiden, bedecken; auskleiden (***with*** mit); '**coat·ed** [-tɪd] *adj.* **1.** mit e-m (...) Rock *od.* Mantel *od.* Fell (versehen): ***black-~*** schwarzgekleidet; **2.** mit ... über'zogen *od.* gestrichen *od.* bedeckt: ***sugar-~*** mit Zuckerüberzug; **3.** ⚕ belegt (*Zunge*); **coat·ee** ['kəʊtiː] *s.* kurzer (Waffen)Rock.

'**coat-ˌhang·er** *s.* Kleiderbügel *m.*

coat·ing ['kəʊtɪŋ] *s.* **1.** Mantelstoff *m*; **2.** ⚙ Anstrich *m*, 'Überzug *m*, Schicht *f*; Bewurf *m*; **3.** ⚙ Auskleidung *f*, Futter *n.*

coat| stand *s.* Garde'robenständer *m*; '**~-tail** *s.* Rockschoß *m*; '**~-ˌtrail·ing** *adj.* provoka'tiv.

co·au·thor [kəʊ'ɔːθə] *s.* Mitverfasser *m*, -autor *m.*

coax [kəʊks] **I** *v/t.* **1.** schmeicheln (*dat.*); gut zureden (*dat.*), beschwatzen (***to do*** *od.* ***into doing*** zu tun): ***~ s.th. out of s.o.*** j-m et. abschwatzen; **2.** *et.* mit Gefühl *od.* ‚mit Geduld und Spucke' bringen (***into*** in *acc.*); **II** *v/i.* **3.** schmeicheln.

co·ax·al [ˌkəʊ'æksl], **ˌco'ax·i·al** [-sɪəl] ⚡, ⚙ koaxi'al, kon'zentrisch.

cob [kɒb] *s.* **1.** *a.* ***~ swan*** *orn.* männlicher Schwan; **2.** *zo.* kleineres Reitpferd; **3.** Klumpen *m*, Stück *n* (*z. B.* Kohle); **4.** Maiskolben *m*; **5.** *Brit.* Strohlehm *m* (*Baumaterial*); **6.** → ***cobloaf***; **7.** → ***cobnut.***

co·balt [kəʊ'bɔːlt] *s. min.*, ⚗ Kobalt *m*; ***~ blue*** *s.* Kobaltblau *n*; ***~ bomb*** *s.* **1.** ⚔ Kobaltbombe *f*; **2.** ⚕ 'Kobaltkaˌnone *f.*

cob·ble[1] ['kɒbl] **I** *s.* **1.** runder Pflasterstein, Kopfstein *m*; **2.** *pl.* → ***cob coal***; **II** *v/t.* **3.** mit Kopfsteinen pflastern.

cob·ble[2] ['kɒbl] *v/t. Schuhe* flicken; *fig.* zs.-flicken, zs.-schustern; '**cob·bler** [-lə] *s.* **1.** (Flick)Schuster *m*: ***~'s wax*** Schusterpech *n*; **2.** *fig.* Stümper *m*; **3.** *Am.* Cobbler *m* (*ein Cocktail*).

'**cob·ble·stone** → ***cobble***[1] 1.

cob coal *s.* Nuß-, Stückkohle *f.*

Cob·den·ism ['kɒbdənɪzəm] *s.* ✝ 'Manchestertum *n*, Freihandelslehre *f.*

co·bel·lig·er·ent [ˌkəʊbɪ'lɪdʒərənt] *s.* mitkriegführender Staat.

'**cob|·loaf** *s.* rundes Brot; '**~·nut** *s.* ⚘ Haselnuß *f.*

Co·bol ['kəʊbɒl] *s.* COBOL *n* (*Computersprache*).

co·bra ['kəʊbrə] *s. zo.* Brillenschlange *f*, 'Kobra *f.*

cob·web ['kɒbweb] *s.* **1.** Spinn(en)gewebe *n*; Spinnenfaden *m*; **2.** feines, zartes Gewebe; **3.** *fig.* Hirngespinst *n*: ***blow away the ~s*** sich e-n klaren Kopf schaffen; **4.** *fig.* Netz *n*, Schlinge *f*; **5.** *fig.* alter Staub; '**cob·webbed** [-bd], '**cobˌweb·by** [-bɪ] *adj.* voller Spinnweben.

co·ca ['kəʊkə] *s.* 'Koka(blätter *pl.*) *f.*

co·cain(e) [kəʊ'keɪn] *s.* ⚗ Koka'in *n*; **co'cain·ism** [-nɪzəm] *s.* **1.** Koka'invergiftung *f*; **2.** Koka'insucht *f.*

coc·cus ['kɒkəs] *pl.* **-ci** [-kaɪ] *s.* ⚕ 'Kokkus *m*, 'Kokke *f* (*a.* ⚘).

coch·i·neal ['kɒtʃɪniːl] *s.* Kosche'nille (-laus) *f*; Kosche'nille(rot *n*) *f.*

coch·le·a ['kɒklɪə] *s. anat.* Cochlea *f*, Schnecke *f* (*im Ohr*).

cock[1] [kɒk] **I** *s.* **1.** *orn.* Hahn *m*: ***old ~*** F alter Knabe; ***that ~ won't fight*** F a) so geht das nicht, b) das zieht nicht; **2.** Vogelmännchen *n*: ***~ sparrow*** Sperlingsmännchen; **3.** Wetterhahn *m*; **4.** ⚙ (*Absperr*)Hahn *m*; **5.** (*Gewehr- etc.*) Hahn *m*: ***full ~*** Hahn gespannt; ***half ~*** Hahn in Ruh; **6.** Anführer *m*: ***~ of the roost*** (*od.* ***walk***) *oft contp.* der Größte; ***~ of the school*** Anführer *m* unter den Schülern; **7.** Aufrichten *n*: ***~ of the eye*** (bedeutsames) Augenzwinkern; ***give one's hat a saucy ~*** s-n Hut keck aufs Ohr setzen; **8.** V ‚Schwanz' *m* (*Penis*); **9.** F Quatsch *m*; **II** *v/t.* **10.** *Gewehrhahn* spannen; **11.** aufrichten: ***~ one's ears*** die Ohren spitzen; ***~ one's eye at s.o.*** j-n vielsagend *od.* verächtlich ansehen; ***~ one's hat*** den Hut schief *od.* keck aufsetzen; → ***cocked hat***; **12.** ***~ up*** *sl.* ‚versauen'.

cock[2] [kɒk] *s.* kleiner Heuhaufen.

cock·ade [kɒ'keɪd] *s.* Ko'karde *f.*

cock·a·doo·dle·doo [ˌkɒkəduːdl'duː] *s.* a) Kikeri'ki *n* (*Hahnenschrei*), b) *humor.* Kikeri'ki *m* (*Hahn*).

Cock·aigne [kɒ'keɪn] *s.* Schla'raffenland *n.*

ˌcock-and-'bull sto·ry *s.* Ammenmärchen *n*, Lügengeschichte *f.*

cock·a·too [ˌkɒkə'tuː] *s.* 'Kakadu *m.*

cock·a·trice ['kɒkətraɪs] *s.* Basi'lisk *m.*

Cock·ayne → ***Cockaigne.***

'**cock|·boat** *s.* ⚓ Jolle *f*; '**~ˌchaf·er** *s.* Maikäfer *m*; '**~·crow** *s.* Hahnenschrei *m*; *fig.* Tagesanbruch *m.*

cocked hat [kɒkt] *s.* Zwei-, Dreispitz *m* (*Hut*): ***knock into a ~*** a) zu Brei schlagen, b) (restlos) ‚fertigmachen'.

cock·er[1] ['kɒkə] → ***cocker spaniel.***

cock·er[2] ['kɒkə] *v/t.* verhätscheln, verwöhnen: ***~ up*** aufpäppeln.

Cock·er[3] ['kɒkə] *npr.*: ***according to ~*** nach Adam Riese, genau.

cock·er·el ['kɒkərəl] *s.* Hähnchen *n.*

cock·er span·iel *s.* 'Cockerˌspaniel *m.*

'**cock|·eyed** *adj. sl.* **1.** schielend; **2.** (krumm u.) schief; **3.** ‚doof'; **4.** ‚blau' (*betrunken*); '**~ˌfight·ing** *s.* Hahnenkampf *m*: ***that beats ~!*** F das ist 'ne Wucht!

cock·i·ness ['kɒkɪnɪs] *s.* F Großspurigkeit *f*, Anmaßung *f.*

cock·le[1] ['kɒkl] **I** *s.* **1.** *zo.* (eßbare) Herzmuschel: ***that warms the ~s of my heart*** das tut mir gut; **2.** → ***cockleshell***; **II** *v/i.* **3.** sich bauschen *od.* kräuseln *od.* werfen; **III** *v/t.* **4.** kräuseln.

cock·le[2] ['kɒkl] → ***corncockle.***

'**cock·le|·boat** → ***cockboat***; '**~·shell** *s.* **1.** Muschelschale *f*; **2.** ‚Nußschale' *f*, kleines Boot.

cock·ney ['kɒknɪ] *s. oft* ♀ **1.** Cockney *m*, (waschechter) Londoner; **2.** 'Cockney (-diaˌlekt *m*, -aussprache *f*) *n*; '**cock·ney·dom** [-dəm] *s.* **1.** Cockneybezirk *m*; **2.** *coll.* die Cockneys *pl.*; '**cock·ney·ism** [-ɪzəm] *s.* Cockneyausdruck *m.*

'**cock|·pit** *s.* **1.** Hahnenkampfplatz *m*; **2.** *fig.* Kampfplatz *m*; **3.** ⚓, ✈, *mot.* Cockpit *n*; '**~·roach** *s.* (Küchen)Schabe *f.*

cocks·comb ['kɒkskəʊm] *s.* **1.** *zo.* Hahnenkamm *m*; **2.** ⚘ Hahnenkamm *m*; **3.** → ***coxcomb*** 1.

'**cock|-shy** Wurfziel *n*; *fig.* Zielscheibe *f*; '**~·spur** *s.* **1.** *zo.* Hahnensporn *m*; **2.** ⚘ Hahnen-, Weißdorn *m*; **ˌ~'sure** *adj.* **1.** todsicher, 'vollkommen über'zeugt; **2.** über'trieben selbstsicher, anmaßend; '**~·tail** *s. allg.* Cocktail *m*: ***~ cabinet*** Hausbar *f*; ***~ dress*** Cocktailkleid *n.*

'**cock-up** *s. Brit. sl.* 'Durcheinander *n*: ***make a ~ of s.th.*** et. vermasseln.

cock·y ['kɒkɪ] *adj.* F großspurig, anmaßend.

co·co ['kəʊkəʊ] *pl.* **-cos I** *s. mst in Zssgn* ⚘ 'Kokospalme *f*; **II** *adj.* Kokos...; aus 'Kokosfasern.

co·coa ['kəʊkəʊ] *s.* **1.** Ka'kao(pulver *n*) *m*; **2.** Ka'kao *m* (*Getränk*); ***~ bean*** *s.* Ka'kaobohne *f.*

co·co·nut ['kəʊkənʌt] *s.* **1.** ⚘ 'Kokosnuß *f*: ***that accounts for the milk in the ~*** F daher der Name!; **2.** *sl.* ‚Kürbis' *m* (*Kopf*); ***~ but·ter*** *s.* 'Kokosbutter *f*; ***~ milk*** *s.* 'Kokosmilch *f*; ***~ palm***, ***~ tree*** *s.* 'Kokospalme *f.*

co·coon [kə'kuːn] **I** *s. zo.* Ko'kon *m*, Puppe *f der Seidenraupe*; *weitS.* Gespinst *n*; ⚔, ⚙ Schutzhülle *f*; **II** *v/t. u. v/i.* (sich) einspinnen *od.* (*fig.*) einhüllen; *Gerät etc.* ‚einmotten'.

co·cotte [kɒ'kɒt] *s.* Ko'kotte *f.*

cod[1] [kɒd] *s. ichth.* Kabeljau *m*, Dorsch *m*: ***dried ~*** Stockfisch *m*; ***cured ~*** Klippfisch *m.*

cod[2] [kɒd] *v/t. j-n* foppen.

co·da ['kəʊdə] *s.* ♪ 'Koda *f.*

cod·dle ['kɒdl] *v/t.* verhätscheln, verzärteln, verwöhnen: ***~ up*** aufpäppeln.

code [kəʊd] **I** *s.* **1.** *bsd.* ⚖ 'Kodex *m*, Gesetzbuch *n*; *weitS.* Regeln *pl.*: ***~ of hono(u)r*** Ehrenkodex; **2.** ⚓, ⚔ Si'gnalbuch *n*; **3.** (Tele'graphen)Kode *m*, (-)Schlüssel *m*; **4.** a) Code *m* (*a. Computer*), Schlüssel(schrift *f*) *m*, b) Chiffre *f*: ***~ name*** Deckname *m*; ***~ number*** Code-, Kennzahl *f*; ***~ word*** Codewort *n*; **II** *v/t.* **5.** codieren, chiffrieren, verschlüsseln: ***~d message***; ***coding device*** → ***coder.***

co·de·ine ['kəʊdiːn] *s. pharm.* Kode'in *n.*

cod·er ['kəʊdə] *s.* Codiergerät *n*, Codierer *m*, Verschlüßler *m.*

co·de·ter·mi·na·tion ['kəʊdɪˌtɜːmɪ'neɪʃn] *s.* ✝ (***parity ~*** pari'tätische) Mitbestimmung.

co·dex ['kəʊdeks] *pl.* '**co·di·ces** [-dɪsiːz] *s.* 'Kodex *m*, alte Handschrift (*Bibel, Klassiker*).

'**cod|·fish** → ***cod***[1]; '**~·fish·er** *s.* Kabeljaufischer *m.*

codg·er ['kɒdʒə] *s.* F alter Kauz.

co·di·ces *pl. von* ***codex.***

cod·i·cil ['kɒdɪsɪl] *s.* ⚖ Kodi'zill *n.*

cod·i·fi·ca·tion [ˌkəʊdɪfɪ'keɪʃn] *s.* Kodifizierung *f*; **cod·i·fy** ['kəʊdɪfaɪ] *v/t.* **1.** *bsd.* ⚖ kodifizieren; **2.** *Nachricht* verschlüsseln.

cod·ling[1] ['kɒdlɪŋ] *s.* junger Dorsch.

cod·ling[2] ['kɒdlɪŋ] *s. ein* Kochapfel *m*; ***~ moth*** *s. zo.* Obstmade *f.*

cod-liv·er oil [ˌkɒdlɪvər'ɔɪl] *s.* Lebertran *m.*

co-driv·er ['kəʊˌdraɪvə] *s.* Beifahrer *m.*

co·ed [ˌkəʊ'ed] *s. ped.* Stu'dentin *f od.* Schülerin *f* e-r gemischten Schule; **co·ed·u·ca·tion** [ˌkəʊedjuː'keɪʃn] *s. ped.* Koedukati'on *f*, Gemeinschaftserziehung *f.*

co·ef·fi·cient [ˌkəʊɪ'fɪʃnt] **I** *s.* **1.** ⚡, *phys.* Koeffizi'ent *m*; **2.** mitwirkende Kraft, 'Faktor *m*; **II** *adj.* **3.** mitwirkend.

coe·li·ac ['si:lıæk] *adj. anat.* Bauch…

co·erce [kəʊ'ɜ:s] *v/t.* **1.** nötigen, zwingen (***into*** zu); **2.** erzwingen; **co'er·ci·ble** [-sıbl] *adj.* □ zu (er)zwingen(d); **co'er·cion** [-'ɜ:ʃn] *s.* **1.** Zwang *m*; Gewalt *f*; ⚖ Nötigung *f*; **2.** *pol.* Zwangsherrschaft *f*; **co'er·cive** [-sıv] **I** *adj.* □ zwingend (*a. fig.*), Zwangs…; **II** *s.* Zwangsmittel *n*.

co·es·sen·tial [ˌkəʊı'senʃl] *adj.* wesensgleich.

co·e·val [kəʊ'i:vl] *adj.* □ **1.** gleichzeitig; **2.** gleichaltrig; **3.** von gleicher Dauer.

co·ex·ist [ˌkəʊıg'zıst] *v/i.* gleichzeitig *od.* nebenein'ander bestehen *od.* leben, koexistieren; ˌ**co·ex'ist·ence** [-təns] *s.* Koexi'stenz *f*; ˌ**co·ex'ist·ent** [-tənt] *adj.* gleichzeitig *od.* nebenein'ander bestehend, koexi'stent.

cof·fee ['kɒfı] *s.* **1.** 'Kaffee *m* (*Getränk, Bohnen od. Baum*): ***black ~*** schwarzer Kaffee; ***white ~*** Milchkaffee; **2.** 'Kaffeebraun *n*; **~ bar** *s.* **1.** Ca'fé *n*; **2.** Imbißstube *f*; **~ bean** *s.* 'Kaffeebohne *f*; **~ break** *s.* 'Kaffeepause *f*; **~ grounds** *s. pl.* 'Kaffeesatz *m*; '**~·house** *s.* 'Kaffeehaus *n*; '**~ˌmak·er** *s. Am.* 'Kaffeemaˌschine *f*; **~ mill** *s.* 'Kaffeemühle *f*; '**~·pot** *s.* 'Kaffeekanne *f*; **~ set** *s.* 'Kaffeeserˌvice *n*; **~ shop** *s. Am. für **coffee bar***; **~ ta·ble** *s.* Couchtisch *m*; **~ urn** *s.* ('Groß)ˌKaffeemaˌschine *f*.

cof·fer ['kɒfə] **I** *s.* **1.** Kasten *m*, Kiste *f*, Truhe *f*, Kas'sette *f* (*für Wertsachen*); **2.** *pl.* a) Schatz *m*, Gelder *pl.*, b) Schatzkammer *f*, Tre'sor *m*; **3.** ⚠ Deckenfeld *n*, Kas'sette *f*; **4.** → ***cofferdam***; **II** *v/t.* **5.** verwahren; '**~·dam** *s.* ⚙ Kastendamm *m*, Senkkasten *m*, Cais'son *m*.

cof·fin ['kɒfın] **I** *s.* Sarg *m* (*a.* F *schlechtes Schiff*); **II** *v/t.* einsargen; **~ bone** *s. zo.* Hufbein *n* (*Pferd*); **~ joint** *s.* Hufgelenk *n* (*Pferd*).

cog[1] [kɒg] *s.* **1.** ⚙ (Rad)Zahn *m*; **2.** *fig.* ***he's just a ~ in the machine*** er ist nur ein Rädchen im Getriebe.

cog[2] [kɒg] **I** *v/t.* *Würfel* beschweren: ***~ the dice*** beim Würfeln mogeln; **II** *v/i.* betrügen.

co·gen·cy ['kəʊdʒənsı] *s.* Schlüssigkeit *f*, Triftigkeit *f*; '**co·gent** [-nt] *adj.* □ zwingend, triftig.

cogged [kɒgd] *adj.* ⚙ gezahnt, Zahn(rad)…: ***~ railway*** Zahnradbahn *f*.

cog·i·tate ['kɒdʒıteıt] **I** *v/i.* **1.** (nach-) denken, (nach)sinnen (***upon*** über *acc.*); **2.** *phls.* denken; **II** *v/t.* **3.** ersinnen; **cog·i·ta·tion** [ˌkɒdʒı'teıʃn] *s.* **1.** (Nach)Denken *n*; **2.** Denkfähigkeit *f*; **3.** Gedanke *m*.

co·gnac ['kɒnjæk] *s.* 'Kognak *m*.

cog·nate ['kɒgneıt] **I** *adj.* **1.** (*selten*) (bluts)verwandt; **2.** verwandt (*Wörter etc.*); **3.** *ling.* (sinn)verwandt: ***~ object*** Objekt *n* des Inhalts; **II** *s.* **4.** ⚖ Blutsverwandte(r *m*) *f*; **5.** verwandtes Wort.

cog·ni·tion [kɒg'nıʃn] *s. bsd. phls.* Erkennen *n*, Wahrnehmung *f*; Kenntnis *f*; **cog·ni·tive** ['kɒgnıtıv] *adj.* kogni'tiv, erkenntnismäßig.

cog·ni·za·ble ['kɒgnızəbl] *adj.* □ **1.** erkennbar; **2.** ⚖ a) der Gerichtsbarkeit unter'worfen, b) gerichtlich verfolgbar, c) zu verhandeln(d); '**cog·ni·zance** [-zəns] *s.* **1.** Kenntnis *f*, Erkenntnis *f*; **2.** ⚖ a) Zuständigkeit *f*, b) (richterliche) Verhandlung, c) (richterliches) Erkenntnis, d) *Brit.* Anerkenntnis *n*: ***take ~ of*** sich zuständig mit *e-m Fall* befassen, *weitS.* zur Kenntnis nehmen; ***beyond my ~*** außerhalb m-r Befugnis; **3.** *her.* Ab-, Kennzeichen *n*; '**cog·ni·zant** [-zənt] *adj.* **1.** unter'richtet (***of*** über *acc. od.* von); **2.** *phls.* erkennend.

cog·no·men [kɒg'nəʊmen] *s.* **1.** Fa'milien-, Zuname *m*; **2.** Bei-, *bsd.* Spitzname *m*.

'**cog·wheel** *s.* ⚙ Zahnrad *n*; **~ drive** *s.* ⚙ Zahnradantrieb *m*; **~ rail·way** *s.* Zahnradbahn *f*.

co·hab·it [kəʊ'hæbıt] *v/i.* (*bsd.* unverheiratet) zs.-leben; **co·hab·i·ta·tion** [ˌkəʊhæbı'teıʃn] *s.* **1.** Zs.-leben *n*; **2.** Beischlaf *m*, Beiwohnung *f*.

co·heir [ˌkəʊ'eə] *s.* Miterbe *m*; **co·heir·ess** [ˌkəʊ'eərıs] *s.* Miterbin *f*.

co·here [kəʊ'hıə] *v/i.* **1.** zs.-hängen (*a. fig.*); **2.** *fig.* in Zs.-hang stehen; **3.** zs.-halten; **4.** zs.-passen, über'einstimmen (***with*** mit); **5.** *Radio*: fritten; **co'her·ence** [-ərəns], **co'her·en·cy** [-ərənsı] *s.* **1.** *phys.* Kohäsi'on *f*; **2.** *fig.* a) Zs.-hang *m*, b) Klarheit *f*, c) Über'einstimmung *f*; **3.** *Radio*: Frittung *f*; **co'her·ent** [-ərənt] *adj.* □ **1.** zs.-hängend (*a. fig.*), -haftend; *phys.* kohä'rent; **2.** einheitlich, verständlich, klar; **3.** über'einstimmend, zs.-passend; **co'her·er** [-ərə] *s. Radio*: Fritter(empfänger) *m*.

co·he·sion [kəʊ'hi:ʒn] *s.* **1.** Zs.-halt *m*, -hang *m* (*a. fig.*); **2.** Bindekraft *f*; **3.** *phys.* Kohäsi'on *f*; **co'he·sive** [-i:sıv] *adj.* □ **1.** zs.-haltend *od.* -hängend, *fig. a.* bindend; **2.** Kohäsions…; **co'he·sive·ness** [-i:sıvnıs] *s.* **1.** *phys.* Kohäsi'ons-, Bindekraft *f*; **2.** Festigkeit *f*.

co·hort ['kəʊhɔ:t] *s.* **1.** *antiq.* ⚔ Ko'horte *f*; **2.** Schar *f*, Haufen *m*.

coif [kɔıf] *s.* Kappe *f*, Haube *f*.

coif·feur [kwɑ:'fɜ:] (*Fr.*) *s.* Fri'seur *m*; **coif·fure** [kwɑ:'fjʊə; kwafy:r] (*Fr.*) *s.* Fri'sur *f*.

coil[1] [kɔıl] **I** *v/t.* **1.** *a.* **~ up** auf-, zs.-rollen, winden; **2.** ⚡ wickeln; **II** *v/i.* **3.** *a.* **~ up** sich winden, sich zs.-rollen; **4.** sich schlängeln; **III** *s.* **5.** Rolle *f*, Spi'rale *f* (*a. Pessar*), Knäuel *m, n*; **6.** ⚡ Wicklung *f*; Spule *f*; **7.** Windung *f*; **8.** ⚙ (Rohr)Schlange *f*; **9.** Locke *f*, Wickel *m* (*Haar*).

coil[2] [kɔıl] *s. poet.* Tu'mult *m*, Wirrwarr *m*; Plage *f*: ***mortal ~*** Drang *m od.* Mühsal *f* des Irdischen.

coil| ig·ni·tion *s.* ⚡ Abreißzündung *f*; **~ spring** *s.* ⚙ Spi'ralfeder *f*.

coin [kɔın] **I** *s.* **1.** a) Münze *f*, Geldstück *n*, b) Münzgeld *n*, c) Geld *n*: ***the other side of the ~*** *fig.* die Kehrseite (der Medaille); ***pay s.o. back in his own ~*** *fig.* es j-m mit gleicher Münze heimzahlen; **II** *v/t.* **2.** a) *Metall* münzen, b) *Münzen* prägen: ***be ~ing money*** F Geld wie Heu verdienen; **3.** *fig.* *Wort* prägen; '**coin·age** [-nıdʒ] *s.* **1.** Prägen *n*; **2.** *coll.* Münzgeld *n*; **3.** 'Münzsyˌstem *n*; **4.** *fig.* Prägung *f* (*Wörter*); '**coin-box tel·e·phone** *s.* Münzfernsprecher *m*.

co·in·cide [ˌkəʊın'saıd] *v/i.* (***with***) **1.** *örtlich od. zeitlich* zs.-treffen, -fallen (mit); **2.** über'einstimmen, sich decken (mit); genau entsprechen (*dat.*); **co·in·ci·dence** [kəʊ'ınsıdəns] *s.* **1.** Zs.-treffen *n* (*Raum od. Zeit*); **2.** zufälliges Zs.-treffen: ***mere ~*** bloßer Zufall; **3.** Über'einstimmung *f*; **co·in·ci·dent** [kəʊ'ınsıdənt] *adj.* □ (***with*** mit); **1.** zs.-fallend, -treffend; **2.** über'einstimmend, sich deckend; **co·in·ci·den·tal** [kəʊˌınsı'dentl] *adj.* **1.** → ***coincident*** 2; **2.** zufällig; **3.** *bsd.* ⚙ gleichzeitig.

coin·er ['kɔınə] *s.* **1.** Münzer *m*; **2.** *bsd. Brit.* Falschmünzer *m*; **3.** *fig.* Präger *m*, (Wort)Schöpfer *m*.

coin|-op ['kɔınɒp] F **1.** 'Waschsaˌlon *m*; **2.** Münztankstelle *f*; '**~-ˌop·er·at·ed** *adj.* Münz…

coir ['kɔıə], *a.* **~ fi·bre** *s.* 'Kokosfaser *f*; **~ mat** *s.* 'Kokosmatte *f*.

co·i·tal ['kəʊıtl] *adj.* (den) Geschlechtsverkehr betreffend; **co·i·tion** [kəʊ'ıʃn], '**co·i·tus** [-təs] *s.* 'Koitus *m*, Geschlechtsverkehr *m*.

coke[1] [kəʊk] **I** *s.* **1.** Koks *m*; **2.** *sl.* ‚Koks' *m*, Koka'in *n*; **II** *v/t.* **3.** verkoken.

coke[2] [kəʊk] *s.* F a) ® ‚Cola' *f, n*, (*Coca-Cola*), b) Limo'nade *f etc.*

co·ker ['kəʊkə] *s.* ⚘ *Brit.* → ***coco***; '**~·nut** *s. sl.* 'Kokosnuß *f*.

col [kɒl] *s.* Gebirgspaß *m*, Joch *n*.

co·la ['kəʊlə] *s.* ⚘ 'Kolabaum *m*.

col·an·der ['kʌləndə] *s.* Sieb *n*, 'Durchschlag *m*.

co·la nut *s.* 'Kolanuß *f*.

col·chi·cum ['kɒltʃıkəm] *s.* **1.** ⚘ Herbstzeitlose *f*; **2.** *pharm.* 'Colchicum *n*.

cold [kəʊld] **I** *adj.* □ **1.** kalt: ***as ~ as ice*** eiskalt; **~ *meat*** *od.* ***cuts*** kalte Platte, Aufschnitt *m*; ***I feel*** (*od.* ***am***) ***~*** mir ist kalt, mich friert; **2.** kalt, kühl, ruhig, gelassen; trocken: ***that leaves me ~*** das läßt mich kalt; ***~ reason*** kalter Verstand; ***the ~ facts*** die nackten Tatsachen; ***~ scent*** kalte Fährte (*a. fig.*); → ***comfort*** 6, ***print*** 12; **3.** kalt (*Blick, Herz etc.*; *a. Frau*), kühl, frostig, unfreundlich, gefühllos: ***a ~ reception*** ein kühler Empfang; ***give s.o. the ~ shoulder*** → ***cold-shoulder***, ***have*** (***get***) ***~ feet*** F kalte Füße (*Angst*) haben (kriegen); ***as ~ as charity*** hart wie Stein, lieblos; **4.** kalt (*noch nicht in Schwung*): ***~ player***, ***~ motor***, **5.** ‚kalt' (*im Suchspiel u. fig.*); **6.** *Am. sl.* a) bewußtlos, b) (tod)sicher; **II** *s.* **7.** Kälte *f*; Frost *m*: ***leave s.o. out in the ~*** *fig.* a) j-n übergehen *od.* ignorieren *od.* kaltstellen, b) j-n im Stich lassen; **8.** ⚕ Erkältung *f*: ***common ~***, ***~ in the head*** Schnupfen *m*; ***~ on the chest*** Bronchialkatarrh *m*; ***catch*** (***a***) ***~*** sich erkälten.

cold| blood *s. fig.* kaltes Blut, Kaltblütigkeit *f*: ***murder s.o. in ~*** j-n kaltblütig *od.* kalten Blutes ermorden; ˌ**~-'blood·ed** *adj.* □ **1.** *zo.* kaltblütig; **2.** kälteempfindlich; **3.** *fig.* kaltblütig (begangen): ***~ murder***; **~ cream** *s.* Cold Cream *f, n*; ˌ**~-'drawn** *adj.* ⚙ kaltgezogen; kaltgepreßt; **~ duck** *s.* kalte Ente (*Getränk*); **~ front** *s.* Kaltfront *f*; ˌ**~-'ham·mer** *v/t.* ⚙ kalthämmern, -schmieden; ˌ**~-'heart·ed** *adj.* □ kalt-, hartherzig.

cold·ish ['kəʊldıʃ] *adj.* ziemlich kalt.

cold·ness ['kəʊldnıs] *s.* Kälte *f* (*a. fig.*).

ˌ**cold|-'shoul·der** *v/t.* *j-m* die kalte Schulter zeigen, *j-n* kühl behandeln *od.* abweisen; **~ steel** *s.* blanke Waffe (*Bajonett etc.*); **~ stor·age** *s.* Kühllagerung *f*; Kühlraum *m*: ***put in ~*** *fig.* ‚auf Eis legen' (*aufschieben*); **ˌ~-'stor·age** *adj.* Kühl(haus)...; **~ store** *s.* Kühlhalle *f*; Kühlanlage *f*; **♀ War** *s. pol.* kalter Krieg; **♀ War·ri·or** *s. pol.* kalter Krieger; **~ wave** *s.* **1.** Kältewelle *f*; **2.** Kaltwelle *f* (*Frisur*); **ˌ~-'work·ing** *s.* ⚙ Kaltverformung *f*.

cole [kəʊl] *s.* ⚘ **1.** (*Blätter*)Kohl *m*; **2.** Raps *m*.

co·le·op·ter·a [ˌkɒlɪ'ɒptərə] *s. pl. zo.* Käfer *pl.*

'cole|-seed *s.* ⚘ Rübsamen *m*; **'~·slaw** *s. Am.* 'Kohlsaˌlat *m*.

col·ic ['kɒlɪk] *s.* ⚕ 'Kolik *f*; **'col·ick·y** [-ɪkɪ] *adj.* ⚕ 'kolikartig.

col·i·se·um [ˌkɒlɪ'sɪəm] *s.* **1.** a) Sporthalle *f*, b) 'Stadion *n*; **2.** ♀ Kolos'seum *n* (*Rom*).

co·li·tis [kɒ'laɪtɪs] *s.* ⚕ Ko'litis *f*, 'Dickdarmkaˌtarrh *m*.

col·lab·o·rate [kə'læbəreɪt] *v/i.* **1.** zs.-, mitarbeiten; **2.** behilflich sein; **3.** *pol.* mit dem Feind zs.-arbeiten, kollaborieren; **col·lab·o·ra·tion** [kəˌlæbə'reɪʃn] *s.* **1.** Zs.-arbeit *f*: ***in ~ with*** gemeinsam mit; **2.** *pol.* Kollaborati'on *f*; **col·lab·o·ra·tion·ist** [kəˌlæbə'reɪʃnɪst] *s. pol.* Kollabora'teur *m*; **col'lab·o·ra·tor** [-tə] *s.* **1.** Mitarbeiter *m*; **2.** *pol.* Kollabora'teur *m*.

col·lage [kɒ'lɑːʒ] *s. Kunst*: Col'lage *f*.

col·lapse [kə'læps] **I** *v/i.* **1.** zs.-brechen, einfallen, einstürzen; **2.** *fig.* zs.-brechen, scheitern, versagen; **3.** (körperlich *od.* seelisch) zs.-brechen, ‚zs.-klappen'; **II** *s.* **4.** Zs.-fallen *n*, Einsturz *m*; **5.** Zs.-bruch *m*, Versagen *n*; Sturz *m*: ***~ of a bank*** Bankkrach *m*; ***~ of prices*** Preissturz *m*; **6.** ⚕ Kol'laps *m*, Zs.-bruch *m*; **col'laps·i·ble** [-səbl] *adj.* zs.-klappbar, Klapp..., Falt...: ***~ boat*** Faltboot *n*; ***~ chair*** Klappstuhl *m*; ***~ hood***, ***~ roof*** Klappverdeck *n*.

col·lar ['kɒlə] **I** *s.* **1.** Kragen *m*: ***double ~***, ***turn-down ~*** (Steh)Umlegekragen; ***stand-up ~*** Stehkragen; ***wing ~*** Eckenkragen; ***get hot under the ~*** F wütend werden; **2.** Halsband *n* (*Tier*); **3.** Kummet *n* (*Pferd etc.*): ***against the ~*** *fig.* angestrengt; **4.** Kolli'er *n*, Halskette *f*; Amts-, Ordenskette *f*; **5.** *zo.* Halsstreifen *m*; **6.** ⚙ Ring *m*, Bund *m*, Man'schette *f*, Muffe *f*; **II** *v/t.* **7.** *sport den Gegner* aufhalten; **8.** *j-n* beim Kragen packen; fassen, festnehmen; **9.** F *et.* ergattern, sich aneignen; **10.** *Fleisch etc.* rollen u. zs.-binden; **'~·bone** *s.* Schlüsselbein *n*; **~ stud** *s.* Kragenknopf *m*.

col·late [kɒ'leɪt] *v/t.* **1.** *Texte* vergleichen, kollationieren; zs.-stellen (u. vergleichen); **2.** *typ.* *Fahnen* kollationieren, auf richtige Anzahl prüfen.

col·lat·er·al [kɒ'lætərəl] **I** *adj.* □ **1.** seitlich, Seiten...; **2.** begleitend, paral'lel, zusätzlich, Neben...: ***~ acceptance*** ⚚ Avalakzept *n*; ***~ circumstances*** Begleitumstände; ***~ credit*** Lombardkredit *m*; **3.** 'indirekt; **4.** in der Seitenlinie verwandt; **II** *s.* **5.** *a.* ***~ security*** zusätzliche Sicherheit, Nebenbürgschaft *f*; **6.** Seitenverwandte(r *m*) *f*.

col·la·tion [kɒ'leɪʃn] *s.* **1.** Vergleichung *f von Texten*, Über'prüfung *f*; **2.** leichte (Zwischen)Mahlzeit: ***cold ~*** kalter Imbiß.

col·league ['kɒliːg] *s.* Kol'lege *m*, Kol'legin *f*; Mitarbeiter(in).

col·lect[1] [kə'lekt] **I** *v/t.* **1.** *Briefmarken, Bilder etc.* sammeln: ***~ed work(s)*** gesammelte Werke; **2.** versammeln; **3.** einsammeln, auflesen; zs.-bringen, ansammeln; auffangen; **4.** *Sachen od. Personen* (ab)holen: ***we ~ and deliver*** ⚚ wir holen ab und bringen zurück; **5.** *fig.* ***~ one's thoughts*** s-e Gedanken sammeln *od.* zs.-nehmen; ***~ courage*** Mut fassen; **6.** ***~ o.s.*** sich fassen; **7.** *Geld etc.* einziehen, (ein)kassieren; **8.** *Pferd* versammeln; **II** *v/i.* **9.** sich versammeln; sich ansammeln; **10.** ***~ on delivery*** ⚚ *Am.* per Nachnahme; **III** *adj.* **11.** *Am.* Nachnahme...: ***~ call*** *teleph.* R-Gespräch *n*; **IV** *adv.* **12.** *Am.* gegen Nachnahme: ***telegram sent ~*** Nachnahmetelegramm *n*; ***call ~*** *Am.* ein R-Gespräch führen.

col·lect[2] ['kɒlekt] *s. eccl.* Kol'lekte *f*, *ein Kirchengebet n*.

col·lect·ed [kə'lektɪd] *adj.* □ *fig.* gefaßt; → ***calm*** 5; **col'lect·ed·ness** [-nɪs] *s. fig.* Sammlung *f*, Gefaßtheit *f*.

col·lect·ing| a·gent [kə'lektɪŋ] *s.* ⚚ In'kassovertreter *m*; **~ bar** *s.* ϟ Sammelschiene *f*; **~ cen·tre** (*Am.* **cen·ter**) *s.* Sammelstelle *f*.

col·lec·tion [kə'lekʃn] *s.* **1.** Sammeln *n*; **2.** Sammlung *f*; **3.** Kol'lekte *f*, (Geld-)Sammlung *f*; **4.** *bsd.* ⚚ Einziehung *f*, In'kasso *n*; (Steuer-, *a.* sta'tistische) Erhebung(en *pl.*) *f*: ***forcible ~*** Zwangsbeitreibung *f*; **5.** ⚚ Kollekti'on *f*, Auswahl *f*; **6.** Abholung *f*, Leerung *f* (*Briefkasten*); **7.** Ansammlung *f*, Anhäufung *f*; **8.** *Brit.* Steuerbezirk *m*; **9.** *pl. Brit. univ.* Prüfung *f* am Ende des Tri'mesters.

col·lec·tive [kə'lektɪv] **I** *adj.* □ → ***collectively***; **1.** gesammelt, vereint, zs.-gefaßt; gesamt, kollek'tiv, Sammel..., Gemeinschafts...: ***~ (wage) agreement*** Kollektiv-, Tarifvertrag *m*; ***~ guilt*** *pol.* Kollektivschuld *f*; ***~ interests*** Gesamtinteressen; ***~ name*** Sammelbegriff *m*; ***~ order*** ⚚ Sammelbestellung *f*; ***~ ownership*** gemeinsamer Besitz *m*; ***~ security*** kollektive Sicherheit; ***~ subscription*** Sammelabonnement *n*; **II** *s.* **2.** *ling. a.* ***~ noun*** Kollek'tivum *n*, Sammelwort *n*; **3.** Gemeinschaft *f*, Gruppe *f*; **4.** *pol.* a) Kollek'tiv *n*, Produkti'onsgemeinschaft *f*, b) → ***collective farm***; **~ bar·gain·ing** *s.* Ta'rifverhandlungen *pl.* (*zwischen Arbeitgeber[n] u. Gewerkschaften*); **~ con·sign·ment** *s.* ⚚ Sammelladung *f*; **~ farm** *s.* Kol'chose *f*.

col·lec·tive·ly [kə'lektɪvlɪ] *adv.* insgesamt, gemeinschaftlich, zu'sammen, kollek'tiv.

col·lec·tiv·ism [kə'lektɪvɪzəm] *s.* ⚚, *pol.* Kollekti'vismus *m*; **col'lec·tiv·ist** [-ɪst] *s.* Anhänger *m* des Kollekti'vismus; **col·lec·tiv·i·ty** [ˌkɒlek'tɪvətɪ] *s.* **1.** *das* Ganze; **2.** Gesamtheit *f* des Volkes; **3.** → ***collectedness***; **col·lec·tiv·i·za·tion** [kəˌlektɪvaɪ'zeɪʃn] *s.* Kollektivierung *f*.

col·lec·tor [kə'lektə] *s.* **1.** Sammler *m*: ***~'s item*** Sammlerstück *n*; ***~'s value*** Liebhaberwert *m*; **2.** ⚚ (Ein)Kassierer *m*, Einnehmer *m*: ***~ of taxes*** Steuereinnehmer; **3.** Einsammler *m*, Abnehmer *m* (*Fahrkarten*); **4.** ϟ Stromabnehmer *m*, 'Auffangelekˌtrode *f*; **5.** ϟ 'Sammelappaˌrat *m*.

col·leen ['kɒliːn] *s. Ir.* Mädchen *n*.

col·lege ['kɒlɪdʒ] *s.* **1.** College *n* (*Wohngemeinschaft von Dozenten u. Studenten innerhalb e-r Universität*): ***~ of education*** *Brit.* Pädagogische Hochschule; **2.** höhere Lehranstalt, College *n*; Insti'tut *n*, Akade'mie *f* (*oft für besondere Studienzweige*): ***Naval ♀*** Marineakademie; **3.** (*anmaßender*) *Name mancher Schulen*; **4.** College(gebäude) *n*; **5.** Kol'legium *n*; Vereinigung *f*: ***~ of cardinals*** Kardinalskollegium; ***electoral ~*** Wahlausschuß *m*; **~ pud·ding** *s.* kleiner 'Plumpudding.

col·leg·er ['kɒlɪdʒə] *s.* **1.** *Brit.* (im College wohnender) Stipendi'at (*in Eton*); **2.** *Am.* → **col·le·gi·an** [kə'liːdʒjən] *s.* Mitglied *n od.* Stu'dent *m* e-s College; höherer Schüler.

col·le·gi·ate [kə'liːdʒɪət] *adj.* □ **1.** College..., Universitäts..., aka'demisch: ***~ dictionary*** Schulwörterbuch *n*; **2.** Kollegial...; **~ church** *s.* **1.** *Brit.* Kollegi'at-, Stiftskirche *f*; **2.** *Am.* Vereinigung *f* mehrerer Kirchen (*unter gemeinsamem Pastorat*); **~ school** *s. Brit.* höhere Schule.

col·lide [kə'laɪd] *v/i.* (***with***) kollidieren (mit): a) zs.-stoßen (mit) (*a. fig.*), stoßen (gegen), b) *fig.* im 'Widerspruch stehen (zu).

col·lie ['kɒlɪ] *s. zo.* Collie *m*, schottischer Schäferhund.

col·lier ['kɒlɪə] *s.* **1.** Kohlenarbeiter *m*, Bergmann *m*; **2.** ⚓ a) Kohlenschiff *n*, b) Ma'trose *m* auf e-m Kohlenschiff; **col·lier·y** ['kɒljərɪ] *s.* Kohlengrube *f*, (Kohlen)Zeche *f*.

col·li·mate ['kɒlɪmeɪt] *v/t. ast., phys.* **1.** *zwei Linien* zs.-fallen lassen; **2.** *Fernrohr* einstellen.

col·li·sion [kə'lɪʒn] *s.* **1.** Zs.-stoß *m*, Kollisi'on *f*: ***be on (a) ~ course*** auf Kollisionskurs sein (*a. fig.*); **2.** *fig.* 'Widerspruch *m*, Gegensatz *m*, Kon'flikt *m*.

col·lo·cate ['kɒləʊkeɪt] *v/t.* zs.-stellen, ordnen; **col·lo·ca·tion** [ˌkɒləʊ'keɪʃn] *s.* **1.** Zs.-stellung *f*; **2.** *ling.* Kollokati'on *f*.

col·loc·u·tor ['kɒləkjuːtə] *s.* Gesprächspartner(in).

col·lo·di·on [kə'ləʊdjən] *s.* ⚗ Kol'lodium *n*.

col·loid ['kɒlɔɪd] ⚗ **I** *s.* Kollo'id *n*; **II** *adj.* kolloi'dal, gallertartig.

col·lop ['kɒləp] *s. Scot.* Klops *m*.

col·lo·qui·al [kə'ləʊkwɪəl] *adj.* □ 'umgangssprachlich, famili'är: ***~ English*** Umgangsenglisch *n*; ***~ expression*** → **col'lo·qui·al·ism** [-lɪzəm] *s.* Ausdruck *m* der 'Umgangssprache.

col·lo·quy ['kɒləkwɪ] *s.* (förmliches) Gespräch; Konfe'renz *f*.

col·lo·type ['kɒləʊtaɪp] *s. phot.* **1.** Lichtdruckverfahren *n od.* -platte *f*; **2.** Farbenlichtdruck *m*.

col·lude [kə'luːd] *v/i. obs.* in geheimem Einverständnis stehen; unter 'einer Decke stecken; **col'lu·sion** [-uːʒn] *s.* ⚖ **1.** Kollusi'on *f*, geheimes *od.* betrügerisches Einverständnis; **2.** Verdunkelung *f des Sachverhalts*: ***danger of ~*** Verdunkelungsgefahr *f*; **3.** abgekartete Sache, Schwindel *m*; **col'lu·sive** [-uːsɪv] *adj.* □ geheim *od.* betrügerisch verabredet.

col·ly·wob·bles ['kɒlɪˌwɒblz] *s. pl.*:

have the ~ F ein flaues Gefühl in der Magengegend haben.
Co·lom·bi·an [kəˈlɒmbɪən] **I** *adj.* koˈlumbisch; **II** *s.* Koˈlumbier(in).
co·lon¹ [ˈkəʊlən] *s.* Dickdarm *m.*
co·lon² [ˈkəʊlən] *s.* Doppelpunkt *m.*
colo·nel [ˈkɜːnl] *s.* ⚔ Oberst *m*; **ˈcolo·nel·cy** [-sɪ] *s.* Stelle *f od.* Rang *m* e-s Obersten.
co·lo·ni·al [kəˈləʊnjəl] **I** *adj.* □ **1.** koloniˈal, Kolonial...: ≈ ***Office*** *Brit.* Kolonialministerium *n*; ≈ ***Secretary*** Kolonialminister *m*; **2.** *Am. hist.* die ersten 13 Staaten der heutigen USA *od.* die Zeit vor 1776 *od.* des 18. Jahrhunderts betreffend; **II** *s.* **3.** Bewohner(in) e-r Koloˈnie; **coˈlo·ni·al·ism** [-lɪzəm] *s.* **1.** Koloniaˈlismus *m*; **2.** koloniˈaler (Wesens)Zug *od.* Ausdruck.
col·o·nist [ˈkɒlənɪst] *s.* Koloˈnist(in), (An)Siedler(in); **col·o·ni·za·tion** [ˌkɒlənaɪˈzeɪʃn] *s.* Kolonisatiˈon *f*, Besiedlung *f*; **ˈcol·o·nize** [-naɪz] **I** *v/t.* **1.** kolonisieren, besiedeln; **2.** ansiedeln; **II** *v/i.* **3.** sich ansiedeln; **4.** e-e Koloˈnie bilden; **ˈcol·o·niz·er** [-naɪzə] *s.* Koloniˈsator *m*, An-, Besiedler *m.*
col·on·nade [ˌkɒləˈneɪd] *s.* **1.** Kolonˈnade *f*, Säulengang *m*; **2.** Alˈlee *f.*
col·o·ny [ˈkɒlənɪ] *s.* **1.** Koloˈnie *f* (*Siedlungsgebiet*): ***the Colonies*** *Am.* die ersten 13 Staaten der heutigen USA; **2.** Gruppe *f* von Ansiedlern: ***the German ~ in Rome*** die deutsche Kolonie in Rom; ***a ~ of artists*** e-e Künstlerkolonie; **3.** *biol.* (*Pflanzen-, Bakterien-, Zellen*)Koloˈnie *f.*
co·loph·o·ny [kəˈlɒfənɪ] *s.* Koloˈphonium *n*, Geigenharz *n.*
col·or *etc. Am.* → ***colour*** *etc.*
Col·o·ra·do bee·tle [ˌkɒləˈrɑːdəʊ] *s. zo.* Karˈtoffelkäfer *m.*
col·o·ra·tu·ra [ˌkɒlərəˈtʊərə] *s.* ♪ **1.** Koloraˈtur *f*; **2.** Koloraˈtursängerin *f*; **~ so·pran·o** *s.* ♪ Koloraˈturso͵pran *m* (*Stimme u. Sängerin*).
col·or·if·ic [ˌkɒləˈrɪfɪk] *adj.* farbgebend; **͵col·orˈim·e·ter** [-ˈrɪmɪtə] *s. phys.* Farbmesser *m*, Koloriˈmeter *n.*
co·los·sal [kəˈlɒsl] *adj.* □ **1.** kolosˈsal, riesig, Riesen..., ungeheuer (*alle a.* F *fig.*); riesenhaft; **2.** F kolosˈsal, eˈnorm; **col·os·se·um** [ˌkɒləˈsɪəm] → ***coliseum***; **Coˈlos·sians** [-ɒʃənz] *s. pl. bibl.* (Brief *m* des Paulus an die) Koˈlosser *pl.*; **coˈlos·sus** [-səs] *s.* **1.** Koˈloß *m*: a) Riese *m*, b) *et.* Riesengroßes; **2.** Riesenstandbild *n.*
col·our [ˈkʌlə] **I** *s.* **1.** Farbe *f*; Färbung *f*; ***what ~ is ...?*** welche Farbe hat ...?; **2.** *mst pl. Malerei*: Farbe *f*, Farbstoff *m*: ***lay on the ~s too thickly*** *fig.* zu dick auftragen; ***paint in bright*** (***dark***) ***~s*** *fig.* in rosigen (düsteren) Farben schildern; **3.** (*a.* gesunde) Gesichtsfarbe: ***she has little ~*** sie ist blaß; ***change*** (***lose***) ***~*** die Farbe wechseln (verlieren); → ***off-colo***(***u***)***r***; **4.** Hautfarbe *f*: ***~ problem*** Rassenfrage *f*; **5.** Anschein *m*, Anstrich *m*, Vorwand *m*, Deckmantel *m*: ***~ of law*** ⚖ Amtsmißbrauch *m*; ***~ of title*** ⚖ unzureichender Eigentumsanspruch; ***give ~ to*** den Anstrich der Wahrscheinlichkeit geben (*dat.*); ***under ~ of*** unter dem Vorwand *od.* Anschein von; **6.** a) Färbung *f*, Ton *m*, b) Farbe *f*, Lebendigkeit *f*, Koloˈrit *n*: ***lend*** (*od.* ***add***) ***~ to*** beleben, lebendig gestalten, *e-r Sache* Farbe verleihen; ***in one's true ~s*** in s-m wahren Licht; ***local ~*** Lokalkolorit; **7.** ♪ Klangfarbe *f*; **8.** *pl.* Farben *pl.*, Abzeichen *n* (*Klub, Schule, Partei, Jockei*): ***show one's ~s*** a) sein wahres Gesicht zeigen, b) Farbe bekennen; ***to get one's ~s*** sein Mitgliedsabzeichen bekommen; **9.** *pl.* bunte Kleider; **10.** *oft pl.* ⚔ *od. fig.* Fahne *f*, Flagge *f*: ***call to the ~s*** einberufen; ***join the ~s*** Soldat werden; ***with flying ~s*** *fig.* mit fliegenden Fahnen; ***come off with flying ~s*** e-n glänzenden Sieg *od.* Erfolg erzielen; ***nail one's ~s to the mast*** nicht kapitulieren (wollen), standhaft bleiben; ***sail under false ~s*** unter falscher Flagge segeln; ***stick to one's ~s*** e-r Sache treu bleiben; → ***troop*** 6; **11.** *Kartenspiel*: rote u. schwarze Farbe; **II** *v/t.* **12.** färben, kolorieren; anstreichen; **13.** *fig.* färben, e-n Anstrich geben (*dat.*); **14.** a) schönfärben, b) entstellen; **III** *v/i.* **15.** sich (ver)färben; e-e Farbe annehmen; *a.* ***~ up*** erröten.
col·o(u)r·a·ble [ˈkʌlərəbl] *adj.* □ *fig.* **1.** vor-, angeblich; fingiert: ***~ title*** ⚖ unzureichender Eigentumsanspruch; **2.** glaubhaft, plauˈsibel; **ˈcol·o(u)r·ant** [-rənt] *s.* Farbstoff *m.*
col·o(u)r·a·tion [ˌkʌləˈreɪʃn] *s.* Färben *n*; Färbung *f*; Farbgebung *f.*
col·o(u)r| bar *s.* Rassenschranke *f*; **ˈ~-blind** *adj.* farbenblind; **~ chart** *s.* Farbenskala *f*; **ˈ~-code** *v/t.* mit Kennfarben versehen.
col·o(u)red [ˈkʌləd] *adj.* **1.** farbig, bunt (*beide a. fig.*), koloriert; *in Zssgn* ...farbig: ***~ pencil*** Bunt-, Farbstift *m*; ***~ plate*** → ***colo***(***u***)***r plate***; **2.** farbig, *Am. bsd.* Neger...: ***a ~ man*** ein Farbiger; **3.** *fig.* gefärbt: a) beschönigt, b) tendenziˈös entstellt; **4.** *fig.* angeblich, falsch; **ˈcol·o(u)r·fast** *adj.* farbecht; **ˈcol·o(u)r·ful** [-əfʊl] *adj.* **1.** farbenfreudig; **2.** *fig.* farbig, bunt, lebhaft, abwechslungsreich; **ˈcol·o(u)r·ing** [-ərɪŋ] **I** *s.* **1.** Farbe *f*, Farbton *m*; **2.** Farbgebung *f*; **3.** Gesichts- (u. Haar)farbe *f*; **4.** *fig.* Anstrich *m*, Färbung *f*; **II** *adj.* **5.** Farb...: ***~ matter*** Farbstoff *m*; **ˈcol·o(u)r·ist** [-ərɪst] *s.* Farbenkünstler *m*, *engS.* Koloˈrist *m*; **ˈcol·o(u)r·less** [-əlɪs] *adj.* □ farblos (*a. fig.*).
col·o(u)r| line *s.* Rassenschranke *f*; **~ pho·tog·ra·phy** *s.* ˈFarbfotogra͵fie *f*; **~ plate** *s.* Farben(kunst)druck *m*; **~ print** *s. ein* Farbendruck *m*; **~ print·ing** *s.* Bunt-, Farbendruck *m* (*Verfahren*); **~ scheme** *s.* Farbgebung *f*, Farbenanordnung *f*; **~ ser·geant** *s.* ⚔ (*etwa*) Oberfeldwebel *m*; **~ set** *s.* Farbfernseher *m*; **~ sup·ple·ment** *s.* Farbbeilage *f* (*Zeitung*); **~ tel·e·vi·sion** *s.* Farbfernsehen *n*; **ˈ~-wash I** *s.* farbige Tünche; **II** *v/t.* farbig tünchen.
colt¹ [kəʊlt] **I** *s.* **1.** Füllen *n*, Fohlen *n*; **2.** *fig.* ‚Grünschnabel' *m*, *sport* F *a.* ‚Fohlen' *n*; **3.** ⚓ Tauende *n*; **II** *v/t.* **4.** mit dem Tauende prügeln.
colt² [kəʊlt] *s.* Colt *m* (*Revolver*).
col·ter [ˈkəʊltə] *Am.* → ***coulter.***
ˈcolts·foot *s.* ⚘ Huflattich *m.*
col·um·bine [ˈkɒləmbaɪn] *s.* **1.** ⚘ Akeˈlei *f*; **2.** ≈ *thea.* Kolomˈbine *f.*
col·umn [ˈkɒləm] *s.* **1.** △ Säule *f*, Pfeiler *m*; **2.** (*Rauch-, Wasser-, Luft- etc.*)Säule *f*; **3.** *typ.* (Zeitungs-, Buch)Spalte *f*; Ruˈbrik *f*: ***in double ~s*** zweispaltig; **4.** Spalte *f*, Koˈlumne *f* (*regelmäßig erscheinender Meinungsbeitrag*); **5.** ⚔ Koˈlonne *f*; → ***fifth column***; **6.** Koˈlonne *f*, senkrechte Zahlenreihe; **co·lum·nar** [kəˈlʌmnə] *adj.* säulenartig, -förmig; Säulen...; **ˈcol·um·nist** [-mnɪst] *s. Zeitung*: Kolumˈnist(in).
col·za [ˈkɒlzə] *s.* ⚘ Raps *m*: ***~ oil*** Rüb-, Rapsöl *n.*
co·ma¹ [ˈkəʊmə] *pl.* **-mae** [-miː] *s.* **1.** ⚘ Haarbüschel *n* (*an Samen*); **2.** *ast.* Nebelhülle *f e-s Kometen.*
co·ma² [ˈkəʊmə] *s.* ⚕ Koma *n*, tiefe Bewußtlosigkeit: ***be in*** (***fall into***) ***a ~*** im Koma liegen (ins Koma fallen); **ˈco·ma·tose** [-ətəʊs] *adj.* komaˈtös, im Koma (befindlich).
comb [kəʊm] **I** *s.* **1.** Kamm *m*; **2.** ⚙ a) (Wollweber)Kamm *m*, b) (Flachs)Hechel *f*, c) Gewindeschneider *m*, d) ⚡ (Kamm)Stromabnehmer *m*; **3.** *zo.* Hahnenkamm *m*; **4.** Kamm *m* (*Berg; Woge*); **5.** → ***honeycomb*** 1; **II** *v/t.* **6.** *Haar* kämmen; **7.** ⚙ a) *Wolle* kämmen, krempeln, b) *Flachs* hecheln; **8.** *Pferd* striegeln; **9.** *fig.* ˈdurchkämmen, durchˈkämmen, absuchen; **10.** *fig. u.* ***~ out*** a) sieben, sichten, b) aussondern, c) ⚔ ausmustern.
com·bat [ˈkɒmbæt] **I** *v/t.* bekämpfen, kämpfen gegen; **II** *v/i.* kämpfen; **III** *s.* Kampf *m*; Streit *m*; ⚔ *a.* Einsatz *m*: ***single ~*** Zweikampf; **ˈcom·bat·ant** [-bətənt] **I** *s.* **1.** Kämpfer *m*; **2.** ⚔ Frontkämpfer *m*; **II** *adj.* **3.** kämpfend; **4.** ⚔ zur Kampftruppe gehörig; Kampf...
com·bat| car *s.* ⚔ *Am.* Kampfwagen *m*; **~ fa·tigue** *s.* ⚔ *psych.* ˈKriegsneu͵rose *f.*
com·ba·tive [ˈkɒmbətɪv] *adj.* □ **1.** kampfbereit; **2.** kampflustig, streitsüchtig.
com·bat| plane *s.* ✈ *Am.* Kampfflugzeug *n*; **~ sport** *s.* Kampfsport *m*; **~ train·ing** *s.* Gefechtsausbildung *f*; **~ troops** *s. pl.* Kampftruppen *pl.*; **~ u·nit** *s.* ⚔ *Am.* Kampfverband *m.*
combe [kuːm] → ***coomb***(***e***).
comb·er [ˈkəʊmə] *s.* **1.** ⚙ a) ˈKrempelma͵schine *f*, b) ˈHechelma͵schine *f*; **2.** Sturzwelle *f.*
comb hon·ey *s.* Scheibenhonig *m.*
com·bi·na·tion [ˌkɒmbɪˈneɪʃn] *s.* **1.** Verbindung *f*, Vereinigung *f*; Zs.-setzung *f*; Kombinatiˈon *f* (*a. sport,* ♞ *etc.*); **2.** Zs.-schluß *m*, Bündnis *n*; *b.s.* Komˈplott *n*; **3.** ⚜ *etc.* → ***combine*** 6, 7, 8; **4.** ⚗ Verbindung *f*; **5.** *mot.* Gespann *n*, ˈMotorrad *n* mit Beiwagen; **6.** *mst pl.* Kombinatiˈon *f*: a) Hemdhose *f*, b) Monˈtur *f*; **7.** ♪ → ***combo***; **~ lock** *s.* ⚙ Kombinatiˈons-, Veˈxierschloß *n*; **~ room** *s. Brit. univ.* Gemeinschaftsraum *m.*
com·bine [kəmˈbaɪn] **I** *v/t.* **1.** verbinden (*a.* ⚗), vereinigen, kombinieren; **2.** in sich vereinigen; **II** *v/i.* **3.** sich verbinden (*a.* ⚗), sich vereinigen; **4.** sich zs.-schließen; **5.** zs.-wirken; **III** *s.* [ˈkɒmbaɪn] **6.** Verbindung *f*, Vereinigung *f*; **7.** ⚜ Konˈzern *m*, Verband *m*; **8.** poˈlitische *od.* wirtschaftliche Interˈessengemeinschaft; **9.** *a.* ***~ harvester***

✓ Mähdrescher *m.*

com·bined [kəm'baɪnd] *adj.* vereinigt, verbunden; vereint, gemeinsam, Gemeinschafts...; kombiniert: ~ **arms** ⚔ gemischte Verbände; ~ **event** *sport* Mehrkampf *m.*

comb·ings ['kəʊmɪŋz] *s. pl.* ausgekämmte Haare *pl.*

com·bo ['kɒmbəʊ] *s.* Combo *f*, kleine Jazzband.

'**comb·out** *s.* Auskämmen *n*; *fig.* Siebung *f*, Sichtung *f.*

com·bus·ti·bil·i·ty [kəmˌbʌstə'bɪlətɪ] *s.* Brennbarkeit *f*, Entzündlichkeit *f*; **com·bus·ti·ble** [kəm'bʌstəbl] **I** *adj.* **1.** brennbar, leichtentzündlich; **2.** *fig.* erregbar; **II** *s.* **3.** Brenn-, Zündstoff *m*; 'Brennmateriˌal *n.*

com·bus·tion [kəm'bʌstʃən] *s.* Verbrennung *f* (*a.* ⚗, *biol.*): **spontaneous** ~ Selbstentzündung *f*; ~ **cham·ber** *s.* ⚙ Verbrennungsraum *m*; ~ **en·gine**, ~ **mo·tor** *s.* ⚙ Ver'brennungsˌmotor *m.*

come [kʌm] **I** *v/i.* [*irr.*] **1.** kommen: **be long in coming** lange auf sich warten lassen; **he came to see us** er besuchte uns, er suchte uns auf; **that ~s on page 4** das kommt auf Seite 4; ~ **what may!** komme, was da wolle!; **a year ago ~ March** im März vor e-m Jahr; **as stupid as they ~** dumm wie Bohnenstroh; **the message has ~** die Nachricht ist gekommen *od.* eingetroffen; **I was coming to that** darauf wollte ich gerade hinaus; ~ **to that** was das betrifft; ~ **again!** F sag's noch mal!; **2.** (dran)kommen, an die Reihe kommen: **who ~s first?**; **3.** kommen, erscheinen, auftreten: ~ **and go** a) kommen u. gehen, b) erscheinen u. verschwinden; **love will ~ in time** mit der Zeit wird die Liebe sich einstellen; ~ (**to pass**) geschehen, sich ereignen, kommen; **how ~?** wie kommt das?, wieso (denn)?; **4.** kommen, gelangen (**to** zu): ~ **to the throne** den Thron besteigen; ~ **into danger** in Gefahr geraten; **5.** kommen, abstammen (**of, from** von): **he ~s of a good family** er kommt *od.* stammt aus gutem Hause; **I ~ from Leeds** ich stamme aus Leeds; **6.** kommen, 'herrühren (**of** von): **that's what ~s of your hurry** das kommt von deiner Eile; **nothing came of it** es wurde nichts daraus; **7.** sich erweisen: **it ~s expensive** es kommt teuer; **the expenses ~ rather high** die Kosten kommen recht hoch; **it ~s to this that** es läuft darauf hinaus, daß; **it ~s to the same thing** es läuft auf dasselbe hinaus; → *a.* **come to** 4; **8.** *fig.* ankommen (**to s.o.** j-n): **it ~s hard** (**easy**) **to me** es fällt mir schwer (leicht); **9.** werden, sich entwickeln, dahin *od.* dazu kommen: **he has ~ to be a good musician** er ist ein guter Musiker geworden; **it has ~ to be the custom** es ist Sitte geworden; ~ **to know s.o.** j-n kennenlernen; **I have ~ to believe that** ich bin zu der Überzeugung gekommen, daß; **how did you ~ to do that?** wie kamen Sie dazu, das zu tun?; ~ **true** wahr werden, sich erfüllen; ~ **undone** auf-, ab-, losgehen, sich lösen: **10.** ⚘ (her'aus)kommen, sprießen, keimen; **11.** erhältlich *od.* zu haben sein: **these shirts ~ in three sizes**; **12. to ~** (*als adj. gebraucht*) (zu)künftig, kommend: **the life to ~** das zukünftige Leben; **for all time to ~** für alle Zukunft; **in the years to ~** in den kommenden Jahren; **13.** *sport etc.* ‚kommen' (*angreifen, stärker werden*); **14.** *sl.* ‚kommen' (*e-n Orgasmus haben*); **II** *v/t.* **15.** F sich aufspielen als, *j-n od. etwas* spielen, her'auskehren: **don't try to ~ the great scholar over me!** versuche nicht, mir gegenüber den großen Gelehrten zu spielen!; **III** *int.* **16.** na (hör mal)!, komm!, bitte!: ~, **~!** a) *a.* ~ **now!** nanu!, nicht so wild!, immer langsam!, b) (*ermutigend*) na komm schon!, auf geht's!; **IV** *s.* **17.** V ‚Saft' *m* (*Sperma*);

Zssgn mit prp.:

come| a·cross *v/i.* zufällig treffen *od.* finden, stoßen auf (*acc.*); ~ **aft·er** *v/i.* **1.** *j-m* folgen; **2.** *et.* holen kommen; **3.** suchen, sich bemühen um; ~ **at** *v/i.* **1.** erreichen, bekommen; **2.** angreifen, auf *j-n* losgehen; ~ **by** *v/i.* zu *et.* kommen, bekommen; ~ **for** *v/i.* **1.** abholen kommen; **2.** → **come at** 2; ~ **in·to** *v/i.* **1.** eintreten in (*acc.*); **2.** *e-m Klub etc.* beitreten; **3.** (*rasch od. unerwartet*) zu *et.* kommen: ~ **a fortune** ein Vermögen erben; ~ **near** *v/i.* **1.** *fig.* nahekommen (*dat.*); **2.** ~ **doing** (**s.th.**) beinahe (et.) tun; ~ **on** → **come upon**; ~ **o·ver** *v/i.* **1.** über'kommen, beschleichen, befallen: **what has ~ you?** was ist mit dir los?, was fällt dir ein?; **2.** *sl. j-n* reinlegen; **3.** → **come** 15; ~ **to** *v/i.* **1.** *j-m* zufallen (*bsd. durch Erbschaft*); **2.** *j-m* zukommen, zustehen: **he had it coming to him** F er hatte das längst verdient; **3.** zum *Bewußtsein etc.* kommen; **4.** kommen *od.* gelangen zu: **what are things coming to?** wohin sind wir (*od.* ist die Welt) geraten?; **when it comes to paying** wenn es ans Bezahlen geht; **5.** sich belaufen auf (*acc.*): **it comes to £100**; → *a.* **come** 7; ~ **un·der** *v/i.* **1.** kommen *od.* fallen unter (*acc.*): ~ **a law**; **2.** geraten unter (*acc.*); ~ **up·on** *v/i.* **1.** *j-n* befallen, über'kommen, *j-m* zustoßen; **2.** über *j-n* 'herfallen; **3.** (*zufällig*) treffen, stoßen auf (*acc.*); **4.** *j-m* zur Last fallen; ~ **with·in** → **come under**.

Zssgn mit adv.:

come| a·bout *v/i.* **1.** geschehen, pas'sieren; **2.** entstehen; **3.** ⚓ 'umspringen (*Wind*); ~ **a·cross** *v/i.* **1.** her'überkommen; **2.** a) verstanden werden, b) ‚ankommen' (*Rede etc.*), c) ‚rüberkommen' (*Filmszene etc.*); **3.** ~ **with** F ‚rüberkommen' mit, *Geld etc.* her'ausrükken; ~ **a·long** *v/i.* **1.** mitkommen, -gehen: **~!** F ‚dalli'!, komm schon!; **2.** sich ergeben (*Chance etc.*); **3.** F vorankommen, Fortschritte machen; ~ **a·part** *v/i.* ausein'anderfallen, in Stücke gehen; ~ **a·way** *v/i.* **1.** ab-, losgehen (*Knopf etc.*); **2.** weggehen (*Person*); ~ **back** *v/i.* **1.** zu'rückkommen, *a. fig.* 'wiederkehren: ~ **to s.th.** auf e-e Sache zurückkommen; **2.** *sl.* ein ‚Comeback' feiern; **3.** wieder einfallen (**to s.o.** j-m); **4.** (*bsd.* schlagfertig) antworten (**at s.o.** j-m); ~ **by** *v/i.* vor'beikommen, ‚reinschauen'; ~ **down** *v/i.* **1.** her'ab-, her'unterkommen; **2.** (ein)stürzen, fallen; **3.** ✈ niedergehen; **4.** *a.* ~ **in the world** *fig.* her'unterkommen (*Person*); **5.** *ped. univ. Brit.* a) die Universi'tät verlassen, b) in die Ferien gehen; **6.** über'liefert werden; **7.** her'untergehen, sinken (*Preis*), billiger werden (*Dinge*); **8.** nachgeben, kleinlaut werden; **9.** ~ **on** a) sich stürzen auf (*acc.*), b) 'herfallen über (*acc.*), *j-m* ‚aufs Dach steigen'; **10.** ~ **with** F her'ausrücken mit: ~ **handsome**(**ly**) sich spendabel zeigen; **11.** ~ **with** erkranken an (*dat.*); **12.** ~ **to** hin'auslaufen auf (*acc.*); ~ **forth** *v/i.* her'vorkommen; ~ **for·ward** *v/i.* **1.** her'vortreten; **2.** sich melden (*Zeuge etc.*); ~ **home** *v/i.* **1.** nach Hause kommen; **2.** *fig.* Eindruck machen, wirken, ‚einschlagen', ‚ziehen'; ~ **in** *v/i.* **1.** her'einkommen: **~!** a) herein!, b) (*Funk*) bitte kommen!; **2.** eingehen, -treffen (*Nachricht, Geld etc.*), ⚓, 🐎 *sport* einlaufen: ~ **second** den zweiten Platz belegen; **3.** aufkommen, in Mode kommen: **long skirts ~ again**; **4.** an die Macht kommen; **5.** sich *als nützlich etc.* erweisen: **this will ~ useful**; **6.** Berücksichtigung finden: **where do I ~?** wo bleibe ich?; **that's were you ~** da bist dann du dran; **where does the joke ~?** was ist daran so witzig?; **7.** ~ **for** a) bekommen, ‚kriegen', b) *Bewunderung etc.* erregen: ~ **for it** F ‚sein Fett kriegen'; ~ **off** *v/i.* **1.** ab-, losgehen, sich lösen; **2.** *fig.* stattfinden, ‚über die Bühne gehen'; **3.** a) abschneiden: **he came off best**, b) erfolgreich verlaufen, glükken; **4.** ~ **it!** F hör schon auf damit!; ~ **on** *v/i.* **1.** her'ankommen: **~!** a) komm (mit)!, b) komm her!, c) na, komm schon!, los!, d) F na, na!; **2.** beginnen, einsetzen: **it came on to rain** es begann zu regnen; **3.** an die Reihe kommen; **4.** *thea.* a) auftreten, b) aufgeführt werden; **5.** stattfinden; ⚖ verhandelt werden; **6.** a) wachsen, gedeihen, b) vor'ankommen, Fortschritte machen; ~ **out** *v/i.* **1.** her'aus-, her'vorkommen, sich zeigen; **2.** *a.* ~ **on strike** streiken; **3.** her'auskommen: a) erscheinen (*Bücher*), b) bekanntwerden, ans Licht kommen; **4.** ausgehen (*Haare*), her'ausgehen (*Farbe*); **5.** F werden, sich *gut etc.* entwickeln; *phot. etc. gut etc.* werden (*Bild*); **6.** debü'tieren: a) zum ersten Male auftreten (*Schauspieler*), b) in die Gesellschaft eingeführt werden; **7.** ~ **with** F mit *et.* her'ausrücken (*sagen*); **8.** ~ **against** sich aussprechen gegen, den Kampf ansagen (*dat.*); ~ **o·ver** *v/i.* **1.** her'überkommen; **2.** 'übergehen (**to** zu); **3.** verstanden werden; ~ **round** *v/i.* **1.** ‚vor'beikommen' (*Besucher*); **2.** 'wiederkehren (*Fest, Zeitabschnitt*); **3.** ~ **to s.o.'s way of thinking** sich zu j-s Meinung bekehren; **4.** → **come to** 1; ~ **through** *v/i.* **1.** 'durchkommen (*a. allg. fig. Kranker, Meldung etc.*); **2.** *fig.* a) es ‚schaffen', b) → **come across** 3; ~ **to** *v/i.* **1.** a) wieder zu sich kommen, das Bewußtsein 'wiedererlangen, b) sich erholen; **2.** ⚓ vor Anker gehen; ~ **up** *v/i.* **1.** her'aufkommen; **2.** her'ankommen: ~ **to s.o.** an j-n herantreten; **coming up!** kommt gleich!; **3.** ⚖ zur Verhandlung kommen; **4.** *a.* ~ **for discussion** zur Sprache kommen, angeschnitten werden; **5.** ~ **for** zur *Abstimmung, Entscheidung* kommen; **6.** aufkommen, Mode werden; **7.** *Brit.* sein Studium aufnehmen;

8. *Brit.* nach London kommen; **9.** *~ **to*** a) reichen bis an (*acc.*) *od.* zu, b) erreichen (*acc.*), c) *fig.* her'anreichen an (*acc.*); **10.** *~ **with*** a) *j-n* einholen, b) *fig.* es *j-m* gleichtun; **11.** *~ **with*** ‚da'herkommen' mit, *e-e Idee etc.* präsentieren.

come-at-a·ble [ˌkʌm'ætəbl] *adj.* F **1.** zugänglich; **2.** erreichbar.

'come·back *s.* **1.** *sport, thea. etc.* Come'back *n*: ***make*** *od.* ***stage a ~*** ein Comeback feiern; **2.** (schlagfertige) Antwort.

co·me·di·an [kə'mi:djən] *s.* **1.** a) Ko'mödienschauspieler *m*, b) Komiker *m* (*a. contp.*); **2.** Lustspieldichter *m*; **3.** Witzbold *m* (*a. contp.*); **co·me·di·enne** [kəˌmi:dɪ'en] *s.* a) Ko'mödienschauspielerin *f*, b) Komikerin *f*.

com·e·do ['kɒmədəʊ] *pl.* **-dos** *s.* ⚕ Mitesser *m*.

'come·down *s.* **1.** *fig.* Abstieg *m*, Abfall *m* (***from*** gegenüber); **2.** F Enttäuschung *f*.

com·e·dy ['kɒmɪdɪ] *s.* **1.** Ko'mödie *f*: a) Lustspiel *n*: ***light ~*** Schwank *m*, b) *fig.* komische Sache; **2.** Komik *f*.

ˌcome-'hith·er *adj.*: *~ **look*** F einladender Blick.

come·li·ness ['kʌmlɪnɪs] *s.* Anmut *f*, Schönheit *f*; **'come·ly** ['kʌmlɪ] *adj.* attrak'tiv, hübsch.

'come-on *s. Am. sl.* **1.** Köder *m* (*bsd. für Käufer*); **2.** Schwindler *m*; **3.** Gimpel *m* (*einfältiger Mensch*).

com·er ['kʌmə] *s.* **1.** Ankömmling *m*: ***first ~*** wer zuerst kommt, *weitS.* (*der od. die*) erste beste; ***all ~s*** jedermann; **2.** ***he is a ~*** F er ist der kommende Mann.

co·mes·ti·ble [kə'mestɪbl] **I** *adj.* genießbar; **II** *s. pl.* Nahrungs-, Lebensmittel *pl.*

com·et ['kɒmɪt] *s. ast.* Ko'met *m*.

come·up·pance [ˌkʌm'ʌpəns] *s.* F wohlverdiente Strafe.

com·fit ['kʌmfɪt] *s. obs.* Zuckerwerk *n*, kan'dierte Früchte *pl.*

com·fort ['kʌmfət] **I** *v/t.* **1.** trösten, *j-m* Trost spenden; **2.** beruhigen; **3.** erfreuen; **4.** *j-m* Mut zusprechen; **5.** *obs.* unter'stützen, *j-m* helfen; **II** *s.* **6.** Trost *m*, Erleichterung *f* (***to*** für): ***derive*** *od.* ***take ~ from s.th.*** aus etwas Trost schöpfen; ***what a ~!*** Gott sei Dank!; welch ein Trost!; ***he was a great ~ to her*** er war ihr ein großer Trost *od.* Beistand; ***cold ~*** ein schwacher *od.* schlechter Trost; **7.** Wohltat *f*, Labsal *n*, Erquickung *f* (***to*** für); **8.** Behaglichkeit *f*, Wohlergehen *n*: ***live in ~*** ein behagliches u. sorgenfreies Leben führen; **9.** *a. pl.* Kom'fort *m*: ***with all modern ~s***; **10.** *a.* ***soldiers' ~s*** *pl.* Liebesgaben *pl.* (für Sol'daten); **11.** *obs.* Hilfe *f*.

com·fort·a·ble ['kʌmfətəbl] *adj.* (*adv.* ***comfortably***) **1.** komfor'tabel, bequem, behaglich, gemütlich: ***make o.s. ~*** es sich bequem machen; ***are you ~?*** haben Sie es bequem?, sitzen *od.* liegen *etc.* Sie bequem?; ***feel ~*** sich wohl fühlen; **2.** bequem, sorgenfrei: ***live in ~ circumstances*** in guten Verhältnissen leben; **3.** gut, reichlich: ***a ~ income***; **4.** *bsd. sport* beruhigend (*Vorsprung etc.*); **5.** ohne Beschwerden (*Patient*); **'com·fort·er** [-tə] *s.* **1.** Tröster *m*: → ***Job***[2]; **2.** ***the*** 𝔖 *eccl.* der Heilige Geist; **3.** *bsd. Brit.* Wollschal *m*; **4.** *Am.* Steppdecke *f*; **5.** *bsd. Brit.* Schnuller *m* (*für Babys*); **'com·fort·ing** [-tɪŋ] *adj.* tröstlich; **'com·fort·less** [-lɪs] *adj.* **1.** unbequem; **2.** trostlos; **3.** unerfreulich.

com·frey ['kʌmfrɪ] *s.* ⚘ Schwarzwurz *f*.

com·fy ['kʌmfɪ] F → ***comfortable*** 1.

com·ic ['kɒmɪk] **I** *adj.* □ → ***comically***; **1.** komisch, Lustspiel...: *~ **actor*** Komiker *m*; *~ **opera*** komische Oper; *~ **writer*** Lustspieldichter *m*; **2.** komisch, humo'ristisch: *~ **paper*** Witzblatt *n*; *~ **strips*** Comic strips, Comics; **3.** drollig, spaßig; **II** *s.* **4.** Komiker *m*; **5.** Witzblatt *n*; *pl. Zeitung*: Comics *pl.*; **6.** 'Filmkoˌmödie *f*; **'com·i·cal** [-kəl] *adj.* □ **1.** komisch, ulkig; **2.** F komisch, sonderbar; **com·i·cal·i·ty** [ˌkɒmɪ'kælətɪ] *s.* Spaßigkeit *f*; **'com·i·cal·ly** [-kəlɪ] *adv.* komisch(erweise).

com·ing ['kʌmɪŋ] **I** *adj.* kommend, (zu)künftig: ***the ~ man*** der kommende Mann; *~ **week*** nächste Woche; **II** *s.* Kommen *n*, Ankunft *f*; Beginn *m*: *~ **of age*** Mündigwerden *n*; ***the Second*** 𝔖 (***of Christ***) die Wiederkunft Christi.

com·i·ty ['kɒmɪtɪ] *s.* **1.** Höflichkeit *f*; **2.** *~ **of nations*** gutes Einvernehmen der Nationen.

com·ma ['kɒmə] *s.* Komma *n*; *~ **ba·cil·lus*** *s.* [*irr.*] ⚕ 'Kommabaˌzillus *m*.

com·mand [kə'mɑ:nd] **I** *v/t.* **1.** *j-m* befehlen, gebieten; **2.** gebieten, fordern, verlangen: *~ **silence*** Ruhe gebieten; **3.** beherrschen, gebieten über (*acc.*): ***the hill ~s the plain*** der Hügel beherrscht die Ebene; **4.** ⚔ kommandieren: a) *j-m* befehlen, b) *Truppe* befehligen, führen; **5.** *Gefühle, die Lage* beherrschen: *~ **o.s.*** sich beherrschen; **6.** verfügen über (*acc.*) (*Dienste, Gelder*); **7.** *Vertrauen, Liebe* einflößen: *~ **respect*** Achtung gebieten; *~ **admiration*** Bewunderung abnötigen *od.* verdienen; **8.** *Aussicht* gewähren, bieten; **9.** ✝ *Preis* erzielen; *Absatz* finden; **II** *v/i.* **10.** befehlen, herrschen; **11.** ⚔ kommandieren; **III** *s.* **12.** *allg.* Befehl *m*: ***by ~*** auf Befehl; **13.** ⚔ Kom'mando *n*: a) Befehl *m*: ***word of ~*** Kommando(wort) *n*, b) (Ober)Befehl *m*, Befehlsgewalt *f*, Führung *f*: ***be in ~*** a) (***of***) das Kommando führen (über *acc.*), b) *sport* den Gegner beherrschen; ***take ~*** das Kommando übernehmen; **14.** ⚔ a) Oberkom'mando *n*, Führungsstab *m*, b) Befehls-, Kom'mandobereich *m*; **15.** *fig.* Gewalt *f*, Herrschaft *f* (***of*** über *acc.*); Beherrschung *f*, Meisterung *f* (*Gefühle*): ***have ~ of*** *Fremdsprache etc.* beherrschen; ***his ~ of English*** s-e Englischkenntnisse *pl.*; **16.** Verfügung *f* (***of*** über *acc.*): ***at your ~*** zu Ihrer Verfügung; ***be*** (***have***) ***at ~*** zur Verfügung stehen (haben).

com·man·dant [ˌkɒmən'dænt] *s.* ⚔ Komman'dant *m*, Befehlshaber *m*.

com·mand car *s.* ⚔ *Am.* Befehlsfahrzeug *n*.

com·man·deer [ˌkɒmən'dɪə] *v/t.* **1.** zum Mili'tärdienst zwingen; **2.** ⚔ requirieren, beschlagnahmen; **3.** F ‚organisieren', sich aneignen.

com·mand·er [kə'mɑ:ndə] *s.* **1.** ⚔ Komman'dant *m* (*e-r Festung, e-s Flugzeugs etc.*), Befehlshaber *m*; Komman'deur *m* (*e-r Einheit*), Führer *m*; *Am.* ⚓ Fre'gattenkapiˌtän *m*: *~-**in-chief*** Oberbefehlshaber; **2.** 𝔖 ***of the Faithful*** *hist.* Beherrscher *m* der Gläubigen (*Sultan*); **3.** *hist.* (*Ordens*)Kom'tur *m*; **com'mand·ing** [-dɪŋ] *adj.* □ **1.** herrschend, gebietend; **2.** *die Gegend* beherrschend: *~ **point*** strategischer Punkt; **3.** ⚔ kommandierend, befehlshabend; **4.** imponierend, eindrucksvoll; **5.** gebieterisch; **com'mand·ment** [-dmənt] *s.* Gebot *n*, Vorschrift *f*: ***the Ten*** 𝔖***s*** *bibl.* die Zehn Gebote.

com·mand mod·ule *s. Raumfahrt*: Kom'mandokapsel *f*.

com·man·do [kə'mɑ:ndəʊ] *pl.* **-dos** *s.* ⚔ **1.** Kom'mando(truppe *f*, -einheit *f*) *n*: *~ **squad***; *~ **raid*** Kommandoüberfall *m*; **2.** Angehörige(r) *m* e-s Kom'mandos.

com·mand| pa·per *s. pol. Brit.* (*dem Parlament vorgelegter*) Kabi'nettsbeschluß *m*; *~ **per·form·ance*** *s. thea.* Aufführung *f* auf königlichen Befehl *od.* Wunsch; *~ **post*** *s.* ⚔ Befehls-, Gefechtsstand *m*.

com·mem·o·rate [kə'meməreɪt] *v/t.* (ehrend) gedenken (*gen.*); erinnern an (*acc.*): ***a monument to ~ a victory*** ein Denkmal zur Erinnerung an e-n Sieg; **com·mem·o·ra·tion** [kəˌmemə'reɪʃn] *s.* **1.** Gedenk-, Gedächtnisfeier *f*: ***in ~ of*** zum Gedächtnis an (*acc.*); **2.** *Brit. univ.* Stiftergedenkfest *n* (*Oxford*); **com'mem·o·ra·tive** [-rətɪv] *adj.* Gedächtnis..., Erinnerungs...: *~ **issue*** Gedenkausgabe *f* (*Briefmarken etc.*); *~ **plaque*** Gedenktafel *f*.

com·mence [kə'mens] *v/t. u. v/i.* **1.** beginnen, anfangen; ⚖ *Klage* anhängig machen; **2.** *Brit. univ.* promovieren (***M.A.*** zum M.A.); **com'mence·ment** [-mənt] *s.* **1.** Anfang *m*, Beginn *m*; **2.** *Am.* (Tag *m* der) Feier *f* der Verleihung aka'demischer Grade; **com'menc·ing** [-sɪŋ] *adj.* Anfangs...: *~ **salary***.

com·mend [kə'mend] *v/t.* **1.** empfehlen, loben: *~ **me to ...*** F da lobe ich mir ...; **2.** empfehlen, anvertrauen (***to*** *dat.*); **3.** *~ **o.s.*** sich (*als geeignet*) empfehlen; **com'mend·a·ble** [-dəbl] *adj.* □ empfehlens-, lobenswert; **com·men·da·tion** [ˌkɒmen'deɪʃn] *s.* **1.** Empfehlung *f*; **2.** Lob *n*; **com'mend·a·to·ry** [-dətərɪ] *adj.* **1.** empfehlend, Empfehlungs...; **2.** lobend.

com·men·sal [kə'mensəl] *s.* **1.** Tischgenosse *m*; **2.** *biol.* Kommen'sale *m*.

com·men·su·ra·ble [kə'menʃərəbl] *adj.* □ **1.** kommensu'rabel, vergleichbar (***with, to*** mit); **2.** angemessen, im richtigen Verhältnis; **com'men·su·rate** [-rət] *adj.* □ **1.** gleich groß, von gleicher Dauer (***with*** wie); **2.** (***with, to***) im Einklang stehend (mit), angemessen *od.* entsprechend (*dat.*).

com·ment ['kɒment] **I** *s.* **1.** Be-, Anmerkung *f*, Stellungnahme *f*, Kommen'tar *m* (***on*** zu): ***no ~!*** kein Kommentar!; **2.** Erläuterung *f*, Kommen'tar *m*, Deutung *f*; Kri'tik *f*; **3.** Gerede *n*; **II** *v/i.* **4.** (***on***) kommentieren (*acc.*), Erläuterungen *od.* Anmerkungen machen (zu); **5.** sich (kritisch) äußern (***on*** über *acc.*); **'com·men·tar·y** [-tərɪ] *s.* Kommen'tar *m* (***on*** zu): ***radio ~*** Rundfunkkommentar; **'com·men·tate** [-teɪt] *v/i.* → ***comment*** 4; **'com·men·ta·tor** [-teɪtə] *s.*

allg., *a. TV etc.*: Kommen'tator *m*.
com·merce ['kɒmɜːs] *s.* **1.** Handel *m*, Handelsverkehr *m*; **2.** Verkehr *m*, 'Umgang *m*.
com·mer·cial [kə'mɜːʃl] **I** *adj.* □ **1.** kommerzi'ell (*a. Theaterstück etc.*), kaufmännisch, geschäftlich, gewerblich, Handels..., Geschäfts...; **2.** handeltreibend; **3.** für den Handel bestimmt, Handels...; **4.** a) in großen Mengen erzeugt, b) mittlerer *od.* niederer Quali'tät, c) nicht (ganz) rein (*Chemikalien*); **5.** handelsüblich: *~ quality*; **6.** *Radio*, *TV*: Werbe...: *~ television* a) Werbefernsehen *n*, b) kommerzielles Fernsehen; **II** *s.* **7.** *Radio, TV*: a) von e-m Sponsor finanzierte Sendung, b) Werbespot *m*; *~* **al·co·hol** *s.* handelsüblicher Alkohol, Sprit *m*; *~* **art** *s.* Werbegraphik *f*; *~* **a·vi·a·tion** *s.* Verkehrsluftfahrt *f*; *~* **col·lege** *s.* Wirtschafts(ober)schule *f*; *~* **cor·re·spond·ence** *s.* 'Handelskorrespon,denz *f*; *~* **court** *s.* ⚖ Handelsgericht *n*; *~* **ge·og·ra·phy** *s.* 'Wirtschaftsgeogra,phie *f*.
com·mer·cial·ism [kə'mɜːʃəlɪzəm] *s.* **1.** Handels-, Geschäftsgeist *m*; **2.** Handelsgepflogenheit *f*; **3.** kommerzi'elle Ausrichtung; **com·mer·cial·i·za·tion** [kə,mɜːʃəlaɪ'zeɪʃn] *s.* Kommerziali'sierung *f*, Vermarktung *f*, kaufmännische Verwertung *od.* Ausnutzung; **com·mer·cial·ize** [kə'mɜːʃəlaɪz] *v/t.* kommerzialisieren, vermarkten, verwerten, ein Geschäft machen aus; in den Handel bringen.
com·mer·cial| let·ter of cred·it *s.* Akkredi'tiv *n*; *~* **loan** *s.* 'Warenkre,dit *m*; *~* **man** *s.* [*irr.*] Geschäftsmann *m*; *~* **pa·per** *s.* 'Inhaberpa,pier *n* (*bsd. Wechsel*); *~* **plane** *s.* Verkehrsflugzeug *n*; *~* **room** *s. Brit. Hotelzimmer, in dem Handlungsreisende Kunden empfangen können*; *~* **school** *s.* Handelsschule *f*; *~* **trav·el·(l)er** *s.* Handlungsreisende(r) *m*; *~* **trea·ty** *s.* Handelsvertrag *m*; *~* **val·ue** *s.* Handels-, Marktwert *m*; *~* **ve·hi·cle** *s.* Nutzfahrzeug *n*.
com·mie ['kɒmɪ] *s.* F Kommu'nist(in).
com·mi·na·tion [,kɒmɪ'neɪʃn] *s.* Drohung *f*; *bsd. eccl.* Androhung *f* göttlicher Strafe; *a. ~ service* Bußgottesdienst *m*.
com·mi·nute ['kɒmɪnjuːt] *v/t.* zerkleinern, zerstückeln; zerreiben: *~d fracture* ✱ Splitterbruch *m*; **com·mi·nu·tion** [,kɒmɪ'njuːʃn] *s.* **1.** Zerkleinerung *f*; Zerreibung *f*; **2.** ✱ Splitterung *f*; **3.** Abnutzung *f*.
com·mis·er·ate [kə'mɪzəreɪt] **I** *v/t. j-n* bemitleiden, bedauern; **II** *v/i.* Mitleid haben (*with* mit); **com·mis·er·a·tion** [kə,mɪzə'reɪʃn] *s.* Mitleid *n*, Erbarmen *n*.
com·mis·sar [,kɒmɪ'sɑː] *s.* Kommis'sar *m* (*bsd. Rußland*): *People's* ♀ Volkskommissar; **,com·mis'sar·i·at** [-'seərɪət] *s.* ⚔ a) Intendan'tur *f*, b) Ver'pflegungsorganisati,on *f*; **com·mis·sar·y** ['kɒmɪsərɪ] *s.* **1.** Kommis'sar *m*, Beauftragte(r) *m*; **2.** *eccl.* bischöflicher Kommis'sar; **3.** 'Volkskommis,sar *m*; **4.** *Am.* a) ⚔ Verpflegungsstelle *f*, b) Restau'rant *n im Filmstudio etc.*
com·mis·sion [kə'mɪʃn] **I** *s.* **1.** Auftrag *m*, Vollmacht *f*; **2.** Bestallung *f*; Bestallungsurkunde *f*; **3.** ⚔ Offi'zierspa,tent *n*: *hold a ~* Offizier sein; *receive one's ~* Offizier werden; **4.** (An)Weisung *f*, Aufgabe *f*; **5.** Auftrag *m*, Bestellung *f*; **6.** Amt *n*, Dienst *m*, Tätigkeit *f*, Betrieb *m*: *put into ~ Schiff* in Dienst stellen (F *a. Maschine etc.*); *in ~* im Dienst, in Betrieb; *out of ~* a) außer Dienst (*bsd. Schiff*), b) außer Betrieb, nicht funktionierend, kaputt; **7.** ✝ a) Kommissi'on *f*: *have on ~* in Kommission *od.* Konsignation haben, b) Provisi'on *f*, Vergütung *f*: *~ agent* Kommissionär *m*, Provisionsvertreter *m*; *goods on ~* Kommissionswaren; *on a ~ basis* in Kommission, auf Provisionsgrundlage; *sell on ~* gegen Provision verkaufen; **8.** Ausführung *f*, Verübung *f*; → *sin* 1; **9.** Kommissi'on *f*, Ausschuß *m*; Vorstand *m* (*Klub*): *Royal ♀ Brit.* Untersuchungsausschuß; **II** *v/t.* **10.** beauftragen, be'vollmächtigen; **11.** *j-m* e-e Bestellung *od.* e-n Auftrag geben; **12.** in Auftrag geben, bestellen: *~ a statue*; *~ed work* Auftragsarbeit *f*; **13.** ⚔ zum Offi'zier ernennen: *~ed officer* (durch Patent bestallter) Offizier; **14.** *Schiff* in Dienst stellen.
com·mis·sion·aire [kə,mɪʃə'neə] *s.* **1.** *Brit.* (livrierter) Porti'er; **2.** ✝ *Am.* Vertreter *m*, Einkäufer *m*.
com·mis·sion·er [kə'mɪʃnə] *s.* **1.** Be'vollmächtigte(r) *m*, Beauftragte(r) *m*; **2.** (Re'gierungs)Kommis,sar *m*: *High ♀* Hochkommissar; **3.** Leiter *m* des Amtes: *~ of police* Polizeichef *m*; *♀ for Oaths* (*etwa*) Notar *m*; **4.** ⚖ beauftragter Richter; **5.** a) Mitglied *n* e-r (Re'gierungs)Kommissi,on, Kommis'sar *m*, b) *pl.* Kommissi'on *f*, Behörde *f*.
com·mis·sure ['kɒmɪ,sjʊə] *s.* **1.** Naht *f*; Band *n* (*bsd. anat.*); **2.** *anat.* Nervenstrang *m*.
com·mit [kə'mɪt] *v/t.* **1.** anvertrauen, über'geben, über'tragen: *~ to the ground* beerdigen; *~ to memory* auswendig lernen; *~ to paper* zu Papier bringen; ⚖ *~ s.o. to prison* (*to an institution*) j-n in e-e Strafanstalt (Heil- u. Pflegeanstalt) einweisen; *~ for trial* dem zuständigen Gericht zur Hauptverhandlung überstellen; **2.** anvertrauen, empfehlen; **3.** *pol.* an e-n Ausschuß über'weisen; **4.** (*to*) *pol. etc.* verpflichten (zu), binden (an *acc.*); festlegen (auf *acc.*) (*alle a. o.s.* sich): *be ~ted* sich festgelegt haben, gebunden sein; *~ted writer* engagierter Schriftsteller; **5.** *Verbrechen etc.* begehen, verüben; **6.** (*o.s.* sich) kompromittieren; **com'mit·ment** [-mənt] *s.* **1.** (*to*) Verpflichtung *f* (zu), Bindung *f* (an *acc.*): *without ~* unverbindlich; **2.** ✝ Verbindlichkeit *f*; *Am. engS.* Börsengeschäft *n*; **3.** → *committal* 2; **4.** *fig.* Engage'ment *n*; **com'mit·tal** [-tl] *s.* **1.** → *commitment* 1; **2.** 'Übergabe *f*, Über'weisung *f* (*to* an *acc.*): *~ to prison* (*an institution*) Einlieferung *f* in e-e Strafanstalt (Einweisung *f* in e-e Heil- und Pflegeanstalt); *~ order* Haftbefehl *m*, Einweisungsbeschluß *m*; *~ service* Bestattung(sfeier) *f*; **3.** Verübung *f*, Begehung *f* (*von Verbrechen etc.*).
com·mit·tee [kə'mɪtɪ] *s.* Komi'tee *n*, Ausschuß *m*, Kommissi'on *f*: *be* (*od. sit*) *on a ~* in e-m Ausschuß sein; *the House goes into* (*od. resolves itself into* a) *♀ parl.* das Haus konstituiert sich als Ausschuß; *~ stage parl.* Stadium *n* der Ausschußberatung (*zwischen 2. u. 3. Lesung e-s Gesetzentwurfes*); *~man*, *~woman* Komiteemitglied *n*.
com·mo·di·ous [kə'məʊdjəs] *adj.* □ geräumig.
com·mod·i·ty [kə'mɒdətɪ] *s.* ✝ Ware *f*, ('Handels-, *bsd.* Ge'brauchs)Ar,tikel *m*; *oft pl.* Waren *pl.*: *~ value* Waren-, Sachwert *m*; *~* **dol·lar** *s. Am.* Warendollar *m*; *~* **ex·change** *s.* Warenbörse *f*; *~* **mar·ket** *s.* **1.** Warenmarkt *m*; **2.** Rohstoffmarkt *m*; *~* **pa·per** *s.* Doku'mententratte *f*.
com·mo·dore ['kɒmədɔː] *s.* ⚓ **1.** *allg.* Kommo'dore *m*; **2.** Präsi'dent *m* e-s Jachtklubs; **3.** Leitschiff *n* (*Geleitzug*).
com·mon ['kɒmən] **I** *adj.* □ → *commonly*; **1.** gemeinsam (*a.* ⩚), gemeinschaftlich: *make ~ cause* gemeinsame Sache machen; *~ ground* gleiche Grundlage, Gemeinsamkeit *f* (der Interessen *etc.*); *that's ~ ground* darüber besteht Einigkeit; **2.** allgemein, öffentlich: *~ knowledge* allgemein bekannt; *~ rights* Menschenrechte; *~ talk* Stadtgespräch *n*; *~ usage* allgemein üblich; **3.** gewöhnlich, üblich, häufig, alltäglich: *~ coin of the realm* übliche Landesmünze; *~ event* normales Ereignis; *~ sight* alltäglicher Anblick; *a very ~ name* ein sehr häufiger Name; *~ as dirt* häufig, gewöhnlich; **4.** einfach, gewöhnlich: *~ looking* von gewöhnlichem Aussehen; *the ~ people* das (einfache) Volk; *~ salt* Kochsalz *n*; *~ soldier* einfacher Soldat; *~ or garden ...* F Feld-Wald-u.-Wiesen-...; → *cold* 8; **5.** gewöhnlich, gemein: *~ accent* ordinäre Aussprache; *the ~ herd* die große Masse; *~ manners* schlechtes Benehmen; **6.** *ling.* *~ gender* doppeltes Geschlecht; *~ noun* Gattungsname *m*; **II** *s.* **7.** Gemeindeland *n* (*heute oft mit Parkanlage*): (*right of*) *~* Mitbenutzungsrecht *n*; *~ of pasturage* Weiderecht *n*; **8.** *fig.* *in ~* gemeinsam; *in ~ with* (genau) wie; *have s.th. in ~ with* et. gemein haben mit; *out of the ~* außergewöhnlich, besonders; **9.** → *commons*.
com·mon·al·ty ['kɒmənltɪ] *s. das* gemeine Volk, Allgemeinheit *f*.
com·mon| car·ri·er → *carrier* 2; *~* **chord** *s.* ♪ Dreiklang *m*; *~* **de·nom·i·na·tor** *s.* ⩚ gemeinsamer Nenner (*a. fig.*).
com·mon·er ['kɒmənə] *s.* **1.** Bürger(liche) *m*; **2.** *Brit.* Stu'dent (*Oxford*), der s-n 'Unterhalt selbst bezahlt; **3.** *Brit.* a) Mitglied *n* des 'Unterhauses, b) Mitglied *n* des Londoner Stadtrats.
com·mon| frac·tion *s.* ⩚ gemeiner Bruch; *~* **law** *s.* a) *das gesamte angloamerikanische Rechtssystem* (*Ggs. civil law*), b) *obs. das engl. Gewohnheitsrecht*; **,~-'law** *adj.* gewohnheitsrechtlich: *~ marriage* Konsensehe *f*, eheähnliches Zs.-leben; *~ wife* Lebensgefährtin *f*.
com·mon·ly ['kɒmənlɪ] *adv.* gewöhnlich, im allgemeinen.
Com·mon Mar·ket *s.* ✝ Gemeinsamer Markt.
com·mon·ness ['kɒmənnɪs] *s.* **1.** All'täglichkeit *f*, Häufigkeit *f*; **2.** Gewöhn-

lichkeit *f*, ordi'näre Art.
'com·mon|·place I *s.* **1.** Gemeinplatz *m*, Plati'tüde *f*; **2.** *et.* All'tägliches; **II** *adj.* all'täglich, 'uninteres,sant, abgedroschen, platt; 2 **Prayer** *s. eccl.* **1.** die angli'kanische Litur'gie; **2.** (***Book of***) ~ Gebetbuch *n* der angli'kanischen Kirche; ~ **room** [rum] *s.* **1.** *univ.* Gemeinschaftsraum *m*: a) ***junior*** ~ für Studenten, b) ***senior*** ~ für Dozenten; **2.** *Schule*: Lehrerzimmer *n*.
com·mons ['kɒmənz] *s. pl.* **1.** *das* gemeine Volk, *die* Bürgerlichen: ***the*** 2 *parl. Brit.* das Unterhaus; **2.** *bsd. Brit. univ.* Gemeinschaftskost *f*, -essen *n*: ***kept on short*** ~ auf schmale Kost gesetzt.
com·mon| school *s.* staatliche Volksschule; ~ **sense** *s.* gesunder Menschenverstand; **,~-'sen·si·cal** [-'sensɪkl] *adj.* vernünftig; ~ **ser·geant** *s.* Richter *m* u. Rechtsberater *m* des Magi'strats der ***City of London***; ~ **stock** *s.* ✝ *Am.* 'Stamm,aktie(n *pl.*) *f*; **'~·weal** *s.* **1.** Gemeinwohl *n*; **2.** → **'~·wealth** *s.* **1.** Gemeinwesen *n*, Staat *m*; **2.** Repu'blik *f*: ***the*** 2 *Brit. hist.* die engl. Republik unter Cromwell; **3.** ***British*** 2 (***of Nations***) *das* Commonwealth, *die* Britische Nationengemeinschaft; 2 ***of Australia*** *der* Australische Staatenbund; **4.** *Am. Bezeichnung für einige Staaten der USA.*
com·mo·tion [kə'məʊʃn] *s.* **1.** Erschütterung *f*, Aufregung *f*; Aufsehen *n*; **2.** Aufruhr *m*, Tu'mult *m*; → ***civil*** 2; **3.** Wirrwarr *m*.
com·mu·nal ['kɒmjʊnl] *adj.* **1.** Gemeinde..., Kommunal...: ~ ***tax***; **2.** Gemeinschafts...; Volks...: ~ ***aerial*** (*bsd. Am.* ***antenna***) *TV* Gemeinschaftsantenne *f*; ~ ***kitchen*** Volksküche *f*; **3.** *Indien*: Volksgruppen betreffend; **'com·mu·nal·ism** [-nəlɪzəm] *s.* Kommuna'lismus *m* (*Regierungssystem nach Gemeindegruppen*); **'com·mu·nal·ize** [-nəlaɪz] *v/t.* in Gemeindebesitz über'führen, kommunalisieren.
com·mu·nard ['kɒmjʊnəd] *s. sociol.* Kommu'narde *m*.
com·mune¹ [kə'mju:n] *v/i.* **1.** sich vertraulich besprechen: ~ ***with o.s.*** mit sich zu Rate gehen; **2.** *eccl.* kommunizieren, die (heilige) Kommuni'on *od.* das Abendmahl empfangen.
com·mune² ['kɒmju:n] *s.* Kom'mune *f* (*a. sociol.*).
com·mu·ni·ca·ble [kə'mju:nɪkəbl] *adj.* □ **1.** mitteilbar; **2.** ⚕ über'tragbar, ansteckend; **com'mu·ni·cant** [-ənt] **I** *s.* **1.** *eccl.* Kommuni'kant(in); **2.** Gewährsmann *m*, Informant(in); **II** *adj.* **3.** mitteilend; **4.** teilhabend; **com'mu·ni·cate** [-keɪt] **I** *v/t.* **1.** mitteilen (***to*** *dat.*); **2.** (*a.* ⚕) über'tragen (***to*** auf *acc.*); **II** *v/i.* **3.** sich besprechen, Gedanken *etc.* austauschen, in Verbindung stehen, kommunizieren (***with*** mit), sich mitteilen (***with*** *dat.*); **4.** sich in Verbindung setzen (***with*** mit); **5.** in Verbindung stehen, zs.-hängen (***with*** mit): ***these two rooms*** ~ diese beiden Räume haben e-e Verbindungstür; **6.** sich mitteilen (*Erregung etc.*) (***to*** *dat.*); **7.** *eccl.* → ***commune¹*** 2.
com·mu·ni·ca·tion [kə,mju:nɪ'keɪʃn] *s.* **1.** (***to***) *allg.* Mitteilung *f* (an *acc.*): a) Verständigung *f* (*gen. od.* von), b) Über'mittlung *f e-r Nachricht* (an *acc.*), c) Nachricht *f* (an *acc.*), d) Kommunikati'on *f* (*e-r Idee etc.*); **2.** Kommunikati'on *f*, Gedankenaustausch *m*, Verständigung *f*; (Brief-, Nachrichten)Verkehr *m*; Verbindung *f*: ***be in*** ~ ***with s.o.*** mit j-m in Verbindung stehen; **3.** (*a. phys.*) Über'tragung *f*, Fortpflanzung *f* (***to*** auf *acc.*); **4.** Kommunikati'on *f*, Verkehrsweg *m*, Verbindung *f*, 'Durchgang *m*; **5.** *pl.* a) Fernmelde-, Nachrichtenwesen *n* (*a.* ⚔): ~ ***net*** Fernmeldenetz *n*; ~ ***officer*** Fernmeldeoffizier *m*, b) Verbindungswege *pl.*, Nachschublinien *pl.*; **6.** *pl.* Kommunikati'onswissenschaft *f*; ~ **cen·tre** (*Am.* **cen·ter**) *s.* ⚔ 'Fernmeldezen,trale *f*; ~ **cord** *s.* 🚂 Notleine *f*, -bremse *f*; ~ **en·gi·neer·ing** *s.* 'Nachrichten,technik *f*; **~s gap** *s.* Kommunikati'onslücke *f*; **~s sat·el·lite** *s.* 'Nachrichtensatel,lit *m*; ~ **trench** *s.* ⚔ Verbindungs-, Laufgraben *m*.
com·mu·ni·ca·tive [kə'mju:nɪkətɪv] *adj.* □ mitteilsam, kommunika'tiv; **com'mu·ni·ca·tor** [-keɪtə] *s.* **1.** Mitteilende(r *m*) *f*; **2.** *tel.* (Zeichen)Geber *m*.
com·mun·ion [kə'mju:njən] *s.* **1.** Gemeinschaft *f*; **2.** enge Verbindung; 'Umgang *m*: ***hold*** ~ ***with o.s.*** Einkehr bei sich selbst halten; **3.** Religi'onsgemeinschaft *f*; **4.** *eccl.* 2, *a.* ***Holy*** 2 (heilige) Kommuni'on, (heiliges) Abendmahl: 2 ***cup*** Abendmahlskelch *m*; 2 ***table*** Abendmahlstisch *m*.
com·mu·ni·qué [kə'mju:nɪkeɪ] (*Fr.*) *s.* Kommuni'qué *n*.
com·mu·nism ['kɒmjʊnɪzəm] *s.* Kommu'nismus *m*; **'com·mu·nist** [-nɪst] **I** *s.* Kommu'nist(in); **II** *adj.* → **com·mu·nis·tic** [,kɒmjʊ'nɪstɪk] *adj.* kommu'nistisch.
com·mu·ni·ty [kə'mju:nətɪ] *s.* **1.** Gemeinschaft *f*: ~ ***aerial*** (*bsd. Am.* ***antenna***) Gemeinschaftsantenne *f*; ~ ***spirit*** Gemeinschaftsgeist *m*; ~ ***singing*** Gemeinschaftssingen *n*; **2.** Gemeinde *f*, Körperschaft *f*: ***the mercantile*** ~ die Kaufmannschaft; ~ ***centre*** (*Am.* ***center***) Gemeindezentrum *n*; ~ ***chest***, ~ ***fund*** *Am.* Wohlfahrtsfonds *m*; ~ ***home*** *Brit.* Erziehungsheim *n*; **3.** Gemeinwesen *n*: ***the*** ~ a) die Allgemeinheit, das Volk, b) der Staat; ~ ***ownership*** öffentliches Eigentum; **4.** Gemeinschaft *f*, Gemeinsamkeit *f*; Gleichheit *f*: ~ ***of goods*** *od.* ***property*** (eheliche) Gütergemeinschaft; ~ ***of interest*** Interessengemeinschaft; ~ ***of goods acquired during marriage*** Errungenschaftsgemeinschaft; ~ ***of heirs*** ⚖ Erbengemeinschaft.
com·mu·nize ['kɒmjʊnaɪz] *v/t.* **1.** in Gemeineigentum 'überführen, sozialisieren; **2.** kommu'nistisch machen.
com·mut·a·ble [kə'mju:təbl] *adj.* **1.** austauschbar, 'umwandelbar; **2.** *durch Geld* ablösbar; **com·mu·tate** ['kɒmjʊteɪt] *v/t.* ⚡ *Strom* a) wenden, b) gleichrichten; **com·mu·ta·tion** [,kɒmju:'teɪʃn] *s.* **1.** 'Um-, Austausch *m*, 'Umwandlung *f*; **2.** Ablösung *f*, Abfindung *f*; **3.** ⚖ 'Straf,umwandlung *f*, -milderung *f*; **4.** ⚡ 'Umschaltung *f*, Stromwendung *f*; **5.** 🚂 *etc.* Pendelverkehr *m*: ~ ***ticket*** Zeitkarte *f*; **com'mu·ta·tive** [-ətɪv] *adj.* □ **1.** auswechselbar, Ersatz..., Tausch...; **2.** wechselseitig; **com·mu·ta·tor** ['kɒmjʊteɪtə] *s.* ⚡ a) Kommu'tator *m*, Pol-, Stromwender *m*, b) Kol'lektor *m*, c) *mot.* Zündverteiler *m*; Gleichrichter *m*; **com·mute** [kə'mju:t] **I** *v/t.* **1.** ein-, 'umtauschen, auswechseln; **2.** *Zahlung* 'umwandeln (***into*** in *acc.*), ablösen (***for***, ***into*** durch); **3.** ⚖ *Strafe* umwandeln (***to***, ***into*** in *acc.*); **4.** → ***commutate***; **II** *v/i.* **5.** 🚂 *etc.* pendeln; **com'mut·er** [-tə] *s.* **1.** 🚂 *etc.* Zeitkarteninhaber(in), Pendler *m*: ~ ***belt*** Einzugsbereich *m* (*e-r Stadt*); ~ ***train*** Nahverkehrszug *m*; **2.** → ***commutator***.
com·pact¹ ['kɒmpækt] *s.* Pakt *m*, Vertrag *m*.
com·pact² [kəm'pækt] **I** *adj.* □ **1.** kom'pakt, fest, dicht (zs.-)gedrängt; mas'siv: ~ ***car*** → 6; ~ ***cassette*** Kompaktkassette *f*; **2.** gedrungen; **3.** knapp, gedrängt (*Stil*); **II** *v/t.* **4.** zs.-drängen, -pressen, fest verbinden; zs.-fügen: **~*ed of*** zs.-gesetzt aus; **III** *s.* ['kɒmpækt] **5.** Kom'paktpuder(dose *f*) *m*; **6.** *Am.* Kom'paktwagen *m*; **com'pact·ness** [-nɪs] *s.* **1.** Kom'paktheit *f*, Festigkeit *f*; **2.** *fig.* Knappheit *f*, Gedrängtheit *f* (*Stil*).
com·pan·ion¹ [kəm'pænjən] **I** *s.* **1.** Begleiter(in), Gesellschafter(in); *engS.* Gesellschafterin *f e-r Dame*; **2.** Kame'rad(in), Genosse *m*, Genossin *f*, Gefährte *m*, Gefährtin *f*: **~*-in-arms*** Waffenbruder *m*; ~ ***in misfortune*** Leidensgefährte; ***constant*** ~ ‚ständiger Begleiter' (*e-r Dame*); **3.** Gegen-, Seitenstück *n*, Pen'dant *n*: ~ ***volume*** Begleitband *m*; **4.** Handbuch *n*; **5.** Ritter *m*: 2 ***of the Bath*** Ritter des Bath-Ordens; **II** *v/t.* **6.** begleiten; **III** *v/i.* **7.** verkehren (***with*** mit); **IV** *adj.* **8.** (dazu) passend, da'zugehörig.
com·pan·ion² [kəm'pænjən] *s.* ⚓ **1.** → ***companion hatch***; **2.** Ka'jütstreppe *f*; **3.** Deckfenster *n*.
com·pan·ion·a·ble [kəm'pænjənəbl] *adj.* □ 'umgänglich, gesellig; **com'pan·ion·a·ble·ness** [-nɪs] *s.* 'Umgänglichkeit *f*; **com'pan·ion·ate** [-nɪt] *adj.* kame'radschaftlich: ~ ***marriage*** Kameradschaftsehe *f*.
com·pan·ion| hatch *s.* ⚓ Ka'jütsklappe *f*, -luke *f*; ~ **lad·der** → ***companion²*** 2.
com·pan·ion·ship [kəm'pænjənʃɪp] *s.* **1.** Kame'radschaft *f*; Gesellschaft *f*; **2.** *typ. Brit.* Ko'lonne *f* von Setzern.
com'pan·ion·way → ***companion²*** 2.
com·pa·ny ['kʌmpənɪ] *s.* **1.** Gesellschaft *f*, Begleitung *f*: ***for*** ~ zur Gesellschaft; ***in*** ~ ***with*** in Gesellschaft von, zusammen mit; ***he is good*** ~ man ist gern mit ihm zusammen; ***I am*** (*od.* ***err***) ***in good*** ~ ich bin in guter Gesellschaft (*wenn ich das tue*); ***keep*** (*od.* ***bear***) ***s.o.*** ~ j-m Gesellschaft leisten; ***part*** ~ a) sich trennen (***with*** von), b) uneinig werden; **2.** Gesellschaft *f*, Besuch *m*, Gäste *pl.*: ***have*** ~ Besuch haben; ***be fond of*** ~ die Geselligkeit lieben; ***see much*** ~ a) viel Besuch haben, b) oft in Gesellschaft gehen; **3.** Gesellschaft *f*, 'Umgang *m*: ***avoid bad*** ~ schlechte Gesellschaft meiden; ***keep*** ~ ***with*** verkehren mit; **4.** ✝ (Handels)Gesellschaft *f*, Firma *f*: ~ ***car*** Firmenwagen *m*; ~ ***law*** Gesellschaftsrecht *n*; ~ ***store*** *Am.* betriebseigenes (Laden)Geschäft; ~ ***union*** *Am.*

Betriebsgewerkschaft *f*; **~'s water** Leitungswasser *n*; → **private** 2, **public** 3; **5.** Innung *f*, Zunft *f*, Gilde *f*; **6.** *thea.* Truppe *f*; **7.** ⚔ Kompa'nie *f*; **8.** ⚓ Mannschaft *f*.

com·pa·ra·ble ['kɒmpərəbl] *adj.* □ (**to**, **with**) vergleichbar (mit): **~ period** Vergleichszeitraum *m*; **com·par·a·tive** [kəm'pærətɪv] **I** *adj.* □ **1.** vergleichend: **~ literature** vergleichende Literaturwissenschaft; **2.** Vergleichs...; **3.** verhältnismäßig, rela'tiv; **4.** beträchtlich, ziemlich: **with ~ speed**; **5.** *ling.* komparativ, Komparativ...; **II** *s.* **6.** *a.* **~ degree** Komparativ *m*; **com·par·a·tive·ly** [kəm'pærətɪvlɪ] *adv.* verhältnismäßig, ziemlich.

com·pare [kəm'peə] **I** *v/t.* **1.** vergleichen (**with** mit): **as ~d with** im Vergleich zu; → **note** 2; **2.** vergleichen, gleichstellen, -setzen: **not to be ~d to** (*od.* **with**) nicht zu vergleichen mit; **3.** *ling.* steigern; **II** *v/i.* **4.** sich vergleichen (lassen), e-n Vergleich aushalten (**with** mit): **~ favo(u)rably with** den Vergleich mit ... nicht zu scheuen brauchen; besser sein als; **III** *s.* **5. beyond ~** unvergleichlich; **com'par·i·son** [-'pærɪsn] *s.* **1.** Vergleich *m*: **by ~** vergleichsweise; **in ~ with** im Vergleich mit *od.* zu; **bear ~ with** e-n Vergleich aushalten mit; **beyond** (**all**) **~** unvergleichlich; **2.** Ähnlichkeit *f*; **3.** *ling.* Steigerung *f*; **4.** Gleichnis *n*.

com·part·ment [kəm'pɑːtmənt] *s.* **1.** Ab'teilung *f*; Fach *n*, Feld *n*; **2.** 🚃 (Wagen)Abteil *n*; **3.** ⚓ Schott *n*: → **watertight**; **4.** *parl. Brit.* Punkt *m* der Tagesordnung; **com·part·men·tal·ize** [ˌkɒmpɑːt'mentəlaɪz] *v/t. bsd. fig.* (auf)teilen.

com·pass ['kʌmpəs] **I** *s.* **1.** *phys.* Kompaß *m*: **mariner's ~** ⚓ Schiffskompaß; **points of the ~** *die* Himmelsrichtungen; **2.** *pl. oft* **pair of ~es** Zirkel *m*; **3.** 'Umkreis *m*, 'Umfang *m*, Ausdehnung *f* (*a. fig.*): **within the ~ of** innerhalb; **it is beyond my ~** es geht über m-n Horizont; **4.** Bereich *m*, Gebiet *n*; **5.** ♪ 'Umfang *m* (*Stimme etc.*); **6.** Grenzen *pl.*, Schranken *pl.*: **to keep within ~** in Schranken halten; **II** *v/t.* **7.** erreichen, zu'stande bringen; **8.** planen; *b.s.* anzetteln; **9.** → **encompass**; **~ bear·ing** *s.* ⚓ Kompaßpeilung *f*; **~ box** *s.* ⚓ Kompaßgehäuse *n*; **~ card** *s.* ⚓ Kompaßscheibe *f*, Windrose *f*.

com·pas·sion [kəm'pæʃn] *s.* Mitleid *n*, Erbarmen *n* (**for** mit): **to have** (*od.* **take**) **~** (**on**) Mitleid haben (mit), sich erbarmen (*gen.*); **com'pas·sion·ate** [-ʃənət] *adj.* □ mitleidsvoll: **~ allowance** (gesetzlich nicht verankerte Beihilfe als) Härteausgleich *m*; **~ leave** ⚔ Sonderurlaub *m* aus familiären Gründen.

com·pass| nee·dle *s.* Kompaßnadel *f*; **~ plane** *s.* ⚙ Rundhobel *m*; **~ rose** *s.* ⚓ Windrose *f*; **~ saw** *s.* Stichsäge *f*; **~ win·dow** *s.* △ Rundbogenfenster *n*.

com·pat·i·bil·i·ty [kəmˌpætə'bɪlətɪ] *s.* **1.** Vereinbarkeit *f*; **2.** Verträglichkeit *f*; **3.** *Nachrichtentechnik*: Kompatibili'tät *f*; **com·pat·i·ble** [kəm'pætəbl] *adj.* □ **1.** (mitein'ander) vereinbar, im Einklang (**with** mit); **2.** angemessen (**with** *dat.*); **3.** ⚕ verträglich; **4.** *Nachrichtentechnik*: kompa'tibel.

com·pa·tri·ot [kəm'pætrɪət] *s.* Landsmann *m*, -männin *f*.

com·peer [kɒm'pɪə] *s.* **1.** Standesgenosse *m*; Gleichgestellte(r *m*) *f*: **have no ~** nicht seinesgleichen haben; **2.** Kame'rad(in).

com·pel [kəm'pel] *v/t.* **1.** zwingen, nötigen; **2.** *et.* erzwingen; *a. Bewunderung etc.* abnötigen (**from s.o.** j-m); **3. ~ s.o. to s.th.** j-m et. aufzwingen; **com'pel·ling** [-lɪŋ] *adj.* **1.** zwingend, stark; **2.** 'unwiderˌstehlich; verlockend.

com·pen·di·ous [kəm'pendɪəs] *adj.* □ kurz(gefaßt), gedrängt; **com'pen·di·um** [-əm] *pl.* **-ums**, **-a** [-ə] *s.* **1.** Kom'pendium *n*, Handbuch *n*; **2.** Zs.-fassung *f*, Abriß *m*.

com·pen·sate ['kɒmpenseɪt] **I** *v/t.* **1.** *j-n* entschädigen (**for** für, **by** durch), *Am. a.* bezahlen, entlohnen; **2.** *et.* ersetzen, vergüten (**to s.o.** j-m); **3.** aufwiegen, ausgleichen (*a.* ⚙), *bsd. psych. u.* ⚙ kompensieren; **II** *v/i.* **4.** (**for**) ersetzen (*acc.*); Ersatz leisten (für); wettmachen (*acc.*); **5. ~ for** → 3; **6.** sich ausgleichen *od.* aufheben; **com·pen·sa·tion** [ˌkɒmpen'seɪʃn] *s.* **1.** Entschädigung *f*, (Schaden)Ersatz *m*; **2.** *Am.* Vergütung *f*, Entgelt *n*; **3.** Belohnung *f*; **4.** *pl.* Vorteile *pl.*; **5.** ⚖ Abfindung *f*, Aufrechnung *f*; **6.** ⚗, ⚡, ⚙, *psych.* Kompensati'on *f*; **com·pen·sa·tive** [kəm'pensətɪv] *adj.* **1.** entschädigend, Entschädigungs...; vergütend; **2.** Ersatz...; **3.** kompensierend, ausgleichend; **'com·pen·sa·tor** [-tə] *s.* ⚙ Kompen'sator *m*, Ausgleichsvorrichtung *f*; **com·pen·sa·to·ry** [kəm'pensətərɪ] → **compensative**.

com·père ['kɒmpeə] (*Fr.*) *bsd. Brit.* **I** *s.* Conférenci'er *m*, Ansager(in); **II** *v/t. u. v/i.* konferieren, ansagen (bei).

com·pete [kəm'piːt] *v/i.* **1.** in Wettbewerb treten, sich (mit)bewerben (**for** um); **2.** konkurrieren (*a.* ✝), wetteifern, sich messen (**with** mit); sich behaupten; **3.** *sport* am Wettkampf teilnehmen; kämpfen (**for** um).

com·pe·tence ['kɒmpɪtəns], **'com·pe·ten·cy** [-sɪ] *s.* **1.** (**for**) Befähigung *f* (zu), Tauglichkeit *f* (für); **2.** ⚖ a) Kompe'tenz *f*, Zuständigkeit *f*, Befugnis *f*, b) Zurechnungsfähigkeit *f*; **3.** Auskommen *n*; **'com·pe·tent** [-nt] *adj.* □ **1.** (leistungs)fähig, tüchtig; fachkundig, qualifiziert; **2.** ausreichend, angemessen; **3.** ⚖ a) zuständig, befugt, b) zulässig (*Zeuge*), c) zurechnungs-, geschäftsfähig; **4.** statthaft.

com·pe·ti·tion [ˌkɒmpɪ'tɪʃn] *s.* **1.** Wettbewerb *m*, -kampf *m* (**for** um), *sport a.* Ver'anstaltung *f*, Konkur'renz *f*; **2.** ✝ Konkur'renz *f*: a) Wettbewerb *m*: **open** (**unfair**) **~** freier (unlauterer) Wettbewerb, b) Konkur'renzkampf *m*, c) Konkur'renzfirmen *pl.*; **3.** Preisausschreiben *n*; **4.** Gegner *pl.*, Ri'valen *pl.*, Konkur'renz *f*; **com·pet·i·tive** [kəm'petətɪv] *adj.* □ **1.** konkurrierend, Konkurrenz..., Wettbewerbs...: **~ capacity** ✝ Konkurrenzfähigkeit *f*; **~ sport(s)** Kampfsport *m*; **2.** konkur'renz-, wettbewerbsfähig (*Preise etc.*); **com·pet·i·tive·ness** [kəm'petətɪvnɪs] *s.* ✝ Konkur'renz-, Wettbewerbsfähigkeit *f*; **com·pet·i·tor** [kəm'petɪtə] *s.* **1.** Mitbewerber(in) (**for** um); **2.** ✝ Konkur'rent(in); **3.** *sport* Teilnehmer(in), Ri'vale *m*, Ri'valin *f*.

com·pi·la·tion [ˌkɒmpɪ'leɪʃn] *s.* Kompilati'on *f*: a) Zs.-stellung *f*, b) Sammelwerk *n* (*Buch*); **com·pile** [kəm'paɪl] *v/t.* **1.** zs.-stellen, kompilieren; **2.** *Material* zs.-tragen; **com·pil·er** [kəm'paɪlə] *s.* **1.** Bearbeiter(in), Verfasser(in); **2.** *Computer*: Com'piler *m*.

com·pla·cence [kəm'pleɪsns], **com'pla·cen·cy** [-sɪ] *s.* 'Selbstzuˌfriedenheit *f*, -gefälligkeit *f*; **com'pla·cent** [-nt] *adj.* □ 'selbstzuˌfrieden, -gefällig.

com·plain [kəm'pleɪn] *v/i.* **1.** sich beklagen, sich beschweren (**of**, **about** über *acc.*, **to** bei, **that** daß); **2.** klagen (**of** über *acc.*); **3.** ✝ reklamieren: **~ about** *a. et.* beanstanden; **4.** ⚖ a) klagen, b) (Straf)Anzeige erstatten (**of** gegen); **com'plain·ant** [-nənt] *s.* ⚖ Kläger(in); Beschwerdeführer *m*; **com'plaint** [-nt] *s.* **1.** Klage *f*, Beschwerde *f*, Beanstandung *f*: **make a ~ about** Klage führen über (*acc.*); **2.** ⚖ Klage *f*, *a.* Strafanzeige *f*; **3.** ✝ Reklamati'on *f*, Beanstandung *f*; **4.** ⚕ Beschwerde *f*, Leiden *n*.

com·plai·sance [kəm'pleɪzəns] *s.* Gefälligkeit *f*, Willfährigkeit *f*, Höflichkeit *f*; **com'plai·sant** [-nt] *adj.* □ gefällig, entgegenkommend.

com·ple·ment **I** *v/t.* ['kɒmplɪment] **1.** ergänzen, ver'vollständigen: **~ each other** sich (gegenseitig) ergänzen; **II** *s.* [-mənt] **2.** Ergänzung *f*, Ver'vollständigung *f*; **3.** 'Vollständigkeit *f*, -zähligkeit *f*; **4.** *a.* **full ~** volle Anzahl *od.* Menge; ⚓ volle Besatzung; **5.** *ling.* Ergänzung *f*; **6.** ♈ Komple'ment *n*; **com·ple·men·tal** [ˌkɒmplɪ'mentl] *adj.* □, **com·ple·men·ta·ry** [ˌkɒmplɪ'mentərɪ] *adj.* Ergänzungs..., Komplementär... (*a.* ♈, *Farben*); (sich) ergänzend.

com·plete [kəm'pliːt] **I** *adj.* □ **1.** 'vollständig, voll'kommen, völlig, ganz, kom'plett: **~ with ...** samt (*dat.*), ... eingeschlossen; **2.** 'vollzählig, sämtlich; **3.** beendet, fertig; **4.** völlig: **a ~ surprise**; **5.** *obs.* per'fekt; **II** *v/t.* **6.** ver'vollständigen, ergänzen; **7.** beenden, abschließen, fertigstellen, erledigen; **8.** voll'enden, ver'vollkommnen; *Formular* ausfüllen; **com'plete·ly** [-lɪ] *adv.*: **~ automatic** vollautomatisch; **com'plete·ness** [-nɪs] *s.* 'Vollständigkeit *f*, Voll'kommenheit *f*; **com'ple·tion** [-iːʃn] *s.* **1.** Voll'endung *f*, Fertigstellung *f*, Abschluß *m*, Ablauf *m*: (**up**)**on ~ of** nach Vollendung *od.* Ablauf von *od. gen.*; **bring to ~** zum Abschluß bringen, fertigstellen; **~ date** Fertigstellungstermin *m*; **2.** Ver'vollständigung *f*; **3.** (Vertrags- *etc.*)Erfüllung *f*; **4.** Ausfüllung *f* (*e-s Formulars*).

com·plex ['kɒmpleks] **I** *adj.* □ **1.** zs.-gesetzt (*a. ling.*); **2.** kompliziert, verwickelt; **II** *s.* **3.** Kom'plex *m* (*a. psych.*), Gesamtheit *f*, *das* Ganze; **4.** (Ge'bäude- *etc.*)Komˌplex *m*; **5.** ⚗ Kom'plexverbindung *f*; **com·plex·ion** [kəm'plekʃn] *s.* **1.** Gesichtsfarbe *f*, Teint *m*; **2.** *fig.* Aussehen *n*, Anstrich *m*, Cha'rakter *m*: **that puts a different ~ on it** das gibt der Sache ein (ganz) anderes Gesicht; **3.** *fig.* Cou'leur *f*, (po'litische) Richtung; **com·plex·i·ty** [kəm'pleksətɪ] *s.* **1.** Komplexi'tät *f* (*a.* ♈), Kompliziertheit *f*, Vielschichtigkeit *f*; **2.** *et.* Kom'plexes.

com·pli·ance [kəm'plaɪəns] *s.* **1.** Einwilligung *f*, Erfüllung *f*; Befolgung *f* (***with*** *gen.*): ***in ~ with*** gemäß; **2.** Willfährigkeit *f*; **com'pli·ant** [-nt] *adj.* □ willfährig.

com·pli·ca·cy ['kɒmplɪkəsɪ] *s.* Kompliziertheit *f*; **com·pli·cate** ['kɒmplɪkeɪt] *v/t.* komplizieren; **'com·pli·cat·ed** [-keɪtɪd] *adj.* kompliziert; **com·pli·ca·tion** [ˌkɒmplɪ'keɪʃn] *s.* **1.** Komplikati'on *f* (*a.* ⚕); **2.** Kompliziertheit *f*.

com·plic·i·ty [kəm'plɪsətɪ] *s.* Mitschuld *f*, Mittäterschaft *f*: ***look of ~*** komplizenhafter Blick.

com·pli·ment **I** *s.* ['kɒmplɪmənt] **1.** Kompli'ment *n*: ***pay s.o. a ~*** j-m ein Kompliment machen; → ***fish*** 8; **2.** Ehrenbezeigung *f*, Lob *n*: ***do s.o. the ~*** j-m die Ehre erweisen (***of*** zu *inf. od. gen.*); **3.** Empfehlung *f*, Gruß *m*: ***my best ~s*** m-e Empfehlung; ***with the ~s of the season*** mit den besten Wünschen zum Fest; **II** *v/t.* [-ment] **4.** (***on***) beglückwünschen (zu); *j-m* Kompli'mente machen (über *acc.*); **com·pli·men·ta·ry** [ˌkɒmplɪ'mentərɪ] *adj.* **1.** höflich, Höflichkeits…; schmeichelhaft: ***~ close*** Gruß-, Schlußformel *f* (*in Briefen*); **2.** Ehren…: ***~ ticket*** Ehren-, Freikarte *f*; ***~ dinner*** Festessen *n*; **3.** Frei…, Gratis…: ***~ copy*** Freiexemplar *n*; ***~ meals*** kostenlose Mahlzeiten.

com·plot ['kɒmplɒt] **I** *s.* Kom'plott *n*, Verschwörung *f*; **II** *v/i.* sich verschwören.

com·ply [kəm'plaɪ] *v/i.* (***with***) *e-r Bitte etc.* nachkommen *od.* entsprechen, erfüllen (*acc.*), *Regel etc.* befolgen, einhalten: ***he would not ~*** er wollte nicht einwilligen.

com·po ['kɒmpəʊ] (*abbr. für* ***composition***) *s.* Putz *m*, Gips *m*, Mörtel *m etc.*

com·po·nent [kəm'pəʊnənt] **I** *adj.* e-n Teil bildend, Teil…: ***~ part*** → **II** *s.* (Bestand)Teil *m*, ⚙ *a.* 'Bauele‚ment *n*.

com·port [kəm'pɔːt] **I** *v/t.* ***~ o.s.*** sich betragen; **II** *v/i.* ***~ with*** passen zu.

com·pos ['kɒmpəs] → ***compos mentis***.

com·pose [kəm'pəʊz] **I** *v/t.* **1.** *mst pass.* zs.-setzen: ***be ~d of*** bestehen aus; **2.** bilden; **3.** entwerfen, ordnen, zurechtlegen; **4.** aufsetzen, verfassen; **5.** ♪ komponieren; **6.** *typ.* setzen; **7.** *Streit* schlichten; *s-e Gedanken* sammeln; **8.** besänftigen: ***~ o.s.*** sich beruhigen, sich fassen; **9.** ***~ o.s.*** sich anschicken (***to*** zu); **II** *v/i.* **10.** schriftstellern, dichten; **11.** komponieren; **com'posed** [-zd] *adj.*, **com'pos·ed·ly** [-zɪdlɪ] *adv.* ruhig, gelassen; **com'pos·ed·ness** [-zɪdnɪs] *s.* Gelassenheit *f*, Ruhe *f*; **com'pos·er** [-zə] *s.* **1.** ♪ Kompo'nist(in); **2.** Verfasser(in).

com·pos·ing [kəm'pəʊzɪŋ] *adj.* **1.** beruhigend, Beruhigungs…; **2.** *typ.* Setz…: ***~ machine***; ***~ room*** Setzerei *f*; ***~ stick*** Winkelhaken *m*.

com·pos·ite ['kɒmpəzɪt] **I** *adj.* □ **1.** zs.-gesetzt (*a.* ⩚), gemischt; vielfältig; Misch…: ***~ construction*** ⚠ Gemischtbauweise *f*; ***~ metal*** Verbundmetall *n*; **2.** ⚘ Korbblütler…; **II** *s.* **3.** Zs.-setzung *f*, Mischung *f*; **4.** ⚘ Korbblütler *m*; ***~ pho·to·graph*** *s.* 'Fotomon‚tage *f*.

com·po·si·tion [ˌkɒmpə'zɪʃn] *s.* **1.** Zs.-setzung *f* (*a. ling.*), Bildung *f*; **2.** Abfassung *f*, Entwurf *m*, Anordnung *f*, Gestaltung *f*, Aufbau *m*; **3.** Satzbau *m*; Stilübung *f*, Aufsatz *m*, *a.* Über'setzung *f*: ***English ~***; **4.** Schrift(werk *n*) *f*, Dichtung *f*; **5.** ♪ Kompositi'on *f*, Mu'sikstück *n*; **6.** *typ.* Setzen *n*, Satz *m*; **7.** *a.* ⚙, ⚗ Zs.-setzung *f*, Verbindung *f*, 'Mischmateri‚al *n*; **8.** Über'einkunft *f*, Abkommen *n*; **9.** ⚖, † Vergleich *m mit Gläubigern*: ***~ proceedings*** (Konkurs)Vergleichsverfahren *n*; **10.** Wesen *n*, Na'tur *f*, Anlage *f*; **com·pos·i·tor** [kəm'pɒzɪtə] *s. typ.* (Schrift)Setzer *m*.

com·pos men·tis [ˌkɒmpəs'mentɪs] (*Lat.*) *adj.* ⚖ bei klarem Verstand, geschäftsfähig.

com·post ['kɒmpɒst] **I** *s.* Mischdünger *m*, Kom'post *m*; **II** *v/t.* kompostieren.

com·po·sure [kəm'pəʊʒə] *s.* (Gemüts-)Ruhe *f*, Gelassenheit *f*, Fassung *f*.

com·pote ['kɒmpɒt] *s.* **1.** Kom'pott *n*; **2.** Kom'pottschale *f*.

com·pound[1] ['kɒmpaʊnd] *s.* **1.** Lager *n*; **2.** Gefängnishof *m*; **3.** (Tier)Gehege *n*.

com·pound[2] [kəm'paʊnd] **I** *v/t.* **1.** mischen, mengen; zs.-setzen, vereinigen, verbinden; **2.** (zu)bereiten, herstellen; **3.** in Güte *od.* durch Vergleich beilegen; erledigen; **4.** ⚖, † a) in Raten abzahlen, b) durch einmalige Zahlung regeln: ***~ creditors*** Gläubiger befriedigen; **5.** gegen Schadloshaltung auf Strafverfolgung (*gen.*) verzichten; **6.** verschlimmern, steigern; **II** *v/i.* **7.** *a.* ⚖, † sich (durch Abfindung) einigen *od.* vergleichen (***with*** mit, ***for*** über *acc.*); **III** *s.* ['kɒmpaʊnd] **8.** Zs.-setzung *f*, Mischung *f*; Masse *f*; Präpa'rat *n*; **9.** ⚗ Verbindung *f*; **10.** *ling.* Kom'positum *n*; **IV** *adj.* ['kɒmpaʊnd] **11.** zs.-gesetzt (*a.* ⚘, ⩚, *ling.*); ⚡, ⚙ Verbund…(*-dynamo, -motor, -stahl etc.*): ***~ eye*** *zo.* Netz-, Facettenauge *n*; ***~ fracture*** ⚕ komplizierter Bruch; ***~ fruit*** ⚘ Sammelfrucht *f*; ***~ interest*** Staffel-, Zinseszinsen *pl.*; ***~ sentence*** *ling.* zs.-gesetzter Satz.

com·pre·hend [ˌkɒmprɪ'hend] *v/t.* **1.** um'fassen, einschließen; **2.** begreifen, verstehen; **ˌcom·pre'hen·si·ble** [-nsəbl] *adj.* begreiflich, verständlich; **ˌcom·pre'hen·sion** [-nʃən] *s.* **1.** 'Umfang *m*; **2.** Einbeziehung *f*; **3.** Begriffsvermögen *n*; Verstand *m*; Verständnis *n*, Einsicht *f*: ***quick*** (***slow***) ***of ~*** schnell (schwer) von Begriff; **4.** *bsd. eccl.* Duldung *f* (*anderer Ansichten*); **ˌcom·pre'hen·sive** [-nsɪv] **I** *adj.* □ **1.** um'fassend; inhaltsreich: (***fully***) ***~ insurance*** *mot.* Vollkaskoversicherung *f*; ***~ school*** Gesamtschule *f*; ***go ~*** F a) die Gesamtschule einführen, b) in e-e Gesamtschule umgewandelt werden; **2.** verstehend: ***~ faculty*** Begriffsvermögen *n*; **II** *s.* **3.** *Brit.* Gesamtschule *f*; **ˌcom·pre'hen·sive·ness** [-nsɪvnɪs] *s.* 'Umfang *m*, Weite *f*; Reichhaltigkeit *f*; *das* Um'fassende.

com·press **I** *v/t.* [kəm'pres] zs.-drükken, -pressen, komprimieren; **II** *s.* ['kɒmpres] ⚕ Kom'presse *f*, 'Umschlag *m*; **com'pressed** [-st] *adj.* **1.** komprimiert, zs.-gepreßt: ***~ air*** Preß-, Druckluft *f*; **2.** *fig.* zs.-gefaßt, gedrängt, gekürzt; **com'press·i·ble** [-səbl] *adj.* komprimierbar; **com'pres·sion** [-eʃn] *s.* **1.** Zs.-pressen *n*, -drücken *n*; Verdichtung *f*, Druck *m*; **2.** *fig.* Zs.-drängung *f*; **3.** ⚙ Druck *m*, Kompressi'on *f*: ***~ mo(u)lding*** Formpressen *n*; ***~-mo(u)lded*** formgepreßt (*Plastik*); **com'pres·sive** [-sɪv] *adj.* zs.-pressend, Preß…, Druck…; **com'pres·sor** [-sə] *s.* **1.** ⚙ Kom'pressor *m*, Verdichter *m*; ✈ Lader *m*; **2.** *anat.* Schließmuskel *m*; **3.** ⚕ Druckverband *m*.

com·prise [kəm'praɪz] *v/t.* einschließen, um'fassen, enthalten, beinhalten.

com·pro·mise ['kɒmprəmaɪz] **I** *s.* **1.** Kompro'miß *m*, (gütlicher) Vergleich; Über'einkunft *f*; **II** *v/t.* **2.** durch Kompro'miß regeln; **3.** gefährden, aufs Spiel setzen; beeinträchtigen; **4.** (*a.* ***o.s.*** sich) bloßstellen *od.* kompromittieren; **III** *v/i.* **5.** e-n Kompro'miß schließen, zu e-r Über'einkunft gelangen (***on*** über *acc.*).

comp·trol·ler [kən'trəʊlə] *s.* (staatlicher) Rechnungsprüfer: ***2 General*** *Am.* Präsident *m* des Rechnungshofes.

com·pul·sion [kəm'pʌlʃn] *s.* Zwang *m* (*a. psych.*): ***under ~*** unter Zwang *od.* Druck, gezwungen; **com'pul·sive** [-lsɪv] *adj.* □ zwingend, (*a. psych.*) Zwangs…; **com'pul·so·ry** [-lsərɪ] *adj.* □ obliga'torisch, zwangsmäßig, Zwangs…; bindend; Pflicht…: ***~ auction*** ⚖ Zwangsversteigerung *f*; ***~ education*** allgemeine Schulpflicht; ***~ insurance*** Pflichtversicherung *f*; ***~ military service*** allgemeine Wehrpflicht; ***~ purchase*** ⚖ Enteignung *f*; ***~ subject*** *ped.* Pflichtfach *n*.

com·punc·tion [kəm'pʌŋkʃn] *s.* a) Gewissensbisse *pl.*, b) Reue *f*, c) Bedenken *pl.*: ***without ~***.

com·put·a·ble [kəm'pjuːtəbl] *adj.* berechenbar; **com·pu·ta·tion** [ˌkɒmpjuː'teɪʃn] *s.* Berechnung *f*, 'Überschlag *m*, Schätzung *f*; **com·pute** [kəm'pjuːt] **I** *v/t.* berechnen, schätzen, veranschlagen (***at*** auf *acc.*); **II** *v/i.* rechnen; **com'put·er** [-tə] *s.* **1.** (Be)Rechner *m*; **2.** ⚡ Com'puter *m*: ***~ centre*** (*Am.* ***center***) Rechenzentrum *n*; ***~ science*** Informatik *f*; ***~-aided*** computergestützt; ***~-control(l)ed*** computergesteuert; **com'put·er·ize** [-təraɪz] *v/t.* a) auf Com'puter 'umstellen, b) mit Com'putern betreiben.

com·rade ['kɒmrɪd] *s.* **1.** Kame'rad *m*, Genosse *m*, Gefährte *m*: ***~-in-arms*** Waffenbruder *m*; **2.** *pol.* Genosse *m*; **'com·rade·ly** [-lɪ] *adj.* kame'radschaftlich; **'com·rade·ship** [-ʃɪp] *s.* Kame'radschaft *f*.

com·sat ['kɒmsæt] → ***communications satellite***.

con[1] [kɒn] *v/t.* (auswendig) lernen, sich (*dat.*) *et.* einprägen.

con[2] → ***conn***.

con[3] [kɒn] **I** *s.* **1.** Neinstimme *f*; **2.** 'Gegenargu‚ment *n*; → ***pro***[1] I; **II** *adv.* (da-)'gegen.

con[4] [kɒn] *sl.* **I** *adj.* **1.** betrügerisch: ***~ game*** → ***confidence game***; ***~ man*** → 3; **II** *v/t.* **2.** ‚reinlegen': ***~ s.o. out of*** j-n betrügen um; ***~ s.o. into doing s.th.*** j-n (durch Schwindel) dazu bringen, et. zu tun; **III** *s.* **3.** Betrüger *m*; Hochstapler *m*; Ga'nove *m*; **4.** Sträfling *m*.

con·cat·e·nate [kɒn'kætɪneɪt] *v/t.* verketten, verknüpfen; **con·cat·e·na·tion** [kɒnˌkætɪ'neɪʃn] *s.* **1.** Verkettung *f*; **2.**

Kette *f*.

con·cave [ˌkɒnˈkeɪv] **I** *adj.* □ **1.** konˈkav, hohl, ausgehöhlt; **2.** ⚙ hohlgeschliffen, Hohl…: **~ lens** Zerstreuungslinse *f*; **~ mirror** Hohlspiegel *m*; **II** *s.* **3.** (Aus)Höhlung *f*, Wölbung *f*; **con·cav·i·ty** [kɒnˈkævətɪ] → **concave** 3.

con·ceal [kənˈsiːl] *v/t.* (**from** vor *dat.*) verbergen: a) (*a.* ⚙) verdecken, kaschieren, b) verhehlen, verschweigen, verheimlichen, *a.* ⚔ verschleiern, tarnen, c) verstecken: **~ed assets** ✝ verschleierte Vermögenswerte, *Bilanz*: unsichtbare Aktiva; **conˈceal·ment** [-mənt] *s.* **1.** Verbergung *f*, Verheimlichung *f*, Geheimhaltung *f*; **2.** Verborgenheit *f*; **3.** Versteck *n*.

con·cede [kənˈsiːd] **I** *v/t.* **1.** zugestehen, einräumen, zugeben, anerkennen (*a.* **that** daß); **2.** gewähren, einräumen: **~ a point** a) in e-m Punkt nachgeben, b) (**to**) *sport dem Gegner* e-n Punkt abgeben; **~ a goal** ein Tor zulassen; **II** *v/i.* **3.** *sport*, *pol.* F sich geschlagen geben; **conˈced·ed·ly** [-dɪdlɪ] *adv.* zugestandenermaßen.

con·ceit [kənˈsiːt] *s.* **1.** Eingebildetheit *f*, Einbildung *f*, (Eigen)Dünkel *m*: **in my own ~** nach m-r Ansicht; **out of ~ with** überdrüssig (*gen.*); **2.** *obs.* guter *od.* seltsamer Einfall; **conˈceit·ed** [-tɪd] *adj.* □ eingebildet, dünkelhaft, eitel.

con·ceiv·a·ble [kənˈsiːvəbl] *adj.* □ denkbar, erdenklich, begreiflich, vorstellbar: **the best plan ~** der denkbar beste Plan; **conˈceiv·a·bly** [-blɪ] *adv.* es ist denkbar, daß; **con·ceive** [kənˈsiːv] **I** *v/t.* **1.** *biol. Kind* empfangen; **2.** begreifen; sich denken *od.* vorstellen: **~ an idea** auf e-n Gedanken kommen; **3.** er-, ausdenken, ersinnen; **4.** *in Worten* ausdrücken; **5.** *Wunsch* hegen, *(Ab)Neigung* fassen, entwickeln; **II** *v/i.* **6.** (**of**) sich *et.* vorstellen; **7.** empfangen (*schwanger werden*); *zo.* aufnehmen (*trächtig werden*).

con·cen·trate [ˈkɒnsəntreɪt] **I** *v/t.* **1.** konzentrieren (**on**, **upon** auf *acc.*): a) zs.-ziehen, -ballen, massieren, b) *Gedanken etc.* richten; **2.** *fig.* zs.-fassen (**in** in *dat.*); **3.** ⚗ a) sättigen, konzentrieren, b) verstärken, *bsd. Metall* anreichern; **II** *v/i.* **4.** sich konzentrieren (*etc.*; → 1); **5.** sich *an e-m Punkt* sammeln; **III** *s.* **6.** ⚗ Konzenˈtrat *n*; **ˈcon·cen·trat·ed** [-tɪd] *adj.* konzentriert; **con·cen·tra·tion** [ˌkɒnsənˈtreɪʃn] *s.* **1.** Konzentrierung *f*, Konzentratiˈon *f*: a) Zs.-ziehung *f*, -fassung *f*, (Zs.-)Ballung *f*, Massierung *f*, (An)Sammlung *f* (*alle a.* ⚔): **~ camp** Konzentrationslager *n*, b) Hinlenkung *f* auf ˈeinen Punkt, c) (geistige) Sammlung, gespannte Aufmerksamkeit; **2.** ⚗ Konzentratiˈon *f*, Dichte *f*, Sättigung *f*.

con·cen·tric [kɒnˈsentrɪk] *adj.* (□ **~ally**) konˈzentrisch.

con·cept [ˈkɒnsept] *s.* **1.** Begriff *m*; **2.** Gedanke *m*, Auffassung *f*, Konzeptiˈon *f*; **con·cep·tion** [kənˈsepʃn] *s.* **1.** *biol.* Empfängnis *f*; **2.** Begriffsvermögen *n*, Verstand *m*; **3.** Begriff *m*, Auffassung *f*, Vorstellung *f*: **no ~ of …** keine Ahnung von …; **4.** Gedanke *m*, Iˈdee *f*; **5.** Plan *m*, Anlage *f*, Konˈzept *n*, Entwurf *m*; Schöpfung *f*; **con·cep·tion·al** [kənˈsepʃənl] *adj.* begrifflich, abˈstrakt; **con·cep·tive** [kənˈseptɪv] *adj.* **1.** begreifend, Begriffs…; **2.** ⚕ empfängnisfähig; **con·cep·tu·al** [kənˈseptjʊəl] → **conceptive** 1.

con·cern [kənˈsɜːn] **I** *v/t.* **1.** betreffen, angehen; interessieren, von Belang sein für: **it does not ~ me** *od.* **I am not ~ed** es geht mich nichts an; **to whom it may ~** an alle, die es angeht; Bescheinigung (*Überschrift auf Urkunden*); **his hono(u)r is ~ed** es geht um s-e Ehre; → **concerned** 1; **2.** beunruhigen: **don't let that ~ you** mache dir deswegen keine Sorgen!; → **concerned** 4; **3.** **~ o.s.** (**with**, **about**) sich beschäftigen *od.* befassen (mit); sich kümmern (um); **II** *s.* **4.** Angelegenheit *f*, Sache *f*: **that is no ~ of mine** das ist nicht meine Sache, das geht mich nichts an; **5.** ✝ Geschäft *n*, Unterˈnehmen *n*, Betrieb *m*; → **going** 4; **6.** Beziehung *f*: **have no ~ with** nichts zu tun haben mit; **7.** Interˈesse *n* (**for** für, **in** an *dat.*); **8.** Wichtigkeit *f*, Bedeutung *f*; **9.** Unruhe *f*, Sorge *f*; Bedenken *pl.* (**at**, **about**, **for** um, wegen); **10.** F Ding *n*, Geschichte *f*; **conˈcerned** [-nd] *adj.* □ **1.** betroffen, berührt; **2.** (**in**) beteiligt, interessiert (an *dat.*); verwickelt (in *acc.*): **the parties ~** die Beteiligten; **3.** (**with**, **in**) beschäftigt (mit); handelnd (von); **4.** besorgt (**about**, **at**, **for** um, **that** daß), *a.* (poˈlitisch *od.* soziˈal) engagiert; **5.** betrübt, sorgenvoll; **conˈcern·ing** [-nɪŋ] *prp.* betreffend, betreffs, hinsichtlich (*gen.*), was … betrifft, über (*acc.*), wegen.

con·cert I *s.* [ˈkɒnsət] **1.** ♪ Konˈzert *n*: **~ hall** Konzertsaal *m*; **~ pitch** Kammerton *m*; **at ~ pitch** *fig.* in Höchstform; **screw o.s. up to ~ pitch** *fig.* sich enorm steigern; **up to ~ pitch** *fig.* auf der Höhe, in Form; **2.** [-sɜːt] Einvernehmen *n*, Überˈeinstimmung *f*, Harmoˈnie *f*: **in ~ with** im Einvernehmen *od.* gemeinsam mit; **℘ of Europe** *pol. hist.* Europäisches Konzert; **II** *v/t.* [kənˈsɜːt] **3.** *et.* verabreden, vereinbaren; *Kräfte etc.* vereinigen; **4.** planen; **III** *v/i.* [kənˈsɜːt] **5.** zs.-arbeiten; **con·cert·ed** [kənˈsɜːtɪd] *adj.* **1.** gemeinsam, gemeinschaftlich: **~ action** gemeinsames Vorgehen, konzertierte Aktion; **2.** ♪ mehrstimmig arrangiert.

ˈcon·cert|ˌgo·er *s.* Konˈzertbesucher *m*; **~ grand** *s.* Konˈzertflügel *m*.

con·cer·ti·na [ˌkɒnsəˈtiːnə] *s.* Konzerˈtina *f* (*Ziehharmonika*): **~ door** Falttür *f*; **con·cer·to** [kənˈtʃeətəʊ] *pl.* **-tos** *s.* ♪ (ˈSolo)Konˌzert *n*.

con·ces·sion [kənˈseʃn] *s.* **1.** Zugeständnis *n*, Entgegenkommen *n*; **2.** Genehmigung *f*, Erlaubnis *f*, Gewährung *f*; **3.** amtliche *od.* staatliche Konzessiˈon, Priviˈleg *n*: a) Genehmigung *f*: **mining ~** Bergwerkskonzession, b) *Am.* Gewerbeerlaubnis *f*, c) überˈlassenes Siedlungs- *od.* Ausbeutungsgebiet; **con·ces·sion·aire** [kənˌseʃəˈneə] *s.* ✝ Konzessiˈonsinhaber *m*; **conˈces·sion·ar·y** [-ʃnərɪ] *adj.* Konzessions…; bewilligt; **conˈces·sive** [-esɪv] *adj.* **1.** einräumend; **2.** *ling.* **~ clause** Konzesˈsivsatz *m*.

conch [kɒŋk] *s. zo.* (Schale *f* der) See- *od.* Schneckenmuschel *f*; **con·cha** [ˈkɒŋkə] *pl.* **-chae** [-kiː] *s.* **1.** *anat.* Ohrmuschel *f*; **2.** ⚠ Kuppeldach *n*.

con·chy [ˈkɒntʃɪ] *s. Brit. sl.* Kriegs-, Wehrdienstverweigerer *m* (*von* **conscientious objector**).

con·cil·i·ate [kənˈsɪlɪeɪt] *v/t.* **1.** aus-, versöhnen; beschwichtigen; **2.** *Gunst etc.* gewinnen; **3.** ausgleichen; in Einklang bringen; **con·cil·i·a·tion** [kənˌsɪlɪˈeɪʃn] *s.* **1.** Versöhnung *f*, Schlichtung *f*: **~ board** Schlichtungsausschuß *m*; **2.** Ausgleich *m*: **debt ~** Schuldenausgleich; **conˈcil·i·a·tor** [-tə] *s.* Vermittler *m*, Schlichter *m*; **conˈcil·i·a·to·ry** [-ɪətərɪ] *adj.* versöhnlich, vermittelnd, Versöhnungs…

con·cin·ni·ty [kənˈsɪnətɪ] *s.* Feinheit *f*, Eleˈganz *f* (*Stil*).

con·cise [kənˈsaɪs] *adj.* □ kurz, gedrängt, knapp, präˈgnant: **~ dictionary** Handwörterbuch *n*; **conˈcise·ness** [-nɪs] *s.* Kürze *f*, Präˈgnanz *f*.

con·clave [ˈkɒnkleɪv] *s.* **1.** *R.C.* Konˈklave *n*; **2.** geheime Sitzung.

con·clude [kənˈkluːd] **I** *v/t.* **1.** beenden, zu Ende führen; (be-, ab)schließen: **to be ~d** Schluß folgt; **he ~d by saying** zum Schluß sagte er (noch); **2.** *Vertrag etc.* (ab)schließen; **3.** schließen, folgern (**from** aus); **4.** beschließen, entscheiden; **II** *v/i.* **5.** schließen, enden, aufhören (**with** mit); **conˈclud·ing** [-dɪŋ] *adj.* (ab)schließend, End…, Schluß…; **conˈclu·sion** [-uːʒn] *s.* **1.** (Ab)Schluß *m*, Ende *n*: **bring to a ~** zum Abschluß bringen; **in ~** zum Schluß, schließlich; **2.** (*Vertrags- etc.*)Abschluß *m*: **~ of peace** Friedensschluß *m*; **3.** Schluß *m*, (Schluß)Folgerung *f*: **come to the ~** zu dem Schluß *od.* der Überzeugung kommen; **draw a ~** e-n Schluß ziehen; **jump** *od.* **rush to ~s** voreilige Schlüsse ziehen; **4.** Beschluß *m*, Entscheidung *f*; **5.** Ausgang *m*, Folge *f*, Ergebnis *n*; **6. try ~s with** sich *od.* s-e Kräfte messen mit; **conˈclu·sive** [-uːsɪv] *adj.* □ schlüssig, endgültig, entscheidend, überˈzeugend, maßgebend: **~ evidence** ⚖ schlüssiger Beweis; **conˈclu·sive·ness** [-uːsɪvnɪs] *s.* Endgültigkeit *f*, Triftigkeit *f*; Schlüssigkeit *f*, Beweiskraft *f*.

con·coct [kənˈkɒkt] *v/t.* zs.-brauen (*a. fig.*); *fig.* aushecken, sich ausdenken; **conˈcoc·tion** [-kʃn] *s.* **1.** (Zs.-)Brauen *n*, Bereiten *n*; **2.** Mischung *f*, Trank *m*; Gebräu *n*; **3.** *fig.* Aushecken *n*, Ausbrüten *n*; **4.** *fig.* Gebräu *n*; Erfindung *f*: **~ of lies** Lügengewebe *n*.

con·com·i·tance [kənˈkɒmɪtəns], **conˈcom·i·tan·cy** [-sɪ] *s.* **1.** Zs.-bestehen *n*, Gleichzeitigkeit *f*; **2.** *eccl.* Konkomiˈtanz *f*; **conˈcom·i·tant** [-nt] **I** *adj.* □ begleitend, Begleit…, gleichzeitig; **II** *s.* Begleiterscheinung *f*, -umstand *m*.

con·cord [ˈkɒŋkɔːd] *s.* **1.** Eintracht *f*, Einklang *m*; Überˈeinstimmung *f* (*a. ling.*); **2.** ♪ Zs.-klang *m*, Harmoˈnie *f*.

con·cord·ance [kənˈkɔːdəns] *s.* **1.** Überˈeinstimmung *f*; **2.** Konkorˈdanz *f*; **con·cord·ant** [kənˈkɔːdənt] *adj.* □ (**with**) überˈeinstimmend (mit), entsprechend (*dat.*); harˈmonisch (*a.* ♪); **con·cor·dat** [kɒnˈkɔːdæt] *s. eccl.* Konkorˈdat *n*.

con·course [ˈkɒŋkɔːs] *s.* **1.** Zs.-treffen *n*; **2.** Ansammlung *f*, Auflauf *m*, Menge *f*; **3.** a) *Am.* Fahrweg *m od.* Promeˈnadeplatz *m* (*im Park*), b) Bahnhofshalle *f*, c) freier Platz.

con·crete [kən'kri:t] **I** *v/t.* **1.** zu e-r festen Masse verbinden, zs.-ballen *od.* vereinigen; **2.** ['kɒnkri:t] ⚙ betonieren; **II** *v/i.* **3.** sich zu e-r festen Masse verbinden; **III** *adj.* □ ['kɒnkri:t] **4.** kon'kret (*a. ling., phls.,* ♪ *etc.*), greifbar, wirklich, dinglich; **5.** fest, dicht, kom'pakt; **6.** ⩀ benannt; **7.** ⚙ betoniert, Beton...; **IV** *s.* ['kɒnkri:t] **8.** kon'kreter Begriff: ***in the ~*** im konkreten Sinne, in Wirklichkeit; **9.** ⚙ Be'ton *m*: ***~ jungle*** Betonwüste *f*; **con'cre·tion** [-i:ʃn] *s.* **1.** Zs.-wachsen *n*, Verwachsung *f*; **2.** Festwerden *n*; Verhärtung *f*, feste Masse; **3.** Häufung *f*; **4.** ⚕ Absonderung *f*, Stein *m*, Knoten *m*; **con·cre·tize** ['kɒnkri:taɪz] *v/t.* konkretisieren.

con·cu·bi·nage [kɒn'kju:bɪnɪdʒ] *s.* Konkubi'nat *n*, wilde Ehe; **con·cu·bine** ['kɒŋkjʊbaɪn] *s.* **1.** Konku'bine *f*, Mä'tresse *f*; **2.** Nebenfrau *f*.

con·cu·pis·cence [kən'kju:pɪsns] *s.* Begierde *f*, Lüsternheit *f*; **con'cu·pis·cent** [-nt] *adj.* lüstern.

con·cur [kən'kɜ:] *v/i.* **1.** zs.-treffen, -fallen; **2.** mitwirken, beitragen (***to*** zu); **3.** (***with s.o., in s.th.***) über'einstimmen, gleicher Meinung sein (mit j-m, in e-r Sache), beipflichten (j-m, e-r Sache); **con'cur·rence** [-'kʌrəns] *s.* **1.** Zs.-treffen *n*; **2.** Mitwirkung *f*; **3.** Zustimmung *f*, Einverständnis *n*; **4.** ⩀ Schnittpunkt *m*; **con'cur·rent** [-'kʌrənt] **I** *adj.* □ **1.** gleichzeitig: ***~ condition*** ✝ Zug um Zug zu erfüllende Bedingung; ***~ sentence*** ⚖ gleichzeitige Verbüßung zweier Freiheitsstrafen; **2.** gemeinschaftlich; **3.** mitwirkend; **4.** über'einstimmend; **5.** ⩀ durch 'einen Punkt laufend; **II** *s.* **6.** Be'gleitˌumstand *m*.

con·cuss [kən'kʌs] *v/t.* *mst fig.* erschüttern; **con'cus·sion** [-ʌʃn] *s.* (*a.* ⚕ Gehirn)Erschütterung *f*: ***~ fuse*** ⚔ Aufschlagzünder *m*; ***~ spring*** ⚙ Stoßdämpfer *m*.

con·demn [kən'dem] *v/t.* **1.** verdammen, verurteilen, miß'billigen, tadeln: ***his looks ~ him*** sein Aussehen verrät ihn; **2.** ⚖ verurteilen (***to death*** zum Tode); *fig. a.* verdammen (***to*** zu): ***~ed cell*** Todeszelle *f*; → ***cost*** 4; **3.** ⚖ als verfallen erklären, beschlagnahmen; *Am.* (zu öffentlichen Zwecken) enteignen; **4.** verwerfen; für gebrauchsunfähig *od.* unbewohnbar *od.* gesundheitsschädlich *od.* seeuntüchtig erklären; *Schwerkranke* aufgeben: ***~ed building*** abbruchreifes Gebäude; **con'dem·na·ble** [-mnəbl] *adj.* verdammenswert, verwerflich, sträflich; **con·dem·na·tion** [ˌkɒndem'neɪʃn] *s.* **1.** Verurteilung *f* (*a.* ⚖), Verdammung *f*, 'Mißbilligung *f*; **2.** Verwerfung *f*; Untauglichkeitserklärung *f*; **3.** Beschlagnahme *f*; *Am.* Enteignung *f*; **con'dem·na·to·ry** [-mnətərɪ] *adj.* verurteilend; verdammend.

con·den·sa·ble [kən'densəbl] *adj. phys.* kondensierbar; **con·den·sa·tion** [ˌkɒnden'seɪʃn] *s.* **1.** *bsd. phys.* Verdichtung *f*, Kondensati'on *f* (*Gase etc.*); Konzentrati'on *f* (*Licht*); **2.** Zs.-drängung *f*, Anhäufung *f*; **3.** *fig.* Zs.-fassung *f*, (Ab-)Kürzung *f*; **con·dense** [kən'dens] **I** *v/t.* **1.** *bsd. phys. Gase etc.* verdichten, kondensieren, niederschlagen; eindicken: ***~d milk*** Kondensmilch *f*; **2.** *fig.* zs.-drängen, -fassen; zs.-streichen, kürzen; **II** *v/i.* **3.** sich verdichten; flüssig werden; **con·dens·er** [kən'densə] *s.* **1.** ⚡, ⚙, *phys.* Konden'sator *m*; **2.** Kühlrohr *n*.

con·dens·ing| coil [kən'densɪŋ] *s.* ⚙ Kühlschlange *f*; ***~ lens*** *s. opt.* Sammel-, Kondensati'onslinse *f*.

con·de·scend [ˌkɒndɪ'send] *v/i.* **1.** sich her'ablassen, geruhen (***to*** [*mst inf.*] zu [*mst inf.*]); **2.** *b.s.* sich (soweit) erniedrigen (***to do*** zu tun); **3.** leutselig sein (***to*** gegen); **ˌcon·de'scend·ing** [-dɪŋ] *adj.* □ her'ablassend, gönnerhaft; **ˌcon·de'scen·sion** [-nʃn] *s.* Her'ablassung *f*, gönnerhaftes Wesen.

con·dign [kən'daɪn] *adj.* □ gebührend, angemessen (*Strafe*).

con·di·ment ['kɒndɪmənt] *s.* Würze *f*, Gewürz *n*.

con·di·tion [kən'dɪʃn] **I** *s.* **1.** Bedingung *f*; Vor'aussetzung *f*: ***on ~ that*** unter der Bedingung, daß; vorausgesetzt, daß; ***on no ~*** unter keinen Umständen, keinesfalls; ***to make it a ~*** es zur Bedingung machen; **2.** ⚖, ✝ (*Vertrags- etc.*) Bedingung *f*, Bestimmung *f*; Vorbehalt *m*, Klausel *f*; **3.** Zustand *m*, Verfassung *f*, Beschaffenheit *f*; *sport* Kondi'tion *f*, Form *f*: ***out of ~*** in schlechter Verfassung; ***in good ~*** gut in Form (*Person, Pferd etc.*), in gutem Zustand (*Sachen*); **4.** (*a.* Fa'milien)Stand *m*, Stellung *f*, Rang *m*: ***change one's ~*** heiraten; **5.** *pl.* 'Umstände *pl.*, Verhältnisse *pl.*, Lage *f*: ***weather ~s*** Witterung *f*; ***working ~s*** Arbeitsbedingungen; **6.** *Am. ped.* (Gegenstand *m* der) Nachprüfung *f*; **II** *v/t.* **7.** bedingen, bestimmen; regeln, abhängig machen: → ***conditioned***; **8.** *fig.* formen, gestalten; **9.** gewöhnen (***to*** an *acc.*, zu *tun*); **10.** *Tiere* in Form bringen; *Sachen* herrichten, in'stand setzen; ⚙ konditionieren, in den *od.* e-n (*gewünschten*) Zustand bringen; *fig. j-n* programmieren (***to, for*** auf *acc.*); **11.** ✝ (*bsd. Textil*)*Waren* prüfen; **12.** *Am. ped.* e-e Nachprüfung auferlegen (*dat.*); **con'di·tion·al** [-ʃənl] **I** *adj.* □ **1.** (***on***) bedingt (durch), abhängig (von), eingeschränkt (durch); unverbindlich; ✝ unter Eigentumsvorbehalt (*Verkauf*): ***~ discharge*** ⚖ bedingte Entlassung; ***make ~ on*** abhängig machen von; **2.** *ling.* konditio'nal: ***~ clause*** → 3 a; ***~ mood*** → 3 b; **II** *s.* **3.** *ling.* a) Bedingungs-, Konditio'nalsatz *m*, b) Bedingungsform *f*, Konditio'nalis *m*, c) Be'dingungsparˌtikel *f*; **con'di·tion·al·ly** [-nəlɪ] *adv.* bedingungsweise; **con'di·tioned** [-nd] *adj.* **1.** (***by***) bedingt (durch), abhängig (von): ***~ reflex*** *psych.* bedingter Reflex; **2.** (so) beschaffen *od.* geartet; in ... Verfassung.

con·do ['kɒndəʊ] *s. Am.* F Eigentumswohnung *f*.

con·do·la·to·ry [kən'dəʊlətərɪ] *adj.* Beileids..., Kondolenz...; **con·dole** [kən'dəʊl] *v/i.* Beileid bezeigen, kondolieren (***with s.o. on s.th.*** j-m zu et.); **con'do·lence** [-əns] *s.* Beileid *n*, Kondo'lenz *f*.

con·dom ['kɒndəm] *s.* Kon'dom *n*, *m*, Präserva'tiv *n*.

con·do·min·i·um [ˌkɒndə'mɪnɪəm] *s.* **1.** *pol.* Kondo'minium *n*; **2.** *Am.* a) Eigentumswohnanlage *f*, b) *a.* ***~ apartment*** Eigentumswohnung *f*.

con·do·na·tion [ˌkɒndəʊ'neɪʃn] *s.* Verzeihung *f* (*bsd. ehelicher Untreue*); stillschweigende Duldung; **con·done** [kən'dəʊn] *v/t.* verzeihen.

con·dor ['kɒndɔ:] *s. orn.* 'Kondor *m*.

con·duce [kən'dju:s] *v/i.* (***to***) dienen, führen, beitragen (zu); förderlich sein (*dat.*); **con'du·cive** [-sɪv] *adj.* dienlich, förderlich (***to*** *dat.*).

con·duct I *v/t.* [kən'dʌkt] **1.** führen, (ge)leiten; → ***tour*** 1; **2.** (be)treiben, handhaben; führen, leiten, verwalten; **3.** *Feldzug, Krieg, Prozeß etc.* führen; **4.** ♪ dirigieren; **5.** ⚡, *phys.* leiten; **6.** ***~ o.s.*** sich betragen *od.* benehmen, sich (auf)führen; **II** *s.* ['kɒndʌkt] **7.** Führung *f*, Leitung *f*, Verwaltung *f*; Handhabung *f*; **8.** *fig.* Führung *f*, Betragen *n*; Verhalten *n*, Haltung *f*: ***~ sheet*** Strafregister(auszug *m*) *n*; **con'duct·ance** [-təns], **con·duct·i·bil·i·ty** [kənˌdʌktɪ'bɪlətɪ] *s.* ⚡, *phys.* Leitfähigkeit *f*; **con'duct·i·ble** [-tɪbl] *adj.* ⚡, *phys.* leitfähig; **con'duct·ing** [-tɪŋ] *adj.* ⚡, *phys.* Leit..., Leitungs...: ***~ wire*** Leitungsdraht *m*; **con'duc·tion** [-kʃn] *s. oft* ⚙, *phys.* Leitung *f*, (Zu)Führung *f*, Über'tragung *f*; **con'duc·tive** [-tɪv] *adj. phys.* leitend, leitfähig; **con·duc·tiv·i·ty** [ˌkɒndʌk'tɪvətɪ] *s.* ⚡, *phys.* Leitfähigkeit *f*; **con'duc·tor** [-tə] *s.* **1.** Führer *m*, Leiter *m*; **2.** ♪ Diri'gent *m*; **3.** (Bus- *etc.*)Schaffner *m*; *Am.* 🚂 Zugbegleiter *m*; **4.** ⚡, *phys.* Leiter *m*; Ader *f* (*Kabel*); *Am. a.* Blitzableiter *m*; **con'duc·tress** [-trɪs] *s.* Schaffnerin *f*.

con·duit ['kɒndɪt] *s.* **1.** Rohrleitung *f*, Röhre *f*; Ka'nal *m* (*a. fig.*); **2.** Leitung *f* (*a. fig.*); **3.** ⚡ a) Rohrkabel *n*, b) Isolierrohr *n* (*für Leitungsdrähte*); ***~ pipe*** *s.* Leitungsrohr *n*.

cone [kəʊn] *s.* **1.** ⩀ *u. fig.* Kegel *m*: ***~ of fire*** Feuergarbe *f*; ***~ of rays*** Strahlenbündel *n*; ***~ sugar*** Hutzucker *m*; **2.** ⚙ Kegel *m*, Konus *m* (*a.* ⚡): ***~ drive*** Stufen(scheiben)antrieb *m*; ***~ friction clutch*** Reibungskupplung *f*; ***~ valve*** Kegelventil *n*; **3.** Bergkegel *m*; **4.** ⚘ (Tannen- *etc.*)Zapfen *m*; **5.** Waffeltüte *f für Speiseeis*; **coned** [-nd] *adj.* kegelförmig.

con·fab ['kɒnfæb] F *abbr. für* ***confabulation*** *u.* ***confabulate***; **con·fab·u·late** [kən'fæbjʊleɪt] *v/i.* plaudern; **con·fab·u·la·tion** [kənˌfæbjʊ'leɪʃn] *s.* **1.** Plaude'rei *f*; **2.** *psych.* Konfabulati'on *f*.

con·fec·tion [kən'fekʃn] *s.* **1.** Kon'fekt *n*, Süßwaren *pl.*, *mit Zucker* Eingemachtes *n*; **2.** 'Damenˌmodearˌtikel *m* (*Kleid, Hut etc.*); **con'fec·tion·er** [-nə] *s.* Kon'ditor *m*: ***~'s sugar*** *Am.* Puderzucker *m*; **con'fec·tion·er·y** [-nərɪ] *s.* **1.** Süßigkeiten *pl.*, Kon'ditorwaren *pl.*; **2.** Süßwarengeschäft *n*, Kondito'rei *f*.

con·fed·er·a·cy [kən'fedərəsɪ] *s.* **1.** Bündnis *n*, Bund *m*; **2.** Staatenbund *m*; **3.** ♀ *Am.* Konföderati'on *f* (*der Südstaaten im Bürgerkrieg*); **4.** Verschwörung *f*; **con'fed·er·ate** [-rət] **I** *adj.* **1.** verbündet, verbunden, Bundes...: ♀ *Am.* zur Konföderation der Südstaaten gehörig; **2.** mitschuldig; **II** *s.* **3.** Verbündete(r) *m*, Bundesgenosse *m*: ♀ *Am. hist.* Konföderierte(r) *m*, Südstaatler *m*; **4.** Kom'plize *m*, Helfershelfer *m*; **III** *v/t. u. v/i.* [-dəreɪt] **5.** (sich) verbünden *od.* vereinigen *od.* zs.-schließen; **con·fed·er·a·tion** [kənˌfedə'reɪʃn] *s.* **1.** Bund *m*, Bündnis *n*; Zs.-schluß *m*; **2.** Staatenbund *m*: ***Swiss*** **2** (Schweizer) Eidgenossenschaft *f*.

con·fer [kən'fɜː] **I** *v/t.* **1.** *Titel etc.* verleihen, er-, zuteilen, über'tragen, *Gunst* erweisen (***on***, ***upon*** *dat.*); **2.** *nur noch Imperativ*, *abbr.* ***cf.*** vergleiche; **II** *v/i.* **3.** sich beraten, Rücksprache nehmen, verhandeln (***with*** mit); **con·fer·ee** [ˌkɒnfə'riː] *s. Am.* **1.** Konfe'renzteilnehmer *m*; **2.** Empfänger *m e-s Titels etc.*; **con·fer·ence** ['kɒnfərəns] *s.* **1.** Konfe'renz *f*: a) Tagung *f*, Sitzung *f*, Zs.-kunft *f*, b) Besprechung *f*, Beratung *f*, Verhandlung *f*: ***at the*** ~ auf der Konferenz *od.* Tagung; ***in*** ~ bei e-r Besprechung (***with*** mit); ~ ***call*** *teleph.* Sammel-, Konferenzgespräch *n*; **2.** Verband *m*; *Am. sport* Liga *f*; **con'ferment** [-mənt] *s.* Verleihung *f* (***on***, ***upon*** an *acc.*).

con·fess [kən'fes] **I** *v/t.* **1.** *Schuld etc.* bekennen, (ein)gestehen; anerkennen, zugeben (*a.* ***that*** daß); **2.** *eccl.* a) beichten, b) *j-m* die Beichte abnehmen; **II** *v/i.* **3.** (***to***) (ein)gestehen (*acc.*), sich schuldig bekennen (*gen. od.* an *dat.*); **4.** *eccl.* beichten; **con'fessed** [-st] *adj.* □ zugestanden; erklärt: ***a*** ~ ***enemy*** ein erklärter Gegner; **con'fess·ed·ly** [-sɪdlɪ] *adv.* zugestandenermaßen; **con'fes·sion** [-eʃn] *s.* **1.** Geständnis *n* (*a.* ⚖), Bekenntnis *n*: ***by*** (*od.* ***on***) ***his own*** ~ nach (s-m) eigenen Geständnis; **2.** Einräumung *f*, Zugeständnis *n*; **3.** ⚖ *Zivilrecht*: Anerkenntnis *n*; **4.** *eccl.* Beichte *f*: ***dying*** ~ Geständnis *n* auf dem Sterbebett; **5.** *eccl.* Konfessi'on *f*: a) Glaubensbekenntnis *n*, b) Glaubensgemeinschaft *f*; **con'fes·sion·al** [-eʃənl] **I** *adj.* konfessio'nell, Bekenntnis…; Beicht…; **II** *s.* Beichtstuhl *m*; **con'fes·sor** [-sə] *s.* **1.** (Glaubens)Bekenner *m*; **2.** *eccl.* Beichtvater *m*.

con·fet·ti [kən'fetɪ] (*Ital.*) *s. pl. sg. konstr.* Kon'fetti *n*.

con·fi·dant [ˌkɒnfɪ'dænt] *s.* Vertraute(r) *m*, Mitwisser *m*; **ˌcon·fi'dante** [-'dænt] *s.* Vertraute *f*, Mitwisserin *f*.

con·fide [kən'faɪd] **I** *v/i.* **1.** sich anvertrauen; (ver)trauen (***in*** *dat.*); **II** *v/t.* (***to***) **2.** vertraulich mitteilen, anvertrauen (*dat.*); **3.** *j-n* betrauen mit.

con·fi·dence ['kɒnfɪdəns] *s.* **1.** (***in***) Vertrauen *n* (auf *acc.*, zu), Zutrauen *n* (zu): ***have*** (*od.* ***place***) ~ ***in s.o.*** zu j-m Vertrauen haben; ***take s.o. into one's*** ~ j-n ins Vertrauen ziehen; ***be in s.o.'s*** ~ j-s Vertrauen genießen; ***in*** ~ vertraulich; **2.** Selbstvertrauen *n*, Zuversicht *f*; Über'zeugung *f*; **3.** vertrauliche Mitteilung, Geheimnis *n*; → ***vote*** 1; ~ **game** *s.*, ~ **trick** *s.* **1.** a) (aufgelegter) Schwindel, b) Hochstape'lei *f*; ~ **man** *s.* [*irr.*], ~ **trick·ster** *s.* **1.** a) Betrüger *m*, b) Hochstapler *m*; **2.** *weitS.* Ga'nove *m*.

con·fi·dent ['kɒnfɪdənt] *adj.* □ **1.** (***of***, ***that***) über'zeugt (von, daß), gewiß, sicher (*gen.*, daß); **2.** vertrauensvoll; **3.** zuversichtlich, getrost; **4.** selbstsicher; **5.** eingebildet, kühn; **con·fi·den·tial** [ˌkɒnfɪ'denʃəl] *adj.* □ **1.** vertraulich, geheim; **2.** in'tim, vertraut, Vertrauens…: ~ ***agent*** Geheimagent *m*; ~ ***clerk*** ✝ Prokurist *m*; ~ ***secretary*** Privatsekretär(in); **con·fi·den·tial·ly** [ˌkɒnfɪ'denʃəlɪ] *adv.* im Vertrauen: ~ ***speaking*** unter uns gesagt; **con·fid·ing** [kən'faɪdɪŋ] *adj.* □ vertrauensvoll, zutraulich.

con·fig·u·ra·tion [kənˌfɪgjʊ'reɪʃn] *s.* **1.** Gestalt(ung) *f*, Bau *m*, Struk'tur *f*; Anordnung *f*, Stellung *f*; **2.** *ast.* Konfigurati'on *f*, A'spekt *m*.

con·fine I *s.* ['kɒnfaɪn] *mst pl.* **1.** Grenze *f*, Grenzgebiet *n*; *fig.* Rand *m*, Schwelle *f*; **II** *v/t.* [kən'faɪn] **2.** begrenzen; be-, einschränken (***to*** auf *acc.*): ~ ***o.s. to*** sich beschränken auf; ***be*** **~*d to*** beschränkt sein auf (*acc.*); **3.** einsperren, einschließen: **~*d to bed*** bettlägerig; **~*d to one's room*** ans Zimmer gefesselt; ***be*** **~*d to barracks*** Kasernenarrest haben, die Kaserne nicht verlassen dürfen; **4.** *pass.* (***of***) niederkommen (mit), entbunden werden (von); **con'fined** [-nd] *adj.* **1.** beschränkt *etc.* (→ ***confine*** 2, 3); **2.** ⚕ verstopft; **con'finement** [-mənt] *s.* **1.** Beschränkung *f* (***to*** auf *acc.*); Beengtheit *f*; Gebundenheit *f*; **2.** Haft *f*, Gefangenschaft *f*; Ar'rest *m*: ***close*** ~ strenge Haft; ***solitary*** ~ Einzelhaft; **3.** Niederkunft *f*, Wochenbett *n*.

con·firm [kən'fɜːm] *v/t.* **1.** *Nachricht*, *Auftrag*, *Wahrheit etc.* bestätigen; **2.** *Entschluß* bekräftigen; bestärken (***s.o. in s.th.*** j-n in e-r Sache); **3.** *Macht etc.* festigen; **4.** *eccl.* konfirmieren; *R.C.* firmen; **con'firm·a·ble** [-məbl] *adj.* zu bestätigen(d); **con·firm·and** ['kɒnfəmænd] *s. eccl.* a) Konfir'mand(in), b) *R.C.* Firmling *m*; **con·fir·ma·tion** [ˌkɒnfə'meɪʃn] *s.* **1.** Bestätigung *f*; Bekräftigung *f*; **2.** Festigung *f*; **3.** *eccl.* Konfirmati'on *f*; *R.C.* Firmung *f*; **con'firm·a·tive** [-mətɪv] *adj.* □, **con'firm·a·to·ry** [-mətərɪ] *adj.* bestätigend: ~ ***letter*** Bestätigungsschreiben *n*; **con'firmed** [-md] *adj.* fest, hartnäckig, eingewurzelt, unverbesserlich, Gewohnheits…; chronisch: ~ ***bachelor*** eingefleischter Junggeselle.

con·fis·cate ['kɒnfɪskeɪt] *v/t.* beschlagnahmen, einziehen, konfiszieren; **con·fis·ca·tion** [ˌkɒnfɪ'skeɪʃn] *s.* Einziehung *f*, Beschlagnahme *f*, Konfiszierung *f*; F Plünderung *f*; **con·fis·ca·to·ry** [kən'fɪskətərɪ] *adj.* konfiszierend, Beschlagnahme…; F räuberisch.

con·fla·gra·tion [ˌkɒnflə'greɪʃn] *s.* Feuersbrunst *f*, (großer) Brand.

con·flict I *s.* ['kɒnflɪkt] **1.** Kon'flikt *m*: a) Zs.-prall *m*, Zs.-stoß *m*, Kampf *m*, Ausein'andersetzung *f*, Kollisi'on *f*, Streit *m*, b) 'Widerstreit *m*, -spruch *m*: ***armed*** ~ bewaffnete Auseinandersetzung; ***inner*** ~ innerer (*od.* seelischer) Konflikt; ~ ***of interests*** Interessenkonflikt, -kollision; ~ ***of laws*** Gesetzeskollision, *weitS.* internationales Privatrecht; **II** *v/i.* [kən'flɪkt] **2.** (***with***) kollidieren, im 'Widerspruch *od.* Gegensatz stehen (zu); **3.** sich wider'sprechen; **con·flict·ing** [kən'flɪktɪŋ] *adj.* wider'streitend, gegensätzlich; *a.* ⚖ entgegenstehend, kollidierend.

con·flu·ence ['kɒnflʊəns] *s.* **1.** Zs.-fluß *m*; **2.** Zustrom *m*, Zulauf *m* (*Menschen*); **3.** (Menschen)Menge *f*; **'con·flu·ent** [-nt] **I** *adj.* zs.-fließend, -laufend; **II** *s.* Nebenfluß *m*; **con·flux** ['kɒnflʌks] → ***confluence***.

con·form [kən'fɔːm] **I** *v/t.* **1.** (*a.* ***o.s.*** sich) anpassen (***to*** *dat. od.* an *acc.*); **II** *v/i.* **2.** (***to***) sich anpassen (*dat.*), sich richten (nach); sich fügen (*dat.*); entsprechen (*dat.*); **3.** *eccl. Brit.* sich der engl. Staatskirche unter'werfen; **con'form·a·ble** [-məbl] *adj.* □ (***to***) **1.** kon'form, gleichförmig (mit); entsprechend, gemäß (*dat.*); **2.** vereinbar (mit); **3.** fügsam, nachgiebig; **con'formance** [-məns] *s.* Anpassung *f* (***to*** an *acc.*); Über'einstimmung *f* (***with*** mit): ***in*** ~ ***with*** gemäß (*dat.*); **con·for·ma·tion** [ˌkɒnfɔː'meɪʃn] *s.* **1.** Anpassung *f*, Angleichung *f* (***to*** an *acc.*); **2.** Gestalt (-ung) *f*, Anordnung *f*, Bau *m*; **con'form·ism** [-mɪzəm] *s.* Konfor'mismus *m*; **con'form·ist** [-mɪst] *s.* Konfor'mist (-in): a) Angepaßte(r *m*) *f*, b) Anhänger(in) der engl. Staatskirche; **con'form·i·ty** [-mətɪ] *s.* **1.** Gleichförmigkeit *f*, Ähnlichkeit *f*, Über'einstimmung *f*: ***in*** ~ ***with*** in Übereinstimmung mit, gemäß (*dat.*); **2.** (***to***) Anpassung *f* (an *acc.*); Befolgung *f* (*gen.*); **3.** *hist.* Zugehörigkeit *f* zur englischen Staatskirche.

con·found [kən'faʊnd] *v/t.* **1.** vermengen, verwechseln (***with*** mit); **2.** in Unordnung bringen, verwirren; **3.** bestürzen, verblüffen; **4.** vernichten, vereiteln; **5.** [*a.* ˌkɒn-] F ~ ***him!*** zum Teufel mit ihm!; ~ ***it!*** verdammt!; **con'founded** [-dɪd] F **I** *adj.* □ (*a. int.*) verwünscht, verflixt; scheußlich; **II** *adv.*, *a.* **~*ly*** ‚verdammt' (*kalt, etc.*).

con·fra·ter·ni·ty [ˌkɒnfrə'tɜːnətɪ] *s.* **1.** *bsd. eccl.* Bruderschaft *f*, Gemeinschaft *f*; **2.** Brüderschaft *f*; **con·frère** ['kɒnfreə] (*Fr.*) *s.* Amtsbruder *m*, Kol'lege *m*.

con·front [kən'frʌnt] *v/t.* **1.** (*oft* feindlich) gegen'übertreten, -stehen (*dat.*); **2.** mutig begegnen (*dat.*); **3.** ~ ***s.o. with*** j-n konfrontieren mit, j-m *et.* entgegenhalten; ***be*** **~*ed with*** sich gegenübersehen, gegenüberstehen (*dat.*); **con·fron·ta·tion** [ˌkɒnfrən'teɪʃn] *s.* Gegen'überstellung *f*, (*a. feindliche*) Konfrontati'on.

Con·fu·cian [kən'fjuːʃjən] **I** *adj.* konfuzi'anisch; **II** *s.* Konfuzi'aner(in); **Con'fu·cian·ism** [-nɪzəm] *s.* Konfuzia'nismus *m*.

con·fuse [kən'fjuːz] *v/t.* **1.** verwechseln, durchein'anderbringen (***with*** mit); **2.** verwirren: a) verlegen machen, aus der Fassung bringen, b) in Unordnung bringen; **3.** verworren *od.* undeutlich machen; **con'fused** [-zd] *adj.* □ **1.** verwirrt: a) kon'fus, verworren, wirr, b) verlegen, bestürzt; **2.** undeutlich, verworren: ~ ***sounds***; **con'fus·ing** [-zɪŋ] *adj.* verwirrend; **con'fu·sion** [-uːʒn] *s.* **1.** Verwirrung *f*, Durchein'ander *n*, Unordnung *f*, Wirrwarr *m*; **2.** Aufruhr *m*, Lärm *m*; **3.** Bestürzung *f*: ***put s.o. to*** ~ j-n in Verlegenheit bringen; **4.** Verworrenheit *f*; **5.** geistige Verwirrung; **6.** Verwechslung *f*.

con·fut·a·ble [kən'fjuːtəbl] *adj.* wider'legbar; **con·fu·ta·tion** [ˌkɒnfjuː'teɪʃn] *s.* Wider'legung *f*; **con·fute** [kən'fjuːt] *v/t.* **1.** *et.* wider'legen; **2.** *j-n* wider'legen, e-s Irrtums über'führen.

con·geal [kən'dʒi:l] **I** *v/t.* gefrieren *od.* gerinnen *od.* erstarren lassen (*a. fig.*); **II** *v/i.* gefrieren, gerinnen, erstarren (*a. fig.*); fest werden; **con'geal·ment** [-mənt] → ***congelation*** 1.

con·ge·la·tion [ˌkɒndʒɪ'leɪʃn] *s.* **1.** Gefrieren *n*, Gerinnen *n*, Erstarren *n*, Festwerden *n*; **2.** gefrorene (*etc.*) Masse.

con·ge·ner ['kɒndʒɪnə] *bsd. biol.* **I** *s.* gleichartiges *od.* verwandtes Ding *od.* Wesen; **II** *adj.* (art- *od.* stamm)verwandt (***to*** mit); **con·gen·er·ous** [kən'dʒenərəs] *adj.* gleichartig, verwandt.

con·gen·ial [kən'dʒi:njəl] *adj.* □ **1.** (***with***) kongeni'al (*dat.*), (geistes)verwandt (mit *od. dat.*); **2.** sym'pathisch, zusagend, angenehm (***to*** *dat.*): ***be ~*** zusagen; **3.** zuträglich (***to*** *dat.*); **4.** freundlich; **5.** passend, angemessen, entsprechend (***to*** *dat.*); **con·ge·ni·al·i·ty** [kənˌdʒi:nɪ'ælətɪ] *s.* **1.** Geistesverwandtschaft *f*; **2.** Zuträglichkeit *f*.

con·gen·i·tal [kən'dʒenɪtl] *adj.* □ angeboren: ***~ defect*** Geburtsfehler *m*; **con'gen·i·tal·ly** [-təlɪ] *adv.* von Geburt (an); von Na'tur.

con·ger ['kɒŋgə], **~ eel** [ˌkɒŋgər'i:l] *s.* Meeraal *m*.

con·ge·ries [kɒn'dʒɪəri:z] *s. sg. u. pl.* Anhäufung *f*, (wirre) Masse.

con·gest [kən'dʒest] **I** *v/t.* **1.** zs.-drängen, über'füllen, anhäufen, stauen; **2.** *fig.* über'schwemmen; **3.** verstopfen; **II** *v/i.* **4.** sich ansammeln, sich stauen, sich verstopfen; **con'gest·ed** [-tɪd] *adj.* **1.** über'füllt (***with*** von); über'völkert: ***~ area*** Ballungsraum *m*; **2.** ⚕ mit Blut über'füllt; **con'ges·tion** [-tʃn] *s.* **1.** Anhäufung *f*, Andrang *m*, Stauung *f*, Über'füllung *f*: ***~ of population*** Übervölkerung *f*; ***traffic ~*** Verkehrsstauung; **2.** ⚕ Blutandrang *m* (***of the brain*** zum Gehirn), (Gefäß)Stauung *f*.

con·glo·bate ['kɒngləʊbeɪt] **I** *adj.* (zs.-) geballt, kugelig; **II** *v/t. u. v/i.* (sich) zs.-ballen (***into*** zu).

con·glom·er·ate [kən'glɒməreɪt] **I** *v/t. u. v/i.* (sich) zs.-ballen, verbinden, anhäufen; **II** *adj.* [-rət] zs.-geballt; *fig.* zs.-gewürfelt; **III** *s.* [-rət] *fig.* (An)Häufung *f*, Gemisch *n*, zs.-gewürfelte Masse, Konglome'rat *n* (*a. geol.*); **con·glom·er·a·tion** [kənˌglɒmə'reɪʃn] → ***conglomerate*** III.

con·glu·ti·nate [kən'glu:tɪneɪt] **I** *v/t.* zs.-leimen, -kitten; **II** *v/i.* zs.-kleben, -haften; **con·glu·ti·na·tion** [kənˌglu:tɪ'neɪʃn] *s.* Zs.-kleben *n*; Verbindung *f*.

Con·go·lese [ˌkɒŋgəʊ'li:z] *hist.* **I** *adj.* Kongo…, kongo'lesisch; **II** *s.* Kongo'lese *m*, Kongo'lesin *f*.

con·grat·u·late [kən'grætjʊleɪt] *v/t. j-m* gratulieren, Glück wünschen; *j-n* beglückwünschen (***on*** zu) (*alle a.* ***o.s.*** sich); **con·grat·u·la·tion** [kənˌgrætjʊ'leɪʃn] *s.* Glückwunsch *m*: ***~s!*** ich gratuliere!; **con'grat·u·la·tor** [-tə] *s.* Gratu'lant(in); **con'grat·u·la·to·ry** [-lətərɪ] *adj.* Glückwunsch…, Gratulations…

con·gre·gate ['kɒŋgrɪgeɪt] *v/t. u. v/i.* (sich) (ver)sammeln.

con·gre·ga·tion [ˌkɒŋgrɪ'geɪʃn] *s.* **1.** (Kirchen)Gemeinde *f*; **2.** Versammlung *f*; **3.** *Brit. univ.* Versammlung *f* des Lehrkörpers *od.* des Se'nats; **ˌcon·gre'ga·tion·al** [-ʃənl] *adj. eccl.* **1.** Gemeinde…; **2.** ♀ unabhängig: ***♀ chapel*** Kapelle *f* der ‚freien' Gemeinden; **ˌCon·gre'ga·tion·al·ism** [-ʃnəlɪzəm] *s. eccl.* Selbstverwaltung *f* der ‚freien' Kirchengemeinden, Independen'tismus *m*; **ˌCon·gre'ga·tion·al·ist** [-ʃnəlɪst] *s.* Mitglied *n* e-r ‚freien' Kirchengemeinde.

con·gress ['kɒŋgres] *s.* **1.** Kon'greß *m*, Tagung *f*; **2.** *pol. Am.* ♀ Kon'greß *m*, gesetzgebende Versammlung; **3.** Geschlechtsverkehr *m*.

con·gres·sion·al [kəŋ'greʃənl] *adj.* **1.** Kongreß…; **2.** *pol. Am.* ♀ Kongreß…: ***♀ medal*** Verdienstmedaille *f*.

'Con·gress·man [-mən] *s.* [*irr.*] *pol.* Mitglied *n* des amer. Repräsen'tantenhauses, Kon'greßabgeordnete(r) *m*.

con·gru·ence ['kɒŋgrʊəns] *s.* **1.** Über'einstimmung *f*; **2.** ⩚ Kongru'enz *f*; **'con·gru·ent** [-nt] *adj.* kongru'ent: a) (***with***) über'einstimmend (mit), entsprechend (*dat.*), b) ⩚ deckungsgleich; **con·gru·i·ty** [kɒŋ'gru:ətɪ] *s.* **1.** Über'einstimmung *f*; Angemessenheit *f*; **2.** Folgerichtigkeit *f*; **3.** ⩚ Kongru'enz *f*; **'con·gru·ous** [-ʊəs] *adj.* □ **1.** (***to, with***) übereinstimmend (mit), entsprechend (*dat.*); **2.** folgerichtig; passend.

con·ic ['kɒnɪk] **I** *adj.* → ***conical***; **II** *s. a.* ***~ section*** ⩚ a) Kegelschnitt *m*, b) *pl.* → ***conics***; **'con·i·cal** [-kl] *adj.* □ 'konisch, kegelförmig: ***~ frustrum*** ⩚ Kegelstumpf *m*; **co·nic·i·ty** [kə'nɪsətɪ] *s.* Konizi'tät *f*, Kegelform *f*; **'con·ics** [-ks] *s. pl. sg. konstr.* ⩚ Lehre *f* von den Kegelschnitten.

co·ni·fer ['kɒnɪfə] *s.* ♀ Koni'fere *f*, Nadelbaum *m*; **co·nif·er·ous** [kəʊ'nɪfərəs] *adj.* ♀ a) zapfentragend, b) Nadel…: ***~ tree***.

con·jec·tur·a·ble [kən'dʒektʃərəbl] *adj.* □ zu vermuten(d); **con'jec·tur·al** [-rəl] *adj.* □ mutmaßlich; **con·jec·ture** [kən'dʒektʃə] **I** *s.* **1.** Vermutung *f*, Mutmaßung *f*; (vage) I'dee; **II** *v/t.* **2.** vermuten, mutmaßen; **III** *v/i.* **3.** Mutmaßungen anstellen, mutmaßen.

con·join [kən'dʒɔɪn] *v/t. u. v/i.* (sich) verbinden *od.* vereinigen.

con·joint ['kɒndʒɔɪnt] *adj.* □ verbunden, vereinigt, gemeinsam, Mit…; **'con·joint·ly** [-lɪ] *adv.* zu'sammen, gemeinsam.

con·ju·gal ['kɒndʒʊgl] *adj.* □ ehelich, Ehe…, Gatten…

con·ju·gate ['kɒndʒʊgeɪt] **I** *v/t.* **1.** *ling.* konjugieren, beugen; **II** *v/i.* **2.** *biol.* sich paaren; **III** *adj.* [-gɪt] **3.** verbunden, gepaart; **4.** *ling.* wurzelverwandt; **5.** ⩚ zugeordnet; **6.** ♀ paarig; **IV** *s.* [-gɪt] **7.** *ling.* wurzelverwandtes Wort; **con·ju·ga·tion** [ˌkɒndʒʊ'geɪʃn] *s. ling., biol.,* ⚗ Konjugati'on *f*, *ling. a.* Beugung *f*.

con·junct [kən'dʒʌŋkt] *adj.* □ verbunden, vereint, gemeinsam; **con'junc·tion** [-kʃən] *s.* **1.** Verbindung *f*: ***in ~ with*** zusammen mit; **2.** Zs.-treffen *n*; **3.** *ast., ling.* Konjunkti'on *f*; **con·junc·ti·va** [ˌkɒndʒʌŋk'taɪvə] *s. anat.* Bindehaut *f*; **con'junc·tive** [-tɪv] **I** *adj.* □ **1.** verbindend, Verbindungs…: ***~ tissue*** *anat.* Bindegewebe *n*; **2.** *ling.* 'konjunktivisch: ***~ mood*** Konjunktiv *m*; **II** *s.* **3.** *ling.* 'Konjunktiv *m*; **con'junc·tive·ly** [-tɪvlɪ] *adv.* gemeinsam; **con·junc·ti·vi·tis** [kənˌdʒʌŋktɪ'vaɪtɪs] *s.* ⚕ Bindehautentzündung *f*; **con'junc·ture** [-tʃə] *s.* **1.** Zs.-treffen *n* (*von Umständen*); **2.** 'Umstände *pl.*; **3.** Krise *f*; **4.** *ast.* Konjunkti'on *f*.

con·ju·ra·tion [ˌkɒndʒʊə'reɪʃn] *s.* **1.** feierliche Anrufung; Beschwörung *f*; **2.** a) Zauberformel *f*, b) Zaube'rei *f*.

con·jure[1] [kən'dʒʊə] *v/t.* beschwören, inständig bitten (***to*** *inf.* zu *inf.*).

con·jure[2] ['kʌndʒə] **I** *v/t.* **1.** *Geist etc.* beschwören: ***~ up*** heraufbeschwören (*a. fig.*), zitieren, hervorzaubern; **2.** behexen, (be)zaubern: ***~ away*** wegzaubern, bannen; **II** *v/i.* **3.** zaubern, hexen: ***a name to ~ with*** ein Name, der Wunder wirkt; **'con·jur·er, 'con·jur·or** [-dʒərə] *s.* **1.** Zauberer *m*, Zauberin *f*; **2.** Zauberkünstler *m*, Taschenspieler *m*; **'con·jur·ing trick** [-dʒərɪŋ] *s.* Zauberkunststück *n*.

conk[1] [kɒŋk] *s. sl.* ‚Riecher' *m* (*Nase*); *Am. a.* ‚Birne' (*Kopf*).

conk[2] [kɒŋk] *v/i. sl. mst* ***~ out*** **1.** ‚streiken', ‚den Geist aufgeben' (*Fernseher etc.*), ‚absterben' (*Motor*); **2.** ‚umkippen', ohnmächtig werden; **3.** ‚abkratzen', sterben.

con·ker ['kɒŋkə] *s.* F Ka'stanie *f*.

conn [kɒn] *v/t.* ⚓ *Schiff* steuern.

con·nate ['kɒneɪt] *adj.* **1.** angeboren; **2.** *biol.* verwachsen.

con·nat·u·ral [kə'nætʃrəl] *adj.* □ **1.** (***to***) gleicher Na'tur (wie); verwandt (*dat.*); **2.** angeboren.

con·nect [kə'nekt] **I** *v/t.* **1.** verbinden, verknüpfen (*mst* ***with*** mit): ***be ~ed*** (***with***) in Verbindung (mit) *od.* in Beziehungen (zu) treten *od.* stehen; ***be well ~ed*** *fig.* gute Beziehungen haben; **2.** ⚡ (***to***) anschließen (an *acc.*), verbinden (mit) (*a. teleph.*), zuschalten (*dat.*), Kon'takt herstellen zwischen (*dat.*); **3.** ⚙ (***to***) verbinden, zs.-fügen, koppeln (mit), ankuppeln (an *acc.*); **II** *v/i.* **4.** in Verbindung *od.* Zs.-hang treten *od.* stehen; **5.** 🚆 *etc.* Anschluß haben (***with*** an *acc.*); **6.** *Boxen*: ‚landen' (***with a blow*** e-n Schlag); **con'nect·ed** [-tɪd] *adj.* □ **1.** zs.-hängend; **2.** verwandt: ***~ by marriage*** verschwägert; → ***connect*** 1; **3.** (***with***) beteiligt (an *dat.*, bei), verwickelt (in *acc.*); **con'nect·ed·ly** [-tɪdlɪ] *adv.* zs.-hängend; logisch; **con'nect·ing** [-tɪŋ] *adj.* Binde…, Verbindungs…, Anschluß…: ***~ link*** Bindeglied *n*; ***~ rod*** ⚙ Kurbel-, Pleuelstange *f*; ***~ shaft*** ⚙ Transmissionswelle *f*; ***~ train*** Anschlußzug *m*.

con·nec·tion [kə'nekʃn] *s.* **1.** Verbindung *f*; **2.** ⚙ Verbindung *f*, Bindeglied *n*: ***hot-water ~s*** Heißwasseranlage *f*; **3.** Zs.-hang *m*, Beziehung *f*: ***in this ~*** in diesem Zs.-hang; ***in ~ with*** mit Bezug auf; **4.** per'sönliche Beziehung *od.* Verbindung; Verwandtschaft *f*, Verwandte(r *m*) *f*; **5.** *pl.* gute *od.* nützliche Beziehungen; Bekannten-, Kundenkreis *m*; **6.** ⚙ *allg.* Verbindung *f*, Anschluß *m* (*beide a.* ⚡, 🚆, *teleph. etc.*), Verbindungs-, Bindeglied *n*, ⚡ Schaltung *f*, Schaltverbindung *f*: ***~ plug*** Anschlußstecker *m*; ***catch one's ~*** 🚆 den Anschluß erreichen; ***run in ~ with*** Anschluß haben an (*acc.*); **7.** (*bsd. religiöse*) Gemeinschaft; **con'nec·tive** [-ktɪv] **I** *adj.* verbindend: ***~ tissue*** *anat.* Binde-, Zellgewebe *n*; **II** *s. ling.* Bindewort *n.*

con·nex·ion → ***connection***.

con·ning tow·er [ˈkɒnɪŋ] *s.* ⚓, ⚔ Komˈmandoturm *m.*

con·niv·ance [kəˈnaɪvəns] *s.* stillschweigende Duldung *od.* Einwilligung (*a.* ⚖), bewußtes Überˈsehen (***at***, ***in*** *gen.*); ⚖ Begünstigung *f*; **con·nive** [kəˈnaɪv] *v/i.* (***at***) stillschweigend dulden (*acc.*), ein Auge zudrücken (bei), Vorschub leisten (*dat.*).

con·nois·seur [ˌkɒnəˈsɜː] (*Fr.*) *s.* (Kunst- *etc.*)Kenner *m*: ~ ***of*** (*od.* ***in***) ***wines*** Weinkenner.

con·no·ta·tion [ˌkɒnəʊˈteɪʃn] *s.* **1.** Mitbezeichnung *f*; (Neben)Bedeutung *f*; **2.** *phls.* Begriffsinhalt *m*; **con·note** [kɒˈnəʊt] *v/t.* mitbezeichnen, (zuˈgleich) bedeuten.

con·nu·bi·al [kəˈnjuːbjəl] *adj.* □ ehelich, Ehe...; **con·nu·bi·al·i·ty** [kəˌnjuːbɪˈælətɪ] *s.* **1.** Ehestand *m*; **2.** eheliche Zärtlichkeiten *pl.*

co·noid [ˈkəʊnɔɪd] **I** *adj.* kegelförmig; **II** *s.* ⩘ a) Konoˈid *n*, b) Konoˈide *f* (*Fläche*).

con·quer [ˈkɒŋkə] **I** *v/t.* **1.** erobern, einnehmen, Besitz ergreifen von; **2.** *fig.* erobern, gewinnen; **3.** besiegen, überˈwinden; unterˈwerfen; **4.** *fig.* überˈwinden, bezwingen, Herr werden über (*acc.*); **II** *v/i.* **5.** siegen; Eroberungen machen; ˈ**con·quer·ing** [-kərɪŋ] *adj.* siegreich; ˈ**con·quer·or** [-kərə] *s.* **1.** Eroberer *m*; Sieger *m*: ***the*** ♀ *hist.* Wilhelm der Eroberer; **2.** F Entscheidungsspiel *n.*

con·quest [ˈkɒŋkwest] *s.* **1.** Eroberung *f*: a) Einnahme *f*: ***the*** ♀ *hist.* die normannische Eroberung, b) erobertes Gebiet, c) *fig.* Erringung *f*; **2.** Bezwingung *f*; **3.** *fig.* ‚Eroberung' *f*: ***make a*** ~ ***of s.o.*** j-n erobern.

con·san·guine [kɒnˈsæŋgwɪn] *adj.* blutsverwandt; **con·san·guin·i·ty** [ˌkɒnsæŋˈgwɪnətɪ] *s.* Blutsverwandtschaft *f.*

con·science [ˈkɒnʃəns] *s.* Gewissen *n*: ***guilty*** ~ schlechtes Gewissen; ***for*** ~ ***sake*** um das Gewissen zu beruhigen; ***in all*** ~ F wahrhaftig; ***have s.th. on one's*** ~ ein schlechtes Gewissen haben wegen e-r Sache; ~ **clause** *s.* ⚖ Gewissensklausel *f*; ~ **mon·ey** *s.* anoˈnyme Steuernachzahlung; ˈ~**-proof** *adj.* ‚abgebrüht'; ˈ~ˌ**strick·en** *adj.* von Gewissensbissen gepeinigt, reuevoll.

con·sci·en·tious [ˌkɒnʃɪˈenʃəs] *adj.* □ gewissenhaft, Gewissens...: ~ ***objector*** Kriegs-, Wehrdienstverweigerer *m* (*aus Gewissensgründen*); ˌ**con·sciˈen·tious·ness** [-nɪs] *s.* Gewissenhaftigkeit *f.*

-conscious [kɒnʃəs] *adj. in Zssgn* ...bewußt; ...freudig, ...begeistert.

con·scious [ˈkɒnʃəs] *adj.* □ **1.** *pred.* bei Bewußtsein; **2.** bewußt: ***be*** ~ ***of*** sich bewußt sein (*gen.*), wissen von; ***be*** ~ ***that*** wissen *od.* überzeugt sein, daß; ***she became*** ~ ***that*** es kam ihr zum Bewußtsein, daß; **3.** wissentlich, bewußt: ***a*** ~ ***liar*** ein bewußter Lügner; **4.** (selbst)bewußt, überˈzeugt: ***a*** ~ ***artist*** ein überzeugter Künstler; **5.** denkend: ***man is a*** ~ ***being***; ˈ**con·scious·ly** [-lɪ] *adv.* bewußt, wissentlich; gewollt; ˈ**con·scious·ness** [-nɪs] *s.* **1.** Bewußtsein *n*: ***lose*** ~ das Bewußtsein verlieren; ***regain*** ~ wieder zu sich kommen; **2.** (***of***) Bewußtsein *n* (*gen.*), Wissen *n* (um), Kenntnis *f* (von *od. gen.*): ~**-*expanding*** bewußtseinserweiternd (*Droge*); ~**-*raising*** Bewußtwerdung *f od.* -machung *f*; **3.** Denken *n*, Empfinden *n.*

con·script [ˈkɒnskrɪpt] **I** *adj.* zwangsweise eingezogen (*Soldat etc.*) *od.* verpflichtet (*Arbeiter*); **II** *s.* ⚔ Dienst-, Wehrpflichtige(r) *m*; ausgehobener Reˈkrut; **III** *v/t.* [kənˈskrɪpt] *bsd.* ⚔ (zwangsweise) ausheben, einziehen; **con·scrip·tion** [kənˈskrɪpʃn] *s.* **1.** *bsd.* ⚔ Zwangsaushebung *f*, Wehrpflicht *f*: ***industrial*** ~ Arbeitsverpflichtung *f*; **2.** *a.* ~ ***of wealth*** (Herˈanziehung *f* zur) Vermögensabgabe *f.*

con·se·crate [ˈkɒnsɪkreɪt] **I** *v/t.* **1.** *eccl.* weihen; **2.** widmen; **3.** heiligen; **II** *adj.* **4.** geweiht, geheiligt; **con·se·cra·tion** [ˌkɒnsɪˈkreɪʃn] *s.* **1.** *eccl.* Weihung *f*, Einsegnung *f*; **2.** Heiligung *f*; **3.** Widmung *f*, Hingabe *f* (***to*** an *acc.*).

con·se·cu·tion [ˌkɒnsɪˈkjuːʃn] *s.* **1.** (Aufeinˈander)Folge *f*, Reihe *f*; logische Folge; **2.** *ling.* Wort-, Zeitfolge *f*; **con·sec·u·tive** [kənˈsekjʊtɪv] *adj.* □ **1.** aufeinˈanderfolgend, fortlaufend: ***six*** ~ ***days*** sechs Tage hintereinander; **2.** *ling.* ~ ***clause*** Konsekutiv-, Folgesatz *m*; **con·sec·u·tive·ly** [kənˈsekjʊtɪvlɪ] *adv.* nacheinˈander, fortlaufend.

con·sen·sus [kənˈsensəs] *s.* **1.** Überˈeinstimmung *f* (der Meinungen): ~ ***of opinion*** übereinstimmende Meinung, allseitige Zustimmung; **2.** ⚕ Wechselwirkung *f* (*Organe*).

con·sent [kənˈsent] **I** *v/i.* **1.** (***to***) zustimmen (*dat.*), einwilligen (in *acc.*); **2.** sich bereit erklären (***to*** *inf.* zu *inf.*); **II** *s.* **3.** (***to***) Zustimmung *f* (zu), Einwilligung *f* (in *acc.*), Genehmigung *f* (für), Einverständnis *n* (zu): ***age of*** ~ ⚖ (*bsd.* Ehe-) Mündigkeit *f*; ***with one*** ~ einstimmig; ***by common*** ~ mit allgemeiner Zustimmung; → ***silence*** 1; **conˈsen·tient** [-nʃənt] *adj.* zustimmend.

con·se·quence [ˈkɒnsɪkwəns] *s.* **1.** Konseˈquenz *f*, Folge *f*, Resulˈtat *n*, Wirkung *f*: ***in*** ~ folglich, daher; ***in*** ~ ***of*** infolge von (*od. gen.*), wegen; ***in*** ~ ***of which*** weswegen; ***take the*** ~***s*** die Folgen tragen; ***with the*** ~ ***that*** mit dem Ergebnis, daß; **2.** (Schluß)Folgerung *f*, Schluß *m*; **3.** Wichtigkeit *f*, Bedeutung *f*, Einfluß *m*: ***of no*** ~ ohne Bedeutung, unwichtig; ***a man of*** ~ ein bedeutender *od.* einflußreicher Mann; **4.** *pl. mst sg. konstr.* ein Erzählspiel; ˈ**con·se·quent** [-nt] **I** *adj.* □ → ***consequently***; **1.** (***on***) folgend (auf *acc.*), sich ergebend (aus); **2.** *phls.* logisch (richtig); **II** *s.* **3.** Folge (-erscheinung) *f*, Folgerung *f*, Schluß *m*; **4.** *ling.* Nachsatz *m*; **con·se·quen·tial** [ˌkɒnsɪˈkwenʃl] *adj.* □ **1.** sich ergebend (***on*** aus): ~ ***damage*** ⚖ Folgeschaden *m*; **2.** logisch (richtig); **3.** ˈindiˌrekt; **4.** wichtigtuerisch; ˈ**con·se·quent·ly** [-ntlɪ] *adv.* **1.** folglich, deshalb; **2.** als Folge.

con·serv·an·cy [kənˈsɜːvənsɪ] *s.* **1.** Aufsichtsbehörde *f* für Flüsse, Häfen *etc.*; **2.** Forstbehörde *f*: ***nature*** ~ Naturschutz(amt *n*) *m*; **con·ser·va·tion** [ˌkɒnsəˈveɪʃn] *s.* **1.** Erhaltung *f*, Bewahrung *f*; Instandhaltung *f*, Schutz *m* (*von Forsten, Flüssen, Boden*); Naˈtur-, Umweltschutz *m*: ~ ***of energy*** *phys.* Erhaltung der Energie; **2.** Haltbarmachung *f*, Konservierung *f*; **con·ser·va·tion·ist** [ˌkɒnsəˈveɪʃənɪst] *s.* Naˈtur- *od.* ˈUmweltschützer *m.*

con·serv·a·tism [kənˈsɜːvətɪzəm] *s.* Konservaˈtismus *m* (*a. pol.*); **conˈserv·a·tive** [-tɪv] **I** *adj.* **1.** erhaltend, konservierend; **2.** konservaˈtiv (*a. pol., mst* ♀); **3.** zuˈrückhaltend, vorsichtig (*Schätzung etc.*); **4.** unauffällig: ~ ***dress***; **II** *s.* **5.** ♀ *pol.* Konservaˈtive(r) *m.*

con·ser·va·toire [kənˈsɜːvətwɑː] (*Fr.*) *s. bsd. Brit.* Konservaˈtorium *n*, Hochschule *f* für Muˈsik (*etc.*).

con·ser·va·tor [kənˈsɜːvətə] *s.* **1.** Konserˈvator *m*, Muˈseumsdiˌrektor *m*; **2.** ⚖ *Am.* Vormund *m*; **conˈserv·a·to·ry** [-trɪ] *s.* **1.** Treib-, Gewächshaus *n*, Wintergarten *m*; **2.** → ***conservatoire***;

con·serve [kənˈsɜːv] **I** *v/t.* **1.** erhalten, bewahren; beibehalten; **2.** schonen, sparsam ˈumgehen mit; **3.** einmachen, konservieren; **II** *s.* **4.** *mst pl.* Eingemachtes *n*, Konfiˈtüre *f.*

con·sid·er [kənˈsɪdə] **I** *v/t.* **1.** nachdenken über (*acc.*), (sich) überˈlegen, erwägen: ~ ***a plan***; **2.** in Betracht ziehen, berücksichtigen, beachten, bedenken: ~ ***his age!*** bedenken Sie sein Alter!; ***all things*** ~***ed*** wenn man alles in Betracht zieht; → ***considered***, ***considering***; **3.** Rücksicht nehmen auf (*acc.*): ***he never*** ~***s others***; **4.** betrachten *od.* ansehen als, halten für: ~ ***s.o.*** (***to be***) ***a fool*** j-n für e-n Narren halten; ***be*** ~***ed rich*** als reich gelten; ***you may*** ~ ***yourself lucky*** du kannst dich glücklich schätzen; ~ ***yourself at home*** tun Sie, als ob Sie zu Hause wären; ~ ***yourself dismissed!*** betrachten Sie sich als entlassen!; **5.** denken, meinen, annehmen, finden (*a.* ***that*** daß); **II** *v/i.* **6.** nachdenken, überˈlegen; **conˈsid·er·a·ble** [-dərəbl] **I** *adj.* □ beträchtlich, erheblich; bedeutend (*a. Person*); **II** *s. bsd. Am.* F e-e Menge, viel.

con·sid·er·ate [kənˈsɪdərət] *adj.* □ rücksichtsvoll, aufmerksam (***towards***, ***of*** gegen): ***be*** ~ ***of*** Rücksicht nehmen auf (*acc.*); **conˈsid·er·ate·ness** [-nɪs] *s.* Rücksichtnahme *f*; **con·sid·er·a·tion** [kənˌsɪdəˈreɪʃn] *s.* **1.** Erwägung *f*, Überˈlegung *f*: ***take into*** ~ in Betracht *od.* Erwägung ziehen; ***leave out of*** ~ außer Betracht lassen, ausklammern; ***the matter is under*** ~ die Sache wird (noch) erwogen *od.* geprüft; ***upon*** ~ nach Prüfung; **2.** Berücksichtigung *f*; Begründung *f*: ***in*** ~ ***of*** in Anbetracht (*gen.*); ***on*** (*od.* ***under***) ***no*** ~ unter keinen Umständen; ***that is a*** ~ das ist ein triftiger Grund; ***money is no*** ~ Geld spielt keine Rolle; **3.** Rücksicht (-nahme) *f* (***for*** auf *acc.*): ***lack of*** ~ Rücksichtslosigkeit *f*; **4.** Entgelt *n*, Entschädigung *f*, (vertragliche) Gegenleistung: ***for a*** ~ gegen Entgelt; **conˈsid·ered** [-dəd] *adj. a.* ***well-***~ ˈwohlüberˌlegt; **conˈsid·er·ing** [-rɪŋ] **I** *prp.* in Anbetracht (*gen.*); **II** *adv.* F den ˈUmständen nach.

con·sign [kənˈsaɪn] *v/t.* **1.** überˈgeben, überˈliefern; **2.** anvertrauen; **3.** bestimmen (***for***, ***to*** für); **4.** ✝ *Waren* a) (***to***) versenden (an *acc.*), zu-, über'senden (*dat.*), verfrachten (an *acc.*), b) in Kommissi'on *od.* Konsignati'on geben, konsignieren; **con·sign·ee** [ˌkɒnsaɪ'ni:] *s.* ✝ **1.** Empfänger *m*, Adres'sat *m*; **2.** *Überseehandel*: Konsigna'tar *m*; **con'sign·ment** [-mənt] *s.* ✝ **1.** a) Über'sendung *f*, b) *Überseehandel*: Konsignati'on *f*: **~ note** Frachtbrief *m*; **in ~** in Konsignation *od.* Kommission; **2.** a) (Waren)Sendung *f*, b) *Überseehandel*: Konsignati'onsware(n *pl.*) *f*; **con'sign·or** [-nə] *s.* ✝ **1.** Über'sender *m*; **2.** *Überseehandel*: Konsi'gnant *m*.

con·sist [kən'sɪst] *v/i.* **1.** bestehen, sich zs.-setzen (**of** aus); **2.** bestehen (**in** in *dat.*); **con'sist·ence** [-təns] → **consistency** 1 *u.* 2; **con'sist·en·cy** [-tənsɪ] *s.* **1.** Konsi'stenz *f*, Beschaffenheit *f*; **2.** Festigkeit *f*, Dichtigkeit *f*, Dicke *f*; **3.** Konse'quenz *f*, Folgerichtigkeit *f*; **4.** Stetigkeit *f*; **5.** Über'einstimmung *f*, Vereinbarkeit *f*; **con'sist·ent** [-tənt] *adj.* □ **1.** konse'quent: a) folgerichtig, logisch, b) gleichmäßig, stetig, unbeirrbar (*a. Person*); **2.** über'einstimmend, vereinbar, im Einklang stehend (**with** mit); **3.** beständig, kon'stant (*Leistung etc.*); **con'sist·ent·ly** [-təntlɪ] *adv.* **1.** im Einklang (**with** mit); **2.** 'durchweg; **3.** logischerweise.

con·sis·to·ry [kən'sɪstərɪ] *s. eccl.* Konsi'storium *n*.

con·so·la·tion [ˌkɒnsə'leɪʃn] *s.* Trost *m*, Tröstung *f*: **poor ~** schwacher Trost; **~ goal** *sport* Ehrentor *n*; **~ prize** Trostpreis *m*.

con·sole[1] [kən'səʊl] *v/t.* *j-n* trösten: **~ o.s.** sich trösten (**with** mit).

con·sole[2] ['kɒnsəʊl] *s.* **1.** Kon'sole *f*: a) ⚠ Krag-, Tragstein *m*, b) Wandgestell *n*: **~ (table)** Wandtischchen *n*; **2.** (Fernseh-, Mu'sik)Truhe *f*, (Radio)Schrank *m*; **3.** ⚙, ⚡ Schalt-, Steuerpult *n*, Kon'sole *f*.

con·sol·i·date [kən'sɒlɪdeɪt] **I** *v/t.* **1.** (ver)stärken, festigen, *fig. a.* konsolidieren; **2.** vereinigen: a) zs.-legen, zs.-schließen, b) *Truppen* zs.-ziehen; **3.** ✝ a) *Schulden* konsolidieren, fundieren, b) *Aktien*, *a.* ⚖ *Klagen* zs.-legen, c) *Gesellschaften* zs.-schließen; **4.** ⚙ verdichten; **II** *v/i.* **5.** fest werden; sich festigen (*a. fig.*); **con'sol·i·dat·ed** [-tɪd] *adj.* **1.** fest, dicht, kom'pakt; **2.** *bsd.* ✝ vereinigt, konsolidiert: **~ annuities** → **consols**; **~ debt** fundierte Schuld; **2 Fund** *Brit.* konsolidierter Staatsfonds; **con·sol·i·da·tion** [kənˌsɒlɪ'deɪʃn] *s.* **1.** (Ver)stärkung *f*, Festigung *f* (*beide a. fig.*); **2.** ⚔ a) Zs.-ziehung *f*, b) Ausbau *m*; **3.** ✝ a) Konsolidierung *f*, b) Zs.-legung *f*, Vereinigung *f*, c) Zs.-schluß *m*; **4.** ⚙ Verdichtung *f*; **5.** ✔ Flurbereinigung *f*.

con·sols ['kɒnsəlz] *s. pl.* ✝ *Brit.* Kon'sols *pl.*, konsolidierte Staatsanleihen *pl.*

con·som·mé [kən'sɒmeɪ] (*Fr.*) *s.* Consom'mé *f*, *n* (*klare Kraftbrühe*).

con·so·nance ['kɒnsənəns] *s.* **1.** Zs.-, Gleichklang *m*; **2.** ♪ Konso'nanz *f*; **3.** *fig.* Über'einstimmung *f*, Harmo'nie *f*; **'con·so·nant** [-nt] **I** *adj.* □ **1.** ♪ konso'nant; **2.** über'einstimmend, vereinbar (**with** mit); **3.** gemäß (**to** *dat.*); **II** *s.* **4.** *ling.* Konso'nant *m*; **con·so·nan·tal** [ˌkɒnsə'næntl] *adj. ling.* konso'nantisch.

con·sort I *s.* ['kɒnsɔ:t] **1.** Gemahl(in); **2.** ⚓ Geleitschiff *n*; **II** *v/i.* [kən'sɔ:t] **3.** (**with**) verkehren (mit), sich gesellen (zu); **4.** (**with**) über'einstimmen (mit), passen (zu); **con·sor·ti·um** [kən'sɔ:tjəm] *s.* **1.** Vereinigung *f*, Gruppe *f*, Kon'sortium *n* (*a.* ✝): **~ of banks** Bankenkonsortium; **2.** ⚖ eheliche Gemeinschaft.

con·spi·cu·i·ty [ˌkɒnspɪ'kju:ətɪ] → **conspicuousness**; **con·spic·u·ous** [kən'spɪkjʊəs] *adj.* □ **1.** deutlich sichtbar; **2.** auffallend: **be ~** in die Augen fallen; **be ~ by one's absence** durch Abwesenheit glänzen; **make o.s. ~** sich auffällig benehmen, auffallen; **render o.s. ~** sich hervortun; **3.** *fig.* bemerkenswert, her'vorragend; **con·spic·u·ous·ness** [kən'spɪkjʊəsnɪs] *s.* **1.** Deutlichkeit *f*; **2.** Auffälligkeit *f*, Augenfälligkeit *f*.

con·spir·a·cy [kən'spɪrəsɪ] *s.* Verschwörung *f*, Kom'plott *n*: **~ of silence** verabredetes Stillschweigen; **~ (to commit a crime)** (*strafbare*) Verabredung zur Verübung e-r Straftat; **con'spir·a·tor** [-ətə] *s.* Verschwörer *m*; **con·spir·a·to·ri·al** [kənˌspɪrə'tɔ:rɪəl] *adj.* verschwörerisch, Verschwörungs…; **con·spire** [kən'spaɪə] **I** *v/i.* **1.** sich verschwören; sich (heimlich) zs.-tun; ⚖ sich *zu e-r Tat* verabreden; **2.** *fig.* zs.-wirken, (insgeheim) dazu beitragen, sich verschworen haben; **II** *v/t.* **3.** (heimlich) planen, anzetteln.

con·sta·ble ['kʌnstəbl] *s. bsd. Brit.* Poli'zist *m*, Wachtmeister *m*: **special ~** Hilfspolizist; → **Chief Constable**; **con·stab·u·lar·y** [kən'stæbjʊlərɪ] *s.* Poli'zei(truppe) *f*.

con·stan·cy ['kɒnstənsɪ] *s.* **1.** Beständigkeit *f*, Unveränderlichkeit *f*; **2.** Bestand *m*, Dauer *f*; **3.** *fig.* Standhaftigkeit *f*; Treue *f*; **'con·stant** [-nt] **I** *adj.* □ **1.** (be)ständig, unveränderlich, gleichbleibend, kon'stant; **2.** dauernd, unaufhörlich; stetig, regelmäßig: **~ rain** anhaltender Regen; → **companion**[1] 2; **3.** standhaft, beharrlich, fest; **4.** verläßlich, treu; **5.** ✠, ⚡, *phys.* kon'stant; **II** *s.* **6.** ✠, *phys.* kon'stante Größe, Kon'stante *f*.

con·stel·la·tion [ˌkɒnstə'leɪʃn] *s.* **1.** Konstellati'on *f*: a) *ast.* Sternbild *n*, b) *fig.* Gruppierung *f*; **2.** glänzende Versammlung.

con·ster·nat·ed ['kɒnstəneɪtɪd] *adj.* bestürzt, konsterniert; **con·ster·na·tion** [ˌkɒnstə'neɪʃn] *s.* Bestürzung *f*.

con·sti·pate ['kɒnstɪpeɪt] *v/t.* ⚕ verstopfen; **con·sti·pa·tion** [ˌkɒnstɪ'peɪʃn] *s.* ⚕ Verstopfung *f*.

con·stit·u·en·cy [kən'stɪtjʊənsɪ] *s.* **1.** Wählerschaft *f*; **2.** Wahlkreis *m*; **3.** *Am.* F Kundenkreis *m*; **con'stit·u·ent** [-nt] **I** *adj.* **1.** e-n (Bestand)Teil bildend: **~ part** Bestandteil *m*; **2.** *pol.* Wähler…, Wahl…: **~ body** Wählerschaft *f*; **3.** *pol.* konstituierend, verfassunggebend: **~ assembly** verfassunggebende Versammlung; **II** *s.* **4.** Bestandteil *m*; **5.** ⚖ Vollmachtgeber(in); **6.** *pol.* Wähler (-in); **7.** *ling.* Satzteil *m*; **8.** ✠, *phys.* Kompo'nente *f*.

con·sti·tute ['kɒnstɪtju:t] *v/t.* **1.** ernennen, einsetzen: **~ s.o. president** j-n als Präsidenten einsetzen; **2.** *Gesetz* in Kraft setzen; **3.** *oft pol.* gründen, einsetzen, konstituieren: **~ a committee** e-n Ausschuß einsetzen; **the ~d authorities** die verfassungsmäßigen Behörden; **4.** ausmachen, bilden: **~ a precedent** e-n Präzedenzfall bilden; **be so ~d that** so geartet sein, daß.

con·sti·tu·tion [ˌkɒnstɪ'tju:ʃn] *s.* **1.** Zs.-setzung *f*, (Auf)Bau *m*, Beschaffenheit *f*; **2.** Einsetzung *f*, Bildung *f*, Gründung *f*; **3.** Konstituti'on *f*, Körperbau *m*, Na'tur *f*: **by ~** von Natur; **strong ~** starke Konstitution; **4.** Gemütsart *f*, Wesen *n*, Veranlagung *f*; **5.** *pol.* Verfassung *f*, Grundgesetz *n*, Satzung *f*; **ˌcon·sti'tu·tion·al** [-ʃənl] **I** *adj.* □ **1.** körperlich bedingt, angeboren, veranlagungsgemäß; **2.** *pol.* verfassungsmäßig, rechtsstaatlich, Verfassungs…: **~ monarchy** konstitutionelle Monarchie; **~ state** Rechtsstaat *m*; **II** *s.* **3.** F (Verdauungs-) Spaziergang *m*; **ˌcon·sti'tu·tion·al·ism** [-ʃnəlɪzəm] *s. pol.* verfassungsmäßige Regierungsform; **ˌcon·sti'tu·tion·al·ist** [-ʃnəlɪst] *s. pol.* Anhänger *m* der verfassungsmäßigen Regierungsform.

con·strain [kən'streɪn] *v/t.* **1.** zwingen, nötigen, drängen: **be** (*od.* **feel**) **~ed** sich genötigt sehen; **2.** erzwingen; **3.** einzwängen; einsperren; **con'strained** [-nd] *adj.* □ gezwungen, steif, verkrampft, verlegen, befangen; **con'strain·ed·ly** [-nɪdlɪ] *adv.* gezwungen; **con'straint** [-nt] *s.* **1.** Zwang *m*, Nötigung *f*: **under ~** unter Zwang, zwangsweise; **2.** Beschränkung *f*; **3.** a) Befangenheit *f*, b) Gezwungenheit *f*; **4.** Zu'rückhaltung *f*.

con·strict [kən'strɪkt] *v/t.* zs.-ziehen, -pressen, -schnüren, einengen; **con'strict·ed** [-tɪd] *adj.* eingeengt; beschränkt; **con'stric·tion** [-kʃn] *s.* Zs.-ziehung *f*, Einschnürung *f*; Beengtheit *f*; **con'stric·tor** [-tə] *s.* **1.** *anat.* Schließmuskel *m*; **2.** *zo.* 'Boa *f*, Riesenschlange *f*.

con·strin·gent [kən'strɪndʒənt] *adj.* zs.-ziehend.

con·struct [kən'strʌkt] *v/t.* **1.** bauen, errichten; **2.** ⚙, ✠, *ling.* konstruieren; **3.** *fig.* aufbauen, gestalten, formen; ausarbeiten, entwerfen, ersinnen; **con'struc·tion** [-kʃn] *s.* **1.** (Er)Bauen *n*, Bau *m*, Errichtung *f*: **under ~** im Bau; **2.** Bauwerk *n*, Bau *m*, Gebäude *n*; **3.** Bauweise *f*; *fig.* Aufbau *m*, Anlage *f*, Gestaltung *f*, Form *f*; **4.** ⚙, ✠ Konstrukti'on *f*; **5.** *ling.* Konstrukti'on *f*, Satzbau *m*, Wortfügung *f*; **6.** Auslegung *f*, Deutung *f*: **put a wrong ~ on s.th.** et. falsch auslegen *od.* auffassen; **con'struc·tion·al** [-kʃənl] *adj.* Bau…, Konstruktions…, baulich; **con'struc·tive** [-tɪv] *adj.* □ **1.** aufbauend, schaffend, schöpferisch, konstruk'tiv; **2.** konstruk'tiv, positiv: **~ criticism**; **3.** Bau…, Konstruktions…; **4.** a) *a.* ⚖ abgeleitet, angenommen, b) ⚖ mittelbar; **con'struc·tor** [-tə] *s.* Erbauer *m*, Konstruk'teur *m*.

con·strue [kən'stru:] **I** *v/t.* **1.** *ling.* a) *Satz* zergliedern, konstruieren, b) (Wort für Wort) über'setzen; **2.** auslegen; deuten; auffassen; **II** *v/i.* **3.** *ling.* sich konstruieren *od.* zergliedern lassen.

con·sub·stan·ti·al·i·ty [ˈkɒnsəbˌstænʃɪˈælətɪ] *s. eccl.* Wesensgleichheit *f* (*der drei göttlichen Personen*); **con·sub·stan·ti·ate** [ˌkɒnsəbˈstænʃɪeɪt] *v/t.* (*v/i.* sich) zu e-m einzigen Wesen vereinigen; **ˈcon·subˌstan·tiˈa·tion** [-ɪˈeɪʃn] *s. eccl.* Konsubstantiatiˈon *f* (*Mitgegenwart des Leibes u. Blutes Christi beim Abendmahl*).

con·sue·tude [ˈkɒnswɪtjuːd] *s.* Gewohnheit *f*, Brauch *m*; **con·sue·tu·di·nar·y** [ˌkɒnswɪˈtjuːdɪnərɪ] *adj.* gewohnheitsmäßig, Gewohnheits…

con·sul [ˈkɒnsəl] *s.* Konsul *m*: **~-general** Generalkonsul; **ˈcon·su·lar** [-sjʊlə] Konsulats…, Konsular…, konsuˈlarisch: **~ invoice** ☤ Konsulatsfaktura *f*; **ˈcon·su·late** [-sjʊlət] *s.* Konsuˈlat *n* (*a. Gebäude*): **~-general** Generalkonsulat; **ˈcon·sul·ship** [-ʃɪp] *s.* Amt *n* e-s Konsuls.

con·sult [kənˈsʌlt] **I** *v/t.* **1.** um Rat fragen, befragen, *Arzt etc.* zu Rate ziehen, konsultieren: **~ one's watch** auf die Uhr sehen; **~ the dictionary** im Wörterbuch nachschlagen; **2.** beachten, berücksichtigen: **~ s.o.'s wishes**; **II** *v/i.* **3.** sich beraten *od.* besprechen (**with** mit, **about** über *acc.*); **conˈsult·ant** [-tənt] *s.* **1.** (*Fach-, Betriebs- etc.*)Berater *m*; **2.** ⚕ a) Facharzt *m*, b) fachärztlicher Berater; **con·sul·ta·tion** [ˌkɒnsəlˈteɪʃn] *s.* Beratung *f*, Rücksprache *f* (**on** über *acc.*), Konsultatiˈon *f* (*a.* ⚕): **~ hour** ⚕ Sprechstunde *f*; **conˈsult·a·tive** [-tətɪv] *adj.* beratend; **conˈsult·ing** [-tɪŋ] *adj.* beratend: **~ engineer** technischer (Betriebs)Berater; **~ room** ⚕ Sprechzimmer *n*.

con·sum·a·ble [kənˈsjuːməbl] **I** *adj.* verzehrbar, verbrauchbar, zerstörbar; **II** *s. mst pl.* Verˈbrauchsarˌtikel *m*; **con·sume** [kənˈsjuːm] **I** *v/t.* **1.** verzehren (*a. fig.*), verbrauchen: **be ~d with** *fig.* erfüllt sein von, von *Haß*, *Verlangen* verzehrt werden, vor *Neid* vergehen; **consuming desire** brennende Begierde; **2.** zerstören: **~d by fire** ein Raub der Flammen; **3.** (auf)essen, trinken; **4.** verschwenden; *Zeit* rauben *od.* benötigen; **II** *v/i.* **5.** *a.* **~ away** sich verzehren (*a. fig.*); sich verbrauchen *od.* abnutzen; **conˈsum·er** [-mə] *s.* Verbraucher *m*, Abnehmer *m*, Konsuˈment *m*: **~ goods** Konsumgüter; **~ resistance** Kaufunlust *f*; **~ society** Konsumgesellschaft *f*; **ultimate ~** Endverbraucher *m*; **conˈsum·er·ism** [-mərɪzəm] *s.* **1.** Verbraucherschutzbewegung *f*; **2.** kritische Verbraucherhaltung.

con·sum·mate **I** *v/t.* [ˈkɒnsəmeɪt] vollˈenden; *bsd. Ehe* vollˈziehen; **II** *adj.* ☐ [kənˈsʌmɪt] vollˈendet, ˈvollkommen, völlig: **~ skill** höchste Geschicklichkeit; **con·sum·ma·tion** [ˌkɒnsəˈmeɪʃn] *s.* **1.** Vollˈendung *f*, Ziel *n*, Ende *n*; **2.** Erfüllung *f*; **3.** ⚖ Vollˈziehung *f* (*Ehe*).

con·sump·tion [kənˈsʌmpʃn] *s.* **1.** Verbrauch *m*, Konˈsum *m* (**of** an *dat. od.* von); **2.** Verzehrung *f*; Zerstörung *f*; **3.** Verzehr *m*: **unfit for human ~** für menschlichen Verzehr ungeeignet; **for public ~** *fig.* für die Öffentlichkeit bestimmt; **4.** ⚕ *obs.* Schwindsucht *f*; **conˈsump·tive** [-ptɪv] **I** *adj.* ☐ **1.** verbrauchend, Verbrauchs…; **2.** (ver)zehrend; **3.** ⚕ *obs.* schwindsüchtig; **II** *s.* **4.** ⚕ *obs.* Schwindsüchtige(r *m*) *f*.

con·tact [ˈkɒntækt] **I** *s.* **1.** Berührung *f* (*a.* Å), Konˈtakt *m*; ⚔ Feindberührung *f*; **2.** *fig.* Konˈtakt *m*: a) Verbindung *f*, Beziehung *f*, Fühlung *f* (*a.* ⚔), b) Verbindungs-, Gewährsmann *m*, c) *pol.* Konˈtaktmann *m* (*Agent*): **make ~s** Verbindungen anknüpfen; **business ~** Geschäftsverbindung; **3.** ⚡ Konˈtakt *m*: a) Anschluß *m*, b) Konˈtaktstück *n*: **make** (**break**) **~** Kontakt herstellen (unterbrechen); **4.** ⚕ Konˈtaktperˌson *f*; **II** *v/t.* **5.** in Berührung kommen mit; Konˈtakt haben mit, berühren; **6.** *fig.* sich in Verbindung setzen mit, Beziehungen *od.* Konˈtakt aufnehmen zu, sich an *j-n* wenden; **~ box** *s.* ⚡ Anschlußdose *f*; **~ break·er** *s.* ⚡ (ˈStrom-)Unterˌbrecher *m*; **~ flight** *s.* ✈ Sichtflug *m*; **~ lens** *s.* Haft-, Konˈtaktschale *f*, Konˈtaktlinse *f*; **~ light** *s.* ✈ Lande(bahn)feuer *n*; **ˈ~-ˌmak·er** *s.* ⚡ Einschalter *m*, Stromschließer *m*; **~ man** *s.* [*irr.*] → **contact** 2 b, c; **~ mine** *s.* ⚔ Tretmine *f*.

con·tac·tor [ˈkɒntæktə] *s.* ⚡ (Schalt-)Schütz *n*: **~ switch** Schütz(schalter *m*).

con·tact| print *s. phot.* Konˈtaktabzug *m*; **~ rail** *s.* ⚡ Konˈtaktschiene *f*.

con·ta·gion [kənˈteɪdʒən] *s.* **1.** ⚕ a) Ansteckung *f* (*durch Berührung*), b) ansteckende Krankheit; **2.** *fig.* Vergiftung *f*; verderblicher Einfluß; **conˈta·gious** [-dʒəs] *adj.* ☐ **1.** ⚕ a) ansteckend (*a. fig. Stimmung etc.*), b) infiziert: **~ matter** Krankheitsstoff *m*; **2.** *fig. obs.* verderblich.

con·tain [kənˈteɪn] *v/t.* **1.** enthalten; *fig. a.* beinhalten; **2.** (um)ˈfassen, einschließen, aufnehmen, Raum haben für; **3.** bestehen aus, messen; **4.** zügeln, im Zaum halten, bändigen: **~ one's anger**; **5.** **~ o.s.** sich beherrschen *od.* mäßigen: **be unable to ~ o.s. for** sich nicht fassen können vor; **6.** *a.* ⚔ fest-, zuˈrückhalten; ⚔ *Feindkräfte* fesseln, binden; *a. pol.* eindämmen: **~ the attack** den Angriff abriegeln; **~ a fire** e-n Brand unter Kontrolle bringen *od.* eindämmen; **7.** Å teilbar sein durch; **conˈtain·er** [-nə] *s.* **1.** Behälter *m*; Gefäß *n*; Kaˈnister *m*; **2.** ☤ Conˈtainer *m* (*Großbehälter*): **~ port** Containerhafen *m*; **~ ship** Containerschiff *n*; **conˈtain·er·ize** [-nəraɪz] *v/t.* **1.** auf Conˈtainerbetrieb ˈumstellen; **2.** in Conˈtainern transportieren; **conˈtain·ment** [-mənt] *s. fig.* Eindämmung *f*, In-ˈSchach-Halten *n*: **policy of ~** Eindämmungspolitik *f*.

con·tam·i·nant [kənˈtæmɪnənt] *s.* Verseuchungsstoff *m*; **conˈtam·i·nate** [-neɪt] *v/t.* **1.** verunreinigen; **2.** *a. fig.* infizieren, vergiften, (*a.* radioakˈtiv) verseuchen: **~d area** verseuchtes Gelände; **con·tam·i·na·tion** [kənˌtæmɪˈneɪʃn] *s.* **1.** Verunreinigung *f*; **2.** (*a.* radioakˈtive *etc.*) Verseuchung: **~ meter** Geigerzähler *m*; **3.** *ling.* Kontaminatiˈon *f*.

con·tan·go [kənˈtæŋgəʊ] *s.* ☤ *Börse*: Reˈport *m* (*Kurszuschlag*).

con·temn [kənˈtem] *v/t. poet.* verachten; **conˈtem·nor** [-nə] *s.* ⚖ j-d der **contempt of court** begeht (→ **contempt** 4).

con·tem·plate [ˈkɒntempleɪt] **I** *v/t.* **1.** (nachdenklich) betrachten; nachdenken über (*acc.*); überˈdenken; **2.** ins Auge fassen, erwägen, beabsichtigen; **3.** erwarten, rechnen mit; **II** *v/i.* **4.** nachsinnen; **con·tem·pla·tion** [ˌkɒntemˈpleɪʃn] *s.* **1.** (nachdenkliche) Betrachtung; **2.** Nachdenken *n*, -sinnen *n*; **3.** *bsd. eccl.* Meditatiˈon *f*, innere Einkehr, Versunkenheit *f*; **4.** Erwägung *f*: **have in ~** → **contemplate** 2; **be in ~** erwogen *od.* geplant werden; **5.** Absicht *f*; **ˈcon·tem·pla·tive** [-tɪv] *adj.* ☐ **1.** nachdenklich; **2.** beschaulich, besinnlich, kontemplaˈtiv.

con·tem·po·ra·ne·ous [kənˌtempəˈreɪnjəs] *adj.* ☐ gleichzeitig (**with** mit); **conˌtem·poˈra·ne·ous·ness** [-nɪs] *s.* Gleichzeitigkeit *f*; **con·tem·po·rar·y** [kənˈtempərərɪ] **I** *adj.* **1.** zeitgenössisch: a) heutig, unserer Zeit, b) der damaligen Zeit: **~ history** Zeitgeschichte *f*; **2.** gleichalt(e)rig; **II** *s.* **3.** Zeitgenosse *m*, -genossin *f*; **4.** Altersgenosse *m*, -genossin *f*; **5.** gleichzeitig erscheinende Zeitung, Konkurˈrenz(blatt *n*) *f*.

con·tempt [kənˈtempt] *s.* **1.** Verachtung *f*, Geringschätzung *f*: **feel ~ for s.o.**, **hold s.o. in ~** j-n verachten; **bring into ~** verächtlich machen; → **beneath** II; **2.** Schande *f*, Schmach *f*: **fall into ~** in Schande geraten; **3.** ˈMißachtung *f*; **4.** **~** (**of court**) ⚖ ˈMißachtung des Gerichts (*Ungebühr*, *Nichterscheinen etc.*); **con·tempt·i·bil·i·ty** [kənˌtemptəˈbɪlətɪ] *s.* Verächtlichkeit *f*; **conˈtempt·i·ble** [-təbl] *adj.* ☐ **1.** verächtlich, verachtenswert, nichtswürdig: **Old ≈s** *brit. Expeditionskorps in Frankreich 1914*; **2.** gemein, niederträchtig; **conˈtemp·tu·ous** [-tjʊəs] *adj.* ☐ verachtungsvoll, geringschätzig: **be ~ of s.th.** et. verachten; **conˈtemp·tu·ous·ness** [-tjʊəsnɪs] *s.* Verachtung *f*, Geringschätzigkeit *f*.

con·tend [kənˈtend] **I** *v/i.* **1.** kämpfen, ringen (**with** mit, **for** um); **2.** *mit Worten* streiten, disputieren (**about** über *acc.*, **against** gegen); **3.** wetteifern, sich bewerben (**for** um); **II** *v/t.* **4.** behaupten, geltend machen (**that** daß); **conˈtend·er** [-də] *s.* Kämpfer(in); Bewerber(in) (**for** um); Konkurˈrent(in); **conˈtend·ing** [-dɪŋ] *adj.* **1.** streitend, kämpfend; **2.** widerˈstreitend; **3.** konkurrierend.

con·tent[1] [ˈkɒntent] *s.* **1.** *mst pl.* (*Raum*)Inhalt *m*, Fassungsvermögen *n*; ˈUmfang *m*; **2.** *pl. a. fig.* Inhalt *m* (*Buch etc.*); **3.** *mst* ⚒ Gehalt *m*: **gold ~** Goldgehalt.

con·tent[2] [kənˈtent] **I** *pred. adj.* **1.** zuˈfrieden; **2.** bereit, willens (**to** *inf.* zu *inf.*); **3.** *parl. Brit.* (*nur House of Lords*) einverstanden: **not ~** dagegen; **II** *v/t.* **4.** befriedigen, zuˈfriedenstellen; **5.** **~ o.s.** zuˈfrieden sein, sich zufrieden geben *od.* begnügen *od.* abfinden (**with** mit); **III** *s.* **6.** Zuˈfriedenheit *f*, Befriedigung *f*: **to one's heart's ~** nach Herzenslust; **7.** *mst pl. parl. Brit.* Ja-Stimmen *pl.*; **conˈtent·ed** [-tɪd] *adj.* ☐ zuˈfrieden (**with** mit); **conˈtent·ed·ness** [-tɪdnɪs] *s.* Zuˈfriedenheit *f*.

con·ten·tion [kənˈtenʃn] *s.* **1.** Streit *m*, Zank *m*; **2.** Wortstreit *m*; **3.** Behauptung *f*: **my ~ is that** ich behaupte, daß; **4.** Streitpunkt *m*; **conˈten·tious** [-ʃəs] *adj.* ☐ **1.** streitsüchtig; **2.** streitig (*a.*

⚖), strittig, um'stritten; **con'ten·tious·ness** [-ʃəsnɪs] *s.* Streitsucht *f.*
con·tent·ment [kən'tentmənt] *s.* Zu'friedenheit *f.*
con·test I *s.* ['kɒntest] **1.** Kampf *m*, Streit *m*; **2.** Wettkampf *m*, -streit *m*, -bewerb *m* (**for** um); **II** *v/t.* [kən'test] **3.** ⚔ *u. fig.* kämpfen um; **4.** konkurrieren *od.* sich bewerben um; **5.** *pol.* **~ a seat** *od.* **an election** für e-e Wahl kandidieren; **6.** bestreiten; *a.* ⚖ *Aussage*, *Testament*, *Wahl(ergebnis) etc.* anfechten; **III** *v/i.* [kən'test] **7.** wetteifern (**with** mit); **con·test·a·ble** [kən'testəbl] *adj.* strittig; anfechtbar; **con·test·ant** [kən'testənt] *s.* **1.** (Wett)Bewerber(in); **2.** Wettkämpfer(in); **3.** Kandi'dat(in); **4.** ⚖ a) streitende Par'tei, b) Anfechter(in); **con·tes·ta·tion** [ˌkɒntes'teɪʃn] *s.* Streit *m*; Dis'put *m*.
con·text ['kɒntekst] *s.* **1.** (*inhaltlicher*) Zs.-hang, Kontext *m*: **out of ~** aus dem Zs.-hang gerissen; **2.** Um'gebung *f*, Mili'eu *n*; **con·tex·tu·al** [kɒn'tekstjʊəl] *adj.* □ dem Zs.-hang gemäß; **con·tex·ture** [kɒn'tekstʃə] *s.* **1.** (Auf)Bau *m*, Gefüge *n*, Struk'tur *f*; **2.** Gewebe *n*.
con·ti·gu·i·ty [ˌkɒntɪ'gjuːətɪ] *s.* **1.** (**to**) Angrenzen *n* (an *acc.*), Berührung *f* (mit); **2.** Nähe *f*, Nachbarschaft *f*; **con·tig·u·ous** [kən'tɪgjʊəs] *adj.* □ (**to**) **1.** angrenzend (an *acc.*), berührend (*acc.*); **2.** nahe, benachbart (*dat.*).
con·ti·nence ['kɒntɪnəns] *s.* Mäßigkeit *f*, (*bsd. sexuelle*) Enthaltsamkeit; **'con·ti·nent** [-nənt] **I** *adj.* □ **1.** mäßig; enthaltsam, keusch; **II** *s.* **2.** Konti'nent *m*, Erdteil *m*; **3.** Festland *n*: **the** ♀ *Brit.* das europäische Festland.
con·ti·nen·tal [ˌkɒntɪ'nentl] **I** *adj.* □ **1.** kontinen'tal, Kontinental...: **~ shelf** Festlandsockel *m*; **2.** *mst* ♀ *Brit.* kontinen'tal (*das europäische Festland betreffend*); ausländisch: **~ quilt** *Brit.* Federbett *n*; **~ tour** Europareise *f*; **II** *s.* **3.** Festländer(in); **4.** ♀ *Brit.* Kontinen'taleuroˌpäer(in); **ˌcon·ti'nen·tal·ize** [-təlaɪz] *v/t.* kontinen'talen Cha'rakter geben (*dat.*): **~d** *Brit.* ‚europäisiert'.
con·tin·gen·cy [kən'tɪndʒənsɪ] *s.* **1.** Eventuali'tät *f*, Möglichkeit *f*, unvorhergesehener Fall: **~ insured against** Versicherungsfall *m*; **2.** Zufälligkeit *f*, Zufall *m*; **3.** *pl.* ✝ unvorhergesehene Ausgaben *pl.*; **con'tin·gent** [-nt] **I** *adj.* □ **1.** eventu'ell, möglich; zufällig, ungewiß; gelegentlich; **2.** (**on, upon**) abhängig (von), bedingt (durch), verbunden (mit): **~ fee** Erfolgshonorar *n*; **~ reserve** ✝ Sicherheitsrücklage *f*; **II** *s.* **3.** Anteil *m*, Beitrag *m*, Quote *f*, (⚔ 'Truppen)Kontinˌgent *n*; **con'tin·gent·ly** [-ntlɪ] *adv.* möglicherweise.
con·tin·u·al [kən'tɪnjʊəl] *adj.* □ **1.** fortwährend, 'ununterˌbrochen, (an)dauernd, (be)ständig; **2.** immer 'wiederkehrend, (sehr) häufig, oft wieder'holt; **3.** *a.* ⚘ kontinuierlich, stetig; **con'tin·u·al·ly** [-lɪ] *adv.* **1.** fortwährend *etc.*; **2.** immer wieder; **con'tin·u·ance** [-əns] *s.* **1.** → **continuation** 1, 2; **2.** Dauer *f*, Beständigkeit *f*; **3.** (Ver)Bleiben *n*; **con'tin·u·ant** [-ənt] *s.* **1.** *ling.* Dauerlaut *m*; **2.** ⚘ Kontinu'ante *f*; **con·tin·u·a·tion** [kənˌtɪnjʊ'eɪʃn] *s.* **1.** Fortsetzung *f* (*a. e-s Romans etc.*), Weiterführung *f*: **~ school** Fortbildungsschule *f*; **2.** Fortbestand *m*, -dauer *f*; **3.** Erweiterung *f*; **4.** Verlängerung(sstück *n*) *f*; **5.** ✝ Prolongati'on *f*; **con·tin·ue** [kən'tɪnjuː] **I** *v/i.* **1.** fortfahren, weitermachen; **2.** fortdauern: a) (an)dauern, anhalten, b) sich fortsetzen, weitergehen, c) (fort)bestehen; **3.** (ver)bleiben: **~ in office** im Amt bleiben; **4.** ver-, beharren (**in** bei, in *dat.*); **5.** **~ doing, ~ to do** weiter *od.* auch weiterhin tun; **~ talking** weiterreden; **~ (to be) obstinate** eigensinnig bleiben; **II** *v/t.* **6.** fortsetzen, -führen, fortfahren mit: **to be ~d** Fortsetzung folgt; **7.** verlängern, weiterführen; **8.** aufrechterhalten; beibehalten, erhalten; belassen; **9.** vertagen; **con'tin·ued** [-juːd] *adj.* □ **1.** → **continuous** 1–3: **~ existence** Fortbestand *m*; **2.** in Fortsetzungen erscheinend; **con·ti·nu·i·ty** [ˌkɒntɪ'njuːətɪ] *s.* **1.** Fortbestand *m*, Stetigkeit *f*; **2.** Zs.-hang *m*; enge Verbindung; **3.** 'ununterˌbrochene Folge; **4.** *fig.* roter Faden; **5.** *Film*: Drehbuch *n*; *Radio*, *TV*: Manu'skript *n*: **~ girl** Skriptgirl *n*; **~ writer** a) Drehbuchautor *m*, b) Textschreiber *m*.
con·tin·u·ous [kən'tɪnjʊəs] *adj.* □ **1.** 'ununterˌbrochen, (fort)laufend; zs.-hängend; **2.** unaufhörlich, andauernd, fortwährend; **3.** kontinuierlich (*a.* ⚙, *phys.*): **~ function**; **4.** *ling.* progres'siv: **~ form** Verlaufsform *f*; **~ cur·rent** *s.* ⚡ Gleichstrom *m*; **~ fire** *s.* ⚔ Dauerfeuer *n*; **~ op·er·a·tion** *s.* ⚙ Dauerbetrieb *m*; **~ pap·er** *s.* 'Endlospaˌpier *n*; **~ perform·ance** *s. thea.* Non'stopvorstellung *f*.
con·tin·u·um [kɒn'tɪnjʊəm] **1.** ⚘ Kon'tinuum *n*; **2.** → **continuity** 3.
con·tort [kən'tɔːt] *v/t.* **1.** (*a. Worte etc.*) verdrehen; **2.** *Gesicht etc.* verzerren, verziehen; **con'tor·tion** [-ɔːʃn] *s.* **1.** Verzerrung *f*; **2.** Verrenkung *f*; **con'tor·tion·ist** [-ɔːʃnɪst] *s.* **1.** Schlangenmensch *m*; **2.** Wortverdreher(in).
con·tour ['kɒnˌtʊə] **I** *s.* Kon'tur *f*, 'Umriß(linie *f*) *m*; **II** *v/t.* um'reißen, den 'Umriß zeichnen von; profilieren; *Straße* e-r Höhenlinie folgen lassen; **~ chair** *s.* körpergerecht gestalteter Sessel; **~ lathe** *s.* ⚙ Kopierdrehbank *f*; **~ line** *s. surv.* Höhenlinie *f*; **~ map** *s.* Höhenlinienkarte *f*.
con·tra ['kɒntrə] **I** *prp.* gegen, kontra (*acc.*); **II** *adv.* da'gegen; **III** *s.* ✝ Gegen-, 'Kreditseite *f*: **~ account** Gegenrechnung *f*.
'con·tra|·band I *s.* **1.** 'Konterbande *f*, Bann-, Schmuggelware *f*: **~ of war** Kriegskonterbande; **2.** Schmuggel *m*, Schleichhandel *m*; **II** *adj.* **3.** Schmuggel..., gesetzwidrig; **ˌ~'bass** [-'beɪs] *s.* ♪ 'Kontrabaß *m*; **ˌ~·bas'soon** *s.* ♪ 'Kontrafaˌgott *n*.
con·tra·cep·tion [ˌkɒntrə'sepʃn] *s.* Empfängnisverhütung *f*; **ˌcon·tra'cep·tive** [-ptɪv] *adj. u. s.* empfängnisverhütend(es Mittel).
con·tract I *s.* ['kɒntrækt] **1.** *a.* ⚖ Vertrag *m*, Kon'trakt *m*: **by ~** vertraglich; **under ~** a) (**to**) vertraglich verpflichtet (*dat.*), b) ✝ in Auftrag gegeben (*Arbeit*); **~ (to kill)** Mordauftrag *m*; **2.** Vertragsurkunde *f*; **3.** ✝ (Liefer-, Werk-) Vertrag *m*, (fester) Auftrag: **~ note** Schlußschein *m*, -note *f*; **~ processing** Lohnveredelung *f*; **4.** Ak'kord(arbeit *f*) *m*; **5.** *a.* **marriage ~** Ehevertrag *m*; **6.** a) *a.* **~ bridge** Kontrakt-Bridge *n* (*Kartenspiel*), b) höchstes Gebot; **II** *v/t.* [kən'trækt] **7.** *Muskel* zs.-ziehen; *Stirn* runzeln; **8.** *ling.* zs.-ziehen, verkürzen; **9.** ein-, verengen, be-, einschränken; **10.** *Gewohnheit* annehmen, sich *e-e Krankheit* zuziehen; *Vertrag*, *Ehe*, *Freundschaft* schließen; *Schulden* machen; **III** *v/i.* [kən'trækt] **11.** sich zs.-ziehen, (ein)schrumpfen; **12.** enger *od.* kürzer *od.* kleiner werden; **13.** e-n Vertrag schließen, sich vertraglich verpflichten (**to** *inf.* zu *inf.*, **for** zu): **~ for s.th.** et. vertraglich übernehmen; **as ~ed** wie (vertraglich) vereinbart; **the ~ing parties** die vertragschließenden Parteien; **~ in** *v/i. pol. Brit.* sich zur Bezahlung des Par'teibeitrages (*für die Labour Party*) verpflichten; **~ out** *v/i.* sich freizeichnen, sich von der Verpflichtung befreien.
con·tract·ed [kən'træktɪd] *adj.* □ **1.** zs.-gezogen; verkürzt; **2.** *fig.* engherzig; beschränkt; **con'tract·i·ble** [-təbl], **con'trac·tile** [-taɪl] *adj.* zs.-ziehbar.
con·trac·tion [kən'trækʃn] *s.* **1.** Zs.-ziehung *f*; **2.** *ling.* Ver-, Abkürzung *f*; Kurzwort *n*; **3.** Verkleinerung *f*, Einschränkung *f*; **4.** Zuziehung *f* (*Krankheit*); Eingehen *n* (*Schulden*); Annahme *f* (*Gewohnheit*); **con'trac·tive** [-ktɪv] *adj.* zs.-ziehend; **con'trac·tor** [-ktə] *s.* **1.** (*bsd.* 'Bau- *etc.*)Unterˌnehmer *m*; **2.** Unter'nehmer *m* (*Dienst-*, *Werkvertrag*), (Ver'trags)Liefeˌrant *m*; **3.** *anat.* Schließmuskel *m*; **con'trac·tu·al** [-ktʃʊəl] *adj.* vertraglich, Vertrags...: **~ capacity** ⚖ Geschäftsfähigkeit *f*.
con·tra·dict [ˌkɒntrə'dɪkt] *v/t.* **1.** (*a. o.s.* sich) wider'sprechen (*dat.*); im 'Widerspruch stehen zu; **2.** *et.* bestreiten, in Abrede stellen; **ˌcon·tra'dic·tion** [-kʃn] *s.* **1.** 'Widerspruch *m*, -rede *f*: **spirit of ~** Widerspruchsgeist *m*; **2.** 'Widerspruch *m*, Unvereinbarkeit *f*: **in ~ to** im Widerspruch zu; **~ in terms** Widerspruch in sich; **3.** Bestreitung *f*; **ˌcon·tra'dic·tious** [-kʃəs] *adj.* □ zum 'Widerspruch geneigt, streitsüchtig; **ˌcon·tra'dic·to·ri·ness** [-tərɪnɪs] *s.* **1.** 'Widerspruch *m*; **2.** 'Widerspruchsgeist *m*; **ˌcon·tra'dic·to·ry** [-tərɪ] **I** *adj.* □ (sich) wider'sprechend, entgegengesetzt; unvereinbar; **II** *s.* 'Widerspruch *m*, Gegensatz *m*.
con·tra·dis·tinc·tion [ˌkɒntrədɪ'stɪŋkʃn] *s.* Gegensatz *m*: **in ~ to** (*od.* **from**) im Gegensatz zu.
con·trail ['kɒntreɪl] *s.* ✈ Kon'densstreifen *m*.
con·tra·in·di·cate [ˌkɒntrə'ɪndɪkeɪt] *v/t.* ⚕ kontraindizieren.
con·tral·to [kən'træltəʊ] *pl.* **-tos** *s.* ♪ Alt *m*: a) Altstimme *f*, b) Al'tist(in), c) 'Altparˌtie *f*.
con·trap·tion [kən'træpʃn] *s.* F (neumodischer) Appa'rat, (komisches) Ding(s).
con·tra·pun·tal [ˌkɒntrə'pʌntl] *adj.* ♪ 'kontrapunktisch.
con·tra·ri·e·ty [ˌkɒntrə'raɪətɪ] *s.* **1.** Gegensätzlichkeit *f*, Unvereinbarkeit *f*; **2.** 'Widerspruch *m*, Gegensatz *m* (**to** zu); **con·tra·ri·ly** ['kɒntrərəlɪ] *adv.* **1.** entgegen (**to** *dat.*); **2.** andererseits; **con-**

tra·ri·ness ['kɒntrərɪnɪs] *s.* **1.** Gegensätzlichkeit *f*, 'Widerspruch *m*; **2.** Widrigkeit *f*, Ungunst *f*; **3.** F [*a.* kən'treər-] 'Widerspenstigkeit *f*, Eigensinn *m*; **con·tra·ri·wise** ['kɒntrərɪwaɪz] *adv.* im Gegenteil; 'umgekehrt; and(e)rerseits.

con·tra·ry ['kɒntrərɪ] **I** *adj.* □ → ***contrarily***; **1.** entgegengesetzt, gegensätzlich, -teilig; **2.** (***to***) wider'sprechend (*dat.*), im 'Widerspruch (zu); gegen (*acc.*), entgegen (*dat.*): **~ *to expectations*** wider Erwarten; **3.** F [*a.* kən'treərɪ] 'widerspenstig, aufsässig; **II** *adv.* **4. ~ *to*** gegen, wider: ***act ~ to nature*** wider die Natur handeln; **III** *s.* **5.** Gegenteil *n* (***to*** von *od. gen.*): ***on the ~*** im Gegenteil; ***unless I hear to the ~*** falls ich nichts Gegenteiliges höre; ***proof to the ~*** Gegenbeweis *m*.

con·trast I *s.* ['kɒntrɑːst] Kon'trast *m*, Gegensatz *m*: **~ *control*** *TV* Kontrastregler *m*; ***by ~ with*** im Vergleich mit; ***in ~ to*** im Gegensatz zu; ***be a great ~ to*** grundverschieden sein von; **II** *v/t.* [kən'trɑːst] (***with***) entgegensetzen, gegen'überstellen (*dat.*); vergleichen (mit); **III** *v/i.* [kən'trɑːst] (***with***) e-n Gegensatz bilden (zu), sich scharf unter'scheiden (von); sich abheben, abstechen (von): **~*ing colo(u)rs*** Kontrastfarben; **con·trast·y** [kən'trɑːstɪ] *adj.* kon'trastreich.

con·tra·vene [ˌkɒntrə'viːn] *v/t.* **1.** zu'widerhandeln (*dat.*), verstoßen gegen, über'treten, verletzen; **2.** im 'Widerspruch stehen zu; **3.** bestreiten; ˌ**contra'ven·tion** [-'venʃn] *s.* (***of***) Über'tretung *f* (von *od. gen.*); Verstoß *m*, Zu'widerhandlung *f* (gegen): ***in ~ of the rules*** entgegen den Vorschriften.

con·tre·temps ['kɔ̃ːntrətɑ̃ːŋ] (*Fr.*) *s.* unglücklicher Zufall, Widrigkeit *f*, ‚Panne' *f*.

con·trib·ute [kən'trɪbjuːt] **I** *v/t.* **1.** beitragen, beisteuern (***to*** zu) (*beide a. fig.*); spenden (***to*** für); ✝ a) *Kapital in e-e Firma* einbringen, b) *Brit. Geld* nachschießen; **2.** *Zeitungsartikel* beitragen; **II** *v/i.* **3.** (***to***) beitragen, e-n Beitrag leisten (zu), mitwirken (an *dat.*, bei): **~ *to a newspaper*** für e-e Zeitung schreiben; **con·tri·bu·tion** [ˌkɒntrɪ'bjuːʃn] *s.* **1.** Beitragen *n*; **2.** Beitrag *m* (*a. für Zeitung*), Beisteuer *f*, Beihilfe *f* (***to*** zu); Spende *f* (***to*** für): ***make a ~*** e-n Beitrag liefern; **3.** Mitwirkung *f* (***to*** an *dat.*); **4.** ✝ a) Einlage *f*: **~ *in kind*** (***cash***) Sach-(Bar-)einlage, b) Nachschuß *m*, c) Sozi'alversicherungsbeitrag *m*: ***employer's ~*** Arbeitgeberanteil *m*, Sozialleistung *f*; **con'trib·u·tive** [-jʊtɪv] *adj.* → ***contributory*** 1, 2; **con'trib·u·tor** [-jʊtə] *s.* **1.** Beitragende(r *m*) *f*; Beisteuernde(r *m*) *f*; **2.** Mitwirkende(r *m*) *f*; Mitarbeiter(in) (*bsd. Zeitung*); **con'trib·u·to·ry** [-jʊtərɪ] **I** *adj.* **1.** beisteuernd, beitragend (***to*** zu); Beitrags...; **2.** mitwirkend (***to*** an *dat.*, bei); Mit...: **~ *causes*** ⚖ mitverursachende Umstände; **~ *negligence*** mitwirkendes Verschulden; **3.** beitragspflichtig; **4.** ✝ *Brit.* nachschußpflichtig; **II** *s.* **5.** Beitrags- *od.* ✝ *Brit.* Nachschußpflichtige(r *m*) *f*.

con·trite ['kɒntraɪt] *adj.* □ zerknirscht, reuevoll; **con·tri·tion** [kən'trɪʃn] *s.* Zerknirschung *f*, Reue *f*.

con·triv·ance [kən'traɪvns] *s.* **1.** Ein-, Vorrichtung *f*; Appa'rat *m*; **2.** Kunstgriff *m*, Erfindung *f*, Plan *m*; **3.** Findigkeit *f*, Scharfsinn *m*; **4.** Bewerkstelligung *f*; **con·trive** [kən'traɪv] **I** *v/t.* **1.** erfinden, ersinnen, (sich) ausdenken, entwerfen; **2.** *Pläne* schmieden, aushecken; **3.** zu'stande bringen; **4.** es fertigbringen, es verstehen, es bewerkstelligen (***to*** *inf.* zu *inf.*); **II** *v/i.* **5.** Pläne *od.* Ränke schmieden; **6.** haushalten, auskommen.

con·trol [kən'trəʊl] **I** *v/t.* **1.** beherrschen, die Herrschaft *od.* Kon'trolle haben über (*acc.*), *et.* in der Hand haben *od.* kontrollieren: **~*ling share*** (*od.* ***interest***) ✝ maßgebliche Beteiligung; **2.** verwalten, beaufsichtigen, über'wachen; *Preise etc.* kontrollieren, nachprüfen; **3.** lenken, steuern, leiten; regeln, regulieren: ***radio-~led*** funkgesteuert; **~*led ventilation*** regulierbare Lüftung; **4.** (*a.* ***o.s.*** sich) beherrschen, meistern, im Zaum halten, Einhalt gebieten (*dat.*); zügeln; **5.** in Schranken halten, bekämpfen; **6.** (staatlich) bewirtschaften, planen, binden: **~*led economy*** Planwirtschaft *f*; **~*led prices*** gebundene Preise; **~*led rent*** preisrechtlich gebundene Miete; **II** *s.* **7.** Macht *f*, Gewalt *f*, Herrschaft *f*, Kon'trolle *f* (***of, over*** über *acc.*): ***foreign ~*** Überfremdung *f*; ***bring under ~*** Herr werden über (*acc.*); ***have the situation under ~*** Herr der Lage sein; ***get ~ over*** in s-e Gewalt bekommen; ***get beyond s.o.'s ~*** j-m über den Kopf wachsen; ***get out of ~*** außer Kontrolle geraten; ***have ~ over*** a) → 1, b) Gewalt haben über (*acc.*); ***keep under ~*** im Zaume halten; ***lose ~ over*** die Herrschaft *od.* Gewalt *od.* Kontrolle verlieren über (*acc.*); ***circumstances beyond our ~*** unvorhersehbare Umstände; **8.** Machtbereich *m*, Verantwortung *f*; **9.** Aufsicht *f*, Kontrolle *f* (***of*** über *acc.*); Leitung *f*, Über'wachung *f*, (Nach)Prüfung *f*; ⚖ (***of***) a) Verfügungsgewalt (über *acc.*), b) (Per'sonen)Sorge *f* (für): ***be in ~ of s.th.*** et. unter sich haben, et. leiten; ***be under s.o.'s ~*** j-m unterstellt sein *od.* unterstehen; ***traffic ~*** Verkehrsregelung *f*; **10.** Bekämpfung *f*, Eindämmung *f*: ***without ~*** uneingeschränkt, frei; ***beyond ~*** nicht einzudämmen, nicht zu bändigen; ***be out of ~*** nicht zu halten sein; ***get under ~*** eindämmen, bewältigen; ***noise ~*** Lärmbekämpfung *f*; **11.** *mst pl.* ⚙ a) Steuerung *f*, 'Steuerorˌgan *n*, b) Reguliervorrichtung *f*, Regler *m*, Kon'trollhebel *m*: ***be at the ~s*** *fig.* an den Hebeln der Macht sitzen; **12.** ⚡, ⚙ Regelung *f*; **13.** *pl.* ✈ Steuerung *f*, Leitwerk *n*; **14.** ✝ a) (*Kapital-, Konsum- etc.*) Lenkung *f*, b) (Zwangs)Bewirtschaftung *f*: ***foreign exchange ~*** Devisenkontrolle *f*; **15.** a) Kon'trolle *f*, Anhaltspunkt *m*, b) Vergleichswert *m*, c) Kon'troll-, Gegenversuch *m*.

con·trol| board *s.* ⚡ Schalttafel *f*; **~ col·umn** *s.* **1.** ✈ Steuersäule *f*; **2.** ⚙ Lenksäule *f*; **~ desk** *s.* ⚡ Steuer-, Schaltpult *n*; *Radio, TV*: Re'giepult *n*; **~ en·gi·neer·ing** *s.* 'Steuerungs-, 'Regelˌtechnik *f*; **~ ex·per·i·ment** → ***control*** 15 c; **~ knob** *s.* ⚙, ⚡ Bedienungsknopf *m*.

con·trol·la·ble [kən'trəʊləbl] *adj.* **1.** kontrollierbar, regulierbar, lenkbar; **2.** zu beaufsichtigen(d); zu beherrschen(d); **con'trol·ler** [-lə] *s.* **1.** Kon'trol'leur *m*, Aufseher *m*; Leiter *m*; Kon'trollbeˌamte(r) *m*, ✈ *a.* Fluglotse *m*; **2.** Rechnungsprüfer *m* (*Beamter*); **3.** ⚡, ⚙ Regler *m*; *mot.* Fahrschalter *m*; **4.** *sport* Kon'trollposten *m*.

con·trol| le·ver *s. mot.* Schalthebel *m*; ✈ Steuerknüppel *m*; **~ pan·el** *s.* ⚙ Bedienungsfeld *n*; **~ post** *s.* ⚔ Kon'trollposten *m*; **~ room** *s.* **1.** Kon'trollraum *m*, (⚔ Be'fehls)Zenˌtrale *f*; **2.** *Radio, TV*: Re'gieraum *m*; **~ stick** *s.* ✈ Steuerknüppel *m*; **~ sur·face** *s.* Steuerfläche *f*; **~ tow·er** *s.* ✈ Kon'trollturm *m*, Tower *m*.

con·tro·ver·sial [ˌkɒntrə'vɜːʃl] *adj.* □ **1.** strittig, um'stritten: **~ *subject*** Streitfrage *f*; **2.** po'lemisch; streitlustig; ˌ**con·tro'ver·sial·ist** [-ʃəlɪst] *s.* Po'lemiker *m*; **con·tro·ver·sy** ['kɒntrəvɜːsɪ] *s.* **1.** Kontro'verse *f*, Meinungsstreit *m*; Debatte *f*; Aussprache *f*: ***beyond*** (*od.* ***without***) **~** fraglos, unstreitig; **2.** Streitfrage *f*; **3.** Streit *m*; **con·tro·vert** ['kɒntrəvɜːt] *v/t.* **1.** bestreiten, anfechten; **2.** wider'sprechen (*dat.*); ˌ**con·tro'vert·i·ble** [-ɜːtəbl] *adj.* □ strittig; anfechtbar.

con·tu·ma·cious [ˌkɒntjuː'meɪʃəs] *adj.* □ **1.** 'widerspenstig, halsstarrig; **2.** ⚖ ungehorsam; **con·tu·ma·cy** ['kɒntjʊməsɪ] *s.* **1.** 'Widerspenstigkeit *f*, Halsstarrigkeit *f*; **2.** ⚖ Ungehorsam *m od.* (absichtliches) Nichterscheinen vor Gericht: ***condemn for ~*** gegen *j-n* ein Versäumnisurteil fällen.

con·tu·me·ly ['kɒntjuːmlɪ] *s.* **1.** Unverschämtheit *f*; **2.** Beleidigung *f*.

con·tuse [kən'tjuːz] *v/t.* ⚕ quetschen: **~*d wound*** Quetschwunde *f*; **con'tu·sion** [-uːʒn] *s.* ⚕ Quetschung *f*.

co·nun·drum [kə'nʌndrəm] *s.* **1.** Scherzfrage *f*, -rätsel *n*; **2.** *fig.* Rätsel *n*.

con·ur·ba·tion [ˌkɒnɜː'beɪʃn] *s.* Ballungsraum *m*, -zentrum *n*, Stadtgroßraum *m*.

con·va·lesce [ˌkɒnvə'les] *v/i.* gesund werden, genesen; ˌ**con·va'les·cence** [-sns] *s.* Rekonvales'zenz *f*, Genesung *f*; ˌ**con·va'les·cent** [-snt] **I** *adj.* genesend, auf dem Wege der Besserung: **~ *home*** Genesungsheim *n*; **II** *s.* Rekonvales'zent(in).

con·vec·tion [kən'vekʃn] *s. phys.* Konvekti'on *f*; **con'vec·tor** [-ktə] *s. phys.* Konvekti'ons(strom)leiter *m*.

con·vene [kən'viːn] **I** *v/t.* **1.** zs.-rufen, (ein)berufen; versammeln; **2.** ⚖ vorladen; **II** *v/i.* **3.** zs.-kommen, sich versammeln.

con·ven·ience [kən'viːnjəns] *s.* **1.** Annehmlichkeit *f*, Bequemlichkeit *f*: ***all*** (***modern***) **~*s*** alle Bequemlichkeiten *od.* aller Komfort (der Neuzeit); ***at your ~*** wenn es Ihnen paßt; ***at your earliest ~*** möglichst bald; ***at one's own ~*** nach (eigenem) Gutdünken; ***suit your own ~*** handeln Sie ganz nach Ihrem Belieben; **~ *food*** Fertignahrung *f*; **~ *goods*** ✝ *Am.* bequem erhältliche Waren des täglichen Bedarfs; **2.** Vorteil *m*, Nutzen *m*: ***it is a great ~*** es ist sehr nützlich; → ***flag***[1] 1, ***marriage*** 2; **3.** Angemessenheit *f*, Eignung *f*; **4.** *Brit.* Klo-

ˈsett *n*: ***public ~*** öffentliche Bedürfnisanstalt; **conˈven·ient** [-nt] *adj.* □ **1.** bequem, geeignet, günstig, passend: ***if it is ~ to you*** wenn es Ihnen paßt; ***it is not ~ for me*** (***to*** *inf.*) es paßt mir schlecht (zu *inf.*); ***make it ~*** es (so) einrichten; **2.** (zweck)dienlich, praktisch, brauchbar; **3.** günstig gelegen.

con·vent [ˈkɒnvənt] *s.* (*bsd.* Nonnen-) Kloster *n*: **~ (*school*)** Klosterschule *f*.

con·ven·ti·cle [kənˈventɪkl] *s. eccl.* Konvenˈtikel *n*.

con·ven·tion [kənˈvenʃn] *s.* **1.** Zs.-kunft *f*, (*Am. a.* Parˈtei)Versammlung *f*, Konˈvent *m*, (*a.* Beˈrufs-, ˈFach)Konˌgreß *m*, (-)Tagung *f*; **2.** *a. pol.* Vertrag *m*, Abkommen *n*, Konventiˈon *f* (*a.* ⚔); **3.** *oft pl.* (gesellschaftliche) Konventiˈon, Sitte *f*, Gewohnheits- *od.* Anstandsregel *f*, (stillschweigende) Gepflogenheit *od.* Überˈeinkunft; **conˈven·tion·al** [-ʃənl] *adj.* □ **1.** herkömmlich, konventioˈnell (*beide a.* ⚔), üblich, traditioˈnell: **~ *weapons*; ~ *sign*** (*bsd.* Karten)Zeichen *n*, Symbol *n*; **2.** förmlich, forˈmell; **3.** vereinbart, Vertrags…; **4.** *contp.* ˈunorigiˌnell; **conˈven·tion·al·ism** [-ʃnəlɪzəm] *s.* Festhalten *n* am Hergebrachten; **con·ven·tion·al·i·ty** [kənˌvenʃəˈnæləti] *s.* **1.** Herkömmlichkeit *f*, Üblichkeit *f*; **2.** Schaˈblonenhaftigkeit *f*; **conˈven·tion·al·ize** [-ʃnəlaɪz] *v/t.* konventioˈnell machen *od.* darstellen, den Konventiˈonen unterˈwerfen.

con·verge [kənˈvɜːdʒ] *v/i.* zs.-laufen, sich (einˈander) nähern, ∢ *u. fig.* konvergieren; **conˈver·gence** [-dʒəns], **conˈver·gen·cy** [-dʒənsɪ] *s.* **1.** Zs.-laufen *n*; **2.** ∢ a) Konverˈgenz *f* (*a. biol.*, *phys.*), b) Annäherung *f*; **conˈver·gent** [-dʒənt] *adj. bsd.* ∢ konverˈgent; **conˈverg·ing** [-dʒɪŋ] *adj.* zs.-laufend, konvergierend: **~ *lens*** Sammellinse *f*; **~ *point*** Konvergenzpunkt *m*.

con·vers·a·ble [kənˈvɜːsəbl] *adj.* □ unterˈhaltend, gesprächig; gesellig; **conˈver·sance** [-səns] *s.* Vertrautheit *f* (***with*** mit); **conˈver·sant** [-sənt] *adj.* **1.** bekannt, vertraut (***with*** mit); **2.** geübt, bewandert, erfahren (***with***, ***in*** in *dat.*).

con·ver·sa·tion [ˌkɒnvəˈseɪʃn] *s.* **1.** Unterˈhaltung *f*, Gespräch *n*, Konversatiˈon *f*: ***enter into a ~*** ein Gespräch anknüpfen; **2.** *obs.* (*a.* Geschlechts-) Verkehr *m*; → ***criminal conversation***; **3.** *a.* **~ *piece*** a) *paint.* Genrebild *n*, b) *thea.* Konversatiˈonsstück *n*; **ˌcon·verˈsa·tion·al** [-ʃənl] *adj.* □ → ***conversationally***; **1.** gesprächig; **2.** Unterhaltungs…, Gesprächs…: **~ *grammar*** Konversationsgrammatik *f*; **~ *tone*** Plauderton *m*; **ˌcon·verˈsa·tion·al·ist** [-ʃnəlɪst] *s.* gewandter Unterˈhalter, guter Gesellschafter; **ˌcon·verˈsa·tion·al·ly** [-ʃnəlɪ] *adv.* **1.** gesprächsweise; **2.** im Plauderton.

con·ver·sa·zi·o·ne [ˌkɒnvəsætsɪˈəʊnɪ] *pl.* **-ni** [-niː], **-nes** (*Ital.*) *s.* **1.** ˈAbendunterˌhaltung *f*; **2.** liteˈrarischer Gesellschaftsabend.

con·verse[1] [kənˈvɜːs] *v/i.* sich unterˈhalten, sprechen (***with*** mit, ***on***, ***about*** über *acc.*).

con·verse[2] [ˈkɒnvɜːs] **I** *adj.* □ gegenteilig, ˈumgekehrt; wechselseitig; **II** *s.* ˈUmkehrung *f*; Gegenteil *n*; **ˈcon·verse·ly** [-lɪ] *adv.* ˈumgekehrt.

con·ver·sion [kənˈvɜːʃn] *s.* **1.** *allg.* ˈUm-, Verwandlung *f* (***from*** von, ***into*** in *acc.*); **2.** ⚚ a) Konvertierung *f*, ˈUmwandlung *f* (*Effekten*, *Schulden*), b) Zs.-legung *f* (*von Aktien*), c) (ˈWährungs)ˌUmstellung *f*, d) (Geˈschäfts-, *a.* Verˈmögens)ˌUmwandlung *f*; **3.** ∢ a) ˈUmrechnung *f* (***into*** in *acc.*): **~ *table*** Umrechnungstabelle *f*, b) *a. Computer*: ˈUmwandlung *f*, c) *a. phls.* ˈUmkehrung *f*; **4.** ⚙, *a.* ⚚ ˈUmstellung *f* (***to*** auf *e-e andere Produktion etc.*); **5.** ⚙, Δ ˈUmbau *m* (***into*** in *acc.*); **6.** ϟ ˈUmformung *f*; **7.** ⚗, *phys.* ˈUmsetzung *f*; **8.** geistige Wandlung; Meinungsänderung *f*; **9.** ˈÜbertritt *m*, *bsd. eccl.* Bekehrung *f* (***to*** zu); **10.** ⚖ *a.* **~ *to one's own use*** ˈwiderrechtliche Aneignung *od.* Verwendung, *a.* Veruntreuung *f*; **11.** *sport* Verwandlung *f* (*Torschuß*).

con·vert I *v/t.* [kənˈvɜːt] **1.** *allg.* ˈum-, verwandeln (*a.* ⚗), ˈumformen (*a.* ϟ), ˈumändern (***into*** in *acc.*); **2.** ⚙, Δ ˈumbauen (***into*** zu); **3.** ⚚, ⚙ *Betrieb*, *Maschine*, *Produktion* ˈumstellen (***to*** auf *acc.*); **4.** *metall.* frischen; **5.** ⚚ a) *Geld* ˈum-, einwechseln, *a.* ˈumrechnen: **~ *into cash*** zu Geld machen, flüssigmachen, b) *Wertpapiere*, *Schulden* konvertieren, ˈumwandeln, c) *Aktien* zs.-legen, d) *Währung* ˈumstellen (***to*** auf *acc.*); **6.** ∢ a) ˈumrechnen (***into*** in *acc.*), b) *Gleichung* auflösen, c) *Proportionen* ˈumkehren (*a. phls.*); **7.** *Computer*: ˈumsetzen; **8.** *eccl.* bekehren (***to*** zu); **9.** (***to***) (zu *e-r anderen Ansicht*) bekehren, *a.* zum ˈÜbertritt (in *e-e andere Partei etc.*) veranlassen; **10.** ⚖ *a.* **~ *to one's own use*** sich ˈwiderrechtlich aneignen, veruntreuen; **11.** *sport* (zum Tor) verwandeln; **II** *v/i.* **12.** ˈumgewandelt (*etc.*) werden (→ I); **13.** sich verwandeln *od.* ˈumwandeln (***into*** zu); **14.** sich verwandeln (*etc.*) lassen (***into*** in *acc.*); **III** *s.* [ˈkɒnvɜːt] **15.** *bsd. eccl.* Bekehrte(r *m*) *f*, Konverˈtit(in): ***become a ~ to*** sich bekehren zu; **conˈvert·ed** [-tɪd] *adj.* ˈumge-, verwandelt *etc.*: **~ *cruiser*** ⚓ Hilfskreuzer *m*; **~ *flat*** in Teilwohnungen umgebaute große Wohnung; **~ *steel*** Zementstahl *m*; **conˈvert·er** [-tə] *s.* **1.** ⚙ ˈBessemerbirne *f*; **2.** ϟ ˈUmformer *m*; **3.** *TV* Wandler *m*; **4.** ⚙ Bleicher *m*, Appreˈteur *m*; **5.** Bekehrer *m*; **con·vert·i·bil·i·ty** [kənˌvɜːtəˈbɪlətɪ] *s.* **1.** ˈUm-, Verwandelbarkeit *f*; **2.** ⚚ Konvertierbar-, ˈUmwandelbarkeit *f*; **conˈvert·i·ble** [-təbl] **I** *adj.* □ **1.** ˈum-, verwandelbar; **2.** ⚚ konvertierbar, ˈumwandelbar: **~ *bond*** Wandelobligation *f*; **3.** auswechselbar, gleichbedeutend; **4.** bekehrbar; **5.** *mot.* mit Klappverdeck; **II** *s.* **6.** *mot.* Kabrioˈlett *n*.

con·vex [kɒnˈveks] *adj.* □ konˈvex, nach außen gewölbt; ∢ ausspringend (*Winkel*); **con·vex·i·ty** [kɒnˈveksətɪ] *s.* konˈvexe Form.

con·vey [kənˈveɪ] *v/t.* **1.** *Waren etc.* befördern, (ver)senden, (fort)schaffen, bringen; **2.** *bsd.* ⚙ (zu)führen, fördern; **3.** überˈbringen, -ˈmitteln, bringen, geben: **~ *greetings*** Grüße übermitteln; **4.** *phys. Schall* fortpflanzen, leiten, überˈtragen; **5.** *Nachricht etc.* mitteilen, vermitteln; *Meinung*, *Sinn* ausdrücken; andeuten; (be)sagen: **~ *an idea*** e-n Begriff geben; ***this word ~s nothing to me*** dieses Wort sagt mir nichts; **6.** überˈtragen, abtreten (***to*** an *acc.*); **conˈvey·ance** [-eɪəns] *s.* **1.** Beförderung *f*, Überˈsendung *f*, Transˈport *m*, Speditiˈon *f*: ***means of ~*** Transportmittel *n*; **2.** Überˈbringung *f*, -ˈmittlung *f*; Vermittlung *f*, Mitteilung *f*; **3.** *phys.* Fortpflanzung *f*, Überˈtragung *f*; **4.** ⚙ (Zu-) Leitung *f*, Zufuhr *f*; **5.** Beförderungs-, Transˈport-, Verkehrsmittel *n*; **6.** ⚖ a) Überˈtragung *f*, Abtretung *f*, Auflassung *f*, b) Abtretungsurkunde *f*; **conˈvey·anc·er** [-eɪənsə] *s.* ⚖ Noˈtar *m* für ˈEigentumsüberˌtragungen.

con·vey·er, **con·vey·or** [kənˈveɪə] *s.* **1.** Beförderer *m*, (Über)ˈBringer(in); **2.** ⚙ Fördergerät *n*, -band *n*, Förderer *m*; **~ *band***, **~ *belt*** *s.* laufendes Band, Förder-, Fließband *n*; **~ *chain*** *s.* Becher-, Förderkette *f*; **~ *spi·ral*** *s.* Förder-, Transˈportschnecke *f*.

con·vict I *v/t.* [kənˈvɪkt] **1.** ⚖ überˈführen, für schuldig erklären (***of*** *gen.*); **2.** verurteilen; **3.** überˈzeugen (***of*** von *e-m Unrecht, Fehler etc.*); **II** *s.* [ˈkɒnvɪkt] **4.** ⚖ a) Verurteilte(r *m*) *f*, b) Strafgefangene(r *m*) *f*, Sträfling *m*: **~ *colony*** Sträflingskolonie *f*; **~ *labo(u)r*** Sträflingsarbeit *f*; **conˈvic·tion** [-kʃn] *s.* **1.** ⚖ a) Überˈführung *f*, Schuldspruch *m*, b) Verurteilung *f*: ***previous ~*** Vorstrafe *f*; **2.** Überˈzeugung *f*: ***carry ~*** überzeugend wirken *od.* klingen; ***live up to one's ~s*** s-r Überzeugung gemäß leben; **3.** Anschauung *f*, Gesinnung *f*; **4.** (*Schuld- etc.*)Bewußtsein *n*.

con·vince [kənˈvɪns] *v/t.* **1.** (*a.* ***o.s.*** sich) überˈzeugen (***of*** von, ***that*** daß); **2.** **~ *s.o. of s.th.*** j-m et. zum Bewußtsein bringen; **conˈvinc·ing** [-sɪŋ] *adj.* □ überˈzeugend: **~ *proof*** schlagender Beweis; ***be ~*** überzeugen.

con·viv·i·al [kənˈvɪvɪəl] *adj.* □ **1.** gastlich, festlich, Fest…; **2.** gesellig, gemütlich, lustig; **con·viv·i·al·i·ty** [kənˌvɪvɪˈælətɪ] *s.* Geselligkeit *f*, Gemütlichkeit *f*, unbeschwerte Heiterkeit.

con·vo·ca·tion [ˌkɒnvəʊˈkeɪʃn] *s.* **1.** Ein-, Zs.-berufung *f*; **2.** *eccl. Brit.* Provinziˈalsyˌnode *f*; Kirchenversammlung *f*; **3.** *univ.* a) *Brit.* gesetzgebende Versammlung (*Oxford etc.*); außerordentliche Seˈnatssitzung, b) *Am.* Promotiˈons- *od.* Eröffnungsfeier *f*.

con·voke [kənˈvəʊk] *v/t.* (*bsd. amtlich*) ein-, zs.-berufen.

con·vo·lute [ˈkɒnvəluːt] *adj. bsd.* ⚘ zs.-gerollt, ringelförmig; **ˈcon·vo·lut·ed** [-tɪd] *adj. bsd. zo.* zs.-gerollt, gebogen, gewunden, spiˈralig; **con·vo·lu·tion** [ˌkɒnvəˈluːʃn] *s.* Zs.-rollung *f*, -wicklung *f*, Windung *f*.

con·voy [ˈkɒnvɔɪ] **I** *s.* **1.** Geleit *n*, (Schutz)Begleitung *f*; **2.** ⚔ a) Esˈkorte *f*, Bedeckung *f*, b) (bewachter) Transˈport; **3.** ⚓ Geleitzug *m*; **4.** *a.* ⚔ ˈLastwagenkoˌlonne *f*; **II** *v/t.* **5.** Geleitschutz geben (*dat.*), eskortieren.

con·vulse [kənˈvʌls] *v/t.* **1.** erschüttern, in Zuckungen versetzen: ***be ~d with pain*** sich vor Schmerzen krümmen; ***be ~d*** (***with laughter***) e-n Lachkrampf bekommen; **2.** krampfhaft zs.-ziehen *od.* verzerren; **3.** *fig.* erschüttern, in Aufruhr versetzen; **conˈvul·sion** [-lʃn] *s.* **1.** ⚕ Krampf *m*, Zuckung *f*: ***be seized***

with ~s Krämpfe bekommen; ***~s*** (***of laughter***) *fig.* Lachkrämpfe; **2.** *pol.*, *fig.* Erschütterung *f* (*a. geol.*), Aufruhr *m*; **con'vul·sive** [-sɪv] *adj.* □ **1.** *a. fig.* krampfhaft, -artig, konvul'siv; **2.** *fig.* erschütternd.

co·ny ['kəʊnɪ] *s.* **1.** *zo.* Ka'ninchen *n*; **2.** Ka'ninchenfell *n*.

coo [ku:] **I** *v/i.* gurren (*a. fig.*); **II** *v/t. fig. et.* gurren; **III** *s.* Gurren *n*; **IV** *int. Brit. sl.* Mann!

cook [kʊk] **I** *s.* **1.** Koch *m*, Köchin *f*: ***too many ~s spoil the broth*** viele Köche verderben den Brei; **II** *v/t.* **2.** *Speisen* kochen, zubereiten, braten, backen: ***be ~ed alive*** F vor Hitze umkommen; **3.** *a.* ***~ up*** *fig.* a) zs.-brauen, erdichten, b) ‚frisieren', verfälschen: ***~ed account*** ✝ F frisierte Abrechnung; ***~ up a story*** e-e Geschichte erfinden; ***he is ~ed*** *sl.* der ist ‚erledigt'; **III** *v/i.* **4.** kochen, sich kochen lassen: ***~ well***; **5.** ***what's ~ing*** F was tut sich?, was ist los?; **'~·book** *s. Am.* Kochbuch *n*.

cook·er ['kʊkə] *s.* **1.** Kocher *m*, Kochgerät *n*; Herd *m*; **2.** Kochgefäß *n*; **3.** *pl.* Kochobst *n*: ***these apples are good ~s*** das sind gute Kochäpfel.

cook·er·y ['kʊkərɪ] *s.* Kochen *n*; Kochkunst *f*: ***~ book*** *s. Brit.* Kochbuch *n*.

ˌ**cook|-'gen·er·al** *s. Brit.* Mädchen *n* für alles; **'~-house** *s.* **1.** Küche(ngebäude *n*) *f* (*a.* ⚔); **2.** ⚓ Schiffsküche *f*.

cook·ie ['kʊkɪ] *s. Am.* **1.** (süßer) Keks, Plätzchen *n*; **2.** *sl.* a) Kerl *m*, b) ‚Puppe' *f*.

cook·ing ['kʊkɪŋ] **I** *s.* **1.** Kochen *n*, Kochkunst *f*; **2.** Küche *f*, Kochweise *f*; **II** *adj.* **3.** Koch...: ***~ apple***; ***~ range*** *s.* Kochherd *m*; ***~ so·da*** *s.* ⚗ 'Natron *n*.

'cook·out *s. Am.* Abkochen *n* (am Lagerfeuer).

cook·y ['kʊkɪ] → ***cookie***.

cool [ku:l] **I** *adj.* □ **1.** kühl, frisch; **2.** kühl, gelassen, kalt(blütig): ***as ~ as a cucumber*** ‚eiskalt', kaltblütig; ***keep ~!*** reg dich nicht auf!; ♪ ♀ ***Jazz*** ‚Cool Jazz' *m*; **3.** kühl, gleichgültig, lau; **4.** kühl, kalt, abweisend: ***a ~ reception*** ein kühler Empfang; **5.** unverfroren, frech: ***~ cheek*** Frechheit *f*; ***a ~ customer*** ein geriebener Kunde; **6.** *fig.* glatt, rund: ***a ~ thousand pounds*** glatte *od.* die Kleinigkeit von tausend Pfund; **7.** *sl.* ‚dufte', ‚Klasse', ‚toll': ***that's ~!***; **II** *s.* **8.** Kühle *f*, Frische *f* (*bsd. Luft*): ***the ~ of the evening*** die Abendkühle; **9.** *sl.* (Selbst)Beherrschung *f*: ***blow*** (*od.* ***lose***) ***one's ~*** hochgehen, die Beherrschung verlieren; ***keep one's ~*** ruhig bleiben, die Nerven behalten; **III** *v/t.* **10.** (ab)kühlen; → ***heel***[1] *Redew.*; **11.** *fig. Leidenschaften etc.* (ab)kühlen, beruhigen; *Zorn etc.* mäßigen; **IV** *v/i.* **12.** kühl werden, sich abkühlen; **13.** *a.* ***~ down*** *fig.* sich abkühlen, erkalten, nachlassen, sich beruhigen; **14.** ***~ down*** F ruhiger werden, sich abregen; **15.** ***~ it*** *sl.* ruhig bleiben, die Nerven behalten: ***~ it!*** immer mit der Ruhe!, reg dich ab!; **'cool·ant** [-lənt] *s.* ⚙ Kühlmittel *n*; **'cool·er** [-lə] *s.* **1.** (*Wein- etc.*)Kühler *m*; **2.** Kühlraum *m*; **3.** *sl.* ‚Kittchen' *n*, ‚Knast' *m*; ˌ**cool-'head·ed** *adj.* **1.** besonnen, kaltblütig; **2.** leidenschaftslos.

coo·lie ['ku:lɪ] *s.* Kuli *m*.

cool·ing ['ku:lɪŋ] **I** *adj.* kühlend, erfrischend; Kühl...; **II** *s.* (Ab)Kühlung *f*; ***~ coil*** *s.* Kühlschlange *f*; ***~ plant*** *s.* Kühlanlage *f*.

cool·ness ['ku:lnɪs] *s.* **1.** Kühle *f* (*a. fig.*); **2.** Kaltblütigkeit *f*; **3.** Unfreundlichkeit *f*; **4.** Frechheit *f*.

coomb(e) [ku:m] *s.* Talmulde *f*.

coon [ku:n] *s.* **1.** *zo.* → ***raccoon***; **2.** *Am. sl.* a) Neger(in): ***~ song*** Negerlied *n*, b) ‚schlauer Hund'.

coop [ku:p] **I** *s.* **1.** Hühnerstall *m*; **2.** Fischkorb *m* (*zum Fangen*); **3.** F ‚Kabuff' *n*; **4.** F ‚Knast' *m*; **II** *v/t.* **5.** *oft* ***~ up***, ***~ in*** einsperren, einpferchen.

co-op ['kəʊɒp] *s.* F Co-op *m* (*Genossenschaft u. Laden*) (*abbr. für* ***cooperative***).

coop·er ['ku:pə] **I** *s.* **1.** Küfer *m*, Böttcher *m*; **2.** Mischbier *n*; **II** *v/t.* **3.** *Fässer* machen, ausbessern; **'coop·er·age** [-ərɪdʒ] *s.* Böttche'rei *f*.

co·op·er·ate [kəʊ'ɒpəreɪt] *v/t.* **1.** zs.-arbeiten (***with*** mit, ***to*** zu *e-m Zweck*, ***in*** an *dat.*); **2.** (***to***) mitwirken (an *dat.*), beitragen (zu), helfen (bei); **co·op·er·a·tion** [kəʊˌɒpə'reɪʃn] *s.* **1.** Zs.-arbeit *f*, Mitwirkung *f*; **2.** ✝ a) Kooperati'on *f*, Zs.-arbeit *f*, b) Zs.-schluß *m*, Vereinigung *f* (zu e-r Genossenschaft); **co-'op·er·a·tive** [-pərətɪv] **I** *adj.* □ **1.** zs.-arbeitend, mitwirkend; **2.** koopera'tiv, hilfsbereit; **3.** genossenschaftlich: ***~ movement*** Genossenschaftsbewegung *f*; ***~ society*** Konsumgenossenschaft *f*; ***~ store*** → 4; **II** *s.* **4.** Co-op *m*, Kon'sumladen *m*; **co'op·er·a·tive·ness** [-pərətɪvnɪs] *s.* Hilfsbereitschaft *f*; **co'op·er·a·tor** [-tə] *s.* **1.** Mitarbeiter(in), Mitwirkende(r *m*) *f*, Helfer(in); **2.** Mitglied *n* e-r Kon'sumgenossenschaft *f*.

co-opt [kəʊ'ɒpt] *v/t.* hin'zuwählen; **co-op·ta·tion** [ˌkəʊɒp'teɪʃn] *s.* Zuwahl *f*.

co·or·di·nate I *v/t.* [kəʊ'ɔ:dɪneɪt] **1.** koordinieren, bei-, gleichordnen, gleichschalten; zs.-fassen; **2.** in Einklang bringen, aufein'ander abstimmen; richtig anordnen, anpassen; **II** *adj.* [-dnət] **3.** koordiniert, bei-, gleichgeordnet; gleichrangig, -wertig, -artig: ***~ clause*** *ling.* beigeordneter Satz; **4.** ⩚ Koordinaten...; **III** *s.* [-dnət] **5.** Beigeordnetes *n*, Gleichwertiges *n*; **6.** ⩚ Koordi'nate *f*; **co·or·di·na·tion** [kəʊˌɔ:dɪ'neɪʃn] *s.* **1.** Koordinati'on *f* (*a. physiol. der Muskeln etc.*), Gleich-, Beiordnung *f*, Gleichstellung *f*, -schaltung *f*; richtige Anordnung; **2.** Zs.-fassung *f*; Zs.-arbeit *f*; **co'or·di·na·tor** [-tə] *s.* Koordi'nator *m*.

coot [ku:t] *s. orn.* Bläß-, Wasserhuhn *n*; → ***bald*** 1.

cop[1] [kɒp] *s.* Garnwickel *m*.

cop[2] [kɒp] *sl.* **I** *v/t.* **1.** erwischen (***at*** bei): ***~ it*** ‚sein Fett kriegen'; **2.** klauen; **II** *v/i.* **3.** ***~ out*** a) ‚aussteigen' (***of***, ***on*** aus), b) ‚sich drücken'; **III** *s.* **4.** ***it's a fair ~*** jetzt bin ich ‚dran'.

cop[3] [kɒp] *s. sl.* ‚Bulle' *m* (*Polizist*).

co·pal ['kəʊpəl] *s.* Ko'pal(harz *n*) *m*.

co·par·ce·nar·y [ˌkəʊ'pɑ:sənərɪ] *s.* ⚖ gemeinschaftliches (Grund)Eigentum (gesetzlicher Erben); **co·par·ce·ner** [ˌkəʊ'pɑ:sənə] *s.* ⚖ Miterbe *m*, -erbin *f*.

co·part·ner [ˌkəʊ'pɑ:tnə] *s.* Teilhaber *m*, Mitinhaber *m*; ˌ**co'part·ner·ship** [-ʃɪp] *s.* ✝ **1.** Teilhaberschaft *f*; **2.** a) Gewinnbeteiligung *f*, b) Mitbestimmungsrecht *n* (*der Arbeitnehmer*).

cope[1] [kəʊp] *v/i.* **1.** (***with***) gewachsen sein (*dat.*), fertig werden (mit), bewältigen (*acc.*), meistern (*acc.*); **2.** die Lage meistern, zu Rande kommen, ‚es schaffen'.

cope[2] [kəʊp] **I** *s.* **1.** *eccl.* Chorrock *m*; **2.** *fig.* Mantel *m*, Gewölbe *n*: ***~ of heaven*** Himmelszelt *n*; **3.** → ***coping***; **II** *v/t.* **4.** bedecken.

co·peck ['kəʊpek] *s.* Ko'peke *f* (*russische Münze*).

cop·er ['kəʊpə] *s.* Pferdehändler *m*.

Co·per·ni·can [kəʊ'pɜ:nɪkən] *adj.* koperni'kanisch.

'cope·stone → ***coping stone***.

cop·i·er ['kɒpɪə] *s.* **1.** → ***copyist***; **2.** ⚙ Kopiergerät *n*, Kopierer *m*.

co·pi·lot ['kəʊˌpaɪlət] *s.* ✈ 'Kopiˌlot *m*.

cop·ing ['kəʊpɪŋ] *s.* Mauerkappe *f*, -krönung *f*; ***~ saw*** *s.* Laubsäge *f*; ***~ stone*** *s.* **1.** Deck-, Kappenstein *m*; **2.** *fig.* Krönung *f*, Schlußstein *m*.

co·pi·ous ['kəʊpjəs] *adj.* □ **1.** reichlich, aus-, er'giebig, reich, um'fassend; **2.** produk'tiv, fruchtbar: ***~ writer***; **3.** wortreich; 'überschwenglich; **'co·pi·ous·ness** [-nɪs] *s.* **1.** Fülle *f*; 'Überfluß *m*; **2.** Wortreichtum *m*.

'cop-out *s. sl.* **1.** Vorwand *m*; **2.** ‚Rückzieher' *m*; **3.** a) ‚Aussteigen' *n*, b) *a.* ***~ artist*** ‚Aussteiger(in)'.

cop·per[1] ['kɒpə] **I** *s.* **1.** *min.* Kupfer *n*; **2.** Kupfermünze *f*: ***~s*** Kupfer-, Kleingeld *n*; **3.** Kupferbehälter *m*, -gefäß *n*, -kessel *m*; *bsd. Brit.* Waschkessel *m*; **II** *adj.* **4.** kupfern, Kupfer...; **5.** kupferrot; **III** *v/t.* **6.** verkupfern; **7.** mit Kupferblech beschlagen.

cop·per[2] ['kɒpə] → ***cop***[3].

cop·per·as ['kɒpərəs] *s.* ⚗ Vitri'ol *n*.

cop·per| beech *s.* ⚘ Blutbuche *f*; ˌ**~-'bot·tomed** *adj.* **1.** ⚓ a) mit Kupferbeschlag, b) seetüchtig; **2.** *fig.* kerngesund; ***~ en·grav·ing*** *s.* **1.** Kupferstich *m*; **2.** Kupferstechkunst *f*; ***~ glance*** *s. min.* Kupferglanz *m*; **'~-head** *s. zo.* Mokas'sinschlange *f*; **'~-plate** *s.* ⚙ **1.** Kupferstichplatte *f*; **2.** Kupferstich *m*; **3.** *fig.* gestochene Handschrift; **'~ˌplat·ed** *adj.* verkupfert; **'~-smith** *s.* Kupferschmied *m*.

cop·per·y ['kɒpərɪ] *adj.* kupferartig, -farbig, -haltig.

cop·pice ['kɒpɪs] *s.* **1.** 'Unterholz *n*, Gestrüpp *n*; Gebüsch *n*, Dickicht *n*; **2.** Gehölz *n*, niedriges Wäldchen.

cop·ra ['kɒprə] *s.* 'Kobra *f*.

copse [kɒps] → ***coppice***.

Copt [kɒpt] *s.* Kopte *m*, Koptin *f*.

'cop·ter ['kɒptə] F *für* ***helicopter***.

cop·u·la ['kɒpjʊlə] *s.* **1.** *ling. u. phls.* 'Kopula *f*; **2.** *anat.* Bindeglied *n*; **'cop·u·late** [-leɪt] *v/i.* kopulieren: a) koitieren, b) *zo.* sich paaren; **cop·u·la·tion** [ˌkɒpjʊ'leɪʃn] *s.* **1.** *ling. u. phls.* Verbindung *f*; **2.** Kopulati'on *f*: a) 'Koitus *m*, b) Paarung *f*; **'cop·u·la·tive** [-lətɪv] **I** *adj.* □ **1.** verbindend, Binde...; **2.** *ling.* kopula'tiv; **3.** *biol.* Kopulations...; **II** *s.* **4.** *ling.* 'Kopula *f*.

cop·y ['kɒpɪ] **I** *s.* **1.** Ko'pie *f*, Abschrift *f*: ***fair*** (*od.* ***clean***) ***~*** Reinschrift *f*; ***rough ~*** erster Entwurf, Konzept *n*, Kladde *f*; ***true ~*** (wort)getreue Abschrift; **2.** 'Durchschlag *m*, -schrift *f*; **3.** Abzug *m* (*a. phot.*), Abdruck *m*, Pause *f*; **4.** Nachahmung *f*, -bildung *f*, Reproduktiˈon *f*, Koˈpie *f*, ˈWiedergabe *f*; **5.** Muster *n*, Moˈdell *n*, Vorlage *f*; Urschrift *f*; **6.** druckfertiges Manuˈskript, liteˈrarisches Materiˈal; (*Zeitungs- etc.*)Stoff *m*, Text *m*; **7.** Ausfertigung *f*, Exemˈplar *n*, Nummer *f* (*Zeitung etc.*); **8.** Urkunde *f*; **II** *v/t.* **9.** abschreiben, -drucken, -zeichnen, e-e Koˈpie anfertigen von; *Computer*: *Daten* überˈtragen: **~ out** ins reine schreiben, abschreiben; **10.** *phot.* e-n Abzug machen von; **11.** nachbilden, reproduzieren, kopieren; **12.** nachahmen, -machen; **13.** ˈwiedergeben, *Zeitungstext* wiederˈholen; **III** *v/i.* **14.** kopieren, abschreiben; **15.** (vom Nachbarn) abschreiben (*Schule*); **16.** nachahmen; ˈ**~·book I** *s.* **1.** (Schön-) Schreibheft *n*: ***blot one's ~*** F ‚sich danebenbenehmen'; **2.** ✝ Kopierbuch *n*; **II** *adj.* **3.** alltäglich; **4.** norˈmal; ˈ**~·cat** F **I** *s.* (sklavischer) Nachahmer; **II** *v/t.* (sklavisch) nachahmen; **~ desk** *s.* Redaktiˈonstisch *m*; **~ ed·i·tor** *s.* a) ˈZeitungsredakˌteur(in), b) ˈLektor *m*, Lekˈtorin *f*; ˈ**~·hold** *s.* ⚖ *Brit.* Zinslehen *n*, -gut *n*; ˈ**~·hold·er** *s.* **1.** ⚖ *Brit.* Zinslehenbesitzer *m*; **2.** *typ.* a) Manuˈskripthalter *m*, b) Korˈrektorgehilfe *m*.

cop·y·ing| ink [ˈkɒpɪɪŋ] *s.* Kopiertinte *f*; **~ ma·chine** *s.* → ***copier*** 2; **~ pa·per** *s.* Koˈpierpaˌpier *n*; **~ pen·cil** *s.* Tintenstift *m*; **~ press** *s.* ⚙ Kopierpresse *f*; **~ test** *s.* Copy-test *m* (*werbepsychologischer Test*).

cop·y·ist [ˈkɒpɪɪst] *s.* **1.** Abschreiber *m*, Koˈpist *m*; **2.** Nachahmer *m*.

ˈ**cop·y|ˌread·er** *Am.* → ***copy editor***; ˈ**~·right** ⚖ **I** *s.* ˈCopyright *n*, Urheberrecht *n* (***in*** an *dat.*): **~ *in designs*** Musterschutz *m*; **~ *reserved*** alle Rechte vorbehalten; **II** *v/t.* das Urheberrecht erwerben an (*dat.*); urheberrechtlich schützen; **III** *adj.* urheberrechtlich (geschützt); ˈ**~ˌwrit·er** *s.* (*a.* Werbe)Texter *m*.

co·quet [kɒˈket] **I** *v/i.* kokettieren, flirten; *fig.* liebäugeln (***with*** mit); **II** *adj.* → ***coquettish***; **co·quet·ry** [ˈkɒkɪtrɪ] *s.* Koketteˈrie *f*; **co·quette** [kɒˈket] *s.* koˈkette Frau; **coˈquet·tish** [-tɪʃ] *adj.* □ koˈkett.

cor·al [ˈkɒrəl] **I** *s.* **1.** *zo.* Koˈralle *f*; **2.** Koˈrallenstück *n*; **3.** Koˈrallenrot *n*; **4.** Beißring *m od.* Spielzeug *n* (für Babys) aus Koˈralle; **II** *adj.* **5.** Korallen…; **6.** koˈrallenrot; **~ bead** *s.* **1.** Koˈrallenperle *f*; **2.** *pl.* Koˈrallenkette *f*; **~ is·land** *s.* Koˈralleninsel *f*.

cor·al·lin [ˈkɒrəlɪn] *s.* ⚗ Koralˈlin *n*; ˈ**cor·al·line** [-laɪn] **I** *adj.* **1.** koˈrallenartig, -haltig; koˈrallenrot; **II** *s.* **2.** ⚘ Koˈrallenalge *f*; **3.** → ***corallin***; ˈ**cor·al·lite** [-laɪt] *s.* **1.** Koˈrallenskeˌlett *n*; **2.** versteinerte Koˈralle.

cor·al reef *s.* Koˈrallenriff *n*.

cor an·glais [ˌkɔːrˈɑ̃ːŋgleɪ] (*Fr.*) *s.* ♪ Englischhorn *n*.

cor·bel [ˈkɔːbəl] △ **I** *s.* Kragstein *m*, Konˈsole *f*; **II** *v/t.* durch Kragsteine stützen.

cor·bie [ˈkɔːbɪ] *s. Scot.* Rabe *m*; ˈ**~·steps** *s. pl.* △ Giebelstufen *pl.*

cord [kɔːd] **I** *s.* **1.** Schnur *f*, Kordel *f*, Strick *m*, Strang *m*; **2.** *anat.* Band *n*, Schnur *f*, Strang *m*; → ***spinal cord*** *etc.*; **3.** ⚡ (Leitungs-, Anschluß)Schnur *f*; **4.** a) Rippe *f* (*e-s Stoffes*), b) gerippter Stoff, Rips *m*, *bsd.* → ***corduroy*** 1, *pl.* → ***corduroy*** 2; **5.** Klafter *m*, *n* (*Holz*); **II** *v/t.* **6.** (zu)schnüren, (fest)binden, befestigen; **7.** *Bücherrücken* rippen; ˈ**cord·age** [-dɪdʒ] *s.* ⚓ Tauwerk *n*.

cor·date [ˈkɔːdeɪt] *adj.* ⚘, *zo.* herzförmig (*Blatt*, *Muschel etc.*).

cord·ed [ˈkɔːdɪd] *adj.* **1.** ge-, verschnürt; **2.** gerippt (*Stoff*); **3.** Strick…; **4.** in Klaftern gestapelt (*Holz*).

cor·de·lier [ˌkɔːdɪˈlɪə] *s. eccl.* Franzisˈkaner(mönch) *m*.

cor·dial [ˈkɔːdjəl] **I** *adj.* □ **1.** *fig.* herzlich, freundlich, warm, aufrichtig; **2.** ⚕ belebend, stärkend; **II** *s.* **3.** ⚕ belebendes Mittel, Stärkungsmittel *n*; **4.** Liˈkör *m*; **cor·dial·i·ty** [ˌkɔːdɪˈælətɪ] *s.* Herzlichkeit *f*, Wärme *f*.

cord·ite [ˈkɔːdaɪt] *s.* ⚔ Korˈdit *m*.

cor·don [ˈkɔːdn] **I** *s.* **1.** Korˈdon *m*: a) ⚔ Postenkette *f*, b) Absperrkette *f*: **~ *of police***; **2.** Kette *f*, Spaˈlier *n* (*Personen*); **3.** Spaˈlier(obst)baum *m*; **4.** △ Mauerkranz *m*, -sims *m*, *n*; **5.** Ordensband *n*; **II** *v/t.* **6.** *a.* **~ *off*** (mit Posten *etc.*) absperren, abriegeln; **~ bleu** [ˌkɔːdɔ̃ːmˈblɜː] (*Fr.*) *s.* **1.** Cordon *m* bleu; **2.** hohe Perˈsönlichkeit; **3.** *humor.* erstklassiger Koch.

cor·do·van [ˈkɔːdəvən] *s.* ˈKorduan(leder) *n*.

cord| tire *Am.*, **~ tyre** *Brit. s. mot.* Kordreifen *m*.

cor·du·roy [ˈkɔːdərɔɪ] **I** *s.* **1.** Kord-, Ripssamt *m*; **2.** *pl.* Kordsamthose *f*; **II** *adj.* **3.** Kordsamt…; **~ road** *s. Am.* Knüppeldamm *m*.

cord·wain·er [ˈkɔːdˌweɪnə] *s.* Schuhmacher *m*: ***2s' Company*** Schuhmachergilde *f* (*London*).

ˈ**cord·wood** *s. bsd. Am.* Klafterholz *n*.

core [kɔː] **I** *s.* **1.** ⚘ Kerngehäuse *n*, Kern *m* (*Obst*); **2.** *fig.* Kern *m* (*a.* ⚙, ⚡), *das* Innerste, Herz *n*, Mark *n*; Seele *f* (*a. Kabel*, *Seil*): ***to the ~*** bis ins Mark *od.* Innerste, durch u. durch; **~ *memory*** *Computer*: Kernspeicher *m*; → ***hard core***; **3.** (Eiter)Pfropf *m* (*Geschwür*); **II** *v/t.* **4.** *Äpfel etc.* entkernen.

co·re·late *etc.* → ***correlate*** *etc.*

co·re·li·gion·ist [ˌkəʊrɪˈlɪdʒənɪst] *s.* Glaubensgenosse *m*, -genossin *f*.

cor·er [ˈkɔːrə] *s.* Fruchtentkerner *m*.

co·re·spond·ent, *Am.* **co·re·spond·ent** [ˌkəʊrɪˈspɒndənt] *s.* ⚖ Mitbeklagte(r *m*) *f* (*im Ehebruchsprozeß*).

core time *s.* Kernzeit *f* (*Ggs. Gleitzeit*).

cor·gi, **cor·gy** [ˈkɔːgɪ] → ***Welsh corgi***.

co·ri·a·ceous [ˌkɒrɪˈeɪʃəs] *adj.* **1.** ledern, Leder…; **2.** lederartig, zäh.

Co·rin·thi·an [kəˈrɪnθɪən] **I** *adj.* **1.** koˈrinthisch: **~ *column*** korinthische Säule; **II** *s.* **2.** Koˈrinther(in); **3.** *pl. bibl.* (Brief *m* des Paulus an die) Koˈrinther *pl.*

cork [kɔːk] **I** *s.* **1.** ⚘ Kork *m*, Korkrinde *f*; Korkeiche *f*; **2.** Kork(en) *m*, Stöpsel *m*, Pfropfen *m*; **3.** Angelkork *m*, Schwimmer *m*; **II** *adj.* **4.** Kork…; **III** *v/t.* **5.** ver-, zukorken; **6.** *Gesicht* mit gebranntem Kork schwärzen; ˈ**cork·age** [-kɪdʒ] *s.* **1.** Verkorken *n*; **2.** Entkorken *n*; **3.** Korkengeld *n*; **corked** [-kt] *adj.* **1.** ver-, zugekorkt, verstöpselt; **2.** korkig, nach Kork schmeckend; **3.** mit Korkschwarz gefärbt; ˈ**cork·er** [-kə] *s. sl.* **1.** *das* Entscheidende; **2.** entscheidendes Arguˈment; **3.** a) ‚Knüller', ‚tolles Ding', b) ‚toller Kerl'; ˈ**cork·ing** [-kɪŋ] *adj. sl.* ‚toll', ‚prima'.

cork| jack·et *s.* Kork-, Schwimmweste *f*; **~ oak** *s.* ⚘ Korkeiche *f*; ˈ**~·screw I** *s.* Korkenzieher *m*: **~ *curls*** Korkenzieherlocken; **II** *v/i.* sich schlängeln *od.* winden; **III** *v/t.* ˈdurchwinden, spiˈralig bewegen; F *fig.* mühsam herˈausziehen (***out of*** aus); **~ sole** *s.* Korkeinlegesohle *f*; **~ tree** → ***cork oak***; ˈ**~·wood** *s.* **1.** ⚘ Korkholzbaum *m*; **2.** Korkholz *n*.

cork·y [ˈkɔːkɪ] *adj.* **1.** korkartig, Kork…; **2.** → ***corked*** 2; **3.** F ‚putzmunter'.

cor·mo·rant [ˈkɔːmərənt] *s.* **1.** *orn.* Korˈmoˈran *m*, Scharbe *f*, Seerabe *m*; **2.** *fig.* Vielfraß *m*.

corn¹ [kɔːn] **I** *s.* **1.** *coll.* Getreide *n*, Korn *n* (*Pflanze od. Frucht*); *engS.* a) *England*: Weizen *m*, b) *Scot.*, *Ir.* Hafer *m*, c) *Am.* Mais *m*, d) Hafer *m* (*Pferdefutter*): **~ *on the cob*** Mais *m* am Kolben (*als Gemüse*); **2.** Getreide- *od.* Samenkorn *n*; **3.** *Am.* → ***corn whisky***; **II** *v/t.* **4.** pökeln, einsalzen: ***~ed beef*** Corned beef *n*, Büchsenfleisch *n*.

corn² [kɔːn] *s.* ⚕ Hühnerauge *n*: ***tread on s.o.'s ~s*** *fig.* j-m auf die Hühneraugen treten.

corn| belt *s. Am.* Maisgürtel *m* (*im Mittleren Westen*); ˈ**~·bind** *s.* ⚘ Ackerwinde *f*; **~ bread** *s. Am.* Maisbrot *n*; **~ cake** *s. Am.* (Pfann)Kuchen *m* aus Maismehl; **~ chan·dler** *s. Brit.* Korn-, Saathändler *m*; ˈ**~·cob** *s.* **1.** Maiskolben *m*; **2.** *a.* **~ *pipe*** Maiskolbenpfeife *f*; ˈ**~ˌcock·le** *s.* ⚘ Kornrade *f*.

cor·ne·a [ˈkɔːnɪə] *s. anat.* Hornhaut *f* (*des Auges*), ˈKornea *f*.

cor·nel [ˈkɔːnəl] *s.* ⚘ Korˈnelkirsche *f*.

cor·ne·ous [ˈkɔːnɪəs] *adj.* hornig.

cor·ner [ˈkɔːnə] **I** *s.* **1.** (Straßen-, Häuser)Ecke *f*, *bsd. mot.* Kurve *f*: ***round the ~*** um die Ecke; ***blind ~*** unübersichtliche (Straßen)Biegung; ***cut ~s*** a) *mot.* die Kurven schneiden, b) *fig.* die Sache abkürzen; ***take a ~*** e-e Kurve nehmen (*Auto*); ***cut off a ~*** ein Stück (Weges) abschneiden; ***turn the ~*** um die (*Straßen*)Ecke biegen; ***he's turned the ~*** *fig.* er ist über den Berg; **2.** Winkel *m*, Ecke *f*: ***put a child in the ~*** ein Kind in die Ecke stellen; ***in a tight ~*** *fig.* in der Klemme, in Verlegenheit; ***drive s.o. into a ~*** j-n in die Enge treiben; ***look at s.o. from the ~ of one's eye*** j-n aus den Augenwinkeln ansehen; **3.** verborgener *od.* geheimer Winkel, entlegene Stelle; **4.** Gegend *f*, ‚Ecke' *f*: ***from the four ~s of the earth*** aus allen Himmelsrichtungen, von überall her; **5.** ✝ a) spekulaˈtiver Aufkauf, b) (Aufkäufer)Ring *m*, Monoˈpol(gruppe *f*) *n*: **~ *in wheat*** Weizen-Korner *m*; **6.** *sport* a) *Fußball etc.*: Eckball *m*, Ecke *f*, b) *Boxen*: (Ring)Ecke *f*; **II** *v/t.* **7.** in die Enge treiben; in Bedrängnis bringen; **8.** ✝ *Ware* (spekulaˈtiv) aufkaufen, *fig.* mit Beschlag belegen: **~ *the market*** den Markt *od.* alles aufkaufen; **III** *v/i.* **9.** *Am.* a) e-e Ecke *od.* e-n Winkel bilden, b) an e-r Ecke gelegen sein; **IV** *adj.* **10.** Eck…: **~ *house***; ˈ**~ˌchis·el** *s.* ⚙ Winkelmeißel *m*.

cor·nered ['kɔːnəd] *adj.* **1.** *in Zssgn*: ...eckig; **2.** in die Enge getrieben, in der Klemme.

cor·ner| kick *s. Fußball*: Eckstoß *m*; **~ seat** *s.* Eckplatz *m*; **'~·stone** *s.* △ Eck-*od.* Grundstein *m*; *fig.* Eckpfeiler *m*, Grundstein *m*; **'~·ways**, **'~·wise** *adv.* **1.** mit der Ecke nach vorn; **2.** diago'nal.

cor·net ['kɔːnɪt] *s.* **1.** ♪ a) (Pi'ston)Kor'nett *n* (*a. Orgelregister*), b) Kornet'tist *m*; **2.** spitze Tüte; **3.** a) *Brit.* Eistüte *f*, b) Cremerolle *f*; **4.** Schwesternhaube *f*; **5.** ⚔ *hist.* a) Fähnlein *n*, b) Kor'nett *m*, Fähnrich *m*; **'cor·net·(t)ist** [-tɪst] *s.* ♪ Kornet'tist *m*.

corn| ex·change *s.* Getreidebörse *f*; **~ field** *s.* Getreidefeld *n*; *Am.* Maisfeld *n*; **'~·flakes** *s. pl.* Corn-flakes *pl.*; **~ flour** *s.* Stärkemehl *n*; **'~ˌflow·er** *s.* Kornblume *f*.

cor·nice ['kɔːnɪs] *s.* **1.** △ Gesims *n*, Sims *m*, *n*; **2.** Kranz-, Randleiste *f*; **3.** Bilderleiste *f*; **4.** (Schnee)Wächte *f*.

Cor·nish ['kɔːnɪʃ] **I** *adj.* aus Cornwall, kornisch; **II** *s.* kornische Sprache; **'~·man** [-mən] *s.* [*irr.*] Einwohner *m* von Cornwall.

'corn|·loft *s.* Getreidespeicher *m*; **~ pop·py**, **~ rose** *s.* ⚘ Klatschmohn *m*, -rose *f*; **'~·stalk** *s.* **1.** Getreidehalm *m*; **2.** *Am.* Maisstengel *m*; **3.** F Bohnenstange *f* (*lange, dünne Person*); **'~·starch** *s. Am.* Stärkemehl *n*.

cor·nu·co·pi·a [ˌkɔːnjʊ'kəʊpjə] *s.* **1.** Füllhorn *n* (*a. fig.*); **2.** *fig.* (**of**) Fülle *f* (von), 'Überfluß *m* (an *dat.*).

corn whis·ky *s. Am.* Maiswhiskey.

corn·y ['kɔːnɪ] *adj.* **1.** a) *Brit.* Korn..., b) *Am.* Mais...; **2.** getreidereich; **3.** körnig; **4.** *Am. sl.* a) schmalzig, sentimen'tal (*bsd.* ♪), b) kitschig, abgedroschen, c) ländlich.

co·rol·la [kə'rɒlə] *s.* Blumenkrone *f*.

cor·ol·lar·y [kə'rɒlərɪ] *s.* **1.** ⊀, *phls.* Folgesatz *m*; **2.** logische Folge *f* (**of**, **to** von *od. gen.*).

co·ro·na [kə'rəʊnə] *pl.* **-nae** [-niː] *s.* **1.** *ast.* a) Krone *f* (*Sternbild*), b) Hof *m*, Ko'rona *f*, Strahlenkranz *m*; **2.** *a.* **~ discharge** ϟ Glimmentladung *f*, Ko'rona *f*; **3.** △ Kranzleiste *f*; **4.** *anat.* Zahnkrone *f*; **5.** ⚘ Nebenkrone *f*; **6.** Kronleuchter *m*.

cor·o·nach ['kɒrənək] *s. Scot. u. Ir.* Totenklage *f*.

cor·o·nal ['kɒrənl] *s.* **1.** Stirnreif *m*, Dia'dem *n*; **2.** (Blumen)Kranz *m*.

cor·o·nar·y ['kɒrənərɪ] **I** *adj.* **1.** kronen-, kranzartig; **2.** ⚕ koro'nar, (Herz-)Kranz...: **~ artery** Kranzarterie *f*; **~ thrombosis** → **II** *s.* **3.** ⚕ Koro'narthromˌbose *f*.

cor·o·na·tion [ˌkɒrə'neɪʃn] *s.* **1.** Krönung *f*; **2.** Krönungsfeier *f*.

cor·o·ner ['kɒrənə] *s.* ⚖ Coroner *m* (*richterlicher Beamter zur Untersuchung der Todesursache in Fällen unnatürlichen Todes*); → **inquest** 1.

cor·o·net ['kɒrənɪt] *s.* **1.** kleine Krone; **2.** Adelskrone *f*; **3.** Dia'dem *n*; **4.** *zo.* Hufkrone *f* (*Pferd*); **'cor·o·net·ed** [-tɪd] *adj.* **1.** e-e Adelskrone *od.* ein Dia'dem tragend; **2.** adelig; **3.** mit Adelswappen (*Briefpapier*).

cor·po·ral¹ ['kɔːpərəl] *s.* ⚔ 'Unteroffiˌzier *m*.

cor·po·ral² ['kɔːpərəl] *adj.* □ **1.** körperlich, leiblich: **~ punishment** körperliche Züchtigung; **2.** per'sönlich; **cor·po·ral·i·ty** [ˌkɔːpə'rælətɪ] *s.* Körperlichkeit *f*.

cor·po·rate ['kɔːpərət] *adj.* □ **1.** vereinigt, körperschaftlich, korpora'tiv, Körperschafts...; inkorporiert: **~ body** → **corporation** 1; **~ seal** a) *Brit.* Siegel *n* e-r juristischen Person, b) *Am.* Firmensiegel *n*; **~ stock** *Am.* (Gesellschafts)Aktien *pl.*; **~ tax** *Am.* Körperschaftssteuer *f*; **~ town** Stadt *f* mit eigenem Recht; **2.** gemeinsam, kollek'tiv;

cor·po·ra·tion [ˌkɔːpə'reɪʃn] *s.* **1.** ⚖ ju'ristische Per'son: **~ tax** Körperschaftssteuer *f*; **2.** *Brit.* (rechtsfähige) Handelsgesellschaft; **3.** *a.* **stock ~** ✝ *Am.* 'Aktiengesellschaft *f*; **4.** Vereinigung *f*; Gilde *f*, Innung *f*, Zunft *f*; **5.** Stadtbehörde *f*; inkorporierte Stadtgemeinde; **6.** F Schmerbauch *m*; **'cor·po·ra·tive** [-tɪv] *adj.* **1.** korpora'tiv, körperschaftlich; *Am.* ✝ Gesellschafts...; **2.** *pol.* korpora'tiv (*Staat etc.*).

cor·po·re·al [kɔː'pɔːrɪəl] *adj.* □ **1.** körperlich, leiblich; **2.** materi'ell, dinglich, greifbar; **cor·po·re·al·i·ty** [kɔːˌpɔːrɪ'ælətɪ] *s.* Körperlichkeit *f*.

cor·po·sant ['kɔːpəzænt] *s.* ϟ Elmsfeuer *n*.

corps [kɔː] *pl.* **corps** [kɔːz] *s.* **1.** ⚔ a) (Ar'mee)Korps *n*, b) Korps *n*, Truppe *f*: **volunteer ~** Freiwilligentruppe; **2.** Körperschaft *f*, Korps *n*; **3.** Korps *n*, Korporati'on *f*, (Stu'denten)Verbindung *f*; **~ de bal·let** [ˌkɔːdə'bæleɪ] (*Fr.*) *s.* Bal'lettgruppe *f*; ♀ **Di·plo·ma·tique** ['kɔːˌdɪpləmæ'tɪk] (*Fr.*) *s.* Diplo'matisches Korps.

corpse [kɔːps] *s.* Leichnam *m*, Leiche *f*.

cor·pu·lence ['kɔːpjʊləns], **'cor·pu·len·cy** [-sɪ] *s.* Korpu'lenz *f*, Beleibtheit *f*; **'cor·pu·lent** [-nt] *adj.* □ korpu'lent, beleibt.

cor·pus ['kɔːpəs] *pl.* **'cor·po·ra** [-pərə] *s.* **1.** Korpus *n*, Sammlung *f* (*Werk, Gesetz etc.*); **2.** Groß-, Hauptteil *m*; **3.** ✝ ('Stamm)Kapiˌtal *n* (*Ggs. Zinsen etc.*); ♀ **Chris·ti** ['krɪstɪ] *s. eccl.* Fron'leichnam(sfest *n*) *m*.

cor·pus·cle ['kɔːpʌsl] *s.* **1.** *biol.* (Blut-)Körperchen *n*; **2.** *phys.* Kor'puskel *n*, *f*, Elemen'tarteilchen *n*; **cor·pus·cu·lar** [kɔː'pʌskjʊlə] *adj. phys.* Korpuskular...; **cor·pus·cule** [kɔː'pʌskjuːl] → **corpuscle**.

cor·pus| de·lic·ti [dɪ'lɪktaɪ] *s.* ⚖ 'Corpus *n* de'licti: a) ⚖ Tatbestand *m*, b) Beweisstück *n*, *bsd.* Leiche *f* (des Ermordeten); **~ ju·ris** ['dʒʊərɪs] *s.* ⚖ Corpus *n* juris, Gesetzessammlung *f*.

cor·ral [kɒ'rɑːl] **I** *s.* **1.** Kor'ral *m*, (Vieh)Hof *m*, Pferch *m*, Einzäunung *f*; **2.** Wagenburg *f*; **II** *v/t.* **3.** *Wagen* zu e-r Wagenburg zs.-stellen; **4.** in e-n Pferch treiben; **5.** *fig.* einsperren; **6.** *Am.* F sich *et.* ‚schnappen'.

cor·rect [kə'rekt] **I** *v/t.* **1.** korrigieren, verbessern, berichtigen, richtigstellen; **2.** regulieren, regeln, ausgleichen; **3.** *Mängel* abstellen, beheben; **4.** zu'rechtweisen, tadeln: **I stand ~ed** ich gebe m-n Fehler zu; **5.** *j-n od. et.* bestrafen; **II** *adj.* □ **6.** richtig, fehlerfrei: **be ~** a) stimmen, b) recht haben; **7.** kor'rekt, schicklich, einwandfrei: **it is the ~ thing** es gehört sich; **~ behavio(u)r** korrektes Benehmen; **8.** genau, ordentlich; **cor'rec·tion** [-kʃn] *s.* **1.** Verbesserung *f*, Richtigstellung *f*, Berichtigen *n* (*a.* ⚙, *phys.*): **I speak under ~** ich kann mich natürlich (auch) irren; **2.** Korrek'tur *f* (*a.* ⚕, *phys.*, *typ. etc.*), (Fehler)Verbesserung *f*; **3.** Zu'rechtweisung *f*; **4.** Bestrafung *f*, ⚖ *a.* Besserung *f*: **house of ~** ⚖ Strafanstalt *f*; **5.** Bereinigung *f*, Abstellung *f*, Regulierung *f*; **cor'rec·tion·al** [-kʃənl] → **corrective**; **cor'rect·i·tude** [-tɪtjuːd] *s.* Kor'rektheit *f* (*Benehmen*); **cor'rec·tive** [-tɪv] **I** *adj.* □ **1.** verbessernd, Verbesserungs..., Berichtigungs..., Korrektur...: **~ measure** Abhilfemaßnahme *f*; **2.** mildernd, lindernd; **3.** ⚖ Besserungs..., Straf...: **~ training** Besserungsmaßregel *f*; **II** *s.* **4.** Korrek'tiv *n*, Abhilfe *f*, Heil-, Gegenmittel *n*: **cor'rect·ness** [-nɪs] *s.* Richtigkeit *f*; Kor'rektheit *f*; **cor'rec·tor** [-tə] *s.* **1.** Verbesserer *m*; **2.** 'Kritiker(in); **3.** *mst* **~ of the press** *Brit. typ.* Kor'rektor *m*; **4.** Besserungsmittel *n*.

cor·re·late ['kɒrəleɪt] **I** *v/t.* in Wechselbeziehung bringen (**with** mit), aufein'ander beziehen; in Über'einstimmung bringen (**with** mit); **II** *v/i.* in Wechselbeziehung stehen (**with** mit), sich aufeinander beziehen; entsprechen (**with** *dat.*); **III** *s.* Korre'lat *n*, Gegenstück *n*;

cor·re·la·tion [ˌkɒrə'leɪʃn] *s.* Wechselbeziehung *f*, gegenseitige Abhängigkeit, Entsprechung *f*; **cor·rel·a·tive** [kɒ'relətɪv] **I** *adj.* □ korrela'tiv, in Wechselbeziehung stehend, sich ergänzend; entsprechend; **II** *s.* Korre'lat *n*, Gegenstück *n*, Ergänzung *f*.

cor·re·spond [ˌkɒrɪ'spɒnd] *v/i.* **1.** (**with**, **to**) entsprechen (*dat.*), über'einstimmen, in Einklang stehen (mit); **2.** (**with**, **to**) passen (zu), sich eignen (für); **3.** (**to**) entsprechen (*dat.*), das Gegenstück sein (von), ana'log sein (zu); **4.** in Briefwechsel (✝ in Geschäftsverkehr) stehen (**with** mit).

cor·re·spond·ence [ˌkɒrɪ'spɒndəns] *s.* **1.** Über'einstimmung *f* (**with** mit, **between** zwischen *dat.*); **2.** Angemessenheit *f*, Entsprechung *f*; **3.** Korrespon'denz *f*: a) Briefwechsel *m*, b) Briefe *pl.*; **4.** *Zeitung*: Beiträge *pl.*; **~ clerk** *s.* ✝ Korrespon'dent(in); **~ col·umn** *s.* Leserbriefspalte *f*; **~ chess** *s.* Fernschach *n*; **~ course** *s.* Fernkurs *m*; **~ school** *s.* 'Fernlehrinstiˌtut *n*.

cor·re·spond·ent [ˌkɒrɪ'spɒndənt] **I** *s.* Korrespon'dent(in): a) (Brief)Schreiber(in); Briefpartner(in), b) ✝ Geschäftsfreund *m*, c) *Zeitung*: Mitarbeiter(in); Einsender(in): **foreign ~** Auslandskorrespondent; **special ~** Sonderberichterstatter *m*; **II** *adj.* → ˌ**corre'spond·ing** [-dɪŋ] *adj.* □ **1.** entsprechend, gemäß (**to** *dat.*); **2.** in Briefwechsel stehend (**with** mit): **~ member** korrespondierendes Mitglied; ˌ**corre'spond·ing·ly** [-dɪŋlɪ] *adv.* entsprechend, demgemäß.

cor·ri·dor ['kɒrɪdɔː] *s.* **1.** 'Korridor *m*, Gang *m*, Flur *m*; **2.** 🚂 'Korridor *m*, Seitengang *m*: **~ train** D-Zug *m*; **3.** *geogr.*, *pol.* 'Korridor *m* (*Landstreifen durch fremdes Gebiet*).

cor·ri·gen·dum [ˌkɒrɪ'dʒendəm] *pl.* **-da** [-də] *s.* **1.** zu verbessernder Druckfehler; **2.** *pl.* Druckfehlerverzeichnis *n*; **cor·ri·gi·ble** ['kɒrɪdʒəbl] *adj.* **1.** zu verbessern(d); **2.** lenksam, fügsam.

cor·rob·o·rate [kə'rɒbəreɪt] *v/t.* bekräftigen, bestätigen, erhärten; **cor·rob·o·ra·tion** [kəˌrɒbə'reɪʃn] *s.* Bekräftigung *f*, Bestätigung *f*, Erhärtung *f*; **cor'rob·o·ra·tive** [-bərətɪv], **cor'rob·o·ra·to·ry** [-bərətərɪ] *adj.* bestärkend, bestätigend.

cor·rode [kə'rəʊd] **I** *v/t.* **1.** ⚗, ⚙ zer-, anfressen, angreifen, korrodieren; wegätzen, -beizen; **2.** *fig.* zerfressen, zerstören, unter'graben, aushöhlen: ***corroding care*** nagende Sorge; **II** *v/i.* **3.** zerfressen werden, korrodieren; rosten; **4.** sich einfressen; **5.** verderben, verfallen; **cor'ro·dent** [-dənt] *Am.* **I** *adj.* ätzend; **II** *s.* Ätzmittel *n*; **cor'ro·sion** [-əʊʒn] *s.* **1.** ⚗, ⚙ Korrosi'on *f*, An-, Zerfressen *n*; Rostfraß *m*; Ätzen *n*, Beizen *n*; **2.** *fig.* Zerstörung *f*; **cor'ro·sive** [-əʊsɪv] **I** *adj.* □ **1.** ⚗, ⚙ zerfressend, ätzend, beizend, angreifend, Korrosions…; **2.** *fig.* nagend, quälend; **II** *s.* **3.** ⚗, ⚙ Ätz-, Beizmittel *n*; **cor'ro·sive·ness** [-əʊsɪvnɪs] *s.* ätzende Schärfe.

cor·ru·gate ['kɒrʊgeɪt] **I** *v/t.* wellen, riefen; runzeln, furchen; **II** *v/i.* sich wellen *od.* runzeln, runz(e)lig werden; **'cor·ru·gat·ed** [-tɪd] *adj.* runz(e)lig, gefurcht; gewellt, gerieft: ~ ***iron*** (*od.* ***sheet***) Wellblech *n*; ~ ***cardboard***, ~ ***paper*** Wellpappe *f*; **cor·ru·ga·tion** [ˌkɒrʊ'geɪʃn] *s.* **1.** Runzeln *n*, Furchen *n*; Wellen *n*, Riefen *n*; **2.** Furche *f*, Falte *f* (*auf der Stirn*).

cor·rupt [kə'rʌpt] **I** *adj.* □ **1.** (*moralisch*) verdorben, schlecht, verworfen; **2.** unredlich, unlauter; **3.** kor'rupt, bestechlich, käuflich: ~ ***practices*** Bestechungsmanöver *pl.*, Korruption *f*; **4.** faul, verdorben, schlecht; **5.** unrein, unecht, verfälscht, verderbt (*Text*); **II** *v/t.* **6.** verderben, zu'grunde richten: ~***ing influences*** verderbliche Einflüsse; **7.** verleiten, verführen; **8.** korrumpieren, bestechen; **9.** *Texte etc.* verderben, verfälschen, verunstalten; **10.** *fig.* anstecken, infizieren; **III** *v/i.* **11.** (*moralisch*) verderben, verkommen; **12.** schlecht werden, verderben; **cor'rupt·i·ble** [-təbl] *adj.* □ **1.** zum Schlechten neigend; **2.** bestechlich; **3.** verderblich; vergänglich; **cor'rup·tion** [-pʃn] *s.* **1.** Verdorbenheit *f*, Verworfenheit *f*; **2.** verderblicher Einfluß; **3.** Korrupti'on *f*: a) Kor'ruptheit *f*, Bestechlichkeit *f*, Käuflichkeit *f*, b) kor'rupte Me'thoden *pl.*, Bestechung *f*; **4.** Verfälschung *f*, Korrumpierung *f* (*Text etc.*); **5.** Fäulnis *f*; **cor'rup·tive** [-tɪv] *adj.* **1.** zersetzend, verderblich; **2.** *fig.* ansteckend; **cor'rupt·ness** [-nɪs] → ***corruption*** 1, 3a.

cor·sage [kɔː'sɑːʒ] *s.* **1.** Mieder *n*; **2.** 'Ansteckbuˌkett *n*.

cor·sair ['kɔːseə] *s.* **1.** *hist.* Kor'sar *m*, Seeräuber *m*; **2.** Kaperschiff *n*.

corse·let ['kɔːslɪt] *s.* **1.** *Am. mst* **cor·se·let** [ˌkɔːsə'let] Korse'lett *n*, Mieder *n*; **2.** *hist.* Harnisch *m*.

cor·set ['kɔːsɪt] *s. oft pl.* Kor'sett *n*; **'cor·set·ed** [-tɪd] *adj.* (ein)geschnürt; **'cor·set·ry** [-trɪ] *s.* Miederwaren *pl.*

Cor·si·can ['kɔːsɪkən] **I** *adj.* korsisch; **II** *s.* Korse *m*, Korsin *f*.

cor·tège [kɔː'teɪʒ] (*Fr.*) *s.* **1.** Gefolge *n e-s Fürsten etc.*; **2.** Zug *m*, Prozessi'on *f*: ***funeral*** ~ Leichenzug *m*.

cor·tex ['kɔːteks] *pl.* **-ti·ces** [-tɪsiːz] *s.* ⚘, *zo.*, *anat.* Rinde *f*: ***cerebral*** ~ Großhirnrinde.

cor·ti·sone ['kɔːtɪzəʊn] *s.* ⚕ Korti'son *n*.

co·run·dum [kə'rʌndəm] *s. min.* Ko'rund *m*.

cor·us·cate ['kɒrəskeɪt] *v/i.* (auf)blitzen, funkeln, glänzen (*a. fig.*).

cor·vée ['kɔːveɪ] (*Fr.*) *s.* Fronarbeit *f*, -dienst *m* (*a. fig.*).

cor·vette [kɔː'vet] *s.* ⚓ Kor'vette *f*.

cor·vine ['kɔːvaɪn] *adj.* raben-, krähenartig.

Cor·y·don ['kɒrɪdən] *s.* **1.** *poet.* 'Korydon *m*, Schäfer *m*; **2.** schmachtender Liebhaber.

cor·ymb ['kɒrɪmb] *s.* ⚘ Doldentraube *f*.

cor·y·phae·us [ˌkɒrɪ'fiːəs] *pl.* **-phae·i** [-'fiːaɪ] *s. antiq. u. fig.* Kory'phäe *f*; **co·ry·phée** ['kɒrɪfeɪ] *s.* Primaballe'rina *f*.

cos[1] [kɒs] *s.* ⚘ Lattich *m*.

cos[2] [kəz] *cj.* F weil, da.

co·se·cant [ˌkəʊ'siːkənt] *s.* ⩕ 'Kosekans *m*.

cosh [kɒʃ] *Brit.* F **I** *s.* Totschläger *m*; **II** *v/t.* mit e-m Totschläger schlagen, *j-m* ‚eins über den Schädel hauen'.

cosh·er ['kɒʃə] *v/t.* verhätscheln.

co·sig·na·to·ry [ˌkəʊ'sɪgnətərɪ] *s.* 'Mitunterˌzeichner(in).

co·sine ['kəʊsaɪn] *s.* ⩕ 'Kosinus *m*.

co·si·ness ['kəʊzɪnɪs] *s.* Behaglichkeit *f*, Gemütlichkeit *f*.

cos·met·ic [kɒz'metɪk] **I** *adj.* (□ ~***ally***) **1.** kos'metisch (*a. fig.*): ~ ***treatment*** → 4; ~ (***plastic***) ***surgery*** Schönheitschirurgie *f od.* -operation *f*; **2.** *fig.* kosmetisch, optisch; **II** *s.* **3.** kosmetisches Mittel, Schönheitsmittel *n*, *pl. a.* Kos'metika; **4.** *pl.* Kos'metik *f*, Schönheitspflege *f*; **cos·me·ti·cian** [ˌkɒzmə'tɪʃn] *s.*, **cos·me·tol·o·gist** [ˌkɒzmə'tɒlədʒɪst] Kos'metiker(in).

cos·mic, **cos·mi·cal** ['kɒzmɪk(l)] *adj.* □ kosmisch (*a. fig.*).

cos·mog·o·ny [kɒz'mɒgənɪ] *s.* Kosmogo'nie *f* (*Theorie über die Entstehung des Weltalls*); **cos'mog·ra·phy** [-grəfɪ] *s.* Kosmogra'phie *f*, Weltbeschreibung *f*; **cos'mol·o·gy** [-ɒlədʒɪ] *s.* Kosmolo'gie *f*.

cos·mo·naut ['kɒzmənɔːt] *s.* (Welt-) Raumfahrer *m*, Kosmo'naut *m*.

cos·mo·pol·i·tan [ˌkɒzmə'pɒlɪtən] **I** *adj.* kosmopo'litisch; *weitS.* weltoffen; **II** *s.* Kosmopo'lit *m*, Weltbürger(in); **ˌcos·mo'pol·i·tan·ism** [-tənɪzəm] *s.* Weltbürgertum *n*; *weitS.* Weltoffenheit *f*.

cos·mos ['kɒzmɒs] *s.* **1.** 'Kosmos *m*: a) Weltall *n*, b) Weltordnung *f*; **2.** Welt *f* für sich; **3.** ⚘ 'Kosmos *m* (*Blume*).

Cos·sack ['kɒsæk] *s.* Ko'sak *m*.

cos·set ['kɒsɪt] *v/t.* verhätscheln.

cost [kɒst] **I** *s.* **1.** *stets sg.* Kosten *pl.*, Preis *m*, Aufwand *m*: ~ ***of living*** Lebenshaltungskosten; ~ ***of-living allowance*** Teuerungszulage *f*; ~***-of-living index*** Lebenshaltungsindex *m*; **2.** ☿ a) *a.* ~ ***price*** (Selbst-, Gestehungs)Kosten *pl.*, Selbstkosten-, (Netto)Einkaufspreis *m*, b) (Un)Kosten *pl.*, Auslagen *pl.*, Spesen *pl.*: ***at*** ~ zum Selbstkostenpreis; ~ ***accounting*** → ***costing***; ~ ***accountant*** (Betriebs)Kalkulator *m*; ~***-covering*** kostendeckend; ~ ***free*** kostenlos; ~ ***plus*** Gestehungskosten plus Unternehmergewinn; ~ ***of construction*** Baukosten; **3.** *fig.* Kosten *pl.*, Schaden *m*, Nachteil *m*: ***at my*** ~ auf m-e Kosten; ***at a heavy*** ~ unter schweren Opfern; ***at the*** ~ ***of his health*** auf Kosten s-r Gesundheit; ***to my*** ~ zu m-m Schaden; ***I know to my*** ~ ich weiß aus eigener (bitterer) Erfahrung; ***at all*** ~***s***, ***at any*** ~ um jeden Preis; **4.** *pl.* ⚖ (Gerichts)Kosten *pl.*, Gebühren *pl.*; ***condemn s.o. in the*** ~***s*** j-n zu den Kosten verurteilen; ***dismiss with*** ~***s*** kostenpflichtig abweisen; ***allow*** ~***s*** die Kosten bewilligen; **II** *v/t.* [*irr.*] **5.** kosten: ***it*** ~ ***me one pound*** es kostete mich ein Pfund; **6.** kosten, bringen um: ***it*** ~ ***him his life*** es kostete ihn das Leben; **7.** kosten, verursachen: ***it*** ~ ***me a lot of trouble*** es verursachte mir (*od.* kostete mich) große Mühe; **8.** [*pret. u. p.p.* **cost·ed**] ☿ kalkulieren, den Preis berechnen von: ~***ed at*** mit e-m Kostenanschlag von; **III** *v/i.* [*irr.*] **9.** ***it*** ~ ***him dearly*** *fig.* es kam ihm teuer zu stehen.

cos·tal ['kɒstl] *adj.* **1.** *anat.* Rippen…, kos'tal; **2.** ⚘ (Blatt)Rippen…; **3.** *zo.* (Flügel)Ader…

co-star ['kəʊstɑː] *thea.*, *Film* **I** *s.* e-r der Hauptdarsteller; **II** *v/i.* e-e der Hauptrollen spielen: ~***ring*** in e-r der Hauptrollen.

cos·ter·mon·ger ['kɒstəˌmʌŋgə], *a.* **cos·ter** ['kɒstə] *s. Brit.* Straßenhändler(in) für Obst u. Gemüse *etc.*

cost·ing ['kɒstɪŋ] *s.* ☿ *Brit.* Kosten(be)rechnung *f*, Kalkulati'on *f*.

cos·tive ['kɒstɪv] *adj.* □ **1.** ⚕ verstopft, hartleibig; **2.** *fig.* geizig; **'cos·tive·ness** [-nɪs] *s.* **1.** ⚕ Verstopfung *f*; **2.** *fig.* Geiz *m*.

cost·li·ness ['kɒstlɪnɪs] *s.* **1.** Kostspieligkeit *f*; **2.** Pracht *f*; **cost·ly** ['kɒstlɪ] *adj.* **1.** kostspielig, teuer; **2.** kostbar, wertvoll; prächtig.

cost price → ***cost*** 2 a.

cos·tume ['kɒstjuːm] *s.* **1.** Ko'stüm *n*, Kleidung *f*, Tracht *f*: ~ ***jewel***(***le***)***ry*** Modeschmuck *m*; **2.** *obs.* Ko'stüm(kleid) *n* (*für Damen*); **3.** ('Masken-, 'Bühnen-) Koˌstüm *n*: ~ ***piece*** *thea.* Kostümstück *n*; **4.** Badeanzug *m*; **cos·tum·er** [kɒs'tjuːmə], **cos·tum·i·er** [kɒs'tjuːmɪə] *s.* **1.** Ko'stümverleiher(in); **2.** *thea.* Kostümi'er *m*.

co·sy ['kəʊzɪ] **I** *adj.* □ behaglich, gemütlich, traulich, heimelig; **II** *s.* Teehaube *f*, -wärmer *m*; Eierwärmer *m*.

cot[1] [kɒt] *s.* **1.** *Brit.* Kinderbettchen *n*: ~ ***death*** ⚕ plötzlicher Kindstod; **2.** Feldbett *n*; **3.** leichte Bettstelle; **4.** ⚓ Schwingbett *n*, Koje *f*.

cot[2] [kɒt] *s.* **1.** (Schaf- *etc.*)Stall *m*; **2.** *obs.* Häus-chen *n*, Hütte *f*.

co·tan·gent [ˌkəʊ'tændʒənt] *s.* ⩕ 'Kotangens *m*.

cote [kəʊt] *s.* Stall *m*, Hütte *f*, Häuschen *n* (*für Kleinvieh etc.*).

co·te·rie ['kəʊtərɪ] *s.* **1.** *contp.* Kote'rie *f*, Klüngel *m*, 'Clique *f*; **2.** exklu'siver Zirkel.

co·thur·nus [kə'θɜːnəs] *pl.* **-ni** [-naɪ] *s.* **1.** *antiq.* Ko'thurn *m*; **2.** erhabener, pa'thetischer Stil.

co-tid·al lines [kəʊ'taɪdl] *s. pl.* ⚓ Isor-

ˈrhachien *pl.*
co·trus·tee, *Am.* **co·trus·tee** [ˌkəʊtrʌsˈtiː] *s.* Mittreuhänder *m.*
cot·tage [ˈkɒtɪdʒ] *s.* **1.** (kleines) Landhaus, Cottage *n*; **2.** *Am.* Ferienhaus *n*; **3.** *Am.* Wohngebäude *n* (*bsd. in e-m Heim*); *Hotel*: Depenˈdance *f*; **~ cheese** *s.* Hüttenkäse *m*; **~ hos·pi·tal** *s.* **1.** kleines Krankenhaus; **2.** *Am. aus Einzelgebäuden bestehendes Krankenhaus*; **~ in·dus·try** *s.* ˈHeimindu̦strie *f*; **~ pi·a·no** *s.* Piaˈnino *n*; **~ pud·ding** *s.* Kuchen *m* mit süßer Soße.
cot·tag·er [ˈkɒtɪdʒə] *s.* **1.** Cottagebewohner(in); **2.** *Am.* Urlauber(in) in e-m Ferienhaus.
cot·ter [ˈkɒtə] *s.* ⚙ a) (Schließ)Keil *m*, b) → **~ pin** *s.* Splint *m.*
cot·ton [ˈkɒtn] **I** *s.* **1.** Baumwolle *f*: ***absorbent ~*** Watte *f*; **2.** Baumwollpflanze *f*; **3.** Baumwollstoff *m*; **4.** *pl.* a) Baumwollwaren *pl.*, b) Baumwollkleidung *f*; **5.** (Näh-, Stick)Garn *n*; **II** *adj.* **6.** baumwollen, Baumwoll…; **III** *v/i.* **7.** *Am.* F (***with***) a) sich anfreunden (mit), b) gut auskommen (mit); **8. *~ on to*** F a) *et.* ‚kapieren', b) *Am.* → 7 a; **~ belt** *s. Am.* Baumwollzone *f*; **~ bud** *s.* Wattestäbchen *n*; **~ can·dy** *s. Am.* Zuckerwatte *f*; **~ gin** *s.* ⚙ Entˈkörnungsma̦schine *f* (*für Baumwolle*); **~ grass** *s.* ⚘ Wollgras *n*; **~ mill** *s.* ˈBaumwollspinne̦rei *f*; **~ pick·er** *s.* Baumwollpflücker *m*; **~ press** *s.* Baumwollballenpresse *f*; **~ print** *s.* bedruckter Katˈtun; ˈ**~·seed** *s.* ⚘ Baumwollsamen *m*: ***~ oil*** Baumwollsamenöl *n*; ˈ**~·tail** *s. zo.* amer. ˈWildka̦ninchen *n*; **~ waste** *s.* **1.** Baumwollabfall *m*; **2.** ⚙ Putzwolle *f*; ˈ**~·wood** *s.* ⚘ *e-e* amer. Pappel; **~ wool** *s.* **1.** Rohbaumwolle *f*; **2.** (Verband-) Watte *f.*
cot·ton·y [ˈkɒtnɪ] *adj.* **1.** baumwollartig; **2.** flaumig, weich.
cot·y·le·don [ˌkɒtɪˈliːdən] *s.* ⚘ **1.** Keimblatt *n*; **2.** ♀ Nabelkraut *n.*
couch¹ [kaʊtʃ] **I** *s.* **1.** Couch *f* (*a. des Psychoanalytikers*), ˈLiege(ˌsofa *n*) *f*; **2.** Bett *n*; Lager *n* (*a. obs. hunt.*), Lagerstätte *f*; **3.** ⚙ Lage *f*, Schicht *f*, erster Anstrich; **II** *v/t.* **4.** *Gedanken etc.* in Worte fassen *od.* kleiden, ausdrücken; **5.** *Lanze* einlegen; **6.** ✠ *Star* stechen; **7. *be ~ed*** liegen; **III** *v/i.* **8.** liegen, lagern (*Tier*); **9.** (sich) kauern *od.* ducken.
couch² [kaʊtʃ] → ***couch grass***.
couch·ant [ˈkaʊtʃənt] *adj. her.* mit erhobenem Kopf liegend.
cou·chette [kuːˈʃet] *s.* 🚃 (Platz *m* in e-m) Liegewagen.
couch grass *s.* ⚘ Quecke *f.*
cou·gar [ˈkuːgə] *s. zo.* ˈPuma *m.*
cough [kɒf] **I** *s.* **1.** Husten *m*: ***give a ~*** (einmal) husten; **II** *v/i.* **2.** husten; **3.** *mot.* F ‚stottern', husten (*Motor*); **III** *v/t.* **4. *~ out*** *od.* ***up*** aushusten; **5. *~ up*** *sl.* herˈausrücken mit (*Geld, der Wahrheit etc.*); **~ drop** *s.* ˈHustenbon̦bon *m, n*; **~ mix·ture** *s.* Hustensaft *m.*
could [kʊd] *pret. von* ***can¹***.
cou·loir [ˈkuːlwɑː] (*Fr.*) *s.* **1.** Bergschlucht *f*; **2.** ⚙ ˈBaggerma̦schine *f.*
cou·lomb [ˈkuːlɒm] *s.* ϟ Couˈlomb *n*, Amˈpere-Se̦kunde *f.*
coul·ter [ˈkəʊltə] *s.* ✓ Kolter *n*, Pflugmesser *n.*
coun·cil [ˈkaʊnsl] *s.* **1.** Rat *m*, Ratsversammlung *f*, beratende Versammlung; Beratung *f*: ***be in ~*** zu Rate sitzen; ***meet in ~*** e-e (Rats)Sitzung abhalten; ***Queen in*** ♀ *Brit.* Königin und Kronrat; ***~ of war*** Kriegsrat (*a. fig.*); **2.** Rat *m* (*Körperschaft*); *engS.* Gemeinderat *m*: ***municipal ~*** Stadtrat (*Behörde*); ***~ school*** Gemeindeschule *f*; **3.** Kirchenrat *m*, Synˈode *f*, Konˈzil *n*; **4.** Vorstand *m*, Komiˈtee *n*; **~ cham·ber** *s.* Ratszimmer *n*; **~ es·tate** *s. Brit.* städtische (soziˈale Wohn)Siedlung; **~ house** *s. Brit.* stadteigenes (Soziˈal)Wohnhaus.
coun·ci(l)·lor [ˈkaʊnsələ] *s.* Ratsmitglied *n*, -herr *m*, Stadtrat *m*, -rätin *f.*
coun·sel [ˈkaʊnsl] **I** *s.* **1.** Rat(schlag) *m*: ***take ~ of s.o.*** von j-m (e-n) Rat annehmen; **2.** Beratung *f*, Überˈlegung *f*: ***take*** (*od.* ***hold***) ***~ with*** a) sich beraten mit, b) sich Rat holen bei; ***take ~ together*** zusammen beratschlagen; **3.** Plan *m*, Absicht *f*; Meinung *f*, Ansicht *f*: ***divided ~s*** geteilte Meinungen; ***keep one's*** (***own***) ***~*** s-e Meinung *od.* Absicht für sich behalten; **4.** ⚖ (*ohne Artikel*) a) *Brit.* (Rechts)Anwalt *m*, b) *Am.* Rechtsberater *m*, -beistand *m*: ***~ for the defence*** Anwalt des Beklagten, *Strafprozeß*: Verteidiger *m*; ***~ for the prosecution*** Anklagevertreter *m*; **5.** ⚖ *coll.* juˈristische Berater *pl.*; **II** *v/t.* **6.** *j-m* raten *od.* e-n Rat geben; **7.** zu *et.* raten: ***~ delay*** Aufschub empfehlen; ˈ**coun·se(l)·lor** [-lə] *s.* **1.** Berater(in), Ratgeber *m*; **2.** *a.* ***~-at-law*** *Am.* (Rechts)Anwalt *m*; **3.** (Studien-, Berufs)Berater *m.*
count¹ [kaʊnt] **I** *s.* **1.** Zählen *n*, (*a.* Volks- *etc.*)Zählung *f*, (Be)Rechnung *f*: ***keep ~ of s.th.*** et. genau zählen (können); ***lose ~*** a) die Übersicht verlieren (***of*** über), b) sich verzählen; ***by my ~*** nach m-r Schätzung; ***take the ~*** *Boxen*: ausgezählt werden; ***take a ~ of nine*** *Boxen*: bis neun angezählt werden; **2.** (End)Zahl *f*, Anzahl *f*, Ergebnis *n*; *sport* Punktzahl *f*; **3.** Berücksichtigung *f*: ***take*** (***no***) ***~ of*** (nicht) zählen *od.* (nicht) berücksichtigen (*acc.*); **4.** ⚖ (An)Klagepunkt *m*; **II** *v/t.* **5.** (ab-, auf-) zählen, (be)rechnen: ***~ the cost*** a) die Kosten berechnen, b) *fig.* die Folgen bedenken; **6.** (mit)zählen, einschließen, berücksichtigen: ***I ~ him among my friends*** ich zähle ihn zu m-n Freunden; ***~ing those present*** die Anwesenden eingeschlossen; ***not ~ing*** abgesehen von; **7.** erachten, schätzen, halten für: ***~ o.s. lucky*** sich glücklich schätzen; ***~ for*** (*od.* ***as***) ***lost*** als verloren ansehen; ***~ it a great hono(u)r*** es als große Ehre betrachten; **III** *v/i.* **8.** zählen, rechnen: ***he ~s among my friends*** er zählt zu m-n Freunden; ***~ing from today*** von heute an (gerechnet); ***I ~ on you*** ich rechne (*od.* verlasse mich) auf dich; **9.** mitzählen, gelten, von Wert sein: ***~ for nothing*** nichts wert sein, nicht von Belang sein; ***every little ~s*** auf jede Kleinigkeit kommt es an; ***he simply doesn't ~*** er zählt überhaupt nicht;
Zssgn mit adv.:
count| down *v/t.* **1.** *Geld* hinzählen; **2.** *a. v/i.* den Countdown ˈdurchführen (für), *a. weitS.* letzte (Start)Vorbereitungen treffen (für); **~ in** *v/t.* mitzählen, einschließen: ***count me in!*** ich bin dabei *od.* mache mit!; **~ off** *v/t. u. v/i.* abzählen; **~ out** *v/t.* **1.** (langsam) abzählen; **2.** ausschließen: ***count me out!*** ohne mich!; **3.** *Boxen u. Kinderspiel*: auszählen; **4.** *parl. Brit.* a) *Gesetzesvorlage* zu Fall bringen, b) *Unterhaussitzung* wegen Beschlußunfähigkeit vertagen; **~ o·ver** *v/t.* nachzählen; **~ up** *v/t.* zs.-zählen, ˈdurchrechnen.
count² [kaʊnt] *s.* (nichtbrit.) Graf *m*; → ***palatine¹*** 1.
count·down [ˈkaʊntdaʊn] *s.* ˈCountdown *m, n* (*a. fig.*).
coun·te·nance [ˈkaʊntənəns] **I** *s.* **1.** Gesichtsausdruck *m*, Miene *f*: ***his ~ fell*** er machte ein langes Gesicht; ***change one's ~*** s-n Gesichtsausdruck ändern, die Farbe wechseln; **2.** Fassung *f*, Haltung *f*, Gemütsruhe *f*: ***keep one's ~*** die Fassung bewahren; ***keep s.o. in ~*** j-n ermuntern, j-n unterstützen; ***put s.o. out of ~*** j-n aus der Fassung bringen; **3.** Ermunterung *f*, Unterˈstützung *f*: ***give*** (*od.* ***lend***) ***~ to*** *j-n* ermutigen, *j-n od. et.* unterstützen, Glaubwürdigkeit verleihen (*dat.*); **II** *v/t.* **4.** *j-n* ermuntern, (unter)ˈstützen; **5.** *et.* gutheißen.
count·er¹ [ˈkaʊntə] *s.* **1.** Ladentisch *m*, *a.* Theke *f* (*im Wirtshaus etc.*): ***under the ~*** unter dem Ladentisch (*verkaufen etc.*), unter der Hand, heimlich; **2.** Schalter *m* (*Bank etc.*); **3.** Spielmarke *f*; **4.** Zählperle *f*, -kugel *f* (*Kinder-Rechenmaschine*); **5.** ⚙ Zähler *m*, Zählgerät *n*, -werk *n.*
coun·ter² [ˈkaʊntə] **I** *adv.* **1.** entgegengesetzt; (***to***) entgegen, zuˈwider (*dat.*): ***run*** (*od.* ***go***) ***~ to*** zuwiderlaufen (*dat.*); ***~ to all rules*** entgegen allen *od.* wider alle Regeln; **II** *adj.* **2.** Gegen…, entgegengesetzt; **III** *s.* **3.** Abwehr *f*; *Boxen etc., a. fig.*: Konter(schlag) *m*; *fenc.* Paˈrade *f*; *Eislauf*: Gegenwende *f*; **4.** *zo.* Brustgrube *f* (*Pferd*); **IV** *v/t. u. v/i.* **5.** entgegenwirken, entgegnen; widerˈsprechen, zuˈwiderhandeln (*dat.*); **6.** *Boxen, Fußball etc., a. fig.*: kontern.
ˌ**coun·ter|ˈact** [-təˈræ-] *v/t.* **1.** entgegenwirken (*dat.*); bekämpfen, vereiteln; **2.** kompensieren, neutralisieren; ˌ**~ˈac·tion** [-təˈræ-] *s.* **1.** Gegenwirkung *f*, -maßnahme *f*; **2.** ˈWiderstand *m*, Oppositiˈon *f*; **3.** Durchˈkreuzung *f*; ˌ**~ˈac·tive** [-təˈræ-] *adj.* □ entgegenwirkend; ˈ**~·ațtack** [-tərə-] **I** *s.* Gegenangriff *m* (*a. fig.*); **II** *v/i. u. v/t.* e-n Gegenangriff machen (gegen); ˈ**~·ațtrac·tion** [-tərə-] *s.* **1.** *phys.* entgegengesetzte Anziehungskraft; **2.** *fig.* ˈGegenattrakti̦on *f*; ˈ**~·bal·ance I** *s.* Gegengewicht *n* (*a. fig.*); **II** *v/t.* [ˌkaʊntəˈbæləns] ein Gegengewicht bilden zu, ausgleichen, aufwiegen; die Waage halten (*dat.*); ˈ**~·blast** *s. fig.* Gegenschlag *m*, heftige Reaktiˈon; ˈ**~·blow** *s.* Gegenschlag *m* (*a. fig.*); ˈ**~·charge I** *s.* **1.** ⚖ Gegenklage *f*; **2.** ⚔ Gegenangriff *m*; **II** *v/t.* **3.** ⚖ e-e Gegenklage erheben gegen; **4.** ⚔ e-n Gegenangriff führen gegen; ˈ**~·check** *s.* **1.** a) Gegenwirkung *f*, b) Hindernis *n*; **2.** Gegen-, Nachprüfung *f*; ˈ**~·claim** ✝, ⚖ **I** *s.* Gegenforderung *f*; **II** *v/t.* als Gegenforderung verlangen; ˌ**~ˈclock·wise** → ***anticlockwise***; ˌ**~ˈcy·cli·cal** *adj.* □ ✝ konjunkˈtur-

dämpfend; ˌ~'**es·pi·o·nage** [-tər'e-] *s.* Spio'nageabwehr *f*, Abwehr(dienst *m*) *f*; '~·**feit** [-fɪt] **I** *adj.* **1.** nachgemacht, gefälscht, unecht, falsch: ~ **coin** Falschgeld *n*; **2.** vorgetäuscht, falsch; verstellt; **II** *s.* **3.** Fälschung *f*; **4.** Falschgeld *n*; **III** *v/t.* **5.** fälschen; **6.** heucheln, vorgeben, vortäuschen; '~ˌ**feit·er** [-ˌfɪtə] *s.* **1.** Fälscher *m*, Falschmünzer *m*; **2.** Heuchler(in); '~·**foil** *s.* **1.** (Kon'troll-) Abschnitt *m* (*Scheckbuch etc.*), Ku'pon *m*; **2.** a) Ku'pon *m*, Zins-, Divi'dendenschein *m*, b) Ta'lon *m* (*Erneuerungsschein*); '~·**inˌtel·li·gence** [-tərɪn-] Spio'nageabwehr(dienst *m*) *f*; '~ˌ**jump·er** *s.* F Ladenschwengel *m* (*Verkäufer*); '~·**man** [-mən] *s.* [*irr.*] Verkäufer *m*; ~·**mand** [ˌkaʊntə'mɑːnd] **I** *v/t.* **1.** wider'rufen, rückgängig machen, ✝ stornieren: ***until ~ed*** bis auf Widerruf; **2.** absagen, abbestellen; **II** *s.* **3.** Gegenbefehl *m*; **4.** Wider'rufung *f*, Aufhebung; ✝ Stornierung *f*; '~·**march** *s.* **1.** ⚔ Rückmarsch *m*; **2.** *fig.* völlige 'Umkehr; '~·**mark** *s.* Gegen-, Kon'trollzeichen *n* (*bsd. für die Echtheit*); '~ˌ**meas·ure** *s.* Gegenmaßnahme *f*; '~ˌ**mo·tion** *s.* **1.** Gegenbewegung *f*; **2.** *pol.* Gegenantrag *m*; '~·**move** *s.* Gegenzug *m*; '~ˌ**of·fer** [-tərˌɒ-] *s.* ✝ Gegenangebot *n*; '~ˌ**or·der** [-tərˌɔː-] **1.** ✝ Abbestellung *f*; **2.** ⚔ Gegenbefehl *m*; '~·**pane** *s.* Tagesdecke *f*; '~·**part** *s.* **1.** Gegen-, Seitenstück *n*; **2.** genaue Ergänzung; **3.** Ebenbild *n*; **4.** Dupli'kat *n*; **5.** *fig.* ‚Gegen'über' *n*, Kol'lege *m*: ***his Soviet*** ~; '~·**plot** *s.* Gegenanschlag *m*; '~·**point I** *s.* ♪ 'Kontrapunkt *m*; **II** *v/t.* kontrapunktieren; '~·**poise I** *s.* **1.** Gegengewicht *n* (*a. fig.*); Gleichgewicht *n*; **II** *v/t.* **2.** als Gegengewicht wirken zu, ausgleichen; **3.** *fig.* im Gleichgewicht halten, ausgleichen, aufwiegen; ˌ~·**pro'duct·ive** *adj.* 'kontraprodukˌtiv, das Gegenteil bewirkend; '~·**ref·orˌma·tion** *s.* 'Gegenreformatiˌon *f*; '~·**rev·oˌlu·tion** *s.* 'Gegenrevolutiˌon *f*; '~·**shaft** *s.* ⚙ Vorlegewelle *f*: ~ ***gear*** Vorgelege *n*; '~·**sign I** *s.* **1.** ⚔ Losungswort *n*; **2.** Gegenzeichen *n*; **II** *v/t.* **3.** gegenzeichnen; **4.** *fig.* bestätigen; ˌ~'**sig·na·ture** *s.* Gegenzeichnung *f*; '~·**sink I** *s.* **1.** Versenkbohrer *m*; **2.** Senkschraube *f*; **II** *v/t.* [*irr.* → ***sink***] ⚙ **3.** *Loch* ausfräsen; **4.** *Schraubenkopf* versenken; ˌ~'**ten·or** *s.* ♪ hoher Te'nor (*Stimme u. Sänger*); ~·**vail** ['kaʊntəveɪl] **I** *v/t.* aufwiegen, ausgleichen; **II** *v/i.* stark genug sein, ausreichen (***against*** gegen): ~***ing duty*** Ausgleichszoll *m*; '~·**weight** *s.* Gegengewicht *n* (*a. fig.* ***to*** gegen); '~·**word** *s.* Aller'weltswort *n*.

count·ess ['kaʊntɪs] *s.* **1.** Gräfin *f*; **2.** Kom'tesse *f*.

count·ing| glass ['kaʊntɪŋ] *s.* ⚙ Zählglas *n*, -lupe *f*; '~·**house** *s. bsd. Brit.* ✝ Bü'ro *n*; *engS.* Buchhaltung *f*; ~ **tube** *s.* Zählrohr *n*.

count·less ['kaʊntlɪs] *adj.* zahllos, unzählig.

'**count-out** *s. parl. Brit.* Vertagung *f* wegen Beschlußunfähigkeit.

coun·tri·fied ['kʌntrɪfaɪd] *adj.* **1.** ländlich, bäuerlich; **2.** *contp.* bäurisch, verbauert.

coun·try ['kʌntrɪ] **I** *s.* **1.** Land *n*, Staat *m*: ***in this*** ~ hierzulande; ~ ***of destination*** Bestimmungsland; ~ ***of origin*** Ursprungsland; ~ ***of adoption*** Wahlheimat *f*; **2.** Nati'on *f*, Volk *n*: ***appeal*** (*od.* ***go***) ***to the*** ~ *pol.* an das Volk appellieren, Neuwahlen ausschreiben; **3.** Vaterland *n*, Heimat(land *n*) *f*: ***the old*** ~ die alte Heimat; **4.** Gelände *n*, Landschaft *f*; Gebiet *n* (*a. fig.*): ***flat*** ~ Flachland *n*; ***wooded*** ~ waldige Gegend; ***unknown*** ~ unbekanntes Gebiet (*a. fig.*); ***new*** ~ *fig.* Neuland *n* (***to me*** für mich); ***go up*** ~ ins Innere reisen; **5.** Land *n* (*Ggs. Stadt*), Pro'vinz *f*: ***in the*** ~ auf dem Lande; ***go*** (***down***) ***into the*** ~ aufs Land *od.* in die Provinz gehen; **6.** *a.* ~***-and-western*** → ***country music***; **II** *adj.* **7.** Land…; Provinz…; ländlich: ~ ***life*** Landleben *n*; ~ **beam** *s. mot. Am.* Fernlicht *n*; '~·**bred** *adj.* auf dem Lande aufgewachsen; ~ **bump·kin** *s.* Bauerntölpel *m*; ~ **club** *s. Am.* Klub *m* auf dem Land (*für Städter*); ~ **cous·in** *s.* **1.** Vetter *m od.* Base *f* vom Lande; **2.** ‚Unschuld *f* vom Lande'; ~ **dance** *s.* englischer Volkstanz; '~·**folk** *s.* Landbevölkerung *f*; ~ **gen·tle·man** *s.* [*irr.*] **1.** Landedelmann *m*; **2.** Gutsbesitzer *m*; ~ **house** *s.* Landhaus *n*, Landsitz *m*; '~·**man** [-mən] *s.* [*irr.*] **1.** *a.* ***fellow*** ~ Landsmann *m*; **2.** Landmann *m*, Bauer *m*; ~ **mu·sic** *s.* Country-Music *f*; '~·**side** *s.* **1.** ländliche Gegend; Land (-schaft *f*) *n*; **2.** (Land)Bevölkerung *f*; '~-**wide** *adj.* landesweit, im ganzen Land; '~ˌ**wom·an** *s.* [*irr.*] **1.** *a.* ***fellow*** ~ Landsmännin *f*; **2.** a) Landbewohnerin *f*, b) Bäuerin *f*.

coun·ty ['kaʊntɪ] *s.* **1.** *Brit.* a) Grafschaft *f* (*Verwaltungsbezirk*); → ***county palatine***, b) ***the*** ~ die Bewohner *pl. od.* die Aristokra'tie e-r Grafschaft; **2.** *Am.* (Land)Kreis *m*, (Verwaltungs)Bezirk *m*; ~ **bor·ough** *s.*, ~ **cor·po·rate** *s. Brit.* Stadt *f*, die e-e eigene Grafschaft bildet; ~ **coun·cil** *s. Brit.* Grafschaftsrat *m* (*Behörde*); ~ **court** *s.* ⚖ **1.** *Brit.* Grafschaftsgericht *n* (*erstinstanzliches Zivilgericht*); **2.** *Am.* Kreisgericht *n*; ~ **fam·i·ly** *s. Brit.* vornehme Fa'milie mit Ahnensitz in e-r Grafschaft; ~ **hall** *s. Brit.* Rathaus *n* e-r Grafschaft; ~ **pal·a·tine** *s. Brit. hist.* Pfalzgrafschaft *f*; ~ **seat** *s.*, ~ **town** *s. Am.* Kreishauptstadt *f*.

coup [kuː] *s.* Coup *m*: a) Bra'vourstück *n*, Handstreich *m*, b) Staatsstreich *m*, Putsch *m*; ~ **de grâce** [ˌkuːdə'grɑːs] (*Fr.*) *s.* Gnadenstoß *m* (*a. fig.*); ~ **de main** [ˌkuːdə'mɛ̃ːŋ] (*Fr.*) *s. bsd.* ⚔ Handstreich *m*; ~ **d'é·tat** [ˌkuːdeɪ'tɑː] (*Fr.*) → ***coup*** b.

cou·pé ['kuːpeɪ] *s.* **1.** Cou'pé *n*: a) *mst zweisitzige Limousine*, b) *geschlossene Kutsche für zwei Personen*; **2.** 🚂 *Brit.* Halbabteil *n*.

cou·ple ['kʌpl] **I** *s.* **1.** Paar *n*: ***in ~s*** paarweise; ***a*** ~ ***of*** ein paar *Tage etc.*; **2.** (Braut-, Ehe-, Liebes)Paar *n*, Pärchen *n*; **3.** Koppel *f* (*Jagdhunde*): ***go*** (*od.* ***hunt***) ***in ~s*** *fig.* stets gemeinsam handeln; **II** *v/t.* **4.** (zs.-, ver)koppeln, verbinden: ~***d with*** *fig.* gepaart (*od.* verbunden, gekoppelt) mit; **5.** ehelich verbinden; paaren; **6.** *in Gedanken* verbinden, zs.-bringen; **7.** ⚙ (an-, ein-, ver-) kuppeln; **8.** ⚡, ♪ koppeln; **III** *v/i.* **9.** heiraten; sich paaren; **cou·pler** ['kʌplə] *s.* **1.** ♪ Kopplung *f* (*Orgel*); **2.** *Radio:* Koppler *m*; **3.** ⚙ Kupplung *f*, **4.** a) Koppel(glied *n*) *f*, b) (Leitungs)Muffe *f*: ~ ***plug*** Gerätestecker *m*.

cou·ple skat·ing *s.* Paarlauf(en *n*) *m*.

cou·plet ['kʌplɪt] *s.* Reimpaar *n*.

cou·pling ['kʌplɪŋ] *s.* **1.** Verbindung *f*; **2.** Paarung *f*; **3.** ⚙ (*feste*) Kupplung; **4.** ⚡, *Radio:* Kopplung *f*; ~ **box** *s.* ⚙ Kupplungsmuffe *f*; ~ **chain** *s.* ⚙ Kupplungskette *f*; *pl.* 🚂 Kettenkupplung *f*; ~ **coil** *s.* ⚡, *Radio:* Kopplungsspule *f*.

cou·pon ['kuːpɒn] *s.* **1.** ✝ Cou'pon *m*, Ku'pon *m*, Zinsschein *m*: ***dividend*** ~ Dividendenschein; ~ ***bond*** *Am.* Inhaberschuldverschreibung *f* mit Zinsschein; ~ ***sheet*** Couponbogen *m*; **2.** a) Kassenzettel *m*, Gutschein *m*, Bon *m*, b) Berechtigungs-, Bezugsschein *m*; **3.** Abschnitt *m der Lebensmittelkarte etc.*, Marke *f*; **4.** Kon'trollabschnitt *m*; **5.** *Brit.* Tippzettel *m* (*Fußballtoto*).

cour·age ['kʌrɪdʒ] *s.* Mut *m*, Tapferkeit *f*: ***have the*** ~ ***of one's convictions*** stets s-r Überzeugung gemäß handeln, Zivilcourage haben; ***pluck up*** (*od.* ***take***) ~ Mut fassen; ***screw up*** (*od.* ***summon up***) ***one's*** ~, ***take one's*** ~ ***in both hands*** sein Herz in beide Hände nehmen; **cou·ra·geous** [kə'reɪdʒəs] *adj.* □ mutig, beherzt, tapfer.

cour·gette [ˌkʊə'ʒet] *s.* Zuc'chini *f*.

cour·i·er ['kʊrɪə] *s.* **1.** Eilbote *m*, (*a. diplomatischer etc.*) Ku'rier *m*; **2.** Reiseleiter(in); **3.** *Am.* Verbindungsmann *m* (*Agent*).

course [kɔːs] **I** *s.* **1.** Lauf *m*, Bahn *f*, Weg *m*, Gang *m*; Ab-, Verlauf *m*, Fortgang *m*: ***the*** ~ ***of life*** der Lauf des Lebens; ~ ***of events*** Gang der Ereignisse, Lauf der Dinge; ***the*** ~ ***of a disease*** der Verlauf e-r Krankheit; ***the*** ~ ***of nature*** der natürliche (Ver)Lauf; ***a matter of*** ~ e-e Selbstverständlichkeit; ***of*** ~ natürlich, gewiß, bekanntlich; ***in the*** ~ ***of*** im (Ver)Lauf (*gen.*), während (*gen.*); ***in*** ~ ***of construction*** im Bau (befindlich); ***in*** ~ ***of time*** im Laufe der Zeit; ***in due*** ~ zur gegebenen *od.* rechten Zeit; ***in the ordinary*** ~ ***of things*** normalerweise; ***let things take*** (*od.* ***run***) ***their*** ~ den Dingen ihren Lauf lassen; ***the disease took its*** ~ die Krankheit nahm ihren (natürlichen) Verlauf; **2.** (feste) Bahn, Strecke *f*, *sport* (Renn)Bahn *f*, (-)Strekke *f*, Piste *f*: ***golf*** ~ Golfbahn *f od.* -platz *m*; ***clear the*** ~ die Bahn frei machen; **3.** Fahrt *f*, Weg *m*; Richtung *f*; ⚓, ✈ Kurs *m* (*a. fig.*): ***on*** (***off***) ~ (nicht) auf Kurs; ***stand upon the*** ~ Kurs halten; ***steer a*** ~ e-n Kurs steuern (*a. fig.*); ***change one's*** ~ s-n Kurs ändern (*a. fig.*); ***keep to one's*** ~ *fig.* beharrlich s-n Weg verfolgen; ***take a new*** ~ e-n neuen Weg einschlagen; ~ ***computer*** Kursrechner *m*; ~ ***recorder*** Kursschreiber *m*; **4.** Lebensbahn *f*, -weise *f*: ***evil ~s*** üble Gewohnheiten; **5.** Handlungsweise *f*, Verfahren *n*: ***a dangerous*** ~ ein gefährlicher Weg; → ***action*** 1; **6.** Gang *m*, Gericht *n* (*Speisen*); **7.** Reihe *f*, (Reihen)Folge *f*; 'Zyklus *m*: ~ ***of lectures*** Vortragsreihe; ~ ***of treatment*** ⚕ längere Behandlung, Kur *f*; **8.** *a.* ~ ***of instruction*** Kurs(us) *m*, Lehrgang *m*: ***a German*** ~ ein Deutschkursus, ein deutsches Lehrbuch; **9.** ⚠ Schicht *f*, Lage *f* (*Ziegel etc.*); **10.** ⚓ unteres großes Segel: ***main ~*** Großsegel; **11.** (***monthly***) ***~s*** ⚕ Regel *f*, Periode *f*; **II** *v/t.* **12.** *bsd. Hasen* mit Hunden hetzen *od.* jagen; **III** *v/i.* **13.** rennen, eilen, jagen; **14.** an e-r Hetzjagd teilnehmen.

cours·er [ˈkɔːsə] *s. poet.* Renner *m*, schnelles Pferd; **ˈcours·ing** [-sɪŋ] *s.* (*bsd.* Hasen)Hetzjagd *f* mit Hunden.

court [kɔːt] **I** *s.* **1.** (Vor-, ˈHinter-, Innen)Hof *m*; **2.** ˈHintergäßchen *n*; Sackgasse *f*; kleiner Platz; **3.** *bsd. Brit.* stattliches Wohngebäude; **4.** (abgesteckter) Spielplatz: ***tennis ~*** Tennisplatz; ***grass ~*** Rasentennisplatz; **5.** Hof *m*, Resiˈdenz *f* (*Fürst etc.*): ***the ≈ of St. James*** der britische Königshof; ***be presented at ~*** bei Hofe vorgestellt werden; **6.** a) fürstlicher Hof *od.* Haushalt, b) fürstliche Faˈmilie, c) Hofstaat *m*; **7.** (Empfang *m* bei) Hof *m*: ***hold ~*** Hof halten (*a. fig.*); **8.** fürstliche Regierung; **9.** ⚖ a) *a.* ***~ of justice***, ***law ~*** Gericht(shof *m*) *n*, b) Gerichtshof *m*, *der od. die* Richter, c) Gerichtssitzung *f*, d) Gerichtssaal *m*: ***in ~*** vor Gericht; ***out of ~*** a) außergerichtlich, gütlich, b) nicht zur Sache gehörig, c) indiskutabel; ***bring into ~***, ***take to ~*** vor Gericht bringen; ***go to ~*** klagen; ***laugh out of ~*** *fig.* verlachen; → ***appeal*** 8, ***arbitration*** *etc.*; **10.** *fig.* Hof *m*, Cour *f*, Aufwartung *f*: ***pay*** (***one's***) ***~ to*** a) *e-r Dame* den Hof machen, b) *j-m* s-e Aufwartung machen; **11.** Rat *m*, Versammlung *f*: ***~ of directors*** Direktion *f*, Vorstand *m*; **II** *v/t.* **12.** den Hof machen, huldigen (*dat.*); **13.** umˈwerben (*a. fig.*), werben *od.* freien um; ‚poussieren' mit: ***~ing couple*** Liebespaar *n*; **14.** *fig.* werben *od.* buhlen *od.* sich bemühen um *et.*; suchen: ***~ disaster*** das Schicksal herausfordern, mit dem Feuer spielen.

court| card *s. Kartenspiel*: Bildkarte *f*; **≈ Cir·cu·lar** *s.* (*tägliche*) Hofnachrichten *pl.*; **~ dress** *s.* Hoftracht *f*.

cour·te·ous [ˈkɜːtjəs] *adj.* □ höflich, liebenswürdig.

cour·te·san [ˌkɔːtɪˈzæn] *s.* Kurtiˈsane *f*.

cour·te·sy [ˈkɜːtɪsɪ] *s.* Höflichkeit *f*, Verbindlichkeit *f*, Liebenswürdigkeit *f* (*alle a. als Handlung*); Gefälligkeit *f*: ***by ~*** aus Höflichkeit *od.* Gefälligkeit; ***by ~ of*** a) mit freundlicher Genehmigung von (*od. gen.*), b) durch, mittels; ***~ light*** *mot.* Innenlampe *f*; ***~ title*** Höflichkeits- *od.* Ehrentitel *m*; ***~ call***, ***~ visit*** Höflichkeits- *od.* Anstandsbesuch *m*.

cour·te·zan → ***courtesan***.

court| guide *s.* ˈHof-, ˈAdelskaˌlender *m* (*Verzeichnis der hoffähigen Personen*); **~ hand** *s.* gotische Kanzˈleischrift; **ˈ~-house** *s.* **1.** Gerichtsgebäude *n*; **2.** *Am.* Kreis(haupt)stadt *f*.

cour·ti·er [ˈkɔːtjə] *s.* Höfling *m*.

court·ly [ˈkɔːtlɪ] *adj.* **1.** vornehm, gepflegt, höflich; **2.** höfisch.

court| mar·tial *pl.* **courts mar·tial** *s.* Kriegsgericht *n*; **ˌ~-ˈmar·tial** *v/t.* vor ein Kriegsgericht stellen; **~ mourn·ing** *s.* Hoftrauer *f*; **~ or·der** *s.* ⚖ Gerichtsbeschluß *m*; **~ plas·ter** *s. hist.* Heftpflaster *n*; **~ room** *s.* Gerichtssaal *m*.

court·ship [ˈkɔːtʃɪp] *s.* **1.** Hofmachen *n*, Werben *n*, Freien *n*; **2.** *fig.* Werben *n* (***of*** um).

court| shoes *s. pl.* Pumps *pl.*; **ˈ~·yard** *s.* Hof(raum) *m*.

cous·in [ˈkʌzn] *s.* **1.** a) Vetter *m*, Couˈsin *m*, b) Base *f*, Kuˈsine *f*: ***first ~***, ***~ german*** leiblicher Vetter *od.* leibliche Base; ***second ~*** Vetter *od.* Base zweiten Grades; **2.** *weitS.* Verwandte(r *m*) *f*.

cou·tu·rier [kuːˈtjʊrɪeɪ] (*Fr.*) *s.* (Haute) Couturiˈer *m*, Modeschöpfer *m*; **cou·tuˈrière** [-ɪeə] (*Fr.*) *s.* Modeschöpferin *f*.

cove[1] [kəʊv] **I** *s.* **1.** kleine Bucht; **2.** *fig.* Schlupfwinkel *m*; **3.** △ Wölbung *f*; **II** *v/t.* **4.** △ (über)ˈwölben.

cove[2] [kəʊv] *s. sl.* Bursche *m*, Kerl *m*.

cov·en [ˈkʌvn] *s.* Hexensabbat *m*.

cov·e·nant [ˈkʌvənənt] **I** *s.* **1.** Vertrag *m*; feierliches Abkommen; **2.** ⚖ a) Vertrag *m*, b) Verˈtragsˌklausel *f*, c) bindendes Versprechen, Zusicherung *f*, d) Satzung *f*; **3.** *bibl.* a) Bund *m*; → ***ark*** 2, b) Verheißung *f*: ***the land of the ~*** das Gelobte Land; **II** *v/i.* **4.** e-n Vertrag schließen, überˈeinkommen (***with*** mit, ***for*** über *acc.*); **5.** sich feierlich verpflichten, geloben; **III** *v/t.* **6.** vertraglich zusichern; **ˈcov·e·nant·ed** [-tɪd] *adj.* **1.** vertragsmäßig; **2.** vertraglich gebunden.

cov·en·trize [ˈkɒvəntraɪz] *v/t.* toˈtal zerbomben, dem Erdboden gleichmachen; **Cov·en·try** [ˈkɒvəntrɪ] *npr. englische Stadt*: ***send s.o. to ~*** *fig.* j-n gesellschaftlich ächten.

cov·er [ˈkʌvə] **I** *s.* **1.** Decke *f*; Deckel *m*; **2.** a) (Buch)Decke *f*, Einband *m*, b) ˈUmschlag- *od.* Titelseite *f*: ***~ design*** Titelbild *n*; ***~ girl*** Covergirl *n*, Titelblattmädchen *n*; ***from ~ to ~*** von Anfang bis Ende; **3.** a) ˈBriefˌumschlag *m*, b) *Philatelie*: Ganzsache *f*: ***under*** (***the***) ***same ~*** beiliegend; ***under separate ~*** mit getrennter Post; ***under ~ of*** unter der (Deck)Adresse von; **4.** ˈSchutzˌumschlag *m*, Hülle *f*, Futteˈral *n*; ˈÜberzug *m*, (Bett-, Möbel- *etc.*)Bezug *m*; ⚙ Schutzhaube *f*, -platte *f*, -mantel *m*; *mot.* (Reifen)Decke *f*, Mantel *m*; **5.** Gedeck *n* (*bei Tisch*): ***~ charge*** (Kosten *pl.* für das) Gedeck; **6.** ⚔ a) Deckung *f*: ***take ~*** Deckung nehmen, b) Feuerschutz *m*, c) (Luft)Sicherung *f*, Abschirmung *f*: ***air ~***; **7.** *hunt.* Dickicht *n*, Lager *n*: ***break ~*** ins Freie treten; **8.** Ob-, Schutzdach *n*: ***get under ~*** sich unterstellen; **9.** *fig.* Schutz *m*: ***under ~ of night*** im Schutz der Nacht; **10.** *fig.* Deckmantel *m*, Tarnung *f*, Vorwand *m*: ***under ~ of friendship***; ***~ address*** Deckadresse *f*; ***~ name*** Deckname *m*; ***blow one's ~*** ‚auffliegen'; **11.** ☤ Deckung *f*, Sicherheit *f*; (Schadens-)Deckung *f*, Versicherungsschutz *m*; **II** *v/t.* **12.** be-, zudecken: ***remain ~ed*** den Hut aufbehalten; ***~ o.s. with glory*** *fig.* sich mit Ruhm bedecken; ***~ed with*** voll von, über u. über bedeckt mit; **13.** einhüllen, -wickeln (***with*** in *acc.*); **14.** be-, überˈziehen: ***~ed button*** bezogener Knopf; ***~ed wire*** umsponnener Draht; **15.** *fig.* decken, schützen, sichern (***from*** vor *dat.*, gegen): ***~ o.s.*** sich absichern (***against*** gegen); **16.** ☤ decken: a) *Kosten* bestreiten, b) *Schulden*, *Verlust* abdecken, c) versichern; **17.** dekken, genügen für; **18.** enthalten, einschließen, umˈfassen, beˈinhalten; *a. statistisch*, *durch Werbung etc.* erfassen; *Thema* (erschöpfend) behandeln; → ***ground*** 2; **19.** *Presse*, *TV etc.*: berichten über (*acc.*); **20.** *Gebiet* bearbeiten, bereisen; **21.** sich über *e-e Fläche od. Zeitspanne* erstrecken; **22.** *e-e Strecke* zuˈrücklegen; **23.** a) be-, verdecken, verhüllen, verbergen, b) *fig.* → ***cover up*** 2; **24.** ⚔ decken, schützen, sichern (***from*** vor *dat.* gegen); **25.** ⚔ a) *ein Gebiet* beherrschen, im Schußfeld haben, b) *Gelände* bestreichen, mit Feuer belegen; **26.** *mit e-r Waffe* zielen auf (*acc.*), *j-n* in Schach halten; **27.** *sport den Gegner* decken; **28.** *j-n* ‚beschatten'; **29.** *Hündin etc.* decken, *Stute a.* beschälen; **~ in** *v/t.* **1.** decken, bedachen; **2.** füllen; **~ o·ver** *v/t.* **1.** überˈdecken; **2.** ☤ *Emission* überˈzeichnen; **~ up I** *v/t.* **1.** zu-, verdecken; **2.** *fig.* vertuschen, verheimlichen, verbergen; **II** *v/i.* **3.** ***~ for s.o.*** j-n decken; **4.** *Boxen*: sich decken.

cov·er·age [ˈkʌvərɪdʒ] *s.* **1.** Erfassung *f*, Einschluß *m*; erfaßtes Gebiet, erfaßte Menge; *Werbung*: erfaßter Perˈsonenkreis; **2.** ˈUmfang *m*; Reichweite *f*; Geltungsbereich *m*; **3.** ☤ a) → ***cover*** 11, b) Verˈsicherungsˌumfang *m*; **4.** *Zeitung etc.*: Berichterstattung *f* (***of*** über *acc.*); **5.** ⚔ → ***cover*** 6 c; **ˈcov·ered** [-əd] *adj.* be-, gedeckt: ***~ court*** *Tennis*: Hallenplatz *m*; ***~ market*** Markthalle *f*; ***~ wag(g)on*** a) Planwagen *m*, b) geschlossener Güterwagen; → ***cover*** 14; **ˈcov·er·ing** [-ərɪŋ] **I** *s.* **1.** Bedeckung *f*; Be-, Ver-, Umˈkleidung *f*; (*Fußboden-*)Belag *m*; → *a.* ***cover*** 4; **2.** *fig.* Schutz *m*, Deckung *f*; **3.** ⚔ → ***cover*** 6; **II** *adj.* **4.** deckend, Deck(ungs)…; ***~ letter*** Begleitbrief *m*; ***~ note*** → ***cover note***.

cov·er·let [ˈkʌvəlɪt], *a.* **ˈcov·er·lid** [-lɪd] *s.* Tagesdecke *f*.

cov·er| note *s.* ☤ Deckungsbrief *m* (*Versicherung*); **~ shot** *s. Film*: Toˈtale *f*; **~ sto·ry** *s.* Titelgeschichte *f*.

cov·ert I *adj.* □ [ˈkʌvət] **1.** heimlich, versteckt, verborgen; verschleiert; **2.** → ***feme covert***; **II** *s.* [ˈkʌvə] **3.** Obdach *n*; Schutz *m*; **4.** Versteck *n*; **5.** *hunt.* Dickicht *n*; Lager *n*; **~ coat** [ˈkʌvət] *s.* Covercoat *m* (*Sportmantel*).

cov·er·ture [ˈkʌvəˌtjʊə] *s.* ⚖ Ehestand *m der Frau*.

ˈcov·er-up *s. Am.* Tarnung *f*, Vertuschung *f* (***for*** *gen.*).

cov·et [ˈkʌvɪt] *v/t.* begehren, trachten nach; **ˈcov·et·a·ble** [-təbl] *adj.* begehrenswert; **ˈcov·et·ous** [-təs] *adj.* □ **1.** begehrlich, lüstern (***of*** nach); **2.** habsüchtig; **ˈcov·et·ous·ness** [-təsnɪs] *s.* **1.** Begehrlichkeit *f*; **2.** Habsucht *f*.

cov·ey [ˈkʌvɪ] *s.* **1.** *orn.* Brut *f*, Hecke *f*; **2.** *hunt.* Volk *n*, Kette *f*; **3.** Schar *f*, Schwarm *m*, Trupp *m*.

cov·ing [ˈkəʊvɪŋ] *s.* △ **1.** Wölbung *f*; **2.** ˈüberhängendes Obergeschoß; **3.** schräge Seitenwände *pl.* (*Kamin*).

cow[1] [kaʊ] *s. zo.* **1.** Kuh *f*; **2.** Weibchen *n* (*bsd. Elefant*, *Wal etc.*).

cow[2] [kaʊ] *v/t.* einschüchtern: ***~ s.o. into*** j-n zwingen zu.

cow·ard [ˈkaʊəd] **I** *s.* Feigling *m*; **II** *adj.* feig(e); **ˈcow·ard·ice** [-dɪs] *s.* Feigheit *f*; **ˈcow·ard·li·ness** [-lɪnɪs] *s.* **1.** Feigheit *f*; **2.** Gemeinheit *f*; **ˈcow·ard·ly**

[-lɪ] **I** *adj.* **1.** feig(e); **2.** gemein, ˈhinterhältig; **II** *adv.* **3.** feig(e).

ˈcow|·ber·ry [-bərɪ] *s.* ⚘ Preiselbeere *f*; **ˈ~·boy** *s.* **1.** *Am.* Cowboy *m*; **2.** Kuhjunge *m*; **ˈ~ˌcatch·er** *s.* 🚂 *Am.* Schienenräumer *m*.

cow·er [ˈkaʊə] *v/i.* **1.** kauern, hocken; **2.** sich ducken (*aus Angst etc.*).

cow| hand → ***cowboy*** 1; **ˈ~·herd** *s.* Kuhhirt *m*; **ˈ~·hide** *s.* **1.** Rindsleder *n*; **2.** Ochsenziemer *m*; **ˈ~·house** *s.* Kuhstall *m*.

cowl [kaʊl] *s.* **1.** Mönchskutte *f* (*mit Kapuze*); **2.** Kaˈpuze *f*; **3.** ⚙ Schornsteinkappe *f*; **4.** ⚙ a) *mot.* Haube *f*, b) Verkleidung *f*, c) → **ˈcowl·ing** [-lɪŋ] *s.* ✈ ˈMotorhaube *f*.

ˈcow·man [-mən] *s.* [*irr.*] **1.** *Am.* Rinderzüchter *m*; **2.** Kuhknecht *m*.

ˈco-ˌwork·er *s.* Mitarbeiter(in).

cow| pars·nip *s.* ⚘ Bärenklau *f*, *m*; **ˈ~·pat** *s.* Kuhfladen *m*; **ˈ~·pox** *s.* ⚕ Kuhpocken *pl.*; **ˈ~ˌpunch·er** *s. Am.* F Cowboy *m*.

cow·rie, **cow·ry** [ˈkaʊrɪ] *s.* **1.** *zo.* ˈKaurischnecke *f*; **2.** ˈKauri(muschel *f*) *m*, *f*, Muschelgeld *n*.

ˈcow|·shed *s.* Kuhstall *m*; **ˈ~·slip** *s.* ⚘ **1.** *Brit.* Schlüsselblume *f*; **2.** *Am.* Sumpfdotterblume *f*.

cox [kɒks] F **I** *s.* → ***coxswain***; **II** *v/t.* *Rennboot* steuern: **~*ed four*** Vierer *m* mit (Steuermann).

cox·comb [ˈkɒkskəʊm] *s.* **1.** Geck *m*, Stutzer *m*; **2.** → ***cockscomb*** 1, 2.

cox·swain [ˈkɒksweɪn; ⚓ ˈkɒksn] **I** *s.* **1.** *Rudern*: Steuermann *m*; **2.** Bootsführer *m*; **II** *v/t.* **3.** → ***cox*** II.

coy [kɔɪ] *adj.* □ **1.** schüchtern, bescheiden, scheu; **2.** spröde, zimperlich (*Mädchen*); **ˈcoy·ness** [-nɪs] *s.* Schüchternheit *f*; Sprödigkeit *f*.

coy·ote [ˈkɔɪəʊt] *s. zo.* Koˈjote *m*, Präˈrie-, Steppenwolf *m*.

coz·en [ˈkʌzn] *v/t. u. v/i.* **1.** betrügen, prellen (***out of*** um); **2.** betören; verleiten (***into doing*** zu tun).

co·zi·ness *etc.* → ***cosiness*** *etc.*

crab¹ [kræb] **I** *s.* **1.** *zo.* a) Krabbe *f*, b) Taschenkrebs *m*: ***catch a ~*** *Rudern*: ‚e-n Krebs fangen', mit dem Ruder im Wasser steckenbleiben; **2.** ♋ *ast.* Krebs *m*; **3.** ⚙ Winde *f*, Hebezeug *n*, Laufkatze *f*; **4.** *pl. Würfeln*: niedrigster Wurf; **5.** → ***crab louse***; **II** *v/t.* **6.** ✈ schieben.

crab² [kræb] **I** *s.* **1.** a) Nörgler *m*, b) Nörgeˈlei *f*; **II** *v/t.* **2.** F (herˈum)nörgeln an (*dat.*); **3.** F verderben, -patzen; **III** *v/i.* **4.** nörgeln.

crab ap·ple *s.* ⚘ Holzapfel(baum) *m*.

crab·bed [ˈkræbɪd] *adj.* □ **1.** a) mürrisch, b) boshaft, bitter, c) halsstarrig; **2.** verworren; kraus; **3.** kritzelig, unleserlich (*Schrift*); **crab·by** [ˈkræbɪ] → ***crabbed*** 1, 2.

crab louse *s.* [*irr.*] *zo.* Filzlaus *f*.

crack [kræk] **I** *s.* **1.** Krach *m*, Knall *m* (*Peitsche*, *Gewehr etc.*): ***the ~ of doom*** die Posaunen des Jüngsten Gerichts; ***~ of dawn*** Morgengrauen *n*; **2.** (heftiger) Schlag: ***in a ~*** im Nu; ***take a ~ at s.th.*** *sl.* es mit et. versuchen; **3.** Riß *m*, Sprung *m*; Spalt(e *f*) *m*, Schlitz *m*; **4.** F ‚Knacks' (*geistiger Defekt*); **5.** *sl.* a) Witz *m*, b) Sticheˈlei *f*; **6.** *sport* ‚Kaˈnone' *f*, ‚As' *n*; **7.** F Crack *n* (*Rauschgift*); **II** *adj.* **8.** F erstklassig, großartig: ***~ shot*** Meisterschütze *m*; ***~ regiment*** Eliteregiment *n*; **III** *int.* **9.** krach!; **IV** *v/i.* **10.** krachen, knallen, knacken, (auf)brechen; **11.** platzen, bersten, (auf-, zer)springen, Risse bekommen, (auf)reißen: ***get ~ing*** F loslegen (*anfangen*); ***~ing pace*** tolles Tempo; **12.** ˈüberschnappen (*Stimme*): ***his voice is ~ing*** er ist im Stimmbruch; **13.** *fig.* zs.-brechen; **V** *v/t.* **14.** knallen mit (*Peitsche*); knacken mit (*Fingern*): ***~ jokes*** Witze reißen; **15.** zerbrechen, (zer-)spalten, ein-, zerschlagen; **16.** *Nuß* (auf)knacken, *Ei* aufschlagen: ***~ a bottle*** e-r Flasche den Hals brechen; ***~ a code*** e-n Kode ‚knacken'; ***~ a crib*** *sl.* in ein Haus einbrechen; ***~ a safe*** e-n Geldschrank knacken; **17.** a) e-n Sprung machen in (*acc.*), b) sich *e-e Rippe etc.* anbrechen; **18.** *fig.* erschüttern, zerrütten, zerstören; **19.** ⚙ *Erdöl* kracken, spalten; **~ down** *v/i.* F (***on***) a) scharf vorgehen (gegen), ˈdurchgreifen (bei), b) ˈRazzia abhalten (bei); **~ up I** *v/i.* **1.** *fig.* (*körperlich od. seelisch*) zs.-brechen; **2.** ✈ abstürzen; **3.** sein Auto zu Schrott fahren; **4.** *Am.* F sich ‚kaˈputtlachen'; **II** *v/t.* **5.** *Fahrzeug* zu Schrott fahren; **6.** F ‚hochjubeln', (an-)preisen.

ˈcrack|-brained *adj.* verrückt; **ˈ~·down** *s.* F (***on***) scharfes Vorgehen (gegen), ˈDurchgreifen *n* (bei).

cracked [krækt] *adj.* **1.** zer-, gesprungen, geborsten, rissig: ***the cup is ~*** die Tasse hat e-n Sprung; **2.** F ‚angeknackst' (*Ruf etc.*); **3.** F verrückt.

crack·er [ˈkrækə] *s.* **1.** Cracker *m*, Kräcker *m*: a) (Knusper)Keks *m*, b) Schwärmer *m*, Frosch *m* (*Feuerwerk*), *a.* ˈKnallbonˌbon *m*, *n*; **2.** Nußknacker *m*; **ˈ~·jack** *Am.* F **I** *adj.* ˈprima, toll; **II** *s.* a) tolle Sache, b) toller Kerl; **ˈcrack·ers** *adj. Brit. sl.* verrückt, ˈübergeschnappt: ***go ~*** überschnappen.

ˈcrack·jaw F **I** *adj.* zungenbrecherisch; **II** *s.* Zungenbrecher *m*.

crack·le [ˈkrækl] **I** *v/i.* **1.** knistern, prasseln, knattern; **II** *v/t.* **2.** ⚙ *Glas od. Glasur* krakelieren; **III** *s.* **3.** Knistern *n*, Knattern *n*; **4.** ⚙ Krakelierung *f*, Krakeˈlee *f*, *n*: ***~ finish*** Eisblumenlackierung *f*; **5.** ⚙ Haarrißbildung *f*; **ˈcrack·ling** [-lɪŋ] *s.* **1.** → ***crackle*** 3; **2.** a) knusprige Kruste des Schweinebratens, b) *mst pl. Am.* Schweinegrieben *pl.*

crack·nel [ˈkræknl] *s.* **1.** Knusperkeks *m*; **2.** → ***crackling*** 2 a.

ˈcrack·pot *sl.* **I** *s.* ‚Spinner' *m*, Verrückte(r *m*) *f*, **II** *adj.* verrückt.

cracks·man [ˈkræksmən] *s.* [*irr.*] *sl.* **1.** Einbrecher *m*; **2.** ‚Schränker' *m*, Geldschrankknacker *m*.

ˈcrack-up *s.* F *pol.*, ✝ (*a. körperlicher od. seelischer*) Zs.-bruch.

crack·y [ˈkrækɪ] → ***cracked*** 1, 3.

cra·dle [ˈkreɪdl] **I** *s.* **1.** Wiege *f* (*a. fig.*): ***the ~ of civilization***; ***from the ~ to the grave*** von der Wiege bis zur Bahre; **2.** *fig.* Wiege *f*, Kindheit *f*, ˈAnfangsˌstadium *n*, Ursprung *m*: ***from the ~*** von Kindheit an; ***in the ~*** in den ersten Anfängen (steckend); **3.** *wiegenartiges Gerät, bsd.* ⚙ a) Hängegerüst *n* (*Bau*), b) Gründungseisen *n* (*Graveur*), c) Räderschlitten *m* (*für Arbeiten unter e-m Auto*), d) Schwingtrog *m* (*Goldwäscher*), e) (Teleˈfon)Gabel *f*, f) ⚔ Rohrwiege *f*; **4.** ⚓ Stapelschlitten *m*; **5.** ⚕ (Draht-)Schiene *f*, Schutzgestell *n*; **II** *v/t.* **6.** in die Wiege legen; **7.** in (den) Schlaf wiegen; **8.** auf-, großziehen; **9.** *den Kopf in den Armen etc.* bergen, betten.

craft [krɑːft] *s.* **1.** (Hand- *od.* Kunst-)Fertigkeit *f*, Kunst *f*, Geschicklichkeit *f*; → ***gentle*** 2; **2.** a) Gewerbe *n*, Handwerk *n*, b) Zunft *f*: ***film~*** Filmgewerbe; ***be one of the ~*** F vom ‚Bau' sein; **3.** ***the*** ♋ die Königliche Kunst (*Freimaurerei*); **4.** List *f*, Verschlagenheit *f*; **5.** ⚓ Fahrzeug *n*, Schiff *n*; *coll.* Fahrzeuge *pl.*, Schiffe *pl.*; **6.** a) ✈ Flugzeug *n*, *coll.* Flugzeuge *pl.*, b) Raumschiff *n*, -fahrzeug *n*; **ˈcraft·i·ness** [-tɪnɪs] *s.* List *f*, Schlauheit *f*.

crafts·man [ˈkrɑːftsmən] *s.* [*irr.*] **1.** gelernter Handwerker; **2.** Kunsthandwerker *m*; **3.** *fig.* Könner *m*; **ˈcrafts·man·ship** [-ʃɪp] *s.* Kunstfertigkeit *f*, handwerkliches Können *od.* Geschick.

craft·y [ˈkrɑːftɪ] *adj.* □ listig, schlau, verschlagen.

crag [kræg] *s.* Felsenspitze *f*, Klippe *f*; **ˈcrag·ged** [-gɪd], **ˈcrag·gy** [-gɪ] *adj.* **1.** felsig, schroff; **2.** *fig.* knorrig (*Person*); **crags·man** [ˈkrægzmən] *s.* [*irr.*] geübter Bergsteiger, Kletterer *m*.

cram [kræm] **I** *v/t.* **1.** *a. fig.* ˈvollstopfen, -packen, -pfropfen, überˈfüllen (***with*** mit); **2.** überˈfüttern, ˈvollstopfen; **3.** *Geflügel* stopfen, mästen; **4.** (hinˈein-)stopfen, (-)zwängen (***into*** in *acc.*); **5.** F a) mit *j-m* ‚pauken', b) *et.* ‚pauken' *od.* ‚büffeln'; **II** *v/i.* **6.** sich (gierig) ˈvollessen, -stopfen; **7.** F ‚pauken', ‚büffeln': ***~ up on*** → 5 b; **III** *s.* **8.** F Gedränge *n*; **9.** F ‚Pauken' *n*: ***~ course*** Paukkurs *m*.

ˌcram-ˈfull *adj.* zum Bersten voll.

cram·mer [ˈkræmə] *s.* F **1.** ‚Einpauker' *m*; **2.** ‚Paukstudio' *n*; **3.** ‚Paukbuch' *n*.

cramp¹ [kræmp] **I** *s.* **1.** ⚙ Krampe *f*, Klammer *f*; Schraubzwinge *f*; **2.** *fig.* Zwang *m*, Fessel *f*; Einengung *f*; **II** *v/t.* **3.** ver-, anklammern, befestigen; **4.** *a.* ***~ up*** *fig.* einengen, einzwängen; hemmen: ***be ~ed for space*** (zu) wenig Platz haben; → ***style*** 1 b.

cramp² [kræmp] **I** *s.* ⚕ Krampf *m*; **II** *v/t.* Krämpfe auslösen in (*dat.*); **cramped** [-pt] *adj.* **1.** verkrampft; **2.** eng, beengt.

ˈcramp|·fish *s.* Zitterrochen *m*; **~ i·ron** *s.* **1.** (Stahl)Klammer *f*, Krampe *f*; **2.** ⚠ Steinanker *m*.

cram·pon [ˈkræmpən], *Am. a.* **cram·poon** [kræmˈpuːn] *s. oft pl.* **1.** ⚙ Kanthaken *m*; **2.** *mount.* Steigeisen *n*.

cran·ber·ry [ˈkrænbərɪ] *s.* ⚘ Preisel-, Kranbeere *f*.

crane [kreɪn] **I** *s.* **1.** *orn. u.* ♋ *astr.* Kranich *m*; **2.** ⚙ Kran *m*: ***~ truck*** Kranwagen *m*; **II** *v/t.* **3.** mit e-m Kran heben; **4.** ***~ one's neck*** sich den Hals verrenken (***for*** nach); **~ fly** *s. zo.* (Erd)Schnake *f*.

cra·ni·a [ˈkreɪnjə] *pl. von* ***cranium***; **ˈcra·ni·al** [-jəl] *adj. anat.* Schädel...; **cra·ni·ol·o·gy** [ˌkreɪnɪˈɒlədʒɪ] *s.* Schädellehre *f*; **ˈcra·ni·um** [-jəm] *pl.* **-ni·a** [-jə] *Am. a.* **-ni·ums** *s. anat.* Schädel *m*.

crank [kræŋk] **I** *s.* **1.** ⚙ Kurbel *f*, Schwengel *m*: ***~ case*** Kurbelgehäuse *n*, -kasten *m*; ***~ handle*** Kurbelgriff *m*; ***~ pin*** Kurbelzapfen *m*; ***~ shaft*** Kurbelwelle *f*; **2.** Wortspiel *n*; **3.** Maˈrotte *f*,

Grille *f*, fixe I'dee; **4.** ‚Spinner' *m*, (harmloser) Verrückter: **~ *letter*** Brief *m* von e-m ‚Spinner'; **II** *v/t.* **5.** ⚙ kröpfen, krümmen; **6.** *oft* **~ *up*** ankurbeln, *Motor* anlassen; *Maschine* 'durchdrehen; **III** *adj.* **7.** wack(e)lig, schwach; **8.** ⚓ rank; **'crank·i·ness** [-kɪnɪs] *s.* Wunderlichkeit *f*, Verschrobenheit *f*; **'crank·y** [-kɪ] *adj.* □ **1.** wunderlich, verschroben; **2.** → ***crank*** 7, 8.

cran·ny ['krænɪ] *s.* **1.** Ritze *f*, Spalte *f*, Riß *m*; **2.** Schlupfwinkel *m*.

crap¹ [kræp] *s. Am.* Fehlwurf *m beim* ***craps***.

crap² [kræp] V **I** *s.* a) Scheiße *f*: ***have a ~*** → II, b) *fig.* ‚Mist' *m*, ‚Scheiß' *m*; **II** *v/i.* scheißen.

crape [kreɪp] *s.* **1.** Krepp *m*; **2.** Trauerflor *m*.

crap·py ['kræpɪ] *adj. sl.* ‚mistig', Scheiß...

craps [kræps] *s. pl. sg. konstr. Am. ein* Würfelspiel *n*: ***shoot ~ craps*** spielen.

crap·u·lence ['kræpjʊləns] *s.* Unmäßigkeit *f*, *bsd.* unmäßiger Alko'holgenuß.

crash¹ [kræʃ] **I** *v/i.* **1.** zs.-krachen, zerbrechen; **2.** (krachend) ab-, einstürzen; **3.** ✈ abstürzen, Bruch machen; *mot.* a) zs.-stoßen, b) verunglücken: **~ *into*** krachen gegen; **4.** poltern, platzen, rasen, stürzen: **~ *in*** hereinplatzen; **~ *in on*** → 9; **5.** *fig. bsd.* ♆ zs.-brechen; **II** *v/t.* **6.** zertrümmern, zerschmettern; **7.** ✈ abstürzen *od.* e-e Bruchlandung machen mit; **8.** *mot.* zu Bruch fahren; **9.** *sl.* uneingeladen kommen zu *e-r Party*; **III** *s.* **10.** Krach(en *n*) *m*; **11.** Zs.-stoß *m*; Unfall *m*; **12.** ✈ Absturz *m*; **13.** ♆ (Börsen)Krach *m*, *allg.* Zs.-bruch; **IV** *adj.* **14.** *fig.* Schnell..., Sofort...

crash² [kræʃ] *s.* grober Leinendrell.

crash| bar·ri·er *s. Brit.* Leitplanke *f*; **~ course** *s.* Schnell-, Inten'sivkurs *m*; **~ di·et** *s.* radi'kale Abmagerungskur *f*; **'~-dive** *v/i.* ⚓ schnelltauchen (*U-Boot*); **~ halt** *s.* 'Vollbremsung *f*; **~ hel·met** *s.* Sturzhelm *m*; **~ job** *s.* brandeilige Arbeit, Eilauftrag *m*; **'~-land** *v/i.* ✈ e-e Bruchlandung machen; **~ land·ing** *s.* ✈ Bruchlandung *f*; **~ test** *s. mot.* 'Crashtest *m*; **~ truck** *s.* Rettungswagen *m*.

crass [kræs] *adj.* □ *fig.* kraß, grob; **'crass·ness** [-nɪs] *s.* **1.** Kraßheit *f*; **2.** krasse Dummheit.

crate [kreɪt] **I** *s.* **1.** Lattenkiste *f*, (Bier-*etc.*)Kasten *m*; **2.** großer Packkorb; **3.** *sl.* ‚Kiste' *f* (*Auto od. Flugzeug*); **II** *v/t.* **4.** in e-e Lattenkiste *etc.* verpacken.

cra·ter ['kreɪtə] *s.* **1.** *geol. etc. a.* ⚔ 'Krater *m*; **2.** (Bomben-, Gra'nat)Trichter *m*, -krater *m*.

cra·vat [krə'væt] *s.* Halstuch *n*; Kra'watte *f*.

crave [kreɪv] **I** *v/t.* **1.** flehen *od.* dringend bitten um; **II** *v/i.* **2.** sich (heftig) sehnen (***for*** nach); **3.** flehen, inständig bitten (***for*** um).

cra·ven ['kreɪvən] **I** *adj.* feige, zaghaft; **II** *s.* Feigling *m*, Memme *f*.

crav·ing ['kreɪvɪŋ] *s.* heftiges Verlangen, Sehnsucht *f*, (krankhafte) Begierde (***for*** nach).

craw [krɔ:] *s. zo.* Kropf *m* (*Vogel*).

craw·fish ['krɔ:fɪʃ] **I** *s. zo.* → ***crayfish***; **II** *v/i. Am.* F sich drücken, ‚kneifen'.

crawl [krɔ:l] **I** *v/i.* **1.** kriechen: a) krabbeln, b) sich da'hinschleppen, schleichen (*a. Arbeit, Zeit*), c) im ‚Schneckentempo' gehen *od.* fahren; **2.** *fig.* (unter'würfig) kriechen (***to s.o.*** vor j-m); **3.** wimmeln (***with*** von); **4.** kribbeln, prickeln; **5.** *Schwimmen*: kraulen; **II** *s.* **6.** Kriechen *n*, Schleichen *n*: ***go at a ~*** → 1 c; **7.** *Schwimmen*: Kraulstil *m*, Kraul(en) *n*; **'crawl·er** [-lə] *s.* **1.** Kriechtier *n*, Gewürm *n*; **2.** *fig.* Kriecher(in); **3.** F a) ‚Schnecke' *f*, b) Taxi *n* auf Fahrgastsuche; **4.** *pl.* Krabbelanzug *m für Kleinkinder*; **5.** *a.* **~ *tractor*** ⚙ Raupen-, Gleiskettenfahrzeug *n*; **6.** *Schwimmen*: Krauler(in); **'crawl·y** [-lɪ] *adj.* F grus(e)lig.

cray·fish ['kreɪfɪʃ] *s. zo.* **1.** Flußkrebs *m*; **2.** Lan'guste *f*.

cray·on ['kreɪən] **I** *s.* **1.** Zeichen-, Bunt-, Pa'stellstift *m*: ***blue ~*** Blaustift; **2.** Kreide-, Pa'stellzeichnung *f*; **II** *v/t.* **3.** mit Kreide *etc.* zeichnen; **4.** *fig.* skizzieren.

craze [kreɪz] **I** *v/t.* **1.** verrückt machen; **2.** *Töpferei*: krakelieren; **II** *s.* **3.** a) Ma'nie *f*, fixe I'dee, Verrücktheit *f*, b) ‚Fimmel' *m*: ***be the ~*** die große Mode sein; ***the latest ~*** der letzte Schrei; **crazed** [-zd] *adj.* **1.** wahnsinnig (***with*** vor *dat.*); **2.** (wild) begeistert, hingerissen (***about*** von); **'cra·zi·ness** [-zɪnɪs] *s.* Verrücktheit *f*.

cra·zy ['kreɪzɪ] *adj.* □ **1.** verrückt, wahnsinnig: **~ *with pain***; **2.** F (***about***) begeistert (von); versessen (auf *acc.*); **3.** baufällig, wackelig; ⚓ seeuntüchtig; **4.** zs.-gestückelt; **~ bone** *Am.* → ***funny bone***; **~ pav·ing**, **~ pave·ment** *s.* Mosa'ikpflaster *n*; **~ quilt** *s.* Flickendecke *f*.

creak [kri:k] **I** *v/i.* knarren, kreischen, quietschen, knirschen: **~ *along*** *fig.* sich dahinschleppen (*Handlung etc.*); **II** *s.* Knarren *n*, Knirschen *n*, Quietschen *n*; **'creak·y** [-kɪ] *adj.* □ knarrend, knirschend.

cream [kri:m] **I** *s.* **1.** Rahm *m*, Sahne *f*; **2.** Creme(speise) *f*; **3.** (*Haut-, Schuh-etc.*)Creme *f*; **4.** Cremesuppe *f*; **5.** *fig.* Creme *f*, Auslese *f*, E'lite *f*: ***the ~ of society***; **6.** Kern *m*, Po'inte *f* (*Witz*); **7.** Cremefarbe *f*; **II** *v/i.* **8.** Sahne bilden; **9.** schäumen; **III** *v/t.* **10.** absahnen, den Rahm abschöpfen von (*a. fig.*); **11.** Sahne bilden lassen; **12.** schaumig rühren; **13.** (*dem Tee od. Kaffee*) Sahne zugießen: ***do you ~ your tea?*** nehmen Sie Sahne?; **14.** *Am. sl. j-n* ‚fertigmachen'; **IV** *adj.* **15.** creme(farben); **~ cake** *s.* Creme- *od.* Sahnetorte *f*; **~ cheese** *s.* Rahm-, Vollfettkäse *m*; **'~-ˌcol·o(u)red** *adj.* creme(farben).

cream·er·y ['kri:mərɪ] *s.* **1.** Molke'rei *f*; **2.** Milchhandlung *f*.

cream| ice *s. Brit.* Sahneeis *n*, Speiseeis *n*; **~ jug** *s.* Sahnekännchen *n*, -gießer *m*; **ˌ~-'laid** *adj.* cremefarben und gerippt (*Papier*); **~ of tar·tar** *s.* ⚗ Weinstein *m*; **ˌ~-'wove** → ***cream-laid***.

cream·y ['kri:mɪ] *adj.* sahnig; *fig.* weich, samten.

crease [kri:s] **I** *s.* **1.** Falte *f*, Kniff *m*; **2.** Bügelfalte *f*; **3.** Eselsohr *n* (*Buch*); **4.** *Eishockey*: Torraum *m*; **II** *v/t.* **5.** falten, knicken, kniffen, 'umbiegen; **6.** zerknittern; **7.** *hunt. etc.* streifen, anschießen; **III** *v/i.* **8.** Falten bekommen *od.* werfen; knittern; **9.** sich falten lassen; **creased** [-st] *adj.* **1.** in Falten gelegt, gefaltet; **2.** mit Bügelfalte, gebügelt; **3.** zerknittert.

'crease|-proof, **'~-reˌsist·ant** *adj.* knitterfrei.

cre·ate [kri:'eɪt] *v/t.* **1.** (er)schaffen; **2.** schaffen, erzeugen: a) her'vorbringen, ins Leben rufen, b) her'vorrufen, verursachen; **3.** *thea., Mode*: kre'ieren, gestalten; **4.** gründen, ein-, errichten; **5.** ⚖ *Recht etc.* begründen; **6.** *j-n* ernennen zu: **~ *s.o. a peer***; **cre'a·tion** [-'eɪʃn] *s.* **1.** (Er)Schaffung *f*; **2.** Erzeugung *f*, Schaffung *f*: a) Her'vorbringung *f*, b) Verursachung *f*, c) ***the* 2** *eccl.* die Schöpfung, die Erschaffung (der Welt): ***the whole ~*** alle Geschöpfe, die ganze Welt; **3.** Geschöpf *n*, Krea'tur *f*; **4.** (Kunst-, Mode)Schöpfung *f*, Kreati'on *f*; Werk *n*; **5.** *thea.* Kre'ierung *f*, Gestaltung *f*; **6.** Gründung *f*, Errichtung *f*, Bildung *f*; **7.** Ernennung *f* (*zu e-m Rang*); **cre'a·tive** [-tɪv] *adj.* □ **1.** schöpferisch, (er)schaffend, *a.* krea'tiv; **2.** (***of s.th.***) *et.* verursachend; **cre'a·tive·ness** [-tɪvnɪs]; **cre·a·tiv·i·ty** [ˌkri:eɪ'tɪvətɪ] *s.* Kreativi'tät *f*, schöpferische Kraft; **cre'a·tor** [-tə] *s.* Schöpfer *m*, Erschaffer *m*, Erzeuger *m*, Urheber *m*: ***the* 2** der Schöpfer, Gott *m*.

crea·ture ['kri:tʃə] *s.* **1.** Geschöpf *n*, (Lebe)Wesen *n*, Krea'tur *f*: ***fellow ~*** Mitmensch *m*; ***dumb ~*** stumme Kreatur; ***lovely ~*** süßes Geschöpf (*Frau*); ***silly ~*** dummes Ding; **~ *of habit*** Gewohnheitstier *n*; **2.** *fig. j-s* Krea'tur *f*, Werkzeug *n*; **~ com·forts** *s. pl. die* leiblichen Genüsse, *das* leibliche Wohl.

crèche [kreɪʃ] (*Fr.*) *s.* **1.** Kinderhort *m*, -krippe *f*; **2.** *Am.* (Weihnachts)Krippe *f*.

cre·dence ['kri:dəns] *s.* **1.** Glaube *m*: ***give ~ to*** Glauben schenken (*dat.*); **2.** *a.* **~ *table*** *eccl.* Kre'denz *f*.

cre·den·tials [krɪ'denʃlz] *s. pl.* **1.** Beglaubigungs- *od.* Empfehlungsschreiben *n*; **2.** (Leumunds)Zeugnis *n*; **3.** 'Ausweis(paˌpiere *pl.*) *m*.

cred·i·bil·i·ty [ˌkredɪ'bɪlətɪ] *s.* Glaubwürdigkeit *f*; **cred·i·ble** ['kredəbl] *adj.* □ glaubwürdig; zuverlässig: ***show credibly that*** ⚖ glaubhaft machen, daß.

cred·it ['kredɪt] **I** *s.* **1.** ♆ a) Kre'dit *m*, b) Ziel *n*: (***letter of***) **~** Akkredi'tiv *n*; ***on ~*** auf Kredit; ***open a ~*** e-n Kredit *od.* ein Akkreditiv eröffnen; ***30 days' ~*** 30 Tage Ziel; **2.** ♆ a) Haben *n*, 'Kredit(seite *f*) *n*, b) Guthaben *n*, 'Kreditposten *m*, *pl. a.* Ansprüche: ***enter*** (***od. place***) ***it to my ~*** schreiben Sie es mir gut; **~ *advice*** Gutschriftsanzeige *f*; (***tax***) **~** *Am.* (Steuer)Freibetrag *m*; **3.** ♆ Kre'ditwürdigkeit *f*; **4.** Glaube(n) *m*, Ver-, Zutrauen *n*: ***give ~ to*** → 10; **5.** Glaubwürdigkeit *f*, Zuverlässigkeit *f*; **6.** Ansehen *n*, Achtung *f*, guter Ruf, Ehre *f*: ***be a ~ to s.o., reflect ~ on s.o., do s.o. ~, be to s.o.'s ~*** j-m Ehre machen *od.* einbringen; ***he does me ~*** mit ihm lege ich Ehre ein; ***to his ~ it must be said*** a) zu s-r Ehre muß man sagen, b) man muß es ihm hoch anrechnen; ***add to s.o.'s ~*** j-s Ansehen erhöhen; ***with ~*** ehrenvoll, mit Lob; **7.** Verdienst *n*, Anerkennung *f*, Lob *n*: ***get ~ for*** Anerkennung finden für; ***very much to his ~*** sehr anerkennenswert von ihm; ***give***

s.o. (***the***) ~ ***for s.th.*** a) j-m et. hoch anrechnen, b) j-m et. zutrauen, c) j-m et. verdanken; ***take*** (***the***) ~ ***for*** sich *et.* als Verdienst anrechnen, den Ruhm *od.* alle Lorbeeren für *et.* in Anspruch nehmen; **8.** (***title and***) **~*s*** *pl. Film, TV*: Vor- *od.* Abspann *m*, Erwähnungen *pl.*; **9.** *ped. Am.* a) Anrechnungspunkt *m*, b) Abgangszeugnis *n*; **II** *v/t.* **10.** Glauben schenken (*dat.*), *j-m od. et.* glauben; *j-m* trauen; **11.** ~ ***s.o. with s.th.*** a) j-m et. zutrauen, b) j-m et. zuschreiben; **12.** ✝ *Betrag* gutschreiben, kreditieren (***to s.o.*** j-m); *j-n* erkennen (***with*** für); **13.** *ped. Am.* (***s.o. with***) (j-m) Punkte anrechnen (für); **'cred·it·a·ble** [-təbl] *adj.* □ **1.** rühmlich, lobens-, anerkennenswert, ehrenvoll (***to*** für): ***be*** ~ ***to s.o.*** j-m Ehre machen; **2.** glaubwürdig.

cred·it| bal·ance *s.* ✝ 'Kredit,saldo *m*, Guthaben *n*; ~ **card** *s.* ✝ Kre'ditkarte *f*; ~ **in·ter·est** *s.* Habenzinsen *pl.*; ~ **note** *s.* ✝ Gutschriftsanzeige *f.*

cred·i·tor ['kredɪtə] *s.* ✝ **1.** Gläubiger (-in); **2.** a) *a.* ~ ***side*** Haben *n*, 'Kreditseite *f e-s Kontobuchs*, b) *pl. Bilanz*: Verbindlichkeiten *pl.*

cred·it| rat·ing *s. Am.* Kre'ditfähigkeit *f*; ~ **squeeze** *s.* ✝ Kre'ditzange *f*; ~ **tit·les** *pl.* → ***credit*** 8; **'~,wor·thi·ness** *s.* ✝ Kre'ditwürdigkeit *f*; **'~,wor·thy** *adj.* ✝ kre'ditwürdig.

cre·do ['kri:dəʊ] *pl.* **-dos** *s.* **1.** *eccl.* 'Credo *n*, Glaubensbekenntnis *n*; **2.** → ***creed*** 2.

cre·du·li·ty [krɪ'dju:lətɪ] *s.* Leichtgläubigkeit *f*; **cred·u·lous** ['kredjʊləs] *adj.* □ leichtgläubig.

creed [kri:d] *s.* **1.** a) Glaubensbekenntnis *n*, b) Glaube *m*, Konfessi'on *f*; **2.** *fig.* (*a. politische etc.*) Über'zeugung, 'Kredo *n*.

creek [kri:k] *s.* **1.** Flüßchen *n*; kleiner Wasserlauf (*nur von der Flut gespeist*): ***up the*** ~ *fig.* in der Klemme (sitzend); **2.** kleine Bucht.

creel [kri:l] *s.* Fischkorb *m*.

creep [kri:p] **I** *v/i.* [*irr.*] **1.** *a. fig.* kriechen, (da'hin)schleichen: ~ ***up on*** sich heranschleichen an (*acc.*); ~ ***into s.o.'s favo(u)r*** *fig.* sich bei j-m einschmeicheln; ~ ***in*** sich einschleichen (*Fehler*); ***old age is ~ing upon me*** das Alter naht heran; **2.** ⚘ kriechen, sich ranken; **3.** ⚙ kriechen; ϟ nacheilen; **4.** kribbeln: ***it made my flesh*** ~ dabei überlief es mich kalt, ich bekam eine Gänsehaut dabei; **II** *s.* **5.** → ***crawl*** 6; **6.** → ***creepage***; **7.** Schlupfloch *n*; **8.** *geol.* (Erd-) Rutsch *m*; **9.** *pl.* F Gruseln *n*, Gänsehaut *f*: ***the sight gave me the ~s*** bei dem Anblick überlief es mich kalt; **10.** *sl.* ‚Fiesling' *m*, ‚Scheißtyp' *m*; **'creep·age** [-pɪdʒ] *s.* ⚙, ϟ Kriechen *n*; **'creep·er** [-pə] *s.* **1.** *fig.* Kriecher(in); **2.** Kriechtier *n* (*Insekt, Wurm*); **3.** ⚘ Kriech- *od.* Kletterpflanze *f*; **4.** *orn.* Baumläufer *m*; **5.** *mount.* Steigeisen *n*; **6.** ⚓ Dragganker *m*; **7.** *pl. Am.* (einteiliger) Spielanzug; **8.** F weichsohliger Schuh; **'creep·ing** [-pɪŋ] *adj.* □ **1.** kriechend, schleichend (*a. fig.*); **2.** ⚘ kriechend, kletternd; **3.** a) kribbelnd, b) grus(e)lig; **4.** → ***barrage***[1] 2; **'creep·y** [-pɪ] *adj.* **1.** kriechend: a) krabbelnd, b) schleichend; **2.** grus(e)lig.

cre·mate [krɪ'meɪt] *v/t. bsd. Leichen* verbrennen, einäschern; **cre'ma·tion** [-eɪʃn] *s.* Feuerbestattung *f*, Einäscherung *f*; **cre·ma·to·ri·um** [,kremə'tɔ:rɪəm] *pl.* **-ri·ums, -ri·a** [-rɪə], **cre·ma·to·ry** ['kremətərɪ] *s.* Krema'torium *n*.

crème [kreɪm] (*Fr.*) *s.* Creme *f*; ~ **de menthe** [,kreɪmdə'mɑ:nt] *s.* 'Pfefferminzli,kör *m*; ~ **de la** ~ [-dlɑ:-] *s. fig.* a) *das* Beste vom Besten; *die* E'lite (der Gesellschaft), Crème *f* de la Crème.

cre·nate ['kri:neɪt], **'cre·nat·ed** [-tɪd] *adj.* ⚘, ⚕ gekerbt, gefurcht; **cre·na·tion** [kri:'neɪʃn] *s.* ⚘, ⚕ Kerbung *f*, Furchung *f*.

cren·el ['krenl] *s.* Schießscharte *f*; **'cren·el(l)ate** [-nəleɪt] *v/t.* krenelieren, mit Zinnen *od.* zinnenartigem Orna'ment versehen; **cren·el(l)a·tion** [,krenə'leɪʃn] *s.* Krenelierung.

Cre·ole ['kri:əʊl] **I** *s.* Kre'ole *m*, Kre'olin *f*; **II** *adj.* kre'olisch.

cre·o·sote ['krɪəsəʊt] *s.* ⚗ Kreo'sot *n*.

crêpe [kreɪp] *s.* **1.** Krepp *m*; **2.** → ~ ***rubber***; ~ **de Chine** [,kreɪpdə'ʃi:n] *s.* Crêpe *m* de Chine; ~ **pa·per** *s.* 'Krepppa,pier *n*; ~ **rub·ber** *s.* 'Krepp,gummi *n*, *m*; ~ **su·zette** [su:'zet] *s.* Crêpe *f* Su'zette.

crep·i·tate ['krepɪteɪt] *v/i.* knarren, knirschen, knacken, rasseln; **crep·i·ta·tion** [,krepɪ'teɪʃn] *s.* Knarren *n*, Knirschen *n*, Knacken *n*, Rasseln *n*.

crept [krept] *pret. u. p.p. von* ***creep***.

cre·pus·cu·lar [krɪ'pʌskjʊlə] *adj.* **1.** Dämmerungs..., dämmerig; **2.** *zo.* im Zwielicht erscheinend.

cre·scen·do [krɪ'ʃendəʊ] (*Ital.*) ♪ **I** *pl.* **-dos** *s.* Cre'scendo *n* (*a. fig.*); **II** *adv.* cre'scendo, stärker werdend.

cres·cent ['kresnt] **I** *s.* **1.** Halbmond *m*, Mondsichel *f*; **2.** *hist. pol.* Halbmond *m* (*Türkei od. Islam*); **3.** halbmondförmiger Gegenstand, Straßenzug *etc.*; **4.** ♪ Schellenbaum *m*; **5.** Hörnchen *n* (*Gebäck*); **II** *adj.* **6.** halbmondförmig; **7.** zunehmend.

cress [kres] *s.* ⚘ Kresse *f*.

crest [krest] **I** *s.* **1.** *zo.* Kamm *m* (*Hahn*); **2.** *zo.* a) (Feder-, Haar)Schopf *m*, Haube *f* (*Vögel*), b) Mähne *f*; **3.** Helmbusch *m*, -schmuck *m*; **4.** Helm *m*; **5.** Bergrücken *m*, Kamm *m*; **6.** Kamm *m* (*Welle*): ***he's riding*** (***along***) ***a ~ of the wave*** *fig.* er schwimmt momentan ganz oben; **7.** Gipfel *m*, Krone *f*, Scheitelpunkt *m*; **8.** Verzierung *f* über dem (Fa'milien)Wappen: ***family*** ~ Familienwappen *n*; **9.** ⚠ Bekrönung *f*; **II** *v/t.* **10.** erklimmen; **III** *v/i.* **11.** hoch aufwogen; **'crest·ed** [-tɪd] *adj.* mit e-m Kamm *od.* Schopf *od.* e-r Haube (versehen): ~ ***lark*** Haubenlerche *f*; **'crest,fall·en** *adj. fig.* geknickt, niedergeschlagen.

cre·ta·ceous [krɪ'teɪʃəs] *adj.* kreideartig, -haltig: ~ ***period*** Kreide(zeit) *f*.

Cre·tan ['kri:tn] **I** *adj.* kretisch, aus Kreta; **II** *s.* Kreter(in).

cre·tin ['kretɪn] *s.* ⚕ Kre'tin *m* (*a. contp.*); **'cre·tin·ism** [-nɪzəm] *s.* Kreti'nismus *m*; **'cre·tin·ous** [-nəs] *adj.* kre'tinhaft.

cre·vasse [krɪ'væs] *s.* **1.** tiefer Spalt *od.* Riß; **2.** Gletscherspalte *f*; **3.** *Am.* Bruch *m* im Deich.

crev·ice ['krevɪs] *s.* Riß *m*, (Fels)Spalte *f*.

crew[1] [kru:] *pret. von* ***crow***[2].

crew[2] [kru:] *s.* **1.** ⚓, ✈ *etc.* Besatzung *f*, (*a. sport* Boots)Mannschaft *f*; **2.** (Arbeits)Gruppe *f*, ('Arbeiter)Ko,lonne *f*; **3.** ⚙ (Bedienungs)Mannschaft *f*; **4.** ('Dienst)Perso,nal *n*; **5.** *Am.* Pfadfindergruppe *f*; **6.** *contp.* Bande *f*; ~ **cut** *s.* Bürste(nschnitt *m*) *f*.

crib [krɪb] **I** *s.* **1.** a) (Futter)Krippe *f*, b) Hürde *f*, Stall *m*; **2.** Kinderbettchen *n*; **3.** a) Hütte *f*, b) kleiner Raum; **4.** Weidenkorb *m* (*Fischfalle*); **5.** F a) kleiner Diebstahl, b) ‚Anleihe' *f*, Plagi'at *n*; **6.** *ped.* F a) ‚Eselsbrücke' *f*, b) Spickzettel *m*; **7.** *Cribbage*: abgelegte Karten *pl.*; **II** *v/t.* **8.** ein-, zs.-pferchen; **9.** F ‚klauen' (*a. fig. plagiieren*), *ped.* abschreiben; **III** *v/i.* **10.** F abschreiben; **'crib·bage** [-bɪdʒ] *s.* 'Cribbage *n* (*Kartenspiel*).

crick [krɪk] **I** *s.* Muskelkrampf *m*: ~ ***in one's back*** (***neck***) steifer Rücken (Hals); **II** *v/t.* ~ ***one's back*** (***neck***) sich e-n steifen Rücken (Hals) holen.

crick·et[1] ['krɪkɪt] *s. zo.* Grille *f*, Heimchen *n*; → ***merry*** 1.

crick·et[2] ['krɪkɪt] *s. sport* Kricket *n*: ~ ***bat*** Kricketschläger *m*; ~ ***field***, ~ ***ground*** Kricket(spiel)platz *m*; ~ ***pitch*** Feld *n* zwischen den beiden Dreistäben; ***not*** ~ F nicht fair *od.* anständig; **'crick·et·er** [-tə] *s.* Kricketspieler *m*.

cri·er ['kraɪə] *s.* **1.** Schreier *m*; **2.** (öffentlicher) Ausrufer.

cri·key ['kraɪkɪ] *int. sl.* Mann!

crime [kraɪm] **I** *s.* **1.** ⚖ *u. fig.* a) Verbrechen *n*, b) → ***criminality*** 1: ~ ***novel*** Kriminalroman *m*; ~ ***rate*** Verbrechensquote *f*; ~ ***wave*** Welle *f* von Verbrechen; **2.** Frevel *m*, Übeltat *f*, Sünde *f*; **3.** *coll.* Krimi'nalro,mane *f*: ***~-writer*** ‚Krimi-Schreiber(in)'; **4.** F ‚Verbrechen' *n*, ‚Jammer' *m*, ‚Schande' *f*; **II** *v/t.* **5.** ⚔ beschuldigen.

Cri·me·an [kraɪ'mɪən] *adj.* die Krim betreffend: ~ ***War*** Krimkrieg *m*.

crim·i·nal ['krɪmɪnl] **I** *adj.* **1.** verbrecherisch, krimi'nell, strafbar: ~ ***act***; **2.** ⚖ strafrechtlich, Straf..., ... in Strafsachen: ~ ***jurisdiction***; ~ ***lawyer*** Strafrechtler *m*, Anwalt *m* für Strafsachen; **II** *s.* **3.** Verbrecher(in); ~ **ac·tion** *s.* 'Strafpro,zeß *m*; ~ **code** *s.* Strafgesetzbuch *n*; ~ **con·ver·sa·tion** *s.* ⚖ *Brit. obs. u. Am.* Ehebruch *m* (*als Schadensersatzgrund*); ♀ **In·ves·ti·ga·tion De·part·ment** *s.* (*abbr.* ***CID***) *Brit.* oberste Krimi'nalpoli,zeibehörde *f*.

crim·i·nal·ist ['krɪmɪnəlɪst] *s.* **1.** Krimina'list *m*, Strafrechtler *m*; **2.** Krimino'loge *m*; **crim·i·nal·i·ty** [,krɪmɪ'nælətɪ] *s.* **1.** Kriminali'tät *f*, Verbrechertum *n*; **2.** Schuld *f*; Strafbarkeit *f*; **'crim·i·nal·ize** *v/t.* **1.** *et.* unter Strafe stellen; **2.** *j-n, et.* kriminalisieren.

crim·i·nal| law *s.* Strafrecht *n*; ~ **neg·lect** *s.* grobe Fahrlässigkeit; ~ **of·fence**, *Am.* ~ **of·fense** *s.* strafbare Handlung; ~ **pro·ceed·ings** *s. pl.* Strafverfahren *n*.

crim·i·nate ['krɪmɪneɪt] *v/t.* anklagen, (e-s Verbrechens) beschuldigen; **crim·i·na·tion** [,krɪmɪ'neɪʃn] *s.* Anklage *f*, Beschuldigung *f*; **crim·i·nol·o·gist** [,krɪmɪ'nɒlədʒɪst] *s.* Krimino'loge *m*; **crim·i·nol·o·gy** [,krɪmɪ'nɒlədʒɪ] *s.* Kriminolo'gie *f*.

crimp[1] [krɪmp] **I** *v/t.* **1.** kräuseln, knittern, fälteln, wellen; **2.** *Leder* zu'rechtbiegen; **3.** ⚙ bördeln; **4.** *Küche: Fisch, Fleisch* schlitzen; **5.** *Am. sl.* hindern, stören; **II** *s.* **6.** Kräuselung *f*, Welligkeit *f*; Krause *f*, Falte *f*; **7.** ⚙ Falz *m*; **8.** (Haar)Welle *f*, Locke *f*; **9.** *Am.* F Behinderung *f*.

crimp[2] [krɪmp] *v/t.* ⚓, ⚔ gewaltsam anwerben, pressen.

crim·son ['krɪmzn] **I** *s.* Karme'sin-, Hochrot *n*; **II** *adj.* karme'sin-, hochrot; *fig.* puterrot (**from** vor *Zorn etc.*); **III** *v/t.* hochrot färben; **IV** *v/i.* puterrot werden; **~ ram·bler** *s.* ⚘ *blutrote Kletterrose.*

cringe [krɪndʒ] *v/i.* **1.** sich ducken, sich krümmen: **~ at** zurückschrecken vor (*dat.*); **2.** *fig.* kriechen, ‚katzbuckeln' (**to** vor *dat.*); **'cring·ing** [-dʒɪŋ] *adj.* □ kriecherisch, unter'würfig.

crin·kle ['krɪŋkl] **I** *v/i.* **1.** sich kräuseln *od.* krümmen *od.* biegen; **2.** Falten werfen, knittern; **II** *v/t.* **3.** kräuseln, krümmen; **4.** faltig machen, zerknittern; **III** *s.* **5.** Fältchen *n*, Runzel *f*; **'crin·kly** [-lɪ] *adj.* **1.** kraus, faltig; **2.** zerknittert.

crin·o·line ['krɪnəli:n] *s. hist.* Krino'line *f*, Reifrock *m*.

crip·ple ['krɪpl] **I** *s.* **1.** Krüppel *m*; **II** *v/t.* **2.** a) zum Krüppel machen, b) lähmen; **3.** *fig.* lähmen, lahmlegen; **4.** ⚔ akti'ons- *od.* kampfunfähig machen; **'crip·pled** [-ld] *adj.* **1.** verkrüppelt; **2.** *fig.* lahmgelegt; **'crip·pling** [-lɪŋ] *adj. fig.* lähmend.

cri·sis ['kraɪsɪs] *pl.* **-ses** [-si:z] *s.* ⚕, *thea. u. fig.* 'Krise *f*, 'Krisis *f*: **~ management** Krisenmanagement *n*; **~ staff** Krisenstab *m*.

crisp [krɪsp] **I** *adj.* □ **1.** knusp(e)rig, mürbe: **~bread** Knäckebrot *n*; **2.** kraus, gekräuselt; **3.** frisch, fest (*Gemüse*); steif, unzerknittert (*Papier*); **4.** a) forsch, schneidig, b) flott, lebhaft; **5.** klar, knapp (*Stil etc.*); **6.** scharf, frisch (*Luft*); **II** *s.* **7.** *pl. bsd. Brit.* (Kar'toffel)Chips *pl.*; **III** *v/t.* **8.** knusp(e)rig machen; **9.** kräuseln; **IV** *v/i.* **10.** knusp(e)rig werden; **11.** sich kräuseln; **'crisp·ness** [-nɪs] *s.* **1.** Knusp(e)rigkeit *f*; **2.** Frische *f*, Schärfe *f*, Le'bendigkeit *f*; **'crisp·y** [-pɪ] → **crisp** 1, 2, 4.

criss·cross ['krɪskrɒs] **I** *adj.* **1.** gekreuzt, kreuz u. quer (laufend), Kreuz...; **II** *adv.* **2.** kreuzweise, kreuz u. quer, durchein'ander; **3.** *fig.* in die Quere, verkehrt; **III** *s.* **4.** Gewirr *n* von Linien; **5.** Kreuzzeichen *n* (*als Unterschrift*); **IV** *v/t.* **6.** (wieder'holt 'durch-) kreuzen, kreuz u. quer durch'ziehen; **V** *v/i.* **7.** sich kreuzen; kreuz u. quer verlaufen.

cri·te·ri·on [kraɪ'tɪərɪən] *pl.* **-ri·a** [-rɪə] *s.* **1.** Kri'terium *n*, Maßstab *m*, Prüfstein *m*: **that is no ~** das ist nicht maßgebend (**for** für); **2.** (Unter'scheidungs)Merkmal *n*.

crit·ic ['krɪtɪk] *s.* **1.** Kritiker(in); **2.** (Kunst- *etc.*)Kritiker(in), Rezen'sent (-in); **3.** Krittler *m*, Tadler *m*; **'crit·i·cal** [-kl] *adj.* □ **1.** kritisch, tadelsüchtig (**of s.o.** j-m gegen'über): **be ~ of s.th.** et. kritisieren *od.* beanstanden, Bedenken gegen et. haben; **2.** kritisch, kunstverständig; sorgfältig: **~ edition** kritische Ausgabe; **3.** kritisch, entscheidend: **the ~ moment**; **4.** kritisch, bedenklich, gefährlich: **~ situation**; **~ supplies** Mangelgüter; **5.** *phys.* kritisch: **~ speed**; **~ load** Grenzbelastung *f*; **'crit·i·cism** [-ɪsɪzəm] *s.* Kri'tik *f*: a) kritische Beurteilung, b) (Buch- *etc.*)Besprechung *f*, Rezensi'on *f*, c) kritische Unter'suchung, d) Tadel *m*: **textual ~** Textkritik; **open to ~** anfechtbar; **above ~** über jede Kritik *od.* jeden Tadel erhaben; **'crit·i·cize** [-ɪsaɪz] *v/t.* kritisieren (*a. v/i.*): a) kritisch beurteilen, b) besprechen, rezensieren; c) Kri'tik üben an (*dat.*), tadeln, rügen; **cri·tique** [krɪ'ti:k] *s.* Kri'tik *f*, kritische Besprechung *od.* Abhandlung.

croak [krəʊk] **I** *v/i.* **1.** quaken (*Frosch*); krächzen (*Rabe*); **2.** unken (*Unglück prophezeien*); **3.** *sl.* ‚abkratzen' (*sterben*); **II** *v/t.* **4.** *et.* krächzen(d sagen); **5.** *sl.* abmurksen (*töten*); **III** *s.* **6.** Quaken *n*; Krächzen *n*; **7.** → **croaker** 1; **'croak·er** [-kə] *s.* **1.** Schwarzseher *m*, Miesmacher *m*; **2.** *Am. sl.* Quacksalber *m*; **'croak·y** [-kɪ] *adj.* □ krächzend.

Cro·at ['krəʊæt] *s.* Kro'ate *m*, Kro'atin *f*; **Cro·a·tian** [krəʊ'eɪʃjən] *adj.* kro'atisch.

cro·chet ['krəʊʃeɪ] **I** *s. a.* **~ work** Häkelarbeit *f*, Häke'lei *f*: **~ hook** Häkelnadel *f*; **II** *v/t. u. v/i. pret. u. p.p.* **'cro·cheted** [-ʃeɪd] häkeln.

crock[1] [krɒk] **I** *s.* **1.** Klepper *m*, alter Gaul; **2.** *sl.* a) ‚altes Wrack' (*Person od. Sache*), b) *Am.* ‚altes Ekel' *od.* ‚alter Säufer'; **II** *v/i.* **3.** *mst* **~ up** zs.-brechen, -krachen; **III** *v/t.* **4.** ka'puttmachen.

crock[2] [krɒk] *s.* **1.** irdener Topf *od.* Krug; **2.** Topfscherbe *f*; **'crock·er·y** [-kərɪ] *s.* (irdenes) Geschirr, Steingut *n*, Töpferware *f*.

croc·o·dile ['krɒkədaɪl] *s.* **1.** *zo.* Kroko'dil *n*; **2.** Kroko'dilleder *n*; **3.** *Brit.* F Zweierreihe *f* von Schulmädchen; **~ tears** *s. pl.* Kroko'dilstränen *pl.*

cro·cus ['krəʊkəs] *s.* ⚘ 'Krokus *m*.

Croe·sus ['kri:səs] *s.* 'Krösus *m*.

croft [krɒft] *s. Brit.* **1.** kleines (Acker-) Feld (*beim Haus*); **2.** kleiner Bauernhof; **'croft·er** [-tə] *s. Brit.* Kleinbauer *m*.

crom·lech ['krɒmlek] *s.* 'Kromlech *m*, dru'idischer Steinkreis.

crone [krəʊn] *s.* altes Weib.

cro·ny ['krəʊnɪ] *s.* alter Freund, Kum'pan *m*: **old ~** Busenfreund, Intimus *m*, ‚Spezi' *m*.

crook [krʊk] **I** *s.* **1.** Hirtenstab *m*; **2.** *eccl.* Bischofs-, Krummstab *m*; **3.** Krümmung *f*, Biegung *f*; **4.** Haken *m*; **5.** (*Schirm*)Krücke *f*; **6.** F Gauner *m*, Betrüger *m*, *allg.* Ga'nove *m*: **on the ~** unehrlich, hintenherum; **II** *v/t. u. v/i.* **7.** (sich) krümmen, (sich) biegen; **'~·back** *s.* Buck(e)lige(r *m*) *f*; **'~·backed** *adj.* buck(e)lig.

crooked[1] [krʊkt] *adj.* mit e-r Krücke: **~ stick** Krückstock *m*.

crook·ed[2] ['krʊkɪd] *adj.* □ **1.** krumm, gekrümmt; gebeugt; **2.** buck(e)lig, verwachsen; **3.** *fig.* unehrlich, betrügerisch: **~ ways** ‚krumme' Wege.

croon [kru:n] *v/i. u. v/t.* leise *od.* schmachtend singen *od.* summen; **'croon·er** [-nə] *s.* Schlager-, Schnulzensänger *m*.

crop [krɒp] **I** *s.* **1.** Feldfrucht *f*, *bsd.* Getreide *n* auf dem Halm, Saat *f*: **the ~s** a) die Saaten, b) die Gesamternte; **~ rotation** Fruchtfolge *f*, -wechsel *m*; **2.** Bebauung *f*: **in ~** bebaut; **3.** Ernte *f*, Ertrag *m*: **~ failure** Mißernte *f*; **4.** *fig.* Ertrag *m*, Ausbeute *f* (**of** an *dat.*); **5.** Menge *f*, Haufen *m* (*Sachen od. Personen*); **6.** *zo.* Kropf *m* (*Vögel*); **7.** a) Peitschenstock *m*, b) Reitpeitsche *f*; **8.** kurzer Haarschnitt, kurzgeschnittenes Haar; **II** *v/t.* **9.** abschneiden; *Haar* kurz scheren; *Ohren, Schwanz* stutzen; **10.** abbeißen, -fressen; **11.** ✓ bepflanzen, bebauen; **III** *v/i.* **12.** (Ernte) tragen; **13.** *geol.* **~ up**, **~ out** zutage treten; **14.** **~ up** *fig.* plötzlich auftauchen, -treten, sich zeigen; **'crop-eared** *adj.* mit gestutzten Ohren; **'crop·per** [-pə] *s.* **1.** **a good ~** e-e gut tragende Pflanze; **2.** F Fall *m*, Sturz *m*: **come a ~** ‚auf die Nase fallen' (*a. fig.*); **3.** *orn.* Kropftaube *f*.

cro·quet ['krəʊkeɪ] *sport* **I** *s.* 'Krocket *n*; **II** *v/t. u. v/i.* krockieren.

cro·quette [krɒ'ket] *s. Küche:* Kro'kette *f*.

cro·sier ['krəʊʒə] *s. R.C.* Bischofs-, Krummstab *m*.

cross [krɒs] **I** *s.* **1.** Kreuz *n* (*zur Kreuzigung*); **2.** **the ~** a) das Kreuz Christi, b) das Christentum, c) das Kruzi'fix *n*; **3.** Kreuz *n* (*Zeichen od. Gegenstand*): **make the sign of the ~** sich bekreuzigen; **sign with a ~** mit e-m Kreuz (*statt Unterschrift*) unterzeichnen; **mark with a ~** ankreuzen; **4.** (Ordens)Kreuz *n*; **5.** *fig.* Kreuz *n*, Leiden *n*, Not *f*: **bear one's ~** sein Kreuz tragen; **6.** Querstrich *m* (des Buchstabens t); **7.** Gaune'rei *f*, ‚krumme Tour': **on the ~** unehrlich; **8.** *biol.* Kreuzung *f*, Mischung *f*; *fig.* Mittelding *n*; **9.** Kreuzungspunkt *m*; **10.** *sport* Cross *m*: a) *Fußball etc.*: Schrägpaß *m*, b) *Tennis: diagonal geschlagener Ball*, c) *Boxen: Schlag über den Arm des Gegners*; **II** *v/t.* **11.** kreuzen, über Kreuz legen: **~ one's legs** die Beine kreuzen *od.* überschlagen; **~ swords with s.o.** die Klingen mit j-m kreuzen (*a. fig.*); **~ s.o.'s hand** (*od.* **palm**) a) j-m (Trink)Geld geben, b) j-n ‚schmieren'; **12.** e-n Querstrich ziehen durch: **~ one's t's** sehr sorgfältig sein; **~ a cheque** e-n Scheck ‚kreuzen' (*als Verrechnungsscheck kennzeichnen*); → **cheque**; **~ off** (*od.* **out**) ausstreichen; **~ off** *fig. et.* ‚abschreiben'; **13.** durch-, über'queren, *Grenze* über'schreiten, *Zimmer* durch'schreiten, (hin'über)gehen, (-)fahren über (*acc.*): **~ the ocean** über den Ozean fahren; **~ the street** über die Straße gehen; **it ~ed my mind** es fiel mir ein, es kam mir in den Sinn; **~ s.o.'s path** j-m in die Quere kommen; **14.** sich kreuzen mit: **your letter ~ed mine** Ihr Brief kreuzte sich mit meinem; **~ each other** sich kreuzen, sich schneiden, sich treffen; **15.** *biol.* kreuzen; **16.** *fig. Plan* durch'kreuzen, vereiteln; entgegentreten (*dat.*): **be ~ed in love** Unglück in der Liebe haben; **17.** das Kreuzzeichen machen auf (*acc.*) *od.* über (*dat.*): **~ o.s.** sich bekreuzigen; **III** *v/i.* **18.** *a.* **~ over** hin'übergehen, -fahren; 'übersetzen; **19.** sich treffen; sich kreuzen (*Briefe*); **IV**

adj. □ **20.** quer (liegend, laufend), Quer...; schräg; sich (über)'schneidend; **21.** (*to*) entgegengesetzt (*dat.*), im 'Widerspruch (zu), Gegen...; **22.** F ärgerlich, mürrisch, böse (***with*** mit): ***as ~ as two sticks*** bitterböse; **23.** *sl.* unehrlich.

cross| ac·tion *s.* ⚖ Gegen-, 'Widerklage *f*; **~ ap·peal** *s.* ⚖ Anschlußberufung *f*; **'~·bar** *s.* **1.** Querholz *n*, -riegel *m*, -stange *f*, -balken *m*; **2.** ⚙ Tra'verse *f*; **3.** a) *Fußball*: Querlatte *f*, b) *Hochsprung*: Latte *f*; **'~·bench** *parl. Brit.* **I** *s.* Querbank *f* der Par'teilosen (*im Oberhaus*); **II** *adj.* par'teilos, unabhängig; **'~·bones** *s. pl.* zwei gekreuzte Knochen unter e-m Totenkopf; **'~·bow** [-bəʊ] *s.* Armbrust *f*; **'~·bred** *adj. biol.* durch Kreuzung erzeugt, gekreuzt; **'~·breed I** *s.* **1.** Mischrasse *f*; **2.** Kreuzung *f*, Mischling *m*; **II** *v/t.* [*irr.* → ***breed***] **3.** kreuzen; **ˌ~-'Chan·nel** *adj.* den ('Ärmel)Kaˌnal über'querend: **~ *steamer*** Kanaldampfer *m*; **'~·check I** *v/t.* **1.** (von verschiedenen Gesichtspunkten aus) über'prüfen; **2.** *Eishokkey*: crosschecken; **II** *s.* **3.** mehrfache Über'prüfung; **4.** *Eishockey*: 'Crosscheck *m*; **ˌ~-'coun·try I** *adj.* Querfeldein...; Gelände..., *mot. a.* geländegängig: **~ *skiing*** Skilanglauf *m*; **~ *race*** → **II** *s. sport* a) Querfeld'ein-, Crosslauf *m*, b) *Radsport*: Querfeld'einrennen *n*; **'~ˌcur·rent** *s.* Gegenströmung *f* (*a. fig.*); **'~·cut I** *adj.* **1.** a) quer schneidend, Quer..., b) quergeschnitten: **~ *file*** Doppelfeile *f*; **~ *saw*** Ablängsäge *f*; **II** *s.* **2.** Querweg *m*; **3.** ⚙ Kreuzhieb *m*.

crosse [krɒs] *s. sport* La'crosse-Schläger *m*.

cross| en·try *s.* ✝ Gegenbuchung *f*; **'~-exˌam·i'na·tion** *s.* ⚖ Kreuzverhör *n*; **ˌ~-ex'am·ine** *v/t.* ⚖ ins Kreuzverhör nehmen; **'~-eyed** *adj.* schielend; **'~-fade** *v/t. Film etc.*: über'blenden; **ˌ~-'fer·ti·lize** *v/i. biol.* sich kreuzweise (*fig.* gegenseitig) befruchten; **~ fire** *s.* ⚔ Kreuzfeuer *n* (*a. fig.*); **'~-grained** *adj.* **1.** quergefasert; **2.** *fig.* 'widerspenstig, eigensinnig; kratzbürstig; **'~ˌhatch·ing** *s.* Kreuzschraffierung *f*; **~ head**, **~ head·ing** *s. Zeitung*: 'Zwischenˌüberschrift *f*.

cross·ing ['krɒsɪŋ] *s.* **1.** Kreuzen *n*, Kreuzung *f* (*a. biol.*); **2.** Durch-, Über'querung *f*; **3.** 'Überfahrt *f*; ('Straßen *etc.*)ˌÜbergang *m*; **4.** (Straßen-, Eisenbahn)Kreuzung *f*: ***level*** (*Am.* ***grade***) **~** schienengleicher (*oft* unbeschrankter) Bahnübergang; **'~ˌo·ver** *s. biol.* Crossing-'over *n*, Genaustausch *m* zwischen Chromo'somenpaaren.

'cross|-legged *adj.* mit 'übergeschlagenen Beinen, *a.* im Schneidersitz; **'~·light** *s.* schrägeinfallendes Licht.

cross·ness ['krɒsnɪs] *s.* Verdrießlichkeit *f*, schlechte Laune.

'cross|ˌo·ver *s.* **1.** → ***crossing*** 2–4; **2.** *biol.* ausgetauschtes Gen; **3.** ⚡ a) Über'kreuzung *f*, b) *opt.*, *TV* Bündelknoten *m*; **'~·patch** *s.* F ‚Kratzbürste' *f*; **'~·piece** *s.* ⚙ Querstück *n*, -balken *m*, -holz *n*; **'~-pol·liˌna·tion** *s. bot.* Fremdbestäubung *f*; **ˌ~-'pur·pos·es** *s. pl.* **1.** 'Widerspruch *m*: ***be at ~*** a) einander entgegenarbeiten, b) sich mißverstehen; ***talk at ~*** aneinander vorbeireden; **2.** *sg. konstr. ein* Frage- u. Antwort-Spiel *n*; **ˌ~-'ques·tion I** *s.* ⚖ Frage *f* im Kreuzverhör; **II** *v/t.* → ***cross-examine***; **~ ref·er·ence** *s.* Kreuz-, Querverweis *m*; **'~·road** *s.* **1.** Querstraße *f*; **2.** *pl. mst sg. konstr.* Straßenkreuzung *f*: ***at a ~s*** an e-r Kreuzung; ***at the ~s*** *fig.* am Scheidewege; **~ sec·tion** *s.* ⚒, ⚙ *u. fig.* Querschnitt *m* (***of*** durch); **'~-stitch** *s.* Kreuzstich *m*; **~ sum** *s.* Quersumme *f*; **~ talk** *s.* **1.** *teleph. etc.* Nebensprechen *n*; **2.** Ko'pierefˌfekt *m* (*Tonband*); **3.** *Brit.* Wortgefecht *n*; **'~·tie** *s.* Schienenschwelle *f*; **'~-town** *adj. Am.* quer durch die Stadt (gehend *od.* fahrend *od.* reichend); **~ vot·ing** *s. Brit. pol.* Abstimmung *f* über Kreuz (*wobei einzelne Abgeordnete mit der Gegenpartei stimmen*); **'~·walk** *s. Am.* 'Fußgängerˌüberweg *m*; **'~·ways** → ***crosswise***; **~ wind** *s.* ✈, ⚓ Seitenwind *m*; **'~·wise** *adv.* quer, kreuzweise; kreuzförmig; **'~·word (puz·zle)** *s.* Kreuzworträtsel *n*.

crotch [krɒtʃ] *s.* **1.** Gabelung *f*; **2.** Schritt *m* (*der Hose od. des Körpers*).

crotch·et ['krɒtʃɪt] *s.* **1.** ♪ Viertelnote *f*; **2.** Schrulle *f*, Ma'rotte *f*; **'crotch·et·y** [-tɪ] *adj.* **1.** grillenhaft; **2.** F mürrisch, schrullenhaft, verschroben.

cro·ton ['krəʊtən] *s.* ⚘ 'Kroton *m*; ♀ **bug** *s. zo. Am.* Küchenschabe *f*.

crouch [kraʊtʃ] **I** *v/i.* **1.** hocken, sich (nieder)ducken, (sich zs.-)kauern; **2.** *fig.* kriechen, sich ducken (***to*** vor); **II** *s.* **3.** kauernde Stellung, geduckte Haltung; Hockstellung *f*.

croup¹ [kru:p] *s.* ⚕ Krupp *m*, Halsbräune *f*.

croup², **croupe** [kru:p] *s.* Kruppe *f des Pferdes*.

crou·pi·er ['kru:pɪə] *s.* Croupi'er *m*.

crow¹ [krəʊ] *s.* **1.** *orn.* Krähe *f*: ***as the ~ flies*** a) schnurgerade, b) (in der) Luftlinie; ***eat ~*** *Am.* F zu Kreuze kriechen, ‚klein und häßlich' sein *od.* werden; ***have a ~ to pluck*** (*od.* ***pick***) ***with s.o.*** mit j-m ein Hühnchen zu rupfen haben; **2.** rabenähnlicher Vogel; **3.** *Am. contp.* Neger *m*.

crow² [krəʊ] **I** *v/i.* [*irr.*] **1.** krähen (*Hahn, a. Kind*); **2.** (vor Freude) quietschen; **3.** (***over***, ***about***) a) triumphieren (über *acc.*), b) protzen, prahlen (mit); **II** *s.* **4.** Krähen *n* (*Hahn*); **5.** (Freuden)Schrei(e *pl.*) *m*.

'crow|·bar *s.* ⚙ Brech-, Stemmeisen *n*; **'~·ber·ry** [-bərɪ] *s.* ⚘ Krähenbeere *f*.

crowd [kraʊd] **I** *s.* **1.** (Menschen)Menge *f*, Gedränge *n*: ***~s of people*** Menschenmassen; **~ *scene*** *Film*: Massenszene *f*; ***he would pass in a ~*** er ist nicht schlechter als andere; **2.** ***the ~*** das gemeine Volk; der Pöbel: ***follow the ~*** mit der Masse gehen; **3.** F ‚Ver'ein' *m*, Bande *f* (*Gesellschaft*): ***a jolly ~***; **4.** Ansammlung *f*, Haufen *m*: ***a ~ of books***; **II** *v/i.* **5.** sich drängen, zs.-strömen; vorwärtsdrängen: **~ *in*** hin'einströmen, sich hin'eindrängen; **~ *in upon s.o.*** auf j-n einstürmen (*Gedanken etc.*); **III** *v/t.* **6.** über'füllen, 'vollstopfen (***with*** mit); → ***crowded*** 1; **7.** hin'einpressen, -stopfen (***into*** in *acc.*); **8.** (zs.-)drängen: **~ (*on*) *sail*** ⚓ alle Segel beisetzen; **~ *out*** verdrängen; ausschalten; (*wegen Platzmangels*) aussperren; **9.** *Am.* a) (vorwärts *etc.*)drängen, b) *Auto etc.* abdrängen, c) *j-m* im Nacken sitzen, d) *j-s Geduld*, *Glück etc.* strapazieren: ***~ing thirty*** an die Dreißig; **~ *up*** *Preise* in die Höhe treiben; **'crowd·ed** [-dɪd] *adj.* **1.** (***with***) über'füllt, 'vollgestopft (mit), voll, wimmelnd (von): **~ *to overflowing*** zum Bersten voll; **~ *profession*** überlaufener Beruf; **2.** gedrängt, zs.-gepfercht; **3.** bedrängt, beengt; **4.** voll ausgefüllt, arbeits-, ereignisreich: **~ *hours***.

'crow·foot *pl.* **-foots** *s.* **1.** ⚘ Hahnenfuß *m*; **2.** → ***crow's-feet***.

crown [kraʊn] **I** *s.* **1.** Siegerkranz *m*, Ehrenkrone *f*; **2.** a) (Königs- *etc.*)Krone *f*, b) Herrschermacht *f*, Thron *m*: ***succeed to the ~*** den Thron besteigen, c) ***the*** ♀ die Krone, der König *etc.*, *a.* der Staat *od.* Fiskus: **~ *cases*** *Brit.* Strafsachen; **3.** Krone *f* (*Abzeichen*); **4.** *fig.* Krone *f*, Palme *f*, *sport a.* (Meister)Titel *m*; **5.** Gipfel *m*: a) höchster Punkt, b) *fig.* Krönung *f*, Höhepunkt *m*; **6.** Krone *f* (*Währung*): a) *Brit. obs.* Fünfschillingstück *n*: ***half a ~*** 2 Schilling 6 Pence, b) *Währungseinheit von Dänemark*, *Norwegen*, *Schweden etc.*; **7.** a) Scheitel *m*, Wirbel *m* (*Kopf*), b) Kopf *m*, Schädel *m*; **8.** ⚘ (Baum)Krone *f*; **9.** a) *anat.* (Zahn)Krone *f*, b) (künstliche) Krone; **10.** a) Haarkrone *f*, b) Schopf *m*, Kamm *m* (*Vogel*); **11.** Kopf *m e-s Hutes*; **12.** ⚠ Krone *f*, Schlußstein *m* (*a. fig.*); **II** *v/t.* **13.** krönen: ***be ~ed king*** zum König gekrönt werden; ***~ed heads*** gekrönte Häupter; **14.** *fig.* krönen, ehren, belohnen; zieren, schmücken; **15.** *fig.* krönen, den Gipfel *od.* Höhepunkt bilden von: ***~ed with success*** von Erfolg gekrönt; **16.** *fig.* die Krone aufsetzen (*dat.*): **~ *all*** allem die Krone aufsetzen (*a. iro.*); ***to ~ all*** (*Redew.*) *iro.* zu allem Überfluß; **17.** *fig.* glücklich voll'enden; **18.** ⚕ *Zahn* über'kronen; **19.** *Damespiel*: zur Dame machen; **20.** *sl. j-m* ‚eins aufs Dach geben'; **~ cap** *s.* Kron(en)korken *m*; ♀ **Col·o·ny** *s. Brit.* 'Kronkoloˌnie *f*; **~ glass** *s.* **1.** Mondglas *n*, Butzenscheibe *f*; **2.** Kronglas *n*.

crown·ing ['kraʊnɪŋ] *adj.* krönend, alles über'bietend, höchst: **~ *achievement*** Glanzleistung *f*.

crown| jew·els *s. pl.* 'Kronjuˌwelen *pl.*, 'Reichskleinˌodien *pl.*; **~ land** *s.* Kron-, Staatsgut *n*; ♀ **law** *s.* ⚖ *Brit.* Strafrecht *n*; **~ prince** *s.* Kronprinz *m*; **~ prin·cess** *s.* 'Kronprinˌzessin *f*; **~ wheel** *s.* ⚙ Kronrad *n* (*Uhr etc.*); *mot.* Antriebskegelrad *n*.

'crow's|-feet ['krəʊz-] *pl.* ‚Krähenfüße' *pl.*, Fältchen *pl.*; **~ nest** *s.* ⚓ Ausguck *m*, Krähennest *n*.

cru·cial ['kru:ʃl] *adj.* **1.** 'kritisch, entscheidend: **~ *moment***; **~ *point*** springender Punkt; **~ *test*** Feuerprobe *f*; **2.** schwierig; **3.** kreuzförmig, Kreuz...

cru·ci·ble ['kru:sɪbl] *s.* **1.** ⚙ (Schmelz-)Tiegel *m*: **~ *steel*** Tiegelgußstahl *m*; **2.** *fig.* Feuerprobe *f*.

cru·ci·fix ['kru:sɪfɪks] *s.* Kruzi'fix *n*; **cru·ci·fix·ion** [ˌkru:sɪ'fɪkʃn] *s.* Kreuzigung *f*; **'cru·ci·form** [-fɔ:m] *adj.* kreuzförmig; **'cru·ci·fy** [-faɪ] *v/t.* **1.** kreuzigen (*a. fig.*); **2.** *fig.* a) martern, quälen, b) *Begierden* abtöten, c) *j-n* ‚fertigmachen'.

crud [krʌd] *s.* F Dreck *m*, ‚Mist' *m*.

crude [kruːd] *adj.* □ **1.** roh: a) ungekocht, b) unver-, unbearbeitet: ~ **oil** Rohöl *n*; **2.** primi'tiv: a) plump, grob, b) simpel, c) bar'barisch; **3.** roh, grob, ungehobelt, unfein; **4.** roh, unfertig, unreif; 'undurch,dacht: ~ **figures** *Statistik*: rohe *od.* nicht aufgeschlüsselte Zahlen; **5.** grell, geschmacklos (*Farbe*); **6.** *fig.* ungeschminkt, nackt: ~ **facts**; **'crude·ness** [-nɪs] *s.* Roheit *f*, Grobheit *f*, Unfertigkeit *f*, Unreife *f* (*a. fig.*); **'cru·di·ty** [-dɪtɪ] *s.* **1.** → **crudeness**; **2.** *et.* Unfertiges *od.* Unbearbeitetes; **3.** *et.* Geschmackloses.

cru·el ['krʊəl] **I** *adj.* □ **1.** grausam (**to** gegen); **2.** hart, unbarmherzig, roh, gefühllos; **3.** schrecklich, mörderisch: ~ **heat**; **II** *adv.* **4.** F furchtbar, ‚grausam': ~ **hot**; **'cru·el·ty** [-tɪ] *s.* **1.** Grausamkeit *f* (**to** gegen['über]); → **mental cruelty**; **2.** Miß'handlung *f*, Quäle'rei *f*: ~ **to animals** Tierquälerei; **3.** Schwere *f*, Härte *f*.

cru·et ['kruːɪt] *s.* **1.** Essig-, Ölfläschchen *n*; **2.** *R.C.* Meßkännchen *n*; **3.** *a.* ~ **stand** Me'nage *f*, Gewürzständer *m*.

cruise [kruːz] **I** *v/i.* **1.** a) ⚓ kreuzen, e-e Kreuzfahrt *od.* Seereise machen, b) her'umfahren: **cruising taxi** Taxi *n* auf Fahrgastsuche; **2.** ✈, *mot.* mit Reisegeschwindigkeit fliegen *od.* fahren; **II** *s.* **3.** Seereise *f*, Kreuz-, Vergnügungsfahrt *f*; ~ **con·trol** *s. mot.* Temporegler *m*; ~ **mis·sile** *s.* ⚔ Marschflugkörper *m*.

cruis·er ['kruːzə] *s.* **1.** ⚓ a) Kreuzer *m*, b) Kreuzfahrtschiff *n*; **2.** *Am.* (Funk-)Streifenwagen *m*; **3.** *Boxen*: ~ **weight** *Am.* Halbschwergewicht *n*; **'cruis·ing** [-zɪŋ] *adj.* ✈, *mot.* Reise...: ~ **speed**; ~ **gear** *mot.* Schongang *m*; ~ **radius** Aktionsradius *m*; ~ **level** ✈ Reiseflughöhe *f*.

crumb [krʌm] **I** *s.* **1.** Krume *f*: a) Krümel *m*, Brösel *m*, Brosame *m*, b) *weicher Teil des Brotes*; **2.** *fig.* a) Brocken *m*, b) Krümchen *n*, *ein* bißchen; **3.** *sl.* ‚Blödmann' *m*; **II** *v/t.* **4.** *Küche*: panieren; **5.** zerkrümeln; **'crum·ble** [-mbl] **I** *v/t.* **1.** zerkrümeln, -bröckeln; **II** *v/i.* **2.** zerbröckeln, -fallen; **3.** *fig.* a) zerfallen, zu'grunde gehen, b) (langsam) zs.-brechen; **4.** ✝ abbröckeln (*Kurse*); **'crum·bling** [-mblɪŋ], **'crum·bly** [-mblɪ] *adj.* **1.** krüm(e)lig, bröck(e)lig; **2.** zerbröckelnd, -fallend; **crumb·y** ['krʌmɪ] *adj.* **1.** voller Krumen; **2.** weich, krüm(e)lig.

crum·pet ['krʌmpɪt] *s.* **1.** *Brit.* Sauerteigfladen *m*; **2.** *sl.* ‚Miezen' *pl.*: **she's a nice piece of** ~ sie ist sehr sexy.

crum·ple ['krʌmpl] **I** *v/t.* **1.** *a.* ~ **up** zerknittern, zer-, zs.-knüllen; **2.** *fig. j-n* 'umwerfen; **II** *v/i.* **3.** faltig *od.* zerdrückt werden, zs.-schrumpeln; **4.** *oft* ~ **up** zs.-brechen (*a. fig.*), einstürzen.

crunch [krʌntʃ] **I** *v/t.* **1.** knirschend (zer)kauen; **2.** zermalmen; **II** *v/i.* **3.** knirschend kauen; **4.** knirschen; **III** *s.* **5.** Knirschen *n*; **6.** F *fig.* a) Druck(ausübung *f*) *m*, b) böse Situati'on, c) 'kritischer Mo'ment, 'Krise *f*; **when it comes to the** ~ wenn es hart auf hart geht.

crup·per ['krʌpə] *s.* a) Schwanzriemen *m*, b) Kruppe *f* (*des Pferdes*).

cru·sade [kruː'seɪd] **I** *s. hist.* Kreuzzug *m* (*a. fig.*); **II** *v/i.* e-n Kreuzzug unter'nehmen; *fig.* zu Felde ziehen, kämpfen; **cru'sad·er** [-də] *s. hist.* Kreuzfahrer *m*; *fig.* Kämpfer *m*.

cruse [kruːz] *s. bibl.* irdener Krug.

crush [krʌʃ] **I** *s.* **1.** (zermalmender) Druck; **2.** Gedränge *n*, Gewühl *n*; **3.** große Gesellschaft *od.* Party; **4.** *sl.* Schwarm *m*: **have a** ~ **on s.o.** in j-n ‚verknallt' sein; **II** *v/t.* **5.** *a.* ~ **up** *od.* **down** zerquetschen, -drücken, -malmen; **6.** zerstoßen, -kleinern, mahlen: ~**ed stone** Schotter *m*; **7.** *a.* ~ **up** zerknittern, -knüllen; **8.** drücken, drängen; **9.** *a.* ~ **out** ausquetschen, -drükken; **10.** *a.* ~ **out** *od.* **down** *fig.* er-, unter'drücken, über'wältigen, zerschmettern, zertreten, vernichten; **III** *v/i.* **11.** zerknittern, sich zerdrücken; **12.** zerbrechen; **13.** sich drängen; **'crush·a·ble** [-ʃəbl] *adj.* **1.** knitterfest; **2.** ~ **zone** (*od.* **bin**) *mot.* Knautschzone *f*; **crush bar·ri·er** *s. Brit.* Absperrung *f*; **'crush·er** [-ʃə] *s.* **1.** ⚙ a) Zer'kleinerungsma,schine *f*, Brechwerk *n*, b) Presse *f*, Quetsche *f*; **2.** F a) vernichtender Schlag, b) ‚tolles Ding'; **'crush·ing** [-ʃɪŋ] *adj.* □ *fig.* vernichtend, erdrükkend; **crush room** *s. thea.* Foy'er *n*.

crust [krʌst] **I** *s.* **1.** Kruste *f*, Rinde *f* (*Brot*, *Pastete*); **2.** Knust *m*, Stück *n* hartes Brot; **3.** *geol.* Erdkruste *f*; **4.** ⚕ Schorf *m*; **5.** ⚘, *zo.* Schale *f*; **6.** Niederschlag *m* (*in Weinflaschen*), Ablagerung *f*; **7.** *sl.* Frechheit *f*; **8.** Harsch *m*; **II** *v/t.* **9.** *a.* ~ **over** mit e-r Kruste über'ziehen; **III** *v/i.* **10.** e-e Kruste bilden; verharschen (*Schnee*); → **crusted**.

crus·ta·cea [krʌ'steɪʃjə] *s. pl. zo.* Krusten-, Krebstiere *pl.*; **crus'ta·cean** [-'steɪʃjən] **I** *adj.* zu den Krusten- *od.* Krebstieren gehörig, Krebs...; **II** *s.* Krusten-, Krebstier *n*; **crus'ta·ceous** [-'steɪʃjəs] → **crustacean** I.

crust·ed ['krʌstɪd] *adj.* **1.** mit e-r Kruste über'zogen: ~ **snow** Harsch(schnee) *m*; **2.** abgelagert (*Wein*); **3.** *fig.* a) alt'hergebracht, b) eingefleischt, ‚verkrustet'; **'crust·y** [-tɪ] *adj.* □ **1.** krustig; **2.** mit e-r Kruste (versehen); **3.** *fig.* barsch.

crutch [krʌtʃ] *s.* **1.** Krücke *f*: **go on** ~**es** auf *od.* an Krücken gehen; **2.** *fig.* Krücke *f*, Stütze *f*.

crux [krʌks] *s.* **1.** springender Punkt; **2.** Schwierigkeit *f*: a) ‚Haken' *m*, b) harte Nuß, (schwieriges) Pro'blem; **3.** ♌ *ast.* Kreuz *n* des Südens.

cry [kraɪ] **I** *s.* **1.** Schrei *m* (*a. Tier*), Ruf *m* (**for** nach): **within** ~ (**of**) in Rufweite (von); **a far** ~ **from** *fig.* a) weit entfernt von, b) et. ganz anderes als; **still a far** ~ *fig.* noch in weiter Ferne; **2.** Geschrei *n*: **much** ~ **and little wool** viel Geschrei u. wenig Wolle; **the popular** ~ die Stimme des Volkes; **3.** Weinen *n*, Klagen *n*: **have a good** ~ sich (ordentlich) ausweinen; **4.** Bitten *n*, Flehen *n*; **5.** (Schlacht)Ruf *m*; Schlag-, Losungswort *n*; **6.** *hunt.* Anschlagen *n*, Gebell *n* (*Meute*): **in full** ~ *fig.* in voller Jagd *od.* Verfolgung; **7.** *hunt.* Meute *f*; *fig.* Herde *f*, Menge *f*: **follow in the** ~ mit der Masse gehen; **II** *v/i.* **8.** schreien, laut (aus)rufen: ~ **for help** um Hilfe rufen; ~ **for vengeance** nach Rache schreien; **9.** weinen, heulen, jammern; **10.** *hunt.* anschlagen, bellen; **III** *v/t.* **11.** *et.* schreien, (aus)rufen; **12.** *Waren etc.* ausrufen; **13.** flehen um; **14.** weinen: ~ **one's eyes out** sich die Augen ausweinen; ~ **o.s. to sleep** sich in den Schlaf weinen; ~ **down** *v/t.* her'untersetzen, -machen; ~ **off** *v/t. u. v/i.* (plötzlich) absagen, zu'rücktreten (von); ~ **out I** *v/t.* ausrufen; **II** *v/i.* aufschreien: ~ **against** heftig protestieren gegen; **for crying out loud!** F verdammt noch mal!; ~ **up** *v/t.* laut rühmen.

'cry,ba·by *s.* kleiner Schreihals; *fig. contp.* Heulsuse *f*.

cry·ing ['kraɪɪŋ] *adj. fig.* a) (himmel-)schreiend: ~ **shame**, b) dringend: ~ **need**.

cryo- [kraɪəʊ] *in Zssgn* Kälte..., Kryo...: **cryogen** Kältemittel *n*; **cryogenic** a) ⚙ kälteerzeugend, b) kryogenisch: ~**-computer**; **cryosurgery** ⚕ Kryo-, Kältechirurgie *f*.

crypt [krɪpt] *s.* ⛪ 'Krypta *f*, 'unterirdisches Gewölbe, Gruft *f*; **'cryp·tic** [-tɪk] *adj.* geheim, verborgen; rätselhaft, dunkel: ~ **colo(u)ring** *zo.* Schutzfärbung *f*; **'cryp·ti·cal** [-tɪkl] *adj.* → **cryptic**.

crypto- [krɪptəʊ] *in Zssgn* geheim, krypto...: ~**-communist** verkappter Kommunist; **'cryp·to·gam** [-gæm] *s.* ⚘ Krypto'game *f*, Sporenpflanze *f*; **cryp·to·gam·ic** [,krɪptəʊ'gæmɪk], **cryp·tog·a·mous** [krɪp'tɒgəməs] *adj.* ⚘ krypto'gamisch; **'cryp·to·gram** [-græm] *s.* Text *m* in Geheimschrift, verschlüsselter Text; **'cryp·to·graph** [-grɑːf] *s.* **1.** → **cryptogram**; **2.** Geheimschriftgerät *n*; **cryp·tog·ra·phy** [krɪp'tɒgrəfɪ] *s.* Geheimschrift *f*; **cryp·tol·o·gist** [krɪp'tɒlədʒɪst] *s.* (Ver-, Ent)Schlüsseler *m*.

crys·tal ['krɪstl] **I** *s.* **1.** Kri'stall *m* (*a.* ⚒, *min.*, *phys.*): **as clear as** ~ *od.* ~ **clear** a) kristallklar, b) *fig.* sonnenklar; **2.** *a.* ~ **glass** a) Kri'stall(glas) *n*, b) *coll.* Kri'stall *n*, Glaswaren *pl.*; **3.** Uhrglas *n*; **4.** ⚡ a) (De'tektor)Kri,stall *m*, b) (Kri'stall)De,tektor *m*, c) (Schwing)Quarz *m*: ~ **set** Kristallempfänger *m*; **II** *adj.* Kristall..., kri'stallen; **5.** kri'stallklar; ~ **de·tec·tor** → **crystal** 4 b; ~ **gaz·er** *s.* Hellseher(in); ~ **gaz·ing** *s.* Hellsehen *n*.

crys·tal·line ['krɪstəlaɪn] *adj. a.* ⚒, *min.* kristal'linisch, kri'stallen, kri'stallartig, Kristall...: ~ **lens** *anat.* (Augen)Linse *f*; **'crys·tal·liz·a·ble** [-aɪzəbl] *adj.* kristallisierbar; **crys·tal·li·za·tion** [,krɪstəlaɪ'zeɪʃn] *s.* Kristallisati'on *f*, Kristallisierung *f*, Kri'stallbildung *f*; **'crys·tal·lize** [-aɪz] **I** *v/t.* **1.** kristallisieren; **2.** *fig.* feste Form geben (*dat.*), klären; **3.** *Früchte* kandieren; **II** *v/i.* **4.** kristallisieren; **5.** *fig.* sich kristallisieren, kon'krete *od.* feste Form annehmen; **crys·tal·log·ra·phy** [,krɪstə'lɒgrəfɪ] *s.* Kristallogra'phie *f*.

cub [kʌb] **I** *s.* **1.** *zo. das* Junge (*des Fuchses*, *Bären etc.*); **2.** *a.* **unlicked** ~ grüner Junge; **3.** ‚Küken' *n*, Anfänger *m*: ~ **reporter** (unerfahrener) junger Reporter; **4.** *a.* ~ **scout** Wölfling *m*, Jungpfadfinder *m*; **II** *v/i.* **5.** Junge werfen (*Füchse etc.*).

cub·age ['kjuːbɪdʒ] → **cubature**.

Cu·ban ['kjuːbən] **I** *adj.* ku'banisch; **II** *s.*

Ku'baner(in).

cu·ba·ture ['kju:bətʃə] *s.* ⩚ **1.** Raum(inhalts)berechnung *f*; **2.** Rauminhalt *m*.

cub·by(-hole) ['kʌbɪ(həʊl)] *s.* **1.** gemütliches Plätzchen; **2.** ‚Ka'buff' *n*, winziger Raum.

cube [kju:b] **I** *s.* **1.** ⩚ Würfel *m*, 'Kubus *m*; **2.** (*a.* Eis-, *phot.* Blitz)Würfel *m*: ~ ***sugar*** Würfelzucker *m*; **3.** ⩚ Ku'bikzahl *f*, dritte Po'tenz: ~ ***root*** Kubikwurzel *f*; **4.** Pflasterstein *m* (*in Würfelform*); **II** *v/t.* **5.** ⩚ kubieren: a) zur dritten Po'tenz erheben: ***two ~d*** zwei hoch drei (2^3), b) den Rauminhalt messen von (*od. gen.*); **6.** in Würfel schneiden *od.* pressen.

cu·bic ['kju:bɪk] *adj.* (☐ ***~ally***) **1.** Kubik..., Raum...: ~ ***capacity*** *mot.* Hubraum *m*; ~ ***content*** Rauminhalt *m*, Volumen *n*; ~ ***metre***, *Am.* ***meter*** Kubik-, Raum-, Festmeter *m*; **2.** kubisch, würfelförmig, Würfel...; **3.** ⩚ kubisch: ~ ***equation*** kubische Gleichung, Gleichung dritten Grades.

cu·bi·cle ['kju:bɪkl] *s.* kleiner abgeteilter (Schlaf)Raum; Zelle *f*, Nische *f*, Ka'bine *f*; ⚡ Schallzelle *f*.

cub·ism ['kju:bɪzəm] *s.* Ku'bismus *m*; '**cub·ist** [-ɪst] **I** *s.* Ku'bist *m*; **II** *adj.* ku'bistisch.

cu·bit ['kju:bɪt] *s. hist.* Elle *f* (*Längenmaß*); '**cu·bi·tus** [-təs] *s. anat.* a) 'Unterarm *m*, b) Ell(en)bogen *m*.

cuck·old ['kʌkəʊld] **I** *s.* Hahnrei *m*; **II** *v/t.* zum Hahnrei machen, *j-m* Hörner aufsetzen.

cuck·oo ['kʊku:] **I** *s.* **1.** *orn.* Kuckuck *m*; **2.** Kuckucksruf *m*; **3.** *sl.* ‚Heini' *m*; **II** *v/i.* **4.** ‚kuckuck' rufen; **III** *adj.* **5.** *sl.* ‚bekloppt'; ~ ***clock*** *s.* Kuckucksuhr *f*; '~,**flow·er** *s.* ⚘ Wiesenschaumkraut *n*.

cu·cum·ber ['kju:kʌmbə] *s.* Gurke *f*; → ***cool*** 2; ~ **tree** *s. e-e* amer. Ma'gnolie.

cu·cur·bit [kju:'kɜ:bɪt] *s.* ⚘ Kürbisgewächs *n*.

cud [kʌd] *s.* Klumpen *m*, 'wiedergekäutes Futter: ***chew the ~*** a) wiederkäuen, b) *fig.* überlegen, nachdenken.

cud·dle ['kʌdl] **I** *v/t.* hätscheln, ‚knuddeln', *a.* schmusen mit; **II** *v/i.* ~ ***up*** a) sich kuscheln *od.* schmiegen (***to*** an *acc.*), b) sich (wohlig) zs.-kuscheln: ~ ***up together*** sich aneinanderkuscheln; **III** *s.* enge Um'armung, Lieb'kosung *f*; '**cud·dle·some** [-səm], '**cud·dly** [-lɪ] *adj.* ‚knudd(e)lig'.

cudg·el ['kʌdʒəl] **I** *s.* Knüttel *m*, Keule *f*: ***take up the ~s for s.o.*** für j-n eintreten, für j-n e-e Lanze brechen; **II** *v/t.* prügeln: ~ ***one's brains*** *fig.* sich den Kopf zerbrechen (***for*** wegen, ***about*** über *acc.*).

cue[1] [kju:] **I** *s.* **1.** *thea. etc., a. fig.* Stichwort *n*; ♪ Einsatz *m*: ~ ***card*** *TV* ‚Neger' *m*; (***dead***) ***on ~*** (genau) aufs Stichwort, *fig.* wie gerufen; **2.** Wink *m*, Fingerzeig *m*: ***give s.o. his ~*** j-m die Worte in den Mund legen; ***take the ~ from s.o.*** sich nach j-m richten; **II** *v/t.* **3.** *j-m* das Stichwort *od.* (♪) den Einsatz geben: ~ ***s.o. in*** *fig.* j-n ins Bild setzen.

cue[2] [kju:] *s.* **1.** Queue *n*, 'Billardstock *m*; **2.** → ***queue*** 2.

cuff[1] [kʌf] *s.* **1.** Man'schette *f* (*a.* ⚙), Stulpe *f*; Ärmel- (*Am. a.* Hosen)aufschlag *m*: ~ ***link*** Manschettenknopf *m*; ***off the ~*** *Am.* F aus dem Handgelenk *od.* Stegreif; ***on the ~*** *Am.* F a) auf Pump, b) gratis; **2.** *pl.* Handschellen *pl.*

cuff[2] [kʌf] **I** *v/t.* schlagen, *a.* ohrfeigen; **II** *s.* Schlag *m*, Klaps *m*.

cui·rass [kwɪ'ræs] *s.* **1.** *hist.* 'Küraß *m*, Brustharnisch *m*; **2.** ⚕ a) Gipsverband *m* um Rumpf u. Hals, b) *ein* 'Sauerstoffappa,rat *m*; **3.** *zo.* Panzer *m*; **cui·ras·sier** [,kwɪrə'sɪə] *s.* ⚔ Küras'sier *m*.

cui·sine [kwi:'zi:n] *s.* Küche *f* (*Kochkunst*): ***French ~***.

cul-de-sac [,kʊldə'sæk, 'kʌldəsæk] *pl.* **-sacs** (*Fr.*) *s.* Sackgasse *f* (*a. fig.*).

cu·li·nar·y ['kʌlɪnərɪ] *adj.* Koch..., Küchen...: ~ ***art*** Kochkunst *f*; ~ ***herbs*** Küchenkräuter.

cull [kʌl] **I** *v/t.* **1.** pflücken; **2.** *fig.* auslesen, -suchen; **II** *s.* **3.** *et.* (als minderwertig) Aussortiertes.

culm[1] [kʌlm] *s.* **1.** Kohlenstaub *m*, Grus *m*; **2.** *geol.* Kulm *m*, *n*.

culm[2] [kʌlm] *s.* (Gras)Halm *m*.

cul·mi·nate ['kʌlmɪneɪt] *v/i.* **1.** *ast.* kulminieren; **2.** *fig.* den Höhepunkt erreichen; gipfeln (***in*** in *dat.*); **cul·mi·na·tion** [,kʌlmɪ'neɪʃn] *s.* **1.** *ast.* Kulmina-ti'on *f*; **2.** *bsd. fig.* Gipfel *m*, Höhepunkt *m*, höchster Stand.

cu·lottes [kju:'lɒts] *s. pl.* Hosenrock *m*.

cul·pa·bil·i·ty [,kʌlpə'bɪlətɪ] *s.* Sträflichkeit *f*, Schuld *f*; **cul·pa·ble** ['kʌlpəbl] *adj.* ☐ sträflich, schuldhaft; strafbar: ~ ***negligence*** ⚖ grobe Fahrlässigkeit.

cul·prit ['kʌlprɪt] *s.* **1.** Schuldige(r *m*) *f*, *a. iro.* Missetäter(in); **2.** ⚖ a) Angeklagte(r *m*) *f*, b) Täter(in).

cult [kʌlt] *s.* **1.** *eccl.* Kult(us) *m*; **2.** *fig.* Kult *m* (*Verehrung, a. dumme Mode*): ~ ***figure*** a) Idol *n*, b) Kultbild *n*.

cul·ti·va·ble ['kʌltɪvəbl] *adj.* kultivierbar (*a. fig.*).

cul·ti·vate ['kʌltɪveɪt] *v/t.* **1.** ✓ a) *Boden* bebauen, bestellen, kultivieren, b) *Pflanzen* züchten, ziehen, (an)bauen; **2.** *fig.* entwickeln, verfeinern, fortausbilden, *Kunst etc.* fördern; **3.** zivilisieren; **4.** *Kunst etc.* pflegen, betreiben, sich widmen (*dat.*); **5.** sich befleißigen (*gen.*), Wert legen auf (*acc.*); **6.** a) *e-e Freundschaft etc.* pflegen, b) freundschaftlichen Verkehr suchen *od.* pflegen mit, sich *j-n* ‚warmhalten'; '**cul·ti·vat·ed** [-tɪd] *adj.* **1.** bebaut, kultiviert (*Land*); **2.** ✓ gezüchtet, Kultur...; **3.** kultiviert, gebildet; **cul·ti·va·tion** [,kʌltɪ'veɪʃn] *s.* **1.** Bearbeitung *f*, Bestellung *f*, Bebauung *f*, Urbarmachung *f*: ***under ~*** bebaut; **2.** Anbau *m*, Ackerbau *m*; **3.** Züchtung *f*; **4.** *fig.* (Aus)Bildung *f*, Pflege *f*; **5.** Kul'tur *f*, Kultiviertheit *f*, Bildung *f*; '**cul·ti·va·tor** [-tə] *s.* **1.** Landwirt *m*; **2.** Züchter *m*; **3.** ✓ Kulti'vator *m* (*Gerät*).

cul·tur·al ['kʌltʃərəl] *adj.* ☐ **1.** Kultur..., kultu'rell; **2.** → ***cultivated*** 2;

cul·ture ['kʌltʃə] *s.* **1.** → ***cultivation*** 1, 2, 4; **2.** a) (*Obst- etc.*)Anbau *m*, (*Pflanzen*)Zucht *f*, b) (*Tier*)Zucht *f*, Züchtung *f* (*a. biol.*), c) (*Pflanzen-, a. Bakterien- etc.*)Kul'tur *f*: ~ ***medium*** künstlicher Nährboden; ~ ***pearl*** Zuchtperle *f*; **3.** Kul'tur *f*: a) (Geistes)Bildung *f*, b) Kultiviertheit *f*: ~ ***vulture*** F Kulturbeflissene(r *m*) *f*; **4.** Kul'tur *f*: a) Kul'turkreis *m*, b) Kul'turform *f od.* -stufe *f*: ~ ***lag*** partielle Kulturrückständigkeit; ~ ***shock*** Kulturschock *m*; '**cul·tured** [-tʃəd] *adj.* **1.** kultiviert, gepflegt, gebildet; **2.** gezüchtet: ~ ***pearl*** Zuchtperle *f*.

cul·ver ['kʌlvə] *s.* Ringeltaube *f*.

cul·vert ['kʌlvət] *s.* ⚙ (über'wölbter) 'Abzugska,nal; 'unterirdische (Wasser-) Leitung; ('Bach),Durchlaß *m*.

cum [kʌm] (*Lat.*) *prp.* **1.** mit, samt; **2.** *Brit.* F und gleichzeitig, ... in 'einem: ***garage-~-workshop***.

cum·ber·some ['kʌmbəsəm] *adj.* ☐ **1.** lästig, beschwerlich, hinderlich; **2.** schwerfällig, klobig.

Cum·bri·an ['kʌmbrɪən] **I** *adj.* Cumberland betreffend; **II** *s.* Bewohner(in) von Cumberland.

cum·brous ['kʌmbrəs] → ***cumbersome***.

cum·in ['kʌmɪn] *s.* Kreuzkümmel *m*.

cum·mer·bund ['kʌməbʌnd] *s. Mode*: Kummerbund *m*.

cu·mu·la·tive ['kju:mjʊlətɪv] *adj.* ☐ **1.** *a.* ✝ kumula'tiv: ~ ***dividend***; **2.** sich (an)häufend *od.* steigernd *od.* summierend; anwachsend; **3.** zusätzlich, verstärkend; ~ **ev·i·dence** *s.* ⚖ verstärkender Beweis; ~ **vot·ing** *s.* Kumulieren *n* (*bei Wahlen*).

cu·mu·lus ['kju:mjʊləs] *pl.* **-li** [-laɪ] *s.* 'Kumulus *m*, Haufenwolke *f*.

cu·ne·ate ['kju:nɪɪt] *adj. bsd.* ⚘ keilförmig; '**cu·ne·i·form** [-ɪɪfɔ:m] **I** *adj.* **1.** keilförmig; **2.** Keilschrift *f*: ~ ***characters*** → 3; **II** *s.* **3.** Keilschrift *f*; '**cu·ni·form** [-ɪfɔ:m] → ***cuneiform***.

cun·ning ['kʌnɪŋ] **I** *adj.* ☐ **1.** listig, schlau; **2.** geschickt, klug; **3.** *Am.* F niedlich, ‚süß'; **II** *s.* **4.** Schlauheit *f*, Gerissenheit *f*; **5.** Geschicktheit *f*.

cunt [kʌnt] *s.* V Fotze *f*.

cup [kʌp] **I** *s.* **1.** Tasse *f*, Schale *f*: ~ ***and saucer*** Ober- und Untertasse; ***that's not my ~ of tea*** *Brit.* F das ist nicht mein Fall; **2.** Kelch *m* (*a. eccl.*), Becher *m*; **3.** *sport* Cup *m*, Po'kal *m*: ~ ***final*** Pokalendspiel *n*; ~ ***tie*** Pokalspiel *n*, -paarung *f*; **4.** Weinbecher *m*: ***be fond of the ~*** gern (einen) trinken; ***be in one's ~s*** zu tief ins Glas geschaut haben; **5.** Bowle *f*; **6.** *et.* Schalenförmiges, *z.B.* Büstenhalterschale *f od. sport* 'Unterleibs-, Tiefschutz *m*; **7.** *fig.* Kelch *m* (*der Freude, des Leidens*): ***drink the ~ of joy*** den Becher der Freude leeren; ***drain the ~ of sorrow to the dregs*** den Kelch des Leidens bis auf die Neige leeren; ***his ~ is full*** das Maß s-r Leiden (*od.* Freuden) ist voll; **8.** → ***cupful*** 2; **II** *v/t.* **9.** *Kinn* in die (hohle) Hand legen; *Hand* wölben über (*acc.*): ***cupped hand*** hohle Hand; **10.** ⚕ schröpfen; '~,**bear·er** *s.* Mundschenk *m*.

cup·board ['kʌbəd] *s.* (*bsd.* Speise-, Geschirr)Schrank *m*; ~ **bed** *s.* Schrankbett *n*; ~ **love** *s.* berechnende Liebe.

cu·pel [kju:pəl] *s.* ⚗, ⚙ Ku'pelle *f*.

cup·ful ['kʌpfʊl] *pl.* **-fuls** *s.* **1.** *e-e* Tasse (-voll); **2.** *Am. Küche*: ½ Pint *n* (*0,235 l*).

Cu·pid ['kju:pɪd] *s.* **1.** *antiq.* 'Kupido *m*, 'Amor *m* (*a. fig. Liebe*); **2.** ♀ Amo'rette *f*.

cu·pid·i·ty [kju:'pɪdətɪ] *s.* (Hab)Gier, Begierde *f*, Begehrlichkeit *f*.

cu·po·la ['kju:pələ] *s.* **1.** Kuppel(dach *n*) *f*; **2.** *a.* ~ ***furnace*** ⚙ Ku'polofen *m*; **3.** ⚔, ⚓ Panzerturm *m*.

cu·pre·ous [ˈkjuːprɪəs] *adj.* kupfern; kupferartig, -haltig; **ˈcu·pric** [-ɪk] *adj.* ⚗ Kupfer…; ˌ**cu·proˈnick·el** [ˌkjuːprəʊ-] *s.* Kupfernickel *n*; **ˈcu·prous** [-rəs] → ***cupric***.

cur [kɜː] *s.* **1.** Köter *m*; **2.** *fig.* ‚Hund' *m*, ‚Schwein' *n*.

cur·a·bil·i·ty [ˌkjʊərəˈbɪlətɪ] *s.* Heilbarkeit *f*; **cur·a·ble** [ˈkjʊərəbl] *adj.* heilbar (*a.* ⚖ *Rechtsmangel*).

cu·ra·cy [ˈkjʊərəsɪ] *s. eccl.* Amt *n* e-s → **ˈcu·rate** [-rət] *s. eccl.* Hilfsgeistliche(r) *m*, Viˈkar *m*, Kuˈrat *m*.

cur·a·tive [ˈkjʊərətɪv] **I** *adj.* heilend, Heil…; **II** *s.* Heilmittel *n*.

cu·ra·tor [ˌkjʊəˈreɪtə] *s.* **1.** Muˈseumsdiˌrektor *m*; **2.** *Brit. univ.* (*Oxford*) Mitglied *n* des Kuraˈtoriums; **3.** ⚖ *Scot.* Vormund *m*; **4.** ⚖ Verwalter *m*, Pfleger *m*; ˌ**cuˈra·tor·ship** [-ʃɪp] *s.* Amt *n od.* Amtszeit *f* e-s ***curator***.

curb [kɜːb] **I** *s.* **1.** a) Kanˈdare *f*, b) Kinnkette *f*; **2.** *fig.* Zaum *m*, Zügel(ung *f*) *m*: ***put a ~ on s.th.*** e-r Sache Zügel anlegen, et. zügeln; **3.** *Am.* → ***kerb***; **4.** *vet.* Spat *m*, Hasenfuß *m*; **II** *v/t.* **5.** an die Kanˈdare nehmen; **6.** *fig.* zügeln, im Zaum halten; drosseln, einschränken; **~ bit** *s.* Kanˈdarenstange *f*; **~ mar·ket** *Am* → ***kerb*** 3; **ˈ~·stone** *Am* → ***kerbstone***.

curd [kɜːd] *s. oft pl.* geronnene *od.* dikke Milch, Quark *m*: ***~ cheese*** Quark-, Weißkäse *m*; **cur·dle** [ˈkɜːdl] **I** *v/t.* *Milch* gerinnen lassen: ***~ one's blood*** einem das Blut in den Adern erstarren lassen; **II** *v/i.* gerinnen, dick werden (*Milch*): ***it made my blood ~*** das Blut erstarrte mir in den Adern; **ˈcurd·y** [-dɪ] *adj.* geronnen; dick, flockig.

cure [kjʊə] **I** *s.* **1.** ⚕ Heilmittel *n*; *fig.* Mittel *n* Reˈzept *n* (***for*** gegen); **2.** ⚕ Kur *f*, Heilverfahren *n*, Behandlung *f*; **3.** ⚕ Heilung *f*: ***past ~*** a) unheilbar krank, b) unheilbar (*Krankheit*), c) *fig.* hoffnungslos; **4.** *eccl.* a) *a.* ***~ of souls*** Seelsorge *f*, b) Pfarˈrei *f*; **II** *v/t.* **5.** ⚕ *j-n* (***of*** von) *od. Krankheit od. fig. Übel* heilen (*a.* ⚖ *Rechtsmangel etc.*), kurieren: ***~ s.o. of lying*** j-m das Lügen abgewöhnen; **6.** haltbar machen: a) räuchern, b) einpökeln, -salzen, c) trocknen, d) beizen; **7.** ⚙ a) vulkanisieren, b) aushärten (*Kunststoffe*); **ˈ~-all** *s.* Allˈheilmittel *n*.

cu·ret·tage [kjʊəˈretɪdʒ] *s.* ⚕ Ausschabung *f*.

cur·few [ˈkɜːfjuː] *s.* **1.** *hist.* a) Abendläuten *n*, b) Abendglocke *f*; **2.** Sperrstunde *f*; **3.** ⚔ a) Ausgehverbot *n*, b) Zapfenstreich *m*.

cu·ri·a [ˈkjʊərɪə] *s. R.C.* ˈKurie *f*.

cu·rie [ˈkjʊərɪ] *s. phys.* Cuˈrie *n*.

cu·ri·o [ˈkjʊərɪəʊ] *pl.* **-os** *s.* → ***curiosity*** 2 a *u.* c.

cu·ri·os·i·ty [ˌkjʊərɪˈɒsətɪ] *s.* **1.** Neugier *f*; Wißbegierde *f*; **2.** Kuriosiˈtät *f*: a) Rariˈtät *f*, *pl.* Antiquiˈtäten, b) Sehenswürdigkeit *f*, c) Kuriˈosum *n* (*Sache od. Person*); **~ shop** *s.* Antiquiˈtäten-, Rariˈtätenladen *m*.

cu·ri·ous [ˈkjʊərɪəs] *adj.* ☐ **1.** neugierig; wißbegierig: ***I am ~ to know if*** ich möchte gern wissen, ob; **2.** kuriˈos, seltsam, merkwürdig: ***~ly enough*** merkwürdigerweise; **3.** F komisch, wunderlich.

curl [kɜːl] **I** *v/t.* **1.** *Haar* locken *od.* kräuseln; **2.** *Wasser* kräuseln; *Lippen* (verächtlich) schürzen; **3. *~ up*** zs.-rollen: ***~ o.s. up*** → 6 a; **II** *v/i.* **4.** sich locken *od.* kräuseln (*Haar*); **5.** wogen, sich wellen *od.* winden; **6. *~ up*** a) sich hochringeln (*Rauch*), b) sich zs.-rollen: ***~ up on the sofa*** es sich auf dem Sofa gemütlich machen; **7.** *sport* Curling spielen; **III** *s.* **8.** Locke *f*: ***in ~s*** gelockt; **9.** (Rauch-)Ring *m*, Kringel *m*; **10.** Windung *f*; **11.** Kräuseln *n der Lippen*; **12.** ⚘ Kräuselkrankheit *f*; **curled** [-ld] → ***curly***; **ˈcurl·er** [-lə] *s.* **1.** Lockenwickel *m*; **2.** *sport* Curlingspieler *m*.

cur·lew [ˈkɜːljuː] *s.* Brachvogel *m*.

curl·i·cue [ˈkɜːlɪkjuː] *s.* Schnörkel *m*.

curl·ing [ˈkɜːlɪŋ] *s.* **1.** Kräuseln *n*, Ringeln *n*; **2.** *sport* Curling *n*: ***~ stone*** Curlingstein *m*; **3.** ⚙ bördeln; **~ i·rons**, **~ tongs** *s. pl.* (Locken)Brennschere *f*.

ˈcurlˌpa·per *s.* Paˈpierhaarwickel *m*.

curl·y [ˈkɜːlɪ] *adj.* **1.** lockig, kraus, gekräuselt, **2.** wellig; gewunden; **ˈ~-head**, **ˈ~-pate** *s.* F Locken- *od.* Krauskopf *m* (*Person*).

cur·mudg·eon [kɜːˈmʌdʒən] *s.* Brummbär *m*.

cur·rant [ˈkʌrənt] *s.* **1.** Koˈrinthe *f*; **2.** ***red*** (***white, black***) ***~*** rote (weiße, schwarze) Joˈhannisbeere.

cur·ren·cy [ˈkʌrənsɪ] *s.* **1.** ˈUmlauf *m*, Zirkulatiˈon *f*: ***give ~ to*** *Gerücht etc.* in Umlauf setzen; **2.** a) (allgemeine) Geltung, (Allgeˈmein)Gültigkeit *f*, b) Gebräuchlichkeit *f*, Geläufigkeit *f*, c) Verbreitung *f*; **3.** ⚚ a) Währung *f*, Vaˈluta *f*; → ***foreign*** 1, ***hard currency***, b) Zahlungsmittel *n od. pl.*, c) ˈGeldˌumlauf *m*, d) ˈumlaufendes Geld, e) Laufzeit *f* (*Wechsel, Vertrag*); **~ ac·count** *s.* ⚚ ˈWährungs-, Deˈvisenˌkonto *n*; **~ bill** *s.* Deˈvisenwechsel *m*; **~ bond** *s.* Fremdwährungsschuldverschreibung *f*; **~ re·form** *s.* ˈWährungsreˌform *f*.

cur·rent [ˈkʌrənt] **I** *adj.* ☐ → ***currently***; **1.** laufend (*Jahr, Konto, Unkosten etc.*); **2.** gegenwärtig, jetzig, aktuˈell: ***~ events*** Tagesereignisse; ***~ price*** ⚚ Tagespreis *m*; **3.** ˈumlaufend, kursierend (*Geld, Gerücht etc.*); **4.** a) allgemein bekannt *od.* verbreitet, b) üblich, geläufig, gebräuchlich: ***not in ~ use*** nicht allgemein üblich, c) allgemein gültig *od.* anerkannt; **5.** ⚚ a) (markt)gängig (*Ware*), b) gültig (*Geld*), c) verkehrsfähig, d) → 3; **II** *s.* **6.** Strömung *f*, Strom *m* (*beide a. fig.*): ***against the ~*** gegen den Strom; ***~ of air*** Luftstrom; **7.** *fig.* a) Trend *m*, Tenˈdenz *f*, b) (Ver)Lauf *m*, Gang *m*; **8.** ⚡ Strom *m*; **~ ac·count** *s.* ⚚ laufendes Konto, Girokonto *n*; **~ coin** *s.* gängige Münze (*a. fig.*); **~ ex·change** *s.* (***at the ~*** zum) Tageskurs *m*.

cur·rent·ly [ˈkʌrəntlɪ] *adv.* **1.** jetzt, zur Zeit, gegenwärtig; **2.** *fig.* fließend.

cur·rent me·ter *s.* ⚡ Stromzähler *m*; **~ mon·ey** *s.* ⚚ ˈumlaufendes Geld.

cur·ric·u·lum [kəˈrɪkjʊləm] *pl.* **-lums**, **-la** [-lə] *s.* Lehr-, Studienplan *m*; **~ vi·tae** [ˈvaɪtiː] *s.* Lebenslauf *m*.

cur·ri·er [ˈkʌrɪə] *s.* Lederzurichter *m*.

cur·ry[1] [ˈkʌrɪ] **I** *s.* Curry(gericht *n*) *m*, *n*: ***~ powder*** Currypulver *n*; **II** *v/t.* mit Curry(soße) zubereiten: ***curried chicken*** Curryhuhn *n*.

cur·ry[2] [ˈkʌrɪ] *v/t.* **1.** *Pferd* striegeln; **2.** *Leder* zurichten; **3.** verprügeln; **4. *~ fa·vo(u)r with s.o.*** sich bei j-m lieb Kind machen (wollen); **ˈ~·comb** *s.* Striegel *m*.

curse [kɜːs] **I** *s.* **1.** Fluch(wort *n*) *m*; Verwünschung *f*; **2.** *eccl.* Bann(fluch) *m*; Verdammnis *f*; **3.** Fluch *m*, Unglück *n* (***to*** für); **4. *the ~*** F die ‚Tage' (*der Frau*); **II** *v/t.* **5.** verfluchen, verwünschen, verdammen: ***~ him!*** der Teufel soll ihn holen!; **6.** fluchen auf (*acc.*), beschimpfen; **7.** *pass.* ***be ~d with s.th.*** mit et. gestraft *od.* geplagt sein; **III** *v/i.* **8.** fluchen, Flüche ausstoßen; **ˈcurs·ed** [-sɪd] *adj.* ☐ *a.* F verflucht, verdammt, verwünscht.

cur·sive [ˈkɜːsɪv] **I** *adj.* kurˈsiv: ***~ characters*** → **II** *s. typ.* Schreibschrift *f*.

cur·sor [ˈkɜːsə] *s.* A, ⚙ Schieber *m*, ⚙ *a.* Zeiger *m*; *Computer*: Positiˈonsanzeiger *m*.

cur·so·ri·ness [ˈkɜːsərɪnɪs] *s.* Flüchtigkeit *f*, Oberflächlichkeit *f*; **cur·so·ry** [ˈkɜːsərɪ] *adj.* ☐ flüchtig, oberflächlich.

curst [kɜːst] *obs. pret. u. p.p. von* ***curse***.

curt [kɜːt] *adj.* ☐ **1.** kurz(gefaßt), knapp; **2.** (***with***) barsch, schroff (gegen), kurz angebunden (mit).

cur·tail [kɜːˈteɪl] *v/t.* **1.** (ab-, ver)kürzen; **2.** *Ausgaben etc.* kürzen, *a. Rechte* be-, einschränken, beschneiden; *Preise etc.* herˈabsetzen; **curˈtail·ment** [-mənt] *s.* **1.** (Ab-, Ver)Kürzung *f*; **2.** Kürzung *f*, Beschneidung *f*; Beschränkung *f*.

cur·tain [ˈkɜːtn] **I** *s.* **1.** Vorhang *m* (*a. fig.*), Garˈdine *f*: ***draw the ~(s)*** den Vorhang (die Gardinen) zuziehen; ***draw the ~ over s.th.*** *fig.* et. begraben; ***lift the ~*** *fig.* den Schleier lüften; ***behind the ~*** hinter den Kulissen; ***~ of fire*** ⚔ Feuervorhang; ***~ of rain*** Regenwand *f*; **2.** *thea.* a) Vorhang *m*, b) Aktschluß *m*: ***the ~ rises*** der Vorhang geht auf; ***the ~ falls*** der Vorhang fällt (*a. fig.*); ***it's ~s for him*** F es ist aus mit ihm; ***now it's ~s!*** F jetzt ist der Ofen aus!, aus ist's!; **3.** *thea.* Herˈvorruf *m*: ***take ten ~s*** zehn Vorhänge haben; **II** *v/t.* **4.** mit Vorhängen versehen; **~ call** → ***curtain*** 3; **~ fall** *s. thea.* Fallen *n* des Vorhanges; **~ lec·ture** *s.* Garˈdinenpredigt *f*; **~ rais·er** *s. thea.* **1.** kurzes Vorspiel; **2.** *fig.* Vorspiel *n*, Auftakt (***to*** zu); **ˈ~-wall** *s.* △ **1.** Blendwand; **2.** Zwischenwand *f*.

curt·s(e)y [ˈkɜːtsɪ] **I** *s.* Knicks *m*: ***drop a ~*** → **II** *v/i.* e-n Knicks machen, knicksen (***to*** vor *dat.*).

cur·va·ceous [kɜːˈveɪʃəs] *adj.* F ‚kurvenreich' (*Frau*); **cur·va·ture** [ˈkɜːvətʃə] *s.* Krümmung *f* (*a.* A, *geol.*): ***~ of the spine*** ⚕ Rückgratverkrümmung *f*.

curve [kɜːv] **I** *s.* **1.** Kurve *f* (*a.* A), Krümmung *f*, Biegung *f*, Bogen *m*; **2.** *pl.* F ‚Kurven' *pl.*, Rundungen *pl.*; **II** *v/t.* **3.** biegen, krümmen; **III** *v/i.* **4.** sich biegen *od.* wölben *od.* krümmen; **curved** [-vd] *adj.* gekrümmt, gebogen; krumm.

cur·vet [kɜːˈvet] **I** *s. Reitkunst*: Kurˈbette *f*, Bogensprung *m*; **II** *v/i.* kurbettieren.

cur·vi·lin·e·ar [ˌkɜːvɪˈlɪnɪə] *adj.* krummlinig (begrenzt).

cush·ion [ˈkʊʃn] **I** *s.* **1.** Kissen *n*, Polster

n (*a. fig.*); **2.** Wulst *m* (*für die Frisur*); **3.** Bande *f* (*Billard*); **4.** *vet.* Strahl *m* (*Pferdehuf*); **5.** ⚙ Puffer *m*, Dämpfer *m*; **6.** *phys.* ⚙ Luftkissen *n*; **II** *v/t.* **7.** durch Kissen schützen, polstern (*a. fig.*); **8.** *Stoß*, *Fall* dämpfen *od.* auffangen; **9.** weich betten; **10.** ⚙ abfedern; '**~·craft** *s.* Luftkissenfahrzeug(e *pl.*) *n.*

cush·ioned ['kʊʃənd] *adj.* **1.** gepolstert, Polster...; **2.** *fig.* bequem, behaglich; **3.** ⚙ stoßgedämpft.

cush·y ['kʊʃɪ] *adj. Brit. sl.* ‚gemütlich', bequem, angenehm: **~ *job*.**

cusp [kʌsp] *s.* **1.** Spitze *f*; **2.** ⩓ Scheitelpunkt *m* (*Kurve*); **3.** *ast.* Horn *n* (*Halbmond*); **4.** ⚠ Nase *f* (*gotisches Maßwerk*); **cusped** [-pt], '**cus·pi·dal** [-pɪdl] *adj.* spitz (zulaufend).

cus·pi·dor ['kʌspɪdɔ:] *s. Am.* **1.** Spucknapf *m*; **2.** ✈ Speitüte *f*.

cuss [kʌs] *s.* F **1.** Fluch *m*: **~ *word*** Fluch *m*, Schimpfwort *n*; → ***tinker*** 1; **2.** Kerl *m*; '**cuss·ed** [-sɪd] *adj.* F **1.** verflucht, -flixt; **2.** boshaft, gemein; '**cuss·ed·ness** [-sɪdnɪs] *s.* F Bosheit *f*, Gemeinheit *f*, Tücke *f*.

cus·tard ['kʌstəd] *s.* Eiercreme *f*: (***running***) **~** Vanillesoße *f*; '**~-ap·ple** *s.* ⚘ Zimtapfel *m*; **~ pow·der** *s. ein* 'Pudding,pulver *n*; **~ pie** *s.* **1.** Sahnetorte *f*; **2.** *thea.* F Kla'mauk(komödie *f*) *m*.

cus·to·di·an [kʌ'stəʊdjən] *s.* **1.** Aufseher *m*, Wächter *m*, Hüter *m*; **2.** (⚖ Vermögens)Verwalter *m*, ⚖ *a.* Verwahrer *m*, *Am. a.* Vormund *m*; **cus·to·dy** ['kʌstədɪ] *s.* **1.** Aufsicht *f* (***of*** über *acc.*), (Ob)Hut *f*, Schutz *m*; **2.** Verwahrung *f*; Verwaltung *f*; **3.** ⚖ a) Gewahrsam *m*, Haft *f*: ***protective* ~** Schutzhaft *f*; ***take into* ~** verhaften, in Gewahrsam nehmen, b) Gewahrsam *m* (*tatsächlicher Besitz*), c) Sorgerecht *n*; **4.** ✝ *Am.* De'pot *n*.

cus·tom ['kʌstəm] **I** *s.* **1.** Brauch *m*, Gewohnheit *f*, Sitte *f*; *coll.* Sitten u. Gebräuche *pl.*, *pl.* Brauchtum *n*; **2.** ⚖ Gewohnheitsrecht *n*; **3.** ✝ Kundschaft *f*, Kunden(kreis *m*) *pl.*: ***draw*** (*od.* ***get***) ***a lot of* ~ *from*** viel Geschäft machen mit; ***take one's custom elsewhere*** anderswo Kunde werden; ***withdraw one's* ~ *from*** s-e Kundschaft entziehen (*dat.*); **4.** *pl.* a) Zoll *m*, b) Zoll(behörde *f*) *m*, Zollamt *n*; **II** *adj.* **5.** *Am.* a) auf Bestellung *od.* nach Maß arbeitend: **~ *tailor*** Maßschneider *m*, b) → ***custom-made***: **~*-built*** einzeln (*od.* nach Kundenangaben) angefertigt; **~ *shoes*** Maßschuhe; '**cus·tom·ar·i·ly** [-mərɪlɪ] *adv.* üblicherweise, herkömmlicherweise; '**cus·tom·ar·y** [-mərɪ] *adj.* □ **1.** gebräuchlich, herkömmlich, üblich, gewohnt, Gewohnheits...; **2.** ⚖ gewohnheitsrechtlich; '**cus·tom·er** [-mə] *s.* **1.** Kunde *m*, Kundin *f*; Abnehmer(in), Käufer(in): **~ *country*** Abnehmerland *n*; ***~'s check*** *Am.* Barscheck *m*; ***regular* ~** Stammkunde *m od.* -gast *m*; **2.** F Bursche *m*, ‚Kunde' *m*: ***queer* ~** komischer Kauz; ***ugly* ~** übler Kunde; '**cus·tom·ize** [-maɪz] *v/t.* **1.** ✝ auf den Kundenbedarf zuschneiden; **2.** *Auto etc.* individu'ell herrichten.

'**cus·tom|·house** *s.* Zollamt *n*; '**~-made** *adj.* nach Maß *od.* auf Bestellung *od.* spezi'ell angefertigt, Maß...

cus·toms| clear·ance *s.* Zollabfertigung *f*; **~ dec·la·ra·tion** *s.* 'Zolldeklarati,on *f*, -erklärung *f*; **~ ex·am·i·na·tion**, **~ in·spec·tion** *s.* 'Zollkon,trolle *f*; **~ of·fi·cer** *s.* Zollbeamte(r) *m*; **~ un·ion** *s.* 'Zollverein *m*, -uni,on *f*; **~ war·rant** *s.* Zollauslieferungsschein *m*; **~ ware·house** *s.* Zollager *n*.

cut [kʌt] **I** *s.* **1.** Schnitt *m*: ***a* ~ *above*** e-e Stufe besser als; → ***haircut***; **2.** Schnittwunde *f*; **3.** Hieb *m*, Schlag *m*: **~ *and thrust*** a) *Fechten*: Hieb u. Stoß *m* (*od.* Stich *m*), b) *fig.* (feindseliges) Hin u. Her, ‚Schlagabtausch' *m*; **4.** Schnitte *f*, Stück *n* (*bsd. Fleisch*); Ab-, Anschnitt *m*; Schur *f* (*Wolle*); Schlag *m* (*Holzfällen*); ⚘ Mahd *f* (*Gras*); **5.** F (An)Teil *m*: ***my* ~ *is 10%***; **6.** (Zu)Schnitt *m*, Fas'son *f* (*bsd. Kleidung*); *fig.* Art *f*, Schlag *m*; **7.** *typ.* a) Druckstock *m*, b) Holzschnitt *m*, (Kupfer)Stich *m*, c) Kli'schee *n*; **8.** Schnitt *m*, Schliff *m* (*Edelstein*); **9.** Gesichtsschnitt *m*; **10.** Beschneidung *f*, Kürzung *f*, Streichung *f*, Abzug *m*, Abstrich *m* (*Preis*, *Lohn*, *a. Text etc.*): ***power* ~** ⚡ Stromsperre *f*; → ***short cut***; **11.** ⚙, 🚂 *etc.* Einschnitt *m*, Kerbe *f*, Graben *m*; **12.** a) Stich *m*, Bosheit *f*, b) Grußverweigerung *f*: ***give s.o. the* ~ *direct*** j-n ostentativ schneiden; **13.** *Kartenspiel*: Abheben *n*; **14.** *Tennis*: Schnitt *m*; **15.** *Film etc.*: Schnitt *m*, (scharfe) Über'blendung; **II** *adj.* **16.** ge-, beschnitten, behauen: **~ *flowers*** Schnittblumen; **~ *glass*** geschliffenes Glas, Kristall *n*; **~ *prices*** herabgesetzte Preise; ***well-~ features*** feingeschnittene Züge; **~ *and dried*** fix u. fertig, schablonenhaft; ***badly* ~ *about*** arg zugerichtet; **III** *v/t.* [*irr.*] **17.** (ab-, be-, 'durch-, zer)schneiden: **~ *one's finger*** sich in den Finger schneiden; **~ *one's nails*** sich die Nägel schneiden; **~ *a book*** ein Buch aufschneiden; **~ *a joint*** e-n Braten vorschneiden, zerlegen; **~ *to pieces*** zerstückeln; **18.** *Hecke* beschneiden, stutzen; **19.** *Gras*, *Korn* mähen; *Baum* fällen; **20.** schlagen; *Kohlen* hauen; *Weg* aushauen, -graben; *Holz* hacken; *Graben* stechen; *Tunnel* bohren: ***to* ~ *one's way*** sich e-n Weg bahnen (*a. fig.*); **21.** *Tier* verschneiden, kastrieren: **~ *horse*** Wallach *m*; **22.** *Kleid* zuschneiden; *et.* zu'rechtschneiden; *Stein* behauen; *Glas*, *Edelstein* schleifen: **~ *it fine*** *fig.* a) es (zu) knapp bemessen, b) es gerade noch schaffen; **23.** einschneiden, -ritzen, schnitzen; **24.** *Tennis*: *Ball* schneiden; **25.** *Text etc.*, *a. Betrag* beschneiden, kürzen, zs.-streichen; *sport Rekord* brechen; **26.** *Film*: a) schneiden, über'blenden: **~ *to*** hinüberblenden zu, b) abbrechen; **27.** verdünnen, verwässern; **28.** *fig. j-n* schneiden, nicht grüßen: **~ *s.o. dead*** j-n völlig ignorieren; **29.** *fig.* schneiden (*Wind*); verletzen, kränken (*Worte*); **30.** *Verbindung* abbrechen, aufgeben; fernbleiben von, *Vorlesung* ‚schwänzen'; **31.** *Zahn* bekommen; **32.** *Schlüssel* anfertigen; **33.** *Spielkarten* abheben; **IV** *v/i.* [*irr.*] **34.** schneiden (*a. fig.*), hauen: ***it* ~*s both ways*** es ist ein zweischneidiges Schwert; **~ *and come again*** greifen Sie tüchtig zu! (*beim Essen*); ***it* ~*s into his time*** es kostet ihn Zeit; **~ *into a conversation*** in e-e Unterhaltung eingreifen; **35.** sich schneiden lassen; **36.** F ‚abhauen': **~ *and run*** Reißaus nehmen; **37.** (*in der Schule etc.*) ‚schwänzen'; **38.** *Kartenspiel*: abheben; **39.** *sport* (den Ball) schneiden; **40.** **~ *across*** a) quer durch *et.* gehen, b) *fig.* hin'ausgehen über (*acc.*), c) *fig.* wider'sprechen, d) *fig. Am.* einbeziehen;

Zssgn mit adv.:

cut| a·long *v/i.* F sich auf die Beine machen; **~ back I** *v/t.* beschneiden, stutzen, *fig. a.* kürzen, zs.-streichen, verringern; **II** *v/i.* (zu)'rückblenden (***to*** auf *acc.*) (*Film*, *Roman etc.*); **~ down I** *v/t.* **1.** zerschneiden; **2.** *Baum* fällen, *j-n a.* niederschlagen; **3.** *fig.* a) → ***cut back*** I, b) drosseln; **II** *v/i.* **4.** **~ *on s.th.*** et. einschränken; **~ in I** *v/t.* **1.** ⚙ einschalten (*a. Filmszene*); **2.** *j-n* beteiligen (***on*** *an dat.*); **II** *v/i.* **3.** unter'brechen, sich einmengen *od.* einschalten (*a. teleph.*); **4.** einspringen; **5.** *mot.* einscheren; **6.** F (*beim Tanzen*) abklatschen; **~ loose I** *v/t.* **1.** trennen, losmachen; **2.** ***cut o.s. loose*** sich trennen *od.* lossagen; **II** *v/i.* **3.** sich gehenlassen; **4.** sich lossagen; **5.** *sl.* a) loslegen (***with*** mit), b) ‚auf den Putz hauen'; **~ off** *v/t.* **1.** abschneiden, -schlagen, -hauen: **~ *s.o.'s head*** j-n köpfen; **2.** unter'brechen, trennen; **3.** *Strom etc.* absperren, abdrehen; **4.** *Debatte* beenden; **5.** niederschlagen, da'hinraffen; vernichten; **6.** ***cut s.o. off with a shilling*** j-n enterben; **~ out I** *v/t.* **1.** aus-, zuschneiden: **~ *for a job*** wie geschaffen für e-n Posten; → ***work*** 1; **2.** *j-n* ausstechen; verdrängen; **3.** *Am. sl.* unter'lassen: ***cut it out!*** laß den Quatsch!; **4.** aufgeben; entfernen; *Am. Tier* von der Herde absondern; **5.** ⚙ ausschalten; **II** *v/i.* **6.** ⚙ sich ausschalten, aussetzen; **7.** ausscheren (*Fahrzeug*); **8.** *Kartenspiel*: ausscheiden; **~ short** *v/t.* **1.** unter'brechen; *j-m* ins Wort fallen; **2.** plötzlich beenden, kürzen; *es* kurz machen; **~ un·der** *v/t.* ✝ *j-n* unter'bieten; **~ up I** *v/t.* **1.** in Stücke schneiden, zerhauen; zerlegen; **2.** vernichten; **3.** F ‚verreißen', her'untermachen; **4.** tief betrüben, aufregen: ***be badly* ~** ganz ‚kaputt' sein; **II** *v/i.* **5.** *Brit.* F **~ *fat*** (*od.* ***rich***) reich sterben; **6.** F ‚den wilden Mann' spielen: **~ *rough*** ‚massiv' werden; **7.** *Am. sl.* a) ‚angeben', b) Unsinn treiben.

,**cut-and-'dried** *adj.* **1.** (fix und) fertig, fest(gelegt); **2.** scha'blonenhaft.

cu·ta·ne·ous [kju:'teɪnjəs] *adj.* ⚕ Haut...: **~ *eruption*** Hautausschlag *m*.

'**cut·a·way I** *s.* Cut(away) *m*; **II** *adj.* ⚙ Schnitt...(*-modell etc.*): **~ *view*** Ausschnitt(darstellung *f*) *m*.

'**cut·back** *s.* **1.** *Film*: Rückblende *f*; **2.** Kürzung *f*, Beschneidung *f*, Verringerung *f*.

cute [kju:t] *adj.* □ F **1.** schlau, clever; **2.** *Am.* niedlich, ‚süß'.

cu·ti·cle ['kju:tɪkl] *s.* ⚘, *anat.* Oberhaut *f*, Epi'dermis *f*; Nagelhaut *f*: **~ *scissors*** Hautschere *f*.

cu·tie ['kju:tɪ] *s. Am. sl.* ‚dufte Biene' (*Mädchen*).

'**cut-in** *s. Film*: a) Einschnitt(szene *f*) *m*, b) *a. Zeitung*: Zwischentitel *m*.

cu·tis ['kju:tɪs] *s. anat.* 'Kutis *f*, Lederhaut *f*.

cut·lass ['kʌtləs] *s.* **1.** ⚓ *hist.* Entermesser *n*; **2.** Ma'chete *f*.

cut·ler ['kʌtlə] *s.* Messerschmied *m*; **'cut·ler·y** [-ərɪ] *s.* **1.** Messerwaren *pl.*; **2.** *coll.* Eßbesteck(e *pl.*) *n*.

cut·let ['kʌtlɪt] *s.* Schnitzel *n*.

'cut|·off *s.* **1.** ⚙ (Ab)Sperrung *f*; **2.** ⚙, ⚡ Ab-, Ausschaltung *f* (*a. Vorrichtung*); **3.** *Am.* Abkürzung(sweg *m*) *f*; **'~·out** *s.* **1.** Ausschnitt *m*; 'Ausschneidefi͵gur *f*; **2.** ⚡ a) Ausschalter *m*, Sicherung *f*; **3.** *mot.* Auspuffklappe *f*; **'~·purse** *s.* Taschendieb(in); **'~-rate** *adj.* ✝ ermäßigt, her'abgesetzt, billig (*a. fig.*).

cut·ter ['kʌtə] *s.* **1.** Schneidende(r) *m*; (Blech-, Holz)Schneider *m* (Stein)Hauer *m*; (Glas-, Dia'mant)Schleifer *m*; **2.** Zuschneider *m*; **3.** ⚙ Schneidewerkzeug *n*; **4.** *Film*: Cutter(in); **5.** *Küche*: Ausstechform *f*; **6.** ⚓ a) Kutter *m*, b) Beiboot *n*, c) *Am.* Küstenwachboot *n*.

'cut·throat I *s.* **1.** Mörder *m*; **2.** *fig.* Halsabschneider *m*; **II** *adj.* **3.** *fig.* mörderisch, halsabschneiderisch: **~ *competition***.

cut·ting ['kʌtɪŋ] **I** *s.* **1.** Schneiden *n*; Zuschneiden *n*; **2.** *bsd.* 🚆 Einschnitt *m*, 'Durchstich *m*; **3.** ⚙ a) Fräsen *n*, spanabhebende Bearbeitung, b) Kerbe *f*, Schlitz *m*, c) *pl.* Späne *pl.*, Schnitzel *pl.*, **4.** (Zeitungs)Ausschnitt *m*; **5.** *pl.* Schnitzel *pl.*, Abfälle *pl.*; **6.** ⚘ Ableger *m*, Steckling *m*; **7.** *Film*: Schnitt *m*; **II** *adj.* □ **8.** schneidend, Schneid(e)…; **9.** *fig.* schneidend (*Wind*), scharf (*Worte*), beißend (*Hohn*); **~ die** *s.* ⚙ Schneideisen *n*, 'Stanzscha͵blone *f*; **~ edge** *s.* Schneide *f*; **~ nip·pers** *s. pl.* Kneifzange *f*; **~ torch** *s.* ⚙ Schneidbrenner *m*.

cut·tle ['kʌtl], **'~·fish** *s. zo.* (Gemeiner) Tintenfisch.

cy·a·nate ['saɪəneɪt] *s.* ⚗ Zya'nat *n*; **cy·an·ic** [saɪ'ænɪk] *adj.* Zyan…: **~ *acid*** Zyansäure *f*; **'cy·a·nide** [-naɪd] *s.* Zya'nid *n*: **~ *of potassium*** (*od.* ***potash***) Zyankali *n*; **cy·an·o·gen** [saɪ'ænədʒɪn] *s.* Zy'an *n*.

cy·ber·net·ics [͵saɪbə'netɪks] *s. pl.* (*sg. konstr.*) Kyber'netik *f*; **͵cy·ber'net·ist** [-ɪst] *s.* Kyber'netiker *m*.

cyc·la·men ['sɪkləmən] *s.* ⚘ Alpenveilchen *n*.

cy·cle ['saɪkl] **I** *s.* **1.** 'Zyklus *m*, Kreis (-lauf) *m*, 'Umlauf *m*: ***lunar* ~** Mondzyklus; → ***business cycle***; ***come full* ~** a) e-n ganzen Kreislauf beschreiben, b) *fig.* zum Anfangspunkt zurückkehren; **2.** *a.* ⚡, *phys.* Peri'ode *f*: ***in* ~*s*** periodisch wiederkehrend; **~*s per second*** (*abbr.* ***cps***) Hertz; **3.** (Gedicht-, Sagen)Kreis *m*; **4.** Folge *f*, Reihe *f*, 'Serie *f*, 'Zyklus *m*; **5.** ⚙ 'Kreispro͵zeß *m*; Arbeitsgang *m*; **6.** *mot.* Takt *m*: ***four-stroke* ~** Viertakt; ***four-~ engine*** Viertaktmotor *m*; **7.** a) Fahrrad *n*, b) Motorrad *n*, c) Dreirad *n*; **II** *v/i.* **8.** radfahren, radeln; **III** *v/t.* **9.** e-n Kreislauf 'durchmachen lassen; **10.** *a.* ⚙ peri'odisch wieder'holen; **'cy·clic**, **'cy·cli·cal** [-lɪk(l)] *adj.* □ **1.** zyklisch, peri'odisch, kreisläufig; **2.** ✝ konjunk'turbedingt, -po͵litisch, Konjunktur…; **'cy·cling** [-lɪŋ] *s.* **1.** Radfahren *n*: **~ *tour*** Radtour *f*; **2.** Rad(renn)sport *m*; **'cy·clist** [-lɪst] *s.* Radfahrer(in).

cy·clo-cross [͵saɪklə'krɒs] *s. Radsport*: Querfeld'einfahren *n*.

cy·clom·e·ter [saɪ'klɒmɪtə] *s.* **1.** ⚙ Wegmesser *m*; **2.** ⚘ Zyklo'meter *m*.

cy·cloid ['saɪklɔɪd] **I** *s.* ⚘ Zyklo'ide *f*; **II** *adj. allg.* zyklo'id.

cy·clone ['saɪkləʊn] *s.* **1.** *meteor.* a) Zy'klon *m*, Wirbelsturm *m*, b) Zy'klone *f*, Tief(druckgebiet) *n*; **2.** *fig.* Or'kan *m*.

cy·clo·p(a)e·di·a [͵saɪklə͵ʊ'piːdjə] → ***encyclop(a)edia***.

Cy·clo·pe·an [saɪ'kləʊpjən] *adj.* zy'klopisch, riesig; **Cy·clops** ['saɪklɒps] *pl.* **Cy·clo·pes** [saɪ'kləʊpiːz] *s.* Zy'klop *m*.

cy·clo·tron ['saɪklətrɒn] *s. Kernphysik*: 'Zyklotron *n*.

cy·der → ***cider***.

cyg·net ['sɪgnɪt] *s.* junger Schwan.

cyl·in·der ['sɪlɪndə] *s.* **1.** ⚘, ⚙, *typ.* Zy'linder *m*, Walze *f*: ***six-~ car*** Sechszylinderwagen *m*; **2.** ⚙ Trommel *f*, Rolle *f*; 'Meß-, 'Dampfzy͵linder *m*; Gas-, Stahlflasche *f*; Stiefel *m* (*Pumpe*); **~ block** *s. mot.* Zy'linderblock *m*; **~ bore** *s.* Zy'linderbohrung *f*; **~ es·cape·ment** *s.* Zy'linderhemmung *f* (*Uhr*); **~ head** *s.* Zy'linderkopf *m*; **~ jack·et** *s.* Zy'lindermantel *m*; **~ print·ing** *s. typ.* Walzendruck *m*.

cy·lin·dri·cal [sɪ'lɪndrɪkl] *adj.* zy'lindrisch, Zylinder…

cym·bal ['sɪmbl] *s.* ♪ **1.** Becken *n*; **2.** 'Zimbel *f*; **'cym·bal·ist** [-bəlɪst] *s.* Beckenschläger *m*; **'cym·ba·lo** [-bələʊ] *pl.* **-los** *s.* ♪ Hackbrett *n*.

Cym·ric ['kɪmrɪk] **I** *adj.* kymrisch, *bsd.* wa'lisisch; **II** *s. ling.* Kymrisch *n*.

cyn·ic ['sɪnɪk] *s.* **1.** Zyniker *m*, bissiger Spötter; **2.** ♀ *antiq. phls.* Kyniker *m*; **'cyn·i·cal** [-kl] *adj.* □ zynisch; **'cyn·i·cism** [-ɪsɪzəm] *s.* **1.** Zy'nismus *m*; **2.** zynische Bemerkung.

cy·no·sure ['sɪnəzjʊə] *s.* **1.** *fig.* Anziehungspunkt *m*, Gegenstand *m* der Bewunderung; **2.** *fig.* Leitstern *m*; **3.** ♀ *ast.* a) Kleiner Bär, b) Po'larstern *m*.

cy·pher → ***cipher***.

cy·press ['saɪprɪs] *s.* Zy'presse *f*.

Cyp·ri·ote ['sɪprɪəʊt], **'Cyp·ri·ot** [-ɪət] **I** *s.* Zypri'ot(in), Zyprer(in); **II** *adj.* zyprisch.

Cy·ril·lic [sɪ'rɪlɪk] *adj.* ky'rillisch.

cyst [sɪst] *s.* **1.** ⚕ Zyste *f*; **2.** Kapsel *f*, Hülle *f*; **'cyst·ic** [-tɪk] *adj.* **1.** ⚕ zystisch; **2.** *anat.* Blasen…; **cys·ti·tis** [sɪs'taɪtɪs] *s.* ⚕ Blasenentzündung *f*; **'cys·to·scope** [-təskəʊp] *s.* ⚕ Blasenspiegel *m*; **cys·tos·co·py** [sɪs'tɒskəpɪ] *s.* ⚕ Blasenspiegelung *f*.

cy·to·blast ['saɪtəʊblæst] *s. biol.* Zyto'blast *m*, Zellkern *m*.

cy·tol·o·gy [saɪ'tɒlədʒɪ] *s. biol.* Zytolo'gie *f*, Zellenlehre *f*.

czar [zɑː] *s.* Zar *m*.

czar·das ['tʃɑːdæʃ] *s.* 'Csárdás *m*.

czar·e·vitch ['zɑːrəvɪtʃ] *s.* Za'rewitsch *m*; **cza·ri·na** [zɑː'riːnə] *s.* Zarin *f*; **'czar·ism** [-rɪzəm] *s.* Zarentum *n*; **'czar·ist** [-rɪst], **czar·is·tic** [zɑː'rɪstɪk] *adj.* za'ristisch; **cza·rit·za** [zɑː'rɪtsə] → ***czarina***.

Czech [tʃek] **I** *s.* **1.** Tscheche *m*, Tschechin *f*; **2.** *ling.* Tschechisch *n*; **II** *adj.* **3.** tschechisch.

Czech·o·slo·vak [͵tʃekəʊ'sləʊvæk], *a.* **͵Czech·o·slo'vak·i·an** [-əʊsləʊ'vækɪən] **I** *s.* Tschechoslo'wake *m*, Tschechoslo'wakin *f*; **II** *adj.* tschechoslo'wakisch.

D

D, d [di:] *s.* **1.** D *n*, d *n* (*Buchstabe*); **2.** ♪ D *n*, d *n* (*Note*); **3.** *ped. Am.* Vier *f*, Ausreichend *n* (*Note*).

'd [-d] F *für* ***had, should, would***: ***you'd***.

dab¹ [dæb] **I** *v/t.* **1.** leicht klopfen, antippen; **2.** be-, abtupfen; **3.** bestreichen; **4.** *typ.* abklatschen, klischieren; **5.** *a.* ***~ on*** *Farbe etc.* auftragen; **6.** *sl.* Fingerabdrücke machen von; **II** *v/i.* **7.** ***~ at*** → 1, 2; **III** *s.* **8.** (leichter) Klaps, Tupfer *m*; **9.** Klecks *m*, Spritzer *m*; **10.** *Am. sl.* Fingerabdruck *m*.

dab² [dæb] *s.* F Könner *m*, ‚Künstler' *m*, Ex'perte *m*: ***be a ~ at s.th.*** et. aus dem Effeff können.

dab·ber ['dæbə] *s. typ.* a) Farbballen *m*, b) Klopfbürste *f*.

dab·ble ['dæbl] **I** *v/t.* **1.** bespritzen, besprengen; **II** *v/i.* **2.** planschen, plätschern; **3.** *fig.* ***~ in s.th.*** sich aus Liebhaberei *od.* oberflächlich *od.* dilet'tantisch mit et. befassen, ein bißchen *malen etc.*; **'dab·bler** [-lə] *s.* Ama'teur *m*, *contp.* Dilet'tant(in), Stümper(in).

dab·ster ['dæbstə] *s.* **1.** → ***dab²***; **2.** F *Am.* Stümper *m*.

dace [deɪs] *s. ichth.* Häsling *m*.

da·cha ['dætʃə] *s.* Datscha *f*.

dachs·hund ['dækshʊnd] *s. zo.* Dachshund *m*, Dackel *m*.

dac·tyl ['dæktɪl] *s.* Daktylus *m* (*Versfuß*); **dac·tyl·ic** [dæk'tɪlɪk] *adj. u. s.* dak'tylisch(er Vers).

dac·ty·lo·gram [dæk'tɪləʊgræm] *s.* Fingerabdruck *m*.

dad [dæd] *s.* F ‚Paps' *m*, Vati *m*.

Da·da·ism ['dɑ:dɑɪzəm] *s.* Dada'ismus *m*; **'Da·da·ist** [-ɪst] **I** *s.* Dada'ist *m*; **II** *adj.* dada'istisch.

dad·dy ['dædɪ] → ***dad***; **~ long·legs** [ˌdædɪ'lɒŋlegz] *s. zo.* **1.** *Brit.* Schnake *f*; **2.** *Am.* Weberknecht *m*.

dae·mon → ***demon***.

daf·fo·dil ['dæfədɪl] *s.* ⚘ gelbe Nar'zisse, Osterblume *f*, -glocke *f*.

daft [dɑ:ft] *adj.* □ F verrückt, blöde, ‚doof', ‚bekloppt'.

dag·ger ['dægə] *s.* **1.** Dolch *m*: ***be at ~s drawn*** (***with***) *fig.* auf (dem) Kriegsfuß stehen (mit); ***look ~s at s.o.*** j-n mit Blicken durchbohren; **2.** *typ.* Kreuz (-zeichen) *n* (†).

da·go ['deɪgəʊ] *pl.* **-gos** *od.* **-goes** *s. sl. contp.* = *Spanier*, *Portugiese od. Italiener*; *weitS.* ‚Ka'nake' *m*, (verdammter) Ausländer.

da·guerre·o·type [də'gerəʊtaɪp] *s. phot.* a) Daguerreoty'pie *f*, b) Daguerreo'typ *n* (*Bild*).

dahl·ia ['deɪljə] *s.* ⚘ Dahlie *f*.

Dail Eir·eann [ˌdaɪl'eərən] *a.* **Dail** *s.* Abgeordnetenhaus *n von Eire*.

dai·ly ['deɪlɪ] **I** *adj.* **1.** täglich, Tage(s)…: ***our ~ bread*** unser täglich(es) Brot; ***~ wages*** Tagelohn *m*; ***~ newspaper*** → 5; **2.** alltäglich, häufig, ständig; **II** *adv.* **3.** täglich; **4.** immer, ständig; **III** *s.* **5.** Tageszeitung *f*; **6.** *Brit.* Zugeh-, Putzfrau *f*.

dain·ti·ness ['deɪntɪnɪs] *s.* **1.** Zierlichkeit *f*, Niedlichkeit *f*; **2.** wählerisches Wesen, Verwöhntheit *f*; **3.** Geziertheit *f*, Zimperlichkeit *f*; **4.** Schmackhaftigkeit *f*; **dain·ty** ['deɪntɪ] **I** *adj.* □ **1.** zierlich, niedlich, fein, reizend; **2.** köstlich, exqui'sit; **3.** wählerisch, verwöhnt (*bsd. im Essen*); **4.** geziert, zimperlich; **5.** lecker, schmackhaft; **II** *s.* **6.** *a. fig.* Lekkerbissen *m*, Delika'tesse *f*.

dair·y ['deərɪ] *s.* **1.** Molke'rei *f*; **2.** Milchwirtschaft *f*, Molke'rei(betrieb *m*) *f*; **3.** Milchhandlung *f*; **~ bar** *s. Am.* Milchbar *f*; **~ cat·tle** *s. pl.* Milchvieh *n*; **~ farm** *s.* auf Milchwirtschaft spezialisierter Bauernhof; **~ lunch** → ***dairy bar***; **'~·maid** *s.* **1.** Melkerin *f*; **2.** Molke'reiangestellte *f*; **'~·man** [-mən] *s.* [*irr.*] **1.** Milchmann *m*; **2.** Melker *m*, Schweizer *m*; **~ prod·uce** *s.* Molke'reiproˌdukte *pl*.

da·is ['deɪɪs] *pl.* **-is·es** *s.* **1.** Podium *n*, E'strade *f*; **2.** *obs.* Baldachin *m*.

dai·sy ['deɪzɪ] **I** *s.* **1.** ⚘ Gänseblümchen *n*: (***double***) **~** Tausendschön(chen) *n*; ***be pushing up the daisies*** *sl.* ‚sich die Radies-chen von unten betrachten' (*tot sein*); → ***fresh*** 4; **2.** *sl.* a) 'Prachtexemˌplar *n*, b) Prachtkerl *m*, ‚Perle' *f*; **II** *adj.* **3.** *sl.* erstklassig, prima; **'~-chain** *s.* **1.** Gänseblumenkränzchen *n*; **2.** *fig.* Reigen *m*, Kette *f*; **'~-ˌcut·ter** *s. sl.* **1.** Pferd *n* mit schleppendem Gang; **2.** *sport* Flachschuß *m*.

dale [deɪl] *s. poet.* Tal *n*; **dales·man** ['deɪlzmən] *s.* [*irr.*] Talbewohner *m* (*bsd. in Nordengland*).

dal·li·ance ['dælɪəns] *s.* **1.** Tröde'lei *f*, Bumme'lei *f*; **2.** Tände'lei *f*: a) Spiele'rei *f*, b) Schäke'rei *f*, Liebe'lei *f*; **dal·ly** ['dælɪ] **I** *v/i.* **1.** trödeln, Zeit vertändeln; **2.** tändeln, spielen, liebäugeln (***with*** mit); **3.** scherzen, schäkern; **II** *v/t.* **4.** ***~ away*** *Zeit* vertrödeln; *Gelegenheit* verpassen.

Dal·ma·tian [dæl'meɪʃjən] **I** *adj.* **1.** dalma'tinisch; **II** *s.* **2.** Dalma'tiner(in); **3.** Dalma'tiner *m* (*Hund*).

dal·ton·ism ['dɔ:ltənɪzəm] *s.* ⚕ Farbenblindheit *f*.

dam¹ [dæm] **I** *s.* **1.** (Stau)Damm *m*, Wehr *n*, Talsperre *f*; **2.** Stausee *m*; **3.** *fig.* Damm *m*; **II** *v/t.* **4.** *a.* ***~ up*** a) stauen, (ab-, ein-, zu'rück)dämmen (*a. fig.*), b) (ab)sperren, hemmen (*a. fig.*).

dam² [dæm] *s. zo.* Mutter(tier *n*) *f*.

dam·age ['dæmɪdʒ] **I** *s.* **1.** (***to***) Schaden *m* (an *dat.*), (Be)Schädigung *f* (*gen.*): ***do ~*** Schaden anrichten; ***do ~ to*** → 6; ***~ by sea*** ⚓ Seeschaden *m*, Havarie *f*; **2.** Nachteil *m*, Verlust *m*; **3.** *pl.* ⚖ Schadensersatz *m*: ***for ~s*** auf Schadensersatz *klagen*; **4.** *sl.* Kosten *pl.*: ***what's the ~?*** was kostet es?; **II** *v/t.* **5.** beschädigen; **6.** *j-n*, *j-s Ruf etc.* schädigen, Schaden zufügen, *j-m* schaden; **'dam·age·a·ble** [-dʒəbl] *adj.* leicht zu beschädigen(d); **'dam·aged** [-dʒd] *adj.* **1.** beschädigt, schadhaft, de'fekt; **2.** verletzt, (körper)geschädigt; **3.** verdorben; **'dam·ag·ing** [-dʒɪŋ] *adj.* □ schädlich, nachteilig (***to*** für).

dam·a·scene(d) ['dæməsi:n(d)] *adj.* Damaszener…, damasziert.

dam·ask ['dæməsk] **I** *s.* **1.** Da'mast *m* (*Stoff*); **2.** *a.* ***~ steel*** Damas'zenerstahl *m*; **3.** *a.* ***~ rose*** ⚘ Damas'zenerrose *f*; **II** *adj.* **4.** Damast…; Damaszener…; **5.** rosarot; **III** *v/t.* **6.** *Stahl* damaszieren; **7.** da'mastartig weben; **8.** *fig.* verzieren.

dame [deɪm] *s.* **1.** *Brit.* a) Freifrau *f*, b) ***2*** *der dem* ***knight*** *entsprechende Titel*: ***2 Diana X***; **2.** alte Dame: ***2 Nature*** Mutter *f* Natur; **3.** *ped.* Schul- *od.* Heimleiterin *f*; **4.** *Am. sl.* ‚Frau' *f*, Weibsbild *n*.

damn [dæm] **I** *v/t.* **1.** verdammen (*a. eccl.*); verwünschen, verfluchen: (***oh***) ***~!***, ***~ it*** (***all***)***!*** *sl.* verflucht!; ***~ you!*** *sl.* hol dich der Teufel!; ***well, I'll be ~ed!*** nicht zu glauben!, das ist die Höhe!; ***I'll be ~ed if*** a) ich freß 'nen Besen, wenn…, b) es fällt mir nicht im Traum ein (*das zu tun*); ***I'll be ~ed if I know!*** ich habe keinen blassen Dunst; **2.** verurteilen, verwerfen, ablehnen; **3.** vernichten, ruinieren; **II** *s.* **4.** Fluch *m*; **5.** ***I don't care a ~*** *sl.* das kümmert mich einen Dreck; ***not worth a ~*** keinen Pfifferling wert; **III** *adj. u. adv.* **6.** → ***damned*** 2, 3; **'dam·na·ble** [-nəbl] *adj.* □ **1.** verdammenswert; **2.** F ab'scheulich; **dam·na·tion** [dæm'neɪʃn] **I** *s.* **1.** Verdammung *f*; **2.** Ru'in *m*; **II** *int.* **3.** verflucht!; **damned** [dæmd] **I** *adj.* **1.** verdammt: ***the ~*** *eccl.* die Verdammten; **2.** *sl.* verflucht: ***~ fool*** Idiot *m*, ‚Blödmann' *m*; ***do one's ~est*** sein möglichstes tun; **3.** *a. adv. Bekräftigung*: *sl.* verdammt: ***a ~ sight better*** viel besser; ***every ~ one*** jeder einzelne; ***~ funny*** urkomisch; ***he ~ well ought to know*** das müßte er wahrhaftig wissen; **II** *int.* **4.** verdammt!; **damn·ing** ['dæmɪŋ] *adj. fig.* erdrükkend, vernichtend: ***~ evidence***.

Dam·o·cles ['dæməkli:z] *npr.* Damokles: ***sword of ~*** Damoklesschwert *n*.

damp [dæmp] **I** *adj.* □ **1.** feucht; dunstig: ~ ***course*** ⚠ Isolierschicht *f*; **II** *s.* **2.** Feuchtigkeit *f*; **3.** Dunst *m*; **4.** → ***fire-damp***; **5.** *fig.* Dämpfer *m*, Entmutigung *f*, Hemmnis *n*: ***cast a ~ over s.th.*** et. dämpfen *od.* lähmen, et. überschatten; **III** *v/t.* **6.** an-, befeuchten; **7.** *a.* ~ ***down*** *fig. Eifer etc.* dämpfen (*a.* ♪, ⚡, *phys.*); (ab)schwächen, drosseln (*a.* ⚙); ersticken; ~ **course** *s.* ⚠ Sperrbahn *f* (*gegen Nässe*).

damp·en ['dæmpən] **I** *v/t.* **1.** an-, befeuchten; **2.** *fig.* dämpfen, 'niederdrükken; entmutigen; **II** *v/i.* **3.** feucht werden; **'damp·er** [-pə] *s.* **1.** Dämpfer *m* (*bsd. fig.*): ***cast a ~ on*** dämpfen, lähmend wirken auf (*acc.*); **2.** ⚙ Ofen-, Zugklappe *f*, Schieber *m*; **3.** ♪ Dämpfer *m*; **4.** ⚡ Dämpfung *f*; **5.** *Brit.* Stoßdämpfer *m*; **'damp·ish** [-pɪʃ] *adj.* etwas feucht, klamm; **'damp·ness** [-nɪs] *s.* Feuchtigkeit *f*; **'damp·proof** *adj.* feuchtigkeitsbeständig.

dam·sel ['dæmzl] *s. obs. od. iro.* Maid *f*.

dam·son ['dæmzən] *s.* ⚘ Damas'zenerpflaume *f*; ~ **cheese** *s.* steifes Pflaumenmus.

dan [dæn] *s. Judo etc.*: Dan *m*.

dance [dɑːns] **I** *v/i.* **1.** tanzen: ~ ***to s.o.'s pipe*** (*od.* ***tune***) *fig.* nach j-s Pfeife tanzen; **2.** tanzen: a) (her'um)hüpfen, b) flattern, schaukeln (*Blätter etc.*); **II** *v/t.* **3.** *e-n Tanz* tanzen: ~ ***attendance on s.o.*** *fig.* um j-n scharwenzeln; **4.** *Tier* tanzen lassen; *Kind* schaukeln; **III** *s.* **5.** Tanz *m*: ***give a ~*** e-n Ball geben; ***lead s.o. a ~*** a) j-n zum Narren halten, b) j-m das Leben sauer machen; ♀ ***of Death*** Totentanz; ~ **hall** *s.* 'Tanzloˌkal *n*.

danc·er ['dɑːnsə] *s.* Tänzer(in).

danc·ing ['dɑːnsɪŋ] *s.* Tanzen *n*, Tanzkunst *f*; ~ **girl** *s.* (Tempel)Tänzerin *f* (*in Asien*); ~ **les·son** *s.* Tanzstunde *f*; ~ **mas·ter** *s.* Tanzlehrer *m*.

dan·de·li·on ['dændɪlaɪən] *s.* ⚘ Löwenzahn *m*.

dan·der ['dændə] *s.*: ***get s.o.'s ~ up*** F j-n ‚auf die Palme' bringen.

dan·di·fied ['dændɪfaɪd] *adj.* stutzer-, geckenhaft, geschniegelt.

dan·dle ['dændl] *v/t.* **1.** *Kind* auf den Armen *od.* auf den Knien schaukeln; **2.** hätscheln; **3.** verhätscheln, verwöhnen.

dan·druff ['dændrəf] *a.* **'dan·driff** [-rɪf] *s.* (Kopf-, Haar)Schuppen *pl*.

dan·dy ['dændɪ] **I** *s.* **1.** Dandy *m*, Stutzer *m*; **2.** F *et.* Großartiges: ***the ~*** genau das Richtige; **3.** ⚓ Scha'luppe *f*; **4.** ⚓ a) Heckmaster *m*, b) Besansegel *n*; **II** *adj.* **5.** stutzerhaft; **6.** F erstklassig, prima, ‚bestens'; ~ **brush** *s.* Striegel *m*.

dan·dy·ish ['dændɪɪʃ] → ***dandy*** 5; **'dan·dy·ism** [-ɪzəm] stutzerhaftes Wesen.

Dane [deɪn] *s.* **1.** Däne *m*, Dänin *f*; **2.** → ***Great Dane***.

dan·ger ['deɪndʒə] **I** *s.* **1.** Gefahr *f* (***to*** für): ***in ~ of one's life*** in Lebensgefahr; ***be in ~ of falling*** Gefahr laufen zu fallen; ***the signal is at ~*** 🚂 das Signal steht auf Halt; **2.** Bedrohung *f*, Gefährdung *f* (***to*** *gen.*); **II** *adj.* Gefahren…: ~ ***area*** Gefahrenzone *f*; Sperrgebiet *n*; ***be on*** (***off***) ***the ~ list*** in (außer) Lebensgefahr sein; ~ ***money***, ~ ***pay*** Gefahrenzulage *f*; ~ ***point***, ~ ***spot*** Gefahrenpunkt *m*; ~ ***signal*** Not-, Warnsignal *n*; **'dan·ger·ous** [-dʒərəs] *adj.* ☐ **1.** gefährlich, gefahrvoll (***to*** für); **2.** bedenklich.

dan·gle ['dæŋgl] **I** *v/i.* **1.** baumeln, (her'ab)hängen; **2.** ~ ***after s.o.*** sich an j-n anhängen, j-m nachlaufen: ~ ***after girls***; **II** *v/t.* **3.** schlenkern, baumeln lassen: ~ ***s.th. before s.o.*** *fig.* j-m et. verlockend in Aussicht stellen.

Dan·iel ['dænjəl] *s. bibl.* (das Buch) Daniel *m*.

Dan·ish ['deɪnɪʃ] **I** *adj.* **1.** dänisch; **II** *s.* **2.** ***the ~*** die Dänen; **3.** *ling.* Dänisch *n*, das Dänische; ~ **pas·try** *s. ein* Blätterteiggebäck *n*.

dank [dæŋk] *adj.* feucht, naßkalt, dumpfig.

Da·nu·bi·an [dæ'njuːbjən] *adj.* Donau…

daph·ne ['dæfnɪ] *s.* ⚘ Seidelbast *m*.

dap·per ['dæpə] *adj.* **1.** a'drett, ele'gant, *iro.* geschniegelt; **2.** flink, gewandt.

dap·ple ['dæpl] *v/t.* tüpfeln, sprenkeln; **'dap·pled** [-ld] *adj.* **1.** gesprenkelt, gefleckt, scheckig; **2.** bunt.

ˌdap·ple-'grey (**horse**) *s.* Apfelschimmel *m*.

dar·bies ['dɑːbɪz] *s. pl. sl.* Handschellen *pl*.

Dar·by and Joan ['dɑːbɪ ən(d) 'dʒəʊn] glückliches älteres Ehepaar: ~ ***club*** Seniorenklub *m*.

dare [deə] **I** *v/i.* [*irr.*] **1.** es wagen, sich (ge)trauen; sich erdreisten, sich unter'stehen: ***he ~n't do it*** er wagt es nicht (zu tun); ***how ~ you say that?*** wie können Sie es wagen, das zu sagen?; ***don't*** (***you***) ***~ to touch me!*** untersteh dich nicht, mich anzurühren!; ***how ~ you!*** a) untersteh dich!, b) was fällt dir ein!; ***I ~ say*** a) ich glaube wohl, b) allerdings (*a. iro.*); **II** *v/t.* [*irr.*] **2.** *et.* wagen, riskieren; **3.** mutig begegnen (*dat.*), trotzen (*dat.*); **4.** *j-n* her'ausfordern: ***I ~ you!*** du traust dich ja nicht!; ***I ~ you to deny it*** wage nicht, es abzustreiten; **'~ˌdev·il I** *s.* Wag(e)hals *m*, Draufgänger *m*, Teufelskerl *m*; **II** *adj.* tollkühn, waghalsig; **'~ˌdev·il·(t)ry** *s.* Tollkühnheit *f*.

dar·ing ['deərɪŋ] **I** *adj.* ☐ **1.** wagemutig, kühn, verwegen; **2.** unverschämt, dreist; **3.** *fig.* gewagt, kühn; **II** *s.* **4.** Wagemut *m*.

dark [dɑːk] **I** *adj.* ☐ → ***darkly***; **1.** dunkel, finster: ***it is getting ~*** es wird dunkel; **2.** dunkel (*Farbe*): ~ ***blue*** dunkelblau; ~ ***hair*** braunes *od.* dunkles Haar; → ***horse*** 1; **3.** geheim(nisvoll), dunkel, verborgen, unklar: ***a ~ secret*** ein tiefes Geheimnis; ***keep s.th. ~*** et. geheimhalten; **4.** böse, finster, schwarz: ~ ***thoughts***; **5.** düster, trübe, freudlos: ***a ~ future***; ***the ~ side of things*** die Schattenseite der Dinge; **6.** dunkel, unerforscht; kul'turlos; **II** *s.* **7.** Dunkel (-heit *f*) *n*, Finsternis *f*: ***in the ~*** im Dunkel(n); ***at ~*** bei Einbruch der Dunkelheit; **8.** *pl. paint.* Schatten *m*; **9.** *fig.* Dunkel *n*, Ungewißheit *f*, *das* Geheime, Unwissenheit *f*: ***keep s.o. in the ~*** j-n im ungewissen lassen; ***I am in the ~*** ich tappe im dunkeln; ***a leap in the ~*** ein Sprung ins Ungewisse; ♀ **A·ges** *s. pl. das* frühe Mittelalter; ♀ **Con·ti·nent** *s. hist. der* dunkle Erdteil, Afrika *n*.

dark·en ['dɑːkən] **I** *v/t.* **1.** verdunkeln (*a. fig.*), verfinstern: ***don't ~ my door again!*** komm mir nie wieder ins Haus!; **2.** dunkel *od.* dunkler färben; **3.** *fig.* verdüstern, trüben; **II** *v/i.* **4.** dunkel werden, sich verdunkeln (*etc.* → I); **'dark·ish** [-kɪʃ] *adj.* **1.** etwas dunkel, schwärzlich; **2.** trübe; **3.** dämmerig.

dark lan·tern *s.* 'Blendlaˌterne *f*.

dark·ling ['dɑːklɪŋ] *adj.* sich verdunkelnd; **'dark·ly** [-lɪ] *adv. fig.* **1.** finster, böse; **2.** dunkel, geheimnisvoll; **3.** undeutlich; **'dark·ness** [-nɪs] *s.* **1.** *a. fig.* Dunkelheit *f*, Finsternis *f*; **2.** dunkle Färbung; **3.** *das* Böse: ***the powers of ~*** die Mächte der Finsternis; **4.** Unwissenheit *f*; **5.** Unklarheit *f*; **6.** Heimlichkeit *f*.

'dark|·room [-rʊm] *s. phot.* Dunkelkammer *f*; **'~-skinned** *adj.* dunkelhäutig; **'~·slide** *s. phot.* Kas'sette *f*.

dark·y ['dɑːkɪ] *s. contp.* Neger(in).

dar·ling ['dɑːlɪŋ] **I** *s.* **1.** Liebling *m*, Schatz *m*: ~ ***of fortune*** Glückskind *n*; ***aren't you a ~*** du bist doch ein Engel; **II** *adj.* **2.** lieb, geliebt; Herzens…; **3.** reizend, ‚süß', entzückend.

darn[1] [dɑːn] **I** *v/t. Strümpfe etc.* stopfen, ausbessern; **II** *s. das* Gestopfte.

darn[2] [dɑːn] *v/t. sl. für* ***damn*** 1; **darned** [-nd] *adj. u. adv. sl. für* ***damned*** 2, 3.

darn·er ['dɑːnə] *s.* **1.** Stopfer(in); **2.** Stopf-ei *n*, -pilz *m*.

darn·ing ['dɑːnɪŋ] *s.* Stopfen *n*; ~ **egg** *s.* Stopf-ei *n*; ~ **nee·dle** *s.* Stopfnadel *f*; ~ **yarn** *s.* Stopfgarn *n*.

dart [dɑːt] **I** *s.* **1.** Wurfspeer *m*, -spieß *m*; **2.** (Wurf)Pfeil *m*; *fig.* Stachel *m des Spotts*; **3.** Satz *m*, Sprung *m*: ***make a ~ for*** losstürzen auf (*acc.*); **4.** *pl. sg. konstr.* Darts *n* (*Wurfpfeilspiel*): **~-*board*** Zielscheibe *f*; **5.** Abnäher *m* (*in Kleidern*); **II** *v/t.* **6.** schleudern, schießen; *Blicke* zuwerfen; **III** *v/i.* **7.** sausen, flitzen: ~ ***at s.o.*** auf j-n losstürzen; ~ ***off*** davonstürzen; **8.** sich blitzschnell bewegen, zucken, schnellen (*Schlange, Zunge*), huschen (*a. Auge*).

Dart·moor ['dɑːtˌmʊə] *a.* ~ **pris·on** *s. englische Strafanstalt*.

Dar·win·ism ['dɑːwɪnɪzəm] *s.* Darwi'nismus *m*.

dash [dæʃ] **I** *v/t.* **1.** schleudern, (heftig) stoßen *od.* schlagen, schmettern: ~ ***to pieces*** zerschmettern; ~ ***out s.o.'s brains*** j-m den Schädel einschlagen; **2.** (be)spritzen; (über)'schütten, über'gießen (*a. fig.*): ~ ***off*** *od.* ***down*** *Schriftliches* hinwerfen, -hauen; **3.** *Hoffnung etc.* zunichte machen, vereiteln; **4.** *fig.* a) niederdrücken, deprimieren, b) aus der Fassung bringen, verwirren; **5.** (ver)mischen (*a. fig.*); **6.** F → ***damn*** 1: ~ ***it*** (***all***)***!*** verflixt!; **II** *v/i.* **7.** sausen, flitzen, stürmen; *sport* spurten: ~ ***off*** davonjagen, -stürzen; **8.** heftig (auf-) schlagen, prallen, klatschen; **III** *s.* **9.** Sprung *m*, (Vor)Stoß *m*; Anlauf *m*, Ansturm *m*: ***at a*** (*od.* ***one***) ***~*** mit 'einem Schlag; ***make a ~*** (***for***, ***at***) (los-) stürmen, sich stürzen (auf *acc.*); **10.** (Auf)Schlagen *n*, Prallen *n*, Klatschen *n*; **11.** Zusatz *m*; Schuß *m Rum etc.*; Prise *f Salz etc.*; Anflug *m*, Stich *m* (***of red*** ins Rote); Klecks *m* (*Farbe*): ***add a ~ of colo(u)r*** *fig.* e-n Farbtupfer aufsetzen; **12.** Federstrich *m*; *typ.* Gedankenstrich *m*; ♪, ⚡, *tel.* Strich *m*; **13.** Schneid *m*, Schwung *m*, Schmiß *m*; Ele'ganz *f*: ***cut a ~*** Aufsehen erregen, e-e gute Figur abgeben; **14.** *sport* a) Kurzstreckenlauf *m*, b) Spurt *m*; **15.** ⚙ F → **'~·board** *s.* ✈, *mot.* Arma'turen-, Instru'mentenbrett *n.*

dashed [dæʃt] *adj. u. adv.* F verflixt; **'dash·er** [-ʃə] *s.* **1.** Butterstößel *m*; **2.** F ele'gante Erscheinung, fescher Kerl; **'dash·ing** [-ʃɪŋ] *adj.* □ **1.** schneidig, forsch, kühn; **2.** ele'gant, flott, fesch.

das·tard ['dæstəd] *s.* (gemeiner) Feigling, Memme *f*; **'das·tard·li·ness** [-lɪnɪs] *s.* **1.** Feigheit *f*; **2.** Heimtücke *f*; **'das·tard·ly** [-lɪ] *adj.* **1.** feig(e); **2.** (heim)tückisch, gemein.

da·ta ['deɪtə] *s. pl. von* **datum** (*oft* [*fälschlich*] *sg. konstr.*) (*a. technische*) Daten *pl. od.* Angaben *pl. od.* Einzelheiten *pl. od.* 'Unterlagen *pl.*; Tatsachen *pl.*; ⚙ (Meß-, Versuchs)Werte *pl.*; *Computer*: Daten *pl.*: ***personal ~*** Personalangaben, Personalien; (***electronic***) ***~ processing*** (elektronische) Datenverarbeitung; ***~ bank*** Datenbank *f*; ***~ collection*** Datenerfassung *f*; ***~ display device*** Datensichtgerät *n*; ***~ exchange*** Datenaustausch *m*; ***~ input*** Dateneingabe *f*; ***~ output*** Datenausgabe *f*; ***~ printer*** Datendrucker *m* (*Gerät*); ***~ protection*** Datenschutz *m*; ***~ typist*** Datentypist(in).

date¹ [deɪt] *s.* ♀ **1.** Dattel *f*; **2.** *a.* ***~-tree*** Dattelpalme *f*.

date² [deɪt] **I** *s.* **1.** Datum *n*, Zeitangabe *f*, (Monats)Tag *m*: ***what's the ~ today?*** der Wievielte ist heute?; **2.** Datum *n*, Zeit(punkt *m*) *f*: ***at an early ~*** (recht) bald; ***of recent ~*** neu(eren Datums), modern; ***fix a ~*** e-n Termin festsetzen; **3.** Zeit(raum *m*) *f*, E'poche *f*: ***of Roman ~*** aus der Römerzeit; **4.** ✝ a) Ausstellungstag *m* (*Wechsel*), b) Frist *f*, Ziel *n*: ***~ of delivery*** Liefertermin *m*; ***~ of maturity*** Fälligkeitstag *m*; ***at long ~*** auf lange Sicht; **5.** heutiger Tag: ***of this*** (*od.* ***today's***) ***~*** heutig; ***four weeks after ~*** heute in vier Wochen; ***to ~*** bis heute; ***out of ~*** veraltet, überholt, unmodern; ***go out of ~*** veralten; ***up to ~*** zeitgemäß, modern, auf der Höhe (der Zeit), auf dem laufenden; ***bring up to ~*** auf den neuesten Stand bringen, modernisieren; → ***up-to-date***; **6.** F Verabredung *f*, Rendez'vous *n*: ***have a ~ with s.o.*** mit j-m verabredet sein; ***make a ~*** sich verabreden; **7.** F (Verabredungs)Partner(in): ***who is your ~?*** mit wem bist du verabredet?; **II** *v/t.* **8.** *Brief etc.* datieren: ***~ ahead*** voraus-, vordatieren; **9.** a) ein Datum *od.* e-e Zeit festsetzen *od.* angeben für, b) e-r bestimmten Zeit zuordnen; **10.** herleiten (***from*** aus); **11.** als über'holt *od.* veraltet kennzeichnen; **12.** *a.* ***~ up*** F a) sich verabreden mit, b) (*regelmäßig*) ‚gehen' mit: ***~ a girl***; **III** *v/i.* **13.** datieren, datiert sein (***from*** von); **14.** ***~ from*** (*od.* ***back to***) stammen *od.* sich herleiten aus, entstanden sein in (*dat.*); **15.** ***~ back to*** zu'rückreichen bis, zu'rückgehen auf (*e-e Zeit*); **16.** veralten, sich über'leben.

date block *s.* ('Abreiß)Ka‚lender *m*.

dat·ed ['deɪtɪd] *adj.* **1.** veraltet, über'holt; **2.** ***~ up*** F ‚ausgebucht' (*Person*), voll besetzt (*Tag*); **'date·less** [-lɪs] *adj.* **1.** undatiert; **2.** endlos; **3.** zeitlos (*Mode, Kunstwerk etc.*).

'date|·line *s.* **1.** Datumszeile *f* (*e-r Zeitung etc.*); **2.** *geogr.* Datumsgrenze *f*; **~ palm** → ***date¹*** 2; **~ stamp** *s.* Datums- *od.* Poststempel *m*.

da·ti·val [də'taɪvəl] *adj. ling.* Dativ...

da·tive ['deɪtɪv] **I** *s. a.* ***~ case*** *ling.* Dativ *m*, dritter Fall; **II** *adj.* da'tivisch, Dativ...

da·tum ['deɪtəm] *pl.* **-ta** [-tə] *s.* **1.** *et.* Gegebenes *od.* Bekanntes, Gegebenheit *f*; **2.** Vor'aussetzung *f*, Grundlage *f*; **3.** ⅌ gegebene Größe; **4.** → ***data***; **~ line** *s. surv.* Bezugslinie *f*; **~ point** *s.* **1.** ⅌, *phys.* Bezugspunkt *m*; **2.** *surv.* Nor'malfixpunkt *m*.

daub [dɔ:b] **I** *v/t.* **1.** be-, verschmieren, bestreichen; **2.** (***on***) schmieren, streichen (auf *acc.*); **3.** *Wand* bewerfen, verputzen; **4.** *fig.* besudeln; **II** *v/i.* **5.** *paint.* klecksen, schmieren; **III** *s.* **6.** (Lehm-) Bewurf *m*; **7.** *paint.* Schmiere'rei *f*, Farbenkleckse'rei *f*, schlechtes Gemälde; **'daub·(st)er** [-b(st)ə] *s.* Schmierer(in); Farbenkleckser(in).

daugh·ter ['dɔ:tə] *s.* **1.** Tochter *f* (*a. fig.*): ***~ language*** Tochtersprache *f*; → ***Eve¹***; **2.** → **~ com·pa·ny** *s.* ✝ Tochter (-gesellschaft) *f*; **~-in-law** ['dɔ:tərɪnlɔ:] *pl.* **~s-in-law** [-təz-] *s.* Schwiegertochter *f*; **'daugh·ter·ly** [-lɪ] *adj.* töchterlich.

daunt [dɔ:nt] *v/t.* einschüchtern, (er-) schrecken; entmutigen: ***nothing ~ed*** unverzagt; ***a ~ing task*** e-e beängstigende Aufgabe; **'daunt·less** [-lɪs] *adj.* □ unerschrocken.

dav·en·port ['dævnpɔ:t] *s.* **1.** kleiner Sekre'tär (*Schreibtisch*); **2.** *Am.* (*bsd.* Bett)Couch *f*.

Da·vy Jones's lock·er ['deɪvɪ'dʒəunzɪz] *s.* ⚓ Meeresgrund *m*, nasses Grab: ***go to ~*** ertrinken.

daw [dɔ:] *s. orn. obs.* Dohle *f*.

daw·dle ['dɔ:dl] **I** *v/i.* trödeln, bummeln; **II** *v/t. a.* ***~ away*** *Zeit* vertrödeln; **'daw·dler** [-lə] *s.* Trödler(in), Bummler(in).

dawn [dɔ:n] **I** *v/i.* **1.** tagen, dämmern, anbrechen (*Morgen, Tag*); **2.** *fig.* (her'auf)dämmern, erwachen, entstehen; **3.** ***~*** (***up***)***on*** *fig. j-m* dämmern, klarwerden, zum Bewußtsein kommen; **II** *s.* **4.** Morgendämmerung *f*, Tagesanbruch *m*: ***at ~*** beim Morgengrauen, bei Tagesanbruch; **5.** (An)Beginn *m*, Erwachen *n*, Anbruch *m*.

day [deɪ] *s.* **1.** Tag *m* (*Ggs. Nacht*): ***by ~*** bei Tage; ***before ~*** vor Tagesanbruch; ***~ and night*** Tag u. Nacht, immer; **2.** Tag *m* (*Zeitraum*): ***~'s work*** Tagesleistung *f*; ***three ~s from London*** drei Tage(reisen) von London; ***she is 30 if a ~*** sie ist mindestens 30 Jahre alt; **3.** *bestimmter* Tag: ***New Year's*** ♀ Neujahrstag; **4.** festgesetzter Tag: ***~ of payment*** ✝ Zahlungstermin *m*; **5.** *pl.* (Lebens)Zeit *f*, Zeit(en *pl.*) *f*, Tage *pl.*: ***in my young ~s*** in m-r Jugend; ***student ~s*** Studentenzeit; ***~ after ~*** Tag für Tag; ***the ~ after*** tags darauf; ***the ~ after tomorrow*** übermorgen; ***all ~ long*** den ganzen Tag, den lieben langen Tag; ***the ~ before yesterday*** vorgestern; ***~ by ~*** (tag)täglich, Tag für Tag; ***for ~s*** (***on end***) tagelang; ***call it a ~*** F (für heute) Schluß machen; ***have a nice ~!*** *Am.* mach's gut!; ***let's call it a ~!*** F Feierabend!, Schluß für heute!; ***carry*** (*od.* ***win***) ***the ~*** den Sieg davontragen; ***end one's ~s*** s-e Tage beschließen; ***every other ~*** alle zwei Tage, e-n Tag um den andern; ***fall on evil ~s*** ins Unglück geraten; ***he*** (*od.* ***it***) ***has had his*** (*od.* ***its***) ***~*** s-e beste Zeit ist vorüber; ***~ in, ~ out*** tagaus, tagein; ***in his ~*** zu s-r Zeit, einst; ***late in the ~*** reichlich spät; ***that's all in the ~'s work*** *fig.* das gehört alles mit dazu; ***that made my ~*** F damit war der Tag für mich gerettet; ***what's the time of ~?*** wieviel Uhr ist es?; ***know the time of ~*** *fig.* wissen, was die Glocke geschlagen hat; ***pass the time of ~ with s.o.*** j-n grüßen; ***one ~*** eines Tages, einmal; ***the other ~*** neulich; ***save the ~*** die Lage retten; ***some ~*** (***or other***) e-s Tages, nächstens einmal; (***in***) ***these ~s*** heutzutage; ***this ~*** heute; ***this ~ week*** heute in e-r Woche; ***this ~ last week*** heute vor e-r Woche; ***in those ~s*** damals; ***those were the ~s!*** das waren noch Zeiten!; ***to a ~*** auf den Tag genau; ***what ~ of the month is it?*** den Wievielten haben wir heute?; **~ bed** *s.* Bettcouch *f*; **'~·book** *s.* **1.** Tagebuch *n*; **2.** ✝ a) Jour'nal *n*, b) Verkaufsbuch *n*, c) Kassenbuch *n*; **'~·boy** *s. Brit.* Ex'terne(r) *m* (*e-s Internats*); **'~·break** *s.* (***at ~*** bei) Tagesanbruch *m*; **‚~-by-'day** *adj.* (tag)täglich; **'~-care cen·ter** *s. Am.* Kindertagesstätte *f*; **'~-care moth·er** *s. Am.* Tagesmutter *f*; **~ coach** *s.* 🚃 *Am.* Per'sonenwagen *m*; **'~·dream I** *s.* **1.** Wachtraum *m*, Träume'rei *f*; **2.** *fig.* Luftschloß *n*; **II** *v/i.* **3.** (mit offenen Augen) träumen; **'~‚dream·er** *s.* Träumer(in); **'~·fly** *s. zo.* Eintagsfliege *f*; **'~·girl** *s. Brit.* Ex'terne *f* (*e-s Internats*); **~ la·bo(u)r·er** *s.* Tagelöhner *m*; **~ let·ter** *s. Am.* 'Briefte‚legramm *n*.

'day·light *s.* **1.** Tageslicht *n*: ***by*** *od.* ***in ~*** bei Tag(eslicht); → ***broad*** 2; ***let ~ into s.th.*** *fig.* a) et. der Öffentlichkeit zugänglich machen, b) et. aufhellen; ***beat the ~s out of s.o.*** F j-n windelweich schlagen; ***he saw ~ at last*** *fig.* a) endlich ging ihm ein Licht auf, b) endlich sah er Land; **2.** (***at ~*** bei) Tagesanbruch *m*; **3.** (lichter) Zwischenraum; **~ sav·ing time** *s.* Sommerzeit *f*.

'day|-long *adj. u. adv.* den ganzen Tag (dauernd); **~ nurs·er·y** *s.* **1.** Kindertagesstätte *f*, -krippe *f*; **2.** Spielzimmer *n*; **~ re·lease** *s.* zur beruflichen Fortbildung freigegebene Zeit; **'~·room** *s.* Tagesraum *m*; **~ school** *s.* **1.** Exter'nat *n*, Schule *f* ohne Inter'nat; **2.** Tagesschule *f*; **~ shift** *s.* Tagschicht *f*: ***be on ~*** Tagschicht haben; **~ stu·dent** Ex'terne(r *m*) *f e-s Internats*; **~ tick·et** *s.* 🚃 Tagesrückfahrkarte *f*; **'~·time** *s.* **1.** Tageszeit *f*, (*heller*) Tag: ***in the ~*** bei Tage; **2.** ✝ Arbeitstag *m*; **‚~-to-'~** *adj.* (tag)'täglich: ***~ money*** ✝ Tagesgeld *n*.

daze [deɪz] **I** *v/t.* betäuben, lähmen (*a. fig.*); blenden; verwirren; **II** *s.* Betäubung *f*, Benommenheit *f*: ***in a ~*** benommen, betäubt; **'daz·ed·ly** [-zɪdlɪ] *adv.* betäubt *etc.* (→ ***daze*** I).

daz·zle ['dæzl] **I** *v/t.* **1.** blenden (*a. fig.*); **2.** *fig.* verwirren, verblüffen; **3.** ⚔ *durch Anstrich* tarnen; **II** *s.* **4.** Blenden *n*; Glanz *m*; **5.** *a.* ***~ paint*** ⚔ Tarnanstrich *m*; **'daz·zler** [-lə] *s.* F **1.** ‚Blender' *m*; **2.** ‚tolle Frau'; **'daz·zling** [-lɪŋ] *adj.* □ **1.** blendend, glänzend (*a. fig.*); *fig.* strahlend (schön); **2.** verwirrend.

D-Day ['di:deɪ] *s. Tag der alliierten Landung in der Normandie, 6. Juni 1944.*

dea·con ['di:kən] *s. eccl.* Dia'kon *m*; **'dea·con·ess** [-kənɪs] *s. eccl.* **1.** Dia'konin *f*; **2.** Diako'nisse *f*; **'dea·con·ry** [-rɪ] *s. eccl.* Diako'nat *n*.

de·ac·ti·vate [ˌdi:'æktɪveɪt] *v/t.* **1.** ⚔ a) *Einheit* auflösen, b) *Munition* entschärfen; **2.** außer Akti'on *od.* Betrieb setzen.

dead [ded] **I** *adj.* □ → ***deadly*** II; **1.** tot, gestorben, leblos: ***as ~ as a doornail*** (*od.* ***as mutton***) mausetot; ***~ body*** Leiche *f*, Leichnam *m*; ***he is a ~ man*** *fig.* er ist ein Kind des Todes; ***~ matter*** tote Materie (→ 11); ***~ and gone*** tot u. begraben (*a. fig.*); ***~ to the world*** F ‚total weg' (*bewußtlos, volltrunken*); ***I'm ~!*** F ich bin ‚total fertig'!; ***wait for a ~ man's shoes*** a) auf e-e Erbschaft warten, b) nur darauf warten, daß jemand stirbt (*um seine Position einzunehmen*); **2.** *fig. allg.* tot: a) ausgestorben: ***~ languages*** tote Sprachen, b) über'lebt, veraltet: ***~ customs***, c) matt, stumpf: ***~ colo(u)rs***; ***~ eyes***, d) nichtssagend, farb-, ausdruckslos, e) geistlos, f) leer, öde: ***~ streets***; ***~ land***, g) still, stehend: ***~ water***, h) *sport* nicht im Spiel: ***~ ball*** ‚toter Ball'; **3.** unzugänglich, unempfänglich (***to*** für), taub (***to*** gegen *Ratschläge etc.*); **4.** gefühllos, abgestorben: ***~ fingers***; **5.** *fig.* gefühllos, abgestumpft (***to*** gegen); **6.** erloschen: ***~ fire***; ***~ volcano***; ***~ passions***; **7.** ⚖ ungültig; **8.** *bsd.* ✝ still, ruhig, flau: ***~ season***; **9.** ✝ tot, umsatzlos: ***~ assets*** unproduktive (Kapital)Anlage; ***~ capital*** (***stock***) totes Kapital (Inventar); **10.** ⚙ a) tot, außer Betrieb, b) de'fekt: ***~ valve***; ***~ engine*** ausgefallener *od.* abgestorbener Motor, c) leer, erschöpft: ***~ battery***, d) tot, starr: ***~ axle***, e) ⚡ tot, strom-, spannungslos; **11.** *typ.* abgelegt: ***~ matter*** Ablegesatz *m*; **12.** *bsd.* ⚠ blind, Blend...: ***~ floor***, ***~ window*** totes Fenster; **13.** Sack... (*ohne Ausgang*): ***~ street*** Sackgasse *f*; **14.** schal, abgestanden: ***~ drinks***; **15.** verwelkt, dürr, abgestorben: ***~ flowers***; **16.** völlig, to'tal: ***~ calm*** Flaute *f*, (völlige) Windstille; ***~ certainty*** absolute Gewißheit; ***in ~ earnest*** in vollem Ernst; ***~ loss*** Totalverlust *m*, *fig.* totaler Ausfall (*Person*); ***~ silence*** Totenstille *f*; ***~ stop*** völliger Stillstand; ***come to a ~ stop*** schlagartig stehenbleiben *od.* aufhören; **17.** todsicher, unfehlbar: ***he is a ~ shot***; **18.** äußerst: ***a ~ strain***; ***a ~ push*** ein verzweifelter, aber vergeblicher Stoß; **II** *s.* **19.** stillste Zeit: ***at ~ of night*** mitten in der Nacht; ***the ~ of winter*** der tiefste Winter; **20.** ***the ~*** a) der (die, das) Tote, b) *coll.* die Toten: ***several ~*** mehrere Tote; ***rise from the ~*** von den Toten auferstehen; **III** *adv.* **21.** restlos, völlig, gänzlich, abso'lut, to'tal: ***~ asleep*** in tiefstem Schlaf; ***~ drunk*** sinnlos betrunken; ***~ slow!*** *mot.* Schritt fahren; ***~ straight*** schnurgerade; ***~ tired*** todmüde; ***the facts are ~ against him*** alles spricht gegen ihn; **22.** plötzlich, schlagartig, abrupt: ***stop ~***; **23.** genau: ***~ against*** genau gegenüber von (*od. dat.*); ***~ (set) against*** ganz u. gar *od.* entschieden gegen (*et.* eingestellt); ***~ set on*** scharf auf (*acc.*).

dead| ac·count *s.* ✝ 'umsatzloses Konto; **ˌ~-(and-)a'live** *adj. fig.* (tod)langweilig; **'~·beat** *s.* F **1.** Schnorrer *m*; **2.** Gammler *m*; **ˌ~-'beat** *adj.* F todmüde, völlig ka'putt; **~ cen·ter** *Am.*, **~ cen·tre** *Brit. s.* ⚙ **1.** toter Punkt; **2.** genaue Mitte; **3.** tote Spitze (*der Drehbank*); **~ drop** *s. Spionage*: toter Briefkasten; **~ duck** *s.*: ***be a ~*** F keine Chance mehr haben, passé sein.

dead·en ['dedn] *v/t.* **1.** *Gefühl etc.* (ab-) töten, abstumpfen (***to*** gegen); betäuben; **2.** *Geräusch, Schlag etc.* dämpfen, (ab)schwächen; **3.** ⚙ mattieren.

dead| end *s.* **1.** Sackgasse *f* (*a. fig.*): ***come to a ~*** in e-e Sackgasse geraten; **2.** ⚙ blindes Ende; **'~-end** *adj.* **1.** ohne Ausgang, Sack...: ***~ street*** Sackgasse *f*; ***~ station*** Kopfbahnhof *m*; **2.** *fig.* ausweglos; **3.** ohne Aufstiegschancen: ***~ job***; **4.** verwahrlost, Slum...: ***~ kid*** verwahrlostes Kind; **'~·fall** *s.* Baumfalle *f*; **~ file** *s.* abgelegte Akte; **~ fire** *s.* Elmsfeuer *n*; **~ freight** *s.* ⚓ Fehlfracht *f*; **~ hand** → ***mortmain***; **'~·head** *s.* F a) Freikarteninhaber(in), b) Schwarzfahrer(in), c) *Am. contp.* ‚Blindgänger' *m*, ‚Niete' *f*, d) *Am.* Mitläufer *m*; **~ heat** *s. sport* totes Rennen; **~ let·ter** *s.* **1.** *fig.* toter Buchstabe (*unwirksames Gesetz*); **2.** unzustellbarer Brief; **'~·line** *s.* **1.** letzter *od.* äußerster Termin, Frist(ablauf *m*) *f*; *Zeitung*: Redakti'onsschluß *m*: ***~ pressure*** Termindruck *m*; ***meet the ~*** den Termin *od.* die Frist einhalten; **2.** Stichtag *m*; **3.** äußerste Grenze; **4.** *Am.* Todesstreifen *m* (*Strafanstalt*).

dead·li·ness ['dedlɪnɪs] *s. das* Tödliche; tödliche Wirkung.

dead| load *s.* ⚙ totes Gewicht, tote Last, Eigengewicht *n*; **'~·lock I** *s. fig.* toter Punkt, 'Patt(situatiˌon *f*) *n*: ***break the ~*** den toten Punkt überwinden; ***come to a ~*** → **II** *v/i.* sich festfahren, steckenbleiben, an e-m toten Punkt anlangen: ***~ed*** festgefahren.

dead·ly ['dedlɪ] **I** *adj.* **1.** tödlich, todbringend: ***~ poison***; ***~ precision*** tödliche Genauigkeit; ***~ sin*** Todsünde *f*; ***~ combat*** Kampf *m* auf Leben u. Tod; **2.** *fig.* unversöhnlich, grausam: ***~ enemy*** Todfeind *m*; ***~ fight*** mörderischer Kampf; **3.** totenähnlich: ***~ pallor*** Leichenblässe *f*; **4.** F schrecklich, groß, äußerst: ***~ haste***; **II** *adv.* **5.** totenähnlich: ***~ pale*** leichenblaß; **6.** F schrecklich, tod...: ***~ dull*** sterbenslangweilig.

dead| march *s.* ♪ Trauermarsch *m*; **~ ma·rine** *s. sl.* leere ‚Pulle'.

dead·ness ['dednɪs] *s.* **1.** Leblosigkeit *f*, Erstarrung *f*; *fig. a.* Leere *f*, Öde *f*; **2.** Gefühllosigkeit *f*, Gleichgültigkeit *f*, Kälte *f*; **3.** *bsd.* ✝ Flauheit *f*, Flaute *f*; **4.** Glanzlosigkeit *f*.

dead| net·tle *s.* ⚘ Taubnessel *f*; **~ pan** *s.* F ausdrucksloses Gesicht; **'~-pan** *adj.* **1.** ausdruckslos; **2.** mit ausdruckslosem Gesicht; **3.** *fig.* trocken (*Humor*); **~ point** *s.* ⚙ toter Punkt; **~ reck·on·ing** *s.* ⚓ gegißtes Besteck, Koppeln *n*; **~ set** *s.* **1.** *hunt.* Stehen *n des Hundes*; **2.** verbissene Feindschaft; **3.** hartnäckiges Bemühen *od.* Werben (***at*** um): ***make a ~ at*** sich hartnäckig bemühen um; **~ wa·ter** *s.* **1.** stehendes Wasser; **2.** ⚓ Kielwasser *n*, Sog *m*; **~ weight** *s.* **1.** a) ganze Last, volles Gewicht, b) totes Gewicht, Eigengewicht *n*; **2.** *fig.* schwere Last; **'~-weight ca·pac·i·ty** *s.* Tragfähigkeit *f*; **'~·wood** *s.* **1.** totes Holz, *weitS.* Reisig *n*; **2.** *fig.* Plunder *m*; ✝ Ladenhüter *m*; **3.** *fig. et.* Veraltetes *od.* Über'holtes; (nutzloser) 'Ballast.

de-aer·ate [di:'eɪəreɪt] *v/t.* entlüften.

deaf [def] *adj.* □ **1.** ✱ taub: ***the ~*** die Tauben *pl.*; ***~ and dumb*** taubstumm; ***~-and-dumb language*** Taubstummensprache *f*; ***~ as a post*** stocktaub; → ***ear***[1] 1; **2.** schwerhörig; **3.** *fig.* (***to***) taub (gegen), unzugänglich (für); **'deaf-aid** *s.* Hörgerät *n*; **'deaf·en** [-fn] *v/t.* **1.** taub machen; betäuben; **2.** *Schall* dämpfen; **3.** *Wände* schalldicht machen; **'deaf·en·ing** [-fnɪŋ] *adj.* ohrenbetäubend; **ˌdeaf-'mute I** *adj.* taubstumm; **II** *s.* Taubstumme(r *m*) *f*; **'deaf·ness** [-nɪs] *s.* **1.** ✱ Taubheit *f* (*a. fig.* ***to*** gegen); **2.** Schwerhörigkeit *f*.

deal[1] [di:l] **I** *v/i.* [*irr.*] **1.** (***with***) sich befassen *od.* beschäftigen *od.* abgeben (mit); **2.** (***with***) handeln (von), *et.* behandeln *od.* zum Thema haben; **3.** ***~ with*** sich mit *e-m Problem etc.* befassen *od.* ausein'andersetzen; *et.* in Angriff nehmen; **4.** ***~ with*** *et.* erledigen, mit *et. od. j-m* fertigwerden; **5.** ***~ with*** *od.* ***by*** behandeln (*acc.*), 'umgehen mit: ***~ fairly with s.o.*** j-n anständig behandeln, sich fair gegen j-n verhalten; **6.** ***~ with*** ✝ Geschäfte machen *od.* Handel treiben mit, in Geschäftsverkehr stehen mit; **7.** ✝ handeln, Handel treiben (***in*** mit): ***~ in paper***; **8.** dealen (*mit Rauschgift handeln*); **9.** *Kartenspiel*: geben; **II** *v/t.* [*irr.*] **10.** *oft* ***~ out*** *et.* ver-, austeilen: ***~ out rations***; ***~ s.o.*** (***s.th.***) ***a blow***, ***~ a blow at s.o.*** (***s.th.***) j-m (e-r Sache) e-n Schlag versetzen; **11.** *j-m et.* zuteilen; **12.** *Karten od. j-m e-e Karte* geben; **III** *s.* F **13.** Handlungsweise *f*, Verfahren *n*, Poli'tik *f*; → ***New Deal***; **14.** Behandlung *f*; → ***raw*** 10, ***square*** 37; **15.** Geschäft *n*, Handel *m*: ***it's a ~!*** abgemacht!; (***a***) ***good ~!*** gutes Geschäft!, nicht schlecht!; ***no ~!*** F da läuft nichts!; ***big ~!*** *Am. sl.* na und?, pah!; ***no big ~*** *Am. sl.* keine große Sache; **16.** Abkommen *n*, Über'einkunft *f*: ***make*** (*od.* ***do***) ***a ~*** ein Abkommen treffen, sich einigen; **17.** *Kartenspiel*: ***it is my ~*** ich muß geben.

deal[2] [di:l] *s.* **1.** Menge *f*, Teil *m*: ***a great ~ (of money)*** sehr viel (Geld); ***a good ~*** ziemlich viel, ein gut Teil; ***think a great ~ of s.o.*** sehr viel von j-m halten; **2.** e-e ganze Menge: ***a ~ worse*** F viel schlechter.

deal[3] [di:l] *s.* **1.** Diele *f*, Brett *n*, Planke *f* (*bsd. aus Kiefernholz*); **2.** Tannen- *od.* Kiefernholz *n*.

deal·er ['di:lə] *s.* **1.** ✝ Händler(in), Kaufmann *m*: ***~ in antiques*** Antiquitätenhändler; ***plain ~*** *fig.* ehrlicher Mensch; **2.** *Brit. Börse*: Dealer *m* (*der auf eigene Rechnung Geschäfte tätigt*); **3.** Dealer *m* (*Rauschgifthändler*); **4.** *Kartenspiel*: Geber(in); **'deal·ing** [-lɪŋ] *s.* **1.** *mst pl.* 'Umgang *m*, Verkehr *m*, Beziehungen *pl.*: ***have ~s with s.o.*** mit j-m zu tun haben; ***there is no ~ with***

her mit ihr ist nicht auszukommen; **2.** ✝ a) Handel *m*, Geschäft *n* (*in* in *dat.*, mit), b) Geschäftsverkehr *m*, c) Geschäftsgebaren *n*; **3.** Verhalten *n*, Handlungsweise *f*; **4.** Austeilen *n*, Geben *n* (*von Karten*).

dealt [delt] *pret. u. p.p. von* ***deal***¹.

dean [di:n] *s.* **1.** *Brit. univ.* a) De'kan *m* (*Vorstand e-r Fakultät od. e-s College*), b) Fellow *m* mit besonderen Aufgaben (*Oxford, Cambridge*); **2.** *Am. univ.* a) Vorstand *m* e-r Fakul'tät, b) Hauptberater(in), Vorsteher(in) (*der Studenten*); **3.** *eccl.* De'kan *m*, De'chant *m*; **4.** Vorsitzende(r *m*) *f*, Präsi'dent(in): ***♀ of the Diplomatic Corps*** Doyen *m* des Diplomatischen Korps; **'dean·er·y** [-nərı] *s.* Deka'nat *n*.

dear [dıə] **I** *adj.* □ → ***dearly***; **1.** teuer, lieb (***to*** *dat.*): ***~ mother*** liebe Mutter; ***♀ Sir,*** (*in Briefen*) Sehr geehrter Herr (*Name*)!; ***my ~est wish*** mein Herzenswunsch; ***for ~ life*** als ob es ums Leben ginge; ***hold ~*** (wert)schätzen; **2.** teuer, kostspielig; **II** *adv.* **3.** teuer: ***it cost him ~*** es kam ihm teuer zu stehen; → ***dearly*** 2; **III** *s.* **4.** Liebste(r *m*) *f*, Liebling *m*, Schatz *m*: ***isn't she a ~?*** ist sie nicht ein Engel?; ***there's a ~!*** sei (so) lieb!; **IV** *int.* **5.** ***oh ~!, ~, ~!, ~ me!*** du liebe Zeit!, ach je!; **dear·ie** ['dıərı] → ***deary***; **'dear·ly** [-lı] *adv.* **1.** innig, herzlich; **2.** teuer; → ***buy*** 3; **'dear·ness** [-nıs] *s.* **1.** Kostspieligkeit *f*, hoher Preis *od.* Wert (*a. fig.*); **2.** *das* Liebe(nswerte).

dearth [dɜ:θ] *s.* **1.** Mangel *m* (***of*** an *dat.*); **2.** Hungersnot *f*.

dear·y ['dıərı] *s.* F Liebling *m*, Schätzchen *n*.

death [deθ] *s.* **1.** Tod *m*: ***~s*** Todesfälle; ***to (the) ~*** zu Tode, bis zum äußersten; ***at ♀'s door*** an der Schwelle des Todes; ***bleed to ~*** (sich) verbluten; ***do to ~*** a) *j-n* umbringen, b) *fig. et.* ‚kaputtmachen' *od.* ‚zu Tode reiten'; ***done to ~*** F *Küche*: totgekocht; ***frozen to ~*** erfroren; ***sure as ~*** tod-, bombensicher; ***tired to ~*** todmüde; ***catch one's ~*** sich den Tod holen (*engS. durch Erkältung*); ***be in at the ~*** *fig.* das Ende miterleben; ***that will be his ~*** das wird ihm das Leben kosten; ***he'll be the ~ of me*** a) er bringt mich noch ins Grab, b) ich lach' mich noch tot über ihn; ***hold on like grim ~*** verbissen festhalten, sich festkrallen (***to*** an *dat.*); ***put to ~*** zu Tode bringen, *bsd.* hinrichten; **2.** Tod *m*, (Ab)Sterben *n*, Ende *n*, Vernichtung *f*: ***united in ~*** im Tode vereint; **~ ag·o·ny** *s.* Todeskampf *m*; **'~·bed** *s.* Sterbebett *n*: ***~ repentance*** Reue *f* auf dem Sterbebett; **~ ben·e·fit** *s.* **1.** Sterbegeld *n*; **2.** bei Todesfall fällige Versicherungsleistung; **'~·blow** *s.* Todesstreich *m*; *fig.* Todesstoß *m* (***to*** für); **~ cell** *s.* ⚖ Todeszelle *f*; **~ cer·tif·i·cate** *s.* Sterbeurkunde *f*, Totenschein *m*; **~ du·ty** *s. obs.* Erbschaftssteuer *f*; **~ grant** *s.* Sterbegeld *n*; **~ house** → ***~ row***; **~ in·stinct** *s. psych.* Todestrieb *m*; **~ knell** *s.* Totengeläut *n*, -glocke *f* (*a. fig.*).

death·less ['deθlıs] *adj.* □ *bsd. fig.* unsterblich; **'death·like** *adj.*, **'death·ly** [-lı] *adj. u. adv.* totenähnlich, Todes…, Leichen…, toten…: ***~ pale*** leichenblaß.

death| mask *s.* Totenmaske *f*; **~ pen·al·ty** *s.* Todesstrafe *f*; **~ rate** *s.* Sterblichkeitsziffer *f*; **~ rat·tle** *s.* Todesröcheln *n*; **~ ray** *s.* Todesstrahl *m*; **~ roll** *s.* Zahl *f* der Todesopfer; ⚔ Gefallenen-, Verlustliste *f*; **~ row** *s. Am.* Todestrakt *m* (*e-r Strafanstalt*); **~'s head** *s.* **1.** Totenkopf *m* (*bsd. als Symbol*); **2.** *zo.* Totenkopf *m* (*Falter*); **~ throes** *s. pl.* Todeskampf *m*; **'~·trap** *s. fig.* ‚Mausefalle' *f*; **~ war·rant** *s.* **1.** ⚖ Hinrichtungsbefehl *m*; **2.** *fig.* Todesurteil *n*; **'~·watch** *s. Brit. a.* ***~ beetle*** zo. Klopfkäfer *m*; **~ wish** *s.* Todeswunsch *m*.

deb [deb] *s.* F *abbr. für* ***débutante***.

dé·bâ·cle [deı'bɑ:kl] (*Fr.*) *s.* **1.** De'bakel *n*, Zs.-bruch *m*, Kata'strophe *f*; **2.** Massenflucht *f*, wildes Durchein'ander; **3.** *geol.* Eisgang *m*.

de·bar [dı'bɑ:] *v/t.* **1.** (***from***) *j-n* ausschließen (von), hindern (an *dat. od.* zu *inf.*); **2.** ***~ s.o. s.th.*** j-m et. versagen; **3.** *et.* verhindern.

de·bark [dı'bɑ:k] → ***disembark***.

de·base [dı'beıs] *v/t.* **1.** (cha'rakterlich) verderben, verschlechtern; **2.** (***o.s.*** sich) entwürdigen, erniedrigen; **3.** entwerten; im Wert mindern; *Wert* mindern; **4.** *Münzen* verschlechtern; **5.** verfälschen; **de'based** [-st] *adj.* **1.** verderbt (*etc.*); **2.** minderwertig (*Geld*); **3.** abgegriffen (*Wort*).

de·bat·a·ble [dı'beıtəbl] *adj.* **1.** disku'tabel; **2.** strittig, fraglich, um'stritten; **3.** bestreitbar, anfechtbar; **de·bate** [dı'beıt] **I** *v/i.* **1.** debattieren, diskutieren; **2.** ***~ with o.s.*** hin u. her über'legen; **II** *v/t.* **3.** *et.* debattieren, erörtern, diskutieren; **4.** erwägen, sich *et.* über'legen; **III** *s.* **5.** De'batte *f* (*a. parl.*), Erörterung *f*: ***be under ~*** zur Debatte stehen; ***~ on request*** *parl.* aktuelle Stunde; **de'bat·er** [-tə] *s.* **1.** Debat'tierer *m*, Dispu'tant *m*; **2.** *parl.* Redner *m*; **de'bat·ing** [-tıŋ] *adj.*: ***~ club*** *od.* ***society*** Debattierklub *m*.

de·bauch [dı'bɔ:tʃ] **I** *v/t.* **1.** *sittlich* verderben; **2.** verführen, verleiten; **II** *s.* **3.** Ausschweifung *f*, Orgie *f*; **4.** Schwelge'rei *f*; **de'bauched** [-tʃt] *adj.* ausschweifend, liederlich, zügellos; **deb·au·chee** [ˌdebɔ:'tʃi:] *s.* Wüstling *m*; **de'bauch·er** [-tʃə] *s.* Verführer *m*; **de'bauch·er·y** [-tʃərı] *s.* Ausschweifung (-en *pl.*) *f*, Orgie(n *pl.*) *f*; Schwelge'rei *f*.

de·ben·ture [dı'bentʃə] *s.* **1.** Schuldschein *m*; **2.** ✝ a) *a.* ***~ bond, ~ certificate*** Obligati'on *f*, Schuldverschreibung *f*, b) *Brit.* Pfandbrief *m*: ***~ holder*** Obligationsinhaber *m*; *Brit.* Pfandbriefinhaber(in); ***~ stock*** *Brit.* Obligationen *pl.*, Anleiheschuld *f*, *Am.* Vorzugsaktien erster Klasse; **3.** ✝ Rückzollschein *m*.

de·bil·i·tate [dı'bılıteıt] *v/t.* schwächen, entkräften; **de·bil·i·ta·tion** [dıˌbılı'teıʃn] *s.* Schwächung *f*, Entkräftung *f*; **de'bil·i·ty** [-lətı] *s.* Schwäche *f*, Kraftlosigkeit *f*, Erschöpfung(szustand *m*) *f*.

deb·it ['debıt] **I** *s.* ✝ **1.** Debet *n*, Soll *n*, Schuldposten *m*: ***~ and credit*** Soll *n* u. Haben *n*; **2.** Belastung *f*: ***to the ~ of*** zu Lasten von; **3.** *a.* ***~ side*** Debetseite *f*: ***charge*** (*od.* ***carry***) ***a sum to s.o.'s ~*** j-s Konto mit e-r Summe belasten; **II** *v/t.* **4.** debitieren, belasten (***with*** mit); **III** *adj.* **5.** Debet…, Schuld…: ***~ account***; ***~ balance*** Debetsaldo *m*; ***your ~ balance*** Saldo *m* zu Ihren Lasten; ***~ entry*** Lastschrift *f*; ***~ note*** Lastschriftanzeige *f*.

de·block [ˌdi:'blɒk] *v/t.* ✝ *eingefrorene Konten* freigeben.

deb·o·nair(e) [ˌdebə'neə] *adj.* **1.** höflich, gefällig; **2.** heiter, fröhlich; **3.** 'lässig(-eleˌgant).

de·bouch [dı'baʊtʃ] *v/i.* **1.** ⚔ her'vorbrechen; **2.** einmünden, sich ergießen (*Fluß*).

De·brett [də'bret] *npr.*: ***~'s peerage*** *englisches Adelsregister*.

de·brief·ing [ˌdi:'bri:fıŋ] *s.* ⚔, ✈ Einsatzbesprechung *f* (*nach dem Flug*).

de·bris ['deıbri:] *s.* Trümmer *pl.*, (Gesteins)Schutt *m* (*a. geol.*).

debt [det] *s.* Schuld *f* (*Geld od. fig.*); Verpflichtung *f*: ***~-collecting agency*** Inkassobüro *n*; ***~ collector*** Inkassobeauftragte(r) *m*; ***collection of ~s*** Inkasso *n*; ***bad ~s*** zweifelhafte Forderungen *od.* Außenstände; ***~ of gratitude*** Dankesschuld; ***~ of hono(u)r*** Ehrenschuld; ***pay one's ~ to nature*** der Natur s-n Tribut entrichten, sterben; ***run into ~*** in Schulden geraten; ***run up ~s*** Schulden machen; ***be in ~*** verschuldet sein, Schulden haben; ***be in s.o.'s ~*** *fig.* j-m verpflichtet sein, in j-s Schuld stehen; **'debt·or** [-tə] *s.* Schuldner(in), ✝ Debitor *m*: ***common ~*** Gemeinschuldner *m*.

de·bug [ˌdi:'bʌg] *v/t.* **1.** ⚙ F (die) ‚Mukken' *e-r Maschine* beseitigen; **2.** entwanzen (*a.* F *von Minispionen befreien*).

de·bunk [ˌdi:'bʌŋk] *v/t.* F entlarven.

de·bu·reauc·ra·tize [ˌdi:bjʊə'rɒkrətaız] *v/t.* entbürokratisieren.

de·bus [ˌdi:'bʌs] *v/i.* aus dem *od.* e-m Bus aussteigen.

dé·but, *Am.* **de·but** ['deıbu:] (*Fr.*) *s.* De'büt *n*: a) erstes Auftreten (*thea. od. in der Gesellschaft*), b) Anfang *m*, Antritt *m* (*e-r Karriere etc.*): ***make one's ~*** sein Debüt geben; **déb·u·tant**, *Am.* **deb·u·tant** ['debju:tɑ̃:ŋ] (*Fr.*) *s.* Debü'tant *m*; **déb·u·tante**, *Am.* **deb·u·tante** ['debju:tɑ:nt] (*Fr.*) *s.* Debü'tantin *f*.

deca- [dekə] *in Zssgn* zehn(mal).

dec·ade ['dekeıd] *s.* **1.** De'kade *f*: a) Jahr'zehnt *n*, b) Zehnergruppe *f*; **2.** ϟ, ⚙ De'kade *f*.

dec·a·dence ['dekədəns] *s.* Deka'denz *f*, Entartung *f*, Verfall *m*, Niedergang *m*; **'dec·a·dent** [-nt] **I** *adj.* deka'dent, entartet, verfallend; Dekadenz…; **II** *s.* deka'denter Mensch.

de·caf·fein·ate [ˌdi:'kæfıneıt] *v/t. Kaffee* koffe'infrei machen.

dec·a·gon ['dekəgən] *s.* ⩘ Zehneck *n*; **dec·a·gram(me)** ['dekəgræm] *s.* Deka'gramm *n*.

de·cal [dı'kæl] → ***decalcomania***.

de·cal·ci·fy [ˌdi:'kælsıfaı] *v/t.* entkalken.

de·cal·co·ma·ni·a [dıˌkælkəʊ'meınıə] *s.* Abziehbild(verfahren) *n*.

dec·a|·li·ter *Am.*, **~·li·tre** *Brit.* ['dekəˌli:tə] *s.* Deka'liter *m*, *n*; **♀·log(ue)** ['dekəlɒg] *s. bibl.* Deka'log *m*, *die* Zehn Gebote *pl.*; **~·me·ter** *Am.*, **~·me·tre** *Brit.* ['dekəˌmi:tə] *s.* Deka'meter *m*, *n*.

de·camp [dı'kæmp] *v/i.* **1.** ⚔ das Lager

abbrechen; **2.** F sich aus dem Staube machen.

de·cant [dɪ'kænt] *v/t.* **1.** ab-, 'umfüllen; **2.** dekantieren, vorsichtig abgießen; **de'cant·er** [-tə] *s.* **1.** Ka'raffe *f*; **2.** Klärflasche *f*.

de·cap·i·tate [dɪ'kæpɪteɪt] *v/t.* **1.** enthaupten, köpfen; **2.** *Am.* F entlassen, ‚absägen'; **de·cap·i·ta·tion** [dɪˌkæpɪ'teɪʃn] *s.* **1.** Enthauptung *f*; **2.** *Am.* F ‚Rausschmiß' *m*.

de·car·bon·ate [ˌdi:'kɑ:bəneɪt] *v/t.* Kohlensäure *od.* Kohlen'dioxyd entziehen (*dat.*); **de·car·bon·ize** [ˌdi:'kɑ:bənaɪz] *v/t.* dekarbonisieren; **de·car·bu·rize** [ˌdi:'kɑ:bjʊəraɪz] → ***decarbonize***.

de·car·tel·i·za·tion ['di:ˌkɑ:təlaɪ'zeɪʃn] *s.* ✝ Entkartellisierung *f*, (Kon'zern-)Entflechtung *f*; **de·car·tel·ize** [ˌdi:'kɑ:təlaɪz] *v/t.* entflechten.

de·cath·lete [dɪ'kæθli:t] *s. sport* Zehnkämpfer *m*; **de·cath·lon** [dɪ'kæθlɒn] *s.* Zehnkampf *m*.

dec·a·tize ['dekətaɪz] *v/t. Seide* dekatieren.

de·cay [dɪ'keɪ] **I** *v/i.* **1.** verfallen, zerfallen (*a. phys.*), in Verfall geraten, zu'grunde gehen; **2.** verderben, verkümmern, verblühen; **3.** (ver)faulen (*a. Zahn*), (ver)modern, verwesen; **4.** schwinden, abnehmen, schwach werden, (her'ab)sinken: **~*ed with age*** altersschwach; **II** *s.* **5.** Verfall *m*, Zerfall *m* (*a. phys. von Radium etc.*): ***fall into ~*** → 1; **6.** Nieder-, Rückgang *m*, Verblühen *n*; Ru'in *m*; **7.** ⚕ Karies *f*, (Zahn)Fäule *f*; Schwund *m*; **8.** Fäulnis *f*, Vermodern *n*; **de'cayed** [-eɪd] *adj.* **1.** ver-, zerfallen; kraftlos; zerrüttet; **2.** her'untergekommen; **3.** verblüht; **4.** verfault, morsch; *geol.* verwittert; **5.** ⚕ kari'ös, schlecht (*Zahn*).

de·cease [dɪ'si:s] **I** *v/i.* sterben, verscheiden; **II** *s.* Tod *m*, Ableben *n*; **de'ceased** [-st] **I** *adj.* verstorben; **II** *s.* ***the ~*** a) der *od.* die Verstorbene, b) die Verstorbenen *pl*.

de·ce·dent [dɪ'si:dənt] *s.* ⚖ *Am.* **1.** → ***deceased*** II; **2.** Erb-lasser(in).

de·ceit [dɪ'si:t] *s.* **1.** Betrug *m*, (bewußte) Täuschung; Betrüge'rei *f*; **2.** Falschheit *f*, Tücke *f*; **de'ceit·ful** [-fʊl] *adj.* □ betrügerisch; falsch, 'hinterlistig; **de'ceit·ful·ness** [-fʊlnɪs] *s.* Falschheit *f*, 'Hinterlist *f*, Arglist *f*.

de·ceiv·a·ble [dɪ'si:vəbl] *adj.* leicht zu täuschen(d); **de·ceive** [dɪ'si:v] **I** *v/t.* **1.** täuschen (*Person od. Sache*), trügen (*Sache*): ***be ~d*** sich täuschen lassen, sich irren (***in*** in *dat.*); ***~ o.s.*** sich et. vormachen; **2.** *mst pass. Hoffnung etc.* enttäuschen; **II** *v/i.* **3.** trügen, täuschen (*Sache*); **de'ceiv·er** [-və] *s.* Betrüger (-in).

de·cel·er·ate [ˌdi:'seləreɪt] **I** *v/t.* verlangsamen; die Geschwindigkeit verringern von (*od. gen.*); **II** *v/i.* sich verlangsamen; s-e Geschwindigkeit verringern; **de·cel·er·a·tion** ['di:ˌselə'reɪʃn] *s.* Verlangsamung *f*; Geschwindigkeitsabnahme *f*: ***~ lane*** *mot.* Verzögerungsspur *f*.

De·cem·ber [dɪ'sembə] *s.* De'zember *m*: ***in ~*** im Dezember.

de·cen·cy ['di:snsɪ] *s.* **1.** Anstand *m*, Schicklichkeit *f*: ***for ~'s sake*** anstandshalber; ***sense of ~*** Anstandsgefühl *n*; **2.** Anständigkeit *f*; **3.** *pl.* Anstand *m*; **4.** *pl.* Annehmlichkeiten *pl. des Lebens*.

de·cen·ni·al [dɪ'senjəl] **I** *adj.* □ **1.** zehnjährig; **2.** alle zehn Jahre 'wiederkehrend; **II** *s.* **3.** *Am.* Zehn'jahrfeier *f*; **de'cen·ni·al·ly** [-lɪ] *adv.* alle zehn Jahre; **de'cen·ni·um** [-jəm] *pl.* **-ni·ums**, **-ni·a** [-jə] *s.* Jahr'zehnt *n*, De'zennium *n*.

de·cent ['di:snt] *adj.* □ **1.** anständig: a) schicklich, b) sittsam, c) ehrbar; **2.** de'zent, unaufdringlich; **3.** F ‚anständig': a) annehmbar: ***a ~ meal***, b) nett: ***that was ~ of him***.

de·cen·tral·i·za·tion [di:ˌsentrəlaɪ'zeɪʃn] *s.* Dezentralisierung *f*; **de·cen·tral·ize** [ˌdi:'sentrəlaɪz] *v/t.* dezentralisieren.

de·cep·tion [dɪ'sepʃn] *s.* **1.** Täuschung *f*, Irreführung *f*; **2.** Betrug *m*; **3.** Trugbild *n*; **de'cep·tive** [-ptɪv] *adj.* □ täuschend, irreführend, trügerisch: ***appearances are ~*** der Schein trügt.

deci- [desɪ] *in Zssgn* Dezi...

dec·i·bel ['desɪbel] *s. phys.* Dezi'bel *n*.

de·cide [dɪ'saɪd] **I** *v/t.* **1.** *et.* entscheiden; **2.** *j-n* bestimmen, veranlassen; *et.* bestimmen, festsetzen: ***~ the right moment***; ***that ~d me*** das gab für mich den Ausschlag, das bestärkte mich in m-m Entschluß; ***the weather ~d me against going*** aufgrund des Wetters entschloß ich mich, nicht zu gehen; **II** *v/i.* **3.** entscheiden, bestimmen, den Ausschlag geben; **4.** beschließen; sich entscheiden *od.* entschließen (***in favo[u]r of*** für; ***against doing*** nicht zu tun; ***to do*** zu tun); **5.** zu dem Schluß *od.* der Über'zeugung kommen: ***I ~d that it was worth trying***; **6.** feststellen, finden: ***we ~d that the weather was too bad***; **7.** ***~ (up)on*** sich entscheiden für *od.* über (*acc.*); festsetzen, -legen, bestimmen (*acc.*); **de'cid·ed** [-dɪd] *adj.* □ **1.** entschieden, unzweifelhaft, deutlich; **2.** entschieden, entschlossen, fest, bestimmt; **de'cid·ed·ly** [-dɪdlɪ] *adv.* entschieden, fraglos, bestimmt; **de'cid·er** [-də] *s.* **1.** *sport* Entscheidungskampf *m*, Stechen *n*; **2.** *das* Entscheidende, *die* Entscheidung.

de·cid·u·ous [dɪ'sɪdjʊəs] *adj.* **1.** ♀ jedes Jahr abfallend: ***~ tree*** Laubbaum *m*; **2.** *zo.* abfallend (*Geweih etc.*).

dec·i|·gram(me) ['desɪgræm] *s.* Dezi'gramm *n*; **~·li·ter** *Am.*, **~·li·tre** *Brit.* ['desɪˌli:tə] *s.* Dezi'liter *m*, *n*.

dec·i·mal ['desɪml] ⅍ **I** *adj.* □ → ***decimally***; dezi'mal, Dezimal...: ***~ fraction***; ***go ~*** das Dezimalsystem einführen; **II** *s.* a) Dezi'malzahl *f*, b) Dezi'malstelle *f*, Dezi'malstelle *f*: ***circulating*** (***recurring***) ***~*** periodische (unendliche) Dezimalzahl; **'dec·i·mal·ize** [-məlaɪz] *v/t.* auf das Dezi'malsysˌtem 'umstellen; **'dec·i·mal·ly** [-məlɪ] *adv.* **1.** nach dem Dezi'malsysˌstem; **2.** in Dezi'malzahlen (ausgedrückt).

dec·i·mal| place *s.* Dezi'malstelle *f*; **~ point** *s.* Komma *n* (*im Englischen ein Punkt*) vor der ersten Dezi'malstelle: ***floating ~*** Fließkomma (*Taschenrechner etc.*); **~ sys·tem** *s.* Dezi'malsysˌstem *n*.

dec·i·mate ['desɪmeɪt] *v/t.* dezimieren, *fig. a.* stark schwächen *od.* vermindern; **dec·i·ma·tion** [desɪ'meɪʃn] *s.* Dezimierung *f*.

dec·i·me·ter *Am.*, **dec·i·me·tre** *Brit.* ['desɪˌmi:tə] *s.* Dezi'meter *m*, *n*.

de·ci·pher [dɪ'saɪfə] *v/t.* **1.** entziffern; **2.** dechiffrieren; **3.** *fig.* enträtseln; **de'ci·pher·a·ble** [-fərəbl] *adj.* entzifferbar; *fig.* enträtselbar; **de'ci·pher·ment** [-mənt] *s.* Entzifferung *f etc.*

de·ci·sion [dɪ'sɪʒn] *s.* **1.** Entscheidung *f* (*a.* ⚖); Entscheid *m*, Urteil *n*, Beschluß *m*: ***make*** (*od.* ***take***) ***a ~*** e-e Entscheidung treffen; **2.** Entschluß *m*: ***arrive at a ~***, ***come to a ~***, ***take a ~*** zu e-m Entschluß kommen; **3.** Entschlußkraft *f*, Entschlossenheit *f*: ***~ of character*** Charakterstärke *f*; **~-ˌmak·er** *s.* Entscheidungsträger *m*; **~-ˌmak·ing** *adj.* entscheidungstragend, entscheidend: ***~ board***.

de·ci·sive [dɪ'saɪsɪv] *adj.* □ **1.** entscheidend, ausschlag-, maßgebend; endgültig, schlüssig: ***be ~ in*** entscheidend beitragen zu; ***be ~ of*** entscheiden (*acc.*); ***~ battle*** Entscheidungsschlacht *f*; **2.** entschlossen, entschieden (*Person*); **de'ci·sive·ness** [-nɪs] *s.* **1.** entscheidende Kraft; **2.** Maßgeblichkeit *f*; **3.** Endgültigkeit *f*; **4.** Entschiedenheit *f*.

deck [dek] **I** *s.* **1.** ⚓ Deck *n*: ***on ~*** a) auf Deck, b) *Am.* F bereit, zur Hand; ***all hands on ~!*** alle Mann an Deck!; ***below ~*** unter Deck; ***clear the ~s*** (***for action***) a) das Schiff klar zum Gefecht machen, b) *fig.* sich bereitmachen; **2.** ✈ Tragdeck *n*, -fläche *f*; **3.** 🚃 (Wag'gon)Dach *n*; **4.** (Ober)Deck *n* (*Bus*); **5.** a) Laufwerk *n* (*e-s Plattenspielers*), b) → ***tape deck***; **6.** *sl.* ‚Briefchen' *n* (*Rauschgift*); Spiel *n*, Pack *m* (Spiel-)Karten; **II** *v/t.* **7.** *oft* ***~ out*** a) (aus-)schmücken, b) *j-n* her'ausputzen; **'~-chair** *s.* Liegestuhl *m*.

-deck·er [dekə] *s. in Zssgn* ...decker *m*; → ***three-decker***.

deck| game *s.* Bordspiel *n*; **~ hand** *s.* ⚓ Ma'trose *m*.

deck·le-edged [ˌdekl'edʒd] *adj.* **1.** mit Büttenrand; **2.** unbeschnitten: ***~ book***.

de·claim [dɪ'kleɪm] **I** *v/i.* **1.** reden, e-e Rede halten; **2.** ***~ against*** eifern *od.* wettern gegen; **3.** Phrasen dreschen; **II** *v/t.* **4.** deklamieren, (*contp.* bom'bastisch) vortragen.

dec·la·ma·tion [ˌdeklə'meɪʃn] *s.* **1.** Deklamati'on *f* (*a.* ♪); **2.** bom'bastische Rede; **3.** Ti'rade *f*; **4.** Vortragsübung *f*; **de·clam·a·to·ry** [dɪ'klæmətərɪ] *adj.* □ **1.** Rede..., Vortrags...; **2.** deklama'torisch; **3.** eifernd; **4.** bom'bastisch, thea'tralisch.

de·clar·a·ble [dɪ'kleərəbl] *adj.* zollpflichtig; **de'clar·ant** [-rənt] *s.* **1.** ⚖ Erschienene(r *m*) *f*; **2.** *Am.* Einbürgerungsanwärter(in).

dec·la·ra·tion [ˌdeklə'reɪʃn] *s.* **1.** Erklärung *f*, Aussage *f*: ***make a ~*** eine Erklärung abgeben; ***~ of intent*** Absichtserklärung; ***~ of war*** Kriegserklärung; **2.** Mani'fest *n*, Proklamati'on *f*; **3.** ⚖ a) *Am.* Klageschrift *f*, b) Beteuerung *f* (*an Eides Statt*); **4.** Anmeldung *f*, Angabe *f*: ***~ of bankruptcy*** ✝ Konkursanmeldung; ***customs ~*** Zolldeklaration *f*, -erklärung *f*; **5.** *Bridge*: Ansage *f*; **de·clar·a·tive** [dɪ'klærətɪv] *adj.*: ***~ sentence*** *ling.* Aussagesatz *m*; **de·clar·a·to·ry** [dɪ'klærətərɪ] *adj.* erklärend: ***be ~***

of erklären, darlegen, feststellen; ***~ judgment*** ⚖ Feststellungsurteil *n*.

de·clare [dɪ'kleə] **I** *v/t*. **1.** erklären, aussagen, verkünden, bekanntmachen, proklamieren: ***~ war*** (***on***) (*j-m*) den Krieg erklären, *fig*. (*j-m*) den Kampf ansagen; ***he was ~d winner*** er wurde zum Sieger erklärt; **2.** erklären, behaupten; **3.** angeben, anmelden; erklären, deklarieren (*Zoll*); † *Dividende* festsetzen; **4.** *Kartenspiel*: ansagen; **5.** ***~ o.s.*** a) sich erklären (*a. durch Heiratsantrag*), sich offenbaren, s-e Meinung kundtun, b) sich im wahren Licht zeigen; ***~ o.s. for s.th.*** sich zu e-r Sache bekennen; **II** *v/i*. **6.** erklären, bestätigen: ***well, I ~!*** ich muß schon sagen!, nanu!; **7.** sich erklären *od*. entscheiden (***for*** für; ***against*** gegen); **8.** ***~ off*** a) absagen, b) sich lossagen (***from*** von); *Kricket*: ein Spiel vorzeitig abbrechen; **de'clared** [-eəd] *adj*. □ *fig*. erklärt (*Feind etc.*); **de'clar·ed·ly** [-eərɪdlɪ] *adv*. erklärtermaßen, ausgesprochen.

de·clas·si·fy [dɪ'klæsɪfaɪ] *v/t*. die Geheimhaltung (*gen*.) aufheben, *Dokumente etc*. freigeben.

de·clen·sion [dɪ'klenʃn] *s*. **1.** Abweichung *f*, Abfall *m* (***from*** von); **2.** Verfall *m*, Niedergang *m*; **3.** *ling*. Deklinati'on *f*; **de'clen·sion·al** [-ʃənl] *adj*. *ling*. Deklinations…

de·clin·a·ble [dɪ'klaɪnəbl] *adj*. *ling*. deklinierbar; **dec·li·na·tion** [ˌdeklɪ'neɪʃn] *s*. **1.** Neigung *f*, Abschüssigkeit *f*; **2.** Abweichung *f*; **3.** *ast*., *phys*. Deklinati'on *f*: ***~ compass*** ⚓ Deklinationsbussole *f*; ***compass ~*** Mißweisung *f*.

de·cline [dɪ'klaɪn] **I** *v/i*. **1.** sich neigen, sich senken; **2.** sich neigen, zur Neige *od*. zu Ende gehen: ***declining years*** Lebensabend *m*; **3.** abnehmen, nachlassen, zu'rückgehen; sich verschlechtern, schwächer werden; verfallen; **4.** sinken, fallen (*Preise*); **5.** (höflich) ablehnen; **II** *v/t*. **6.** neigen, senken; **7.** ablehnen, nicht annehmen, ausschlagen; es ablehnen (***doing*** *od*. ***to do*** zu tun); **8.** *ling*. deklinieren, beugen; **III** *s*. **9.** Neigung *f*, Senkung *f*, Abhang *m*; **10.** Neige *f*, Ende *n*: ***~ of life*** Lebensabend *m*; **11.** Nieder-, Rückgang *m*, Abnahme *f*; Verschlechterung *f*: ***be on the ~*** a) zur Neige gehen, b) im Niedergang begriffen sein, sinken; ***~ of strength*** Kräfteverfall *m*; ***~ of*** (*od*. ***in***) ***prices*** Preisrückgang; ***~ in value*** Wertminderung *f*; **12.** ⚕ körperlicher *od*. geistiger Verfall, Siechtum *n*.

de·cliv·i·tous [dɪ'klɪvɪtəs] *adj*. abschüssig, steil; **de'cliv·i·ty** [-vətɪ] *s*. **1.** Abschüssigkeit *f*; **2.** Abhang *m*.

de·clutch [ˌdiː'klʌtʃ] *v/i*. *mot*. auskuppeln.

de·coct [dɪ'kɒkt] *v/t*. auskochen, absieden; **de'coc·tion** [-kʃn] *s*. **1.** Auskochen *n*, Absieden *n*; **2.** Absud *m*; *pharm*. De'kokt *n*.

de·code [ˌdiː'kəʊd] *v/t*. decodieren (*a. ling.*, *Computer*), dechiffrieren, entschlüsseln, über'setzen; ˌ**de'cod·er** [-də] *s*. *a. Radio*, *Computer*: De'coder *m*.

dé·col·le·té [deɪ'kɒlteɪ] (*Fr*.) *adj*. **1.** (tief) ausgeschnitten (*Kleid*); **2.** dekolletiert (*Dame*).

de·col·o·nize [ˌdiː'kɒlənaɪz] *v/t*. dekolonisieren, in die Unabhängigkeit entlassen.

de·col·or·ant [diː'kʌlərənt] **I** *adj*. entfärbend, bleichend; **II** *s*. Bleichmittel *n*; **de'col·o(u)r·ize** [-raɪz] *v/t*. entfärben, bleichen.

de·com·pose [ˌdiːkəm'pəʊz] **I** *v/t*. **1.** zerlegen, spalten; **2.** zersetzen; **3.** ⚗, *phys*. scheiden, abbauen; **II** *v/i*. **4.** sich auflösen, zerfallen; **5.** sich zersetzen, verwesen, verfaulen; ˌ**de·com'posed** [-zd] *adj*. verfault, verdorben; **de·com·po·si·tion** [ˌdiːkɒmpə'zɪʃn] *s*. **1.** ⚗, *phys*. Zerlegung *f*, Aufspaltung *f*, Scheidung *f*, Auflösung *f*, Abbau *m*; **2.** Zersetzung *f*, Zerfall *m*; **3.** Verwesung *f*, Fäulnis *f*.

de·com·press [ˌdiːkəm'pres] *v/t*. dekomprimieren, den Druck vermindern in (*dat*.); ˌ**de·com'pres·sion** [-eʃn] *s*. Dekompressi'on *f*, Druckverminderung *f*.

de·con·tam·i·nate [ˌdiːkən'tæmɪneɪt] *v/t*. entgiften, -seuchen, -strahlen; **de·con·tam·i·na·tion** ['diːkənˌtæmɪ'neɪʃn] *s*. Entgiftung *f*, -seuchung *f*, -gasung *f*.

de·con·trol [ˌdiːkən'trəʊl] **I** *v/t*. die Zwangsbewirtschaftung aufheben von *od*. für; *Waren*, *Handel* freigeben; **II** *s*. Aufhebung *f* der Zwangsbewirtschaftung, Freigabe *f*.

dé·cor ['deɪkɔː] (*Fr*.) *s*. 🎭, *thea. etc*. De'kor *m*, *n*, Ausstattung *f*.

dec·o·rate ['dekəreɪt] *v/t*. **1.** (aus-) schmücken, (ver)zieren, dekorieren; **2.** *Wohnung* a) (neu) tapezieren *od*. streichen, b) einrichten, ausstatten; **3.** *mit e-m Orden* dekorieren, auszeichnen; **dec·o·ra·tion** [ˌdekə'reɪʃn] *s*. **1.** Ausschmückung *f*, Verzierung *f*; **2.** Schmuck *m*, Zierat *m*, Dekorati'on *f*; **3.** Orden *m*, Ehrenzeichen *n*; **4.** *a*. ***interior ~*** a) Innenausstattung *f*, b) 'Innenarchitekˌtur *f*.

Dec·o·ra·tion Day → ***Memorial Day***.

dec·o·ra·tive ['dekərətɪv] *adj*. □ dekora'tiv, schmückend, ornamen'tal, Zier…, Schmuck…: ***~ plant*** Zierpflanze *f*; **dec·o·ra·tor** ['dekəreɪtə] *s*. **1.** Dekora'teur *m*; **2.** → ***interior*** 1; **3.** Maler *m* u. Tapezierer *m*.

dec·o·rous ['dekərəs] *adj*. □ schicklich, anständig.

de·cor·ti·cate [ˌdiː'kɔːtɪkeɪt] *v/t*. **1.** entrinden; schälen; **2.** enthülsen.

de·co·rum [dɪ'kɔːrəm] *s*. **1.** Anstand *m*, Schicklichkeit *f*, De'korum *n*; **2.** Eti'kette *f*, Anstandsformen *pl*.

de·coy I *s*. ['diːkɔɪ] **1.** Köder *m*, Lockspeise *f*; **2.** *a*. ***~ duck*** Lockvogel *m* (*a. fig.*); **3.** *hunt*. Entenfang *m*, -falle *f*; **4.** ⚔ Scheinanlage *f*; **II** *v/t*. [dɪ'kɔɪ] **5.** ködern, locken; **6.** *fig*. (ver)locken, verleiten; ***~ ship*** *s*. ⚓, ⚔ U-Boot-Falle *f*.

de·crease [diː'kriːs] **I** *v/i*. abnehmen, sich vermindern, kleiner werden: ***~ in length*** kürzer werden; **II** *v/t*. vermindern, verringern, reduzieren, her'absetzen; **III** *s*. ['diːkriːs] Abnahme *f*, Verminderung *f*, Verringerung *f*; Rückgang *m*: ***~ in prices*** Preisrückgang; ***be on the ~*** → I; **de'creas·ing·ly** [-sɪŋlɪ] *adv*. immer weniger: ***~ rare***.

de·cree [dɪ'kriː] **I** *s*. **1.** De'kret *n*, Erlaß *m*, Verfügung *f*, Verordnung *f*: ***issue a ~*** e-e Verfügung erlassen; ***by ~*** auf dem Verordnungsweg; **2.** ⚖ Entscheid *m*, Urteil *n*: ***~ absolute*** rechtskräftiges (Scheidungs)Urteil; → ***nisi***; **3.** *fig*. Ratschluß *m Gottes*, Fügung *f des Schicksals*; **II** *v/t*. **4.** verfügen, an-, verordnen.

dec·re·ment ['dekrɪmənt] *s*. Abnahme *f*, Verminderung *f*.

de·crep·it [dɪ'krepɪt] *adj*. **1.** altersschwach, klapp(e)rig (*beide a. fig.*); **2.** verfallen, baufällig.

de·cres·cent [dɪ'kresnt] *adj*. abnehmend: ***~ moon***.

de·cry [dɪ'kraɪ] *v/t*. schlecht-, her'untermachen, her'absetzen.

dec·u·ple ['dekjʊpl] **I** *adj*. zehnfach; **II** *s*. *das* Zehnfache; **III** *v/t*. verzehnfachen.

de·cus·sate [dɪ'kʌsət] *adj*. **1.** sich kreuzend *od*. schneidend; **2.** ⚘ kreuzgegenständig.

ded·i·cate ['dedɪkeɪt] *v/t*. (***to*** *dat*.) **1.** weihen, widmen; **2.** *s-e Zeit etc*. widmen; **3.** ***~ o.s.*** sich widmen *od*. hingeben; sich zuwenden; **4.** *Buch etc*. widmen, zueignen; **5.** *Am*. feierlich eröffnen *od*. einweihen; **6.** a) der Öffentlichkeit zugänglich machen, b) dem öffentlichen Verkehr über'geben: ***~ a road***; **7.** *dem Feuer*, *der Erde* über'antworten; '**ded·i·cat·ed** [-tɪd] *adj*. **1.** pflichtbewußt, hingebungsvoll; **2.** engagiert; **ded·i·ca·tion** [ˌdedɪ'keɪʃn] *s*. **1.** Weihung *f*, Widmung *f*; feierliche Einweihung; **2.** 'Hingabe *f* (***to*** an *acc*.), Engage'ment *n*; **3.** Widmung *f*, Zueignung *f*; **4.** *Am*. feierliche Einweihung *od*. Eröffnung; **5.** 'Übergabe *f* an den öffentlichen Verkehr; '**ded·i·ca·tor** [-tə] *s*. Widmende(r *m*) *f*; '**ded·i·ca·to·ry** [-kətərɪ] *adj*. (Ein)Weihungs…; Widmungs…, Zueignungs…

de·duce [dɪ'djuːs] *v/t*. **1.** folgern, schließen (***from*** aus); **2.** ab-, 'herleiten (***from*** von); **de'duc·i·ble** [-səbl] *adj*. **1.** zu folgern(d); **2.** ab-, 'herleitbar, 'herzuleiten(d).

de·duct [dɪ'dʌkt] *v/t*. *e-n Betrag* abziehen (***from*** von), einbehalten; (*von der Steuer*) absetzen: ***after ~ing*** nach Abzug von *od*. *gen*.; ***~ing expenses*** abzüglich (der) Unkosten; **de'duct·i·ble** [-təbl] *adj*. **1.** abzugsfähig; **2.** (*von der Steuer*) absetzbar; **de'duc·tion** [-kʃn] *s*. **1.** Abzug *m*, Abziehen *n*; **2.** † Abzug *m*, Ra'batt *m*, (Preis)Nachlaß *m*; **3.** (Schluß)Folgerung *f*, Schluß *m*; **4.** 'Herleitung *f*; **de'duc·tive** [-tɪv] *adj*. □ **1.** deduk'tiv, folgernd, schließend; **2.** → ***deducible***.

deed [diːd] **I** *s*. **1.** Tat *f*, Handlung *f*: ***in word and ~*** in Wort u. Tat; **2.** Helden-, Großtat *f*; **3.** ⚖ (Vertrags-, *bsd*. Über'tragungs)Urkunde *f*, Doku'ment *n*: ***~ of donation*** Schenkungsurkunde; **II** *v/t*. **4.** *Am*. urkundlich über'tragen (***to*** auf *j-n*); ***~ poll*** *s*. ⚖ einseitige (gesiegelte) Erklärung (*e-r Vertragspartei*).

dee·jay ['diːdʒeɪ] *s*. F Diskjockey *m*.

deem [diːm] **I** *v/i*. denken, meinen; **II** *v/t*. halten für, erachten für, betrachten als: ***I ~ it advisable***.

de-e·mo·tion·al·ize [ˌdiːɪ'məʊʃnəlaɪz] *v/t*. versachlichen.

de·em·pha·size [ˌdiː'emfəsaɪz] *v/t*. bagatellisieren.

deem·ster ['diːmstə] *s*. Richter *m* (*auf der Insel Man*).

deep [diːp] **I** *adj*. □ → ***deeply***; **1.** tief

(*vertikal*): ~ ***hole***; ~ ***snow***; ~ ***sea*** Tiefsee *f*; ***in ~ water(s)*** *fig.* in Schwierigkeiten; ***go off the ~ end*** a) *Brit.* in Rage kommen, b) *Am.* et. unüberlegt riskieren; **2.** tief (*horizontal*): ~ ***cupboard***; ~ ***forests***; ~ ***border*** breiter Rand; ***they marched four ~*** sie marschierten in Viererreihen; ***three men ~*** drei Mann hoch (*zu dritt*); **3.** tief, vertieft, versunken (***in*** in *acc.*): ~ ***in thought***; **4.** tief, gründlich, scharfsinnig: ~ ***learning*** gründliches Wissen; ~ ***intellect*** scharfer Verstand; ***a ~ thinker*** ein tiefer Denker; **5.** tief, heftig, stark, fest, schwer: ~ ***sleep*** tiefer *od.* fester Schlaf; ~ ***mourning*** tiefe Trauer; ~ ***disappointment*** tiefe *od.* bittere Enttäuschung; ~ ***interest*** großes Interesse; ~ ***grief*** schweres Leid; ~ ***in debt*** stark *od.* tief verschuldet; **6.** tief, innig, aufrichtig: ~ ***love***; ~ ***gratitude***; **7.** tief, dunkel; verborgen, geheim: ~ ***night*** tiefe Nacht; ~ ***silence*** tiefes *od.* völliges Schweigen; ~ ***secret*** tiefes Geheimnis; ~ ***designs*** dunkle Pläne; ***he is a ~ one*** *sl.* er hat es faustdick hinter den Ohren; **8.** schwierig: ~ ***problem***; ***that is too ~ for me*** das ist mir zu hoch; **9.** tief, dunkel (*Farbe*, *Klang*); **10.** *psych.* un(ter)bewußt; **11.** ⚕ subku'tan; **II** *adv.* **12.** tief (*a. fig.*): ~ ***into the flesh*** tief ins Fleisch; ***still waters run ~*** stille Wasser sind tief; ~ ***into the night*** (bis) tief in die Nacht (hinein); ***drink ~*** unmäßig trinken; **III** *s.* **13.** Tiefe *f* (*a. fig.*); Abgrund *m*: ***in the ~ of night*** in tiefster Nacht; **14.** ***the ~*** *poet.* das Meer.

'deep|-dish pie *s.* 'Napfpa͵stete *f*; **͵~-'draw** *v/t.* [*irr.*] ⚙ tiefziehen; **͵~-'drawn** *adj.* **1.** ⚙ tiefgezogen; **2.** ~ ***sigh*** tiefer Seufzer.

deep·en ['di:pən] **I** *v/t.* **1.** tiefer machen, vertiefen; verbreitern; **2.** *fig.* vertiefen (*a. Farben*), verstärken, steigern; **II** *v/i.* **3.** tiefer werden, sich vertiefen; **4.** *fig.* sich vertiefen *od.* steigern, stärker werden; **5.** dunkler werden.

'deep|-felt *adj.* tiefempfunden; **͵~-'freeze I** *s.* Tiefkühlgerät *n*, -truhe *f*, -schrank *m*; **II** *adj.* Tiefkühl..., Gefrier...; **III** *v/t.* [*irr.*] tiefkühlen, einfrieren; **͵~-'fro·zen** *adj.* tiefgefroren, Tiefkühl...; **'~-fry** *v/t.* fritieren, in schwimmendem Fett braten; ~ **fry·er** *s.*, **'~-͵fry·ing pan** *s.* Fri'teuse *f*; **͵~-'laid** *adj.* schlau (*Plan*).

deep·ly ['di:plɪ] *adv.* tief (*a. fig.*): ~ ***indebted*** äußerst dankbar; ~ ***hurt*** tief *od.* schwer gekränkt; ~ ***interested*** höchst interessiert; ~ ***read*** sehr belesen; ***drink ~*** unmäßig trinken; ***go ~ into s.th.*** e-r Sache auf den Grund gehen.

deep·ness ['di:pnɪs] *s.* **1.** Tiefe *f* (*a. fig.*); **2.** Dunkelheit *f*; **3.** Gründlichkeit *f*; **4.** Scharfsinn *m*; **5.** Durch'triebenheit *f*.

͵deep|-'read *adj.* sehr belesen; **͵~-'root·ed** *adj. bsd. fig.* tief eingewurzelt, fest verwurzelt; *fig. a.* eingefleischt; **͵~-'sea** *adj.* Tiefsee..., Hochsee...: ~ ***fish*** Tiefseefisch *m*; ~ ***fishing*** Hochseefischerei *f*; **͵~-'seat·ed** → ***deep-rooted***; **'~-set** *adj.* tiefliegend: ~ ***eyes***; **the** 2 **South** *s. Am.* der tiefe Süden (*südlichste Staaten der USA*).

deer [dɪə] *pl.* **deer** *s.* **1.** *zo.* a) Hirsch *m*, b) Reh *n*: ***red ~*** Rot-, Edelhirsch; **2.** Hoch-, Rotwild *n*; **'~-͵for·est** *s.* Hochwildgehege *n*; **'~-hound** *s.* schottischer Jagdhund; **'~-lick** *s.* Salzlecke *f*; **'~-park** *s.* Wildpark *m*; **'~-shot** *s.* Rehposten *m* (*Schrot*); **'~·skin** *s.* Hirsch-, Rehleder *n*; **'~͵stalk·er** *s.* **1.** Pirscher *m*; **2.** Jagdmütze *f*; **'~͵stalk·ing** *s.* (Rotwild)Pirsch *f*.

de-es·ca·late [͵di:'eskəleɪt] **I** *v/t.* **1.** *Krieg etc.* deeskalieren; **2.** *fig.* her'unterschrauben; **II** *v/i.* **3.** deeskalieren; **de-es·ca·la·tion** [͵di:eskə'leɪʃn] *s. pol.* Deeskalati'on *f* (*a. fig.*).

de·face [dɪ'feɪs] *v/t.* **1.** entstellen, verunstalten, beschädigen; **2.** ausstreichen, unleserlich machen; **3.** *Briefmarken* entwerten; **de'face·ment** [-mənt] *s.* Entstellung *f* (*etc.*).

de fac·to [di:'fæktəʊ] (*Lat.*) **I** *adj.* De-facto-...; **II** *adv.* de 'facto, tatsächlich.

de·fal·ca·tion [͵di:fæl'keɪʃn] *s.* **1.** Veruntreuung *f*, Unter'schlagung *f*; **2.** unter'schlagenes Geld.

def·a·ma·tion [͵defə'meɪʃn] *s.* Verleumdung *f*, ⚖ *a.* (verleumderische) Beleidigung; **de·fam·a·to·ry** [dɪ'fæmətərɪ] *adj.* ☐ verleumderisch, Schmäh...: ***be ~ of s.o.*** j-n verleumden; **de·fame** [dɪ'feɪm] *v/t.* verleumden; **de·fam·er** [dɪ'feɪmə] *s.* Verleumder(in).

de·fat·ted [di:'fætɪd] *adj.* entfettet.

de·fault [dɪ'fɔ:lt] **I** *s.* **1.** (Pflicht)Versäumnis *n*, Unter'lassung *f*; **2.** *bsd.* ✝ Nichterfüllung *f*, Verzug *m*, Versäumnis *n*, Säumnis *f*, Zahlungseinstellung *f*; *engS.* Zahlungsverzug *m*: ***be in ~*** im Verzug sein; **3.** ⚖ Nichterscheinen *n* vor Gericht: ***judg(e)ment by ~*** Versäumnisurteil *n*; **4.** *sport* Nichtantreten *n*; **5.** Fehlen *n*, Mangel *m*: ***in ~ of*** mangels, in Ermangelung (*gen.*); ***in ~ of which*** widrigenfalls; ***go by ~*** unterbleiben; **II** *v/i.* **6.** s-n Verpflichtungen nicht nachkommen: ~ ***on s.th.*** et. vernachlässigen, mit et. im Rückstand sein; **7.** ✝ s-n Verbindlichkeiten nicht nachkommen, im (Zahlungs)Verzug sein: ~ ***on a debt*** s-e Schuld nicht bezahlen; **8.** ⚖ nicht vor Gericht erscheinen; **9.** *sport* nicht antreten; **III** *v/t.* **10.** *e-r Verpflichtung* nicht nachkommen, in Verzug geraten mit; **11.** ⚖ wegen Nichterscheinens (vor Gericht) verurteilen; **12.** *sport* nicht antreten (*zu e-m Kampf*); **de'fault·er** [-tə] *s.* **1.** Säumige(r *m*) *f*; **2.** ✝ a) säumiger Zahler *od.* Schuldner, b) Zahlungsunfähige(r *m*) *f*; **3.** ⚖ vor Gericht nicht Erscheinende(r *m*) *f*; **4.** ⚔ *Brit.* Delin'quent *m*.

de·fea·sance [dɪ'fi:zns] *s.* ⚖ **1.** Aufhebung *f*, Annullierung *f*, Nichtigkeitserklärung *f*; **2.** Nichtigkeitsklausel *f*; **de'fea·si·ble** [-zəbl] *adj.* anfecht-, annullierbar.

de·feat [dɪ'fi:t] **I** *v/t.* **1.** besiegen, schlagen: ***it ~s me to inf.*** es geht über m-e Kraft zu *inf.*; **2.** *Angriff etc.* zu'rückschlagen, abwehren; **3.** *parl. Antrag* zu Fall bringen, ablehnen; **4.** vereiteln, zu'nichte machen: ***that ~s the purpose*** das verfehlt den Zweck; **II** *s.* **5.** Niederwerfung *f*, Besiegung *f*; **6.** Niederlage *f* (*a. fig.*): ***admit ~*** sich geschlagen geben; **7.** *parl.* Ablehnung *f*; **8.** Vereitelung *f*, Vernichtung *f*; **9.** 'Mißerfolg *m*, Fehlschlag *m*; **de'feat·ism** [-tɪzəm] *s.* Defä'tismus *m*, Miesmache'rei *f*; **de'feat·ist** [-tɪst] **I** *s.* Defä'tist *m*; **II** *adj.* defä'tistisch.

def·e·cate ['defɪkeɪt] **I** *v/t.* reinigen; *fig.* läutern; **II** *v/i.* ⚕ Stuhlgang haben; **def·e·ca·tion** [͵defɪ'keɪʃn] *s.* ⚕ Stuhlgang *m*.

de·fect I *s.* ['di:fekt] **1.** De'fekt *m*, Fehler *m* (***in*** an *dat.*, in *dat.*): ~ ***in title*** ⚖ Fehler im Recht; **2.** Mangel *m*, Unvollkommenheit *f*, Schwäche *f*; **3.** (*geistiger od. psychischer*) De'fekt; ⚕ Gebrechen *n*: ~ ***in character*** Charakterfehler *m*; ~ ***of vision*** Sehfehler *m*; **II** *v/i.* [dɪ'fekt] **4.** abtrünnig werden; **5.** *zum Feind* 'übergehen; **de·fec·tion** [dɪ'fekʃn] *s.* **1.** Abfall *m*, Lossagung *f* (***from*** von); **2.** Treubruch *m*; **3.** 'Übertritt *m* (***to*** zu); **de·fec·tive** [dɪ'fektɪv] **I** *adj.* ☐ **1.** mangelhaft, unvollkommen: ***mentally ~*** schwachsinnig; ***he is ~ in*** es mangelt ihm an (*dat.*); **2.** schadhaft, de'fekt; **II** *s.* **3.** ***mental ~*** Schwachsinnige(r *m*) *f*; **de·fec·tive·ness** [dɪ'fektɪvnɪs] *s.* **1.** Mangelhaftigkeit *f*; **2.** Schadhaftigkeit *f*; **de·fec·tor** [dɪ'fektə] *s.* Abtrünnige(r *m*) *f*, 'Überläufer(in).

de·fence, *Am.* **de·fense** [dɪ'fens] *s.* **1.** Verteidigung *f*, Schutz *m*, Abwehr *f*: ***come to s.o.'s ~*** j-n verteidigen; ~ ***mechanism*** *biol.*, *psych.* Abwehrmechanismus *m*; **2.** ⚖ *allg.* Verteidigung *f*, *a.* Einrede *f*: ***in his ~*** zu s-r Entlastung; ***conduct one's own ~*** sich selbst verteidigen; → ***counsel*** 4; ***witness*** 1; **3.** Verteidigung *f*, Rechtfertigung *f*: ***in his ~*** zu s-r Rechtfertigung; **4.** ⚔ Verteidigung *f*, *sport a.* Abwehr *f* (*Spieler od. deren Spielweise*); *pl.* Verteidigungsanlagen *pl.*: ~ ***spending*** Verteidigungsausgaben *pl.*; **de'fence·less** [-lɪs] *adj.* ☐ **1.** schutz-, wehr-, hilflos; **2.** ⚔ unbefestigt; **de'fence·less·ness** [-lɪsnɪs] *s.* Schutz-, Wehrlosigkeit *f*.

de·fend [dɪ'fend] *v/t.* **1.** (***from***, ***against***) verteidigen (gegen), schützen (vor *dat.*, gegen); **2.** *Meinung etc.* verteidigen, rechtfertigen; **3.** *Rechte* schützen, wahren; **4.** ⚖ a) *j-n* verteidigen, b) sich auf *e-e Klage* einlassen: ~ ***the suit*** den Klageanspruch bestreiten; **de'fend·a·ble** [-dəbl] *adj.* zu verteidigen(d); **de'fend·ant** [-dənt] ⚖ **I** *s.* a) *Zivilrecht*: Beklagte(r *m*) *f*, b) *Strafrecht*: Angeklagte(r *m*) *f*; **II** *adj.* a) beklagt, b) angeklagt; **de'fend·er** [-də] *s.* **1.** Verteidiger *m*, *sport a.* Abwehrspieler *m*; **2.** Beschützer *m*.

de·fense *etc. Am.* → ***defence*** *etc.*

de·fen·si·ble [dɪ'fensəbl] *adj.* ☐ **1.** zu verteidigen(d), haltbar; **2.** zu rechtfertigen(d), vertretbar; **de'fen·sive** [-sɪv] **I** *adj.* ☐ **1.** defen'siv, verteidigend, schützend; abwehrend (*a. fig. Geste etc.*); **2.** Verteidigungs...; Schutz..., Abwehr... (*a. biol.*); **II** *s.* **3.** Defen'sive *f*, Verteidigung *f*: ***on the ~*** in der Defensive.

de·fer[1] [dɪ'fɜ:] *v/t.* **1.** auf-, verschieben; **2.** hin'ausschieben; zu'rückstellen (*Am. a.* ⚔).

de·fer[2] [dɪ'fɜ:] *v/i.* (***to***) sich fügen, nachgeben (*dat.*), sich beugen (vor *dat.*); sich *j-s* Wunsche fügen; **def·er·ence** ['defərəns] *s.* **1.** Ehrerbietung *f*, Achtung *f*: ***with all due ~ to*** bei aller Hochachtung vor (*dat.*); **2.** Nachgiebigkeit *f*,

Rücksicht(nahme) *f*: ***in ~ to your wishes*** wunschgemäß; **def·er·ent** ['defərənt] *adj.*, **def·er·en·tial** [ˌdefə'renʃl] *adj.* □ **1.** ehrerbietig; **2.** rücksichtsvoll.

de·fer·ment [dɪ'fɜ:mənt] *s.* **1.** Aufschub *m*; **2.** ⚔ *Am.* Zu'rückstellung *f* (vom Wehrdienst); **de'fer·ra·ble** [-ɜ:rəbl] *adj.* **1.** aufschiebbar; **2.** ⚔ *Am.* zu'rückstellbar.

de·ferred| an·nu·i·ty [dɪ'fɜ:d] *s.* hin'ausgeschobene Rente; **~ bond** *s. Am.* Obligati'on *f* mit aufgeschobener Zinszahlung; **~ pay·ment** *s.* **1.** Zahlungsaufschub *m*, **2.** Ratenzahlung *f*; **~ shares** *s. pl.* ⚚ Nachzugsaktien *pl.*; **~ terms** *s. pl. Brit.* 'Abzahlungssyˌstem *n*: ***on ~*** auf Abzahlung *od.* Raten.

de·fi·ance [dɪ'faɪəns] *s.* **1.** a) Trotz *m*, 'Widerstand *m*, b) Hohn *m*, offene Verachtung: ***in ~ of*** ungeachtet (*gen.*), trotz (*gen. od. dat.*), *e-m Gebot etc.* zuwider, *j-m* zum Trotz *od.* Hohn; ***bid ~, set at ~*** Trotz bieten, hohnsprechen (***to*** *dat.*); **2.** Her'ausforderung *f*; **de'fi·ant** [-nt] *adj.* □ trotzig, her'ausfordernd.

de·fi·cien·cy [dɪ'fɪʃnsɪ] *s.* **1.** (***of***) Mangel *m* (an *dat.*), Fehlen *n* (von): ***~ disease*** ⚕ Mangelkrankheit *f*; **2.** Fehlbetrag *m*, Manko *n*, Ausfall *m*, Defizit *n*; **3.** Mangelhaftigkeit *f*, Schwäche *f*, Lücke *f*, Unzulänglichkeit *f*; **de'fi·cient** [-nt] *adj.* □ **1.** unzureichend, mangelhaft, ungenügend: ***be ~ in*** ermangeln (*gen.*), es fehlen lassen an (*dat.*), arm sein an (*dat.*); ***he is ~ in courage*** ihm fehlt es an Mut; **2.** fehlend: ***~ amount*** Fehlbetrag *m*.

def·i·cit ['defɪsɪt] *s.* **1.** ⚚ Defizit *n*, Fehlbetrag *m*, 'Unterbiˌlanz *f*; **2.** Mangel (***in*** an *dat.*); **~ spend·ing** *s.* ⚚ Deficit-spending *n*, Defizitfinanzierung *f*.

de·file[1] **I** *s.* ['di:faɪl] **1.** Engpaß *m*, Hohlweg *m*; **2.** ⚔ Vor'beimarsch *m*; **II** *v/i.* [dɪ'faɪl] **3.** defilieren, vor'beimarschieren.

de·file[2] [dɪ'faɪl] *v/t.* **1.** beschmutzen, verunreinigen; **2.** *fig.* besudeln, beflecken, verunglimpfen; **3.** schänden; **4.** entweihen; **de'file·ment** [-mənt] *s.* Besudelung *f etc.*

de·fin·a·ble [dɪ'faɪnəbl] *adj.* □ definier-, erklär-, bestimmbar; **de·fine** [dɪ'faɪn] *v/t.* **1.** *Wort etc.* definieren, (genau) erklären; **2.** (genau) bezeichnen *od.* bestimmen; kennzeichnen, festlegen; klarmachen; **3.** scharf abzeichnen, (klar) um'reißen, be-, um'grenzen.

def·i·nite ['defɪnɪt] *adj.* □ **1.** bestimmt (*a. ling.*), prä'zis, klar, deutlich, eindeutig, genau; **2.** defini'tiv, endgültig; **'def·i·nite·ly** [-lɪ] *adv.* **1.** bestimmt (*etc.*); **2.** zweifellos, abso'lut, entschieden; **'def·i·nite·ness** [-nɪs] *s.* Bestimmtheit *f*; **def·i·ni·tion** [ˌdefɪ'nɪʃn] *s.* **1.** Definiti'on *f*, (genaue) Erklärung; (Begriffs)Bestimmung *f*; **2.** Genauigkeit *f*, Ex'aktheit *f*; **3.** (*a.* Bild-, Ton-) Schärfe *f*, Präzisi'on *f*; *TV* Auflösung *f*; **de·fin·i·tive** [dɪ'fɪnɪtɪv] **I** *adj.* □ **1.** defini'tiv, endgültig; maßgeblich (*Buch*); **2.** → ***definite*** 1; **II** *s.* **3.** *ling.* Bestimmungswort *n*.

def·la·grate ['defləgreɪt] *v/i.* (*u. v/t.*) ⚗ rasch abbrennen (lassen); **def·la·gra·tion** [ˌdeflə'greɪʃn] *s.* ⚗ Verpuffung *f*.

de·flate [dɪ'fleɪt] *v/t.* **1.** (die) Luft ablassen aus, entleeren; **2.** ⚚ *Geldumlauf etc.* deflationieren, her'absetzen; **3.** *fig.* a) *j-n* ‚klein u. häßlich machen', b) ernüchtern; **de'fla·tion** [-eɪʃn] *s.* **1.** Ablassen *n* von Luft *od.* Gas; **2.** ⚚ Deflati'on *f*; **de'fla·tion·ar·y** [-eɪʃnərɪ] *adj.* ⚚ deflatio'nistisch, Deflations…

de·flect [dɪ'flekt] **I** *v/t.* ablenken, *sport a. Schuß* abfälschen; **II** *v/i.* abweichen (***from*** von); **de'flec·tion**, *Brit. a.* **de'flex·ion** [-ekʃn] *s.* **1.** Ablenkung *f* (*a. phys.*); **2.** Abweichung *f* (*a. fig.*); **3.** Ausschlag *m* (*Zeiger etc.*); **de'flec·tor** [-tə] *s.* De'flektor *m*, Ablenkvorrichtung *f*: ***~ coil*** ⚡ Ablenkspule *f*.

de·flo·rate ['di:flɔ:reɪt] → ***deflower***; **def·lo·ra·tion** [ˌdi:flɔ:'reɪʃn] *s.* Deflorati'on *f*, Entjungferung *f*.

de·flow·er [ˌdi:'flaʊə] *v/t.* **1.** deflorieren, entjungfern; **2.** *fig. e-r Sache* den Reiz nehmen.

de·fo·li·ant [ˌdi:'fəʊlɪənt] *s.* ⚗, ⚔ Entlaubungsmittel *n*; **de·fo·li·ate** [ˌdi:'fəʊlɪeɪt] *v/t.* entblättern, entlauben; **de·fo·li·a·tion** [ˌdi:fəʊlɪ'eɪʃn] *s.* Entblätterung *f*.

de·for·est·a·tion [di:ˌfɒrɪ'steɪʃn] *s.* Abforstung *f*, -holzung *f*; Entwaldung *f*.

de·form [dɪ'fɔ:m] *v/t.* **1.** *a.* ⚙, *phys.* verformen; **2.** verunstalten, entstellen, deformieren; verzerren (*a. fig.*, ⩚, *phys.*); **3.** *Charakter* verderben, ‚verbiegen'; **de·for·ma·tion** [ˌdi:fɔ:'meɪʃn] *s.* **1.** *a.* ⚙, *phys.* Verformung *f*; **2.** Verunstaltung *f*, Entstellung *f*; 'Mißbildung *f*; **3.** ⩚, *phys.* Verzerrung *f*; **de'formed** [-md] *adj.* verformt (*etc.* → ***deform***); **de'form·i·ty** [-mətɪ] *s.* **1.** Entstelltheit *f*, Häßlichkeit *f*; **2.** 'Mißbildung *f*, Auswuchs *m*; **3.** 'mißgestaltete Per'son *od.* Sache; **4.** Verderbtheit *f*, mo'ralischer De'fekt.

de·fraud [dɪ'frɔ:d] *v/t.* betrügen (***of*** um): ***~ the revenue*** Steuern hinterziehen; ***with intent to ~*** in betrügerischer Absicht, arglistig; **de·frau·da·tion** [ˌdi:frɔ:'deɪʃn] *s.* Betrug *m*; Hinter'ziehung *f*, Unter'schlagung *f*; **de'fraud·er** [-də] *s.* 'Steuerhinterˌzieher *m*.

de·fray [dɪ'freɪ] *v/t. Kosten* tragen, bestreiten, bezahlen.

de·frock [ˌdi:'frɒk] → ***unfrock***.

de·frost [ˌdi:'frɒst] *v/t.* von Eis befreien, *Windschutzscheibe etc.* entfrosten, *Kühlschrank etc.* abtauen, *Tiefkühlkost etc.* auftauen: ***~ing rear window*** *mot.* heizbare Heckscheibe.

deft [deft] *adj.* □ geschickt, gewandt; **'deft·ness** [-nɪs] *s.* Geschicktheit *f*, Gewandtheit *f*.

de·funct [dɪ'fʌŋkt] **I** *adj.* **1.** verstorben; **2.** erloschen, nicht mehr existierend, ehemalig; **II** *s.* **3.** ***the ~*** der *od.* die Verstorbene.

de·fuse [ˌdi:'fju:z] *v/t. Bombe etc.*, *fig. a. Lage etc.* entschärfen.

de·fy [dɪ'faɪ] *v/t.* **1.** trotzen, Trotz *od.* die Stirn bieten (*dat.*); **2.** sich wider'setzen (*dat.*); **3.** sich hin'wegsetzen über (*acc.*), verstoßen gegen; **4.** standhalten, Schwierigkeiten machen (*dat.*): ***~ description*** jeder Beschreibung spotten; ***~ translation*** (fast) unübersetzbar sein; **5.** her'ausfordern: ***I ~ anyone to do it*** den möchte ich sehen, der das fertigbringt; ***I ~ you to do it*** ich weiß genau, daß du es nicht (tun) kannst.

de·gauss [ˌdi:'gaʊs] *v/t. Schiff* entmagnetisieren.

de·gen·er·a·cy [dɪ'dʒenərəsɪ] *s.* Degenerati'on *f*, Entartung *f*, Verderbtheit *f*; **de·gen·er·ate I** *v/i.* [dɪ'dʒenəreɪt] (***into***) entarten: a) *biol. etc.* degenerieren (zu), b) *allg.* ausarten (zu, in *acc.*), her'absinken (zu, auf die Stufe *gen.*), *a.* verflachen; **II** *adj.* [-rət] degeneriert, entartet; verderbt; **III** *s.* [-rət] degenerierter Mensch; **de·gen·er·a·tion** [dɪˌdʒenə'reɪʃn] *s.* Degenerati'on *f*, Entartung *f*.

deg·ra·da·tion [ˌdegrə'deɪʃn] *s.* **1.** Degradierung *f* (*a.* ⚔), Ab-, Entsetzung *f*; **2.** Verminderung *f*, Schwächung *f*, Verschlechterung *f*; Entartung *f*, Degenerati'on *f* (*a. biol.*); **3.** Entwürdigung *f*, Erniedrigung *f*, Her'absetzung *f*; **4.** ⚗ Abbau *m*; **5.** *phys.* Degradati'on *f*; **6.** *geol.* Verwitterung *f*; **de·grade** [dɪ'greɪd] **I** *v/t.* **1.** degradieren (*a.* ⚔), (her)'absetzen; **2.** vermindern, her'untersetzen, verschlechtern; **3.** erniedrigen, entwürdigen; **4.** ⚗ abbauen; **II** *v/i.* **5.** (ab)sinken, her'unterkommen; **6.** entarten; **de·grad·ing** [dɪ'greɪdɪŋ] *adj.* erniedrigend, entwürdigend; her'absetzend.

de·gree [dɪ'gri:] *s.* **1.** Grad *m*, Stufe *f*, Maß *n*: ***by ~s*** allmählich; ***by slow ~s*** ganz allmählich; ***in some ~*** einigermaßen; ***in no ~*** keineswegs; ***in the highest ~*** im höchsten Maße *od.* Grad(e), aufs höchste; ***to what ~*** in welchem Maße, wie weit *od.* sehr; ***to a ~*** a) in hohem Maße, b) einigermaßen, c) → ***to a certain ~*** bis zu e-m gewissen Grade, ziemlich; **2.** ⩚, *geogr.*, *phys.* Grad *m*: ***~ of latitude*** Breitengrad; ***32 ~s centigrade*** 32 Grad Celsius; ***~ of hardness*** Härtegrad; ***of high ~*** hochgradig; **3.** *univ.* Grad *m*, Würde *f*: ***doctor's ~*** Doktorwürde; ***take one's ~*** e-n akademischen Grad erwerben, (*zum Doktor*) promovieren; ***~ day*** Promotionstag *m*; **4.** (Verwandtschafts)Grad *m*; **5.** Rang *m*, Stand *m*: ***of high ~*** von hohem Rang; **6.** *ling. a.* ***~ of comparison*** Steigerungsstufe *f*; **7.** ♪ Tonstufe *f*, Inter'vall *n*.

de·gres·sion [dɪ'greʃn] *s.* ⚚ Degressi'on *f*; **de'gres·sive** [-esɪv] *adj.* ⚚ degres'siv: ***~ depreciation*** degressive Abschreibung.

de·hu·man·ize [ˌdi:'hju:mənaɪz] *v/t.* entmenschlichen.

de·hy·drate [ˌdi:'haɪdreɪt] *v/t.* ⚗ dehy'drieren, das Wasser entziehen (*dat.*); dörren, trocknen: ***~d vegetables*** Trocken-, Dörrgemüse *n*; **de·hy·dra·tion** [ˌdi:haɪ'dreɪʃn] *s.* Dehy'drierung *f*, Wasserentzug *m*; Dörren *n*, Trocknen *n*.

de-ice [ˌdi:'aɪs] *v/t.* enteisen; **ˌde-'ic·er** [-sə] *s.* Enteisungsmittel *n*, -anlage *f*, -gerät *n*.

de·i·de·ol·o·gize ['di:ˌaɪdɪ'ɒlədʒaɪz] *v/t.* entideologisieren.

de·i·fi·ca·tion [ˌdi:ɪfɪ'keɪʃn] *s.* **1.** Apothe'ose *f*, Vergötterung *f*; **2.** *et.* Vergöttlichtes; **de·i·fy** ['di:ɪfaɪ] *v/t.* **1.** zum Gott erheben; **2.** als Gott verehren, anbeten (*a. fig.*).

deign [deɪn] **I** *v/i.* sich her'ablassen, geruhen, belieben (***to do*** zu tun); **II** *v/t.*

sich her'ablassen zu: ***he ~ed no answer***.

de·ism ['di:ɪzəm] *s.* De'ismus *m*; **de·ist** ['di:ɪst] *s.* De'ist(in); **de·is·tic**, **de·is·ti·cal** [di:'ɪstɪk(l)] *adj.* □ de'istisch; **de·i·ty** ['di:ɪtɪ] *s.* **1.** Gottheit *f*; **2.** ***the** ♀ eccl.* die Gottheit, Gott *m*.

de·ject·ed [dɪ'dʒektɪd] *adj.* □ niedergeschlagen, deprimiert; **de'jec·tion** [-kʃn] *s.* **1.** Niedergeschlagenheit *f*, Trübsinn *m*; **2.** ⚕ a) Stuhlgang *m*, b) Stuhl *m*, Kot *m*.

de ju·re [ˌdi:'dʒʊərɪ] (*Lat.*) **I** *adj.* Dejure-…; **II** *adv.* de 'jure, von Rechts wegen.

dek·ko ['dekəʊ] *s. sl.* (kurzer) Blick: ***have a ~*** mal schauen.

de·lac·ta·tion [ˌdi:læk'teɪʃn] *s.* ⚕ Abstillen *n*, Entwöhnung *f*.

de·lay [dɪ'leɪ] **I** *v/t.* **1.** ver-, auf-, hin'ausschieben, verzögern, verschleppen; **2.** auf-, hinhalten, hindern, hemmen; **II** *v/i.* **3.** zögern, zaudern; Zeit verlieren, sich aufhalten; **III** *s.* **4.** Aufschub *m*, Verzögerung *f*, Verzug *m*: ***without ~*** unverzüglich; ***~ of payment*** ✝ Zahlungsaufschub *m*; **de·layed** [dɪ'leɪd] *adj.* verzögert, verspätet, nachträglich, Spät…: ***~-action bomb*** Bombe *f* mit Verzögerungszünder; ***~ fuse*** Verzögerungszünder *m*; ***~ ignition*** ⚙ Spätzündung *f*; **de·lay·ing** [dɪ'leɪɪŋ] *adj.* aufschiebend, verzögernd; 'hinhaltend: ***~ action*** Verzögerung(saktion) *f*, Hinhaltung *f*; ⚔ hinhaltendes Gefecht; ***~ tactics*** Hinhaltetaktik *f*.

del cred·er·e [ˌdel'kredərɪ] *s.* ✝ Del'kredere *n*, Bürgschaft *f*.

de·le ['di:li:] (*Lat.*) *typ.* **I** *v/t.* tilgen, streichen; **II** *s.* Dele'atur(zeichen) *n*.

de·lec·ta·ble [dɪ'lektəbl] *adj.* □ köstlich; **de·lec·ta·tion** [ˌdi:lek'teɪʃn] *s.* Ergötzen *n*, Vergnügen *n*, Genuß *m*.

del·e·ga·cy ['delɪgəsɪ] *s.* Abordnung *f*, Delegati'on *f*; **'del·e·gate I** *s.* [-gət] **1.** Delegierte(r *m*) *f*, Vertreter(in), Abgeordnete(r *m*) *f*; **2.** *parl. Am.* Kon'greßabgeordnete(r *m*) *f* (*e-s Einzelstaats*); **II** *v/t.* [-geɪt] **3.** abordnen, delegieren; bevollmächtigen; **4.** (***to***) *Aufgabe, Vollmacht etc.* über'tragen, delegieren (an *acc.*); **del·e·ga·tion** [ˌdelɪ'geɪʃn] *s.* **1.** Abordnung *f*, Ernennung *f*; **2.** Über'tragung *f* (*Vollmacht etc.*), Delegieren *n*; Über'weisung *f*; **3.** Delegati'on *f*, Abordnung *f*; **4.** *pl. parl. Am. die* (Kon'greß)Abgeordneten *pl.* (*e-s Einzelstaats*).

de·lete [dɪ'li:t] *v/t.* tilgen, (aus)streichen, ausradieren.

del·e·te·ri·ous [ˌdelɪ'tɪərɪəs] *adj.* □ schädlich, verderblich, nachteilig.

de·le·tion [dɪ'li:ʃn] *s.* Streichung *f*: a) Tilgung *f*, b) *das* Ausgestrichene.

delft [delft] *a.* **delf** [delf] *s.* **1.** Delfter Fay'encen *pl.*; **2.** *allg.* glasiertes Steingut.

de·lib·er·ate I *adj.* □ [dɪ'lɪbərət] **1.** über'legt, wohlerwogen, bewußt, absichtlich, vorsätzlich: ***a ~ lie*** e-e bewußte Lüge; **2.** bedächtig: a) besonnen, vorsichtig, b) gemächlich, langsam; **II** *v/t.* [-bəreɪt] **3.** über'legen, erwägen; **III** *v/i.* [-bəreɪt] **4.** nachdenken, über'legen; **5.** beratschlagen, sich beraten (***on*** über *acc.*); **de'lib·er·ate·ness** [-nɪs] *s.* **1.** Vorsätzlichkeit *f*; **2.** Bedächtigkeit *f*;

de·lib·er·a·tion [dɪˌlɪbə'reɪʃn] *s.* **1.** Über'legung *f*; **2.** Beratung *f*; **3.** Bedachtsam-, Behutsamkeit *f*, Vorsicht *f*; **de'lib·er·a·tive** [-rətɪv] *adj.* beratend: ***~ assembly***.

del·i·ca·cy ['delɪkəsɪ] *s.* **1.** Zartheit *f*, Feinheit *f*; Zierlichkeit *f*; **2.** Zartheit *f*, Schwächlichkeit *f*, Empfindlichkeit *f*, Anfälligkeit *f*; **3.** Anstand *m*, Zartgefühl *n*, Takt *m*: ***~ of feeling*** Feinfühligkeit *f*; **4.** Feinheit *f*, Genauigkeit *f*; **5.** *fig.* Kitzligkeit *f*: ***negotiations of great ~*** sehr heikle Besprechungen; **6.** (*a. fig.*) Leckerbissen *m*, Delika'tesse *f*; **'del·icate** [-kət] *adj.* □ **1.** zart, fein, zierlich; **2.** zart (*a. Gesundheit, Farbe*), empfindlich, zerbrechlich, schwächlich: ***she was in a ~ condition*** sie war in anderen Umständen; **3.** fein, leicht, dünn; **4.** sanft, leise: ***~ hint*** zarter Wink; **5.** fein, genau; **6.** fein, anständig; **7.** vornehm; verwöhnt; **8.** heikel, kitzlig, schwierig; **9.** zartfühlend, feinfühlig, taktvoll; **10.** lecker, schmackhaft, deli'kat; **del·i·ca·tes·sen** [ˌdelɪkə'tesn] *s. pl.* **1.** Delika'tessen *pl.*, Feinkost *f*; **2.** *sg. konstr.* Feinkostgeschäft *n*.

de·li·cious [dɪ'lɪʃəs] *adj.* □ köstlich: a) wohlschmeckend, b) herrlich.

de·lict ['di:lɪkt] *s.* ⚖ De'likt *n*.

de·light [dɪ'laɪt] **I** *s.* Vergnügen *n*, Freude *f*, Wonne *f*, Entzücken *n*: ***to my ~*** zu m-r Freude; ***take ~ in*** → III; **II** *v/t.* erfreuen, entzücken; **III** *v/i.* ***~ in*** (große) Freude haben an (*dat.*), Vergnügen finden an (*dat.*); sich ein Vergnügen machen aus; **de'light·ed** [-tɪd] *adj.* □ entzückt, (hoch)erfreut (***with*** über *acc.*): ***I am*** (*od.* ***shall be***) ***~ to come*** ich komme mit dem größten Vergnügen; **de'light·ful** [-fʊl] *adj.* □ entzückend, reizend; herrlich, wunderbar.

de·lim·it [di:'lɪmɪt], **de·lim·i·tate** [dɪ'lɪmɪteɪt] *v/t.* abgrenzen, die Grenze(n) festsetzen von (*od. gen.*); **de·lim·i·ta·tion** [dɪˌlɪmɪ'teɪʃn] *s.* Abgrenzung *f*.

de·lin·e·ate [dɪ'lɪnɪeɪt] *v/t.* **1.** skizzieren, entwerfen, zeichnen; **2.** beschreiben, schildern, darstellen; **de·lin·e·a·tion** [dɪˌlɪnɪ'eɪʃn] *s.* **1.** Skizze *f*, Entwurf *m*, Zeichnung *f*; **2.** Beschreibung *f*, Schilderung *f*, Darstellung *f*.

de·lin·quen·cy [dɪ'lɪŋkwənsɪ] *s.* **1.** Vergehen *n*; **2.** Pflichtvergessenheit *f*; **3.** ⚖ Kriminali'tät *f*; → ***juvenile*** 1; **de'lin·quent** [-nt] **I** *adj.* **1.** straffällig, krimi'nell; **2.** pflichtvergessen: ***~ taxes*** *Am.* Steuerrückstände; **II** *s.* **3.** Delin'quent (-in), Straffällige(r *m*) *f*, (Straf)Täter (-in); → ***juvenile*** 1; **4.** Pflichtvergessene(r *m*) *f*.

del·i·quesce [ˌdelɪ'kwes] *v/i. bsd.* ⚗ zerfließen; wegschmelzen.

de·lir·i·ous [dɪ'lɪrɪəs] *adj.* □ **1.** ⚕ irreredend, phantasierend: ***be ~*** irrereden, phantasieren; **2.** *fig.* rasend, wahnsinnig (***with*** vor *dat.*): ***~ (with joy)*** überglücklich.

de·lir·i·um [dɪ'lɪrɪəm] *s.* **1.** ⚕ De'lirium *n*, (Fieber)Wahn *m*; **2.** *fig.* Rase'rei *f*, Verzückung *f*; ***~ tre·mens*** ['tri:menz] *s.* De'lirium *n* 'tremens, Säuferwahnsinn *m*.

de·liv·er [dɪ'lɪvə] *v/t.* **1.** befreien, erlösen, retten (***from*** von, aus); **2.** *Frau* entbinden (***of*** von), *Kind* ‚holen' (*Arzt*): ***be ~ed of a child*** entbunden werden, entbinden; **3.** *Meinung* äußern; *Urteil* aussprechen; *Rede etc.* halten; **4.** ***~ o.s.*** äußern (***of*** *acc.*), sich äußern (***on*** über *acc.*); **5.** *Waren* liefern: ***~ (the goods)*** F Wort halten, die Sache ‚schaukeln', ‚es schaffen'; **6.** ab-, ausliefern; über'geben, -'bringen, -'liefern; über'senden, (hin)befördern; **7.** *Briefe* zustellen; *Nachricht* bestellen; ⚖ zustellen; **8.** ***~ up*** abgeben, -treten, über'geben, -'liefern; ⚖ her'ausgeben: ***~ o.s. up*** sich ergeben *od.* stellen (***to*** *dat.*); **9.** *Schlag* versetzen; ⚔ (ab)feuern; **de'liv·er·a·ble** [-vərəbl] *adj.* ✝ lieferbar, zu liefern(d); **de'liv·er·ance** [-vərəns] *s.* **1.** Befreiung *f*, Erlösung *f*, (Er)Rettung *f* (***from*** aus, von); **2.** Äußerung *f*, Verkündung *f*; **de'liv·er·er** [-vərə] *s.* **1.** Befreier *m*, Erlöser *m*, (Er)Retter *m*; **2.** Über'bringer *m*.

de·liv·er·y [dɪ'lɪvərɪ] *s.* **1.** Lieferung *f*: ***on ~*** bei Lieferung, bei Empfang; ***take ~ (of)*** abnehmen (*acc.*); **2.** 📯 Zustellung *f*; **3.** Ab-, Auslieferung *f*, Aushändigung *f*, 'Übergabe *f* (a. ⚖); **4.** Über'bringung *f*, -'sendung *f*, Beförderung *f*; **5.** ⚙ (Zu)Leitung *f*, Zuführung *f*; Förderung *f*; Leistung *f*; **6.** *rhet.* Vortragsweise *f*; **7.** *Baseball*, *Kricket*: 'Wurf (-ˌtechnik *f*) *m*; **8.** ⚔ Abfeuern *n*; **9.** ⚕ Entbindung *f*; ***~ charge*** *s.* 📯 Zustellgebühr *f*; ***~man*** *s.* [*irr.*] Ausfahrer *m*; Verkaufsfahrer *m*; ***~ note*** *s.* ✝ Lieferschein *m*; ***~ or·der*** *s.* ✝ Auslieferungsschein *m*, Lieferschein *m*; ***~ pipe*** *s.* Leitungsröhre *f*; ***~ room*** *s.* ⚕ Entbindungssaal *m*, -zimmer *n*, Kreißsaal *m*; ***~ ser·vice*** *s.* 📯 Zustelldienst *m*; ***~ truck*** *s. mot. Am.*, ***~ van*** *s. Brit.* Lieferwagen *m*.

dell [del] *s.* kleines, enges Tal.

de·louse [ˌdi:'laʊs] *v/t.* entlausen.

Del·phic ['delfɪk] *adj.* delphisch, *fig. a.* dunkel, zweideutig.

del·phin·i·um [del'fɪnɪəm] *s.* ⚘ Rittersporn *m*.

del·ta ['deltə] *s. allg.* (*a.* Fluß)Delta *n*; ***~ con·nec·tion*** *s.* ⚡ Dreieckschaltung *f*; ***~ rays*** *s. pl. phys.* Deltastrahlen *pl.*; ***~ wing*** *s.* ✈ Deltaflügel *m*.

del·toid ['deltɔɪd] **I** *adj.* deltaförmig; **II** *s. anat.* Deltamuskel *m*.

de·lude [dɪ'lu:d] *v/t.* **1.** täuschen, irreführen; (be)trügen: ***~ o.s.*** sich Illusionen hingeben, sich et. vormachen; **2.** verleiten (***into*** zu).

del·uge ['delju:dʒ] **I** *s.* **1.** (große) Über'schwemmung: ***the*** ♀ *bibl.* die Sintflut; **2.** *fig.* Flut *f*, (Un)Menge *f*; **II** *v/t.* **3.** *a. fig.* über'schwemmen, -'fluten, -'schütten.

de·lu·sion [dɪ'lu:ʒn] *s.* **1.** (Selbst)Täuschung *f*, Verblendung *f*, Wahn *m*, Irrglauben *m*; **2.** Trug *m*, Wahnvorstellung *f*: ***be*** (*od.* ***labo[u]r***) ***under the ~ that*** in dem Wahn leben, daß; → ***grandeur*** 3; **de'lu·sive** [-u:sɪv] *adj.* □ irreführend, trügerisch, Wahn…

de luxe [də'lʊks] *adj.* Luxus…

delve [delv] *v/i. fig.* (***into***) sich vertiefen (in *acc.*), erforschen, ergründen (*acc.*); graben (***for*** nach): ***~ among*** stöbern in (*dat.*).

de·mag·net·ize [ˌdi:'mægnɪtaɪz] *v/t.* entmagnetisieren.

dem·a·gog ['deməgɒg] *Am.* → ***dem-***

agogue; **dem·a·gog·ic, dem·a·gog·i·cal** [ˌdeməˈgɒgɪk(l)] *adj.* □ demaˈgogisch, aufwieglerisch; **ˈdem·a·gogue** [-gɒg] *s.* Demaˈgoge *m*; **ˈdem·a·gog·y** [-gɪ] *s.* Demagoˈgie *f*.

de·mand [dɪˈmɑːnd] **I** *v/t.* **1.** *Person*: *et.* verlangen, fordern, begehren (***of, from*** von, *a.* ***that*** daß, ***to do*** zu tun): ***I ~ payment***; **2.** *Sache*: erfordern, verlangen (*acc.*, ***that*** daß), bedürfen (*gen.*): ***the matter ~s great care*** die Sache erfordert große Sorgfalt; **3.** *oft* ⚖ beanspruchen; **4.** wissen wollen, fragen nach: ***the police ~ed his name***; **II** *s.* **5.** Verlangen *n*, Forderung *f*, Ersuchen *n*: ***on ~*** a) auf Verlangen, b) † bei Vorlage, bei Sicht; **6.** † (***for***) Nachfrage *f* (nach), Bedarf *m* (an *dat.*) (*Ggs.* ***supply***): ***in ~*** *a. fig.* gefragt, begehrt, gesucht; **7.** (***on***) Anspruch *m*, Anforderung *f* (an *acc.*); Beanspruchung *f* (*gen.*): ***make great ~s on*** sehr in Anspruch nehmen (*acc.*), große Anforderungen stellen an (*acc.*); **8.** ⚖ (Rechts-) Anspruch *m*, Forderung *f*; **~ bill** *s.* † *Am.* Sichtwechsel *m*; **~ de·pos·it** *s.* † Sichteinlage *f*; **~ draft** → ***demand bill***.

de·mand·ing [dɪˈmɑːndɪŋ] *adj.* **1.** anspruchsvoll (*a. fig. Musik etc.*), schwierig; **2.** genau, streng; **3.** fordernd.

de·mand| man·age·ment *s.* Nachfragesteuerung *f*; **~ note** *s.* **1.** *Brit.* Zahlungsaufforderung *f*; **2.** Sichtwechsel *m*; **~ pull** *s.* ˈNachfrageinflatiˌon *f*.

de·mar·cate [ˈdiːmɑːkeɪt] *v/t. a. fig.* abgrenzen (***from*** gegen, von); **de·mar·ca·tion** [ˌdiːmɑːˈkeɪʃn] *s.* Abgrenzung *f*, Grenzziehung *f*: ***line of ~*** a) Grenzlinie *f* (*a. fig.*), b) *pol.* Demarkationslinie *f*, c) *fig.* Trennungslinie *f*, -strich *m*.

dé·marche [ˈdeɪmɑːʃ] (*Fr.*) *s.* Deˈmarche *f*, diploˈmatischer Schritt.

de·mean[1] [dɪˈmiːn] *v/t.*: **~ *o.s.*** sich benehmen, sich verhalten.

de·mean[2] [dɪˈmiːn] *v/t.*: **~ *o.s.*** sich erniedrigen; **deˈmean·ing** [-nɪŋ] *adj.* erniedrigend.

de·mean·o(u)r [dɪˈmiːnə] *s.* Benehmen *n*, Verhalten *n*, Haltung *f*.

de·ment·ed [dɪˈmentɪd] *adj.* □ wahnsinnig, verrückt (F *a. fig.*); **deˈmen·ti·a** [-nʃɪə] *s.* ⚕ **1.** Schwachsinn *m*; **2.** Wahn-, Irrsinn *m*.

de·mer·it [diːˈmerɪt] *s.* **1.** Schuld(haftigkeit) *f*, Fehler *m*, Mangel *m*; **2.** Unwürdigkeit *f*; **3.** Nachteil *m*, schlechte Seite; **4.** *mst* **~ *mark*** *ped. Am.* Tadel *m*, Minuspunkt *m*.

de·mesne [dɪˈmeɪn] *s.* **1.** ⚖ Eigenbesitz *m*, freier Grundbesitz; Landgut *n*, Doˈmäne *f*: ***Royal ~*** Krongut *n*; **2.** *fig.* Doˈmäne *f*, Gebiet *n*.

ˈdem·i|·god [ˈdemɪ-] *s.* Halbgott *m*; **ˈ~·john** [-dʒɒn] *s.* Korbflasche *f*, ˈGlasbalˌlon *m*.

de·mil·i·ta·rize [ˌdiːˈmɪlɪtəraɪz] *v/t.* entmilitarisieren.

dem·i|·monde [ˌdemɪˈmɔ̃ːnd] *s.* Halbwelt *f*; **ˌ~-ˈpen·sion** *s.* ˈHalbpensiˌon *f*; **~·rep** [ˈdemɪrep] *s.* Frau *f* von zweifelhaftem Ruf.

de·mise [dɪˈmaɪz] ⚖ **I** *s.* **1.** Beˈsitzüberˌtragung *f od.* -verpachtung *f*: ***~ of the Crown*** Übergehen *n* der Krone *an den Nachfolger*; **2.** Ableben *n*, Tod *m*; **II** *v/t.* **3.** *allg. et.* überˈtragen, *a.* verpachten *od.* vermachen.

dem·i·sem·i·qua·ver [ˈdemɪsemɪˌkweɪvə] *s.* ♪ Zweiunddreißigstel(note *f*) *n*.

de·mis·sion [dɪˈmɪʃn] *s.* Rücktritt *m*, Abdankung *f*, Demissiˈon *f*.

de·mo [ˈdeməʊ] *s.* F **1.** ‚Demo' *f* (*Demonstration*); **2.** a) Vorführband *n*, b) Vorführwagen *m*.

de·mob [ˌdiːˈmɒb] *v/t. Brit.* F → ***demobilize*** 1b.

de·mo·bi·li·za·tion [ˈdiːˌməʊbɪlaɪˈzeɪʃn] *s.* Demobilisierung *f*: a) Abrüstung *f*, b) Entlassung *f* aus dem Wehrdienst; **de·mo·bi·lize** [diːˈməʊbɪlaɪz] *v/t.* **1.** demobilisieren: a) abrüsten, b) *Truppen* entlassen, *Heer* auflösen; **2.** *Kriegsschiff* außer Dienst stellen.

de·moc·ra·cy [dɪˈmɒkrəsɪ] *s.* **1.** Demokraˈtie *f*; **2.** 𝔇 *pol. Am.* die Demoˈkratische Parˈtei (*od.* deren Grundsätze);

dem·o·crat [ˈdeməkræt] *s.* **1.** Demoˈkrat(in); **2.** 𝔇 *Am. pol.* Demoˈkrat(in), Mitglied *n* der Demoˈkratischen Parˈtei; **dem·o·crat·ic** [ˌdeməˈkrætɪk] *adj.* (□ ***~ally***) **1.** demoˈkratisch; **2.** 𝔇 *pol. Am.* demoˈkratisch (*die Demokratische Partei betreffend*); **de·moc·ra·ti·za·tion** [dɪˌmɒkrətaɪˈzeɪʃn] *s.* Demokratisierung *f*; **de·moc·ra·tize** [dɪˈmɒkrətaɪz] *v/t.* demokratisieren.

dé·mo·dé [ˌdeɪməʊˈdeɪ] (*Fr.*), **de·mod·ed** [diːˈməʊdɪd] *adj.* altmodisch, außer Mode.

de·mog·ra·pher [diːˈmɒgrəfə] *s.* Demoˈgraph *m*; **deˈmog·ra·phy** [-fɪ] *s.* Demograˈphie *f*.

de·mol·ish [dɪˈmɒlɪʃ] *v/t.* **1.** ab-, niederreißen; **2.** *Festung* schleifen; **3.** ⚔ sprengen; **4.** *fig.* (*a. j-n*) vernichten, kaˈputtmachen; **5.** *sport* F ‚überˈfahren'; **dem·o·li·tion** [ˌdeməˈlɪʃn] *s.* **1.** Abbruch *m*, Niederreißen *n*; **2.** Schleifen *n* (*Festung*); **3.** ⚔ Spreng...: ***~ bomb*** Sprengbombe *f*; ***~ squad*** Sprengkommando *n*; **4.** Vernichtung *f*.

de·mon (*myth. oft* ***daemon***) [ˈdiːmən] **I** *s.* **1.** ˈDämon *m*, böser Geist, ˈSatan *m* (*a. fig.*); **2.** *fig.* Teufelskerl *m*: ***~ for work*** ‚Wühler' *m*, unermüdlicher Arbeiter; **II** *adj.* **3.** däˈmonisch, *fig a.* wild, besessen.

de·mon·e·ti·za·tion [diːˌmʌnɪtaɪˈzeɪʃn] *s.* Außerˈkurssetzung *f*, Entwertung *f*; **de·mon·e·tize** [ˌdiːˈmʌnɪtaɪz] *v/t.* außer Kurs setzen.

de·mo·ni·ac [dɪˈməʊnɪæk] **I** *adj.* **1.** däˈmonisch, teuflisch; **2.** besessen, rasend, tobend; **II** *s.* **3.** Besessene(r *m*) *f*; **de·mo·ni·a·cal** [ˌdiːməʊˈnaɪəkl] *adj.* □ → ***demoniac*** 1, 2; **de·mon·ic** [diːˈmɒnɪk] *adj.* (□ ***~ally***) däˈmonisch, teuflisch; **de·mon·ism** [ˈdiːmənɪzəm] *s.* Däˈmonenglaube *m*; **de·mon·ize** [ˈdiːmənaɪz] *v/t.* dämonisieren, *fig. a.* verteufeln; **de·mon·ol·o·gy** [ˌdiːməˈnɒlədʒɪ] *s.* Däˈmonenlehre *f*.

de·mon·stra·ble [ˈdemənstrəbl] *adj.* □ beweisbar, nachweislich; **dem·on·strate** [ˈdemənstreɪt] **I** *v/t.* **1.** demonstrieren: a) be-, nachweisen, b) veranschaulichen, darlegen; **2.** vorführen; **II** *v/i.* **3.** demonstrieren, e-e Demonstratiˈon veranstalten; **dem·on·stra·tion** [ˌdemənˈstreɪʃn] *s.* **1.** Demonˈstrierung *f*, Veranschaulichung *f*, Darstellung *f*; **2.** a) Beweis *m* (***of*** für), b) Beweisführung *f*; **3.** Vorführung *f*, Demonstratiˈon *f* (***to*** vor *j-m*): ***~ car*** Vorführwagen *m*; **4.** (Gefühls)Äußerung *f*, Bekundung *f*; **5.** Demonstratiˈon *f* (*a. pol. u.* ⚔), Kundgebung *f*; **6.** ⚔ ˈTäuschungsmaˌnöver *n*; **de·mon·stra·tive** [dɪˈmɒnstrətɪv] **I** *adj.* □ **1.** anschaulich (zeigend); überˈzeugend, beweiskräftig: ***be ~ of*** → ***demonstrate*** 1; **2.** demonstraˈtiv, ostentaˈtiv, auffällig, betont; **3.** ausdrucks-, gefühlvoll; **4.** *ling.* Demonstrativ..., hinweisend: ***~ pronoun***; **II** *s.* **5.** *ling.* Demonstraˈtivum *n*;

de·mon·stra·tive·ness [dɪˈmɒnstrətɪvnɪs] *s.* das Demonstraˈtive *od.* Ostentaˈtive, Betontheit *f*; **ˈdem·on·stra·tor** [-reɪtə] *s.* **1.** Beweisführer *m*, Erklärer *m*; **2.** † a) Vorführer(in), b) ˈVorführmoˌdell *n*; **3.** *pol.* Demonˈstrant(in); **4.** *univ.* a) Assiˈstent *m*, b) ⚕ ˈProsektor *m*.

de·mor·al·i·za·tion [dɪˌmɒrəlaɪˈzeɪʃn] *s.* Demoralisatiˈon *f*: a) Sittenverfall *m*, Zuchtlosigkeit *f*, b) Entmutigung *f*, Demoralisierung *f*; **de·mor·al·ize** [dɪˈmɒrəlaɪz] *v/t.* demoralisieren: a) (sittlich) verderben, b) zersetzen, c) zermürben, entmutigen, d) die (ˈKampf)Moˌral *od.* die Disziˈplin *der Truppe* unterˈgraben; **de·mor·al·iz·ing** [dɪˈmɒrəlaɪzɪŋ] *adj.* demoralisierend.

de·mote [ˌdiːˈməʊt] *v/t.* **1.** degradieren; **2.** *ped. Am.* zuˈrückversetzen.

de·moth(·ball) [ˌdiːˈmɒθ(bɔːl)] *v/t.* ⚔ *Am. Flugzeuge etc.* ‚entmotten', wieder in Dienst stellen.

de·mo·tion [ˌdiːˈməʊʃn] *s.* **1.** Degradierung *f*; **2.** *ped. Am.* Zuˈrückversetzung *f*.

de·mo·ti·vate [ˌdiːˈməʊtɪveɪt] *v/t.* demotivieren.

de·mount [ˌdiːˈmaʊnt] *v/t.* abmontieren, abnehmen; zerlegen; **deˈmount·a·ble** [-təbl] *adj.* abmontierbar; zerlegbar.

de·mur [dɪˈmɜː] **I** *v/i.* **1.** Einwendungen machen, Bedenken äußern (***to*** gegen); zögern; **2.** ⚖ e-n Rechtseinwand erheben; **II** *s.* **3.** Einwand *m*, Bedenken *n*, Zögern *n*: ***without ~*** anstandslos, ohne Zögern.

de·mure [dɪˈmjʊə] *adj.* □ **1.** zimperlich, spröde; **2.** sittsam, prüde; **3.** zuˈrückhaltend; **4.** gesetzt, ernst, nüchtern; **deˈmure·ness** [-nɪs] *s.* **1.** Zimperlichkeit *f*; **2.** Zuˈrückhaltung *f*; **3.** Gesetztheit *f*.

de·mur·rage [dɪˈmʌrɪdʒ] *s.* † **1.** a) ⚓ ˈÜberliegezeit *f*, b) 🚂 zu langes Stehen (*bei der Entladung*); **2.** a) ⚓ (ˈÜber-) Liegegeld *n*, b) 🚂 Wagenstandgeld *n*, c) Lagergeld *n*.

de·mur·rer [dɪˈmʌrə] *s.* ⚖ Rechtseinwand *m*.

de·my [dɪˈmaɪ] *pl.* **-ˈmies** [-aɪz] *s.* **1.** Stipendiˈat *m* (*Magdalen College, Oxford*); **2.** *ein Papierformat*.

den [den] *s.* **1.** Lager *n*, Bau *m*, Höhle *f* *wilder Tiere*: ***lion's ~*** Löwengrube *f*, *fig.* Höhle des Löwen; **2.** *fig.* Höhle *f*, Versteck *n*: ***robber's ~*** Räuberhöhle; ***~ of vice*** Lasterhöhle; **3.** a) (gemütliches) Zimmer, ‚Bude' *f*, b) Arbeitszimmer *n*, c) *contp.* ‚Loch' *n*, Höhle *f*.

de·na·tion·al·ize [ˌdiːˈnæʃnəlaɪz] *v/t.* **1.** entnationalisieren, den natioˈnalen Chaˈrakter nehmen (*dat.*); **2.** *j-m* die Staatsbürgerschaft aberkennen; **3.** † entstaatlichen, reprivatisieren.

de·nat·u·ral·ize [ˌdiːˈnætʃrəlaɪz] *v/t.* **1.**

s-r wahren Na'tur entfremden; **2.** *j-n* denaturalisieren, ausbürgern.

de·na·ture [ˌdiːˈneɪtʃə] *v/t.* ⚗ denaturieren.

de·na·zi·fi·ca·tion [diːˌnɑːtsɪfɪˈkeɪʃn] *s. pol.* Entnazifizierung *f.*

den·dri·form [ˈdendrɪfɔːm] *adj.* baumförmig; **ˈden·droid** [-rɔɪd] *adj.* baumähnlich; **ˈden·dro·lite** [-rəlaɪt] *s.* Pflanzenversteinerung *f*; **den·drol·o·gy** [denˈdrɒlədʒɪ] *s.* Dendroloˈgie *f*, Baumkunde *f.*

dene[1] [diːn] *s. Brit.* (Sand)Düne *f.*

dene[2] [diːn] *s.* kleines Tal.

de·ni·a·ble [dɪˈnaɪəbl] *adj.* abzuleugnen(d), zu verneinen(d); **de·ni·al** [dɪˈnaɪəl] *s.* **1.** Ablehnung *f*, Verweigerung *f*, -sagung *f*; Absage *f*, abschlägige Antwort: ***take no ~*** sich nicht abweisen lassen; **2.** Verneinung *f*, Leugnen *n*, Ab-, Verleugnung *f*: ***official ~*** Dementi *n.*

de·nic·o·tin·ize [ˌdiːnɪˈkɒtɪnaɪz] *v/t.* entnikotisieren: ***~d*** nikotinfrei, -arm.

de·ni·er[1] [dɪˈnaɪə] *s.* **1.** Leugner(in); **2.** Verweigerer *m.*

de·nier[2] [ˈdenɪə] *s.* ✝ Deniˈer *m* (*Einheit für die Fadenstärke bei Seidengarn etc.*).

de·nier[3] [dɪˈnɪə] *s. hist.* Deniˈer *m* (*Münze*).

den·i·grate [ˈdenɪgreɪt] *v/t.* anschwärzen, verunglimpfen; **den·i·gra·tion** [ˌdenɪˈgreɪʃn] *s.* Anschwärzung *f*, Verunglimpfung *f.*

den·im [ˈdenɪm] *s.* **1.** Köper *m*; **2.** *pl.* Overall *m od.* Jeans *pl.* aus Köper.

den·i·zen [ˈdenɪzn] *s.* **1.** Ein-, Bewohner *m* (*a. fig.*); **2.** *hist. Brit.* (teilweise) eingebürgerter Ausländer; **3.** *et.* Eingebürgertes (*Tier*, *Pflanze*, *Wort*); **4.** Stammgast *m.*

de·nom·i·nate [dɪˈnɒmɪneɪt] *v/t.* (be-)nennen, bezeichnen; **de·nom·i·na·tion** [dɪˌnɒmɪˈneɪʃn] *s.* **1.** Benennung *f*, Bezeichnung *f*; Name *m*; **2.** Gruppe *f*, Klasse *f*; **3.** (Maß- *etc.*)Einheit *f*; Nennwert *m* (*Banknoten*): ***shares in small ~s*** Aktien kleiner Stückelung; **4.** a) Konfessiˈon *f*, Bekenntnis *n*, b) Sekte *f*; **de·nom·i·na·tion·al** [dɪˌnɒmɪˈneɪʃənl] *adj.* konfessioˈnell, Konfessions…, Bekenntnis…: ***~ school***; **de·nom·i·na·tion·al·ism** [dɪˌnɒmɪˈneɪʃnəlɪzəm] *s.* Prinˈzip *n* des konfessioˈnellen ˈUnterrichts; **de·nom·i·na·tor** [dɪˈnɒmɪneɪtə] *s.* ♣ Nenner *m*: ***common ~*** gemeinsamer Nenner (*a. fig.*); → ***reduce*** 11.

de·no·ta·tion [ˌdiːnəʊˈteɪʃn] *s.* **1.** Bezeichnung *f*; **2.** Bedeutung *f*; **3.** Beˈgriffsˌumfang *m*; **de·note** [dɪˈnəʊt] *v/t.* **1.** be-, kennzeichnen, anzeigen, andeuten; **2.** bedeuten.

dé·noue·ment [deɪˈnuːmɑ̃ːŋ] (*Fr.*) *s.* **1.** Lösung *f* (des Knotens *im Drama etc.*); **2.** Ausgang *m.*

de·nounce [dɪˈnaʊns] *v/t.* **1.** öffentlich anprangern, brandmarken, verurteilen; **2.** anzeigen, *contp.* denunzieren (***to*** bei); **3.** *Vertrag* kündigen; **deˈnounce·ment** [-mənt] *s.* **1.** (öffentliche) Anprangerung *od.* Verurteilung; **2.** Anzeige *f*, *contp.* Denunziatiˈon *f*; **3.** Kündigung *f* (***of*** *gen.*), Rücktritt *m* (*vom Vertrag*).

dense [dens] *adj.* □ **1.** dicht (*a. phys.*), dick (*Nebel etc.*); **2.** gedrängt, eng; **3.** *fig.* beschränkt, schwer von Begriff; **4.** *phot.* dicht, kräftig (*Negativ*); **ˈdense·ness** [-nɪs] *s.* **1.** Dichtheit *f*, Dichte *f*; **2.** *fig.* Beschränktheit *f*, Schwerfälligkeit *f*; **ˈden·si·ty** [-sətɪ] *s.* **1.** Dichte *f* (*a.* ⚗, *phys.*), Dichtheit *f*: ***traffic ~*** Verkehrsdichte; **2.** Gedrängtheit *f*, Enge *f*; **3.** *fig.* Beschränktheit *f*, Dummheit *f*; **4.** *phot.* Dichte *f*, Schwärzung *f.*

dent [dent] **I** *s.* Beule *f*, Einbeulung *f*: ***make a ~ in*** F a) ein Loch reißen in (*Ersparnisse etc.*), b) *j-s Stolz etc.* ‚anknacksen'; **II** *v/t. u. v/i.* (sich) einbeulen: ***~ s.o.'s image*** *fig.* j-s Image schaden.

den·tal [ˈdentl] **I** *adj.* **1.** ✱ Zahn…; zahnärztlich: ***~ floss*** Zahnseide *f*; ***~ plate*** Platte *f*, Zahnersatz *m*; ***~ surgeon*** Zahnarzt *m*; ***~ technician*** Zahntechniker(in); **2.** *ling.* Dental…, Zahn…: ***~ sound*** → 3; **II** *s.* **3.** *ling.* Denˈtal(laut) *m*; **den·tate** [ˈdenteɪt] *adj.* ♆, *zo.* gezähnt; **den·ta·tion** [denˈteɪʃn] *s.* ♆, *zo.* Zähnung *f*; **den·ti·cle** [ˈdentɪkl] *s.* Zähnchen *n*; **den·tic·u·lat·ed** [denˈtɪkjʊleɪtɪd] *adj.* **1.** gezähnt; **2.** gezackt; **den·ti·form** [ˈdentɪfɔːm] *adj.* zahnförmig; **den·ti·frice** [ˈdentɪfrɪs] *s.* Zahnputzmittel *n*; **den·tils** [ˈdentɪlz] *s. pl.* ⚠ Zahnschnitt *m*; **den·tine** [ˈdentiːn] *s.* ✱ Denˈtin *n*, Zahnbein *n*; **den·tist** [ˈdentɪst] *s.* Zahnarzt *m*, -ärztin *f*; **den·tist·ry** [ˈdentɪstrɪ] *s.* Zahnheilkunde *f*; **den·ti·tion** [denˈtɪʃn] *s.* ✱ **1.** Zahnen *n* (*der Kinder*); **2.** ˈZahnformel *f*, -syˌstem *n*; **den·ture** [ˈdentʃə] *s.* **1.** *anat.* Gebiß *n*; **2.** a) künstliches Gebiß, (ˈVoll)Proˌthese *f*, b) (ˈTeil)Proˌthese *f.*

de·nu·cle·ar·ize [ˌdiːˈnjuːklɪəraɪz] *v/t.* aˈtomwaffenfrei machen, e-e atomwaffenfreie Zone schaffen in (*dat.*).

den·u·da·tion [ˌdiːnjuːˈdeɪʃn] *s.* **1.** Entblößung *f*; **2.** *geol.* Abtragung *f*; **de·nude** [dɪˈnjuːd] *v/t.* **1.** (***of***) entblößen (von), berauben (*gen.*) (*a. fig.*); **2.** *geol.* bloßlegen.

de·nun·ci·a·tion [ˌdɪnʌnsɪˈeɪʃn] → ***denouncement***; **de·nun·ci·a·tor** [dɪˈnʌnsɪeɪtə] *s.* Denunziˈant(in); **de·nun·ci·a·to·ry** [dɪˈnʌnsɪətərɪ] *adj.* **1.** denunzierend; **2.** anprangernd, brandmarkend.

de·ny [dɪˈnaɪ] *v/t.* **1.** ab-, bestreiten, in Abrede stellen, dementieren, (ab)leugnen, verneinen: ***it cannot be denied that …, there is no ~ing*** (***the fact***) ***that …*** es läßt sich nicht *od.* es ist nicht zu leugnen *od.* bestreiten, daß; ***I ~ saying so*** ich bestreite, daß ich das gesagt habe; ***~ a charge*** e-e Beschuldigung zurückweisen; **2.** *Glauben*, *Freund* verleugnen; *Unterschrift* nicht anerkennen; **3.** *Bitte etc.* ablehnen; ⚖ *Antrag* abweisen; *j-m et.* abschlagen, verweigern, versagen: ***~ o.s. the pleasure*** sich das Vergnügen versagen; ***he was denied the privilege*** das Vorrecht wurde ihm versagt; ***he was hard to ~*** es war schwer, ihn abzuweisen; ***she denied herself to him*** sie versagte sich ihm; **4.** ***~ o.s. to s.o.*** sich vor j-m verleugnen lassen.

de·o·dor·ant [diːˈəʊdərənt] **I** *s.* De(s)odoˈrant *n*; **II** *adj.* de(s)odorierend; **de·o·dor·i·za·tion** [diːˌəʊdəraɪˈzeɪʃn] *s.* Desodorierung *f*; **de·o·dor·ize** [diːˈəʊdəraɪz] *v/t.* de(s)odorieren; **deˈo·dor·iz·er** [-raɪzə] → ***deodorant*** I.

de·ox·i·dize [diːˈɒksɪdaɪz] *v/t.* ⚗ den Sauerstoff entziehen (*dat.*).

de·part [dɪˈpɑːt] *v/i.* **1.** (***for*** nach) weg-, fortgehen, *bsd.* abreisen, abfahren; **2.** 🚆 *etc.* abgehen, abfahren, ✈ abfliegen; **3.** *a.* ***~*** (***from***) ***this life*** ˈhinscheiden, entschlafen, sterben; **4.** (***from***) abweichen (von *e-r Regel*, *der Wahrheit etc.*), *Plan etc.* ändern, aufgeben: ***~ from one's word*** sein Wort brechen; **deˈpart·ed** [-tɪd] *adj.* **1.** vergangen; **2.** verstorben: ***the ~*** der *od.* die Verstorbene, *coll.* die Verstorbenen; **deˈpart·ment** [-mənt] *s.* **1.** Fach *n*, Gebiet *n*, Resˈsort *n*, Geschäftsbereich *m*: ***that's your ~!*** F das ist dein Ressort!; **2.** Abteilung *f*: ***~ of German*** *univ.* germanistische Abteilung; ***export ~*** ✝ Exportabteilung; ***~ store*** Waren-, Kaufhaus *n*; **3.** *pol.* Departeˈment *n* (*in Frankreich*); **4.** Dienst-, Geschäftsstelle *f*, Amt *n*: ***health ~*** Gesundheitsamt; **5.** *pol.* Miniˈsterium *n*: ***Ձ of Defense*** *Am.* Verteidigungsministerium; ***Ձ of the Interior*** *Am.* Innenministerium; **6.** ⚔ Bereich *m*, Zone *f*; **de·part·men·tal** [ˌdiːpɑːtˈmentl] *adj.* **1.** Abteilungs…; Bezirks…; Fach…; **2.** Ministerial…; **de·part·men·tal·ize** [ˌdiːpɑːtˈmentəlaɪz] *v/t.* in (viele) Abteilungen gliedern.

de·par·ture [dɪˈpɑːtʃə] *s.* **1.** Weggang *m*, *bsd.* ⚔ Abzug *m*: ***take one's ~*** sich verabschieden, weg-, fortgehen; **2.** a) Abreise *f*, b) 🚆 *etc.* Abfahrt *f*, ✈ Abflug *m*: (***time of***) ***~*** Abfahrts- *od.* Abflugzeit *f*; ***~ gate*** Flugsteig *m*; ***~ lounge*** Abflughalle *f*; ***~ platform*** Abfahrtsbahnsteig *m*; **3.** Abweichen *n*, Abweichung *f* (***from*** von *e-m Plan*, *e-r Regel etc.*); **4.** *fig.* Anfang *m*, Beginn *m*: ***a new ~*** a) ein neuer Anfang, b) ein neuer Weg, ein neues Verfahren; ***point of ~*** Ausgangspunkt *m*; **5.** ˈHinscheiden *n*, Tod *m.*

de·pend [dɪˈpend] *v/i.* **1.** (***on***, ***upon***) abhängen (von), ankommen (auf *acc.*): ***it ~s on the weather***, ***it ~s on you***; ***~ing on the quantity used*** je nach (der zu verwendenden) Menge; ***~ing on whether*** je nachdem, ob; ***that ~s*** F das kommt (ganz) darauf an, je nachdem; **2.** (***on***, ***upon***) a) abhängig sein (von), b) angewiesen sein (auf *acc.*): ***he ~s on my help***; **3.** sich verlassen (***on***, ***upon*** auf *acc.*): ***you may ~ on that man***; ***~ upon it!*** verlaß dich drauf!; **de·pend·a·bil·i·ty** [dɪˌpendəˈbɪlətɪ] *s.* Zuverlässigkeit *f*; **deˈpend·a·ble** [-dəbl] *adj.* □ verläßlich, zuverlässig; **de·pend·ance** [-dəns] *Am.* → ***dependence***; **de·pend·ant** [-dənt] **I** *s.* Abhängige(r *m*) *f*, *bsd.* (Faˈmilien)Angehörige(r *m*) *f*; **II** *adj. Am.* → ***dependent*** I; **deˈpend·ence** [-dəns] *s.* **1.** (***on***, ***upon***) Abhängigkeit *f* (von), Angewiesensein *n* (auf *acc.*); Bedingtsein *n* (durch); **2.** Vertrauen *n*, Verlaß *m* (***on***, ***upon*** auf *acc.*); **3.** ***in ~*** ⚖ in der Schwebe; **4.** Nebengebäude *n*, Depenˈdance *f*; **deˈpend·en·cy** [-dənsɪ] **1.** → ***dependence*** 1; **2.** *pol.* Schutzgebiet *n*, Koloˈnie *f*; **deˈpend·ent** [-dənt] **I** *adj.* **1.** (***on***, ***upon***) abhängig (von): a) angewiesen (auf *acc.*), b) bedingt (durch); **2.** vertrauend, sich verlassend (***on***, ***upon*** auf *acc.*); **3.** (***on***) ˈuntergeordnet (*dat.*), abhängig (von), unselbständig: ***~***

clause ling. Nebensatz *m*; **4.** her'abhängend (***from*** von); **II** *s.* **5.** *Am.* → ***dependant*** I.

de·peo·ple [ˌdiːˈpiːpl] *v/t.* entvölkern.

de·per·son·al·ize [ˌdiːˈpɜːsnəlaɪz] *v/t.* **1.** *psych.* entper'sönlichen; **2.** 'unperˌsönlich machen.

de·pict [dɪˈpɪkt] *v/t.* **1.** (ab)malen, zeichnen, darstellen; **2.** schildern, beschreiben, veranschaulichen.

dep·i·late [ˈdepɪleɪt] *v/t.* enthaaren, depilieren; **dep·i·la·tion** [ˌdepɪˈleɪʃn] *s.* Enthaarung *f*; **de·pil·a·to·ry** [dɪˈpɪlətərɪ] **I** *adj.* enthaarend; **II** *s.* Enthaarungsmittel *n*.

de·plane [ˌdiːˈpleɪn] *v/t. u. v/i.* aus dem Flugzeug ausladen (aussteigen).

de·plen·ish [dɪˈplenɪʃ] *v/t.* entleeren.

de·plete [dɪˈpliːt] *v/t.* **1.** (ent)leeren; **2.** Raubbau treiben mit; *Vorräte, Kräfte etc.* erschöpfen; *Bestand etc.* dezimieren: ~ ***a lake of fish*** e-n See abfischen; **de·ple·tion** [dɪˈpliːʃn] *s.* **1.** Entleerung *f*; **2.** Raubbau *m*; Erschöpfung *f*; ⚕ *a.* Erschöpfungszustand *m*; ☤ *a.* Sub'stanzverlust *m*.

de·plor·a·ble [dɪˈplɔːrəbl] *adj.* ☐ **1.** bedauerns-, beklagenswert; **2.** erbärmlich, kläglich; **de·plore** [dɪˈplɔː] *v/t.* beklagen: a) bedauern, b) miß'billigen, c) betrauern.

de·ploy [dɪˈplɔɪ] **I** *v/t.* **1.** ⚔ a) aufmarschieren lassen, entwickeln, entfalten, b) *a. allg.* verteilen, *Raketen etc.* aufstellen; **2.** *Arbeitskräfte etc.* einsetzen; **3.** *fig.* anwenden, einsetzen; **II** *v/i.* **4.** sich entwickeln, sich entfalten, ausschwärmen, Ge'fechtsformatiˌon annehmen; **III** *s.* **5.** → **de'ploy·ment** [-mənt] *s.* **1.** ⚔ Entfaltung *f*, -wicklung *f*, Aufmarsch *m*; Gliederung *f*; Aufstellung *f*; **2.** ☤ *etc.* Einsatz *m*, Verteilung *f*.

de·poi·son [ˌdiːˈpɔɪzn] *v/t.* entgiften.

de·po·lar·ize [ˌdiːˈpəʊləraɪz] *v/t.* **1.** ⚡, *phys.* depolarisieren; **2.** *fig. Überzeugung etc.* erschüttern.

de·po·lit·i·cize [ˌdiːpəˈlɪtɪsaɪz] *v/t.* entpolitisieren.

de·pone [dɪˈpəʊn] → ***depose*** II; **de'po·nent** [-nənt] **I** *adj.* **1.** ~ ***verb*** *ling.* → 2; **II** *s.* **2.** *ling.* De'ponens *n*; **3.** ⚖ vereidigter Zeuge; *in Urkunden*: *der* (*die*) Erschienene.

de·pop·u·late [ˌdiːˈpɒpjʊleɪt] *v/t.* (*v/i.* sich) entvölkern; **de·pop·u·la·tion** [diːˌpɒpjʊˈleɪʃn] *s.* Entvölkerung *f*.

de·port [dɪˈpɔːt] *v/t.* **1.** (zwangsweise) fortschaffen; **2.** *pol.* a) deportieren, b) ausweisen, *Ausländer* abschieben, c) *hist.* verbannen; **3.** ~ ***o.s.*** sich *gut etc.* betragen *od.* benehmen; **de·por·ta·tion** [ˌdiːpɔːˈteɪʃn] *s.* Deportati'on *f*, Zwangsverschickung *f*; Ausweisung *f*; *hist.* Verbannung *f*; **de·por·tee** [ˌdiːpɔːˈtiː] *s.* Deportierte(r *m*) *f*; **de'port·ment** [-mənt] *s.* **1.** Benehmen *n*, Betragen *n*, Verhalten *n*; **2.** (Körper)Haltung *f*.

de·pos·a·ble [dɪˈpəʊzəbl] *adj.* absetzbar; **de·pos·al** [dɪˈpəʊzl] *s.* Absetzung *f*; **de·pose** [dɪˈpəʊz] **I** *v/t.* **1.** absetzen, entheben (***from*** *gen.*); entthronen; **2.** ⚖ eidlich erklären, unter Eid zu Proto'koll geben; **II** *v/i.* (*bsd.* in Form e-r schriftlichen, beeideten Erklärung) aussagen *od.* bezeugen (***to s.th.*** et., ***that*** daß).

de·pos·it [dɪˈpɒzɪt] **I** *v/t.* **1.** ab-, niedersetzen, ab-, niederlegen; *Eier* (ab)legen; **2.** ⚗, ⚙, *geol.* ablagern, -setzen, anschwemmen; **3.** *Geld* a) einzahlen, *a. Sache* hinter'legen, deponieren; über'geben, b) anzahlen; **II** *v/i.* **4.** ⚗ sich absetzen *od.* ablagern *od.* niederschlagen; **III** *s.* **5.** ⚗, ⚙ Ablagerung *f*, (Boden)Satz *m*, Niederschlag *m*, Sedi'ment *n*; Schicht *f*, Belag *m*; **6.** ⚒, *geol.* Ablagerung *f*, Lager *n*, Flöz *n*; **7.** ☤ a) De'pot *n*: ***place on*** ~ einzahlen, hinterlegen, b) Einzahlung *f*, Einlage *f*, Guthaben *n*: ~***s*** Depositen; ~ ***account*** Termineinlagekonto *n*; **de'pos·i·tar·y** [-tərɪ] *s.* **1.** Deposi'tar *m*, Verwahrer(in); **2.** → ***depot*** 1.

dep·o·si·tion [ˌdepəˈzɪʃn] *s.* **1.** Amtsenthebung *f*, Absetzung *f* (***from*** von); **2.** ⚗, ⚙, *geol.* Ablagerung *f*, Niederschlag *m*; **3.** ⚖ (Proto'koll *n od.* Abgabe *f* e-r beeideten) Erklärung *od.* Aussage; **4.** (Bild *n* der) Kreuzabnahme *f Christi*; **de·pos·i·tor** [dɪˈpɒzɪtə] *s.* ☤ a) Hinter'leger(in), b) Einzahler(in), c) Kontoinhaber(in); **de·pos·i·to·ry** [dɪˈpɒzɪtərɪ] *s.* **1.** a) Aufbewahrungsort *m*, b) → ***depot*** 1; **2.** *fig.* Fundgrube *f*.

de·pot [ˈdepəʊ] *s.* **1.** De'pot *n*, Lagerhaus *n*, -platz *m*, Niederlage *f*; **2.** *Am.* Bahnhof *m*; **3.** ⚔ De'pot *n*: a) Gerätepark *m*, b) (Nachschub)Lager *n*, c) Sammelplatz *m*, d) Ersatztruppenteil *m*; **4.** ⚕ De'pot *n*.

dep·ra·va·tion [ˌdeprəˈveɪʃn] → ***depravity***; **de·prave** [dɪˈpreɪv] *v/t. moralisch* verderben; **de·praved** [dɪˈpreɪvd] *adj.* verderbt, verkommen, verworfen, schlecht; **de·prav·i·ty** [dɪˈprævətɪ] *s.* **1.** Verderbtheit *f*, Verworfenheit *f*; Schlechtigkeit *f*; **2.** böse Tat.

dep·re·cate [ˈdeprɪkeɪt] *v/t.* miß'billigen, verurteilen, verwerfen; **'dep·re·cat·ing** [-tɪŋ] *adj.* ☐ **1.** miß'billigend, ablehnend; **2.** entschuldigend; **3.** wegwerfend, (bescheiden) abwehrend; **dep·re·ca·tion** [ˌdeprɪˈkeɪʃn] *s.* 'Mißbilligung *f*; **'dep·re·ca·tor** [-tə] *s.* Gegner(in); **'dep·re·ca·to·ry** [-kətərɪ] → ***deprecating***.

de·pre·ci·ate [dɪˈpriːʃɪeɪt] **I** *v/t.* **1.** a) geringschätzen, b) her'absetzen, -würdigen; **2.** a) *im Preis od. Wert* her'absetzen, b) abschreiben; **3.** ☤ *Währung* abwerten; **II** *v/i.* **4.** im Preis *od.* Wert sinken; **de'pre·ci·at·ing** [-tɪŋ] → ***depreciatory***; **de·pre·ci·a·tion** [dɪˌpriːʃɪˈeɪʃn] *s.* **1.** a) Geringschätzung *f*, b) Her'absetzung *f*, -würdigung *f*; **2.** ☤ a) Wertminderung *f*, Kursverlust *m*, b) Abschreibung *f*, c) Abwertung *f*: ~ ***fund*** Abschreibungsfond *m*; **de'pre·ci·a·to·ry** [-ʃjətərɪ] *adj.* geringschätzig, verächtlich, abschätzig.

dep·re·da·tion [ˌdeprɪˈdeɪʃn] *s. oft pl.* **1.** Plünderung *f*, Verwüstung *f*; **2.** *fig.* Raubzug *m*; **dep·re·da·tor** [ˈdeprɪdeɪtə] *s.* Plünderer *m*.

de·press [dɪˈpres] *v/t.* **1.** a) *j-n* deprimieren, bedrücken, b) *Stimmung* drücken; **2.** *Tätigkeit, Handel* niederdrücken; *Preis, Wert* (her'ab)drücken, senken: ~ ***the market*** ☤ die Kurse drücken; **3.** *Leistung etc.* schwächen, her'absetzen; **4.** *Pedal, Taste etc.* (nieder)drücken; **de'pres·sant** [-snt] ⚕ **I** *adj.* dämpfend, beruhigend; **II** *s.* Depressi'onsmittel *n*.

de·pressed [dɪˈprest] *adj.* **1.** deprimiert, niedergeschlagen, bedrückt (*Person*), gedrückt (*Stimmung, a.* ☤ *Börse*); **2.** verringert, geschwächt (*Tätigkeit etc.*); **3.** ☤ flau (*Markt*), gedrückt (*Preis*), notleidend (*Industrie*); ~ ***a·re·a*** *s.* Notstandsgebiet *n*.

de·press·ing [dɪˈpresɪŋ] *adj.* ☐ **1.** deprimierend, bedrückend; **2.** kläglich; **de'pres·sion** [-eʃn] *s.* **1.** Depressi'on *f*, Niedergeschlagenheit *f*, Ge-, Bedrücktheit *f*; Melancho'lie *f*; **2.** Senkung *f*, Vertiefung *f*; *geol.* Landsenke *f*; **3.** ☤ Fallen *n* (*Preise*); Wirtschaftskrise *f*, Depressi'on *f*, Flaute *f*, Tiefstand *m*; **4.** *ast., surv.* Depressi'on *f*; **5.** *meteor.* Tief(druckgebiet) *n*; **6.** Abnahme *f*, Schwächung *f*; **7.** ⚕ Schwäche *f*, Entkräftung *f*; **de'pres·sive** [-sɪv] *adj.* deprimiert, *psych.* depres'siv.

dep·ri·va·tion [ˌdeprɪˈveɪʃn] *s.* **1.** Beraubung *f*, Entziehung *f*, Entzug *m*; **2.** (schmerzlicher) Verlust; **3.** Entbehrung *f*, Mangel *m*; **4.** *psych.* Deprivati'on *f*, (Liebes- *etc.*)Entzug *m*; **de·prive** [dɪˈpraɪv] *v/t.* **1.** (***of s.th.***) (*j-n od. et.* e-r Sache) berauben, (*j-m* et.) entziehen *od.* rauben *od.* nehmen: ***be ~d of s.th.*** et. entbehren (müssen); ~***d child*** *psych.* an Liebesentzug leidendes Kind; ~***d persons*** benachteiligte *od.* unterprivilegierte Personen; **2.** (***of s.th.***) *j-n* ausschließen (von et.), (*j-m* et.) vorenthalten; **3.** *eccl. j-n* absetzen.

depth [depθ] *s.* **1.** Tiefe *f*: ***eight feet in*** ~ acht Fuß tief; ***get out of one's*** ~ den (sicheren) Grund unter den Füßen verlieren (*a. fig.*); ***be out of one's*** ~ a) *im Wasser* nicht mehr stehen können, b) *fig.* ratlos *od.* unsicher sein, ‚schwimmen'; ***it is beyond my*** ~ es geht über m-n Horizont; **2.** Tiefe *f* (*als 3. Dimension*): ~ ***of a cupboard***; **3.** a) *a.* ~ ***of focus*** *od.* ***field*** Schärfentiefe *f*, b) *bsd. phot.* Tiefenschärfe *f*, c) Tiefe *f* (*von Farben, Tönen*); **4.** *oft pl.* Tiefe *f*, Mitte *f*, (*das*) Innerste (*a. fig.*): ***in the ~ of night*** mitten in der Nacht; ***in the ~ of winter*** mitten im Winter; ***from the ~ of misery*** aus tiefstem Elend; **5.** *fig.* a) Tiefe *f*: ~ ***of meaning***, b) tiefer Sinn, c) Tiefe *f*, Intensi'tät *f*: ~ ***of grief***; ***in*** ~ eingehend, tiefschürfend, d) (Gedanken)Tiefe *f*, Tiefgründigkeit *f*, e) Scharfsinn *m*, f) Dunkelheit *f*, Unklarheit *f*; **6.** ⚒ Teufe *f*; **7.** *psych.* 'Unterbewußtsein *n*: ~ ***analysis*** tiefenpsychologische Analyse; ~ ***interview*** Tiefeninterview *n*; ~ ***psychology*** Tiefenpsychologie *f*; ~ **bomb**, ~ **charge** *s.* ⚔ Wasserbombe *f*.

dep·u·rate [ˈdepjʊreɪt] *v/t.* ⚗, ⚕, ⚙ reinigen, läutern.

dep·u·ta·tion [ˌdepjʊˈteɪʃn] *s.* Deputati'on *f*, Abordnung *f*; **de·pute** [dɪˈpjuːt] *v/t.* **1.** abordnen, delegieren, deputieren; **2.** *Aufgabe etc.* über'tragen (***to*** *dat.*); **dep·u·tize** [ˈdepjʊtaɪz] **I** *v/t.* (als Vertreter) ernennen, abordnen; **II** *v/i.* ~ ***for s.o.*** j-n vertreten; **dep·u·ty** [ˈdepjʊtɪ] **I** *s.* **1.** (Stell)Vertreter(in), Beauftragte(r *m*) *f*; **2.** *pol.* Abgeordnete(r *m*) *f*; **II** *adj.* **3.** stellvertretend, Vize...: ~ ***chairman*** stellvertretende(r) Vorsitzende(r), Vizepräsident(in).

de·rac·i·nate [dɪˈræsɪneɪt] *v/t.* entwurzeln (*a. fig.*); ausrotten, vernichten.

de·rail [dɪ'reɪl] *v/i. u. v/t.* entgleisen (lassen); **de'rail·ment** [-mənt] *s.* Entgleisung *f.*

de·range [dɪ'reɪndʒ] *v/t.* **1.** in Unordnung bringen, durchein'anderbringen; **2.** stören; **3.** verrückt machen, (geistig) zerrütten; **de'ranged** [-dʒd] *adj.* **1.** in Unordnung, gestört: ***a ~ stomach*** e-e Magenverstimmung; **2.** ⚕ *a.* ***mentally ~*** geistesgestört; **de'range·ment** [-mənt] *s.* **1.** Unordnung *f*, Durchein'ander *n*; **2.** Störung *f*; **3.** ⚕ *a.* ***mental ~*** Geistesgestörtheit *f.*

de·ra·tion [ˌdiː'ræʃn] *v/t.* die Rationierung von … aufheben, *Ware* freigeben.

Der·by ['dɑːbɪ] *s.* **1.** *Rennsport*: a) (*das* englische) Derby (*in Epsom*), b) *allg.* Derby *n* (*Pferderennen*); **2.** 𝔷 *sport* (*bsd.* Lo'kal)Derby *n*; **3.** 𝔷 *Am.* ‚Me'lone' *f.*

der·e·lict ['derɪlɪkt] **I** *adj.* **1.** herrenlos, aufgegeben, verlassen; **2.** her'untergekommen, zerfallen, baufällig; **3.** nachlässig: ***~ in duty*** pflichtvergessen; **II** *s.* **4.** ⚖ herrenloses Gut; **5.** ⚓ a) aufgegebenes Schiff, b) treibendes Wrack; **6.** menschliches Wrack, *a.* Obdachlose(r *m*) *f*; **7.** Pflichtvergessene(r *m*) *f*; **der·e·lic·tion** [ˌderɪ'lɪkʃn] *s.* **1.** Aufgeben *n*, Preisgabe *f*; **2.** Verlassenheit *f*; **3.** Vernachlässigung *f*, Versäumnis *n*: ***~ of duty*** Pflichtversäumnis; **4.** Versagen *n*; **5.** Ver-, Zerfall *m*; **6.** ⚖ a) Besitzaufgabe *f*, b) Verlandung *f*, Landgewinn *m* in'folge Rückgangs des Wasserspiegels.

de·re·strict [ˌdiːrɪ'strɪkt] *v/t.* die Einschränkungsmaßnahmen aufheben für; **ˌde·re'stric·tion** [-kʃn] *s.* Aufhebung *f* der Einschränkungsmaßnahmen, *bsd.* der Geschwindigkeitsbegrenzung.

de·ride [dɪ'raɪd] *v/t.* verlachen, -höhnen, -spotten; **de'rid·er** [-də] *s.* Spötter *m*; **de'rid·ing·ly** [-dɪŋlɪ] *adv.* spöttisch.

de ri·gueur [dərɪ'gɜː] (*Fr.*) *pred. adj.* **1.** streng nach der Eti'kette; **2.** unerläßlich, ‚ein Muß'.

de·ri·sion [dɪ'rɪʒn] *s.* Hohn *m*, Spott *m*: ***hold in ~*** verspotten; ***bring into ~*** zum Gespött machen; ***be the ~ of s.o.*** j-s Gespött sein; **de·ri·sive** [dɪ'raɪsɪv], **de·ri·so·ry** [dɪ'raɪsərɪ] *adj.* □ höhnisch, spöttisch.

de·riv·a·ble [dɪ'raɪvəbl] *adj.* **1.** ab-, herleitbar (***from*** von); **2.** erreichbar, zu gewinnen(d) (***from*** aus); **der·i·va·tion** [ˌderɪ'veɪʃn] *s.* **1.** Ab-, Herleitung *f* (*a. ling.*); **2.** Ursprung *m*, Herkunft *f*, Abstammung *f*; **de·riv·a·tive** [dɪ'rɪvətɪv] **I** *adj.* **1.** abgeleitet; **2.** sekun'där; **II** *s.* **3.** *et.* Ab- *od.* Hergeleitetes; **4.** *ling.* Ableitung *f*, abgeleitete Form (*od.* ⩚ Funkti'on); **5.** ⚗ Deri'vat *n*, Abkömmling *m*; **de·rive** [dɪ'raɪv] **I** *v/t.* **1.** (***from***) herleiten (von), zu'rückführen (auf *acc.*), verdanken (*dat.*): ***be ~d from*** → 4; ***~d income*** ✝ abgeleitetes Einkommen; **2.** bekommen, erlangen, gewinnen: ***~d from coffee*** aus Kaffee gewonnen; ***~ profit from*** Nutzen ziehen aus; ***~ pleasure from*** Freude haben an (*dat.*); **3.** ⚗, ⩚, *ling.* ableiten; **II** *v/i.* **4.** ***~ from*** (ab)stammen *od.* herrühren *od.* abgeleitet sein *od.* sich ableiten von.

derm [dɜːm], **der·ma** ['dɜːmə] *s. anat.* Haut *f*; **der·mal** ['dɜːml] *adj. anat.* Haut…; **der·ma·ti·tis** [ˌdɜːmə'taɪtɪs] *s.* ⚕ Derma'titis *f*, Hautentzündung *f*; **der·ma·tol·o·gist** [ˌdɜːmə'tɒlədʒɪst] *s.* Dermato'loge *m*, Hautarzt *m*; **der·ma·tol·o·gy** [ˌdɜːmə'tɒlədʒɪ] *s.* ⚕ Dermatolo'gie *f.*

der·o·gate ['derəgeɪt] **I** *v/i.* (***from***) **1.** Abbruch tun, schaden (*dat.*), beeinträchtigen, schmälern (*acc.*); **2.** abweichen (von *e-r Norm etc.*); **II** *v/t.* **3.** her'absetzen; **der·o·ga·tion** [ˌderə'geɪʃn] *s.* **1.** Beeinträchtigung *f*, Schmälerung *f*, Nachteil *m*; **2.** Her'absetzung *f*; **de·rog·a·to·ry** [dɪ'rɒgətərɪ] *adj.* **1.** (***to***) nachteilig (für), abträglich (*dat.*), schädlich (*dat. od.* für): ***be ~*** schaden, beeinträchtigen; **2.** abfällig, geringschätzig (*Worte*).

der·rick ['derɪk] *s.* **1.** ⚙ a) Mastenkran *m*, b) Ausleger *m*; **2.** ⚙ Bohrturm *m*; **3.** ⚓ Ladebaum *m.*

der·ring-do [ˌderɪŋ'duː] *s.* Verwegenheit *f*, Tollkühnheit *f.*

der·vish ['dɜːvɪʃ] *s.* Derwisch *m.*

de·sal·i·nate [ˌdiː'sælɪneɪt] *v/t.* entsalzen.

des·cant I *s.* ['deskænt] **1.** *poet.* Lied *n*, Weise *f*; **2.** ♪ a) Dis'kant *m*, b) variierte Melo'die; **II** *v/i.* [dɪ'skænt] **3.** sich auslassen (***on*** über *acc.*); **4.** ♪ diskantieren.

de·scend [dɪ'send] **I** *v/i.* **1.** her'unter-, hin'untersteigen, -gehen, -kommen, -fahren, -fallen, -sinken; ab-, aussteigen; ⚒ einfahren; ✈ niedergehen, landen; **2.** sinken, fallen; sich senken (*Straße*), abfallen (*Gebirge*); **3.** *mst* ***be ~ed*** abstammen, herkommen (***from*** von, aus); **4.** (***to***) zufallen (*dat.*), 'übergehen, sich vererben (auf *acc.*); **5.** (***to***) sich hergeben, sich erniedrigen (zu); **6.** (***to***) 'übergehen (zu), eingehen (auf *ein Thema etc.*); **7.** (***on, upon***) sich stürzen (auf *acc.*), herfallen (über *acc.*), einfallen (in *acc.*); her'einbrechen (über *acc.*); *fig. j-n* ‚über'fallen' (*Besuch etc.*); **8.** ♪, *ast.* fallen, absteigen; **II** *v/t.* **9.** *Treppe etc.* her'unter-, hin'untersteigen, -gehen *etc.*; **de'scend·ant** [-dənt] *s.* **1.** Nachkomme *m*, Abkömmling *m*; **2.** *ast.* Deszen'dent *m.*

de·scent [dɪ'sent] *s.* **1.** Her'unter-, Hin'untersteigen *n*, Abstieg *m*; Talfahrt *f*; ⚒ Einfahrt *f*; ✈ Landung *f*; (*Fallschirm*)Absprung *m*; **2.** Abhang *m*, Abfall *m*, Senkung *f*, Gefälle *n*; **3.** *fig.* Abstieg *m*, Niedergang *m*, Fallen *n*, Sinken *n*; **4.** Abstammung *f*, Herkunft *f*, Geburt *f*; **5.** ⚖ Vererbung *f*, 'Übergang *m*, Über'tragung *f*; **6.** (***on, upon***) 'Überfall *m* (auf *acc.*), Einfall *m* (in *acc.*), Angriff *m* (auf *acc.*); **7.** *bibl.* Ausgießung *f* (*des Heiligen Geistes*); **8.** ***~ from the cross*** *paint.* Kreuzabnahme *f.*

de·scrib·a·ble [dɪ'skraɪbəbl] *adj.* zu beschreiben(d); **de·scribe** [dɪ'skraɪb] *v/t.* **1.** beschreiben, schildern; **2.** (***as***) bezeichnen (als), nennen (*acc.*); **3.** *bsd.* ⩚ *Kreis, Kurve* beschreiben; **de·scrip·tion** [dɪ'skrɪpʃn] *s.* **1.** Beschreibung *f* (*a.* ⩚ *etc.*), Darstellung *f*, Schilderung *f*: ***beautiful beyond ~*** unbeschreiblich *od.* unsagbar schön; **2.** Bezeichnung *f*; **3.** Art *f*, Sorte *f*: ***of the worst ~*** schlimmster Art; **de·scrip·tive** [dɪ'skrɪptɪv] *adj.* □ **1.** beschreibend, schildernd: ***~ geometry*** darstellende Geometrie; ***be ~ of*** beschreiben, bezeichnen; **2.** anschaulich (geschrieben *od.* schreibend).

de·scry [dɪ'skraɪ] *v/t.* gewahren, wahrnehmen, erspähen, entdecken.

des·e·crate ['desɪkreɪt] *v/t.* entweihen, -heiligen, schänden; **des·e·cra·tion** [ˌdesɪ'kreɪʃn] *s.* Entweihung *f*, -heiligung *f*, Schändung *f.*

de·seg·re·gate [ˌdiː'segrɪgeɪt] *v/t.* die Rassenschranken aufheben in (*dat.*); **de·seg·re·ga·tion** [ˌdiːsegrɪ'geɪʃn] *s.* Aufhebung *f* der Rassentrennung.

de·sen·si·tize [ˌdiː'sensɪtaɪz] *v/t.* **1.** ⚕ desensibilisieren, unempfindlich machen; **2.** *phot.* lichtunempfindlich machen.

de·sert[1] [dɪ'zɜːt] *s. oft pl.* **1.** Verdienst *n*; **2.** verdienter Lohn (*a. iro.*), Strafe *f*: ***get one's ~s*** s-n wohlverdienten Lohn empfangen.

des·ert[2] ['dezət] **I** *s.* **1.** Wüste *f*; **2.** Ödland *n*; **3.** *fig.* Öde *f*; Einöde *f*; **4.** *fig.* Öde *f*, Fadheit *f*; **II** *adj.* **5.** öde, wüst; verödet, verlassen; **6.** Wüsten…

de·sert[3] [dɪ'zɜːt] **I** *v/t.* **1.** verlassen; im Stich lassen; ⚖ *Ehepartner* (böswillig) verlassen; **2.** untreu *od.* abtrünnig werden (*dat.*): ***~ the colo(u)rs*** ⚔ fahnenflüchtig werden; **II** *v/i.* **3.** ⚔ desertieren, fahnenflüchtig werden; 'überlaufen, -gehen (***to*** zu); **de'sert·ed** [-tɪd] *adj.* **1.** verlassen, ausgestorben, menschenleer; **2.** verlassen, einsam; **de'sert·er** [-tə] *s.* **1.** ⚔ a) Fahnenflüchtige(r) *m*, Deser'teur *m*, b) 'Überläufer *m*; **2.** *fig.* Abtrünnige(r *m*) *f*; **de'ser·tion** [-ɜːʃn] *s.* **1.** Verlassen *n*, Im'stichlassen *n*; **2.** Abtrünnigwerden *n*, Abfall *m* (***from*** von); **3.** ⚖ böswilliges Verlassen; **4.** ⚔ Fahnenflucht *f.*

de·serve [dɪ'zɜːv] **I** *v/t.* verdienen, verdient haben (*acc.*), würdig *od.* wert sein (*gen.*): ***~ praise*** Lob verdienen; **II** *v/i.* ***~ well of*** sich verdient gemacht haben um; ***~ ill of*** e-n schlechten Dienst erwiesen haben (*dat.*); **de'serv·ed·ly** [-vɪdlɪ] *adv.* verdientermaßen, mit Recht; **de'serv·ing** [-vɪŋ] *adj.* **1.** verdienstvoll, verdient (*Person*); **2.** verdienstlich, -voll (*Tat*); **3.** ***be ~ of*** → ***deserve*** I.

des·ha·bille ['dezæbiːl] → ***dishabille.***

des·ic·cate ['desɪkeɪt] *v/t. u. v/i.* (aus-)trocknen, ausdörren: ***~d milk*** Trockenmilch *f*; ***~d fruit*** Dörrobst *n*; **des·ic·ca·tion** [ˌdesɪ'keɪʃn] *s.* (Aus)Trocknung *f*, Trockenwerden *n*; **'des·ic·ca·tor** [-tə] *s.* ⚙ 'Trockenappaˌrat *m.*

de·sid·er·a·tum [dɪˌzɪdə'reɪtəm] *pl.* **-ta** [-tə] *s. et.* Erwünschtes, Erfordernis *n*, Bedürfnis *n.*

de·sign [dɪ'zaɪn] **I** *v/t.* **1.** entwerfen, (auf)zeichnen, skizzieren: ***~ a dress*** ein Kleid entwerfen; **2.** gestalten, ausführen, anlegen; **3.** *fig.* entwerfen, ausdenken, ersinnen: ***~ed to do s.th.*** dafür bestimmt *od.* darauf angelegt, et. zu tun (*Sache*); **4.** planen, beabsichtigen: ***~ doing*** (*od.* ***to do***) beabsichtigen zu tun; **5.** bestimmen: a) vorsehen (***for*** für, ***as*** als), b) ausersehen: ***~ed to be a priest*** zum Priester bestimmt; **II** *v/i.* **6.** Zeichner *od.* Konstruk'teur *od.* De'signer sein; **III** *s.* **7.** Entwurf *m*, Zeichnung *f*, Plan *m*, Skizze *f*; **8.** Muster *n*, Zeichnung *f*, Fi'gur *f*, Des'sin *n*: ***floral ~*** Blumenmuster; ***registered ~*** ⚖ Gebrauchsmuster; ***protection of ~s*** ⚖ Musterschutz *m*; **9.** a) Gestaltung *f*, Formgebung *f*, De'sign *n*, b) Bauart *f*, Konstrukti'on *f*, Ausführung *f*, Mo'dell *n*; → ***industrial design***; **10.** Anlage *f*, Anordnung *f*; **11.** Absicht *f*, Plan *m*; Zweck *m*, Ziel *n*: ***by ~*** mit Absicht; **12.** böse Absicht, Anschlag *m*: ***have ~s on*** (*od.* ***against***) et. im Schilde führen gegen, *a. iro.* e-n Anschlag vorhaben auf (*acc.*).

des·ig·nate ['dezɪgneɪt] **I** *v/t.* **1.** bezeichnen, (be)nennen; **2.** kennzeichnen; **3.** berufen, ausersehen, bestimmen, ernennen (***for*** zu); **II** *adj.* **4.** designiert, einstweilig ernannt: ***bishop ~***; **des·ig·na·tion** [ˌdezɪg'neɪʃn] *s.* **1.** Bezeichnung *f*, Name *m*; **2.** Kennzeichnung *f*; **3.** Bestimmung *f*; **4.** einstweilige Ernennung *od.* Berufung.

de·signed [dɪ'zaɪnd] *adj.* □ **1.** (***for***) bestimmt *etc.* (für); → ***design*** 3, 4, 5; **2.** vorsätzlich, absichtlich; **de'sign·ed·ly** [-nɪdlɪ] *adv.* → ***designed*** 2; **de'sign·er** [-nə] *s.* **1.** Entwerfer(in): a) (Muster-)Zeichner(in), b) De'signer(in), (Form-)Gestalter(in), Gebrauchsgraphiker(in), c) ⚙ Konstruk'teur *m*; **2.** Ränkeschmied *m*, Intri'gant(in); **de'sign·ing** [-nɪŋ] *adj.* □ ränkevoll, intri'gant.

de·sir·a·bil·i·ty [dɪˌzaɪərə'bɪlətɪ] *s.* Erwünschtheit *f*; **de·sir·a·ble** [dɪ'zaɪərəbl] *adj.* □ **1.** wünschenswert, erwünscht; **2.** begehrenswert, reizvoll; **de·sire** [dɪ'zaɪə] **I** *v/t.* **1.** wünschen, begehren, verlangen, wollen: ***if ~d*** auf Wunsch; ***leaves much to be ~d*** läßt viel zu wünschen übrig; **2.** *j-n* bitten, ersuchen; **II** *s.* **3.** Wunsch *m*, Verlangen *n*, Begehren *n* (***for*** nach); **4.** Wunsch *m*, Bitte *f*: ***at*** (*od.* ***by***) ***s.o.'s ~*** auf (j-s) Wunsch; **5.** Lust *f*, Begierde *f*; **6.** *das* Gewünschte; **de·sir·ous** [dɪ'zaɪərəs] *adj.* □ (***of***) begierig, verlangend (nach), wünschend (*acc.*): ***I am ~ to know*** ich möchte (sehr) gern wissen; ***the parties are ~ to …*** (*in Verträgen*) die Parteien beabsichtigen, zu …

de·sist [dɪ'zɪst] *v/i.* abstehen, ablassen, Abstand nehmen (***from*** von): ***~ from asking*** aufhören zu fragen.

desk [desk] **I** *s.* **1.** Schreibtisch *m*; **2.** (Lese-, Schreib-, Noten-, Kirchen-, ⚙ Schalt)Pult *n*; **3.** † (Zahl)Kasse *f*: ***pay at the ~!*** zahlen Sie an der Kasse!; ***first ~*** ♪ erstes Pult (*Orchester*); **4.** *eccl. bsd. Am.* Kanzel *f*; **5.** *Am.* Redakti'on *f*: ***city ~*** Lokalredaktion; **6.** Auskunft (-sschalter *m*) *f*; **7.** Empfang *m*, Rezepti'on *f* (*im Hotel*): ***~ clerk*** *Am.* Empfangschef *m*; **II** *adj.* **8.** Schreibtisch…, Büro…: ***~ work***; ***~ calender*** Tischkalender *m*; ***~ sergeant*** diensthabender (Polizei)Wachtmeister; ***~ set*** Schreibzeug(garnitur *f*) *n*.

des·o·late I *adj.* □ ['desələt] **1.** wüst, unwirtlich, öde; verwüstet; **2.** verlassen, einsam; **3.** trostlos, *fig. a.* öde; **II** *v/t.* [-leɪt] **4.** verwüsten; **5.** einsam zu'rücklassen; **6.** betrüben, bekümmern; **'des·o·late·ness** [-nɪs] → ***desolation*** 2, 3; **des·o·la·tion** [ˌdesə'leɪʃn] *s.* **1.** Verwüstung *f*, -ödung *f*; **2.** Verlassenheit *f*, Einsamkeit *f*; **3.** Trostlosigkeit *f*, Elend *n*.

de·spair [dɪ'speə] **I** *v/i.* (***of***) verzweifeln (an *dat.*), ohne Hoffnung sein, alle Hoffnung aufgeben *od.* verlieren (auf *acc.*): ***the patient's life is ~ed of*** man bangt um das Leben des Kranken; **II** *s.* Verzweiflung *f* (***at*** über *acc.*), Hoffnungslosigkeit *f*: ***drive s.o. to ~***, ***be s.o.'s ~*** j-n zur Verzweiflung bringen; **de'spair·ing** [-eərɪŋ] *adj.* □ verzweifelt.

des·patch *etc.* → ***dispatch*** *etc.*

des·per·a·do [ˌdespə'rɑːdəʊ] *pl.* **-does, -dos** *s.* Despe'rado *m*.

des·per·ate ['despərət] *adj.* □ **1.** verzweifelt: ***she was ~*** sie war (völlig) verzweifelt; ***a ~ deed*** e-e Verzweiflungstat; ***~ efforts*** verzweifelte *od.* krampfhafte Anstrengungen; ***~ remedy*** äußerstes Mittel; ***be ~ for s.th.*** *od.* ***to get s.th.*** et. verzweifelt *od.* ganz dringend brauchen, et. unbedingt haben wollen; **2.** verzweifelt, hoffnungs-, ausweglos: ***~ situation***; **3.** verzweifelt, despa'rat, zu allem fähig, zum Äußersten entschlossen (*Person*); **4.** F schrecklich: ***a ~ fool***; ***~ly in love*** wahnsinnig verliebt; ***not ~ly*** F a) nicht unbedingt, b) nicht übermäßig (*schön etc.*); **des·per·a·tion** [ˌdespə'reɪʃn] *s.* **1.** (höchste) Verzweiflung, Hoffnungslosigkeit *f*; **2.** Rase'rei *f*, Verzweiflung *f*: ***drive to ~*** rasend machen, zur Verzweiflung bringen.

des·pi·ca·ble ['despɪkəbl] *adj.* □ verächtlich, verachtenswert.

de·spise [dɪ'spaɪz] *v/t.* verachten, *Speise etc. a.* verschmähen: ***not to be ~d*** nicht zu verachten.

de·spite [dɪ'spaɪt] **I** *prp.* trotz (*gen.*), ungeachtet (*gen.*); **II** *s.* Bosheit *f*, Tücke *f*; Trotz *m*, Verachtung *f*: ***in ~ of*** → I.

de·spoil [dɪ'spɔɪl] *v/t.* plündern; berauben (***of*** *gen.*); **de'spoil·ment** [-mənt], **de·spo·li·a·tion** [dɪˌspəʊlɪ'eɪʃn] *s.* Plünderung *f*, Beraubung *f*.

de·spond [dɪ'spɒnd] **I** *v/i.* verzagen; verzweifeln (***of*** an *dat.*); **II** *s. obs.* Verzweiflung *f*; **de'spond·en·cy** [-dənsɪ] *s.* Verzagtheit *f*, Mutlosigkeit *f*; **de'spond·ent** [-dənt] *adj.* □, **de'spond·ing** [-dɪŋ] *adj.* □ verzagt, mutlos, kleinmütig.

des·pot ['despɒt] *s.* Des'pot *m*, Gewaltherrscher *m*; *fig.* Ty'rann *m*; **des·pot·ic, des·pot·i·cal** [de'spɒtɪk(l)] *adj.* □ des'potisch, herrisch, ty'rannisch; **'des·pot·ism** [-pətɪzəm] *s.* Despo'tismus *m*, Tyran'nei *f*, Gewaltherrschaft *f*.

des·qua·mate ['deskwəmeɪt] *v/i.* **1.** ⚕ sich abschuppen; **2.** sich häuten.

des·sert [dɪ'zɜːt] *s.* Des'sert *n*, Nachtisch *m*: ***~ spoon*** Dessertlöffel *m*.

des·ti·na·tion [ˌdestɪ'neɪʃn] *s.* **1.** Bestimmungsort *m*; Reiseziel *n*: ***country of ~*** † Bestimmungsland *n*; **2.** Bestimmung *f*, Zweck *m*, Ziel *n*.

des·tine ['destɪn] *v/t.* bestimmen, vorsehen (***for*** für, ***to do*** zu tun); **'des·tined** [-nd] *adj.* bestimmt: ***~ for*** unterwegs nach (*Schiff etc.*); ***he was ~*** (***to*** *inf.*) es war ihm beschieden (zu *inf.*), er sollte (*inf.*); **'des·ti·ny** [-nɪ] *s.* **1.** Schicksal *n*, Geschick *n*, Los *n*: ***he met his ~*** sein Schicksal ereilte ihn; **2.** Vorsehung *f*; **3.** Verhängnis *n*, zwingende Notwendigkeit; **4.** ***the Destinies*** die Parzen (*Schicksalsgöttinnen*).

des·ti·tute ['destɪtjuːt] **I** *adj.* **1.** verarmt, mittellos, notleidend; **2.** (***of***) ermangelnd, entblößt (*gen.*), ohne (*acc.*), bar (*gen.*); **II** *s.* **3.** ***the ~*** die Armen; **des·ti·tu·tion** [ˌdestɪ'tjuːʃn] *s.* **1.** Armut *f*, (bittere) Not, Elend *n*; **2.** (völliger) Mangel (***of*** an *dat.*).

de·stroy [dɪ'strɔɪ] *v/t.* **1.** zerstören, vernichten; **2.** zertrümmern, *Gebäude etc.* niederreißen; **3.** *et.* ruinieren, unbrauchbar machen; **3.** *j-n, e-e Armee etc.* vernichten, *Insekten etc. a.* vertilgen; **4.** töten; **5.** *fig. j-n, j-s Ruf, Gesundheit etc.* ruinieren, zu'grunde richten, *Hoffnungen etc.* zu'nichte machen, zerstören; **6.** F *j-n* ka'putt- *od.* fertigmachen; **de'stroy·er** [-ɔɪə] *s. a.* ⚔, ⚓ Zerstörer *m*.

de·struct [dɪ'strʌkt] **I** *v/t.* **1.** ⚔ (aus Sicherheitsgründen) zerstören; **II** *v/i.* **2.** zerstört werden; **3.** sich selbst zerstören; **de'struct·i·ble** [-təbl] *adj.* zerstörbar; **de'struc·tion** [-kʃn] *s.* **1.** Zerstörung *f*, Vernichtung *f*; **2.** Abriß *m* (*e-s Gebäudes*); **3.** Tötung *f*; **de'struc·tive** [-tɪv] *adj.* □ **1.** zerstörend, vernichtend (*a. fig.*): ***be ~ of*** *et.* zerstören *od.* unter'graben; **2.** zerstörerisch, destruk'tiv, schädlich, verderblich: ***~ to health*** gesundheitsschädlich; **4.** rein negativ, destruk'tiv (*Kritik*); **de'struc·tive·ness** [-tɪvnɪs] *s.* **1.** zerstörende *od.* vernichtende Wirkung; **2.** *das* Destruk'tive, destruk'tive Eigenschaft; **de'struc·tor** [-tə] *s.* ⚙ (Müll)Verbrennungsofen *m*.

des·ue·tude [dɪ'sjuːɪtjuːd] *s.* Ungebräuchlichkeit *f*: ***fall into ~*** außer Gebrauch kommen.

de·sul·fu·rize [ˌdiː'sʌlfəraɪz] *v/t.* ⚗ entschwefeln.

des·ul·to·ri·ness ['desəltərɪnɪs] *s.* **1.** Zs.-hangs-, Plan-, Ziellosigkeit *f*; **2.** Flüchtigkeit *f*, Oberflächlichkeit *f*, Sprunghaftigkeit *f*; **des·ul·to·ry** ['desəltərɪ] *adj.* **1.** 'unzuˌsammenhängend, planlos, ziellos, oberflächlich; **2.** abschweifend, sprunghaft; **3.** unruhig; **4.** vereinzelt, spo'radisch.

de·tach [dɪ'tætʃ] **I** *v/t.* **1.** ab-, loslösen, losmachen, abtrennen, *a.* ⚙ abnehmen; **2.** absondern; befreien; **3.** ⚔ abkommandieren; **II** *v/i.* **4.** sich (los)lösen; **de'tach·a·ble** [-tʃəbl] *adj.* abnehmbar (*a.* ⚙); abtrennbar; lose; **de'tached** [-tʃt] *adj.*, **de'tached·ly** [-tʃtlɪ] *adv.* **1.** getrennt, gesondert; **2.** einzeln, frei-, al'leinstehend (*Haus*); **3.** *fig.* a) objek'tiv, unvoreingenommen, b) uninteressiert, c) distanziert; **4.** *fig.* losgelöst, entrückt; **de'tach·ment** [-mənt] *s.* **1.** Absonderung *f*, Abtrennung *f*, Loslösung *f*; **2.** *fig.* (innerer) Abstand, Di'stanz *f*, Losgelöstsein *n*, (innere) Freiheit; **3.** *fig.* Objektivi'tät *f*, Unvoreingenommenheit *f*; **4.** Gleichgültigkeit *f* (***from*** gegen); **5.** ⚔ → ***detail*** 5 a u. b.

de·tail ['diːteɪl] **I** *s.* **1.** De'tail *n*: a) Einzelheit *f*, b) *a. pl. coll.* (nähere) Einzelheiten *pl.*: ***in ~*** im einzelnen, ausführlich; ***go*** (*od.* ***enter***) ***into ~(s)*** ins einzelne gehen, es ausführlich behandeln; **2.** Einzelteil *n*; **3.** 'Nebensache *f*, -ˌumstand *m*, Kleinigkeit *f*; **4.** *Kunst etc.*: a) De'tail(darstellung *f*) *n*, b) Ausschnitt *m*; **5.** ⚔ a) Ab'teilung *f*, Trupp *m*, b) ('Sonder)Komˌmando *n*, c) 'Abkommanˌdierung *f*, d) Sonderauftrag *m*; **II** *v/t.* **6.** ausführlich berichten über (*acc.*), genau schildern; einzeln aufzählen *od.*

-führen; **7.** ⚔ abkommandieren; **ˈde·tailed** [-ld] *adj.* ausführlich, genau, eingehend.

de·tain [dɪˈteɪn] *v/t.* **1.** *j-n* auf-, abhalten, zuˈrück(be)halten, hindern; **2.** ⚖ *j-n* in (Unterˈsuchungs)Haft behalten; **3.** *et.* vorenthalten, einbehalten; **4.** *ped.* nachsitzen lassen; **de·tain·ee** [ˌdiːteɪˈniː] *s.* ⚖ Häftling *m*; **deˈtain·er** [-nə] *s.* ⚖ **1.** ˈwiderrechtliche Vorenthaltung; **2.** Anordnung *f* der Haftfortdauer.

de·tect [dɪˈtekt] *v/t.* **1.** entdecken; (herˈaus)finden, ermitteln; **2.** feststellen, wahrnehmen; **3.** aufdecken, enthüllen; **4.** ertappen (***in*** bei); **5.** *Radio*: gleichrichten; **deˈtect·a·ble** [-təbl] *adj.* feststellbar; **deˈtec·ta·phone** [-təfəʊn] *s.* *teleph.* Abhörgerät *n*; **deˈtec·tion** [-kʃn] *s.* **1.** Ent-, Aufdeckung *f*; Feststellung *f*; **2.** *Radio*: Gleichrichtung *f*; **3.** *coll.* Krimiˈnalroˌmane *pl.*; **deˈtec·tive** [-tɪv] **I** *adj.* Detektiv…, Kriminal…: **~ *force*** Kriminalpolizei *f*; **~ *story*** Kriminalroman *m*; ***do ~ work*** *bsd. fig.* Detektivarbeit leisten; **II** *s.* Detekˈtiv *m*, Krimiˈnalbeamte(r) *m*, Geˈheimpoliˌzist *m*; **deˈtec·tor** [-tə] *s.* **1.** Auf-, Entdecker *m*; **2.** ⚙ a) Sucher *m*, b) Anzeigevorrichtung *f*; **3.** ⚡ a) Deˈtektor *m*, b) Gleichrichter *m*.

de·tent [dɪˈtent] *s.* ⚙ Sperrhaken *m*, -klinke *f*, Sperre *f*; Auslösung *f*.

dé·tente [deɪˈtɑ̃ːnt] (*Fr.*) *s.* *bsd. pol.* Entspannung *f*.

de·ten·tion [dɪˈtenʃn] *s.* **1.** Festnahme *f*; **2.** (*a.* Unterˈsuchungs)Haft *f*, Gewahrsam *m*, Arˈrest *m*: **~ *barracks*** Militärgefängnis *n*; **~ *center*** *Am.*, **~ *home*** *Brit.* Jugendstrafanstalt *f*; **~ *colony*** Strafkolonie *f*; **3.** *ped.* Nachsitzen *n*, Arrest *m*; **4.** Ab-, Zuˈrückhaltung *f*; **5.** Einbehaltung *f*, Vorenthaltung *f*.

de·ter [dɪˈtɜː] *v/t.* abschrecken, abhalten (***from*** von).

de·ter·gent [dɪˈtɜːdʒənt] **I** *adj.* reinigend; **II** *s.* Reinigungs-, Wasch-, Geschirrspülmittel *n*.

de·te·ri·o·rate [dɪˈtɪərɪəreɪt] **I** *v/i.* **1.** sich verschlechtern *od.* verschlimmern, schlecht(er) werden, verderben; **2.** an Wert verlieren; **II** *v/t.* **3.** verschlechtern; **4.** beeinträchtigen; im Wert mindern; **de·te·ri·o·ra·tion** [dɪˌtɪərɪəˈreɪʃn] *s.* **1.** Verschlechterung *f*; Verfall *m*; **2.** Wertminderung *f*.

de·ter·ment [dɪˈtɜːmənt] *s.* **1.** Abschreckung *f*; **2.** → ***deterrent*** II.

de·ter·mi·na·ble [dɪˈtɜːmɪnəbl] *adj.* bestimmbar; **deˈter·mi·nant** [-nənt] **I** *adj.* **1.** bestimmend, entscheidend; **II** *s.* **2.** entscheidender Faktor; **3.** ⩘, *biol.* Determiˈnante *f*; **deˈter·mi·nate** [-nət] *adj.* □ bestimmt, fest(gesetzt), entschieden; **de·ter·mi·na·tion** [dɪˌtɜːmɪˈneɪʃn] *s.* **1.** Ent-, Beschluß *m*; **2.** Entscheidung *f*; Bestimmung *f*, Festsetzung *f*; **3.** Bestimmung *f*, Ermittlung *f*, Feststellung *f*; **4.** Bestimmtheit *f*, Entschlossenheit *f*, Zielstrebigkeit *f*; feste Absicht; **5.** Ziel *n*, Begrenzung *f*; Ablauf *m*, Ende *n*; **6.** Richtung *f*, Neigung *f*, Drang *m*; **deˈter·mi·na·tive** [-nətɪv] **I** *adj.* □ **1.** (näher) bestimmend, einschränkend; **2.** entscheidend; **II** *s.* **3.** *et.* Entscheidendes *od.* Charakteˈristisches; **4.** *ling.* a) Determinaˈtiv *n*, b) Bestimmungswort *n*; **de·ter·mine** [dɪˈtɜːmɪn] **I** *v/t.* **1.** entscheiden; regeln; **2.** *et.* bestimmen, festsetzen; beschließen (*a.* ***to do*** zu tun, ***that*** daß); **3.** feststellen, ermitteln, herˈausfinden; **4.** *j-n* bestimmen, veranlassen (***to do*** zu tun); **5.** *bsd.* ⚖ beendigen, aufheben; **II** *v/i.* **6.** (***on***) sich entscheiden (für), sich entschließen (zu); beschließen (***on doing*** zu tun); **7.** *bsd.* ⚖ enden, ablaufen; **deˈter·mined** [-mɪnd] *adj.* □ (fest) entschlossen, fest, entschieden, bestimmt; **deˈter·min·er** [-mɪnə] *s.* *ling.* Bestimmungswort *n*; **deˈter·min·ism** [-mɪnɪzəm] *s.* *phls.* Determiˈnismus *m*.

de·ter·rence [dɪˈterəns] *s.* Abschreckung *f*; **deˈter·rent** [-nt] **I** *adj.* abschreckend; **II** *s.* Abschreckungsmittel *n*.

de·test [dɪˈtest] *v/t.* verabscheuen, hassen; **deˈtest·a·ble** [-təbl] *adj.* □ abˈscheulich, hassenswert; **de·tes·ta·tion** [ˌdiːteˈsteɪʃn] *s.* (***of***) Verabscheuung *f* (*gen.*), Abscheu *m* (vor *dat.*): ***hold in ~*** verabscheuen.

de·throne [dɪˈθrəʊn] *v/t.* entthronen (*a. fig.*); **deˈthrone·ment** [-mənt] *s.* Entthronung *f*.

det·o·nate [ˈdetəneɪt] **I** *v/t.* explodieren lassen, zur Exploſiˈon bringen; **II** *v/i.* explodieren; *mot.* klopfen; **ˈdet·o·nat·ing** [-tɪŋ] *adj.* ⚙ Spreng…, Zünd…, Knall…; **det·o·na·tion** [ˌdetəˈneɪʃn] *s.* Detonatiˈon *f*, Knall *m*; **ˈdet·o·na·tor** [-tə] *s.* ⚙ **1.** Briˈsanzsprengstoff *m*; **2.** Zünd-, Sprengkapsel *f*.

de·tour, **dé·tour** [ˈdiːˌtʊə] **I** *s.* **1.** ˈUmweg *m*; Abstecher *m*; **2.** a) ˈUmleitung *f*, b) Umˈgehungsstraße *f*; **3.** *fig.* ˈUmschweif *m*; **II** *v/i.* **4.** e-n ˈUmweg machen; **III** *v/t.* **5.** e-n ˈUmweg machen um; **6.** *Verkehr* ˈumleiten.

de·tract [dɪˈtrækt] **I** *v/t.* *Aufmerksamkeit etc.* ablenken; **II** *v/i.* (***from***) a) Abbruch tun (*dat.*), beeinträchtigen, schmälern (*acc.*), b) herˈabsetzen; **deˈtrac·tion** [-kʃn] *s.* **1.** a) Beeinträchtigung *f*, Schmälerung *f*, b) Herˈabsetzung *f*; **2.** Verunglimpfung *f*; **deˈtrac·tor** [-tə] *s.* **1.** Kritiker *m*, Herˈabsetzer *m*; **2.** Verunglimpfer *m*.

de·train [ˌdiːˈtreɪn] 🚂, ⚔ **I** *v/i.* aussteigen; **II** *v/t.* ausladen; **ˌdeˈtrain·ment** [-mənt] *s.* **1.** Aussteigen *n*; **2.** Ausladen *n*.

det·ri·ment [ˈdetrɪmənt] *s.* Schaden *m*, Nachteil *m*: ***to the ~ of*** zum Schaden *od.* Nachteil (*gen.*); ***without ~ to*** ohne Schaden für; ***be a ~ to health*** gesundheitsschädlich sein; **det·ri·men·tal** [ˌdetrɪˈmentl] *adj.* □ (***to***) schädlich, nachteilig (für), abträglich (*dat.*).

de·tri·tal [dɪˈtraɪtl] *adj.* *geol.* Geröll…, Schutt…; **deˈtrit·ed** [-tɪd] *adj.* **1.** abgenützt; abgegriffen (*Münze*); *fig.* abgedroschen; **2.** *geol.* verwittert; **de·tri·tion** [dɪˈtrɪʃn] *s.* *geol.* Ab-, Zerreibung *f*; **deˈtri·tus** [-təs] *s.* *geol.* Geröll *n*, Schutt *m*.

de trop [dəˈtrəʊ] (*Fr.*) *pred. adj.* ˈüberflüssig, zuˈviel (des Guten).

deuce [djuːs] *s.* **1.** *Würfeln*, *Kartenspiel*: Zwei *f*; **2.** *Tennis*: Einstand *m*; **3.** F Teufel *m*: ***who*** (***what***) ***the ~?*** wer (was) zum Teufel?; ***a ~ of a row*** ein Mordskrach (*Lärm od. Streit*); ***there's the ~ to pay*** F das dicke Ende kommt noch; ***play the ~ with*** Schindluder treiben mit *j-m*; **deuced** [-st] *adj.*, **ˈdeuc·ed·ly** [-sɪdlɪ] *adv.* F verteufelt, verflixt.

deu·te·ri·um [djuːˈtɪərɪəm] *s.* Deuˈterium *n*, schwerer Wasserstoff.

Deu·ter·on·o·my [ˌdjuːtəˈrɒnəmɪ] *s.* *bibl.* Deuteroˈnomium *n*, Fünftes Buch Mose.

de·val·u·ate [ˌdiːˈvæljʊeɪt] ✝ abwerten; **de·val·u·a·tion** [ˌdiːvæljʊˈeɪʃn] *s.* ✝ Abwertung *f*; **de·val·ue** [ˌdiːˈvæljuː] → ***devaluate***.

dev·as·tate [ˈdevəsteɪt] *v/t.* verwüsten, vernichten (*beide a. fig.*); **ˈdev·as·tat·ing** [-tɪŋ] *adj.* □ **1.** verheerend, vernichtend (*a. Kritik etc.*); **2.** F eˈnorm, phanˈtastisch, ˈumwerfend; **dev·as·ta·tion** [ˌdevəˈsteɪʃn] *s.* Verwüstung *f*.

de·vel·op [dɪˈveləp] **I** *v/t.* **1.** *allg. Theorie, Kräfte, Tempo etc.* entwickeln (*a.* ⩘, ♪, *phot.*), *Muskeln etc. a.* bilden, *Interesse etc. a.* zeigen, an den Tag legen, *Fähigkeiten etc. a.* entfalten, *Gedanken, Plan etc. a.* ausarbeiten, gestalten (***into*** zu); **2.** entwickeln, ausbauen: ***~ an industry***; **3.** *Bodenschätze, a. Bauland* erschließen, nutzbar machen; *Altstadt* sanieren; **4.** sich *e-e Krankheit* zuziehen, *Fieber etc.* bekommen; **II** *v/i.* **5.** sich entwickeln (***from*** aus); sich entfalten: **~ *into*** sich entwickeln zu, zu *et.* werden; **6.** zuˈtage treten, sich zeigen; **deˈvel·op·er** [-pə] *s.* **1.** *phot.* Entwickler *m*; **2.** ***late ~*** *psych.* Spätentwickler *m*; **3.** (Stadt)Planer *m*; **deˈvel·op·ing** [-pɪŋ] *adj.*: **~ *bath*** *phot.* Entwicklungsbad *n*; **~ *company*** Bauträger *m*; **~ *country*** *pol.* Entwicklungsland *n*; **deˈvel·op·ment** [-mənt] *s.* **1.** Entwicklung *f* (*a. phot.*); **2.** Entfaltung *f*, Entstehen *n*, Bildung *f*, Wachstum *n*; Schaffung *f*; **3.** Erschließung *f*, Nutzbarmachung *f*; Ausbau *m*, ˈUmgestaltung *f*: **~ *area*** Entwicklungs-, Notstandsgebiet *n*; ***ripe for ~*** baureif; **4.** ♀ ✝ Entwicklung(sabteilung) *f*; **5.** Darlegung *f*, Ausarbeitung *f*; ˈDurchführung *f* (*a.* ♪); **de·vel·op·ment·al** [dɪˌveləpˈmentl] *adj.* Entwicklungs…

de·vi·ate [ˈdiːvɪeɪt] **I** *v/i.* abweichen, abgehen, abkommen (***from*** von); **II** *v/t.* ablenken.

de·vi·a·tion [ˌdiːvɪˈeɪʃn] *s.* **1.** Abweichung *f*, Abweichen *n* (***from*** von); **2.** *bsd. phys., opt.* Ablenkung *f*; **3.** ✈, ⚓ Abweichung *f*, Ablenkung *f*, Abtrieb *m*; **ˌde·viˈa·tion·ism** [-ʃənɪzəm] *s.* *pol.* Abweichlertum *n*; **ˌde·viˈa·tion·ist** [-ʃənɪst], **de·vi·a·tor** [ˈdiːvɪeɪtə] *s.* *pol.* Abweichler(in).

de·vice [dɪˈvaɪs] *s.* **1.** Plan *m*, Einfall *m*, Erfindung *f*: ***left to one's own ~s*** sich selbst überlassen; **2.** Anschlag *m*, böse Absicht, Kniff *m*; **3.** ⚙ Vor-, Einrichtung *f*, Gerät *n*; *fig.* Behelf *m*, Kunstgriff *m*; **4.** Wahlspruch *m*, Deˈvise *f*; **5.** *her.* Sinn-, Wappenbild *n*; **6.** Muster *n*, Zeichnung *f*.

dev·il [ˈdevl] **I** *s.* **1.** ***the ~***, *a.* ***the*** ♀ der Teufel: ***between the ~ and the deep sea*** *fig.* zwischen zwei Feuern, in auswegloser Lage; ***like the ~*** F wie der Teufel, wie wahnsinnig; ***go to the ~*** *sl.* zum Teufel *od.* vor die Hunde gehen; ***go to the ~!*** scher dich zum Teufel!; ***play the ~ with*** F Schindluder treiben mit; ***the ~ take the hindmost*** den Letzten beißen die Hunde; ***there's the ~ to pay*** F das setzt was ab!; ***the ~!*** F a) (*verärgert*) zum Teufel!, zum Henker!, b) (*erstaunt*) Donnerwetter!; **2.** Teufel *m*, böser Geist, 'Satan *m* (*a. fig.*); → ***due*** 9; ***tattoo***[1] 2; **3.** *fig.* Laster *n*, Übel *n*; **4.** ***poor ~*** armer Teufel *od.* Schlukker; **5.** *a.* ***~ of a fellow*** Teufelskerl *m*, toller Bursche; **6.** ***a*** (*od.* ***the***) ***~*** F e-e verflixte Sache: ***~ of a job*** Heiden-, Mordsarbeit *f*; ***who*** (***what, how***) ***the ~ ...*** wer (was, wie) zum Teufel ...; ***~ a one*** kein einziger; **7.** Handlanger *m*, Laufbursche *m*; → ***printer*** 1; **8.** ⚖ As'sessor m (*bei e-m* ***barrister***); **9.** scharf gewürztes Gericht; **10.** ⚙ Reißwolf *m*; **II** *v/t.* **11.** F schikanieren, piesacken; **12.** scharf gewürzt braten: ***devil(l)ed eggs*** gefüllte Eier; **13.** ⚙ zerfasern, wolfen; **III** *v/i.* **14.** als As'sessor (*bei e-m* ***barrister***) arbeiten; **'~-ˌdodg·er** *s.* F Prediger *m*; **'~-fish** *s.* Seeteufel *m*.

dev·il·ish ['devlɪʃ] **I** *adj.* ☐ **1.** teuflisch; **2.** F fürchterlich, höllisch, verteufelt; **II** *adv.* **3.** → 2.

ˌdev·il-may-'care *adj.* **1.** leichtsinnig; **2.** verwegen.

dev·il·ment ['devlmənt] *s.* **1.** Unfug *m*; **2.** Schurkenstreich *m*; **dev·il·ry** ['devlrɪ] *s.* **1.** Teufe'lei *f*, Untat *f*; **2.** 'Übermut *m*; **3.** Teufelsbande *f*; **4.** Teufelskunst *f*.

dev·il's| ad·vo·cate ['devlz] *s. R.C.* Advo'catus *m* Di'aboli; **'~-bones** *s. pl.* Würfel(spiel *n*) *pl.*; **~ book** *s.* (des Teufels) ‚Gebetbuch' *n* (*Spielkarten*); **~ darn·ing-nee·dle** *s. zo.* Li'belle *f*; **~ food cake** *s. Am.* schwere Schoko'ladentorte.

de·vi·ous ['diːvjəs] *adj.* ☐ **1.** abwegig, irrig; **2.** gewunden (*a. fig.*): ***~ path*** Ab-, Umweg *m*; **3.** verschlagen, unredlich: ***by ~ means*** auf krummen Wegen, ‚hintenherum'; ***~ step*** Fehltritt *m*; **'de·vi·ous·ness** [-nɪs] *s.* **1.** Abwegigkeit *f*; **2.** Gewundenheit *f*; **3.** Unaufrichtigkeit *f*, Verschlagenheit *f*.

de·vis·a·ble [dɪ'vaɪzəbl] *adj.* **1.** erdenkbar, -lich; **2.** ⚖ vermachbar; **de·vise** [dɪ'vaɪz] **I** *v/t.* **1.** ausdenken, ersinnen, erfinden, konstruieren; **2.** ⚖ *Grundbesitz* vermachen, hinter'lassen (***to*** *dat.*); **II** *s.* **3.** ⚖ Vermächtnis *n*; **dev·i·see** [ˌdevɪ'ziː] *s.* ⚖ Vermächtnisnehmer (-in); **de·vis·er** [dɪ'vaɪzə] *s.* Erfinder (-in); Planer(in); **de·vi·sor** [ˌdevɪ'zɔː] *s.* ⚖ Erb-lasser(in).

de·vi·tal·ize [ˌdiː'vaɪtəlaɪz] *v/t.* der Lebenskraft berauben, schwächen.

de·void [dɪ'vɔɪd] *adj.*: ***~ of*** ohne (*acc.*), leer an (*dat.*), frei von, bar (*gen.*), ...los: ***~ of feeling*** gefühllos.

de·voir [de'vwɑː] (*Fr.*) *s. obs.* **1.** Pflicht *f*; **2.** *pl.* Höflichkeitsbezeigungen *pl.*, Artigkeiten *pl.*

dev·o·lu·tion [ˌdiːvə'luːʃn] *s.* **1.** Ab-, Verlauf *m*; **2.** *bsd.* ⚖ 'Übergang *m*, Über'tragung *f*, Heimfall *m*; *parl.* Über'weisung *f*; **3.** *pol.* ˌDezentralisati'on *f*, Regionalisierung *f*; **4.** *biol.* Entartung *f*.

de·volve [dɪ'vɒlv] **I** *v/t.* **1.** (***upon***) über'tragen (*dat.*), abwälzen (auf *acc.*); **II** *v/i.* **2.** (***on, upon***) 'übergehen (auf *acc.*), zufallen (*dat.*); sich vererben auf (*acc.*); **3.** *j-m* obliegen.

De·vo·ni·an [de'vəʊnjən] **I** *adj.* **1.** Devonshire betreffend; **2.** *geol.* de'vonisch; **II** *s.* **3.** Bewohner(in) von Devonshire; **4.** *geol.* De'von *n*.

de·vote [dɪ'vəʊt] *v/t.* (***to*** *dat.*) **1.** widmen, opfern, weihen, 'hingeben; **2.** ***~ o.s.*** sich widmen *od.* 'hingeben; sich verschreiben; **de'vot·ed** [-tɪd] *adj.* ☐ **1.** 'hingebungsvoll: a) aufopfernd, treu, b) anhänglich, liebevoll, zärtlich, c) eifrig, begeistert; **2.** todgeweiht; **dev·o·tee** [ˌdevəʊ'tiː] *s.* **1.** begeisterter Anhänger; **2.** Verehrer *m*; Verfechter *m*; **3.** Frömmler *m*; **4.** Fa'natiker *m*, Eiferer *m*; **de'vo·tion** [-əʊʃn] *s.* **1.** Widmung *f*; **2.** 'Hingabe *f*: a) Ergebenheit *f*, Treue *f*, b) (Auf)Opferung *f*, c) Eifer *m*, 'Hingebung *f*, d) Liebe *f*, Verehrung *f*, innige Zuneigung; **3.** *eccl.* a) Andacht *f*, Frömmigkeit *f*, b) *pl.* Gebet(e *pl.*) *n*; **de'vo·tion·al** [-əʊʃənl] *adj.* **1.** andächtig, fromm; **2.** Andachts..., Erbauungs...

de·vour [dɪ'vaʊə] *v/t.* **1.** verschlingen, fressen; **2.** wegraffen; verzehren, vernichten; **3.** *fig. Buch* verschlingen; *mit Blicken* verschlingen *od.* verzehren; **4.** j-n verzehren (*Leidenschaft*): ***be ~ed by*** sich verzehren vor (*Gram etc.*); **de'vour·ing** [-ərɪŋ] *adj.* ☐ **1.** gierig; **2.** *fig.* verzehrend.

de·vout [dɪ'vaʊt] *adj.* ☐ **1.** fromm; **2.** *a. fig.* andächtig; **3.** innig, herzlich; **4.** sehnlich, eifrig; **de'vout·ness** [-nɪs] *s.* **1.** Frömmigkeit *f*; **2.** Andacht *f*, 'Hingabe *f*; **3.** Eifer *m*, Inbrunst *f*.

dew [djuː] *s.* **1.** Tau *m*; **2.** *fig.* Tau *m*: a) Frische *f*, b) Feuchtigkeit *f*, Tränen *pl.*; **'~·ber·ry** *s.* ⚘ *e-e* Brombeere; **'~-drop** *s.* Tautropfen *m*.

dew·i·ness ['djuːɪnɪs] *s.* Tauigkeit *f*, (Tau)Feuchtigkeit *f*.

'dew|·lap *s.* **1.** *zo.* Wamme *f*; **2.** F (*altersbedingte*) Halsfalte; **~ point** *s. phys.* Taupunkt *m*; **~ worm** *s. Angeln*: Tauwurm *m*.

dew·y ['djuːɪ] *adj.* ☐ **1.** taufeucht; *a. fig.* taufrisch; **2.** feucht; *poet.* um'flort (*Augen*); **3.** frisch, erfrischend; **'~-eyed** *adj. iro.* na'iv, ‚blauäugig'.

dex·ter ['dekstə] *adj.* **1.** recht, rechts (-seitig); **2.** *her.* rechts (*vom Beschauer aus links*); **dex·ter·i·ty** [dek'sterətɪ] *s.* **1.** Geschicklichkeit *f*; Gewandtheit *f*; **2.** Rechtshändigkeit *f*; **'dex·ter·ous** [-tərəs] *adj.* ☐ **1.** gewandt, geschickt, be'hend, flink; **2.** rechtshändig; **'dex·tral** [-trəl] *adj.* ☐ **1.** rechtsseitig; **2.** rechtshändig.

dextro- [dekstrəʊ] *in Zssgn* (nach) rechts.

dex·trose ['dekstrəʊs] *s.* ⚗ Dex'trose *f*, Traubenzucker *m*.

dex·trous ['dekstrəs] → ***dexterous***.

dhoo·ti ['duːtɪ], **dho·ti** ['dəʊtɪ] *pl.* **-tis** [-tɪz] *s.* (*Indien*) Lendentuch *n*.

di·a·be·tes [ˌdaɪə'biːtiːz] *s.* ⚕ Dia'betes *m*, Zuckerkrankheit *f*; **di·a·bet·ic** [ˌdaɪə'betɪk] **I** *adj.* dia'betisch, zuckerkrank; **II** *s.* Dia'betiker(in), Zuckerkranke(r *m*) *f*.

di·a·ble·rie [dɪ'ɑːbləriː] *s.* Zaube'rei *f*, Hexe'rei *f*, Teufe'lei *f*.

di·a·bol·ic, di·a·bol·i·cal [ˌdaɪə'bɒlɪk(l)] *adj.* ☐ dia'bolisch, teuflisch; **di·ab·o·lism** [daɪ'æbəlɪzəm] *s.* **1.** Teufe'lei *f*; **2.** Teufelskult *m*.

di·ac·id [daɪ'æsɪd] *adj.* zweisäurig.

di·ac·o·nate [daɪ'ækəneɪt] *s. eccl.* Diako'nat *n*.

di·a·crit·ic [ˌdaɪə'krɪtɪk] **I** *adj.* dia'kritisch, unter'scheidend; **II** *s. ling.* dia'kritisches Zeichen.

di·ac·tin·ic [ˌdaɪæk'tɪnɪk] *adj. phys.* die ak'tinischen Strahlen 'durchlassend.

di·a·dem ['daɪədem] *s.* **1.** Dia'dem *n*, Stirnband *n*; **2.** Hoheit *f*, Herrscherwürde *f*, -gewalt *f*.

di·aer·e·sis [daɪ'ɪərɪsɪs] *s. ling.* a) Diä'rese *f*, b) Trema *n*.

di·ag·nose ['daɪəgnəʊz] *v/t.* ⚕ diagnostizieren, *fig. a.* bestimmen, feststellen; **di·ag·no·sis** [ˌdaɪəg'nəʊsɪs] *pl.* **-ses** [-siːz] *s.* ⚕ Dia'gnose *f*, Befund *m*, *fig. a.* Beurteilung *f*, Bestimmung *f*; **di·ag·nos·tic** [ˌdaɪəg'nɒstɪk] ⚕ **I** *adj.* (☐ ***~ally***) dia'gnostisch: ***~ of*** *fig.* sympto'matisch für; **II** *s.* a) Sym'ptom *n*, b) *pl. sg. konstr.* Dia'gnostik *f*; **di·ag·nos·ti·cian** [ˌdaɪəgnɒs'tɪʃn] *s.* ⚕ Dia'gnostiker(in).

di·ag·o·nal [daɪ'ægənl] **I** *adj.* ☐ **1.** diago'nal; schräg(laufend), über Kreuz; **II** *s.* **2.** *a.* ***~ line*** ⩘ Diago'nale *f*; **3.** *a.* ***~ cloth*** Diago'nal *m*, schräggeripptes Gewebe.

di·a·gram ['daɪəgræm] *s.* Dia'gramm *n*, graphische Darstellung, Schaubild *n*, Plan *m*, Schema *n*: ***wiring ~*** ⚡ Schaltbild *n*, -plan *m*: ***you need a ~?*** *iro.* brauchst du e-e Zeichnung (dazu)?; **di·a·gram·mat·ic** [ˌdaɪəgrə'mætɪk] *adj.* (☐ ***~ally***) diagram'matisch, graphisch, sche'matisch.

di·al ['daɪəl] **I** *s.* **1.** *a.* ***~ plate*** Zifferblatt *n* (*Uhr*); **2.** *a.* ***~ plate*** ⚙ Skala *f*, Skalen-, Ziffernscheibe *f*; **3.** *teleph.* Wähl-, Nummernscheibe *f*; **4.** *Radio*: Skalenscheibe *f*, Skala *f*: ***~ light*** Skalenbeleuchtung *f*; **5.** → ***sundial***; **6.** *sl.* Vi'sage *f* (*Gesicht*); **II** *v/t.* **7.** *teleph.* wählen: ***~ling code*** *Brit.* Vorwahl(nummer) *f*; ***~ tone*** *Am.*, ***~ling tone*** *Brit.* Amtszeichen *n*.

di·a·lect ['daɪəlekt] *s.* Dia'lekt *m*, Mundart *f*; **di·a·lec·tal** [ˌdaɪə'lektl] *adj.* ☐ dia'lektisch, mundartlich; **di·a·lec·tic** [ˌdaɪə'lektɪk] **I** *adj.* **1.** *phls.* dia'lektisch; **2.** spitzfindig; **3.** *ling.* → ***dialectal***; **II** *s.* **4.** *oft pl. phls.* Dia'lektik *f*; **5.** Spitzfindigkeit *f*; **di·a·lec·ti·cal** [ˌdaɪə'lektɪkl] *adj.* ☐ **1.** → ***dialectal***; **2.** → ***dialectic*** 1, 2; **di·a·lec·ti·cian** [ˌdaɪəlek'tɪʃn] *s. phls.* Dia'lektiker *m*.

di·a·logue, *Am. a.* **di·a·log** ['daɪəlɒg] *s.* Dia'log *m*, (Zwie)Gespräch *n*; ***~ track*** *s. Film*: Sprechband *n*.

di·al·y·sis [daɪ'ælɪsɪs] *s.* **1.** ⚗ Dia'lyse *f*; **2.** ⚕ Dia'lyse *f*, Blutwäsche *f*.

di·am·e·ter [daɪ'æmɪtə] *s.* **1.** ⩘ Dia'meter *m*, 'Durchmesser *m*; **2.** 'Durchmesser *m*, Dicke *f*, Stärke *f*: ***inner ~*** lichte Weite; **di·a·met·ri·cal** [ˌdaɪə'metrɪkl] *adj.* ☐ **1.** dia'metrisch; **2.** *fig.* diame'tral, genau entgegengesetzt.

di·a·mond ['daɪəmənd] **I** *s.* **1.** *min.* Dia'mant *m*: ***black ~*** a) schwarzer Diamant, b) *fig.* (Stein)Kohle *f*; ***rough ~*** a) ungeschliffener Diamant, b) *fig.* Mensch *m* mit gutem Kern u. rauher Schale; ***it was ~ cut ~*** es war Wurst wider Wurst, die beiden standen sich in nichts nach; **2.** ⚙ ('Glaser)Diaˌmant *m*; **3.** ⩘ a) Raute *f*, 'Rhombus *m*, b) spitzgestelltes Viereck; **4.** *Kartenspiel*: Karo *n*; **5.** *Baseball*: a) Spielfeld *n*, b) Innenfeld *n*; **6.** *typ.* Dia'mant *f* (*Schriftgrad*); **II** *adj.* **7.** dia'manten, Diamant…; **8.** rhombisch, rautenförmig; ~ **cut·ter** *s.* Dia'mantschleifer *m*; ~ **drill** *s.* ⚙ Dia'mantbohrer *m*; ~ **field** *s.* Dia'mantenfeld *n*; ~ **ju·bi·lee** *s.* dia'mantenes Jubi'läum; ~ **mine** *s.* Dia'mantenmine *f*; ~ **pane** *s.* rautenförmige Fensterscheibe; '~**-shaped** *adj.* rautenförmig; ~ **wed·ding** *s.* dia'mantene Hochzeit.

di·an·thus [daɪ'ænθəs] *s.* ⚘ Nelke *f.*

di·a·per ['daɪəpə] **I** *s.* **1.** Di'aper *m*, Gänseaugenstoff *m*; **2.** *a.* ~ ***pattern*** Rauten-, Karomuster *n*; **3.** *Am.* (Baby-)Windel *f*; **4.** Monatsbinde *f*; **II** *v/t.* **5.** mit Rautenmuster verzieren; ~ **rash** *s.* ⚕ Wundsein *n beim Säugling*.

di·aph·a·nous [daɪ'æfənəs] *adj.* 'durchsichtig, -scheinend.

di·a·pho·ret·ic [ˌdaɪəfə'retɪk] *adj. u. s.* ⚕ schweißtreibend(es Mittel).

di·a·phragm ['daɪəfræm] *s.* **1.** *anat.* Scheidewand *f*, *bsd.* Zwerchfell *n*; **2.** ⚕ Dia'phragma *n* (*Verhütungsmittel*); **3.** *teleph. etc.* Mem'bran(e) *f*; **4.** *opt.*, *phot.* Blende *f*; ~ **shut·ter** *s. phot.* Blendenverschluß *m*; ~ **valve** *s.* Mem'branventil *n*.

di·a·rist ['daɪərɪst] *s.* Tagebuchschreiber(in); '**di·a·rize** [-raɪz] **I** *v/i.* Tagebuch führen; **II** *v/t.* ins Tagebuch eintragen.

di·ar·rh(o)e·a [ˌdaɪə'rɪə] *s.* ⚕ Diar'rhöe *f*, 'Durchfall *m*.

di·a·ry ['daɪərɪ] *s.* **1.** Tagebuch *n*: ***keep a*** ~ ein Tagebuch führen; **2.** 'Taschenkaˌlender *m*, (Vor)Merkbuch *n*, Ter'min-, No'tizbuch *n*.

Di·as·po·ra [daɪ'æspərə] *s. allg.* Di'aspora *f*.

di·as·to·le [daɪ'æstəlɪ] *s.* ⚕ *u. Metrik*: Dia'stole *f*.

di·a·ther·my ['daɪəθɜːmɪ] *s.* ⚕ Diather'mie *f*.

di·ath·e·sis [daɪ'æθɪsɪs] *pl.* **-ses** [-siːz] *s.* ⚕ *u. fig.* Neigung *f*, Anlage *f*.

di·a·to·ma·ceous earth [ˌdaɪətə'meɪʃəs] *s. geol.* Kieselgur *f*.

di·a·ton·ic [ˌdaɪə'tɒnɪk] *adj.* ♪ dia'tonisch.

di·a·tribe ['daɪətraɪb] *s.* gehässiger Angriff, Hetze *f*, Hetzrede *f od.* -schrift *f*.

di·bas·ic [daɪ'beɪsɪk] *adj.* ⚗ zweibasisch.

dib·ber ['dɪbə] → ***dibble*** I.

dib·ble ['dɪbl] **I** *s.* Dibbelstock *m*, Pflanz-, Setzholz *n*; **II** *v/t. a.* ~ ***in*** mit e-m Setzholz pflanzen; **III** *v/i.* mit e-m Setzholz Löcher machen, dibbeln.

dibs [dɪbz] *s.* **1.** *pl. sg. konstr. Brit. Kinderspiel mit Steinchen etc.*; **2.** F Recht *n* (***on*** auf *acc.*); **3.** *Am. sl.* (ein paar) ‚Kröten' *pl.* (*Geld*).

dice [daɪs] **I** *s. pl. von* ***die***² 1 Würfel *pl.*, Würfelspiel *n*: ***play*** (***at***) ~ → II; ***no*** ~! *Am. sl.* ‚da läuft nichts'!; → ***load*** 10; **II** *v/i.* würfeln, knobeln; **III** *v/t. Küche*: in Würfel schneiden.

dic·ey ['daɪsɪ] *adj.* F pre'kär, heikel.

di·chot·o·my [daɪ'kɒtəmɪ] *s.* Dichoto'mie *f*: a) *bsd. Logik*: Zweiteilung *f e-s Begriffs*, b) ⚘, *zo.* wieder'holte Gabelung.

di·chro·mat·ic [ˌdaɪkrəʊ'mætɪk] *adj.* **1.** dichro'matisch, zweifarbig; **2.** ⚕ dichro'mat.

dick [dɪk] *s.* **1.** *Brit. sl.* Kerl *m*; **2.** *Am. sl.* ‚Schnüffler' *m*: ***private*** ~ Privatdetektiv *m*; **3.** V ‚Schwanz' *m*.

dick·ens ['dɪkɪnz] *s. sl.* Teufel *m*: ***what the*** ~! was zum Teufel!; ***a*** ~ ***of a mess*** ein böser Schlamassel.

dick·er¹ ['dɪkə] *v/i.* feilschen, schachern (***for*** um).

dick·er² ['dɪkə] *s.* † zehn Stück.

dick·(e)y¹ ['dɪkɪ] *s.* F **1.** Hemdbrust *f*; **2.** Bluseneinsatz *m*; **3.** *a.* ~ ***bow*** ‚Fliege' *f*, Schleife *f*; **4.** *a.* ~***-bird*** Vögelchen *n*, Piepmatz *m*; **5.** Rück-, Not-, Klappsitz *m*; **6.** *Brit.* F Esel *m*.

dick·(e)y² ['dɪkɪ] *adj.* F wack(e)lig, ‚mies': ~ ***heart*** schwaches Herz.

di·cot·y·le·don [ˌdaɪkɒtɪ'liːdən] *s.* ⚘ Diko'tyle *f*, zweikeimblättrige Pflanze.

dic·ta ['dɪktə] *pl. von* ***dictum***.

dic·tate [dɪk'teɪt] **I** *v/t.* (***to*** *dat.*) **1.** *Brief etc.* diktieren; **2.** diktieren, vorschreiben, gebieten (*a. fig.*); **3.** auferlegen; **4.** eingeben; **II** *v/i.* **5.** diktieren, ein Dik'tat geben; **6.** diktieren, befehlen: ***he will not be*** ~***d to*** er läßt sich keine Vorschriften machen; **III** *s.* ['dɪkteɪt] **7.** Gebot *n*, Befehl *m*, Dik'tat *n*: ***the*** ~***s of reason*** das Gebot der Vernunft; **dic'ta·tion** [-eɪʃn] *s.* **1.** Dik'tat *n*: a) Diktieren *n*, b) Dik'tatschreiben *n*, c) diktierter Text; **2.** Befehl(e *pl.*) *m*, Geheiß *n*; **dic'ta·tor** [-tə] *s.* Dik'tator *m*, Gewalthaber *m*; **dic·ta·to·ri·al** [ˌdɪktə'tɔːrɪəl] *adj.* □ dikta'torisch; **dic'ta·tor·ship** [-təʃɪp] *s.* Dikta'tur *f*; **dic'ta·tress** [-trɪs] *s.* Dikta'torin *f*.

dic·tion ['dɪkʃn] *s.* **1.** Dikti'on *f*, Ausdrucksweise *f*, Stil *m*, Sprache *f*; **2.** (deutliche) Aussprache.

dic·tion·ar·y ['dɪkʃənrɪ] *s.* **1.** Wörterbuch *n*; **2.** (*bsd.* einsprachiges) enzyklo'pädisches Wörterbuch; **3.** Lexikon *n*, Enzyklopä'die *f*: ***a walking*** (*od.* ***living***) ~ *fig.* ein wandelndes Lexikon.

dic·to·graph ['dɪktəgrɑːf] *s.* Abhörgerät *n* (*beim Telefon*).

dic·tum ['dɪktəm] *pl.* **-ta** [-tə], **-tums** *s.* **1.** Machtspruch *m*; **2.** ⚖ richterliches Diktum, (Aus)Spruch *m*; **3.** Spruch *m*, geflügeltes Wort.

did [dɪd] *pret. von* ***do***¹.

di·dac·tic [dɪ'dæktɪk] *adj.* (□ ~***ally***) **1.** di'daktisch, lehrhaft, belehrend: ~ ***play*** *thea.* Lehrstück *n*; ~ ***poem*** Lehrgedicht *n*; **2.** schulmeisterlich.

did·dle¹ ['dɪdl] *v/t. sl.* beschwindeln, betrügen, übers Ohr hauen.

did·dle² ['dɪdl] *v/i.* F zappeln.

did·n't ['dɪdnt] F *für* ***did not***.

didst [dɪdst] *obs. 2. sg. pret. von* ***do***¹.

die¹ [daɪ] **I** *v/i. p.pr.* **dy·ing** ['daɪɪŋ] **1.** sterben (***of*** an): ~ ***of hunger*** Hungers sterben, verhungern; ~ ***from a wound*** an e-r Verwundung sterben; ~ ***a violent death*** e-s gewaltsamen Todes sterben; ~ ***of*** (*od.* ***with***) ***laughter*** *fig.* sich totlachen; ~ ***of boredom*** vor Lange(r)weile fast umkommen; ~ ***a beggar*** als Bettler sterben; ~ ***hard*** a) zählebig sein (*a. Sache*), ‚nicht totzukriegen sein', b) nicht nachgeben (wollen); ***never say*** ~! nur nicht aufgeben!; → ***bed*** 1; ***boot***¹ 1; ***ditch*** 1; ***harness*** 1; **2.** eingehen (*Pflanze, Tier*), verenden (*Tier*); **3.** *fig.* ver-, 'untergehen, schwinden, aufhören, sich verlieren, verhallen, erlöschen, vergessen werden; **4.** *mst* ***be dying*** (***for***, ***to*** *inf.*) sich sehnen (nach; danach, zu *inf.*), brennen (auf *acc.*; darauf, zu *inf.*): ***I am dying to …*** ich würde schrecklich gern; **II** *v/t.* **5.** e-s *natürlichen etc.* Todes sterben;

Zssgn mit adv.:

die| a·way *v/i.* **1.** schwächer werden, nachlassen, sich verlieren, schwinden; **2.** ohnmächtig werden; ~ **down** *v/i.* **1.** → ***die away*** 1; **2.** ⚘ (von oben) absterben; ~ **off** *v/i.* 'hin-, wegsterben; ~ **out** *v/i.* aussterben (*a. fig.*).

die² [daɪ] *s.* **1.** *pl.* ***dice*** Würfel *m*: ***the*** ~ ***is cast*** die Würfel sind gefallen; ***straight as a*** ~ a) pfeilgerade, b) *fig.* grundehrlich; → ***dice***; ***straight*** 4; **2.** Würfelspiel *n*; **3.** *bsd. Küche*: Würfel *m*; **4.** *pl.* ***dies*** △ Würfel *m e-s Sockels*; **5.** *pl.* ***dies*** ⚙ a) (Preß-, Spritz)Form *f*, Gesenk *n*: ***lower*** ~ Matrize *f*; ***upper*** ~ Patrize *f*, b) (Münz)Prägestempel *m*, c) Schneideisen *n*, Stanze *f*, d) Gußform *f*.

'**die|-a·way** *adj.* schmachtend; '~**-cast** *v/t.* ⚙ spritzgießen, spritzen; ~ **-cast·ing** *s.* ⚙ Spritzguß *m*; '~**-hard** **I** *s.* **1.** unnachgiebiger Mensch, Dickschädel *m*; **2.** *pol.* hartnäckiger Reaktio'när; **3.** zählebige Sache; **II** *adj.* **4.** hartnäckig, zäh u. unnachgiebig; **5.** zählebig; ~ **head** *s.* ⚙ Schneidkopf *m*.

di·e·lec·tric [ˌdaɪɪ'lektrɪk] ⚡ **I** *s.* Di'elektrikum *n*; **II** *adj.* (□ ~***ally***) di'elektrisch: ~ ***strength*** Spannungs-, Durchschlagfestigkeit *f*.

die·en·ceph·a·lon [ˌdaɪɪn'sefələn] *s. anat.* Zwischenhirn *n*.

di·er·e·sis → ***diaeresis***.

Die·sel ['diːzl] **I** Diesel *m* (*Motor*, *Fahrzeug od. Kraftstoff*); **II** *adj.* Diesel…; **die·sel·ize** ['diːzəlaɪz] *v/t.* ⚙ auf Dieselbetrieb 'umstellen.

'**dieˌsink·er** *s.* ⚙ Werkzeugmacher *m*.

di·e·sis ['daɪɪsɪs] *pl.* **-ses** [-siːz] *s.* **1.** *typ.* Doppelkreuz *n*; **2.** ♪ Kreuz *n*.

di·es non [ˌdaɪiːz'nɒn] *s.* ⚖ gerichtsfreier Tag.

die stock *s.* ⚙ Schneidkluppe *f*.

di·et¹ ['daɪət] *s.* **1.** *parl.* a) 'Unterhaus *n* (*in Japan etc.*), b) *hist.* Reichstag *m*; **2.** ⚖ *Scot.* Ge'richtsterˌmin *m*.

di·et² ['daɪət] **I** *s.* **1.** Nahrung *f*, Ernährung *f*, (*a. fig. geistige*) Kost: ***vegetable*** ~ vegetarische Kost; ***full*** (***low***) ~ reichliche (magere) Kost; **2.** ⚕ Di'ät *f*, Schon-, Krankenkost *f*: ***be*** (***put***) ***on a*** ~ auf Diät gesetzt sein, diät leben (müssen); **II** *v/t.* **3.** *j-n* auf Di'ät setzen: ~ ***o.s.*** → 4; **III** *v/i.* **4.** Di'ät halten; '**di·e·tar·y** [-tərɪ] ⚕ **I** *adj.* **1.** diä'tetisch, Diät…; **II** *s.* **2.** Di'ätvorschrift *f*; **3.** 'Speise(ratiˌon) *f*.

di·e·tet·ic [ˌdaɪə'tetɪk] *adj.* (□ ~***ally***) → ***dietary*** 1; ˌ**di·e'tet·ics** [-ks] *s. pl. sg. od. pl. konstr.* ⚕ Diä'tetik *f*, Di'ätkunde *f*; ˌ**di·e·ti·tian**, ˌ**di·e·ti·cian** [-'tɪʃn] *s.* Diä'tetiker(in).

dif·fer ['dɪfə] *v/i.* **1.** sich unter'scheiden, verschieden sein, abweichen (***from*** von); **2.** (*mst* ***with***, *a.* ***from***) nicht über'einstimmen (mit), anderer Meinung sein (als): ***I beg to*** ~ ich bin (leider) anderer Meinung; **3.** uneinig sein (***on*** über *acc.*); → ***agree*** 2; **dif·fer·ence** ['dɪfrəns] *s.* **1.** 'Unterschied *m*, Verschiedenheit *f*: ~ ***in price*** Preisunterschied; ~ ***of opinion*** Meinungsverschiedenheit; ***that makes a (great) ~*** a) das macht et. (*od.* viel) aus, b) das ändert die Sache; ***it made all the ~*** das änderte die Sache vollkommen; ***it makes no ~ (to me)*** es ist (mir) gleich(gültig); ***what's the ~?*** was macht es schon aus?; **2.** 'Unterschied *m*, unter'scheidendes Merkmal: ***the ~ between him and his brother***; **3.** 'Unterschied *m* (*in Menge*), Diffe'renz *f* (*a.* ✝, 𝔄): ***split the ~*** a) sich in die Differenz teilen, b) e-n Kompromiß schließen; **4.** Besonderheit *f*: ***a film with a ~*** ein Film (von) ganz besonderer Art *od.* ‚mit Pfiff'; ***holidays with a ~*** Ferien ‚mal anders'; **5.** Meinungsverschiedenheit *f*, Diffe'renz *f*; **dif·fer·ent** ['dɪfrənt] *adj.* □ **1.** (***from***, *a.* ***to***) verschieden (von), abweichend (von); anders (*pred.* als), ander (*attr.* als): ***in two ~ countries*** in zwei verschiedenen Ländern; ***that's a ~ matter*** das ist etwas anderes; ***at ~ times*** verschiedentlich, mehrmals; **2.** außergewöhnlich, besonder.

dif·fer·en·tial [ˌdɪfə'renʃl] **I** *adj.* □ **1.** 'unterschiedlich, charakte'ristisch, Unterscheidungs...; **2.** ⚙, ⚡, 𝔄, *phys.* Differential...; **3.** ✝ gestaffelt, Differential..., Staffel...: ***~ tariff***; **II** *s.* **4.** ⚙, *mot.* Differenti'al-, Ausgleichsgetriebe *n*; **5.** 𝔄 Differenti'al *n*; **6.** ('Preis-, 'Lohn- *etc.*)Gefälle *n*, (-)Diffeˌrenz *f*; ***~ cal·cu·lus*** *s.* 𝔄 Differenti'alrechnung *f*; ***~ du·ty*** *s.* ✝ Differenti'alzoll *m*; ***~ gear*** *s.* ⚙ Differenti'al-, Ausgleichsgetriebe *n*; ***~ rate*** *s.* ✝ 'Ausnahmetaˌrif *m*.

dif·fer·en·ti·ate [ˌdɪfə'renʃɪeɪt] **I** *v/t.* **1.** einen 'Unterschied machen zwischen (*dat.*), unter'scheiden; **2.** vonein'ander abgrenzen; unter'scheiden, trennen (***from*** von): ***be ~d*** → 4; **II** *v/i.* **3.** e-n 'Unterschied machen, unter'scheiden, differenzieren (***between*** zwischen *dat.*); **4.** sich unter'scheiden *od.* entfernen; sich verschieden entwickeln; **dif·fer·en·ti·a·tion** [ˌdɪfərenʃɪ'eɪʃn] *s.* Differenzierung *f*: a) Unter'scheidung *f*, b) (Auf)Teilung *f*, c) Spezialisierung *f*, d) 𝔄 Ableitung *f*.

dif·fi·cult ['dɪfɪkəlt] *adj.* **1.** schwierig, schwer; **2.** beschwerlich, mühsam; **3.** schwierig, schwer zu behandeln(d); **'dif·fi·cul·ty** [-tɪ] *s.* **1.** Schwierigkeit *f*: a) Mühe *f*: ***with ~*** schwer, mühsam; ***have*** (*od.* ***find***) ***~ in doing s.th.*** et. schwierig (zu tun) finden, b) schwierige Sache, c) Hindernis *n*, 'Widerstand *m*: ***make difficulties*** Schwierigkeiten bereiten; **2.** *oft pl.* (*a.* Geld)Schwierigkeiten *pl.*, (-)Verlegenheit *f*.

dif·fi·dence ['dɪfɪdəns] *s.* Schüchternheit *f*, mangelndes Selbstvertrauen; **'dif·fi·dent** [-nt] *adj.* □ schüchtern, ohne Selbstvertrauen, scheu: ***be ~ about doing*** sich scheuen zu tun, *et.* nur zaghaft *od.* zögernd tun.

dif·fract [dɪ'frækt] *v/t. phys.* beugen; **dif'frac·tion** [-kʃn] *s. phys.* Beugung *f*, Diffrakti'on *f*.

dif·fuse [dɪ'fju:z] **I** *v/t.* **1.** ausgießen, -schütten; **2.** *bsd. fig.* verbreiten; **3.** ⚗, *phys.*, *opt.* diffundieren: a) zerstreuen, b) vermischen, c) durch'dringen; **II** *v/i.* **4.** sich verbreiten; **5.** ⚗, *phys.* diffundieren: a) sich zerstreuen, b) sich vermischen, c) eindringen; **III** *adj.* [dɪ'fju:s] □ **6.** dif'fus: a) weitschweifig, langatmig, b) unklar (*Gedanken etc.*), c) ⚗, *phys.* zerstreut: ***~ light*** diffuses Licht; **7.** *fig.* verbreitet; **dif·fus·i·bil·i·ty** [dɪˌfju:zə'bɪlətɪ] *s. phys.* Diffusi'onsvermögen *n*; **dif'fus·i·ble** [-zəbl] *adj. phys.* diffusi'onsfähig; **dif·fu·sion** [dɪ'fju:ʒn] *s.* **1.** Ausgießen *n*; **2.** *fig.* Verbreitung *f*; **3.** Weitschweifigkeit *f*; **4.** ⚗, *phys.*, *a. sociol.* Diffusi'on *f*; **dif·fu·sive** [dɪ'fju:sɪv] *adj.* □ **1.** *bsd. fig.* sich verbreitend; **2.** *fig.* weitschweifig; **3.** ⚗, *phys.* Diffusions...; **dif·fu·sive·ness** [dɪ'fju:sɪvnɪs] *s.* **1.** *phys.* Diffusi'onsfähigkeit *f*; **2.** *fig.* Weitschweifigkeit *f*.

dig [dɪg] **I** *s.* **1.** Grabung *f*; **2.** F (archäo'logische) Ausgrabung(sstätte); **3.** F Puff *m*, Stoß *m*: ***~ in the ribs*** Rippenstoß; **4.** F *fig.* (Seiten)Hieb *m* (***at*** auf *j-n*); **5.** *Am.* F ‚Büffler' *m*; **6.** *pl. Brit.* F ‚Bude' *f*, (*bsd. Studenten*)Zimmer *n*; **II** *v/t.* [*irr.*] **7.** *Loch etc.* graben; *Boden* 'umgraben; *Bodenfrüchte* ausgraben; **8.** *fig.* ‚ausgraben', ans Tageslicht bringen, her'ausfinden; **9.** F *j-m* e-n Stoß geben: ***~ spurs into a horse*** e-m Pferd die Sporen geben; **10.** F a) ‚kapieren', b) ‚stehen auf', ein ‚Fan' sein von, c) sich ansehen *od.* anhören; **III** *v/i.* [*irr.*] **11.** graben (***for*** nach); **12.** *fig.* a) forschen (***for*** nach), b) sich gründlich beschäftigen (***into*** mit); **13.** ***~ into*** F a) ‚reinhauen' in *e-n Kuchen etc.*, b) sich einarbeiten in (*acc.*); **14.** *Am. sl.* ‚büffeln', ‚ochsen';

Zssgn mit adv.:

dig| in I *v/t.* **1.** eingraben (*a. fig.*); **2.** ***dig o.s. in*** sich eingraben, *fig. a.* sich verschanzen; **II** *v/i.* **3.** ⚔ sich eingraben, sich verschanzen; ***~ out*** *v/t.* **1.** ausgraben; **2.** → ***dig*** 8; ***~ up*** *v/t.* **1.** 'um-, ausgraben; **2.** → ***dig*** 8.

di·gest [dɪ'dʒest] **I** *v/t.* **1.** *Speisen* verdauen; **2.** *fig.* verdauen: a) (innerlich) verarbeiten, über'denken, in sich aufnehmen, b) ertragen, verwinden; **3.** ordnen, einteilen; **4.** ⚗ digerieren, ausziehen, auflösen; **II** *v/i.* **5.** sich verdauen lassen: ***~ well*** leicht verdaulich sein; **6.** ⚗ sich auflösen; **III** *s.* ['daɪdʒest] **7.** (***of***) a) Auslese *f* (*a. Zeitschrift*), Auswahl *f* (aus), b) Abriß *m* (*gen.*), 'Überblick *m* (über *acc.*); **8.** ⚖ systematisierte Sammlung von Gerichtsentscheidungen; **di'gest·i·ble** [-təbl] *adj.* □ verdaulich, bekömmlich; **di'ges·tion** [-tʃən] *s.* **1.** Verdauung *f*: ***easy of ~*** leichtverdaulich; **2.** *fig.* (innerliche) Verarbeitung; **di'ges·tive** [-tɪv] **I** *adj.* □ **1.** verdauungsfördernd; **2.** bekömmlich; **3.** Verdauungs... (*-apparat*, *-trakt etc.*); **II** *s.* **4.** verdauungsförderndes Mittel.

dig·ger ['dɪgə] *s.* **1.** Gräber(in); **2.** → ***gold digger***; **3.** 'Grabgerät *n*, -maˌschine *f*; **4.** Erdarbeiter *m*; **5.** *a.* ***~ wasp*** Grabwespe *f*; **6.** *sl.* Au'stralier *m od.* Neu'seeländer *m*; **'dig·gings** [-gɪŋz] *s. pl.* **1.** *sg. od. pl. konstr.* Goldbergwerk *n*; **2.** Aushub *m* (*Erde*); **3.** → ***dig*** 6.

dig·it ['dɪdʒɪt] *s.* **1.** *anat.*, *zo.* Finger *m od.* Zehe *f*; **2.** Fingerbreite *f* (*Maß*); **3.** *ast.* astro'nomischer Zoll (1/12 *des Sonnen- od. Monddurchmessers*); **4.** 𝔄 a) eine der Ziffern von 0 bis 9, Einer *m*, b) Stelle *f*: ***three-~ number*** dreistellige Zahl; **'dig·it·al** [-tl] **I** *adj.* **1.** Finger...; **2.** Digital...: ***~ clock***; ***~ computer*** Digitalrechner *m*; **II** *s.* **3.** ♪ Taste *f*; **dig·i·tal·is** [ˌdɪdʒɪ'teɪlɪs] *s.* **1.** ⚘ Fingerhut *m*; **2.** ⚕ Digi'talis *n*; **'dig·i·tate**, **'dig·i·tat·ed** [-teɪt(ɪd)] *adj.* **1.** ⚘ gefingert, handförmig; **2.** *zo.* gefingert.

dig·ni·fied ['dɪgnɪfaɪd] *adj.* würdevoll, würdig; **dig·ni·fy** ['dɪgnɪfaɪ] *v/t.* **1.** ehren, auszeichnen; Würde verleihen (*dat.*); **2.** zieren, schmücken; **3.** hochtrabend benennen.

dig·ni·tar·y ['dɪgnɪtərɪ] *s.* **1.** Würdenträger *m*; **2.** *eccl.* Prä'lat *m*; **dig·ni·ty** ['dɪgnɪtɪ] *s.* **1.** Würde *f*, würdevolles Auftreten; **2.** Würde *f*, (hoher) Rang, *a.* Ansehen *n*: ***beneath my ~*** unter m-r Würde; ***stand on one's ~*** sich nichts vergeben wollen; **3.** *fig.* Größe *f*: ***~ of soul*** Seelengröße, -adel *m*.

di·graph ['daɪgrɑ:f] *s. ling.* Di'graph *m* (*Verbindung von zwei Buchstaben zu einem Laut*).

di·gress [daɪ'gres] *v/i.* abschweifen; **di'gres·sion** [-eʃn] *s.* Abschweifung *f*; **di'gres·sive** [-sɪv] *adj.* □ **1.** abschweifend; **2.** abwegig.

digs [dɪgz] → ***dig*** 6.

di·he·dral [daɪ'hi:drəl] **I** *adj.* **1.** di'edrisch, zweiflächig: ***~ angle*** 𝔄 Flächenwinkel *m*; **2.** ✈ V-förmig; **II** *s.* **3.** 𝔄 Di'eder *m*, Zweiflächner *m*; **4.** ✈ V-Form *f*, V-Stellung *f*.

dike[1] [daɪk] **I** *s.* **1.** Deich *m*, Damm *m*; **2.** Erdwall *m*, erhöhter Fahrdamm; **3.** *a. fig.* Schutzwall *m*, *fig.* Bollwerk *n*; **4.** a) Graben *m*, b) Wasserlauf *m*; **5.** *a.* ***~ rock*** *geol.* Gangstock *m*; **II** *v/t.* **6.** eindämmen, -deichen.

dike[2] [daɪk] *v/t. a.* ***~ out*** *od.* ***up*** *Am.* F aufputzen.

dike[3] [daɪk] *s. sl.* ‚Lesbe' *f*.

dik·tat [dɪk'tɑ:t] *s.* (*Ger.*) *pol.* Dik'tat *n*.

di·lap·i·date [dɪ'læpɪdeɪt] **I** *v/t.* **1.** *Haus etc.* verfallen lassen; **2.** vergeuden; **II** *v/i.* **3.** verfallen, baufällig werden; **di'lap·i·dat·ed** [-tɪd] *adj.* **1.** verfallen, baufällig; **2.** klapp(e)rig (*Auto etc.*); **di·lap·i·da·tion** [dɪˌlæpɪ'deɪʃn] *s.* **1.** Verfall *m*, Baufälligkeit *f*; **2.** *geol.* Verwitterung *f*; **3.** *pl. Brit.* notwendige Repara'turen (*zu Lasten des Mieters*).

di·lat·a·bil·i·ty [daɪˌleɪtə'bɪlətɪ] *s. phys.* Dehnbarkeit *f*, (Aus)Dehnungsvermögen *n*; **di·lat·a·ble** [daɪ'leɪtəbl] *adj. phys.* (aus)dehnbar.

dil·a·ta·tion [ˌdaɪleɪ'teɪʃn] *s.* **1.** *phys.* Ausdehnung *f*; **2.** ⚕ Erweiterung *f*.

di·late [daɪ'leɪt] **I** *v/t.* **1.** (aus)dehnen, (aus)weiten, erweitern: ***with ~d eyes*** mit aufgerissenen Augen; **II** *v/i.* **2.** sich (aus)dehnen *od.* (aus)weiten *od.* erweitern; **3.** *fig.* sich (ausführlich) verbreiten *od.* auslassen ([***up***]***on*** über *acc.*); **di'la·tion** [-eɪʃn] → ***dilatation***; **di'la·tor** [-tə] *s.* Di'lator *m*: a) *anat.* Dehnmuskel *m*, b) ⚕ Dehnsonde *f*.

dil·a·to·ri·ness ['dɪlətərɪnɪs] *s.* Saumseligkeit *f*, Verschleppung *f*; **dil·a·to·ry** ['dɪlətərɪ] *adj.* □ **1.** aufschiebend (*a.* ⚖), verzögernd, 'hinhaltend, Verzögerungs..., Verschleppungs..., Hinhalte...: ***~ tactics***; **2.** langsam, saumselig.

dil·do ['dɪldəʊ] *s.* Godemi'ché *m* (*künstlicher Penis*).

di·lem·ma [dɪ'lemə] *s.* Di'lemma *n*, Zwangslage *f*, Klemme *f*: ***on the horns***

of a ~ in e-r Zwickmühle.

dil·et·tan·te [ˌdɪlɪˈtæntɪ] **I** *pl.* **-ti** [-tiː], **-tes** [-tɪz] *s.* **1.** Diletˈtant(in): a) Nichtfachmann *m*, Amaˈteur(in), b) *contp.* Stümper(in); **2.** Kunstliebhaber(in); **II** *adj.* **3.** → ˌ**dil·etˈtant·ish** [-tɪʃ] *adj.* □ diletˈtantisch; ˌ**dil·etˈtant·ism** [-tɪzəm] *s.* Dilettanˈtismus *m*.

dil·i·gence[1] [ˈdɪlɪʒɑ̃ːns] (*Fr.*) *s. hist.* Postkutsche *f*.

dil·i·gence[2] [ˈdɪlɪdʒəns] *s.* Fleiß *m*, Eifer *m*; *a.* ⚖ Sorgfalt *f*; ˈ**dil·i·gent** [-nt] *adj.* □ **1.** fleißig, emsig; **2.** sorgfältig, gewissenhaft.

dill [dɪl] *s.* ⚘ Dill *m*, Gurkenkraut *n*.

dil·ly-dal·ly [ˈdɪlɪdælɪ] *v/i.* F **1.** die Zeit vertrödeln, (herˈum)trödeln; **2.** zaudern, schwanken.

dil·u·ent [ˈdɪljʊənt] **I** *adj.* ⚗ verdünnend; **II** *s.* ⚕ Verdünnungsmittel *n*.

di·lute [daɪˈljuːt] **I** *v/t.* **1.** verdünnen, *bsd.* wässern; **2.** *Farben* dämpfen; **3.** *fig.* (ab)schwächen, verwässern: ***~ labo(u)r*** *Facharbeit in Arbeitsgänge zerlegen, deren Ausführung nur geringe Fachkenntnisse erfordert*; **II** *adj.* **4.** verdünnt; **5.** *fig.* (ab)geschwächt, verwässert; **diˈlut·ed** [-tɪd] *adj.* → ***dilute*** II; **dil·u·tee** [ˌdaɪljuːˈtiː] *s. zwischen dem ungelernten u. dem Facharbeiter stehen der Beschäftigter*; **di·lu·tion** [daɪˈluːʃn] *s.* **1.** Verdünnung *f*, Verwässerung *f*; **2.** verdünnte Lösung; **3.** *fig.* Abschwächung *f*, Verwässerung *f*: ***~ of labo(u)r*** *Zerlegung von Facharbeit in Arbeitsgänge, deren Ausführung nur geringe Fachkenntnisse erfordert*.

di·lu·vi·al [daɪˈluːvjəl], **diˈlu·vi·an** [-jən] *adj.* **1.** *geol.* diluviˈal, Eiszeit…; **2.** Überschwemmungs…; **3.** (Sint)Flut…; **diˈlu·vi·um** [-jəm] *s. geol.* Diˈluvium *n*.

dim [dɪm] **I** *adj.* □ **1.** (halb)dunkel, düster, trübe (*a. fig.*); **2.** undeutlich, verschwommen, schwach; **3.** blaß, matt (*Farbe*); **4.** F schwer von Begriff; **II** *v/t.* **5.** verdunkeln, verdüstern; trüben; **6.** *a.* ***~ out*** *Licht* abblenden, dämpfen; **7.** mattieren; **III** *v/i.* **8.** sich verdunkeln; **9.** matt *od.* trübe werden; **10.** undeutlich werden; verblassen (*a. fig.*).

dime [daɪm] *s. Am.* Zehnˈcentstück *n*; *fig.* Groschen *m*: ***~ novel*** Groschenroman *m*; ***~ store*** billiges Warenhaus; ***they are a ~ a dozen*** a) sie sind spottbillig, b) es gibt jede Menge davon.

di·men·sion [dɪˈmenʃn] **I** *s.* **1.** Dimensiˈon *f* (*a.* 𝔄): a) Abmessung *f*, Maß *n*, Ausdehnung *f*, b) *pl. oft fig.* Ausmaß *n*, Größe *f*, ˈUmfang *m*: ***of vast ~s*** riesengroß; **II** *v/t.* **2.** bemessen, dimensionieren: ***amply ~ed***; **3.** mit Maßangaben versehen: ***~ed sketch*** Maßskizze *f*; **diˈmen·sion·al** [-ʃənl] *adj. mst in Zssgn* dimensioˈnal.

di·min·ish [dɪˈmɪnɪʃ] **I** *v/t.* **1.** vermindern (*a.* ♪), verringern; **2.** verkleinern (*a.* 𝔄), herˈabsetzen (*a. fig.*); **3.** (ab-)schwächen; **4.** ⚠ verjüngen; **II** *v/i.* **5.** sich vermindern, abnehmen: ***~ in value*** an Wert verlieren.

dim·i·nu·tion [ˌdɪmɪˈnjuːʃn] *s.* **1.** Verminderung *f*, Verringerung *f*; Verkleinerung *f* (*a.* ♪); **2.** Abnahme *f*; **3.** ⚠ Verjüngung *f*; **di·min·u·ti·val** [dɪˌmɪnjʊˈtaɪvl] *adj.* □ → ***diminutive*** 2; **di·min·u·tive** [dɪˈmɪnjʊtɪv] **I** *adj.* □ **1.** klein, winzig; **2.** *ling.* Diminutiv…, Verkleinerungs…; **II** *s.* **3.** *ling.* Diminuˈtiv(um) *n*, Verkleinerungsform *f od.* -silbe *f*.

dim·i·ty [ˈdɪmɪtɪ] *s.* Dimity *m*, Barchentköper *m*.

dim·mer [ˈdɪmə] *s.* **1.** Dimmer *m* (*Helligkeitseinsteller*); **2.** *pl. mot.* a) Abblendlicht *n*, b) Standlicht *n*: ***~ switch*** Abblendschalter *m*; **dim·ness** [ˈdɪmnɪs] *s.* **1.** Dunkelheit *f*, Düsterkeit *f*; **2.** Mattheit *f*; **3.** Undeutlichkeit *f*.

di·mor·phic [daɪˈmɔːfɪk], **diˈmor·phous** [-fəs] *adj.* diˈmorph, zweigestaltig.

ˈ**dim-out** *s.* ⚔ Teilverdunkelung *f*.

dim·ple [ˈdɪmpl] **I** *s.* **1.** Grübchen *n* (*Wange*); **2.** Vertiefung *f*; **3.** Kräuselung *f* (*Wasser*); **II** *v/t.* **4.** Grübchen machen in (*acc.*); **5.** *Wasser* kräuseln; **III** *v/i.* **6.** Grübchen bekommen; **7.** sich kräuseln (*Wasser*); ˈ**dim·pled** [-ld], ˈ**dimp·ly** [-lɪ] *adj.* **1.** mit Grübchen; **2.** gekräuselt (*Wasser*).

ˌ**dimˈwit·ted** *adj. sl.* ‚dämlich'.

din [dɪn] **I** *s.* **1.** Lärm *m*, Getöse *n*; **2.** Geklirr *n* (*Waffen*), Gerassel *n*; **II** *v/t.* **3.** *durch Lärm* betäuben; **4.** *et.* dauernd (vor)predigen: ***~ s.th. into s.o.('s ears)*** j-m et. einhämmern; **III** *v/i.* **5.** lärmen; **6.** dröhnen (***with*** von).

dine [daɪn] **I** *v/i.* **1.** speisen, essen: ***in*** (***out***) zu Hause (auswärts) essen; ***~ off*** (*od.* ***on***) ***roast beef*** Rostbraten essen; **II** *v/t.* **2.** *j-n* bei sich zu Gast haben, bewirten; **3.** für … *Personen* Platz zum Essen haben, fassen (*Zimmer*, *Tisch*); ˈ**din·er** [-nə] *s.* **1.** Tischgast *m*; **2.** 🚃 Speisewagen *m*; **3.** *Am.* Imbißstube *f*, ˈEßloˌkal *n*.

di·nette [daɪˈnet] *s.* Eßecke *f*.

ding [dɪŋ] **I** *v/t.* **1.** läuten; **2.** → ***din*** 4; **II** *v/i.* **3.** läuten.

ding·dong [ˌdɪŋˈdɒŋ] **I** *s.* Bimbam *n*; **II** *adj.*: ***a ~ fight*** ein hin u. her wogender Kampf.

din·ghy [ˈdɪŋgɪ] *s.* **1.** ⚓ a) Dingi *n*, b) Beiboot *n*; **2.** Schlauchboot *n*.

din·gi·ness [ˈdɪndʒɪnɪs] *s.* **1.** trübe *od.* schmutzige Farbe; **2.** Schmuddeligkeit *f*; **3.** Schäbigkeit *f* (*a. fig.*); **4.** *fig.* Anrüchigkeit *f*.

din·gle [ˈdɪŋgl] *s.* Waldschlucht *f*.

din·go [ˈdɪŋgəʊ] *pl.* **-goes** *s. zo.* Dingo *m* (*Wildhund Australiens*).

ding·us [ˈdɪŋgəs] *s. Am. sl.* **1.** Dingsda *n*; **2.** ‚Ding' *n* (*Penis*).

din·gy [ˈdɪndʒɪ] *adj.* □ **1.** schmutzig, schmuddelig; **2.** schäbig (*a. fig.*); **3.** *fig.* anrüchig.

din·ing| car [ˈdaɪnɪŋ] *s.* 🚃 Speisewagen *m*; **~ hall** *s.* Speisesaal *m*; **~ room** *s.* Speise-, Eßzimmer *n*; **~ ta·ble** *s.* Eßtisch *m*.

din·kum [ˈdɪŋkəm] *adj. Austral.* F reˈell: ***~ oil*** die volle Wahrheit.

dink·y [ˈdɪŋkɪ] *adj.* F **1.** *Brit.* zierlich, niedlich, nett; **2.** *Am.* klein.

din·ner [ˈdɪnə] *s.* **1.** Hauptmahlzeit *f*, Mittag-, Abendessen *n*: ***after ~*** nach dem Essen, nach Tisch; ***be at ~*** bei Tisch sein; ***stay for*** (*od.* ***to***) ***~*** zum Essen bleiben; ***~ is ready*** es (*od.* das Essen) ist angerichtet; ***what are we having for ~?*** was gibt es zum Essen?; **2.** Diˈner *n*, Festessen *n*: ***at a ~*** bei *od.* auf e-m Diner; **~ coat** *s. bsd. Am.* Smoking *m*; **~ dance** *s.* Abendgesellschaft *f* mit Tanz; **~ jack·et** *s.* Smoking *m*; **~ pail** *s. Am.* Eßgefäß *n*; **~ par·ty** *s.* Tisch-, Abendgesellschaft *f*; **~ ser·vice**, **~ set** *s.* ˈSpeiseserˌvice *n*, Tafelgeschirr *n*; **~ ta·ble** *s.* Eßtisch *m*; **~ time** *s.* Tischzeit *f*; **~ wag·on** *s.* Servierwagen *m*.

di·no·saur [ˈdaɪnəʊsɔː] *s. zo.* Dinoˈsaurier *m*.

dint [dɪnt] **I** *s.* **1.** Beule *f*, Delle *f*; **2.** Strieme *f*; **3.** ***by ~ of*** kraft, vermöge, mittels (*alle gen.*); **II** *v/t.* **4.** einbeulen.

di·oc·e·san [daɪˈɒsɪsn] *eccl.* **I** *adj.* Diözesan…; **II** *s.* (Diözeˈsan)Bischof *m*; **di·o·cese** [ˈdaɪəsɪs] *s.* Diöˈzese *f*.

di·ode [ˈdaɪəʊd] *s.* ⚡ **1.** Diˈode *f*, Zweipolröhre *f*; **2.** Kriˈstalldiˌode *f*.

Di·o·nys·i·ac [ˌdaɪəˈnɪzɪæk], **Di·oˈny·sian** [-zɪən] *adj.* dioˈnysisch.

di·op·ter *Am.*, *Brit.* **di·op·tre** [daɪˈɒptə] *s. phys.* Diopˈtrie *f*; **diˈop·tric** [-trɪk] *phys.* **I** *adj.* **1.** diˈoptrisch, lichtbrechend; **II** *s.* **2.** → ***diopter***; **3.** *pl. sg. konstr.* Diˈoptrik *f*, Brechungslehre *f*.

di·o·ra·ma [ˌdaɪəˈrɑːmə] *s.* Dioˈrama *n* (*plastisch wirkendes Schaubild*).

Di·os·cu·ri [ˌdaɪəʊˈskjʊəraɪ] *s. pl.* Diosˈkuren *pl.* (*Castor u. Pollux*).

di·ox·ide [daɪˈɒksaɪd] *s.* ˈDioˌxyd *n*.

dip [dɪp] **I** *v/t.* **1.** (ein)tauchen (***in***, ***into*** in *acc.*): ***~ one's hand into one's pocket*** in die Tasche greifen (*a. fig. Geld ausgeben*); **2.** färben; **3.** *Schafe etc.* dippen (*Desinfektionsbad*); **4.** *Kerzen* ziehen; **5.** ⚓ *Flagge* (zum Gruß) dippen, auf- u. niederholen; **6.** *a.* ***~ up*** schöpfen (***from***, ***out of*** aus); **7.** *mot. Scheinwerfer* abblenden; **II** *v/i.* **8.** ˈunter-, eintauchen; **9.** sich senken *od.* neigen (*Gelände*, *Waage*, *Magnetnadel*); **10.** ⚒ ab-, einfallen; **11.** nieder- u. wieder auffliegen; **12.** ✈ vor dem Steigen tiefer gehen; **13.** *fig.* hinˈeingreifen: ***~ into*** a) e-n Blick werfen in (*acc.*), sich flüchtig befassen mit, b) *Reserven* angreifen; ***~ into one's purse*** (*od.* ***pocket***) (tief) in die Tasche greifen; ***~ deep into the past*** die Vergangenheit erforschen; **III** *s.* **14.** Eintauchen *n*; **15.** kurzes Bad(en); **16.** ⚙ Farbbad *n*; Tauchbad *n*: ***~ brazing*** Tauchlöten *n*; **17.** Desinfektiˈonsbad *n* (*Schafe*); **18.** geschöpfte Flüssigkeit; **19.** *Am.* F Tunke *f*, Soße *f*; **20.** (gezogene) Kerze; **21.** Neigung *f*, Senkung *f*, Gefälle *n*; Neigungswinkel *m*; **22.** *geol.* Abdachung *f*; Einfallen *n*, Versinken *n*; **23.** schnelles Hinˈab(- u. Hinˈauf)Fliegen; **24.** ✈ plötzliches Tiefergehen vor dem Steigen; **25.** ⚓ Dippen *n* (*kurzes Niederholen der Flagge*); **26.** *fig.* flüchtiger Blick, ‚Ausflug' *m* (*in die Politik etc.*); **27.** Angreifen *n* (***into*** *e-s Vorrats etc.*); **28.** *sl.* Taschendieb *m*.

diph·the·ri·a [dɪfˈθɪərɪə] *s.* ⚕ Diphtheˈrie *f*.

diph·thong [ˈdɪfθɒŋ] *s. ling.* **1.** Diphˈthong *m*, ˈDoppelvoˌkal *m*; **2.** *die Ligatur* æ *od.* œ; **diph·thon·gal** [dɪfˈθɒŋgl] *adj. ling.* diphˈthongisch; **diph·thong·i·za·tion** [ˌdɪfθɒŋgaɪˈzeɪʃn] *s. ling.* Diphthongierung *f*.

di·ple·gi·a [daɪˈpliːdʒɪə] *s.* ⚕ Dipleˈgie *f*, doppelseitige Lähmung.

di·plo·ma [dɪˈpləʊmə] *s.* Diˈplom *n*, (*a.* Ehren-, Sieger)Urkunde *f*; **diˈplo·ma·cy** [-əsɪ] *s. pol.*, *a. fig.* Diplomaˈtie *f*; **diˈplo·maed** [-məd] *adj.* diplomiert, Diplom…; **dip·lo·mat** [ˈdɪpləmæt] *s.*

pol., *a. fig.* Diplo'mat *m*; **dip·lo·mat·ic** [ˌdɪplə'mætɪk] *adj.* (□ **~ally**) **1.** *pol.* diplo'matisch (*a. fig.*): **~ body** (*od.* **corps**) diplomatisches Korps; **~ service** diplomatischer Dienst; **2.** urkundlich; **dip·lo·mat·ics** [ˌdɪplə'mætɪks] *s. pl. sg. konstr.* Diplo'matik *f*, Urkundenlehre *f*; **di'plo·ma·tist** [-ətɪst] → **diplomat**; **di'plo·ma·tize** [-ətaɪz] *v/i.* diplo'matisch vorgehen.

di·po·lar [daɪ'pəʊlə] *adj.* ⚡ zweipolig; **di·pole** ['daɪpəʊl] *s.* Dipol *m.*

dip·per ['dɪpə] *s.* **1.** *orn.* Taucher *m*; **2.** Schöpflöffel *m*; **3.** ⚙ a) Baggereimer *m*, b) Bagger *m*; **4.** ⚙ Färber *m*, Beizer *m*; **5.** *ast.* ♀, **Big ♀** *Am.* Großer Bär; **Little ♀** *Am.* Kleiner Bär; **6.** *s. eccl. obs.* 'Wiedertäufer *m*; **~ dredg·er** *s.* Löffelbagger *m.*

dip·ping ['dɪpɪŋ] *s.* **1.** ⚙ (Tauch)Bad *n*; **2.** *in Zssgn* Tauch...: **~ electrode**; **~ compass** Inklinationskompaß *m*; **~ rod** Wünschelrute *f.*

dip·so·ma·ni·a [ˌdɪpsəʊ'meɪnjə] *s.* ⚕ Dipsoma'nie *f* (*periodisch auftretende Trunksucht*); ˌ**dip·so'ma·ni·ac** [-nɪæk] *s.* Dipso'mane *m*, Dipso'manin *f.*

'dip|·stick *s. mot.* (Öl- *etc.*)Meßstab *m*; **~ switch** *s. mot. Brit.* Abblendschalter *m.*

dip·ter·a ['dɪptərə] *s. pl. zo.* Zweiflügler *pl.*; **'dip·ter·al** [-rəl], **'dip·ter·ous** [-rəs] *adj.* zweiflügelig.

dip·tych ['dɪptɪk] *s.* Diptychon *n.*

dire ['daɪə] *adj.* **1.** gräßlich, entsetzlich, schrecklich; **2.** unheilvoll; **3.** äußerst, höchst: **be in ~ need of** *et.* ganz dringend brauchen.

di·rect [dɪ'rekt] **I** *v/t.* **1.** lenken, leiten, führen; beaufsichtigen; ♪ dirigieren; *Film, TV*: Re'gie führen bei: **~ed by** unter der Regie von; **2.** *Aufmerksamkeit, Blicke* richten, lenken (**to**, **towards** auf *acc.*): **be ~ed to doing s.th.** darauf abzielen, et. zu tun (*Verfahren etc.*); **3.** *Worte etc.* richten, *Brief* richten, adressieren (**to** an *acc.*); **4.** anweisen, beauftragen; (An)Weisung geben (*dat.*): **~ the jury as to the law** ⚖ den Geschworenen Rechtsbelehrung erteilen; **5.** anordnen, verfügen, bestimmen: **~ s.th. to be done** anordnen, daß et. geschieht; **as ~ed** nach Vorschrift, laut Anordnung; **6.** befehlen; **7.** (**to**) den Weg zeigen (nach, zu), verweisen (an *acc.*); **II** *v/i.* **8.** befehlen, bestimmen; **9.** ♪ dirigieren; *Film, TV*: Re'gie führen; **III** *adj.* □ → **directly**; **10.** di'rekt, gerade; **11.** di'rekt, unmittelbar (*a.* ⚙, ✝, *phys.*, *pol.*): **~ action** *pol.* direkte Aktion; **~ advertising** Werbung *f* beim Konsumenten; **~ costing** ✝ *Am.* Grenzkostenrechnung *f*; **~ current** ⚡ Gleichstrom *m*; **~ dial(l)ing** *teleph.* Durchwahl *f*; **~ distance dialing** *teleph. Am.* Selbstwählfernverkehr *m*; **~ evidence** ⚖ unmittelbarer Beweis; **~ hit** Volltreffer *m*; **~ line** direkte (Abstammungs)Linie; **~ method** direkte Methode (*Sprachunterricht*); **the ~ opposite** das genaue Gegenteil; **~ responsibility** persönliche Verantwortung; **~ selling** ✝ Direktverkauf *m*; **~ taxes** direkte Steuern; **~ train** durchgehender Zug; **12.** gerade, offen, deutlich: **~ answer**; **~ question**; **13.** *ling.* **~ method** direkte Methode; **~ object** direktes Objekt; **~ speech** direkte Rede; **14.** *ast.* rechtläufig; **IV** *adv.* **15.** di'rekt, unmittelbar (**to** zu, an *acc.*).

di·rec·tion [dɪ'rekʃn] *s.* **1.** Richtung *f* (*a.* ⚙, *phys.*, *fig.*): **sense of ~** Orts-, Orientierungssinn *m*; **in the ~ of** in (der) Richtung nach *od.* auf (*acc.*); **in all ~s** nach allen Richtungen *od.* Seiten; **in many ~s** in vieler Hinsicht; **2.** Leitung *f*, Führung *f*, Lenkung *f*: **under his ~** unter s-r Leitung; **3.** Leitung *f*, Direkti'on *f*, Direk'torium *n*; **4.** *Film, TV*: Re'gie *f*; **5.** *mst pl.* (An)Weisung *f*, Anleitung *f*, Belehrung *f*, Anordnung *f*, Vorschrift *f*, Richtlinie *f*: **by ~ of** auf Anordnung von; **give ~s** Anweisungen *od.* Vorschriften geben; **~s for use** Gebrauchsanweisung; **full ~s inside** genaue Anweisung(en) anbei; **6.** Anschrift *f*, A'dresse *f* (*Brief*).

di·rec·tion·al [dɪ'rekʃənl] *adj.* **1.** Richtungs...; **2.** ⚡ a) Richt..., b) Peil...; **~ aer·i·al**, *bsd. Am.* **~ an·ten·na** *s.* ⚡ 'Richtanˌtenne *f*, -strahler *m*; **~ beam** *s.* ⚡ Richtstrahl *m*; **~ ra·di·o** *s.* ⚡ **1.** Richtfunk *m*: **~ beacon** ⚓ Richtfunkfeuer *n*; **2.** Peilfunk *m*; **~ trans·mit·ter** *s.* ⚡ **1.** Richtfunksender *m*; **2.** Peilsender *m.*

di'rec·tion| find·er *s.* ⚡ (Funk)Peiler *m*, Peilempfänger *m*; **~ find·ing** *s.* a) (Funk)Peilung *f*, Richtungsbestimmung *f*, b) Peilwesen *n*: **~ set** Peilgerät *n*; **~ in·di·ca·tor** *s.* **1.** *mot.* (Fahrt)Richtungsanzeiger *m*, Blinker *m*; **2.** ✈ Kursweiser *m.*

di·rec·tive [dɪ'rektɪv] **I** *adj.* lenkend, leitend, richtungweisend; **II** *s.* Direk'tive *f*, (An)Weisung *f*, Vorschrift *f*; **di·rect·ly** [dɪ'rektlɪ] **I** *adv.* **1.** gerade, di'rekt; **2.** unmittelbar, di'rekt (*a.* ⚙): **~ proportional** direkt proportional; **~ opposed** genau entgegengesetzt; **3.** *bsd. Brit.* [F *a.* 'dreklɪ] so'fort, gleich, bald; **II** *cj.* **4.** *bsd. Brit.* [F *a.* 'dreklɪ] so'bald (als): **~ he entered** sobald er eintrat; **di'rect·ness** [-tnɪs] *s.* **1.** Di'rekt-, Geradheit *f*, gerade Richtung; **2.** Unmittelbarkeit *f*; **3.** Offenheit *f*; **4.** Deutlichkeit *f.*

di·rec·tor [dɪ'rektə] *s.* **1.** Di'rektor *m*, Leiter *m*, Vorsteher *m*; **2.** ✝ a) Di'rektor *m*: **~-general** Generaldirektor *m*, b) Mitglied *n* des Verwaltungsrats (*e-r AG*); → **board** 10; **3.** *Film etc.*: Regis'seur *m*; **4.** ♪ Diri'gent *m*; **5.** ⚔ Kom'mandogerät *n*; **di'rec·to·rate** [-tərət] *s.* **1.** → **directorship**; **2.** Direk'torium *n*, Leitung *f*; **3.** ✝ a) Direk'torium *n*, b) Verwaltungsrat *m*; **di'rec·tor·ship** [-ʃɪp] *s.* Direk'torenposten *m*, -stelle *f.*

di·rec·to·ry [dɪ'rektərɪ] *s.* **1.** a) A'dreßbuch *n*, b) Tele'fonbuch *n*, c) Branchenverzeichnis *n*: **~ enquiries**, *Am.* **~ assistance** Telefonauskunft *f*; **2.** *eccl.* Gottesdienstordnung *f*; **3.** Leitfaden *m*; **4.** Direk'torium *n*; **5.** ♀ *hist.* Direk'torium *n* (*französische Revolution*).

di·rec·tress [dɪ'rektrɪs] *s.* Direk'torin *f*, Vorsteherin *f*, Leiterin *f.*

dire·ful ['daɪəfʊl] → **dire**.

dirge [dɜːdʒ] *s.* Klage-, Trauerlied *n*, Totenklage *f.*

dir·i·gi·ble ['dɪrɪdʒəbl] **I** *adj.* lenkbar; **II** *s.* lenkbares Luftschiff.

dirk [dɜːk] *s.* Dolch *m.*

dirn·dl ['dɜːndl] (*Ger.*) *s.* Dirndl(kleid) *n.*

dirt [dɜːt] *s.* **1.** Schmutz *m* (*a. fig.*), Kot *m*, Dreck *m*; **2.** Staub *m*, Boden *m*, (lockere) Erde; **3.** *fig.* Plunder *m*, Schund *m*; **4.** *fig.* unflätige Reden *pl.*; Gemeinheit(en *pl.*) *f*: **eat ~** sich widerspruchslos demütigen; **fling** (*od.* **throw**) **~ at s.o.** j-n in den Schmutz ziehen; **do s.o. ~** *sl.* j-n ganz gemein reinlegen; **treat s.o. like ~** j-n wie (den letzten) Dreck behandeln; ˌ**~-'cheap** *adj. u. adv.* spottbillig.

dirt·i·ness ['dɜːtɪnɪs] *s.* **1.** Schmutz *m*, Schmutzigkeit *f* (*a. fig.*); **2.** Gemeinheit *f*, Niedertracht *f.*

dirt| road *s. Am.* unbefestigte Straße; **~ track** *s. sport mot.* Aschenbahn *f.*

dirt·y ['dɜːtɪ] **I** *adj.* □ **1.** schmutzig, dreckig, Schmutz...: **~ brown** schmutzigbraun; **~ work** a) Schmutzarbeit *f*, b) *fig.* unsauberes Geschäft, Schurkerei *f*; **2.** *fig.* gemein, niederträchtig: **a ~ look** ein böser Blick; **a ~ lot** ein Lumpenpack; **~ trick** Gemeinheit *f*; **do the ~ on s.o.** *Brit. sl.* j-n gemein behandeln; **3.** *fig.* schmutzig, unflätig, unanständig: **a ~ mind** schmutzige Gedanken *od.* Phantasie; **4.** schlecht, *bsd.* ⚓ stürmisch (*Wetter*); **II** *v/t.* **5.** beschmutzen, besudeln (*a. fig.*); **III** *v/i.* **6.** schmutzig werden; schmutzen.

dis·a·bil·i·ty [ˌdɪsə'bɪlətɪ] *s.* **1.** Unvermögen *n*, Unfähigkeit *f*; **2.** ⚖ Rechtsunfähigkeit *f*; **3.** Körperbeschädigung *f*, -behinderung *f*; Gebrechen *n*; Arbeits-, Erwerbsunfähigkeit *f*; Invalidi'tät *f*; ⚔ → **disablement** 2; **4.** Unzulänglichkeit *f*; **5.** Benachteiligung *f*, Nachteil *m*; **~ ben·e·fit** *s.* Invalidi'tätsrente *f*; **~ insur·ance** *s.* Inva'lidenversicherung *f*; **~ pen·sion** *s.* (Kriegs)Versehrtenrente *f.*

dis·a·ble [dɪs'eɪbl] *v/t.* **1.** unfähig machen, außer'stand setzen (**from doing s.th.** et. zu tun); **2.** unbrauchbar *od.* untauglich machen (**for** für, zu); **3.** ⚔ a) dienstuntauglich machen, b) kampfunfähig machen; **4.** verkrüppeln; **5.** ⚖ geschäfts- *od.* rechtsunfähig machen; **dis'a·bled** [-ld] *adj.* **1.** ⚖ geschäfts- *od.* rechtsunfähig; **2.** arbeits-, erwerbsunfähig, inva'lide; **3.** ⚔ a) dienstuntauglich, b) kriegsversehrt: **a ~ ex-soldier** ein Kriegsversehrter, c) kampfunfähig; **4.** ⚔ manövrierunfähig, seeuntüchtig; **5.** *mot.* fahruntüchtig: **~ car**; **6.** unbrauchbar; **7.** (körperlich *od.* geistig) behindert; **dis'a·ble·ment** [-mənt] *s.* **1.** → **disability** 2, 3; **2.** ⚔ a) (Dienst-)Untauglichkeit *f*, b) Kampfunfähigkeit *f.*

dis·a·buse [ˌdɪsə'bjuːz] *v/t.* aus dem Irrtum befreien, e-s Besseren belehren, aufklären (**of s.th.** über *acc.*): **~ o.s.** (*od.* **one's mind**) **of s.th.** sich von et. (*Irrtümlichem*) befreien, sich et. aus dem Kopf schlagen.

dis·ac·cord [ˌdɪsə'kɔːd] **I** *v/i.* nicht über'einstimmen; **II** *s.* Uneinigkeit *f*; 'Widerspruch *m.*

dis·ac·cus·tom [ˌdɪsə'kʌstəm] *v/t.* abgewöhnen (**s.o. to s.th.** j-m et.).

dis·ad·van·tage [ˌdɪsəd'vɑːntɪdʒ] *s.* Nachteil *m*, Schaden *m*: **be at a ~**, **labo(u)r under a ~** im Nachteil sein; **to s.o.'s ~** zu j-s Nachteil *od.* Schaden; **put s.o. at a ~** j-n benachteiligen; **take s.o. at a ~** j-s ungünstige Lage ausnutzen; **sell to** (*od.* **at a**) **~** mit Verlust verkaufen; **dis·ad·van·ta·geous** [ˌdɪsædvɑːnˈteɪdʒəs] *adj.* □ nachteilig, ungünstig, unvorteilhaft, schädlich (**to** für).

dis·af·fect·ed [ˌdɪsəˈfektɪd] *adj.* □ **1.** (**to, towards**) unzufrieden (mit), abgeneigt (*dat.*); **2.** *pol.* unzuverlässig, untreu; **ˌdis·afˈfec·tion** [-kʃn] *s.* Unzufriedenheit *f* (**for** mit), (*a. pol.* Staats-) Verdrossenheit *f.*

dis·af·firm [ˌdɪsəˈfɜːm] *v/t.* **1.** (ab)leugnen; **2.** ⚖ aufheben, ˈumstoßen.

dis·af·for·est [ˌdɪsəˈfɒrɪst] *v/t.* **1.** ⚖ *e-m Wald* den Schutz durch das Forstrecht nehmen; **2.** abholzen.

dis·ag·i·o [dɪsˈædʒɪəʊ] *s.* ✝ Disˈagio *n*, Abschlag *m.*

dis·a·gree [ˌdɪsəˈgriː] *v/i.* **1.** (**with**) nicht überˈeinstimmen (mit), im ˈWiderspruch stehen (zu, mit); sich widerˈsprechen; **2.** (**with**) anderer Meinung sein (als), nicht zustimmen (*dat.*); **3.** (**with**) nicht einverstanden sein (mit), gegen *et.* sein, ablehnen (*acc.*); **4.** (sich) streiten (**on** über *acc.*); **5.** (**with** *j-m*) schlecht bekommen, nicht zuträglich sein (*Essen etc.*); **ˌdis·aˈgree·a·ble** [-ˈgrɪəbl] *adj.* □ **1.** unangenehm, widerlich, lästig; **2.** unliebenswürdig, eklig; **ˌdis·aˈgree·a·ble·ness** [-ˈgrɪəblnɪs] *s.* **1.** Widerwärtigkeit *f*; **2.** Lästigkeit *f*; **3.** Unliebenswürdigkeit *f*; **ˌdis·aˈgree·ment** [-mənt] *s.* **1.** Unstimmigkeit *f*, Verschiedenheit *f*, ˈWiderspruch *m*; **2.** Meinungsverschiedenheit *f*, ˈMißhelligkeit *f*, Streit *m.*

dis·al·low [ˌdɪsəˈlaʊ] *v/t.* **1.** nicht zulassen (*a.* ⚖) *od.* erlauben, verweigern; **2.** nicht anerkennen, nicht gelten lassen, *sport a.* annullieren, nicht geben; **ˌdis·alˈlow·ance** [-ˈlaʊəns] *s.* Nichtanerkennung *f*, *sport a.* Annullierung *f.*

dis·ap·pear [ˌdɪsəˈpɪə] *v/i.* **1.** verschwinden (**from** von, aus); **2.** verlorengehen, aufhören; **ˌdis·apˈpear·ance** [-ˈpɪərəns] *s.* **1.** Verschwinden *n*; **2.** ⚙ Schwund *m*; **ˌdis·apˈpear·ing** [-ˈpɪərɪŋ] *adj.* **1.** verschwindend; **2.** versenkbar.

dis·ap·point [ˌdɪsəˈpɔɪnt] *v/t.* **1.** enttäuschen: **be ~ed** enttäuscht sein (**at** *od.* **with** über *acc.*, **in** von *dat.*); **be ~ed of s.th.** um et. betrogen *od.* gebracht werden; **2.** *Hoffnung* (ent)täuschen, zuˈnichte machen; **ˌdis·apˈpoint·ed** [-tɪd] *adj.* □ enttäuscht; **ˌdis·apˈpoint·ing** [-tɪŋ] *adj.* □ enttäuschend; **ˌdis·apˈpoint·ment** [-mənt] *s.* **1.** Enttäuschung *f* (*a. von Hoffnungen etc.*): **to my ~** zu m-r Enttäuschung; **2.** Enttäuschung *f* (*enttäuschende Person od. Sache*).

dis·ap·pro·ba·tion [ˌdɪsæprəʊˈbeɪʃn] *s.* ˈMißbilligung *f.*

dis·ap·prov·al [ˌdɪsəˈpruːvl] *s.* (**of**) ˈMißbilligung *f* (*gen.*), ˈMißfallen *n* (über *acc.*); **dis·ap·prove** [ˌdɪsəˈpruːv] **I** *v/t.* mißˈbilligen, ablehnen; **II** *v/i.* daˈgegen sein: **~ of** → I; **ˌdis·apˈprov·ing·ly** [-vɪŋlɪ] *adv.* mißˈbilligend.

dis·arm [dɪsˈɑːm] **I** *v/t.* **1.** entwaffnen (*a. fig.*); **2.** unschädlich machen; *Bomben etc.* entschärfen; **3.** besänftigen; **II** *v/i.* **4.** *pol.*, ⚔ abrüsten; **disˈar·ma·ment** [-məmənt] *s.* **1.** Entwaffnung *f*; **2.** *pol.*, ⚔ Abrüstung *f*; **disˈarm·ing** [-mɪŋ] *adj.* □ *fig.* entwaffnend.

dis·ar·range [ˌdɪsəˈreɪndʒ] *v/t.* in Unordnung bringen; **ˌdis·arˈrange·ment** [-mənt] *s.* Verwirrung *f*, Unordnung *f.*

dis·ar·ray [ˌdɪsəˈreɪ] **I** *v/t.* in Unordnung bringen, durcheinˈanderbringen; **II** *s.* Unordnung *f*: **be in ~** a) in Unordnung sein, b) ⚔ in Auflösung begriffen sein; **throw into ~** → I.

dis·as·sem·ble [ˌdɪsəˈsembl] *v/t.* ⚙ auseinˈandernehmen, -montieren, zerlegen; **ˌdis·asˈsem·bly** [-blɪ] *s.* Zerlegung *f*, Abbau *m.*

dis·as·ter [dɪˈzɑːstə] *s.* Unglück *n* (**to** für), Unheil *n*, Kataˈstrophe *f*: **~ area** Katastrophengebiet *n*; **disˈas·trous** [-trəs] *adj.* □ unglückselig, unheilvoll, verhängnisvoll, katastroˈphal, verheerend.

dis·a·vow [ˌdɪsəˈvaʊ] *v/t.* **1.** nicht anerkennen, abrücken *od.* sich lossagen von; **2.** in Abrede stellen, ableugnen; **ˌdis·aˈvow·al** [-ˈvaʊəl] *s.* **1.** Nichtanerkennung *f*; **2.** Ableugnung *f.*

dis·band [dɪsˈbænd] **I** *v/t.* ⚔ *Truppen etc.* entlassen, auflösen; **II** *v/i. bsd.* ⚔ sich auflösen; **disˈband·ment** [-mənt] *s.* ⚔ Auflösung *f.*

dis·bar [dɪsˈbɑː] *v/t.* ⚖ aus der Anwaltschaft ausschließen.

dis·be·lief [ˌdɪsbɪˈliːf] *s.* Unglaube *m*, Zweifel *m* (**in** an *dat.*); **ˌdis·beˈlieve** [-iːv] **I** *v/t. et.* nicht glauben, bezweifeln; *j-m* nicht glauben; **II** *v/i.* nicht glauben (**in** an *acc.*); **ˌdis·beˈliev·er** [-iːvə] *s. a. eccl.* Ungläubige(r *m*) *f*, Zweifler(in).

dis·bur·den [dɪsˈbɜːdn] *v/t. mst fig.* von e-r Bürde befreien, entlasten (**of, from** von): **~ one's mind** sein Herz erleichtern.

dis·burse [dɪsˈbɜːs] *v/t.* **1.** be-, auszahlen; **2.** *Geld* auslegen; **disˈburse·ment** [-mənt] *s.* **1.** Auszahlung *f*; **2.** Auslage *f*, Verauslagung *f.*

disc [dɪsk] → **disk.**

dis·card [dɪˈskɑːd] **I** *v/t.* **1.** *Gewohnheit, Vorurteil etc.* ablegen, aufgeben, *Kleider etc.* ausscheiden, ausrangieren; **2.** *Freund* fallenlassen; **3.** *Karten* ablegen *od.* abwerfen; **II** *v/i.* **4.** *Kartenspiel*: Karten ablegen *od.* abwerfen; **III** *s.* [ˈdɪskɑːd] **5.** *Kartenspiel*: a) Ablegen *n*, b) abgeworfene Karte(n *pl.*); **6.** *et.* Abgelegtes, ausrangierte Sache: **go into the ~** *Am.* a) in Vergessenheit geraten, b) außer Gebrauch kommen.

dis·cern [dɪˈsɜːn] *v/t.* **1.** wahrnehmen, erkennen; **2.** feststellen; **3.** *obs.* unterˈscheiden (können); **disˈcern·i·ble** [-nəbl] *adj.* □ erkennbar, sichtbar; **disˈcern·ing** [-nɪŋ] *adj.* scharf(sichtig), kritisch (urteilend), klug; **disˈcern·ment** [-mənt] *s.* **1.** Scharfblick *m*, Urteilskraft *f*; **2.** Einsicht *f* (**of** in *acc.*); **3.** Wahrnehmen *n*; **4.** Wahrnehmungsvermögen *n.*

dis·charge [dɪsˈtʃɑːdʒ] **I** *v/t.* **1.** *Waren, Wagen* ab-, ausladen; *Schiff* aus-, entladen; *Personen* ausladen, absetzen; *(Schiffs)Ladung* löschen; **2.** ⚡ entladen; **3.** ausströmen (lassen), aussenden, -stoßen, ergießen; absondern: **~ matter** ⚕ eitern; **4.** ⚔ *Geschütz etc.* abfeuern, abschießen; **5.** entlassen, verabschieden, fortschicken; **6.** *Gefangene* ent-, freilassen; *Patienten* entlassen; **7.** *s-n Gefühlen* Luft machen, *s-n Zorn* auslassen (**on** an *dat.*); *Flüche* ausstoßen; **8.** freisprechen, entlasten (**of** von); **9.** befreien, entbinden (**of, from** von); **10.** *Schulden* bezahlen, tilgen; *Wechsel* einlösen; *Verpflichtungen, Aufgabe* erfüllen; *s-n Verbindlichkeiten* nachkommen; *Schuldner* entlasten; *obs. Gläubiger* befriedigen; ⚖ *Urteil etc.* aufheben: **~ed bankrupt** entlasteter Gemeinschuldner; **11.** *Amt* ausüben, versehen; *Rolle* spielen; **12. ~ o.s.** sich ergießen, münden; **II** *v/i.* **13.** ⚡ sich entladen (*a. Gewehr*); **14.** sich ergießen, abfließen; **15.** ⚕ eitern; **III** *s.* **16.** Ent-, Ausladung *f*, Löschen *n* (*Schiff, Waren*); **17.** ⚡ Entladung *f*: **~ current** Entladestrom *m*; **18.** Ausfließen *n*, -strömen *n*, Abfluß *m*; Ausstoßen *n* (*Rauch*); **19.** Absonderung *f* (*Eiter*), Ausfluß *m*; **20.** Abfeuern *n* (*Geschütz etc.*); **21.** a) (Dienst)Entlassung *f*, b) (Entlassungs)Zeugnis *n*; **22.** Ent-, Freilassung *f*; **23.** ✝, ⚖ Befreiung *f*, Entlastung *f*; Rehabilitatiˈon *f*: **~ of a bankrupt** Aufhebung *f* des Konkursverfahrens; **24.** Erfüllung *f* (*Aufgabe*), Ausübung *f*, Ausführung *f*; **25.** Bezahlung *f*, Einlösung *f*; **26.** Quittung *f*: **~ in full** vollständige Quittung; **disˈcharg·er** [-dʒə] *s.* ⚡ Entlader *m.*

dis·ci·ple [dɪˈsaɪpl] *s.* Jünger *m* (*bsd. bibl.*; *a. fig.*), Schüler *m*; **disˈci·ple·ship** [-ʃɪp] *s.* Jünger-, Anhängerschaft *f.*

dis·ci·pli·nar·i·an [ˌdɪsɪplɪˈneərɪən] *s.* Zuchtmeister *m*, strenger Lehrer *od.* Vorgesetzter; **dis·ci·pli·nar·y** [ˈdɪsɪplɪnərɪ] *adj.* **1.** erzieherisch, Zucht...; **2.** disziplіˈnarisch: **~ action** Disziplinarverfahren *n*; **~ punishment** Disziplinarstrafe *f*; **~ transfer** Strafversetzung *f*; **dis·ci·pline** [ˈdɪsɪplɪn] **I** *s.* **1.** Schulung *f*, Erziehung *f*; **2.** Disziˈplin *f* (*a. eccl.*), Zucht *f*; ˈSelbstdisziˌplin *f*; **3.** Bestrafung *f*, Züchtigung *f*; **4.** Disziˈplin *f*, Wissenszweig *m*; **II** *v/t.* **5.** schulen, erziehen; **6.** disziplinieren: a) an Disziˈplin gewöhnen, b) bestrafen: **well ~d** (wohl)diszipliniert; **badly ~d** disziplinlos, undiszipliniert.

dis·claim [dɪsˈkleɪm] *v/t.* **1.** abstreiten, in Abrede stellen; **2.** a) *et.* nicht anerkennen, b) *e-e Verantwortung* ablehnen, c) jede Verantwortung ablehnen für; **3.** widerˈrufen, dementieren; verzichten auf (*acc.*), keinen Anspruch erheben auf (*acc.*), ⚖ *a. Erbschaft* ausschlagen; **disˈclaim·er** [-mə] *s.* **1.** ⚖ Verzicht(leistung *f*) *m*, Ausschlagung *f* (*e-r Erbschaft*); **2.** ˈWiderruf *m*, Deˈmenti *n.*

dis·close [dɪsˈkləʊz] *v/t.* **1.** bekanntgeben, -machen; **2.** aufdecken, ans Licht bringen, enthüllen; **3.** zeigen, verraten, offenbaren; **disˈclo·sure** [-əʊʒə] *s.* **1.** Enthüllung *f*; **2.** Bekanntgabe *f*, Verlautbarung *f*; **3.** *Patentrecht*: Offenbarung *f.*

dis·co [ˈdɪskəʊ] *pl.* **-cos** *s.* F ‚Disko' *f* (*Diskothek*).

dis·cog·ra·phy [dɪsˈkɒgrəfɪ] *s.* Schallplattenverzeichnis *n.*

dis·col·o(u)r [dɪsˈkʌlə] **I** *v/t.* **1.** verfärben; entfärben; **2.** *fig.* entstellen; **II** *v/i.* **3.** sich verfärben; **4.** verschießen; **dis·col·o(u)r·a·tion** [dɪsˌkʌləˈreɪʃn] *s.* **1.** Verfärbung *f*; Entfärbung *f*; **2.** verschossene Stelle; **3.** Fleck *m*; **dis'col·o(u)red** [-əd] *adj.* verfärbt; verschossen.

dis·com·fit [dɪs'kʌmfɪt] *v/t.* **1.** aus der Fassung bringen, verwirren; **2.** *obs.* schlagen, besiegen; **3.** *j-s* Pläne durch'kreuzen; **dis'com·fi·ture** [-tʃə] *s.* **1.** *obs.* Niederlage *f*; **2.** Durch'kreuzung *f*; **3.** a) Verwirrung *f*, b) Verlegenheit *f*.

dis·com·fort [dɪs'kʌmfət] *s.* **1.** Unbehagen *n*; **2.** Verdruß *m*; **3.** *körperliche* Beschwerde.

dis·com·mode [ˌdɪskə'məʊd] *v/t.* belästigen, *j-m* zur Last fallen.

dis·com·pose [ˌdɪskəm'pəʊz] *v/t.* **1.** in Unordnung bringen; **2.** → ***disconcert*** 1; **ˌdis·com'pos·ed·ly** [-zɪdlɪ] *adj.* verwirrt; **ˌdis·com'po·sure** [-əʊʒə] *s.* Verwirrung *f*, Fassungslosigkeit *f*.

dis·con·cert [ˌdɪskən'sɜ:t] *v/t.* **1.** aus der Fassung bringen, verwirren; **2.** beunruhigen; **3.** durchein'anderbringen; **ˌdis·con'cert·ed** [-tɪd] *adj.* verwirrt; beunruhigt; **ˌdis·con'cert·ing** [-tɪŋ] *adj.* beunruhigend, peinlich.

dis·con·nect [ˌdɪskə'nekt] *v/t.* **1.** trennen (***with, from*** von); **2.** ⚙ auskuppeln, *Kupplung* ausrücken; **3.** ⚡ trennen; *Gerät* ausstecken; **4.** *Gas, Strom, Telefon* abstellen; *Telefongespräch* unter'brechen, *Teilnehmer* trennen; **ˌdis·con'nect·ed** [-tɪd] *adj.* □ **1.** getrennt, losgelöst; **2.** zs.-hanglos; **ˌdis·con'nect·ing** [-tɪŋ] *adj.* ⚡ Trenn…, Ausschalt…; **ˌdis·con'nec·tion** [-kʃn] *s.* **1.** Trennung *f* (*a.* ⚡); **2.** ⚙ Abstellung *f*; *teleph.* Unter'brechung *f*.

dis·con·so·late [dɪs'kɒnsələt] *adj.* □ untröstlich; trostlos (*a. fig.*).

dis·con·tent [ˌdɪskən'tent] *s.* **1.** Unzufriedenheit *f* (***at, with*** mit); **2.** Unzufriedene(r *m*) *f*; **ˌdis·con'tent·ed** [-tɪd] *adj.* □ unzufrieden (***with*** mit); **ˌdis·con'tent·ment** [-mənt] → ***discontent*** 1.

dis·con·tin·u·ance [ˌdɪskən'tɪnjʊəns], **ˌdis·con·tin·u'a·tion** [-njʊ'eɪʃn] *s.* **1.** Unter'brechung *f*; **2.** Einstellung *f* (*a.* ⚖ *des Verfahrens*); **3.** Aufgeben *n*;

dis·con·tin·ue [ˌdɪskən'tɪnju:] **I** *v/t.* **1.** unter'brechen, aussetzen; **2.** einstellen (*a.* ⚖), aufgeben; **3.** *Zeitung* abbestellen; **4.** aufhören (***doing*** zu tun); **II** *v/i.* **5.** aufhören; **ˌdis·con·ti'nu·i·ty** [-tɪ'nju:ətɪ] *s.* Diskontinui'tät *f*, Zs.-hanglosigkeit *f*; **ˌdis·con'tin·u·ous** [-jʊəs] *adj.* □ **1.** diskontinuierlich, unter'brochen, 'unzuˌsammenhängend; **2.** sprunghaft.

dis·cord ['dɪskɔ:d] *s.* **1.** Uneinigkeit *f*, Zwietracht *f*, Streit *m*; → ***apple***; **2.** ♪ Disso'nanz *f*, 'Mißklang *m*; **3.** Lärm *m*; **dis·cord·ance** [dɪ'skɔ:dəns] *s.* **1.** Uneinigkeit *f*; **2.** 'Mißklang *m*, Disso'nanz *f*; **dis·cord·ant** [dɪ'skɔ:dənt] *adj.* □ **1.** uneinig, sich wider'sprechend; **2.** 'unharˌmonisch; **3.** ♪ disso'nantisch, 'mißtönend.

dis·co·theque ['dɪskəʊtek] *s.* Disko'thek *f*.

dis·count ['dɪskaʊnt] **I** *s.* **1.** ✝ Preisnachlaß *m*, Abschlag *m*, Ra'batt *m*, Skonto *m*, *n*: ***allow a ~*** (e-n) Rabatt gewähren; **2.** ✝ a) Dis'kont *m*, Wechselzins *m*, b) → ***discount rate***; **3.** ✝ Abzug *m* (*vom Nominalwert*): ***at a ~*** a) unter Pari, b) *fig.* unbeliebt, nicht geschätzt *od.* gefragt; ***sell at a ~*** mit Verlust verkaufen; **4.** *fig.* Abzug *m*, Vorbehalt *m*, Abstriche *pl.*; **II** *v/t.* [*a.* dɪ'skaʊnt] **5.** ✝ e-n Abzug gewähren auf (*acc.*); **6.** *Wechsel* diskontieren; **7.** im Wert vermindern, beeinträchtigen; **8.** unberücksichtigt lassen; **9.** mit Vorsicht aufnehmen, nur teilweise glauben; **dis·count·a·ble** [dɪ'skaʊntəbl] *adj.* ✝ diskontierbar, dis'kontfähig.

dis·count| bank *s.* ✝ Dis'kontbank *f*; **~ bill** *s.* Dis'kontwechsel *m*; **~ bro·ker** *s.* ✝ Dis'kont-, Wechselmakler *m*.

dis·coun·te·nance [dɪ'skaʊntɪnəns] *v/t.* **1.** → ***discomfit*** 1; **2.** (offen) miß'billigen, ablehnen.

dis·count| house *s.* ✝ **1.** *Am.* Dis'count-, Dis'kontgeschäft *n*; **2.** *Brit.* Dis'kontbank *f*; **~ rate** *s.* ✝ Dis'kontsatz *m*; **~ shop, ~ store** → ***discount house*** 1.

dis·cour·age [dɪ'skʌrɪdʒ] *v/t.* **1.** entmutigen; **2.** abschrecken, abhalten, *j-m* abraten (***from*** von; ***from doing*** *et.* zu tun); **3.** hemmen, beeinträchtigen; **4.** miß'billigen; **dis·cour·age·ment** [dɪ'skʌrɪdʒmənt] *s.* **1.** Entmutigung *f*; **2.** a) Abschreckung *f*, b) Abschreckungsmittel *n*; **3.** Hemmung *f*, Hindernis *n*, Schwierigkeit *f* (***to*** für); **dis·cour·ag·ing** [dɪ'skʌrɪdʒɪŋ] *adj.* □ entmutigend.

dis·course I *s.* ['dɪskɔ:s] **1.** Unter'haltung *f*, Gespräch *n*; **2.** Abhandlung *f*, *bsd.* Vortrag *m*, Dis'kurs *m*, Predigt *f*; Abhandlung *f*; **II** *v/i.* [dɪ'skɔ:s] **3.** e-n Vortrag halten (***on*** über *acc.*), *mst. fig.* predigen *od.* dozieren (***on*** über *acc.*); **4.** sich unter'halten (***on*** über *acc.*).

dis·cour·te·ous [dɪs'kɜ:tjəs] *adj.* □ unhöflich; **dis'cour·te·sy** [-tɪsɪ] *s.* Unhöflichkeit *f*.

dis·cov·er [dɪ'skʌvə] *v/t.* **1.** *Land etc.* entdecken; **2.** entdecken, ausfindig machen, erspähen; **3.** entdecken, (her'aus)finden, (plötzlich) erkennen; **4.** aufdecken, enthüllen; **dis·cov·er·a·ble** [dɪ'skʌvərəbl] *adj.* **1.** zu entdecken(d); **2.** wahrnehmbar; **3.** feststellbar; **dis·cov·er·er** [dɪ'skʌvərə] *s.* Entdecker(in); **dis·cov·er·y** [dɪ'skʌvərɪ] *s.* **1.** Entdeckung *f* (*a. fig.*); **2.** Fund *m*; **3.** Feststellung *f*; **4.** Enthüllung *f*; **5. *~ of documents*** ⚖ Offenlegung *f* prozeßwichtiger Urkunden.

dis·cred·it [dɪs'kredɪt] **I** *v/t.* **1.** in Verruf *od.* 'Mißkreˌdit bringen (***with*** bei); ein schlechtes Licht werfen auf (*acc.*), diskreditieren; **2.** anzweifeln; keinen Glauben schenken (*dat.*); **II** *s.* **3.** schlechter Ruf, 'Mißkreˌdit *m*, Schande *f*: ***bring s.o. into ~, bring ~ on s.o.*** → 1; **4.** Zweifel *m*: ***throw ~ on*** *et.* zweifelhaft erscheinen lassen; **dis'cred·it·a·ble** [-təbl] *adj.* □ schändlich; **dis'cred·it·ed** [-tɪd] *adj.* **1.** verrufen, diskreditiert; **2.** unglaubwürdig.

dis·creet [dɪ'skri:t] *adj.* □ **1.** 'um-, vorsichtig, besonnen, verständig; **2.** dis'kret, taktvoll, verschwiegen.

dis·crep·an·cy [dɪ'skrepənsɪ] *s.* **1.** Diskre'panz *f*, Unstimmigkeit *f*, Verschiedenheit *f*; **2.** 'Widerspruch *m*, Zwiespalt *m*.

dis·crete [dɪ'skri:t] *adj.* □ **1.** getrennt, einzeln; **2.** unstet, unbeständig; **3.** ⩓ unstetig, dis'kret.

dis·cre·tion [dɪ'skreʃn] *s.* **1.** 'Um-, Vorsicht *f*, Besonnenheit *f*, Klugheit *f*: ***act with ~*** vorsichtig handeln; **2.** Verfügungsfreiheit *f*, Machtbefugnis *f*: ***age*** (*od.* ***years***) ***of ~*** Alter *n* der freien Willensbestimmung, Strafmündigkeit *f* (*14 Jahre*); **3.** Gutdünken *n*, Belieben *n*; (⚖ freies) Ermessen: ***at*** (***your***) ***~*** nach (Ihrem) Belieben; ***it is within your ~*** es steht Ihnen frei; ***use your own ~*** handle nach eigenem Gutdünken *od.* Ermessen; ***surrender at ~*** bedingungslos kapitulieren; **4.** Diskreti'on *f*: a) Takt (-gefühl *n*) *m*, b) Zu'rückhaltung *f*, c) Verschwiegenheit *f*; **5.** Nachsicht *f*: ***ask for ~***; **dis·cre·tion·ar·y** [dɪ'skreʃnərɪ] *adj.* □ dem eigenen Gutdünken über'lassen, ins freie Ermessen gestellt, wahlfrei: ***~ clause*** ⚖ Kannvorschrift *f*; ***~ income*** frei verfügbares Einkommen; ***~ powers*** unumschränkte Vollmacht, Handlungsfreiheit *f*.

dis·crim·i·nate [dɪ'skrɪmɪneɪt] **I** *v/i.* (scharf) unter'scheiden, e-n 'Unterschied machen: ***~ between*** unterschiedlich behandeln (*acc.*); ***~ against s.o.*** j-n benachteiligen *od.* diskriminieren; ***~ in favo(u)r of s.o.*** j-n begünstigen *od.* bevorzugen; **II** *v/t.* (scharf) unter'scheiden; abheben, absondern (***from*** von); **dis·crim·i·nat·ing** [dɪ'skrɪmɪneɪtɪŋ] *adj.* □ **1.** unter'scheidend, charakte'ristisch; **2.** scharfsinnig, klug, urteilsfähig; anspruchsvoll; **3.** diskriminierend, benachteiligend; **4.** ✝ Differential…, Sonder…: ***~ duty*** Differentialzoll *m*; **5.** ⚡ Rückstrom…; Selektiv…; **dis·crim·i·na·tion** [dɪˌskrɪmɪ'neɪʃn] *s.* **1.** 'unterschiedliche Behandlung, Diskriminierung *f*: ***~ against*** (***in favo***[***u***]***r of***) ***s.o.*** Benachteiligung *f* (Begünstigung *f*) e-r Person; **2.** Scharfblick *m*, Urteilsfähigkeit *f*, Unter'scheidungsvermögen *n*; **dis·crim·i·na·tive** [dɪ'skrɪmɪnətɪv] *adj.* □, **dis·crim·i·na·to·ry** [dɪ'skrɪmɪnətərɪ] *adj.* **1.** charakte'ristisch, unter'scheidend; **2.** 'unterschiedlich (behandelnd); Sonder…, Ausnahme…

dis·cur·sive [dɪ'skɜ:sɪv] *adj.* □ **1.** abschweifend, unbeständig, sprunghaft; **2.** weitschweifig, allgemein gehalten; **3.** *phls.* folgernd, diskur'siv.

dis·cus ['dɪskəs] *s. sport* Diskus *m*: ***~ throw*** Diskuswerfen *n*; ***~ thrower*** Diskuswerfer *m*.

dis·cuss [dɪ'skʌs] *v/t.* **1.** diskutieren, besprechen, erörtern; **2.** sprechen *od.* reden über (*acc.*); **3.** F sich *e-e Flasche Wein etc.* zu Gemüte führen; **dis·cus·sion** [dɪ'skʌʃn] *s.* **1.** Diskussi'on *f*, Erörterung *f*, Besprechung *f*: ***be under ~*** zur Debatte stehen, erörtert werden; ***matter for ~*** Diskussionsthema *n*; ***~ group*** Diskussionsgruppe *f*; **2.** Behandlung *f* (*e-s Themas*).

dis·dain [dɪs'deɪn] **I** *v/t.* **1.** verachten; *a. Essen etc.* verschmähen; **2.** es für unter s-r Würde halten (***doing, to do*** zu tun); **II** *s.* **3.** Verachtung *f*, Geringschätzung *f*; **4.** Hochmut *m*; **dis'dain·ful** [-fʊl] *adj.* □ **1.** verachtungsvoll, geringschätzig: ***be ~ of s.th.*** *et.* verachten; **2.** hochmütig.

dis·ease [dɪ'zi:z] *s.* ⚕, *biol. u. fig.* Krankheit *f*, Leiden *n*; **dis·eased** [dɪ'zi:zd] *adj.* **1.** krank, erkrankt; **2.** krankhaft.

dis·em·bark [ˌdɪsɪmˈbɑːk] **I** *v/t.* ausschiffen; **II** *v/i.* sich ausschiffen, von Bord *od.* an Land gehen; **dis·em·bar·ka·tion** [ˌdɪsembɑːˈkeɪʃn] *s.* Ausschiffung *f.*

dis·em·bar·rass [ˌdɪsɪmˈbærəs] *v/t.* **1.** *j-m* aus e-r Verlegenheit helfen; **2.** (***o.s.*** sich) befreien (***of*** von).

dis·em·bod·i·ment [ˌdɪsɪmˈbɒdɪmənt] *s.* **1.** Entkörperlichung *f*; **2.** Befreiung *f* von der körperlichen Hülle; **dis·em·bod·y** [ˌdɪsɪmˈbɒdɪ] *v/t.* **1.** entkörperlichen: ***disembodied voice*** geisterhafte Stimme; **2.** *Seele* von der körperlichen Hülle befreien.

dis·em·bow·el [ˌdɪsɪmˈbaʊəl] *v/t.* **1.** ausnehmen, *erlegtes Wild a.* ausweiden; **2.** *j-m* den Bauch aufschlitzen.

dis·en·chant [ˌdɪsɪnˈtʃɑːnt] *v/t.* desillusionieren, ernüchtern: ***be ~ed with*** sich keinen Illusionen mehr hingeben über (*acc.*), enttäuscht sein von; ˌ**dis·en'chant·ment** [-mənt] *s.* Ernüchterung *f*, Enttäuschung *f.*

dis·en·cum·ber [ˌdɪsɪnˈkʌmbə] *v/t.* **1.** befreien (***of*** von *e-r Last etc.*) (*a. fig.*); **2.** ⚖ entschulden; *Grundstück etc.* hypoˈthekenfrei machen.

dis·en·fran·chise [ˌdɪsɪnˈfræntʃaɪz] → ***disfranchise***.

dis·en·gage [ˌdɪsɪnˈgeɪdʒ] **I** *v/t.* **1.** los-, freimachen, (los)lösen, befreien (***from*** von); **2.** befreien, entbinden (***from*** von); **3.** ⚙ loskuppeln, ausrücken, ausschalten: ***~ the clutch*** auskuppeln; **4.** ⚗ abscheiden, entbinden; **II** *v/i.* **5.** sich freimachen, loskommen (***from*** von); **6.** ⚔ sich absetzen (*vom Feind*); ˌ**dis·en'gaged** [-dʒd] *adj.* frei, nicht besetzt; abkömmlich; ˌ**dis·en'gage·ment** [-mənt] *s.* **1.** Befreiung *f*; Loslösung *f* (*a.* ⚔), Entbindung *f* (*a.* ⚗); **2.** ⚔ Absetzen *n*; *pol.* Disenˈgagement *n*; ˌ**dis·en'gag·ing** [-dʒɪŋ] *adj.*: ⚙ ***~ gear*** Ausrück-, Auskuppelungsvorrichtung *f*; ***~ lever*** Ausrückhebel *m.*

dis·en·tan·gle [ˌdɪsɪnˈtæŋgl] **I** *v/t.* entwirren (*a. fig.*), lösen; *fig.* befreien; **II** *v/i.* sich loslösen; *fig.* sich befreien; ˌ**dis·en'tan·gle·ment** [-mənt] *s.* Loslösung *f*; Entwirrung *f*; Befreiung *f.*

dis·en·ti·tle [ˌdɪsɪnˈtaɪtl] *v/t.* *j-m* e-n Rechtsanspruch nehmen: ***be ~d to*** keinen Anspruch haben auf (*acc.*).

dis·e·qui·lib·ri·um [ˌdɪsekwɪˈlɪbrɪəm] *s. bsd. fig.* gestörtes Gleichgewicht, Ungleichgewicht *n.*

dis·es·tab·lish [ˌdɪsɪˈstæblɪʃ] *v/t.* **1.** abschaffen; **2.** *Kirche* vom Staat trennen; **dis·es·tab·lish·ment** [ˌdɪsɪˈstæblɪʃmənt] *s.*: ***~ of the Church*** Trennung *f* von Kirche u. Staat.

dis·fa·vo(u)r [ˌdɪsˈfeɪvə] **I** *s.* ˈMißbilligung *f*, -fallen *n*; Ungnade *f*: ***regard with ~*** mit Mißfallen betrachten; ***be in*** (***fall into***) ***~*** in Ungnade gefallen sein (fallen); **II** *v/t.* ungnädig behandeln; ablehnen.

dis·fig·ure [dɪsˈfɪgə] *v/t.* **1.** entstellen, verunstalten; **2.** beeinträchtigen; Abbruch tun (*dat.*); **dis'fig·ure·ment** [-mənt] *s.* Entstellung *f*, Verunstaltung *f.*

dis·fran·chise [ˌdɪsˈfræntʃaɪz] *v/t.* *j-m* die Bürgerrechte *od.* das Wahlrecht entziehen; ˌ**dis'fran·chise·ment** [-tʃɪzmənt] *s.* Entziehung *f* der Bürgerrechte *etc.*

dis·gorge [dɪsˈgɔːdʒ] **I** *v/t.* **1.** ausspeien, -werfen, -stoßen, ergießen; **2.** *widerwillig* wieder herˈausgeben; **II** *v/i.* **3.** sich ergießen, sich entladen.

dis·grace [dɪsˈgreɪs] **I** *s.* **1.** Schande *f*, Schmach *f*: ***bring ~ on s.o.*** → 4; **2.** Schande *f*, Schandfleck *m* (***to*** für): ***he is a ~ to the party***; **3.** Ungnade *f*: ***be in ~ with*** in Ungnade gefallen sein bei; **II** *v/t.* **4.** Schande bringen über (*acc.*), *j-m* Schande bereiten; **5.** *j-m* s-e Gunst entziehen; mit Schimpf entlassen: ***be ~d*** in Ungnade fallen; **6.** ***~ o.s.*** a) sich blamieren, b) sich schändlich benehmen; **dis'grace·ful** [-fʊl] *adj.* □ schändlich, schimpflich, schmachvoll.

dis·grun·tle [dɪsˈgrʌntl] *v/t. Am.* verärgern, verstimmen; **dis'grun·tled** [-ld] *adj.* verärgert, verstimmt (***at*** über *acc.*), unwirsch.

dis·guise [dɪsˈgaɪz] **I** *v/t.* **1.** verkleiden, maskieren; tarnen; **2.** *Handschrift, Stimme* verstellen; **3.** *Gefühle, Wahrheit* verhüllen, verbergen, verhehlen; tarnen; **II** *s.* **4.** Verkleidung *f*, *a. fig.* Maske *f*, Tarnung *f*: ***in ~*** maskiert, verkleidet, *fig.* verkappt; → ***blessing***; **5.** Verstellung *f*; **6.** Vorwand *m*, Schein *m*; **dis'guised** [-zd] *adj.* verkleidet, maskiert *etc.*; *fig.* verkappt.

dis·gust [dɪsˈgʌst] **I** *s.* **1.** (***at, for***) Ekel *m* (vor *dat.*), ˈWiderwille *m* (gegen): ***in ~*** mit Abscheu; **II** *v/t.* **2.** anekeln, anwidern; **3.** entrüsten, verärgern, empören; **dis'gust·ed** [-tɪd] *adj.* □ (***with, at***) **1.** angeekelt, angewidert (von): ***~ with life*** lebensüberdrüssig; **2.** emˈpört, entrüstet (über *acc.*); **dis'gust·ing** [-tɪŋ] *adj.* □ **1.** ekelhaft, widerlich, abˈscheulich; **2.** F schrecklich.

dish [dɪʃ] **I** *s.* **1.** Schüssel *f*, Platte *f*, Teller *m*; **2.** Gericht *n*, Speise *f*: ***cold ~es*** kalte Speisen; **3.** *pl.* Geschirr *n*: ***~-cloth*** Spül-, *Brit.* Geschirrtuch *n*; → ***wash*** 16; **4.** F a) ‚dufte Puppe', b) ‚dufter Typ', c) ‚prima Sache'; **II** *v/t.* **5.** *mst ~ up Speisen* anrichten, auftragen; **6.** ***~ up*** *fig.* auftischen; **7.** ***~ out*** a) austeilen, b) *sl.* auftischen, von sich geben; **8.** *sl.* ‚anschmieren', herˈeinlegen; **9.** *sl.* a) *j-n* ‚erledigen', ‚fertigmachen', b) *et.* restlos vermasseln; **10.** ⚙ *schüsselartig* wölben; vertiefen.

dis·ha·bille [ˌdɪsæˈbiːl] *s.* Negliˈgé *n*, Morgenrock *m*: ***in ~*** im Negligé.

dis·har·mo·ni·ous [ˌdɪshɑːˈməʊnjəs] *adj.* □ disharˈmonisch; **dis·har·mo·ny** [ˌdɪsˈhɑːmənɪ] *s.* Disharmoˈnie *f*, ˈMißklang *m.*

dis·heart·en [dɪsˈhɑːtn] *v/t.* entmutigen, deprimieren; **dis'heart·en·ing** [-nɪŋ] *adj.* □ entmutigend, bedrückend.

dished [dɪʃt] *adj.* **1.** konˈkav gewölbt; ⚙ gestürzt (*Räder*); **2.** F ‚erledigt', ‚kaˈputt'.

di·shev·el(l)ed [dɪˈʃevld] *adj.* **1.** zerzaust, wirr, aufgelöst (*Haar*); **2.** unordentlich, ungepflegt, schlampig.

dis·hon·est [dɪsˈɒnɪst] *adj.* □ unehrlich, unredlich; unlauter, betrügerisch; **dis'hon·es·ty** [-tɪ] *s.* Unehrlichkeit *f*, Unredlichkeit *f.*

dis·hon·o(u)r [dɪsˈɒnə] **I** *s.* **1.** Unehre *f*, Schmach *f*, Schande *f* (***to*** für); **2.** Beschimpfung *f*; **II** *v/t.* **3.** entehren (*a. Frau*); Schande bringen über (*acc.*); **4.** schimpflich behandeln; **5.** *sein Wort* nicht einlösen; **6.** ✝ *Scheck etc.* nicht honorieren, nicht einlösen; **dis'hon·o(u)r·a·ble** [-nərəbl] *adj.* □ **1.** schimpflich, unehrenhaft: ***~ discharge*** ⚔ unehrenhafte Entlassung; **2.** ehrlos; **dis'hon·o(u)r·a·ble·ness** [-nərəblnɪs] *s.* **1.** Schändlichkeit *f*, Gemeinheit *f*; **2.** Ehrlosigkeit *f.*

dish| rack *s.* Geschirrständer *m*; **~ tow·el** *s.* Geschirrtuch *n*; ˈ**~ˌwash·er** *s.* **1.** Tellerwäscher(in); **2.** Geˈschirrˌspülmaˌschine *f*; ˈ**~ˌwa·ter** *s.* Spülwasser *n.*

dish·y [ˈdɪʃɪ] *adj. sl.* schick, ‚toll': ***~ girl***.

dis·il·lu·sion [ˌdɪsɪˈluːʒn] **I** *s.* Ernüchterung *f*, Enttäuschung *f*; **II** *v/t.* ernüchtern, desillusionieren, von Illusiˈonen befreien; ˌ**dis·il'lu·sion·ment** [-mənt] → ***disillusion*** I.

dis·in·cen·tive [ˌdɪsɪnˈsentɪv] **I** *s.* **1.** Abschreckungsmittel *n*: ***be a ~ to*** abschreckend wirken auf (*acc.*); **2.** ✝ leistungshemmender Faktor; **II** *adj.* **3.** abschreckend; **4.** ✝ leistungshemmend.

dis·in·cli·na·tion [ˌdɪsɪnklɪˈneɪʃn] *s.* Abneigung *f* (***for, to*** gegen): ***~ to buy*** Kaufunlust *f*; **dis·in·cline** [ˌdɪsɪnˈklaɪn] *v/t.* abgeneigt machen; ˌ**dis·in'clined** [-ˈklaɪnd] *adj.* abgeneigt (***to*** *dat.*, ***to do*** zu tun).

dis·in·fect [ˌdɪsɪnˈfekt] *v/t.* desinfizieren, keimfrei machen; ˌ**dis·in'fect·ant** [-tənt] **I** *s.* Desinfektiˈonsmittel *n*; **II** *adj.* desinfizierend, keimtötend; ˌ**dis·in'fec·tion** [-kʃən] *s.* Desinfektiˈon *f*; ˌ**dis·in'fec·tor** [-tə] *s.* Desinfektiˈonsgerät *n.*

dis·in·fest [ˌdɪsɪnˈfest] *v/t.* von Ungeziefer *etc.* befreien, entwesen, entlausen.

dis·in·fla·tion [ˌdɪsɪnˈfleɪʃn] → ***deflation*** 2.

dis·in·gen·u·ous [ˌdɪsɪnˈdʒenjʊəs] *adj.* □ **1.** unaufrichtig; **2.** ˈhinterhältig, arglistig; ˌ**dis·in'gen·u·ous·ness** [-nɪs] *s.* **1.** Unredlichkeit *f*, Unaufrichtigkeit *f*; **2.** ˈHinterhältigkeit *f.*

dis·in·her·it [ˌdɪsɪnˈherɪt] *v/t.* enterben; ˌ**dis·in'her·it·ance** [-təns] *s.* Enterbung *f.*

dis·in·hi·bi·tion [ˌdɪsɪnhɪˈbɪʃn] *s. psych.* Enthemmung *f.*

dis·in·te·grate [dɪsˈɪntɪgreɪt] **I** *v/t.* **1.** (*a. phys.*) (in s-e Bestandteile) auflösen, aufspalten, zerkleinern; **2.** *fig.* auflösen, zersetzen, zerrütten; **II** *v/i.* **3.** sich (in s-e Bestandteile, *fig. a.* in nichts) auflösen, sich aufspalten, sich zersetzen; **4.** ver-, zerfallen (*a. fig.*); **dis·in·te·gra·tion** [dɪsˌɪntɪˈgreɪʃn] *s.* **1.** (*a. phys.*) Auflösung *f*, Aufspaltung *f*, Zerstückelung *f*, Zertrümmerung *f*, Zersetzung *f*; **2.** Zerfall *m* (*a. fig.*); **3.** *geol.* Verwitterung *f.*

dis·in·ter [ˌdɪsɪnˈtɜː] *v/t.* *Leiche* exhumieren, ausgraben (*a. fig.*).

dis·in·ter·est·ed [dɪsˈɪntrəstɪd] *adj.* □ **1.** uneigennützig, selbstlos; **2.** objekˈtiv, unvoreingenommen; **3.** unbeteiligt; **dis'in·ter·est·ed·ness** [-nɪs] *s.* **1.** Uneigennützigkeit *f*; **2.** Objektiviˈtät *f.*

dis·in·ter·ment [ˌdɪsɪnˈtɜːmənt] *s.* **1.** Exhumierung *f*; **2.** Ausgrabung *f* (*a. fig.*).

dis·joint [dɪsˈdʒɔɪnt] *v/t.* **1.** auseinˈandernehmen, zerlegen, zerstückeln; **2.** ⚕ ver-, ausrenken; **3.** (ab)trennen; **4.** *fig.* in Unordnung *od.* aus den Fugen bringen; **dis'joint·ed** [-tɪd] *adj.* □ *fig.* zu-

ˈsammenhanglos, wirr.

dis·junc·tion [dɪsˈdʒʌŋkʃn] *s.* Trennung *f*; **disˈjunc·tive** [-ktɪv] *adj.* □ **1.** (ab-) trennend, ausschließend; **2.** *ling.*, *phls.* disjunkˈtiv.

disk [dɪsk] *s.* **1.** *allg.* Scheibe *f*; **2.** ⚙ Scheibe *f*, Laˈmelle *f*; Siˈgnalscheibe *f*; **3.** ⚘, *anat.*, *zo.* Scheibe *f*, *anat. a.* Bandscheibe *f*: ***slipped*** ~ Bandscheibenvorfall *m*; **4.** *teleph.* Wählscheibe *f*; **5.** *sport* a) Diskus *m*, b) *Eishockey*: Scheibe *f*, Puck *m*; **6.** (Schall)Platte *f*; **7.** *Computer*: Platte *f*; ~ **brake** *s.* ⚙ Scheibenbremse *f*; ~ **clutch** *s. mot.* Scheibenkupplung *f*; ~ **jock·ey** *s.* Diskjockey *m*; ~ **pack** *s. Computer*: Plattenstapel *m*; ~ **valve** *s.* ⚙ ˈTellervenˌtil *n*.

dis·like [dɪsˈlaɪk] **I** *v/t.* nicht leiden können, nicht mögen; *et.* nicht gern *od.* (nur) ungern tun: ***make o.s. ~d*** sich unbeliebt machen; **II** *s.* Abneigung *f*, ˈWiderwille *m* (***to***, ***of***, ***for*** gegen): ***take a ~ to*** e-e Abneigung fassen gegen.

dis·lo·cate [ˈdɪsləʊkeɪt] *v/t.* **1.** verrükken; *a. Industrie*, *Truppen etc.* verlagern; **2.** ⚕ ver-, ausrenken: ~ ***one's arm*** sich den Arm verrenken; **3.** *fig.* erschüttern; **4.** *geol.* verwerfen; **dis·lo·ca·tion** [ˌdɪsləʊˈkeɪʃn] *s.* **1.** Verrückung *f*; Verlagerung *f* (*a.* ⚔); **2.** ⚕ Verrenkung *f*; **3.** *fig.* Erschütterung *f*; **4.** *geol.* Verwerfung *f*.

dis·lodge [dɪsˈlɒdʒ] *v/t.* **1.** entfernen, herˈausnehmen, losreißen; **2.** vertreiben, verjagen, verdrängen; **3.** ⚔ *Feind* aus der Stellung werfen; **4.** ausquartieren.

dis·loy·al [ˌdɪsˈlɔɪəl] *adj.* □ untreu, treulos, verräterisch; ˌ**disˈloy·al·ty** [-tɪ] *s.* Untreue *f*, Treulosigkeit *f*.

dis·mal [ˈdɪzməl] **I** *adj.* □ **1.** düster, trübe, bedrückend, trostlos; **2.** furchtbar, gräßlich; **II** *s.* **3.** ***the ~s*** der Trübsinn: ***be in the ~s*** Trübsinn blasen; ˈ**dis·mal·ly** [-məlɪ] *adv.* **1.** düster *etc.*; **2.** schmählich.

dis·man·tle [dɪsˈmæntl] *v/t.* **1.** ab-, demontieren; *Bau* abbrechen, niederreißen; **2.** auseinˈandernehmen, zerlegen; **3.** ⚓ a) abtakeln, b) abwracken; **4.** *Festung* schleifen; **5.** *Haus* (aus)räumen; **6.** unbrauchbar machen; **disˈman·tle·ment** [-mənt] *s.* **1.** Abbruch *m*, Demonˈtage *f*; Zerlegung *f*; **2.** ⚓ Abtakelung *f*; **3.** ⚔ Schleifung *f*.

dis·may [dɪsˈmeɪ] **I** *v/t.* erschrecken, in Schrecken versetzen, bestürzen, entsetzen: ***not ~ed*** unbeirrt; **II** *s.* Schreck(en) *m*, Entsetzen *n*, Bestürzung *f*.

dis·mem·ber [dɪsˈmembə] *v/t.* zergliedern, zerstückeln, verstümmeln (*a. fig.*); **disˈmem·ber·ment** [-mənt] *s.* Zerstückelung *f etc.*

dis·miss [dɪsˈmɪs] *v/t.* **1.** entlassen, gehen lassen, verabschieden: ~! ⚔ weg(ge)treten!; **2.** entlassen (***from*** aus *dem Dienst*), absetzen, abbauen; wegschikken: ***be ~ed from the service*** ⚔ aus dem Heere *etc.* entlassen *od.* ausgestoßen werden; **3.** *Thema etc.* fallenlassen, aufgeben, hinˈweggehen über (*acc.*), *Vorschlag* ab-, zuˈrückweisen, *Gedanken* verbannen, von sich weisen; ⚖ *Klage* abweisen: ~ ***from one's mind*** *et.* aus s-n Gedanken verbannen; ~ ***as ... als ...*** abtun, kurzerhand als ... betrachten; **disˈmiss·al** [-sl] *s.* **1.** Entlassung *f* (***from*** aus); **2.** Aufgabe *f*, Abtun *n*; **3.** ⚖ Abweisung *f*.

dis·mount [ˌdɪsˈmaʊnt] **I** *v/i.* **1.** absteigen, absitzen (***from*** von); **II** *v/t.* **2.** aus dem Sattel heben; abwerfen (*Pferd*); **3.** (ab)steigen von; **4.** abmontieren, ausbauen, auseinˈandernehmen.

dis·o·be·di·ence [ˌdɪsəˈbiːdjəns] *s.* **1.** Ungehorsam *m* (***to*** gegen), Gehorsamsverweigerung *f*: ***civil*** ~ *pol.* ziviler *od.* bürgerlicher Ungehorsam; **2.** Nichtbefolgung *f*; ˌ**dis·oˈbe·di·ent** [-nt] *adj.* □ ungehorsam (***to*** gegen); **dis·o·bey** [ˌdɪsəˈbeɪ] *v/t.* **1.** *j-m* nicht gehorchen, ungehorsam sein gegen *j-n*; **2.** *Gesetz etc.* nicht befolgen, mißˈachten, *Befehl a.* verweigern: ***I will not be ~ed*** ich dulde keinen Ungehorsam.

dis·o·blige [ˌdɪsəˈblaɪdʒ] *v/t.* **1.** ungefällig sein gegen *j-n*; **2.** *j-n* kränken; ˌ**dis·oˈblig·ing** [-dʒɪŋ] *adj.* □ ungefällig, unfreundlich.

dis·or·der [dɪsˈɔːdə] **I** *s.* **1.** Unordnung *f*, Verwirrung *f*; **2.** (Ruhe)Störung *f*; Aufruhr *m*, Unruhe(n *pl.*) *f*; **3.** ungebührliches Betragen; **4.** ⚕ Störung *f*, Erkrankung *f*: ***mental*** ~ Geistesstörung; **II** *v/t.* **5.** in Unordnung bringen, durcheinˈanderbringen, stören; **6.** *den Magen* verderben; **disˈor·dered** [-əd] *adj.* **1.** in Unordnung, durcheinˈander (*beide a. fig.*); **2.** gestört, (*a.* geistes)krank: ***my stomach is ~*** ich habe mir den Magen verdorben; **disˈor·der·li·ness** [-lɪnɪs] *s.* **1.** Unordentlichkeit *f*; **2.** Schlampigkeit *f*; **3.** Unbotmäßigkeit *f*; **4.** Liederlichkeit *f*; **disˈor·der·ly** [-lɪ] *adj.* **1.** unordentlich, schlampig; **2.** ordnungs-, gesetzwidrig, aufrührerisch; **3.** Ärgernis erregend: ~ ***conduct*** ⚖ ordnungswidriges Verhalten, grober Unfug; ~ ***house*** *mst* Bordell *n*, *a.* Spielhölle *f*; ~ ***person*** Ruhestörer *m*.

dis·or·gan·i·za·tion [dɪsˌɔːgənaɪˈzeɪʃn] *s.* Desorganisatiˈon *f*, Auflösung *f*, Zerrüttung *f*, Unordnung *f*; **dis·or·gan·ize** [dɪsˈɔːgənaɪz] *v/t.* auflösen, zerrütten, in Unordnung bringen, desorganisieren; **dis·or·gan·ized** [dɪsˈɔːgənaɪzd] *adj.* in Unordnung, desorganisiert.

dis·o·ri·ent [dɪsˈɔːrɪent] *v/t. a. psych.* desorientieren: ***~ed*** desorientiert, *psych. a.* ‚gestört', laˈbil; **disˈo·ri·en·tate** [-teɪt] → ***disorient***.

dis·own [dɪsˈəʊn] *v/t.* **1.** nicht (als sein eigen *od.* als gültig) anerkennen, nichts zu tun haben wollen mit; **2.** ableugnen; **3.** *Kind* verstoßen.

dis·par·age [dɪˈspærɪdʒ] *v/t.* **1.** in Verruf bringen; **2.** herˈabsetzen, verächtlich machen; **3.** verachten; **dis·par·age·ment** [dɪˈspærɪdʒmənt] *s.* Herˈabsetzung *f*, Verächtlichmachung *f*: ***no*** ~ (***intended***) ohne Ihnen nahetreten zu wollen; **dis·par·ag·ing** [dɪˈspærɪdʒɪŋ] *adj.* □ gering-, abschätzig, verächtlich.

dis·pa·rate [ˈdɪspərət] **I** *adj.* □ ungleich(artig), (grund)verschieden, unvereinbar, dispaˈrat; **II** *s. pl.* unvereinbare Dinge *pl.*; **dis·par·i·ty** [dɪˈspærətɪ] *s.* Verschiedenheit *f*: ~ ***in age*** (*zu großer*) Altersunterschied *m*.

dis·pas·sion·ate [dɪˈspæʃnət] *adj.* □ leidenschaftslos, ruhig, gelassen, sachlich, nüchtern.

dis·patch [dɪˈspætʃ] **I** *v/t.* **1.** *j-n od. et.* (ab)senden, *et.* (ab)schicken, versenden, befördern, *Telegramm* aufgeben; **2.** abfertigen (*a.* 🚂); **3.** rasch *od.* prompt erledigen *od.* ausführen; **4.** ins Jenseits befördern, töten; **5.** F ‚wegputzen', rasch aufessen; **II** *s.* **6.** Absendung *f*, Versand *m*, Abfertigung *f*, Beförderung *f*; **7.** rasche Erledigung; **8.** Eile *f*, Schnelligkeit *f*: ***with*** ~ eilends, prompt; **9.** (*oft* verschlüsselte) (Eil)Botschaft; **10.** Bericht *m* (*e-s Korrespondenten*); **11.** *pl.* Kriegsberichte *pl.*: ***mentioned in ~es*** ⚔ im Kriegsbericht rühmend erwähnt; **12.** Tötung *f*: ***happy*** ~ Harakiri *n*; ~ **boat** *s.* Kuˈrierboot *n*; ~ **box** *s.*, ~ **case** *s.* **1.** Kuˈriertasche *f*; **2.** *Brit.* Aktenkoffer *m*.

dis·patch·er [dɪˈspætʃə] *s.* **1.** 🚂 Fahrdienstleiter *m*; **2.** ✝ *Am.* Abteilungsleiter *m* für Produktiˈonsplanung.

dis·patch| goods *s. pl.* Eilgut *n*; ~ **note** *s.* Paˈketkarte *f* für ˈAuslandspaˌket; ~ **rid·er** *s.* ⚔ Meldereiter *m*, -fahrer *m*.

dis·pel [dɪˈspel] *v/t. Menge etc.*, *a. fig. Befürchtungen etc.* zerstreuen, *Nebel* zerteilen.

dis·pen·sa·ble [dɪˈspensəbl] *adj.* □ entbehrlich, verzichtbar; erläßlich; **dis·pen·sa·ry** [dɪˈspensərɪ] *s.* **1.** ˈWerks- *od.* ˈKrankenhausapoˌtheke *f*; **2.** ⚔ a) Lazaˈrettapoˌtheke *f*, b) (ˈKranken)Reˌvier *n*; **dis·pen·sa·tion** [ˌdɪspenˈseɪʃn] *s.* **1.** Aus-, Verteilung *f*; **2.** Gabe *f*; **3.** göttliche Fügung; Fügung *f* (*des Schicksals*), Walten *n* (*der Vorsehung*); **4.** religiˈöses Syˈstem; **5.** Regelung *f*, Syˈstem *n*; **6.** ⚖, *eccl.* (***with***, ***from***) Disˈpens *m*, Befreiung *f* (von,) Erlaß *m* (*gen.*); **7.** Verzicht *m* (***with*** auf *acc.*); **dis·pense** [dɪˈspens] **I** *v/t.* **1.** aus-, verteilen; *Sakrament* spenden: ~ ***justice*** Recht sprechen; **2.** *Arzneien* (nach Reˈzept) zubereiten u. abgeben; **3.** dispensieren, entheben, befreien, entbinden (***from*** von); **II** *v/i.* **4.** Disˈpens erteilen; **5.** ~ ***with*** a) verzichten auf (*acc.*), b) ˈüberflüssig machen, auskommen ohne: ***it can be ~d with*** man kann darauf verzichten, es ist entbehrlich; **dis·pens·er** [dɪˈspensə] *s.* **1.** Ver-, Austeiler *m*; **2.** ⚙ Spender *m* (*Gerät*); (*Briefmarken- etc.*)Autoˈmat *m*; → **dis·pens·ing chem·ist** [dɪˈspensɪŋ] *s.* Apoˈtheker(in).

dis·per·sal [dɪˈspɜːsl] *s.* **1.** (Zer)Streuung *f*; Verbreitung *f*; Zersplitterung *f*; **2.** ⚔, *a.* ✝ Auflockerung *f*; ~ **a·pron** *s.* ✈ (auseinˈandergezogener) Abstellplatz; ~ **a·re·a** *s.* **1.** ✈ → ***dispersal apron***; **2.** ⚔ Auflockerungsgebiet *n*.

dis·perse [dɪˈspɜːs] **I** *v/t.* **1.** verstreuen; **2.** → ***dispel***; **3.** *Nachrichten etc.* verbreiten; **4.** ⚗, *phys.* dispergieren, zerstreuen; **5.** ⚔ a) *Formation* auflockern, b) versprengen; **II** *v/i.* **6.** sich zerstreuen (*Menge*); **7.** sich auflösen; **8.** sich verteilen *od.* zersplittern; **dis·pers·ed·ly** [dɪˈspɜːsɪdlɪ] *adv.* verstreut, vereinzelt; **dis·per·sion** [dɪˈspɜːʃn] *s.* **1.** Zerstreuung *f* (*a. fig.*); Verteilung *f* (*von Nebel*); **2.** a) ⚓, ⚔ Streuung *f*: ~ ***pattern*** Trefferbild *n*, b) → ***dispersal*** 2; **3.** ⚗ Dispersiˈon(sphase) *f*: ~ ***agent*** Dispersionsmittel *n*; **4.** ♀ Zerstreuung *f*, Diˈaspora *f der Juden*.

dis·pir·it [dɪˈspɪrɪt] *v/t.* entmutigen, niederdrücken, deprimieren; **disˈpir·it·ed** [-tɪd] *adj.* □ niedergeschlagen, mutlos, deprimiert.

dis·place [dɪs'pleɪs] *v/t.* **1.** versetzen, -rücken, -lagern, -schieben; **2.** verdrängen (*a.* ⚓); **3.** *j-n* ablösen, entlassen; **4.** ersetzen; **5.** verschleppen: **~d person** *hist.* Verschleppte(r *m*) *f*; **dis'place·ment** [-mənt] *s.* **1.** Verlagerung *f*, Verschiebung *f*; **2.** Verdrängung *f* (*a.* ⚓, *phys.*); ⚙ Kolbenverdrängung *f*; **3.** Ersetzung *f*, Ersatz *m*; **4.** *psych.* Af'fektverlagerung *f*: **~ activity** Übersprunghandlung *f*.

dis·play [dɪ'spleɪ] **I** *v/t.* **1.** entfalten: a) ausbreiten, b) *fig.* an den Tag legen, zeigen: **~ activity** (**strength** *etc.*); **2.** (*contp.* protzig) zur Schau stellen, zeigen; **3.** ✝ ausstellen, -legen; **4.** *typ.* her'vorheben; **II** *s.* **5.** Entfaltung *f* (*a. fig. von Tatkraft, Macht etc.*); **6.** (*a.* protzige) Zur'schaustellung; **7.** ✝ Ausstellung *f*, (Waren)Auslage *f*, Dis'play *n*: **be on ~** ausgestellt *od.* zu sehen sein; **8.** Aufwand *m*, Pomp *m*, Prunk *m*: **make a great ~** a) großen Prunk entfalten, b) **of s.th.** et. (protzig) zur Schau stellen; **9.** *Computer*: Dis'play *n*: a) Sichtanzeige *f*, b) Sichtbildgerät *n*; **10.** *typ.* Her'vorhebung *f*; **III** *adj.* **11.** ✝ Ausstellungs…, Schau…: **~ advertising** Displaywerbung *f*; **~ artist**, **~man** (Werbe)Dekorateur *m*; **~ box**, **~ pack** Schaupackung *f*; **~ case** Schaukasten *m*, Vitrine *f*; **~ window** Auslagefenster *n*; **12.** *Computer*: Display…, Sicht(bild)…: **~ unit** → 9 b; **~ be'havio(u)r** *s. zo.* Imponiergehabe *n*.

dis·please [dɪs'pli:z] *v/t.* **1.** *j-m* miß'fallen; **2.** *j-n* ärgern, verstimmen; **3.** *das Auge* beleidigen; **dis'pleased** [-zd] *adj.* (**at**, **with**) unzufrieden (mit), ungehalten (über *acc.*); **dis'pleas·ing** [-zɪŋ] *adj.* □ unangenehm; **dis·pleas·ure** [dɪs'pleʒə] *s.* 'Mißfallen *n* (**at** über *acc.*): **incur s.o.'s ~** j-s Unwillen erregen.

dis·port [dɪ'spɔ:t] *v/t.*: **~ o.s.** a) sich vergnügen *od.* amüsieren, b) her'umtollen, sich (ausgelassen) tummeln.

dis·pos·a·ble [dɪ'spəʊzəbl] **I** *adj.* **1.** (frei) verfügbar: **~ income**; **2.** ✝ Einweg…, Wegwerf…: **~ package**; **II** *s.* **3.** Einweg-, Wegwerfgegenstand *m*; **dis·pos·al** [dɪ'spəʊzl] *s.* **1.** Anordnung *f*, Aufstellung *f* (*a.* ⚔); Verwendung *f*; **2.** Erledigung *f*: a) (endgültige) Regelung *e-r Sache*, b) Vernichtung *f e-s Gegners etc.*; **3.** Verfügung(srecht *n*) *f* (**of** über *acc.*): **be at s.o.'s ~** j-m zur Verfügung stehen; **place s.th. at s.o.'s ~** j-m et. zur Verfügung stellen; **have the ~ of** verfügen (können) über (*acc.*); **4.** ✝, ⚖ a) 'Übergabe *f*, Über'tragung *f*, b) Veräußerung *f*, Verkauf *m*: **for ~** zum Verkauf; **5.** Beseitigung *f*, (Müll- *etc.*) Abfuhr *f*, (-)Entsorgung *f*; **dis·pose** [dɪ'spəʊz] **I** *v/t.* **1.** anordnen, aufstellen (*a.* ⚔); zu'rechtlegen, einrichten; ein-, verteilen; **2.** *j-n* bewegen, geneigt machen, veranlassen (**to** zu; **to do** zu tun); **II** *v/i.* **3.** verfügen, Verfügungen treffen; **4. ~ of** a) (frei) verfügen *od.* disponieren über (*acc.*), b) entscheiden über (*acc.*), lenken, c) (endgültig) erledigen: **~ of an affair**, d) *j-n od. et.* abtun, abfertigen, e) loswerden, sich entledigen (*gen.*), f) wegschaffen, beseitigen: **~ of trash**, g) *e-n Gegner etc.* erledigen, unschädlich machen, vernichten, h) ⚔ *Bomben etc.* entschärfen, i) verzehren, trinken: **~ of a bottle**, j) über'geben, -'tragen: **~ of by will** testamentarisch vermachen, letztwillig verfügen über (*acc.*); **disposing mind** ⚖ Testierfähigkeit *f*, k) verkaufen, veräußern, ✝ *a.* absetzen, abstoßen, l) *s-e Tochter* verheiraten (**to** an *acc.*); **dis·posed** [dɪ'spəʊzd] *adj.* **1.** geneigt, bereit (**to** zu; **to do** zu tun); **2.** ⚕ anfällig (**to** für); **3.** gelaunt, gesinnt: **well-~** wohlgesinnt, **ill-~** übelgesinnt (**towards** *dat.*); **dis·po·si·tion** [ˌdɪspə'zɪʃn] *s.* **1.** a) Veranlagung *f*, Dispositi'on *f*, b) (Wesens)Art *f*; **2.** a) Neigung *f*, Hang *m* (**to** zu), b) ⚕ Anfälligkeit *f* (**to** für); **3.** Stimmung *f*; **4.** Anordnung *f*, Aufstellung *f* (*a.* ⚔); **5.** (**of**) a) Erledigung *f* (*gen.*), b) *bsd.* ⚖ Entscheidung *f* (über *acc.*); **6.** (*bsd.* göttliche) Lenkung; **7.** *pl.* Dispositi'onen *pl.*, Vorkehrungen *pl.*: **make** (**one's**) **~s** (s-e) Vorkehrungen treffen, disponieren; **8.** → **disposal** 3.

dis·pos·sess [ˌdɪspə'zes] *v/t.* **1.** enteignen, aus dem Besitz (**of** *gen.*) setzen; *Mieter* zur Räumung zwingen; **2.** berauben (**of** *gen.*); **3.** *sport j-m* den Ball abnehmen; ˌ**dis·pos'ses·sion** [-eʃn] *s.* Enteignung *f etc.*

dis·praise [dɪs'preɪz] *s.* Her'absetzung *f*: **in ~** geringschätzig.

dis·proof [ˌdɪs'pru:f] *s.* Wider'legung *f*.

dis·pro·por·tion [ˌdɪsprə'pɔ:ʃn] *s.* 'Mißverhältnis *n*; ˌ**dis·pro'por·tion·ate** [-ʃnət] *adj.* □ **1.** unverhältnismäßig (groß *od.* klein), in keinem Verhältnis stehend (**to** zu); **2.** über'trieben, unangemessen; **3.** unproportioniert.

dis·prove [ˌdɪs'pru:v] *v/t.* wider'legen.

dis·pu·ta·ble [dɪ'spju:təbl] *adj.* □ strittig; **dis·pu·tant** [dɪ'spju:tənt] *s.* Dispu'tant *m*, Gegner *m*.

dis·pu·ta·tion [ˌdɪspju:'teɪʃn] **1.** Dis'put *m*, Streitgespräch *n*, Wortwechsel *m*; **2.** Disputati'on *f*, wissenschaftliches Streitgespräch; ˌ**dis·pu'ta·tious** [-ʃəs] *adj.* □ streitsüchtig; **dis·pute** [dɪ'spju:t] **I** *v/i.* **1.** streiten, *Wissenschaftler*: *a.* disputieren (**on**, **about** über *acc.*); **2.** (sich) streiten, zanken; **II** *v/t.* **3.** streiten *od.* disputieren über (*acc.*); **4.** in Zweifel ziehen, anzweifeln; **5.** kämpfen um, *j-m et.* streitig machen; **III** *s.* **6.** Dis'put *m*, Kontro'verse *f*: **in** (*od.* **under**) **~** umstritten, strittig; **beyond** (*od.* **without**) **~** unzweifelhaft, fraglos; **7.** (heftiger) Streit.

dis·qual·i·fi·ca·tion [dɪsˌkwɒlɪfɪ'keɪʃn] *s.* **1.** Disqualifikati'on *f*, Disqualifizierung *f*; **2.** Untauglichkeit *f*, mangelnde Eignung *od.* Befähigung (**for** für); **3.** disqualifizierender 'Umstand; **4.** *sport* Disqualifikati'on *f*, Ausschluß *m*; **dis·qual·i·fy** [dɪs'kwɒlɪfaɪ] *v/t.* **1.** ungeeignet *od.* unfähig *od.* untauglich machen (**for** für): **be disqualified for** ungeeignet (*etc.*) sein für; **2.** für unfähig *od.* untauglich *od.* nicht berechtigt erklären (**for** zu): **~ s.o. from** (**holding**) **public office** j-m die Fähigkeit zur Ausübung e-s öffentlichen Amtes absprechen *od.* nehmen; **~ s.o. from driving** j-m die Fahrerlaubnis entziehen; **3.** *sport* disqualifizieren, ausschließen.

dis·qui·et [dɪs'kwaɪət] **I** *v/t.* beunruhigen; **II** *s.* Unruhe *f*, Besorgnis *f*; **dis'qui·et·ing** [-tɪŋ] *adj.* beunruhigend; **dis'qui·e·tude** [-aɪətju:d] → **disquiet** II.

dis·qui·si·tion [ˌdɪskwɪ'zɪʃn] *s.* ausführliche Abhandlung *od.* Rede.

dis·rate [dɪs'reɪt] *v/t.* ⚓ degradieren.

dis·re·gard [ˌdɪsrɪ'gɑ:d] **I** *v/t.* **1.** a) nicht beachten, ignorieren, außer acht lassen, b) absehen von, ausklammern; **2.** nicht befolgen, miß'achten; **II** *s.* **3.** Nichtbeachtung *f*, Ignorierung *f* (**of**, **for** *gen.*); **4.** 'Mißachtung *f* (**of**, **for** *gen.*); **5.** Gleichgültigkeit *f* (**of**, **for** gegen'über); ˌ**dis·re'gard·ful** [-fʊl] *adj.* □: **be ~ of** → **disregard** 1 a.

dis·rel·ish [ˌdɪs'relɪʃ] *s.* Abneigung *f*, 'Widerwille *m* (**for** gegen).

dis·re·mem·ber [ˌdɪsrɪ'membə] *v/t.* F *et.* vergessen (haben).

dis·re·pair [ˌdɪsrɪ'peə] *s.* Verfall *m*; Baufälligkeit *f*, schlechter (baulicher) Zustand: **in** (**a state of**) **~** baufällig; **fall into ~** baufällig werden.

dis·rep·u·ta·ble [dɪs'repjʊtəbl] *adj.* □ verrufen, anrüchig; **dis·re·pute** [ˌdɪsrɪ'pju:t] *s.* Verruf *m*, Verrufenheit *f*, schlechter Ruf: **bring into ~** in Verruf bringen.

dis·re·spect [ˌdɪsrɪ'spekt] **I** *s.* **1.** Re'spektlosigkeit *f* (**to**, **for** gegenüber); **2.** Unhöflichkeit *f* (**to** gegen); **II** *v/t.* **3.** sich re'spektlos benehmen gegen'über; **4.** unhöflich behandeln; ˌ**dis·re'spect·ful** [-fʊl] *adj.* □ **1.** re'spektlos (**to** gegen); **2.** unhöflich (**to** zu).

dis·robe [ˌdɪs'rəʊb] **I** *v/t.* entkleiden (*a. fig.*) (**of** *gen.*); **II** *v/i.* s-e Kleidung *od.* Amtstracht ablegen.

dis·root [ˌdɪs'ru:t] *v/t.* **1.** entwurzeln, ausreißen; **2.** vertreiben.

dis·rupt [dɪs'rʌpt] **I** *v/t.* **1.** zerbrechen, sprengen, zertrümmern; **2.** zerreißen, (zer)spalten; **3.** unter'brechen, stören; **4.** zerrütten; **5.** *Versammlung, Koalition etc.* sprengen; **II** *v/i.* **6.** zerreißen; **7.** ⚡ 'durchschlagen; **dis'rup·tion** [-pʃn] *s.* **1.** Zerreißung *f*, Zerschlagung *f*; Unter'brechung *f*; **2.** Zerrissenheit *f*, Spaltung *f*; **3.** Bruch *m*; **4.** Zerrüttung *f*; **dis'rup·tive** [-tɪv] *adj.* **1.** zerbrechend, zertrümmernd, zerreißend; **2.** zerrüttend; **3.** ⚡ Durchschlags…(-*festigkeit etc.*): **~ discharge** Durchschlag *m*.

dis·sat·is·fac·tion ['dɪsˌsætɪs'fækʃn] *s.* Unzufriedenheit *f* (**at**, **with** mit); '**disˌsat·is'fac·to·ry** [-ktərɪ] *adj.* unbefriedigend; **dis·sat·is·fied** [ˌdɪs'sætɪsfaɪd] *adj.* unzufrieden (**with**, **at** mit); **dis·sat·is·fy** [ˌdɪs'sætɪsfaɪ] *v/t.* nicht befriedigen, *j-n* verdrießen; *j-m* miß'fallen.

dis·sect [dɪ'sekt] *v/t.* **1.** zergliedern, zerlegen; **2.** a) ⚕ sezieren, b) ⚕, ⚘, *zo.* präparieren; **3.** *fig.* zergliedern, analysieren; **dis'sec·tion** [-kʃn] *s.* **1.** Zergliederung *f*, *fig. a.* a) Aufgliederung *f*, b) (genaue) Ana'lyse; **2.** ⚕ Sezieren *n*; **3.** ⚕, ⚘, *zo.* Präpa'rat *n*; **dis'sec·tor** [-tə] *s.* **1.** ⚕ Sezierer *m*; **2.** ⚕, ⚘, *zo.* Präpa'rator *m*.

dis·seise, **dis·seize** [ˌdɪ'si:z] *v/t.* ⚖ *j-m* 'widerrechtlich den Besitz entziehen; ˌ**dis'sei·sin**, ˌ**dis'sei·zin** [-zɪn] *s.* ⚖ 'widerrechtliche Besitzentziehung.

dis·sem·ble [dɪ'sembl] **I** *v/t.* **1.** verhehlen, verbergen, sich *et.* nicht anmerken lassen; **2.** vortäuschen, simulieren; **3.** *obs.* unbeachtet lassen; **II** *v/i.* **4.** sich verstellen, heucheln; **dis'sem·bler** [-lə] *s.* **1.** Heuchler(in); **2.** Simu'lant (-in).

dis·sem·i·nate [dɪ'semɪneɪt] *v/t.* **1.** *Saat* ausstreuen (*a. fig.*); **2.** *fig.* verbreiten: **~ *ideas***; **~*d sclerosis*** ⚕ multiple Sklerose; **dis·sem·i·na·tion** [dɪˌsemɪ'neɪʃn] *s.* Ausstreuung *f*; *fig. a.* Verbreitung *f.*

dis·sen·sion [dɪ'senʃn] *s.* Meinungsverschiedenheit(en *pl.*) *f*, Diffe'renz(en *pl.*) *f.*

dis·sent [dɪ'sent] **I** *v/i.* **1.** (***from***) anderer Meinung sein (als), nicht über'einstimmen (mit); **2.** *eccl.* von der Staatskirche abweichen; **II** *s.* **3.** Meinungsverschiedenheit *f*, andere Meinung; **4.** *eccl.* Abweichen *n* von der Staatskirche; **dis'sent·er** [-tə] *s.* **1.** Andersdenkende(r *m*) *f*; **2.** *eccl.* a) Dissi'dent *m*, b) *oft* **2** Dis'senter *m*, Nonkonfor'mist (-in); **dis'sen·tient** [-nʃɪənt] **I** *adj.* andersdenkend, abweichend: ***without a ~ vote*** ohne Gegenstimme; **II** *s.* a) Andersdenkende(r *m*) *f*, b) Gegenstimme *f*: ***with no ~*** ohne Gegenstimme.

dis·ser·ta·tion [ˌdɪsə'teɪʃn] *s.* **1.** (wissenschaftliche) Abhandlung; **2.** Dissertati'on *f.*

dis·serv·ice [ˌdɪs'sɜːvɪs] *s.* (***to***) schlechter Dienst (an *dat.*): ***do a ~ j-m*** e-n schlechten Dienst erweisen; ***be of ~ to s.o.*** j-m zum Nachteil gereichen.

dis·sev·er [dɪs'sevə] *v/t.* trennen, absondern, spalten.

dis·si·dence ['dɪsɪdəns] *s.* **1.** Meinungsverschiedenheit *f*; **2.** *pol.*, *eccl.* Dissi'dententum *n*; **'dis·si·dent** [-nt] **I** *adj.* **1.** andersdenkend, nicht über'einstimmend, abweichend; **II** *s.* **2.** Andersdenkende(r *m*) *f*; **3.** *eccl.* Dissi'dent(in), *pol. a.* Re'gimekritiker(in).

dis·sim·i·lar [ˌdɪ'sɪmɪlə] *adj.* □ (***to***) verschieden (von), unähnlich (*dat.*); **dis·sim·i·lar·i·ty** [ˌdɪsɪmɪ'lærətɪ] *s.* Verschiedenartigkeit *f*, Unähnlichkeit *f*; 'Unterschied *m.*

dis·sim·u·late [dɪ'sɪmjʊleɪt] **I** *v/t.* verbergen, verhehlen; **II** *v/i.* sich verstellen; heucheln; **dis·sim·u·la·tion** [dɪˌsɪmjʊ'leɪʃn] *s.* **1.** Verheimlichung *f*; **2.** Verstellung *f*, Heuche'lei *f*; **3.** ⚕ Dissimulati'on *f.*

dis·si·pate ['dɪsɪpeɪt] **I** *v/t.* **1.** zerstreuen (*a. fig. u. phys.*); *Nebel* zerteilen; **2.** a) verschwenden, vergeuden, verzetteln, b) *Geld* 'durchbringen, verprassen; **3.** *fig.* verscheuchen, vertreiben; **4.** *phys.* a) *Hitze* ableiten, b) in 'Wärmeenerˌgie 'umwandeln; **II** *v/i.* **5.** sich zerstreuen (*a. fig.*); sich zerteilen (*Nebel*); **6.** ein ausschweifendes Leben führen; **'dis·si·pat·ed** [-tɪd] *adj.* ausschweifend, zügellos; **dis·si·pa·tion** [ˌdɪsɪ'peɪʃn] *s.* **1.** Zerstreuung *f* (*a. fig. u. phys.*); **2.** Vergeudung *f*; **3.** Verprassen *n*, 'Durchbringen *n*; **4.** Ausschweifung(en *pl.*) *f*; zügelloses Leben; **5.** *phys.* a) Ableitung *f*, b) Dissipati'on *f.*

dis·so·ci·ate [dɪ'səʊʃɪeɪt] **I** *v/t.* **1.** trennen, loslösen, absondern (***from*** von); **2.** ⚗ dissoziieren; **3.** **~ *o.s.*** (***from***) sich lossagen *od.* distanzieren *od.* abrücken (von); **II** *v/i.* **4.** sich (ab)trennen *od.* loslösen; **5.** ⚗ dissoziieren; **dis·so·ci·a·tion** [dɪˌsəʊsɪ'eɪʃn] *s.* **1.** (Ab-) Trennung *f*, Loslösung *f*; **2.** Abrücken *n*; **3.** ⚗, *psych.* Dissoziati'on *f.*

dis·sol·u·bil·i·ty [dɪˌsɒljʊ'bɪlətɪ] *s.* **1.** Löslichkeit *f*; **2.** Auflösbarkeit *f*, Trennbarkeit *f*; **dis·sol·u·ble** [dɪ'sɒljʊbl] *adj.* **1.** löslich; **2.** ⚖ auflösbar, trennbar.

dis·so·lute ['dɪsəluːt] *adj.* □ ausschweifend, zügellos; **'dis·so·lute·ness** [-nɪs] *s.* Ausschweifung *f*, Zügellosigkeit *f.*

dis·so·lu·tion [ˌdɪsə'luːʃn] *s.* **1.** Auflösung *f* (*a. parl.*, ✝; *a. Ehe*); ⚖ *a.* Aufhebung *f*; **2.** Zersetzung *f*; **3.** Zerstörung *f*, Vernichtung *f*; **4.** ⚗ Lösung *f.*

dis·solv·a·ble [dɪ'zɒlvəbl] → ***dissoluble***; **dis·solve** [dɪ'zɒlv] **I** *v/t.* **1.** auflösen (*a. fig.*, *Ehe*, *Parlament*, *Firma etc.*); *Ehe a.* scheiden; lösen (*a.* ⚗): **~*d in tears*** in Tränen aufgelöst; **2.** ⚖ aufheben; **3.** auflösen, zersetzen; **4.** vernichten; **5.** *Geheimnis etc.* lösen; **6.** *Film*: über'blenden; **II** *v/i.* **7.** sich auflösen (*a. fig.*), zergehen, schmelzen; **8.** zerfallen; **9.** sich (in nichts) auflösen, verschwinden; **10.** *Film*: über'blenden, inein'ander 'übergehen; **III** *s.* **11.** *Film*: Über'blendung *f*; **dis'sol·vent** [-vənt] **I** *adj.* (auf)lösend; zersetzend; **II** *s.* ⚗ Lösungsmittel *n.*

dis·so·nance ['dɪsənəns] *s.* Disso'nanz *f*: a) ♪ 'Mißklang *m* (*a. fig.*), b) *fig.* Unstimmigkeit *f*; **'dis·so·nant** [-nt] *adj.* □ **1.** ♪ disso'nant (*a. fig.*); **2.** 'mißtönend; **3.** *fig.* unstimmig.

dis·suade [dɪ'sweɪd] *v/t.* **1.** *j-m* abraten (***from*** von); **2.** *j-n* abbringen (***from*** von); **dis'sua·sion** [-eɪʒn] *s.* **1.** Abraten *n*; **2.** Abbringen *n*; **dis'sua·sive** [-eɪsɪv] *adj.* □ abratend.

dis·syl·lab·ic, **dis·syl·la·ble** → ***disyllabic***, ***disyllable***.

dis·sym·met·ri·cal [ˌdɪsɪ'metrɪkl] *adj.* 'unsymˌmetrisch; **dis·sym·met·ry** [ˌdɪ'sɪmɪtrɪ] *s.* Asymme'trie *f.*

dis·taff ['dɪstɑːf] *s.* (Spinn)Rocken *m*; *fig. das* Reich der Frau: **~ *side*** weibliche Linie *e-r Familie.*

dis·tance ['dɪstəns] **I** *s.* **1.** a) Entfernung *f*, b) Ferne *f*: ***at a ~*** a) in einiger Entfernung, b) von weitem; ***in the ~*** in der Ferne; ***from a ~*** aus einiger Entfernung; ***at an equal ~*** gleich weit (entfernt); ***a good ~ off*** ziemlich weit entfernt; ***braking ~*** *mot.* Bremsweg *m*; ***stopping ~*** *mot.* Anhalteweg *m*; ***within striking ~*** handgreiflich nahe, in erreichbarer Nähe; → ***hail*** 7; ***walking*** II; **2.** Zwischenraum *m*, Abstand *m* (***between*** zwischen); **3.** Entfernung *f*, Strecke *f*: **~ *covered*** zurückgelegte Strecke; **4.** *zeitlicher* Abstand, Zeitraum *m*; **5.** *fig.* Abstand *m*, Entfernung *f*, 'Unterschied *m*; **6.** *fig.* Di'stanz *f*, Abstand *m*, Re'serve *f*, Zu'rückhaltung *f*: ***keep s.o. at a ~*** j-m gegenüber reserviert sein, sich j-n vom Leib halten; ***keep one's ~*** den Abstand wahren, (die gebührende) Distanz halten; **7.** *paint. etc.* a) Perspek'tive *f*, b) *a. pl.* 'Hintergrund *m*, c) Ferne *f*; **8.** ♪ Inter'vall *n*; **9.** *sport* a) Di'stanz *f*, Strecke *f*, b) *fenc.*, *Boxen*: Di'stanz *f*, c) Langstrecke *f*: **~ *race*** Langstreckenlauf *m*; **~ *runner*** Langstreckenläufer(in); **II** *v/t.* **10.** über'holen, hinter sich lassen, *sport a.* distanzieren: **~*d*** *fig.* distanziert; **11.** *fig.* über'flügeln; **'dis·tant** [-nt] *adj.* □ **1.** entfernt (*a. fig.*), weit (***from*** von); fern (*Ort od. Zeit*): **~ *relation*** entfernte(r) *od.* weitläufige(r) Verwandte(r); **~ *resemblance*** entfernte *od.* schwache Ähnlichkeit; **~ *dream*** vager Traum, schwache Aussicht; **2.** weit vonein'ander entfernt; **3.** zu'rückhaltend, kühl, distanziert; **4.** ⚙ Fern...: **~ *control*** Fernsteuerung *f*; **~ *reading instrument*** Fernmeßgerät *n.*

dis·taste [ˌdɪs'teɪst] *s.* (***for***) 'Widerwille *m*, Abneigung *f* (gegen), Ekel *m*, Abscheu *m* (vor *dat.*); **ˌdis'taste·ful** [-fʊl] *adj.* □ **1.** ekelerregend; **2.** *fig.* a) unangenehm, zu'wider (***to*** *dat.*), b) ekelhaft, widerlich.

dis·tem·per[1] [dɪ'stempə] **I** *s.* **1.** Tempera- *od.* Leimfarbe *f*; **2.** 'Temperamaleˌrei *f* (*a. Bild*); **II** *v/t.* **3.** mit Temperafarbe(n) (an)malen.

dis·tem·per[2] [dɪ'stempə] *s.* **1.** *vet.* a) Staupe *f* (*bei Hunden*), b) Druse *f* (*bei Pferden*); **2.** *obs.* a) üble Laune, b) Unpäßlichkeit *f*, c) po'litische Unruhe(n *pl.*).

dis·tend [dɪ'stend] **I** *v/t.* (aus)dehnen, weiten; aufblähen; **II** *v/i.* sich (aus)dehnen *etc.*; **dis·ten·si·ble** [dɪ'stensəbl] *adj.* (aus)dehnbar; **dis·ten·sion** [dɪ'stenʃn] *s.* (Aus)Dehnung *f*; Aufblähung *f.*

dis·tich ['dɪstɪk] *s.* **1.** Distichon *n* (*Verspaar*); **2.** gereimtes Verspaar.

dis·til, *Am.* **dis·till** [dɪ'stɪl] **I** *v/t.* **1.** ⚗ a) ('um)destillieren, abziehen, b) abdestillieren (***from*** aus), c) entgasen: **~*(l)ing flask*** Destillierkolben *m*; **2.** *Branntwein* brennen (***from*** aus); **3.** her'abtropfen lassen: ***be ~led*** sich niederschlagen; **4.** *fig. das Wesentliche* her'ausdestilˌlieren, -arbeiten (***from*** aus); **II** *v/i.* **5.** ⚗ destillieren; **6.** (her'ab)tropfen; **7.** *fig.* sich her'auskristalliˌsieren; **dis·til·late** ['dɪstɪlət] *s.* ⚗ Destil'lat *n*; **dis·til·la·tion** [ˌdɪstɪ'leɪʃn] *s.* **1.** ⚗ Destillati'on *f*; **2.** Brennen *n* (*von Branntwein*); **3.** Ex'trakt *m*, Auszug *m*; **4.** *fig.* 'Quintesˌsenz *f*, Kern *m*; **dis·til·ler** [dɪ'stɪlə] *s.* Branntweinbrenner *m*; **dis·til·ler·y** [dɪ'stɪlərɪ] *s.* **1.** ⚗ Destil'lierappaˌrat *m*; **2.** Destilla'teur *m*, ('Branntwein)Brenneˌrei *f.*

dis·tinct [dɪ'stɪŋkt] *adj.* □ → ***distinctly***; **1.** ver-, unter'schieden: ***as ~ from*** im Unterschied zu, zum Unterschied von; **2.** einzeln, getrennt, (ab)gesondert; **3.** eigen, selbständig; **4.** ausgeprägt, charakte'ristisch; **5.** klar, eindeutig, bestimmt, entschieden, ausgesprochen, deutlich; **dis·tinc·tion** [dɪ'stɪŋkʃn] *s.* **1.** Unter'scheidung *f*: ***a ~ without a difference*** e-e spitzfindige Unterscheidung; **2.** 'Unterschied *m*: ***in ~ from*** (*od.* ***to***) im Unterschied zu, zum Unterschied von; ***draw*** (*od.* ***make***) ***a ~ between*** e-n Unterschied machen zwischen (*dat.*); **3.** Unter'scheidungsmerkmal *n*, Kennzeichen *n*; **4.** her'vorragende Eigenschaft; **5.** Auszeichnung *f*, Ehrung *f*; **6.** (hoher) Rang; **7.** Würde *f*; Vornehmheit *f*; **8.** Ruf *m*, Berühmtheit *f*; **dis·tinc·tive** [dɪ'stɪŋktɪv] *adj.* □ **1.** unter'scheidend, Unterscheidungs...; **2.** kenn-, bezeichnend, charakte'ristisch (***of*** für), besonder; **3.** deutlich, ausgesprochen; **dis·tinc·tive·ness** [dɪ'stɪŋktɪvnɪs] *s.* **1.** Besonderheit *f*; **2.** →

distinctness 1; **dis·tinct·ly** [dɪˈstɪŋktlɪ] *adv.* deutlich, *fig. a.* ausgesprochen; **dis·tinct·ness** [dɪˈstɪŋktnɪs] *s.* **1.** Deutlichkeit *f*, Klarheit *f*; **2.** Verschiedenheit *f*; **3.** Verschiedenartigkeit *f*.

dis·tin·gué [dɪˈstæŋgeɪ] (*Fr.*) *adj.* distinguˈiert, vornehm.

dis·tin·guish [dɪˈstɪŋgwɪʃ] **I** *v/t.* **1.** (***between***) unterˈscheiden (zwischen), (*zwei Dinge etc.*) auseinˈanderhalten: ***as ~ed from*** zum Unterschied von, im Unterschied zu; ***be ~ed by*** sich durch *et.* unterscheiden *od. weitS.* auszeichnen; **2.** wahrnehmen, erkennen; **3.** kennzeichnen, charakterisieren: ***~ing mark*** Merkmal *n*, Kennzeichen *n*; **4.** auszeichnen, rühmend herˈvorheben: ***~ o.s.*** sich auszeichnen (*a. iro.*); **II** *v/i.* **5.** unterˈscheiden, e-n ˈUnterschied machen; **dis·tin·guish·a·ble** [dɪˈstɪŋgwɪʃəbl] *adj.* ☐ **1.** unterˈscheidbar; **2.** wahrnehmbar, erkennbar; **3.** kenntlich (***by*** an *dat.*, durch); **dis·tin·guished** [dɪˈstɪŋgwɪʃt] *adj.* **1.** → ***distinguishable*** 1, 2; **2.** bemerkenswert, berühmt (***for*** wegen, ***by*** durch); **3.** vornehm; **4.** herˈvorragend, ausgezeichnet.

dis·tort [dɪˈstɔːt] *v/t.* **1.** verdrehen (*a. fig.*); *a. Gesicht* verzerren (*a.* ⚙, ϟ *u. fig.*); verrenken; ⚙ verformen: ***~ing mirror*** Vexier-, Zerrspiegel *m*; **2.** *fig. Tatsachen etc.* verdrehen, entstellen; **dis·tor·tion** [dɪˈstɔːʃn] *s.* **1.** Verdrehung *f* (*a. phys.*); Verrenkung *f*; Verzerrung *f* (*a.* ϟ, *phot.*); Verziehung *f*, Verwindung *f* (*a.* ⚙); **2.** *fig.* Entstellung *f*, Verzerrung *f*.

dis·tract [dɪˈstrækt] *v/t.* **1.** *Aufmerksamkeit, Person etc.* ablenken; **2.** *j-n* zerstreuen; **3.** erregen, aufwühlen; **4.** beunruhigen, stören, quälen; **5.** rasend machen; **dis·tract·ed** [dɪˈstræktɪd] *adj.* ☐ **1.** verwirrt; **2.** beunruhigt; **3.** außer sich, von Sinnen: ***~ with*** (*od.* ***by***) ***pain*** wahnsinnig vor Schmerzen; **dis·trac·tion** [dɪˈstrækʃn] *s.* **1.** Ablenkung *f*, *a.* Zerstreuung *f*; **2.** Zerstreutheit *f*; **3.** Verwirrung *f*; **4.** Wahnsinn *m*, Raseˈrei *f*: ***drive s.o. to ~*** j-n zur Raserei bringen; ***love to ~*** bis zum Wahnsinn lieben; **5.** *oft pl.* Ablenkung *f*, Zerstreuung *f*, Unterˈhaltung *f*.

dis·train [dɪˈstreɪn] ⚖ *v/i.*: ***~*** (***up***)***on*** a) *j-n* pfänden, b) *et.* mit Beschlag belegen; **dis·train·ee** [ˌdɪstreɪˈniː] *s.* Pfandschuldner(in); **dis·train·er** [dɪˈstreɪnə], **dis·train·or** [ˌdɪstreɪˈnɔː] *s.* Pfandgläubiger(in); **dis·traint** [dɪˈstreɪnt] *s.* Beschlagnahme *f*.

dis·traught [dɪˈstrɔːt] → ***distracted***.

dis·tress [dɪˈstres] **I** *s.* **1.** Qual *f*, Pein *f*, Schmerz *m*; **2.** Leid *n*, Kummer *m*, Sorge *f*; **3.** Elend *n*; Not(lage) *f*; **4.** ⚓ Seenot *f*: ***~ call*** Notruf *m*, SOS-Ruf *m*; ***~ rocket*** Notrakete *f*; ***~ signal*** Notsignal *n*; **5.** ⚖ a) Beschlagnahme *f*, b) mit Beschlag belegte Sache; **II** *v/t.* **6.** quälen, peinigen, bedrücken; beunruhigen; betrüben: ***~ o.s.*** sich sorgen (***about*** um); **7.** → ***distrain***; **dis·tressed** [dɪˈstrest] *adj.* **1.** (***about***) beunruhigt (über *acc.*, wegen), besorgt (um); **2.** bekümmert, betrübt; unglücklich; **3.** bedrängt, in Not, notleidend: ***~ area*** *Brit.* Notstandsgebiet *n*; ***~ ships*** Schiffe in Seenot; **4.** erschöpft; **dis·tress·ful** [dɪˈstresfʊl], **dis·tress·ing** [dɪˈstresɪŋ] *adj.* ☐ **1.** quälend; **2.** bedrückend.

dis·trib·ut·a·ble [dɪˈstrɪbjʊtəbl] *adj.* **1.** verteilbar; **2.** zu verteilen(d); **dis·trib·u·tar·y** [dɪˈstrɪbjʊtərɪ] *s. geogr.* abzweigender Flußarm, *bsd.* Deltaarm *m*; **dis·trib·ute** [dɪˈstrɪbjuːt] *v/t.* **1.** ver-, austeilen (***among*** unter *acc.*, ***to*** an *acc.*); **2.** zuteilen (***to*** *dat.*); **3.** ☤ a) *Waren* vertreiben, absetzen, b) *Filme* verleihen, c) *Dividende, Gewinne* ausschütten; **4.** *Post* zustellen; **5.** verbreiten; ausstreuen; *Farbe etc.* verteilen; **6.** auf-, einteilen; ⚔ gliedern; **7.** *typ.* a) *Satz* ablegen, b) *Farbe* auftragen; **dis·trib·u·tee** [dɪˌstrɪbjʊˈtiː] *s.* **1.** Empfänger(in); **2.** ⚖ Erbe *m*, Erbin *f*; **dis·trib·ut·er** → ***distributor***.

dis·trib·ut·ing| a·gent [dɪˈstrɪbjʊtɪŋ] *s.* ☤ (Großhandels)Vertreter *m*; ***~ center*** *Am.*, *Brit.* ***~ centre*** *s.* ☤ ˈAbsatz-, Verˈteilungsˌzentrum *n*.

dis·tri·bu·tion [ˌdɪstrɪˈbjuːʃn] *s.* **1.** Ver-, Austeilung *f*; **2.** ⚙, ϟ a) Verteilung *f*, b) Verzweigung *f*; **3.** Ver-, Ausbreitung *f*; **4.** Einteilung *f*, *a.* ⚔ Gliederung *f*; **5.** a) Zuteilung *f*, b) Gabe *f*, Spende *f*; **6.** ☤ a) Vertrieb *m*, Absatz *m*, b) Verleih *m* (*von Filmen*), c) Ausschüttung *f* (*von Dividenden, Gewinnen*); **7.** Ausstreuen *n* (*von Samen*); **8.** Verteilen *n* (*von Farben etc.*); **9.** *typ.* a) Ablegen *n* (*des Satzes*), b) Auftragen *n* (*von Farbe*); **dis·trib·u·tive** [dɪˈstrɪbjʊtɪv] **I** *adj.* ☐ **1.** aus-, zu-, verteilend, Verteilungs…: ***~ share*** ⚖ gesetzlicher Erbteil; ***~ justice*** *fig.* ausgleichende Gerechtigkeit; **2.** jeden einzelnen betreffend; **3.** ℞, *ling.* distribuˈtiv, Distributiv…; **II** *s.* **4.** *ling.* Distribuˈtivum *n*; **dis·trib·u·tor** [dɪˈstrɪbjʊtə] *s.* **1.** Verteiler *m* (*a.* ⚙, ϟ); **2.** ☤ a) Großhändler *m*, Geneˈralvertreter *m*, b) *pl.* (Film)Verleih *m*; **3.** ⚙ Verteilerdüse *f*.

dis·trict [ˈdɪstrɪkt] *s.* **1.** Diˈstrikt *m*, (Verwaltungs)Bezirk *m*, Kreis *m*; **2.** (Stadt)Bezirk *m*, (-)Viertel *n*; **3.** Gegend *f*, Gebiet *n*, Landstrich *m*; ***~ attor·ney*** *s. Am.* Staatsanwalt *m*; ♀ **Coun·cil** *s. Brit.* Bezirksamt *n*; ♀ **Court** *s.* ⚖ *Am.* (Bundes)Bezirksgericht *n*; ***~ heat·ing*** *s.* Fernheizung *f*; ***~ judge*** *s.* ⚖ *Am.* Richter *m* an e-m (Bundes)Bezirksgericht; ***~ nurse*** *s.* Gemeindeschwester *f*.

dis·trust [dɪsˈtrʌst] **I** *s.* ˈMißtrauen *n*, Argwohn *m* (***of*** gegen): ***have a ~ of s.o.*** j-m mißtrauen; **II** *v/t.* mißˈtrauen (*dat.*); **disˈtrust·ful** [-fʊl] *adj.* ☐ ˈmißtrauisch, argwöhnisch (***of*** gegen): ***~ of o.s.*** gehemmt, ohne Selbstvertrauen.

dis·turb [dɪˈstɜːb] **I** *v/t.* stören (*a.* ⚙, ϟ, ℞, *meteor. etc.*): a) behindern, b) belästigen, c) beunruhigen, d) aufschrekken, -scheuchen, e) durcheinˈanderbringen, in Unordnung bringen: ***~ed at*** beunruhigt über (*acc.*); ***~ the peace*** ⚖ die öffentliche Sicherheit u. Ordnung stören; **II** *v/i.* stören; **dis·turb·ance** [dɪˈstɜːbəns] *s.* **1.** Störung *f* (*a.* ⚙, ϟ, ℞, ♪); **2.** Belästigung *f*; Beunruhigung *f*; Aufregung *f*; **3.** Unruhe *f*, Tuˈmult *m*, Aufruhr *m*: ***~ of the peace*** ⚖ öffentliche Ruhestörung; ***cause*** (*od.* ***create***) ***a ~*** ⚖ die öffentliche Sicherheit u. Ordnung stören; **4.** Verwirrung *f*; **5.** ***~ of possession*** ⚖ Besitzstörung *f*; **dis·turb·er** [dɪˈstɜːbə] *s.* Störenfried *m*, Unruhestifter(in); **dis·turb·ing** [dɪˈstɜːbɪŋ] *adj.* ☐ beunruhigend.

dis·un·ion [ˌdɪsˈjuːnjən] *s.* **1.** Trennung *f*, Spaltung *f*; **2.** Uneinigkeit *f*, Zwietracht *f*; **dis·u·nite** [ˌdɪsjuːˈnaɪt] *v/t. u. v/i.* (sich) trennen; *fig.* (sich) entzweien; **dis·u·nit·ed** [ˌdɪsjuːˈnaɪtɪd] *adj.* entzweit, verfeindet; **dis·u·ni·ty** [ˌdɪsˈjuːnətɪ] → ***disunion*** 2.

dis·use **I** *s.* [ˌdɪsˈjuːs] Nichtgebrauch *m*; Aufhören *n e-s Brauchs*: ***fall into ~*** außer Gebrauch kommen; **II** *v/t.* [ˌdɪsˈjuːz] nicht mehr gebrauchen; **dis·used** [ˌdɪsˈjuːzd] *adj.* **1.** ausgedient, nicht mehr benützt; **2.** stillgelegt (*Bergwerk etc.*), außer Betrieb.

dis·syl·lab·ic [ˌdɪsɪˈlæbɪk] *adj.* (☐ ***~ally***) zweisilbig; **di·syl·la·ble** [dɪˈsɪləbl] *s.* zweisilbiges Wort.

ditch [dɪtʃ] **I** *s.* **1.** (Straßen)Graben *m*: ***last ~*** verzweifelter Kampf, Not(lage) *f*; ***die in the last ~*** bis zum letzten Atemzug kämpfen (*a. fig.*); **2.** Abzugsgraben *m*; **3.** Bewässerungs-, Wassergraben *m*; **4.** ✈ *sl.* ‚Bach‘ *m* (*Meer, Gewässer*); **II** *v/t.* **5.** mit e-m Graben versehen, Gräben ziehen durch; **6.** durch Abzugsgräben entwässern; **7.** F *Wagen* in den Straßengraben fahren: ***be ~ed*** im Straßengraben landen; **8.** *sl.* a) *Wagen etc.* stehenlassen, b) *j-m* entwischen, c) *j-m* den ‚Laufpaß‘ geben, *j-n* ‚sausen‘ lassen, d) *et.* ‚wegschmeißen‘, e) *Am. Schule* schwänzen; **9.** ✈ *sl. Maschine* im ‚Bach‘ landen; **III** *v/i.* **10.** Gräben ziehen *od.* ausbessern; **11.** ✈ *sl.* notlanden, notwassern; **ˈditch·er** [-tʃə] *s.* **1.** Grabenbauer *m*; **2.** Grabbagger *m*; **ˈditchˌwa·ter** *s.* abgestandenes, fauliges Wasser; → ***dull*** 4.

dith·er [ˈdɪðə] **I** *v/i.* **1.** bibbern, zittern; **2.** *fig.* schwanken (***between*** zwischen *dat.*); **3.** aufgeregt sein; **II** *s.* **4.** *fig.* Schwanken *n*; **5.** Aufregung *f*: ***be all of*** (*od.* ***in***) ***a ~*** F aufgeregt sein, ‚bibbern‘.

dith·y·ramb [ˈdɪθɪræmb] *s.* **1.** Dithyˈrambus *m*; **2.** Lobeshymne *f*; **dith·y·ram·bic** [ˌdɪθɪˈræmbɪk] *adj.* dithyˈrambisch; enthusiˈastisch.

dit·to [ˈdɪtəʊ] (*abbr.* ***do.***) **I** *adv.* dito, desˈgleichen: ***~ marks*** Ditozeichen *n*; ***say ~ to s.o.*** j-m beipflichten; **II** *s.* F Dupliˈkat *n*, Ebenbild *n*.

dit·ty [ˈdɪtɪ] *s.* Liedchen *n*.

di·u·ret·ic [ˌdaɪjʊəˈretɪk] **I** *adj.* diuˈretisch, harntreibend; **II** *s.* harntreibendes Mittel, Diuˈretikum *n*.

di·ur·nal [daɪˈɜːnl] *adj.* ☐ **1.** täglich (ˈwiederkehrend), Tag(es)…; **2.** *zo.* ˈtagakˌtiv, bei Tag auftretend.

di·va [ˈdiːvə] *s.* Diva *f*.

di·va·gate [ˈdaɪvəgeɪt] *v/i.* abschweifen; **di·va·ga·tion** [ˌdaɪvəˈgeɪʃn] *s.* Abschweifung *f*, Exˈkurs *m*.

di·va·lent [ˈdaɪˌveɪlənt] *adj.* ⚗ zweiwertig.

di·van [dɪˈvæn] *s.* **1.** a) Diwan *m*, (Liege)Sofa *n*, b) *a.* ***~ bed*** Bettcouch *f*; **2.** Diwan *m*: a) *orientalischer Staatsrat*, b) *Regierungskanzlei*, c) *Gerichtssaal*, d) *öffentliches Gebäude*; **3.** Diwan *m* (*orientalische Gedichtsammlung*).

di·var·i·cate [daɪˈværɪkeɪt] *v/i.* sich gabeln, sich spalten; abzweigen.

dive [daɪv] **I** *v/i.* **1.** tauchen (***for*** nach, ***into*** in *acc.*); **2.** ˈuntertauchen; **3.** e-n

Kopf- *od.* Hechtsprung (*a. Torwart*) machen; **4.** *Wasserspringen*: springen; **5.** ✈ e-n Sturzflug machen; **6.** (hastig) hin'eingreifen *od.* fahren (***into*** in *acc.*); **7.** sich stürzen, verschwinden (***into*** in *acc.*); **8.** (***into***) sich vertiefen (in *ein Buch etc.*); **9.** fallen (*Thermometer etc.*); **II** *s.* **10.** ('Unter)Tauchen *n*, ⚓ *a.* Tauchfahrt *f*; **11.** Kopfsprung *m*; Hechtsprung *m* (*a. des Torwarts*); ***make a ~*** → 3; ***take a ~*** *sport sl.* a) *Fußball*: ‚e-e Schwalbe bauen', b) ‚sich (einfach) hinlegen' (*Boxer*); **12.** *Wasserspringen*: Sprung *m*; **13.** ✈ Sturzflug *m*; **14.** F Spe'lunke *f*, Kneipe *f*; **'~·bomb** *v/t. u. v/i.* im Sturzflug mit Bomben angreifen; **~ bomb·er** *s.* Sturzkampfflugzeug *n*, Sturzbomber *m*, Stuka *m*.

div·er ['daɪvə] *s.* **1.** Taucher(in); *sport* Wasserspringer(in); **2.** *orn. ein* Tauchvogel *m*, *bsd.* Pinguin *m*.

di·verge [daɪ'vɜːdʒ] *v/i.* **1.** divergieren (*a.* ⩘, *phys.*), ausein'andergehen, -laufen, sich trennen; abweichen; **2.** abzweigen (***from*** von); **3.** verschiedener Meinung sein; **di'ver·gence** [-dʒəns], **di'ver·gen·cy** [-dʒənsɪ] *s.* **1.** ⩘, *phys. etc.* Diver'genz *f*; **2.** Ausein'anderlaufen *n*; **3.** Abzweigung *f*; **4.** Abweichung *f*; **5.** Meinungsverschiedenheit *f*; **di'ver·gent** [-dʒənt] *adj.* □ **1.** divergierend (*a.* ⩘, *phys. etc.*); **2.** ausein'andergehend, -laufend; **3.** abweichend.

di·vers ['daɪvɜːz] *adj. obs.* etliche.

di·verse [daɪ'vɜːs] *adj.* □ **1.** verschieden, ungleich; **2.** mannigfaltig; **di·ver·si·fi·ca·tion** [daɪˌvɜːsɪfɪ'keɪʃn] *s.* **1.** abwechslungsreiche Gestaltung; **2.** † Diversifizierung *f*, Streuung *f*: **~** (***of products***) Verbreiterung *f* des Produktionsprogramms; ***~ of capital*** Anlagenstreuung *f*; **3.** Verschiedenartigkeit *f*; **di'ver·si·fied** [-sɪfaɪd] *adj.* **1.** verschieden(artig); **2.** † a) verteilt (*Risiko*), b) verteilt angelegt (*Kapital*), c) diversifiziert (*Produktion*); **di'ver·si·fy** [-sɪfaɪ] *v/t.* **1.** verschieden(artig) *od.* abwechslungsreich gestalten, variieren; **2.** † diversifizieren, streuen.

di·ver·sion [daɪ'vɜːʃn] *s.* **1.** Ablenkung *f*; **2.** ⚔ 'Ablenkungsmaˌnöver *n* (*a. fig.*); **3.** *Brit.* 'Umleitung *f* (*Verkehr*); **4.** *fig.* Zerstreuung *f*, Zeitvertreib *m*; **di'ver·sion·ar·y** [-ʃnərɪ] *adj.* ⚔ Ablenkungs...; **di'ver·sion·ist** *pol.* **I** *s.* Diversio'nist(in), Sabo'teur(in); **II** *adj.* diversio'nistisch.

di·ver·si·ty [daɪ'vɜːsətɪ] *s.* **1.** Verschiedenheit *f*, Ungleichheit *f*; **2.** Mannigfaltigkeit *f*.

di·vert [daɪ'vɜːt] *v/t.* **1.** ablenken, ableiten, abwenden (***from*** von, ***to*** nach), lenken (***to*** auf *acc.*); **2.** abbringen (***from*** von); **3.** *Geld etc.* abzweigen (***to*** für); **4.** *Brit. Verkehr* 'umleiten; **5.** zerstreuen, unter'halten; **di'vert·ing** [-tɪŋ] *adj.* □ unter'haltsam, amü'sant.

di·vest [daɪ'vest] *v/t.* **1.** entkleiden (***of*** *gen.*); **2.** *fig.* entblößen, berauben (***of*** *gen.*): ***~ s.o. of*** j-m *ein Recht etc.* entziehen *od.* nehmen; ***~ o.s. of*** *et.* ablegen, *et.* ab- *od.* aufgeben, sich *e-s Rechts etc.* entäußern; **di'vest·i·ture** [-tɪtʃə], **di'vest·ment** [-stmənt] *s. fig.* Entblößung *f*, Beraubung *f*.

di·vide [dɪ'vaɪd] **I** *v/t.* **1.** (ein)teilen (***in***, ***into*** in *acc.*): ***be ~d into*** zerfallen in (*acc.*); **2.** ⩘ teilen, dividieren (***by*** durch); **3.** verteilen (***between***, ***among*** unter *acc. od. dat.*): ***~ s.th. with s.o.*** et. mit j-m teilen; **4.** *a.* ***~ up*** zerteilen, zerlegen; zerstückeln, spalten; **5.** entzweien, ausein'anderbringen; **6.** trennen, absondern, scheiden (***from*** von); *Haar* scheiteln; **7.** *Brit. parl.* (im Hammelsprung) abstimmen lassen; **II** *v/i.* **8.** sich teilen; zerfallen (***in***, ***into*** in *acc.*); **9.** ⩘ a) sich teilen lassen (***by*** durch), b) aufgehen (***into*** in *dat.*); **10.** sich trennen *od.* spalten; **11.** *parl.* im Hammelsprung abstimmen; **III** *s.* **12.** *Am.* Wasserscheide *f*; **13.** *fig.* Trennlinie *f*: ***the Great*** ⁓ der Tod; **di'vid·ed** [-dɪd] *adj.* geteilt (*a. fig.*): ***~ opinions*** geteilte Meinungen; ***~ counsel*** Uneinigkeit *f*; ***his mind was ~*** er war unentschlossen; ***~ against themselves*** unter sich uneins; ***~ highway*** *Am.* Schnellstraße *f*; ***~ skirt*** Hosenrock *m*.

div·i·dend ['dɪvɪdend] *s.* **1.** ⩘ Divi'dend *m*; **2.** † Divi'dende *f*, Gewinnanteil *m*: *Brit.* ***cum ~***, *Am.* ***~ on*** einschließlich Dividende; *Brit.* ***ex ~***, *Am.* ***~ off*** ausschließlich Dividende; ***pay ~s*** *fig.* sich bezahlt machen; **3.** ⚖ Rate *f*, (Kon'kurs)quote *f*; **~ cou·pon**, **~ war·rant** *s.* † Divi'dendenschein *m*.

di·vid·er [dɪ'vaɪdə] *s.* **1.** (Ver)Teiler(in); **2.** *pl.* Stechzirkel *m*; **3.** Trennwand *f*; **di'vid·ing** [-dɪŋ] *adj.* Trennungs..., Scheide...; ⚙ Teil...

div·i·na·tion [ˌdɪvɪ'neɪʃn] *s.* **1.** Weissagung *f*, Wahrsagung *f*; **2.** (Vor)Ahnung *f*.

di·vine [dɪ'vaɪn] **I** *adj.* □ **1.** Gottes..., göttlich, heilig: ***~ service*** Gottesdienst *m*; ***~ right of kings*** Königtum *n* von Gottes Gnaden, Gottesgnadentum *n*; **2.** *fig.* F göttlich, himmlisch; **II** *s.* **3.** Geistliche(r) *m*; **4.** Theo'loge *m*; **III** *v/t.* **5.** (vor'aus)ahnen; erraten; **6.** weissagen, prophe'zeien: ***divining rod*** Wünschelrute *f*; **di'vin·er** [-nə] *s.* **1.** Wahrsager *m*; **2.** (Wünschel)Rutengänger *m*.

div·ing ['daɪvɪŋ] *s.* **1.** Tauchen *n*; **2.** *sport* Wasserspringen *n*; **~ bell** *s.* Taucherglocke *f*; **~ board** *s.* Sprungbrett *n*; **~ duck** *s.* Tauchente *f*; **~ dress** → ***diving suit***; **~ hel·met** *s.* Taucherhelm *m*; **~ suit** *s.* Taucheranzug *m*; **~ tow·er** *s.* Sprungturm *m*.

di·vin·i·ty [dɪ'vɪnətɪ] *s.* **1.** Göttlichkeit *f*, göttliches Wesen; **2.** Gottheit *f*: ***the*** ⁓ die Gottheit, Gott; **3.** Theolo'gie *f*; **4.** *a.* ***~ fudge*** *Am. ein Schaumgebäck*; **div·i·nize** ['dɪvɪnaɪz] *v/t.* vergöttlichen.

di·vis·i·bil·i·ty [dɪˌvɪzɪ'bɪlətɪ] *s.* Teilbarkeit *f*; **di·vis·i·ble** [dɪ'vɪzəbl] *adj.* □ teilbar; **di·vi·sion** [dɪ'vɪʒn] *s.* **1.** (Auf-, Ein)Teilung *f* (***into*** in *acc.*); Verteilung *f*, Gliederung *f*: ***~ of labo(u)r*** Arbeitsteilung; ***~ into shares*** † Stückelung *f*; **2.** Trennung *f*, Grenze *f*, Scheidelinie *f*, -wand *f*; **3.** Teil *m*, Ab'teilung *f* (*a. e-s Amtes etc.*), Abschnitt *m*; **4.** Gruppe *f*, Klasse *f*; **5.** ⚔ Divisi'on *f*; **6.** *sport* 'Liga *f*, (Spiel-, *Boxen etc.*: Gewichts)Klasse *f*; **7.** *pol.* Bezirk *m*; **8.** *parl.* (Abstimmung *f* durch) Hammelsprung *m*: ***go into ~*** zur Abstimmung schreiten; ***upon a ~*** nach Abstimmung; **9.** *fig.* Spaltung *f*, Kluft *f*; Uneinigkeit *f*, Diffe'renz *f*; **10.** ⩘ Divisi'on *f*, Dividieren *n*; **di·vi·sion·al** [dɪ'vɪʒənl] *adj.* □ **1.** Trenn..., Scheide...: ***~ line***; **2.** Abteilungs...; **3.** ⚔ Divisions...; **di·vi·sive** [dɪ'vaɪsɪv] *adj.* **1.** teilend; scheidend; **2.** entzweiend; trennend; **di·vi·sor** [dɪ'vaɪzə] *s.* ⩘ Di'visor *m*, Teiler *m*.

di·vorce [dɪ'vɔːs] **I** *s.* **1.** ⚖ (Ehe)Scheidung *f*: ***~ action***, ***~ suit*** Scheidungsklage *f*, -prozeß *m*; ***obtain a ~*** geschieden werden; ***seek a ~*** auf Scheidung klagen; **2.** *fig.* (völlige) Trennung *f* (***from*** von); **II** *v/t.* **3.** ⚖ *Ehegatten* scheiden; **4.** ***~ one's husband*** (***wife***) ⚖ sich von s-m Manne (s-r Frau) scheiden lassen; **5.** *fig.* (völlig) trennen, scheiden, (los-) lösen (***from*** von); **di·vor·cee** [dɪˌvɔː'siː] *s.* Geschiedene(r *m*) *f*.

div·ot ['dɪvət] *s.* **1.** *Scot.* Sode *f*, Rasenstück *n*; **2.** *Golf*: Divot *n*, Kote'lett *n*.

di·vul·ga·tion [ˌdaɪvʌl'geɪʃn] *s.* Enthüllung *f*, Preisgabe *f*.

di·vulge [daɪ'vʌldʒ] *v/t.* *Geheimnis etc.* enthüllen, preisgeben; **di'vulge·ment** [-mənt], **di'vul·gence** [-dʒəns] → ***divulgation***.

div·vy ['dɪvɪ] *v/t.* *oft* ***~ up*** *Am.* F aufteilen.

dix·ie[1] ['dɪksɪ] *s.* ⚔ *sl.* **1.** Kochgeschirr *n*; **2.** ‚'GulaschkaˌnoneʻF.

Dix·ie[2] ['dɪksɪ] → ***Dixieland***; **'Dix·ie·crat** [-kræt] *s. Am. pol. Mitglied e-r Splittergruppe der Demokratischen Partei in den Südstaaten*; **'Dix·ie·land** *s.* **1.** *Bezeichnung für den Süden der USA*; **2.** ♪ Dixieland *m*, Dixie *m*.

diz·zi·ness ['dɪzɪnɪs] *s.* Schwindel(anfall) *m*; Benommenheit *f*; **diz·zy** ['dɪzɪ] **I** *adj.* □ **1.** schwindlig: ***~ spell*** Schwindelanfall *m*; **2.** schwindelnd, schwindelerregend: ***~ heights***; **3.** verwirrt, benommen; **4.** unbesonnen; **5.** F verrückt; **II** *v/t.* **6.** schwindlig machen; **7.** verwirren.

D-mark ['diːmɑːk] *s.* Deutsche Mark.

do[1] [duː; dʊ] **I** *v/t.* [*irr.*] **1.** tun, machen: ***what can I ~ for you?*** womit kann ich dienen?; ***what does he ~ for a living?*** womit verdient er sein Brot?; ***~ right*** recht tun; → ***done*** 1; **2.** tun, ausführen, sich beschäftigen mit, verrichten, voll'bringen, erledigen: ***~ business*** Geschäfte machen; ***~ one's duty*** s-e Pflicht tun; ***~ French*** Französisch lernen; ***~ Shakespeare*** Shakespeare durchnehmen *od.* behandeln; ***~ it into German*** es ins Deutsche übersetzen; ***~ lecturing*** Vorlesungen halten; ***my work is done*** m-e Arbeit ist getan *od.* fertig; ***he had done working*** er war mit der Arbeit fertig; ***~ 60 miles per hour*** 60 Meilen die Stunde fahren; ***he did all the talking*** er führte das große Wort; ***it can't be done*** es geht nicht; ***~ one's best*** sein Bestes tun, sich alle Mühe geben; ***~ better*** a) (et.) Besseres tun *od.* leisten, b) sich verbessern; → ***done***; **3.** herstellen, anfertigen: ***~ a translation*** e-e Übersetzung machen; ***~ a portrait*** ein Porträt malen; **4.** *j-m et.* tun, zufügen, erweisen, gewähren: ***~ s.o. harm*** j-m schaden; ***~ s.o. an injustice*** j-m ein Unrecht zufügen, j-m unrecht tun; ***these pills ~ me*** (***no***) ***good*** diese Pillen helfen mir (nicht); **5.** bewirken, erreichen: ***I did it*** ich habe es geschafft; ***now you've done it!*** *b.s.* nun hast du es glücklich geschafft!; **6.**

herrichten, in Ordnung bringen, (zu'recht)machen, *Speisen* zubereiten: **~ a room** ein Zimmer aufräumen *od.* ,machen'; **~ one's hair** sich das Haar machen, sich frisieren; **I'll ~ the flowers** ich werde die Blumen gießen; **7.** *Rolle etc.* spielen, ,machen': **~ Hamlet** den Hamlet spielen; **~ the host** den Wirt spielen; **~ the polite** den höflichen Mann markieren; **8.** genügen, passen, recht sein (*dat.*): **will this glass ~ you?** genügt Ihnen dieses Glas?; **9.** F erschöpfen, ermüden: **he was pretty well done** er war ,erledigt' (*am Ende s-r Kräfte*); **10.** F erledigen, abfertigen: **I'll ~ you next** ich nehme Sie als nächsten dran; **~ a town** e-e Stadt besichtigen *od.* ,erledigen'; **that has done me** das hat mich ,fertiggemacht' *od.* ruiniert; **~ 3 years in prison** *sl.* drei Jahre ,abbrummen'; **11.** F ,reinlegen', ,übers Ohr hauen', ,einseifen': **~ s.o. out of s.th.** j-n um et. betrügen *od.* bringen; **you have been done (brown)** du bist schön angeschmiert worden; **12.** F behandeln, versorgen, bewirten: **~ s.o. well** j-n gut versorgen; **~ o.s. well** es sich gutgehen lassen, sich gütlich tun; **II** *v/i.* [*irr.*] **13.** handeln, vorgehen, tun, sich verhalten: **he did well to come** er tat gut daran zu kommen; **nothing ~ing!** a) es ist nichts los, b) F nichts zu machen!, ausgeschlossen!; **it's ~ or die now!** jetzt geht's ums Ganze!; **have done!** hör auf!, genug davon!; → **Rome**; **14.** vor'ankommen, Leistungen voll'bringen: **~ well** a) es gut machen, Erfolg haben, b) gedeihen, gut verdienen (→ 15); **~ badly** schlecht daran sein, schlecht *mit et.* fahren; **he did brilliantly at his examination** er hat ein glänzendes Examen gemacht; **15.** sich befinden: **~ well** a) gesund sein, b) in guten Verhältnissen leben, c) sich gut erholen; **how ~ you ~?** a) guten Tag!, b) *obs.* wie geht es Ihnen?, c) es freut mich (, Sie kennenzulernen); **16.** genügen, ausreichen, passen, recht sein: **will this quality ~?** reicht diese Qualität aus?; **that will ~** a) das genügt, b) genug davon!; **it will ~ tomorrow** es hat Zeit bis morgen; **that won't ~** a) das genügt nicht, b) das geht nicht (an); **that won't ~ with me** das verfängt bei mir nicht; **it won't ~ to be rude** mit Grobheit kommt man nicht weit(er), man darf nicht unhöflich sein; **I'll make it ~** ich werde damit (schon) auskommen *od.* reichen; **III** *v/aux.* **17.** *Verstärkung*: **I ~ like it** es gefällt mir sehr; **~ be quiet!** sei doch still!; **he did come** er ist tatsächlich gekommen; **they did go, but** sie sind zwar *od.* wohl gegangen, aber; **18.** *Umschreibung*: a) *in Fragesätzen*: **~ you know him? No, I don't** kennst du ihn? Nein (, ich kenne ihn nicht), b) *in mit* **not** *verneinten Sätzen*: **he did not (*od.* didn't) come** er ist nicht gekommen; **19.** *bei Umstellung nach* **hardly**, **little** *etc.*: **rarely does one see such things** solche Dinge sieht man selten; **20.** *statt Wiederholung des Verbs*: **you know as well as I ~** Sie wissen so gut wie ich; **did you buy it? – I did!** hast du es gekauft? – jawohl!; **I take a bath – so ~ I** ich nehme ein Bad – ich auch; **21. you learn German, don't you?** du lernst Deutsch, nicht wahr?; **he doesn't work too hard, does he?** er arbeitet sich nicht tot, nicht wahr?;

Zssgn mit prp.:

do| by *v/i.* behandeln, handeln an (*dat.*): **do well by s.o.** j-n gut *od.* anständig behandeln; **do ([un]to others) as you would be done by** was du nicht willst, daß man dir tu', das füg auch keinem andern zu; **~ for** *v/i.* **1.** passen *od.* sich eignen für *od.* als; ausreichen für; **2.** F *j-m* den Haushalt führen; **3.** sorgen für; **4.** F zu'grunde richten, ruinieren: **he is done for** er ist ,erledigt'; **~ to** → **do by**; **~ with** *v/t. u. v/i.* **1.** : **I can't do anything with him (it)** ich kann nichts mit ihm (damit) anfangen; **I have nothing to ~ it** ich habe nichts damit zu schaffen, es geht mich nichts an, es betrifft mich nicht; **I won't have anything to ~ you** ich will mit dir nichts zu schaffen haben; **2.** auskommen *od.* sich begnügen mit: **can you ~ bread and cheese for supper?** genügen dir Brot und Käse zum Abendessen?; **3.** er-, vertragen: **I can't ~ him and his cheek** ich kann ihn mit s-r Frechheit nicht ertragen; **4.** *mst* **could ~** (gut) gebrauchen können: **I could ~ the money**; **he could ~ a haircut** er müßte sich mal (wieder) die Haare schneiden lassen; **~ with·out** *v/i.* auskommen ohne, *et.* entbehren, verzichten auf (*acc.*): **we shall have to ~** wir müssen ohne (es) auskommen;

Zssgn mit adv.:

do| a·way with *v/i.* **1.** beseitigen, abschaffen, aufheben; **2.** *Geld* 'durchbringen; **3.** 'umbringen, töten; **~ down** *v/t.* F **1.** reinlegen, ,übers Ohr hauen', ,bescheißen'; **2.** ,her'untermachen'; **~ in** *v/t. sl.* **1.** *j-n* 'umbringen; **2.** → **do down** 1; **3.** *j-n* ,erledigen', ,schaffen'; **~ out** *v/t.* F *Zimmer etc.* säubern; **~ up** *v/t.* **1.** a) zs.-schnüren, b) *Päckchen* verschnüren, zu'rechtmachen, c) einpakken, d) *Kleid etc.* zumachen; **2.** *das Haar* hochstecken; **3.** herrichten, in Ordnung bringen; **4.** → **do in** 3.

do[2] [du:] *pl.* **dos, do's** [-z] *s.* **1.** *sl.* Schwindel *m*, ,Beschiß' *m*, fauler Zauber; **2.** *Brit.* F Fest *n*, ,Festivi'tät' *f*, ,große Sache'; **3. do's and don'ts** Gebote *pl. u.* Verbote *pl.*, Regeln *pl.*

do[3] [dəʊ] *s.* ♪ do *n* (*Solmisationssilbe*).

do·a·ble ['du:əbl] *adj.* 'durchführ-, machbar; **'do-all** *s.* Fak'totum *n*.

doat [dəʊt] → **dote**.

doc [dɒk] F *abbr. für* **doctor**.

do·cent [dəʊ'sent] *s. Am.* Pri'vatdoˌzent *m*.

doc·ile ['dəʊsaɪl] *adj.* ☐ **1.** fügsam, gefügig; **2.** gelehrig; **3.** fromm (*Pferd*); **do·cil·i·ty** [dəʊ'sɪlətɪ] *s.* **1.** Fügsamkeit *f*; **2.** Gelehrigkeit *f*.

dock[1] [dɒk] **I** *s.* **1.** Dock *n*: **dry ~, graving ~** Trockendock; **floating ~** Schwimmdock; **wet ~** Dockhafen *m*; **put in ~** → 6; **2.** Hafenbecken *n*, Anlegeplatz *m*: **~ authorities** Hafenbehörde *f*; **~ dues** → **dockage[1]** 1; **~ strike** Dockarbeiterstreik *m*; **3.** *pl.* Docks *pl.*, Dock-, Hafenanlagen *pl.*; **4.** *Am.* Kai *m*; **5.** 🚂 *Am.* Laderampe *f*; **II** *v/t.* **6.** *Schiff* (ein)docken; **7.** *Raumschiffe* koppeln; **III** *v/i.* **8.** ins Dock gehen, docken; im Dock liegen; **9.** anlegen (*Schiff*); **10.** andocken (*Raumschiffe*).

dock[2] [dɒk] **I** *s.* **1.** Fleischteil *m* des Schwanzes; **2.** Schwanzstummel *m*; **3.** Schwanzriemen *m*; **4.** (Lohn- *etc.*)Kürzung *f*; **II** *v/t.* **5.** a) stutzen, b) den Schwanz stutzen *od.* kupieren (*dat.*); **6.** *fig.* beschneiden, kürzen.

dock[3] [dɒk] *s.* ⚖ Anklagebank *f*: **be in the ~** auf der Anklagebank sitzen; **put in the ~** *fig.* anklagen.

dock[4] [dɒk] *s.* ⚘ Ampfer *m*.

dock·age[1] ['dɒkɪdʒ] *s.* ⚓ **1.** Dock-, Hafengebühren *pl.*, Kaigebühr *f*; **2.** Dokken *n*; **3.** → **dock[1]** 3.

dock·age[2] ['dɒkɪdʒ] *s.* Kürzung *f*.

dock·er ['dɒkə] *s. Brit.* Dock-, Hafenarbeiter *m*.

dock·et ['dɒkɪt] **I** *s.* **1.** ⚖ a) Ge'richts-, Ter'minkaˌlender *m*, b) *Brit.* 'Urteilsreˌgister *n*, c) *Am.* Pro'zeßliste *f*; **2.** Inhaltsangabe *f*, -vermerk *m*; **3.** *Am.* Tagesordnung *f*; **4.** ✝ a) A'dreßzettel *m*, Eti'kett *n*, b) *Brit.* Zollquittung *f*, c) *Brit.* Bestell-, Lieferschein *m*; **II** *v/t.* **5.** in e-e Liste eintragen (→ 1 b u. c); **6.** mit Inhaltsangabe *od.* Eti'kett versehen; **7.** *Am.* auf die Tagesordnung setzen.

dock·ing ['dɒkɪŋ] *s. Raumfahrt*: Andokken *n*, Kopp(e)lung *f*.

'dock|·land *s.* Hafenviertel *n*; **'~ˌmas·ter** *s.* 'Hafenkapiˌtän *m*, Dockmeister *m*; **'~ˌwar·rant** *s.* ✝ Docklagerschein *m*; **~ work·er** → **docker**; **'~·yard** *s.* ⚓ **1.** Werft *f*; **2.** *Brit.* Ma'rinewerft *f*.

doc·tor ['dɒktə] **I** *s.* **1.** Doktor *m*, Arzt *m*: **~'s stuff** F Medizin *f*; **that's just what the ~ ordered** das ist genau das richtige; **doll ~** F Puppendoktor; **2.** *univ.* Doktor *m*: **♀ of Divinity (Laws)** Doktor der Theologie (Rechte); **take one's ~'s degree** (zum Doktor) promovieren; **Dear ~** Sehr geehrter Herr Doktor!; **3. ♀ of the Church** Kirchenvater *m*; **4.** ⚓ *sl.* Smutje *m*, Schiffskoch *m*; **5.** ⚙ Schaber *m*, Abstreichmesser *n*; **6.** *Angeln*: künstliche Fliege; **II** *v/t.* **7.** ,verarzten', ärztlich behandeln; **8.** F *Tier* kastrieren; **9.** ,ausbessern', ,zu'rechtflicken'; **10.** *a.* **~ up** a) *Wein etc.* (ver)panschen, b) *Abrechnungen etc.* ,frisieren', (ver)fälschen; **III** *v/i.* **11.** F (als Arzt) praktizieren; **'doc·tor·al** [-tərəl] *adj.* Doktor(s)...: **~ candidate** Doktorand(in); **~ cap** Doktorhut *m*; **'doc·tor·ate** [-tərɪt] *s.* Dokto'rat *n*, Doktorwürde *f*.

doc·tri·naire [ˌdɒktrɪ'neə] **I** *s.* Doktri'när *m*, Prin'zipienreiter *m*; **II** *adj.* doktri'när.

doc·tri·nal [dɒk'traɪnl] *adj.* ☐ lehrmäßig, Lehr...; *weitS* dog'matisch: **~ proposition** Lehrsatz *m*; **~ theology** Dogmatik *f*; **doc·trine** ['dɒktrɪn] *s.* **1.** Dok'trin *f*, Lehre *f*, Lehrmeinung *f*; **2.** *bsd. pol.* Dok'trin *f*, Grundsatz *m*: **party ~** Parteiprogramm *n*.

doc·u·dra·ma ['dɒkjʊdrɑ:mə] *s. Film, TV*: Dokumen'tarspiel *n*.

doc·u·ment ['dɒkjʊmənt] **I** *s.* **1.** Doku'ment *n*, Urkunde *f*, Schrift-, Aktenstück *n*, 'Unterlage *f*, *pl. a.* Akten *pl.*; **2.** Beweisstück *n*; **3. (shipping) ~s** *pl.* ✝ Ver'lade-, 'Schiffspaˌpiere *pl.*: **~s against acceptance (payment)** Dokumente gegen Akzept (Bezahlung); **II**

v/t. [-ment] **4.** dokumentieren (*a. fig.*), (urkundlich) belegen; **5.** *Buch etc.* mit (genauen) Beleghinweisen versehen; **6.** ✝ mit den notwendigen Pa'pieren versehen; **doc·u·men·ta·ry** [ˌdɒkjʊ'mentərɪ] **I** *adj.* **1.** dokumen'tarisch, urkundlich: **~ *bill*** ✝ Dokumententratte *f*; **~ *evidence*** Urkundenbeweis *m*; **2.** *Film etc.*: Dokumentar..., Tatsachen...: **~ *film***; **~ *novel***; **II** *s.* Dokumen'tar-, Tatsachenfilm *m*; **doc·u·men·ta·tion** [ˌdɒkjʊmen'teɪʃn] *s.* Dokumentati'on *f*: a) Urkunden-, Quellenbenutzung *f*, b) dokumen'tarischer Nachweis *od.* Beleg.

dod·der¹ ['dɒdə] *s.* ⚘ Teufelszwirn *m*, Flachsseide *f*.

dod·der² ['dɒdə] *v/i.* F **1.** zittern (*vor Schwäche*); **2.** wack(e)lig gehen, wakkeln; '**dod·dered** [-əd] *adj.* **1.** astlos (*Baum*); **2.** altersschwach, tatterig; '**dod·der·ing** [-ərɪŋ], '**dod·der·y** [-ərɪ] *adj.* F se'nil, tatterig, vertrottelt.

do·dec·a·gon [dəʊ'dekəgən] *s.* ⩓Zwölfeck *n*.

do·dec·a·he·dron [ˌdəʊdekə'hedrən] *pl.* **-drons, dra** [-drə] *s.* ⩓Dodeka'eder *n*, Zwölfflächner *m*; ˌ**do·dec·a'syl·la·ble** [-'sɪləbl] *s.* zwölfsilbiger Vers.

dodge [dɒdʒ] **I** *v/i.* **1.** (rasch) zur Seite springen, ausweichen; **2.** a) schlüpfen, b) sich verstecken, c) flitzen; **3.** Ausflüchte gebrauchen, Winkelzüge machen; **4.** sich drücken; **II** *v/t.* **5.** ausweichen (*dat.*); **6.** F sich drücken vor, um'gehen, aus dem Weg gehen (*dat.*), vermeiden; **III** *s.* **7.** Sprung *m* zur Seite, rasches Ausweichen; **8.** Kniff *m*, Trick *m*: ***be up to all the ~s*** mit allen Wassern gewaschen sein; **dodg·em (car)** ['dɒdʒəm] *s.* (Auto)Scooter *m*; '**dodg·er** [-dʒə] *s.* **1.** ,Schlitzohr' *n*; **2.** Gauner *m*, Schwindler *m*; **3.** Drückeberger *m*; **4.** *Am.* Hand-, Re'klamezettel *m*; '**dodg·y** [-dʒɪ] *adj. Brit.* F **1.** vertrackt; **2.** ris'kant; **3.** nicht einwandfrei.

doe [dəʊ] *s. zo.* **1.** a) Damhirschkuh *f*, b) Rehgeiß *f*; **2.** *Weibchen der Hasen, Kaninchen etc.*

do·er ['du:ə] *s.* ,Macher' *m*, Tatmensch *m*.

does [dʌz; dəz] *3. pres. sg. von* **do¹**.

'**doe·skin** *s.* **1.** a) Rehfell *n*, b) Rehleder *n*; **2.** Doeskin *n* (*ein Wollstoff*).

doest [dʌst] *obs. od. poet. 2. pres. sg. von* **do¹**: ***thou ~*** du tust.

doff [dɒf] *v/t.* **1.** *Kleider* ablegen, ausziehen; *Hut* lüften, ziehen; **2.** *fig. Gewohnheit* ablegen.

dog [dɒg] **I** *s.* **1.** *zo.* Hund *m*; **2.** *engS.* Rüde *m* (*männlicher Hund, Wolf* [*a.* ***dog-wolf***], *Fuchs* [*a.* ***dog-fox***] *etc.*); **3.** *oft* ***dirty ~*** (gemeiner) Hund *m*, Schuft *m*; **4.** F Bursche *m*, Kerl *m*: ***gay ~*** lustiger Vogel; ***lucky ~*** Glückspilz *m*; ***sly ~*** schlauer Fuchs; **5.** *ast.* a) ***Greater*** (***Lesser***) ♎ Großer (Kleiner) Hund, b) → ***Dog Star***; **6.** ***the ~s*** *Brit.* F das Windhundrennen; **7.** ⚙ a) Klaue *f*, Knagge *f*, b) Anschlag(bolzen) *m*, c) Bock *m*, Gestell *n*; **8.** ⚒ Hund *m*, Förderwagen *m*; **9.** → ***fire-dog***;
Besondere Redewendungen:
not a ~'s chance nicht die geringste Chance; ***~ in the manger*** Neidhammel *m*; ***~s of war*** Kriegsfurien; ***~'s dinner*** F Pfusch(arbeit *f*) *m*; ***~ does not eat ~*** eine Krähe hackt der anderen kein Auge aus; ***go to the ~s*** vor die Hunde gehen; ***every ~ has his day*** jeder hat einmal Glück im Leben; ***help a lame ~ over a stile*** j-m in der Not helfen; ***lead a ~'s life*** ein Hundeleben führen; ***lead s.o. a ~'s life*** j-m das Leben zur Hölle machen; ***let sleeping ~s lie*** a) schlafende Hunde soll man nicht wecken, laß die Finger davon, b) laß den Hund begraben sein, rühr nicht alte Geschichten auf; ***put on ~*** F,angeben', vornehm tun; ***throw to the ~s*** wegwerfen, vergeuden, *fig.* den Wölfen (zum Fraß) vorwerfen, opfern;
II *v/t.* **10.** *j-m* auf dem Fuße folgen, *j-n* verfolgen, jagen, *j-m* nachspüren: ***~ s.o.'s steps*** j-m auf den Fersen bleiben; **11.** *fig.* verfolgen: ***~ged by bad luck***.

dog| bis·cuit *s.* Hundekuchen *m*; '**~·cart** *s.* Dogcart *m* (*Wagen*); ˌ**~-'cheap** *adj. u. adv.* F spottbillig; **~ col·lar** *s.* **1.** Hundehalsband *n*; **2.** F Kol'lar *n*, (steifer) Kragen *e-s Geistlichen*; **~ days** *s. pl.* Hundstage *pl.*

doge [dəʊdʒ] *s. hist.* Doge *m*.

'**dog|-ear** *s.* Eselsohr *n*; '**~-eared** *adj.* mit Eselsohren (*Buch*); **~ end** *s. Brit.* F (Ziga'retten)Kippe *f*; '**~-fight** *s.* Handgemenge *n*; ⚔Einzel-, Nahkampf *m*; ✈Kurven-, Luftkampf *m*; '**~·fish** *s.* kleiner Hai, *bsd.* Hundshai *m*.

dog·ged ['dɒgɪd] *adj.* ☐ verbissen, hartnäckig, zäh; '**dog·ged·ness** [-nɪs] *s.* Verbissenheit *f*, Zähigkeit *f*.

dog·ger ['dɒgə] *s.* ⚓ *Dogger m* (*zweimastiges Fischerboot*).

dog·ger·el ['dɒgərəl] **I** *s.* Knittelvers *m*; **II** *adj.* holperig (*Vers etc.*).

dog·gie ['dɒgɪ] → ***doggy*** 1; **~ bag** *s.* F Beutel *m* zum Mitnehmen von Essensresten (*im Restaurant*).

dog·gish ['dɒgɪʃ] *adj.* ☐ **1.** hundeartig, Hunde...; **2.** bissig, mürrisch.

dog·go ['dɒgəʊ] *adv.*: ***lie ~*** a) sich nicht mucksen, b) sich versteckt halten.

dog·gone ['dɒgɒn] *adj. u. int. Am.* F verdammt.

dog·gy ['dɒgɪ] **I** *s.* **1.** Hündchen *n*, Wauwau *m*; **II** *adj.* **2.** hundeartig; **3.** hundeliebend; **4.** *Am.* F todschick.

'**dog|·house** *s.* Hundehütte *f*: ***in the ~*** *Am.* F in Ungnade; **~ Lat·in** *s.* 'Küchenlaˌtein *n*; **~ lead** [li:d] *s.* Hundeleine *f*.

dog·ma ['dɒgmə] *pl.* **-mas, -ma·ta** [-mətə] *s.* **1.** *eccl.* Dogma *n*: a) Glaubenssatz *m*, b) 'Lehrsysˌtem *n*; **2.** Lehrsatz *m*; **3.** *fig.* Dogma *n*, Grundsatz *m*; **dog·mat·ic** [dɒg'mætɪk] **I** *adj.* (☐ ***~ally***) *eccl. u. fig. contp.* dog'matisch; **II** *s. pl. sg. konstr.* Dog'matik *f*; '**dog·ma·tism** [-ətɪzəm] *s. contp.* Dogma'tismus *m*; '**dog·ma·tist** [-ətɪst] *s. eccl. u. fig.* Dog'matiker *m*; '**dog·ma·tize** [-ətaɪz] **I** *v/i. bsd. contp.* dogmatisieren, dog'matische Behauptungen aufstellen (**on** über *acc.*); **II** *v/t.* dogmatisieren, zum Dogma erheben.

ˌ**do-'good·er** *s.* F Weltverbesserer *m*, Humani'tätsaˌpostel *m*.

'**dog|-ˌpad·dle** *v/i.* (wie ein Hund) paddeln; **~ rac·ing** *s.* Hunderennen *n*; '**~-rose** *s.* ⚘ Heckenrose *f*.

'**dogsˌbod·y** ['dɒgz-] *s.* F ,Kuli' *m* (*der die Dreckarbeit machen muß*).

'**dog's-ear** *etc.* → ***dog-ear*** *etc.*

'**dog|-show** *s.* Hundeausstellung *f*; '**~·skin** *s.* Hundsleder *n*; ♎ **Star** *s. ast.* Sirius *m*, Hundsstern *m*; **~ tag** *s.* **1.** Hundemarke *f*; **2.** ⚔ *Am. sl.* ,Hundemarke' *f* (*Erkennungsmarke*); **~ tax** *s.* Hundesteuer *f*; ˌ**~-'tired** *adj.* F hundemüde; '**~-tooth** *s.* [*irr.*] ⩓ 'Zahnornaˌment *n*; '**~-trot** *s.* leichter Trab; '**~-watch** *s.* ⚓ ,Plattfuß' *m* (*Wache*); '**~-wood** *s.* ⚘ Hartriegel *m*.

doi·ly ['dɔɪlɪ] *s.* (Zier)Deckchen *n*.

do·ing ['du:ɪŋ] *s.* **1.** Tun *n*: ***that was your ~*** a) das hast du getan, b) es war deine Schuld; ***that will take some ~*** das will erst getan sein; **2.** *pl.* a) Taten *pl.*, Tätigkeit *f*, b) Vorfälle *pl.*, Begebenheiten *pl.*, c) Treiben *n*, Betragen *n*: ***fine ~s these!*** das sind mir schöne Geschichten!; **3.** *pl. sg. konstr. Brit.* F ,Dingsbums' *n*.

doit [dɔɪt] *s.* Deut *m*: ***not worth a ~*** keinen Pfifferling wert.

ˌ**do-it-your'self I** *s.* Heimwerken *n*; **II** *adj.* Do-it-yourself..., Heimwerker...; ˌ**do-it-your'self·er** [-fə] *s.* F Heimwerker *m*.

dol·drums ['dɒldrəmz] *s. pl.* **1.** *geogr.* a) Kalmengürtel *m*, -zone *f*, b) Kalmen *pl.*, äquatori'ale Windstillen *pl.*; **2.** Niedergeschlagenheit *f*, Trübsinn *m*: ***in the ~*** a) deprimiert, Trübsal blasend, b) e-e Flaute durchmachend (*Geschäft etc.*).

dole [dəʊl] **I** *s.* **1.** milde Gabe, Almosen *n*; **2.** *bsd. Brit.* F ,Stempelgeld' *n*: ***be*** (*od.* ***go***) ***on the ~*** stempeln gehen; **II** *v/t.* **3.** *mst* ***~ out*** sparsam aus-, verteilen.

dole·ful ['dəʊlfʊl] *adj.* ☐ traurig; trübselig; '**dole·ful·ness** [-nɪs] *s.* Trübseligkeit *f*.

dol·i·cho·ce·phal·ic [ˌdɒlɪkəʊse'fælɪk] *adj.* langköpfig, -schädelig.

'**do-ˌlit·tle** *s.* F Faulpelz *m*.

doll [dɒl] **I** *s.* **1.** Puppe *f*: ***~'s house*** Puppenstube *f*, -haus *n*; ***~'s pram*** *bsd. Brit.* Puppenwagen *m*; ***~'s face*** *fig.* Puppengesicht *n*; **2.** F ,Puppe' *f* (*Mädchen*); *Am. sl. allg.* Frau *f*; **II** *v/t. u. v/i.* ***~ up*** F (sich) feinmachen: ***all ~ed up*** aufgedonnert.

dol·lar ['dɒlə] *s.* Dollar *m*: ***the almighty ~*** das Geld, der Mammon; ***~ diplomacy*** Dollardiplomatie *f*.

doll·ish ['dɒlɪʃ] *adj.* ☐ puppenhaft.

dol·lop ['dɒləp] *s.* F Klumpen *m*, ,Klacks' *m*; *Am.* ,Schuß' *m*: ***~ of brandy***.

doll·y ['dɒlɪ] **I** *s.* **1.** Püppchen *n*; **2.** ⚙ a) niedriger Trans'portkarren, b) *Film*: Kamerawagen *m*, c) 'Schmalspurlokoˌmoˌtive *f* (*an Baustellen*); **3.** ⚙ Nietkolben *m*; **4.** Wäschestampfer *m*, -stößel *m*; **5.** *Am.* Anhängerbock *m* (*Sattelschlepper*); **6.** *a.* **~ *bird*** F ,Püppchen' *n* (*Mädchen*); **II** *adj.* **7.** puppenhaft; **III** *v/t.* **8.** **~ *in*** (***out***) *Film*: *die Kamera* vorfahren (zu'rückfahren); **~ *shot*** *s. Film*: Fahraufnahme *f*.

dol·man ['dɒlmən] *pl.* **-mans** *s.* **1.** Damenmantel *m* mit capeartigen Ärmeln: **~ *sleeve*** capeartiger Ärmel; **2.** Dolman *m* (*Husarenjacke*).

dol·men ['dɒlmen] *s.* Dolmen *m* (*vorgeschichtliches Steingrabmal*).

dol·o·mite ['dɒləmaɪt] *s. min.* Dolo'mit *m*: ***the ♎s*** *geogr.* die Dolomiten.

do·lor *Am.* → ***dolour***; **dol·or·ous** ['dɒlərəs] *adj.* □ traurig, schmerzlich; **do·lour** ['dɒlə] *s.* Leid *n*, Pein *f*, Qual *f*, Schmerz *m*.

dol·phin ['dɒlfɪn] *s.* **1.** *zo.* a) Del'phin *m*, b) Tümmler *m*; **2.** *ichth.* 'Goldmaˌkrele *f*; **3.** ⚓ a) Ankerboje *f*, b) Dalbe *f*.

dolt [dəʊlt] *s.* Dummkopf *m*, Tölpel *m*; **'dolt·ish** [-tɪʃ] *adj.* □ tölpelhaft, dumm.

do·main [dəʊ'meɪn] *s.* **1.** Do'mäne *f*, Staatsgut *n*; **2.** Landbesitz *m*; Herrengut *n*; **3.** (***power of***) ***eminent*** ~ *Am.* Enteignungsrecht *n des Staates*; **4.** *fig.* Do'mäne *f*, Gebiet *n*, Bereich *m*, Sphäre *f*, Reich *n*.

dome [dəʊm] *s.* **1.** *allg.* Kuppel *f*; **2.** Wölbung *f*; **3.** *obs.* Dom *m*, *poet. a.* stolzer Bau; **4.** ⚙ Haube *f*, Deckel *m*; **5.** *Am.* ‚Birne' *f* (*Kopf*); **domed** [-md] *adj.* gewölbt; kuppelförmig.

Domes·day Book ['du:mzdeɪ] *s. Reichsgrundbuch Englands* (*1086*).

'dome-shaped → ***domed***.

do·mes·tic [dəʊ'mestɪk] **I** *adj.* (□ ~***ally***) **1.** häuslich, Haus..., Haushalts..., Familien..., Privat...: ~ ***affairs*** häusliche Angelegenheiten (→ 4); ~ ***court*** *Am.* Familiengericht *n*; ~ ***drama*** *thea.* bürgerliches Drama; ~ ***economy*** *od.* ***science*** Hauswirtschaft(slehre) *f*; ~ ***life*** Familienleben *n*; ~ ***relations law*** ⚖ *Am.* Familienrecht *n*; ~ ***servant*** → 6; **2.** häuslich (veranlagt): ***a*** ~ ***man***; **3.** inländisch, Inland(s)..., einheimisch, Landes...; Innen..., Binnen...: ~ ***bill*** † Inlandswechsel *m*; ~ ***goods*** Inlandswaren; ~ ***mail*** *Am.* Inlandspost *f*; ~ ***trade*** Binnenhandel *m*; **4.** *pol.* inner, Innen...: ~ ***affairs*** innere *od.* innenpolitische Angelegenheiten (→ 1); ~ ***policy*** Innenpolitik *f*; **5.** zahm, Haus...: ~ ***animal*** Haustier *n*; **II** *s.* **6.** Hausangestellte(r *m*) *f*, Dienstbote *m*; **do'mes·ti·cate** [-keɪt] *v/t.* **1.** domestizieren: a) zähmen, zu Haustieren machen, b) zu Kulturpflanzen machen; **2.** an häusliches Leben gewöhnen: ***not*** ~***d*** a) nichts vom Haushalt verstehend, b) nicht am Familienleben hängend, ‚nicht gezähmt'; **3.** *Wilde* zivilisieren; **do·mes·ti·ca·tion** [dəʊˌmestɪ'keɪʃn] *s.* **1.** Domestizierung *f*: a) Zähmung *f*, b) ⚘ Kultivierung *f*; **2.** Gewöhnung *f* an häusliches Leben; **3.** Einbürgerung *f*; **do·mes·tic·i·ty** [ˌdəʊme'stɪsətɪ] *s.* **1.** (Neigung *f* zur) Häuslichkeit *f*; **2.** häusliches Leben; **3.** *pl.* häusliche Angelegenheiten *pl.*

dom·i·cile ['dɒmɪsaɪl], *Am. a.* **'dom·i·cil** [-sɪl] **I** *s.* **1.** a) (ständiger *od.* bürgerlichrechtlicher) Wohnsitz, b) Wohnort *m*, c) Wohnung *f*; **2.** † Sitz *m* e-r Gesellschaft; **3.** *a.* ***legal*** ~ ⚖ Gerichtsstand *m*; **II** *v/t.* **4.** ansässig *od.* wohnhaft machen, ansiedeln; **5.** † *Wechsel* domizilieren; **'dom·i·ciled** [-ld] *adj.* **1.** ansässig, wohnhaft; **2.** ~ ***bill*** † Domizilwechsel *m*; **dom·i·cil·i·ar·y** [ˌdɒmɪ'sɪljərɪ] *adj.* Haus..., Wohnungs...: ~ ***arrest*** Hausarrest *m*; ~ ***visit*** Haussuchung *f*; **dom·i·cil·i·ate** [ˌdɒmɪ'sɪljeɪt] *v/t.* † *Wechsel* domizilieren.

dom·i·nance ['dɒmɪnəns] *s.* **1.** (Vor-)Herrschaft *f*, (Vor)Herrschen *n*; **2.** Macht *f*; **3.** *biol.* Domi'nanz *f*; **'dom·i·nant** [-nt] **I** *adj.* □ **1.** dominierend, vorherrschend; **2.** beherrschend: a) bestimmend, entscheidend: ~ ***factor***, b) em'porragend, weithin sichtbar; **3.** *biol.* domi'nant, überlagernd; **4.** ♪ Dominant...; **II** *s.* **5.** *biol.* vorherrschendes Merkmal; ♪, *a.* ⚘ Domi'nante *f*; **'dom·i·nate** [-neɪt] **I** *v/t.* beherrschen (*a. fig.*): a) herrschen über (*acc.*), b) em'porragen über (*acc.*); **II** *v/i.* dominieren, (vor)herrschen: ~ ***over*** herrschen über (*acc.*).

dom·i·na·tion [ˌdɒmɪ'neɪʃn] *s.* (Vor-)Herrschaft *f*; **ˌdom·i'neer** [-'nɪə] *v/i.* **1.** den Herrn spielen, anmaßend auftreten; **2.** (***over***) des'potisch herrschen (über *acc.*), tyrannisieren (*acc.*); **ˌdom·i'neer·ing** [-'nɪərɪŋ] *adj.* □ **1.** ty'rannisch, herrisch, gebieterisch; **2.** anmaßend.

do·min·i·cal [də'mɪnɪkl] *adj. eccl.* des Herrn (Jesu): ~ ***day*** Tag *m* des Herrn (*Sonntag*); ~ ***prayer*** *das* Gebet des Herrn (*Vaterunser*); ~ ***year*** Jahr *n* des Herrn.

Do·min·i·can [də'mɪnɪkən] *eccl.* **I** *adj.* **1.** *eccl.* Dominikaner..., domini'kanisch; **2.** *pol.* dominikanisch; **II** *s.* **3.** *a.* ~ ***friar*** Domini'kaner(mönch) *m*; **4.** *pol.* Domini'kaner(in).

dom·i·nie ['dɒmɪnɪ] *s.* **1.** *Scot.* Schulmeister *m*; **2.** (Herr) Pastor *m*.

do·min·ion [də'mɪnjən] *s.* **1.** (Ober-)Herrschaft *f*, (Regierungs)Gewalt *f*; **2.** ⚖ a) Eigentumsrecht *n*, b) (tatsächliche) Gewalt (***over*** über *e-e Sache*); **3.** (Herrschafts)Gebiet *n*; **4.** a) *hist.* 2 Do'minion *n* (*im Brit. Commonwealth*), b) ***the*** 2 *Am.* Kanada *n*.

dom·i·no ['dɒmɪnəʊ] *pl.* **-noes** *s.* **1.** a) *pl. sg. konstr.* Domino(spiel) *n*, b) Dominostein *m*; **2.** Domino *m* (*Maskenkostüm od. Person*); ~ **the·o·ry** *s. pol.* 'Dominotheoˌrie *f*.

don¹ [dɒn] *s.* **1.** 2 *span. Titel*; *weitS.* Spanier *m*; **2.** *Brit.* Universitätslehrer *m* (*Fellow od. Tutor*); **3.** Fachmann *m* (***at*** in *dat.*, für).

don² [dɒn] *v/t. et.* anziehen, *den Hut* aufsetzen.

do·nate [dəʊ'neɪt] *v/t.* schenken (*a.* ⚖), stiften, *a. Blut etc.* spenden (***to s.o.*** j-m); **do'na·tion** [-eɪʃn] *s.* Schenkung *f* (*a.* ⚖), Stiftung *f*, Gabe *f*, Geschenk *n*, Spende *f*.

done [dʌn] **I** *p.p. von* ***do¹***; **II** *adj.* **1.** getan: ***well*** ~***!*** gut gemacht!, bravo!; ***it isn't*** ~ so et. tut man nicht, das gehört sich nicht; ***what is to be*** ~***?*** was ist zu tun?, was soll geschehen?; ~ ***at ...*** *in Urkunden*: gegeben in *der Stadt New York etc.*; **2.** erledigt (*a. fig.*): ***get s.th.*** ~ et. erledigen (lassen); ***he gets things*** ~ er bringt et. zuwege; **3.** gar: ***is the meat*** ~ ***yet?***; ***well*** ~ durchgebraten; **4.** F fertig: ***have*** ~ ***with*** a) fertig sein mit (*a. fig.*), b) nicht mehr brauchen, c) nichts mehr zu tun haben wollen mit; **5.** *a.* ~ ***up***, ~ ***in*** erschöpft, ‚erledigt', ‚fertig'; **6.** ~***!*** abgemacht!

do·nee [dəʊ'ni:] *s.* ⚖ Beschenkte(r *m*) *f*, Schenkungsempfänger(in).

dong [dɒŋ] *s. Am.* V ‚Pimmel' *m* (*Penis*).

don·jon ['dɒndʒən] *s.* **1.** Don'jon *m*, Hauptturm *m*; **2.** Bergfried *m*, Burgturm *m*.

don·key ['dɒŋkɪ] **I** *s.* **1.** Esel *m* (*a. fig.*): ~***'s years*** *Brit.* F e-e ‚Ewigkeit'; **2.** → ***donkey engine***; **II** *adj.* **3.** ⚙ Hilfs...: ~ ***pump***; ~ **en·gine** *s.* ⚙ kleine (*transportable*) 'Hilfsmaˌschine; **'~·work** *s.* F Dreckarbeit *f*.

don·nish ['dɒnɪʃ] *adj.* **1.** gelehrt; **2.** belehrend.

do·nor ['dəʊnə] *s.* Geber *m*; Schenker *m* (*a.* ⚖); Spender *m* (*a.* ⚕), Stifter *m*; ~ **card** *s.* Or'ganspenderausweis *m*.

'do-ˌnoth·ing **I** *s.* Faulenzer(in); **II** *adj.* faul, nichtstuerisch.

Don Quix·ote [ˌdɒn'kwɪksət] *s.* Don Qui'chotte *m* (*weltfremder Idealist*).

don't [dəʊnt] **I** a) F *für* ***do not***, b) *sl. für* ***does not***; **II** *s.* F Verbot *n*; → ***do²*** 3; ~ **know** *s.* a) Unentschiedene(r *m*) *f*, b) j-d, der (*bei e-r Umfrage*) keine Meinung hat.

doo·dle ['du:dl] **I** *s.* gedankenlos hingezeichnete Fi'gur(en *pl.*), Gekritzel *n*; **II** *v/i.* et. (gedankenlos) 'hinkritzeln, ‚Männchen malen'.

doom [du:m] **I** *s.* **1.** Schicksal *n*; (*bsd.* böses) Geschick, Verhängnis *n*: ***he met his*** ~ das Schicksal ereilte ihn; **2.** Verderben *n*, 'Untergang *m*, *a.* Tod *m*, *fig.* Todesurteil *n*; **3.** *obs.* Urteilsspruch *m*, Verdammung *f*; **4.** ***the day of*** ~ das Jüngste Gericht; → ***crack*** 1; **II** *v/t.* **5.** verurteilen, verdammen (***to*** zu): ~ ***to death***; **doomed** [-md] *adj.* a) verloren, dem 'Untergang geweiht, b) *bsd. fig.* verdammt, verurteilt (***to*** zu, ***to do*** zu tun): ~ ***to failure*** zum Scheitern verurteilt; ***the*** ~ ***train*** der Unglückszug *m*; **dooms·day** ['du:mzdeɪ] *s. das* Jüngste Gericht: ***till*** ~ bis zum Jüngsten Tag; **Dooms·day Book** → ***Domesday Book***; **doom·ster** ['du:mstə] *s.* 'Weltuntergangsproˌphet *m*.

door [dɔ:] *s.* **1.** Tür *f*: ***out of*** ~***s*** draußen, im Freien; ***within*** ~***s*** im Hause, drinnen; ***from*** ~ ***to*** ~ von Haus zu Haus; ***delivered to your*** ~ frei Haus (geliefert); ***two*** ~***s away*** (*od.* ***off***) zwei Häuser weiter; → ***next*** 1; **2.** Ein-, Zugang *m*, Tor *n*, Pforte *f* (*alle a. fig.*): ***at death's*** ~ am Rande des Grabes; ***lay s.th. at s.o.'s*** ~ j-m et. zur Last legen; ***lay the blame at s.o.'s*** ~ j-m die Schuld zuschieben; ***close*** (*od.* ***bang, shut***) ***the*** ~ ***on*** a) *j-n* abweisen, b) *et.* unmöglich machen; ***open a*** ~ ***to s.th.*** et. ermöglichen, *b.s.* e-r Sache Tür u. Tor öffnen; ***see*** (*od.* ***show***) ***s.o. to the*** ~ j-n zur Tür begleiten; ***show s.o. the*** ~ j-m die Tür weisen; ***turn out of*** ~***s*** *j-n* hinauswerfen; → ***darken*** 1; **'~·bell** *s.* Türklingel *f*; ~ **han·dle** *s.* Türgriff *m*, -klinke *f*; **'~ˌkeep·er** *s.* Pförtner *m*; **'~·key child** *s.* Schlüsselkind *n*; **'~·knob** *s.* Türgriff *m*; **'~ˌknock·er** *s.* Türklopfer *m*; **'~·man** [-mən] *s.* [*irr.*] (livrierter) Porti'er; **'~·mat** *s.* Fußmatte *f*, Fußabstreifer *m* (*a. fig. contp.*); **'~·nail** *s.* Türnagel *m*; → ***dead*** 1; **'~·plate** *s.* Türschild *n*; **'~·post** *s.* Türpfosten *m*; **'~·step** *s.* (Haus)Türstufe *f*: ***on s.o.'s*** ~ vor j-s Tür (*a. fig.*); **ˌ~-to-'~** *adj.* Haus-zu-Haus-...: ~ ***selling*** Verkauf *m* an der Haustür; **'~·way** *s.* **1.** Torweg *m*; **2.** Türöffnung *f*; **3.** *fig.* Zugang *m*; **'~·yard** *s. Am.* Vorgarten *m*.

dope [dəʊp] **I** *s.* **1.** Schmiere *f*, dicke Flüssigkeit; **2.** ✈ (Spann)Lack *m*, Firnis *m*; **3.** ⚙ Schmiermittel *n*; Zusatz (-stoff) *m*; Ben'zinzusatzmittel *n*; **4.** *sl.* ‚Stoff' *m*, Rauschgift *n*; **5.** *sl.* Reiz-, Aufputschmittel *n*; **6.** *oft* ***inside*** ~ *sl.* Geheimtip(s *pl.*) *m*, Informati'on (-en *pl.*) *f*; **7.** *sl.* Trottel *m*, Idi'ot *m*; **II** *v/t.* **8.** ✈ lackieren, firnissen; **9.** ⚙ *dem Benzin* ein Zusatzmittel beimischen; **10.** *sl. j-m* ‚Stoff' geben; **11.** *sl.* a) *sport* dopen: ***doping test*** Dopingkontrolle *f*, b) *e-m Pferd* ein leistungshemmendes Präpa'rat geben, c) *ein Getränk etc.* (mit e-m Betäubungsmittel) präparieren, d) *fig.* einschläfern, -lullen; **12.** *mst* ~ ***out*** *sl.* a) her'ausfinden, ausfindig machen, b) ausknobeln; **'~-fiend** *s. sl.* Rauschgiftsüchtige(r *m*) *f*.

dope·y ['dəʊpɪ] *adj. sl.* doof.

dor [dɔː], **dor·bee·tle** ['dɔːˌbiːtl] *s. zo.* **1.** Mist-, Roßkäfer *m*; **2.** Maikäfer *m*.

Do·ri·an ['dɔːrɪən] **I** *adj.* dorisch; **II** *s.* Dorier *m*; **Dor·ic** ['dɒrɪk] **I** *adj.* **1.** dorisch: ~ ***order*** ⚠ dorische (Säulen)Ordnung; **2.** breit, grob (*Mundart*); **II** *s.* **3.** Dorisch *n*, dorischer Dia'lekt; **4.** breiter *od.* grober Dia'lekt.

dorm [dɔːm] *s.* F *für* ***dormitory***.

dor·man·cy ['dɔːmənsɪ] *s.* Schlafzustand *m*, Ruhe(zustand *m*) *f* (*a.* ⚘); **'dor·mant** [-nt] *adj.* **1.** schlafend (*a. her.*), ruhend (*a.* ⚘), untätig (*a. Vulkan*); **2.** *zo.* Winterschlaf haltend; **3.** *fig.* a) schlummernd, la'tent, verborgen, b) unbenutzt, brachliegend: ~ ***talent***; ~ ***capital*** ✝ totes Kapital: ~ ***partner*** ✝ stiller Teilhaber; ~ ***title*** ⚖ ruhender *od.* nicht beanspruchter Titel; ***lie*** ~ ruhen, brachliegen.

dor·mer ['dɔːmə] *s.* ⚠ **1.** (Dach)Gaupe *f*; **2.** *a.* ~ ***window*** stehendes Dachfenster.

dor·mi·to·ry ['dɔːmɪtrɪ] *s.* **1.** Schlafsaal *m*; **2.** (*bsd.* Stu'denten)Wohnheim *n*; ~ ***sub·urb*** *s.* Schlafstadt *f*.

dor·mouse ['dɔːmaʊs] *pl.* **-mice** [-maɪs] *s. zo.* Haselmaus *f*; → ***sleep*** 1.

dor·my ['dɔːmɪ] *adj. Golf*: dormy (*mit so viel Löchern führend, wie noch zu spielen sind*): ***be*** ~ ***two*** dormy 2 stehen.

dor·sal ['dɔːsl] *adj.* □ dor'sal (⚘, *zo.*, *anat.*, *ling.*), Rücken…

do·ry¹ ['dɔːrɪ] *s.* Dory *n* (*Boot*).

do·ry² ['dɔːrɪ] → ***John Dory***.

dos·age ['dəʊsɪdʒ] *s.* **1.** Dosierung *f*; **2.** → ***dose*** 1, 2; **dose** [dəʊs] **I** *s.* **1.** ⚕ Dosis *f*, (Arz'nei)Gabe *f*; **2.** *fig.* Dosis *f*, ‚Schuß' *m*, Porti'on *f*; **3.** *a.* ~ ***of clap*** V Tripper *m*; **II** *v/t.* **4.** *Arznei* dosieren; **5.** *j-m* Arz'nei geben; **6.** *Wein* zuckern.

doss [dɒs] *Brit. sl.* **I** *s.* ‚Falle' *f*, ‚Klappe' *f*, Schlafplatz *m*; **II** *v/i.* ‚pennen'.

dos·ser¹ ['dɒsə] *s.* Rücken(trag)korb *m*.

dos·ser² ['dɒsə] *s. sl.* **1.** ‚Pennbruder' *m*; **2.** → ***dosshouse***.

'doss·house *s. sl.* ‚Penne' *f* (*billige Pension*).

dos·si·er ['dɒsɪeɪ] *s.* Dossi'er *n*, Akten *pl.*, Akte *f*.

dost [dʌst; dəst] *obs. od. poet. 2. pres. sg. von* ***do¹***.

dot¹ [dɒt] *s.* ⚖ Mitgift *f*.

dot² [dɒt] **I** *s.* **1.** Punkt *m* (*a.* ♪), Tüpfelchen *n*: ~***s and dashes*** Punkte u. Striche, *tel.* Morsezeichen; ***come on the*** ~ F auf den Glockenschlag pünktlich kommen; ***since the year*** ~ F seit e-r Ewigkeit; **2.** Tupfen *m*, Fleck *m*; **3.** *et.* Winziges, Knirps *m*; **II** *v/t.* **4.** punktieren (*a.* ♪): ~***ted line***; ***sign on the*** ~***ted line*** (*fig.* ohne weiteres) unterschreiben; **5.** mit dem i-Punkt versehen: ~ ***the*** (*od.* ***one's***) ***i's*** [***and cross the*** (*od.* ***one's***) ***t's***] *fig.* peinlich genau *od.* penibel sein; **6.** tüpfeln; **7.** über'säen, sprenkeln: ~***ted with flowers***; **8.** *sl.* ~ ***s.o. one*** j-m eine ‚knallen'.

dot·age ['dəʊtɪdʒ] *s.* **1.** Senili'tät *f*: ***he is in his*** ~ er ist kindisch *od.* senil geworden; **2.** *fig.* Affenliebe *f*, Vernarrtheit *f*; **'do·tard** [-təd] *s.* se'niler Mensch; **dote** [dəʊt] *v/i.* **1.** kindisch *od.* senil sein; **2.** (***on***) vernarrt sein (in *acc.*), abgöttisch lieben (*acc.*).

doth [dʌθ; dəθ] *obs. od. poet. 3. pres. sg. von* ***do¹***.

dot·ing ['dəʊtɪŋ] *adj.* □ **1.** vernarrt (***on*** in *acc.*): ***he is a doting husband*** er liebt s-e Frau abgöttisch; **2.** se'nil, kindisch.

dot·ter·el, dot·trel ['dɒtrəl] *s. orn.* Mori'nell(regenpfeifer) *m*.

dot·ty ['dɒtɪ] *adj.* **1.** punktiert, getüpfelt; **2.** F wackelig; **3.** F ‚bekloppt'.

dou·ble ['dʌbl] **I** *adj.* □ **1.** doppelt, Doppel…, zweifach, gepaart: ~ ***the amount*** der doppelte *od.* zweifache Betrag; ~ ***bottom*** doppelter Boden (*Schiff*, *Koffer*); ~ ***doors*** Doppeltür *f*; ~ ***taxation*** Doppelbesteuerung *f*; ~ ***width*** doppelte Breite, doppelt breit; ~ ***pneumonia*** ⚕ doppelseitige Lungenentzündung; ~ ***standard of morals*** *fig.* doppelte *od.* doppelbödige Moral; ~ (***of***) ***what it was*** doppelt *od.* zweimal soviel wie vorher; **2.** Doppel…, verdoppelt, verstärkt: ~ ***ale*** Starkbier *n*; **3.** Doppel…, für zwei bestimmt: ~ ***bed*** Doppelbett *n*; ~ ***room*** Doppel-, Zweibettzimmer *n*; **4.** ⚘ gefüllt (*Blume*); **5.** ♪ eine Ok'tave tiefer, Kontra…; **6.** zwiespältig, zweideutig, doppelsinnig; **7.** unaufrichtig, falsch: ~ ***character***; **8.** gekrümmt, gebeugt; **II** *adv.* **9.** doppelt, noch einmal: ~ ***as long***; **10.** doppelt, zweifach: ***see*** ~ doppelt sehen; ***play*** (***at***) ~ ***or quit***(***s***) alles aufs Spiel setzen; **11.** paarweise, zu zweit: ***to sleep*** ~; **III** *s.* **12.** *das* Doppelte *od.* Zweifache; **13.** Doppel *n*, Dupli'kat *n*: **14.** a) Gegenstück *n*, Ebenbild *n*, b) Double *n*, Doppelgänger *m*; **15.** Windung *f*, Falte *f*; **16.** Haken *m* (*bsd. Hase*, *a. Person*), plötzliche Kehrtwendung; **17.** ***at the*** ~ ⚔ im Schnellschritt; **18.** *mst pl. sg. konstr. sport* Doppel *n*: ***play a*** ~***s*** (***match***); ***men's*** ~***s*** Herrendoppel; **19.** *sport* a) Doppelsieg *m*, b) Doppelniederlage *f*; **20.** Doppelwette *f*; **21.** *Film*: Double *n*, *thea.* zweite Besetzung; **22.** *Bridge etc.*: Doppel *n*; **IV** *v/t.* **23.** verdoppeln (*a.* ♪); **24.** um das Doppelte über'treffen; **25.** *oft* ~ ***up*** ('um-, zs.-) falten, 'um-, zs.-legen, 'umschlagen; **26.** *Beine* 'überschlagen; *Faust* ballen; **27.** ⚓ um'segeln, -'schiffen; **28.** a) *Film, TV* als Double einspringen für, *j-n* doubeln, b) ~ ***the parts of A. and B.*** *thea. etc.* A. u. B. in e-r Doppelrolle spielen; **29.** *Spinnerei*: doublieren; **30.** *Karten*: *Gebot* doppeln; **V** *v/i.* **31.** sich verdoppeln; **32.** sich falten (lassen); **33.** a) plötzlich kehrtmachen, b) e-n Haken schlagen; **34.** *thea.* a) e-e Doppelrolle spielen, b) ~ ***for*** → 28a; **35.** ♪ zwei Instru'mente spielen; **36.** ⚔ a) im Schnellschritt marschieren, b) F Tempo vorlegen; **37.** a) den Einsatz verdoppeln, b) *Bridge*: doppeln.

Zssgn mit adv.:

dou·ble| back I *v/t.* → ***double*** 25; **II** *v/i.* kehrtmachen; ~ **in** *v/t.* nach innen falten, einbiegen, -schlagen; ~ **up I** *v/t.* **1.** → ***double*** 25; **2.** (zs.-)krümmen; **II** *v/i.* **3.** → ***double*** 32; **4.** sich krümmen *od.* biegen (*a. fig.* ***with*** vor *Schmerz*, *Lachen*); **5.** das Zimmer *etc.* gemeinsam benutzen: ~ ***on s.th.*** sich (in) et. teilen.

ˌdou·ble|-'act·ing, **ˌ~-'ac·tion** *adj.* ⚙ doppeltwirkend; ~ **a·gent** *s. pol.* 'Doppelaˌgent *m*; **'~-ˌbar·rel(l)ed** *adj.* **1.** doppelläufig: ~ ***gun*** Doppelflinte *f*; **2.** zweideutig; **3.** zweifach: ~ ***name*** F Doppelname *m*; ~ **bass** [beɪs] → ***contrabass***; **'~-ˌbed·ded** *adj.*: ~ ***room*** Zweibettzimmer *n*; ~ **bend** *s.* S-Kurve *f*; ~ **bill** *s.* Doppelveranstaltung *f*; **ˌ~-'breast·ed** *adj.* zweireihig (*Anzug*); **ˌ~-'check** *v/t.* genau nachprüfen; ~ **chin** *s.* Doppelkinn *n*; ~ **col·umn** *s.* Doppelspalte *f* (*Zeitung*): ***in*** ~***s*** zweispaltig; **ˌ~-'cross** *v/t.* ein doppeltes *od.* falsches Spiel treiben mit, *bsd. den Partner* ‚anschmieren'; ~ **date** *s.* 'Doppelrendezˌvous *n* (*zweier Paare*); **ˌ~-'deal·er** *s.* falscher *od.* ‚linker' Kerl, Betrüger *m*; **ˌ~-'deal·ing I** *adj.* falsch, betrügerisch; **II** *s.* Betrug *m*, Gemeinheit *f*; **ˌ~-'deck·er** *s.* **1.** Doppeldecker *m* (*Schiff*, *Flugzeug*, *Omnibus*); **2.** a) zweistöckiges Haus *etc.*, b) E'tagenbett *n*, c) Ro'man *m* in zwei Bänden, d) *Am.* F Doppelsandwich *n*; ~ **Dutch** *s.* F Kauderwelsch *n*; **ˌ~-'dyed** *adj.* **1.** zweimal gefärbt; **2.** *fig.* eingefleischt, Erz…: ~ ***villain*** Erzgauner *m*; ~ **ea·gle** *s.* **1.** *her.* Doppeladler *m*; **2.** *Am. goldenes 20-Dollar-Stück*; **ˌ~-'edged** *adj.* zweischneidig (*a. fig.*): ~ ***sword***; ~ **en·ten·dre** [ˌduːblɑ̃ːnˈtɑ̃ːndrə] (*Fr.*) *s. allg.* Zweideutigkeit *f*; ~ **en·try** *s.* ✝ **1.** doppelte Buchung; **2.** doppelte Buchführung; ~ **ex·po·sure** *s. phot.* Doppelbelichtung *f*; **'~-faced** *adj.* heuchlerisch, scheinheilig, unaufrichtig; ~ **fault** *s. Tennis*: Doppelfehler *m*; ~ **fea·ture** *s. Film*: 'Doppelproˌgramm *n* (*zwei Spielfilme in jeder Vorstellung*); ~ **first** *s. univ. Brit.* mit Auszeichnung erworbener ***honours degree*** in zwei Fächern; **'~ˌgang·er** [-ˌgæŋə] *s. psych.* Doppelgänger *m*; ~ **har·ness** *s. fig.* Ehestand *m*, -joch *n*; ~ **in·dem·ni·ty** *s. Am.* Verdoppelung *f* der Versicherungssumme (*bei Unfalltod*); **ˌ~-'joint·ed** *adj.* mit ‚Gummigelenken' (*Person*); ~ **life** *s.* Doppelleben *n*; ~ **mean·ing** *s.* Zweideutigkeit *f*; **ˌ~-'mind·ed** *adj.* **1.** wankelmütig, unentschlossen; **2.** unaufrichtig; ~ **mur·der** *s.* Doppelmord *m*.

dou·ble·ness ['dʌblnɪs] *s.* **1.** *das* Doppelte; **2.** Doppelzüngigkeit *f*, Falschheit *f*.

ˌdou·ble|-'park *v/t. u. v/i. mot.* in zweiter Reihe parken; **ˌ~-'quick** ⚔ **I** *s.* → ***double time***; **II** *adv.* F im Eiltempo; **ˌ~-'spaced** *adj.* zweizeilig, mit doppeltem Zeilenabstand; ~ **star** *s. ast.* Doppelstern *m*; **ˌ~-'stop** ♪ **I** *s.* Doppelgriff *m* (*Streichinstrument*); **II** *v/t.* Doppelgriffe spielen auf (*dat.*).

dou·blet ['dʌblɪt] *s.* **1.** *hist.* Wams *n*; **2.** Paar *n* (*Dinge*); **3.** Du'blette *f*: a) Dupli'kat *n*, b) *typ.* Doppelsatz *m*; **4.** *pl.* Pasch *m* (*beim Würfeln*).

ˌ**dou·ble**|-'**take** *s. sl.* ‚Spätzündung' *f* (*verzögerte Reaktion*): ***I did a ~ when*** ich stutzte zweimal, als; **~ talk** *s.* F doppeldeutiges Gerede, ‚Augenauswischerei' *f*; **~ tax·a·tion** *s.* ♆ Doppelbesteuerung *f*; '**~-think** *s.* ‚Zwiedenken' *n*; **~ time** *s.* ⚔ a) Schnellschritt *m*, b) (langsamer) Laufschritt: ***in ~*** F im Eiltempo, fix; ˌ**~-'tongued** *adj.* doppelzüngig, falsch; ˌ**~-'tracked** *adj.* 🚂 zweigleisig.

dou·bling ['dʌblɪŋ] *s.* **1.** Verdoppelung *f*; **2.** Faltung *f*; **3.** Haken(schlagen *n*) *m*; **4.** Trick *m*; **dou·bly** ['dʌblɪ] *adv.* doppelt.

doubt [daʊt] **I** *v/i.* **1.** zweifeln; schwanken, Bedenken haben; **2.** zweifeln (***of, about*** an *e-r Sache*); (dar'an) zweifeln, (es) bezweifeln (***whether, if*** ob; ***that*** daß; *neg. u. interrog.* ***that, but that, but*** daß): ***I ~ whether he will come*** ich zweifle, ob er kommen wird; **II** *v/t.* **3.** *et.* bezweifeln: ***I ~ his honesty***; ***I ~ it***; **4.** miß'trauen (*dat.*), keinen Glauben schenken (*dat.*): ***~ s.o.***; ***~ s.o.'s words***; **III** *s.* **5.** Zweifel *m* (***of*** an *dat.*, ***about*** hinsichtlich *gen.*; ***that*** daß): ***no ~, without ~, beyond ~*** zweifellos, fraglos, gewiß; ***I have no ~*** ich zweifle nicht (daran), ich bezweifle es nicht; ***be in ~ about*** Zweifel haben an (*dat.*); ***leave s.o. in no ~ about s.th.*** j-n nicht im ungewissen über et. lassen; → ***benefit*** 1; **6.** a) Bedenken *n*, Besorgnis *f*, (***about*** wegen), b) Argwohn *m*: ***raise ~s*** Zweifel aufkommen lassen; **7.** Ungewißheit *f*: ***be in ~*** unschlüssig sein; '**doubt·er** [-tə] *s.* Zweifler(in); '**doubt·ful** [-fʊl] *adj.* □ **1.** zweifelnd, im Zweifel, unschlüssig: ***be ~ of*** (*od.* ***about***) ***s.th.*** an e-r Sache zweifeln, im Zweifel über et. sein; **2.** zweifelhaft: a) unsicher, fraglich, unklar, b) fragwürdig, bedenklich, c) ungewiß, d) verdächtig, dubi'os; '**doubt·ful·ness** [-fʊlnɪs] *s.* **1.** Zweifelhaftigkeit *f*: a) Unsicherheit *f*, b) Fragwürdigkeit *f*, c) Ungewißheit *f*; **2.** Unschlüssigkeit *f*; '**doubt·ing** [-tɪŋ] *adj.* □ zweifelnd: a) schwankend, unschlüssig, b) 'mißtrauisch: ***♀ Thomas*** ungläubiger Thomas; '**doubt·less** [-lɪs] *adv.* zweifellos, sicherlich.

dou·ceur [du'sɜː] (*Fr.*) *s.* **1.** (Geld)Geschenk *n*, Trinkgeld *n*; **2.** Bestechungsgeld *n*.

douche [duːʃ] **I** *s.* **1.** Dusche *f*, Brause *f*: ***cold ~*** *a. fig.* kalte Dusche; **2.** ⚕ a) Spülung *f*, Dusche *f*, b) Irri'gator *m*; **II** *v/t. u. v/i.* **3.** (sich) (ab)duschen; **4.** ⚕ (aus)spülen; **III** *v/i.* **5.** ⚕ e-e Spülung machen.

dough [dəʊ] *s.* **1.** Teig *m* (*a. weitS.*); **2.** *bsd. Am. sl.* ‚Zaster' *m* (*Geld*); '**~·boy** *s.* **1.** Mehlkloß *m*; **2.** *a.* '**~·foot** *Am. sl.* Landser *m* (*Infanterist*); '**~·nut** *s.* Krapfen *m*, Ber'liner (Pfannkuchen) *m*.

dough·ty ['daʊtɪ] *adj.* □ *obs. od. poet.* mannhaft, tapfer.

dough·y ['dəʊɪ] *adj.* **1.** teigig (*a. fig.*); **2.** klitschig, nicht 'durchgebacken.

dour ['dʊə] *adj.* □ **1.** mürrisch; **2.** streng, hart; **3.** halsstarrig, stur.

douse [daʊs] *v/t.* **1.** a) ins Wasser tauchen, b) begießen; **2.** F *Licht* auslöschen; **3.** ⚓ a) *Segel* laufen lassen, b) *Tau* loswerfen.

dove [dʌv] *s.* **1.** *orn.* Taube *f*: ***~ of peace*** Friedenstaube; **2.** Täubchen *n*, ‚Schatz' *m*; **3.** *eccl.* Taube *f* (*Symbol des Heiligen Geistes*); **4.** *pol.* ‚Taube' *f*: ***~s and hawks*** Tauben u. Falken; '**~ˌcol·o(u)r** *s.* Taubengrau *n*; **~-cot(e)** ['dʌvkɒt] *s.* Taubenschlag *m*; '**~-eyed** *adj.* sanftäugig; '**~-like** *adj.* sanft.

'**dove's-foot** ['dʌvz-] *s.* ⚘ Storchschnabel *m*.

'**dove·tail I** *s.* **1.** ⚙ Schwalbenschwanz *m*, Zinke *f*; **II** *v/t.* **2.** verschwalben, verzinken; **3.** *fig.* fest zs.-fügen, (inein'ander) verzahnen, verquicken; **4.** einfügen, -passen, -gliedern (***into*** in *acc.*); **5.** passend zs.-setzen; einpassen (***into*** in *acc.*); **III** *v/i.* **6.** genau passen (***into*** in *acc.*, zu; ***with*** mit); angepaßt sein (***with*** *dat.*); genau inein'andergreifen, -passen.

dow·a·ger ['daʊədʒə] *s.* **1.** Witwe *f* (von Stande): ***queen ~*** Königinwitwe; ***~ duchess*** Herzoginwitwe; **2.** Ma'trone *f*, würdevolle ältere Dame.

dow·di·ness ['daʊdɪnɪs] *s.* Schäbigkeit *f*, Schlampigkeit *f*; **dow·dy** ['daʊdɪ] **I** *adj.* □ **1.** schlechtgekleidet, 'uneleˌgant, schäbig, schlampig; **II** *s.* **2.** nachlässig gekleidete Frau; **3.** *Am.* (*ein*) Apfelauflauf *m*.

dow·el ['daʊəl] ⚙ **I** *s.* (Holz-, *a.* Wand-) Dübel *m*, Holzpflock *m*; **II** *v/t.* (ver)dübeln.

dow·er ['daʊə] **I** *s.* **1.** ⚖ Wittum *n*; **2.** *obs.* Mitgift *f*; **3.** Begabung *f*; **II** *v/t.* **4.** ausstatten (*a. fig.*).

Dow-Jones av·er·age *od.* **in·dex** [ˌdaʊ'dʒəʊnz] *s.* ♆ Dow-Jones-Index *m* (*Aktienindex der New Yorker Börse*).

down[1] [daʊn] *s.* **1.** a) Daunen *pl.*, flaumiges Gefieder, b) Daune *f*, Flaumfeder *f*: ***~ quilt*** Daunendecke *f*; **2.** Flaum *m* (*a.* ⚘), feine Härchen *pl.*

down[2] [daʊn] *s.* **1.** a) Hügel *m*, b) Düne *f*; **2.** *pl.* waldloses, *bsd.* grasbewachsenes Hügelland.

down[3] [daʊn] **I** *adv.* **1.** (*Richtung*) nach unten, her-, hin'unter, her-, hin'ab, abwärts, zum Boden, nieder…: ***~ from*** von … herab, von … an, fort von; ***~ to*** bis (hinunter) zu; ***~ to the last man*** bis zum letzten Mann; ***~ to our times*** bis in unsere Zeit; ***burn ~*** niederbrennen; ***~!*** nieder!, *zum Hund*: leg dich!; ***~ with the capitalists!*** nieder mit den Kapitalisten!; **2.** *Brit.* a) nicht in London, b) nicht an der Universi'tät: ***~ to the country*** aufs Land, in die Provinz; **3.** *Am.* ins Geschäftsviertel, in die Stadt (-mitte); **4.** südwärts; **5.** angesetzt: ***~ for Friday*** für Freitag angesetzt; ***~ for second reading*** *parl.* zur zweiten Lesung angesetzt; **6.** (in) bar, so'fort: ***pay ~*** bar bezahlen; ***one pound ~*** ein Pfund sofort *od.* als Anzahlung; **7.** ***be ~ on s.o.*** F a) j-n ‚auf dem Kieker' haben, b) über j-n herfallen; **8.** (*Lage, Zustand*) unten; unten im Hause: ***~ below*** unten; ***~ there*** dort unten; ***~ under*** F in *od.* nach Australien *od.* Neuseeland; ***~ in the country*** auf dem Lande; ***~ south*** (unten) im Süden; ***he is not ~ yet*** er ist noch nicht unten *od.* (*morgens*) noch nicht aufgestanden; **9.** 'untergegangen (*Gestirne*); **10.** her'abgelassen (*Haare, Vorhänge*); **11.** gefallen (*Preise, Temperatur etc.*); billiger (*Ware*); **12.** ***he was two points ~*** *sport* er lag zwei Punkte zurück; ***he is £10 ~*** *fig.* er hat 10 £ verloren; **13.** a) niedergestreckt, am Boden (liegend), b) *Boxen*: am Boden, ‚unten': ***~ and out*** k.o., *fig.* (*a. physisch u. psychisch*) ‚erledigt', ‚kaputt', ‚fix u. fertig'; ***~ with flu*** mit Grippe im Bett; **14.** niedergeschlagen, deprimiert; **15.** her'untergekommen, in elenden Verhältnissen lebend: ***~ at heels*** abgerissen; **II** *adj.* **16.** abwärts gerichtet, nach unten, Abwärts…: ***~ trend*** fallende Tendenz; **17.** *Brit.* von London abfahrend *od.* kommend: ***~ train***; ***~ platform*** Abfahrtsbahnsteig *m* (*in London*); **18.** *Am.* in Richtung Stadt(mitte), zum Geschäftsviertel (hin); **III** *prp.* **19.** her-, hin'unter, her-, hin'ab, entlang: ***~ the hill*** den Hügel hinunter; ***~ the river*** flußabwärts; ***further ~ the river*** weiter unten am Fluß; ***~ the road*** die Straße entlang; ***~ the middle*** durch die Mitte; ***~ (the) wind*** ⚓ mit dem Wind; → ***downtown***; **20.** (*Zeit*) durch: ***~ the ages*** durch alle Zeiten; **IV** *s.* **21.** Nieder-, Rückgang *m*; Tiefstand *m*; **22.** Depressi'on *f*, (seelischer) Tiefpunkt; **23.** F Groll *m*: ***have a ~ on s.o.*** j-n auf dem ‚Kieker' haben; **V** *v/t.* **24.** zu Fall bringen (*a. sport u. fig.*); niederschlagen; bezwingen; ruinieren; **25.** niederlegen: ***~ tools*** die Arbeit niederlegen, in den Streik treten; **26.** ✈ abschießen, ‚runterholen'; **27.** F *ein Getränk* ‚runterkippen'.

ˌ**down**|-**and-'out I** *adj.* völlig ‚erledigt', ‚restlos fertig'; ganz ‚auf den Hund' gekommen; **II** *s.* Pennbruder *m*; ˌ**~-at-(the-)'heels** *adj. allg.* he'runtergekommen; '**~·beat I** *s.* **1.** ♪ erster Schlag (*des Taktes*); **2.** ***on the ~*** *fig.* im Rückgang (begriffen); **II** *adj.* **3.** F pessi'mistisch; '**~·cast I** *adj.* **1.** niedergeschlagen (*a. Augen*), deprimiert; **2.** ⚙ einziehend (*Schacht*); **II** *s.* **3.** ⚙ Wetterschacht *m*.

down·er ['daʊnə] *s. sl.* Beruhigungsmittel *n*.

'**down**|·**fall** *s.* **1.** *fig.* Sturz *m*; **2.** starker Regen- *od.* Schneefall; **3.** *fig.* Nieder-, 'Untergang *m*; '**~·grade** *s.* **1.** Gefälle *n*; **2.** *fig.* Niedergang *m*: ***on the ~*** im Niedergang begriffen; **II** *v/t.* **3.** im Rang her'absetzen, degradieren; **4.** niedriger einstufen; **5.** ♆ in der Quali'tät herabsetzen, verschlechtern; ˌ**~-'heart·ed** *adj.* niedergeschlagen, entmutigt; ˌ**~'hill I** *adv.* abwärts, berg'ab (*beide a. fig.*): ***he is going ~*** *fig.* es geht bergab mit ihm; **II** *adj.* abschüssig: ***~ race*** *Skisport*: Abfahrtslauf *m*; '**~ˌhill·er** *s. Skisport*: Abfahrtsläufer(in).

Down·ing Street ['daʊnɪŋ] *s.* Downing Street *f* (*Amtssitz des Premiers od. brit. Regierung*).

down| **pay·ment** *s.* **1.** Barzahlung *f*; **2.** Anzahlung *f*; '**~·pipe** *s.* ⚙ Fallrohr *n*; '**~·pour** *s.* Regenguß *m*, Platzregen *m*; '**~·right I** *adj.* **1.** völlig, abso'lut, to'tal: ***a ~ lie*** e-e glatte Lüge; ***a ~ rogue*** ein Erzschurke; **2.** offen(herzig), gerade, ehrlich, unverblümt, unzweideutig; **II** *adv.* **3.** völlig, ganz u. gar, durch u.

durch, ausgesprochen, to'tal; ˌ~'**ri·ver** → ***downstream***; ˌ~'**stairs I** *adv.* **1.** (die Treppe) hin'unter *od.* her'unter, nach unten; **2.** a) unten (im Haus), b) e-e Treppe tiefer; **II** *adj.* **3.** im unteren Stockwerk (gelegen), unter; **III** *s.* **4.** *pl. a. sg. konstr.* unteres Stockwerk, 'Untergeschoß *n*; ˌ~'**state** *Am.* **I** *adv.* in der *od.* die Pro'vinz; **II** *s.* (*bsd.* südliche) Pro'vinz (*e-s Bundesstaates*); ˌ~'**stream I** *adv.* **1.** strom'abwärts; **2.** mit dem Strom; **II** *adj.* **3.** stromabwärts gelegen *od.* gerichtet; '~**·stroke** *s.* **1.** Grundstrich *m beim Schreiben*; **2.** ⚙ Abwärts-, Leerhub *m*; '~**·swing** *s.* Abwärtstrend *m*, Rückgang *m*; ˌ~**-to-'earth** *adj.* rein sachlich, nüchtern; ˌ~'**town** *Am.* **I** *adv.* **1.** im *od.* ins Geschäftsviertel, in der *od.* die Innenstadt; **II** *adj.* ['daʊntaʊn] **2.** zum Geschäftsviertel, im Geschäftsviertel (gelegen *od.* tätig): ~ ***Chicago*** die Innenstadt *od.* City von Chicago; **3.** ins *od.* durchs Geschäftsviertel (fahrend *etc.*); **III** *s.* ['daʊntaʊn] **4.** Geschäftsviertel *n*, Innenstadt *f*, City *f*; '~ˌ**trod·den** *adj.* unter'drückt; '~**·turn** → ***downswing***.

down·ward ['daʊnwəd] **I** *adv.* **1.** abwärts, hin'ab, hin'unter, nach unten; **2.** *fig.* abwärts, berg'ab; **3.** *zeitlich*: abwärts: ***from*** ... ~ ***to*** von... (herab) bis...; **II** *adj.* **4.** Abwärts... (*a.* ⚙, *phys. u. fig.*); *fig.* sinkend (*Preise etc.*); '**down·wards** [-wədz] → ***downward*** I.

down·y[1] ['daʊnɪ] *adj.* **1.** mit Daunen *od.* Flaum bedeckt; **2.** flaumig, weich; **3.** *sl.* gerieben, ausgekocht.

down·y[2] ['daʊnɪ] *adj.* sanft gewellt (u. mit Gras bewachsen).

dow·ry ['daʊərɪ] *s.* **1.** Mitgift *f*, Aussteuer *f*; **2.** Gabe *f*, Ta'lent *n*.

dowse[1] [daʊz] → ***douse***.

dowse[2] [daʊz] *v/i.* mit der Wünschelrute suchen; '**dows·er** [-zə] *s.* (Wünschel-)Rutengänger *m*; '**dows·ing-rod** [-zɪŋ] *s.* Wünschelrute *f*.

doy·en ['dɔɪən] *s.* (*Fr.*) **1.** Rangälteste(r) *m*; **2.** Doy'en *m eines diplomatischen Korps*; **3.** *fig.* Nestor *m*, Altmeister *m*.

doze [dəʊz] **I** *v/i.* dösen, (halb) schlummern: ~ ***off*** einnicken; **II** *s.* a) Dösen *n*, b) Nickerchen *n*.

doz·en ['dʌzn] *s.* **1.** *sg. u. pl.* (*vor Haupt- u. nach Zahlwörtern etc. außer nach* ***some***) Dutzend *n*: ***two ~ eggs*** 2 Dutzend Eier; **2.** Dutzend *n* (*a. weitS.*): ***~s of birds*** Dutzende von Vögeln; ***some ~s of children*** einige Dutzend Kinder; ***~s of people*** F ein Haufen Leute; ***~s of times*** F x-mal, hundertmal; ***by the ~, in ~s*** zu Dutzenden, dutzendweise; ***cheaper by the ~*** im Dutzend billiger; ***do one's daily ~*** Frühgymnastik machen; ***talk nineteen to the ~*** *Brit.* reden wie ein Wasserfall; → ***baker*** 1.

doz·y ['dəʊzɪ] *adj.* □ schläfrig, verschlafen, dösig.

drab[1] [dræb] **I** *adj.* gelbgrau, graubraun; *fig.* grau, trüb(e); düster (*Farben etc.*); freudlos (*Dasein etc.*); langweilig; **II** *s.* Gelbgrau *n*, Graubraun *n*.

drab[2] [dræb] **1.** Schlampe *f*; **2.** Dirne *f*, Hure *f*.

drab·ble ['dræbl] → ***draggle*** I.

drachm [dræm] *s.* **1.** → ***drachma*** 1; **2.** → ***dram***.

drach·ma ['drækmə] *pl.* **-mas**, **-mae** [-mi:] *s.* **1.** Drachme *f*; **2.** → ***dram***.

Dra·co ['dreɪkəʊ] *s. ast.* Drache *m*; **Dra·co·ni·an** [drə'kəʊnjən], **Dra·con·ic** [drə'kɒnɪk] *adj.* dra'konisch, hart, äußerst streng.

draff [dræf] *s.* **1.** Bodensatz *m*; *engS.* Trester *m*; **2.** Vieh-, Schweinetrank *m*.

draft [drɑ:ft] **I** *s.* **1.** Skizze *f*, Zeichnung *f*; **2.** Entwurf *m*: a) Skizze *f*, b) ⚙, ⚠ Riß *m*, c) Kon'zept *n*: ~ ***agreement*** Vertragsentwurf *m*; **3.** ⚔ a) ('Sonder-)Komˌmando *n*, Abteilung *f*, b) Ersatz (-truppe *f*) *m*, c) Aushebung *f*, Einberufung *f*, Einziehung *f*: ~ ***evader*** *Am.* Drückeberger *m*; ***~-exempt*** *Am.* vom Wehrdienst befreit; **4.** ✝ a) Zahlungsanweisung *f*, b) Tratte *f*, (trassierter) Wechsel, c) Scheck *m*, d) Ziehung *f*, Trassierung *f*: ~ (***payable***) ***at sight*** Sichttratte, -wechsel; **5.** ✝ Abhebung *f*, Entnahme *f*: ***to make a ~ on*** *Geld* abheben von; **6.** *fig.* (starke) Beanspruchung: ***make a ~ on*** in Anspruch nehmen (*acc.*); **7.** → ***draught***; *bsd. Am.* → ***draught*** 1, 7, 8; **II** *v/t.* **8.** skizzieren, entwerfen; **9.** *Schriftstück* aufsetzen, abfassen; **10.** ⚔ a) auswählen, abkommandieren, b) ⚔ einziehen, -berufen (***into*** zu); **draft·ee** [drɑ:f'ti:] *s.* ⚔ *Am.* Einberufene(r) *m*, Eingezogene(r) *m*; '**draft·er** [-tə] *s.* **1.** Urheber *m*, Verfasser *m*, Planer *m*; **2.** → ***draftsman*** 2.

draft·ing| board ['drɑ:ftɪŋ] Zeichenbrett *n*; ~ **room** *s. Am.* ⚙ 'Zeichensaal, -büˌro *n*.

drafts·man ['drɑ:ftsmən] *s.* [*irr.*] **1.** (Konstrukti'ons-, Muster)Zeichner *m*; **2.** Entwerfer *m*, Verfasser *m*.

draft·y ['drɑ:ftɪ] *adj.* zugig.

drag [dræg] **I** *s.* **1.** ⚓ a) Schleppnetz *n*, b) Dregganker *m*; **2.** ⚒ a) schwere Egge, b) Mistharke *f*; **3.** ⚙ Baggerschaufel *f*; **4.** ⚙ a) Rollwagen *m*, b) Lastschlitten *m*, Schleife *f*; **5.** vierspännige Kutsche; **6.** Hemmschuh *m* (*a. fig.* ***on*** für); **7.** *aer.*, *phys.* 'Luftˌwiderstand *m*; **8.** *hunt.* a) Fährte *f*, Witterung *f*, b) Schleppe *f* (*künstliche Fährte*), c) Schleppjagd *f*; **9.** *fig.* schleppendes Verfahren; **10.** F mühsame Sache, ‚Schlauch' *m*; **11.** F a) fade Sache, b) unangenehme *od.* ‚blöde' Sache: ***what a ~!*** so ein Mist!, c) fader *od.* ‚mieser' Kerl; **12.** *Am.* F Einfluß *m*, Beziehungen *pl.*; **13.** F Zug *m* (***at***, ***on*** an *e-r Zigarette*); **14.** F (*bsd. von Transvestiten getragene*) Frauenkleidung: ~ ***queen*** Homosexuelle(r) *m* in Frauenkleidung; **15.** *Am.* F Straße *f*; **16.** F für ***drag race***; **II** *v/t.* **17.** schleppen, schleifen, zerren, ziehen: ~ ***one's feet*** schlurfen, *fig.* ‚langsam tun'; ~ ***the anchor*** ⚓ vor Anker treiben; **18.** mit e-m Schleppnetz absuchen (***for*** nach) *od.* fangen *od.* finden; **19.** ausbaggern; **20.** *fig.* hi'neinziehen, -bringen (***into*** in *acc.*); → ***drag in***; **III** *v/i.* **21.** geschleppt werden; **22.** schleppen, schleifen, zerren; schlurfen (*Füße*); **23.** *fig.* zerren, ziehen (***at*** an *dat.*); **24.** mit e-m Schleppnetz suchen, dreggen (***for*** nach); **25.** → ***drag on***; **26.** → ***drag behind***; **27.** ✝ schleppend gehen; **28.** ♪ schleppen; ~ **a·long I** *v/t.* (weg-) schleppen; **II** *v/i.* sich da'hinschleppen; ~ **a·way** *v/t.* wegschleppen, -zerren: ***drag o.s. away from*** *iro.* sich losreißen von; ~ **behind** *v/i. a. fig.* zu'rückbleiben, nachhinken; ~ **down** *v/t.* **1.** her'unterziehen; **2.** *fig. j-n* ‚fertigmachen', zermürben; ~ **in** *v/t.* **1.** hin'einziehen; **2.** *fig.* a) *j-n* (mit) hin'einziehen, b) *et.* (krampfhaft) aufs Tapet bringen, bei den Haaren her'beiziehen; ~ **on** *v/i. fig.* a) sich da'hinschleppen, b) sich in die Länge ziehen, sich hinziehen (*Rede etc.*); ~ **out** *v/t.* **1.** in die Länge ziehen, hin'ausziehen; **2.** *fig. et.* aus j-m her'ausholen; ~ **up** *v/t.* **1.** hochziehen; **2.** F *Skandal etc.* ausgraben; **3.** *fig. Kind* recht u. schlecht aufziehen.

drag| an·chor *s.* Treib-, Schleppanker *m*; ~ **chain** *s.* Hemmkette *f*.

drag·gle ['drægl] **I** *v/t.* **1.** beschmutzen; **II** *v/i.* **2.** nachschleifen; **3.** nachhinken; '**drag·gle·tail** *s.* Schlampe *f*.

'**drag|·hound** *s. hunt.* Jagdhund *m* für Schleppjagden; ~ **hunt** *s.* Schleppjagd *f*; '~**·lift** *s.* Schlepplift *m*; '~**·line** *s.* **1.** Schleppleine *f*, ✈ -seil *n*; **2.** Schürfkübelbagger *m*; '~**·net** *s.* **1.** a) ⚓ Schleppnetz *n*, b) *hunt.* Streichnetz *n*; **2.** *fig.* (Fahndungs)Netz *n* (*der Polizei*): ~ ***operation*** Großfahndung *f*.

drag·o·man ['drægəʊmən] *pl.* **-mans** *od.* **-men** *s. hist.* Dragoman *m*, Dolmetscher *m*.

drag·on ['drægən] *s.* **1.** Drache *m*, Lindwurm *m*, Schlange *f*: ***the old*** ♀ Satan *m*; **2.** F ‚Drache(n)' *m* (*zänkische Frau etc.*); '~**·fly** *s. zo.* Li'belle *f*; ***~'s teeth*** *s. pl.* **1.** ⚔ (Panzer)Höcker *pl.*; **2.** *fig.* Drachensaat *f*: ***sow ~*** Zwietracht säen.

dra·goon [drə'gu:n] **I** *s.* ⚔ Dra'goner *m*; **II** *v/t. fig.* zwingen (***into*** zu).

drag| race *s. mot.* Dragsterrennen *n*; '~**·rope** *s.* **1.** Schleppseil *n*; **2.** ✈ a) Leitseil *n*, b) Vertauungsleine *f*; ~ **show** *s.* F Transve'stitenshow *f*.

drag·ster ['drægstə] *s. mot.* Dragster *m* (*formelfreier Spezialrennwagen*).

drain [dreɪn] **I** *v/t.* **1.** *Land* entwässern, dränieren, trockenlegen; **2.** ⚕ a) *Wunde von Eiter* säubern, b) *Eiter* abziehen; **3.** *a.* ~ ***off***, ~ ***away*** (*Ab*)*Wasser etc.* ableiten, -führen, -ziehen; **4.** austrinken, leeren; → ***dreg*** 1; **5.** *Ort etc.* kanalisieren; **6.** *fig.* aufzehren, verschlukken; *Vorräte etc.* aufbrauchen, erschöpfen: ***~ed*** *fig.* erschöpft, *Person: a.* ausgelaugt; **7.** (***of***) berauben (*gen.*), arm machen (an *dat.*); **II** *v/i.* **8.** *a.* ~ ***off***, ~ ***away*** (langsam) abfließen, -tropfen; versickern; **9.** *a.* ~ ***away*** *fig.* da'hin-, verschwinden; **10.** (langsam) austrocknen; **11.** sich entwässern; **III** *s.* **12.** Ableitung *f*, Abfluß *m*, *fig. a.* Aderlaß *m*: ***foreign ~*** ✝ Kapitalabwanderung *f*; → ***brain drain***; **13.** Abflußrohr *n*, 'Abzugskaˌnal *m*, Entwässerungsgraben *m*; Gosse *f*: ***down the ~*** F ‚futsch', ‚im Eimer'; ***go down the ~*** vor die Hunde gehen; ***pour down the ~*** *Geld* zum Fenster hinauswerfen; **14.** *pl.* Kanalisati'on *f*; **15.** ⚕ Drän *m*, Ka'nüle *f*; **16.** *fig.* (***on***) Belastung *f*, Beanspruchung *f* (*gen.*): ***a great ~ on the purse*** e-e schwere finanzielle Belastung.

drain·age ['dreɪnɪdʒ] *s.* **1.** Ableitung *f*, Abfluß *m*; Entleerung *f*; **2.** Entwässerung *f*, Trockenlegung *f*, *a.* ⚕ Drai'nage *f*; **3.** Entwässerungsanlage *f*; **4.** Kanalisati'on *f*; **5.** Abwasser *n*; ~ **a·re·a**, ~

ba·sin *s.* Einzugsgebiet *n e-s Flusses*; '**~-tube** *s.* ⚕ 'Abflußka͵nüle *f.*
drain cock *s.* ⚙ Abflußhahn *m.*
drain·er ['dreɪnə] *s.* **1.** Abtropfgefäß *n*, Seiher *m*; **2.** → ***draining board***.
drain·ing board ['dreɪnɪŋ] *s.* Abtropfbrett *n.*
'**drain-pipe** *s.* **1.** Abflußrohr *n*; **2.** *pl. a.* ***~ trousers*** F Röhrenhose(n *pl.*) *f.*
drake [dreɪk] *s. orn.* Enterich *m.*
dram [dræm] *s.* **1.** Drachme *f* (*Gewicht*); **2.** ‚Schluck' *m* (*Whisky etc.*).
dra·ma ['drɑːmə] **I** *s.* **1.** Drama *n*: a) Schauspiel *n*, b) dra'matische Dichtung *od.* Litera'tur, Dra'matik *f*; **2.** Schauspielkunst *f*; **3.** *fig.* Drama *n*; **II** *adj.* **4.** Schauspiel...: ***~ school***.
dra·mat·ic [drə'mætɪk] *adj.* (□ ***~ally***) **1.** dra'matisch (*a.* ♪), Schauspiel..., Theater...: ***~ rights*** Aufführungsrechte; ***~ school*** Schauspielschule *f*; ***~ tenor*** ♪ Heldentenor *m*; **2.** *fig.* dramatisch, spannend, aufregend, erregend; **3.** *fig.* drastisch: ***~ changes***; **dra'mat·ics** [-ks] *s. pl. sg. od. pl. konstr.* **1.** Drama-tur'gie *f*; **2.** The'ater-, *bsd.* Liebhaberaufführungen *pl.*; **3.** *contp.* thea'tralisches Benehmen *od.* Getue.
dram·a·tis per·so·nae [͵drɑːmətɪs pɜː'səʊnaɪ] *s. pl.* **1.** Per'sonen *pl.* der Handlung; **2.** Rollenverzeichnis *n.*
dram·a·tist ['dræmətɪst] *s.* Dra'matiker *m*; **dram·a·ti·za·tion** [͵dræmətaɪ'zeɪʃn] *s.* Dramatisierung *f* (*a. fig.*), Bühnenbearbeitung *f*; **dram·a·tize** ['dræmətaɪz] **I** *v/t.* **1.** dramatisieren: a) für die Bühne bearbeiten, b) *fig.* aufbauschen: ***~ o.s.*** sich aufspielen; **II** *v/i.* **2.** sich für die Bühne *etc.* bearbeiten lassen; **3.** *fig.* über'treiben; **dram·a·tur·gic** [͵dræmə'tɜːdʒɪk] *adj.* drama'turgisch; **dram·a·tur·gist** ['dræmə͵tɜːdʒɪst] *s.* Drama'turg *m*; **dram·a·tur·gy** ['dræmə͵tɜːdʒɪ] *s.* Dramatur'gie *f.*
drank [dræŋk] *pret. von* ***drink***.
drape [dreɪp] **I** *v/t.* **1.** drapieren: a) (mit Stoff) behängen, b) in (schöne) Falten legen, c) *et.* hängen (***over*** über *acc.*), (ein)hüllen (***in*** in *acc.*); **II** *v/i.* **2.** schön fallen (*Stoff etc.*); '**drap·er** [-pə] *s.* Tuch-, Stoffhändler *m*: ***~'s*** (***shop***) Textilgeschäft *n*; '**dra·per·y** [-pərɪ] *s.* **1.** dekora'tiver Behang, Drapierung *f*; **2.** Faltenwurf *m*; **3.** *coll.* Tex'tilien *pl.*, Tex'til-, Webwaren *pl.*, Stoffe *pl.*; **4.** *Am.* Vorhangstoffe *pl.*, Vorhänge *pl.*
dras·tic ['dræstɪk] *adj.* (□ ***~ally***) drastisch (*a.* ⚕), 'durchgreifend, rigo'ros.
drat [dræt] *int.* F: ***~ it*** (***you***)***!*** zum Teufel damit (mit dir)!; '**drat·ted** [-tɪd] *adj.* F verdammt.
draught [drɑːft] **I** *s.* **1.** Ziehen *n*, Zug *m*: ***~ animal*** Zugtier *n*; **2.** Fischzug *m* (*Fischen od. Fang*); **3.** Abziehen *n* (aus dem Faß): ***beer on ~*** Bier *n* vom Faß; ***~ beer*** *Brit.* Faßbier *n*; **4.** Zug *m*, Schluck *m*: ***a ~ of beer*** ein Schluck Bier; ***at a*** (*od.* ***one***) ***~*** auf 'einen Zug, mit 'einem Male; **5.** ⚕ Arz'neitrank *m*; **6.** ⚓ Tiefgang *m*; **7.** (Luft)Zug *m*, Zugluft *f*: ***there is a ~*** es zieht; ***~ excluder*** Dichtungsstreifen *m* (*für Türen etc.*); ***feel the ~*** F ‚den Wind im Gesicht spüren', in (finanzi'eller) Bedrängnis sein; **8.** ⚙ Zug *m* (*Schornstein etc.*); **9.** *pl. sg. konstr. Brit.* Damespiel *n*; **10.** → ***draft*** I; **II** *v/t.* **11.** → ***draft*** II; '**~-board** *s. Brit.* Dame- *od.* Schachbrett *n.*
draughts·man *s.* [*irr.*] **1.** ['drɑːftsmæn] *Brit.* Damestein *m*; **2.** [-mən] → ***draftsman***.
draught·y ['drɑːftɪ] *adj.* zugig.
draw [drɔː] **I** *s.* **1.** *a.* ⚙ Ziehen *n*, Zug *m*: ***quick on the ~*** F a) schnell (mit der Pistole), b) *fig.* ‚fix', schlagfertig; **2.** Ziehung *f*, Verlosung *f*; **3.** *fig.* Zugkraft *f*; **4.** a) Attrakti'on *f*, Glanznummer *f* (*Person od. Sache*), b) *thea.* Zugstück *n*, Schlager *m*; → ***box-office*** 2; **5.** *sport* Unentschieden *n*: ***end in a ~*** unentschieden ausgehen; **II** *v/t.* [*irr.*] **6.** *Wagen, Pistole, Schwert, Los,* (*Spiel*)*Karte, Zahn etc.* ziehen; *Gardine* zuziehen *od.* aufziehen; *Bier, Wein* abziehen, -zapfen; *Bogen*(*sehne*) spannen: ***~ s.o. into talk*** j-n ins Gespräch ziehen; → ***conclusion*** 3, ***bow***[2] 1, ***parallel*** 3; **7.** *fig.* anziehen, -locken, fesseln; her'vorrufen; *j-n zu et.* bewegen; *sich et.* zuziehen: ***feel ~n to s.o.*** sich zu j-m hingezogen fühlen; ***~ attention*** die Aufmerksamkeit lenken (***to*** auf *acc.*); ***~ an audience*** Zuhörer anlocken; ***~ ruin upon o.s.*** sich selbst sein Grab graben; ***~ tears from s.o.*** j-n zu Tränen rühren; **8.** *Gesicht* verziehen; → ***drawn*** 2; **9.** holen, sich verschaffen; entnehmen: ***~ water*** Wasser holen *od.* schöpfen; ***~*** (***a***) ***breath*** Atem holen, *fig.* aufatmen; ***~ a sigh*** (auf)seufzen; ***~ consolation*** Trost schöpfen (***from*** aus); ***~ inspiration*** sich Anregung holen (***from*** von, bei, durch); **10.** *Mahlzeiten,* ⚔ *Rationen* in Empfang nehmen, *a. Gehalt, Lohn* beziehen; *Geld* holen, abheben, entnehmen; **11.** ziehen, auslosen: ***~ a prize*** e-n Preis gewinnen, *fig.* Erfolg haben; ***~ bonds*** † Obligationen auslosen; **12.** *fig.* her'ausziehen, -bringen, her'aus-, entlocken: ***~ applause*** Beifall entlocken (***from*** *dat.*); ***~ information from s.o.*** j-n aushorchen; ***~ a reply from s.o.*** e-e Antwort aus j-m herausholen; **13.** ausfragen, -horchen (***s.o. on s.th*** j-n über et.); *j-n* aus s-r Reserve her'auslocken: ***he refused to be ~n*** er ließ sich nicht aushorchen; **14.** zeichnen: ***~ a portrait***; ***~ a line*** e-e Linie ziehen; ***~ it fine*** *fig.* es *zeitlich etc.* gerade noch schaffen; → ***line***[1] 12; **15.** gestalten, darstellen, schildern; **16.** *a.* ***~ up*** *Schriftstück* entwerfen, aufsetzen: ***~ a deed*** e-e Urkunde aufsetzen; ***~ a cheque*** (*Am.* ***check***) e-n Scheck ausstellen; ***~ a bill*** e-n Wechsel ziehen (***on*** auf *j-n*); **17.** ⚓ e-n Tiefgang von ... haben; **18.** *Tee* ziehen lassen; **19.** *geschlachtetes Tier* ausnehmen, *Wild a.* ausweiden; **20.** *hunt. Wald, Gelände* durch'stöbern, abpirschen; *Teich* ausfischen; **21.** ⚙ *Draht* ziehen; strecken, dehnen; **22.** ***~ the match*** *sport* unentschieden spielen; **III** *v/i.* [*irr.*] **23.** ziehen (*a. Tee, Schornstein*); **24.** das Schwert, die Pistole *etc.* ziehen, zur Waffe greifen; **25.** sich (*leicht etc.*) ziehen lassen; **26.** zeichnen, malen; **27.** Lose ziehen, losen (***for*** um); **28.** unentschieden spielen; **29.** sich (hin)begeben; sich nähern: ***~ close*** (***to s.o.*** j-m) näherrücken; ***~ round the table*** sich um den Tisch versammeln; ***~ into the station*** 🚂 in den Bahnhof einfahren; → ***draw near***, ***level*** 11; **30.** † (e-n Wechsel) ziehen (***on*** auf *acc.*); **31.** ***~ on*** in Anspruch nehmen (*acc.*), her'anziehen (*acc.*), Gebrauch machen von, zu'rückgreifen auf (*acc.*); *Kapital, Vorräte* angreifen: ***~ on one's imagination*** sich et. einfallen lassen;
Zssgn mit adv.:
draw| a·part I *v/i.* **1.** sich lösen, abrükken (***from*** von); **2.** sich ausein'anderleben; **II** *v/t.* **3.** → ***~ a·side*** *v/t. j-n* bei'seite nehmen, *a. et.* zur Seite ziehen; **~ a·way I** *v/t.* **1.** weg-, zu'rückziehen; **2.** ablenken; **3.** weglocken; **II** *v/i.* **4.** (***from***) sich entfernen (von); abrücken (von); **5.** (***from***) e-n Vorsprung gewinnen (vor *dat.*), sich lösen (von); **~ back I** *v/t.* **1.** *Truppen, Vorhang etc.* zu'rückziehen; **2.** † *Zoll* zu'rückerhalten; **II** *v/i.* **3.** sich zu'rückziehen; **~ down** *v/t.* her'abziehen, *Jalousien* her'unterlassen; **~ in I** *v/t.* **1.** *a. Luft* einziehen; **2.** *fig. j-n* (mit) hin'einziehen; **3.** *Ausgaben etc.* einschränken; **II** *v/i.* **4.** einfahren (*Zug*); **5.** (an)halten (*Auto*); **6.** abnehmen, kürzer werden (*Tage*); **7.** sich einschränken; **~ near** *v/i.* sich nähern (***to*** *dat.*), her'anrücken; **~ off I** *v/t.* **1.** ab-, zu'rückziehen; **2.** ⚒ ausziehen; **3.** abzapfen; **4.** *Handschuhe etc.* ausziehen; **5.** *fig.* ablenken; **II** *v/i.* **6.** sich zurückziehen; **~ on I** *v/t.* **1.** anziehen: ***~ gloves***; **2.** *fig.* a) anziehen, anlocken, b) verursachen; **II** *v/i.* **3.** sich nähern; **~ out I** *v/t.* **1.** her'ausziehen, -holen; **2.** *fig.* a) *Aussage* her'ausholen, -locken, b) *j-n* ausholen, -horchen; **3.** ⚔ *Truppen* a) abkommandieren, b) aufstellen; **4.** *fig.* ausdehnen, hin'ausziehen, in die Länge ziehen; **II** *v/i.* **5.** länger werden (*Tage*); **6.** ausfahren (*Zug*); **~ up I** *v/t.* **1.** her'aufziehen, aufrichten: ***draw o.s. up*** sich aufrichten; **2.** *Truppen etc.* aufstellen; **3.** a) → ***draw*** 16, b) † *Bilanz* aufstellen, c) *Plan etc.* entwerfen; **4.** *j-n* innehalten lassen; **5.** *Pferd* zum Stehen bringen; **II** *v/i.* **6.** (an)halten; **7.** vorfahren (*Wagen*); **8.** aufmarschieren; **9.** (***with***, ***to***) her'ankommen (an *acc.*), einholen (*acc.*).
'**draw|·back** *s.* **1.** Nachteil *m*, Hindernis *n*, ‚Haken' *m*; **2.** † Zollrückvergütung *f*; '**~-bridge** *s.* Zugbrücke *f*; '**~-card** → ***drawing card***.
draw·ee [drɔː'iː] *s.* † Bezogene(r) *m.*
draw·er ['drɔːə] *s.* **1.** Zeichner *m*; **2.** † Aussteller *m e-s Wechsels*; **3.** [drɔː] a) Schublade *f*, -fach *n*, b) *pl.* Kom'mode *f*; **4.** *pl.* [drɔːz] *a.* ***pair of ~s*** a) 'Unterhose *f*, b) (Damen)Schlüpfer *m.*
draw·ing ['drɔːɪŋ] *s.* **1.** Ziehen *n*; **2.** Zeichnen *n*: ***out of ~*** verzeichnet; **3.** Zeichnung *f*, Skizze *f*; **4.** Ziehung *f*, Verlosung *f*; **5.** † a) *pl.* Bezüge *pl.*, Einnahmen *pl.*, b) Abhebung *f*, c) Trassierung *f*, Ziehung *f* (*Wechsel*); **~ ac·count** *s.* † **1.** Girokonto *n*; **2.** Spesenkonto *n*; **~ block** *s.* Zeichenblock *m*; '**~-board** *s.* Reiß-, Zeichenbrett *n*: ***back to the ~!*** F wir müssen noch einmal von vorn anfangen!; **~ card** *s. thea. Am.* Zugnummer *f* (*Stück od. Person*); **~ com·pass·es** *s. pl.* (Reiß-, Zeichen-) Zirkel *m*; **~ ink** *s.* (Ausziehtusche) Tusche *f*; **~ pen** *s.* Reißfeder *f*; **~ pen·cil** *s.* Zeichenstift *m*; **~ pin** *s. Brit.* Reiß-, Heftzwecke *f*; **~ pow·er** *s. fig.* Zugkraft *f*; **~ room** *s.* **1.** Gesellschaftszimmer *n*, Sa-

ˈlon *m*: ***not fit for a ~*** nicht ‚salonfähig'; ***~ comedy*** Salonkomödie *f*; **2.** Empfang *m* (*Brit. bsd.* bei Hofe); **3.** 🚂 *Am.* Priˈvatabteil *n*: ***~ car*** Salonwagen *m*; **~ set** *s.* Reißzeug *n*.

drawl [drɔːl] **I** *v/t. u. v/i.* gedehnt *od.* schleppend sprechen; **II** *s.* gedehntes Sprechen.

drawn [drɔːn] **I** *p.p. von* **draw**; **II** *adj.* **1.** gezogen (*a.* ⚙ *Draht*); **2.** *fig.* a) abgespannt, b) verhärmt (*Gesicht*): ***~ with pain*** schmerzverzerrt; **3.** *sport*: unentschieden: ***~ match*** Unentschieden *n*; **~ but·ter** (**sauce**) *s.* Buttersoße *f*; **~ work** *s.* Hohlsaumarbeit *f*.

draw| po·ker *s. Kartenspiel*: Draw Poker *n*; **ˈ~·string** *s.* Zug- *od.* Vorhangschnur *f*; **~ well** *s.* Ziehbrunnen *m*.

dray [dreɪ] *a.* **~ cart** *s.* Rollwagen *m*; **~ horse** *s.* Zugpferd *n*; **ˈ~·man** [-mən] *s.* [*irr.*] Rollkutscher *m*.

dread [dred] **I** *v/t.* (sehr) fürchten, (große) Angst haben *od.* sich fürchten vor (*dat.*); **II** *s.* Furcht *f*, große Angst, Grauen *n* (**of** vor *dat.*); **III** *adj. poet.* → ***dreadful*** 1; **ˈdread·ed** [-dɪd] *adj.* gefürchtet; **ˈdread·ful** [-fʊl] *adj.* □ **1.** furchtbar, schrecklich (*beide a. fig.* F); → ***penny dreadful***; **2.** F a) gräßlich, scheußlich, b) furchtbar groß *od.* lang, kolosˈsal; **ˈdread·nought** *s.* **1.** ⚔ Dreadnought *m*, Schlachtschiff *n*; **2.** dicker, wetterfester Stoff *od.* Mantel.

dream [driːm] **I** *s.* **1.** Traum *m*: ***pleasant ~s!*** F träume süß!; ***wet ~*** ‚feuchter Traum' (*Pollution*); **2.** Traum(zustand) *m*, Träumeˈrei *f*; **3.** *fig.* (Wunsch-)Traum *m*, Sehnsucht *f*, Ideˈal *n*: ***~ factory*** ‚Traumfabrik' *f*; ***~ job*** Traumberuf *m*; **4.** *fig.* ‚Gedicht' *n*, Traum *m*: ***a ~ of a hat*** ein traumhaft schöner Hut; ***a perfect ~*** traumhaft schön; **II** *v/i.* [*a. irr.*] **5.** träumen (**of** von) (*a. fig.*); **6.** träumerisch *od.* verträumt sein; **7.** *mst neg.* ahnen: ***I shouldn't ~ of such a thing*** das würde mir nicht einmal im Traume einfallen; ***I shouldn't ~ of doing that*** ich würde nie daran denken, das zu tun; ***he little dreamt that*** er ahnte kaum, daß; **III** *v/t.* [*a. irr.*] **8.** träumen (*a. fig.*); **9.** ***~ away*** verträumen; **10.** ***~ up*** F sich *et.* einfallen lassen *od.* ausdenken; **ˈdream·boat** *s. sl.* a) ‚Schatz' *m*, b) ‚dufter Typ', c) Schwarm *m*, Ideˈal *n*; **ˈdream·er** [-mə] *s.* Träumer(in) (*a. fig.*); **ˈdream·i·ness** [-mɪnɪs] *s.* **1.** Verträumtheit *f*; **2.** Traumhaftigkeit *f*, Verschwommenheit *f*; **ˈdream·ing** [-mɪŋ] → ***dreamy*** 1.

ˈdream|·land *s.* Traumland *n*; **ˈ~·like** *adj.* traumhaft; **~ read·er** *s.* Traumdeuter(in).

dreamt [dremt] *pret. u. p.p. von* ***dream***.

dream world *s.* Traumwelt *f*.

dream·y [ˈdriːmɪ] *adj.* □ **1.** verträumt, träumerisch; **2.** traumhaft, verschwommen; **3.** F traumhaft (schön).

drear [drɪə] *adj. poet.* → ***dreary***; **drear·ie** [ˈdrɪərɪ] *s.* F fader *od.* ‚mieser' Typ; **drear·i·ness** [ˈdrɪərɪnɪs] *s.* **1.** Tristheit *f*, Trostlosigkeit *f*; **2.** Langweiligkeit *f*; **drear·y** [ˈdrɪərɪ] *adj.* □ **1.** *allg.* trist, trüb(selig); **2.** langweilig, fad(e); **3.** F ‚mies', ‚blöd'.

dredge¹ [dredʒ] **I** *s.* **1.** ⚙ Bagger *m*; **2.** Schleppnetz *n*; **II** *v/t.* **3.** ausbaggern; **4.** *oft* ***~ up*** mit dem Schleppnetz fangen *od.* herˈaufholen; **5.** *fig.* a) ***~ up*** *Tatsachen* ausgraben, b) durchˈforschen; **III** *v/i.* **6.** mit dem Schleppnetz fischen (**for** nach); **7.** ***~ for*** suchen nach.

dredge² [dredʒ] *v/t.* (mit Mehl *etc.*) bestreuen.

dredg·er¹ [ˈdredʒə] *s.* **1.** ⚙ Bagger *m*; **2.** Schwimmbagger *m*; **3.** Schleppnetzfischer *m*.

dredg·er² [ˈdredʒə] *s.* (Mehl- *etc.*)Streuer *m*.

dreg [dreg] *s.* **1.** *mst pl.* (Boden)Satz *m*, Hefe *f*: ***drain*** (*od.* ***drink***) ***to the ~s*** *Glas* bis zur Neige leeren; ***not a ~*** gar nichts; → ***cup*** 7; **2.** *mst pl. fig.* Abschaum *m* (*der Menschheit*), Hefe *f* (*des Volkes*): ***the ~s of mankind***.

drench [drentʃ] **I** *v/t.* **1.** durchˈnässen: ***~ed in blood*** blutgetränkt; ***~ed with rain*** vom Regen (völlig) durchnäßt; ***~ed in tears*** in Tränen gebadet; **2.** *vet. Tieren* Arzˈnei einflößen; **II** *s.* **3.** (Regen)Guß *m*; **4.** *vet.* Arzˈneitrank *m*; **ˈdrench·er** [-tʃə] *s.* **1.** Regenguß *m*; **2.** *vet.* Gerät *n* zum Einflößen von Arzˈneien.

Dres·den (**chi·na**) [ˈdrezdən] *s.* Meißner Porzelˈlan *n*.

dress [dres] **I** *s.* **1.** Kleidung *f*, Anzug *m* (*a.* ⚔); **2.** (Damen)Kleid *n*; **3.** Abend-, Gesellschaftskleidung *f*: ***full ~*** Gesellschaftsanzug *m*, Gala *f*; **4.** *fig.* Gewand *n*, Kleid *n*, Gestalt *f*; **II** *v/t.* **5.** be-, ankleiden, anziehen: ***~ o.s.*** → 11; **6.** einkleiden; **7.** *thea.* mit Koˈstümen ausstatten: ***~ it*** Kostümprobe abhalten; **8.** schmücken, *Schaufenster etc.* dekorieren: ***~ ship*** ⚓ über die Toppen flaggen; **9.** zuˈrechtmachen, herrichten, zubereiten, behandeln, bearbeiten; *Salat* anmachen; *Huhn etc.* koch- *od.* bratfertig machen; *Haare* frisieren; *Leder* zurichten; *Tuch* glätten, appretieren; *Erz etc.* aufbereiten; *Stein* behauen; *Flachs* hecheln; *Boden* düngen; ⚕ *Wunde* behandeln, verbinden; **10.** ⚔ (aus)richten; **III** *v/i.* **11.** sich ankleiden *od.* anziehen; **12.** Abend- *od.* Festkleidung anziehen, sich ‚in Gala werfen'; **13.** sich (*geschmackvoll etc.*) kleiden: ***~ well*** (***badly***); **14.** ⚔ sich (aus)richten; **~ down** *v/t.* **1.** *Pferd* striegeln; **2.** F *j-m* ‚eins auf den Deckel geben'; **~ up I** *v/t.* **1.** fein anziehen, herausputzen; **II** *v/i.* **2.** sich feinmachen, sich auftakeln; **3.** sich kostümieren *od.* verkleiden.

dres·sage [ˈdresɑːʒ] **I** *s. sport* Dresˈsur(-reiten *n*) *f*; **II** *adj.* Dressur…

dress| cir·cle *s. thea.* erster Rang; **~ clothes** *s. pl.* Gesellschaftskleidung *f*; **~ coat** *s.* Frack *m*; **~ de·sign·er** *s.* Modezeichner(in).

dress·er¹ [ˈdresə] *s.* **1.** *thea.* a) Kostümiˈer *m*, b) Garderobiˈere *f*; **2.** j-d, der sich *sorgfältig etc.* kleidet; **3.** ⚕ Operatiˈonsassiˌstent *m*; **4.** ˈSchaufensterdekoraˌteur *m*; **5.** ⚙ a) Zurichter *m*, Aufbereiter *m*, b) Appretierer *m*.

dress·er² [ˈdresə] *s.* **1.** a) Küchen-, Geschirrschrank *m*, b) Anrichte *f*; **2.** → ***dressing table***.

dress·ing [ˈdresɪŋ] *s.* **1.** Ankleiden *n*; **2.** ⚙ a) (Nach)Bearbeitung *f*, Aufbereitung *f*, Zurichtung *f*; **3.** ⚙ Appreˈtur *f*; **4.** Zubereitung *f von Speisen*; **5.** a) Dressing *n* (*Salatsoße*), b) *Am.* Füllung *f*; **6.** ⚕ a) Verbinden *n* (*Wunde*), b) Verband *m*; **7.** ✓ Dünger *m*; **~ case** *s.* Toiˈlettentasche *f*, ˈReiseneceˌsaire *n*; **ˌ~-ˈdown** *s.* F Standpauke *f*, Rüffel *m*; **~ gown** *s.* Schlaf-, Morgenrock *m*; **~ room** *s.* **1.** Ankleidezimmer *n*; **2.** (ˈKünstler)Gardeˌrobe *f*; **3.** *sport* (ˈUmkleide)Kaˌbine *f*; **~ sta·tion** *s.* ⚔ (Feld)Verband(s)platz *m*; **~ ta·ble** *s.* Friˈsierkomˌmode *f*.

ˈdress|ˌmak·er *s.* (Damen)Schneider (-in); **ˈ~ˌmak·ing** *s.* Schneidern *n*; **~ pa·rade** *s.* **1.** Modevorführung *f*; **2.** Paˈrade *f* in ˈGalauniˌform; **~ pat·tern** *s.* Schnittmuster *n*; **~ re·hears·al** *s.* *thea.* Geneˈralprobe *f* (*a. fig.*), Koˈstümprobe *f*; **~ shield** *s.* Schweißblatt *n*; **~ shirt** *s.* Frackhemd *n*; **~ suit** *s.* Frackanzug *m*; **~ u·ni·form** *s.* ⚔ großer Dienstanzug *m*.

dress·y [ˈdresɪ] *adj.* **1.** eleˈgant (gekleidet), *weitS.* modebewußt; **2.** geschniegelt; **3.** F schick, fesch (*Kleid*).

drew [druː] *pret. von* **draw**.

drib·ble [ˈdrɪbl] **I** *v/i.* **1.** tröpfeln (*a. fig.*); **2.** sabbern, geifern; **3.** *sport* dribbeln; **II** *v/t.* **4.** (herˈab)tröpfeln lassen, träufeln; **5.** *sport* ***~ the ball*** (mit dem Ball) dribbeln.

drib·(b)let [ˈdrɪblɪt] kleine Menge; ***by ~s*** *fig.* in kleinen Mengen, kleckerweise.

dribs and drabs [ˌdrɪbzənˈdræbz] *s. pl.*: ***in ~*** F kleckerweise.

dried [draɪd] *adj.* getrocknet: ***~ cod*** Stockfisch *m*; ***~ fruit*** Dörrobst *n*; ***~ milk*** Trockenmilch *f*.

dri·er¹ [ˈdraɪə] *s.* **1.** Trockenmittel *n*, Sikkaˈtiv *n*; **2.** ˈTrockenappaˌrat *m*, Trockner *m*: ***hair-~*** Fön *m*.

dri·er² [ˈdraɪə] *comp. von* **dry**.

dri·est [ˈdraɪɪst] *sup. von* **dry**.

drift [drɪft] **I** *s.* **1.** Treiben *n*; **2.** *fig.* Abwanderung *f*: ***~ from the land*** Landflucht *f*; **3.** ⚓, ✈ Abtrift *f*, -trieb *m*; **4.** *Ballistik*: Seitenabweichung *f*; **5.** Drift(strömung) *f* (*im Meer*); (Strömungs)Richtung *f*; **6.** *fig.* a) Strömung *f*, Tenˈdenz *f*, Lauf *m*, Richtung *f*, b) Absicht *f*, c) Gedankengang *m*, d) Sinn *m*: ***the ~ of what he said*** was er meinte *od.* sagen wollte; **7.** a) Treibholz *n*, b) Treibeis *n*, c) Schneegestöber *n*; **8.** Treibgut *n*; **9.** (Schnee)Verwehung *f*, (Schnee-, Sand)Wehe *f*; **10.** *geol.* Geschiebe *n*; **11.** *fig.* Einfluß *m*, (treibende) Kraft; **12.** (Sich)ˈTreibenlassen *n*, Ziellosigkeit *f*: ***policy of ~***; **II** *v/i.* **13.** treiben (*a. fig.* ***into*** in *e-n Krieg etc.*), getrieben werden: ***let things ~*** den Dingen ihren Lauf lassen; ***~ away*** a) abwandern, b) sich entfernen (***from*** von); ***~ apart*** *fig.* sich auseinanderleben; **14.** sich (willenlos) treiben lassen; **15.** *auf et.* zutreiben; **16.** gezogen werden, geraten *od.* (hinein)schlittern (***into*** in *acc.*); **17.** sich häufen (*Sand, Schnee*); **III** *v/t.* **18.** (daˈhin)treiben, (fort)tragen; **19.** aufhäufen, zs.-tragen; **~ an·chor** *s.* ⚓ Treibanker *m*.

drift·er [ˈdrɪftə] *s.* **1.** zielloser Mensch, ‚Gammler' *m*; **2.** Treibnetzfischer(boot *n*) *m*.

drift| ice *s.* Treibeis *n*; **~ net** *s.* Treibnetz *n*; **ˈ~·wood** *s.* Treibholz *n*.

drill¹ [drɪl] **I** *s.* **1.** ⚙ ˈBohrgerät *n*, -ma-

ˌschine *f*, Bohrer *m*: ~ ***chuck*** Bohrfutter *n*; **2.** Drill *m*: a) ⚔ Exerzieren *n*, b) (*Luftschutz- etc.*)Übung *f*, c) *fig.* strenge Schulung, d) ˈAusbildung(smeˌthode) *f*; **II** *v/t.* **3.** *Loch* bohren; **4.** ⚔ *u. fig.* drillen, einexerzieren: ~ ***him in Latin*** ihm Lateinisch einpauken; **5.** *fig.* drillen, gründlich ausbilden; **III** *v/i.* **6.** (⚙ *engS.* ins Volle) bohren: ~ ***for oil*** nach Öl bohren; **7.** ⚔ a) exerzieren (*a. fig.*), b) gedrillt *od.* ausgebildet werden.

drill² [drɪl] ✓ **I** *s.* **1.** (Saat)Rille *f*, Furche *f*; **2.** ˈDrill-, ˈSämaˌschine *f*; **II** *v/t.* **3.** *Saat* in Reihen säen; **4.** *Land* in Reihen besäen.

drill³ [drɪl] *s.* Drill(ich) *m*, Drell *m*.

drill| bit *s.* ⚙ **1.** Bohrspitze *f*; **2.** Einsatzbohrer *m*; ~ **ground** *s.* ⚔ Exerzierplatz *m*.

drill·ing [ˈdrɪlɪŋ] *s.* **1.** Bohren *n*; **2.** Bohrung *f* (***for*** nach *Öl etc.*); **3.** → ***drill¹*** 2; ~ **rig** *s.* Bohrinsel *f*.

ˈdrill|ˌmas·ter *s.* **1.** ⚔ Ausbilder *m*; **2.** *fig.* ‚Einpauker' *m*; ~ **ser·geant** *s.* ⚔ ˈAusbildungsˌunteroffiˌzier *m*.

dri·ly [ˈdraɪlɪ] *adv. von* ***dry*** (*mst fig.*).

drink [drɪŋk] **I** *s.* **1.** a) Getränk *n*, b) Drink *m*, alkoˈholisches Getränk, c) *coll.* Getränke *pl.*: ***have a*** ~ et. trinken, e-n Drink nehmen; ***have a ~ with s.o.*** mit j-m ein Glas trinken; ***a ~ of water*** ein Schluck Wasser; ***food and*** ~ Essen *n* u. Getränke *pl.*; **2.** das Trinken, der Alkohol: ***take to*** ~ sich das Trinken angewöhnen; **3.** *sl. der* ‚große Teich' (*Meer*); **II** *v/t.* [*irr.*] **4.** *Tee etc.* trinken; *Suppe* essen: ~ ***s.o. under the table*** j-n unter den Tisch trinken; **5.** trinken, saufen (*Tier*); **6.** trinken *od.* anstoßen auf (*acc.*); → ***health*** 3; **7.** (aus)trinken, leeren; → ***cup*** 7; **8.** *fig.* → ***drink in***; **III** *v/i.* [*irr.*] **9.** trinken; **10.** saufen (*Tier*); **11.** trinken, *weitS. a.* ein Trinker sein; **12.** trinken *od.* anstoßen (***to*** auf *acc.*): ~ ***to s.o.*** *a.* j-m zuprosten; ~ **a·way** *v/t.* **1.** *sein Geld etc.* vertrinken; **2.** *s-e Sorgen* im Alkohol ersäufen; ~ **in** *v/t. fig.* **1.** *Luft etc.* einsaugen, (tief) einatmen; **2.** *fig.* (hingerissen) in sich aufnehmen, verschlingen: ~ ***s.o.'s words***; ~ **off**, ~ **up** *v/t.* austrinken.

drink·a·ble [ˈdrɪŋkəbl] *adj.* trinkbar, Trink…; **drink·er** [ˈdrɪŋkə] *s.* **1.** Trinkende(r *m*) *f*: ***beer*** ~ Biertrinker *m*; **2.** Trinker(in): ***a heavy*** ~.

drink·ing [ˈdrɪŋkɪŋ] *s.* **1.** *allg.* Trinken *n*; **2.** → ~ **bout** *s.* Trinkgelage *n*; ~ **cup** *s.* Trinkbecher *m*; ~ **foun·tain** *s.* Trinkbrunnen *m*; ~ **song** *s.* Trinklied *n*; ~ **straw** *s.* Trinkhalm *m*; ~ **wa·ter** *s.* Trinkwasser *n*.

drip [drɪp] **I** *v/i.* **1.** (herˈab)tropfen, (-)tröpfeln; **2.** tropfen (*Wasserhahn*); **3.** triefen (***with*** von, vor *dat.*) (*a. fig.*); **II** *v/t.* **4.** (herˈab)tröpfeln *od.* (herˈab-)tropfen lassen; **III** *s.* **5.** → ***dripping*** 1, 2; **6.** △ Traufe *f*; **7.** ⚙ Tropfrohr *n*; **8.** ⚕ a) ˈTropfinfusiˌon *f*, b) Tropf *m*: ***be on the*** ~ am Tropf hängen; **9.** F ‚Nulpe' *f*, ‚Blödmann' *m*; ~ **cof·fee** *s. Am.* Filterkaffee *m*; ˌ~-ˈ**dry I** *adj.* bügelfrei; **II** *v/t.* tropfnaß aufhängen; ˈ~-**feed** *v/t.* ⚕ parenteˈral *od.* künstlich ernähren.

drip·ping [ˈdrɪpɪŋ] **I** *s.* **1.** Tröpfeln *n*, Tropfen *n*; **2.** *a. pl.* herˈabtröpfelnde Flüssigkeit; **3.** (abtropfendes) Bratenfett: ~ **pan** Fettpfanne *f*; **II** *adj.* **4.** *a. fig.* triefend (***with*** von); **5.** *a.* ~ ***wet*** triefend naß, tropfnaß.

ˈdrip·proof *adj.* ⚙ tropfwassergeschützt.

drive [draɪv] **I** *s.* **1.** Fahrt *f*, *bsd.* Aus-, Spaˈzierfahrt *f*: ***take*** (*od.* ***go for***) ***a*** ~ → ***drive out*** II; ***an hour's ~ away*** e-e Autostunde entfernt; **2.** a) Fahrweg *m*, -straße *f*, b) (priˈvate) Auf-, Einfahrt *f*, c) Zufahrtsstraße *f*; **3.** a) (Zs.-)Treiben *n* (*von Vieh etc.*), b) zs.-getriebene Tiere; **4.** Treibjagd *f*; **5.** ⚙ a) Antrieb *m*: ***rear***(***-wheel***) ~, b) *mot. a.* Steuerung *f*: ***left-hand*** ~; **6.** ⚔ Vorstoß *m*; **7.** *sport* a) Schuß *m*, b) *Golf*, *Tennis*: Drive *m*, Treibschlag *m*; **8.** Tatkraft *f*, Schwung *m*, Eˈlan *m*, Dyˈnamik *f*; **9.** Trieb *m*, Drang *m*: ***sexual*** ~ Geschlechtstrieb; **10.** (ˈSammel-, Verˈkaufs- *etc.*)Aktiˌon *f*, Kamˈpagne *f*, (*bes.* Werbe)Feldzug *m*; **II** *v/t.* [*irr.*] **11.** *Vieh*, *Wild*, *Keil*, *etc.* treiben; *Ball* treiben, (weit) schlagen, schießen; *Nagel* einschlagen, treiben (***into*** in *acc.*); *Pfahl* einrammen; *Schwert etc.* stoßen; *Tunnel* bohren, treiben: ~ ***s.th. into s.o.*** *fig.* j-m et. einbleuen; ~ ***all before one*** *fig.* jeden Widerstand überwinden, unaufhaltsam sein; → ***home*** 13; **12.** vertreiben, -jagen; **13.** *hunt.* jagen, treiben; **14.** (zur Arbeit) antreiben, hetzen: ~ ***s.o. hard*** a) j-n schinden, b) j-n in die Enge treiben; ~ ***o.s.*** (***hard***) sich abschinden *od.* antreiben; **15.** *fig. j-n* dazu bringen *od.* treiben *od.* veranlassen *od.* zwingen (***to*** zu; ***to do*** zu tun): ~ ***to despair*** zur Verzweiflung treiben; ~ ***s.o. mad*** j-n verrückt machen; ***driven by hunger*** vom Hunger getrieben; **16.** *Wagen* fahren, lenken, steuern; **17.** *j-n od. et.* (im Auto) fahren, befördern; **18.** ⚙ (an-, be)treiben (*mst pass.*): ***driven by steam*** mit Dampf betrieben, mit Dampfantrieb; **19.** zielbewußt ˈdurchführen: ~ ***a hard bargain*** hart verhandeln; ***he ~s a roaring trade*** er treibt e-n schwunghaften Handel; **III** *v/i.* [*irr.*] **20.** (daˈhin)treiben, getrieben werden: ~ ***before the wind*** ⚓ vor dem Winde treiben; **21.** eilen, stürmen, jagen; **22.** stoßen, schlagen; **23.** (e-n *od.* den Wagen) fahren: ***can you ~?*** können Sie Auto fahren?; **24.** ~ ***at*** *fig.* (ab)zielen auf (*acc.*): ***what is he driving at?*** was will *od.* meint er eigentlich?, worauf will er hinaus?; **25.** schwer arbeiten (***at*** an *dat.*);

Zssgn mit adv.:

drive| a·way I *v/t. a. fig.* vertreiben, verjagen; **II** *v/i.* wegfahren; ~ **in I** *v/t.* **1.** *Pfahl* einrammen, *Nagel* einschlagen; **2.** *Vieh* eintreiben; **II** *v/i.* **3.** hinˈeinfahren; ~ **on I** *v/t.* voˈrantreiben (*a. fig.*); **II** *v/i.* weiterfahren; ~ **out I** *v/t.* aus-, vertreiben; **II** *v/i.* spazieren-, ausfahren; ~ **up I** *v/t. Preise* in die Höhe treiben; **II** *v/i.* vorfahren (***to*** vor *dat.*).

ˈdrive-in I *adj.* Auto…, Drive-in-…; **II** *s.* a) Auto-, Drive-in-Kino *n*, -rasthaus *n etc.*, b) Auto-, Drive-in-Schalter *m e-r Bank*.

driv·el [ˈdrɪvl] **I** *v/i.* **1.** sabbern, geifern; **2.** dummes Zeug schwatzen, faseln; **II** *s.* **3.** Geschwätz *n*, Gefasel *n*, Faseˈlei *f*; **ˈdriv·el·(l)er** [-lə] *s.* (blöder) Schwätzer.

driv·en [ˈdrɪvn] *p.p. von* ***drive***.

driv·er [ˈdraɪvə] *s.* **1.** (An)Treiber *m*; **2.** Fahrer *m*, Lenker *m*, b) (*Kran- etc.*, *Brit. Lokomotiv*)Führer *m*, c) Kutscher *m*; **3.** (Vieh)Treiber *m*; **4.** F Antreiber *m*, (Leute)Schinder *m*; **5.** ⚙ a) Treibrad *n*, Ritzel *n*, b) Mitnehmer *m*, c) Ramme *f*; **6.** *Golf*: Driver *m* (*Holzschläger 1*); **~'s cab** *s.* ⚙ Führerhaus *n*; **~'s li·cense** *s. mot. Am.* Führerschein *m*; **~'s seat** *s.* Fahrer-, Führersitz *m*: ***in the ~*** *fig.* am Ruder.

drive| shaft → ***driving shaft***; ˈ~-**way** *s.* → ***drive*** 2; ˈ~-**yourˌself** *adj. Am.* Selbstfahrer…: ~ ***car*** Mietwagen *m*.

driv·ing [ˈdraɪvɪŋ] **I** *adj.* **1.** (an)treibend: ~ ***force*** treibende Kraft; ~ ***rain*** stürmischer Regen; **2.** a) ⚙ Antriebs…, Treib…, Trieb…, b) *TV* Treiber…(*-impulse etc.*); **3.** *mot.* Fahr…: ~ ***comfort***; ~ ***instructor*** Fahrlehrer *m*; ~ ***lessons*** Fahrstunden; ***take ~ lessons*** Fahrunterricht nehmen, den Führerschein machen; ~ ***licence*** *Brit.* Führerschein *m*; ~ ***mirror*** Rückspiegel *m*; ~ ***school*** Fahrschule *f*; ~ ***test*** Fahrprüfung *f*; **II** *s.* **4.** Treiben *n*; **5.** (Auto)Fahren *n*; ~ **ax·le** *s.* Antriebsachse *f*; ~ **belt** *s.* Treibriemen *m*; ˈ~-**gear** *s.* Triebwerk *n*, Getriebe *n*; ~ **i·ron** *s. Golf*: Driving-Iron *m* (*Eisenschläger Nr. 1*); ~ **pow·er** *s.* ⚙ Antriebskraft *f*, -leistung *f*; ~ **shaft** *s.* ⚙ Antriebswelle *f*; ~ **wheel** *s.* Triebrad *n*.

driz·zle [ˈdrɪzl] **I** *v/i.* nieseln; **II** *s.* Niesel-, Sprühregen *m*; **ˈdriz·zly** [-lɪ] *adj.* Niesel-, Sprüh…: ~ ***rain***; ***it was a ~ day*** es nieselte den ganzen Tag.

droll [drəʊl] *adj.* □ drollig, spaßig, komisch; **droll·er·y** [ˈdrəʊlərɪ] *s.* **1.** Posse *f*, Schwank *m*; **2.** Spaß *m*; **3.** Komik *f*, Spaßigkeit *f*.

drome [drəʊm] F *für* ***aerodrome***, ***airdrome***.

drom·e·dar·y [ˈdrɒmədərɪ] *s. zo.* Dromeˈdar *n*.

drone¹ [drəʊn] **I** *s.* **1.** *zo.* Drohne *f*; **2.** *fig.* Drohne *f*, Schmaˈrotzer *m*; **3.** ⚔ ferngesteuertes Flugzeug *n*; ˈFernlenkraˌkete *f*; **II** *v/i.* **4.** faulenzen; **III** *v/t.* **5.** ~ ***away*** vertrödeln.

drone² [drəʊn] **I** *v/i.* **1.** brummen, summen, dröhnen; **2.** *fig.* leiern, eintönig reden; **II** *v/t.* **3.** herleiern; **III** *s.* **4.** ♪ a) Borˈdun *m*, b) Baßpfeife *f des Dudelsacks*; **5.** Brummen *n*, Summen *n*; **6.** *fig.* a) Geleier *n*, b) einschläfernder Redner.

droop [druːp] **I** *v/i.* **1.** (schlaff) herˈabhängen *od.* -sinken; **2.** ermatten, erschlaffen; **3.** sinken, schwinden (*Mut etc.*), erlahmen (*Interesse etc.*); **4.** *fig.* den Kopf hängenlassen (*a. Blume*); **5.** ✝ abbröckeln (*Preise*); **II** *v/t.* **6.** (schlaff) herˈabhängen lassen; **III** *s.* **7.** Herˈabhängen *n*, Senken *n*; **8.** Erschlaffen *n*; **ˈdroop·ing** [-pɪŋ] *adj.* □ **1.** (herˈunter)hängend, schlaff (*a. fig.*); **2.** matt; **3.** welk.

drop [drɒp] **I** *s.* **1.** Tropfen *m*: ***in ~s*** tropfenweise (*a. fig.*); ***a ~ in the bucket*** (*od.* ***ocean***) *fig.* ein Tropfen auf e-n heißen Stein; **2.** ⚕ *mst pl.* Tropfen *pl.*; **3.** *fig.* a) Tropfen *m*, Tröpfchen *n*, b) Glas *n*, ‚Gläs-chen' *n*: ***he has had a ~ too much*** er hat ein Glas *od.* eins über den Durst getrunken; **4.** Bonˈbon *m*, *n*: ***fruit ~s*** Drops *pl.*; **5.** a) Fall *m*,

Fallen *n*: ***at the ~ of a hat*** F beim geringsten Anlaß; ***get*** *od.* ***have the ~ on s.o.*** F j-m (*beim Ziehen e-r Waffe*) zuvorkommen, *fig.* j-m gegenüber im Vorteil sein, b) Fall(tiefe *f*) *m*, 'Höhenˌunterschied *m*, c) steiler Abfall, Gefälle *n*; **6.** *fig.* Fall *m*, Sturz *m*, Rückgang *m*: ***~ in prices*** Preissturz, -rückgang; ***~ in the temperature*** Temperaturabfall, -sturz; ***~ in the voltage*** ϟ Spannungsabfall; **7.** → ***airdrop*** I; **8.** ⚙ a) (Fall-)Klappe *f*, -vorrichtung *f*, b) Falltür *f*, c) Vorrichtung *f* zum Her'ablassen von Lasten: (***letter***) ***~*** *Am.* (Brief)Einwurf *m*; **9.** *thea.* Vorhang *m*; **II** *v/i.* **10.** (her'ab)tropfen, (-)tröpfeln; **11.** (he'rab-, her'unter)fallen: ***let s.th. ~*** a) et. fallen lassen, b) → 26; **12.** (nieder-)sinken, fallen: ***~ into a chair***, ***~ dead*** tot umfallen; ***~ dead!*** *sl.* geh zum Teufel!; ***ready*** (*od.* ***fit***) ***to ~*** zum Umfallen müde; **13.** *fig.* aufhören, ‚einschlafen': ***our correspondence ~ped***; **14.** (ver-)fallen: ***~ into a habit*** in e-e Gewohnheit verfallen; ***~ asleep*** einschlafen; **15.** a) (ab)sinken, sich senken, b) sinken, fallen, her'untergehen (*Preise, Thermometer etc.*); **16.** sich senken (*Stimme*); **17.** sich legen (*Wind*); **18.** zufällig *od.* unerwartet kommen: ***~ into the room***; ***~ across s.o.*** (***s.th.***) zufällig auf j-n (et.) stoßen; **19.** *zo.* (Junge) werfen, *bsd.* a) lammen, b) kalben, c) fohlen; **III** *v/t.* **20.** (her'ab)tropfen *od.* (-)tröpfeln lassen; **21.** senken, her'ablassen; **22.** fallen lassen: ***~ a book***; **23.** (hin'ein)werfen (***into*** in *acc.*); **24.** *Bomben etc.* (ab)werfen; **25.** ⚓ *den Anker* auswerfen; **26.** *e-e Bemerkung* fallenlassen: ***~ a remark***; ***~ me a line!*** schreibe mir ein paar Zeilen!; **27.** *ein Thema, e-e Gewohnheit etc.* fallenlassen: ***~ a subject*** (***habit*** *etc.*); **28.** *e-e Tätigkeit* aufgeben, aufhören mit: ***~ the correspondence*** die Korrespondenz einstellen; ***~ it!*** hör auf damit!, laß das!; **29.** *j-n* fallenlassen, nichts mehr zu tun haben wollen mit; **30** *Am.* a) *j-n* entlassen, b) *sport Spieler* aus der Mannschaft nehmen; **31.** *zo. Junge, bsd. Lämmer* werfen; **32.** *e-e Last, a. Passagiere* absetzen; **33.** F *Geld* a) loswerden, b) verlieren; **34.** *Buchstaben etc.* auslassen: ***~ one's aitches*** a) das ‚h' nicht sprechen, b) *fig.* e-e vulgäre Aussprache haben; **35.** a) zu Fall bringen, zu Boden schlagen, b) F *j-n* ‚abknallen'; **36.** ab-, her'unterschießen: ***~ a bird***; **37.** *die Augen od. die Stimme* senken; **38.** *sport e-n Punkt, ein Spiel* abgeben (***to*** gegen); *Zssgn mit adv.*:

drop| a·round *v/i.* F vor'beikommen, (kurz) ‚her'einschauen'; **~ a·way** *v/i.* **1.** abfallen; **2.** immer weniger werden; (e-r nach dem anderen) weggehen; **~ back**, **~ be·hind** *v/i.* **1.** zu'rückbleiben, -fallen; **2.** sich zu'rückfallen lassen; **~ down** *v/i.* **1.** her'abtröpfeln; **2.** her'unterfallen; **~ in** *v/i.* **1.** her'einkommen (*a. fig. Aufträge etc.*); **2.** (kurz) her'einschauen (***on*** bei), ‚her'einschneien'; **~ off I** *v/i.* **1.** abfallen (*a.* ϟ); **2.** zu'rückgehen (*Umsatz etc.*), nachlassen (*Interesse etc.*); **3.** einschlafen, -nicken; **II** *v/t.* **4.** → ***drop*** 32; **~ out** *v/i.* **1.** her'ausfallen (***of*** aus); **2.** ‚aussteigen' (***of*** aus *der Politik, s-m Beruf etc.*), *a.* die Schule, das Studium abbrechen.

drop| ball *s. Fußball*: Schiedsrichterball *m*; **~ cur·tain** *s. thea.* Vorhang *m*; **'~-forge** *v/t.* ⚙ im Gesenk schmieden; **~ forg·ing** *s.* ⚙ **1.** Gesenkschmieden *n*; **2.** Gesenkschmiedestück *n*; **'~·head** *s.* **1.** ⚙ Versenkvorrichtung *f*; **2.** *mot. Brit. a.* ***~ coupé*** Kabrio'lett *n*; **~ kick** *s. sport* Dropkick *m*.

drop·let ['drɒplɪt] *s.* Tröpfchen *n*.

drop| let·ter *s.* **1.** *Am.* postlagernder Brief; **2.** Ortsbrief *m*; **'~·out** *s.* Dropout *m*: a) ‚Aussteiger' *m aus der Gesellschaft*, b) (Schul-, Studien)Abbrecher *m*, c) *Computer*: Sig'nalausfall *m*, d) *Tonband*: Schadstelle *f*.

drop·per ['drɒpə] *s.* Tropfglas *n*, Tropfenzähler *m*: ***eye ~*** Augentropfer *m*; **'drop·pings** [-pɪŋz] *s. pl.* **1.** Mist *m*, tierischer Kot; **2.** (Ab)Fallwolle *f*.

drop| scene *s.* **1.** *thea.* (Zwischen)Vorhang *m*; **2.** *fig.* Fi'nale *n*, Schlußszene *f*; **~ seat** *s.* Klappsitz *m*; **~ shot** *s. Tennis etc.*: Stoppball *m*; **~ shut·ter** *s. phot.* Fallverschluß *m*.

drop·si·cal ['drɒpsɪkl] *adj.* □ ⚕ **1.** wassersüchtig; **2.** ödema'tös.

'drop-stitch *s.* Fallmasche *f*.

drop·sy ['drɒpsɪ] *s.* ⚕ Wassersucht *f*.

dross [drɒs] *s.* **1.** ⚙ Schlacke *f*; **2.** Abfall *m*, Unrat *m*; *fig.* wertloses Zeug.

drought [draʊt] *s.* Dürre *f* (*a. fig. Mangel* ***of*** an *dat.*); (Zeit *f* der) Trockenheit *f*; **'drought·y** [-tɪ] *adj.* **1.** trocken, dürr; **2.** regenlos.

drove[1] [drəʊv] *pret. von* ***drive***.

drove[2] [drəʊv] *s.* **1.** (Vieh)Herde *f*; **2.** *fig.* Schar *f*: ***in ~s*** in hellen Scharen; **'dro·ver** [-və] *s.* Viehtreiber *m*.

drown [draʊn] **I** *v/i.* **1.** ertrinken; **II** *v/t.* **2.** ertränken, ersäufen: ***be ~ed*** → 1; ***~ one's sorrows*** s-e Sorgen (im Alkohol) ertränken; **3.** über'schwemmen (*a. fig.*): ***~ed in tears*** tränenüberströmt; **4.** *a.* ***~ out*** *fig.* übertönen.

drowse [draʊz] **I** *v/i.* **1.** dösen: ***~ off*** eindösen; **II** *v/t.* **2.** schläfrig machen; **3.** *mst* ***~ away*** *Zeit etc.* verdösen; **'drow·si·ness** [-zɪnɪs] *s.* Schläfrigkeit *f*; **'drow·sy** [-zɪ] *adj.* □ **1.** a) schläfrig, b) verschlafen (*a. fig.*); **2.** einschläfernd.

drub [drʌb] *v/t.* F **1.** (ver)prügeln: ***~ s.th. into s.o.*** j-m et. einbleuen; **2.** *sport* ‚über'fahren'; **'drub·bing** [-bɪŋ] *s.* F (Tracht *f*) Prügel *pl.*: ***take a ~*** *a. sport* Prügel beziehen, ‚über'fahren werden'.

drudge [drʌdʒ] **I** *s.* **1.** *fig.* F Packesel *m*, Arbeitstier *n*, Kuli *m*; **2.** → ***drudgery***; **II** *v/i.* **3.** sich (ab)placken, sich abschinden, schuften; **'drudg·er·y** [-dʒərɪ] *s.* Placke'rei *f*, Schinde'rei *f*; **'drudg·ing** [-dʒɪŋ] *adj.* □ **1.** mühsam; **2.** stumpfsinnig.

drug [drʌg] **I** *s.* **1.** Arz'nei(mittel *n*) *f*, Medika'ment *n*: ***be on a ~*** ein Medikament (ständig) nehmen; **2.** Rauschgift *n*, Droge *f* (*a. fig.*): ***be on ~s*** → 8; **3.** ***~ on*** (*Am. a.* ***in***) ***the market*** ✝ schwerverkäufliche Ware, *a.* Ladenhüter *m*; **II** *v/t.* **4.** *j-m* Medika'mente geben; **5.** *j-n* unter Drogen setzen; **6.** ein Betäubungsmittel beimischen (*dat.*); **7.** *j-n* betäuben (*a. fig.*): ***~ged with sleep*** schlaftrunken; **III** *v/i.* **8.** Drogen *od.* Rauschgift nehmen; **~ a·buse** *s.* **1.** 'Drogenˌmißbrauch *m*; **2.** Arz'neimittelˌmißbrauch *m*; **~ ad·dict** *s.* Drogen- *od.* Rauschgiftsüchtige(r *m*) *f*; **'~-adˌdict·ed** *adj.* **1.** drogen- *od.* rauschgiftsüchtig; **2.** arz'neimittelsüchtig; **~ ad·dic·tion** *s.* **1.** Drogen- *od.* Rauschgiftsucht *f*; **2.** Arz'neimittelsucht *f*; **~ de·pend·ence** *s.* Drogenabhängigkeit *f*.

drug·gist ['drʌgɪst] *s. Am.* **1.** Apo'theker *m*; **2.** Inhaber(in) e-s Drugstores.

drug| ped·dler, **'~ˌpush·er** *s.* Rauschgifthändler *m*, ‚Pusher' *m*; **~ scene** *s.* Drogenszene *f*.

drug·ster ['drʌgstə] → ***drug addict***.

'drug·store *s. Am.* **1.** Apo'theke *f*; **2.** Drugstore *m* (*Drogerie, Kaufladen u. Imbißstube*).

Dru·id ['dru:ɪd] *s.* Dru'ide *m*; **'Dru·id·ess** [-dɪs] *s.* Dru'idin *f*.

drum [drʌm] **I** *s.* **1.** ♪ Trommel *f*: ***beat the ~*** die Trommel schlagen *od.* (*a. fig.*) rühren, trommeln; **2.** *pl.* Schlagzeug *n*; **3.** Trommeln *n* (*a. fig. des Regens etc.*); **4.** ⚙ Trommel *f*, Walze *f*, Zy'linder *m*; **5.** ⚔ Trommel *f* (*am Maschinengewehr etc.*); **6.** Trommel *f*, trommelförmiger Behälter; **7.** *anat.* a) Mittelohr *n*, b) Trommelfell *n*; **8.** △ Säulentrommel *f*; **II** *v/i.* **9.** *a. weitS.* trommeln (***on*** auf *acc.*, ***at*** an *acc.*); **10.** (rhythmisch) dröhnen; **11.** *fig. Am.* die Trommel rühren (***for*** für); **III** *v/t.* **12.** *Rhythmus* trommeln: ***~ s.th. into s.o.*** j-m et. einhämmern; **13.** trommeln auf (*acc.*); **~ out** *v/t. j-n* ausstoßen (***of*** aus); **~ up** *v/t.* a) zs.-trommeln, (an)werben, ‚auf die Beine stellen', b) *Am.* sich *et.* einfallen lassen.

drum| brake *s.* Trommelbremse *f*; **'~ˌfire** *s.* ⚔ Trommelfeuer *n* (*a. fig.*); **'~·head** *s.* **1.** ♪, *anat.* Trommelfell *n*; **2.** ***~ court martial*** ⚔ Standgericht *n*; **3.** ***~ service*** ⚔ Feldgottesdienst *m*; **~ ma·jor** *s.* ⚔ 'Tambourmaˌjor *m*; **~ ma·jor·ette** *s.* 'Tambourmaˌjorin *f*.

drum·mer ['drʌmə] *s.* **1.** ♪ a) Trommler *m*, b) Schlagzeuger *m*; **2.** ✝ *Am.* F Handlungsreisende(r) *m*.

'drum·stick *s.* **1.** Trommelstock *m*, -schlegel *m*; **2.** 'Unterschenkel *m* (*von zubereitetem Geflügel*).

drunk [drʌŋk] **I** *adj. mst pred.* **1.** betrunken (***on*** von): ***get ~*** sich betrinken; ***~ as a lord*** (*od.* ***a fish***) total blau; ***~ and incapable*** volltrunken; ***~ driving*** ⚖ Trunkenheit *f* am Steuer; **2.** *fig.* (be-)trunken, berauscht (***with*** vor, von): ***~ with joy*** freudetrunken; **II** *s.* **3.** *sl.* a) Betrunkene(r *m*) *f*, b) Säufer(in); **4.** a) Saufe'rei *f*, Besäufnis *n*, b) ‚Affe' *m*, Rausch *m*; **III** *p.p. von* ***drink***; **'drunk·ard** [-kəd] *s.* Säufer *m*, Trunkenbold *m*; **'drunk·en** [-kən] *adj.* □ betrunken; *fig.* → ***drunk*** 2: ***a ~ man*** ein Betrunkener; ***a ~ brawl*** ein im Rausch angefangener Streit; ***a ~ party*** ein Saufgelage *n*; **'drunk·en·ness** [-kənnɪs] *s.* Betrunkenheit *f*.

drupe [dru:p] *s.* ⚘ Steinfrucht *f*, -obst *n*.

dry [draɪ] **I** *adj.* □ **1.** trocken: ***not yet ~ behind the ears*** noch nicht trocken hinter den Ohren; ***~ cough*** trockener Husten; ***run ~*** austrocknen, versiegen; → ***dock***[1] 1; **2.** trocken, regenarm, niederschlagsarm: ***~ country***; ***~ summer***; **3.** dürr, ausgedörrt; **4.** ausgetrocknet; **5.** F durstig; **6.** durstig machend: ***~ work***; **7.** trockenstehend (*Kuh*); **8.** F

‚trocken‘: a) mit Alkoholverbot: ***a ~ State***, b) ohne Alkohol: ***a ~ party***, c) weg vom Alkohol: ***he is now ~***; **9.** antialko'holisch: ***~ law*** Prohibitionsgesetz *n*; ***go ~*** das Alkoholverbot einführen; **10.** 'unproduk,tiv, ‚ausgeschrieben‘: ***~ writer***; **11.** herb, trocken (*Wein etc.*); **12.** *fig.* trocken, langweilig; nüchtern: ***~ as dust*** strohtrocken, sterbenslangweilig; ***~ facts*** nüchterne *od.* nackte Tatsachen; **13.** *fig.* trocken: ***~ humo(u)r***; **II** *v/t.* **14.** (ab)trocknen: ***~ one's hands*** sich die Hände abtrocknen; **15.** *Obst* dörren; **16.** *a.* ***~ up*** austrocknen; trockenlegen; **III** *v/i.* **17.** trocknen, trocken werden; **18.** ***~ up*** a) ein-, ver-, austrocknen, b) F versiegen, aufhören, c) F die ‚Klappe‘ halten: ***~ up!***; **IV** *s.* **19.** Trockenheit *f.*

dry·ad ['draɪəd] *s.* Dry'ade *f.*

dry·as·dust ['draɪəzdʌst] **I** *s.* Stubengelehrte(r) *m*; **II** *adj.* strohtrocken, sterbenslangweilig.

dry| bat·ter·y *s.* ⚡ 'Trockenbatte,rie *f*; **~ cell** *s.* ⚡ 'Trockenele,ment *n*; **,~-'clean** *v/t.* chemisch reinigen; **,~-'clean·er('s)** *s.* chemische Reinigung(sanstalt); **,~-'clean·ing** *s.* chemische Reinigung; **'~-cure** *v/t.* *Fleisch etc.* dörren *od.* einsalzen; **,~-'dock** *v/t.* ⚓ ins Trockendock bringen.

dry·er ['draɪə] → ***drier***[1].

'dry|-farm *s.* Trockenfarm *f*; **'~-fly** *s.* *Angeln*: Trockenfliege *f*; **~ goods** *s. pl.* ☤ *Am.* Tex'tilien *pl.*; **~ ice** *s.* Trockeneis *n.*

dry·ing ['draɪɪŋ] *adj.* Trocken…

dry·ly → ***drily***.

dry meas·ure *s.* Trockenmaß *n.*

dry·ness ['draɪnɪs] *s.* Trockenheit *f*: a) trockener Zustand, b) Dürre *f*, c) Hu'morlosigkeit *f*, d) Langweiligkeit *f.*

'dry|-nurse I *s.* **1.** Säuglingsschwester *f*; **II** *v/t.* **2.** *Säuglinge* pflegen; **3.** F bemuttern (*a. fig.*); **'~-out farm** *s.* F Entziehungsheim *n*; **~ rot** *s.* **1.** Trockenfäule *f*; **2.** ⚘ Hausschwamm *m*; **3.** *fig.* Verfall *m*; **~ run** *s.* **1.** ⚔ *Am.* Übungsschießen *n* ohne scharfe Muniti'on; **2.** F Probe *f*, Test *m*; **'~-salt** *v/t.* dörren u. einsalzen; **,~-'shod** *adv.* trockenen Fußes.

du·al ['dju:əl] **I** *adj.* ☐ doppelt, Doppel…, Zwei…, ⚙ *a.* Zwillings…: ***~ carriageway*** *Brit.* Schnellstraße *f*; ***~-income family*** Doppelverdiener *pl.*; ***~ nationality*** doppelte Staatsangehörigkeit; ***~-purpose*** ⚙ Doppel…, Zwei…, Mehrzweck…; **II** *s. ling. a.* ***~ number*** 'Dual *m*, Du'alis *m*; **'du·al·ism** [-lɪzəm] *s.* Dua'lismus *m*; **du·al·i·ty** [dju:'ælətɪ] *s.* Duali'tät *f*, Zweiheit *f.*

dub [dʌb] *v/t.* **1.** ***~ s.o. a knight*** j-n zum Ritter schlagen; **2.** *fig. humor.* titulieren, nennen: ***they ~bed him Fatty***; **3.** ⚙ zurichten; **4.** *Leder* einfetten; **5.** a) *Film* synchronisieren, b) (nach)synchronisieren, c) ***~ in*** einsynchronisieren.

dub·bin ['dʌbɪn] *s.* Lederfett *n.*

dub·bing ['dʌbɪŋ] *s.* **1.** Ritterschlag *m*; **2.** *Film*: ('Nach)Synchronisati,on *f*; **3.** → ***dubbin***.

du·bi·ous ['dju:bjəs] *adj.* ☐ **1.** zweifelhaft: a) unklar, zweideutig, b) ungewiß, unbestimmt, c) fragwürdig, dubi'os, d) unzuverlässig; **2.** a) im Zweifel (***of***, ***about*** über *acc.*), unsicher, b) unschlüssig; **'du·bi·ous·ness** [-nɪs] *s.* **1.** Zweifelhaftigkeit *f*; **2.** Ungewißheit *f*; **3.** Fragwürdigkeit *f.*

du·cal ['dju:kl] *adj.* herzoglich, Herzogs…

duc·at ['dʌkət] *s.* **1.** *hist.* Du'katen *m*; **2.** *pl. obs. sl.* ‚Mo'neten‘ *pl.*

duch·ess ['dʌtʃɪs] *s.* Herzogin *f*; **duch·y** ['dʌtʃɪ] *s.* Herzogtum *n.*

duck[1] [dʌk] *s.* **1.** *pl.* **ducks**, *coll.* **duck** *orn.* (*engS.* weibliche) Ente: ***like a dying ~ (in a thunderstorm)*** F völlig verdattert; ***take to s.th. like a ~ takes to water*** F sich in et. sofort in s-m Element fühlen; ***it ran off him like water off a ~'s back*** F es ließ ihn völlig kalt; ***play ~s and drakes*** a) Steine (über das Wasser) hüpfen lassen, b) (***with***) *fig.* aasen (mit); **2.** Ente *f*, Entenfleisch *n*: ***roast ~*** Entenbraten *m*; **3.** F ‚(Gold-)Schatz‘ *m*, ‚Süße(r‘ *m*) *f*; **4.** F a) ‚Vogel‘ *m*, b) ‚Tante‘ *f*: ***a funny old ~***; **5.** ⚔ Am'phibien-Lastkraftwagen *m*; **6.** *Kricket*: Null *f*, null Punkte *pl.*

duck[2] [dʌk] **I** *v/i.* **1.** (rasch) 'untertauchen; **2.** (*a. fig.*) sich ducken (***to*** vor *dat.*); **3.** *a.* ***~ out*** F ‚verduften‘, verschwinden; ***~ out of*** → 5 c; **II** *v/t.* **4.** ('unter)tauchen; **5.** a) *den Kopf* ducken *od.* einziehen, b) *e-n Schlag* abducken, ausweichen (*dat.*), c) F sich ‚drücken‘ vor (*dat.*), ausweichen (*dat.*).

duck[3] [dʌk] *s.* **1.** Segeltuch *n*; **2.** *pl.* Segeltuchhose *f.*

'duck|·bill *s.* **1.** *zo.* Schnabeltier *n*; **2.** ⚘ *Brit.* roter Weizen; **'~-billed plat·y·pus** → ***duckbill*** 1; **'~-board** *s.* Laufbrett *n.*

duck·ie ['dʌkɪ] → ***duck***[1] 3.

duck·ing ['dʌkɪŋ] *s.*: ***give s.o. a ~*** j-n untertauchen; ***get a ~*** völlig durchnäßt werden.

duck·ling ['dʌklɪŋ] *s.* Entchen *n.*

duck shot *s.* Entenschrot *m*, *n.*

duck·y ['dʌkɪ] F **I** *s.* → ***duck***[1] 3; **II** *adj.* ‚goldig‘, ‚süß‘.

duct [dʌkt] *s.* **1.** ⚙ Röhre *f*, Leitung *f*; (*a.* ⚡ *Kabel- etc.*)Ka'nal *m*; **2.** ⚘, *anat.*, *zo.* Gang *m*, Ka'nal *m*; **'duc·tile** [-taɪl] *adj.* **1.** ⚙ dehn-, streck-, schmied-, hämmerbar; **2.** biegsam, geschmeidig; **3.** fügsam; **duc·til·i·ty** [dʌk'tɪlətɪ] *s.* Dehnbarkeit *f etc.*; **'duct·less** [-lɪs] *adj.*: ***~ gland*** *anat.* endokrine Drüse, Hormondrüse *f.*

dud [dʌd] F **I** *s.* **1.** ⚔ Blindgänger *m* (*a. fig. Person*); **2.** ‚Niete‘ *f*: a) Versager *m*, b) Reinfall *m*; **3.** *pl.* a) ‚Kla'motten‘ *pl.* (*Kleider*), b) Krempel *m*; **4.** *a.* ***~ cheque*** (*Am.* ***check***) ungedeckter Scheck; **II** *adj.* **5.** ‚mies‘, schlecht; **6.** gefälscht: ***~ note*** ‚Blüte‘ *f.*

dude [dju:d] *s. Am.* a) Dandy *m*, b) Stadtmensch *m*, ‚Stadtfrack‘ *m*: ***~ ranch*** Ferienranch *f.*

dudg·eon ['dʌdʒən] *s.*: ***in high ~*** sehr aufgebracht.

due [dju:] **I** *adj.* ☐ → ***duly***; **1.** ☤ fällig, so'fort zahlbar: ***fall*** (*od.* ***become***) ***~*** fällig werden; ***when ~*** bei Verfall *od.* Fälligkeit; ***~ date*** Fälligkeitstag *m*; ***the balance ~ to us from A.*** der uns von A. geschuldete Saldo; **2.** *zeitlich* fällig, erwartet: ***the train is ~ at …*** der Zug ist um … fällig *od.* soll um … ankommen; ***he is ~ to return today*** er wird heute zurückerwartet; **3.** gebührend, angemessen, geziemend, gehörig: ***it is ~ to him (to do, to say)*** es steht ihm zu (zu tun, zu sagen) (→ *a.* 5); ***hono(u)r to whom hono(u)r is ~*** Ehre, wem Ehre gebührt; ***with all ~ respect to you*** bei aller dir schuldigen Achtung; ***after ~ consideration*** nach reiflicher Überlegung; ***in ~ time*** zur rechten *od.* gegebenen Zeit; → ***care*** 2, ***course*** 1, ***form*** 3; **4.** verpflichtet: ***be ~ to go*** gehen müssen *od.* sollen; **5.** ***~ to*** zuzuschreiben(d) (*dat.*), verursacht durch: ***~ to an accident*** auf einen Unfall *od.* Zufall zurückzuführen; ***death was ~ to cancer*** Krebs war die Todesursache; ***it is ~ to him*** es ist ihm zu verdanken; **6.** ***~ to*** (*inkorrekt statt* ***owing to***) wegen (*gen.*), auf Grund *od.* in'folge von (*od. gen.*): ***~ to his poverty***; **7.** *Am.* im Begriff *sein*; **II** *adv.* **8.** genau, gerade: ***~ east*** genau nach Osten; **III** *s.* **9.** *das* Gebührende, (An-)Recht *n*, Anspruch *m*: ***it is my ~*** es gebührt mir; ***to give you your ~*** um dir nicht unrecht zu tun; ***give the devil his ~*** *fig.* selbst dem Teufel *od.* s-m Feind Gerechtigkeit widerfahren lassen; ***give him his ~!*** das muß man ihm lassen!; **10.** *pl.* Gebühren *pl.*, Abgaben *pl.*, Beitrag *m.*

du·el ['dju:əl] **I** *s.* *a. fig.* Du'ell *n*, (Zwei)Kampf *m*: ***students' ~*** Mensur *f*; **II** *v/i.* sich duellieren; **'du·el·ist** [-lɪst] *s.* Duel'lant *m.*

du·en·na [dju:'enə] *s.* Anstandsdame *f.*

du·et [dju:'et] *s.* **1.** ♪ Du'ett *n*, Duo *n*: ***play a ~*** ein Duo *od.* (*am Klavier*) vierhändig spielen; **2.** *fig.* Duo *n*, Paar *n*, ‚Pärchen‘ *n.*

duf·fel ['dʌfl] *s.* **1.** Düffel *m* (*Baumwollgewebe*): ***~ coat*** Dufflecoat *m*; **2.** *Am.* F Ausrüstung *f*: ***~ bag*** Matchbeutel *m.*

duff·er ['dʌfə] *s.* Trottel *m.*

duf·fle → ***duffel***.

dug[1] [dʌg] *pret. u. p.p. von dig.*

dug[2] [dʌg] *s.* **1.** Zitze *f*; **2.** Euter *n.*

du·gong ['du:gɒŋ] *s. zo.* Seekuh *f.*

'dug·out *s.* **1.** ⚔ 'Unterstand *m*; **2.** Einbaum *m.*

duke [dju:k] *s.* Herzog *m*; **'duke·dom** [-dəm] *s.* **1.** Herzogswürde *f*; **2.** Herzogtum *n.*

dul·cet ['dʌlsɪt] *adj.* **1.** wohlklingend, einschmeichelnd: ***in ~ tone*** in süßem Ton; **'dul·ci·fy** [-sɪfaɪ] *v/t.* **1.** versüßen; **2.** *fig.* besänftigen; **'dul·ci·mer** [-sɪmə] *s.* ♪ **1.** Hackbrett *n*; **2.** Zimbal *n.*

dull [dʌl] **I** *adj.* ☐ **1.** dumm, schwer von Begriff; **2.** langsam, schwerfällig, träge; **3.** teilnahmslos, stumpf; **4.** langweilig, fade: ***a ~ evening***; ***~ as ditchwater*** F stinklangweilig; **5.** schwach (*Licht etc.*, *a. Sehkraft*, *Gehör*); **6.** matt, trübe (*Farbe*, *Augen*); dumpf (*Klang*, *Schmerz*); glanz-, leblos; **7.** stumpf (*Klinge*); **8.** trübe (*Wetter*); blind (*Spiegel*); **9.** ge-, betrübt; **10.** ⚓ windstill; ☤ flau, still; *Börse*: lustlos; **II** *v/t.* **11.** *Klinge* stumpf machen; **12.** mattieren, glanzlos machen; trüben; **13.** *fig.* a) abstumpfen, b) dämpfen, schwächen, mildern; *Schmerz* betäuben; **III** *v/i.* **14.** abstumpfen (*a. fig.*); **15.** sich trüben; **16.** abflauen; **'dull·ard** [-ləd] *s.* Dummkopf *m*; **'dull·ish** [-lɪʃ] *adj.* ziemlich dumm *etc.*; **'dul(l)·ness** [-nɪs] *s.* **1.** Dummheit *f*, Dumpfheit *f*; **2.** Langweiligkeit *f*; **3.** Trägheit *f*; **4.**

Schwäche *f*; **5.** Mattheit *f*; Trübheit *f*; Stumpfheit *f*; **6.** ✝ Flaute *f*.
du·ly ['dju:lɪ] *adv.* **1.** ordnungsgemäß, vorschriftsmäßig, wie es sich gehört, richtig; **2.** gebührend, gehörig; **3.** rechtzeitig, pünktlich.
dumb [dʌm] *adj.* □ **1.** *allg.* stumm (*a. fig.*): **~ animals** stumme Geschöpfe; **the ~ masses** *fig.* die stumme Masse; **strike s.o. ~** j-m die Sprache verschlagen; **struck ~ with horror** sprachlos vor Entsetzen; → **deaf** 1; **2.** *bsd. Am.* F doof, blöd; '**~-bell** *s.* **1.** *sport* Hantel *f*; **2.** *Am. sl.* Trottel *m*; **~'found** *v/t.* verblüffen; **~'found·ed** *adj.* verblüfft, sprachlos; **~ show** *s.* **1.** Gebärdenspiel *n*, stummes Spiel; **2.** Panto'mime *f*; **ˌ~-'wait·er** *s.* **1.** stummer Diener, Ser'viertisch *m*; **2.** Speisenaufzug *m*.
dum·dum ['dʌmdʌm], *a.* **~ bul·let** *s.* Dum'dum(geschoß) *n*.
dum·found *etc.* → **dumbfound** *etc.*
dum·my ['dʌmɪ] **I** *s.* **1.** *allg.* At'trappe *f*, ✝ *a.* Schau-, Leerpackung *f*; **2.** Kleider-, Schaufensterpuppe *f*; **3.** Puppe *f*, Fi'gur *f* (*als Zielscheibe od. für Crashtests*); **4.** ✝ *etc.* Strohmann *m*; **5.** (Karten-, *bsd.* Whistspiel *n* mit) Strohmann *m*; **6.** *Am.* F ‚Blödmann' *m*; **7.** *Am.* vierseitige (Verkehrs)Ampel; **8.** *Brit.* (Baby)Schnuller *m*; **9.** *typ.* Blindband *m*; **II** *adj.* **10.** Schein...: **~ candidates**; **~ cartridge** ⚔ Exerzierpatrone *f*; **~ gun** Gewehr- *od.* Geschützattrappe *f*; **~ warhead** blinder Gefechtskopf.
dump [dʌmp] **I** *v/t.* **1.** ('hin)plumpsen *od.* ('hin)fallen lassen, 'hinwerfen; **2.** abladen, schütten, auskippen: **~ truck** *mot.* Kipper *m*; **3.** ⚔ lagern, stapeln; **4.** ✝ zu Dumpingpreisen verkaufen, verschleudern; **5.** a) *et.* wegwerfen, ‚abladen', *Auto* loswerden, b) *j-n* abschieben, loswerden; **II** *s.* **6.** Plumps *m*, dumpfer Schlag; **7.** (Schutt-, Müll)Abladeplatz *m*, Müllhalde *f*; **8.** ⚒ Halde *f*; **9.** ⚔ (*Munitions- etc.*)De'pot *n*, Stapelplatz *m*, (Nachschub)Lager *n*; **10.** *sl.* a) Bruchbude *f* (*Haus*); ‚Dreckloch' *n* (*Haus, Wohnung*), b) (elendes) Kaff; '**~·cart** *s.* Kippkarren *m*, -wagen *m*.
dump·er (truck) ['dʌmpə] *s. mot.* Kipper *m*.
dump·ing ['dʌmpɪŋ] *s.* **1.** Schuttabladen *n*; **2.** ✝ Dumping *n*, Ausfuhr *f* zu Schleuderpreisen; **~ ground** → **dump** 7.
dump·ling ['dʌmplɪŋ] *s.* **1.** Kloß *m*, Knödel *m*; **2.** F ‚Dickerchen' *n* (*Person*).
dumps [dʌmps] *s. pl.*: **be (down) in the ~** F ‚down' *od.* deprimiert sein.
dump·y ['dʌmpɪ] *adj.* plump, unter'setzt.
dun¹ [dʌn] *v/t.* **1.** *Schuldner* mahnen, drängen: **~ning letter** Zahlungsaufforderung *f*; **2.** bedrängen, belästigen.
dun² [dʌn] **I** *adj.* grau-, schwärzlichbraun; dunkel (*a. fig.*); **II** *s.* Braune(r) *m* (*Pferd*).
dunce [dʌns] *s.* **1.** Dummkopf *m*; **2.** *ped.* schlechter Schüler.
dun·der·head ['dʌndəhed] *s.* Schwachkopf *m*; '**dun·derˌhead·ed** [-dɪd] *adj.* schwachköpfig.
dune [dju:n] *s.* Düne *f*: **~ buggy** *mot.* Strandbuggy *m*.
dung [dʌŋ] **I** *s.* Mist *m*, Dung *m*, Dünger *m*; (Tier)Kot *m*: **~ beetle** Mistkäfer *m*; **~ fork** Mistgabel *f*; **~ heap**, **~ hill** Misthaufen *m*; **~ hill fowl** Hausgeflügel *n*; **II** *v/t.* düngen.
dun·ga·ree [ˌdʌŋgə'ri:] *s.* **1.** grober Baumwollstoff; **2.** *pl.* Arbeitsanzug *m*, -hose *f*.
dun·geon ['dʌndʒən] *s.* Burgverlies *n*; Kerker *m*.
dunk [dʌŋk] *v/i. u. v/t.* eintunken; *fig.* (ein)tauchen.
dun·no [də'nəʊ] F *für* **(I) don't know**.
du·o ['dju:əʊ] *pl.* **-os** → **duet**.
duo- [dju:əʊ] *in Zssgn* zwei.
du·o·dec·i·mal [ˌdju:əʊ'desɪml] *adj.* ⅍ duodezi'mal; **ˌdu·o'dec·i·mo** [-məʊ] *pl.* **-mos** *s. typ.* **1.** Duo'dezforˌmat *n*; **2.** Duo'dezband *m*.
du·o·de·nal [ˌdju:əʊ'di:nl] *adj.*: **~ ulcer** ⚕ Zwölffingerdarmgeschwür *n*; **ˌdu·o'de·num** [-nəm] *s. anat.* Zwölf'fingerdarm *m*.
du·o·logue ['djʊəlɒg] *s.* **1.** Zwiegespräch *n*; **2.** Duo'drama *n*.
dupe [dju:p] **I** *s.* **1.** Betrogene(r *m*) *f*, ‚Lackierte(r' *m*) *f*: **be the ~ of s.o.** auf j-n hereinfallen; **2.** Gimpel *m*, Leichtgläubige(r *m*) *f*; **II** *v/t.* **3.** *j-n* ‚reinlegen', ‚anschmieren', hinters Licht führen.
du·ple ['dju:pl] *adj.* zweifach: **~ ratio** ⅍ doppeltes Verhältnis; **~ time** ♪ Zweiertakt *m*; '**du·plex** [-leks] **I** *adj. mst* ⚙ doppelt, Doppel..., *a.* ⚡ Duplex...: **~ apartment** → II b; **~ burner** Doppelbrenner *m*; **~ house** → II a; **~ telegraphy** Gegensprech-, Duplextelegraphie *f*; **II** *s. Am.* a) 'Zweifaˌmilien-, Doppelhaus *n*, b) Maiso'nette *f*.
du·pli·cate ['dju:plɪkət] **I** *adj.* **1.** doppelt, Doppel...: **~ proportion** ⅍ doppeltes Verhältnis; **2.** genau gleich *od.* entsprechend, Duplikat...: **~ key** Nachschlüssel *m*; **~ part** Ersatzteil *n*; **~ production** Reihen-, Serienfertigung *f*; **II** *s.* **3.** Dupli'kat *n*, Doppel *n*, Zweitschrift *f*; **4.** doppelte Ausfertigung: **in ~**; **5.** ✝ a) Se'kundawechsel *m*, b) Pfandschein *m*; **6.** Seitenstück *n*, Ko'pie *f*; **III** *v/t.* [-keɪt] **7.** verdoppeln, im Dupli'kat herstellen; **8.** ein Dupli'kat anfertigen von; **9.** kopieren, abschreiben; **10.** ver'vielfältigen, 'umdrucken; **11.** *fig. et.* 'nachvollziehen; wieder'holen; **du·pli·ca·tion** [ˌdju:plɪ'keɪʃn] *s.* **1.** Verdoppelung *f*; Ver'vielfältigung *f*; 'Umdruck *m*; **2.** Wieder'holung *f*; '**du·pli·ca·tor** [-keɪtə] *s.* Ver'vielfältigungsappaˌrat *m*; **du·plic·i·ty** [dju:'plɪsətɪ] *s.* **1.** Doppelzüngigkeit *f*, Falschheit *f*; **2.** Duplizi'tät *f*.
du·ra·bil·i·ty [ˌdjʊərə'bɪlətɪ] *s.* **1.** Dauer (-haftigkeit) *f*; **2.** Haltbarkeit *f*; **du·ra·ble** ['djʊərəbl] **I** *adj.* □ **1.** dauerhaft; **2.** haltbar, ✝ *a.* langlebig: **~ goods** → **II** *s. pl.* ✝ Gebrauchsgüter *pl.*
du·ral·u·min [djʊə'ræljʊmɪn] *s.* Du'ral *n*, 'Duraluˌmin *n*.
du·ra·tion [djʊə'reɪʃn] *s.* Dauer *f*: **for the ~** a) bis zum Ende, b) F für die Dauer des Krieges.
du·ress [djʊə'res] *s.* ⚖ **1.** Zwang *m* (*a. fig.*), Nötigung *f*: **act under ~** unter Zwang handeln; **2.** Freiheitsberaubung *f*.
dur·ing ['djʊərɪŋ] *prp.* während: **~ the night** während (*od.* in *od.* im Laufe) der Nacht.
durst [dɜ:st] *pret. obs. von* **dare**.
dusk [dʌsk] **I** *s.* (Abend)Dämmerung *f*: **at ~** bei Einbruch der Dunkelheit; **II** *adj. poet.* düster; '**dusk·y** [-kɪ] *adj.* □ **1.** dunkel (*a. Hautfarbe*); **2.** dunkelhäutig.
dust [dʌst] **I** *s.* **1.** Staub *m*: **bite the ~** *fig.* ins Gras beißen; **raise a ~** a) e-e Staubwolke aufwirbeln, b) *fig.* viel Staub aufwirbeln; **the ~ has settled** *fig.* die Aufregung hat sich gelegt; **shake the ~ off one's feet** *fig.* a) den Staub von seinen Füßen schütteln, b) entrüstet weggehen; **throw ~ in s.o.'s eyes** *fig.* j-m Sand in die Augen streuen; **in the ~** *fig.* a) im Staube, gedemütigt, b) tot; **lick the ~** *fig.* im Staube kriechen; → **dry** 12; **2.** Staub *m*, Asche *f*, sterbliche 'Überreste *pl.*: **turn to ~ and ashes** zu Staub u. Asche werden, zerfallen; **3.** *Brit.* a) Müll *m*, b) Kehricht *m*, *n*; **4.** ⚘ Blütenstaub *m*; **5.** (Gold- *etc.*)Staub *m*; **6.** Bestäubungsmittel *n*, Pulver *n*; **II** *v/t.* **7.** abstauben; **8.** *a.* **~ down** ausbürsten, -klopfen: **~ s.o.'s jacket** F j-n vermöbeln; **9.** bestreuen, (ein)pudern; **10.** *Pulver etc.* stäuben, streuen; '**~·bin** [-st-] *s. Brit.* **1.** Mülleimer *m*; **2.** Mülltonne *f*; **~ bowl** *s. Am. geogr.* Trockengebiet *n*; '**~-cart** [-st-] *s. Brit.* Müllwagen *m*; **~ cloth** *s. Am.* Staubtuch *n*; '**~-coat** [-st-] *s.* Staubmantel *m*; **~ cov·er** *s.* **1.** 'Schutzˌumschlag *m* (*um Bücher*); **2.** Schonbezug *m*.
dust·er ['dʌstə] *s.* **1.** Staubtuch *n*, -wedel *m*; **2.** Streudose *f*; **3.** Staubmantel *m*.
dust·ing ['dʌstɪŋ] *s.* **1.** Abstauben *n*; **2.** (Ein)Pudern *n*: **~ powder** Körperpuder *m*; **3.** *sl.* Abreibung *f*, (Tracht *f*) Prügel *pl.*
dust| jack·et → **dust cover** 1; '**~·man** [-tmən] *s.* [*irr.*] *Brit.* Müllmann *m*; '**~·pan** [-st-] *s.* Kehrichtschaufel *f*; '**~·proof** *adj.* staubdicht; **~ trap** *s.* ‚Staubfänger' *m*; '**~·up** *s.* F **1.** ‚Krach' *m*; **2.** (handgreifliche) Ausein'andersetzung.
dust·y ['dʌstɪ] *adj.* □ **1.** staubig; **2.** sandfarben; **3.** *fig.* verstaubt, fade: **not so ~** F gar nicht so übel; **4.** vage, unklar.
Dutch [dʌtʃ] **I** *adj.* **1.** holländisch, niederländisch: **talk to s.o. like a ~ uncle** j-m e-e Standpauke halten; **2.** *sl.* deutsch; **II** *adv.* **3. go ~** F getrennte Kasse machen; **III** *s.* **4.** *ling.* Holländisch *n*, das Holländische: **that's all ~ to me** das sind für mich böhmische Dörfer; **5.** *sl.* Deutsch *n*; **6. the ~** *pl.* a) die Holländer *pl.*, b) *sl.* die Deutschen *pl.*: **that beats the ~!** F das ist ja die Höhe!; **7. be in ~ with s.o.** F bei j-m ‚unten durch' sein; **8. my old ~** *sl.* meine ‚Alte' (*Ehefrau*); **~ cour·age** *s.* F angetrunkener Mut.
'Dutch|·man [-mən] *s.* [*irr.*] **1.** Holländer *m*, Niederländer *m*: **I'm a ~ if** F ich lass' mich hängen, wenn; **... or I'm a ~** F ... oder ich will Hans heißen; **2.** *Am. sl.* Deutsche(r) *m*; **~ tile** *s.* glasierte Ofenkachel *f*; **~ treat** *s.* F Essen *n etc.*, bei dem jeder für sich bezahlt; '**~ˌwom·an** *s.* [*irr.*] Holländerin *f*, Niederländerin *f*.
du·te·ous ['dju:tjəs] → **dutiful**; '**du·ti·a·ble** [-jəbl] *adj.* zoll- *od.* steuerpflichtig; '**du·ti·ful** [-tɪfʊl] *adj.* □ **1.** pflichtgetreu; **2.** gehorsam; **3.** pflichtgemäß.

du·ty ['dju:tɪ] *s.* **1.** Pflicht *f*, Schuldigkeit *f* (*to, towards* gegen['über]): ***do one's ~*** s-e Pflicht tun (***by s.o.*** an j-m); (***as***) ***in ~ bound*** a) pflichtgemäß, b) *a.* ***~-bound*** verpflichtet (*et. zu tun*); ***~ call*** Pflichtbesuch *m*; **2.** Pflicht *f*, Aufgabe *f*, Amt *n*; **3.** (amtlicher) Dienst: ***on ~*** diensthabend, -tuend, im Dienst; ***be on ~*** Dienst haben, im Dienst sein; ***be off ~*** dienstfrei haben; ***~ chemist*** dienstbereite Apotheke; ***~ doctor*** ⚕ Bereitschaftsarzt *m*: ***~ officer*** ⚔ Offizier *m* vom Dienst; ***~ solicitor*** ⚖ *Brit.* Offizialverteidiger *m*; ***do ~ for*** a) *j-n* vertreten, b) *fig.* dienen *od.* benutzt werden als; **4.** Ehrerbietung *f*; **5.** ⚙ a) (Nutz-) Leistung *f*, b) Arbeitsweise *f*, c) Funkti'on *f*; **6.** ✝ a) Abgabe *f*, b) Gebühr *f*, c) Zoll *m*: ***~ on exports*** Ausfuhrzoll; ***~-free*** zollfrei; ***~-free shop*** Duty-free-Shop *m*; ***~-paid*** verzollt; ***pay ~ on*** *et.* verzollen *od.* versteuern.

du·um·vi·rate [dju:'ʌmvɪrət] *s.* Duumvi'rat *n*.

dwarf [dwɔ:f] **I** *pl. mst* **dwarv·es** [-vz] *s.* **1.** Zwerg(in) (*a. fig.*); **2.** ⚘, *zo.* Zwergpflanze *f od.* -tier *n*; **II** *adj.* **3.** *bsd.* ⚘, *zo.* Zwerg...; **III** *v/t.* **4.** verkümmern lassen, in der Entwicklung hindern *od.* hemmen (*beide a. fig.*); **5.** klein erscheinen lassen: ***be ~ed by*** verblassen neben (*dat.*); **6.** *fig.* in den Schatten stellen; **'dwarf·ish** [-fɪʃ] *adj.* □ zwergenhaft, winzig.

dwell [dwel] *v/i.* [*irr.*] **1.** wohnen, leben; **2.** *fig.* ***~ on*** verweilen bei, näher eingehen auf (*acc.*), Nachdruck legen auf (*acc.*); **3.** ***~ on*** ♪ *Ton* (aus)halten; **4.** ***~ in*** begründet sein in (*dat.*); **'dwell·er** [-lə] *s. mst in Zssgn* Bewohner(in); **'dwell·ing** [-lɪŋ] *s. a.* ***~ place*** Wohnung *f*, Wohnsitz *m*; Aufenthalt *m*: ***~ house*** Wohnhaus *n*; ***~ unit*** Wohneinheit *f*.

dwelt [dwelt] *pret. u. p.p.* von ***dwell***.

dwin·dle ['dwɪndl] *v/i.* abnehmen, schwinden, (zs.-)schrumpfen: ***~ away*** dahinschwinden.

dye [daɪ] **I** *s.* **1.** Farbstoff *m*, Farbe *f*; **2.** ⚙ Färbeflüssigkeit *f*; **3.** (Haar)Färbemittel *n*; **4.** Färbung *f* (*a. fig.*): ***of the deepest ~*** übelster Sorte; **II** *v/t.* **5.** färben: ***~d-in-the-wool*** in der Wolle gefärbt, *fig.* waschecht, *Politiker etc.* durch und durch; **III** *v/i.* **6.** sich färben (lassen); **'dye·house** *s.* Färbe'rei *f*.

dy·er ['daɪə] *s.* Färber *m*; ***~'s oak*** *s.* ⚘ Färbereiche *f*.

'dye|-stuff *s.* Farbstoff *m*; **'~-works** *s. pl. oft sg. konstr.* Färbe'rei *f*.

dy·ing ['daɪɪŋ] *adj.* **1.** sterbend: ***be ~*** im Sterben liegen; ***~ wish*** letzter Wunsch; ***~ words*** letzte Worte; ***to my ~ day*** bis an mein Lebensende; **2.** *a. fig.* aussterbend: ***~ tradition***; **3.** a) ersterbend (*Stimme*), b) verhallend; **4.** schmachtend (*Blick*).

dyke [daɪk] *s.* **1.** → ***dike***[1]; **2.** *sl.* ,Lesbe' *f* (*Lesbierin*).

dy·nam·ic [daɪ'næmɪk] *adj.* (□ ***~ally***) dy'namisch (*a. allg. fig.*); **dy'nam·ics** [-ks] *s. pl. sg. konstr.* **1.** Dy'namik *f*: a) *phys. Bewegungslehre*, b) *fig.* Schwung *m*, Kraft *f*; **2.** *fig.* Triebkraft *f*, treibende Kraft; **dy·na·mism** ['daɪnəmɪzəm] *s.* **1.** *phls.* Dyna'mismus *m*; **2.** dy'namische Kraft, Dy'namik *f*.

dy·na·mite ['daɪnəmaɪt] **I** *s.* **1.** Dyna'mit *n*; **2.** F a) Zündstoff *m*, 'hochbri,sante Sache, b) gefährliche Per'son *od.* Sache, c) ,tolle' Person *od.* Sache, *e-e* ,Wucht'; **II** *v/t.* **3.** (mit Dyna'mit) sprengen; **'dy·na·mit·er** [-tə] *s.* Sprengstoffattentäter *m*.

dy·na·mo ['daɪnəməʊ] *s.* **1.** ⚡ Dy'namo (-ma,schine *f*) *m*, 'Gleichstrom-, 'Lichtma,schine *f*; **2.** *fig.* ,Ener'giebündel' *n*; **~-e·lec·tric** [,daɪnəməʊɪ'lektrɪk] *adj.* (□ ***~ally***) *phys.* e'lektrody,namisch; **,dy·na'mom·e·ter** [-'mɒmɪtə] *s.* ⚙ Dynamo'meter *n*, Kraftmesser *m*.

dy·nas·tic [dɪ'næstɪk] *adj.* (□ ***~ally***) dy'nastisch; **dy·nas·ty** ['dɪnəstɪ] *s.* Dyna'stie *f*, Herrscherhaus *n*.

dyne [daɪn] *s. phys.* Dyn *n* (*Krafteinheit*).

dys·en·ter·y ['dɪsntrɪ] *s.* Dysente'rie *f*, Ruhr *f*.

dys·func·tion [dɪs'fʌŋkʃn] *s.* ⚕ Funkti'onsstörung *f*.

dys·lex·i·a [dɪs'leksɪə] *s.* ⚕ Dysle'xie *f*, Lesestörung *f*.

dys·pep·si·a [dɪs'pepsɪə] *s.* ⚕ Dyspep'sie *f*, Verdauungsstörung *f*; **dys'pep·tic** [-ptɪk] **I** *adj.* **1.** ⚕ dys'peptisch; **2.** *fig.* mißgestimmt; **II** *s.* **3.** Dys'peptiker (-in).

dys·tro·phy ['dɪstrəfɪ] *s.* ⚕ Dystro'phie *f*, Ernährungsstörung *f*.

E

E, e [iː] *s.* **1.** E *n*, e *n* (*Buchstabe*); **2.** ♪ E *n*, e *n* (*Note*); **3.** *ped. Am.* Fünf *f*, Mangelhaft *n* (*Note*).

each [iːtʃ] **I** *adj.* jeder, jede, jedes: **~ man** jeder (Mann); **~ one** jede(r) einzelne; **~ and every one** jeder einzelne, all u. jeder; **II** *pron.* (ein) jeder, (e-e) jede, (ein) jedes: **~ of us** jede(r) von uns; **~ has a car** jede(r) hat ein Auto; **~ other** einander, sich (gegenseitig); **III** *adv.* je, pro Per'son *od.* Stück: **a penny ~** je e-n Penny.

ea·ger ['iːgə] *adj.* □ **1.** eifrig: **~ beaver** F Übereifrige(r) *m*, ‚Arbeitspferd' *n*; **2.** (**for**, **after**, **to** *inf.*) begierig (auf *acc.*, nach, zu *inf.*), erpicht (auf *acc.*); **3.** begierig, gespannt: **an ~ look**; **4.** heftig (*Begierde etc.*); **'ea·ger·ness** [-nɪs] *s.* Eifer *m*; Begierde *f*; Ungeduld *f*.

ea·gle ['iːgl] *s.* **1.** *orn.* Adler *m*; **2.** *Am.* goldenes Zehn'dollarstück; **3.** *pl.* ⚔ Adler *m* (*Rangabzeichen e-s Obersten der US-Armee*); **4.** *Golf*: Eagle *n* (*zwei Schläge unter Par*); **ˌ~-'eyed** *adj.* adleräugig, scharfsichtig; **~ owl** *s. orn.* Uhu *m*.

ea·glet ['iːglɪt] *s. orn.* junger Adler.

ea·gre ['eɪgə] *s.* Flutwelle *f*.

ear¹ [ɪə] *s.* **1.** *anat.* Ohr *n*: **up to the ~s** F bis über die Ohren; **a word in your ~** ein Wort im Vertrauen; **be all ~s** ganz Ohr sein; **bring s.th. about one's ~s** sich et. einbrocken *od.* auf den Hals laden; **not to believe one's ~s** s-n Ohren nicht trauen; **his ~s were burning** ihm klangen die Ohren; **have one's ~ to the ground** F die Ohren offenhalten; **set by the ~s** gegeneinander aufhetzen; **fall on deaf ~s** auf taube Ohren stoßen; **turn a deaf ~ to** taub sein gegen; **it came to my ~s** es kam mir zu Ohren; **2.** *fig.* Gehör *n*, Ohr *n*: **by ~** nach dem Gehör; **play by ~** nach dem Gehör spielen, improvisieren; **play it by ~** *fig.* (es) von Fall zu Fall entscheiden, es darauf ankommen lassen; **have a good ~** ein feines Gehör haben; **an ~ for music** musikalisches Gehör, *weitS.* Sinn *m* für Musik; **3.** *fig.* Gehör *n*, Aufmerksamkeit *f*: **give** (*od.* **lend**) **one's ~ to s.o.** j-m Gehör schenken; **have s.o.'s ~** j-s Vertrauen genießen; **4.** Henkel *m*; Öse *f*, Öhr *n*.

ear² [ɪə] *s.* (Getreide)Ähre *f*, (Mais-)Kolben *m*.

ear|·ache ['ɪəreɪk] *s.* ⚕ Ohrenschmerzen *pl.*; **'~-ˌcatch·er** *s.* eingängige Melo'die; **'~·drops** *s. pl.* **1.** Ohrgehänge *n*; **2.** ⚕ Ohrentropfen *pl.*; **'~·drum** *s. anat.* Trommelfell *n*; **'~·ful** [-fʊl] *s.*: **get an ~** F ‚et. zu hören bekommen'.

earl [ɜːl] *s.* (brit.) Graf *m*: ♀ **Marshal** Großzeremonienmeister *m*; **'earl·dom** [-dəm] *s.* **1.** Grafenwürde *f*; **2.** *hist.* Grafschaft *f*.

ear·li·er ['ɜːlɪə] *comp. von* **early**; **I** *adv.* früher, 'vorher; **II** *adj.* früher, vergangen; **'ear·li·est** [-ɪɪst] *sup. von* **early**; **I** *adv.* am frühesten, frühestens; **II** *adj.* frühest: **at the ~** frühestens; → **convenience** 1; **'ear·li·ness** [-ɪnɪs] *s.* **1.** Frühe *f*, Frühzeitigkeit *f*; **2.** Frühaufstehen *n*.

'ear·lobe *s.* Ohrläppchen *n*.

ear·ly ['ɜːlɪ] **I** *adv.* **1.** früh(zeitig): **~ in the day** früh am Tag; **as ~ as May** schon im Mai; **~ on** a) schon früh(zeitig), b) bald; **2.** bald: **as ~ as possible** so bald wie möglich; **3.** am Anfang; **4.** zu früh: **he arrived five minutes ~**; **5.** früher: **he left five minutes ~**; **II** *adj.* **6.** früh(zeitig): **at an ~ hour** zu früher Stunde; **in his ~ days** in s-r Jugend; **it's ~ days yet** *fig.* es ist noch früh am Tage; **~ fruit** Frühobst *n*; **~ history** Frühgeschichte *f*; **~ riser** Frühaufsteher(in); → **bird** 1; **7.** anfänglich, Früh...: **the ~ Christians** die ersten Christen; **8.** vorzeitig, zu früh: **an ~ death**; **you are ~ today** du bist heute (et.) zu früh (dran); **9.** baldig, schnell: **an ~ reply**; **~ morn·ing tea** *s. e-e* Tasse Tee(, die morgens ans Bett gebracht wird); **~ warn·ing sys·tem** *s.* ⚔ 'Frühwarnsysˌtem *n*.

'ear|·mark I *s.* **1.** Ohrmarke *f* (*Vieh*); **2.** *fig.* Kennzeichen *n*, Merkmal *n*; **3.** Eselsohr *n*; **II** *v/t.* **4.** kenn-, bezeichnen; **5.** *Geld etc.* bestimmen, vorsehen, zu'rücklegen (**for** für): **~ed** zweckgebunden (*Mittel etc.*); **'~·muff** *s.* Ohrenschützer *m*.

earn [ɜːn] *v/t.* **1.** *Geld etc.* verdienen (*a. fig.*): **~ed income** Arbeitseinkommen *n*; **~ing capacity** Ertragsfähigkeit *f*; **~ing power** a) Erwerbsfähigkeit *f*, b) Ertragsfähigkeit *f*; **~ value** Ertragswert *m*; **a well-~ed rest** e-e wohlverdiente Ruhepause; **2.** *fig.* (sich) *et.* verdienen, *Lob etc.* ernten.

ear·nest¹ ['ɜːnɪst] *s.* **1.** *a.* **~ money** Handgeld *n*, Anzahlung *f* (**of** auf *acc.*): **in ~** als Anzahlung; **2.** *fig.* Zeichen *n* (*des guten Willens etc.*); **3.** *fig.* Vorgeschmack *m*.

ear·nest² ['ɜːnɪst] **I** *adj.* □ **1.** ernst; **2.** ernst-, gewissenhaft; **3.** ernstlich: a) ernst(gemeint), b) dringend, c) ehrlich, aufrichtig; **II** *s.* **4.** Ernst *m*: **in good ~** in vollem Ernst; **are you in ~?** ist das Ihr Ernst?; **be in ~ about s.th.** es ernst meinen mit et.; **'ear·nest·ness** [-nɪs] *s.* Ernst(haftigkeit *f*) *m*.

earn·ings ['ɜːnɪŋz] *s. pl.* Verdienst *m*: a) Einkommen *n*, Lohn *m*, Gehalt *n*, b) Einnahmen *pl.*, Gewinn *m*.

'ear|·phone *s.* **1.** a) Ohrhörer *m od.* -muschel *f*, b) Kopfhörer *m*; **2.** a) Haarschnecke *f*, b) *pl.* 'Schneckenfriˌsur *f*; **'~·piece** *s.* **1.** Ohrenklappe *f*; **2.** a) *teleph.* Hörmuschel *f*, b) → **earphone** 1; **3.** (Brillen)Bügel *m*; **'~-ˌpierc·ing** *adj.* ohrenzerreißend; **'~·ring** *s.* Ohrring *m*; **'~·shot** *s.*: **within** (**out of**) **~** in (außer) Hörweite; **'~ˌsplit·ting** *adj.* ohrenzerreißend.

earth [ɜːθ] **I** *s.* **1.** Erde *f*, Erdball *m*, Welt *f*: **on ~** auf Erden, auf der Erde; **why on ~?** F warum in aller Welt?; **cost the ~** *fig.* ein Vermögen kosten; **2.** *das* (trockene) Land; Erde *f*, (Erd-)Boden *m*: **down to ~** *fig.* nüchtern, prosaisch, rea'listisch; **come back to ~** auf den Boden der Wirklichkeit zurückkehren; **3.** ⚗ Erde *f*: **rare ~s** seltene Erden; **4.** (*Fuchs- etc.*)Bau *m*: **run to ~** a) *hunt. Fuchs etc.* bis in s-n Bau verfolgen (*Hund*, *Frettchen*), b) *fig.* aufstöbern, herausfinden, *a. j-n* zur Strecke bringen; **gone to ~** *fig.* untergetaucht; **5.** ⚡ *Brit.* a) Erdung *f*, Erde *f*, Masse *f*, b) Erdschluß *m*; **II** *v/t.* **6.** *mst* **~ up** ✓ mit Erde bedecken, häufeln; **7.** ⚡ *Brit.* erden; **'~-born** *adj.* staubgeboren, irdisch, sterblich; **'~-bound** *adj.* erdgebunden.

earth·en ['ɜːθn] *adj.* irden, tönern, Ton...; **'~·ware I** *s.* Steingut(geschirr) *n*, Töpferware *f*; **II** *adj.* Steingut..., Ton...

earth·i·ness ['ɜːθɪnɪs] *fig.* Derbheit *f*, Urigkeit *f*.

earth·ling ['ɜːθlɪŋ] *s.* a) Erdenbürger (-in), b) *Science Fiction*: Erdbewohner (-in); **'earth·ly** [-lɪ] *adj.* **1.** irdisch, weltlich: **~ joys**; **2.** F begreiflich: **no ~ reason** kein erfindlicher Grund; **of no ~ use** völlig unnütz; **you haven't an ~** (**chance**) du hast nicht die geringste Chance.

earth| moth·er *s. fig.* Urweib *n*; **'~-ˌmov·ing** *adj.* ⚙ Erdbewegungs...: **~ equipment**; **'~·quake** *s.* **1.** Erdbeben *n*; **2.** *fig.* 'Umwälzung *f*, Erschütterung *f*; **'~ˌshak·ing** *adj. fig.* welterschütternd; **~ trem·or** *s.* leichtes Erdbeben; **'~·ward(s)** [-wəd(z)] *adv.* erdwärts; **~ wave** *s.* **1.** Bodenwelle *f*; **2.** Erdbebenwelle *f*; **'~·worm** *s.* Regenwurm *m*.

earth·y ['ɜːθɪ] *adj.* **1.** erdig, Erd...; **2.** weltlich *od.* materi'ell (gesinnt); **3.** *fig.* a) grob, b) derb, ro'bust, urig (*Person*, *Humor etc.*).

ear| trum·pet *s.* ⚕ Hörrohr *n*; **'~·wax** *s.* Ohrenschmalz *n*; **'~·wig** *s. zo.* Ohrwurm *m*; **ˌ~'wit·ness** *s.* Ohrenzeuge *m*.

ease [iːz] **I** *s.* **1.** Bequemlichkeit *f*, Behagen *n*, Wohlgefühl *n*: ***at (one's) ~*** a) ruhig, entspannt, gelöst, b) behaglich, c) gemächlich, d) ungeniert, ungezwungen, wie zu Hause; ***take one's ~*** es sich bequem machen; ***be*** (*od.* ***feel***) ***at ~*** sich wohl *od.* wie zu Hause fühlen; **2.** Gemächlichkeit *f*, *innere* Ruhe, Sorglosigkeit *f*, Entspannung *f*: ***ill at ~*** unbehaglich, unruhig; ***put*** (*od.* ***set***) ***s.o. at ~*** a) j-n beruhigen, b) j-m die Befangenheit nehmen; **3.** Ungezwungenheit *f*, Na'türlichkeit *f*, Zwanglosigkeit *f*, Freiheit *f*: ***live at ~*** in guten Verhältnissen leben; ***at ~!*** ⚔ rührt euch!; **4.** Linderung *f*, Erleichterung *f*; **5.** Spielraum *m*, Weite *f*; **6.** Leichtigkeit *f*: ***with ~*** bequem, mühelos; **7.** ✝ a) Nachgeben *n* (*Preise*), b) Flüssigkeit *f* (*Kapital*); **II** *v/t.* **8.** erleichtern, beruhigen: ***~ one's mind*** sich erleichtern *od.* beruhigen; **9.** *Schmerzen* lindern; **10.** lockern, entspannen (*beide a. fig.*); **11.** sacht *od.* vorsichtig bewegen *od.* manövrieren: ***~ one's foot into the shoe*** vorsichtig in den Schuh fahren; **12.** *mst* ***~ down*** *die Fahrt etc.* verlangsamen, vermindern; **III** *v/i.* **13.** erleichtern; **14.** *mst* ***~ off*** *od.* ***up*** a) nachlassen, sich abschwächen (*a.* ✝ *Preise*), b) sich entspannen (*Lage*); c) (*bei der Arbeit*) kürzertreten, d) weniger streng sein (***on*** zu).

ea·sel ['i:zl] *s. paint.* Staffe'lei *f*.

ease·ment ['i:zmənt] *s.* ⚖ Grunddienstbarkeit *f*.

eas·i·ly ['i:zılı] *adv.* **1.** leicht, mühelos, bequem, glatt; **2.** a) sicher, durchaus, b) bei weitem; **'eas·i·ness** [-ınıs] *s.* **1.** Leichtigkeit *f*; **2.** Ungezwungenheit *f*, Zwanglosigkeit *f*; **3.** Leichtfertigkeit *f*; **4.** Bequemlichkeit *f*.

east [i:st] **I** *s.* **1.** Osten *m*: ***(to the) ~ of*** östlich von; ***~ by north*** ⚓ Ost zu Nord; **2.** *a.* 𝔈 Osten *m*: ***the*** 𝔈 a) *Brit.* Ostengland *m*, b) *Am.* die Oststaaten *pl.*, c) *pol.* der Osten, d) der Orient, e) *hist.* das Oströmische Reich; **3.** *poet.* Ost (-wind) *m*; **II** *adj.* **4.** Ost..., östlich; **III** *adv.* **5.** nach Osten, ostwärts; **6.** ***~ of*** östlich von (*od. gen.*); **'~·bound** *adj.* nach Osten fahrend *etc.*; 𝔈 **End** *s.* Eastend *n* (*Stadtteil Londons*); ˌ𝔈**-'End·er** *s. Bewohner(in) des* ***East End***.

East·er ['i:stə] *s.* Ostern *n od. pl.*, Osterfest *n*: ***at ~*** an *od.* zu Ostern; ***~ Day*** Oster(sonn)tag *m*; ***~ egg*** Osterei *n*.

east·er·ly ['i:stəlı] **I** *adj.* östlich, Ost...; **II** *adv.* von *od.* nach Osten.

east·ern ['i:stən] *adj.* **1.** östlich, Ost...; **2.** ostwärts, Ost...; 𝔈 **Church** *s. die* griechisch-ortho'doxe Kirche; 𝔈 **Empire** *s. hist. das* Oströmische Reich.

east·ern·er ['i:stənə] *s.* **1.** Bewohner (-in) des Ostens e-s Landes; **2.** 𝔈 *Am.* Oststaatler(in).

'East·er|·tide, **~ time** *s.* Osterzeit *f*.

East In·di·a·man *s.* [*irr.*] *hist.* Ost'indienfahrer *m* (*Schiff*).

East Side *s. Am. Ostteil von Manhattan.*

east|·ward ['i:stwəd] *adj. u. adv.* ostwärts, nach Osten, östlich; **'~·wards** [-z] *adv.* → ***eastward***.

eas·y ['i:zı] **I** *adj.* □ → ***easily***; **1.** leicht, mühelos: ***an ~ victory***; ***~ of access*** leicht zugänglich *od.* erreichbar; **2.** leicht, einfach: ***an ~ language***; ***an ~ task***; ***~ money*** leichtverdientes Geld (→ 11 c); **3.** *a.* ***~ in one's mind*** ruhig, unbesorgt (***about*** um), unbeschwert, sorglos: ***I'm ~*** F ich bin mit allem einverstanden; **4.** bequem, leicht, angenehm: ***an ~ life***; ***live in ~ circumstances***, F ***be on ~ street*** in guten Verhältnissen leben; ***be ~ on the ear (eye)*** F hübsch anzuhören (anzusehen) sein; **5.** frei von Schmerzen *od.* Beschwerden: ***feel easier*** sich besser fühlen; **6.** gemächlich, gemütlich: ***an ~ walk***; **7.** nachsichtig (***on*** mit); **8.** leicht, mäßig, erträglich: ***an ~ penalty***; ***on ~ terms*** zu günstigen Bedingungen; ***be ~ on et.*** schonen *od.* nicht belasten; **9.** a) leichtfertig, b) lokker, frei (*Moral etc.*); **10.** ungezwungen, zwanglos, natürlich, frei: ***~ manners***; ***~ style*** leichter *od.* flüssiger Stil; **11.** ✝ a) flau, lustlos (*Markt*), b) wenig gefragt (*Ware*), c) billig (*Geld*); **II** *adv.* **12.** leicht, bequem: ***~ to clean*** leicht zu reinigen(d), pflegeleicht; ***go ~***, ***take it ~*** a) sich Zeit lassen, langsam tun, b) sich nicht aufregen; ***take it ~!*** a) immer mit der Ruhe!, b) keine Bange!; ***go ~ on*** a) *j-n od. et.* sachte anfassen, b) schonend *od.* sparsam umgehen mit; ***~!***, F ***~ does it!*** sachte!, langsam!; ***stand ~!*** ⚔ rührt euch!; ***easier said than done*** (das ist) leichter gesagt als getan; ***~ come, ~ go*** wie gewonnen, so zerronnen; **'~-care** *adj.* pflegeleicht; **~ chair** *s.* Sessel *m*; **'~ˌgo·ing** *adj.* **1.** gelassen; **2.** unbeschwert; **3.** leichtlebig.

eat [i:t] **I** *s.* **1.** *pl.* F ‚Fres'salien' *pl.*, ‚Futter' *n*; **II** *v/t.* [*irr.*] **2.** essen (*Mensch*), fressen (*Tier*): ***~ s.o. out of house and home*** j-n arm (fr)essen; ***~ one's words*** alles(, was man gesagt hat,) zurücknehmen; ***don't ~ me*** F friß mich nur nicht (gleich) auf!; ***what's ~ing him?*** F was (für e-e Laus) ist ihm über die Leber gelaufen?, was hat er denn?; (*siehe auch die Verbindungen mit anderen Substantiven*); **3.** zerfressen, -nagen, nagen an (*dat.*): ***~en by acid*** von Säure zerfressen; **4.** fressen, nagen: ***~ holes into s.th.***; **5.** → ***eat up***; **III** *v/i.* **6.** essen: ***~ well***; **7.** fressen (*Tier*); **8.** fressen, nagen (*a. fig.*): ***~ into*** a) sich (hin)einfressen in (*acc.*), b) *Reserven etc.* angreifen, ein Loch reißen in (*acc.*): ***~ through s.th.*** sich durch et. hindurchfressen; **9.** sich essen (lassen): ***it ~s like beef***;

Zssgn mit adv.:

eat| a·way **I** *v/t.* **1.** *geol.* a) erodieren, auswaschen, b) abtragen; **II** *v/i.* **2.** (tüchtig) zugreifen; **3.** ***~ at*** → 1; **~ out** *v/i.* auswärts essen, essen gehen; **~ up** *v/t.* **1.** aufessen (*Mensch*), auffressen (*Tier*) (*beide a. v/i.*); **2.** *Reserven etc.* verschlingen, völlig aufbrauchen; **3.** *j-n* verzehren (*Gefühl*): ***be eaten up with envy*** vor Neid platzen; **4.** F a) ‚fressen', ‚schlucken' (*glauben*), b) *j-s Worte* verschlingen, c) *et.* mit den Augen verschlingen; **5.** F *Kilometer* ‚fressen' (*Auto*).

eat·a·ble ['i:təbl] **I** *adj.* eß-, genießbar; **II** *s. mst pl.* Eßwaren *pl.*; **eat·en** ['i:tn] *p.p. von* ***eat***; **eat·er** ['i:tə] *s.* Esser(in): ***be a poor ~*** ein schwacher Esser sein.

eat·ing ['i:tıŋ] **I** *s.* **1.** Essen *n*, Speise *f*; **II** *adj.* **2.** Eß...: ***~ apple***; **3.** *fig.* nagend; zehrend; **~ house** *s.* 'Eßloˌkal *n*.

eau de Co·logne [ˌəudəkə'ləun] (*Fr.*) *s.* Kölnischwasser *n*.

eaves [i:vz] *s. pl.* **1.** Dachgesims *n*, -vorsprung *m*; **2.** Traufe *f*; **'~·drop** *v/i.* (heimlich) lauschen *od.* horchen: ***~ on j-n***, *ein Gespräch* belauschen; **'~ˌdrop·per** *s.* Horcher(in), Lauscher(in): ***~s hear what they deserve*** der Lauscher an der Wand hört s-e eigne Schand.

ebb [eb] **I** *s.* **1.** Ebbe *f*: ***~ and flow*** Ebbe u. Flut, *fig. das* Hin u. Her *der Schlacht etc.*, *das* Auf u. Ab *der Wirtschaft etc.*; **2.** *fig.* Ebbe *f*, Tiefstand *m*: ***at a low ~*** *fig.* auf e-m Tiefstand; **II** *v/i.* **3.** zu'rückgehen (*a. fig.*): ***~ and flow*** steigen u. fallen, *fig. a.* kommen u. gehen; **4.** *a.* ***~ away*** *fig.* verebben, abnehmen; **~ tide** → ***ebb*** 1 u. 2.

eb·on ['ebən] *poet. für* ***ebony***; **'eb·on·ite** [-naıt] *s.* Ebo'nit *n* (*Hartkautschuk*); **'eb·on·ize** [-naız] *v/t.* schwarz beizen; **'eb·on·y** [-nı] **I** *s.* Ebenholz(baum *m*) *n*; **II** *adj.* a) aus Ebenholz, b) (tief-) schwarz.

e·bul·li·ence [ı'bʌljəns], **e'bul·li·en·cy** [-sı] *s.* **1.** Aufwallen *n* (*a. fig.*); **2.** *fig.* 'Überschäumen *n*, -schwenglichkeit *f*; **e'bul·li·ent** [-nt] *adj.* □ *fig.* sprudelnd, 'überschäumend (***with*** von), 'überschwenglich; **eb·ul·li·tion** [ˌebə'lıʃən] → ***ebullience***.

ec·cen·tric [ık'sentrık] **I** *adj.* (□ ***~ally***) **1.** ⚙, ⚗ ex'zentrisch; **2.** *ast.* nicht rund; **3.** *fig.* ex'zentrisch: a) wunderlich, über'spannt, verschroben, b) ausgefallen; **II** *s.* **4.** Ex'zentriker(in); **5.** ⚙ Ex'zenter *m*: ***~ wheel*** Exzenterscheibe *f*; **ec·cen·tric·i·ty** [ˌeksen'trısətı] *s.* ⚙, ⚗ *u. fig.* Exzentrizi'tät, *fig. a.* Über'spanntheit *f*, Verschrobenheit *f*.

Ec·cle·si·as·tes [ıˌkli:zı'æsti:z] *s. bibl.* Ekklesi'astes *m*, der Prediger Salomo; **ecˌcle·si'as·ti·cal** [-tıkl] *adj.* □ kirchlich, geistlich: ***~ law*** Kirchenrecht *n*; **ecˌcle·si'as·ti·cism** [-tısızəm] *s.* Kirchentum *n*; Kirchlichkeit *f*.

ech·e·lon ['eʃəlɒn] **I** *s.* **1.** ⚔ a) Staffel (-ung) *f*, (Angriffs)Welle *f*: ***in ~*** staffelförmig, b) ✈ 'Staffelflug *m*, -formatiˌon *f*, c) (Befehls)Ebene *f*; **2.** *fig.* Rang *m*, Stufe *f*: ***the upper ~s*** die höheren Ränge; **II** *v/t.* **3.** staffeln, (staffelförmig) gliedern.

e·chi·no·derm [e'kaınədз:m] *s. zo.* Stachelhäuter *m*.

ech·o ['ekəʊ] **I** *pl.* **-oes** *s.* **1.** *a. fig.* Echo *n*, 'Widerhall *m*: ***(sympathetic) ~*** Anklang *m*; ***find an ~*** ein (...) Echo finden, Anklang finden; ***to the ~*** laut, schallend; **2.** *fig.* Echo *n* (*Person*); **3.** ♪ Wieder'holung *f*; **4.** ⚡, *TV*: Echo *n*, *Radar*: *a.* Schattenbild *n*; **5.** (genaue) Nachahmung *f*; **II** *v/i.* **6.** 'widerhallen (***with*** von); **7.** hallen; **III** *v/t.* **8.** *Ton* zu'rückwerfen, 'widerhallen lassen; **9.** *fig.* 'Widerhall erwecken; **10.** *Worte* echoen; (*j-m*) *et.* nachbeten; **11.** echoen, nachahmen; **~ sound·er** *s.* ⚓ Echolot *n*; **~ sound·ing** *s.* ⚓ Echolotung *f*.

é·clair [eı'kleə] (*Fr.*) *s.* E'clair *n*.

é·clat ['eıklɑ:] (*Fr.*) *s.* **1.** glänzender Erfolg, allgemeiner Beifall, öffentliches Aufsehen *n*; **2.** *fig.* Auszeichnung *f*, Geltung *f*.

ec·lec·tic [e'klektık] **I** *adj.* (□ ***~ally***) ek'lektisch; **II** *s.* Ek'lektiker *m*; **ec·lec·ti·cism** [e'klektısızəm] *s. phls.* Eklekti'zismus *m*.

e·clipse [ɪ'klɪps] **I** *s.* **1.** *ast.* Verfinsterung *f*, Finsternis *f*: ***~ of the moon*** Mondfinsternis; ***partial ~*** partielle Finsternis; **2.** Verdunkelung *f*; **3.** *fig.* Schwinden *n*, Niedergang *m*: ***in ~*** im Schwinden, *a.* in der Versenkung verschwunden; **II** *v/t.* **4.** *ast.* verfinstern; **5.** verdunkeln; **6.** *fig.* in den Schatten stellen, über'ragen.

ec·logue ['eklɒg] *s.* Ek'loge *f*, Hirtengedicht *n*.

eco- [i:kəʊ] *in Zssgn* öko'logisch, Umwelt..., Öko...; ˌ**e·co·ca'tas·tro·phe** *s.* 'Umweltkataˌstrophe *f*; **e·co·cide** ['i:kəʊsaɪd] *s.* 'Umweltzerstörung *f*.

ec·o·log·i·cal [ˌi:kə'lɒdʒɪkl] *adj.* □ *biol.* öko'logisch, Umwelt...: ***~ system*** → ***ecosystem***; ˌ**ec·o'log·i·cal·ly** [-kəlɪ] *adv.*: ***~ harmful*** (*od.* ***noxious***) umweltfeindlich; ***~ beneficial*** umweltfreundlich; **e·col·o·gist** [i:'kɒlədʒɪst] *s. biol.* Öko'loge *m*; **e·col·o·gy** [i:'kɒlədʒɪ] *s. biol.* Ökolo'gie *f*.

e·co·no·met·rics [ɪˌkɒnə'metrɪks] *s. pl. sg. konstr.* ✝ Ökonome'trie *f*.

e·co·nom·ic [ˌi:kə'nɒmɪk] **I** *adj.* (□ ***~ally***) **1.** (natio'nal)ökoˌnomisch, (volks-) wirtschaftlich, Wirtschafts...: ***~ geography*** Wirtschaftsgeographie *f*; ***~ growth*** Wirtschaftswachstum *n*; ***~ miracle*** Wirtschaftswunder *n*; ***~ policy*** Wirtschaftspolitik *f*; ***~ science*** → 3; **2.** wirtschaftlich, ren'tabel; **II** *s. pl. sg. konstr.* **3.** a) Natio'nalökonoˌmie *f*, Volkswirtschaft(slehre) *f*, b) → ***economy*** 4; ˌ**e·co'nom·i·cal** [-kl] *adj.* □ wirtschaftlich, sparsam, *Person a.* haushälterisch: ***be ~ with s.th.*** mit et. haushalten *od.* sparsam umgehen.

e·con·o·mist [ɪ'kɒnəmɪst] *s.* **1.** *a.* ***political ~*** Volkswirt(schaftler) *m*, Natio'nalökoˌnom *m*; **2.** sparsamer Wirtschafter, guter Haushälter; **e'con·o·mize** [-maɪz] **I** *v/t.* **1.** sparsam 'umgehen mit, haushalten mit, sparen; **2.** nutzbar machen; **II** *v/i.* **3.** sparen: a) sparsam wirtschaften, Einsparungen machen: ***~ on*** → 1, b) sich einschränken (***in*** in *dat.*); **e'con·o·miz·er** [-maɪzə] *s.* **1.** haushälterischer Mensch; **2.** ⚙ Sparanlage *f*, *bsd.* Wasser-, Luftvorwärmer *m*; **e·con·o·my** [ɪ'kɒnəmɪ] **I** *s.* **1.** Sparsamkeit *f*, Wirtschaftlichkeit *f*; **2.** *fig.* sparsame Anwendung, Sparsamkeit *f* in den (künstlerischen) Mitteln: ***~ of style*** knapper Stil; **3.** a) Sparmaßnahme *f*, b) Einsparung *f*, c) Ersparnis *f*; **4.** ✝ 'Wirtschaft(ssyˌstem *n od.* -lehre *f*) *f*: ***political ~*** → ***economic*** 3a; **5.** Sy'stem *n*, Aufbau *m*, Gefüge *n*; **II** *adj.* **6.** Spar...: ***~ bottle***; ***~ class*** ✈ Economyklasse *f*; ***~ drive*** Sparmaßnahmen *pl.*; ***~-priced*** preisgünstig, billig, Billig...

'**e·co|ˌpol·i·cy** *s.* 'Umweltpoliˌtik *f*; '**~ˌsys·tem** *s. biol.* 'Ökosyˌstem *n*; '**~·type** *s. biol.* Öko'typus *m*.

ec·ru ['eɪkru:] *adj.* e'krü, na'turfarben, ungebleicht (*Stoff*).

ec·sta·size ['ekstəsaɪz] *v/t.* (*u. v/i.*) in Ek'stase versetzen (geraten).

ec·sta·sy ['ekstəsɪ] *s.* **1.** Ek'stase *f*, Verzückung *f*, Rausch *m*, (Taumel *m* der) Begeisterung *f*: ***go into ecstasies over*** in Verzückung geraten über (*acc.*), hingerissen sein von; **2.** Aufregung *f*; **3.** ⚕ Ek'stase *f*, krankhafte Erregung; **ec·stat·ic** [ɪk'stætɪk] *adj.* (□ ***~ally***) **1.** ek'statisch, verzückt, begeistert, hingerissen; **2.** entzückend, hinreißend.

ec·to·blast ['ektəʊblɑ:st], '**ec·to·derm** [-dɜ:m] *s. biol.* Ekto'derm *n*, äußeres Keimblatt; '**ec·to·plasm** [-plæzəm] *s. biol. u. Spiritismus*: Ekto'plasma *n*.

ec·u·men·i·cal [ˌi:kju:'menɪkl] *adj. bsd. eccl.* öku'menisch: ***~ council*** a) *R.C.* ökumenisches Konzil, b) Weltkirchenrat *m*.

ec·ze·ma ['eksɪmə] *s.* ⚕ Ek'zem *n*.

E-Day ['i:deɪ] *s. pol. Tag des Beitritts Großbritanniens zur EWG.*

ed·dy ['edɪ] **I** *s.* (*Wasser-*, *Luft*)Wirbel *m*, Strudel *m* (*a. fig.*); **II** *v/i.* (um'her-) wirbeln.

e·del·weiss ['eɪdlvaɪs] *s.* Edelweiß *n*.

e·de·ma [i:'di:mə] → ***oedema***.

E·den ['i:dn] *s. bibl.* (der Garten) Eden *n*, das Para'dies (*a. fig.*).

edge [edʒ] **I** *s.* **1.** a) *a.* ***cutting ~*** Schneide *f*, b) Schärfe *f* (*der Klinge*): ***the knife has no ~*** das Messer schneidet nicht; ***put an ~ on s.th.*** et. schärfen *od.* schleifen; ***take the ~ off*** a) *Messer etc.* stumpf machen, b) *fig. e-r Sache* die Spitze abbrechen, die Schärfe nehmen; **2.** *fig.* Schärfe *f*, Spitze *f*, Heftigkeit *f*: ***give an ~ to s.th.*** et. verschärfen *od.* in Schwung bringen; ***not to put too fine an ~ on it*** kein Blatt vor den Mund nehmen; ***he is*** (*od.* ***his nerves are***) ***on ~*** er ist gereizt *od.* nervös; **3.** Ecke *f*, Zacke *f*, (scharfe) Kante; Grat *m*: ***~ of a chair*** Stuhlkante; ***set*** (***up***) ***on ~*** hochkant stellen; → ***tooth*** 1; **4.** Rand *m*, Saum *m*, Grenze *f*: ***the ~ of the lake*** der Rand *od.* das Ufer des Sees; ***~ of a page*** Rand e-r (Buch)Seite; ***on the ~ of*** a) am Rande (*der Verzweiflung etc.*), an der Schwelle (*gen.*), kurz vor (*dat.*), b) im Begriff (***of doing*** zu tun); **5.** Schnitt *m* (*Buch*); → ***gilt-edged*** 1; **6.** F Vorteil *m*: ***have the ~ on*** (*od.* ***over***) ***s.o.*** e-n Vorteil gegenüber j-m haben, j-m ‚voraus' *od.* ‚über' sein; **II** *v/t.* **7.** schärfen, schleifen; **8.** um'säumen, um'randen; begrenzen, einfassen; **9.** ⚙ beschneiden, abkanten; **10.** *langsam* schieben, rücken, drängen: ***~ o.s. into s.th.*** sich in et. (hinein)drängen; **III** *v/i.* **11.** sich *wohin* schieben *od.* drängen; *Zssgn mit adv.*:

edge| a·way *v/i.* **1.** (langsam) wegrükken; **2.** wegschleichen; **~ in I** *v/t.* einschieben; **II** *v/i.* sich hin'eindrängen *od.* -schieben; **~ off** → ***edge away***; **~ on** *v/t. j-n* antreiben; **~ out** *v/t.* (*v/i.* sich) hin'ausdrängen.

edged [edʒd] *adj.* **1.** schneidend, scharf; **2.** *in Zssgn* ...schneidig; **3.** eingefaßt, gesäumt; **4.** *in Zssgn* ...randig; **~ tool** *s.* **1.** → ***edge tool***; **2.** ***play with edge***(***d***) ***tools*** *fig.* mit dem Feuer spielen.

edge| tool *s.* Schneidewerkzeug *n*; '**~·ways** [-weɪz], '**~·wise** [-waɪz] *adv.* a) seitlich, mit der Kante nach oben *od.* vorn, b) hochkant(ig): ***I couldn't get a word in ~*** *fig.* ich bin kaum zu Wort gekommen.

edg·ing ['edʒɪŋ] *s.* Rand *m*; Besatz *m*, Einfassung *f*, Borte *f*; **edg·y** ['edʒɪ] *adj.* **1.** kantig, scharf; **2.** *fig.* ner'vös, gereizt; **3.** *paint.* scharflinig.

ed·i·bil·i·ty [ˌedɪ'bɪlətɪ] *s.* Eß-, Genießbarkeit *f*; **ed·i·ble** ['edɪbl] **I** *adj.* eß-, genießbar: ***~ oil*** Speiseöl *n*; **II** *s. pl.* Eßwaren *pl.*

e·dict ['i:dɪkt] *s.* Erlaß *m*, *hist.* E'dikt *n*.

ed·i·fi·ca·tion [ˌedɪfɪ'keɪʃn] *s. fig.* Erbauung *f*.

ed·i·fice ['edɪfɪs] *s. a. fig.* Gebäude *n*, Bau *m*; '**ed·i·fy** [-faɪ] *v/t. fig.* erbauen, aufrichten; '**ed·i·fy·ing** [-faɪɪŋ] *adj.* □ erbaulich (*a. iro.*).

ed·it ['edɪt] *v/t.* **1.** *Texte etc.* a) her'ausgeben, edieren, b) redigieren, druckfertig machen; **2.** *Zeitung* als Her'ausgeber leiten; **3.** *Buch etc.* bearbeiten, zur Veröffentlichung fertigmachen; kürzen; *Film*, *Tonband* schneiden: ***~ out*** a) herausstreichen, b) herausschneiden; ***~-ing table*** *TV* Schneidetisch *m*; **4.** *Computer*: *Daten* aufbereiten; **5.** *fig.* zu'rechtstutzen; **e·di·tion** [ɪ'dɪʃn] *s.* **1.** Ausgabe *f*: ***pocket ~*** Taschen(buch)ausgabe; ***morning ~*** Morgenausgabe (*Zeitung*); **2.** Auflage *f*: ***first ~*** erste Auflage, Erstdruck *m*, -ausgabe *f* (*Buch*); ***run into 20 ~s*** 20 Auflagen erleben; **3.** *fig.* (*kleinere etc.*) Ausgabe *f*; '**ed·i·tor** [-tə] *s.* **1.** *a.* ***~ in chief*** Her'ausgeber(in) (*e-s Buchs etc.*); **2.** *Zeitung*: a) *a.* ***~ in chief*** 'Chefredakˌteur (-in), b) Redak'teur(in): ***the ~s*** die Redaktion; **3.** *Film*, *TV*: Cutter(in); **ed·i·to·ri·al** [ˌedɪ'tɔ:rɪəl] **I** *adj.* □ **1.** Herausgeber...; **2.** redaktio'nell, Redaktions...: ***~ staff*** Redaktion *f*; **II** *s.* **3.** 'Leitarˌtikel *m*; **ed·i·to·ri·al·ize** [ˌedɪ'tɔ:rɪəlaɪz] *v/i.* (e-n) 'Leitarˌtikel schreiben; '**ed·i·tor·ship** [-təʃɪp] *s.* Positi'on *f* e-s Her'ausgebers *od.* ('Chef)Redakˌteurs; '**ed·i·tress** [-trɪs] *s.* Her'ausgeberin *f etc.* (→ ***editor***).

ed·u·cate ['edju:keɪt] *v/t.* erziehen (*a. weitS.* ***to*** zu), unter'richten, (aus)bilden: ***he was ~d at ...*** er besuchte die (Hoch)Schule in ...; '**ed·u·cat·ed** [-tɪd] *adj.* **1.** gebildet; **2.** ***an ~ guess*** e-e fundierte Annahme.

ed·u·ca·tion [ˌedju:'keɪʃn] *s.* **1.** Erziehung *f* (*a. weitS.* ***to*** zu *demokratischem Denken etc.*), (Aus)Bildung *f*; **2.** (*erworbene*) Bildung, Bildungsstand *m*: ***general ~*** Allgemeinbildung *f*; **3.** Bildungs-, Schulwesen *n*; **4.** (Aus)Bildungsgang *m*; **5.** Päda'gogik *f*, Erziehungswissenschaft *f*; ˌ**ed·u'ca·tion·al** [-ʃənl] *adj.* □ **1.** erzieherisch, Erziehungs..., päda'gogisch, Unterrichts...: ***~ film*** Lehrfilm *m*; ***~ psychology*** Schulpsychologie *f*; ***~ television*** Schulfernsehen *n*; ***~ toys*** pädagogisch wertvolles Spielzeug; **2.** Bildungs...: ***~ leave*** Bildungsurlaub *m*; ***~ level*** Bildungsniveau *n*; ***~ misery*** Bildungsnotstand *m*; ˌ**ed·u'ca·tion·al·ist** [-ʃnəlɪst], *a.* ˌ**ed·u'ca·tion·ist** [-ʃnɪst] *s.* Päda'goge *m*, Päda'gogin *f*: a) Erzieher(in), b) Erziehungswissenschaftler(in); **ed·u·ca·tive** ['edju:kətɪv] *adj.* **1.** erzieherisch, Erziehungs...; **2.** bildend, Bildungs...; '**ed·u·ca·tor** ['edju:keɪtə] → ***educationalist***.

e·duce [i:'dju:s] *v/t.* **1.** her'ausholen, entwickeln; **2.** *Begriff* ableiten; **3.** ⚗ ausziehen, extrahieren.

ed·u·tain·ment [ˌedju:'teɪnmənt] *s.* bildende Unter'haltung (*pädagogisch wertvolle Spiele etc.*).

Ed·war·di·an [ed'wɔ:djən] *adj.* aus *od.* im Stil der Zeit König Eduards (*bsd.* Eduards VII.).

eel [iːl] *s.* Aal *m*; **~ buck**, **'~·pot** *s.* Aalreuse *f*; **'~·spear** *s.* Aalgabel *f*; **'~·worm** *s. zo.* Älchen *n*, Fadenwurm *m*.

e'en [iːn] *poet.* → ***even***[1], [3].

e'er [eə] *poet.* → ***ever***.

ee·rie, **ee·ry** ['ɪərɪ] *adj.* □ unheimlich, schaurig; **'ee·ri·ness** [-nɪs] *s.* Unheimlichkeit *f*.

eff [ef] *v/i.*: **~ off** V ‚abhauen'; → ***effing***.

ef·face [ɪ'feɪs] *v/t.* **1.** wegwischen, -reiben, löschen; **2.** *bsd. fig.* auslöschen, tilgen; **3.** in den Schatten stellen: **~ *o.s.*** sich (bescheiden) zurückhalten, sich im Hintergrund halten; **ef'face·a·ble** [-səbl] *adj.* auslöschbar; **ef'face·ment** [-mənt] *s.* Auslöschung *f*, Tilgung *f*, Streichung *f*.

ef·fect [ɪ'fekt] **I** *s.* **1.** Wirkung *f* (***on*** auf *acc.*): ***take ~*** wirken (→ 4); **2.** (Ein-)Wirkung *f*, Einfluß *m*, Erfolg *m*, Folge *f*: ***of no ~*** nutzlos, vergeblich; **3.** (gesuchte) Wirkung, Eindruck *m*, Ef'fekt *m*: ***general ~*** Gesamteindruck; ***have an ~ on*** wirken auf (*acc.*); ***calculated*** *od.* ***meant for ~*** auf Effekt berechnet; ***straining after ~*** Effekthascherei *f*; **4.** Wirklichkeit *f*; ⚖ (Rechts)Wirksamkeit *f*, (-)Kraft *f*, Gültigkeit *f*: ***in ~*** a) tatsächlich, eigentlich, im wesentlichen, b) ⚖ *etc.* in Kraft, gültig; ***with ~ from*** mit Wirkung vom; ***come into*** (*od.* ***take***) **~** wirksam werden, in Kraft treten; ***carry into ~*** ausführen, verwirklichen; **5.** Inhalt *m*, Sinn *m*, Absicht *f*; Nutzen *m*: ***to the ~ that*** des Inhalts, daß; ***to this ~*** diesbezüglich, in diesem Sinn; ***words to this ~*** derartige Worte; **6.** ⚙ Leistung *f*, 'Nutzef,fekt *m*; **7.** *pl.* ✝ a) Ef'fekten *pl.*, b) Vermögen(swerte *pl.*) *n*, Habe *f*, c) Barbestand *m*, d) (Bank)Guthaben *n*: ***no ~s*** ohne Deckung (*Scheck*); **II** *v/t.* **8.** be-, erwirken, verursachen; **9.** ausführen, erledigen, voll'ziehen, tätigen, bewerkstelligen: ***~ an insurance*** ✝ e-e Versicherung abschließen; ***~ payment*** Zahlung leisten; **ef'fec·tive** [-tɪv] **I** *adj.* □ **1.** wirksam, erfolgreich, wirkungsvoll, kräftig: ***~ range*** ⚔ wirksame Schußweite; **2.** eindrucks-, ef'fektvoll; **3.** (rechts)wirksam, rechtskräftig, gültig, in Kraft: ***~ from*** *od.* ***as of*** mit Wirkung vom; ***~ immediately*** mit sofortiger Wirkung; ***~ date*** Tag *m* des Inkrafttretens; ***become ~*** in Kraft treten; **4.** tatsächlich, effek'tiv, wirklich; **5.** ⚔ dienstfähig, kampffähig, einsatzbereit: ***~ strength*** → 7b; **6.** ⚙ wirksam, nutzbar, Nutz...: ***~ capacity*** *od.* ***output*** Nutzleistung *f*; **II** *s. pl.* **7.** ⚔ a) einsatzfähige Sol'daten *pl.*, b) Ist-Stärke *f*; **ef'fec·tive·ness** [-tɪvnɪs] *s.* Wirksamkeit *f*; **ef'fec·tu·al** [-tʃʊəl] *adj.* □ **1.** wirksam; **2.** → ***effective*** 3; **3.** wirklich, tatsächlich; **ef'fectu·ate** [-tjʊeɪt] → ***effect*** 8, 9.

ef·fem·i·na·cy [ɪ'femɪnəsɪ] *s.* **1.** Weichlichkeit *f*, Verweichlichung *f*; **2.** unmännliches Wesen; **ef'fem·i·nate** [-nət] *adj.* □ **1.** weichlich, verweichlicht; **2.** unmännlich, weibisch.

ef·fer·vesce [ˌefə'ves] *v/i.* **1.** (auf)brausen, moussieren, sprudeln, schäumen; **2.** *fig.* ('über)sprudeln, 'überschäumen; **ˌef·fer'ves·cence** [-sns] *s.* **1.** (Auf-)brausen *n*, Moussieren *n*; **2.** *fig.* ('Über)Sprudeln *n*, 'Überschäumen *n*; **ˌef·fer'ves·cent** [-snt] *adj.* **1.** sprudelnd, schäumend; moussierend: ***~ powder*** Brausepulver *n*; **2.** *fig.* ('über-)sprudelnd, 'überschäumend.

ef·fete [ɪ'fiːt] *adj.* erschöpft, entkräftet, kraftlos, verbraucht.

ef·fi·ca·cious [ˌefɪ'keɪʃəs] *adj.* □ wirksam; **ef·fi·ca·cy** ['efɪkəsɪ] *s.* Wirksamkeit *f*.

ef·fi·cien·cy [ɪ'fɪʃənsɪ] *s. allg.* Effizi'enz *f*: a) Tüchtigkeit *f*, Leistungsfähigkeit *f* (*a. e-s Betriebs etc.*), b) Wirksamkeit *f*, ⚙ (Nutz)Leistung *f*, Wirkungsgrad *m*, c) Tauglichkeit *f*, Brauchbarkeit *f*, d) ✝, ⚙ Wirtschaftlichkeit *f*: ***~ engineer***, ***~ expert*** ✝ Rationalisierungsfachmann *m*; ***~ wages*** leistungsbezogener Lohn; ***~ apartment*** *Am.* (Einzimmer)Appartement *n*; **ef'fi·cient** [-nt] *adj.* □ **1.** *allg.* effizi'ent: a) tüchtig, (*a.* ⚙ leistungs)fähig, b) wirksam, c) gründlich, d) zügig, rasch, e) ratio'nell, wirtschaftlich, f) tauglich, gut funktionierend, ⚙ *a.* leistungsstark; **2.** ***~ cause*** *phls.* wirkende Ursache.

ef·fi·gy ['efɪdʒɪ] *s.* Bild(nis) *n*: ***burn s.o. in ~*** j-n in effigie *od.* symbolisch verbrennen.

ef·fing ['efɪŋ] *adj.* V verdammt, Scheiß...

ef·flo·resce [ˌeflɔː'res] *v/i.* **1.** *bsd. fig.* aufblühen, sich entfalten; **2.** ⚗ ausblühen, -wittern; **ˌef·flo'res·cence** [-sns] *s.* **1.** *bsd. fig.* (Auf)Blühen *n*; **2.** Efflores'zenz: a) ⚗ Ausblühen *n*, Beschlag *m*, b) ⚕ Ausschlag *m*; **ˌef·flo'res·cent** [-snt] *adj.* **1.** *bsd. fig.* (auf)blühend; **2.** ⚗ ausblühend.

ef·flu·ence ['eflʊəns] *s.* Ausfließen *n*, -strömen *n*; Ausfluß *m*; **'ef·flu·ent** [-nt] **I** *adj.* **1.** ausfließend, -strömend; **II** *s.* **2.** Ausfluß *m*; **3.** Abwasser *n*.

ef·flux ['eflʌks] *s.* **1.** Ausfluß *m*, Ausströmen *n*; **2.** *fig.* Ablauf *m* (*der Zeit*).

ef·fort ['efət] *s.* **1.** Anstrengung *f*: a) Bemühung *f*, Versuch *m*, b) Mühe *f*: ***make an ~*** sich bemühen, sich anstrengen; ***make every ~*** sich alle Mühe geben; ***put a lot of ~ into it*** sich gewaltig anstrengen bei der Sache; ***spare no ~*** keine Mühe scheuen; ***with an ~*** mühsam; **2.** F Leistung *f*: ***a good ~***; **'ef·fort·less** [-lɪs] *adj.* mühelos, leicht.

ef·fron·ter·y [ɪ'frʌntərɪ] *s.* Frechheit *f*, Unverschämtheit *f*.

ef·ful·gence [ɪ'fʌldʒəns] *s.* Glanz *m*; **ef'ful·gent** [-nt] *adj.* □ strahlend.

ef·fuse [ɪ'fjuːz] **I** *v/t.* **1.** ausgießen, ausströmen (lassen); **2.** *Licht etc.* verbreiten; **II** *v/i.* **3.** ausströmen; **III** *adj.* [-s] **4.** ⚘ ausgebreitet; **ef·fu·sion** [ɪ'fjuːʒn] *s.* **1.** Ausströmen *n*; Ausgießung *f*; Erguß *m* (*a. fig.*): ***~ of blood*** ⚕ Bluterguß; **2.** *phys.* Effusi'on *f*; **3.** 'Überschwenglichkeit *f*; **ef'fu·sive** [-sɪv] *adj.* □ 'überschwenglich; **ef'fu·sive·ness** [-sɪvnɪs] → ***effusion*** 3.

e·gad [ɪ'gæd] *int. obs.* F o Gott!

e·gal·i·tar·i·an [ɪˌgælɪ'teərɪən] **I** *s.* Verfechter(in) des Egalita'rismus; **II** *adj.* egali'tär; **eˌgal·i'tar·i·an·ism** [-nɪzəm] *s.* Egalita'rismus *m*.

egg[1] [eg] *s.* **1.** Ei *n*: ***in the ~*** *fig.* im Anfangsstadium; ***a bad ~*** *fig.* F ein übler Kerl; ***as sure as ~s is*** *od.* ***are ~s*** *sl.* todsicher; ***have*** (*od.* ***put***) ***all one's ~s in one basket*** alles auf 'eine Karte setzen; ***lay an ~*** *thea. sl.* durchfallen; ***lay an ~!*** *sl.* ‚leck mich'!; → ***grand mother***; **2.** *biol.* Eizelle *f*; **3.** ⚔ *sl.* ‚Ei' *n*, ‚Koffer' *m* (*Bombe etc.*).

egg[2] [eg] *v/t.* *mst* **~ on** anstacheln.

'egg|ˌbeat·er *s.* **1.** *Küche*: Schneebesen *m*; **2.** *Am.* F Hubschrauber *m*; **~ coal** *s.* Nußkohle *f*; **~ co·sy**, *Am.* **~ co·zy** *s.* Eierwärmer *m*; **'~·cup** *s.* Eierbecher *m*; **~ flip** *s.* Eierflip *m*; **'~·head** *s.* F ‚Eierkopf' *m* (*Intellektueller*); **'~·nog** → ***egg flip***; **'~·plant** *s.* ⚘ Eierfrucht *f*, Auber'gine *f*; **~ roll** *s.* Frühlingsrolle *f*; **'~-shaped** *adj.* eiförmig; **'~·shell I** *s.* Eierschale *f*: ***~ china*** Eierschalenporzellan *n*; **II** *adj.* zerbrechlich; **'~-spoon** *s.* Eierlöffel *m*; **'~-ˌtim·er** *s.* Eieruhr *f*; **'~-whisk** *s. Küche*: Schneebesen *m*.

e·go ['egəʊ] *pl.* **-os** *s.* **1.** *psych.* Ich *n*, Selbst *n*, Ego *n*; **2.** Selbstgefühl *n*, -bewußtsein *n*, *a.* Stolz *m*, F Selbstsucht *f*, Selbstgefälligkeit *f*: ***~ trip*** F ‚Egotrip' *m* (*geistige Selbstbefriedigung*, *Angeberei etc.*); ***that will boost his ~*** das wird ihm Auftrieb geben *od.* ‚guttun'; ***it feeds his ~*** das stärkt sein Selbstbewußtsein; ***his ~ was low*** s-e Moral war auf Null.

e·go·cen·tric [ˌegəʊ'sentrɪk] *adj.* ego'zentrisch, ichbezogen; **e·go·ism** ['egəʊɪzəm] *s.* Ego'ismus *m* (*a. phls.*), Selbstsucht *f*; **e·go·ist** ['egəʊɪst] *s.* **1.** Ego'ist(in); **2.** → ***egotist*** 1; **e·go·is·tic**, **e·go·is·ti·cal** [ˌegəʊ'ɪstɪk(l)] *adj.* □ ego'istisch; **e·go·ma·ni·a** [ˌegəʊ'meɪnjə] *s.* krankhafte Selbstsucht *od.* -gefälligkeit *f*; **e·go·tism** ['egəʊtɪzəm] *s.* **1.** Ego'tismus *m*: a) 'Selbstüberˌhebung *f*, b) Ichbezogenheit *f*, c) Geltungsbedürfnis *n*; **2.** → ***egoism***; **e·go·tist** ['egəʊtɪst] *s.* **1.** Ego'tist(in), geltungsbedürftiger *od.* selbstgefälliger Mensch; **2.** → ***egoist*** 1; **e·go·tis·tic**, **e·go·tis·ti·cal** [ˌegəʊ'tɪstɪk(l)] *adj.* □ **1.** selbstgefällig, ego'tistisch, geltungsbedürftig; **2.** → ***egoistic***.

e·gre·gious [ɪ'griːdʒəs] *adj.* □ unerhört, ungeheuer(lich), kraß, Erz...

e·gress ['iːgres] *s.* **1.** Ausgang *m*; **2.** Ausgangsrecht *n*; **3.** *fig.* Ausweg *m*; **4.** *ast.* Austritt *m*; **e·gres·sion** [iː'greʃn] *s.* Ausgang *m*, -tritt *m*.

e·gret ['iːgret] *s.* **1.** *orn.* Silberreiher *m*; **2.** Reiherfeder *f*; **3.** ⚘ Federkrone *f*.

E·gyp·tian [ɪ'dʒɪpʃn] **I** *adj.* **1.** ä'gyptisch: ***~ cotton*** Mako *f*, *m*, *n*; **II** *s.* **2.** Ä'gypter (-in); **3.** *ling.* Ä'gyptisch *n*.

E·gyp·to·log·i·cal [ɪˌdʒɪptə'lɒdʒɪkl] *adj.* ägypto'logisch; **E·gyp·tol·o·gist** [ˌiːdʒɪp'tɒlədʒɪst] *s.* Ägypto'loge *m*; **E·gyp·tol·o·gy** [ˌiːdʒɪp'tɒlədʒɪ] *s.* Ägyptolo'gie *f*.

eh [eɪ] *int.* **1.** eh?: a) wie (bitte)?, b) nicht wahr?; **2.** ei!, sieh da!

ei·der ['aɪdə] *s. orn. a.* ***~ duck*** Eiderente *f*; **'~·down** *s.* **1.** *coll.* Eiderdaunen *pl.*; **2.** Daunendecke *f*.

ei·det·ic [aɪ'detɪk] *psych.* **I** Ei'detiker (-in); **II** *adj.* ei'detisch.

eight [eɪt] **I** *adj.* **1.** acht: ***~-hour day*** Achtstundentag *m*; **II** *s.* **2.** Acht *f* (*Zahl, Spielkarte etc.*): ***have one over the ~*** *sl.* e-n ‚in der Krone' haben; **3.** *Rudern*: Achter *m* (*Boot od. Mannschaft*); **eight·een** [ˌeɪ'tiːn] **I** *adj.* achtzehn; **II** *s.* Achtzehn *f*; **eight·eenth** [ˌeɪ'tiːnθ] **I** *adj.* achtzehnt; **II** *s.* Achtzehntel *n*; **'eight·fold** *adj. u. adv.* achtfach; **eighth** [eɪtθ] **I** *adj.* □ acht(er, e, es); **II** *s.* Achtel *n* (*a.* ♪); **eighth·ly**

[ˈeɪtɪθɪ] *adv.* achtens; **ˈeight·i·eth** [-tɪɪθ] **I** *adj.* achtzigst; **II** *s.* Achtzigstel *n*; **ˈeight·y** [-tɪ] **I** *adj.* achtzig; **II** *s.* Achtzig *f*: ***the eighties*** die achtziger Jahre (*eines Jahrhunderts*); ***he is in his eighties*** er ist in den Achtzigern.

Ein·stein·i·an [aɪnˈstaɪnjən] *adj.* Einsteinsch(er, -e, -es).

ei·ther [ˈaɪðə] **I** *adj.* **1.** jeder, jede, jedes (*von zweien*), beide: ***on ~ side*** auf beiden Seiten; ***there is nothing in ~ bottle*** beide Flaschen sind leer; **2.** (irgend)ein (*von zweien*): ***~ way*** auf die e-e od. andere Art; ***~ half of the cake*** (irgend-) eine Hälfte des Kuchens; **II** *pron.* **3.** (irgend)ein (*von zweien*): ***~ of you can come*** (irgend)einer von euch (beiden) kann kommen; ***I didn't see ~*** ich sah keinen (von beiden); **4.** beides: ***~ is possible***; **III** *cj.* **5.** ***~ ... or*** entweder ... oder: ***~ be quiet or go!*** entweder sei still oder geh!; **6.** *neg.*: ***~ ... or*** weder ... noch: ***it isn't good ~ for parent or child*** es ist weder für Eltern noch Kinder gut; **IV** *adv.* **7.** *neg.*: ***nor ... ~*** (und) auch nicht, noch: ***he could not hear nor speak ~*** er konnte weder hören noch sprechen; ***I shall not go ~*** ich werde auch nicht gehen; ***she sings, and not badly ~*** sie singt, und gar nicht schlecht; **8.** ***without ~ good or bad intentions*** ohne gute oder schlechte Absichten; **ˈ~-or** *s.* Entweder-Oder *n*.

e·jac·u·late [ɪˈdʒækjʊleɪt] **I** *v/t.* **1.** *physiol.* *Samen* ausstoßen; **2.** *Worte* ausstoßen; **II** *v/i.* **3.** *physiol.* ejakulieren; **4.** *fig.* aus-, herˈvorstoßen; **III** *s.* **5.** *physiol.* Ejakuˈlat *n*; **e·jac·u·la·tion** [ɪˌdʒækjʊˈleɪʃn] *s.* **1.** ⚕ Ejakulatiˈon *f*, Samenerguß *m*; **2.** a) Ausruf *m*, b) Stoßseufzer *m*, -gebet *n*; **eˈjac·u·la·to·ry** [-lətərɪ] *adj.* **1.** ⚕ Ejakulations...; **2.** hastig (ausgestoßen): ***~ prayer*** Stoßgebet *n*.

e·ject [ɪˈdʒekt] **I** *v/t.* **1.** (***from***) *j-n* hinˈauswerfen (aus), vertreiben (aus, von); entlassen (aus); **2.** ⚖ exmittieren, ausweisen (***from*** aus); **3.** ⚙ ausstoßen, -werfen; **II** *v/i.* **4.** ✈ den Schleudersitz betätigen; **eˈjec·tion** [-kʃn] *s.* **1.** (***from*** aus) Vertreibung *f*, Entfernung *f*; Entlassung *f*; **2.** ⚙ Ausstoßung *f*, Auswerfen *n*: ***~ seat*** ✈ Schleudersitz *m*; **eˈject·ment** [-mənt] *s.* **1.** → ***ejection*** 1; **2.** ⚖ a) Räumungsklage *f*, b) Herˈausgabeklage *f*; **eˈjec·tor** [-tə] *s.* **1.** Vertreiber *m*; **2.** ⚙ a) ˈAuswurfappaˌrat *m*, Strahlpumpe *f*, b) ⚔ (Paˈtronenhülsen)Auswerfer *m*: ***~ seat*** ✈ Schleudersitz *m*.

eke [iːk] *v/t.* ***~ out*** a) *Flüssigkeit*, *Vorrat* *etc.* strecken, b) *Einkommen* aufbessern, c) ***~ out a living*** sich (mühsam) durchschlagen.

el [el] *s.* **1.** L *n*, l *n* (*Buchstabe*); **2.** 🚃 F Hochbahn *f*.

e·lab·o·rate I *adj.* [ɪˈlæbərət] □ **1.** sorgfältig *od.* kunstvoll ausgeführt *od.* (aus)gearbeitet; **2.** (ˈwohl)durchˌdacht, (sorgfältig) ausgearbeitet: ***an ~ report***; **3.** a) kunstvoll, kompliziert, b) ˈumständlich; **II** *v/t.* [-bəreɪt] **4.** sorgfältig aus- *od.* herˈausarbeiten, verˈvollkommnen; **5.** *Theorie* entwickeln; **6.** genau darlegen; **III** *v/i.* **7.** ***~*** (***up***)***on*** ausführlich behandeln, sich verbreiten über (*acc.*); **eˈlab·o·rate·ness** [-nɪs] *s.* **1.** sorgfältige *od.* kunstvolle Ausführung; **2.** a) Sorgfalt *f*, b) Kompliziertheit *f*, c) ausführliche Behandlung; **e·lab·o·ra·tion** [ɪˌlæbəˈreɪʃn] *s.* **1.** → ***elaborateness*** 1; **2.** (Weiter)Entwicklung *f*.

é·lan [eɪˈlɑ̃ːŋ] (*Fr.*) *s.* Eˈlan *m*, Schwung *m*.

e·land [ˈiːlənd] *s.* ˈElenantiˌlope *f*.

e·lapse [ɪˈlæps] *v/i.* vergehen, verstreichen (*Zeit*), ablaufen (*Frist*).

e·las·tic [ɪˈlæstɪk] **I** *adj.* (□ ***~ally***) **1.** eˈlastisch: a) federnd, spannkräftig (*alle a. fig.*), b) dehnbar, biegsam, geschmeidig (*a. fig.*): ***~ conscience*** weites Gewissen; ***an ~ word*** ein dehnbarer Begriff; **2.** *phys.* a) elastisch, b) expansiˈonsfähig (*Gas*), c) inkompresˈsibel (*Flüssigkeit*): ***~ force → elasticity***; **3.** Gummi...: ***~ band***; ***~ stocking*** Gummistrumpf *m*; **II** *s.* **4.** Gummiband *n*, -zug *m*; **5.** Gummigewebe *n*, -stoff *m*; **eˈlas·ti·cat·ed** [-keɪtɪd] *adj.* mit Gummizug; **e·las·tic·i·ty** [ˌelæˈstɪsətɪ] *s.* Elastiziˈtät *f*: a) Spannkraft *f* (*a. fig.*), b) Dehnbarkeit *f*, Biegsamkeit *f*, Geschmeidigkeit *f* (*a. fig.*).

e·late [ɪˈleɪt] *v/t.* **1.** mit Hochstimmung erfüllen, begeistern, freudig erregen; **2.** *j-m* Mut machen; **3.** *j-n* stolz machen; **eˈlat·ed** [-tɪd] *adj.* □ **1.** in Hochstimmung, freudig erregt (***at*** über *acc.*, ***with*** durch); **2.** stolz; **eˈla·tion** [-eɪʃn] *s.* **1.** Hochstimmung, freudige Erregung; **2.** Stolz *m*.

el·bow [ˈelbəʊ] **I** *s.* **1.** Ell(en)bogen *m*: ***at one's ~*** a) in Reichweite, bei der Hand, b) *fig.* an s-r Seite; ***out at ~s*** a) schäbig (*Kleidung*), b) schäbig gekleidet, heruntergekommen (*Person*); ***be up to the ~s in work*** bis über die Ohren in der Arbeit stecken; ***bend*** *od.* ***lift one's ~*** F ‚einen heben'; **2.** Biegung *f*, Krümmung *f*, Ecke *f*, Knie *n*; **3.** ⚙ Knie *n*; (Rohr)Krümmer *m*, Winkel (-stück *n*) *m*; **II** *v/t.* **4.** *mit dem Ellbogen* stoßen, drängen (*a. fig.*): ***~ s.o. out*** *j-n* hinausdrängen; ***~ o.s. through*** sich durchdrängeln; ***~ one's way*** → 5; **III** *v/i.* **5.** sich (mit den Ellbogen) e-n Weg bahnen (***through*** durch); ***~ chair.*** *s.* Arm-, Lehnstuhl *m*; ***~ grease*** *s.* *humor.* **1.** ‚Arm-, Knochenschmalz' *n* (*Kraft*); **2.** schwere Arbeit; **ˈ~-room** [-rʊm] *s.* Bewegungsfreiheit *f*, Spielraum *m* (*a. fig.*).

eld [eld] *s.* *obs.* **1.** (Greisen)Alter *n*; **2.** alte Zeiten *pl*.

eld·er¹ [ˈeldə] **I** *adj.* **1.** älter: ***my ~ brother*** mein älterer Bruder; **2.** rangälter: ***ℒ Statesman*** *pol. u. fig.* ‚großer alter Mann'; **II** *s.* **3.** (der, die) Ältere: ***he is my ~ by two years*** er ist zwei Jahre älter als ich; ***my ~s*** ältere Leute als ich; **4.** Reˈspektsperˌson *f*; **5.** *oft pl.* (Kirchen-, Gemeinde- *etc.*)Älteste(r) *m*.

el·der² [ˈeldə] *s.* Hoˈlunder *m*; **ˈel·derˌber·ry** *s.* Hoˈlunderbeere *f*.

eld·er·ly [ˈeldəlɪ] *adj.* ältlich: ***an ~ couple*** ein älteres Ehepaar; **eld·est** [ˈeldɪst] *adj.* ältest: ***my ~ brother*** mein ältester Bruder.

El Do·ra·do [ˌeldəˈrɑːdəʊ] *pl.* **-dos** *s.* (El)Doˈrado *n*.

e·lect [ɪˈlekt] **I** *v/t.* **1.** *j-n in ein Amt* wählen: ***~ s.o. to an office***; **2.** *et.* wählen, sich entscheiden für: ***~ to do s.th.*** sich (dazu) entschließen *od.* es vorziehen, et. zu tun; ***he was ~ed president*** er wurde zum Präsidenten gewählt; **3.** *eccl.* auserwählen; **II** *adj.* **4.** (*nachgestellt*) designiert, zukünftig: ***bride ~*** Zukünftige *f*, Braut *f*; ***the president ~*** *der* designierte Präsident; **5.** erlesen; **6.** *eccl.* (*von Gott*) auserwählt; **III** *s.* **7.** *eccl. u. fig.* ***the ~*** die Auserwählten *pl.*; **eˈlec·tion** [-kʃn] *s.* *mst pol.* Wahl *f*: ***~ campaign*** Wahlkampf *m*, -feldzug *m*; ***~ pledge*** Wahlversprechen *n*; ***~ returns*** Wahlergebnisse; **e·lec·tion·eer** [ɪˌlekʃəˈnɪə] *v/i. pol.* Wahlkampf betreiben: ***~ for s.o.*** für j-n Wahlpropaganda machen *od.* Stimmen werben; **e·lec·tion·eer·ing** [ɪˌlekʃəˈnɪərɪŋ] *s. pol.* ˈWahlpropaˌganda *f*, -kampf *m*, -feldzug *m*; **eˈlec·tive** [-tɪv] **I** *adj.* □ **1.** gewählt, durch Wahl, Wahl...; **2.** wahlberechtigt, wählend; **3.** *ped. Am.* wahlfrei, fakultaˈtiv: ***~ subject*** → 4; **II** *s.* **4.** *ped. Am.* Wahlfach *n*; **eˈlec·tor** [-tə] *s.* **1.** *pol.* a) Wähler(in), b) *Am.* Wahlmann *m*; **2.** ℒ *hist.* Kurfürst *m*; **eˈlec·tor·al** [-tərəl] *adj.* **1.** Wahl..., Wähler...: ***~ college*** *Am.* Wahlmänner *pl.* (*e-s Staates*); **2.** *hist.* Kurfürsten...; **eˈlec·tor·ate** [-tərət] *s.* **1.** *pol.* Wähler (-schaft *f*) *pl.*; **2.** *hist.* a) Kurwürde *f*, b) Kurfürstentum *n*; **eˈlec·tress** [-trɪs] *s.* **1.** Wählerin *f*; **2.** ℒ *hist.* Kurfürstin *f*.

e·lec·tric [ɪˈlektrɪk] *adj.* (□ ***~ally***) **1.** a) eˈlektrisch: ***~ cable*** (***charge***, ***current***, ***light*** *etc.*), b) Elektro...: ***~ motor***, c) Elektrizitäts...: ***~ works***, d) eˌlektroˈtechnisch; **2.** *fig.* a) elektrisierend: ***an ~ effect***, b) spannungsgeladen: ***~ atmosphere***; **eˈlec·tri·cal** [-kl] → ***electric*** 1: ***~ engineer*** Elektroingenieur *m* *od.* -techniker *m*; ***~ engineering*** Elektrotechnik *f*.

e·lec·tric| arc *s.* Lichtbogen *m*; ***~ art*** *s.* Lichtkunst *f*; ***~ blan·ket*** *s.* Heizdecke *f*; ***~ blue*** *s.* Stahlblau *n*; ***~ chair*** *s.* ⚖ eˈlektrischer Stuhl; ***~ cir·cuit*** *s.* Stromkreis *m*; ***~ cush·ion*** *s.* Heizkissen *n*; ***~ eel*** *s. zo.* Zitteraal *m*; ***~ eye*** *s.* **1.** Fotozelle *f*; **2.** magisches Auge; ***~ gui·tar*** *s.* eˈlektrische Giˈtarre, ˈE-Giˌtarre *f*.

e·lec·tri·cian [ˌɪlekˈtrɪʃn] *s.* Eˈlektriker *m*, Eˌlektroˈtechniker *m*.

e·lec·tric·i·ty [ˌɪlekˈtrɪsətɪ] *s.* Elektriziˈtät *f*.

e·lec·tric| plant *s.* eˈlektrische Anlage; ***~ ray*** *s. zo.* Zitterrochen *m*; ***~ shock*** *s.* **1.** eˈlektrischer Schlag; **2.** ⚕ Eˈlektroschock *m*; ***~ steel*** *s.* ⚙ Eˈlektrostahl *m*; ***~ storm*** *s.* Gewittersturm *m*; ***~ torch*** *s.* (eˈlektrische) Taschenlampe.

e·lec·tri·fi·ca·tion [ɪˌlektrɪfɪˈkeɪʃn] *s.* **1.** Elektrisierung *f* (*a. fig.*); **2.** Elektrifizierung *f*; **e·lec·tri·fy** [ɪˈlektrɪfaɪ] *v/t.* **1.** elektrisieren (*a. fig.*), eˈlektrisch laden; **2.** elektrifizieren; **3.** *fig.* anfeuern, erregen, begeistern.

e·lec·tro [ɪˈlektrəʊ] *pl.* **-tros** *s. typ.* F Galˈvano *n*, Kliˈschee *n*.

electro- [ɪlektrəʊ] *in Zssgn* Elektro..., elektro..., eˈlektrisch.

eˌlec·tro|-a·nal·y·sis [ɪˌlektrəʊ-] *s.* ⚗ Eˌlektroanaˈlyse *f*; **~ˈcar·di·o·gram** *s.* ⚕ Eˌlektrokardioˈgramm *n*, EKˈG *n*; **~ˈchem·is·try** *s.* Eˌlektrocheˈmie *f*.

e·lec·tro·cute [ɪˈlektrəkjuːt] *v/t.* **1.** auf dem eˈlektrischen Stuhl hinrichten; **2.** durch elektrischen Strom töten; **e·lec·tro·cu·tion** [ɪˌlektrəˈkjuːʃn] *s.* Hinrichtung *f od.* Tod *m* durch elektrischen Strom.

e·lec·trode [ɪ'lektrəʊd] *s.* ⚡ Elek'trode *f.*

eˌlec·tro|·dy'nam·ics *s. pl. sg. konstr.* Eˌlektrody'namik *f*; **~·en·gi'neer·ing** *s.* Eˌlektro'technik *f*; **~·ki'net·ics** *s. pl. sg. konstr.* Eˌlektroki'netik *f.*

e·lec·trol·y·sis [ˌɪlek'trɒlɪsɪs] *s.* Elektro'lyse *f*; **e·lec·tro·lyte** [ɪ'lektrəʊlaɪt] *s.* Elektro'lyt *m.*

eˌlec·tro|'mag·net *s.* Eˌlektroma'gnet *m*; **~·mag'net·ic** *adj.* (□ **~ally**) eˌlektroma'gnetisch; **~·me'chan·ics** *s. pl. sg. konstr.* Eˌlektrome'chanik *f.*

e·lec·trom·e·ter [ˌɪlek'trɒmɪtə] *s.* Eˌlektro'meter *n.*

eˌlec·tro|'mo·tive *adj.* eˌlektromo'torisch; **~'mo·tor** *s.* Eˌlektro'motor *m.*

e·lec·tron [ɪ'lektrɒn] *phys.* **I** *s.* Elektron *n*; **II** *adj.* Elektronen...: **~ *microscope***; **e·lec·tron·ic** [ˌɪlek'trɒnɪk] *adj.* (□ **~ally**) elek'tronisch, Elektronen...: **~ *flash*** *phot.* Elektronenblitz *m*; **~ *music*** elektronische Musik; **e·lec·tron·ics** [ˌɪlek'trɒnɪks] *s. pl. sg. konstr.* Elek'tronik *f* (*a. als Konstruktionsteil*).

e·lec·tro|·plate [ɪ'lektrəʊ-] **I** *v/t.* elektroplattieren, galvanisieren; **II** *s.* elektroplattierte Ware; **~·scope** [-əskəʊp] *s. phys.* Eˌlektro'skop *n*; **~·scop·ic** [ɪˌlektrə'skɒpɪk] *adj.* (□ **~ally**) eˌlektro'skopisch; **~'ther·a·py** [ɪˌlektrəʊ-] *s.* ⚕ Eˌlektrothera'pie *f*; **~·type I** *s.* **1.** Gal'vano *n*; **2.** galˌvano'plastischer Druck; **II** *v/t.* **3.** galˌvano'plastisch vervielfältigen.

el·e·gance ['elɪgəns] *s. allg.* Ele'ganz *f*; **'el·e·gant** [-nt] *adj.* □ **1.** ele'gant: a) fein, geschmackvoll, vornehm (u. schön), b) gewählt, gepflegt, c) anmutig, d) geschickt, gekonnt; **2.** F erstklassig, ‚prima'.

el·e·gi·ac [ˌelɪ'dʒaɪək] **I** *adj.* e'legisch (*a. fig. schwermütig*), Klage...; **II** *s.* elegischer Vers; *pl.* elegisches Gedicht; **el·e·gize** ['elɪdʒaɪz] *v/i.* e-e Ele'gie schreiben (***upon*** auf *acc.*); **el·e·gy** ['elɪdʒɪ] *s.* Ele'gie *f*, Klagelied *n.*

el·e·ment ['elɪmənt] *s.* **1.** *allg.* Ele'ment *n*: a) *phls.* Urstoff *m*, b) Grundbestandteil *m*, c) ⚗ Grundstoff *m*, d) ⚙ Bauteil *n*, e) Grundlage *f*; **2.** Grundtatsache *f*, wesentlicher Faktor: ***an ~ of risk*** ein gewisses Risiko; ***~ of surprise*** Überraschungsmoment *n*; ***~ of uncertainty*** Unsicherheitsfaktor; **3.** ⚖ Tatbestandsmerkmal *n*; **4.** *pl.* Anfangsgründe *pl.*, Anfänge *pl.*, Grundlage(n *pl.*) *f*; **5.** *pl.* Na'turkräfte *pl.*, Ele'mente *pl.*; **6.** ('Lebens)Eleˌment *n*, gewohnte Um'gebung: ***be in (out of) one's ~*** (nicht) in s-m Element sein; **7.** *fig.* Körnchen *n*, Fünkchen *n*, Hauch *m*: ***an ~ of truth*** ein Körnchen Wahrheit; **8.** a) ⚔ Truppenteil *m*, b) ✈ Rotte *f*; **9.** (Bevölkerungs-) Teil *m*, (*kriminelle etc.*) Ele'mente *pl.*; **el·e·men·tal** [ˌelɪ'mentl] *adj.* **1.** elemen'tar: a) ursprünglich, na'türlich, b) urgewaltig, c) wesentlich; **2.** Elementar..., Ur...

el·e·men·ta·ry [ˌelɪ'mentərɪ] *adj.* □ **1.** → ***elemental*** 1 *u.* 2; **2.** elemen'tar, Elementar..., Einführungs..., Anfangs..., grundlegend; **3.** elemen'tar, einfach; **4.** ⚗, ⩲, *phys.* elemen'tar, Elementar...: ***~ particle*** Elementarteilchen *n*; **5.** rudimen'tär, unentwickelt; **~ *ed·u·ca·tion*** *s.* **1.** Grundschul-, Volksschulbildung *f*; **2.** Volksschulwesen *n*; **~ *school*** *s.* Volks-, Grundschule *f.*

el·e·phant ['elɪfənt] *s.* **1.** *zo.* Ele'fant *m*: ***~ seal*** See-Elefant; ***pink ~*** F ‚weiße Mäuse' *pl.*, Halluzinationen *pl.*; ***white ~*** *fig.* lästiger *od.* kostspieliger Besitz; **2.** *ein Papierformat* (*711 × 584 mm*); **el·e·phan·ti·a·sis** [ˌelɪfən'taɪəsɪs] *s.* ⚕ Elefan'tiasis *f*; **el·e·phan·tine** [ˌelɪ'fæntaɪn] *adj.* **1.** ele'fantenartig, Elefanten...; **2.** *fig.* riesenhaft; **3.** plump, schwerfällig.

El·eu·sin·i·an [ˌelju:'sɪnɪən] *adj. antiq.* eleu'sinisch.

el·e·vate ['elɪveɪt] *v/t.* **1.** hoch-, em'porheben; aufrichten; erhöhen; **2.** *Blick* erheben; *Stimme* heben; **3.** (***to***) *j-n* erheben (in *den Adelsstand*), befördern (zu *e-m Posten*); **4.** *fig. j-n* (*seelisch*) erheben, erbauen; **5.** erheitern; **6.** *Niveau etc.* heben; **7.** ⚔ *Geschützrohr* erhöhen; **'el·e·vat·ed** [-tɪd] **I** *adj.* **1.** erhöht; Hoch...: ***~ railway***, *Am.* ***~ railroad*** Hochbahn *f*; **2.** gehoben (*Position*, *Stil etc.*), erhaben (*Gedanken*); **3.** a) erheitert, b) F beschwipst; **II** *s.* **4.** *Am.* F Hochbahn *f*; **'el·e·vat·ing** [-tɪŋ] *adj.* **1.** *bsd.* ⚙ hebend, Hebe..., Höhen...; **2.** *fig.* a) erhebend, erbaulich, b) erheiternd; **el·e·va·tion** [ˌelɪ'veɪʃn] *s.* **1.** Hoch-, Em'porheben *n*; **2.** (Boden)Erhebung *f*, (An)Höhe *f*; **3.** Höhe *f* (*a. ast.*), (Grad *m* der) Erhöhung *f*; **4.** *geogr.* Meereshöhe *f*; **5.** ⚔ Richthöhe *f*; **6.** ⚙ Aufstellung *f*, Errichtung *f*; **7.** ⚠ Aufriß *m*: ***front ~*** Vorderansicht *f*; **8.** a) (***to***) Erhebung *f* (in *den Adelsstand*), Beförderung *f* (zu *e-m Posten etc.*), b) gehobene Positi'on; **9.** *fig.* (*seelische*) Erhebung, Erbauung *f*; **10.** *fig.* Hebung *f* (*des Niveaus etc.*); **11.** *fig.* Erhabenheit *f*, Gehobenheit *f* (*des Stils etc.*); **'el·e·va·tor** [-tə] *s.* **1.** ⚙ a) Hebe-, Förderwerk *n*, b) Hebewerk *n*, c) *Am.* Fahrstuhl *m*, Aufzug *m*; **2.** Getreidesilo *m*; **3.** ✈ Höhensteuer *n*, -ruder *n*; **4.** *anat.* Hebemuskel *m.*

e·lev·en [ɪ'levn] **I** *adj.* **1.** elf; **II** *s.* **2.** Elf *f*; **3.** *sport* Elf *f*; **eˌlev·en-'plus** *s. ped. Brit. hist. im Alter von 11–12 Jahren abgelegte Prüfung, die über die schulische Weiterbildung entschied;* **e'lev·en·ses** [-zɪz] *s. pl. Brit.* F zweites Frühstück; **e'lev·enth** [-nθ] **I** *adj.* □ **1.** elft; → ***hour*** 2; **II** *s.* **2.** (*der, die, das*) Elfte; **3.** Elftel *n.*

elf [elf] *pl.* **elves** [elvz] *s.* **1.** Elf *m*, Elfe *f*; **2.** Kobold *m*; **3.** *fig.* a) Knirps *m*, b) (kleiner) Racker; **elf·in** ['elfɪn] **I** *adj.* Elfen..., Zwergen...; **II** *s.* → ***elf***; **elf·ish** ['elfɪʃ] *adj.* **1.** elfenartig; **2.** schelmisch, koboldhaft.

'elf·lock *s.* Weichselzopf *m*, verfilztes Haar.

e·lic·it [ɪ'lɪsɪt] *v/t.* **1.** (***from*** *j-m*, *e-m Instrument etc.*) *et.* entlocken; **2.** (***from*** aus *j-m*) *e-e Aussage etc.* her'auslocken, -holen; **3.** *e-e Reaktion* auslösen, her'vorrufen; **4.** *et.* ans Licht bringen.

e·lide [ɪ'laɪd] *v/t. ling. Vokal od. Silbe* elidieren, auslassen.

el·i·gi·bil·i·ty [ˌelɪdʒə'bɪlətɪ] *s.* **1.** Eignung *f*, Befähigung *f*: ***his eligibilities*** s-e Vorzüge; **2.** Berechtigung *f*; **3.** Wählbarkeit *f*; **4.** Teilnahmeberechtigung *f*, *sport a.* Startberechtigung *f*;

el·i·gi·ble ['elɪdʒəbl] **I** *adj.* □ **1.** (***for***) in Frage kommend (für): a) geeignet, akzep'tabel (für), b) berechtigt, befähigt (zu), qualifiziert (für): ***~ for a pension*** pensionsberechtigt, c) wählbar; **2.** wünschenswert, vorteilhaft; **3.** teilnahmeberechtigt, *sport a.* startberechtigt; **II** *s.* **4.** F in Frage kommende Per'son *od.* Sache.

e·lim·i·nate [ɪ'lɪmɪneɪt] *v/t.* **1.** beseitigen, entfernen, ausmerzen, *a.* ⩲ eliminieren (***from*** aus); **2.** ausscheiden (*a.* ⚗, *physiol.*), ausschließen, *a. Gegner* ausschalten: ***be ~d*** *sport* ausscheiden; **3.** *fig. et.* ausklammern, ignorieren; **e·lim·i·na·tion** [ɪˌlɪmɪ'neɪʃn] *s.* **1.** Beseitigung *f*, Entfernung *f*, Ausmerzung *f*, Eliminierung *f*; **2.** ⩲ Eliminati'on *f*; **3.** ⚗, *physiol.*, *a. sport* Ausscheidung *f*: ***~ contest*** Ausscheidungs-, Qualifikationswettbewerb *m*; **4.** Ausschaltung *f* (*e-s Gegners*); **5.** *fig.* Ignorierung *f*; **e'lim·i·na·tor** [-tə] *s. Radio*: Sieb-, Sperrkreis *m.*

e·li·sion [ɪ'lɪʒn] *s. ling.* Elisi'on *f*, Auslassung *f* (*e-s Vokals od. e-r Silbe*).

e·lite [eɪ'li:t] (*Fr.*) *s.* E'lite *f*: a) Auslese *f*, (*das*) Beste, (*die*) Besten *pl.*, b) Führungs-, Oberschicht *f*, c) ⚔ E'litetruppe *f*; **e'lit·ism** [-tɪzəm] *s.* eli'täres Denken; **e'lit·ist** [-tɪst] *adj.* eli'tär.

e·lix·ir [ɪ'lɪksə] *s.* **1.** Eli'xier *n*, Zauber-, Heiltrank *m*: ***~ of life*** Lebenselixier; **2.** All'heilmittel *n.*

E·liz·a·be·than [ɪˌlɪzə'bi:θn] **I** *adj.* elisabe'thanisch; **II** *s.* Zeitgenosse *m* E'lisabeths I. von England.

elk [elk] *s. zo.* **1.** Elch *m*, Elen *m*, *n*; **2.** *Am.* Elk *m*, Wa'piti *m.*

ell [el] *s.* Elle *f*; → ***inch*** 2.

el·lipse [ɪ'lɪps] *s.* **1.** ⩲ El'lipse *f*; **2.** → **el'lip·sis** [-sɪs] *pl.* **-ses** [-si:z] *s. ling.* El'lipse *f*, Auslassung *f* (*a. typ.*); **el'lip·soid** [-sɔɪd] *s.* ⩲ Ellipso'id *n*; **el'lip·tic, el'lip·ti·cal** [-tɪk(l)] *adj.* □ **1.** ⩲ el'liptisch; **2.** *ling.* elliptisch, unvollständig (*Satz*).

elm [elm] *s.* Ulme *f*, Rüster *f.*

el·o·cu·tion [ˌelə'kju:ʃn] *s.* **1.** Vortrag(sweise *f*) *m*, Dikti'on *f*; **2.** Vortragskunst *f*; **3.** Sprechtechnik *f*; **ˌel·o'cu·tion·ist** [-nɪst] *s.* **1.** Vortragskünstler(in); **2.** Sprecherzieher(in).

e·lon·gate ['i:lɒŋgeɪt] **I** *v/t.* **1.** verlängern; *bsd.* ⚙ strecken, dehnen; **II** *v/i.* **2.** sich verlängern; **3.** ⚘ spitz zulaufen; **III** *adj.* **4.** → **'e·lon·gat·ed** [-tɪd] *adj.* **1.** verlängert: ***~ charge*** ⚔ gestreckte Ladung; **2.** lang u. dünn; **e·lon·ga·tion** [ˌi:lɒŋ'geɪʃn] *s.* **1.** Verlängerung *f*; **2.** ⚙ Streckung *f*, Dehnung *f*; **2.** *ast.*, *phys.* Elongati'on *f.*

e·lope [ɪ'ləʊp] *v/i.* (mit s-m *od.* s-r Geliebten) ‚'durchbrennen': ***~ with*** *a. die Geliebte* entführen; **e'lope·ment** [-mənt] *s.* ‚'Durchbrennen' *n*; Flucht *f*; Entführung *f*; **e'lop·er** [-pə] *s.* Ausreißer(in).

el·o·quence ['eləkwəns] *s.* Beredsamkeit *f*, Redegewandtheit *f*, -kunst *f*; **'el·o·quent** [-nt] *adj.* □ **1.** beredt, redegewandt; **2.** *fig.* a) sprechend, ausdrucksvoll, b) beredt, vielsagend (*Blick etc.*).

else [els] *adv.* **1.** (*neg. u. interrog.*) sonst, weiter, außerdem: ***anything ~?***

sonst noch etwas?; ***what ~ can we do?***; was können wir sonst (noch) tun?; ***no one ~*** sonst *od.* weiter niemand; ***where ~?*** wo anders?, wo sonst (noch)?; **2.** anderer, andere, anderes: ***that's something ~*** das ist et. anderes; ***everybody ~*** alle anderen *od.* übrigen; ***somebody ~'s dog*** der Hund e-s anderen; **3.** *oft* ***or ~*** oder, sonst, wenn nicht: ***hurry,*** (***or***) ***~ you will be late*** beeile dich, oder du kommst zu spät *od.* sonst kommst du zu spät; ***or ~!*** (*drohend*) sonst passiert was!; **ˌ~'where** *adv.* **1.** sonst-, anderswo; **2.** 'anderswo'hin.

e·lu·ci·date [ɪ'lu:sɪdeɪt] *v/t. Geheimnis etc.* aufhellen, aufklären; *Text, Gründe etc.* erklären; **e·lu·ci·da·tion** [ɪˌlu:sɪ'deɪʃn] *s.* Erklärung *f*; Aufhellung *f*, -klärung *f*; **e'lu·ci·da·to·ry** [-tərɪ] *adj.* erklärend, aufhellend.

e·lude [ɪ'lu:d] *v/t.* **1.** (geschickt) ausweichen, entgehen, sich entziehen (*dat.*); *Gesetz etc.* um'gehen; **2.** *fig. j-m* entgehen, *j-s* Aufmerksamkeit entgehen; **3.** sich nicht (er)fassen lassen von, sich entziehen (*dat.*): ***it ~s definition*** es läßt sich nicht definieren; **4.** *j-m* nicht einfallen; **e'lu·sion** [-u:ʒn] *s.* **1.** (***of***) Ausweichen *n*, Entkommen *n* (vor *dat.*); Um'gehung *f* (*gen.*); **2.** Ausflucht *f*, List *f*; **e'lu·sive** [-u:sɪv] *adj.* □ **1.** ausweichend (***of*** *dat.*, vor *dat.*); **2.** schwer zu fassen(d) (*Dieb etc.*); **3.** schwerfaßbar, schwer zu definieren(d) *od.* zu übersetzen(d); **4.** um'gehend; **5.** unzuverlässig; **e'lu·sive·ness** [-u:sɪvnɪs] *s.* **1.** Ausweichen *n* (***of*** vor *dat.*), ausweichendes Verhalten; **2.** Unbestimmbarkeit *f*, Undefinierbarkeit *f*; **e'lu·so·ry** [-u:sərɪ] *adj.* **1.** trügerisch; **2.** → ***elusive***.

e·lu·tri·ate [ɪ'lu:trɪeɪt] *v/t.* ⚒ (aus-) schlämmen.

el·ver ['elvə] *s. ichth.* junger Aal.

elves [elvz] *pl. von elf*; **'elv·ish** [-vɪʃ] → ***elfish***.

E·ly·sian [ɪ'lɪzɪən] *adj.* e'lysisch, *fig. a.* para'diesisch; **E'ly·si·um** [-əm] *s.* E'lysium *n*, *fig. a.* Para'dies *n*.

em [em] *s.* **1.** M *n*, m *n* (*Buchstabe*); **2.** *typ.* Geviert *n*.

'em [əm] F *für* ***them***: ***let 'em***.

e·ma·ci·ate [ɪ'meɪʃɪeɪt] *v/t.* **1.** auszehren, ausmergeln; **2.** *Boden* auslaugen; **e'ma·ci·at·ed** [-tɪd] *adj.* **1.** abgemagert, ausgezehrt, ausgemergelt; **2.** ausgelaugt (*Boden*); **e·ma·ci·a·tion** [ɪˌmeɪsɪ'eɪʃn] *s.* **1.** Auszehrung *f*, Abmagerung *f*; **2.** Auslaugung *f*.

em·a·nate ['eməneɪt] *v/i.* **1.** ausströmen (*Gas etc.*), ausstrahlen (*Licht*) (***from*** von); **2.** *fig.* herrühren, ausgehen (***from*** von); **em·a·na·tion** [ˌemə'neɪʃn] *s.* **1.** Ausströmen *n*; **2.** Ausströmung *f*, Ausstrahlung *f* (*beide a. fig.*); **3.** Auswirkung *f*; **4.** *phls., psych., eccl.* Emanati'on *f*.

e·man·ci·pate [ɪ'mænsɪpeɪt] *v/t.* **1.** (***o.s.*** sich) emanzipieren, unabhängig machen, befreien (***from*** von); **2.** *Sklaven* freilassen; **e'man·ci·pat·ed** [-tɪd] *adj.* **1.** *allg.* emanzipiert: ***an ~ woman***; ***an ~ citizen*** ein mündiger Bürger; **2.** freigelassen (*Sklave*); **e·man·ci·pa·tion** [ɪˌmænsɪ'peɪʃn] *s.* **1.** Emanzipati'on *f*; **2.** Freilassung *f*, Befreiung *f* (*a. fig.*) (***from*** von); **e·man·ci·pa·tion·ist** [ɪˌmænsɪ'peɪʃnɪst] *s.* Befürworter(in) der Emanzipati'on *od.* der Sklavenbefreiung; **e'man·ci·pa·to·ry** [-pətərɪ] *adj.* emanzipa'torisch.

e·mas·cu·late I *v/t.* [ɪ'mæskjʊleɪt] **1.** entmannen, kastrieren; **2.** *fig.* verweichlichen; **3.** entkräften, (ab)schwächen; verwässern; **4.** *Sprache* farb- *od.* kraftlos machen; **II** *adj.* [-lɪt] **5.** entmannt; **6.** verweichlicht; **7.** verwässert, kraftlos; **e·mas·cu·la·tion** [ɪˌmæskjʊ'leɪʃn] *s.* **1.** Entmannung *f*; **2.** Verweichlichung *f*; **3.** Schwächung *f*; **4.** *fig.* Verwässerung *f* (*Text etc.*).

em·balm [ɪm'bɑ:m] *v/t.* **1.** einbalsamieren; **2.** *fig. j-s Andenken* bewahren *od.* pflegen: ***be ~ed in*** fortleben in (*dat.*); **em'balm·ment** [-mənt] *s.* Einbalsamierung *f*.

em·bank [ɪm'bæŋk] *v/t.* eindämmen, -deichen; **em'bank·ment** [-mənt] *s.* **1.** Eindämmung *f*, -deichung *f*; **2.** (Erd-) Damm *m*; **3.** (Bahn-, Straßen)Damm *m*; **4.** gemauerte Uferstraße.

em·bar·go [em'bɑ:gəʊ] **I** *s.* **1.** ⚓ Em'bargo *n*: a) (Schiffs)Beschlagnahme *f* (*durch den Staat*), b) Hafensperre *f*; **2.** ✝ a) Handelssperre *f*, b) *a. allg.* Sperre *f*, Verbot *n*: ***~ on imports*** Einfuhrsperre; **II** *v/t.* **3.** *Handel, Hafen* sperren, ein Em'bargo verhängen über (*acc.*); **4.** beschlagnahmen.

em·bark [ɪm'bɑ:k] **I** *v/t.* **1.** ⚓, ✈ Passagiere an Bord nehmen, ⚓ *a.* einschiffen, *Waren a.* verladen (***for*** nach); **2.** *Geld* investieren (***in*** in *dat.*); **II** *v/i.* **3.** ⚓ sich einschiffen (***for*** nach), an Bord gehen; **4.** *fig.* (***on***) (*et.*) anfangen *od.* unter'nehmen; **em·bar·ka·tion** [ˌembɑ:'keɪʃn] *s.* ⚓ Einschiffung *f*, (*von Waren*) *a.* Verladung *f* (*a.* ✈); ✈ Einsteigen *n*.

em·bar·ras de rich·esse(s) [ɑ̃:ŋbɑˌrɑdəri:'ʃes] (*Fr.*) *s. die* Qual der Wahl.

em·bar·rass [ɪm'bærəs] *v/t.* **1.** *j-n* in Verlegenheit bringen *od.* in e-e peinliche Lage versetzen, verwirren; **2.** *j-n* behindern, *j-m* lästig sein; **3.** in Geldverlegenheit bringen; **4.** *et.* behindern, erschweren, komplizieren; **em'bar·rassed** [-st] *adj.* **1.** verlegen, peinlich berührt; **2.** ✝ in Geldverlegenheit; **em'bar·rass·ing** [-sɪŋ] *adj.* □ unangenehm, peinlich (***to*** *dat.*); **em'bar·rass·ment** [-mənt] *s.* **1.** Verlegenheit *f*; **2.** *bsd.* ⚕ Behinderung *f*, Störung *f*; **3.** Geldverlegenheit *f*.

em·bas·sy ['embəsɪ] *s.* **1.** Botschaft *f*: a) Botschaftsgebäude *n*, b) 'Botschaftsperso̦nal *n*; **2.** diplo'matische Missi'on.

em·bat·tle [ɪm'bætl] *v/t.* **1.** ⚔ in Schlachtordnung aufstellen: ***~d*** kampfbereit (*a. fig.*); **2.** ⚠ mit Zinnen versehen.

em·bed [ɪm'bed] *v/t.* **1.** (ein)betten, (ein)lagern, eingraben; **2.** *im Gedächtnis etc.* verankern.

em·bel·lish [ɪm'belɪʃ] *v/t.* **1.** verschöne(r)n, schmücken, verzieren; **2.** *fig. Erzählung etc.* ausschmücken; *die Wahrheit* beschönigen; **em'bel·lish·ment** [-mənt] *s.* **1.** Verschönerung *f*, Schmuck *m*; **2.** *fig.* a) Ausschmückung *f*, b) Beschönigung *f*.

em·ber¹ ['embə] *s.* **1.** *mst pl.* glühende Kohle *od.* Asche; **2.** *pl. fig.* letzte Funken *pl.*

em·ber² ['embə] *adj.*: ***~ days*** *eccl.* Quatember(fasten *n*) *pl.*

em·ber³ ['embə] *s. orn. a.* ***~goose*** Eistaucher *m*.

em·bez·zle [ɪm'bezl] *v/t.* veruntreuen, unter'schlagen; **em'bez·zle·ment** [-mənt] *s.* Veruntreuung *f*, Unter'schlagung *f*; **em'bez·zler** [-lə] *s.* Veruntreuer(in).

em·bit·ter [ɪm'bɪtə] *v/t.* **1.** *j-n* verbittern; **2.** *et.* (noch) verschlimmern; **em'bit·ter·ment** [-mənt] *s.* **1.** Verbitterung *f*; **2.** Verschlimmerung *f*.

em·bla·zon [ɪm'bleɪzn] *v/t.* **1.** he'raldisch schmücken *od.* darstellen; **2.** schmükken; **3.** *fig.* feiern, verherrlichen, groß her'ausstellen; **4.** 'auspoˌsaunen; **em'bla·zon·ment** [-mənt] *s.* Wappenschmuck *m*; **em'bla·zon·ry** [-rɪ] *s.* **1.** Wappenmale'rei *f*; **2.** Wappenschmuck *m*.

em·blem ['embləm] *s.* **1.** Em'blem *n*, Sym'bol *n*: ***national ~*** Hoheitszeichen *n*; **2.** Kennzeichen *n*; **3.** *fig.* Verkörperung *f*; **em·blem·at·ic, em·blem·at·i·cal** [ˌemblɪ'mætɪk(l)] *adj.* □ sym'bolisch, sinnbildlich.

em·bod·i·ment [ɪm'bɒdɪmənt] *s.* **1.** Verkörperung *f*; **2.** Darstellung *f*; **3.** ⚙ Anwendungsform *f*; **4.** Einverleibung *f*; **em·bod·y** [ɪm'bɒdɪ] *v/t.* **1.** kon'krete Form geben (*dat.*); **2.** verkörpern, darstellen; **3.** aufnehmen (***in*** in *acc.*); **4.** um'fassen, in sich schließen.

em·bold·en [ɪm'bəʊldən] *v/t.* ermutigen.

em·bo·lism ['embəlɪzəm] *s.* ⚕ Embo'lie *f*.

em·bon·point [ˌɔ̃:mbɔ̃:m'pwæ̃:ŋ] (*Fr.*) *s.* Embon'point *m*, Beleibtheit *f*, ‚Bäuchlein' *n*.

em·bos·om [ɪm'bʊzəm] *v/t.* **1.** ans Herz drücken; **2.** *fig.* ins Herz schließen; **3.** *fig.* um'schließen.

em·boss [ɪm'bɒs] *v/t.* ⚙ **1.** a) bosseln, erhaben *od.* in Reli'ef ausarbeiten, prägen, b) (mit dem Hammer) treiben; **2.** mit erhabener Arbeit schmücken; **3.** *Stoffe* gaufrieren; **em'bossed** [-st] *adj.* ⚙ a) erhaben gearbeitet, Relief..., getrieben, b) geprägt, gepreßt, c) gaufriert; **em'boss·ment** [-mənt] *s.* Reli'efarbeit *f*.

em·bou·chure [ˌɒmbʊ'ʃʊə] (*Fr.*) *s.* **1.** Mündung *f* (*Fluß*); **2.** ♪ a) Mundstück *n* (*Blasinstrument*), b) Ansatz *m*.

em·brace [ɪm'breɪs] **I** *v/t.* **1.** um'armen, in die Arme schließen; **2.** um'schließen, um'geben, um'klammern; *a. fig.* einschließen, um'fassen; **3.** erfassen, (in sich) aufnehmen; **4.** *Religion, Angebot* annehmen; *Beruf, Gelegenheit* ergreifen; *Hoffnung* hegen; **II** *v/i.* **5.** sich umarmen; **III** *s.* **6.** Um'armung *f*.

em·bra·sure [ɪm'breɪʒə] *s.* **1.** ⚠ Laibung *f*; **2.** ⚔ Schießscharte *f*.

em·bro·ca·tion [ˌembrəʊ'keɪʃn] *s.* ⚕ **1.** Einreibemittel *n*; **2.** Einreibung *f*.

em·broi·der [ɪm'brɔɪdə] *v/t.* **1.** *Muster* sticken; **2.** *Stoff* besticken, mit Sticke'rei verzieren; **3.** *fig. Bericht* ausschmücken, ‚garnieren'.

em·broi·der·y [ɪm'brɔɪdərɪ] *s.* **1.** Sticke'rei *f*: ***do ~*** sticken; **2.** *fig.* Ausschmükkung *f*; **~ cot·ton** *s.* Stickgarn *n*; **~ frame** *s.* Stickrahmen *m*.

em·broil [ɪm'brɔɪl] *v/t.* **1.** *j-n* verwickeln, hin'einziehen (***in*** in *acc.*); **2.** *j-n* in Kon'flikt bringen (***with*** mit); **3.** durchein-

ˈanderbringen, verwirren; **emˈbroil·ment** [-mənt] *s.* **1.** Verwicklung *f*; **2.** Verwirrung *f*.

em·bry·o [ˈembrɪəʊ] *pl.* **-os** *s. biol.* a) Embryo *m*, b) Fruchtkeim *m*: ***in ~*** *fig.* im Keim, im Entstehen, im Werden; **em·bry·on·ic** [ˌembrɪˈɒnɪk] *adj.* **1.** Embryo…, embryoˈnal; **2.** *fig.* (noch) unentwickelt, keimend, rudimenˈtär.

em·bus [ɪmˈbʌs] ⚔ **I** *v/t.* auf Kraftfahrzeuge verladen; **II** *v/i.* aufsitzen.

em·cee [emˈsiː] **I** *s.* Conférenciˈer *m*; **II** *v/t.* (*u. v/i.*) als Conférencier leiten (fungieren).

e·mend [iːˈmend] *v/t. Text* verbessern, korrigieren; **e·men·da·tion** [ˌiːmenˈdeɪʃn] *s.* Verbesserung *f*, Korrekˈtur *f*; **e·men·da·tor** [ˈiːmendeɪtə] *s.* (Text-)Verbesserer *m*; **eˈmend·a·to·ry** [-dətərɪ] *adj.* (text)verbessernd.

em·er·ald [ˈemərəld] **I** *s.* **1.** Smaˈragd *m*; **2.** Smaˈragdgrün *n*; **3.** *typ.* Inˈsertie *f* (*e-e 6½-Punkt-Schrift*); **II** *adj.* **4.** smaˈragdgrün; **5.** mit Smaˈragden besetzt; 𝔖 **Isle** *s. die* Grüne Insel (*Irland*).

e·merge [ɪˈmɜːdʒ] *v/i.* **1.** *allg.* auftauchen: a) an die (Wasser)Oberfläche kommen, b) *a. fig.* zum Vorschein kommen, sich zeigen, c) *fig.* sich erheben (*Frage, Problem*), d) *fig.* auftreten, in Erscheinung treten; **2.** herˈvor-, herˈauskommen (***from*** aus); **3.** sich herˈausstellen *od.* ergeben (*Tatsache*); **4.** (*als Sieger etc.*) herˈvorgehen (***from*** aus); **5.** *fig.* aufstreben; **eˈmer·gence** [-dʒəns] *s.* Auftauchen *n*, *fig. a.* Auftreten *n*, Entstehen *n*.

e·mer·gen·cy [ɪˈmɜːdʒənsɪ] **I** *s.* Not(lage *f*, -fall *m*) *f*, kritische Lage, Krise *f*, unvorhergesehenes Ereignis, dringender Fall: ***in an ~***, ***in case of ~*** im Notfall, notfalls; ***state of ~*** Notstand *m*, *pol. a.* Ausnahmezustand *m*; **II** *adj.* Not…, Behelfs…, (Aus)Hilfs…; *pol.* Notstands…, Soforthilfe…, **~ brake** *s.* Not-, *mot.* Handbremse *f*; **~ call** *s. teleph.* Notruf *m*; **~ de·cree** *s.* Notverordnung *f*; **~ door**, **~ ex·it** *s.* Notausgang *m*; **~ hos·pi·tal** *s.* Aˈkutkrankenhaus *n*; **~ land·ing** *s.* ✈ Notlandung *f*; **~ laws** *s. pl. pol.* Notstandsgesetze *pl.*; **~ meet·ing** *s.* Dringlichkeitssitzung *f*; **~ num·ber** *s.* Notruf(nummer *f*) *m*; **~ pow·ers** *s. pl. pol.* Vollmachten *pl.* auf Grund e-s Notstandsgesetzes; **~ ra·tion** *s.* ⚔ eiserne Ratiˈon; **~ ser·vice** *s.* Notdienst *m*; **~ ward** *s.* Notaufnahme *f*, ˈUnfallstatiˌon *f*.

e·mer·gent [ɪˈmɜːdʒənt] *adj.* ☐ **1.** auftauchend (*a. fig.*); **2.** *fig.* (jung u.) aufstrebend (*Land*): ***~ country*** *a.* Schwellenland *n*.

e·mer·i·tus [iːˈmerɪtəs] *adj.* emeritiert: ***~ professor***.

em·er·y [ˈemərɪ] **I** *s. min.* Schmirgel *m*; **II** *v/t.* (ab)schmirgeln; **~ board** *s.* Sandblattnagelfeile *f*; **~ cloth** *s.* Schmirgelleinen *n*; **~ pa·per** *s.* ˈSchmirgelpaˌpier *n*; **~ wheel** *s.* Schmirgelscheibe *f*.

e·met·ic [ɪˈmetɪk] *pharm.* **I.** *adj.* eˈmetisch, Brechreiz erregend; **II** *s.* Eˈmetikum *n*, Brechmittel *n* (*a. fig.*).

em·i·grant [ˈemɪgrənt] **I** *s.* Auswanderer *m*, Emiˈgrant(in); **II** *adj.* auswandernd, emigrierend, Auswanderungs…; **ˈem·i·grate** [-reɪt] *v/i.* emigrieren, auswandern; **em·i·gra·tion** [ˌemɪˈgreɪʃn] *s.* Auswanderung *f*, Emigratiˈon *f*.

em·i·nence [ˈemɪnəns] *s.* **1.** Erhöhung *f*, (An)Höhe *f*; **2.** hohe Stellung, (hoher) Rang, Würde *f*; **3.** Ansehen *n*, Berühmtheit *f*, Bedeutung *f*; **4.** bedeutende Perˈsönlichkeit; **5.** 𝔖 *R.C.* Emiˈnenz *f* (*Kardinal*).

é·mi·nence grise [ˌeɪmiːnɑ̃ːnsˈgriːz] (*Fr.*) *s. pol.* graue Emiˈnenz.

em·i·nent [ˈemɪnənt] *adj.* ☐ **1.** herˈvorragend, ausgezeichnet, berühmt; **2.** emiˈnent, bedeutend, außergewöhnlich; **3.** → ***domain*** 3; **ˈem·i·nent·ly** [-ntlɪ] *adv.* ganz besonders, in hohem Maße.

e·mir [eˈmɪə] *s.* Emir *m*; **eˈmir·ate** [-ɪərɪt] *s.* Emiˈrat *n* (*Würde od. Land e-s Emirs*).

em·is·sar·y [ˈemɪsərɪ] *s.* **1.** Abgesandte(r) *m*, Emisˈsär *m*; **2.** Geˈheimaˌgent *m*.

e·mis·sion [ɪˈmɪʃn] *s.* **1.** Ausstrahlung *f* (*von Licht etc.*), Ausstoß *m* (*von Rauch etc.*), Aus-, Verströmen *n*, *phys.* Emissiˈon *f*; **2.** *physiol.* Ausfluß *m*, (*bsd.* Samen)Erguß *m*; **3.** ✝ Ausgabe *f* (*von Banknoten*), *von Wertpapieren*: *a.* Emissiˈon *f*; **eˈmis·sive** [-ɪsɪv] *adj.* ausstrahlend; **e·mit** [ɪˈmɪt] *v/t.* **1.** *Lava, Rauch* ausstoßen, *Licht etc.* ausstrahlen, *Gas etc.* aus-, verströmen, *phys. Elektronen etc.* emittieren; **2.** a) *e-n Ton, a. e-e Meinung* von sich geben, b) *e-n Schrei etc.* ausstoßen; **3.** ✝ *Banknoten* ausgeben, *Wertpapiere a.* emittieren.

Em·my [ˈemɪ] *pl.* **-mys**, **-mies** *s. Am.* Emmy *m* (*Fernsehpreis*).

e·mol·li·ent [ɪˈmɒlɪənt] **I** *adj.* erweichend (*a. fig.*); **II** *s. pharm.* erweichendes Mittel, Weichmacher *m*.

e·mol·u·ment [ɪˈmɒljʊmənt] *s. mst pl.* Einkünfte *pl.*

e·mote [ɪˈməʊt] *v/i.* emotioˈnal reagieren, e-n Gefühlsausbruch erleiden *od.* (*thea.*) mimen.

e·mo·tion [ɪˈməʊʃn] *s.* **1.** Emotiˈon *f*, Gemütsbewegung *f*, (Gefühls)Regung *f*, Gefühl *n*; **2.** Gefühlswallung *f*, Erregung *f*, Leidenschaft *f*; **3.** Rührung *f*, Ergriffenheit *f*; **eˈmo·tion·al** [-ʃənl] *adj.* ☐ → ***emotionally***; **1.** emotioˈnal, emotioˈnell: a) gefühlsmäßig, -bedingt, b) Gefühls…, Gemüts…, seelisch, c) gefühlsbetont, empfindsam; **2.** gefühlvoll, rührselig; **3.** rührend, ergreifend; **eˈmo·tion·al·ism** [-ʃnəlɪzəm] *s.* **1.** Gefühlsbetontheit *f*, Empfindsamkeit *f*; **2.** Gefühlsduseˈlei; **3.** Gefühlsäußerung *f*; **eˈmo·tion·al·ist** [-ʃnəlɪst] *s.* Gefühlsmensch *m*; **e·mo·tion·al·i·ty** [ɪˌməʊʃəˈnælətɪ] *s.* Emotionaliˈtät *f*, emotioˈnale Verhaltensweise; **eˈmo·tion·al·ize** [-ʃnəlaɪz] **I** *v/t. j-n od. et.* emotionalisieren; **II** *v/i.* in Gefühlen schwelgen; **eˈmo·tion·al·ly** [-ʃnəlɪ] *adv.* gefühlsmäßig, seelisch, emotioˈnal, emotioˈnell: ***~ disturbed*** seelisch gestört; **eˈmo·tion·less** [-lɪs] *adj.* ungerührt, gefühllos, kühl; **eˈmo·tive** [-əʊtɪv] *adj.* ☐ **1.** gefühlsbedingt, emoˈtiv; **2.** gefühlvoll; **3.** gefühlsbetont: ***~ word*** Reizwort *n*.

em·pale → ***impale***.

em·pan·el [ɪmˈpænl] *v/t.* in die Liste (*bsd.* der Geschworenen) eintragen: ***~ the jury*** *Am.* die Geschworenenliste aufstellen.

em·pa·thize [ˈempəθaɪz] *v/i.* Einfühlungsvermögen haben *od.* zeigen; sich einfühlen können (***with*** in *acc.*); **ˈem·pa·thy** [-θɪ] *s.* Einfühlung(svermögen *n*) *f*, Empaˈthie *f*.

em·pen·nage [ɪmˈpenɪdʒ] *s.* ✈ Leitwerk *n*.

em·per·or [ˈempərə] *s.* Kaiser *m*; **~ moth** *s. zo.* kleines Nachtpfauenauge.

em·pha·sis [ˈemfəsɪs] *s.* **1.** *ling.* Betonung *f*, Ton *m*, Akˈzent *m*; **2.** *fig.* Betonung *f*, Gewicht *n*, Nachdruck *m*, Schwerpunkt *m*: ***lay ~ on s.th.*** Gewicht *od.* Wert auf e-e Sache legen, et. hervorheben *od.* betonen; ***give ~ to*** → **ˈem·pha·size** [-saɪz] *v/t.* (nachdrücklich) betonen (*a. ling.*), Nachdruck verleihen (*dat.*), herˈvorheben, unterˈstreichen; **em·phat·ic** [ɪmˈfætɪk] *adj.* (☐ ***~ally***) nachdrücklich: a) betont, emˈphatisch, ausdrücklich, deutlich, b) bestimmt, (ganz) entschieden.

em·phy·se·ma [ˌemfɪˈsiːmə] *s.* ⚕ Emphyˈsem *n*.

em·pire [ˈempaɪə] **I** *s.* **1.** (Kaiser)Reich *n*: ***the British*** 𝔖 das Brit. Weltreich; 𝔖 ***Day*** *obs. brit. Staatsfeiertag* (*am 24. Mai, dem Geburtstag Königin Victorias*); ***~ produce*** Erzeugnis *n* aus dem brit. Weltreich; **2.** ✝ *u. fig.* Imˈperium *n*: ***tobacco ~***; **3.** Herrschaft *f* (***over*** über *acc.*); **II** *adj.* **4.** Reichs…: ***~ building*** a) Schaffung *f* e-s Weltreichs, b) *fig.* Schaffung e-s eigenen Imperiums *od.* e-r Hausmacht; **5.** Empire…, im Emˈpirestil: ***~ furniture***.

em·pir·ic [emˈpɪrɪk] **I** *s.* **1.** Emˈpiriker (-in), **2.** *obs.* Kurpfuscher *m*; **II** *adj.* **3.** → **emˈpir·i·cal** [-kl] *adj.* ☐ emˈpirisch, erfahrungsmäßig, Erfahrungs…; **emˈpir·i·cism** [-ɪsɪzəm] *s.* **1.** Empiˈrismus *m*; **2.** *obs.* Kurpfuscheˈrei *f*; **emˈpir·i·cist** [-ɪsɪst] *s.* **1.** Emˈpiriker(in); **2.** *phls.* Empiˈrist(in).

em·place [ɪmˈpleɪs] *v/t.* ⚔ *Geschütz* in Stellung bringen; **emˈplace·ment** [-mənt] *s.* **1.** Aufstellung *f*; **2.** ⚔ a) Inˈstellungbringen *n*, b) Geschützstellung *f*, c) Bettung *f*.

em·plane [ɪmˈpleɪn] ✈ **I** *v/t. Passagiere* an Bord nehmen, *Waren a.* verladen (***for*** nach); **II** *v/i.* an Bord gehen.

em·ploy [ɪmˈplɔɪ] **I** *v/t.* **1.** *j-n* beschäftigen; an-, einstellen, einsetzen: ***be ~ed in doing s.th.*** damit beschäftigt sein, et. zu tun; **2.** an-, verwenden, gebrauchen; **II** *s.* **3.** a) → ***employment*** 1, b) Dienst(e *pl.*) *m*: ***be in s.o.'s ~*** in j-s Dienst(en) stehen, bei j-m angestellt *od.* beschäftigt sein; **emˈploy·a·ble** [-ɔɪəbl] *adj.* **1.** zu beschäftigen(d), anstellbar; **2.** arbeitsfähig; **3.** verwendbar; **em·ploy·é** [ɒmˈplɔɪeɪ] *s.*, **em·ploy·ee** [ˌemplɔɪˈiː] *s.* Arbeitnehmer (-in), (*engS.* ***salaried ~***) Angestellte(r *m*) *f*: ***the ~s*** a) die Belegschaft *e-s Betriebs*, b) die Arbeitnehmer(schaft *f*) *pl*; **emˈploy·er** [-ɔɪə] *s.* **1.** Arbeitgeber(in), Unterˈnehmer(in), Chef(in), Dienstherr(in): ***~'s contribution*** Arbeitgeberanteil *m*; ***~'s liability*** Unternehmerhaftpflicht *f*; ***~s' association*** Arbeitgeberverband *m*; **2.** ✝ Auftraggeber(in).

em·ploy·ment [ɪmˈplɔɪmənt] *s.* **1.** Beschäftigung *f* (*a. allg.*), Arbeit *f*, (An-)Stellung *f*, Arbeitsverhältnis *n*: ***in ~*** beschäftigt; ***out of ~*** stellen-, arbeitslos; ***full ~*** Vollbeschäftigung; **2.** Ein-, Anstellung *f*; **3.** Beruf *m*, Tätigkeit *f*, Geschäft *n*; **4.** Gebrauch *m*, Ver-, Anwendung *f*, Einsatz *m*; **~ a·gen·cy**, **~ bureau** *s.* 'Stellenvermittlung(sbü,ro *n*) *f*; **~ ex·change** *s. Brit. obs.* Arbeitsamt *n*; **~ mar·ket** *s.* Stellen-, Arbeitsmarkt *m*; **~ ser·vice a·gen·cy** *s. Brit.* Arbeitsamt *n*.

em·poi·son [ɪm'pɔɪzn] *v/t.* **1.** *bsd. fig.* vergiften; **2.** verbittern.

em·po·ri·um [em'pɔ:rɪəm] *s.* **1.** a) Handelszentrum *n*, b) Markt *m* (*Stadt*); **2.** Warenhaus *n*.

em·pow·er [ɪm'paʊə] *v/t.* **1.** bevollmächtigen, ermächtigen (***to*** zu): ***be ~ed to*** befugt sein zu; **2.** befähigen (***to*** zu).

em·press ['emprɪs] *s.* Kaiserin *f*.

emp·ti·ness ['emptɪnɪs] *s.* **1.** Leerheit *f*, Leere *f*; **2.** *fig.* Hohlheit *f*, Leere *f*.

emp·ty ['emptɪ] **I** *adj.* **1.** leer: ***~ of*** *fig.* bar (*gen.*), ohne; ***~ of meaning*** nichtssagend; ***feel ~*** F ‚Kohldampf haben'; ***on an ~ stomach*** auf nüchternen Magen; **2.** leer(stehend), unbewohnt; **3.** leer, unbeladen; **4.** *fig.* leer, hohl, nichtssagend; **II** *v/t.* **5.** (aus-, ent)leeren; **6.** *Glas etc.* leeren, austrinken; **7.** *Haus etc.* räumen; **8.** leeren, gießen, schütten (***into*** in *acc.*); **9.** berauben (***of*** *gen.*); **10.** ***~ itself*** → 12; **III** *v/i.* **11.** sich leeren; **12.** sich ergießen, münden (***into the sea*** ins Meer); **IV** *s.* **13.** *pl.* ✝ Leergut *n*; **,~-'hand·ed** *adj.* mit leeren Händen; **,~-'head·ed** *adj.* hohlköpfig.

e·mu ['i:mju:] *s. orn.* Emu *m*.

em·u·late ['emjʊleɪt] *v/t.* wetteifern mit; nacheifern (*dat.*), es gleichtun wollen (*dat.*); **em·u·la·tion** [,emjʊ'leɪʃn] *s.* Wetteifer *m*; Nacheifern *n*.

e·mul·si·fy [ɪ'mʌlsɪfaɪ] *v/t.* emulgieren; **e'mul·sion** [-lʃn] *s.* ⚗, ⚕, *phot.* Emulsi'on *f*.

en [en] *s. typ.* Halbgeviert *n*.

en·a·ble [ɪ'neɪbl] *v/t.* **1.** *j-n* befähigen, in den Stand setzen, es *j-m* ermöglichen *od.* möglich machen (***to do*** zu tun); **2.** *j-n* berechtigen, ermächtigen: ***Enabling Act*** Ermächtigungsgesetz *n*; **3.** *et.* möglich machen, ermöglichen: ***~ s.th. to be done*** es ermöglichen, daß et. geschieht; ***this ~s the housing to be detached*** dadurch kann das Gehäuse abgenommen werden.

en·act [ɪ'nækt] *v/t.* **1.** ⚖ a) *Gesetz* erlassen: ***~ing clause*** Einführungsklausel *f*, b) verfügen, verordnen, c) Gesetzeskraft verleihen (*dat.*); **2.** *thea.* a) *Stück* aufführen, inszenieren (*a. fig.*), b) *Person, Rolle* darstellen, spielen; **3.** ***be ~ed*** *fig.* stattfinden, über die Bühne *od.* vor sich gehen; **en·ac·tion** [ɪ'nækʃn], **en·act·ment** [ɪ'næktmənt] *s.* **1.** ⚖ a) Erlassen *n* (*Gesetz*), b) Erhebung *f* zum Gesetz, c) Verfügung *f*, Verordnung *f*, Erlaß *m*; **2.** *thea.* a) Inszenierung *f* (*a. fig.*), b) Darstellung *f* (*e-r Rolle*).

en·am·el [ɪ'næml] **I** *s.* **1.** E'mail(le *f*) *n*, Schmelzglas *n*; **2.** Gla'sur *f* (*auf Töpferwaren*); **3.** *a.* ***~ ware*** E'mailgeschirr *n*; **4.** Lack *m*; **5.** Nagellack *m*; **6.** E'mailmale,rei *f*; **7.** *anat.* Zahnschmelz *m*; **II** *v/t.* **8.** emaillieren: ***~(l)ing furnace*** Emaillierofen *m*; **9.** glasieren; **10.** lakkieren; **11.** in E'mail malen; **en·am·el·(l)er** [ɪ'næmlə] *s.* Email'leur *m*, Schmelzarbeiter *m*.

en·am·o(u)r [ɪ'næmə] *v/t. mst pass.* verliebt machen: ***be ~ed of*** a) verliebt sein in (*acc.*), b) *fig.* sehr angetan sein von.

en bloc [ɑ̃:ŋ'blɒk] (*Fr.*) en bloc, im ganzen, als Ganzes.

en·cae·ni·a [en'si:njə] *s.* Gründungs-, Stiftungsfest *n*.

en·cage [ɪn'keɪdʒ] *v/t.* (in e-n Käfig) einsperren, einschließen.

en·camp [ɪn'kæmp] **I** *v/i.* sein Lager aufschlagen, *bsd.* ⚔ lagern; **II** *v/t. bsd.* ⚔ lagern lassen: ***be ~ed*** lagern; **en'camp·ment** [-mənt] *s.* ⚔ **1.** (Feld)Lager *n*; **2.** Lagern *n*.

en·cap·su·late [ɪn'kæpsjʊleɪt] ein-, verkapseln; *fig.* kurz zs.-fassen.

en·case [ɪn'keɪs] *v/t.* **1.** einschließen; **2.** um'schließen, um'hüllen; **3.** ⚙ verkleiden, um'manteln.

en·cash [ɪn'kæʃ] *v/t. Brit. Scheck etc.* einlösen; **en'cash·ment** [-mənt] *s.* Einlösung *f*.

en·caus·tic [en'kɔ:stɪk] *paint.* **I** *adj.* en'kaustisch, eingebrannt; **II** *s.* En'kaustik *f*; **~ tile** *s.* buntglasierte Kachel.

en·ce·phal·ic [,enke'fælɪk] *adj.* ⚕ Gehirn…; **,en·ceph·a'li·tis** [-kefə'laɪtɪs] *s.* ⚕ Gehirnentzündung *f*, Enzepha'litis *f*.

en·chant [ɪn'tʃɑ:nt] *v/t.* **1.** verzaubern: ***~ed wood*** Zauberwald *m*; **2.** *fig.* bezaubern, entzücken; **en'chant·er** [-tə] *s.* Zauberer *m*; **en'chant·ing** [-tɪŋ] *adj.* ☐ bezaubernd, entzückend; **en'chant·ment** [-mənt] *s.* **1.** Zauber *m*, Zaube'rei *f*; Verzauberung *f*; **2.** *fig.* a) Zauber *m*, b) Bezauberung *f*, c) Entzücken *n*; **en'chant·ress** [-trɪs] *s.* **1.** Zauberin *f*; **2.** *fig.* bezaubernde Frau.

en·chase [ɪn'tʃeɪs] *v/t.* **1.** *Edelstein* fassen; **2.** ziselieren: ***~d work*** getriebene Arbeit; **3.** (ein)gravieren.

en·ci·pher [ɪn'saɪfə] → ***encode***.

en·cir·cle [ɪn'sɜ:kl] *v/t.* **1.** um'geben, -'ringen; **2.** um'fassen, um'schlingen; **3.** einkreisen (*a. pol.*), um'zingeln, ⚔ *a.* einkesseln; **en'cir·cle·ment** [-mənt] *s.* Einkreisung *f* (*a. pol.*), Um'zingelung *f*, ⚔ *a.* Einkesselung *f*.

en·clasp [ɪn'klɑ:sp] → ***encircle*** 2.

en·clave **I** *s.* ['enkleɪv] En'klave *f*; **II** *v/t.* [en'kleɪv] *Gebiet* einschließen, um'geben.

en·clit·ic [ɪn'klɪtɪk] *ling.* **I** *adj.* (☐ ***~ally***) en'klitisch; **II** *s.* enklitisches Wort, En'klitikon *n*.

en·close [ɪn'kləʊz] *v/t.* **1.** (***in***) einschließen, ⚙ *a.* einkapseln (in *dat. od. acc.*), um'geben (mit); **2.** um'ringen; **3.** um'fassen; **4.** *Land* einfried(ig)en, um'zäunen; **5.** beilegen, -fügen (***in a letter*** e-m Brief); **en'closed** [-zd] *adj.* **1.** *a. adv.* an'bei, beiliegend, in der Anlage: ***~ please find*** in der Anlage erhalten Sie; **2.** ⚙ geschlossen, gekapselt: ***~ motor***; **en'clo·sure** [-əʊʒə] *s.* **1.** Einschließung *f*; **2.** Einfried(ig)ung *f*, Um'zäunung *f*; **3.** eingehegtes Grundstück; **4.** Zaun *m*, Mauer *f*; **5.** Anlage *f* (*zu e-m Brief etc.*).

en·code [en'kəʊd] *v/t. Text* verschlüsseln, chiffrieren, kodieren.

en·co·mi·um [en'kəʊmjəm] *s.* Lobrede *f*, -lied *n*, Lobpreisung *f*.

en·com·pass [ɪn'kʌmpəs] *v/t.* **1.** um'geben (***with*** mit); **2.** *fig.* um'fassen, einschließen; **3.** *fig. j-s Ruin etc.* her'beiführen.

en·core [ɒŋ'kɔ:] (*Fr.*) **I** *int.* **1.** da 'capo!, noch einmal!; **II** *s.* **2.** Da'kapo(ruf *m*) *n*; **3.** a) Wieder'holung *f*, b) Zugabe *f*: ***he got an ~*** er mußte e-e Zugabe geben; **III** *v/t.* **4.** (durch Da'kaporufe) nochmals verlangen: ***~ a song***; **5.** *j-n* um e-e Zugabe bitten; **IV** *v/i.* da 'capo rufen.

en·coun·ter [ɪn'kaʊntə] **I** *v/t.* **1.** *j-m od. e-r Sache* begegnen, *j-n od. et.* treffen, auf *j-n, a.* auf *Fehler, Widerstand, Schwierigkeiten etc.* stoßen; **2.** mit *j-m* (*feindlich*) zs.-stoßen *od.* anein'andergeraten; **3.** entgegentreten (*dat.*); **II** *v/i.* **4.** sich begegnen; **III** *s.* **5.** Begegnung *f*; **6.** Zs.-stoß *m* (*a. fig.*), Gefecht *n*; **7.** *psych.* Trainingsgruppensitzung *f*: ***~ group*** Trainingsgruppe *f*.

en·cour·age [ɪn'kʌrɪdʒ] *v/t.* **1.** *j-n* ermutigen, *j-m* Mut machen, *j-n* ermuntern (***to*** zu); **2.** *j-n* anfeuern; **3.** *j-m* zureden; **4.** *j-n* unter'stützen, bestärken (***in*** in *dat.*); **5.** *et.* fördern, unter'stützen, begünstigen; **en'cour·age·ment** [-mənt] *s.* **1.** Ermutigung *f*, Ermunterung *f*, Ansporn *m* (***to*** für); **2.** Anfeuerung *f*; **3.** Unterstützung *f*, Bestärkung *f*; **4.** Förderung *f*, Begünstigung *f*; **en'cour·ag·ing** [-dʒɪŋ] *adj.* ☐ **1.** ermutigend; **2.** hoffnungsvoll, vielversprechend.

en·croach [ɪn'krəʊtʃ] *v/i.* **1.** (***on, upon***) unbefugt eindringen *od.* -greifen (in *acc.*), sich 'Übergriffe leisten (in, auf *acc.*), (*j-s Recht*) verletzen; **2.** (***on, upon***) über Gebühr beanspruchen, mißbrauchen; zu weit gehen; **3.** (***on, upon***) *et.* beeinträchtigen, schmälern; **en'croach·ment** [-mənt] *s.* **1.** (***on, upon***) Eingriff *m* (in *acc.*), 'Übergriff *m* (in, auf *acc.*), Verletzung *f* (*gen.*); **2.** Beeinträchtigung *f*, Schmälerung *f* (***on, upon*** *gen.*); **3.** 'Übergreifen *n*, Vordringen *n*.

en·crust [ɪn'krʌst] **I** *v/t.* **1.** ver-, über'krusten; **2.** reich verzieren; **II** *v/i.* **3.** eine Kruste bilden; **,en·crus'ta·tion** *s.* **1.** Krustenbildung *f*; **2.** reiche Verzierung.

en·cum·ber [ɪn'kʌmbə] *v/t.* **1.** belasten (*a. Grundstück etc.*): ***~ed with mortgages*** hypothekarisch belastet; ***~ed with debts*** (völlig) verschuldet; **2.** (be)hindern; **3.** *Räume* vollstopfen, über'laden; **en'cum·brance** [-brəns] *s.* **1.** Last *f*, Belastung *f*; **2.** Hindernis *n*, Behinderung *f*; **3.** ✝ (Grundstücks)Belastung *f*, Hypo'theken-, Schuldenlast *f*; **4.** (Fa'milien)Anhang *m*, *bsd.* Kinder *pl.*: ***without ~(s)***; **en'cum·branc·er** [-brənsə] *s.* ⚖ Hypo'thekengläubiger (-in).

en·cy·clic, **en·cy·cli·cal** [en'sɪklɪk(l)] **I** *adj.* ☐ en'zyklisch; **II** *s. eccl.* (päpstliche) En'zyklika.

en·cy·clo·p(a)e·di·a [en,saɪkləʊ'pi:djə] *s.* Enzyklopä'die *f*; **en,cy·clo'p(a)e·dic**, **en,cy·clo'p(a)e·di·cal** [-dɪk(l)] *adj.* enzyklo'pädisch, um'fassend.

en·cyst [en'sɪst] *v/t.* ⚕, *zo.* ein-, verkapseln; **en'cyst·ment** [-mənt] *s.* ⚕, *zo.* Ein-, Verkapselung *f*.

end [end] **I** *s.* **1.** (*örtlich*) Ende *n*: ***begin at the wrong ~*** falsch herum anfangen; ***from one ~ to another***, ***from ~ to ~*** von Anfang bis (zum) Ende; ***at the ~ of the letter*** am Ende *od.* Schluß des

Briefes; ***no ~ of*** a) unendlich, unzählig, b) sehr viel(e); ***no ~ of trouble*** endlose Mühe *od.* Scherereien; ***no ~ of a fool*** F Vollidiot *m*; ***no ~ disappointed*** F maßlos enttäuscht; ***he thinks no ~ of himself*** er ist grenzenlos eingebildet; ***on ~*** a) ununterbrochen, b) aufrecht, hochkant; ***for hours on ~*** stundenlang; ***stand s.th. on ~*** et. hochkant stellen; ***my hair stood on ~*** mir standen die Haare zu Berge; ***at our*** (*od.* ***this***) ***~*** F bei uns, hier; ***be at an ~*** a) zu Ende sein, aussein, b) mit s-n Mitteln *od.* Kräften am Ende sein; ***at a loose ~*** a) müßig, b) ohne feste Bindung, c) verwirrt; ***there's an ~ of it!*** Schluß damit!, basta!; ***there's an ~ to everything*** alles hat mal ein Ende; ***come to an ~*** ein Ende nehmen, zu Ende gehen; ***come to a bad ~*** ein schlimmes Ende nehmen; ***go*** (***in***) ***off the deep ~*** F außer sich geraten, ‚hochgehen'; ***keep one's ~ up*** a) s-n Mann stehen, b) sich nicht unterkriegen lassen; ***make both ~s meet*** *finanziell* über die Runden kommen; ***make an ~ of*** (*od.* ***put an ~ to***) ***s.th.*** Schluß machen mit et., e-r Sache ein Ende setzen; ***put an ~ to o.s.*** s-m Leben ein Ende machen; ***he is the*** (***absolute***) ***~!*** F a) er ist das ‚Letzte'!, b) er ist ‚zum Brüllen'!; ***it's the ~*** F a) das ist das ‚Letzte', b) es ist ‚sagenhaft'; **2.** (äußerstes) Ende, *mst* entfernte Gegend: ***the other ~ of the street*** das andere Ende der Straße; ***the ~ of the road*** *fig.* das Ende; ***to the ~s of the earth*** bis ans Ende der Welt; **3.** ⚙ Spitze *f*, Kopf(ende *n*) *m*, Stirnseite *f*: ***~ to ~*** der Länge nach; ***~ on*** mit dem Ende *od.* der Spitze voran; **4.** (*zeitlich*) Ende *n*, Schluß *m*: ***in the ~*** am Ende, schließlich; ***at the ~ of May*** Ende Mai; ***to the bitter ~*** bis zum bitteren Ende; ***to the ~ of time*** bis in alle Ewigkeit; ***without ~*** unaufhörlich; ***no ~ in sight*** kein Ende abzusehen; **5.** Tod *m*, Ende *n*, 'Untergang *m*: ***near one's ~*** dem Tode nahe; ***the ~ of the world*** das Ende der Welt; ***you'll be the ~ of me!*** du bringst mich noch ins Grab!; **6.** Rest *m*, Endchen *n*, Stück(chen) *n*, Stummel *m*, Stumpf *m*: ***the ~ of a pencil***; **7.** ⚓ Kabel-, Tauende *n*; **8.** Folge *f*, Ergebnis *n*: ***the ~ of the matter was that*** die Folge (davon) war, daß; **9.** Ziel *n*, (End)Zweck *m*, Absicht *f*: ***to this ~*** zu diesem Zweck; ***to no ~*** vergebens; ***gain one's ~s*** s-n Zweck erreichen; ***for one's own ~*** zum eigenen Nutzen; ***private ~s*** Privatinteressen; ***the ~ justifies the means*** der Zweck heiligt die Mittel; **II** *v/t.* **10.** *a.* ***~ off*** beend(ig)en, zu Ende führen; *e-r Sache* ein Ende machen: ***~ it all*** F ‚Schluß machen' (*sich umbringen*); ***the dictionary to ~ all dictionaries*** das beste Wörterbuch aller Zeiten; **11.** a) *a.* ***~ up*** *et.* ab-, beschließen, b) *den Rest s-r Tage* verbringen, *s-e Tage* beschließen; **III** *v/i.* **12.** *a.* ***~ off*** enden, aufhören, schließen: ***all's well that ~s well*** Ende gut, alles gut; **13.** *a.* ***~ up*** enden, ausgehen (***by, in, with*** damit, daß): ***~ happily*** gut ausgehen; ***he ~ed by boring me*** schließlich langweilte er mich; ***~ in disaster*** mit e-m Fiasko enden; **14.** sterben; **15.** ***~ up*** a) enden, ‚landen' (***in prison*** im Gefängnis), b) enden (***as*** als): ***he ~ed up as an actor*** er wurde schließlich Schauspieler.

'end-all → ***be-all.***

en·dan·ger [ɪn'deɪndʒə] *v/t.* gefährden, in Gefahr bringen.

en·dear [ɪn'dɪə] *v/t.* beliebt machen (***to*** bei *j-m*): ***~ o.s. to s.o.*** a) j-s Zuneigung gewinnen, b) sich bei j-m lieb Kind machen; **en'dear·ing** [-ɪərɪŋ] *adj.* □ lieb, gewinnend; liebenswert; **en'dear·ment** [-mənt] *s.*: (***term of***) ***~*** Kosewort *n*, -name *m*; ***words of ~*** liebe *od.* zärtliche Worte.

en·deav·o(u)r [ɪn'devə] **I** *v/i.* (***after***) sich bemühen (um), streben (nach); **II** *v/t.* (ver)suchen, bemüht *od.* bestrebt sein (***to do s.th.*** et. zu tun); **III** *s.* Bemühung *f*, Bestreben *n*, Anstrengung *f*: ***to make every ~*** sich nach Kräften bemühen.

en·dem·ic [en'demɪk] **I** *adj.* (□ ***~ally***) **1.** en'demisch: a) (ein)heimisch, b) ⚕ örtlich begrenzt (auftretend), c) *zo.*, ⚘ *in e-m bestimmten Gebiet verbreitet*; **II** *s.* **2.** ⚕ en'demische Krankheit; **3.** a) *zo.* en'demisches Tier, b) en'demische Pflanze.

end game *s.* **1.** Schlußphase *f* (*e-s Spiels*); **2.** *Schach*: Endspiel *n*.

end·ing ['endɪŋ] *s.* **1.** Ende *n*, (Ab-) Schluß *m*: ***happy ~*** glückliches Ende, Happy-End *n*; **2.** *ling.* Endung *f*; **3.** *fig.* Ende *n*, Tod *m*.

en·dive ['endɪv] *s.* ⚘ ('Winter)En͵divie *f*.

end·less ['endlɪs] *adj.* □ **1.** endlos, ohne Ende, un'endlich; **2.** ewig, unauf'hörlich; **3.** unendlich lang; **4.** ⚙ endlos: ***~ belt*** endloses Band; ***~ chain*** endlose Kette, Raupenkette *f*, Paternosterwerk *n*; ***~ paper*** Endlos-, Rollenpapier *n*; ***~ screw*** Schraube *f* ohne Ende, Schnecke *f*; **'end·less·ness** [-nɪs] *s.* Un'endlichkeit *f*, Endlosigkeit *f*.

en·do·car·di·tis [͵endəʊkɑː'daɪtɪs] *s.* ⚕ Herzinnenhautentzündung *f*, Endokar'ditis *f*; **en·do·car·di·um** [͵endəʊ'kɑːdɪəm] *s. anat.* innere Herzhaut, Endo'kard *n*; **en·do·carp** ['endəʊkɑːp] *s.* ⚘ Endo'karp *n* (*innere Fruchthaut*); **en·do·crane** ['endəʊkreɪn] *s. anat.* Schädelinnenfläche *f*, Endo'kranium *n*; **en·do·crine** ['endəʊkraɪn] *adj.* endo'krin, mit innerer Sekreti'on: ***~ glands***; **en·dog·a·my** [en'dɒgəmɪ] *s. sociol.* Endoga'mie *f*; **en·dog·e·nous** [en'dɒdʒɪnəs] *adj. bsd.* ⚘ endo'gen; **en·do·par·a·site** [͵endəʊ'pærəsaɪt] *s. zo.* Endopara'sit *m*; **en·do·plasm** ['endəʊplæzəm] *s. biol.* innere Proto'plasmaschicht, Endo'plasma *n*.

en·dorse [ɪn'dɔːs] *v/t.* **1.** a) *Dokument* auf der Rückseite beschreiben, b) e-n Vermerk *od.* Zusatz machen auf (*dat.*), c) *bsd. Brit.* e-e Strafe vermerken auf (*e-m Führerschein*); **2.** ✝ a) *Scheck etc.* indossieren, girieren, b) *a.* ***~ over*** über'tragen, -'weisen (***to*** *j-m*), c) *e-e Zahlung* auf der Rückseite des Schecks *etc.* bestätigen; **3.** a) *e-n Plan etc.* billigen, gutheißen, b) sich *e-r Ansicht etc.* anschließen: ***~ s.o.'s opinion*** j-m beipflichten; **en·dor·see** [͵endɔː'siː] *s.* ✝ Indos'sat *m*, Indossa'tar *m*; Gi'rat *m*; **en'dorse·ment** [-mənt] *s.* **1.** Vermerk *m od.* Zusatz *m* (*auf der Rückseite von Dokumenten*); **2.** ✝ a) Indossa'ment *n*, Giro *n*, b) Über'tragung *f*: ***~ in blank*** Blankogiro; ***~ in full*** Vollgiro; **3.** *fig.* Billigung *f*, Unter'stützung *f*; **en'dors·er** [-sə] *s.* ✝ Indos'sant *m*, Gi'rant *m*: ***preceding ~*** Vormann *m*.

en·dow [ɪn'daʊ] *v/t.* **1.** dotieren, e-e Stiftung machen (*dat.*); **2.** *et.* stiften: ***~ s.o. with s.th.*** j-m et. stiften; **3.** *fig.* ausstatten (***with*** mit *e-m Talent etc.*); **en'dowed** [-aʊd] *adj.* **1.** gestiftet: ***well-~*** wohlhabend; ***~ school*** mit Stiftungsgeldern finanzierte Schule; **2.** ***~ with*** *fig.* ausgestattet mit: ***~ with many talents***; ***she is well ~*** *humor.* sie ist von der Natur reichlich ausgestattet; **en'dow·ment** [-mənt] *s.* **1.** a) Stiftung *f*, b) *pl.* Stiftungsgeld *n*: ***~ insurance*** (*Brit.* ***assurance***) ✝ Versicherung *f* auf den Todes- u. Erlebensfall; **2.** *fig.* Begabung *f*, Ta'lent *n*, *mst pl.* (körperliche *od.* geistige) Vorzüge *pl.*

end| pa·per *s.* Vorsatzblatt *n*; ***~ product*** *s.* ✝ *u. fig.* 'Endpro͵dukt *n*; ***~ rhyme*** *s.* Endreim *m*.

en·dur·a·ble [ɪn'djʊərəbl] *adj.* □ erträglich, leidlich.

en·dur·ance [ɪn'djʊərəns] **I** *s.* **1.** Dauer *f*; **2.** Dauerhaftigkeit *f*; **3.** a) Ertragen *n*, Aushalten *n*, Erdulden *n*, b) Ausdauer *f*, Geduld *f*, Standhaftigkeit *f*: ***beyond*** (*od.* ***past***) ***~*** unerträglich, nicht auszuhalten(d); **4.** ⚙ Dauerleistung *f*; Lebensdauer *f*; **II** *adj.* **5.** Dauer...; ***~ flight*** *s.* ✈ Dauerflug *m*; ***~ limit*** *s.* ⚙ Belastungsgrenze *f*; ***~ run*** *s.* Dauerlauf *m*; ***~ test*** *s.* ⚙ Belastungs-, Ermüdungsprobe *f*.

en·dure [ɪn'djʊə] **I** *v/i.* **1.** an-, fortdauern; **2.** 'durchhalten; **II** *v/t.* **3.** aushalten, ertragen, erdulden, 'durchmachen: ***not to be ~d*** unerträglich; **4.** *fig.* (*nur neg.*) ausstehen, leiden: ***I cannot ~ him***; **en'dur·ing** [-ərɪŋ] *adj.* □ an-, fortdauernd, bleibend.

'end·ways [-weɪz], **'end·wise** [-waɪz] *adv.* **1.** mit dem Ende nach vorn *od.* oben; **2.** aufrecht; **3.** der Länge nach.

en·e·ma ['enɪmə] *s.* ⚕ **1.** Kli'stier *n*, Einlauf *m*; **2.** Kli'stierspritze *f*.

en·e·my ['enəmɪ] **I** *s.* **1.** ⚔ Feind *m*; **2.** Gegner *m*, Feind *m*: ***the Old ~*** *bibl.* der Teufel, der böse Feind; ***be one's own*** (***worst***) ***~*** sich selbst (am meisten) schaden *od.* im Wege stehen; ***make an ~ of s.o.*** sich j-n zum Feind machen; ***she made no enemies*** sie machte sich keine Feinde; **II** *adj.* **3.** feindlich, Feind...: ***~ action*** Feind-, Kriegseinwirkung *f*; ***~ alien*** feindlicher Ausländer; ***~ country*** Feindesland *n*; ***~ property*** ✝ Feindvermögen *n*.

en·er·get·ic [͵enə'dʒetɪk] **I** *adj.* (□ ***~ally***) **1.** e'nergisch: a) tatkräftig, b) nachdrücklich; **2.** (sehr) wirksam; **3.** *phys.* ener'getisch; **II** *s. pl. sg. konstr.* **4.** *phys.* Ener'getik *f*; **en·er·gize** ['enədʒaɪz] **I** *v/t.* **1.** *et.* kräftigen, Ener'gie verleihen (*dat.*); *j-n* anspornen; **2.** ⚡, ⚙, *phys.* erregen: ***~d*** ⚡ unter Spannung (stehend); **II** *v/i.* **3.** energisch handeln.

en·er·gu·men [͵enɜː'gjuːmen] *s.* Enthusi'ast(in), Fa'natiker(in).

en·er·gy ['enədʒɪ] *s.* **1.** Ener'gie *f*: a) Kraft *f*, Nachdruck *m*, b) Tatkraft *f*; **2.** Wirksamkeit *f*, 'Durchschlagskraft *f*; **3.** ⚗, *phys.* Ener'gie *f*, Kraft *f*, Leistung *f*: ***~ crisis*** Energiekrise *f*; ***~-saving*** energiesparend.

en·er·vate ['enɜːveɪt] *v/t.* a) entnerven, b) entkräften, schwächen (*alle a. fig.*); **en·er·va·tion** [ˌenɜː'veɪʃn] *s.* **1.** Entnervung; **2.** Entkräftung *f*, Schwächung *f*; **3.** Schwäche *f*.

en·fee·ble [ɪn'fiːbl] *v/t.* schwächen.

en·feoff [ɪn'fef] *v/t. hist.* belehnen (***with*** mit); **en'feoff·ment** [-mənt] *s.* **1.** Belehnung *f*; **2.** Lehnsbrief *m*; **3.** Lehen *n*.

en·fi·lade [ˌenfɪ'leɪd] ⚔ **I** *s.* Flankenfeuer *n*; **II** *v/t.* (mit Flankenfeuer) bestreichen.

en·fold [ɪn'fəʊld] *v/t.* **1.** *a. fig.* einhüllen (***in*** in *acc.*), um'hüllen (***with*** mit); **2.** um'fassen, -'armen; **3.** falten.

en·force [ɪn'fɔːs] *v/t.* **1.** a) (mit Nachdruck) geltend machen: **~ *an argument***, b) Geltung verschaffen (*dat.*), *Gesetz etc.* 'durchführen, c) ☤ *Forderungen* (gerichtlich) geltend machen, *Schuld* beitreiben, d) ⚖ Urteil voll'strecken: **~ *a contract*** (s-e) Rechte aus e-m Vertrag geltend machen; **2.** (***on, upon***) *et.* 'durchsetzen (bei *j-m*); *Gehorsam etc.* erzwingen (von *j-m*); **3.** (***on, upon*** *dat.*) aufzwingen, auferlegen; **en'force·a·ble** [-səbl] *adj.* 'durchsetz-, erzwingbar; ⚖ voll'streckbar, beitreibbar; (ein)klagbar; **en'forced** [-st] *adj.* □ erzwungen, aufgezwungen: **~ *sale*** Zwangsverkauf *m*; **en'for·ced·ly** [-sɪdlɪ] *adv.* **1.** notgedrungen; **2.** zwangsweise, gezwungenermaßen; **en'force·ment** [-mənt] *s.* **1.** Erzwingung *f*, 'Durchsetzung *f*; **2.** a) ☤ (gerichtliche) Geltendmachung, b) ⚖ Voll'streckung *f*, Voll'zug *m*: **~ *officer*** Vollzugsbeamte(r) *m*.

en·frame [ɪn'freɪm] *v/t.* einrahmen.

en·fran·chise [ɪn'fræntʃaɪz] *v/t.* **1.** *j-m* die Bürgerrechte *od.* das Wahlrecht verleihen: ***be ~d*** das Wahlrecht erhalten; **2.** *e-r Stadt* po'litische Rechte gewähren; **3.** *Brit. e-m Ort* Vertretung im 'Unterhaus verleihen; **4.** *Sklaven* freilassen; **5.** befreien (***from*** von); **en'fran·chise·ment** [-tʃɪzmənt] *s.* **1.** Verleihung *f* der Bürgerrechte *od.* des Wahlrechts; **2.** Gewährung *f* po'litischer Rechte; **3.** Freilassung *f*, Befreiung *f*.

en·gage [ɪn'geɪdʒ] **I** *v/t.* **1.** (***o.s.*** sich) (*vertraglich etc.*) verpflichten *od.* binden (***to do s.th.*** et. zu tun); **2. *become*** (*od.* ***get***) **~*d*** sich verloben (***to*** mit); **3.** *j-n* an-, einstellen, *Künstler etc.* engagieren; **4.** a) *et.* mieten, *Zimmer* belegen, nehmen, b) *Platz etc.* (vor)bestellen, belegen; **5.** *j-n, j-s Kräfte etc.* in Anspruch nehmen, *j-n* fesseln: **~ *s.o. in conversation*** j-n ins Gespräch ziehen; **~ *s.o.'s attention*** j-s Aufmerksamkeit auf sich lenken *od.* in Anspruch nehmen; **6.** ⚔ a) *Truppen* einsetzen, b) *Feind* angreifen, *Feindkräfte* binden; **7.** ⚙ einrasten lassen; *Kupplung etc.* einrücken, *e-n Gang* einlegen, -schalten; **II** *v/i.* **8.** sich verpflichten, es über'nehmen (***to do s.th.*** et. zu tun); **9.** Gewähr leisten, garantieren, sich verbürgen (***that*** daß); **10.** ⚔ angreifen, den Kampf beginnen; **~ *in*** sich beschäftigen *od.* befassen *od.* abgeben mit; **11. ~ *in*** sich beteiligen an (*dat.*), sich einlassen in *od.* auf (*acc.*); **12.** ⚙ inein'andergreifen, einrasten; **en'gaged** [-dʒd] *adj.* **1.** verpflichtet; **2.** *a.* **~ *to be married*** verlobt (***to*** mit); **3.** beschäftigt, nicht abkömmlich, ‚besetzt': ***are you ~?*** sind Sie frei?; ***be ~ in*** (*od.* ***on***) beschäftigt sein mit, arbeiten an (*dat.*); ***deeply ~ in conversation*** in ein Gespräch vertieft; ***my time is fully ~*** ich bin zeitlich völlig ausgelastet; **4.** *teleph. Brit.* besetzt: **~ *tone*** *od.* ***signal*** Besetztzeichen *n*; **5.** ⚙ eingerückt, im Eingriff (stehend); **en'gage·ment** [-mənt] *s.* **1.** (*vertragliche etc.*) Verpflichtung *f*: ***without ~*** unverbindlich, ☤ *a.* freibleibend; ***be under an ~ to s.o.*** j-m (gegenüber) verpflichtet sein; **~*s*** ☤ Zahlungsverpflichtungen *pl.*; **2.** Verabredung *f*: **~ *diary*** Terminkalender *m*; **3.** Verlobung *f* (***to*** mit): **~ *ring*** Verlobungsring *m*; **4.** (An)Stellung *f*, Stelle *f*, Posten *m*; **5.** *thea.* Enga'ge'ment *n*; **6.** Beschäftigung *f*, Tätigkeit *f*; **7.** ⚔ Kampf(handlung *f*) *m*, Gefecht *n*; **8.** ⚙ Eingriff *m*; **en'gag·ing** [-dʒɪŋ] *adj.* □ **1.** einnehmend, gewinnend; **2.** ⚙ Ein- u. Ausrück...: **~ *gear***.

en·gen·der [ɪn'dʒendə] *v/t. fig.* erzeugen, her'vorbringen, -rufen.

en·gine ['endʒɪn] **I** *s.* **1.** a) *allg.* Ma'schine *f*, b) Motor *m*, c) 🚂 Lokomo'tive *f*; **2.** ⚙ Holländer *m*, Stoffmühle *f*; **3.** Feuerspritze *f*; **II** *v/t.* **4.** mit Ma'schinen *od.* Mo'toren *od.* e-m Motor versehen; **~ block** *s.* Motorblock *m*; **~ build·er** *s.* Ma'schinenbauer *m*; **~ driv·er** *s.* Lokomo'tivführer *m*.

en·gi·neer [ˌendʒɪ'nɪə] **I** *s.* **1.** a) Ingeni'eur *m*, b) Techniker *m*, c) Me'chaniker *m*: **~*s*** *teleph.* Stördienst *m*; **2.** *a.* ***mechanical ~*** Ma'schinenbauer *m*, -ingeniˌeur *m*; **3.** *a.* ⚓ Maschi'nist *m*; **4.** *Am.* Lokomo'tivführer *m*; **5.** ⚔ Pio'nier *m*; **II** *v/t.* **6.** *Straßen, Brücken etc.* bauen, anlegen, konstruieren, errichten; **7.** *fig. geschickt* in die Wege leiten, ‚organisieren', ‚einfädeln', ‚deichseln'; **III** *v/i.* **8.** als Ingeni'eur tätig sein; ˌ**en·gi'neer·ing** [-ɪərɪŋ] *s.* **1.** Technik *f*, *engS.* Ingeni'eurwesen *n*; (*a.* ***mechanical ~***) Ma'schinen- u. Gerätebau *m*: **~ *department*** technische Abteilung, Konstruktionsbüro *n*; **~ *sciences*** technische Wissenschaften; **~ *standards committee*** Fachnormenausschuß *m*; **~ *works*** Maschinenfabrik *f*; **2. *social ~*** angewandte Sozialwissenschaft; **3.** ⚔ Pio'nierwesen *n*.

en·gine| fit·ter *s.* Ma'schinenschlosser *m*, Mon'teur *m*; **~ lathe** *s.* ⚙ Leitspindeldrehbank *f*; **'~·man** [-mən] *s.* [*irr.*] **1.** Maschi'nist *m*; **2.** Lokomo'tivführer *m*; **~ room** *s.* Ma'schinenraum *m*.

en·gird [ɪn'gɜːd], **en'gir·dle** [-dl] *v/t.* um'gürten, -'geben, -'schließen.

Eng·land·er ['ɪŋgləndə] *s.* Engländer *m*: ***Little ~*** *pol. hist.* Gegner der imperialistischen Politik.

Eng·lish ['ɪŋglɪʃ] **I** *adj.* **1.** englisch: **~ *disease***, **~ *sickness*** ⚕ ‚englische Krankheit'; **~ *flute*** ♪ Blockflöte *f*; **~ *studies*** *pl.* Anglistik *f*; **II** *s.* **2. *the ~*** die Engländer; **3.** *ling.* Englisch *n*, das Englische: **~ ~** britisches Englisch; ***in ~*** auf englisch, im Englischen; ***into ~*** ins Englische; ***from*** (***the***) **~** aus dem Englischen, ***the King's*** (*od.* ***Queen's***) **~** gutes, reines Englisch; ***in plain ~*** *fig.* ‚auf gut Deutsch', ‚im Klartext'; **4.** *typ.* Mittel *f* (*Schriftgrad*); **Eng·lish·ism** ['ɪŋlɪʃɪzəm] *s. bsd. Am.* **1.** *ling.* Briti'zismus *m*; **2.** englische Eigenart; **3.** Anglophi'lie *f*; **'Eng·lish·man** [-mən] *s.* [*irr.*] Engländer *m*; **'Eng·lishˌwom·an** *s.* [*irr.*] Engländerin *f*.

en·gorge [ɪn'gɔːdʒ] *v/t.* **1.** gierig verschlingen; **2.** ⚕ *Gefäß etc.* anschoppen: **~*d kidney*** Stauungsniere *f*.

en·graft [ɪn'grɑːft] *v/t.* **1.** (auf)pfropfen (***into*** in *acc.*, ***upon*** auf *acc.*); **2.** *fig.* a) einfügen, b) verankern (***into*** in *dat.*).

en·grained [ɪn'greɪnd] *adj. fig.* **1.** eingefleischt, unverbesserlich; **2.** eingewurzelt.

en·gram [ɪn'græm] *s. biol., psych.* En'gramm *n*.

en·grave [ɪn'greɪv] *v/t.* **1.** (ein)gravieren, (ein)meißeln, *in Holz*: (ein)schnitzen, einschneiden (***on*** in, auf *acc.*); **2. *it is ~d*** (***up***)***on his memory*** (*od.* ***mind***) *fig.* es hat sich ihm tief eingeprägt; **en'grav·er** [-və] *s.* Gra'veur *m*, (Kunst-)Stecher *m*: **~ (*on copper*)** Kupferstecher *m*; **en'grav·ing** [-vɪŋ] *s.* **1.** Gravieren *n*, Gravierkunst *f*; **2.** (Kupfer-, Stahl)Stich *m*; Holzschnitt *m*.

en·gross [ɪn'grəʊs] *v/t.* **1.** ⚖ a) *Urkunde* ausfertigen, b) e-e Reinschrift anfertigen von, c) in gesetzlicher *od.* rechtsgültiger Form ausdrücken, d) *parl. e-m Gesetzentwurf* die endgültige Fassung geben; **2.** ☤ a) *Ware* spekula'tiv aufkaufen, b) *den Markt* monopolisieren; **3.** *fig. j-s Aufmerksamkeit etc.* (ganz) in Anspruch nehmen; *et.* an sich reißen; **en'grossed** [-st] *adj.* vertieft, versunken (***in*** in *acc.*); **en'gross·ing** [-sɪŋ] *adj.* **1.** fesselnd, spannend; **2.** voll in Anspruch nehmend; **en'gross·ment** [-mənt] *s.* **1.** ⚖ Ausfertigung *f*, Reinschrift *f e-r Urkunde*; **2.** ☤ a) (spekula'tiver) Aufkauf, b) Monopolisierung *f*; **3.** Inanspruchnahme *f* (***of, with*** durch).

en·gulf [ɪn'gʌlf] *v/t.* **1.** über'fluten; **2.** verschlingen (*a. fig.*).

en·hance [ɪn'hɑːns] *v/t.* **1.** erhöhen, vergrößern, steigern, heben; **2.** *et.* (vorteilhaft) zur Geltung bringen; **en'hance·ment** [-mənt] *s.* Steigerung *f*, Erhöhung *f*, Vergrößerung *f*.

e·nig·ma [ɪ'nɪgmə] *s.* Rätsel *n* (*a. fig.*); **e·nig·mat·ic, e·nig·mat·i·cal** [ˌenɪg'mætɪk(l)] *adj.* □ rätselhaft, dunkel; **e'nig·ma·tize** [-ətaɪz] **I** *v/i.* in Rätseln sprechen; **II** *v/t. et.* in Dunkel hüllen, verschleiern.

en·join [ɪn'dʒɔɪn] *v/t.* **1.** *et.* auferlegen, vorschreiben (***on s.o.*** j-m); **2.** *j-m* befehlen, einschärfen, *j-n* (eindringlich) mahnen (***to do*** zu tun); **3.** bestimmen, Anweisung(en) erteilen (***that*** daß); **4.** ⚖ unter'sagen (***s.th. on s.o.*** j-m et.; ***s.o. from doing s.th.*** j-m, et. zu tun).

en·joy [ɪn'dʒɔɪ] *v/t.* **1.** Vergnügen *od.* Gefallen finden *od.* Freude haben an (*dat.*), sich erfreuen an (*dat.*): ***I ~ dancing*** ich tanze gern, Tanzen macht mir Spaß; ***did you ~ the play?*** hat dir das (Theater)Stück gefallen?; **~ *o.s.*** sich amüsieren *od.* gut unterhalten; ***did you ~ yourself in London?*** hat es dir in London gefallen?; **~ *yourself!*** viel Spaß!; **2.** genießen, sich *et.* schmecken lassen: ***I ~ my food*** das Essen schmeckt mir; **3.** sich *e-s Besitzes* erfreuen, *et.* haben, besitzen, genießen; erleben: **~ *good health*** sich e-r guten Gesundheit erfreuen; **~ *a right*** ein Recht genießen *od.* haben; **en'joy·a·ble** [-ɔɪəbl] *adj.* □ **1.** brauch-, genießbar; **2.** angenehm, erfreulich, schön; **en'joy·ment** [-mənt] *s.* **1.** Genuß *m*, Vergnügen *n*, Gefallen *n*, Freude *f* (***of*** an *dat.*); **2.** Genuß *m* (*e-s Besitzes od. Rechtes*), Besitz *m*: ***quiet*** ~ ⚖ ruhiger Besitz; **3.** ⚖ Ausübung *f* (*e-s Rechts*).

en·kin·dle [ɪn'kɪndl] *v/t. fig.* entflammen, entzünden, entfachen.

en·lace [ɪn'leɪs] *v/t.* **1.** um'schlingen; **2.** verstricken.

en·large [ɪn'lɑːdʒ] **I** *v/t.* **1.** vergrößern (*a. phot.*), *Kenntnisse etc. a.* erweitern, *Einfluß etc. a.* ausdehnen: ***~d and revised edition*** erweiterte u. verbesserte Auflage; ~ ***the mind*** den Gesichtskreis erweitern; **II** *v/i.* **2.** sich vergrößern *od.* ausdehnen *od.* erweitern, zunehmen; **3.** *phot.* sich vergrößern lassen; **4.** *fig.* sich verbreiten *od.* weitläufig auslassen (***upon*** über *acc.*); **en'large·ment** [-mənt] *s.* **1.** Vergrößerung *f* (*a. phot.*), Erweiterung *f*, Ausdehnung *f*; ⚕ (Herz)Erweiterung *f*, (*Mandel- etc.*) Schwellung *f*; **2.** Erweiterungs-, Anbau *m*; **en'larg·er** [-dʒə] *s.* Vergrößerungsgerät *n*.

en·light·en [ɪn'laɪtn] *v/t. fig.* erleuchten, aufklären, belehren (***on, as to*** über *acc.*); **en'light·ened** [-nd] *adj.* **1.** erleuchtet, aufgeklärt; **2.** verständig; **en'light·en·ing** [-nɪŋ] *adj.* aufschlußreich; **en'light·en·ment** [-mənt] *s.* Aufklärung *f*, Erleuchtung *f*: (***Age of***) ♀ *hist.* (Zeitalter *n* der) Aufklärung.

en·list [ɪn'lɪst] **I** *v/t.* **1.** *Soldaten* anwerben, *Rekruten* einstellen: ***~ed men*** *Am.* Unteroffiziere und Mannschaften; **2.** *fig. j-n* her'anziehen, gewinnen, engagieren (***in*** für): ~ ***s.o.'s services*** j-s Dienste in Anspruch nehmen; **II** *v/i.* **3.** ⚔ sich anwerben lassen, Sol'dat werden, sich (freiwillig) melden; **4.** (***in***) mitwirken (bei), sich beteiligen (an *dat.*); **en'list·ment** [-mənt] *s.* **1.** ⚔ (An)Werbung *f*, Einstellung *f*; **2.** ⚔ *Am.* a) Eintritt *m* in den Wehrdienst, b) (Dauer *m* der) (Wehr)Dienstverpflichtung; **3.** *fig.* Gewinnung *f* (*zur Mitarbeit*), Her'an-, Hin'zuziehung *f* (*von Helfern*).

en·liv·en [ɪn'laɪvn] *v/t.* beleben, in Schwung bringen, ‚ankurbeln'.

en masse [ɑ̃ːŋ'mæs] (*Fr.*) *adv.* **1.** in Massen; **2.** im großen; **3.** zu'sammen, als Ganzes.

en·mesh [ɪn'meʃ] *v/t.* **1.** in e-m Netz fangen; **2.** *fig.* verstricken.

en·mi·ty ['enmətɪ] *s.* Feindschaft *f*, -seligkeit *f*, Haß *m*: ***at*** ~ ***with*** verfeindet *od.* in Feindschaft mit; ***bear no*** ~ nichts nachtragen.

en·no·ble [ɪ'nəʊbl] *v/t.* adeln (*a. fig.*), in den Adelsstand erheben; *fig.* veredeln, erhöhen; **en'no·ble·ment** [-mənt] *s.* **1.** Erhebung *f* in den Adelsstand; **2.** *fig.* Veredelung *f*.

en·nui [ɑ̃ː'nwiː] (*Fr.*) *s.* Langeweile *f*.

e·nor·mi·ty [ɪ'nɔːmətɪ] *s.* Ungeheuerlichkeit *f*: a) Enormi'tät *f*, b) Untat *f*, Greuel *m*, Frevel *m*; **e'nor·mous** [-məs] *adj.* □ e'norm, ungeheuer(lich), gewaltig, riesig; **e'nor·mous·ness** [-məsnɪs] *s.* Riesengröße *f*.

e·nough [ɪ'nʌf] **I** *adj.* genug, ausreichend: ~ ***bread, bread*** ~ genug Brot, Brot genug; ***not*** ~ ***sense*** nicht genug Verstand; ***this is*** ~ (***for us***) das genügt (uns); ***I was fool*** ~ ***to believe her*** ich war so dumm u. glaubte ihr; ***he was not man*** ~ (*od.* ~ ***of a man***) (***to*** *inf.*) er war nicht Manns genug (zu *inf.*); ***that's*** ~ ***to drive me mad*** das macht mich (noch) wahnsinnig; **II** *s.* Genüge *f*, genügende Menge: ***have*** (***quite***) ~ (völlig) genug haben; ***I've had*** ~, ***thank you*** danke, ich bin satt; ***I have*** ~ ***of it*** ich bin (*od.* habe) es satt, ‚ich bin bedient'; ~ ***of that!***, ~ ***said!*** genug davon!, Schluß damit!; ~ ***and to spare*** mehr als genug; ~ ***is as good as a feast*** allzuviel ist ungesund; **III** *adv.* genug, genügend; ganz, recht, ziemlich: ***it's a good*** ~ ***story*** die Geschichte ist nicht übel; ***he does not sleep*** ~ er schläft nicht genug; ***be kind*** ~ ***to help me*** sei so gut und hilf mir; ***oddly*** ~ sonderbarerweise; ***safe*** ~ durchaus sicher; ***sure*** ~ tatsächlich, gewiß; ***true*** ~ nur zu wahr; ***well*** ~ recht *od.* ziemlich *od.* ganz gut; ***he could do it well*** ~ (***but ...***) er könnte es (zwar) recht gut(, aber ...); ***you know well*** ~ du weißt es (ganz) genau; ***that's not good*** ~ das reicht nicht, das lasse ich nicht gelten.

en pas·sant [ɑ̃ːm'pæsɑ̃ːŋ] (*Fr.*) *adv.* en pas'sant: a) im Vor'beigehen, b) beiläufig, neben'her, -'bei.

en·plane [ɪn'pleɪn] → ***emplane***.

en·quire *etc.* → ***inquire*** *etc.*

en·rage [ɪn'reɪdʒ] *v/t.* wütend machen; **en'raged** [-dʒd] *adj.* wütend, aufgebracht (***at, by*** über *acc.*).

en·rapt [ɪn'ræpt] *adj.* hingerissen, entzückt; **en'rap·ture** [-tʃə] *v/t.* entzücken: ***~d with*** hingerissen von.

en·rich [ɪn'rɪtʃ] *v/t.* **1.** (*a. o.s.* sich) bereichern (*a. fig.*); wertvoll(er) machen; **2.** anreichern: a) ⚙, ⚗ veredeln, b) ✔ ertragreich(er) machen, c) den Nährwert erhöhen; **3.** ausschmücken, verzieren; **4.** *fig.* a) *Geist* bereichern, b) *Wert* steigern; **en'rich·ment** [-mənt] *s.* **1.** Bereicherung *f* (*a. fig.*); **2.** ⚙, ⚗ Anreicherung *f*; **3.** *fig.* Befruchtung *f*; **4.** Ausschmückung *f*.

en·rol(l) [ɪn'rəʊl] **I** *v/t.* **1.** *j-s Namen* eintragen, -schreiben (***in*** in *acc.*); *univ. j-n* immatrikulieren: ~ ***o.s.*** → 5; **2.** a) *mst* ⚔ (an)werben, b) ⚓ anmustern, anheuern, c) *Arbeiter* einstellen: ***be enrolled*** eingestellt werden, *in e-e Firma* eintreten; **3.** als Mitglied aufnehmen: ~ ***o.s. in a society*** e-r Gesellschaft beitreten; **4.** ⚖ registrieren, protokollieren; **II** *v/i.* **5.** sich einschreiben (lassen), *univ.* sich immatrikulieren: ~ ***for a course*** e-n Kurs belegen; **en'rol(l)·ment** [-mənt] *s.* **1.** Eintragung *f*, -schreibung *f*; *univ.* Immatrikulati'on *f*; **2.** *bsd.* ⚔ Anwerbung *f*, Einstellung *f*, Aufnahme *f*; **3.** Beitrittserklärung *f*; **4.** ⚖ Re'gister *n*.

en route [ɑ̃ːn'ruːt] (*Fr.*) *adv.* unterwegs (***for*** nach); auf der Reise (***from ... to*** von ... nach).

ens [enz] *pl.* **entia** ['enʃɪə] (*Lat.*) *s. phls.* Ens *n*, Sein *n*, Wesen *n*.

en·sconce [ɪn'skɒns] *v/t.* **1.** (*mst* ~ ***o.s.*** sich) verstecken, verbergen; **2.** ~ ***o.s.*** es sich bequem machen (*in e-m Sessel etc.*).

en·sem·ble [ɑ̃ːn'sɑ̃ːmbl] (*Fr.*) *s.* **1.** *das* Ganze, Gesamteindruck *m*; **2.** ♪, *thea.* En'semble *n*; **3.** *Mode*: En'semble *n*, Kom'plet *n*.

en·shrine [ɪn'ʃraɪn] *v/t.* **1.** *in e-n Schrein* einschließen; **2.** (als Heiligtum) bewahren; **3.** als Schrein dienen für.

en·shroud [ɪn'ʃraʊd] *v/t.* ein-, verhüllen (*a. fig.*).

en·sign ['ensaɪn; *bsd.* ⚔ *u.* ⚓ 'ensn] *s.* **1.** Fahne *f*, Stan'darte *f*, ⚓ (Schiffs-) Flagge, *bsd.* (Natio'nal)Flagge *f*: ***white*** (***red***) ~ Flagge der brit. Kriegs- (Handels)marine; ***blue*** ~ Flagge der brit. Flottenreserve; **2.** ['ensaɪn] *hist. Brit.* Fähnrich *m*; **3.** ['ensn] ⚓ *Am.* Leutnant *m* zur See; **4.** (Rang)Abzeichen *n*.

en·si·lage ['ensɪlɪdʒ] ✔ **I** *s.* **1.** Silierung *f*; **2.** Silo-, Gärfutter *n*; **II** *v/t.* **3.** → **en·sile** [ɪn'saɪl] *v/t.* ✔ *Futterpflanzen* silieren.

en·slave [ɪn'sleɪv] *v/t.* versklaven, zum Sklaven machen (*a. fig.*): ***be ~d by*** *j-m od. e-r Sache* verfallen sein; **en'slave·ment** [-mənt] *s.* **1.** Versklavung *f*, Sklave'rei *f*; **2.** *fig.* (***to***) sklavische Abhängigkeit *f* (von) *od.* Bindung (an *acc.*), Hörigkeit *f*.

en·snare [ɪn'sneə] *v/t.* **1.** *in e-r Schlinge* fangen; **2.** *fig.* berücken, bestricken, um'garnen.

en·sue [ɪn'sjuː] *v/i.* **1.** 'darauf folgen, (nach)folgen; **2.** folgen, sich ergeben (***from*** aus); **en'su·ing** [-ɪŋ] *adj.* (nach-) folgend.

en·sure [ɪn'ʃʊə] *v/t.* **1.** (***against, from***) (***o.s.*** sich) sichern, sicherstellen (gegen), schützen (vor); **2.** Gewähr bieten für, garantieren (*et.*, ***that*** daß, ***s.o. being*** daß j-d ist); **3.** für *et.* sorgen: ~ ***that*** dafür sorgen, daß.

en·tail [ɪn'teɪl] **I** *v/t.* **1.** ⚖ a) in ein Erbgut umwandeln, b) als Erbgut vererben (***on*** auf *acc.*): ***~ed estate*** Erb-, Familiengut *n*; ***~ed interest*** beschränktes Eigentumsrecht; **2.** *fig.* a) mit sich bringen, zur Folge haben, nach sich ziehen, verursachen, b) erforderlich machen, erfordern; **II** *s.* **3.** ⚖ a) (Über'tragung *f* als) unveräußerliches Erbgut, b) (festgelegte) Erbfolge.

en·tan·gle [ɪn'tæŋgl] *v/t.* **1.** *Haare, Garn etc.* verwirren, ‚verfitzen'; **2.** (***o.s.*** sich) verwickeln, -heddern (***in*** in *acc.*); **3.** *fig.* verwickeln, verstricken: ~ ***o.s. in s.th., become ~d in s.th.*** in e-e Sache verwickelt werden; ***become ~d with s.o.*** sich mit j-m einlassen; **en'tan·gle·ment** [-mənt] *s.* **1.** *a. fig.* Verwicklung *f*, Verwirrung *f*, Verstrickung *f*; **2.** *fig.* Kompliziertheit *f*; **3.** Liebschaft *f*, Liai'son *f*; **4.** ⚔ Drahtverhau *m*.

en·tente [ɑ̃ːn'tɑ̃ːnt] (*Fr.*) *s.* En'tente *f*, Bündnis *n*.

en·ter ['entə] **I** *v/t.* **1.** eintreten, -fahren, -steigen, (hin'ein)gehen, (-)kommen in (*acc.*), *Haus etc.* betreten; in *ein Land* einreisen; ⚔ einrücken in (*acc.*); ⚓, 🚂 einlaufen in (*acc.*): ~ ***the skull*** in den Schädel eindringen (*Kugel etc.*); ***the idea ~ed my head*** (*od.* ***mind***) mir kam der Gedanke, ich hatte die Idee; **2.** sich in *et.* begeben: ~ ***a hospital*** ein Krankenhaus aufsuchen; **3.** eintreten in (*acc.*), beitreten (*dat.*), Mitglied werden (*gen.*): ~ ***s.o.'s service*** in j-s Dienst treten; ~ ***a club*** e-m Klub beitreten; ~ ***the university*** sein Studium aufnehmen; ~ ***the army*** (***the Church***) Soldat (Geistlicher) werden; ~ ***a profession*** e-n Beruf ergreifen; **4.** eintragen, -schreiben; hin'einbringen; *j-n* aufnehmen, zulassen: ~ ***one's name*** sich einschreiben *od.* anmelden; ~ ***s.o. at a school*** j-n zur Schule anmelden; ***be ~ed*** *univ.* immatrikuliert werden; **5.** † (ver)buchen, eintragen: ~ ***to s.o.'s debit*** j-m *et.* in Rechnung stellen; → ***credit*** 2; ~ ***up*** *Posten* regelrecht verbuchen; **6.** *sport* melden, nennen (***for*** für); **7.** ⚓, † *Schiff* einklarieren; *Waren beim Zollamt* deklarieren; **8.** einreichen, -bringen, geltend machen: ~ ***an action*** ⚖ e-e Klage einreichen; ~ ***a motion*** *parl.* e-n Antrag einbringen; ~ ***a protest*** Protest erheben; **II** *v/i.* **9.** (ein)treten, her'ein-, hin'einkommen, -gehen; ⚔ einrücken; eindringen: ***I don't ~ in it*** *fig.* ich habe damit nichts zu tun; ***~!*** herein!; **10.** *sport* sich melden, nennen (***for*** für, zu); **11.** *thea.* auftreten: ***2 Hamlet*** Hamlet tritt auf; *Zssgn mit prp.*:

en·ter| in·to *v/i.* **1.** → ***enter*** 1, 2, 3; **2.** *Vertrag, Bündnis* eingehen, schließen: ~ ***an obligation*** e-e Verpflichtung eingehen; ~ ***a partnership*** sich assoziieren; **3.** *et.* beginnen, sich beteiligen an (*dat.*), eingehen auf (*acc.*), sich einlassen auf *od.* in (*acc.*): ~ ***correspondence*** in Briefwechsel treten; ~ ***a joke*** auf e-n Scherz eingehen; → ***detail*** 1; **4.** sich hin'einversetzen in (*acc.*): ~ ***s.o.'s feelings*** sich in j-n hineinversetzen, j-s Gefühle verstehen; ~ ***the spirit*** sich in den Geist *e-r Sache* einfühlen *od.* hineinversetzen; ~ ***the spirit of the game*** mitmachen; **5.** e-e Rolle spielen bei: ***this did not ~ our plans*** das war nicht eingeplant; ~ **on** *od.* **up·on** *v/i.* **1.** ⚖ Besitz ergreifen von: ~ ***an inheritance*** e-e Erbschaft antreten; **2.** a) *Thema* anschneiden, b) sich in *ein Gespräch* einlassen; **3.** a) beginnen, in *ein* (*neues*) *Stadium od. ein neues Lebensjahr* eintreten, b) *Amt* antreten, *Laufbahn* einschlagen; **4.** in *ein neues Stadium* treten.

en·ter·ic [en'terɪk] *adj.* **1.** *anat.* en'terisch, Darm...: ~ ***fever*** (Unterleibs)Typhus *m*; **2.** ⚕ darmlöslich: ~ ***pill***; **en·ter·i·tis** [ˌentə'raɪtɪs] *s.* ⚕ 'Darmkaˌtarrh *m*, Ente'ritis *f*; **en·ter·o·gas·tri·tis** [ˌentərəʊgæ'straɪtɪs] *s.* Magen-'Darm-Kaˌtarrh *m*; **en·ter·on** ['entərɒn] *pl.* **-ter·a** [-rə] *s.* Enteron *n*, (*bsd.* Dünn)Darm *m*.

en·ter·prise ['entəpraɪz] *s.* **1.** Unter'nehmen *n*, -'nehmung *f*; **2.** † Unter'nehmen *n*, Betrieb *m*: ***free*** ~ freies Unternehmertum, freie (Markt)Wirtschaft; ***free ~ economist*** Marktwirtschaftler *m*; **3.** Initia'tive *f*, Unter'nehmungsgeist *m*, -lust *f*; **'en·ter·pris·ing** [-zɪŋ] *adj.* ☐ **1.** unter'nehmend, unter'nehmungslustig, mit Unter'nehmungsgeist; **2.** kühn, wagemutig.

en·ter·tain [ˌentə'teɪn] **I** *v/t.* **1.** (angenehm) unter'halten, amüsieren (*a. iro.*); **2.** *j-n* gastlich aufnehmen, bewirten, einladen; **3.** *Furcht, Hoffnung etc.* hegen; **4.** *Vorschlag etc.* in Erwägung ziehen, eingehen auf (*acc.*), nähertreten (*dat.*): ~ ***an idea*** sich mit e-m Gedanken tragen; **II** *v/i.* **5.** Gäste empfangen, ein gastliches Haus führen: ***they ~ a great deal*** sie haben oft Gäste; **ˌen·ter'tain·er** [-nə] *s.* **1.** Gastgeber(in); **2.** Unter'halter(in), *engS.* Enter'tainer (-in), Unter'haltungskünstler(in); **ˌen·ter'tain·ing** [-nɪŋ] *adj.* ☐ unter'haltend, -'haltsam, amü'sant; **ˌen·ter'tain·ment** [-mənt] *s.* **1.** Unter'haltung *f*, Belustigung *f*: ***place of ~*** Vergnügungsstätte *f*; ~ ***tax*** Vergnügungssteuer *f*; ***much to his ~*** sehr zu s-r Belustigung; **2.** (*öffentliche*) Unterhaltung, *thea. etc. a.* Enter'tainment *n*: ~ ***electronics*** Unterhaltungselektronik *f*; ~ ***industry*** Unterhaltungsindustrie *f*; ~ ***value*** Unterhaltungswert *m*; **3.** Gastfreundschaft *f*, Bewirtung *f*: ~ ***allowance*** † Aufwandsentschädigung *f*; **4.** Fest *n*, Gesellschaft *f*.

en·thral(l) [ɪn'θrɔ:l] *v/t.* **1.** *fig.* bezaubern, fesseln, in s-n Bann schlagen; **2.** *obs.* unter'jochen; **en'thrall·ing** [-lɪŋ] *adj.* fesselnd, bezaubernd; **en'thral(l)·ment** [-mənt] *s.* **1.** Bezauberung *f*; **2.** *obs.* Unter'jochung *f*.

en·throne [ɪn'θrəʊn] *v/t.* auf den Thron setzen, *a. eccl. Bischof* inthronisieren: ***be ~d*** *fig.* thronen; **en'throne·ment** [-mənt] *s.* Inthronisati'on *f*.

en·thuse [ɪn'θju:z] F **I** *v/t.* begeistern; **II** *v/i.* (***about***) begeistert sein (von), schwärmen (für, von); **en'thu·si·asm** [-zɪæzəm] *s.* **1.** Enthusi'asmus *m*, Begeisterung *f* (***for*** für, ***about*** über *acc.*); **2.** Schwärme'rei *f*; **en'thu·si·ast** [-zɪæst] *s.* **1.** Enthusi'ast(in); **2.** Schwärmer(in); **en·thu·si·as·tic** [ɪnˌθju:zɪ'æstɪk] *adj.* (☐ ***~ally***) enthusi'astisch, begeistert (***about***, ***over*** über *acc.*): ***become*** (*od.* ***get***) ~ in Begeisterung geraten.

en·tice [ɪn'taɪs] *v/t.* **1.** locken: ~ ***s.o. away*** a) j-n weglocken (***from*** von), b) † j-n abwerben; ~ ***s.o.'s wife away*** j-m s-e Frau abspenstig machen; **2.** verlocken, -leiten, -führen (***into s.th.*** zu et., ***to do*** *od.* ***into doing*** zu tun); **en'tice·ment** [-mənt] *s.* **1.** (Ver-) Lockung *f*, (An)Reiz *m*; **2.** Verführung *f*, -leitung *f*; **en'tic·ing** [-sɪŋ] *adj.* ☐ verlockend, verführerisch.

en·tire [ɪn'taɪə] **I** *adj.* ☐ → ***entirely***; **1.** ganz, völlig, vollkommen, vollständig, vollzählig, kom'plett, Gesamt...; **2.** ganz, unversehrt, unbeschädigt; **3.** voll, ungeschmälert, uneingeschränkt: ***he enjoys my ~ confidence***; **4.** nicht kastriert: ~ ***horse*** Hengst *m*; **II** *s.* **5.** *das* Ganze; **6.** nicht kastriertes Pferd, Hengst *m*; **7.** ✉ Ganzsache *f*; **en'tire·ly** [-lɪ] *adv.* **1.** völlig, gänzlich, ganz u. gar; **2.** ausschließlich: ***it is ~ his fault***; **en'tire·ty** [-tɪ] *s. das* Ganze, Ganzheit *f*, Gesamtheit *f*: ***in its ~*** in s-r Gesamtheit, als Ganzes.

en·ti·tle [ɪn'taɪtl] *v/t.* **1.** *Buch etc.* betiteln: ***~d*** *Buch etc.* mit dem Titel ...; **2.** *j-n* anreden, titulieren; **3.** (***to***) *j-n* berechtigen (zu), *j-m* ein Anrecht geben (auf *acc.*): ***be ~d to*** berechtigt sein zu, e-n (Rechts)Anspruch haben auf (*acc.*); ***~d to vote*** stimm-, wahlberechtigt; **en'ti·tle·ment** [-mənt] *s.* (berechtigter) Anspruch; zustehender Betrag.

en·ti·ty ['entətɪ] *s.* **1.** Dasein *n*; **2.** Wesen *n*, Ding *n*; **3.** ⚖ 'Rechtsperˌsönlichkeit *f*: ***legal ~*** juristische Person.

en·tomb [ɪn'tu:m] *v/t.* **1.** begraben, beerdigen; **2.** verschütten, lebendig begraben; **en'tomb·ment** [-mənt] *s.* Begräbnis *n*.

en·to·mo·log·i·cal [ˌentəmə'lɒdʒɪk(l)] *adj.* ☐ entomo'logisch, Insekten...; **en·to·mol·o·gist** [ˌentəʊ'mɒlədʒɪst] *s.* Entomo'loge *m*; **en·to·mol·o·gy** [ˌentəʊ'mɒlədʒɪ] *s.* Entomolo'gie *f*, In'sektenkunde *f*.

en·tou·rage [ˌɒntʊ'rɑ:ʒ] (*Fr.*) *s.* Entou'rage *f*: a) Um'gebung *f*, b) Gefolge *n*.

en·to·zo·on [ˌentəʊ'zəʊɒn] *pl.* **-zo·a** [-ə] *s. zo.* Ento'zoon *n* (*Parasit*).

entr'acte ['ɒntrækt] (*Fr.*) *s. thea.* Zwischenakt *m*, -spiel *n*.

en·trails ['entreɪlz] *s. pl.* **1.** *anat.* Eingeweide *pl.*; **2.** *fig. das* Innere.

en·train [ɪn'treɪn] 🚃 **I** *v/i.* einsteigen; **II** *v/t.* verladen.

en·trance[1] ['entrəns] *s.* **1.** a) Eintreten *n*, Eintritt *m*, b) 🚃, ⚓ Einlaufen *n*, Einfahrt *f*, c) ✈ Einflug *m*: ~ ***duty*** † Eingangszoll *m*; ***make one's ~*** eintreten, erscheinen (→ 4); **2.** Ein-, Zugang *m*; Zufahrt *f*, (*a.* Hafen)Einfahrt *f*: ~ ***hall*** (Eingangs-, Vor)Halle *f*, Hausflur *m*; **3.** Einlaß *m*, Ein-, Zutritt *m*: ~ ***fee*** a) Eintritt(sgeld *n*) *m*, b) Aufnahmegebühr *f*; ~ ***examination*** Aufnahmeprüfung *f*; ***no ~!*** Zutritt verboten!; **4.** *thea.* Auftritt *m*: ***make one's ~*** auftreten; **5.** (***on***, ***upon***) Antritt *m* (*e-s Amtes, e-r Erbschaft etc.*); **6.** *fig.* (***to***) Beginn *m* (*gen.*), Einstieg *m* (in *acc.*).

en·trance[2] [ɪn'trɑ:ns] *v/t.* in Verzückung versetzen, hinreißen: ***~d*** ver-, entzückt, hingerissen; ***~d with joy*** freudetrunken; **en'trance·ment** [-mənt] *s.* Verzückung *f*; **en'tranc·ing** [-sɪŋ] *adj.* hinreißend, bezaubernd.

en·trant ['entrənt] *s.* **1.** Eintretende(r *m*) *f*; **2.** neues Mitglied; **3.** Berufsanfänger(in) (***to*** in *dat.*); **4.** *bsd. sport* Teilnehmer(in), Konkur'rent(in), *a.* Bewerber(in).

en·trap [ɪn'træp] *v/t.* **1.** (in e-r Falle) fangen; **2.** verführen, verleiten (***into doing*** zu tun).

en·treat [ɪn'tri:t] *v/t.* **1.** *j-n* dringend bitten *od.* ersuchen, anflehen; **2.** *et.* erflehen; **3.** *obs. od. bibl. j-n* behandeln; **en'treat·ing·ly** [-ɪŋlɪ] *adv.* flehentlich; **en'treat·y** [-tɪ] *s.* dringende Bitte, Flehen *n*.

en·trée ['ɒntreɪ] (*Fr.*) *s.* **1.** *bsd. fig.* Zutritt *m* (***into*** zu); **2.** *Küche*: a) En'tree *n*, Zwischengericht *n*, b) *Am.* Hauptgericht *n*; **3.** ♪ En'tree *n*.

en·tre·mets ['ɒntrəmeɪ; *pl.* 'ɒntrəmeɪz] (*Fr.*) *s.* a) Zwischengericht *n*, b) Süßspeise *f*.

en·trench [ɪn'trentʃ] *v/t.* ⚔ mit Schützengräben durch'ziehen, befestigen: ~ ***o.s.*** sich verschanzen *od.* festsetzen (*beide a. fig.*); ***~ed*** *fig.* eingewurzelt, verwurzelt; **en'trench·ment** [-mənt] *s.* ⚔ **1.** Verschanzung *f*; **2.** *pl.* Schützengräben *pl.*

en·tre·pôt ['ɒntrəpəʊ] (*Fr.*) *s.* † **1.** Lager-, Stapelplatz *m*; **2.** (Waren-, Zoll-) Niederlage *f*.

en·tre·pre·neur [ˌɒntrəprə'nɜ:] (*Fr.*) *s.* **1.** † Unter'nehmer *m*; **2.** *Am.* Veranstalter *m*; **ˌen·tre·pre'neur·i·al** [-ɜ:rɪəl] *adj.* † unter'nehmerisch, Unternehmer...

en·tre·sol ['ɒntrəsɒl] *(Fr.) s.* ⚠ Zwischen-, Halbgeschoß *n.*
en·trust [ɪn'trʌst] *v/t.* **1.** anvertrauen (**to** *dat.*); **2.** *j-n* betrauen (**with s.th.** mit et.).
en·try ['entrɪ] *s.* **1.** Zugang *m*, Zutritt *m*, Einreise *f*: **~ permit** Einreisegenehmigung *f*; **~ visa** Einreisevisum *n*; **no ~!** Kein Zutritt!, *mot.* Keine Einfahrt!; **2.** Eintritt *m*, -gang *m*, -fahrt *f*, -zug *m*, -rücken *n*; **3.** Eingang(stür *f*) *m*, Einfahrt(stor *n*) *f*; (Eingangs)Halle *f*; **4.** *thea.* Auftritt *m*; **5.** (Amts-, Dienst)Antritt *m*: **~ into office** (**service**); **6.** ⚖ a) Besitzantritt *m*, -ergreifung *f* (**upon** *gen.*), b) Eindringen *n*, -bruch *m*; **7.** *fig.* Beitritt *m* (**to**, **into** zu); **8.** †, ⚓ Einklarierung *f*: **~ inwards** Einfuhrdeklaration *f*; **9.** Eintragung *f*, Vermerk *m*; **10.** † a) Buchung *f*: **credit ~** Gutschrift *f*; **debit ~** Lastschrift *f*; **make an ~** (**of**) (*et.*) buchen, b) Posten *m*, c) Eingang *m* (*von Geldern*); **11.** Stichwort *n* (*Lexikon*); **12.** *bsd. sport* a) Meldung *f*, Nennung *f*, Teilnahme *f*: **~ form** (An)Meldeformular *n*; **~ fee** Nenngebühr *f*, Startgeld *n*, b) → **entrant** 4; '**~·phone** *s.* Sprechanlage *f.*
en·twine [ɪn'twaɪn] *v/t.* **1.** um'schlingen, um'winden, (ver)flechten (*a. fig.*); **~d letters** verschlungene Buchstaben; **2.** winden, schlingen (**about** um).
en·twist [ɪn'twɪst] *v/t.* (ver)flechten, um'winden, verknüpfen.
e·nu·cle·ate [ɪ'nju:klɪeɪt] *v/t.* **1.** ⚕ *Tumor* ausschälen; **2.** *fig.* erläutern, deutlich machen.
e·nu·mer·ate [ɪ'nju:məreɪt] *v/t.* **1.** aufzählen; **2.** spezifizieren; **e·nu·mer·a·tion** [ɪˌnju:mə'reɪʃn] *s.* **1.** Aufzählung *f*; **2.** Liste *f*, Verzeichnis *n*; **e'nu·mer·a·tor** [-tə] *s.* Zähler *m* (*bei Volkszählungen*).
e·nun·ci·ate [ɪ'nʌnsɪeɪt] *v/t.* **1.** (deutlich) ausdrücken, -sprechen; **2.** behaupten, erklären, formulieren; *Grundsatz* aufstellen; **e·nun·ci·a·tion** [ɪˌnʌnsɪ'eɪʃn] *s.* **1.** Ausdruck *m*; Ausdrucks-, Vortragsweise *f*; **2.** Erklärung *f*, Verkündung *f*; Aufstellung *f* (*e-s Grundsatzes*); **e'nun·ci·a·tive** [-nʃɪətɪv] *adj.*: **be ~ of s.th.** et. ausdrücken.
en·ure → **inure.**
en·vel·op [ɪn'veləp] **I** *v/t.* **1.** einwickeln, -schlagen, (ein)hüllen (**in** in *acc.*); **2.** *oft fig.* um-, ver'hüllen, um'geben; **3.** ⚔ um'fassen, um'klammern; **II** *s.* **4.** *Am.* → **en·ve·lope** ['envələʊp] *s.* **1.** Decke *f*, Hülle *f* (*a. anat.*), 'Umschlag *m*; **2.** 'Briefˌumschlag *m*; **3.** ✈ (Bal'lon)Hülle *f*; **4.** ✿ Kelch *m*; **en'vel·op·ment** [-mənt] *s.* **1.** Um'hüllung *f*, Hülle *f*; **2.** ⚔ Um'fassung(sangriff *m*) *f*, Um'klammerung *f.*
en·ven·om [ɪn'venəm] *v/t.* **1.** vergiften (*a. fig.*); **2.** *fig.* a) verschärfen, b) mit Haß erfüllen.
en·vi·a·ble ['envɪəbl] *adj.* □ beneidenswert, zu beneiden(d); '**en·vi·er** [-vɪə] *s.* Neider(in); '**en·vi·ous** [-vɪəs] *adj.* □ (**of**) neidisch (auf *acc.*), 'mißgünstig (gegen): **be ~ of s.o. because of** j-n beneiden um.
en·vi·ron [ɪn'vaɪərən] *v/t.* um'geben (*a. fig.*); **en'vi·ron·ment** [-mənt] *s.* **1.** *a.* **~s** *pl.* Um'gebung *f e-s Ortes*; **2.** *biol.*, *sociol.* Um'gebung *f*, 'Umwelt *f*, Mili'eu *n* (*a.* ⚗): **~ policy** Umweltpolitik *f*; **en·vi·ron·men·tal** [ɪnˌvaɪərən'mentl] *adj.* □ *biol.*, *psych.* Milieu…, Umwelt(s)…: **~ pollution** Umweltverschmutzung *f*; **~ protection** Umweltschutz *m*; **en·vi·ron·men·tal·ism** [ɪnˌvaɪərən'mentəlɪzəm] *s.* **1.** 'Umweltschutz(bewegung *f*) *m*; **2.** *sociol.* Environmenta'lismus *m*; **en·vi·ron·men·tal·ist** [ɪnˌvaɪərən'mentəlɪst] *s.* 'Umweltschützer(in); **en·vi·ron·men·tal·ly** [ɪnˌvaɪərən'mentəlɪ] *adv.* in bezug auf *od.* durch die Umwelt: **~ beneficial** (**harmful**) umweltfreundlich (-feindlich); **en·vi·rons** [ɪn'vaɪərənz] *s. pl.* Um'gebung *f*, 'Umgegend *f.*
en·vis·age [ɪn'vɪzɪdʒ] *v/t.* **1.** in Aussicht nehmen, ins Auge fassen, gedenken (**doing** *et.* zu tun); **2.** sich *et.* vorstellen; **3.** *j-n*, *et.* begreifen (**as** als).
en·vi·sion [ɪn'vɪʒn] *v/t.* sich *et.* vorstellen.
en·voy¹ ['envɔɪ] *s.* Zueignungs-, Schlußstrophe *f* (*e-s Gedichts*).
en·voy² ['envɔɪ] *s.* **1.** *pol.* Gesandte(r) *m*; **2.** Abgesandte(r) *m*, Be'vollmächtigte(r) *m.*
en·vy ['envɪ] **I** *s.* **1.** (**of**) Neid *m* (auf *acc.*), 'Mißgunst *f* (gegen): **be eaten up with ~** vor Neid platzen; → **green** 1; **2.** Gegenstand *m* des Neides: **his car is the ~ of all** alle beneiden ihn um sein Auto; **II** *v/t.* **3.** *j-n* (um *et.*) beneiden: **I ~** (**him**) **his car** ich beneide ihn um sein Auto; **4.** *j-m et.* miß'gönnen.
en·wrap [ɪn'ræp] → **wrap** I.
en·zyme ['enzaɪm] *s.* ⚗ En'zym *n*, Fer'ment *n.*
e·o·cene ['i:əʊsi:n] *s. geol.* Eo'zän *n*; **e·o·lith·ic** [ˌi:əʊ'lɪθɪk] *adj. geol.* eo'lithisch.
e·on → **aeon.**
ep·au·let(te) ['epəʊlet] *s.* ⚔ Epau'lette *f*, Achselschnur *f*, -stück *n.*
é·pée ['epeɪ] *(Fr.) s. fenc.* Degen *m*; **é·pee·ist** ['epeɪɪst] *s.* Degenfechter *m.*
ep·en·the·sis [e'penθɪsɪs] *s. ling.* Epen'these *f*, Lauteinfügung *f.*
e·pergne [ɪ'pɜ:n] *(Fr.) s.* Tafelaufsatz *m.*
e·phed·rin(e) [ɪ'fedrɪn; ⚗ 'efɪdri:n] *s.* ⚗ Ephe'drin *n.*
e·phem·er·a [ɪ'femərə] *s.* **1.** *zo. u. fig.* Eintagsfliege *f*; **2.** *pl. von* **ephemeron**; **e'phem·er·al** [-rəl] *adj.* ephe'mer: a) eintägig, b) *fig.* flüchtig, kurzlebig; **e'phem·er·on** [-rɒn] *pl.* **-a** [-ə], **-ons** *s. zo. u. fig.* Eintagsfliege *f.*
E·phe·sian [ɪ'fi:ʒjən] *s.* **1.** 'Epheser(in); **2.** *pl. bibl.* (Brief *m* des Paulus an die) 'Epheser *pl.*
ep·ic ['epɪk] **I** *adj.* (□ **~ally**) **1.** episch: **~ poem** Epos *n*; **2.** *fig.* heldenhaft, he'roisch, Helden…: **~ laughter** homerisches Gelächter; **II** *s.* **3.** Epos *n*, Heldengedicht *n*; **4.** *allg.* episches Werk.
ep·i·cene ['episi:n] *adj. ling. u. fig.* beiderlei Geschlechts.
ep·i·cen·ter *Am.*, **ep·i·cen·tre** ['episentə] *Brit.*, **ep·i·cen·trum** [ˌepɪ'sentrəm] *s.* **1.** Epi'zentrum *n* (*Gebiet über dem Erdbebenherd*); **2.** *fig.* Mittelpunkt *m.*
ep·i·cure ['epɪˌkjʊə] *s.* Genießer *m*, Genußmensch *m*; Feinschmecker *m*; **ep·i·cu·re·an** [ˌepɪkjʊə'ri:ən] **I** *adj.* **1.** ♀ *phls.* epiku'reisch; **2.** a) genußsüchtig, schwelgerisch, b) feinschmeckerisch; **II** *s.* **3.** ♀ *phls.* Epiku'reer *m*; **4.** → **epicure**; '**ep·i·cur·ism** [-kjʊərɪzəm] *s.* **1.** ♀ *phls.* Epikure'ismus *m*; **2.** Genußsucht *f.*
ep·i·cy·cle ['epɪsaɪkl] *s.* ⩘, *ast.* Epi'zykel *m*; **ep·i·cy·clic** [ˌepɪ'saɪklɪk] *adj.* epi'zyklisch: **~ gear** ⚙ Planetengetriebe *n*; **ep·i·cy·cloid** [ˌepɪ'saɪklɔɪd] *s.* ⩘ Epizyklo'ide *f.*
ep·i·dem·ic [ˌepɪ'demɪk] **I** *adj.* (□ **~ally**) ⚕ epi'demisch, seuchenartig, *fig. a.* grassierend; **II** *s.* ⚕ Epide'mie *f*, Seuche *f* (*beide a. fig.*); ˌ**ep·i'dem·i·cal** [-kl] → **epidemic** I; **ep·i·de·mi·ol·o·gy** [ˌepɪdi:mɪ'ɒlədʒɪ] *s.* ⚕ Epidemiolo'gie *f.*
ep·i·der·mis [ˌepɪ'dɜ:mɪs] *s. anat.* Epi'dermis *f*, Oberhaut *f.*
ep·i·gas·tri·um [ˌepɪ'gæstrɪəm] *s. anat.* Epi'gastrium *n*, Oberbauchgegend *f*, Magengrube *f.*
ep·i·glot·tis [ˌepɪ'glɒtɪs] *s. anat.* Epi'glottis *f*, Kehldeckel *m.*
ep·i·gone ['epɪgəʊn] *s.* Epi'gone *m.*
ep·i·gram ['epɪgræm] *s.* Epi'gramm *n*, Sinngedicht *n*, -spruch *m*; **ep·i·gram·mat·ic** [ˌepɪgrə'mætɪk] *adj.* (□ **~ally**) **1.** epigram'matisch; **2.** kurz u. treffend, scharf pointiert; **ep·i·gram·ma·tist** [ˌepɪ'græmətɪst] *s.* Epigram'matiker *m*; **ep·i·gram·ma·tize** [ˌepɪ'græmətaɪz] **I** *v/t.* **1.** kurz u. treffend formulieren; **2.** ein Epi'gramm verfassen über *od.* auf (*acc.*); **II** *v/i.* **3.** Epi'gramme verfassen.
ep·i·graph ['epɪgrɑ:f] *s.* **1.** Epi'graph *n*, Inschrift *f*; **2.** Sinnspruch *m*, Motto *n*; **ep·i·graph·ic** [ˌepɪ'græfɪk] *adj.* epi'graphisch; **e·pig·ra·phist** [e'pɪgrəfɪst] *s.* Epi'graphiker *m*, Inschriftenforscher *m.*
ep·i·lep·sy ['epɪlepsɪ] *s.* ⚕ Epilep'sie *f*; **ep·i·lep·tic** [ˌepɪ'leptɪk] **I** *adj.* epi'leptisch; **II** *s.* Epi'leptiker(in).
ep·i·logue, *Am. a.* **ep·i·log** ['epɪlɒg] *s.* **1.** Epi'log *m*: a) Nachwort *n*, b) *thea.* Schlußrede *f*, c) *fig.* Ausklang *m*, Nachspiel *n*, -lese *f*; **2.** *Radio*, *TV*: (Wort *n* zum) Tagesausklang *m.*
E·piph·a·ny [ɪ'pɪfənɪ] *s. eccl.* **1.** Epi'phanias *n*, Drei'königsfest *n*; **2.** ♀ Epipha'nie *f* (*göttliche Erscheinung*).
e·pis·co·pa·cy [ɪ'pɪskəpəsɪ] *s. eccl.* Episko'pat *m*, *n*: a) bischöfliche Verfassung, b) Gesamtheit *f* der Bischöfe, c) Amtstätigkeit *f* e-s Bischofs, d) Bischofsamt *n*, -würde *f*; **e'pis·co·pal** [-pl] *adj.* □ *eccl.* bischöflich, Bischofs…: ♀ **Church** Episkopalkirche *f*; **e·pis·co·pa·li·an** [ɪˌpɪskəʊ'peɪljən] **I** *adj.* **1.** bischöflich; **2.** zu e-r Episko'palkirche gehörig; **II** *s.* **3.** Mitglied *n* e-r Episko'palkirche; **e'pis·co·pate** [-kəʊpət] *s. eccl.* Episko'pat *m*, *n*: a) → **episcopacy** b *u.* d, b) Bistum *n.*
ep·i·sode ['epɪsəʊd] *s. allg.* Epi'sode *f*: a) Neben-, Zwischenhandlung *f* (*im Drama etc.*), eingeflochtene Erzählung, b) (Neben)Ereignis *n*, Vorfall *m*, Erlebnis *n*, c) ♪ Zwischenspiel *n*; **ep·i·sod·ic**, **ep·i·sod·i·cal** [ˌepɪ'sɒdɪk(l)] *adj.* □ epi'sodisch.
e·pis·te·mol·o·gy [eˌpɪstɪ:'mɒlədʒɪ] *s. phls.* Er'kenntnistheoˌrie *f.*
e·pis·tle [ɪ'pɪsl] *s.* **1.** E'pistel *f*, Sendschreiben *n*; **2.** ♀ a) *bibl.* (*Römer- etc.*) Brief *m*, b) *eccl.* E'pistel *f* (*Auszug aus* a); **3.** E'pistel *f*, (*bsd.* langer) Brief;

e'pis·to·lar·y [-stələrı] *adj.* Brief...

ep·i·style ['epıstaıl] *s.* △ Epi'styl *n*, Tragbalken *m*.

ep·i·taph ['epıtɑ:f] *s.* **1.** Epi'taph *n*, Grabschrift *f*; **2.** Totengedicht *n*.

ep·i·the·li·um [ˌepı'θi:ljəm] *pl.* **-ums** *od.* **-a** [-ə] *s. anat.* Epi'thel *n*.

ep·i·thet ['epıθet] *s.* **1.** E'pitheton *n*, Beiwort *n*, Attri'but *n*; **2.** Beiname *m*.

e·pit·o·me [ı'pıtəmı] *s.* **1.** Auszug *m*, Abriß *m*, (kurze) Inhaltsangabe *od.* Darstellung: ***in ~*** a) auszugsweise, b) in gedrängter Form; **2.** *fig.* (***of***) a) kleines Gegenstück (zu), Minia'tur *f* (*gen.*), b) Verkörperung *f* (*gen.*); **e'pit·o·mize** [-maız] *v/t.* e-n Auszug machen aus, *et.* kurz darstellen *od.* ausdrücken.

ep·i·zo·on [ˌepı'zəʊɒn] *pl.* **-a** [-ə] *s. zo.* Epi'zoon *n*; **ep·i·zo·ot·ic** [ˌepızəʊ'ɒtık] *s. vet.* Epizoo'tie *f* (*Tierseuche*).

e·poch ['i:pɒk] *s.* **1.** E'poche *f* (*a. geol. u. ast.*), Zeitalter *n*, -abschnitt *m*: ***this marks an ~*** dies ist ein Markstein *od.* Wendepunkt (*in der Geschichte*); **ep·och·al** ['epɒkl] *adj.* epo'chal: a) Epochen..., b) → **'e·poch-ˌmak·ing** *adj.* e'pochemachend, bahnbrechend.

ep·o·nym ['epəʊnım] *s.* Epo'nym *n* (*Gattungsbezeichnung, die auf e-n Personennamen zurückgeht*).

ep·o·pee ['epəʊpi:] *s.* **1.** → ***epos***; **2.** epische Dichtung.

ep·os ['epɒs] *s.* **1.** Epos *n*, Heldengedicht *n*; **2.** (*mündlich überlieferte*) epische Dichtung.

Ep·som salt ['epsəm] *s.*, *oft pl. sg. konstr.* Epsomer Bittersalz *n*.

eq·ua·bil·i·ty [ˌekwə'bılətı] *s.* **1.** Gleichmäßigkeit *f*; **2.** Gleichmut *m*; **eq·ua·ble** ['ekwəbl] *adj.* □ **1.** gleichförmig, -mäßig; **2.** ausgeglichen, gleichmütig, gelassen.

e·qual ['i:kwəl] **I** *adj.* □ → ***equally***; **1.** gleich: ***be ~ to*** gleich sein, gleichen (*dat.*) (→ *a.* 2); ***of ~ size***, ***~ in size*** gleich groß; ***with ~ courage*** mit demselben Mut; ***not ~ to*** geringer als; ***other things being ~*** unter sonst gleichen Umständen; **2.** entsprechend: ***~ to the demand***; ***be ~ to*** gleichkommen (*dat.*); → 1; ***~ to new*** wie neu; **3.** fähig, im'stande, gewachsen: ***~ to do*** fähig zu tun; ***~ to a task*** (***the occasion***) e-r Aufgabe (der Sache) gewachsen; **4.** aufgelegt, geneigt (***to*** *dat. od.* zu): ***~ to a cup of tea*** e-r Tasse Tee nicht abgeneigt; **5.** gleichmäßig; **6.** gleichberechtigt, -wertig, ebenbürtig: ***on ~ terms*** a) unter gleichen Bedingungen, b) auf gleicher Stufe stehend (***with*** mit); ***~ opportunities*** Chancengleichheit *f*; ***~ rights for women*** Gleichberechtigung *f* der Frau; **7.** gleichmütig, gelassen: ***~ mind*** Gleichmut *m*; **II** *s.* **8.** Gleichgestellte(r *m*) *f*, Ebenbürtige(r *m*) *f*: ***your ~s*** deinesgleichen; ***~s in age*** Altersgenossen; ***he has no ~***, ***he is without ~*** er hat nicht *od.* sucht seinesgleichen; ***be the ~ of s.o.*** j-m ebenbürtig sein; **III** *v/t.* **9.** gleichen (*dat.*), gleichkommen (***in an*** *dat.*): ***not to be ~(l)ed*** ohnegleichen (sein).

e·qual·i·tar·i·an [ıˌkwɒlı'teərıən] *etc.* → ***egalitarian*** *etc.*

e·qual·i·ty [i:'kwɒlətı] *s.* Gleichheit *f*: ***~ (of rights)*** Gleichberechtigung *f*; ***~ of opportunity*** Chancengleichheit *f*; ***~ of votes*** Stimmengleichheit *f*; ***be on an ~ with*** a) auf gleicher Stufe stehen mit (*j-m*), b) gleichbedeutend sein mit (*et.*); ***~ sign***, ***sign of ~*** ⩚ Gleichheitszeichen *n*; **e·qual·i·za·tion** [ˌi:kwəlaı'zeıʃn] *s.* **1.** Gleichstellung *f*, -machung *f*; **2.** *bsd.* ✝ Ausgleich(ung *f*) *m*: ***~ fund*** Ausgleichsfonds *m*; **3.** a) ⚙ Abgleich *m*, b) ϟ, *phot.* Entzerrung *f*.

e·qual·ize ['i:kwəlaız] **I** *v/t.* **1.** gleichmachen, -stellen, -setzen, angleichen; **2.** ausgleichen, kompensieren; **3.** a) ⚙ abgleichen, b) ϟ, *phot.* entzerren; **II** *v/i.* **4.** *sport* ausgleichen, den Ausgleich erzielen; **'e·qual·iz·er** [-zə] *s.* **1.** ⚙ Stabili'sator *m*; **2.** ϟ Entzerrer *m*; **3.** *sport* Ausgleichstreffer *m od.* -punkt *m*; **4.** *sl.* Schießeisen *n*; **'e·qual·ly** [-əlı] *adv.* ebenso, gleich(ermaßen), in gleicher Weise.

e·qua·nim·i·ty [ˌekwə'nımətı] *s.* Gleichmut *m*, Gelassenheit *f*.

e·quate [ı'kweıt] **I** *v/t.* **1.** ausgleichen; **2.** *j-n, et.* gleichstellen, -setzen (***to***, ***with*** *dat.*); **3.** ⩚ in die Form e-r Gleichung bringen; **4.** als gleich(wertig) ansehen *od.* behandeln; **II** *v/i.* **5.** gleichen, entsprechen (***with*** *dat.*); **e'quat·ed** [-tıd] *adj.* ✝ Staffel...: ***~ calculation of interest*** Staffelzinsrechnung *f*; **e'qua·tion** [-eıʃn] *s.* **1.** Ausgleich *m*; **2.** Gleichheit *f*; **3.** ⩚, ⚗, *ast.* Gleichung *f*: ***~ formula*** Gleichungsformel *f*; **4.** *sociol.* Ge'samtkomˌplex *m* der Fak'toren u. Mo'tive menschlichen Verhaltens; **e'qua·tor** [-tə] *s.* Ä'quator *m*; **e·qua·to·ri·al** [ˌekwə'tɔ:rıəl] *adj.* □ äquatori'al.

eq·uer·ry ['ekwərı; ı'kwerı] *s. Brit.* **1.** königlicher Stallmeister; **2.** per'sönlicher Diener (*e-s Mitglieds der königlichen Familie*).

e·ques·tri·an [ı'kwestrıən] **I** *adj.* Reit(er)...: ***~ sports*** Reitsport *m*; ***~ statue*** Reiterstandbild *n*; **II** *s.* (Kunst)Reiter (-in).

equi- [i:kwı] *in Zssgn* gleich.

ˌe·quiˈ'an·gu·lar *adj.* ⩚ gleichwink(e)lig; **ˌ~'dis·tant** *adj.* □ gleich weit entfernt, in gleichem Abstand (***from*** von); **ˌ~'lat·er·al** *bsd.* ⩚ **I** *adj.* gleichseitig: ***~ triangle***; **II** *s.* gleichseitige Fi'gur.

e·qui·li·brate [ˌi:kwı'laıbreıt] *v/t.* **1.** ins Gleichgewicht bringen (*a. fig.*); **2.** ⚙ auswuchten; **3.** ϟ abgleichen; **e·qui·li·bra·tion** [ˌi:kwılaı'breıʃn] *s.* **1.** Gleichgewicht *n*; **2.** Herstellung *f* des Gleichgewichts; **e·quil·i·brist** [i:'kwılıbrıst] *s.* Äquili'brist(in), *bsd.* Seiltänzer(in); **ˌe·qui'lib·ri·um** [-'lıbrıəm] *s. phys.* Gleichgewicht *n* (*a. fig.*), Ba'lance *f*.

e·quine ['i:kwaın] *adj.* Pferde...

e·qui·noc·tial [ˌi:kwı'nɒkʃl] **I** *adj.* **1.** Äquinoktial..., die Tagund'nachtgleiche betreffend: ***~ point*** → ***equinox*** 2; **II** *s.* **2.** *a.* ***~ circle*** *od.* ***line*** 'Himmelsäˌquator *m*; **3.** *pl.* → ***~ gale*** *s.* Äquinokti'alsturm *m*.

e·qui·nox ['i:kwınɒks] *s.* **1.** Äqui'noktium *n*, Tagund'nachtgleiche *f*: ***vernal ~*** Frühlingsäquinoktium; **2.** Äquinokti'alpunkt *m*.

e·quip [ı'kwıp] *v/t.* **1.** ausrüsten, -statten (***with*** mit) (*a.* ⚙, ⚔, ⚓), *Klinik etc.* einrichten; **2.** *fig.* ausrüsten (***with*** mit), *j-m* das (geistige) Rüstzeug geben (***for*** für); **eq·ui·page** ['ekwıpıdʒ] *s.* **1.** Ausrüstung *f* (*a.* ⚔, ⚓); **2.** *obs.* Gebrauchsgegenstände *pl.*; **3.** Equi'page *f*, Kutsche *f*; **e'quip·ment** [-mənt] *s.* **1.** ⚔, ⚓ Ausrüstung *f*; **2.** a) *a.* ⚙ Ausrüstung *f*, -stattung *f*, b) *mst pl.* Ausrüstung(sgegenstände *pl.*) *f*, Materi'al *n*, c) ⚙ Einrichtung *f*, (Betriebs)Anlage(n *pl.*) *f*, Ma'schine(n *pl.*) *f*, Gerät *n*, Appara'tur *f*, d) 🚃 *Am.* rollendes Materi'al; **3.** *fig.* (geistiges) Rüstzeug.

e·qui·poise ['ekwıpɔız] **I** *s.* **1.** Gleichgewicht *n* (*a. fig.*); **2.** *fig.* Gegengewicht *n* (***to*** zu); **II** *v/t.* **3.** im Gleichgewicht halten; **4.** ein Gegengewicht bilden zu.

eq·ui·ta·ble ['ekwıtəbl] *adj.* □ **1.** gerecht, (recht u.) billig; **2.** 'unparˌteiisch; **3.** ⚖ a) auf dem Billigkeitsrecht beruhend, b) billigkeitsgerichtlich: ***~ mortgage*** ✝ Hypothek *f* nach dem Billigkeitsrecht; **'eq·ui·ta·ble·ness** [-nıs] → ***equity*** 1; **'eq·ui·ty** [-tı] *s.* **1.** Billigkeit *f*, Gerechtigkeit *f*, 'Unparˌteilichkeit *f*: ***in ~*** billiger-, gerechterweise; **2.** ⚖ a) (*ungeschriebenes*) Billigkeitsrecht: ***Court of ♀*** Billigkeitsgericht *n*, b) Anspruch *m* nach dem Billigkeitsrecht; **3.** ⚖ Wert *m* nach Abzug aller Belastungen, reiner Wert (*e-s Hauses etc.*); **4.** ✝ a) *a.* ***~ capital*** Eigenkapital *n* (*e-r Gesellschaft*), b) *a.* ***~ security*** Dividendenpapier *n*; **5.** ♀ *Brit.* Gewerkschaft *f* der Schauspieler.

e·quiv·a·lence [ı'kwıvələns] *s.* Gleichwertigkeit *f* (*a.* ⚗); **e'quiv·a·lent** [-nt] **I** *adj.* □ **1.** gleichwertig, -bedeutend, entsprechend: ***be ~ to*** gleichkommen, entsprechen (*dat.*), den gleichen Wert haben wie; **2.** ⚗, ⩚ gleichwertig, äquiva'lent; **II** *s.* **3.** Gegenwert *m* (***of*** von *od. gen.*); gleiche Menge; **4.** Gegen-, Seitenstück *n* (***of***, ***to*** zu); **5.** *genaue* Entsprechung, Äquiva'lent.

e·quiv·o·cal [ı'kwıvəkl] *adj.* □ **1.** zweideutig, doppelsinnig; **2.** ungewiß, zweifelhaft; **3.** fragwürdig, verdächtig; **e'quiv·o·cal·ness** [-nıs] *s.* Zweideutigkeit *f*; **e'quiv·o·cate** [-keıt] *v/i.* zweideutig reden, Worte verdrehen; Ausflüchte machen; **e·quiv·o·ca·tion** [ıˌkwıvə'keıʃn] *s.* Zweideutigkeit *f*; Ausflucht *f*; Wortverdrehung *f*; **e'quiv·o·ca·tor** [-keıtə] *s.* Wortverdreher(in).

e·ra ['ıərə] *s.* Ära *f*: a) Zeitrechnung *f*, b) E'poche *f*, Zeitalter *n*: ***mark an ~*** e-e Epoche einleiten.

e·rad·i·ca·ble [ı'rædıkəbl] *adj.* ausrottbar, auszurotten(d); **e'rad·i·cate** [-keıt] *v/t. mst fig.* ausrotten; **e·rad·i·ca·tion** [ıˌrædı'keıʃn] *s.* Ausrottung *f*.

e·rase [ı'reız] *v/t.* **1.** a) *Farbe etc.* ab-, auskratzen, b) *Schrift etc.* ausstreichen, -radieren, *a. Tonbandaufnahme* löschen: ***erasing head*** Löschkopf *m*; **2.** *fig.* auslöschen, (aus)tilgen (***from*** aus): ***~ from one's memory*** aus dem Gedächtnis löschen; **3.** a) vernichten, auslöschen, b) *Am. sl.* ‚kaltmachen' (*töten*); **e'ras·er** [-zə] *s.* **1.** Radiermesser *n*; **2.** Radiergummi *m*; **e·ra·sion** [ı'reıʒn] *s.* **1.** → ***erasure***; **2.** ⚕ Auskratzung *f*; **e·ra·sure** [ı'reıʒə] *s.* **1.** Ausradierung *f*, Tilgung *f*, Löschung *f*; **2.** ausradierte *od.* gelöschte Stelle.

ere [eə] *poet.* **I** *cj.* ehe, bevor; **II** *prp.* vor: ***~ long*** bald; ***~ this*** schon vorher; ***~ now*** vordem, bislang.

e·rect [ı'rekt] **I** *v/t.* **1.** aufrichten, -stellen; **2.** *Gebäude etc.* errichten, bauen; **3.** ⚙ aufstellen, montieren; **4.** *fig. Theorie* aufstellen; **5.** ⚖ einrichten, gründen; **6.** *das Lot, e-e Senkrechte* fällen, errichten; **II** *adj.* ☐ **7.** aufgerichtet, aufrecht: ***with head ~*** erhobenen Hauptes; ***stand ~(ly)*** geradestehen, *fig.* standhaft bleiben; **8.** *physiol.* erigiert (*Penis*); **9.** zu Berge stehend, sich sträubend (*Haare*); **e'rec·tile** [-taɪl] *adj.* **1.** aufrichtbar; **2.** aufgerichtet; **3.** *physiol.* erek'til, Schwell...: ***~ tissue***; **e'rect·ing** [-tɪŋ] *s.* **1.** ⚙ Aufbau *m*, Mon'tage *f*; **2.** *opt.* 'Bild,umkehrung *f*; **e'rec·tion** [-kʃn] *s.* **1.** Auf-, Errichtung *f*, Aufführung *f*; **2.** Bau *m*, Gebäude *n*; **3.** ⚙ Mon'tage *f*; **4.** *physiol.* Erekti'on *f*; **5.** ⚖ Gründung *f*; **e'rect·ness** [-nɪs] *s.* **1.** aufrechte Haltung (*a. fig.*); **2.** *a. fig.* Geradheit *f*; **e'rec·tor** [-tə] *s.* **1.** Erbauer *m*; **2.** *anat.* E'rektor *m*, Aufrichtmuskel *m*.

er·e·mite ['erɪmaɪt] *s.* Ere'mit *m*, Einsiedler *m*.

erg [ɜ:g], **er·gon** ['ɜ:gɒn] *s. phys.* Erg *n*, Ener'gieeinheit *f*.

er·go·nom·ics [ˌɜ:gəʊ'nɒmɪks] *s. pl. sg. konstr. sociol.* Ergono'mie *f*, Ergo'nomik *f* (*Lehre von den Leistungsmöglichkeiten des Menschen*).

er·got ['ɜ:gət] *s.* ⚘ Mutterkorn *n*.

er·i·ca ['erɪkə] *s.* ⚘ Erika *f*.

Er·in ['ɪərɪn] *npr. poet.* Erin *n*, Irland *n*.

er·mine ['ɜ:mɪn] *s.* **1.** *zo.* Herme'lin *n* (*a. her.*); **2.** Herme'lin(pelz) *m*.

erne, *Am. a.* **ern** [ɜ:] *s. orn.* Seeadler *m*.

e·rode [ɪ'rəʊd] *v/t.* **1.** an-, zer-, wegfressen; **2.** *geol.* erodieren, auswaschen; **3.** ⚙ *u. fig.* verschleißen; **4.** *fig.* aushöhlen, unter'graben.

er·o·gen·ic [ˌerəʊ'dʒenɪk], **e·rog·e·nous** [ɪ'rɒdʒɪnəs] *adj. physiol.* ero'gen: ***~ zone***.

e·ro·sion [ɪ'rəʊʒn] *s.* **1.** Zerfressen *n*; **2.** *geol.* Erosi'on *f*, Auswaschung *f*; Verwitterung *f*; **3.** ⚙ Verschleiß *m*, Abnützung *f*, Schwund *m*; **4.** *fig.* Aushöhlung *f*; **e'ro·sive** [-əʊsɪv] *adj.* ätzend, zerfressend.

e·rot·ic [ɪ'rɒtɪk] **I** *adj.* (☐ ***~ally***) e'rotisch; **II** *s.* E'rotiker(in); **e'rot·i·ca** [-kə] *pl.* E'rotika *pl.*; **e'rot·i·cism** [-ɪsɪzəm] *s.* E'rotik *f*.

err [ɜ:] *v/i.* **1.** (sich) irren: ***~ on the safe side, ~ on the side of caution*** übervorsichtig sein; ***to ~ is human*** Irren ist menschlich; **2.** falsch sein, fehlgehen (*Urteil*); **3.** (mo'ralisch) auf Abwege geraten.

er·rand ['erənd] *s.* Botengang *m*, Auftrag *m*: ***go on*** (*od.* ***run***) ***an ~*** e-n (Boten)Gang *od.* e-e Besorgung machen, e-n Auftrag ausführen; **'~-boy** *s.* Laufbursche *m*.

er·rant ['erənt] *adj.* **1.** um'herziehend, (-)wandernd, fahrend: ***~ knight***; **2.** *fig.* a) fehlgeleitet, auf Ab- *od.* Irrwegen, b) abtrünnig, fremdgehend (*Ehepartner*); **'er·rant·ry** [-trɪ] **1.** Um'herziehen *n*; **2.** *hist.* fahrendes Rittertum.

er·ra·ta [e'rɑ:tə] → ***erratum***.

er·rat·ic [ɪ'rætɪk] *adj.* (☐ ***~ally***) **1.** (um'her)wandernd, (-)ziehend; **2.** *geol.*, ⚕ er'ratisch: ***~ block, ~ boulder*** erratischer Block, Findling *m*; **3.** ungleich-, unregelmäßig, regel-, ziellos; **4.** unstet, unberechenbar, sprunghaft.

er·ra·tum [e'rɑ:təm] *pl.* **-ta** [-tə] *s.* **1.** Druckfehler *m*; **2.** *pl.* Druckfehlerverzeichnis *n*, Er'rata *pl.*

err·ing ['ɜ:rɪŋ] *adj.* ☐ **1.** → ***erroneous***; **2.** a) irrend, sündig, b) → ***errant*** 2.

er·ro·ne·ous [ɪ'rəʊnjəs] *adj.* ☐ irrig, irrtümlich, unrichtig, falsch; **er'ro·ne·ous·ly** [-lɪ] *adv.* irrtümlicherweise, fälschlich, aus Versehen.

er·ror ['erə] *s.* **1.** Irrtum *m*, Fehler *m*, Versehen *n*: ***in ~*** irrtümlicherweise; ***be in ~*** sich irren; ***~s*** (***and omissions***) ***excepted*** ✝ Irrtümer (u. Auslassungen) vorbehalten; ***~ of omission*** Unterlassungssünde *f*; ***~ of judg(e)ment*** Trugschluß *m*, irrige Ansicht, falsche Beurteilung; **2.** , *ast.* Fehler *m*, Abweichung *f*; ***~ rate*** Fehlerquote *f*; ***~ in range*** *a.* ⚔ Längenabweichung; **3.** ⚖ a) Tatsachen- *od.* Rechtsirrtum *m*: ***~ in law*** (***in fact***), b) Formfehler *m*, Verfahrensmangel *m*: ***writ of ~*** Revisionsbefehl *m*; **4.** Fehltritt *m*, Vergehen *n*.

er·satz ['eəzæts] (*Ger.*) **I** *s.* Ersatz(stoff) *m*; **II** *adj.* Ersatz...

Erse [ɛ:s] *ling.* **I** *adj.* **1.** gälisch; **2.** irisch; **II** *s.* **3.** Gälisch *n*; **4.** Irisch *n*.

erst·while ['ɜ:stwaɪl] **I** *adv.* ehedem, früher; **II** *adj.* ehemalig, früher.

e·ruc·tate [ɪ'rʌkteɪt] *v/i.* aufstoßen, rülpsen; **e·ruc·ta·tion** [ˌi:rʌk'teɪʃn] *s.* Aufstoßen *n*, Rülpsen *n*.

er·u·dite ['eru:daɪt] *adj.* ☐ gelehrt (*a. Abhandlung etc.*), belesen; **er·u·di·tion** [ˌeru:'dɪʃn] *s.* Gelehrsamkeit *f*, Belesenheit *f*.

e·rupt [ɪ'rʌpt] *v/i.* **1.** ausbrechen (*Vulkan, a. Ausschlag, Streit etc.*); **2.** *geol.* her'vorbrechen, eruptieren (*Lava etc.*); **3.** 'durchbrechen (*Zähne*); **4.** plötzlich auftauchen: ***~ into the room*** ins Zimmer platzen; **5.** *fig.* (zornig) losbrechen, ‚explodieren'; **e'rup·tion** [-pʃn] *s.* **1.** Ausbruch *m* (*e-s Vulkans, Streits etc.*); **2.** Her'vorbrechen *n*, *geol.* Erupti'on *f*; **3.** 'Durchbruch *m* (*der Zähne*); **4.** ⚕ Erupti'on *f*: a) Ausbruch *m e-s Ausschlags*, b) Ausschlag *m*; **5.** (Wut-*etc.*)Ausbruch *m*; **e'rup·tive** [-tɪv] *adj.* ☐ **1.** *geol.* erup'tiv: ***~ rock*** Eruptivgestein; **2.** ⚕ von Ausschlag begleitet.

er·y·sip·e·las [ˌerɪ'sɪpɪləs] *s.* ⚕ (Wund-)Rose *f*; **ˌer·y'sip·e·loid** [-lɔɪd] *s.* ⚕ (Schweine)Rotlauf *m*.

es·ca·lade [ˌeskə'leɪd] ⚔ *hist.* **I** *s.* Eska'lade *f*, Mauerersteigung *f* (*mit Leitern*), Erstürmung *f*; **II** *v/t.* mit Sturmleitern ersteigen.

es·ca·late ['eskəleɪt] **I** *v/t.* **1.** *Krieg etc.* eskalieren (*stufenweise verschärfen*); **2.** *Erwartungen, Preise etc.* höherschrauben; **II** *v/i.* **3.** eskalieren; **4.** steigen, in die Höhe gehen (*Preise etc.*); **es·ca·la·tion** [ˌeskə'leɪʃn] *s.* **1.** ⚔, *pol.* Eskalati'on *f*; **2.** ✝ *Am.* Anpassung *f* der Löhne *od.* Preise an gestiegene (Lebenshaltungs)Kosten; **'es·ca·la·tor** ['eskəleɪtə] *s.* **1.** Rolltreppe *f*; **2.** *a.* ***~ clause*** ✝ (Preis-, Lohn)Gleitklausel *f*.

es·ca·lope ['eskələʊp] *s.* (*bsd.* Wiener) Schnitzel *n*.

es·ca·pade [ˌeskə'peɪd] *s.* Eska'pade *f*: a) toller Streich, b) ‚Seitensprung' *m*.

es·cape [ɪ'skeɪp] **I** *v/t.* **1.** *j-m* entfliehen, -kommen, -rinnen; **2.** *e-r Sache* entgehen, -rinnen, *et.* vermeiden: ***he just ~d being killed*** er entging knapp dem Tode; ***I cannot ~ the impression*** ich kann mich des Eindrucks nicht erwehren; **3.** *fig. j-m* entgehen, über'sehen *od.* nicht verstanden werden von *j-m*: ***that fact ~d me*** diese Tatsache entging mir; ***the sense ~s me*** der Sinn leuchtet mir nicht ein; ***it ~d my notice*** ich bemerkte es nicht; **4.** (*dem Gedächtnis*) entfallen: ***his name ~s me*** sein Name ist mir entfallen; **5.** entfahren, -schlüpfen: ***an oath ~d him***; **II** *v/i.* **6.** (***from***) (ent)fliehen, entkommen, -rinnen, -laufen, -wischen, -weichen (aus, von), flüchten, ausbrechen (aus); **7.** (*oft* ***from***) sich retten (vor *dat.*), (ungestraft *od.* mit dem Leben) da'vonkommen; **8.** a) ausfließen, b) entweichen, ausströmen (*Gas etc.*); **III** *s.* **9.** Entrinnen *n*, -weichen *n*, -kommen *n*, Flucht *f* (***from*** aus, von): ***have a narrow ~*** mit knapper Not davon- *od.* entkommen; ***that was a narrow ~!*** das war knapp!, das hätte ins Auge gehen können!; ***make one's ~*** entkommen, sich aus dem Staub machen; **10.** Rettung *f* (***from*** vor *dat.*): (***way of***) ***~*** Ausweg *m*; **11.** Fluchtmittel *n*; → ***fire escape***; **12.** Ausströmen *n*, Entweichen *n*; **13.** *fig.* (Mittel *n* der) Entspannung *f od.* Zerstreuung *f*, Unter'haltung *f*: ***~ reading*** Unterhaltungslektüre *f*; **~ art·ist** *s.* **1.** Entfesselungskünstler *m*; **2.** Ausbrecherkönig *m*; **~ car** *s.* Fluchtwagen *m*; **~ chute** *s.* ✈ Notrutsche *f*; **~ clause** *s.* Befreiungsklausel *f*.

es·ca·pee [ˌeskeɪ'pi:] *s.* entwichener Strafgefangener, Ausbrecher *m*.

es·cape| hatch *s.* **1.** a) ⚓ Notluke *f*, b) ✈ Notausstieg *m*; **2.** *fig.* ‚Schlupfloch' *n*; **~ mech·a·nism** *s. psych.* 'Abwehrmechaˌnismus *m*.

es·cape·ment [ɪ'skeɪpmənt] *s.* **1.** Hemmung *f* (*der Uhr*); **2.** Vorschub *m* (*der Schreibmaschine*); **~ wheel** *s.* **1.** Hemmungsrad *n* (*der Uhr*); **2.** Schaltrad *n* (*der Schreibmaschine*).

es·cape| pipe *s.* **1.** Abflußrohr *n*; **2.** Abzugsrohr *n* (*für Gase*); **~-proof** *adj.* ausbruchssicher; **~ route** *s.* Fluchtweg *m*; **~ shaft** *s.* Rettungsschacht *m*; **~ valve** *s.* 'Sicherheitsvenˌtil *n*.

es·cap·ism [ɪs'keɪpɪzəm] *s. psych.* Eska'pismus *m*, Wirklichkeitsflucht *f*; **es·cap·ist** [ɪ'skeɪpɪst] **I** *s.* j-d, der vor der Reali'tät zu fliehen sucht; **II** *adj.* eska'pistisch, *weitS.* Zerstreuungs.., Unterhaltungs...: ***~ literature***.

es·ca·pol·o·gist [ˌeskeɪ'pɒlədʒɪst] *s.* **1.** → ***escape artist*** 1; **2.** *j-d, der sich immer wieder geschickt herauswindet*.

es·carp·ment [ɪ'skɑ:pmənt] *s.* **1.** ⚔ Böschung *f*; **2.** *geol.* Steilabbruch *m*.

es·cha·to·log·i·cal [ˌeskətə'lɒdʒɪkl] *adj. eccl.* eschato'logisch; **es·cha·tol·o·gy** [ˌeskə'tɒlədʒɪ] *s.* Eschatolo'gie *f*.

es·cheat [ɪs'tʃi:t] ⚖ **I** *s.* **1.** Heimfall *m* (*an den Staat*); **2.** Heimfallsgut *n*; **3.** Heimfallsrecht *n*; **II** *v/i.* **4.** an'heimfallen; **III** *v/t.* **5.** (als Heimfallsgut) einziehen.

es·chew [ɪs'tʃu:] *v/t. et.* (ver)meiden, scheuen, sich enthalten (*gen.*).

es·cort I *s.* ['eskɔ:t] **1.** ⚔ Es'korte *f*, Bedeckung *f*, Begleitmannschaft *f*; **2.** a) ✈, ⚓ Geleit(schutz *m*) *n*, b) *a.* ***~ vessel*** ⚓ Geleitschiff *n*: ***~ fighter*** ✈ Begleitjäger *m*; **3.** *fig.* a) Geleit *n*,

Schutz *m*, b) Begleitung *f*, Gefolge *n*, c) Begleiter(in): **~ agency** Begleitagentur *f*; **II** *v/t.* [ɪˈskɔːt] **4.** ⚔ eskortieren; **5.** ✈, ⚓ Geleit(schutz) geben (*dat.*); **6.** *fig.* a) geleiten, b) begleiten.

es·cri·toire [ˌeskriːˈtwɑː] (*Fr.*) *s.* Schreibpult *n*.

es·crow [eˈskrəʊ] *s.* ⚖ *bei e-m Dritten* (*als Treuhänder*) *hinterlegte Vertragsurkunde, die erst bei Erfüllung e-r Bedingung in Kraft tritt.*

es·cutch·eon [ɪˈskʌtʃən] *s.* **1.** Wappen (-schild *m*) *n*: **a blot on his ~** *fig.* ein Fleck auf s-r (weißen) Weste; **2.** ⚙ a) (Deck)Schild *n* (*e-s Schlosses*), b) Abdeckung *f* (*e-s Schalters*); **3.** *zo.* Spiegel *m*, Schild *m*.

Es·ki·mo [ˈeskɪməʊ] *pl.* **-mos** *s.* **1.** Eskimo *m*; **2.** Eskimosprache *f*.

e·soph·a·gus [iːˈsɒfəgəs] → **oesophagus**.

es·o·ter·ic [ˌesəʊˈterɪk] *adj.* (☐ **~ally**) esoˈterisch: a) *phls.* nur für Eingeweihte bestimmt, b) geheim, priˈvat.

es·pal·ier [ɪˈspæljə] *s.* **1.** Spaˈlier *n*; **2.** Spaˈlierbaum *m*.

es·pe·cial [ɪˈspeʃl] *adj.* ☐ besonder: a) herˈvorragend, b) Haupt…, hauptsächlich, speziˈell; **es·pe·cial·ly** [ɪˈspeʃəlɪ] *adv.* besonders, hauptsächlich: **more ~** ganz besonders.

Es·pe·ran·tist [ˌespəˈræntɪst] *s. ling.* Esperanˈtist(in); **Es·pe·ran·to** [ˌespəˈræntəʊ] *s.* Espeˈranto *n*.

es·pi·o·nage [ˌespɪəˈnɑːʒ] *s.* Spioˈnage *f*: **industrial ~** Werkspionage.

es·pla·nade [ˌespləˈneɪd] *s.* **1.** Esplaˈnade *f* (*a.* ⚔ *hist.*), großer freier Platz; **2.** (*bsd.* ˈStrand)Promeˌnade *f*.

es·pous·al [ɪˈspaʊzl] *s.* **1.** (**of**) Eintreten *n*, Parˈteinahme *f* (für); Annahme *f* (*gen.*); **2.** *pl. obs.* a) Vermählung *f*, b) Verlobung *f*; **es·pouse** [ɪˈspaʊz] *v/t.* **1.** Parˈtei ergreifen für, eintreten für, sich *e-r Sache* verschreiben, *e-n Glauben* annehmen; **2.** *obs.* a) sich vermählen mit, zur Frau nehmen, b) (**to**) zur Frau geben (*dat.*), c) (**o.s.** sich) verloben (**to** mit).

es·pres·so [eˈspresəʊ] (*Ital.*) *s.* **1.** Esˈpresso *m*; **2.** Esˈpressomaˌschine *f*; **~ bar**, **~ ca·fé** *s.* Esˈpresso(bar *f*) *n*.

es·prit [ˈespriː] (*Fr.*) *s.* Esˈprit *m*, Geist *m*, Witz *m*; **~ de corps** [ˌespriːdəˈkɔː] (*Fr.*) *s.* Korpsgeist *m*.

es·py [ɪˈspaɪ] *v/t.* erspähen.

Es·qui·mau [ˈeskɪməʊ] *pl.* **-maux** [-məʊz] → **Eskimo**.

es·quire [ɪˈskwaɪə] *s.* **1.** *Brit. obs.* → **squire** 1; **2.** *abbr.* **Esq.** (*ohne Mr.*, *Dr. etc. auf Briefen dem Namen nachgestellt*): **John Smith, Esq.** Herrn John Smith.

ess [es] *s.* **1.** S *n*, s *n*; **2.** S-Form *f*.

es·say I *s.* [ˈeseɪ] **1.** Essay *m, n*, Abhandlung *f*, Aufsatz *m*; **2.** Versuch *m*; **II** *v/t. u. v/i.* [eˈseɪ] **3.** versuchen; **ˈes·say·ist** [-ɪst] *s.* Essayˈist(in).

es·sence [ˈesns] *s.* **1.** *phls.* a) Esˈsenz *f*, Wesen *n*, b) Subˈstanz *f*, absoˈlutes Sein; **2.** *fig.* Esˈsenz *f*, *das* Wesentliche, Kern *m*: **of the ~** von entscheidender Bedeutung; **3.** Esˈsenz *f*, Exˈtrakt *m*.

es·sen·tial [ɪˈsenʃl] **I** *adj.* ☐ → **essentially**; **1.** wesentlich; **2.** wichtig, unentbehrlich, erforderlich; lebenswichtig: **~ goods**; **3.** ⚗ äˈtherisch: **~ oil**; **II** *s.* **mst** *pl.* **4.** *das* Wesentliche *od.* Wichtigste, Hauptsache *f*; wesentliche Punkte *pl.*; unentbehrliche Sache *od.* Perˈson; **es·sen·ti·al·i·ty** [ɪˌsenʃɪˈælətɪ] → **essential** 4; **esˈsen·tial·ly** [-lɪ] *adv.* im wesentlichen, eigentlich, in der Hauptsache; in hohem Maße.

es·tab·lish [ɪˈstæblɪʃ] *v/t.* **1.** ein-, errichten, gründen; einführen; *Regierung* bilden; *Gesetz* erlassen; *Rekord*, *Theorie* aufstellen; ✝ *Konto* eröffnen; **2.** *j-n* einsetzen, ˈunterbringen; ✝ etablieren: **~ o.s.** sich niederlassen *od.* einrichten, ✝ *u. fig.* sich etablieren; **3.** *Kirche* verstaatlichen; **4.** feststellen, festsetzen; *s-e Identität etc.* nachweisen; **5.** Geltung verschaffen (*dat.*); *Forderung*, *Ansicht* ˈdurchsetzen; *Ordnung* schaffen; **6.** *Verbindung* herstellen; **7.** begründen: **~ one's reputation** sich e-n Namen machen; **es·tab·lished** [ɪˈstæblɪʃt] *adj.* **1.** bestehend; **2.** feststehend, festbegründet, unzweifelhaft; **3.** planmäßig (*Beamter*): **the ~ staff** das Stammpersonal; **4.** ♀ **Church** Staatskirche *f*; **es·tab·lish·ment** [ɪˈstæblɪʃmənt] *s.* **1.** Er-, Einrichtung *f*; Einsetzung *f*; Gründung *f*, Einführung *f*, Schaffung *f*; **2.** Feststellung *f*, -setzung *f*; **3.** (*großer*) Haushalt; ✝ Unterˈnehmen *n*, Firma *f*: **keep a large ~** a) ein großes Haus führen, b) ein bedeutendes Unternehmen leiten; **4.** Anstalt *f*, Instiˈtut *n*; **5.** organisierte Körperschaft: **civil ~** Beamtenschaft *f*; **military ~** stehendes Heer; **naval ~** Flotte *f*; **6.** festes Persoˈnal, Persoˈnal- *od.* ⚔ Mannschaftsbestand *m*; Sollstärke *f*: **peace ~** Friedensstärke; **war ~** Kriegsstärke; **7.** Staatskirche *f*; **8. the** ♀ das Establishment (*etablierte Macht*, *herrschende Schicht*, *konventionelle Gesellschaft*).

es·tate [ɪˈsteɪt] *s.* **1.** Stand *m*, Klasse *f*, Rang *m*: **the Three** ♀**s** (**of the Realm**) *Brit.* die drei (*gesetzgebenden*) Stände; **third ~** *Fr. hist.* dritter Stand, Bürgertum *n*; **fourth ~** *humor.* Presse *f*; **2.** *obs.* (Zu)Stand *m*: **man's ~** *bibl.* Mannesalter; **3.** ⚖ a) Besitz *m*, Vermögen *n*; → **personal** 1, **real** 3, b) (Konˈkurs- *etc.*)Masse *f*, Nachlaß *m*; **4.** ⚖ Besitzrecht *n*, Nutznießung *f*; **5.** Grundbesitz *m*, Besitzung *f*, Gut *n*: **family ~** Familienbesitz *m*; **6.** (Wohn)Siedlung *f*; **7.** → **estate car**; **~ a·gent** *s. Brit.* **1.** Grundstücksmakler *m*; **2.** Grundstücksverwalter *m*; **~-ˌbot·tled** *adj.* auf dem (Wein)Gut abgefüllt; *als Aufschrift*: Gutsabfüllung!; **~ car** *s. Brit.* Kombiwagen *m*; **~ du·ty** *s. Brit. obs.*, **~ tax** *s. Am.* Erbschaftssteuer *f*.

es·teem [ɪˈstiːm] **I** *v/t.* **1.** achten, (hoch-)schätzen; **2.** erachten *od.* ansehen als, halten für; **II** *s.* **3.** Wertschätzung *f*, Achtung *f*: **to hold in** (**high**) **~** achten.

es·ter [ˈestə] *s.* ⚗ Ester *m*.

Es·ther [ˈestə] *npr. u. s. bibl.* (das Buch) Esther *f*.

es·thete *etc.* → **aesthete** *etc.*

Es·tho·ni·an [eˈstəʊnjən] **I** *s.* **1.** Este *m*, Estin *f*; **2.** *ling.* Estnisch *n*; **II** *adj.* **3.** estnisch, estländisch.

es·ti·ma·ble [ˈestɪməbl] *adj.* ☐ achtens-, schätzenswert; **es·ti·mate I** *v/t.* [ˈestɪmeɪt] **1.** (ab-, ein)schätzen, taxieren, veranschlagen (**at** auf *acc.*): **an ~d 200 buyers** schätzungsweise 200 Käufer; **2.** bewerten, beurteilen; **II** *s.* [ˈestɪmɪt] **3.** (Ab-, Ein)Schätzung *f*, Veranschlagung *f*, (Kosten)Anschlag *m*: **rough ~** grober Überschlag; **at a rough ~** grob geschätzt; **4. the** ♀**s** *pl. pol.* der (Staats-) Haushaltsplan; **5.** Bewertung *f*, Beurteilung *f*: **form an ~ of** *et.* beurteilen *od.* einschätzen; **es·ti·ma·tion** [ˌestɪˈmeɪʃn] *s.* **1.** Urteil *n*, Meinung *f*: **in my ~** nach m-r Ansicht; **2.** Bewertung *f*, Schätzung *f*; **3.** Achtung *f*: **hold in** (**high**) **~** hochschätzen.

es·ti·val → **aestival**.

es·top [ɪˈstɒp] *v/t.* ⚖ rechtshemmenden Einwand erheben gegen, hindern (**from** an *dat.*, **from doing** zu tun); **es·top·pel** [ɪˈstɒpl] *s.* ⚖ Ausschluß *m* e-r Klage *od.* Einrede.

es·trange [ɪˈstreɪndʒ] *v/t.* *j-n* entfremden (**from** *dat.*): **become ~d** a) sich entfremden (**from** *dat.*), b) sich auseinanderleben; **es·tranged** [ɪˈstreɪndʒd] *adj.* **1. an ~ couple** ein Paar, das sich auseinandergelebt hat; **2.** ⚖ getrennt lebend: **his ~ wife** s-e von ihm getrennt lebende Frau; **she is ~ from her husband** sie lebt von ihrem Mann getrennt; **es·trange·ment** [ɪˈstreɪndʒmənt] *s.* Entfremdung *f* (**from** von).

es·tro·gen [ˈestrədʒən] *s. biol.*, ⚗ Östroˈgen *n*.

es·tu·ar·y [ˈestjʊərɪ] *s.* **1.** (den Gezeiten ausgesetzte) Flußmündung; **2.** Meeresarm *m*, -bucht *f*.

et cet·er·a [ɪtˈsetərə] *abbr.* **etc.**, **&c.** (*Lat.*) und so weiter; **etˈcet·er·a** *s.* **1.** (*lange etc.*) Reihe; **2.** *pl.* allerlei Dinge.

etch [etʃ] *v/t. u. v/i.* **1.** ätzen; **2.** a) kupferstechen, b) radieren; **3.** schneiden, kratzen (**on** in *acc.*): **sharply ~ed features** *fig.* scharf geschnittene Gesichtszüge; **the event was ~ed on** (*od.* **in**) **his memory** das Ereignis hatte sich s-m Gedächtnis (tief) eingeprägt; **4.** *fig.* (klar *etc.*) zeichnen, (gut *etc.*) herˈausarbeiten; **etch·er** [ˈetʃə] *s.* **1.** Kupferstecher *m*; **2.** Radierer *m*; **etch·ing** [ˈetʃɪŋ] *s.* **1.** Ätzen *etc.* (→ **etch** 1, 2); **2.** a) Radierung *f*, b) Kupferstich *m*: **come up and see my ~s** *humor.* wollen Sie sich m-e Briefmarkensammlung ansehen?

e·ter·nal [ɪˈtɜːnl] **I** *adj.* ☐ **1.** ewig, immerwährend: **the** ♀ **City** die Ewige Stadt (*Rom*); **2.** unabˈänderlich; **3.** F ewig, unaufhörlich; **II** *s.* **4. the** ♀ Gott *m*; **5.** *pl.* ewige Dinge *pl.*; **eˈter·nal·ize** [-nəlaɪz] *v/t.* verewigen; **eˈter·ni·ty** [-nətɪ] *s.* **1.** Ewigkeit *f* (*a.* F *fig. lange Zeit*): **from here to ~**, **to all ~** bis in alle Ewigkeit; **2.** *eccl.* a) *das* Jenseits, b) *pl.* ewige Wahrheiten; **eˈter·nize** [-naɪz] → **eternalize**.

eth·ane [ˈeθeɪn] *s.* ⚗ Äˈthan *n*; **ˈeth·ene** [ˈeθiːn] *s.* Äˈthen *n*, Äthyˈlen *n*; **eth·e·nol** [ˈeθənɒl] *s.* Viˈnylalkoˌhol *m*; **eth·e·nyl** [ˈeθənɪl] *s.* Äthyliˈden *n*.

e·ther [ˈiːθə] *s.* **1.** ⚗, *phys.* Äther *m*; **2.** *poet.* Äther *m*, Himmel *m*; **e·the·re·al** [iːˈθɪərɪəl] *adj.* ☐ **1.** ⚗ a) ätherartig, b) äˈtherisch; **2.** äˈtherisch, himmlisch; vergeistigt; **e·the·re·al·ize** [iːˈθɪərɪəlaɪz] *v/t.* **1.** ⚗ ätherisieren; **2.** vergeistigen, verklären; **ˈe·ther·ize** [-əraɪz] *v/t.* ☐ **1.** ⚗ in Äther verwandeln; **2.** ⚕ mit Äther narkotisieren.

eth·ic [ˈeθɪk] **I** *adj.* **1.** → **ethical**; **II** *s.* **2.**

pl. sg. konstr. Sittenlehre *f*, Ethik *f*; **3.** *pl.* Sittlichkeit *f*, Mo'ral *f*, Ethos *n*: ***professional ~s*** Standesehre *f*, Berufsethos; **'eth·i·cal** [-kl] *adj.* □ **1.** *phls., a. ling.* ethisch; **2.** ethisch, mo'ralisch, sittlich; **3.** von ethischen Grundsätzen (geleitet); **4.** dem Berufsethos entsprechend; **5.** *pharm.* re'zeptpflichtig; **'eth·i·cist** [-ɪsɪst] *s.* Ethiker *m.*

E·thi·o·pi·an [i:θɪ'əʊpjən] **I** *adj.* äthi'opisch; **II** *s.* Äthi'opier(in).

eth·nic ['eθnɪk] **I** *adj.* □ **1.** ethnisch, völkisch, Volks...: ***~ group*** Volksgruppe *f*; ***~ German*** Volksdeutsche(r *m*) *f*; ***~ joke*** Witz *m* auf Kosten e-r bestimmten Volksgruppe; **II** *s.* **2.** Angehörige(r *m*) *f* e-r (homo'genen) Volksgruppe; **3.** *pl.* sprachliche *od.* kultu'relle Zugehörigkeit; **'eth·ni·cal** [-kl] → ***ethnic*** I; **eth·nog·ra·pher** [eθ'nɒgrəfə] *s.* Ethno'graph *m*; **eth·no·graph·ic** [ˌeθnəʊ'græfɪk] *adj.* □ ethno'graphisch, völkerkundlich; **eth·nog·ra·phy** [eθ'nɒgrəfɪ] *s.* Ethnogra'phie *f*, (beschreibende) Völkerkunde; **eth·no·log·i·cal** [ˌeθnəʊ'lɒdʒɪkl] *adj.* □ ethno'logisch; **eth·nol·o·gist** [eθ'nɒlədʒɪst] *s.* Ethno'loge *m*, Völkerkundler *m*; **eth·nol·o·gy** [eθ'nɒlədʒɪ] *s.* Ethnolo'gie *f*, (vergleichende) Völkerkunde.

e·thol·o·gist [i:'θɒlədʒɪst] *s.* Etho'loge *m*, (Tier)Verhaltensforscher *m*; **e'thol·o·gy** [-dʒɪ] *s.* Etholo'gie *f*, Verhaltensforschung *f.*

e·thos ['i:θɒs] *s.* **1.** Ethos *n*, Cha'rakter *m*, Wesensart *f*, Geist *m*, sittlicher Gehalt (*e-r Kultur*); **2.** ethischer Wert.

eth·yl ['eθɪl; ⚗ 'i:θaɪl] *s.* ⚗ Ä'thyl *n*: ***~ alcohol*** Äthylalkohol *m*; **eth·yl·ene** ['eθɪli:n] *s.* Äthy'len *n*, Kohlenwasserstoffgas *n.*

et·i·quette ['etɪket] *s.* Eti'kette *f*: a) Zeremoni'ell *n*, b) Anstandsregeln *pl.*, (gute) 'Umgangsformen *pl.*

E·ton| col·lar ['i:tn] *s.* breiter, steifer 'Umlegekragen; **~ Col·lege** *s. berühmte englische Public School*; **~ crop** *s.* Herrenschnitt *m* (*für Damen*).

E·to·ni·an [i:'təʊnjən] **I** *adj.* Eton...; **II** *s.* Schüler *m* des ***Eton College***.

E·ton jack·et *s.* schwarze, kurze Jacke *der Etonschüler*.

E·trus·can [ɪ'trʌskən] **I** *adj.* **1.** e'truskisch; **II** *s.* **2.** E'trusker(in); **3.** *ling.* E'truskisch *n.*

et·y·mo·log·ic, et·y·mo·log·i·cal [ˌetɪmə'lɒdʒɪk(l)] *adj.* □ etymo'logisch; **et·y·mol·o·gist** [ˌetɪ'mɒlədʒɪst] *s.* Etymo'loge *m*; **et·y·mol·o·gy** [ˌetɪ'mɒlədʒɪ] *s. allg.* Etymolo'gie *f*; **et·y·mon** ['etɪmɒn] *s.* Etymon *n*, Stammwort *n.*

eu·ca·lyp·tus [ˌju:kə'lɪptəs] *s.* ⚘ Euka'lyptus *m.*

Eu·cha·rist ['ju:kərɪst] *s. eccl.* Euchari'stie *f*: a) *die Feier des heiligen Abendmahls*, b) *die eucharistische Gabe* (*Brot u. Wein*).

eu·chre ['ju:kə] *v/t. Am.* F prellen, betrügen.

Eu·clid ['ju:klɪd] *s.* die (Eu'klidische) Geome'trie.

eu·gen·ic [ju:'dʒenɪk] **I** *adj.* (□ ***~ally***) eu'genisch; **II** *s. pl. sg. konstr.* Eu'genik *f* (*Erbhygiene*); **eu·ge·nist** ['ju:dʒɪnɪst] *s.* Eu'geniker *m.*

eu·lo·gist ['ju:lədʒɪst] *s.* Lobredner(in); **eu·lo·gis·tic** [ˌju:lə'dʒɪstɪk] *adj.* (□ ***~ally***) preisend, lobend; **'eu·lo·gize** [-dʒaɪz] *v/t.* loben, preisen, rühmen; **'eu·lo·gy** [-dʒɪ] *s.* **1.** Lob(preisung *f*) *n*; **2.** Lobrede *f od.* -schrift *f.*

eu·nuch ['ju:nək] *s.* Eu'nuch *m*, *weitS. a.* Ka'strat *m.*

eu·pep·sia [ju:'pepsɪə] *s.* ⚕ nor'male Verdauung; **eu'pep·tic** [-ptɪk] *adj.* **1.** ⚕ gut verdauend; **2.** *fig.* gutgelaunt.

eu·phe·mism ['ju:fɪmɪzəm] *s.* Euphe'mismus *m*, beschönigender Ausdruck, sprachliche Verhüllung; **eu·phe·mis·tic** [ˌju:fɪ'mɪstɪk] *adj.* (□ ***~ally***) euphe'mistisch, beschönigend, verhüllend.

eu·phon·ic [ju:'fɒnɪk] *adj.* (□ ***~ally***) eu'phonisch, wohlklingend; **eu·pho·ny** ['ju:fənɪ] *s.* Eupho'nie *f*, Wohlklang *m.*

eu·phor·bi·a [ju:'fɔ:bjə] *s.* ⚘ Wolfsmilch *f.*

eu·pho·ri·a [ju:'fɔ:rɪə] *s.* ⚕ *u. fig.* Eupho'rie *f*; **eu'phor·ic** [-'fɒrɪk] *adj.* (□ ***~ally***) eu'phorisch; **eu·pho·ry** ['ju:fərɪ] → ***euphoria***.

eu·phu·ism ['ju:fju:ɪzəm] *s.* Euphu'ismus *m* (*schwülstiger Stil od. Ausdruck*); **eu·phu·is·tic** [ˌju:fju:'ɪstɪk] *adj.* (□ ***~ally***) euphu'istisch, schwülstig.

Eu·rail·pass ['jʊəreɪlpɑ:s] *s.* 🚂 Eu'railpaß *m.*

Eu·ra·sian [jʊə'reɪʒjən] **I** *s.* Eu'rasier (-in); **II** *adj.* eu'rasisch.

Euro- [jʊərəʊ] *in Zssgn* euro'päisch, Euro...

'Eu·ro|·cheque *s.* ✝ Eurocheque *m*, -scheck *m*: ***~ card*** Eurocheque-Karte *f*; **ˌ~'com·mun·ism** *s.* 'Eurokommuˌnismus *m*; **~·crat** ['jʊərəʊkræt] *s.* Euro'krat *m*; **'~ˌdol·lar** *s.* ✝ Eurodollar *m.*

Eu·ro·pe·an [ˌjʊərə'pi:ən] **I** *adj.* euro'päisch: ***~ (Economic) Community*** Europäische (Wirtschafts)Gemeinschaft; ***~ Parliament*** Europaparlament *n*; ***~ plan*** *Am.* Hotelzimmer-Vermietung *f* ohne Verpflegung; **II** *s.* Euro'päer(in); **ˌEu·ro'pe·an·ism** [-nɪzəm] *s.* Euro'päertum *n*; **ˌEu·ro'pe·an·ize** [-naɪz] *v/t.* europäisieren.

Eu·ro·vi·sion ['jʊərəʊˌvɪʒn] *s. u. adj. TV* Eurovision(s...) *f.*

Eu·sta·chi·an tube [ju:'steɪʃjən] *s. anat.* Eu'stachische Röhre, 'Ohrtromˌpete *f.*

eu·tha·na·si·a [ˌju:θə'neɪzjə] *s.* **1.** sanfter *od.* leichter Tod; **2.** Euthana'sie *f*: ***active*** (***passive***) ***~*** ⚕ aktive (passive) Sterbehilfe.

e·vac·u·ant [ɪ'vækjʊənt] **I** *adj.* abführend; **II** *s.* Abführmittel *n*; **e·vac·u·ate** [ɪ'vækjʊeɪt] *v/t.* **1.** ent-, ausleeren: ***~ the bowels*** a) den Darm entleeren, b) abführen; **2.** a) *Luft etc.* her'auspumpen, b) *Gefäß* luftleer pumpen; **3.** a) *Personen* evakuieren, b) ⚔ *Truppen* verlegen, *Verwundete etc.* abtransportieren, c) *Gebiet* evakuieren, *a. Haus* räumen; **e·vac·u·a·tion** [ɪˌvækjʊ'eɪʃn] *s.* **1.** Aus-, Entleerung *f*; **2.** ⚕ a) Stuhlgang *m*, b) Stuhl *m*, Kot *m*; **3.** a) Evakuierung *f*, b) ⚔ Verlegung *f* (*von Truppen*), 'Abtransˌport *m*, c) Räumung *f*; **e·vac·u·ee** [ɪˌvækju:'i:] *s.* Evakuierte(r *m*) *f.*

e·vade [ɪ'veɪd] *v/t.* **1.** ausweichen (*dat.*); **2.** *j-m* entkommen; **3.** sich *e-r Sache* entziehen, *e-r Sache* entgehen, ausweichen, *et.* um'gehen, vermeiden; sich *e-r Pflicht etc.* entziehen, ⚖ *Steuern* hinter'ziehen: ***~ a question*** e-r Frage ausweichen; ***~ definition*** sich nicht definieren lassen; **e'vad·er** [-də] *s. j-d, der sich e-r Sache entzieht*; → ***tax evader***.

e·val·u·ate [ɪ'væljʊeɪt] *v/t.* **1.** auswerten; **2.** bewerten, beurteilen; **3.** abschätzen; **4.** berechnen; **e·val·u·a·tion** [ɪˌvæljʊ'eɪʃn] *s.* **1.** Auswertung *f*; **2.** Bewertung *f*, Beurteilung *f*; **3.** Schätzung *f*; **4.** Berechnung *f.*

ev·a·nesce [ˌi:və'nes] *v/i.* sich verflüchtigen; schwinden; **ˌev·a'nes·cence** [-sns] *s.* (Da'hin)Schwinden *n*, Verflüchtigung *f*; **ˌev·a'nes·cent** [-snt] *adj.* □ **1.** (ver-, da'hin)schwindend, flüchtig; **2.** vergänglich.

e·van·gel·ic [ˌi:væn'dʒelɪk] *adj.* (□ ***~ally***) **1.** die Evan'gelien betreffend, Evangelien...; **2.** evan'gelisch; **ˌe·van'gel·i·cal** [-kl] *adj.* □ → ***evangelic***.

e·van·ge·lism [ɪ'vændʒəlɪzəm] *s.* Verkündigung *f* des Evan'geliums; **e'van·ge·list** [-lɪst] *s.* **1.** Evange'list *m*; **2.** Evange'list *m*, Erweckungs-, Wanderprediger *m*; **3.** Patri'arch *m der Mormonen*; **e'van·ge·lize** [-laɪz] **I** *v/i.* das Evan'gelium verkünden; **II** *v/t.* (zum Christentum) bekehren.

e·vap·o·rate [ɪ'væpəreɪt] **I** *v/i.* **1.** verdampfen, dunsten, sich verflüchtigen; **2.** *fig.* verfliegen, sich verflüchtigen (*a.* F *abhauen*); **II** *v/t.* **3.** verdampfen *od.* verdunsten lassen; **4.** ⚙ ab-, eindampfen, evaporieren: ***~d milk*** Kondensmilch *f*; **e·vap·o·ra·tion** [ɪˌvæpə'reɪʃn] *s.* **1.** Verdampfung *f*, -dunstung *f*; **2.** *fig.* Verflüchtigung *f*, Verfliegen *n*; **e'vap·o·ra·tor** [-tə] *s.* ⚙ Abdampfvorrichtung *f*, Verdampfer *m.*

e·va·sion [ɪ'veɪʒn] *s.* **1.** Entkommen *n*, -rinnen *n*; **2.** Ausweichen *n*, Um'gehung *f*, Vermeidung *f*; → ***tax evasion***; **3.** Ausflucht *f*, Ausrede *f.*

e·va·sive [ɪ'veɪsɪv] *adj.* □ **1.** ausweichend: ***~ answer***; ***~ action*** Ausweichmanöver *n*; ***be ~*** *fig.* ausweichen; **2.** schwer faßbar *od.* feststellbar; **e'va·sive·ness** [-nɪs] *s.* ausweichendes Verhalten.

Eve[1] [i:v] *npr. bibl.* Eva *f*: ***daughter of ~*** Evastochter *f* (*typische Frau*).

eve[2] [i:v] *s.* **1.** *poet.* Abend *m*; **2.** *mst* 𝔈 Vorabend *m*, -tag *m* (*e-s Festes*); **3.** *fig.* Vorabend *m*: ***on the ~ of*** am Vorabend von (*od. gen.*); ***be on the ~ of*** kurz vor (*dat.*) stehen.

e·ven[1] ['i:vn] *adv.* **1.** so'gar, selbst, auch: ***~ the king*** sogar der König; ***he ~ kissed her*** er küßte sie sogar; ***~ if, ~ though*** selbst wenn, wenn auch; ***~ now*** a) selbst jetzt, noch jetzt, b) eben *od.* gerade jetzt, c) schon jetzt; ***not ~ now*** selbst jetzt noch nicht, nicht einmal jetzt; ***or ~*** oder auch (nur), oder gar; ***without ~ looking*** ohne auch nur hinzusehen; **2.** *vor comp.* noch: ***~ better*** (sogar) noch besser; **3.** *nach neg.*: ***not ~*** nicht einmal; ***I never ~ saw it*** ich habe es nicht einmal gesehen; **4.** gerade, eben: ***~ as I expected*** gerade *od.* genau wie ich erwartete; ***~ as he spoke*** gerade als er sprach; ***~ so*** dennoch, trotzdem, immerhin, selbst dann.

e·ven[2] ['i:vn] **I** *adj.* □ **1.** eben, flach, gerade; **2.** waag(e)recht, horizon'tal; → ***keel*** 1; **3.** in gleicher Höhe (***with*** mit): ***~ with the ground*** dem Boden gleich;

4. gleich: **~ *chances*** gleiche Chancen; ***stand an ~ chance of winning*** e-e echte Siegeschance haben; ***~ money*** gleicher Einsatz (*Wette*); ***~ bet*** Wette *f* mit gleichem Einsatz; ***of ~ date*** † gleichen Datums; **5.** † a) ausgeglichen, schuldenfrei, b) ohne Gewinn od. Verlust: ***be ~ with s.o.*** mit j-m quitt sein; ***get ~ with s.o.*** mit j-m abrechnen *od.* quitt werden, *fig. a.* es j-m heimzahlen; → ***break even***; **6.** gleich-, regelmäßig; im Gleichgewicht (*a. fig.*); **7.** ausgeglichen, ruhig (*Gemüt etc.*): ***~ voice*** ruhige *od.* kühle Stimme; **8.** gerecht, 'unpar,teiisch; **9.** a) gerade (*Zahl*), b) geradzahlig (*Schwingungen etc.*), c) rund, voll (*Summe*): ***~ page*** (Buch)Seite *f* mit gerader Zahl; **10.** genau, prä'zise: ***an ~ dozen*** genau ein Dutzend; **II** *v/t.* **11.** (ein)ebnen, glätten; **12.** *a.* ***~ out*** ausgleichen; **13.** ***~ up*** † *Rechnung* aus-, begleichen, *Konten* abstimmen; **III** *v/i.* **14.** *mst.* ***~ out*** eben werden; **15.** *a.* ***~ out*** sich ausgleichen; **16.** ***~ up on*** mit *j-m* quitt werden.

e·ven³ ['i:vn] *s. poet.* Abend *m.*

,e·ven-'hand·ed *adj.* 'unpar,teiisch, objek'tiv.

eve·ning ['i:vnɪŋ] *s.* **1.** Abend *m*: ***in the ~*** abends, am Abend; ***on the ~ of*** am Abend (*gen.*); ***this*** (***tomorrow***) ***~*** heute (morgen) abend; **2.** 'Abend(unter,haltung *f*) *m*, Gesellschaftsabend *m*; **3.** *fig.* Ende *n*, *bsd.* (*a.* ***~ of life***) Lebensabend *m*; **~ class·es** *s. pl. ped.* 'Abendunter,richt *m*; **~ dress** *s.* **1.** Abendkleid *n*; **2.** Gesellschaftsanzug *m*, *bsd.* a) Frack *m*, b) Smoking *m*; **~ pa·per** *s.* Abendzeitung *f*; **~ school** → ***night-school***; **~ shirt** *s.* Frackhemd *n*; **~ star** *s.* Abendstern *m.*

e·ven·ness ['i:vnnɪs] *s.* **1.** Ebenheit *f*, Geradheit *f*; **2.** Gleichmäßigkeit *f*; **3.** Gleichheit *f*; **4.** Gelassenheit *f*, Seelenruhe *f*, Ausgeglichenheit *f.*

'e·ven·song *s.* Abendandacht *f.*

e·vent [ɪ'vent] *s.* **1.** Ereignis *n*, Vorfall *m*, Begebenheit *f*: (***quite***) ***an ~*** ein großes Ereignis; ***after the ~*** hinterher, im nachhinein; ***before the ~*** vorher, im voraus; **2.** Ergebnis *n*, Ausgang *m*: ***in the ~*** schließlich; **3.** Fall *m*, 'Umstand *m*: ***in either ~*** in jedem Fall; ***in any ~*** auf jeden Fall; ***at all ~s*** auf alle Fälle, jedenfalls; ***in the ~ of*** im Falle (*gen. od.* daß); **4.** *bsd. sport* a) Veranstaltung *f*, b) Diszi'plin *f* (*Sportart*), c) Wettbewerb *m*, -kampf *m.*

,e·ven-'tem·pered *adj.* ausgeglichen, gelassen, ruhig.

e·vent·ful [ɪ'ventfʊl] *adj.* **1.** ereignisreich; **2.** denkwürdig, bedeutsam.

'e·ven·tide *s. poet.* (***at ~*** zur) Abendzeit *f.*

e·ven·tu·al [ɪ'ventʃʊəl] *adj.* □ → ***eventually***; **1.** schließlich: ***this led to his ~ dismissal*** dies führte schließlich *od.* letzten Endes zu s-r Entlassung; **2.** *obs.* eventu'ell, etwaig; **e·ven·tu·al·i·ty** [ɪ,ventʃʊ'ælətɪ] *s.* Möglichkeit *f*, Eventuali'tät *f*; **e'ven·tu·al·ly** [-lɪ] *adv.* schließlich, endlich; **e'ven·tu·ate** [-ʃʊeɪt] *v/i.* **1.** ausgehen, enden (***in*** in *dat.*); **2.** die Folge sein (***from*** *gen.*).

ev·er ['evə] *adv.* **1.** immer, ständig, unaufhörlich: ***for ~*** (***and ~***), ***for ~ and a day*** für immer (u. ewig); ***~ and again*** (*obs.* ***anon***) dann u. wann, hin und wieder; ***~ since***, ***~ after*** seit der Zeit, seitdem; ***yours ~ ...*** Viele Grüße, Dein(e) *od.* Ihr(e) ...; **2.** *vor comp.* immer: ***~ larger*** immer größer; ***~ increasing*** ständig zunehmend; **3.** *neg.*, *interrog.*, *konditional*: je(mals): ***do you ~ see him?*** siehst du ihn jemals?; ***if I ~ meet him*** falls ich ihn je treffe; ***did you ~?*** F hast du Töne?, na, so was!; ***the fastest ~*** F der (die, das) Schnellste aller Zeiten; **4.** nur, irgend, über'haupt: ***as soon as ~ I can*** sobald ich nur kann; ***what ~ do you mean?*** was (in aller Welt) meinst du denn (eigentlich)?; ***how ~ did he manage?*** wie hat er es nur fertiggebracht?; ***hardly ~***, ***seldom if ~*** fast niemals; **5.** ***~ so*** sehr, noch so: ***~ so simple*** ganz einfach; ***~ so long*** e-e Ewigkeit; ***~ so many*** sehr viele; ***thank you ~ so much!*** tausend Dank!; ***if I were ~ so rich*** wenn ich noch so reich wäre; ***~ such a nice man*** wirklich ein netter Mann.

'ev·er|·glade *s. Am.* sumpfiges Flußgebiet; **'~·green I** *adj.* **1.** immergrün; **2.** unverwüstlich, nie veraltend, immer wieder gern gehört: ***~ song*** → 4; **II** *s.* **3.** ⚘ a) immergrüne Pflanze, b) Immergrün *n*; **4.** Evergreen *m*, *n* (*Schlager*); **,~'last·ing I** *adj.* □ **1.** immerwährend, ewig (*a. Gott, Schnee*): ***~ flower*** → 5; **2.** *fig.* F unaufhörlich, endlos; **3.** dauerhaft, unbegrenzt haltbar, unverwüstlich; **II** *s.* **4.** Ewigkeit *f*; **5.** ⚘ Immor'telle *f*, Strohblume *f*; **,~'more** *adv.* **1.** immerfort: ***for ~*** in Ewigkeit; **2.** je(mals) wieder.

ev·er·y ['evrɪ] *adj.* **1.** jeder, jede, jedes, all: ***he has read ~ book on this subject***; ***~ other*** a) jeder andere, b) → ***other*** 6; ***~ day*** jeden Tag, alle Tage, täglich; ***~ four days*** alle vier Tage; ***~ fourth day*** jeden vierten Tag; ***~ now and then*** (*od.* ***again***), ***~ so often*** F gelegentlich, hin u. wieder; ***~ bit*** (***of it***) ganz, völlig: ***~ bit as good*** genauso gut; ***~ time*** a) jedesmal(, wenn), sooft, b) jederzeit, F *a.* allemal; **2.** jeder, jede, jedes (einzelne *od.* erdenkliche), all: ***her ~ wish*** jeder ihrer Wünsche, alle ihre Wünsche; ***have ~ reason*** allen Grund haben; ***their ~ liberty*** ihre ganze Freiheit; **'~,bod·y** *pron.* jeder(mann); **'~·day** *adj.* **1.** (all)täglich; **2.** Alltags...; **3.** (mittel)mäßig; **'~·one**, **~ one** *pron.* jeder(mann): ***in ~'s mouth*** in aller Munde; **'2·man** *s. bsd. thea.* Jedermann *m*; **'~·thing** *pron.* **1.** alles: ***~ new*** alles Neue; **2.** F die Hauptsache, alles: ***speed is ~***; ***he*** (***it***) ***has ~*** F er (es) hat alles *od.* ist ‚phantastisch'; **'~·where** *adv.* 'überall, allenthalben.

e·vict [ɪ'vɪkt] *v/t.* ⚖ **1.** *j-n* zur Räumung zwingen; *fig. j-n* gewaltsam vertreiben; **2.** wieder in Besitz nehmen; **e'vic·tion** [-kʃn] *s.* ⚖ **1.** Zwangsräumung *f*, Her'aussetzung *f*: ***~ order*** Räumungsbefehl *m*; **2.** Wiederinbe'sitznahme *f.*

ev·i·dence ['evɪdəns] **I** *s.* **1.** ⚖ a) Be'weis(mittel *n*, -stück *n*, -materi,al *n*) *m*, Beweise *pl.*, Ergebnis *n* der Beweisaufnahme *f*, b) 'Unterlage *f*, Beleg *m*, c) (Zeugen)Aussage *f*, Zeugnis *n*: ***a piece of ~*** ein Beweisstück; ***medical ~*** Aussage *f od.* Gutachten *n* des medizinischen Sachverständigen; ***for lack of ~*** mangels Beweises; ***in ~ of*** zum Beweis (*gen.*); ***offer in ~*** Beweisantritt *m*; ***on the ~*** auf Grund des Beweismaterials; ***admit in ~*** als Beweis zulassen; ***call s.o. in ~*** j-n als Zeugen benennen; ***give*** *od.* ***bear ~*** (***of***) (als Zeuge) aussagen (über *acc.*), *fig.* zeugen (von); ***hear ~*** Zeugen vernehmen; ***hearing*** *od.* ***taking of ~*** Beweisaufnahme *f*; ***turn King's*** (*od.* ***Queen's***, *Am.* ***State's***) ***~*** als Kronzeuge auftreten; **2.** Augenscheinlichkeit *f*, Klarheit *f*: ***in ~*** sichtbar, er-, offensichtlich; ***be much in ~*** stark in Erscheinung treten, deutlich feststellbar sein; stark vertreten sein; **3.** (An)Zeichen *n*, Spur *f*: ***there is no ~*** es ist nicht ersichtlich *od.* feststellbar, nichts deutet darauf hin; **II** *v/t.* **4.** dartun, be-, nachweisen, zeigen; **'ev·i·dent** [-nt] *adj.* □ → ***evidently***; augenscheinlich, einleuchtend, offensichtlich, klar (ersichtlich); **ev·i·den·tial** [,evɪ'denʃl] *adj.* □, **ev·i·den·tia·ry** [,evɪ'denʃərɪ] *adj.* **1.** ⚖ beweiserheblich; Beweis...(*-kraft*, *-wert*); **2.** über'zeugend: ***be ~ of et.*** (klar) beweisen; **'ev·i·dent·ly** [-ntlɪ] *adv.* offensichtlich, zweifellos.

e·vil ['i:vl] **I** *adj.* □ **1.** übel, böse, schlimm: ***~ eye*** a) böser Blick, b) schlimmer Einfluß; ***the 2 One*** der Teufel; ***~ repute*** schlechter Ruf; ***~ spirit*** böser Geist; **2.** gottlos, boshaft, schlecht: ***~ tongue*** Lästerzunge *f*; **3.** unglücklich: ***~ day*** Unglückstag *m*; ***fall on ~ days*** ins Unglück geraten; **II** *s.* **4.** Übel *n*, Unglück *n*: ***the lesser of two ~s***, ***the lesser ~*** das geringere Übel; **5.** *das* Böse, Sünde *f*, Verderbtheit *f*: ***do ~*** Böses tun; ***the powers of ~*** die Mächte der Finsternis; ***the social ~*** die Prostitution; **,~-dis'posed** → ***evil-minded***; **,~-'do·er** *s.* Übeltäter(in); **,~-'mind·ed** *adj.* übelgesinnt, bösartig; **,~-'speak·ing** *adj.* verleumderisch.

e·vince [ɪ'vɪns] *v/t.* dartun, be-, erweisen, bekunden, zeigen.

e·vis·cer·ate [ɪ'vɪsəreɪt] *v/t.* **1.** *Tier* ausnehmen, *hunt. a.* ausweiden; **2.** *fig. et.* inhalts- *od.* bedeutungslos machen; **e·vis·cer·a·tion** [ɪ,vɪsə'reɪʃn] *s.* Ausweidung *f.*

ev·o·ca·tion [,evəʊ'keɪʃn] *s.* **1.** (Geister)Beschwörung *f*; **2.** *fig.* (***of***) a) Wachrufen *n* (*gen.*), b) Erinnerung *f* (an *acc.*); **3.** plastische Schilderung; **e·voc·a·tive** [ɪ'vɒkətɪv] *adj.* **1.** ***be ~ of*** erinnern an (*acc.*); **2.** sinnträchtig, beziehungsreich.

e·voke [ɪ'vəʊk] *v/t.* **1.** *Geister* her'beirufen, beschwören; **2.** *fig.* her'vor-, wachrufen, wecken.

ev·o·lu·tion [,i:və'lu:ʃn] *s.* **1.** Entwicklung *f*, Entfaltung *f*, (Her'aus)Bildung *f*; **2.** *biol.* Evoluti'on *f*: ***theory of ~*** Evolutionstheorie *f*; **3.** Folge *f*, (Handlungs)Ablauf *m*; **4.** ⚔ Ma'növer *n*, Bewegung *f*; **5.** *phys.* (*Gas- etc.*) Entwicklung *f*; **6.** Ꭿ Wurzelziehen *n*; **,ev·o'lu·tion·ar·y** [-nərɪ] *adj.* Entwicklungs..., *biol.* Evolutions...; **,ev·o'lu·tion·ist** [-ʃənɪst] **I** *s.* Anhänger(in) der (*biologischen*) Entwicklungslehre; **II** *adj.* die Entwicklungslehre betreffend.

e·volve [ɪ'vɒlv] **I** *v/t.* **1.** entwickeln, entfalten, her'ausarbeiten; **2.** *Gas, Wärme* aus-, verströmen; **II** *v/i.* **3.** sich entwikkeln *od.* entfalten (***into*** zu); **4.** entstehen (***from*** aus).

ewe [juː] *s. zo.* Mutterschaf *n*; ~ **lamb** *s. zo.* Schaflamm *n*.

ew·er [ˈjuːə] *s.* Wasserkrug *m*.

ex¹ [eks] *prp.* **1.** ✝ a) aus, ab, von: ~ ***factory*** ab Fabrik; ~ ***works*** ab Werk; → ***ex officio***, b) ohne, exkluˈsive: ~ ***all*** ausschließlich aller Rechte; ~ ***dividend*** ohne Dividende; **2.** → ***ex cathedra*** *etc.*

ex² [eks] *s.* X *n*, x *n* (*Buchstabe*).

ex- [eks] *in Zssgn* Ex..., ehemalig; Alt...

ex·ac·er·bate [ekˈsæsəbeɪt] *v/t.* **1.** *j-n* verärgern; **2.** *et.* verschlimmern; **ex·ac·er·ba·tion** [ekˌsæsəˈbeɪʃn] *s.* **1.** Verärgerung *f*; **2.** Verschlimmerung *f*.

ex·act [ɪgˈzækt] **I** *adj.* □ → ***exactly***; **1.** exˈakt, genau, (genau) richtig: ***the*** ~ ***time*** die genaue Zeit; ***the*** ~ ***sciences*** die exakten Wissenschaften; **2.** streng, genau: ~ ***rules***; **3.** meˈthodisch, gewissenhaft, sorgfältig (*Person*); **4.** genau, tatsächlich: ***his*** ~ ***words***; **II** *v/t.* **5.** *Gehorsam, Geld etc.* fordern, verlangen; **6.** *Zahlung* eintreiben, einfordern; **7.** *Geschick etc.* erfordern; **exˈact·ing** [-tɪŋ] *adj.* **1.** streng, genau; **2.** anspruchsvoll: ***an*** ~ ***customer***; ***be*** ~ hohe Anforderungen stellen; **3.** hart, aufreibend (*Aufgabe etc.*); **exˈac·tion** [-kʃn] *s.* **1.** Fordern *n*; **2.** Eintreiben *n*; **3.** (unmäßige) Forderung; **exˈact·i·tude** [-tɪtjuːd] → ***exactness***; **exˈact·ly** [-lɪ] *adv.* **1.** genau, exˈakt; **2.** sorgfältig; **3.** *als Antwort*: genau, ganz recht, du sagst (Sie sagen) es: ***not*** ~ a) nicht ganz, b) *iro.* nicht gerade *od.* eben *schön etc.*; **4.** *wo, wann etc.* eigentlich; **exˈact·ness** [-nɪs] *s.* **1.** Exˈaktheit *f*, Genauigkeit *f*, Richtigkeit *f*; **2.** Sorgfalt *f*.

ex·ag·ger·ate [ɪgˈzædʒəreɪt] **I** *v/t.* **1.** überˈtreiben; überˈtrieben darstellen; aufbauschen; **2.** ˈüberbewerten; **3.** ˈüberbetonen; **II** *v/i.* **4.** übertreiben; **exˈag·ger·at·ed** [-tɪd] *adj.* □ überˈtrieben, -ˈzogen; **ex·ag·ger·a·tion** [ɪgˌzædʒəˈreɪʃn] *s.* Überˈtreibung *f*.

ex·alt [ɪgˈzɔːlt] *v/t.* **1.** *im Rang* erheben, erhöhen (***to*** zu); **2.** (lob)preisen, verherrlichen: ~ ***to the skies*** in den Himmel heben; **3.** verstärken (*a. fig.*); **ex·al·ta·tion** [ˌegzɔːlˈteɪʃn] *s.* **1.** Erhebung *f*: ℒ ***of the Cross*** *eccl.* Kreuzeserhöhung *f*; **2.** Begeisterung *f*, Ekˈstase *f*, Erregung *f*; **exˈalt·ed** [-tɪd] *adj.* **1.** gehoben: ~ ***style***; **2.** hoch: ~ ***rank***; ~ ***ideal***; **3.** begeistert; **4.** überˈtrieben hoch: ***have an*** ~ ***opinion of o.s.***

ex·am [ɪgˈzæm] F *für* ***examination*** 2.

ex·am·i·na·tion [ɪgˌzæmɪˈneɪʃn] *s.* **1.** Unterˈsuchung *f* (*a.* ⚕), Prüfung *f* (***of***, ***into*** *gen.*); Besichtigung *f*, ˈDurchsicht *f*: ***(up)on*** ~ bei näherer Prüfung; ***be under*** ~ geprüft *od.* erwogen werden (→ *a.* 3); **2.** *ped.* Prüfung *f*, Exˈamen *n*: ~ ***paper*** Prüfungsarbeit *f*, -aufgabe(n *pl.*) *f*; ***take*** (*od.* ***go in for***) ***an*** ~ sich e-r Prüfung unterziehen; **3.** ⚖ a) *Zivilprozeß*: Vernehmung *f*, b) *Strafprozeß*: Verhör *n*: ***be under*** ~ vernommen werden (→ *a.* 1).

ex·am·ine [ɪgˈzæmɪn] **I** *v/t.* **1.** unterˈsuchen (*a.* ⚕), prüfen (*a. ped.*), examinieren, besichtigen, ˈdurchsehen, revidieren: ~ ***one's conscience*** sein Gewissen prüfen; **2.** ⚖ vernehmen, *Straftäter* verhören; **II** *v/i.* **3.** ~ ***into s.th.*** *et.* untersuchen; **ex·am·i·nee** [ɪgˌzæmɪˈniː] *s.* Prüfling *m*, (ˈPrüfungs)Kandiˌdat(in); **exˈam·in·er** [-nə] *s.* **1.** *allg.* Prüfer(in); **2.** ⚖ beauftragter Richter; **exˈam·in·ing bod·y** [-nɪŋ] *s.* Prüfungsausschuß *m*.

ex·am·ple [ɪgˈzɑːmpl] *s.* **1.** Beispiel *n* (***of*** für): ***for*** ~ zum Beispiel; ***without*** ~ beispiellos, ohnegleichen; **2.** Vorbild *n*, Beispiel *n*: ***hold up as an*** ~ als Beispiel hinstellen; ***set a good*** ~ ein gutes Beispiel geben; ***take an*** ~ ***by*** sich ein Beispiel nehmen an (*dat.*); **3.** warnendes Beispiel: ***let this be an*** ~ ***to you*** laß dir das e-e Warnung sein; ***make an*** ~ ***of s.o.*** an j-m ein Exempel statuieren.

ex·as·per·ate [ɪgˈzæspəreɪt] *v/t.* ärgern, wütend machen, aufbringen; **exˈas·per·at·ed** [-tɪd] *adj.* aufgebracht, erbost; **exˈas·per·at·ing** [-tɪŋ] *adj.* □ ärgerlich, zum Verzweifeln; **ex·as·per·a·tion** [ɪgˌzæspəˈreɪʃn] *s.* Wut *f*: ***in*** ~ wütend.

ex ca·the·dra [ˌekskəˈθiːdrə] **I** *adj.* maßgeblich, autoritaˈtiv; **II** *adv.* ex ˈcathedra; maßgeblich.

ex·ca·vate [ˈekskəveɪt] *v/t.* **1.** ausgraben (*a. fig.*), ausschachten, -höhlen; **2.** *Zahnmedizin*: exkavieren; **ex·ca·va·tion** [ˌekskəˈveɪʃn] *s.* **1.** Ausgrabung *f*; **2.** Ausschachtung *f*, Aushöhlung *f*; Aushub *m*; **3.** *geol.* Auskolkung *f*; **4.** *Zahnmedizin*: Exkavatiˈon *f*; **ˈex·ca·va·tor** [-tə] *s.* **1.** Ausgräber *m*; **2.** Erdarbeiter *m*; **3.** ⚙ (Trocken)Bagger *m*.

ex·ceed [ɪkˈsiːd] **I** *v/t.* **1.** überˈschreiten, -ˈsteigen (*a. fig.*); **2.** *fig.* a) hinˈausgehen über (*acc.*), b) *j-n, et.* überˈtreffen; **II** *v/i.* **3.** zu weit gehen, das Maß überˈschreiten; **4.** herˈausragen; **exˈceed·ing** [-dɪŋ] *adj.* □ → ***exceedingly***; **1.** außerˈordentlich, äußerst; **2.** mehr als, über: ***not*** ~ (von) höchstens; **exˈceed·ing·ly** [-dɪŋlɪ] *adv.* ˈüberaus, äußerst, aufs äußerste.

ex·cel [ɪkˈsel] **I** *v/t.* überˈtreffen (***o.s.*** sich selbst); **II** *v/i.* sich auszeichnen, herˈvorragen (***in*** *od.* ***at*** in *dat.*).

ex·cel·lence [ˈeksələns] *s.* **1.** Vorˈtrefflichkeit *f*; **2.** vorˈzügliche Leistung; **ˈEx·cel·len·cy** [-sɪ] *s.* Exzelˈlenz *f* (*Titel*): ***Your*** ~ Eure Exzellenz; **ˈex·cel·lent** [-nt] *adj.* □ vorˈzüglich, ausgezeichnet, herˈvorragend.

ex·cel·si·or [ekˈselsɪɔː] *s.* **1.** *Am.* Holzwolle *f*; **2.** *typ.* Brilˈlant *f* (*Schriftgrad*).

ex·cept [ɪkˈsept] **I** *v/t.* **1.** ausnehmen, -schließen (***from*** von, aus); **2.** sich *et.* vorbehalten; → ***error*** 1; **II** *v/i.* **3.** Einwendungen machen, Einspruch erheben (***against*** gegen); **III** *prp.* **4.** ausgenommen, außer, mit Ausnahme von (*od. gen.*): ~ ***for*** abgesehen von, bis auf (*acc.*); **IV** *cj.* **5.** es sei denn, daß; außer, wenn: ~ ***that*** außer, daß; **exˈcept·ing** [-tɪŋ] *prp.* (*nach* ***always*** *od. neg.*) ausgenommen, außer; **exˈcep·tion** [-pʃn] *s.* **1.** Ausnahme *f*: ***by way of*** ~ ausnahmsweise; ***with the*** ~ ***of*** mit Ausnahme von (*od. gen.*), außer, bis auf (*acc.*); ***without*** ~ ohne Ausnahme, ausnahmslos; ***make no*** ~***(s)*** keine Ausnahme machen; ***an*** ~ ***to the rule*** e-e Ausnahme von der Regel; **2.** Einwendung *f*, Einwand *m*, Einspruch *m* (*a.* ⚖ *Rechtsmittelvorbehalt*): ***take*** ~ ***to*** a) Einwendungen machen *od.* protestieren gegen, b) Anstoß nehmen an (*dat.*); **exˈcep·tion·a·ble** [-pʃnəbl] *adj.* □ **1.** anfechtbar; **2.** anstößig; **exˈcep·tion·al** [-pʃənl] *adj.* □ → ***exceptionally***; **1.** außergewöhnlich, Ausnahme..., Sonder...: ~ ***case*** Ausnahmefall *m*; **2.** ungewöhnlich (gut); **exˈcep·tion·al·ly** [-pʃnəlɪ] *adv.* **1.** ausnahmsweise; **2.** außergewöhnlich.

ex·cerpt **I** *v/t.* [ekˈsɜːpt] **1.** *Textstelle* exzerpieren, ausziehen; **II** *s.* [ˈeksɜːpt] **2.** Exˈzerpt *n*, Auszug *m*; **3.** Sonder(ab)druck *m*.

ex·cess [ɪkˈses] *s.* **1.** ˈÜbermaß *n*, -fluß *m* (***of*** an *dat.*): ~ ***of ...*** zuviel ...; ***carry to*** ~ übertreiben, *et.* zu weit treiben; **2.** Exˈzeß *m*, Unmäßigkeit *f*, Ausschweifung *f*; *mst pl.* Ausschreitungen *pl.*: ***drink to*** ~ übermäßig trinken; **3.** ˈÜberschuß *m* (*a.* ⚡, ⚗), Mehrsumme *f*: ***in*** ~ ***of*** mehr als, über ...; ***be in*** ~ ***of*** überschreiten, -steigen; ~ ***of exports*** Ausfuhrüberschuß *m*; ~ **bag·gage** *s.* ✈ *Am.* ˈÜbergepäck *n*; ~ **cost** *s.* Mehrkosten *pl.*; ~ **cur·rent** *s.* ⚡ ˈÜberstrom *m*; ~ **fare** *s.* (Fahrpreis)Zuschlag *m*; ~ **freight** *s.* ˈÜberfracht *f*.

ex·ces·sive [ɪkˈsesɪv] *adj.* □ ˈübermäßig, überˈtrieben; unangemessen hoch (*Strafe etc.*).

ex·cess| lug·gage *s.* ✈ ˈÜbergepäck *n*; ~ **post·age** *s.* Nachporto *n*, -gebühr *f*; ~ **prof·its tax** *s. Am.* Mehrgewinnsteuer *f*; ~ **volt·age** *s.* ⚡ ˈÜberspannung *f*; ~ **weight** *s.* Mehrgewicht *n*.

ex·change [ɪksˈtʃeɪndʒ] **I** *v/t.* **1.** (***for***) aus-, ˈumtauschen (gegen), vertauschen (mit); **2.** *Geld* eintauschen, (ˈum)wechseln (***for*** gegen); **3.** (*gegenseitig*) *Blicke, Küsse, Plätze* tauschen; *Grüße, Gedanken, Gefangene etc.* austauschen; *Worte, Schüsse etc.* wechseln: ~ ***blows*** sich prügeln; **4.** ersetzen (***for*** durch); **5.** ⚙ auswechseln; **II** *v/i.* **6.** ~ ***for*** wert sein: ***2.50 D-marks*** ~ ***for one dollar***; **III** *s.* **7.** Tausch *m* (*a. Schach*), Aus-, ˈUmtausch *m*, Auswechselung *f*, Tauschhandel *m*: ***in*** ~ als Ersatz, dafür; ***in*** ~ ***for*** gegen, als Entgelt für; ~ ***of letters*** Schriftwechsel *m*; ~ ***of blows*** Schlagwechsel *m*, *Boxen*: *a.* Schlagabtausch *m*; ~ ***of shots*** Schußwechsel *m*; ~ ***of views*** Meinungsaustausch; **8.** ✝ a) (ˈUm)Wechseln *n*, Wechselverkehr *m*: ***money*** ~ Geldwechsel *m*, b) → ***bill²*** 3, c) → ***rate¹*** 2, d) ***foreign*** ~ Devisen *pl.*, Valuta *f*, e) Wechselstube *f*; **9.** ✝ Börse *f*; **10.** (Fernsprech)Amt *n*, Vermittlung *f*; **exˈchange·a·ble** [-dʒəbl] *adj.* **1.** (aus)tausch-, auswechselbar (***for*** gegen); **2.** Tausch...

ex·change| bro·ker *s.* **1.** Wechselmakler *m*; **2.** Deˈvisenmakler *m*; ~ **con·trol** *s.* Deˈvisenbewirtschaftung *f*, -konˌtrolle *f*; ~ **list** *s.* ✝ Kurszettel *m*; ~ **of·fice** *s.* Wechselstube *f*; ~ **rate** *s.* ✝ ˈUmrechnungs-, Wechselkurs *m*; ~ **reg·u·la·tions** *s. pl.* ✝ Deˈvisenbestimmungen *pl.*; ~ **re·stric·tions** *s. pl.* ✝ Deˈvisenbeschränkungen *pl.*; ~ **stu·dent** *s.* ˈAustauschstuˌdent(in).

ex·cheq·uer [ɪksˈtʃekə] *s.* **1.** *Brit.* Schatzamt *n*, Staatskasse *f*, Fiskus *m*: ***the*** ℒ das Finanzministerium; ~ ***bill*** *obs.* Schatzwechsel *m*; ~ ***bond*** Schatzanweisung *f*; **2.** ✝ (Geschäfts)Kasse *f*.

ex·cis·a·ble [ekˈsaɪzəbl] *adj.* (ver-

brauchs)steuerpflichtig.
ex·cise¹ I *v/t.* [ek'saɪz] besteuern; II *s.* ['eksaɪz] *a.* **~ duty** Verbrauchssteuer *f*: **~man** Steuereinnehmer *m*.
ex·cise² [ek'saɪz] *v/t.* ⚕ her'ausschneiden, entfernen; **ex·ci·sion** [ek'sɪʒn] *s.* **1.** ⚕ Exzisi'on *f*, Ausschneidung *f*; **2.** Ausmerzung *f*.
ex·cit·a·bil·i·ty [ɪkˌsaɪtə'bɪlətɪ] *s.* Reizbar-, Erregbarkeit *f*, Nervosi'tät *f*; **ex·cit·a·ble** [ɪk'saɪtəbl] *adj.* reiz-, erregbar, ner'vös; **ex·cit·ant** ['eksɪtənt] *s.* ⚕ Reizmittel *n*, 'Stimulans *n*; **ex·ci·ta·tion** [ˌeksɪ'teɪʃn] *s.* **1.** *a.* ϟ, ⚗ Erregung *f*; **2.** ⚕ Reiz *m*, 'Stimulus *m*.
ex·cite [ɪk'saɪt] *v/t.* **1.** *j-n* er-, aufregen: **get ~d (over)** sich aufregen (über *acc.*); **2.** *j-n* an-, aufreizen, aufstacheln; **3.** *j-n* (*sexuell*) erregen; **4.** *Interesse etc.* erregen, erwecken, her'vorrufen; **5.** ⚕ *Nerv* reizen; **6.** ϟ erregen; **7.** *phot.* lichtempfindlich machen; **ex'cit·ed** [-tɪd] *adj.* □ erregt; aufgeregt; **ex'cite·ment** [-mənt] *s.* **1.** Er-, Aufregung *f*; **2.** Reizung *f*; **ex'cit·er** [-tə] *s.* ϟ Erreger *m*; **ex'cit·ing** [-tɪŋ] *adj.* **1.** erregend; aufregend; spannend, anregend, toll; **2.** ϟ Erreger…
ex·claim [ɪk'skleɪm] I *v/i.* **1.** ausrufen, (auf)schreien; **2.** eifern, wettern (**against** gegen); II *v/t.* **3.** ausrufen.
ex·cla·ma·tion [ˌeksklə'meɪʃn] *s.* **1.** Ausruf *m*, (Auf)Schrei *m*; **2.** *a.* **~ mark, note of ~,** *Am.* **point of ~** Ausrufe-, Ausrufungszeichen *n*; **3.** heftiger Pro'test; **4.** *ling.* a) Ausrufesatz *m*, b) Interjekti'on *f*; **ex·clam·a·to·ry** [ek'sklæmətərɪ] *adj.* **1.** exklama'torisch: **~ style**; **2.** Ausrufe…: **~ sentence**.
ex·clave ['ekskleɪv] *s.* Ex'klave *f*.
ex·clude [ɪk'sklu:d] *v/t.* ausschließen (**from** von): **not excluding myself** mich selbst nicht ausgenommen; **ex'clu·sion** [-u:ʒən] *s.* **1.** Ausschließung *f*, Ausschluß *m* (**from** von): **to the ~ of** unter Ausschluß von; **2.** ⚙ Absperrung *f*.
ex·clu·sive [ɪk'sklu:sɪv] I *adj.* □ → **exclusively**; **1.** ausschließend: **~ of** ausschließlich (*gen.*), abgesehen von, ohne; **be ~ of** *et.* ausschließen; **2.** a) ausschließlich, al'leinig, Allein…, Sonder…: **~ agent** Alleinvertreter *m*; **~ rights** ausschließliche Rechte; **be ~ to** beschränkt sein auf (*acc.*), b) Exklusiv…: **~ contract** (**report** *etc.*); **3.** exklu'siv: a) vornehm, b) anspruchsvoll; **4.** unnahbar; II *s.* **5.** Exklu'sivbericht *m*; **ex'clu·sive·ly** [-lɪ] *adv.* ausschließlich, nur; **ex'clu·sive·ness** [-nɪs] *s.* Exklusivi'tät *f*.
ex·cog·i·tate [eks'kɒdʒɪteɪt] *v/t.* (sich) *et.* ausdenken, ersinnen.
ex·com·mu·ni·cate [ˌekskə'mju:nɪkeɪt] *v/t. R.C.* exkommunizieren; **ex·com·mu·ni·ca·tion** ['ekskəˌmju:nɪ'keɪʃn] *s.* Exkommunikati'on *f*.
ex·co·ri·ate [eks'kɔ:rɪeɪt] *v/t.* **1.** die Haut abziehen von; *Baum* abrinden; **2.** *Haut* wund reiben, abschürfen; **3.** heftig angreifen, vernichtend kritisieren; **ex·co·ri·a·tion** [eksˌkɔ:rɪ'eɪʃn] *s.* **1.** (Haut)Abschürfung *f*; **2.** Wundreiben *n*.
ex·cre·ment ['ekskrɪmənt] *s. oft pl.* Kot *m*, Exkre'mente *pl*.
ex·cres·cence [ɪk'skresns] *s.* **1.** Auswuchs *m* (*a. fig.*); **2.** ⚕ Wucherung *f*; **ex'cres·cent** [-nt] *adj.* **1.** auswachsend; wuchernd; **2.** *fig.* 'überflüssig; **3.** *ling.* eingeschoben.
ex·cre·ta [ek'skri:tə] *s. pl.* Ex'krete *pl.*; **ex·crete** [ek'skri:t] *v/t.* absondern, ausscheiden; **ex'cre·tion** [-i:ʃn] *s.* **1.** Ausscheidung *f*; **2.** Ex'kret *n*.
ex·cru·ci·ate [ɪk'skru:ʃɪeɪt] *v/t. fig.* quälen; **ex'cru·ci·at·ing** [-tɪŋ] *adj.* □ **1.** qualvoll, heftig; **2.** F schauderhaft, unerträglich.
ex·cul·pate ['ekskʌlpeɪt] *v/t.* reinwaschen, rechtfertigen, freisprechen (**from** von); **ex·cul·pa·tion** [ˌekskʌl'peɪʃn] *s.* Entschuldigung *f*, Rechtfertigung *f*, Entlastung *f*.
ex·cur·sion [ɪk'skɜ:ʃn] *s.* **1.** (*a.* wissenschaftliche) Exkursi'on, Ausflug *m*, Abstecher *m*, Streifzug *m* (*alle a. fig.*): **~ train** Sonder-, Ausflugszug *m*; **2.** Abschweifung *f*; **3.** Abweichung *f* (*a. ast.*); **ex'cur·sion·ist** [-ʃnɪst] *s.* Ausflügler (-in); **ex'cur·sive** [-ɜ:sɪv] *adj.* □ **1.** abschweifend; **2.** weitschweifig; **3.** sprunghaft; **ex'cur·sus** [-ɜ:səs] *pl.* **-sus·es** *s.* Ex'kurs *m* (*Erörterung od. Abschweifung*).
ex·cus·a·ble [ɪk'skju:zəbl] *adj.* □ entschuldbar, verzeihlich.
ex·cuse I *v/t.* [ɪk'skju:z] **1.** *j-n od. et.* entschuldigen, *j-m et.* verzeihen: **~ me** a) entschuldigen Sie!, b) aber erlauben Sie mal!; **~ me for being late, ~ my being late** verzeih, daß ich zu spät komme; **please ~ my mistake** bitte entschuldige m-n Irrtum; **2.** Nachsicht mit *j-m* haben; **3.** *et.* entschuldigen, über'sehen; **4.** *et.* entschuldigen, e-e Entschuldigung für *et.* sein, rechtfertigen: **that does not ~ your conduct**; **5.** (**from**) *j-n* befreien (von), *j-m et.* erlassen: **~ s.o. from attendance**; **~d from duty** vom Dienst befreit; **he begs to be ~d** er läßt sich entschuldigen; **I must be ~d from doing this** ich muß es leider ablehnen, dies zu tun; **6.** *j-m et.* erlassen; II *s.* [-kju:s] **7.** Entschuldigung *f*: **offer** (*od.* **make**) **an ~** sich entschuldigen; **please make my ~s to her** bitte entschuldige mich bei ihr; **8.** Rechtfertigung *f*: **there is no ~ for his conduct** sein Benehmen ist nicht zu entschuldigen; **9.** Vorwand *m*, Ausrede *f*, Ausflucht *f*; **10.** dürftiger Ersatz: **a poor ~ for a car** e-e armselige ‚Kutsche'; **ex'cuse-me** *s.* Tanz *m* mit Abklatschen.
ˌex-di'rec·to·ry *adj.*: **~ number** *teleph.* Geheimnummer *f*.
ex·e·at ['eksɪæt] (*Lat.*) *s. Brit.* (kurzer) Urlaub (*für Studenten*).
ex·e·cra·ble ['eksɪkrəbl] *adj.* □ ab'scheulich, scheußlich; **ex·e·crate** ['eksɪkreɪt] I *v/t.* **1.** verfluchen, verwünschen; **2.** verabscheuen; II *v/i.* **3.** fluchen; **ex·e·cra·tion** [ˌeksɪ'kreɪʃn] *s.* **1.** Verwünschung *f*, Fluch *m*; **2.** Abscheu *m*: **hold in ~** verabscheuen.
ex·ec·u·tant [ɪg'zekjʊtənt] *s.* Ausführende(r *m*) *f*, *bsd.* ♪ Vortragende(r *m*) *f*; **ex·e·cute** ['eksɪkju:t] *v/t.* **1.** aus-, 'durchführen, verrichten, tätigen; **2.** *Amt* ausüben; **3.** ♪, *thea.* vortragen, spielen; **4.** ⚖ a) *Urkunde* (rechtsgültig) ausfertigen, durch 'Unterschrift, Siegel *etc.* voll'ziehen, b) *Urteil* voll'strecken, *bsd. j-n* hinrichten, c) *j-n* pfänden; **ex·e·cu·tion** [ˌeksɪ'kju:ʃn] *s.* **1.** Aus-, 'Durchführung *f*, Verrichtung *f*: **carry into ~** ausführen; **2.** (*Art u. Weise der*) Ausführung: a) ♪ Vortrag *m*, Spiel *n*, Technik *f*, b) *Kunst, Literatur*: Darstellung *f*, Stil *m*; **3.** ⚖ a) Ausfertigung *f*, b) Errichtung *f* (*e-s Testaments*), c) Voll'ziehung *f*, ('Urteils-, *a.* 'Zwangs-) Vollˌstreckung *f*, Pfändung *f*, d) Hinrichtung *f*: **sale under ~** Zwangsversteigerung *f*; **levy ~ against a company** die Zwangsvollstreckung in das Vermögen e-r Gesellschaft betreiben; **ex·e·cu·tion·er** [ˌeksɪ'kju:ʃnə] *s.* **1.** Henker *m*, Scharfrichter *m*; **2.** *sport* Voll'strecker *m*; **ex'ec·u·tive** [-tɪv] I *adj.* □ **1.** ausübend, voll'ziehend, *pol.* Exekutiv…: **~ officer** Verwaltungsbeamte(r) *m*; **~ power** → 3; **2.** ✝ geschäftsführend, leitend: **~ board** Vorstand *m*; **~ committee** Exekutivausschuß *m*; **~ floor** Chefetage *f*; **~ functions** Führungsaufgaben; **~ post** leitende Stellung; **~ staff** leitende Angestellte *pl.*; II *s.* **3.** Exeku'tive *f*, voll'ziehende Gewalt (*im Staat*); **4.** *a.* **senior ~** ✝ leitender Angestellter; **5.** ⚔ *Am.* stellvertretender Komman'deur; **ex'ec·u·tor** [-tə] *s.* ⚖ Testa'mentsvollˌstrecker *m*, Erbschaftsverwalter *m*: **literary ~** Nachlaßverwalter e-s Autors; **ex'ec·u·to·ry** [-tərɪ] *adj.* **1.** ⚖ bedingt, erfüllungsbedürftig: **~ contract**; **2.** Ausführungs…; **ex'ec·u·trix** [-trɪks] *s.* ⚖ Testa'mentsvollˌstreckerin *f*.
ex·e·ge·sis [ˌeksɪ'dʒi:sɪs] *s.* Exe'gese *f*, (Bibel)Auslegung *f*; **ex·e·gete** ['eksɪdʒi:t] *s.* Exe'get *m*; **ˌex·e'get·ic** [-'dʒetɪk] I *adj.* □ exe'getisch, auslegend; II *s. pl. sg. konstr.* Exe'getik *f*.
ex·em·plar [ɪg'zemplə] *s.* **1.** Muster(beispiel) *n*, Vorbild *n*; **2.** typisches Beispiel; **3.** *typ.* (Druck)Vorlage *f*; **ex'em·pla·ry** [-ərɪ] *adj.* □ **1.** exem'plarisch: a) beispiel-, musterhaft, b) warnend, abschreckend, dra'konisch (*Strafe etc.*); **2.** typisch, Muster…
ex·em·pli·fi·ca·tion [ɪgˌzemplɪfɪ'keɪʃn] *s.* **1.** Erläuterung *f* durch Beispiele; Veranschaulichung *f*; **2.** Beleg *m*, Beispiel *n*, Muster *n*; **3.** ⚖ beglaubigte Abschrift, Ausfertigung *f*; **ex·em·pli·fy** [ɪg'zemplɪfaɪ] *v/t.* **1.** veranschaulichen: a) durch Beispiele erläutern, b) als Beispiel dienen für; **2.** ⚖ e-e beglaubigte Abschrift machen von.
ex·empt [ɪg'zempt] I *v/t.* **1.** *j-n* befreien, ausnehmen (**from** von *Steuern, Verpflichtungen etc.*): **~ed amount** ✝ (Steuer)Freibetrag *m*; **2.** ⚔ (*vom Wehrdienst*) freistellen; II *adj.* befreit, ausgenommen, frei (**from** von): **~ from taxes** steuerfrei; **ex'emp·tion** [-pʃn] *s.* **1.** Befreiung *f*, Freisein *n* (**from** von): **~ from taxes** Steuerfreiheit *f*; **~ from liability** ⚖ Haftungsausschluß *m*; **2.** ⚔ Freistellung *f* (*vom Wehrdienst*); **3.** *pl.* ⚖ unpfändbare Gegenstände *pl. od.* Beträge *pl.*; **4.** Sonderstellung *f*, Vorrechte *pl*.
ex·er·cise ['eksəsaɪz] I *s.* **1.** Ausübung *f* (*e-s Amtes, der Pflicht, e-r Kunst, e-s Rechts, der Macht etc.*), Gebrauch *m*, Anwendung *f*; **2.** *oft pl.* (*körperliche od. geistige*) Übung, (*körperliche*) Bewegung, *sport* (Turn)Übung *f*: **do**

one's ~s Gymnastik machen; ***take ~*** sich Bewegung machen; ***~ therapy*** Bewegungstherapie *f*; ***physical ~*** Leibesübungen *pl.*; (***military***) ~ a) Exerzieren *n*, b) Manöver *n*; (***religious***) ~ Gottesdienst *m*, Andacht *f*; **3.** Übungsarbeit *f*, Schulaufgabe *f*: **~-book** Schul-, Schreibheft *n*; **4.** ♪ Übung(sstück *n*) *f*; **5.** *pl. Am.* Feier(lichkeiten *pl.*) *f*; **II** *v/t.* **6.** *ein Amt*, *ein Recht*, *Macht*, *Einfluß* ausüben, *Einfluß*, *Recht*, *Macht* geltend machen, *et.* anwenden; *Geduld* üben; **7.** *Körper*, *Geist* üben, trainieren; **8.** *j-n* üben, ausbilden; **9.** *s-e Glieder*, *Tiere* bewegen; **10.** *j-n*, *j-s Geist* stark beschäftigen, plagen, beunruhigen: ***be ~d*** beunruhigt sein (***about*** über *acc.*); **III** *v/i.* **11.** sich Bewegung machen; **12.** *sport* trainieren; **13.** ⚔ exerzieren.

ex·ert [ɪg'zɜːt] *v/t.* gebrauchen, anwenden; *Druck*, *Einfluß etc.* ausüben (***on*** auf *acc.*); *Autorität* geltend machen: ***~ o.s.*** sich anstrengen; **ex'er·tion** [-ɜːʃn] *s.* **1.** Anwendung *f*, Ausübung *f*; **2.** Anstrengung *f*: a) Stra'paze *f*, b) Bemühung *f*.

ex·e·unt ['eksɪʌnt] (*Lat.*) *thea.* (sie gehen) ab: ***~ omnes*** alle ab.

ex·fo·li·ate [eks'fəʊlɪeɪt] *v/i. mst* ⚕ abblättern, sich abschälen; **ex·fo·li·a·tion** [eksˌfəʊlɪ'eɪʃn] *s.* Abblätterung *f*.

ex·ha·la·tion [ˌeks*h*ə'leɪʃn] *s.* **1.** Ausatmen *n*; **2.** Verströmen *n*; **3.** a) Gas *n*, b) Rauch *m*, c) Geruch *m*, Ausdünstung *f*; **ex·hale** [eks'heɪl] **I** *v/t.* **1.** ausatmen; **2.** *Gas*, *Geruch etc.* verströmen, *Rauch* ausstoßen; **II** *v/i.* **3.** ausströmen; **4.** ausatmen.

ex·haust [ɪg'zɔːst] **I** *v/t.* **1.** *mst* ⚙ a) (ent)leeren, b) luftleer pumpen, c) *Luft*, *Wasser etc.* her'auspumpen, *Gas* auspuffen, d) absaugen; **2.** *allg.* erschöpfen: a) *Boden* ausmergeln, b) *Bergwerk etc.* völlig abbauen, c) *Vorräte* ver-, aufbrauchen, d) *j-n* ermüden, entkräften, e) *j-s Kräfte* strapazieren; **3.** *Thema* erschöpfend behandeln; *alle Möglichkeiten* ausschöpfen; **II** *v/i.* **4.** ausströmen; **5.** sich entleeren; **III** *s.* **6.** ⚙ a) Dampfaustritt *m*, b) *a.* ***~ gas*** Abgas *n*, c) Auspuffgase *pl.*; **7.** *mot.* Auspuff *m*: ***~ box*** Auspufftopf *m*; ***~ brake*** Motorbremse *f*; ***~ fumes*** Abgase; **8.** → ***exhauster***; **ex'haust·ed** [-tɪd] *adj.* **1.** aufgebraucht, zu Ende, erschöpft (*Vorräte*), vergriffen (*Auflage*), abgelaufen (*Frist*, *Versicherung*); **2.** *fig.* erschöpft, ermattet; **ex'haust·er** [-tə] *s.* ⚙ (Ent-)Lüfter *m*, Absaugevorrichtung *f*, Ex'haustor *m*; **ex'haust·ing** [-tɪŋ] *adj.* ermüdend, anstrengend, strapazi'ös; **ex'haus·tion** [-tʃn] *s.* **1.** ⚙ a) (Ent)Leerung *f*, b) Her'auspumpen *n*, c) Absaugung *f*; **2.** Ausströmen *n* (*von Dampf etc.*); **3.** Erschöpfung *f*, (völliger) Verbrauch; **4.** *fig.* Erschöpfung *f*, Ermüdung *f*, Entkräftung *f*; **5.** ⅍ Approximati'on *f*; **ex'haus·tive** [-tɪv] *adj.* □ **1.** *fig.* erschöpfend; **2.** → ***exhausting***.

ex·haust| pipe *s.* ⚙ Auspuffrohr *n*; **~ pol·lu·tion** *s.* Luftverschmutzung *f* durch Abgase; **~ steam** *s.* ⚙ Abdampf *m*; **~ stroke** *s.* ⚙ Auspuffhub *m*; **~ valve** *s.* ⚙ 'Auslaßvenˌtil *n*.

ex·hib·it [ɪg'zɪbɪt] **I** *v/t.* **1.** ausstellen, zur Schau stellen: ***~ goods***; **2.** *fig.* zeigen, an den Tag legen, entfalten; **3.** ⚖ vorlegen; **II** *v/i.* **4.** ausstellen; **III** *s.* **5.** Ausstellungsstück *n*, Expo'nat *n*; **6.** ⚖ a) Eingabe *f*, b) Beweisstück *n*, Beleg *m*, c) Anlage *f zu e-m Schriftsatz*.

ex·hi·bi·tion [ˌeksɪ'bɪʃn] *s.* **1.** a) Ausstellung *f*, Schau *f*: ***be on ~*** ausgestellt sein, zu sehen sein, b) Vorführung *f*: ***~ contest*** *sport* Schaukampf *m*; ***make an ~ of o.s.*** sich lächerlich *od.* zum Gespött machen, ‚auffallen'; **2.** *fig.* Zur'schaustellung *f*, Bekundung *f*; **3.** ⚖ Vorlage *f*, Beibringung *f* (*von Beweisen etc.*); **4.** *Brit. univ.* Sti'pendium *n*; ˌ**ex·hi'bi·tion·er** [-ʃnə] *s. Brit. univ.* Stipendi'at *m*; ˌ**ex·hi'bi·tion·ism** [-ʃnɪzəm] *s. psych. u. fig.* Exhibitio'nismus *m*; ˌ**ex·hi'bi·tion·ist** [-ʃnɪst] *psych. u. fig.* **I** *s.* Exhibitio'nist *m*; **II** *adj.* exhibitio'nistisch; **ex·hib·i·tor** [ɪg'zɪbɪtə] *s.* **1.** Aussteller *m*; **2.** Kinobesitzer *m*.

ex·hil·a·rant [ɪg'zɪlərənt] → ***exhilarating***; **ex·hil·a·rate** [ɪg'zɪləreɪt] *v/t.* **1.** erheitern; **2.** beleben, erfrischen; **ex'hil·a·rat·ed** [-tɪd] *adj.* erheitert, heiter, amüsiert; **ex'hil·a·rat·ing** [-tɪŋ] *adj.* □ erheiternd, erfrischend, amü'sant; **ex·hil·a·ra·tion** [ɪgˌzɪlə'reɪʃn] *s.* **1.** Erheiterung *f*; **2.** Heiterkeit *f*.

ex·hort [ɪg'zɔːt] *v/t.* ermahnen; **ex·hor·ta·tion** [ˌegzɔː'teɪʃn] *s.* Ermahnung *f*.

ex·hu·ma·tion [ˌeks*h*juː'meɪʃn] *s.* Exhumierung *f*; **ex·hume** [eks'hjuːm] *v/t.* **1.** *Leiche* exhumieren; **2.** *fig.* ausgraben.

ex·i·gence ['eksɪdʒəns], **ex·i·gen·cy** [-dʒənsɪ; ɪg'zɪ-] *s.* **1.** Dringlichkeit *f*; **2.** Not(lage) *f*; **3.** *mst pl.* (An)Forderung *f*; **'ex·i·gent** [-nt] *adj.* **1.** dringend, kritisch; **2.** anspruchsvoll.

ex·i·gu·i·ty [ˌeksɪ'gjuːətɪ] *s.* Dürftigkeit *f*; **ex·ig·u·ous** [eg'zɪgjʊəs] *adj.* dürftig.

ex·ile ['eksaɪl] **I** *s.* **1.** a) Ex'il *n*, b) Verbannung *f*: ***government in ~*** Exilregierung *f*; ***the*** ≈ *bibl.* die Babylonische Gefangenschaft; **2.** a) im Ex'il Lebende(r *m*) *f*, b) Verbannte(r *m*) *f*; **II** *v/t.* **3.** a) exilieren, b) verbannen (***from*** aus), in die Verbannung schicken.

ex·ist [ɪg'zɪst] *v/i.* **1.** existieren, vor'handen sein, dasein: ***do such things ~?*** gibt es so etwas?; ***right to ~*** Existenzberechtigung *f*; **2.** sich finden, vorkommen (***in*** in *dat.*); **3.** (***on***) existieren, leben (von); **ex'ist·ence** [-təns] *s.* **1.** Exi'stenz *f*, Vor'handensein *n*, Vorkommen *n*: ***call into ~*** ins Leben rufen; ***be in ~*** bestehen, existieren; ***remain in ~*** weiterbestehen; **2.** Exi'stenz *f*, Leben *n*, Dasein *n*: ***a wretched ~*** ein kümmerliches Dasein; **3.** Exi'stenz *f*, (Fort-)Bestand *m*; **ex'ist·ent** [-tənt] *adj.* **1.** existierend, bestehend, vor'handen, lebend; **2.** gegenwärtig.

ex·is·ten·tial [ˌegzɪ'stenʃl] *adj.* **1.** Existenz...; **2.** *phls.* Existential...; ˌ**ex·is'ten·tial·ism** [-ʃəlɪzəm] *s.* Existentia'lismus *m*, Exi'stenzphilosoˌphie *f*; ˌ**ex·is'ten·tial·ist** [-ʃəlɪst] *s.* Existentia'list (-in).

ex·ist·ing [ɪg'zɪstɪŋ] → ***existent***.

ex·it ['eksɪt] **I** *s.* **1.** Abgang *m*: a) *thea.* Abtreten *n* (*von der Bühne*), b) *fig.* Tod *m*: ***make one's ~*** → 6a, 7; **2.** (*a.* Not)Ausgang *m*; **3.** ⚙ Abzug *m*, -fluß *m*, Austritt *m*; **4.** Ausreise *f*: ***~ permit*** Ausreisegenehmigung *f*; ***~ visa*** Ausreisevisum *n*; **5.** (Autobahn)Ausfahrt *f*; **II** *v/i.* **6.** *thea.* a) abgehen, abtreten, b) *Bühnenanweisung*: (*er*, *sie* geht) ab: ≈ ***Romeo***; **7.** *fig.* sterben.

ex li·bris [eks'laɪbrɪs] (*Lat.*) *s.* Ex'libris *n*, Bücherzeichen *n*.

ˌ**ex·o·bi'ol·o·gy** [ˌeksəʊ-] *s.* Exo-, Ektobiolo'gie *f*.

ex·o·carp ['eksəʊkɑːp] *s.* ⚘ Exo'karp *n*, äußere Fruchthaut.

ex·o·crine ['eksəʊkraɪn] *physiol.* **I** *adj.* **1.** exo'krin; **II** *s.* **2.** äußere Sekreti'on; **3.** exo'krine Drüse.

ex·o·don·ti·a [ˌeksəʊ'dɒnʃɪə] *s.* ˌ**ex·o'don·tics** [-ntɪks] *s. pl. sg. konstr.* 'Zahnchirurˌgie *f*.

ex·o·dus ['eksədəs] *s.* **1.** a) *bibl. u. fig.* Auszug *m*, b) ≈ *bibl.* Exodus *m*, Zweites Buch Mose; **2.** *fig.* Ab-, Auswanderung *f*, Massenflucht *f*; Aufbruch *m*: ***~ of capital*** ✝ Kapitalabwanderung; ***rural ~*** Landflucht.

ex of·fi·ci·o [ˌeksə'fɪʃɪəʊ] (*Lat.*) **I** *adv.* von Amts wegen; **II** *adj.* Amts..., amtlich.

ex·on·er·ate [ɪg'zɒnəreɪt] *v/t.* **1.** *Angeklagten etc.*, *a. Schuldner* entlasten (***from*** von); **2.** *j-n* befreien, entbinden (***from*** von); **ex·on·er·a·tion** [ɪgˌzɒnə'reɪʃn] *s.* **1.** Entlastung *f*; **2.** Befreiung *f*.

ex·or·bi·tance [ɪg'zɔːbɪtəns] *s.* Maßlosigkeit *f*; **ex'or·bi·tant** [-nt] *adj.* □ maßlos, über'trieben, unverschämt: ***~ price*** Wucherpreis *m*.

ex·or·cism ['eksɔːsɪzəm] *s.* Exor'zismus *m*, Teufelsaustreibung *f*, Geisterbeschwörung *f*; **'ex·or·cist** [-ɪst] *s.* Exor'zist *m*, Teufelsaustreiber *m*, Geisterbeschwörer *m*; **'ex·or·cize** [-saɪz] *v/t.* *Teufel* austreiben, *Geister* beschwören, bannen.

ex·or·di·um [ek'sɔːdjəm] *s.* Einleitung *f*, Anfang *m* (*e-r Rede*).

ex·o·ter·ic [ˌeksəʊ'terɪk] *adj.* (□ ***~ally***) exo'terisch, für Außenstehende bestimmt, gemeinverständlich.

ex·ot·ic [ɪg'zɒtɪk] *adj.* (□ ***~ally***) ex'otisch: a) aus-, fremdländisch, b) fremdartig, bi'zarr; **ex'ot·i·ca** [-kə] *s. pl.* E'xotika *pl.* (*fremdländische Kunstwerke*).

ex·pand [ɪk'spænd] **I** *v/t.* **1.** ausbreiten, -spannen, entfalten; **2.** ✝, *phys. u. fig.* ausdehnen, -weiten, erweitern: ***~ed metal*** Streckmetall *n*; ***~ed plastics*** Schaumkunststoffe; ***~ed program(me)*** erweitertes Programm; **3.** *Abkürzung* ausschreiben; **II** *v/i.* **4.** sich ausbreiten *od.* -dehnen; sich erweitern (*a. fig.*): ***his heart ~ed with joy*** sein Herz schwoll vor Freude; **5.** *fig.* sich entwickeln, aufblühen (***into*** zu); größer werden; **6.** *fig.* a) *vor Stolz*, *Freude etc.* ‚aufblühen', b) aus sich her'ausgehen; **ex'pand·er** [-də] *s. sport* Ex'pander *m*; **ex'pand·ing** [-dɪŋ] *adj.* sich (aus)dehnend, dehnbar; **ex'panse** [-ns] *s.* weiter Raum, weite Fläche, Weite *f*, Ausdehnung *f*; *orn.* Spannweite *f*; **ex'pan·sion** [-nʃn] *s.* **1.** Ausbreitung *f*, Erweiterung *f*, Zunahme *f*; (✝ *Industrie-*, *Produktions-*, *a. Kredit*)Ausweitung *f*; *pol.* Expansi'on *f*: ***ego ~*** *psych.* gesteigertes Selbstgefühl; **2.** *a.* ⚙, *phys.* (Aus)Dehnung *f*, Expansi'on *f*: ***~ engine*** Expansionsmaschine *f*; ***~ stroke*** *mot.* Arbeitstakt *m*, Expansionshub *m*; **3.** 'Umfang *m*, Raum *m*, Weite *f*;

ex'pan·sion·ism [-nʃənɪzəm] *s.* Expansi'onspoli,tik *f*; **ex'pan·sion·ist** [-nʃənɪst] **I** *s.* Anhänger(in) der Expansi'onspoli,tik; **II** *adj.* Expansions…; **ex'pan·sive** [-nsɪv] *adj.* □ **1.** ausdehnungsfähig, ausdehnend, (Aus)Dehnungs…; **2.** ausgedehnt, weit, um'fassend; **3.** *fig.* mitteilsam, aufgeschlossen; **4.** *fig.* 'überschwenglich; **ex'pan·sive·ness** [-nsɪvnɪs] *s.* **1.** Ausdehnungsvermögen *n*; **2.** *fig.* a) Mitteilsamkeit *f*, Aufgeschlossenheit *f*, b) 'Überschwenglichkeit *f*.

ex par·te [,eks'pɑːtɪ] (*Lat.*) *adj. u. adv.* ⚖ einseitig (*Prozeßhandlung*).

ex·pa·ti·ate [ek'speɪʃɪeɪt] *v/i.* sich weitläufig auslassen *od.* verbreiten (**on** über *acc.*); **ex·pa·ti·a·tion** [ek,speɪʃɪ'eɪʃn] *s.* weitläufige Erörterung, Erguß *m*, ‚Salm' *m*.

ex·pa·tri·ate I *v/t.* [eks'pætrɪeɪt] **1.** ausbürgern, expatriieren, *j-m* die Staatsangehörigkeit aberkennen: **~ o.s.** auswandern, s-e Staatsangehörigkeit aufgeben; **II** *adj.* [-ɪət] **2.** verbannt, ausgebürgert; **3.** ständig im Ausland lebend; **III** *s.* [-ɪət] **4.** Ausgebürgerte(r *m*) *f*; **5.** (freiwillig) im Ex'il *od.* ständig im Ausland Lebende(r *m*) *f*; **ex·pa·tri·a·tion** [eks,pætrɪ'eɪʃn] *s.* **1.** Ausbürgerung *f*, Aberkennung *f* der Staatsangehörigkeit; **2.** Auswanderung *f*; **3.** Aufgabe *f* s-r Staatsangehörigkeit.

ex·pect [ɪk'spekt] *v/t.* **1.** *j-n* erwarten: ***I ~ him to dinner*** ich erwarte ihn zum Essen; **2.** *et.* erwarten *od.* vor'hersehen; entgegensehen (*dat.*): ***I did not ~ that question*** auf diese Frage war ich nicht gefaßt *od.* vorbereitet; **3.** erwarten, hoffen, rechnen auf (*acc.*): ***I ~ you to come*** ich erwarte, daß du kommst; ***I ~ (that) he will come*** ich erwarte, daß er kommt; **4.** *et. von j-m* erwarten, verlangen: ***you ~ too much from him***; **5.** F annehmen, denken, vermuten: ***that is hardly to be ~ed*** das ist kaum anzunehmen; ***I ~ so*** ich denke ja (*od.* schon); **ex'pect·ance** [-təns], **ex'pect·an·cy** [-tənsɪ] *s.* (**of**) **1.** Erwartung *f* (*gen.*); Hoffnung *f*, Aussicht *f* (auf *acc.*); **2.** ✝, ⚖ Anwartschaft *f* (auf *acc.*); **ex'pect·ant** [-tənt] **I** *adj.* □ **1.** erwartend: **be ~ of** *et.* erwarten; ***~ heir*** a) ⚖ Erb(schafts)anwärter(in), b) Thronanwärter *m*; **2.** erwartungsvoll; **3.** zu erwarten(d); **4.** schwanger: ***~ mother*** werdende Mutter, Schwangere *f*; **II** *s.* **5.** ⚖ Anwärter(in) (**of** auf *acc.*); **ex·pec·ta·tion** [,ekspek'teɪʃn] *s.* **1.** Erwartung *f*, Erwarten *n*: ***beyond*** (***contrary to***) ***~*** über (wider) Erwarten; ***according to ~*** erwartungsgemäß; ***come up to ~*** den Erwartungen entsprechen; **2.** Gegenstand *m* der Erwartung; **3.** *oft pl.* Hoffnung *f*, Aussicht *f*: ***~ of life*** Lebenserwartung *f*; **ex'pect·ing** [-tɪŋ] *adj.*: ***she is ~*** F sie ist in anderen Umständen.

ex·pec·to·rant [ek'spektərənt] *adj. u. s. pharm.* schleimlösend(es Mittel); **ex·pec·to·rate** [ek'spektəreɪt] **I** *v/t.* ausspucken, -husten; **II** *v/i.* a) (aus-) spucken, b) Blut spucken; **ex·pec·to·ra·tion** [ek,spektə'reɪʃn] *s.* **1.** Auswerfen *n*, Aushusten *n*, -spucken *n*; **2.** Auswurf *m*.

ex·pe·di·ence [ɪk'spiːdjəns], **ex'pe·di·en·cy** [-sɪ] *s.* **1.** Ratsamkeit *f*, Zweckmäßigkeit *f*; **2.** Nützlichkeit *f*, Zweckdienlichkeit *f*; **3.** Eigennutz *m*; **ex'pe·di·ent** [-nt] **I** *adj.* □ **1.** ratsam, angebracht; **2.** zweckmäßig, -dienlich, praktisch, nützlich, vorteilhaft; **3.** eigennützig; **II** *s.* **4.** (Hilfs)Mittel *n*, (Not)Behelf *m*.

ex·pe·dite ['ekspɪdaɪt] *v/t.* **1.** beschleunigen, fördern; **2.** schnell ausführen; **3.** befördern, expedieren.

ex·pe·di·tion [,ekspɪ'dɪʃn] *s.* **1.** Eile *f*, Schnelligkeit *f*; **2.** (Forschungs)Reise *f*, Expediti'on *f*; **3.** ⚔ Feldzug *m*; **,ex·pe'di·tion·ar·y** [-ʃnərɪ] *adj.* Expeditions…: ***~ force*** Expeditionskorps *n*; **,ex·pe'di·tious** [-ʃəs] *adj.* □ schnell, rasch, prompt.

ex·pel [ɪk'spel] *v/t.* (**from**) **1.** vertreiben, wegjagen (aus, von); **2.** ausstoßen, -schließen, hi'nauswerfen (aus); **3.** aus-, verweisen, verbannen (aus); **4.** *Rauch etc.* ausstoßen (aus); **ex·pel·lee** [,ekspe'liː] *s.* (Heimat)Vertriebene(r *m*) *f*.

ex·pend [ɪk'spend] *v/t.* **1.** *Geld* ausgeben; **2.** *Mühe, Zeit etc.* ver-, aufwenden (**on** für); **3.** verbrauchen; **ex'pend·a·ble** [-dəbl] **I** *adj.* **1.** verbrauchbar, Verbrauchs…; **2.** entbehrlich; **3.** ⚔ (*im Notfall*) zu opfern(d); **II** *s.* **4.** *mst pl. et.* Entbehrliches; **5.** ⚔ verlorener Haufen; **ex'pend·i·ture** [-dɪtʃə] *s.* **1.** Aufwand *m*, Verbrauch *m* (**of** an *dat.*); **2.** (Geld)Ausgabe(n *pl.*) *f*, (Kosten-) Aufwand *m*, Auslage(n *pl.*) *f*, Kosten *pl.*: ***cash ~*** ✝ Barauslagen.

ex·pense [ɪk'spens] *s.* **1.** → ***expenditure*** 2; **2.** *pl.* Unkosten *pl.*, Spesen *pl.*: ***~ account*** ✝ Spesenkonto *n*; ***~ allowance*** ✝ Aufwandsentschädigung *f*, Spesenvergütung *f*; ***travel(l)ing ~s*** Reisespesen; ***and all ~s paid*** und alle Unkosten *od.* Spesen (werden) vergütet; ***at an ~ of*** mit e-m Aufwand von; ***at great ~*** mit großen Kosten; ***at my ~*** auf m-e Kosten, für m-e Rechnung; ***they laughed at my ~*** *fig.* sie lachten auf m-e Kosten; ***at the ~ of his health*** auf Kosten s-r Gesundheit; ***go to great ~*** sich in (große) (Un)Kosten stürzen; ***put s.o. to great ~*** j-n in große (Un-) Kosten stürzen; ***spare no ~*** keine Kosten scheuen; **ex'pen·sive** [-sɪv] *adj.* □ teuer, kostspielig, aufwendig.

ex·pe·ri·ence [ɪk'spɪərɪəns] **I** *s.* **1.** a) Erfahrung *f*, (Lebens)Praxis *f*, b) Erfahrenheit *f*, (praktische) Erfahrung, Praxis *f*, praktische Kenntnisse *pl.*, Fach-, Sachkenntnis *f*: ***by*** (*od.* ***from***) ***~*** aus (eigener) Erfahrung; ***in my ~*** nach m-n Erfahrungen, m-s Wissens; ***~ in cooking*** Kochkenntnisse; ***business ~*** Geschäftserfahrung, -routine *f*; ***driving ~*** Fahrpraxis; ***previous ~*** Vorkenntnisse; **2.** Erlebnis *n*: ***I had a strange ~***; **3.** Vorkommnis *n*, Geschehnis *n*; **4.** *Am. eccl.* religi'öse Erweckung; **II** *v/t.* **5.** erfahren: a) kennenlernen, b) erleben, c) erleiden, *Schlimmes* 'durchmachen, *Vergnügen etc.* empfinden: ***~ kindness*** Freundlichkeit erfahren; ***~ difficulties*** auf Schwierigkeiten stoßen; **ex'pe·ri·enced** [-st] *adj.* erfahren, routiniert, bewandert, (fach-, sach)kundig.

ex·pe·ri·en·tial·ism [ɪk,spɪərɪ'enʃəlɪzəm] *s. phls.* Empi'rismus *m*.

ex·per·i·ment I *s.* [ɪk'sperɪmənt] Versuch *m*, Experi'ment *n*; **II** *v/i.* [-ment] experimentieren, Versuche anstellen (**on**, ***upon*** an *dat.*; ***with*** mit): ***~ with s.th.*** *a.* et. erproben.

ex·per·i·men·tal [ek,sperɪ'mentl] *adj.* □ **1.** *phys.* Versuchs…, experimen'tell, Experimental…: ***~ animal*** Versuchstier *n*; ***~ physics*** Experimentalphysik *f*; ***~ station*** Versuchsanstalt *f*; **2.** experimentierfreudig; **3.** Erfahrungs…; **ex,per·i'men·tal·ist** [-təlɪst] *s.* Experimen'tator *m*; **ex,per·i'men·tal·ly** [-təlɪ] *adv.* experimen'tell, versuchsweise; **ex·per·i·men·ta·tion** [ek,sperɪmen'teɪʃn] *s.* Experimentieren *n*.

ex·pert ['ekspɜːt] **I** *adj* [*pred. a.* ɪk'spɜːt] □ **1.** erfahren, kundig; **2.** geschickt, gewandt (***at***, ***in*** in *dat.*); **3.** fachmännisch, fach-, sachkundig; Fach…(*-ingenieur, -wissen etc.*); **4.** Sachverständigen…: ***~ opinion*** (Sachverständigen-) Gutachten *n*; ***~ witness*** ⚖ Sachverständige(r *m*) *f*; **II** *s.* **5.** a) Fachmann *m*, Ex'perte *m*, b) Sachverständige(r *m*) *f*, Gutachter(in) (***at***, ***in*** in *dat.*; ***on s.th.*** [auf dem Gebiet] e-r Sache); **ex·per·tise** [,ekspɜː'tiːz] *s.* **1.** Exper'tise *f*, (Sachverständigen)Gutachten *n*; **2.** Sach-, Fachkenntnis *f*; **3.** (fachmännisches) Können; **'ex·pert·ness** [-nɪs] *s.* **1.** Erfahrenheit *f*; **2.** Geschicklichkeit *f*.

ex·pi·a·ble ['ekspɪəbl] *adj.* sühnbar; **'ex·pi·ate** [-ɪeɪt] *v/t.* sühnen, wieder'gutmachen, (ab)büßen; **ex·pi·a·tion** [,ekspɪ'eɪʃn] *s.* Sühne *f*, Buße *f*: ***in ~ of s.th.*** um et. zu sühnen, als Sühne für et.; **'ex·pi·a·to·ry** [-ɪətərɪ] *adj.* sühnend, Sühn(e)…, Buß…: ***be ~ of*** *et.* sühnen.

ex·pi·ra·tion [,ekspɪ'reɪʃn] *s.* **1.** Ausatmen *n*; **2.** *fig.* Ablauf *m* (*e-r Frist, e-s Vertrags*), Ende *n*; **3.** ✝ a) Fälligwerden *n*, b) Verfall *m* (*e-s Wechsels*): ***~ date*** Verfallsdatum *n*; **ex·pir·a·to·ry** [ɪk'spaɪərətərɪ] *adj.* Ausatmungs…

ex·pire [ɪk'spaɪə] *v/i.* **1.** ausatmen, -hauchen (*a. v/t.*); **2.** sein Leben aushauchen, verscheiden; **3.** ablaufen (*Frist, Vertrag etc.*), erlöschen (*Patent, Recht etc.*), enden, ungültig werden, verfallen; **4.** ✝ fällig werden; **ex'pired** [-əd] *adj.* ungültig, verfallen, erloschen; **ex'pi·ry** [-ərɪ] → ***expiration*** 2, 3.

ex·plain [ɪk'spleɪn] **I** *v/t.* **1.** erklären, erläutern, ausein'andersetzen (***s.th. to s.o.*** j-m et.): ***~ s.th. away*** a) sich aus et. herausreden, b) e-e einleuchtende Erklärung für et. finden; **2.** erklären, begründen, rechtfertigen: ***~ o.s.*** a) sich erklären, b) sich rechtfertigen; **II** *v/i.* **3.** es erklären: ***you have got a little ~ing to do*** da müßtest du (mir, uns) schon einiges erklären; **ex'plain·a·ble** [-nəbl] *adj.* → ***explicable***; **ex·pla·na·tion** [,eksplə'neɪʃn] *s.* **1.** Erklärung *f*, Erläuterung *f* (**for**, **of** für): ***in ~ of*** als Erklärung für; ***make some ~*** e-e Erklärung abgeben; **2.** Er-, Aufklärung *f*; **3.** Verständigung *f*; **ex·plan·a·to·ry** [ɪk'splænətərɪ] *adj.* □ erklärend, erläuternd.

ex·ple·tive [ek'spliːtɪv] **I** *adj.* **1.** ausfüllend, (Aus)Füll…; **II** *s.* **2.** *ling.* Füllwort *n*; **3.** Füllsel *n*, Lückenbüßer *m*; **4.** a) Fluch *m*, b) Kraftausdruck *m*.

ex·pli·ca·ble [ɪk'splɪkəbl] *adj.* erklärbar, erklärlich; **ex·pli·cate** ['eksplɪkeɪt] *v/t.*

1. explizieren, erklären; **2.** *Theorie etc.* entwickeln; **ex·pli·ca·tion** [ˌekspli'keɪʃn] *s.* **1.** Erklärung *f*, Erläuterung *f*; **2.** Entwicklung *f*.

ex·plic·it [ɪk'splɪsɪt] *adj.* ☐ **1.** deutlich, klar, ausdrücklich; **2.** offen, deutlich (*Person*) (**on** in bezug auf *acc.*); **3.** ⩚ expli'zit.

ex·plode [ɪk'spləʊd] **I** *v/t.* **1.** a) zur Explosi'on bringen, explodieren lassen, b) (in die Luft) sprengen; **2.** *fig.* a) *Plan etc.* über den Haufen werfen, zum Platzen bringen, zu'nichte machen: **~ a myth** e-e Illusion zerstören, b) *Theorie etc.* wider'legen, *e-m Gerücht etc.* den Boden entziehen; **II** *v/i.* **3.** a) explodieren, ⚔ *a.* krepieren (*Granate etc.*), b) in die Luft fliegen; **4.** *fig.* ausbrechen (**into**, **with** in *acc.*), ‚platzen' (**with** vor *dat.*): **~ with fury** vor Wut platzen, ‚explodieren'; **~ with laughter** in schallendes Gelächter ausbrechen; **5.** *fig.* sprunghaft ansteigen, sich explosi'onsartig vermehren; **ex'plod·ed view** [-dɪd] *s.* ⚙ Darstellung *f e-r Maschine etc.* in zerlegter Anordnung.

ex·ploit I *v/t.* [ɪk'splɔɪt] **1.** *et.* auswerten; *kommerziell* verwerten; ⚒ *etc.* ausbeuten, abbauen; **2.** *fig. b.s. et. od. j-n* ausbeuten, -nutzen; *et.* ausschlachten, Kapi'tal schlagen aus; **II** *s.* ['eksplɔɪt] **3.** (Helden)Tat *f*; **4.** Großtat *f*, große Leistung; **ex·ploi·ta·tion** [ˌeksplɔɪ'teɪʃn] *s.* ✝ (*Patent- etc.*)Verwertung *f*; ⚙ Ausnutzung *f*, -beutung *f* (*beide a. fig. b.s.*); ⚒ Abbau *m*, Gewinnung *f*; **ex'ploi·ter** [-tə] *s.* Ausbeuter *m* (*a. fig.*).

ex·plo·ra·tion [ˌeksplə'reɪʃn] *s.* **1.** Erforschung *f* (*e-s Landes*); **2.** Unter'suchung *f*.

ex·plor·a·tive [ek'splɒrətɪv], **ex'plor·a·to·ry** [-tərɪ] *adj.* **1.** (er)forschend, Forschungs...; **2.** Erkundungs..., untersuchend, sondierend; ⚙ *etc.* Versuchs..., Probe...: **~ drilling**; **~ talks** Sondierungsgespräche; **ex·plore** [ɪk'splɔ:] *v/t.* **1.** *Land* erforschen; **2.** erforschen, erkunden, unter'suchen (*a.* ⚕), sondieren; **ex·plor·er** [ɪk'splɔ:rə] *s.* Forscher *m*, Forschungsreisende(r *m*) *f*.

ex·plo·sion [ɪk'spləʊʒn] *s.* **1.** a) Explosi'on *f* (*a. ling.*), Entladung *f*, b) Knall *m*, Detonati'on *f*; **2.** *fig.* Explosi'on *f*: **population ~**; **3.** *fig.* Zerstörung *f*, Wider'legung *f*; **4.** *fig.* (*Wut- etc.*)Ausbruch *m*.

ex·plo·sive [ɪk'spləʊsɪv] **I** *adj.* ☐ **1.** explo'siv, Knall..., Spreng..., Explosions...; **2.** *fig.* jähzornig, aufbrausend; **II** *s.* **3.** Explo'siv-, Sprengstoff *m*; **4.** *ling.* → **plosive** II; **~ charge** *s.* Sprengladung *f*; **~ cot·ton** *s.* Schießbaumwolle *f*; **~ flame** *s.* Stichflamme *f*; **~ force** *s.* Sprengkraft *f*.

ex·po·nent [ek'spəʊnənt] *s.* **1.** ⩚ Expo'nent *m*, Hochzahl *f*; **2.** *fig.* Expo'nent (-in): a) Repräsen'tant(in), Vertreter (-in), b) Verfechter(in); **3.** Inter'pret (-in); **ex·po·nen·tial** [ˌekspəʊ'nenʃl] ⩚ **I** *adj.* Exponential...; **II** *s.* Exponenti'algröße *f*.

ex·port I *v/t. u. v/i.* [ek'spɔ:t] **1.** exportieren, ausführen; **II** *s.* ['ekspɔ:t] **2.** Ex'port *m*, Ausfuhr(handel *m*) *f*; **3.** Ex'port-, 'Ausfuhrarˌtikel *m*; **4.** *pl.* a) (Ge'samt)Exˌport *m*, (-)Ausfuhr *f*, b) Ex'portgüter *pl.*; **III** *adj.* ['ekspɔ:t] **5.** Ausfuhr..., Export...: **~ duty** Ausfuhrzoll *m*; **~ license**, **~ permit** Ausfuhrgenehmigung *f*; **~ trade** Export-, Ausfuhr-, Außenhandel *f*; **ex'port·a·ble** [-təbl] *adj.* ex'portfähig, zur Ausfuhr geeignet; **ex·por·ta·tion** [ˌekspɔ:'teɪʃən] *s.* Ausfuhr *f*, Ex'port *m*; **ex'port·er** [-tə] *s.* Expor'teur *m*.

ex·pose [ɪk'spəʊz] **I** *v/t.* **1.** *Kind* aussetzen; **2.** *Waren* ausstellen (**for sale** zum Verkauf); **3.** *fig. e-r Gefahr, e-m Übel* aussetzen, preisgeben: **~ o.s.** sich exponieren; **~ o.s. to ridicule** sich lächerlich machen; **4.** *fig.* a) (**o.s.** sich) bloßstellen, b) *j-n* entlarven, c) *et.* aufdecken, enthüllen; **5.** *et.* darlegen, ausein'andersetzen; **6.** entblößen (*a.* ⚔), enthüllen, zeigen; **7.** *phot.* belichten; **II** *s.* **8.** *Am.* → **exposé** 2.

ex·po·sé [ek'spəʊzeɪ] (*Fr.*) *s.* **1.** Expo'sé *n*, Darlegung *f*; **2.** Enthüllung *f*, Entlarvung *f*.

ex·posed [ɪk'spəʊzd] *adj.* **1.** *pred.* ausgesetzt (**to** *dat.*); **2.** unverdeckt, offen (-liegend); **3.** ungeschützt, exponiert; **4.** *phot.* belichtet.

ex·po·si·tion [ˌekspəʊ'zɪʃn] *s.* **1.** Ausstellung *f*, Schau *f*; **2.** Darlegung(en *pl.*) *f*, Ausführung(en *pl.*) *f*; **3.** *thea. u.* ♪ Expositi'on *f*; **ex·pos·i·tor** [ek'spɒzɪtə] *s.* Erklärer *m*; **ex·pos·i·to·ry** [ek'spɒzɪtərɪ] *adj.* erklärend.

ex·pos·tu·late [ɪk'spɒstjʊleɪt] *v/i.* **1.** protestieren; **2. ~ with** *j-m* ernste Vorhaltungen machen, *j-n* zu'rechtweisen; **ex·pos·tu·la·tion** [ɪkˌspɒstjʊ'leɪʃn] *s.* **1.** Pro'test *m*; **2.** ernste Vorhaltung, Verweis *m*.

ex·po·sure [ɪk'spəʊʒə] *s.* **1.** (Kindes-) Aussetzung *f*; **2.** Aussetzen *n*, Preisgabe *f*; **3.** Ausgesetztsein *n*, Preisgegebensein *n* (**to** *dat.*): **death from ~** Tod *m* durch Erfrieren *od.* vor Entkräftung *etc.*; **4.** Entblößung *f*: **indecent ~** unsittliche (Selbst)Entblößung; **5.** *fig.* a) Bloßstellung *f*, b) Entlarvung *f*, c) Enthüllung *f*, Aufdeckung *f*; **6.** *phot.* Belichtung *f*: **~ meter** Belichtungsmesser *m*; **time ~** Zeitaufnahme *f*; **~ value** Lichtwert *m* (*e-s Films*); **7.** Lage *f* (*e-s Gebäudes*): **southern ~** Südlage.

ex·pound [ɪk'spaʊnd] *v/t.* **1.** erklären, erläutern; *Theorie* entwickeln; **2.** auslegen.

ex·press [ɪk'spres] **I** *v/t.* **1.** *obs. Saft* auspressen, ausdrücken; **2.** *fig.* ausdrücken, äußern, zum Ausdruck bringen: **~ o.s.** sich äußern, sich erklären; **be ~ed** zum Ausdruck kommen; **3.** bezeichnen, bedeuten, darstellen; **4.** *Gefühle etc.* offen'baren, zeigen, bekunden; **5.** a) *Brit.* durch Eilboten *od.* als Eilgut schicken, b) *bsd. Am.* durch ein ('Schnell)Transˌportunterˌnehmen befördern lassen; **II** *adj.* ☐ → **expressly**; **6.** ausdrücklich, bestimmt, deutlich, eindeutig; **7.** besonder: **for the ~ purpose** eigens zu dem Zweck; **8.** Expreß..., Schnell..., Eil...; **III** *adv.* **9.** → **expressly**; **10.** *Brit.* durch Eilboten, per Ex'preß, als Eilgut; **IV** *s.* **11.** *Brit.* a) Eilbote *m*, b) Eilbeförderung *f*, c) Eilbrief *m*, -gut *n*; **12.** 🚂 D-Zug *m*; **13.** *Am.* → **express company**; **ex'press·age** [-sɪdʒ] *s. Am.* **1.** Beförderung *f* durch ein ('Schnell)Transˌportunterˌnehmen; **2.** Eilfracht(gebühr) *f*.

ex·press| com·pa·ny *s. Am.* ('Schnell-) Transˌportunterˌnehmen *n*; **~ de·liv·er·y** *s.* a) *Brit.* Eilzustellung *f*, b) → **expressage** 1; **~ goods** *s. pl.* Eilfracht *f*, -gut *n*.

ex·pres·sion [ɪk'spreʃn] *s.* **1.** Ausdruck *m*, Äußerung *f*: **find ~ in** sich äußern in (*dat.*); **give ~ to** Ausdruck verleihen (*dat.*); **beyond ~** unsagbar; **2.** Redensart *f*, Ausdruck *m*; **3.** Ausdrucksweise *f*, Dikti'on *f*; **4.** Ausdruck(skraft *f*) *m*: **with ~** mit Gefühl, ausdrucksvoll; **5.** (Gesichts)Ausdruck *m*; **6.** ⩚ Ausdruck *m*, Formel *f*; **ex'pres·sion·ism** [-ʃnɪzəm] *s.* Expressio'nismus *m*; **ex'pres·sion·ist** [-ʃnɪst] **I** *s.* Expressio'nist(in); **II** *adj.* expressio'nistisch; **ex'pres·sion·less** [-lɪs] *adj.* ausdruckslos.

ex·pres·sive [ɪk'spresɪv] *adj.* ☐ **1.** ausdrückend (**of** *acc.*): **be ~ of** *et.* ausdrükken; **2.** ausdrucksvoll; **3.** Ausdrucks...; **ex'pres·sive·ness** [-nɪs] *s.* **1.** Ausdruckskraft *f*; **2.** *das* Ausdrucksvolle; **ex'press·ly** [-slɪ] *adv.* **1.** ausdrücklich; **2.** eigens, besonders.

ex'press|·man [-mæn] *s.* [*irr.*] *Am.* Angestellte(r) *m* e-s ('Schnell)Transˌportunterˌnehmens; **~ train** *s.* D-Zug *m*; **~·way** *s. bsd. Am.* Schnellstraße *f*.

ex·pro·pri·ate [eks'prəʊprɪeɪt] *v/t.* ⚖ *j n od. et.* enteignen; **ex·pro·pri·a·tion** [eksˌprəʊprɪ'eɪʃn] *s.* ⚖ Enteignung *f*.

ex·pul·sion [ɪk'spʌlʃn] *s.* (**from**) **1.** Vertreibung *f* (aus); **2.** *pol.* Ausweisung *f*, Verbannung *f*, Abschiebung *f* (aus); **3.** Ausstoßung *f* (aus), Ausschließung (aus, von): **~ from school**; **4.** ⚕ Austreibung *f*; **ex'pul·sive** [-lsɪv] *adj.* aus-, vertreibend.

ex·punge [ek'spʌndʒ] *v/t.* **1.** (aus)streichen; *a. fig.* löschen (**from** aus); **2.** *fig.* ausmerzen, vernichten.

ex·pur·gate ['ekspɜ:geɪt] *v/t. Buch etc.* (von anstößigen Stellen) reinigen: **~d version** gereinigte Version; **ex·pur·gation** [ˌekspɜ:'geɪʃn] *s.* Reinigung *f*.

ex·qui·site ['ekskwɪzɪt] *adj.* ☐ **1.** köstlich, (aus)erlesen, vor'züglich, ausgezeichnet, exqui'sit; **2.** gepflegt, fein: **~ taste**; **3.** äußerst fein: **an ~ ear**; **4.** äußerst, höchst; **5.** heftig: **~ pain**; **~ pleasure** großes Vergnügen.

ex-serv·ice·man [ˌeks'sɜ:vɪsmən] *s.* [*irr.*] ehemaliger Sol'dat, Vete'ran *m*.

ex·tant [ek'stænt] *adj.* (noch) vor'handen *od.* bestehend.

ex·tem·po·ra·ne·ous [ekˌstempə'reɪnɪəs], **ex·tem·po·rar·y** [ɪk'stempərərɪ] *adj.* ☐ improvisiert, extemporiert, unvorbereitet, aus dem Stegreif: **~ translation** Stegreifübersetzung *f*; **ex·tem·po·re** [ek'stempərɪ] **I** *adj. u. adv.* → **extemporaneous**; **II** *s.* Improvisati'on *f*, Stegreifgedicht *n*, unvorbereitete Rede; **ex·tem·po·rize** [ɪk'stempəraɪz] *v/t. u. v/i.* aus dem Stegreif *od.* unvorbereitet reden *od.* dichten *od.* spielen, improvisieren; **ex·tem·po·riz·er** [ɪk'stempəraɪzə] *s.* Improvi'sator *m*, Stegreifdichter *m*.

ex·tend [ɪk'stend] **I** *v/t.* **1.** (aus)dehnen, ausbreiten; **2.** verlängern; **3.** vergrößern, erweitern, ausbauen: **~ a factory**; **4.** *Seil etc.* spannen, ziehen; **5.** *Hand etc.* ausstrecken; **6.** *Nahrungsmittel* strecken; **7.** *fig. e-n Besuch, s-e Macht etc.* ausdehnen (**to** auf *acc.*), *e-e*

Frist, s-n Paß, e-n Vertrag etc. verlängern, ✝ *a.* prolongieren; **8.** (**to, towards** *dat.*) a) *Gunst, Hilfe etc.* gewähren, *Gutes* erweisen, b) *s-n Dank, Glückwunsch etc.* aussprechen, *e-e Einladung* schicken, c) *e-n* Gruß entbieten; **9.** ✈ *Fahrgestell* ausfahren; **10.** ⚔ ausschwärmen lassen; **11.** *Abkürzungen* voll ausschreiben; *Kurzschrift* in Normalschrift über'tragen; **12.** *sport* das Letzte her'ausholen aus (*e-m Pferd etc.*): **~ o.s.** sich völlig ausgeben; **II** *v/i.* **13.** sich ausdehnen *od.* erstrecken, reichen (**to** bis zu); hin'ausgehen (**beyond** über *acc.*); **14.** ⚔ ausschwärmen; **ex·'tend·ed** [-dɪd] *adj.* **1.** ausgedehnt (*a. Zeitraum*); **2.** ausgestreckt: **~ hands**; **3.** verlängert; **4.** ausgebreitet; *typ.* breit: **~ formation** ⚔ auseinandergezogene Formation; **~ order** ⚔ geöffnete Ordnung; **5.** groß, um'fassend: **~ family** Großfamilie *f.*

ex·ten·si·bil·i·ty [ɪkˌstensə'bɪlətɪ] *s.* (Aus)Dehnbarkeit *f*; **ex·ten·si·ble** [ɪk'stensəbl] *adj.* (aus)dehnbar, (aus-) streckbar; ausziehbar (*Tisch*): **~ table** Ausziehtisch *m.*

ex·ten·sion [ɪk'stenʃn] *s.* **1.** Ausdehnung *f* (*a. fig.*; **to** auf *acc.*); Ausbreitung *f*; (*Frist Kredit etc.*)Verlängerung *f*, ✝ *a.* Prolongati'on *f*: **~ of leave** Nachurlaub *m*; **2.** ⚙ Dehnung *f*, Streckung *f* (*a.* ⚕); **3.** *fig.* Vergrößerung *f*, Erweiterung *f*, Ausbau *m*; **4.** Ausdehnung *f*, 'Umfang *m*; **5.** ⚠ Anbau *m* (*Gebäude*); **6.** *teleph.* Nebenanschluß *m*, *a.* Appa'rat *m*; **7.** *phot.* (Kamera-) Auszug *m*; **~ band·age** *s.* ⚕ Streckverband *m*; **~ board** *s. teleph.* 'Hauszenˌtrale *f*; **~ cord** *s.*, **~ flex** *s.* ϟ Verlängerungskabel *n*; **~ lad·der** *s.* Ausziehleiter *f*; **~ ta·ble** *s. Am.* Ausziehtisch *m.*

ex·ten·sive [ɪk'stensɪv] *adj.* □ ausgedehnt (*a.* ⩚ *u. fig.*), um'fassend; eingehend; exten'siv (*a.* ✓); **ex'ten·sive·ness** [-nɪs] *s.* Ausdehnung *f*, 'Umfang *m*; **ex'ten·sor** [-sə] *s. anat.* Streckmuskel *m.*

ex·tent [ɪk'stent] *s.* **1.** Ausdehnung *f*, Länge *f*, Weite *f*, Höhe *f*, Größe *f*; **2.** ⩚ *u. fig.* Bereich *m*; **3.** Raum *m*, Strecke *f*; **4.** *fig.* 'Umfang *m*, (Aus)Maß *n*, Grad *m*: **to the ~ of** bis zum Betrag *od.* zur Höhe von; **to some** (*od.* **a certain**) **~** in gewissem Grade, einigermaßen; **to the full ~** in vollem Umfang, völlig.

ex·ten·u·ate [ek'stenjʊeɪt] *v/t.* **1.** abschwächen, mildern: **extenuating circumstances** ⚖ mildernde Umstände; **2.** beschönigen, bemänteln; **ex·ten·u·a·tion** [ekˌstenjʊ'eɪʃn] *s.* **1.** Abschwächung *f*, Milderung *f*; **2.** Beschönigung *f.*

ex·te·ri·or [ek'stɪərɪə] **I** *adj.* **1.** äußer, Außen...: **~ angle** Außenwinkel *m*; **~ to** abseits von, außerhalb (*gen.*); **2.** von außen (ein)wirkend *od.* kommend; **3.** *pol.* auswärtig: **~ possessions**; **~ policy**; **II.** *s.* **4.** *das* Äußere: a) Außenseite *f*, b) äußere Erscheinung *f* (*e-r Person*), c) *pol.* auswärtige Angelegenheiten *pl.*; **5.** *Film*: Außenaufnahme *f.*

ex·ter·mi·nant [ɪk'stɜːmɪnənt] *s.* Vertilgungsmittel *n*; **ex·ter·mi·nate** [ɪk'stɜːmɪneɪt] *v/t.* ausrotten (*a. fig.*), *Ungeziefer etc. a.* vertilgen; **ex·ter·mi·na·tion** [ɪkˌstɜːmɪ'neɪʃn] *s.* Ausrottung *f*, Vertilgung *f*: **~ camp** *hist.* Vernichtungslager *n*; **ex'ter·mi·na·tor** [-tə] *s.* **1.** Kammerjäger *m*; **2.** → **exterminant.**

ex·tern [ek'stɜːn] *s.* **1.** Ex'terne(r *m*) *f* (*e-s Internats*); **2.** *Am.* ex'terner 'Krankenhausarzt *od.* -assiˌstent; **ex'ter·nal** [-nl] **I** *adj.* □ → **externally**; **1.** äußer, äußerlich, Außen...: **~ angle** ⩚ Außenwinkel *m*; **~ ear** äußeres Ohr; **for ~ use** ⚕ zum äußerlichen Gebrauch, äußerlich; **~ to** außerhalb (*gen.*); **~ world** Außenwelt *f*; **2.** von außen (ein)wirkend *od.* kommend; **3.** (äußerlich) wahrnehmbar; **4.** ✝, *pol.* auswärtig, Außen..., Auslands...: **~ affairs** auswärtige Angelegenheiten; **~ loan** Auslandsanleihe *f*; **~ trade** Außenhandel *m*; **5.** ✝ außerbetrieblich, Fremd...; **II.** *s.* **6.** *mst pl. das* Äußere; **7.** *pl.* Äußerlichkeiten *pl.*, Nebensächlichkeiten *pl.*; **ex'ter·nal·ize** [-nəlaɪz] *v/t. psych.* **1.** objektivieren; **2.** *Konflikte* nach außen verlagern; **ex'ter·nal·ly** [-nəlɪ] *adv.* äußerlich, von außen.

ex·ter·ri·to·ri·al ['eksˌterɪ'tɔːrɪəl] *etc.* → **extraterritorial** *etc.*

ex·tinct [ɪk'stɪŋkt] *adj.* **1.** erloschen (*a. fig. Titel etc., geol. Vulkan*); **2.** ausgestorben (*Pflanze, Tier etc.*), 'untergegangen (*Rasse, Reich etc.*); nicht mehr existierend; **3.** abgeschafft, aufgehoben; **ex'tinc·tion** [-kʃn] *s.* **1.** Erlöschen *n*; **2.** Aussterben *n*, 'Untergang *m*; **3.** (Aus)Löschen *n*; **4.** Vernichtung *f*; **5.** Abschaffung *f*; **6.** Tilgung *f*; **7.** ϟ, *phys.* Löschung *f.*

ex·tin·guish [ɪk'stɪŋgwɪʃ] *v/t.* **1.** *Feuer, Lichter* (aus)löschen; **2.** *fig. Leben, Gefühl* auslöschen, ersticken, töten; **3.** vernichten; **4.** *fig.* in den Schatten stellen; **5.** *fig. j-n* zum Schweigen bringen; **6.** (*a.* ⚖) abschaffen, aufheben; **7.** *Schuld* tilgen; **ex'tin·guish·er** [-ʃə] *s.* **1.** Löschgerät *n*; **2.** Löschhütchen *n* (*für Kerzen*); **3.** Glut-, Ziga'rettentöter *m.*

ex·tir·pate ['ekstɜːpeɪt] *v/t.* **1.** (mit den Wurzeln) ausreißen; **2.** *fig.* ausmerzen, ausrotten; **3.** ⚕ exstirpieren, entfernen.

ex·tol, *Am. a.* **ex·toll** [ɪk'stəʊl] *v/t.* (lob)preisen, rühmen.

ex·tort [ɪk'stɔːt] *v/t.* (**from**) a) *et.* erpressen, erzwingen (von), b) *a. Bewunderung etc.* abringen, abnötigen (*dat.*).

ex·tor·tion [ɪk'stɔːʃn] *s.* **1.** Erpressung *f*; **2.** Wucher *m*; **ex'tor·tion·ate** [-nət] *adj.* **1.** erpresserisch; **2.** unmäßig, Wucher...; **ex'tor·tion·er** [-ʃnə], **ex'tor·tion·ist** [-nɪst] *s.* **1.** Erpresser *m*; **2.** Wucherer *m.*

ex·tra ['ekstrə] **I** *adj.* **1.** zusätzlich, Extra..., Sonder..., Neben...: **~ charge** Zuschlag *m*; **~ charges** Nebenkosten; **~ dividend** Extra-, Zusatzdividende *f*; **~ pay** Zulage *f*; **~ time** *sport* (Spiel-) Verlängerung *f*; **if you pay an ~ two pounds** wenn Sie noch zwei Pfund zulegen; **2.** besonder, außergewöhnlich; besonders gut: **it is nothing ~** es ist nichts Besonderes; **II** *adv.* **3.** extra, besonders: **~ high**; **~ late**; **be charged for ~** gesondert berechnet werden; **III** *s.* **4.** *et.* Außergewöhnliches, *bsd.* a) Sonderarbeit *f*, -leistung *f*, b) *bsd. mot.* Extra *n*, c) Sonderberechnung *f*, Zuschlag *m*: **heating and light are ~s** Heizung u. Licht werden gesondert berechnet; **5.** *pl.* Nebenkosten *pl.*; **6.** Extrablatt *n* (*Zeitung*); **7.** Aushilfskraft *f*; **8.** *thea.*, *Film*: Sta'tist(in).

ex·tract I *v/t.* [ɪk'strækt] **1.** her'ausziehen, -holen (**from** aus); **2.** extrahieren: a) ⚕ *Zahn*(*wurzel*) ziehen, b) ⚗ ausscheiden, -ziehen, c) *Metall etc.* gewinnen, d) ⩚ *Wurzel* ziehen; **3.** *Honig etc.* schleudern; **4.** *Beispiele etc.* ausziehen, exzerpieren (**from a text** aus e-m Text); **5.** *fig.* (**from**) *et.* her'ausholen (aus), entlocken (*dat.*); **6.** *fig.* ab-, herleiten; **II** *s.* ['ekstrækt] **7.** *a.* ⚗ Auszug *m*, Ex'trakt *m*: **~ of beef** Fleischextrakt; **~ of account** Kontoauszug; **ex'trac·tion** [-kʃn] *s.* **1.** Her'ausziehen *n*; **2.** Extrakti'on *f*: a) ⚕ Ziehen *n* (*e-s Zahns*), b) ⚗ Ausziehen *n*, Ausscheidung *f*, Gewinnung *f*, c) ⩚ Ziehen *n* (*Wurzel*); **3.** *fig.* Entlockung *f*; **4.** Abstammung *f*, Herkunft *f*; **ex'trac·tive** [-tɪv] *adj.*: **~ industry** Industrie *f* zur Gewinnung von Naturprodukten; **ex'trac·tor** [-tə] *s.* **1.** ⚙, ⚔ Auszieher *m*, -werfer *m*; **2.** ⚕ (Geburts-, Zahn-, Wurzel)Zange *f*; **3.** Trockenschleuder *f.*

ex·tra·cur·ric·u·lar [ˌekstrəkə'rɪkjʊlə] *adj.* **1.** *ped., univ.* außerhalb des Stunden- *od.* Lehrplans; **2.** außerplanmäßig.

ex·tra·dit·a·ble ['ekstrədaɪtəbl] *adj.* **1.** auszuliefern(d): **~ criminal**; **2.** auslieferungsfähig: **~ offence**; **ex·tra·dite** ['ekstrədaɪt] *v/t.* ausliefern; **ex·tra·di·tion** [ˌekstrə'dɪʃn] *s.* Auslieferung *f*: **request for ~** Auslieferungsantrag *m.*

ˌex·tra|·ju'di·cial *adj.* ⚖ außergerichtlich; **ˌ~'mar·i·tal** *adj.* außerehelich; **ˌ~'mu·ral** *adj.* außerhalb der Mauern (*e-r Stadt od. Universität*): **~ courses** Hochschulkurse außerhalb der Universität; **~ student** Gasthörer(in).

ex·tra·ne·ous [ek'streɪnjəs] *adj.* □ **1.** fremd (**to** *dat.*); **2.** unwesentlich; **3. be ~ to** nicht gehören zu.

ex·traor·di·nar·i·ly [ɪk'strɔːdnrəlɪ] *adv.*, **ex·traor·di·nar·y** [ɪk'strɔːdnrɪ] *adj.* **1.** außerordentlich: **ambassador ~** Sonderbotschafter *m*; **2.** ungewöhnlich, seltsam, merkwürdig.

ex·trap·o·late [ek'stræpəʊleɪt] *v/t.* extrapolieren.

ˌex·tra|'sen·so·ry *adj. psych.* außersinnlich: **~ perception** außersinnliche Wahrnehmung; **ˌ~·ter'res·trial** *adj.* außerirdisch; **'~ˌter·ri'to·ri·al** *adj.* ˌexterritori'al; **'~ˌter·ri·to·ri'al·i·ty** *s.* ˌExterritoriali'tät *f*; **~ time** *s. sport* (Spiel)Verlängerung *f.*

ex·trav·a·gance [ɪk'strævəgəns] *s.* **1.** Verschwendung *f*; **2.** Ausschweifung *f*, Zügellosigkeit *f*; 'Übermut *m*; **3.** Extrava'ganz *f*, 'Übermaß *n*, Über'triebenheit *f*, Über'spanntheit *f*; **ex'trav·a·gant** [-nt] *adj.* □ **1.** verschwenderisch; **2.** ausschweifend, zügellos; **3.** extrava'gant, über'trieben, -'spannt; **ex·trav·a·gan·za** [ekˌstrævə'gænzə] *s.* **1.** phan'tastisches Werk (*Musik od. Literatur*); **2.** Ausstattungsstück *n.*

ex·treme [ɪk'striːm] **I** *adj.* □ → **extremely**; **1.** äußerst, weitest, letzt: **~ border** äußerster Rand; **~ value** Extremwert *m*; → **unction** 3 c; **2.** äußerst, höchst; außergewöhnlich, über'trieben: **~ case** äußerster (Not)Fall; **~ meas-**

ure drastische *od.* radikale Maßnahme; ***~ necessity*** zwingende Notwendigkeit; ***~ old age*** hohes Greisenalter; ***~ penalty*** höchste Strafe, *a.* Todesstrafe *f*; **3.** *pol.* ex'trem, radi'kal: ***~ Left*** äußerste Linke; ***~ views***; **II** *s.* **4.** äußerstes Ende: ***at the other ~*** am entgegengesetzten Ende; **5.** *das* Äußerste, höchster Grad, Ex'trem *n*: ***awkward in the ~*** äußerst peinlich; ***go to ~s*** vor nichts zurückschrecken; ***go to the other ~*** ins andere Extrem fallen; **6.** 'Übermaß *n*, Über'triebenheit *f*: ***carry s.th. to an ~*** et. zu weit treiben; **7.** Gegensatz *m*: ***~s meet*** Extreme berühren sich; **8.** *pl. obs.* äußerste Not; **ex'treme·ly** [-lɪ] *adv.* äußerst, höchst; **ex'trem·ism** [-mɪzəm] *s.* Extre'mismus *m*, Radika'lismus *m*; **ex'trem·ist** [-mɪst] *s.* **I** Extre'mist(in), Radi'kale(r *m*) *f*; **II** *adj.* extre'mistisch; **ex'trem·i·ty** [-remətɪ] *s.* **1.** *das* Äußerste, äußerstes Ende, äußerste Grenze: ***to the last ~*** bis zum Äußersten; ***drive s.o. to extremities*** j-n zum Äußersten treiben; ***resort to extremities*** zu drastischen Mitteln greifen; **2.** *fig.* a) höchster Grad: ***~ of joy*** Übermaß der Freude, b) äußerste Not, verzweifelte Situation: ***reduced to extremities*** in größter Not, c) verzweifelter Gedanke; **3.** *pl.* Gliedmaßen *pl.*, Extremi'täten *pl.*

ex·tri·cate ['ekstrɪkeɪt] *v/t.* **1.** (***from***) her'auswinden, -ziehen (aus), befreien (aus, von): ***~ o.s.*** sich befreien; **2.** ⚗ *Gas* frei machen; **ex·tri·ca·tion** [ˌekstrɪ'keɪʃn] *s.* **1.** Befreiung *f*; **2.** ⚗ Freimachen *n*.

ex·trin·sic [ek'strɪnsɪk] *adj.* (□ ***~ally***) **1.** äußer; **2.** a) nicht zur Sache gehörig, b) unwesentlich: ***be ~ to s.th.*** nicht zu et. gehören.

ex·tro·ver·sion [ˌekstrəʊ'vɜːʃn] *s. psych.* Extro- *od.* Extraversi'on *f*; **ex·tro·vert** ['ekstrəʊvɜːt] *psych.* **I** *s.* Extro- *od.* Extraver'tierte(r *m*) *f*; **II** *adj.* extro- *od.* extraver'tiert.

ex·trude [ek'struːd] **I** *v/t.* **1.** ausstoßen, (her)'auspressen; **2.** ⚙ strangpressen; **II** *v/i.* **3.** vorstehen; **ex'tru·sion** [-uːʒn] *s.* **1.** Ausstoßung *f*; **2.** ⚙ a) Strangpressen *n*, b) Strangpreßling *m*.

ex·u·ber·ance [ɪg'zjuːbərəns] *s.* **1.** (***of***) ('Über)Fülle (von *od. gen.*), Reichtum *m* (an *dat.*); **2.** 'Überschwang *m*; Ausgelassenheit *f*; **3.** (Wort)Schwall *m*; **ex'u·ber·ant** [-nt] *adj.* □ **1.** üppig, ('über)reichlich; **2.** *fig.* a) 'überschwenglich, b) ('über)sprudelnd, ausgelassen; **3.** *fig.* (äußerst) fruchtbar.

ex·ude [ɪg'zjuːd] **I** *v/t.* **1.** ausschwitzen, absondern; **2.** *fig.* von sich geben, verströmen; **II** *v/i.* **3.** *a. fig.* ausströmen (***from*** aus, von).

ex·ult [ɪg'zʌlt] *v/i.* froh'locken, jubeln, triumphieren (***at***, ***over***, ***in*** über *acc.*); **ex'ult·ant** [-tənt] *adj.* □ froh'lockend, jubelnd, triumphierend; **ex·ul·ta·tion** [ˌegzʌl'teɪʃn] *s.* Jubel *m*, Froh'locken *n*.

ex·urb ['eksɜːb] *s. Am.* (vornehmes) Einzugsgebiet (*e-r Großstadt*); **ex·ur·ban·ite** [ɪg'zɜːbənaɪt] *s. Am.* Bewohner(in) e-s ***exurb***; **ex·ur·bia** [ɪg'zɜːbɪə] *s.* die (vornehmen) Außenbezirke *pl.*

eye [aɪ] **I** *s.* **1.** Auge *n*: ***an ~ for an ~*** *bibl.* Auge um Auge; ***under my ~s*** vor m-n Augen; ***up to the ~s in work*** bis über die Ohren in Arbeit; ***with one's ~s shut*** mit geschlossenen Augen (*a. fig.*); ***be all ~s*** ganz Auge sein; ***cry one's ~s out*** sich die Augen ausweinen; **2.** *fig.* Blick *m*, Gesichtssinn *m*, Auge(nmerk) *n*: ***with an ~ to*** a) im Hinblick auf (*acc.*), b) mit der Absicht zu (*inf.*); ***cast an ~ over*** e-n Blick werfen auf (*acc.*); ***catch*** (*od.* ***strike***) ***the ~*** ins Auge fallen; ***she caught his ~*** sie fiel ihm auf; ***catch the Speaker's ~*** *parl.* das Wort erhalten; ***do s.o. in the ~*** F j-n ‚reinlegen' *od.* ‚übers Ohr hauen'; ***give an ~ to s.th.*** et. anblicken, ein Auge auf et. haben; ***give s.o. the*** (***glad***) ***~*** j-m e-n einladenden Blick zuwerfen; ***have an ~ for*** e-n Sinn *od.* Blick *od.* ein (offenes) Auge haben für; ***he has an ~ for beauty*** er hat Sinn für Schönheit; ***have an ~ to s.th.*** a) ein Auge auf et. haben, b) auf et. achten; ***keep an ~ on*** ein (wachsames) Auge haben auf (*acc.*); ***make ~s at*** *j-m* verliebte Blicke zuwerfen; → ***meet*** 9; ***open s.o.'s ~s*** (***to s.th.***) j-m die Augen öffnen (für et.); ***that made him open his ~s*** das verschlug ihm die Sprache; ***you can see that with half an ~*** das sieht doch ein Blinder!; ***set*** (*od.* ***clap***) ***~s on*** zu Gesicht bekommen; ***close one's ~s to*** die Augen verschließen vor (*dat.*); ***my ~!*** F denkste!, von wegen!, Quatsch!; **3.** Ansicht *f*: ***in the ~s of*** nach Ansicht von; ***see ~ to ~ with s.o.*** mit j-m übereinstimmen; **4.** Öhr *n* (*Nadel*); Öse *f*; **5.** ⚘ Auge *n*, Knospe *f*; **6.** *zo.* Auge *n* (*Schmetterling*, *Pfauenschweif*); **7.** ⚠ rundes Fenster; **8.** Auge *n*, windstilles Zentrum *e-s Sturms*; **II** *v/t.* **9.** ansehen, betrachten, (scharf) beobachten, ins Auge fassen: ***~ s.o. from top to toe*** j-n von oben bis unten mustern.

'eye|-apˌpeal *s.* optische Wirkung, attrak'tive Gestaltung; **'~·ball** *s.* Augapfel *m*; **'~·black** *s.* Wimperntusche *f*; **'~·brow** *s.* Augenbraue *f*: ***~ pencil*** Augenbrauenstift *m*; ***raise one's ~s*** *fig.* die Stirn runzeln; ***cause raised ~s*** Aufsehen *od.* Mißfallen erregen; **'~-ˌcatch·er** *s.* Blickfang *m*; **'~-ˌcatch·ing** *adj.* ins Auge fallend, auffallend.

eyed [aɪd] *adj. in Zssgn* …äugig; mit (…) Ösen.

'eye|·ful *s.* F **1.** ‚toller Anblick'; **2.** ‚tolle Frau'; **3.** ***get an ~ of this!*** sieh dir das mal an!; **'~·glass** *s.* **1.** Mon'okel *n*; **2.** *opt.* Oku'lar *n*; **3.** *pl. a.* ***pair of ~es*** *bsd. Am.* Brille *f*; **'~·hole** *s.* **1.** Augenhöhle *f*; **2.** Guckloch *n*; **'~·lash** *s. mst pl.* Augenwimper *f*; → ***bat***[3]; **~ lens** *s.* Oku'larlinse *f*.

eye·let ['aɪlɪt] *s.* **1.** Öse *f*; **2.** Loch *n*.

eye| lev·el *s.* (***on ~*** in) Augenhöhe *f*; **'~·lid** *s.* Augenlid *n*; → ***bat***[3]; **~ lin·er** *s.* Eyeliner *m*; **'~-ˌo·pen·er** *s.* **1.** *fig.* Über'raschung *f*, Entdeckung *f*: ***that was an ~ to me*** das hat mir die Augen geöffnet; **2.** *Am.* F (*bsd. alkoholischer*) ‚Muntermacher'; **'~·piece** *s. opt.* Oku'lar *n*; **~ rhyme** *s.* Augenreim *m*; **'~·shade** *s.* Sonnenschild *m*; **~ shadow** *s.* Lidschatten *m*; **'~·shot** *s.*: (***with***)***in*** (***beyond*** *od.* ***out of***) ***~*** in (außer) Sichtweite; **'~·sight** *s.* Augenlicht *n*, Sehkraft *f*: ***poor ~*** schwache Augen *pl.*; **~ sock·et** *s. anat.* Augenhöhle *f*; **'~ sore** *s. fig.* Schandfleck *m*, *et.* Häßliches; **'~·strain** *s.* Über'anstrengung *f* der Augen; **'~·tooth** *s.* [*irr.*] *anat.* Augen-, Eckzahn *m*: ***he'd give his eyeteeth for it*** er würde alles darum geben; **'~·wash** *s.* **1.** *pharm.* Augenwasser *n*; **2.** *fig.* a) ‚Quatsch' *m*, b) Augen(aus)wische'rei *f*; **ˌ~'wit·ness** **I** *s.* Augenzeuge *m*; **II** *v/t.* Augenzeuge sein *od.* werden von (*od. gen.*).

ey·rie ['aɪərɪ] *s. orn.* Horst *m*.

E·ze·ki·el, **E·ze·chi·el** [ɪ'ziːkjəl] *npr. u. s. bibl.* (das Buch) He'sekiel *m od.* E'zechiel *m*; **Ez·ra** ['ezrə] *npr. u. s. bibl.* (das Buch) Esra *m od.* Esdras *m*.

F

F, f [ef] *s.* **1.** F *n*, f *n* (*Buchstabe*); **2.** ♪ F *n*, f *n* (*Note*); **3.** ℒ *ped.* Sechs *f*, Ungenügend *n* (*Note*).

fab [fæb] *adj. sl.* → ***fabulous*** 2.

Fa·bi·an [ˈfeɪbjən] **I** *adj.* **1.** Hinhalte…, Verzögerungs…: ~ ***tactics***; **2.** *pol.* die ***Fabian Society*** betreffend; **II** *s.* **3.** *pol.* Fabier(in); ˈ**Fa·bi·an·ism** [-nɪzəm] *s.* Poliˈtik *f* der → **Fa·bi·an So·ci·e·ty** *s.* (*sozialistische*) Gesellschaft der Fabier.

fa·ble [ˈfeɪbl] *s.* **1.** Fabel *f* (*a. e-s Dramas*); Sage *f*, Märchen *n*; **2.** *coll.* a) Fabeln *pl.*, b) Sagen *pl.*; **3.** *fig.* ‚Märchen' *n*; ˈ**fa·bled** [-ld] *adj.* **1.** legenˈdär; **2.** (frei) erfunden.

fab·ric [ˈfæbrɪk] *s.* **1.** Bau *m* (*a. fig*); Gebilde *n*; **2.** *fig.* a) Gefüge *n*, Strukˈtur *f*, b) Syˈstem *n*; **3.** Stoff *m*, Gewebe *n*; ⚙ Leinwand *f*, Reifengewebe *n*: ~ ***gloves*** Stoffhandschuhe; ˈ**fab·ri·cate** [-keɪt] *v/t.* **1.** fabrizieren, herstellen, (an)fertigen; **2.** *fig.* ‚fabrizieren': a) erfinden, b) fälschen; **fab·ri·ca·tion** [ˌfæbrɪˈkeɪʃn] *s.* **1.** Herstellung *f*, Fabrikatiˈon *f*; **2.** *fig.* Erfindung *f*, ‚Märchen' *n*, Lüge *f*; **3.** Fälschung *f*; ˈ**fab·ri·ca·tor** [-keɪtə] *s.* **1.** Hersteller *m*; **2.** *fig. b.s.* Erfinder *m*, Urheber *m e-r Lüge etc.*, Lügner *m*; **3.** Fälscher *m*.

fab·u·list [ˈfæbjʊlɪst] *s.* **1.** Fabeldichter (-in); **2.** Schwindler(in); ˈ**fab·u·lous** [-ləs] *adj.* □ **1.** legenˈdär, Sagen…, Fabel…; **2.** *fig.* F fabel-, sagenhaft, ‚toll'.

fa·çade [fəˈsɑːd] (*Fr.*) *s.* △ Fasˈsade *f* (*a. fig.*), Vorderseite *f*.

face [feɪs] **I** *s.* **1.** Gesicht *n*, Angesicht *n*, Antlitz *n* (*a. fig.*): ***for s.o.'s fair*** ~ *iro.* um j-s schönen Augen willen; ***in*** (***the***) ~ ***of*** a) angesichts (*gen.*), gegenüber (*dat.*), b) trotz (*gen. od. dat.*); ***in the*** ~ ***of danger*** angesichts der Gefahr; ***to s.o.'s*** ~ j-m ins Gesicht *sagen etc.*; ~ ***to*** ~ von Angesicht zu Angesicht; ~ ***to*** ~ ***with*** Auge in Auge mit, gegenüber, vor (*dat.*); ***fly in the*** ~ ***of*** a) *j-m* ins Gesicht fahren, b) *fig.* sich offen widersetzen (*dat.*), trotzen (*dat.*); ***I couldn't look him in the*** ~ ich konnte ihm (vor Scham) nicht in die Augen sehen; ***do*** (***up***) ***one's*** ~, F ***put one's*** ~ ***on*** sich ‚anmalen' (*schminken*); ***set one's*** ~ ***against s.th.*** sich e-r Sache widersetzen, sich gegen et. wenden; ***show one's*** ~ sich blicken lassen; ***shut the door in s.o.'s*** ~ j-m die Tür vor der Nase zuschlagen; **2.** (Gesichts)Ausdruck *m*, Aussehen *n*, Miene *f*: ***make*** (*od.* ***pull***) ***a*** ~ (*od.* ~***s***) ein Gesicht (*od.* e-e Grimasse) machen *od.* schneiden; ***make*** (*od.* ***pull***) ***a long*** ~ *fig.* ein langes Gesicht machen; ***put a bold*** ~ ***on*** a) *e-r Sache* gelassen entgegensehen, b) sich *et. Unangenehmes etc.* nicht anmerken lassen; ***put a good*** (*od.* ***brave***) ~ ***on the matter*** gute Miene zum bösen Spiel machen; **3.** *fig.* Stirn *f*, Unverfrorenheit *f*, Frechheit *f*: ***have the*** ~ ***to*** *inf.* die Stirn haben zu *inf.*; **4.** Ansehen *n*: ***save*** (***one's***) ~ das Gesicht wahren; ***lose*** ~ das Gesicht verlieren; ***loss of*** ~ Prestigeverlust *m*; **5.** *das* Äußere, Gestalt *f*, Erscheinung *f*, Anschein *m*: ***on the*** ~ ***of it*** auf den ersten Blick, oberflächlich betrachtet, vordergründig; ***put a new*** ~ ***on s.th.*** et. in neuem *od.* anderem Licht erscheinen lassen; **6.** Ober-, Außenfläche *f*, Fläche *f* (*a.* ⩚), Seite *f*; ⚙ Stirnfläche *f*; ⚙ (Amboß-, Hammer)Bahn *f*: ***the*** ~ ***of the earth*** die Erdoberfläche, die Welt; **7.** Oberseite *f*; rechte Seite (*Stoff etc.*): ***lying on its*** ~ nach unten gekehrt liegend; **8.** Fasˈsade *f*, Vorderseite *f*; **9.** Bildseite *f* (*Spielkarte*); *typ.* Bild *n* (*Type*); Zifferblatt *n* (*Uhr*); **10.** Wand *f* (*Berg etc.*, ⚒ *Kohlenflöz*): ***at the*** ~ ⚒ am (Abbau)Stoß, vor Ort; **II** *v/t.* **11.** ansehen, *j-m* ins Gesicht sehen *od.* das Gesicht zuwenden; **12.** gegenˈüberstehen, -liegen, -sitzen, -treten (*dat.*); nach *Osten etc.* blicken *od.* liegen (*Raum*): ***the man facing me*** der Mann mir gegenüber; ***the house*** ~***s the sea*** das Haus liegt nach dem Meer zu; ***the window*** ~***s the street*** das Fenster geht auf die Straße; ***the room*** ~***s east*** das Zimmer liegt nach Osten; **13.** (mutig) entgegentreten *od.* begegnen (*dat.*), ins Auge sehen (*dat.*), die Stirn bieten (*dat.*): ~ ***the enemy***; ~ ***death*** dem Tod ins Auge blicken; ~ ***it out*** die Sache durchstehen; ~ ***s.o. off*** *Am.* es auf e-e Kraft- *od.* Machtprobe mit j-m ankommen lassen; → ***music*** 1; **14.** *oft* ***be*** ~***d with*** sich *e-r Gefahr etc.* gegenˈübersehen, gegenˈüberstehen (*dat.*): ***he was*** ~***d with ruin*** er stand vor dem Nichts; **15.** *et.* hinnehmen, sich mit *et.* abfinden: ~ ***the facts***; ***let's*** ~ ***it, …!*** seien wir ehrlich, …!; **16.** ˈumkehren, -wenden; *Spielkarten* aufdecken; **17.** *Schneiderei*: besetzen, einfassen, mit Aufschlägen versehen; **18.** ⚙ verkleiden, verblenden, überˈziehen; **19.** ⚙ *Stirnflächen* bearbeiten, (plan)schleifen, glätten; **III** *v/i.* **20.** *bsd.* ⚔ ~ ***about*** kehrtmachen (*a. fig.*): ***left*** ~***!*** *Am.* links um!; ***right about*** ~***!*** rechts um kehrt!; **21.** ~ ***off*** *Eishockey*: das Bully ausführen; **22.** ~ ***up to*** → 13, 15.

ˈ**face|-aˌbout** → ***about-face***; ~ **brick** *s.* △ Verblendstein *m*; ~ **card** *s. Kartenspiel*: Bild(karte *f*) *n*; ˈ~**-cloth** *s.* Waschlappen *m*; ~ **cream** *s.* Gesichtscreme *f*.

-faced [feɪst] *adj. in Zssgn* mit e-m … Gesicht.

ˈ**face|·down** *s. Am.* Kraft-, Machtprobe *f*; ~ **flan·nel** → ***facecloth***; ~ **grind·ing** *s.* ⚙ Planschleifen *n*; ˈ~**-guard** *s.* Schutzmaske *f*; ˈ~**-lathe** *s.* ⚙ Plandrehbank *f*.

face·less [ˈfeɪslɪs] *adj.* gesichtslos, *fig. a.* anoˈnym.

ˈ**face|-lift I** *s.* → ***face-lifting***; **II** *v/t. fig.* verschönern; ˈ~**-ˌlift·ing** *s.* **1.** Gesichtsstraffung *f*, Facelifting *n*; **2.** *fig.* Verschönerung *f*, Renovierung *f*; ˈ~**-off** *s.* **1.** *Eishockey*: Bully *n*: ~ ***circle*** Anspielkreis *m*; **2.** → ***facedown***; ~ **pack** *s.* Gesichtspackung *f*, -maske *f*.

fac·er [ˈfeɪsə] *s.* **1.** Schlag *m* ins Gesicht (*a. fig.*); **2.** *fig.* Schlag *m* (ins Konˈtor); **3.** *Brit.* F ‚harte Nuß'.

ˈ**face-ˌsav·ing** *adj.*: ~ ***excuse*** Ausrede *f*, um das Gesicht zu wahren.

fac·et [ˈfæsɪt] **I** *s.* **1.** a) Faˈcette *f* (*a. fig.*), b) Schliff-, Kriˈstallfläche *f*; **2.** *fig.* Seite *f*, Aˈspekt *m*; **II** *v/t.* **3.** facettieren: ~***ed eye*** *zo.* Facettenauge *n*.

fa·ce·tious [fəˈsiːʃəs] *adj.* □ scherzhaft, witzig, drollig, spaßig; **faˈce·tious·ness** [-nɪs] *s.* Scherzhaftigkeit *f etc.*

ˌ**face|-to-ˈface** *adj.* **1.** perˈsönlich; **2.** diˈrekt; ~ **tow·el** *s.* (Gesichts)Handtuch *n*; ~ **val·ue** *s.* **1.** ☤ Nenn-, Nomiˈnalwert *m*; **2.** scheinbarer Wert, *das* Äußere: ***take s.th. at its*** ~ et. für bare Münze nehmen *od.* unbesehen glauben.

fa·ci·a [ˈfeɪʃə] *s. Brit.* **1.** Firmen-, Ladenschild *n*; **2.** *a.* ~ ***board***, ~ ***panel*** *mot.* Armaˈturenbrett *n*.

fa·cial [ˈfeɪʃl] **I** *adj.* □ a) Gesichts…: ~ ***pack*** Gesichtspackung *f*, b) des Gesichts, im Gesicht; **II** *s. Kosmetik*: Gesichtsbehandlung *f*.

-fa·cient [feɪʃənt] *in Zssgn* verursachend, machend.

fac·ile [ˈfæsaɪl] *adj.* □ **1.** leicht (zu tun *od.* zu meistern *etc.*); **2.** *fig.* oberflächlich; **3.** flüssig (*Stil*).

fa·cil·i·tate [fəˈsɪlɪteɪt] *v/t.* erleichtern, fördern; **fa·cil·i·ta·tion** [fəsɪlɪˈteɪʃn] *s.* Erleichterung *f*, Förderung *f*; **faˈcil·i·ty** [-tɪ] *s.* **1.** Leichtigkeit *f* (*der Ausführung etc.*); **2.** Oberflächlichkeit *f*; **3.** Flüssigkeit *f* (*des Stils*); **4.** (günstige) Gelegenheit *f*, Möglichkeit *f* (***for*** für, zu); **5.** *mst pl.* Einrichtung(en *pl.*) *f*, Anlage(n *pl.*) *f*; **6.** *mst pl.* Erleichterung(en *pl.*) *f*, Vorteil(e *pl.*) *m*, Vergünstigung(en *pl.*) *f*, Annehmlichkeit(en *pl.*) *f*.

fac·ing [ˈfeɪsɪŋ] *s.* **1.** ⚔ Wendung *f*, Schwenkung *f*: ***go through one's*** ~***s*** *fig.* zeigen (müssen), was man kann; ***put s.o. through his*** ~***s*** *fig.* j-n auf

Herz u. Nieren prüfen; **2.** Außen-, Oberschicht *f*, Belag *m*, 'Überzug *m*; **3.** ⚙ Plandrehen *n*: **~ lathe** Plandrehbank *f*; **4.** ⚠ a) Verkleidung *f*, -blendung *f*, b) Bewurf *m*: **~ brick** Verblendstein *m*; **5.** *a.* **~ sand** ⚙ feingesiebter Formsand; **6.** *Schneiderei*: a) Aufschlag *m*, b) Besatz *m*, Einfassung *f*: **~s** ⚔ (Uniform-) Aufschläge.

fac·sim·i·le [fæk'sɪmɪlɪ] **I** *s.* **1.** Fak'simile *n*, Reprodukti'on *f*; **2.** *a.* **~ transmission** *od.* **broadcast(ing)** ⚡, *tel.* Bildfunk *m*: **~ apparatus** Bildfunkgerät *n*; **II** *v/t.* **3.** faksimilieren.

fact [fækt] *s.* **1.** Tatsache *f*, Wirklichkeit *f*, Wahrheit *f*: **~ and fancy** Dichtung u. Wahrheit; **~s and figures** genaue Daten; **naked** (*od.* **hard**) **~s** nackte Tatsachen; **in** (**point of**) **~** in der Tat, tatsächlich, genau gesagt; **it is a ~** es stimmt, es ist e-e Tatsache; **founded on ~** auf Tatsachen beruhend; **the ~** (**of the matter**) **is** Tatsache ist *od.* die Sache ist die (**that** daß); **know s.th. for a ~** et. (ganz) sicher wissen; **tell the ~s of life to a child** ein Kind (sexuell) aufklären; **2.** ⚖ a) Tatsache *f*: **in ~ and law** in tatsächlicher u. rechtlicher Hinsicht; **the ~s** (**of the case**) der Tatbestand *m*, die Tatumstände *pl.*, der Sachverhalt *m*, b) Tat *f*: **before** (**after**) **the ~** vor (nach) begangener Tat; → **accessory** 7; '**~-find·ing** *adj.* Untersuchungs...: **~ committee**; **~ tour** Informationsreise *f*.

fac·tion ['fækʃn] *s.* **1.** Frakti'on *f*, Splittergruppe *f*; **2.** Zwietracht *f*; '**fac·tion·al·ism** [-ʃnəlɪzəm] *s.* Par'teigeist *m*; '**fac·tion·ist** [-ʃənɪst] *s.* Par'teigänger *m*; '**fac·tious** [-ʃəs] *adj.* ☐ **1.** vom Par'teigeist beseelt, frakti'ös; **2.** aufrührerisch.

fac·ti·tious [fæk'tɪʃəs] *adj.* ☐ gekünstelt, künstlich.

fac·ti·tive ['fæktɪtɪv] *adj. ling.* fakti'tiv, bewirkend: **~ verb.**

fac·tor ['fæktə] *s.* **1.** *fig.* Faktor *m* (*a.* ℞, ⚕, *phys.*), (mitwirkender) 'Umstand, Mo'ment *n*, Ele'ment *n*: **safety ~** Sicherheitsfaktor; **2.** *biol.* Erbfaktor *m*; **3.** ✝ a) (Handels)Vertreter *m*, Kommissio'när *m*, b) *Am.* Finan'zierungskommissio,när *m*; **4.** ⚖ *Scot.* (Guts-) Verwalter *m*; '**fac·tor·ing** [-tərɪŋ] *s.* ✝ Factoring *n* (*Absatzfinanzierung u. Kreditrisikoabsicherung*); '**fac·to·ry** [-tərɪ] *s.* **1.** Fa'brik *f*: ♀ **Acts** Arbeiterschutzgesetze; **~ cost** Herstellungskosten *pl.*; **~ expenses** Gemeinkosten; **~ hand** Fabrikarbeiter *m*; **~ ship** Fabrikschiff *n*; **~-made** fabrikmäßig hergestellt, Fabrik... (*-ware etc.*); **2.** ✝ Handelsniederlassung *f*, Fakto'rei *f*.

fac·to·tum [fæk'təʊtəm] *s.* Fak'totum *n*, ‚Mädchen *n* für alles'.

fac·tu·al ['fæktʃʊəl] *adj.* ☐ **1.** tatsächlich: **~ situation** Sachlage *f*, -verhalt *m*; **2.** Tatsachen...: **~ report**; **3.** sachlich.

fac·ul·ta·tive ['fækltətɪv] *adj.* fakulta'tiv, wahlfrei: **~ subject** *ped.* Wahlfach *n*; **fac·ul·ty** ['fæklti] *s.* **1.** Fähigkeit *f*, Vermögen *n*, Kraft *f*: **~ of hearing** Hörvermögen; **2.** Gabe *f*, Anlage *f*, Ta'lent *n*, Fähigkeit *f*: (**mental**) **faculties** Geisteskräfte; **3.** *univ.* a) Fakul'tät *f*, Abteilung *f*, b) (Mitglieder *pl.* e-r) Fakul'tät, Lehrkörper *m*, c) (Ver'waltungs)Perso,nal *n* (*a. e-r Schule*): **the medical ~** die medizinische Fakultät, *weitS.* die Mediziner *pl.*; **4.** ⚖ Ermächtigung *f*, Befugnis *f* (**for** zu, für).

fad [fæd] *s.* **1.** Mode(torheit) *f*; **2.** ‚Fimmel' *m*, Ma'rotte *f*; '**fad·dish** [-dɪʃ] **1.** Mode..., vor'übergehend; **2.** ex'zentrisch: **~ woman** Frau, die jede Mode (-torheit) mitmacht.

fade [feɪd] **I** *v/i.* **1.** (ver)welken; **2.** verschießen, -blassen, ver-, ausbleichen (*Farbe etc.*); **3.** *a.* **~ away** verklingen (*Lied, Stimme etc.*), abklingen (*Schmerzen etc.*), verblassen (*Erinnerung*), schwinden, zerrinnen (*Hoffnungen etc.*), verrauchen (*Zorn etc.*), sich auflösen (*Menge*), (in der Ferne *etc.*) verschwinden, immer weniger werden, ⚕ immer schwächer werden (*Person*); **4.** *Radio*: schwinden (*Ton, Sender*); **5.** ⚙ nachlassen (*Bremsen*); **6.** nachlassen, abbauen (*Sportler*); **7.** *bsd. Am.* F ‚verduften'; **8.** *Film, Radio*: über'blenden: **~ in** (*od.* **up**) auf- *od.* eingeblendet werden; **~** (**out**) aus- *od.* abgeblendet werden; **II** *v/t.* **9.** (ver)welken lassen; **10.** *Farbe etc.* ausbleichen; **11.** *a.* **~ out** *Ton, Bild* aus- *od.* abblenden: **~ in** (*od.* **up**) auf- *od.* einblenden; '**fad·ed** [-dɪd] *adj.* ☐ **1.** welk, verwelkt, -blüht (*alle a. fig. Schönheit etc.*); **2.** verblaßt, verblichen, -schossen; '**fade-in** *s. Film, Radio, TV*: Auf-, Einblendung *f*; '**fade·less** [-lɪs] *adj.* ☐ **1.** licht-, farbecht; **2.** *fig.* unvergänglich; '**fade-out** *s.* **1.** *Film, Radio, TV*: Aus-, Abblendung *f*: **do a ~** *sl.* ‚sich verziehen'; **2.** *phys.* Ausschwingen *n*; '**fad·er** [-də] *s. Radio, TV*: Auf- *od.* Abblendregler *m*; '**fad·ing** [-dɪŋ] **I** *adj.* **1.** (ver)welkend (*a. fig.*); **2.** ausbleichend (*Farbe*); **3.** matt, schwindend; **4.** *fig.* vergänglich; **II** *s.* **5.** (Ver)Welken *n*; **6.** Verblassen *n*, Ausbleichen *n*; **7.** *Radio*: Fading *n*, Schwund *m*: **~ control** Schwundregelung *f*; **8.** ⚙ Fading *n* (*Nachlassen der Bremswirkung*).

fae·cal ['fi:kl] *adj.* fä'kal, Kot...: **~ matter** Kot *m*; **fae·ces** ['fi:si:z] *s. pl.* Fä'kalien *pl.*, Kot *m*.

fa·er·ie, fa·er·y ['feərɪ] **I** *s. obs.* **1.** → **fairy** 1; **2.** Märchenland *n*; **II** *adj.* **3.** Feen..., Märchen...

fag¹ [fæg] *s. sl.* **1.** ‚Glimmstengel' *m*, Ziga'rette *f*; **2.** → **fag(g)ot** 5.

fag² [fæg] **I** *v/i.* **1.** *Brit.* sich (ab)schinden; **2.** **~ for s.o.** *Brit. ped.* e-m älteren Schüler Dienste leisten; **II** *v/t.* **3.** *a.* **~ out** F ermüden, erschöpfen; **4.** *Brit. ped.* sich von *e-m jüngeren Schüler* bedienen lassen; **III** *s.* **5.** Placke'rei *f*, Schinde'rei *f*; **6.** Erschöpfung *f*; **7.** *Brit. ped.* ‚Diener' *m* (→ 2).

fag³ [fæg] → **fag(g)ot** 5.

,**fag-'end** *s.* **1.** Ende *n*, Schluß *m*; **2.** letzter *od.* schäbiger Rest; **3.** *Brit. sl.* (Ziga'retten)Kippe *f*.

fag·ging ['fægɪŋ] *s. a.* **~ system** *Brit. ped. die Sitte, daß jüngere Schüler den älteren Dienste leisten müssen.*

fag·(g)ot ['fægət] *s.* **1.** Reisigbündel *n*; **2.** Fa'schine *f*; **3.** ⚙ a) Bündel *n* Stahlstangen, b) 'Schweißpa,ket *n*; **4.** *Brit. Küche*: Frika'delle *f* aus Inne'reien; **5.** *sl.* ‚Homo' *m*, Schwule(r) *m*.

Fahr·en·heit ['færənhaɪt] *s.*: **10° ~** zehn Grad Fahrenheit, 10° F.

fa·ience [faɪ'ɑ:ns] (*Fr.*) *s.* Fay'ence *f*.

fail [feɪl] **I** *v/i.* **1.** versagen (*Stimme, Herz, Motor etc., a. fig. Person*); aufhören, zu Ende gehen, nicht (aus)reichen, versiegen (*Vorrat*); **2.** miß'raten (*Ernte*), nicht aufgehen (*Saat*); **3.** nachlassen, schwächer werden, schwinden, abnehmen: **his health ~ed** s-e Gesundheit ließ nach; **4.** unter'lassen, versäumen, verfehlen, vernachlässigen: **he ~ed to come** er kam nicht; **he never ~s to come** er kommt immer; **don't ~ to come!** komm ja (*od.* bestimmt)!; **he cannot ~ to win** er muß (einfach) gewinnen; **~ in one's duty** s-e Pflicht versäumen; **he ~s in perseverance** es fehlt ihm an Ausdauer; **5.** a) s-n Zweck verfehlen, miß'lingen, fehlschlagen, Schiffbruch erleiden, b) es nicht fertigbringen *od.* schaffen (zu *inf.*): **the plan ~ed** der Plan scheiterte; **if everything else ~s** wenn alle Stränge reißen; **I ~ to see why** ich sehe nicht ein, warum; **he ~ed in his attempt** der Versuch mißlang ihm; **it ~ed in its effect** die erhoffte Wirkung blieb aus; **a ~ed husband** als Ehemann ein Versager; **a ~ed artist** ein verkrachter Künstler; **6.** *ped.* 'durchfallen (**in** in *dat.*); **7.** ✝ Bank'rott machen, in Kon'kurs geraten; **II** *v/t.* **8.** im Stich lassen, enttäuschen: **I will never ~ you**; **my courage ~ed me** mir sank der Mut; **words ~ me** mir fehlen die Worte; **9.** *j-m* fehlen; **10.** *ped.* a) *j-n* 'durchfallen lassen (*in der Prüfung*), b) 'durchfallen in (*der Prüfung*); **III** *s.* **11.** **he got a ~ in biology** *ped.* er ist in Biologie durchgefallen; **12.** **without ~** ganz bestimmt, unbedingt; '**fail·ing** [-lɪŋ] **I** *adj.*: **never ~** nie versagend, unfehlbar; **II** *prp.* in Ermangelung (*gen.*), ohne: **~ this** andernfalls; **~ which** widrigenfalls; **III** *s.* Mangel *m*, Schwäche *f*; Fehler *m*, De'fekt *m*.

'**fail**|**-safe**, '**~-proof** *adj.* pannensicher (*a. fig.*).

fail·ure ['feɪljə] *s.* **1.** Fehlen *n*; **2.** Ausbleiben *n*, Versagen *n*; **3.** Unter'lassung *f*, Versäumnis *n*: **~ to comply** Nichtbefolgung *f*; **~ to pay** Nichtzahlung *f*; **4.** Fehlschlag(en *n*) *m*, Scheitern *n*, Miß'lingen *n*, 'Mißerfolg *m*: **crop ~** Mißernte *f*; **5.** *fig.* Zs.-bruch *m*, Schiffbruch *m*; ✝ Bank'rott *m*, Kon'kurs *m*: **meet with ~** → **fail** 5; **6.** ⚕, ⚙ (*Herz-, Nieren- etc.*)Versagen *n*, Störung *f*, De'fekt *m*, ⚙ *a.* Panne *f*; **7.** Abnahme *f*, Versiegen *n*; **8.** *ped.* 'Durchfallen *n* (*in der Prüfung*); **9.** a) Versager *m*, ‚Niete' *f* (*Person od. Sache*), b) ‚Reinfall' *m*, ‚Pleite' *f* (*Sache*).

faint [feɪnt] **I** *adj.* ☐ **1.** schwach, matt, kraftlos: **feel ~** sich matt *od.* e-r Ohnmacht nahe fühlen; **2.** schwach, matt (*Ton, Farbe, a. fig.*): **a ~ effort**; **I haven't got the ~est idea** ich habe nicht die leiseste Ahnung; **~ hope** schwache Hoffnung; **3.** furchtsam; **II** *s.* **4.** (**dead ~** tiefe) Ohnmacht; **III** *v/i.* **5.** schwach *od.* matt werden (**with** vor *dat.*); **6.** in Ohnmacht fallen (**with** vor *dat.*): **~ing fit** Ohnmachtsanfall *m*; '**~-heart** *s.* Feigling *m*; **,~-'heart·ed** *adj.* ☐ feig(e), furchtsam.

faint·ness ['feɪntnɪs] *s.* **1.** Schwäche *f* (*a. fig.*), Mattigkeit *f*: **~ of heart** Feigheit *f*, Furchtsamkeit *f*; **2.** Ohnmachtsgefühl *n*.

fair¹ [feə] **I** *adj.* □ → ***fairly***; **1.** schön, hübsch, lieblich: ***the ~ sex*** das schöne Geschlecht; **2.** a) hell (*Haut*, *Haar*), blond (*Haar*), zart (*Teint*, *Haut*), b) hellhäutig; **3.** rein, sauber, tadel-, makellos, *fig. a.* unbescholten: ***~ name*** guter Ruf; **4.** *fig.* schön, gefällig: ***give s.o. ~ words*** j-n mit schönen Worten abspeisen; **5.** deutlich, leserlich: ***~ copy*** Reinschrift *f*; **6.** klar, heiter (*Himmel*), schön, trocken (*Wetter*, *Tag*): ***set ~*** beständig; **7.** frei, unbehindert: ***~ game*** jagdbares Wild, *bsd. fig.* Freiwild *n* (***to*** für); **8.** günstig (*Wind*), aussichtsreich, gut: ***~ chance*** reelle Chance; ***be in a ~ way to*** auf dem besten Wege sein zu; **9.** anständig: a) *bsd. sport* fair, b) ehrlich, offen, aufrichtig, c) 'unpar,teiisch, d) fair: ***~ price*** angemessener Preis; ***~ and square*** offen u. ehrlich, anständig; ***~ play*** a) faires Spiel, b) *fig.* Anständigkeit *f*, Fairneß *f*; ***by ~ means or foul*** so oder so; ***~ is ~*** Gerechtigkeit muß sein!; ***~ enough!*** in Ordnung!; ***all's ~ in love and war*** im Krieg u. in der Liebe ist alles erlaubt; **10.** leidlich, ziemlich *od.* einigermaßen gut, nicht übel: ***be a ~ judge*** ein recht gutes Urteil haben (***of*** über *acc.*); ***~ to middling*** gut bis mittelmäßig, *iro.* ‚mittelprächtig'; ***~ average*** guter Durchschnitt; **11.** ansehnlich, beträchtlich, ganz schön: ***a ~ sum***; **II** *adv.* → *a.* ***fairly***; **12.** schön, gut, freundlich, höflich; **13.** rein, sauber, leserlich; **14.** günstig: ***bid*** (*od.* ***promise***) ***~*** a) sich gut anlassen, zu Hoffnungen berechtigen, b) Aussicht haben, versprechen (***to*** *inf.* zu *inf.*); **15.** anständig, fair: ***play ~*** fair spielen, *a. fig.* sich an die Spielregeln halten; **16.** genau: ***~ in the face*** mitten ins Gesicht; **17.** völlig; **III** *v/t.* **18.** ⚙ zurichten, glätten; **19.** *Flugzeug etc.* verkleiden.

fair² [feə] *s.* **1.** a) Jahrmarkt *m*, b) Volksfest *n*; **2.** Messe *f*, Ausstellung *f*: ***at the industrial ~*** auf der Industriemesse; **3.** Ba'sar *m*.

'fair|-faced *adj.*: ***~ concrete*** △ Sichtbeton *m*; **'~-ground** *s.* **1.** Messegelände *n*; **2.** Rummelplatz *m*; **,~-'haired** *adj.* blond: ***~ boy*** *fig. iro.* Liebling *m* (*des Chefs etc.*).

fair·ing¹ ['feərɪŋ] *s.* ✈ Verkleidung *f*.

fair·ing² ['feərɪŋ] *s. obs.* Jahrmarktsgeschenk *n*.

fair·ly ['feəlɪ] *adv.* **1.** ehrlich; **2.** anständig(erweise); **3.** gerecht(erweise); **4.** ziemlich; **5.** leidlich; **6.** völlig; **7.** geradezu; **8.** deutlich; **9.** genau.

,fair-'mind·ed *adj.* aufrichtig, gerecht (denkend).

fair·ness ['feənɪs] *s.* **1.** Schönheit *f*; **2.** a) Blondheit *f*, b) Hellhäutigkeit *f*; **3.** Klarheit *f* (*des Himmels*); **4.** Anständigkeit *f*: a) *bsd. sport* Fairneß *f*, b) Ehrlichkeit *f*, c) Gerechtigkeit *f*: ***in ~*** gerechterweise; ***in ~ to him*** um ihm Gerechtigkeit widerfahren zu lassen; **5.** ⚖, ✝ Lauterkeit *f* (*des Wettbewerbs etc.*).

,fair|-'spo·ken *adj.* freundlich, höflich; **'~·way** *s.* **1.** ⚓ Fahrwasser *n*, -rinne *f*; **2.** *Golf*: Fairway *n*; **'~-,weath·er** *adj.* Schönwetter…: ***~ friends*** *fig.* Freunde nur in guten Zeiten.

fair·y ['feərɪ] **I** *s.* **1.** Fee *f*, Elf(e *f*) *m*; **2.** *sl.* ‚Homo' *m*, Schwule(r) *m*; **II** *adj.* □ **3.** feenhaft (*a. fig.*): ***~ godmother*** *fig.* gute Fee; **'~·land** *s.* Feen-, Märchenland *n*; **~ tale** *s.* Märchen *n* (*a. fig.*).

faith [feɪθ] *s.* **1.** (***in***) Glaube(n) *m* (an *acc.*), Vertrauen *n* (auf *acc.*, zu): ***have*** *od.* ***put ~ in*** a) Glauben schenken (*dat.*), b) Vertrauen haben zu; ***on the ~ of*** im Vertrauen auf (*acc.*); **2.** *eccl.* (*überzeugter*) Glaube(n), b) Glaube(nsbekenntnis *n*) *m*: ***the Christian ~***; **3.** Treue *f*, Redlichkeit *f*: ***breach of ~*** Treu-, Vertrauensbruch *m*; ***in good ~*** in gutem Glauben, gutgläubig (*a.* ⚖); ***in bad ~*** in böser Absicht, arglistig (*a.* ⚖), ⚖ bösgläubig; **4.** Versprechen *n*: ***keep one's ~*** (sein) Wort halten; ***~ cure*** → ***faith healing***.

faith·ful ['feɪθfʊl] **I** *adj.* □ **1.** treu (***to*** *dat.*); **2.** (pflicht)getreu; **3.** ehrlich, aufrichtig; **4.** gewissenhaft; **5.** (wahrheits- *od.* wort)getreu, genau; **6.** glaubwürdig, zuverlässig; **7.** *eccl.* gläubig; **II** *s.* **8.** ***the ~*** *eccl.* die Gläubigen *pl.*; **9.** *pl.* treue Anhänger *pl.*; **'faith·ful·ly** [-fʊlɪ] *adv.* **1.** treu, ergeben: ***Yours ~*** Mit freundlichen Grüßen (*Briefschluß*); **2.** → ***faithful*** 2–5; **3.** F nachdrücklich: ***promise ~*** fest versprechen; **'faith·ful·ness** [-nɪs] *s.* **1.** (*a.* Pflicht)Treue *f*; **2.** Ehrlichkeit *f*; **3.** Gewissenhaftigkeit *f*; **4.** Genauigkeit *f*; **5.** Glaubwürdigkeit *f*.

faith| heal·er *s.* Gesundbeter(in); **~ heal·ing** *s.* Gesundbeten *n*.

faith·less ['feɪθlɪs] *adj.* □ **1.** *eccl.* ungläubig; **2.** treulos; **3.** unehrlich.

fake [feɪk] F **I** *v/t.* **1.** nachmachen, fälschen; *Presse etc.*: *Foto etc.* ‚türken'; **2.** *Bilanz etc.* ‚frisieren'; **3.** vortäuschen; **4.** *sport* a) *Gegner* täuschen, b) *Schlag etc.* antäuschen; **II** *s.* **5.** Fälschung *f*, Nachahmung *f*; **6.** Schwindel *m*; **7.** Schwindler *m*, ‚Schauspieler' *m*, j-d, der nicht ‚echt' ist; **III** *adj.* **8.** nachgemacht, gefälscht; **9.** falsch; **10.** vorgetäuscht; **'fak·er** *s.* **1.** Fälscher *m*; **2.** Simu'lant(in); **3.** → ***fake*** 7.

fa·kir ['feɪ,kɪə] *s.* **1.** Fakir *m*; **2.** *Am.* F → ***fake*** 7.

fal·con ['fɔːlkən] *s. orn.* Falke *m*; **'fal·con·er** [-nə] *s. hunt.* Falkner *m*; **'fal·con·ry** [-kənrɪ] *s.* **1.** Falkne'rei *f*; **2.** Falkenbeize *f*, -jagd *f*.

fall [fɔːl] **I** *s.* **1.** Fall(en *n*) *m*, Sturz *m*: ***have a*** (***bad***) ***~*** (schwer) stürzen; ***ride for a ~*** a) verwegen reiten, b) *fig.* das Schicksal herausfordern; **2.** a) (Ab)Fallen *n* (*der Blätter etc.*), b) *Am.* Herbst *m*; **3.** Fallen *n* (*des Vorhangs*); **4.** Fall *m*, Faltenwurf *m* (*von Stoff*); **5.** *phys.* a) *a.* ***free ~*** freier Fall, b) Fallhöhe *f*, -strecke *f*; **6.** a) (*Regen-*, *Schnee*)Fall *m*, b) Regen-, Schneemenge *f*; **7.** Zs.-fallen *n*, Einsturz *m* (*e-s Hauses*); **8.** Fallen *n*, Sinken *n*, Abnehmen *n* (*Temperatur*, *Flut*, *Preis*): ***heavy ~ in prices*** Kurs-, Preissturz *m*; ***speculate on the ~*** auf Baisse spekulieren; **9.** Abfallen *n*, Gefälle *n*, Neigung *f* (*des Geländes*); **10.** Fall *m* (*a. e-r Festung etc.*), Sturz *m*, Nieder-, 'Untergang *m*, Abstieg *m*, Verfall *m*, Ende *n*; **11.** Fall *m*, Fehltritt: ***the*** 𝔉 (***of man***) *bibl.* der (erste) Sündenfall *m*; **12.** *mst pl.* Wasserfall *m*; **13.** Wurf *m* (*Lämmer etc.*); **14.** *Ringen*: Niederwurf *m*: ***win by ~*** Schultersieg *m*; ***try a ~ with s.o.*** *fig.* sich mit j-m messen; **II** *v/i.* [*irr.*] **15.** fallen: ***the curtain ~s*** der Vorhang fällt; **16.** (ab)fallen (*Blätter etc.*); **17.** (he'runter)fallen, abstürzen: ***he fell to his death*** er stürzte tödlich ab; **18.** ('um-, hin-, nieder)fallen, zu Boden fallen, zu Fall kommen; **19.** 'umfallen, -stürzen (*Baum etc.*); **20.** (*in Falten od. Locken*) her'abfallen; **21.** *fig. allg.* fallen: a) (*im Kampf*) getötet werden, b) erobert werden (*Stadt etc.*), c) gestürzt werden (*Regierung*), d) e-n Fehltritt begehen (*Frau*); **22.** *fig.* fallen (*Preis*, *Temperatur*, *Flut*), abnehmen, sinken: ***his courage fell*** ihm sank der Mut; ***his face fell*** er machte ein langes Gesicht; **23.** abfallen, sich senken (*Gelände*); **24.** (*in Stücke*) zerfallen; **25.** (*zeitlich*) fallen: ***Easter ~s late this year***; **26.** her'einbrechen (*Nacht*); **27.** *fig.* fallen (*Worte etc.*); **28.** *krank*, *fällig etc.* werden: ***~ ill*** (***due***);

Zssgn mit prp.:

fall| a·mong *v/i.* unter … (*acc.*) geraten *od.* fallen: ***~ the thieves*** *bibl. u. fig.* unter die Räuber fallen; **~ be·hind** *v/i.* zu'rückbleiben hinter (*acc.*) (*a. fig.*); **~ for** *v/i.* F auf *et. od. j-n* reinfallen, *a.* sich in *j-n* ‚verknallen'; **~ from** *v/i.* abfallen von, abtrünnig *od.* untreu werden (*dat.*): ***~ grace*** a) sündigen, b) in Ungnade fallen; **~ in·to** *v/i.* **1.** kommen *od.* geraten *od.* verfallen in (*acc.*): ***~ disuse*** außer Gebrauch kommen; ***~ a habit*** in e-e Gewohnheit verfallen; → ***line¹*** 9; **2.** in *Teile* zerfallen: ***~ ruin*** zerfallen; **3.** münden in (*acc.*) (*Fluß*); **4.** fallen in (*ein Gebiet od. Fach*); **~ on** *v/i.* **1.** treffen, fallen auf (*acc.*) (*a. Blick etc.*); **2.** herfallen über (*acc.*), über'fallen (*acc.*); **3.** in *et.* geraten: ***~ evil days*** e-e schlimme Zeit durchmachen müssen; **~ o·ver** *v/i.* fallen über (*acc.*): ***~ o.s. to do s.th.*** F sich ‚fast umbringen', et. zu tun; **~ to** *v/i.* **1.** mit *et.* beginnen: ***~ work***; **2.** fallen an (*acc.*), *j-m* zufallen *od.* obliegen (***to do*** zu tun); **~ un·der** *v/i. fig.* **1.** unter *ein Gesetz etc.* fallen, zu *et.* gehören; **2.** *der Kritik etc.* unter'liegen; **~ with·in** → ***fall into*** 4.

Zssgn mit adv.:

fall| a·stern *v/i.* ⚓ zu'rückbleiben; **~ a·way** *v/i.* **1.** → ***fall*** 23; **2.** → ***fall off*** 1; **~ back** *v/i.* **1.** zu'rückweichen: ***~*** (***up***)***on*** *fig.* zurückgreifen auf (*acc.*); **2.** → **~ be·hind** *v/i. a. fig.* zu'rückbleiben, -fallen: ***~ with*** in Rückstand *od.* Verzug geraten mit; **~ down** *v/i.* **1.** hin-, hin'unterfallen; **2.** 'umfallen, einstürzen; **3.** (*ehrfürchtig*) auf die Knie sinken, niederfallen; **4.** F (***on***) a) versagen (bei), b) Pech haben (mit); **~ in** *v/i.* **1.** einfallen, -stürzen; **2.** ⚔ antreten; **3.** *fig.* a) sich anschließen (*Person*), b) sich einfügen (*Sache*); **4.** ✝ ablaufen, fällig werden; **5.** ***~ with*** (zufällig) treffen (*acc.*), stoßen auf (*acc.*); **6.** ***~ with*** a) zustimmen (*dat.*), b) passen zu, entsprechen (*dat.*), c) sich anpassen (*dat.*); **~ off** *v/i. fig.* **1.** zu'rückgehen, sinken, nachlassen, abnehmen; **2.** (***from***) abfallen (von), abtrünnig werden (*dat.*); **3.** ⚓ (vom Strich) abfallen; **4.** ✈ abrutschen; **~ out** *v/i.* **1.** her'ausfallen; **2.** *fig.* ausfallen, sich erweisen als; **3.** sich ereignen; **4.** ⚔ wegtreten; **5.** sich streiten *od.* entzweien; **~ o·ver** *v/i.* 'umfallen, -kippen: ***~ backwards*** F sich ‚fast umbringen‘ (*et. zu tun*); **~ through** *v/i.* **1.** 'durchfallen (*a. fig.*); **2.** *fig.* a) miß'lingen, b) ins Wasser fallen; **~ to** *v/i.* **1.** zufallen (*Tür*); **2.** ‚reinhauen‘, (tüchtig) zugreifen (*beim Essen*); **3.** handgemein werden.

fal·la·cious [fə'leɪʃəs] *adj.* □ trügerisch: a) irreführend, b) irrig, falsch; **fal·la·cy** ['fæləsɪ] *s.* **1.** Trugschluß *m*, Irrtum *m*: ***popular ~*** weitverbreiteter Irrtum; **2.** Unlogik *f*; **3.** Täuschung *f*.

fall·en ['fɔːlən] **I** *p.p. von* ***fall***; **II** *adj. allg.* gefallen: a) gestürzt (*a. fig.*), b) entehrt (*Frau*), c) (*im Kriege*) getötet, d) erobert (*Stadt etc.*): ***~ angel*** gefallener Engel; **III** *s. coll.* ***the ~*** die Gefallenen *pl.*; **~ arch·es** *s. pl.* Senkfüße *pl.*

fall guy *s. Am.* F **1.** a) Opfer *n* (*e-s Betrügers*), b) ‚Gimpel‘ *m*; **2.** Sündenbock *m*.

fal·li·bil·i·ty [ˌfælə'bɪlətɪ] *s.* Fehlbarkeit *f*; **fal·li·ble** ['fæləbl] *adj.* □ fehlbar.

ˌfall·ing|-a'way, **~ off** ['fɔːlɪŋ] *s.* Rückgang *m*, Abnahme *f*, Sinken *n*; **~ sick·ness** *s.* ⚕ Fallsucht *f*; **~ star** *s.* Sternschnuppe *f*.

Fal·lo·pi·an tubes [fə'ləʊpɪən] *s. pl. anat.* Eileiter *pl.*

'fall·out *s.* **1.** *phys.* radioak'tiver Niederschlag, Fall'out *m*; **2.** *fig.* a) 'Nebenproˌdukt *n*, b) (böse) Auswirkung(en *pl.*).

fal·low[1] ['fæləʊ] **I** *adj.* brach(liegend): ***lie ~*** brachliegen; **II** *s.* Brache *f*: a) Brachfeld *n*, b) Brachliegen *n*.

fal·low[2] ['fæləʊ] *adj.* falb, fahl, braungelb; **'~-deer** [-ləʊd-] *s. zo.* Damhirsch *m*, -wild *n*.

false [fɔːls] **I** *adj.* □ *allg.* falsch: a) unrichtig, fehlerhaft, irrig, b) unwahr, c) (***to***) treulos (gegen), untreu (*dat.*), d) irreführend, vorgetäuscht, trügerisch, 'hinterhältig, e) gefälscht, unecht, künstlich, f) Schein…, fälschlich (so genannt), g) 'widerrechtlich, rechtswidrig: ***~ alarm*** blinder Alarm (*a. fig.*); ***~ ceiling*** ⚠ Zwischendecke *f*; ***~ coin*** Falschgeld *n*; ***~ hair*** falsche Haare; ***~ imprisonment*** ⚖ Freiheitsberaubung *f*; ***~ key*** Nachschlüssel *m*; ***~ pregnancy*** ⚕ Scheinschwangerschaft *f*; ***~ shame*** falsche Scham; ***~ start*** Fehlstart *m*; ***~ step*** Fehltritt *m*; ***~ tears*** Krokodilstränen; ***~ teeth*** falsche Zähne; **II** *adv.* falsch, unaufrichtig: ***play s.o. ~*** ein falsches Spiel mit j-m treiben; **ˌfalse-'heart·ed** *adj.* falsch, treulos; **'false·hood** [-hʊd] *s.* **1.** Unwahrheit *f*, Lüge *f*; **2.** Falschheit *f*; **'false·ness** [-nɪs] *s. allg.* Falschheit *f*.

fal·set·to [fɔːl'setəʊ] *pl.* **-tos** *s.* Fistelstimme *f*, ♪ *a.* Fal'sett(stimme *f*) *n*.

fal·sies ['fɔːlsɪz] *s. pl.* F Schaumgummieinlagen *pl.* (*im Büstenhalter*).

fal·si·fi·ca·tion [ˌfɔːlsɪfɪ'keɪʃn] *s.* (Ver-) Fälschung *f*; **fal·si·fi·er** ['fɔːlsɪfaɪə] *s.* Fälscher(in); **fal·si·fy** ['fɔːlsɪfaɪ] *v/t.* **1.** fälschen; **2.** verfälschen, falsch *od.* irreführend darstellen; **3.** *Hoffnungen* enttäuschen; **fal·si·ty** ['fɔːlsətɪ] *s.* **1.** Irrtum *m*, Unrichtigkeit *f*; **2.** Lüge *f*, Unwahrheit *f*.

falt·boat ['fɔːltbəʊt] *s.* Faltboot *n*.

fal·ter ['fɔːltə] **I** *v/i.* schwanken: a) taumeln, b) zögern, zaudern, c) stocken (*a. Stimme*): ***his courage ~ed*** der Mut verließ ihn; **II** *v/t. et.* stammeln; **'fal·ter·ing** [-tərɪŋ] *adj.* □ *allg.* schwankend (→ ***falter*** I).

fame [feɪm] *s.* **1.** Ruhm *m*, (guter) Ruf, Berühmtheit *f*: ***of ill ~*** berüchtigt; ***house of ill ~*** Freudenhaus *n*; **2.** *obs.* Gerücht *n*; **famed** [-md] *adj.* berühmt, bekannt (***for*** wegen *gen.*, für).

fa·mil·iar [fə'mɪljə] **I** *adj.* □ **1.** vertraut: a) gewohnt: ***a ~ sight***, b) bekannt: ***a ~ face***, c) geläufig: ***a ~ expression***; ***~ quotations*** geflügelte Worte; **2.** vertraut, bekannt (***with*** mit): ***be ~ with*** *a. et.* gut kennen; ***make o.s. ~ with*** a) sich mit *j-m* bekannt machen, b) sich mit *et.* vertraut machen; ***the name is ~ to me*** der Name ist mir vertraut; **3.** vertraut, in'tim, eng: ***a ~ friend***; ***be on ~ terms with s.o.*** mit j-m gut bekannt sein; (***too***) ***~*** *contp.* allzu familiär, plump-vertraulich; **4.** ungezwungen, famili'är; **II** *s.* **5.** Vertraute(r *m*) *f*; **6.** *a.* ***~ spirit*** Schutzgeist *m*; **fa·mil·i·ar·i·ty** [fəˌmɪlɪ'ærətɪ] *s.* **1.** Vertrautheit *f*, Bekanntschaft *f* (***with*** mit); **2.** a) famili'ärer Ton, Ungezwungenheit *f*, Vertraulichkeit *f*, b) *contp.* plumpe Vertraulichkeit; **fa·mil·iar·i·za·tion** [fəˌmɪljəraɪ'zeɪʃn] *s.* (***with***) Vertrautmachen *n od.* -werden *n* (mit), Gewöhnung *f* (an *acc.*), **fa'mil·iar·ize** [-əraɪz] *v/t.* (***with***) vertraut *od.* bekannt machen (mit), gewöhnen (an *acc.*).

fam·i·ly ['fæməlɪ] **I** *s.* **1.** Fa'milie *f* (*a. biol. u. fig.*): ***~ of nations*** Völkerfamilie; ***she was living as one of the ~*** sie gehörte zur Familie, sie hatte Familienanschluß; **2.** Fa'milie *f*: a) Geschlecht *n*, Sippe *f*, *a.* Verwandtschaft *f*, b) Ab-, Herkunft *f*: ***of*** (***good***) ***~*** aus gutem *od.* vornehmem Hause; **3.** *ling.* ('Sprach-) Faˌmilie *f*; **4.** ⚘ Schar *f*; **II** *adj.* **5.** Familien…: ***~ business*** (***tradition*** *etc.*); ***~ doctor*** Hausarzt *m*; ***~ environment*** häusliches Milieu; ***~ warmth*** Nestwärme *f*; ***in a ~ way*** zwanglos; ***be in the ~ way*** F in anderen Umständen sein; **~ al·low·ance** *s.* Kindergeld *n*; **~ cir·cle** *s.* **1.** Fa'milienkreis *m*; **2.** *thea. Am.* oberer Rang; **~ court** *s.* ⚖ Fa'miliengericht *n*; **~ man** *s.* [*irr.*] **1.** Mann *m* mit Fa'milie, Fa'milienvater *m*; **2.** häuslicher Mensch; **~ plan·ning** *s.* Fa'milienplanung *f*; **~ skel·e·ton** *s.* streng gehütetes Fa'miliengeheimnis; **~ tree** *s.* Stammbaum *m*.

fam·ine ['fæmɪn] *s.* **1.** Hungersnot *f*; **2.** Mangel *m*, Knappheit *f* (***of*** an *dat.*); **3.** Hunger *m* (*a. fig.*).

fam·ish ['fæmɪʃ] **I** *v/i.* **1.** *obs.* verhungern: ***be ~ing*** F am Verhungern sein; **2.** darben; **II** *v/t. obs.* verhungern lassen: ***he ate as if ~ed*** er aß, als ob er am Verhungern wäre.

fa·mous ['feɪməs] *adj.* □ **1.** berühmt (***for*** wegen *gen.*, für); **2.** F fa'mos, ausgezeichnet, prima.

fan[1] [fæn] **I** *s.* **1.** Fächer *m*: ***~ dance***; ***~ aerial*** ⚡ Fächerantenne *f*; **2.** ⚙ a) Ventilator *m*, Lüfter *m*, b) *a.* ***~ blower*** (Flügelrad)Gebläse *n*, c) ✓ (Worfel-) Schwinge *f*, d) ⚓ Flügel *m*, Schraubenblatt *n*; **II** *v/t.* **3.** *Luft* fächeln; **4.** um'fächeln, *j-m* Luft zufächeln; **5.** *Feuer* anfachen: ***~ the flame*** *fig.* Öl ins Feuer gießen; **6.** *fig.* entfachen; (an)wedeln; **7.** ✓ worfeln, schwingen; **III** *v/i.* **8.** *oft* ***~ out*** a) sich (fächerförmig) ausbreiten, b) ⚔ ausschwärmen.

fan[2] [fæn] *s.* F Fan *m*, begeisterter Anhänger: ***~ club*** Fanclub *m*; ***~ mail*** Verehrerpost *f*.

fa·nat·ic [fə'nætɪk] **I** *s.* Fa'natiker(in); **II** *adj.* → **fa'nat·i·cal** [-kl] *adj.* □ fa'natisch; **fa'nat·i·cism** [-ɪsɪzəm] *s.* Fana'tismus *m*.

fan·ci·er ['fænsɪə] *s.* (*Tier-, Blumen- etc.*)Liebhaber(in) *od.* Züchter(in); **'fan·ci·ful** [-ɪfʊl] *adj.* □ **1.** (allzu) phanta'siereich, schrullig, wunderlich (*Person*); **2.** bi'zarr, ausgefallen (*Sache*); **3.** eingebildet, unwirklich; **4.** phan'tastisch, wirklichkeitsfremd.

fan·cy ['fænsɪ] **I** *s.* **1.** Phanta'sie *f*: a) Einbildungskraft *f*, b) Phanta'sievorstellung *f*, c) (bloße) Einbildung; **2.** I'dee *f*, plötzlicher Einfall *m*: ***I have a ~ that*** ich habe so e-e Idee, daß; **3.** Laune *f*, Grille *f*; **4.** (individu'eller) Geschmack; **5.** (***for***) Neigung *f* (zu), Vorliebe *f* (für), Gefallen *n* (an *dat.*): ***have a ~ for*** gern haben (wollen) (*acc.*), Lust haben zu *od.* auf (*acc.*); ***take a ~ to*** Gefallen finden an (*dat.*), sympathisch finden (*acc.*); ***take*** (*od.* ***catch***) ***s.o.'s ~*** j-m gefallen; ***just as the ~ takes you*** nach Lust u. Laune; **6.** *coll.* ***the ~*** die (*Sport-, Tier- etc.*)Liebhaberwelt; **II** *adj.* **7.** Phantasie…, phan'tastisch: ***~ name*** Phantasiename *m*; ***~ price*** Phantasie-, Liebhaberpreis *m*; **8.** Mode…: ***~ article***; **9.** (reich) verziert, bunt, kunstvoll, ausgefallen, extrafein: ***~ cakes*** feines Gebäck; ***~ car*** schicker Wagen; ***~ dog*** Hund *m* aus e-r Liebhaberzucht; ***~ foods*** Delikatessen; ***~ words*** *contp.* geschwollene Ausdrücke; **III** *v/t.* **10.** sich *j-n od. et.* vorstellen: ***~*** (***that***)***!*** a) stell dir vor!, b) sieh mal einer an!, nanu!; ***~ meeting you here!*** nanu, du hier?; **11.** glauben, denken, annehmen; **12. ~ o.s.** sich einbilden (***to be*** zu sein), sich halten für: ***~ o.s.*** (***very important***) sich sehr wichtig vorkommen; **13.** gern haben *od.* mögen: ***I don't ~ this suit*** dieser Anzug gefällt mir nicht; **14.** Lust haben (auf *acc.*; ***doing*** zu tun): ***I could ~ an ice-cream*** ich hätte Lust auf ein Eis; **15. *~ up*** *Am.* F aufputzen, ‚Pfiff geben‘ (*dat.*); **~ ball** *s.* Ko'stümfest *n*, Maskenball *m*; **~ dress** *s.* ('Masken)Koˌstüm *n*; **ˌ~-'dress** *adj.*: ***~ ball*** → ***fancy ball***; **ˌ~-'free** *adj.* frei u. ungebunden; **~ goods** *s. pl.* **1.** 'Modearˌtikel *pl.*; **2.** kleine Ge'schenkarˌtikel *pl.*, *a.* Nippes *pl.*; **~ man** *s.* [*irr.*] *sl.* **1.** ‚Louis‘ *m*, Zuhälter *m*; **2.** Liebhaber *m*; **~ pants** *s. Am. sl.* **1.** ‚feiner Pinkel‘; **2.** ‚Waschlappen‘ *m*; **~ wom·an** *s.* [*irr.*] **1.** Geliebte *f*; **2.** Prostituierte *f*; **'~·work** *s.* feine (Hand-) Arbeit.

fan·dan·gle [fæn'dæŋl] *s.* F ‚Firlefanz‘ *m*.

fane [feɪn] *s. poet.* Tempel *m*.

fan·fare ['fænfeə] *s.* ♪ Fan'fare *f*, Tusch *m*: ***with much ~*** *fig.* mit großem Tamtam.

fang [fæŋ] *s.* **1.** *zo.* a) Fang(zahn) *m* (*Raubtier*), b) Hauer *m* (*Eber*), c) Giftzahn *m* (*Schlange*); **2.** *pl.* F Zähne *pl.*, ‚Beißer‘ *pl.*; **3.** *anat.* Zahnwurzel *f*; **4.** ⚙ Dorn *m*.

fan| heat·er *s.* Heizlüfter *m*; **'~·light** *s.* ⚠ (fächerförmiges) (Tür)Fenster,

Oberlicht *n*.

fan·ner ['fænə] *s.* ⚙ Gebläse *n*.

fan·ny ['fænɪ] *s.* **1.** *Am. sl.* ‚Arsch' *m*; **2.** *Brit.* V ‚Möse' *f*.

fan·ta·sia [fæn'teɪzjə] *s.* ♪ Fanta'sia *f*; **fan·ta·size** ['fæntəsaɪz] *v/i.* **1.** phantasieren (***about*** von); **2.** (mit offenen Augen) träumen; **fan'tas·tic** [-'tæstɪk] *adj.* (□ ***~ally***) *allg.* phan'tastisch: a) unwirklich, b) verstiegen, über'spannt, c) ab'surd, aus der Luft gegriffen, d) F ‚toll'; **fan·ta·sy** ['fæntəsɪ] *s.* **1.** Phanta'sie *f*: a) Einbildungskraft *f*, b) Phanta'sievorstellung *f*, c) (Tag-, Wach)Traum *m*, d) Hirngespinst *n*; **2.** ♪ Fanta'sia *f*.

fan| trac·er·y *s.* ⚠ Fächermaßwerk *n*; **~ vault·ing** *s.* ⚠ Fächergewölbe *n*.

far [fɑː] **I** *adj.* **1.** fern, (weit) entfernt, weit; **2.** (*vom Sprecher aus*) entfernter: ***at the ~ end*** am anderen Ende; **3.** weit vorgerückt, fortgeschritten (***in*** in *dat.*); **II** *adv.* **4.** weit, fern: ***~ away, ~ off*** weit weg, weit entfernt; ***from ~*** von weit her; ***~ and near*** nah u. fern, überall; ***~ and wide*** weit und breit; ***~ and away the best*** a) bei weitem *od.* mit Abstand das Beste, b) bei weitem am besten; ***as ~ as*** a) soweit *od.* soviel (wie), insofern als, b) bis (nach); ***as ~ as that goes*** was das betrifft; ***as ~ back as 1907*** schon (im Jahre) 1907; ***in as*** (*od.* ***so***) ***~ as*** insofern als; ***so ~*** bisher, bis jetzt; ***so ~ so good*** so weit, so gut; ***~ from*** weit entfernt von, keineswegs; ***~ from completed*** noch lange *od.* längst nicht fertig; ***~ from rich*** alles andere als reich; ***~ from it!*** keineswegs!, ganz u. gar nicht!; ***I am ~ from believing it*** ich bin weit davon entfernt, es zu glauben; ***~ into*** bis weit *od.* hoch *od.* tief in (*acc.*); ***~ into the night*** bis spät *od.* tief in die Nacht; ***~ out*** a) weit draußen *od.* hinaus, b) F ‚toll'; ***be ~ out*** weit danebenliegen (*mit e-r Vermutung etc.*); ***~ up*** hoch oben; ***~ be it from me*** (***to*** *inf.*) es liegt mir fern (zu *inf.*); ***go ~*** a) weit *od.* lange (aus)reichen, b) es weit bringen; ***ten dollars don't go ~*** mit 10 Dollar kommt man nicht weit; ***go too ~*** *fig.* zu weit gehen; ***that went ~ to convince me*** das hat mich beinahe überzeugt; ***I will go so ~ as to say*** ich will sogar behaupten; **5.** *a.* ***by ~*** weit(aus), bei weitem, sehr viel, ganz: ***~ better*** viel besser; (***by***) ***~ the best*** a) weitaus der (die, das) beste, b) bei weitem am besten.

far·ad ['færəd] *s.* ⚡ Fa'rad *n*.

'far·a·way *adj.* **1.** → ***far*** 1; **2.** *fig.* verträumt, versonnen, (geistes)abwesend.

farce [fɑːs] *s.* **1.** *thea.* Posse *f*, Schwank *m*; **2.** *fig.* Farce *f*, ‚The'ater' *n*; **'far·ci·cal** [-sɪkl] *adj.* □ **1.** possenhaft, Possen...; **2.** *fig.* ab'surd.

fare [feə] **I** *s.* **1.** a) Fahrpreis *m*, -geld *n*, b) Flugpreis *m*: ***what's the ~?*** was kostet die Fahrt *od.* der Flug?; ***~ stage*** *Brit.* Fahrpreiszone *f*, Teilstrecke *f* (*Bus etc.*); ***any more ~s?*** noch jemand zugestiegen?; **2.** Fahrgast *m* (*bsd. e-s Taxis*); **3.** Kost *f* (*a. fig.*), Verpflegung *f*, Nahrung *f*: ***slender ~*** magere Kost; ***literary ~*** literarische Kost, geistiges ‚Menü'; **II** *v/i.* **4.** sich befinden; (er)gehen: ***how did you ~?*** wie ist es dir ergangen?; ***he ~d ill, it ~d ill with him*** er war schlecht d(a)ran; ***we ~d no better*** uns ist es nicht besser ergangen; ***~ alike*** in der gleichen Lage sein; **5.** *poet.* reisen, sich aufmachen: ***~ thee well!*** leb wohl!

Far East *s.*: ***the ~*** der Ferne Osten.

,fare'well I *int.* lebe(n Sie) wohl!, lebt wohl!; **II** *s.* Lebe'wohl *n*, Abschiedsgruß *m*: ***bid s.o. ~*** j-m Lebewohl sagen; ***make one's ~s*** sich verabschieden; ***take one's ~ of*** Abschied nehmen von (*a. fig.*); ***~ to*** adieu ..., nie wieder ...; **III** *adj.* Abschieds...

,far|-'famed *adj.* 'weithin berühmt; **,~-'fetched** *adj. fig.* weithergeholt, an den Haaren her'beigezogen; **,~-'flung** *adj.* **1.** weit(ausgedehnt); **2.** *fig.* weitgespannt; **3.** weitentfernt; **,~-'go·ing** → ***far-reaching***.

fa·ri·na [fə'raɪnə] *s.* **1.** (feines) Mehl; **2.** ⚗ Stärke *f*; **3.** *Brit.* ⚘ Blütenstaub *m*; **4.** *zo.* Staub *m*; **far·i·na·ceous** [,færɪ'neɪʃəs] *adj.* Mehl..., Stärke...

farm [fɑːm] **I** *s.* **1.** (Bauern)Hof *m*, landwirtschaftlicher Betrieb, Gut(shof *m*) *n*, Farm *f*; **2.** (*Geflügel- etc.*)Farm *f*; **3.** *obs.* Bauernhaus *n*; **4.** *bsd. Am.* a) Sana'torium *n*, b) Entziehungsanstalt *f*; **II** *v/t.* **5.** *Land* bebauen, bewirtschaften; **6.** *Geflügel etc.* züchten; **7.** pachten; **8.** *oft* ***~ out*** verpachten, in Pacht geben (***to. s.o.*** j-m *od.* an j-n); **9.** *mst* ***~ out*** a) *Kinder* in Pflege geben, b) † *Arbeit* vergeben (***to*** an *acc.*); **III** *v/i.* **10.** Landwirt sein; **'farm·er** [-mə] *s.* **1.** (Groß-) Bauer *m*, Landwirt *m*, Farmer *m*; **2.** Pächter *m*; **3.** (*Geflügel- etc.*)Züchter *m*.

farm| hand *s.* Landarbeiter(in); **'~-house** *s.* Bauern-, Gutshaus *n*: ***~ bread*** Landbrot *n*; ***~ butter*** Landbutter *f*.

farm·ing ['fɑːmɪŋ] *s.* **1.** Landwirtschaft; **2.** (*Geflügel- etc.*)Zucht *f*.

farm| la·bo(u)r·er → ***farm hand***; **~ land** *s.* Ackerland *n*; **'~·stead** *s.* Bauernhof *m*, Gehöft *n*; **~ work·er** → ***farm hand***; **'~·yard** *s.* Wirtschaftshof *m* (e-s Bauernhofs).

far·o ['feərəʊ] *s.* Phar(a)o *n* (*Kartenglücksspiel*).

far-off [,fɑːr'ɒf] → ***far*** 1, ***faraway*** 2.

far-out [,fɑːr'aʊt] *adj. sl.* **1.** ‚toll', ‚super'; **2.** ‚verrückt'.

far·ra·go [fə'rɑːgəʊ] *pl.* **-gos**, *Am.* **-goes** *s.* Kunterbunt *n* (***of*** aus, von).

,far-'reach·ing *adj.* **1.** *bsd. fig.* weitreichend; **2.** *fig.* folgenschwer, tiefgreifend.

far·ri·er ['færɪə] *s.* Hufschmied *m*; ⚔ Beschlagmeister *m*.

far·row ['færəʊ] **I** *s.* Wurf *m* Ferkel: ***with ~*** trächtig (*Sau*); **II** *v/i.* ferkeln; **III** *v/t. Ferkel* werfen.

,far|'see·ing *adj. fig.* weitblickend; **,~-'sight·ed** *adj.* **1.** *fig.* → ***farseeing***; **2.** ⚕ weitsichtig; **,~-'sight·ed·ness** *s.* **1.** *fig.* Weitblick *m*, 'Umsicht *f*; **2.** ⚕ Weitsichtigkeit *f*.

fart [fɑːt] V **I** *s.* Furz *m*; **II** *v/i.* furzen: ***~ around*** *fig.* herumalbern, -blödeln.

far·ther ['fɑːðə] **I** *adj.* **1.** *comp. von* ***far***, **2.** → ***further*** 3, 4; **3.** entfernter (*vom Sprecher aus*): ***the ~ shore*** das gegenüberliegende Ufer; ***at the ~ end*** am anderen Ende; **II** *adv.* **4.** weiter: ***so far and no ~*** bis hierher u. nicht weiter; **5.** → ***further*** 1, 2; **'far·ther·most** → ***farthest*** 2; **'far·thest** [-ðɪst] **I** *adj.* **1.** *sup.* von ***far***, **2.** entferntest, weitest; **II** *adv.* **3.** am weitesten, am entferntesten.

far·thing ['fɑːðɪŋ] *s. Brit. hist.* Farthing *m* (¼ *Penny*): ***not worth a*** (***brass***) ***~*** *fig.* keinen (roten) Heller wert; ***it doesn't matter a ~*** das macht gar nichts.

Far West *s. Am. Gebiet der Rocky Mountains u. der pazifischen Küste.*

fas·ci·a ['feɪʃə] *pl.* **-ae** [-ʃiː] *s.* **1.** Binde *f*, (Quer)Band *n*; **2.** *zo.* Farbstreifen *m*; **3.** ['fæʃɪə] *anat.* Muskelhaut *f*; **4.** ⚠ a) Gurtsims *m*, b) Bund *m* (*von Säulenschäften*); **5.** ⚕ (Bauch- *etc.*)Binde *f*; **6.** → ***facia***.

fas·ci·cle ['fæsɪkl] *s.* **1.** *a.* ⚘ Bündel *n*, Büschel *n*; **2.** Fas'zikel *m*: a) (Teil)Lieferung *f*, Einzelheft *n* (*Buch*), b) Aktenbündel *n*; **fas·cic·u·lar** [fə'sɪkjʊlə], **fas·cic·u·late** [fə'sɪkjʊlət] *adj.* büschelförmig.

fas·ci·nate ['fæsɪneɪt] *v/t.* **1.** faszinieren: a) bezaubern, b) fesseln, packen, gefangennehmen: ***~d*** fasziniert, (wie) gebannt; **2.** hypnotisieren; **'fas·ci·nat·ing** [-tɪŋ] *adj.* □ faszinierend: a) hinreißend, b) fesselnd, spannend; **fas·ci·na·tion** [,fæsɪ'neɪʃn] *s.* **1.** Faszinati'on *f*, Bezauberung *f*; **2.** Zauber *m*, Reiz *m*.

Fas·cism ['fæʃɪzəm] *s. pol.* Fa'schismus *m*; **'Fas·cist** [-ɪst] **I** *s.* Fa'schist *m*; **II** *adj.* fa'schistisch.

fash·ion ['fæʃn] **I** *s.* **1.** Mode *f*: ***come into ~*** in Mode kommen; ***set the ~*** die Mode diktieren, *fig.* den Ton angeben; ***it is*** (***all***) ***the ~*** es ist (große) Mode; ***in the English ~*** nach englischer Mode (*od.* Art, → 2); ***out of ~*** aus der Mode, unmodern; ***~ designer*** Modedesigner(in); **2.** Sitte *f*, Brauch *m*, Art *f* (u. Weise *f*), Stil *m*, Ma'nier *f*: ***behave in a strange ~*** sich sonderbar benehmen; ***after their ~*** nach ihrer Weise; ***after*** (*od.* ***in***) ***a ~*** schlecht u. recht, ‚so lala'; ***an artist after a ~*** so etwas wie ein Künstler; **3.** (feine) Lebensart, gute Ma'nieren *pl.*: ***a man of ~***; **4.** Machart *f*, Form *f* (Zu)Schnitt *m*, Fas'son *f*; **II** *v/t.* **5.** herstellen, machen; **6.** bilden, formen, gestalten; **7.** anpassen; **III** *adv.* **8.** wie: ***horse-~*** nach Pferdeart, wie ein Pferd; **fash·ion·a·ble** ['fæʃnəbl] **I** *adj.* □ **1.** modisch, mo'dern; **2.** vornehm, ele'gant; **3.** in Mode, Mode...: ***~ complaint*** Modekrankheit *f*; **II** *s.* **4.** ***the ~s*** die elegante Welt, die Schickeria.

'fash·ion|,mon·ger *s.* Modenarr *m*; **~ pa·rade** *s.* Mode(n)schau *f*: **~ plate** *s.* **1.** Modebild *n*, -blatt *n*; **2.** F ‚'superele,gante' Per'son; **~ show** *s.* Mode(n)schau *f*.

fast¹ [fɑːst] **I** *adj.* **1.** schnell, geschwind, rasch: ***~ train*** Schnell-, D-Zug *m*; ***my watch is ~*** m-e Uhr geht vor: ***pull a ~ one on s.o.*** *sl.* j-n ‚reinlegen'; **2.** ‚schnell' (*hohe Geschwindigkeit gestattend*): ***~ road***; ***~ tennis-court***; ***~ lane*** *mot.* Überholspur *f*; **3.** *phot.* lichtstark; **4.** flott, leichtlebig; **II** *adv.* **5.** schnell: ***~ and furious*** Schlag auf Schlag; **6.** häufig, reichlich, stark; **7.** leichtsinnig: ***live ~*** ein flottes Leben führen.

fast² [fɑːst] **I** *adj.* **1.** fest(gemacht), befestigt, unbeweglich; fest zs.-haltend: ***make ~*** festmachen, befestigen, *Tür* (fest) verschließen; ***~ friend*** treuer Freund; **2.** beständig, haltbar: ***~ col-***

o(u)r (wasch)echte Farbe; ***~ to light*** lichtecht; **II** *adv.* **3.** fest, sicher: ***be ~ asleep*** fest schlafen; ***stuck ~*** festgefahren; ***play ~ and loose*** Schindluder treiben (***with*** mit).

fast³ [fɑːst] *bsd. eccl.* **I** *v/i.* **1.** fasten; **II** *s.* **2.** Fasten *n*: ***break one's ~*** das Fasten brechen, *a.* frühstücken; **3.** Fastenzeit *f*.

ˈfast|·back *s. mot.* (Wagen *m* mit) Fließheck *n*; **~ breed·er (re·ac·tor)** *s. phys.* schneller Brüter.

fas·ten [ˈfɑːsn] **I** *v/t.* **1.** befestigen, festmachen, -binden (***to***, ***on*** an *dat.*); **2.** *a.* ***~ up*** (fest) zumachen, (ver-, ab)schließen, zuknöpfen, ver-, zuschnüren; zs.-fügen, verbinden: ***~ with nails*** zunageln; ***~ down*** a) befestigen, b) F *j-n* ‚festnageln' (***to*** auf *acc.*); **3.** *Augen* heften, *a. s-e Aufmerksamkeit* richten (***on*** auf *acc.*); **4.** ***~ (up)on*** *fig.* a) *j-m e-n Spitznamen* ‚anhängen', geben, b) *j-m et.* ‚anhängen' *od.* ‚in die Schuhe schieben'; **II** *v/i.* **5.** sich schließen *od.* festmachen lassen; **6.** ***~ (up)on*** a) sich heften *od.* klammern an (*acc.*), b) *fig.* sich stürzen auf (*acc.*), ‚einhaken' bei, aufs Korn nehmen (*acc.*); **ˈfas·ten·er** [-nə] *s.* Befestigung(smittel *n*, -vorrichtung *f*) *f*, Verschluß *m*, Halter *m*, Druckknopf *m*; **ˈfas·ten·ing** [-nɪŋ] *s.* **1.** → ***fastener***; **2.** Befestigung *f*, Sicherung *f*, Halterung *f*.

ˈfast-food res·tau·rant *s.* Schnellimbiß *m*, -gaststätte *f*.

fas·tid·i·ous [fæsˈtɪdɪəs] *adj.* □ anspruchsvoll, heikel, wählerisch; **fasˈtid·i·ous·ness** [-nɪs] *s.* anspruchsvolles Wesen.

fast·ing cure [ˈfɑːstɪŋ] *s.* Fasten-, Hungerkur *f*.

ˈfast|ˌmov·ing *adj.* **1.** schnell; **2.** *fig.* tempogeladen, spannend.

fast·ness¹ [ˈfɑːstnɪs] *s.* **1.** *obs.* Schnelligkeit *f*; **2.** *fig.* Leichtlebigkeit *f*.

fast·ness² [ˈfɑːstnɪs] *s.* **1.** Feste *f*, Festung *f*; **2.** Zufluchtsort *m*; **3.** ˈWiderstandsfähigkeit *f*, Beständigkeit *f* (***to*** gegen), Echtheit *f* (*von Farben*): ***~ to light*** Lichtechtheit *f*.

ˈfast-talk *v/t.* F *j-n* beschwatzen (***into doing s.th.*** et. zu tun).

fat [fæt] **I** *adj.* □ → ***fatly***; **1.** dick, beleibt, fett, feist: ***~ stock*** Mastvieh *n*; ***~ type*** *typ.* Fettdruck *m*; **2.** fett, fetthaltig, fettig, ölig: ***~ coal*** Fettkohle *f*; **3.** *fig.* ‚dick': ***~ bank account***; ***~ purse***; **4.** *fig.* fett, einträglich: ***a ~ job*** ein lukrativer Posten; ***~ soil*** fetter *od.* fruchtbarer Boden; ***a ~ lot it helps!*** *sl. iro.* das hilft mir (uns) herzlich wenig; ***a ~ chance*** *sl.* herzlich wenig Aussicht (-en); **II** *s.* **5.** *a.* ⚗, *biol.* Fett *n*: ***run to ~*** Fett ansetzen; ***the ~ is in the fire*** der Teufel ist los; **6.** ***the ~*** das Beste: ***live on*** (*od.* ***off***) ***the ~ of the land*** in Saus u. Braus leben; **III** *v/t.* **7.** *a.* ***~ up*** mästen: ***kill the ~ted calf*** a) *bibl.* das gemästete Kalb schlachten, b) ein Willkommensfest geben.

fa·tal [ˈfeɪtl] *adj.* □ **1.** tödlich, todbringend, mit tödlichem Ausgang: ***a ~ accident*** ein tödlicher Unfall; **2.** unheilvoll, verhängnisvoll (***to*** für): ***~ mistake***; **3.** schicksalhaft, entscheidend; **4.** Schicksals…: ***~ thread*** Lebensfaden *m*; **ˈfa·tal·ism** [-təlɪzəm] *s.* Fataˈlismus *m*; **ˈfa·tal·ist** [-təlɪst] *s.* Fataˈlist *m*; **fa·tal·is·tic** [ˌfeɪtəˈlɪstɪk] *adj.* (□ ***~ally***) fataˈlistisch.

fa·tal·i·ty [fəˈtælətɪ] *s.* **1.** Verhängnis *n*, Unglück *n*; **2.** Schicksalhaftigkeit *f*; **3.** tödlicher Ausgang *od.* Verlauf; **4.** Todesfall *m*, -opfer *n*.

fa·ta mor·ga·na [ˌfɑːtəmɔːˈgɑːnə] *s.* Fata Morˈgana *f*.

fate [feɪt] *s.* **1.** Schicksal *n*, Geschick *n*, Los *n*: ***he met his ~*** das Schicksal ereilte ihn; ***he met his ~ calmly*** er sah s-m Schicksal ruhig entgegen; ***seal s.o.'s ~*** j-s Schicksal besiegeln; **2.** Verhängnis *n*, Verderben *n*, ˈUntergang *m*: ***go to one's ~*** den Tod finden; **3.** Schicksalsgöttin *f*: ***the 2s*** die Parzen; **ˈfat·ed** [-tɪd] *adj.* **1.** vom Schicksal (dazu) bestimmt: ***they were ~ to meet*** es war ihnen bestimmt, sich zu begegnen; **2.** dem ˈUntergang geweiht; **ˈfate·ful** [-fʊl] *adj.* □ **1.** schicksalhaft; **2.** verhängnisvoll; **3.** schicksalsschwer.

ˈfat|-head *s.* F ‚Blödmann' *m*; **ˈ~-ˌhead·ed** *adj.* dämlich, doof.

fa·ther [ˈfɑːðə] **I** *s.* **1.** Vater *m*: ***like ~ like son*** der Apfel fällt nicht weit vom Stamm; ***2 Time*** Chronos *m*, die Zeit; **2.** ***2*** (Gott)Vater *m*; **3.** *eccl.* a) Pastor *m*, b) *R.C.* Pater *m*, c) *R.C.* Vater *m* (*Bischof*, *Abt*): ***the Holy 2*** der Heilige Vater; ***~ confessor*** Beichtvater; ***2 of the Church*** Kirchenvater; **4.** *mst pl.* Ahn *m*, Vorfahr *m*: ***be gathered to one's ~s*** zu s-n Vätern versammelt werden; **5.** *fig.* Vater *m*, Urheber *m*: ***the ~ of chemistry***; ***2 of the House*** *Brit.* dienstältestes Parlamentsmitglied; ***the wish was ~ to the thought*** der Wunsch war der Vater des Gedankens; **6.** *pl.* Stadt-, Landesväter *pl.*: ***the 2s of the Constitution*** die Gründer der USA; **7.** väterlicher Freund (***to*** *gen.*); **II** *v/t.* **8.** *Kind* zeugen; **9.** *et.* ins Leben rufen, herˈvorbringen; **10.** wie ein Vater sein zu *j-m*; **11.** die Vaterschaft (*gen.*) anerkennen; **12.** *fig.* a) die Urheberschaft (*gen.*) anerkennen, b) die Urheberschaft (*gen.*) *od.* die Schuld für *et.* zuschreiben (***on***, ***upon*** *dat.*); ***2 Christ·mas*** *s. Brit.* Weihnachtsmann *m*; ***~ fig·ure*** *s. psych.* ˈVaterfiˌgur *f*.

fa·ther·hood [ˈfɑːðəhʊd] *s.* Vaterschaft *f*; **ˈfa·ther-in-law** [-ərɪn-] *s.* Schwiegervater *m*; **ˈfa·ther·land** *s.* Vaterland *n*: ***the 2*** Deutschland *n*; **ˈfa·ther·less** [-lɪs] *adj.* vaterlos; **ˈfa·ther·li·ness** [-lɪnɪs] *s.* Väterlichkeit *f*; **ˈfa·ther·ly** [-lɪ] *adj. u. adv.* väterlich.

fath·om [ˈfæðəm] **I** *s.* **1.** a) ⚓ Faden *m* (*Tiefenmaß*: *1,83 m*), b) *obs. u. fig.* Klafter *m*, *n*, c) ⚒ *Raummaß* (= *1,17 m³*); **II** *v/t.* **2.** ⚓ (aus)loten (*a. fig.*); **3.** *fig.* ergründen; **ˈfath·om·less** [-lɪs] *adj.* □ unergründlich (*a. fig.*); **fath·om line** *s.* ⚓ Lotleine *f*.

fa·tigue [fəˈtiːg] **I** *s.* **1.** Ermüdung *f* (*a.* ⚙), Erschöpfung *f* (*a.* ⚘ *des Bodens*): ***~ strength*** ⚙ Dauerfestigkeit *f*; ***~ test*** ⚙ Ermüdungsprobe *f*; **2.** schwere Arbeit, Mühsal *f*, Straˈpaze *f*; **3.** ⚔ a) *a.* ***~ duty*** Arbeitsdienst *m*: ***~ detail***, ***~ party*** Arbeitskommando *n*, b) *pl. a.* ***~ clothes***, ***~ dress*** Arbeits-, Drillichanzug *m*; **II** *v/t. u. v/i.* **4.** ermüden (*a.* ⚙); **faˈti·guing** [-gɪŋ] *adj.* □ ermüdend, anstrengend.

fat·less [ˈfætlɪs] *adj.* ohne Fett, mager; **ˈfat·ling** [-lɪŋ] *s.* junges Masttier; **ˈfat·ly** [-lɪ] *adv. fig.* reichlich; **ˈfat·ness** [-nɪs] *s.* Fettheit *f*: a) Beleibtheit *f*, b) Fettigkeit *f*, Fetthaltigkeit *f*; **ˈfat·ten** [-tn] **I** *v/t.* **1.** fett *od.* dick machen: ***~ing*** dickmachend; **2.** *Tier*, F *a. Person* mästen; **3.** *Land* düngen; **II** *v/i.* **4.** fett *od.* dick werden; **5.** sich mästen (***on*** von); **ˈfat·tish** [-tɪʃ] *adj.* etwas fett, dicklich; **ˈfat·ty** [-tɪ] **I** *adj. a.* ⚗, ⚕ fetthaltig, fettig, Fett…: ***~ acid*** Fettsäure *f*; ***~ degeneration*** Verfettung *f*; ***~ heart*** Herzverfettung; ***~ tissue*** Fettgewebe *n*; **II** *s.* F Dickerchen *n*.

fa·tu·i·ty [fəˈtjuːətɪ] *s.* Albernheit *f*; **fat·u·ous** [ˈfætjʊəs] *adj.* □ albern, dumm.

fau·cal [ˈfɔːkl] *adj.* Kehl…, Rachen…; **fau·ces** [ˈfɔːsiːz] *s. pl. mst sg. konstr. anat.* Rachen *m*.

fau·cet [ˈfɔːsɪt] *s.* ⚙ *Am.* a) (Wasser-)Hahn *m*, b) (Faß)Zapfen *m*.

faugh [fɔː] *int.* pfui!

fault [fɔːlt] **I** *s.* **1.** Schuld *f*, Verschulden *n*: ***it is not his ~*** er hat *od.* trägt *od.* ihn trifft keine Schuld, es ist nicht s-e Schuld; ***be at ~*** schuld(ig) sein, die Schuld tragen (→ 4a); **2.** Fehler *m*, (⚖ *a.* Sach)Mangel *m*: ***find ~*** nörgeln, kritteln; ***find ~ with*** et. auszusetzen haben an (*dat.*), herumnörgeln an (*dat.*); ***to a ~*** allzu(sehr), ein bißchen zu *ordnungsliebend etc.*; **3.** (Chaˈrakter)Fehler *m*: ***inspite of all his ~s***; **4.** a) Fehler *m*, Irrtum *m*: ***be at ~*** sich irren, *hunt. u. fig. a.* auf der falschen Fährte sein, b) Vergehen *n*, Fehltritt *m*; **5.** ⚙ Deˈfekt *m*: a) Fehler *m*, Störung *f*, b) ⚡ Erd-, Leitungsfehler *m*; **6.** *Tennis etc.*: Fehler *m*; **7.** *geol.* Verwerfung *f*; **II** *v/t.* **8.** et. was auszusetzen haben an (*dat.*): ***he (it) can't be ~ed*** an ihm (daran) ist nichts auszusetzen; **9.** *et.* ‚verpatzen'; **III** *v/i.* **10.** e-n Fehler machen; **ˈ~ˌfind·er** *s.* Nörgler(in), Krittler(in); **ˈ~ˌfind·ing I** *s.* Kritteˈlei *f*, Nörgeˈlei *f*; **II** *adj.* nörglerisch, kritt(e)lig.

fault·i·ness [ˈfɔːltɪnɪs] *s.* Fehlerhaftigkeit *f*; **ˈfault·less** [-tlɪs] *adj.* □ einwand-, fehlerfrei, untadelig; **ˈfault·less·ness** [-tlɪsnɪs] *s.* Fehler-, Tadellosigkeit *f*; **ˈfault·y** [-tɪ] *adj.* □ fehlerhaft, schlecht, ⚙ *a.* deˈfekt: ***~ design*** Fehlkonstruktion *f*.

faun [fɔːn] *s. myth. u. fig.* Faun *m*.

fau·na [ˈfɔːnə] *s.* Fauna *f*, (*a.* Abhandlung *f* über e-e) Tierwelt *f*.

faux pas [ˌfəʊˈpɑː] *pl.* **pas** [pɑːz] *s.* Fauxˈpas *m*.

fa·vo(u)r [ˈfeɪvə] **I** *s.* **1.** Gunst *f*, Wohlwollen *n*: ***be*** (*od.* ***stand***) ***high in s.o.'s ~*** bei j-m in besonderer Gunst stehen *od.* gut angeschrieben sein; ***be in ~*** (***with***) beliebt sein (bei), begehrt sein (von); ***find ~*** Gefallen *od.* Anklang finden; ***find ~ with s.o.*** (*od.* ***in s.o.'s eyes***) Gnade vor j-s Augen finden, j-m gefallen; ***grant s.o. a ~*** j-m e-e Gunst gewähren; ***grant s.o. one's ~s*** j-m s-e Gunst gewähren (*Frau*); ***by ~ of*** a) mit gütiger Erlaubnis (*gen.*) *od.* von, b) überreicht von (*Brief*); ***in ~ of*** für, *a.* ✝ zugunsten von (*od. gen.*); ***who is in ~ (of it)?*** wer ist dafür?; ***out of ~*** a) in Ungnade (gefallen), b) nicht mehr gefragt *od.* beliebt; **2.** Gefallen *m*, Gefälligkeit *f*: ***as a ~*** aus Gefälligkeit; ***by ~***

of mit gütiger Erlaubnis von, durch gütige Vermittlung von; ***do me a ~*** tu mir e-n Gefallen; ***ask s.o. a ~*** j-n um e-n Gefallen bitten; ***we request the ~ of your company*** wir laden Sie höflich ein; **3.** Begünstigung *f*, Bevorzugung *f*: ***show ~ to s.o.*** j-n bevorzugen; ***under ~ of night*** im Schutze der Nacht; **4.** † *obs.* Schreiben *n*; **5.** a) kleines (*auf e-r Party etc. verteiltes*) Geschenk, b) 'Scherzarˌtikel *m*; **6.** (Par'tei- *etc.*)Abzeichen *n*; **II** *v/t.* **7.** günstig gesinnt sein (*dat.*), *j-m* wohlwollen *od.* gewogen sein; **8.** begünstigen: a) bevorzugen, vorziehen, *a. sport* favorisieren, b) günstig sein für, fördern, c) eintreten für, für *et.* sein; **9.** einverstanden sein (***with*** mit); **10.** *j-n* beehren *od.* erfreuen (***with*** mit); **11.** *j-m* ähnlich sein; **12.** schonen: ***~ one's leg***; **'fa·vo(u)r·a·ble** [-vərəbl] *adj.* □ **1.** wohlgesinnt, gewogen, geneigt (***to*** *dat.*); **2.** *allg.* günstig: a) vorteilhaft (***to***, ***for*** für), b) befriedigend, gut, c) positiv, zustimmend: ***~ answer***, d) vielversprechend; **'fa·vo(u)red** [-vəd] *adj.* begünstigt: ***the ~ few*** die Auserwählten; → ***most-favo(u)red-nation clause***; **'fa·vo(u)r·ite** [-vərɪt] **I** *s.* **1.** Liebling *m* (*a. fig. Schriftsteller*, *Schallplatte etc.*), *contp.* Günstling *m*: ***be s.o.'s (great) ~*** bei j-m (sehr) beliebt sein; ***that book is a great ~ of mine*** dieses Buch liebe ich sehr; **2.** *sport* Favo'rit(in); **II** *adj.* **3.** Lieblings...: ***~ dish*** Leibgericht *n*; **'fa·vo(u)r·it·ism** [-vərɪtɪzəm] *s.* Günstlings-, Vetternwirtschaft *f*.

fawn¹ [fɔːn] **I** *s.* **1.** *zo.* Damkitz *n*, Rehkalb *n*; **2.** Rehbraun *n*; **II** *adj.* **3.** *a.* ***~-colo(u)red*** rehbraun; **III** *v/t.* **4.** *ein Kitz* setzen.

fawn² [fɔːn] *v/i.* **1.** schwänzeln, wedeln; **2.** *fig.* (***upon***) schar'wenzeln (um), katzbuckeln (vor *j-m*); **'fawn·ing** [-nɪŋ] *adj.* □ *fig.* kriecherisch, schmeichlerisch.

fay [feɪ] *s. poet.* Fee *f*.

faze [feɪz] *v/t.* F *j-n* durchein'anderbringen: ***not to ~ s.o.*** j-n kaltlassen.

fe·al·ty ['fiːəltɪ] *s.* **1.** *hist.* Lehenstreue *f*; **2.** *fig.* Treue *f*.

fear [fɪə] **I** *s.* **1.** Furcht *f*, Angst *f* (***of*** vor *dat.*, ***that*** *od.* ***lest*** daß ...): ***be in ~ of*** → 6; ***in ~ of one's life*** in Todesangst; ***for ~ of*** a) aus Furcht vor (*dat.*) *od.* daß, b) um nicht, damit nicht; ***for ~ of losing it*** um es nicht zu verlieren; ***without ~ or favo(u)r*** ganz objektiv *od.* unparteiisch; ***no ~!*** keine Bange!; **2.** *pl.* Befürchtung *f*, Bedenken *n*; **3.** Sorge *f*, Besorgnis *f* (***for*** um); **4.** Gefahr *f*, Risiko *n*: ***there is not much ~ of that*** das ist kaum zu befürchten; **5.** Scheu *f*, Ehrfurcht *f* (***of*** vor): ***~ of God*** Gottesfurcht; ***put the ~ of God into s.o.*** j-m e-n heiligen Schrecken einjagen; **II** *v/t.* **6.** fürchten, sich fürchten vor (*dat.*), Angst haben vor (*dat.*); **7.** *et.* befürchten: ***~ the worst***; **8.** *Gott* fürchten; **III** *v/i.* **9.** sich fürchten, Angst haben; **10.** besorgt sein (***for*** um): ***never ~!*** sei unbesorgt!; **'fear·ful** [-fʊl] *adj.* □ **1.** furchtbar, fürchterlich, schrecklich (*alle a. fig.* F); **2.** furchtsam, angsterfüllt, bange (***of*** vor *dat.*); **3.** besorgt, in (großer) Sorge (***of*** um, ***that*** *od.* ***lest*** daß); **4.** ehrfürchtig; **'fear·less** [-lɪs] *adj.* □ furchtlos, unerschrocken; **'fear·less·ness** [-lɪsnɪs] *s.* Furchtlosigkeit *f*; **'fear·some** [-səm] *adj.* □ *mst humor.* furchterregend, schrecklich, gräßlich.

fea·si·bil·i·ty [ˌfiːzə'bɪlətɪ] *s.* 'Durchführbarkeit *f*, Machbarkeit *f*; **fea·si·ble** ['fiːzəbl] *adj.* □ aus-, 'durchführbar, machbar, möglich.

feast [fiːst] **I** *s.* **1.** *eccl.* Fest(tag *m*) *n*, Feiertag *m*; **2.** Festmahl *n*, -essen *n*; → ***enough*** II; **3.** (Hoch)Genuß *m*: ***a ~ for the eyes*** e-e Augenweide; **II** *v/t.* **4.** (festlich) bewirten; **5.** ergötzen: ***~ one's eyes on*** s-e Augen weiden an (*dat.*); **III** *v/i.* **6.** (***on***) schmausen (von), sich gütlich tun (an *dat.*); schwelgen (in *acc.*); **7.** (***on***) sich weiden (an *dat.*), schwelgen (in *dat.*).

feat [fiːt] *s.* **1.** Helden-, Großtat *f*: ***~ of arms*** Waffentat; **2.** (*technische etc.*) Großtat, große Leistung; **3.** a) Kunst-, Meisterstück *n*, b) Kraftakt *m*.

feath·er ['feðə] **I** *s.* **1.** Feder *f*, *pl.* Gefieder *n*: ***in fine*** (*od.* ***full***) ***~*** F a) (bei) bester Laune, b) in Hochform; ***that is a ~ in his cap*** darauf kann er stolz sein; ***that will make the ~s fly*** da werden die Fetzen fliegen; ***you might have knocked me down with a ~*** ich war einfach ‚platt' (*erstaunt*); → ***bird*** 1, ***fur*** 3, ***white feather***; **2.** Pfeilfeder *f*; **3.** Schaumkrone *f* (*e-r Welle*); **II** *v/t.* **4.** mit Federn versehen *od.* schmücken; *Pfeil* fiedern; **5.** *Rudern*: *Riemen* flach drehen; **'~-bed I** *s.* **1.** Ma'tratze *f* mit Federfüllung; **2.** *fig.* ‚gemütliche Sache'; **II** *v/t.* **3.** verhätscheln; **III** *v/i.* **4.** unnötige Arbeitskräfte einstellen; **'~ˌbed·ding** *s.* (*gewerkschaftlich geforderte*) 'Überbesetzung mit Arbeitskräften; **'~-brained** *adj.* **1.** schwachköpfig; **2.** leichtsinnig; **'~ˌdust·er** *s.* Staubwedel *m*.

feath·ered ['feðəd] *adj.* gefiedert: ***~ tribe(s)*** Vogelwelt *f*.

feath·er·ing ['feðərɪŋ] *s.* **1.** Gefieder *n*; **2.** Befiederung *f*; **3.** ✈ Segelstellung *f* (*Propeller*).

'feath·er·weight I *s.* **1.** *sport* Federgewicht(ler *m*) *n*; **2.** ‚Leichtgewicht' *n* (*Person*); **3.** *fig. contp.* a) ‚Würstchen' *n* (*Person*), b) ‚kleine Fische' *pl.* (*et. Belangloses*); **II** *adj.* **4.** Federgewichts...

feath·er·y ['feðərɪ] *adj.* feder(n)artig.

fea·ture ['fiːtʃə] **I** *s.* **1.** (Gesichts)Zug *m*; **2.** Merkmal *n*, Charakte'ristikum *n*, (Haupt)Eigenschaft *f*; Hauptpunkt *m*, -teil *m*, Besonderheit *f*; **3.** (Gesichts-) Punkt *m*, Seite *f*; **4.** ('Haupt)Attraktiˌon *f*, Darbietung *f*; **5.** *a.* ***~ film*** a) Spielfilm *m*, b) Hauptfilm *m*; **6.** *a.* ***~ program(me)*** *Radio*, *TV*: Feature *n*, (aktu'eller) Dokumen'tarbericht; **7.** *a.* ***~ article***, ***~ story*** Feature *n*, Spezi'alarˌtikel *m e-r Zeitung*; **II** *v/t.* **8.** kennzeichnen, bezeichnend sein für; **9.** (als Besonderheit) haben *od.* aufweisen, sich auszeichnen durch; **10.** (groß her'aus-) bringen, her'ausstellen; (als Hauptschlager) zeigen *od.* bringen; *Film etc.*: in der Hauptrolle zeigen: ***a film featuring X*** ein Film mit X in der Hauptrolle; **'fea·ture-length** *adj.* mit Spielfilmlänge; **'fea·ture·less** [-lɪs] *adj.* nichtssagend.

feb·ri·fuge ['febrɪfjuːdʒ] *s.* ⚕ Fiebermittel *n*; **fe·brile** ['fiːbraɪl] *adj.* fiebrig, Fieber...

Feb·ru·ar·y ['februərɪ] *s.* Februar *m*: ***in ~*** im Februar.

fe·cal *etc.* → ***faecal*** *etc.*

feck·less ['feklɪs] *adj.* □ **1.** schwach, kraftlos; **2.** hilfslos; **3.** zwecklos.

fe·cund ['fiːkənd] *adj.* fruchtbar, produk'tiv (*beide a fig.*); **'fe·cun·date** [-deɪt] *v/t.* fruchtbar machen; befruchten (*a. biol.*); **fe·cun·da·tion** [ˌfiːkən'deɪʃn] *s.* Befruchtung *f*; **fe·cun·di·ty** [fɪ'kʌndətɪ] *s.* Fruchtbarkeit *f*, Produktivi'tät *f*.

fed¹ [fed] *pret. u. p.p. von* ***feed***.

fed² [fed] *s. Am.* F **1.** FB'I-Aˌgent *m*; **2.** *mst.* ♀ (*die*) 'Bundesreˌgierung.

fed·er·al ['fedərəl] **I** *adj.* □ *pol.* **1.** föde-ra'tiv; **2.** *mst* ♀ Bundes...: a) bundesstaatlich, den Bund *od.* die 'Bundesreˌgierung betreffend, b) *USA* Unions...: ***~ government*** Bundesregierung *f*; ***~ jurisdiction*** Bundesgerichtsbarkeit *f*; ***the ♀ Republic (of Germany)*** die Bundesrepublik (Deutschland); ***♀ State*** *Am.* Bundesstaat *m*, (Einzel)Staat *m*; **3.** ♀ *Am. hist.* födera'listisch; **II** *s.* **4.** (*Am. hist.* ♀) Födera'list *m*; ♀ **Bu·reau of In·ves·ti·ga·tion** *s.* amer. Bundeskrimi'nalamt *n od.* -poliˌzei *f* (*abbr.* ***FBI***).

fed·er·al·ism ['fedərəlɪzəm] *s. pol.* Födera'lismus *m*; **'fed·er·al·ist** [-ɪst] **I** *adj.* födera'listisch; **II** *s.* Födera'list *m*; **'fed·er·al·ize** [-laɪz] → ***federate*** I.

fed·er·ate ['fedəreɪt] **I** *v/t. u. v/i.* (sich) föderalisieren, (sich) zu e-m (Staaten-) Bund vereinigen; **II** *adj.* [-rət] föderiert, verbündet; **fed·er·a·tion** [ˌfedə'reɪʃn] *s.* **1.** Föderati'on *f*: a) po'litischer Zs.-schluß, b) Staatenbund *m*; **2.** Bundesstaat *m*; **3.** † (Zen'tral-, Dach-) Verband *m*; **'fed·er·a·tive** [-rətɪv] *adj.* □ → ***federal*** 1.

fe·do·ra [fɪ'dɔːrə] *s. Am.* (weicher) Filzhut.

fee [fiː] **I** *s.* **1.** Gebühr: a) ('Anwalts- *etc.*)Honoˌrar *n*, Vergütung *f*, b) amtliche Gebühr, Taxe *f*, c) (Mitglieds)Beitrag *m*, d) (***admission*** *od.* ***entrance***) ***~*** Eintrittsgeld *n*, e) Trinkgeld *n*: ***doctor's ~*** Arztrechnung *f*; ***school ~(s)*** Schulgeld *n*; **2.** *Fußball*: Trans'fersumme *f*; **3.** *hist.* Lehn(s)gut *n*; **4.** ⚖ Eigentum(srecht) *n*: ***~ simple*** (unbeschränktes) Eigentumsrecht, Grundeigentum; ***~ tail*** erbrechtlich gebundenes Grundeigentum; ***hold land in ~*** Land zu eigen haben; **II** *v/t.* **5.** *j-m* e-e Gebühr *etc.* bezahlen.

fee·ble ['fiːbl] *adj.* □ *allg.* schwach, *fig. a.* lahm, kläglich (*Versuch*, *Ausrede etc.*), matt (*Lächeln*, *Stimme*); **ˌfee·ble-'mind·ed** *adj.* schwachsinnig; **'fee·ble·ness** [-nɪs] *s.* Schwäche *f*.

feed [fiːd] **I** *v/t.* [*irr.*] **1.** Nahrung zuführen (*dat.*), *Tier*, *Kind*, *Kranken* füttern (***on***, ***with*** mit), *e-m Menschen* zu essen geben, *e-m Tier* zu fressen geben, *Vieh* weiden lassen: ***~ (at the breast)*** *Säugling* stillen; ***~ up*** a) *Vieh* mästen, b) *j-n* ‚hochpäppeln'; ***be fed up with*** F *et.* satt haben, ‚die Nase voll haben' von; ***I'm fed up to the teeth with him (it)*** F er (es) ‚steht mir bis hierher'; ***~ the fishes*** a) ‚die Fische füttern' (*bei Seekrankheit*), b) ertrinken; ***~ a cold*** bei Erkältung tüchtig essen; **2.** *Familie etc.* ernähren (***on*** von), erhalten; **3.** versorgen (***with*** mit); **4.** ⚙ a) *Maschine* speisen, beschicken, b) *Material* zuführen, *Werkstück* vorschieben, *Daten in e-n Computer* eingeben: ~ ***back*** a) ⚡ rückkoppeln, b) *fig.* zu'rückleiten (***to*** an *acc.*); **5.** *Feuer* unter'halten; **6.** *fig.* a) *Gefühl*, *Hoffnung etc.* nähren, Nahrung geben (*dat.*), b) befriedigen: ~ ***one's vanity***; ~ ***one's eyes on*** s-e Augen weiden an (*dat.*); **7.** *thea.* F *j-m* Stichworte liefern; **8.** *sport* F *j-n* ‚bedienen', mit Bällen ‚füttern'; **9.** *oft* ~ ***down***, ~ ***close*** *Wiese* abweiden lassen; **II** *v/i.* [*irr.*] **10.** a) fressen (*Tier*), b) F ‚futtern' (*Mensch*); **11.** sich ernähren, leben (***on*** von); **III** *s.* **12.** Fütterung *f*; F Mahlzeit *f*; **13.** Futter *n*, Nahrung *f*: ***off one's*** ~ ohne Appetit; ***out at*** ~ auf der Weide; **14.** ⚙ a) Speisung *f*, Beschickung *f*, (Materi'al)Zuführung *f*, b) (Werkzeug)Vorschub *m*; **15.** Zufuhr *f*, Ladung *f*; Beschickungsgut *n*; '~**·back** *s.* ⚡ *u. fig.* Feedback *n*; ~ **bag** *s. Am.* Futtersack *m*.

feed·er ['fi:də] *s.* **1.** ***a heavy*** ~ ein starker Esser (*Mensch*) *od.* Fresser (*Tier*); **2.** ⚙ a) Beschickungsvorrichtung *f*, b) ⚡ Speiseleitung *f*, Feeder *m*; **3.** *Verkehr*: Zubringerlinie *f*, -strecke *f*: ~ (***road***) Zubringerstraße *f*; **4.** Bewässerungs-, Zuflußgraben *m*; Nebenfluß *m*; **5.** *Brit.* a) Lätzchen *n*, b) (Saug)Flasche *f*; **6.** *thea. Am.* F Stichwortgeber *m*; ~ **line** *s.* **1.** *Verkehr*: Zubringerlinie *f*; **2.** → ***feeder*** 2 b.

feed hop·per *s.* Fülltrichter *m*.

feed·ing ['fi:dıŋ] **I** *s.* **1.** Fütterung *f*; **2.** Ernährung *f*; **3.** ⚙ → ***feed*** 14 a; **II** *adj.* **4.** Zufuhr…; ~ **bot·tle** *s.* (Saug)Flasche *f*; ~ **cup** *s.* ⚕ Schnabeltasse *f*.

feed pipe *s.* Zuleitungsrohr *n*.

feel [fi:l] **I** *v/t.* [*irr.*] **1.** (an-, be)fühlen, betasten; ***just*** ~ ***my hand*** fühl mal m-e Hand (an); ~ ***one's way*** sich vortasten (*a. fig.*), *fig.* vorsichtig vorgehen, sondieren; ~ ***s.o. up*** *sl.* j-n ‚abgrapschen' *od.* ‚befummeln'; **2.** a) fühlen, (ver-) spüren, wahrnehmen, merken, b) empfinden: ~ ***the cold***; ~ ***pleasure*** Freude *od.* Lust empfinden; ***he felt the loss deeply*** der Verlust traf ihn schwer; ~ ***s.o.'s wrath*** j-s Zorn zu spüren bekommen; ***make itself felt*** spürbar werden, zu spüren sein; ***a*** (***long-***)***felt want*** ein dringendes Bedürfnis, ein (längst) spürbarer Mangel; **3.** a) ahnen, spüren, b) glauben, c) halten für: ***I*** ~ ***it*** (***to be***) ***my duty*** ich halte es für m-e Pflicht; **4.** *a.* ~ ***out*** *et.* sondieren, *j-m* ‚auf den Zahn fühlen'; **II** *v/i.* **5.** fühlen: a) empfinden, b) durch Tasten feststellen *od.* festzustellen suchen (***whether***, ***if*** ob; ***how*** wie); **6.** ~ ***for*** a) tasten nach, b) suchen nach, c) *et.* herauszufinden suchen; **7.** sich fühlen, sich befinden, sich vorkommen wie, sein: ~ ***cold*** frieren; ***I*** ~ ***cold*** mir ist kalt; ~ ***ill*** sich krank fühlen; ~ ***certain*** sicher sein; ~ ***quite o.s. again*** wieder ‚auf dem Posten' sein; ~ ***like*** (***doing***) ***s.th.*** Lust haben zu et. (*od.* et. zu tun); ~ ***up to s.th.*** a) sich e-r Sache gewachsen fühlen, b) sich in der Lage fühlen zu et., c) in (der) Stimmung sein zu et.; **8.** ~ ***for*** (*od.* ***with***) ***s.o.*** Mitgefühl mit j-m haben; ***we*** ~ ***with you*** wir fühlen mit dir (*od.* euch); **9.** das Gefühl *od.* den Eindruck haben, finden, meinen, glauben (***that*** daß): ***I*** ~ ***that*** ich finde, daß…; ***how do you*** ~ ***about it?*** was meinst du dazu: ***it is felt in London*** in London ist man der Ansicht; ~ ***strongly*** a) entschiedene Ansichten haben, b) sich erregen (***about*** über *acc.*); **10.** sich *weich etc.* anfühlen: ***velvet*** ~***s soft***; **11.** *impers.* ***I know how it*** ~***s to be hungry*** ich weiß, was es heißt, hungrig zu sein; **III** *s.* **12.** Gefühl *n* (*wie sich et. anfühlt*): ***a sticky*** ~; **13.** (An-) Fühlen *n*: ***soft to the*** ~ weich anzufühlen; ***let me have a*** ~ laß mich mal fühlen; **14.** Gefühl *n*: a) Empfindung *f*, Eindruck *m*, b) Stimmung *f*, Atmo'sphäre *f*, c) feiner In'stinkt, ‚Riecher' *m* (***for*** für): ***clutch*** ~ *mot.* Gefühl für richtiges Kuppeln.

feel·er ['fi:lə] *s.* **1.** *zo.* Fühler *m* (*a. fig.*): ***put*** (*od.* ***throw***) ***out a*** ~ s-e Fühler ausstrecken, sondieren; **2.** ⚙ a) Dorn *m*, Fühler *m*, b) Taster *m*; '**feel·ing** [-lıŋ] **I** *s.* **1.** Gefühl *n*, Gefühlssinn *m*; **2.** Gefühl(szustand *m*) *n*, Stimmung *f*: ***bad*** (*od.* ***ill***) ~ Groll *m*, böses Blut, Feindseligkeit *f*; ***good*** ~ a) gutes Gefühl, b) Wohlwollen *n*; ***no hard*** ~***s!*** F a) nicht böse sein!, b) (das) macht nichts!; **3.** *pl.* Gefühle *pl.*, Empfindlichkeit *f*: ***hurt s.o.'s*** ~***s*** j-s Gefühle *od.* j-n verletzen; **4.** Feingefühl, Empfindsamkeit: ***have a*** ~ ***for*** Gefühl haben für; **5.** (Gefühls)Eindruck *m*: ***I have a*** ~ ***that*** ich habe (so) das Gefühl, daß; **6.** Gefühl *n*, Gesinnung *f*, Ansicht *f*: ***strong*** ~***s*** a) starke Überzeugung, b) Erregung *f*; **7.** Auf-, Erregung *f*, Rührung *f*: ***with*** ~ a) mit Gefühl, gefühlvoll, b) mit Nachdruck, c) erbittert; ~***s ran high*** die Gemüter erhitzten sich; **8.** (Vor)Gefühl *n*, Ahnung *f*; **II** *adj.* ☐ **9.** fühlend, Gefühls…; **10.** gefühlvoll: a) mitfühlend, b) voll Gefühl, lebhaft.

feet [fi:t] *pl. von* ***foot***.

feign [feın] **I** *v/t.* **1.** *et.* vortäuschen, *Krankheit a.* simulieren: ~ ***death*** sich totstellen; **2.** *e-e Ausrede etc.* erfinden; **II** *v/i.* **3.** sich verstellen, so tun als ob, simulieren; '**feign·ed·ly** [-nıdlı] *adv.* zum Schein.

feint[1] [feınt] **I** *s.* **1.** *sport* Finte *f* (*a. fig.*); **2.** ✕ Scheinangriff *m*, 'Täuschungsma‚növer *n* (*a. fig.*); **II** *v/i.* **3.** *sport* fintieren: ~ ***at*** (*od.* ***upon***) *j-n* täuschen; **III** *v/t.* **4.** *sport Schlag etc.* antäuschen.

feint[2] [feınt] *adj. typ.* schwach: ~ ***lines***.

feld·spar ['feldspɑ:] *s. min.* Feldspat *m*.

fe·lic·i·tate [fı'lısıteıt] *v/t.* (***on***) beglückwünschen, *j-m* gratulieren (zu); **fe·lic·i·ta·tion** [fı‚lısı'teıʃn] *s.* Glückwunsch *m*; **fe'lic·i·tous** [-təs] *adj.* ☐ glücklich (gewählt), treffend (*Ausdruck etc.*); **fe'lic·i·ty** [-tı] *s.* **1.** Glück(seligkeit *f*) *n*; **2.** a) glücklicher Einfall, b) glücklicher Griff, c) treffender Ausdruck.

fe·line ['fi:laın] **I** *adj.* **1.** Katzen…; **2.** katzenartig, -haft: ~ ***grace***; **3.** *fig.* falsch, tückisch; **II** *s.* **4.** Katze *f*.

fell[1] [fel] *pret. von* ***fall***.

fell[2] [fel] *v/t. Baum* fällen, *Gegner a.* niederstrecken.

fell[3] [fel] *adj. poet.* **1.** grausam, wild, mörderisch; **2.** tödlich.

fell[4] [fel] *s.* **1.** Balg *m*, Tierfell *n*; Vlies *n*; **2.** struppiges Haar.

fell[5] [fel] *s. Brit.* **1.** Hügel *m*, Berg *m*; **2.** Moorland *n*.

fel·lah ['felə] *pl.* **-lahs**, **fel·la·heen** [‚felə'hi:n] (*Arab.*) *s.* Fel'lache *m*.

fell·er ['felə] F → ***fellow*** 4.

fel·loe ['feləʊ] *s.* (Rad)Felge *f*.

fel·low ['feləʊ] **I** *s.* **1.** Gefährte *m*, Gefährtin *f*, Genosse *m*, Genossin *f*, Kame'rad(in): ~***s in misery*** Leidensgenossen; **2.** Mitmensch *m*, Zeitgenosse *m*; **3.** Ebenbürtige(r *m*) *f*: ***he will never have his*** ~ er wird nie seinesgleichen finden; **4.** F Kerl *m*, Bursche *m*, ‚Mensch' *m*, ‚Typ' *m*: ***my dear*** ~ mein lieber Freund!; ***good*** ~ guter Kerl; ***old*** ~***!*** alter Knabe!; ***a*** ~ man, einer; **5.** *der* (*die*, *das*) Da'zugehörige, *der* (*die*, *das*) andere *e-s Paares*: ***where is the*** ~ ***of this shoe?***; **6.** Fellow *m*: a) Mitglied *n* e-s College (*Dozent*, *der im College wohnt*), b) Inhaber(in) e-s 'Forschungssti‚pendiums, c) *Am.* Stu'dent(in) höheren Se'mesters, c) Mitglied *n* e-r gelehrten *etc.* Gesellschaft; **II** *adj.* **7.** Mit…: ~ ***being*** Mitmensch *m*; ~ ***citizen*** Mitbürger *m*; ~ ***countryman*** Landsmann *m*; ~ ***feeling*** a) Zs.-gehörigkeitsgefühl *n*, b) Mitgefühl *n*; ~ ***student*** Studienkollege *m*, -kollegin *f*, Kommilitone *m*, Kommilitonin *f*; ***travel(l)er*** a) Mitreisende(r *m*) *f*, b) *pol.* Mitläufer(in), Sympathisant(in), *bsd.* Kommunistenfreund (-in).

fel·low·ship ['feləʊʃıp] *s.* **1.** *oft* ***good*** ~ a) Kame'radschaft(lichkeit) *f*, b) Geselligkeit *f*; **2.** (*geistige etc.*) Gemeinschaft, Verbundenheit *f*; **3.** Gemein-, Gesellschaft *f*, Gruppe *f*; **4.** *univ.* a) die Fellows *pl.*, b) *Brit.* Stellung *f* e-s Fellow, c) Sti'pendienfonds *m*, d) 'Forschungssti‚pendium *n*.

fel·on[1] ['felən] *s.* Nagelgeschwür *n*.

fel·on[2] ['felən] *s.* (Schwer)Verbrecher *m*; **fe·lo·ni·ous** [fə'ləʊnjəs] *adj.* ☐ ⚖ verbrecherisch; '**fel·o·ny** [-nı] *s.* ⚖ *Am.* Verbrechen *n*, *Brit. obs.* Schwerverbrechen *n*.

fel·spar ['felspɑ:] → ***feldspar***.

felt[1] [felt] *pret. u. p.p. von* ***feel***.

felt[2] [felt] **I** *s.* Filz *m*; **II** *adj.* Filz…: ~-***tip***(***ped***) ***pen***, ~ ***tip*** Filzschreiber *m*, -stift *m*; **III** *v/t. u. v/i.* (sich) verfilzen; '**felt·ing** [-tıŋ] *s.* Filzstoff *m*.

fe·male ['fi:meıl] **I** *adj.* **1.** weiblich (*a.* ♀): ~ ***dog*** Hündin *f*; ~ ***student*** Studentin *f*; **2.** weiblich, Frauen…: ~ ***dress*** Frauenkleidung *f*; **3.** ⚙ Hohl…, Steck…: ~ ***screw*** Schraubenmutter *f*; ~ ***thread*** Muttergewinde *n*; **II** *s.* **4.** a) Frau *f*, b) Mädchen *n*, c) *contp.* Weibsbild *n*, -stück *n*; **5.** *zo.* Weibchen *n*; **6.** ♀ weibliche Pflanze.

feme| cov·ert [fi:m] *s.* ⚖ verheiratete Frau; ~ **sole** *s.* ⚖ a) unverheiratete Frau, b) vermögensrechtlich selbständige Ehefrau: ~ ***trader*** selbständige Geschäftsfrau.

fem·i·nine ['femının] **I** *adj.* ☐ **1.** weiblich (*a. ling.*); **2.** weiblich, Frauen…: ~ ***voice***; **3.** fraulich, sanft, zart; **4.** weibisch, femi'nin; **II** *s.* **5.** *ling.* Femininum *n*.

fem·i·nin·i·ty [‚femı'nınətı] *s.* **1.** Fraulich-, Weiblichkeit *f*; **2.** weibische *od.* femi'nine Art; **3.** *coll.* (*die*) (holde) Weiblichkeit; **fem·i·nism** ['femınızəm] *s.* Femi'nismus *m*; Frauenrechtsbewe-

gung *f*; **fem·i·nist** ['feminist] *s.* Frauenrechtler(in), Femi'nist(in).
fem·o·ral ['femərəl] *adj. anat.* Oberschenkel(knochen)...; **fe·mur** ['fi:mə] *pl.* **-murs** *od.* **fem·o·ra** ['femərə] *s.* Oberschenkel(knochen) *m.*
fen [fen] *s.* Fenn *n*: a) Marschland *n*, b) (Flach)Moor *n*: ***the ~s*** die Niederungen in ***East Anglia***.
fence [fens] **I** *s.* **1.** Zaun *m*, Einzäunung *f*, Gehege *n*: ***mend one's ~s*** *Am. pol.* s-e angeschlagene Position festigen; ***sit on the ~*** a) sich abwartend *od.* neutral verhalten, b) unschlüssig sein; **2.** *Reitsport*: Hindernis *n*; **3.** *sport das* Fechten; **4.** *sl.* a) Hehler *m*, b) Hehlernest *n*; **II** *v/t.* **5.** *a.* ***~ in*** einzäunen, einfriedigen: ***~ in*** (*od.* ***round, off***) um'zäunen; ***~ off*** abzäunen; **6.** ***~ in*** einsperren; **7.** *fig.* schützen, sichern (***from*** vor *dat.*): ***~ off*** *Fragen etc.* abwehren, parieren; **8.** *sl. Diebesbeute* an e-n Hehler verkaufen; **III** *v/i.* **9.** fechten; **10.** *fig.* Ausflüchte machen, ausweichen; **11.** *sl.* Hehle'rei treiben; **~ month** *s. hunt. Brit.* Schonzeit *f.*
fenc·er ['fensə] *s. sport* **1.** Fechter(in); **2.** Springpferd *n.*
fence sea·son → ***fence month***.
fenc·ing ['fensiŋ] *s.* **1.** *sport* Fechten *n*; **2.** *fig.* ausweichendes Verhalten, Ausflüchte *pl.*; **3.** a) Zaun *m*, b) Zäune *pl.*, c) 'Zaunmateri,al *n.*
fend [fend] **I** *v/t.* **1.** ***~ off*** abwehren; **II** *v/i.* **2.** sich wehren; **3.** ***~ for*** sorgen für: ***~ for o.s.*** für sich selbst sorgen, sich ganz allein durchs Leben schlagen; '**fend·er** [-də] *s.* **1.** ⚙ Schutzvorrichtung *f*; **2.** *rail. etc.* Puffer *m*; **3.** *mot. Am.* Kotflügel *m*: ***~ bender*** F (Unfall *m* mit) Blechschaden *m*; **4.** Schutzblech *n am Fahrrad*; **5.** ⚓ Fender *m*; **6.** Ka'minvorsetzer *m*, -gitter *n.*
fen·es·tra·tion [,feni'streiʃn] *s.* **1.** ⟁ Fensteranordnung *f*; **2.** ⚕ 'Fensterung(soperati,on) *f.*
fen fire *s.* Irrlicht *n.*
Fe·ni·an ['fi:njən] *hist.* **I.** *s.* Fenier *m*; **II** *adj.* fenisch; '**Fe·ni·an·ism** [-nizəm] *s.* Feniertum *n.*
fen·nel ['fenl] *s.* ⚘ Fenchel *m.*
feoff [fef] → ***fief***; **feoff·ee** [fe'fi:] *s.* ⚖ Belehnte(r) *m*: ***~ in*** (*od.* ***of***) ***trust*** Treuhänder(in); **feoff·er** ['fefə], **feof·for** [fe'fɔ:] *s.* ⚖ Lehnsherr *m.*
fe·ral ['fiərəl] *adj.* **1.** wild(lebend); **2.** *fig.* wild, bar'barisch.
fer·e·to·ry ['feritəri] *s.* Re'liquienschrein *m.*
fer·ment [fə'ment] **I** *v/t.* **1.** in Gärung bringen, *fig. a.* in Wallung bringen, erregen; **II** *v/i.* **2.** gären (*a. fig.*); **III** *s.* ['fɜ:ment] **3.** ⚗ Fer'ment *n*, Gärstoff *m*; **4.** ⚗ Gärung *f*, *fig. a.* (innere) Unruhe, Aufruhr *m*: ***the country was in a state of ~*** es gärte im Land; **fer·men·ta·tion** [,fɜ:men'teiʃn] *s.* **1.** ⚗ Fermentati'on *f*, Gärung *f* (*a. fig.*); **2.** *fig.* Aufruhr *m*, (innere) Unruhe.
fern [fɜ:n] *s.* ⚘ Farn(kraut *n*) *m*; '**fern·y** [-ni] *adj.* **1.** farnartig; **2.** voller Farnkraut.
fe·ro·cious [fə'rəuʃəs] *adj.* ☐ **1.** wild, grausam, grimmig, heftig; **2.** *Am.* F a) ‚toll', b) *contp.* ‚grausam'; **fe·roc·i·ty** [fə'rɒsəti] *s.* Grausamkeit *f*, Wildheit *f.*
fer·re·ous ['feriəs] *adj.* eisenhaltig.
fer·ret ['ferit] **I** *s.* **1.** *zo.* Frettchen *n*; **2.** *fig.* ‚Spürhund' *m* (*Person*); **II** *v/i.* **3.** *hunt.* mit Frettchen jagen; **4.** ***~ about*** her'umsuchen (***for*** nach); **III** *v/t.* **5.** ***~ out*** *fig. et.* aufspüren, -stöbern, her'ausfinden.
fer·ric ['ferik] *adj.* ⚗ Eisen...; **fer·ri·cy·a·nide** [,feri'saiənaid] *s.* Cy'aneisenverbindung *f*; **fer·rif·er·ous** [fe'rifərəs] *adj.* ⚗ eisenhaltig.
Fer·ris wheel ['feris] *s.* Riesenrad *n.*
ferro- [ferəu] *in Zssgn* Eisen...; **,~-'con·crete** *s.* 'Eisenbe,ton *m*; '**~·type** *s. phot.* Ferroty'pie *f.*
fer·rous ['ferəs] *adj.* eisenhaltig, Eisen...
fer·rule ['feru:l] *s.* **1.** ⚙ Stockzwinge *f*; **2.** Muffe *f.*
fer·ry ['feri] **I** *s.* **1.** Fähre *f*, Fährschiff *n*, -boot *n*; **2.** *a.* ***~ service*** Fährdienst *m*; **3.** ✈ Über'führungsdienst *m* (*von der Fabrik zum Flugplatz*); **4.** *Raumfahrt*: (Lande)Fähre *f*; **II** *v/t.* **5.** 'übersetzen; *bsd.* ✈ über'führen; befördern; **III** *v/i.* **6.** 'übersetzen; '**~·boat** → ***ferry*** 1; **~ bridge** *s.* **1.** Tra'jekt *m*, *n*, Eisenbahnfähre *f*; **2.** Landungsbrücke *f*; '**~·man** [-mən] *s.* [*irr.*] Fährmann *m.*
fer·tile ['fɜ:tail] *adj.* ☐ **1.** *a. fig.* fruchtbar, produk'tiv, reich (***in, of*** an *dat.*); **2.** *fig.* schöpferisch; **fer·til·i·ty** [fə'tiləti] *s. a. fig.* Fruchtbarkeit *f*, Reichtum *m*; **fer·ti·li·za·tion** [,fɜ:tilai'zeiʃn] *s.* **1.** Fruchtbarmachen *n*; **2.** *biol. u. fig.* Befruchtung *f*; **3.** ✓ Düngung *f*; '**fer·ti·lize** [-tilaiz] *v/t.* **1.** fruchtbar machen; **2.** *biol. u. fig.* befruchten; **3.** ✓ düngen; '**fer·ti·liz·er** [-tilaizə] *s.* (Kunst)Dünger *m*, Düngemittel *n.*
fer·ule ['feru:l] **I** *s.* (flaches) Line'al (*zur Züchtigung*), (Zucht)Rute *f* (*a. fig.*); **II** *v/t.* züchtigen.
fer·ven·cy ['fɜ:vənsi] → ***fervo(u)r*** 1; '**fer·vent** [-nt] *adj.* ☐ **1.** *fig.* glühend, feurig, inbrünstig, leidenschaftlich; **2.** (glühend)heiß; '**fer·vid** [-vid] *adj.* ☐ → ***fervent*** 1; '**fer·vo(u)r** [-və] *s.* **1.** *fig.* Glut *f*, Feuer(eifer *m*) *n*, Leidenschaft *f*, Inbrunst *f*; **2.** Glut *f*, Hitze *f.*
fess(e) [fes] *s. her.* (Quer)Balken *m.*
fes·tal ['festl] *adj.* ☐ festlich, Fest...
fes·ter ['festə] **I** *v/i.* **1.** schwären, eitern: ***~ing sore*** Eiterbeule *f* (*a. fig.*); **2.** verwesen, verfaulen; **3.** *fig.* gären: ***~ in s.o.'s mind*** an j-m nagen *od.* fressen; **II** *s.* **4.** a) Schwäre *f*, eiternde Wunde, b) Geschwür *n.*
fes·ti·val ['festəvl] **I** *s.* **1.** Fest(tag *m*) *n*, Feier *f*; **2.** Festspiele *pl.*, 'Festival *n*; **II** *adj.* **3.** festlich, Fest...; **4.** Festspiel...; '**fes·tive** [-tiv] *adj.* ☐ **1.** festlich, Fest...; **2.** fröhlich, gesellig; **fes·tiv·i·ty** [fe'stivəti] *s.* **1.** *oft pl.* Fest(lichkeit *f*) *n*; **2.** festliche Stimmung.
fes·toon [fe'stu:n] **I** *s.* Gir'lande *f*; **II** *v/t.* mit Gir'landen schmücken.
fe·tal ['fi:tl] *etc.* → ***foetal*** *etc.*
fetch [fetʃ] **I** *v/t.* **1.** (her'bei)holen, (her)bringen: ***~ a doctor*** e-n Arzt holen; ***~ s.o. round*** F j-n ‚rumkriegen'; **2.** *et. od. j-n* abholen; **3.** *Atem* holen: ***~ a sigh*** (auf)seufzen; ***~ tears*** (ein paar) Tränen hervorlocken; **4.** ***~ up*** *et.* erbrechen; **5.** apportieren (*Hund*); **6.** *Preis etc.* (ein)bringen, erzielen; **7.** *fig.* fesseln, anziehen, für sich einnehmen; **8.** *j-m e-n Schlag* versetzen: ***~ s.o. one*** j-m ‚eine langen' *od.* ‚runterhauen'; **9.** ⚓ erreichen; **II** *v/i.* **10.** ***~ and carry for s.o.*** j-s Handlanger sein, j-n bedienen; **11.** ***~ up*** F ‚landen' (***at, in*** in *dat.*); '**fetch·ing** [-tʃiŋ] *adj.* F reizend, bezaubernd.
fête [feit] **I** *s.* Fest(lichkeit *f*) *n*; **II** *v/t. j-n od. et.* feiern.
fet·id ['fetid] *adj.* ☐ stinkend.
fe·tish ['fi:tiʃ] *s.* Fetisch *m*; '**fe·tish·ism** [-ʃizəm] *s.* Fetischkult *m*, *a. psych.* Feti'schismus *m*; '**fet·ish·ist** [-ʃist] *s.* Feti'schist *m.*
fet·lock ['fetlɒk] *s. zo.* **1.** Behang *m*; **2.** *a.* ***~ joint*** Fesselgelenk *n* (*des Pferdes*).
fet·ter ['fetə] **I** *s.* **1.** (Fuß)Fessel *f*; **2.** *pl. fig.* Fesseln *pl.*; **II** *v/t.* **3.** fesseln, *fig. a.* hemmen, behindern.
fet·tle ['fetl] *s.* Verfassung *f*, Zustand *m*: ***in good*** (*od.* ***fine***) ***~*** (gut) in Form.
fe·tus ['fi:təs] → ***foetus***.
feu [fju:] *s.* ⚖ *Scot.* Lehen *n.*
feud[1] [fju:d] **I** *s.* Fehde *f*: ***be at ~ with*** mit *j-m* in Fehde liegen; **II** *v/i.* sich befehden.
feud[2] [fju:d] *s.* ⚖ Lehen *n*, Lehn(s)gut *n*; '**feu·dal** [-dl] *adj.* ⚖ Feudal..., Lehns..., feu'dal; '**feu·dal·ism** [-dəlizəm] *s.* Feuda'lismus *m*; **feu·dal·i·ty** [fju:'dæləti] *s.* **1.** Lehenswesen *n*; **2.** Lehnbarkeit *f*; '**feu·da·to·ry** [-dətəri] **I** *s.* Lehnsmann *m*, Va'sall *m*; **II** *adj.* Lehns...
feuil·le·ton ['fɜ:itɔ̃:ŋ] (*Fr.*) *s.* Feuille'ton *n*, kultu'reller Teil (*e-r Zeitung*).
fe·ver ['fi:və] **I** *s.* **1.** ⚕ Fieber *n*: ***~ heat*** a) Fieberhitze *f*, b) *fig.* → 2; **2.** *fig.* Fieber *n*, fieberhafte Aufregung, *a.* Sucht *f*, Rausch *m*: ***gold ~***; ***in a ~ of excitement*** in fieberhafter Aufregung; ***reach ~ pitch*** den Höhe- *od.* Siedepunkt erreichen; ***work at ~ pitch*** fieberhaft arbeiten; **II** *v/i.* **3.** fiebern (*a. fig.* ***for*** nach); '**fe·vered** [-əd] *adj.* **1.** fiebernd, fiebrig; **2.** *fig.* fieberhaft, aufgeregt; '**fe·ver·ish** [-vəriʃ] *adj.* ☐ **1.** fieberkrank, fiebrig, Fieber...; **2.** *fig.* fieberhaft; '**fe·ver·ish·ness** [-vəriʃnis] *s.* Fieberhaftigkeit *f* (*a. fig.*).
few [fju:] *adj. u. s.* (*pl.*) **1.** (*Ggs.* ***many***) wenige: ***~ persons***; ***some ~*** einige wenige; ***his friends are ~*** er hat (nur) wenige Freunde; ***no ~er than*** nicht weniger als; ***~ and far between*** (sehr) dünn gesät; ***the lucky ~*** die wenigen Glücklichen; **2.** ***a ~*** (*Ggs.* ***none***) einige, ein paar: ***a ~ days*** einige Tage; ***not a ~*** nicht wenige, viele; ***a good ~*** e-e ganze Menge; ***only a ~*** nur wenige; ***every ~ days*** alle paar Tage; ***have a ~*** F ein paar ‚kippen'; '**few·ness** [-nis] *s.* geringe Anzahl.
fey [fei] *adj. Scot.* **1.** todgeweiht; **2.** 'übermütig; **3.** 'übersinnlich.
fez [fez] *s.* Fes *m.*
fi·an·cé [fi'ɑ̃:ŋsei] (*Fr.*) *s.* Verlobte(r) *m*; **fi'an·cée** [-sei] (*Fr.*) *s.* Verlobte *f.*
fi·as·co [fi'æskəu] *pl.* **-cos** *s.* Fi'asko *n.*
fi·at ['faiæt] *s.* **1.** ⚖ *Brit.* Gerichtsbeschluß *m*; **2.** Befehl *m*, Erlaß *m*; **3.** Ermächtigung *f*; **~ mon·ey** *s. Am.* Pa'piergeld *n* ohne Deckung.
fib [fib] **I** *s.* kleine Lüge, Schwinde'lei *f*, Flunke'rei *f*: ***tell a ~*** → **II** *v/i.* schwindeln, flunkern; '**fib·ber** [-bə] *s.* F Flunkerer *m*, Schwindler *m.*
fi·ber *Am.*, **fi·bre** ['faibə] *Brit. s.* **1.** ⚙,

biol. Faser *f*, Fiber *f*; **2.** Faserstoff *m*, -gefüge *n*, Tex'tur *f*; **3.** *fig.* a) Struk'tur *f*, b) Schlag *m*, Cha'rakter *m*: ***moral ~*** ‚Rückgrat *n*'; ***of coarse ~*** grobschlächtig; '**~·board** *s.* ⚙ Holzfaserplatte *f*; '**~·glass** *s.* ⚙ Fiberglas *n*.

fi·bril ['faɪbrɪl] *s.* **1.** Fäserchen *n*; **2.** ♣ Wurzelfaser *f*; '**fi·brin** [-brɪn] *s.* **1.** Fi'brin *n*, Blutfaserstoff *m*; **2.** *a.* ***plant ~*** Pflanzenfaserstoff *m*; '**fi·broid** [-brɔɪd] **I** *adj.* faserartig, Faser…; **II** *s.* → **fi·bro·ma** [faɪ'brəʊmə] *pl.* **-ma·ta** [-mətə] *s.* ⚕ Fib'rom *n*; Fasergeschwulst *f*; **fi·bro·si·tis** [ˌfaɪbrəʊ'saɪtɪs] *s.* ⚕ Bindegewebsentzündung *f*; '**fi·brous** [-brəs] *adj.* □ **1.** faserig, Faser…; **2.** ⚙ sehnig (*Metall*).

fib·u·la ['fɪbjʊlə] *pl.* **-lae** [-liː] *s.* **1.** *anat.* Wadenbein *n*; **2.** *antiq.* Fibel *f*, Spange *f*.

fiche [fiːʃ] *s.* Fiche *n*, *m* (*Mikrodatenkarte*).

fick·le ['fɪkl] *adj.* unbeständig, launisch, *Person a.* wankelmütig; '**fick·le·ness** [-nɪs] *s.* Unbeständigkeit *f*, Wankelmut *m*.

fic·tile ['fɪktaɪl] *adj.* **1.** formbar; **2.** tönern, irden: ***~ art*** Töpferkunst *f*; ***~ ware*** Steingut *n*.

fic·tion ['fɪkʃn] *s.* **1.** (freie) Erfindung, Dichtung *f*; *contp.* ‚Märchen' *n*; **2.** a) Belle'tristik *f*, 'Prosa-, Ro'manliteraˌtur *f*: ***work of ~***, b) *coll.* Ro'mane *pl.*, Prosa *f* (*e-s Autors*); **3.** ⚖ Fikti'on *f*; '**fic·tion·al** [-ʃənl] *adj.* **1.** erdichtet; **2.** Roman…

fic·ti·tious [fɪk'tɪʃəs] *adj.* □ **1.** (frei) erfunden, fik'tiv; **2.** unwirklich, Phantasie…, Roman…; **3.** ⚖ *etc.* fik'tiv: a) angenommen: ***~ name***, b) fingiert, falsch, Schein…: ***~ bill*** ✝ Kellerwechsel *m*; **fic'ti·tious·ness** [-nɪs] *s. das* Fik'tive; Unechtheit *f*.

fid·dle ['fɪdl] **I** *s.* **1.** ♪ Fiedel *f*, Geige *f*: ***play first*** (***second***) ***~*** *fig.* die erste (zweite) Geige spielen; → ***fit***[1] 5; **2.** *Brit.* F a) Schwindel *m*, Betrug *m*, Schiebung *f*, b) Manipulati'on *f*; **II** *v/i.* **3.** F fiedeln, geigen; **4.** *a.* ***~ about*** (*od.* ***around***) her'umtrödeln; **5.** (***with***) spielen (mit), her'umfingern (an *dat.*), *contp.* her'umpfuschen (an *dat.*); **III** *v/t.* **6.** F fiedeln; **7.** ***~ away*** F *Zeit* vertrödeln; **8.** *Brit.* F ‚frisieren', manipulieren; **IV** *int.* **9.** Quatsch!; ˌ**~-de-'dee** [-dɪ'diː] → ***fiddle*** 9; '**~-ˌfad·dle** [-ˌfædl] **I** *s.* **1.** Lap'palie *f*; **2.** Unsinn *m*; **II** *v/i.* **3.** dummes Zeug reden; **4.** die Zeit vertrödeln.

fid·dler ['fɪdlə] *s.* **1.** Geiger(in): ***pay the ~*** *Am.* F ‚blechen'; **2.** *Brit.* F Schwindler *m*.

'**fid·dle·stick I** *s.* Geigenbogen *m*; **II** *int.* ***~s!*** F Quatsch!

fid·dling ['fɪdlɪŋ] *adj.* F läppisch, geringfügig, ‚poplig'.

fi·del·i·ty [fɪ'delətɪ] *s.* **1.** (*a.* eheliche) Treue (***to*** gegenüber, zu); **2.** Genauigkeit *f*, genaue Über'einstimmung *od.* 'Wiedergabe: ***with ~*** wortgetreu; **3.** ⚡ 'Wiedergabe(güte) *f*, Klangtreue *f*.

fidg·et ['fɪdʒɪt] **I** *s.* **1.** *oft pl.* ner'vöse Unruhe, Zappe'lei *f*; **2.** ‚Zappelphilipp' *m*, Zapp(e)ler *m*; **II** *v/t.* **3.** ner'vös *od.* zapp(e)lig machen; **III** *v/i.* **4.** (her'um)zappeln, zapp(e)lig sein; **5.** ***~ with*** (herum)spielen *od.* (-)fuchteln mit; '**fidg·et·i·ness** [-tɪnɪs] *s.* Zapp(e)ligkeit *f*, Nervosi'tät *f*; '**fidg·et·y** [-tɪ] *adj.* ner'vös, zappelig: ***~ Philipp*** → ***fidget*** 2.

fi·du·ci·ar·y [fɪ'djuːʃjərɪ] ⚖ **I** *s.* **1.** Treuhänder(in); **II** *adj.* **2.** treuhänderisch, Treuhand…, Treuhänder…; **3.** ✝ ungedeckt (*Noten*).

fie [faɪ] *int. oft* ***~ upon you!*** pfui(, schäm dich)!

fief [fiːf] *s.* Lehen *n*, Lehn(s)gut *n*.

field [fiːld] **I** *s.* **1.** ✓ Feld *n*; **2.** ⚒ a) (*Gold-, Öl- etc.*)Feld *n*, b) (Gruben-)Feld *n*, (Kohlen)Flöz *n*: ***coal ~***; **3.** *fig.* Bereich *m*, (Sach-, Fach)Gebiet *n*: ***in the ~ of art*** auf dem Gebiet der Kunst; ***in his ~*** auf s-m Gebiet, in s-m Fach; ***~ of activity*** Tätigkeitsbereich; ***~ of application*** Anwendungsbereich; **4.** a) (weite) Fläche, b) A, ⚡, *phys.*, *a. her.* Feld *n*: ***~ of force*** Kraftfeld; ***~ of vision*** Blick-, Gesichtsfeld, *fig.* Gesichtskreis *m*, Horizont *m*; **5.** *sport* a) Spielfeld *n*, (Sport)Platz *m*: ***take the ~*** einlaufen, auf den Platz kommen (→ 6), b) Feld *n* (*geschlossene Gruppe*), c) Teilnehmer(feld *n*) *pl.*, Besetzung *f*, *fig.* Wettbewerbsteilnehmer *pl.*: ***fair ~ and no favo(u)r*** gleiche Bedingungen für alle; ***play the ~*** F sich keine Chance entgehen lassen (*in der Liebe*), d) *Baseball*, *Kricket*: 'Fängerparˌtei *f*; **6.** ⚔ a) *poet.* (Schlacht)Feld *n*, (Feld)Schlacht *f*, b) Feld *n*, Front *f*: ***in the ~*** an der Front, im Felde; ***hold*** (*od.* ***keep***) ***the ~*** sich behaupten; ***take the ~*** ins Feld rücken, den Kampf eröffnen; ***win the ~*** den Sieg davontragen; **7.** ⚔ Feld *n* (*im Geschützrohr*); **8.** ⚕ (Operati'ons)Feld *n*; **9.** *TV* Feld *n*, Rasterbild *n*; **10.** a) *bsd. psych.*, *sociol.* Praxis *f*, Wirklichkeit *f*, b) ✝ Außendienst *m*, (praktischer) Einsatz; → ***field service***, ***field study***, ***fieldwork*** 2–4 *etc.*; **II** *v/t.* **11.** *sport Mannschaft*, *Spieler* aufs Feld schicken; **12.** *Baseball*, *Kricket*: a) *den Ball* auffangen u. zu'rückwerfen, b) *Spieler* im Feld aufstellen; **13.** *fig. e-e Frage etc.* kontern; **III** *v/i.* **14.** *Kricket etc.*: bei der 'Fängerparˌtei sein.

field| am·bu·lance *s.* ⚔ Sanka *m*, Sani'tätswagen *m*; **~ coil** *s.* ⚡ Feldspule *f*; **~ day** *s.* **1.** ⚔ a) Felddienstübung *f*, b) 'Truppenpaˌrade *f*; **2.** *Am.* a) *ped.* Sportfest *n*, b) Exkursi'onstag *m*; **3.** ***have a ~*** *fig.* a) s-n großen Tag haben, b) e-n Mordsspaß haben (***with*** mit).

field·er ['fiːldə] *s.* *Kricket etc.*: a) Fänger *m*, b) Feldspieler *m*, c) *pl.* 'Fängerparˌtei *f*.

field| e·vent *s.* *sport* technische Diszi'plin, *pl. mst* 'Sprung- u. 'Wurfdisziˌplinen *pl.*; **~ glass(·es** *pl.*) *s.* Fernglas *n*, Feldstecher *m*; **~ goal** *s.* *Basketball*: Feldkorb *m*; **~ gun** *s.* ⚔ Feldgeschütz *n*; **~ hos·pi·tal** *s.* ⚔ 'Feldlazaˌrett *n*; **~ kitch·en** *s.* ⚔ Feldküche *f*; ♀ **Mar·shal** *s.* ⚔ Feldmarschall *m*; '**~-mouse** *s.* [*irr.*] Feldmaus *f*; **~ of·fi·cer** *s.* ⚔ 'Stabsoffiˌzier *m*; **~ pack** *s.* ⚔ Marschgepäck *n*, Tor'nister *m*; **~ re·search** *s.* ✝ *etc.* Feldforschung *f*; **~ ser·vice** *s.* ✝ Außendienst *m*.

fields·man ['fiːldzmən] *s.* [*irr.*] → ***fielder*** a, b.

field| sports *s. pl.* Sport *m* im Freien (*bsd. Jagen, Fischen*); **~ stud·y** *s.* Feldstudie *f*; **~ test** *s.* praktischer Versuch; **~ train·ing** *s.* ⚔ Geländeausbildung *f*; '**~·work** *s.* **1.** ⚔ Feldschanze *f*; **2.** praktische (wissenschaftliche) Arbeit, *a.* Arbeit *f* im Gelände; **3.** ✝ Außendienst *m*, -einsatz *m*; **4.** *Markt-*, *Meinungsforschung*: Feldarbeit *f*; '**~ˌwork·er** *s.* **1.** ✝ Außendienstmitarbeiter(in); **2.** Inter'viewer(in), Befrager(in).

fiend [fiːnd] *s.* **1.** a) *a. fig.* Satan *m*, Teufel *m*, b) Dämon *m*, *fig. a.* Unhold *m*; **2.** *bsd. in Zssgn*: a) Süchtige(r *m*) *f*: ***opium ~***, b) Fa'natiker(in), Narr *m*, Fex *m*: → ***fresh-air fiend***, c) *Am. sl.* ‚Ka'none' *f* (***at*** in *dat.*); '**fiend·ish** [-dɪʃ] *adj.* □ teuflisch, unmenschlich; *fig.* F verteufelt, ‚gemein'; '**fiend·ish·ness** [-dɪʃnɪs] *s.* teuflische Bosheit; *fig.* Gemeinheit *f*.

fierce [fɪəs] *adj.* □ **1.** wild, grimmig, wütend (*alle a. fig.*); **2.** heftig, scharf; **3.** grell; '**fierce·ness** [-nɪs] *s.* Wildheit *f*, Grimmigkeit *f*; Schärfe *f*, Heftigkeit *f*.

fi·er·y ['faɪərɪ] *adj.* □ **1.** brennend, glühend (*a. fig.*); **2.** *fig.* feurig, hitzig, heftig; **3.** feuerrot; **4.** feuergefährlich; **5.** Feuer…

fife [faɪf] ♪ **I** *s.* **1.** (Quer)Pfeife *f*; **2.** → ***fifer***; **II** *v/t. u. v/i.* **3.** (*auf der Querpfeife*) pfeifen; '**fif·er** [-fə] *s.* (Quer)Pfeifer *m*.

fif·teen [ˌfɪf'tiːn] **I** *adj.* **1.** fünfzehn; **II** *s.* **2.** Fünfzehn *f*; **3.** *Rugby*: Fünfzehn *f*; ˌ**fif'teenth** [-nθ] **I** *adj.* **1.** fünfzehnt; **II** *s.* **2.** *der* (*die*, *das*) Fünfzehnte; **3.** Fünfzehntel *n*.

fifth [fɪfθ] **I** *adj.* □ **1.** fünft; **II** *s.* **2.** *der* (*die*, *das*) Fünfte; **3.** Fünftel *n*; **4.** ♪ Quinte *f*; **~ col·umn** *s. pol.* Fünfte Ko'lonne.

fifth·ly ['fɪfθlɪ] *adv.* fünftens.

fifth wheel *s.* **1.** *mot.* a) Ersatzrad *n*, b) Drehschemel(ring) *m* (*Sattelschlepper*); **2.** *fig.* fünftes Rad am Wagen.

fif·ti·eth ['fɪftɪɪθ] **I** *adj.* **1.** fünfzigst; **II** *s.* **2.** *der* (*die*, *das*) Fünfzigste; **3.** Fünfzigstel *n*; **fif·ty** ['fɪftɪ] **I** *adj.* fünfzig; **II** *s.* Fünfzig *f*: ***in the fifties*** in den fünfziger Jahren (*e-s Jahrhunderts*); ***he is in his fifties*** er ist in den Fünfzigern; ˌ**fif·ty-'fif·ty** *adj. u. adv.* F fifty-fifty, ‚halbehalbe'.

fig[1] [fɪg] *s.* ♣ **1.** Feige *f*: ***I don't care a ~*** (***for it***) F das ist mir schnuppe!; **2.** Feigenbaum *m*.

fig[2] [fɪg] **I** *s.* F **1.** Kleidung *f*, Gala *f*: ***in full ~*** in voller Gala; **2.** Zustand *m*: ***in good ~*** gut in Form; **II** *v/t.* **3.** ***~ out*** her'ausputzen.

fight [faɪt] **I** *s.* **1.** Kampf *m* (*a. fig.*), Gefecht *n*: ***make a ~ of it***, ***put up a ~*** kämpfen, sich wehren; ***put up a good ~*** sich tapfer schlagen; **2.** a) Schläge'rei *f*, Raufe'rei *f*, b) *sport* (Box)Kampf *m*: ***have a ~*** → 12; ***make a ~ for*** kämpfen um; **3.** Kampf(es)lust *f*, -fähigkeit *f*: ***show ~*** sich zur Wehr setzen; ***there is no ~ left in him*** er ist kampfmüde *od.* ‚fertig'; **4.** Streit *m*, Kon'flikt *m*; **II** *v/t.* [*irr.*] **5.** *j-n od. et.* bekämpfen, bekriegen, kämpfen mit *od.* gegen, sich schlagen mit, *sport a.* boxen gegen; *fig.* ankämpfen gegen (*e-e schlechte Gewohnheit etc.*): ***~ back*** (*od.* ***down***) *fig. Tränen*, *Enttäuschung* unterdrücken; ***~ off*** *j-n od. et.* abwehren, *a. e-e Erkältung etc.* bekämpfen; **6.** *e-n Krieg*, *e-n Pro-*

zeß führen, *e-e Schlacht* schlagen *od.* austragen, *e-e Sache* ausfechten: **~ a duel** sich duellieren; **~ an election** kandidieren; **~ it out** es (untereinander) ausfechten; **7.** *et.* verfechten, sich einsetzen für; **8.** *et.* erkämpfen: **~ one's way** sich durchschlagen; **9.** ⚔ *Truppen etc.* kommandieren, (im Kampf) führen; **III** *v/i.* [*irr.*] **10.** kämpfen (**with** *od.* **against** mit *od.* gegen, **for** um): **~ against s.th.** gegen et. ankämpfen; **~ back** sich zur Wehr setzen; **11.** boxen; **12.** sich raufen *od.* prügeln *od.* schlagen.

fight·er ['faɪtə] *s.* **1.** Kämpfer *m*, Streiter *m*; **2.** Schläger *m*, Raufbold *m*; **3.** *sport* (*bsd.* Offen'siv)Boxer *m*; **4.** *a.* **~ plane** ⚔, ✈ Jagdflugzeug *n*, Jäger *m*: **~-bomber** Jagdbomber *m*; **~ group** *Brit.* Jagdgruppe *f*, *Am.* Jagdgeschwader *n*; **~-interceptor** Abfangjäger *m*; **~ pilot** Jagdflieger *m*.

fight·ing ['faɪtɪŋ] **I** *s.* Kampf *m*, Kämpfe *pl*; **II** *adj.* Kampf…; streitlustig; **~ chance** *s.* e-e re'elle Chance (*wenn man sich anstrengt*); **~ cock** *s.* Kampfhahn *m* (*a. fig.*): **live like a ~** in Saus u. Braus leben.

fig leaf *s.* Feigenblatt *n* (*a. fig.*).

fig·ment ['fɪgmənt] *s.* **1.** *oft* **~ of the imagination** Phanta'siepro,dukt *n*, reine Einbildung; **2.** ,Märchen' *n*, (pure) Erfindung.

fig tree *s.* Feigenbaum *m*.

fig·ur·a·tive ['fɪgjʊrətɪv] *adj.* □ **1.** *ling.* bildlich, über'tragen, fi'gürlich, meta'phorisch; **2.** bilderreich (*Stil*); **3.** sym'bolisch.

fig·ure ['fɪgə] **I** *s.* **1.** Fi'gur *f*, Form *f*, Gestalt *f*, Aussehen *n*: **keep one's ~** schlank bleiben; **2.** *fig.* Fi'gur *f*, Per'son *f*, Per'sönlichkeit *f*, (bemerkenswerte) Erscheinung: **a public ~** e-e Persönlichkeit des öffentlichen Lebens; **~ of fun** komische Figur; **cut** (*od.* **make**) **a poor ~** e-e traurige Figur abgeben; **3.** Darstellung *f* (*bsd. des menschlichen Körpers*), Bild *n*, Statue *f*; **4.** *a.* ⚙, ♗ Fi'gur *f*, *weitS. a.* Zeichnung *f*, Dia'gramm *n*; *a.* Abbildung *f*, Illustrati'on *f* (*in e-m Buch etc.*); **5.** *Tanz*, *Eiskunstlauf etc.*: Fi'gur *f*; **6.** (Stoff)Muster *n*; **7.** *a.* **~ of speech** a) ('Rede-, 'Sprach)Fi,gur *f*, b) Me'tapher *f*, Bild *n*; **8.** ♪ a) Fi'gur *f*, b) (Baß)Bezifferung *f*; **9.** Zahl(zeichen *n*) *f*, Ziffer *f*: **run into three ~s** in die Hunderte gehen; **be good at ~s** ein guter Rechner sein; **10.** Preis *m*, Summe *f*: **at a low ~** billig; **II** *v/t.* **11.** gestalten, formen; **12.** bildlich darstellen, abbilden; **13.** *a.* **~ to o.s.** sich *et.* vorstellen; **14.** verzieren (*a.* ♪); ⚙ mustern; **15. ~ out** F a) ausrechnen, b) ausknobeln, ,rauskriegen', c) ,kapieren': **I can't ~ him out** ich werde aus ihm nicht schlau; **III** *v/i.* **16. ~ out at** sich belaufen auf (*acc.*); **17. ~ on** *Am.* F a) rechnen mit, b) sich verlassen auf (*acc.*); **18.** erscheinen, vorkommen, e-e Rolle spielen: **~ large** e-e große Rolle spielen; **~ on a list** auf e-r Liste stehen; **19.** F (genau) passen: **that ~s!** das ist klar!; **~ dance** *s.* Fi'gurentanz *m*; '**~-head** *s.* ⚓ Gali'onsfi,gur *f*, *fig. a.* ,Aushängeschild' *n*; **~ skat·er** *s. sport* (Eis)Kunstläufer(in); **~ skat·ing** *s. sport* Eiskunstlauf *m*.

fig·u·rine ['fɪgjʊriːn] *s.* Statu'ette *f*, Figu'rine *f*.

fil·a·ment ['fɪləmənt] *s.* **1.** Faden *m* (*a. anat.*); Faser *f*; **2.** ⚘ Staubfaden *m*; **3.** ⚡ (Glüh-, Heiz)Faden *m*: **~ battery** Heizbatterie *f*.

fil·bert ['fɪlbət] *s.* ⚘ **1.** Haselnußstrauch *m*; **2.** Haselnuß *f*.

filch [fɪltʃ] *v/t.* F ,klauen' (*stehlen*).

file[1] [faɪl] **I** *s.* **1.** Aufreihdraht *m*, -faden *m*; **2.** (Akten-, Brief-, Doku'menten-*etc.*)Ordner *m*, Sammelmappe *f*, *a.* Kar'tei(kasten *m*) *f*; **3.** a) Akte(nstück *n*) *f*, *a.* Dossi'er *n* (*der Polizei etc.*): **~ number** Aktenzeichen *n*, b) Akten (-bündel *n*, -stoß *m*) *pl.*, c) Ablage *f*, abgelegte Briefe *pl. od.* Pa'piere *pl.*: **on ~** bei den Akten, d) *Computer*: Da'tei *f*, e) Liste *f*, Verzeichnis *n*; **4.** ⚔ Reihe *f*; **5.** Reihe *f* (*Personen od. Sachen hintereinander*); **II** *v/t.* **6.** *Briefe etc.* ablegen, einordnen, ab-, einheften, zu den Akten nehmen; **7.** *Antrag*, ⚖ *Klage* einreichen; **III** *v/i.* **8.** hinterein'ander *od.* ⚔ in Reihe (hi'nein-, hin'aus- *etc.*)marschieren.

file[2] [faɪl] **I** *s.* **1.** ⚙ Feile *f*; **II** *v/t.* **2.** ⚙ feilen; **3.** *Stil* feilen, glätten.

fi·let ['fɪlɪt] (*Fr.*) *s.* **1.** *Küche*: Fi'let *n*; **2.** *a.* **~ lace** Fi'let *n*, Netz(sticke'rei *f*) *n*.

fil·i·al ['fɪljəl] *adj.* □ kindlich, Kindes…, Sohnes…, Tochter…; **fil·i·a·tion** [,fɪlɪ'eɪʃn] *s.* **1.** Kindschaft(sverhältnis *n*) *f*: **~ proceeding** ⚖ *Am.* Vaterschaftsprozeß *m*; **2.** Abstammung *f*; **3.** Herkunftsfeststellung *f*; **4.** Verzweigung *f*.

fil·i·bus·ter ['fɪlɪbʌstə] **I** *s.* **1.** *hist.* Freibeuter *m*; **2.** *parl. Am.* a) Obstrukti'on *f*, Verschleppungstaktik *f*, b) Obstrukti'onspo,litiker *m*; **II** *v/i.* **3.** *parl. Am.* Obstrukti'on treiben; **III** *v/t.* **4.** *Antrag etc.* durch Obstrukti'on zu Fall bringen.

fil·i·gree ['fɪlɪgriː] *s.* Fili'gran(arbeit *f*) *n*.

fil·ing| **cab·i·net** ['faɪlɪŋ] *s.* Aktenschrank *m*; **~ card** *s.* Kar'teikarte *f*.

fil·ings ['faɪlɪŋz] *s. pl.* Feilspäne *pl.*

Fil·i·pi·no [,fɪlɪ'piːnəʊ] **I** *pl.* **-nos** *s.* Fili'pino *m*; **II** *adj.* philip'pinisch.

fill [fɪl] **I** *s.* **1. eat one's ~** sich satt essen; **have one's ~ of s.th.** genug von et. haben; **weep one's ~** sich ausweinen; **2.** Füllung *f* (*Material od. Menge*): **a ~ of petrol** *mot.* e-e Tankfüllung; **II** *v/t.* **3.** (an-, aus-, 'voll)füllen: **~ s.o.'s glass** j-m einschenken; **~ the sails** die Segel (auf)blähen; **4.** ab-, einfüllen: **~ wine into bottles**; **5.** (*mit Nahrung*) sättigen; **6.** *Pfeife* stopfen; **7.** *Zahn* füllen, plombieren; **8.** *die Straßen*, *ein Stadion etc.* füllen; **9.** *a. fig.* erfüllen: **smoke ~ed the room**; **grief ~ed his heart**; **~ed with fear** angsterfüllt; **10.** *Amt*, *Posten* a) besetzen, b) ausfüllen, bekleiden: **~ s.o.'s place** j-s Stelle einnehmen, j-n ersetzen; **11.** *Auftrag* ausführen: **~ an order**; → **bill**[2] 4; **III** *v/i.* **12.** sich füllen, (*Segel*) sich (auf)blähen; **~ in I** *v/t.* **1.** Loch *etc.* auf-, ausfüllen; **2.** *Brit. Formular* ausfüllen; **3.** a) *Namen etc.* einsetzen, b) *Fehlendes* ergänzen; **4. fill s.o. in** F (**on** über *acc.*) j-n ins Bild setzen, j-n informieren; **II** *v/i.* **5.** einspringen (**for s.o.** für j-n); **~ out I** *v/t.* **1.** *bsd. Am. Formular* ausfüllen; **2.** *Bericht etc.* abrunden; **II** *v/i.* **3.** fülliger werden (*Figur*), (*Person a.*) zunehmen, (*Gesicht*) voller werden; **~ up I** *v/t.* **1.** auf-, 'vollfüllen: **~ her up!** F volltanken, bitte; **2.** → **fill in** 2; **II** *v/i.* **3.** sich füllen.

fill·er ['fɪlə] *s.* **1.** Füllvorrichtung *f*, *a.* 'Abfüllma,schine *f*, Trichter *m*: **~ cap** *mot.* Tankverschluß *m*; **2.** Füllstoff *m*, Zusatzmittel *n*; **3.** *paint.* Spachtel(masse *f*) *m*, Füller *m*; **4.** *fig.* Füllsel *n*, Füller *m*; **5.** *ling.* Füllwort *n*; **6.** Sprengladung *f*.

fil·let ['fɪlɪt] **I** *s.* **1.** Stirn-, Haarband *n*; **2.** Leiste *f*, Band *n*; **3.** Zierstreifen *m*, Fi'let *n* (*am Buch*); **4.** ⚠ Leiste *f*, Rippe *f*; **5.** *Küche*: Fi'let *n*; **6.** ⚙ a) Hohlkehle *f*, b) Schweißnaht *f*; **II** *v/t.* **7.** mit e-m Haarband *od.* e-r Leiste *etc.* schmükken; **8.** *Küche*: a) filetieren, b) als Fi'let zubereiten.

fill·ing ['fɪlɪŋ] **I** *s.* **1.** Füllung *f*, Füllmasse *f*, Einlage *f*, Füllsel *n*; **2.** (Zahn)Plombe *f*, (-)Füllung *f*; **3.** *das* 'Voll-, Aus-, Auffüllen, Füllung *f*: **~ machine** Abfüllmaschine *f*; **~ station** *Am.* Tankstelle *f*; **II** *adj.* **4.** sättigend.

fil·lip ['fɪlɪp] **I** *s.* **1.** Schnalzer *m* (*mit Finger u. Daumen*); **2.** Klaps *m*; **3.** *fig.* Ansporn *m*, Auftrieb *m*: **give a ~ to** → 6; **II** *v/t.* **4.** schnippen, schnipsen; **5.** *j-m* e-n Klaps geben; **6.** *fig.* anspornen, in Schwung bringen.

fil·ly ['fɪlɪ] *s.* **1.** *zo.* Stutenfohlen *n*; **2.** *fig.* ,wilde Hummel' (*Mädchen*).

film [fɪlm] **I** *s.* **1.** Mem'bran(e) *f*, Häutchen *n*, Film *m*; **2.** *phot.* Film *m*; **3.** Film *m*: **the ~s** die Filmindustrie, der Film, das Kino; **be in ~s** beim Film sein; **shoot a ~** e-n Film drehen; **4.** (hauch)dünne Schicht, 'Überzug *m* (*Zellophan- etc.*)Haut *f*; **5.** (hauch)dünnes Gewebe, *a.* Faser *f*; **6.** Trübung *f* (*des Auges*), Schleier *f*; **II** *v/t.* **7.** (mit e-m Häutchen *etc.*) über'ziehen; **8.** a) *Szene etc.* filmen: **~ed report** Filmbericht *m*, b) *Roman etc.* verfilmen; **III** *v/i.* **9.** *a.* **~ over** sich mit e-m Häutchen über'ziehen; **10.** a) sich (gut) verfilmen lassen, b) e-n Film drehen, filmen; **~ li·brar·y** *s.* 'Filmar,chiv *n*; **~ mak·er** *s.* Filmemacher *m*; **~ pack** *s. phot.* Filmpack *m*; **~ reel** *s.* Filmspule *f*; '**~-set** *v/t.* [*irr.*] *typ.* im Foto- *od.* Filmsatz herstellen; **~ star** *s.* Filmstar *m*; **~ strip** *s.* **1.** Bildstreifen *m*; **2.** Bildband *n*; **~ ver·sion** *s.* Verfilmung *f*.

film·y ['fɪlmɪ] *adj.* □ **1.** mit e-m Häutchen bedeckt; **2.** duftig, zart, hauchdünn; **3.** trübe, verschleiert (*Auge*).

fil·ter ['fɪltə] **I** *s.* **1.** Filter *m*, Seihtuch *n*, Seiher *m*; **2.** ⚗, ⚙, ⚡, *phot.*, *phys.*, *tel.* Filter *n*, *m*; **3.** *mot. Brit.* grüner Pfeil (*für Abbieger*); **II** *v/t.* **4.** filtern: a) ('durch)seihen, b) filtrieren: **~ off** (**out**) ab- (heraus)filtern; **III** *v/i.* **5.** 'durchsikkern, (*Licht a.*) 'durchscheinen, -dringen; **6.** *fig.* **~ out** *od.* **through** 'durchsickern (*Nachrichten etc.*); **~ into** einsickern *od.* -dringen in (*acc.*); **7. ~ out** langsam *od.* grüppchenweise herauskommen (**of** aus); **8.** *mot. Brit.* a) die Spur wechseln, b) sich einordnen (**to the left** links), c) abbiegen (*bei grünem Pfeil*); **~ bag** *s.* Filtertüte *f*; **~ bed** *s.* **1.** Kläranlage *f*, -becken *n*; **2.** Filterschicht *f*; **~ char·coal** *s.* ⚙ Filterkohle *f*; **~ cir·cuit** *s.* ⚡ Siebkreis *m*; **~ pa·per** *s.* 'Filterpa,pier *n*; **~ tip** *s.* **1.** Filter(mundstück *n*) *m*; **2.** 'Filterziga,rette *f*; '**~-tipped** mit Filter, Filter…: **~ cigarette**.

filth [fɪlθ] *s.* **1.** Schmutz *m*, Dreck *m*; **2.** *fig.* Schmutz *m*, Schweine'rei(en *pl.*) *f*; **3.** a) unflätige Sprache, b) unflätige Ausdrücke *pl.*, Unflat *m*; **'filth·i·ness** [-θɪnɪs] *s.* Schmutzigkeit *f* (*a. fig.*); **'filth·y** [-θɪ] **I** *adj.* □ **1.** schmutzig, dreckig, *fig. a.* schweinisch; **2.** *fig.* unflätig; **3.** F ekelhaft, scheußlich: **~ *mood***; **~ *weather*** *a.* ‚Sauwetter' *n*; **II** *adv.* **4.** F ‚unheimlich', ‚furchtbar': **~ *rich*** stinkreich.

fil·trate ['fɪltreɪt] **I** *v/t.* filtrieren; **II** *s.* Fil'trat *n*; **fil'tra·tion** [fɪl'treɪʃn] *s.* Filtrati'on *f*.

fin¹ [fɪn] *s.* **1.** *zo.* Flosse *f*, Finne *f*; **2.** ⚓ Kielflosse *f*; **3.** ✈ a) (Seiten)Flosse *f*, b) ⚔ Steuerschwanz *m* (*e-r Bombe*); **4.** ⚙ a) Grat *m*, (Guß)Naht *f*, b) (Kühl)Rippe *f*; **5.** Schwimmflosse *f*; **6.** *sl.* ‚Flosse' *f* (*Hand*).

fin² [fɪn] *s. Am. sl.* Fünf'dollarschein *m*.

fi·na·gle [fɪ'neɪgl] F **I** *v/t.* **1.** *et.* her'ausschinden; **2.** (sich) *et.* ergaunern; **3.** *j-n* betrügen, begaunern; **II** *v/i.* **4.** gaunern, mogeln.

fi·nal ['faɪnl] **I** *adj.* □ → ***finally*** **1.** letzt, schließlich; **2.** endgültig, End..., Schluß...: **~ *assembly*** ⚙ Endmontage *f*; **~ *date*** Schlußtermin *m*; **~ *examination*** Abschlußprüfung *f*; **~ *score*** *sport* Schlußstand *m*; **~ *speech*** ⚖ Schlußplädoyer *n*; **~ *storage*** Endlagerung *f* (*von Atommüll etc.*); **~ *whistle*** *sport* Schlußpfiff *m*; **3.** endgültig: a) 'unwider,ruflich, b) entscheidend, c) ⚖ rechtskräftig: ***after* ~ *judg*(*e*)*ment*** nach Rechtskraft des Urteils; **4.** per'fekt; **5.** *ling.* a) auslautend, End...; Schluß..., b) Absichts..., Final...: **~ *clause***; **II** *s.* **6.** *a. pl.* Fi'nale *n*, Endkampf *m od.* -runde *f od.* -spiel *n od.* -lauf *m*; **7.** *mst pl. univ.* 'Schlußeˌxamen *n*, -prüfung *f*; **8.** F Spätausgabe *f* (*e-r Zeitung*); **fi·na·le** [fɪ'nɑːlɪ] *s.* Fi'nale *n*: a) ♪ (*mst* schneller) Schlußsatz, b) *thea.* Schluß(szene *f*) *m* (*bsd. Oper*), c) *fig.* (dra'matisches) Ende; **'fi·nal·ist** [-nəlɪst] *s.* **1.** *sport* Fina'list(in), Endspiel-, Endkampf-, Endrundenteilnehmer(in); **2.** *univ.* Ex'amenskandiˌdat(in); **fi·nal·i·ty** [faɪ'nælətɪ] *s.* **1.** Endgültigkeit *f*; **2.** Entschiedenheit *f*; **'fi·nal·ize** [-nəlaɪz] *v/t.* **1.** be-, voll'enden, (endgültig) erledigen, abschließen; **2.** endgültige Form geben (*dat.*); **'fi·nal·ly** [-nəlɪ] *adv.* **1.** endlich, schließlich, zu'letzt; **2.** zum (Ab)Schluß; **3.** endgültig, defini'tiv.

fi·nance [faɪ'næns] **I** *s.* **1.** Fi'nanz *f*, Fi'nanzwesen *n*, -wirtschaft *f*, -wissenschaft *f*; **2.** *pl.* Fi'nanzen *pl.*, Einkünfte *pl.*, Vermögenslage *f*; **II** *v/t.* **3.** finanzieren; **~ act** *s. pol.* Steuergesetz *n*; **~ bill** *s.* **1.** *pol.* Fi'nanzvorlage *f*; **2.** ✝ Fi'nanzwechsel *m*; **~ com·pa·ny** *s.* ✝ Finanzierungsgesellschaft *f*; **~ house** *s.* ✝ *Brit.* 'Kundenkreˌditbank *f*.

fi·nan·cial [faɪ'nænʃl] *adj.* □ finanzi'ell, Finanz..., Geld..., Fiskal...: **~ *aid*** Finanzhilfe *f*; **~ *backer*** Geldgeber *m*; **~ *columns*** Handels-, Wirtschaftsteil *m*; **~ *paper*** Börsen-, Handelsblatt *n*; **~ *plan*** Finanzierungsplan *m*; **~ *policy*** Finanzpolitik *f*; **~ *situation*** (*od.* ***condition***) Vermögenslage *f*; **~ *standing*** Kreditwürdigkeit *f*; **~ *statement*** ✝ Bilanz *f*; **~ *year*** a) ✝ Geschäftsjahr *n*, b) *parl.* Haushalts-, Rechnungsjahr *n*; **fi'nan·cier** [-nsɪə] **I** *s.* **1.** Finanzi'er *m*; **2.** Fi'nanz(fach)mann *m*; **II** *v/t.* **3.** finanzieren; **III** *v/i.* **4.** (*bsd.* skrupellose) Geldgeschäfte machen.

finch [fɪntʃ] *s. orn.* Fink *m*.

find [faɪnd] **I** *v/t.* [*irr.*] **1.** finden; **2.** finden, (an)treffen, stoßen auf (*acc.*): ***I found him in*** ich traf ihn zu Hause an; **~ *a good reception*** e-e gute Aufnahme finden; **3.** entdecken, bemerken, sehen, feststellen, (her'aus)finden: ***he found that ...*** er stellte fest *od.* fand, daß; ***I* ~ *it easy*** ich finde es leicht; **~ *one's way*** den Weg finden (***to*** nach, zu), sich zurechtfinden (***in*** in *dat.*); **~ *its way into*** *fig.* hineingeraten in (*acc.*) (*Sache*); **~ *o.s.*** a) sich *wo od. wie* befinden, b) sich sehen: **~ *o.s. surrounded***, c) sich finden, sich voll entfalten, s-e Fähigkeiten erkennen, d) zu sich selbst finden (→ 5); ***I found myself telling a lie*** ich ertappte mich bei e-r Lüge; **4.** finden: a) beschaffen, auftreiben, b) erlangen, sich verschaffen, c) *Zeit etc.* aufbringen; **5.** *j-n* versorgen, ausstatten (***in*** mit): ***be well found in clothes***; ***all found*** freie Station, freie Unterkunft u. Verpflegung; **~ *o.s.*** sich selbst versorgen; **6.** ⚖ (be)finden für, erklären (für): ***he was found guilty***; **7. ~ *out*** a) *et.* herausfinden, -bekommen, b) *j-n* ertappen, entlarven, durch'schauen; **II** *v/i.* [*irr.*] **8.** ⚖ (be)finden, (für Recht) erkennen (***that*** daß): **~ *for the defendant*** a) die Klage abweisen, b) *Strafprozeß*: den Angeklagten freisprechen; **~ *against the defendant*** a) der Klage stattgeben, b) *Strafprozeß*: den Angeklagten verurteilen; **III** *s.* **9.** Fund *m*, Entdeckung *f*; **'find·er** [-də] *s.* **1.** Finder *m*, Entdecker *m*: **~*s keepers*** F wer etwas findet, darf es (auch) behalten; **~*'s reward*** Finderlohn *m*; **2.** *phot.* Sucher *m*; **'find·ing** [-dɪŋ] *s.* **1.** Fund *m*, Entdeckung *f*; **2.** *mst pl. phys. etc.* Befund *m* (*a.* ⚕), Feststellung(en *pl.*) *f*, Erkenntnis(se *pl.*) *f*; **3.** ⚖ Feststellung *f*, *der Geschworenen*: *a.* Spruch *m*: **~*s of fact*** Tatsachenfeststellungen; **4.** *pl.* Werkzeuge *pl. od.* Materi'al *n* (*von Handwerkern*).

fine¹ [faɪn] **I** *adj.* □ **1.** *allg.* fein: a) dünn, zart, zierlich: **~ *china***, b) scharf: ***a* ~ *edge***, c) rein: **~ *silver*** Feinsilber *n*; ***gold 24 carats*** **~** 24karätiges Gold, d) *aus kleinsten Teilchen bestehend*: **~ *sand***, e) schön: ***a* ~ *ship***; **~ *weather***, f) vornehm, edel: ***a* ~ *man***, g) geschmackvoll, gepflegt, ele'gant, h) angenehm, lieblich: ***a* ~ *scent***, i) feinsinnig: ***a* ~ *distinction*** ein feiner Unterschied; **2.** prächtig, großartig: ***a* ~ *view***; ***a* ~ *musician***; ***a* ~ *fellow*** ein feiner *od.* prächtiger Kerl (→ 3); **3.** F, *a. iro.* fein, schön: ***that's all very* ~ *but ...*** das ist ja alles gut u. schön, aber ...; ***a* ~ *fellow you are!*** *contp.* du bist mir ein schöner Genosse!; ***that's* ~ *with me!*** in Ordnung!; **4.** ⚙ fein, genau, Fein...; **II** *adv.* **5.** F fein: a) vornehm (*a. contp.*): ***talk* ~**, b) sehr gut, ‚bestens': ***that will suit me* ~** das paßt mir ausgezeichnet; **6.** knapp: ***cut*** (*od.* ***run***) ***it* ~** ins Gedränge (*bsd.* in Zeitnot) kommen; **III** *v/t.* **7. ~ *away***, **~ *down*** fein(er) machen, abschleifen, zuspitzen; **8.** *oft* **~ *down*** *Wein etc.* läutern, klären; **9.** *metall.* frischen; **IV** *v/i.* **10. ~ *away***, **~ *down***, **~ *off*** fein(er) werden, abnehmen, sich abschleifen; **11.** sich klären.

fine² [faɪn] **I** *s.* **1.** ⚖ Geldstrafe *f*, Bußgeld *n*; **2. *in* ~** a) schließlich, b) kurzum; **II** *v/t.* **3.** mit e-r Geldstrafe *od.* e-m Bußgeld belegen: ***he was* ~*d £2*** er mußte 2 Pfund (Strafe) bezahlen.

fine| ad·just·ment *s.* ⚙ Feineinstellung *f*; **~ arts** *s. pl.* (*die*) schönen Künste *pl.*; **'~-bore** *v/t.* ⚙ präzisi'onsbohren; **~ cut** *s.* Feinschnitt *m* (*Tabak*); **ˌ~-'draw** *v/t.* [*irr.* → ***draw***] **1.** fein zs.-nähen, kunststopfen; **2.** ⚙ *Draht* fein ausziehen; **ˌ~-'drawn** → ***fine-spun***.

fine·ness ['faɪnnɪs] *s. allg.* Feinheit *f*; **'fin·er·y** [-nərɪ] *s.* **1.** Putz *m*, Staat *m*; **2.** ⚙ a) Frischofen *m*, b) Frische'rei *f*; **fines** [faɪnz] *s. pl.* ⚙ Grus *m*, feingesiebtes Materi'al; **ˌfine-'spun** *adj.* feingesponnen (*a. fig.*).

fi·nesse [fɪ'nes] **I** *s.* **1.** Fi'nesse *f*: a) Spitzfindigkeit *f*, b) (kleiner) Kunstgriff, Kniff *m*; **2.** Raffi'nesse *f*, Schlauheit *f*; **3.** *Kartenspiel*: Schneiden *n*; **II** *v/i.* **4.** *Kartenspiel*: schneiden; **5.** ‚tricksen', Kniffe anwenden.

ˌfine|-'tooth(ed) *adj.* fein(gezahnt): **~ *comb*** Staubkamm *m*; ***go over s.th. with a* ~ *comb*** a) et. genau durchsuchen, b) et. genau unter die Lupe nehmen; **~ tun·ing** *s. Radio*: Feinabstimmung *f*.

fin·ger ['fɪŋgə] **I** *s.* **1.** Finger *m*: ***first***, ***second***, ***third* ~** Zeige-, Mittel-, Ringfinger; ***fourth*** (*od.* ***little***) **~** kleiner Finger; ***get*** (*od.* ***pull***) ***one's* ~ *out*** *Brit.* F ‚Dampf dahintermachen'; ***have a*** (*od.* ***one's***) **~ *in the pie*** die Hand im Spiel haben; ***keep one's* ~*s crossed for s.o.*** j-m den Dauem drücken *od.* halten; ***lay*** (*od.* ***put***) ***one's* ~ *on s.th.*** *fig.* den Finger auf et. legen; ***not to lay a* ~ *on s.o.*** j-m kein Härchen krümmen, j-n nicht anrühren; ***not to lift*** (*od.* ***raise***, ***stir***) ***a* ~** keinen Finger rühren; ***put the* ~ *on s.o.*** → 10; ***twist*** (*od.* ***wrap***, ***wind***) ***s.o.*** (***a***)***round one's little* ~** j-n um den (kleinen) Finger wickeln; ***work one's* ~*s to the bone*** (***for s.o.***) sich (für j-n) die Finger abarbeiten; → *a. Verbindungen mit anderen Verben u. Substantiven*; **2.** Finger(ling) *m* (*am Handschuh*); **3.** (Uhr)Zeiger *m*; **4.** Fingerbreit *m*; **5.** schmaler Streifen; schmales Stück; **6.** ⚙ Daumen *m*, Greifer *m*; **7.** *sl.* → ***finger man***; **II** *v/t.* **8.** a) betasten, befühlen, b) her'umfingern an (*dat.*), spielen mit; **9.** ♪ a) *et.* mit den Fingern spielen, b) *Noten* mit Fingersatz versehen; **10.** *Am.* F a) *j-n* verpfeifen, b) *j-n* beschatten, c) *Opfer* ausspähen; **III** *v/i.* **11.** her'umfingern (***at*** an *dat.*), spielen (***with*** mit); **'~·board** *s.* ♪ a) Griffbrett *n*, b) Klavia'tur *f*, c) Manu'al *n* (*der Orgel*); **~ bowl** *s.* Fingerschale *f*; **'~·breadth** *s.* Fingerbreit *m*.

-fin·gered [fɪŋgəd] *adj. in Zssgn* mit ... Fingern, ...fing(e)rig.

fin·ger·ing ['fɪŋgərɪŋ] *s.* ♪ Fingersatz *m*.

fin·ger| man *s.* Spitzel *m* (*e-r Bande*); **'~·mark** *s.* Fingerabdruck *m* (*Schmutzfleck*); **'~·nail** *s.* Fingernagel *m*; **~ nut** *s.* ⚙ Flügelmutter *f*; **'~-paint I** *s.* Fingerfarbe *f*; **II** *v/t. u. v/i.* mit Fingerfarben malen; **~ post** *s.* **1.** Wegweiser *m*; **2.** *fig.* Fingerzeig *m*; **'~·print I** *s.* Fingerabdruck *m*; **II** *v/t.* von *j-m* Fingerabdrücke machen; **'~·stall** *s.* Fingerling *m*; **'~·tip** *s. mst fig.* Fingerspitze *f*: ***have at one's ~s*** *Kenntnisse* parat haben; ***to one's ~s*** durch u. durch.

fin·i·cal ['fɪnɪkl] *adj.* □, **'fin·ick·ing** [-kɪŋ], **'fin·ick·y** [-kɪ] *adj.* **1.** über'trieben genau, pe'dantisch; **2.** heikel, ‚pingelig'; **3.** affek'tiert, geziert; **4.** knifflig.

fi·nis ['fɪnɪs] (*Lat.*) *s.* Ende *n*.

fin·ish ['fɪnɪʃ] **I** *s.* **1.** Ende *n*, Schluß *m*; **2.** *sport* a) Endspurt *m*, Finish *n*, b) Ziel *n*, c) Endkampf *m*, Entscheidung *f*: ***be in at the ~*** in die Endrunde kommen, *fig.* das Ende miterleben; **3.** Voll'endung *f*, letzter Schliff, Ele'ganz *f*; **4.** ⚙ a) (äußerliche) Ausführung, Bearbeitung(sgüte) *f*, Oberflächenbeschaffenheit *f*, b) ('Lack- *etc.*)ˌÜberzug *m*, c) Poli'tur *f*, d) Appre'tur *f*; **5.** gute Ausführung *od.* Verarbeitung; **6.** △ a) Ausbau *m*, b) Verputz *m*; **II** *v/t.* **7.** *a.* ***~ off*** voll'enden, beendigen, fertigstellen, erledigen, zu Ende führen: ***~ a task***; ***~ a book*** ein Buch auslesen *od.* zu Ende lesen; **8.** *a.* ***~ off*** (*od.* ***up***) a) *Vorräte* auf-, verbrauchen, b) aufessen *od.* austrinken; **9.** *a.* ***~ off*** a) *j-n* ‚erledigen', *j-m* den Rest geben' (*töten od. erschöpfen od. ruinieren*), b) *bsd. e-m Tier* den Gnadenschuß *od.* -stoß geben; **10.** a) *a.* ***~ off*** (*od.* ***~ up***) *et.* vervollkommnen, *e-r Sache* den letzten Schliff geben, b) *j-m* feine Lebensart beibringen; **11.** ⚙ nach-, fertigbearbeiten, *Papier* glätten, *Stoff* zurichten, appretieren, *Möbel etc.* polieren; **III** *v/i.* **12.** *a.* ***~ off*** (*od.* ***up***) enden, schließen, aufhören (***with*** mit): ***have you ~ed?*** bist du fertig?; ***he ~ed by saying*** abschließend *od.* zum Abschluß sagte er; **13.** *a.* ***~ up*** enden, *im Gefängnis etc.* ‚landen'; **14.** enden, zu Ende gehen; **15.** ***~ with*** mit *j-m od. et.* Schluß machen: ***I'm ~ed with him!*** mit ihm bin ich fertig!; ***have ~ed with s.o.*** (*od.* ***s.th.***) j-n (et.) nicht mehr brauchen; ***I haven't ~ed with you yet!*** ich bin noch nicht fertig mit dir!; **16.** *sport* einlaufen, durchs Ziel gehen: ***~ third*** *a.* Dritter werden, den dritten Platz belegen, *allg.* als dritter fertig sein.

fin·ished ['fɪnɪʃt] *adj.* **1.** beendet, fertig: ***half-~ products*** Halbfabrikate; ***~ goods*** Fertigwaren; ***~ part*** Fertigteil *n*; **2.** *fig.* F ‚erledigt' (*erschöpft od. ruiniert od. todgeweiht*): ***he is ~*** *a.* mit ihm ist es aus!; **3.** voll'endet, voll'kommen; **'fin·ish·er** [-ʃə] *s.* **1.** ⚙ a) Fertigbearbeiter *m*; Appretierer *m*, b) Ma'schine *f* zur Fertigbearbeitung, *z.B.* Fertigwalzwerk *n*; **2.** F vernichtender Schlag, ‚K.-'o.-Schlag' *m*; **3.** ***strong ~*** *sport* (starker) Spurtläufer.

fin·ish·ing ['fɪnɪʃɪŋ] **I** *s.* **1.** Voll'enden *n*, Fertigmachen *n*, -stellen *n*; **2.** ⚙ a) Fertigbearbeitung *f*, b) (abschließende) Oberflächenbehandlung *f*, *z.B.* Hochglanzpolieren *n*, c) Veredelung, d) Appre'tur *f* (*von Stoffen*); **3.** *sport* Abschluß *m*; **II** *adj.* **4.** abschließend; → ***touch*** 3; ***~ a·gent*** *s.* ⚙ Appre'turmittel *n*; ***~ in·dus·try*** *s.* Ver'edelungsinduˌstrie *f*, verarbeitende Indu'strie; ***~ lathe*** *s.* ⚙ Fertigdrehbank *f*; ***~ line*** *s. sport* Ziellinie *f*; ***~ mill*** *s.* ⚙ **1.** Feinwalzwerk *n*; **2.** Schlichtfräser *m*; ***~ post*** *s. sport* Zielpfosten *m*; ***~ school*** *s.* 'MädchenpensioˌNat *n* (*zur Vorbereitung auf das gesellschaftliche Leben*).

fi·nite ['faɪnaɪt] *adj.* **1.** begrenzt, endlich (*a.* ⅍); **2.** *ling.* fi'nit: ***~ form*** *a.* Personalform *f*; ***~ verb*** Verbum *n* finitum.

fink [fɪŋk] *Am. sl.* **I** *s.* **1.** Streikbrecher *m*; **2.** Spitzel *m*; **3.** ‚Dreckskerl' *m*; **II** *v/i.* **4.** ***~ on*** *j-n* verpfeifen; **5.** ***~ out*** sich drücken, ‚aussteigen'.

Finn [fɪn] *s.* Finne *m*, Finnin *f*.

fin·nan had·dock ['fɪnən] *s.* geräucherter Schellfisch.

finned [fɪnd] *adj.* **1.** *ichth.* mit Flossen; **2.** ⚙ gerippt; **fin·ner** ['fɪnə] *s. zo.* Finnwal *m*.

Finn·ish ['fɪnɪʃ] **I** *adj.* finnisch; **II** *s. ling.* Finnisch *n*.

fin·ny ['fɪnɪ] *adj.* **1.** → ***finned*** 1; **2.** Flossen…, Fisch…

fiord [fɪ'ɔ:d] *s. geogr.* Fjord *m*.

fir [fɜ:] *s.* **1.** ⚘ Tanne *f*, Fichte *f*; **2.** Tannen-, Fichtenholz *n*; ***~ cone*** *s.* Tannenzapfen *m*.

fire ['faɪə] **I** *s.* **1.** Feuer *n* (*a. Edelstein*): ***~ and brimstone*** a) *bibl.* Feuer u. Schwefel *m*, b) *eccl.* Hölle *f* u. Verdammnis *f*; ***be on ~*** brennen, in Flammen stehen, *fig.* Feuer u. Flamme sein; ***catch ~*** Feuer fangen, in Brand geraten, *fig.* in Hitze geraten; ***go through ~ and water for s.o.*** *fig.* für j-n durchs Feuer gehen; ***play with ~*** *fig.* mit dem Feuer spielen; ***pull s.th. out of the ~*** *fig.* et. aus dem Feuer reißen; ***set on ~***, ***set ~ to*** anzünden, in Brand stecken; **2.** Feuer *n* (*im Ofen etc.*): ***on a slow ~*** bei schwachem Feuer (*kochen*); **3.** Brand *m*, Feuer(sbrunst *f*) *n*: ***where's the ~?*** F wo brennt's?; **4.** *Brit.* Heizgerät *n*; **5.** *fig.* Feuer *n*, Glut *f*, Leidenschaft *f*, Begeisterung *f*; **6.** ⚔ Feuer *n*, Beschuß *m*: ***blank ~*** blindes Schießen; ***come under ~*** unter Beschuß geraten (*a. fig.*); ***come under ~ from s.o.*** *fig.* in j-s Schußlinie geraten; ***hang ~*** schwer losgehen (*Schußwaffe*), *fig.* auf sich warten lassen (*Sache*); ***hold one's ~*** *fig.* sich zurückhalten; ***miss ~*** versagen (*Schußwaffe*), *fig.* fehlschlagen; **II** *v/t.* **7.** anzünden, in Brand stecken; **8.** *Kessel* heizen, *Ofen* (be)feuern, beheizen: ***~ up inflation*** *fig.* die Inflation ‚anheizen'; **9.** *Ziegel* brennen; **10.** *Tee* feuern; **11.** *fig. j-n*, *j-s Gefühle* entflammen, *j-n* in Begeisterung versetzen, *j-s Phantasie* beflügeln; **12.** *a.* ***~ off*** a) *Schußwaffe* abfeuern, b) *Schuß* abfeuern, -geben, c) *Sprengladung*, *Rakete* zünden; **13.** *a.* ***~ off*** *fig.* a) *Fragen etc.* abschießen, b) *j-n mit Fragen* bombardieren; **14.** *Motor* anlassen; **15.** F *j-n* ‚feuern', ‚rausschmeißen'; **III** *v/i.* **16.** Feuer fangen, (an)brennen; **17.** ⚔ feuern, schießen (***at***, ***on*** auf *acc.*): ***~ away!*** F schieß los!; **18.** zünden (*Motor*); **19.** *a.* ***~ up*** ‚hochgehen', wütend werden.

fire| a·larm *s.* **1.** 'Feuera,larm *m*; **2.** Feuermelder *m*; **'~·arm** [-ərɑ:m] *s.* Feuer-, Schußwaffe *f*: ***~ certificate*** *Brit.* Waffenschein *m*; **'~·ball** *s.* **1.** *hist.* ⚔ *u. ast.* Feuerkugel *f*; **2.** Feuerball *m* (*Sonne, Explosion etc.*); **3.** Kugelblitz *m*; ***~ bal·loon*** *s.* 'Heißluftbal,lon *m*; **'~·brand** *s.* **1.** brennendes Holzscheit; **2.** *fig.* Unruhestifter *m*, Aufwiegler *m*; **'~·brick** *s.* feuerfester Ziegel, Scha'mottestein *m*; ***~ bri·gade*** *s. Brit.* Feuerwehr *f* (*a. fig. pol. etc.*); **'~·bug** *s. sl.* ‚Feuerteufel' *m*; ***~ clay*** *s.* feuerfester Ton, Scha'motte *f*; ***~ com·pa·ny*** *s.* **1.** *Am.* Feuerwehr *f*; **2.** → ***fire-office***; ***~ con·trol*** *s.* **1.** ⚔ Feuerleitung *f*; **2.** Brandbekämpfung *f*; **'~ˌcrack·er** *s.* Frosch *m* (*Knallkörper*); **'~·damp** *s.* ⚒ schlagende Wetter *pl.*, Grubengas *n*; ***~ de·part·ment*** *s. Am.* Feuerwehr *f*; **'~·dog** *s.* Ka'minbock *m*; **'~-ˌdrag·on** *s.* feuerspeiender Drache; ***~ drill*** *s.* **1.** 'Feuera,larmübung *f*; **2.** Feuerwehrübung *f*; **'~ˌeat·er** [-ərˌi:-] *s.* **1.** Feuerschlucker *m*; **2.** *fig.* ‚Eisenfresser' *m*; ***~ en·gine*** *s.* **1.** Feuerspritze *f*; **2.** Löschfahrzeug *n*; ***~ es·cape*** *s.* Feuerleiter *f*, -treppe *f*; ***~ ex·tin·guish·er*** *s.* Feuerlöscher *m*; ***~ fight·er*** *s.* Feuerwehrmann *m*; *pl.* Löschmannschaft *f*; **'~-ˌfight·ing** **I** *s.* Brandbekämpfung *f*; **II** *adj.* Lösch…, Feuerwehr…; **'~·fly** *s.* Glühwürmchen *n*; **'~·guard** *s.* **1.** Ka'mingitter *n*; **2.** Brandwache *f od.* -wart *m*; **'~·hose** *s.* Feuerwehrschlauch *m*; ***~ lane*** *f* Feuerschneise *f*; **'~·man** [-mən] *s.* [*irr.*] **1.** Feuerwehrmann *m*; *pl.* Löschmannschaft *f*; **2.** Heizer *m*; **'~-ˌof·fice** [-ərˌɒ-] *s. Brit.* Feuerversicherung(sanstalt) *f*; **'~·place** *s.* (offener) Ka'min; **'~·plug** *s.* ⚙ Hy'drant *m*; ***~ point*** *s.* Flammpunkt *m*; ***~ pol·i·cy*** *s. Brit.* 'Feuerversicherungspo,lice *f*; ***~ pow·er*** *s.* ⚔ Feuerkraft *f*; **'~·proof** **I** *adj.* feuerfest, -sicher: ***~ curtain*** *thea.* eiserner Vorhang; **II** *v/t.* feuerfest machen; ***~ rais·er*** *s. Brit.* Brandstifter(in); ***~ ser·vice*** *s. Brit.* Feuerwehr *f*; ***~ ship*** *s.* ⚓ Brander *m*; **'~·side** *s.* **1.** (offener) Ka'min *m*: ***~ chat*** Plauderei *f* am Kamin; **2.** *fig.* häuslicher Herd, Da'heim *n*; ***~ sta·tion*** *s.* Feuerwehrwache *f*; **'~·storm** *s.* Feuersturm *m*; **'~·trap** *s.* ‚Mausefalle' *f* (*Gebäude ohne genügende Notausgänge*); ***~ wall*** *s.* Brandmauer *f*; **'~ˌward·en** *s. Am.* **1.** Brandmeister *m*; **2.** Brandwache *f*; **'~ˌwatch·er** *s. Brit.* Brandwache *f*, Luftschutzwart *m*; **'~ˌwa·ter** *s.* F ‚Feuerwasser' *n* (*Schnaps etc.*); **'~·wood** *s.* Brennholz *n*; **'~·works** *s. pl.* Feuerwerk *n* (*a. fig.*): ***a ~ of wit***; ***there were ~*** da flogen die Fetzen.

fir·ing ['faɪərɪŋ] *s.* **1.** ⚔ (Ab)Feuern *n*; **2.** ⚙ Zünden *n*; **3.** a) Heizen *n*, b) Feuerung *f*, c) 'Brennmateri,al *n*; ***~ line*** *s.* ⚔ Feuerlinie *f*, -stellung *f*; Kampffront *f*: ***be in*** (*Am.* ***on***) ***the ~*** *fig.* in der Schußlinie stehen; ***~ or·der*** *s.* **1.** ⚔ Schießbefehl *m*; **2.** *mot.* Zündfolge *f*; ***~ par·ty***, ***~ squad*** *s.* ⚔ a) 'Ehrensa,lutkom,mando *n*, b) Exekuti'onskom,mando *n*.

fir·kin ['fɜ:kɪn] *s.* **1.** (Holz)Fäßchen *n*; **2.** Viertelfaß *n* (*Hohlmaß = etwa 40 l*).

firm[1] [fɜ:m] **I** *adj.* □ **1.** fest, stark, hart; **2.** ✝ fest: ***~ offer***; ***~ market***; **3.** fest, beständig; **4.** standhaft, fest, entschlossen, bestimmt: ***be ~ with s.o.*** j-m gegenüber hart sein; **II** *adv.* **5.** fest: ***stand ~*** *fig.* festbleiben; **III** *v/t.* **6.** *a.* ***~ up*** fest machen; **IV** *v/i.* **7.** *a.* ***~ up*** fest werden; **8.** *a.* ***~ up*** ✝ anziehen (*Preise*), sich erholen (*Markt*).

firm[2] [fɜ:m] *s.* Firma *f*: a) Firmenname *m*, b) Unter'nehmen *n*, Geschäft *n*, Betrieb *m*.

fir·ma·ment ['fɜ:məmənt] *s.* Firma'ment

n, Himmelsgewölbe n.
firm·ness ['fɜ:mnɪs] s. **1.** Festigkeit f, Entschlossenheit f, Beständigkeit f; **2.** ✝ Festigkeit f, Stabili'tät f.
fir nee·dle s. Tannennadel f.
first [fɜ:st] **I** adj. □ → **firstly**; **1.** erst: **at ~ hand** aus erster Hand, direkt; **in the ~ place** zuerst, an erster Stelle; **~ thing** (**in the morning**) (morgens) als allererstes; **~ things ~!** das Wichtigste zuerst!; **he doesn't know the ~ thing** er hat keine (blasse) Ahnung; → **cousin**; **2.** erst, best, bedeutendst, führend: **~ officer** ⚓ Erster Offizier; **~ quality** beste od. prima Qualität; **II** adv. **3.** zu'erst, voran: **head ~** (mit dem) Kopf voraus; **4.** zum erstenmal; **5.** eher, lieber; **6.** a. **~ off** F (zu)'erst (einmal): **I must ~ do that**; **7.** zu'erst, als erst(er, -e, -es), an erster Stelle: **~ come, ~ served** wer zuerst kommt, mahlt zuerst; **~ or last** früher oder später; **~ and last** a) vor allen Dingen, b) im großen ganzen; **~ of all** zuallererst, vor allen Dingen; → 8; **III** s. **8.** (der, die, das) Erste od. (fig.) Beste: **be ~ among equals** Primus inter pares sein; **at ~** zuerst, anfangs, zunächst; **from the ~** von Anfang an; **from ~ to last** durchweg, von A bis Z; **9.** ♪ erste Stimme; **10.** mot. (der) erste Gang; **11.** der (Monats)Erste; **12.** 🚃 F erste Klasse; **13.** univ. Brit. akademischer Grad erster Klasse; **14.** pl. ✝ Ware(n pl.) f erster Quali'tät, erste Wahl; **15. ~ of exchange** ✝ Primawechsel m; **~ aid** s. Erste Hilfe: **render ~** Erste Hilfe leisten; **ˌ~-'aid** adj. Erste-Hilfe-...: **~ kit** Verbandskasten m; **~ post** od. **station** Sanitätswache f, Unfallstation f; **~ bid** s. ✝ Erstgebot n; **'~-born I** adj. erstgeboren; **II** s. (der, die, das) Erstgeborene; **~ cause** s. phls. Urgrund m aller Dinge, Gott m; **~ class** s. **1.** 🚃 etc. erste Klasse; **2.** univ. Brit. → **first** 13; **ˌ~-'class** adj. u. adv. **1.** erstklassig, ausgezeichnet; F prima; **2.** 🚃 etc. erster Klasse: **~ mail** a) Am. Briefpost f, b) Brit. bevorzugt beförderte Inlandspost; **~ cost** s. ✝ Selbstkosten(preis m) pl., Gestehungskosten pl., Einkaufspreis m; **~ floor** s. **1.** Brit. erste(r) Stock, erste E'tage; **2.** Am. Erdgeschoß n; **~ fruits** s. pl. **1.** ⚘ Erstlinge pl.; **2.** fig. a) erste Erfolge pl., b) Erstlingswerk(e pl.) n; **ˌ~-gen·er'a·tion** adj. Computer etc. der ersten Generati'on; **ˌ~-'hand** adj. u. adv. aus erster Hand, di'rekt; **~ la·dy** s. First Lady f: a) Gattin e-s Staatsoberhauptes, b) führende Persönlichkeit: **the ~ of jazz**; **~ lieu·ten·ant** s. ⚔ Oberleutnant m.
first·ling ['fɜ:stlɪŋ] s. Erstling m; **first·ly** ['fɜ:stlɪ] adv. erstens, zu'erst (einmal).
first| name s. Vorname m; **~ night** s. thea. Erst-, Uraufführung f, Premi'ere f; **ˌ~-'night·er** s. Premi'erenbesucher (-in); **~ pa·pers** s. pl. Am. (erster) Antrag e-s Ausländers auf amer. Staatsangehörigkeit; **~ per·son** s. **1.** ling. erste Per'son; **2.** Ich-Form f (in Romanen etc.); **~ prin·ci·ples** s. pl. 'Grundprinˌzipien pl.; **ˌ~-'rate** → **first-class** 1; **~ ser·geant** s. ⚔ Am. Hauptfeldwebel m; **~ strike** s. ⚔ (ato'marer) Erstschlag; **ˌ~-'time** adj.: **~ voter** Erstwähler(in).
firth [fɜ:θ] s. Meeresarm m, Förde f.
fir tree s. Tanne(nbaum m) f.
fis·cal ['fɪskl] adj. □ fis'kalisch, steuerlich, Finanz...: **~ policy** Finanzpolitik f; **~ stamp** Banderole f; **~ year** a) Am. Geschäftsjahr n, b) parl. Am. Haushalts-, Rechnungsjahr n, c) Brit. Steuerjahr n.
fish [fɪʃ] **I** pl. **fish** od. (Fischarten) **fishes** s. **1.** Fisch m: **fried ~** Bratfisch; **drink like a ~** saufen wie ein Loch; **like a ~ out of water** wie ein Fisch auf dem Trockenen; **I have other ~ to fry** ich habe Wichtigeres zu tun; **all is ~ that comes to his net** er nimmt unbesehen alles (mit); **a pretty kettle of ~** F e-e schöne Bescherung; **neither ~ nor flesh** (**nor good red herring**), **neither ~ nor fowl** F weder Fisch noch Fleisch, nichts Halbes und nichts Ganzes; **there are plenty more ~ in the sea** F es gibt noch mehr davon auf der Welt; **loose ~** F lockerer Vogel; **queer ~** F komischer Kauz; → **feed** 1; **2.** ast. **the** ♓(**es** pl.) die Fische pl.: **be** (**a**) ♓**es** Fisch sein; **II** v/t. **3.** fischen, Fische fangen, angeln; **4.** a) fischen od. angeln in (dat.), b) Fluß etc. abfischen, absuchen: **~ up** j-n auffischen; **5.** fig. a. **~ out** her'vorkramen, -holen, -ziehen; **6.** ⚙ verlaschen; **III** v/i. **7.** (**for**) fischen, angeln (auf acc.); **8. ~ for** fig. a) fischen nach: **~ for compliments**, b) aussein auf (acc.): **~ for information**; **9.** a. **~ around** kramen (**for** nach).
fish| and chips s. Brit. Bratfisch m u. Pommes 'frites; **~ ball** s. 'Fischfrikaˌdelle f, -klops m; **~ bas·ket** s. (Fisch-) Reuse f; **'~-bone** s. Gräte f; **~ bowl** s. Goldfischglas n; **~ cake** → **fish ball**; **~ eat·ers** s. pl. Fischbesteck n.
fish·er ['fɪʃə] s. **1.** Fischer m, Angler m; **2.** zo. Fischfänger m; **'fish·er·man** [-mən] s. [irr.] **1.** (a. Sport)Fischer m; **2.** Fischdampfer m; **'fish·er·y** [-ərɪ] s. **1.** Fische'rei f, Fischfang m; **2.** Fischzuchtanlage f; **3.** Fischgründe pl., Fanggebiet n.
'fish|-eye (lens) s. phot. 'Fischauge(n-objekˌtiv) n; **~ fin·gers** s. pl. Küche: Fischstäbchen pl.; **~ flour** s. Fischmehl n; **'~-glue** s. Fischleim m; **'~-hook** s. Angelhaken m.
fish·ing ['fɪʃɪŋ] s. **1.** Fischen n, Angeln n; **2.** → **fishery** 1, 3; **~ boat** s. Fischerboot n; **~ grounds** s. pl. → **fishery** 3; **~ in·dus·try** s. Fische'rei(gewerbe n) f; **'~-line** s. Angelschnur f; **'~-net** s. Fischnetz n; **~ pole** s., **~ rod** s. Angelrute f; **~ tack·le** s. Angel- od. Fische'reigeräte pl.; **~ vil·lage** s. Fischerdorf n.
fish| lad·der s. Fischleiter f, -treppe f; **~ meal** s. Fischmehl n; **'~ˌmon·ger** s. Brit. Fischhändler m; **'~-net** adj. Netz...: **~ shirt**; **~ stockings**; **~ oil** s. Fischtran m; **'~-plate** s. 🚃 Lasche f; **'~-pond** s. Fischteich m; **'~-pot** s. Fischreuse f; **~ slice** s. Fischheber m; **~ stor·y** s. Am. F ‚Seemannsgarn' n; **~ tank** s. A'quarium n; **'~-wife** s. [irr.] Fischhändlerin f: **swear like a ~** keifen wie ein Fischweib.
fish·y ['fɪʃɪ] adj. □ **1.** fischartig, Fisch...: **~ eyes** fig. Fischaugen; **2.** fischreich; **3.** F ‚faul', verdächtig: **there's s.th. ~ about it** daran ist irgend etwas faul.
fis·sile ['fɪsaɪl] adj. bsd. phys. spaltbar;
fis·sion ['fɪʃn] s. **1.** phys. Spaltung f (a. fig.): **~ bomb** Atombombe f; **2.** biol. (Zell)Teilung f; **fis·sion·a·ble** ['fɪʃnəbl] → **fissile**.
fis·sip·a·rous [fɪ'sɪpərəs] adj. biol. sich durch Teilung vermehrend, fissi'par.
fis·sure ['fɪʃə] s. Spalt(e f) m, Riß m (a. ⚕), Ritz(e f) m, Sprung m; **'fis·sured** [-əd] adj. gespalten, rissig (a. ⚙); ⚕ schrundig.
fist [fɪst] **I** s. **1.** Faust f: **~ law** Faustrecht n; **2.** humor. a) ‚Pfote' f, Hand f, b) ‚Klaue' f, Handschrift f (a. fig.); **3.** F Versuch m (**at** mit); **II** v/t. **4.** mit der Faust schlagen; **5.** packen.
-fist·ed [fɪstɪd] adj. in Zssgn mit e-r ... Faust od. Hand, mit ... Fäusten.
'fist·ful [-fʊl] s. (e-e) Handvoll.
fist·ic, fist·i·cal ['fɪstɪk(l)] adj. sport Box...; **'fist·i·cuffs** [-kʌfs] s. pl. Faustschläge pl., Schläge'rei f.
fis·tu·la ['fɪstjʊlə] s. ⚕ Fistel f.
fit¹ [fɪt] **I** adj. □ **1.** a) passend, geeignet, b) fähig, tauglich: **~ for service** dienstfähig, (-)tauglich; **~ to drink** trinkbar; **~ to drive** fahrtüchtig; **~ to eat** eß-, genießbar; **laugh ~ to burst** F vor Lachen beinahe platzen; **~ to kill** F wie verrückt; **he was ~ to be tied** Am. F er hatte eine Stinkwut; **he is not ~ for the job** er ist für den Posten nicht geeignet; → **drop** 12; **2.** wert, würdig: **not to be ~ to** inf. es nicht verdienen zu inf.; **not ~ to be seen** nicht präsentabel od. vorzeigbar; **3.** angemessen, angebracht: **more than ~** über Gebühr; **see** (od. **think**) **~** es für richtig od. angebracht halten (**to do** zu tun); **4.** schicklich, geziemend: **it is not ~ for us to do so** es gehört sich od. ziemt sich nicht, daß wir das tun; **5.** a) gesund, b) fit, (gut) in Form: **keep ~** sich in Form od. fit halten; **as ~ as a fiddle** a) kerngesund, b) quietschvergnügt; **II** s. **6.** Paßform f, Sitz m (Kleid): **it is a bad** (**perfect**) **~** es sitzt schlecht (tadellos); **it is a tight ~** es sitzt stramm, fig. es ist sehr knapp bemessen; **7.** ⚙ Passung f; **III** v/t. **8.** passend od. geeignet machen (**for** für), anpassen (**to** an acc.); **9.** passen für od. auf (j-n), e-r Sache angemessen od. angepaßt sein: **the key ~s the lock** der Schlüssel paßt (ins Schloß); **the description ~s him** die Beschreibung trifft auf ihn zu; **the name ~s him** der Name paßt zu ihm; **~ the facts** (mit den Tatsachen überein)stimmen; **to ~ the occasion** (Redew.) dem Anlaß entsprechend; **10.** j-m passen (Kleid etc.); **11.** sich eignen für; **12.** j-n befähigen (**for** für; **to do** zu tun); **13.** j-n vorbereiten, ausbilden (**for** für); **14.** a. ⚙ ausrüsten, -statten, einrichten, versehen (**with** mit); **15.** ⚙ a) einpassen, -bauen (**into** in acc.), b) anbringen (**to** an dat.), c) → **fit up** 2; **16.** a) an j-m Maß nehmen, b) Kleid etc. anprobieren; **IV** v/i. **17.** passen: a) sitzen (Kleid), b) angemessen sein, c) sich eignen; **18. ~ into** passen in (acc.), sich einfügen in (acc.); **~ in I** v/t. einfügen, -passen, a. fig. j-n od. et. einschieben; **II** v/i. (**with**) passen (in acc.), über'einstimmen (mit); **~ on** v/t. **1.** Kleid etc. anprobieren; **2.** anbringen, (an)montieren (**to** an acc.); **~ out** → **fit¹** 14; **~ up** v/t. **1.** → **fit¹** 14; **2.** ⚙ aufstellen, mon-

tieren.

fit² [fɪt] *s.* **1.** ⚕ *u. fig.* Anfall *m*, Ausbruch *m*: **~ of coughing** Hustenanfall; **~ of anger** Wutanfall; **~ of laughter** Lachkrampf *m*; **have a ~** F ‚Zustände' *od.* e-n Lachkrampf kriegen; **give s.o. a ~** F a) j-m e-n Schrecken einjagen, b) j-n ‚auf die Palme bringen'; **2.** (plötzliche) Anwandlung, Laune *f*: **~ of generosity** Anwandlung von Großzügigkeit, Spendierlaune; **by ~s (and starts)** a) stoß-, ruckweise, b) spo'radisch.

fitch [fɪtʃ], **fitch·ew** ['fɪtʃu:] *s. zo.* Iltis *m*.

fit·ful ['fɪtfʊl] *adj.* □ unstet, unbeständig, veränderlich; sprung-, launenhaft; **fit·ment** ['fɪtmənt] *s.* **1.** Einrichtungsgegenstand *m*; *pl.* Ausstattung *f*, Einrichtung *f*; **2.** *Am.* (Tropf- *etc.*)Vorrichtung *f*; **fit·ness** ['fɪtnɪs] *s.* **1.** Eignung *f*, Fähig-, Tauglichkeit *f*: **~ test** Eignungsprüfung *f* (→ 5); **2.** Zweckmäßigkeit *f*; **3.** Angemessenheit *f*; **4.** Schicklichkeit *f*; **5.** a) Gesundheit *f*, b) (gute) Form, Fitneß *f*: **~ room** Fitneßraum *m*; **~ test** *sport* Fitneßtest *m*; **~ trail** *Am.* Trimmpfad *m*; **fit·ted** ['fɪtɪd] *adj.* **1.** passend, geeignet; **2.** nach Maß (gearbeitet), zugeschnitten: **~ carpet** Teppichboden *m*; **~ coat** taillierter Mantel; **3.** Einbau…: **~ kitchen**; **fit·ter** ['fɪtə] *s.* **1.** Ausrüster *m*, Einrichter *m*; **2.** Schneider(in); **3.** ⚙ Mon'teur *m*, Me'chaniker *m*; Installa'teur *m*; (Ma'schinen)Schlosser *m*; **fit·ting** ['fɪtɪŋ] **I** *adj.* □ **1.** a) passend, geeignet, b) angemessen, c) schicklich; **II** *s.* **2.** Anprobe *f*; **3.** ⚙ Einpassen *n*, -bauen *n*; **4.** ⚙ Mon'tage *f*, Installieren *n*, Aufstellung *f*: **~ shop** Montagehalle *f*; **5.** *pl.* ⚙ Beschläge *pl.*, Zubehör *n*, Arma'turen *pl.*, Ausstattungsgegenstände *pl.*; **6.** ⚙ a) Paßarbeit *f*, b) Paßteil *n*, c) Bau-, Zubehörteil *n*, d) (Rohr)Verbindung *f*, e) Einrichtung *f*, Ausrüstung *f*, -stattung *f*; **'fit-up** *s. thea. Brit.* F **1.** provi'sorische Bühne; **2.** *a.* **~ company** (kleine) Wanderbühne.

five [faɪv] **I** *adj.* fünf; **~-and-ten** *Am.* billiges Kaufhaus; **~-day week** Fünftagewoche *f*; **~-finger exercise** ♪ Fünffingerübung *f*, *fig.* Kinderspiel *n*; **~-o'clock shadow** Anflug *m* von Bartstoppeln am Nachmittag; **~-year plan** Fünfjahresplan *m*; **II** *s.* Fünf *f*: **the ~ of hearts** die Herzfünf (*Spielkarte*); **'five-fold** *adj. u. adv.* fünffach; **'fiv·er** [-və] *s.* F *Brit.* Fünf'pfund-, *Am.* Fünf'dollarschein *m*; **fives** [-vz] *s. pl. sg. konstr. sport Brit. ein* Wandballspiel *n*.

fix [fɪks] **I** *v/t.* **1.** befestigen, festmachen, anheften, anbringen (**to** an *acc.*); → **bayonet** I; **2.** *fig.* verankern: **~ s.th. in s.o.'s mind** j-m et. einprägen; **3.** *fig. Termin, Preis etc.* festsetzen, -legen (**at** auf *acc.*), bestimmen, verabreden; **4.** *Blick, s-e Aufmerksamkeit etc.* richten, heften, *Hoffnung* setzen (**on** auf *acc.*); **5.** *j-s Aufmerksamkeit* fesseln; **6.** *j-n, et.* fixieren, anstarren; **7.** *die Schuld etc.* zuschreiben (**on** *dat.*); **8.** ✈, ⚓ die Positi'on bestimmen von (*od. gen.*); **9.** *phot.* fixieren; **10.** (zur mikro'skopischen Unter'suchung) präparieren; **11.** ⚙ *Werkstücke* feststellen; **12.** reparieren, instand setzen; **13.** *bsd. Am. et.* zu'rechtmachen, *Essen* zubereiten: **~ s.o. a drink** j-m e-n Drink mixen; **~ one's face** sich schminken; **~ one's hair** sich frisieren; **14.** *a.* **~ up** *et.* arrangieren, regeln, *a.* in Ordnung bringen, *Streit* beilegen; **15.** F a) *e-n Wahlkampf etc.* (vorher) ‚arrangieren', manipulieren, b) *j-n* ‚schmieren', bestechen; **16.** F es *j-m* ‚besorgen' *od.* ‚geben'; **17.** *mst* **~ up** a) *j-n* 'unterbringen, b) **with** *j-m et.* besorgen; **18.** *mst* **~ up** *Vertrag* (ab-)schließen; **II** *v/i.* **19.** ⚗ fest werden, erstarren; **20.** sich festsetzen; **21.** **~ (up)on** a) sich entscheiden *od.* entschließen für *od.* zu, *et.* wählen, b) → 3; **22.** *Am.* F vorhaben, planen: **it's ~ing to rain** es wird gleich regnen; **23.** *sl.* ‚fixen' (*Drogensüchtiger*); **III** *s.* **24.** F üble Lage, ‚Klemme' *f*, ‚Patsche' *f*; **25.** F a) Schiebung *f*, b) Bestechung *f*; **26.** ✈, ⚓ a) Standort *m*, Positi'on *f*, b) Ortung *f*; **27.** *sl.* ‚Fix' *m*, ‚Schuß' *m* (*Drogeninjektion*): **give o.s. a ~** sich ‚e-n Schuß setzen'; **fix·ate** ['fɪkseɪt] *v/t.* **1.** → **fix** 1; **2.** *Am. j-n, et.* fixieren; **3.** *fig.* erstarren *od.* stagnieren lassen; **4.** **be ~d on** *psych.* fixiert sein auf (*acc.*); **fix·a·tion** [fɪk'seɪʃn] *s.* **1.** Fi'xierung *f*, Befestigung *f*; **2.** Festlegung *f*; **3.** *psych.* a) → **fixed idea**, b) (*Mutter- etc.*)Bindung *f*, (-)Fi'xierung *f*; **'fix·a·tive** [-sətɪv] **I** *s.* Fixa'tiv *n*, Fi'xiermittel *n*; **II** *adj.* Fixier…

fixed [fɪkst] *adj.* □ → **fixedly**; **1.** fest (-angebracht), befestigt, (orts)fest, Fest…(*antenne etc.*); starr (*Geschütz, Kupplung etc.*): **of ~ purpose** *fig.* zielstrebig; **2.** ⚗ gebunden: **~ oil**; **3.** starr (*Blick*), unverwandt (*Aufmerksamkeit*); **4.** *bsd.* ✝ fest(gelegt, -stehend): **~ assets** feste Anlagen, Anlagevermögen *n*; **~ capital** ✝ Anlagekapital *n*; **~ cost** feste Kosten, Fixkosten *pl.*; **~ income** festes Einkommen; **~ price** fester Preis, Festpreis *m*, *a.* gebundener Preis; **5.** F abgekartet, manipuliert; **6.** F (*gut etc.*) versorgt *od.* versehen (**for** mit); **~ i·de·a** *s. psych.* fixe I'dee, Zwangsvorstellung *f*; **ˌ~-'in·ter·est** (**-ˌbear·ing**) *adj.* ✝ festverzinslich.

fix·ed·ly ['fɪksɪdlɪ] *adv.* starr, unverwandt.

fixed| point *s.* ⩓ Fixpunkt *m*; **~ sight** *s.* ⚔ 'Standviˌsier *n*; **~ star** *s.* Fixstern *m*; **ˌ~-'wing air·craft** *s.* ✈ Starrflügler *m*.

fix·er ['fɪksə] *s.* **1.** *phot.* Fi'xiermittel *n*; **2.** F ‚Organi'sator' *m*, Manipu'lator *m*; **3.** *sl.* ‚Dealer' *m*; **'fix·ing** [-ksɪŋ] *s.* **1.** Befestigen *n*, Anbringen *n*: **~ bolt** Haltebolzen *m*; **~ screw** Stellschraube *f*; **2.** Repara'tur *f*; **3.** *phot.* Fixieren *n*; **4.** *pl. bsd. Am.* a) Geräte *pl.*, b) Zubehör *n*, c) Zutaten *pl.*, *fig. a.* Drum u. Dran *n*; **'fix·i·ty** [-ksətɪ] *s.* Festigkeit *f*, Beständigkeit *f*: **~ of purpose** Zielstrebigkeit *f*; **'fix·ture** [-kstʃə] *s.* **1.** feste Anlage, Installati'onsteil *m*: **lighting ~** Beleuchtungskörper *m*; **2.** Inven'tarstück *n*, ⚖ festes Inven'tar *od.* Zubehör: **be a ~** *humor.* zum (lebenden) Inventar gehören; **~s and fittings** bewegliche u. unbewegliche Einrichtungsgegenstände; **3.** ⚙ Spannvorrichtung *f*, -futter *n*; **4.** *bsd. sport Brit.* (Ter'min *m* für e-e) Veranstaltung *f*.

fizz [fɪz] **I** *v/i.* **1.** zischen; **2.** moussieren, sprudeln; **3.** *fig.* sprühen (**with** vor *dat.*); **II** *s.* **4.** Zischen *n*; **5.** Sprudeln *n*; **6.** a) Sprudel *m*, b) Fizz *m* (*Mischgetränk*), c) F ‚Schampus' *m* (*Sekt*); **'fiz·zle** [-zl] **I** *s.* **1.** → **fizz** 4; **2.** F ‚Pleite' *f*, Mißerfolg *m*; **II** *v/i.* **3.** → **fizz** 1; **4.** *a.* **~ out** *fig.* verpuffen, im Sand verlaufen; **'fiz·zy** [-zɪ] *adj.* **1.** zischend; **2.** sprudelnd, moussierend.

fjord [fjɔ:d] → **fiord**.

flab·ber·gast ['flæbəgɑ:st] *v/t.* F verblüffen: **I was ~ed** ich war ‚platt'.

flab·bi·ness ['flæbɪnɪs] *s.* **1.** Schlaffheit *f* (*a. fig.*); **2.** Schwammigkeit *f*; **flab·by** ['flæbɪ] *adj.* □ **1.** schlaff; **2.** schwammig; **3.** *fig.* ‚schlapp', ‚schlaff', schwach.

flac·cid ['flæksɪd] *adj.* → **flabby**; **flac·cid·i·ty** [flæk'sɪdətɪ] → **flabbiness**.

flack¹ [flæk] → **flak**.

flack² [flæk] *s. Am. sl.* 'Presseaˌgent *m*.

flag¹ [flæg] **I** *s.* **1.** Fahne *f*, Flagge *f*: **~ of convenience** ⚓ Billigflagge *f*; **hoist (od. fly) one's ~** a) die Fahne aufziehen, b) das Kommando übernehmen (*Admiral*); **strike one's ~** a) die Flagge streichen, *fig. a.* kapitulieren, b) das Kommando abgeben (*Admiral*); **keep the ~ flying** *fig.* die Fahne hochhalten; **2.** → **flagship**; **3.** *sport* (Markierungs-)Fähnchen *n*; **4.** a) (Kar'tei)Reiter *m*, b) Lesezeichen *n*; **5.** *hunt.* Fahne *f* (*Schwanz*); **6.** *typ.* Im'pressum *n* (*e-r Zeitung*); **II** *v/t.* **7.** beflaggen; **8.** *sport Strecke* ausflaggen; **9.** *et.* signalisieren: **~ offside** *Fußball*: Abseits winken; **10.** **~ down** *Fahrzeug* anhalten, *Taxi* herbeiwinken, *sport Rennen*, *Fahrer* abwinken.

flag² [flæg] *s.* ⚘ gelbe *od.* blaue Schwertlilie.

flag³ [flæg] *v/i.* **1.** schlaff her'abhängen; **2.** *fig.* nachlassen, erlahmen, ermatten; **3.** langweilig werden.

flag⁴ [flæg] **I** *s.* (Stein)Platte *f*, Fliese *f*; **II** *v/t.* mit (Stein)Platten *od.* Fliesen belegen.

flag| cap·tain *s.* Komman'dant *m* des Flaggschiffs; **~ day** *s.* **1.** *Brit.* Opfertag *m* (*Straßensammlung*); **2.** ♀ *Am.* Jahrestag *m* der Natio'nalflagge (*14. Juni*).

flag·el·lant ['flædʒələnt] **I** *s. eccl.* Geißler *m*, Flagel'lant *m* (*a. psych.*); **II** *adj.* geißelnd (*a. fig.*); **'flag·el·late** [-leɪt] **I** *v/t.* geißeln (*a. fig.*); **II** *s. zo.* Geißeltierchen *n*; **flag·el·la·tion** [ˌflædʒə'leɪʃn] *s.* Geißelung *f* (*a. fig.*).

flag·eo·let [ˌflædʒəʊ'let] *s.* ♪ Flageo'lett *n*.

flag·ging¹ ['flægɪŋ] *adj.* erlahmend.

flag·ging² ['flægɪŋ] *s. collect.* a) (Stein-)Platten *pl.*, b) Fliesen *pl.*, c) gefliester Boden.

flag| lieu·ten·ant *s.* ⚓ *Brit.* Flaggleutnant *m*; **~ of·fi·cer** *s.* ⚓ 'Flaggoffiˌzier *m*.

flag·on ['flægən] *s.* **1.** *bauchige* (Wein-)Flasche; **2.** (Deckel)Krug *m*.

fla·gran·cy ['fleɪgrənsɪ] *s.* **1.** Schamlosigkeit *f*, Ungeheuerlichkeit *f*; **2.** Kraßheit *f*; **'fla·grant** [-nt] *adj.* □ **1.** schamlos, schändlich, ungeheuerlich; **2.** kraß, ekla'tant, schreiend.

'flag|·ship *s.* ⚓ Flaggschiff *n* (*a. fig.*); *fig.* Aushängeschild *n*; **'~·staff**, **'~·stick** *s.* Fahnenstange *f*, -mast *m*, Flaggenmast, ⚓ Flaggenstock *m*; **~ sta·tion** *s.* 🚂 *Am.* Bedarfshaltestelle *f*; **'~·stone**

→ ***flag***[4] I; ~ **stop** → ***flag station***; '~-ˌ**wav·er** *s.* F Hur'rapatriˌot *m*; '~-ˌ**wav·ing** I *s.* Hur'rapatrioˌtismus *m*; II *adj.* hur'rapatriˌotisch.

flail [fleɪl] I *s.* **1.** Dreschflegel *m*; II *v/t.* **2.** dreschen; **3.** wild einschlagen auf *j-n*; **4.** ~ ***one's arms*** mit den Armen fuchteln.

flair [fleə] *s.* **1.** (besondere) Begabung, Ta'lent *n*; **2.** (feines) Gespür (***for*** für).

flak [flæk] (*Ger.*) *s.* **1.** ⚔ Flak *f*: a) 'Fliegerabwehr(kaˌnone *od.* -truppe) *f*, b) Flakfeuer *n*; **2.** *fig.* F (heftiger) ‚Beschuß', ‚Zunder' *m* (*Kritik etc.*).

flake [fleɪk] I *s.* **1.** (*Schnee-, Seifen-, Hafer- etc.*)Flocke *f*; **2.** dünne Schicht, Schuppe *f*, Blättchen *n*; **3.** Fetzen *m*, Splitter *m*; **4.** *Am. sl.* ‚Spinner' *m*; II *v/t.* **5.** abblättern; **6.** flockig machen; III *v/i.* **7.** in Flocken fallen; **8.** ~ ***off*** abblättern, sich abschälen; **9.** ~ ***out*** F a) ‚'umkippen' (*ohnmächtig werden*), b) ‚einpennen', c) ‚sich verziehen'; **flaked** [-kt] *adj.* flockig, Blättchen..., Flokken...; '**flak·y** [-kɪ] *adj.* **1.** flockig; **2.** blätterig: ~ ***pastry*** Blätterteig *m*; **3.** *Am. sl.* verrückt.

flam·beau ['flæmbəʊ] *pl.* **-x** [-z] *od.* **-s** *s.* **1.** Fackel *f*; **2.** Leuchter *m*.

flam·boy·ance [flæm'bɔɪəns] *s.* **1.** Extrava'ganz *f*; **2.** über'ladener Schmuck; **3.** Grellheit *f*; **4.** *fig.* a) Bom'bast *m*, b) Großartigkeit *f*; **flam'boy·ant** [-nt] *adj.* □ **1.** extrava'gant; **2.** grell, leuchtend; **3.** farbenprächtig; **4.** *fig.* flammend; **5.** auffallend; **6.** über'laden (*a. Stil*); **7.** bom'bastisch, pom'pös; **8.** wellig: ~ ***style*** Flammenstil *m*.

flame [fleɪm] I *s.* **1.** Flamme *f*: ***be in ~s*** in Flammen stehen; **2.** *fig.* Feuer *n*, Flamme *f*, Glut *f*, Leidenschaft *f*, Heftigkeit *f*: ***fan the ~*** Öl ins Feuer gießen; **3.** Leuchten *n*, Glanz *m*; **4.** F ‚Flamme' *f*, ‚Angebetete' *f*: ***an old ~ of mine***; II *v/i.* **5.** lodern: ~ ***up*** a) auflodern, b) in Flammen aufgehen, c) *fig.* aufbrausen; **6.** leuchten, (rot) glühen: ***her eyes ~d with anger*** ihre Augen flammten vor Wut; ***her cheeks ~d red*** ihr Gesicht flammte; ~ **cut·ter** *s.* ⚙ Schneidbrenner *m*; '~**-proof** *adj. tech.* **1.** feuerfest; **2.** explosi'onsgeschützt; '~-ˌ**throw·er** *s.* ⚔ Flammenwerfer *m*.

flam·ing ['fleɪmɪŋ] *adj.* **1.** lodernd (*a. Farben etc.*), brennend; **2.** *fig.* glühend, leidenschaftlich; **3.** *Brit.* F a) verdammt: ***you ~ idiot!***, b) gewaltig, Mords...: ***a ~ row*** ein ‚Mordskrach'.

flam·ma·ble ['flæməbl] → ***inflammable***.

flan [flæn] *s.* Obst-, Käsekuchen *m*.

flange [flændʒ] ⚙ I *s.* **1.** Flansch *m*; **2.** Rad-, Spurkranz *m*; II *v/t.* **3.** (an)flanschen: ***~d motor*** Flanschmotor *m*; ***~d rim*** umbördelter Rand.

flank [flæŋk] I *s.* **1.** Flanke *f*, Weiche *f* (*der Tiere*); **2.** Seite *f*, Flanke *f* (*e-r Person*); **3.** Seite *f* (*e-s Gebäudes etc.*): ~ ***clearance*** ⚙ Flankenspiel *n*; **4.** ⚔ Flanke *f*, Flügel *m* (*beide a. fig.*): ***turn the ~*** (***of***) die Flanke (*gen.*) aufrollen; II *v/t.* **5.** flankieren, seitlich stehen von, säumen, um'geben; **6.** ⚔ flankieren, die Flanke (*gen.*) decken *od.* angreifen; **7.** flankieren, (seitwärts) um'gehen; III *v/i.* **8.** angrenzen, -stoßen; seitlich liegen; '**flank·ing** [-kɪŋ] *adj.* seitlich; angrenzend; ⚔ Flanken..., Flankierungs...: ~ ***fire***; ~ ***march*** Flankenmarsch *m*.

flan·nel ['flænl] I *s.* **1.** Fla'nell *m*: ~**-*mouthed*** *Am. fig.* (aal)glatt; **2.** *pl.* Fla'nellkleidung *f*, *bsd.* Fla'nellhose *f*; **3.** *pl.* Fla'nellˌunterwäsche *f od.* -ˌunterhose *f*; **4.** *Brit.* Waschlappen *m*; **5.** *Brit.* F ‚Schmus' *m*; II *v/t.* **6.** mit Fla'nell bekleiden; **7.** mit Fla'nell abreiben; III *v/i.* **8.** *Brit.* F ‚Schmus' reden.

flan·nel·et(te) [ˌflænl'et] *s.* 'Baumwollflaˌnell *m*.

flap [flæp] I *s.* **1.** Schlag *m*, Klaps *m*; **2.** Flügelschlag *m*; **3.** (*Verschluß*)Klappe *f* (*Tasche, Briefkasten, Buchumschlag etc.*); **4.** (*Tisch-, Fliegen-, ✈ Lande-*) Klappe *f*; Falltür *f*; **5.** Lasche *f* (*Schuh, Karton*); **6.** weiche Krempe; **7.** ⚕ Hautlappen *m*; **8.** F Aufregung *f*: ***be*** (***all***) ***in a ~*** (ganz) aus dem Häuschen sein; ***don't get into a ~!*** reg dich nicht auf!; II *v/t.* **9.** e-n Klaps *od.* Schlag geben (*dat.*); **10.** auf u. ab (*od.* hin u. her) bewegen, mit *den Flügeln etc.* schlagen; III *v/i.* **11.** flattern; **12.** flattern, mit den Flügeln schlagen: ~ ***off*** davonflattern; **13.** klatschen, schlagen (***against*** gegen); **14.** F sich aufregen; **15.** *Am.* F ‚quasseln'; '~**·doo·dle** *s.* F Quatsch *m*; '~**-eared** *adj.* schlappohrig; '~**·jack** *s. bsd. Am.* Pfannkuchen *m*.

flap·per ['flæpə] *s.* **1.** Fliegenklappe *f*; **2.** Klappe *f*, her'abhängendes Stück; **3.** *zo.* (breite) Flosse; **4.** *sl.* ‚Flosse' *f* (*Hand*); **5.** *sl. hist.* ‚irre Type' (*Mädchen in den 20er Jahren*).

flare [fleə] I *s.* **1.** (auf)flackerndes Licht; Aufflackern *n*, -leuchten *n*, Lodern *n*; **2.** a) Leuchtfeuer *n*, b) 'Licht-, 'Feuersiˌgnal *n*, c) ⚔ Leuchtkugel *f od.* -bombe *f*; **3.** *fig.* → ***flare-up*** 2; **4.** *Mode*: Schlag *m*: ***with a ~*** ausgestellt (*Rock*), *Hose a.* mit Schlag; II *v/i.* **5.** flackern, lodern, leuchten: ~ ***up*** a) aufflammen, -flackern, -lodern (*alle a. fig.*), b) *a.* ~ ***out*** *fig.* aufbrausen; **6.** ausgestellt sein (*Rock etc.*); III *v/t.* **7.** flackern lassen; **8.** aufflammen lassen; **9.** mit Licht *od.* Feuer signalisieren; **10.** flattern lassen; **11.** *Mode*: ausstellen (*Rock etc.*), bauschen (→ *a.* 4); ~ **pis·tol** *s.* ⚔ 'Leuchtpiˌstole *f*; ˌ~**-'up** [-ər'ʌp] *s.* **1.** Aufflakkern *n*, -lodern *n* (*a. fig.*); **2.** *fig.* a) Aufbrausen *n*, Wutausbruch *m*, b) ‚Krach' *m*, (plötzlicher) Streit.

flash [flæʃ] I *s.* **1.** Aufblitzen *n*, Blitz *m*, Strahl *m*: ~ ***of fire*** Feuergarbe *f*; ~ ***of hope*** *fig.* Hoffnungsstrahl; ~ ***of wit*** Geistesblitz; ***like a ~*** *fig.* wie der Blitz; ***catch a ~ of*** *fig.* e-n Blick erhaschen von; ***give s.o. a ~*** *mot.* j-n anblinken; **2.** Stichflamme *f*: ***a ~ in the pan*** *fig.* a) e-e ‚Eintagsfliege' *f*, b) ein ‚Strohfeuer'; **3.** Augenblick *m*: ***in a ~*** im Nu, blitzartig, -schnell; ***for a ~*** e-n Augenblick lang; **4.** *Radio etc.*: 'Durchsage *f*, Kurzmeldung *f*; **5.** ⚔ *Brit.* (Uni'form-) Abzeichen *n*; **6.** *phot.* F Blitz(licht *n*) *m*; **7.** *bsd. Am.* F Taschenlampe *f*; **8.** *sl.* ‚Flash' *m* (*Drogenwirkung*); II *v/t.* **9.** *a.* ~ ***on*** aufleuchten *od.* (auf)blitzen lassen: ***he ~ed a light in my face*** er leuchtete mir (plötzlich) ins Gesicht; ~ ***one's lights*** *mot.* die Lichthupe betätigen; ***his eyes ~ed fire*** s-e Augen sprühten Feuer *od.* blitzten; ~ ***s.o. a glance*** j-m e-n Blick zuwerfen; **10.** (*mit Licht*) signalisieren; **11.** F *et.* zükken *od.* kurz zeigen (***at s.o.*** j-m): ~ ***a badge***; **12.** F zur Schau tragen, protzen mit; **13.** *Nachricht* (*per Funk etc.*) 'durchgeben; III *v/i.* **14.** aufflammen, (auf)blitzen; zucken (*Blitz, Lichtschein*); **15.** blinken; **16.** sich blitzartig bewegen, rasen, flitzen: ~ ***by*** vorbeirasen, *fig.* wie im Flug(e) vergehen; ***it ~ed across*** (*od.* ***through***) ***his mind that*** plötzlich schoß es ihm durch den Kopf, daß; ~ ***out*** *fig.* aufbrausen; **17.** ~ ***back*** zurückblenden (*im Film etc.*) (***to*** auf *acc.*); IV *adj.* **18.** F → ***flashy***; **19.** F a) geschniegelt, ‚aufgedonnert' (*Person*), b) protzig; **20.** F falsch, gefälscht; **21.** *in Zssgn* Schnell...; '~**·back** *s.* **1.** Rückblende *f* (*Film, Roman etc.*); **2.** ⚙ (Flammen)Rückschlag *m*; ~ **bomb** *s.* ⚔, *phot.* Blitzlichtbombe *f*; ~ **bulb** *s. phot.* Blitzlicht(lampe *f*) *n*; ~ **card** *s.* **1.** Illustrati'onstafel *f*; **2.** *sport* Wertungstafel *f*; ~ **cube** *s. phot.* Blitzwürfel *m*.

flash·er ['flæʃə] *s.* **1.** *mot.* Lichthupe *f*; **2.** *Brit.* F Exhibitio'nist *m*.

flash| flood *s.* plötzliche Überschwemmung; ~ **gun** *s. phot.* Blitzleuchte *f*, Elek'tronenblitzgerät *n*; ~ **lamp** → ***flash bulb***; '~**·light** *s.* **1.** ⚓ Leuchtfeuer *n*; **2.** *phot.* Blitzlicht *n*; **3.** *Am.* Taschenlampe *f*; **4.** blinkendes Re'klamelicht; '~ˌ**o·ver** *s.* ⚡ 'Überschlag *m*; ~ **point** *s. phys.* Flammpunkt *m*; ~ **weld·ing** *s.* ⚙ Abschmelzschweißen *n*.

flash·y ['flæʃɪ] *adj.* □ protzig, auffällig, grell, ‚knallig'.

flask [flɑːsk] *s.* **1.** (Taschen-, Reise-, Feld)Flasche *f*; **2.** ⚙ Kolben *m*, Flasche *f*; **3.** ⚙ Formkasten *m*.

flat[1] [flæt] I *s.* **1.** Fläche *f*, Ebene *f*; **2.** flache Seite: ~ ***of the hand*** Handfläche *f*; **3.** Flachland *n*, Niederung *f*; **4.** Untiefe *f*, Flach *n*; **5.** ♪ B *n*; **6.** *thea.* Ku'lisse *f*; **7.** *mot.* ‚Plattfuß' *m*, Reifenpanne *f*; **8.** → ***flatcar***; **9.** ***the ~*** *Pferdesport*: die Flachrennen *pl.*; **10.** *pl.* flache Schuhe; II *adj.* **11.** flach, eben; platt (*a. Reifen*); ra'sant (*Flugbahn*): ~ ***feet*** Plattfüße; ***the ~ hand*** die flache *od.* offene Hand; ~ ***nose*** platte Nase; ***as ~ as a pancake*** F flach wie ein Brett (*Mädchen*); **12.** hingestreckt, flach am Boden liegend: ***knock ~*** umhauen; ***lay ~*** dem Erdboden gleichmachen; **13.** entschieden, glatt: ***a ~ refusal***; ***and that's ~*** und damit basta!; **14.** fade, schal (*Bier etc.*); **15.** *a.* ✝ lustlos, flau; **16.** a) langweilig, fad(e), ‚lahm', b) flach, oberflächlich; **17.** a) einheitlich: ~ ***price*** (*od.* ***rate***) Einheitspreis *m*, b) pau'schal: ~ ***fee*** Pauschalgebühr *f*; → ***flat price***, ***flat rate***; **18.** *paint.*, *phot.* a) matt, b) kon'trastlos; **19.** klanglos (*Stimme*); **20.** ♪ a) erniedrigt (*Note*), b) mit B-Vorzeichen (*Tonart*); **21.** leer (*Batterie*); III *adv.* **22.** flach: ***fall ~*** a) der Länge nach hinfallen, b) *fig.* F ‚danebengehen' (*mißglücken od. s-e Wirkung verfehlen*), *thea. etc.* ‚durchfallen'; **23.** genau: ***in 10 seconds ~***; ***in nothing ~*** blitzschnell; **24.** eindeutig; **25.** entschieden, kate'gorisch; **26.** ♪ a) um e-n halben Ton niedriger, b) zu tief: ***sing ~***; **27.** ohne Zinsen; **28.** F völlig: ~ ***broke*** ‚total pleite'; **29.** ~ ***out*** F auf

Hochtouren, ‚volle Pulle' (*fahren, arbeiten etc.*); **30. ~ out** F ‚to'tal erledigt'.

flat² [flæt] *s. Brit.* (E'tagen)Wohnung *f.*

'flat|-bed trail·er *s. mot.* Tiefladeanhänger *m*; **'~-boat** *s.* ⚓ Prahm *m*; **'~-car** *s.* 🚂 *Am.* Plattformwagen *m*; **~ cost** *s.* ✝ Selbstkosten(preis *m*) *pl.*; **'~-fish** *s.* Plattfisch *m*; **'~-foot** *s.* [*irr.*] **1.** ⚕ Platt-, Senkfuß *m*; **2.** *pl. a.* **~s** *sl.* ‚Bulle' *m* (*Polizist*); **,~-'foot·ed** *adj.* **1.** ⚕ plattfüßig: **be ~** Plattfüße haben; **2.** ⚙ standfest; **3.** F ‚eisern', entschieden; **4.** *Brit.* F linkisch, unbeholfen; **'~-hunt** *v/i.*: **go ~ing** *Brit.* auf Wohnungssuche gehen; **'~,i·ron** *s.* **1.** Bügeleisen *n*; **2.** ⚙ Flacheisen *n.*

flat·let ['flætlɪt] *s. Brit.* Kleinwohnung *f.*

flat·ly ['flætlɪ] *adv.* kate'gorisch, rundweg.

'flat·mate *s. Brit.* Mitbewohner(in).

flat·ness ['flætnɪs] *s.* **1.** Flachheit *f*; **2.** Plattheit *f*, Eintönigkeit *f*; **3.** Entschiedenheit *f*; **4.** ✝ Flauheit *f.*

'flat|-nosed pli·ers *s. pl.* ⚙ Flachzange *f*; **~ price** *s.* ✝ Pau'schalpreis *m*; **~ race** *s.* Flachrennen *n*; **~ rate** *s.* Einheits-, Pau'schalsatz *m*; **~ sea·son** *s.* 'Flachrennsai,son *f.*

flat·ten ['flætn] **I** *v/t.* **1.** flach *od.* eben *od.* glatt machen, (ein)ebnen, planieren: **~ o.s. against s.th.** sich (platt) an et. drücken; **2.** ⚙ a) abflachen (*a.* ⚡), b) ausbeulen, flach hämmern; **3.** dem Erdboden gleichmachen; **4.** F *Gegner* ‚flachlegen', *weitS.* ‚fertigmachen'; **5.** ♪ *Note* um e-n halben Ton erniedrigen; **6.** *paint. Farben* dämpfen, *a.* ⚙ grundieren; **II** *v/i.* **7.** flach *od.* eben werden; **~ out I** *v/t.* **1.** → **flatten** 2; **2.** ✈ *das Flugzeug* (*vor der Landung*) aufrichten; **II** *v/i.* **3.** → **flatten** 7; **4.** ✈ ausschweben.

flat·ter ['flætə] *v/t.* **1.** *j-m* schmeicheln: **be ~ed** sich geschmeichelt fühlen (**at**, **by** durch); **~ s.o. into doing s.th.** j-n so lange umschmeicheln, bis er et. tut; **2.** *fig. j-m* schmeicheln (*Bild etc.*): **the picture ~s him** das Bild ist geschmeichelt; **3.** *fig. dem Ohr, j-s Eitelkeit etc.* schmeicheln, wohltun; **4. ~ o.s.** a) sich schmeicheln *od.* einbilden (**that** daß), b) sich beglückwünschen (**on** zu); **'flat·ter·er** [-ərə] *s.* Schmeichler(in); **'flat·ter·ing** [-ərɪŋ] *adj.* □ schmeichelhaft: a) schmeichlerisch, b) geschmeichelt (*Bild etc.*); **'flat·ter·y** [-ərɪ] *s.* Schmeiche'lei *f.*

flat·tie ['flætɪ] → **flatfoot** 2.

'flat·top *s.* ⚓ *Am.* F Flugzeugträger *m.*

flat·u·lence ['flætjʊləns], **'flat·u·len·cy** [-sɪ] *s.* **1.** ⚕ Blähung(en *pl.*) *f*; **2.** *fig.* a) Hohlheit *f*, b) Schwülstigkeit *f*; **'flat·u·lent** [-nt] *adj.* □ **1.** blähend; **2.** *fig.* a) hohl, b) schwülstig.

'flat·ware *s. Am.* **1.** (Tisch-, Eß)Besteck *n*; **2.** flaches (Eß)Geschirr.

flaunt [flɔːnt] **I** *v/t.* **1.** zur Schau stellen, protzen mit: **~ o.s.** → 3; **2.** *Am. e-n Befehl etc.* miß'achten; **II** *v/i.* **3.** (her'um)stolzieren, paradieren; **4.** a) stolz wehen, b) prangen.

flau·tist ['flɔːtɪst] *s.* ♪ Flötenspieler(in).

fla·vo(u)r ['fleɪvə] **I** *s.* **1.** (Wohl)Geschmack *m*, A'roma *n*, *a.* Geschmacksrichtung *f*: **~ enhancer** Aromazusatz *m*; **~-enhancing** geschmacksverbessernd; **2.** Würze *f*, A'roma *n*, aro'matischer Geschmackstoff, ('Würz)Es,senz *f*; **3.** *fig.* Beigeschmack *m*, Anflug *m*; **II** *v/t.* **4.** würzen (*a. fig.*), Geschmack geben (*dat.*); **III** *v/i.* **5. ~ of** schmecken *od.* riechen nach (*a. fig. contp.*); **'fla·vo(u)red** [-əd] *adj.* würzig, schmackhaft; *in Zssgn* mit ... Geschmack; **'fla·vo(u)r·ing** [-vərɪŋ] *s.* → **flavo(u)r** 2; **'fla·vo(u)r·less** [-lɪs] *adj.* ohne Geschmack, fad(e), schal.

flaw [flɔː] **I** *s.* **1.** Fehler *m*: a) Mangel *m*, Makel *m*, b) ⚙, ✝ fehlerhafte Stelle, De'fekt *m* (*a. fig.*), Fabrikati'onsfehler *m*; **2.** Sprung *m*, Riß *m*, Bruch *m*; **3.** Blase *f*, Wolke *f* (*im Edelstein*); **4.** ⚖ a) Formfehler *m*, b) Fehler *m* im Recht; **5.** *fig.* schwacher Punkt, Mangel *m*; **II** *v/t.* **6.** brüchig *od.* rissig machen; **7.** *fig.* Fehler aufzeigen in (*dat.*); **8.** verunstalten; **'flaw·less** [-lɪs] *adj.* □ fehler-, einwandfrei, tadellos; lupenrein (*Edelstein*).

flax [flæks] *s.* ⚘ **1.** Flachs *m*, Lein *m*; **2.** Flachs(faser *f*) *m*; **flax·en** ['flæksən] *adj.* **1.** Flachs...; **2.** flachsartig; **3.** flachsen, flachsfarben: **~-haired** flachsblond; **'flax·seed** *s.* ⚘ Leinsamen *m.*

flay [fleɪ] *v/t.* **1.** *Tier* abhäuten, *hunt.* abbalgen: **~ s.o. alive** F a) kein gutes Haar an j-m lassen, b) j-n ‚zur Schnecke' machen; **2.** *et.* schälen; **3.** *j-n* auspeitschen; **4.** F *j-n* ausplündern *od.* ‚ausnehmen'.

flea [fliː] *s. zo.* Floh *m*: **send s.o. away with a ~ in his ear** j-m ‚heimleuchten'; **'~-bag** *s. sl.* **1.** a) ‚Flohkiste' *f* (*Bett*), b) Schlafsack *m*; **2.** ‚Schlampe' *f*; **'~-bite** *s.* **1.** Flohbiß *m*; **2.** Baga'telle *f*; **'~-,bit·ten** *adj.* **1.** von Flöhen zerbissen; **2.** rötlich gesprenkelt (*Pferd etc.*); **~ mar·ket** *s.* Flohmarkt *m.*

fleck [flek] **I** *s.* **1.** Licht-, Farbfleck *m*; **2.** a) (Haut)Fleck *m*, b) Sommersprosse *f*; **3.** (*Staub- etc.*)Teilchen *n*: **~ of dust**; **~ of mud** Dreckspritzer *m*; **~ of snow** Schneeflocke *f*; **II** *v/t.* **4.** → **'fleck·er** [-kə] *v/t.* sprenkeln.

flec·tion ['flekʃn] *etc. Am.* → **flexion** *etc.*

fled [fled] *pret. u. p.p. von* **flee.**

fledge [fledʒ] **I** *v/t. Pfeil etc.* befiedern, mit Federn versehen; **II** *v/i. orn.* flügge werden: **~d** flügge; **'fledg(e)·ling** [-dʒlɪŋ] *s.* **1.** eben flügge gewordener Vogel; **2.** *fig.* Grünschnabel *m*, Anfänger *m.*

flee [fliː] **I** *v/i.* [*irr.*] **1.** fliehen, flüchten (**before**, **from** vor *dat.*; **from** aus, von): **~ from justice** sich der Strafverfolgung entziehen; **2.** eilen; **3. ~ from** → 5; **II** *v/t.* [*irr.*] **4.** fliehen aus: **~ the country**; **5.** aus dem Weg gehen (*dat.*), meiden.

fleece [fliːs] **I** *s.* **1.** Vlies *n*, Schaffell *n*; **2.** *a.* **~ wool** Schur(wolle) *f*; **3.** *fig.* dikkes Gewebe, Flausch *m*; **4.** (Haar)Pelz *m*; **5.** Schnee- *od.* Wolkendecke *f*; **II** *v/t.* **6.** *fig.* schröpfen (**of** um), ‚rupfen'; **7.** bedecken; **'fleec·y** [-sɪ] *adj.* wollig, weich: **~ cloud** Schäfchenwolke *f.*

fleet¹ [fliːt] *s.* **1.** (*bsd.* Kriegs)Flotte *f*: ♀ **Admiral** *Am.* Großadmiral *m*; **merchant ~** Handelsflotte; **2.** ✈ Gruppe *f*, Geschwader *n*; **3. ~** (**of cars**) Wagenpark *m.*

fleet² [fliːt] *adj.* □ **1.** schnell, flink: **~ of foot**, **~-footed** schnellfüßig; **2.** *poet.* → **fleeting.**

fleet·ing ['fliːtɪŋ] *adj.* □ (schnell) da'hineilend, flüchtig, vergänglich: **~ time**; **~ glimpse** flüchtiger (An)Blick *od.* Eindruck; **'fleet·ness** [-tnɪs] *s.* **1.** Schnelligkeit *f*; **2.** Flüchtigkeit *f.*

Fleet Street *s.* Fleet Street *f*: a) *das Londoner Presseviertel*, b) *fig. die* (*Londoner*) *Presse.*

Flem·ing ['flemɪŋ] *s.* Flame *m*, Flamin *f*, Flämin *f*; **'Flem·ish** [-mɪʃ] **I** *s.* **1. the ~** die Flamen *pl.*; **2.** *ling.* Flämisch *n*; **II** *adj.* **3.** flämisch.

flench [flentʃ], **flense** [flenz] *v/t.* **1.** a) *den Wal* flensen, b) *den Walspeck* abziehen; **2.** *Seehund* häuten.

flesh [fleʃ] **I** *s.* **1.** Fleisch *n*: **my own ~ and blood** mein eigen Fleisch u. Blut; **more than ~ and blood can bear** einfach unerträglich; **in ~** *obs.* korpulent, dick; **lose ~** abmagern, abnehmen; **put on ~** Fett ansetzen, zunehmen; **press** (**the**) **~** *Am.* F Hände schütteln; (**bare**) **~** *iro.* (nacktes) Fleisch, ‚Fleischbeschau' *f*; → **creep** 4; **2.** Körper *m*, Leib *m*: **in the ~** leibhaftig, (höchst)persönlich, *weitS.* in natura; **become one ~** 'ein Leib u. 'eine Seele werden; **3.** a) *sündiges* Fleisch, b) Fleischeslust *f*: **pleasures of the ~** Freuden des Fleisches; **4.** Menschheit *f*: **go the way of all ~** den Weg allen Fleisches gehen; **5.** (Frucht)Fleisch *n*; **II** *v/t.* **6.** *Jagdhund* Fleisch kosten lassen; **7.** *Tierhaut* ausfleischen; **8.** *mst* **~ out** *fig. Gesetz etc.* ‚mit Fleisch versehen', Sub'stanz verleihen (*dat.*); **'~-,col·o(u)r** *s.* Fleischfarbe *f*; **'~-,col·o(u)red** *adj.* fleischfarben.

flesh·ings ['fleʃɪŋz] *s. pl.* fleischfarbene Strumpfhose *f*; **flesh·ly** ['fleʃlɪ] *adj.* **1.** fleischlich: a) leiblich, b) sinnlich; **2.** irdisch, menschlich.

'flesh|·pot *s.*: **the ~s of Egypt** *fig.* die Fleischtöpfe Ägyptens; **~ tights** → **fleshings**; **~ tints** *s. pl. paint.* Fleischtöne *pl.*; **~ wound** *s.* Fleischwunde *f.*

flesh·y ['fleʃɪ] *adj.* **1.** fleischig (*a. Früchte etc.*), dick; **2.** fleischartig.

fleur-de-lis [,flɜːdə'liː] *pl.* **fleurs-de-lis** [,flɜːdə'liːz] (*Fr.*) *s.* **1.** *her.* Lilie *f*; **2.** *königliches Wappen Frankreichs.*

flew [fluː] *pret. von* **fly¹.**

flews [fluːz] *s. pl.* Lefzen *pl.*

flex [fleks] **I** *v/t. anat.* beugen, biegen: **~ one's knees**; **~ one's muscles** die Muskeln anspannen, s-e Muskeln spielen lassen (*a. fig.*); **II** *s.* ⚡ *bsd. Brit.* (Anschluß-, Verlängerungs)Kabel *n*; **flex·i·bil·i·ty** [,fleksə'bɪlətɪ] *s.* **1.** Biegsamkeit *f*, Elastizi'tät *f*; **2.** *fig.* Flexibili'tät *f*, Wendigkeit *f*, Beweglichkeit *f*; **flex·i·ble** ['fleksəbl] *adj.* □ **1.** fle'xibel: a) biegsam, e'lastisch, b) *fig.* wendig, anpassungsfähig, geschmeidig: **~ car** *mot.* wendiger Wagen; **~ drive shaft** ⚙ Kardanwelle *f*; **~ gun** schwenkbares Geschütz; **~ metal tube** Metallschlauch *m*; **~ policy** flexible Politik; **~ working hours** gleitende Arbeitszeit; **2.** lenkbar, folg-, fügsam; **'flex·ile** [-ksɪl] → **flexible**; **'flex·ion** [-kʃn] *s.* **1.** *bsd. anat.* Biegen *n*, Beugung *f*; **2.** *ling.* Flexi'on *f*, Beugung *f*; **'flex·ion·al** [-kʃənl] *adj. ling.* flektiert, Flexions..., Beugungs...; **'flex·or** [-ksə] *s. anat.* Beuger *m*, Beugemuskel *m*; **'Flex·time** (*Warenzeichen*) *s.* ✝ gleitende Arbeitszeit.

flib·ber·ti·gib·bet [,flɪbətɪ'dʒɪbɪt] *s.* a)

Klatschbase *f*, b) ‚verrückte Nudel'.

flick¹ [flɪk] **I** *s.* **1.** leichter, schneller Schlag, Klaps *m*; **2.** a) Schnipser *m*, (Finger)Schnalzen *n*, b) (Peitschen-)Schnalzen *n*, (-)Knall *m*: ***a ~ of the wrist*** schnelle Drehung des Handgelenks; **II** *v/t.* **3.** schnippen, schnipsen; e-n Klaps geben (*dat.*); *Schalter* an- *od.* ausknipsen; *Messer* (auf)schnappen lassen; **III** *v/i.* **4.** schnellen; **5. *~ through*** *Buch etc.* 'durchblättern.

flick² [flɪk] *s.* F a) Film *m*, b) *pl.* ‚Kintopp' *m*, Kino *n*.

flick·er ['flɪkə] **I** *s.* **1.** Flackern *n*: ***a ~ of hope*** ein Hoffnungsfunke; **2.** Zucken *n*; **3.** *TV* Flimmern *n*; **4.** Flattern *n*; **II** *v/i.* **5.** *a. fig.* (auf)flackern; **6.** zucken; **7.** *TV* flimmern; **8.** huschen (***over*** über *acc.*) (*Augen*).

flick knife *s.* [*irr.*] *Brit.* Schnappmesser *n*.

fli·er ['flaɪə] *s.* **1.** etwas, das fliegt (*Vogel, Insekt, etc.*); **2.** ✈ Flieger *m*: a) Pi'lot *m*, b) ‚Vogel' *m* (*Flugzeug*); **3.** Flieger *m* (*Trapezkünstler*); **4.** *Am.* a) Ex'preß(zug) *m*, b) Schnell(auto)bus *m*; **5.** ⚙ Schwungrad *n*; **6. *take a ~*** F a) e-n Riesensatz machen, b) *Am.* sich auf e-e gewagte Sache einlassen; **7.** *Am.* Flugblatt *n*, Re'klamezettel *m*; **8.** F *für* ***flying start***.

flight¹ [flaɪt] *s.* Flucht *f*: ***put to ~*** in die Flucht schlagen; ***take*** (***to***) ***~*** die Flucht ergreifen; ***~ of capital*** ☨ Kapitalflucht; ***~ capital*** Fluchtkapital *n*.

flight² [flaɪt] *s.* **1.** Flug *m*, Fliegen *n*: ***in ~*** im Flug; **2.** ✈ a) Flug *m*, b) Flug(strecke *f*) *m*; **3.** Schwarm *m* (*Vögel od. Insekten*), Flug *m*, Schar *f* (*Vögel*): ***in the first ~*** *fig.* an der Spitze; **4.** ✈, ⚔ a) Schwarm *m* (*4 Flugzeuge*), b) Kette *f* (*3 Flugzeuge*); **5.** (*Geschoß-, Pfeil- etc.*) Hagel *m*; **6.** (*Gedanken- etc.*)Flug *m*, Schwung *m*; **7. *~ of stairs*** (*od.* ***steps***) Treppe *f*; **~ at·tend·ant** *s.* Flugbegleiter(in); **~ deck** *s.* **1.** ⚓ Flugdeck *n*; **2.** ✈ Cockpit *n*; **~ en·gi·neer** *s.* 'Bordingeni,eur *m*; **'~-,feath·er** *s. orn.* Schwungfeder *f*.

flight·i·ness ['flaɪtɪnɪs] *s.* **1.** Flatterhaftigkeit *f*; **2.** Leichtsinn *m*.

flight| in·struc·tor *s.* ✈ Fluglehrer *m*; **~ lane** *s.* ✈ Flugschneise *f*; **~ lieu·ten·ant** *s. Brit.* (Flieger)Hauptmann *m*; **~ me·chan·ic** *s.* 'Bordme,chaniker *m*; **~ path** *s.* **1.** ✈ Flugroute *f*; **2.** *Ballistik*: Flugbahn *f*; **~ re·cord·er** *s.* ✈ Flugschreiber *m*; **'~-test** *v/t.* im Flug erproben: ***~ed*** flugerprobt; **~ tick·et** *s.* Flugticket *n*; **'~-,worth·y** *adj.* flugtauglich (*Person*); fluggeeignet (*Maschine*).

flight·y ['flaɪtɪ] *adj.* □ **1.** flatterhaft, launisch, fahrig; **2.** leichtsinnig.

flim·flam ['flɪmflæm] **I** *s.* **1.** Quatsch *m*; **2.** ‚fauler Zauber', Trick(s *pl.*) *m*; **II** *v/t.* *j-n* ‚reinlegen'.

flim·si·ness ['flɪmzɪnɪs] *s.* **1.** Dünnheit *f*; **2.** *fig.* Fadenscheinigkeit *f*; **3.** Dürftigkeit *f*; **flim·sy** ['flɪmzɪ] **I** *adj.* □ **1.** (hauch)dünn, zart, leicht, schwach; **2.** *fig.* dürftig, 'durchsichtig, schwach, fadenscheinig: ***a ~ excuse***; **II** *s.* **3.** a) 'Durchschlag-, 'Kohlepa,pier *n*, b) 'Durchschlag *m*; **4.** *pl.* F ‚Reizwäsche' *f*.

flinch¹ [flɪntʃ] *v/i.* **1.** zu'rückschrecken (***from, at*** vor *dat.*); **2.** (zu'rück)zucken, zs.-fahren (*vor Schmerz etc.*): ***without ~ing*** ohne mit der Wimper zu zucken.

flinch² [flɪntʃ] → ***flench***.

fling [flɪŋ] **I** *s.* **1.** Wurf *m*: (***at***) ***full ~*** mit voller Wucht; **2.** Ausschlagen *n* (*des Pferdes*); **3.** *fig.* F Versuch *m*: ***have a ~ at s.th.*** es mit et. probieren; ***have a ~ at s.o.*** über j-n herfallen, gegen j-n sticheln; **4. *have one's*** (*od.* ***a***) ***~*** sich austoben; **5.** *ein schottischer Tanz*; **II** *v/t.* [*irr.*] **6.** schleudern, werfen: ***~ open*** *Tür* aufreißen; ***~ s.th. in s.o.'s teeth*** *fig.* j-m et. ins Gesicht schleudern; ***~ o.s. at s.o.*** a) sich auf j-n stürzen, b) *fig.* sich j-m an den Hals werfen; ***~ o.s. into s.th.*** *fig.* sich in *od.* auf e-e Sache stürzen; **III** *v/i.* [*irr.*] **7.** eilen, stürzen (***out of the room*** aus dem Zimmer); **8. *~ out*** (***at***) ausschlagen (nach) (*Pferd*); *Zssgn mit adv.*:

fling| a·way *v/t.* **1.** wegwerfen; **2.** *fig. Zeit, Geld* vergeuden, verschwenden (***on*** für *et.*, an *j-n*); **~ back** *v/t. Kopf* zu'rückwerfen; **~ down** *v/t.* zu Boden werfen; **~ off I** *v/t.* **1.** *Kleider, a. Joch, Skrupel* abwerfen; **2.** *Verfolger* abschütteln; **3.** *Gedicht etc.* ‚hinhauen'; **4.** *Bemerkung* fallenlassen; **II** *v/i.* **5.** da'vonstürzen; **~ on** *v/t.* (sich) *Kleider* 'überwerfen; **~ out I** *v/t.* **1.** *j-n* hin'auswerfen, **2.** *et.* wegwerfen, **3.** *Worte* her'vorstoßen; **4.** *Arme* (plötzlich) ausstrecken; **II** *v/i.* **5.** → ***fling*** 7, 8.

flint [flɪnt] *s.* **1.** *min.* Flint *m*, Feuerstein *m* (*a. des Feuerzeugs*); **2.** → **~ glass** *s.* ⚙ Flintglas *n*; **'~-lock** *s.* ⚔ *hist.* Steinschloß(gewehr) *n*.

flint·y ['flɪntɪ] *adj.* □ **1.** aus Feuerstein; **2.** kieselhart; **3.** *fig.* hart(herzig).

flip¹ [flɪp] **I** *v/t.* **1.** schnipsen, schnellen: ***~ off*** wegschnipsen; ***~*** (***over***) *Buchseiten, Schallplatte etc.* wenden, *a. Spion* 'umdrehen; ***~ a coin*** e-e Münze hochwerfen (*zum Losen*); **2. *~ one's lid*** (*od.* ***top***) → 5; **II** *v/i.* **3.** schnipsen; **4. *~ through*** *Buch etc.* 'durchblättern; **5.** *a.* ***~ out*** *sl.* ‚ausflippen', ‚durchdrehen'; **III** *s.* **6.** Schnipser *m*; **7.** *sport* Salto *m*; **8.** ✈ *Brit.* F kurzer Rundflug; **IV** *adj.* **9.** F a) → ***flippant***, b) gut aufgelegt.

flip² [flɪp] *s.* Flip *m* (*alkoholisches Mischgetränk mit Ei*).

flip-flap ['flɪpflæp] → **'flip-flop** [-flɒp] *s.* **1.** Klappern *n*; **2.** *sport* Flic(k)flac(k) *m*, 'Handstand,überschlag *m*; **3.** *a.* ***~ circuit*** ϟ Flipflopschaltung *f*; **4.** 'Zehensan,dale *f*; **II** *v/i.* **5.** klappern; **6.** *sport* e-n Flic(k)flac(k) machen.

flip·pan·cy ['flɪpənsɪ] *s.* **1.** ‚Schnoddrigkeit' *f*, vorlaute Art; **2.** Leichtfertigkeit *f*, Frivoli'tät *f*; **'flip·pant** [-nt] *adj.* □ **1.** ‚schnodd(e)rig', vorlaut, frech; **2.** fri'vol, leichtfertig.

flip·per ['flɪpə] *s.* **1.** *zo.* (Schwimm)Flosse *f*; **2.** *sport* Schwimmflosse *f*; **3.** *sl.* ‚Flosse' *f* (*Hand*).

flirt [flɜːt] **I** *v/t.* **1.** schnipsen; **2.** wedeln mit: ***~ a fan***; **II** *v/i.* **3.** her'umflattern; **4.** flirten (***with*** mit) (*a. fig. pol. etc.*): ***~ with death*** mit dem Leben spielen; **5.** *mit e-r Idee* spielen, liebäugeln; **III** *s.* **6.** a) ko'kette Frau, b) Schäker *m*; **7.** → **flir·ta·tion** [flɜː'teɪʃn] *s.* **1.** Flirten *n*; **2.** Flirt *m*; **3.** Liebäugeln *n*; **flir·ta·tious** [flɜː'teɪʃəs] *adj.* (gern) flirtend, ko'kett.

flit [flɪt] **I** *v/i.* **1.** flitzen, huschen, sausen; **2.** (um'her)flattern; **3.** verfliegen (*Zeit*); **4.** *Brit.* F heimlich ausziehen; **II** *s.* **5.** *a.* ***moonlight ~*** *Brit.* F Auszug *m* bei Nacht u. Nebel.

flitch [flɪtʃ] *s.* **1.** *a.* ***~ of bacon*** gesalzene *od.* geräucherte Speckseite; **2.** Heilbuttschnitte *f*; **3.** Walspeckstück *n*.

fliv·ver ['flɪvə] *s. Am. sl.* **1.** kleine ‚Blechkiste' (*Auto, Flugzeug*); **2.** ‚Pleite' *f* (*Mißerfolg*).

float [fləʊt] **I** *v/i.* **1.** (im Wasser) treiben, schwimmen; **2.** ⚓ flott sein *od.* werden; **3.** schweben, treiben, gleiten; **4.** *a.* ☨ 'umlaufen, in 'Umlauf sein; ☨ gegründet werden; **5.** (ziellos) her'umwandern; **6.** *Am.* häufig den Wohnsitz *od.* Arbeitsplatz wechseln; **II** *v/t.* **7.** schwimmen *od.* treiben lassen; *Baumstämme* flößen; **8.** ⚓ flottmachen; **9.** schwemmen, tragen (*Wasser*) (*a. fig.*); **10.** über'schwemmen (*a. fig.*); **11.** *fig. Verhandlungen etc.* in Gang bringen, lancieren; *Gerücht etc.* in 'Umlauf setzen; **12.** ☨ a) *Gesellschaft* gründen, b) *Anleihe* auflegen, c) *Wertpapiere* in 'Umlauf bringen; **13.** ☨ floaten, den Wechselkurs (*gen.*) freigeben; **III** *s.* **14.** Floß *n*; **15.** schwimmende Landebrükke; **16.** *Angeln*: (Kork)Schwimmer *m*; **17.** *ichth.* Schwimmblase *f*; **18.** ⚙, ✈ Schwimmer *m*; **19.** *a.* ***~ board*** (Rad-)Schaufel *f*; **20.** a) niedriger Plattformwagen (*für Güter*), b) Festwagen *m* (*bei Umzügen etc.*); **21.** ⚙ a) Raspel *f*, b) Pflasterkelle *f*; **22.** *pl. thea.* Rampenlicht *n*; **23.** *Brit.* Notgroschen *m*; **'float·a·ble** [-təbl] *adj.* **1.** schwimmfähig; **2.** flößbar (*Fluß*); **'float·age**, **float·a·tion** → ***flotage***, ***flotation***.

float bridge *s.* Floßbrücke *f*.

float·er ['fləʊtə] *s.* **1.** ☨ Gründer *m e-r Firma*; **2.** ☨ *Brit.* erstklassiges 'Wertpa,pier; **3.** *Am.* F ‚Zugvogel' *m* (*j-d, der ständig Wohnsitz od. Arbeitsplatz wechselt*); **4.** Springer *m* (*im Betrieb*); **5.** *pol.* a) Wechselwähler *m*, b) *Wähler, der s-e Stimme illegal in mehreren Wahlbezirken abgibt*; **6.** *Am. sl.* Wasserleiche *f*.

float·ing ['fləʊtɪŋ] **I** *adj.* □ **1.** schwimmend, treibend, Schwimm…, Treib…; **2.** schwebend (*a. fig.*); **3.** lose, beweglich; **4.** schwankend; **5.** ohne festen Wohnsitz, wandernd; **6.** ☨ a) 'umlaufend (*Geld etc.*), b) schwebend (*Schuld*), c) flüssig (*Kapital*), d) fle'xibel (*Wechselkurs*), e) frei konvertierbar (*Währung*); **II** *s.* **7.** ☨ Floating *n*, Freigabe *f* des Wechselkurses; **~ an·chor** *s.* ⚓ Treibanker *m*; **~ as·sets** *s. pl.* ☨ flüssige Ak'tiva *pl.*; **~ ax·le** *s.* ⚙ Schwingachse *f*; **~ bridge** *s.* Tonnen-, Floßbrücke *f*; **~ cap·i·tal** *s.* ☨ 'Umlaufvermögen *n*; **~ crane** *s.* ⚙ Schwimmkran *m*; **~ dec·i·mal point** → ***floating point***; **~ dock** *s.* ⚓ Schwimmdock *n*; **~ ice** *s.* Treibeis *n*; **~ kid·ney** *s.* ⚕ Wanderniere *f*; **~ light** *s.* ⚓ Leuchtboje *f od.* -schiff *n*; **~ mine** *s.* ⚔ Treibmine *f*; **~ point** *s. Computer etc.*: Fließkomma *n*; **~ pol·i·cy** *s.* ☨ Pau'schalpo,lice *f*; **~ rib** *s. anat.* falsche Rippe; **~ trade** *s.* ☨ Seefrachthandel *m*; **~ vote** (*od.* **vot·ers** *pl.*) *s. pol.* Wechselwähler *pl.*

'float|·plane *s.* ✈ Schwimmerflugzeug *n*; **~ switch** *s.* ϟ Schwimmerschalter *m*; **~ valve** *s.* ⚙ 'Schwimmerven,til *n*.

floc·cose ['flɒkəʊs], **'floc·cu·lent** [-kjʊlənt] *adj.* flockig, wollig; **'floc·cus** [-kəs] *pl.* **-ci** [-ksaɪ] *s.* **1.** Flocke *f*; **2.**

Büschel *n*; **3.** *orn.* Flaum *m.*

flock¹ [flɒk] **I** *s.* **1.** Herde *f* (*bsd. Schafe*); **2.** Schwarm *m*, *hunt.* Flug *m* (*Vögel*); **3.** Menge *f*, Schar *f* (*Personen*): ***come in ~s*** (in Scharen) herbeiströmen; **4.** *eccl.* Herde *f*, Gemeinde *f*; **II** *v/i.* **5.** *fig.* strömen: ***~ to a place*** zu e-m Ort (hin)strömen; ***~ to s.o.*** j-m zuströmen, in Scharen zu j-m kommen; ***~ together*** zs.-strömen.

flock² [flɒk] *s.* **1.** (Woll)Flocke *f*; **2.** *sg. od. pl.* a) Wollabfall *m*, b) Wollpulver *n* (*für Tapeten etc.*): ***~ (wall)paper*** Velourstapete *f*.

floe [fləʊ] *s.* Treibeis *n*, Eisscholle *f*.

flog [flɒg] *v/t.* **1.** prügeln, schlagen: ***~ a dead horse*** a) s-e Zeit verschwenden, b) offene Türen einrennen; ***~ s.th. to death*** *fig.* et. zu Tode reiten; **2.** auspeitschen; **3.** ***~ s.th. into s.o.*** j-m et. einbleuen; ***~ s.th. out of s.o.*** j-m et. austreiben; **4.** *Brit.* F *et.* ‚verscheuern', ‚verkloppen'; **'flog·ging** [-gɪŋ] *s.* **1.** Tracht *f* Prügel; **2.** Prügelstrafe *f*.

flood [flʌd] **I** *s.* **1.** Flut *f* (*a. Ggs. Ebbe*): ***on the ~*** mit der (*od.* bei) Flut; **2.** Über'schwemmung *f* (*a. fig.*), Hochwasser *n*: ***the 2*** *bibl.* die Sintflut; **3.** *fig.* Flut *f*, Strom *m*, Schwall *m* (*von Briefen, Worten etc.*): ***a ~ of tears*** ein Tränenstrom; **II** *v/t.* **4.** über'schwemmen, -'fluten (*a. fig.*): ***~ the market*** ✝ den Markt überschwemmen; **5.** unter Wasser setzen; **6.** ⚓ fluten; **7.** *mot. den Motor* ‚absaufen' lassen; **8.** *Fluß* anschwellen lassen; **9.** *fig.* strömen in (*acc.*), sich ergießen über (*acc.*); **III** *v/i.* **10.** *a. fig.* fluten, strömen, sich ergießen: ***~ in*** hereinströmen; **11.** a) anschwellen (*Fluß*), b) über die Ufer treten; **12.** 'überlaufen (*Bad etc.*); **13.** über'schwemmt werden; ***~ con·trol*** *s.* Hochwasserschutz *m*; ***~ dis·as·ter*** *s.* 'Hochwasserkataˌstrophe *f*; **'~·gate** *s.* Schleusentor *n*, *fig.* Schleuse *f*: ***open the ~s to*** *fig.* Tür u. Tor öffnen (*dat.*).

flood·ing ['flʌdɪŋ] *s.* **1.** Über'schwemmung *f*; **2.** ⚕ Gebärmutterblutung *f*.

'flood|·light I *s.* **1.** Scheinwerfer-, Flutlicht *n*; **2.** *a.* ***~ projector*** Scheinwerfer *m*: ***under ~s*** bei Flutlicht; **II** *v/t.* [*irr.* → ***light¹***] (mit Scheinwerfern) beleuchten *od.* anstrahlen: ***floodlit*** in Flutlicht getaucht; ***floodlit match*** *sport* Flutlichtspiel *n*; **'~·mark** *s.* Hochwasserstandszeichen *n*; **'~·tide** *s.* Flut(zeit) *f*.

floor [flɔː] **I** *s.* **1.** (Fuß)Boden *m*: ***mop*** (*od.* ***wipe***) ***the ~ with s.o.*** j-n ‚fertigmachen', mit j-m ‚Schlitten fahren'; **2.** Tanzfläche *f*: ***take the ~*** auf die Tanzfläche gehen (→ 3); **3.** *parl.* Sitzungs-, Ple'narsaal *m*: ***cross the ~*** zur Gegenpartei übergehen; ***admit to the ~*** *j-m* das Wort erteilen; ***get*** (***have*** *od.* ***hold***) ***the ~*** das Wort erhalten (haben); ***take the ~*** das Wort ergreifen (→ 2); **4.** ✝ Börsensaal *m*; **5.** Stock(werk *n*) *m*, Geschoß *n*; → ***first floor*** *etc.*; **6.** (Meeres- *etc.*)Boden *m*, Grund *m*, (*Fluß-, Tal- etc.*, ⚒ *Strecken*)Sohle *f*; **7.** Minimum *n*: ***price ~***; ***cost ~*** Mindestkosten *pl.*; **II** *v/t.* **8.** e-n (Fuß)Boden legen in (*dat.*); **9.** zu Boden strecken, niederschlagen; **10.** F a) *j-n* ‚'umhauen': ***~ed*** sprachlos, ‚platt', b) *j-n* ‚schaffen'; **11.** *Am. das Gaspedal etc.* voll 'durchtreten; **'~·cloth** *s.* Scheuertuch *n*; ***~ cov·er·ing*** *s.* Fußbodenbelag *m*.

floor·er ['flɔːrə] *s.* F **1.** vernichtender Schlag, *fig. a.* ‚Schlag *m* ins Kon'tor'; **2.** ‚harte Nuß', knifflige Frage.

floor ex·er·cis·es *s. pl.* Bodenturnen *n*.

floor·ing ['flɔːrɪŋ] *s.* **1.** (Fuß)Boden *m*; **2.** Bodenbelag *m*.

floor| lamp *s.* Stehlampe *f*; ***~ lead·er*** *s. pol. Am.* Frakti'onsvorsitzende(r) *m*; ***~ man·ag·er*** *s.* **1.** ✝ Ab'teilungsleiter *m* (*in e-m Kaufhaus*); **2.** *pol. Am.* Geschäftsführer *m* (*e-r Partei*); **3.** *TV* Aufnahmeleiter *m*; ***~ plan*** *s.* **1.** Grundriß *m* (*e-s Stockwerks*); **2.** Raumverteilungsplan *m* (*auf e-r Messe etc.*); ***~ show*** *s.* Varie'tévorstellung *f* (*in e-m Nachtklub etc.*); ***~ space*** *s.* Bodenfläche *f*; ***~ tile*** *s.* Fußbodenfliese *f*; **'~ˌwalk·er** *s.* (aufsichtführender) Ab'teilungsleiter (*in e-m Kaufhaus*).

floo·zie ['fluːzɪ] *s. Am. sl.* ‚Flittchen' *n*.

flop [flɒp] **I** *v/i.* **1.** ('hin)plumpsen; **2.** (***into***) sich (in *e-n Sessel etc.*) plumpsen lassen; **3.** a) zappeln, b) flattern; **4.** F a) *ped., thea. etc.* ‚'durchfallen', b) *allg.* e-e ‚Pleite' sein, ‚da'nebengehen'; **II** *v/t.* **5.** ('hin)plumpsen lassen; **III** *s.* **6.** Plumps *m*; **7.** F a) *thea. etc.* ‚'Durchfall' *m*, ‚Flop' *m*, b) ‚Pleite' *f*, ‚Reinfall' *m*, c) Versager *m*, ‚Niete' *f* (*Person*); **IV** *adv. u. int.* **8.** plumps; **'flop·house** *s. Am. sl.* ‚Penne' *f*, (billige) ‚Absteige'; **'flop·py** [-pɪ] *adj.* □ schlaff, schlotterig: ***~ ears*** Schlappohren; ***~ hat*** Schlapphut *m*; ***~ disk*** *Computer*: Diskette *f*.

flo·ra ['flɔːrə] *pl.* **-ras**, *a.* **-rae** [-riː] *s.* **1.** Flora *f*, (*a.* Abhandlung *f* über e-e) Pflanzenwelt *f*; **2.** *physiol.* (*Darm- etc.*) Flora *f*; **'flo·ral** [-rəl] *adj.* □ Blumen..., Blüten..., *a.* geblümt: ***~ design*** Blumenmuster *n*; ***~ emblem*** Wappenblume *f*.

Flor·en·tine ['flɒrəntaɪn] **I** *adj.* floren'tinisch, Florentiner...; **II** *s.* Floren'tiner(in).

flo·res·cence [flɔː'resns] *s.* ⚘ Blüte(-zeit) *f* (*a. fig.*); **flo·ret** ['flɔːrɪt] *s.* Blümchen *n*.

flo·ri·cul·tur·e ['flɔːrɪkʌltʃə] *s.* Blumenzucht *f*.

flor·id ['flɒrɪd] *adj.* □ **1.** rot, gerötet: ***~ complexion***; **2.** blühend (*Gesundheit*); **3.** über'laden: a) blumig (*Stil*), b) 'übermäßig verziert; **4.** ♪ figuriert; **5.** ⚕ stark ausgeprägt (*Krankheit*).

Flo·rid·i·an [flɒ'rɪdɪən] **I** *adj.* Florida...; **II** *s.* Bewohner(in) von Florida.

flor·in ['flɒrɪn] *s.* **1.** *Brit. hist.* Zwei'schillingstück *n*; **2.** *obs.* (*bsd.* niederländischer) Gulden.

flo·rist ['flɒrɪst] *s.* Blumenhändler(in), -züchter(in).

floss¹ [flɒs] *s.* **1.** Ko'kon-, Seidenwolle *f*; **2.** Flo'rettgarn *n*; **3.** *a.* ***~ silk*** Schappe-, Flo'rettseide *f*; **4.** ⚘ Seidenbaumwolle *f*; **5.** Flaum *m*, seidige Sub'stanz; **6.** *a.* ***dental ~*** Zahnseide *f*.

floss² [flɒs] *s.* ⚙ **1.** Glasschlacke *f*; **2.** *a.* ***~ hole*** Schlackenloch *n*.

floss·y ['flɒsɪ] *adj.* **1.** flo'rettseiden; **2.** seidig; **3.** *Am. sl.* ‚schick'.

flo·tage ['fləʊtɪdʒ] *s.* **1.** Schwimmen *n*; **2.** Schwimmfähigkeit *f*; **3.** *et.* Schwimmendes *od.* Treibendes, Treibgut *n*.

flo·ta·tion [fləʊ'teɪʃn] *s.* **1.** → ***flotage*** 1; **2.** Schweben *n*; **3.** ✝ a) Gründung *f* (*e-er Gesellschaft*), b) In'umlaufbringung *f* (*von Wertpapieren etc.*), c) Auflegung *f* (*e-r Anleihe*); **4.** ⚙ Flotati'on *f*.

flo·til·la [fləʊ'tɪlə] *s.* ⚓ Flot'tille *f*.

flot·sam ['flɒtsəm], *a.* ***~ and jet·sam*** *s.* **1.** ⚓ Strand-, Treibgut *n*; **2.** *fig.* Strandgut *n* des Lebens; **3.** *fig.* 'Überbleibsel *pl.*, Krimskrams *m*.

flounce¹ [flaʊns] *v/i.* **1.** erregt stürmen *od.* stürzen; **2.** stolzieren; **3.** sich her'umwerfen, zappeln.

flounce² [flaʊns] **I** *s.* Vo'lant *m*, Besatz *m*; Falbel *f*; **II** *v/t.* mit Vo'lants besetzen.

floun·der¹ ['flaʊndə] *v/i.* **1.** zappeln, strampeln, *fig. a.* sich (ab)quälen; **2.** taumeln, stolpern, um'hertappen; **3.** *fig.* sich verhaspeln, nicht weiterwissen, *a. sport* ins ‚Schwimmen' kommen.

floun·der² ['flaʊndə] *s. ichth.* Flunder *f*.

flour ['flaʊə] **I** *s.* **1.** Mehl *n*; **2.** feines Pulver, Mehl *n*; **II** *v/t.* **3.** *Am.* (zu Mehl) mahlen; **4.** mit Mehl bestreuen.

flour·ish ['flʌrɪʃ] **I** *v/i.* **1.** gedeihen, *fig. a.* blühen, florieren; **2.** auf der Höhe s-r Macht *od.* s-s Ruhmes stehen; **3.** wirken, erfolgreich sein (*Künstler etc.*); **4.** prahlen; **5.** sich geschraubt ausdrücken; **6.** sich auffällig benehmen; **7.** Schnörkel *od.* Floskeln machen; **8.** ♪ a) phantasieren, b) e-n Tusch spielen; **II** *v/t.* **9.** schwingen, schwenken; **10.** zur Schau stellen, protzen mit; **11.** (aus)schmükken; **III** *s.* **12.** Schwingen *n*, Schwenken *n*; **13.** Schwung *m*, schwungvolle Gebärde; **14.** Schnörkel *m*; **15.** Floskel *f*; **16.** ♪ a) bravou'röse Pas'sage, b) Tusch *m*: ***~ of trumpets*** Trompetenstoß *m*, Fanfare *f*, *fig.* (großes) Trara; **'flour·ish·ing** [-ʃɪŋ] *adj.* □ blühend, gedeihend, florierend: ***~ trade*** schwunghafter Handel.

flour·y ['flaʊərɪ] *adj.* mehlig.

flout [flaʊt] **I** *v/t.* **1.** verspotten, -höhnen; **2.** *Befehl, Ratschlag etc.* miß'achten, *Angebot etc.* ausschlagen; **II** *v/i.* **3.** spotten (***at*** über *acc.*), höhnen.

flow [fləʊ] **I** *v/i.* **1.** fließen, strömen, fluten, rinnen, laufen (*alle a. fig.*): ***~ freely*** in Strömen fließen (*Sekt etc.*); **2.** *fig.* da'hinfließen, gleiten; **3.** ⚓ steigen (*Flut*); **4.** wallen (*Haar, Kleid etc.*), lose he'rabhängen; **5.** *fig.* (***from***) herrühren (von), entspringen (*dat.*); **6.** *fig.* (***with***) reich sein (an *dat.*), 'überfließen (vor *dat.*), voll sein (von); **II** *v/t.* **7.** über'fluten, -'schwemmen; **III** *s.* **8.** Fließen *n*, Strömen *n* (*beide a. fig.*), Rinnen *n*: ***~ characteristics*** *phys.* Strömungsbild *n*; ***~ chart*** (*od.* ***sheet***) *Computer*, ✝ Flußdiagramm *n*; ***~ pattern*** *phys.* Stromlinienbild *n*; ***~ production***, ***~ system*** ✝ Fließbandfertigung *f*; **9.** Fluß *m*, Strom *m* (*beide a. fig.*): ***~ of traffic*** Verkehrsfluß, -strom; **10.** Zu- *od.* Abfluß *m*; **11.** Wallen *n*; **12.** *fig.* (*Wort- etc.*)Schwall *m*, Erguß *m* (*a. von Gefühlen*); **13.** *physiol.* F Peri'ode *f*.

flow·er ['flaʊə] **I** *s.* **1.** Blume *f*: ***say it with ~s!*** laßt Blumen sprechen!; **2.** ⚘ a) Blüte *f*, b) Blütenpflanze *f*, c) Blüte(-zeit) *f* (*a. fig.*): ***be in ~*** in Blüte stehen, blühen; ***in the ~ of his life*** in der Blüte s-r Jahre; **3.** *fig. das* Beste *od.* Feinste, Auslese *f*, E'lite *f*; **4.** *fig.* Blüte *f*, Zierde *f*; **5.** ('Blumen)Ornaˌment *n*, (-)Verzierung *f*: ***~s of speech*** Floskeln; **6.** *typ.* Vi'gnette *f*; **7.** *pl.* ⚗ Blumen *pl.*: **~s of sulphur** Schwefelblumen *pl.*, -blüte *f*; **II** *v/i.* **8.** blühen, *fig. a.* in höchster Blüte stehen; **III** *v/t.* **9.** mit Blumen(mustern) verzieren, blümе(l)n; **~ bed** *s.* Blumenbeet *n*; **~ child** *s.* [*irr.*] ‚Blumenkind' *n* (*Hippie*).

flow·ered ['flaʊəd] *adj.* **1.** mit Blumen geschmückt; **2.** geblümt; **3.** *in Zssgn* ...blütig.

flow·er girl *s.* **1.** Blumenmädchen *n*; **2.** *Am.* blumenstreuendes Mädchen (*bei e-r Hochzeit*).

flow·er·ing ['flaʊərɪŋ] **I** *adj.* blühend, Blüten...: **~ plant** Blütenpflanze *f*; **II** *s.* Blüte(zeit) *f*.

flow·er| peop·le *s.* ‚Blumenkinder' *pl.* (*Hippies*); **~ piece** *s. paint.* Blumenstück *n*; **'~·pot** *s.* Blumentopf *m*; **~ show** *s.* Blumenausstellung *f*.

flow·er·y ['flaʊərɪ] *adj.* **1.** blumen-, blütenreich; **2.** geblümt; **3.** *fig.* blumig.

flow·ing ['fləʊɪŋ] *adj.* ☐ **1.** fließend, strömend; **2.** *fig.* flüssig (*Stil etc.*); **3.** wallend (*Bart, Kleid*); **4.** wehend, flatternd (*Haar etc.*).

'flow,me·ter *s.* ⚙ 'Durchflußmesser *m*.

flown [fləʊn] *p.p. von* **fly**[1].

flu [flu:] *s.* ⚕ F Grippe *f*.

flub [flʌb] *Am. sl.* **I** *s.* (grober) Schnitzer; **II** *v/i.* (e-n groben) Schnitzer machen, patzen.

flub·dub ['flʌbdʌb] *s. Am. sl.* Geschwafel *n*, ‚Quatsch' *m*.

fluc·tu·ate ['flʌktjʊeɪt] *v/i.* schwanken: a) fluktuieren (*a.* ✝), sich (ständig) verändern, b) *fig.* unschlüssig sein; **'fluc·tu·at·ing** [-tɪŋ] *adj.* schwankend: a) fluktuierend, b) unschlüssig; **fluc·tu·a·tion** [ˌflʌktjʊ'eɪʃn] *s.* **1.** Schwankung *f*, Fluktuati'on *f* (*beide a.* ✝, ⚡, *phys.*): **cyclical ~** ✝ Konjunkturschwankung; **2.** *fig.* Schwanken *n*.

flue[1] [flu:] *s.* **1.** ⚙ a) Rauchfang *m*, Esse *f*, b) Abzugsrohr *n*, (Feuerungs)Zug *m*: **~ gas** Rauch-, Abgas *n*, c) Heizröhre *f*, d) Flammrohr *n*, 'Feuerkaˌnal *m*; **2.** ♪ a) *a.* **~ pipe** Lippenpfeife *f*, b) Kernspalt *m der Orgelpfeife*.

flue[2] [flu:] *s.* Flusen *pl.*, Staubflocken *pl.*

flue[3] [flu:] *s.* ⚓ Schleppnetz *n*.

flu·en·cy ['flu:ənsɪ] *s.* Fluß *m* (*der Rede etc.*), Flüssigkeit *f* (*des Stils etc.*); Gewandtheit *f*; **'flu·ent** [-nt] *adj.* ☐ **1.** fließend, geläufig: **speak ~ German**, **be ~ in German** fließend deutsch sprechen; **2.** flüssig, ele'gant (*Stil etc.*), gewandt (*Redner etc.*).

fluff [flʌf] **I** *s.* **1.** Staubflocke *f*, Fussel(n *pl.*) *f*; **2.** Flaum *m* (*a. erster Bartwuchs*); **3.** F *sport, thea. etc.* ‚Patzer' *m*; **4.** *Am.* Schaumspeise *f*; **5.** *thea. Am.* F ‚leichte Kost'; **6.** *oft* **bit of ~** F ‚Betthäschen' *n*, ‚Mieze' *f*; **II** *v/t.* **7. ~ out**, **~ up** a) *Federn* aufplustern, b) *Kissen etc.* aufschütteln; **8.** F *bsd. thea., sport* ‚verpatzen'; **III** *v/i.* **9.** F *thea., sport* ‚patzen'; **'fluf·fy** [-fɪ] *adj.* **1.** flaumig; **2.** *thea. Am.* F leicht, anspruchslos.

flu·id ['flu:ɪd] **I** *s.* **1.** Flüssigkeit *f*; **II** *adj.* **2.** flüssig; **3.** *fig.* → **fluent**; **4.** *fig.* fließend, veränderlich; **~ cou·pling**, **~ clutch** *s.* ⚙ hy'draulische Kupplung; **~ drive** *s.* ⚙ Flüssigkeitsgetriebe *n*.

flu·id·i·ty [flu:'ɪdətɪ] *s.* **1.** *phys.* a) flüssiger Zustand, Flüssigkeit(sgrad *m*) *f*, b) Gasförmigkeit *f*; **2.** *fig.* Veränderlichkeit *f*; **3.** Flüssigkeit *f des Stils etc.*

flu·id| me·chan·ics *s. pl. sg. konstr. phys.* 'Strömungsmeˌchanik *f*; **~ ounce** *s. Hohlmaß*: a) *Brit.* = *28,4 ccm*, b) *Am.* = *29,6 ccm*; **~ pres·sure** *s.* ⚙, *phys.* hy'draulischer Druck.

fluke[1] [flu:k] *s.* **1.** ⚓ Ankerflügel *m*; **2.** ⚙ Bohrlöffel *m*; **3.** 'Widerhaken *m*; **4.** Schwanzflosse *f* (*des Wals*); **5.** *zo.* Leber-egel *m*.

fluke[2] [flu:k] *s.* **1.** ‚Dusel' *m*, ‚Schwein' *n*: **~ hit** Zufallstreffer *m*; **2.** *Billard*: glücklicher Stoß; **'fluk·(e)y** [-kɪ] *adj. sl.* **1.** Glücks..., Zufalls...; **2.** unsicher.

flume [flu:m] **I** *s.* **1.** Klamm *f*; **2.** künstlicher Wasserlauf, Ka'nal *m*; **II** *v/t.* **3.** durch e-n Kanal flößen.

flum·mer·y ['flʌmərɪ] *s.* **1.** *Küche*: a) (Hafer)Mehl *n*, b) Flammeri *m* (*Süßspeise*); **2.** F a) *fig.* leere Schmeiche'lei, b) ‚Quatsch' *m*.

flum·mox ['flʌməks] *v/t. sl.* verblüffen, aus der Fassung bringen.

flung [flʌŋ] *pret. u. p.p. von* **fling**.

flunk [flʌŋk] *ped. Am. sl.* **I** *v/t.* **1.** ‚'durchrauschen' *od.* ‚'durchrasseln' lassen; **2.** *oft* **~ out** von der Schule ‚werfen'; **3.** ‚'durchrasseln' in (*e-r Prüfung, e-m Fach*); **II** *v/i.* **4.** ‚'durchrasseln', ‚'durchrauschen'; **III** *s.* **5.** 'Durchfallen *n*.

flunk·(e)y ['flʌŋkɪ] *s.* **1.** *oft contp.* La'kai *m*; **2.** *contp.* Kriecher *m*, Speichellecker *m*; **3.** *Am.* Handlanger *m*; **'flunk·(e)y·ism** [-ɪɪzəm] *s.* Speichellecke'rei *f*.

flu·or ['flu:ɔ:] → **fluorspar**.

flu·o·resce [ˌflʊə'res] *v/i.* ⚗, *phys.* fluoreszieren; **ˌflu·o'res·cence** [-sns] *s.* ⚗, *phys.* Fluores'zenz *f*; **ˌflu·o'res·cent** [-snt] *adj.* fluoreszierend: **~ lamp** Leuchtstofflampe *f*; **~ screen** Leuchtschirm *m*; **~ tube** Leucht(stoff)röhre *f*.

flu·or·ic [flu:'ɒrɪk] *adj.* ⚗ Fluor...: **~ acid** Flußsäure *f*; **flu·o·ri·date** ['flʊərɪdeɪt] *v/t. Trinkwasser* fluorieren; **flu·o·ride** ['flʊəraɪd] *s.* ⚗ Fluo'rid *n*; **flu·o·rine** ['flʊəri:n] *s.* ⚗ Fluor *n*; **flu·o·rite** ['flʊəraɪt] *s.* → **fluorspar**; **flu·o·ro·scope** ['flʊərəskəʊp] *s.* ⚕ Fluoro'skop *n*, Röntgenbildschirm *m*; **fluo·ro·scop·ic** [ˌflʊərə'skɒpɪk] *adj.*: **~ screen** → **fluoroscope**; **'flu·or·spar** *s. min.* Flußspat *m*, Fluo'rit *n*.

flur·ry ['flʌrɪ] **I** *s.* **1.** a) Windstoß *m*, b) (Regen-, Schnee)Schauer *m*; **2.** *fig.* Hagel *m*, Wirbel *m von Schlägen etc.*; **3.** *fig.* Aufregung *f*, Unruhe *f*: **in a ~** aufgeregt; **4.** Hast *f*; **5.** ✝ kurze, plötzliche Belebung (*an der Börse*); **II** *v/t.* **6.** beunruhigen.

flush[1] [flʌʃ] **I** *v/i.* (aufgeregt) auffliegen; **II** *v/t. Vögel* aufscheuchen.

flush[2] [flʌʃ] **I** *s.* **1.** a) Erröten *n*, b) Röte *f*; **2.** (Wasser)Schwall *m*, Strom *m*; **3.** a) (Aus)Spülung *f*, b) (Wasser)Spülung *f* (*im WC*); **4.** (Gefühls)Aufwallung *f*, Hochgefühl *n*, Erregung *f*: **~ of anger** Wutanfall *m*; **~ of success** Triumphgefühl *n*; **~ of victory** Siegestaumel *m*; **5.** Glanz *m*, Blüte *f* (*der Jugend etc.*); **6.** ⚕ Wallung *f*, (Fieber)Hitze *f*; → **hot flushes**; **II** *v/t.* **7.** *j-n* erröten lassen; **8.** *a.* **~ out** (aus)spülen: **~ down** hinunterspülen; **~ the toilet** spülen; **9.** unter Wasser setzen; **10.** erregen, erhitzen: **~ed with anger** wutentbrannt; **~ed with joy** außer sich vor Freude; **III** *v/i.* **11.** erröten, rot werden (**with** vor *dat.*); **12.** strömen, schießen (*a. Blut*); **13.** spülen (*WC etc.*).

flush[3] [flʌʃ] **I** *adj.* **1.** eben, auf gleicher Höhe; **2.** ⚙ fluchtgerecht, glatt (anliegend), bündig (abschließend) (**with** mit) (*alle a. adv.*); **3.** a) ⚙ versenkt, Senk...: **~ screw**, b) ⚡ Unterputz...: **~ socket**; **4.** ('über)voll (**with** von); **5.** blühend, frisch; **6. ~** (**with money**) F gut bei Kasse; **~ with one's money** verschwenderisch; **II** *v/t.* **7.** ebnen, bündig machen; **8.** ⚙ *Fugen* ausstreichen.

flush[4] [flʌʃ] *Poker*: Flush *m*; → **royal** 1, **straight flush**.

flus·ter ['flʌstə] **I** *v/t.* durchein'anderbringen, aufregen, ner'vös machen; **II** *v/i.* a) ner'vös werden, durchein'anderkommen, b) sich aufregen; **III** *s.* → **flutter** 8.

flute [flu:t] **I** *s.* **1.** ♪ a) Flöte *f*, b) → **flutist**, c) *a.* **~ stop** 'Flötenreˌgister *n* (*Orgel*); **2.** ⚠, ⚙ Rille *f*, Riefe *f*, Hohlkehle *f*; **3.** ⚙ (Span-)Nut *f*; **4.** Rüsche *f*; **II** *v/i.* **5.** Flöte spielen, flöten (*a. fig.*); **III** *v/t.* **6.** *et.* auf der Flöte spielen, flöten (*a. fig.*); **7.** ⚠, ⚙ riefen, riffeln, auskehlen, kannelieren; *Stoff* kräuseln; **'flut·ed** [-tɪd] *adj.* **1.** flötenartig, sanft; **2.** gerieft, gerillt; **'flut·ing** [-tɪŋ] *s.* **1.** ⚠ Riffelung *f*; **2.** Falten *pl.*, Rüschen *pl.*; **3.** Flöten *n* (*a. fig.*); **'flut·ist** [-tɪst] *s.* Flö'tist(in).

flut·ter ['flʌtə] **I** *v/i.* **1.** flattern (*a.* ⚕ *Herz*), wehen; **2.** a) aufgeregt hin- und herrennen, b) aufgeregt sein; **3.** zittern; **4.** flackern; **II** *v/t.* **5.** schwenken, flattern lassen, wedeln mit, mit *den Flügeln* schlagen, mit *den Augendeckeln* ‚klimpern'; **6.** → **fluster** I; **III** *s.* **7.** Flattern *n* (*a.* ⚕ *Puls etc.*); **8.** Aufregung *f*, Tu'mult *m*: **all in a ~** ganz durcheinander; **9.** *Brit.* F kleine Spekulati'on *od.* Wette; **10.** *Schwimmen*: Kraulbeinschlag *m*.

flu·vi·al ['flu:vjəl] *adj.* fluvi'al, Fluß..., in Flüssen vorkommend.

flux [flʌks] *s.* **1.** Fließen *n*, Fluß *m* (*a.* ⚡, *phys.*); **2.** Ausfluß *m* (*a.* ⚕); **3.** Strom *m* (*a. fig.*), Flut *f* (*a. fig.*): **~ and reflux** Flut u. Ebbe (*a. fig.*); **~ of words** Wortschwall *m*; **4.** ständige Bewegung; Wandel *m*: **in** (**a state of**) **~** im Fluß; **5.** ⚙ Fluß-, Schmelzmittel *n*, Zuschlag *m*; **'flux·ion·al** [-kʃənl] *adj.* **1.** fließend, veränderlich; **2.** ⚡ Fluxions...

fly[1] [flaɪ] **I** *s.* **1.** Fliegen *n*, Flug *m* (*a.* ✈): **on the ~** im Fluge; **2.** *Brit. hist.* Einspänner *m*, Droschke *f*; **3.** a) Knopfleiste *f*, b) Hosenklappe *f*, -schlitz *m*; **4.** Zelttür *f*; **5.** ⚙ → **flywheel**; **6.** Unruh *f* (*Uhr*); **7.** *pl. thea.* Sof'fitten *pl.*; **II** *v/i.* [*irr.*] **8.** fliegen: **~ blind** (*od.* **on instruments**) ✈ blindfliegen; **~ high** (*od.* **at high game**) *fig.* hoch hinauswollen; → **let**[1] *Redew.*; **9.** flattern, wehen; **10.** verfliegen (*Zeit*), zerrinnen (*Geld*); **11.** stieben, fliegen (*Funken etc.*): **~ to pieces** zerspringen, bersten, reißen; **12.** stürmen, stürzen, sausen: **~ to arms** zu den Waffen eilen; **he flew into her arms** er flog in ihre Arme; **send s.o. ~ing** a) j-n fortjagen, b) j-n zu Boden schleudern; **send things ~ing** Sachen umherwerfen; **~ at s.o.** auf j-n losgehen; **I must ~!** F ich muß schleunigst weiter!; → **temper** 3; **13.** (*nur* *pres., inf. u. p.pr.*) fliehen; **III** *v/t.* [*irr.*] **14.** fliegen lassen: ~ **hawks** *hunt.* mit Falken jagen; → **kite** 1; **15.** ✈ a) *Flugzeug* fliegen, führen, b) *j-n, et.* (hin)fliegen, im Flugzeug befördern, c) *Strecke* fliegen, d) *Ozean etc.* über'fliegen; **16.** *Fahne, Flagge* a) führen, b) hissen, wehen lassen; **17.** *Zaun etc.* im Sprung nehmen; **18.** (*nur pres., inf. u. p.pr.*) a) fliehen aus, b) fliehen vor (*dat.*), meiden; ~ **in** ✈ *v/t. u. v/i.* einfliegen; ~ **off** *v/i.* **1.** fortfliegen; **2.** fortstürmen; **3.** abspringen (*Knopf*); ~ **o·pen** *v/i.* auffliegen (*Tür etc.*); ~ **out** *v/i.* **1.** ausfliegen; **2.** hin'ausstürzen; **3.** wütend werden: ~ **at s.o.** auf j-n losgehen.

fly² [flaɪ] *s.* **1.** *zo.* Fliege *f*: **a ~ in the ointment** ein Haar in der Suppe; **break a ~ on the wheel** mit Kanonen nach Spatzen schießen; **no flies on him** (*od.* **it**) F ,den legt man nicht so schnell aufs Kreuz'; **they died** (*od.* **dropped**) **like flies** sie starben wie die Fliegen; **he wouldn't hurt** (*od.* **harm**) **a ~** er tut keiner Fliege was zuleide; **I would like to be a ~ on the wall** da würde ich gern ,Mäuschen spielen'; **2.** *Angeln*: (künstliche) (Angel)Fliege: **cast a ~** e-e Angel auswerfen.

fly³ [flaɪ] *adj. sl.* gerissen, raffiniert.

fly·a·ble ['flaɪəbl] *adj.* ✈ **1.** flugtüchtig; **2.** ~ **weather** Flugwetter *n*.

fly| a·gar·ic *s.* ♀ Fliegenpilz *m*; '**~·a·way** *adj.* **1.** flatternd; **2.** flatterhaft; **3.** *Am.* flugbereit; '**~·blow** *s.* Fliegenei *n*, -dreck *m*; '**~·blown** *adj.* **1.** von Fliegen beschmutzt; **2.** *fig.* besudelt; '**~·by** *s.* **1.** ✈ Vorbeiflug *m*; **2.** *Raumfahrt*: Flyby *n* (*Navigationstechnik*); '**~-by-night** F **I** *s.* **1.** *zo.* Nachtschwärmer *m*; **2.** a) Schuldner, der sich heimlich *od.* bei der Nacht aus dem Staub macht, b) ✝ zweifelhafter Kunde; **II** *adj.* **3.** ✝ zweifelhaft, anrüchig; '**~ˌcatch·er** *s.* **1.** Fliegenfänger *m*; **2.** *orn.* Fliegenschnäpper *m*.

fly·er → **flier**.

'**fly-fish** *v/i.* mit (künstlichen) Fliegen angeln.

fly·ing ['flaɪɪŋ] **I** *adj.* **1.** fliegend, Flug...; **2.** flatternd, fliegend, wehend; → **colour** 10; **3.** kurz, flüchtig: ~ **visit** Stippvisite *f*; **4.** *sport* a) fliegend: → **flying start**, b) mit Anlauf: ~ **jump**; **5.** schnell; **6.** fliehend, flüchtig; **II** *s.* **7.** a) Fliegen *n*, Flug *m*, b) Fliege'rei *f*, Flugwesen *n*; ~ **boat** *s.* ✈ Flugboot *n*; ~ **bomb** *s.* ⚔ fliegende Bombe, Ra'ketenbombe *f*; ~ **bridge** *s.* **1.** Rollfähre *f*; **2.** ⚓ Laufbrücke *f*; ~ **but·tress** *s.* ⚠ Strebebogen *m*; ~ **cir·cus** *s.* ✈ **1.** ⚔ rotierende 'Staffelformatiˌon (*im Einsatz*); **2.** Schaufliegergruppe *f*; ~ **col·umn** *s.* ⚔ fliegende *od.* schnelle Ko'lonne; ~ **ex·hi·bi·tion** *s.* Wanderausstellung *f*; ~ **field** *s.* (*kleiner*) Flugplatz; ~ **fish** *s.* Fliegender Fisch; ~ **fox** *s. zo.* Flughund *m*; ~ **lane** *s.* ✈ (Ein-)Flugschneise *f*; ♀ **Of·fi·cer** *s.* ✈ *Brit.* Oberleutnant *m der* **RAF**; ~ **range** *s.* ✈ Akti'onsradius *m*; ~ **sau·cer** *s.* fliegende 'Untertasse; ~ **school** *s.* Fliegerschule *f*; ~ **speed** *s.* Fluggeschwindigkeit *f*; ~ **squad** *s. Brit.* 'Überfallkomˌmando *n* (*Polizei*); ~ **squad·ron** *s.* **1.** ✈ (Flieger)Staffel *f*; **2.** *Am.* a) fliegende Ko'lonne, b) 'Rollkomˌmando *n*; ~ **start** *s. sport* fliegender Start: **get off to a ~** glänzend wegkommen, *a. fig.* e-n glänzenden Start haben; ~ **u·nit** *s.* ✈ fliegender Verband; ~ **weight** *s.* ✈ Fluggewicht *n*; ~ **wing** *s.* Nurflügelflugzeug *n*.

'**fly|·leaf** *s. typ.* Vorsatz-, Deckblatt *n*; '**~ˌo·ver** *s.* **1.** → **fly-past**; **2.** *Brit.* ('Straßen-, 'Eisenbahn)ÜberˌführungSf *f*; '**~ˌpa·per** *s.* Fliegenfänger *m*; '**~-past** *s.* ✈ 'Luftpaˌrade *f*; '**~-rod** *s.* Angelrute *f* (*für künstliche Fliegen*); ~ **sheet** *s.* **1.** Flug-, Re'klameblatt *n*; **2.** ('Zelt)ˌÜberdach *n*; '**flyˌswat·ter** *s.* Fliegenklappe *f*, -klatsche *f*; '**~·weight** *sport* **I** *s.* Fliegengewicht(ler *m*) *n*; **II** *adj.* Fliegengewichts...; '**~·wheel** *s.* ⚙ Schwungrad *n*.

'**f-ˌnum·ber** *s. phot.* **1.** Blende *f* (*Einstellung*); **2.** Lichtstärke *f* (*vom Objektiv*).

foal [fəʊl] *zo.* **I** *s.* Fohlen *n*, Füllen *n*: **in** (*od.* **with**) ~ trächtig (*Stute*); **II** *v/t.* *Fohlen* werfen; **III** *v/i.* fohlen, werfen; '**~·foot** *pl.* '**~·foots** *s.* ♀ Huflattich *m*.

foam [fəʊm] **I** *s.* Schaum *m*; **II** *v/i.* schäumen (**with rage** *fig.* vor Wut): **he ~ed at the mouth** der Schaum stand ihm vor dem Mund, *fig. a.* er schäumte vor Wut; **III** *v/t.* schäumen: **~ed concrete** Schaumbeton *m*; **~ed plastic** Schaumstoff *m*; ~ **ex·tin·guish·er** *s.* Schaum(feuer)löscher *m*; ~ **rub·ber** *s.* Schaumgummi *n*, *m*.

foam·y ['fəʊmɪ] *adj.* schäumend.

fob¹ [fɒb] *s.* **1.** Uhrtasche *f* (*im Hosenbund*); **2.** *a.* ~ **chain** Chate'laine *f* (*Uhrband, -kette*).

fob² [fɒb] *v/t.* **1.** ~ **off s.th. on s.o.** j-m et. ,andrehen' *od.* ,aufhängen'; **2.** ~ **s.o. off** j-n abspeisen, *j-n* abwimmeln (**with** mit).

fob³, **f.o.b**, **F.O.B.** *abbr. für* **free on board** (→ **free** 13).

fo·cal ['fəʊkl] *adj.* **1.** ⩚, *phys., opt.* im Brennpunkt stehend (*a. fig.*), fo'kal, Brenn(punkt)...: ~ **distance**, ~ **length** Brennweite *f*; ~ **plane** Brennebene *f*; ~ **point** Brennpunkt *m* (*a. fig.*); **2.** ⚕ fo'kal, Herd...; '**fo·cal·ize** [-kəlaɪz] → **focus** 4, 5.

fo'c's'le ['fəʊksl] → **forecastle**.

fo·cus ['fəʊkəs] *pl.* **-cus·es**, **-ci** [-saɪ] **I** *s.* **1.** a) ⩚, ⚙, *phys.* Brennpunkt *m*, Fokus *m*, b) *TV* Lichtpunkt *m*, c) *phys.* Brennweite *f*, d) *opt.* Scharfeinstellung *f*: **in ~** scharf eingestellt, *fig.* klar und richtig; **out of ~** unscharf, verschwommen (*a. fig.*); **bring into ~** → 4, 5; ~ **control** Scharfeinstellung *f* (*Vorrichtung*); **2.** *fig.* Brenn-, Mittelpunkt *m*: **be the ~ of attention** im Mittelpunkt des Interesses stehen; **bring** (**in**)**to ~** in den Brennpunkt rücken; **3.** Herd *m* (*e-s Erdbebens, Aufruhrs etc.*), ⚕ *a.* Fokus *m*; **II** *v/t.* **4.** *opt., phot.* fokussieren, (*v/i.* sich) scharf einstellen; **5.** *phys.* (*v/i.* sich) im Brennpunkt vereinigen, (sich) sammeln; **6.** ~ **on** *fig.* (*v/i.* sich) konzentrieren *od.* richten auf (*acc.*).

fo·cus·(s)ing| lens ['fəʊkəsɪŋ] *s.* Sammellinse *f*; ~ **scale** *s. phot.* Entfernungsskala *f*; ~ **screen** *s. phot.* Mattscheibe *f*.

fod·der ['fɒdə] **I** *s.* (Trocken)Futter *n*; *humor.* ,Futter' *n*; **II** *v/t.* *Vieh* füttern.

foe [fəʊ] *s.* Feind *m* (*a. fig.*); *a. sport u. fig.* Gegner *m*, 'Widersacher *m* (**to** *gen.*).

foe·tal ['fi:tl] *adj.* ⚕ fö'tal; **foe·tus** ['fi:təs] *s.* ⚕ Fötus *m*.

fog [fɒg] **I** *s.* **1.** (dichter) Nebel; **2.** a) Dunst *m*, b) Dunkelheit *f*; **3.** *fig.* a) Nebel *m*, Verschwommenheit *f*, b) Verwirrung *f*: **in a ~** (völlig) ratlos; **4.** ⚙ (abgesprühter) Nebel; **5.** *phot.* Schleier *m*; **II** *v/t.* **6.** in Nebel hüllen, einnebeln; **7.** *fig.* verdunkeln, verwirren; **8.** *phot.* verschleiern; **III** *v/i.* **9.** neb(e)lig werden; (sich) beschlagen (*Scheibe etc.*); '**~-bank** *s.* Nebelbank *f*; '**~·bound** *adj.* **1.** in dichten Nebel eingehüllt; **2. be ~** ⚓, ✈ wegen Nebels festsitzen.

fo·gey → **fogy**.

fog·gi·ness ['fɒgɪnɪs] *s.* **1.** Nebligkeit *f*; **2.** Verschwommenheit *f*, Unklarheit *f*; '**fog·gy** [-gɪ] *adj.* □ **1.** neb(e)lig; **2.** trüb, dunstig; **3.** *fig.* a) nebelhaft, verschwommen, unklar, b) benebelt (**with** vor *dat.*): **I haven't got the foggiest** (**idea**) F ,ich habe keinen blassen Schimmer'; **4.** *phot.* verschleiert.

'**fog|·horn** *s.* Nebelhorn *n*; '**~·light** *s. mot.* Nebelscheinwerfer *m*.

fo·gy ['fəʊgɪ] *s.* *mst* **old ~** ,alter Knakker'; '**fo·gy·ish** [-ɪɪʃ] *adj.* verknöchert, verkalkt, altmodisch.

foi·ble ['fɔɪbl] *s. fig.* Faible *n*, (kleine) Schwäche *f*.

foil¹ [fɔɪl] *v/t.* **1.** a) vereiteln, durch'kreuzen, zu'nichte machen, b) *j-m* e-n Strich durch die Rechnung machen; **2.** *hunt.* *Spur* verwischen.

foil² [fɔɪl] **I** *s.* **1.** ⚙ (Me'tall- *od.* Kunststoff)Folie *f*, 'Blattmeˌtall *n*; **2.** ⚙ (Spiegel)Belag *m*; **3.** Folie *f*, 'Unterlage *f* (*für Edelsteine*); **4.** *fig.* Folie *f*, 'Hintergrund *m*: **serve as a ~ to** als Folie dienen (*dat.*); **5.** ⚠ Blattverzierung *f*; **II** *v/t.* **6.** ⚙ mit Me'tallfolie belegen; **7.** ⚠ mit Blätterwerk verzieren.

foil³ [fɔɪl] *s. fenc.* **1.** Flo'rett *n*; **2.** *pl.* Flo'rettfechten *n*.

foils·man ['fɔɪlzmən] *s.* [*irr.*] *fenc.* Flo'rettfechter *m*.

foist [fɔɪst] *v/t.* **1.** ~ **s.th. on s.o.** a) j-m et. ,andrehen', b) j-m et. aufhalsen; **2.** einschmuggeln.

fold¹ [fəʊld] **I** *v/t.* **1.** falten: ~ **cloth** (**one's hands**); **~ed mountains** *geol.* Faltengebirge *n*; ~ **one's arms** die Arme verschränken; **2.** *oft* ~ **up** zs.-falten, -legen, -klappen; **3.** *a.* ~ **down** a) 'umbiegen, kniffen, b) her'unterklappen: ~ **back** *Bettdecke etc.* zurückschlagen, *Stuhllehne etc.* zurückklappen; **4.** ⚙ falzen; **5.** einhüllen, um'schließen: ~ **in one's arms** in die Arme schließen; **6.** *Küche*: ~ **in** *Ei etc.* einrühren, 'unterziehen; **II** *v/i.* **7.** sich falten *od.* zs.-legen *od.* zs.-klappen (lassen); **8.** *mst* ~ **up** F a) zs.-brechen (*a. fig.*), b) ✝ ,zumachen' (müssen), ,eingehen' (*Firma etc.*): ~ **up with laughter** sich biegen vor Lachen; **III** *s.* **9.** Falte *f*; Windung *f*; 'Umschlag *m*; **10.** ⚙ Falz *m*, Kniff *m*; **11.** *typ.* Bogen *m*; **12.** *geol.* Bodenfalte *f*.

fold² [fəʊld] **I** *s.* **1.** (Schaf)Hürde *f*, Pferch *m*; **2.** Schafherde; **3.** *eccl.* a) (Schoß *m* der) Kirche, b) Herde *f*, Gemeinde *f*; **4.** *fig.* Schoß *m* der Fa'milie *od.* Par'tei: **return to the ~**; **II** *v/t.* **5.** *Schafe* einpferchen.

-fold [-fəʊld] *in Zssgn* ...fach, ...fältig.

'fold|·a·way *adj.* zs.-klappbar, Klapp...: **~ bed**; **'~·boat** *s.* Faltboot *n.*
fold·er ['fəʊldə] *s.* **1.** 'Faltpro͵spekt *m*, -blatt *n*, Bro'schüre *f*, Heft *n*; **2.** Aktendeckel *m*, Mappe *f*, Schnellhefter *m*; **3.** ⚙ 'Falzma͵schine *f*, -bein *n*; **4.** Falzer *m* (*Person*).
fold·ing ['fəʊldɪŋ] *adj.* zs.-legbar, zs.-klappbar, aufklappbar, Falt..., Klapp...; **~ bed** *s.* Klappbett *n*; **~ bi·cy·cle** *s.* Klapp(fahr)rad *n*; **~ boat** *s.* Faltboot *n*; **~ cam·er·a** *s.* 'Klapp͵kamera *f*; **~ car·ton** *s.* Faltschachtel *f*; **~ chair** *s.* Klappstuhl *m*; **~ doors** *s. pl.* Flügeltür *f*; **~ gate** *s.* zweiflügeliges Tor; **~ hat** *s.* Klapphut *m*; **~ lad·der** *s.* Klappleiter *f*; **~ rule** *s.* zs.-legbarer Zollstock; **~ screen** *s.* spanische Wand; **~ ta·ble** *s.* Klapptisch *m*; **~ top** *s. mot.* Rolldach *n.*
fo·li·a·ceous [͵fəʊlɪ'eɪʃəs] *adj.* blattartig; blätt(e)rig, Blätter...; **fo·li·age** ['fəʊlɪɪdʒ] *s.* **1.** Laub(werk) *n*, Blätter *pl.*: **~ *plant*** Blattpflanze *f*; **2.** ⚠ Blattverzierung *f*; **fo·li·aged** ['fəʊlɪɪdʒd] *adj.* **1.** *in Zssgn* ...blätt(e)rig; **2.** ⚠ mit Blätterwerk verziert.
fo·li·ate ['fəʊlɪeɪt] **I** *v/t.* **1.** ⚠ mit Blätterwerk verzieren: **~*d capital*** Blätterkapitell *n*; **2.** ⚙ mit Folio belegen; **II** *v/i.* **3.** ⚘ Blätter treiben; **4.** sich in Blätter spalten; **III** *adj.* [-ɪət] **5.** belaubt; **6.** blattartig; **fo·li·a·tion** [͵fəʊlɪ'eɪʃn] *s.* **1.** ⚘ Blattbildung *f*, -wuchs *m*, Belaubung *f*; **2.** ⚠ (Verzierung *f* mit) Blätterwerk *n*; **3.** ⚙ Foliierung *f*; Folie *f*; **4.** Paginierung *f* (*Buch*); **5.** *geol.* Schieferung *f.*
fo·li·o ['fəʊlɪəʊ] **I** *pl.* **-os** *s.* **1.** (Folio-) Blatt *n*; **2.** 'Folio(for͵mat) *n*; **3.** *a.* **~ *volume*** Foli'ant *m*; **4.** nur vorderseitig numeriertes Blatt; **5.** Seitenzahl *f* (*Buch*); **6.** ✝ Kontobuchseite; **II** *v/t.* **7.** *Buch etc.* paginieren.
folk [fəʊk] **I** *pl.* **folk, folks** *s.* **1.** *pl.* (*die*) Leute *pl.*: ***poor ~***; ***~s say*** die Leute sagen; **2.** *pl.* (*nur* **~s**) F *m-e etc.* ‚Leute' *pl.* (*Familie*); **3.** *obs.* Volk *n*, Nati'on *f*; **4.** F ‚Folk' *m* (*Volksmusik*); **II** *adj.* **5.** Volks...: **~ *dance***.
folk·lore ['fəʊklɔː] *s.* Folk'lore *f*: a) Volkskunde *f*, b) Volkstum *n* (*Bräuche etc.*); **'folk͵lor·ism** [-͵lɔːrɪzəm] → ***folklore*** a; **'folk͵lor·ist** [-͵lɔːrɪst] *s.* Folklo'rist *m*, Volkskundler *m*; **͵folk·lor'is·tic** [-lɔː'rɪstɪk] *adj.* folklo'ristisch.
folk song *s.* **1.** Volkslied *n*; **2.** Folksong *m* (*bsd. sozialkritisches Lied*).
folk·sy ['fəʊksɪ] *adj.* **1.** F gesellig, 'umgänglich; **2.** volkstümlich, *contp. a.* volkstümelnd.
fol·li·cle ['fɒlɪkl] *s.* **1.** ⚘ Fruchtbalg *m*; **2.** *anat.* a) Fol'likel *n*, Drüsenbalg *m*, b) Haarbalg *m.*
fol·low ['fɒləʊ] **I** *s.* **1.** *Billard*: Nachläufer *m*; **II** *v/t.* **2.** *allg.* folgen (*dat.*): a) (*zeitlich u. räumlich*) nachfolgen (*dat.*), sich anschließen (*dat.*): **~ *s.o. close*** j-m auf dem Fuß folgen; ***a dinner ~ed by a dance*** ein Essen mit anschließendem Tanz, b) verfolgen (*acc.*), entlanggehen, -führen (*acc.*) (*Straße*), c) (*zeitlich*) folgen auf (*acc.*), nachfolgen (*dat.*): **~ *one's father as manager*** s-m Vater als Direktor (nach)folgen, d) nachgehen (*dat.*), verfolgen (*acc.*), sich widmen (*dat.*), betreiben (*acc.*), *Beruf* ausüben: **~ *one's pleasure*** s-m Vergnügen nachgehen; **~ *the sea*** (***the law***) Seemann (Jurist) sein, e) befolgen, beachten, *die Mode* mitmachen; sich richten nach (*Sache*): **~ *my advice***, f) *j-m als Führer od. Vorbild* folgen, sich bekennen zu, zustimmen (*dat.*): ***I cannot ~ your view*** Ihren Ansichten kann ich nicht zustimmen, g) folgen können (*dat.*), verstehen (*acc.*): ***do you ~ me?*** können Sie mir folgen?, h) (*mit dem Auge od. geistig*) verfolgen, beobachten (*acc.*): **~ *a tennis match***; **~ *events***; **3.** verfolgen (*acc.*), ⚔ *a.* nachstoßen (*dat.*): **~ *the enemy***; **III** *v/i.* **4.** (*räumlich od. zeitlich*) (nach)folgen, sich anschließen: **~ (*up*)*on*** folgen auf (*acc.*); ***I ~ed after him*** ich folgte ihm nach; ***as ~s*** wie folgt, folgendermaßen; ***letter to ~*** Brief folgt; **5.** *mst impers.* folgen, sich ergeben (***from*** aus): ***it ~s from this*** hieraus folgt; ***it does not ~ that*** dies besagt nicht, daß; ***so what ~s?*** und was folgt daraus?; ***it doesn't ~!*** das ist nicht unbedingt so!
Zssgn mit adv.:
fol·low| a·bout *v/t.* überall('hin) folgen (*dat.*); **~ on** *v/i.* gleich weitermachen *od.* -gehen; **~ out** *v/t. Plan etc.* 'durchziehen; **~ through I** *v/t.* → ***follow out***; **II** *v/i. bsd. Golf*: 'durchschwingen; **~ up I** *v/t.* **1.** (eifrig *od.* e'nergisch weiter-) verfolgen, *e-r Sache* nachgehen; *auf e-n Brief, Schlag etc. e-n anderen* folgen lassen, nachstoßen mit; **2.** *fig. e-n Vorteil* ausnutzen; **II** *v/i.* **3.** ⚔ nachstoßen (*a. fig.* ***with*** mit); **4.** ✝ nachfassen.
fol·low·er ['fɒləʊə] *s.* **1.** *obs.* Verfolger (-in); **2.** a) Anhänger *m* (*pol.*, *sport etc.*), Jünger *m*, Schüler *m*, b) *pl.* → ***following*** 1; **3.** *hist.* Gefolgsmann *m*; **4.** Begleiter *m*; **5.** *pol.* Mitläufer(in); **'fol·low·ing** [-əʊɪŋ] **I** *s.* **1.** a) Gefolge *n*, Anhang *m*, b) Gefolgschaft *f*, Anhänger *pl.*; **2.** ***the ~*** a) das Folgende, b) die Folgenden *pl.*; **II** *adj.* **3.** folgend; **III** *prp.* **4.** im Anschluß an (*acc.*).
͵fol·low|-my-'lead·er [-əʊmɪ-] *s. Kinderspiel, bei dem jede Aktion des Anführers nachgemacht werden muß*; **͵~-'through** *s.* **1.** *bsd. Golf*: 'Durchschwung *m*; **2.** *fig.* 'Durchführung *f*; **'~-up I** *s.* **1.** Weiterverfolgen *n e-r Sache*; **2.** Ausnutzung *f e-s Vorteils*; **3.** ⚔ Nachstoßen *n* (*a. fig.*); **4.** *bsd.* ✝ Nachfassen *n*; **5.** *Radio*, *TV etc.*: Fortsetzung *f* (***to*** *gen.*); **6.** ⚕ Nachbehandlung *f*; **II** *adj.* **7.** weiter, Nach...: **~ *advertising*** Nachfaßwerbung *f*; **~ *conference*** Nachfolgekonferenz *f*; **~ *file*** Wiedervorlagemappe *f*; **~ *letter*** Nachfaßschreiben *n*; **~ *order*** Anschlußauftrag *m*; **~ *question*** Zusatzfrage *f.*
fol·ly ['fɒlɪ] *s.* **1.** Narr-, Torheit *f*, Narre'tei *f*; **2.** ***Follies*** *pl.* (*sg. konstr.*) *thea.* Re'vue *f.*
fo·ment [fəʊ'ment] *v/t.* **1.** ⚕ bähen, mit warmen 'Umschlägen behandeln; **2.** *fig.* anfachen, schüren, aufhetzen (zu); **fo·men·ta·tion** [͵fəʊmen'teɪʃn] *s.* **1.** ⚕ Bähung *f*, heißer 'Umschlag; **2.** *fig.* Aufhetzung *f*, -wiegelung *f*; **fo'ment·er** [-tə] *s.* Aufwiegler(in), Schürer(in).
fond [fɒnd] *adj.* □ → ***fondly***; **1.** zärtlich, liebevoll; **2.** töricht, (allzu) kühn, über'trieben: **~ *hope***; ***it went beyond my ~est dreams*** es übertraf m-e kühnsten Träume; **3.** ***be ~ of*** *j-n od et.* lieben, mögen, gern haben: ***be ~ of smoking*** gern rauchen.
fon·dant ['fɒndənt] *s.* Fon'dant *m.*
fon·dle ['fɒndl] *v/t.* (liebevoll) streicheln, hätscheln; **'fond·ly** [-lɪ] *adv.* **1.** → ***fond*** 1; **2.** ***I ~ hoped that ...*** ich war so töricht zu hoffen, daß ...; **'fond·ness** [-dnɪs] *s.* **1.** Zärtlichkeit *f*; **2.** Liebe *f*, Zuneigung (***of*** zu); **3.** Vorliebe (***for*** für).
font [fɒnt] *s.* **1.** *eccl.* Taufstein *m*, -bekken *n*: **~ *name*** Taufname *m*; **2.** Ölbehälter *m* (*Lampe*); **3.** *poet.* Quelle *f*, Brunnen *m.*
fon·ta·nel(le) [͵fɒntə'nel] *s. anat.* Fonta'nelle *f.*
food [fuːd] *s.* **1.** Essen *n*, Kost *f*, Nahrung *f*, Verpflegung *f*: **~ *and drink*** Essen u. Trinken; **~ *plant*** Nahrungspflanze *f*; **2.** Nahrungs-, Lebensmittel *pl.*: **~ *analyst*** Lebensmittelchemiker(in); **~ *poisoning*** Lebensmittelvergiftung *f*; **3.** Futter *n*; **4.** *fig.* Nahrung *f*, Stoff *m*: **~ *for thought*** Stoff zum Nachdenken; **'~·stuff** → ***food*** 2.
fool[1] [fuːl] **I** *s.* **1.** Narr *m*, Närrin *f*, Dummkopf *m*, ‚Idi'ot(in)': ***he is no ~*** er ist nicht dumm; ***he is nobody's ~*** er läßt sich nichts vormachen; ***he is a ~ for*** F er ist ganz verrückt auf (*acc.*); ***I am a ~ to him*** ich bin ein Waisenknabe gegen ihn; ***make a ~ of*** → 4; ***make a ~ of o.s.*** sich lächerlich machen, sich blamieren; **2.** (Hof)Narr *m*, Hans'wurst *m*: ***play the ~*** → 8; **II** *adj.* **3.** *Am.* F blöd, ‚doof': ***a ~ question***; **III** *v/t.* **4.** *j-n* zum Narren *od.* zum besten haben; **5.** betrügen (***out of*** um), täuschen; verleiten (***into doing*** zu tun); **6.** **~ *away*** *Zeit etc.* vergeuden; **IV** *v/i.* **7.** Spaß machen, spaßen: ***he was only ~ing*** *Am.* er tat ja nur so (als ob); **8.** **~ *about***, **~ *around*** her'umalbern, Unsinn *od.* Faxen machen; **9.** (her'um)spielen (***with*** mit, an *dat.*).
fool[2] [fuːl] *s. bsd. Brit. Süßspeise aus Obstpüree u. Sahne.*
fool·er·y ['fuːlərɪ] *s.* → ***folly*** 1.
'fool|͵har·di·ness *s.* Tollkühnheit *f*; **'~͵har·dy** *adj.* tollkühn, verwegen.
fool·ing ['fuːlɪŋ] *s.* Dummheit(en *pl.*) *f*, Unfug *m*, Spiele'rei *f*; **'fool·ish** [-lɪʃ] *adj.* □ dumm, töricht: a) albern, läppisch, b) unklug; **'fool·ish·ness** [-lɪʃnɪs] *s.* Dumm-, Tor-, Albernheit *f*; **'fool·proof** *adj.* **1.** kinderleicht, idi'otensicher; **2.** ⚙ betriebssicher; **3.** todsicher.
fools·cap ['fuːlskæp] *s. Schreib- u. Druckpapierformat (34,2×43,1 cm).*
fool's| er·rand [fuːlz] *s.* ‚Metzgergang' *m*; **~ par·a·dise** *s.* Wolken'kuckucksheim *n*: ***live in a ~*** sich Illusionen hingeben.
foot [fʊt] **I** *pl.* **feet** [fiːt] *s.* **1.** Fuß *m*: ***on ~*** a) zu Fuß, b) *fig.* im Gange; ***on one's feet*** auf den Beinen (*a. fig.*); ***my ~*** (*od.* ***feet***)***!*** F von wegen!, Quatsch!; ***it is wet under ~*** der Boden ist naß; ***carry*** (*od.* ***sweep***) ***s.o. off his feet*** a) j-n begeistern, b) j-s Herz im Sturm erobern; ***fall on one's feet*** *fig.* immer auf die Füße fallen; ***get on*** (*od.* ***to***) ***one's feet*** aufstehen; ***find one's feet*** a) gehen lernen *od.* können, b) sich ‚finden', sich ‚freischwimmen', c) wissen, was man tun soll *od.* kann, d) festen Boden unter

den Füßen haben; ***have one ~ in the grave*** mit einem Fuß im Grabe stehen; ***put one's ~ down*** a) energisch werden, ein Machtwort sprechen, b) *mot.* Gas geben; ***put one's ~ in it***, *Am. a.* ***put one's ~ in one's mouth*** F ins Fettnäpfchen treten, sich danebenbenehmen; ***put one's best ~ forward*** a) sein Bestes geben, sich mächtig anstrengen, b) sich von der besten Seite zeigen; ***put s.o.*** (*od.* ***s.th.***) ***on his*** (***its***) ***feet*** *fig.* j-n (*od.* et.) wieder auf die Beine bringen; ***put*** *od.* ***set a*** (*od.* ***one's***) ***~ wrong*** et. Falsches tun *od.* sagen; ***set on ~ et.*** in Gang bringen *od.* in die Wege leiten; ***set ~ on*** *od.* ***in*** betreten; ***tread under ~*** mit Füßen treten (*mst fig.*); → ***cold*** 3; **2.** Fuß *m* (*0,3048 m*): ***3 feet long*** 3 Fuß lang; **3.** *fig.* Fuß *m* (*Berg, Glas, Säule, Seite, Strumpf, Treppe*): ***at the ~ of the page*** unten auf *od.* am Fuß der Seite; **4.** Fußende *n* (*Bett, Tisch etc.*); **5.** ⚔ a) *hist.* Fußvolk *n*: ***500 ~*** 500 Fußsoldaten, b) Infante'rie *f*: ***the 4th ~*** Infanterieregiment Nr. 4; **6.** Versfuß *m*; **7.** Schritt *m*, Tritt *m*: ***a heavy ~***; **8.** *pl.* ***~s*** Bodensatz *m*; **II** *v/t.* **9.** ***~ it*** F a) ‚tippeln', zu Fuß gehen, b) tanzen; **10.** e-n Fuß anstricken an (*acc.*); **11.** bezahlen, begleichen; ***~ the bill***; **12.** *mst* ***~ up*** zs.-zählen, addieren.

foot·age ['fʊtɪdʒ] *s.* **1.** Gesamtlänge *f*, -maß *n* (*in Fuß*); **2.** Filmmeter *pl.*

ˌ**foot|-and-'mouth dis·ease** *s. vet.* Maul- u. Klauenseuche *f*; **'~·ball** *s. sport* a) Fußball(spiel *n*) *m*: b) *Am.* Football(spiel *n*) *m*: ***~ match*** (***team***) Fußballspiel *n* (-mannschaft *f*); ***~ pools*** *pl.* Fußballtoto *n*; **'~ˌball·er** *s.* Fußballspieler *m*, Fußballer *m*; **'~·bath** *s.* Fußbad *n*; **'~·boy** *s.* **1.** Laufbursche *m*; **2.** Page *m*; **~ brake** *s.* Fußbremse *f*; **'~·bridge** *s.* Fußgängerbrücke *f*, (Lauf-)Steg *m*; **~ can·dle** *s. phys.* Foot-candle *f* (*Lichteinheit*); **~ con·trol** *s.* ⚙ Fußsteuerung *f*, -schaltung *f*; **~ drop** *s.* ⚕ Spitzfuß *m*.

foot·ed ['fʊtɪd] *adj. mst in Zssgn* mit … Füßen, …füßig; **'foot·er** [-tə] *s.* **1.** *in Zssgn* … Fuß groß *od.* lang: ***a six-~*** ein sechs Fuß großer Mensch; **2.** *Brit. sl.* Fußball(spiel *n*) *m*.

'foot|·fall *s.* Schritt *m*, Tritt *m* (*Geräusch*); **~ fault** *s. Tennis*: Fußfehler *m*; **'~·gear** *s.* Schuhwerk *n*; **~ guard** *s.* Fußschutz *m*; **'~·hill** *s.* **1.** Vorberg *m*; **2.** *pl.* Ausläufer *pl.* e-s Gebirges; **'~·hold** *s.* Stand *m*, Raum *m* zum Stehen; *fig.* Halt *m*, Stütze *f*; ('Ausgangs)Basis *f*, (-)Positiˌon *f*: ***gain a ~*** (festen) Fuß fassen.

foot·ing ['fʊtɪŋ] *s.* **1.** → ***foothold***: ***lose*** (*od.* ***miss***) ***one's ~*** ausgleiten, den Halt verlieren; **2.** Aufsetzen *n* der Füße.

foo·tle ['fu:tl] F **I** *v/i.* **1.** *oft* ***~ around*** her'umtrödeln; **2.** a) her'umalbern, b) ‚Stuß' reden; **II** *v/t.* **3.** ***~ away*** *Zeit, Geld etc.* vergeuden, *Chance* vertun; **III** *s.* **4.** ‚Stuß' *m*.

'foot·lights *s. pl. thea.* **1.** Rampenlicht (-er *pl.*) *n*; **2.** Bühne *f* (*a. Schauspielerberuf*).

foo·tling ['fu:tlɪŋ] *adj. sl.* albern, läppisch.

'foot|·loose *adj.* (völlig) ungebunden *od.* frei; **'~·man** [-mən] *s.* [*irr.*] La'kai *m*, Diener *m*; **'~·mark** *s.* Fußspur *f*; **'~·note** *s.* Fußnote *f*; ˌ**~-'op·er·at·ed** *adj.* mit Fußantrieb, Tret…, Fuß…; **'~·pad** *s. obs.* Straßenräuber *m*; **~ pas·sen·ger** *s.* Fußgänger(in); **'~·path** *s.* **1.** (Fuß)Pfad *m*; **2.** Bürgersteig *m*; **'~·pound** *s.* Foot-pound *n* (*Arbeits- u. Energie-Einheit*); **'~-ˌpound·al** [-ˌpaʊndl] *n* Foot-poundal *n* (*1/32 Foot-pound*); **'~·print** *s.* Fußabdruck *m*, *pl. a.* Fußspur(en *pl.*) *f*; **'~·race** *s.* Wettlauf *m*; **'~·rest** *s.* Fußstütze *f*, -raste *f*; **~ rule** *s.* Zollstock *m*; **'~·sore** *adj.* fußkrank; **'~·step** *s.* **1.** Tritt *m*, Schritt *m*; **2.** Fuß(s)tapfe *f*: ***follow in s.o.'s ~s*** in j-s Fußstapfen treten, j-s Beispiel folgen; **'~·stool** *s.* Schemel *m*, Fußbank *f*; **~ switch** *s.* ⚙ Fußschalter *m*; **'~·way** *s.* Fußweg *m*; **'~·wear** → ***footgear***; **'~·work** *s. sport* Beinarbeit *f*.

foo·zle ['fu:zl] *sl.* **I** *v/t.* ‚verpatzen'; **II** *v/i.* ‚patzen', ‚Mist bauen'; **III** *s.* Murks *m*, ‚Patzer' *m*.

fop [fɒp] *s.* Stutzer *m*, Geck *m*, ‚Fatzke' *m*; **'fop·per·y** [-pərɪ] *s.* Affigkeit *f*; **'fop·pish** [-pɪʃ] *adj.* ☐ geckenhaft, affig.

for [fɔ:; fə] **I** *prp.* **1.** *allg.* für: ***a gift ~ him***; ***it is good ~ you***; ***I am ~ the plan***; ***an eye ~ beauty*** Sinn für das Schöne; ***it was very awkward ~ her*** es war sehr peinlich für sie, es war ihr sehr unangenehm; ***he spoilt their weekend ~ them*** er verdarb ihnen das ganze Wochenende; ***~ and against*** für u. wider; **2.** für, (mit der Absicht) zu, um (…willen): ***apply ~ the post*** sich um die Stellung bewerben; ***die ~ a cause*** für e-e Sache sterben; ***go ~ a walk*** spazierengehen; ***come ~ dinner*** zum Essen kommen; ***what ~?*** wozu?, wofür?; **3.** (*Wunsch, Ziel*) nach, auf (*acc.*): ***a claim ~ s.th.*** ein Anspruch auf e-e Sache; ***the desire ~ s.th.*** der Wunsch *od.* das Verlangen nach et.; ***call ~ s.o.*** nach j-m rufen; ***wait ~ s.th.*** auf etwas warten; ***oh, ~ a car!*** ach, hätte ich doch e-n Wagen!; **4.** a) (*passend od. geeignet*) für, b) (*bestimmt*) für *od.* zu: ***tools ~ cutting*** Werkzeuge zum Schneiden, Schneidewerkzeuge; ***the right man ~ the job*** der richtige Mann für diesen Posten; **5.** (*Mittel*) gegen: ***a remedy ~ influenza***; ***treat s.o. ~ cancer*** j-n gegen *od.* auf Krebs behandeln; ***there is nothing ~ it but to give in*** es bleibt nichts (anderes) übrig, als nachzugeben; **6.** (*als Belohnung*) für: ***a medal ~ bravery***; **7.** (*als Entgelt*) für, gegen, um: ***I sold it ~ £10*** ich verkaufte es für 10 Pfund; **8.** (*im Tausch*) für, gegen: ***I exchanged the knife ~ a pencil***; **9.** (*Betrag, Menge*) über (*acc.*): ***a postal order ~ £20***; **10.** (*Grund*) aus, vor (*dat.*), wegen (*gen. od. dat.*): ***~ this reason*** aus diesem Grund; ***~ fun*** aus *od.* zum Spaß; ***die ~ grief*** aus *od.* vor Gram sterben; ***weep ~ joy*** vor Freude weinen; ***I can't see ~ the fog*** ich kann nichts sehen wegen des Nebels *od.* vor lauter Nebel; **11.** (*als Strafe etc.*) für, wegen: ***punished ~ theft***; **12.** dank, wegen: ***were it not ~ his energy*** wenn er nicht so energisch wäre, dank s-r Energie; **13.** für, in Anbetracht (*gen.*), im Verhältnis zu: ***he is tall ~ his age*** er ist groß für sein Alter; ***it is rather cold ~ July*** es ist ziemlich kalt für Juli; ***~ a foreigner he speaks rather well*** für e-n Ausländer spricht er recht gut; **14.** (*zeitlich*) für, während (*gen.*), auf (*acc.*), für die Dauer von, seit: ***~ a week*** e-e Woche (lang); ***come ~ a week*** komme auf *od.* für e-e Woche; ***~ hours*** stundenlang; ***~ some time past*** seit längerer Zeit; ***the first picture ~ two months*** der erste Film in *od.* seit zwei Monaten; **15.** (*Strecke*) weit, lang: ***run ~ a mile*** e-e Meile (weit) laufen; **16.** nach, auf (*acc.*), in Richtung auf (*acc.*): ***the train ~ London*** der Zug nach London; ***the passengers ~ Rome*** die nach Rom reisenden Passagiere; ***start ~ Paris*** nach Paris abreisen; ***now ~ it!*** *Brit.* F jetzt (nichts wie) los *od.* drauf!, ran!; **17.** für, an Stelle von (*od. gen.*), (an)'statt: ***he appeared ~ his brother***; **18.** für, in Vertretung *od.* im Auftrage *od.* im Namen von (*od. gen.*): ***act ~ s.o.***; **19.** für, als: ***~ example*** als *od.* zum Beispiel; ***books ~ presents*** Bücher als Geschenk; ***take that ~ an answer*** nimm das als Antwort; **20.** trotz (*gen. od. dat.*): ***~ all that*** trotz alledem; ***~ all his wealth*** trotz s-s ganzen Reichtums, bei allem Reichtum; ***~ all you may say*** sage, was du willst; **21.** was … betrifft: ***as ~ me*** was mich betrifft *od.* an(be)langt; ***as ~ that matter*** was das betrifft; ***~ all I know*** soviel ich weiß; **22.** *nach adj. u. vor inf.*: ***it is too heavy ~ me to lift*** es ist so schwer, daß ich es nicht heben kann; es ist zu schwer für mich; ***he ran too fast ~ me to catch him*** er rannte zu schnell, als daß ich ihn hätte einholen können; ***it is impossible ~ me to come*** es ist mir unmöglich zu kommen, ich kann unmöglich kommen; ***it seemed useless ~ him to continue*** es erschien sinnlos, daß er noch weitermachen sollte; **23.** *mit s. od. pron. u. inf.*: ***it is time ~ you to go home*** es ist Zeit, daß du heimgehst; ***it is ~ you to decide*** die Entscheidung liegt bei Ihnen; ***he called ~ the girl to bring him tea*** er rief nach dem Mädchen, damit es ihm Tee bringe; ***don't wait ~ him to turn up yet*** wartet nicht darauf, daß er noch auftaucht; ***wait ~ the rain to stop!*** warte, bis der Regen aufhört!; ***there is no need ~ anyone to know*** es braucht niemand zu wissen; ***I should be sorry ~ you to think that*** es täte mir leid, wenn du das dächtest; ***he brought some papers ~ me to sign*** er brachte mir einige Papiere zur Unterschrift; **24.** (*ethischer Dativ*): ***that's a wine ~ you*** das ist vielleicht ein Weinchen, das nenne ich e-n Wein; ***that's gratitude ~ you!*** a) das ist (wahre) Dankbarkeit!, b) *iro.* von wegen Dankbarkeit!; **25.** *Am.* nach: ***he was named ~ his father***; **II** *cj.* **26.** a) denn, weil, b) nämlich; **III** *s.* **27.** Für *n*.

for·age ['fɒrɪdʒ] **I** *s.* **1.** (Vieh)Futter *n*; **2.** Nahrungssuche *f*; **3.** ⚔ 'Überfall *m*; **II** *v/i.* **4.** (nach) Nahrung *od.* Futter suchen; **5.** *fig.* her'umstöbern, -kramen (***for*** nach); **6.** ⚔ e-n 'Überfall machen; **III** *v/t.* **7.** mit Nahrung *od.* Futter versorgen; **8.** *obs.* (aus)plündern; **~ cap** *s.* ⚔ Feldmütze *f*.

for·ay ['fɒreɪ] **I** *s.* **1.** a) Beute-, Raubzug

m, b) ⚔ Ein-, 'Überfall *m*; **2.** *fig.* ‚Ausflug' *m* (***into*** in *acc.*); **II** *v/i.* **3.** plündern; **4.** einfallen (***into*** in *acc.*).

for·bade [fə'bæd], *a.* **for'bad** [-'bæd] *pret. von* ***forbid***.

for·bear[1] ['fɔːbeə] *s.* Vorfahr *m*.

for·bear[2] [fɔː'beə] **I** *v/t.* [*irr.*] **1.** unter'lassen, Abstand nehmen von, sich enthalten (*gen.*): ***I cannot ~ laughing*** ich muß (einfach) lachen; **II** *v/i.* [*irr.*] **2.** Abstand nehmen (***from*** von); es unterlassen; **3.** nachsichtig sein (***with*** mit); **for'bear·ance** [-eərəns] *s.* **1.** Unter'lassung *f*; **2.** Geduld *f*, Nachsicht *f*; **for'bear·ing** [-eərɪŋ] *adj.* □ nachsichtig, geduldig.

for·bid [fə'bɪd] **I** *v/t.* [*irr.*] **1.** verbieten, unter'sagen (*j-m et. od. zu tun*); **2.** unmöglich machen, ausschließen; **II** *v/i.* **3.** ***God ~!*** Gott behüte!; **for'bid·den** [-dn] *p.p. von* ***forbid*** *u. adj.* verboten: ***~ fruit*** *fig.* verbotene Frucht; ***2 City*** *hist. die* Verbotene Stadt (*in Peking*); **for'bid·ding** [-dɪŋ] *adj.* □ **1.** abschreckend, abstoßend, scheußlich; **2.** bedrohlich, gefährlich; **3.** ‚unmöglich', unerträglich.

for·bore [fɔː'bɔː] *pret. von* ***forbear***[2]; **for'borne** [-ɔːn] *p.p. von* ***forbear***[2].

force [fɔːs] **I** *s.* **1.** (*a. fig. geistige, politische etc.*) Kraft (*a. phys.*), Stärke *f* (*a. Charakter*), Wucht *f*: ***join ~s*** a) sich zs.-tun, b) ⚔ s-e Streitkräfte vereinigen; **2.** Gewalt *f*, Macht *f*: ***by ~*** a) gewaltsam, b) zwangsweise; ***by ~ of arms*** mit Waffengewalt; **3.** Zwang *m* (*a.* ⚖), Druck *m*: ***~ of circumstances*** Zwang der Verhältnisse; **4.** Einfluß *m*, Wirkung *f*, Wert *m*; Nachdruck *m*, Über'zeugungskraft *f*: ***by ~ of*** vermittels; ***~ of habit*** Macht *f* der Gewohnheit; ***lend ~ to*** Nachdruck verleihen (*dat.*); **5.** ⚖ (Rechts)Gültigkeit *f*, (-)Kraft *f*: ***in ~*** in Kraft, geltend; ***come*** (***put***) ***into ~*** in Kraft treten (setzen); **6.** *ling.* Bedeutung *f*, Gehalt *m*; **7.** ⚔ Streit-, Kriegsmacht *f*, Truppe(n *pl.*) *f*, Verband *m*: ***the*** (***armed***) ***~s*** die Streitkräfte; ***labo***(***u***)***r ~*** Arbeitskräfte *pl.*, Belegschaft *f*; ***a strong ~ of police*** ein starkes Polizeiaufgebot; **8.** ***the 2*** *Brit.* die Poli'zei; **9.** F Menge *f*: ***in ~*** in großer Zahl *od.* Menge; ***the police came out in ~*** die Polizei rückte in voller Stärke aus; **II** *v/t.* **10.** zwingen, nötigen: ***~ s.o.'s hand*** j-n (zum Handeln) zwingen; ***~ one's way*** sich durchzwängen; ***~ s.th. from s.o.*** j-m et. entreißen; **11.** erzwingen, forcieren, 'durchsetzen: ***~ a smile*** gezwungen lächeln; **12.** treiben, drängen; *Preise* hochtreiben: ***~ s.th. on s.o.*** j-m et. aufdrängen *od.* -zwingen; **13.** ✓ treiben, hochzüchten; **14.** forcieren, beschleunigen: ***~ the pace***; **15.** *j-m, a. e-r Frau, a. fig. dem Sinn etc.* Gewalt antun; *Ausdruck* zu Tode hetzen; **16.** *Tür etc.* aufbrechen, (-)sprengen; **17.** ⚔ erstürmen; über'wältigen; **18.** ***~ down*** a) ✈ zur Landung zwingen, b) *Essen* hin'unterwürgen.

forced [fɔːst] *adj.* □ **1.** erzwungen, forciert, Zwangs...: ***~ lubrication*** → ***force feed***; ***~ labo***(***u***)***r*** Zwangsarbeit *f*; ***~ landing*** ✈ Notlandung *f*; ***~ loan*** ✝ Zwangsanleihe *f*; ***~ march*** ⚔ Eil-, Gewaltmarsch *m*; ***~ sale*** ⚖ Zwangsverkauf *m*, -versteigerung *f*; **2.** forciert, gekünstelt, gezwungen (*Lächeln etc.*); maniriert (*Stil etc.*); **'forc·ed·ly** [-sɪdlɪ] *adv.* → ***forced***.

force| feed *s.* ⚙ Druckschmierung *f*; **'~-feed** *v/t.* [*irr.* → ***feed***] *j-n* zwangsernähren; **~ field** *s. phys.* Kräftefeld *n*.

force·ful ['fɔːsfʊl] *adj.* □ **1.** kräftig, wuchtig (*a. fig.*); **2.** eindringlich, -drucksvoll; zwingend, über'zeugend (*Argumente etc.*); **'force·ful·ness** [-nɪs] *s.* Eindringlichkeit *f*, Wucht *f*.

'force-land I *v/t.* ✈ zur Notlandung zwingen; **II** *v/i.* notlanden.

force ma·jeure [ˌfɔːsmæ'ʒɜː] (*Fr.*) *s.* ⚖ höhere Gewalt.

'force-meat *s. Küche*: Farce *f*, (Fleisch-) Füllung *f*.

for·ceps ['fɔːseps] *s. sg. u. pl.* ⚕ a) Zange *f*, b) Pin'zette *f*: ***~ delivery*** ⚕ Zangengeburt *f*.

force pump *s.* ⚙ Druckpumpe *f*.

for·ci·ble ['fɔːsəbl] *adj.* □ **1.** gewaltsam: ***~ feeding*** Zwangsernährung *f*; **2.** → ***forceful***.

forc·ing| bed ['fɔːsɪŋ], **~ frame** *s.* ✓ Früh-, Mistbeet *n*; **~ house** *s.* Treibhaus *n*.

ford [fɔːd] **I** *s.* Furt *f*; **II** *v/i.* 'durchwaten; **III** *v/t.* durch'waten; **'ford·a·ble** [-dəbl] *adj.* seicht.

fore [fɔː] **I** *adj.* vorder, Vorder..., Vor...; früher; **II** *s.* Vorderteil *m*, *n*, -seite *f*, Front *f*: ***to the ~*** a) bei der *od.* zur Hand, zur Stelle, b) am Leben, c) im Vordergrund: ***come to the ~*** a) hervortreten, in den Vordergrund treten, b) sich hervortun; **III** *int. Golf*: Achtung!

ˌfore-and-'aft [-ɔːrə-] *adj.* ⚓ längsschiffs: ***~ sail*** Stagsegel *n*.

fore·arm[1] ['fɔːrɑːm] *s.* 'Unterarm *m*.

fore·arm[2] [fɔːr'ɑːm] *v/t.*: ***~ o.s.*** sich wappnen; → ***forewarn***.

'fore|·bear → ***forbear***[1]; **~'bode** [-'bəʊd] *v/t.* **1.** vor'hersagen, prophe'zeien; **2.** ahnen lassen, deuten auf (*acc.*); **3.** ein böses Omen sein für; **4.** *Schlimmes* ahnen, vor'aussehen; **~'bod·ing** [-'bəʊdɪŋ] *s.* **1.** (böses) Vorzeichen *od.* Omen; **2.** (böse) Ahnung; **3.** Prophe'zeiung *f*; **'~·cast I** *v/t.* [*irr.* → ***cast***] **1.** vor'aussagen, vor'hersehen; **2.** vor'ausberechnen, im vor'aus schätzen *od.* planen; **3.** *Wetter etc.* vor'hersagen; **II** *s.* **4.** Vor'her-, Vor'aussage *f*: ***weather ~*** Wetterbericht *m*, -vorhersage; **~·cas·tle** ['fəʊksl] *s.* ⚓ Back *f*, Vorderdeck *n*; **'~ˌcheck·ing** *s. sport* Forechecking *n*, frühes Stören; **~'close** *v/t.* **1.** ⚖ ausschließen (***of*** von *e-m Rechtsanspruch*); **2.** ***~ a mortgage*** a) e-e Hypothekenforderung geltend machen, b) e-e Hypothek (gerichtlich) für verfallen erklären, c) *Am.* aus e-r Hypothek die Zwangsvollstreckung betreiben; für verfallen erklären; **3.** (ver)hindern; **4.** *Frage etc.* vor'wegnehmen; **~'clo·sure** *s.* ⚖ a) (gerichtliche) Verfallserklärung (*e-r Hypothek*), b) *Am.* Zwangsvollstreckung *f*: ***~ action*** Ausschlußklage *f*; ***~ sale*** *Am.* Zwangsversteigerung *f*; **'~·deck** *s.* ⚓ Vorderdeck *n*; **~'doom** *v/t.*: ***~ed*** (***to failure***) *fig.* von vornherein zum Scheitern verurteilt, totgeboren; **'~ˌfa·ther** *s.* Ahn *m*, Vorfahr *m*; **'~ˌfin·ger** *s.* Zeigefinger *m*; **'~·foot** *s.* [*irr.*] **1.** *zo.* Vorderfuß *m*; **2.** ⚓ Stevenanlauf *m*; **'~·front** *s.* vorderste Reihe (*a. fig.*): ***in the ~ of the battle*** ⚔ in vorderster Linie; ***be in the ~ of s.o.'s mind*** j-n (*geistig*) sehr beschäftigen; **~'gath·er** → ***forgather***; **~'go** *v/t. u. v/i.* [*irr.* → ***go***] **1.** vor'angehen (*dat.*), *zeitlich a.* vor'hergehen (*dat.*): ***~ing*** vorhergehend, vorerwähnt, vorig; **2.** → ***forgo***; **'~·gone** *adj.*: ***~ conclusion*** ausgemachte Sache, Selbstverständlichkeit *f*; ***his success was a ~ conclusion*** sein Erfolg stand von vornherein fest *od.* war ‚vorprogrammiert'; **'~·ground** *s.* Vordergrund *m* (*a. fig.*); **'~·hand I** *s.* **1.** Vorderhand *f* (*Pferd*); **2.** *sport* Vorhand(schlag *m*) *f*; **II** *adj.* **3.** *sport* Vorhand...

fore·head ['fɒrɪd] *s.* Stirn *f*.

'fore·hold *s.* ⚓ vorderer Laderaum.

for·eign ['fɒrən] *adj.* **1.** fremd, ausländisch, auswärtig, Auslands..., Außen...: ***~ affairs*** *pol.* auswärtige Angelegenheiten; ***~ aid*** Auslandshilfe *f*; ***~-born*** im Ausland geboren; ***~ bill*** (***of exchange***) ✝ Auslandswechsel *m*; ***~ control*** Überfremdung *f*; ***~ country***, ***~ countries*** Ausland *n*; ***~ currency*** a) ausländische Währung, b) ✝ Devisen *pl.*; ***~ department*** Auslandsabteilung *f*; ***~ language*** Fremdsprache *f*; ***~-language*** a) fremdsprachig, b) fremdsprachlich, Fremdsprachen...; ***2 Legion*** ⚔ Fremdenlegion *f*; ***~ minister*** *pol.* Außenminister *m*; ***2 Office*** *Brit.* Außenministerium *n*; ***~-owned*** in ausländischem Besitz (befindlich); ***~ policy*** Außenpolitik *f*; ***2 Secretary*** *Brit.* Außenminister *m*; ***~ trade*** ✝ Außenhandel *m*; ***~ word*** a) Fremdwort *n*, b) Lehnwort *n*; ***~ worker*** Gastarbeiter(in); **2.** fremd (***to*** *dat.*): ***~ body*** (*od.* ***matter***) Fremdkörper *m*; ***that is ~ to his nature*** das ist ihm wesensfremd; **3.** ***~ to*** nicht gehörig *od.* passend zu.

for·eign·er ['fɒrənə] *s.* **1.** Ausländer (-in); **2.** *et.* Ausländisches (*z. B. Schiff, Produkt etc.*).

fore|'judge *v/t.* im vor'aus *od.* voreilig entscheiden *od.* beurteilen; **~'know** *v/t.* [*irr.* → ***know***] vor'herwissen, vor'aussehen; **ˌ~'knowl·edge** *s.* Vor'herwissen *n*, vor'herige Kenntnis; **'~ˌla·dy** *Am.* → ***forewoman***; **'~·land** [-lənd] *s.* Vorland *n*, Vorgebirge *n*, Landspitze *f*; **'~·leg** *s.* Vorderbein *n*; **'~·lock** *s.* Stirnlocke *f*, -haar *n*: ***take time by the ~*** die Gelegenheit beim Schopfe fassen; **'~·man** [-mən] *s.* [*irr.*] **1.** Werkmeister *m*, Vorarbeiter *m*, ⚠ Po'lier *m*; Aufseher *m*; **2.** ⚖ Obmann *m der Geschworenen*; **'~·mast** [-mɑːst; ⚓ -məst] *s.* ⚓ Fockmast *m*; **'~·most I** *adj.* vorderst; erst, best, vornehmst; **II** *adv.* zu'erst: ***first and ~*** zuallererst; ***feet ~*** mit den Füßen voran; **'~·name** *s.* Vorname *m*; **'~·noon** *s.* Vormittag *m*.

fo·ren·sic [fə'rensɪk] *adj.* (□ ***~ally***) fo'rensisch, Gerichts...: ***~ medicine***.

ˌfore|·or'dain [-ɔːrɔː-] *v/t.* vor'herbestimmen; **ˌ~·or·di'na·tion** [-ɔːrɔː-] *s. eccl.* Vor'herbestimmung *f*; **'~·part** *s.* **1.** Vorderteil *m*; **2.** Anfang *m*; **'~·play** *s.* (*sexuelles*) Vorspiel; **'~ˌrun·ner** *s. fig.* **1.** Vorläufer *m*; **2.** Vorbote *m*, Anzeichen *n*; **'~·sail** [-seɪl; ⚓ -sl] *s.* ⚓ Focksegel *n*; **~'see** *v/t.* [*irr.* → ***see***[1]] vor'aussehen *od.* -wissen; **~'see·a·ble** [-'siːəbl] *adj.* vor'auszusehen(d), absehbar: ***in***

the ~ future in absehbarer Zeit; **~ˈshad·ow** *v/t.* ahnen lassen, (drohend) ankündigen; **ˈ~·sheet** *s.* ⚓ **1.** Fockschot *f*; **2.** *pl.* Vorderboot *n*; **ˈ~·shore** *s.* Uferland *n*, (Küsten)Vorland *n*; **~ˈshort·en** *v/t. Figuren* in Verkürzung *od.* perspekˈtivisch zeichnen; **ˈ~·sight** *s.* **1.** a) Weitblick *m*, b) (weise) Vorˈaussicht; → ***hindsight*** 2; **2.** Blick *m* in die Zukunft; **3.** ⚔ (Viˈsier)Korn *n*; **ˈ~·skin** *s. anat.* Vorhaut *f*.

for·est [ˈfɒrɪst] **I** *s.* Wald *m* (*a. fig. von Masten etc.*), Forst *m*: **~ *fire*** Waldbrand *m*; **II** *v/t.* aufforsten.

fore|ˈstall *v/t.* **1.** *j-m* zuˈvorkommen; **2.** *e-r Sache* vorbeugen, *et.* vereiteln; **3.** *Einwand etc.* vorˈwegnehmen; **4.** † (spekulaˈtiv) aufkaufen; **ˈ~·stay** *s.* ⚓ Fockstag *n*.

for·est·ed [ˈfɒrɪstɪd] *adj.* bewaldet; **ˈfor·est·er** [-tə] *s.* **1.** Förster *m*; **2.** Waldbewohner *m* (*a. Tier*); **ˈfor·est·ry** [-trɪ] *s.* **1.** Forstwirtschaft *f*, -wesen *n*; **2.** Wälder *pl.*

ˈfore|·taste *s.* Vorgeschmack *m*; **~ˈtell** *v/t.* [*irr.* → ***tell***] **1.** vorˈher-, vorˈaussagen; **2.** andeuten, ahnen lassen; **ˈ~·thought** → ***foresight*** 1; **ˈ~·top** [-tɒp; ⚓ -təp] *s.* ⚓ Fock-, Vormars *m*; **ˌ~·topˈgal·lant** *s.* ⚓ Vorbramsegel *n*: **~ *mast*** Vorbramstenge *f*; **ˈ~·top·mast** *s.* ⚓ Fock-, Vormarsstenge *f*; **ˈ~·top·sail** [-seɪl; ⚓ -sl] *s.* ⚓ Vormarssegel *n*.

for ev·er, **for·ev·er** [fəˈrevə] *adv.* **1.** *a.* **~ *and ever*** für *od.* auf immer, für alle Zeit; **2.** andauernd, ständig, unaufhörlich; **3.** F ‚ewig' (lang); **for ev·er more**, **forˈev·er·more** *adv.* für immer u. ewig.

fore|ˈwarn *v/t.* vorher warnen (***of*** vor *dat.*): **~*ed is forearmed*** gewarnt sein heißt gewappnet sein; **ˈ~·wom·an** *s.* [*irr.*] **1.** Vorarbeiterin *f*, Aufseherin *f*; **2.** ⚖ Obmännin *f der Geschworenen*; **ˈ~·word** *s.* Vorwort *n*; **ˈ~·yard** *s.* ⚓ Fockrahe *f*.

for·feit [ˈfɔːfɪt] **I** *s.* **1.** (Geld-, *a.* Vertrags)Strafe *f*, Buße *f*: ***pay the ~ of one's life*** mit s-m Leben bezahlen; **2.** Verlust *m*, Einbuße *f*; **3.** verwirktes Pfand: ***pay a ~*** ein Pfand geben; **4.** *pl.* Pfänderspiel *n*; **II** *v/t.* **5.** verwirken, verlieren, *fig.* einbüßen, verscherzen; **III** *adj.* **6.** verwirkt, verfallen; **ˈfor·fei·ture** [-tʃə] *s.* Verlust *m*, Verwirkung *f*, Verfallen *n*, Einziehung *f*, Entzug *m*.

for·fend [fɔːˈfend] *v/t.* **1.** *obs.* verhüten: ***God ~!*** Gott behüte!; **2.** *Am.* schützen, sichern (***from*** vor *dat.*).

for·gath·er [fɔːˈgæðə] *v/i.* zs.-kommen, sich treffen; verkehren (***with*** mit).

for·gave [fəˈgeɪv] *pret. von* ***forgive***.

forge¹ [fɔːdʒ] *v/i.*: **~ *ahead*** a) sich (mühsam) vorˈankämpfen, sich Bahn brechen, b) *fig.* (allmählich) Fortschritte machen, c) (sich) nach vorn drängen, *a. sport* sich an die Spitze setzen.

forge² [fɔːdʒ] **I** *s.* **1.** Schmiede *f* (*a. fig.*); **2.** ⚙ a) Schmiedefeuer *n*, -esse *f*, b) Glühofen *m*, c) Hammerwerk *n*: **~ *lathe*** Schmiededrehbank *f*; **II** *v/t.* **3.** schmieden (*a. fig.*); **4.** *fig.* a) formen, schaffen, b) erfinden, sich ausdenken; **5.** fälschen: **~ *a document***; **ˈforge·a·ble** [-dʒəbl] *adj.* schmiedbar; **ˈforg·er** [-dʒə] *s.* **1.** Schmied *m*; **2.** Erfinder *m*, Erschaffer *m*; **3.** Fälscher *m*: **~ (*of coin*)** Falschmünzer *m*; **ˈfor·ger·y** [-dʒərɪ] *s.* **1.** Fälschen *n*: **~ *of a document*** ⚖ Urkundenfälschung *f*; **2.** Fälschung *f*, Falsifiˈkat *n*.

for·get [fəˈget] **I** *v/t.* [*irr.*] **1.** vergessen, nicht denken an (*acc.*), nicht bedenken, sich nicht erinnern an (*acc.*): ***I ~ his name*** sein Name ist mir entfallen; **2.** vergessen, verlernen: ***I have forgotten my French***; **3.** vergessen, unterˈlassen: **~ *it!*** F a) vergiß es!, schon gut!, b) *iro.* das kannst du vergessen!; ***don't you ~ it*** merk dir das!; **4.** **~ *o.s.*** a) (nur) an andere denken, b) sich vergessen, ‚aus der Rolle fallen'; **II** *v/i.* [*irr.*] **5.** vergessen: **~ *about it!*** denk nicht mehr daran!; ***I ~!*** das ist mir entfallen!; **forˈget·ful** [-fʊl] *adj.* ☐ **1.** vergeßlich; **2.** achtlos, nachlässig (***of*** gegenüber): **~ *of one's duties*** pflichtvergessen; **forˈget·ful·ness** [-fʊlnɪs] *s.* **1.** Vergeßlichkeit *f*; **2.** Achtlosigkeit *f*.

forˈget-me-not *s.* ✿ Verˈgißmeinnicht *n*.

for·giv·a·ble [fəˈgɪvəbl] *adj.* verzeihlich, entschuldbar; **for·give** [fəˈgɪv] *v/t.* [*irr.*] **1.** verzeihen, vergeben; **2.** *j-m e-e Schuld etc.* erlassen; **forˈgiv·en** [-vn] *p.p. von* ***forgive***; **forˈgive·ness** [-vnɪs] *s.* **1.** Verzeihung *f*, -gebung *f*; **2.** Versöhnlichkeit *f*; **forˈgiv·ing** [-vɪŋ] *adj.* ☐ **1.** versöhnlich, nachsichtig; **2.** verzeihend.

for·go [fɔːˈgəʊ] *v/t.* [*irr.* → ***go***] verzichten auf (*acc.*).

for·got [fəˈgɒt] *pret.* [*u. p.p. obs.*] *von* ***forget***; **forˈgot·ten** [-tn] *p.p. von* ***forget***.

fork [fɔːk] **I** *s.* **1.** (*Eß-, Heu-, Mist- etc.*) Gabel *f* (*a.* ⚙); **2.** ♪ (Stimm)Gabel *f*; **3.** Gabelung *f*, Abzweigung *f*; **4.** *Am.* a) Zs.-fluß *m*, b) *oft pl.* Gebiet *n* an e-r Flußgabelung; **II** *v/t.* **5.** gabelförmig machen, gabeln; **6.** mit e-r Gabel aufladen *od.* ˈumgraben *od.* wenden; **7.** *Schach: zwei Figuren* gleichzeitig angreifen; **III** *v/i.* **8.** sich gabeln *od.* spalten; **~ *out***, **~ *over***, **~ *up*** *v/t. u. v/i.* ‚blechen' (*zahlen*); **forked** [-kt] *adj.* gabelförmig, gegabelt, gespalten; zickzackförmig (*Blitz*); **ˈfork-lift (truck)** *s.* ⚙ Gabelstapler *m*.

for·lorn [fəˈlɔːn] *adj.* **1.** verlassen, einsam; **2.** verzweifelt, hilflos; unglücklich, elend; **~ *hope*** *s.* **1.** aussichtsloses Unterˈnehmen; **2.** letzte (verzweifelte) Hoffnung; **3.** ⚔ a) verlorener Haufen *od.* Posten, b) ˈHimmelfahrtskomˌmando *n*.

form [fɔːm] **I** *s.* **1.** Form *f*, Gestalt *f*, Fiˈgur *f*; **2.** ⚙ Form *f*, Fasˈson *f*, Moˈdell *n*, Schaˈblone *f*; △ Schalung *f*; **3.** Form *f*, Art *f*; Meˈthode *f*, (An)Ordnung *f*, Schema *n*: ***in due ~*** vorschriftsmäßig; **4.** Form *f*, Fassung *f* (*Wort, Text, a. ling.*), Formel *f* (*Gebet etc.*); **5.** *phls.* Wesen *n*, Naˈtur *f*; **6.** ˈUmgangsform *f*, Maˈnieren *pl.*, Benehmen *n*: ***good*** (***bad***) **~** guter (schlechter) Ton; ***it is good*** (***bad***) **~** es gehört *od.* schickt sich (nicht); **7.** Formblatt *n*, Formuˈlar *n*: ***printed ~*** Vordruck *m*; **~ *letter*** Schemabrief *m*; **8.** Formaliˈtät *f*, Äußerlichkeit *f*: ***matter of ~*** Formsache *f*; ***mere ~*** bloße Förmlichkeit; **9.** Form *f*, (körperliche *od.* geistige) Verfassung: ***in*** (*od.* ***on***) **~** (gut) in Form; ***off*** (*od.* ***out of***) **~** nicht in Form; **10.** *Brit.* a) (Schul-) Bank *f*, b) (Schul)Klasse *f*: **~ *master*** (***mistress***) Klassenlehrer(in); **11.** *typ.* → ***forme***; **II** *v/t.* **12.** formen, bilden (*a. ling.*); schaffen, gestalten (***into*** zu, ***after*** nach); *Regierung* bilden, *Gesellschaft etc.* gründen; **13.** *den Charakter etc.* formen, bilden; **14.** a) *e-n Teil etc.* bilden, ausmachen, b) dienen als; **15.** anordnen, zs.-stellen; **16.** ⚔ formieren, aufstellen; **17.** *e-n Plan* fassen, entwerfen; **18.** sich *e-e Meinung* bilden; **19.** *e-e Freundschaft etc.* schließen; **20.** *e-e Gewohnheit* annehmen; **21.** ⚙ formen; **III** *v/i.* **22.** sich formen *od.* bilden *od.* gestalten, Form annehmen, entstehen; **23.** *a.* **~ *up*** ⚔ sich formieren *od.* aufstellen, antreten.

-form [-fɔːm] *in Zssgn* …förmig.

for·mal [ˈfɔːml] **I** *adj.* ☐ → ***formally***; **1.** förmlich, forˈmell: a) offiziˈell: **~ *call*** Höflichkeitsbesuch *m*, b) feierlich: **~ *event*** → 5; **~ *dress*** → 6, c) steif, ˈunperˌsönlich, d) (peinlich) genau, peˈdantisch (die Form wahrend), e) formgerecht, vorschriftsmäßig: **~ *contract*** förmlicher Vertrag; **2.** forˈmal, forˈmell: a) rein äußerlich, b) rein gewohnheitsmäßig, c) scheinbar, Schein…; **3.** forˈmal: a) herkömmlich, konventioˈnell: **~ *style***, b) schulmäßig, streng meˈthodisch, c) Form…: **~ *defect*** ⚖ Formfehler *m*; **4.** regelmäßig: **~ *garden*** architektonischer Garten; **II** *s. Am.* **5.** Veranstaltung, für die Gesellschaftskleidung vorgeschrieben ist; **6.** Gesellschafts-, Abendanzug *m od.* -kleid *n*.

form·al·de·hyde [fɔːˈmældɪhaɪd] *s.* ⚗ Formaldeˈhyd *m*; **for·ma·lin** [ˈfɔːməlɪn] *s.* ⚗ Formaˈlin *n*.

for·mal·ism [ˈfɔːməlɪzəm] *s. allg.* Formaˈlismus *m*; **ˈfor·mal·ist** [-lɪst] *s.* Formaˈlist *m*; **for·mal·is·tic** [ˌfɔːməˈlɪstɪk] *adj.* formaˈlistisch; **for·mal·i·ty** [fɔːˈmælətɪ] *s.* **1.** Förmlichkeit: a) Herkömmlichkeit *f*, b) Zeremoˈnie *f*, c) *das* Offiziˈelle, d) Steifheit *f*, e) Umständlichkeit *f*: ***without ~*** ohne viel Umstände (zu machen); **2.** Formaliˈtät *f*: a) Formsache *f*, b) Formvorschrift *f*: ***for the sake of ~*** aus formellen Gründen; **3.** Äußerlichkeit *f*, leere Geste; **ˈfor·mal·ize** [-laɪz] *v/t.* **1.** zur bloßen Formsache machen; **2.** formalisieren, feste Form geben (*dat.*); **ˈfor·mal·ly** [-əlɪ] *adv.* **1.** forˈmell, in aller Form; **2.** → ***formal***.

for·mat [ˈfɔːmæt] **I** *s.* **1.** *typ.* a) Aufmachung *f*, b) Forˈmat *n*; **2.** Ein-, Ausrichtung *f*; **II** *v/t.* **3.** *Computer*: formatieren.

for·ma·tion [fɔːˈmeɪʃn] *s.* **1.** Bildung *f*: a) Formung *f*, Gestaltung *f*, b) Entstehung *f*, Entwicklung *f*: **~ *of gas*** Gasbildung *f*, c) Gründung *f*: **~ *of a company***, d) Gebilde *n*: ***word ~s*** Wortbildungen; **2.** Anordnung *f*, Zs.-setzung *f*, Strukˈtur *f*; **3.** ✈, ⚔, *sport* Formatiˈon *f*, Aufstellung *f*: **~ *flight*** Formations-, Verbandsflug *m*; **4.** *geol.* Formatiˈon *f*; **form·a·tive** [ˈfɔːmətɪv] **I** *adj.* **1.** formend, gestaltend, bildend; **2.** prägend, Entwicklungs…: **~ *years of a person***; **3.** *ling.* formbildend: **~ *element*** → 5; **4.** ✿, *zo.* morphoˈgen; **II** *s.* **5.** *ling.* Formaˈtiv *n*.

forme [fɔːm] *s. typ.* (Druck)Form *f*.

form·er¹ [ˈfɔːmə] *s.* **1.** Former *m* (*a.* ⚙), Gestalter *m*; **2.** *ped. Brit. in Zssgn* Schüler(in) der … Klasse; **3.** ✈ Spant *m*.

for·mer² [ˈfɔːmə] *adj.* □ **1.** früher, vorig, ehe-, vormalig, vergangen: ***in ~ times*** vormals, einst; ***he is his ~ self again*** er ist wieder (ganz) der alte; ***the ~ Mrs. A.*** die frühere Frau A.; **2. *the ~*** *sg. u. pl.* ersterwähnt, -genannt, erster: ***the ~ …, the latter …*** der erstere…, der letztere; ˈ**for·mer·ly** [-lɪ] *adv.* früher, vor-, ehemals: ***Mrs. A., ~ B.*** a) Frau A., geborene B., b) Frau A., ehemalige Frau B.

ˈ**form**ˌ**fit·ting** *adj.* **1.** enganliegend: ***~ dress***; **2.** körpergerecht: ***~ chair***.

for·mic ac·id [ˈfɔːmɪk] *s.* ⚗ Ameisensäure *f*.

for·mi·da·ble [ˈfɔːmɪdəbl] *adj.* □ **1.** schrecklich, furchterregend; **2.** gewaltig, ungeheuer, eˈnorm; **3.** beachtlich, ernstzunehmend: ***~ opponent***; **4.** äußerst schwierig: ***~ problem***.

form·ing [ˈfɔːmɪŋ] *s.* **1.** Formen *n*; **2.** ⚙ (Ver)Formen *n*, Fassonieren *n*; **form·less** [ˈfɔːmlɪs] *adj.* □ formlos.

for·mu·la [ˈfɔːmjʊlə] *pl.* **-las, -lae** [-liː] *s.* **1.** ⚗, ⚕ *etc.*, *a. mot.* Formel *f*, *pharm. u. fig. a.* Reˈzept *n*; **2.** Formel *f*, fester Wortlaut; **3.** *contp.* a) ‚Schema F‘, b) (leere) Phrase; ˈ**for·mu·lar·y** [-ərɪ] *s.* **1.** Formelsammlung *f*, -buch *n* (*bsd. eccl.*); **2.** *pharm.* Reˈzeptbuch *n*; ˈ**for·mu·late** [-leɪt] *v/t.* formulieren; **for·mu·la·tion** [ˌfɔːmjʊˈleɪʃn] *s.* Formulierung *f*, Fassung *f*.

ˈ**form·work** *s.* ⚠ (Ver)Schalung *f*, Schalungen *pl*.

for·ni·cate [ˈfɔːnɪkeɪt] *v/i.* unerlaubten außerehelichen Geschlechtsverkehr haben; *bibl. u. weitS.* Unzucht treiben, huren; **for·ni·ca·tion** [ˌfɔːnɪˈkeɪʃn] *s.* ⚖ unerlaubter außerehelicher Geschlechtsverkehr; *weitS.* Unzucht *f*, Hureˈrei *f*; ˈ**for·ni·ca·tor** [-tə] *s.* j-d, der unerlaubten außerehelichen Geschlechtsverkehr hat; *weitS.* Wüstling *m*.

for·rad·er [ˈfɒrədə] *adv.*: ***get no ~*** *Brit.* F nicht vom Fleck kommen.

for·sake [fəˈseɪk] *v/t.* [*irr.*] **1.** *j-n* verlassen, im Stich lassen; **2.** *et.* aufgeben; **for**ˈ**sak·en** [-kən] **I** *p.p. von* ***forsake***; **II** *adj.* (gott)verlassen, einsam; **for**ˈ**sook** [-ˈsʊk] *pret. von* ***forsake***.

for·sooth [fəˈsuːθ] *adv. iro.* wahrlich, fürˈwahr.

for·swear [fɔːˈsweə] *v/t.* [*irr.* → ***swear***] **1.** eidlich bestreiten; **2.** unter Proˈtest zuˈrückweisen; **3.** abschwören (*dat.*), feierlich entsagen (*dat.*); feierlich geloben (*es nie wieder zu tun etc.*); **4. *~ o.s.*** e-n Meineid leisten; **for**ˈ**sworn** [-ˈswɔːn] **I** *p.p. von* ***forswear***; **II** *adj.* meineidig.

for·syth·i·a [fɔːˈsaɪθjə] *s.* ♀ Forˈsythie *f*.

fort [fɔːt] *s.* ⚔ Fort *n*, Feste *f*, Festungswerk *n*: ***hold the ~*** *fig.* ‚die Stellung halten‘.

forte¹ [ˈfɔːteɪ] *s. fig. j-s* Stärke *f*, starke Seite.

for·te² [ˈfɔːtɪ] *adv.* ♪ forte, laut.

forth [fɔːθ] *adv.* **1.** herˈvor, vor, her; → ***bring forth*** *etc.*; **2.** herˈaus, hinaus; **3.** (dr)außen; **4.** voˈran, vorwärts; **5.** weiter: ***and so ~*** und so weiter; ***from that day ~*** von diesem Tag an; **6.** weg, fort; ˌ**~**ˈ**com·ing** *adj.* **1.** bevorstehend, kommend; **2.** erscheinend, unterˈwegs: ***be ~*** erfolgen, sich einstellen; **3.** in Kürze erscheinend (*Buch*) *od.* anlaufend (*Film*); **4.** bereitstehend, verfügbar; **5.** zuˈvor-, entgegenkommend (*Person*); **6.** mitteilsam; ˈ**~·right** *adj. u. adv.* offen (und ehrlich), gerade(herˈaus); ˌ**~**ˈ**with** [-ˈwɪθ] *adv.* soˈfort, (so)ˈgleich, unverzüglich.

for·ti·eth [ˈfɔːtɪɪθ] **I** *adj.* **1.** vierzigst; **II** *s.* **2.** Vierzigste(r *m*) *f*, *n*; **3.** Vierzigstel *n*.

for·ti·fi·a·ble [ˈfɔːtɪfaɪəbl] *adj.* zu befestigen(d); **for·ti·fi·ca·tion** [ˌfɔːtɪfɪˈkeɪʃn] *s.* **1.** ⚔ a) Befestigung *f*, b) Befestigung(sanlage) *f*, c) Festung *f*; **2.** (*a.* geistige *od.* moˈralische) Stärkung; **3.** a) Verstärkung *f* (*a.* ⚙), b) Anreicherung *f*; **4.** *fig.* Unterˈmauerung *f*; ˈ**for·ti·fi·er** [-faɪə] *s.* Stärkungsmittel *n*; **for·ti·fy** [ˈfɔːtɪfaɪ] *v/t.* **1.** (*a.* geistig *od.* moˈralisch) kräftigen, **2.** ⚙ verstärken; *Nahrungsmittel* anreichern; *Wein etc.* verstärken; **3.** ⚔ befestigen; **4.** bekräftigen, stützen, unterˈmauern; **5.** bestärken, ermutigen.

for·tis·si·mo [fɔːˈtɪsɪməʊ] *adv.* ♪ sehr stark *od.* laut, forˈtissimo.

for·ti·tude [ˈfɔːtɪtjuːd] *s.* (seelische) Kraft: ***bear s.th. with ~*** et. mit Fassung *od.* tapfer ertragen.

fort·night [ˈfɔːtnaɪt] *s. bsd. Brit.* vierzehn Tage: ***this day ~*** a) heute in 14 Tagen, b) heute vor 14 Tagen; ***a ~'s holiday*** ein vierzehntägiger Urlaub; ˈ**fort·night·ly** [-lɪ] *bsd. Brit.* **I** *adj.* vierzehntägig, halbmonatlich, Halbmonats…; **II** *adv.* alle 14 Tage; **III** *s.* Halbmonatsschrift *f*.

For·tran [ˈfɔːtræn] *s.* FORTRAN *n* (*Computersprache*).

for·tress [ˈfɔːtrɪs] *s.* ⚔ Festung *f*, *fig. a.* Bollwerk *n*.

for·tu·i·tous [fɔːˈtjuːɪtəs] *adj.* □ zufällig; **for**ˈ**tu·i·ty** [-tɪ] *s.* Zufall *m*, Zufälligkeit *f*.

for·tu·nate [ˈfɔːtʃnət] *adj.* □ **1.** glücklich: ***be ~*** a) Glück haben (*Person*), b) ein (wahres) Glück sein (*Sache*); ***how ~!*** welch ein Glück!, wie gut!; **2.** glückverheißend; günstig; vom Glück begünstigt (*Leben*); ˈ**for·tu·nate·ly** [-lɪ] *adv.* glücklicherweise, zum Glück.

for·tune [ˈfɔːtʃuːn] *s.* **1.** Glück(sfall *m*) *n*, (glücklicher) Zufall: ***good ~*** Gück; ***ill ~*** Unglück; ***try one's ~*** sein Glück versuchen; ***make one's ~*** sein Glück machen; **2.** *a.* ℒ *myth.* Forˈtuna *f*, Glücksgöttin *f*: ***~ favo(u)red him*** das Glück war ihm hold; **3.** Schicksal *n*, Geschick *n*, Los *n*: ***tell*** (*od.* ***read***) ***~s*** wahrsagen; ***read s.o.'s ~*** j-m die Karten legen *od.* aus der Hand lesen; ***have one's ~ told*** sich wahrsagen lassen; **4.** Vermögen *n*: ***make a ~*** ein Vermögen verdienen; ***come into a ~*** ein Vermögen erben; ***marry a ~*** e-e gute Partie machen; ***a small ~*** F ein kleines Vermögen (*viel Geld*); ˈ**~-**ˌ**hunt·er** [ˈfɔːtʃən-] *s.* Mitgiftjäger *m*; ˈ**~-**ˌ**tell·er** [ˈfɔːtʃən-] *s.* Wahrsager(in); ˈ**~-**ˌ**tell·ing** [ˈfɔːtʃən-] *s.* Wahrsageˈrei *f*.

for·ty [ˈfɔːtɪ] **I** *adj.* **1.** vierzig: ***the ℒ Thieves*** die 40 Räuber (*1001 Nacht*); → ***wink*** 4; **II** *s.* **2.** Vierzig: ***he is in his forties*** er ist in den Vierzigern; ***in the forties*** in den vierziger Jahren (*e-s Jahrhunderts*); **3. *the Forties*** die See zwischen Schottlands Nordˈost- u. Norwegens Südˈwestküste; **4. *the roaring forties*** stürmischer Teil des Ozeans (zwischen dem 39. u. 50. Breitengrad).

fo·rum [ˈfɔːrəm] *s.* **1.** *antiq. u. fig.* Forum *n*; **2.** Gericht *n*, Tribuˈnal *n* (*a. fig.*); *engS.* ⚖ Gerichtsort *m*, örtliche Zuständigkeit; **3.** Forum *n*, (öffentliche) Diskussiˈon(sveranstaltung).

for·ward [ˈfɔːwəd] **I** *adv.* **1.** vor, nach vorn, vorwärts, vorˈan, vorˈaus, weiter: ***from this day ~*** von heute an; ***freight ~*** ⚕ Fracht gegen Nachnahme; ***buy ~*** ⚕ auf Termin kaufen; ***go ~*** *fig.* Fortschritte machen, vorankommen; ***help ~*** weiterhelfen (*dat.*); → ***bring*** (***carry***, ***come***, *etc.*) ***forward***; **II** *adj.* □ **2.** vorwärts *od.* nach vorn gerichtet, Vorwärts…: ***a ~ motion***; ***~ defence*** ⚔ Vorwärtsverteidigung *f*; ***~ planning*** Vorausplanung *f*; ***~ speed*** *mot.* Vorwärtsgang *m*; ***~ strategy*** ⚔ Vorwärtsstrategie *f*; **3.** vorder; **4.** a) ♀ frühreif (*a. fig. Kind*), b) zeitig (*Frühling etc.*); **5.** *zo.* a) hochträchtig, b) gutentwickelt; **6.** *fig.* a) fortgeschritten, b) fortschrittlich; **7.** *fig.* vorlaut, dreist; **8.** *fig.* a) vorschnell, eilig, b) schnell bereit (***to do s.th.*** et. zu tun); **9.** ⚕ auf Ziel *od.* Zeit, Termin…: ***~ business*** (***market***, ***sale***, *etc.*); ***~ rate*** Terminkurs *m*, Kurs *m* für Termingeschäfte; **III** *s.* **10.** *sport* Stürmer *m*: ***~ line*** Sturm(reihe *f*) *m*; **IV** *v/t.* **11.** a) fördern, begünstigen, b) beschleunigen; **12.** befördern, schikken, verladen; **13.** *Brief etc.* nachsenden, weiterbefördern.

for·ward·er [ˈfɔːwədə] *s.* Spediˈteur; ˈ**for·ward·ing** [-dɪŋ] **I** *s.* Versand *m*; **II** *adj.* Versand…: ***~ charges***; ***~ instructions***; ***~ agent*** Spediteur *m*; ***~ note*** Frachtbrief *m*; ***~ address*** Nachsendeadresse *f*; ˈ**for·ward-**ˌ**look·ing** *adj.* vorˈausschauend, fortschrittlich; ˈ**for·ward·ness** [-dnɪs] *s.* **1.** Frühzeitigkeit *f*, Frühreife *f* (*a.* ♀); **2.** Dreistigkeit *f*, vorlaute Art; **3.** Voreiligkeit *f*.

for·wards [ˈfɔːwədz] → ***forward*** I.

fosse [fɒs] *s.* **1.** (Burg-, Wall)Graben *m*; **2.** *anat.* Grube *f*.

fos·sil [ˈfɒsl] **I** *s.* **1.** *geol.* Fosˈsil *n*; Versteinerung *f*; **2.** F ‚Fosˈsil‘ *n*: a) verkalkter *od.* verknöcherter Mensch, b) *et.* ‚Vorsintflutliches‘; **II** *adj.* **3.** fosˈsil, versteinert: ***~ fuel*** fossiler Brennstoff; ***~ oil*** Erd-, Steinöl *n*; **4.** F a) verknöchert, verkalkt (*Person*), b) vorsintflutlich (*Sache*); **fos·sil·if·er·ous** [ˌfɒsɪˈlɪfərəs] *adj.* fosˈsilienhaltig; **fos·sil·i·za·tion** [ˌfɒsɪlaɪˈzeɪʃn] *s.* **1.** Versteinerung *f*; **2.** F Verknöcherung *f*; ˈ**fos·sil·ize** [-sɪlaɪz] **I** *v/t. geol.* versteinern; **II** *v/i.* versteinern; *fig.* verknöchern, verkalken.

fos·so·ri·al [fɒˈsɔːrɪəl] *adj. zo.* grabend, Grab…

fos·ter [ˈfɒstə] **I** *v/t.* **1.** *Kind etc.* a) aufziehen, b) in Pflege haben *od.* geben; **2.** *et.* fördern; begünstigen, protegieren; **3.** *Wunsch etc.* hegen, nähren; **II** *adj.* **4.** Pflege…: ***~ child*** (***father***, ***mother*** *etc.*).

fos·ter·ling [ˈfɒstəlɪŋ] *s.* Pflegekind *n*.

fought [fɔːt] *pret. u. p.p. von* ***fight***.

foul [faʊl] **I** *adj.* □ **1.** a) stinkend, widerlich, übelriechend (*a. Atem*), b) verpestet, schlecht (*Luft*), c) faul, verdorben (*Lebensmittel etc.*); **2.** schmutzig, verschmutzt; **3.** verstopft; **4.** voll Unkraut, überwachsen; **5.** schlecht, stürmisch (*Wetter etc.*), widrig (*Wind*); **6.** ⚓ a) unklar (*Taue etc.*), b) in Kollisi'on (geratend) (**of** mit); **7.** *fig.* a) widerlich, ekelhaft, b) abscheulich, gemein: ~ ***deed*** ruchlose Tat, c) schädlich, gefährlich: ~ ***tongue*** böse Zunge, d) schmutzig, zotig, unflätig: ~ ***language***; **8.** F scheußlich; **9.** unehrlich, betrügerisch; **10.** *sport* unfair, regelwidrig; **11.** *typ.* a) unsauber (*Druck etc.*), b) voller Fehler *od.* Änderungen; **II** *adv.* **12.** auf gemeine Art, gemein (*etc.* → 7–10): ***play*** ~ ***sport*** foul spielen; ***play s.o.*** ~ j-m übel mitspielen; **13.** ***fall*** ~ ***of*** ⚓ zs.-stoßen mit (*a. fig.*); **III** *s.* **14.** ***through fair and*** ~ durch dick u. dünn; **15.** ⚓ Zs.-stoß *m*; **16.** *sport* a) Foul *n*, Regelverstoß *m*, b) → ***foul shot***; **IV** *v/t.* **17.** *a.* ~ ***up*** a) beschmutzen (*a. fig.*), verschmutzen, verunreinigen, b) verstopfen; **18.** *sport* foulen; **19.** ⚓ zs.-stoßen mit; **20.** *a.* ~ ***up*** sich verwickeln in (*dat.*) *od.* mit; **21.** ~ ***up*** F a) ‚vermasseln', ‚versauen', b) durchein'anderbringen; **V** *v/i.* **22.** schmutzig werden; **23.** ⚓ zs.-stoßen (***with*** mit); **24.** sich verwickeln; **25.** *sport* foulen, ein Foul begehen; **26.** ~ ***up*** F a), ‚Mist bauen', ‚patzen', b) durchein'anderkommen.

'foul|-mouthed *adj.* unflätig; ~ **play** *s.* **1.** *sport* unfaires Spiel, Unsportlichkeit *f*; **2.** (Gewalt)Verbrechen *n*, *bsd.* Mord *m*; ~ **shot** *s. Basketball*: Freiwurf *m*; '~-ˌ**spo·ken** → ***foul-mouthed***.

found¹ [faʊnd] *pret. u. p.p. von* ***find***.

found² [faʊnd] *v/t.* ⚙ schmelzen; gießen.

found³ [faʊnd] *fig.* **I** *v/t.* **1.** gründen, errichten; **2.** begründen, einrichten, ins Leben rufen, *Schule etc.* stiften: ***2ing Fathers*** *Am.* Staatsmänner aus der Zeit der Unabhängigkeitserklärung; **3.** *fig.* gründen, stützen (**on** auf *acc.*): ***be ~ed on*** → 4; ***well-~ed*** wohlbegründet, fundiert; **II** *v/i.* **4.** (**on**) sich stützen (auf *acc.*), beruhen, sich gründen (auf *dat.*);

foun·da·tion [faʊn'deɪʃn] *s.* **1.** *oft pl.* △ Grundmauer *f*, Funda'ment *n* (*a. fig.*); 'Unterbau *m*, -lage *f*, Bettung *f* (*Straße etc.*); **2.** Grund(lage *f*) *m*, Basis *f*: ***without*** (***any***) ~ (völlig) unbegründet; ***shaken to the ~s*** in den Grundfesten erschüttert; ***lay the ~s of*** den Grund(stock) legen zu; **3.** Gründung *f*, Errichtung *f*; **4.** (gemeinnützige) Stiftung: ***be on the*** ~ Geld aus der Stiftung erhalten; **5.** Ursprung *m*, Beginn *m*; **6.** steifes (Zwischen)Futter: ~ ***muslin*** Steifleinen *n*; **7.** *a.* ~ ***garment*** a) Mieder *n*, b) Kor'sett *n*, c) *pl.* Mieder (-waren) *pl.*; **8.** *a.* ~ ***cream*** *Kosmetik*: Grundierung *f*; ~ **stone** *s.* Grundstein *m* (*a. fig.*); → ***lay¹*** 5.

found·er¹ ['faʊndə] *s.* Gründer *m*, Stifter *m*: ***~s' shares*** ✝ Gründeraktien.

found·er² ['faʊndə] *s.* ⚙ Gießer *m*.

found·er³ ['faʊndə] **I** *v/i.* **1.** ⚓ sinken, 'untergehen; **2.** einstürzen, -fallen; **3.** *fig.* scheitern; **4.** *vet.* a) lahmen, b) zs.-brechen (*Pferd*); **5.** steckenbleiben; **II** *v/t.* **6.** *Pferd* lahm reiten; **7.** *Schiff* zum Sinken bringen.

found·ling ['faʊndlɪŋ] *s.* Findling *m*, Findelkind *n*: ~ ***hospital*** Findelhaus *n*.

found·ress ['faʊndrɪs] *s.* Gründerin *f*, Stifterin *f*.

found·ry ['faʊndrɪ] *s.* ⚙ Gieße'rei *f*.

fount¹ [faʊnt] *s. typ.* (Setzkasten *m* mit) Schriftsatz *m*.

fount² [faʊnt] → ***fountain*** 2, 4a.

foun·tain ['faʊntɪn] *s.* **1.** Fon'täne *f*: a) Springbrunnen *m*, b) (Wasser)Strahl *m*; **2.** Quelle *f*, *fig. a.* Born *m*: ***2 of Youth*** Jungbrunnen *m*; **3.** a) (Trink-) Brunnen *m*, b) → ***soda fountain***; **4.** ⚙ a) (Öl-, Tinten- *etc.*)Behälter *m*, b) Reser'voir *n*; ˌ~-'**head** *s.* Quelle *f* (*a. fig.*); *fig.* Urquell *m*; '~-**pen** *s.* Füll(feder)-halter *m*.

four [fɔː] **I** *adj.* **1.** vier; **II** *s.* **2.** Vier *f* (*Zahl, Spielkarte etc.*): ***the ~ of hearts*** die Herzvier; ***by ~s*** immer vier (auf einmal); ***on all ~s*** a) auf allen vieren, b) *fig.* stimmend, richtig; ***be on all ~s with*** übereinstimmen mit, genau entsprechen (*dat.*); **3.** *Rudern*: Vierer *m* (*Boot od. Mannschaft*); ˌ~-'**cor·nered** *adj.* viereckig, mit vier Ecken; '~-ˌ**cy·cle** *adj.*: ~ ***engine*** ⚙ Viertaktmotor *m*; '~-**eyes** *s. pl. sg. konstr.* F ‚Brillenschlange' *f*; ~ **flush** *s. Poker*: unvollständige Hand; '~-ˌ**flush·er** *s. Am.* Bluffer *m*, ‚falscher Fuffziger'; '~-**fold** *adj. u. adv.* vierfach; ˌ~-'**four** (**time**) *s.* ♪ Vier'vierteltakt *m*; ˌ~-'**hand·ed** *adj.* ♪, *zo.* vierhändig; 2 **Hun·dred** *s.*: ***the*** ~ *Am.* die Hautevolee (*e-r Gemeinde*); ˌ~-**in-'hand** [-ɔːrɪn-] *s.* **1.** Vierspänner *m*; **2.** Viergespann *n*; ˌ~-'**leaf**(**ed**) **clo·ver** *s.* ⚘ vierblätt(e)riges Kleeblatt; '~-**legged** *adj.* vierbeinig; ˌ~-'**let·ter word** *s.* unanständiges Wort; ˌ~-'**oar** [-ɔːr'ɔː] *s.* Vierer *m* (*Boot*); '~-**part** *adj.* ♪ vierstimmig (*Satz*); '~-**pence** [-pəns] *s. Brit. hist.* Vierpencestück *n*; ˌ~-'**post·er** *s.* **1.** Himmelbett *n*; **2.** ⚓ *sl.* Viermaster *m*; ˌ~'**score** *adj. obs.* achtzig; '~-ˌ**seat·er** *s. mot.* Viersitzer *m*; '~-**some** [-səm] *s. Golf*: Vierer *m*; *fig. humor.* ‚Quar'tett' *n*; ˌ~-'**speed gear** *s.* ⚙ Vierganggetriebe *n*; ˌ~-'**square** *adj. u. adv.* **1.** qua'dratisch; **2.** *fig.* a) fest, unerschütterlich, b) grob, barsch; ˌ~-'**star** *adj.* Viersterne...: ~ ***general***; ~ ***hotel***; ˌ~-'**stroke** *adj.*: ~ ***engine*** ⚙ Viertaktmotor *m*.

four·teen [ˌfɔː'tiːn] **I** *adj.* vierzehn; **II** *s.* Vierzehn *f*; ˌ**four'teenth** [-nθ] **I** *adj.* vierzehnt; **II** *s.* a) (*der, die, das*) Vierzehnte, b) Vierzehntel *n*.

fourth [fɔːθ] **I** *adj.* ☐ **1.** viert; **2.** viertel; **II** *s.* **3.** (*der, die, das*) Vierte; **4.** Viertel *n*; **5.** ♪ Quarte *f*; **6.** ***the 2*** (***of July***) *Am.* der Vierte (Juli), der Unabhängigkeitstag; '**fourth·ly** [-lɪ] *adv.* viertens.

ˌ**four|-'way** *adj.*: ~ ***switch*** ⚡ Vierfach-, Vierwegeschalter *m*; ˌ~-'**wheel** *adj.* vierräd(e)rig; Vierrad...(*-antrieb, -bremse*).

fowl [faʊl] **I** *pl.* **fowls**, *coll. mst* **fowl** *s.* **1.** Haushuhn *n od.* -ente *f*, *a.* Truthahn *m*; *coll.* Geflügel *n* (*a. Fleisch*), Hühner *pl.*: ~ ***house*** Hühnerstall *m*; ~ ***pest*** Hühnerpest *f*; ~ ***pox*** Geflügelpocken *pl*; ~ ***run*** Hühnerhof *m*, Auslauf *m*; **2.** *selten* Vogel *m*, Vögel *pl.*: ***the ~(s) of the air*** *bibl.* die Vögel unter dem Himmel; **II** *v/i.* **3.** Vögel fangen *od.* schießen; '**fowl·er** [-lə] *s.* Vogelfänger *m*; '**fowl·ing** [-lɪŋ] *s.* Vogelfang *m*, -jagd *f*: ***~-piece*** Vogelflinte *f*; ***~-shot*** Hühnerschrot *n*.

fox [fɒks] **I** *s.* **1.** *zo.* Fuchs *m*: ***set the ~ to keep the geese*** den Bock zum Gärtner machen; ~ ***and geese*** Wolf u. Schafe (*ein Brettspiel*); **2.** (***sly old***) ~ *fig.* (schlauer) Fuchs; **3.** Fuchspelz(kragen) *m*; **II** *v/t.* **4.** *sl.* über'listen, ‚reinlegen'; **III** *v/i.* **5.** stockfleckig werden (*Papier*); ~ **brush** *s. hunt.* Lunte *f*, Fuchsschwanz *m*; '~-**glove** *s.* ⚘ Fingerhut *m*; '~-**hole** *s.* **1.** Fuchsbau *m*; **2.** ⚔ Schützenloch *n*; '~-**hunt**, '~-ˌ**hunt·ing** *s.* Fuchsjagd *f*; ~ **mark** *s.* Stockfleck *m*; '~-**tail** *s.* **1.** Fuchsschwanz *m*; **2.** ⚘ Fuchsschwanzgras *n*; ˌ~-'**ter·ri·er** *s. zo.* Foxterrier *m*; '~-**trot** *s. u. v/i.* Foxtrott *m* (tanzen).

fox·y ['fɒksɪ] *adj.* **1.** gerissen, listig; **2.** fuchsrot; **3.** stockfleckig (*Papier*).

foy·er ['fɔɪeɪ] (*Fr.*) *s. allg.* Fo'yer *n*.

fra·cas ['frækɑː] *pl.* ~ [-kɑːz] *s.* Aufruhr *m*, Spek'takel *m*.

frac·tion ['frækʃn] *s.* **1.** ⚗ Bruch *m*: ~ ***bar***, ~ ***line***, ~ ***stroke*** Bruchstrich *m*; **2.** Bruchteil *m*, Frag'ment *n*; Stückchen *n*, *ein* bißchen: ***not by a*** ~ nicht im geringsten; ***by a ~ of an inch*** um ein Haar; ~ ***of a share*** ✝ Teilaktie *f*; **3.** *2 eccl.* Brechen *n des Brotes*; '**frac·tion·al** [-ʃənl] *adj.* **1.** *a.* ⚗ Bruch..., gebrochen: ~ ***amount*** Teilbetrag *m*; ~ ***currency*** Scheidemünze *f*; ~ ***part*** Bruchteil *m*; **2.** *fig.* unbedeutend, mini'mal; **3.** ⚗ fraktioniert, teilweise; '**frac·tion·ar·y** [-ʃnərɪ] *adj.* Bruch(stück)..., Teil...; '**frac·tion·ate** [-ʃəneɪt] *v/t.* ⚗ fraktionieren.

frac·tious ['frækʃəs] *adj.* ☐ **1.** mürrisch, zänkisch, reizbar; **2.** störrisch; '**frac·tious·ness** [-nɪs] *s.* **1.** Reizbarkeit *f*; **2.** 'Widerspenstigkeit *f*.

frac·ture ['fræktʃə] **I** *s.* **1.** ⚕ Frak'tur *f*, Bruch *m* (*a. fig.*); **2.** *min.* Bruchfläche *f*; **3.** *ling.* Brechung *f*; **II** *v/t.* **4.** (zer)brechen: ~ ***one's arm*** sich den Arm brechen; ***~d skull*** Schädelbruch *m*; **III** *v/i.* **5.** (zer)brechen.

frag·ile ['frædʒaɪl] *adj.* **1.** zerbrechlich (*a. fig.*); **2.** ⚙ brüchig; **3.** *fig.* schwach, zart (*Gesundheit etc.*), gebrechlich (*Person*); **fra·gil·i·ty** [frə'dʒɪlətɪ] *s.* **1.** Zerbrechlichkeit *f*; **2.** Brüchigkeit *f*; **3.** *fig.* Ge-, Zerbrechlichkeit *f*, Zartheit *f*.

frag·ment ['frægmənt] *s.* **1.** Bruchstück *n* (*a.* ⚙), -teil *m*; **2.** Stück *n*, Brocken *m*, Splitter *m* (*a.* ⚔), Fetzen *m*; 'Überrest *m*; **3.** (lite'rarisches *etc.*) Frag'ment; **frag·men·tal** [fræg'mentl] *adj.* **1.** *geol.* Trümmer...; **2.** → '**frag·men·tar·y** [-tərɪ] *adj.* **1.** zerstückelt, aus Stücken bestehend; **2.** fragmen'tarisch, unvollständig, bruchstückhaft; **frag·men·ta·tion** [ˌfrægmen'teɪʃn] *s.* Zerstückelung *f*, -splitterung *f*: ~ ***bomb*** ⚔ Splitterbombe *f*.

fra·grance ['freɪgrəns] *s.* Wohlgeruch *m*, Duft *m*, A'roma *n*; '**fra·grant** [-nt] *adj.* ☐ **1.** wohlriechend, duftend: ***be ~ with*** duften nach; **2.** *fig.* angenehm, köstlich.

frail [freɪl] *adj.* ☐ **1.** zerbrechlich; **2.** a) zart, schwach, b) gebrechlich, c) (*charakterlich*) schwach, d) schwach, seicht (*Buch etc.*); '**frail·ty** [-tɪ] *s.* **1.** Zerbrechlichkeit *f*; **2.** a) Zartheit *f*, b) Gebrechlichkeit *f*; **3.** a) Schwachheit *f*, (mo'ralische) Schwäche, b) Fehltritt *m.*

fraise [freɪz] *s.* **1.** ⚔ Pali'sade *f*; **2.** ⚙ Bohrfräse *f.*

fram·b(o)e·si·a [fræm'bi:zɪə] *s.* ⚕ Frambö'sie *f* (*tropische Hautkrankheit*).

frame [freɪm] **I** *s.* **1.** (*Bilder-, Fenster- etc.*)Rahmen *m* (*a.* ⚙, *mot.*): **~ aerial** Rahmenantenne *f*; **2.** (*a. Brillen-, Schirm-, Wagen*)Gestell *n*, Gerüst *n*; **3.** Einfassung *f*; **4.** ⚠ a) Balkenwerk *n*: **~ house** Holz- *od.* Fachwerkhaus *n*, b) Gerippe *n*, Ske'lett *n*: **steel ~**; **5.** *typ.* ('Setz)Re,gal *n*; **6.** ⚡ Stator *m*; **7.** ✈, ⚓ a) Spant *n*, *m*, b) Gerippe *n*; **8.** *TV* a) Abtastfeld *n*, b) Raster(bild *n*) *m*; **9.** *Film*: Einzelbild *n*; **10.** *Comic strips*: Bild *n*; **11.** ✓ verglaster Treibbeetkasten; **12.** *Weberei*: ('Spinn-, 'Web)Ma,schine *f*; **13.** a) Rahmen(erzählung *f*) *m*, b) 'Hintergrund *m*; **14.** Körper(bau) *m*, Fi'gur *f*: **the mortal ~** die sterbliche Hülle; **15.** *fig.* Rahmen *m*, Sy'stem *n*: **within the ~ of** im Rahmen (*gen.*); **16.** *bsd.* **~ of mind** (Gemüts)Verfassung *f*, (-)Zustand *m*, Stimmung *f*; **17.** → **frame-up**; **II** *v/t.* **18.** zs.-fügen, -setzen; **19.** a) *Bild etc.* (ein)rahmen, (-)fassen, b) *fig.* um'rahmen; **20.** *et.* ersinnen, entwerfen, *Plan* schmieden, *Gedicht etc.* machen, verfertigen, *Politik etc.* abstecken; **21.** *Worte*, *a. Entschuldigung etc.* formulieren; **22.** gestalten, formen, bilden; **23.** anpassen (**to** *dat.*); **24.** *a.* **~ up** *sl.* a) *et.* ‚drehen', ‚schaukeln', b) *j-m* et. ‚anhängen', *j-n* ‚reinhängen': **~ a match** ein Spiel (vorher) absprechen; **framed** [-md] *adj.* **1.** gerahmt; **2.** ⚠ Fachwerk…; **3.** ⚓, ✈ in Spanten; **'fram·er** [-mə] *s.* **1.** (Bilder-)Rahmer *m*; **2.** *fig.* Gestalter *m*, Entwerfer *m.*

frame| saw *s.* ⚙ Spannsäge *f*; **~ sto·ry**, **~ tale** *s.* Rahmenerzählung *f*; **~ tent** *s.* Steilwandzelt *n*; **'~-up** *s.* F **1.** Kom'plott *n*, In'trige *f*; Falle *f*; **2.** abgekartetes Spiel, Schwindel *m*; **'~·work** *s.* **1.** ⚙, *a.* ✈ *u. biol.* Gerüst *n*, Gerippe *n*; **2.** ⚠ Fachwerk *n*, Gebälk *n*; **3.** 🚗 Gestell *n*; **4.** *fig.* Rahmen *m*, Gefüge *n*, Sy'stem *n*: **within the ~ of** im Rahmen (*gen.*).

franc [fræŋk] *s.* **1.** Franc *m* (*Währungseinheit Frankreichs etc.*); **2.** Franken *m* (*Währungseinheit der Schweiz*).

fran·chise ['fræntʃaɪz] *s.* **1.** *pol.* a) Wahl-, Stimmrecht *n*, b) Bürgerrecht(e *pl.*) *n*; **2.** *Am.* Privi'leg *n*; **3.** *hist.* Gerechtsame *f*; **4.** ☨ *bsd. Am.* a) *a. sport* Konzessi'on *f*, b) Al'leinverkaufsrecht *n*, c) 'Rechtsper,sönlichkeit *f*, d) Franchise *n*, Franchising *n* (*Vertriebsart*); **5.** *Versicherung*: Fran'chise *f.*

Fran·cis·can [fræn'sɪskən] **I** *s.* Franzis'kaner(mönch) *m*; **II** *adj.* Franziskaner…

Fran·co-Ger·man [,fræŋkəʊ'dʒɜ:mən] *adj.*: **the ~ War** der Deutsch-Französische Krieg (*1870/71*).

Fran·co·ni·an [fræŋ'kəʊnjən] *adj.* fränkisch.

Fran·co|·phile ['fræŋkəʊfaɪl], **'~·phil** [-fɪl] **I** *s.* Franko'phile *m*, Fran'zosenfreund *m*; **II** *adj.* franko'phil; **'~·phobe** [-fəʊb] **I** *s.* Fran'zosenhasser *m*, -feind *m*; **II** *adj.* fran'zosenfeindlich.

fran·gi·ble ['frændʒɪbl] *adj.* zerbrechlich.

fran·gi·pane ['frændʒɪpeɪn] *s. Art* Mandelcreme *f.*

Fran·glais ['frɑ̃:ŋgleɪ] (*Fr.*) *s. stark anglisiertes Französisch.*

Frank¹ [fræŋk] *s. hist.* Franke *m.*

frank² [fræŋk] **I** *adj.* ☐ → **frankly**; **1.** offen, aufrichtig, frei(mütig); **II** *s.* **2.** ✉ *hist.* a) Freivermerk *m*, b) Portofreiheit *f*; **III** *v/t.* **3.** *Brief* (*a.* mit der Ma'schine) frankieren: **~ing machine** Frankiermaschine *f*; **4.** *j-m* (freien) Zutritt verschaffen; **5.** *et.* amtlich freigeben.

frank³ [fræŋk] *Am.* F *für* **frank·furt·er** ['fræŋkfɜ:tə] *s.* Frankfurter (Würstchen *n*) *f.*

frank·in·cense ['fræŋkɪn,sens] *s.* Weihrauch *m.*

Frank·ish ['fræŋkɪʃ] *adj. hist.* fränkisch.

frank·lin ['fræŋklɪn] *s. hist.* **1.** Freisasse *m*; **2.** kleiner Landbesitzer.

frank·ly ['fræŋklɪ] *adv.* **1.** → **frank²** 1; **2.** frei her'aus, frank u. frei; **3.** *a.* **~ speaking** offen gestanden *od.* gesagt; **'frank·ness** [-nɪs] *s.* Offenheit *f*, Freimütigkeit *f.*

fran·tic ['fræntɪk] *adj.* ☐ (*mst* **~ally**) **1.** wild, außer sich, rasend (**with** vor *dat.*); wütend; **2.** verzweifelt: **~ efforts**; **3.** hektisch: **a ~ search.**

frap·pé ['fræpeɪ] (*Fr.*) **I** *adj.* eisgekühlt; **II** *s.* Frap'pé *m* (*Getränk*).

frat [fræt] *sl.* → **fraternity** 3.

fra·ter·nal [frə'tɜ:nl] **I** *adj.* ☐ **1.** brüderlich, Bruder…; **2.** *biol.* zweieiig: **~ twins**; **II** *s.* **3.** *a.* **~ association**, **~ society** *Am.* Verein *m* zur Förderung gemeinsamer Interessen; **fra'ter·ni·ty** [-nətɪ] *s.* **1.** Brüderlichkeit *f*; **2.** Vereinigung *f*, Zunft *f*, Gilde *f*: **the angling ~** die Zunft der Angler; **the legal ~** die Juristen *pl.*; **3.** *Am.* Stu'dentenverbindung *f*; **frat·er·ni·za·tion** [,frætənaɪ'zeɪʃn] *s.* Verbrüderung *f*; **frat·er·nize** ['frætənaɪz] *v/i.* sich verbrüdern, *bsd.* ⚔ fraternisieren.

frat·ri·cid·al [,frætrɪ'saɪdl] *adj.* brudermörderisch: **~ war** Bruderkrieg *m*; **frat·ri·cide** ['frætrɪsaɪd] *s.* **1.** Bruder-, Geschwistermord *m*; **2.** Bruder-, Geschwistermörder *m.*

fraud [frɔ:d] *s.* **1.** ⚖ Betrug *m*, arglistige Täuschung: **by ~** arglistig; **obtain by ~** sich *et.* erschleichen; **~ department** Betrugsdezernat *n*; **2.** Schwindel *m*; **3.** F a) Schwindler *m*, ‚falscher Fuffziger', b) ‚Schauspieler' *m*, j-d, der nicht ‚echt' ist; **'fraud·u·lence** [-djʊləns] *s.* Betrüge'rei *f*; **'fraud·u·lent** [-djʊlənt] *adj.* ☐ betrügerisch, arglistig: **~ bankruptcy** betrügerischer Bankrott; **~ conversion** Unterschlagung *f*; **~ preference** Gläubigerbegünstigung *f*; **~ representation** Vorspiegelung *f* falscher Tatsachen.

fraught [frɔ:t] *adj.* **1.** *mst fig.* (**with**) voll (von), beladen (mit): **~ with danger** gefahrvoll; **~ with meaning** bedeutungsschwer, -schwanger; **~ with sorrow** kummerbeladen; **2.** F a) schlimm, b) ‚schwer im Druck'.

fray¹ [freɪ] *s.* **1.** (lauter) Streit; **2.** a) Schläge'rei *f*, b) ⚔ *u. fig.* Kampf *m*: **eager for the ~** kampflustig.

fray² [freɪ] **I** *v/t.* **1.** *a.* **~ out** *Stoff etc.* abtragen, 'durchscheuern, ausfransen, *a. fig.* abnutzen: **~ed nerves** strapazierte Nerven; **~ed at the edges** *fig.* sehr mitgenommen; **~ed temper** *fig.* gereizte Stimmung; **2.** *Geweih* fegen; **II** *v/i.* **3.** *a.* **~ out** sich abnutzen (*a. fig.*), sich ausfransen *od.* 'durchscheuern; **4.** *fig.* sich ereifern: **tempers began to ~** die Stimmung wurde gereizt.

fraz·zle ['fræzl] **I** *v/t.* **1.** ausfransen; **2.** *oft* **~ out** F *j-n* ‚fix u. fertig' machen; **II** *v/i.* **3.** sich ausfransen *od.* 'durchscheuern; **III** *s.* **4.** Franse *f*: **worn to a ~** F ‚fix u. fertig'; **work o.s. to a ~** F sich ‚kaputtmachen' (vor Arbeit); **burnt to a ~** total verkohlt.

freak [fri:k] **I** *s.* **1.** 'Mißbildung *f*, (*Mensch*, *Tier*) *a.* 'Mißgeburt *f*, Monstrosi'tät *f*: **~ of nature** Laune *f* der Natur, *contp.* Monstrum *n*; **~ show** Monstrositätenkabinett *n*; **2.** Grille *f*, Laune *f*; **3.** ‚verrückte' *od.* ‚irre' Sache; **4.** *sl.* ‚Freak' *m*: a) ‚irrer Typ', *contp.* ‚Ausgeflippte(r' *m*) *f*, ‚Spinner' *m*, b) (*Jazz-, Computer- etc.*)Narr *m*, c) Süchtige(r *m*) *f*: **pill ~**; **II** *adj.* **5.** → **freakish**; **III** *v/i.* **6.** **~ out** *sl.* ‚ausflippen' (*Süchtiger*, *a. allg. fig.*); **IV** *v/t.* **7.** *sl. j-n* ‚ausflippen' lassen; **'freak·ish** [-kɪʃ] *adj.* ☐ **1.** launisch, unberechenbar; **2.** ‚verrückt', ‚irr'; **'freak-out** *s. sl.* **1.** ‚Horrortrip' *m*; **2.** ‚Ausflippen' *n.*

freck·le ['frekl] **I** *s.* **1.** Sommersprosse *f*; **2.** Fleck(chen *n*) *m*; **II** *v/t.* **3.** tüpfeln, sprenkeln; **III** *v/i.* **4.** Sommersprossen bekommen; **'freck·led** [-ld] *adj.* sommersprossig.

free [fri:] **I** *adj.* ☐ (→ *a.* 18) **1.** frei: a) unabhängig, b) selbständig, c) ungebunden, d) ungehindert, e) uneingeschränkt, f) in Freiheit (befindlich): **a ~ man**; **the ♀ World**; **~ elections**; **you are ~ to go** es steht dir frei zu gehen; **2.** frei: a) *unbeschäftigt*: **I am ~ after 5 o'clock**, b) *ohne Verpflichtungen*: **a ~ evening**, c) nicht besetzt: **this room is ~**; **3.** frei: a) *nicht wörtlich*: **a ~ translation**, b) *nicht an Regeln gebunden*: **~ verse**; **~ skating** *sport* Kür(laufen *n*) *f*, c) frei gestaltet: **a ~ version**; **4.** (**from**, **of**) frei (von), ohne (*acc.*): **~ from error** fehlerfrei; **~ from infection** frei von ansteckenden Krankheiten; **~ from pain** schmerzfrei; **~ of debt** schuldenfrei; **~ and unencumbered** ⚖ unbelastet, hypothekenfrei; **~ of taxes** steuerfrei; **5.** ⚗ frei, nicht gebunden; **6.** frei, los(e); **7.** frei, unbefangen, ungezwungen: **~ manners**; **8.** a) offen(herzig), freimütig, b) unverblümt, c) unverschämt: **make ~ with** sich Freiheiten herausnehmen gegen *j-n*; **9.** allzu frei, unanständig: **~ talk**; **10.** freigebig, großzügig: **be ~ with s.th.**; **11.** leicht, flott, zügig; **12.** (kosten-, gebühren-) frei, kostenlos, unentgeltlich, gratis, zum Nulltarif: **~ copy** Freiexemplar *n*; **~ fares** Nulltarif *m*; **~ gift** ☨ Zugabe *f*, Gratisprobe *f*; **~ ticket** a) Freikarte *f*, b) Freifahrschein *m*; **13.** ☨ frei (*Klausel*): **~ on board** frei an Bord; **~ on rail** frei Waggon; **~ domicile** frei Haus; **14.** ☨ frei verfügbar: **~ assets**; **15.** öffentlich: **~ library** Volksbibliothek *f*; **be** (**made**) **~ of s.th.** freien Zutritt zu et. haben; **16.** willig, bereit; **17.** *Turnen*: ohne Geräte: **~ gymnastics** Freiübungen; **II** *adv.* **18.** *allg.* frei (→ I): **go ~** frei ausgehen; **run ~** ⚙ leer laufen (*Maschine*); **III** *v/t.* **19.** *a. fig.* befreien (**from** von, aus); **20.** freilassen; **21.** entlasten (**from**, **of** von).

free| ar·e·a *s. fig.* Freiraum *m*; **~ back** *s. sport* Libero *m*; **'~·board** *s.* ⚓ Freibord *n*; **'~ˌboot·er** *s.* Freibeuter *m*; **♀ Church** *s.* Freikirche *f*; **'~-ˌcut·ting** *adj.*: **~ steel** ⚙ Automatenstahl *m*.

freed·man ['fri:dmæn] *s.* [*irr.*] Freigelassene(r) *m*.

free·dom ['fri:dəm] *s.* **1.** a) Freiheit *f*, b) Unabhängigkeit *f*: **~ of the press** Pressefreiheit; **~ of the seas** Freiheit der Meere; **~ of the city** (*od.* **town**) Ehrenbürgerrecht; **~ from taxation** Steuerfreiheit; **~ fighter** Freiheitskämpfer (-in); **2.** freier Zutritt, freie Benutzung; **3.** Freimütigkeit *f*, Offenheit *f*; **4.** Zwanglosigkeit *f*; **5.** Aufdringlichkeit *f*, (plumpe) Vertraulichkeit; **6.** *phls.* Willensfreiheit *f*, Selbstbestimmung *f*.

free| en·er·gy *s. phys.* freie *od.* ungebundene Ener'gie; **~ en·ter·prise** *s.* freies Unter'nehmertum; **~ fall** *s.* ✈ *phys.* freier Fall; **~ fight** *s.* ('Massen-) Schlägeˌrei *f*; **'~-forˌall** [-ərˌɔ:l] F **1.** → **free fight**; **2.** wildes ‚Gerangel'; **~ hand** *s.*: **give s.o. a ~** j-m freie Hand lassen; **'~·hand** *adj.* **1.** Freihand…, freihändig: **~ drawing**; **2.** *fig.* a) frei, b) ausschweifend; **ˌ~'hand·ed** *adj.* **1.** freigebig, großzügig; **2.** → **freehand**; **ˌ~'heart·ed** *adj.* **1.** freimütig, offen (-herzig); **2.** → **freehanded** 1; **'~·hold** *s.* (volles) Eigentumsrecht an Grundbesitz: **~ flat** *Brit.* Eigentumswohnung *f*; **'~ˌhold·er** *s.* Grund- u. Hauseigentümer *m*; **~ kick** *s. Fußball*: Freistoß *m*: (**in**)**direct ~**; **~ la·bo(u)r** *s.* nichtorganisierte Arbeiter(schaft *f*) *pl.*; **'~·lance I** *s.* **1.** a) freier Schriftsteller *od.* Journa'list (*etc.*), Freiberufler *m*; freischaffender Künstler, b) freier Mitarbeiter; **2.** *pol.* Unabhängige(r) *m*, Par'teilose(r) *m*; **II** *adj.* **3.** freiberuflich (tätig), freischaffend; **III** *v/i.* **4.** freiberuflich tätig sein; **'~ˌlanc·er** → **freelance** 1; **~ list** *s.* **1.** Liste *f* zollfreier Ar'tikel; **2.** Liste *f* der Empfänger von 'Freikarten *od.* -exemˌplaren; **~ liv·er** *s.* Schlemmer *m*, Genießer *m*; **'~ˌload·er** *s. Am.* F ‚Schnorrer' *m*; **~ love** *s.* freie Liebe; **~ man** *s.* [*irr.*] *Fußball*: freier Mann, Libero *m*; **'~·man** *s.* [*irr.*] **1.** [-mæn] freier Mann; **2.** [-mən] (Ehren)Bürger *m* (*Stadt*); **~ mar·ket** *s.* ✝ **1.** freier Markt: **~ economy** freie Marktwirtschaft; **2.** *Börse*: Freiverkehr *m*; **'♀ˌma·son** *s.* Freimaurer *m*: **~s' lodge** Freimaurerloge *f*; **'♀ˌma·son·ry** *s.* **1.** Freimaure'rei *f*; **2.** *fig.* Zs.-gehörigkeitsgefühl *n*; **~ play** *s.* **1.** ⚙ Spiel *n*; **2.** *fig.* freie Hand; **~ port** *s.* Freihafen *m*; **'~-range** *adj.*: **~ hens** Freilandhühner; **'~ rid·er** → **freeloader**; **~ share** *s.* ✝ Freiaktie *f*.

free·si·a ['fri:zjə] *s.* ⚘ Freesie *f*.

free| speech *s.* Redefreiheit *f*; **ˌ~-'spo·ken** *adj.* offen, freimütig; **ˌ~-'standing** *adj.*: **~ exercises** Freiübungen *pl.*; **~ sculpture** Freiplastik *f*; **~ state** *s.* Freistaat *m*; **ˌ~-'style** *sport* **I** *s.* Freistil (-schwimmen *n etc.*) *m*; **II** *adj.* Freistil…, Kür…: **~ skating** Kür(laufen *n*) *f*; **ˌ~'think·er** *s.* Freidenker *m*, Freigeist *m*; **ˌ~'think·ing** *s.*, **~ thought** *s.* Freidenke'rei *f*, -geiste'rei *f*; **~ throw** *s. Basketball*: Freiwurf *m*; **ˌ~'trade a·re·a** *s.* Freihandelszone *f*; **ˌ~'trad·er** *s.* Anhänger *m* des Freihandels; **~ vote** *s. parl.* Abstimmung *f* ohne Frakti'onszwang; **'~·way** *s. Am.* gebührenfreie Schnellstraße; **ˌ~'wheel** ⚙ **I** *s.* Freilauf *m*; **II** *v/i.* im Freilauf fahren; **ˌ~'wheel·ing** *adj.* F **1.** sorglos; **2.** frei u. ungebunden; **~ will** *s.* freier Wille, Willensfreiheit *f*.

freeze [fri:z] **I** *v/i.* [*irr.*] → **frozen**; **1.** frieren (*a. impers.*): **it is freezing hard** es friert stark; **I am freezing** mir ist eiskalt; **~ to death** erfrieren; **2.** gefrieren; **3.** *a.* **~ up** (*od.* **over**) ein-, zufrieren, vereisen; **4.** an-, festfrieren: **~ on to** *sl.* sich wie eine Klette an *j-n* heften; **5.** (*vor Kälte*, *fig. vor Schreck etc.*) erstarren, eisig werden (*Person*, *Gesicht*): **it made my blood ~** es ließ mir das Blut in den Adern erstarren; **~!** *sl.* keine Bewegung!; **II** *v/t.* [*irr.*] **6.** zum Gefrieren bringen: **I was frozen** mir war eiskalt; **7.** erfrieren lassen; **8.** *Fleisch etc.* einfrieren, tiefkühlen; ⚕ vereisen; **9.** *a. fig.* erstarren lassen, *fig. a.* lähmen: **~ out** *Am.* F *j-n* hinausekeln, kaltstellen; **10.** ✝ *Guthaben etc.* sperren, *a. Preise etc.*, *pol. diplomatische Beziehungen* einfrieren: **~ prices** (**wages**) *a.* e-n Preis- (Lohn)stopp einführen; **III** *s.* **11.** Gefrieren *n*; **12.** Erstarrung *f*; **13.** 'Frost(periˌode *f*) *m*, Kälte(welle) *f*; **14.** ✝, *pol.* Einfrieren *n*, ✝ *a.* (Preis-, Lohn)Stopp *m*: **~ on wages**; **put a ~ on** → 10; **ˌ~-'dry** *v/t.* gefriertrocknen; **~ dry·er** *s.* Gefriertrockner *m*.

freez·er ['fri:zə] *s.* **1.** Ge'friermaˌschine *f od.* -kammer *f*; **2.** Tiefkühlgerät *n*; **3.** Gefrierfach *n* (*Kühlschrank*); **'freeze-up** *s.* starker Frost; **'freez·ing** [-zɪŋ] **I** *adj.* ☐ **1.** ⚙ Gefrier…, Kälte…: **~ compartment** → **freezer** 3; **below ~ point** unter dem Gefrierpunkt, unter Null; **2.** eisig; **3.** kalt, unnahbar; **II** *s.* **4.** Einfrieren *n* (*a.* ✝, *pol.*); **5.** *a.* ⚕ Vereisung *f*; **6.** Erstarrung *f*.

freight [freɪt] **I** *s.* **1.** Fracht *f*, Beförderung *f*; **2.** ⚓ (*Am. a.* ✈, 🚂, *mot.*) Fracht(gut *n*) *f*, Ladung *f*: **~ and carriage** *Brit.* See- und Landfracht; **3.** Fracht(gebühr) *f*: **~ forward** Fracht gegen Nachnahme; **4.** *Am.* → **freight train**; **II** *v/t.* **5.** *Schiff*, *Am. a. Güterwagen etc.* befrachten, beladen; **6.** *Güter* verfrachten; **'freight·age** [-tɪdʒ] *s.* **1.** Trans'port *m*; **2.** → **freight** 2, 3.

freight| bill *s.* ✝ *Am.* Frachtbrief *m*; **~ car** *s. Am.* Güterwagen *m*.

freight·er ['freɪtə] *s.* **1.** a) Frachtschiff *n*, Frachter *m*, b) Trans'portflugzeug *n*; **2.** a) Befrachter *m*, Reeder *m*, b) Ab-, Verlader *m*.

'freight|ˌlin·er *s. Brit.* Con'tainerzug *m*; **~ rate** *s.* ✝ Frachtsatz *m*; **~ sta·tion** *s. Am.* Güterbahnhof *m*; **~ train** *s. Am.* Güterzug *m*.

French [frentʃ] **I** *adj.* **1.** fran'zösisch: **~ master** Französischlehrer; **II** *s.* **2. the ~** die Franzosen *pl.*; **3.** *ling.* Fran'zösisch *n*: **in ~** a) auf französisch, b) im Französischen; **~ beans** *s. pl.* grüne Bohnen *pl.*; **~ Ca·na·di·an I** *s.* **1.** 'Frankokaˌnadier(in); **2.** *ling.* ka'nadisches Fran'zösisch; **II** *adj.* **3.** 'frankokaˌnadisch; **~ chalk** *s.* Schneiderkreide *f*; **~ doors** *Am.* → **French windows**; **~ dress·ing** *s.* French Dressing *n* (*Salatsoße aus Öl, Essig, Senf u. Gewürzen*); **~ fried po·ta·toes**, F **~ fries** [fraɪz] *s. pl. Am.* Pommes 'frites *pl.*; **~ horn** *s.* ♪ (Wald)Horn *n*; **~ kiss** *s.* Zungenkuß *m*; **~ leave** *s.*: **take ~** sich (auf) französisch empfehlen; **~ let·ter** *s.* F ‚Pa'riser' *m* (*Kondom*); **~ loaf** *s.* [*irr.*] Ba'guette *f*; **'~·man** [-mən] *s.* [*irr.*] Fran'zose *m*; **~ mar·i·gold** *s.* ⚘ Stu'dentenblume *f*; **~ pol·ish** *s.* 'Schellackpoliˌtur *f*; **~ roof** *s.* ⚠ Man'sardendach *n*; **~ win·dows** *s. pl.* Ter'rassen-, Bal'kontür *f*; **'~ˌwom·an** *s.* [*irr.*] Fran'zösin *f*.

fre·net·ic [frə'netɪk] *adj.* (☐ **~ally**) → **frenzied**.

fren·zied ['frenzɪd] *adj.* **1.** fre'netisch (*Geschrei etc.*), rasend: **~ applause**; **2.** a) außer sich, rasend (**with** vor *dat.*), b) wild, hektisch; **fren·zy** ['frenzɪ] **I** *s.* **1.** Wahnsinn *m*, Rase'rei *f*: **in a ~ of hate** rasend vor Haß; **2.** wilde Aufregung; **3.** Verzückung *f*, Ek'stase *f*; **4.** Wirbel *m*, Hektik *f*; **II** *v/t.* **5.** rasend machen.

fre·quen·cy ['fri:kwənsɪ] *s.* **1.** Häufigkeit *f* (*a.* ⅍, *biol.*); **2.** *phys.* Fre'quenz *f*, Schwingungszahl *f*: **high ~** Hochfrequenz; **~ band** *s.* ⚡ Fre'quenzband *n*; **~ chang·er**, **~ con·vert·er** *s.* ⚡, *phys.* Fre'quenzwandler *m*; **~ curve** *s.* ⅍, *biol.* Häufigkeitskurve *f*; **~ mod·u·la·tion** *s. phys.* Fre'quenzmodulatiˌon *f*; **~ range** *s.* Fre'quenzbereich *m*.

fre·quent I *adj.* ['fri:kwənt] ☐ → **frequently**; **1.** häufig, (häufig) wieder'holt: **be ~** häufig vorkommen; **he is a ~ visitor** er kommt häufig zu Besuch; **2.** ⚕ beschleunigt (*Puls*); **II** *v/t.* [frɪ'kwent] **3.** häufig *od.* oft be-, aufsuchen, frequentieren; **fre·quen·ta·tive** [frɪ'kwentətɪv] *ling.* **I** *adj.* frequenta'tiv; **II** *s.* Frequenta'tiv(um) *n*; **fre·quent·er** [frɪ'kwentə] *s.* (fleißiger) Besucher, Stammgast *m*; **'fre·quent·ly** [-lɪ] *adv.* oft, häufig.

fres·co ['freskəʊ] **I** *pl.* **-cos, -coes** *s.* a) 'Freskomaleˌrei *f*, b) Fresko(gemälde) *n*; **II** *v/t.* in Fresko (be)malen.

fresh [freʃ] **I** *adj.* ☐ (→ *a.* 8); **1.** *allg.* frisch; **2.** neu: **~ evidence**; **~ news**; **~ arrival** Neuankömmling *m*; **make a ~ start** neu anfangen; **take a ~ look at** *et.* noch einmal *od.* von e-r anderen Seite betrachten; **3.** frisch: a) zusätzlich: **~ supplies**, b) *nicht alt*: **~ eggs**, c) *nicht eingemacht*: **~ vegetables** *a.* Frischgemüse *n*; **~ meat** Frischfleisch *n*; **~ herrings** grüne Heringe, d) sauber, rein: **~ shirt**; **4.** frisch: a) blühend, gesund: **~ complexion**, b) ausgeruht, erholt: (**as**) **~ as a daisy** quicklebendig; **5.** frisch: a) unverbraucht, b) erfrischend, c) kräftig: **~ wind**, d) kühl; **6.** *fig.* ‚grün', unerfahren; **7.** F frech, ‚pampig': **don't get ~ with me!** werd (mir) ja nicht frech!; **II** *adv.* **8.** frisch: **~ from** frisch *od.* direkt von *od.* aus; **III** *s.* **9.** Frische *f*, Kühle *f*: **~ of the day** *der* Tagesanfang; **10.** → **freshet**.

ˌfresh-'air fiend *s.* F 'Frischluftfaˌnatiker(in), -aˌpostel *m*.

fresh·en ['freʃn] **I** *v/t. a.* **~ up 1.** *j-n* erfrischen: **~ o.s. up** → 4; **2.** *fig. et.* auffrischen, ‚aufpolieren'; **II** *v/i. mst* **~ up 3.** frisch werden, aufleben; **4.** sich frisch machen; **5.** auffrischen (*Wind*); **'fresh·er** [-ʃə] *Brit.* F → **freshman**; **'fresh·et** [-ʃɪt] *s.* Hochwasser *n*, Flut *f* (*a. fig.*); **'fresh·man** [-mən] *s.* [*irr.*] Stu'dent *m* im ersten Se'mester; **'fresh·ness** [-ʃnɪs] *s.* Frische *f*, Neuheit *f*, Un-

erfahrenheit *f*.
fresh| wa·ter *s*. Süßwasser *n*; **'~wa·ter** *adj*. **1.** Süßwasser...: ~ *fish*; **2.** *Am*. Provinz...: ~ *college*.
fret¹ [fret] *s*. ♪ Bund *m*, Griffleiste *f*.
fret² [fret] **I** *s*. △ *etc*. **1.** durch'brochene Verzierung; **2.** Gitterwerk *n*; **II** *v/t*. **3.** durch'brochen *od*. gitterförmig verzieren.
fret³ [fret] **I** *v/t*. **1.** ⚙, ⚗ an-, zerfressen, angreifen; **2.** abnutzen, -scheuern; **3.** *j-n* ärgern, reizen; **II** *v/i*. **4.** a) sich ärgern: ~ *and fume* vor Wut schäumen, b) sich Sorgen machen; **III** *s*. **5.** Ärger *m*, Verärgerung *f*; **'fret·ful** [-fʊl] *adj*. □ ärgerlich, gereizt.
fret| saw *s*. ⚙ Laubsäge *f*; **'~work** *s*. **1.** △ *etc*. Gitterwerk *n*; **2.** Laubsägearbeit *f*.
Freud·i·an ['frɔɪdjən] **I** *s*. Freudi'aner (-in); **II** *adj*. freudi'anisch, Freudsch: ~ *slip psych*. Freudsche Fehlleistung.
fri·a·ble ['fraɪəbl] *adj*. bröck(e)lig, krümelig.
fri·ar ['fraɪə] *s*. *eccl*. (*bsd*. Bettel-) Mönch *m*: *Black* ♀ Dominikaner *m*; *Grey* ♀ Franziskaner *m*; *White* ♀ Karmeliter *m*; **'fri·ar·y** [-ərɪ] *s*. Mönchskloster *n*.
fric·as·see ['frɪkəsiː] (*Fr*.) **I** *s*. Frikas'see *n*; **II** *v/t*. [ˌfrɪkə'siː] frikassieren.
fric·a·tive ['frɪkətɪv] *ling*. **I** *adj*. Reibe...; **II** *s*. Reibelaut *m*.
fric·tion ['frɪkʃn] **I** *s*. **1.** ⚙, *phys*. Reibung *f*, Frikti'on *f*; **2.** *bsd*. ⚕ Einreibung *f*; **3.** *fig*. Reibungen *pl*., Reibe'rei *f*, Spannung *f*, 'Mißhelligkeit *f*; **II** *adj*. **4.** ⚙, *phys*. Reibungs...: ~ *brake*; ~ *clutch*; ~ *drive* Friktionsantrieb *m*; ~ *gear(ing)* Friktionsgetriebe *n*; ~ *match* Streichholz *n*; ~ *surface* Lauffläche *f*; ~ *tape Am*. Isolierband *n*; **'fric·tion·al** [-ʃənl] *adj*. **1.** Reibungs..., Friktions...; **2.** ~ *unemployment* temporäre Arbeitslosigkeit; **'fric·tion·less** [-lɪs] *adj*. ⚙ reibungsfrei, -arm.
Fri·day ['fraɪdɪ] *s*. Freitag *m*: *on* ~ am Freitag; *on ~s* freitags; → *Good Friday, girl Friday*.
fridge [frɪdʒ] *s*. *Brit*. F Kühlschrank *m*.
fried [fraɪd] *adj*. **1.** gebraten; → *fry²* 1; **2.** *Am*. *sl*. ‚blau', besoffen; **'~cake** *s*. *Am*. Krapfen *m*.
friend [frend] *s*. **1.** Freund(in): ~ *at court* ‚Vetter' (*einflußreicher Freund*); ~ *of the court* ⚖ sachverständiger Beistand (des Gerichts); → *next* 1; *be ~s with s.o.* mit j-m befreundet sein; *make ~s with* mit *j-m* Freundschaft schließen; *a ~ in need is a ~ indeed* der wahre Freund zeigt sich erst in der Not; **2.** Bekannte(r *m*) *f*; **3.** Helfer(in), Förderer *m*; **4.** Hilfe *f*, Freund(in); **5.** *Brit*. a) *my honourable* ~ *parl*. mein Herr Kollege *od*. Vorredner (*Anrede*), b) *my learned* ~ ⚖ mein verehrter Herr Kollege; **6.** *Society of ♀s* Gesellschaft der Freunde, *die* Quäker; **'friend·less** [-lɪs] *adj*. ohne Freunde; **'friend·li·ness** [-lɪnɪs] *s*. Freund(schaft)lichkeit *f*; freundschaftliche Gesinnung; **'friend·ly** [-lɪ] **I** *adj*. **1.** freundlich; **2.** freundschaftlich, Freundschafts...: ~ *match sport* Freundschaftsspiel *n*; *a ~ nation* e-e befreundete Nation; **3.** wohlwollend, -gesinnt: ~ *neutrality pol*. wohlwollende Neutralität; ♀ *Society* Versicherungsverein *m* auf Gegenseitigkeit; ~ *troops* ⚔ eigene Truppen; **4.** günstig; **II** *s*. **5.** *sport* F Freundschaftsspiel *n*; **'friend·ship** [-ʃɪp] *s*. **1.** Freundschaft *f*; **2.** → *friendliness*.
fri·er → *fryer*.
Frie·sian ['friːzjən] → *Frisian*.
frieze¹ [friːz] **I** *s*. **1.** △ Fries *m*; **2.** Zierstreifen *m* (*Tapete etc*.); **II** *v/t*. **3.** mit e-m Fries versehen.
frieze² [friːz] *s*. Fries *m* (*Wollzeug*).
frig [frɪg] V **I** *v/t*. ‚ficken'; **II** *v/i*. ‚wichsen'.
frig·ate ['frɪgɪt] *s*. ⚓ Fre'gatte *f*.
frige [frɪdʒ] → *fridge*.
fright [fraɪt] **I** *s*. Scheck(en) *m*, Entsetzen *n*: *get* (*od*. *have*) *a* ~ erschrecken; *give s.o. a* ~ j-n erschrecken; *take* ~ a) erschrecken, b) scheuen (*Pferd*); *get off with a* ~ mit dem Schrecken davonkommen; *he looked a* ~ F er sah ‚verboten' aus; **II** *v/t*. *poet*. → *frighten*; **'fright·en** [-tn] **I** *v/t*. **1.** a) *j-n* erschrecken (*s.o. to death* j-n zu Tode), *j-m* e-n Schrecken einjagen, b) *j-m* Angst einjagen: ~ *s.o. into doing s.th*. j-n so einschüchtern, daß er et. tut; *I was ~ed* ich erschrak *od*. bekam Angst (*of* vor *dat*.); **2.** ~ *away* vertreiben, -scheuchen; **II** *v/i*. **3.** *he ~s easily* a) er ist sehr schreckhaft, b) dem kann man leicht Angst einjagen; **'fright·ened** [-tnd] *adj*. erschreckt, erschrocken, verängstigt; **'fright·en·ing** [-tnɪŋ] *adj*. □ erschreckend; **'fright·ful** [-fʊl] *adj*. □ furchtbar, schrecklich, entsetzlich, gräßlich, scheußlich (*alle a*. F *fig*.); **'fright·ful·ly** [-flɪ] *adv*. furchtbar (*etc*.); **'fright·ful·ness** [-fʊlnɪs] *s*. **1.** Schrecklichkeit *f*; **2.** Schreckensherrschaft *f*, Terror *m*.
frig·id ['frɪdʒɪd] *adj*. □ **1.** kalt, frostig, eisig (*alle a*. *fig*.): ~ *zone geogr*. kalte Zone; **2.** *fig*. kühl, steif; **3.** *psych*. fri'gid, gefühlskalt; **fri·gid·i·ty** [frɪ'dʒɪdətɪ] *s*. Kälte *f*, Frostigkeit *f* (*a*. *fig*.); *psych*. Frigidi'tät *f*.
frill [frɪl] **I** *s*. **1.** (Hals-, Hand)Krause *f*, Rüsche *f*; **2.** Pa'pierkrause *f*, Man'schette *f*; **3.** *zo*., *orn*. Kragen *m*; **4.** *mst pl*. *contp*. ‚Verzierungen' *pl*., Kinkerlitzchen *pl*., ‚Mätzchen' *pl*., ‚Firlefanz' *m*: *put on ~s fig*. ‚auf vornehm machen', sich aufplustern; *without ~s* ‚ohne Kinkerlitzchen', schlicht; **II** *v/t*. **5.** mit e-r Krause besetzen; **6.** kräuseln; **III** *v/i*. **7.** *phot*. sich kräuseln; **'frill·ies** [-lɪz] *s*. *pl*. *Brit*. F ‚Reizwäsche' *f*, 'Spitzenˌunterwäsche *f*.
fringe [frɪndʒ] **I** *s*. **1.** Franse *f*, Besatz *m*; **2.** Rand *m*, Einfassung *f*, Um'randung *f*; **3.** 'Ponyfriˌsur *f*; **4.** a) Randbezirk *m*, -gebiet *n* (*a*. *fig*.), b) *fig*. Rand(zone *f*) *m*, Grenze *f*: *~s of civilization*, c) → *fringe group*; → *lunatic* I; **II** *v/t*. **5.** mit Fransen besetzen; **6.** (um)'säumen; ~ *ben·e·fits s*. *pl*. (Gehalts-, Lohn)Nebenleistungen *pl*.
fringed [frɪndʒd] *adj*. gefranst.
fringe group *s*. *sociol*. Randgruppe *f*.
frip·per·y ['frɪpərɪ] *s*. **1.** Putz *m*, Flitterkram *m*; **2.** Tand *m*, Plunder *m*; **3.** *fig*. → *frill* 4.
Fri·sian ['frɪzɪən] **I** *s*. **1.** Friese *m*, Friesin *f*; **2.** *ling*. Friesisch *n*; **II** *adj*. **3.** friesisch.
frisk [frɪsk] **I** *v/i*. **1.** her'umtollen, -hüpfen; **II** *v/t*. **2.** wedeln mit; **3.** *j-n* ‚filzen', *a*. *et*. durch'suchen; **III** *s*. **4.** a) Ausgelassenheit *f*, b) Freudensprung *m*; **5.** F ‚Filzen' *n*; **'frisk·i·ness** [-kɪnɪs] *s*. Lustigkeit *f*, Ausgelassenheit *f*; **'frisk·y** [-kɪ] *adj*. □ lebhaft, munter, ausgelassen.
fris·son ['friːsɔ̃ːŋ] (*Fr*.) *s*. (leichter) Schauer.
frit [frɪt] *v/t*. ⚙ fritten, schmelzen.
frith [frɪθ] → *firth*.
frit·ter¹ ['frɪtə] *s*. Bei'gnet *m* (*Gebäck*).
frit·ter² ['frɪtə] *v/t*. **1.** *mst* ~ *away* verplempern, vergeuden; **2.** a) zerfetzen, b) in Streifen schneiden, *Küche*: schnetzeln.
fritz [frɪts] *s*. *Am*. *sl*.: *on the* ~ kaputt, ‚im Eimer'.
friv·ol ['frɪvl] **I** *v/i*. (he'rum)tändeln; **II** *v/t*. ~ *away* → *fritter²* 1; **fri·vol·i·ty** [frɪ'vɒlətɪ] *s*. Frivoli'tät *f*: a) Leichtsinn(igkeit *f*) *m*, Oberflächlichkeit *f*, b) Leichtfertigkeit *f* (*Rede od*. *Handlung*); **'friv·o·lous** [-vələs] *adj*. □ **1.** fri'vol, leichtsinnig, -fertig; **2.** nicht ernst zu nehmen(d); **3.** ⚖ schika'nös.
frizz¹ [frɪz] **I** *v/t*. *u*. *v/i*. (sich) kräuseln; **II** *s*. gekräuseltes Haar.
frizz² [frɪz] → *frizzle¹* I.
friz·zle¹ ['frɪzl] **I** *v/i*. brutzeln; **II** *v/t*. (braun) rösten.
friz·zle² ['frɪzl] → *frizz¹*; **'friz·zly** [-lɪ], **'friz·zy** [-zɪ] *adj*. kraus, gekräuselt.
fro [frəʊ] *adv*.: *to and* ~ hin u. her, auf u. ab.
frock [frɒk] **I** *s*. **1.** (Mönchs)Kutte *f*; **2.** (Damen)Kleid *n*; **3.** ⚓ Wolljacke *f*; **4.** Kinderkleid *n*, Kittel *m*; **5.** Gehrock *m*; **6.** (Arbeits)Kittel *m*; **II** *v/t*. **7.** mit e-m geistlichen Amt bekleiden; **8.** mit e-m Kittel bekleiden; ~ *coat s*. Gehrock *m*.
frog [frɒg] *s*. **1.** *zo*. Frosch *m*: *have a ~ in the throat* e-n Frosch im Hals haben, heiser sein; **2.** Schnurbesatz *m*, -verschluß *m* (*Rock*); **3.** ⚔ Quaste *f*, Säbeltasche *f*; **4.** 🚂 Herz-, Kreuzungsstück *n*; **5.** ϟ Oberleitungsweiche *f*; **6.** *zo*. Strahl *m* (*Pferdehuf*); **7.** *Am*. *sl*. Bizeps *m*; **8.** ♀ *sl*. *contp*. ‚'Scheißfranˌzose' *m*; ~ *kick s*. *Schwimmen*: Grätschstoß *m*; **'~man** [-mən] *s*. [*irr*.] Froschmann *m*, ⚔ *a*. Kampfschwimmer *m*; **'~march** *v/t*. *j-n* (mit dem Gesicht nach unten) fortschleppen; *~'s legs s*. *pl*. Froschschenkel *pl*.; ~ *spawn s*. **1.** *zo*. Froschlaich *m*; **2.** ⚘ Froschlaichalge *f*.
frol·ic ['frɒlɪk] **I** *s*. **1.** Her'umtollen *n*, Ausgelassenheit *f*; **2.** Jux *m*, Spaß *m*, Streich *m*; **II** *v/i*. *pret*. *u*. *p.p*. **'frol·icked** [-kt] **3.** her'umtollen, -toben; **'frol·ic·some** [-səm] *adj*. 'übermütig, ausgelassen.
from [frɒm; frəm] *prp*. von, von ... her, aus, aus ... her'aus: a) *Ort*, *Herkunft*: *a gift ~ his son* ein Geschenk von s-m Sohn; ~ *outside* (*od*. *without*) von (dr)außen; *the train ~ X* der Zug von *od*. aus X; *he is ~ Kent* er ist *od*. stammt aus Kent; *auf Sendungen*: ~ ... Absender ..., b) *Zeit*: ~ *2 to 4 o'clock* von 2 bis 4 Uhr; ~ *now* von jetzt an; ~ *a child* von Kindheit an, c) *Entfernung*: *6 miles ~ Rome* 6 Meilen von Rom (entfernt); *far ~ the truth* weit von der Wahrheit entfernt, d) *Fortnehmen*:

stolen ~ the shop (***the table***) aus dem Laden (vom Tisch) gestohlen; ***take it ~ him!*** nimm es ihm weg!, e) *Anzahl*: ***~ six to eight boats*** sechs bis acht Boote, f) *Wandlung*: ***~ bad to worse*** immer schlimmer, g) *Unterscheidung*: ***he does not know black ~ white*** er kann Schwarz u. Weiß nicht unterscheiden, h) *Quelle, Grund*: ***~ my point of view*** von meinem Standpunkt (aus); ***~ what he said*** nach dem, was er sagte; ***painted ~ life*** nach dem Leben gemalt; ***he died ~ hunger*** er verhungerte; **~ a·bove** *adv.* von oben; **~ a·cross** *adv. u. prp.* von jenseits (*gen.*), von der anderen Seite (*gen.*); **~ a·mong** *prp.* aus ... her'aus; **~ be·fore** *prp.* aus der Zeit vor (*dat.*); **~ be·neath** *adv.* von unten; *prp.* unter (*dat.*) ... her'vor *od.* her'aus; **~ be·tween** *prp.* zwischen (*dat.*) ... her'vor; **~ be·yond** *adv. u. prp.* von jenseits (*gen.*); **~ in·side** *adv.* von innen; *prp.* aus ... her'aus: ***~ the house*** aus dem Inneren des Hauses (heraus); **~ out of** *prp.* aus ... her'aus; **~ un·der** → ***from beneath***.

frond [frɒnd] *s.* ⚘ (Farn)Wedel *m.*

front [frʌnt] **I** *s.* **1.** *allg.* Vorder-, Stirnseite *f*, Front *f*; **2.** ⚠ (Vorder)Front *f*, Fas'sade *f*; **3.** Vorderteil *n*; **4.** ⚔ a) Front *f*, Kampflinie *f*, -gebiet *n*, b) Frontbreite *f*: ***at the ~*** an der Front; ***on all ~s*** an allen Fronten (*a. fig.*); **5.** Vordergrund *f*, Spitze *f*: ***in ~*** an der *od.* die Spitze, vorn, davor; ***in ~ of*** vor (*dat.*); ***to the ~*** nach vorn; ***come to the ~*** *fig.* in den Vordergrund treten; ***up ~*** a) vorn, *fig. a.* an der Spitze, b) nach vorn, *fig. a.* an die Spitze; **6.** (Straßen-, Wasser)Front *f*: ***the ~*** *Brit.* die Strandpromenade; **7.** *fig.* Front *f*: a) (*bsd. politische*) Organisati'on, b) Sektor *m*: ***on the economic ~*** an der wirtschaftlichen Front; **8.** a) ,Strohmann' *m*, b) ,Aushängeschild' *n* (*e-r Interessengruppe od. Geheimorganisation etc.*); **9.** F ,Fas'sade' *f*: ***put up a ~*** a) sich Allüren geben, b) ,Theater spielen'; ***show a bold ~*** kühn auftreten; ***maintain a ~*** den Schein wahren; **10.** *poet.* a) Stirn *f*, b) Antlitz *n*; **11.** *fig.* Frechheit *f*: ***have the ~ to*** (*inf.*) die Stirn haben zu (*inf.*); **12.** Hemdbrust *f*; **13.** (falsche) Stirnlocken *pl.*; **14.** *meteor.* Front *f*: ***cold ~***; **II** *adj.* **15.** Front..., Vorder...: ***~ entrance***; ***~ row*** vorder(st)e Reihe; ***~ tooth*** Vorderzahn *m*; **16.** ***~ man*** ,Strohmann' *m*; **17.** *ling.* Vorderzungen...; **III** *v/t.* **18.** gegen'überstehen, -liegen (*dat.*): ***the house ~s the sea*** das Haus liegt (nach) dem Meer zu; ***the windows ~ the street*** die Fenster gehen auf die Straße; **19.** *j-m* entgegen-, gegen'übertreten, *j-m* die Stirn bieten; **20.** mit e-r Front *od.* Vorderseite versehen; **21.** als Front *od.* Vorderseite dienen für; **22.** *ling.* palatalisieren; **23.** *TV Brit. Programm* moderieren; **IV** *v/i.* **24.** ***~ on*** (*od.* ***to[wards]***) → 18; **25.** ***~ for*** als ,Strohmann' *od.* ,Aushängeschild' fungieren für.

front·age ['frʌntɪdʒ] *s.* **1.** (Vorder)Front *f* (e-s Hauses): ***~ line*** Bau(flucht)linie *f*; ***~ road*** *Am. Parallelstraße zu e-r Schnellstraße* (*mit Wohnhäusern, Geschäften etc.*); ***have a ~ on*** → ***front*** 18; **2.** Land *n* an der Straßen- *od.* Wasserfront; **3.** Grundstück *n* zwischen der Vorderfront e-s Hauses u. der Straße; **4.** ⚔ Front- *od.* Angriffsbreite *f*.

fron·tal ['frʌntl] **I** *adj.* **1.** fron'tal, Vorder..., Front...: ***~ attack*** (***collision***) Frontalangriff *m* (-zs.-stoß *m*); ***~ axle*** ⚙ Vorderachse *f*; **2.** ⚙, *anat.* Stirn...; **II** *s.* **3.** *eccl.* Ante'pendium *n*; **4.** ⚠ Ziergiebel *m*; **~ bone** *s.* Stirnbein *n*; **~ sinus** *s.* Stirn(bein)höhle *f*.

front| bench *s. parl.* vordere Sitzreihe (*für Regierung u. Oppositionsführer*); **ˌ~-'bench·er** *s. parl.* führendes Frakti'onsmitglied; **~ door** *s.* Haus-, Vordertür *f*; **~ drive** *s. mot.* Frontantrieb *m*; **ˌ~-'end col·li·sion** *s. mot.* Auffahrunfall *m*; **~ en·gine** *s.* Frontmotor *m*.

fron·tier ['frʌnˌtɪə] **I** *s.* **1.** (Landes)Grenze *f*; **2.** *Am.* Grenzgebiet *n*, Grenze *f* (zum Wilden Westen): ***new ~s*** *fig.* neue Ziele; **3.** *fig. oft pl.* Grenze *f*, Grenzbereich *m*; Neuland *n*; **II** *adj.* **4.** Grenz...: ***~ town***; **ˌfron'tiers·man** [-ɪəzmən] *s.* [*irr.*] *Am. hist.* Grenzbewohner *m*.

fron·tis·piece ['frʌntɪspi:s] *s.* Fronti'spiz *n*: a) Titelbild *n* (*Buch*), b) ⚠ Giebelseite *f od.* -feld *n*.

front·let ['frʌntlɪt] *s.* **1.** *zo.* Stirn *f*; **2.** Stirnband *n*.

front| line *s.* ⚔ Kampffront *f*, Front(linie) *f*; **'~-line** *adj.*: ***~ officer*** Frontoffizier *m*; **~ page** *s.* Titelseite *f* (*Zeitung*); **'~-page** *adj.*: ***~ news*** wichtige *od.* aktuelle Nachricht(en); **~ pas·sen·ger** *s. mot.* Beifahrer(in); **ˌ~-'run·ner** *s.* **1.** *sport* a) Spitzenreiter *m* (*a. fig.*), b) Favo'rit(in); **2.** *pol.* 'Spitzenkandiˌdat(in); **3.** Tempoläufer *m*; **~ seat** *s.* Vordersitz *m*; **~ sight** *s.* ⚔ Korn *n*; **~ view** *s.* Vorderansicht *f*; **'~-wheel** *adj.*: ***~ drive*** ⚙ Vorderradantrieb *m*.

frosh [frɒʃ] *s. sg. u. pl. Am.* → ***freshman***.

frost [frɒst] **I** *s.* **1.** Frost *m*: ***10 degrees of ~*** *Brit.* 10 Grad Kälte; **2.** Eisblumen *pl.*, Reif *m*; **3.** *fig.* Kühle *f*, Kälte *f*, Frostigkeit *f*; **4.** *sl.* ,Reinfall' *m*; ,Pleite' *f*; **II** *v/t.* **5.** mit Reif *od.* Eis über'ziehen; **6.** ⚙ *Glas* mattieren; **7.** *Küche*: a) glasieren, mit Zuckerguß über'ziehen, b) mit (Puder)Zucker bestreuen; **8.** Frostschäden verursachen bei; **9.** *j-n* sehr kühl behandeln; **'~-bite** *s.* ⚕ Erfrierung *f*; **'~ˌbit·ten** *adj.* ⚕ erfroren.

frost·ed ['frɒstɪd] *adj.* **1.** bereift, über'froren; **2.** ⚙ mattiert: ***~ glass*** Matt-, Milchglas *n*; **3.** ⚕ erfroren; **4.** mit Zuckerguß, glasiert; **'frost·i·ness** [-tɪnɪs] *s.* Frost *m*, eisige Kälte (*a. fig.*); **'frost·ing** [-tɪŋ] *s.* **1.** Zuckerguß *m*, Gla'sur *f*; **2.** ⚙ Mattierung *f*; **'frost·work** *s.* Eisblumen *pl.*; **'frost·y** [-tɪ] *adj.* ☐ **1.** eisig, frostig (*a. fig.*); **2.** mit Reif *od.* Eis bedeckt; **3.** eisgrau: ***~ hair***.

froth [frɒθ] **I** *s.* **1.** Schaum *m*; **2.** ⚕ (Blasen)Schaum *m*; **3.** *fig.* ,Firlefanz' *m*; **II** *v/t.* **4.** a) zum Schäumen bringen, b) zu Schaum schlagen; **III** *v/i.* **5.** schäumen (*a. fig. vor Wut*); **'froth·i·ness** [-θɪnɪs] *s.* **1.** Schäumen *n*, Schaum *m*; **2.** *fig.* Seicht-, Hohlheit *f*; **'froth·y** [-θɪ] *adj.* ☐ **1.** schaumig, schäumend; **2.** *fig.* seicht, hohl.

frou-frou ['fru:fru:] (*Fr.*) *s.* **1.** Knistern *n*, Rascheln *n* (*von Seide*); **2.** Flitter *m*.

fro·ward ['frəʊəd] *adj.* ☐ *obs.* eigensinnig.

frown [fraʊn] **I** *v/i.* a) die Stirn runzeln (***at*** über *acc.*; *a. fig.*), b) finster dreinschauen: ***~ (up)on*** stirnrunzelnd *od.* finster betrachten, *fig.* mißbilligen (*acc.*); **II** *v/t.* ***~ down*** *j-n* durch finstere Blicke einschüchtern; **III** *s.* Stirnrunzeln *n*; finsterer Blick; **'frown·ing** [-nɪŋ] *adj.* ☐ **1.** stirnrunzelnd; **2.** a) miß'billigend, b) finster (*Blick*); **3.** bedrohlich.

frowst [fraʊst] F **I** *s.* ,Mief' *m*; **II** *v/i.* im ,Mief' hocken; **'frowst·y** [-tɪ] *adj.* muffig, ,miefig'.

frowz·i·ness ['fraʊzɪnɪs] *s.* **1.** Schlampigkeit *f*; Ungepflegtheit *f*; **2.** muffiger Geruch; **frowz·y** ['fraʊzɪ] *adj.* **1.** schlampig, ungepflegt; **2.** muffig.

froze [frəʊz] *pret. von* ***freeze***; **'fro·zen** [-zn] **I** *p.p. von* ***freeze***; **II** *adj.* **1.** (ein-, zu)gefroren; **2.** erfroren; **3.** gefroren, Gefrier...: ***~ food*** Tiefkühlkost *f*; ***~ meat*** Gefrierfleisch *n*; **4.** eisig, frostig (*a. fig.*); **5.** kalt, teilnahms-, gefühllos; **6.** ✝ eingefroren: a) festliegend: ***~ capital***, b) gestoppt: ***~ prices***; ***~ wages***; **7.** ***~ facts*** *Am.* unumstößliche Tatsachen.

fruc·ti·fi·ca·tion [ˌfrʌktɪfɪ'keɪʃn] *s.* ⚘ **1.** Fruchtbildung *f*; **2.** Befruchtung *f*; **fruc·ti·fy** ['frʌktɪfaɪ] ⚘ **I** *v/i.* Früchte tragen (*a. fig.*); **II** *v/t.* befruchten (*a. fig.*); **fruc·tose** ['frʌktəʊs] *s.* Fruchtzucker *m*.

fru·gal ['fru:gl] *adj.* ☐ **1.** sparsam, haushälterisch (***of*** mit); **2.** genügsam, bescheiden; **3.** einfach, spärlich, fru'gal: ***a ~ meal***; **fru·gal·i·ty** [fru:'gælətɪ] *s.* Sparsamkeit *f*; Genügsamkeit *f*; Einfachheit *f*.

fru·giv·o·rous [fru:'dʒɪvərəs] *adj. zo.* fruchtfressend.

fruit [fru:t] **I** *s.* **1.** ⚘ a) Frucht *f*, b) Samenkapsel *f*; **2.** *coll.* a) Früchte *pl.*: ***bear ~*** Früchte tragen (*a. fig.*), b) Obst *n*; **3.** *bibl.* Nachkommen(schaft *f*) *pl.*: ***~ of the body*** Leibesfrucht *f*; **4.** *mst pl. fig.* Frucht *f*, Früchte *pl.*, Ergebnis *n*, Erfolg *m*, Gewinn *m*; **5.** *sl.* ,Spinner' *m*; **6.** *Am. sl.* ,Homo' *m*; **II** *v/i.* **7.** ⚘ (Früchte) tragen; **fruit·ar·i·an** [fru:'teərɪən] *s.* Obstesser(in), Rohköstler(in).

'fruit|·cake *s.* **1.** englischer Kuchen; **2.** *Brit. sl.* ,Spinner' *m*; **~ cock·tail** *s.* Früchtecocktail *m*; **~ cup** *s.* Früchtebecher *m*.

fruit·er·er ['fru:tərə] *s.* Obsthändler *m*; **'fruit·ful** [-tfʊl] *adj.* ☐ **1.** fruchtbar (*a. fig.*); **2.** *fig.* erfolgreich; **'fruit·ful·ness** [-tfʊlnɪs] *s.* Fruchtbarkeit *f*.

fru·i·tion [fru:'ɪʃn] *s.* Erfüllung *f*, Verwirklichung *f*: ***come to ~*** sich verwirklichen, Früchte tragen.

fruit| jar *s.* Einweckglas *n*; **~ juice** *s.* Obstsaft *m*; **~ knife** *s.* [*irr.*] Obstmesser *n*.

fruit·less ['fru:tlɪs] *adj.* ☐ **1.** unfruchtbar; **2.** *fig.* frucht-, erfolglos, vergeblich.

fruit| ma·chine *s. Brit.* F 'Spielautoˌmat *m*; **~ pulp** *s.* Fruchtfleisch *n*; **~ sal·ad** *s.* **1.** 'Obstsaˌlat *m*; **2.** *fig. humor.* ,La'metta' *n*, Ordenspracht *f*; **~ tree** *s.* Obstbaum *m*.

fruit·y ['fru:tɪ] *adj.* **1.** fruchtartig; **2.** fruchtig (*Wein*); **3.** so'nor (*Stimme*); **4.**

Brit. sl. ,saftig', ,gepfeffert' (*Witz*); **5.** *Am.* F ,schmalzig'.

fru·men·ta·ceous [ˌfruːmənˈteɪʃəs] *adj.* getreideartig, Getreide…

frump [frʌmp] *s. a.* ***old ~*** ,alte Schachtel', ,Spiˈnatwachtel' *f*; **ˈfrump·ish** [-pɪʃ], **ˈfrump·y** [-pɪ] *adj.* **1.** altmodisch; **2.** schlampig, ungepflegt.

frus·trate [frʌˈstreɪt] *v/t.* **1.** *et.* vereiteln, durchˈkreuzen, zuˈnichte machen; **2.** *j-n od. et.* hemmen, (be)hindern, *j-n* einengen, *j-n* am Fortkommen hindern; **3.** *j-m* die *od.* jede Hoffnung *od.* Aussicht nehmen, *j-n* zuˈrückwerfen: ***I was ~d in my efforts*** meine Bemühungen wurden vereitelt; **4.** frustrieren: a) *j-n* entmutigen, b) *j-n* enttäuschen, c) mit Minderwertigkeitsgefühlen erfüllen; **frusˈtrat·ed** [-tɪd] *adj.* **1.** vereitelt, gescheitert: ***~ plans***; **2.** gescheitert (*Person*), ,verhindert' (*Maler etc.*); **3.** frustriert: a) entmutigt, b) enttäuscht, c) voller Minderwertigkeitsgefühle; **frusˈtrat·ing** [-tɪŋ] *adj.* frustrierend, enttäuschend, entmutigend; **frusˈtra·tion** [-eɪʃn] *s.* **1.** Vereitelung *f*; **2.** Behinderung *f*, Hemmung *f*; **3.** Enttäuschung *f*, ˈMißerfolg *m*, Rückschlag *m*; **4.** *psych. u. allg.* Frustratiˈon *f*: a) Enttäuschung *f*, b) *a.* ***sense of ~*** das Gefühl, ein Versager zu sein, Minderwertigkeitsgefühle *pl.*, Niedergeschlagenheit *f*; **5.** aussichtslose Sache (***to*** für).

frus·tum [ˈfrʌstəm] *pl.* **-tums** *od.* **-ta** [-tə] *s.* ⩓ Stumpf *m*: ***~ of a cone*** Kegelstumpf.

fry¹ [fraɪ] *s. pl.* **1.** a) junge Fische *pl.*, b) Fischrogen *m*; **2.** ***small ~*** a) ,junges Gemüse', Kinder *pl.*, b) kleine (*unbedeutende*) Leute *pl.*, c) ,kleine Fische' *pl.*, Lappalien *pl.*

fry² [fraɪ] **I** *v/t.* **1.** braten: ***fried potatoes*** Bratkartoffeln; **2.** *Am. sl.* auf dem eˈlektrischen Stuhl hinrichten; **II** *v/i.* **3.** braten, schmoren; **4.** *Am. sl.* auf dem eˈlektrischen Stuhl hingerichtet werden; **III** *s.* **5.** Gebratenes *n*, *bsd.* gebratene Inneˈreien *pl.*; **6.** *Am. bsd. in Zssgn*: Brat-, Grillfest *n*: ***fish ~***; **fry·er** [ˈfraɪə] *s.* **1.** j-d, der et. brät: ***he is a fish-~*** er hat ein Fischrestaurant; **2.** (*Fisch- etc.*)Bratpfanne *f*; **3.** *et.* zum Braten Geeignetes, *bsd.* Brathühnchen *n*; **fry·ing pan** [ˈfraɪɪŋ] *s.* Bratpfanne *f*: ***jump out of the ~ into the fire*** vom Regen in die Traufe kommen.

fuch·sia [ˈfjuːʃə] *s.* ⚘ Fuchsie *f*.

fuch·sine [ˈfuːksiːn] *s.* ⚗ Fuchˈsin *n*.

fuck [fʌk] V **I** *v/t.* **1.** ,ficken', ,vögeln': ***~ it!*** ,Scheiße'!; ***~ you!, get ~ed!*** a) du Scheißkerl!, b) leck mich am Arsch!; **2.** ***~ up*** *et.* ,versauen' *od.* ,vermasseln': (***all***) ***~ed up*** (total) ,im Arsch'; **II** *v/i.* **3.** ,ficken', ,vögeln'; **4.** ***~ around*** *fig.* herˈumgammeln; ***~ off!*** verpiß dich!; **III** *s.* **5.** ,Fick' *m*: ***I don't give a ~*** *fig.* das ist mir ,scheißegal'; ***~!*** ,Scheiße'!; **ˈfuck·er** [-kə] *s.* V **1.** ,Ficker' *m*; **2.** ,(Scheiß-)Kerl' *m*: ***poor ~*** armes Schwein; **ˈfuck·ing** [-kɪŋ] V **I** *adj.* verdammt, Scheiß… (*oft nur verstärkend*); **II** *adv.* verdammt: ***~ cold*** ,saukalt'; ***~ good*** ,unheimlich' gut, ,sagenhaft'.

fud·dle [ˈfʌdl] F **I** *v/t.* **1.** berauschen: ***~ o.s.*** → 3; **2.** verwirren; **II** *v/i.* **3.** saufen, sich ,vollaufen lassen'; **III** *s.* **4.** Verwirrung *f*: ***get in a ~*** durcheinanderkommen; **ˈfud·dled** [-ld] *adj.* F **1.** ,benebelt'; **2.** verwirrt.

fud·dy-dud·dy [ˈfʌdɪˌdʌdɪ] F **I** *s.* ,verkalkter Trottel'; **II** *adj.* ,verkalkt'.

fudge [fʌdʒ] F **I** *v/t.* **1.** *oft* ***~ up*** zuˈrechtpfuschen, zs.-stoppeln; **2.** ,frisieren', fälschen; **II** *v/i.* **3.** ,blöd daˈherreden'; **4.** ***~ on*** *e-m Problem etc.* ausweichen; **III** *s.* **5.** ,Quatsch' *m*, Blödsinn *m*; **6.** *Zeitung*: (Maˈschine *f od.* Spalte *f* für) letzte Meldungen *pl.*; **7.** *Küche*: (*Art*) Fonˈdant *m*.

fu·el [ˈfjʊəl] **I** *s.* Brennstoff *m*: a) ˈBrenn-, ˈHeizmateriˌal *n*, b) Betriebs-, Treib-, Kraftstoff *m*: ***add ~ to the flames*** (*od.* ***fire***) *fig.* Öl ins Feuer gießen; ***add ~ to*** *fig. et.* schüren; **II** *v/i.* Brennstoff nehmen; *a.* ***~ up*** (auf)tanken, ⚓ bunkern; **III** *v/t.* mit Brennstoff versehen, ✈ *a.* betanken; ⚓ *Öl* bunkern: ***fuelled with*** be- *od.* getrieben mit; **ˌ~-ˈair mix·ture** *s. mot.* Kraftstoff-Luft-Gemisch *n*; **~ e·con·o·my** *s.* sparsamer Kraftstoffverbrauch; **~ feed** *s.* Brennstoffzuleitung *f*; **~ gas** *s.* Heizgas *n*; **~ ga(u)ge** *s. mot.* Kraftstoffmesser *m*, Benˈzinuhr *f*; **ˈ~-ˌguzz·ling** *adj.* F ,benˈzinfressend' (*Motor etc.*); **~ in·jec·tion en·gine** *s.* Einspritzmotor *m*; **~ jet** *s.* Kraftstoffdüse *f*; **~ oil** *s.* Heizöl *n*; **~ pump** *s. mot.* Kraftstoff-, Benˈzinpumpe *f*; **~ rod** *s. Kernphysik*: Brennstab *m*.

fug [fʌg] *s.* F ,Mief' *m*.

fu·ga·cious [fjuːˈgeɪʃəs] *adj.* kurzlebig (*a.* ⚘), flüchtig, vergänglich.

fug·gy [ˈfʌgɪ] *adj.* F ,miefig'.

fu·gi·tive [ˈfjuːdʒɪtɪv] **I** *s.* a) Flüchtige(r *m*) *f*, b) *pol. etc.* Flüchtling *m*, c) Ausreißer *m*: ***~ from justice*** flüchtiger Rechtsbrecher; **II** *adj.* flüchtig, *fig. a.* vergänglich, kurzlebig.

fu·gle·man [ˈfjuːglmæn] *s.* [*irr.*] (An-, Wort)Führer *m*.

fugue [fjuːg] **I** *s.* **1.** ♪ Fuge *f*; **2.** *psych.* Fuˈgue *f*; **II** *v/t. u. v/i.* **3.** ♪ fugieren.

ful·crum [ˈfʌlkrəm] *pl.* **-cra** [-krə] *s.* **1.** *phys.* Dreh-, Hebe-, Stützpunkt *m*; **2.** *fig.* Angelpunkt *m*.

ful·fil(l) [fʊlˈfɪl] *v/t.* **1.** *allg.* erfüllen; **2.** vollˈbringen, -ˈziehen, ausführen; **fulˈfil(l)·ment** [-mənt] *s.* Erfüllung *f*.

ful·gent [ˈfʌldʒənt] *adj.* □ *poet.* strahlend, glänzend; **ful·gu·rant** [ˈfʌlgjʊərənt] *adj.* (auf)blitzend.

full¹ [fʊl] **I** *adj.* □ → ***fully***; **1.** *allg.* voll: ***~ of*** voll von, voller *Fische etc.*, *fig. a.* a) reich an (*dat.*), b) (ganz) erfüllt von; ***~ of plans*** voller Pläne; ***~ of o.s.*** (ganz) von sich eingenommen; ***a ~ heart*** ein (über)volles Herz; **2.** voll, ganz: ***a ~ mile***; ***a ~ hour*** e-e volle *od.* ,geschlageneˈ Stunde; **3.** voll, rund, vollschlank; **4.** weit(geschnitten): ***a ~ skirt***; **5.** voll, kräftig: ***~ colo(u)r***, ***~ voice***; **6.** schwer, vollmundig: ***~ wine***; **7.** voll besetzt: ***~ up*** (voll) besetzt (*Bus etc.*); ***house ~!*** *thea.* ausverkauft!; **8.** ausführlich, genau, voll(ständig): ***~ details***; **9.** reichlich: ***a ~ meal***; **10.** a) voll, unbeschränkt: ***~ power*** Vollmacht *f*, b) voll (-berechtigt): ***~ member***; **11.** echt, rein: ***a ~ sister*** e-e leibliche Schwester; **12.** F ,voll': a) *a.* ***~ up*** satt, b) betrunken; **II** *adv.* **13.** völlig, gänzlich, ganz: ***know ~ well that*** ganz genau wissen, daß; **14.** gerade, genau, diˈrekt: ***~ in the face***; **15.** ***~ out*** mit Vollgas *fahren*, auf Hochtouren *arbeiten*; **III** *s.* **16.** ***in ~*** voll(ständig); ***write in ~*** *et.* ausschreiben; ***to the ~*** vollständig, bis ins kleinste, total; ***at the ~*** auf dem Höhepunkt *od.* Höchststand.

full² [fʊl] *v/t.* ⚙ *Tuch* walken.

full| age *s.*: ***of ~*** ⚖ mündig, volljährig; **ˈ~-back** *s.* a) *Fußball*, *Hockey*: Verteidiger *m*, b) *Rugby*: Schlußspieler *m*; **~ blood** *s. biol.* Vollblut *n*; **ˌ~-ˈblood·ed** *adj.* **1.** reinrassig, Vollblut…; **2.** *fig.* Vollblut…: ***~ socialist***; **ˌ~-ˈblown** *adj.* **1.** ⚘ ganz aufgeblüht; **2.** *fig.* a) voll entwickelt, ausgereift, b) F → ***fully fledged*** 2, 3; **~ board** *s.* ˈVollpensiˌon *f*; **ˌ~-ˈbod·ied** *adj.* **1.** schwer, üppig; **2.** schwer, vollmundig: ***~ wine***; **ˌ~-ˈbot·tomed** *adj.* **1.** breit, mit großem Boden: ***~ wig*** Allongeperücke *f*; **2.** ⚓ mit großem Laderaum; **ˈ~-bound** *adj.* Ganzleder…, Ganzleinen…: ***~ book***; **~ dress** *s.* **1.** Gesellschaftsanzug *m*; **2.** ⚔ ˈGalauniˌform *f*; **ˌ~-ˈdress** *adj.* **1.** Gala…: ***~ uniform***; **2.** ***~ rehearsal*** → ***dress rehearsal***; **3.** *fig.* groß angelegt, umˈfassend.

ful·ler [ˈfʊlə] *s.* ⚙ **1.** (Tuch)Walker *m*; **2.** (halb)runder Setzhammer; **~'s earth** *s. min.* Fullererde *f*.

ˌfull|ˈface I *s.* **1.** En-ˈface-Bild *n*, Vorderansicht *f*; **2.** *typ.* (halb)fette Schrift; **II** *adj.* **3.** en face; **4.** *typ.* (halb)fett; **ˌ~-ˈfaced** *adj.* **1.** mit vollem Gesicht, pausbäckig; **2.** *typ.* fett; **ˌ~-ˈfash·ioned** *Am.* → ***fully fashioned***; **ˌ~-ˈfledged** → ***fully fledged***; **~ gal·lop** *s.*: ***at ~*** in vollem *od.* gestrecktem Galopp; **ˌ~-ˈgrown** *adj.* ausgewachsen; **~ hand** → ***full house*** 2; **ˌ~-ˈheart·ed** *adj.* rückhaltlos, voll; **~ house** *s.* **1.** *thea. etc.* volles Haus; **2.** *Poker*: Full house *n*; **ˌ~-ˈlength** *adj.* **1.** in voller Größe, lebensgroß: ***~ portrait***; **2.** bodenlang (*Kleid*); **3.** abendfüllend (*Film*); **~ load** *s.* **1.** ⚙, ✈ Gesamtgewicht *n*; **2.** ϟ Volllast *f*; **~ nel·son** *s. Ringen*: Doppelnelson *m*.

full·ness [ˈfʊlnɪs] *s.* **1.** Fülle *f*: ***in the ~ of time*** zur gegebenen Zeit; **2.** *fig.* (ˈÜber)Fülle *f* (*des Herzens*); **3.** Körperfülle *f*; **4.** Sattheit *f* (*a. Farben*); **5.** ♪ Klangfülle *f*; **6.** Weite *f* (*Kleid*).

ˌfull|-ˈpage *adj.* ganzseitig; **~ pro·fes·sor** *s. Am. univ.* Ordiˈnarius *m*; **ˌ~-ˈrigged** *adj.* **1.** ⚓ vollgetakelt; **2.** voll ausgerüstet; **~ scale** *s.* ⚙ naˈtürliche Größe; **ˌ~-ˈscale** *adj.* **1.** in naˈtürlicher Größe; **2.** *fig.* großangelegt, umˈfassend: ***~ attack*** ⚔ Großangriff *m*; ***~ test*** Großversuch *m*; ***~ war*** regelrechter Krieg; **~ stop** *s.* **1.** (Schluß)Punkt *m*; **2.** *fig.* Schluß *m*, Ende *n*, Stillstand *m*; **ˌ~-ˈtime I** *adj.* ✝ hauptberuflich (tätig): ***~ job*** Ganztagsstellung *f*, -beschäftigung *f*; **II** *adv.* ganztags; **ˈ~-ˌtim·er** *s.* ganztägig Beschäftigte(r *m*) *f*; **ˌ~-ˈtrack** *adj.*: ***~ vehicle*** ⚙ Vollketten-, Raupenfahrzeug *n*; **ˌ~-ˈview** *adj.* ✈ Vollsicht…

ful·ly [ˈfʊlɪ] *adv.* voll, völlig, gänzlich; ausführlich: ***~ ten minutes*** volle zehn Minuten; ***~ automatic*** vollautomatisch; ***~ entitled*** vollberechtigt; **~ fash·ioned** *adj.* mit (voller) Paßform (*Strümpfe etc.*); **~ fledged** *adj.* **1.** flügge (*Vogel*); **2.** *fig.* richtig(gehend): ***a ~ pilot***; **3.** *fig.* ,ausgewachsen': ***a ~***

scandal.

ful·mar ['fʊlmə] *s. orn.* Fulmar *m*, Eissturmvogel *m*.

ful·mi·nant ['fʌlmɪnənt] *adj.* **1.** krachend; **2.** ⚕ plötzlich ausbrechend; **ful·mi·nate** ['fʌlmɪneɪt] **I** *v/i.* **1.** donnern, explodieren (*a. fig.*); **2.** *fig.* (los)donnern, wettern; **II** *v/t.* **3.** zur Explosi'on bringen; **4.** *fig. Befehle etc.* donnern; **III** *s.* **5.** ⚗ Fulmi'nat *n*: **~ *of mercury*** Knallquecksilber *n*; '**ful·mi·nat·ing** [-neɪtɪŋ] *adj.* **1.** ⚗ explodierend, Knall...: **~ *powder*** Knallpulver *n*; **2.** *fig.* donnernd, wetternd; **3.** → ***fulminant*** 2; **ful·mi·na·tion** [ˌfʌlmɪ'neɪʃn] *s.* **1.** Explosi'on *f*, Knall *m*; **2.** *fig.* Donnern *n*, Wettern *n*.

ful·ness *bsd. Am.* → ***fullness.***

ful·some ['fʊlsəm] *adj.* □ **1.** über'trieben: **~ *flattery*; 2.** *obs.* widerlich.

ful·vous ['fʌlvəs] *adj.* rötlichgelb.

fum·ble ['fʌmbl] **I** *v/i.* **1.** *a.* **~ *around*** a) um'hertappen, -tasten (***for*** nach): **~ *for*** tappen *od.* suchen nach, b) (her'um-)fummeln (***at*** an *dat.*); **2.** (***with***) ungeschickt 'umgehen (mit), sich ungeschickt anstellen (bei); **3.** *sport* ‚patzen'; **II** *v/t.* **4.** ‚verpatzen'; **5. ~ *out*** *et.* mühsam (her'vor)stammeln; **III** *s.* **6.** (Her'um)Tappen *n*, (-)Fummeln *n*; **7.** *sport* ‚Patzer' *m*; '**fum·bler** [-lə] *s.* Stümper *m*, ‚Patzer' *m*; '**fum·bling** [-lɪŋ] *adj.* □ tappend; täppisch, ungeschickt.

fume [fju:m] **I** *s.* **1.** *oft pl.* a) (*unangenehmer*) Dampf, Rauch(gas *n*) *m*, Schwade *f*, b) Dunst *m*, Nebel *m*; **2.** *fig.* Koller *m*, Erregung *f*, Wut *f*; **3.** *fig.* Schall *m* u. Rauch *m*; **II** *v/t.* **4.** *Holz* räuchern, dunkler machen, beizen: **~*d oak*** dunkles Eichenholz; **III** *v/i.* **5.** rauchen, dunsten, dampfen; **6.** *fig.* wüten (***at*** gegen), (vor Wut) schäumen: ***fuming with anger*** kochend vor Wut.

fu·mi·gant ['fju:mɪgənt] *s.* Ausräucherungsmittel *n*; **fu·mi·gate** ['fju:mɪgeɪt] *v/t.* ausräuchern; **fu·mi·ga·tion** [ˌfju:mɪ'geɪʃn] *s.* Ausräucherung *f*; '**fu·mi·ga·tor** [-geɪtə] *s.* 'Ausräucherappaˌrat *m*.

fun [fʌn] **I** *s.* Scherz *m*, Spaß *m*, Ulk *m*: ***for*** (*od.* ***in***) **~** aus *od.* zum Spaß; ***for the ~ of it*** spaßeshalber, zum Spaß; ***it's not all ~ and games*** es ist gar nicht so rosig; ***it is ~*** es macht Spaß; ***he*** (***it***) ***is great ~*** F er (es) ist sehr amüsant *od.* lustig; ***have ~!*** viel Spaß!; ***make ~ of s.o.*** sich über j-n lustig machen; ***I don't see the ~ of it*** ich finde das (gar) nicht komisch; **II** *adj.* lustig, spaßig: **~ *man*** → ***funster.***

func·tion ['fʌŋkʃn] **I** *s.* **1.** Funkti'on *f* (*a.* ⚒, ⚙, *biol., ling., phys.*): a) Aufgabe *f*, b) Zweck *m*, c) Tätigkeit *f*, d) Arbeits-, Wirkungsweise *f*, e) Amt *n*, f) (Amts-)Pflicht *f*, Obliegenheit *f*: ***out of ~*** ⚙ außer Betrieb, kaputt; **2.** a) feierlicher *od.* festlicher Anlaß, Feier *f*, Zeremo'nie *f*, b) Veranstaltung *f*, (gesellschaftliches) Fest; **II** *v/i.* **3.** fungieren, tätig sein; **4.** ⚙ *etc.* funktionieren, arbeiten.

func·tion·al ['fʌŋkʃənl] *adj.* □ → ***functionally*; 1.** amtlich, dienstlich; **2.** a) ⚕, ⚒, ⚙ funktio'nell, Funktions...: **~ *disorder*** ⚕ Funktionsstörung *f*, b) funkti'onsfähig, -tüchtig; **3.** sachlich, praktisch, zweckbetont, -mäßig: **~ *building*** Zweckbau *m*; '**func·tion·al·ism** [-ʃnəlɪzəm] *s.* **1.** ⚠, *psych.* Funktiona'lismus *m*; **2.** Zweckmäßigkeit *f*; '**func·tion·al·ize** [-ʃnəlaɪz] *v/t.* funktionstüchtig machen, wirksam gestalten; '**func·tion·al·ly** [-ʃnəlɪ] *adv.* in funktioneller Hinsicht; '**func·tion·ar·y** [-ʃnərɪ] *s.* Funktio'när *m*.

fund [fʌnd] **I** *s.* **1.** a) Kapi'tal *n*, Geldsumme *f*, b) *zweckgebunden*: Fonds *m*: ***relief ~*** Hilfsfonds; ***strike ~*** Streikfonds; **2.** *pl.* (Bar-, Geld)Mittel *pl.*, Gelder *pl.*: ***be in ~s*** (gut) bei Kasse sein; ***no ~s*** † kein Guthaben, keine Deckung; ***public ~s*** öffentliche Gelder; **3.** ***2s*** *pl.* a) *Brit.* fundierte 'Staatspaˌpiere *pl.*, Kon'sols *pl.*, b) *Am.* Ef'fekten *pl.*; **4.** *fig.* Vorrat *m*, Schatz *m*, Fülle *f*, Grundstock *m* (***of*** von, an *dat.*); **II** *v/t.* **5.** † a) in 'Staatspaˌpieren anlegen, b) fundieren, konsolidieren: **~*ed debt*** fundierte Schuld; **~ *rais·er*** *s. Veranstaltung zum Aufbringen von Geldmitteln, bsd.* Wohltätigkeitsveranstaltung *f*.

fun·da·ment ['fʌndəmənt] *s.* **1.** ⚠ *u. fig.* Funda'ment *n*; **2.** *humor. die* ‚vier Buchstaben' *pl.*, Gesäß *n*.

fun·da·men·tal [ˌfʌndə'mentl] **I** *adj.* □ → ***fundamentally*; 1.** fundamen'tal, grundlegend, wesentlich (***to*** für), Haupt...; **2.** grundsätzlich, Grund..., elemen'tar: **~ *colo*(*u*)*r*** Grund-, Primärfarbe *f*; **~ *particle*** *phys.* Elementarteilchen *n*; **~ *research*** Grundlagenforschung *f*; **~ *tone*** ♪ Grundton *m*; **~ *truth*(*s*)** Grundwahrheit(en) *f*; **II** *s.* **3.** *oft pl.* 'Grundlage *f*, -prinˌzip *n*, -begriff *m*; **4.** ♪ Grundton *m*; ˌ**fun·da'men·tal·ism** [-təlɪzəm] *s. eccl.* Fundamenta'lismus *m*, streng wörtliche Bibelgläubigkeit; ˌ**fun·da'men·tal·ly** [-təlɪ] *adv.* im Grunde, im wesentlichen.

fu·ner·al ['fju:nərəl] **I** *s.* **1.** Begräbnis *n*, Beerdigung *f*, Bestattung *f*: ***that's your ~!*** *sl.* das ist deine Sache!; **2.** *a.* **~ *procession*** Leichenzug *m*; **3.** *Am.* Trauerfeier *f*; **II** *adj.* **4.** Begräbnis..., Leichen..., Trauer..., Grab...: **~ *director*** Bestattungsunternehmer *m*; **~ *home*** (*od.* ***parlor***) *Am.* Leichenhalle *f*; **~ *march*** ♪ Trauermarsch *m*; **~ *pile*, ~ *pyre*** Scheiterhaufen *m*; **~ *service*** Trauergottesdienst *m*; **~ *urn*** Totenurne *f*; '**fu·ner·ar·y** [-nərərɪ], **fu·ne·re·al** [fju:'nɪərɪəl] *adj.* □ **1.** Begräbnis..., Leichen... Trauer...; **2.** *fig.* düster, wie bei e-m Begräbnis.

'**fun·fair** *s. Brit.* Vergnügungspark *m*, Rummelplatz *m*.

fun·gal ['fʌŋgl] *adj.* Pilz...; **fun·gi** ['fʌŋgaɪ] *pl. von* ***fungus.***

fun·gi·ble ['fʌndʒɪbl] *adj.* ⚖ vertretbar (*Sache*): **~ *goods*** Fungibilien.

fun·gi·cid·al [ˌfʌndʒɪ'saɪdl] *adj.* pilztötend; **fun·gi·cide** ['fʌndʒɪsaɪd] *s.* pilztötendes Mittel; **fun·goid** ['fʌŋgɔɪd] *adj.*, **fun·gous** ['fʌŋgəs] *adj.* pilz-, schwammartig, *a.* ⚕ schwammig; **fun·gus** ['fʌŋgəs] *pl.* **fun·gi** ['fʌŋgaɪ] *od.* **-gus·es** *s.* **1.** ⚘ Pilz *m*, Schwamm *m*; **2.** ⚕ Fungus *m*, schwammige Geschwulst; **3.** *humor.* Bart *m*.

fu·nic·u·lar [fju:'nɪkjʊlə] **I** *adj.* Seil..., Ketten...; **II** *s. a.* **~ *railway*** (Draht-)Seilbahn *f*.

funk [fʌŋk] F **I** *s.* **1.** ‚Schiß' *m*, ‚Bammel' *m*, Angst *f*: ***be in a blue ~*** a) ‚schwer Schiß haben' (***of*** vor *dat.*), b) völlig ‚down' sein; **~ *hole*** ⚔ a) ‚Heldenkeller' *m*, Unterstand *m*, b) *fig.* Druckposten *m*; **2.** feiger Kerl; **3.** Drückeberger *m*; **II** *v/i.* **4.** ‚Schiß' haben *od.* bekommen; **5.** ‚kneifen', sich drücken; **III** *v/t.* **6.** ‚Schiß' haben vor (*dat.*); **7.** ‚kneifen' vor (*dat.*), sich drücken vor (*dat.*) *od.* um; '**funk·y** [-kɪ] *adj.* feig(e).

fun·nel ['fʌnl] **I** *s.* **1.** Trichter *m*; **2.** ⚓, 🚂 Schornstein *m*; **3.** ⚙ Luftschacht *m*; **4.** Vul'kanschlot *m*; **II** *v/t.* **5.** eintrichtern, -füllen; **6.** *fig.* schleusen.

fun·nies ['fʌnɪz] *s. pl.* F **1.** Comic strips *pl.*, Comics *pl.*; **2.** Witzseite *f*.

fun·ny ['fʌnɪ] *adj.* □ **1.** *a.* **~ *haha*** komisch, drollig, lustig, ulkig; **2.** ‚komisch': a) *a.* **~ *peculiar*** sonderbar, merkwürdig, b) F unwohl, c) F zweifelhaft, faul: ***the ~ thing is that*** das Merkwürdige ist, daß; ***funnily enough*** merkwürdigerweise; **~ *business*** F ‚faule Sache', ‚krumme Tour'; **~ *bone*** *s.* Musi'kantenknochen *m*; **~ *farm*** *s. sl.* ‚Klapsmühle' *f*; '**~·man** [-mən] *s.* [*irr.*] Komiker *m*; **~ *pa·per*** *s. Am.* Comic-Teil *m e-r Zeitung*.

fun·ster ['fʌnstə] *s.* F Spaßvogel *m*.

fur [fɜ:] **I** *s.* **1.** Pelz *m*, Fell *n*: ***make the ~ fly*** ‚Stunk' machen; **2.** a) Pelzbesatz *m*, b) *a.* **~ *coat*** Pelzmantel *m*, c) *pl.* Pelzwerk *n*, -kleidung *f*, Rauchwaren *pl.*; **3.** *coll.* Pelztiere *pl.*: **~ *and feather*** Haarwild u. Federwild *n*; **4.** ⚕ (Zungen)Belag *m*; **5.** ⚙ Kesselstein *m*; **II** *v/t.* **6.** mit Pelz besetzen *od.* füttern; **7.** ⚙ mit Kesselstein über'ziehen; **III** *v/i.* **8.** ⚙ Kesselstein ansetzen.

fur·be·low ['fɜ:bɪləʊ] *s.* **1.** Falbel *f*; Faltensaum *m*; **2.** *pl. contp.* ‚Firlefanz' *m*.

fur·bish ['fɜ:bɪʃ] *v/t.* **1.** polieren; **2.** *oft* **~ *up*** herrichten, renovieren; **3.** *mst* **~ *up*** *fig.* ‚aufpolieren', auffrischen.

fur·cate ['fɜ:keɪt] **I** *adj.* gabelförmig, gegabelt, gespalten; **II** *v/i.* sich gabeln *od.* teilen; **fur·ca·tion** [fɜ:'keɪʃn] *s.* Gabelung *f*.

fu·ri·ous ['fjʊərɪəs] *adj.* □ **1.** wütend; **2.** wild, aufbrausend: **~ *temper*; 3.** wild, heftig, furi'os: ***a ~ attack.***

furl [fɜ:l] *v/t. Fahne, Segel* aufrollen, *Schirm* zs.-rollen.

fur·long ['fɜ:lɒŋ] *s.* Achtelmeile *f* (*201,17 m*).

fur·lough ['fɜ:ləʊ] *bsd.* ⚔ **I** *s.* (Heimat-)Urlaub *m*; **II** *v/t.* beurlauben.

fur·nace ['fɜ:nɪs] *s.* **1.** ⚙ (Schmelz-, Brenn-, Hoch)Ofen *m*: ***enamel*(*l*)*ing ~*** Farbenschmelzofen; **2.** ⚙ (Heiz)Kessel *m*, Feuerung *f*; **3.** *fig.* ‚Backofen' *m*, glühendheißer Raum *od.* Ort; **4.** *fig.* Feuerprobe *f*, harte Prüfung: ***tried in the ~*** gründlich erprobt.

fur·nish ['fɜ:nɪʃ] *v/t.* **1.** ausstatten, -rüsten, versehen, -sorgen (***with*** mit); **2.** *Wohnung* einrichten, ausstatten, möblieren: **~*ed room*** möbliertes Zimmer; **3.** *allg. a. Beweise etc.* liefern, beschaffen, er- *od.* beibringen; '**fur·nish·er** [-ʃə] *s.* **1.** Liefe'rant *m*; **2.** *Am.* Herrenausstatter *m*; '**fur·nish·ing** [-ʃɪŋ] *s.* **1.** Ausrüstung *f*, -stattung *f*; **2.** *pl.* Einrichtung *f*, Mobili'ar *n*: ***soft ~s*** Möbelstoffe; **3.** *pl. Am.* ('Herren)Beˌkleidungsarˌtikel *pl.*; **4.** ⚙ a) Zubehör *n*, *m*, b) Beschläge *pl.*

fur·ni·ture ['fɜːnɪtʃə] *s.* **1.** Möbel *pl.*, Einrichtung *f*, Mobili'ar *n*: ***piece of ~*** Möbel(stück) *n*; ***~ remover*** Möbelspediteur *m od.* -packer *m*; ***~ van*** Möbelwagen *m*; **2.** Ausrüstung *f*, -stattung *f*; **3.** Inhalt *m*, Bestand *m*; **4.** *geistiges* Rüstzeug, Wissen *n*; **5.** ⚙ Zubehör *n*, *m*.

fu·ror ['fjuːrɔː] *s. Am.*, **fu·ro·re** [fjʊə'rɔːrɪ] *s.* **1.** Ek'stase *f*, Begeisterungstaumel *m*; **2.** Wut *f*; **3.** Fu'rore *n*, Aufsehen: ***create a ~*** Furore machen.

furred [fɜːd] *adj.* **1.** mit Pelz besetzt *od.* bekleidet; **2.** ⚕ belegt (*Zunge*); **3.** ⚙ mit Kesselstein belegt.

fur·ri·er ['fʌrɪə] *s.* Kürschner *m*, Pelzhändler *m*; **'fur·ri·er·y** [-ərɪ] *s.* **1.** Pelzwerk *n*; **2.** Kürschne'rei *f*.

fur·row ['fʌrəʊ] **I** *s.* **1.** ✓ Furche *f*; **2.** Bodenfalte *f*; **3.** ⚙ Rille *f*; **4.** Runzel *f*, Furche *f* (*a. anat.*); **II** *v/t.* **5.** pflügen; **6.** ⚙ riefen, auskehlen; **7.** *Wasser* durch'furchen; **8.** runzeln; **III** *v/i.* **9.** sich furchen (*Stirn etc.*).

fur·ry ['fɜːrɪ] *adj.* **1.** pelzartig, Pelz...; **2.** → ***furred*** 2.

fur seal *s. zo.* Bärenrobbe *f*.

fur·ther ['fɜːðə] **I** *adv.* **1.** *comp. von far* weiter, ferner, entfernter: ***no ~*** nicht weiter, ***I'll see you ~ first*** F ich werde dir was husten!; **2.** ferner, weiterhin, über'dies, außerdem; **II** *adj.* **3.** weiter, ferner, entfernter: ***the ~ end*** das andere Ende; **4.** *fig.* weiter: ***~ education*** *Brit.* Fort-, Weiterbildung *f*; ***~ particulars*** weitere Einzelheiten, Näheres; ***until ~ notice*** bis auf weiteres; ***anything ~?*** (sonst) noch etwas?; **III** *v/t.* **5.** fördern, unter'stützen; **'fur·ther·ance** [-ðərəns] *s.* Förderung *f*, Unter'stützung *f*; **,fur·ther'more** *adv.* ferner, über'dies, außerdem; **'fur·ther·most** *adj.* **1.** fernst, weitest; **2.** äußerst; **fur·thest** ['fɜːðɪst] *adj. u. adv.* **1.** *sup. von far*; **2.** *fig.* weitest, meist: ***at the ~*** höchstens; **II** *adv.* **3.** am weitesten.

fur·tive ['fɜːtɪv] *adj.* □ **1.** heimlich, verstohlen; **2.** heimlichtuerisch; **'fur·tive·ness** [-nɪs] *s.* Heimlichkeit *f*, Verstohlenheit *f*.

fu·run·cle ['fjʊərʌŋkl] *s.* ⚕ Fu'runkel *m*; **fu·run·cu·lo·sis** [fjʊˌrʌŋkjʊ'ləʊsɪs] *s.* ⚕ Furunku'lose *f*.

fu·ry ['fjʊərɪ] *s.* **1.** (wilder) Zorn *m*, Wut *f*; **2.** Wildheit *f*, Heftigkeit *f*: ***like ~*** wie toll; **3.** ♀ *antiq.* Furie *f*; **4.** *fig.* Furie *f* (*böses Weib etc.*).

furze [fɜːz] *s.* ♀ Stechginster *m*.

fuse [fjuːz] **I** *s.* **1.** ⚔ Zünder *m*: ***~ cord*** Abreißschnur *f*; **2.** ⚡ (Schmelz)Sicherung *f*: ***~ box*** Sicherungsdose *f*, -kasten *m*; ***~ wire*** Sicherungsdraht *m*; ***he blew a ~*** ihm ist die Sicherung durchgebrannt (*a. fig.* F); ***he has a short ~*** *Am.* F bei ihm brennt leicht die Sicherung durch; **II** *v/t.* **3.** ⚔ Zünder anbringen an (*dat.*); **4.** ⚙ (ab)sichern; **5.** *phys.*, ⚙ (ver)schmelzen; **6.** *fig.* verschmelzen, vereinigen, ✝ *a.* fusionieren; **III** *v/i.* **7.** ⚡ 'durchbrennen; **8.** ⚙ schmelzen; **9.** *fig.* verschmelzen, ✝ *a.* fusionieren.

fu·se·lage ['fjuːzɪlɑːʒ] *s.* ✈ (Flugzeug-) Rumpf *m*.

fu·sel (oil) ['fjuːzl] *s.* Fuselöl *n*.

fu·si·ble ['fjuːzəbl] *adj.* schmelzbar, -flüssig: ***~ cut-out*** ⚡ Schmelzsicherung *f*.

fu·sil ['fjuːzɪl] *s.* ⚔ *hist.* Steinschloßflinte *f*, Mus'kete *f*; **fu·sil·ier**, *Am. a.* **fu·sil·eer** [ˌfjuːzɪ'lɪə] *s.* ⚔ Füsi'lier *m*; **fu·sil·lade** [ˌfjuːzɪ'leɪd] **I** *s.* **1.** ⚔ Salve *f*; **2.** Exekuti'onskomˌmando *n*; **3.** *fig.* Hagel *m*; **II** *v/t.* **4.** ⚔ unter Salvenfeuer nehmen; **5.** (standrechtlich) erschießen, füsilieren.

fus·ing ['fjuːzɪŋ] *s.* ⚙ Schmelzen *n*: ***~ burner*** Schneidbrenner *m*; ***~ point*** Schmelzpunkt *m*; **fu·sion** ['fjuːʒn] *s.* **1.** ⚙ Schmelzen *n*: ***~ welding*** Schmelzschweißen *n*; **2.** Schmelzmasse *f*; **3.** *biol.*, *opt.*, *Kernphysik*: Fusi'on *f* (*Verschmelzung*): ***~ bomb*** Wasserstoffbombe *f*; ***~ reactor*** Fusionsreaktor *m*; **4.** *fig.* Verschmelzung *f*, Vereinigung *f*; Zs.-schluß *m*, Fusi'on *f* (*a.* ✝, *pol.*).

fuss [fʌs] **I** *s.* **1.** a) (unnötige) Aufregung, b) Hektik *f*; **2.** ‚Wirbel' *m*, ‚The'ater' *n*, Getue *n*: ***make a ~*** a) → 5, b) *a.* ***kick up a ~*** ‚Krach schlagen'; ***a lot of ~ about nothing*** viel Lärm um nichts; **3.** Ärger *m*, Unannehmlichkeiten *pl.*; **II** *v/i.* **4.** sich (unnötig) aufregen (***about*** über *acc.*): ***don't ~!*** nur keine Aufregung!, schon gut!; **5.** viel ‚Wirbel' *od.* ‚Wind' machen (***about***, ***of***, ***over*** um *j-n od. et.*); **6.** sich (viel) Umstände machen (***over*** mit *e-m Gast etc.*): ***~ over s.o.*** *a.* j-n bemuttern; ***~ about*** (*od.* ***around***) ‚herumfuhrwerken'; **7.** heikel sein; **III** *v/t.* **8.** *j-n* ner'vös machen; **'fussˌbudg·et** *Am.* → ***fusspot***; **fuss·i·ness** ['fʌsɪnɪs] *s.* **1.** (unnötige) Aufregung; **2.** Hektik *f*; **3.** Kleinlichkeit *f*; **4.** heikle Art; **'fuss·pot** *s.* F Umstands-, Kleinigkeitskrämer *m*, ‚pingeliger' Kerl; **fuss·y** ['fʌsɪ] *adj.* □ **1.** a) aufgeregt, b) hektisch; **2.** kleinlich, ‚pingelig'; **3.** heikel, wählerisch, ‚eigen' (***about*** hinsichtlich *gen.*, mit).

fus·tian ['fʌstɪən] **I** *s.* **1.** Barchent *m*; **2.** *fig.* Schwulst *m*; **II** *adj.* **3.** Barchent...; **4.** *fig.* schwülstig.

fus·ti·ga·tion [ˌfʌstɪ'geɪʃn] *s. humor.* Tracht *f* Prügel.

fust·i·ness ['fʌstɪnɪs] *s.* **1.** Moder(geruch) *m*; **2.** *fig.* Rückständigkeit *f*; **fust·y** ['fʌstɪ] *adj.* **1.** mod(e)rig, muffig; **2.** a) verstaubt, antiquiert, b) rückständig.

fu·tile ['fjuːtaɪl] *adj.* □ nutz-, sinn-, zweck-, aussichtslos, vergeblich; **fu·til·i·ty** [fjuː'tɪlətɪ] *s.* Zweck-, Nutz-, Wert-, Sinnlosigkeit *f*.

fu·ture ['fjuːtʃə] **I** *s.* **1.** Zukunft *f*: ***in ~*** in Zukunft, künftig; ***in the near ~*** in der nahen Zukunft, bald; ***for the ~*** für die Zukunft, künftig; ***have no ~*** keine Zukunft haben; ***there is no ~ in that!*** das hat keine Zukunft!; **2.** *ling.* Fu'tur(um) *n*, Zukunft *f*: ***~ perfect*** Futurum exactum, zweite Zukunft; **3.** *pl.* ✝ a) Ter'mingeschäfte *pl.*, b) Ter'minwaren *pl.*; **II** *adj.* **4.** (zu)künftig, Zukunfts...; **5.** *ling.* fu'turisch: ***~ tense*** → 2; **6.** ✝ Termin...; ***~ life*** *s.* Leben *n* nach dem Tode.

fu·tur·ism ['fjuːtʃərɪzəm] *s. Kunst*: Futu'rismus *m*; **'fu·tur·ist** [-ɪst] **I.** *adj.* **1.** futu'ristisch; **II.** *s.* **2.** Futu'rist *m*; **3.** → ***futurologist***; **fu·tu·ri·ty** [fjuː'tjʊərətɪ] *s.* **1.** Zukunft *f*; **2.** zukünftiges Ereignis; **3.** Zukünftigkeit *f*.

fu·tur·ol·o·gist [ˌfjuːtʃə'rɒlədʒɪst] *s.* Futuro'loge *m*, Zukunftsforscher *m*; **,fu·tur'ol·o·gy** [-dʒɪ] *s.* Futurolo'gie *f*, Zukunftsforschung *f*.

fuze *Am.* → ***fuse***.

fuzz [fʌz] **I** *s.* **1.** (feiner) Flaum *m*; **2.** Fusseln *pl.*, Fäserchen *pl.*; **3.** F a) Wuschelhaar(e *pl.*) *n*, b) ‚Zottelbart' *m*; **4.** *sl.* a) ‚Bulle' *m* (*Polizist*), b) ***the ~*** *coll.* die Bullen (*die Polizei*); **II** *v/t.* **5.** zerfasern; **6.** *fig.* ‚benebeln'; **III** *v/i.* **7.** zerfasern; **'fuzz·y** [-zɪ] *adj.* □ **1.** flaumig; **2.** faserig, fusselig; **3.** kraus, struppig (*Haar*); **4.** verschwommen; **5.** benommen.

fyl·fot ['fɪlfɒt] *s.* Hakenkreuz *n*.

G

G, **g** [dʒi:] *s.* **1.** G *n*, g *n* (*Buchstabe*); **2.** ♪ G *n*, g *n* (*Note*): ***G flat*** Ges *n*, ges *n*; ***G sharp*** Gis *n*, gis *n*; **3.** ***G*** *Am. sl.* ‚Riese' *m* (*1000 Dollar*).

gab [gæb] F **I** *s.* ‚Gequassel' *n*, Geschwätz *n*: ***stop your ~!*** halt den Mund!; ***the gift of the ~*** ein gutes Mundwerk; **II** *v/i.* ‚quasseln'.

gab·ar·dine ['gæbədi:n] *s.* Gabardine *m* (*feiner Wollstoff*).

gab·ble ['gæbl] **I** *v/i.* **1.** plappern; **2.** schnattern; **II** *v/t.* **3.** *et.* plappern; **4.** *et.* ‚her'unterleiern'; **III** *s.* **5.** ‚Gebrabbel' *n*; **6.** Geschnatter *n*; **'gab·bler** [-lə] *s.* Schwätzer(in); **'gab·by** [-bɪ] *adj.* F geschwätzig.

gab·er·dine → ***gabardine***.

gab·fest ['gæbfest] *s. Am.* F ‚Quasse'lei' *f*.

ga·bi·on ['geɪbjən] *s.* ⚔ Schanzkorb *m*.

ga·ble ['geɪbl] *s.* △ **1.** Giebel *m*; **2.** *a.* ***~ end*** Giebelwand *f*; **'ga·bled** [-ld] *adj.* giebelig, Giebel...; **'ga·blet** [-lɪt] *s.* giebelförmiger Aufsatz (*über Fenstern*), Ziergiebel *m*.

gad[1] [gæd] **I** *v/i. mst* ***~ about*** sich her'umtreiben, ‚rumsausen'; **II** *s.* ***be on the ~*** → I.

gad[2] [gæd] *int.*: (***by***) ***~!*** *obs.* bei Gott!

'gad|·a·bout *s.* Her'umtreiber(in); **'~·fly** *s.* **1.** *zo.* Viehbremse *f*; **2.** *fig.* Störenfried *m*, lästiger Mensch.

gadg·et ['gædʒɪt] *s.* F **1.** a) Appa'rat *m*, Gerät *n*, Vorrichtung *f*, b) *iro.* ‚Appa'rätchen' *n*, ‚Kinkerlitzchen' *n*, technische Spiele'rei; **2.** ‚Dingsbums' *n*; **3.** *fig.* ‚Dreh' *m*, Kniff *m*; **gad·ge·teer** [ˌgædʒɪ'tɪə] *s.* F Liebhaber *m* von technischen Spiele'reien *od.* Neuerungen; **'gad·get·ry** [-trɪ] *s.* **1.** a) Appa'rate *pl.*, b) *iro.* technische Spiele'reien *pl.*; **2.** Beschäftigung *f* mit technischen Spiele'reien; **'gad·get·y** [-tɪ] *adj.* F **1.** raffiniert (konstruiert); **2.** Apparate...; **3.** versessen auf technische Spiele'reien.

Ga·dhel·ic [gæ'delɪk] → ***Gaelic***.

gad·wall ['gædwɔ:l] *s. orn.* Schnatterente *f*.

Gael [geɪl] *s.* Gäle *m*; **'Gael·ic** [-lɪk] **I** *s. ling.* Gälisch *n*, das Gälische; **II** *adj.* gälisch.

gaff[1] [gæf] *s.* **1.** *Fischen*: Landungshaken *m*; **2.** ⚓ Gaffel *f*; **3.** Stahlsporn *m*; **4.** *Am. sl.* ‚Schlauch' *m*: ***stand the ~*** durchhalten; **5.** *Am. sl.* Schwindel *m*; **6.** *sl.* ‚Quatsch' *m*: ***blow the ~*** alles verraten, ‚plaudern'.

gaff[2] [gæf] *s. Brit. sl. a.* ***penny ~*** Varie'té *n*, ‚Schmiere' *f*.

gaffe [gæf] *s.* Faux'pas *m*, (grobe) Taktlosigkeit.

gaf·fer ['gæfə] *s.* **1.** *humor.* ‚Opa' *m*; **2.** *Brit.* F a) Chef *m*, b) Vorarbeiter *m*.

gag [gæg] **I** *v/t.* **1.** knebeln, *fig. a.* mundtot machen; **2.** zum Würgen reizen; **3.** *a.* ***~ up*** *thea.* mit Gags spicken; **II** *v/i.* **4.** würgen (***on*** an *dat.*); **5.** *thea. etc.* F Gags anbringen, *allg.* witzeln; **III** *s.* **6.** Knebel *m*, *fig. a.* Knebelung *f*; **7.** ⚕ Mundsperrer *m*; **8.** *parl.* Schluß *m* der De'batte; **9.** *thea. u. allg.* F Gag *m*: a) witziger Einfall, komische Po'inte, ‚Knüller' *m*, b) Jux *m*, Ulk *m*, c) Trick *m*.

ga·ga ['gɑ:gɑ:] *adj. sl.* a) vertrottelt, b) ‚plem'plem': ***go ~ over*** in Verzückung geraten über (*acc.*).

gag bit *s.* Zaumgebiß *n*.

gage[1] [geɪdʒ] **I** *s.* **1.** *hist. u. fig.* Fehdehandschuh *m*; **2.** ('Unter)Pfand *n*; **II** *v/t.* **3.** *obs.* zum Pfand geben.

gage[2] [geɪdʒ] → ***gauge***.

gage[3] [geɪdʒ] → ***greengage***.

gag·gle ['gægl] **I** *v/i.* **1.** schnattern; **II** *s.* **2.** Geschnatter *n*; **3.** a) Gänseherde *f*, b) F schnatternde Schar: ***a ~ of girls***.

gag·man ['gægmən] *s.* [*irr.*] *thea. etc.* Gagman *m* (*Pointenerfinder etc.*).

gai·e·ty ['geɪətɪ] *s.* **1.** Frohsinn *m*, Fröhlich-, Lustigkeit *f*; **2.** *oft pl.* Lustbarkeit *f*, Fest *n*; **3.** *fig.* (Farben)Pracht *f*.

gai·ly ['geɪlɪ] *adv.* **1.** → ***gay*** 1, 2; **2.** unbekümmert, sorglos.

gain [geɪn] **I** *v/t.* **1.** *s-n Lebensunterhalt etc.* verdienen; **2.** gewinnen: ***~ time***; **3.** *das Ufer etc.* erreichen; **4.** *fig.* erreichen, erlangen, erringen: ***~ wealth*** Reichtümer erwerben; ***~ experience*** Erfahrung(en) sammeln; ***~ admission*** Einlaß finden; **5.** *j-m et.* einbringen, -tragen; **6.** zunehmen an (*dat.*): ***~ strength*** (***speed***) kräftiger (schneller) werden; ***he ~ed 10 pounds*** (***in weight***) er nahm 10 Pfund zu; **7.** ***~ over*** *j-n* für sich gewinnen; **8.** vorgehen um *2 Minuten etc.* (*Uhr*); **II** *v/i.* **9.** besser *od.* kräftiger werden; **10.** † Gewinn *od.* Pro'fit machen; **11.** (an Wert) gewinnen, im Ansehen steigen, besser zur Geltung kommen; **12.** zunehmen (***in*** an *dat.*): ***~*** (***in weight***) (an Gewicht) zunehmen; **13.** (***on***, ***upon***) a) näher her'ankommen (an *dat.*), (an) Boden gewinnen, aufholen (gegen'über), b) s-n Vorsprung vergrößern (vor *dat.*, gegen'über); **14.** (***on***, ***upon***) 'übergreifen (auf *acc.*); **15.** vorgehen (*Uhr*); **III** *s.* **16.** Gewinn *m*, Vorteil *m*, Nutzen *m* (***to*** für); **17.** Zunahme *f*, Steigerung *f*: ***~ in weight*** Gewichtszunahme; **18.** † a) Gewinn *m*, Pro'fit *m*: ***for ~*** ⚖ gewerbsmäßig, in gewinnsüchtiger Absicht, b) Wertzuwachs *m*; **19.** ϟ, *phys.* Verstärkung *f*: ***~ control*** Lautstärkeregelung *f*; **'gain·er** [-nə] *s.* **1.** Gewinner *m*; **2.** *sport* Auerbach(sprung) *m*: ***full ~*** Auerbachsalto *m*; ***half ~*** Auerbachkopfsprung *m*; **'gain·ful** [-fʊl] *adj.* □ einträglich, gewinnbringend: ***~ occupation*** Erwerbstätigkeit *f*; ***~ly employed*** erwerbstätig; **'gain·ings** [-nɪŋz] *s. pl.* Gewinn(e *pl.*) *m*, Einkünfte *pl.*, Pro'fit *m*; **'gain·less** [-lɪs] *adj.* **1.** unvorteilhaft, ohne Gewinn; **2.** nutzlos.

gain·say [ˌgeɪn'seɪ] *v/t.* [*irr.* → ***say***] *obs.* **1.** *et.* bestreiten, leugnen: ***there is no ~ing that*** das läßt sich nicht leugnen; **2.** *j-m* wider'sprechen.

gainst, **'gainst** [geɪnst] *poet. abbr. für* ***against***.

gait [geɪt] *s.* Gangart *f* (*a. fig. Tempo*), Gang *m*.

gai·ter ['geɪtə] *s.* **1.** Ga'masche *f*; **2.** *Am.* Zugstiefel *m*.

gal[1] [gæl] *s.* F Mädchen *n*.

gal[2] [gæl] *s. phys.* Gal *n* (*Einheit der Beschleunigung*).

ga·la ['gɑ:lə] **I** *adj.* **1.** festlich, Gala...; **II** *s.* **2.** *a.* ***~ occasion*** festlicher Anlaß, Fest *n*; **3.** Galaveranstaltung *f*; **4.** *sport Brit.* (*Schwimm- etc.*)Fest *n*.

ga·lac·tic [gə'læktɪk] *adj.* **1.** ga'laktisch, *ast.* Milchstraßen...; **2.** *physiol.* Milch...

Ga·la·tians [gə'leɪʃjənz] *s. pl. bibl.* (Brief *m* des Paulus an die) Galater *pl.*

gal·ax·y ['gæləksɪ] *s.* **1.** *ast.* Milchstraße *f*, Gala'xie *f*: ***the*** ♀ die Milchstraße, die Galaxis; **2.** *fig.* Schar *f* (*prominenter etc. Personen*).

gale[1] [geɪl] *s.* Sturm *m*; steife Brise: ***~ force*** Sturmstärke *f*; ***~ of laughter*** Lachsalve *f*.

gale[2] [geɪl] *s.* ⚘ Heidemyrthe *f*.

ga·le·na [gə'li:nə] *s. min.* Gale'nit *m*, Bleiglanz *m*.

Ga·li·cian [gə'lɪʃɪən] **I** *adj.* ga'lizisch; **II** *s.* Ga'lizier(in).

Gal·i·le·an[1] [ˌgælɪ'li:ən] **I** *adj.* **1.** gali'läisch; **II** *s.* **2.** Gali'läer(in); **3.** ***the ~*** der Gali'läer (*Christus*); **4.** Christ(in).

Gal·i·le·an[2] [ˌgælɪ'li:ən] *adj.* gali'leisch: ***~ telescope***.

gal·i·lee ['gælɪli:] *s.* △ Vorhalle *f*.

gal·i·pot ['gælɪpɒt] Gali'pot-, Fichtenharz *n*.

gall[1] [gɔ:l] *s.* **1.** *obs.* a) *anat.* Gallenblase *f*, b) *physiol.* Galle(nflüssigkeit) *f*; **2.** *fig.* Galle *f*: a) Bitterkeit *f*, Erbitterung *f*, b) Bosheit *f*; **3.** F Frechheit *f*.

gall[2] [gɔ:l] **I** *s.* **1.** wund geriebene Stelle; **2.** *fig.* a) Ärger *m*, b) Ärgernis *n*; **II** *v/t.* **3.** wund reiben; **4.** (ver)ärgern; **III** *v/i.* **5.** reiben, scheuern; **6.** sich wund reiben; **7.** sich ärgern.

gall[3] [gɔ:l] *s.* ⚘ Galle *f*.

gal·lant ['gælənt] **I** *adj.* □ **1.** tapfer, heldenhaft; **2.** prächtig, stattlich; **3.** ga'lant: a) höflich, ritterlich, b) amou'rös, Liebes...; **II** *s.* **4.** Kava'lier *m*; **5.** Verehrer *m*; **6.** Geliebte(r) *m*; **'gal·lant·ry** [-trɪ] *s.* **1.** Tapferkeit *f*; **2.** Galante'rie *f*, Ritterlichkeit *f*; **3.** heldenhafte Tat; **4.** Liebe'lei *f*.

gall| blad·der *s. anat.* Gallenblase *f*; **~ duct** *s. anat.* Gallengang *m*.

gal·le·on ['gælɪən] *s.* ⚓ *hist.* Gale'one *f*.

gal·ler·y ['gælərɪ] *s.* **1.** ⚠ a) Gale'rie *f*, b) Em'pore *f* (*in Kirchen*); **2.** *thea.* dritter Rang, *a. weitS.* Gale'rie *f*: ***play to the ~*** für die Galerie spielen, *fig. a.* nach Effekt haschen; **3.** ('Kunst-, Ge'mälde)Gale,rie *f*; **4.** a) ⚓ Laufgang *m*, b) ⚙ Laufsteg *m*, c) ⚒ *u.* ⚔ Stollen *m*, d) → ***shooting-gallery***; **5.** *fig.* Gale'rie *f*, Schar *f* (*Personen*).

gal·ley ['gælɪ] *s.* **1.** ⚓ a) Ga'leere *f*, b) Langboot *n*; **2.** ⚓ Kom'büse *f*, Küche *f*; **3.** *typ.* Setzschiff *n*; **4.** *a.* **~ *proof*** *typ.* Fahne *f*; **~ slave** *s.* **1.** Ga'leerensklave *m*; **2.** *fig.* Sklave *m*, ‚Kuli' *m*; **,~-'west** *adv.*: ***knock ~*** *Am.* F a) *j-n* zs.-schlagen, b) *fig. j-n* ‚umhauen', c) *et.* (total) ‚kaputtmachen'.

'gall·fly *s. zo.* Gallwespe *f*.

gal·lic¹ ['gælɪk] *adj.*: **~ *acid*** ⚗ Gallussäure *f*.

Gal·lic² ['gælɪk] *adj.* **1.** gallisch; **2.** fran'zösisch; **'Gal·li·cism** [-ɪsɪzəm] *s. ling.* Galli'zismus *m*, französische Spracheigenheit; **'Gal·li·cize** [-ɪsaɪz] *v/t.* französi(si)sieren.

gal·li·na·ceous [,gælɪ'neɪʃəs] *adj. orn.* hühnerartig.

gall·ing ['gɔːlɪŋ] *adj.* ärgerlich (*Sache*).

gal·li·pot¹ → ***galipot***.

gal·li·pot² ['gælɪpɒt] *s.* Salbentopf *m*, Medika'mentenbehälter *m*.

gal·li·vant [,gælɪ'vænt] *v/i.* **1.** sich amüsieren; **2.** **~ *around*** sich her'umtreiben.

'gall·nut *s.* ⚘ Gallapfel *m*.

gal·lon ['gælən] *s.* Gal'lone *f* (*Hohlmaß*; *Brit. 4,5459 l, Am. 3,7853 l*).

gal·loon [gə'luːn] *s.* Tresse *f*.

gal·lop ['gæləp] **I** *v/i.* **1.** galoppieren; **2.** F ‚sausen': **~ *through s.th.*** et. ‚im Galopp' erledigen; **~ *through a book*** ein Buch durchfliegen; ***~ing consumption*** (***inflation***) galoppierende Schwindsucht (Inflation); **II** *v/t.* **3.** galoppieren lassen; **III** *s.* **4.** Ga'lopp *m* (*a. fig.*): ***at full ~*** in gestrecktem Galopp; **gal·lo·pade** [,gælə'peɪd] → ***galop***.

Gal·lo·phile ['gæləʊfaɪl], **'Gal·lo·phil** [-fɪl] *s.* Fran'zosenfreund *m*; **'Gal·lo·phobe** [-fəʊb] *s.* Fran'zosenhasser *m*.

gal·lows ['gæləʊz] *s. pl. mst sg. konstr.* **1.** Galgen *m*; **2.** galgenähnliches Gestell, Galgen *m*; **~ bird** *s.* F Galgenvogel *m*; **~ hu·mo(u)r** *s.* 'Galgenhu,mor *m*; **~ tree** → ***gallows*** 1.

'gall·stone *s.* ⚕ Gallenstein *m*.

Gal·lup poll ['gæləp] *s.* 'Meinungs,umfrage *f*.

gal·lus·es ['gæləsɪz] *s. pl. Am.* F Hosenträger *pl.*

gal·op ['gæləp] **I** *s.* Ga'lopp *m* (*Tanz*); **II** *v/i.* e-n Ga'lopp tanzen.

ga·lore [gə'lɔː] *adv.* F ‚in rauhen Mengen': ***whisk(e)y ~*** *a.* jede Menge Whisky.

ga·losh [gə'lɒʃ] *s. mst pl.* 'Über-, Gummischuh *m*, Ga'losche *f*.

ga·lumph [gə'lʌmf] *v/i.* F stapfen, trapsen.

gal·van·ic [gæl'vænɪk] *adj.* (□ ***~ally***) ⚡, *phys.* gal'vanisch; *fig.* F elektrisierend; **gal·va·nism** ['gælvənɪzəm] *s.* **1.** *phys.* Galva'nismus *m*; **2.** ⚕ Galvanisati'on *f*; **gal·va·ni·za·tion** [,gælvənaɪ'zeɪʃn] *s.* ⚕, ⚗ Galvanisierung *f*; **gal·va·nize** ['gælvənaɪz] *v/t.* **1.** ⚙ galvanisieren, (feuer)verzinken; **2.** ⚕ mit Gleichstrom behandeln; **3.** *fig.* F *j-n* elektrisieren: **~ *into action*** *j-n* schlagartig aktiv werden lassen; **gal·va·nom·e·ter** [,gælvə'nɒmɪtə] *s. phys.* Galvano'meter *n*; **gal·va·no·plas·tic** [,gælvənəʊ'plæstɪk] *adj.* ⚙ galvano'plastisch; **gal·va·no·plas·tics** [,gælvənəʊ'plæstɪks] *s. pl. sg. konstr.*, **gal·va·no·plas·ty** [,gælvənəʊ'plæstɪ] *s.* Galvano'plastik *f*, E,lektroty'pie *f*; **gal·va·no·scope** ['gælvənəʊskəʊp] *s. phys.* Galvano'skop *n*.

gam·bit ['gæmbɪt] *s.* **1.** *Schach*: Gam'bit *n*, Eröffnung *f*; **2.** *fig.* a) erster Schritt, Einleitung *f*, b) (raffinierter) Trick.

gam·ble ['gæmbl] **I** *v/i.* **1.** (um Geld) spielen: **~ *with s.th.*** *fig.* et. aufs Spiel setzen; ***you can ~ on that*** darauf kannst du wetten; ***she ~d on his coming*** sie verließ sich darauf, daß er kommen würde; **2.** *Börse*: spekulieren; **II** *v/t.* **3.** **~ *away*** verspielen (*a. fig.*); **4.** (als Einsatz) setzen (***on*** auf *acc.*), *fig.* aufs Spiel setzen; **III** *s.* **5.** Glücksspiel *n*, Ha'sardspiel *n* (*a. fig.*); **6.** *fig.* Wagnis *n*, Risiko *n*; **'gam·bler** [-lə] *s.* Spieler(in); *fig.* Hasar'deur *m*; **'gam·bling** [-blɪŋ] *s.* Spielen *n*: **~ *den*** Spielhölle *f*; **~ *debt*** Spielschuld *f*.

gam·boge [gæm'buːʒ] *s.* ⚗ Gummigutt *n*.

gam·bol ['gæmbl] **I** *v/i.* her'umtanzen, Luftsprünge machen; **II** *s.* Freuden-, Luftsprung *m*.

game¹ [geɪm] **I** *s.* **1.** Spiel *n*, Zeitvertreib *m*, Sport *m*: ***2s*** *pl.* (*Olympische etc.*) Spiele, *ped.* Sport; **~ *of golf*** Golfspiel; **~ *of skill*** Geschicklichkeitsspiel; ***play the ~*** *a. fig.* sich an die Spielregeln halten; ***play a good ~*** gut spielen; ***play ~s with s.o.*** *fig.* mit j-m sein Spiel treiben; ***play a losing ~*** auf der Verliererstraße sein; ***be on*** (***off***) ***one's ~*** gut (nicht) in Form sein; ***the ~ is yours*** du hast gewonnen; **2.** *sport* (einzelnes) Spiel, Par'tie *f* (*Schach etc.*); *Tennis*: Spiel *n* (*in e-m Satz*): ***~, set and match*** *Tennis*: Spiel, Satz u. Sieg; **3.** Scherz *m*, Ulk *m*: ***make ~ of*** sich lustig machen über (*acc.*); **4.** Spiel *n*, Unter'nehmen *n*, Plan *m*: ***the ~ is up*** das Spiel ist aus *od.* verloren; ***give the ~ away*** F sich *od.* alles verraten; ***play a double ~*** ein doppeltes Spiel treiben; ***play a waiting ~*** e-e abwartende Haltung einnehmen; ***I know his*** (***little***) **~** ich weiß, was er im Schilde führt; ***see through s.o.'s ~*** j-s Spiel *od.* j-n durchschauen; ***beat s.o. at his own ~*** j-n mit s-n eigenen Waffen schlagen; ***two can play at this ~!*** das kann ich auch!; **5.** *pl. fig.* Schliche *pl.*, Tricks *pl.*; **6.** Spiel *n* (*Geräte etc.*); **7.** F Branche *f*, Geschäft *n*: ***he is in the advertising ~*** er macht in Werbung; ***she's on the ~*** ‚sie geht auf den Strich'; **8.** *hunt.* Wild *n*: ***big ~*** Großwild; ***fly at higher ~*** höher hinaus wollen; **9.** Wildbret *n*: **~ *pie*** Wildpastete *f*; **II** *adj.* □ **10.** Jagd..., Wild...; **11.** schneidig, mutig; **12.** a) aufgelegt (***for*** zu), b) bereit (***for*** zu, ***to do*** zu tun): ***I am ~!*** ich bin dabei!, ich mache mit!; **III** *v/i.* **13.** (um Geld) spielen; **IV** *v/t.* **14.** **~ *away*** verspielen.

game² [geɪm] *adj.* F lahm: ***a ~ leg***.

game| bag *s.* Jagdtasche *f*; **~ bird** *s.* Jagdvogel *m*; **'~·cock** *s.* Kampfhahn *m* (*a. fig.*); **~ fish** *s.* Sportfisch *m*; **~ fowl** *s.* **1.** Federwild *n*; **2.** Kampfhahn *m*; **'~,keep·er** *s. Brit.* Wildhüter *m*; **~ li·cence** *s. Brit.* Jagdschein *m*.

game·ness ['geɪmnɪs] *s.* Mut *m*, Schneid *m*.

game| park *s.* Wildpark *m*; **~ plan** *s. Am. fig.* ‚Schlachtplan' *m*; **~ point** *s. sport* a) entscheidender Punkt, b) *Tennis*: Spielball *m*, c) *Tischtennis*: Satzball *m*; **~ pre·serve** *s.* Wildgehege *n*.

games·man·ship ['geɪmzmənʃɪp] *s. bsd. sport* die Kunst, mit allen (gerade noch erlaubten) Tricks zu gewinnen.

games| mas·ter [geɪmz] *s. ped. Brit.* Sportlehrer *m*; **~ mis·tress** *s. ped. Brit.* Sportlehrerin *f*.

game·some ['geɪmsəm] *adj.* □ lustig, ausgelassen.

game·ster ['geɪmstə] *s.* Spieler(in) (*um Geld*).

gam·ete [gæ'miːt] *s. biol.* Ga'met *m* (*Keimzelle*).

game ward·en *s.* Jagdaufseher *m*.

gam·in ['gæmɪn] *s.* Gassenjunge *m*.

gam·ing ['geɪmɪŋ] *s.* Spielen *n* (*um Geld*): **~ *laws*** Gesetze über Glücksspiele u. Wetten; **~ house** *s.* Spielhölle *f*, 'Spielka,sino *n*; **~ ta·ble** *s.* Spieltisch *m*.

gam·ma ['gæmə] *s.* **1.** Gamma *n* (*griech. Buchstabe*): **~ *rays*** *phys.* Gammastrahlen; **2.** *phot.* Kon'trastgrad *m*; **3.** *ped. Brit.* Drei *f*, Befriedigend *n*.

gam·mer ['gæmə] *s. Brit.* F ‚Oma' *f*.

gam·mon¹ ['gæmən] *s.* **1.** (schwach)geräucherter Schinken; **2.** unteres Stück e-r Speckseite.

gam·mon² ['gæmən] *s.* ⚓ Bugsprietzurring *f*.

gam·mon³ ['gæmən] F **I** *s.* **1.** Humbug *m*: a) Schwindel *m*, b) ‚Quatsch' *m*; **II** *v/i.* **2.** ‚quatschen', Unsinn reden; **3.** sich verstellen, so tun als ob; **III** *v/t.* **4.** *j-n* ‚reinlegen'.

gamp [gæmp] *s. Brit.* F (großer) Regenschirm, ‚Fa'miliendach' *n*.

gam·ut ['gæmət] *s.* **1.** ♪ Tonleiter *f*; **2.** *fig.* Skala *f*: ***run the whole ~ of emotion*** von e-m Gefühl ins andere taumeln.

gam·y ['geɪmɪ] *adj.* **1.** nach Wild riechend *od.* schmeckend: **~ *taste*** a) Wildgeschmack *m*, b) Hautgout *m*; **2.** F schneidig, mutig.

gan·der ['gændə] *s.* **1.** Gänserich *m*; → ***sauce*** 1; **2.** *fig.* F ‚Esel' *m*, Dussel *m*; **3.** *sl.* Blick *m*: ***take a ~ at*** sich (rasch) *et.* angucken.

gang [gæŋ] **I** *s.* **1.** ('Arbeiter)Ko,lonne *f*, (-)Trupp *m*; **2.** Gang *f*, (Verbrecher-) Bande *f*; **3.** *contp.* Bande *f*, Horde *f*, Clique *f*; **4.** ⚙ Satz *m* (*Werkzeuge*): **~ *of tools***; **II** *v/i.* **5.** *mst* **~ *up*** sich zs.-tun, sich zs.-rotten (***on, against*** gegen).

'gang|·bang *s. sl.* a) *Geschlechtsverkehr mehrerer Männer nacheinander mit 'einer Frau*, b) *Vergewaltigung e-r Frau* *durch mehrere Männer nacheinander*; **'~·board** *s.* ⚓ Laufplanke *f*; **~ boss** → ***ganger***; **~ cut·ter** *s.* ⚙ Satz-, Mehrfachfräser *m*.

gang·er ['gæŋə] *s.* Vorarbeiter *m*, Kapo *m*.

'gang·land *s.* ‚Unterwelt' *f*.

gan·gling ['gæŋglɪŋ] *adj.* schlaksig.

gan·gli·on ['gæŋglɪən] *pl.* **-a** [-ə] *s.* **1.** *anat.* Ganglion *n*, Nervenknoten *m*: **~ *cell*** Ganglienzelle *f*; **2.** ⚕ 'Überbein *n*; **3.** *fig.* Knoten-, Mittelpunkt *m*, Zentrum *n*.

'gang|·plank → ***gangway*** 2b; **~ rape** → ***gangbang*** b.

gan·grene ['gæŋgriːn] **I** *s.* **1.** ⚕ Brand *m*, Gan'grän *n*; **2.** *fig.* Fäulnis *f*, sittlicher Verfall; **II** *v/t. u. v/i.* **3.** ⚕ brandig machen (werden); **'gan·gre·nous** [-rɪnəs] *adj.* ⚕ brandig.

gang saw *s.* ⚙ Gattersäge *f*.

gang·ster ['gæŋstə] *s.* Gangster *m*.

'gang·way I *s.* **1.** 'Durchgang *m*, Pas'sage *f*; **2.** a) ⚓ Fallreep *n*, b) ⚓ Gangway *f*, Landungsbrücke *f*, c) ✈ Gangway *f*; **3.** *Brit. thea. etc.* (Zwischen)Gang *m*; **4.** ⚒ Strecke *f*; **5.** ⚙ a) Schräge *f*, Rutsche *f*, b) Laufbühne *f*; **II** *int.* **6.** Platz (machen) (, bitte)!

gan·net ['gænɪt] *s. orn.* Tölpel *m*.

gant·let ['gæntlɪt] → ***gauntlet***[1].

gan·try ['gæntrɪ] *s.* **1.** ⚙ Faßlager *n*; **2.** *a.* **~ *bridge*** ⚙ Kranbrücke *f*: **~ *crane*** Portalkran *m*; **3.** a) 🚂 Si'gnalbrücke *f*, b) *mot.* Schilderbrücke *f*; **4.** *a.* **~ *scaffold*** *Raumfahrt*: Mon'tageturm *m*.

Gan·y·mede ['gænɪmiːd] *s.* **1.** *a.* ♀ Mundschenk *m*; **2.** *ast.* Gany'med *m*.

gaol [dʒeɪl] *bsd. Brit.* → ***jail*** *etc.*

gap [gæp] *s.* **1.** Lücke *f*, Spalt *m*, Öffnung *f*; **2.** ⚔ Bresche *f*, Gasse *f*; **3.** (Berg)Schlucht *f*; **4.** *fig.* a) Lücke *f*, b) Zwischenraum *m*, -zeit *f*, c) Unter'brechung *f*, d) Kluft *f*, 'Unterschied *m*: ***close the* ~** die Lücke schließen; ***fill*** (*od.* ***stop***) ***a* ~** e-e Lücke ausfüllen; ***leave a* ~** e-e Lücke hinterlassen; ***dollar* ~** ✝ Dollarlücke; ***rocket* ~** Raketenlücke; **~ *in one's education*** Bildungslücke; **5.** ϟ Funkenstrecke *f*.

gape [geɪp] **I** *v/i.* **1.** den Mund aufreißen (*vor Staunen etc.*), staunen: ***stand gaping*** Maulaffen feilhalten; **2.** starren, glotzen, gaffen: **~ *at s.o.*** j-n anstarren; **3.** gähnen; **4.** *fig.* klaffen, gähnen, sich öffnen *od.* auftun; **II** *s.* **5.** Gaffen *n*, Glotzen *n*; **6.** Staunen *n*; **7.** Gähnen *n*; **8.** ***the* ~*s*** *pl. sg. konstr.* a) *vet.* Schnabelsperre *f*, b) *humor.* Gähnkrampf *m*; **'gap·ing** [-pɪŋ] *adj.* □ **1.** gaffend, glotzend; **2.** klaffend (*Wunde*), gähnend (*Abgrund*).

gap·py ['gæpɪ] *adj.* lückenhaft (*a. fig.*).

ga·rage ['gærɑːdʒ] **I** *s.* **1.** Ga'rage *f*; **2.** Repara'turwerkstätte *f* u. Tankstelle *f*; **II** *v/t.* **3.** *Auto* a) in e-r Ga'rage ab- *od.* 'unterstellen, b) in die Ga'rage fahren.

garb [gɑːb] **I** *s.* Tracht *f*, Gewand *n* (*a. fig.*); **II** *v/t.* kleiden.

gar·bage ['gɑːbɪdʒ] *s.* **1.** *Am.* Abfall *m*, Müll *m*: **~ *can*** Mülleimer *m*, -tonne *f*; **~ *chute*** Müllschlucker *m*; **2.** *fig.* a) Schund *m*, b) ‚Abschaum' *m*; **3.** *Computer*: wertlose Daten *pl.*

gar·ble ['gɑːbl] *v/t. Text etc.* a) durchein'anderbringen, b) verstümmeln, entstellen, ‚frisieren'.

gar·den ['gɑːdn] **I** *s.* **1.** Garten *m*; **2.** *fig.* Garten *m*, fruchtbare Gegend: ***the* ~ *of England*** die Grafschaft Kent; **3.** *mst pl.* Gartenanlagen *pl.*, Park *m*: ***botanical* ~*(s)*** botanischer Garten; **II** *v/i.* **4.** gärtnern, im Garten arbeiten; **5.** Gartenbau treiben; **III** *adj.* **6.** Garten...: **~ *plants***; **~ *cit·y*** *s. Brit.* Gartenstadt *f*; **~ *cress*** *s.* ⚘ Gartenkresse *f*.

gar·den·er ['gɑːdnə] *s.* Gärtner(in).

gar·den| frame *s.* glasgedeckter Pflanzenkasten; **~ gnome** *s.* Gartenzwerg *m*.

gar·de·ni·a [gɑː'diːnjə] *s.* ⚘ Gar'denie *f*.

gar·den·ing ['gɑːdnɪŋ] *s.* **1.** Gartenbau *m*; **2.** Gartenarbeit *f*.

gar·den| mo(u)ld *s.* Blumen(topf)erde *f*; **~ par·ty** *s.* Gartenfest *n*, -party *f*; **~ path** *s.*: ***lead s.o. up the* ~** *fig.* j-n hinters Licht führen; ♀ **State** *s. Am.* (*Beiname für*) New Jersey *n*; **~ stuff** *s.* Gartenerzeugnisse *pl.*; **~ sub·urb** *s. Brit.* Gartenvorstadt *f*; **~ truck** *Am.* → ***garden stuff***; **~ white** *s. zo.* Weißling *m*.

gar·gan·tu·an [gɑː'gæntjʊən] *adj.* riesig, gewaltig, ungeheuer.

gar·gle ['gɑːgl] **I** *v/t.* **1.** a) gurgeln mit: **~ *salt water***, b) **~ *one's throat*** → 3; **2.** *Worte* (her'vor)gurgeln; **II** *v/i.* **3.** gurgeln; **III** *s.* **4.** Gurgeln *n*; **5.** Gurgelmittel *n*.

gar·goyle ['gɑːgɔɪl] *s.* **1.** ⚠ Wasserspeier *m*; **2.** *fig.* Scheusal *n*.

gar·ish ['geərɪʃ] *adj.* □ grell, schreiend, aufdringlich, protzig.

gar·land ['gɑːlənd] **I** *s.* **1.** Gir'lande *f* (*a.* ⚠), Blumengewinde *n*, -gehänge *n*; (*a. fig.* Sieges)Kranz *m*; **2.** *fig.* (*bsd.* Gedicht)Sammlung *f*; **II** *v/t.* **3.** bekränzen.

gar·lic ['gɑːlɪk] *s.* ⚘ Knoblauch *m*; **'gar·lick·y** [-kɪ] *adj.* **1.** knoblauchartig; **2.** nach Knoblauch schmeckend *od.* riechend.

gar·ment ['gɑːmənt] *s.* **1.** Kleidungsstück *n*, *pl. a.* Kleider *pl.*; **2.** *fig.* Gewand *n*, Hülle *f*.

gar·ner ['gɑːnə] **I** *s.* **1.** *obs.* Getreidespeicher *m*; **2.** *fig.* Speicher *m*, Vorrat *m* (***of*** an *dat.*); **II** *v/t.* **3.** a) speichern (*a. fig.*), b) aufbewahren, c) sammeln (*a. fig.*), d) erlangen, erwerben.

gar·net ['gɑːnɪt] **I** *s. min.* Gra'nat *m*; **II** *adj.* gra'natrot.

gar·nish ['gɑːnɪʃ] **I** *v/t.* **1.** schmücken, verzieren; **2.** *Küche*: garnieren (*a. fig. iro.*); **3.** ⚖ a) *Forderung beim Drittschuldner* pfänden, b) *dem Drittschuldner* ein Zahlungsverbot zustellen; **II** *s.* **4.** Orna'ment *n*, Verzierung *f*; **5.** *Küche*: Garnierung *f* (*a. fig. iro.*); **gar·nish·ee** [ˌgɑːnɪ'ʃiː] ⚖ **I** *s.* Drittschuldner *m*; **II** *v/t.* → ***garnish*** 3; **'gar·nish·ment** [-mənt] *s.* **1.** → ***garnish*** 4; **2.** ⚖ a) (Forderungs)Pfändung *f*, b) Zahlungsverbot *n* an den Drittschuldner, c) *Brit.* Mitteilung *f* an den Pro'zeßgegner; **'gar·ni·ture** [-ɪtʃə] *s.* **1.** → ***garnish*** 4; **2.** Zubehör *n*, *m*, Ausstattung *f*.

ga·rotte → ***garrot(t)e***.

gar·ret ['gærət] *s.* a) Dachstube *f*, Man'sarde *f*, b) Dachgeschoß *n*.

gar·ri·son ['gærɪsn] ⚔ **I** *s.* **1.** Garni'son *f* (*Standort od. stationierte Truppen*); **II** *v/t.* **2.** *Ort* mit e-r Garni'son belegen; **3.** *Truppen* in Garni'son legen: ***be* ~*ed*** in Garnison liegen; **~ cap** *s.* Feldmütze *f*; **~ com·mand·er** *s.* 'Standortkommanˌdant *m*; **~ town** *s.* Garni'sonsstadt *f*.

gar·rot(t)e [gə'rɒt] **I** *s.* **1.** ('Hinrichtung *f* durch die) Ga(r)'rotte *f*; **2.** Erdrosselung *f*; **II** *v/t.* **3.** ga(r)rottieren; **4.** erdrosseln.

gar·ru·li·ty [gæ'ruːlətɪ] *s.* Geschwätzigkeit *f*; **gar·ru·lous** ['gærʊləs] *adj.* □ geschwätzig.

gar·ter ['gɑːtə] **I** *s.* **1.** a) Strumpfband *n*, b) Sockenhalter *m*, c) *Am.* Strumpfhalter *m*, Straps *m*: **~ *belt*** Hüfthalter *m*, -gürtel *m*; **2.** ***the*** ♀ a) *a.* ***the Order of the*** ♀ der Hosenbandorden (*der höchste brit. Orden*), b) der Hosenbandorden (*Abzeichen*), c) die Mitgliedschaft des Hosenbandordens; **II** *v/t.* **3.** mit e-m Strumpfband *etc.* befestigen *od.* versehen.

gas [gæs] **I** *s.* **1.** ⚗ Gas *n*; **2.** (Leucht-)Gas *n*; **3.** ⚒ Grubengas *n*; **4.** ⚕ Lachgas *n*; **5.** ⚔ (Gift)Gas *n*, (Gas)Kampfstoff *m*: **~ *shell*** Gasgranate *f*; **6.** *mot.* F a) *Am.* Ben'zin *n*, ‚Sprit' *m*, b) 'Gas(peˌdal) *n*: ***step on the* ~** Gas geben, ‚auf die Tube drücken' (*beide a. fig.*); **7.** *sl.* a) ‚Gequatsche' *n*, b) ‚Gaudi' *f*, Mordsspaß *m*: ***it's a*** (***real***) **~!** (das ist) zum Brüllen!, *weitS.* große Klasse!; **II** *v/t.* **8.** mit Gas versorgen *od.* füllen; **9.** ⚙ begasen; **10.** vergasen, mit Gas töten *od.* vernichten; **11. ~ *up*** *mot. Auto* volltanken; **III** *v/i.* **12.** *mst* **~ *up*** *Am.* F (auf-)tanken; **13.** F ‚quatschen'; **'~·bag** *s.* **1.** ⚙ Gassack *m*, -zelle *f*; **2.** F ‚Quatscher' *m*; **~ bomb** *s.* ⚔ Kampfstoffbombe *f*; **~ bot·tle** *s.* ⚙ Gas-, Stahlflasche *f*; **~ burn·er** *s.* Gasbrenner *m*; **~ cham·ber** *s.* **1.** Gaskammer *f* (*zur Hinrichtung*); **2.** ⚔ Gasprüfraum *m*; **~ coal** *s.* Gaskohle *f*; **~ coke** *s.* (Gas)Koks *m*; **~ cook·er** *s.* Gasherd *m*; **~ cyl·in·der** *s.* Gasflasche *f*; **~ en·gine** *s.* 'Gasmotor *m*, -maˌschine *f*.

gas·e·ous ['gæsjəs] *adj.* **1.** ⚗ a) gasartig, -förmig, b) Gas...; **2.** *fig.* leer.

gas| field *s.* (Erd)Gasfeld *n*; **'~-,fired** *adj.* mit Gasfeuerung, gasbeheizt; **~ fit·ter** *s.* 'Gasinstallaˌteur *m*; **~ fit·ting** *s.* **1.** 'Gasinstallatiˌon *f*; **2.** *pl.* 'Gasarmaˌturen *pl.*; **~ gan·grene** *s.* ⚕ Gasbrand *m*.

gash [gæʃ] **I** *s.* **1.** klaffende Wunde, tiefer Schnitt *od.* Riß; **2.** Spalte *f*; **II** *v/t.* **3.** *j-m* e-e klaffende Wunde beibringen.

gas| heat·er *s.* Gasofen *m*; **~ heat·ing** *s.* Gasheizung *f*.

gas·i·fi·ca·tion [ˌgæsɪfɪ'keɪʃn] *s.* ⚙ Vergasung *f*; **gas·i·fy** ['gæsɪfaɪ] **I** *v/t.* vergasen, in Gas verwandeln; **II** *v/i.* zu Gas werden.

gas jet *s.* Gasflamme *f*, -brenner *m*.

gas·ket ['gæskɪt] *s.* ⚙ 'Dichtung(smanˌschette *f*, -sring *m*) *f*: ***blow a* ~** *fig.* F ‚durchdrehen'.

'gas|·light *s.* Gaslicht *n*, -lampe *f*; **'~,light·er** *s.* **1.** Gasfeuerzeug *n*; **2.** Gasanzünder *m*; **~ main** *s.* (Haupt-)Gasleitung *f*; **'~·man** [-mæn] *s.* [*irr.*] **1.** 'Gasinstallaˌteur *m*; **2.** Gasmann *m*, -ableser *m*; **~ man·tle** *s.* (Gas)Glühstrumpf *m*; **~ mask** *s.* ⚔ Gasmaske *f*; **~ me·ter** *s.* ⚙ Gasuhr *f*, -zähler *m*; **~ mo·tor** → ***gas engine***.

gas·o·lene, gas·o·line ['gæsəʊliːn] *s.* **1.** ⚗ Gaso'lin *n*, Gasäther *m*; **2.** *Am.* Ben'zin *n*: **~ *ga(u)ge*** Kraftstoffmesser *m*, Benzinuhr *f*.

gas·om·e·ter [gæ'sɒmɪtə] *s*. Gaso'meter *m*, Gasbehälter *m*.

gas ov·en *s*. Gasherd *m*.

gasp [gɑːsp] **I** *v/i*. keuchen (*a. Maschine etc.*): ***~ for breath*** nach Luft schnappen; ***it made me ~*** mir stockte der Atem (*vor Erstaunen*); ***~ for s.th.*** *fig.* nach et. lechzen; **II** *v/t. a.* ***~ out*** *Worte* (her'vor)keuchen: ***~ one's life out*** sein Leben aushauchen; **III** *s*. a) Keuchen *n*, b) Laut *m* des Erstaunens *od.* Erschreckens: ***at one's last ~*** in den letzten Zügen (liegend), *fig.* ,am Eingehen'; **'gasp·er** [-pə] *s. Brit. sl.* ,Stäbchen' *n* (*Zigarette*).

gas| pipe *s*. Gasrohr *n*; **'~·proof** *adj.* gasdicht; **~ pump** *s. mot. Am.* Zapfsäule *f*; **~ range** *s. Am.* Gasherd *m*; **~ ring** *s*. Gasbrenner *m*, -kocher *m*.

gassed [gæst] *adj.* vergast, gaskrank, -vergiftet; **gas·ser** ['gæsə] *s*. **1.** Gas freigebende Ölquelle; **2.** F ,Quatscher' *m*; **gas·sing** ['gæsɪŋ] *s*. **1.** ⚙ Behandlung *f* mit Gas; **2.** Vergasung *f*; **3.** F ,Quatschen' *n*.

gas| sta·tion *s. Am.* Tankstelle *f*; **~ stove** *s*. Gasherd *m od.* -ofen *m*; **~ tank** *s*. Gas- *od. Am.* F Ben'zinbehälter *m*; **~ tar** *s*. Steinkohlenteer *m*.

gas·ter·o·pod ['gæstərəpɒd] → ***gastropod***.

'gas·tight *adj.* gasdicht.

gas·tric ['gæstrɪk] *adj.* ⚕ gastrisch, Magen...: ***~ acid*** Magensäure *f*; ***~ flu*** Darmgrippe *f*; ***~ juice*** Magensaft *m*; ***~ ulcer*** Magengeschwür *n*; **gas·tri·tis** [gæ'straɪtɪs] *s*. ⚕ Ga'stritis *f*, Magenschleimhautentzündung *f*; **gas·tro·en·ter·i·tis** [ˌgæstrəʊentə'raɪtɪs] *s*. ⚕ Gastroente'ritis *f*, 'Magen-'Darm-Kaˌtarrh *m*; **gas·tro·in·tes·ti·nal** [ˌgæstrəʊɪn'testɪnl] ⚕ gastrointesti'nal.

gas·trol·o·gist [gæ'strɒlədʒɪst] *s*. **1.** ⚕ Facharzt *m* für Magenkrankheiten; **2.** *humor.* Kochkünstler *m*.

gas·tro·nome ['gæstrənəʊm], **gas·tron·o·mer** [gæ'strɒnəmə] *s*. Feinschmecker *m*; **gas·tro·nom·ic**, **gas·tro·nom·i·cal** [ˌgæstrə'nɒmɪk(l)] *adj.* □ feinschmeckerisch; **gas·tron·o·mist** [gæ'strɒnəmɪst] → ***gastronome***; **gas·tron·o·my** [gæ'strɒnəmɪ] *s*. **1.** Gastrono'mie *f*, höhere Kochkunst; **2.** *fig.* Küche *f*: ***the Italian ~***.

gas·tro·pod ['gæstrəpɒd] *s. zo.* Gastro'pode *m*, Schnecke *f*.

gas·tro·scope ['gæstrəʊskəʊp] *s*. ⚕ Magenspiegel *m*.

gas| weld·ing *s*. ⚙ Gasschweißen *n*; **'~·works** *s. pl. sg. konstr.* Gaswerk *n*.

gat [gæt] *s. Am. sl.* ,Ka'none' *f*, ,Ballermann' *m*, ,Schießeisen' *n*.

gate [geɪt] **I** *s*. **1.** Tor *n*, Pforte *f*, *fig. a.* Zugang *m*, Weg *m* (***to*** zu): ***crash the ~*** → ***gatecrash***; **2.** a) 🚂 Sperre *f*, Schranke *f*, b) ✈ Flugsteig *m*; **3.** (enger) Eingang, (schmale) 'Durchfahrt; **4.** (Gebirgs)Paß *m*; **5.** ⚙ (Schleusen-) Tor *n*; **6.** *sport*: a) *Slalom*: Tor *n*, b) → ***starting gate***; **7.** *sport* a) Besucherzahl *f*, b) (Gesamt)Einnahmen *pl.*, Kasse *f*; **8.** ⚙ Schieber *m*, Ven'til *n*; **9.** *Gießerei*: (Einguß)Trichter *m*, Anschnitt *m*; **10.** *phot.* Bild-, Filmfenster *n*; **11.** ↯ 'Torimˌpuls *m*; **12.** *TV* Ausblendstufe *f*; **13.** *Am.* F a) ,Rausschmiß' *m*, b) ,Laufpaß' *m*: ***get the ~*** ,gefeuert' werden; ***give s.o. the ~*** a) j-n ,feuern', b) j-m den Laufpaß geben; **II** *v/t*. **14.** *ped., univ. Brit. j-m* den Ausgang sperren: ***he was ~d*** er erhielt Ausgangsverbot; **'~·crash** *v/i.* (*u. v/t.*) F a) uneingeladen kommen *od.* gehen (zu *e-r Party etc.*), b) sich (ohne zu bezahlen) einschmuggeln (in *e-e Veranstaltung*); **'~ˌcrash·er** *s*. F Eindringling *m*: a) uneingeladener Gast, b) *j-d, der sich in e-e Veranstaltung einschmuggelt*; **'~ˌkeep·er** *s*. **1.** Pförtner *m*; **2.** 🚂 Bahn-, Schrankenwärter *m*; **'~·leg(ged) ta·ble** *s*. Klapptisch *m*; **'~ˌmon·ey** → ***gate*** 7b; **'~·post** *s*. Tor-, Türpfosten *m*: ***between you and me and the ~*** im Vertrauen *od.* unter uns (gesagt); **'~·way** *s*. **1.** Torweg *m*, Einfahrt *f*; **2.** *fig.* Tor *n*, Zugang *m*.

gath·er ['gæðə] **I** *v/t*. **1.** *Personen* versammeln; → ***father*** 4; **2.** *Dinge* (an-) sammeln, anhäufen: ***~ wealth***; ***~ experience*** Erfahrung(en) sammeln; ***~ facts*** Fakten zs.-tragen, Material sammeln; ***~ strength*** Kräfte sammeln; **3.** a) ernten, sammeln, b) *Blumen*, *Obst etc.* pflücken; **4.** *a.* ***~ up*** aufsammeln, -lesen, -heben: ***~ together*** zs.-raffen; ***~ o.s. together*** sich zs.-raffen; ***~ s.o. in one's arms*** j-n in s-e Arme schließen; **5.** erwerben, gewinnen, ansetzen: ***~ dust*** verstauben; ***~ speed*** Geschwindigkeit aufnehmen, schneller werden; ***~ way*** ⚓ in Fahrt kommen (*a. fig.*), *fig.* sich durchsetzen; **6.** *fig.* folgern (*a.* A), schließen (***from*** aus); **7.** *Näherei*: raffen, kräuseln, zs.-ziehen; → ***brow*** 1; **8.** ***~ up*** a) *Kleid etc.* aufnehmen, zs.-raffen, b) *die Beine* einziehen; **II** *v/i*. **9.** sich versammeln *od.* scharen (***round s.o.*** um j-n); **10.** sich (an)sammeln, sich häufen; **11.** sich zs.-ziehen *od.* -ballen (*Wolken*, *Gewitter*); **12.** anwachsen, sich entwickeln, zunehmen; **13.** ⚕ a) reifen (*Abszeß*), b) eitern (*Wunde*); **'gath·er·er** [-ərə] *s*. **1.** Erntearbeiter(in), Schnitter(in), Winzer *m*; **2.** (Ein)Sammler *m*; Geldeinnehmer *m*; **'gath·er·ing** [-ðərɪŋ] *s*. **1.** Sammeln *n*; **2.** Sammlung *f*; **3.** a) (Menschen)Ansammlung *f*, b) Versammlung *f*, Zs.-kunft *f*; **4.** ⚕ a) Reifen *n*, b) Eitern *n*; **5.** Kräuseln *n*; **6.** *Buchbinderei*: Lage *f*.

gat·ing ['geɪtɪŋ] *s*. **1.** ↯ a) Austastung *f*, b) (Sig'nal)Auswertung *f*; **2.** *ped., univ. Brit.* Ausgangsverbot *n*.

gauche [gəʊʃ] *adj.* **1.** linkisch; **2.** taktlos; **gau·che·rie** ['gəʊʃəriː] *s*. **1.** linkische Art; **2.** Taktlosigkeit *f*.

Gau·cho ['gaʊtʃəʊ] *pl.* **-chos** *s*. Gaucho *m*.

gaud [gɔːd] *s*. **1.** billiger Schmuck, Flitterkram *m*; **2.** *oft pl.* (über'triebener) Prunk; **'gaud·i·ness** [-dɪnɪs] *s*. **1.** → ***gaud***; **2.** Protzigkeit *f*, Geschmacklosigkeit *f*; **'gaud·y** [-dɪ] **I** *adj.* □ (farben-) prächtig, auffällig (bunt), *Farben*: grell, schreiend, *Einrichtung etc.*: protzig; **II** *s. ped., univ. Brit.* jährliches Festessen.

gauf·fer → ***goffer***.

gauge [geɪdʒ] **I** *s*. **1.** Nor'mal-, Eichmaß *n*; **2.** ⚙ Meßgerät *n*, Messer *m*, Anzeiger *m*: *bsd.* a) Pegel *m*, Wasserstandsanzeiger *m*, b) Mano'meter *n*, Druckmesser *m*, c) Lehre *f*, d) Maß-, Zollstab *m*, e) *typ.* Zeilenmaß *n*; **3.** ⚙ (Blech-, Draht)Stärke *f*; **4.** *Strumpfherstellung*: Gauge *n* (*Maschenzahl*); **5.** ⚔ Ka'liber *n*; **6.** 🚂 Spur(weite) *f*; **7.** ⚓ *oft* ***gage*** Abstand *m*, Lage *f*: ***have the lee*** (***weather***) ***~*** zu Lee (Luv) liegen (*Schiff*); **8.** 'Umfang *m*, Inhalt *m*: ***take the ~ of*** → 12; **9.** *fig.* Maßstab *m*, Norm *f*; **II** *v/t*. **10.** (ab)lehren, (ab-, aus)messen; **11.** eichen, justieren; **12.** *fig.* (ab)schätzen, beurteilen; **~ lathe** *s*. Präzisi'onsdrehbank *f*.

gaug·er ['geɪdʒə] *s*. Eichmeister *m*.

gaug·ing ['geɪdʒɪŋ] *s*. ⚙ Eichung *f*, Messung *f*: ***~ office*** Eichamt *n*.

Gaul [gɔːl] *s*. **1.** Gallier *m*; **2.** Fran'zose *m*; **'Gaul·ish** [-lɪʃ] **I** *adj.* gallisch; **II** *s. ling.* Gallisch *n*.

Gaull·ism ['gəʊlɪzəm] *s. pol.* Gaul'lismus *m*.

gaunt [gɔːnt] *adj.* □ **1.** a) hager, mager, b) ausgemergelt; **2.** verlassen, öde; **3.** kahl.

gaunt·let¹ ['gɔːntlɪt] *s*. **1.** ⚔ *hist.* Panzerhandschuh *m*; **2.** *fig.* Fehdehandschuh *m*: ***fling*** (*od.* ***throw***) ***down the ~*** (***to s.o.***) (j-m) den Fehdehandschuh hinwerfen, (j-n) herausfordern; ***pick*** (*od.* ***take***) ***up the ~*** die Herausforderung annehmen; **3.** Schutzhandschuh *m*.

gaunt·let² ['gɔːntlɪt] *s*.: ***run the ~*** Spießruten laufen (*a. fig.*); ***run the ~ of s.th.*** et. durchstehen müssen.

gaun·try ['gɔːntrɪ] → ***gantry***.

gauss [gaʊs] *s. phys.* Gauß *n*.

gauze [gɔːz] *s*. **1.** Gaze *f*, ⚕ *a.* (Verbands)Mull *m*: ***~ bandage*** Mull-, Gazebinde *f*; **2.** *fig.* Dunst *m*, Schleier *m*; **'gauz·y** [-zɪ] *adj.* gazeartig, hauchdünn.

ga·vage ['gævɑːʒ] *s*. ⚕ künstliche Sondenernährung.

gave [geɪv] *pret. von* ***give***.

gav·el ['gævl] *s*. **1.** Hammer *m e-s Auktionators*, *Vorsitzenden etc.*; **2.** (Maurer)Schlegel *m*.

ga·vot(te) [gə'vɒt] *s*. ♪ Ga'votte *f*.

gawk [gɔːk] **I** *s. contp.* (Bauern)Lackel *m*; **II** *v/i*. → ***gawp***; **'gawk·y** [-kɪ] *adj. contp.* ,blöd(e)', trottelhaft.

gawp [gɔːp] *v/i*. glotzen: ***~ at*** anglotzen.

gay [geɪ] *adj.* □ → ***gaily***; **1.** lustig, fröhlich; **2.** a) bunt, (farben)prächtig: ***~ with*** belebt von, geschmückt mit, b) fröhlich, lebhaft (*Farben*); **3.** flott, *Person*: *a.* lebenslustig: ***a ~ dog*** ein ,lockerer Vogel'; **4.** liederlich; **5.** *Am. sl.* ,pampig', frech; **6.** F homosexu'ell, ,schwul', Schwulen...: ⁓ ***Lib***(***eration***) *die* Schwulenbewegung.

gaze [geɪz] **I** *v/i*. starren: ***~ at*** anstarren; ***~*** (***up***)***on*** ansichtig werden (*gen.*); **II** *s*. (starrer) Blick, Starren *n*.

ga·ze·bo [gə'ziːbəʊ] *s*. Gebäude *n* mit schönem Ausblick, Aussichtspunkt *m*.

ga·zelle [gə'zel] *s. zo.* Ga'zelle *f*.

gaz·er ['geɪzə] *s*. Gaffer *m*.

ga·zette [gə'zet] **I** *s*. **1.** Zeitung *f*; **2.** *Brit.* Amtsblatt *n*, Staatsanzeiger *m*; **II** *v/t*. **3.** *Brit.* im Amtsblatt bekanntgeben *od.* veröffentlichen; **gaz·et·teer** [ˌgæzə'tɪə] *s*. alpha'betisches Ortsverzeichnis (mit Ortsbeschreibung).

gear [gɪə] **I** *s*. **1.** ⚙ a) Zahnrad *n*, b) *a. pl.* Getriebe *n*, Triebwerk *n*; **2.** ⚙ a) Über'setzung *f*, b) *mot. etc.* Gang *m*: ***first*** (***second***, *etc.*) ***~***; ***in high ~*** in e-m hohen *od.* schnellen Gang; ***get into*** (***high***) ***~*** *fig.* in Fahrt *od.* Schwung kommen; ***in low*** (*od.* ***bottom***) ~ im ersten Gang; (***in***) ***top*** ~ im höchsten Gang; ***change*** (*Am.* ***shift***) ~(***s***) schalten; ***change into second*** ~ den zweiten Gang einlegen, c) *pl.* Gangschaltung *f* (*e-s Fahrrads*); **3.** ⚙ Eingriff *m*: ***in*** ~ a) eingerückt, eingeschaltet, b) *fig.* funktionierend, in Ordnung; ***in*** ~ ***with*** im Eingriff stehend mit; ***out of*** ~ a) ausgerückt, ausgeschaltet, b) *fig.* in Unordnung, nicht funktionierend; ***throw out of*** ~ ausrücken, -schalten, *fig.* durcheinanderbringen; **4.** ✈, ⚓ *etc. mst in Zssgn* Vorrichtung *f*, Gerät *n*; → ***landing gear*** *etc.*; **5.** Ausrüstung *f*, Gerät *n*, Werkzeug(e *pl.*) *n*, Zubehör *n*: ***fishing*** ~ Angelgerät *n*, -zeug *n*; **6.** F a) Hausrat *m*, b) Habseligkeiten *pl.*, Sachen *pl.*, c) Aufzug *m*, Kleidung *f*; **7.** (Pferde- *etc.*)Geschirr *n*; **II** *v/t.* **8.** ⚙ a) mit e-m Getriebe versehen, b) über'setzen, c) in Gang setzen (*a. fig.*): ~ ***up*** ins Schnelle übersetzen, *fig.* steigern, verstärken; **9.** *fig.* (***to***, ***for***) einstellen *od.* abstimmen (auf *acc.*), anpassen (*dat. od.* an *acc.*); **10.** ausrüsten; **11.** *a.* ~ ***up*** *Tiere* anschirren; **III** *v/i.* **12.** ⚙ a) eingreifen (***into***, ***with*** in *acc.*), b) inein'andergreifen; **13.** ~ ***up*** (***down***) *mot.* hin'auf- (her'unter)schalten; **14.** *fig.* (***with***) passen (zu), eingerichtet *od.* abgestimmt sein (auf *acc.*).

'gear|·box *s.* ⚙ Getriebe(gehäuse) *n*; ~ **change** *s. Brit. mot.* (Gang)Schaltung *f*; ~ **cut·ter** *s.* Zahnradfräser *m*; ~ **drive** → ***gearing*** 1.

gear·ed [gɪəd] *adj.* ⚙ verzahnt; Getriebe…; **gear·ing** ['gɪərɪŋ] *s.* ⚙ **1.** (Zahnrad)Getriebe *n*, Vorgelege *n*; **2.** Über'setzung *f* (*e-s Getriebes*); Transmissi'on *f*; **3.** Verzahnung *f*.

gear| le·ver *s.* Schalthebel *m*; ~ **ra·tio** *s.* Über'setzung(sverhältnis *n*) *f*; ~ **rim** *s.* Zahnkranz *m*; ~ **shaft** *s.* Getriebe-, Schaltwelle *f*; ~ **shift** *s. Am.* a) → ***gear change***, b) → ***gear lever***; '~**·wheel** *s.* Getriebe-, Zahnrad *n*.

geck·o ['gekəʊ] *pl.* **-os**, **-oes** *s. zo.* Gecko *m* (*Echse*).

gee[1] [dʒi:] *s.* G *n*, g *n* (*Buchstabe*).

gee[2] [dʒi:] **I** *s.* **1.** *Kindersprache*: ‚Hotte'hü' *n* (*Pferd*); **II** *int.* **2.** *a.* ~ ***up!*** a) hott! (*nach rechts*), b) hü(h), hott! (*schneller*); **3.** *Am.* F na so was!, Mann!

geese [gi:s] *pl. von* ***goose***.

gee| whiz [ˌdʒi:'wɪz] → ***gee***[2] 3; '~**-whiz** *adj. Am.* F **1.** ‚toll', Super…; **2.** Sensations…

gee·zer ['gi:zə] *s.* F komischer (alter) Kauz, ‚Opa' *m*.

Gei·ger count·er ['gaɪgə] *s. phys.* Geigerzähler *m*.

gei·sha ['geɪʃə] *s.* Geisha *f*.

gel [dʒel] **I** *s.* **1.** Gel *n*; **II** *v/i.* **2.** gelieren; **3.** → ***jell*** 3.

gel·a·tin(e) [ˌdʒelə'ti:n] *s.* **1.** Gela'tine *f*; **2.** Gal'lerte *f*; **3.** *a.* ***blasting*** ~ 'Sprenggelaˌtine *f*; **ge·lat·i·nize** [dʒə'lætɪnaɪz] *v/i. u. v/t.* gelatinieren (lassen); **ge·lat·i·nous** [dʒə'lætɪnəs] *adj.* gallertartig.

geld [geld] *v/t. Tier* kastrieren, verschneiden; '**geld·ing** [-dɪŋ] *s.* kastriertes Tier, *bsd.* Wallach *m*.

gel·id ['dʒelɪd] *adj.* □ eisig.

gel·ig·nite ['dʒelɪgnaɪt] *s.* ⚙ Gela'tinedynaˌmit *n*.

gem [dʒem] **I** *s.* **1.** Edelstein *m*; **2.** Gemme *f*; **3.** *fig.* Perle *f*, Ju'wel *n*, Glanz-, Prachtstück *n*: ~ ***rôle*** *thea.* Glanzrolle *f*; **4.** *Am.* Brötchen *n*; **5.** *typ.* *e-e 3½-Punkt-Schrift*; **II** *v/t.* **6.** mit Edelsteinen schmücken.

gem·i·nate I *adj.* ['dʒemɪnət] paarweise, Doppel…; **II** *v/t. u. v/i.* [-neɪt] (sich) verdoppeln (*a. ling.*); **gem·i·na·tion** [ˌdʒemɪ'neɪʃn] *s.* Verdoppelung *f* (*a. ling.*).

Gem·i·ni ['dʒemɪnaɪ] *s. pl. ast.* Zwillinge *pl.*

gem·ma ['dʒemə] *pl.* **-mae** [-mi:] *s.* **1.** ⚘ a) Gemme *f*, Brutkörper *m*, b) Blattknospe *f*; **2.** *biol.* Knospe *f*, Gemme *f*; '**gem·mate** [-meɪt] *adj. biol.* sich durch Knospung fortpflanzend; **gem·ma·tion** [dʒe'meɪʃn] *s.* **1.** ⚘ Knospenbildung *f*; **2.** *biol.* Fortpflanzung *f* durch Knospen; **gem·mif·er·ous** [dʒe'mɪfərəs] *adj.* **1.** edelsteinhaltig; **2.** *biol.* → ***gemmate***.

gems·bok ['gemzbɒk] *s. zo.* 'Gemsantiˌlope *f*.

gen [dʒen] *Brit. sl.* **I** *s.* Informati'on(en *pl.*) *f*; **II** *v/t. u. v/i.*: ~ ***up*** (sich) informieren.

gen·der ['dʒendə] *s. ling.* Genus *n*, Geschlecht *n* (*a. humor. von Personen*).

gene [dʒi:n] *s. biol.* Gen *n*, Erbfaktor *m*: ~ ***pool*** Erbmasse *f*; ~ ***technology*** Gentechnologie *f*.

gen·e·a·log·i·cal [ˌdʒi:njə'lɒdʒɪkl] *adj.* □ genea'logisch: ~ ***tree*** Stammbaum *m*.

gen·e·al·o·gist [ˌdʒi:nɪ'ælədʒɪst] *s.* Genea'loge *m*, Ahnenforscher *m*; ˌ**gen·e'al·o·gize** [-dʒaɪz] *v/i.* Stammbaumforschung treiben; ˌ**gen·e'al·o·gy** [-dʒɪ] *s.* Genealo'gie *f*: a) Ahnenforschung *f*, b) Ahnentafel *f*, c) Abstammung *f*.

gen·er·a ['dʒenərə] *pl. von* ***genus***.

gen·er·al ['dʒenərəl] **I** *adj.* □ → ***generally***; **1.** allgemein, um'fassend: ~ ***knowledge*** (***medicine***) Allgemeinbildung *f* (-medizin *f*); ~ ***outlook*** allgemeine Aussichten; ***the*** ~ ***public*** die breite Öffentlichkeit; **2.** allgemein (*nicht spezifisch*): ~ ***dealer*** *Brit.* Gemischtwarenhändler *m*; ***the*** ~ ***reader*** der Durchschnittsleser; ~ ***store*** Gemischtwarenhandlung *f*; ~ ***term*** Allgemeinbegriff *m*; ***in*** ~ ***terms*** allgemein (ausgedrückt); **3.** allgemein (üblich), gängig, verbreitet: ~ ***practice***; ***as a*** ~ ***rule*** meistens; **4.** allgemein gehalten, ungefähr: ***a*** ~ ***idea*** e-e ungefähre Vorstellung; ~ ***resemblance*** vage Ähnlichkeit; ***in a*** ~ ***way*** in großen Zügen, in gewisser Weise; **5.** allgemein, General…, Haupt…: ~ ***agent*** ✝ Generalvertreter *m*; ~ ***manager*** ✝ Generaldirektor *m*; ~ ***meeting*** ✝ General-, Hauptversammlung *f*; **6.** (*Amtstiteln nachgestellt*) *mst* General…: ***consul*** ~ Generalkonsul *m*; **II** *s.* **7.** ⚔ a) Gene'ral *m*, b) Heerführer *m*, Feldherr *m*, Stra'tege *m*; **8.** ⚔ *Am.* a) (Vier-'Sterne-)Geneˌral *m* (*zweithöchster Offiziersrang*), b) ~ ***of the army*** Fünf-'Sterne-Geneˌral *m* (*höchster Offiziersrang*); **9.** *eccl.* ('Ordens)Geneˌral *m*; **10.** ***the*** ~ das Allgemeine: 2 (*Überschrift*) Allgemeines; ***in*** ~ im allgemeinen.

gen·er·al| ac·cept·ance *s.* ✝ uneingeschränktes Ak'zept; 2 **As·sem·bly** *s.* **1.** *pol.* Voll-, Gene'ralversammlung *f* (*der UNO*); **2.** *pol. Am.* Parla'ment *n* (*einiger Einzelstaaten*); **3.** *eccl.* oberstes Gericht der schottischen Kirche; ~ **car·go** *s.* ✝, ⚓ Stückgut(ladung *f*) *n*; 2 **Cer·tif·i·cate of Ed·u·ca·tion** *s. ped. Brit.*: ~ ***O level*** *etwa*: mittlere Reife; ~ ***A level*** *etwa*: Abitur *n*; ~ **de·liv·er·y** *s.* ✉ *Am.* **1.** (Ausgabestelle *f* für) postlagernde Sendungen *pl.*; **2.** ‚postlagernd'; ~ **e·lec·tion** *s. pol.* allgemeine Wahlen *pl.*; ~ **head·quar·ters** *s. pl. mst sg. konstr.* ⚔ Großes Hauptquartier; ~ **hos·pi·tal** *s.* allgemeines Krankenhaus.

gen·er·al·is·si·mo [ˌdʒenərə'lɪsɪməʊ] *pl.* **-mos** *s.* ⚔ Genera'lissimus *m*, Oberbefehlshaber *m*.

gen·er·al·ist ['dʒenərəlɪst] *s.* Genera'list *m* (*Ggs. Spezialist*).

gen·er·al·i·ty [ˌdʒenə'rælətɪ] *s.* **1.** *pl.* allgemeine Redensarten *pl.*, Gemeinplätze *pl.*; **2.** Allgemeingültigkeit *f*; **3.** allgemeine Regel; **4.** Unbestimmtheit *f*; **5.** *obs.* Mehrzahl *f*, große Masse; **gen·er·al·i·za·tion** [ˌdʒenərəlaɪ'zeɪʃn] *s.* Verallgemeinerung *f*; **gen·er·al·ize** ['dʒenərəlaɪz] **I** *v/t.* **1.** verallgemeinern; **2.** auf e-e allgemeine Formel bringen; **3.** *paint.* in großen Zügen darstellen; **II** *v/i.* **4.** verallgemeinern; **gen·er·al·ly** ['dʒenərəlɪ] *adv.* **1.** *oft* ~ ***speaking*** allgemein, im allgemeinen, im großen u. ganzen; **2.** allgemein; **3.** gewöhnlich, meistens.

gen·er·al| med·i·cine *s.* Allge'meinmediˌzin *f*; ~ **meet·ing** *s.* ✝ Gene'ral-, Hauptversammlung *f*; ~ **of·fi·cer** *s.* ⚔ Gene'ral *m*, Offi'zier *m* im Gene'ralsrang; ~ **par·don** *s.* (Gene'ral)Amneˌstie *f*; 2 **Post Of·fice** *s.* Hauptpostamt *n*; ~ **prac·ti·tion·er** *s.* Arzt *m* für Allge'meinmediˌzin, praktischer Arzt; ˌ~**-'pur·pose** *adj.* ⚙ Mehrzweck…, Universal…

gen·er·al·ship ['dʒenərəlʃɪp] *s.* **1.** ⚔ Gene'ralsrang *m*; **2.** Strate'gie *f*: a) ⚔ Feldherrnkunst *f*, b) *a. allg.* geschickte Taktik.

gen·er·al| staff *s.* ⚔ Gene'ralstab *m*: ***chief of*** ~ Generalstabschef *m*; ~ **strike** *s.* ✝ Gene'ralstreik *m*.

gen·er·ate ['dʒenəreɪt] *v/t.* **1.** *bsd.* ⚗, *phys.* erzeugen (*a.* ⚗), *Gas, Rauch* entwickeln, *a.* ⚗ bilden; **2.** *biol.* zeugen; **3.** *fig.* erzeugen, her'vorrufen, bewirken, verursachen.

gen·er·at·ing sta·tion ['dʒenəreɪtɪŋ] *s.* ⚡ Kraftwerk *n*.

gen·er·a·tion [ˌdʒenə'reɪʃn] *s.* **1.** Generati'on *f*: ***the rising*** ~ die junge (*od.* heranwachsende) Generation; ~ ***gap*** Generationsunterschied *m*, Generationenkonflikt *m*; **2.** Generati'on *f*, Menschenalter *n* (*etwa 33 Jahre*): ~***s*** F e-e Ewigkeit; **3.** ⚙, ✝ Generati'on *f*: ***a new*** ~ ***of cars***; **4.** *biol.* Entwicklungsstufe *f*; **5.** Zeugung *f*, Fortpflanzung *f*; **6.** *bsd.* ⚗, ⚡, *phys.* Erzeugung *f* (*a.* ⚗), Entwicklung *f*; **7.** Entstehung *f*; ˌ**gen·er'a·tion·al** [-ʃənl] *adj.* Generations…: ~ ***conflict***; **gen·er·a·tive** ['dʒenərətɪv] *adj.* **1.** *biol.* Zeugungs…, Fortpflanzungs…, Geschlechts…; **2.** *biol.* fruchtbar; **3.** *ling.* genera'tiv: ~ ***grammar***; **gen·er·a·tor** ['dʒenəreɪtə] *s.* **1.** ⚡ Gene'rator *m*, Stromerzeuger *m*, Dy'namomaˌschine *f*; **2.** ⚙ a) Gaserzeuger *m*:

~ gas Generatorgas *n*, b) Dampferzeuger *m*, -kessel *m*; **3.** ⚙ (Ab)Wälzfräser *m*; **4.** Entwickler *m*; **5.** ♪ Grundton *m*.

ge·ner·ic [dʒɪ'nerɪk] *adj.* (□ *~ally*) **1.** allgemein, gene'rell; **2.** ge'nerisch, Gattungs...: *~ term od. name* Gattungsname *m*, Oberbegriff *m*.

gen·er·os·i·ty [ˌdʒenə'rɒsətɪ] *s.* **1.** Großzügigkeit *f*: a) Freigebigkeit *f*, b) Edelmut *m*, Hochherzigkeit *f*; **2.** edle Tat; **3.** Fülle *f*; **gen·er·ous** ['dʒenərəs] *adj.* □ **1.** großzügig: a) freigebig, b) edel, hochherzig; **2.** reichlich, üppig: *~ mouth* volle Lippen *pl.*; **3.** vollmundig, gehaltvoll (*Wein*); fruchtbar (*Boden*).

gen·e·sis ['dʒenɪsɪs] *s.* **1.** Genesis *f*, Ge'nese *f*, Entstehung *f*; **2.** ♀ *bibl.* Genesis *f*, Erstes Buch Mose; **3.** Ursprung *m*.

gen·et ['dʒenɪt] *s.* **1.** *zo.* Ge'nette *f*, Ginsterkatze *f*; **2.** Ge'nettepelz *m*.

ge·net·ic [dʒɪ'netɪk] **I** *adj.* (□ *~ally*) **1.** *bsd. biol.* ge'netisch: a) entwicklungsgeschichtlich, b) Vererbungs..., Erb...: *~ code* genetischer Kode; *~ engineering* Genmanipulation *f*; **II** *s. pl. biol.* **2.** *sg. konstr.* Ge'netik *f*, Vererbungslehre *f*; **3.** ge'netische Formen *pl.* u. Erscheinungen *pl.*; **ge'net·i·cist** [-ɪsɪst] *s. biol.* Ge'netiker *m*.

ge·nette [dʒɪ'net] → *genet.*

ge·ne·va¹ [dʒɪ'ni:və] *s.* Ge'never *m*, Wa'cholderschnaps *m*.

Ge·ne·va² [dʒɪ'ni:və] **I** *npr.* Genf *n*; **II** *adj.* Genfer(...); *~* **bands** *s. pl. eccl.* Beffchen *n*; *~* **Con·ven·tion** *s. pol.*, ⚔ Genfer Konventi'on *f*; *~* **cross** → *red* 1; *~* **drive** *s.* ⚙ Mal'teserkreuzantrieb *m*; *~* **gown** *s. eccl.* Ta'lar *m*.

ge·ni·al ['dʒi:njəl] *adj.* □ **1.** freundlich (*a. fig. Klima etc.*), herzlich: *in ~ company* in angenehmer Gesellschaft; **2.** belebend, anregend; **ge·ni·al·i·ty** [ˌdʒi:nɪ'ælətɪ] *s.* **1.** Freundlichkeit *f*, Herzlichkeit *f*; **2.** Milde *f* (*Klima*).

ge·nie ['dʒi:nɪ] *s.* dienstbarer Geist, Dschinn *m*.

ge·ni·i ['dʒi:nɪaɪ] *pl. von genie u. genius* 4.

gen·i·tal ['dʒenɪtl] *adj.* Zeugungs..., Geschlechts..., geni'tal: *~ gland* Keimdrüse *f*; **'gen·i·tals** [-lz] *s. pl.* Geni'talien *pl.*, Geschlechtsteile *pl.*

gen·i·ti·val [ˌdʒenɪ'taɪvl] *adj.* Genitiv..., genitivisch; **gen·i·tive** ['dʒenɪtɪv] *s. a. ~ case ling.* Genitiv *m*, zweiter Fall.

gen·i·to-u·ri·nar·y [ˌdʒenɪtəʊ'jʊərɪnərɪ] *adj.* ⚕ urogeni'tal.

ge·ni·us ['dʒi:njəs] *pl.* **'ge·ni·us·es** *s.* **1.** Ge'nie *n*: a) geni'aler Mensch, b) (*ohne pl.*) Geniali'tät *f*, geni'ale Schöpferkraft; **2.** Begabung *f*, Gabe *f*; **3.** Genius *m*, Geist *m*, Seele *f*, *das* Eigentümliche (*e-r Nation etc.*): *~ of a period* Zeitgeist; **4.** *pl.* **'ge·ni·i** [-nɪaɪ] *antiq.* Genius *m*, Schutzgeist *m*: *good* (*evil*) *~* guter (böser) Geist (*a. fig.*); *~* **lo·ci** ['ləʊsaɪ] (*Lat.*) *s.* a) Genius *m* loci, Schutzgeist *m* e-s Ortes, b) Atmo'sphäre *f* e-s Ortes.

gen·o·blast ['dʒenəʊblɑ:st] *s. biol.* reife Geschlechtszelle.

gen·o·cide ['dʒenəʊsaɪd] *s.* Geno'zid *m*, *n*, Völker-, Gruppenmord *m*.

Gen·o·ese [ˌdʒenəʊ'i:z] **I** *s.* Genu'eser (-in); **II** *adj.* genu'esisch, Genueser...

gen·o·type ['dʒenəʊtaɪp] *s. biol.* Geno'typ(us) *m*.

gen·re ['ʒɑ̃:ŋrə] (*Fr.*) *s.* **1.** Genre *n*, (*a.* Litera'tur)Gattung *f*: *~ painting* Genremalerei *f*; **2.** Form *f*, Stil *m*.

gent [dʒent] *s.* **1.** F *für gentleman*; **2.** *pl. sg. konstr.* F 'Herrenklo' *n*; **3.** *Am.* F 'Knabe' *m*, Kerl *m*.

gen·teel [dʒen'ti:l] *adj.* □ **1.** *obs.* vornehm; **2.** vornehm tuend, geziert, affek'tiert; **3.** ele'gant, fein.

gen·tian ['dʒenʃɪən] *s.* ♀ Enzian *m*; *~* **bit·ter** *s. pharm.* 'Enziantinkˌtur *f*.

gen·tile ['dʒentaɪl] **I** *s.* **1.** Nichtjude *m*, -jüdin *f*, *bsd.* Christ(in); **2.** Heide *m*, Heidin *f*; **3.** 'Nichtmorˌmone *m*, -morˌmonin *f*; **II** *adj.* **4.** nichtjüdisch, *bsd.* christlich; **5.** heidnisch; **6.** 'nichtmorˌmonisch.

gen·til·i·ty [dʒen'tɪlətɪ] *s.* **1.** *obs.* vornehme Herkunft; **2.** Vornehmheit *f*; **3.** Vornehmtue'rei *f*.

gen·tle ['dʒentl] *adj.* □ **1.** freundlich, sanft, gütig, liebenswürdig: *~ reader* geneigter Leser; **2.** milde, ruhig, mäßig, leicht, sanft, zart: *~ blow* leichter Schlag; *~ craft* Angelsport *m*; *~ hint* zarter Wink; *~ rebuke* sanfter Tadel; *the ~ sex* das zarte Geschlecht; *~ slope* sanfter Abhang; **3.** zahm, fromm (*Tier*); **4.** edel, vornehm: *of ~ birth* von vornehmer Geburt; **'~·folk(s)** *s. pl.* vornehme Leute *pl.*

gen·tle·man ['dʒentlmən] *s.* [*irr.*] **1.** Gentleman *m*: a) Ehrenmann *m*, b) Mann *m* von Lebensart u. Cha'rakter: *~'s* (*od. gentlemen's*) *agreement* Gentleman's (*od.* Gentlemen's) Agreement *n*, ⚖ *etc.* Vereinbarung *f* auf Treu u. Glauben; *~'s ~* (Kammer)Diener *m*; **2.** Herr *m*: *gentlemen* a) (*Anrede*) m-e Herren!, b) *in Briefen*: Sehr geehrte Herren (*oft unübersetzt*); *~ farmer* Gutsbesitzer *m*; *~ friend* Freund *m e-r Dame*; *~ rider* Herrenreiter *m*; *Gentlemen('s)* Herren(toilette *f*) *pl.*; **3.** *Titel von Hofbeamten*: *~ in waiting* Kämmerer *m*; *~-at-arms* Leibgardist *m*; **4.** *obs.* Privati'er *m*; **5.** *hist.* a) Mann *m* von Stand, b) Edelmann *m*; **'~·like** → *gentlemanly*; **'gen·tle·man·li·ness** [-lɪnɪs] *s.* **1.** vornehmes *od.* feines Wesen, Vornehmheit *f*; **2.** gebildetes *od.* feines Benehmen; **'gen·tle·man·ly** [-lɪ] *adj.* 'gentlemanlike', vornehm, fein.

gen·tle·ness ['dʒentlnɪs] *s.* **1.** Freundlichkeit *f*, Güte *f*, Milde *f*, Sanftheit *f*; **2.** *obs.* Vornehmheit *f*.

'gen·tleˌwom·an *s.* [*irr.*] Dame *f* (von Lebensart u. Cha'rakter; von Stand *od.* Bildung); **'gen·tleˌwom·an·like**, **'gen·tleˌwom·an·ly** [-lɪ] *adj.* damenhaft, vornehm.

gen·tly ['dʒentlɪ] *adv. von gentle.*

gen· try ['dʒentrɪ] *s.* **1.** Oberschicht *f*; **2.** *Brit.* Gentry *f*, niederer Adel; **3.** *a. pl. konstr.* F Leute *pl.*, Sippschaft *f*.

gen·u·flect ['dʒenju:flekt] *v/i.* (*bsd. eccl.*) knien, die Knie beugen, *contp.* e-n Kniefall machen (*before* vor *dat.*); **gen·u·flec·tion**, *Brit. a.* **gen·u·flex·ion** [ˌdʒenju:'flekʃn] *s.* Kniebeugung *f*; *fig.* Kniefall *m*.

gen·u·ine ['dʒenjʊɪn] *adj.* □ echt: a) au'thentisch, b) ernsthaft (*Angebot etc.*), c) aufrichtig (*Mitgefühl etc.*), d) ungekünstelt (*Lachen etc.*); **'gen·u·ine·ness** [-nɪs] *s.* Echtheit *f*.

ge·nus ['dʒi:nəs] *pl.* **gen·er·a** ['dʒenərə] *s.* **1.** ♀, *zo., phls.* Gattung *f*; **2.** *fig.* Art *f*, Klasse *f*.

ge·o·cen·tric [ˌdʒi:əʊ'sentrɪk] *adj. ast.* geo'zentrisch; **ˌge·o'chem·is·try** [-'kemɪstrɪ] *s.* Geoche'mie *f*; **ˌge·o'cy·clic** [-'saɪklɪk] *adj. ast.* geo'zyklisch.

ge·ode ['dʒi:əʊd] *s. min. allg.* Ge'ode *f*.

ge·o·des·ic, **ge·o·des·i·cal** [ˌdʒi:əʊ'desɪk(l)] *adj.* □ geo'dätisch; **ge·od·e·sist** [dʒi:'ɒdɪsɪst] *s.* Geo'dät *m*; **ge·od·e·sy** [dʒi:'ɒdɪsɪ] *s.* Geodä'sie *f* (*Erdvermessung*); **ˌge·o'det·ic**, **ˌge·o'det·i·cal** [-etɪk(l)] *adj.* geo'dätisch.

ge·og·ra·pher [dʒɪ'ɒgrəfə] *s.* Geo'graph (-in); **ge·o·graph·ic**, **ge·o·graph·i·cal** [dʒɪə'græfɪk(l)] *adj.* □ geo'graphisch: *geographical mile*; **ge'og·ra·phy** [-fɪ] *s.* **1.** Geogra'phie *f*, Erdkunde *f*; **2.** geo'graphische Abhandlung; **3.** geo'graphische Beschaffenheit.

ge·o·log·ic, **ge·o·log·i·cal** [ˌdʒɪəʊ'lɒdʒɪk(l)] *adj.* □ geo'logisch; **ge·ol·o·gist** [dʒɪ'ɒlədʒɪst] *s.* Geo'loge *m*, Geo'login *f*; **ge·ol·o·gize** [dʒɪ'ɒlədʒaɪz] **I** *v/i.* geo'logische Studien betreiben; **II** *v/t.* geo'logisch unter'suchen; **ge·ol·o·gy** [dʒɪ'ɒlədʒɪ] *s.* **1.** Geolo'gie *f*; **2.** geo'logische Abhandlung; **3.** geo'logische Beschaffenheit.

ge·o·mag·net·ism [ˌdʒɪəʊ'mægnɪtɪzəm] *s. phys.* 'Erdmagneˌtismus *m*.

ge·o·man·cy ['dʒɪəʊmænsɪ] *s.* Geoman'tie *f*, Geo'mantik *f* (*Art Wahrsagerei*).

ge·om·e·ter [dʒɪ'ɒmɪtə] *s.* **1.** *obs.* Geo'meter *m*; **2.** Ex'perte *m* auf dem Gebiet der Geome'trie; **3.** *zo.* Spannerraupe *f*; **ge·o·met·ric**, **ge·o·met·ri·cal** [ˌdʒɪəʊ'metrɪk(l)] *adj.* □ geo'metrisch; **ge·om·e·tri·cian** [ˌdʒɪəʊme'trɪʃn] → *geometer* 1, 2; **ge'om·e·try** [-mətrɪ] *s.* **1.** Geome'trie *f*; **2.** geo'metrische Abhandlung.

ge·o·phys·i·cal [ˌdʒi:əʊ'fɪzɪkl] *adj.* geophysi'kalisch; **ˌge·o'phys·ics** [-ks] *s. pl., oft sg. konstr.* Geophy'sik *f*.

ge·o·pol·i·tics [ˌdʒi:əʊ'pɒlɪtɪks] *s. pl., oft sg. konstr.* Geopoli'tik *f*.

George [dʒɔ:dʒ] *s.*: *St ~* der heilige Georg (*Schutzpatron Englands*): *St ~'s Cross* Georgskreuz *n*; *~ Cross od. Medal* ⚔ *Brit.* Georgskreuz *n* (*Orden*); *by ~!* a) beim Zeus!, b) Mann!; *let ~ do it! Am. sl.* soll's machen, wer Lust hat!

geor·gette [dʒɔ:'dʒet] *Am.* ♀ *s.* Geor'gette *m* (*Seidenkrepp*).

Geor·gi·an ['dʒɔ:dʒjən] **I** *adj.* **1.** georgi'anisch: a) *aus der Zeit der Könige Georg I.–IV.* (*1714–1830*), b) *aus der Zeit der Könige Georg V. u. VI.* (*1910–52*); **2.** geor'ginisch (*den Staat Georgia, USA, betreffend*); **3.** ge'orgisch (*die Sowjetrepublik Georgien betreffend*); **II** *s.* **4.** Ge'orgier(in).

ge·o·sci·ence [ˌdʒi:əʊ'saɪəns] *s.* Geowissenschaft *f*.

ge·ra·ni·um [dʒɪ'reɪnjəm] *s.* ♀ **1.** Storchschnabel *m*; **2.** Ge'ranie *f*.

ger·fal·con ['dʒɜ:ˌfɔ:lkən] *s. orn.* G(i)erfalke *m*.

ger·i·at·ric [ˌdʒerɪ'ætrɪk] **I** *adj.* ⚕ geri'atrisch; **II** *s. humor.* Greis *m*; **ger·i·a·tri·cian** [ˌdʒerɪə'trɪʃn] *s.* Geri'ater *m*, Facharzt *m* für Alterskrankheiten; **ˌger·i'at·rics** [-ks] *s. pl., oft sg. konstr.* Geria'trie *f*.

germ [dʒɜːm] **I** *s.* **1.** ⚘, *biol.* Keim *m* (*a. fig. Ansatz, Ursprung*); **2.** a) *biol.* Mi'krobe *f*, b) ⚕ Keim *m*, Ba'zillus *m*, Bak'terie *f*, Krankheitserreger *m*; **II** *v/i. u. v/t.* **3.** keimen (lassen).

ger·man¹ ['dʒɜːmən] *adj.* leiblich: ***brother** ~* leiblicher Bruder.

Ger·man² ['dʒɜːmən] **I** *adj.* **1.** deutsch; **II** *s.* **2.** Deutsche(r *m*) *f*; **3.** *ling.* Deutsch *n*, das Deutsche: ***in** ~* a) auf deutsch, b) im Deutschen; ***into** ~* ins Deutsche; ***from** (**the**) ~* aus dem Deutschen.

ˌ**Ger·man-A'mer·i·can I** *adj.* 'deutsch-ameriˌkanisch; **II** *s.* 'Deutschameriˌkaner(in).

ger·man·der [dʒɜː'mændə] *s.* ⚘ **1.** Ga'mander *m*; **2.** *a.* ~ ***speedwell*** Ga'manderehrenpreis *m*.

ger·mane [dʒɜː'meɪn] *adj.* (***to***) gehörig (zu), zs.-hängend (mit), betreffend (*acc.*), passend (zu).

Ger·man·ic¹ [dʒɜː'mænɪk] **I** *adj.* **1.** ger'manisch; **2.** deutsch; **II** *s.* **3.** *ling. das* Ger'manische.

ger·man·ic² [dʒɜː'mænɪk] *adj.* ⚗ Germanium...: ~ ***acid***.

Ger·man·ism ['dʒɜːmənɪzəm] *s.* **1.** *ling.* Germa'nismus *m*, deutsche Spracheigenheit; **2.** (typisch) deutsche Art; **3.** et. typisch Deutsches; **4.** Deutschfreundlichkeit *f*; '**Ger·man·ist** [-ɪst] *s.* Germa'nist(in); **Ger·man·i·ty** [dʒɜː'mænətɪ] → ***Germanism*** 2.

ger·ma·ni·um [dʒɜː'meɪnjəm] *s.* ⚗ Ger'manium *n*.

Ger·man·i·za·tion [ˌdʒɜːmənaɪ'zeɪʃn] *s.* Germanisierung *f*, Eindeutschung *f*; **Ger·man·ize** ['dʒɜːmənaɪz] **I** *v/t.* germanisieren, eindeutschen; **II** *v/i.* deutsch werden.

Ger·man mea·sles *s. pl. sg. konstr.* ⚕ Röteln *pl.*

Ger·man·o·phil [dʒɜː'mænəfɪl], **Ger'man·o·phile** [-faɪl] **I** *adj.* deutschfreundlich; **II** *s.* Deutschfreundliche(r *m*) *f*; **Ger'man·o·phobe** [-fəʊb] *s.* Deutschenhasser(in); **Ger·man·o·pho·bi·a** [dʒɜːˌmænə'fəʊbjə] *s.* Deutschfeindlichkeit *f*.

Ger·man| po·lice dog, ~ **shep·herd** (**dog**) *s. Am.* Deutscher Schäferhund; ~ **sil·ver** *s.* Neusilber *n*; ~ **steel** *s.* ⚙ Schmelzstahl *m*; ~ **text**, ~ **type** *s. typ.* Frak'tur(schrift) *f*.

germ| car·ri·er *s.* ⚕ Keim-, Ba'zillenträger *m*; ~ **cell** *s. biol.* Keimzelle *f*.

ger·men ['dʒɜːmɪn] *s.* ⚘ Fruchtknoten *m*.

ger·mi·cid·al [ˌdʒɜːmɪ'saɪdl] *adj.* keimtötend; **ger·mi·cide** ['dʒɜːmɪsaɪd] *adj. u. s.* keimtötend(es Mittel).

ger·mi·nal ['dʒɜːmɪnl] *adj.* □ **1.** *biol.* Keim(zellen)...; **2.** ⚕ Keim..., Bakterien...; **3.** *fig.* keimend, im Keim befindlich: ~ ***ideas***; '**ger·mi·nant** [-nənt] *adj.* keimend (*a. fig.*); '**ger·mi·nate** [-neɪt] ⚘ **I** *v/i.* keimen (*a. fig. sich entwickeln*); **II** *v/t.* zum Keimen bringen, keimen lassen (*a. fig.*); **ger·mi·na·tion** [ˌdʒɜːmɪ'neɪʃn] *s.* ⚘ Keimen *n* (*a. fig.*); '**ger·mi·na·tive** [-nətɪv] *adj.* ⚘ **1.** Keim...; **2.** (keim)entwicklungsfähig.

'**germ|·proof** *adj.* keimsicher, -frei; ~ **war·fare** *s.* ⚔ Bak'terienkrieg *m*, bio'logische Kriegführung.

ge·ron·toc·ra·cy [ˌdʒerɒn'tɒkrəsɪ] *s.* Gerontokra'tie *f*, Altenherrschaft *f*.

ger·on·tol·o·gist [ˌdʒerɒn'tɒlədʒɪst] Geronto'loge *m*; ˌ**ger·on'tol·o·gy** [-dʒɪ] → ***geriatrics***.

ger·ry·man·der ['dʒerɪmændə] **I** *v/t.* **1.** *pol.* die Wahlbezirksgrenzen in *e-m Gebiet* manipulieren; **2.** *Fakten* manipulieren, verfälschen; **II** *s.* **3.** *pol.* manipulierte Wahlbezirksabgrenzung.

ger·und ['dʒerənd] *s. ling.* Ge'rundium *n*; **ge·run·di·al** [dʒɪ'rʌndjəl] *adj. ling.* Gerundial...; **ger·un·di·val** [ˌdʒerən'daɪvl] *adj. ling.* Gerundiv..., gerun'divisch; **ge·run·dive** [dʒɪ'rʌndɪv] *s. ling.* Gerun'div *n*.

ges·ta·tion [dʒes'teɪʃn] *s.* **1.** a) Schwangerschaft *f*, b) *zo.* Trächtigkeit *f*; **2.** *fig.* Reifen *n*.

ges·ta·to·ri·al chair [ˌdʒestə'tɔːrɪəl] *s.* Tragsessel *m des Papstes*.

ges·tic·u·late [dʒe'stɪkjʊleɪt] *v/i.* gestikulieren, (her'um)fuchteln; **ges·tic·u·la·tion** [dʒeˌstɪkjʊ'leɪʃn] *s.* **1.** Gestikulati'on *f*, Gestik *f*, Gebärdenspiel *n*, Gesten *pl.*; **2.** lebhafte Geste; **ges·tic·u·la·to·ry** [-lətərɪ] *adj.* gestikulierend.

ges·ture ['dʒestʃə] **I** *s.* **1.** Gebärde *f*, Geste *f*: ~ ***of friendship*** *fig.* freundschaftliche Geste; **2.** Gebärdenspiel *n*; **II** *v/i.* **3.** → ***gesticulate***.

get [get] **I** *v/t.* [*irr.*] **1.** bekommen, erhalten, ‚kriegen': ~ ***it*** F ‚sein Fett kriegen', etwas ‚erleben'; ~ ***a*** (***radio***) ***station*** e-n Sender (rein)bekommen *od.* (-)kriegen; **2.** a) ~ ***s.th.*** (***for o.s.***), ***get o.s. s.th.*** sich et. verschaffen *od.* besorgen, et. erwerben *od.* kaufen *od.* finden: ~ (***o.s.***) ***a car***, b) ~ ***s.o. s.th.***, ~ ***s.th. for s.o.*** j-m et. besorgen *od.* verschaffen; **3.** *Ruhm etc.* erlangen, erringen, erwerben, *Sieg* erringen, erzielen, *Reichtum* erwerben, kommen zu, *Wissen, Erfahrung* erwerben, sich aneignen; **4.** *Kohle etc.* gewinnen, fördern; **5.** erwischen: a) (zu fassen) kriegen, packen, fangen, b) ertappen, c) treffen, d) *sl.* ‚kriegen', ‚erledigen' (*abschießen, töten*): (***I've***) ***got him!*** (ich) hab' ihn!; ***he'll** ~ **you yet!*** er kriegt dich doch (noch)!; ***he's got it bad***(***ly***) F *allg.* ‚ihn hat's bös erwischt'; ***you've got me there!*** F da bin ich überfragt!, da muß ich passen!; ***that** ~**s me!*** F a) das kapier' ich nicht!, b) das geht mir auf die Nerven!, c) das geht mir unter die Haut *od.* an die Nieren!; **6.** a) holen: ~ ***help*** (***a doctor***, *etc.*), b) bringen, holen: ~ ***me the book***, c) ('hin)bringen, *wohin* schaffen: ~ ***me to the hospital!***; **7.** (*a. telefonisch etc.*) erreichen; **8.** ***have got*** a) haben: ***I've got enough money***, b) (*mit inf.*) müssen: ***we have got to do it***; ***it's got to be wrong*** es muß falsch sein; **9.** machen, werden lassen: ~ ***o.s. dirty*** sich schmutzig machen; ~ ***one's feet wet*** nasse Füße bekommen; ~ ***s.o. nervous*** j-n nervös machen; **10.** (*mit p.p.*) lassen: ~ ***one's hair cut*** sich die Haare schneiden lassen; ~ ***the door shut*** die Tür zubekommen; ~ ***things done*** etwas zuwege bringen; **11.** (*mit inf. od. pres. p.*) dazu bringen *od.* bewegen: ~ ***s.o. to talk*** j-n zum Sprechen bringen; ~ ***the machine to work***, ~ ***the machine working*** die Maschine in Gang bringen; → ***go*** 21; **12.** a) machen, zubereiten: ~ ***dinner***, b) *Brit.* F essen, zu sich nehmen: ~ ***breakfast*** frühstücken; **13.** F ‚kapieren', verstehen (*a. hören*): ***I didn't** ~ **that!***; ***I don't** ~ **him*** ich versteh' nicht, was er will; ***don't** ~ **me wrong!*** versteh mich nicht falsch!; ***got it?*** kapiert?; ~ ***that!*** *iron.* a) was sagst du dazu?, b) sieh (*od.* hör) dir das (bloß mal) an!; **II** *v/i.* **14.** kommen, gelangen: ~ ***home*** nach Hause kommen, zu Hause ankommen; ~ ***into debt*** (***into a rage***) in Schulden (in Wut) geraten; ~ ***somewhere*** F weiterkommen, Erfolg haben; ***now we are** ~**ting somewhere!*** jetzt kommen wir der Sache schon näher!; ~ ***nowhere***, ***not to** ~ **anywhere*** nicht weiterkommen; ***that will** ~ **us nowhere!*** so kommen wir nicht weiter!; **15.** (*mit adj. od. p.p.*) werden: ~ ***old***; ~ ***better*** a) besser werden, sich (ver)bessern, b) sich erholen; ~ ***caught*** gefangen *od.* erwischt werden; ~ ***tired*** müde werden, ermüden; **16.** (*mit inf.*) dahin kommen: ~ ***to like it*** daran Gefallen finden, es allmählich mögen; ~ ***to know*** kennenlernen; ***how did you** ~ **to know that?*** wie hast du das erfahren?; ~ ***to be friends*** Freunde werden; **17.** (*mit pres. p.*) anfangen, beginnen: ***they got quarrel***(***l***)***ing***; ~ ***talking*** a) ins Gespräch kommen, b) zu reden anfangen; → ***go*** 21; **18.** *sl.* ‚abhauen': ~***!*** hau ab!;

Zssgn mit prp.:

get| a·round *v/i.* F **1.** *et.* um'gehen; **2.** a) *j-n* ‚her'umkriegen', b) *j-n* ‚reinlegen'; ~ **at** *v/i.* **1.** (her'an)kommen an (*acc.*), erreichen: ***I can't** ~ **my books***; **2.** an *j-n* ‚rankommen', *j-m* beikommen; **3.** *et.* ‚kriegen', ‚auftreiben'; **4.** *et.* her'ausbekommen, *e-r Sache* auf den Grund kommen; **5.** sagen wollen: ***what is he getting at?*** worauf will er hinaus?; **6.** *j-n* ‚schmieren', bestechen; ~ **be·hind** *v/i.* **1.** sich stellen hinter (*acc.*), *fig. a. j-n* unterstützen; **2.** zu'rückbleiben hinter (*dat.*); ~ **off** *v/i.* **1.** a) absteigen von, b) aussteigen aus; **2.** freikommen von; ~ **on** *v/i.* a) *Pferd, Wagen etc.* besteigen, b) einsteigen in (*acc.*): ~ ***to one's feet*** sich erheben; ~ ***to*** F hinter *et. od.* hinter *j-s* Schliche kommen; ~ **out of** *v/i.* **1.** her'aussteigen, -kommen, -gelangen aus; **2.** e-e Gewohnheit ablegen: ~ ***smoking*** sich das Rauchen abgewöhnen; **3.** *fig.* aus *e-r Sache* ‚aussteigen'; sich her'auswinden aus: ~ ***from under*** F sich rauswinden; **4.** sich drücken vor (*dat.*); **5.** *Geld etc.* aus *j-m* ‚her'ausholen'; **6.** *et.* bei *e-r Sache* ‚kriegen'; ~ **o·ver** *v/i.* **1.** (hin'über)kommen über (*acc.*); **2.** *fig.* hin'wegkommen über (*acc.*); **3.** *et.* über'stehen; ~ **round** → ***get around***; ~ **through** *v/i.* **1.** kommen durch (*e-e Prüfung, den Winter etc.*); **2.** *Geld* 'durchbringen; **3.** *et.* erledigen; ~ **to** *v/i.* **1.** kommen nach, erreichen; **2.** a) sich machen an (*acc.*), b) (*zufällig*) dazu kommen: ***we got to talking about it*** wir kamen darauf zu sprechen;

Zssgn mit adv.:

get| a·bout *v/i.* **1.** her'umgehen; **2.** he'rumkommen; **3.** (wieder) auf den Beinen sein (*nach Krankheit*); **4.** sich her'umsprechen *od.* verbreiten (*Gerücht*); ~ **a·cross I** *v/i.* **1.** *fig.* ‚ankommen': a) ‚einschlagen', Anklang finden:

the play got across, b) sich verständlich machen; **2.** (***to*** *j-m*) klarwerden; **II** *v/t.* **3.** *e-r Sache* Wirkung *od.* Erfolg verschaffen, *et.* an den Mann bringen: ***get an idea across***; **4.** *et.* klarmachen; ~ **a·head** *v/i.* F vorankommen, Fortschritte machen: ~ ***of s.o.*** j-n überholen *od.* überflügeln; ~ **a·long** *v/i.* **1.** auskommen (***with*** mit *j-m*); **2.** zu'recht-, auskommen (***with*** mit *et.*); **3.** → ***get on*** 1; **4.** weitergehen: ~***!*** verschwinde!; ~ ***with you!*** F a) verschwinde!, b) jetzt hör aber auf!; **5.** älter werden; ~ **a·way** *v/i.* **1.** loskommen, sich losmachen: ***you can't*** ~ ***from that*** a) darüber kannst du dich nicht hinwegsetzen, b) das mußt du doch einsehen; ***you can't*** ~ ***from the fact that*** man kommt um die Tatsache nicht herum, daß; **2.** *bsd. sport* ‚wegkommen': a) starten, b) sich lösen; **3.** → ***get along*** 4; **4.** entkommen, entwischen: ***he won't*** ~ ***with that*** damit kommt er nicht durch; ***he gets away with everything*** (*od.* ***with murder***) er kann sich alles erlauben; ~ **back I** *v/t.* **1.** zu'rückbekommen: ***get one's own back*** F sich rächen; ***get one's own back on s.o.*** → 3; **II** *v/i.* **2.** zu'rückkommen; **3.** ~ ***at s.o.*** F sich an j-m rächen; ~ **be·hind** *v/i.* zu'rückbleiben; in Rückstand kommen; ~ **by** *v/i.* **1.** vor'bei-, 'durchkommen; **2.** aus-, zu'rechtkommen, ‚es schaffen'; ~ **down I** *v/i.* **1.** her'unterkommen, -steigen; **2.** aus-, absteigen; **3.** ~ ***to s.th.*** sich an et. (her'an-) machen; → ***business*** 5; **II** *v/t.* **4.** her'unterholen, -schaffen; **5.** aufschreiben; **6.** *Essen etc.* runterkriegen; **7.** *fig. j-n* ‚fertigmachen'; ~ **in I** *v/t.* **1.** hin'einbringen, -schaffen, -bekommen; **2.** *Ernte* einbringen; **3.** einfügen; **4.** *Bemerkung, Schlag etc.* anbringen; **5.** *Arzt etc.* (hin)'zuziehen; **II** *v/i.* **6.** hin'ein- *od.* her'eingelangen, -kommen: **7.** einsteigen; **8.** *pol.* (ins Parla'ment *etc.*) gewählt werden; **9.** ~ ***on*** F mitmachen bei; **10.** ~ ***with s.o.*** sich mit j-m anfreunden; ~ **off I** *v/t.* **1.** *Kleid etc.* ausziehen; **2.** losbekommen, -kriegen; **3.** *Brief etc.* ‚loslassen'; **II** *v/i.* **4.** abreisen; **5.** ✈ abheben; **6.** (***from***) absteigen (von), aussteigen (aus): ***tell s.o. where to*** ~ F j-m ‚Bescheid stoßen'; **7.** da'vonkommen: ~ ***cheaply*** a) billig wegkommen, b) mit e-m blauen Auge davonkommen; **8.** entkommen; **9.** (*von der Arbeit*) wegkommen; ~ **on I** *v/i.* **1.** vor'ankommen (*a. fig.*): ~ ***in life*** a) es zu et. bringen, b) *a.* ~ (***in years***) älter werden; ***be getting on for sixty*** auf die Sechzig zugehen; ~ ***without*** ohne *et.* auskommen; ***let's*** ~ ***with it!*** machen wir weiter!; ***it was getting on*** es wurde spät; **2.** → ***get along*** 1, 2; **3.** ~ ***to*** F a) *Brit.* sich in Verbindung setzen mit, *teleph. j-n* anrufen, b) *et.* ‚spitzkriegen', c) *j-m* auf die Schliche kommen; **II** *v/t.* **4.** *et.* vor'antreiben; ~ **out I** *v/t.* **1.** her'ausbekommen, -kriegen (*a. fig.*); **2.** a) her'ausholen, b) hin'ausschaffen; **3.** *Worte* her'ausbringen; **II** *v/i.* **4.** a) aussteigen, b) her'auskommen, c) hin'ausgehen: ~***!*** raus!; ~ ***from under*** *Am.* F mit heiler Haut davonkommen; **5.** *fig.* F ‚aussteigen'; **6.** → ***get out of*** (*Zssgn mit prp.*); ~ **round** *v/i.* dazu kommen (***to doing s.th.*** et. zu tun); ~ **through I** *v/t.* **1.** 'durchbringen, -bekommen (*a. fig.*); **2.** *et.* hinter sich bringen; **3.** (***to*** *j-m*) *et.* klarmachen; **II** *v/i.* **4.** *a. fig., a. ped., teleph.* 'durchkommen; **5.** (***with***) fertig werden mit, (*et.*) ‚schaffen'; **6.** (***to*** *j-m*) klarwerden; ~ **to·geth·er I** *v/t.* **1.** zs.-bringen; **2.** zs.-tragen; **3.** ***get it together*** F ‚es bringen'; **II** *v/i.* **4.** zs.-kommen; **5.** sich einig werden; ~ **up I** *v/t.* **1.** hin'aufbringen, -schaffen; **2.** ins Werk setzen; **3.** veranstalten, organisieren; **4.** (ein)richten, vorbereiten; **5.** konstruieren, zs.-basteln; **6.** (***o.s.*** sich) her'ausputzen; **7.** *Buch etc.* ausstatten; *Waren* (hübsch) aufmachen; **8.** *thea.* einstudieren; **9.** F ‚büffeln'; **II** *v/i.* **10.** aufstehen.

get|-at-a·ble [get'ætəbl] *adj.* **1.** erreichbar (*Ort od. Sache*); **2.** zugänglich (*Ort od. Person*); **'~-a·way** *s.* **1.** F Flucht *f*, Entkommen *n*: ~ ***car*** Fluchtwagen *m*; ***make one's*** ~ entkommen, entwischen, sich aus dem Staub machen; **2.** ✈, *sport* Start *m*; **3.** *mot.* Anzugsvermögen *n*; **'~-off** *s.* ✈ Abheben *n*.

get·ter ['getə] *s.* ⚒ Hauer *m*.

'get|-to,geth·er *s.* Zs.-kunft *f*, zwangloses Bei'sammensein; **,~-'tough** *adj. Am.* F hart, aggres'siv: ~ ***policy***; **'~-up** *s.* **1.** Aufbau *m*, Anordnung *f*; **2.** Aufmachung *f*: a) Ausstattung *f*, b) ‚Aufzug' *m*, Kleidung *f*; **3.** *thea.* Inszenierung *f*.

gew·gaw ['gju:gɔ:] *s.* **1.** → ***gimcrack*** I; **2.** *fig.* Lap'palie *f*, Kleinigkeit *f*.

gey·ser *s.* **1.** ['gaɪzə] Geysir *m*, heiße Quelle; **2.** ['gi:zə] *Brit.* ('Gas-) ,Durchlauferhitzer *m*.

ghast·li·ness ['gɑ:stlɪnɪs] *s.* **1.** Grausigkeit *f*; schreckliches Aussehen; **2.** Totenblässe *f*; **ghast·ly** ['gɑ:stlɪ] **I** *adj.* **1.** gräßlich, greulich, entsetzlich (*alle a. fig.* F); **2.** gespenstisch; **3.** totenbleich; **4.** verzerrt (*Lächeln*); **II** *adv.* **5.** gräßlich *etc.*: ~ ***pale*** totenblaß.

gher·kin ['gɜ:kɪn] *s.* Essig-, Gewürzgurke *f*.

ghet·to ['getəʊ] *pl.* **-tos** *s. hist. u. sociol.* G(h)etto *n*.

ghost [gəʊst] **I** *s.* **1.** Geist *m*, Gespenst *n*: ***lay a*** ~ e-n Geist beschwören; ***lay the ~s of the past*** *fig.* Vergangenheitsbewältigung betreiben; ***the*** ~ ***walks*** *thea. sl.* es gibt Geld; **2.** Geist *m*, Seele *f* (*nur noch in*): ***give*** (*od.* ***yield***) ***up the*** ~ den Geist aufgeben (*a. fig.* F); **3.** *fig.* Spur *f*, Schatten *m*: ***not the*** ~ ***of a chance*** F nicht die geringste Chance; ***the*** ~ ***of a smile*** der Anflug e-s Lächelns; **4.** → ***ghost writer***; **5.** *opt. TV* Doppelbild *n*; **II** *v/t.* **6.** *j-n* verfolgen (*Erinnerungen etc.*); **7.** *Buch etc.* als Ghostwriter schreiben; **III** *v/i.* **8.** Ghostwriter sein (***for*** für); **'~-like** → ***ghostly***.

ghost·li·ness ['gəʊstlɪnɪs] *s.* Geisterhaftigkeit *f*; **ghost·ly** ['gəʊstlɪ] *adj.* geisterhaft, gespenstisch.

ghost| sto·ry *s.* Geister-, Gespenstergeschichte *f*; ~ **town** *s. Am.* Geisterstadt *f*, verödete Stadt; ~ **train** *s.* Geisterbahn *f*; ~ **word** *s.* Ghostword *n* (*falsche Wortbildung*); **'~-write** → ***ghost*** 7, 8; ~ **writ·er** *s.* Ghostwriter *m*.

ghoul [gu:l] *s.* **1.** Ghul *m* (*leichenfressender Dämon*); **2.** *fig.* Unhold *m* (*Person mit makabren Gelüsten*), *z.B.* Grabschänder *m*; **'ghoul·ish** [-lɪʃ] *adj.* □ **1.** ghulenhaft; **2.** greulich, ma'kaber.

G.I. [,dʒi:'aɪ] (*von* ***Government Issue***) ⚔ *Am.* F **I** *s.* ‚G'I' *m* (*US-Soldat*); **II** *adj.* GI-…, Kommiß…; *weitS.* vorschriftsmäßig.

gi·ant ['dʒaɪənt] **I** *s.* Riese *m*, *fig. a.* Gi'gant *m*, Ko'loß *m*; **II** *adj.* riesenhaft, riesig; *a.* ⚘, *zo.* Riesen…: ~ ***slalom*** Riesenslalom *m*; ~ ***stride*** Riesenschritt *m*; ~***('s) stride*** Rundlauf *m* (*Turngerät*); ~ ***wheel*** Riesenrad *n*; **'gi·ant·ess** [-tes] *s.* Riesin *f*.

gib [gɪb] *s.* ⚙ **1.** Keil *m*, Bolzen *m*; **2.** 'Führungsline,al *n* (*e-r Werkzeugmaschine*); **3.** Ausleger *m* (*e-s Krans*).

gib·ber ['dʒɪbə] *v/i.* schnattern, quatschen; **'gib·ber·ish** [-ərɪʃ] *s.* Geschnatter *n*; Geschwätz, ‚Geschwafel' *n*.

gib·bet ['dʒɪbɪt] **I** *s.* **1.** Galgen *m*; **2.** ⚙ Kran- *od.* Querbalken *m*; **II** *v/t.* **3.** *j-n* hängen; **4.** *fig.* anprangern, bloßstellen.

gib·bon ['gɪbən] *s. zo.* Gibbon *m*.

gib·bous ['gɪbəs] *adj.* **1.** gewölbt; **2.** buck(e)lig.

gibe [dʒaɪb] **I** *v/t.* verhöhnen, verspotten; **II** *v/i.* spotten (***at*** über *acc.*); **III** *s.* höhnische Bemerkung, Stiche'lei *f*, Seitenhieb *m*.

gib·lets ['dʒɪblɪts] *s. pl.* Inne'reien *pl.*, *bsd.* Hühner-, Gänseklein *n*.

gid·di·ness ['gɪdɪnɪs] *s.* **1.** Schwindel (-gefühl *n*) *m*; **2.** *fig.* a) Leichtsinn *m*, Flatterhaftigkeit *f*, b) Wankelmütigkeit *f*; **gid·dy** ['gɪdɪ] *adj.* □ **1.** schwind(e)lig: ***I am*** (*od.* ***feel***) ~ mir ist schwind(e)lig; **2.** *a. fig.* schwindelerregend, schwindelnd; **3.** *fig.* a) leichtsinnig, flatterhaft, b) ‚verrückt', ‚wild'.

gie [gi:] *Scot. für* ***give***.

gift [gɪft] **I** *s.* **1.** Geschenk *n*, Gabe *f*: ***make a*** ~ ***of*** et. schenken; ***I wouldn't have it as a*** ~ das nähme ich nicht (mal) geschenkt; ***it's a*** ~***!*** das ist ja geschenkt (*billig*)!; **2.** ⚖ Schenkung *f*; **3.** ⚖ Verleihungsrecht *n*: ***the office is in his*** ~ er kann dieses Amt verleihen; **4.** *fig.* Begabung *f*, Gabe *f*, Ta'lent *n* (***for***, ***of*** für): ~ ***for languages*** Sprachbegabung; ***of many ~s*** vielseitig begabt; → ***gab*** I; **II** *v/t.* **5.** (be)schenken; **'gift·ed** [-tɪd] *adj.* begabt, talen'tiert.

gift| horse *s.*: ***don't look a*** ~ ***in the mouth*** e-m geschenkten Gaul schaut man nicht ins Maul; ~ **shop** *s.* Ge'schenkar,tikelladen *m*; ~ **tax** Schenkungssteuer *f*; ~ **to·ken**, ~ **vouch·er** *s.* Geschenkgutschein *m*; **'~-wrap** *v/t.* geschenkmäßig verpacken; **'~-,wrap·ping** *s.* Ge'schenkpa,pier *n*.

gig¹ [gɪg] *s.* **1.** ⚓ Gig(boot *n*) *f*; **2.** Gig *f* (*Ruderboot*); **3.** Gig *n* (*zweirädriger, offener Einspänner*); **4.** Fischspeer *m*; **5.** ⚙ ('Tuch),Rauhma,schine *f*.

gig² [gɪg] *s.* ♪ F a) Engage'ment *n*, b) Auftritt *m*.

gi·gan·tic [dʒaɪ'gæntɪk] *adj.* (□ ~***ally***) gi'gantisch: a) riesenhaft, Riesen…, b) riesig, ungeheuer (groß).

gig·gle ['gɪgl] **I** *v/i. u. v/t.* kichern; **II** *s.* Gekicher *n*, Kichern *n*; **'gig·gly** [-lɪ] *adj.* ständig kichernd.

gig·o·lo ['ʒɪgələʊ] *pl.* **-los** *s.* Gigolo *m*.

Gil·ber·ti·an [gɪl'bɜ:tjən] *adj.* in der Art (*des Humors*) von W. S. Gilbert; *fig.* komisch, possenhaft.

gild¹ [gɪld] → ***guild***.

gild[2] [gɪld] *v/t.* [*irr.*] **1.** vergolden; **2.** *fig.* a) verschöne(r)n, (aus)schmücken, b) über'tünchen, verbrämen, c) versüßen: **~ the pill** die bittere Pille versüßen; **'gild·ed** [-dɪd] *adj.* vergoldet, golden (*a. fig.*): **~ cage** *fig.* goldener Käfig; **~ youth** Jeunesse dorée *f*; **'gild·er** [-də] *s.* Vergolder *m*; **'gild·ing** [-dɪŋ] *s.* **1.** Vergoldung *f*; **2.** *fig.* Verschönerung *f etc.* (→ **gild**[2] 2).

gill[1] [gɪl] *s.* **1.** *ichth.* Kieme *f*; **2.** *pl.* Doppelkinn *n*: **rosy (green) about the ~s** rosig, frischaussehend (grün im Gesicht); **3.** *orn.* Kehllappen *m*; **4.** ⚘ La'melle *f*: **~ fungus** Blätterpilz *m*; **5.** ⚙ (Heiz-, Kühl)Rippe *f*.

gill[2] [gɪl] *s. Scot.* **1.** waldige Schlucht; **2.** Gebirgsbach *m*.

gill[3] [dʒɪl] *s.* Viertelpinte *f* (*Brit. 0,14, Am. 0,12 Liter*).

Gill[4] [dʒɪl] *s. obs.* Liebste *f*.

gil·ly·flow·er ['dʒɪlɪˌflaʊə] *s.* ⚘ **1.** Gartennelke *f*; **2.** Lev'koje *f*; **3.** Goldlack *m*.

gilt [gɪlt] **I** *pret. u. p.p. von* **gild**[2]; **II** *adj.* **1.** → **gilded**; **III** *s.* **2.** Vergoldung *f*; **3.** *fig.* Reiz *m*: **take the ~ off the gingerbread** der Sache den Reiz nehmen; **ˌ~-'edged** *adj.* **1.** mit Goldschnitt; **2. ~ securities** ✝ mündelsichere (Wert)Papiere *pl.*

gim·bals ['dʒɪmbəlz] *s. pl.* ⚙ Kar'danringe *pl.*, -aufhängung *f*.

gim·crack ['dʒɪmkræk] **I** *s.* **1.** wertloser *od.* kitschiger Gegenstand *od.* Schmuck, (*a.* technische) Spiele'rei, ‚Mätzchen' *n*; **2.** *pl.* → **gimcrackery**; **II** *adj.* **3.** wertlos, kitschig; **'gimˌcrack·er·y** [-kərɪ] *s.* Plunder *m*, ‚Kinkerlitzchen' *pl.*

gim·let ['gɪmlɪt] *s.* **1.** ⚙ Handbohrer *m*: **~ eyes** *fig.* stechende Augen; **2.** *Am. ein Cocktail.*

gim·mick ['gɪmɪk] *s.* F **1.** → **gadget**; **2.** *fig.* ‚Dreh' *m*, (Re'klame- *etc.*)Masche *f*, ‚Aufhänger' *m*, ‚Knüller' *m*, *a.* Gimmick *m*, *n*; **'gim·mick·ry** [-krɪ] *s.* F (technische) Mätzchen *pl.*

gimp [gɪmp] *s. Schneiderei*: Gimpe *f*.

gin[1] [dʒɪn] *s.* Gin *m*, Wa'cholderschnaps *m*: **~ and it** Gin u. Wermut *m*; **~ and tonic** Gin Tonic *m*.

gin[2] [dʒɪn] **I** *s.* **1.** *a.* **cotton ~** Ent'körnungsmaˌschine *f*; **2.** ⚙ Hebezeug *n*, Winde *f*; ⚓ Spill *n*; **3.** ⚙ Göpel *m*, 'Fördermaˌschine *f*; **4.** *hunt.* Falle *f*, Schlinge *f*; **II** *v/t.* **5.** *Baumwolle* entkörnen; **6.** mit e-r Schlinge fangen.

gin·ger ['dʒɪndʒə] **I** *s.* **1.** ⚘ Ingwer *m*; **2.** Rötlich(gelb) *n*, Ingwerfarbe *f*; **3.** F a) ‚Mumm' *m*, Schneid *m* (*e-r Person*), b) Schwung *m*, ‚Schmiß' *m* (*a. e-r Sache*), c) ‚Pfeffer' *m*, ‚Pfiff' *m* (*e-r Geschichte etc.*); **II** *adj.* **4.** rötlich(gelb); **5.** F schwungvoll, ‚schmissig'; **III** *v/t.* **6.** mit Ingwer würzen; **7.** *a.* **~ up** *fig.* a) *et.* ‚ankurbeln', b) *j-n* aufmöbeln, c) *j-n* ‚scharfmachen', d) *e-m Film etc.* ‚Pfiff' geben; **~ ale**, **~ beer** *s.* Ginger-ale *n*, 'Ingwerlimoˌnade *f*; **'~·bread I** *s.* **1.** Ingwer-, Pfefferkuchen *m*; → **gilt** 3; **2.** *fig. contp.* über'ladene Verzierung, Kitsch *m*; **II** *adj.* **3.** kitschig, über'laden; **~ group** *s. pol. Brit.* Gruppe *f* von Scharfmachern.

gin·ger·ly ['dʒɪndʒəlɪ] *adv. u. adj.* sachte, behutsam; zimperlich.

'gin·ger|·nut *s.* Ingwerkeks *m*; **~ pop** *s.* F *für* **ginger ale**; **'~·snap** *s.* Ingwerwaffel *f*; **~ wine** *s.* Ingwerwein *m*.

gin·ger·y ['dʒɪndʒərɪ] *adj.* **1.** Ingwer...; **2.** → **ginger** 4; **3.** *fig.* a) → **ginger** 5, b) beißend.

ging·ham ['gɪŋəm] *s.* Gingham *m*, Gingan *m* (*Baumwollstoff*).

gin·gi·vi·tis [ˌdʒɪndʒɪ'vaɪtɪs] *s.* ⚕ Zahnfleischentzündung *f*.

gink·go ['gɪŋkəʊ] *pl.* **-gos** *od.* **-goes** *s.* ⚘ Gingko *m* (*Baum*).

gin mill *s. Am.* F Kneipe *f*.

gin·ner·y ['dʒɪnərɪ] *s.* Entkörnungswerk *n* (*für Baumwolle*).

gin| pal·ace *s.* auffällig dekoriertes Wirtshaus; **~ rum·my** *s. Form des Rommés*; **~ sling** *s. Am.* Mischgetränk *n* mit Gin.

gip·sy ['dʒɪpsɪ] **I** *s.* **1.** Zi'geuner(in) (*a. fig.*); **2.** Zi'geunersprache *f*; **II** *adj.* **3.** zi'geunerhaft, Zigeuner...; **III** *v/i.* **4.** ein Zi'geunerleben führen; **'gip·sy·dom** [-dəm] *s.* **1.** Zi'geunertum *n*; **2.** *coll.* Zi'geuner *pl.*

gi·raffe [dʒɪ'rɑːf] *s. zo.* Gi'raffe *f*.

gird [gɜːd] *v/t.* [*irr.*] **1.** *obs. j-n* (um)'gürten; **2.** *Kleid etc.* gürten, mit e-m Gürtel halten; **3.** *oft* **~ on** *Schwert etc.* 'umgürten, an-, 'umlegen: **~ s.th. on s.o.** j-m et. umgürten; **4.** *j-m, sich* ein Schwert 'umgürten: **~ o.s. (up)**, **~ (up) one's loins** *fig.* sich rüsten *od.* wappnen; **5.** binden (**to** an *acc.*); **6.** um'geben, -'schließen: **sea-girt** meerumschlungen; **7.** *fig.* ausstatten, -rüsten.

gird·er ['gɜːdə] *s.* ⚙ (Längs)Träger *m*: **~ bridge** Balken-, Trägerbrücke *f*.

gir·dle ['gɜːdl] **I** *s.* **1.** Gürtel *m*, Gurt *m*; **2.** Hüfthalter *m*, -gürtel *m*; **3.** *anat. in Zssgn* (Knochen)Gürtel *m*; **4.** *fig.* Gürtel *m* (*Umkreis, Umgebung*); **II** *v/t.* **5.** um'gürten; **6.** um'geben, einschließen; **7.** *Baum* ringeln.

girl [gɜːl] *s.* **1.** Mädchen *n*: **a German ~** e-e junge Deutsche; **~'s name** weiblicher Vorname; **my eldest ~** m-e älteste Tochter; **the ~s** F a) die Töchter *pl.* des Hauses, b) die Damen *pl.*; **2.** (Dienst-)Mädchen *n*; **3.** F ‚Mädchen' *n* (*e-s jungen Mannes*); **~ Fri·day** *s.* (unentbehrliche) Gehilfin, ‚rechte Hand' (*des Chefs, bsd. Sekretärin*); **'~·friend** *s.* Freundin *f*; **~ guide** *s. Brit.* Pfadfinderin *f*.

girl·hood ['gɜːlhʊd] *s.* Mädchenzeit *f*, -jahre *pl.*, Jugend(zeit) *f*; **'girl·ie** [-lɪ] *s.* F Mädchen *n*: **~ mag(azine)** ‚Titten u. Po'-Magazin *n*; **'girl·ish** [-lɪʃ] *adj.* □ mädchenhaft; **'girl·ish·ness** [-lɪʃnɪs] *s. das* Mädchenhafte; **girl scout** *s. Am.* Pfadfinderin *f*.

gi·ro ['dʒaɪrəʊ] *s.* (*der*) Postscheckdienst (*in England*): **~ account** Postscheckkonto *n*.

girt[1] [gɜːt] *pret. u. p.p. von* **gird**.

girt[2] [gɜːt] **I** *s.* 'Umfang *m*; **II** *v/t.* den 'Umfang messen von; **III** *v/i.* messen (*an Umfang*).

girth [gɜːθ] **I** *s.* **1.** 'Umfang *m*; **2.** 'Körperˌumfang *m*; **3.** (Sattel-, Pack)Gurt *m*; **4.** ⚙ Tragriemen *m*, Gurt *m*; **II** *v/t.* **5.** *Pferd* gürten; **6.** an-, aufschnallen; **7.** a) → **gird** 6, b) → **girt**[2] II.

gis·mo → **gizmo**.

gist [dʒɪst] *s.* **1.** *das* Wesentliche, Hauptpunkt *m*, -inhalt *m*, Kern *m der Sache*; **2.** ⚖ Grundlage *f*: **~ of action** Klagegrund *m*.

give [gɪv] **I** *s.* **1.** *fig.* a) Nachgiebigkeit *f*, b) Elastizi'tät *f*; → **give and take**; **2.** Elastizi'tät *f* (*des Fußbodens etc.*); **II** *v/t.* [*irr.*] **3.** geben, (über)'reichen; schenken: **he gave me a book**; **~ a present** ein Geschenk machen; **~ s.o. a blow** j-m e-n Schlag versetzen; **~ it to him!** F gib's ihm!, gib ihm Saures (*Strafe, Schelte*)!; **~ me Mozart any time** a) Mozart geht mir über alles, b) da lobe ich mir (doch) Mozart; **~ as good as one gets** (*od.* **takes**) mit gleicher Münze zurückzahlen; **~ or take** plus/minus; **4.** geben, zahlen: **how much did you ~ for that hat?**; **5.** (ab-, weiter)geben, über'tragen; (zu)erteilen, an-, zuweisen; verleihen: **she gave me her bag to carry** sie gab mir ihre Tasche zu tragen; **~ s.o. a part in a play** j-m e-e Rolle in e-m Stück geben; **~ s.o. a title** j-m e-n Titel verleihen; **6.** hingeben, widmen, schenken: **~ one's attention to** s-e Aufmerksamkeit widmen (*dat.*); **~ one's mind to s.th.** sich e-r Sache widmen; **~ one's life** sein Leben hingeben *od.* opfern (**for** für); **7.** geben, (dar)bieten, reichen: **he gave me his hand**; **do ~ us a song** singen Sie uns doch bitte ein Lied; **8.** gewähren, liefern, geben: **cows ~ milk** Kühe geben *od.* liefern Milch; **~ no result** kein Ergebnis zeitigen; **it was not ~n him to** *inf.* es war ihm nicht gegeben *od.* vergönnt, zu *inf.*; **9.** verursachen: **~ pleasure** Vergnügen bereiten *od.* machen; **~ pain** Schmerzen bereiten, weh tun; **10.** zugeben, -gestehen, erlauben: **just ~ me 24 hours** gib mir nur 24 Stunden (Zeit); **I ~ you till tomorrow!** ich gebe dir noch bis morgen Zeit!; **I ~ you that point** in diesem Punkt gebe ich dir recht; **11.** ausführen, äußern, vortragen: **~ a cry** e-n Schrei ausstoßen, aufschreien; **~ a loud laugh** laut auflachen; **~ s.o. a look** j-m e-n Blick zuwerfen, j-n anblicken; **~ a party** e-e Party geben; **~ a play** ein Stück geben *od.* aufführen; **~ a lecture** e-n Vortrag halten; **~ one's name** s-n Namen nennen *od.* angeben; **12.** beschreiben, mitteilen, geben: **~ us the facts**; **(come on,) ~!** *Am.* F sag schon!, raus mit der Sprache!; **III** *v/i.* [*irr.*] **13.** geben, schenken, spenden (**to** *dat.*): **~ generously**; **~ and take** *fig.* geben u. nehmen, einander entgegenkommen; **14.** nachgeben (*a.* ✝ *Preise*), -lassen, weichen, versagen: **~ under pressure** unter Druck nachgeben; **his knees gave under him** s-e Knie versagten; **what ~s?** *sl.* was ist los?; **s.th.'s got to ~** *sl.* es muß (doch) was passieren; **15.** a) nachgeben, (*Fußboden etc.*) *a.* federn, b) sich dehnen (*Schuhe etc.*): **~ but not to break** sich biegen, aber nicht brechen; **the chair ~s comfortably** der Stuhl federt angenehm; **the foundations are giving** das Fundament senkt sich; **16.** a) führen (**into** in *acc.*; **on** auf *acc.*, nach) (*Straße etc.*), b) gehen (**on** [**-to**] nach) (*Fenster etc.*);

Zssgn mit adv.:

give| a·way *v/t.* **1.** weg-, hergeben, verschenken (*a. fig. u. sport den Sieg etc.*); → **bride**; **2.** *Preise* verteilen; **3.**

aufgeben, opfern, preisgeben; **4.** verraten: ***his accent gives him away***; ***give o.s. away*** sich verraten *od.* verplappern; → ***show*** 14; **~ back** *v/t.* **1.** zu'rückgeben; **2.** *Blick* erwidern; **~ forth** *v/t.* **1.** → ***give off***; **2.** *Ansicht etc.* äußern; **3.** veröffentlichen, bekanntgeben; **~ in I** *v/t.* **1.** *Gesuch etc.* einreichen, abgeben; **II** *v/i.* **2.** (***to*** *dat.*) a) nachgeben (*dat.*), b) sich anschließen (*dat.*); **3.** aufgeben, sich geschlagen geben; **~ off** *v/t.* *Dampf etc.* abgeben, *Gas, Wärme etc.* aus-, verströmen, *Rauch etc.* ausstoßen, *Geruch* verbreiten, ausströmen; **~ out I** *v/t.* **1.** ausgeben, aus-, verteilen; **2.** bekanntgeben: ***give it out that*** a) verkünden, daß, b) behaupten, daß; **3.** → ***give off***; **II** *v/i.* **4.** zu Ende gehen (*Kräfte, Vorrat*): ***his strength gave out*** die Kräfte verließen ihn; **5.** versagen (*Kräfte, Maschine etc.*); **~ o·ver I** *v/t.* **1.** über'geben (***to*** *dat.*); **2.** *et.* aufgeben: **~ *doing s.th.*** aufhören, et. zu tun; **3.** ***give o.s. over to*** sich *der Verzweiflung etc.* hingeben, verfallen (*dat.*): ***give o.s. over to drink***; **II** *v/i.* **4.** aufhören; **~ up I** *v/t.* **1.** aufgeben, aufhören mit, *et.* sein lassen: **~ *smoking*** das Rauchen aufgeben; **2.** (*als aussichtslos*) aufgeben: **~ *a plan***; ***he was given up by the doctors***; **3.** *j-n* ausliefern: ***give o.s. up*** sich (freiwillig) stellen (***to the police*** der Polizei); **4.** *et.* abgeben, abtreten (***to*** an *acc.*); **5.** ***give o.s. up to*** a) → ***give over*** 3, b) sich *e-r Sache* widmen; **II** *v/i.* **6.** (es) aufgeben, sich geschlagen geben, *weitS. a.* resignieren.

give| and take *s.* **1.** (*ein*) Geben u. Nehmen, beiderseitiges Nachgeben, Kompro'miß(bereitschaft *f*) *m*; **2.** Meinungsaustausch *m*; **ˌ~-and-'take** [-vənt-] *adj.* Kompromiß..., Ausgleichs...; **'~·a·way I** *s.* **1.** (ungewolltes) Verraten, Verplappern *n*; **2.** ✝ a) Werbegeschenk *n*, b) kostenlos verteilte Zeitung; **3.** *a.* **~ *show*** *TV* Quiz(sendung *f*) *n*, Preisraten *n*; **II** *adj.* **4.** **~ *price*** Schleuderpreis *m*.

giv·en ['gɪvn] **I** *p.p. von* ***give***; **II** *adj.* **1.** gegeben, bestimmt: ***at a ~ time*** zur festgesetzten Zeit; ***under the ~ conditions*** unter den gegebenen Umständen; **2.** **~ *to*** a) ergeben, verfallen (*dat.*): **~ *to drinking***, b) neigend zu: **~ *to boasting***; **3.** ⩚, *phls.* gegeben, bekannt; **4.** vor'ausgesetzt: **~ *health*** Gesundheit vorausgesetzt; **5.** in Anbetracht (*gen.*): **~ *his temperament***; **6.** *auf Dokumenten*: gegeben, ausgefertigt (am): **~ *this 10th day of May***; **~ name** *s. Am.* Vorname *m*.

giv·er ['gɪvə] *s.* **1.** Geber(in), Spender(-in); **2.** ✝ (*Wechsel*)Aussteller *m*.

giz·mo ['gɪzməʊ] *s. Am.* F ‚Dingsbums' *n*.

giz·zard ['gɪzəd] *s.* **1.** *ichth., orn.* Muskelmagen *m*; **2.** F Magen *m*: ***that sticks in my ~***.

gla·brous ['gleɪbrəs] *adj.* ⚘, *zo.* kahl.

gla·cé ['glæseɪ] (*Fr.*) *adj.* **1.** glasiert, mit Zuckerguß; **2.** kandiert; **3.** Glacé..., Glanz... (*Leder, Stoff*).

gla·cial ['gleɪsjəl] *adj.* **1.** *geol.* Eis..., Gletscher...: **~ *epoch*** *od.* ***period*** Eiszeit *f*; **~ *man*** Eiszeitmensch *m*; **2.** ⚗ Eis...: **~ *acetic acid*** Eisessig *m*; **3.** eisig (*a. fig.*); **gla·ci·a·tion** [ˌglæsɪ'eɪʃn] *s.* **1.** Vereisung *f*; **2.** Vergletscherung *f*.

gla·cier ['glæsjə] *s.* Gletscher *m*.

glac·i·ol·o·gy [ˌglæsɪ'ɒlədʒɪ] *s.* Glazioło'gie *f*, Gletscherkunde *f*.

gla·cis ['glæsɪs; *pl.* -sɪz] *s.* **1.** Abdachung *f*; **2.** ⚔ Gla'cis *n*.

glad [glæd] *adj.* □ → ***gladly***; **1.** (*pred.*) froh, erfreut (***of, at*** über *acc.*): ***I am ~ of it*** ich freue mich darüber, es freut mich; ***I am ~ to hear*** (***to say***) es freut mich zu hören (sagen zu können); ***I am ~ to come*** ich komme gern; ***I should be ~ to know*** ich möchte gern wissen; **2.** freudig, froh, fröhlich, erfreulich: ***give s.o. the ~ eye*** *sl.* j-m e-n einladenden Blick zuwerfen, j-m schöne Augen machen; ***give s.o. the ~ hand*** → ***gladhand***; **~ *rags*** F ‚Sonntagsstaat' *m*; **~ *news*** frohe Kunde; **'glad·den** [-dn] *v/t.* erfreuen.

glade [gleɪd] *s.* Lichtung *f*, Schneise *f*.

'glad-hand *v/t.* F *j-n* herzlich *od.* 'überschwenglich begrüßen.

glad·i·a·tor ['glædɪeɪtə] *s.* Gladi'ator *m*; *fig.* Streiter *m*, Kämpfer *m*; **glad·i·a·to·ri·al** [ˌglædɪə'tɔːrɪəl] *adj.* Gladiatoren...

glad·i·o·lus [ˌglædɪ'əʊləs] *pl.* **-li** [-laɪ] *od.* **-lus·es** *s.* ⚘ Gladi'ole *f*.

glad·ly ['glædlɪ] *adv.* mit Freuden, gern(e); **glad·ness** ['glædnɪs] *s.* Freude *f*, Fröhlichkeit *f*; **glad·some** ['glædsəm] *adj.* □ *obs.* **1.** erfreulich; **2.** freudig, fröhlich.

Glad·stone (**bag**) ['glædstən] *s.* zweiteilige leichte Reisetasche.

glair [gleə] **I** *s.* **1.** Eiweiß *n*; **2.** Eiweißleim *m*; **3.** eiweißartige Sub'stanz; **II** *v/t.* **4.** mit Eiweiß(leim) bestreichen.

glaive [gleɪv] *s. poet.* (Breit)Schwert *n*.

glam·or *Am.* → ***glamour***.

glam·or·ize ['glæməraɪz] *v/t.* **1.** (mit viel Re'klame *etc.*) verherrlichen; **2.** e-n besonderen Zauber verleihen (*dat.*); **'glam·or·ous** [-rəs] *adj.* bezaubernd (schön), zauberhaft; **glam·our** ['glæmə] **I** *s.* **1.** Zauber *m*, Glanz *m*, bezaubernde Schönheit: **~ *boy*** a) Schönling *m*, b) ‚toller Kerl'; **~ *girl*** Glamourgirl *n*, (Re'klame-, Film)Schönheit *f*; ***cast a ~ over*** bezaubern, *j-n* in s-n Bann schlagen; **2.** falscher Glanz; **II** *v/t.* **3.** bezaubern.

glance¹ [glɑːns] **I** *v/i.* **1.** e-n Blick werfen, (rasch *od.* flüchtig) blicken (***at*** auf *acc.*): **~ *over*** (*od.* ***through***) ***a letter*** e-n Brief überfliegen; **2.** (auf)blitzen, (auf-)leuchten; **3.** **~ *off*** abgleiten (von) (*Messer etc.*), abprallen (von) (*Kugel etc.*): ***hit*** (*od.* ***strike***) ***s.o. a glancing blow*** j-n (mit einem Schlag) streifen; **4.** (***at***) *Thema* flüchtig berühren *od.* streifen, *bsd.* anspielen (auf *acc.*); **II** *v/t.* **5.** **~ *one's eye over*** (*od.* ***through***) → 1; **III** *s.* **6.** flüchtiger Blick (***at*** auf *acc.*): ***at a ~*** mit 'einem Blick; ***at first ~*** auf den ersten Blick; ***take a ~ at*** → 1; **7.** (Auf-)Blitzen *n*, (Auf)Leuchten *n*; **8.** Abprallen *n*, Abgleiten *n*; **9.** (***at***) flüchtige Erwähnung (*gen.*), Anspielung *f* (auf *acc.*).

glance² [glɑːns] *s. min.* Blende *f*, Glanz *m*: ***lead ~*** Bleiglanz.

gland¹ [glænd] *s. biol.* Drüse *f*.

gland² [glænd] *s.* ⚙ **1.** Dichtungsstutzen *m*; **2.** Stopfbuchse *f*.

glan·dered ['glændəd] *adj. vet.* rotzkrank; **'glan·der·ous** [-dərəs] *adj.* **1.** Rotz...; **2.** rotzkrank; **glan·ders** ['glændəz] *s. pl. sg. konstr.* Rotz(krankheit *f*) *m* (*der Pferde*).

glan·du·lar ['glændjʊlə] *adj. biol.* drüsig, Drüsen...: **~ *fever*** (Pfeiffersches) Drüsenfieber; **'glan·du·lous** [-əs] → ***glandular***.

glans [glænz] *pl.* **'glan·des** [-diːz] *s. anat.* Eichel *f*.

glare¹ [gleə] **I** *v/i.* **1.** grell leuchten *od.* sein, *Farben*: *a.* schreiend sein; → ***glaring***; **2.** wütend starren: **~ *at s.o.*** j-n wütend anstarren; **II** *s.* **3.** blendendes Licht, greller Schein, grelles Leuchten: ***be in the full ~ of publicity*** im Scheinwerferlicht der Öffentlichkeit stehen; **4.** *fig. das* Grelle *od.* Schreiende; **5.** wütender Blick.

glare² [gleə] *Am.* **I** *s.* spiegelglatte Fläche: ***a ~ of ice***; **II** *adj.* spiegelglatt: **~ *ice*** Glatteis *n*.

glar·ing ['gleərɪŋ] *adj.* □ **1.** grell (*Sonne etc.*), *Farben*: *a.* schreiend; **2.** *fig.* kraß, ekla'tant (*Fehler etc.*), (himmel)schreiend (*Unrecht etc.*); **3.** wütend, funkelnd (*Blick*).

glass [glɑːs] **I** *s.* **1.** Glas *n*: ***broken ~*** Glasscherben *pl.*; **2.** → ***glassware***; **3.** a) (Trink)Glas *n*, b) Glas(gefäß) *n*; **4.** Glas(voll) *n*: ***a ~ too much*** ein Gläschen zuviel; **5.** Glas(scheibe *f*) *n*; **6.** Spiegel *m*; **7.** *opt.* a) Lupe *f*, Vergrößerungsglas *n*, b) *pl. a.* ***pair of ~es*** Brille *f*, c) Linse *f*, Augenglas *n*, d) (Fern- *od.* Opern)Glas *n*, e) Mikro'skop *n*; **8.** Uhrglas *n*; **9.** a) Thermo'meter *n*, b) Baro'meter *n*; **10.** Sanduhr *f*; **II** *v/t.* **11.** verglasen: **~ *in*** einglasen; **~ bead** Glasperle *f*; **~ block** *s.* ⚠ Glasziegel *m*; **~ blow·er** *s.* Glasbläser *m*; **~ blow·ing** *s.* Glasbläse'rei *f*; **~ brick** → ***glass block***; **~ case** *s.* Glasschrank *m*, Vi'trine *f*; **~ cloth** *s.* **1.** ⚙ Glas(faser)gewebe *n*; **2.** Gläsertuch *n*; **~ cul·ture** *s.* 'Treibhauskulˌtur *f*; **~ cut·ter** *s.* **1.** Glasschleifer *m*; **2.** ⚙ Glasschneider *m* (*Werkzeug*); **~ eye** *s.* Glasauge *n*; **~ fi·bre** *s.* Glasfaser *f*, -fiber *f*.

glass·ful ['glɑːsfʊl] *pl.* **-fuls** *s. ein* Glasvoll *n*.

'glass|·house *s.* **1.** → ***glasswork*** 2; **2.** Treibhaus *n*: ***people who live in ~s should not throw stones*** wer im Glashaus sitzt, soll nicht mit Steinen werfen; **3.** ⚔ *Brit. sl.* ‚Bau' *m* (*Gefängnis*); **~ jaw** *s. Boxen*: F ‚Glaskinn' *n*; **~ pa·per** *s.* 'Glaspaˌpier *n*; **'~·ware** *s.* Glas(waren *pl.*) *n*, Glasgeschirr *n*, -sachen *pl.*; **~ wool** *s.* ⚙ Glaswolle *f*; **'~·work** *s.* ⚙ **1.** Glas(waren)herstellung *f*; **2.** *pl. mst sg. konstr.* 'Glashütte *f*, -faˌbrik *f*.

glass·y ['glɑːsɪ] *adj.* □ **1.** gläsern, glasartig, glasig; **2.** glasig (*Auge*).

Glas·we·gian [glæs'wiːdʒjən] **I** *adj.* aus Glasgow; **II** *s.* Glasgower(in).

Glau·ber('s) salt ['glɔːbə(z)] *s.* Glaubersalz *n*.

glau·co·ma [glɔː'kəʊmə] *s.* ⚕ Glau'kom *n*, grüner Star; **glau·cous** ['glɔːkəs] *adj.* graugrün.

glaze [gleɪz] **I** *v/t.* **1.** verglasen, mit Glasscheiben versehen: **~ *in*** einglasen; **2.** polieren, glätten; **3.** ⚙, *a. Küche*: glasieren, mit Gla'sur über'ziehen; **4.** *paint.* lasieren; **5.** ⚙ *Papier* satinieren;

6. *Augen* glasig machen; **II** *v/i.* **7.** e-e Gla'sur *od.* Poli'tur annehmen, blank werden; **8.** glasig werden (*Augen*); **III** *s.* **9.** Poli'tur *f*, Glätte *f*, Glanz *m*; **10.** a) Gla'sur *f* (*a. auf Kuchen etc.*), b) Gla'surmasse *f*; **11.** La'sur *f*; **12.** ⚙ Satinierung *f*; **13.** Glasigkeit *f*; **14.** a) Eisschicht *f*, b) ✈ Vereisung *f*, c) *Am.* Glatteis *n*; **glazed** [-zd] *adj.* **1.** verglast, Glas…: **~ veranda**; **2.** ⚙ glatt, blank, poliert, Glanz…: **~ paper** Glanzpapier *n*; **~ tile** Kachel *f*; **3.** glasiert; **4.** lasiert; **5.** satiniert; **6.** poliert; **7.** glasig (*Augen*); **8.** vereist: **~ frost** *Brit.* Glatteis *n*; '**glaz·er** [-zə] *s.* ⚙ **1.** Glasierer *m*; **2.** Polierer *m*; **3.** Satinierer *m*; **4.** Polier-, Schmirgelscheibe *f*; '**gla·zier** [-zjə] *s.* Glaser *m*; '**glaz·ing** [-zɪŋ] *s.* **1.** a) Verglasen *n*, b) Glaserarbeit *f*; **2.** Fenster(scheiben) *pl.*; **3.** ⚙ *u. Küche*: a) Gla'sur *f*, b) Glasieren *n*; **4.** a) Poli'tur *f*, b) Polieren *n*; **5.** Satinieren *n*; **6.** *paint.* a) La'sur *f*, b) Lasieren *n*; '**glaz·y** [-zɪ] *adj.* **1.** glasig, glasiert; **2.** glanzlos, glasig (*Auge*).

gleam [gli:m] **I** *s.* schwacher Schein, Schimmer *m* (*a. fig.*): **~ of hope** Hoffnungsschimmer; **the ~ in his eye** das Funkeln s-r Augen; **II** *v/i.* glänzen, leuchten, schimmern, *Augen a.* funkeln.

glean [gli:n] **I** *v/t.* **1.** *Ähren* (auf-, nach-) lesen, *Feld* sauber lesen; **2.** *fig.* sammeln, zs.-tragen, *a.* her'ausfinden: **~ from** schließen *od.* entnehmen aus; **II** *v/i.* **3.** Ähren lesen; '**glean·er** [-nə] *s.* Ährenleser *m*; *fig.* Sammler *m*; '**glean·ings** [-nɪŋz] *s. pl.* **1.** ♪ Nachlese *f*; **2.** *fig. das* Gesammelte.

glebe [gli:b] *s.* **1.** ⚖, *eccl.* Pfarrland *n*; **2.** *poet.* (Erd)Scholle *f*, Feld *n*.

glede [gli:d] *s. orn.* Gabelweihe *f*.

glee [gli:] *s.* **1.** Fröhlichkeit *f*, Ausgelassenheit *f*; **2.** (*a.* Schaden)Freude *f*, Froh'locken *n*; **3.** ♪ *hist.* Glee *m* (*geselliges Lied*): **~ club** *bsd. Am.* Gesangverein *m*; '**glee·ful** [-fʊl] *adj.* □ **1.** ausgelassen, fröhlich; **2.** schadenfroh, froh'lockend; '**glee·man** [-mən] *s.* [*irr.*] *hist.* fahrender Sänger.

glen [glen] *s.* Bergschlucht *f*, Klamm *f*.

glen·gar·ry [glen'gærɪ] *s.* Mütze *f der Hochlandschotten*.

glib [glɪb] *adj.* □ **1.** a) zungen-, schlagfertig, b) gewandt, ‚fix': **a ~ tongue** e-e glatte Zunge; **2.** oberflächlich; '**glib·ness** [-nɪs] *s.* **1.** Zungen-, Schlagfertigkeit *f*; Gewandtheit *f*; **2.** Glätte *f*, Oberflächlichkeit *f*.

glide [glaɪd] **I** *v/i.* **1.** gleiten (*a. fig.*): **~ along** dahingleiten, -fliegen (*a. Zeit*); **~ out** hinausgleiten, -schweben (*Person*); **2.** ✈ a) gleiten, e-n Gleitflug machen, b) segeln; **II** *s.* **3.** (Da'hin)Gleiten *n*; **4.** ✈ a) Gleitflug *m*, b) Segelflug *m*: **~ path** Gleitweg *m*; **5.** → **glissade** 2; **6.** *ling.* Gleitlaut *m*; '**glid·er** [-də] *s.* **1.** ⚓ Gleitboot *n*; **2.** ✈ a) Segelflugzeug *n*, b) *a.* **~ pilot** Segelflieger(in); **3.** *Skisport*: Gleiter(in); '**glid·ing** [-dɪŋ] *s.* **1.** Gleiten *n*; **2.** ✈ a) → **glide** 3, b) *das* Segelfliegen.

glim·mer ['glɪmə] **I** *v/i.* **1.** glimmen, schimmern; **II** *s.* **2.** a) Glimmen *n*, b) *a. fig.* Schimmer *m*, (schwacher) Schein: **a ~ of hope** ein Hoffnungsschimmer; **3.** *min.* Glimmer *m*.

glimpse [glɪmps] **I** *s.* **1.** flüchtiger (An-) Blick: **catch a ~ of** → 4; **2.** (**of**) flüchtiger Eindruck (von), kurzer Einblick (in *acc.*); **3.** *fig.* Schimmer *m*, schwache Ahnung; **II** *v/t.* **4.** *j-n, et.* (nur) flüchtig zu sehen bekommen, e-n flüchtigen Blick erhaschen von; **III** *v/i.* **5.** flüchtig blicken (**at** auf *acc.*).

glint [glɪnt] **I** *s.* Schimmer *m*, Schein *m*, Glitzern *n*; **II** *v/i.* schimmern, glitzern, blinken.

glis·sade [glɪ'sɑ:d] **I** *s.* **1.** *mount.* Abfahrt *f*; **2.** *Tanz*: Glis'sade *f*, Gleitschritt *m*; **II** *v/i.* **3.** *mount.* abfahren; **4.** *Tanz*: Gleitschritte machen.

glis·ten ['glɪsn] **I** *v/i.* glitzern, glänzen; **II** *s.* Glitzern *n*, Glanz *m*.

glit·ter ['glɪtə] **I** *v/i.* **1.** glitzern, funkeln, *a. fig.* strahlen, glänzen; → **gold** 1; **II** *s.* **2.** Glitzern *n* (*etc.*), Glanz *m*; **3.** *fig.* Pracht *f*, Prunk *m*, Glanz *m*; '**glit·ter·ing** [-tərɪŋ] *adj.* □ **1.** glitzernd (*etc.*); **2.** glanzvoll, prächtig.

gloat [gləʊt] *v/i.*: **~ over** sich weiden an (*dat.*): a) verzückt betrachten (*acc.*), b) sich hämisch *od.* diebisch freuen über (*acc.*); '**gloat·ing** [-tɪŋ] *adj.* □ schadenfroh, hämisch.

glob [glɒb] *s.* F ‚Klacks' *m*, ‚Klecks' *m*.

glob·al ['gləʊbl] *adj.* glo'bal: a) 'weltumˌfassend, Welt…, b) um'fassend, pau'schal, Gesamt…; '**glo·bate** [-beɪt] *adj.* kugelförmig.

globe [gləʊb] **I** *s.* **1.** Kugel *f*: **~ of the eye** Augapfel *m*; **2.** Pla'net *m*: **the ~** der Erdball, die Erdkugel, die Erde; **3.** *geogr.* Globus *m*; **4.** a) Lampenglocke *f*, b) Goldfischglas *n*; **5.** *hist.* Reichsapfel *m*; **II** *v/t. u. v/i.* **6.** kugelförmig machen (werden); **~ ar·ti·choke** *s.* ⚘ Arti'schocke *f*; '**~·fish** *s.* Kugelfisch *m*; '**~ˌtrot·ter** *s.* Weltenbummler(in), Globetrotter(in); '**~ˌtrot·ting** **I** *s.* Globetrotten *n*; **II** *adj.* Weltenbummler…, Globetrotter…

glo·bose ['gləʊbəʊs] → **globular** 1; **glo·bos·i·ty** [gləʊ'bɒsətɪ] *s.* Kugelform *f*, -gestalt *f*; **glob·u·lar** ['glɒbjʊlə] *adj.* □ **1.** kugelförmig: **~ lightning** Kugelblitz *m*; **2.** aus Kügelchen (bestehend); **glob·ule** ['glɒbju:l] *s.* Kügelchen *n*.

glom·er·ate ['glɒmərət] *adj.* (zs.-)geballt, knäuelförmig; **glom·er·a·tion** [ˌglɒmə'reɪʃn] *s.* Zs.-ballung *f*, Knäuel *m, n*.

gloom [glu:m] **I** *s.* **1.** *a. fig.* Dunkel *n*, Düsterkeit *f*; **2.** *fig.* düstere Stimmung, Schwermut *f*, Trübsinn *m*: **cast a ~ over** e-n Schatten werfen über (*acc.*); **II** *v/i.* **3.** traurig *od.* verdrießlich *od.* düster blicken *od.* aussehen; **4.** sich verdüstern; '**gloom·i·ness** [-mɪnɪs] *s.* **1.** → **gloom** 1, 2; **2.** *fig.* Hoffnungslosigkeit *f*; '**gloom·y** [-mɪ] *adj.* □ **1.** *a. fig.* düster, trübe; **2.** schwermütig, trübsinnig, düster, traurig; **3.** hoffnungslos.

glo·ri·fi·ca·tion [ˌglɔ:rɪfɪ'keɪʃn] *s.* **1.** Verherrlichung *f*; **2.** *eccl.* a) Verklärung *f*, b) Lobpreisung *f*; **3.** *Brit.* F lautes Fest; **glo·ri·fied** ['glɔ:rɪfaɪd] *adj.* F ‚besser': **a ~ barn**; **a ~ office boy**; **glo·ri·fy** ['glɔ:rɪfaɪ] *v/t.* **1.** verherrlichen; **2.** *eccl.* a) lobpreisen, b) verklären; **3.** erstrahlen lassen, e-e Zierde sein (*gen.*); **4.** F ‚aufmotzen', ‚hochjubeln'; → **glorified**.

glo·ri·ole ['glɔ:rɪəʊl] *s.* Glori'ole *f*, Heiligenschein *m*.

glo·ri·ous ['glɔ:rɪəs] *adj.* □ **1.** ruhmvoll, -reich, glorreich; **2.** herrlich, prächtig, wunderbar (*alle a.* F *fig.*): **a ~ mess** *iro.* ein schönes Chaos.

glo·ry ['glɔ:rɪ] **I** *s.* **1.** Ruhm *m*, Ehre *f*: **covered in ~** ruhmbedeckt; **~ be!** F a) juchhu!, b) Donnerwetter!; → **Old Glory**; **2.** Stolz *m*, Zierde *f*, Glanz (-punkt) *m*; **3.** *eccl.* Verehrung *f*, Lobpreisung *f*; **4.** Herrlichkeit *f*, Glanz *m*, Pracht *f*, Glorie *f*; höchste Blüte; **5.** *eccl.* a) himmlische Herrlichkeit, b) Himmel *m*: **gone to ~** F in die ewigen Jagdgründe eingegangen (*tot*); **send to ~** F *j-n* ins Jenseits befördern; **6.** → **gloriole**; **II** *v/i.* **7.** sich freuen, triumphieren, froh'locken (**in** über *acc.*); **8.** (**in**) sich sonnen (in *dat.*), sich rühmen (*gen.*); '**~-hole** *s.* F a) Rumpelkammer *f od.* -kiste *f*; b) Kramschublade *f*.

gloss¹ [glɒs] **I** *s.* **1.** Glanz *m*: **~ paint** Glanzlack *m*; **2.** *fig.* äußerer Glanz; **II** *v/t.* **3.** glänzend machen; **4.** *mst* **~ over** *fig.* a) beschönigen, b) vertuschen.

gloss² [glɒs] **I** *s.* **1.** (Rand)Glosse *f*, Erläuterung *f*, Anmerkung *f*; **2.** Kommen'tar *m*, Auslegung *f*; **II** *v/t.* **3.** glossieren; **4.** *oft* **~ over** (absichtlich) irreführend deuten; '**glos·sa·ry** [-sərɪ] *s.* Glos'sar *n*.

gloss·eme [glɒ'si:m] *s. ling.* Glos'sem *n*.

gloss·i·ness ['glɒsɪnɪs] *s.* Glanz *m*; **gloss·y** ['glɒsɪ] **I** *adj.* □ **1.** glänzend: **~ paper** (Hoch)Glanzpapier *n*; **2.** auf ('Hoch)Glanzpaˌpier gedruckt, Hochglanz…: **~ magazine**; **3.** *fig.* a) raffiniert, b) prächtig (aufgemacht); **II** *s.* **4.** 'Hochglanzmagaˌzin *n*.

glot·tal ['glɒtl] *adj.* **1.** *anat.* Stimmritzen…: **~ chink** → **glottis**; **2.** *ling.* glot'tal: **~ stop** Knacklaut *m*; **glot·tis** ['glɒtɪs] *s. anat.* Stimmritze *f*.

glove [glʌv] **I** *s.* **1.** Handschuh *m*: **fit (s.o.) like a ~** a) (j-m) wie angegossen sitzen, b) *fig.* (auf j-n) haargenau passen; **take the ~s off** Ernst machen, ‚massiv werden'; **with the ~s off**, **without ~s** unsanft, rücksichts-, schonungslos; **2.** *sport* (Box-, Fecht-, Reit- *etc.*) Handschuh *m*; **3.** **fling** (*od.* **throw**) **down the ~** (**to s.o.**) *fig.* (j-m) den Fehdehandschuh hinwerfen, (j-n) herausfordern; **pick** (*od.* **take**) **up the ~** die Herausforderung annehmen; **II** *v/t.* **4.** mit Handschuhen bekleiden: **~d** behandschuht; **~ box**, **~ com·part·ment** *s. mot.* Handschuhfach *n*; **~ pup·pet** *s.* Handpuppe *f*.

glow [gləʊ] **I** *v/i.* **1.** glühen; **2.** *fig.* glühen: a) leuchten, strahlen, b) brennen (*Gesicht*); **3.** *fig.* (er)glühen, brennen (**with** vor *dat.*): **~ with anger** vor Zorn glühen; **II** *s.* **4.** Glühen *n*, Glut *f*: **in a ~** glühend; **5.** *fig.* Glut *f*: a) Glühen *n*, Leuchten *n*, b) Hitze *f*, Röte *f* (*im Gesicht etc.*): **in a ~**, **all of a ~** glühend, ganz gerötet, c) Feuer *n*, Leidenschaft *f*.

glow·er ['glaʊə] *v/i.* finster (drein)blicken: **~ at** finster anblicken.

glow·ing ['gləʊɪŋ] *adj.* □ **1.** glühend; **2.** *fig.* glühend: a) leuchtend, strahlend, b) brennend, c) 'überschwenglich, begeistert: **a ~ account**; **in ~ colo(u)rs** in glühenden *od.* leuchtenden Farben *schildern etc.*

glow| plug *s. mot.* Glühkerze *f*; **'~·worm** *s.* Glühwürmchen *n.*

gloze [gləʊz] → ***gloss¹*** 4.

glu·cose ['glu:kəʊs] *s.* ⚗ Glu'kose *f*, Glu'cose *f*, Traubenzucker *m.*

glue [glu:] **I** *s.* **1.** Leim *m*; **2.** Klebstoff *m*; **II** *v/t.* **3.** leimen, kleben (***on*** auf *acc.*, ***to*** an *acc.*): **~ (*together*)** zs.-kleben; **4.** *fig.* (***to***) heften (auf *acc.*), drücken (an *acc.*, gegen): ***she remained ~d to her mother*** sie ,klebte' an ihrer Mutter; ***~d to his TV set*** *er saß* wie angewachsen vor dem Bildschirm; **glue·y** ['glu:ɪ] *adj.* klebrig.

glum [glʌm] *adj.* □ **1.** verdrossen; **2.** bedrückt, niedergeschlagen.

glume [glu:m] *s.* ⚘ Spelze *f.*

glut [glʌt] **I** *v/t.* **1.** *den Hunger* stillen; **2.** über'sättigen (*a. fig.*): ***~ o.s. on*** (*od.* ***with***) sich überessen mit *od.* an (*dat.*); **3.** ☤ *Markt* über'schwemmen; **4.** verstopfen; **II** *s.* **5.** Über'sättigung *f*; **6.** ☤ 'Überangebot *n*, Schwemme *f*: ***~ of eggs***; ***a ~ in the market*** e-e Marktschwemme.

glu·tam·ic ac·id [glu:'tæmɪk] *s.* ⚗ Gluta'minsäure *f.*

glu·ten ['glu:tən] *s.* ⚗ Kleber *m*, Glu'ten *n*; **'glu·ti·nous** [-tɪnəs] *adj.* □ klebrig.

glut·ton ['glʌtn] *s.* **1.** Vielfraß *m* (*a. zo.*); **2.** *fig. ein* Unersättlicher: ***a ~ for books*** ein Bücherwurm, e-e Leseratte; ***a ~ for work*** ein Arbeitstier; **'glut·ton·ous** [-nəs] *adj.* □ gefräßig, unersättlich (*a. fig.*); **'glut·ton·y** [-nɪ] *s.* Gefräßigkeit *f*, Unersättlichkeit *f* (*a. fig.*).

glyc·er·in(e) ['glɪsəri:n], **'glyc·er·ol** [-rɒl] *s.* ⚗ Glyze'rin *n.*

glyph [glɪf] *s.* Δ Glypte *f*, Glyphe *f*: a) (verti'kale) Furche *od.* Rille, b) Skulp'tur *f.*

glyp·tic ['glɪptɪk] **I** *adj.* Steinschneide...; **II** *s. pl. sg. konstr.* Glyptik *f*, Steinschneidekunst *f*; **glyp·tog·ra·phy** [glɪp'tɒgrəfɪ] *s.* Glyptogra'phie *f*: a) Steinschneidekunst *f*, b) Gemmenkunde *f.*

G-man ['dʒi:mæn] *s.* [*irr.*] F G-Mann *m*, FB'I-A,gent *m.*

gnarled [nɑ:ld] *adj.* **1.** knorrig (*Baum*, *a. Hand*, *Person etc.*); **2.** *fig.* mürrisch, ruppig.

gnash [næʃ] *v/t.* **1.** *et.* knirschend beißen; **2.** ***~ one's teeth*** mit den Zähnen knirschen (*vor Wut etc.*): ***wailing and ~ing of teeth*** Heulen u. Zähneklappern *n*; **'gnash·ers** [-ʃəz] *s. pl.* F ,dritte Zähne' *pl.*

gnat [næt] *s. zo.* **1.** (Stech)Mücke *f*: ***strain at a ~*** *fig.* Haarspalterei betreiben; **2.** *Am.* Kriebelmücke *f.*

gnaw [nɔ:] **I** *v/t.* **1.** nagen an (*dat.*) (*a. fig.*), ab-, zernagen; **2.** zerfressen (*Säure etc.*); **3.** *fig.* quälen, zermürben; **II** *v/i.* **4.** nagen: ***~ at*** → 1; **5.** ***~ into*** sich einfressen in (*acc.*); **6.** *fig.* nagen, zermürben; **gnaw·er** ['nɔ:ə] *s. zo.* Nagetier *n*; **gnaw·ing** ['nɔ:ɪŋ] **I** *adj.* nagend (*a. fig.*); **II** *s.* Nagen *n* (*a. fig.*); *fig.* Qual *f.*

gneiss [naɪs] *s. geol.* Gneis *m.*

gnome¹ [nəʊm] *s.* **1.** Gnom *m*, *Zwerg m* (*beide a. contp. Person*), Kobold *m*; **2.** Gartenzwerg *m.*

gnome² ['nəʊmi:] *s.* Gnome *f*, Sinnspruch *m.*

gnom·ish ['nəʊmɪʃ] *adj.* gnomenhaft, zwergenhaft.

gno·sis ['nəʊsɪs] *s. phls.* Gnosis *f*; **Gnos·tic** ['nɒstɪk] **I** *adj.* gnostisch; **II** *s.* Gnostiker *m*; **Gnos·ti·cism** ['nɒstɪsɪzəm] *s.* Gnosti'zismus *m.*

gnu [nu:] *s. zo.* Gnu *n.*

go [gəʊ] **I** *pl.* **goes** [gəʊz] *s.* **1.** Gehen *n*: ***on the ~*** F ständig in Bewegung, immer ,auf Achse'; ***from the word ~*** F von Anfang an; ***it's a ~!*** abgemacht!; **2.** F Schwung *m*, ,Schmiß' *m*: ***he is full of ~*** er hat Schwung, er ist voller Leben *od.* sehr unternehmungslustig; **3.** F Mode *f*: ***be all the ~*** große Mode sein; **4.** F Erfolg *m*: ***make a ~ of it*** es zu e-m Erfolg machen, bei *od.* mit et. Erfolg haben; ***it's no ~!*** es geht nicht!, nichts zu machen!; **5.** F Versuch *m*: ***have a ~ at it!*** probier's doch mal!; ***at one ~*** auf 'einen Schlag, auf Anhieb; ***at the first ~*** gleich beim ersten Versuch; ***it's your ~!*** du bist an der Reihe *od.* dran!; **6.** F ,Geschichte' *f*: ***what a ~!*** 'ne schöne Geschichte *od.* Bescherung!; ***it was a near ~!*** es ging gerade noch (mal) gut!; **7.** F a) Porti'on *f* (*e-r Speise*), b) Glas *n*: ***his third ~ of brandy*** sein dritter Kognak; **8.** Anfall *m* (*e-r Krankheit*): ***my second ~ of influenza*** m-e zweite Grippe; **II** *adj.* **9.** ⚙ F: ***you are ~ (for take-off)!*** alles klar (zum Start)!; **III** *v/i.* [*irr.*] **10.** gehen, fahren, reisen, sich begeben (***to*** nach): ***~ on foot*** zu Fuß gehen; ***~ by train*** mit dem Zug fahren; ***~ by plane*** (*od.* ***air***) mit dem Flugzeug reisen, fliegen; ***~ to Paris*** nach Paris reisen *od.* gehen; ***there he goes!*** da ist er (ja)!; ***who goes there?*** ⚔ wer da?; **11.** verkehren, fahren (*Bus*, *Zug etc.*); **12.** (fort)gehen, abfahren, abreisen (***to*** nach): ***don't ~ yet*** geh noch nicht (fort)!; ***let me ~!*** a) laß mich gehen!, b) laß mich los!; **13.** anfangen, loslegen: ***~!*** *sport* los!; ***~ to it!*** mach dich dran!, los!; ***here you ~ again!*** F jetzt fängst du schon wieder an!; ***here we ~ again*** F jetzt geht das schon wieder los!; ***just ~ and try it!*** versuch's doch mal!; ***here goes!*** also los!, jetzt geht's los!; **14.** gehen, führen: ***this road goes to York***; **15.** sich erstrecken, reichen, gehen (***to*** bis): ***the belt doesn't ~ round her waist*** der Gürtel geht *od.* reicht nicht um ihre Taille; ***it goes a long way*** es reicht lange (aus); ***as far as it goes*** bis zu e-m gewissen Grade, soweit man das sagen kann; **16.** *fig.* gehen: ***~ as far as to say*** so weit gehen zu sagen; ***let it ~ at that!*** laß es dabei bewenden!; ***~ all out*** F sich ins Zeug legen (***for*** für); *s. die Verbindungen mit anderen Stichwörtern*; **17.** Ꭿ (***into***) gehen (in *acc.*), enthalten sein (in *dat.*): ***5 into 10 goes twice***; **18.** gehen, passen (***in***, ***into*** in *acc.*): ***it does not ~ into my pocket***; **19.** gehören (***in***, ***into*** in *acc.*, ***on*** auf *acc.*): ***the books ~ on this shelf*** die Bücher gehören *od.* kommen auf dieses Regal; **20.** ***~ to*** gehen an (*acc.*) (*Siegerpreis etc.*), zufallen (*dat.*) (*Erbe*); **21.** ⚙ *u. fig.* gehen, laufen, funktionieren: ***get ~ing*** ⚙ in Gang kommen, *fig. a.* in Schwung *od.* Fahrt kommen (*Person*, *Party etc.*), *Person*: *a.* loslegen; ***get s.th.*** (*od.* ***s.o.***) ***~ing*** et. (*Maschine*, *Projekt etc.*) in Gang bringen, et. (*Party etc.*) (*od.* j-n) in Schwung *od.* Fahrt bringen; ***keep ~ing*** ⚙ weiterlaufen, *fig.* weitermachen (*Person*); ***that hope kept her ~ing*** diese Hoffnung hielt sie aufrecht; ***this sum will keep you ~ing*** diese Summe wird dir (fürs erste) weiterhelfen; **22.** *kalt*, *schlecht*, *verrückt etc.* werden: ***~ blind*** erblinden; ***~ Conservative*** zu den Konservativen übergehen; ***~ decimal*** das Dezimalsystem einführen; **23.** (gewöhnlich) *in e-m Zustand* sein, sich befinden: ***~ armed*** bewaffnet sein; ***~ in rags*** (ständig) in Lumpen herumlaufen; ***~ hungry*** hungern; **24.** ***~ by*** (*od.* [***up***]***on***) sich halten an (*acc.*), gehen *od.* sich richten *od.* urteilen nach: ***have nothing to ~*** (***up***)***on*** keine Anhaltspunkte haben; ***~ing by her clothes*** ihrer Kleidung nach (zu urteilen); **25.** 'umgehen, im 'Umlauf sein, kursieren (*Gerüchte etc.*): ***the story goes*** es heißt, man erzählt sich; **26.** gelten (***for*** für): ***what he says goes*** F was er sagt, gilt; ***that goes for you too!*** das gilt auch für dich!; ***it goes without saying*** das versteht sich von selbst; **27.** ***~ by the name of*** a) unter dem Namen ... laufen, b) auf den Namen ... hören (*Hund*); **28.** im allgemeinen sein: ***as men ~*** wie Männer eben *od.* (nun ein-) mal sind; **29.** vergehen, verstreichen: ***how time goes!***; ***one minute to ~*** noch e-e Minute; **30.** ☤ (weg)gehen, verkauft werden: ***the coats went for £60***; **31.** (***on***, ***in***) ausgegeben werden (für), aufgehen (in *dat.*) (*Geld*): ***all his money went in drink***; **32.** dazu beitragen, dienen (***to*** zu): ***it goes to show*** dies zeigt, daran erkennt man; ***this only goes to show you the truth*** dies dient nur dazu, Ihnen die Wahrheit zu zeigen; **33.** (aus)gehen, verlaufen, sich entwickeln *od.* gestalten: ***it went well*** es ging gut (aus), es lief (alles) gut; ***things have gone badly with me*** es ist mir schlecht ergangen; ***the decision went against him*** die Entscheidung fiel zu s-n Ungunsten aus; ***~ big*** F ein Riesenerfolg sein; **34.** ***~ with*** gehen *od.* sich vertragen mit, passen zu: ***black goes well with yellow***; **35.** ertönen, läuten (*Glocke*), schlagen (*Uhr*): ***the door bell went*** es klingelte; ***bang went the gun*** die Kanone machte bumm; **36.** lauten (*Worte etc.*), gehen: ***this is how the tune goes*** so geht die Melodie; **37.** gehen, verschwinden, abgeschafft werden: ***my hat is gone!*** mein Hut ist weg!; ***he must ~*** er muß weg; ***these laws must ~*** diese Gesetze müssen weg; ***warmongering must ~!*** Schluß mit der Kriegshetze!; **38.** (da'hin)schwinden: ***his strength is ~ing***; ***my eyesight is ~ing*** m-e Augen werden immer schlechter; ***trade is ~ing*** der Handel kommt zum Erliegen; ***the shoes are ~ing*** die Schuhe gehen (langsam) kaputt; **39.** sterben: ***he is*** (***dead and***) ***gone*** er ist tot; **40.** (*pres. p. mit inf.*) *zum Ausdruck e-r Zukunft, e-r Absicht od. et. Unabänderlichem*: ***it is ~ing to rain*** es wird (gleich *od.* bald) regnen; ***he is ~ing to read it*** er wird *od.* will es (bald) lesen; ***she is ~ing to have a baby*** sie bekommt ein Kind; ***I was*** (***just***) ***~ing to do it*** ich wollte es eben tun, ich war gerade dabei *od.* im Begriff, es zu tun; **41.** (*mit nachfolgendem Gerundium*) *mst* gehen: ***~ swimming*** schwimmen gehen; ***he goes frightening people*** er erschreckt immer die Leute; **42.** (da'ran)gehen, sich anschicken: ***he went to find him*** er ging ihn suchen; ***he went and sold it*** F er hat es doch tatsächlich verkauft; **43.** erlaubt sein: ***everything goes here*** hier ist alles erlaubt; ***anything goes!*** F alles ist ‚drin' (*möglich*); **44.** ***pizzas to ~!*** *Am.* Pizzas zum Mitnehmen!; **IV** *v/t.* [*irr.*] **45.** *e-n Betrag* wetten, setzen (***on*** auf *acc.*); **46.** ***~ it*** F a) (mächtig) rangehen, sich dahinterklemmen, b) es toll treiben, ‚auf den Putz hauen': ***~ it alone*** es ganz allein(e) machen; ***~ it!*** ran!, feste!, drauf!;

Zssgn mit prp.:

go| a·bout *v/i.* in Angriff nehmen, sich machen an (*acc.*), anpacken (*acc.*); **~ aft·er** *v/i.* **1.** nachlaufen (*dat.*); **2.** → ***go for*** 4; **~ a·gainst** *v/i.* wider'streben (*dat.*), *j-s Prinzipien* zu'widerlaufen; **~ at** *v/i.* **1.** losgehen auf (*acc.*); **2.** → ***go about***; **~ be·hind** *v/i.* unter'suchen, auf den Grund gehen (*dat.*); **~ be·tween** *v/i.* vermitteln zwischen (*dat.*); **~ be·yond** *v/i. fig.* über'schreiten, *Erwartungen etc.* über'treffen; **~ by** *v/i.* **1.** sich richten nach, sich halten an (*acc.*), urteilen nach; **2.** auf *e-n Namen* hören; **~ for** *v/i.* **1.** holen (gehen); **2.** *e-n Spaziergang etc.* machen; **3.** gelten als *od.* für; **4.** streben nach, sich bemühen um; **5.** F losgehen auf (*acc.*), sich stürzen auf (*acc.*), *fig.* herziehen über (*acc.*); **6.** *sl.* ‚stehen' auf (*dat.*); **~ in·to** *v/i.* **1.** hin'eingehen in (*acc.*); **2.** eintreten in (*ein Geschäft etc.*): ***~ business*** Kaufmann werden; **3.** (genau) unter'suchen *od.* prüfen; eingehen auf (*acc.*); **4.** geraten in (*acc.*): ***~ a faint*** in Ohnmacht fallen; **~ off** *v/i.* **1.** abgehen von; **2.** *j-n, et.* nicht mehr mögen *od.* wollen; **~ on** *v/i.* **1.** sich stützen auf (*acc.*); **2.** sich richten nach, sich halten an (*acc.*), urteilen nach: ***I have nothing to ~*** ich habe keine Anhaltspunkte; **~ o·ver** → ***go through*** 1, 2, 3; **~ through** *v/i.* **1.** 'durchgehen, -nehmen, -sprechen; **2.** (gründlich) über'prüfen *od.* unter'suchen; **3.** 'durchsehen, -gehen, -lesen; **4.** durch'suchen; **5.** a) 'durchmachen, erleiden, b) erleben; **6.** *Vermögen* 'durchbringen; **~ with** *v/i.* **1.** begleiten; **2.** gehören zu; **3.** über'einstimmen mit; **4.** passen zu; **5.** mit *j-m* ‚gehen'; **~ without** *v/i.* **1.** auskommen ohne, sich behelfen ohne; **2.** verzichten auf (*acc.*);

Zssgn mit adv.:

go| a·bout *v/i.* **1.** um'hergehen, -fahren, -reisen; **2.** a) kursieren, im 'Umlauf sein (*Gerüchte etc.*), b) 'umgehen (*Grippe etc.*); **3.** ⚓ wenden; **~ a·head** *v/i.* **1.** vorwärts-, vor'angehen: ***~!*** *fig.* los!, nur zu!; ***~ with*** a) weitermachen mit, b) Ernst machen mit, durchführen; **2.** (*erfolgreich*) vor'ankommen; **3.** *bsd. sport* sich an die Spitze setzen; **~ a·long** *v/i.* **1.** weitergehen; **2.** *fig.* weitermachen; **3.** mitgehen, -kommen (***with*** mit); **4.** ***~ with*** einverstanden sein mit, mitmachen bei; **~ a·round** *v/i.* **1.** → ***go about*** 1, 2; **2.** → ***go round***; **~ back** *v/i.* **1.** zu'rückgehen: ***~ to*** *fig.* zurückgehen auf (*acc.*), zurückreichen bis; **2.** ***~ on*** *fig.* a) *j-n* im Stich lassen, b) *sein Wort etc.* nicht halten, c) *Entscheidung* rückgängig machen; **~ by** *v/i.* **1.** vor'beigehen (*a. Chance etc.*), -fahren; **2.** vergehen (*Zeit*): ***in days gone by*** in längst vergangenen Tagen; **~ down** *v/i.* **1.** hin'untergehen: ***~ in history*** *fig.* in die Geschichte eingehen; **2.** 'untergehen (*Schiff, Sonne etc.*); **3.** zu Boden gehen (*Boxer etc.*); **4.** *thea.* fallen (*Vorhang*); **5.** zu'rückgehen, sinken, fallen (*Fieber, Preise etc.*); **6.** a) sich im Niedergang befinden, b) zugrunde gehen; **7.** *sport* absteigen; **8.** ‚(runter)rutschen' (*Essen*); **9.** *fig.* (***with***) a) Anklang finden, ‚ankommen' (bei): ***it went down well with him***, b) ‚geschluckt' werden: ***that won't ~ with me*** das nehme ich dir nicht ab; **10.** *Brit.* London verlassen; **11.** *univ. Brit.* a) die Universi'tät verlassen, b) in die Ferien gehen; **~ in** *v/i.* **1.** hin'eingehen: ***~ and win!*** auf in den Kampf!; **2.** ***~ for*** a) sich befassen mit, betreiben, *Sport etc.* treiben, b) mitmachen bei, c) *ein Examen* machen, d) hinarbeiten auf (*acc.*), e) sich einsetzen für, f) sich begeistern für; **~ off** *v/i.* **1.** fort-, weggehen, -laufen; (*Zug etc.*) abfahren; *thea.* abgehen; **2.** losgehen (*Gewehr, Sprengladung etc.*); **3.** (***into***) los-, her'ausplatzen (mit), ausbrechen (in *Gelächter etc.*); **4.** nachlassen, sich verschlechtern; **5.** (*gut etc.*) von'statten gehen; **6.** a) einschlafen, b) ohnmächtig werden; **7.** verderben, schlecht werden (*Essen etc.*), sauer werden (*Milch*); **8.** ausgehen (*Licht etc.*); **~ on** *v/i.* **1.** weitergehen *od.* -fahren; **2.** weitermachen, fortfahren (***with*** mit; ***doing*** zu tun): ***~!*** a) (mach) weiter!, b) *iro.* hör auf!, ach komm!; ***~ reading*** weiterlesen; **3.** fortdauern, weitergehen; **4.** vor sich gehen, vorgehen, passieren; **5.** sich ‚aufführen': ***don't ~ like that!*** hör schon auf damit!; **6.** F a) unaufhörlich reden (***about*** über *acc.*, von), b) ständig her'umnörgeln (***at*** an *dat.*); **7.** angehen (*Licht etc.*); **8.** ***~ for*** gehen auf (*acc.*), bald sein: ***it's going on for five o'clock***; **~ out** *v/i.* **1.** ausgehen: a) spazierengehen, b) zu Veranstaltungen *od.* Gesellschaften gehen, c) erlöschen (*Feuer, Licht*): ***~ fishing*** fischen (*od.* zum Fischen) gehen; **2.** in den Streik treten; **3.** aus der Mode kommen; **4.** *pol.* abgelöst werden; **5.** *sport* ausscheiden; **6.** zu'rückgehen (*Flut*); **7.** ***~ to*** *j-m* entgegenschlagen (*Herz*), sich *j-m* zuwenden (*Sympathie*); **~ o·ver** *v/i.* **1.** hin'übergehen (***to*** zu); **2.** 'übertreten, -gehen (***to*** zu *e-r anderen Partei etc.*); **3.** vertagt werden; **4.** ***~ big*** F ein Bombenerfolg sein; **~ round** *v/i.* **1.** her'umgehen (*a. fig. j-m im Kopf*); **2.** (für alle) (aus)reichen: ***there is enough*** (***of it***) ***to ~***; **~ through** *v/i.* **1.** 'durchgehen, angenommen werden (*Antrag*); **2.** ***~ with*** 'durchführen; **~ to·geth·er** *v/i.* **1.** zs.-passen (*Farben etc.*); **2.** F mitein'ander ‚gehen' (*Liebespaar*); **~ un·der** *v/i.* **1.** 'untergehen (*a. fig.*); **2.** *fig.* ‚eingehen' (*Firma etc.*), ‚ka'puttgehen'; **~ up** *v/i.* **1.** hin'aufgehen (*a. fig.*); **2.** *fig.* steigen (*Fieber, Preise etc.*); **3.** *thea.* hochgehen (*Vorhang*); **4.** gebaut werden; **5.** *Brit.* nach London fahren; **6.** *Brit.* (zum Se'mesteranfang) zur Universi'tät gehen; **7.** *sport* aufsteigen.

goad [gəʊd] **I** *s.* **1.** Stachelstock *m des Viehtreibers*; **2.** *fig.* Stachel *m*; Ansporn *m*; **II** *v/t.* **3.** antreiben; **4.** *mst* **~ on** *fig. j-n* an-, aufstacheln, (an)treiben (***into doing s.th.*** dazu, et. zu tun).

'go-a·head I *adj.* **1.** voller Unter'nehmungsgeist *od.* Initia'tive, zielstrebig; **II** *s.* **2.** (Mensch *m* mit) Unter'nehmungsgeist *od.* Initia'tive; **3.** ***get the ~*** (***on***) ‚grünes Licht' bekommen (für); ***give s.o. the ~*** j-m ‚grünes Licht' geben.

goal [gəʊl] *s.* **1.** Ziel *n* (*a. fig.*); **2.** *sport* a) Ziel *n*, b) (*Fußball- etc.*)Tor *n*, c) Tor(erfolg *m*, -schuß *m*) *n*: ***score a ~*** ein Tor schießen; **~ a·re·a** *s. sport* Torraum *m*; **'~get·ter** *s.* Torjäger *m*.

goal·ie ['gəʊlɪ] F → ***goalkeeper***.

'goal|ˌkeep·er *s. sport* Tormann *m*, -wart *m*, -hüter(in); **~ kick** *s.* (Tor-)Abstoß *m*; **~ line** *s.* a) Torlinie *f*, b) Torauslinie *f*, c) *Rugby*: Mallinie *f*; **'~·mouth** *s.* Torraum *m*; **~ post** *s.* Torpfosten *m*.

ˌgo-as-you-'please *adj.* ungebunden.

goat [gəʊt] *s.* **1.** a) Ziege *f*, b) *a.* ***he-~*** Ziegenbock *m*: ***play the*** (***giddy***) ***~*** *fig.* herumkaspern; ***get s.o.'s ~*** *sl.* j-n ‚auf die Palme bringen'; **2.** *fig.* (geiler) Bock; **3.** F Sündenbock *m*; **4.** ♎ *ast.* → ***Capricorn***; **goat·ee** [gəʊ'tiː] *s.* Spitzbart *m*; **'goat·herd** *s.* Ziegenhirt *m*; **'goat·ish** [-tɪʃ] *adj.* ☐ **1.** bockig; **2.** *fig.* geil.

'goat|'s-beard *s.* ⚘ Bocks- *od.* Geißod. Ziegenbart *m*; **'~·skin** *s.* Ziegenleder(flasche *f*) *n*; **'~·suck·er** *s. orn.* Ziegenmelker *m*.

gob¹ [gɒb] *s.* F **1.** (*a.* Schleim)Klumpen *m*; **2.** *oft pl.* ‚Haufen' *m*, Menge *f*.

gob² [gɒb] *s.* ⚓ *Am. sl.* ‚Blaujacke' *f*, Ma'trose *m* (*US-Kriegsmarine*).

gob·bet ['gɒbɪt] *s.* Brocken *m*.

gob·ble¹ ['gɒbl] **I** *v/t. mst* **~ up** verschlingen (*a. fig.*); **II** *v/i.* gierig essen.

gob·ble² ['gɒbl] **I** *v/i.* kollern (*Truthahn*); **II** *s.* Kollern *n*.

gob·ble·dy·gook ['gɒbldɪguːk] *s.* F **1.** ‚Be'amtenchiˌnesisch' *n*; **2.** (Be'rufs-)Jarˌgon *m*; **3.** ‚Geschwafel' *n*.

gob·bler¹ ['gɒblə] *s.* Fresser(in).

gob·bler² ['gɒblə] *s.* Truthahn *m*, Puter *m*.

Gob·e·lin ['gəʊbəlɪn] **I** *adj.* Gobelin...; **II** *s.* Gobe'lin *m*.

'go-beˌtween *s.* **1.** Mittelsmann *m*, Vermittler(in); **2.** Makler(in); **3.** Kuppler(in).

gob·let ['gɒblɪt] *s.* **1.** *obs.* Po'kal *m*; **2.** Kelchglas *n*.

gob·lin ['gɒblɪn] *s.* Kobold *m*.

go·by ['gəʊbɪ] *s. ichth.* Meergrundel *f*.

go-by ['gəʊbaɪ] *s.*: ***give s.o. the ~*** F j-n ‚schneiden' *od.* ignorieren; ***give s.th. the ~*** F die Finger von et. lassen.

'go-cart *s.* **1.** Laufstuhl *m* (*Gehhilfe für Kinder*); **2.** Sportwagen *m* (*für Kinder*); **3.** Handwagen *m*; **4.** → ***go-kart***.

god [gɒd] *s.* **1.** Gott(heit *f*) *m*; Götze *m*, Abgott *m*: ***~ of love*** Liebesgott, Amor *m*; ***ye ~s!*** F heiliger Strohsack!; ***a sight for the ~s*** ein Bild für (die) Götter; **2.** ♎ Gott *m*: ***♎'s acre*** Gottesacker *m*; ***house of ♎*** Gotteshaus *n*; ***play ~*** den lieben Gott spielen; ***♎ forbid!*** Gott behüte!; ♀ **help him** Gott sei ihm gnädig; **so help me** ♀ so wahr mir Gott helfe; ♀ **knows** a) weiß Gott, b) wer weiß(, *ob etc.*); ♀ **willing** so Gott will; **thank** ♀ Gott sei Dank; **for ♀'s sake** a) um Gottes willen, b) verdammt noch mal!; **the good** ♀ der liebe Gott; **good** ♀**!**, **my** ♀**!**, **(oh)** ♀**!** du lieber Gott!, lieber Himmel!; → **act** 1 *etc.*; **3.** *fig.* (Ab)Gott *m*; **4.** *pl. thea.* (Publikum *n* auf der) Gale'rie *f*, ‚O'lymp' *m*; **ˌ~-'aw·ful** *adj.* F scheußlich, ‚beschissen'; **'~·child** *s.* [*irr.*] Patenkind *n*; **'~·damn(ed)** *adj.*, *adv. u. int.* (gott)verdammt.

god·des ['gɒdɪs] *s.* Göttin *f* (*a. fig.*).

'god|ˌfa·ther I *s.* Pate *m* (*a. fig.*), Patenonkel *m*, Taufzeuge *m*: **stand ~ to** → **II** *v/t. a. fig.* Pate stehen bei, aus der Taufe heben; **'~ˌfear·ing** *adj.* gottesfürchtig; **'~·forˌsak·en** *adj. contp.* gottverlassen.

god·head ['gɒdhed] *s.* Gottheit *f*; **'god·less** [-lɪs] *adj.* ohne Gott; *fig.* gottlos; **'god·like** *adj.* **1.** gottähnlich, göttlich; **2.** göttergleich; **'god·li·ness** [-lɪnɪs] *s.* Frömmigkeit *f*; Gottesfurcht *f*; **'god·ly** [-lɪ] *adj.* fromm.

'god|ˌmoth·er *s.* Patin *f*, Patentante *f*; **'~ˌpar·ent** *s.* Pate *m*, Patin *f*; **'~·send** *s. fig.* Geschenk *n* des Himmels, Glücksfall *m*, Segen *m*; **'~·son** *s.* Patensohn *m*; **ˌ~'speed** *s.*: **bid s.o. ~** j-m viel Glück *od.* glückliche Reise wünschen.

go·er ['gəʊə] *s.* **1. be a good ~** gut laufen (*bsd. Pferd*); **2.** *in Zssgn mst* …besucher(in), …gänger(in).

gof·fer ['gəʊfə] **I** *v/t.* kräuseln, plissieren; **II** *s.* Plis'see *n*.

ˌgo-'get·ter *s.* F j-d, der weiß, was er will; Draufgänger *m*.

gog·gle ['gɒgl] **I** *v/i.* **1.** stieren, glotzen; **II** *s.* **2.** stierer Blick; **3.** *pl.* Schutzbrille *f*; **'~·box** *s. bsd. Brit.* F ‚Glotze' *f* (*Fernseher*).

go-go ['gəʊgəʊ] *adj.* **1. ~ girl** Go-go-Girl *n*; **2.** *fig.* a) schwungvoll, b) schick.

Goid·el·ic [gɔɪ'delɪk] → **Gaelic**.

go-in ['gəʊɪn] *s.* Go-'in *n*.

go·ing ['gəʊɪŋ] **I** *s.* **1.** (Weg)Gehen *n*, Abreise *f*; **2.** Straßenzustand *m*, (*Pferdesport*) Geläuf *n*; **3.** Tempo *n*: **good ~** ein flottes Tempo; **rough** (*od.* **heavy**) **~** e-e Schinderei; **while the ~ is good** a) solange noch Zeit ist, b) solange es noch gut läuft; **II** *adj.* **4.** in Betrieb, arbeitend: **a ~ concern** ein gutgehendes Geschäft; **5.** vor'handen: **still ~** noch zu haben; **the best beer ~** das beste Bier, das es gibt; **~, ~, gone!** (*Auktion*) zum ersten, zum zweiten, zum dritten!; **ˌgo·ing-'o·ver** *s.* F **1.** Über'prüfung *f*; **2.** a) Tracht *f* Prügel, b) Standpauke *f*; **ˌgo·ings-'on** *s. pl.* F *mst b.s.* Vorgänge *pl.*, Treiben *n*: **strange ~** merkwürdige Dinge.

goi·ter *Am.*, **goi·tre** *Brit* ['gɔɪtə] *s.* ⚕ Kropf *m*; **'goi·trous** [-trəs] *adj.* **1.** kropfartig; **2.** mit e-m Kropf (behaftet).

go-kart ['gəʊkɑːt] *s. mot.* Go-Kart *m*.

gold [gəʊld] **I** *s.* **1.** Gold *n*: **all is not ~ that glitters** es ist nicht alles Gold, was glänzt; **a heart of ~** *fig.* ein goldenes Herz; **worth one's weight in ~** unbezahlbar, nicht mit Gold aufzuwiegen; → **good** 8; **2.** Gold(münzen *pl.*) *n*; **3.** Geld *n*, Reichtum *m*; **4.** Goldfarbe *f*; **II** *adj.* **5.** aus Gold, golden, Gold…: **~ dollar** Golddollar *m*; **~ watch** goldene Uhr; **~ back·ing** *s.* ✝ Golddeckung *f*; **~ bar** *s.* ✝ Goldbarren *m*; **~ bloc** *s.* ✝ Goldblock(länder *pl.*) *m*; **~ brick** *Am.* F **I** *s.* **1.** falscher Goldbarren; **2.** *fig.* a) wertlose Sache, b) Schwindel *m*, ‚Beschiß' *m*: **sell s.o. a ~** → 4; **3.** Drückeberger *m*; **II** *v/t.* **4.** *j-n* ‚übers Ohr hauen'; **~ bul·lion** *s.* Gold *n* in Barren; **'~ˌdig·ger** *s.* **1.** Goldgräber *m*; **2.** *sl. Frau, die nur hinter dem Geld der Männer her ist*; **~ dust** *s.* Goldstaub *m*.

gold·en ['gəʊldən] *adj.* **1.** *mst fig.* golden: **~ days**; **~ disc** goldene Schallplatte; **~ opportunity** einmalige Gelegenheit; **2.** goldgelb, golden (*Haar etc.*); **~ age** *s. das* Goldene Zeitalter; **~ calf** *s. bibl. u. fig. das* Goldene Kalb; **~ ea·gle** *s. orn.* Gold-, Steinadler *m*; ♀ **Fleece** *s. myth. das* Goldene Vlies; **~ hand·shake** *s.* F **1.** Abfindung *f bei Entlassung*; **2.** ‚'Umschlag' *m* (*mit e-m Geldgeschenk der Firma*); **~ mean** *s. die* goldene Mitte, *der* goldene Mittelweg; **~ o·ri·ole** *s. orn.* Pi'rol *m*; **~ pheas·ant** *s. orn.* 'Goldfaˌsan *m*; **~ rule** *s.* **1.** *bibl.* goldene Sittenregel; **2.** *fig.* goldene Regel; **~ sec·tion** *s.* Goldener Schnitt; **~ wed·ding** *s.* goldene Hochzeit.

gold| fe·ver *s.* Goldfieber *n*, rausch *m*; **'~·field** *s.* Goldfeld *n*; **'~·finch** *s. orn.* Stieglitz *m*, Distelfink *m*; **'~·fish** *s.* Goldfisch *m*; **'~·foil** *s.* Blattgold *n*; **'~ˌham·mer** *s. orn.* Goldammer *f*; **~ lace** *s.* Goldtresse *f*, -borte *f*; **~ leaf** *s.* Blattgold *n*; **~ med·al** *s.* 'Goldmeˌdaille *f*; **~ med·al·(l)ist** *s. sport* 'Goldmeˌdaillengewinner(in); **~ mine** *s.* Goldbergwerk *n*; Goldgrube *f* (*a. fig.*); **~ plate** *s.* goldenes Tafelgeschirr; **'~-ˌplat·ed** *adj.* vergoldet; **~ point** *s.* ✝ Goldpunkt *m*; **~ rush** → **gold fever**; **'~·smith** *s.* Goldschmied *m*; **~ stand·ard** *s.* Goldwährung *f*; ♀ **Stick** *s. Brit.* Oberst *m* der königlichen Leibgarde.

golf [gɒlf] *sport* **I** *s.* Golf(spiel) *n*; **II** *v/i.* Golf spielen; **~ ball** *s.* **1.** Golfball *m*; **2.** Kugelkopf *m* (*der Schreibmaschine*); **~ club** *s.* **1.** Golfschläger *m*; **2.** Golfklub *m*.

golf·er ['gɒlfə] *s.* Golfspieler(in).

golf links *s. pl.*, *a. sg. konstr.* Golfplatz *m*.

Go·li·ath [gəʊ'laɪəθ] *s. fig.* Goliath *m*, Riese *m*, Hüne *m*.

gol·li·wog(g) ['gɒlɪwɒg] *s.* **1.** gro'teske schwarze Puppe; **2.** *fig.* ‚Vogelscheuche' *f* (*Person*).

gol·ly ['gɒlɪ] *int. a.* **by ~!** F Menschenskind!, Mann!

go·losh [gə'lɒʃ] → **galosh**.

Go·mor·rah, **Go·mor·rha** [gə'mɒrə] *s. fig.* Go'morr(h)a *n*, Sündenpfuhl *m*.

gon·ad ['gəʊnæd] *s.* ⚕ Keim-, Geschlechtsdrüse *f*.

gon·do·la ['gɒndələ] *s.* **1.** Gondel *f* (*a. e-s Ballons, e-r Seilbahn etc.*); **2.** *Am.* flaches Flußboot; **3.** *a.* **~ car** 🚃 *Am.* offener Güterwagen; **gon·do·lier** [ˌgɒndə'lɪə] *s.* Gondoli'ere *m*.

gone [gɒn] **I** *p.p. von* **go**; **II** *adj.* **1.** weg(gegangen), fort: **he is ~**; **be ~!** fort mit dir!; **I must be ~** ich muß weg; **2.** verloren, verschwunden, weg, da'hin; **3.** ‚hin', ‚futsch': a) weg, verbraucht, b) ka'putt, c) ruiniert, d) tot; **a ~ case** ein hoffnungsloser Fall; **a ~ man** → **goner**; **a ~ feeling** ein Schwächegefühl; **all his money is ~** sein ganzes Geld ist weg *od.* ‚futsch'; **4.** mehr als, älter als, über: **he is ~ forty**; **5.** F (**on**) ganz ‚weg' (von): a) begeistert (von), b) ‚verknallt' (in *acc.*); **6.** *sl.* ‚high', ‚weg'; **7. she's four months ~** F sie ist im 4. Monat; **gon·er** ['gɒnə] *s.* 'Todeskandiˌdat *m*: **he is a ~** F er ist ‚erledigt' (*a. weitS.*).

gon·fa·lon ['gɒnfələn] *s.* Banner *n*.

gong [gɒŋ] **I** *s.* **1.** Gong *m*; **2.** ⚔ *Brit. sl.* Orden *m*; **II** *v/t.* **3.** *Brit. Auto* durch 'Gongsiˌgnal stoppen (*Polizei*).

go·ni·om·e·ter [ˌgəʊnɪ'ɒmɪtə] *s.* ⚒ *u. Radio*: Winkelmesser *m*.

gon·o·coc·cus [ˌgɒnəʊ'kɒkəs] *pl.* **-coc·ci** [-'kɒkaɪ] *s.* ⚕ Gono'kokkus *m*.

gon·or·rhoe·a, *Am. mst* **gon·or·rhe·a** [ˌgɒnə'riːə] *s.* ⚕ Gonor'rhöe *f*, Tripper *m*.

goo [guː] *s. sl.* **1.** Schmiere *f*, klebriges Zeug; **2.** *fig.* sentimen'taler Kitsch, ‚Schmalz' *m*.

good [gʊd] **I** *adj.* **1.** gut, angenehm, erfreulich: **~ news**; **it is ~ to be rich** es ist angenehm, reich zu sein; **~ morning (evening)!** guten Morgen (Abend)!; **~ afternoon!** guten Tag! (*nachmittags*); **~ night!** a) gute Nacht! (*a.* F *fig.*), b) guten Abend!; **have a ~ time** sich amüsieren; **(it's a) ~ thing that** es ist gut, daß; **be ~ eating** gut schmecken; **2.** gut, geeignet, nützlich, günstig, zuträglich: **is this ~ to eat?** kann man das essen?; **milk is ~ for children** Milch ist gut für Kinder; **~ for gout** gut für *od.* gegen Gicht; **that's ~ for you!** *a. iro.* das tut dir gut!; **get in ~ with s.o.** sich mit j-m gut stellen; **what is it ~ for?** wofür ist es gut?, wozu dient es?; **3.** befriedigend, reichlich, beträchtlich: **a ~ hour** e-e gute Stunde; **a ~ day's journey** e-e gute Tagereise; **a ~ many** ziemlich viele; **a ~ threshing** e-e ordentliche Tracht Prügel; **~ money** *sl.* hoher Lohn; **4.** (*vor adj.*) *verstärkend*: **a ~ long time** sehr lange (Zeit); **~ old age** hohes Alter; **~ and angry** F äußerst erbost; **5.** gut, tugendhaft: **lead a ~ life** ein rechtschaffenes Leben führen; **a ~ deed** e-e gute Tat; **6.** gut, gewissenhaft: **a ~ father and husband** ein guter Vater und Gatte; **7.** gut, gütig, lieb: **~ to the poor** gut zu den Armen; **it is ~ of you to help me** es ist nett (von Ihnen), daß Sie mir helfen; **be ~ enough** (*od.* **so ~ as**) **to fetch it** sei so gut und hole es; **be ~ enough to hold your tongue!** halt gefälligst deinen Mund!; **my ~ man** F mein Lieber!; **8.** artig, lieb, brav (*Kind*): **be a ~ boy**; **as ~ as gold** a) kreuzbrav, b) goldrichtig; **9.** gut, geschickt, tüchtig (**at** in *dat.*): **a ~ rider** ein guter Reiter; **he is ~ at golf** er spielt gut Golf; **10.** gut, geachtet: **of ~ family** aus guter Familie; **11.** gültig (*a.* ✝), echt: **a ~ reason** ein triftiger Grund; **tell false money from ~** falsches Geld von echtem unterscheiden; **a ~ Republican** ein guter *od.* überzeugter Republikaner; **be as ~ as** auf dasselbe hinauslaufen; **as ~ as finished** so gut wie fertig; **he has as ~ as promised** er hat es so gut wie versprochen; **12.** gut, genießbar, frisch: **a ~ egg**; **is this fish still ~?**; **13.** gut, gesund, kräftig: **in ~ health** bei guter Gesundheit, gesund; ***be ~ for*** ‚gut' sein für, fähig *od.* geeignet sein zu; ***I am ~ for another mile*** ich schaffe noch eine Meile; ***he is always ~ for a surprise*** er ist immer für e-e Überraschung gut; ***I am ~ for a walk*** ich habe Lust zu e-m Spaziergang; **14.** *bsd.* ✝ gut, sicher, zuverlässig: ***a ~ firm*** e-e gute *od.* zahlungsfähige Firma; ***~ debts*** sichere Schulden; ***be ~ for any amount*** für jeden Betrag gut sein; **II** *s.* **15.** *das* Gute, Gutes *n*, Wohl *n*: ***the common ~*** das Gemeinwohl; ***do s.o. ~*** a) j-m Gutes tun, b) j-m gut-, wohltun; ***he is up to no ~*** er führt nichts Gutes im Schilde; ***it comes to no ~*** es führt zu nichts Gutem; **16.** Nutzen *m*, Vorteil *m*: ***for his ~*** zu s-m Nutzen; ***he is too nice for his own ~*** er ist viel zu nett; ***what is the ~ of it?***, ***what ~ is it?*** was nützt es?, wozu soll das gut sein?; ***it's no ~*** a) es taugt nichts, b) es ist zwecklos; ***it is no ~ trying*** es hat keinen Wert *od.* Sinn, es zu versuchen; ***much ~ may it do you*** *iro.* wohl bekomm's!; ***for ~ (and all)*** für immer, endgültig, ein für allemal; ***to the ~*** obendrein, extra, ✝ als Gewinn *od.* Kreditsaldo; ***it's all to the ~*** es ist nur zu s-m *etc.* Besten; **17.** ***the ~*** *pl.* die Guten *pl. od.* Rechtschaffenen *pl.*; **18.** *pl.* (bewegliche) Habe: ***~s and chattles*** Hab u. Gut *n*; F *j-s* ‚Siebensachen' *pl.*; **19.** *pl.* Güter *pl.*, Waren *pl.*, Gegenstände *pl.*: ***by ~s*** ✝ *Brit.* als Frachtgut; → ***deliver*** 5.

Good| Book *s. die* Bibel; **ˌ~'by(e)** [-'baɪ] **I** *s.* **1.** Abschiedsgruß *m*: ***say ~ to j-m*** auf Wiedersehen sagen, sich von *j-m* verabschieden; ***you may say ~ to that!*** F das kannst du vergessen!; **2.** Abschied *m*; **II** *adj.* Abschieds...: ***~ kiss***; **III** *int.* [ˌgʊd'baɪ] **3.** auf Wiedersehen!, adi'eu!, a'de!: ***then ~ democracy!*** *fig. iron.* dann ade Demokratie!; **ˌ~'fel·low·ship** *s.* gute Kame'radschaft, Kame'radschaftlichkeit *f*; **~-for-noth·ing** **I** ['gʊdfəˌnʌθɪŋ] *adj.* nichtsnutzig; **II** [ˌgʊdfə'n-] *s.* Taugenichts *m*, Nichtsnutz *m*; ♀ **Fri·day** *s. eccl.* Kar'freitag *m*; **~ hu·mo(u)r** *s.* gute Laune; **ˌ~-'hu·mo(u)red** *adj.* □ **1.** bei guter Laune, gutaufgelegt; **2.** gutmütig.

good·ish ['gʊdɪʃ] *adj.* **1.** ziemlich gut; **2.** ziemlich (*Menge*); **good·li·ness** ['gʊdlɪnɪs] *s.* **1.** Güte *f*, Wert *m*; **2.** Anmut *f*; **3.** Schönheit *f*.

ˌgood|-'look·ing *adj.* gutaussehend, hübsch, schön; **~ looks** *s. pl.* gutes Aussehen, Schönheit *f*.

good·ly ['gʊdlɪ] *adj.* **1.** schön, anmutig; **2.** beträchtlich, ansehnlich; **3.** *oft iro.* glänzend, prächtig.

'good|·man [-mæn] *s.* [*irr.*] *obs.* Hausvater *m*, Ehemann *m*: ♀ ***Death*** Freund Hein *m*; **ˌ~-'na·tured** *adj.* □ gutmütig, gefällig; **ˌ~-'neigh·bo(u)r·li·ness** *s.* gutnachbarliches Verhältnis; ♀ **Neigh·bo(u)r pol·i·cy** *s.* Poli'tik *f* der guten Nachbarschaft.

good·ness ['gʊdnɪs] *s.* **1.** Tugend *f*, Frömmigkeit *f*; **2.** Güte *f*, Freundlichkeit *f*; **3.** Wert *m*, Güte *f*; *engS. das* Wertvolle *od.* Nahrhafte; **4.** ***~ gracious!***, ***my ~!*** du meine Güte!, du lieber Gott!; ***~ knows*** weiß der Himmel; ***for ~' sake*** um Himmels willen; ***thank ~!*** Gott sei Dank!; ***I wish to ~*** wollte Gott.

goods| a·gent *s.* ✝ ('Bahn)Spediˌteur *m*; **~ en·gine** *s. Brit.* 'Güterzuglokoˌmoˌtive *f*; **~ lift** *s. Brit.* Lastenaufzug *m*.

good speed *Am.* → ***godspeed***.

goods| sta·tion *s. Brit.* Güterbahnhof *m*; **~ train** *s. Brit.* Güterzug *m*; **~ van** *s. mot. Brit.* Lieferwagen *m*; **~ wag·on** *s. Brit.* Güterwagen *m*; **~ yard** *s. Brit.* Güter(bahn)hof *m*.

ˌgood|-'tem·pered *adj.* □ gutartig, -mütig, ausgeglichen; **ˌ~-'time Char·lie** ['tʃɑːlɪ] *s. Am.* F lebenslustiger *od.* vergnügungssüchtiger Mensch; **ˌ~'will** *s.* **1.** Wohlwollen *n*, guter Wille, Verständigungsbereitschaft *f*: ***~ tour*** *pol.* Goodwillreise *f*; ***~ visit*** Freundschaftsbesuch *m*; **2.** *mst* ***good will*** ✝ a) Goodwill *m*, (ide'eller) Firmen- *od.* Geschäftswert (*guter Ruf, Kundenstamm etc.*).

good·y ['gʊdɪ] F **I** *s.* **1.** Bon'bon *m, n, pl.* Süßigkeiten *pl.*, gute Sachen; **2.** *fig.* ‚klasse Ding'; **3.** *Film etc.*: Gute(r *m*) *f* (*Ggs Schurke*); **4.** Tugendbold *m*, Mukker *m*; **II** *adj.* **5.** frömmelnd, ‚mora'linsauer'; **III** *int.* **6.** prima!, ‚Klasse'!; **'~-ˌgood·y** → ***goody*** 4, 5, 6.

goo·ey ['guːɪ] *adj. sl.* klebrig, schmierig.

goof [guːf] F **I** *s.* **1.** ‚Pfeife' *f*, Idi'ot *m*; **2.** ‚Schnitzer' *m*, ‚Patzer' *m*; **II** *v/t.* **3.** *oft* ***~ up*** ‚vermasseln'; **III** *v/i.* **4.** ‚Mist bauen'; **5.** *oft* ***~ around*** ‚her'umspinnen'.

'go-off *s.* Start *m*: ***at the first ~*** (gleich) beim ersten Mal, auf Anhieb.

'goof·y ['guːfɪ] *adj.* □ *sl.* ‚doof', ‚bekloppt'.

gook [gʊk] *s. Am. sl. contp.* ‚Schlitzauge' *n* (*Asiate*).

goon [guːn] *s. sl.* **1.** *Am.* angeheuerter Schläger; **2.** → ***goof*** 1.

goose [guːs] **I** *pl.* **geese** [giːs] *s.* **1.** *orn.* Gans *f*: ***cook s.o.'s ~*** F es j-m ‚besorgen', j-n ‚fertigmachen'; ***he's cooked his ~ with me*** F bei mir ist er ‚unten durch'; ***all his geese are swans*** bei ihm ist immer alles besser als bei andern; ***kill the ~ that lays the golden eggs*** das Huhn schlachten, das goldene Eier legt; → ***sauce*** 1; **2.** Gans *f*, Gänsebraten *m*; **3.** *fig.* a) Dummkopf *m*, b) (dumme) Gans; **4.** (*pl.* **goos·es**) Schneiderbügeleisen *n*; **II** *v/t.* **5.** F *j-n* (in den ‚Po') zwicken.

goose·ber·ry ['gʊzbərɪ] *s.* **1.** ⚘ Stachelbeere *f*: ***play ~*** F den Anstandswauwau spielen; **2.** *a.* ***~ wine*** Stachelbeerwein *m*; **~ fool** *s.* Stachelbeercreme *f* (*Speise*).

goose| bumps *s. pl.*, **~ flesh** *s. fig.* Gänsehaut *f*; **'~·neck** *s.* ⚙ Schwanenhals *m*; **~ pim·ples** *s. pl.* → ***goose bumps***; **'~-quill** *s.* Gänsekiel *m*; **'~·skin** → ***goose bumps***; **'~-step** *s.* ⚔ Pa'rade-, Stechschritt *m*.

goos·ey ['guːsɪ] *s. fig.* Gäns-chen *n*.

go·pher[1] ['gəʊfə] *s. Am. zo.* a) Taschenratte *f*, b) Ziesel *m*, c) Gopherschildkröte *f*, d) *a.* ***~ snake*** Schildkrötenschlange *f*.

go·pher[2] → ***goffer***.

go·pher[3] ['gəʊfə] *s. bibl. Baum, aus dessen Holz Noah die Arche baute*; **'~·wood** *s. Am.* ⚘ Gelbholz *n*.

Gor·di·an ['gɔːdjən] *adj.*: ***cut the ~ knot*** den gordischen Knoten durchhauen.

gore[1] [gɔː] *s.* (*bsd.* geronnenes) Blut.

gore[2] [gɔː] **I** *s.* **1.** Zwickel *m*, Keil(stück *n*) *m*; **II** *v/t.* **2.** keilförmig zuschneiden; **3.** e-n Zwickel einsetzen in (*acc.*).

gore[3] [gɔː] *v/t.* (*mit den Hörnern*) durch'bohren, aufspießen.

gorge [gɔːdʒ] **I** *s.* **1.** enge (Fels-)Schlucht; **2.** *rhet.* Kehle *f*, Schlund *m*: ***my ~ rises at it*** *fig.* mir wird übel davon *od.* dabei; **3.** Schlemme'rei *f*, Völle'rei *f*; **4.** ⟁ Hohlkehle *f*; **II** *v/i.* **5.** schlemmen: ***~ on*** (*od.* ***with***) → 7; **III** *v/t.* **6.** gierig verschlingen; **7.** ***~ o.s. on*** (*od.* ***with***) sich vollfressen mit, *et.* in sich hineinschlingen.

gor·geous ['gɔːdʒəs] *adj.* □ **1.** prächtig, prachtvoll (*beide a. fig.* F); **2.** F großartig, wunderbar, ‚toll'.

Gor·gon ['gɔːgən] *s.* **1.** *myth.* Gorgo *f*; **2.** a) häßliches *od.* abstoßendes Weib, b) ‚Drachen' *m*; **gor·go·ni·an** [gɔː'gəʊnjən] *adj.* **1.** Gorgonen...; **2.** schauerlich.

go·ril·la [gə'rɪlə] *s.* **1.** *zo.* Go'rilla *m*; **2.** *Am. sl.* ‚Gorilla' *m*: a) Leibwächter *m e-s Gangsters etc.*, b) Scheusal *n*.

gor·mand·ize ['gɔːməndaɪz] **I** *v/t. et.* gierig verschlingen; **II** *v/i.* schlemmen; **'gor·mand·iz·er** [-zə] *s.* Schlemmer (-in).

gorse [gɔːs] *s.* ⚘ *Brit.* Stechginster *m*.

gor·y ['gɔːrɪ] *adj.* **1.** *poet.* a) blutbefleckt, voll Blut, b) blutig: ***~ battle***; **2.** *fig.* blutrünstig.

gosh [gɒʃ] *int.* F Mensch!, Mann!

gos·hawk ['gɒshɔːk] *s. orn.* Hühnerhabicht *m*.

gos·ling ['gɒzlɪŋ] *s.* **1.** junge Gans, Gäns-chen *n*; **2.** *fig.* Grünschnabel *m*.

ˌgo-'slow *s.* ✝ *Brit.* Bummelstreik *m*.

gos·pel ['gɒspl] *s. eccl. a.* ♀ Evan'gelium *n* (*a. fig.*): ***take s.th. for ~*** *et.* für bare Münze nehmen; ***~ song*** Gospelsong *m*; ***~ truth*** *fig.* absolute Wahrheit; **'gos·pel·(l)er** [-pələ] *s.* Vorleser *m* des Evan'geliums: ***hot ~*** a) religiöser Eiferer, b) fa'natischer Befürworter.

gos·sa·mer ['gɒsəmə] **I** *s.* **1.** Alt'weibersommer *m*, Spinnfäden *pl.*; **2.** a) feine Gaze, b) hauchdünner Stoff; **3.** *et.* sehr Zartes u. Dünnes; **II** *adj.* **4.** leicht u. zart, hauchdünn.

gos·sip ['gɒsɪp] **I** *s.* **1.** Klatsch *m*, Tratsch *m*: ***~ column*** Klatschspalte *f*; ***~ columnist*** Klatschkolumnist(in); **2.** Plaude'rei *f*, Schwatz *m*, Plausch *m*; **3.** Klatschbase *f*; **II** *v/i.* **4.** klatschen, tratschen; **5.** plaudern; **'gos·sip·y** [-pɪ] *adj.* **1.** klatschhaft, -süchtig; **2.** schwatzhaft; **3.** im Plauderton (geschrieben).

got [gɒt] *pret. u. p.p. von* ***get***.

Goth [gɒθ] *s.* **1.** Gote *m*; **2.** *fig.* Bar'bar *m*.

Go·tham ['gəʊθəm, 'gɒ-] *s. Am.* (*Spitzname für*) New York; **'Go·tham·ite** *s.* [-maɪt] *humor.* New Yorker(in).

Goth·ic ['gɒθɪk] **I** *adj.* **1.** gotisch; **2.** *fig.* bar'barisch, roh; **3.** *typ.* a) *Brit.* gotisch, b) *Am.* Grotesk...; **4.** *Literatur*: a) ba'rock, ro'mantisch, b) Schauer...: ***~ novel***; **II** *s.* **5.** *ling.* Gotisch *n*; **6.** ⟁ Gotik *f*, gotischer (Bau)Stil; **7.** *typ.* a) *Brit.* Frak'tur *f*, gotische Schrift, b) *Am.* Gro'tesk *f*; **Goth·i·cism** ['gɒθɪsɪzəm] *s.* **1.** Gotik *f*; **2.** *fig.* Barba'rei *f*, 'Unkulˌtur *f*.

ˌgo-to-'meet·ing *adj.* F Sonntags..., Ausgeh...: ***~ suit***.

got·ten ['gɒtn] *obs. od. Am. p.p. von* ***get.***
gou·ache [gʊ'ɑːʃ] *(Fr.) s. paint.* Gou'ache *f.*
gouge [gaʊdʒ] **I** *s.* **1.** ⚙ Hohlmeißel *m*; **2.** Rille *f*, Furche *f*; **3.** *Am.* F a) Gaune'rei *f*, b) Erpressung *f*; **II** *v/t.* **4.** *a.* ***~ out*** ⚙ ausmeißeln, -höhlen, -stechen; **5.** ***~ out s.o.'s eye*** a) j-m den Finger ins Auge stoßen, b) j-m ein Auge ausdrükken *od.* -stechen; **6.** *Am.* F a) *j-n* über'vorteilen, b) *e-e Summe* erpressen.
gou·lash ['guːlæʃ] *s.* Gulasch *n*: ***~ communism*** *pol. contp.* Gulaschkommunismus *m.*
gourd [gʊəd] *s.* **1.** ⚘ Flaschenkürbis *m*; **2.** Kürbisflasche *f.*
gour·mand ['gʊəmənd] **I** *s.* **1.** Schlemmer *m*, Gour'mand *m*; **2.** → ***gourmet***; **II** *adj.* **3.** schlemmerisch.
gour·met ['gʊəmeɪ] *s.* Feinschmecker *m*, Gour'met *m.*
gout [gaʊt] *s.* **1.** ⚕ Gicht *f*; **2.** ⚘ Gicht *f* (*Weizenkrankheit*): ***~-fly*** *zo.* gelbe Halmfliege; **'gout·y** [-tɪ] *adj.* □ ⚕ **1.** gichtkrank; **2.** zur Gicht neigend; **3.** gichtisch, Gicht...: ***~ concretion*** Gichtknoten *m.*
gov·ern ['gʌvn] **I** *v/t.* **1.** regieren (*a. ling.*), beherrschen (*a. fig.*); **2.** leiten, führen, verwalten, lenken; **3.** *fig.* regeln, bestimmen, maßgebend sein für, leiten: ***~ed by circumstances*** durch die Umstände bestimmt; ***I was ~ed by*** ich ließ mich leiten von ...; **4.** beherrschen, zügeln; **5.** ⚙ regeln, steuern; **II** *v/i.* **6.** regieren, herrschen (*a. fig.*); **'gov·ern·ance** [-nəns] *s.* **1.** Regierungsgewalt *f od.* -form *f*; **2.** *fig.* Herrschaft *f*, Gewalt *f*, Kon'trolle *f* (***of*** über *acc.*); **'gov·ern·ess** [-nɪs] **I** *s.* Erzieherin *f*, Gouver'nante *f*; **II** *v/i.* Erzieherin sein; **'gov·ern·ing** [-nɪŋ] *adj.* **1.** regierend, Regierungs...; **2.** leitend, Vorstands...: ***~ body*** Vorstand *m*, Leitung *f*; **3.** *fig.* leitend, Leit...: ***~ idea*** Leitgedanke *m*; **gov·ern·ment** ['gʌvnmənt] *s.* **1.** a) Regierung *f*, Herrschaft *f*, Kon'trolle *f* (***of, over*** über *acc.*), b) Regierungsgewalt *f*, c) Leitung *f*, Verwaltung *f*; **2.** Re'gierung(sform *f*, -ssyˌstem *n*) *f*; **3.** (*e-s bestimmten Landes*) *mst* ♀ *die* Regierung: ***the British*** ♀; ***~ agency*** Regierungsstelle *f*, (-)Behörde *f*; ***~ bill*** *parl.* Regierungsvorlage *f*; ***~ spokesman*** Regierungssprecher *m*; **4.** Staat *m*: ***~ bonds, ~ securities*** a) Staatsanleihen, -papiere, b) *Am.* Bundesanleihen; ***~ employee*** Angestellte(r *m*) *f* des öffentlichen Dienstes; ***~ grant*** staatlicher Zuschuß; ***~ issue*** *Am. von der Regierung gestellte Ausrüstung*; ***~ monopoly*** Staatsmonopol *n*; **5.** *univ.* Politolo'gie *f*; **6.** *ling.* Rekti'on *f*; **gov·ern·men·tal** [ˌgʌvn'mentl] *adj.* □ Regierungs..., Staats..., staatlich; **gov·ern·men·tal·ize** [ˌgʌvn'mentəlaɪz] *v/t.* unter staatliche Kon'trolle bringen.
ˌgov·ern·ment|-in-'ex·ile *pl.* **ˌ~s-in-'ex·ile** *s. pol.* E'xilregierung *f*; **'~-owned** *adj.* staatseigen; **'~-run** *adj.* staatlich (*Rundfunk etc.*).
gov·er·nor ['gʌvənə] *s.* **1.** Gouver'neur *m* (*a. e-s Staates der USA*): ***~ general*** Generalgouverneur; **2.** ⚔ Komman'dant *m*; **3.** a) *allg.* Di'rektor *m*, Leiter *m*, Vorsitzende(r) *m*, b) Präsi'dent *m* (*e-r Bank*), c) *Brit.* Ge'fängnisdiˌrektor *m*, d) *pl.* Vorstand *m*, Direk'torium *n*; **4.** F *der* ‚Alte': a) ‚alter Herr' (*Vater*), b) Chef *m* (*a. als Anrede*); **5.** ⚙ Regler *m*: ***~ valve*** Reglerventil *n*; **'gov·er·nor·ship** [-ʃɪp] *s.* **1.** Gouver'neursamt *n*; **2.** Amtszeit *f* e-s Gouver'neurs.
gown [gaʊn] **I** *s.* **1.** Kleid *n*; **2.** *bsd.* ⚖ *u. univ.* Ta'lar *m*, Robe *f*; **3.** *coll.* Stu'denten(schaft *f*) *pl. u.* Hochschullehrer *pl.* (*e-r Universitätsstadt*): ***town and ~*** Stadt u. Universität; **II** *v/t.* **4.** mit e-m Ta'lar *etc.* bekleiden; **gowns·man** ['gaʊnzmən] *s.* [*irr.*] Robenträger *m* (*Anwalt, Richter, Geistlicher etc.*).
goy [gɔɪ] *s.* ‚Goi' *m* (*jiddisch für Nichtjude*).
grab [græb] **I** *v/t.* **1.** (hastig *od.* gierig) ergreifen, an sich reißen, fassen, pakken, (sich) ‚schnappen'; **2.** *fig.* a) sich ‚schnappen', an sich reißen, b) *e-e Gelegenheit* beim Schopf ergreifen; **3.** F *Publikum* packen, fesseln; **II** *v/i.* **4.** ***~ at*** (hastig *od.* gierig) greifen *od.* ‚schnappen' nach; **III** *s.* **5.** (hastiger *od.* gieriger) Griff (***for*** nach): ***make a ~ at*** → 1 u. 4; ***be up for ~s*** F für jeden zu haben *od.* zu gewinnen sein; **6.** *fig.* Griff (***for*** nach *der Macht etc.*); **7.** ⚙ (Bagger-, Kran)Greifer *m*: ***~ crane*** Greiferkran *m*; ***~ dredge(r)*** Greiferbagger *m*; ***~ handle*** Haltegriff *m*; ***~ bag*** *s. Am.* **1.** ‚Grabbelsack' *m*; **2.** *fig.* Sammel'surium *n.*
grab·ber ['græbə] *s.* Habgierige(r *m*) *f*, ‚Raffke' *m.*
grab·ble ['græbl] *v/i.* tasten, tappen, suchen (***for*** nach).
grab raid *s.* 'Raubˌüberfall *m.*
grace [greɪs] **I** *s.* **1.** Anmut *f*, Grazie *f*, Liebreiz *m*, Charme *m*: ***the three ♀s*** *myth.* die drei Grazien; **2.** Anstand *m*, Takt *m*, Schicklichkeit *f*: ***have the ~ to do*** den Anstand haben zu tun; ***with ~*** mit Anstand *od.* Würde *od.* ‚Grazie' (→ *a.* 3); **3.** Bereitwilligkeit *f*: ***with a good ~*** bereitwillig, gern; ***with a bad ~*** widerwillig, (nur) ungern; **4.** *mst pl.* gute Eigenschaft, schöner Zug: ***social ~s*** feine Lebensart; **5.** Gunst *f*, Wohlwollen *n*, Huld *f*, Gnade *f*: ***be in s.o.'s good ~s*** in j-s Gunst stehen, bei j-m gut angeschrieben sein; ***be in s.o.'s bad ~s*** bei j-m in Ungnade sein; ***fall from ~*** in Ungnade fallen; ***by way of ~*** ⚖ auf dem Gnadenwege; ***act of ~*** Gnadenakt *m*; **6.** ***by the ~ of God*** von Gottes Gnaden; ***in the year of ~*** im Jahre des Heils; **7.** *eccl.* a) *a.* ***state of ~*** Stand *m* der Gnade, b) Tugend *f*: ***~ of charity*** (Tugend der) Nächstenliebe *f*, c) ***say ~*** das Tischgebet sprechen; **8.** ✝, ⚖ Aufschub *m*, (Zahlungs-, Nach)Frist *f*: ***days of ~*** Respekttage *pl.*; ***grant s.o. a week's ~*** j-m e-e Woche Aufschub gewähren; **9.** ♀ (*Eure, Seine, Ihre*) Gnaden *pl.* (*Titel*): ***Your ♀*** a) Eure Hoheit (*Herzogin*), b) Eure Exzellenz (*Erzbischof*); **10.** *a.* ***~ note*** ♪ Verzierung *f*; **II** *v/t.* **11.** zieren, schmücken; **12.** *fig.* a) zieren, b) (be)ehren, auszeichnen; **'grace·ful** [-fʊl] *adj.* □ **1.** anmutig, grazi'ös, reizend, ele'gant; **2.** geziemend, takt-, würdevoll: ***~ly*** *fig.* mit Anstand *od.* Würde *alt werden etc.*; **'grace·ful·ness** [-fʊlnɪs] *s.* Anmut *f*, Grazie *f*; **'grace·less** [-lɪs] *adj.* □ **1.** 'ungraziˌös, reizlos, 'uneleˌgant; **2.** *obs.* verworfen.
grac·ile ['græsaɪl] *adj.* zierlich, gra'zil, zart(gliedrig).
gra·cious ['greɪʃəs] **I** *adj.* □ **1.** gnädig, huldvoll, wohlwollend; **2.** *poet.* gütig, freundlich; **3.** *eccl.* gnädig, barmherzig (*Gott*); **4.** *obs.* für ***graceful*** 1; **5.** a) angenehm, b) geschmackvoll, schön: ***~ living*** elegantes Leben, kultivierter Luxus; **II** *int.* **6.** ***~ me!, ~ goodness!, good ~!*** du meine Güte!, lieber Himmel!; **'gra·cious·ness** [-nɪs] *s.* **1.** Gnade *f*, *eccl. a.* Barm'herzigkeit *f*; **2.** *poet.* Güte *f*, Freundlichkeit *f.*
grad [græd] *s.* F Stu'dent(in).
gra·date [grə'deɪt] **I** *v/t. Farben* abstufen, inein'ander 'übergehen lassen, abtönen; **II** *v/i.* stufenweise (inein'ander) 'übergehen; **gra·da·tion** [grə'deɪʃn] *s.* **1.** Abstufung *f*: a) Abtönung *f*, b) Staffelung *f*; **2.** Stufenleiter *f*, -folge *f*; **3.** *ling.* Ablaut *m.*
grade [greɪd] **I** *s.* **1.** Grad *m*, Stufe *f*, Klasse *f*; **2.** ⚔ *Am.* Dienstgrad *m*; **3.** (*höherer etc.*) (Be'amten)Dienst; **4.** Art *f*, Gattung *f*, Sorte *f*; Quali'tät *f*, Güte *f*, Klasse *f*: ***♀ A*** ✝ (Güte)Klasse A (→ 6); **5.** Steigung *f*, Gefälle *n*, Neigung *f*, Ni'veau *n* (*a. fig.*): ***~ crossing*** (schienengleicher) Bahnübergang; ***at ~*** *Am.* auf gleicher Höhe; ***on the up ~*** aufwärts (-gehend), im Aufstieg; ***make the ~*** ‚es schaffen'; **6.** *ped. Am.* a) (Schüler *pl.* e-r) Klasse *f*, b) Note *f*, Zen'sur *f*, c) *pl.* (Grund)Schule *f*: ***~ A*** (Note *f*) Sehr Gut *n* (→ 4); **II** *v/t.* **7.** sortieren, einteilen, -reihen, -stufen, staffeln; **8.** *ped.* benoten, zensieren; **9.** ***~ up*** verbessern, veredeln; ***~ (up)*** Vieh (auf)kreuzen; **10.** *Gelände* planieren; **11.** *ling.* ablauten; **12.** → ***gradate*** I; **'grad·er** [-də] *s.* **1.** a) Sortierer(in), b) Sor'tiermaˌschine *f*; **2.** ⚙ Pla'niermaˌschine *f*; **3.** *Am. ped. in Zssgn* ...kläßler *m*: ***fourth ~*** Viertkläßler.
grade school *s. Am.* Grundschule *f.*
gra·di·ent ['greɪdjənt] **I** *s.* **1.** Neigung *f*, Steigung *f*, Gefälle *n* (*des Geländes etc.*); **2.** ⩘ Gradi'ent *m* (*a. meteor.*), Gefälle *n*; **II** *adj.* **3.** gehend, schreitend; **4.** *zo.* Geh..., Lauf...
grad·u·al ['grædjʊəl] **I** *adj.* □ all'mählich, schritt-, stufenweise, langsam (fortschreitend), gradu'ell; **II** *s. eccl.* Gradu'ale *n*; **'grad·u·al·ly** [-əlɪ] *adv.* a) nach u. nach, b) → ***gradual*** I.
grad·u·ate ['grædʒʊət] **I** *s.* **1.** *univ.* a) 'Hochschulabsolˌvent(in), Aka'demiker (-in), b) Graduierte(r *m*) *f* (*bsd. Inhaber[in] des niedrigsten akademischen Grades*), c) *Am.* Stu'dent(in) an e-r ***graduate school***; **2.** *ped. Am.* ('Schul-) Absolˌvent(in): ***high-school ~*** *etwa* Abiturient(in); **3.** *fig. Am.* ‚Pro'dukt' *n* (*e-r Anstalt etc.*); **4.** *Am.* Meßgefäß *n*; **II** *adj.* **5.** *univ.* a) Akademiker..., b) graduiert: ***~ student*** → 1, c) für Graduierte: ***~ course*** (Fach)Kurs *m* an e-r ***graduate school***; **6.** *Am.* staatlich geprüft, Diplom...: ***~ nurse***; **7.** → ***graduated*** 1; **III** *v/t.* [-djʊeɪt] **8.** ⚙ mit e-r Maßeinteilung versehen, in Grade einteilen, *a.* ⚗ gradieren; **9.** abstufen, staffeln; **10.** *univ.* graduieren, *j-m* e-n (*bsd. den niedrigsten*) aka'demischen Grad verleihen; **11.** *ped. Am.* a) *oft* ***be***

~d from die Abschlußprüfung bestehen an (*e-r Schule*), absolvieren, her'vorgehen aus, b) *j-n* (*in die nächste Klasse*) versetzen; **IV** *v/i.* [-djʊeɪt] **12.** *univ.* graduieren, e-n (*bsd. den niedrigsten*) aka'demischen Grad erwerben (***from*** an *dat.*); **13.** *ped. Am.* die Abschlußprüfung bestehen: *~ from* → 11a; **14.** sich staffeln, sich abstufen: *~ into* a) sich entwickeln zu, b) allmählich übergehen in (*acc.*); **'grad·u·at·ed** [-jʊeɪtɪd] *adj.* **1.** abgestuft, gestaffelt; **2.** ⚙ graduiert, mit e-r Gradeinteilung: *~ dial* Skalenscheibe *f*; **grad·u·ate school** *s. univ. Am.* a) höhere 'Fachse,mester *pl.* (*mit Studienziel ‚Magister'*), b) *Universität(seinrichtung) zur Erlangung höherer akademischer Grade*; **grad·u·a·tion** [,grædjʊ'eɪʃn] *s.* **1.** Abstufung *f*, Staffelung *f*; **2.** ⚙ a) Gradeinteilung *f*, b) Grad-, Teilstrich(e *pl.*) *m*; **3.** ⚗ Gradierung *f*; **4.** *univ.* Graduierung *f*, Erteilung *f od.* Erlangung *f* e-s aka'demischen Grades; **5.** *ped. Am.* a) Absolvieren *n* (***from*** *e-r Schule*), b) Schluß-, Verleihungsfeier *f*.

Graeco- [gri:kəʊ] *in Zssgn* griechisch, gräko...

graf·fi·to [grə'fi:təʊ] *pl.* **-ti** [-tɪ] *s.* **1.** (S)Graf'fito *m, n*, Kratzmale'rei *f*; **2.** *pl.* Wandkritze'leien *pl.*, Graf'fiti *pl.*

graft [grɑ:ft] **I** *s.* **1.** ⚘ a) Pfropfreis *n*, b) veredelte Pflanze, c) Pfropfstelle *f*; **2.** ⚕ a) Transplan'tat *n*, b) Transplantati'on *f*; **3.** *bsd. Am.* F a) Korrupti'on *f*, b) Bestechungs-, Schmiergelder *pl.*; **II** *v/t.* **4.** ⚘ a) *Zweig* pfropfen, b) *Pflanze* okulieren, veredeln; **5.** ⚕ *Gewebe* transplantieren, verpflanzen; **6.** *fig.* (***in***, [***up***]***on***) a) *et.* aufpfropfen (*dat.*), b) *Ideen etc.* einimpfen (*dat.*), c) über'tragen (auf *acc.*); **III** *v/i.* **7.** *bsd. Am.* F a) sich (durch 'Amts,mißbrauch) bereichern, b) Schmiergelder zahlen; **'graft·er** [-tə] *s.* **1.** ⚘ a) Pfropfer *m*, b) Pfropfmesser *n*; **2.** *bsd. Am.* F kor'rupter Be'amter *od.* Po'litiker *etc.*

Grail [greɪl] *s. eccl.* Gral *m*.

grain [greɪn] **I** *s.* **1.** ⚘ (Samen-, *bsd.* Getreide)Korn *n*; **2.** *coll.* Getreide *n*, Korn *n*; **3.** Körnchen *n*, (*Sand- etc.*) Korn *n*: ***of fine ~*** feinkörnig; → ***salt*** 1; **4.** *fig.* Spur *f*, *ein* bißchen: ***a ~ of truth*** ein Körnchen Wahrheit; ***not a ~ of hope*** kein Funke Hoffnung; **5.** ⚚ Gran *n* (*Gewicht*); **6.** a) Faser(ung) *f*, Maserung *f* (*Holz*), b) Narbe *f* (*Leder*), c) Korn *n*, Narbe *f* (*Papier*), d) *metall.* Korn *n*, Körnung *f*, e) Strich *m* (*Tuch*), f) *min.* Korn *n*, Gefüge *n*: ***~ (side)*** Narbenseite (*Leder*); ***it goes against the ~*** (***with me***) *fig.* es geht mir gegen den Strich; **7.** *hist.* Coche'nille *f* (*Farbstoff*): ***dyed in ~*** a) im Rohzustand gefärbt, b) *a. fig.* waschecht; **8.** *phot.* a) Korn *n*, b) Körnigkeit *f* (*Film*); **II** *v/t.* **9.** körnen, granulieren; **10.** ⚙ *Leder*: a) enthaaren, b) körnen, narben; **11.** ⚙ *Holz etc.* (*künstlich*) masern, ädern; **12.** ⚙ a) *Papier* narben, b) in der Wolle färben; ***~* al·co·hol** *s.* ⚗ Ä'thylalkohol *m*; ***~* leath·er** *s.* genarbtes Leder.

gram¹ [græm] → ***chickpea***.

gram² [græm] *Am.* → ***gramme***.

gram·i·na·ceous [,græmɪ'neɪʃəs], **gra·min·e·ous** [grə'mɪnɪəs] *adj.* ⚘ grasartig, Gras...; **gram·i·niv·o·rous** [,græmɪ'nɪvərəs] *adj.* grasfressend.

gram·mar ['græmə] *s.* **1.** Gram'matik *f* (*a. Lehrbuch*): ***bad ~*** ungrammatisch; **2.** *fig.* Grundbegriffe *pl.*; **gram·mar·i·an** [grə'meərɪən] *s.* **1.** Gram'matiker (-in); **2.** Verfasser(in) e-r Gram'matik; **gram·mar school** *s.* **1.** *Brit.* höhere Schule, *etwa* Gym'nasium *n*; **2.** *Am. etwa* Grundschule *f*; **gram·mat·i·cal** [grə'mætɪkl] *adj.* □ gram'matisch, grammati'kalisch: ***not ~*** grammatisch falsch.

gramme [græm] *s.* Gramm *n*.

gram mol·e·cule *s. phys.* 'Gramm-mole,kül *n*.

Gram·my ['græmɪ] *s.* Grammy *m* (*amer. Schallplattenpreis*).

gram·o·phone ['græməfəʊn] *s.* a) Grammo'phon *n*, b) Plattenspieler *m*; ***~* rec·ord** *s.* Schallplatte *f*.

gram·pus ['græmpəs] *s. zo.* Schwertwal *m*: ***blow like a ~*** *fig.* wie ein Nilpferd schnaufen.

gran·a·ry ['grænərɪ] *s.* Kornkammer *f* (*a. fig.*), Kornspeicher *m*.

grand [grænd] **I** *adj.* □ **1.** großartig, gewaltig, grandi'os, eindrucksvoll, prächtig: ***in ~ style*** großartig; **2.** (*geistig etc.*) groß, bedeutend, über'ragend; **3.** erhaben (*Stil etc.*); **4.** (*gesellschaftlich*) groß, hochstehend, vornehm, distinguiert: ***~ air*** Vornehmheit *f*, Würde *f*, *iro.* Gran'dezza *f*; ***do the ~*** den vornehmen Herrn spielen; ***..., he said ~ly*** ..., sagte er großartig; **5.** Haupt...: ***~ question***; ***~ staircase*** Haupttreppe *f*; ***~ total*** Gesamtsumme *f*; **6.** F großartig, prächtig: ***a ~ idea***; ***have a ~ time*** sich glänzend amüsieren; **II** *s.* **7.** ♪ Flügel *m*; **8.** *pl.* ***grand*** *Am. sl.* ‚Riese' *m* (*1000 Dollar*).

gran·dad → ***granddad***.

gran·dam ['grændæm] *s.* **1.** Großmutter *f*; **2.** alte Dame.

'grand|·aunt *s.* Großtante *f*; **'~·child** [-ntʃ-] *s.* [*irr.*] Enkel(in); **'~·dad** [-ndæd] *s.* ‚Opa' *m* (*a. alter Mann*); **'~,daugh·ter** [-n,dɔ:-] *s.* Enkelin *f*; **,~-'du·cal** [-nd'd-] *adj.* großherzoglich; **~ Duch·ess** [-ndd-] *s.* Großherzogin *f*; **~ Duch·y** *s.* Großherzogtum *n*; **~ Duke** *s.* **1.** Großherzog *m*; **2.** *hist.* (*russischer*) Großfürst.

gran·dee [græn'di:] *s.* Grande *m*.

gran·deur ['grændʒə] *s.* **1.** Großartigkeit *f* (*a. iro.*); **2.** Größe *f*, Erhabenheit *f*; **3.** Vornehmheit *f*, Hoheit *f*, Würde *f*: ***delusions of ~*** Größenwahnsinn *m*; **4.** Herrlichkeit *f*, Pracht *f*.

'grand,fa·ther ['grænd,f-] *s.* Großvater *m*: ***~('s) clock*** Standuhr *f*; ***~('s) chair*** Ohrensessel *m*; **'grand,fa·ther·ly** [-lɪ] *adj.* großväterlich (*a. fig.*).

gran·dil·o·quence [græn'dɪləkwəns] *s.* **1.** (Rede)Schwulst *m*, Bom'bast *m*; **2.** Großspreche'rei *f*; **gran'dil·o·quent** [-nt] *adj.* □ **1.** schwülstig, hochtrabend, ‚geschwollen'; **2.** großsprecherisch.

gran·di·ose ['grændɪəʊs] *adj.* □ **1.** großartig, grandi'os; **2.** pom'pös, prunkvoll; **3.** schwülstig, hochtrabend, bom'bastisch.

grand| ju·ry *s.* ⚖ *Am.* Anklagejury *f* (*Geschworene, die die Eröffnung des Hauptverfahrens beschließen od. ablehnen*); ***~* lar·ce·ny** *s.* ⚖ *Am.* schwerer Diebstahl; **~·ma** ['grænmɑ:], **~·mam·ma** ['grænmə,mɑ:] *s.* F 'Großma,ma *f*, ‚Oma' *f*; **~ mas·ter** *s.* **1.** *Schach*: Großmeister *m*; **2.** ***Grand Master*** Großmeister *m* (*der Freimaurer etc.*); **'~,moth·er** [-n,m-] *s.* Großmutter *f*: ***teach your ~ to suck eggs!*** das Ei will klüger sein als die Henne!; **'~,moth·er·ly** [-lɪ] *adj.* großmütterlich (*a. fig.*); **~ Na·tion·al** *s. Pferdesport*: Grand National *n* (*Hindernisrennen auf der Aintree-Rennbahn bei Liverpool*); **'~,neph·ew** [-n,n-] *s.* Großneffe *m*.

grand·ness ['grændnɪs] → ***grandeur***.

'grand|·niece [-nni:s] *s.* Großnichte *f*; **~ old man** *s.* ‚großer alter Mann' (*e-r Berufsgruppe etc.*); **~ Old Par·ty**, *abbr.* **GOP** *s. pol. Am. die* Republi'kanische Par'tei *der USA*; **~ op·er·a** *s.* ♪ große Oper; **~·pa** ['grænpɑ:], **~·pa·pa** ['grænpə,pɑ:] *s.* ‚Opa' *m*, 'Großpa,pa *m*; **'~,par·ent** [-n,p-] *s.* **1.** Großvater *m od.* -mutter *f*; **2.** *pl.* Großeltern *pl.*; **~ pi·an·o** *s.* ♪ (Kon'zert)Flügel *m*; **'~,sire** [-n,s-] *s. obs.* **1.** alter Herr; **2.** Großvater *m*; **'~·son** [-ns-] *s.* Enkel *m*; **~ slam** *s.* **1.** *Tennis*: Grand Slam *m*; **2.** → ***slam²***; **'~·stand** [-nds-] **I** *s. sport* 'Haupttri,büne *f*: ***play to the ~*** → III; **II** *adj.* Haupttribünen...: ***~ seat***; ***~ play*** F Effekthascherei *f*; ***~ finish*** packendes Finish; **III** *v/i. Am.* F sich in Szene setzen, ‚e-e Schau abziehen'; **~ tour** *s. hist.* Bildungs-, Kava'liersreise *f*; **'~,un·cle** *s.* Großonkel *m*.

grange [greɪndʒ] *s.* **1.** Farm *f*; **2.** kleiner Gutshof *od.* Landsitz.

gra·nif·er·ous [grə'nɪfərəs] *adj.* ⚘ körnertragend.

gran·ite ['grænɪt] **I** *s. min.* Gra'nit *m* (*a. fig.*): ***bite on ~*** *fig.* auf Granit beißen; **II** *adj.* Granit...; *fig.* hart, eisern, unbeugsam; **gra·nit·ic** [græ'nɪtɪk] → ***granite*** II.

gra·niv·o·rous [grə'nɪvərəs] *adj.* körnerfressend.

gran·nie, gran·ny ['grænɪ] *s.* F **1.** ‚Oma' *f*: ***~ glasses*** Nickelbrille *f*; **2.** *a.* ***~('s) knot*** ⚓ Alt'weiberknoten *m*.

grant [grɑ:nt] **I** *v/t.* **1.** bewilligen, gewähren (***s.o. a credit*** *etc.* j-m e-n Kredit *etc.*): ***it was not ~ed to her*** es war ihr nicht vergönnt; ***God ~ that*** gebe Gott, daß; **2.** *e-e Erlaubnis etc.* geben, erteilen; **3.** *e-e Bitte etc.* erfüllen, (*a.* ⚖ *e-m Antrag etc.*) stattgeben; **4.** ⚖ über'tragen, -'eignen, verleihen, *Patent* erteilen; **5.** zugeben, zugestehen, einräumen: ***I ~ you that ...*** ich gebe zu, daß ...; ***~ed, but*** zugegeben, aber; ***~ed that ...*** a) zugegeben, daß, b) angenommen, daß; ***take for ~ed*** a) *et.* als erwiesen annehmen, b) *et.* als selbstverständlich betrachten, c) gar nicht mehr wissen, was man an *j-m* hat; **II** *s.* **6.** a) Bewilligung *f*, Gewährung *f*, b) Zuschuß *m*, Unter'stützung *f*, Subventi'on *f*; **7.** (Ausbildungs-, Studien)Beihilfe *f*, Sti'pendium *n*; **8.** ⚖ a) Verleihung *f e-s Rechts*, Erteilung *f e-s Patents etc.*, b) (urkundliche) Über'tragung (***to*** auf *acc.*); **9.** *Am.* zugewiesenes Amt; **gran·tee** [grɑ:n'ti:] *s.* **1.** Begünstigte(r *m*) *f*; **2.** ⚖ a) Zessio'nar(in), Rechtsnachfolger(in), b) Privile'gierte(r *m*) *f*; **,grant-in-'aid** *pl.* **,grants-in-'aid** *s.* a) *Brit.* Re'gierungszuschuß *m* an Kom'munen, b) *Am.* Bundeszuschuß *m* an

Einzelstaaten; **gran·tor** [grɑːn'tɔː] *s.* ⚖ a) Ze'dent(in), b) Li'zenzgeber(in).

gran·u·lar ['grænjʊlə] *adj.* **1.** gekörnt, körnig; **2.** granuliert; **'gran·u·late** [-leɪt] **I** *v/t.* **1.** körnen, granulieren; **2.** *Leder* rauhen, narben; **II** *v/i.* körnig werden; **'gran·u·lat·ed** [-leɪtɪd] *adj.* **1.** gekörnt, körnig, granuliert (*a.* ⚕): **~ sugar** Kristallzucker *m*; **2.** gerauht; **gran·u·la·tion** [ˌgrænjʊ'leɪʃn] *s.* **1.** ⚙ Körnen *n*, Granulieren *n*; **2.** Körnigkeit *f*; **3.** ⚕ Granulati'on *f*; **'gran·ule** [-juːl] *s.* Körnchen *n*; **'gran·u·lous** [-ləs] → **granular.**

grape [greɪp] *s.* **1.** Weintraube *f*, -beere *f*: **the (juice of the) ~** der Saft der Reben (*Wein*); **but that's just sour ~s** *fig.* aber ihm (*etc.*) hängen die Trauben zu hoch; → **bunch** 1; **2.** → **grapevine** 1; **3.** *pl. vet.* a) Mauke *f*, b) 'Rindertu-berkuˌlose *f*; **~ cure** *s.* ⚕ Traubenkur *f*; **'~·fruit** *s.* ⚘ Grapefruit *f*, Pampelmuse *f*; **~ juice** *s.* Traubensaft *m*; **'~·louse** *s.* [*irr.*] *zo.* Reblaus *f*; **'~·shot** *s.* ⚔ Kar'tätsche *f*; **'~·stone** *s.* (Wein)Traubenkern *m*; **~ sug·ar** *s.* Traubenzucker *m*; **'~·vine** *s.* **1.** ⚘ Weinstock *m*; **2.** F a) Gerücht *n*, b) *a.* **~ telegraph** ,Buschtrommel' *f*, 'Nachrichtensyˌstem *n*: **hear s.th. on the ~** et. gerüchteweise hören.

graph [græf] *s.* **1.** Schaubild *n*, Dia'gramm *n*, graphische Darstellung, Kurvenblatt *n*, -bild *n*; **2.** *bsd.* A Kurve *f*: **~ paper** Millimeterpapier *n*; **3.** *ling.* Graph *m*; **'graph·ic** [-fɪk] **I** *adj.* (□ **~ally**) **1.** anschaulich, plastisch, lebendig (geschildert *od.* schildernd); **2.** graphisch, zeichnerisch: **~ arts** → 4; **~ artist** Graphiker(in); **3.** Schrift..., Schreib...; **II** *s. pl. sg. konstr.* **4.** Graphik, graphische Kunst; **5.** technisches Zeichnen; **6.** graphische Darstellung (*als Fach*); **'graph·i·cal** [-fɪkl] *adj.* □ → **graphic** I.

graph·ite ['græfaɪt] *s. min.* Gra'phit *m*, Reißblei *n*; **gra·phit·ic** [grə'fɪtɪk] *adj.* Graphit...

graph·o·log·i·cal [ˌgræfə'lɒdʒɪkl] *adj.* □ grapho'logisch; **graph·ol·o·gist** [græ'fɒlədʒɪst] *s.* Grapho'loge *m*; **graph·ol·o·gy** [græ'fɒlədʒɪ] *s.* Grapholo'gie *f*, Handschriftendeutung *f*.

grap·nel ['græpnl] *s.* **1.** ⚓ a) Enterhaken *m*, b) Dregganker *m*, Dregge *f*; **2.** ⚙ a) Ankereisen *n*, b) (Greif)Haken *m*, Greifer *m*.

grap·ple ['græpl] **I** *s.* **1.** → **grapnel** 1 a *u.* 2 b; **2.** a) Griff *m* (*a. beim Ringen etc.*), b) Handgemenge *n*, Kampf *m*; **II** *v/t.* **3.** ⚓ entern; **4.** ⚙ verankern, verklammern; **5.** packen, fassen; **III** *v/i.* **6.** e-n Enterhaken *od.* Greifer gebrauchen; **7.** ringen, kämpfen (*a. fig.*): **~ with s.th.** *fig.* sich mit et. herumschlagen.

grap·pling| hook, ~ i·ron ['græplɪŋ] → **grapnel** 1 a u. 2 b.

grasp [grɑːsp] **I** *v/t.* **1.** packen, fassen, (er)greifen; → **nettle** 1; **2.** an sich reißen; **3.** *fig.* verstehen, begreifen, (er-)fassen; **II** *v/i.* **4.** zugreifen, zupacken; **5. ~ at** greifen nach; → **shadow** 2, **straw** 1; **6. ~ at** *fig.* streben nach; **III** *s.* **7.** Griff *m*; **8.** a) Reichweite *f*, b) *fig.* Macht *f*, Gewalt *f*, Zugriff *m*: **within one's ~** in Reichweite, *fig. a.* greifbar nahe; **within the ~ of** in der Gewalt von (*od. gen.*); **9.** *fig.* Verständnis *n*, Auffassungsgabe *f*: **it is within his ~** das kann er begreifen; **it is beyond his ~** es geht über seinen Verstand; **have a good ~ of s.th.** et. gut beherrschen; **'grasp·ing** [-pɪŋ] *adj.* □ habgierig.

grass [grɑːs] **I** *s.* **1.** ⚘ Gras *n*: **hear the ~ grow** *fig.* das Gras wachsen hören; **not to let the ~ grow under one's feet** nicht lange fackeln, keine Zeit verschwenden; **2.** Gras *n*, Rasen *m*: **keep off the ~** Betreten des Rasens verboten!; **3.** Grasland *n*, Weide *f*: **be (out) at ~** a) auf der Weide sein, b) F im Ruhestand sein; **put** (*od.* **turn**) **out to ~** a) *Vieh* auf die Weide treiben, b) *bsd. e-m Rennpferd* das Gnadenbrot geben, c) F *j-n* in Rente schicken; **4.** *sl.* ,Grass' *n*, Marihu'ana *n*; **II** *v/t.* **5.** a) *a.* **~ down** mit Gras besäen, b) *a.* **~ over** mit Rasen bedecken; **6.** *Vieh* weiden (lassen); **7.** *Wäsche* auf dem Rasen bleichen; **8.** *Vogel* abschießen; **9.** *sport Gegner* zu Fall bringen; **III** *v/i.* **10.** grasen, weiden; **11.** *Brit. sl.* ,singen': **~ on s.o.** j-n ,verpfeifen'; **~ blade** *s.* Grashalm *m*; **~ court** *s. Tennis*: Rasenplatz *m*; **ˌ~-'green** *adj.* grasgrün; **'~-grown** *adj.* mit Gras bewachsen; **'~ˌhop·per** *s.* **1.** *zo.* (Feld)Heuschrecke *f*, Grashüpfer *m*; **2.** ✈, ⚔ Leichtflugzeug *n*; **'~·land** *s.* Weide(land *n*) *f*; **'~·plot** *s.* Rasenplatz *m*; **~ roots** *s. pl.* **1.** *fig.* Wurzel *f*; **2.** *pol.* a) Basis *f* (*e-r Partei*), b) ländliche Bezirke *od.* Landbevölkerung *f*; **'~·roots** *adj. pol.* a) (an) der Basis (*e-r Partei*), b) bodenständig: **~ democracy**; **~ snake** *s. zo.* Ringelnatter *f*; **~ wid·ow** *s.* **1.** Strohwitwe *f*; **2.** *Am.* geschiedene *od.* getrennt lebende Frau; **~ wid·ow·er** *s.* **1.** Strohwitwer *m*; **2.** *Am.* geschiedener *od.* getrennt lebender Mann.

grass·y ['grɑːsɪ] *adj.* grasbedeckt, grasig, Gras...

grate[1] [greɪt] **I** *v/t.* **1.** *Käse etc.* reiben, *Gemüse etc. a.* raspeln; **2.** a) knirschen mit: **~ one's teeth**, b) kratzen mit, c) quietschen mit; **3.** *et.* krächzen(d sagen); **II** *v/i.* **4.** knirschen *od.* kratzen *od.* quietschen; **5.** weh tun (**[up]on s.o.** j-m): **~ on s.o.'s nerves** an j-s Nerven zerren; **~ on the ear** dem Ohr weh tun; **~ on s.o.'s ears** j-m in den Ohren weh tun.

grate[2] [greɪt] *s.* **1.** Gitter *n*; **2.** (Feuer-, ⚙ Kessel)Rost *m*; **3.** Ka'min *m*; **4.** *Wasserbau*: Fangrechen *m*; **'grat·ed** [-tɪd] *adj.* vergittert.

grate·ful ['greɪtfʊl] *adj.* □ **1.** dankbar (**to s.o. for s.th.** j-m für et.): **a ~ letter** ein Dank(es)brief; **2.** *fig.* dankbar (*Aufgabe etc.*); **3.** angenehm, wohltuend, will'kommen (**to s.o.** j-m); **'grate·ful·ness** [-nɪs] *s.* Dankbarkeit *f*.

grat·er ['greɪtə] *s.* Reibe *f*, Reibeisen *n*, Raspel *f*.

grat·i·cule ['grætɪkjuːl] *s.* ⚙ **1.** a) (Grad)Netz *n*, Koordi'natensyˌstem *n*, b) mit e-m Netz versehene Zeichnung; **2.** Fadenkreuz *n*.

grat·i·fi·ca·tion [ˌgrætɪfɪ'keɪʃn] *s.* **1.** Befriedigung *f*: a) Zu'friedenstellung *f*, b) Genugtuung *f* (**at** über *acc.*); **2.** Freude *f*, Vergnügen *n*, Genuß *m*; **3.** *obs.* Gratifikati'on *f*; **grat·i·fy** ['grætɪfaɪ] *v/t.* **1.** befriedigen: **~ one's thirst for knowledge** s-n Wissensdurst stillen; **2.** *j-m* gefällig sein; **3.** erfreuen: **be gratified** sich freuen; **I am gratified to hear** ich höre mit Genugtuung *od.* Befriedigung; **grat·i·fy·ing** ['grætɪfaɪɪŋ] *adj.* □ erfreulich, befriedigend (**to** für).

gra·tin ['grætæŋ] (*Fr.*) *s.* **1.** Bratkruste *f*: **au ~** gratiniert, überbacken; **2.** Gra'tin *n*, gratinierte Speise.

grat·ing[1] ['greɪtɪŋ] *adj.* □ **1.** kratzend, knirschend; **2.** krächzend, heiser; **3.** unangenehm.

grat·ing[2] ['greɪtɪŋ] *s.* **1.** Gitter *n* (*a. phys.*), Gitterwerk *n*; **2.** ⚙ (Balken-, Lauf)Rost *m*; **3.** ⚓ Gräting *f*.

gra·tis ['greɪtɪs] **I** *adv.* gratis, unentgeltlich, um'sonst; **II** *adj.* unentgeltlich, frei, Gratis...

grat·i·tude ['grætɪtjuːd] *s.* Dankbarkeit *f*: **in ~ for** aus Dankbarkeit für.

gra·tu·i·tous [grə'tjuːɪtəs] *adj.* □ **1.** → **gratis** II; **2.** ⚖ ohne Gegenleistung; **3.** freiwillig, unverlangt; **4.** grundlos, unberechtigt, unverdient; **gra'tu·i·ty** [-tɪ] *s.* **1.** (Geld)Geschenk *n*, Gratifikati'on *f*, Sondervergütung *f*, Zuwendung *f*; **2.** Trinkgeld *n*.

gra·va·men [grə'veɪmen] *s.* **1.** ⚖ a) (Haupt)Beschwerdegrund *m*, b) *das* Belastende *e-r Anklage*; **2.** *bsd. eccl.* Beschwerde *f*.

grave[1] [greɪv] *s.* **1.** Grab *n*: **dig one's own ~** sein eigenes Grab schaufeln; **have one foot in the ~** mit einem Bein im Grab stehen; **rise from the ~** (von den Toten) auferstehen; **turn in one's ~** sich im Grabe umdrehen; **2.** *fig.* Grab *n*, Tod *m*, Ende *n*.

grave[2] [greɪv] **I** *adj.* □ **1.** ernst: a) feierlich, b) bedenklich: **~ illness** (**voice**, *etc.*), c) gewichtig, schwerwiegend, d) gesetzt, würdevoll, e) schwer, tief: **~ thoughts**; **2.** dunkel, gedämpft (*Farbe*); **3.** *ling.* fallend: **~ accent** → 5; **4.** tief (*Ton*); **II** *s.* **5.** *ling.* Gravis *m*, Ac'cent *m* grave.

grave[3] [greɪv] *v/t.* [*irr.*] *obs.* **1.** *Figur* (ein)schnitzen, (-)meißeln; **2.** *fig.* eingraben, -prägen.

grave[4] [greɪv] *v/t.* ⚓ *Schiffsboden* reinigen u. teeren.

'graveˌdig·ger *s.* Totengräber *m* (*a. zo. u. fig.*).

grav·el ['grævl] **I** *s.* **1.** Kies *m*: **~ pit** Kiesgrube *f*; **2.** Schotter *m*; **3.** *geol.* Geröll *n*; **4.** ⚕ Harngrieß *m*; **II** *v/t.* **5.** a) mit Kies bestreuen, b) beschottern; **6.** *fig.* verwirren, verblüffen.

grav·en ['greɪvn] *p.p. von* **grave**[3] *u. adj.* geschnitzt: **~ image** Götzenbild *n*.

grav·er ['greɪvə] → **graving tool.**

Graves' dis·ease [greɪvz] *s.* ⚕ Basedowsche Krankheit.

'grave|·side *s.*: **at the ~** am Grab; **'~·stone** *s.* Grabstein *m*; **'~·yard** *s.* Fried-, Kirchhof *m*.

grav·id ['grævɪd] *adj.* a) schwanger, b) trächtig (*Tier*).

gra·vim·e·ter [grə'vɪmɪtə] *s. phys.* Gravi'meter *n*: a) Dichtemesser *m*, b) Schweremesser *m*.

grav·ing| dock ['greɪvɪŋ] *s.* ⚓ Trockendock *n*; **~ tool** *s.* ⚙ Grabstichel *m*.

grav·i·tate ['grævɪteɪt] *v/i.* **1.** sich (durch Schwerkraft) fortbewegen; **2.** *a. fig.* gravitieren, (hin)streben (**towards** zu, nach); **3.** *fig.* sich hingezogen fühlen, tendieren, (hin)neigen (***to***, ***towards*** zu); **4.** sinken, fallen; **grav·i·ta·tion** [ˌɡrævɪˈteɪʃn] *s.* **1.** *phys.* Gravitatiˈon *f*: a) Schwerkraft *f*, b) Gravitieren *n*; **2.** *fig.* Neigung *f*, Hang *m*, Tenˈdenz *f*; **grav·i·ta·tion·al** [ˌɡrævɪˈteɪʃənl] *adj. phys.* Gravitations…: ***~ force*** Schwerkraft *f*; ***~ field*** Schwerefeld *n*; ***~ pull*** Anziehungskraft *f*.

grav·i·ty [ˈɡrævətɪ] **I** *s.* **1.** Ernst *m*: a) Feierlichkeit *f*, b) Bedenklichkeit *f*, c) Gesetztheit *f*, d) Schwere *f*; **2.** ♪ Tiefe *f* (*Ton*); **3.** *phys.* a) *a.* ***force of ~*** Gravitatiˈon *f*, Schwerkraft *f*, b) (Erd)Schwere *f*, c) Erdbeschleunigung; → ***centre*** 1, ***specific*** 8; **II** *adj.* **4.** *phys.*, ⚙ Schwerkraft…: ***~ drive***; ***~ feed*** Gefällezuführung *f*; ***~ tank*** Falltank *m*.

gra·vure [ɡrəˈvjʊə] *s.* Graˈvüre *f*.

gra·vy [ˈɡreɪvɪ] *s.* **1.** Braten-, Fleischsaft *m*; **2.** (Fleisch-, Braten)Soße *f*; **3.** *sl.* a) lukraˈtive Sache, b) (unverhoffter) Gewinn: ***that's pure ~!*** das ist ja phantastisch!; **~ beef** *s.* Saftbraten *m*; **~ boat** *s.* Sauciˈere *f*, Soßenschüssel *f*; **~ train** *s.*: ***get on the ~*** *sl.* a) leicht ans große Geld kommen, b) ein Stück vom ‚Kuchen' abkriegen.

gray *etc. bsd. Am.* → ***grey*** *etc.*

graze[1] [ɡreɪz] **I** *v/t.* **1.** *Vieh* weiden (lassen); **2.** abweiden, -grasen; **II** *v/i.* **3.** weiden, grasen (*Vieh*): ***grazing ground*** Weideland *n*.

graze[2] [ɡreɪz] **I** *v/t.* **1.** streifen: a) leicht berühren, b) schrammen; **2.** ⚕ (ab-)schürfen, (auf)schrammen; **II** *v/i.* **3.** streifen; **III** *s.* **4.** Streifen *n*; **5.** ⚕ Abschürfung *f*, Schramme *f*; **6.** *a.* ***grazing shot*** Streifschuß *m*.

gra·zier [ˈɡreɪzjə] *s.* Viehzüchter *m*.

grease I *s.* [ɡriːs] **1.** (*zerlassenes*) Fett, Schmalz *n*; **2.** ⚙ Schmierfett *n*, -mittel *n*, Schmiere *f*; **3.** a) Wollfett *n*, b) Schweißwolle *f*; **4.** *vet.* (Flechten)Mauke *f* (*Pferd*); **5.** *hunt.* Feist *n*: ***in ~ of pride*** (*od.* ***prime***) fett (*Wild*); **II** *v/t.* [ɡriːz] **6.** ⚙ (ein)fetten, (ab)schmieren; → ***lightning*** I; **7.** beschmieren; **8.** F *j-n* ‚schmieren', bestechen; **~ cup** *s.* ⚙ Staufferbüchse *f*; **~ gun** *s.* ⚙ (Ab-)Schmierpresse *f*; **~ mon·key** *s.* F ✈, *mot.* (*bsd.* ˈAuto-, ˈFlugzeug)Meˌchaniker *m*; **~ paint** *s. thea.* (Fett)Schminke *f*; **ˈ~·proof** *adj.* fettabstoßend.

greas·er [ˈɡriːzə] *s.* **1.** Schmierer *m*, Öler *m*; **2.** ⚙ Schmiervorrichtung *f*; **3.** *Brit.* F ˈAutomeˌchaniker *m*; **4.** *Brit.* F *contp.* ‚Schleimscheißer' *m*; **5.** *Am. contp.* Mexiˈkaner *m*.

greas·i·ness [ˈɡriːzɪnɪs] *s.* **1.** Fettig-, Öligkeit *f*; **2.** Schmierigkeit *f*; **3.** Schlüpfrigkeit *f*; **4.** *fig.* Aalglätte *f*; **greas·y** [ˈɡriːzɪ] *adj.* □ **1.** fettig, schmierig, ölig; **2.** schmierig, beschmiert; **3.** glitschig, schlüpfrig; **4.** ungewaschen (*Wolle*); **5.** *fig.* a) aalglatt, b) ölig, c) schmierig.

great [ɡreɪt] **I** *adj.* □ → ***greatly***; **1.** groß, beträchtlich: ***a ~ number*** e-e große Anzahl; ***a ~ many*** sehr viele; ***the ~ majority*** die große Mehrheit; ***live to a ~ age*** ein hohes Alter erreichen; **2.** groß, Haupt…: ***to a ~ extent*** in hohem Maße; ***~ friends*** dicke Freunde; **3.** groß, bedeutend, berühmt: ***a ~ poet***; ***a ~ city*** e-e bedeutende Stadt; ***~ issues*** wichtige Probleme; **4.** hochstehend, vornehm, berühmt: ***a ~ family***; ***the ~ world*** die gute Gesellschaft; **5.** großartig, vorˈzüglich, wertvoll: ***a ~ opportunity*** e-e vorzügliche Gelegenheit; ***it is a ~ thing to be healthy*** es ist viel wert, gesund zu sein; **6.** erhaben, hoch: ***~ thoughts***; **7.** eifrig: ***a ~ reader***; **8.** groß(geschrieben); **9.** *nur pred.* a) gut: ***he is ~ at golf*** er spielt (sehr) gut Golf, er ist ‚ganz groß' im Golfspielen, b) interessiert: ***he is ~ on dogs*** er ist ein großer Hundeliebhaber; **10.** F großartig, wunderbar, prima; ***we had a ~ time*** wir haben uns herrlich amüsiert, es war sagenhaft (schön); ***the ~ thing is that ...*** das Großartige (daran) ist, daß; **11.** *in Verwandtschaftsbezeichnungen*: a) Groß…, b) (*vor* ***grand...***) Ur…; **12.** *als Beiname*: ***the*** ***~ Elector*** der Große Kurfürst; ***Frederick the*** ~ Friedrich der Große; **II** *s.* **13.** ***the ~*** *pl.* die Großen *pl.*, die Promiˈnenten *pl.*; **14.** *pl. Brit. univ.* ˈSchlußexˌamen *n* für den Grad des B.A. (*Oxford*).

ˌgreat|-ˈaunt *s.* Großtante *f*; **~ Char·ter** → ***Magna C(h)arta***; **~ cir·cle** *s.* ⚓ Großkreis *m* (*e-r Kugel*); **ˈ~·coat** *s.* (Herren)Mantel *m*; **~ Dane** *s. zo.* Dänische Dogge; **~ di·vide** *s.* **1.** *geogr.* Hauptwasserscheide *f*: ***the Great Divide*** die Rocky Mountains; ***cross the ~*** *fig.* die Schwelle des Todes überschreiten; **2.** *fig.* Krise *f*, entscheidende Phase.

Great·er Lon·don [ˈɡreɪtə] *s.* Groß-London *n*.

ˌgreat|-ˈgrand·child *s.* Urenkel(in); **ˌ~-ˈgrandˌdaugh·ter** *s.* Urenkelin *f*; **ˌ~-ˈgrandˌfa·ther** *s.* Urgroßvater *m*; **ˌ~-ˈgrandˌmoth·er** *s.* Urgroßmutter *f*; **ˌ~-ˈgrandˌpar·ents** *s. pl.* Urgroßeltern *pl.*; **ˌ~-ˈgrand·son** *s.* Urenkel *m*; **~ gross** *s.* zwölf Gros *pl.*; **ˌ~-ˈheart·ed** *adj.* **1.** beherzt; **2.** hochherzig; **~ Lakes** *s. pl. die* Großen Seen *pl.* (*USA*).

great·ly [ˈɡreɪtlɪ] *adv.* sehr, höchst, außerordentlich, ˈüberaus.

Great| Mo·gul [ˈməʊɡʌl] *s. hist.* Großmogul *m*; **ˌ~-ˈneph·ew** *s.* Großneffe *m*.

great·ness [ˈɡreɪtnɪs] *s.* **1.** Größe *f*, Erhabenheit *f*: ***~ of mind*** Geistesgröße; **2.** Größe *f*, Bedeutung *f*, Wichtigkeit *f*, Rang *m*; **3.** Ausmaß *n*.

ˌgreat|-ˈniece *s.* Großnichte *f*; **~ Plains** *s. pl. Am. Präriegebiete im Westen der USA*; **~ Pow·ers** *s. pl. pol.* Großmächte *pl.*; **~ Seal** *s. Brit. hist.* Großsiegel *n*; **~ tit** *s. orn.* Kohlmeise *f*; **ˌ~-ˈun·cle** *s.* Großonkel *m*; **~ Wall (of Chi·na)** *s. die* Chiˈnesische Mauer; **~ War** *s.* (*bsd. der* Erste) Weltkrieg.

greave [ɡriːv] *s. hist.* Beinschiene *f*.

greaves [ɡriːvz] *s. pl.* Grieben *pl.*

grebe [ɡriːb] *s. orn.* (See)Taucher *m*.

Gre·cian [ˈɡriːʃn] **I** *adj.* **1.** (*bsd.* klassisch) griechisch; **II** *s.* **2.** Grieche *m*, Griechin *f*; **3.** Gräˈzist *m*.

greed [ɡriːd] *s.* Gier *f* (***for*** nach); Habgier *f*, -sucht *f*: ***~ for power*** Machtgier; **ˈgreed·i·ness** [-dɪnɪs] *s.* **1.** Gierigkeit *f*; **2.** Gefräßigkeit *f*; **ˈgreed·y** [-dɪ] *adj.* □ **1.** gierig (***for*** auf *acc.*, nach): ***~ for power*** machtgierig; **2.** habgierig; **3.** gefräßig, gierig.

Greek [ɡriːk] **I** *s.* **1.** Grieche *m*, Griechin *f*: ***when ~ meets ~*** *fig.* wenn zwei Ebenbürtige sich miteinander messen; **2.** *ling.* Griechisch *n*, das Griechische: ***that's ~ to me*** das sind für mich böhmische Dörfer; **II** *adj.* **3.** griechisch; **~ Church** *s.* ˌgriechisch-orthoˈdoxe *od.* -kaˈtholische Kirche; **~ cross** *s.* griechisches Kreuz; **~ gift** *s. fig.* Danaergeschenk *n*; **~ Or·tho·dox Church** → ***Greek Church***.

green [ɡriːn] **I** *adj.* □ **1.** *allg.* grün (*a. weitS. grünend, schneefrei, unreif*): ***~ apples*** (***fields***); ***~ food***, ***~ vegetables*** → 13; ***~ with envy*** grün *od.* gelb vor Neid; ***~ with fear*** schreckensbleich; **2.** grün, frisch: ***~ fish***; ***~ wine*** neuer Wein; **3.** roh, frisch, Frisch…: ***~ meat***; ***~ coffee*** Rohkaffee *m*; **4.** ⚙ nicht fertigverarbeitet: ***~ ceramics*** ungebrannte Töpferwaren; ***~ hide*** ungegerbtes Fell; ***~ ore*** Roherz *n*; **5.** ⚙ faˈbrikneu: ***~ assembly*** Erstmontage *f*; ***~ run*** Einfahren *n*, erster Lauf; **6.** *fig.* frisch: a) neu, b) lebendig: ***~ memories***; **7.** *fig.* grün, unerfahren, naˈiv: ***a ~ youth***; ***~ in years*** jung an Jahren; **8.** jugendlich: ***~ old age*** rüstiges Alter; **II** *s.* **9.** Grün *n*, grüne Farbe: ***the lights are at ~*** *mot.* die Ampel steht auf Grün; ***at ~*** bei Grün; **10.** Grünfläche *f*, Rasen(platz) *m*: ***village ~*** Dorfanger *m*, -wiese *f*; **11.** Golfplatz *m*; **12.** *pl.* Grün *n*, grünes Laub; **13.** *mst pl.* grünes Gemüse, Blattgemüse *n*; **14.** *fig.* Jugendfrische *f*; **15.** *sl.* ‚Kies' *m* (*Geld*); **III** *v/t.* **16.** grün machen *od.* färben; **IV** *v/i.* **17.** grün werden, grünen.

ˈgreen|·back *s.* **1.** *Am.* F Dollarschein *m*; **2.** *zo.* Laubfrosch *m*; **~ belt** *s.* Grüngürtel *m* (*um e-e Stadt*); **~ cheese** *s.* **1.** unreifer Käse; **2.** Molkenkäse *m*; **3.** Kräuterkäse *m*; **~ cloth** *s. bsd. Am.* **1.** Spieltisch *m*; **2.** Billardtisch *m*; **~ crop** *s.* ⚘ Grünfutter *n*.

green·er·y [ˈɡriːnərɪ] *s.* **1.** Grün *n*, Laub *n*; **2.** → ***greenhouse*** 1.

ˈgreen|-eyed *adj. fig.* eifersüchtig, neidisch: ***the ~ monster*** die Eifersucht; **ˈ~·finch** *s. orn.* Grünfink *m*; **~ fin·gers** *s. pl.* F gärtnerische Begabung: ***he has ~*** bei ihm gedeihen alle Pflanzen, ‚er hat einen grünen Daumen'; **ˈ~·fly** *s. zo. Brit.* grüne Blattlaus; **ˈ~·gage** *s.* Reineˈclaude *f*; **ˈ~ˌgro·cer** *s.* Obst- u. Gemüsehändler *m*; **ˈ~ˌgro·cer·y** *s.* **1.** Obst- u. Gemüsehandlung *f*; **2.** *pl.* Obst *n* u. Gemüse *n*; **ˈ~·horn** *s.* F **1.** ‚Greenhorn' *n*, Grünschnabel *m*, (unerfahrener) Neuling; **2.** Gimpel *m*; **ˈ~·house** *s.* **1.** Treib-, Gewächshaus *n*; **2.** ✈ F Vollsichtkanzel *f*.

green·ish [ˈɡriːnɪʃ] *adj.* grünlich.

Green·land·er [ˈɡriːnləndə] *s.* Grönländer(in).

green| light *s.* grünes Licht (*bsd. der Verkehrsampel*; *a. fig. Genehmigung*): ***give s.o. the ~*** *fig.* j-m grünes Licht geben; **~ lung** *s. Brit.* ‚grüne Lunge', Grünflächen *pl.*; **ˈ~·man** [-mən] *s.* [*irr.*] Platzmeister *m* (*Golfplatz*).

green·ness [ˈɡriːnnɪs] *s.* **1.** Grün *n*, *das* Grüne; **2.** *fig.* Frische *f*, Munterkeit *f*, Kraft *f*; **3.** *fig.* Unreife *f*, Unerfahrenheit *f*.

green| pound *s.* † grünes Pfund (*EG-Verrechnungseinheit*); **ˈ~·room** [-rʊm] *s. thea.* ˈKünstlerzimmer *n*, -gardeˌrobe *f*; **ˈ~ˌsick·ness** *s.* ⚕ Bleichsucht *f*;

'**~·stick (frac·ture)** *s.* ⚕ Knickbruch *m*; '**~·stuff** *s.* **1.** Grünfutter *n*; **2.** grünes Gemüse; '**~·sward** *s.* Rasen *m*; **~ ta·ble** *s.* Konfe'renztisch *m*; **~ tea** *s.* grüner Tee; **~ thumb** *Am.* → ***green fingers***.

Green·wich (Mean) Time ['grɪnɪdʒ] *s.* Greenwicher Zeit.

greet [gri:t] *v/t.* **1.** grüßen; **2.** begrüßen, empfangen; **3.** *fig. dem Auge* begegnen, *ans Ohr* dringen, sich *j-m* bieten (*Anblick*); **4.** *e-e Nachricht etc. freudig etc.* aufnehmen; '**greet·ing** [-tɪŋ] *s.* **1.** Gruß *m*, Begrüßung *f*; **2.** *pl.* a) Grüße *pl.*, b) Glückwünsche *pl.*: ***~s card*** Glückwunschkarte *f*.

gre·gar·i·ous [grɪ'geərɪəs] *adj.* □ **1.** gesellig; **2.** *zo.* in Herden *od.* Scharen lebend, Herden…; **3.** ⚘ traubenartig wachsend; **gre'gar·i·ous·ness** [-nɪs] *s.* **1.** Geselligkeit *f*; **2.** *zo.* Zs.-leben *n* in Herden.

Gre·go·ri·an [grɪ'gɔ:rɪən] *adj.* Gregori'anisch: ***~ calendar***; ***~ chant*** ♪ Gregorianischer Gesang.

greige [greɪʒ] *adj. u. s.* ⚙ na'turfarben(e Stoffe *pl.*).

grem·lin ['gremlɪn] *s. sl.* böser Geist, Kobold *m* (*der Maschinenschaden etc. anrichtet*).

gre·nade [grɪ'neɪd] *s.* **1.** ⚔ Ge'wehr-, 'Handgra͵nate *f*; **2.** 'Tränengaspa͵trone *f*; **gren·a·dier** [͵grenə'dɪə] *s.* ⚔ Grena'dier *m*.

gres·so·ri·al [gre'sɔ:rɪəl] *adj. orn.*, *zo.* Schreit…, Stelz…: ***~ birds***.

Gret·na Green mar·riage ['gretnə] *s.* Heirat *f* in Gretna Green (*Schottland*).

grew [gru:] *pret. von* ***grow***.

grey [greɪ] **I** *adj.* □ **1.** grau; **2.** grau(-haarig), ergraut: ***grow ~*** → 8; **3.** farblos, blaß; **4.** trübe, düster, grau: ***a ~ day***; ***~ prospects*** trübe Aussichten; **5.** ⚙ neu'tral, farblos, na'turfarben: ***~ cloth*** ungebleichter Baumwollstoff; **II** *s.* **6.** Grau *n*, graue Farbe: ***dressed in ~*** grau *od.* in Grau gekleidet; **7.** *zo.* Grauschimmel *m*; **III** *v/i.* **8.** grau werden, ergrauen: ***~ing*** angegraut (*Haare*); **~ a·re·a** *s.* **1.** *Statistik*: Grauzone *f*; **2.** *Brit.* Gebiet *n* mit hoher Arbeitslosigkeit; '**~·back** *s.* **1.** *zo.* Grauwal *m*; **2.** *Am.* F ‚Graurock' *m* (*Soldat der Südstaaten im Bürgerkrieg*); **~ crow** *s. orn.* Nebelkrähe *f*; '**~·fish** *s. ein* Hai(fisch) *m*; **~ goose** → ***greylag***; ͵**~-'head·ed** *adj.* **1.** grauköpfig; **2.** *fig.* alterfahren; '**~-hen** *s. orn.* Birk-, Haselhuhn *n*; '**~·hound** *s.* Windhund *m*; ***~-racing*** Windhundrennen *n*.

grey·ish ['greɪɪʃ] *adj.* gräulich, Grau…

grey·lag ['greɪlæg] *s. orn.* Grau-, Wildgans *f*.

grey| mar·ket *s.* ✝ grauer Markt; **~ mat·ter** *s.* **1.** ⚕ graue ('Hirnrinden-)Sub͵stanz; **2.** F ‚Grips' *m*, ‚Grütze' *f* (*Verstand*); **~ mul·let** *s. ichth.* Meeräsche *f*.

grey·ness ['greɪnɪs] *s.* **1.** Grau *n*; **2.** *fig.* Trübheit *f*, Düsterkeit *f*.

grey squir·rel *s. zo.* Grauhörnchen *n*.

grid [grɪd] *s.* **1.** Gitter *n*, Rost *m*; **2.** ⚡ a) Bleiplatte *f*, b) Gitter *n* (*in Elektronenröhre*); **3.** ⚡ *etc.* Versorgungsnetz *n*; **4.** Gitternetz *n auf Landkarten*: ***~ded map*** Gitternetzkarte *f*; **5.** → ***gridiron*** 1, 4, 6; **~ bi·as** *s.* ⚡ Gittervorspannung *f*; **~ cir·cuit** *s.* ⚡ Gitterkreis *m*.

grid·dle ['grɪdl] *s.* **1.** Kuchen-, Backblech *n*: ***~ cake*** Pfannkuchen *m*; ***be on the ~*** F ‚in die Mangel genommen werden'; **2.** ⚙ Drahtsieb *n*.

'**grid͵i·ron** *s.* **1.** Bratrost *m*; **2.** ⚙ Gitterrost *m*; **3.** Netz(werk) *n* (*Leitungen, Bahnlinien etc.*); **4.** ⚓ Balkenrost *m*; **5.** *thea.* Schnürboden *m*; **6.** *American Football*: F Spielfeld *n*.

grid| leak *s.* ⚡ 'Gitter(ableit)͵widerstand *m*; **~ line** *s.* Gitternetzlinie *f* (*auf Landkarten*); **~ plate** *s.* ⚡ Gitterplatte *f*; **~ square** *s.* 'Planqua͵drat *n*.

grief [gri:f] *s.* Gram *m*, Kummer *m*, Leid *n*, Schmerz *m*: ***bring to ~*** zu Fall bringen, zugrunde richten; ***come to ~*** a) zu Schaden kommen, verunglücken, b) zugrunde gehen, c) fehlschlagen, scheitern: ***good ~!*** F meine Güte!; '**~-͵strick·en** *adj.* kummervoll.

griev·ance ['gri:vns] *s.* **1.** Beschwerde(-grund *m*) *f*, (Grund *m* zur) Klage *f*: ***~ committee*** Schlichtungsausschuß *m*; **2.** Mißstand *m*; **3.** Groll *m*; **4.** Unzufriedenheit *f*; **grieve** [gri:v] **I** *v/t.* betrüben, bekümmern, *j-m* weh tun; **II** *v/i.* bekümmert sein, sich grämen (***at***, ***about*** über *acc.*, wegen; ***for*** um); '**griev·ous** [-vəs] *adj.* □ **1.** schmerzlich, bitter, quälend; **2.** schwer, schlimm: ***~ error***; ***~ bodily harm*** ⚖ schwere Körperverletzung; **3.** bedauerlich; '**griev·ous·ness** [-vəsnɪs] *s. das* Schmerzliche *etc.*

grif·fin[1] ['grɪfɪn] *s.* **1.** *myth.*, *her.* Greif *m*; **2.** → ***griffon***[1].

grif·fin[2] ['grɪfɪn] *s.* Neuankömmling *m* (*im Orient*).

grif·fon[1] ['grɪfən], *a.* **~ vul·ture** *s. orn.* Weißköpfiger Geier.

grif·fon[2] ['grɪfən] *s.* **1.** → ***griffin***[1] 1; **2.** Grif'fon *m* (*ein Vorstehhund*).

grift·er ['grɪftə] *s. Am. sl.* Gauner *m*.

grill[1] [grɪl] **I** *s.* **1.** Grill *m*, (Brat)Rost *m*; **2.** Grillen *n*; **3.** Gegrillte(s) *n*; **4.** → ***grillroom***; **II** *v/t.* **5.** *Fleisch etc.* grillen; **6.** ***~ o.s.*** sich (in der Sonne) grillen; **7.** *a.* ***give a ~ing*** F *j-n* ‚in die Mangel nehmen', ‚ausquetschen' (*bsd. Polizei*); **III** *v/i.* **8.** gegrillt werden.

grill[2] [grɪl] → ***grille***.

grille [grɪl] *s.* **1.** Tür-, Fenster-, Schaltergitter *n*; **2.** Gitterfenster *n*, Sprechgitter *n*; **3.** *mot.* (Kühler)Grill *m*; **grilled** [-ld] *adj.* vergittert.

grill·er ['grɪlə] → ***grill***[1] 1; '**grill·room** *s.* Grill(room) *m*.

grilse [grɪls] *s.*, *a. pl. ichth.* junger Lachs.

grim [grɪm] *adj.* □ **1.** grimmig: a) zornig, wütend, b) erbittert, verbissen: ***~ struggle***, c) hart, schlimm, grausam; **2.** schrecklich, grausig: ***~ accident***.

gri·mace [grɪ'meɪs] **I** *s.* Gri'masse *f*, Fratze *f*: ***make a ~***, ***make ~s*** → **II** *v/i.* e-e Gri'masse *od.* Gri'massen schneiden, das Gesicht verzerren *od.* verziehen.

gri·mal·kin [grɪ'mælkɪn] *s.* **1.** (alte) Katze; **2.** alte Hexe (*Frau*).

grime [graɪm] **I** *s.* (zäher) Schmutz *od.* Ruß; **II** *v/t.* beschmutzen; '**grim·i·ness** [-mɪnɪs] *s.* Schmutzigkeit *f*.

Grimm's law [grɪmz] *s. ling.* (Gesetz *n* der) Lautverschiebung *f*.

grim·ness ['grɪmnɪs] *s.* Grimmigkeit *f*, Schrecklichkeit *f*; Grausamkeit *f*, Härte *f*; Verbissenheit *f*.

grim·y ['graɪmɪ] *adj.* □ schmutzig, rußig.

grin [grɪn] **I** *v/i.* grinsen, feixen, *oft nur* (verschmitzt) lächeln: ***~ at s.o.*** j-n angrinsen *od.* anlächeln; ***~ to o.s.*** in sich hineingrinsen; ***~ and bear it*** a) gute Miene zum bösen Spiel machen, b) die Zähne zs.-beißen; **II** *v/t. et.* grinsend sagen; **III** *s.* Grinsen *n*, (verschmitztes) Lächeln.

grind [graɪnd] **I** *v/t.* [*irr.*] **1.** *Messer etc.* schleifen, wetzen, schärfen; *Glas* schleifen: ***~ in Ventile*** einschleifen; → ***ax*** 1; **2.** *a.* ***~ down*** (zer)mahlen, zerreiben, -kleinern, -stoßen, -stampfen, schroten; **3.** *Kaffee*, *Korn*, *Mehl etc.* mahlen; **4.** ⚙ schmirgeln, glätten, polieren; **5.** ***~ down*** abwetzen; → 2 *u.* 11; **6.** ***~ one's teeth*** mit den Zähnen knirschen; **7.** knirschend (*hinein*)bohren; **8.** *Leierkasten etc.* drehen; **9.** ***~ out*** a) *Zeitungsartikel etc.* her'unterschreiben, b) ♪ her'unterspielen; **10.** ***~ out*** *et.* mühsam her'vorbringen; **11.** *a.* ***~ down*** *fig.* (unter)'drücken, schinden, quälen: ***~ the faces of the poor*** die Armen (gnadenlos) ausbeuten; **12.** ***~ s.th. into s.o.*** F j-m et. ‚einpauken'; **II** *v/i.* [*irr.*] **13.** mahlen; **14.** knirschen; **15.** F sich plagen *od.* abschinden; **16.** *ped.* F ‚pauken', ‚ochsen', ‚büffeln'; **III** *s.* **17.** F Schinde'rei *f*: ***the daily ~***; **18.** *ped.* F a) ‚Pauken' *n*, ‚Büffeln' *n*, b) Streber(in), ‚Büffler(in)'; **19.** *Brit. sl.* ‚Nummer' *f* (*Koitus*); '**grind·er** [-də] *s.* **1.** (*Messer-, Scheren-, Glas*)Schleifer *m*; **2.** Schleifstein *m*; **3.** oberer Mühlstein; **4.** ⚙ a) 'Schleifma͵schine *f*, b) Mahlwerk *n*, Mühle *f*, c) Quetschwerk *n*; **5.** a) (Kaffee)Mühle *f*, b) *a.* ***meat ~*** Fleischwolf *m*; **6.** *anat.* a) Backenzahn *m*, b) *pl. sl.* Zähne *pl.*; '**grind·ing** [-dɪŋ] **I** *s.* **1.** Mahlen *n*; **2.** Schleifen *n*; **3.** Knirschen *n*; **II** *adj.* **4.** mahlend (*etc.* → ***grind*** **I** *u.* **II**); **5.** Mahl…, Schleif…: ***~ mill*** a) Mahlwerk *n*, Mühle *f*, b) Schleif-, Reibmühle *f*; ***~ paste*** Schleifpaste *f*; **6.** ***~ work*** ‚Schinderei' *f*.

'**grind·stone** [-ndʒ-] *s.* Schleifstein *m*: ***keep s.o.'s nose to the ~*** *fig.* j-n hart *od.* schwer arbeiten lassen; ***keep one's nose to the ~*** schwer arbeiten, sich ranhalten; ***get back to the ~*** sich wieder an die Arbeit machen.

grin·go ['grɪŋgəʊ] *pl.* **-gos** *s.* Gringo *m* (*lateinamer. Spottname für Ausländer, bsd. Angelsachsen*).

grip [grɪp] **I** *s.* **1.** Griff *m* (*a. die Art, et. zu packen*): ***come to ~s with*** a) aneinandergeraten mit, b) *fig.* sich auseinandersetzen mit, *et.* in Angriff nehmen; ***be at ~s with*** a) in e-n Kampf verwikkelt sein mit, b) *fig.* sich auseinandersetzen *od.* ernsthaft beschäftigen mit *e-r Sache*; **2.** *fig.* a) Griff *m*, Halt *m*, b) Herrschaft *f*, Gewalt *f*, Zugriff *m*, c) Verständnis *n*, ‚'Durchblick' *m*: ***in the ~ of*** in den Klauen *od.* in der Gewalt (*gen.*); ***get a ~ on*** in s-e Gewalt *od.* (*geistig*) in den Griff bekommen; ***have a ~ on*** *et.* in der Gewalt haben, *fig. Zuhörer etc.* fesseln, gepackt halten; ***have a (good) ~ on*** *die Lage*, *e-e Materie etc.* (sicher) beherrschen, *die Situation etc.* (klar) erfassen; ***lose one's ~*** a) die Herrschaft verlieren (***of*** über *acc.*),

b) (*bsd. geistig*) nachlassen; **3.** (*bestimmter*) Händedruck *m* (*z.B. der Freimaurer*); **4.** (Hand)Griff *m* (*Koffer etc.*); **5.** Haarspange *f*; **6.** ⚙ Greifer *m*, Klemme *f*; **7.** ⚙ Griffigkeit *f* (*a. von Autoreifen*); **8.** *thea.* Ku'lissenschieber *m*; **9.** Reisetasche *f*; **II** *v/t.* **10.** packen, ergreifen; **11.** *fig. j-n* packen: a) ergreifen (*Furcht, Spannung*), b) *Leser, Zuhörer etc.* fesseln; **12.** *fig.* begreifen, verstehen; **13.** ⚙ festklemmen; **III** *v/i.* **14.** Halt finden; **15.** *fig.* packen, fesseln; ~ **brake** *s.* ⚙ Handbremse *f*.

gripe [graɪp] **I** *v/t.* **1.** zwicken: ***be ~d*** Bauchschmerzen *od.* e-e Kolik haben; **2.** ⚓ *Boot etc.* sichern; **II** *v/i.* **3.** F nörgeln, ‚meckern'; **III** *s.* **4.** *pl.* ⚕ Bauchweh *n*, Kolik *f*; **5.** F (Grund *m* zur) ‚Mecke'rei' *f*; **6.** *pl.* ⚓ Seile *pl.* zum Festmachen.

grip·per ['grɪpə] *s.* ⚙ Greifer *m*, Halter *m*; **'grip·ping** [-pɪŋ] *adj.* **1.** *fig.* fesselnd, packend, spannend; **2.** ⚙ Greif…, Klemm…: ~ ***lever*** Spannhebel *m*; ~ ***tool*** Spannwerkzeug *n*.

'grip·sack *s. Am.* Reisetasche *f*.

gris·kin ['grɪskɪn] *s. Brit. Küche*: Rippenstück *n*.

gris·ly ['grɪzlɪ] *adj.* gräßlich.

grist [grɪst] *s.* **1.** Mahlgut *n*, -korn *n*: ***that's ~ to his mill*** das ist Wasser auf s-e Mühle; ***bring ~ to the mill*** Gewinn bringen; ***all is ~ to his mill*** er weiß aus allem Kapital zu schlagen; **2.** Malzschrot *m*, *n*; **3.** *Am.* ('Grundlagen)Materi͵al *n*; **4.** Stärke *f*, Dicke *f* (*Garn od. Tau*).

gris·tle ['grɪsl] *s.* Knorpel *m*; **'gris·tly** [-lɪ] *adj.* knorpelig.

grit [grɪt] **I** *s.* **1.** *geol.* a) grober Sand, Kies *m*, b) *a.* ~ ***stone*** grober Sandstein; **2.** *fig.* Mut *m*, ‚Mumm' *m*; **3.** *pl.* Haferschrot *m*, *n*, -grütze *f*; **II** *v/i.* **4.** knirschen, mahlen; **III** *v/t.* **5.** ~ ***one's teeth*** a) die Zähne zs.-beißen, b) mit den Zähnen knirschen; **'grit·ty** [-tɪ] *adj.* **1.** sandig, kiesig; **2.** *fig.* F mutig.

griz·zle[1] ['grɪzl] *v/i. Brit.* F **1.** quengeln; **2.** sich beklagen.

griz·zle[2] ['grɪzl] *s.* **1.** graue Farbe, Grau *n*; **2.** graues Haar; **'griz·zled** [-ld] *adj.* grau(haarig); **'griz·zly** [-lɪ] **I** *adj.* → ***grizzled***; **II** *s. a.* ~ ***bear*** Grizzly(bär) *m*, Graubär *m*.

groan [grəʊn] **I** *v/i.* **1.** stöhnen, ächzen (***with*** vor; *a. fig. leiden* ***beneath, under*** unter *dat.*); **2.** ächzen, knarren (*Tür etc.*): ***a ~ing board*** (*od.* ***table***) ein überladener Tisch; **II** *v/t.* **3.** ächzen, unter Stöhnen äußern; **4.** ~ ***down*** durch Laute des Unmuts zum Schweigen bringen; **III** *s.* **5.** Stöhnen *n*, Ächzen *n*: ***give a ~*** → 1; **6.** Laut *m* des Unmuts.

groats [grəʊts] *s. pl.* Hafergrütze *f*.

gro·cer ['grəʊsə] *s.* Lebensmittelhändler *m*; **'gro·cer·y** [-sərɪ] *s.* **1.** Lebensmittelgeschäft *n*; **2.** *mst pl.* Lebensmittel *pl.*; **3.** Lebensmittelhandel *m*; **gro·ce·te·ri·a** [͵grəʊsə'tɪərɪə] *s. Am.* Lebensmittelgeschäft *n* mit Selbstbedienung.

grog [grɒg] **I** *s.* Grog *m*; **II** *v/i.* Grog trinken.

grog·gi·ness ['grɒgɪnɪs] *s.* **1.** F Betrunkenheit *f*, ‚Schwips' *m*; **2.** Wack(e)ligkeit *f*; **3.** *a. Boxen*: Benommenheit *f*, (halbe) Betäubung; **'grog·gy** [-gɪ] *adj.* **1.** groggy: a) *Boxen*: angeschlagen, b) F erschöpft, ‚ka'putt', c) F wacklig (auf den Beinen); **2.** wacklig; **3.** morsch.

groin [grɔɪn] *s.* **1.** *anat.* Leiste *f*, Leistengegend *f*; **2.** ⚠ Grat(bogen) *m*, Rippe *f*; **3.** ⚙ Buhne *f*; **groined** [-nd] *adj.* gerippt: ~ ***vault*** Kreuzgewölbe *n*.

grom·met ['grɒmɪt] → ***grummet***.

groom [gru:m] **I** *s.* **1.** Pferdepfleger *m*, Stallbursche *m*; **2.** Bräutigam *m*; **3.** *Brit.* Diener *m*, königlicher Be'amter; → ***bedchamber***; **II** *v/t.* **4.** *Pferd* striegeln, pflegen; **5.** *Person, Kleidung* pflegen: ***well-~ed*** gepflegt; **6.** *fig.* a) *j-n* aufbauen (***for presidency*** als zukünftigen Präsidenten), lancieren, b) *j-n als Nachfolger etc.* ‚her'anziehen'; **grooms·man** ['gru:mzmən] *s.* [*irr.*] *Am.* → ***best man***.

groove [gru:v] **I** *s.* **1.** Rinne *f*, Furche *f* (*a. anat.*): ***in the ~*** *sl. obs.* a) ‚groß in Form', b) *Am.* in Mode; **2.** ⚙ a) Rinne *f*, Furche *f*, b) Nut *f*, Hohlkehle *f*, Rille *f*, c) Kerbe *f*; **3.** Rille *f* (*e-r Schallplatte*); **4.** ⚙ Zug *m* (*in Gewehren etc.*); **5.** *fig.* a) gewohntes Geleise, b) altes Geleise, alter Trott, Scha'blone *f*, Rou'tine *f*: ***get into a ~*** in e-e Gewohnheit *od.* in e-n (immer gleichen) Trott verfallen; ***run*** (*od.* ***work***) ***in a ~*** sich in e-m ausgefahrenen Geleise bewegen, stagnieren; **6.** *sl.* ‚klasse Sache'; ***it's a ~!*** das ist klasse!; **II** *v/t.* **7.** ⚙ a) auskehlen, rillen, falzen, nuten, kerben, b) *Gewehrlauf etc.* ziehen; **III** *v/i. sl.* **8.** Spaß haben (***with*** bei *od.* mit); **9.** Spaß machen, ‚(große) Klasse sein'; **grooved** [-vd] *adj.* gerillt; genutet; **'groov·y** [-vɪ] *adj.* **1.** scha'blonenhaft; **2.** *sl.* ‚toll', ‚klasse'.

grope [grəʊp] **I** *v/i.* **1.** tasten (***for*** nach): ~ ***about*** herumtasten, -tappen, -suchen; ~ ***in the dark*** *bsd. fig.* im dunkeln tappen; ~ ***for*** (*od.* ***after***) ***a solution*** nach e-r Lösung suchen; **II** *v/t.* **2.** tastend suchen: ~ ***one's way*** sich vorwärtstasten; **3.** F *Mädchen* ‚befummeln'; **'grop·ing·ly** [-pɪŋlɪ] *adv.* tastend: a) tappend, b) *fig.* vorsichtig, unsicher.

gros·beak ['grəʊsbi:k] *s. orn.* Kernbeißer *m*.

gros·grain ['grəʊgreɪn] *adj. u. s.* grob gerippt(es Seidentuch).

gross [grəʊs] **I** *adj.* □ → ***grossly***; **1.** dick, feist, plump; **2.** grob(körnig); **3.** roh, grob, derb; **4.** schwer, grob (*Fehler, Pflichtverletzung etc.*): ~ ***negligence*** ⚖ grobe Fahrlässigkeit; **5.** schwerfällig; **6.** dicht, stark, üppig: ~ ***vegetation***; **7.** a) derb, grob, unfein, b) unanständig; **8.** brutto, Brutto…, Roh…, Gesamt…: ~ ***amount*** Gesamtbetrag *m*; ~ ***national product*** Bruttosozialprodukt *n*; ~ ***profit*** Rohgewinn *m*; ~ ***register(ed) ton*** Bruttoregistertonne *f*; ~ ***tonnage*** Bruttotonnengehalt *m*; ~ ***weight*** Bruttogewicht *n*; **II** *s.* **9.** *das* Ganze, *die* Masse: ***in*** (***the***) ~ im ganzen, in Bausch u. Bogen; **10.** *pl.* ***gross*** Gros *n* (*12 Dutzend*); **III** *v/t.* **11.** brutto verdienen *od.* einnehmen *od.* (*Film etc.*) einspielen; **'gross·ly** [-lɪ] *adv.* äußerst, maßlos, ungeheuerlich; ⚖ *etc.* grob: ~ ***negligent***; **'gross·ness** [-nɪs] *s.* **1.** Schwere *f*, Ungeheuerlichkeit *f*; **2.** Roheit *f*, Derbheit *f*, Grobheit *f*; **3.** Anstößigkeit *f*, Unanständigkeit *f*; **4.** Dicke *f*; **5.** Plumpheit *f*.

gro·tesque [grəʊ'tesk] **I** *adj.* □ **1.** gro'tesk (*a. Kunst*); **II** *s.* **2.** *das* Gro'teske; **3.** *Kunst*: Gro'teske *f*, gro'teske Fi'gur; **gro'tesque·ness** [-nɪs] *s. das* Gro'teske.

grot·to ['grɒtəʊ] *pl.* **-toes** *od.* **-tos** *s.* Höhle *f*, Grotte *f*.

grot·ty ['grɒtɪ] *adj. Brit. sl.* **1.** ‚mies'; **2.** gräßlich, eklig.

grouch [graʊtʃ] F **I** *v/i.* **1.** nörgeln, ‚meckern', **II** *s.* **2.** a) ‚miese' Laune, b) ***have a ~*** → 1; **3.** a) ‚Meckerfritze' *m*, b) ‚Miesepeter' *m*; **'grouch·y** [-tʃɪ] *adj.* □ F a) ‚sauer', ‚grantig', b) nörglerisch.

ground[1] [graʊnd] **I** *s.* **1.** (Erd)Boden *m*, Erde *f*, Grund *m*: ***above ~*** a) oberirdisch, ⚒ über Tage, b) am Leben; ***below ~*** a) ⚒ unter Tage, b) unter der Erde, tot; ***down to the ~*** *fig.* völlig, total, restlos; ***from the ~ up*** *Am.* F von Grund auf; ***break new*** (*od.* ***fresh***) ~ Land urbar machen, *a. fig.* Neuland erschließen; ***cut the ~ from under s.o.'s feet*** j-m den Boden unter den Füßen wegziehen; ***fall to the ~*** zu Boden fallen, *fig.* sich zerschlagen, ins Wasser fallen; ***fall on stony ~*** *fig.* auf taube Ohren stoßen; ***get off the ~*** a) *v/t. fig. et.* in Gang bringen, *et.* verwirklichen, b) *v/i.* ✈ abheben, c) *v/i. fig.* in Gang kommen, verwirklicht werden; ***go to ~*** im Bau verschwinden (*Fuchs*), *fig.* ‚untertauchen' (*Verbrecher*); ***play s.o. into the ~*** *sport* F j-n in Grund u. Boden spielen; **2.** Boden *m*, Grund *m*, Gebiet *n* (*a. fig.*), Strecke *f*, Gelände *n*: ***on German ~*** auf deutschem Boden; ***be on safe ~*** sich auf sicherem Boden bewegen; ***be forbidden ~*** *fig.* tabu sein; ***cover much ~*** e-e große Strecke zurücklegen, *fig.* viel umfassen, weit reichen; ***cover the ~ well*** *fig.* nichts außer acht lassen, alles in Betracht ziehen; ***gain ~*** (an) Boden gewinnen, *fig. a.* um sich greifen, Fuß fassen; ***give*** (*od.* ***lose***) ~ (an) Boden verlieren (*a. fig.*); ***go over the ~*** *fig.* die Sache durchsprechen, alles gründlich prüfen; ***hold*** (*od.* ***stand***) ***one's ~*** standhalten, nicht weichen, sich *od.* s-n Standpunkt behaupten; ***shift one's ~*** seinen Standpunkt ändern, umschwenken; **3.** Grundbesitz *m*, Grund *m* u. Boden *m*, Lände'reien *pl.*; **4.** Gebiet *n*, Grund *m*, *bsd. sport* Platz *m*: ***cricket-~***; **5.** ***hunting-~*** Jagd(-gebiet *n*) *f*; **6.** *pl.* (Garten)Anlagen *pl.*: ***standing in its own ~s*** von Anlagen umgeben (*Haus*); **7.** Meeresboden *m*, (Meeres)Grund *m*: ***take ~*** auflaufen, stranden; **8.** *pl.* Bodensatz *m* (*Kaffee etc.*); **9.** Grundierung *f*, Grund(farbe *f*) *m*, Grund(fläche *f*) *m*; **10.** *a. pl.* Grundlage *f* (*a. fig.*); **11.** *fig.* (Beweg-)Grund *m*: ~ ***for divorce*** Scheidungsgrund; ***on the ~(s) of*** auf Grund (*gen.*), wegen (*gen.*); ***on the ~(s) that*** mit der Begründung, daß; ***on medical ~s*** aus gesundheitlichen Gründen; ***have no ~(s) for*** keinen Grund haben für (*od.* zu *inf.*); **12.** ⚡ Erde *f*, Erdung *f*, Erdschluß *m*: ~ ***cable*** Massekabel *n*; **13.** *thea.* Par'terre *n*; **II** *v/t.* **14.** niederlegen, -setzen; → ***arm***[2] 1; **15.** ⚓ *Schiff* auf Grund setzen; **16.** ⚡ erden; **17.** ⚙, *paint.* grundieren; **18.** a) *e-m Flugzeug od. Piloten* Startverbot erteilen, b) *mot. Am. j-m* die Fahrerlaubnis entziehen:

be ~ed *a.* nicht (ab)fliegen *od.* starten können *od.* dürfen, (*Passagiere*) *a.* festsitzen; **19.** *fig.* (***on***, ***in***) gründen, stützen (auf *acc.*), begründen (in *dat.*): ***~ed in fact*** auf Tatsachen beruhend; ***be ~ed in*** → 22; **20.** (***in***) j-n einführen (in *acc.*), *j-m* die Anfangsgründe beibringen (*gen.*): ***well ~ed in*** mit guten (Vor-) Kenntnissen in (*od. gen.*); **III** *v/i.* **21.** ⚓ stranden, auflaufen; **22.** (***on***, ***upon***) beruhen (auf *dat.*), sich gründen (auf *acc.*).

ground² [graʊnd] **I** *pret. u. p.p. von* ***grind***; **II** *adj.* **1.** gemahlen: ~ ***coffee***; **2.** matt(geschliffen); → ***ground glass***.

ground·age [ˈgraʊndɪdʒ] *s.* ⚓ *Brit.* Hafengebühr *f*, Ankergeld *n*.

ˌ**ground|-ˈair** *adj.* ✈ Boden-Bord-…; ~ **a·lert** *s.* ✈, ⚔ Aˈlarm-, Startbereitschaft *f*; ~ **an·gling** *s.* Grundangeln *n*; ~ **at·tack** *s.* ✈ Angriff *m* auf Erdziele, Tiefangriff *m*; ~ **bass** *s.* ♪ Grundbaß *m*; ~ **box** *s.* ⚘ Zwergbuchsbaum *m*; ~ **clear·ance** *s. mot.* Bodenfreiheit *f*; **~-col·o(u)r** *s.* Grundfarbe *f*; ~ **con·nec·tion** → ***ground¹*** 12; ˈ**~-conˌtrolled ap·proach** *s.* ✈ GCˈA-Anflug *m* (*per Bodenradar*); ~ **crew** *s.* ✈ ˈBodenpersoˌnal *n*; ˈ**~-fish** *s. ichth.* Grundfisch *m*; ~ **fish·ing** *s.* Grundangeln *n*; ~ **floor** *s. Brit.* Erdgeschoß *n*: ***get in on the ~*** F a) ✝ sich zu den Gründerbedingungen beteiligen, b) von Anfang an mit dabeisein, c) ganz unten anfangen (*in e-r Firma etc.*); ~ **fog** *s.* Bodennebel *m*; ~ **forc·es** *s. pl.* ⚔ Bodentruppen *pl.*, Landstreitkräfte *pl.*; ~ **form** *s. ling.* a) Grundform *f*, b) Wurzel *f*, c) Stamm *m*; ~ **frost** *s.* Bodenfrost *m*; ~ **glass** *s.* **1.** Mattglas *n*; **2.** *phot.* Mattscheibe *f*; ~ **game** *s. hunt. Brit.* Niederwild *n*; ~ **hog** *s. zo.* Amer. Murmeltier *n*; ~ **host·ess** *s.* ✈ Groundhostess *f*; ~ **ice** *s. geol.* Grundeis *n*.

ground·ing [ˈgraʊndɪŋ] *s.* **1.** Fundaˈment *n*, ˈUnterbau *m*; **2.** a) Grundierung *f*, b) Grundfarbe *f*; **3.** ⚓ Stranden *n*; **4.** ⚡ Erdung *f*; **5.** a) ˈAnfangsˌunterricht *m*, Einführung *f*, b) (Vor)Kenntnisse *pl.*

ground·less [ˈgraʊndlɪs] *adj.* □ grundlos, unbegründet.

ground| lev·el *s. phys.* Bodennähe *f*; ~ **line** *s.* ⩓ Grundlinie *f*; ˈ**~·man** [-ndmæn] *s.* [*irr.*] *sport* Platzwart *m*; ~ **note** *s.* ♪ Grundton *m*; ˈ**~·nut** [-ndn-] *s.* Erdnuß *f*; ~ **plan** *s.* **1.** ⩓ Grundriß *m*; **2.** *fig.* (erster) Entwurf, Konˈzept *n*; ~ **plane** *s.* Horizonˈtalebene *f*; ~ **plate** *s.* **1.** ⩓ Grundplatte *f*; **2.** ⚡ Erdplatte *f*; ~ **rule** *s.* Grundregel *f*; ~ **sea** *s.* ⚓ Grundsee *f*; ~ **sheet** *s.* **1.** Zeltboden *m*; **2.** *sport* Regenplane *f* (*für das Spielfeld*); ˈ**~s·man** [-ndzmən] → ***groundman***; ~ **speed** *s.* ✈ Geschwindigkeit *f* über Grund; ~ **staff** → ***ground crew***; ~ **sta·tion** *s.* ˈBodenstatiˌon *f*; ~ **swell** *s.* **1.** (Grund)Dünung *f*; **2.** *fig.* Anschwellen *n*; ˌ**~-to-ˈair** *adj.* a) ✈ Boden-Bord-…: ~ ***communication***, b) ⚔ Boden-Luft-…: ~ ***weapon***; ˈ**~-ˌwa·ter lev·el** *s. geol.* Grundwasserspiegel *m*; ~ **wave** *s.* ⚡, *phys.* Bodenwelle *f*; ˈ**~·work** *s.* **1.** ⩓ a) Erdarbeit *f*, b) ˈUnterbau *m*, Fundaˈment *n* (*a. fig.*); **2.** *fig.* Grundlage(n *pl.*) *f*; **3.** *paint. etc.* Grund *m*.

group [gru:p] **I** *s.* **1.** *allg.*, *a.* ⚗, ⩓, ♪, *biol.*, *sociol. etc.* Gruppe *f*; **2.** *fig.* Gruppe *f*, Kreis *m*; **3.** *parl.* a) Gruppe *f* (*Partei mit zu wenig Abgeordneten für e-e Fraktion*, b) Fraktiˈon *f*; **4.** ✝ Gruppe *f*, Konˈzern *m*; **5.** ⚔ a) Gruppe *f*, b) Kampfgruppe *f* (*2 od. mehr Bataillone*); **6.** ✈ a) *Brit.* Geschwader *n*: ~ ***captain*** Oberst *m* (*der* ***RAF***), b) *Am.* Gruppe *f*; **7.** ♪ a) Instruˈmenten- *od.* Stimmgruppe *f*, b) Notengruppe *f*; **II** *v/t.* **8.** gruppieren, anordnen; **9.** klassifizieren, einordnen; **III** *v/i.* **10.** sich gruppieren; ~ **drive** *s.* ⚙ Gruppenantrieb *m*; ~ **dy·nam·ics** *s. pl. sg. konstr. sociol.*, *psych.* ˈGruppendyˌnamik *f*.

group·ie [ˈgru:pɪ] *s.* ‚Groupie' *n* (*weiblicher Fan*).

group| sex *s.* Gruppensex *m*; ~ **ther·a·py** *s. psych.* ˈGruppentheraˌpie *f*; ~ **work** *s. sociol.* Gruppenarbeit *f*.

grouse¹ [graʊs] *s. sg. u. pl. orn.* **1.** Waldhuhn *n*; **2.** Schottisches Moorhuhn.

grouse² [graʊs] **I** *v/i.* (***about***) meckern (über *acc.*), nörgeln (an *dat.*, über *acc.*); **II** *s.* Nörgeˈlei *f*, Gemecker *n*; ˈ**grous·er** [-sə] *s.* ‚Meckerfritze' *m*.

grout [graʊt] **I** *s.* **1.** ⚙ Vergußmörtel *m*; **2.** Schrotmehl *n*; **3.** *pl.* Hafergrütze *f*; **II** *v/t.* **4.** *Fugen* ausstreichen.

grove [grəʊv] *s.* Hain *m*, Gehölz *n*.

grov·el [ˈgrɒvl] *v/i.* **1.** am Boden kriechen; **2.** ~ ***before*** (*od.* ***to***) ***s.o.*** *fig.* vor j-m kriechen, vor j-m zu Kreuze kriechen; **3.** ~ ***in*** schwelgen in (*dat.*), frönen (*dat.*); ˈ**grov·el·(l)er** [-lə] *s. fig.* Kriecher *m*, Speichellecker *m*; ˈ**grov·el·(l)ing** [-lɪŋ] *adj.* □ *fig.* kriecherisch, unterˈwürfig.

grow [grəʊ] **I** *v/i.* [*irr.*] **1.** wachsen; **2.** ⚘ wachsen, vorkommen; **3.** wachsen: a) größer *od.* stärker werden, sich entwickeln, b) *fig.* anwachsen, zunehmen (***in*** an *dat.*); **4.** (allˈmählich) werden: ~ ***rich***; ~ ***less*** sich vermindern; ~ ***light*** hell(er) werden, sich aufklären; **II** *v/t.* [*irr.*] **5.** (an)bauen, züchten, ziehen: ~ ***apples***; **6.** (sich) wachsen lassen: ~ ***one's hair long***; ~ ***a beard*** sich e-n Bart stehen lassen;

Zssgn mit adv. u. prp.:

grow| a·way *v/i.*: ~ ***from*** sich *j-m* entfremden; ~ **from** → ***grow out of***; ~ **in·to** *v/i.* **1.** hinˈeinwachsen in (*acc.*) (*a. fig.*); **2.** werden zu, sich entwickeln zu; ~ **on** *v/i.* **1.** Einfluß *od.* Macht gewinnen über (*acc.*): ***the habit grows on one*** man gewöhnt sich immer mehr daran; **2.** *j-m* lieb werden *od.* ans Herz wachsen; ~ **out of** *v/i.* **1.** herˈauswachsen aus: ~ ***one's clothes***; **2.** *fig.* entwachsen (*dat.*), überˈwinden (*acc.*), ablegen: ~ ***a habit***; **3.** erwachsen *od.* entstehen aus, e-e Folge sein (*gen.*); ~ **up** *v/i.* **1.** auf-, herˈanwachsen: ~ (***into***) ***a beauty*** sich zu e-r Schönheit entwickeln; **2.** erwachsen werden: ***~!*** sei kein Kindskopf!; **3.** sich einbürgern (*Brauch etc.*); **4.** sich entwickeln, entstehen; ~ **up·on** → ***grow on***.

grow·er [ˈgrəʊə] *s.* **1.** (*schnell etc.*) wachsende Pflanze: ***a fast ~***; **2.** Züchter *m*, Pflanzer *m*, Erzeuger *m*, *in Zssgn* …bauer *m*; **grow·ing** [ˈgrəʊɪŋ] **I** *adj.* □ **1.** wachsend (*a. fig. zunehmend*); **II** *s.* **2.** Anbau *m*; **3.** Wachstum *n*: ~ ***pains*** a) Wachstumsschmerzen, b) *fig.* Anfangsschwierigkeiten, ‚Kinderkrankheiten'.

growl [graʊl] **I** *v/i.* **1.** knurren (*Hund etc.*), brummen (*Bär*) (*beide a. fig. Person*): ~ ***at*** *j-n* anknurren; **2.** (g)rollen (*Donner*); **II** *v/t.* **3.** *Worte* knurren; **III** *s.* **4.** Knurren *n*, Brummen *n*; **5.** (G)Rollen *n*; ˈ**growl·er** [-lə] *s.* **1.** knurriger Hund; **2.** *fig.* ‚Brummbär' *m*; **3.** *ichth.* Knurrfisch *m*; **4.** ⚡ Prüfspule *f*; **5.** kleiner Eisberg.

grown [grəʊn] **I** *p.p. von* ***grow***; **II** *adj.* **1.** gewachsen; → ***full-grown***; **2.** erwachsen: ~ ***man*** Erwachsene(r) *m*; **3.** *a.* ~ ***over*** be-, überˈwachsen; **~-up I** *adj.* [ˌgrəʊnˈʌp] **1.** erwachsen; **2.** a) für Erwachsene: ~ ***books***, b) Erwachsenen…: ~ ***clothes***; **II** *s.* [ˈgrəʊnʌp] **3.** Erwachsene(r *m*) *f*.

growth [grəʊθ] *s.* **1.** Wachsen *n*, Wachstum *n* (*a. fig. u.* ✝); **2.** Wuchs *m*, Größe *f*; **3.** Anwachsen *n*, Zunahme *f*, Zuwachs *m*; **4.** *fig.* Entwicklung *f*; **5.** a) Anbau *m*, b) Proˈdukt *n*, Erzeugnis *n*: ***of one's own ~*** selbstgezogen; **6.** ⚘ Schößling *m*, Trieb *m*; **7.** ⚕ Gewächs *n*, Wucherung *f*; ~ **in·dus·try** *s.* ✝ ˈWachstumsinduˌstrie *f*; ~ **rate** *s.* ✝ Wachstumsrate *f*.

groyne [grɔɪn] *s. Brit.* ⚙ Buhne *f*.

grub [grʌb] **I** *v/i.* **1.** a) graben, wühlen, b) jäten, c) roden; **2.** ‚wühlen', schwer arbeiten; **3.** *fig.* stöbern, wühlen, kramen; **4.** *sl.* ‚futtern', essen; **II** *v/t.* **5.** a) aufwühlen, b) ˈumgraben, c) roden; **6.** *oft* ~ ***up*** a) ausjäten, b) (mit den Wurzeln) ausgraben, c) *fig.* ausgraben, aufstöbern; **III** *s.* **7.** *zo.* Made *f*, Larve *f*; **8.** *fig.* Arbeitstier *n*; **9.** *sl.* ‚Futter' *n* (*Essen*).

grub·ber [ˈgrʌbə] *s.* **1.** ⚒ a) Rodehacke *f*, -werkzeug *n*, b) Eggenpflug *m*; **2.** → ***grub*** 8; ˈ**grub·by** [-bɪ] *adj.* **1.** schmuddelig; **2.** madig.

ˈ**grub|·stake** *s. Am.* ⚒ *e-m Schürfer gegen Gewinnbeteiligung gegebene* Ausrüstung u. Verpflegung; ♀ **Street I** *s. fig.* armselige Liteˈraten *pl.*; **II** *adj.* (liteˈrarisch) minderwertig, ‚dritter Garniˈtur'.

grudge [grʌdʒ] **I** *v/t.* **1.** (***s.o. s.th.*** *od.* ***s.th. to s.o.***) (j-m et.) mißˈgönnen *od.* nicht gönnen, (j-n um et.) beneiden; **2.** ~ ***doing s.th.*** et. nur widerwillig *od.* ungern tun; **II** *s.* **3.** Groll *m*: ***bear s.o. a ~***, ***have a ~ against s.o.*** e-n Groll gegen j-n hegen; ˈ**grudg·er** [-dʒə] *s.* Neider *m*; ˈ**grudg·ing** [-dʒɪŋ] *adj.* □ **1.** neidisch, ˈmißgünstig; **2.** ˈwiderwillig, ungern (getan *od.* gegeben): ***she was very ~ in her thanks*** sie bedankte sich nur sehr widerwillig.

gru·el [ˈgrʊəl] *s.* Haferschleim *m*; Schleimsuppe *f*; ˈ**gru·el·(l)ing** [-lɪŋ] **I** *adj. fig.* mörderisch, aufreibend, zermürbend; **II** *s. Brit.* F a) harte Strafe *od.* Behandlung, b) Straˈpaze *f*, ‚Schlauch' *m*.

grue·some [ˈgru:səm] *adj.* □ grausig, grauenhaft, schauerlich.

gruff [grʌf] *adj.* □ **1.** schroff, barsch, ruppig; **2.** rauh (*Stimme*); ˈ**gruff·ness** [-nɪs] *s.* **1.** Barsch-, Schroffheit *f*; **2.** Rauheit *f*.

grum·ble [ˈgrʌmbl] **I** *v/i.* **1.** a) murren, schimpfen (***at***, ***about***, ***over*** über *acc.*, wegen), b) knurren, brummen; **2.**

(g)rollen (*Donner*); **II** *s.* **3.** Murren *n*, Knurren *n*; **4.** (G)Rollen *n*; **'grum·bler** [-lə] *s.* Brummbär *m*, Nörgler *m*; **'grum·bling** [-lɪŋ] *adj.* □ **1.** brummig; **2.** murrend.

grume [gru:m] *s.* (*bsd.* Blut)Klümpchen *n*.

grum·met ['grʌmɪt] *s. Brit.* **1.** ⚓ Seilschlinge *f*; **2.** ⚙ (Me'tall)Öse *f*.

gru·mous ['gru:məs] *adj.* geronnen, dick, klumpig (*Blut etc.*).

grump [grʌmp] *s. Am.* F **1.** → ***grumbler***; **2.** *pl.* Mißmut *m*: ***have the ~s*** mißmutig sein; **grump·y** ['grʌmpɪ] *adj.* □ mürrisch, mißmutig.

Grun·dy ['grʌndɪ] *s.* engstirnige, sittenstrenge Per'son: ***Mrs. ~*** *a.* ‚die Leute' *pl.* (*die gefürchtete öffentliche Meinung*): ***what will Mrs. ~ say?***

grunt [grʌnt] **I** *v/i. u. v/t.* **1.** grunzen; **2.** *fig.* murren, brummen; **3.** ächzen, stöhnen (***with*** vor *dat.*); **II** *s.* **4.** Grunzen *n*; **5.** → ***growler*** 3.

gryph·on ['grɪfən] → ***griffin***[1] 1.

'G-string *s.* **1.** ♪ G-Saite *f*; **2.** a) ‚letzte Hülle' (*e-r Stripteasetänzerin*), b) Tanga *m* (*Mini-Bikini*).

gua·na ['gwɑ:nɑ:] → ***iguana***.

gua·no ['gwɑ:nəʊ] *s.* Gu'ano *m*.

guar·an·tee [ˌgærən'ti:] **I** *s.* **1.** Garan'tie *f*: a) Bürgschaft *f*, Sicherheit *f*, b) Gewähr *f*, Zusicherung *f*, c) Garan'tiefrist *f*: ***~ (card)*** Garantieschein *m*; ***there is a one-year ~ on this camera*** die Kamera hat ein Jahr Garantie; **2.** Kauti'on *f*, Sicherheit(sleistung) *f*, Pfand(summe *f*) *n*; **3.** Bürge *m*, Bürgin *f*; **4.** Sicherheitsempfänger(in); **II** *v/t.* **5.** (sich ver-)bürgen für, Garan'tie leisten für; **6.** *et.* garantieren, gewährleisten, sicherstellen, verbürgen; **7.** schützen, sichern (***from, against*** vor *dat.*, gegen); **ˌguar·an'tor** [-'tɔ:] *s. bsd.* ⚖ Bürge *m*, Bürgin *f*, Ga'rant(in); **guar·an·ty** ['gærəntɪ] → ***guarantee*** 1, 2, 3.

guard [gɑ:d] **I** *v/t.* **1.** (***against, from***) (be)hüten, (be)schützen, bewahren (vor *dat.*), sichern (gegen): ***~ one's interests*** *fig.* s-e Interessen wahren; ***~ your tongue!*** hüte deine Zunge!; **2.** bewachen, beaufsichtigen; **3.** ⚙ (ab)sichern; **4.** *Schach*: *Figur* decken; **II** *v/i.* **5.** (***against***) auf der Hut sein, sich hüten *od.* schützen *od.* in acht nehmen (vor *dat.*), vorbeugen (*dat.*); **III** *s.* **6.** a) ⚔ *etc.* Wache *f*, (Wach)Posten *m*, b) Wächter *m*, c) Aufseher *m*, Wärter *m*; **7.** ⚔ a) Wachmannschaft *f*, Wache *f*, b) Garde *f*, Leibwache *f*: ***~ of hono(u)r*** Ehrenwache *f*, c) ***2s*** *pl. Brit.* 'Garde (-korps *n*, -regiˌment *n*) *f*; **8.** 🚂 a) *Brit.* Schaffner *m*, b) *Am.* Bahnwärter *m*; **9.** Bewachung *f*, Aufsicht *f*: ***keep under close ~*** scharf bewachen; ***be on ~*** auf Wache sein; ***stand (mount, relieve, keep) ~*** Wache stehen (beziehen, ablösen, halten); **10.** *fenc.*, *Boxen etc.*, *a. Schach*: Deckung *f*: ***lower one's ~*** die Deckung herunternehmen, *fig.* sich e-e Blöße geben, nicht aufpassen; **11.** *fig.* Wachsamkeit *f*: ***on one's ~*** auf der Hut, vorsichtig; ***off one's ~*** nicht auf der Hut, unachtsam; ***put s.o. on his ~*** j-n warnen; ***throw s.o. off his ~*** j-n überrumpeln; **12.** ⚙ Schutzvorrichtung *f*, -gitter *n*, -blech *n*; **13.** a) Stichblatt *n* (*am Degen*), b) Bügel *m* (*am Gewehr*); **14.** *fig.* Vorsichtsmaßnahme *f*, Sicherung *f*; **~ boat** *s.* ⚓ Wachboot *n*; **~ book** *s.* **1.** *Brit.* Sammelalbum *n*; **2.** ⚔ Wachbuch *n*; **~ chain** *s.* Sicherheitskette *f*; **~ dog** *s.* Wachhund *m*; **~ du·ty** *s.* Wachdienst *m*: ***be on ~*** Wache haben.

guard·ed ['gɑ:dɪd] *adj.* □ *fig.* vorsichtig, zu'rückhaltend: ***~ hope*** gewisse Hoffnung; ***~ optimism*** gedämpfter Optimismus; **'guard·ed·ness** [-nɪs] *s.* Vorsicht *f*, Zu'rückhaltung *f*.

'guard·house *s.* ⚔ **1.** 'Wachloˌkal *n*, -haus *n*; **2.** Ar'restloˌkal *n*.

guard·i·an ['gɑ:djən] *s.* **1.** Hüter *m*, Wächter *m*: ***~ angel*** Schutzengel *m*; ***~ of the law*** Gesetzeshüter; **2.** ⚖ Vormund *m*: ***~ ad litem*** Prozeßvertreter *m* (*für Minderjährige od. Geschäftsunfähige*); **'guard·i·an·ship** [-ʃɪp] *s.* **1.** ⚖ Vormundschaft *f*: ***be (place) under ~*** unter Vormundschaft stehen (stellen); **2.** *fig.* Schutz *m*, Obhut *f*.

'guard|·rail *s.* **1.** Handlauf *m*; **2.** *mot.* Leitplanke *f*; **'~s·man** [-dzmən] *s.* [*irr.*] ⚔ **1.** → ***guard*** 6a; **2.** Gar'dist *m*; **3.** *Am.* Natio'nalgarˌdist *m*.

Gua·te·ma·lan [ˌgwætɪ'mɑ:lən] **I** *adj.* guatemal'tekisch; **II** *s.* Guatemal'teke *m*, -'tekin *f*.

gua·va ['gwɑ:və] *s.* ♀ Gua'jave *f*.

gu·ber·na·to·ri·al [ˌgju:bənə'tɔ:rɪəl] *adj. bsd. Am.* Gouverneurs…

gudg·eon[1] ['gʌdʒən] *s.* **1.** *ichth.* Gründling *m*; **2.** *fig.* Gimpel *m*.

gudg·eon[2] ['gʌdʒən] *s.* **1.** ⚙ Zapfen *m*, Bolzen *m*: ***~ pin*** Kolbenbolzen; **2.** ⚓ Ruderöse *f*.

guel·der rose ['geldə] *s.* ♀ Schneeball *m*.

Guelph, **Guelf** [gwelf] *s.* Welfe *m*, Welfin *f*; **'Guelph·ic**, **'Guelf·ic** [-fɪk] *adj.* welfisch.

guer·don ['gɜ:dən] *poet.* **I** *s.* Sold *m*, Lohn *m*; **II** *v/t.* belohnen.

gue·ril·la → ***guerrilla***.

Guern·sey ['gɜ:nzɪ] *s.* **1.** Guernsey (-rind) *n*; **2.** *a.* 2 ⚓ 'Wollpulˌlover *m*.

guer·ril·la [gə'rɪlə] *s.* ⚔ **1.** Gue'rilla *m*, Parti'san *m*; **2.** *mst* ***~ war(fare)*** Gue'rillakrieg *m*, *fig.* Kleinkrieg *m*.

guess [ges] **I** *v/t.* **1.** erraten: ***~ a riddle***; ***~ s.o.'s thoughts***; ***~ who!*** rate mal, wer!; **2.** (ab)schätzen (***at*** auf): ***~ s.o.'s age***; **3.** ahnen, vermuten; **4.** *bsd. Am.* F glauben, denken, meinen, ahnen; **II** *v/i.* **5.** schätzen (***at s.th.*** et.); **6.** a) raten, b) her'umraten (***at, about*** an *dat.*): ***keep s.o. ~ing*** j-n im unklaren *od.* ungewissen lassen; ***~ing game*** Ratespiel *n*; **III** *s.* **7.** Schätzung *f*, Vermutung *f*, Annahme *f*: ***my ~ is that*** ich schätze *od.* vermute, daß; ***that's anybody's ~*** das weiß niemand; ***your ~ is as good as mine*** ich kann auch nur raten; ***a good ~!*** gut geraten *od.* geschätzt; ***at a ~*** bei bloßer Schätzung; ***at a rough ~*** grob geschätzt; ***by ~*** schätzungsweise; ***by ~ and by god*** F ‚nach Gefühl u. Wellenschlag'; ***make (od. take) a ~*** raten, schätzen; ***miss one's ~*** ‚danebenhauen', falsch raten; ***~ rope*** → ***guest rope***; **~ stick** *s. Am. sl.* **1.** Rechenschieber *m*; **2.** Maßstab *m*.

guess·ti·mate F **I** *s.* ['gestɪmət] grobe Schätzung, bloße Rate'rei; **II** *v/t.* [-meɪt] ‚über den Daumen peilen'.

'guess·work *s.* (bloße) Rate'rei, (reine) Vermutung(en *pl.*).

guest [gest] **I** *s.* **1.** Gast *m*: ***paying ~*** (Pensions)Gast; ***~ of hono(u)r*** Ehrengast; ***be my ~!*** aber bitte(, ja)!; **2.** ♀, *zo.* Einmieter *m* (*Parasit*); **II** *v/i.* **3.** *bsd. Am. thea.* gastieren, als Gast mitwirken (***on*** bei); **~ book** *s.* Gästebuch *n*; **~ con·duc·tor** *s.* ♪ 'Gastdiriˌgent *m*; **'~·house** *s.* Pensi'on *f*, Gästehaus *n*; **~ room** [rʊm] *s.* Gästezimmer *n*; **~ rope**, **~ warp** ['ges-] *s.* ⚓ **1.** Schlepptrosse *f*; **2.** Bootstau *n*.

guf·faw [gʌ'fɔ:] **I** *s.* schallendes Gelächter; **II** *v/i.* laut lachen.

guid·a·ble ['gaɪdəbl] *adj.* lenkbar, lenksam; **'guid·ance** [-dns] *s.* **1.** Leitung *f*, Führung *f*; **2.** Anleitung *f*, Belehrung *f*, Unter'weisung *f*: ***for your ~*** zu Ihrer Orientierung; **3.** (*Berufs-, Ehe- etc.*)Beratung *f*, Führung *f*: ***~ counselor*** a) Berufs-, Studienberater *m*, b) Heilpädagoge *m*.

guide [gaɪd] **I** *v/t.* **1.** *j-n* führen, geleiten, *j-m* den Weg zeigen; **2.** ⚙ *u. fig.* lenken, leiten, führen, steuern; **3.** *et.*, *a. j-n* bestimmen: ***~ s.o.'s actions (life, etc.)***; ***be ~d by*** sich leiten lassen von, folgen (*dat.*), bestimmt sein von; **4.** anleiten, belehren, beraten(d zur Seite stehen *dat.*); **II** *s.* **5.** Führer(in), Leiter (-in); **6.** (Reise-, Fremden-, Berg- *etc.*) Führer *m*; **7.** (Reise- *etc.*)Führer *m* (***to*** durch, von) (*Buch*); **8.** (***to***) Leitfaden *m*, Handbuch *n* (*gen.*); **9.** Berater (-in); **10.** *fig.* Richtschnur *f*, Anhaltspunkt *m*: ***if that (he) is any ~*** wenn man sich danach (nach ihm) überhaupt richten kann; **11.** → ***girl guide***; **12.** a) Wegweiser *m*, b) 'Wegmarˌkierung(szeichen *n*) *f*; **13.** ⚙ Führung *f*; **~ bar** *s.* ⚙ Führungsschiene *f*; **~ beam** *s.* ✈ (Funk)Leitstrahl *m*; **~ blade** *s.* ⚙ Leitschaufel *f* (*Turbine*); **~ block** *s.* ⚙ Führungsschlitten *m*; **'~·book** → ***guide*** 7.

guid·ed ['gaɪdɪd] *adj.* **1.** (fern)gelenkt: ***~ missile*** ⚔ Fernlenkgeschoß *n*, Fernlenkkörper *m*; **2.** geführt: ***~ tour*** Führung *f*.

guide| dog *s.* Blindenhund *m*; **'~·line** *s.* **1.** ✈ Schleppseil *n*; **2.** (***on*** *gen.*) Richtlinie *f*, -schnur *f*; **'~·post** *s.* Wegweiser *m*; **~ pul·ley** *s.* ⚙ Leit-, 'Umlenkrolle *f*; **~ rail** *s.* → ***guide bar***; **~ rod** *s.* ⚙ Führungsstange *f*; **~ rope** *s.* ✈ Schlepptau *n*; **'~·way** *s.* ⚙ Führungsbahn *f*.

guid·ing ['gaɪdɪŋ] *adj.* führend, leitend, Lenk…: ***~ principle*** Leitprinzip *n*; **~ rule** *s.* Richtlinie *f*; **~ star** *s.* Leitstern *m*.

gui·don ['gaɪdən] *s.* **1.** Wimpel *m*, Fähnchen *m*, Stan'darte *f*; **2.** Stan'dartenträger *m*.

guild [gɪld] *s.* **1.** Gilde *f*, Zunft *f*, Innung *f*; **2.** Vereinigung *f*.

guil·der ['gɪldə] *s.* Gulden *m*.

ˌguild'hall *s.* **1.** *hist.* Gilden-, Zunfthaus *n*; **2.** Rathaus *n*: ***the 2*** *das Rathaus der City von London*.

guile [gaɪl] *s.* (Arg)List *f*, Tücke *f*; **'guile·ful** [-fʊl] *adj.* □ arglistig, tückisch; **'guile·less** [-lɪs] *adj.* □ arglos, ohne Falsch, treuherzig, harmlos; **'guile·less·ness** [-lɪsnɪs] *s.* Harm-, Arglosigkeit *f*.

guil·lo·tine [ˌgɪlə'ti:n] **I** *s.* **1.** Guillo'tine *f*, Fallbeil *n*; **2.** ⚙ Pa'pierˌschneidema-

ˌschine *f*; **3.** *Brit. parl.* Befristung *f* der De'batte; **II** *v/t.* **4.** guillotinieren, durch die Guillo'tine hinrichten.

guilt [gɪlt] *s.* Schuld *f* (*a.* ⚖): ***joint ~*** Mitschuld; ***~ complex*** Schuldkomplex *m*; **'guilt·i·ness** [-tɪnɪs] *s.* **1.** Schuld *f*; **2.** Schuldbewußtsein *n*, -gefühl *n*; **'guilt·less** [-lɪs] *adj.* □ **1.** schuldlos, unschuldig (***of*** an *dat.*); **2.** *fig.* (***of***) a) unwissend, unerfahren (in *dat.*): ***be ~ of s.th.*** et. nicht kennen (*a. fig.*), b) frei *od.* unberührt (von), ohne (*acc.*); **'guilt·y** [-tɪ] *adj.* □ **1.** schuldig (***of*** *gen.*): ***find*** (***not***) ***~*** für (un)schuldig erklären (***on a charge*** e-r Anklage); **2.** schuldbewußt, -beladen: ***a ~ conscience*** ein schlechtes Gewissen.

guin·ea ['gɪnɪ] *s.* **1.** *Brit.* Gui'nee *f* (*£1.05*); **2.** → ***~ fowl*** *s.*, ***~ hen*** *s.* Perlhuhn *n*; ***~ pig*** *s.* **1.** Meerschweinchen *n*; **2.** *fig.* Ver'suchskaˌninchen *n*.

guise [gaɪz] *s.* **1.** Gestalt *f*, Erscheinung *f*, Aufmachung *f*: ***in the ~ of*** als ... (verkleidet); **2.** *fig.* Maske *f*, (Deck-) Mantel *m*: ***under the ~ of*** in der Maske (*gen.*), unter dem Deckmantel (*gen.*).

gui·tar [gɪ'tɑː] *s.* ♪ Gi'tarre *f*; **gui'tar·ist** [-rɪst] *s.* Gitar'rist(in), Gi'tarrenspieler(in).

gulch [gʌlʃ] *s. Am.* (Berg)Schlucht *f*.

gulf [gʌlf] **I** *s.* **1.** Golf *m*, Meerbusen *m*, Bucht *f*; **2.** *a. fig.* Abgrund *m*, Schlund *m*; **3.** *fig.* Kluft *f*; **4.** Strudel *m*; **II** *v/t.* **5.** *fig.* verschlingen.

gull[1] [gʌl] *s. orn.* Möwe *f*.

gull[2] [gʌl] **I** *v/t.* über'tölpeln; **II** *s.* Gimpel *m*, Trottel *m*.

gul·let ['gʌlɪt] *s.* **1.** *anat.* Schlund *m*, Speiseröhre *f*; **2.** Gurgel *f*, Kehle *f*; **3.** Wasserrinne *f*; **4.** ⚙ 'Förderkaˌnal *m*.

gul·li·bil·i·ty [ˌgʌlə'bɪlətɪ] *s.* Leichtgläubigkeit *f*, Einfalt *f*; **gul·li·ble** ['gʌləbl] *adj.* leichtgläubig, na'iv.

gul·ly ['gʌlɪ] *s.* **1.** (Wasser)Rinne *f*; **2.** ⚙ a) Gully *m*, Sinkkasten *m*, Senkloch *n*, b) *a.* ***~ drain*** 'Abzugskaˌnal *m*: ***~ hole*** Abflußloch *n*.

gulp [gʌlp] **I** *v/t. mst* ***~ down*** **1.** *Speise* hin'unterschlingen, *Getränk* hin'unterstürzen; **2.** *Tränen etc.* hin'unterschlukken, unter'drücken; **II** *v/i.* **3.** (*a. vor Rührung etc.*) schlucken; **4.** würgen; **III** *s.* **5.** (großer) Schluck: ***at one ~*** auf 'einen Zug.

gum[1] [gʌm] *s. mst. pl. anat.* Zahnfleisch *n*.

gum[2] [gʌm] **I** *s.* **1.** ♀, ⚙ a) Gummi *n*, *m*, b) Gummiharz *n*, c) Kautschuk *m*; **2.** Klebstoff *m*, *bsd.* Gummilösung *f*; **3.** → a) ***chewing gum***, b) ***gum arabic***, c) ***gum elastic***, d) ***gum tree***; **4.** ♀ Gummifluß *m* (*Baumkrankheit*); **5.** 'Gummi (-bonˌbon) *m*, *n*; **6.** *pl. Am.* Gummischuhe *pl.*; **II** *v/t.* **7.** gummieren; **8.** (an-, ver)kleben; **9.** ***~ up*** a) verkleben, b) F *et.* ‚vermasseln'; **III** *v/i.* **10.** ♀ Gummi absondern (*Baum*).

gum[3] [gʌm], *a.* 𝔊 *s.*: ***my ~!***, ***by ~!*** heiliger Strohsack!

gum| am·mo·ni·ac *s.* ⚗, ⚕ Ammoni'akgummi *n*, *m*; ***~ ar·a·bic*** *s.* Gummia'rabikum *n*; **'~·boil** *s.* ⚕ Zahngeschwür *n*; **'~·drop** → ***gum***[2] 5; ***~ e·las·tic*** *s.* Gummie'lastikum *n*, Kautschuk *m*.

gum·my ['gʌmɪ] *adj.* **1.** gummiartig, klebrig; **2.** Gummi...; **3.** gummihaltig.

gump·tion ['gʌmpʃn] *s.* F **1.** ‚Köpfchen' *n*, ‚Grütze' *f*, ‚Grips' *m*; **2.** ‚Mumm' *m*, Schneid *m*.

gum| res·in *s.* ♀ Schleim-, Gummiharz *n*; **'~·shield** *s. Boxen*: Zahnschutz *m*; **'~·shoe** *s. Am.* **1.** F a) 'Gummiˌüberschuh *m*, b) Tennis-, Turnschuh *m*; **2.** *sl.* ‚Schnüffler' *m* (*Detektiv*, *Polizist*); ***~ tree*** *s.* ♀ **1.** Gummibaum *m*: ***be up a ~*** *sl.* in der Klemme sein *od.* sitzen; **2.** Euka'lyptus(baum) *m*; **3.** Tu'pelobaum *m*; **4.** Amberbaum *m*; **'~·wood** *s.* Holz *n* des Gummibaums (*etc.* → ***gum tree***).

gun [gʌn] **I** *s.* **1.** ⚔ Geschütz *n*, Ka'none *f* (*a. fig.*): ***bring up one's big ~s*** schweres Geschütz auffahren (*a. fig.*); ***go great ~s*** F ‚schwer in Fahrt sein'; ***stick to one's ~s*** *fig.* festbleiben, nicht weichen *od.* nachgeben; ***a big ~*** *sl.* ‚e-e große Kanone', ‚ein großes Tier'; **2.** (*engS.* Jagd)Gewehr *n*, Flinte *f*, Büchse *f*; **3.** ‚Ka'none' *f*, Pi'stole *f*, Re'volver *m*; **4.** *sport*: a) 'Startpisˌtole *f*, b) Startschuß *m*: ***jump the ~*** e-n Fehlstart verursachen, *fig.* voreilig handeln; **5.** Ka'nonen-, Sa'lutschuß *m*; **6.** Schütze *m*, Jäger *m*; **7.** ✈, ⚙ a) Drosselklappe *f*, b) Drosselhebel *m*: ***give the engine the ~*** Vollgas geben; **II** *v/i.* **8.** auf die Jagd gehen; schießen; **9.** ***~ for*** es abgesehen haben auf *j-n od. et.*; **III** *v/t.* **10.** a) schießen auf (*acc.*), b) erschießen, c) *mst* ***~ down*** niederschießen; **11.** *oft* ***~ up*** *mot.* F ‚auf Touren bringen': ***~ the car up*** (Voll)Gas geben.

gun| bar·rel *s.* ⚔ **1.** Geschützrohr *n*; **2.** Gewehrlauf *m*; ***~ bat·tle*** *s.* Feuergefecht *n*, Schieße'rei *f*; **'~·boat** *s.* Ka'nonenboot *n*: ***~ diplomacy***; ***~ cam·er·a*** *s.* ✈, ⚔ 'Foto-MˌG *n*; ***~ car·riage*** *s.* ⚔ La'fette *f*; ***~ cot·ton*** *s.* Schießbaumwolle *f*; ***~ dog*** *s.* Jagdhund *m*; **'~·fight** → ***gun battle***; **'~ˌfire** *s.* ⚔ Geschützfeuer *n*; **'~ˌhap·py** *adj.* schießwütig; ***~ har·poon*** *s.* ⚓ Ge'schützharˌpune *f*.

gunk [gʌŋk] *Am.* F **I** *s.* klebriges Zeug; **II** *v/t.* ***~ up*** verkleben.

gun| li·cence, *Am.* ***~ li·cense*** *s.* Waffenschein *m*; **'~·lock** *s.* Gewehrschloß *n*; **'~·man** [-mən] *s.* [*irr.*] Bewaffnete(r) *m*; Re'volverheld *m*; **'~ˌmet·al** *s.* Rotguß *m*; ***~ moll*** *s. Am. sl.* Gangsterbraut *f*; ***~ mount*** *s.* ⚔ La'fette *f*.

gun·ner ['gʌnə] *s.* **1.** ⚔ a) Kano'nier *m*, Artille'rist *m*, b) Richtschütze *m* (*Panzer etc.*), c) M'G-Schütze *m*, Gewehrführer *m*; **2.** ✈ Bordschütze *m*; **gun·ner·y** ['gʌnərɪ] *s.* ⚔ Schieß-, Geschützwesen *n*: ***~ officer*** Artillerieoffizier *m*.

gun·ny ['gʌnɪ] *s.* Juteleinwand *f*: ***~*** (***bag***) Jutesack *m*.

gun| pit *s.* ⚔ **1.** Geschützstand *m*; **2.** ✈ Kanzel *f*; **'~·play** → ***gun battle***; **'~·point** *s.*: ***at ~*** mit vorgehaltener (Schuß)Waffe; **'~ˌpow·der** *s.* Schießpulver *n*: 𝔊 ***Plot*** *hist.* Pulververschwörung *f* (*in London 1605*); **'~·room** [-rʊm] *s. Brit.* ⚓, ⚔ Ka'dettenmesse *f*; **'~ˌrun·ner** *s.* Waffenschmuggler *m*; **'~ˌrun·ning** *s.* Waffenschmuggel *m*.

gun·sel ['gʌnsl] *Am. sl.* **1.** → ***gunman***; **2.** ‚Fiesling' *m*; **3.** Trottel *m*.

'gun|·ship *s.* ✈, ⚔ Kampfhubschrauber *m*; **'~·shot** **1.** (Ka'nonen-, Gewehr-) Schuß *m*: ***~ wound*** Schußwunde *f*; **2.** ***within*** (***out of***) ***~*** in (außer) Schußweite (*a. fig.*); **'~·shy** *adj.* **1.** *hunt.* schußscheu (*Hund etc.*); **2.** *Am.* F 'mißtrauisch; **'~ˌsling·er** *s. Am.* F → ***gunman***; **'~·smith** *s.* Büchsenmacher *m*; ***~ tur·ret*** *s.* ⚔ **1.** Geschützturm *m*; **2.** ✈ Waffendrehstand *m*.

gun·wale ['gʌnl] *s.* **1.** ⚓ Schandeckel *m*; **2.** Dollbord *n* (*am Ruderboot*).

gur·gi·ta·tion [ˌgɜːdʒɪ'teɪʃn] *s.* (Auf-) Wallen *n*, Strudeln *n*.

gur·gle ['gɜːgl] *v/i.* gurgeln: a) gluckern (*Wasser*), b) glucksen (*Stimme*, *Person*, *Wasser etc.*).

Gur·kha ['gɜːkə] *s.* Gurkha *m*, *f* (*Mitglied e-s indischen Volksstamms*).

gu·ru ['gʊruː] *s.* Guru *m* (*a. fig.*).

gush [gʌʃ] **I** *v/i.* **1.** her'vorströmen, -schießen, sich ergießen (***from*** aus); **2.** 'überströmen (***with*** von); **3.** (***over***) *fig.* F schwärmen (von), sich 'überschwenglich *od.* verzückt äußern (über *acc.*); **II** *s.* **4.** Schwall *m*, Strom *m*, Erguß *m* (*alle a. fig.*); **5.** F Schwärme'rei *f*, 'Überschwenglichkeit *f*, (Gefühls)Erguß *m*; **'gush·er** [-ʃə] *s.* **1.** Springquelle *f* (*Erdöl*); **2.** F Schwärmer(in); **'gush·ing** [-ʃɪŋ] *adj.* □ **1.** ('über)strömend; **2.** → **'gush·y** [-ʃɪ] *adj.* überschwenglich, schwärmerisch.

gus·set ['gʌsɪt] **I** *s.* **1.** *Näherei etc.*: Zwickel *m*, Keil *m*; **2.** ⚙ Winkelstück *n*, Eckblech *n*; **II** *v/t.* **3.** e-n Zwickel *etc.* einsetzen in (*acc.*).

gust [gʌst] *s.* **1.** Windstoß *m*, Bö *f*; **2.** *fig.* (Gefühls)Ausbruch *m*, Sturm *m* (*der Leidenschaft etc.*).

gus·ta·tion [gʌ'steɪʃn] *s.* **1.** Geschmack *m*, Geschmackssinn *m*; **2.** Schmecken *n*; **gus·ta·to·ry** ['gʌstətərɪ] *adj.* Geschmacks...

gus·to ['gʌstəʊ] *s.* Begeisterung *f*, Genuß *m*, Gusto *m*.

gust·y ['gʌstɪ] *adj.* □ **1.** böig, stürmisch; **2.** *fig.* ungestüm.

gut [gʌt] **I** *s.* **1.** *pl.* Eingeweide *pl.*, Gedärme *pl.*: ***I hate his ~s*** F ich hasse ihn wie die Pest; **2.** *anat.* a) 'Darm(kaˌnal) *m*, b) (*bestimmter*) Darm; **3.** *a. pl.* F Bauch *m*; **4.** (*präparierter*) Darm; **5.** a) Engpaß *m*, b) enge 'Durchfahrt, Meerenge *f*; **6.** *pl.* F a) *das* Innere: ***the ~s of a machine***, b) Kern *m*, *das* Wesentliche, c) Gehalt *m*, Sub'stanz *f*: ***it has no ~s in it*** es steckt nichts dahinter; **7.** *pl.* ‚Mumm' *m*, Schneid *m*; **II** *v/t.* **8.** *Fisch etc.* ausnehmen, -weiden; **9.** *Haus etc.* a) ausrauben, b) ausbrennen: ***~ted by fire*** völlig ausgebrannt; **10.** *fig. Buch etc.* ‚ausschlachten'; **III** *adj.* **11.** F instink'tiv, von innen her'aus, *a.* leidenschaftlich: ***a ~ reaction***; **12.** von entscheidender Bedeutung: ***a ~ problem***; **'gut·less** [-lɪs] *adj.* ‚schlaff': a) ohne Schneid, b) ‚müde': ***a ~ enterprise***; **'gut·sy** [-tsɪ] *adj.* mutig, schneidig.

gut·ta-per·cha [ˌgʌtə'pɜːtʃə] *s.* **1.** ⚗ Gutta *n*; **2.** ♀, ⚙ Gutta'percha *n*.

gut·ter ['gʌtə] **I** *s.* **1.** Dachrinne *f*; **2.** Gosse *f*, Rinnstein *m*; **3.** *fig. contp.* Gosse *f*: ***language of the ~***; ***take s.o. out of the ~*** j-n aus der Gosse auflesen; **4.** (Abfluß-, Wasser)Rinne *f*; **5.** ⚙ Rille *f*, Hohlkehlfuge *f*, Furche *f*; **6.** Kugelfangrinne *f* (*der Bowlingbahn*); **II** *v/t.* **7.** furchen, aushöhlen; **III** *v/i.* **8.** rinnen, strömen; **9.** tropfen (*Kerze*); **IV** *adj.* **10.** vul'gär, schmutzig, Schmutz...; ***~ press*** *s.* Skan'dal-, Sensati'onspresse *f*; '**~·snipe** *s.* Gassenkind *n.*

gut·tur·al ['gʌtərəl] **I** *adj.* □ **1.** Kehl…, guttu'ral (*beide a. ling.*), kehlig; **2.** rauh, heiser; **II** *s.* **3.** *ling.* Kehllaut *m*, Guttu'ral *m*.

guv [gʌv], **guv·nor, guv'nor** ['gʌvnə] *sl.* → ***governor*** 4.

guy[1] [gaɪ] **I** *s.* **1.** F ,Typ' *m*, Kerl *m*, ,Bursche' *m*; **2.** ,Vogelscheuche' *f*, ,'Schießbudenfiˌgur' *f*; **3.** Zielscheibe *f* des Spotts; **4.** *Brit. Spottfigur des Guy Fawkes* (*die am* ***Guy Fawkes Day*** *verbrannt wird*); **II** *v/t.* **5.** F *j-n* lächerlich machen, verulken.

guy[2] [gaɪ] **I** *s.* **1.** *a.* ~ ***rope*** Halteseil *n*, -tau *n*; **2.** a) ⚙ (Ab)Spannseil *n* (*e-s Mastes*): ~ ***wire*** Spanndraht *m*, b) ⚓ Gei(tau *n*) *f*; **3.** Spannschnur *f* (*Zelt*); **II** *v/t.* **4.** mit e-m Tau *etc.* sichern, verspannen.

Guy Fawkes Day [ˌgaɪ'fɔːks] *s. Brit. der Jahrestag des* ***Gunpowder Plot*** (*5. November*).

guz·zle ['gʌzl] *v/t.* **1.** *a. v/i.* a) ,saufen', b) ,fressen'; **2.** *oft* ~ ***away*** Geld verprassen, *bsd.* ,versaufen'.

gybe [dʒaɪb] *v/t. u. v/i.* ⚓ *Brit.* (sich) 'umlegen (*Segel beim Kreuzen*).

gym [dʒɪm] *s. sl. abbr. für* ***gymnasium*** *u.* ***gymnastics***: ~ ***shoe*** Turnschuh *m*.

gym·kha·na [dʒɪm'kɑːnə] *s.* Gym'khana *f* (*Geschicklichkeitswettbewerb für Reiter, a. Austragungsort*).

gym·na·si·um [dʒɪm'neɪzjəm] *pl.* **-si·ums, -si·a** [-zjə] *s.* **1.** Turnhalle *f*; **2.** *ped.* (*deutsches*) Gym'nasium; **gym·nast** ['dʒɪmnæst] *s.* (Kunst)Turner(in); **gym'nas·tic** [-'næstɪk] **I** *adj.* **1.** (□ ***~ally***) gym'nastisch, turnerisch, Turn…, Gymnastik…; **II** *s.* **2.** *pl. sg. konstr.* Turnen *n*, Gym'nastik *f*: ***mental ~s*** ,Gehirnakrobatik' *f*; **3.** *mst pl.* Turn-, Gym'nastikübung *f*.

gyn·ae·co·log·ic, gyn·ae·co·log·i·cal [ˌgaɪnɪkə'lɒdʒɪk(l)] *adj.* ⚕ gynäko'logisch; **gyn·ae·col·o·gist** [ˌgaɪnɪ'kɒlədʒɪst] *s.* ⚕ Gynäko'loge *m*, -'login *f*, Frauenarzt *m*, Frauenärztin *f*; **gyn·ae·col·o·gy** [ˌgaɪnɪ'kɒlədʒɪ] *s.* ⚕ Gynäkolo'gie *f*.

gyp [dʒɪp] *sl.* **I** *v/i. u. v/t.* **1.** ,bescheißen', ,neppen'; **II** *s.* **2.** a) ,Beschiß' *m*, b) ,Nepp' *m*; **3.** ***give s.o.*** ~ j-n ,fertigmachen'; '**~-joint** *s. sl.* 'Nepploˌkal *n*.

gyp·se·ous ['dʒɪpsɪəs] *adj. min.* gipsartig, Gips…; **gyp·sum** ['dʒɪpsəm] *s. min.* Gips *m*.

gyp·sy ['dʒɪpsɪ] *etc. bsd. Am.* → ***gipsy*** *etc.*

gy·rate I *v/i.* [ˌdʒaɪə'reɪt] kreisen, sich (im Kreis) drehen, wirbeln; **II** *adj.* ['dʒaɪərɪt] gewunden; ˌ**gy'ra·tion** [-eɪʃən] *s.* **1.** Kreisbewegung *f*, Drehung *f*; **2.** *anat., zo.* Windung *f*; **gy·ra·to·ry** ['dʒaɪərətərɪ] *adj.* kreisend, sich (im Kreis) drehend.

gyr·fal·con ['dʒɜːˌfɔːlkən] → ***gerfalcon***.

gy·ro-com·pass ['dʒaɪərəʊˌkʌmpəs] *s.* ⚓, *phys.* Kreiselkompaß *m*; '**gy·ro·graph** [-əʊgrɑːf] *s.* ⚙ Um'drehungszähler *m*.

gy·ro ho·ri·zon ['dʒaɪərəʊ] *s. ast.*, ✈ künstlicher Hori'zont.

gy·ro·pi·lot ['dʒaɪərəʊˌpaɪlət] *s.* ✈ Auto-pi'lot *m*; '**gy·ro·plane** [-rəpleɪn] *s.* ✈ Tragschrauber *m*; '**gy·ro·scope** [-rəskəʊp] *s.* **1.** *phys.* Gyro'skop *n*, Kreisel *m*; **2.** ⚓, ⚔ Ge'radlaufappaˌrat *m* (*Torpedo*); **gy·ro·scop·ic** [ˌdʒaɪərə'skɒpɪk] *adj.* (□ ***~ally***) Kreisel…, gyro'skopisch; **gy·ro·sta·bi·liz·er** [ˌdʒaɪərəʊ'steɪbɪlaɪzə] *s.* ⚓, ✈ (Stabilisier-, Lage)Kreisel *m*; '**gy·ro·stat** [-rəʊstæt] *s.* Gyro'stat *m*.

gyve [dʒaɪv] *obs. od. poet.* **I** *s. mst pl.* (*bsd.* Fuß)Fessel *f*; **II** *v/t.* fesseln.

H

H, h [eɪtʃ] *s.* H *n*, h *n* (*Buchstabe*).

ha [hɑː] *int.* ha!, ah!

ha·be·as cor·pus [ˌheɪbjəsˈkɔːpəs] (*Lat.*) *s. a.* ***writ of ~*** ⚖ Vorführungsbefehl *m* zur Haftprüfung: ***♀ Act*** Habeas-Corpus-Akte *f* (*1679*).

hab·er·dash·er [ˈhæbədæʃə] *s.* **1.** Kurzwarenhändler(in); **2.** *Am.* Herrenausstatter *m*; ˈ**hab·er·dash·er·y** [-ərɪ] *s.* **1.** a) Kurzwaren *pl.*, b) Kurzwarengeschäft *n*; **2.** *Am.* a) ˈHerrenbeˌkleidungsarˌtikel *pl.*, b) Herrenmodengeschäft *n*.

ha·bil·i·ments [həˈbɪlɪmənts] *s. pl.* (Amts)Kleidung *f*, Kleider *pl.*

hab·it [ˈhæbɪt] *s.* **1.** (An)Gewohnheit *f*: ***out of ~*** aus Gewohnheit; ***the force of ~*** die Macht der Gewohnheit; ***be in the ~ of doing s.th.*** pflegen *od.* die (An-)Gewohnheit haben, et. zu tun; ***get*** (*od.* ***fall***) ***into a ~*** sich et. angewöhnen; ***break o.s. of a ~*** sich et. abgewöhnen; ***make a ~ of s.th.*** et. zur Gewohnheit werden lassen; **2.** *oft* ***~ of mind*** Geistesverfassung *f*; **3.** *psych.* Habit *n*, *a. m*; **4.** ⚕ Sucht *f*; **5.** (Amts-, Berufs-) Kleidung *f*, Tracht *f*; **6.** ⚘ Habitus *m*, Wachstumsart *f*; **7.** *zo.* Lebensweise *f*.

hab·it·a·ble [ˈhæbɪtəbl] *adj.* □ bewohnbar; **hab·i·tant** *s.* **1.** [ˈhæbɪtənt] Einwohner(in); **2.** [ˈhæbɪtɔ̃ːŋ] a) ˈFrankokaˌnadier *m*, b) Einwohner *m* franˈzösischer Abkunft (*in Louisiana*); **hab·i·tat** [ˈhæbɪtæt] *s.* ⚘, *zo.* Habiˈtat *n*, Heimat *f*, Stand-, Fundort *m*; **hab·i·ta·tion** [ˌhæbɪˈteɪʃn] *s.* Wohnen *n*; Wohnung *f*, Behausung *f*, Aufenthalt *m*: ***unfit for human ~*** unbewohnbar.

ˈ**hab·it-ˌform·ing** *adj.* **1.** zur Gewohnheit werdend; **2.** ⚕ suchterzeugend: ***~ drug*** Suchtmittel *n*.

ha·bit·u·al [həˈbɪtjʊəl] *adj.* □ **1.** gewohnt, üblich, ständig; **2.** gewohnheitsmäßig, Gewohnheits…, *contp. a.* noˈtorisch: ***~ criminal*** Gewohnheitsverbrecher *m*; ***~ drinker*** Gewohnheitstrinker (-in); **haˈbit·u·ate** [-jʊeɪt] *v/t.* **1.** (***o.s.*** sich) gewöhnen (***to*** an *acc.*; ***to doing s.th.*** daran, et. zu tun); **2.** *Am.* F frequentieren, häufig besuchen; **haˈbit·u·é** [-jʊeɪ] *s.* ständiger Besucher, Stammgast *m*.

ha·chures [hæˈʃjʊə] *s. pl.* Schraffierung *f*, Schrafˈfur *f*.

hack[1] [hæk] **I** *v/t.* **1.** (zer)hacken: ***~ off*** abhacken (von); ***~ out*** *fig.* grob darstellen, ‚hinhauen'; ***~ to pieces*** (*od.* ***bits***) in Stücke hacken, *fig.* ‚kaputtmachen'; **2.** (ein)kerben; **3.** ⚒ *Boden* (auf-, los-) hacken; **4.** ⚙ *Steine* behauen; **5.** *sport j-n* (gegen das Schienbein) treten; **II** *v/i.* **6.** hacken: ***~ at*** a) hacken nach, b) einhauen auf (*acc.*); **7.** trocken u. stoßweise husten: ***~ing cough*** → 12; **8.** *sport* treten, ‚holzen'; **III** *s.* **9.** Hieb *m*; **10.** Kerbe *f*; **11.** *sport* a) Tritt *m* (gegen das Schienbein), b) Trittwunde *f*; **12.** trokkener, stoßweiser Husten.

hack[2] [hæk] **I** *s.* **1.** a) Reit- *od.* Kutschpferd *n*, b) Mietpferd *n*, Gaul *m*, Klepper *m*; **2.** *Am.* a) (Miets)Droschke *f*, b) F Taxi *n*, c) → ***hackie***; **3.** a) Lohnschreiber *m*, Schriftsteller, der auf Bestellung arbeitet, b) Schreiberling *m*; **II** *adj.* **4.** ***~ writer*** → 3; **5.** einfallslos, mittelmäßig; **6.** → ***hackneyed***; **III** *v/i.* **7.** *Brit.* ausreiten; **8.** *Am.* F a) in e-m Taxi fahren, b) ein Taxi fahren; **9.** auf Bestellung arbeiten (*Schriftsteller*).

hack·er [ˈhækə] *s. Computer*: Hacker *m*.

hack·ie [ˈhækɪ] *s. Am.* F Taxifahrer *m*.

hack·le [ˈhækl] **I** *s.* **1.** ⚙ Hechel *f*; **2.** a) *orn.* (lange) Nackenfeder(n *pl.*), b) *pl.* (*aufstellbare*) Rücken- u. Halshaare *pl.* (*Hund*): ***have one's ~s up*** *fig.* wütend sein; ***this got his ~s up***, ***his ~s rose*** (***at this***) das brachte ihn in Wut; **II** *v/t.* **3.** ⚙ hecheln.

hack·ney [ˈhæknɪ] *s.* **1.** → ***hack***[2] 1; **2.** *a.* ***~ carriage*** Droschke *f*; ˈ**hack·neyed** [-ɪd] *adj. fig.* abgenutzt, abgedroschen.

ˈ**hack·saw** *s.* ⚙ Bügelsäge *f*.

had [hæd; həd] *pret. u. p.p. von* ***have***.

had·dock [ˈhædək] *s.* Schellfisch *m*.

Ha·des [ˈheɪdiːz] *s.* **1.** *antiq.* Hades *m*, ˈUnterwelt *f*; **2.** F Hölle *f*.

hae·mal [ˈhiːml] *adj. anat.* Blut(gefäß)…; **hae·mat·ic** [hiːˈmætɪk] **I** *adj.* a) blutgefüllt, b) Blut…, c) blutbildend; **II** *s.* ⚕ Häˈmatikum *n*, blutbildendes Mittel; **haem·a·tite** [ˈhemətaɪt] *s. min.* Hämaˈtit *m*; **hae·ma·tol·o·gy** [ˌheməˈtɒlədʒɪ] *s.* ⚕ Hämatoloˈgie *f*; **hae·mo·glo·bin** [ˌhiːməʊˈgləʊbɪn] *s.* Hämogloˈbin *n*, roter Blutfarbstoff; **hae·mo·phile** [ˈhiːməʊfaɪl] *s.* ⚕ Bluter *m*; **hae·mo·phil·i·a** [ˌhiːməʊˈfiːlɪə] *s.* ⚕ Bluterkrankheit *f*, Hämophiˈlie *f*; **hae·mo·phil·i·ac** [ˌhiːməʊˈfɪlɪæk] → ***haemophile***; **haem·or·rhage** [ˈhemərɪdʒ] *s.* (***cerebral ~*** Gehirn)Blutung *f*; **haem·or·rhoids** [ˈhemərɔɪdz] *s. pl.* ⚕ Hämorrhoˈiden *pl.*

haft [hɑːft] *s.* Griff *m*, Heft *n*, Stiel *m*.

hag [hæg] *s.* ‚alte Vettel', Hexe *f*.

hag·gard [ˈhægəd] **I** *adj.* □ **1.** wild, verstört: ***~ look***; **2.** a) abgehärmt, b) sorgenvoll, gequält, c) abgespannt, d) abgezehrt, hager; **3.** ***~ falcon*** → 4; **II** *s.* **4.** Falke, der ausgewachsen gefangen wurde.

hag·gle [ˈhægl] *v/i.* (***about***, ***over***) schachern, feilschen, handeln (um); ˈ**haggler** [-lə] *s.* Feilscher(in).

hag·i·og·ra·phy [ˌhægɪˈɒgrəfɪ] *s.* Hagiograˈphie *f* (*Erforschung u. Beschreibung von Heiligenleben*); ˌ**hag·i'ol·a·try** [-ˈɒlətrɪ] *s.* Heiligenverehrung *f*.

ˈ**hagˌrid·den** *adj.* **1.** gepeinigt, gequält; **2.** ***be ~*** *humor.* von Frauen schikaniert werden.

Hague| Con·ven·tions [heɪg] *s. pl. pol. die* Haager Abkommen *pl*; ***~ Tri·bu·nal*** *s. pol. der* Haager Schiedshof.

hail[1] [heɪl] **I** *s.* **1.** Hagel *m* (*a. fig. von Geschossen, Flüchen etc.*); **II** *v/i.* **2.** *impers.* hageln: ***it is ~ing*** es hagelt; **3.** *a.* ***~ down*** *fig.* (***on*** auf *acc.*) (nieder)hageln, (nieder)prasseln; **III** *v/t.* **4.** *a.* ***~ down*** *fig.* (nieder)hageln *od.* (-)prasseln lassen (***on*** auf *acc.*).

hail[2] [heɪl] **I** *v/t.* **1.** freudig *od.* mit Beifall begrüßen, zujubeln (*dat.*); **2.** *j-n*, *a. Taxi* herˈbeirufen *od.* -winken; **3.** *fig. et.* begrüßen, begeistert aufnehmen; **II** *v/i.* **4.** *bsd.* ⚓ rufen, sich melden; **5.** (her)stammen, (-)kommen (***from*** von *od.* aus); **III** *int.* **6.** heil!; **IV** *s.* **7.** Gruß *m*, Zuruf *m*: ***within ~*** (*od.* ***~ing distance***) in Ruf- *od.* Hörweite, *fig.* greifbar nahe; ˈ**hail·er** *s. Am.* Megaˈphon *n*.

ˈ**hail|-ˌfel·low-ˌwell-ˈmet** [-ləʊ-] **I** *s.* a) umgänglicher Mensch, b) *contp.* plump-vertraulicher Kerl; **II** *adj.* a) umgänglich, b) *contp.* plump-vertraulich, c) ***~ with*** (sehr) vertraut *od.* auf du u. du mit; ˈ**~·stone** *s.* Hagelkorn *n*, -schloße *f*; ˈ**~·storm** *s.* Hagelschauer *m*.

hair [heə] *s.* **1.** *ein* Haar *n*: ***by a ~*** *fig.* ganz knapp *gewinnen etc.*; ***to a ~*** haargenau; ***it turned on a ~*** es hing an e-m Faden; ***without turning a ~*** ohne mit der Wimper zu zucken, kaltblütig; ***split ~s*** Haarspalterei treiben; ***not to harm*** (*od.* ***hurt***) ***a ~ on s.o.'s head*** j-m kein Haar krümmen; **2.** *coll.* Haar *n*, Haare *pl.*: ***comb s.o.'s ~ for him*** (*od.* ***her***) F *fig.* j-m gehörig den Kopf waschen; ***do one's ~*** sich die Haare machen; ***get in s.o.'s ~*** F j-m auf die Nerven fallen; ***have s.o. by the short ~s*** F j-n in der Hand haben; ***have one's ~ cut*** sich die Haare schneiden lassen; ***have a ~ of the dog*** (***that bit you***) F e-n Schluck Alkohol trinken, um s-n ‚Kater' zu vertreiben; ***let one's ~ down*** a) sein Haar aufmachen, b) *fig.* sich ungeniert benehmen, c) aus sich herausgehen, d) sein Herz ausschütten; ***my ~ stood on end*** mir sträubten sich die Haare; ***keep s.o. out of one's ~*** F sich j-n vom Leib halten; ***keep your ~ on!*** F nur keine Aufregung; ***tear one's ~*** sich die Haare raufen; **3.** ⚘ Haar *n*; **4.** Härchen *n*, Fäserchen *n*; ˈ**~·breadth** *s.*: ***by a ~*** um Haaresbreite; ***escape by a ~*** mit knapper Not davonkommen; **'~·brush** *s.* **1.** Haarbürste *f*; **2.** Haarpinsel *m*; **~ clippers** *s. pl.* 'Haarschneidema͵schine *f*; **'~·cloth** *s.* Haartuch *n*; **'~-͵com·pass·es** *s. pl. a.* ***pair of ~*** Haar(strich)zirkel *m*; **'~͵curl·ing** *adj.* F **1.** grausig; **2.** haarsträubend; **'~·cut** *s.* Haarschnitt *m*, *weitS.* Fri'sur *f*: ***have a ~*** sich die Haare schneiden lassen; **'~·do** *pl.* **'~·dos** *s.* F Fri'sur *f*; **'~͵dress·er** *s.* Fri'seur *m*, Fri'seuse *f*; **'~͵dress·ing** *s.* Frisieren *n*: ***~ salon*** Friseursalon *m*; **'~͵dri·er** *s.* Haartrockner *m*: a) Fön *m*, b) Trockenhaube *f*.

haired [heəd] *adj.* **1.** behaart; **2.** *in Zssgn* ...haarig.

hair| fol·li·cle *s. anat.* Haarbalg *m*; **'~·grip** *s.* Haarklammer *f*.

hair·i·ness ['heərɪnɪs] *s.* Behaartheit *f*; **hair·less** ['heəlɪs] *adj.* unbehaart, haarlos, kahl.

'hair|·line *s.* **1.** Haaransatz *m*; **2.** a) feiner Streifen (*Stoffmuster*), b) feingestreifter Stoff; **3.** Haarseil *n*; **4.** *a.* ***~ crack*** ⚙ Haarriß *m*; **5.** *opt.* Fadenkreuz *n*; **6.** → ***hair stroke***; **~ mat·tress** *s.* 'Roßhaarma͵tratze *f*; **~ net** *s.* Haarnetz *n*; **~ oil** *s.* Haaröl *n*; **'~·piece** *s.* Haarteil *n*, *für Männer*: Tou'pet *n*; **'~·pin** *s.* **1.** Haarnadel *f*; **2.** *a.* ***~ bend*** Haarnadelkurve *f*; **'~-͵rais·er** *s.* F *et.* Haarsträubendes, *z.B.* Horrorfilm *m*; **'~-͵rais·ing** *adj.* F haarsträubend; **~ re·stor·er** *s.* Haarwuchsmittel *n*.

hair's breadth → ***hairbreadth***.

hair| shirt *s.* härenes Hemd; **~ sieve** *s.* Haarsieb *n*; **~ slide** *s.* Haarspange *f*; **'~͵split·ter** *s. fig.* Haarspalter(in); **'~͵split·ting I** *s.* Haarspalte'rei *f*; **II** *adj.* haarspalterisch; **'~·spring** *s.* ⚙ Haar-, Unruhfeder *f*; **~ stroke** *s.* Haarstrich *m* (*Schrift*); **'~·style** *s.* Fri'sur *f*; **~ styl·ist** *s.* Hair-Stylist *m*, 'Damenfri͵seur *m*; **'~-͵trig·ger I** *s.* **1.** Stecher *m* (*am Gewehr*); **II** *adj.* F **2.** äußerst reizbar (*Person*); **3.** la'bil; **4.** prompt.

hair·y ['heərɪ] *adj.* **1.** haarig, behaart; **2.** Haar...; **3.** F ‚haarig', schwierig.

hake [heɪk] *s. ichth.* Seehecht *m*.

ha·la·tion [hə'leɪʃn] *s. phot.* Halo-, Lichthofbildung *f*.

hal·berd ['hælbɜːd] *s.* ⚔ *hist.* Helle'barde *f*; **hal·berd·ier** [͵hælbə'dɪə] *s.* Hellebar'dier *m*.

hal·cy·on ['hælsɪən] **I** *s. orn.* Eisvogel *m*; **II** *adj.* halky'onisch, friedlich; **~ days** *s. pl.* **1.** halky'onische Tage *pl.*: a) Tage *pl.* der Ruhe (*auf dem Meer*), b) *fig.* Tage glücklicher Ruhe; **2.** *fig.* glückliche Zeit.

hale [heɪl] *adj.* gesund, kräftig: ***~ and hearty*** gesund u. munter.

half [hɑːf] **I** *pl.* **halves** *s.* **1.** Hälfte *f*: ***an hour and a ~*** anderthalb Stunden; ***~ (of) the girls*** die Hälfte der Mädchen; ***~ the amount*** die halbe Menge *od.* Summe; ***cut in halves*** (*od.* ***~***) in zwei Hälften *od.* Teile schneiden, entzweischneiden, halbieren; ***do s.th. by halves*** et. nur halb tun; ***do things by halves*** halbe Sachen machen; ***not to do things by halves*** Nägel mit Köpfen machen; ***go halves with s.o.*** (gleichmäßig) mit j-m teilen, mit j-m (bei et.) halbpart machen; ***too clever by ~*** überschlau; ***a game and a ~*** F ein ‚Bombenspiel'; ***not good enough by ~*** lange nicht gut genug; ***torn in ~*** *fig.* hin- u. hergerissen; → ***better***[1] 1; **2.** *sport*: a) Halbzeit *f*, (Spiel)Hälfte *f*, b) (Spielfeld)Hälfte *f*, c) *Golf*: Gleichstand *m*, d) → ***halfback***; **3.** Fahrkarte *f* zum halben Preis; **4.** kleines Bier (*halbes Pint*); **II** *adj.* **5.** halb: ***a ~ mile***, *mst* ***~ a mile*** e-e halbe Meile; ***~ an hour***, ***a ~ hour*** e-e halbe Stunde; ***two pounds and a ~*** zweieinhalb Pfund; ***a ~ share*** ein halber Anteil, e-e Hälfte; ***~ knowledge*** Halbwissen *n*; ***at ~ the price*** zum halben Preis; ***that's ~ the battle*** damit ist es halb gewonnen; → ***mind*** 5, ***eye*** 2; **III** *adv.* **6.** halb, zur Hälfte: ***~ full***; ***my work is ~ done***; ***~ as much*** halb so viel; ***~ as much again*** anderthalbmal soviel; ***~ past ten*** halb elf (Uhr); **7.** halb(wegs), nahezu, fast: ***~ dead*** halbtot; ***not ~ bad*** F gar nicht übel; ***be ~ inclined*** beinahe geneigt sein; ***he ~ wished (suspected)*** er wünschte (vermutete) fast.

͵half|-and-'half [-fənd'h-] **I** *s.* Halb-u.-halb-Mischung *f*; **II** *adj.* halb-u.-'halb; **III** *adv.* halb u. halb; **'~·back** *s.* **1.** *obs. Fußball etc.*: Läufer *m*; **2.** *Rugby*: Halbspieler *m*; **͵~-'baked** *adj. fig.* F **1.** ‚grün', unreif, unerfahren; **2.** unausgegoren, nicht durch'dacht (*Plan etc.*); **3.** blöd; **~ bind·ing** *s.* Halb(leder)band *m*; **'~·blood** *s.* **1.** Halbbürtigkeit *f*: ***brother of the ~*** Halbbruder *m*; **2.** → ***half-breed*** 1; **͵~-'blood·ed** → ***half-bred*** I; **~ board** *s. Hotel*: 'Halbpensi͵on *f*; **͵~-'bound** *adj.* im Halbband (*Buch*); **'~-bred I** *adj.* halbblütig, Halbblut...; **II** *s.* Halbblut(tier) *n*; **'~-breed I** *s.* **1.** Mischling *m*, Halbblut *n* (*a. Tier*); **2.** *Am.* Me'stize *m*; **3.** ♀ Kreuzung *f*; **II** *adj.* **4.** → ***half-bred***; **'~͵broth·er** *s.* Halbbruder *m*; **'~-caste** → ***half-breed*** 1 *u.* ***half-bred***; **'~-cloth** *adj.* in Halbleinen gebunden, Halbleinen...; **~ cock** *s.*: ***go off at ~*** F a) ‚hochgehen', wütend werden, b) ‚da'nebengehen'; **~ crown** *s. Brit. obs.* Halbkronenstück *n* (*Wert*: *2s.6d.*); **~ deck** *s.* ⚓ Halbdeck *n*; **~ face** *s. paint., phot.* Pro'fil *n*; **͵~'heart·ed** *adj.* ☐ halbherzig; **~ hol·i·day** *s.* halber Feier- *od.* Urlaubstag; **~ hose** *s. coll., pl. konstr.* a) Halb-, Kniestrümpfe *pl.*, b) Socken *pl.*; **͵~-'hour I** *s.* halbe Stunde; **II** *adj.* a) halbstündig, b) halbstündlich; **III** *adv.* → **͵~-'hour·ly** *adv.* jede *od.* alle halbe Stunde, halbstündlich; **͵~-'length** *s. a.* ***~ portrait*** Brustbild *n*; **'~-life (pe·ri·od)** *s.* ⚗, *phys.* Halbwertzeit *f*; **͵~-'mast** *s.*: ***fly at ~*** auf halbmast *od.* ⚓ halbstock(s) setzen (*v/i.* wehen); **~ meas·ure** *s.* Halbheit *f*, halbe Sache; **~ moon** *s.* **1.** Halbmond *m*; **2.** (Nagel)Möndchen *n*; **~ mourn·ing** *s.* Halbtrauer *f*; **~ nel·son** *s. Ringen*: Halbnelson *m*; **͵~-'or·phan** *s.* Halbwaise *f*; **~ pay** *s.* **1.** halbes Gehalt; **2.** ⚔ Halbsold *m*; Ruhegeld *n*: ***on ~*** außer Dienst; **~·pen·ny** ['heɪpnɪ] *s.* **1.** *pl.* **half·pence** ['heɪpəns] halber Penny: ***three halfpence***, ***a penny ~*** eineinhalb Pennies; ***turn up again like a bad ~*** immer wieder auftauchen; **2.** *pl.* **half·pen·nies** ['heɪpnɪz] Halbpennystück *n*; **'~-pint** *s.* **1.** halbes Pint (*bsd. Bier*); **2.** F ‚halbe Porti'on'; **͵~-seas-'o·ver** *adj.* F ‚angesäuselt'; **'~-͵sis·ter** *s.* Halbschwester *f*; **͵~-'staff** → ***half-mast***; **~ term** *s. univ. Brit. kurze Ferien in der Mitte e-s Trimesters*; **͵~-'tide** *s.* ⚓ Gezeitenmitte *f*; **͵~-'tim·bered** *adj.* ⚠ Fachwerk...; **~ time** *s.* **1.** halbe Arbeitszeit; **2.** *sport* Halbzeit *f*; **͵~-'time I** *adj.* **1.** Halbtags...: ***~ job***; **2.** *sport* Halbzeit...: ***~ score*** Halbzeitstand *m*; **II** *adv.* **3.** halbtags; **͵~-'tim·er** *s.* Halbtagsbeschäftigte(r *m*) *f*; **~ ti·tle** *s.* Schmutztitel *m*; **'~·tone** *s.* ♪, *paint., typ.* Halbton *m*: ***~ etching*** Autotypie *f*; ***~ process*** Halbtonverfahren *n*; **'~-track I** *s.* **1.** ⚙ Halbkettenantrieb *m*; **2.** Halbkettenfahrzeug *n*; **II** *adj.* **3.** Halbketten...; **'~-truth** *s.* Halbwahrheit *f*; **͵~-'vol·ley** *s. sport* Halbvolley *m*, Halbflugball *m*; **͵~-'way I** *adj.* **1.** auf halbem Weg *od.* in der Mitte (liegend): ***~ measures*** halbe Maßnahmen; **II** *adv.* **2.** auf halbem Weg, in der Mitte; → ***meet*** 4; **3.** teilweise, halb(wegs); **͵~-'way house** *s.* **1.** auf halbem Weg gelegenes Gasthaus; **2.** *fig.* a) 'Zwischenstufe *f*, -stati͵on *f*, b) Kompro'miß *m*, *n*; **3.** Rehabilitati'onszentrum *n*; **'~-wit** *s.* Schwachkopf *m*, -sinnige(r *m*) *f*, Trottel *m*; **͵~-'wit·ted** *adj.* schwachsinnig, blöd; **͵~-'year·ly** *adv.* halbjährlich.

hal·i·but ['hælɪbət] *s.* Heilbutt *m*.

hal·ide ['hælaɪd] *s.* ⚗ Haloge'nid *n*.

hal·i·to·sis [͵hælɪ'təʊsɪs] *s.* Hali'tose *f*, (übler) Mundgeruch.

hall [hɔːl] *s.* **1.** Halle *f*, Saal *m*; **2.** a) Diele *f*, Flur *m*, b) (Empfangs-, Vor-) Halle *f*, Vesti'bül *n*; **3.** a) (Versammlungs)Halle *f*, b) großes (öffentliches) Gebäude: ***♀ of Fame*** Ruhmeshalle; **4.** *hist.* Gilden-, Zunfthaus *n*; **5.** *Brit.* Herrenhaus *n* (*e-s Landguts*); **6.** *univ.* a) *a.* ***~ of residence*** Stu'dentenheim *n*, b) *Brit.* (Essen *n* im) Speisesaal *m*, c) *Am.* Insti'tut *n*: ***Science ♀***; **7.** *hist.* a) Schloß *n*, Stammsitz *m*, b) Fürsten-, Königssaal *m*, c) Festsaal *m*; **~ clock** *s.* Standuhr *f*.

hal·le·lu·jah, **hal·le·lu·iah** [͵hælɪ'luːjə] **I** *s.* Halle'luja *n*; **II** *int.* halle'luja!

hal·liard ['hæljəd] → ***halyard***.

'hall·mark I *s.* **1.** Feingehaltsstempel *m* (*der Londoner Goldschmiedeinnung*); **2.** *fig.* (Güte)Stempel *m*, Gepräge *n*, (Kenn)Zeichen *n*; **II** *v/t.* **3.** *Gold od. Silber* stempeln; **4.** *fig.* kennzeichnen, stempeln.

hal·lo [hə'ləʊ] *bsd. Brit. für* ***hello***.

hal·loo [hə'luː] **I** *int.* hallo!, he!; **II** *s.* Hallo *n*; **III** *v/i.* (hallo) rufen *od.* schreien: ***don't ~ till you are out of the wood!*** freu dich nicht zu früh!

hal·low[1] ['hæləʊ] *v/t.* heiligen: a) weihen, b) als heilig verehren: ***~ed be Thy name*** geheiligt werde Dein Name.

hal·low[2] ['hæləʊ] → ***halloo***.

Hal·low·e'en [͵hæləʊ'iːn] *s.* Abend *m* vor Aller'heiligen; **Hal·low·mas** ['hæləʊmæs] *s. obs.* Aller'heiligen(fest) *n*.

hall| por·ter *s. bsd. Brit.* Ho'tel-, Hausdiener *m*; **'~·stand** *s.* a) *Am. a.* ***~ tree*** Garde'robenständer *m*, b) 'Flurgarde͵robe *f*.

hal·lu·ci·nate [hə'luːsɪneɪt] *v/i.* halluzinieren; **hal·lu·ci·na·tion** [hə͵luːsɪ'neɪʃn] *s.* Halluzinati'on *f*; **hal·lu·ci·na·to·ry** [hə'luːsɪnətərɪ] *adj.* halluzina'torisch; **hal·lu·ci·no·gen** [hə'luːsɪnədʒen] *s.* ⚕ Halluzino'gen *n*.

'hall·way *s. Am.* **1.** (Eingangs)Halle *f*,

Diele *f*; **2.** Korridor *m*.

halm [hɑːm] → ***haulm***.

hal·ma ['hælmə] *s.* Halma(spiel) *n*.

ha·lo ['heɪləʊ] *pl.* **ha·loes, ha·los** *s.* **1.** Heiligen-, Glorienschein *m*, Nimbus *m* (*a. fig.*); **2.** *ast.* Halo *m*, Ring *m*, Hof *m*; **3.** *allg.* Ring *m*, (*phot.* Licht)Hof *m*; **'ha·loed** [-əʊd] *adj.* mit e-m Heiligenschein *etc.* um'geben.

hal·o·gen ['hælədʒen] *s.* ⚗ Halo'gen *n*, Salzbildner *m*: ***~ lamp*** Halogenlampe *f*, *mot.* -scheinwerfer *m*.

halt¹ [hɔːlt] **I** *s.* **1.** a) Halt *m*, Pause *f*, Rast *f*, Aufenthalt *m*, b) *a. fig.* Stillstand *m*: ***call a ~*** (***to***) (*fig.* Ein)Halt gebieten (*dat.*); ***bring to a ~*** → 3; ***come to a ~*** → 4; **2.** 🚂 *Brit.* (Bedarfs-)Haltestelle *f*, Haltepunkt *m*; **II** *v/t.* **3.** a) haltmachen lassen, anhalten (lassen), *a. fig.* zum Halten *od.* Stehen bringen; **III** *v/i.* **4.** a) anhalten, haltmachen, b) *a. fig.* zum Stehen *od.* Stillstand kommen: ***~!*** halt!

halt² [hɔːlt] *v/i.* **1.** *obs.* hinken; **2.** *fig.* ‚hinken' (*Vergleich etc.*), (*Vers etc.*) *a.* holpern; **3.** zögern, schwanken, stocken.

hal·ter ['hɔːltə] **I** *s.* **1.** Halfter *f, m, n*; **2.** Strick *m* (*zum Hängen*); **3.** rückenfreies Oberteil *od.* Kleid mit Nackenband; **II** *v/t.* **4.** *Pferd* (an)halftern; **5.** *j-n* hängen; **'~·neck** → ***halter*** 3.

halt·ing ['hɔːltɪŋ] *adj.* □ **1.** *obs.* hinkend; **2.** *fig.* a) hinkend, b) holp(e)rig; **3.** stockend; **4.** zögernd, schwankend.

halve [hɑːv] *v/t.* **1.** halbieren: a) zu gleichen Hälften teilen, b) auf die Hälfte reduzieren; **2.** ⚙ verblatten.

halves [hɑːvz] *pl. von* ***half***.

hal·yard ['hæljəd] *s.* ⚓ Fall *n*.

ham [hæm] **I** *s.* **1.** Schinken *m*: ***~ and eggs*** Schinken mit (Spiegel)Ei; **2.** *anat.* (hinterer) Oberschenkel, Gesäßbacke *f*, *pl.* Gesäß *n*; **3.** F a) *a.* ***~ actor*** über'trieben *od.* mise'rabel spielender Schauspieler, 'Schmierenkomödi,ant (-in), b) *fig. contp.* ‚Schauspieler(in)', c) Stümper(in); **4.** F Ama'teurfunker *m*; **II** *v/t.* **5.** F a) *e-e Rolle* über'trieben *od.* mise'rabel spielen: ***~ it up*** → 6, b) *et.* verkitschen; **III** *v/i.* **6.** über'trieben *od.* mise'rabel spielen, wie ein 'Schmierenkomödi,ant auftreten.

ham·burg·er ['hæmbɜːgə] *s.* **1.** *Am.* Rinderhack *n*; **2.** a) *a.* ***℞ steak*** Frika'delle *f*, b) Hamburger *m*.

Ham·burg steak ['hæmbɜːg] → ***hamburger*** 2a.

hames [heɪmz] *s. pl.* Kummet *n*.

'ham|-,fist·ed, '~-,hand·ed *adj.* F ungeschickt, tolpatschig.

ha·mite¹ ['heɪmaɪt] *s. zo.* Ammo'nit *m*.

Ham·ite² ['hæmaɪt] *s.* Ha'mit(in).

ham·let ['hæmlɪt] *s.* Weiler *m*, Flecken *m*, Dörfchen *n*.

ham·mer ['hæmə] **I** *s.* **1.** Hammer *m* (*a. anat.*): ***come*** (*od.* ***go***) ***under the ~*** unter den Hammer kommen, versteigert werden; ***go at it ~ and tongs*** F a) ‚mächtig rangehen', b) (sich) streiten, daß die Fetzen fliegen; ***~ and divider*** *pol.* Hammer u. Zirkel (*Symbol der DDR*); ***~ and sickle*** *pol.* Hammer u. Sichel (*Symbol der UdSSR*); **2.** Hammer *m* (*Klavier etc.*); **3.** *sport* Hammer *m*; **4.** ⚙ a) Hammer(werk *n*) *m*, b) Hahn *m* (*e-r Feuerwaffe*); **II** *v/t.* **5.** (ein-)hämmern, (ein)schlagen: ***~ an idea into s.o.'s head*** *fig.* j-m e-e Idee einhämmern *od.* -bleuen; **6.** *a.* ***~ out*** a) *Metall* hämmern, bearbeiten, formen, b) *fig.* ausarbeiten, schmieden, c) *Differenzen* ‚ausbügeln'; **7.** *a.* ***~ together*** zs.-hämmern, -zimmern; **8.** F a) vernichtend schlagen, *sport a.* ‚über'fahren', b) besiegen; **9.** *Börse*: *Brit.* für zahlungsunfähig erklären; **III** *v/i.* **10.** hämmern (*a. Puls etc.*): ***~ at*** einhämmern auf (*acc.*); ***~ away*** draufloshämmern, -arbeiten; ***~ away*** (***at***) *fig.* sich abmühen (mit); **~ blow** *s.* Hammerschlag *m*; **~ drill** *s.* ⚙ Schlagbohrer *m*.

ham·mered ['hæməd] *adj.* ⚙ gehämmert, getrieben, Treib...

ham·mer| face *s.* ⚙ Hammerbahn *f*; **~ forg·ing** *s.* ⚙ Reckschmieden *n*; **'~-,hard·en** *v/t.* ⚙ kalthämmern; **'~·head** *s.* **1.** *ichth.* Hammerhai *m*; **2.** ⚙ (Hammer)Kopf *m*; **~·less** ['hæməlɪs] *adj.* mit verdecktem Schlaghammer (*Gewehr*); **'~·lock** *s. Ringen*: Hammerlock *m* (*Griff*); **~ scale** *s.* ⚙ (Eisen)Hammerschlag *m*, Zunder *m*; **'~·smith** *s.* ⚙ Hammerschmied *m*; **~ throw** *s. sport* Hammerwerfen *n*; **~ throw·er** *s. sport* Hammerwerfer *m*; **'~·toe** *s.* ⚕ Hammerzehe *f*.

ham·mock ['hæmək] *s.* Hängematte *f*.

ham·per¹ ['hæmpə] *v/t.* **1.** (be)hindern, hemmen; **2.** stören.

ham·per² ['hæmpə] *s.* **1.** (Pack-, Trag-)Korb *m*; **2.** Geschenkkorb *m*, ‚Freßkorb' *m*.

ham·ster ['hæmstə] *s. zo.* Hamster *m*.

'ham·string I *s.* **1.** *anat.* Kniesehne *f*; **2.** *zo.* A'chillessehne *f*; **II** *v/t.* [*irr.* → ***string***] **3.** (durch Zerschneiden der Kniesehnen) lähmen; **4.** *fig.* lähmen.

hand [hænd] **I** *s.* **1.** Hand *f* (*a. fig.*): ***~s off!*** Hände weg!; ***~s up!*** Hände hoch!; ***be in good ~s*** *fig.* in guten Händen sein; ***fall into s.o's ~s*** j-m in die Hände fallen; ***give*** (*od.* ***lend***) ***a*** (***helping***) ***~*** (*j-m*) helfen; ***give s.o. a. ~ up*** j-m auf die Beine helfen; ***I am entirely in your ~s*** ich bin ganz in Ihrer Hand; ***I have his fate in my ~s*** sein Schicksal liegt in m-r Hand; ***he asked for her ~*** er hielt um ihre Hand an; ***get a big ~*** F starken Applaus bekommen; → *Bes. Redew.*; **2.** *zo.* a) Hand *f* (*Affe*), b) Vorderfuß *m* (*Pferd*), c) Schere *f* (*Krebs*); **3.** *pl.* Hände *pl.*, Besitz *m*: ***change ~s*** → *Bes. Redew.*; **4.** (gute *od.* glückliche) Hand, Geschick *n*: ***he has a ~ for horses*** er versteht es, mit Pferden umzugehen; **5.** *oft in Zssgn* Arbeiter *m*, Mann (*a. pl.*), *pl.* Leute *pl.*, ⚓ Ma'trose: ***all ~s on deck!*** alle Mann an Deck!; **6.** Fachmann *m*, Routini'er *m*: ***an old ~*** *a.* ein alter ‚Hase' *od.* Praktikus; ***a good ~ at*** sehr geschickt in (*dat.*), ein guter *Golfspieler etc.*; **7.** Handschrift *f*: ***a legible ~***; **8.** Unterschrift *f*: ***set one's ~ to a document***; **9.** Handbreit *f* (*4 engl. Zoll*) (*nur für die Größe e-s Pferdes*); **10.** *Kartenspiel*: a) Spieler *m*, b) Blatt *n*, Karten *pl.*: ***show one's ~*** → *Bes. Redew.*, c) Runde *f*, Spiel *n*; **11.** (Uhr-)Zeiger *m*; **12.** Seite *f* (*a. fig.*): ***on the right ~*** rechter Hand, rechts; ***on every ~*** überall, ringsum; ***on all ~s*** a) überall, b) von allen Seiten; ***on the one ~, on the other ~*** einerseits ... andererseits; **13.** Büschel *m, n*, Bündel *n* (*Früchte*), Hand *f* (*Bananen*); **14.** *Fußball*: Handspiel *n*: ***~s!*** Hand!;

Besondere Redewendungen:

~ and foot a) an Händen u. Füßen (*fesseln*), b) *fig.* hinten u. vorn (*bedienen*); ***be ~ in glove*** (***with***) a) ein Herz u. 'eine Seele sein (mit), b) *b.s.* unter 'einer Decke stecken (mit); ***~s down*** mühelos, spielend (*gewinnen etc.*); ***~ in ~*** Hand in Hand (*a. fig.*); ***~ over fist*** a) Hand über Hand (*klettern etc.*), b) schnell, spielend, c) zusehends; ***~ to ~*** Mann gegen Mann (*kämpfen*); ***at ~*** a) nahe, bei der Hand, b) nahe (bevorstehend), c) zur Hand, bereit, d) vorliegend; ***at first*** (***second***) ***~*** aus erster (zweiter) Hand *od.* Quelle; ***at the ~s of s.o.*** *schlechte Behandlung etc.* seitens j-s, durch j-n; ***by ~*** a) mit der Hand, b) durch Boten, c) mit der Flasche (*ein Kind ernähren*); ***made by ~*** handgefertigt, Handarbeit; ***take s.o. by the ~*** a) j-n bei der Hand nehmen, b) F j-n unter s-e Fittiche nehmen; ***from ~ to mouth*** von der Hand in den Mund (*leben*); ***in ~*** a) in der Hand, b) zur Verfügung, c) vorrätig, vorhanden, d) in Bearbeitung, e) *fig.* in der Hand *od.* Gewalt, f) im Gange; ***the matter in ~*** die vorliegende Sache; ***the stock in ~*** der Warenbestand; ***have the situation well in ~*** die Lage gut im Griff haben; ***take in ~*** a) *et.* in die Hand *od.* in Angriff nehmen, b) F *j-n* unter s-e Fittiche nehmen; ***on ~*** a) verfügbar, vorrätig, b) vorliegend, c) bevorstehend, d) *Am.* zur Stelle; ***have s.th. on one's ~s*** et. auf dem Hals haben; ***out of ~*** a) kurzerhand, ohne weiteres, b) außer Kontrolle, nicht mehr zu bändigen; ***get out of ~*** a) außer Rand u. Band geraten, *Party etc.*: *a.* ausarten, b) außer Kontrolle geraten (*Lage etc.*); ***to ~*** zur Hand; ***come to ~*** eingehen, eintreffen (*Brief etc.*); ***under ~*** a) unter Kontrolle, b) unter der Hand, heimlich; ***with a heavy ~*** mit harter Hand, streng; ***with a high ~*** selbstherrlich, willkürlich; ***change ~s*** in andere Hände übergehen, den Besitzer wechseln; ***force s.o.'s ~*** j-n zum Handeln zwingen; ***get s.th. off one's ~s*** et. loswerden; ***have a ~ in s.th.*** beteiligt sein an e-r Sache, *b.s. a.* die Hand im Spiel haben bei e-r Sache; ***have one's ~ in*** in Übung sein; ***hold ~s*** Händchen halten; ***hold*** (*od.* ***stay***) ***one's ~*** sich zurückhalten; ***join ~s*** sich die Hände reichen, *fig. a.* sich verbünden *od.* zs.-tun; ***keep one's ~ in*** sich in Übung halten; ***keep a firm ~ on*** unter strenger Zucht halten; ***lay*** (***one's***) ***~s on*** a) anfassen, b) ergreifen, habhaft werden (*gen.*), erwischen, c) *gewaltsam* Hand an *j-n* legen, d) *eccl.* ordinieren; ***I can't lay my ~s on it*** ich kann es nicht finden; ***play into s.o.'s ~s*** j-m in die Hände arbeiten; ***put one's ~s on*** a) finden, b) sich erinnern an (*acc.*); ***shake ~s*** sich die Hände schütteln; ***shake ~s with s.o., shake s.o. by the ~*** j-m die Hand schütteln *od.* geben; ***show one's ~*** *fig.* s-e Karten aufdecken; ***take a ~ at a game*** bei e-m Spiel mitmachen; ***try one's ~ at s.th.*** et. versuchen, es mit et. probieren; ***wash one's ~s of it*** a) (in dieser Sache) s-e

Hände in Unschuld waschen, b) nichts mit der Sache zu tun haben wollen; ***I wash my ~s of him*** mit ihm will ich nichts mehr zu tun haben; → ***off hand***; **II** *v/t.* **15.** ein-, aushändigen, (über)'geben, (-)'reichen (***s.o. s.th.***, ***s.th. to s.o.*** j-m et.): ***you have got to ~ it to him*** F das muß man ihm lassen (*anerkennend*); **16.** *j-m* helfen: ***~ s.o. into*** (***out of***) ***the car***;

Zssgn mit adv.:

hand| a·round *v/t.* her'umreichen; **~ back** *v/t.* zu'rückgeben; **~ down** *v/t.* **1.** *et.* her'unter- *od.* hin'unterreichen; **2.** *j-n* hin'untergeleiten; **3.** vererben, hinter'lassen (***to*** *dat.*); **4.** (***to***) *fig.* weitergeben (an *acc.*), über'liefern (*dat.*); **5.** ⚖ a) *Urteil etc.* verkünden, b) *Entscheidung e-s höheren Gerichts* e-m 'untergeordneten Gericht über'mitteln; **~ in** *v/t.* **1.** *et.* hin'ein- *od.* her'einreichen; **2.** abgeben, *Bericht*, *Gesuch etc.* einreichen; **~ on** *v/t.* **1.** weiterreichen, -geben; **2.** → ***hand down*** 3; **~ out** *v/t.* **1.** ausgeben, -teilen, verteilen (***to*** an *acc.*); **2.** *Ratschläge etc.* verteilen; **3.** verschenken; **~ o·ver** *v/t.* (***to*** *dat.*) **1.** über'geben; **2.** über'lassen; **3.** (her)geben, aushändigen; **4.** *j-n der Polizei etc.* über'geben; **~ up** *v/t.* hin'auf- *od.* her'aufreichen (***to*** *dat.*).

'hand|·bag [-ndb-] *s.* **1.** (Damen)Handtasche *f*; **2.** Handtasche *f*, -koffer *m*; **'~·ball** [-ndb-] *s. sport* Handball(spiel *n*) *m*; **'~-ˌbar·row** [-ndˌb-] *s.* **1.** → ***handcart***; **2.** Trage *f*; **'~·bell** [-ndb-] *s.* Tisch-, Handglocke *f*; **'~·bill** [-ndb-] *s.* Hand-, Re'klamezettel *m*, Flugblatt *n*; **'~·book** [-ndb-] *s.* **1.** Handbuch *n*; **2.** Reiseführer *m* (***of*** durch, von); **~ brake** *s.* ⚙ Handbremse *f*; **'~·breadth** [-ndb-] *s.* Handbreit *f*; **'~·cart** [-ndk-] *s.* Handkarre(n *m*) *f*; **'~·clasp** [-ndk-] *Am.* → ***handshake***; **'~·craft** [-ndk-] → ***handicraft***; **'~·cuff** [-ndk-] **I** *s. mst pl.* Handschellen *pl.*; **II** *v/t. j-m* Handschellen anlegen: ***~ed*** in Handschellen; **~ drill** *s.* ⚙ Handbohrer *m*.

-handed [hændɪd] *in Zssgn* ...händig, mit ... Händen.

'hand|·ful [-ndfʊl] *s.* **1.** Handvoll *f* (*a. fig. Personen*); **2.** F Plage *f* (*Person od. Sache*), ‚Nervensäge' *f*: ***he is a ~*** er macht einem ganz schön zu schaffen; **'~·glass** [-ndg-] *s.* **1.** Handspiegel *m*; **2.** (Lese)Lupe *f*; **~ gre·nade** *s.* ⚔ 'Handgraˌnate *f*; **'~·grip** [-ndg-] *s.* **1.** Händedruck *m*; **2.** *a.* ⚙ Griff *m*; **3.** ***come to ~s*** handgemein werden; **'~·held** *adj. Film*: tragbar (*Kamera*); **'~·hold** *s.* Halt *m*, Griff *m*.

hand·i·cap ['hændɪkæp] **I** *s.* Handikap *n*: a) *sport* Vorgabe *f*, b) Vorgaberennen *n od.* -spiel *n*, c) *fig.* Behinderung *f*, Hindernis *n*, Nachteil *m*, Erschwerung *f* (***to*** für); **II** *v/t. sport* (*a.* körperlich *od.* geistig) (be)hindern, benachteiligen, belasten: ***~ped*** behindert (*etc.*), gehandikapt.

hand·i·craft ['hændɪkrɑːft] *s.* **1.** Handfertigkeit *f*; **2.** (*bsd.* Kunst)Handwerk *n*.

hand·i·ness ['hændɪnɪs] *s.* **1.** Geschick (-lichkeit *f*) *n*; **2.** Handlichkeit *f*; **3.** Nützlichkeit *f*.

hand·i·work ['hændɪwɜːk] *s.* **1.** Handarbeit *f*; **2.** Werk *n*.

hand·ker·chief ['hæŋkətʃɪf] *s.* Taschentuch *n*.

'hand-ˌknit(·ted) *adj.* handgestrickt.

han·dle ['hændl] **I** *s.* **1.** Griff *m*, Stiel *m*; Henkel *m* (*Topf*); Klinke *f* (*Tür*); Schwengel *m* (*Pumpe*); ⚙ Kurbel *f*: ***a ~ to one's name*** F ein Titel; ***fly off the ~*** ‚hochgehen', wütend werden; **2.** *fig.* a) Handhabe *f*, b) Vorwand *m*; **II** *v/t.* **3.** anfassen, berühren; **4.** handhaben, hantieren mit, *Maschine* bedienen: ***~ with care! glass!*** Vorsicht, Glas!; **5.** a) *ein Thema etc.* behandeln, *e-e Sache a.* handhaben, b) *et.* erledigen, 'durchführen, abwickeln, c) mit *et. od. j-m* fertigwerden, *et.* deichseln: ***I can ~ it*** (***him***) damit (mit ihm) werde ich fertig; **6.** *j-n* behandeln, 'umgehen mit; **7.** a) *e-n Boxer* betreuen, trainieren, b) *Tier* dressieren (u. vorführen); **8.** sich beschäftigen mit; **9.** *Güter* befördern, weiterleiten; **10.** ✝ Handel treiben mit; **III** *v/i.* **11.** sich *leicht etc.* handhaben lassen; **12.** sich *weich etc.* anfühlen; **'~·bar** *s.* Lenkstange *f*.

hand·ler ['hændlə] *s.* **1.** Dres'seur *m*, Abrichter *m*; **2.** *Boxen*: a) Trainer *m*, b) Betreuer *m*, Sekun'dant *m*.

han·dling ['hændlɪŋ] *s.* **1.** Berühren *n*; **2.** Handhabung *f*; **3.** Führung *f*; **4.** *a. weitS.* Behandlung *f*; **5.** ✝ Beförderung *f*; **~ charg·es** *s. pl.* ✝ 'Umschlagspesen *pl.*

'hand|·loom *s.* Handwebstuhl *m*; **~ lug·gage** *s.* Handgepäck *n*; **ˌ~-'made** [-ndˈm-] *adj.* von Hand gemacht, handgefertigt, Hand...; handgeschöpft (*Papier*): **~ *paper*** Büttenpapier *n*; **'~ˌmaid(-en)** [-ndˌm-] *s.* **1.** *obs. u. fig.* Dienerin *f*, Magd *f*; **2.** *fig.* Gehilfe *m*, Handlanger(in); **'~-me-ˌdown I** *adj.* **1.** fertig *od.* von der Stange (gekauft), Konfektions...; **2.** abgelegt, getragen; **II** *s.* **3.** Konfekti'onsanzug *m*, Kleid *n* von der Stange, *pl.* Konfekti'onskleidung *f*; **4.** abgelegtes Kleidungsstück; **ˌ~-'op·er·at·ed** *adj.* ⚙ mit Handantrieb, handbedient, Hand...; **~ or·gan** *s.* ♪ Drehorgel *f*; **'~·out** *s.* **1.** Almosen *n* (*a. fig.*), (milde) Gabe, *weitS.* (*Wahl- etc.*) Geschenk *n*; **2.** Pro'spekt *m*, Hand-, Werbezettel *m*; **3.** Handout *n* (*Informationsunterlage*); **'~·pick** *v/t.* **1.** mit der Hand pflücken *od.* auslesen: ***~ed*** handverlesen; **2.** F sorgsam auswählen; **'~·rail** *s.* Handlauf *m*; Handleiste *f*; **'~·saw** *s.* Handsäge *f*; **~'s breadth** *s.* Handbreit *f*.

hand·sel ['hænsl] *s. obs.* **1.** Neujahrs-, *od.* Einstandsgeschenk *n*; **2.** Morgengabe *f*; Hand-, Angeld *n*.

'hand|·set *s. teleph.* Hörer *m*; **'~·shake** *s.* Händedruck *m*; **'~·signed** *adj.* handsigniert.

hand·some ['hænsəm] *adj.* ☐ **1.** hübsch, schön, gutaussehend, stattlich; **2.** beträchtlich, ansehnlich, stattlich: ***a ~ sum***; **3.** großzügig, nobel, ‚anständig': ***~ is that ~ does*** edel ist, wer edel handelt; ***come down ~ly*** sich großzügig zeigen; **4.** *Am.* geschickt; **'hand·some·ness** [-nɪs] *s.* **1.** Schönheit *f*, Stattlichkeit *f*, gutes Aussehen; **2.** Beträchtlichkeit *f*; **3.** Großzügigkeit *f*.

'hand|·spike *s.* ⚓, ⚙ Handspake *f*, Hebestange *f*; **'~·spring** *s. sport* 'Handstandˌüberschlag *m*; **'~·stand** *s. sport* Handstand *m*; **ˌ~-to-'hand** *adj.* Mann gegen Mann: **~ *combat*** Nahkampf *m*; **ˌ~-to-'mouth** *adj.* kümmerlich: ***lead a ~ existence*** von der Hand in den Mund leben; **'~·wheel** *s.* ⚙ Hand-, Stellrad *n*; **'~ˌwrit·ing** *s.* **1.** (Hand-) Schrift *f*: ***~ expert*** ⚖ Schriftsachverständige(r *m*) *f*; **2.** *et.* Handgeschriebenes.

hand·y ['hændɪ] *adj.* ☐ **1.** zur Hand, bei der Hand, greifbar, leicht erreichbar; **2.** geschickt, gewandt; **3.** handlich, praktisch; **4.** nützlich: ***come in ~*** (sehr) gelegen kommen; **~ man** *s.* [*irr.*] Mädchen *n* für alles, Fak'totum *n*.

hang [hæŋ] **I** *s.* **1.** Hängen *n*, Fall *m*, Sitz *m* (*Kleid etc.*); **2.** F a) Sinn *m*, Bedeutung *f*, b) (richtige) Handhabung: ***get the ~ of s.th.*** et. ka'pieren, den ‚Dreh' rauskriegen; **3.** ***I don't care a ~*** F das ist mir völlig ‚schnuppe'; **II** *v/t. pret. u. p.p.* **hung** [hʌŋ] *nur 9 mst* **hanged**; **4.** (***on***) aufhängen (an *dat.*), hängen (an *acc.*): ***~ s.th. on a hook***; ***~ the head*** den Kopf hängen lassen *od.* senken; **5.** (*zum Trocknen etc.*) aufhängen: ***hung beef*** gedörrtes Rindfleisch; **6.** *Tür* einhängen; **7.** *Tapete* ankleben; **8.** behängen: ***hung with flags***; **9.** (auf-) hängen: ***~ o.s.*** sich erhängen; ***I'll be ~ed first*** F eher lasse ich mich hängen!; ***I'll be ~ed if*** F ‚ich will mich hängen lassen', wenn; ***~ it*** (***all***)***!*** F zum Henker damit!; **10.** → ***fire*** 6; **III** *v/i.* **11.** hängen, baumeln (***by***, ***on*** an *dat.*); → ***balance*** 2, ***thread*** 1; **12.** (her'ab)hängen, fallen (*Kleid etc.*); **13.** hängen, gehängt werden: ***he deserves to ~***; ***let s.th. go ~*** F sich den Teufel um et. scheren; ***let it go ~!*** F zum Henker damit!; **14.** (***on***) sich hängen (an *dat.*), sich klammern (an *acc.*): ***~ on s.o.'s lips*** (***words***) *fig.* an j-s Lippen (Worten) hängen; **15.** (***on***) hängen (an *dat.*), abhängen (von); **16.** sich senken *od.* neigen;

Zssgn mit prp.:

hang| a·bout, **~ a·round** *v/i.* her'umlungern *od.* sich her'umtreiben in (*dat.*) *od.* bei; **~ on** → ***hang*** 14, 15; **~ o·ver** *v/i.* **1.** *fig.* hängen *od.* schweben über (*dat.*), drohen (*dat.*); **2.** sich neigen über (*acc.*); **3.** aufragen über (*acc.*);

Zssgn mit adv.:

hang| a·bout, **~ a·round** *v/i.* **1.** her'umlungern, sich her'umtreiben; **2.** trödeln; **3.** warten; **~ back** *v/i.* **1.** zögern; **2.** → **~ be·hind** *v/i.* zu'rückbleiben, -hängen; **~ down** *v/i.* her'unterhängen; **~ on** *v/i.* **1.** (***to***) *a. fig.* sich klammern (an *acc.*), festhalten (*acc.*), nicht loslassen *od.* aufgeben; **2.** *teleph.* am Appa'rat bleiben; **3.** nicht nachlassen, ‚dranbleiben'; **4.** warten; **~ out I** *v/t.* **1.** (hin- *od.* her)'aushängen; **II** *v/i.* **2.** her'aushängen; **3.** ausgehängt sein; **4.** F a) hausen, sich aufhalten, b) sich her'umtreiben; **~ o·ver I** *v/i.* andauern; **II** *v/t.*: ***be hung over*** F e-n ‚Kater' haben; **~ to·geth·er** *v/i.* **1.** zs.-halten (*Personen*); **2.** zs.-hängen, verknüpft sein; **~ up I** *v/t.* **1.** aufhängen; **2.** aufschieben, hin'ausziehen: ***be hung up*** aufgehalten werden; **3.** ***be hung up on*** F a) e-n Komplex haben wegen, ‚es haben' mit, b) besessen sein von; **II** *v/i.* **4.** *teleph.* (den Hörer) auflegen, einhängen: ***she***

hung up on me! sie legte einfach auf!

hang·ar ['hæŋə] *s.* Hangar *m*, Flugzeughalle *f*, -schuppen *m*.

'hang·dog I *s.* **1.** Galgenvogel *m*, -strick *m*; **II** *adj.* **2.** gemein; **3.** jämmerlich: ***~ look*** Armesündermiene *f*.

hang·er ['hæŋə] *s.* **1.** a) (Auf)Hänger *m*, b) Ankleber *m*, c) Tapezierer *m*; **2.** a) Kleiderbügel *m*, b) Aufhänger *m* (*a.* ⚙), Schlaufe *f*; **3.** a) Hirschfänger *m*, b) kurzer Säbel.

ˌhang·er-'on [-ər'ɒn] *pl.* **ˌhang·ers-'on** *s. contp.* **1.** Anhänger *m*, *pl. a.* Anhang *m*; **2.** ‚Klette' *f*.

hang glid·er *s. sport* **1.** Hängegleiter *m*, (Flug)Drachen *m*; **2.** Drachenflieger(in).

hang·ing ['hæŋɪŋ] **I** *s.* **1.** (Auf)Hängen *n*; **2.** (Er)Hängen *n*: ***execution by ~*** Hinrichtung *f* durch den Strang; **3.** *mst pl.* Wandbehang *m*, Ta'pete *f*, Vorhang *m*; **II** *adj.* **4.** a) (her'ab)hängend, Hänge..., b) hängend, abschüssig, ter'rassenförmig: ***~ gardens***; **5.** ***a ~ matter*** e-e Sache, die e-n an den Galgen bringt; ***a ~ judge*** ein Richter, der mit der Todesstrafe rasch bei der Hand ist; ***~ com·mit·tee*** *s.* Hängeausschuß *m* (*bei Gemäldeausstellungen*).

'hang|·man [-mən] *s.* [*irr.*] Henker *m*; **'~·nail** *s.* ⚕ Niednagel *m*; **'~·out** *s.* F **1.** ‚Bude' *f*, Wohnung *f*; **2.** Treffpunkt *m*, 'Stammloˌkal *n*; **'~ˌo·ver** *s.* **1.** 'Überbleibsel *n*; **2.** F ‚Katzenjammer' *m* (*a. fig.*), ‚Kater' *m*; **'~·up** *s.* F **1.** a) Kom'plex *m*, b) Fimmel *m*: ***have a ~ about*** → ***hang up*** 3; **2.** Pro'blem *n*.

hank [hæŋk] *s.* **1.** Strang *m*, Docke *f* (*Garn etc.*); **2.** Hank *n* (*ein Garnmaß*); **3.** ⚓ Legel *m*.

han·ker ['hæŋkə] *v/i.* sich sehnen (***after***, ***for*** nach); **'han·ker·ing** [-ərɪŋ] *s.* Sehnsucht *f*, Verlangen *n* (***after***, ***for*** nach).

han·ky, *a.* **han·kie** ['hæŋkɪ] F → ***handkerchief***.

han·ky-pan·ky [ˌhæŋkɪ'pæŋkɪ] *s. sl.* **1.** Hokus'pokus *m*; **2.** ‚fauler Zauber', ‚Mätzchen' *n od. pl.*, Trick(s *pl.*) *m*; **3.** ‚Techtelmechtel' *n*.

Han·o·ve·ri·an [ˌhænəʊ'vɪərɪən] **I** *adj.* han'nover(i)sch; *pol. hist.* hannove'ranisch; **II** *s.* Hannove'raner(in).

Han·sard ['hænsəd] *s. parl. Brit.* Parla'mentsprotoˌkoll *n*.

hanse [hæns] *s. hist.* **1.** Kaufmannsgilde *f*; **2.** ♀ Hanse *f*, Hansa *f*; **Han·se·at·ic** [ˌhænsɪ'ætɪk] *adj.* hanse'atisch, Hanse...: ***the ~ League*** die Hanse.

han·sel → ***handsel***.

han·som (cab) ['hænsəm] *s.* Hansom *m* (*zweirädrige Kutsche*).

hap [hæp] *obs.* **I** *s.* a) Zufall *m*, b) Glücksfall *m*; **II** *v/i.* → ***happen***; **ˌhap'haz·ard** [-'hæzəd] **I** *adj. u. adv.* plan-, wahllos, willkürlich; **II** *s.*: ***at ~*** aufs Geratewohl; **'hap·less** [-lɪs] *adj.* □ glücklos, unglücklich.

hap·pen ['hæpən] *v/i.* **1.** geschehen, sich ereignen, vorkommen, -fallen, passieren, stattfinden, vor sich gehen: ***what has ~ed?*** was ist geschehen *od.* passiert?; ***... and nothing ~ed*** ... u. nichts geschah; **2.** *impers.* zufällig geschehen, sich zufällig ergeben, sich (gerade) treffen: ***it ~ed that*** es traf *od.* ergab sich, daß; ***as it ~s*** a) wie es sich gerade trifft, b) wie es nun einmal so ist; **3.** ***~ to*** *inf.*: ***we ~ed to hear it*** wir hörten es zufällig; ***it ~ed to be hot*** zufällig war es heiß; **4.** ***~ to*** geschehen mit (*od. dat.*), passieren (*dat.*), zustoßen (*dat.*), werden aus: ***what is going to ~ to his plan?*** was wird aus s-m Plan?; ***if anything should ~ to me*** sollte mir et. zustoßen; **5.** ***~ (up)on*** a) zufällig begegnen (*dat.*) *od.* treffen (*acc.*), b) zufällig stoßen (auf *acc.*) *od.* finden (*acc.*); **6.** ***~ along*** F zufällig kommen; ***~ in*** F ‚hereinschneien'; **hap·pen·ing** ['hæpnɪŋ] *s.* **1.** a) Ereignis *n*, b) Eintreten *n e-s Ereignisses*; **2.** *thea. u. humor.* Happening *n*: ***~ artist*** Happenist *m*; **hap·penstance** ['hæpənstæns] *s. Am.* F Zufall *m*.

hap·pi·ly ['hæpɪlɪ] *adv.* **1.** glücklich; **2.** glücklicherweise, zum Glück; **'hap·piness** [-ɪnɪs] *s.* **1.** Glück *n* (*Gefühl*); **2.** glückliche Wahl (*e-s Ausdrucks etc.*), glückliche Formulierung; **hap·py** ['hæpɪ] *adj.* □ → ***happily***; **1.** *allg.* glücklich: a) glückselig, b) beglückt, erfreut (***at***, ***about*** über *acc.*): ***I am ~ to see you*** es freut mich, Sie zu sehen; ***I would be ~ to do that*** ich würde das sehr *od.* liebend gern tun; ***I am quite ~ (, thank you)!*** (danke,) ich bin wunschlos glücklich!, c) voller Glück: ***~ days***, d) erfreulich: ***~ event*** freudiges Ereignis, e) glückverheißend: ***~ news***, f) gut, trefflich: ***~ idea***, g) geglückt, treffend, passend: ***a ~ phrase***; **2.** *in Glückwünschen*: ***~ new year!*** gutes neues Jahr!; **3.** F beschwipst, ‚angesäuselt'; **4.** *in Zssgn* a) F wirr (im Kopf), benommen: → ***slaphappy***, b) begeistert, ‚verrückt', -freudig, -lustig: → ***trigger-happy***.

hap·py| dis·patch *s. euphem.* Hara'kiri *n*; **ˌ~-go-'luck·y** [-gəʊ-] *adj. u. adv.* unbekümmert, sorglos, leichtfertig, lässig.

hap·tic ['hæptɪk] *adj.* haptisch.

har·a·kir·i [ˌhærə'kɪrɪ] *s.* Hara'kiri *n* (*a. fig.*).

ha·rangue [hə'ræŋ] **I** *s.* **1.** Ansprache *f*, (flammende) Rede; **2.** Ti'rade *f*; **3.** Strafpredigt *f*; **II** *v/i.* **4.** e-e (bom'bastische *od.* flammende) Rede halten (*v/t.* vor *dat.*); **5.** e-e Strafpredigt halten (*v/t. j-m*).

har·ass ['hærəs] *v/t.* **1.** a) (ständig) belästigen, schikanieren, quälen, b) aufreiben, zermürben: ***~ed*** mitgenommen, (von Sorgen) gequält, (viel) geplagt; **2.** ⚔ stören: ***~ing fire*** Störfeuer *n*; **'harass·ment** [-mənt] *s.* **1.** Belästigung *f*; **2.** Schikanieren *n*, Schi'kane(n *pl.*) *f*; **3.** ⚔ 'Störmaˌnöver *pl.*

har·bin·ger ['hɑːbɪndʒə] **I** *s. fig.* a) Vorläufer *m*, b) Vorbote *m*: ***the ~ of spring***; **II** *v/t. fig.* ankündigen.

har·bo(u)r ['hɑːbə] **I** *s.* **1.** Hafen *m*; **2.** *fig.* Zufluchtsort *m*, 'Unterschlupf *m*; **II** *v/t.* **3.** beherbergen, Schutz *od.* Zuflucht gewähren (*dat.*); **4.** verbergen, verstecken: ***~ criminals***; **5.** *Gedanken, Groll etc.* hegen: ***~ thoughts of revenge***; **III** *v/i.* **6.** ⚓ (im Hafen) vor Anker gehen; ***~ bar*** *s.* Sandbank *f* vor dem Hafen; ***~ dues*** *s. pl.* Hafengebühren *pl.*; ***~ mas·ter*** *s.* Hafenmeister *m*; ***~ seal*** *s. zo.* Gemeiner Seehund.

hard [hɑːd] **I** *adj.* **1.** *allg.* hart (*a. Farbe, Stimme etc.*); **2.** fest: ***~ knot***; **3.** schwer, schwierig: a) mühsam, anstrengend, hart: ***~ work***, b) schwer zu bewältigen(d): ***~ problems*** schwierige Probleme; ***~ to believe*** kaum zu glauben; ***~ to imagine*** schwer vorstellbar; ***~ to please*** schwer zufriedenzustellen(d), ‚schwierig' (*Kunde etc.*); **4.** hart, zäh, 'widerstandsfähig: ***in ~ condition*** *sport* konditionsstark, fit; ***a ~ customer*** F ein schwieriger ‚Kunde', ein zäher Bursche; → ***nail*** *Bes. Redew.*; **5.** hart, angestrengt: ***~ studies***; **6.** hart arbeitend, fleißig: ***a ~ worker***; ***try one's ~est*** sich alle Mühe geben; **7.** heftig, stark: ***a ~ rain***; ***a ~ blow*** ein harter *od.* schwerer Schlag (*a. fig.* ***to*** für); ***be ~ on*** *Kleidung etc.* (sehr) strapazieren (→ 8); **8.** hart: a) streng, rauh: ***~ climate*** (***winter***), b) *fig.* hartherzig, gefühllos, streng, c) nüchtern, kühl (überlegend): ***a ~ businessman***, d) drückend: ***be ~ on s.o.*** j-n hart anfassen *od.* behandeln; ***it is ~ on him*** es ist hart für ihn; ***the ~ facts*** die harten *od.* nackten Tatsachen; ✝ ***~ sell(ing)*** aggressive Verkaufstaktik; ***~ times*** schwere Zeiten; ***have a ~ time*** Schlimmes durchmachen (müssen); ***he had a ~ time doing it*** es fiel ihm schwer, dies zu tun; ***give s.o. a ~ time*** j-m hart zusetzen, j-m das Leben sauer machen; **9.** a) sauer, herb (*Getränk*), b) hart (*Droge*), *Getränk*: *a.* stark, 'hochproˌzentig; **10.** *phys.* hart: ***~ water***; ***~ X rays***; ***~ wheat*** ⚘ Hartweizen *m*; **11.** ✝ hart (*Währung etc.*): ***~ dollars***; ***~ prices*** harte *od.* starre Preise; **12.** *Phonetik*: a) hart, stimmlos, b) nicht palatalisiert; **13.** ***~ up*** a) schlecht bei Kasse, in (Geld)Schwierigkeiten, b) in Verlegenheit (***for*** um); **II** *adv.* **14.** hart, fest; **15.** *fig.* hart, 'schwer: ***work ~***; ***brake ~*** scharf bremsen; ***drink ~*** ein starker Trinker sein; ***it will go ~ with him*** es wird unangenehm für ihn sein; ***hit s.o. ~*** a) j-m e-n harten Schlag versetzen, b) *fig.* ein harter Schlag für j-n sein; ***~ hit*** schwer betroffen; ***be ~ pressed***, ***be ~ put to it*** in schwerer Bedrängnis sein; ***look ~ at*** scharf ansehen; ***try ~*** sich alle Mühe geben; → ***die***[1] 1; **16.** nah(e), dicht: ***~ by*** ganz in der Nähe; ***~ on*** (*od.* ***after***) gleich nach; ***~ aport*** ⚓ hart Backbord; **III** *s.* **17.** ***get*** (***have***) ***a ~ on*** V e-n ‚Ständer' kriegen (haben).

ˌhard|-and-'fast *adj.* fest, bindend, 'unumstößlich: ***a ~ rule***; **'~·back** → ***hardcover*** II; **'~·ball** *s. Am.* Baseball(spiel *n*) *m*; **ˌ~-'bit·ten** *adj.* **1.** verbissen, hartnäckig; **2.** → ***hard-boiled*** 2a; **'~·board** *s.* Hartfaserplatte *f*; **ˌ~-'boiled** *adj.* **1.** hart(gekocht): ***a ~ egg***; **2.** F ‚knallhart': a) ‚abgebrüht', ‚hartgesotten', b) ‚ausgekocht', gerissen, c) von hartem Rea'lismus: ***~ fiction***; ***~ case*** *s.* **1.** Härtefall *m*; **2.** schwieriger Mensch; **3.** ‚schwerer Junge' (*Verbrecher*); ***~ cash*** *s.* ✝ **1.** a) Hartgeld *n*, b) Bargeld *n*: ***pay in ~*** (in) bar (be)zahlen; **2.** klingende Münze; ***~ coal*** *s.* Anthra'zit *m*, Steinkohle *f*; ***~ core*** *s.* **1.** *Brit.* Schotter *m*; **2.** *fig.* harter Kern (*e-r Bande etc.*); **ˌ~-'core** *adj. fig.* **1.** zum harten Kern gehörend; **2.** hart: ***~ pornography***; ***~ court*** *s. Tennis*: Hartplatz *m*; **'~ˌcov·er I** *adj.* gebunden: ***~ edition***; **II** *s.* Hard cover *n*, gebundene Ausgabe; ***~ cur·ren·cy*** *s.* ✝ harte Währung.

hard·en ['hɑːdn] **I** *v/t.* **1.** härten (*a.* ⚙),

hart *od.* härter machen; **2.** *fig.* hart *od.* gefühllos machen, verhärten: **~*ed*** verstockt, ‚abgebrüht'; ***a ~ed sinner*** ein verstockter Sünder; **3.** bestärken; **4.** abhärten (***to*** gegen); **II** *v/i.* **5.** hart werden, erhärten; **6.** *fig.* hart *od.* gefühllos werden, sich verhärten; **7.** *fig.* sich abhärten (***to*** gegen); **8.** a) ✝ *u. fig.* sich festigen, b) ✝ anziehen, steigen (*Preise*); **'hard·en·er** [-nə] *s.* Härtemittel *n*, Härter *m*; **'hard·en·ing** [-nɪŋ] **I** *s.* **1.** Härten *n*, Härtung *f* (*a.* ⚙): **~ *of the arteries*** Arterienverkalkung *f*; **2.** → ***hardener***; **II** *adj.* **3.** Härte…

ˌhard|-'fea·tured *adj.* mit harten *od.* groben Gesichtszügen; **~ fi·ber**, *Brit.* **~ fi·bre** *s.* ⚙ Hartfaser *f*; **~ goods** *s. pl.* ✝ *Am.* Gebrauchsgüter *pl.*; **~ hat** *s.* **1.** *Brit.* Me'lone *f* (*Hut*); **2.** a) Schutzhelm *m*, b) F Bauarbeiter *m*; **3.** *Brit.* 'Erzreaktioˌnär *m*; **ˌ~-'head·ed** *adj.* **1.** praktisch, nüchtern, rea'listisch; **2.** *Am.* starrköpfig, stur; **ˌ~-'heart·ed** *adj.* □ hart(herzig); **ˌ~-'hit·ting** *adj. fig.* hart, aggres'siv.

har·di·hood ['hɑːdɪhʊd], **'har·di·ness** [-ɪnɪs] *s.* **1.** Ausdauer *f*, Zähigkeit *f*; **2.** ⚘ Winterfestigkeit *f*; **3.** Kühnheit *f*: a) Tapferkeit *f*, b) Verwegenheit *f*, c) Dreistigkeit *f*.

hard| la·bo(u)r *s.* ⚖ Zwangsarbeit *f*; **~ line** *s.* **1.** *bsd. pol.* harte Linie, harter Kurs: ***follow*** *od.* ***adopt a ~*** e-n harten Kurs einschlagen; **2.** *pl. Brit.* ‚Pech' *n* (***on*** für); **ˌ~-'line** *adj. bsd. pol.* hart, kompro'mißlos; **ˌ~-'lin·er** *s. bsd. pol.* j-d, der e-n harten Kurs einschlägt; **ˌ~-'luck sto·ry** *s. contp.*, ‚Jammergeschichte' *f*.

hard·ly ['hɑːdlɪ] *adv.* **1.** kaum, fast nicht: ***~ ever*** fast nie; ***I ~ know her*** ich kenne sie kaum; **2.** (wohl) kaum, schwerlich; **3.** mühsam, mit Mühe; **4.** hart, streng.

hard| mon·ey → ***hard cash***; **ˌ~-'mouthed** *adj.* **1.** hartmäulig (*Pferd*); **2.** *fig.* starrköpfig.

hard·ness ['hɑːdnɪs] *s.* **1.** Härte *f* (*a. fig.*); **2.** Schwierigkeit *f*; **3.** Hartherzigkeit *f*; **4.** 'Widerstandsfähigkeit *f*; **5.** Strenge *f*, Härte *f*.

ˌhard|-'nosed F → a) ***hard-boiled*** 2a, b) ***hard-headed*** 2; **~ pan** *s.* **1.** *geol.* Ortstein *m*; **2.** harter Boden; **3.** *fig.* a) Grund(lage *f*) *m*, b) Kern *m* (der Sache); **ˌ~-'press·ed** *adj.* (hart)bedrängt, unter Druck stehend; **~ rock** *s.* ♪ Hardrock *m*; **~ rub·ber** *s.* Hartgummi *m*; **~ sci·ence** *s.* (*e-e*) ex'akte Wissenschaft; **ˌ~-'set** *adj.* **1.** hartbedrängt; **2.** streng, starr; **3.** angebrütet (*Ei*); **'~-shell** *adj.* **1.** *zo.* hartschalig; **2.** *Am.* F ‚eisern'.

hard·ship ['hɑːdʃɪp] *s.* **1.** Not *f*, Elend *n*; **2.** *a.* ⚖ Härte *f*: ***work ~ on s.o.*** e-e Härte bedeuten für j-n; **~ *case*** Härtefall *m*.

hard| shoul·der *s. mot. Brit.* Standspur *f*; **~ sol·der** *s.* ⚙ Hartlot *n*; **'~-ˌsol·der** *v/t. u. v/i.* hartlöten; **~ tack** *s.* Schiffszwieback *m*; **'~·top** *s. mot.* Hardtop *n*, *m*: a) *festes, abnehmbares Autodach*, b) *Auto mit a*; **'~·ware** *s.* **1.** a) Me'tall-, Eisenwaren *pl.*, b) Haushaltswaren *pl.*; **2.** *Computer*, *a. Sprachlabor*: Hardware *f*; **3.** *a.* ***military ~*** Waffen *pl.* u. mili'tärische Ausrüstung; **4.** *Am. sl.* Schießeisen *n od. pl.*; **'~·wood** *s.* Hartholz *n*, *bsd.* Laubbaumholz *n*; **ˌ~-'work·ing** *adj.* fleißig, hart arbeitend.

har·dy ['hɑːdɪ] *adj.* □ **1.** a) zäh, ro'bust, b) abgehärtet; **2.** ⚘ winterfest: **~ *annual*** a) winterfeste Pflanze, b) *humor.* Frage, die jedes Jahr wieder aktuell wird; **3.** kühn: a) tapfer, b) verwegen, c) dreist.

hare [heə] *s. zo.* Hase *m*: ***run with the ~ and hunt with the hounds*** *fig.* es mit beiden Seiten halten; ***start a ~*** *fig.* vom Thema ablenken; **~ *and hounds*** Schnitzeljagd *f*; **'~·bell** *s.* ⚘ Glockenblume *f*; **'~·brained** *adj.* ‚verrückt'; **'~·foot** *s.* [*irr.*] ⚘ **1.** Balsabaum *m*; **2.** Ackerklee *m*; **ˌ~'lip** *s.* ⚕ Hasenscharte *f*.

ha·rem ['hɑːriːm] *s.* Harem *m*.

'hare's-foot → ***harefoot***.

har·i·cot ['hærɪkəʊ] *s.* **1.** *a.* **~ *bean*** Gartenbohne *f*; **2.** 'Hammelraˌgout *n*.

hark [hɑːk] *v/i.* **1.** *obs. u. poet.* horchen: **~ *at him!*** *Brit.* F hör dir ihn (*od.* den) an!; **2. ~ *back*** a) *hunt.* auf der Fährte zu'rückgehen (*Hund*), b) *fig.* zu'rückgreifen, -kommen, (*a. zeitlich*) zu'rückgehen (***to*** auf *acc.*); **hark·en** ['hɑːkən] → ***hearken***.

har·le·quin ['hɑːlɪkwɪn] **I** *s.* Harlekin *m*, Hans'wurst *m*; **II** *adj.* bunt, scheckig; **har·le·quin·ade** [ˌhɑːlɪkwɪ'neɪd] *s.* Harleki'nade *f*, Possenspiel *n*.

har·lot ['hɑːlət] *obs.* Hure *f*, Metze *f*; **'har·lot·ry** [-rɪ] *s.* Hure'rei *f*.

harm [hɑːm] **I** *s.* **1.** Schaden *m*: ***bodily ~*** körperlicher Schaden, ⚖ Körperverletzung *f*; ***come to ~*** zu Schaden kommen; ***do ~ to s.o.*** j-m schaden, j-m et. antun; (***there is***) ***no ~ done!*** es ist nichts (Schlimmes) passiert!; ***it does more ~ than good*** es schadet mehr, als daß es nützt; ***there is no ~ in doing*** (***s.th.***) es kann *od.* könnte nicht schaden, (et.) zu tun; ***mean no ~*** es nicht böse meinen; ***keep out of ~'s way*** die Gefahr meiden; ***out of ~'s way*** a) in Sicherheit, b) in sicherer Entfernung; **2.** Unrecht *n*, Übel *n*; **II** *v/t.* **3.** schaden (*dat.*), *j-n* verletzen (*a. fig.*); **'harm·ful** [-fʊl] *adj.* □ nachteilig, schädlich (***to*** für): **~ *publications*** ⚖ jugendgefährdende Schriften; **'harm·ful·ness** [-fʊlnɪs] *s.* Schädlichkeit *f*; **'harm·less** [-lɪs] *adj.* □ **1.** harmlos: a) unschädlich, ungefährlich, b) unschuldig, arglos, c) unverfänglich; **2.** ***keep*** (*od.* ***save***) ***s.o. ~*** ⚖ j-n schadlos halten; **'harm·less·ness** [-lɪsnɪs] *s.* Harmlosigkeit *f*.

har·mon·ic [hɑː'mɒnɪk] **I** *adj.* (□ **~*ally***) **1.** ♪, ⚛, *phys.* har'monisch (*a. fig.*); **II** *s.* **2.** ♪, *phys.* Har'monische *f*: a) Oberton *m*, b) Oberwelle *f*; **3.** *pl. oft sg. konstr.* ♪ Harmo'nielehre *f*; **har'mon·i·ca** [-kə] *s.* **1.** *hist.* 'Glasharˌmonika *f*; **2.** 'Mundharˌmonika *f*; **har'mo·ni·ous** [-'məʊnjəs] *adj.* □ har'monisch: a) ebenmäßig, b) wohlklingend, c) über'einstimmend, d) einträchtig; **har'mo·ni·ous·ness** [-'məʊnjəsnɪs] *s.* Harmo'nie *f*; **har'mo·ni·um** [-'məʊnjəm] *s.* ♪ Har'monium *n*; **har·mo·nize** ['hɑːmənaɪz] **I** *v/i.* **1.** harmonieren (*a.* ♪), zs.-passen, in Einklang sein (***with*** mit); **II** *v/t.* **2.** (***with***) harmonisieren, in Einklang bringen (mit); **3.** versöhnen; **4.** ♪ harmonisieren, mehrstimmig setzen; **har·mo·ny** ['hɑːmənɪ] *s.* **1.** Harmo'nie *f*: a) Wohlklang *m*, b) Eben-, Gleichmaß *n*, c) Einklang *m*, Eintracht *f*; **2.** ♪ Harmo'nie *f*.

har·ness ['hɑːnɪs] **I** *s.* **1.** (Pferde- *etc.*) Geschirr *n*: ***in ~*** *fig.* in der (täglichen) Tretmühle; ***die in ~*** in den Sielen sterben; **~ *horse*** *Am.* Traber(pferd *n*) *m*; **~ *race*** *Am.* Trabrennen *n*; **2.** a) *mot. etc.* (Sicherheits)Gurt *m* (*für Kinder*), b) (Fallschirm)Gurtwerk *n*; **3.** Laufgeschirr *n für Kinder*; **4.** *Am. sl.* (Arbeits-) Kluft *f*, Uni'form *f* (*e-s Polizisten etc.*); **5.** ⚔ *hist.* Harnisch *m*; **II** *v/t.* **6.** *Pferd etc.* a) anschirren, b) anspannen (***to*** an *acc.*); **7.** *fig.* *Naturkräfte etc.* nutzbar machen.

harp [hɑːp] **I** *s.* **1.** ♪ Harfe *f*; **II** *v/i.* **2.** (die) Harfe spielen; **3.** *fig.* (***on, upon***) her'umreiten (auf *dat.*), dauernd reden (von); → ***string*** 5; **'harp·er** [-pə], **'harp·ist** [-pɪst] *s.* Harfe'nist(in).

har·poon [hɑː'puːn] **I** *s.* Har'pune *f*: **~ *gun*** Harpunengeschütz *n*; **II** *v/t.* harpunieren.

harp·si·chord ['hɑːpsɪkɔːd] *s.* ♪ Cembalo *n*.

har·py ['hɑːpɪ] *s.* **1.** *antiq.* Har'pyie *f*; **2.** *fig.* a) ‚Geier' *m*, Blutsauger *m*, b) Hexe *f* (*Frau*).

har·que·bus ['hɑːkwɪbəs] *s.* ⚔ *hist.* Hakenbüchse *f*, Arke'buse *f*.

har·ri·dan ['hærɪdən] *s.* alte Vettel.

har·ri·er[1] ['hærɪə] *s.* **1.** Verwüster *m*; Plünderer *m*; **2.** *orn.* Weihe *f*.

har·ri·er[2] ['hærɪə] *s.* **1.** *hunt.* Hund *m* für die Hasenjagd; **2.** *sport* Querfeld'einläufer(in).

Har·ro·vi·an [hə'rəʊvjən] *s.* Schüler *m* (*der Public School*) von Harrow.

har·row ['hærəʊ] **I** *s.* **1.** ⚒ Egge *f*: ***under the ~*** *fig.* in großer Not; **II** *v/t.* **2.** ⚒ eggen; **3.** *fig.* quälen, peinigen; *Gefühl* verletzen; **'har·row·ing** [-əʊɪŋ] *adj.* □ quälend, qualvoll, schrecklich.

har·rumph [hə'rʌmpf] *v/i.* **1.** sich (gewichtig) räuspern; **2.** mißbilligend schnauben.

har·ry[1] ['hærɪ] *v/t.* **1.** verwüsten; **2.** plündern; **3.** quälen, peinigen.

Har·ry[2] ['hærɪ] *s.* ***old ~*** der Teufel; ***play old ~ with*** Schindluder treiben mit, ‚zur Sau' machen.

harsh [hɑːʃ] *adj.* □ **1.** *allg.* hart: a) rauh: **~ *cloth***, b) rauh, scharf: **~ *voice***; **~ *note***, c) grell: **~ *colo(u)r***, d) barsch, schroff: **~ *words***, e) streng: **~ *penalty***; **2.** herb, scharf, sauer: **~ *taste***; **'harsh·ness** [-nɪs] *s.* Härte *f*.

hart [hɑːt] *s.* Hirsch *m* (*nach dem 5. Jahr*): **~ *of ten*** Zehnender *m*.

har·te·beest ['hɑːtɪbiːst] *s. zo.* 'Kuhantiˌlope *f*.

'harts·horn *s.* ⚗ Hirschhorn *n*: ***salt of ~*** Hirschhornsalz *n*.

har·um-scar·um [ˌheərəm'skeərəm] **I** *adj.* F **1.** leichtsinnig, ‚verrückt'; **2.** flatterhaft; **II** *s.* **3.** leichtsinniger *etc.* Mensch.

har·vest ['hɑːvɪst] **I** *s.* **1.** Ernte *f*: a) Ernten *n*, b) Erntezeit *f*, c) (Ernte)Ertrag *m*; **2.** *fig.* Ertrag *m*, Früchte *pl.*; **II** *v/t.* **3.** ernten, *fig. a.* einheimsen; **4.** *Ernte* einbringen; **5.** *fig.* sammeln; **III** *v/i.* **6.** die Ernte einbringen; **'har·vest·er** [-tə] *s.* **1.** Erntearbeiter(in); **2.** a) 'Mäh-, 'Erntemaˌschine *f*, b) Mähbinder *m*: ***combined ~*** Mähdrescher *m*.

har·vest| fes·ti·val *s.* Ernte'dankfest *n*; **~ home** *s.* **1.** Ernte(zeit) *f*; **2.** Erntefest *n*; **3.** Erntelied *n*; **~ moon** *s.* Vollmond *m* (*im September*).

has [hæz; həz] *3. sg. pres. von* **have**; **'~-been** *s.* F **1.** *et.* Über'holtes; **2.** ‚ausrangierte' Per'son, j-d, der s-e Glanzzeit hinter sich hat.

hash¹ [hæʃ] **I** *v/t.* **1.** *Fleisch* (zer)hacken; **2.** *a.* **~ up** *fig. et.* ‚vermasseln', verpatzen; **II** *s.* **3.** *Küche*: Ha'schee *n*; **4.** *fig. et.* Aufgewärmtes, ‚Aufguß' *m*: **old ~** ‚ein alter Hut'; **5.** *fig.* Kuddelmuddel *n*: **make a ~ of** → 2; **settle s.o.'s ~** F es j-m ‚besorgen'.

hash² [hæʃ] *s.* F ‚Hasch' *n* (*Haschisch*).

hash·eesh, **hash·ish** ['hæʃiːʃ] *s.* Haschisch *n*.

has·n't ['hæznt] F *für* **has not**.

hasp [hɑːsp] **I** *s.* **1.** ⚙ a) Haspe *f*, Spange *f*, b) Schließband *n*; **2.** Haspel *f*, Spule *f* (*für Garn*); **II** *v/t.* **3.** mit e-r Haspe *etc.* verschließen, zuhaken.

has·sle ['hæsl] *s.* F **I** *s.* **1.** a) ‚Krach' *m*, b) Schläge'rei *f*; **2.** Mühe *f*, ‚Zirkus' *m*; **II** *v/i.* **3.** ‚Krach' haben *od.* sich prügeln; **III** *v/t.* **4.** *Am.* drangsalieren.

has·sock ['hæsək] *s.* **1.** Knie-, Betkissen *n*; **2.** Grasbüschel *n*.

hast [hæst] *obs. 2. sg. pres. von* **have**.

haste [heɪst] *s.* **1.** Eile *f*, Schnelligkeit *f*; **2.** Hast *f*, Eile *f*: **make ~** sich beeilen; **in ~** in Eile, hastig; **more ~, less speed** eile mit Weile; **~ makes waste** in der Eile geht alles schief; **'has·ten** [-sn] **I** *v/t.* a) *j-n* antreiben, b) *et.* beschleunigen; **II** *v/i.* sich beeilen, eilen, hasten: **I ~ to add that ...** ich muß gleich hinzufügen, daß; **'hast·i·ness** [-tɪnɪs] *s.* **1.** Eile *f*, Hastigkeit *f*, Über'eilung *f*, Voreiligkeit *f*; **2.** Heftigkeit *f*, Hitze *f*, ('Über-)Eifer *m*; **'hast·y** [-tɪ] *adj.* □ **1.** eilig, hastig, über'stürzt; **2.** voreilig, -schnell, über'eilt; **3.** heftig, hitzig.

hat [hæt] *s.* Hut *m*: **my ~!** *sl.* von wegen!, daß ich nicht lache; **a bad ~** *Brit.* F ein übler Kunde; **~ in hand** demütig, unterwürfig; **keep it under your ~!** behalte es für dich!, sprich nicht darüber!; **pass** (*od.* **send**) **the ~ round** den Hut herumgehen lassen, e-e Sammlung veranstalten; **take one's ~ off to s.o.** s-n Hut vor j-m ziehen (*a. fig.*); **~s off** (**to him**)**!** Hut ab (vor ihm)!; **I'll eat my ~ if** F ich fress' e-n Besen, wenn; **produce out of a ~** hervorzaubern; **talk through one's ~** F dummes Zeug reden; **throw** (*od.* **toss**) **one's ~ in the ring** F ‚s-n Hut in den Ring werfen' (*sich zum Kampf stellen od. kandidieren*); → **drop** 5.

hat·a·ble ['heɪtəbl] → **hateful**.

hatch¹ [hætʃ] *s.* **1.** ⚓, ✈ Luke *f*: **down the ~es!** *sl.* ‚runter damit'!, prost!; **2.** ⚓ Lukendeckel *m*; **3.** Bodenluke *f*, -tür *f*; **4.** Halbtür *f*; **5.** 'Durchreiche *f* (*für Speisen*).

hatch² [hætʃ] **I** *v/t.* **1.** *a.* **~ out** *Eier, Junge* ausbrüten: **the ~ed, matched and dispatched** → 7; **2.** *a.* **~ out** *fig.* aushecken, -brüten, -denken; **II** *v/i.* **3.** Junge ausbrüten; **4.** *a.* **~ out** *aus dem Ei* ausschlüpfen; **5.** *fig.* sich entwickeln; **III** *s.* **6.** Brut *f*; **7.** **~es, matches, and dispatches** F Familienanzeigen *pl.*

hatch³ [hætʃ] **I** *v/t.* schraffieren; **II** *s.* Schraf'fur *f*.

'hatch·back *s. mot.* (Wagen *m* mit) Hecktür *f*.

'hat·check girl *s. Am.* Garde'robenfräulein *n*.

hatch·el ['hætʃl] **I** *s.* **1.** (Flachs- *etc.*)Hechel *f*; **II** *v/t.* **2.** hecheln; **3.** *fig.* quälen, piesacken.

hatch·er ['hætʃə] *s.* **1.** Bruthenne *f*; **2.** 'Brutappa‚rat *m*; **3.** *fig.* Aushecker(in), Planer(in); **'hatch·er·y** [-ərɪ] *s.* Brutplatz *m*.

hatch·et ['hætʃɪt] *s.* (*a.* Kriegs)Beil *n*: **bury** (**take up**) **the ~** *fig.* das Kriegsbeil begraben (ausgraben); **'~-face** *s.* scharfgeschnittenes Gesicht; **~ job** *s.* F **1.** ‚Hinrichtung' *f*, ‚Abschuß' *m*; **2.** ‚Verriß' *m* (*Kritik*); **~ man** *s.* F **1.** ‚Henker' *m*, Killer *m*; **2.** ‚Zuchtmeister' *m*.

hatch·ing¹ ['hætʃɪŋ] *s.* **1.** Ausbrüten *n*; **2.** Ausschlüpfen *n*; **3.** Brut *f*; **4.** *fig.* Aushecken *n*.

hatch·ing² ['hætʃɪŋ] *s.* Schraffierung *f*.

'hatch·way → **hatch¹** 1–3.

hate [heɪt] **I** *v/t.* **1.** hassen (**like poison** wie die Pest): **~d** verhaßt; **2.** verabscheuen, hassen, nicht ausstehen können; **3.** nicht mögen *od.* wollen, sehr ungern tun: **I ~ to do it** ich tue es (nur) sehr ungern, es ist mir äußerst peinlich; **I ~ to think of it** bei dem (bloßen) Gedanken wird mir schlecht; **II** *s.* **4.** Haß *m* (**of**, **for** auf *acc.*, gegen): **full of ~**, **with ~** haßerfüllt; **~ object** Haßobjekt *n*; **~ tunes** *fig.* Haßgesänge *pl.*; **5.** *et.* Verhaßtes: **that's my pet ~** F das ist mir ein Greuel *od.* in tiefster Seele verhaßt; **6.** Abscheu *m* (**of**, **for** vor *dat.*, gegen); **'hate·a·ble** [-təbl], **'hate·ful** [-fʊl] *adj.* □ hassenswert, verhaßt, abscheulich; **'hat·er** [-tə] *s.* Hasser(in); **'hate‚mong·er** *s.* (Auf)Hetzer *m*.

hath [hæθ; həθ] *obs. 3. sg. pres. von* **have**.

hat·less ['hætlɪs] *adj.* ohne Hut, barhäuptig.

'hat|·pin *s.* Hutnadel *f*; **'~·rack** *s.* Hutablage *f*.

ha·tred ['heɪtrɪd] *s.* (**of**, **for**, **against**) a) Haß *m* (gegen, auf *acc.*), b) Abscheu *m* (vor *dat.*).

hat stand *s.* Hutständer *m*.

hat·ter ['hætə] *s.* Hutmacher *m*, -händler *m*: **as mad as a ~** total verrückt.

hat| tree *s. Am.* Hutständer *m*; **~ trick** *s. sport* Hat-Trick *m*: **score a ~** e-n Hat-Trick erzielen.

haugh·ti·ness ['hɔːtɪnɪs] *s.* Hochmut *m*, Über'heblichkeit *f*, Arro'ganz *f*; **haugh·ty** ['hɔːtɪ] *adj.* □ hochmütig, -näsig, über'heblich, arro'gant.

haul [hɔːl] **I** *s.* **1.** Ziehen *n*, Zerren *n*, Schleppen *n*; **2.** kräftiger Zug, Ruck *m*; **3.** Fischzug *m*, *fig. a.* Fang *m*, Beute *f*: **make a big ~** e-n guten Fang *od.* reiche Beute machen; **4.** a) Beförderung *f*, Trans'port *m*, b) (Trans'port)Strecke *f*: **it was quite a ~ home** der Heimweg zog sich ganz schön hin; **in** (*od.* **over**) **the long ~** auf lange Sicht, c) Ladung *f*: **a ~ of coal**; **II** *v/t.* **5.** ziehen, zerren, schleppen; → **coal** 2; **6.** befördern, transportieren; **7.** ⚒ fördern; **8.** her'aufholen, (mit e-m Netz) fangen; **9.** ⚓ a) *Brassen* anholen, b) her'umholen, anluven: **~ the wind** an den Wind gehen, *fig.* sich zurückziehen; **III** *v/i.* **10.** ziehen, zerren (**on**, **at** an *dat.*); **11.** mit dem Schleppnetz fischen; **12.** 'umspringen (*Wind*); **13.** ⚓ a) abdrehen, b) an den Wind gehen, c) *fig.* s-e Meinung ändern; **~ down** *v/t.* **1.** *Flagge* ein- *od.* niederholen; **2.** *et.* her'unterschleppen *od.* -ziehen; **~ in** *v/t.* ⚓ *Tau* einholen; **~ off** *v/i.* **1.** ⚓ abdrehen; **2.** *Am.* F ausholen; **~ round** → **haul** 12; **~ up** *v/t.* **1.** → **haul** 9b; **2.** F sich *j-n* ‚vorknöpfen'; **3.** F a) *j-n* vor den ‚Kadi' schleppen, b) *j-n* ‚schleppen' (**before** vor *e-n Vorgesetzten etc.*).

haul·age ['hɔːlɪdʒ] *s.* **1.** Ziehen *n*, Schleppen *n*; **2.** a) Trans'port *m*, Beförderung *f*: **~ contractor** → **hauler** 2, b) Trans'portkosten *pl.*; **3.** ⚒ Förderung *f*; **'haul·er** [-lə], *Brit.* **'haul·ier** [-ljə] *s.* **1.** ⚒ Schlepper *m*; **2.** Trans'portunter‚nehmer *m*, Spedi'teur *m*.

haulm [hɔːm] *s.* ⚘ **1.** Halm *m*, Stengel *m*; **2.** *coll. Brit.* Halme *pl.*, Stengel *pl.*, (*Bohnen- etc.*)Stroh *n*.

haunch [hɔːntʃ] *s.* **1.** Hüfte *f*; **2.** *pl.* Gesäß *n*; **3.** *zo.* Keule *f*; **4.** *Küche*: Lendenstück *n*, Keule *f*.

haunt [hɔːnt] **I** *v/t.* **1.** 'umgehen *od.* spuken in (*dat.*): **this place is ~ed** hier spukt es; **2.** *fig.* a) verfolgen, quälen, b) *j-m* nicht mehr aus dem Kopf gehen; **3.** frequentieren, häufig besuchen; **II** *v/i.* **4.** ständig verkehren (**with** mit); **III** *s.* **5.** häufig besuchter Ort, *bsd.* Lieblingsplatz *m*: **holiday ~** beliebter Ferienort; **6.** a) Treffpunkt *m*, b) Schlupfwinkel *m*; **7.** *zo.* a) Lager *n*, b) Futterplatz *m*; **'haunt·ed** [-tɪd] *adj.*: **a ~ house** ein Haus, in dem es spukt; **he was a ~ man** er fand keine Ruhe mehr; **~ed eyes** gehetzter Blick; **'haunt·ing** [-tɪŋ] *adj.* □ **1.** quälend, beklemmend; **2.** unvergeßlich: **~ beauty** betörende Schönheit; **a ~ melody** e-e Melodie, die einen verfolgt.

haut·boy ['əʊbɔɪ] *obs.* → **oboe**.

hau·teur [əʊ'tɜː] *s.* Hochmut *m*, Arro'ganz *f*.

Ha·van·a [hə'vænə] *s.* Ha'vanna(zi‚garre) *f*.

have [hæv; həv] **I** *v/t.* [*irr.*] **1.** *allg.* haben, besitzen: **he has a house** (**a friend**, **a good memory**); **you ~ my word for it** ich gebe Ihnen mein Wort darauf; **let me ~ a sample** gib *od.* schicke *od.* besorge mir ein Muster; **~ got** → **get** 8; **2.** haben, erleben: **we had a nice time** wir hatten es schön; **3.** a) *ein Kind* bekommen: **she had a baby in March**, b) *zo. Junge* werfen; **4.** *Gefühle, e-n Verdacht etc.* haben, hegen; **5.** behalten, haben: **may I ~ it?**; **6.** erhalten, bekommen: **we had no news from her**; (**not**) **to be had** (nicht) zu haben, (nicht) erhältlich; **7.** (erfahren) haben, wissen: **I ~ it from my friend**; **I ~ it from a reliable source** ich habe es aus verläßlicher Quelle (erfahren); **I ~ it!** ich hab's!; → **rumo**(**u**)**r** I; **8.** *Speisen etc.* zu sich nehmen, einnehmen, essen *od.* trinken: **what will you ~?** was nehmen Sie?; **I had a glass of wine** ich trank ein Glas Wein; **~ another sandwich!** nehmen Sie noch ein Sandwich!; **~ a cigar** e-e Zigarre rauchen; **~ a smoke?** wollen Sie (eine) rauchen?; → **breakfast** I, **dinner** 1, *etc.*; **9.** haben, ausführen, (mit)machen: **~ a discus-**

sion e-e Diskussion haben *od.* abhalten; **~ *a walk*** e-n Spaziergang machen; **10.** können, beherrschen: ***she has no French*** sie kann kein Französisch; **11.** (be)sagen, behaupten: ***as Mr. B has it*** wie Herr B. sagt; ***he will ~ it that*** er behauptet steif und fest, daß; **12.** sagen, ausdrücken: ***as Byron has it*** wie Byron sagt, wie es bei Byron heißt; **13.** haben, dulden, zulassen: ***I won't ~ it!***, ***I am not having that!*** ich dulde es nicht!, ich will es nicht (haben); ***I won't ~ it mentioned*** ich will nicht, daß es erwähnt wird; ***he wasn't having any*** F er ließ sich auf nichts ein; **14.** haben, erleiden: **~ *an accident***; **15.** *Brit.* F *j-n* ,reinlegen', ,übers Ohr hauen': ***you've been had!*** man hat dich reingelegt; **16.** (*vor inf.*) müssen: ***I ~ to go now***; ***he will ~ to do it***; ***we ~ to obey*** wir haben zu *od.* müssen gehorchen; ***it has to be done*** es muß getan werden; **17.** (*mit Objekt u. p.p.*) lassen: ***I had a suit made*** ich ließ mir e-n Anzug machen; ***they had him shot*** sie ließen ihn erschießen; **18.** (*mit Objekt u. p.p. zum Ausdruck des Passivs*): ***I had my arm broken*** ich brach mir den Arm; ***he had a son born to him*** ihm wurde ein Sohn geboren; **~ *a tooth out*** sich e-n Zahn ziehen lassen; **19.** (*mit Objekt u. inf.*) (veran)lassen: **~ *them come here at once!*** laß sie sofort hierherkommen!; ***I had him sit down*** ich ließ ihn Platz nehmen; **20.** (*mit Objekt u. inf.*) es erleben (müssen), daß: ***I had all my friends turn against me***; **21.** *in Wendungen wie*: ***he has had it*** F er ist ,erledigt' (*a. tot*) *od.* ,fertig'; ***the car has had it*** F das Auto ist ,hin' *od.* ,im Eimer'; ***he had me there*** da hatte er mich (an m-r schwachen Stelle *etc.*) erwischt; ***I would ~ you to know it*** ich möchte, daß Sie es wissen; ***let s.o. ~ it*** ,es j-m besorgen *od.* geben', j-n ,fertigmachen'; **~ *it in for s.o.*** F j-n ,auf dem Kieker haben'; ***I didn't know he had it in him*** ich wußte gar nicht, daß er das Zeug dazu hat; **~ *it off* (*with s.o.*)** *Brit. sl.* (mit j-m) ,bumsen'; ***you are having me on!*** F du nimmst mich (doch) auf den Arm!; **~ *it out with s.o.*** die Sache mit j-m endgültig bereinigen; **~ *nothing on s.o.*** F a) j-m nichts anhaben können, nichts gegen j-n in der Hand haben, b) j-m in keiner Weise überlegen sein; ***I ~ nothing on tonight*** ich habe heute abend nichts vor; **~ *it (all) over s.o.*** F j-m (haushoch) überlegen sein; **~ *what it takes*** das Zeug dazu haben; **II** *v/i.* **22.** würde, täte (*mit **as well**, **rather**, **better**, **best** etc.*): ***you had better go!*** es wäre besser, du gingest!; ***you had best go!*** du tätest am besten daran zu gehen; **III** *v/aux.* **23.** haben: ***I ~ seen*** ich habe gesehen; **24.** (*bei vielen v/i.*) sein: ***I ~ been*** ich bin gewesen; **IV** *s.* **25.** ***the ~s and the ~-nots*** die Begüterten u. die Habenichtse; **26.** *Brit.* F Trick *m.*

have·lock ['hævlɒk] *s. Am.* über den Nacken her'abhängender 'Mützen-,überzug (*Sonnenschutz*).

ha·ven ['heɪvn] *s.* **1.** *mst fig.* (sicherer) Hafen; **2.** Zufluchtsort *m*, A'syl *n*, O'ase *f.*

'have-not → ***have*** 25.

hav·er·sack ['hævəsæk] *s. bsd.* ⚔ Provi'anttasche *f.*

hav·ings ['hævɪŋz] *s. pl.* Habe *f.*

hav·oc ['hævək] *s.* Verwüstung *f*, Zerstörung *f*: ***cause ~*** große Zerstörungen anrichten *od.* (*a. fig.*) ein Chaos verursachen, schrecklich wüten; ***play ~ with***, ***make ~ of*** *et.* verwüsten *od.* zerstören, *fig.* verheerend wirken auf (*acc.*), übel zurichten.

haw[1] [hɔː] *s.* ⚘ **1.** Mehlbeere *f* (*Weißdornfrucht*); **2.** → ***hawthorn***.

haw[2] [hɔː] **I** *int.* hm!, äh; **II** *v/i.* hm machen, sich räuspern; stockend sprechen.

Ha·wai·ian [hə'waɪən] **I** *adj.* ha'waiisch: **~ *guitar*** Hawaiigitarre *f*; **II** *s.* Hawai'ianer(in).

'haw·finch *s. orn.* Kernbeißer *m.*

haw-haw I *int.* [ˌhɔː'hɔː] ha'ha!; **II** *s.* ['hɔːhɔː] (lautes) Ha'ha *n.*

hawk[1] [hɔːk] **I** *s.* **1.** *orn.* a) Falke *m*, b) Habicht *m*; **2.** *fig.* Halsabschneider *m*, Wucherer *m*; **3.** *pol.* ,Falke' *m*: ***the ~s and the doves*** die Falken u. die Tauben; **II** *v/i.* **4.** (*mit Falken*) Jagd machen (***at*** auf *acc.*); **III** *v/t.* **5.** jagen.

hawk[2] [hɔːk] *v/t.* **1.** a) hausieren (gehen) mit (*a. fig.*), b) auf der Straße verkaufen; **2.** *a.* **~ *about*** *Gerücht etc.* verbreiten.

hawk[3] [hɔːk] **I** *v/i.* sich räuspern; **II** *v/t.* *oft* **~ *up*** aushusten; **III** *s.* Räuspern *n.*

hawk[4] [hɔːk] *s.* Mörtelbrett *n.*

hawk·er[1] ['hɔːkə] → ***falconer***.

hawk·er[2] ['hɔːkə] *s.* **1.** Hausierer(in); **2.** Straßenhändler(in).

'hawk-eyed *adj.* mit Falkenaugen, scharfsichtig.

hawk·ing ['hɔːkɪŋ] → ***falconry***.

hawk| moth *s. zo.* Schwärmer *m*; **~ *nose*** *s.* Adlernase *f.*

hawse [hɔːz] *s.* ⚓ (Anker)Klüse *f*; **'haw·ser** [-zə] *s.* Trosse *f.*

'haw·thorn *s.* ⚘ Weiß- *od.* Rot- *od.* Hagedorn *m.*

hay [heɪ] *s.* **1.** Heu *n*: ***make ~*** Heu machen; ***make ~ of s.th.*** *fig.* et. durcheinanderbringen *od.* zunichte machen; ***make ~ while the sun shines*** *fig.* das Eisen schmieden, solange es heiß ist; ***hit the ~*** *sl.* ,sich in die Falle hauen'; **2.** *sl.* Marihu'ana *n*; **'~·cock** *s.* Heuschober *m*; **~ fe·ver** *s.* ⚕ Heufieber *n*, -schnupfen *m*; **~ field** *s.* Wiese *f* (*zum Mähen*); **'~·fork** *s.* Heugabel *f*; **~·loft** *s.* Heuboden *m*; **'~ˌmak·er** *s.* **1.** Heumacher *m*; **2.** ✓, ⚙ Heuwender *m*; **3.** *sl. Boxen*: ,Heumacher' *m*, wilder Schwinger; **'~·rick** *s.* Heumiete *f*; **'~·seed** *s.* **1.** Grassamen *m*; **2.** *Am.* F ,Bauer' *m*; **'~·stack** → ***hayrick***; **'~ˌwire** *adj. sl.* a) ka'putt, b) (hoffnungslos) durchein'ander, c) verrückt (*Person*): ***go ~*** a) kaputtgehen (*Sache*), b) ,schiefgehen', durcheinandergeraten (*Sache*), c) überschnappen.

haz·ard ['hæzəd] **I** *s.* **1.** Gefahr *f*, Wagnis *n*, Risiko *n* (*a. Versicherung*): ***health ~*** Gesundheitsrisiko; **~ *bonus*** Gefahrenzulage *f*; ***at all ~s*** unter allen Umständen; ***at the ~ of one's life*** unter Lebensgefahr; **2.** Zufall *m*: ***by ~*** zufällig; **3.** (***game of***) **~** Glücks-, Ha'sardspiel *n*; **4.** *Golf*: Hindernis *n*; **5.** *Brit. Billard*: ***losing ~*** Verläufer *m*; ***winning ~*** Treffer *m*; **6.** *pl.* Launen *pl.* (*des Wetters*); **II** *v/t.* **7.** riskieren, wagen, aufs Spiel setzen; **8.** zu sagen wagen, riskieren: **~ *a remark***; **9.** sich *e-r Gefahr etc.* aussetzen; **'haz·ard·ous** [-dəs] *adj.* □ gewagt, ris'kant, gefährlich, unsicher.

haze[1] [heɪz] *s.* **1.** Dunst(schleier) *m*, feiner Nebel; **2.** *fig.* Nebel *m*, Schleier *m*: ***his mind was in a ~*** a) er war wie betäubt, b) er ,blickte nicht mehr durch'.

haze[2] [heɪz] *v/t. Am.* **1.** piesacken, schikanieren; **2.** beschimpfen.

ha·zel ['heɪzl] **I** *s.* **1.** ⚘ Hasel(nuß)-strauch *m*; **2.** (Hasel)Nußbraun *n*; **II** *adj.* (hasel)nußbraun; **'~·nut** *s.* ⚘ Haselnuß *f.*

ha·zi·ness ['heɪzɪnɪs] *s.* **1.** Dunstigkeit *f*; **2.** *fig.* Unklarheit *f*, Verschwommenheit *f*; **ha·zy** ['heɪzɪ] *adj.* □ **1.** dunstig, diesig, leicht nebelig; **2.** *fig.* verschwommen, nebelhaft: ***a ~ idea***; ***be ~ about*** nur e-e vage Vorstellung haben von; **3.** benommen.

H-bomb ['eɪtʃbɒm] *s.* ⚔ H-Bombe *f* (*Wasserstoffbombe*).

he [hiː; hɪ] **I** *pron.* **1.** er; **2.** **~ *who*** wer; derjenige, welcher; **II** *s.* **3.** ,Er' *m*: a) Junge *m od.* Mann *m*, b) *zo.* Männchen *n*; **III** *adj.* **4.** *in Zssgn* männlich, ...männchen: **~*-goat*** Ziegenbock *m.*

head [hed] **I** *v/t.* **1.** die Spitze bilden von (*od. gen.*), anführen, an der Spitze *od.* an erster Stelle stehen von (*od. gen.*): **~ *a list***; **2.** vor'an-, vor'ausgehen (*dat.*); **3.** (an)führen, leiten: ***~ed by*** unter der Leitung von; **4.** lenken, steuern: **~ *off*** a) 'um-, ablenken, b) abfangen, c) *fig.* abwenden, verhindern; **5.** betiteln; **6.** *bsd. Pflanzen* köpfen, *Bäume* kappen; **7.** *Fußball*: (**~ *in*** ein)köpfen; **II** *v/i.* **8.** a) gehen, fahren, b) (***for***) zu-, losgehen, -steuern (auf *acc.*): ***he is ~ing for trouble*** er wird noch Ärger kriegen; **9.** ⚓ Kurs halten, zusteuern (***for*** auf *acc.*); **10.** sich entwickeln: **~ (*up*)** (e-n Kopf) ansetzen (*Kohl etc.*); **11.** entspringen (*Fluß*); **III** *s.* **12.** Kopf *m*: ***back of the ~*** Hinterkopf; ***have a ~*** F e-n ,Brummschädel' haben; ***win by a ~*** um e-e Kopflänge *od.* (*a. fig.*) um e-e Nasenlänge gewinnen; → *Bes. Redew.*; **13.** *poet. u. fig.* Haupt *n*: **~ *of the family*** Haupt der Familie, Familienoberhaupt; ***~s of state*** Staatsoberhäupter *pl.*; **14.** Kopf *m*, Verstand *m*, *a.* Begabung *f* (***for*** für): ***he has a (good) ~ for languages*** er ist (sehr) sprachbegabt; ***two ~s are better than one*** zwei Köpfe wissen mehr als einer; **15.** Spitze *f*, führende Stellung: ***at the ~ of*** an der Spitze (*gen.*); **16.** a) (An)Führer *m*, Leiter *m*, b) Chef *m*, c) Vorstand *m*, Vorsteher *m*, d) Di'rektor *m*, Direk'torin *f* (*e-r Schule*); **17.** Kopf(ende *n*) *m*, oberes Ende, oberer Teil *od.* Rand, Spitze *f*, *a.* oberer Absatz (*e-r Treppe*), Kopf *m* (*e-r Buchseite*, *e-s Briefes*, *e-r Münze*, *e-s Nagels*, *e-s Hammers etc.*): ***~s or tails?*** Kopf oder Wappen?; **18.** Kopf *m* (*e-r Brücke od. Mole*); oberes *od.* unteres Ende (*e-s Sees*); Boden *m* (*e-s Fasses*); **19.** Kopf *m*, Spitze *f*, vorderes Ende, Vorderteil *m*, *n*, ⚓ Bug *m*; **20.** Kopf *m*, (einzelne) Per'son: ***a pound a ~*** ein Pfund pro Person *od.* pro Kopf; **21.** a) (*pl.* **~**) Stück *n* (*Vieh*):

50 ~ of cattle, b) *Brit.* Anzahl *f*, Herde *f*; **22.** (Haupt)Haar *n*: **a fine ~ of hair** schönes, volles Haar; **23.** ⚘ a) (*Salat- etc.*)Kopf *m*, b) (*Baum*)Krone *f*, Wipfel *m*; **24.** *anat.* Kopf *m* (*e-s Knochens etc.*); **25.** ⚕ 'Durchbruchsstelle *f* (*e-s Geschwürs*); **26.** Vorgebirge *n*, Landspitze *f*, Kap *n*; **27.** *hunt.* Geweih *n*; **28.** Schaum(krone *f*) *m* (*vom Bier etc.*); **29.** *Brit.* Rahm *m*, Sahne *f*; **30.** Quelle *f* (*e-s Flusses*); **31.** a) 'Überschrift *f*, Titelkopf *m*, b) Abschnitt *m*, Ka'pitel *n*, c) (Haupt)Punkt *m* (*e-r Rede etc.*), d) Ru'brik *f*, Katego'rie *f*, e) *typ.* (Titel-)Kopf *m*; **32.** *ling.* Oberbegriff *m*; **33.** ⚙ a) Stauwasser *n*, b) Staudamm *m*; **34.** *phys.*, ⚙ a) Gefälle *n*, b) Druckhöhe *f*, c) (Dampf- *etc.*)Druck *m*, d) Säule(nhöhe) *f*: **~ of water** Wassersäule; **35.** ⚙ a) Spindelkopf *m*, b) Spindelbank *f*, c) Sup'port *m* (*e-r Bohrbank*), d) (Gewinde)Schneidkopf *m*, e) Kopf-, Deckplatte *f*; **36.** (Wagen-, Kutschen-)Dach *n*; **37.** → **heading**; **IV** *adj.* **38.** Kopf...; **39.** Spitzen..., Vorder...; **40.** Chef..., Haupt..., Ober..., Spitzen..., führend, oberst: **~ cook** Chefkoch *m*;

Besondere Redewendungen:

that is (*od.* **goes**) **above** (*od.* **over**) **my ~** das ist zu hoch für mich, das geht über m-n Horizont; **talk above s.o.'s ~** über j-s Kopf hinwegreden; **by ~ and shoulders** an den Haaren (*herbeiziehen*); (**by**) **~ and shoulders** um Haupteslänge (*größer etc.*), weitaus; **~ and shoulders above s.o.** j-m haushoch überlegen; **from ~ to foot** von Kopf bis Fuß; **off** (*od.* **out of**) **one's ~** F ‚übergeschnappt'; **I can do that** (**standing**) **on my ~** F das kann ich im Schlaf, das mach' ich ‚mit links'; **on this ~** in diesem Punkt; **out of one's own ~** von sich aus; **over s.o.'s ~** *fig.* über j-s Kopf hinweg; **~ over heels** a) kopfüber (*stürzen*), b) bis über beide Ohren (*verliebt*), c) **in debt** bis über die Ohren in Schulden (*stecken*); **~ first** (*od.* **foremost**) → **headlong**; **bite s.o.'s ~ off** F j-m ‚den Kopf abreißen'; **bring to a ~** zum Ausbruch *od.* zur Entscheidung *od.* ‚zum Klappen' bringen; **come to a ~** a) ⚕ aufbrechen, eitern, b) sich zuspitzen, zur Entscheidung *od.* ‚zum Klappen' kommen; **it entered my ~** es fiel mir ein; **gather ~** überhandnehmen, immer stärker werden; **give a horse his ~** e-m Pferd die Zügel schießen lassen; **give s.o. his ~** j-m s-n Willen lassen, j-n gewähren *od.* machen lassen; **give** (**s.o.**) **~** *Am.* V (j-m e-n) ‚blasen'; **go to the ~** zu Kopfe steigen; **have** (*od.* **be**) **an old ~ on young shoulders** für sein Alter (schon) sehr reif sein; **keep one's ~** kühlen Kopf bewahren; **keep one's ~ above water** sich über Wasser halten (*a. fig.*); **knock s.th. on the ~** F et. (*e-n Plan etc.*) ‚über den Haufen werfen'; **laugh** (**shout**) **one's ~ off** sich halb totlachen (sich die Lunge aus dem Hals schreien); **lose one's ~** *fig.* den Kopf verlieren; **make ~** gut vorankommen; **make ~ against** sich entgegenstemmen (*dat.*); **I cannot make ~ or tail of it** ich kann daraus nicht schlau werden; **put s.th. into s.o.'s ~** j-m et. in den Kopf setzen; **put that out of your ~** schlag dir das aus dem Kopf; **they put their ~s together** sie steckten ihre Köpfe zusammen; **take s.th. into one's ~** sich et. in den Kopf setzen; **talk one's ~ off** reden wie ein Wasserfall; **talk s.o.'s ~ off** ‚j-m ein Loch in den Bauch reden'; **turn s.o.'s ~** j-m den Kopf verdrehen.

'head|·ache *s.* **1.** Kopfschmerzen *pl.*, -weh *n*; **2.** F *et., was Kopfzerbrechen od. Sorgen macht*, schwieriges Pro'blem, Sorge *f*; **'~ₗach·y** *adj.* F **1.** an Kopfschmerzen leidend; **2.** Kopfschmerzen verursachend; **'~·band** *s.* Stirnband *n*; **'~·board** *s.* Kopfbrett *n* (*Bett*); **'~·boy** *s. Brit. ped.* Schulsprecher *m*; **'~·cheese** *s. Am.* Preßkopf *m* (*Sülzwurst*); **~ clerk** *s.* Bü'rochef *m*; **'~·dress** *s.* **1.** Kopfschmuck *m*; **2.** Fri'sur *f*.

-headed [hedɪd] *in Zssgn* ...köpfig.

head·ed ['hedɪd] *adj.* **1.** mit e-m Kopf *etc.* (versehen); **2.** mit e-r 'Überschrift (versehen), betitelt.

head·er ['hedə] *s.* **1.** △, ⚙ a) Schlußstein *m*, b) Binder *m*; **2. take a ~** a) *sport* e-n Kopfsprung machen, b) kopfüber *die Treppe etc. hinunter*-stürzen; **3.** *Fußball*: Kopfball *m*, -stoß *m*.

ₗhead|'first, **ₗ~'fore·most** → **headlong**; **'~·gear** *s.* **1.** Kopfbedeckung *f*; **2.** Kopfgestell *n*, Zaumzeug *n* (*vom Pferd*); **3.** ⚒ Fördergerüst *n*; **'~ₗhunt·er** *s.* Kopfjäger *m*.

head·i·ness ['hedɪnɪs] *s.* **1.** Unbesonnenheit *f*, Ungestüm *n*; **2.** *das* Berauschende (*a. fig.*).

head·ing ['hedɪŋ] *s.* **1.** a) Kopfstück *n*, -ende *n*, b) Vorderende *n*, -teil *n*; **2.** 'Überschrift *f*, Titel(zeile *f*) *m*; **3.** Briefkopf *m*; **4.** (Rechnungs)Posten *m*; **5.** Thema *n*, Punkt *m*; **6.** ⚒ Stollen *m*; **7.** a) ✈ Steuerkurs *m*, b) ⚓ Kompaßkurs *m*; **8.** *Fußball*: Kopfballspiel *n*; **~ stone** *s.* △ Schlußstein *m*.

'head|·lamp → **headlight**; **'~·land** *s.* **1.** ♪ Rain *m*; **2.** [-lənd] Landspitze *f*, -zunge *f*.

head·less ['hedlɪs] *adj.* **1.** kopflos (*a. fig.*), ohne Kopf; **2.** *fig.* führerlos.

'head|·light *s.* **1.** *mot. etc.* Scheinwerfer *m*: **~ flasher** Lichthupe *f*; **2.** ⚓ Mast-, Topplicht *n*; **'~·line I** *s.* **1.** a) 'Überschrift *f*, b) *Zeitung*: Schlagzeile *f*, c) *pl. a.* **~ news** *Radio, TV*: (*das*) Wichtigste in Schlagzeilen: **hit** (*od.* **make**) **the ~s** Schlagzeilen machen; **II** *v/t.* **2.** e-e Schlagzeile widmen (*dat.*); **3.** *fig.* groß her'ausstellen; **'~ₗlin·er** *s. Am.* F **1.** *thea. etc.* Star *m*; **2.** promi'nente Per'sönlichkeit; **'~·lock** *s. Ringen*: Kopfzange *f*; **'~·long I** *adv.* **1.** kopf'über, mit dem Kopf vor'an; **2.** *fig.* Hals über Kopf, blindlings; **II** *adj.* **3.** mit dem Kopf vor'an: **a ~ fall**; **4.** *fig.* über'stürzt, unbesonnen, ungestüm; **~ louse** *s.* Kopflaus *f*; **~·man** *s.* [*irr.*] **1.** ['hedmæn] Führer *m*; **2.** Häuptling *m*; **3.** [ₗhed'mæn] Vorarbeiter *m*; **ₗ~'mas·ter** *s.* Schulleiter *m*, Di'rektor *m*; **ₗ~'mis·tress** *s.* Schulleiterin *f*, Direk'torin *f*; **~ mon·ey** *s.* Kopfgeld *n*; **~ of·fice** *s.* 'Hauptbüₗro *n*, -geschäftsstelle *f*, -sitz *m*, Zen'trale *f*; **ₗ~-'on** *adj. u. adv.* **1.** fron'tal: **~ collision** Frontalzusammenstoß *m*; **2.** di'rekt; **'~·phone** *s. mst pl.* Kopfhörer *m*; **'~·piece** *s.* **1.** Kopfbedeckung *f*; **2.** Oberteil *n*, *bsd.* a) Türsturz *m*, b) Kopfbrett *n* (*Bett*); **3.** *typ.* 'Titelviₗgnette *f*; **ₗ~'quar·ters** *s. pl. oft sg. konstr.* **1.** ⚔ a) 'Hauptquarₗtier *n*, b) Stab *m*, c) Kom'mandostelle *f*, d) 'Oberkomₗmando *n*; **2.** *allg.* (*Feuerwehr-, Partei- etc.*)Zen'trale *f*, (Poli'zei-)Präₗsidium *n*; **3.** → **head office**; **'~·rest**, **~ re·straint** *s.* Kopfstütze *f*; **'~·room** [-rʊm] *s.* lichte Höhe; **'~·sail** *s.* ⚓ Fockmastsegel *n*; **'~·set** *s.* Kopfhörer *m*.

head·ship ['hedʃɪp] *s.* (oberste) Leitung, Führung *f*.

head|·shrink·er ['hedₗʃrɪŋkə] *s.* F Psychoana'lytiker(in); **'~·spring** *s.* **1.** Hauptquelle *f*; **2.** *fig.* Quelle *f*, Ursprung *m*; **3.** *sport* Kopfkippe *f*; **'~·stall** → **headgear** 2; **'~·stand** *s.* Kopfstand *m*; **~ start** *s.* **1.** *sport* a) Vorgabe *f*, b) Vorsprung *m* (*a. fig.*); **2.** *fig.* guter Start; **'~·stock** *s.* ⚙ **1.** Spindelstock *m*; **2.** Triebwerkgestell *n*; **'~·stone** *s.* **1.** △ a) Eck-, Grundstein *m* (*a. fig.*), b) Schlußstein *m*; **2.** Grabstein *m*; **'~·strong** *adj.* eigensinnig, halsstarrig; **~ tax** *s.* Kopf-, *bsd.* Einwanderungssteuer *f* (*USA*); **ₗ~-to-'head** *adj. Am.* **1.** Mann gegen Mann; **2.** Kopf-an-Kopf-...: **~ race**; **~ voice** *s.* Kopfstimme *f*; **'~ₗwait·er** *s.* Oberkellner *m*; **'~ₗwa·ter** *s. mst pl.* Oberlauf *m*, Quellgebiet *n* (*Fluß*); **'~·way** *s.* **1.** ⚓ a) Fahrt *f* vor'aus, b) Fahrt *f*, Geschwindigkeit *f*; **2.** *fig.* Fortschritt(e *pl.*) *m*: **make ~** vorankommen, Fortschritte machen; **3.** △ lichte Höhe; **4.** ⚒ *Brit.* Hauptstollen *m*; **5.** 🚂 Zugfolge *f*, -abstand *m*; **~ wind** *s.* Gegenwind *m*; **'~·work** *s.* geistige Arbeit; **'~ₗwork·er** *s.* Geistes-, Kopfarbeiter *m*.

head·y ['hedɪ] *adj.* ☐ **1.** unbesonnen, ungestüm; **2.** a) berauschend (*Getränk*; *a. fig.*), b) berauscht (**with** von); **3.** *Am.* F schlau.

heal [hiːl] **I** *v/t.* **1.** *a. fig.* heilen, kurieren (**of** von); **2.** *fig.* versöhnen, *Streit etc.* beilegen; **II** *v/i.* **3.** *oft* **~ up**, **~ over** (zu)heilen; **'heal·er** [-lə] *s.* **1.** Heil(end)er *m*, *bsd.* Gesundbeter(in); **2.** Heilmittel *n*: **time is a great ~** die Zeit heilt alle Wunden; **'heal·ing** [-lɪŋ] **I** *s.* Heilung *f*; **II** *adj.* ☐ heilsam, heilend, Heil(ungs)...

health [helθ] *s.* **1.** Gesundheit *f*: **~ care** Gesundheitsfürsorge *f*; **~ centre** (*Am.* **center**) Ärztezentrum *n*; **~ certificate** ärztliches Attest; **~ club** Fitneßclub *m*; **~ food** Reformkost *f*; **~ food shop** (*od.* **store**) Reformhaus *n*; **~ freak** Gesundheitsfanatiker(in); **~ insurance** Krankenversicherung *f*; **~ officer** *Am.* a) Beamte(r) *m* des Gesundheitsamtes, b) ⚓ Hafen-, Quarantänearzt *m*; **~ resort** Kurort *m*; **~ service** Gesundheitsdienst *m*; **~ visitor** Gesundheitsfürsorger(in); **2.** *a.* **state of ~** Gesundheitszustand *m*: **ill ~**; **in good ~** gesund, bei guter Gesundheit; **3.** Gesundheit *f*, Wohl *n*: **drink** (**to**) **s.o.'s ~** auf j-s Wohl trinken; **your ~!** auf Ihr Wohl!; **here is to the ~ of the host** ein Prosit dem Gastgeber!; **'health·ful** [-fʊl] *adj.* ☐ → **healthy** 1, 2; **'health·y** [-θɪ] *adj.* ☐ **1.** *allg.* gesund (*a. fig.*): **~ body** (**climate**, **economy**, *etc.*); **2.** gesund(heitsfördernd), heilsam, bekömmlich; **3.** F gesund, kräftig: **~ appetite**; **4. not ~** F ‚nicht gesund', schlecht, gefährlich.

heap [hi:p] **I** *s.* **1.** Haufe(n) *m*: ***in ~s*** haufenweise; ***be struck all of a ~*** F ‚platt' *od.* sprachlos sein; ***fall in a ~*** (in sich) zs.-sacken; **2.** F Haufen *m*, Menge *f*: ***~s of time*** e-e *od.* jede Menge Zeit; ***~s of times*** unzählige Male; ***~s better*** sehr viel besser; **3.** *sl.* ‚Schlitten' *m* (*Auto*); **II** *v/t.* **4.** häufen: ***a ~ed spoonful*** ein gehäufter Löffel(voll); ***~ up*** anhäufen, *fig. a.* aufhäufen; ***~ insults*** (***praises***) (***up***)***on s.o.*** j-n mit Beschimpfungen (Lob) überschütten; → ***coal*** 2; **5.** beladen, anfüllen.

hear [hɪə] [*irr.*] **I** *v/t.* **1.** hören: ***I ~ him laugh***(***ing***) ich höre ihn lachen; ***make o.s. ~d*** sich Gehör verschaffen; ***let's ~ it for him!*** *Am.* F Beifall für ihn!; **2.** (an)hören: ***~ a concert*** sich ein Konzert anhören; **3.** *j-m* zuhören, *j-n* anhören: ***~ s.o. out*** j-n ausreden lassen; **4.** hören *od.* achten auf (*acc.*), *j-s* Rat folgen: ***do you ~ me?*** hast du (mich) verstanden?; **5.** *Bitte etc.* erhören; **6.** *ped. Aufgabe od. Schüler* abhören; **7.** *et.* hören, erfahren (***about***, ***of*** über *acc.*); **8.** ⚖ a) verhören, vernehmen, b) *Sachverständige etc.* anhören, c) (über) *e-n Fall* verhandeln: ***~ and decide a case*** über e-n Fall befinden; → ***evidence*** 1; **II** *v/i.* **9.** hören: ***~! ~!*** *parl.* hört! hört! (*a. iro.*), bravo!, sehr richtig!; **10.** hören, erfahren, Nachricht erhalten (***from*** von; ***of***, ***about*** von, über [*acc.*]; ***that*** daß): ***you'll ~ of this!*** F das wirst du mir büßen!; ***I won't ~ of it*** ich erlaube *od.* dulde es nicht; ***he would not ~ of it*** er wollte davon nichts hören *od.* wissen; **heard** [hɜ:d] *pret. u. p.p. von* ***hear***; **'hear·er** [-ərə] *s.* (Zu)Hörer(in); **'hear·ing** [-ərɪŋ] *s.* **1.** Hören *n*: ***within*** (***out of***) ***~*** in (außer) Hörweite; ***in his ~*** in s-r Gegenwart, solange er noch in Hörweite ist; **2.** Gehör(sinn *m*) *n*: ***~ aid*** Hörhilfe *f*, -gerät *n*; ***~ spectacles*** *pl.* Hörbrille *f*; ***hard of ~*** schwerhörig; **3.** a) Anhören *n*, b) Gehör *n*, c) Audi'enz *f*: ***gain a ~*** sich Gehör verschaffen; ***give s.o. a ~*** j-n anhören; **4.** *thea. etc.* Hörprobe *f*; **5.** ⚖ a) Vernehmung *f*, b) *a.* ***preliminary ~*** 'Vorunter,suchung *f*, c) (mündliche) Verhandlung, Ter'min *m*; **6.** *bsd. pol.* Hearing *n*, Anhörung *f*.

heark·en ['hɑ:kən] *v/i. poet.* (***to***) a) horchen (auf *acc.*), b) Beachtung schenken (*dat.*).

'hear·say *s.* **1.** (***by ~*** vom) Hörensagen *n*; **2.** *a.* ***~ evidence*** ⚖ Beweis(e *pl.*) *m* vom Hörensagen, mittelbarer Beweis: ***~ rule*** *Regel über den grundsätzlichen Ausschluß aller Beweise vom Hörensagen.*

hearse [hɜ:s] *s.* Leichenwagen *m*.

heart [hɑ:t] *s.* **1.** *anat.* a) Herz *n*, b) Herzhälfte *f*; **2.** *fig.* Herz *n*: a) Seele *f*, Gemüt *n*, b) Liebe *f*, Zuneigung *f*, c) (Mit)Gefühl *n*, d) Mut *m*, e) Gewissen *n*: ***change of ~*** Gesinnungswandel *m*; ***affairs of the ~*** Herzensangelegenheiten; → *Bes. Redew.*; **3.** Herz *n*, (*das*) Innere, Kern *m*, Mitte *f*: ***in the ~ of*** inmitten (*gen.*), mitten in (*dat.*), im Herzen (*des Landes etc.*); **4.** Kern *m*, (*das*) Wesentliche: ***go to the ~ of s.th.*** zum Kern e-r Sache vorstoßen, e-r Sache auf den Grund gehen; ***the ~ of the matter*** der Kern der Sache, des Pudels Kern; **5.** Liebling *m*, Schatz *m*, *mein Herz*; **6.** *Kartenspiel*: a) Herz *n*, Cœur *n*, b) *pl.* Herz *n*, Cœur *n* (*Farbe*): ***king of ~s*** Herzkönig *m*; **7.** ⚘ Herz *n* (*Salat, Kohl*): ***~ of oak*** a) Kernholz *n* der Eiche, b) *fig.* Standhaftigkeit *f*;

Besondere Redewendungen:

~ and soul mit Leib u. Seele; ***~'s desire*** Herzenswunsch *m*; ***after my*** (***own***) ***~*** ganz nach m-m Herzen *od.* Geschmack *od.* Wunsch; ***at ~*** im Innersten, im Grunde (m-s *etc.* Herzens); (***have***, ***learn***) ***by ~*** auswendig (wissen, lernen); ***from one's ~*** von Herzen; ***in one's ~*** (***of ~s***) a) im Grunde s-s Herzens, b) insgeheim; ***in good ~*** ✓ in gutem Zustand (*Boden*), *fig. a.* in guter Verfassung, gesund, *a.* guten Mutes; ***to one's ~'s content*** nach Herzenslust; ***with all my ~*** von *od.* mit ganzem Herzen; ***with a heavy ~*** schweren Herzens; ***bless my ~!*** du meine Güte!; ***it breaks my ~*** es bricht mir das Herz; ***you are breaking my ~!*** *iro.* ich fang' gleich an zu weinen!; ***cross my ~!*** Hand aufs Herz!; ***eat one's ~ out*** sich vor Gram verzehren; ***not to have the ~ to do s.th.*** es nicht übers Herz bringen, et. zu tun; ***go to s.o.'s ~*** j-m zu Herzen gehen; ***my ~ goes out to*** ich empfinde tiefes Mitleid mit; ***have a ~!*** hab Erbarmen!; ***have no ~*** kein Herz *od.* Mitgefühl haben; ***I have your health at ~*** deine Gesundheit liegt mir am Herzen; ***I had my ~ in my mouth*** das Herz schlug mir bis zum Halse, ich war zu Tode erschrocken; ***have one's ~ in the right place*** das Herz auf dem rechten Fleck haben; ***his ~ is not in his work*** er ist nicht mit ganzem Herzen dabei; ***lose ~*** den Mut verlieren; ***lose one's ~ to s.o.*** sein Herz an j-n verlieren; ***open one's ~*** a) (***to s.o.*** j-m) sein Herz ausschütten, b) großmütig sein; ***clasp s.o. to one's ~*** j-n ans Herz *od.* an die Brust drücken; ***put one's ~ into s.th.*** mit Leib u. Seele bei et. sein; ***set one's ~ on*** sein Herz hängen an (*acc.*); ***my ~ sank into my boots*** das Herz rutschte mir in die Hose(n); ***take ~*** Mut fassen; ***I took ~ from that*** das machte mir Mut; ***take s.th. to ~*** sich et. zu Herzen nehmen; ***wear one's ~ on one's sleeve*** das Herz auf der Zunge tragen.

'heart|·ache *s.* Kummer *m*; **~ ac·tion** *s. physiol.* Herztätigkeit *f*; **~ at·tack** *s.* ⚕ Herzanfall *m*; **'~·beat** *s.* **1.** *physiol.* Herzschlag *m* (*Pulsieren*); **2.** *fig. Am.* Herzstück *n*; **'~·break** *s.* (Herze)Leid *n*, Gram *m*; **'~,break·ing** *adj.* herzzerreißend; **'~,bro·ken** *adj.* (ganz) gebrochen, todunglücklich, untröstlich; **'~·burn** *s.* ⚕ Sodbrennen *n*; **~ con·di·tion**, **~ dis·ease** *s.* ⚕ Herzleiden *n*.

-hearted [hɑ:tɪd] *in Zssgn* …herzig, …mütig.

heart·en ['hɑ:tn] *v/t.* ermutigen, aufmuntern; **'heart·en·ing** [-nɪŋ] *adj.* ermutigend.

heart| fail·ure *s.* ⚕ a) Herzversagen *n*, b) 'Herzinsuffizi,enz *f*; **'~·felt** *adj.* tiefempfunden, herzlich, aufrichtig, innig.

hearth [hɑ:θ] *s.* **1.** Ka'min(platte *f*, -sohle *f*) *m*; **2.** Herd *m*, Feuerstelle *f*; **3.** ⚙ a) Schmiedeherd *m*, Esse *f*, b) Herd *m*, Hochofengestell *n*; **4.** *fig. a.* ***~ and home*** häuslicher Herd, Heim *n*; **'~·stone** *s.* **1.** → ***hearth*** 1 u. 4; **2.** Scheuerstein *m*.

heart·i·ly ['hɑ:tɪlɪ] *adv.* **1.** herzlich: a) von Herzen, innig, b) *iro.* äußerst, gründlich: ***dislike s.o. ~***; **2.** herzhaft, kräftig, tüchtig: ***eat ~***; **'heart·i·ness** [-nɪs] *s.* **1.** Herzlichkeit *f*: a) Innigkeit *f*, b) Aufrichtigkeit *f*; **2.** Herzhaftigkeit *f*, Kräftigkeit *f*.

'heart·land *s.* Herz-, Kernland *n*.

heart·less ['hɑ:tlɪs] *adj.* ☐ herzlos, grausam, gefühllos; **'heart·less·ness** [-nɪs] *s.* Herzlosigkeit *f*.

,heart|-'lung ma·chine *s.* ⚕ 'Herz-'Lungen-Ma,schine *f*: ***put on the ~*** an die Herz-Lungen-Maschine anschließen; **~ pace·mak·er** *s.* ⚕ Herzschrittmacher *m*; **~ rate** *s. physiol.* 'Herzfre,quenz *f*; **'~,rend·ing** *adj.* herzzerreißend; **~ rot** *s.* Kernfäule *f* (*Baum*); **'~'s-blood** *s.* Herzblut *n*; **'~,search·ing** *s.* Gewissenserforschung *f*; **~ shake** *s.* Kernriß *m* (*Baum*); **'~-shaped** *adj.* herzförmig; **'~·sick**, **'~·sore** *adj.* tiefbetrübt, todunglücklich; **'~·strings** *s. pl. fig.* Herz *n*, innerste Gefühle *pl.*: ***pull at s.o.'s ~*** j-m das Herz zerreißen, j-n tief rühren; ***play on s.o.'s ~*** mit j-s Gefühlen spielen; **~ sur·ger·y** *s.* ⚕ 'Herzchirur,gie *f*; **'~·throb** *s.* **1.** *physiol.* Herzschlag *m*; **2.** F Schatz *m*, Schwarm *m*; **,~-to-'~** *adj.* offen, aufrichtig: ***~ talk***; **~ trans·plant** *s.* ⚕ Herzverpflanzung *f*; **'~-,warm·ing** *adj.* **1.** herzerfrischend; **2.** bewegend; **'~-whole** *adj.* **1.** (noch) ungebunden, frei; **2.** aufrichtig, rückhaltlos.

heart·y ['hɑ:tɪ] **I** *adj.* ☐ → ***heartily***; **1.** herzlich: a) von Herzen kommend, warm, innig, b) aufrichtig, tiefempfunden, c) *iro.* ‚gründlich': ***~ dislike***; **2.** a) munter, b) e'nergisch, c) begeistert, d) herzlich, jovi'al; **3.** herzhaft, kräftig: ***~ appetite*** (***meal***, ***kick***); **4.** gesund, kräftig; **5.** fruchtbar (*Boden*); **II** *s.* **6.** *sport Brit.* F dy'namischer Spieler; **7.** F Ma'trose *m*: ***my hearties*** meine Jungs.

heat [hi:t] **I** *s.* **1.** Hitze *f*: a) große Wärme, b) heißes Wetter; **2.** Wärme *f* (*a. phys.*); **3.** a) Erhitztheit *f* (*des Körpers*), b) (*bsd.* Fieber)Hitze *f*; **4.** (Glüh-)Hitze *f*, Glut *f*; **5.** Schärfe *f* (*von Gewürzen etc.*); **6.** *fig.* a) Ungestüm *n*, b) Zorn *m*, Wut *f*, c) Leidenschaft(lichkeit) *f*, Erregtheit *f*, d) Eifer *m*: ***in the ~ of the moment*** im Eifer des Gefechts; ***in the ~ of passion*** ⚖ im Affekt; ***at one ~*** in 'einem Zug, auf 'einen Schlag; **7.** *sport* a) (Einzel)Lauf *m*, b) *a.* ***preliminary ~*** Vorlauf *m*, c) 'Durchgang *m*, Runde *f*; **8.** *zo.* Brunst *f*, *bsd.* a) Läufigkeit *f* (*e-r Hündin*), b) Rolligkeit *f* (*e-r Katze*), c) Rossen *n* (*e-r Stute*), d) Stieren *n* (*e-r Kuh*): ***in*** (*od.* ***on***) ***~*** brünstig; ***a bitch in ~*** e-e läufige Hündin; **9.** *metall.* a) Schmelzgang *m*, b) Charge *f*; **10.** F Druck *m*: ***turn on the ~*** Druck machen; ***turn*** (*od.* ***put***) ***the ~ on s.o.*** j-n unter Druck setzen; ***the ~ is on*** es herrscht ‚dicke Luft'; ***the ~ is off*** es hat sich wieder beruhigt; **11.** ***the ~*** *Am.* F die ‚Bullen' *pl.* (*Polizei*); **II** *v/t.* **12.** *a.* ***~ up*** erhitzen (*a. fig.*), heiß machen, *Speisen a.* aufwärmen; **13.** *Haus etc.* heizen; **14.** ***~ up*** *fig. Diskussion, Konjunktur etc.* anheizen; **III** *v/i.* **15.** sich erhitzen (*a. fig.*).

heat·a·ble ['hi:təbl] *adj.* **1.** erhitzbar; **2.** heizbar.
heat| ap·o·plex·y → ***heatstroke***; ~ **bar·ri·er** *s.* ✈ Hitzemauer *f*, -schwelle *f*.
heat·ed ['hi:tɪd] *adj.* □ erhitzt: a) heiß geworden, b) *fig.* erhitzt *od.* erregt (***with*** von), hitzig: ~ ***debate***.
heat·er ['hi:tə] *s.* **1.** Heizgerät *n*, -körper *m*, (Heiz)Ofen *m*; **2.** ⚡ Heizfaden *m*; **3.** (Plätt)Bolzen *m*; **4.** *sl.* ,Ka'none' *f*, ,Ballermann' *m* (*Pistole etc.*); ~ **plug** *s. mot. Brit.* Glühkerze *f*.
heath [hi:θ] *s.* **1.** *bsd. Brit.* Heide(land *n*) *f*; **2.** ⚘ a) Erika *f*, b) Heidekraut *n*; '~**-bell** *s.* ⚘ Heide(blüte) *f*.
hea·then ['hi:ðn] **I** *s.* **1.** Heide *m*, Heidin *f*; **2.** *fig.* Bar'bar *m*; **II** *adj.* **3.** heidnisch, Heiden...; **4.** bar'barisch, unzivilisiert; '**hea·then·dom** [-dəm] *s.* **1.** Heidentum *n*; **2.** *die* Heiden *pl.*; '**hea·then·ish** [-ðənɪʃ] → ***heathen*** 3 u. 4; '**hea·then·ism** [-ðənɪzəm] *s.* **1.** Heidentum *n*; **2.** Barba'rei *f*.
heath·er ['heðə] → ***heath*** 2; '~**-bell** *s.* ⚘ Glockenheide *f*; '~-ˌ**mix·ture** *s.* gesprenkelter Wollstoff.
heat·ing ['hi:tɪŋ] **I** *s.* **1.** Heizung *f*; **2.** ⚙ a) Beheizung *f*, b) Heißwerden *n*, -laufen *n*; **3.** *phys.* Erwärmung *f*; **4.** Erhitzung *f* (*a. fig.*); **II** *adj.* **5.** heizend, *phys.* erwärmend; **6.** Heiz...: ~ ***battery*** (***costs***, ***oil***, *etc.*); ~ ***system*** Heizung *f*; ~ **jack·et** *s.* ⚙ Heizmantel *m*; ~ **pad** *s.* Heizkissen *n*; ~ **sur·face** *s.* ⚙ Heizfläche *f*.
heat| in·su·la·tion *s.* ⚙ Wärmedämmung *f*; '~**-proof** *adj.* hitzebeständig; ~ **pro·stra·tion** *s.* ⚕ Hitzschlag *m*; ~ **pump** *s.* ⚙ Wärmepumpe *f*; ~ **rash** *s.* ⚕ Hitzeausschlag *m*; '~**-re**ˌ**sist·ing** → ***heatproof***; '~**-seal** *v/t. Kunststoffe* heißsiegeln; ~ **shield** *s. Raumfahrt*: Hitzeschild *m*; ~ **spot** *s.* ⚕ Hitzebläschen *n*; '~**-stroke** *s.* ⚕ Hitzschlag *m*; '~**-treat** *v/t.* ⚙ wärmebehandeln (*a.* ⚕); ~ **u·nit** *s. phys.* Wärmeeinheit *f*; ~ **wave** *s.* Hitzewelle *f*.
heave [hi:v] **I** *v/t.* (⚓ [*irr.*] *pret. u. p.p.* **hove** [həʊv]) **1.** (hoch)heben, (-)wuchten, (-)stemmen, (-)hieven: ~ ***coal*** Kohlen schleppen; ~ ***s.o. into a post*** *fig.* j-n auf e-n Posten ,hieven'; **2.** hochziehen, -winden; **3.** F schmeißen, schleudern; **4.** ⚓ hieven; *den Anker* lichten: ~ ***the lead*** (***log***) loten (loggen); ~ ***to*** beidrehen; **5.** ausstoßen: ~ ***a sigh***; **6.** F ,(aus)kotzen', erbrechen; **7.** aufschwellen, dehnen; **8.** heben u. senken; **II** *v/i.* (⚓ [*irr.*] *pret. u. p.p.* **hove** [həʊv]) **9.** sich heben u. senken, wogen (*a. Busen*): ~ ***and set*** ⚓ stampfen (*Schiff*); **10.** keuchen; **11.** F a) ,kotzen', sich über'geben, b) würgen, Brechreiz haben: ***his stomach*** ~***d*** ihm hob sich der Magen; **12.** ⚓ a) hieven, ziehen (***at*** an *dat.*): ~ ***ho!*** holt auf!, *allg.* hau ruck!, b) treiben: ~ ***in***(***to***) ***sight*** in Sicht kommen, *fig. humor.* ,aufkreuzen'; ~ ***to*** beidrehen; **III** *s.* **13.** Heben *n*, Hub *m*, (mächtiger) Ruck; **14.** Hochziehen *n*, -winden *n*; **15.** Wurf *m*; **16.** *Ringen*: Hebegriff *m*; **17.** Wogen *n*: ~ ***of the sea*** ⚓ Seegang *m*; **18.** *geol.* Verwerfung *f*; **19.** *pl. sg. konstr. vet.* Dämpfigkeit *f*; ˌ~-'**ho** [-'həʊ] *s.*: ***give s.o. the*** (***old***) ~ F a) j-n ,rausschmeißen', b) j-m ,den Laufpaß geben'.
heav·en ['hevn] *s.* **1.** Himmel(reich *n*) *m*: ***go to*** ~ in den Himmel kommen; ***move*** ~ ***and earth*** *fig.* Himmel u. Hölle in Bewegung setzen; ***to*** ~, ***to high*** ~***s*** F zum Himmel *stinken etc.*; ***in the seventh*** ~ (***of delight***) *fig.* im siebten Himmel; **2.** *fig.* Himmel *m*, Para'dies *n*: ***a*** ~ ***on earth***; ***it was*** ~ es war himmlisch; **3.** ♌ Himmel *m*, Gott *m*, Vorsehung *f*: ***the*** ♌***s*** die himmlischen Mächte; **4.** ***by*** ~***!***, (***good***) ~***s!*** du lieber Himmel!; ***for*** ~***'s sake*** um Himmels willen!; ~ ***forbid!*** Gott behüte!; ***thank*** ~***!*** Gott sei Dank!; ~ ***knows what ...*** weiß der Himmel, was ...; **5.** *mst pl.* Himmel *m*, Firma'ment *n*: ***the northern*** ~***s*** der nördliche (Sternen)Himmel; **6.** Himmel *m*, Klima *n*, Zone *f*.
heav·en·ly ['hevnlɪ] *adj.* himmlisch: a) Himmels...: ~ ***body*** Himmelskörper *m*, b) göttlich, 'überirdisch: ~ ***hosts*** himmlische Heerscharen, c) F himmlisch, wunderbar.
'**heav·en|-sent** *adj.* (wie) vom Himmel gesandt: ***it was a*** ~ ***opportunity*** es kam wie gerufen; '~**-ward** [-wəd] **I** *adv.* himmelwärts; **II** *adj.* gen Himmel gerichtet; '~**-wards** [-wədz] → ***heavenward*** I.
ˌ**heav·i·er-than-'air** [ˌhevɪə-] *adj.* schwerer als Luft (*Flugzeug*).
heav·i·ly ['hevɪlɪ] *adv.* **1.** schwer (*etc.* → ***heavy***): ***suffer*** ~ schwere (finanzielle) Verluste erleiden; **2.** mit schwerer Stimme; '**heav·i·ness** [-nɪs] *s.* **1.** Schwere *f* (*a. fig.*); **2.** Gewicht *n*, Last *f*; **3.** Massigkeit *f*; **4.** Bedrückung *f*, Schwermut *f*; **5.** Schwerfälligkeit *f*; **6.** Schläfrigkeit *f*; **7.** Langweiligkeit *f*.
heav·y ['hevɪ] **I** *adj.* □ → ***heavily***; **1.** *allg.* schwer (*a.* ⚗, *phys.*): ~ ***load***; ~ ***steps***; ~ ***benzene*** Schwerbenzin *n*; ~ ***industry*** Schwerindustrie *f*; ***with a*** ~ ***heart*** schweren Herzens; **2.** ⚔ schwer: ~ ***artillery*** (***bomber***, ***cruiser***); ***bring up one's*** (*od.* ***the***) ~ ***guns*** *fig.* F schweres Geschütz auffahren; **3.** schwer: a) heftig, stark: ~ ***fall*** schwerer Sturz; ~ ***losses*** schwere Verluste; ~ ***rain*** starker Regen; ~ ***traffic*** starker Verkehr, *a.* schwere Fahrzeuge *pl.*, b) massig: *a.* ~ ***body***, c) wuchtig: ~ ***blow***, d) hart: ~ ***fine*** hohe Geldstrafe; **4.** groß, beträchtlich: ~ ***buyer*** Großabnehmer *m*; ~ ***orders*** große Aufträge; **5.** schwer, stark, 'übermäßig: ~ ***drinker*** (***eater***) starker Trinker (Esser); **6.** schwer: a) stark, 'hochproˌzentig: ~ ***beer*** Starkbier *n*, b) stark, betäubend: ~ ***perfume***, c) schwerverdaulich: ~ ***food***; **7.** drükkend, lastend: ***a*** ~ ***silence***; **8.** *meteor.* a) schwer: ~ ***clouds***, b) finster, trüb: ~ ***sky***, c) drückend: ~ ***air***; **9.** schwer: a) schwierig, mühsam: ***a*** ~ ***task***, b) schwer verständlich: ***a*** ~ ***book***; **10.** (***with***) a) (schwer)beladen (mit), b) *fig.* über'laden (mit), voll (von); **11.** schwerfällig: ~ ***style***; **12.** langweilig, stumpfsinnig; **13.** begriffsstutzig (*Person*); **14.** schläfrig, benommen (***with*** von): ~ ***with sleep*** schlaftrunken; **15.** ernst, düster; **16.** *thea. etc.* würdevoll *od.* (ge)streng: ***a*** ~ ***husband***; **17.** ✝ flau, schleppend; **18.** unwegsam, lehmig: ~ ***road***; **19.** grob: ~ ***features***; **20.** a) *a.* ~ ***with child*** (hoch)schwanger, b) *a.* ~ ***with young*** *zo.* trächtig; **21.** *typ.* fett(gedruckt); **II** *adv.* **22.** schwer (*etc.*): ***hang*** ~ dahinschleichen (*Zeit*); ***time was hanging*** ~ ***on my hands*** die Zeit wurde mir lang; ***lie*** ~ ***on s.o.*** schwer auf j-m lasten; **III** *s.* **23.** *thea. etc.* a) Schurke *m*, b) würdiger älterer Herr; **24.** *sport* F Schwergewichtler *m*; **25.** *pl. Am.* F warme 'Unterwäsche *f*; **26.** *Am.* F ,schwerer Junge' (*Verbrecher*); **27.** ⚔ schwere Artille'rie; ˌ~-'**armed** *adj.* ⚔ schwerbewaffnet; ~ **chem·i·cals** *s. pl.* 'Schwercheemiˌkalien *pl.*; ~ **con·crete** *s.* 'Schwerbeˌton *m*; ~ **cur·rent** *s.* ⚡ Starkstrom *m*; ˌ~-'**du·ty** *adj.* **1.** ⚙ Hochleistungs...; **2.** strapazierfähig; ˌ~-'**hand·ed** *adj.* **1.** *a. fig.* plump, unbeholfen; **2.** drückend; ˌ~-'**heart·ed** *adj.* niedergeschlagen, bedrückt; ~ **hy·dro·gen** *s.* ⚗ schwerer Wasserstoff; ~ **met·al** *s.* 'Schwermeˌtall *n*; ~ **oil** *s.* ⚙ Schweröl *n*; ~ **plate** *s.* Grobblech *n*; ~ **spar** *s. min.* Schwerspat *m*; ~ **type** *s. typ.* Fettdruck *m*; ~ **wa·ter** *s.* ⚗ schweres Wasser; '~**-weight** **I** *s.* **1.** *sport* Schwergewicht (-ler *m*) *n*; **2.** ,Schwergewicht' *n* (*Person od. Sache*); **3.** F Promi'nente(r) *m*, ,großes Tier'; **II** *adj.* **4.** *sport* Schwergewichts...; **5.** schwer (*a. fig.*).
heb·dom·a·dal [heb'dɒmədl] *adj.* wöchentlich: ♌ ***Council*** *wöchentlich zs.-tretender Rat der Universität Oxford*.
He·bra·ic [hi:'breɪɪk] *adj.* (□ ~***ally***) he'bräisch; **He·bra·ism** ['hi:breɪɪzəm] *s.* **1.** *ling.* Hebra'ismus *m*; **2.** *das* Jüdische; **He·bra·ist** ['hi:breɪɪst] *s.* Hebra'ist(in).
He·brew ['hi:bru:] **I** *s.* **1.** He'bräer(in), Jude *m*, Jüdin *f*; **2.** *ling.* He'bräisch *n*; **3.** F Kauderwelsch *n*; **4.** *pl. sg. konstr. bibl.* (Brief *m* an die) He'bräer *pl.*; **II** *adj.* **5.** he'bräisch.
Heb·ri·de·an [ˌhebrɪ'di:ən] **I** *adj.* he'bridisch; **II** *s.* Bewohner(in) der He'briden.
hec·a·tomb ['hekətu:m] *s.* Heka'tombe *f* (*bsd. fig. gewaltige Menschenverluste*).
heck [hek] *s.* F Hölle *f*: ***a*** ~ ***of a row*** ein Höllenlärm; ***what the*** ~***?*** was zum Teufel?; → *a.* ***hell*** 2.
heck·le ['hekl] *v/t.* **1.** *Flachs* hecheln; **2.** a) *j-n* ,piesacken', b) *e-m Redner* durch Zwischenfragen zusetzen, ,in die Zange nehmen'; '**heck·ler** [-lə] *s.* Zwischenrufer *m*.
hec·tare ['hektɑ:] *s.* Hektar *n*, *m*.
hec·tic ['hektɪk] *adj.* **1.** hektisch, schwindsüchtig: ~ ***fever*** Schwindsucht *f*; ~ ***flush*** hektische Röte; **2.** F fieberhaft, aufgeregt, hektisch: ***have a*** ~ ***time*** keinen Augenblick Ruhe haben.
hec·to·gram(**me**) ['hektəʊgræm] *s.* Hekto'gramm *n*; '**hec·to·graph** [-grɑ:f] **I** *s.* Hekto'graph *m*; **II** *v/t.* hektographieren; '**hec·toˌli·ter** *Am.*, '**hec·toˌli·tre** *Brit.* [-ˌli:tə] *s.* Hektoliter *m*, *n*.
hec·tor ['hektə] **I** *s.* Ty'rann *m*; **II** *v/t.* tyrannisieren, schikanieren: ~ ***about*** (*od.* ***around***) *j-n* herumkommandieren; einhacken auf (*acc.*); **III** *v/i.* her'umkommandieren.
he'd [hi:d] F *für* a) ***he would***, b) ***he had***.
hedge [hedʒ] **I** *s.* **1.** Hecke *f*, *bsd.* Hekkenzaun *m*; **2.** *fig.* Kette *f*, Absperrung *f*: ***a*** ~ ***of police***; **3.** *fig.* (Ab)Sicherung *f* (***against*** gegen); **4.** ✝ Hedge-, Dekkungsgeschäft *n*; **II** *adj.* **5.** *fig.* drittran-

gig, schlecht; **III** *v/t.* **6.** *a.* ~ **in** (*od.* **round**) a) mit e-r Hecke um'geben, einzäunen, b) *a.* ~ **about** (*od.* **around**) *fig. et.* behindern, c) *fig. j-n* einengen: ~ **off** *a. fig.* abgrenzen (**against** gegen); **7.** a) (ab)sichern (**against** gegen), b) sich gegen den Verlust *e-r Wette etc.* sichern: ~ **a bet**; ~ **one's bets** *fig.* auf Nummer Sicher gehen; **IV** *v/i.* **8.** *fig.* ausweichen, sich nicht festlegen (wollen), sich winden, ‚kneifen'; **9.** sich vorsichtig äußern; **10.** sich (ab)sichern (**against** gegen); ~ **cut·ter** *s.* Heckenschere *f*; ~**·hog** ['hedʒhɒg] *s.* **1.** *zo.* a) Igel *m*, b) *Am.* Stachelschwein *n*; **2.** ⚘ stachelige Samenkapsel; **3.** ⚔ a) Igelstellung *f*, b) Drahtigel *m*, c) ⚓ Wasserbombenwerfer *m*; '~**·hop** *v/i.* ✈ dicht über dem Boden fliegen; '~,**hop·per** *s.* ✈ *sl.* Tiefflieger *m*; ~ **law·yer** *s.* 'Winkeladvo,kat *m.*

hedg·er ['hedʒə] *s.* **1.** Heckengärtner *m*; **2.** *j-d, der sich nicht festlegen will.*

'**hedge|·row** *s.* Hecke *f*; ~ **school** *s. Brit.* Klippschule *f*; ~ **shears** *s. pl. a.* **pair of** ~ Heckenschere *f.*

he·don·ic [hiː'dɒnɪk] *adj.* hedo'nistisch; **he·don·ism** ['hiːdəʊnɪzəm] *s. phls.* Hedo'nismus *m*; **he·don·ist** ['hiːdəʊnɪst] *s.* Hedo'nist *m*; **he·do·nis·tic** [ˌhiːdə'nɪstɪk] *adj.* hedo'nistisch.

hee·bie-jee·bies [ˌhiːbɪ'dʒiːbɪz] *s. pl.* F: **it gives me the** ~, **I get the** ~ dabei wird's mir ganz ‚anders', da krieg' ich ‚Zustände'.

heed [hiːd] **I** *v/t.* beachten, achtgeben auf (*acc.*); **II** *v/i.* achtgeben; **III** *s.* Beachtung *f*: **give** (*od.* **pay**) ~ **to**, **take** ~ **of** → I; **take** ~ → II; '**heed·ful** [-fʊl] *adj.* □ achtsam: **be** ~ **of** → **heed** I; '**heed·less** [-lɪs] *adj.* □ achtlos, unachtsam: **be** ~ **of** keine Beachtung schenken (*dat.*); '**heed·less·ness** [-lɪsnɪs] *s.* Achtlosigkeit *f*, Unachtsamkeit *f.*

hee·haw [ˌhiː'hɔː] **I** *s.* **1.** 'I'ah *n* (*Eselsschrei*); **2.** *fig.* wieherndes Gelächter; **II** *v/i.* **3.** 'i'ahen; **4.** *fig.* wiehern(d lachen).

heel[1] [hiːl] **I** *v/t.* **1.** Absätze machen auf (*acc.*); **2.** Fersen anstricken an (*acc.*); **3.** *Fußball: den Ball* mit dem Absatz kicken; **II** *s.* **4.** Ferse *f*: ~ **of the hand** *Am.* Handballen *m*; **5.** Absatz *m*, Hakken *m* (*vom Schuh*); **6.** Ferse *f* (*Strumpf*, *Golfschläger*); **7.** Fuß *m*, Ende *n*, Rest *m*, *bsd.* (Brot)Kanten *m*; **8.** vorspringender Teil, Sporn *m*; **9.** *Am. sl.* ‚Scheißkerl' *m*;

Besondere Redewendungen:

~ **of Achilles** Achillesferse *f*; **at** (*od.* **on**) **s.o.'s** ~**s** j-m auf den Fersen, dicht hinter j-m; **on the** ~**s of s.th.** *fig.* unmittelbar auf et. folgend, gleich nach et.; **down at** ~ a) mit schiefen Absätzen, b) *a.* **out at** ~**s** *fig.* heruntergekommen (*Person*, *Hotel etc.*); abgerissen, schäbig; **under the** ~ **of** *fig.* unter *j-s* Knute; **bring to** ~ j-n gefügig *od.* ‚kirre' machen; **come to** ~ a) bei Fuß gehen (*Hund*), b) gefügig werden, ‚spuren'; **cool** (*od.* **kick**) **one's** ~**s** ungeduldig warten; **dig** (*od.* **stick**) **one's** ~**s in** F ‚sich auf die Hinterbeine stellen'; **drag one's** ~**s** *fig.* sich Zeit lassen; **kick up one's** ~**s** F ‚auf den Putz hauen'; **lay s.o. by the** ~**s** j-n zur Strecke bringen, j-n dingfest machen; **show a clean pair of** ~**s**, **take to one's** ~**s** Fersengeld geben, die Beine in die Hand nehmen; **tread on s.o.'s** ~**s** j-m auf die Hacken treten; **turn on one's** ~**s** (auf dem Absatz) kehrtmachen.

heel[2] [hiːl] *v/t. u. v/i. a.* ~ **over** (sich) auf die Seite legen (*Schiff*), krängen.

ˌ**heel|-and-'toe walk·ing** *s. sport* Gehen *n*; '~**·ball** *s.* Polierwachs *n*; ~ **bone** *s. anat.* Fersenbein *n.*

heeled [hiːld] *adj.* **1.** mit e-r Ferse *od.* e-m Absatz (versehen); **2.** → **well-heeled**; '**heel·er** [-lə] *s. pol. Am.* Handlanger *m*, ‚La'kai' *m.*

'**heel·tap** *s.* **1.** Absatzfleck *m*; **2.** letzter Rest, Neige *f* (*im Glas*): **no** ~**s!** ex!

heft [heft] *v/t.* **1.** hochheben; **2.** in der Hand wiegen; '**heft·y** [-tɪ] *adj.* F **1.** schwer; **2.** kräftig, stämmig; **3.** ‚mächtig', ‚saftig', gewaltig: ~ **blow** (**prices**).

He·ge·li·an [heɪ'giːljən] *s. phls.* Hegeli'aner *m.*

he·gem·o·ny [hɪ'gemənɪ] *s. pol.* Hegemo'nie *f.*

heif·er ['hefə] *s.* Färse *f*, junge Kuh.

heigh [heɪ] *int.* hei!; he(da)!; ˌ~**-'ho** [-'həʊ] *int.* ach jeh!; oh!

height [haɪt] *s.* **1.** Höhe *f* (*a. ast.*): **10 feet in** ~ 10 Fuß hoch; ~ **of fall** Fallhöhe *f*; **2.** (Körper)Größe *f*: **what is your** ~**?** wie groß sind Sie?; **3.** Anhöhe *f*, Erhebung *f*; **4.** *fig.* Höhe(punkt *m*) *f*, Gipfel *m*: **at its** ~ auf s-m (ihrem) *od.* dem Höhepunkt; **at the** ~ **of summer** (**of the season**) im Hochsommer (in der Hochsaison); **the** ~ **of folly** der Gipfel der Torheit; **dressed in the** ~ **of fashion** nach der neuesten Mode gekleidet; '**height·en** [-tn] **I** *v/t.* **1.** erhöhen (*a. fig.*); **2.** *fig.* vergrößern, -stärken, steigern, heben, vertiefen; **3.** her'vorheben; **II** *v/i.* **4.** wachsen, (an)steigen.

height| find·er, ~ **ga(u)ge** *s.* ✈ Höhenmesser *m.*

hei·nous ['heɪnəs] *adj.* □ ab'scheulich, gräßlich; '**hei·nous·ness** [-nɪs] *s.* Ab'scheulichkeit *f.*

heir [eə] *s.* **1.** ⚖ *u. fig.* Erbe *m* (**to** *od.* **of s.o.** j-s): ~ **to the throne** Thronfolger *m*; ~**-at-law**, ~ **general**, ~ **apparent** gesetzlicher Erbe; ~ **presumptive** mutmaßlicher Erbe; ~ **of the body** leiblicher Erbe; **heir·dom** ['eədəm] → **heirship**; **heir·ess** ['eərɪs] *s.* (*bsd.* reiche) Erbin; **heir·loom** ['eəluːm] *s.* (Fa'milien)Erbstück *n*; **heir·ship** ['eəʃɪp] *s.* **1.** Erbrecht *n*; **2.** Erbschaft *f*, Erbe *n.*

heist [haɪst] *Am. sl.* **I** *s.* a) ‚Ding' *n* (*Raubüberfall od. Diebstahl*), b) Beute *f*; **II** *v/t.* über'fallen; ‚klauen'; erbeuten.

held [held] *pret. u. p.p. von* **hold**[2].

he·li·an·thus [ˌhiːlɪ'ænθəs] *s.* ⚘ Sonnenblume *f.*

hel·i·borne ['helɪbɔːn] *adj.* im Hubschrauber befördert.

hel·i·bus ['helɪbʌs] *s.* ✈ Hubschrauber *m* für Per'sonenbeförderung, Lufttaxi *n.*

hel·i·cal ['helɪkl] *adj.* □ spi'ralen-, schrauben-, schneckenförmig: ~ **gear** ⚙ Schrägstirnrad *n*; ~ **spring** Schraubenfeder *f*; ~ **staircase** Wendeltreppe *f.*

hel·i·ces ['helɪsiːz] *pl. von* **helix**.

hel·i·cop·ter ['helɪkɒptə] ✈ **I** *s.* Hubschrauber *m*, Heli'kopter *m*: ~ **gunship** Kampfhubschrauber; **II** *v/i. u. v/t.* mit dem Hubschrauber fliegen *od.* befördern.

helio- [hiːlɪəʊ-] *in Zssgn* Sonnen…

he·li·o·cen·tric [ˌhiːlɪəʊ'sentrɪk] *adj. ast.* helio'zentrisch; **he·li·o·chro·my** ['hiːlɪəʊˌkrəʊmɪ] *s.* 'Farbfotogra,fie *f*; **he·li·o·gram** ['hiːlɪəʊgræm] *s.* Helio'gramm *n*; **he·li·o·graph** ['hiːlɪəʊgrɑːf] **I** *s.* Helio'graph *m*; **II** *v/t.* heliographieren; **he·li·o·gra·vure** [ˌhiːlɪəʊgrə'vjʊə] *s. typ.* Heliogra'vüre *f.*

he·li·o·trope ['heljətrəʊp] *s.* ⚘, *min.* Helio'trop *n.*

he·li·o·type ['hiːlɪətaɪp] *s. typ.* Lichtdruck *m.*

hel·i·pad ['helɪpæd], '**hel·i·port** [-pɔːt] *s.* Heli'port *m*, Hubschrauberlandeplatz *m.*

he·li·um ['hiːljəm] *s.* ⚗ Helium *n.*

he·lix ['hiːlɪks] *pl.* **hel·i·ces** ['helɪsiːz] *s.* **1.** Spi'rale *f*; **2.** ⚒ Schneckenlinie *f*; **3.** *anat.* Helix *f*, Ohrleiste *f*; **4.** ⚠ Schnekke *f*; **5.** *zo.* Helix *f* (*Schnecke*); **6.** ⚗ Helix *f* (*Molekülstruktur*).

hell [hel] **I** *s.* **1.** Hölle *f* (*a. fig.*): **it was** ~ es war die reinste Hölle; **catch** (*od.* **get**) ~ F ‚eins aufs Dach kriegen'; **come** ~ **or high water** F (ganz) egal, was passiert, unter allen Umständen; **give s.o.** ~ F j-m ‚die Hölle heiß machen'; ~ **for leather** F was das Zeug hält, wie verrückt; **there will be** ~ **to pay** F das werden wir schwer büßen müssen; **raise** ~ F ‚e-n Mordskrach schlagen'; **suffer** ~ (**on earth**) die Hölle auf Erden haben; **2.** F (*verstärkend*) Hölle *f*, Teufel *m*: **a** ~ **of a noise** ein Höllenlärm; **be in a** ~ **of a temper** e-e ‚Mordswut' *od.* e-e ‚Stinklaune' haben; **a** (*od.* **one**) ~ **of a** (**good**) **car** ein ‚verdammt' guter Wagen; **a** ~ **of a guy** ein prima Kerl; **go to** ~**!** ‚scher dich zum Teufel'!, *a.* ‚du kannst mich mal!'; **get the** ~ **out of here!** mach, daß du rauskommst!; **like** ~ wie verrückt (*arbeiten etc.*); **like** (*od.* **the**) ~ **you did!** ‚e-n Dreck' hast du (getan)!; **what the** ~ **...?** was zum Teufel …?; **what the** ~**!** ach, was!; ~**'s bells** → 6; **3.** F Spaß *m*: **for the** ~ **of it** aus Spaß an der Freud; **the** ~ **of it is that ...** das Komische *od.* Tolle daran ist, daß; **4.** Spielhölle *f*; **5.** *typ.* De'fektenkasten *m*; **II** *int.* **6.** F a) *Brit. sl. a.* **bloody** ~**!** verdammt!, b) (*überrascht*) Teufel, Teufel!, Mann!; ~**, I didn't know** (**that**)**!** Mann, das hab' ich nicht gewußt!

he'll [hiːl] F *für* **he will**.

'**hell|ˌbend·er** *s.* **1.** *zo.* Schlammteufel *m*; **2.** *Am.* F ‚wilder Bursche'; ˌ~**'bent** *adj.* F **1. be** ~ **on** (**doing**) **s.th.** ganz versessen sein auf et. (darauf, et. zu tun); **2.** ‚verrückt', wild, leichtsinnig; '~**·broth** *s.* Hexen-, Zaubertrank *m*; '~**·cat** *s.* (wilde) Hexe, Xan'thippe *f.*

hel·le·bore ['helɪbɔː] *s.* ⚘ Nieswurz *f.*

Hel·lene ['heliːn] *s.* Hel'lene *m*, Grieche *m*; **Hel·len·ic** [he'liːnɪk] *adj.* hel'lenisch, griechisch; **Hel·len·ism** ['helɪnɪzəm] *s.* Helle'nismus *m*, Griechentum *n*; **Hel·len·ist** ['helɪnɪst] *s.* Helle'nist *m*; **Hel·len·is·tic** [ˌhelɪ'nɪstɪk] *adj.* helle'nistisch; **Hel·len·ize** ['helɪnaɪz] *v/t. u. v/i.* (sich) hellenisieren.

ˌ**hell|'fire** *s.* **1.** Höllenfeuer *n*; **2.** *fig.* Höllenqualen *pl.*; '~**·hound** *s.* **1.** Höllenhund *m*; **2.** *fig.* Teufel *m.*

hel·lion ['heljən] *s.* F Range *f*, *m*, Bengel

m.

hell·ish ['helɪʃ] *adj*. □ **1.** höllisch (*a. fig.* F); **2.** F ‚verteufelt', ‚scheußlich'.

hel·lo [hə'ləʊ] **I** *int*. **1.** hal'lo!, *überrascht*: *a*. na'nu!; **II** *pl*. **-los** *s*. **2.** Hal'lo *n*; **3.** Gruß *m*: ***say ~*** (***to s.o.***) (j-m) guten Tag sagen; **III** *v/i*. **4.** hal'lo rufen.

hell·uv·a ['heləvə] *adj. u. adv.* F ‚mordsmäßig', ‚toll': ***a ~ noise*** ein Höllenlärm; ***a ~ guy*** a) ein prima Kerl, b) ein toller Kerl.

helm[1] [helm] *s*. **1.** ⚓ a) Ruder *n*, Steuer *n*, b) Ruderpinne *f*: ***the ship answers the ~*** das Schiff gehorcht dem Ruder; **2.** *fig*. Ruder *n*, Führung *f*: ***~ of State*** Staatsruder; ***at the ~*** am Ruder *od*. an der Macht; ***take the ~*** das Ruder übernehmen.

helm[2] [helm] *s. obs.* Helm *m*; **helmed** [-md] *adj. obs.* behelmt.

hel·met ['helmɪt] *s*. **1.** ⚔ Helm *m*; **2.** (Schutz-, Sturz-, Tropen-, Taucher-) Helm *m*; **3.** ⚘ Kelch *m*; **'hel·met·ed** [-tɪd] *adj*. behelmt.

helms·man ['helmzmən] *s*. [*irr*.] ⚓ Steuermann *m* (*a. fig.*).

Hel·ot ['helət] *s. hist.* He'lot(e) *m*, *fig*. (*mst* ♀) *a*. Sklave *m*; **'hel·ot·ry** [-trɪ] *s*. **1.** He'lotentum *n*; **2.** *coll*. He'loten *pl*.

help [help] **I** *s*. **1.** Hilfe *f*, Beistand *m*, Mit-, Beihilfe *f*: ***by*** (*od*. ***with***) ***the ~ of*** mit Hilfe von; ***he came to my ~*** er kam mir zu Hilfe; ***it*** (***she***) ***is a great ~*** es (sie) ist e-e große Hilfe; ***can I be of any ~*** (***to you***)***?*** kann ich Ihnen (irgendwie) helfen *od*. behilflich sein?; **2.** Abhilfe *f*: ***there is no ~ for it*** da kann man nichts machen, es läßt sich nicht ändern; **3.** Hilfsmittel *n*; **4.** a) Gehilfe *m*, Gehilfin *f*, (*bsd*. Haus)Angestellte(r *m*) *f*, (*bsd*. Land)Arbeiter(in): ***domestic ~*** Hausgehilfin, b) *coll*. ('Dienst)Perso,nal *n*, (Hilfs)Kräfte *pl*.; **II** *v/t*. **5.** *j-m* helfen *od*. beistehen *od*. behilflich sein, *j-n* unter'stützen (***in*** *od*. ***with s.th.*** bei et.): ***can I ~ you?*** a) kann ich Ihnen behilflich sein?, b) werden Sie schon bedient?; ***so ~ me*** (***I did***, *etc*.)***!*** Ehrenwort!; → ***god*** 2; **6.** fördern, beitragen zu; **7.** lindern, helfen *od*. Abhilfe schaffen bei; **8.** ***~ s.o. to s.th.*** a) j-m zu et. verhelfen, b) (*bsd. bei Tisch*) j-m et. reichen *od*. geben; ***~ o.s.*** sich bedienen, zugreifen; ***~ o.s. to*** a) sich bedienen mit, sich *et*. nehmen, b) sich *et*. aneignen *od*. nehmen (*a. iro. stehlen*); **9.** *mit* ***can***: abhelfen (*dat*.), *et*. verhindern, vermeiden, ändern: ***I can't ~ it*** a) ich kann's nicht ändern, b) ich kann nichts dafür; ***it can't be ~ed*** da kann man nichts machen, es läßt sich nicht ändern; (***not***) ***if I can ~ it*** (nicht,) wenn ich es vermeiden kann; ***how could I ~ it?*** a) was konnte ich dagegen tun?, b) was konnte ich dafür?; ***I can't ~ it*** a) ich kann es nicht ändern, b) ich kann nichts dafür; ***she can't ~ her freckles*** für ihre Sommersprossen kann sie nichts; ***don't be late if you can ~ it*** komme möglichst nicht zu spät!; ***I could not ~ laughing*** ich mußte einfach lachen; ***I can't ~ feeling*** ich werde das Gefühl nicht los; ***I can't ~ myself*** ich kann nicht anders; **III** *v/i*. **10.** helfen: ***every little ~s*** jede Kleinigkeit hilft; **11.** ***don't stay longer than you can ~!*** bleib nicht länger als nötig!; *Zssgn mit adv.*:

help| down *v/t*. **1.** *j-m* her'unter-, hin'unterhelfen; **2.** *fig*. zum 'Untergang (*gen*.) beitragen; **~ in** *v/t*. *j-m* hin'einhelfen; **~ off** *v/t*. **1.** → ***help on*** 1; **2.** ***help s.o. off with his coat*** j-m aus dem Mantel helfen; **~ on** *v/t*. **1.** weiter-, forthelfen (*dat*.); **2.** ***help s.o. on with his coat*** j-m in den Mantel helfen; **~ out I** *v/t*. **1.** *j-m* her'aus-, hin'aushelfen (***of*** aus); **2.** *fig. j-m* aus der Not helfen; **3.** *fig. j-m* aushelfen, *j-n* unter'stützen; **II** *v/i*. **4.** aushelfen (***with*** bei, mit); **5.** helfen, nützlich sein; **~ through** *v/t*. *j-m* (hin)'durch-, hin'weghelfen; **~ up** *v/t*. *j-m* her'auf-, hin'aufhelfen.

help·er ['helpə] *s*. **1.** Helfer(in); **2.** Gehilfe *m*, Gehilfin *f*; → ***help*** 4; **help·ful** ['helpfʊl] *adj*. □ **1.** hilfsbereit, behilflich (***to*** *dat*.); **2.** hilfreich, nützlich (***to*** *dat*.); **help·ful·ness** ['helpfʊlnɪs] *s*. **1.** Hilfsbereitschaft *f*; **2.** Nützlichkeit *f*; **help·ing** ['helpɪŋ] **I** *adj*. helfend, hilfreich: ***lend*** (***s.o.***) ***a ~ hand*** (j-m) helfen *od*. behilflich sein; **II** *s*. Porti'on *f* (*e-r Speise*): ***have*** (*od*. ***take***) ***a second ~*** sich noch mal (davon) nehmen; **help·less** ['helplɪs] *adj*. □ *allg*. hilflos: ***be ~ with laughter*** sich totlachen; **help·less·ness** ['helplɪsnɪs] *s*. Hilflosigkeit *f*.

'help·mate, **'help·meet** *s. obs.* Gehilfe *m*, Gehilfin *f*; (Ehe)Gefährte *m*, (Ehe-) Gefährtin *f*, Gattin *f*.

hel·ter-skel·ter [,heltə'skeltə] **I** *adv*. Hals über Kopf, in wilder Hast; **II** *adj*. hastig, über'stürzt; **III** *s*. Durchein'ander *n*, wilde Hast.

helve [helv] *s*. Griff *m*, Stiel *m*: ***throw the ~ after the hatchet*** *fig*. das Kind mit dem Bade ausschütten.

Hel·ve·tian [hel'vi:ʃjən] **I** *adj*. hel'vetisch, schweizerisch; **II** *s*. Hel'vetier (-in), Schweizer(in).

hem[1] [hem] **I** *s*. **1.** (Kleider-, Rock- *etc*.) Saum *m*; **2.** Rand *m*; **3.** Einfassung *f*; **II** *v/t*. **4.** *Kleid etc*. säumen; **5.** ***~ in***, ***~ about***, ***~ around*** um'randen, einfassen; **6.** ***~ in*** a) ⚔ einschließen, b) *fig*. einengen.

hem[2] [hm] **I** *int*. hm!, hem!; **II** *s*. H(e)m *n*, Räuspern *n*; **III** *v/i*. ‚hm' machen, sich räuspern; stocken (*im Reden*): ***~ and haw*** herumstottern, -drucksen.

he·mal *etc*. → ***haemal*** *etc*.

'he-man *s*. [*irr*.] F ‚He-man' *m*, ‚richtiger' Mann, sehr männlicher Typ.

he·mat·ic *etc*. → ***haematic*** *etc*.

hem·i·ple·gi·a [,hemɪ'pli:dʒɪə] *s*. ⚕ einseitige Lähmung, Hemiple'gie *f*.

hem·i·sphere ['hemɪ,sfɪə] *s. bsd. geogr.* Halbkugel *f*, Hemi'sphäre *f* (*a. anat. des Großhirns*); **hem·i·spher·i·cal** [,hemɪ'sferɪkl], *a*. **hem·i·spher·ic** [,hemɪ'sferɪk] *adj*. hemi'sphärisch, halbkugelig.

'hem·line *s*. (Kleider)Saum *m*: ***~s are going up again*** die Kleider werden wieder kürzer.

hem·lock ['hemlɒk] *s*. **1.** ⚘ Schierling *m*; **2.** *fig*. Schierlings-, Giftbecher *m*; **3.** *a*. ***~ fir***, ***~ spruce*** Hemlock-, Schierlingstanne *f*.

he·mo·glo·bin, **he·mo·phil·i·a**, **hem·or·rhage**, **hem·or·rhoids** *etc*. → ***haemo...***

hemp [hemp] *s*. **1.** ⚘ Hanf *m*; **2.** Hanf (-faser *f*) *m*; **3.** 'Hanfnar,kotikum *n*, *bsd*. Haschisch *n*; **'hemp·en** [-pən] *adj*. hanfen, Hanf...

'hem-stitch I *s*. Hohlsaum(stich) *m*; **II** *v/t*. mit Hohlsaum nähen.

hen [hen] *s*. **1.** *orn*. Henne *f*, Huhn *n*: ***~'s egg*** Hühnerei *n*; **2.** Weibchen *n* (*von Vögeln*, *a. Krebs u. Hummer*); **3.** F a) (aufgeregte) ‚Wachtel', b) Klatschbase *f*; **'~·bane** *s*. ⚘, *pharm*. 'Bilsenkraut(ex,trakt *m*) *n*.

hence [hens] *adv*. **1.** *a*. ***from ~*** (*räumlich*) von hier, von hinnen, fort: ***~ with it!*** weg damit!; ***go ~*** von hinnen gehen (*sterben*); **2.** *zeitlich*: von jetzt an, binnen: ***a week ~*** in *od*. nach einer Woche; **3.** folglich, daher, deshalb; **4.** hieraus, daraus: ***~ it follows that*** daraus folgt, daß; **,~'forth**, **,~'for·ward(s)** *adv*. von nun an, fort'an, künftig.

hench·man ['hentʃmən] *s*. [*irr*.] *bsd. pol.* a) Gefolgsmann *m*, b) *contp*. Handlanger *m*, *j-s* ‚Krea'tur' *f*.

'hen|·coop *s*. Hühnerstall *m*; **~ har·ri·er** *s. orn.* Kornweihe *f*; **~ hawk** *s. orn. Am.* Hühnerbussard *m*; **,~-'heart·ed** *adj*. feig(e).

hen·na ['henə] *s*. **1.** ⚘ Hennastrauch *m*; **2.** Henna *f* (*Färbemittel*); **'hen·naed** [-nəd] *adj*. mit Henna gefärbt.

'hen|-,par·ty *s*. F Kaffeeklatsch *m*; **'~·pecked** [-pekt] *adj*. F unter dem Pan'toffel stehend: ***~ husband*** Pantoffelheld *m*; **'~·roost** *s*. Hühnerstange *f* *od*. -stall *m*.

hen·ry ['henrɪ] *pl*. **-rys**, **-ries** *s*. ϟ, *phys*. Henry *n* (*Induktionseinheit*).

hep [hep] → ***hip***[4].

he·pat·ic [hɪ'pætɪk] *adj*. ⚕ he'patisch, Leber...; **hep·a·ti·tis** [,hepə'taɪtɪs] *s*. ⚕ Leberentzündung *f*, Hepa'titis *f*; **hep·a·tol·o·gist** [,hepə'tɒlədʒɪst] *s*. ⚕ Hepato'loge *m*.

'hep·cat *s. sl. obs.* Jazz-, *bsd*. Swingmusiker *m od*. -freund *m*.

hep·ta·gon ['heptəgən] *s*. ⚘ Siebeneck *n*, Hepta'gon *n*; **hep·tag·o·nal** [hep'tægənl] *adj*. ⚘ siebeneckig; **hep·ta·he·dron** [,heptə'hedrən] *pl*. **-drons** *od*. **-dra** [-drə] *s*. ⚘ Hepta'eder *n*.

hep·tath·lete [hep'tæθli:t] *s. sport* Siebenkämpferin *f*; **hep·tath·lon** [hep'tæθlɒn] *s*. Siebenkampf *m*.

her [hɜ:; hə] **I** *pron*. **1.** a) sie (*acc. von* ***she***), b) ihr (*dat. von* ***she***); **2.** F sie (*nom*.): ***it's ~*** sie ist es; **II** *poss. adj.* **3.** ihr, ihre; **III** *refl. pron.* **4.** sich: ***she looked about ~*** sie sah um sich.

her·ald ['herəld] **I** *s*. **1.** *hist*. a) Herold *m*, b) Wappenherold *m*; **2.** *fig*. Verkünder *m*; **3.** *fig*. (Vor)Bote *m*; **II** *v/t*. **4.** verkünden, ankündigen (*a. fig.*); **5.** *a*. ***~ in*** a) einführen, b) einleiten.

he·ral·dic [he'rældɪk] *adj*. he'raldisch, Wappen...; **her·ald·ry** ['herəldrɪ] *s*. **1.** He'raldik *f*, Wappenkunde *f*; **2.** a) Wappen *n*, b) he'raldische Sym'bole *pl*.

herb [hɜ:b] *s*. ⚘ a) Kraut *n*, b) Heilkraut *n*, c) Küchenkraut *n*: ***~ tea*** Kräutertee *m*; **her·ba·ceous** [hɜ:'beɪʃəs] *adj*. ⚘ krautartig, Kraut...: ***~ border*** (Stauden)Rabatte *f*; **'herb·age** [-bɪdʒ] *s*. **1.** *coll*. Kräuter *pl*., Gras *n*; **2.** ⚖ *Brit*. Weiderecht *n*; **'herb·al** [-bl] **I** *adj*. Kräuter..., Pflanzen...; **II** *s*. Pflanzenbuch *n*; **'herb·al·ist** [-bəlɪst] *s*. **1.** Kräuter-, Pflanzenkenner(in); **2.** Kräutersammler(in), -händler(in); **3.** Herba'list(in), Kräuterheilkundige(r *m*) *f*; **her·bar·i·um** [hɜːˈbeərɪəm] *s.* Herˈbarium *n*.

her·bi·vore [ˈhɜːbɪvɔː] *s. zo.* Pflanzenfresser *m*; **her·biv·o·rous** [hɜːˈbɪvərəs] *adj.* pflanzenfressend.

Her·cu·le·an [ˌhɜːkjʊˈliːən] *adj.* herˈkulisch (*a. fig. riesenstark*), Herkules...: ***the ~ labo(u)rs*** die Arbeiten des Herkules; ***a ~ labo(u)r*** *fig.* e-e Herkulesarbeit; **Her·cu·les** [ˈhɜːkjʊliːz] *s. myth., ast. u. fig.* Herkules *m*.

herd [hɜːd] **I** *s.* **1.** Herde *f*, (*wildlebender Tiere a.*) Rudel *n*; **2.** *contp.* Herde *f*, Masse *f* (*Menschen*): ***the common*** (*od.* ***vulgar***) **~** die Masse (Mensch), die große Masse; **3.** *in Zssgn* Hirt(in); **II** *v/t.* **4.** *Vieh* hüten; **5.** (**~ *together*** zs.-)treiben; **III** *v/i.* **6.** *a.* **~ *together*** a) in Herden gehen *od.* leben, b) sich zs.-drängen; **7.** sich zs.-tun (***among, with*** mit); **ˈ~·book** *s.* ✓ Herdbuch *n*; **~ in·stinct** *s.* ˈHerdeninˌstinkt *m*, -trieb *m* (*a. fig.*); **ˈ~s·man** [-dzmən] *s.* [*irr.*] **1.** *Brit.* Hirt *m*; **2.** Herdenbesitzer *m*.

here [hɪə] **I** *adv.* **1.** hier: ***I am ~*** a) ich bin hier, b) ich bin da (*anwesend*); ***~ and there*** a) hier u. da, da u. dort, b) hierhin u. dorthin, c) hin u. wieder, hie u. da; ***~ and now*** hier u. jetzt *od.* heute; ***~, there and everywhere*** (all)überall; ***that's neither ~ nor there*** a) das gehört nicht zur Sache, b) das besagt nichts; ***we are leaving ~ today*** wir reisen heute von hier ab; ***~ goes*** F also los!; ***~'s to you!*** auf dein Wohl!; ***~ you are!*** hier (bitte)! (*da hast du es*); ***this ~ man*** *sl.* dieser Mann hier; **2.** (hier)her, hierhin: ***bring it ~!*** bring es hierher!; ***come ~!*** komm her!; ***this belongs ~*** das gehört hierher *od.* hierhin; **II** *s.* **3.** ***the ~ and now*** a) das Hier u. Heute, b) das Diesseits; **ˈ~·aˌbout(s)** [-ərə-] *adv.* hier herˈum, in dieser Gegend; **ˌ~ˈaft·er** [-ərˈɑː-] **I** *adv.* **1.** herˈnach, nachher; **2.** in Zukunft; **II** *s.* **3.** Zukunft *f*; **4.** (*das*) Jenseits; **ˌ~ˈby** *adv.* ˈhierdurch, hiermit.

he·red·i·ta·ble [hɪˈredɪtəbl] → ***heritable***; **her·e·dit·a·ment** [ˌherɪˈdɪtəmənt] *s.* ⚖ a) *Brit.* Grundstück *n* (als Bemessungsgrundlage für die Kommuˈnalabgaben), b) *Am.* vererblicher Vermögensgegenstand; **heˈred·i·tar·y** [-tərɪ] *adj.* ☐ **1.** erblich, er-, vererbt, Erb...: ***~ disease*** ⚕ Erbkrankheit *f*; ***~ portion*** ⚖ Pflichtteil *m*, *n*; ***~ succession*** *Am.* Erbfolge *f*; ***~ taint*** ⚕ erbliche Belastung; **2.** *fig.* Erb..., altˈhergebracht: ***~ enemy*** Erbfeind *m*; **heˈred·i·ty** [-tɪ] *s. biol.* **1.** Vererbbarkeit *f*, Erblichkeit *f*; **2.** ererbte Anlagen *pl.*, Erbmasse *f*.

ˌhere|ˈfrom *adv.* hieraus; **ˌ~ˈin** [-ərˈɪ-] *adv.* hierin; **ˌ~·in·aˈbove** *adv.* im vorstehenden, oben (*erwähnt*); **ˌ~·inˈaft·er** *adv.* nachstehend, im folgenden; **ˌ~ˈof** *adv.* hiervon, dessen.

her·e·sy [ˈherəsɪ] *s.* Ketzeˈrei *f*, Häreˈsie *f*; **ˈher·e·tic** [-ətɪk] **I** *s.* Ketzer(in); **II** *adj.* → **he·ret·i·cal** [hɪˈretɪkl] *adj.* ☐ ketzerisch.

ˌhere|ˈto [-ˈtuː] *adv.* **1.** hierzu; **2.** bisˈher; **ˌ~·toˈfore** [-tʊ-] *adv.* vordem, ehemals; **ˌ~ˈun·der** [-ərˈʌ-] **1.** → ***hereinafter***; **2.** ⚖ kraft dieses (*Vertrags etc.*); **ˌ~·unˈto** [-ərʌ-] → ***hereto***; **ˌ~·upˈon** [-ərə-] *adv.* hierauf, darauf(ˈhin); **ˌ~ˈwith** → ***hereby***.

her·it·a·ble [ˈherɪtəbl] *adj.* ☐ **1.** erblich, vererbbar; **2.** erbfähig; **ˈher·it·age** [-ɪtɪdʒ] *s.* **1.** Erbe *n*: a) Erbschaft *f*, Erbgut *n*, b) *ererbtes Recht etc.*; **2.** *bibl.* (*das*) Volk Israel; **ˈher·i·tor** [-ɪtə] *s.* ⚖ Erbe *m*.

her·maph·ro·dite [hɜːˈmæfrədaɪt] *s. biol.* Hermaphroˈdit *m*, Zwitter *m*; **herˈmaph·ro·dit·ism** [-daɪtɪzəm] *s. biol.* Hermaphrodiˈtismus *m*, Zwittertum *n od.* -bildung *f*.

her·met·ic [hɜːˈmetɪk] *adj.* (☐ **~*ally***) herˈmetisch (*a. fig.*), luftdicht: **~ *seal*** luftdichter Verschluß.

her·mit [ˈhɜːmɪt] *s.* Einsiedler *m* (*a. fig.*), Ereˈmit *m*; **ˈher·mit·age** [-tɪdʒ] *s.* Einsiedeˈlei *f*, Klause *f*.

ˈher·mit-crab *s. zo.* Einsiedlerkrebs *m*.

her·ni·a [ˈhɜːnjə] *s.* ⚕ Bruch *m*, Hernie *f*; **ˈher·ni·al** [-jəl] *adj.*: **~ *truss*** ⚕ Bruchband *n*.

he·ro [ˈhɪərəʊ] *pl.* **-roes** *s.* **1.** Held *m*; **2.** *thea. etc.* Held *m*, ˈHauptperˌson *f*; **3.** *antiq.* Heros *m*, Halbgott *m*.

he·ro·ic [hɪˈrəʊɪk] **I** *adj.* (☐ **~*ally***) **1.** heˈroisch (*a. paint. etc.*), heldenmütig, -haft, Helden...: **~ *age*** Heldenzeitalter *n*; **~ *couplet*** heroisches Reimpaar; **~ *poem*** → 4b; **~ *tenor*** ♪ Heldentenor *m*; **~ *verse*** → 4a; **2.** a) erhaben, b) hochtrabend (*Stil*); **3.** ⚕ drastisch, Radikal...; **II** *s.* **4.** a) heˈroisches Versmaß, b) heˈroisches Gedicht; **5.** *pl.* bomˈbastische Worte.

her·o·in [ˈherəʊɪn] *s.* Heroˈin *n*.

her·o·ine [ˈherəʊɪn] *s.* **1.** Heldin *f* (*a. thea. etc.*); **2.** *antiq.* Halbgöttin *f*; **ˈher·o·ism** [-ɪzəm] *s.* Heldentum *n*, Heroˈismus *m*; **he·ro·ize** [ˈhɪərəʊaɪz] **I** *v/t.* heroisieren, zum Helden machen; **II** *v/i.* den Helden spielen.

her·on [ˈherən] *s. orn.* Reiher *m*; **ˈher·on·ry** [-rɪ] *s.* Reiherhorst *m*.

he·ro| wor·ship *s.* **1.** Heldenverehrung *f*; **2.** Schwärmeˈrei *f*; **ˈ~-ˌwor·ship** *v/t.* **1.** als Helden verehren; **2.** schwärmen für.

her·pes [ˈhɜːpiːz] *s.* ⚕ Herpes *m*, Bläschenausschlag *m*.

her·pe·tol·o·gy [ˌhɜːpɪˈtɒlədʒɪ] *s.* Herpetoloˈgie *f*, Repˈtilienkunde *f*.

her·ring [ˈherɪŋ] *s. ichth.* Hering *m*; **ˈ~·bone I** *s.* **1.** *a.* **~ *design***, **~ *pattern*** Fischgrätenmuster *n*; **2.** fischgrätenartige Anordnung; **3.** *Stickerei*: **~ (*stitch*)** Fischgrätenstich *m*; **4.** *Skilauf*: Grätenschritt *m*; **II** *v/t.* **5.** mit e-m Fischgrätenmuster nähen; **III** *v/i.* **6.** *Skilauf*: im Grätenschritt steigen; **~ *pond*** *s. humor. der* ‚Große Teich' (*Atlantik*).

hers [hɜːz] *poss. pron.* ihrer (ihre, ihres), der (die, das) ihre *od.* ihrige: ***my mother and ~*** meine u. ihre Mutter; ***it is ~*** es gehört ihr; ***a friend of ~*** e-e Freundin von ihr.

her·self [hɜːˈself; hə-] *pron.* **1.** *refl.* sich: ***she hurt ~***; **2.** sich (selbst): ***she wants it for ~***; **3.** *verstärkend*: sie (*nom. od. acc.*) *od.* ihr (*dat.*) selbst: ***she ~ did it, she did it ~*** sie selbst hat es getan, sie hat es selbst getan; ***by ~*** allein, ohne Hilfe, von selbst; **4.** ***she is not quite ~*** a) sie ist nicht ganz normal, b) sie ist nicht auf der Höhe; ***she is ~ again*** sie ist wieder die alte.

hertz [hɜːts] *s. phys.* Hertz *n*; **Hertz·i·an** [ˈhɜːtsɪən] *adj. phys.* Hertzsch: **~ *waves*** Hertzsche Wellen.

he's [hiːz; hɪz] F *für* a) ***he is***, b) ***he has***.

hes·i·tance [ˈhezɪtəns], **ˈhes·i·tan·cy** [-sɪ] *s.* Zögern *n*, Unschlüssigkeit *f*; **ˈhes·i·tant** [-nt] *adj.* **1.** zögernd, unschlüssig; **2.** *beim Sprechen*: stockend; **ˈhes·i·tate** [-teɪt] *v/i.* **1.** zögern, zaudern, unschlüssig sein, Bedenken haben (***to*** *inf.* zu *inf.*): ***not to ~ at*** nicht zurückschrecken vor (*dat.*); **2.** (*beim Sprechen*) stocken; **ˈhes·i·tat·ing·ly** [-teɪtɪŋlɪ] *adv.* zögernd; **hes·i·ta·tion** [ˌhezɪˈteɪʃən] *s.* **1.** Zögern *n*, Zaudern *n*, Unschlüssigkeit *f*: ***without any ~*** ohne (auch nur) zu zögern, bedenkenlos; **2.** Stocken *n*.

Hes·si·an [ˈhesɪən] **I** *adj.* **1.** hessisch; **II** *s.* **2.** Hesse *m*, Hessin *f*; **3.** ♀ Juteleinen *n* (*für Säcke etc.*); **~ *boots*** *s. pl.* Schaftstiefel *pl.*

het [het] *adj.*: **~ *up*** F ganz ‚aus dem Häuschen'.

he·tae·ra [hɪˈtɪərə] *pl.* **-rae** [-riː], **he·ˈtai·ra** [-ˈtaɪərə] *pl.* **-rai** [-raɪ] *s. antiq.* Heˈtäre *f*.

hetero- [hetərəʊ] *in Zssgn* anders, verschieden, fremd.

het·er·o [ˈhetərəʊ] *pl.* **-os** *s.* F ‚Hetero' *m* (*Heterosexuelle*[*r*]).

het·er·o·clite [ˈhetərəʊklaɪt] *ling.* **I** *adj.* heteroˈklitisch; **II** *s.* Heteˈrokliton *n*; **het·er·o·dox** [ˈhetərəʊdɒks] *adj.* **1.** *eccl.* heteroˈdox, anders-, irrgläubig; **2.** *fig.* ˈunkonventioˌnell; **het·er·o·dox·y** [ˈhetərəʊdɒksɪ] *s.* Andersgläubigkeit *f*, Irrglaube *m*; **ˈhet·er·o·dyne** [-əʊdaɪn] *adj. Radio*: **~ *receiver*** Überlagerungsempfänger *m*, Super(het) *m*; **het·er·o·ge·ne·i·ty** [ˌhetərəʊdʒɪˈniːətɪ] *s.* Verschiedenartigkeit *f*; **het·er·o·ge·ne·ous** [ˌhetərəʊˈdʒiːnjəs] *adj.* ☐ heteroˈgen, ungleichartig, verschiedenartig: **~ *number*** ⩓ gemischte Zahl; **het·er·on·o·mous** [ˌhetəˈrɒnɪməs] *adj.* heteroˈnom: a) unselbständig, b) *biol.* ungleichartig; **het·er·on·o·my** [ˌhetəˈrɒnɪmɪ] *s.* Heteronoˈmie *f*; **het·er·o·sex·u·al** [ˌhetərəʊˈseksjʊəl] **I** *adj.* heterosexuˈell; **II** *s.* Heterosexuˈelle(r *m*) *f*.

hew [hjuː] *v/t.* [*irr.*] hauen, hacken; *Steine* behauen; *Bäume* fällen; **~ *down*** *v/t.* ˈum-, niederhauen, fällen; **~ *out*** *v/t.* **1.** aushauen; **2.** *fig.* (mühsam) schaffen: **~ *a path for o.s.*** sich s-n Weg bahnen.

hew·er [ˈhjuːə] *s.* **1.** (Holz-, Stein)Hauer *m*: **~*s of wood and drawers of water*** a) *bibl.* Holzhauer u. Wasserträger, b) einfache Leute; **2.** ⚒ Hauer *m*; **hewn** [hjuːn] *p.p. von* ***hew***.

hex [heks] *Am.* F **I** *s.* **1.** Hexe *f*; **2.** Zauber *m*: ***put the ~ on*** → **II** *v/t.* **3.** *j-n* behexen; *et.* ‚verhexen'.

hexa- [heksə] *in Zssgn* sechs; **hex·a·gon** [ˈheksəgən] *s.* ⩓ Hexaˈgon *n*, Sechseck *n*: **~ *voltage*** ϟ Sechseckspannung *f*; **hex·ag·o·nal** [hekˈsægənl] *adj.* sechseckig; **ˈhex·a·gram** [-græm] *s.* Hexaˈgramm *n* (*Sechsstern*); **hex·a·he·dral** [ˌheksəˈhedrəl] *adj.* ⩓ sechsflächig; **hex·a·he·dron** [ˌheksəˈhedrən] *pl.* **-drons** *od.* **-dra** [-drə] *s.* ⩓ Hexaˈeder *n*; **hex·am·e·ter** [hekˈsæmɪtə] **I** *s.* Heˈxameter *m*; **II** *adj.* hexaˈmetrisch.

hey [heɪ] *int.* **1.** he!, heda!; **2.** *erstaunt*: he!, Mann!; **3.** hei; → ***presto*** I.

hey·day [ˈheɪdeɪ] *s.* Höhepunkt *m*, Blüte(zeit) *f*, Gipfel *m*: ***in the ~ of his power*** auf dem Gipfel s-r Macht.

H-hour ['eɪtʃˌaʊə] *s.* ⚔ die Stunde X (*Zeitpunkt für den Beginn e-r militärischen Aktion*).

hi [haɪ] *int.* **1.** he!, heda!; **2.** hal'lo!, F *als Begrüßung*: *a.* ‚Tag'!

hi·a·tus [haɪ'eɪtəs] *s.* **1.** Lücke *f*, Spalt *m*, Kluft *f*; **2.** *anat., ling.* Hi'atus *m*.

hi·ber·nate ['haɪbəneɪt] *v/i.* über'wintern: a) *zo.* Winterschlaf halten, b) den Winter verbringen; **hi·ber·na·tion** [ˌhaɪbə'neɪʃn] *s.* Winterschlaf *m*, Über'winterung *f*.

Hi·ber·ni·an [haɪ'bɜːnjən] *poet.* **I** *adj.* irisch; **II** *s.* Irländer(in).

hi·bis·cus [hɪ'bɪskəs] *s.* ⚘ Eibisch *m*.

hic·cough, hic·cup ['hɪkʌp] **I** *s.* Schlukken *m*, Schluckauf *m*: ***have the ~s*** → **II** *v/i.* den Schluckauf haben.

hick [hɪk] *s. Am.* F ‚Bauer' *m*, 'Hinterwäldler *m*: ***~ girl*** Bauerntrampel *m, n*; ***~ town*** ‚(Provinz)Nest' *n*, Kaff *n*.

hick·o·ry ['hɪkərɪ] *s.* ⚘ **1.** Hickory (-baum) *m*; **2.** Hickoryholz *n od.* -stock *m*.

hid [hɪd] *pret. u. p.p. von **hide**¹*; **hid·den** [hɪdn] **I** *p.p. von **hide**¹*; **II** *adj.* □ verborgen, versteckt, geheim.

hide¹ [haɪd] **I** *v/t.* [*irr.*] (***from***) verbergen (*dat. od.* vor *dat.*): a) verstecken (vor *dat.*), b) verheimlichen (*dat. od.* vor *dat.*), c) verhüllen: ***~ from view*** den Blicken entziehen; **II** *v/i.* [*irr.*] *a.* ***~ out*** sich verstecken (*a. fig.* ***behind*** hinter *dat.*).

hide² [haɪd] **I** *s.* **1.** Haut *f*, Fell *n* (*beide a. fig.*): ***save one's ~*** die eigene Haut retten; ***tan s.o.'s ~*** F j-m das Fell gerben; ***I'll have his ~ for this!*** F das soll er mir bitter büßen!; **II** *v/t.* **2.** abhäuten; **3.** F *j-n* ‚verdreschen'.

hide³ [haɪd] *s.* Hufe *f* (*altes engl. Feldmaß, 60–120 acres*).

ˌhide|-and-'seek *s.* Versteckspiel *n*: ***play ~*** Versteck spielen (*a. fig.*); **'~·a·way** → ***hideout***; **'~·bound** *adj. fig.* engstirnig, beschränkt, borniert.

hid·e·ous ['hɪdɪəs] *adj.* □ ab'scheulich, scheußlich, schrecklich (*alle a.* F *fig.*); **'hid·e·ous·ness** [-nɪs] *s.* Scheußlichkeit *f etc.*

'hide·out *s.* **1.** Versteck *n*; **2.** Zufluchtsort *m*.

hid·ing¹ ['haɪdɪŋ] *s.* Versteck *n*: ***be in ~*** sich versteckt halten.

hid·ing² ['haɪdɪŋ] *s.* F Tracht *f* Prügel, ‚Dresche' *f*.

hie [haɪ] *v/i. obs. od. humor.* eilen.

hi·er·arch ['haɪərɑːk] *s. eccl.* Hier'arch *m*, Oberpriester *m*; **hi·er·ar·chic, hi·er·ar·chi·cal** [ˌhaɪə'rɑːkɪk(l)] *adj.* □ hier'archisch; **'hi·er·arch·y** [-kɪ] *s.* Hierar'chie *f*.

hi·er·o·glyph ['haɪərəʊglɪf] *s.* **1.** Hiero'glyphe *f*; **2.** *pl. mst sg. konstr.* Hiero'glyphenschrift *f*; **3.** *pl. humor.* Hiero'glyphen *pl.*, unleserliches Gekritzel; **hi·er·o·glyph·ic** [ˌhaɪərəʊ'glɪfɪk] **I** *adj.* (□ ***~ally***) **1.** hiero'glyphisch; **2.** rätselhaft; **3.** unleserlich; **II** *s.* **4.** → ***hieroglyph*** 1–3; **hi·er·o·glyph·i·cal** [ˌhaɪərəʊ'glɪfɪkl] *adj.* □ → ***hieroglyphic*** 1–3.

hi-fi [ˌhaɪ'faɪ] F **I** *s.* **1.** → ***high fidelity***; **2.** Hi-Fi-Anlage *f*; **II** *adj.* **3.** Hi-Fi-…

hig·gle ['hɪgl] → ***haggle***.

hig·gle·dy-pig·gle·dy [ˌhɪgldɪ'pɪgldɪ] F **I** *adv.* drunter u. drüber, (wie Kraut u. Rüben) durchein'ander; **II** *s.* Durchein'ander *n*, Tohuwa'bohu *n*.

high [haɪ] **I** *adj.* (□ → ***highly***) (→ ***higher, highest***) **1.** hoch: ***ten feet ~***; ***a ~ tower***; **2.** hoch(gelegen): ***♀ Asia*** Hochasien *n*; ***~ latitude*** *geogr.* hohe Breite; ***the ~est floor*** das oberste Stockwerk; **3.** hoch (*Grad*): ***~ prices*** (***temperature***); ***~ favo(u)r*** hohe Gunst; ***~ praise*** großes Lob; ***~ speed*** hohe Geschwindigkeit, ⚓ hohe Fahrt, äußerste Kraft; → ***gear*** 2a; **4.** stark, heftig: ***~ wind***; ***~ words*** heftige Worte; **5.** hoch (im Rang), Hoch…, Ober…, Haupt…: ***~ commissioner*** Hoher Kommissar; ***the Most ♀*** der Allerhöchste (*Gott*); **6.** hoch, bedeutend, wichtig: ***~ aims*** hohe Ziele; ***~ politics*** hohe Politik; **7.** hoch (*Stellung*), vornehm, edel: ***of ~ birth***; ***~ society*** High-Society *f*, die vornehme Welt; ***~ and low*** hoch u. niedrig; **8.** hoch, erhaben, edel; **9.** hoch, gut, erstklassig: ***~ quality***; ***~ performance*** Hochleistung *f*; **10.** hoch, Hoch… (*auf dem Höhepunkt*): ***♀ Middle Ages*** Hochmittelalter *n*; ***~ period*** Glanzzeit *f*; **11.** hoch, fortgeschritten (*Zeit*): ***~ summer*** Hochsommer *m*; ***~ antiquity*** fernes *od.* tiefes Altertum; ***it is ~ time*** es ist höchste Zeit; → ***noon***; **12.** *ling.* a) Hoch… (*Sprache*), b) hoch (*Laut*); **13.** a) hoch, b) schrill: ***~ voice***; **14.** hoch (*im Kurs*), teuer; **15.** → ***high and mighty***; **16.** ex'trem, eifrig: ***a ~ Tory***; **17.** lebhaft (*Farbe*): ***~ complexion*** a) rosiger Teint, b) gerötetes Gesicht; **18.** erregend, spannend: ***~ adventure***; **19.** a) heiter: ***in ~ spirits*** (in) gehobener Stimmung, b) F ‚blau' (*betrunken*), c) F ‚high' (*im Drogenrausch od. fig. in euphorischer Stimmung*); **20.** F ‚scharf', erpicht (***on*** auf *acc.*); **21.** *Küche*: angegangen, mit Haut'gout; **II** *adv.* **22.** hoch: ***aim ~*** *fig.* sich hohe Ziele setzen; ***run ~*** a) hochgehen (*Wellen*), b) toben (*Gefühle*); ***feelings ran ~*** die Gemüter erhitzten sich; ***play ~*** hoch *od.* mit hohem Einsatz spielen; ***pay ~*** teuer bezahlen; ***search ~ and low*** überall suchen; **23.** üppig: ***live ~***; **III** *s.* **24.** (An-) Höhe *f*: ***on ~*** a) hoch oben, droben, b) hoch (hinauf), c) im *od.* zum Himmel; ***from on ~*** a) von oben, b) vom Himmel; **25.** *meteor.* Hoch(druckgebiet) *n*; **26.** ⚙ a) höchster Gang, b) Geländegang *m*: ***shift into ~*** den höchsten Gang einlegen; **27.** *fig.* Höchststand *m*: ***reach a new ~***; **28.** F *für **high school***; **29.** ***he's still got his ~*** F er ist immer noch ‚high'.

high| al·tar *s. eccl.* 'Hochalˌtar *m*; **ˌ~-'al·ti·tude** *adj.* ✈ Höhen…: ***~ flight***; ***~ nausea*** Höhenkrankheit *f*; ***~ and dry*** *adj.* hoch u. trocken, auf dem trockenen: ***leave s.o. ~*** *fig.* j-n im Stich lassen; ***~ and might·y*** *adj.* F anmaßend, arro'gant; **'~·ball** *Am.* **I** *s.* **1.** Highball *m* (*Whisky-Cocktail*); **2.** 🚂 a) Freie-'Fahrt-Siˌgnal *n*, b) Schnellzug *m*; **II** *v/i. u. v/t.* **3.** F mit vollem Tempo fahren; ***~ beam*** *s. mot. Am.* Fernlicht *n*; **'~ˌbind·er** *s. Am.* F **1.** Gangster *m*; **2.** Gauner *m*; **3.** Rowdy *m*; **'~·blown** *adj. fig.* großspurig, aufgeblasen; **'~·born** *adj.* hochgeboren; **'~·boy** *s. Am.* Kom'mode *f* mit Aufsatz; **'~·bred** *adj.* vornehm, wohlerzogen; **'~·brow** *oft contp.* **I** *s.* Intellektu'elle(r *m*) *f*; **II** *adj. a.* **'~-browed** (betont) intellektu'ell, (geistig) anspruchsvoll, ‚hochgestochen'; **♀ Church I** *s.* High-Church *f*, angli'kanische Hochkirche; **II** *adj.* hochkirchlich, der High-Church; **ˌ~-'class** *adj.* **1.** erstklassig; **2.** der High-Society; ***~ command*** *s.* ⚔ 'Oberkomˌmando *n*; **♀ Court (of Jus·tice)** *s. Brit.* oberstes (*erstinstanzliches*) Zi'vilgericht; ***~ day*** *s.*: ***~s and holidays*** Fest- u. Feiertage; ***~ div·ing*** *s. sport* Turmspringen *n*; **ˌ~-'du·ty** *adj.* ⚙ Hochleistungs…

high·er ['haɪə] **I** *comp. von **high***; **II** *adj.* höher (*a. fig. Bildung, Rang etc.*), Ober…: ***the ~ mammals*** die höheren Säugetiere; ***~ mathematics*** höhere Mathematik; **III** *adv.* höher, mehr: ***bid ~***; **'~-up** [-ərʌ-] *s.* F ‚höheres Tier'.

high·est ['haɪɪst] **I** *sup. von **high***; **II** *adj.* höchst (*a. fig.*), Höchst…: ***~ bidder*** Meistbietende(r *m*) *f*; **III** *adv.* am höchsten: ***~ possible*** höchstmöglich; **IV** *s.* (*das*) Höchste: ***at its ~*** auf dem Höhepunkt.

high| ex·plo·sive *s.* 'hochexploˌsiver *od.* 'hochbriˌsanter Sprengstoff; **ˌ~-ex'plo·sive** *adj.* 'hochexploˌsiv: ***~ bomb*** Sprengbombe *f*; **ˌ~-fa'lu·tin** [-fə'luːtɪn], **ˌ~-fa'lu·ting** [-tɪŋ] *adj. u. s.* hochtrabend(es Geschwätz); ***~ farm·ing*** *s.* ✓ inten'sive Bodenbewirtschaftung; ***~ fi·del·i·ty*** *s. Radio*: 'High-Fi'delity *f* (*hohe Wiedergabequalität*), Hi-Fi *n*; **ˌ~-fi'del·i·ty** *adj.* High-Fidelity-…, Hi-Fi-…; ***~ fi·nance*** *s.* 'Hochfiˌnanz *f*; **ˌ~-'fli·er** → ***highflyer***; **'~-flown** *adj.* **1.** bom'bastisch, hochtrabend; **2.** hochgesteckt (*Ziele etc.*), hochfliegend (*Pläne*); **ˌ~'fly·er** *s.* **1.** Erfolgsmensch *m*; **2.** Ehrgeizling *m*, ‚Aufsteiger' *m*; **ˌ~-'fly·ing** *adj.* **1.** hochfliegend; **2.** → ***high-flown***; ***~ fre·quen·cy*** *s.* ↯ 'Hochfreˌquenz *f*; **ˌ~-'fre·quen·cy** *adj.* Hochfrequenz…; **♀ Ger·man** *s. ling.* Hochdeutsch *n*; **ˌ~-'grade** *adj.* erstklassig, hochwertig; ***~ hand*** *s.*: ***with a ~*** → **ˌ~-'hand·ed** *adj.* □ anmaßend, selbstherrlich, eigenmächtig; ***~ hat*** *s.* Zy'linder *m* (*Hut*); **ˌ~-'hat I** *s.* Snob *m*, hochnäsiger Mensch; **II** *adj.* hochnäsig; **III** *v/t. j-n* von oben her'ab behandeln; **ˌ~-'heeled** *adj.* hochhackig (*Schuhe*); ***~ jump*** *s. sport* Hochsprung *m*: ***be for the ~*** *Brit.* F ‚dran' sein; **'~·land** [-lənd] **I** *s.* Hoch-, Bergland *n*: ***the ♀s of Scotland*** das schottische Hochland; **II** *adj.* hochländisch, Hochland…; **'♀·land·er** [-ləndə] *s.* (*bsd. schottische[r]*) Hochländer(in); **ˌ~-'lev·el** *adj.* **1.** hoch: ***~ railway*** Hochbahn *f*; **2.** *fig.* auf hoher Ebene, Spitzen…: ***~ talks***; ***~ officials*** hohe Beamte; ***~ life*** *s.* Highlife *n* (*exklusives Leben der vornehmen Welt*); **'~·light I** *s.* **1.** *paint., phot.* (Schlag)Licht *n*; **2.** *fig.* Höhe-, Glanzpunkt *m*; **3.** *pl.* (*Opern- etc.*)Querschnitt *m* (*Schallplatte etc.*); **II** *v/t.* **4.** *fig.* ein Schlaglicht werfen auf (*acc.*), her'vorheben, groß her'ausstellen; **5.** *fig.* den Höhepunkt (*gen.*) bilden.

high·ly ['haɪlɪ] *adv.* hoch, höchst, äußerst, sehr: ***~ gifted*** hochbegabt; ***~ placed*** *fig.* hochgestellt; ***~ strung*** → ***high-strung***; ***~ paid*** a) hochbezahlt, b) teuer bezahlt; ***think ~ of*** viel halten von.

High| Mass *s. eccl.* Hochamt *n*; ˌ**2-ˈmind·ed** *adj.* hochgesinnt; ˌ**2-ˈmind·ed·ness** *s.* hohe Gesinnung; ˌ**2-ˈnecked** *adj.* hochgeschlossen (*Kleid*).

high·ness [ˈhaɪnɪs] *s.* **1.** *mst fig.* Höhe *f*; **2.** 2 Hoheit *f* (*in Titeln*); **3.** Hautˈgout *m* (*von Fleisch etc.*).

ˌ**high|-ˈpitched** *adj.* **1.** hoch (*Ton etc.*); **2.** ⚠ steil; **3.** exaltiert: a) überˈspannt, b) überˈdreht, aufgeregt; **~ point** *s.* Höhepunkt *m*; ˌ**~-ˈpow·er(ed)** *adj.* **1.** ⚙ Hochleistungs…, Groß…, stark; **2.** *fig.* dyˈnamisch; ˌ**~-ˈpres·sure I** *adj.* **1.** ⚙ *u. meteor.* Hochdruck…: ***~ area*** Hoch (-druckgebiet) *n*; ***~ engine*** Hochdruckmaschine *f*; **2.** F a) aufdringlich, aggresˈsiv, b) dyˈnamisch: ***~ salesman***; **II** *v/t.* **3.** F *Kunden* ‚beknien', ‚bearbeiten'; ˌ**~-ˈpriced** *adj.* teuer; **~ priest** *s.* Hoheˈpriester *m* (*a. fig.*); ˌ**~-ˈprin·ci·pled** *adj.* von hohen Grundsätzen; ˌ**~-ˈproof** *adj.* stark alkoˈholisch; ˈ**~-ˌrank·ing** *adj.*: ***~ officer*** hoher Offizier; **~ re·lief** *s.* ˈHochreliˌef *n*; ˈ**~·rise I** *adj.* Hoch (-haus)…: ***~ building*** → **II** *s.* Hochhaus *n*; ˈ**~·road** *s.* Hauptstraße *f*: ***the ~ to success*** *fig.* der sicherste Weg zum Erfolg; **~ school** *s. Am.* High-School *f* (*weiterführende Schule*); ˌ**~-ˈsea** *adj.* Hochsee…; **~ sea·son** *s.* ˈHochsaiˌson *f*; **~ sign** *s. Am.* (*bsd.* warnendes) Zeichen; ˈ**~-ˌsound·ing** *adj.* hochtönend, -trabend; ˌ**~-ˈspeed** *adj.* **1.** ⚙ a) schnellaufend: ***~ motor***, b) Schnell…, Hochleistungs…: ***~ regulator***; ***~ steel*** Schnellarbeitsstahl *m*; **2.** *phot.* a) hochempfindlich: ***~ film***, b) lichtstark: ***~ lens***; ˌ**~-ˈspir·it·ed** *adj.* lebhaft, temperaˈmentvoll; **~ spir·its** *s. pl.* fröhliche Laune, gehobene Stimmung; **~ spot** F → ***highlight*** 2; **~ street** *s.* Hauptstraße *f*; ˌ**~-ˈstrung** *adj.* reizbar, (äußerst) nerˈvös; **~ ta·ble** *s. Brit. univ.* erhöhte Speisetafel (*für Dozenten etc.*); ˈ**~-tail** *v/i. a.* ***~ it*** *Am.* F (daˈhin-, daˈvon)rasen, (-)flitzen; **~ tea** *s. bsd. Brit.* frühes Abendessen; **~ tech** [tek] → ***high technology***; ˌ**~-ˈtech** *adj.* ˈhochtechnoˌlogisch; **~ tech·nol·o·gy** *s.* ˈHochtechnoloˌgie *f*; **~ ten·sion** *s.* ⚡ Hochspannung *f*; ˌ**~-ˈten·sion** *adj.* ⚡ Hochspannungs…; **~ tide** *s.* **1.** Hochwasser *n* (*höchster Flutwasserstand*); **2.** *fig.* Höhepunkt *m*; ˌ**~-ˈtoned** *adj.* **1.** *fig.* erhaben; **2.** vornehm; **~ trea·son** *s.* Hochverrat *m*; ˈ**~-up** *s.* F ‚hohes Tier'; **~ volt·age** → ***high tension***; **~ wa·ter** → ***high tide*** 1; ˌ**~-ˈwa·ter mark** *s.* a) Hochwasserstandsmarke *f*, b) *fig.* Höchststand *m*; ˈ**~·way** *s.* Haupt(verkehrs)straße *f*, Highway *m*: ***Federal ~*** *Am.* Bundesstraße *f*; 2 ***Code*** *Brit.* Straßenverkehrsordnung *f*; ***~ robbery*** a) Straßenraub *m*, b) F *der* ‚reinste Nepp'; ***the ~ to success*** der sicherste Weg zum Erfolg; ***all the ~s and byways*** a) alle Wege, b) sämtliche Spielarten; ˈ**~·way·man** [-mən] *s.* [*irr.*] Straßenräuber *m*.

hi·jack [ˈhaɪdʒæk] **I** *v/t.* **1.** *Flugzeug* entführen; **2.** *Geldtransport etc.* überˈfallen u. ausrauben; **II** *s.* **3.** Flugzeugentführung *f*; **4.** ˈÜberfall *m* (*auf Geldtransport etc.*); ˈ**hiˌjack·er** [-kə] *s.* **1.** Flugzeugentführer *m*, ˈLuftpiˌrat *m*; **2.** Räuber *m*; ˈ**hiˌjack·ing** [-kɪŋ] → ***hijack*** II.

hike [haɪk] **I** *v/i.* **1.** wandern; **2.** marschieren; **3.** hochrutschen (*Kleidungsstück*); **II** *v/t.* **4.** *mst* ***~ up*** hochziehen; **5.** *Am. Preise etc.* (drastisch) erhöhen; **III** *s.* **6.** a) Wanderung *f*, b) ⚔ Geländemarsch *m*; **7.** *Am.* (drastische) Erhöhung: ***a ~ in prices***; ˈ**hik·er** [-kə] *s.* Wanderer *m*.

hi·lar·i·ous [hɪˈleərɪəs] *adj.* □ vergnügt, ˈübermütig, ausgelassen; **hi·lar·i·ty** [hɪˈlærətɪ] *s.* Ausgelassenheit *f*, ˈÜbermütigkeit *f*.

Hil·a·ry term [ˈhɪlərɪ] *s. Brit.* **1.** ⚖ *Gerichtstermine in der Zeit vom 11. Januar bis Mittwoch vor Ostern*; **2.** *univ.* ˈFrühjahrsseˌmester *n*.

hill [hɪl] **I** *s.* **1.** Hügel *m*, Anhöhe *f*, kleiner Berg: ***up ~ and down dale*** bergauf u. bergab; ***be over the ~*** a) s-e besten Jahre hinter sich haben, b) *bsd.* ⚕ über den Berg sein; → ***old*** 3; **2.** (Erd- *etc.*)Haufen *m*; **II** *v/t.* **3.** *a.* ***~ up*** ✓ *Pflanzen* häufeln; ˈ**~ˌbil·ly** *s. Am.* F *contp.* Hinterwäldler *m*: ***~ music*** Hillbilly-Musik *f*; **~ climb** *s. mot.*, *Radsport*: Bergrennen *n*; ˈ**~-ˌclimb·ing a·bil·i·ty** *s. mot.* Steigfähigkeit *f*.

hill·i·ness [ˈhɪlɪnɪs] *s.* Hügeligkeit *f*.

hill·ock [ˈhɪlək] *s.* kleiner Hügel.

ˌ**hill|ˈside** *s.* Hang *m*, (Berg)Abhang *m*; ˌ**~ˈtop** *s.* Bergspitze *f*.

hill·y [ˈhɪlɪ] *adj.* hügelig.

hilt [hɪlt] *s.* Heft *n*, Griff *m* (*Schwert etc.*): ***up to the ~*** a) bis ans Heft, b) *fig.* total; ***armed to the ~*** bis an die Zähne bewaffnet; ***back s.o. up to the ~*** j-n voll (u. ganz) unterstützen; ***prove up to the ~*** unwiderleglich beweisen.

him [hɪm] *pron.* **1.** a) ihn (*acc.*), b) ihm (*dat.*); **2.** F er (*nom.*): ***it's ~*** er ist es; **3.** den(jenigen), wer: ***I saw ~ who did it***; **4.** *refl.* sich: ***he looked about ~*** er sah um sich.

Hi·ma·la·yan [ˌhɪməˈleɪən] *adj.* Himalaja…

himˈself *pron.* **1.** *refl.* sich: ***he cut ~***; **2.** sich (selbst): ***he needs it for ~***; **3.** *verstärkend*: (er *od.* ihn *od.* ihm) selbst: ***he ~ said it, he said it ~*** er selbst sagte es, er sagte es selbst; ***by ~*** allein, ohne Hilfe, von selbst; **4.** ***he is not quite ~*** a) er ist nicht ganz normal, b) er ist nicht auf der Höhe; ***he is ~ again*** er ist wieder (ganz) der alte.

hind[1] [haɪnd] *s. zo.* Hindin *f*, Hirschkuh *f*.

hind[2] [haɪnd] *adj.* hinter, Hinter…: ***~ leg*** Hinterbein *n*; ***talk the ~ legs off a donkey*** F unaufhörlich reden; ***~ wheel*** Hinterrad *n*.

hind·er[1] [ˈhaɪndə] *comp. von* ***hind***[2].

hin·der[2] [ˈhɪndə] **I** *v/t.* **1.** aufhalten; **2.** (***from***) hindern (an *dat.*), abhalten (von): ***~ed in one's work*** bei der Arbeit behindert *od.* gestört; **II** *v/i.* **3.** im Wege *od.* hinderlich sein, hindern.

Hin·di [ˈhɪndiː] *s. ling.* Hindi *n*.

ˈ**hind·most** [-ndm-] *sup.* von ***hind***[2].

ˌ**hindˈquar·ter** *s.* **1.** ˈHinterviertel *n* (*vom Schlachttier*); **2.** *pl.* a) ˈHinterteil *n*, Gesäß *n*, b) ˈHinterhand *f* (*vom Pferd*).

hin·drance [ˈhɪndrəns] *s.* **1.** Hinderung *f*; **2.** Hindernis *n* (***to*** für).

ˈ**hind·sight** *s.* **1.** ⚔ Viˈsier *n*; **2.** *fig.* späte Einsicht: ***by ~***, ***with the wisdom of ~*** ‚im nachhinein', hinterher; ***foresight is better than ~*** Vorsicht ist besser als Nachsicht; ***~ is easier than foresight*** hinterher ist man immer klüger (als vorher), *contp. a.* hinterher kann man leicht klüger sein (als vorher).

Hin·du [ˌhɪnˈduː] **I** *s.* **1.** Hindu *m*; **2.** Inder *m*; **II** *adj.* **3.** Hindu…; **Hin·du·ism** [ˈhɪnduːɪzəm] *s.* Hinduˈismus *m*; **Hin·du·sta·ni** [ˌhɪndʊˈstɑːnɪ] **I** *s. ling.* Hinduˈstani *n*; **II** *adj.* hinduˈstanisch.

hinge [hɪndʒ] **I** *s.* **1.** ⚙ Scharˈnier *n*, Gelenk *n*, (Tür)Angel *f*: ***off its ~s*** aus den Angeln, *fig. a.* aus den Fugen; **2.** *fig.* Angelpunkt *m*; **II** *v/t.* **3.** mit Scharnieren *etc.* versehen; **4.** *Tür etc.* einhängen; **III** *v/i.* **5.** *fig.*: ***~ on*** a) sich drehen um, b) abhängen von, ankommen auf (*acc.*); **hinged** [-dʒd] *adj.* (um ein Gelenk) drehbar, auf-, herˈunter-, zs.-klappbar, Scharnier…; **hinge joint** *s.* **1.** → ***hinge*** 1; **2.** *anat.* Scharˈniergelenk *n*.

hin·ny [ˈhɪnɪ] *s. zo.* Maulesel *m*.

hint [hɪnt] **I** *s.* **1.** Wink *m*: a) Andeutung *f*, b) Tip *m*, Hinweis *m*, Fingerzeig *m*: ***broad ~*** Wink mit dem Zaunpfahl; ***take a*** (*od.* ***the***) ***~*** den Wink verstehen; ***drop a ~*** e-e Andeutung machen; **2.** Anspielung *f* (***at*** auf *acc.*); **3.** Anflug *m*, Spur *f* (***of*** von); **II** *v/t.* **4.** andeuten, *et.* zu verstehen geben; **III** *v/i.* **5.** (***at***) e-e Andeutung machen (von), anspielen (auf *acc.*).

hin·ter·land [ˈhɪntəlænd] *s.* **1.** ˈHinterland *n*; **2.** Einzugsgebiet *n*.

hip[1] [hɪp] *s.* **1.** *anat.* Hüfte *f*: ***have s.o. on the ~*** *fig.* j-n in der Hand haben; **2.** → ***hip joint***; **3.** ⚠ a) Walm *m*, b) Walmsparren *m*.

hip[2] [hɪp] *s.* ⚘ Hagebutte *f*.

hip[3] [hɪp] *int.*: ***~, ~, hurrah!*** hipp, hipp, hurra!

hip[4] [hɪp] *adj. sl.* **1.** ***be ~*** ‚voll dabei' sein (*in der Mode etc.*); **2.** ***be ~ to*** im Bilde *od.* auf dem laufenden sein über (*acc.*); ***get ~ to*** *et.* ‚spitzkriegen'.

ˈ**hip|·bath** *s.* Sitzbad *n*; ˈ**~·bone** *s. anat.* Hüftbein *n*; **~ flask** *s.* Taschenflasche *f*, ‚Flachmann' *m*; **~ joint** *s. anat.* Hüftgelenk *n*.

hipped[1] [hɪpt] *adj.* **1.** *in Zssgn* mit … Hüften; **2.** ⚠ Walm…: ***~ roof***.

hipped[2] [hɪpt] *adj. Am. sl.* versessen, ‚scharf' (***on*** auf *acc.*).

hip·pie [ˈhɪpɪ] *s.* Hippie *m*.

hip·po [ˈhɪpəʊ] *pl.* **-pos** *s.* F *für* ***hippopotamus***.

hip·po·cam·pus [ˌhɪpəʊˈkæmpəs] *pl.* **-pi** [-paɪ] *s.* **1.** *myth.* Hippoˈkamp *m*; **2.** *ichth.* Seepferdchen *n*; **3.** *anat.* Ammonshorn *n* (*des Gehirns*).

hip pock·et *s.* Gesäßtasche *f*.

Hip·po·crat·ic [ˌhɪpəʊˈkrætɪk] *s.* hippoˈkratisch: ***~ face***; ***~ oath***.

hip·po·drome [ˈhɪpədrəʊm] *s.* **1.** Hippoˈdrom *n*, Reitbahn *f*; **2.** a) Zirkus *m*, b) Varieˈté(theˌater) *n*; **3.** *sport Am. sl.* ‚Schiebung' *f*.

hip·po·griff, **hip·po·gryph** [ˈhɪpəgrɪf] *s.* Hippoˈgryph *m* (*Fabeltier*).

hip·po·pot·a·mus [ˌhɪpəˈpɒtəməs] *pl.* **-mus·es**, **-mi** [-maɪ] *s. zo.* Fluß-, Nilpferd *n*.

hip·py [ˈhɪpɪ] → ***hippie***.

ˈ**hip·shot** *adj.* **1.** mit verrenkter Hüfte;

2. *fig.* (lenden)lahm.

hip·ster ['hɪpstə] *s. sl.* **1.** ‚cooler Typ'; **2.** *pl. a.* **~ trousers** *Brit.* Hüfthose *f.*

hir·a·ble ['haɪərəbl] *adj.* mietbar.

hire ['haɪə] **I** *v/t.* **1.** *et.* mieten, *Flugzeug* chartern: **~d car** Leih-, Mietwagen *m*; **~d airplane** Charterflugzeug *n*; **2.** *a.* **~ on** a) *j-n* ein-, anstellen, b) *bsd.* ⚓ anheuern, c) *j-n* engagieren: **~d killer** bezahlter *od.* gekaufter Mörder, Killer *m*; **3.** *mst* **~ out** vermieten; **4. ~ o.s. out** e-e Beschäftigung annehmen (**to** bei); **II** *s.* **5.** Miete *f*: **on** (*od.* **for**) **~** a) mietweise, b) zu vermieten(d); **for ~** frei (*Taxi*); **take** (**let**) **a car on ~** ein Auto (ver)mieten; **~ car** Leih-, Mietwagen *m*; **6.** Entgelt *n*, Lohn *m.*

hire·ling ['haɪəlɪŋ] *mst contp.* **I** *s.* Mietling *m*; **II** *adj.* a) käuflich, b) *b.s.* angeheuert.

hire pur·chase *s. bsd. Brit.* ⚚ Abzahlungs-, Teilzahlungs-, Ratenkauf *m*: **buy on ~** auf Abzahlung kaufen; **ˌ~-'pur·chase** *adj.*: **~ agreement** Abzahlungsvertrag *m*; **~ system** Teilzahlungssystem *n.*

hir·er ['haɪərə] *s.* **1.** Mieter(in); **2.** Vermieter(in).

hir·sute ['hɜːsjuːt] *adj.* **1.** haarig, zottig, struppig; **2.** ⚘, *zo.* rauhhaarig, borstig.

his [hɪz] *poss. pron.* **1.** sein, seine: **~ family**; **2.** seiner (seine, seines), der (die, das) seine *od.* seinige: **my father and ~** mein u. sein Vater; **this hat is ~** das ist sein Hut, dieser Hut gehört ihm; **a book of ~** eines seiner Bücher, ein Buch von ihm.

hiss [hɪs] **I** *v/i.* **1.** zischen; **II** *v/t.* **2.** auszischen, -pfeifen; **3.** zischeln; **III** *s.* **4.** Zischen *n.*

hist [sːt] *int.* sch!, pst!

his·tol·o·gist [hɪ'stɒlədʒɪst] *s.* ⚕ Histo'loge *m*; **his'tol·o·gy** [-dʒɪ] *s.* ⚕ Histolo'gie *f*, Gewebelehre *f*; **his'tol·y·sis** [-lɪsɪs] *s.* ⚕, *biol.* Histo'lyse *f*, Gewebszerfall *m.*

his·to·ri·an [hɪ'stɔːrɪən] *s.* Hi'storiker (-in), Geschichtsforscher(in); **his·tor·ic** [hɪ'stɒrɪk] *adj.* (☐ **~ally**) **1.** hi'storisch, geschichtlich (berühmt *od.* bedeutsam): **~ buildings**; **a ~ speech**; **2.** → **his·tor·i·cal** [hɪ'stɒrɪkl] *adj.* ☐ **1.** hi'storisch: a) geschichtlich (belegt *od.* über'liefert): **a(n) ~ event**, b) Geschichts...: **~ science**, c) geschichtlich orientiert: **~ materialism** historischer Materialismus, d) geschichtlich(en Inhalts): **~ novel** historischer Roman; **2.** → **historic** 1; **3.** *ling.* hi'storisch: **~ present**; **his·to·ric·i·ty** [ˌhɪstə'rɪsətɪ] *s.* Geschichtlichkeit *f*; **his·to·ried** ['hɪstərɪd] → **historic** 1; **his·to·ri·og·ra·pher** [ˌhɪstɔːrɪ'ɒgrəfə] *s.* Historio'graph *m*, Geschichtsschreiber *m*; **his·to·ri·og·ra·phy** [ˌhɪstɔːrɪ'ɒgrəfɪ] *s.* Geschichtsschreibung *f.*

his·to·ry ['hɪstərɪ] *s.* **1.** Geschichte *f*: a) geschichtliche Vergangenheit *od.* Entwicklung, b) (*ohne art.*) Geschichtswissenschaft *f*: **~ book** Geschichtsbuch *n*; **ancient** (**modern**) **~** alte (neuere) Geschichte; **~ of art** Kunstgeschichte; **go down in ~ as** als ... in die Geschichte eingehen; **make ~** Geschichte machen; → **natural history**; **2.** Werdegang *m* (*a.* ⚙), Entwicklung *f*, (Entwicklungs-) Geschichte *f*; **3.** *allg.*, *a.* ⚕ Vorgeschichte *f*, Vergangenheit *f*: (**case**) **~** Krankengeschichte *f*, Anamnese *f*; **have a ~**; **4.** (*a.* Lebens)Beschreibung *f*, Darstellung *f*; **5.** *paint.* Hi'storienbild *n*; **6.** hi'storisches Drama.

his·tri·on·ic [ˌhɪstrɪ'ɒnɪk] **I** *adj.* (☐ **~ally**) **1.** Schauspiel(er)..., schauspielerisch; **2.** thea'tralisch; **II** *s.* **3.** *pl. a. sg. konstr.* a) Schauspielkunst *f*, b) *contp.* Schauspiele'rei *f*, thea'tralisches Getue.

hit [hɪt] **I** *s.* **1.** Schlag *m*, Hieb *m* (*a. fig.*); **2.** *a. sport u. fig.* Treffer *m*: **make a ~** a) e-n Treffer erzielen, b) *fig.* gut ankommen (**with** bei); **3.** Glücksfall *m*, Erfolg *m*; **4.** *thea.*, *Buch etc.*: Schlager *m*, ‚Knüller' *m*, Hit *m*: **song ~** Schlager, Hit; **he** (**it**) **was a great ~** (**with**) er (es) war ein großer Erfolg (bei); **5.** (Seiten)Hieb *m*, Spitze *f* (**at** gegen); **6.** *bsd. Am. sl.* ‚Abschuß' *m*, Ermordung *f*; **II** *v/t.* [*irr.*] **7.** schlagen, stoßen; *Auto etc.* rammen: **~ one's head against s.th.** mit dem Kopf gegen et. stoßen; **8.** treffen (*a. fig.*): **be ~ by a bullet**; **when it ~s you** *fig.* wenn es dich packt; **you've ~ it** *fig.* du hast es getroffen (*ganz recht*); **9.** (*seelisch*) treffen: **be hard** (*od.* **badly**) **~** schwer getroffen sein (**by** durch); **10.** stoßen *od.* kommen auf (*acc.*), treffen, finden: **~ the right road**; **~ a mine** ⚓, ⚔ auf e-e Mine laufen; **~ the solution** die Lösung finden; **11.** *fig.* geißeln, scharf kritisieren; **12.** erreichen, *et.* ‚schaffen': **the car ~s 100 mph**; **prices ~ an all-time high** die Preise erreichten e-e Rekordhöhe; **~ the town** in der Stadt ankommen; **III** *v/i.* [*irr.*] **13.** treffen; **14.** schlagen (**at** nach); **15.** stoßen, schlagen (**against** gegen); **16. ~** (**up**)**on** → 10; **~ back** *v/i.* zu'rückschlagen (*a. fig.*): **~ at s.o.** j-m Kontra geben; **~ off** *v/t.* **1.** treffend *od.* über'zeugend darstellen *od.* schildern; *die Ähnlichkeit* genau treffen; **2. hit it off with s.o.** sich bestens vertragen *od.* glänzend auskommen mit j-m; **~ out** *v/i.* um sich schlagen: **~ at** auf *j-n* einschlagen, *fig.* über *j-n od. et.* losziehen.

ˌhit|-and-'miss *adj.* **1.** mit wechselndem Erfolg; **2.** → **hit-or-miss**; **ˌ~-and-'run** **I** *adj.* **1. ~ accident** → 3; **~ driver** (unfall)flüchtiger Fahrer; **2.** kurz(lebig); **II** *s.* **3.** Unfall *m* mit Fahrerflucht.

hitch [hɪtʃ] **I** *s.* **1.** Ruck *m*, Zug *m*; **2.** ⚓ Stich *m*, Knoten *m*; **3.** ‚Haken' *m*: **there is a ~** (**somewhere**) die Sache hat (irgendwo) e-n Haken; **without a ~** reibungslos, glatt; **II** *v/t.* **4.** (ruckartig) ziehen: **~ up one's trousers** s-e Hosen hochziehen; **5.** befestigen, festhaken, ankoppeln, *Pferd* anspannen: **get ~ed** → 8; **III** *v/i.* **6.** hinken; **7.** sich festhaken; **8.** *a.* **~ up** F heiraten; **9.** → **'~-hike** *v/i.* F ‚per Anhalter' fahren, trampen; **'~hik·er** *s.* F Anhalter(in), Tramper (-in).

hi-tech [ˌhaɪ'tek] → **high-tech.**

hith·er ['hɪðə] **I** *adv.* hierher: **~ and thither** hierhin u. dorthin, hin und her; **II** *adj.* diesseitig: **the ~ side** die nähere Seite; **℞ India** Vorderindien *n*; **ˌ~'to** [-'tuː] *adv.* bis'her, bis jetzt.

Hit·ler·ism ['hɪtlərɪzəm] *s.* Na'zismus *m*; **'Hit·ler·ite** [-raɪt] **I** *s.* Nazi *m*; **II** *adj.* na'zistisch.

hit| list *s. sl.* Abschußliste *f* (*a. fig.*); **~ man** *s.* [*irr.*] *Am. sl.* Killer *m*; **'~-off** *s.* treffende Nachahmung, über'zeugende Darstellung; **~ or miss** *adv.* aufs Gerate'wohl; **ˌ~-or-'miss** *adj.* **1.** sorglos, unbekümmert; **2.** aufs Gerate'wohl getan; **~ pa·rade** *s.* 'Hitpaˌrade *f.*

Hit·tite ['hɪtaɪt] *s. hist.* He'thiter *m.*

hive [haɪv] **I** *s.* **1.** Bienenkorb *m*, -stock *m*; **2.** Bienenvolk *n*, -schwarm *m*; **3.** *fig.* a) *a.* **~ of activity** *das* reinste Bienenhaus, b) Sammelpunkt *m*, c) Schwarm *m* (*von Menschen*); **II** *v/t.* **4.** *Bienen* in e-n Stock bringen; **5.** *Honig* im Bienenstock sammeln; **6.** *a.* **~ up** *fig.* a) sammeln, b) auf die Seite legen; **7. ~ off** a) *Amt etc.* abtrennen (**from** von), b) reprivatisieren; **III** *v/i.* **8.** in den Stock fliegen (*Bienen*): **~ off** *fig.* a) abschwenken, b) sich selbständig machen; **9.** sich zs.-drängen.

hives [haɪvz] *s. pl. sg. od. pl. konstr.* ⚕ Nesselausschlag *m.*

ho [həʊ] *int.* **1.** halt!, holla!, heda!; **2.** na'nu!; **3.** *contp.* ha'ha!, pah!; **4. westward ~!** auf nach Westen!; **land ~!** ⚓ Land in Sicht!

hoar [hɔː] *adj. obs.* **1.** → **hoary**; **2.** (*vom Frost*) bereift, weiß.

hoard [hɔːd] **I** *s.* a) Hort *m*, Schatz *m*, b) Vorrat *m* (**of** an *dat.*); **II** *v/t. u. v/i. a.* **~ up** horten, hamstern; **'hoard·er** [-də] *s.* Hamsterer *m.*

hoard·ing ['hɔːdɪŋ] *s.* **1.** Bau-, Bretterzaun *m*; **2.** *Brit.* Re'klamewand *f.*

ˌhoar'frost *s.* (Rauh)Reif *m.*

hoarse [hɔːs] *adj.* ☐ heiser; **'hoarse·ness** [-nɪs] *s.* Heiserkeit *f.*

hoar·y ['hɔːrɪ] *adj.* ☐ **1.** weißlich; **2.** a) (alters)grau, ergraut, b) *fig.* altersgrau, (ur)alt, ehrwürdig.

hoax [həʊks] **I** *s.* **1.** Falschmeldung *f*, (Zeitungs)Ente *f*; **2.** Schabernack *m*, Streich *m*; **II** *v/t.* **3.** *j-n* zum besten haben, *j-m* e-n Bären aufbinden *od.* et. weismachen.

hob¹ [hɒb] **I** *s.* **1.** Ka'mineinsatz *m*, -vorsprung *m* (*für Kessel etc.*); **2.** → **hobnail**; **3.** ⚙ a) (Ab)Wälzfräser *m*, b) Strehlbohrer *m*; **II** *v/t.* **4.** ⚙ abwälzen, verzahnen: **~bing machine** → 3a.

hob² [hɒb] *s.* Kobold *m*: **play** (*od.* **raise**) **~ with** Schindluder treiben mit.

hob·ble ['hɒbl] **I** *v/i.* **1.** humpeln, hoppeln, *a. fig.* hinken, holpern; **II** *v/t.* **2.** *e-m Pferd etc.* die Vorderbeine fesseln; **3.** hindern; **III** *s.* **4.** Humpeln *n.*

hob·ble·de·hoy [ˌhɒbldɪ'hɔɪ] *s.* F (junger) Tolpatsch *od.* Flegel.

hob·by ['hɒbɪ] *s. fig.* Steckenpferd *n*, Liebhabe'rei *f*, Hobby *n*; **'~-horse** *s.* **1.** Steckenpferd *n* (*a. fig.*); **2.** Schaukelpferd *n*; **3.** Karus'sellpferd *n*; **'hob·by·ist** [-ɪɪst] *s.* Hobby'ist *m*, *engS. a.* Bastler *m*, Heimwerker *m.*

hob·gob·lin ['hɒbgɒblɪn] *s.* **1.** Kobold *m*; **2.** *fig.* (Schreck)Gespenst *n.*

'hob·nail *s.* grober Schuhnagel; **'hob·nailed** *adj.* **1.** genagelt; **2.** *fig.* ungehobelt; **'hob·nail(ed) liv·er** *s.* ⚕ Säuferleber *f.*

'hob·nob *v/i.* **1.** in'tim *od.* ‚auf du u. du' sein, freundschaftlich verkehren (**with** mit); **2.** plaudern (**with** mit).

ho·bo ['həʊbəʊ] *pl.* **-bos, -boes** *s. Am.* **1.** Wanderarbeiter *m*; **2.** Landstreicher *m*, Tippelbruder *m.*

Hob·son's choice ['hɒbsnz] *s.*: **it's ~**

man hat keine andere Wahl.

hock[1] [hɒk] **I** *s.* **1.** *zo.* Sprung-, Fesselgelenk *n* (*der Huftiere*); **2.** Hachse *f* (*beim Schlachttier*); **II** *v/t.* **3.** → ***hamstring*** 3.

hock[2] [hɒk] *s.* **1.** weißer Rheinwein; **2.** trockener Weißwein.

hock[3] [hɒk] F **I** *s.*: ***in*** ~ a) verschuldet, b) versetzt, verpfändet, c) *Am.* im ‚Knast'; **II** *v/t.* versetzen, verpfänden.

hock·ey ['hɒkɪ] *s.* a) Hockey *n*, b) *bsd. Am.* Eishockey *n*: ~ ***stick*** Hockeyschläger *m*.

'**hock·shop** *s. sl.* Pfandhaus *n*.

ho·cus ['həʊkəs] *v/t.* **1.** betrügen; **2.** *j-n* betäuben; **3.** *e-m Getränk* ein Betäubungsmittel beimischen; ,**~-'po·cus** [-'pəʊkəs] *s.* Hokus'pokus *m*: a) *Zauberformel*, b) Schwindel *m*, fauler Zauber.

hod [hɒd] *s.* **1.** ⚠ Mörteltrog *m*, Steinbrett *n* (*zum Tragen*): ~ ***carrier*** → ***hodman*** 1; **2.** Kohleneimer *m*.

hodge·podge ['hɒdʒpɒdʒ] *bsd. Am.* → ***hotchpotch***.

'**hod·man** [-mən] *s.* [*irr.*] **1.** ⚠ Mörtel-, Ziegelträger *m*; **2.** Handlanger *m*.

ho·dom·e·ter [hɒ'dɒmɪtə] *s.* Hodo'meter *n*, Wegmesser *m*, Schrittzähler *m*.

hoe [həʊ] ✓ **I** *s.* Hacke *f*; **II** *v/t. Boden* hacken; *Unkraut* aushacken: ***a long row to*** ~ e-e schwere Aufgabe.

hog [hɒg] **I** *s.* **1.** (Haus-, Schlacht-) Schwein *n*, *Am. allg.* (*a.* Wild)Schwein *n*: ***go the whole*** ~ F aufs Ganze gehen, ganze Arbeit leisten; **2.** F a) Vielfraß *m*, b) Flegel *m*, c) Schmutzfink *m*, Ferkel *n*; **3.** ⚓ Scheuerbesen *m*; **4.** ⚙ *Am.* (Reiß)Wolf *m*; **5.** → ***hogget***; **II** *v/t.* **6.** *den Rücken* krümmen; **7.** scheren, stutzen; **8.** (gierig) verschlingen, ‚fressen', *fig. a.* an sich reißen, mit Beschlag belegen: ~ ***the road*** → 10; **III** *v/i.* **9.** den Rücken krümmen; **10.** F rücksichtslos in der (Fahrbahn)Mitte fahren; '**~·back** *s.* langer u. scharfer Gebirgskamm; ~ **chol·er·a** *s. vet. Am.* Schweinepest *f*.

hog·get ['hɒgɪt] *s. Brit. noch ungeschorenes* einjähriges Schaf.

hog·gish ['hɒgɪʃ] *adj.* □ a) schweinisch, b) rücksichtslos, c) gierig, gefräßig.

hog·ma·nay ['hɒgməneɪ] *s. Scot.* Sil'vester *m*, *n*.

hog| **mane** *s.* gestutzte Pferdemähne; '**~'s-back** → ***hogback***.

hogs·head ['hɒgzhed] *s.* **1.** *Hohlmaß, etwa 240 l*; **2.** großes Faß.

'**hog**|**·skin** *s.* Schweinsleder *n*; '**~-tie** *v/t.* **1.** *e-m Tier* alle vier Füße zs.-binden; **2.** *fig.* lähmen, (be)hindern; '**~-wash** *s.* **1.** Schweinefutter *n*; **2.** *contp.* ‚Spülwasser' *n* (*Getränk*); **3.** Quatsch *m*, ‚Mist' *m*.

hoi(c)k [hɔɪk] *v/t.* ✈ hochreißen.

hoicks [hɔɪks] *int. hunt.* hussa! (*Hetzruf an Hunde*).

hoi pol·loi [,hɔɪ'pɒlɔɪ] (*Greek*) *s.* **1.** ***the*** ~ die (breite) Masse, der Pöbel; **2.** *Am. sl.* ‚Tam'tam' *n* (***about*** um).

hoist[1] [hɔɪst] *obs. p.p.*: ~ ***with one's own petard*** *fig.* in der eigenen Falle gefangen.

hoist[2] [hɔɪst] **I** *v/t.* **1.** hochziehen, -winden, hieven, heben; **2.** *Flagge, Segel* hissen; **3.** *Am. sl.* ‚klauen'; **4.** ~ ***a few*** *Am. sl.* ein paar ‚heben'; **II** *s.* **5.** (Lasten)Aufzug *m*, Hebezeug *n*, Kran *m*, Winde *f*.

hoist·ing| **cage** ['hɔɪstɪŋ] *s.* ⚒ Förderkorb *m*; ~ **crane** *s.* ⚙ Hebekran *m*; ~ **en·gine** *s.* **1.** ⚙ Hebewerk *n*; **2.** ⚒ 'Förderma,schine *f*.

hoi·ty-toi·ty [,hɔɪtɪ'tɔɪtɪ] **I** *adj.* **1.** hochnäsig; **2.** leichtsinnig; **II** *s.* **3.** Hochnäsigkeit *f*.

ho·k(e)y-po·k(e)y [,həʊkɪ'pəʊkɪ] *s.* **1.** *sl.* → ***hocus-pocus***; **2.** Speiseeis *n*.

ho·kum ['həʊkəm] *s. sl.* **1.** *thea.* ‚Mätzchen' *pl.*, Kitsch *m*; **2.** ‚Krampf' *m*, Quatsch *m*.

hold[1] [həʊld] *s.* ⚓, ✈ Lade-, Frachtraum *m*.

hold[2] [həʊld] **I** *s.* **1.** Halt *m*, Griff *m*: ***catch*** (*od.* ***get***, ***lay***, ***seize***, ***take***) ~ ***of s.th.*** et. ergreifen *od.* in die Hand bekommen *od.* zu fassen bekommen *od.* erwischen; ***get*** ~ ***of s.o.*** j-n erwischen; ***get*** ~ ***of o.s.*** *fig.* sich in die Gewalt bekommen; ***keep*** ~ ***of*** festhalten; ***let go one's*** ~ ***of*** loslassen; ***miss one's*** ~ danebengreifen; ***take*** ~ *fig.* sich festsetzen, Wurzel fassen; **2.** Halt *m*, Stütze *f*: ***afford no*** ~ keinen Halt bieten; **3.** *Ringen*: Griff *m*: (***with***) ***no ~s barred*** *fig.* mit harten Bandagen (*kämpfen*); **4.** (***on***, ***over***, ***of***) Gewalt *f*, Macht *f* (über *acc.*), Einfluß (auf *acc.*): ***get a*** ~ ***on s.o.*** j-n unter s-n Einfluß *od.* in s-e Macht bekommen; ***have a*** (***firm***) ~ ***on s.o.*** j-n in s-r Gewalt haben, j-n beherrschen; **5.** *Am.* Einhalt *m*: ***put a*** ~ ***on s.th.*** et. stoppen; **6.** *Raumfahrt*: Unter'brechung *f* des Countdown; **II** *v/t.* [*irr.*] **7.** (fest)halten; **8.** sich *die Nase*, *die Ohren* zuhalten: ~ ***one's nose*** (***ears***); **9.** *Gewicht*, *Last etc.* tragen, (aus)halten; **10.** *in e-m Zustand* halten: ~ ***o.s. erect*** sich geradehalten; ~ (***o.s.***) ***ready*** (sich) bereithalten; **11.** (zu'rück-, ein-) behalten: ~ ***the shipment*** die Sendung zurück(be)halten; ~ ***everything!*** sofort aufhören!; **12.** zu'rück-, abhalten (***from*** von *et.*, ***from doing s.th.*** davon, et. zu tun); **13.** an-, aufhalten, im Zaume halten: ***there is no ~ing him*** er ist nicht zu halten *od.* zu bändigen; ~ ***the enemy*** den Feind aufhalten; **14.** *Am.* a) *j-n* festnehmen: ***12 persons were held***, b) in Haft halten; **15.** *sport* sich erfolgreich verteidigen gegen *den Gegner*; **16.** *j-n* festlegen (***to*** auf *acc.*): ~ ***s.o. to his word*** j-n beim Wort nehmen; **17.** a) *Versammlung*, *Wahl etc.* abhalten, b) *Fest etc.* veranstalten, c) *sport Meisterschaft etc.* austragen; **18.** (beibe)halten: ~ ***the course***; **19.** *Alkohol* vertragen: ~ ***one's liquor well*** e-e ganze Menge vertragen; **20.** ⚔ *u. fig. Stellung* halten, behaupten: ~ ***one's own*** sich behaupten (***with*** gegen); ~ ***the stage*** a) sich halten (*Theaterstück*), b) *fig.* die Szene beherrschen, im Mittelpunkt stehen; → ***fort***; **21.** innehaben: a) besitzen: ~ ***land*** (***shares***, ***etc.***), b) *Amt* bekleiden, c) *Titel* führen, d) *Platz etc.* einnehmen, e) *Rekord* halten; **22.** fassen: a) enthalten: ***the tank ~s 10 gallons***, b) Platz bieten für, 'unterbringen (können): ***the hotel ~s 500 guests***; ***the place ~s many memories*** der Ort ist voll von Erinnerungen; ***life ~s many surprises*** das Leben ist voller Überraschungen; ***what the future ~s*** was die Zukunft bringt; **23.** *Bewunderung etc.* hegen, *a. Vorurteile etc.* haben (***for*** für); **24.** behaupten, meinen: ~ (***the view***) ***that*** die Ansicht vertreten *od.* der Ansicht sein, daß; **25.** halten für: ***I*** ~ ***him to be a fool***; ***it is held to be true*** man hält es für wahr; **26.** ⚖ entscheiden (***that*** daß); **27.** *fig.* fesseln: ~ ***the audience***; ~ ***s.o.'s attention***; **28.** ~ ***to*** *Am.* beschränken auf (*acc.*); **29.** ~ ***against*** *j-m et.* vorwerfen *od.* verübeln; **30.** ♪ *Ton* (aus)halten; **III** *v/i.* [*irr.*] **31.** (stand)halten: ***will the bridge ~?***; **32.** (sich) festhalten (***by***, ***to*** an *dat.*); **33.** sich verhalten: ~ ***still*** stillhalten; **34.** *a.* ~ ***good*** (weiterhin) gelten, gültig sein *od.* bleiben: ***the promise still ~s*** das Versprechen gilt noch; **35.** anhalten, andauern: ***the fine weather held***; ***my luck held*** das Glück blieb mir treu; **36.** einhalten: ~***!*** halt!; **37.** ~ ***by*** (*od.* ***to***) *j-m od. e-r Sache* treu bleiben; **38.** ~ ***with*** es halten mit *j-m*, für *j-n od. et.* sein;

Zssgn mit adv.:

hold| **back I** *v/t.* **1.** zu'rückhalten; **2.** → ***hold in***; **3.** zu'rückhalten mit, verschweigen; **II** *v/i.* **4.** sich zu'rückhalten (*a. fig.*); **5.** nicht mit der Sprache her'ausrücken; ~ **down** *v/t.* **1.** niederhalten, *fig. u.* unter'drücken; **2.** F a) *e-n Posten* (inne)haben, b) sich *in e-r Stellung* halten; ~ **forth I** *v/t.* **1.** (an)bieten; **2.** in Aussicht stellen; **II** *v/i.* **3.** sich auslassen *od.* verbreiten (***on*** über *acc.*); **4.** *Am.* stattfinden; ~ **in I** *v/t.* im Zaum halten, zu'rückhalten: ***hold o.s. in*** a) → II, b) den Bauch einziehen; **II** *v/i.* sich zu'rückhalten; ~ **off I** *v/t.* **1.** a) abfernhalten, b) abwehren; **2.** *et.* aufschieben, *j-n* hinhalten; **II** *v/i.* **3.** sich fernhalten (***from*** von); **4.** a) zögern, b) warten; **5.** ausbleiben; ~ **on** *v/i.* **1.** *a. fig.* (*a.* sich) festhalten (***to*** an *dat.*); **2.** aus-, 'durchhalten; **3.** andauern, -halten; **4.** *teleph.* am Appa'rat bleiben; **5.** ~***!*** immer langsam!, halt!; **6.** ~ ***to*** *et.* behalten; ~ **out I** *v/t.* **1.** *die Hand etc.* ausstrecken: ***hold s.th. out to s.o.*** j-m et. hinhalten; **2.** in Aussicht stellen: ~ ***little hope*** wenig Hoffnung äußern *od.* haben; **3.** ***hold o.s. out as*** *Am.* sich ausgeben für *od.* als; **II** *v/i.* **4.** reichen (*Vorräte*); **5.** aus-, 'durchhalten; **6.** sich behaupten (***against*** gegen); **7.** ~ ***on s.o.*** j-m et. vorenthalten *od.* verheimlichen; **8.** ~ ***for*** F bestehen auf (*dat.*); ~ **o·ver** *v/t.* **1.** *et.* vertagen, -schieben (***until*** auf *acc.*); **2.** ✝ prolongieren; **3.** *Amt etc.* (weiter) behalten; **4.** *thea. etc.* *j-s* Engage'ment verlängern (***for*** um); ~ **to·geth·er** *v/t. u. v/i.* zs.-halten (*a. fig.*); ~ **up I** *v/t.* **1.** (hoch)heben; **2.** hochhalten: ~ ***to view*** den Blicken darbieten; **3.** halten, stützen, tragen; **4.** aufrechterhalten; **5.** ~ ***as*** als *Beispiel etc.* hinstellen; **6.** *j-n od. et.* aufhalten, *et.* verzögern; **7.** *j-n*, *e-e Bank etc.* über'fallen; **II** *v/i.* **8.** → ***hold out*** 5, 6; **9.** sich halten (*Preise*, *Wetter*); **10.** sich bewahrheiten.

'**hold**|**·all** *s.* Reisetasche *f*; '**~·back** *s.* Hindernis *n*.

hold·er ['həʊldə] *s.* **1.** *oft in Zssgn* Halter *m*, Behälter *m*; **2.** ⚙ a) Halter(ung *f*) *m*, b) Zwinge *f*; **3.** ⚡ (Lampen)Fassung *f*; **4.** Pächter *m*; **5.** ✝ Inhaber(in) (*e-s Patents*, *Schecks etc.*), Besitzer(in):

previous ~ Vorbesitzer *m*; **6.** *sport* Inhaber(in) (*e-s Rekords*, *Titels etc.*).

'hold·fast *s.* **1.** ⚙ Klammer *f*, Zwinge *f*, Haken *m*, Kluppe *f*; **2.** ⚘ Haftscheibe *f*.

hold·ing ['həʊldɪŋ] *s.* **1.** (Fest)Halten *n*; **2.** ⚖ a) Pachtgut *n*, b) Pacht *f*, c) Grundbesitz *m*; **3.** *oft pl.* a) Besitz *m*, Bestand *m* (*an Effekten etc.*), b) (Aktien)Anteil *m*, (-)Beteiligung *f*: ***large steel ~s*** † großer Besitz von Stahl(werks)aktien; **4.** † a) Vorrat *m*, b) Guthaben *n*; **5.** ⚖ (gerichtliche) Entscheidung; **~ at·tack** *s.* ⚔ Fesselungsangriff *m*; **~ com·pa·ny** *s.* † Dach-, Holdinggesellschaft *f*; **~ pat·tern** *s.* ✈ Warteschleife *f*.

'hold|ˌo·ver *s.* **1.** ,'Überbleibsel' *n* (*Amtsträger etc.*); **2.** *Film etc.*: a) Verlängerung *f*, b) *Künstler etc.*, *dessen Engagement verlängert worden ist*; **'~-up** *s.* **1.** Verzögerung *f*, (*a.* Verkehrs)Stokkung *f*; **2.** (bewaffneter) ('Raub)ˌÜberfall.

hole [həʊl] **I** *s.* **1.** Loch *n*: ***be in a ~*** *fig.* in der Klemme sitzen; ***make a ~ in*** *fig.* ein Loch reißen in (*Vorräte*); ***pick ~s in*** *fig.* a) an *e-r Sache* herumkritteln, b) *Argument etc.* zerpflücken, c) *j-m* am Zeug flicken; ***full of ~s*** *fig.* fehlerhaft, ,wack(e)lig' (*Theorie etc.*); ***like a ~ in the head*** F *unnötig* wie ein Kropf; **2.** Loch *n*, Grube *f*; **3.** Höhle *f*, Bau *m* (*Tier*); **4.** *fig.* ,Loch' *n*: a) (Bruch)Bude *f*, b) ,Kaff' *n*, c) Schlupfwinkel *m*; **5.** *Golf*: a) Hole *n*, Loch *n*, b) (Spiel)Bahn *f*: ***~ in one*** As *n*; **II** *v/t.* **6.** ein Loch machen in (*acc.*), durch'löchern; **7.** ⚒ schrämen; **8.** *Tier* in s-e Höhle treiben; **9.** *Golf*: *Ball* einlochen; **III** *v/i.* **10.** *mst* ***~ up*** a) sich in die Höhle verkriechen (*Tier*), b) *Am.* F sich verstecken *od.* -kriechen; **11.** *a.* ***~ out*** *Golf*: einlochen.

ˌhole-and-'cor·ner [-nd'k-] *adj.* **1.** heimlich, versteckt; **2.** anrüchig; **3.** armselig.

hol·i·day ['hɒlədɪ] **I** *s.* **1.** (***public ~*** gesetzlicher) Feiertag; **2.** freier Tag, Ruhetag *m*: ***have a ~*** e-n freien Tag haben (→ 3); ***have a ~ from*** sich von *et.* erholen können; **3.** *mst pl. bsd. Brit.* Ferien *pl.*, Urlaub *m*: ***the Easter ~s*** die Osterferien; ***be on ~*** im Urlaub sein; ***go on ~*** in Urlaub gehen; ***have a ~*** Urlaub haben (→ 2); ***take a ~*** Urlaub nehmen *od.* machen; ***~s with pay*** bezahlter Urlaub; **II** *adj.* **4.** Feiertags...: ***~ clothes*** Festtagskleidung *f*; **5.** *bsd. Brit.* Ferien..., Urlaubs...: ***~ camp*** Feriendorf *n*; ***~ course*** Ferienkurs *m*; **III** *v/i.* **6.** *bsd. Brit.* Ferien *od.* Urlaub machen; **'~ˌmak·er** *s. bsd. Brit.* Urlauber(in).

ˌho·li·er-than-'thou [ˌhəʊlɪə-] *Am.* F **I** *s.* ,Phari'säer' *m*; **II** *adj.* phari'säisch.

ho·li·ness ['həʊlɪnɪs] *s.* Heiligkeit *f*: ***His ♀*** Seine Heiligkeit (*Papst*).

ho·lism ['həʊlɪzəm] *s. phls.* Ho'lismus *m* (*Ganzheitstheorie*); **ho·lis·tic** [həʊ'lɪstɪk] *adj.* ho'listisch.

Hol·lands ['hɒləndz], *a.* **Hol·land gin** *s.* Ge'never *m*.

hol·ler ['hɒlə] *v/i. u. v/t.* F brüllen.

hol·low ['hɒləʊ] **I** *s.* **1.** Höhle *f*, (Aus-)Höhlung *f*, Hohlraum *m*: ***~ of the hand*** hohle Hand; ***~ of the knee*** Kniekehle *f*; ***have s.o. in the ~ of one's hand*** *fig.* j-n völlig in der Hand haben; **2.** Vertiefung *f*, Mulde *f*, Senke *f*; **3.** ⚙ a) Hohlkehle *f*, b) (Guß)Blase *f*; **II** *adj.* □ → *a.* III; **4.** hohl, Hohl...; **5.** hohl, dumpf (*Ton*, *Stimme*); **6.** *fig.* a) hohl, leer: ***feel ~*** Hunger haben, b) falsch: ***~ promises***; ***~ victory*** wertloser Sieg; **7.** hohl: a) eingefallen (*Wangen*), b) tiefliegend (*Augen*); **III** *adv.* **8.** hohl: ***ring ~*** hohl *od.* unglaubwürdig klingen; ***beat s.o. ~*** F j-n vernichtend schlagen; **IV** *v/t.* **9.** *oft* ***~ out*** aushöhlen, -kehlen; **~ bit** *s.* ⚙ Hohlmeißel *m*, -bohrer *m*; **~ charge** *s.* ⚔ Haft-Hohlladung *f*; **ˌ~-'cheeked** *adj.* hohlwangig; **'~-eyed** *adj.* hohläugig; **ˌ~-'ground** *adj.* ⚙ hohlgeschliffen.

hol·low·ness ['hɒləʊnɪs] *s.* **1.** Hohlheit *f*; **2.** Dumpfheit *f*; **3.** *fig.* a) Hohlheit *f*, Leere *f*, b) Falschheit *f*.

hol·low| square *s.* ⚔ Kar'ree *n*; **~ tile** *s.* ⚙ Hohlziegel *m*; **'~·ware** *s.* tiefes (Küchen)Geschirr (*Töpfe etc.*).

hol·ly ['hɒlɪ] *s.* **1.** ⚘ Stechpalme *f*; **2.** Stechpalmenzweige *pl.*

'hol·ly·hock *s.* ⚘ Stockrose *f*.

hol·o·caust ['hɒləkɔːst] *s.* **1.** Massenvernichtung *f*, (*engS.* 'Brand)KataˌstroPhe *f*: ***the ♀*** *pol. hist.* der Holocaust; **2.** Brandopfer *n*.

hol·o|·cene ['hɒləʊsiːn] *s. geol.* Holo'zän *n*, Al'luvium *n*; **'~·gram** [-əʊgræm] *s. phys.* Holo'gramm *n*; **'~·graph** [-əʊgrɑːf; -əʊgræf] *adj. u. s.* ⚖ eigenhändig geschrieben(e Urkunde).

hols [hɒlz] *s. pl. Brit.* F *für* ***holiday*** 3.

hol·ster ['həʊlstə] *s.* (Pi'stolen)Halfter *f*, *n*.

ho·ly ['həʊlɪ] **I** *adj.* □ **1.** heilig, (*Hostie etc.*) geweiht: ***~ cow*** (*od.* ***smoke***)*!* F ,heiliger Bimbam'!; **2.** fromm; **3.** gottgefällig; **II** *s.* **4.** ***the ~ of holies*** *bibl.* das Allerheiligste; **♀ Al·li·ance** *s. hist. die* Heilige Alli'anz; **~ bread** *s.* Abendmahlsbrot *n*, Hostie *f*; **♀ Cit·y** *s. die* Heilige Stadt; **~ day** *s.* kirchlicher Feiertag; **♀ Fa·ther** *s. der* Heilige Vater; **♀ Ghost** *s. der* Heilige Geist; **♀ Land** *s. das* Heilige Land; **♀ Of·fice** *s. R.C.* a) *hist. die* Inquisiti'on, b) *das* Heilige Of'fizium; **♀ Ro·man Em·pire** *s. hist. das* Heilige Römische Reich; **♀ Sat·ur·day** *s.* Kar'samstag *m*; **♀ Scrip·ture** *s. die* Heilige Schrift; **♀ See** *s. der* Heilige Stuhl; **♀ Spir·it** → ***Holy Ghost***; **~ terror** *s.* F ,Nervensäge' *f*; **♀ Thurs·day** *s.* **1.** *R.C.* Grün'donnerstag *m*; **2.** (*anglikanische Kirche*) Himmelfahrtstag *m*; **♀ Trin·i·ty** *s. die* Heilige Drei'einigkeit *od.* Drei'faltigkeit; **~ wa·ter** *s. R.C.* Weihwasser *n*; **♀ Week** *s.* Karwoche *f*; **♀ Writ** → ***Holy Scripture***.

hom·age ['hɒmɪdʒ] *s.* **1.** *hist. u. fig.* Huldigung *f*: ***do*** (*od.* ***render***) ***~*** huldigen (***to*** *dat.*); **2.** *fig.* Reve'renz *f*: ***pay ~ to*** Anerkennung zollen (*dat.*), (s-e) Hochachtung bezeigen (*dat.*).

Hom·burg (hat) ['hɒmbɜːg] *s.* Homburg *m* (*Herrenfilzhut*).

home [həʊm] **I** *s.* **1.** Heim *n*: a) Haus *n*, (*eigene*) Wohnung, b) Zu'hause *n*, Da'heim *n*, c) Elternhaus *n*: ***at ~*** zu Hause, daheim (*a. sport*) (→ 2); ***at ~ in*** (*od.* ***on***, ***with***) *fig.* bewandert in (*dat.*), vertraut mit (*e-m Fachgebiet etc.*); ***not at ~*** (***to s.o.***) nicht zu sprechen (für j-n); ***feel at ~*** sich wie zu Hause fühlen; ***make o.s. at ~*** es sich bequem machen; tun, als ob man zu Hause wäre; ***make one's ~ at*** sich niederlassen in (*dat.*); ***away from ~*** abwesend, verreist, *bsd. sport* auswärts; **2.** Heimat *f* (*a.* ⚘, *zo. u. fig.*), Geburts-, Heimatland *n*: ***at ~*** a) im Lande, in der Heimat, b) im Inland, daheim; ***at ~ and abroad*** im In- u. Ausland; ***a letter from ~*** ein Brief von Zuhause; **3.** (ständiger *od.* jetziger) Wohnort, Heimatort *m*: ***last ~*** letzte Ruhestätte; **4.** Heim *n*, Anstalt *f*: ***~ for the aged*** Altenheim; ***~ for the blind*** Blindenheim, -anstalt; **5.** *sport* a) Ziel *n*, b) → ***home plate***, c) Heimspiel *n*, d) Heimsieg *m*; **II** *adj.* **6.** Heim...: a) häuslich, Familien..., b) zu Hause ausgeübt: ***~ life*** häusliches Leben, Familienleben *n*; ***~ remedy*** Hausmittel *n*; ***~baked*** selbstgebacken; **7.** Heimat...: ***~ address*** (***city***, ***port*** *etc.*); ***~ fleet*** ⚓ Flotte *f* in Heimatgewässern; **8.** einheimisch, inländisch, Inland(s)..., Binnen...: ***~ affairs*** *pol.* innere Angelegenheiten; ***~ market*** Inlands-, Binnenhandel *m*; **9.** *sport* a) Heim...: ***~ advantage*** (***match***, ***win***, *etc.*): ***~ strength*** Heimstärke *f*, b) Ziel...; **10.** a) (wohl)gezielt, wirkungsvoll (*Schlag etc.*), b) *fig.* treffend, beißend (*Bemerkung etc.*); → ***home thrust***, ***home truth***; **III** *adv.* **11.** heim, nach Hause: ***the way ~*** der Heimweg; ***go ~*** nach Hause gehen (→ 13); → ***write*** 10; **12.** zu Hause, (wieder) da'heim; **13.** a) ins Ziel, b) im Ziel, c) bis zum Ausgangspunkt, d) ganz, soweit wie möglich: ***drive a nail ~*** e-n Nagel fest einschlagen; ***drive*** (*od.* ***bring***) ***s.th. ~ to s.o.*** j-m et. klarmachen *od.* beibringen *od.* vor Augen führen; ***drive a charge ~ to s.o.*** j-n überführen; ***go*** (*od.* ***get***, ***strike***) ***~*** ,sitzen', s-e Wirkung tun; ***the thrust went ~*** der Hieb saß; **IV** *v/i.* **14.** zu'rückkehren; **15.** ✈ a) (*per Leitstrahl*) das Ziel anfliegen, b) *mst* ***~ in on*** *ein Ziel* auto'matisch ansteuern (*Rakete*); **V** *v/t.* **16.** *Flugzeug* (*per Radar*) einweisen, ,her'unterholen'.

ˌhome|-and-'home *adj. sport Am.* im Vor- u. Rückspiel ausgetragen: ***~ match***; **'~ˌbod·y** *s.* häuslicher Mensch, *contp.* Stubenhocker(in); **'~-bound** *adj.* ans Haus gefesselt: ***~ invalid***; **ˌ~'bred** *adj.* **1.** einheimisch; **2.** *obs.* hausbacken; **'~-brew** *s.* selbstgebrautes Getränk (*bsd.* Bier); **'~-ˌcom·ing** *s.* Heimkehr *f*; **~ con·tents** *s. pl.* Hausrat *m*; **♀ Coun·ties** *s. pl. die um London liegenden Grafschaften*; **~ e·co·nom·ics** *s. pl. sg. konstr.* Hauswirtschaft(slehre) *f*; **~ front** *s.* Heimatfront *f*; **~ ground** *s. sport* eigener Platz; *fig.* vertrautes Gelände; **♀ Guard** *s.* Bürgerwehr *f*; **'~-ˌkeep·ing** *adj.* häuslich, *contp.* stubenhockerisch; **'~·land** *s.* **1.** Heimat-, Vater-, Mutterland *n*; **2.** *pol.* Homeland *n*, Heimstatt *f* (*in Südafrika*).

home·less ['həʊmlɪs] *adj.* **1.** heimatlos; **2.** obdachlos; **'home·like** *adj.* wie zu Hause, gemütlich; **home·li·ness** ['həʊmlɪnɪs] *s.* **1.** Einfachheit *f*, Schlichtheit *f*; **2.** Gemütlichkeit *f*; **3.** *Am.* Reizlosigkeit *f*; **home·ly** ['həʊmlɪ] *adj.* **1.** → ***homelike***; **2.** freundlich; **3.** einfach, hausbacken; **4.** *Am.* reizlos: ***a ~ girl***.

ˌhome|'made *adj.* **1.** selbstgemacht, Hausmacher...; **2.** selbstgebastelt: ~

bomb; **3.** ✝ a) einheimisch, im Inland hergestellt: ~ ***goods***, b) hausgemacht: ~ ***inflation***; '**~,mak·er** *s. Am.* **1.** Hausfrau *f*; **2.** Fa'milienpflegerin *f*; '**~,making** *s. Am.* Haushaltsführung *f*; ~ **market** *s.* ✝ Inlandsmarkt *m*; ~ **me·chanic** *s.* Heimwerker *m*; ~ **mov·ie** *s.* Heimkino *n*.

homeo- *etc.* → ***homoeo-*** *etc.*

home| of·fice *s.* **1.** ♔ *Brit.* 'Innenmini,sterium *n*; **2.** *bsd.* ✝ *Am.* Hauptsitz *m*; ~ **perm** *s.* F Heim-Dauerwelle *f*; ~ **plate** *s. Baseball*: Heimbase *n*.

hom·er ['həʊmə] *s.* F *für **home run***.

Ho·mer·ic [həʊ'merɪk] *adj.* ho'merisch: ~ ***laughter***.

home| rule *s. pol.* a) 'Selbstre,gierung *f*, b) ♔ *hist.* Homerule *f* (*in Irland*); ~ **run** *s. Baseball*: Homerun *m* (*Lauf über alle 4 Male*); ♔ **Sec·re·tar·y** *s. Brit.* 'Innenmi,nister *m*; '**~·sick** *adj.*: ***be*** ~ Heimweh haben; '**~,sick·ness** *s.* Heimweh *n*; '**~·spun I** *adj.* **1.** a) zu Hause gesponnen, b) Homespun…: ~ ***clothing***; **2.** *fig.* schlicht, einfach; **II** *s.* **3.** Homespun *n* (*Streichgarn*[*gewebe*]); '**~·stead** *s.* **1.** Heimstätte *f*, Gehöft *n*; **2.** ⚖ *Am.* Heimstätte *f* (*Grundparzelle od. gegen Zugriff von Gläubigern geschützter Grundbesitz*); ~ **straight**, ~ **stretch** *s. sport* Zielgerade *f*: ***be on the*** ~ *fig.* kurz vor dem Ziel stehen; ~ **thrust** *s. fig.* wohlgezielter Hieb; ~ **truth** *s.* harte Wahrheit, unbequeme Tatsache; '**~·ward** [-wəd] **I** *adv.* heimwärts, nach Hause; **II** *adj.* Heim…, Rück…; → ***bound²***; '**~·wards** [-wədz] → ***homeward*** I; '**~·work** *s.* **1.** *ped.* Hausaufgabe(n *pl.*) *f*, Schularbeiten *pl.*: ***do one's*** ~ s-e Hausaufgaben machen (*a. fig. sich gründlich vorbereiten*); **2.** ✝ Heimarbeit *f*; '**~,work·er** *s.* ✝ Heimarbeiter (-in); '**~,wreck·er** *s. j-d, der e-e Ehe zerstört*.

home·y *Am. für **homy***.

hom·i·cid·al [,hɒmɪ'saɪdl] *adj.* **1.** mörderisch, mordlustig; **2.** Mord…, Totschlags…; **hom·i·cide** ['hɒmɪsaɪd] *s.* **1.** *allg.* Tötung *f*, *engS.* a) Mord *m*, b) Totschlag *m*: ~ ***by misadventure*** *Am.* Unfall *m* mit Todesfolge; ~ (***squad***) Mordkommission *f*; **2.** Mörder(in), Totschläger(in).

hom·i·ly ['hɒmɪlɪ] *s.* **1.** Homi'lie *f*, Predigt *f*; **2.** *fig.* Mo'ralpredigt *f*.

hom·ing ['həʊmɪŋ] **I** *adj.* **1.** heimkehrend: ~ ***pigeon*** Brieftaube *f*; ~ ***instinct*** *zo.* Heimkehrvermögen *n*; **2.** ⚔ zielansteuernd (*Rakete etc.*); **II** *s.* ✈ **3.** a) Zielflug *m*, b) Zielpeilung *f*, c) Rückflug *m*: ~ ***beacon*** Zielflugfunkfeuer *n*; ~ ***device*** Zielfluggerät *n*.

hom·i·nid ['hɒmɪnɪd] *zo.* **I** *adj.* menschenartig; **II** *s.* Homi'nide *m*, menschenartiges Wesen; '**hom·i·noid** [-nɔɪd] *adj. u. s.* menschenähnlich(es Tier).

hom·i·ny ['hɒmɪnɪ] *s. Am.* **1.** Maismehl *n*; **2.** Maisbrei *m*.

ho·mo ['həʊməʊ] *s.* F ‚Homo' *m*.

homo- [həʊməʊ; hɒməʊ], **homoeo-** [həʊmjəʊ] *in Zssgn* gleich(artig).

ho·moe·o·path ['həʊmjəʊpæθ] *s.* ⚕ Homöo'path(in); **ho·moe·o·path·ic** [,həʊmjəʊ'pæθɪk] *adj.* (☐ ~***ally***) ⚕ homöo'pathisch; **ho·moe·op·a·thist** [,həʊmɪ'ɒpəθɪst] → ***homoeopath***; **ho·moe·op·a·thy** [,həʊmɪ'ɒpəθɪ] *s.* ⚕ Homöopa'thie *f*.

ho·mo·e·rot·ic [,həʊməʊɪ'rɒtɪk] *adj.* homoe'rotisch.

ho·mo·ge·ne·i·ty [,hɒməʊdʒe'ni:ətɪ] *s.* Homogeni'tät *f*, Gleichartigkeit *f*; **ho·mo·ge·ne·ous** [,hɒməʊ'dʒi:njəs] *adj.* ☐ homo'gen: a) gleichartig, b) einheitlich; **ho·mo·gen·e·sis** [,hɒməʊ'dʒenɪsɪs] *s. biol.* Homoge'nese *f*; **ho·mog·e·nize** [hɒ'mɒdʒənaɪz] *v/t.* homogenisieren.

ho·mol·o·gate [hɒ'mɒləgeɪt] *v/t.* **1.** ⚖ a) genehmigen, b) beglaubigen, bestätigen; **2.** *Ski- u. Motorsport*: homologieren; **ho'mol·o·gous** [-gəs] *adj.* ⚗, ⚘, *biol.* homo'log.

hom·o·nym ['hɒmənɪm] *s. ling.* Homo'nym *n* (*a. biol.*), gleichlautendes Wort; **ho·mo·nym·ic** [,hɒməʊ'nɪmɪk], **ho·mon·y·mous** [hɒ'mɒnɪməs] *adj.* homo'nym.

ho·mo·phile ['hɒməʊfaɪl] **I** *s.* Homo'phile(r *m*) *f*; **II** *adj.* homo'phil.

hom·o·phone ['hɒməʊfəʊn] *s. ling.* Homo'phon *n*; **hom·o·phon·ic** [,hɒməʊ'fɒnɪk] *adj.* ♪, *ling.* homo'phon.

ho·mop·ter·a [həʊ'mɒptərə] *s. pl. zo.* Gleichflügler *pl.* (*Insekten*).

ho·mo·sex·u·al [,hɒməʊ'seksjʊəl] **I** *s.* Homosexu'elle(r *m*) *f*; **II** *adj.* homosexu'ell; **ho·mo·sex·u·al·i·ty** [,hɒməʊseksjʊ'ælətɪ] *s.* Homosexuali'tät *f*.

ho·mun·cu·lar [hɒ'mʌŋkjʊlə] *adj.* ho'munkulusähnlich; **ho'mun·cule** [-kju:l], **ho'mun·cu·lus** [-kjʊləs] *pl.* **-li** [-laɪ] *s.* **1.** Ho'munkulus *m* (*künstlich erzeugter Mensch*); **2.** Menschlein *n*, Knirps *m*.

hom·y ['həʊmɪ] *adj.* F gemütlich.

hone [həʊn] **I** *s.* **1.** (feiner) Schleifstein; **II** *v/t.* **2.** honen, fein-, ziehschleifen; **3.** *fig.* a) schärfen, b) (aus)feilen.

hon·est ['ɒnɪst] *adj.* ☐ **1.** ehrlich: a) redlich, rechtschaffen, anständig, b) offen, aufrichtig; **2.** *humor.* wacker, bieder; **3.** ehrlich verdient; **4.** *obs.* ehrbar (*Frau*); '**hon·est·ly** [-lɪ] **I** *adv.* → ***honest***; **II** *int.* F a) offen gesagt, b) ehrlich!, c) *empört*: nein (*od.* also) wirklich!; ,**hon·est-to-'God**, ,**hon·est-to-'good·ness** *adj.* F echt, wirklich, ‚richtig'; '**hon·es·ty** [-tɪ] *s.* **1.** Ehrlichkeit *f*: a) Rechtschaffenheit *f*: ~ ***is the best policy*** ehrlich währt am längsten, b) Aufrichtigkeit *f*; **2.** *obs.* Ehrbarkeit *f*; **3.** ⚘ 'Mondvi,ole *f*.

hon·ey ['hʌnɪ] *s.* **1.** Honig *m* (*a. fig.*); **2.** ⚘ Nektar *m*; **3.** F *bsd. Am.* a) *Anrede*: ‚Schatz' *m*, Süße(r *m*) *f*, b) *Am.* ‚süßes' *od.* ‚schickes' Ding: ***a*** ~ ***of a car*** ein ‚klasse' Wagen; '**~-bag** *s. zo.* Honigmagen *m der Bienen*; '**~·bee** *s. zo.* Honigbiene *f*; '**~·bun(ch)** [-bʌn(tʃ)] → ***honey*** 3 a.

'**hon·ey·comb** [-kəʊm] **I** *s.* **1.** Honigwabe *f*; **2.** Waffelmuster *n* (*Gewebe*): ~ (***quilt***) Waffeldecke *f*; **3.** ⚙ Lunker *m*, (Guß)Blase *f*; **4.** *in Zssgn* ⚙ Waben… (*-kühler*, *-spule etc.*): ~ ***stomach*** *zo.* Netzmagen *m*; **II** *v/t.* **5.** (wabenartig) durch'löchern; **6.** *fig.* durch'setzen (***with*** mit); '**hon·ey·combed** [-kəʊmd] *adj.* **1.** durch'löchert, löcherig, zellig; **2.** ⚙ blasig; **3.** *fig.* (***with***) a) durch'setzt (mit), b) unter'graben (durch).

'**hon·ey|·dew** *s.* **1.** ⚘ Honigtau *m*, Blatthonig *m*: ~ ***melon*** Honigmelone *f*; **2.** gesüßter Tabak; '**~-,eat·er** *s. orn.* Honigfresser *m*.

hon·eyed ['hʌnɪd] *adj.* **1.** voller Honig; **2.** *a. fig.* honigsüß.

hon·ey| ex·trac·tor *s.* Honigschleuder *f*; ~ **flow** *s.* (Bienen)Tracht *f*; '**~·moon I** *s.* **1.** Flitterwochen *pl.*, Honigmond *m* (*a. iro. fig.*); **2.** Hochzeitsreise *f*; **II** *v/i.* **3.** a) die Flitterwochen verbringen, b) s-e Hochzeitsreise machen; '**~,moon·er** *s.* a) ‚Flitterwöchner' *m*, b) Hochzeitsreisende(r *m*) *f*; ~ **sac** *s. zo.* Honigmagen *m*; '**~,suck·le** *s.* ⚘ Geißblatt *n*.

hon·ied ['hʌnɪd] → ***honeyed***.

honk [hɒŋk] **I** *s.* **1.** Schrei *m* (*der Wildgans*); **2.** 'Hupensi,gnal *n*; **II** *v/i.* **3.** schreien; **4.** hupen.

honk·y-tonk ['hɒŋkɪtɒŋk] *s. Am. sl.* ‚Spe'lunke' *f*.

hon·or *etc. Am.* → ***honour*** *etc.*

hon·o·rar·i·um [,ɒnə'reərɪəm] *pl.* **-rar·i·a** [-'reərɪə], **-rar·i·ums** *s.* (*freiwillig gezahltes*) Hono'rar; **hon·or·ar·y** ['ɒnərərɪ] *adj.* **1.** ehrend; **2.** Ehren…: ~ ***doctor*** (***member***, *etc.*); ~ ***debt*** Ehrenschuld *f*; ~ ***degree*** ehrenhalber verliehener akademischer Grad; **3.** ehrenamtlich: ~ ***secretary***; **hon·or·if·ic** [,ɒnə'rɪfɪk] **I** *adj.* (☐ ~***ally***) ehrend, Ehren…; **II** *s.* Ehrung *f*, Ehrentitel *m*.

hon·our ['ɒnə] **I** *s.* **1.** Ehre *f*: (***sense of***) ~ Ehrgefühl *n*; (***up***)***on my*** ~!, *Brit.* F ~ ***bright!*** Ehrenwort!; ***man of*** ~ Ehrenmann *m*; ***point of*** ~ Ehrensache *f*; ***do s.o.*** ~ j-m zur Ehre gereichen, j-m Ehre machen; ***do s.o. the*** ~ ***of doing s.th.*** j-m die Ehre erweisen, et. zu tun; ***he is an*** ~ ***to his parents*** (***to his school***) er macht s-n Eltern Ehre (er ist e-e Zierde s-r Schule); ***put s.o. on his*** ~ j-n bei s-r Ehre packen; (***in***) ~ ***bound***, ***on one's*** ~ moralisch verpflichtet; ***to his*** ~ ***it must be said*** zu s-r Ehre muß gesagt werden; (***there is***) ~ ***among thieves*** (es gibt so etwas wie) Ganovenehre *f*; ***may I have the*** ~ (***of the next dance***)? darf ich (um den nächsten Tanz) bitten?; **2.** Ehrung *f*, Ehre(n *pl.*) *f*: a) Ehrerbietung *f*, Ehrenbezeigung *f*, b) Hochachtung *f*, c) Auszeichnung *f*, (Ehren)Titel *m*, Ehrenamt *n*, -zeichen *n*: ***in s.o.'s*** ~ zu j-s *od.* j-m zu Ehren; ***hold*** (*od.* ***have***) ***in*** ~ in Ehren halten; ***pay s.o. the last*** (*od.* ***funeral***) ~***s*** j-m die letzte Ehre erweisen; ***military*** ~***s*** militärische Ehren; ~***s list*** *Brit.* Liste *f* der Titelverleihungen (*zum Geburtstag des Herrschers etc.*) (→ 3); → ***due*** 3; **3.** *pl. univ.* besondere Auszeichnung: ~***s degree*** *akademischer Grad mit Prüfung in e-m Spezialfach*; ~***s list*** *Liste der Studenten, die auf e-n **honours degree** hinarbeiten*; ~***s man*** *Brit.*, ~***s student*** *Am. Student, der e-n **honours degree** anstrebt od. innehat*; **4.** *pl.* Hon'neurs *pl.*: ***do the*** ~***s*** die Honneurs machen, als Gastgeber(in) fungieren; **5.** *Kartenspiel*: Bild *n*; **6.** *Golf*: Ehre *f* (*Berechtigung zum 1. Schlag*): ***it is his*** ~ er hat die Ehre; **7.** ***Your*** (***His***) ~ *obs.* Euer (Seine) Gnaden; **II** *v/t.* **8.** ehren; **9.** ehren, auszeichnen (***with*** mit); **10.** beehren (***with*** mit); **11.** *j-m* zur Ehre gereichen *od.* Ehre machen; **12.** *e-r Einladung etc.* Folge leisten; **13.** ✝ a) *Scheck etc.* honorieren, einlösen, b) *Schuld* begleichen, c) *Vertrag* erfüllen; **hon·our·a·ble** ['ɒnərəbl] *adj.* □ **1.** achtbar, ehrenwert; **2.** rechtschaffen: ***an ~ man*** ein Ehrenmann; **3.** ehrenhaft, ehrlich (*Absicht etc.*); **4.** ehrenvoll, rühmlich; **5.** 2 (*der od. die*) Ehrenwerte (*in Großbritannien*: *Adelstitel od. Titel der Ehrendamen des Hofes, der Mitglieder des Unterhauses, der Bürgermeister*; *in USA*: *Titel der Mitglieder des Kongresses, hoher Beamter, der Richter u. Bürgermeister*): ***Right*** 2 (*der*) Sehr Ehrenwerte; → ***friend*** 5.

hooch [huːtʃ] *s. Am.* F ‚Fusel' *m.*

hood [hʊd] **I** *s.* **1.** Ka'puze *f* (*a. univ. am Talar*); **2.** ⚘ Helm *m*; **3.** *orn.*, *zo.* Haube *f*, Schopf *m*; Brillenzeichnung *f* der Kobra; **4.** *mot.* a) *Brit.* Verdeck *n*, b) *Am.* (Motor)Haube *f*; **5.** ⚙ a) Kappe *f*, (Schutz)Haube *f*, b) Abzug(shaube *f*) *m* (*für Gas etc.*); **6.** → ***hoodlum***; **II** *v/t.* **7.** *j-m* e-e Ka'puze aufsetzen; **8.** be-, verdecken.

hood·ed ['hʊdɪd] *adj.* **1.** mit e-r Ka'puze bekleidet; **2.** ver-, bedeckt, verhüllt (*a. Augen*); **3.** *orn.* mit e-r Haube; **~ crow** *s. orn.* Nebelkrähe *f*; **~ seal** *s. zo.* Mützenrobbe *f*; **~ snake** *s. zo.* Kobra *f*.

hood·lum ['huːdləm] *s.* F **1.** Rowdy *m*, ‚Schläger' *m*; **2.** Ga'nove *m*, Gangster *m*.

hoo·doo ['huːduː] **I** *s. Am.* **1.** → ***voodoo*** I; **2.** a) Unglücksbringer *m*, b) Unglück *n*, Pech *n*; **II** *v/t.* **3.** a) verhexen, b) *j-m* Unglück bringen; **III** *adj.* **4.** Unglücks...

'**hood·wink** *v/t.* **1.** *obs.* die Augen verbinden (*dat.*); **2.** *fig.* hinters Licht führen, reinlegen.

hoo·ey ['huːɪ] *s. sl.* Quatsch *m*, Blödsinn *m*.

hoof [huːf] *pl.* **hoofs**, **hooves** [huːvz] **I** *s.* **1.** *zo.* a) Huf *m*, b) Fuß *m*: ***on the ~*** lebend (*Schlachtvieh*); **2.** *humor.* ‚Pe'dal' *n*, Fuß *m*; **3.** Huftier *n*; **II** *v/t.* **4.** F *Strecke* ‚tippeln': **~ *it*** → 6, 7; **5.** **~ *out*** *j-n* ‚rausschmeißen'; **III** *v/i.* **6.** F ‚tippeln', marschieren; **7.** F tanzen; **,~-and-'mouth dis·ease** *s. vet.* Maul- u. Klauenseuche *f*.

hoofed [huːft] *adj.* gehuft, Huf...; '**hoof·er** [-fə] *s. Am. sl.* Berufstänzer (-in), *bsd.* Re'vuegirl *n*.

hoo-ha ['huːhɑː] *s.* F ‚Tam'tam' *n*.

hook [hʊk] **I** *s.* **1.** Haken *m* (*a.* ⚔): ***~ and eye*** Haken u. Öse; ***~ and ladder*** *Am.* Gerätewagen *m* der Feuerwehr; ***by ~ or (by) crook*** mit allen Mitteln, so oder so; ***on one's own ~*** F auf eigene Faust; **2.** ⚙ a) (Klammer-, Dreh)Haken *m*, b) (Tür)Angel *f*, Haspe *f*; **3.** Angelhaken *m*: ***be off the ~*** F ‚aus dem Schneider' sein; ***get s.o. off the ~*** F j-m ‚aus der Patsche' helfen, j-n ‚herauspauken'; ***get o.s. off the ~*** sich aus der ‚Schlinge' ziehen; ***have s.o. on the ~*** F j-n ‚zappeln' lassen; ***that lets him off the ~*** damit ist er raus aus der Sache; ***fall for s.o. (s.th.) ~, line and sinker*** voll auf j-n (et.) ‚abfahren'; ***swallow s.th. ~, line and sinker*** et. voll u. ganz ‚schlucken'; **4.** ✓ Sichel *f*; **5.** a) scharfe Krümmung, b) gekrümmte Landspitze; **6.** *pl. sl.* ‚Griffel' *pl.* (*Finger*); **7.** ♪ Notenfähnchen *n*; **8.** *sport*: a) *Boxen*: Haken *m*: ***~ to the body*** Körperhaken, b) *Golf*: Hook *m* (*Kurvschlag*); **II** *v/t.* **9.** an-, ein-, fest-, zuhaken; **10.** fangen, (sich) angeln (*a. fig.* F): ***~ a husband*** sich e-n Mann angeln; ***he is ~ed*** F a) er zappelt im Netz, er ist ‚dran' od. ‚geliefert', b) → ***hooked*** 3; **11.** *sl.* ‚klauen', stehlen; **12.** krümmen; **13.** aufspießen; **14.** a) *Boxen*: *j-m* e-n Haken versetzen, b) *Golf*: *Ball* mit (e-m) Hook schlagen, c) (*Eis*)*Hockey*: *Gegner* haken; **15.** **~ *it*** F ‚verduften'; **III** *v/i.* **16.** sich zuhaken lassen; **17.** sich festhaken (***to*** an *dat.*); **~ on I** *v/t.* **1.** ein-, anhaken; **II** *v/i.* **2.** → ***hook*** 17; **3.** sich einhängen (***to s.o.*** bei j-m); **~ up** *v/t.* **1.** → ***hook on*** 1; **2.** zuhaken; **3.** ⚙ a) *Gerät* zs.-bauen, b) anschließen; **4.** *Radio*, *TV*: a) zs.-schalten, b) zuschalten (***with*** *dat.*).

hook·a(h) ['hʊkə] *s.* Huka *f* (*orientalische Wasserpfeife*).

hooked [hʊkt] *adj.* **1.** krumm, hakenförmig, Haken...; **2.** mit (e-m) Haken (versehen); **3.** F a) (***on***) süchtig (nach); *fig. a.* ‚scharf' (auf *acc.*), ‚verrückt' (nach): ***~ on heroin (television)*** heroin- (fernseh)süchtig, b) → ***hook*** 10.

hook·er ['hʊkə] *s.* **1.** ⚓ a) Huker *m*, Fischerboot *n*, b) *contp.* ‚alter Kahn'; **2.** *sl.* ‚Nutte' *f*.

hook·ey → ***hooky***.

'**hook|-nosed** *adj.* mit e-r Hakennase; '**~-up** *s.* **1.** *Radio*, *TV*: a) Zs.-, Konfe'renzschaltung *f*, b) Zuschaltung *f*; **2.** ⚡ a) Schaltbild *n*, -schema *n*, b) Blockschaltung *f*; **3.** ⚙ Zs.-bau *m*; **4.** F a) Zs.-schluß *m*, Bündnis *n*, b) Absprache *f*; '**~·worm** *s. zo.* Hakenwurm *m*.

hook·y ['hʊkɪ] *s.*: ***play ~*** *Am.* F (*bsd.* die Schule) schwänzen.

hoo·li·gan ['huːlɪgən] *s.* Rowdy *m*; '**hoo·li·gan·ism** [-nɪzəm] *s.* Rowdytum *n*.

hoop[1] [huːp] **I** *s.* **1.** *allg.* Reif(en) *m* (*a. als Schmuck, bei Kinderspielen, im Zirkus etc.*): **~ (*skirt*)** Reifrock *m*; ***go through the ~(s)*** ‚durch die Mangel gedreht werden'; **2.** ⚙ a) (Faß)Reif(en) *m*, b) (Stahl)Band *n*, Ring *m*: ***~ iron*** Bandeisen *n*, c) Öse *f*, d) Bügel *m*; **3.** (Finger)Ring *m*; **4.** *Basketball*: Korbring *m*; **5.** *Krocket*: Tor *n*; **II** *v/t.* **6.** *Faß* binden; **7.** um'geben, -'fassen; **8.** *Basketball*: *Punkte* erzielen.

hoop[2] [huːp] → ***whoop***.

hoop·er[1] ['huːpə] *s.* Böttcher *m*, Küfer *m*, Faßbinder *m*.

hoop·er[2] ['huːpə], **~ swan** *s. orn.* Singschwan *m*.

hoo·poe ['huːpuː] *s. orn.* Wiedehopf *m*.

hoo·ray [hʊ'reɪ] → ***hurrah***.

hoos(e)·gow ['huːsgaʊ] *s. Am. sl.* ‚Kittchen' *n*, ‚Knast' *m*.

hoot [huːt] **I** *v/i.* **1.** (höhnisch) johlen: ***~ at s.o.*** j-n verhöhnen; **2.** schreien (*Eule*); **3.** *Brit.* a) hupen (*Auto*), b) pfeifen (*Zug etc.*), c) heulen (*Sirene etc.*); **II** *v/t.* **4.** *et.* johlen; **5.** *a.* ***~ down*** niederschreien, auspfeifen; **6.** ***~ out***, ***~ off*** durch Gejohle vertreiben; **III** *s.* **7.** (*johlender*) Schrei (*a. der Eule*), *pl.* Johlen *n*: ***it's not worth a ~*** F es ist keinen Pfifferling wert; ***I don't care two ~s*** F das ist mir völlig ‚piepe'; **8.** Hupen *n* (*Auto*); Heulen *n* (*Sirene*); '**hoot·er** [-tə] *s.* **1.** Johler(in); **2.** a) *mot.* Hupe *f*, b) Si'rene *f*, Pfeife *f*.

Hoo·ver ['huːvə] (*Fabrikmarke*) **I** *s.* Staubsauger *m*; **II** *v/t. mst* 2 (ab)saugen; **III** *v/i.* (staub)saugen.

hooves [huːvz] *pl. von* ***hoof***.

hop[1] [hɒp] **I** *v/i.* **1.** hüpfen, hopsen: ***~ on*** → 5; ***~ off*** F ‚abschwirren'; ***~ to it*** *Am.* F sich (*an die Arbeit*) ‚ranmachen'; **2.** F ‚schwofen', tanzen; **3.** F a) ‚flitzen', sausen, b) rasch *wohin* fahren *od.* fliegen; **II** *v/t.* **4.** hüpfen *od.* springen über (*acc.*): ***~ it*** ‚abschwirren'; **5.** F a) (auf-) springen auf (*acc.*), b) einsteigen in (*acc.*): ***~ a train***; **6.** ✈ über'fliegen, -'queren; **7.** *Am. Ball* hüpfen lassen; **8.** *Am.* F bedienen in (*dat.*); **III** *s.* **9.** Sprung *m*, Hops(er) *m*: ***~, step, and jump*** *sport* Dreisprung *m*; ***be on the ~*** F ‚auf Trab' sein; ***keep s.o. on the ~*** F j-n ‚in Trab halten'; ***catch s.o. on the ~*** F j-n erwischen *od.* überraschen; **10.** F ‚Schwof' *m*, Tanz *m*; **11.** *bsd.* ✈ F ‚Sprung' *m*, Abstecher *m*: ***only a short ~*** nur ein Katzensprung.

hop[2] [hɒp] **I** *s.* **1.** ⚘ a) Hopfen *m*, b) *pl.* Hopfen(blüten *pl.*) *m*: ***pick ~s*** → 4; **2.** *sl.* Rauschgift *n*, *engS.* Opium *n*; **II** *v/t.* **3.** *Bier* hopfen; **4.** ***~ up*** *sl.* a) (*durch e-e Droge*) ‚high' machen, b) aufputschen (*a. fig.*), c) *Am. Auto etc.* ‚frisieren'; **III** *v/i.* **5.** Hopfen zupfen; '**~-bind**, '**~-bine** *s.* Hopfenranke *f*; '**~ dri·er** *s.* Hopfendarre *f*.

hope [həʊp] **I** *s.* **1.** Hoffnung *f* (***of*** auf *acc.*): ***live in ~(s)*** (immer noch) hoffen, die Hoffnung nicht aufgeben; ***in the ~ of*** *ger.* in der Hoffnung zu *inf.*; ***past ~*** hoffnungs-, aussichtslos; ***he is past all ~*** für ihn gibt es keine Hoffnung mehr; **2.** Hoffnung *f*: a) Zuversicht *f*, b) ***no ~ of success*** keine Aussicht auf Erfolg; ***not a ~*** F keine Chance; **3.** Hoffnung *f* (*Person od. Sache*): ***she is our only ~***; → ***white hope***; **4.** → ***forlorn hope***; **II** *v/i.* **5.** hoffen (***for*** auf *acc.*): ***~ against ~*** die Hoffnung nicht aufgeben, verzweifelt hoffen; ***~ for the best*** das Beste hoffen; ***I ~ so*** hoffentlich, ich hoffe (es); ***the ~d-for result*** das erhoffte Ergebnis; **III** *v/t.* **6.** *et.* hoffen; **~ chest** *s. Am.* F Aussteuertruhe *f*.

hope·ful ['həʊpfʊl] **I** *adj.* □ **1.** hoffnungs-, erwartungsvoll: ***be ~ of*** *et.* hoffen; ***be ~ about*** optimistisch sein hinsichtlich (*gen.*); **2.** (*a. iro.*) vielversprechend; **II** *s.* **3.** *a. iro.* a) hoffnungsvoller *od.* vielversprechender (junger) Mensch, b) ‚Opti'mist' *m*; '**hope·ful·ly** [-fʊlɪ] *adv.* **1.** → ***hopeful*** 1; **2.** hoffentlich; '**hope·ful·ness** [-nɪs] *s.* Opti'mismus *m*.

hope·less ['həʊplɪs] *adj.* □ hoffnungslos: a) verzweifelt, b) aussichtslos, c) unheilbar, d) mise'rabel, e) F unverbesserlich: ***a ~ drunkard***; '**hope·less·ly** [-lɪ] *adv.* **1.** → ***hopeless***; **2.** F heillos, to'tal; '**hope·less·ness** [-nɪs] *s.* Hoffnungslosigkeit *f*.

hop-o'-my-thumb [ˌhɒpəmɪ'θʌm] *s.* Knirps *m*, Zwerg *m*.

hop·per ['hɒpə] *s.* **1.** Hüpfende(r *m*) *f*; **2.** F Tänzer(in); **3.** *zo.* hüpfendes In'sekt, *bsd.* Käsemade *f*; **4.** ⚙ a) Fülltrichter *m*, b) (Schüttgut-, Vorrats)Behälter *m*, c) *a.* ***~(-bottom) car*** 🚃 Fallboden-, Selbstentladewagen *m*, d) Spülkasten *m*, e) *Computer*: Karteneingabefach *n*.

hop·ping mad ['hɒpɪŋ] *adj.*: ***be ~*** F e-e

,Stinkwut' (im Bauch) haben.
'hop|·scotch *s.* Himmel-und-Hölle-Spiel *n*; **'~-vine** → ***hop-bind***.
Ho·rae ['hɔːriː] *s. pl. myth.* Horen *pl.*
Ho·ra·tian [hə'reɪʃjən] *adj.* ho'razisch: ***~ ode***.
horde [hɔːd] **I** *s.* Horde *f*, (wilder) Haufen; **II** *v/i.* e-e Horde bilden; in Horden zs.-leben.
ho·ri·zon [hə'raɪzn] *s.* (*a. fig. geistiger*) Hori'zont, Gesichtskreis *m*: ***apparent*** (*od.* ***sensible***, ***visible***) ~ scheinbarer Horizont; ***celestial*** (*od.* ***rational***, ***true***) ~ wahrer Horizont; ***on the ~*** am Horizont (auftauchend *od.* sichtbar).
hor·i·zon·tal [ˌhɒrɪ'zɒntl] **I** *adj.* ☐ horizon'tal, waag(e)recht, ⚙ *a.* liegend (*Motor*, *Ventil etc.*), *a.* Seiten… (*bsd. Steuerung*); ***~ line*** → **II** *s.* ⩓ Horizon'tale *f*, Waag(e)rechte *f*; **~ bar** *s. Turnen*: Reck *n*; **~ com·bi·na·tion** *s.* ✝ Horizon'talverflechtung *f*, -konˌzern *m*; **~ plane** *s.* ⩓ Horizon'talebene *f*; **~ pro·jec·tion** *s.* ⩓ Horizon'talprojektiˌon *f*: ***~ plane*** Grundrißebene *f*; **~ rud·der** *s.* ⚓ Horizon'tal(steuer)ruder *n*, Tiefenruder *n*; **~ sec·tion** *s.* ⚙ Horizon'talschnitt *m*.
hor·mo·nal [hɔː'məʊnl] *adj. biol.* hormo'nal, Hormon…; **hor·mone** ['hɔːməʊn] *s.* Hor'mon *n*.
horn [hɔːn] **I** *s.* **1.** *zo.* a) Horn *n*, b) *pl.* Geweih *n*; → ***dilemma***; **2.** *zo.* a) Horn *n* (*Nashorn*), b) Fühler *m* (*Insekt*), c) Fühlhorn *n* (*Schnecke*): ***draw*** (*od.* ***pull***) ***in one's ~s*** *fig.* die Hörner einziehen, ,zurückstecken'; **3.** *pl. fig.* Hörner *pl.* (*des betrogenen Ehemanns*): ***put ~s on s.o.*** j-m Hörner aufsetzen; **4.** (Pulver-, Trink)Horn *n*: ***~ of plenty*** Füllhorn; **5.** ♪ a) Horn *n*, b) F'Blasinstruˌment *n*: ***blow one's own ~*** *fig.* ins eigene Horn stoßen; **6.** a) *mot.* Hupe *f*, b) ⚙ Si'gnalhorn *n*; **7.** a) (Schall)Trichter *m*, b) ⚡ Hornstrahler *m*; **8.** 'Horn(subˌstanz *f*) *n*: ***~ handle*** Horngriff *m*; **9.** Horn *n* (*hornförmige Sache*), *bsd.* a) Bergspitze *f*, b) Spitze *f* (*der Mondsichel*), c) Schuhlöffel *m*: ***the ♀*** (das) Kap Horn; **10.** Sattelknopf *m*; **11.** V ,Ständer' *m*: ***~ pill*** Aphrodisiakum *n*; **II** *v/t.* **12.** a) mit den Hörnern stoßen, b) auf die Hörner nehmen; **III** *v/i.* **13.** ***~ in*** *sl.* sich einmischen *od.* -drängen (***on*** in *acc.*); **'~·beam** *s.* ⚘ Hain-, Weißbuche *f*; **'~·blende** *s. min.* Hornblende *f*.
horned [hɔːnd; *poet.* 'hɔːnɪd] *adj.* gehörnt, Horn…: ***~ cattle*** Hornvieh *n*; **~ owl** *s.* Ohreule *f*.
hor·net ['hɔːnɪt] *s. zo.* Hor'nisse *f*: ***bring a ~'s nest about one's ears***, ***stir up a ~'s nest*** *fig.* in ein Wespennest stechen.
'horn|-fly *s. zo.* Hornfliege *f*; **'~·less** [-lɪs] *adj.* hornlos, ohne Hörner; **'~·pipe** *s.* ♪ Hornpipe *f* (*Blasinstrument od. alter Tanz*); **ˌ~-'rimmed** *adj.* mit Hornfassung: ***~ spectacles*** Hornbrille *f*; **'~ˌswog·gle** [-ˌswɒgl] *v/t. sl. j-n* ,reinlegen'.
horn·y ['hɔːnɪ] *adj.* **1.** hornig, schwielig: ***~-handed*** mit schwieligen Händen; **2.** aus Horn, Horn…; **3.** V geil, ,scharf'.
hor·o·loge ['hɒrəlɒdʒ] *s.* Zeitmesser *m*, (Sonnen- *etc.*)Uhr *f*.
hor·o·scope ['hɒrəskəʊp] *s.* Horo'skop *n*: ***cast a ~*** ein Horoskop stellen; **'hor·o·scop·er** [-pə] *s.* Horo'skopsteller(in).
hor·ren·dous [hɒ'rendəs] ☐ → ***horrific***.
hor·ri·ble ['hɒrəbl] *adj.* ☐, **hor·rid** ['hɒrɪd] *adj.* ☐ schrecklich, fürchterlich, entsetzlich, gräßlich, scheußlich, ab'scheulich; **'hor·ri·ble·ness** [-nɪs] *s.*, **hor·rid·ness** ['hɒrɪdnɪs] *s.* Schrecklichkeit *etc.*
hor·rif·ic [hɒ'rɪfɪk] *adj.* (☐ ***~ally***) **1.** schrecklich, entsetzlich; **2.** hor'rend; **hor·ri·fy** ['hɒrɪfaɪ] *v/t.* entsetzen.
hor·ror ['hɒrə] **I** *s.* **1.** Grau(s)en *n*, Entsetzen *n*: ***seized with ~*** von Grauen gepackt; ***have the ~s*** F a) ,weiße Mäuse' sehen, b) ,am Boden zerstört' sein; **2.** (***of***) 'Widerwille *m* (gegen), Abscheu *m* (vor *dat.*): ***have a ~ of*** e-n Horror haben vor (*dat.*); **3.** a) Schrecken *m*, Greuel *m*, b) Greueltat *f*: ***the ~s of war*** die Schrecken des Krieges; ***scene of ~*** Schreckensszene *f*; **4.** Entsetzlichkeit *f*, (*das*) Schauerliche; **5.** F Greuel *m* (*Person od. Sache*), Scheusal *n*, Ekel *n* (*Person*); **II** *adj.* **6.** Grusel…, Horror…: ***~ film***; **'~-ˌstrick·en**, **'~-struck** *adj.* von Schrecken *od.* Grauen gepackt.
hors d'oeu·vre [ɔː'dɜːvrə] *pl.* **hors d'oeu·vres** [ɔː'dɜːvrəz] *s.* Hors'd'œuvre *n*, Vorspeise *f*.
horse [hɔːs] **I** *s.* **1.** *zo.* Pferd *n*, Roß *n*, Gaul *m*: ***to ~!*** ⚔ aufgesessen!; ***a dark ~*** *fig.* ein unbeschriebenes Blatt; ***that's a ~ of another colo(u)r*** *fig.* das ist etwas ganz anderes; ***straight from the ~'s mouth*** a) aus erster Hand, b) aus berufenem Mund; ***back the wrong ~*** aufs falsche Pferd setzen; ***wild ~s will not drag me there!*** keine zehn Pferde kriegen mich dorthin!; ***flog a dead ~*** a) offene Türen einrennen, b) sich unnötig mühen; ***give the ~ its head*** die Zügel schießen lassen; ***hold your ~s!*** F immer mit der Ruhe!; ***get on*** (*od.* ***mount***) ***one's high ~*** sich aufs hohe Roß setzen; ***ride*** (*od.* ***be on***) ***one's high ~*** auf dem *od.* s-m hohen Roß sitzen; ***spur a willing ~*** j-n unnötig antreiben; ***work like a ~*** wie ein Pferd arbeiten *od.* schuften; ***you can lead a ~ to the water but you can't make it drink*** man kann niemanden zu s-m Glück zwingen; **2.** a) Hengst *m*, b) Wallach *m*; **3.** *coll.* ⚔ Kavalle'rie *f*, Reite'rei *f*: ***1000 ~*** 1000 Reiter; ***~ and foot*** Kavallerie u. Infanterie, die ganze Armee; **4.** ⚙ (Säge- *etc.*)Bock *m*, Ständer *m*, Gestell *n*; **5.** *Turnen*: Pferd *n*; **6.** *Schach*: F Pferd *n*, Springer *m*; **7.** *sl.* Hero'in *n*; **II** *v/t.* **8.** mit Pferden versehen: a) *Truppen* beritten machen, b) *Wagen* bespannen; **9.** auf ein Pferd setzen *od.* laden; **III** *v/i.* **10.** aufsitzen, aufs Pferd steigen; **11.** rossen (*Stute*); **12.** ***~ around*** F Blödsinn treiben; **ˌ~-and-'bug·gy** *adj. Am.* ,vorsintflutlich'; **~ ar·til·ler·y** *s.* ⚔ berittene Artille'rie; **'~·back** *s.*: ***on ~*** zu Pferd(e); ***go on ~*** reiten; **~ bean** *s.* Saubohne *f*; **~ chest·nut** *s.* ⚘ 'Roßkaˌstanie *f*; **~ cop·er** *s. Brit.* Pferdehändler *m*.
horsed [hɔːst] *adj.* **1.** beritten (*Person*); **2.** (mit Pferden) bespannt.
horse| deal·er *s.* Pferdehändler *m*; **~ doc·tor** *s.* **1.** Tierarzt *m*; **2.** F ,Viehdoktor' *m* (*schlechter Arzt*); **'~-drawn** *adj.* von Pferden gezogen, Pferde…; **'~·flesh** *s.* **1.** Pferdefleisch *n*; **2.** *coll.* Pferde *pl.*; **'~·fly** *s. zo.* (Pferde)Bremse *f*; **♀ Guards** *s. pl. Brit.* 'Gardekavalleˌriebriˌgade *f*; **'~·hair** *s.* Roß-, Pferdehaar *n*; **~ lat·i·tudes** *s. pl. geogr.* Roßbreiten *pl.*; **'~-laugh** *s.* wieherndes Gelächter; **~ mack·er·el** *s.* **1.** Thunfisch *m*; **2.** 'Roßmaˌkrele *f*; **'~·man** [-mən] *s.* [*irr.*] **1.** (geübter) Reiter; **2.** Pferdezüchter *m*; **'~·man·ship** [-mənʃɪp] *s.* Reitkunst *f*; **~ op·er·a** *s.* F Western *m* (*Film*); **'~·play** *s.* ,Blödsinn' *m*, Unfug *m*; **'~·pond** *s.* Pferdeschwemme *f*; **'~ˌpow·er** *s. pl.* (*abbr.* ***h.p.***) *phys.* Pferdestärke *f* (= *1,01 PS*); **~ race** *s.* Pferderennen *n*; **'~-ˌrac·ing** *s.* Pferderennen *n od. pl.*; **'~ˌrad·ish** *s.* ⚘ Meerrettich *m*; **~ sense** *s.* F gesunder Menschenverstand; **'~·shit** *s.* V ,Scheiß (-dreck)' *m*; **~·shoe** ['hɔːʃʃuː] **I** *s.* **1.** Hufeisen *n*; **2.** *pl. sg. konstr. Am.* Hufeisenwerfen *n*; **II** *adj.* **3.** Hufeisen…, hufeisenförmig: ***~ bend*** (Straßen- *etc.*) Schleife *f*; ***~ magnet*** Hufeisenmagnet *m*; ***~ table*** in Hufeisenform aufgestellte Tische; **~ show** *s.* Reit- u. Springturnier *n*; **'~·tail** *s.* **1.** Pferdeschwanz *m* (*a. fig. Mädchenfrisur*), Roßschweif *m* (*a. hist. als türkisches Rangabzeichen od. Feldzeichen*); **2.** ⚘ Schachtelhalm *m*; **~ trad·ing** *s.* **1.** Pferdehandel *m*; **2.** *pol.* F ,Kuhhandel' *m*; **'~·whip I** *s.* Reitpeitsche *f*; **II** *v/t.* (aus)peitschen; **'~ˌwom·an** *s.* [*irr.*] (geübte) Reiterin.
hors·y ['hɔːsɪ] *adj.* ☐ **1.** pferdenärrisch; **2.** Pferde…: ***~ face***; ***~ smell***; ***~ talk*** Gespräch *n* über Pferde.
hor·ta·tive ['hɔːtətɪv], **'hor·ta·to·ry** [-tərɪ] *adj.* **1.** mahnend; **2.** anspornend.
hor·ti·cul·tur·al [ˌhɔːtɪ'kʌltʃərəl] *adj.* Gartenbau…: ***~ show*** Gartenschau *f*; **hor·ti·cul·ture** ['hɔːtɪkʌltʃə] *s.* Gartenbau *m*; **ˌhor·ti'cul·tur·ist** [-ərɪst] *s.* 'Gartenbauexˌperte *m*.
ho·san·na [həʊ'zænə] **I** *int.* hosi'anna!; **II** *s.* Hosi'anna *n*.
hose [həʊz] **I** *s.* **1.** *coll., pl. konstr.* Strümpfe *pl.*; **2.** *hist.* (Knie)Hose *f*; **3.** *pl. a.* ***hoses*** Schlauch *m*: ***garden ~*** Gartenschlauch; **4.** ⚙ Tülle *f*; **II** *v/t.* **5.** (mit e-m Schlauch) spritzen: ***~ down*** abspritzen.
Ho·se·a [həʊ'zɪə] *npr. u. s. bibl.* (das Buch) Ho'sea *m od.* O'see *m*.
hose| pipe *s.* Schlauch(leitung *f*) *m*; **'~-proof** *adj.* ⚙ schwallwassergeschützt.
ho·sier ['həʊzɪə] *s.* Strumpfwarenhändler (-in); **'ho·sier·y** [-rɪ] *s. coll.* Strumpfwaren *pl.*
hos·pice ['hɒspɪs] *s.* **1.** *hist.* Hos'piz *n*, Herberge *f*; **2.** Sterbeklinik *f*.
hos·pi·ta·ble ['hɒspɪtəbl] *adj.* ☐ **1.** gastfreundlich, (*a. Haus etc.*) gastlich; **2.** *fig.* freundlich: ***~ climate***; **3.** (***to***) empfänglich (für), aufgeschlossen (*dat.*).
hos·pi·tal ['hɒspɪtl] *s.* **1.** Krankenhaus *n*, Klinik *f*, Hospi'tal *n*: ***~ fever*** klassisches Fleckfieber; ***~ nurse*** Kranken(haus)schwester *f*; ***~ social worker*** Krankenhausfürsorgerin *f*; ***~ tent*** Sanitätszelt *n*; **2.** ⚔ Laza'rett *n*: ***~ ship*** (***train***) Lazarettschiff *n* (-zug *m*); **3.** Tierklinik *f*; **4.** *hist.* Spi'tal *n*: a) Armenhaus *n*, b) Altersheim *n*, c) Erziehungsheim *n*; **5.** *hist.* Herberge *f*, Hos-

ˈpiz *n*; **6.** *humor.* Reparaˈturwerkstatt *f*: ***dolls' ~*** Puppenklinik *f*.

hos·pi·tal·i·ty [ˌhɒspɪˈtæləti] *s.* Gastfreundschaft *f*, Gastlichkeit *f*.

hos·pi·tal·i·za·tion [ˌhɒspɪtəlaɪˈzeɪʃn] *s.* **1.** Aufnahme *f od.* Einweisung *f* in ein Krankenhaus; **2.** Krankenhausaufenthalt *m*, -behandlung *f*; **hos·pi·tal·ize** [ˈhɒspɪtəlaɪz] *v/t.* **1.** ins Krankenhaus einliefern *od.* einweisen; **2.** im Krankenhaus behandeln.

Hos·pi·tal·(l)er [ˈhɒspɪtlə] *s.* **1.** *hist.* Hospitaˈliter *m*, Johanˈniter *m*; **2.** Barmˈherziger Bruder.

host¹ [həʊst] *s.* **1.** (Un)Menge *f*, Masse *f*: ***a ~ of questions*** e-e Unmenge Fragen; **2.** *poet.* (Kriegs)Heer *n*: ***the ~ of heaven*** a) die Gestirne, b) die himmlischen Heerscharen; ***the Lord of ℒs*** *bibl.* der Herr der Heerscharen.

host² [həʊst] **I** *s.* **1.** Gastgeber *m*, Hausherr *m*: ***~ country*** Gastland *n*, *sport etc.* Gastgeberland *n*; **2.** (Gast)Wirt *m*: ***reckon without one's ~*** *fig.* die Rechnung ohne den Wirt machen; **3.** *TV etc.*: a) Talk-, Showmaster *m*, b) Modeˈrator *m*: ***your ~ was ...*** durch die Sendung führte (Sie) ...; **4.** *biol.* Wirt *m*, Wirtstier *n od.* -pflanze *f*; **II** *v/t.* **5.** a) *TV etc.*: Sendung moderieren, b) *Veranstaltung* ausrichten.

host³, *oft* ℒ [həʊst] *s. eccl.* Hostie *f*.

hos·tage [ˈhɒstɪdʒ] *s.* **1.** Geisel *f*: ***take*** (***hold***) ***s.o. ~*** j-n als Geisel nehmen (behalten); ***taking of ~s*** Geiselnahme *f*; **2.** *fig.* (ˈUnter)Pfand *n*.

hos·tel [ˈhɒstl] *s.* **1.** *mst **youth ~*** Jugendherberge *f*; **2.** (Studenten-, Arbeiter- *etc.*)Wohnheim *n*; **3.** → **ˈhos·tel·ry** [-rɪ] *s. obs.* Wirtshaus *n*.

host·ess [ˈhəʊstɪs] *s.* **1.** Gastgeberin *f*; **2.** (Gast)Wirtin *f*; **3.** ✈ Hoˈsteß *f*, Stewarˈdeß *f*; **4.** Hoˈsteß *f* (*Betreuerin*, *Führerin*); **5.** Animier-, Tischdame *f*.

hos·tile [ˈhɒstaɪl] *adj.* ☐ **1.** feindlich, Feind(es)...; **2.** (***to***) *fig.* a) feindselig (gegen), feindlich gesinnt (*dat.*), b) stark abgeneigt (*dat.*); **hos·til·i·ty** [hɒˈstɪləti] *s.* **1.** Feindschaft *f*, Feindseligkeit *f* (***to*** gegen); **2.** Feindseligkeit *f* (*Handlung*); **3.** *pl.* ⚔ Feindseligkeiten *pl.*, Krieg(shandlungen *pl.*) *m*.

hos·tler [ˈɒslə] → ***ostler***.

hot [hɒt] **I** *adj.* ☐ **1.** heiß (*a. fig.*): ***~ climate***; ***~ tears***; ***I am ~*** mir ist heiß, ich bin erhitzt; ***get ~*** sich erhitzen (*a. fig. u.* ⚙); ***~ under the collar*** F wütend; ***I went ~ and cold*** es überlief mich heiß u. kalt; ***~ scent*** *hunt.* warme *od.* frische Fährte (*a. fig.*); **2.** warm, heiß: ***~ meal***; ***~ and ~*** ganz heiß, direkt vom Feuer; **3.** a) scharf (*Gewürz*), b) scharf (gewürzt): ***a ~ dish***; **4.** *fig.* heiß, hitzig, heftig: ***a ~ fight***; ***~ words*** heftige Worte; ***grow ~*** sich erhitzen (***over*** über *acc.*); **5.** leidenschaftlich, feurig: ***a ~ temper*** ein hitziges Temperament; ***be ~ for*** (*od.* ***on***) F ‚scharf' sein auf (*acc.*); **6.** wütend, erbost: ***all ~ and bothered*** ganz ‚aus dem Häuschen'; **7.** ‚heiß': a) *zo.* brünstig, b) F geil, ‚scharf' (*Person*, *Film etc.*); **8.** ‚heiß' (*im Suchspiel*): ***you are getting ~ter!*** a) (es wird) schon heißer!, b) *fig.* du kommst der Sache schon näher!; **9.** ganz neu *od.* frisch, ‚noch warm': ***~ from the press*** frisch aus der Presse (*Nachrichten*), soeben erschienen (*Buch*); **10.** F a) ‚toll' (*großartig*): ***he*** (***it***) ***is not so ~!*** er (es) ist nicht so toll!; ***~ stuff*** a) ‚dolles Ding', b) toller Kerl; ***be ~ at*** (*od.* ***on***) ‚ganz groß' sein in (*e-m Fach*); **11.** ‚heiß' (*vielversprechend*): ***a ~ tip***; ***~ favo(u)rite*** *bsd. sport* heißer *od.* hoher Favorit; **12.** ‚heiß' (*Jazz etc.*): ***~ music***; **13.** gefährlich: ***make it ~ for s.o.*** j-m die Hölle heiß machen, j-m ‚einheizen'; ***the place was getting too ~ for him*** ihm wurde der Boden zu heiß (unter den Füßen); ***be in ~ water*** in ‚Schwulitäten' sein; ***get into ~ water*** a) *j-n* in ‚Schwulitäten' bringen, b) in ‚Schwulitäten' geraten, ‚Ärger kriegen'; **14.** F a) ‚heiß' (*gestohlen*, *geschmuggelt etc.*): ***~ goods*** ‚heiße Ware', b) (von der Polizei) gesucht; **15.** a) ϟ stromführend: → ***hot line***, ***hot wire***, b) *phys.* F ‚heiß' (*radioaktiv*); **16.** ⚙, ϟ Heiß..., Warm..., Glüh...; **II** *adv.* **17.** heiß: ***the sun shines ~***; ***get it ~*** (***and strong***) F ‚eins aufs Dach kriegen', sein ‚Fett' bekommen; ***give it s.o. ~*** (***and strong***) F j-m die Hölle heiß machen, j-m ‚einheizen'; → ***blow¹*** 4; **III** *v/t.* **18.** *mst **~ up*** heiß machen; **19.** ***~ up*** F a) *Auto*, *Motor* ‚frisieren', ‚aufmotzen', b) ‚anheizen', c) Schwung bringen in (*acc.*), *et.* ‚aufmöbeln'; **IV** *v/i.* **20.** *mst **~ up*** heiß werden; **21.** ***~ up*** F a) sich verschärfen, b) schwungvoller werden.

hot| air *s.* **1.** ⚙ Heißluft *f*; **2.** *sl.* ‚heiße Luft', (leeres) Geschwätz; **ˌ~-ˈair** *adj.* ⚙ Heißluft...: ***~ artist*** F ‚Windmacher' *m*; **ˈ~·bed** *s.* **1.** ⚘ Mist-, Frühbeet *n*; **2.** *fig.* Brutstätte *f*; **ˌ~-ˈblood·ed** *adj.* heißblütig; **~ cath·ode** *s.* ϟ ˈGlühkaˌthode *f*.

hotch·pot [ˈhɒtʃpɒt] *s.* ⚖ Vereinigung *f* des Nachlasses zwecks gleicher Verteilung.

hotch·potch [ˈhɒtʃpɒtʃ] *s.* **1.** Eintopf (-gericht *n*) *m*, *bsd.* Gemüse(suppe *f*) *n* mit Hammelfleisch; **2.** *fig.* Mischmasch *m*.

hot dog *s.* Hot dog *n*, *a. m*.

ho·tel [həʊˈtel] *s.* Hoˈtel *n*: ***~ register*** Fremdenbuch *n*; **ho·tel·ier** [həʊˈtelɪeɪ], **hoˈtel-ˌkeep·er** *s.* Hoteliˈer *m*, Hoˈtelbesitzer(in) *od.* -diˌrektor *m*, -direkˌtorin *f*.

hot| flush·es *s. pl.* ⚕ fliegende Hitze; **ˈ~·foot** F **I** *adv.* schleunigst; **II** *v/i. a.* ***~ it*** rennen, flitzen; **ˈ~-ˌgal·va·nize** *v/t.* ⚙ feuerverzinken; **ˈ~-ˌgos·pel·(l)er** *s.* F Erweckungsprediger *m*; **ˈ~·head** *s.* Hitzkopf *m*; **ˌ~-ˈhead·ed** *adj.* hitzköpfig; **ˈ~·house** *s.* Treib-, Gewächshaus *n*; **~ line** *s. bsd. pol.* ‚heißer Draht'; **~ mon·ey** *s.* ✝ Hot money *n*, ‚heißes Geld'.

hot·ness [ˈhɒtnɪs] *s.* Hitze *f*.

ˈhot|·plate *s.* **1.** Koch-, Heizplatte *f*; **2.** Warmhalteplatte *f*; **~ pot** *s.* Eintopf *m*; **ˈ~-press** ⚙ **I** *s.* **1.** Heißpresse *f*; **2.** Dekatierpresse *f*; **II** *v/t.* **3.** heiß pressen; **4.** *Tuch* dekatieren; **5.** *Papier* satinieren; **~ rod** *s. Am. sl.* ‚frisierter' Wagen; **~ rod·der** [ˈrɒdə] *s. Am. sl.* **1.** Fahrer *m* e-s ***hot rod***; **2.** a) ‚Raser' *m*, b) Verkehrsrowdy *m*; **~ seat** *s. sl.* **1.** ✈ Schleudersitz *m* (*a. fig.*); **2.** *Am.* eˈlektrischer Stuhl; **ˈ~·shot I** *s. Am. sl.* **1.** ‚großes Tier'; **2.** *bsd. sport* ‚Kaˈnone' *f*, ‚As' *n*; **3.** ✈, *mot.* ‚Raˈkete' *f*; **II** *adj.* **4.** ‚groß', ‚toll'; **~ spot** *s.* **1.** *pol.* Krisenherd *m*; **2.** F ‚heißes Ding' (*Nachtklub etc.*); **~ spring** *s.* heiße Quelle, Therˈmalquelle *f*; **ˈ~·spur** *s.* Heißsporn *m*; **~ tube** *s.* ⚙ Heiz-, Glührohr *n*; **~ war** *s.* heißer Krieg; **ˌ~-ˈwa·ter** *adj.* Heißwasser...: ***~ heating***; ***~ bottle*** Wärmflasche *f*; **~ wire** *s.* **1.** ϟ a) stromführender Draht, b) Hitzdraht *m*; **2.** *bsd. pol.* ‚heißer Draht'.

hound¹ [haʊnd] **I** *s.* **1.** Jagdhund *m*: ***ride to*** (*od.* ***follow the***) ***~s*** an e-r Parforcejagd (*bsd. Fuchsjagd*) teilnehmen; **2.** *sl.* ‚Hund' *m*, Schurke *m*; **3.** *Am. sl.* Faˈnatiker(in): ***movie ~*** Kinonarr *m*; **4.** Verfolger *m* (*Schnitzeljagd*); **II** *v/t.* **5.** *mst fig.* jagen, hetzen, drängen, verfolgen: ***~ down*** zur Strecke bringen; **6.** *a.* ***~ on*** (auf)hetzen, antreiben.

hound² [haʊnd] *s.* **1.** ⚓ Mastbacke *f*; **2.** *pl.* ⚙ Seiten-, Diagoˈnalstreben *pl.* (*an Fahrzeugen*).

hour [ˈaʊə] *s.* **1.** Stunde *f*: ***by the ~*** stundenweise; ***for ~s*** (***and ~s***) stundenlang; ***on the ~*** (jeweils) zur vollen Stunde; ***an ~'s work*** e-e Stunde Arbeit; ***10 minutes past the ~*** 10 Minuten nach voll; **2.** (Tages)Zeit *f*: ***at 14.20 ~s*** um 14 Uhr 20; ***at all ~s*** zu jeder Zeit; ***at an early ~*** früh, zu früher Stunde; ***at the eleventh ~*** *fig.* in letzter Minute, fünf Minuten vor zwölf; ***keep early ~s*** früh schlafen gehen (u. früh aufstehen); ***sleep till all ~s*** ‚bis in die Puppen' schlafen; ***the small ~s*** die frühen Morgenstunden; **3.** Zeitpunkt *m*, Stunde *f*: ***~ of death*** Todesstunde; ***his ~ has come*** a) s-e Stunde ist gekommen, b) *a.* ***his*** (***last***) ***~ has struck*** s-e letzte Stunde *od.* sein letztes Stündlein ist gekommen *od.* hat geschlagen; ***question of the ~*** aktuelle Frage; **4.** *pl.* (Arbeits-) Zeit *f*, (Arbeits-, Geschäfts-, Dienst-) Stunden *pl.*: ***after ~s*** a) nach Geschäftsschluß, b) nach der Arbeit, c) *fig.* zu spät; **5.** *pl. eccl.* a) Stundenbuch *n*, b) *R.C.* Stundengebete *pl.*; **6.** ***ℒs*** *pl. myth.* Horen *pl.*; **ˈ~-ˌcir·cle** *s. ast.* Stundenkreis *m*; **ˈ~·glass** *s.* Stundenglas *n*, *bsd.* Sanduhr *f*; **ˈ~-hand** *s.* Stundenzeiger *m*.

hou·ri [ˈhʊərɪ] *s.* **1.** Huri *f* (*mohammedanische Paradiesjungfrau*); **2.** *fig.* üppige Schönheit (*Frau*).

hour·ly [ˈaʊəlɪ] *adv. u. adj.* **1.** stündlich: ***~ wage*** Stundenlohn *m*; **2.** ständig, dauernd: ***in ~ fear***.

house [haʊs] **I** *pl.* **hous·es** [ˈhaʊzɪz] *s.* **1.** Haus *n* (*Gebäude u. Hausbewohner*): ***like a ~ on fire*** ganz ‚toll', ‚prima'; → ***safe*** 3; **2.** Wohnhaus *n*, Wohnung *f*, Heim *n*; Haushalt *m*: ***~ and home*** Haus u. Hof; ***keep ~*** a) das Haus hüten, b) (***for s.o.*** j-m) den Haushalt führen; ***put*** (*od.* ***set***) ***one's ~ in order*** s-e Angelegenheiten ordnen, sein Haus bestellen; → ***open*** 10; **3.** Faˈmilie *f*, Geschlecht *n*, (*bsd. Fürsten*)Haus *n*: ***the ℒ of Hanover***; **4.** *univ. Brit.* Haus *n*: a) Wohngebäude *n* (*e-s College*, *a. ped. e-s Internats*), b) College *n*; **5.** *thea.* a) (Schauspiel)Haus *n*: ***full ~*** volles Haus, b) Zuhörer *pl.*; → ***bring down*** 8, c) Vorstellung *f*: ***the second ~*** die zweite Vorstellung (*des Tages*); **6.** *mst ℒ parl.* Haus *n*, Kammer *f*, Parlaˈment *n*: ***the ℒ*** a) → ***House of Com-***

mons (***Lords***, ***Representatives***), b) *coll.* das Haus (*die Abgeordneten*); ***enter the*** ♀ Parlamentsmitglied werden; ***there is a*** ♀ es ist Parlamentssitzung; ***no*** ♀ das Haus ist nicht beschlußfähig; **7.** ✝ Haus *n*, Firma *f*: ***the*** ♀ die Londoner Börse; ***on the*** ~ auf Kosten des Hauses (*a. weitS. des Wirts od. Gastgebers*); **8.** *ast.* a) Haus *n*, b) Tierkreiszeichen *n*; **II** *v/t.* [haʊz] **9.** 'unterbringen (*a.* ⚙); **10.** aufnehmen, beherbergen; **11.** Platz haben für; **III** *v/i.* [haʊz] **12.** hausen, wohnen.

house| a·gent *s. Brit.* Häusermakler *m*; ~ **ar·rest** *s.* 'Hausarˌrest *m*; '~**·boat** *s.* Hausboot *n*; '~ˌ**bod·y** → ***homebody***; '~**·bound** *adj.* ans Haus gefesselt; '~**·break** *v/t. Am.* **1.** *Hund etc.* stubenrein machen; **2.** F *fig.* a) *j-m* Manieren beibringen, b) *j-n* ‚kirre' machen; '~ˌ**break·er** *s.* **1.** ⚖ Einbrecher *m*; **2.** 'Abbruchunterˌnehmer *m*; '~ˌ**break·ing** *s.* **1.** ⚖ Einbruch(sdiebstahl) *m*; **2.** Abbruch(arbeiten *pl.*) *m*; '~ˌ**bro·ken** *adj.* stubenrein (*Hund etc.*); '~**·clean** *v/i.* **1.** Hausputz machen; **2.** (*a. v/t.*) *Am.* F gründlich aufräumen (in *dat.*); '~ˌ**clean·ing** *s.* **1.** Hausputz *m*; **2.** *Am.* F 'Säuberungsaktiˌon *f*; '~**·coat** *s.* Hauskleid *n*, Morgenrock *m*; '~**·craft** *s. Brit.* Hauswirtschaftslehre *f*; ~ **de·tec·tive** *s.* 'Hausdetekˌtiv *m* (*Hotel etc.*); ~ **dog** *s.* Haushund *m*; '~**·fly** *s. zo.* Stubenfliege *f*.

house·hold ['haʊshəʊld] **I** *s.* **1.** Haushalt *m*; **2.** ***the*** ♀ *Brit.* die königliche Hofhaltung: ♀ ***Brigade***, ♀ ***Troops*** Gardetruppen *pl.*; **II** *adj.* **3.** Haushalts…, häuslich: ~ ***gods*** a) *antiq.* Hausgötter *pl.*, b) *fig.* heiliggehaltene Dinge *pl.*; ~ ***remedy*** ⚕ Hausmittel *n*; ~ ***soap*** Haushaltsseife *f*; **4.** all'täglich: ***a*** ~ ***word*** (*od.* ***name***) ein (fester *od.* geläufiger) Begriff; '**houseˌhold·er** *s.* **1.** Haushaltsvorstand *m*; **2.** Haus- *od.* Wohnungsinhaber *m*.

'**house|-ˌhunt·ing** *s.* F Wohnungssuche *f*; '~ˌ**hus·band** *s.* Hausmann *m*; '~**·keep** *v/i.* den Haushalt führen (***for s.o.*** j-m); '~ˌ**keep·er** *s.* **1.** Haushälterin *f*, Wirtschafterin *f*; **2.** Hausmeister(in); '~ˌ**keep·ing** *s.* Haushaltung *f*, -wirtschaft *f*: ~ (***money***) Wirtschaftsgeld *n*; '~**·maid** *s.* Hausgehilfin *f*: ~***'s knee*** ⚕ Knieschleimbeutelentzündung *f*; '~ˌ**mas·ter** *s. ped. Brit.* Heimleiter *m* (*Lehrer, der für ein Wohngebäude e-s Internats zuständig ist*); '~**·mate** *s.* Hausgenosse *m*, -genossin *f*; '~ˌ**mis·tress** *s. ped. Brit.* Heimleiterin *f* (*in e-m Internat*); ♀ **of Com·mons** *s. parl. Brit.* 'Unterhaus *n*; ♀ **of Lords** *s. parl. Brit.* Oberhaus *n*; ♀ **of Rep·re·sent·a·tives** *s. parl. Am.* Repräsen'tantenhaus *n* (*Unterhaus des US-Kongresses*); ~ **or·gan** *s.* ✝ Hauszeitung *f*; ~ **paint·er** *s.* Maler *m*, Anstreicher *m*; ~ **par·ty** *s.* mehrtägige Party (*bsd. in e-m Landhaus*); '~**·phone** *s. Am.* 'Hausteleˌfon *n*; ~ **phy·si·cian** *s.* **1.** Hausarzt *m* (*im Hotel etc.*); **2.** *im Krankenhaus wohnender Arzt*; ~ **plant** *s.* ⚘ Zimmerpflanze *f*; '~**·proud** *adj.* über'trieben ordentlich, pe'nibel (*Hausfrau*); '~**·room** [-rʊm] *s.*: ***give s.o.*** ~ j-n (in sein Haus) aufnehmen; ***he wouldn't give it*** ~ *fig.* er nähme es nicht einmal geschenkt; ~ **search** *s.* ⚖ Haussuchung *f*; ˌ~**-to-'house** *adj.* von Haus zu Haus: ~ ***collection*** Haussammlung *f*; ~ ***selling*** Verkauf *m* an der Haustür; '~**·top** *s.* Dach *n*: ***proclaim*** (*od.* ***shout***) ***from the*** ~***s*** öffentlich verkünden, *et.* ‚an die große Glocke hängen'; '~**·trained** *adj.* stubenrein (*Hund etc.*); '~ˌ**warm·ing** (**par·ty**) *s.* Einzugsparty *f* (*im neuen Haus*).

'**house·wife** *s.* [*irr.*] **1.** Hausfrau *f*; **2.** ['hʌzɪf] *Brit.* 'Näheˌtui *n*, Nähzeug *n*; '**houseˌwife·ly** [-ˌwaɪflɪ] *adj.* hausfraulich; '**house·wif·er·y** [-wɪfərɪ] → ***housekeeping***; '**house·work** *s.* Haus(halts)arbeit *f*.

hous·ing[1] ['haʊzɪŋ] *s.* **1.** 'Unterbringung *f*; **2.** 'Unterkunft *f*, Obdach *n*; **3.** Wohnung *f*, *coll.* Häuser *pl.*: ~ ***development***, ~ ***estate*** Wohnsiedlung *f*; ~ ***development scheme*** Wohnungsbauprojekt *n*; ~ ***shortage*** Wohnungsnot *f*; ~ ***situation*** Lage *f* auf dem Wohnungsmarkt; ~ ***unit*** Wohneinheit *f*; **4.** Wohnungsbau *m od.* -beschaffung *f*; **5.** ⚙ a) Gehäuse *n*, b) Gerüst *n*, c) Nut *f*.

hous·ing[2] ['haʊzɪŋ] *s.* Satteldecke *f*.

hove [həʊv] *pret. u. p.p. von* ***heave***.

hov·el ['hɒvl] *s.* **1.** Schuppen *m*; **2.** *contp.* ‚Bruchbude' *f*, ‚Loch' *n*.

hov·el·(l)er ['hɒvlə] *s.* ⚓ **1.** Bergungsboot *n*; **2.** Berger *m*.

hov·er ['hɒvə] *v/i.* **1.** schweben (*a. fig.*); **2.** sich her'umtreiben *od.* aufhalten (***about*** in der Nähe *gen.*); **3.** zögern, schwanken; '~**·craft** *s. sg. u. pl.* Hovercraft *n*, Luftkissenfahrzeug *n*; '~**·train** *s.* Hovertrain *m*, Schwebezug *m*.

how [haʊ] **I** *adv.* **1.** (*fragend*) wie: ~ ***are you?*** wie geht es Ihnen?; ~ ***do you do?*** (*bei der Vorstellung*) guten Tag!; ~ ***about …?*** wie steht's mit …?; ~ ***about a cup of tea?*** wie wäre es mit e-r Tasse Tee?; ~ ***about it?*** (na,) wie wär's?; ~ ***is it that …?*** wie kommt es, daß …?; ~ ***now?*** was soll das bedeuten?; ~ ***much?*** wieviel?; ~ ***many?*** wie viele?, wieviel?; ~ ***much is it?*** was kostet es?; ~ ***do you know?*** woher wissen Sie das?; ~ ***ever do you do it?*** wie machen Sie das nur?; **2.** (*ausrufend*) wie: ~ ***absurd!***; ***and*** ~***!*** F und wie!; ***here's*** ~***!*** F auf Ihr Wohl!; **3.** (*relativ*) wie: ***I know*** ~ ***far it is*** ich weiß, wie weit es ist; ***he knows*** ~ ***to ride*** er kann reiten; ***I know*** ~ ***to do it*** ich weiß, wie man es macht; **II** *s.* **4.** Wie *n*: ***the*** ~ ***and the why*** das Wie u. Warum.

how·be·it [ˌhaʊ'biːɪt] *obs.* **I** *adv.* nichtsdesto'weniger; **II** *cj.* ob'gleich, ob'schon.

how·dah ['haʊdə] *s.* (*mst gedeckter*) Sitz auf dem Rücken e-s Ele'fanten.

how-do-you-do [ˌhaʊdjʊ'duː], ˌ**how-d'ye-'do** [-djə'duː] *s.* F: ***a nice*** ~ e-e schöne ‚Bescherung'.

how·ev·er [haʊ'evə] **I** *adv.* **1.** wie auch (immer), wenn auch noch so: ~ ***good***; ~ ***it*** (***may***) ***be*** wie dem auch sei; ~ ***you do it*** wie du es auch machst; **2.** F wie … bloß *od.* denn nur: ~ ***did you do it?***; **II** *cj.* **3.** je'doch, dennoch, doch, aber, in'des.

how·itz·er ['haʊɪtsə] *s.* Hau'bitze *f*.

howl [haʊl] **I** *v/i.* **1.** heulen (*Wölfe, Wind etc.*); **2.** brüllen, schreien (***with*** vor *dat.*); **3.** F ‚heulen', weinen; **4.** pfeifen (*Wind, Radio etc.*); **II** *v/t.* **5.** brüllen, schreien: ~ ***down*** *j-n* niederschreien; **III** *s.* **6.** Heulen *n*, Geheul *n*; **7.** a) Schrei *m*: ~***s of laughter*** brüllendes Gelächter, b) Gebrüll *n*, Geschrei *n*: ***be a*** ~ F ‚zum Brüllen' sein; '**howl·er** [-lə] *s.* **1.** Heuler(in); **2.** *zo.* Brüllaffe *m*; **3.** F grober Schnitzer, ‚Heuler' *m*; '**howl·ing** [-lɪŋ] *adj.* **1.** heulend, brüllend; **2.** F ‚toll', Mords…

how·so·ev·er [ˌhaʊsəʊ'evə] → ***however*** 1.

ˌ**how-to-'do-it book** *s.* Bastelbuch *n*.

hoy[1] [hɔɪ] *s.* ⚓ Leichter *m*.

hoy[2] [hɔɪ] **I** *int.* **1.** he!, hoi!; **2.** ⚓ a'hoi!; **II** *s.* **3.** He(ruf *m*) *n*.

hoy·den ['hɔɪdn] *s.* Range *f*, Wildfang *m* (*Mädchen*); '**hoy·den·ish** [-nɪʃ] *adj.* wild, ausgelassen.

hub [hʌb] *s.* **1.** (Rad)Nabe *f*: ~***cap*** *mot.* Radkappe *f*; **2.** *fig.* Mittel-, Angelpunkt *m*, Zentrum *n*: ~ ***of the universe*** Mittelpunkt der Welt (*bsd. fig.*); **3.** ***the*** ♀ *Am.* (*Spitzname für*) Boston *n*.

hub·bub ['hʌbʌb] *s.* **1.** Stimmengewirr *n*; **2.** Lärm *m*, Tu'mult *m*.

hub·by ['hʌbɪ] *s.* F ‚Männe' *m*, (Ehe-)Mann *m*.

hu·bris ['hjuːbrɪs] (*Greek*) *s.* Hybris *f*, freche 'Selbstüberˌhebung.

huck·le ['hʌkl] *s.* **1.** *anat.* Hüfte *f*; **2.** Buckel *m*; '~**·ber·ry** *s.* ⚘ Heidelbeere *f*; '~**-bone** *s. anat.* **1.** Hüftknochen *m*; **2.** Fußknöchel *m*.

huck·ster ['hʌkstə] **I** *s.* **1.** → ***hawker***[2]; **2.** *contp.* Krämer(seele *f*) *m*, Feilscher *m*; **3.** *Am. sl.* ‚Re'klamefritze' *m* (*Werbefachmann*); **II** *v/i.* **4.** hökern; hausieren; **5.** feilschen (***over*** um).

hud·dle ['hʌdl] **I** *v/t.* **1.** a) *mst* ~ ***together*** (*od.* ***up***) zs.-werfen, auf e-n Haufen werfen, b) *wohin* stopfen; **2.** ~ ***o.s.*** (***up***) → 6; ~***d up*** zs.-gekauert; **3.** *mst* ~ ***together*** (*od.* ***up***) *Brit. Bericht etc.* a) ‚hinhauen', b) zs.-stoppeln; **4.** ~ ***on*** sich *ein Kleid etc.* 'überwerfen, schlüpfen in (*acc.*); **5.** *fig.* vertuschen; **II** *v/i.* **6.** (~ ***up*** sich zs.-)kauern; **7.** *a.* ~ ***together*** (*od.* ***up***) sich zs.-drängen; **8.** ~ (***up***) ***against*** (*od.* ***to***) sich kuscheln *od.* schmiegen an (*acc.*); **III** *s.* **9.** a) (wirrer) Haufen, b) Wirrwarr *m*; **10.** ***go into a*** ~ F a) die Köpfe zs.-stecken, ‚Kriegsrat halten', b) ***with o.s.*** ‚mal nachdenken', mit sich zu Rate gehen.

hue[1] [hjuː] *s.*: ~ ***and cry*** *a. fig.* (Zeter-)Geschrei *n*, Gezeter *n*; ***raise a*** ~ ***and cry*** ein Zetergeschrei erheben, lautstark protestieren (***against*** gegen).

hue[2] [hjuː] *s.* Farbe *f*, (Farb)Ton *m*; Färbung *f* (*a. fig.*); **hued** [hjuːd] *adj. in Zssgn* …farbig, …farben.

huff [hʌf] **I** *v/t.* **1.** a) ärgern, verstimmen, b) kränken, c) ‚piesacken': ~ ***s.o. into s.th.*** j-n zu et. zwingen; ***easily*** ~***ed*** leicht ‚eingeschnappt', sehr übelnehmerisch; **2.** *Damespiel*: *Stein* wegnehmen; **II** *v/i.* **3.** a) sich ärgern, b) ‚einschnappen'; **4.** *a.* ~ ***and puff*** a) schnaufen, pusten, b) (vor Wut) schnauben; **III** *s.* **5.** Ärger *m*, Verstimmung *f*: ***be in a*** ~ verstimmt *od.* ‚eingeschnappt' sein; **huff·i·ness** ['hʌfɪnɪs] *s.* **1.** übelnehmerisches Wesen; **2.** Verärgerung *f*, Verstimmung *f*; **huff·ish** ['hʌfɪʃ], **huff·y** ['hʌfɪ] *adj.* ☐ **1.** übelnehmerisch; **2.** verärgert, ‚eingeschnappt'.

hug [hʌg] **I** *v/t.* **1.** um'armen, an sich

drücken: ~ ***o.s.*** sich beglückwünschen (***on, over*** zu); **2.** *fig.* (zäh) festhalten an (*e-r Meinung etc.*); **3.** sich dicht halten an (*acc.*): ~ ***the coast*** (***the side of the road***) sich dicht an die Küste (an den Straßenrand) halten; ***the car ~s the road well*** *mot.* der Wagen hat e-e gute Straßenlage; **II** *v/i.* **4.** ein'ander *od.* sich um'armen; **III** *s.* **5.** Um'armung *f*: ***give s.o. a ~*** j-n umarmen.

huge [hjuːdʒ] *adj.* □ riesig, ungeheuer, e'norm, gewaltig, mächtig (*alle a. fig.*); **'huge·ly** [-lɪ] *adv.* gewaltig, ungeheuer, ungemein; **'huge·ness** [-nɪs] *s.* ungeheure Größe.

hug·ger·mug·ger ['hʌgəˌmʌgə] **I** *s.* **1.** ‚Kuddelmuddel' *m, n*; **2.** Heimlichtue'rei *f*; **II** *adj. u. adv.* **3.** unordentlich; **4.** heimlich, verstohlen; **III** *v/t.* **5.** vertuschen, verbergen.

Hu·gue·not ['hjuːgənɒt] *s.* Huge'notte *m*, Huge'nottin *f*.

huh [hʌ] *int.* **1.** wie?, was?; **2.** ha(ha)!

hu·la ['huːlə], **ˌhu·la-'hu·la** *s.* Hula *f, m* (*Tanz der Eingeborenen auf Hawaii*).

hulk [hʌlk] *s.* **1.** ⚓ Hulk *f, m*; **2.** Ko'loß *m* (*Sache od. Person*): ***a ~ of a man*** *a.* ein Riesenkerl, ein ungeschlachter Kerl; **'hulk·ing** [-kɪŋ], **'hulk·y** *adj.* **1.** ungeschlacht; **2.** sperrig, klotzig.

hull[1] [hʌl] **I** *s.* ♀ Schale *f*, Hülle *f* (*beide a. weitS.*), Hülse *f*; **II** *v/t.* schälen, enthülsen: ***~ed barley*** Graupen *pl.*

hull[2] [hʌl] **I** *s.* ⚓, ✈ Rumpf *m*: ***~ down*** weit entfernt (*Schiff*); **II** *v/t.* ⚓ den Rumpf treffen *od.* durch'schießen.

hul·la·ba·loo [ˌhʌləbə'luː] *s.* Lärm *m*, Tu'mult *m*, Trubel *m*.

hul·lo [hə'ləʊ] → ***hello***.

hum [hʌm] **I** *v/i.* **1.** summen (*Bienen, Draht, Person etc.*); **2.** ⚡ brummen; **3.** ***~ and ha(w)*** a) ‚herumdrucksen', b) (hin u. her) schwanken; **4.** *a.* ***~ with activity*** F voller Leben *od.* Aktivi'tät sein: ***make things ~*** die Sache in Schwung bringen; **5.** ‚muffeln', stinken; **II** *v/t.* **6.** summen; **III** *s.* **7.** Summen *n*; **8.** ⚡ Brummen *n*; **9.** [*a.* mm] Hm *n*: ***~s and ha(w)s*** verlegenes Geräusper.

hu·man ['hjuːmən] **I** *adj.* □ → ***humanly***; **1.** menschlich (*a. weitS. Person, Charakter etc.*), Menschen..., Human... (*-medizin etc.*): ***~ nature*** menschliche Natur; ***~ engineering*** a) angewandte Betriebspsychologie, Arbeitsplatzgestaltung *f*, b) menschengerechte Gestaltung (*von Maschinen etc.*) zwecks optimaler Leistung; ***~ interest*** *das* menschlich Ansprechende; ***~-interest story*** ergreifende *od.* ein menschliches Schicksal schildernde Geschichte; ***~ relations*** zwischenmenschliche Beziehungen, (✝ innerbetriebliche) Kontaktpflege; ***the ~ race*** das Menschengeschlecht; ***~ rights*** Menschenrechte; ***~ touch*** menschliche Note; ***that's only ~*** das ist doch menschlich; ***I am only ~*** *iro.* ich bin auch nur ein Mensch; → ***err*** 1; **2.** → ***humane*** 1; **II** *s.* **3.** Mensch *m*; **hu·mane** [hjuː'meɪn] *adj.* □ **1.** hu'man, menschlich: ***2 Society*** Gesellschaft *f* zur Verhinderung von Grausamkeiten an Tieren; **2.** → ***humanistic*** 1; **hu·mane·ness** [hjuː'meɪnnɪs] *s.* Humani'tät *f*, Menschlichkeit *f*.

hu·man·ism ['hjuːmənɪzəm] *s.* **1.** *oft* 2 Huma'nismus *m*; **2.** a) → ***humaneness***, b) → ***humanitarianism***; **'hu·man·ist** [-ɪst] **I** *s.* **1.** Huma'nist(in); **2.** → ***humanitarian*** II; **II** *adj.* → ***humanistic*** [ˌhjuːmə'nɪstɪk] *adj.* (□ ***~ally***) **1.** huma'nistisch: ***~ education***; **2.** a) → ***humane*** 1, b) → ***hu·man·i·tar·i·an*** [hjuːˌmænɪ'teərɪən] **I** *adj.* humani'tär, menschenfreundlich, Humanitäts...; **II** *s.* Menschenfreund *m*; **hu·man·i·tar·i·an·ism** [hjuːˌmænɪ'teərɪənɪzəm] *s.* Menschenfreundlichkeit *f*, humani'täre Gesinnung; **hu·man·i·ty** [hjuː'mænətɪ] *s.* **1.** die Menschheit; **2.** Menschsein *n*, menschliche Na'tur; **3.** Humani'tät *f*, Menschlichkeit *f*; **4.** *pl.* a) klassische Litera'tur, b) 'Altphiloloˌgie *f*, c) Geisteswissenschaften *pl.*

hu·man·i·za·tion [ˌhjuːmənaɪ'zeɪʃn] *s.* **1.** Humanisierung *f*; **2.** Vermenschlichung *f*, Personifizierung *f*; **hu·man·ize** ['hjuːmənaɪz] *v/t.* **1.** humanisieren, hu'maner gestalten; **2.** vermenschlichen, personifizieren.

ˌhu·man'kind *s.* die Menschheit, das Menschengeschlecht; **'hu·man·ly** [-lɪ] *adv.* **1.** menschlich; **2.** nach menschlichen Begriffen: ***~ possible*** menschenmöglich; ***~ speaking*** menschlich gesehen; **3.** hu'man, menschlich.

hum·ble ['hʌmbl] **I** *adj.* □ bescheiden: a) demütig: ***in my ~ opinion*** nach m-r unmaßgeblichen Meinung; ***my ~ self*** meine Wenigkeit; ***Your ~ servant*** *obs.* Ihr ergebener Diener; ***eat ~ pie*** *fig.* klein beigeben, zu Kreuze kriechen, b) anspruchslos, einfach, c) niedrig, dürftig, ärmlich: ***of ~ birth*** von niedriger Geburt; **II** *v/t.* demütigen, erniedrigen; **'hum·ble·ness** [-nɪs] *s.* Demut *f*, Bescheidenheit *f*.

hum·bug ['hʌmbʌg] **I** *s.* **1.** ‚Humbug' *m*: a) Schwindel *m*, Betrug *m*, b) Unsinn *m*, ‚Mumpitz' *m*; **2.** Schwindler *m*, *bsd.* Hochstapler *m*, *a.* Scharlatan *m*; **3.** *a.* ***mint ~*** *Brit.* 'Pfefferminzbonˌbon *m, n*; **II** *v/t.* **4.** betrügen, ‚reinlegen'.

hum·ding·er [hʌm'dɪŋə] *s. sl.* **1.** ‚toller Bursche'; **2.** ‚tolles Ding'.

hum·drum ['hʌmdrʌm] **I** *adj.* **1.** eintönig, langweilig, fad; **II** *s.* **2.** Eintönigkeit *f*, Langweiligkeit *f*; **3.** langweilige Sache *od.* Per'son.

hu·mec·tant [hjuː'mektənt] *s.* ⚗ Feuchthaltemittel *n*.

hu·mer·al ['hjuːmərəl] *adj. anat.* **1.** Oberarmknochen...; **2.** Schulter...; **hu·mer·us** ['hjuːmərəs] *pl.* **-i** [-aɪ] *s.* Oberarm(knochen) *m*.

hu·mid ['hjuːmɪd] *adj.* feucht; **hu·mid·i·fi·er** [hjuː'mɪdɪfaɪə] *s.* Befeuchter *m*; **hu·mid·i·fy** [hjuː'mɪdɪfaɪ] *v/t.* befeuchten; **hu·mid·i·ty** [hjuː'mɪdətɪ] *s.* Feuchtigkeit(sgehalt *m*) *f*.

hu·mi·dor ['hjuːmɪdɔː] *s.* Feuchthaltebehälter *m*.

hu·mil·i·ate [hjuː'mɪlɪeɪt] *v/t.* erniedrigen, demütigen; **hu'mil·i·at·ing** [-tɪŋ] *adj.* demütigend, erniedrigend; **hu·mil·i·a·tion** [hjuːˌmɪlɪ'eɪʃn] *s.* Erniedrigung *f*, Demütigung *f*; **hu'mil·i·ty** [-ətɪ] → ***humbleness***.

hum·ming ['hʌmɪŋ] *adj.* **1.** summend; **2.** ⚡ brummend; **3.** F a) lebhaft, schwungvoll, b) geschäftig; **'~·bird** *s. orn.* Kolibri *m*; **'~·top** *s.* Brummkreisel *m*.

hum·mock ['hʌmək] *s.* **1.** Hügel *m*; **2.** Eishügel *m*.

hu·mor *etc. Am.* → ***humour*** *etc.*

hu·mor·esque [ˌhjuːmə'resk] *s.* ♪ Humo'reske *f*; **hu·mor·ist** ['hjuːmərɪst] *s.* **1.** Humo'rist(in); **2.** Spaßvogel *m*; **ˌhu·mor'is·tic** [-'rɪstɪk] *adj.* (□ ***~ally***) humo'ristisch; **hu·mor·ous** ['hjuːmərəs] *adj.* □ hu'morvoll, hu'morig, lustig; **hu·mor·ous·ness** ['hjuːmərəsnɪs] *s.* hu'morvolle Art, (*das*) Hu'morvolle, Komik *f*.

hu·mour ['hjuːmə] **I** *s.* **1.** Gemütsart *f*, Tempera'ment *n*; **2.** Stimmung *f*, Laune *f*: ***in the ~ for*** aufgelegt zu; ***in a good*** (***bad***) ***~*** (bei) guter (schlechter) Laune; ***out of ~*** schlecht gelaunt; **3.** Hu'mor *m*, Spaß *m*; Komik *f*, *das* Komische (*e-r Situation etc.*); **4.** *a.* ***sense of ~*** (Sinn *m* für) Humor *m*; **5.** Spaß *m*; **6.** *physiol.* a) Körperflüssigkeit *f*, b) *obs.* Körpersaft *m*; **II** *v/t.* **7.** a) *j-m* s-n Willen tun *od.* lassen, b) *j-n od. et.* hinnehmen, mit Geduld ertragen; **'hu·mo(u)r·less** [-lɪs] *adj.* hu'morlos.

hump [hʌmp] **I** *s.* **1.** Buckel *m*, *bsd. des Kamels*: Höcker *m*; **2.** kleiner Hügel: ***be over the ~*** *fig.* über den Berg sein; **3.** *Brit.* F a) Trübsinn *m*, b) Stinklaune *f*: ***give s.o. the ~*** → 6; **II** *v/t.* **4.** *oft* ***~ up*** (zu e-m Buckel) krümmen: ***~ one's back*** e-n Buckel machen; **5.** a) sich *et.* aufladen, b) schleppen, tragen: ***~ o.s.*** (*od.* ***it***) *Am. sl.* sich ‚ranhalten' (*anstrengen*); **6.** *Brit.* F a) *j-n* trübsinnig machen, b) *j-m* ‚auf den Wecker fallen'; **7.** V ‚bumsen' (*a. v/i.*); **'~·back** *s.* **1.** Buckel *m*; **2.** Bucklige(r *m*) *f*; **3.** *zo.* Buckelwal *m*; **'~·backed** *adj.* bucklig.

humped [hʌmpt] *adj.* **1.** bucklig, höckerig; **2.** holp(e)rig.

humph [mm; hʌmf] *int.* hm!, *contp.* pff!

hump·ty-dump·ty [ˌhʌmptɪ'dʌmptɪ] *s.* ‚Dickerchen' *n*.

hump·y ['hʌmpɪ] → ***humped***.

hu·mus ['hjuːməs] *s.* Humus *m*.

Hun [hʌn] *s.* **1.** Hunne *m*, Hunnin *f*; **2.** *fig.* Wan'dale *m*, Bar'bar *m*; **3.** F *contp.* Deutsche(r) *m*.

hunch [hʌntʃ] **I** *s.* **1.** → ***hump*** 1; **2.** Klumpen *m*; **3.** ***a ~*** F das *od.* so ein Gefühl, e-n *od.* den Verdacht (***that*** daß): ***play a ~*** e-r Intuition folgen; **II** *v/t.* **4.** *a.* ***~ up*** → ***hump*** 4: ***~ one's shoulders*** die Schultern hochziehen; **5.** *a.* ***~ up*** (sich) kauern; **'~·back** → ***humpback*** 1 *u.* 2; **'~·backed** → ***humpbacked***.

hun·dred ['hʌndrəd] **I** *adj.* **1.** hundert: ***a*** (*od.* ***one***) ***~*** (ein)hundert; ***several ~ men*** mehrere hundert Mann; ***a ~ and one*** hundert(erlei), zahllose; **II** *s.* **2.** Hundert *n* (*a. Zahl*): ***by the ~*** hundertweise; ***several ~*** mehrere Hundert; ***~s of times*** hundertmal; ***~s of thousands*** Hunderttausende; ***~s and ~s*** Hunderte u. aber Hunderte; **3.** ⅌ Hunderter *m*; **4.** *hist. Brit.* Bezirk *m*, Hundertschaft *f*; **5.** ***~s and thousands*** Liebesperlen *pl.* (*auf Gebäck etc.*); **'~·fold I** *adj. u. adv.* hundertfach, -fältig; **II** *s. das* Hundertfache; **'~·perˌcent** *adj.* 'hundertproˌzentig; **'~·perˌcent·er** *s. pol. Am.* 'Hurrapatriˌot *m*.

hun·dredth ['hʌndrədθ] **I** *adj.* **1.** hundertst; **II** *s.* **2.** Hundertste(r *m*) *f*; **3.** Hundertstel *n*.

'hun·dred·weight *s.* a) *in England 112 lbs.*, b) *in USA 100 lbs.*, c) *a.* ***metric ~***

Zentner *m.*
hung [hʌŋ] *pret. u. p.p. von* ***hang.***
Hun·gar·i·an [hʌŋˈgeərɪən] **I** *adj.* **1.** ungarisch; **II** *s.* **2.** Ungar(in); **3.** *ling.* Ungarisch *n.*
hun·ger [ˈhʌŋgə] **I** *s.* **1.** Hunger *m*: ***~ is the best sauce*** Hunger ist der beste Koch; **2.** *fig.* Hunger *m*, Verlangen *n*, Durst *m* (***for, after*** nach); **II** *v/i.* **3.** hungern, Hunger haben; **4.** *fig.* hungern (***for, after*** nach); **III** *v/t.* **5.** aushungern; durch Hunger zwingen (***into*** zu); **~ march** *s.* Hungermarsch *m*; **~ strike** *s.* Hungerstreik *m.*
hun·gry [ˈhʌŋgrɪ] *adj.* □ **1.** hungrig: ***be*** (*od.* ***feel***) **~** hungrig sein, Hunger haben: ***go ~*** hungern; ***~ as a hunter*** (*od.* ***bear***) hungrig wie ein Wolf; **2.** *fig.* hungrig (***for*** nach): ***~ for knowledge*** wissensdurstig; **3.** ✓ karg, mager (*Boden*).
hunk [hʌŋk] *s.* F großes Stück, (dicker) Brocken.
hunk·y-do·ry [ˌhʌŋkɪˈdɔːrɪ] *adj. Am. sl.* **1.** ‚klasse', prima; **2.** bestens, ‚in Butter'.
hunt [hʌnt] **I** *s.* **1.** Jagd *f*, Jagen *n*: ***the ~ is up*** die Jagd hat begonnen; **2.** ˈJagd(-reˌvier *n*) *f*; **3.** Jagd(gesellschaft) *f*; **4.** *fig.* Jagd *f*: a) Verfolgung *f*, b) Suche *f* (***for*** nach); **II** *v/t.* **5.** (*a. fig. j-n*) jagen, Jagd machen auf (*acc.*), hetzen: ***~ed look*** *fig.* gehetzter Blick; ***~ down*** erlegen, *a. fig.* zur Strecke bringen; ***~ out*** a) hinausjagen, b) *a.* ***~ up*** aufstöbern, -spüren, -treiben, *weitS.* forschen nach; **6.** *Revier* durchˈjagen, -ˈstöbern, -ˈsuchen (*a. fig.*) (***for*** nach); **7.** jagen mit (*Hunden, Pferden etc.*); **8.** *Radar, TV*: abtasten; **III** *v/i.* **9.** jagen: ***~ for*** Jagd machen auf (*acc.*) (*a. fig.*); **10.** ***~ after*** (*od.* ***for***) a) suchen nach, b) jagen, streben nach; **11.** ⚙ flattern; **ˈhunt·er** [-tə] *s.* **1.** Jäger *m* (*a. zo. u. fig.*): ***~-killer satellite*** ⚔ Killersatellit *m*; **2.** Jagdhund *m od.* -pferd *n*; **3.** Sprungdeckeluhr *f.*
hunt·ing [ˈhʌntɪŋ] **I** *s.* **1.** Jagd *f*, Jagen *n*; **2.** → ***hunt*** 4; **3.** *Radar, TV*: Abtastvorrichtung *f*; **II** *adj.* **4.** Jagd…; **~ box** → ***hunting lodge***; **~ cat** → ***cheetah***; **~ crop** *s.* Jagdpeitsche *f*; **~ ground** *s.* ˈJagdreˌvier *n*, -gebiet *n* (*a. fig.*): ***the happy ~s*** die ewigen Jagdgründe; **~ horn** *s.* Hift-, Jagdhorn *n*; **~ leop·ard** → ***cheetah***; **~ li·cence**, *Am.* **~ li·cense** *s.* Jagdschein *m*; **~ lodge** *s.* Jagdhütte *f*; **~ sea·son** *s.* Jagdzeit *f.*
hunt·ress [ˈhʌntrɪs] *s.* Jägerin *f.*
hunts·man [ˈhʌntsmən] *s.* [*irr.*] **1.** Jäger *m*, Weidmann *m*; **2.** Rüdemeister *m*; **ˈhunts·man·ship** [-ʃɪp] *s.* Jägeˈrei *f*, Weidwerk *n.*
hur·dle [ˈhɜːdl] **I** *s.* **1.** *sport u. fig.* a) Hürde *f*, b) *Hindernislauf, Pferdesport*: Hindernis *n*: ***take*** (*od.* ***pass***) ***the ~*** *a. fig.* die Hürde nehmen; **2.** Hürde *f*, (Weiden-, Draht)Geflecht *n*; **3.** ⚙ Faˈschine *f*, Gitter *n*; **II** *v/t.* **4.** mit Hürden umˈgeben, umˈzäunen; **5.** *ein Hindernis* überˈspringen; **6.** *fig. e-e Schwierigkeit* überˈwinden; **III** *v/i.* **7.** *sport*: e-n Hürden- *od.* Hindernislauf *od.* (*Pferdesport*) ein Hindernisrennen bestreiten; **ˈhur·dler** [-lə] *s. sport* a) Hürdenläufer (-in), b) Hindernisläufer *m*; **ˈhur·dle-race** *s. sport* a) Hürdenlauf *m*, b) Hindernislauf *m*, c) *Pferdesport*: Hindernisrennen *n.*
hur·dy-gur·dy [ˈhɜːdɪˌgɜːdɪ] *s.* ♪ a) Drehleier *f*, b) Leierkasten *m.*
hurl [hɜːl] **I** *v/t.* **1.** schleudern (*a. fig.*): ***~ abuse at s.o.*** j-m Beleidigungen ins Gesicht schleudern; ***~ o.s.*** sich stürzen (***on*** auf *acc.*); **II** *v/i.* **2.** *sport* Hurling spielen; **III** *s.* **3.** Schleudern *n*; **ˈhurl·er** [-lə] *s. sport* Hurlingspieler *m*; **ˈhurl·ey** [-lɪ] *s. sport* **1.** → ***hurling***; **2.** Hurlingstock *m*; **ˈhurl·ing** [-lɪŋ] *s. sport* Hurling (-spiel) *n* (*Art Hockey*).
hurl·y-burl·y [ˈhɜːlɪˌbɜːlɪ] **I** *s.* Tuˈmult *m*, Aufruhr *m*; Wirrwarr *m*; **II** *adj.* turbuˈlent.
hur·rah [hʊˈrɑː] **I** *int.* hurˈra!: ***~ for …!*** hoch *od.* es lebe …!; **II** *s.* Hurˈra(ruf *m*) *n.*
hur·ray [hʊˈreɪ] → ***hurrah.***
hur·ri·cane [ˈhʌrɪkən] *s.* a) Hurrikan *m*, Wirbelsturm *m*, b) Orˈkan *m*, *fig. a.* Sturm *m*; **~ deck** *s.* ⚓ Sturmdeck *n*; **~ lamp** *s.* ˈSturmlaˌterne *f.*
hur·ried [ˈhʌrɪd] *adj.* □ eilig, hastig, schnell, überˈeilt; **ˈhur·ri·er** [-ɪə] *s. Brit.* ⚒ Fördermann *m.*
hur·ry [ˈhʌrɪ] **I** *s.* **1.** Hast *f*, Eile *f*: ***in a ~*** eilig, hastig; ***be in a ~*** es eilig haben (***to do s.th.*** et. zu tun); ***there is no ~*** es eilt nicht, es hat keine Eile; ***in my ~ I forgot …*** vor lauter Eile vergaß ich …; ***you will not beat that in a ~*** F das machst du nicht so bald *od.* leicht nach; ***the ~ of daily life*** die Hetze des Alltags; ***in the ~ of business*** im Drang der Geschäfte; **II** *v/t.* **2.** schnell *od.* eilig befördern *od.* bringen: ***~ through*** *fig. Gesetzesvorlage etc.* durchpeitschen; **3.** *oft* ***~ up*** (*od.* ***on***) a) *j-n* antreiben, b) *et.* beschleunigen; **4.** *et.* überˈeilen; **III** *v/i.* **5.** eilen, hasten: ***~ over s.th.*** et. hastig *od.* flüchtig erledigen; **6.** *oft* ***~ up*** sich beeilen: ***~ up!*** beeil dich!, (mach) schnell!; **ˌ~-ˈscur·ry** [-ˈskʌrɪ] → ***helter-skelter***; **ˈ~-up** *adj. Am.* **1.** eilig, Eil…: ***~ job***; **2.** hastig: ***~ breakfast.***
hurst [hɜːst] *s.* **1.** (*obs. außer in Ortsnamen*) Forst *m*; **2.** *obs.* bewaldeter Hügel; **3.** *obs.* Sandbank *f.*
hurt [hɜːt] **I** *v/t.* [*irr.*] **1.** verletzen, verwunden (*beide a. fig.*): ***~ s.o.'s feelings***; ***feel ~*** gekränkt *od.* verletzt sein; → ***fly***[2] 1; **2.** schmerzen, weh tun (*dat.*) (*beide a. fig.*); drücken (*Schuh*); **3.** *j-m* schaden *od.* Schaden zufügen: ***it won't ~ you to inf.*** F du stirbst nicht gleich, wenn du; **4.** *et.* beschädigen; **II** *v/i.* [*irr.*] **5.** schmerzen, weh tun (*a. fig.*); **6.** schaden: ***that won't ~*** das schadet nichts; **7.** F Schmerzen haben, *a. fig.* leiden (***from*** an *dat.*); **III** *s.* **8.** Schmerz *m* (*a. fig.*); **9.** Verletzung *f*; **10.** Kränkung *f*; **11.** Schaden *m*, Nachteil *m*; **ˈhurt·ful** [-fʊl] *adj.* □ **1.** verletzend; **2.** schmerzlich; **3.** schädlich, nachteilig (***to*** für).
hur·tle [ˈhɜːtl] **I** *v/i.* **1.** *obs.* (***against***) zs.-prallen (mit), prallen, krachen (gegen); **2.** sausen, rasen; **3.** rasseln, poltern; **II** *v/t.* **4.** → ***hurl*** 1.
ˈhur·tle·ber·ry *s.* ♀ Heidelbeere *f.*
hus·band [ˈhʌzbənd] **I** *s.* (Ehe)Mann *m*, Gatte *m*, Gemahl *m*; **II** *v/t.* haushälterisch *od.* sparsam ˈumgehen mit, haushalten mit; **ˈhus·band·man** [-ndmən] *s.* [*irr.*] *obs.* Bauer *m*; **ˈhus·band·ry** [-rɪ] *s.* **1.** Landwirtschaft *f*; **2.** Haushalten *n.*
hush [hʌʃ] **I** *int.* **1.** still!, pst!; **II** *v/t.* **2.** zum Schweigen *od.* zur Ruhe bringen; **3.** *fig.* besänftigen, beruhigen; **4.** *mst* ***~ up*** vertuschen; **III** *v/i.* **5.** still werden; **IV** *s.* **6.** Stille *f*, Ruhe *f*; **ˈhush·a·by** [-ʃəbaɪ] *int.* eiapoˈpeia!; **hushed** [-ʃt] *adj.* lautlos, still.
ˌhush|-ˈhush *adj.* geheim(gehalten), Geheim…, heimlich; **ˈ~-ˌmon·ey** *s.* Schweigegeld *n.*
husk [hʌsk] **I** *s.* **1.** ♀ Hülse *f*, Schale *f*, Schote *f*, *Am. mst* Maishülse *f*; **2.** *fig.* (leere) Hülle, Schale *f*; **II** *v/t.* **3.** enthülsen, schälen; **ˈhusk·er** [-kə] *s.* **1.** Enthülser(in); **2.** ˈSchälmaˌschine *f*; **ˈhusk·i·ly** [-kɪlɪ] *adv.* mit rauher *od.* heiserer Stimme; **ˈhusk·i·ness** [-kɪnɪs] *s.* Heiserkeit *f*, Rauheit *f*; **ˈhusk·ing** [-kɪŋ] *s.* **1.** Enthülsen *n*, Schälen *n*; **2.** *a.* ***~ bee*** *Am.* geselliges Maisschälen.
husk·y[1] [ˈhʌskɪ] **I** *adj.* □ **1.** hülsig; **2.** ausgedörrt; **3.** rauh, heiser; **4.** F stämmig, kräftig; **II** *s.* **5.** F stämmiger Kerl.
hus·ky[2] [ˈhʌskɪ] *s. zo.* Husky *m*, Eskimohund *m.*
hus·sar [hʊˈzɑː] *s.* ⚔ Huˈsar *m.*
Huss·ite [ˈhʌsaɪt] *s. hist.* Husˈsit *m.*
hus·sy [ˈhʌsɪ] *s.* **1.** Range *f*, ‚Fratz' *m*; **2.** ‚leichtes Mädchen', ‚Flittchen' *n.*
hus·tings [ˈhʌstɪŋz] *s. pl. mst sg. konstr. pol.* a) Wahlkampf *m*, b) Wahl(en *pl.*) *f.*
hus·tle [ˈhʌsl] **I** *v/t.* **1.** a) stoßen, drängen, b) (an)rempeln; **2.** a) hetzen, (an-)treiben, b) drängen (***into doing s.th.*** dazu, et. zu tun); **3.** rasch *wohin* schaffen *od.* ‚verfrachten'; **4.** sich beeilen mit; **5.** ***~ up*** *Am.* F ‚herzaubern'; **6.** *Am.* F a) *et.* ergattern, b) sich *et.* ergaunern; **II** *v/i.* **7.** sich drängen, hasten, hetzen, sich beeilen; **8.** *Am.* F a) mit Hochdruck arbeiten, b) ‚rangehen', Dampf daˈhinter machen; **9.** *Am. sl.* a) ‚klauen', b) Betrügeˈreien begehen, c) betteln, d) auf Kundschaft ausgehen (*a. Prostituierte*), e) ‚schwer hinterm Geld her sein'; **III** *s.* **10.** *mst* ***~ and bustle*** a) Gedränge *n*, b) Gehetze *n*, c) ‚Betrieb' *m*; **11.** *Am.* F Gauneˈrei *f*; **ˈhus·tler** [-lə] *s.* **1.** F rühriger Mensch, ‚Wühler' *m*; **2.** *bsd. Am.* F a) ‚Nutte' *f*, Prostituˈierte *f*, b) (kleiner) Gauner.
hut [hʌt] **I** *s.* **1.** Hütte *f*; **2.** ⚔ Baˈracke *f*; **II** *v/t. u. v/i.* **3.** in Baˈracken *od.* Hütten ˈunterbringen (wohnen): ***~ted camp*** Barackenlager *n.*
hutch [hʌtʃ] *s.* **1.** Kiste *f*, Kasten *m*; **2.** Trog *m*; **3.** (kleiner) Stall, Käfig *m*, Verschlag *m*; **4.** ⚒ Hund *m*; **5.** F Hütte *f.*
hut·ment [ˈhʌtmənt] *s.* ⚔ **1.** ˈUnterbringung *f* in Baˈracken; **2.** Baˈrackenlager *n.*
huz·za [hʊˈzɑː] *obs.* → ***hurrah.***
hy·a·cinth [ˈhaɪəsɪnθ] *s.* **1.** ♀ Hyaˈzinthe *f*; **2.** *min.* Hyaˈzinth *m.*
hy·ae·na → ***hyena.***
hy·brid [ˈhaɪbrɪd] **I** *s.* **1.** *biol.* Hyˈbride *f*, *m*, Mischling *m*, Bastard *m*, Kreuzung *f*; **2.** *ling.* Mischwort *n*; **II** *adj.* **3.** hyˈbrid: a) *biol.* Misch…, Bastard…, Zwitter…, b) *fig.* ungleichartig, gemischt; **ˈhy·brid·ism** [-dɪzəm], **hy·brid·i·ty** [haɪˈbrɪdətɪ] *s. biol.* Mischbildung *f*, Kreuzung *f*; **hy·brid·i·za·tion** [ˌhaɪbrɪdaɪˈzeɪʃn] *s.* Kreuzung *f*; **ˈhy-**

brid·ize [-daɪz] *v/t.* (*v/i.* sich) kreuzen.

Hy·dra [ˈhaɪdrə] *s.* **1.** Hydra *f*: a) *myth. vielköpfige Schlange*, b) *ast.* Wasserschlange *f*; **2.** ♀ *fig.* Hydra *f* (*kaum auszurottendes Übel*); **3.** ♀ *zo.* ˈSüßwasserpoˌlyp *m.*

hy·dran·ge·a [haɪˈdreɪndʒə] *s.* ⚘ Horˈtensie *f.*

hy·drant [ˈhaɪdrənt] *s.* Hyˈdrant *m.*

hy·drate [ˈhaɪdreɪt] ⚗ **I** *s.* Hyˈdrat *n*; **II** *v/t.* hydratisieren; ˈ**hy·drat·ed** [-tɪd] *adj.* ⚗, *min.* hyˈdrathaltig; **hy·dra·tion** [haɪˈdreɪʃn] *s.* ⚗ Hydra(ta)tiˈon *f.*

hy·drau·lic [haɪˈdrɔːlɪk] **I** *adj.* (□ ***~ally***) ⚙, *phys.* hyˈdraulisch: a) (Druck-)Wasser…: ***~ clutch*** (***jack***, ***press***) hydraulische Kupplung (Winde, Presse); ***~ power*** (***pressure***) Wasserkraft *f* (-druck *m*), b) unter Wasser erhärtend: ***~ cement*** hydraulischer Mörtel, Wassermörtel *m*; **II** *s. pl. sg. konstr. phys.* Hyˈdraulik *f* (*Wissenschaft*); **~ brake** *s. mot.* hyˈdraulische Bremse, Flüssigkeitsbremse *f*; **~ dock** *s.* ⚓ Schwimmdock *n*; **~ en·gi·neer** *s.* ˈWasserbauingeniˌeur *m*; **~ en·gi·neer·ing** *s.* Wasserbau *m.*

hy·dric [ˈhaɪdrɪk] *adj.* ⚗ Wasserstoff…: ***~ oxide*** Wasser *n*; ˈ**hy·dride** [-raɪd] *s.* ⚗ Hyˈdrid *n.*

hy·dro [ˈhaɪdrəʊ] *pl.* **-dros** *s.* F **1.** ✈ → ***hydroplane*** 1; **2.** ⚕ *Brit.* F Hoˈtel *n* mit hydroˈpathischen Einrichtungen.

hydro- [haɪdrəʊ] *in Zssgn* a) Wasser…, b) …wasserstoff *m.*

ˈ**hy·dro|·bomb** *s.* ⚔ ˈLufttorˌpedo *m*; ˌ**~ˈcar·bon** *s.* ⚗ Kohlenwasserstoff *m*; ˌ**~ˈcel·lu·lose** *s.* ⚗ ˈHydrozelluˌlose *f*; ˌ**~·ceˈphal·ic** [-əʊseˈfælɪk], ˌ**~ˈceph·a·lous** [-əʊˈsefələs] *adj.* ⚕ mit e-m Wasserkopf; ˌ**~ˈceph·a·lus** [-əʊˈsefələs] *s.* ⚕ Wasserkopf *m*; ˌ**~ˈchlo·ric** *adj.* ⚗ salzsauer: ***~ acid*** Salzsäure *f*, Chlorwasserstoff *m*; ˌ**~ˈchlo·ride** *s.* ⚗ ˈChlorhyˌdrat *n*; ˌ**~·cyˈan·ic ac·id** *s.* ⚗ Blausäure *f*, Zyˈanwasserstoffsäure *f*; ˌ**~·dyˈnam·ic** *adj. phys.* hydrodyˈnamisch; ˌ**~·dyˈnam·ics** *s. pl. mst sg. konstr. phys.* Hydrodyˈnamik *f*; ˌ**~·eˈlec·tric** *adj.* ⚙ hydroeˈlektrisch: ***~ power station*** (*od.* ***plant***) Wasserkraftwerk *n*; ˌ**~·exˈtract** *v/t.* ⚙ zentrifugieren, entwässern; ˌ**~·fluˈor·ic ac·id** *s.* ⚗ Flußsäure *f*; ˈ**~·foil** *s.* ⚓ Tragflügel(boot *n*) *m.*

hy·dro·gen [ˈhaɪdrədʒən] *s.* ⚗ Wasserstoff *m*: ***~ bomb***; ***~ cylinder*** Wasserstoffflasche *f*; ***~ peroxide*** Wasserstoffsuperoxyd *n*; ***~ sulphide*** Schwefelwasserstoff; ˈ**hy·dro·gen·ate** [-ədʒɪneɪt] *v/t.* ⚗ **1.** hydrieren; **2.** *Öl* härten; **hy·dro·gen·a·tion** [ˌhaɪdrədʒɪˈneɪʃn] *s.* ⚗ **1.** Hydrierung *f*; **2.** (Öl)Härtung *f*; ˈ**hy·dro·gen·ize** [-ədʒɪnaɪz] → ***hydrogenate***; **hy·drog·e·nous** [haɪˈdrɒdʒɪnəs] *adj.* ⚗ wasserstoffhaltig, Wasserstoff…

hy·dro·graph·ic [ˌhaɪdrəʊˈgræfɪk] *adj.* (□ ***~ally***) hydroˈgraphisch: ***~ map*** ⚓ Seekarte *f*; ***~ office*** (*od.* ***department***) ⚓ Seewarte *f*; **hy·drog·ra·phy** [haɪˈdrɒgrəfɪ] *s.* **1.** Hydrograˈphie *f*, Gewässerkunde *f*; **2.** Gewässer *pl.* (*e-r Landkarte*).

hy·dro·log·ic, **hy·dro·log·i·cal** [ˌhaɪdrəʊˈlɒdʒɪk(l)] *adj.* □ hydroˈlogisch; **hy·drol·o·gy** [haɪˈdrɒlədʒɪ] *s.* Hydroloˈgie *f.*

hy·drol·y·sis [haɪˈdrɒlɪsɪs] *pl.* **-ses** [-siːz] *s.* ⚗ Hydroˈlyse *f*; **hy·dro·lyt·ic** [ˌhaɪdrəʊˈlɪtɪk] *adj.* hydroˈlytisch; **hy·dro·lyze** [ˈhaɪdrəlaɪz] *v/t.* hydrolysieren.

hy·drom·e·ter [haɪˈdrɒmɪtə] *s. phys.* Hydroˈmeter *n.*

hy·dro·path [ˈhaɪdrəʊpæθ] → ***hydropathist***; **hy·dro·path·ic** [ˌhaɪdrəʊˈpæθɪk] ⚕ *adj.* hydroˈpathisch, Wasserkur…; **hy·drop·a·thist** [haɪˈdrɒpəθɪst] *s.* ⚕ Hydroˈpath *m*, Kneipparzt *m*; **hy·drop·a·thy** [haɪˈdrɒpəθɪ] *s.* ⚕ Hydrotheraˈpie *f.*

hy·dro|·pho·bi·a [ˌhaɪdrəʊˈfəʊbjə] *s.* ⚕ Hydrophoˈbie *f*: a) *a. psych.* Wasserscheu *f*, b) Tollwut *f*; **~·phyte** [ˈhaɪdrəʊfaɪt] *s.* ⚘ Wasserpflanze *f*; **~·plane** [ˈhaɪdrəʊpleɪn] **I** *s.* **1.** ✈ Wasserflugzeug *n*; **2.** ✈ Gleitfläche *f* (*e-s Wasserflugzeugs*); **3.** ⚓ Tragflügelboot *n*; **4.** ⚓ Tiefenruder *n* (*e-s U-Boots*); **II** *v/i.* **5.** *Am.* → ***aquaplane*** 3; ˌ**~ˈpon·ics** [-ˈpɒnɪks] *s. pl. sg. konstr.* ˈHydro-, ˈWasserkulˌtur *f*; ˌ**~·qui·none** [-kwɪˈnəʊn] *s. phot.* Hydrochiˈnon *n*; **~·scope** [ˈhaɪdrəskəʊp] *s.* ⚙ Unterˈwassersichtgerät *n*; **~·sphere** [ˈhaɪdrəsfɪə] *s.* Hydroˈsphäre *f* (*die Wasserhülle der Erde*); ˌ**~ˈstat·ic** [-ˈstætɪk] *adj.* hydroˈstatisch; ˌ**~ˈstat·ics** [-ˈstætɪks] *s. pl. sg. konstr.* Hydroˈstatik *f*; ˌ**~ˈther·a·py** [-ˈθerəpɪ] *s.* ⚕ Hydrotheraˈpie *f.*

hy·drous [ˈhaɪdrəs] *adj.* ⚗ wasserhaltig.

hy·drox·ide [haɪˈdrɒksaɪd] *s.* ⚗ Hydroˈxyd *n*: ***~ of sodium*** Ätznatron *n.*

hy·e·na [haɪˈiːnə] *s. zo.* Hyˈäne *f*: ***laugh like a ~*** F sich schieflachen.

hy·giene [ˈhaɪdʒiːn] *s.* **1.** Hygiˈene *f*, Gesundheitspflege *f*: ***personal ~*** Körperpflege; ***dental*** (***food***, ***sex***) ***~*** Zahn- (Nahrungs-, Sexual)hygiene; **2.** → ***hygienic*** II; **hy·gi·en·ic** [haɪˈdʒiːnɪk] **I** *adj.* (□ ***~ally***) hygiˈenisch; saniˈtär; **II** *s. pl. sg. konstr.* Hygiˈene *f*, Gesundheitslehre *f*; ˈ**hy·gi·en·ist** [-nɪst] *s.* Hygiˈeniker(in).

hy·gro·graph [ˈhaɪgrəgrɑːf] *s. meteor.* Hygroˈgraph *m*, selbstregistrierender Luftfeuchtigkeitsmesser; **hy·grom·e·ter** [haɪˈgrɒmɪtə] *s. meteor.* Hygroˈmeter *n*, Luftfeuchtigkeitsmesser *m*; **hy·gro·met·ric** [ˌhaɪgrəʊˈmetrɪk] *adj.* hygroˈmetrisch; **hy·grom·e·try** [haɪˈgrɒmɪtrɪ] *s.* Hygromeˈtrie *f*, Luftfeuchtigkeitsmessung *f*; ˈ**hy·gro·scope** [-əskəʊp] *s. meteor.* Hygroˈskop *n*, Feuchtigkeitsanzeiger *m*; **hy·gro·scop·ic** [ˌhaɪgrəʊˈskɒpɪk] *adj.* hygroˈskopisch, Feuchtigkeit anzeigend *od. a.* anziehend.

hy·ing [ˈhaɪɪŋ] *pres.p. von* ***hie***.

hy·men [ˈhaɪmen] *s.* **1.** *anat.* Hymen *n*, Jungfernhäutchen *n*; **2.** *poet.* Ehe *f*, Hochzeit *f*; **3.** ♀ *myth.* Hymen *m*, Gott *m* der Ehe.

hy·me·nop·ter·a [ˌhaɪməˈnɒptərə] *s. pl. zo.* Hautflügler *pl.*

hymn [hɪm] **I** *s.* Hymne *f* (*a. fig. Loblied, -gesang*), Kirchenlied *n*, Choˈral *m*; **II** *v/t.* (lob)preisen; **III** *v/i.* Hymnen singen; **hym·nal** [ˈhɪmnəl] **I** *adj.* hymnisch, Hymnen…; **II** *s.* → ˈ**hymn-book** *s.* Gesangbuch *n*; **hym·nic** [ˈhɪmnɪk] *adj.* hymnenartig; ˈ**hym·no·dy** [-nəʊdɪ] *s.* **1.** Hymnensingen *n*; **2.** Hymnendichtung *f*; **3.** *coll.* Hymnen *pl.*

hy·oid (**bone**) [ˈhaɪɔɪd] *s. anat.* Zungenbein *n.*

hype[1] [haɪp] *sl.* **I** *s.* **1.** ‚Spritze' *f*, ‚Schuß' *m* (*Rauschgift*); **2.** ‚Fixer(in)'; **II** *v/i.* **3.** *mst* ***~ up*** ‚sich e-n Schuß setzen'; **III** *v/t.* **4.** ***be ~d up*** ‚high' sein (*a. fig.*).

hype[2] [haɪp] *sl.* **I** *s.* Trick *m*, ‚Beschiß' *m*; **II** *v/t. j-n* austricksen, ‚bescheißen'.

ˌ**hy·per·aˈcid·i·ty** [ˌhaɪpərə-] *s.* ⚕ Überˈsäuerung *f* (*des Magens*).

hy·per·bo·la [haɪˈpɜːbələ] *s.* A Hyˈperbel *f* (*Kegelschnitt*); **hyˈper·bo·le** [-lɪ] *s. rhet.* Hyˈperbel *f*, Überˈtreibung *f*; **hy·per·bol·ic**, **hy·per·bol·i·cal** [ˌhaɪpəˈbɒlɪk(l)] *adj.* □ A, *rhet.* hyperˈbolisch.

hy·per·bo·re·an [ˌhaɪpəbɔːˈriːən] **I** *s. myth.* Hyperboˈreer *m*; **II** *adj.* hyperboˈreisch; ˌ**hy·per·corˈrect** [ˌhaɪpə-] *adj.* ˈhyperkorˌrekt (*a. ling.*); ˌ**hy·perˈcrit·i·cal** [ˌhaɪpə-] *adj.* □ hyperkritisch, allzu kritisch; ˈ**hy·perˌmar·ket** [ˈhaɪpə-] *s.* Groß-, Verbrauchermarkt *m*; **hy·per·me·tro·pi·a** [ˌhaɪpəmɪˈtrəʊpɪə], **hy·per·o·pi·a** [ˌhaɪpəˈrəʊpɪə] *s.* ⚕ ˈÜbersichtigkeit *f*; ˌ**hy·perˈsen·si·tive** [ˌhaɪpə-] *adj.* ˈüberempfindlich; ˌ**hy·perˈson·ic** [ˌhaɪpə-] *adj. phys.* hyperˈsonisch (*etwa über fünffache Schallgeschwindigkeit*); ˌ**hy·perˈten·sion** [ˌhaɪpə-] *s.* ⚕ Hypertoˈnie *f*, erhöhter Blutdruck.

hy·per·troph·ic [ˌhaɪpəˈtrɒfɪk], **hy·per·tro·phied** [haɪˈpɜːtrəʊfɪd] *adj.* ⚕, *biol. u. fig.* hyperˈtroph; **hy·per·tro·phy** [haɪˈpɜːtrəʊfɪ] ⚕, *biol. u. fig.* **I** *s.* Hypertroˈphie *f*; **II** *v/t.* (*v/i.* sich) ˈübermäßig vergrößern.

hy·phen [ˈhaɪfn] **I** *s.* **1.** Bindestrich *m*; **2.** Trennungszeichen *n*; **II** *v/t.* **3.** → ˈ**hy·phen·ate** [-fəneɪt] *v/t.* mit Bindestrich schreiben: ***~d American*** ‚Bindestrich-amerikaner' *m*; **hy·phen·a·tion** [ˌhaɪfəˈneɪʃn] *s.* a) Schreibung *f* mit Bindestrich, b) (Silben)Trennung *f.*

hyp·noid [ˈhɪpnɔɪd] *adj.* hypnoˈid, hypˈnose- *od.* schlafähnlich.

hyp·no·sis [hɪpˈnəʊsɪs] *pl.* **-ses** [-siːz] *s.* ⚕ Hypˈnose *f*; ˌ**hyp·noˈther·a·py** [ˌhɪpnəʊ-] *s. psych.* Hypnotheraˈpie *f*; **hypˈnot·ic** [-ˈnɒtɪk] **I** *adj.* (□ ***~ally***) **1.** hypˈnotisch; **2.** einschläfernd; **3.** hypnotisierbar; **II** *s.* **4.** Hypˈnotikum *n*, Schlafmittel *n*; **5.** a) Hypnotisierte(r *m*) *f*, b) *j-d, der hypnotisierbar ist*; **hyp·no·tism** [ˈhɪpnətɪzəm] *s.* ⚕ **1.** Hypnoˈtismus *m*; **2.** a) Hypˈnose *f*, b) Hypnotisierung *f*; **hyp·no·tist** [ˈhɪpnətɪst] *s.* Hypnotiˈseur *m*; **hyp·no·ti·za·tion** [ˌhɪpnətaɪˈzeɪʃn] *s.* Hypnotisierung *f*; **hyp·no·tize** [ˈhɪpnətaɪz] *v/t.* ⚕ hypnotisieren (*a. fig.*).

hy·po[1] [ˈhaɪpəʊ] *s.* ⚗, *phot.* Fixiersalz *n*, ˈNatriumthiosulˌfat *n.*

hy·po[2] [ˈhaɪpəʊ] *pl.* **-pos** *s.* F → a) ***hypodermic injection***, b) ***hypodermic syringe***.

hy·po·chon·dri·a [ˌhaɪpəʊˈkɒndrɪə] *s.* ⚕ Hypochonˈdrie *f*; ˌ**hy·poˈchon·dri·ac** [-ɪæk] ⚕ **I** *adj.* (□ ***~ally***) hypoˈchondrisch; **II** *s.* Hypoˈchonder *m.*

hy·poc·ri·sy [hɪˈpɒkrəsɪ] *s.* Heucheˈlei *f*, Scheinheiligkeit *f*; **hyp·o·crite** [ˈhɪpəkrɪt] *s.* Hypoˈkrit *m*, Heuchler(in), Scheinheilige(r *m*) *f*; **hyp·o·crit·i·cal** [ˌhɪpəʊˈkrɪtɪkl] *adj.* □ heuchlerisch, scheinheilig.

hy·po·der·mic [ˌhaɪpəʊˈdɜːmɪk] ⚕ **I** *adj.* (□ ***~ally***) **1.** subkuˈtan, hypoderˈmal, unter der *od.* die Haut; **II** *s.* **2.** → ***hypodermic injection***; **3.** → ***hypodermic syringe***; **4.** subku'tan angewandtes Mittel; ~ **in·jec·tion** *s.* ⚕ subku'tane Injekti'on; ~ **nee·dle** *s.* ⚕ Nadel *f* für e-e subku'tane Spritze; ~ **syr·inge** *s.* ⚕ Spritze *f* zur subku'tanen Injekti'on.

hy·po|·phos·phate [ˌhaɪpəʊ'fɒsfeɪt] *s.* ⚗ 'Hypophosˌphat *n*; ~**·phos·phor·ic ac·id** [ˌhaɪpəʊfɒs'fɒrɪk] *s.* ⚗ Hypo-, 'Unterphosphorsäure *f*.

hy·poph·y·sis [haɪ'pɒfɪsɪs] *pl.* **-ses** [-si:z] *s. anat.* Hirnanhangdrüse *f*, Hypo'physe *f*.

hy·pos·ta·sis [haɪ'pɒstəsɪs] *pl.* **-ses** [-si:z] *s.* **1.** *phls.* Hypo'stase *f*: a) Grundlage *f*, Sub'stanz *f*, b) Vergegenständlichung *f* (*e-s Begriffs*); **2.** ⚕, *biol.* Hypo'stase *f*.

hy·po|·sul·fite, *bsd. Brit.* ~**·sul·phite** [ˌhaɪpəʊ'sʌlfaɪt] *s.* ⚗ **1.** Hyposul'fit *n*, 'unterschwefligsaures Salz; **2.** → ***hypo***[1]; ~**·sul·fu·rous**, *bsd. Brit.* ~**·sul·phu·rous** [ˌhaɪpəʊ'sʌlfərəs] *adj.* ⚗ 'unterschweflig.

hy·po·tac·tic [ˌhaɪpəʊ'tæktɪk] *adj. ling.* hypo'taktisch, 'unterordnend.

hy·po·ten·sion [ˌhaɪpəʊ'tenʃn] *s.* ⚕ zu niedriger Blutdruck, Hypoto'nie *f*.

hy·pot·e·nuse [haɪ'pɒtənju:z] *s.* △ Hypote'nuse *f*.

hy·poth·ec ['haɪpəθɪk] *s.* ⚖ *Scot.* Hypo'thek *f*; **hy·poth·e·car·y** [haɪ'pɒθɪkərɪ] *adj.* ⚖ hypothe'karisch: ~ ***debts*** Hypothekenschulden; ~ ***value*** Beleihungswert *m*; **hy·poth·e·cate** [haɪ'pɒθɪkeɪt] *v/t.* **1.** ⚖ *Grundstück etc.* hypothe'karisch belasten; **2.** *Schiff* verbodmen; **3.** ✝ *Effekten* lombardieren; **hy·poth·e·ca·tion** [haɪˌpɒθɪ'keɪʃn] *s.* **1.** ⚖ hypothe'karische Belastung (*Grundstück etc.*); **2.** Verbodmung *f* (*Schiff*); **3.** ✝ Lombardierung *f* (*Effekten*).

hy·poth·e·sis [haɪ'pɒθɪsɪs] *pl.* **-ses** [-si:z] *s.* Hypo'these *f*: a) Annahme *f*, Vor'aussetzung *f*: ***working*** ~ Arbeitshypothese, b) (bloße) Vermutung; **hy'poth·e·size** [-saɪz] **I** *v/i.* e-e Hypo'these aufstellen; **II** *v/t.* vor'aussetzen, annehmen, vermuten; **hy·po·thet·ic**, **hy·po·thet·i·cal** [ˌhaɪpəʊ'θetɪk(l)] *adj.* □ hypo'thetisch.

hyp·som·e·try [hɪp'sɒmɪtrɪ] *s. geogr.* Höhenmessung *f*.

hys·sop ['hɪsəp] *s.* **1.** ⚘ Ysop *m*; **2.** *R.C.* Weihwedel *m*.

hys·te·ri·a [hɪ'stɪərɪə] *s.* ⚕ *u. fig.* Hyste'rie *f*; **hys·ter·ic** [hɪ'sterɪk] ⚕ **I** *s.* **1.** Hy'steriker(in); **2.** *pl. mst sg. konstr.* Hyste'rie *f*, hy'sterischer Anfall: ***go*** (***off***) ***into*** ~***s*** a) e-n hysterischen Anfall bekommen, hysterisch werden, b) F e-n Lachkrampf bekommen; **II** *adj.* (□ ~***ally***) **3.** → **hys·ter·i·cal** [hɪ'sterɪkl] *adj.* □ ⚕ *u. fig.* hy'sterisch.

I

I[1], **i** [aɪ] *s.* I *n*, i *n* (*Buchstabe*).

I[2] [aɪ] **I** *pron.* ich; **II** *pl.* **I's** *s. das* Ich.

i·am·bic [aɪ'æmbɪk] **I** *adj.* jambisch; **II** *s.* a) Jambus *m* (*Versfuß*), b) jambischer Vers; **i'am·bus** [-bəs] *pl.* **-bi** [-baɪ], **-bus·es** *s.* Jambus *m.*

'I-beam *s.* ⚙ Doppel-T-Träger *m*; I-Formstahl *m*: **~ *section*** I-Profil *n.*

I·be·ri·an [aɪ'bɪərɪən] **I** *s.* **1.** I'berer(in); **2.** *ling.* I'berisch *n*; **II** *adj.* **3.** i'berisch; **4.** die i'berische Halbinsel betreffend; **Ibero-** [-rəʊ] *in Zssgn* Ibero…; **~-*America*** Lateinamerika *n.*

i·bex ['aɪbeks] *s. zo.* Steinbock *m.*

i·bi·dem [ɪ'baɪdem], *a.* **ib·id** ['ɪbɪd] (*Lat.*) *adv.* ebenda (*bsd. für Textstelle etc.*).

i·bis ['aɪbɪs] *s. zo.* Ibis *m.*

ice [aɪs] **I** *s.* **1.** Eis *n*: ***broken* ~** Eisstücke *pl.*; ***dry* ~** Trockeneis (*feste Kohlensäure*); ***break the* ~** *fig.* das Eis brechen; ***skate on*** (*od.* ***over***) ***thin* ~** *fig.* a) ein gefährliches Spiel treiben, b) ein heikles Thema berühren; ***cut no* ~** F keinen Eindruck machen, ‚nicht ziehen'; ***that cuts no* ~ *with me*** F das zieht bei mir nicht; ***keep*** (*od.* ***put***) ***on* ~** F *et. od. j-n* ‚auf Eis legen'; **2.** a) *Am.* Gefrorenes *n* aus Fruchtsaft u. Zuckerwasser, b) *Brit.* (Speise)Eis *n*, c) → ***icing*** 2; **3.** *sl.* Dia'manten *pl.*, ‚Klunkern' *pl.*; **II** *v/t.* **4.** mit Eis bedecken; **5.** in Eis verwandeln, vereisen; **6.** mit *od.* in Eis kühlen; **7.** über'zuckern, glasieren; **8.** *sl. j-n* ‚umlegen'; **III** *v/i.* **9.** gefrieren: **~ *up*** (*od.* ***over***) zufrieren, vereisen.

ice| age *s. geol.* Eiszeit *f*; **~ ax(e)** *s. mount.* Eispickel *m*; **~ bag** *s. Am.* Eisbeutel *m*; **'~·berg** [-bɜːg] *s.* Eisberg *m* (*a. fig. sl. Person*): ***the tip of the* ~** die Spitze des Eisbergs (*a. fig.*); **'~·blink** *s.* Eisblink *m*; **'~·boat** *s.* **1.** Eissegler *m*, Segelschlitten *m*; **2.** Eisbrecher *m*; **'~·bound** *adj.* eingefroren (*Schiff*); zugefroren (*Hafen*); vereist (*Straße*); **'~·box** *s.* **1.** *bsd. Am.* Eis-, Kühlschrank *m*; **2.** *Brit.* Eisfach *n*; **3.** Eisbox *f*; **4.** F ‚Eiskeller' *m* (*Raum*); **'~,break·er** *s.* ⚓ Eisbrecher *m* (*a. an Brücken*); **'~·cap** *s.* (*bsd. arktische*) Eisdecke; **~ cream** *s.* (Speise)Eis *n*, Eiscreme *f*: ***vanilla* ~** Vanilleeis; **'~-cream** *adj.* Eis…: **~ *bar*** *od.* ***parlo*(*u*)*r*** Eisdiele *f*; **~ *cone*** Eistüte *f*; **~ *soda*** Eis *n* in Sodawasser (*mit Sirup etc.*); **~ cube** *s.* Eiswürfel *m.*

iced [aɪst] *adj.* **1.** mit Eis bedeckt, vereist; **2.** eisgekühlt; **3.** gefroren; **4.** glasiert, mit 'Zuckergla,sur *od.* -guß.

'ice|·fall *s.* gefrorener Wasserfall; **~ fern** *s.* Eisblume(n *pl.*) *f*; **~ floe** *s.* Eisscholle *f*; **~ foot** *s.* [*irr.*] (arktischer) Eisgürtel; **~ fox** *s. zo.* Po'larfuchs *m*; **'~·free** *adj.* eis-, vereisungsfrei; **~ hock·ey** *s.* Eishockey *n*; **~ house** *s.* Kühlhaus *n.*

Ice·land·er ['aɪsləndə] *s.* Isländer(in);

Ice·lan·dic [aɪs'lændɪk] **I** *adj.* isländisch; **II** *s. ling.* Isländisch *n.*

ice| lol·ly *s. Brit.* Eis *n* am Stiel; **~ machine** *s.* 'Eis-, 'Kältema,schine *f*; **'~·man** [-mæn] *s.* [*irr.*] *Am.* Eismann *m*, Eisverkäufer *m*; **~ pack** *s.* **1.** Packeis *n*; **2.** ⚕ 'Eis,umschlag *m*, -beutel *m*; **3.** Kühlbeutel *m* (*in Kühltaschen etc.*); **~ pick** *s.* Eishacke *f*; **~ plant** *s.* ⚘ Eiskraut *n*; **~ rink** *s.* (Kunst)Eisbahn *f*; **~ run** *s.* Eis-, Rodelbahn *f*; **~ show** *s.* 'Eisre,vue *f*; **'~-skate I** *s.* Schlittschuh *m*; **II** *v/i.* Schlittschuh laufen; **~ wa·ter** *s.* **1.** Eiswasser *n*; **2.** Schmelzwasser *n*; **~ yacht** → ***iceboat*** 1.

ich·thy·o·log·i·cal [,ɪkθɪə'lɒdʒɪkl] *adj.* ichthyo'logisch; **ich·thy·ol·o·gy** [,ɪkθɪ'ɒlədʒɪ] *s.* Ichthyolo'gie *f*, Fischkunde *f*; **ich·thy·oph·a·gous** [,ɪkθɪ'ɒfəgəs] *adj.* fisch(fr)essend; **,ich·thy·o'sau·rus** [-'sɔːrəs] *pl.* **-ri** [-raɪ] *s. zo.* Ichthyo'saurier *m.*

i·ci·cle ['aɪsɪkl] *s.* Eiszapfen *m.*

i·ci·ly ['aɪsɪlɪ] *adv.* eisig (*a. fig.*); **'i·ci·ness** [-nɪs] *s.* **1.** Eiseskälte *f* (*a. fig.*), eisige Kälte; **2.** Vereisung *f* (*Straße etc.*).

ic·ing ['aɪsɪŋ] *s.* **1.** Eisschicht *f*; Vereisung *f*; **2.** Zuckerguß *m*: **~ *sugar*** *Brit.* Puder-, Staubzucker *m*; **3.** *Eishockey*: unerlaubter Weitschuß.

i·con ['aɪkɒn] *s.* I'kone *f*, Heiligenbild *n*; **i·con·o·clasm** [aɪ'kɒnəʊklæzəm] *s.* Bilderstürme'rei *f* (*a. fig.*); **i·con·o·clast** [aɪ'kɒnəʊklæst] *s.* Bilderstürmer *m* (*a. fig.*); **i·con·o·clas·tic** [aɪ,kɒnəʊ'klæstɪk] *adj.* bilderstürmend; *fig.* bilderstürmerisch; **i·co·nog·ra·phy** [,aɪkɒ'nɒgrəfɪ] *s.* Ikonogra'phie *f*; **i·co·nol·a·try** [,aɪkɒ'nɒlətrɪ] *s.* Bilderverehrung *f*; **i·co·nol·o·gy** [,aɪkɒ'nɒlədʒɪ] *s.* Ikonolo'gie *f*; **i·con·o·scope** [aɪ'kɒnəskəʊp] *s. TV* Ikono'skop *n*, Bildwandlerröhre *f.*

ic·tus ['ɪktəs] *s.* 'Versak,zent *m.*

i·cy ['aɪsɪ] *adj.* ☐ **1.** eisig (*a. fig.*): **~ *cold*** eiskalt; **2.** vereist, eisig, gefroren.

id [ɪd] *s.* **1.** *psych.* Es *n*; **2.** *biol.* Id *n* (*Erbeinheit*).

I'd [aɪd] F *für* a) ***I would***, ***I should***, b) ***I had.***

i·de·a [aɪ'dɪə] *s.* **1.** I'dee *f* (*a. phls.*, ♪): a) Vorstellung *f*, Begriff *m*, Ahnung *f*, b) Gedanke *m*: ***form an* ~ *of*** sich e-n Begriff machen von, sich *et.* vorstellen; ***I have an* ~ *that*** ich habe so das Gefühl, daß; (***I've***) ***no* ~!** (ich habe) keine Ahnung!; ***he hasn't the faintest* ~** er hat nicht die leiseste Ahnung; ***the very* ~!**, ***what an* ~!** *contp.* was für e-e Idee!, (na,) so was!, unmöglich!; ***the very* ~ *makes me sick!*** bei dem bloßen Gedanken (daran) wird mir schlecht!; ***you have no* ~ *how …*** du kannst dir nicht vorstellen, wie …; ***could you give me an* ~ *of where*** (*etc.*) ***…?*** können Sie mir ungefähr sagen, wo (*etc.*) …?; ***that's not my* ~ *of fun*** unter Spaß stell' ich mir was andres vor; ***it is my* ~ *that*** ich bin der Ansicht, daß; ***the* ~ *entered my mind*** mir kam der Gedanke; **2.** I'dee *f*: a) Einfall *m*, Gedanke *m*, b) Absicht *f*, Zweck *m*: ***not a bad* ~** keine schlechte Idee; ***the* ~ *is*** der Zweck der Sache ist …; ***that's the* ~!** genau (darum dreht sich's)!; ***what's the big* ~?** F was soll denn das?; ***whose bright* ~ *was that?*** wer hat sich denn das ausgedacht?; ***put* ~*s into s.o.'s head*** j-m e-n Floh ins Ohr setzen; ***have* ~*s*** F ‚Rosinen' im Kopf haben; ***don't get* ~*s about …*** mach dir keine Hoffnungen auf (*acc.*); **~*s man*** Ideenentwickler *m*; **i'de·aed, i'de·a'd** [-əd] *adj.* i'deenreich, voller I'deen.

i·de·al [aɪ'dɪəl] **I** *adj.* ☐ → ***ideally***; **1.** ide'al (*a. phls.*), voll'endet, voll'kommen, vorbildlich, Muster…; **2.** ide'ell: a) Ideen…, b) auf Ide'alen beruhend, c) (nur) eingebildet; **3.** ₳ ide'al, uneigentlich: **~ *number***; **II** *s.* **4.** Ide'al *n*, Wunsch-, Vorbild *n*; **5.** *das* Ide'elle (*Ggs. das Wirkliche*); **i'de·al·ism** [-lɪzəm] *s.* Idea'lismus *m*; **i'de·al·ist** [-lɪst] *s.* Idea'list(in); **i·de·al·is·tic** [aɪ,dɪə'lɪstɪk] *adj.* (☐ **~*ally***) idea'listisch; **i·de·al·i·za·tion** [aɪ,dɪəlaɪ'zeɪʃn] *s.* Idealisierung *f*; **i'de·al·ize** [-laɪz] *v/t. u. v/i.* idealisieren; **i'de·al·ly** [-lɪ] *adv.* **1.** ide'al(erweise), am besten; **2.** ide'ell, geistig; **3.** im Geiste.

i·dée fixe [,iːdeɪ'fiːks] (*Fr.*) *s.* fixe I'dee.

i·dem ['aɪdem] **I** *s.* der'selbe (Verfasser), das'selbe (Buch *etc.*); **II** *adv.* beim selben Verfasser.

i·den·tic [aɪ'dentɪk] *adj.* → ***identical***; **~ *note*** *pol.* gleichlautende Note; **i'den·ti·cal** [-kl] *adj.* ☐ (***with***) a) i'dentisch (mit), (genau) gleich (*dat.*): **~ *twins*** eineiige Zwillinge, b) (der-, die-, das-) 'selbe (wie), c) gleichbedeutend (mit), -lautend (wie).

i·den·ti·fi·a·ble [aɪ'dentɪfaɪəbl] *adj.* identifizier-, feststell-, erkennbar; **i·den·ti·fi·ca·tion** [aɪ,dentɪfɪ'keɪʃn] *s.* **1.** Identifizierung *f*: a) Gleichsetzung *f* (***with*** mit), b) Feststellung *f* der Identi'tät, Erkennung *f*: **~ *mark*** Kennzeichen *n*; **~ *papers***, **~ *card*** → ***identity card***; **~ *disk***, *Am.* **~ *tag*** ⚔ Erkennungsmarke *f*; **~ *parade*** ⚖ Gegenüberstellung *f* (zur Identifizierung e-s Verdächtigen); **2.** Legitimati'on *f*, Ausweis *m*; **3.** *Funk, Radar*: Kennung *f*; **i·den·ti·fy** [aɪ'dentɪfaɪ] **I** *v/t.* **1.** identifizieren, gleichsetzen, als i'dentisch betrachten (***with*** mit): *~ o.s. with* → 5; **2.** identifizieren, erkennen, die Identi'tät feststellen von (*od. gen.*); **3.** *biol.* die Art feststellen von (*od. gen.*); **4.** ausweisen, legitimieren; **II** *v/i.* **5.** *~ with od. to* sich identifizieren mit.

i·den·ti·kit [aɪ'dentɪkɪt] *s.* ⚖ Phan'tombild(gerät) *n*.

i·den·ti·ty [aɪ'dentətɪ] *s.* Identi'tät *f*: a) Gleichheit *f*, b) Per'sönlichkeit *f*: ***loss of ~*** Identitätsverlust *m*; ***mistaken ~*** Personenverwechslung *f*; ***establish s.o.'s ~*** → ***identify*** 2; ***prove one's ~*** sich ausweisen; ***reveal one's ~*** sich zu erkennen geben; *~* **card** *s.* (Perso'nal-) Ausweis *m*, Kenn-, Ausweiskarte *f*; *~* **cri·sis** *s. psych.* Identi'tätskrise *f*.

id·e·o·gram ['ɪdɪəʊgræm], **'id·e·o·graph** [-grɑ:f] *s.* Ideo'gramm *n*, Begriffszeichen *n*.

id·e·o·log·ic, id·e·o·log·i·cal [ˌaɪdɪə'lɒdʒɪk(l)] *adj.* ideo'logisch; **id·e·ol·o·gist** [ˌaɪdɪ'ɒlədʒɪst] *s.* **1.** Ideo'loge *m*; **2.** Theo'retiker *m*; **id·e·o·lo·gize** [ˌaɪdɪ'ɒlədʒaɪz] *v/t.* ideologisieren; **id·e·ol·o·gy** [ˌaɪdɪ'ɒlədʒɪ] *s.* **1.** Ideolo'gie *f*, Denkweise *f*; **2.** Begriffslehre *f*; **3.** reine Theo'rie.

ides [aɪdz] *s. pl. antiq.* Iden *pl.*

id·i·o·cy ['ɪdɪəsɪ] *s.* Idio'tie *f*: a) (⚕ hochgradiger) Schwachsinn, b) F Dummheit *f*, Blödsinn *m*.

id·i·om ['ɪdɪəm] *s. ling.* **1.** Idi'om *n*, Sondersprache *f*, Mundart *f*; **2.** Ausdrucksweise *f*, Sprache *f*; **3.** Sprachgebrauch *m*, -eigentümlichkeit *f*; **4.** idio'matische Wendung, Redewendung *f*; **id·i·o·mat·ic** [ˌɪdɪə'mætɪk] *adj.* (□ *~ally*) *ling.* **1.** idio'matisch, spracheigentümlich; **2.** sprachrichtig, -üblich.

id·i·o·plasm ['ɪdɪəplæzəm] *s. biol.* Idio'plasma *n*, Erbmasse *f*.

id·i·o·syn·cra·sy [ˌɪdɪə'sɪŋkrəsɪ] *s.* Idiosynkra'sie *f*: a) per'sönliche Eigenart *od.* Veranlagung *od.* Neigung, b) ⚕ krankhafte Abneigung.

id·i·ot ['ɪdɪət] *s.* Idi'ot *m*: a) ⚕ Schwachsinnige(r *m*) *f*, b) F Dummkopf *m*: *~ card TV* ‚Neger' *m*; **id·i·ot·ic** [ˌɪdɪ'ɒtɪk] *adj.* (□ *~ally*) idi'otisch: a) F dumm, blödsinnig, b) ⚕ geistesschwach, schwachsinnig.

i·dle ['aɪdl] **I** *adj.* (□ ***idly***) **1.** untätig, müßig: ***the ~ rich*** die reichen Müßiggänger; **2.** unbeschäftigt, arbeitslos; **3.** ⚙ a) außer Betrieb, stillstehend, b) im Leerlauf, Leerlauf...: *~* ***current*** a) Leerlaufstrom *m*, b) Blindstrom *m*; *~* ***motion*** Leergang *m*; *~* ***pulley*** → ***idler*** 2 b; *~* ***wheel*** → ***idler*** 2 a; ***lie ~*** stilliegen; ***run ~*** → 9; **4.** ✝ 'unproduk,tiv, brachliegend (*a.* ✓), tot (*Kapital*); **5.** ruhig, still, ungenutzt: *~* ***hours*** Mußestunden; **6.** faul, träge: *~* ***fellow*** Faulenzer *m*; **7.** a) nutz-, zweck-, sinnlos, vergeblich, b) leer (*Worte etc.*), c) müßig (*Mutmaßungen etc.*): *~* ***talk*** leeres *od.* müßiges Gerede; ***it would be ~ to*** *inf.* es wäre müßig *od.* sinnlos zu *inf.*; **II** *v/i.* **8.** faulenzen: *~* ***about*** herumtrödeln; **9.** ⚙ leer laufen, im Leerlauf sein; **III** *v/t.* **10.** *mst ~* ***away*** vertrödeln, verbummeln, müßig zubringen; **'i·dled** [-ld] *adj.* → ***idle*** 2; **'i·dle·ness** [-nɪs] *s.* **1.** Untätigkeit *f*, Muße *f*; **2.** Faulheit *f*, Müßiggang *m*; **3.** a) Leere *f*, Hohlheit *f*, b) Müßigkeit *f*, Nutz-, Zwecklosigkeit *f*, Vergeblichkeit *f*; **'i·dler** [-lə] *s.* **1.** Faulenzer(in), Müßiggänger(in); **2.** a) Zwischenrad *n*, b) Leerlaufrolle *f*; **'i·dling** [-lɪŋ] *s.* **1.** Nichtstun *n*, Müßiggang *m*; **2.** ⚙ Leerlauf *m*; **'i·dly** [-lɪ] *adv.* → ***idle***.

i·dol ['aɪdl] *s.* I'dol *n*, Abgott *m* (*beide a. fig.*); Götze *m*, Götzenbild *n*: ***make an ~ of*** → ***idolize***.

i·dol·a·ter [aɪ'dɒlətə] *s.* **1.** Götzendiener *m*; **2.** *fig.* Anbeter *m*, Verehrer *m*; **i'dol·a·tress** [-trɪs] *s.* Götzendienerin *f*; **i'dol·a·trous** [-trəs] *adj.* □ **1.** *fig.* abgöttisch; **2.** Götzen...; **i'dol·a·try** [-trɪ] *s.* **1.** Abgötte'rei *f*, Götzendienst *m*; **2.** *fig.* Vergötterung *f*; **i·dol·i·za·tion** [ˌaɪdəlaɪ'zeɪʃn] *s.* **1.** Abgötte'rei *f*; **2.** *fig.* Vergötterung *f*; **i·dol·ize** ['aɪdəlaɪz] *v/t. fig.* abgöttisch verehren, vergöttern, anbeten.

i·dyl(l) ['ɪdɪl] *s.* **1.** I'dylle *f*, Hirtengedicht *n*; **2.** *fig.* I'dyll *n*; **i·dyl·lic** [aɪ'dɪlɪk] *adj.* (□ *~ally*) i'dyllisch.

if [ɪf] **I** *cj.* **1.** wenn, falls: *~* ***I were you*** wenn ich Sie wäre, (ich) an Ihrer Stelle; *~* ***and when*** *bsd.* ⚖ falls, im Falle (, daß); *~* ***any*** wenn überhaupt einer (*od.* eine *od.* eines *od.* etwas), falls etwa *od.* je; *~* ***anything*** a) wenn überhaupt etwas, b) wenn überhaupt (, *dann ist das Buch dicker etc.*); *~* ***not*** wenn *od.* falls nicht; *~* ***so*** wenn ja, *bsd. in Formularen*: *a.* zutreffendenfalls; *~* ***only to prove*** und wäre es auch nur, um zu beweisen; *~* ***I know Jim*** so wie ich Jim kenne; → ***as if***; **2.** wenn auch: ***he is nice ~ a bit silly***; **3.** ob: ***try ~ you can do it!***; ***I don't know ~ he will agree***; **4.** *ausrufend*: *~* ***I had only known!*** hätte ich (das) nur gewußt!; **II** *s.* **5.** Wenn *n*: ***without ~s or buts*** ohne Wenn u. Aber.

ig·loo, *a.* **i·glu** ['ɪglu:] *s.* Iglu *m*.

ig·ne·ous ['ɪgnɪəs] *adj.* glühend: *~* ***rock*** Erstarrungsgestein *n*, magmatisches Gestein.

ig·nis fat·u·us [ˌɪgnɪs'fætjʊəs] (*Lat.*) *s.* **1.** Irrlicht *n*; **2.** *fig.* Trugbild *n*.

ig·nite [ɪg'naɪt] **I** *v/t.* **1.** an-, entzünden; **2.** ⚡, *mot.* zünden; **II** *v/i.* **3.** sich entzünden, Feuer fangen; **4.** ⚡, *mot.* zünden; **ig'nit·er** [-tə] *s.* Zündvorrichtung *f*, Zünder *m*.

ig·ni·tion [ɪg'nɪʃn] *s.* **1.** An-, Entzünden *n*; **2.** ⚡, *mot.* Zündung *f*; **3.** ⚗ Erhitzung *f*; *~* **charge** *s.* ⚙ Zündladung *f*; *~* **coil** *s.* ⚡ Zündspule *f*; *~* **de·lay** *s.* ⚙ Zündverzögerung *f*; *~* **key** *s. mot.* Zündschlüssel *m*; *~* **lock** *s.* ⚙ Zündschloß *n*; *~* **point** *s.* Zünd-, Flammpunkt *m*; *~* **spark** *s.* ⚡ Zündfunke *m*; *~* **tim·ing** *s.* Zündeinstellung *f*; *~* **tube** *s.* ⚗ Glührohr *n*.

ig·no·ble [ɪg'nəʊbl] *adj.* □ **1.** gemein, unedel, niedrig; **2.** schmachvoll, schändlich; **3.** von niedriger Geburt.

ig·no·min·i·ous [ˌɪgnəʊ'mɪnɪəs] *adj.* □ schändlich, schimpflich; **ig·no·min·y** ['ɪgnəmɪnɪ] *s.* **1.** Schmach *f*, Schande *f*; **2.** Schändlichkeit *f*.

ig·no·ra·mus [ˌɪgnə'reɪməs] *pl.* **-mus·es** *s.* Igno'rant(in), Nichtswisser(in).

ig·no·rance ['ɪgnərəns] *s.* Unwissenheit *f*: a) Unkenntnis *f* (***of*** *gen.*), b) *contp.* Igno'ranz *f*, Beschränktheit *f*: *~* ***of the law is no excuse*** Unkenntnis schützt vor Strafe nicht; **'ig·no·rant** [-nt] *adj.* □ **1.** unkundig, nicht kennend *od.* wissend: ***be ~ of*** *et.* nicht wissen *od.* kennen, nichts wissen von; **2.** unwissend, ungebildet; **'ig·no·rant·ly** [-ntlɪ] *adv.* unwissentlich; **ig·nore** [ɪg'nɔ:] *v/t.* **1.** ignorieren, nicht beachten *od.* berücksichtigen, keine No'tiz nehmen von; **2.** ⚖ *Am. Klage* verwerfen, abweisen.

i·gua·na [ɪ'gwɑ:nə] *s. zo.* Legu'an *m*.

i·kon ['aɪkɒn] → ***icon***.

il·e·um ['ɪlɪəm] *s. anat.* Ileum *n*, Krummdarm *m*; **'il·e·us** [-əs] *s.* ⚕ Darmverschluß *m*.

i·lex ['aɪleks] *s.* ⚘ **1.** Stechpalme *f*; **2.** Stecheiche *f*.

il·i·ac ['ɪlɪæk] *adj.* Darmbein...

Il·i·ad ['ɪlɪəd] *s.* Ilias *f*, Ili'ade *f*: ***an ~ of woes*** *fig.* e-e endlose Leidensgeschichte.

il·i·um ['ɪlɪəm] *pl.* **'il·i·a** [-ə] *s. anat.* a) Darmbein *n*, b) Hüfte *f*.

ilk [ɪlk] *s.* **1.** ***of that ~*** *Scot.* gleichnamigen Ortes: ***Kinloch of that ~ = Kinloch of Kinloch***; **2.** Art *f*, Sorte *f*: ***people of that ~*** solche Leute.

ill [ɪl] **I** *adj.* **1.** (*nur pred.*) krank: ***be taken ~, fall*** *od.* ***take ~*** erkranken (***with, of*** an *dat.*); ***be ~ with a cold*** e-e Erkältung haben; *~* ***with fear*** krank vor Angst; **2.** (*moralisch*) schlecht, böse, übel; → ***fame*** 1; **3.** böse, feindlich: *~* ***blood*** böses Blut; ***with an ~ grace*** widerwillig, ungern; *~* ***humo(u)r*** *od.* ***temper*** üble Laune; *~* ***treatment*** schlechte Behandlung, Mißhandlung *f*; *~* ***will*** Feindschaft *f*, Groll *m*; ***I bear him no ~ will*** ich trage ihm nichts nach; → ***feeling*** 2; **4.** nachteilig; ungünstig, schlecht, übel: *~* ***effect*** üble Folge *od.* Wirkung; ***it's an ~ wind (that blows nobody good)*** et. Gutes ist an allem; → ***health*** 2, ***luck*** 1, ***omen*** I, ***weed*** 1; **5.** schlecht, unbefriedigend, fehlerhaft: *~* ***breeding*** a) schlechte Erziehung, b) Ungezogenheit *f*; *~* ***management*** Mißwirtschaft *f*; *~* ***success*** Mißerfolg *m*, Fehlschlag *m*; **II** *adv.* **6.** schlecht, übel: *~* ***at ease*** unruhig, unbehaglich, verlegen; **7.** böse, feindlich; ***take s.th. ~*** et. übelnehmen; ***speak (think) ~ of s.o.*** schlecht von j-m sprechen (denken); **8.** ungünstig: ***it went ~ with him*** es erging ihm schlecht; ***it ~ becomes you*** es steht dir schlecht an; **9.** ungenügend, schlecht: ***~-equipped***; **10.** schwerlich, kaum: ***I can ~ afford it*** ich kann es mir kaum leisten; **III** *s.* **11.** Übel *n*, 'Mißgeschick *n*, Ungemach *n*; **12.** *a. fig.* Leiden *n*, Krankheit *f*; **13.** *das* Böse, Übel *n*.

I'll [aɪl] F *für* ***I shall, I will***.

ˌill|-ad'vised *adj.* □ **1.** schlechtberaten; **2.** unbesonnen, unklug; **ˌ~-af'fect·ed** → ***ill-disposed***; **ˌ~-as'sort·ed** *adj.* schlecht zs.-passend, zs.-gewürfelt; **ˌ~-'bred** *adj.* schlecht erzogen, ungezogen; **ˌ~-con'sid·ered** *adj.* unüberlegt, unbedacht, unklug; **ˌ~-dis'posed** *adj.* übelgesinnt (***towards*** *dat.*).

il·le·gal [ɪ'li:gl] *adj.* □ 'ille,gal, ungesetzlich, gesetzwidrig, 'widerrechtlich, unerlaubt, verboten; **il·le·gal·i·ty** [ˌɪli:'gælətɪ] *s.* Gesetzwidrigkeit *f*: a) Ungesetzlichkeit *f*, Illegali'tät *f*, b) gesetzwidrige Handlung.

il·leg·i·bil·i·ty [ɪˌledʒɪ'bɪlətɪ] *s.* Unleserlichkeit *f*; **il·leg·i·ble** [ɪ'ledʒəbl] *adj.* □ unleserlich.

il·le·git·i·ma·cy [ˌɪlɪ'dʒɪtɪməsɪ] *s.* **1.** Unrechtmäßigkeit *f*; **2.** Unehelichkeit *f*, uneheliche Geburt(en *pl.*); **ˌil·le'git·i·mate** [-mət] *adj.* □ **1.** unrechtmäßig, rechtswidrig; **2.** außer-, unehelich, illegi'tim; **3.** 'inkorˌrekt, falsch; **4.** unzulässig, illegi'tim; **5.** unlogisch.

ˌill|-'fat·ed *adj.* unselig: a) unglücklich, Unglücks..., b) verhängnisvoll, unglückselig; **ˌ~-'fa·vo(u)red** *adj.* □ unschön; **ˌ~-'found·ed** *adj.* unbegründet, fragwürdig; **ˌ~-'got·ten** *adj.* unrechtmäßig (erworben); **ˌ~-'hu·mo(u)red** *adj.* übelgelaunt.

il·lib·er·al [ɪ'lɪbərəl] *adj.* □ **1.** knauserig; **2.** engherzig, -stirnig; **3.** *pol.* 'illibeˌral; **il'lib·er·al·ism** [-rəlɪzəm] *s. pol.* 'illibeˌraler Standpunkt; **il·lib·er·al·i·ty** [ɪˌlɪbə'rælətɪ] *s.* **1.** Knause'rei *f*; **2.** Engherzigkeit *f*.

il·lic·it [ɪ'lɪsɪt] *adj.* □ → ***illegal***: **~ *trade*** Schleich-, Schwarzhandel *m*; **~ *work*** Schwarzarbeit *f*.

il·lit·er·a·cy [ɪ'lɪtərəsɪ] *s.* **1.** Unbildung *f*; **2.** Analpha'betentum *n*; **il'lit·er·ate** [-rət] **I** *adj.* **1.** ungebildet, unwissend; **2.** analpha'betisch, des Lesens u. Schreibens unkundig: ***he is ~*** er ist Analphabet; **3.** primi'tiv, unkultiviert: **~ *style***; **4.** fehlerhaft, voller Fehler; **II** *s.* **5.** Ungebildete(r *m*) *f*; **6.** Analpha'bet(in).

ˌill|-'judged *adj.* unbedacht, unklug; **ˌ~-'man·nered** *adj.* ungehobelt, ungezogen, mit schlechten 'Umgangsformen; **ˌ~-'matched** *adj.* schlecht zs.-passend; **ˌ~-'na·tured** *adj.* □ **1.** unfreundlich, boshaft; **2.** verärgert.

ill·ness ['ɪlnɪs] *s.* Krankheit *f*.

il·log·i·cal [ɪ'lɒdʒɪkl] *adj.* □ unlogisch; **il·log·i·cal·i·ty** [ɪˌlɒdʒɪ'kælətɪ] *s.* Unlogik *f*.

ˌill|-'o·mened → ***ill-fated***; **ˌ~-'starred** *adj.* unglücklich, unselig, vom Unglück verfolgt, unter e-m ungünstigen Stern (stehend); **ˌ~-'tem·pered** *adj.* schlechtgelaunt, übellaunig, mürrisch; **ˌ~-'timed** *adj.* ungelegen, unpassend, 'inopporˌtun; zeitlich schlecht gewählt; **ˌ~-'treat** *v/t.* miß'handeln; schlecht behandeln.

il·lu·mi·nant [ɪ'lju:mɪnənt] **I** *adj.* (er-)leuchtend, aufhellend; **II** *s.* Beleuchtungskörper *m*.

il·lu·mi·nate [ɪ'lju:mɪneɪt] **I** *v/t.* **1.** be-, erleuchten, erhellen; **2.** illuminieren, festlich beleuchten; **3.** *fig.* a) erläutern, erhellen, erklären, aufhellen, b) *j-n* erleuchten; **4.** *Bücher etc.* ausmalen, illuminieren; **5.** *fig.* Glanz verleihen (*dat.*); **II** *v/i.* **6.** sich erhellen; **il'lu·mi·nat·ed** [-tɪd] *adj.* beleuchtet, leuchtend, Leucht..., Licht...: **~ *advertising*** Leuchtreklame *f*; **il'lu·mi·nat·ing** [-tɪŋ] *adj.* **1.** leuchtend, Leucht..., Beleuchtungs...: **~ *gas*** Leuchtgas *n*; **~ *power*** Leuchtkraft *f*; **2.** *fig.* aufschlußreich, erhellend; **il·lu·mi·na·tion** [ɪˌlju:mɪ'neɪʃn] *s.* **1.** Be-, Erleuchtung *f*; **2.** *oft pl.* Illuminati'on *f*, Festbeleuchtung *f*; **3.** *fig.* a) Erläuterung *f*, Erhellung *f*, b) Erleuchtung *f*; **4.** *a. fig.* Licht *n* u. Glanz *m*; **5.** Illuminati'on *f*, Kolorierung *f*, Verzierung *f* (*von Büchern etc.*); **il'lu·mi·na·tive** [-nətɪv] → ***illuminating***.

il·lu·mine [ɪ'lju:mɪn] *v/t.* → ***illuminate*** 1–3.

ˌill-'use [-'ju:z] → ***ill-treat***.

il·lu·sion [ɪ'lu:ʒn] *s.* Illusi'on *f*: a) (Sinnes)Täuschung *f*; → ***optical***, b) Wahn *m*, Einbildung *f*, falsche Vorstellung, trügerische Hoffnung, c) Trugbild *n*, d) Blendwerk *n*: ***be under an ~*** e-r Täuschung unterliegen, sich Illusionen machen; ***be under the ~ that*** sich einbilden, daß; **il'lu·sion·ism** [-ʒənɪzəm] *s. bsd. phls.* Illusio'nismus *m*; **il'lu·sion·ist** [-ʒənɪst] *s.* Illusio'nist *m* (*a. phls.*): a) Schwärmer(in), Träumer(in), b) Zauberkünstler *m*.

il·lu·sive [ɪ'lu:sɪv] *adj.* □ illu'sorisch, trügerisch; **il'lu·sive·ness** [-nɪs] *s.* **1.** *das* Illu'sorische, Schein *m*; **2.** Täuschung *f*; **il'lu·so·ry** [-sərɪ] *adj.* □ → ***illusive***.

il·lus·trate ['ɪləstreɪt] *v/t.* **1.** erläutern, erklären, veranschaulichen; **2.** illustrieren, bebildern; **il·lus·tra·tion** [ˌɪlə'streɪʃn] *s.* Illustrati'on *f*: a) Erläuterung *f*, Erklärung *f*, Veranschaulichung *f*: ***in ~ of*** zur Veranschaulichung (*gen.*), b) Beispiel *n*, c) Bebildern *n*, Illustrieren *n*, d) Abbildung *f*, Bild *n*; **'il·lus·tra·tive** [-rətɪv] *adj.* □ erläuternd, veranschaulichend, Anschauungs..., Beispiel...: ***be ~ of*** → ***illustrate*** 1; **'il·lus·tra·tor** [-tə] *s. allg.* Illu'strator *m*.

il·lus·tri·ous [ɪ'lʌstrɪəs] *adj.* □ il'luster, berühmt, erhaben, erlaucht, glänzend.

I'm [aɪm] F *für* ***I am***.

im·age ['ɪmɪdʒ] *s.* **1.** Bild(nis) *n*; **2.** a) Standbild *n*, Bildsäule *f*, b) Heiligenbild *n*, c) Götzenbild *n*: ***~-worship*** Bilderanbetung *f*, *fig.* Götzendienst *m*; → ***graven***; **3.** ⩚, *opt.*, *phys.* Bild *n*: **~ *converter tube*** *TV* Bildwandlerröhre *f*; **4.** Ab-, Ebenbild *n*: ***the* (*very*) *~ of his father*** ganz der Vater; **5.** bildlicher Ausdruck, Vergleich *m*, Me'tapher *f*: ***speak in ~s*** in Bildern reden; **6.** a) Vorstellung *f*, I'dee *f*, (geistiges) Bild, b) Image *n* (*Persönlichkeitsbild*): ***the ~ of a politician***; **~ *building*** Imagepflege *f*; **7.** Verkörperung *f*; **'im·age·ry** [-dʒərɪ] *s.* **1.** Bilder *pl.*, Bildwerk(e *pl.*) *n*; **2.** Bilder(sprache *f*) *pl.*, Meta'phorik *f*; **3.** geistige Bilder *pl.*, Vorstellungen *pl.*

im·ag·i·na·ble [ɪ'mædʒɪnəbl] *adj.* □ vorstellbar, erdenklich, denkbar: ***the finest weather ~*** das denkbar schönste Wetter; **im'ag·i·nar·y** [-dʒɪnərɪ] *adj.* □ **1.** imagi'när (*a.* ⩚), nur in der Vorstellung vor'handen, eingebildet, (nur) gedacht, Schein..., Phantasie...; **2.** (frei) erfunden, imagi'när; **3.** ✝ fingiert.

im·ag·i·na·tion [ɪˌmædʒɪ'neɪʃn] *s.* **1.** Phanta'sie *f*, Vorstellungs-, Einbildungskraft *f*, Einfallsreichtum *m*: ***a man of ~*** ein phantasievoller *od.* ideenreicher Mann; ***he has no ~*** er ist phantasielos; ***use your ~!*** laß dir was einfallen!; **2.** Einfälle *pl.*, I'deenreichtum *m*; **3.** Vorstellung *f*, Einbildung *f*: ***in* (*my etc.*) ~** in der Vorstellung, im Geiste; ***pure ~*** reine Einbildung; **im·ag·i·na·tive** [ɪ'mædʒɪnətɪv] *adj.* □ **1.** phanta'siereich, erfinderisch, einfallsreich: **~ *faculty*** → ***imagination*** 1; **2.** phan'tastisch, phanta'sievoll: **~ *story***; **3.** *contp.* ‚erdichtet'; **im·ag·i·na·tive·ness** [ɪ'mædʒɪnətɪvnɪs] → ***imagination*** 1; **im·ag·ine** [ɪ'mædʒɪn] **I** *v/t.* **1.** sich *j-n od. et.* vorstellen *od.* denken: ***I ~ him as a tall man***; ***you can't ~ my joy***; ***you can't ~ how ...*** du kannst dir nicht vorstellen *od.* du machst dir kein Bild, wie ...; **2.** sich *et.* (*Unwirkliches*) einbilden: ***you are imagining things!*** du bildest dir das (alles) nur ein!; **3.** F glauben, denken, sich einbilden: ***don't ~ that I am satisfied***; **~ *to be*** halten für; **II** *v/i.* **4.** sich vorstellen *od.* denken: ***just ~!*** F stell dir vor!, denk (dir) nur!

i·ma·go [ɪ'meɪgəʊ] *pl.* **-goes** *od.* **i·mag·i·nes** [ɪ'meɪdʒɪni:z] *s.* **1.** *zo.* vollentwickeltes Insekt; **2.** *psych.* I'mago *n*.

im·bal·ance [ˌɪm'bæləns] *s.* **1.** Unausgewogenheit *f*, Unausgeglichenheit *f*; **2.** *bsd.* ⚕ gestörtes Gleichgewicht (*im Körperhaushalt etc.*); **3.** *bsd. pol.* Ungleichgewicht *n*.

im·be·cile ['ɪmbɪsi:l] **I** *adj.* □ **1.** ⚕ geistesschwach; **2.** *contp.* dumm, idi'otisch; **II** *s.* **3.** ⚕ Schwachsinnige(r *m*) *f*; **4.** *contp.* Idi'ot *m*, ‚Blödmann' *m*; **im·be·cil·i·ty** [ˌɪmbɪ'sɪlətɪ] *s.* **1.** ⚕ Schwachsinn *m*; **2.** *contp.* Idio'tie *f*, Blödheit *f*.

im·bibe [ɪm'baɪb] **I** *v/t.* **1.** *humor.* trinken; **2.** *fig. Ideen etc.* in sich aufnehmen, aufsaugen; **II** *v/i.* **3.** *humor.* trinken, bechern.

im·bro·glio [ɪm'brəʊlɪəʊ] *pl.* **-glios** *s.* **1.** Verwicklung *f*, Verwirrung *f*, Komplikati'on *f*, verzwickte Lage; **2.** a) ernstes 'Mißverständnis, b) heftige Ausein'andersetzung.

im·brue [ɪm'bru:] *v/t. mst fig.* (***with, in***) baden (in *dat.*), tränken, *a.* beflecken (mit).

im·bue [ɪm'bju:] *v/t. fig.* erfüllen (***with*** mit): ***~d with*** erfüllt *od.* durchdrungen von.

im·i·ta·ble ['ɪmɪtəbl] *adj.* nachahmbar; **im·i·tate** ['ɪmɪteɪt] *v/t.* **1.** *j-n, j-s Stimme, Benehmen etc. od. et.* nachahmen, -machen, imitieren; **2.** *et.* imitieren, nachmachen, kopieren, *a.* fälschen; **3.** ähneln (*dat.*); **'im·i·tat·ed** [-teɪtɪd] *adj.* imitiert, unecht, künstlich; **im·i·ta·tion** [ˌɪmɪ'teɪʃn] **I** *s.* **1.** Nachahmung *f*, Imitati'on *f*: ***do an ~ of*** → ***imitate*** 1; **2.** Nachbildung *f*, -ahmung *f*, *das* Nachgeahmte, Imitati'on *f*, Ko'pie *f*; **3.** Fälschung *f*; **II** *adj.* **4.** unecht, künstlich, Kunst..., Imitations...: **~ *leather*** Kunstleder *n*; **'im·i·ta·tive** [-tətɪv] *adj.* □ **1.** nachahmend, -bildend; auf Nachahmung *fremder Vorbilder* beruhend: ***be ~ of*** → ***imitate*** 1; **2.** nachgemacht, -geahmt (***of*** *dat.*); **3.** *ling.* lautmalend: ***an ~ word***; **'im·i·ta·tor** [-teɪtə] *s.* Nachahmer *m*, Imi'tator *m*.

im·mac·u·late [ɪ'mækjʊlɪt] *adj.* □ **1.** *fig.* unbefleckt, makellos, rein: ***≈ Conception*** *R.C.* Unbefleckte Empfängnis; **2.** untadelig, tadellos, einwandfrei; **3.** fleckenlos, sauber.

im·ma·nence ['ɪmənəns], **'im·ma·nen·cy** [-sɪ] *s. phls., eccl.* Imma'nenz *f*, Innewohnen *n*; **'im·ma·nent** [-nt] *adj.* imma'nent, innewohnend.

im·ma·te·ri·al [ˌɪmə'tɪərɪəl] *adj.* **1.** unkörperlich, unstofflich; **2.** unwesentlich, (*a.* ⚖) unerheblich, belanglos; ˌ**im·maˈte·ri·al·ism** [-lɪzəm] *s.* Immateriaˈlismus *m.*

im·ma·ture [ˌɪməˈtjʊə] *adj.* □ unreif, unentwickelt (*a. fig.*); ˌ**im·maˈtu·ri·ty** [-ˈtjʊərətɪ] *s.* Unreife *f.*

im·meas·ur·a·ble [ɪˈmeʒərəbl] *adj.* □ unermeßlich, grenzenlos, riesig.

im·me·di·a·cy [ɪˈmiːdjəsɪ] *s.* **1.** Unmittelbarkeit *f*, Diˈrektheit *f*; **2.** Unverzüglichkeit *f*; **im·me·di·ate** [ɪˈmiːdjət] *adj.* □ **1.** *Raum*: unmittelbar, nächst(gelegen): **~ contact** unmittelbare Berührung; **~ vicinity** nächste Umgebung; **2.** *Zeit*: unverzüglich, soˈfortig, ˈumgehend: **~ answer**; **~ steps** Sofortmaßnahmen; **~ objective** Nahziel *n*; **~ future** nächste Zukunft; **3.** augenblicklich, derzeitig: **~ plans**; **4.** diˈrekt, unmittelbar; **5.** nächst (*Verwandtschaft*): **my ~ family** m-e nächsten Angehörigen; **imˈme·di·ate·ly** [-jətlɪ] **I** *adv.* **1.** unmittelbar, diˈrekt; **2.** soˈfort, ˈumgehend, unverzüglich, gleich, unmittelbar; **II** *cj.* **3.** *bsd. Brit.* soˈbald (als).

im·me·mo·ri·al [ˌɪmɪˈmɔːrɪəl] *adj.* □ un(vor)denklich, uralt: **from time ~** seit un(vor)denklichen Zeiten.

im·mense [ɪˈmens] *adj.* □ **1.** unermeßlich, ungeheuer, riesig, imˈmens; **2.** F gewaltig, eˈnorm, ‚riesig': **enjoy o.s. ~ly**; **imˈmen·si·ty** [-sətɪ] *s.* Unermeßlichkeit *f.*

im·merse [ɪˈmɜːs] *v/t.* **1.** (ein)tauchen (*a.* ⚙), versenken; **2.** *fig.* (**o.s.** sich) vertiefen *od.* versenken (**in** in *acc.*); **3.** *fig.* verwickeln, verstricken (**in** in *acc.*); **imˈmersed** [-st] *adj. fig.* (**in**) versunken, vertieft (in *acc.*); **im·mer·sion** [ɪˈmɜːʃn] *s.* **1.** Ein-, ˈUntertauchen *n*: **~ heater** a) Tauchsieder *m*, b) Boiler *m*; **2.** *fig.* Versunkenheit *f*, Vertieftsein *n*; **3.** *eccl.* Immersiˈonstaufe *f*; **4.** *ast.* Immersiˈon *f.*

im·mi·grant [ˈɪmɪgrənt] **I** *s.* Einwanderer *m*, Einwanderin *f*, Immiˈgrant(in); **II** *adj.* a) einwandernd, b) ausländisch, Fremd...: **~ workers**; **ˈim·mi·grate** [-greɪt] **I** *v/i.* einwandern, immiˈgrieren (**into**, **to** in *acc.*, nach); **II** *v/t.* ansiedeln (**into** in *dat.*); **im·mi·gra·tion** [ˌɪmɪˈgreɪʃn] *s.* Einwanderung *f*, Immigratiˈon *f*: **~ officer** Beamte(r) *m* der Einwanderungsbehörde.

im·mi·nence [ˈɪmɪnəns] *s.* **1.** nahes Bevorstehen; **2.** drohende Gefahr, Drohen *n*; **ˈim·mi·nent** [-nt] *adj.* □ nahe bevorstehend, *a.* drohend.

im·mis·ci·ble [ɪˈmɪsəbl] *adj.* □ unvermischbar.

im·mo·bile [ɪˈməʊbaɪl] *adj.* unbeweglich: a) bewegungslos, b) starr, fest; **im·mo·bil·i·ty** [ˌɪməʊˈbɪlətɪ] *s.* Unbeweglichkeit *f*; **im·mo·bi·li·za·tion** [ɪˌməʊbɪlaɪˈzeɪʃn] *s.* **1.** Unbeweglichmachen *n*; ⚕ Ruhigstellung *f*, Immobilisierung *f*; **2.** ✝ a) Einziehung *f* (*von Münzen*), b) Festlegung *f* (*von Kapital*); **imˈmo·bi·lize** [-bɪlaɪz] *v/t.* **1.** unbeweglich machen; ⚕ ruhigstellen; ⚔ außer Gefecht setzen: **~d** bewegungsunfähig (*a. Auto etc.*); **2.** ✝ a) *Münzen* aus dem Verkehr ziehen, b) *Kapital* festlegen.

im·mod·er·ate [ɪˈmɒdərət] *adj.* □ unmäßig, maßlos, überˈtrieben, -ˈzogen.

im·mod·est [ɪˈmɒdɪst] *adj.* □ **1.** unbescheiden, anmaßend; **2.** schamlos, unanständig; **imˈmod·es·ty** [-tɪ] *s.* **1.** Unbescheidenheit *f*, Frechheit *f*; **2.** Unanständigkeit *f.*

im·mo·late [ˈɪməʊleɪt] *v/t.* **1.** opfern, zum Opfer bringen (*a. fig.*); **2.** schlachten (*a. fig.*); **im·mo·la·tion** [ˌɪməʊˈleɪʃn] *s. a. fig* Opferung *f*, Opfer *n.*

im·mor·al [ɪˈmɒrəl] *adj.* □ **1.** ˈunmoˌralisch, unsittlich; **2.** ⚖ sittenwidrig, unsittlich; **im·mo·ral·i·ty** [ˌɪməˈrælətɪ] *s.* ˈUnmoˌral *f*, Sittenlosigkeit *f*, Unsittlichkeit *f* (*a. Handlung*).

im·mor·tal [ɪˈmɔːtl] **I** *adj.* □ **1.** unsterblich (*a. fig.*); **2.** ewig, unvergänglich; **II** *s.* **3.** Unsterbliche(r *m*) *f* (*a. fig.*); **im·mor·tal·i·ty** [ˌɪmɔːˈtælətɪ] *s.* **1.** Unsterblichkeit *f* (*a. fig.*); **2.** Unvergänglichkeit *f*; **imˈmor·tal·ize** [-təlaɪz] *v/t.* unsterblich machen, verewigen.

im·mor·telle [ˌɪmɔːˈtel] *s.* ⚘ Immorˈtelle *f*, Strohblume *f.*

im·mov·a·bil·i·ty [ɪˌmuːvəˈbɪlətɪ] *s.* **1.** Unbeweglichkeit *f*; **2.** *fig.* Unerschütterlichkeit *f*; **im·mov·a·ble** [ɪˈmuːvəbl] **I** *adj.* □ **1.** unbeweglich: a) ortsfest: **~ property** → 4, b) unbewegt, bewegungslos; **2.** *zeitlich* unveränderlich: **~ feast** unbeweglicher Feiertag; **3.** *fig.* fest, unerschütterlich, unnachgiebig; **II** *s.* **4.** *pl.* ⚖ unbewegliches Eigentum, Immoˈbilien *pl.*, Liegenschaften *pl.*

im·mune [ɪˈmjuːn] **I** *adj.* **1.** ⚕ *u. fig.* (**from**, **against**, **to**) imˈmun (gegen), unempfänglich (für); **2.** (**from**, **against**, **to**) geschützt, gefeit (gegen), frei (von); **II** *s.* **3.** imˈmune Perˈson; **imˈmu·ni·ty** [-nətɪ] *s.* **1.** *allg.* Immuniˈtät *f*: a) ⚕ *u. fig.* Unempfänglichkeit *f*, b) ⚖ Freiheit *f*, Befreiung *f* (**from** von *Strafe*, *Steuer*); **2.** ⚖ Priviˈleg *n*, Sonderrecht *n*; **3.** Freisein *n* (**from** von); **im·mu·ni·za·tion** [ˌɪmjuːnaɪˈzeɪʃn] *s.* ⚕ Immunisierung *f*; **im·mu·nize** [ˈɪmjuːnaɪz] *v/t.* immunisieren; imˈmun machen (**against** gegen), schützen (vor *dat.*); **im·mu·no·gen** [ɪˈmjuːnəʊdʒen] *s.* ⚕ Antiˈgen *n*; **im·mu·nol·o·gy** [ˌɪmjuːˈnɒlədʒɪ] *s.* ⚕ Immuniˈtätsforschung *f*, -lehre *f.*

im·mure [ɪˈmjʊə] *v/t.* **1.** einsperren, -schließen, -kerkern: **~ o.s.** sich abschließen; **2.** einmauern.

im·mu·ta·bil·i·ty [ɪˌmjuːtəˈbɪlətɪ] *s. a. biol.* Unveränderlichkeit *f*; **im·mu·ta·ble** [ɪˈmjuːtəbl] *adj.* □ unveränderlich, unwandelbar.

imp [ɪmp] *s.* **1.** Teufelchen *n*, Kobold *m*; **2.** *humor.* Schlingel *m*, Racker *m.*

im·pact I *s.* [ˈɪmpækt] **1.** An-, Zs.-prall *m*, Auftreffen *n*; **2.** *bsd.* ⚔ Auf-, Einschlag *m*: **~ fuse** Aufschlagzünder *m*; **3.** ⚙, *phys.* a) Stoß *m*, Schlag *m*, b) Wucht *f*: **~ extrusion** Schlagstrangpressen *n*; **~ strength** ⚙ (Kerb)Schlagfestigkeit *f*; **4.** *fig.* a) (heftige) (Ein)Wirkung, Auswirkungen *pl.*, (starker) Einfluß (**on** auf *acc.*), b) (starker) Eindruck (**on** auf *acc.*), c) Wucht *f*, Gewalt *f*, d) (**on**) Belastung *f* (*gen.*), Druck *m* (auf *acc.*): **make an ~ (on)** ‚einschlagen' *od.* e-n starken Eindruck hinterlassen (bei), sich mächtig auswirken (auf *acc.*); **II** *v/t.* [ɪmˈpækt] **5.** zs.-pressen; *a.* ⚕ einkeilen, -klemmen.

im·pair [ɪmˈpeə] *v/t.* **1.** verschlechtern; **2.** beeinträchtigen: a) nachteilig beeinflussen, schwächen, b) (ver)mindern, schmälern; **imˈpair·ment** [-mənt] *s.* Verschlechterung *f*; Beeinträchtigung *f*, Verminderung *f*, Schädigung *f*, Schmälerung *f.*

im·pale [ɪmˈpeɪl] *v/t.* **1.** *hist.* pfählen; **2.** aufspießen, durchˈbohren; **3.** *her. zwei Wappen* durch e-n senkrechten Pfahl verbinden.

im·pal·pa·ble [ɪmˈpælpəbl] *adj.* □ **1.** unfühlbar; **2.** äußerst fein; **3.** kaum (er)faßbar, nicht greifbar.

im·pan·el [ɪmˈpænl] → ***empanel.***

im·par·i·syl·lab·ic [ˈɪmˌpærɪsɪˈlæbɪk] *adj. u. s. ling.* ungleichsilbig(es Wort).

im·par·i·ty [ɪmˈpærətɪ] *s.* Ungleichheit *f.*

im·part [ɪmˈpɑːt] *v/t.* **1.** (**to** *dat.*) geben: a) gewähren, zukommen lassen, b) *e-e Eigenschaft etc.* verleihen; **2.** mitteilen: a) kundtun (**to** *dat.*): **~ news**, b) vermitteln (**to** *dat.*): **~ knowledge**, c) *a. phys.* übertragen (**to** auf *acc.*): **~ a motion.**

im·par·tial [ɪmˈpɑːʃl] *adj.* □ ˈunparˌteiisch, unvoreingenommen, unbefangen; **im·par·ti·al·i·ty** [ˈɪmˌpɑːʃɪˈælətɪ] *s.* ˈUnparˌteilichkeit *f*, Unvoreingenommenheit *f.*

im·pass·a·ble [ɪmˈpɑːsəbl] *adj.* □ unpassierbar.

im·passe [æmˈpɑːs] (*Fr.*) *s.* Sackgasse *f*, *fig. a.* ausweglose Situatiˈon: **reach an ~** *fig.* in e-e Sackgasse geraten, e-n toten Punkt erreichen; **break the ~** aus der Sackgasse herauskommen.

im·pas·si·ble [ɪmˈpæsɪbl] *adj.* □ (**to**) gefühllos (gegen), unempfindlich (für).

im·pas·sioned [ɪmˈpæʃnd] *adj.* leidenschaftlich.

im·pas·sive [ɪmˈpæsɪv] *adj.* □ **1.** teilnahms-, leidenschaftslos, ungerührt; **2.** gelassen; **3.** unbewegt: **~ face.**

im·paste [ɪmˈpeɪst] *v/t.* **1.** zu e-m Teig kneten; **2.** *paint. Farben* dick auftragen, paˈstos malen; **im·pas·to** [ɪmˈpæstəʊ] *s. paint.* Imˈpasto *n.*

im·pa·tience [ɪmˈpeɪʃns] *s.* **1.** Ungeduld *f*; **2.** (**of**) Unduldsamkeit *f*, Abneigung *f* (gegen[ˈüber]), Unwille *m* (über *acc.*); **imˈpa·tient** [-nt] *adj.* □ **1.** ungeduldig; **2.** (**of**) unduldsam (gegen), ungehalten (über *acc.*), unzufrieden (mit): **be ~ of** nicht (v)ertragen können (*acc.*), nichts übrig haben für; **3.** begierig (**for** nach, **to do** zu tun): **be ~ for** *et.* nicht erwarten können; **be ~ to do it** darauf brennen, es zu tun.

im·peach [ɪmˈpiːtʃ] *v/t.* **1.** *j-n* anklagen, beschuldigen (**of**, **with** *gen.*); **2.** ⚖ *Beamten etc.* (wegen e-s Amtsvergehens) anklagen; **3.** anzweifeln, anfechten, in Frage stellen: **~ a witness** die Glaubwürdigkeit e-s Zeugen anzweifeln; **4.** angreifen, herˈabsetzen, tadeln, bemängeln; **imˈpeach·a·ble** [-tʃəbl] *adj.* anklag-, anfecht-, bestreitbar; **imˈpeach·ment** [-mənt] *s.* **1.** Anklage *f*, Beschuldigung *f*; **2.** (öffentliche) Anklage *e-s Ministers etc. wegen Amtsmißbrauchs, Hochverrats etc.*; **3.** Anfechtung *f*, Bestreitung *f* der Glaubwürdigkeit *od.* Gültigkeit; **4.** Inˈfragestellung *f*; **5.** Vorwurf *m*, Tadel *m.*

im·pec·ca·bil·i·ty [ɪmˌpekəˈbɪlətɪ] *s.* **1.** Sündlosigkeit *f*; **2.** Fehler-, Tadellosigkeit *f*; **im·pec·ca·ble** [ɪmˈpekəbl] *adj.* □ **1.** sünd(en)los, rein; **2.** tadellos, untadelig, einwandfrei.

im·pe·cu·ni·os·i·ty [ˈɪmpɪˌkjuːnɪˈɒsətɪ] *s.* Mittellosigkeit *f*, Armut *f*; **im·pe·cu·ni·ous** [ˌɪmpɪˈkjuːnjəs] *adj.* mittellos, arm.

im·ped·ance [ɪmˈpiːdəns] *s.* ϟ Impeˈdanz *f*, ˈScheinˌwiderstand *m.*

im·pede [ɪmˈpiːd] *v/t.* **1.** *j-n* (be)hindern; **2.** *et.* erschweren, verhindern; **im·ped·i·ment** [ɪmˈpedɪmənt] *s.* **1.** Be-, Verhinderung *f*; **2.** Hindernis *n* (**to** für), ⚕ Behinderung *f*: ~ **in one's speech** Sprachfehler *m*; **3.** ⚖ (*bsd.* Ehe)Hindernis *n*, Hinderungsgrund *m*; **im·ped·i·men·ta** [ɪmˌpedɪˈmentə] *s. pl.* **1.** ⚔ Gepäck *n*, Troß *m*; **2.** *fig.* Last *f*, (hinderliches) Gepäck, *j-s* ‚Siebensachen' *pl.*

im·pel [ɪmˈpel] *v/t.* **1.** (an-, vorwärts-) treiben, drängen; **2.** zwingen, nötigen: **I felt ~led** ich sah mich gezwungen *od.* veranlaßt, ich fühlte mich genötigt; **imˈpel·lent** [-lənt] **I** *adj.* (an)treibend, Trieb…; **II** *s.* Triebkraft *f*, Antrieb *m*; **imˈpel·ler** [-lə] *s.* ⚙ a) Flügel-, Laufrad *n*, b) Kreisel *m* (*e-r Pumpe*), c) ✈ Laderlaufrad *n.*

im·pend [ɪmˈpend] *v/i.* **1.** hängen, schweben (**over** über *dat.*); **2.** *fig.* a) unmittelbar bevorstehen, b) (**over**) drohend schweben (über *dat.*), drohen (*dat.*); **imˈpend·ing** [-dɪŋ] *adj.* nahe bevorstehend, drohend.

im·pen·e·tra·bil·i·ty [ɪmˌpenɪtrəˈbɪlətɪ] *s.* **1.** ˈUndurchˌdringlichkeit *f*; **2.** *fig.* Unerforschlichkeit *f*, Unergründlichkeit *f*; **im·pen·e·tra·ble** [ɪmˈpenɪtrəbl] *adj.* □ **1.** ˈundurchˌdringlich (**by** für); **2.** *fig.* unergründlich, unerforschlich; **3.** *fig.* (**to**, **by**) unempfänglich (für), unzugänglich (*dat.*).

im·pen·i·tence [ɪmˈpenɪtəns], **imˈpen·i·ten·cy** [-sɪ] *s.* Unbußfertigkeit *f*, Verstocktheit *f*; **imˈpen·i·tent** [-nt] *adj.* □ unbußfertig, verstockt, reuelos.

im·per·a·ti·val [ɪmˌperəˈtaɪvl] → **imperative** 3; **im·per·a·tive** [ɪmˈperətɪv] **I** *adj.* □ **1.** befehlend, gebieterisch, herrisch; **2.** ˈunumˌgänglich, zwingend, dringend (nötig), unbedingt erforderlich; **3.** *ling.* imperaˈtivisch, Imperativ…, Befehls…: **~ mood** → 5; **II** *s.* **4.** Befehl *m*, Gebot *n*; **5.** *ling.* Imperativ *m*, Befehlsform *f.*

im·per·cep·ti·bil·i·ty [ˈɪmpəˌseptəˈbɪlətɪ] *s.* Unwahrnehmbarkeit *f*; Unmerklichkeit *f*; **im·per·cep·ti·ble** [ˌɪmpəˈseptəbl] *adj.* □ **1.** nicht wahrnehmbar, unbemerkbar, unsichtbar, unhörbar; **2.** unmerklich; **3.** verschwindend klein.

im·per·fect [ɪmˈpɜːfɪkt] **I** *adj.* □ **1.** ˈunvollˌständig, ˈunvollˌendet; **2.** ˈunvollˌkommen (*a.* ⚘, ♪): **~ rhyme** unreiner Reim; **3.** mangel-, fehlerhaft; **4.** *ling.* **~ tense** → 5; **II** *s.* **5.** *ling.* Imperfekt *n*, ˈunvollˌendete Vergangenheit; **im·per·fec·tion** [ˌɪmpəˈfekʃn] *s.* **1.** ˈUnvollˌkommenheit *f*, Mangelhaftigkeit *f*; **2.** Mangel *m*, Fehler *m.*

im·per·fo·rate [ɪmˈpɜːfərət] *adj.* **1.** *bsd. anat.* ohne Öffnung; **2.** nicht perforiert, ungezähnt (*Briefmarke*).

im·pe·ri·al [ɪmˈpɪərɪəl] **I** *adj.* □ **1.** kaiserlich, Kaiser…; **2.** Reichs…; **3.** das brit. Weltreich betreffend, Empire…: **♀ Conference** Empire-Konferenz *f*; **4.** *Brit.* gesetzlich (*Maße u. Gewichte*): **~ gallon** (= *4,55 Liter*); **5.** großartig, herrlich; **II** *s.* **6.** Kaiserliche(r) *m* (*Soldat, Anhänger*); **7.** Knebelbart *m*; **8.** Imperiˈal(paˌpier) *n* (*Format: brit. 22×30 in., amer. 23×31 in.*); **imˈpe·ri·al·ism** [-lɪzəm] *s. pol.* Imperiaˈlismus *m*; **imˈpe·ri·al·ist** [-lɪst] **I** *s.* **1.** *pol.* Imperiaˈlist *m*; **2.** Kaiserliche(r) *m*; **II** *adj.* **3.** imperiaˈlistisch; **4.** kaiserlich, kaisertreu; **im·pe·ri·al·is·tic** [ɪmˌpɪərɪəˈlɪstɪk] *adj.* (□ **~ally**) → **imperialist** 3, 4.

im·per·il [ɪmˈperɪl] *v/t.* gefährden.

im·pe·ri·ous [ɪmˈpɪərɪəs] *adj.* □ **1.** herrisch, anmaßend, gebieterisch; **2.** dringend, zwingend; **imˈpe·ri·ous·ness** [-nɪs] *s.* **1.** Herrschsucht *f*, Anmaßung *f*, herrisches Wesen; **2.** Dringlichkeit *f.*

im·per·ish·a·ble [ɪmˈperɪʃəbl] *adj.* □ unvergänglich, ewig.

im·per·ma·nence [ɪmˈpɜːmənəns], **imˈper·ma·nen·cy** [-sɪ] *s.* Unbeständigkeit *f*, Vergänglichkeit *f*; **imˈper·ma·nent** [-nt] *adj.* unbeständig, vorˈübergehend, nicht von Dauer.

im·per·me·a·bil·i·ty [ɪmˌpɜːmjəˈbɪlətɪ] *s.* ˈUnˌdurchlässigkeit *f*; **im·per·me·a·ble** [ɪmˈpɜːmjəbl] *adj.* □ ˈunˌdurchlässig (**to** für): **~ (to water)** wasserdicht.

im·per·mis·si·ble [ˌɪmpəˈmɪsəbl] *adj.* unzulässig, unerlaubt.

im·per·son·al [ɪmˈpɜːsnl] *adj. a. ling.* ˈunperˌsönlich: **~ account** ✝ Sachkonto *n*; **im·per·son·al·i·ty** [ɪmˌpɜːsəˈnælətɪ] *s.* ˈUnperˌsönlichkeit *f.*

im·per·son·ate [ɪmˈpɜːsəneɪt] *v/t.* **1.** personifizieren, verkörpern; **2.** imitieren, nachahmen; **3.** sich ausgeben als *od.* für; **im·per·son·a·tion** [ɪmˌpɜːsəˈneɪʃn] *s.* **1.** Personifikatiˈon *f*, Verkörperung *f*; **2.** Nachahmung *f*, Imitatiˈon *f*; **3.** (betrügerisches *od.* scherzhaftes) Auftreten (**of** als); **imˈper·son·a·tor** [-tə] *s.* **1.** *thea.* a) Imiˈtator *m*, b) Darsteller(in); **2.** Betrüger(in), Hochstapler(in).

im·per·ti·nence [ɪmˈpɜːtɪnəns] *s.* Unverschämtheit *f*, Frechheit *f*; **imˈper·ti·nent** [-nt] *adj.* □ **1.** unverschämt, frech; **2.** ⚖ nicht zur Sache gehörig, unerheblich; **3.** nebensächlich; **4.** unangebracht.

im·per·turb·a·bil·i·ty [ˈɪmpəˌtɜːbəˈbɪlətɪ] *s.* Unerschütterlichkeit *f*, Gelassenheit *f*, Gleichmut *m*; **im·per·turb·a·ble** [ˌɪmpəˈtɜːbəbl] *adj.* □ unerschütterlich, gelassen.

im·per·vi·ous [ɪmˈpɜːvjəs] *adj.* □ **1.** ˈundurchˌdringlich (**to** für), ˈunˌdurchlässig: **~ to rain** regendicht; **2.** *fig.* (**to**) unzugänglich (für *od. dat.*), unempfindlich (gegen); taub (gegen); **imˈper·vi·ous·ness** [-nɪs] *s.* **1.** ˈUndurchˌdringlichkeit *f*, -lässigkeit *f*; **2.** *fig.* Unzugänglichkeit *f*, Unempfindlichkeit *f.*

im·pe·tig·i·nous [ˌɪmpɪˈtɪdʒɪnəs] *adj.* ⚕ pustelartig; ˌ**im·peˈti·go** [-ˈtaɪgəʊ] *s.* ⚕ Impeˈtigo *m.*

im·pet·u·os·i·ty [ɪmˌpetjʊˈɒsətɪ] *s.* **1.** Heftigkeit *f*, Ungestüm *n*; **2.** impulˈsive Handlung; **im·pet·u·ous** [ɪmˈpetjʊəs] *adj.* □ heftig, ungestüm; hitzig, überˈeilt, impulˈsiv; **im·pet·u·ous·ness** [ɪmˈpetjʊəsnɪs] → **impetuosity**.

im·pe·tus [ˈɪmpɪtəs] *s.* **1.** *phys.* Stoß-, Triebkraft *f*, Schwung *m*; **2.** *fig.* Antrieb *m*, Anstoß *m*, Schwung *m*: **give a fresh ~ to** Auftrieb *od.* neuen Schwung verleihen (*dat.*).

im·pi·e·ty [ɪmˈpaɪətɪ] *s.* **1.** Gottlosigkeit *f*; **2.** Pieˈtätlosigkeit *f.*

im·pinge [ɪmˈpɪndʒ] *v/i.* **1.** (**on**, **upon**) stoßen (an *acc.*, gegen), zs.-stoßen (mit), auftreffen (auf *acc.*); **2.** fallen, einwirken (**on** auf *acc.*): **~ on the eye**; **~ on the ear** ans Ohr dringen; **3.** (**on**) sich auswirken (auf *acc.*), beeinflussen (*acc.*); **4.** (**on**) (ˈwiderrechtlich) eingreifen (in *acc.*), verstoßen (gegen *Rechte etc.*).

im·pi·ous [ˈɪmpɪəs] *adj.* □ **1.** gottlos, ruchlos; **2.** pieˈtätlos; **3.** reˈspektlos.

imp·ish [ˈɪmpɪʃ] *adj.* □ schelmisch, spitzbübisch, verschmitzt.

im·pla·ca·bil·i·ty [ɪmˌplækəˈbɪlətɪ] *s.* Unversöhnlichkeit *f*, Unerbittlichkeit *f*; **im·pla·ca·ble** [ɪmˈplækəbl] *adj.* □ unversöhnlich, unerbittlich.

im·plant [ɪmˈplɑːnt] *v/t. fig.* einimpfen, *a.* ⚕ einpflanzen (**in** *dat.*); **im·plan·ta·tion** [ˌɪmplɑːnˈteɪʃn] *s.* **1.** *fig.* Einimpfung *f*; **2.** *mst fig. od.* ⚕ Einpflanzung *f.*

im·plau·si·ble [ɪmˈplɔːzəbl] *adj.* nicht plauˈsibel, unwahrscheinlich, unglaubwürdig, -haft, wenig überˈzeugend.

im·ple·ment I *s.* [ˈɪmplɪmənt] **1.** Werkzeug *n* (*a. fig.*), Gerät *n*; **2.** ⚖ *Scot.* Erfüllung *f* (*e-s Vertrages*); **II** *v/t.* [-ment] **3.** aus-, ˈdurchführen; **4.** in Kraft setzen; **5.** ergänzen; **6.** ⚖ *Scot. Vertrag* erfüllen; **im·ple·men·tal** [ˌɪmplɪˈmentl], **im·ple·men·ta·ry** [ˌɪmplɪˈmentərɪ] *adj.* Ausführungs…: **~ orders** Ausführungsbestimmungen; **im·ple·men·ta·tion** [ˌɪmplɪmenˈteɪʃn] *s.* Erfüllung *f*, Aus-, ˈDurchführung *f.*

im·pli·cate [ˈɪmplɪkeɪt] *v/t.* **1.** *fig.* verwickeln, hinˈeinziehen (**in** in *acc.*), in Zs.-hang *od.* Verbindung bringen (**with** mit): **~d in** verwickelt in (*acc.*), betroffen von; **2.** *fig.* a) → **imply** 1, b) zur Folge haben; **im·pli·ca·tion** [ˌɪmplɪˈkeɪʃn] *s.* **1.** Verwicklung *f*, Verflechtung *f*, (enge) Verbindung, Zs.-hang *m*; **2.** (eigentliche) Bedeutung; Andeutung *f*; **3.** Konseˈquenz *f*, Folge *f*, Folgerung *f*, Auswirkung *f*: **by ~** a) als (natürliche) Folgerung *od.* Folge, b) implizite, durch sinngemäße Auslegung, ohne weiteres.

im·plic·it [ɪmˈplɪsɪt] *adj.* □ **1.** (mit *od.* stillschweigend) inbegriffen, stillschweigend, unausgesprochen; **2.** absoˈlut, vorbehalt-, bedingungslos: **~ faith** (**obedience**) blinder Glaube (Gehorsam); **imˈplic·it·ly** [-lɪ] *adv.* **1.** imˈplizite, stillschweigend, ohne weiteres; **2.** unbedingt; **imˈplic·it·ness** [-nɪs] *s.* **1.** Mitˈinbegriffensein *n*; Selbstverständlichkeit *f*; **2.** Unbedingtheit *f.*

im·plied [ɪmˈplaɪd] *adj.* (stillschweigend *od.* mit) inbegriffen, einbezogen, sinngemäß (darin) enthalten, impliziert: **~ condition**.

im·plode [ɪmˈpləʊd] *v/i. phys.* implodieren.

im·plore [ɪmˈplɔː] *v/t.* **1.** *j-n* anflehen, beschwören; **2.** *et.* erflehen, erbitten; **imˈplor·ing** [-ɔːrɪŋ] *adj.* □ flehentlich, inständig.

im·plo·sion [ɪmˈpləʊʒn] *s. phys.* Imploˈsion *f.*

im·ply [ɪmˈplaɪ] *v/t.* **1.** einbeziehen, in sich schließen, (*stillschweigend*) beinhalten; **2.** mit sich bringen, darˈauf hinˈauslaufen: **that implies** daraus ergibt sich, das bedeutet; **3.** besagen, bedeuten, schließen lassen auf (*acc.*); **4.** andeuten, 'durchblicken lassen, implizieren.

im·po·lite [ɪmpə'laɪt] *adj.* □ unhöflich, grob.

im·pol·i·tic [ɪm'pɒlətɪk] *adj.* □ 'undiplo,matisch, unklug.

im·pon·der·a·ble [ɪm'pɒndərəbl] **I** *adj.* unwägbar (*a. phys.*), unberechenbar; **II** *s. pl.* Impondera'bilien *pl.*, Unwägbarkeiten *pl.*

im·port I *v/t.* [ɪm'pɔːt] **1.** ✝ importieren, einführen: **~ing country** Einfuhrland *n*; **2.** *fig.* einführen, hin'einbringen; **3.** bedeuten, besagen; **II** *s.* ['ɪmpɔːt] **4.** ✝ Einfuhr *f*, Im'port *m*; *pl.* 'Einfuhrwaren *pl.*, -ar,tikel *pl.*; **~ bounty** Einfuhrprämie *f*; **~ duty** Einfuhrzoll *m*; **~ licence** (*Am.* **license**), **~ permit** Einfuhrgenehmigung *f*; **~ quota** Einfuhrkontingent *n*; **~ tariff** Einfuhrzoll *m*; **5.** Bedeutung *f*, Sinn *m*; **6.** Wichtigkeit *f*, Bedeutung *f*, Tragweite *f*; **im'port·a·ble** [-təbl] *adj.* ✝ einführbar, importierbar.

im·por·tance [ɪm'pɔːtns] *s.* **1.** Wichtigkeit *f*, Bedeutung *f*: **attach ~ to** Bedeutung beimessen (*dat.*); **conscious** (*od.* **full**) **of one's own ~** → **important** 3; **it is of no ~** es ist unwichtig, es hat keine Bedeutung; **2.** Einfluß *m*, Ansehen *n*, Gewicht *n*: **a person of ~** e-e gewichtige Persönlichkeit; **im'por·tant** [-nt] *adj.* □ **1.** wichtig, wesentlich, bedeutend (**to** für); **2.** her'vorragend, bedeutend, angesehen, einflußreich; **3.** wichtigtuerisch, eingebildet, von s-r eigenen Wichtigkeit erfüllt.

im·por·ta·tion [,ɪmpɔː'teɪʃn] *s.* ✝ **1.** Im'port *m*, Einfuhr *f*; **2.** Einfuhrware(n *pl.*) *f*; **im·port·er** [ɪm'pɔːtə] *s.* ✝ Impor'teur *m.*

im·por·tu·nate [ɪm'pɔːtjʊnət] *adj.* □ lästig, zu-, aufdringlich; **im·por·tune** [ɪmpɔː'tjuːn] *v/t.* dauernd (mit Bitten) belästigen, behelligen; **im·por·tu·ni·ty** [,ɪmpɔː'tjuːnətɪ] *s.* Aufdringlichkeit *f*, Hartnäckigkeit *f.*

im·pose [ɪm'pəʊz] **I** *v/t.* **1.** *Pflicht, Steuer etc.* auferlegen, aufbürden (**on, upon** *dat.*): **~ a tax on s.th.** et. besteuern, et. mit e-r Steuer belegen; **~ a penalty on s.o.** e-e Strafe verhängen gegen j-n, j-n mit e-r Strafe belegen; **~ law and order** Recht u. Ordnung schaffen; **2. ~ s.th. on s.o.** a) j-m et. aufdrängen, b) j-m et. ‚andrehen'; **~ o.s. on s.o.** → 7; **3.** *typ. Kolumnen* ausschießen; **4.** *eccl. die Hände* (segnend) auflegen; **II** *v/i.* **5.** (**upon**) beeindrucken (*acc.*), imponieren (*dat.*); **6.** ausnutzen, miß'brauchen (**on** *acc.*): **~ on s.o.'s kindness**; **7. ~ on s.o.** sich j-m aufdrängen, j-m zur Last fallen; **8.** betrügen, hinter'gehen (**on s.o.** j-n); **im'pos·ing** [-zɪŋ] *adj.* □ eindrucksvoll, imponierend, impo'sant; **im·po·si·tion** [,ɪmpə'zɪʃn] *s.* **1.** Auferlegung *f*, Aufbürdung *f* (*von Steuern, Pflichten etc.*), Verhängung *f* (*e-r Strafe*): **~ of taxes** Besteuerung *f*; **2.** Last *f*, Belastung *f*; Auflage *f*, Pflicht *f*; **3.** Abgabe *f*, Steuer *f*; **4.** *ped. Brit.* Strafarbeit *f*; **5.** (schamlose) Ausnutzung (**on** *gen.*), Zumutung *f*; **6.** Über'vorteilung *f*, Schwindel *m*; **7.** *eccl.* (*Hand*)Auflegen *n*; **8.** *typ.* a) Ausschießen *n*, b) For'matmachen *n.*

im·pos·si·bil·i·ty [ɪm,pɒsə'bɪlətɪ] *s.* Unmöglichkeit *f*; **im·pos·si·ble** [ɪm'pɒsəbl] *adj.* □ **1.** *allg.* unmöglich: a) unausführbar, b) ausgeschlossen, c) unglaublich: **it is ~ for me to do that** ich kann das unmöglich tun; **2.** F ‚unmöglich': **you are ~!**; **im·pos·si·bly** [ɪm'pɒsəblɪ] *adv.* **1.** unmöglich; **2.** unglaublich: **~ young.**

im·post ['ɪmpəʊst] **I** *s.* **1.** ✝ Auflage *f*, Abgabe *f*, Steuer *f*, *bsd.* Einfuhrzoll *m*; **2.** *sl. Pferderennen*: Handicap-Ausgleichsgewicht *n*; **II** *v/t.* **3.** *Am. Importwaren* zwecks Zollfestsetzung klassifizieren.

im·pos·tor [ɪm'pɒstə] *s.* Betrüger(in), Schwindler(in), Hochstapler(in); **im'pos·ture** [-tʃə] *s.* Betrug *m*, Schwindel *m*, Hochstape'lei *f.*

im·po·tence ['ɪmpətəns], '**im·po·ten·cy** [-sɪ] *s.* **1.** a) Unvermögen *n*, Unfähigkeit *f*, b) Hilf-, Machtlosigkeit *f*, Ohnmacht *f*; **2.** Schwäche *f*, Kraftlosigkeit *f*; **3.** ⚕ Impotenz *f*; '**im·po·tent** [-nt] *adj.* □ **1.** a) unfähig, b) macht-, hilflos, ohnmächtig; **2.** schwach, kraftlos; **3.** ⚕ impotent.

im·pound [ɪm'paʊnd] *v/t.* **1.** *bsd. Vieh* einpferchen, einsperren; **2.** *Wasser* sammeln, stauen; **3.** ⚖ a) beschlagnahmen, b) sicherstellen, in (gerichtliche *od.* behördliche) Verwahrung nehmen.

im·pov·er·ish [ɪm'pɒvərɪʃ] *v/t.* **1.** arm *od.* ärmer machen: **be ~ed** verarmen, verarmt sein; **2.** *Land etc.* auspowern, *Boden etc.* auslaugen; **3.** *fig.* a) ärmer machen, *kulturell etc.* verarmen lassen, b) *e-r Sache* den Reiz nehmen; **im'pov·er·ish·ment** [-mənt] *s. a. fig.* Verarmung *f*; Auslaugung *f.*

im·prac·ti·ca·bil·i·ty [ɪm,præktɪkə'bɪlətɪ] *s.* **1.** 'Undurch,führbarkeit *f*, Unmöglichkeit *f*; **2.** Unbrauchbarkeit *f*; **3.** Unpassierbarkeit *f* (*e-r Straße etc.*); **im·prac·ti·ca·ble** [ɪm'præktɪkəbl] *adj.* □ **1.** 'undurch,führbar, unmöglich; **2.** unbrauchbar; **3.** unpassierbar, unbefahrbar (*Straße*); **4.** unlenksam, störrisch (*Person*).

im·prac·ti·cal [ɪm'præktɪkl] *adj.* **1.** unpraktisch; **2.** (rein) theo'retisch, sinnlos; **3.** → **impracticable.**

im·pre·cate ['ɪmprɪkeɪt] *v/t. Schlimmes* her'abwünschen (**on, upon** auf *acc.*): **~ curses on s.o.** j-n verfluchen; **im·pre·ca·tion** [,ɪmprɪ'keɪʃn] *s.* Verwünschung *f*, Fluch *m*; '**im·pre·ca·to·ry** [-tərɪ] *adj.* Verwünschungs...

im·preg·na·bil·i·ty [ɪm,pregnə'bɪlətɪ] *s.* 'Unüber,windlichkeit *f etc.* (→ **impregnable**); **im·preg·na·ble** [ɪm'pregnəbl] *adj.* □ **1.** 'unüber,windlich, unbezwinglich, uneinnehmbar (*Festung*); **2.** unerschütterlich (**to** gegenüber); **im·preg·nate I** *v/t.* ['ɪmpregneɪt] **1.** *biol.* a) schwängern (*a. fig.*), b) befruchten (*a. fig.*); **2.** sättigen, durch'dringen; ⚙ tränken, imprägnieren; **3.** *fig. et. od. j-n* durch'dringen, erfüllen; **4.** *paint.* grundieren; **II** *adj.* [ɪm'pregnɪt] **5.** *biol.* a) geschwängert, schwanger, b) befruchtet; **6.** *fig.* (**with**) voll (von), durch'drungen (von); **im·preg·na·tion** [,ɪmpreg'neɪʃn] *s.* **1.** *biol.* a) Schwängerung *f*, b) Befruchtung *f*; **2.** Imprägnierung *f*, (Durch)'Tränkung *f*, Sättigung *f*; **3.** *fig.* Befruchtung *f*, Durch'dringung *f*, Erfüllung *f.*

im·pre·sa·ri·o [,ɪmprɪ'sɑːrɪəʊ] *pl.* **-os** *s.* **1.** Impre'sario *m*; **2.** (The'ater- *etc.*)Di,rektor *m.*

im·pre·scrip·ti·ble [,ɪmprɪ'skrɪptəbl] *adj.* ⚖ a) unverjährbar, b) *a. fig.* unveräußerlich: **~ rights.**

im·press¹ I *v/t.* [ɪm'pres] **1.** beeindrucken, Eindruck machen auf (*acc.*), imponieren (*dat.*): **be favo(u)rably ~ed by** e-n guten Eindruck erhalten *od.* haben von; **I am not ~ed** das imponiert mir gar nicht; **he is not easily ~ed** er läßt sich nicht so leicht beeindrucken; **2.** *j-n* erfüllen, durch'dringen (**with** mit); **3.** einprägen, -schärfen, klarmachen (**on, upon** *dat.*); **4.** (auf)drücken (**on** auf *acc.*), eindrücken; **5.** aufprägen, -drucken; **6.** *fig.* verleihen, erteilen (**upon** *dat.*); **II** *v/i.* **7.** Eindruck machen, imponieren; **III** *s.* ['ɪmpres] **8.** Prägung *f*; **9.** Abdruck *m*, Stempel *m*; **10.** *fig.* Gepräge *n.*

im·press² [ɪm'pres] *v/t.* **1.** requirieren, beschlagnahmen; **2.** *bsd.* ⚓ (zum Dienst) pressen.

im·press·i·ble [ɪm'presəbl] → **impressionable.**

im·pres·sion [ɪm'preʃn] *s.* **1.** Eindruck *m*: **make a** (**good**) **~** (**on s.o.**) (auf j-n) (e-n guten) Eindruck machen; **give s.o. a wrong ~** bei j-m e-n falschen Eindruck erwecken; **leave s.o. with an ~** bei j-m e-n Eindruck hinterlassen; **first ~s are often wrong** der erste Eindruck täuscht oft; **2.** Eindruck *m*, Vermutung *f*, Ahnung *f*: **I have an ~** (*od.* **I am under the ~**) **that** ich habe den Eindruck, daß; **3.** Abdruck *m* (*a.* ⚕), Prägung *f*; **4.** Ab-, Aufdruck *m*; **5.** *typ.* a) Abzug *m*, b) (*bsd.* unveränderte) Auflage (*Buch*): **new ~** Neudruck *m*, -auflage *f*; **6.** *fig.* Nachahmung *f*: **do** (*od.* **give**) **an ~ of s.o.** j-n imitieren; **im'pres·sion·a·ble** [-ʃnəbl] **1.** für Eindrücke empfänglich; **2.** leicht zu beeindrucken(d), beeinflußbar, empfänglich; **im'pres·sion·ism** [-ʃnɪzəm] *s.* Impressio'nismus *m*; **im'pres·sion·ist** [-ʃnɪst] **I** *s.* Impressio'nist(in); **II** *adj.* → **im·pres·sion·is·tic** [ɪm,preʃə'nɪstɪk] *adj.* (□ **~ally**) impressio'nistisch.

im·pres·sive [ɪm'presɪv] *adj.* □ eindrucksvoll, impo'sant; **im'pres·sive·ness** [-nɪs] *s. das* Eindrucksvolle *etc.*

im·pri·ma·tur [,ɪmprɪ'meɪtə] *s.* **1.** Impri'matur *n*, Druckerlaubnis *f*; **2.** *fig.* Zustimmung *f*, Billigung *f.*

im·print I *s.* ['ɪmprɪnt] **1.** Ab-, Aufdruck *m*; **2.** Aufdruck *m*, Stempel *m*; **3.** *typ.* Im'pressum *n*, Erscheinungs-, Druckvermerk *m*; **4.** *fig.* Stempel *m*, Gepräge *n*; *psych.* Prägung *f*; **II** *v/t.* [ɪm'prɪnt] ([**up**]**on**) **5.** *typ.* aufdrucken (auf *acc.*); **6.** prägen (auf *acc.*); **7.** *fig.* einprägen (*dat.*); **8.** *Kuß* (auf)drücken (auf *acc.*).

im·pris·on [ɪm'prɪzn] *v/t.* **1.** ins Gefängnis werfen, einsperren, inhaftieren; **2.** *fig.* a) einsperren, -schließen, gefangenhalten, b) beschränken; **im'pris·on·ment** [-mənt] *s.* **1.** Einkerkerung *f*, Haft *f*, Gefangenschaft *f* (*a. fig.*); **2.** (**sentence of**) **~** ⚖ Freiheitsstrafe *f*; → **false** I.

im·prob·a·bil·i·ty [ɪm,prɒbə'bɪlətɪ] *s.* Unwahrscheinlichkeit *f*; **im·prob·a·ble**

[ɪmˈprɒbəbl] *adj.* □ **1.** unwahrscheinlich; **2.** unglaubwürdig.

im·pro·bi·ty [ɪmˈprəʊbətɪ] *s.* Unredlichkeit *f*, Unehrlichkeit *f*.

im·promp·tu [ɪmˈprɒmptjuː] **I** *s.* Impromp'tu *n* (*a.* ♪), Improvisati'on *f*; **II** *adj. u. adv.* improvisiert, aus dem Stegreif, Stegreif…

im·prop·er [ɪmˈprɒpə] *adj.* □ **1.** ungeeignet, unpassend, untauglich (***to*** für); **2.** unschicklich, ungehörig (*Benehmen*); **3.** a) unrichtig, falsch, b) unsachgemäß, c) unvorschriftsmäßig, d) 'mißbräuchlich: ~ ***use*** Mißbrauch *m*; **4.** ⚹ unecht: ~ ***fraction***; ~ ***integral*** uneigentliches Integral; **im·pro·pri·e·ty** [ˌɪmprəˈpraɪətɪ] *s.* **1.** Ungeeignetheit *f*, Untauglichkeit *f*; **2.** Unschicklichkeit *f*, Ungehörigkeit *f*; **3.** Unrichtigkeit *f*, *a. ling.* falscher Gebrauch.

im·prov·a·ble [ɪmˈpruːvəbl] *adj.* **1.** verbesserungsfähig; **2.** ✓ anbaufähig, kultivierbar; **im·prove** [ɪmˈpruːv] **I** *v/t.* **1.** *allg.*, *a.* ⚙ verbessern; **2.** verfeinern; **3.** verschönern; **4.** *Wert etc.* erhöhen, steigern; **5.** vor'anbringen, ausbauen; **6.** *Kenntnisse* erweitern: ~ ***one's mind*** sich weiterbilden; **7.** *Gehalt* aufbessern; **8.** *Am. Land* a) erschließen, im Wert steigern, b) kultivieren, meliorieren; **9.** ausnützen; → ***occasion*** 3; **II** *v/i.* **10.** sich (ver)bessern, besser werden, Fortschritte machen, sich erholen (*gesundheitlich od.* ✝ *Preise*): ~ ***in strength*** kräftiger werden; ~ ***on acquaintance*** bei näherer Bekanntschaft gewinnen; ***the patient is improving*** dem Patienten geht es besser; **11.** ~ ***on** od.* ***upon*** a) verbessern, b) über'treffen: ***not to be ~d upon*** nicht zu übertreffen(d); **im'prove·ment** [-mənt] *s.* **1.** (Ver-) Besserung *f*, Ver'vollkommnung *f*, Verschönerung *f*: ~ ***in health*** Besserung der Gesundheit; ~ ***of one's mind*** (Weiter)Bildung *f*; ~ ***of one's knowledge*** Erweiterung *f* des Wissens; **2.** Verfeinerung *f*, Veredelung *f*: ~ ***industry*** Veredelungsindustrie *f*; **3.** Erhöhung *f*, Steigerung *f*, ✝ *a.* Erholung *f*, Steigen *n*; **4.** Meliorati'on *f*: a) ✓ Bodenverbesserung *f*, b) Erschließung *f*, c) *Am.* Wertverbesserung *f* (*Grundstück etc.*); **5.** Verbesserung *f* (*a. Patent*), Fortschritt(e *pl.*) *m*, Neuerung *f*, Gewinn *m*: ***an ~ on** od.* ***upon*** e-e Verbesserung gegenüber; **im'prov·er** [-və] *s.* **1.** Verbesserer *m*; **2.** ⚙ Verbesserungsmittel *n*; **3.** ✝ Volon'tär *m*.

im·prov·i·dence [ɪmˈprɒvɪdəns] *s.* **1.** Unbedachtsamkeit *f*; **2.** Unvorsichtigkeit *f*, Leichtsinn *m*; **im'prov·i·dent** [-nt] *adj.* □ **1.** unbedacht; **2.** unvorsichtig, leichtsinnig (***of*** mit).

im·prov·ing [ɪmˈpruːvɪŋ] *adj.* □ **1.** (sich) bessernd; **2.** förderlich.

im·pro·vi·sa·tion [ˌɪmprəvaɪˈzeɪʃn] *s.* Improvisati'on *f* (*a.* ♪): a) unvorbereitete Veranstaltung, 'Stegreifrede *f*, -kompositi͵on *f etc.*, b) Behelfsmaßnahme *f*, c) behelfsmäßige Vorrichtung; **im·provi·sa·tor** [ɪmˈprɒvɪzeɪtə] *s.* Improvi'sator *m*; **im·pro·vise** [ˈɪmprəvaɪz] *v/t. u. v/i. allg.* improvisieren: a) aus dem Stegreif *od.* unvorbereitet tun, b) rasch *od.* behelfsmäßig herstellen, aus dem Boden stampfen; **im·pro·vised** [ˈɪmprəvaɪzd] *adj.* improvisiert: a) unvorbereitet, Stegreif…, b) behelfsmäßig; **im·pro·vis·er** [ˈɪmprəvaɪzə] *s.* Improvi'sator *m*.

im·pru·dence [ɪmˈpruːdəns] *s.* Unklugheit *f*, Unvorsichtigkeit *f*; **im'pru·dent** [-nt] *adj.* □ unklug.

im·pu·dence [ˈɪmpjʊdəns] *s.* Unverschämtheit *f*, Frechheit *f*; **'im·pu·dent** [-nt] *adj.* □ unverschämt.

im·pugn [ɪmˈpjuːn] *v/t.* bestreiten, anfechten, angreifen; **im'pugn·a·ble** [-nəbl] *adj.* bestreit-, anfechtbar; **im'pugn·ment** [-mənt] *s.* Anfechtung *f*, Einwand *m*.

im·pulse [ˈɪmpʌls] *s.* **1.** Antrieb *m*, Stoß *m*, Triebkraft *f*; **2.** *fig.* Im'puls *m*: a) Anstoß *m*, Anreiz *m*, b) Anregung *f*, c) plötzliche Regung *od.* Eingebung: ***act on ~*** spontan *od.* impulsiv handeln; ***on the ~ of the moment*** e-r plötzlichen Regung folgend; ~ ***buying*** ✝ Impulskauf *m*; ~ ***goods*** ✝ Waren, die impulsiv gekauft werden; **3.** ⚹, ⚙, ⚡, *phys.* Im'puls *m*: ~ ***relais*** ⚡ Stromstoßrelais *n*.

im·pul·sion [ɪmˈpʌlʃn] *s.* **1.** Stoß *m*, Antrieb *m*; Triebkraft *f*; **2.** *fig.* Im'puls *m*, Antrieb *m*; **im'pul·sive** [-lsɪv] *adj.* □ **1.** (an)treibend, Trieb…; **2.** *fig.* impul'siv, leidenschaftlich; **im'pul·sive·ness** [-lsɪvnɪs] *s.* impul'sive Art, Leidenschaftlichkeit *f*.

im·pu·ni·ty [ɪmˈpjuːnətɪ] *s.* Straflosigkeit *f*: ***with ~*** straflos, ungestraft.

im·pure [ɪmˈpjʊə] *adj.* □ **1.** unrein: a) schmutzig, unsauber, b) verfälscht, mit Beimischungen, c) *fig.* gemischt, nicht einheitlich (*Stil*), d) *fig.* fehlerhaft; **2.** *fig.* unrein (*a. eccl.*), schmutzig, unanständig; **im·pu·ri·ty** [ɪmˈpjʊərətɪ] *s.* **1.** Unreinheit *f*, Unsauberkeit *f*; **2.** Unanständigkeit *f*; **3.** ⚙ Verunreinigung *f*, Schmutz(teilchen *n*) *m*, Fremdkörper *m*.

im·put·a·ble [ɪmˈpjuːtəbl] *adj.* zuzuschreiben(d), beizumessen(d) (***to*** *dat.*); **im·pu·ta·tion** [ˌɪmpjuːˈteɪʃn] *s.* **1.** Zuschreibung *f*, Unter'stellung *f*; **2.** Be-, Anschuldigung *f*, Bezichtigung *f*; **3.** Makel *m*, (Schand)Fleck *m*; **im'put·a·tive** [-ətɪv] *adj.* □ **1.** zuschreibend; **2.** beschuldigend; **3.** unter'stellt; **impute** [ɪmˈpjuːt] *v/t.* (***to***) zuschreiben, zur Last legen, anlasten (*dat.*).

in [ɪn] **I** *prp.* **1.** *räumlich*: a) *auf die Frage wo?* in (*dat.*), an (*dat.*), auf (*dat.*): ~ ***London*** in London; ~ ***here*** hier drin (-nen); ~ ***the*** (*od.* ***one's***) ***head*** im Kopf; ~ ***the dark*** im Dunkeln; ~ ***the sky*** am Himmel; ~ ***the street*** auf der Straße; ~ ***the country*** (***field***) auf dem Land (Feld), b) *auf die Frage wohin?* in (*acc.*): ***put it ~ your pocket!*** steck(e) es in deine Tasche!; **2.** *zeitlich*: in (*dat.*), an (*dat.*), unter (*dat.*), bei, während, zu: ~ ***May*** im Mai; ~ ***the evening*** am Abend; ~ ***the beginning*** am *od.* im Anfang; ~ ***a week***(***'s time***) in *od.* binnen einer Woche; ~ ***1960*** (im Jahre) 1960; ~ ***his sleep*** während er schlief, im Schlaf; ~ ***life*** zu Lebzeiten; ***not ~ years*** seit Jahren nicht (mehr); ~ ***between meals*** zwischen den Mahlzeiten; **3.** *Zustand, Beschaffenheit, Art u. Weise*: in (*dat.*), auf (*acc.*), mit: ~ ***a rage*** in Wut; ~ ***trouble*** in Not; ~ ***tears*** in Tränen (aufgelöst), unter Tränen; ~ ***good health*** bei guter Gesundheit; ~ (***the***) ***rain*** im *od.* bei Regen; ~ ***German*** auf deutsch; ~ ***a loud voice*** mit lauter Stimme; ~ ***order*** der Reihe nach; ~ ***a whisper*** flüsternd; ~ ***a word*** mit 'einem Wort; ~ ***this way*** in dieser *od.* auf diese Weise; **4.** *im Besitz, in der Macht*: in (*dat.*), bei, an (*dat.*): ***it is not ~ him*** es liegt ihm nicht; ***he has*** (***not***) ***got it ~ him*** er hat (nicht) das Zeug dazu; **5.** *Zahl, Maß*: in (*dat.*), aus, von, zu: ~ ***twos*** zu zweien; ~ ***dozens*** zu Dutzenden, dutzendweise; ***one ~ ten*** eine(r) *od.* ein(e)s von *od.* unter zehn, jede(r) *od.* jedes zehnte; **6.** *Beteiligung*: in (*dat.*), an (*dat.*), bei: ~ ***the army*** beim Militär; ~ ***society*** in der Gesellschaft; ***shares ~ a company*** Aktien e-r Gesellschaft; ~ ***the university*** an der Universität; ***be ~ it*** beteiligt sein; ***he isn't ~ it*** er gehört nicht dazu; ***there is something*** (***nothing***) ***~ it*** a) es ist et. (nichts) d(a)ran, b) es lohnt sich (nicht); ***he is ~ there too*** er ist auch mit dabei, er ‚mischt auch mit'; **7.** *Richtung*: in (*acc.*), auf (*acc.*): ***trust ~ s.o.*** auf j-n vertrauen; **8.** *Zweck*: in (*dat.*), zu, als: ~ ***my defence*** zu m-r Verteidigung; ~ ***reply to*** in Beantwortung (*gen.*), als Antwort auf (*acc.*); **9.** *Grund*: in (*dat.*), aus, wegen, zu: ~ ***despair*** in *od.* aus Verzweiflung; ~ ***his hono***(***u***)***r*** ihm zu Ehren; **10.** *Tätigkeit*: in (*dat.*), bei, auf (*dat.*): ~ ***reading*** beim Lesen; ~ ***saying this*** indem ich dies sage; ~ ***search of*** auf der Suche nach; **11.** *Material, Kleidung*: in (*dat.*), mit, aus, durch: ~ ***bronze*** aus Bronze; ***written ~ pencil*** mit Bleistift geschrieben; **12.** *Hinsicht, Beziehung*: in (*dat.*), an (*dat.*), in bezug auf (*acc.*): ~ ***size*** an Größe; ***a foot ~ length*** einen Fuß lang; ~ ***that*** weil, insofern als; **13.** *Bücher etc.*: in (*dat.*), bei: ~ ***Shakespeare*** bei Shakespeare; **14.** nach, gemäß: ~ ***my opinion*** m-r Meinung nach; **II** *adv.* **15.** innen, drinnen: ~ ***among*** mitten unter; ~ ***between*** dazwischen, zwischendurch; ***be ~ for s.th.*** et. zu erwarten *od.* gewärtigen haben; ***he is ~ for a shock*** er wird nicht schlecht erschrecken; ***I am ~ for an examination*** mir steht e-e Prüfung bevor; ***now you're ~ for it*** jetzt bist du ‚dran', jetzt kannst du dich auf et. gefaßt machen; ***have it ~ for s.o.*** es auf j-n abgesehen haben, j-n auf dem ‚Kieker' haben; ***be well ~ with s.o.*** mit j-m gut stehen; ***breed ~ and ~*** Inzucht treiben; ***~-and-~ breeding*** Inzucht *f*; ~ ***and out*** a) bald drinnen, bald draußen, b) hin u. her; **16.** hin'ein, her'ein, nach innen: ***walk ~*** hineingehen; ***come ~!*** herein!; ***the way ~*** der Eingang; ~ ***with you!*** hinein mir dir!; **17.** da'zu, als Zugabe: ***throw ~*** zusätzlich geben; **III** *adj.* **18.** zu Hause; im Zimmer: ***Mr. B. is not ~*** Herr B. ist nicht zu Hause; **19.** da, angekommen: ***the post is ~***; ***the harvest is ~*** die Ernte ist eingebracht; **20.** a) drin, b) F ‚in', in Mode, c) *sport* am Spiel, ‚dran', d) *pol.* an der Macht, im Amt, am Ruder: ~ ***party*** *pol.* Regierungspartei *f*; ***an ~ restaurant*** ein Restaurant, das gerade ‚in' ist; ***the ~ thing is to wear a wig*** es ist ‚in' *od.* gerade Mode, e-e Perücke zu tragen; ~ ***side*** *Kricket*: Schlägerpartei *f*; ***be ~ on it*** F eingeweiht sein; **IV** *s.* **21.** *pl.* Re'gierungspar,tei *f*; **22.** ***know the ~s and outs of s.th.*** genau Bescheid wissen bei e-r Sache.

in-[1] [ɪn] *in Zssgn* in..., innen, hinein..., Hin..., ein...

in-[2] [ɪn] *in Zssgn* un..., Un..., nicht.

in·a·bil·i·ty [ɪnə'bɪlətɪ] *s.* Unfähigkeit *f*: ***~ to pay*** ✝ Zahlungsunfähigkeit, Insolvenz *f*.

in·ac·ces·si·bil·i·ty ['ɪnæk,sesə'bɪlətɪ] *s.* Unzugänglichkeit *f etc.*; **in·ac·ces·si·ble** [,ɪnæk'sesəbl] *adj.* □ unzugänglich: a) unerreichbar, b) un'nahbar (***to*** für *od. dat.*) (*Person*).

in·ac·cu·ra·cy [ɪn'ækjʊrəsɪ] *s.* **1.** Ungenauigkeit *f*; **2.** Fehler *m*, Irrtum *m*; **in'ac·cu·rate** [-rət] *adj.* □ **1.** ungenau; **2.** irrig, falsch.

in·ac·tion [ɪn'ækʃn] *s.* **1.** Untätigkeit *f*, Passivi'tät *f*; **2.** Trägheit *f*; **3.** Ruhe *f*; **in'ac·tive** [-ktɪv] *adj.* □ **1.** untätig; **2.** träge (*a. phys.*), müßig; **3.** ✝ flau, lustlos: ***~ market***; ***~ account*** umsatzloses Konto; ***~ capital*** brachliegendes Kapital; **4.** ⚗ unwirksam, neu'tral; **5.** ⚔ nicht ak'tiv, außer Dienst; **in·ac·tiv·i·ty** [,ɪnæk'tɪvətɪ] *s.* **1.** Untätigkeit *f*; **2.** Trägheit *f* (*a. phys.*); **3.** ✝ Unbelebtheit *f*, Lustlosigkeit *f*; **4.** ⚗ Unwirksamkeit *f*.

in·a·dapt·a·bil·i·ty ['ɪnə,dæptə'bɪlətɪ] *s.* **1.** Mangel *m* an Anpassungsfähigkeit; **2.** Unanwendbarkeit *f* (***to*** auf *acc.*, für); **in·a·dapt·a·ble** [,ɪnə'dæptəbl] *adj.* **1.** nicht anpassungsfähig; **2.** (***to***) unanwendbar (auf *acc.*), untauglich (für).

in·ad·e·qua·cy [ɪn'ædɪkwəsɪ] *s.* Unzulänglichkeit *f etc.*; **in'ad·e·quate** [-kwət] *adj.* □ unzulänglich, mangelhaft; unangemessen.

in·ad·mis·si·bil·i·ty ['ɪnəd,mɪsə'bɪlətɪ] *s.* Unzulässigkeit *f*; **in·ad·mis·si·ble** [,ɪnəd'mɪsəbl] *adj.* □ unzulässig, nicht statthaft.

in·ad·vert·ence [,ɪnəd'vɜ:təns], **,in·ad'vert·en·cy** [-sɪ] *s.* **1.** Unachtsamkeit *f*; **2.** Unabsichtlichkeit *f*; Versehen *n*; **,in·ad'vert·ent** [-nt] *adj.* □ **1.** unachtsam; nachlässig; **2.** unabsichtlich, versehentlich.

in·ad·vis·a·bil·i·ty ['ɪnəd,vaɪzə'bɪlətɪ] *s.* Unratsamkeit *f*; **in·ad·vis·a·ble** [,ɪnəd'vaɪzəbl] *adj.* nicht ratsam.

in·al·ien·a·ble [ɪn'eɪljənəbl] *adj.* □ unveräußerlich: ***~ rights.***

in·al·ter·a·ble [ɪn'ɔ:ltərəbl] *adj.* □ unveränderlich, unabänderlich.

in·am·o·ra·ta [ɪn,æmə'rɑ:tə] *s.* Geliebte *f*; **in,am·o·ra·to** [-təʊ] *pl.* **-tos** *s.* Geliebte(r) *m*.

,in|-and-'in → ***in*** 15; **,~-and-'out** *adj.* wechselhaft, schwankend.

in·ane [ɪ'neɪn] *adj.* □ hohl, geistlos, albern.

in·an·i·mate [ɪn'ænɪmət] *adj.* □ **1.** leblos, unbelebt; **2.** unbeseelt; **3.** *fig.* langweilig, fad(e); **4.** ✝ flau, matt; **in·an·i·ma·tion** [ɪn,ænɪ'meɪʃn] *s.* Leblosigkeit *f*, Unbelebtheit *f*.

in·a·ni·tion [,ɪnə'nɪʃn] *s.* **1.** ⚕ Entkräftung *f*; **2.** (mo'ralische) Schwäche, Leere *f*.

in·an·i·ty [ɪ'nænətɪ] *s.* Geistlosigkeit *f*, Albernheit *f*: a) geistige Leere, Hohl-, Seichtheit *f*, b) dumme Bemerkung, *pl.* dummes Geschwätz.

in·ap·pli·ca·bil·i·ty ['ɪn,æplɪkə'bɪlətɪ] *s.* Unanwendbarkeit *f*; **in·ap·pli·ca·ble** [ɪn'æplɪkəbl] *adj.* □ (***to***) unanwendbar, nicht anwendbar *od.* zutreffend (auf *acc.*); ungeeignet (für).

in·ap·po·site [ɪn'æpəzɪt] *adj.* □ unangebracht, unpassend.

in·ap·pre·ci·a·ble [,ɪnə'pri:ʃəbl] *adj.* □ unmerklich, unbedeutend.

in·ap·pro·pri·ate [,ɪnə'prəʊprɪət] *adj.* □ **1.** unpassend: a) ungeeignet (***to***, ***for*** für), b) unangebracht, ungehörig; **2.** unangemessen (***to*** *dat.*); **,in·ap'pro·pri·ate·ness** [-nɪs] *s.* **1.** Ungeeignetheit *f*; **2.** Ungehörigkeit *f*; **3.** Unangemessenheit *f*.

in·apt [ɪn'æpt] *adj.* □ **1.** unpassend, ungeeignet; **2.** ungeschickt, untauglich; **3.** unfähig; **in'apt·i·tude** [-tɪtju:d], **in'apt·ness** [-nɪs] *s.* **1.** Ungeeignetheit *f*; **2.** Ungeschicklichkeit *f*, Untauglichkeit *f*; **3.** Unfähigkeit *f*.

in·ar·tic·u·late [,ɪnɑ:'tɪkjʊlət] *adj.* □ **1.** unartikuliert, undeutlich, unklar, schwer zu verstehen(d), unverständlich; **2.** undeutlich sprechend; **3.** unfähig, sich (deutlich) auszudrücken, wenig wortgewandt: ***he is ~*** a) er kann sich nicht ausdrücken, b) er ‚kriegt den Mund nicht auf'; ***~ with rage*** sprachlos vor Wut; **4.** *zo.* ungegliedert.

in·ar·tis·tic [,ɪnɑ:'tɪstɪk] *adj.* (□ ***~ally***) unkünstlerisch.

in·as·much [,ɪnəz'mʌtʃ] *cj.*: ***~ as*** **1.** da (ja), weil; **2.** *obs.* in'sofern als.

in·at·ten·tion [,ɪnə'tenʃn] *s.* **1.** Unaufmerksamkeit *f*, Unachtsamkeit *f* (***to*** gegenüber); **2.** Gleichgültigkeit *f* (***to*** gegen); **,in·at'ten·tive** [-ntɪv] *adj.* □ **1.** unaufmerksam (***to*** gegenüber); **2.** gleichgültig (***to*** gegen), nachlässig.

in·au·di·bil·i·ty [ɪn,ɔ:də'bɪlətɪ] *s.* Unhörbarkeit *f*; **in·au·di·ble** [ɪn'ɔ:dəbl] *adj.* □ unhörbar.

in·au·gu·ral [ɪ'nɔ:gjʊrəl] **I** *adj.* Einführungs..., Einweihungs..., Antritts..., Eröffnungs...: ***~ speech*** → **II** *s.* Eröffnungs- *od.* Antrittsrede *f*; **in·au·gu·rate** [ɪ'nɔ:gjʊreɪt] *v/t.* **1.** (feierlich) einführen *od.* einsetzen; **2.** einweihen, eröffnen; **3.** beginnen, einleiten: ***~ a new era***; **in·au·gu·ra·tion** [ɪ,nɔ:gjʊ'reɪʃn] *s.* **1.** (feierliche) Amtseinsetzung, -einführung *f*: ***2 Day*** *Am.* Tag *m* des Amtsantritts des Präsidenten; **2.** Einweihung *f*, Eröffnung *f*; **3.** Beginn *m*.

in·aus·pi·cious [,ɪnɔ:'spɪʃəs] *adj.* □ **1.** ungünstig, unheilvoll, -drohend; **2.** unglücklich; **,in·aus'pi·cious·ness** [-nɪs] *s.* üble Vorbedeutung, Ungünstigkeit *f*.

,in·be'tween I *s.* **1.** Mittel-, Zwischending; **2.** a) Mittelsmann *m*, b) ✝ Zwischenhändler *m*; **II** *adj.* **3.** Zwischen...

in·board ['ɪnbɔ:d] ⚓ **I** *adj.* Innenbord...: ***~ engine*** → III; **II** *adv.* (b)innenbords; **III** *s.* Innenbordmotor *m*.

in·born [,ɪn'bɔ:n] *adj.* angeboren.

in·bred [,ɪn'bred] *adj.* **1.** angeboren, ererbt; **2.** durch Inzucht erzeugt, Inzucht...

in·breed [,ɪn'bri:d] *v/t.* [*irr.* → ***breed***] durch Inzucht züchten; **,in'breed·ing** [-dɪŋ] *s.* Inzucht *f*.

in·cal·cu·la·bil·i·ty [ɪn,kælkjʊlə'bɪlətɪ] *s.* Unberechenbarkeit *f*; **in·cal·cu·la·ble** [ɪn'kælkjʊləbl] *adj.* □ **1.** unberechenbar (*a. fig. Person etc.*); **2.** unermeßlich.

in·can·des·cence [,ɪnkæn'desns] *s.* **1.** Weißglühen *n*, -glut *f*; **2.** Erglühen *n* (*a. fig.*); **,in·can'des·cent** [-nt] *adj.* **1.** weißglühend; **2.** ⚙ Glüh...: ***~ bulb*** ⚡ Glühbirne *f*; ***~ burner*** *phys.* Glühlichtbrenner *m*; ***~ filament*** ⚡ Glühfaden *m*; ***~ lamp*** ⚡ Glühlampe *f*; ***~ light*** *phys.* Glühlicht *n*; **3.** *fig.* leuchtend, strahlend.

in·can·ta·tion [,ɪnkæn'teɪʃn] *s.* **1.** Beschwörung *f*; **2.** Zauber(spruch) *m*, Zauberformel *f*.

in·ca·pa·bil·i·ty [ɪn,keɪpə'bɪlətɪ] *s.* Unfähigkeit *f*, Unvermögen *n*; **in·ca·pa·ble** [ɪn'keɪpəbl] *adj.* □ **1.** unfähig: a) untüchtig, b) unbegabt; **2.** nicht fähig (***of*** *gen.*, ***of doing*** zu tun), nicht im'stande (***of doing*** zu tun): ***~ of a crime*** e-s Verbrechens nicht fähig; ***~ of working*** arbeitsunfähig; **3.** (*physisch*) hilflos: ***drunk and ~*** volltrunken; **4.** ungeeignet (***of*** für): ***~ of improvement*** nicht verbesserungsfähig; ***~ of solution*** unlösbar.

in·ca·pac·i·tate [,ɪnkə'pæsɪteɪt] *v/t.* **1.** unfähig *od.* untauglich machen (***for s.th.*** für et., ***from doing*** zu tun); *Gegner* außer Gefecht setzen; hindern (***from doing*** an *dat.*, zu tun); **2.** ⚖ für (geschäfts)unfähig erklären; **,in·ca'pac·i·tat·ed** [-tɪd] *adj.* **1.** erwerbs-, arbeitsunfähig; **2.** (körperlich *od.* geistig) behindert; **3.** (***legally***) ~ ⚖ geschäftsunfähig; **,in·ca'pac·i·ty** [-tɪ] *s.* **1.** Unfähigkeit *f*, Untauglichkeit *f* (***for*** für, zu; ***for doing*** zu tun): ***~*** (***for work***) Arbeits-, Erwerbs-, Berufsunfähigkeit; **2.** *a.* ***legal ~*** ⚖ Geschäftsunfähigkeit *f*: ***~ to sue*** *Am.* mangelnde Prozeßfähigkeit.

in·cap·su·late [ɪn'kæpsjʊleɪt] → ***encapsulate***.

in·car·cer·ate [ɪn'kɑ:səreɪt] *v/t.* **1.** einkerkern, einsperren (*a. fig.*); **2.** ⚕ *Bruch* einklemmen; **in·car·cer·a·tion** [ɪn,kɑ:sə'reɪʃn] *s.* **1.** Einkerkerung *f*, Einsperrung *f* (*a. fig.*); **2.** ⚕ Einklemmung *f*.

in·car·nate I *v/t.* ['ɪnkɑ:neɪt] **1.** verkörpern; **2.** feste Form *od.* Gestalt geben (*dat.*); **II** *adj.* [ɪn'kɑ:neɪt] **3.** *eccl.* fleischgeworden, in Menschengestalt; **4.** *fig.* leib'haftig: ***a devil ~*** ein Teufel in Menschengestalt; ***innocence ~*** die personifizierte Unschuld, die Unschuld in Person; **in·car·na·tion** [,ɪnkɑ:'neɪʃn] *s.* Inkarnati'on *f*: a) 2 *eccl.* Menschwerdung *f*, b) Inbegriff *m*, Verkörperung *f*.

in·case → ***encase***.

in·cau·tious [ɪn'kɔ:ʃəs] *adj.* □ unvorsichtig, unbedacht.

in·cen·di·a·rism [ɪn'sendjərɪzəm] *s.* **1.** Brandstiftung *f*; **2.** *fig.* Aufwiegelung *f*, Aufhetzung *f*; **in·cen·di·ar·y** [ɪn'sendjərɪ] **I** *adj.* **1.** Feuer..., Brand...: ***~ bomb*** → 5 a; ***~ bullet*** → 5 b; **2.** ⚖ Brandstiftungs...: ***~ action*** Brandstiftung *f*; **3.** *fig.* aufwiegelnd, -hetzend: ***~ speech*** Hetzrede *f*; **II** *s.* **4.** Brandstifter(in); **5.** ⚔ a) Brandbombe *f*, b) Brandgeschoß *n*; **6.** *fig.* Unruhestifter *m*, Hetzer *m*.

in·cense[1] [ɪn'sens] *v/t.* erzürnen: ***~d*** zornig, aufgebracht.

in·cense[2] ['ɪnsens] **I** *s.* **1.** Weihrauch *m*:

~-burner *eccl.* Räucherfaß *n*, -vase *f*; **2.** Duft *m*; **3.** *fig.* ‚Weihrauch' *m*, Lobhude'lei *f*; **II** *v/t.* **4.** (mit Weihrauch) beräuchern; **5.** durch'duften; **6.** *fig. j-n* beweihräuchern.

in·cen·so·ry ['ınsensərı] *s. eccl.* Weihrauchfaß *n*.

in·cen·tive [ın'sentıv] **I** *adj.* anspornend, antreibend, anreizend: ***~ bonus (pay)*** ✝ Leistungsprämie *f* (-lohn *m*); **II** *s.* Ansporn *m*, (✝ Leistungs)Anreiz *m*: ***buying ~*** Kaufanreiz.

in·cep·tion [ın'sepʃn] *s.* Beginn *m*, Anfang *m*; **in'cep·tive** [-ptıv] *adj.* beginnend, anfangend, anfänglich, Anfangs...: ***~ verb*** *ling.* inchoatives Verb.

in·cer·ti·tude [ın'sɜ:tıtju:d] *s.* Ungewißheit *f*, Unsicherheit *f*.

in·ces·sant [ın'sesnt] *adj.* □ unaufhörlich, unablässig, ständig.

in·cest ['ınsest] *s.* Blutschande *f*, In'zest *m*; **in·ces·tu·ous** [ın'sestjuəs] *adj.* □ blutschänderisch, inzestu'ös.

inch [ıntʃ] **I** *s.* Zoll *m* (= *2,54 cm*), *fig. a.* Zenti'meter *m od.* Milli'meter *m*: ***every ~ a soldier*** jeder Zoll ein Soldat; ***~ by ~, by ~es*** Zentimeter um Zentimeter, zentimeterweise, langsam; ***not to yield an ~*** nicht einen Zoll weichen *od.* nachgeben; ***he came within an ~ of winning*** er hätte um ein Haar gewonnen; ***I came within an ~ of being killed*** ich wurde um ein Haar getötet, ich bin dem Tod um Haaresbreite entgangen; ***thrashed within an ~ of his life*** fast zu Tode geprügelt; ***give him an ~ and he'll take a yard*** (*od.* ***ell***) gibt man ihm den kleinen Finger, so nimmt er die ganze Hand; **II** *adj.* ...zöllig: ***a two-~ rope***; **III** *v/t.* langsam *od.* zenti'meterweise schieben *od.* manövrieren; **IV** *v/i.* sich ganz langsam *od.* zentimeterweise (vorwärts- *etc.*)schieben; **inched** [ıntʃt] *adj. in Zssgn* ...zöllig.

in·cho·ate ['ınkəʊeıt] *adj.* **1.** angefangen, anfangend, Anfangs...; **2.** 'unvoll,ständig, rudimen'tär; **'in·cho·a·tive** [-tıv] **I** *adj.* **1.** → ***inchoate*** 1; **2.** *ling.* inchoa'tiv; **II** *s.* **3.** *ling.* inchoa'tives Verb.

in·ci·dence ['ınsıdəns] *s.* **1.** Ein-, Auftreten *n*, Vorkommen *n*; **2.** Häufigkeit *f*, Verbreitung *f*: ***~ of divorces*** Scheidungsquote *f*, -rate *f*; **3.** a) Auftreffen *n* (***upon*** auf *acc.*) (*a. phys.*), b) *phys.* Einfall(en *n*) *m* (*von Strahlen*); → ***angle***[1] 1; **4.** ✝ Anfall *m* (*e-r Steuer*): ***~ of taxation*** Verteilung *f* der Steuerlast, Steuerbelastung *f*; **'in·ci·dent** [-nt] **I** *adj.* **1.** (***to***) a) vorkommend (bei *od.* in *dat.*), b) → ***incidental*** 4; **2.** *bsd. phys.* ein-, auffallend, auftreffend (*Strahlen etc.*); **II** *s.* **3.** Vorfall *m*, Ereignis *n*, Vorkommnis *n*, *a. pol.* Zwischenfall *m*: ***full of ~*** ereignisreich; **4.** 'Neben,umstand *m*, -sache *f*; **5.** Epi'sode *f*, Zwischenhandlung *f* (*im Drama etc.*); **6.** ⚖ a) (Neben)Folge *f* (***of*** aus), b) 'Nebensache *f*, -,umstand *m*.

in·ci·den·tal [,ınsı'dentl] **I** *adj.* □ **1.** beiläufig, nebensächlich, Neben...: ***~ earnings*** Nebenverdienst *m*; ***~ expenses*** → 7; ***~ music*** Begleit-, Bühnen-, Filmmusik *f*, musikalischer Hintergrund; **2.** gelegentlich; **3.** zufällig; **4.** (***to***) gehörig (zu), verbunden *od.* zs.-hängend (mit): ***be ~ to*** gehören zu, verbunden sein mit; ***the expenses ~ thereto*** die dabei entstehenden *od.* damit verbundenen Unkosten; **5.** folgend (***upon*** auf *acc.*), nachher auftretend: ***~ images*** *psych.* Nachbilder; **II** *s.* **6.** 'Neben,umstand *m*, -sächlichkeit *f*; **7.** *pl.* ✝ Nebenausgaben *pl.*, -spesen *pl.*; **,in·ci·'den·tal·ly** [-tlı] *adv.* **1.** beiläufig, neben'bei; **2.** zufällig; **3.** gelegentlich; **4.** neben'bei bemerkt, übrigens.

in·cin·er·ate [ın'sınəreıt] *v/t.* verbrennen, *bsd. Leiche* einäschern; **in·cin·er·a·tion** [ın,sınə'reıʃn] *s.* Verbrennung *f*, Einäscherung *f*; **in'cin·er·a·tor** [-tə] *s.* Verbrennungsofen *m*, -anlage *f*.

in·cip·i·ence [ın'sıpıəns], **in'cip·i·en·cy** [-sı] *s.* Anfang *m*; Anfangsstadium *n*; **in'cip·i·ent** [-nt] *adj.* □ beginnend, einleitend, Anfangs...; **in'cip·i·ent·ly** [-ntlı] *adv.* anfänglich, anfangs.

in·cise [ın'saız] *v/t.* **1.** einschneiden in (*acc.*), aufschneiden (*a.* ⚕): ***~d wound*** Schnittwunde *f*; **2.** einritzen, -schnitzen, -kerben, -gravieren; **in·ci·sion** [ın'sıʒn] *s.* (Ein)Schnitt *m* (*a.* ⚕), Kerbe *f*; **in'ci·sive** [-aısıv] *adj.* □ *fig.* **1.** scharf: a) 'durchdringend: ***~ intellect***, b) beißend: ***~ irony***, c) prä'gnant: ***~ style***; **2.** *anat.* Schneide(zahn)...; **in'ci·sive·ness** [-aısıvnıs] *s. fig.* Schärfe *f*, Prä'gnanz *f*; **in'ci·sor** [-zə] *s. anat.* Schneidezahn *m*.

in·ci·ta·tion [,ınsaı'teıʃn] *s.* **1.** Anregung *f*, Ansporn *m*, Antrieb *m*; **2.** → ***incitement*** 2; **in·cite** [ın'saıt] *v/t.* **1.** anregen (*a.* ⚕), anspornen, anstacheln; **2.** aufhetzen, -wiegeln, ⚖ *a.* anstiften (***to*** zu); **in·cite·ment** [ın'saıtmənt] *s.* **1.** → ***incitation*** 1; **2.** Aufhetzung *f*, -wiegelung *f*, ⚖ *a.* Anstiftung *f* (***to commit a crime*** zu e-m Verbrechen).

in·ci·vil·i·ty [,ınsı'vılətı] *s.* Unhöflichkeit *f*, Grobheit *f*.

in·ci·vism ['ınsıvızəm] *s.* Mangel *m* an staatsbürgerlicher Gesinnung.

'in-,clear·ing *s.* ✝ *Brit.* Gesamtbetrag *m* der auf e-e Bank laufenden Schecks, Abrechnungsbetrag *m*.

in·clem·en·cy [ın'klemənsı] *s.* Rauheit *f*, Unfreundlichkeit *f*: ***~ of the weather*** *a.* Unbilden *pl.* der Witterung; **in'clem·ent** [-nt] *adj.* □ **1.** rauh, unfreundlich, streng (*Klima etc.*); **2.** hart, grausam.

in·clin·a·ble [ın'klaınəbl] *adj.* **1.** (hin)neigend, tendierend (***to*** zu); **2.** ⚙ schrägstellbar.

in·cli·na·tion [,ınklı'neıʃn] *s.* **1.** *fig.* Neigung *f*, Vorliebe *f*, Hang *m* (***to, for*** zu): ***~ to buy*** ✝ Kauflust *f*; ***~ to stoutness*** Neigung *od.* Anlage *f* zur Korpulenz; **2.** *fig.* Zuneigung *f* (***for*** zu); **3.** ⚘, *phys.* a) Neigung *f*, Schrägstellung *f*, Senkung *f*, b) Abhang *m*, c) Neigungswinkel *m*, Gefälle *n*; **4.** *ast., phys.* Inklinati'on *f*; **in·cline** [ın'klaın] **I** *v/i.* **1.** sich neigen (***to, towards*** nach), (schräg) abfallen; **2.** sich neigen (*Tag*); **3.** *fig.* neigen (***to, toward*** zu): ***~ to an opinion***; ***~ to do s.th.*** dazu neigen, et. zu tun; **4.** Anlage haben, neigen (***to*** zu): ***~ to corpulence***; ***~ to red*** ins Rötliche spielen; **5.** *fig.* (***to***) sich hingezogen fühlen (zu), gewogen sein (*dat.*); **II** *v/t.* **6.** *Kopf etc.* neigen: ***~ one's ear to s.o.*** *fig.* j-m sein Ohr leihen; **7.** *fig. j-n* bewegen, (*dazu*) veranlassen (***to*** zu; ***to do*** zu tun): ***this ~s me to doubt*** dies läßt mich zweifeln; ***this ~s me to go*** im Hinblick darauf möchte ich lieber gehen; **III** *s.* **8.** Neigung *f*, Schräge *f*, Abhang *m*, Gefälle *n*; **in·clined** [ın'klaınd] *adj.* **1.** geneigt, aufgelegt (***to*** zu): ***be ~*** dazu neigen, (dazu) aufgelegt sein (***to do*** zu tun); **2.** (dazu) neigend *od.* veranlagt (***to*** zu); **3.** geneigt, gewogen, wohlgesinnt (***to*** *dat.*); **4.** geneigt, schräg, schief, abschüssig: ***~ plane*** *phys.* schiefe Ebene; **in·cli·nom·e·ter** [,ınklı'nɒmıtə] *s.* **1.** Inklinati'onskompaß *m*, -nadel *f*; **2.** ✈ Neigungsmesser *m*.

in·close [ın'kləʊz] → ***enclose***.

in·clude [ın'klu:d] *v/t.* **1.** (in sich *od.* mit) einschließen, um'fassen, enthalten, be-inhalten: ***all ~d*** alles inbegriffen *od.* inklusive; ***tax ~d*** einschließlich *od.* inklusive Steuer; **2.** einschließen, betreffen, gelten für: ***that ~s you, too!***; ***~ me out!*** *humor.* ohne mich!; **3.** einbeziehen, -schließen (***in*** in *acc.*), rechnen (***among*** unter *acc.*, zu); **4.** aufnehmen (***in*** in *e-e Gruppe, Liste etc.*), erfassen; **5.** *j-n* (*in s-m Testament*) bedenken; **in'cluding** [-dıŋ] *prp.* einschließlich (*gen.*), *bsd.* ✝ inklu'sive (*Verpackung etc.*), *Gebühren etc.* (mit) inbegriffen, mit: ***not ~*** ausschließlich (*gen.*), *bsd.* ✝ exklusive; ***up to and ~*** bis einschließlich; **in'clu·sion** [-u:ʒn] *s.* **1.** Einbeziehung *f*, Einschluß *m* (*a. biol., min. etc.*) (***in*** in *acc.*): ***with the ~ of*** → ***including***; **2.** Aufnahme *f* (***in*** in *acc.*); **in'clu·sive** [-u:sıv] *adj.* □ **1.** einschließlich, inklu'sive (***of*** *gen.*): ***be ~ of*** einschließen; (***to***) ***Friday ~*** (bis) einschließlich Freitag; **2.** alles einschließend *od.* enthaltend, ✝ Inklusiv..., Pauschal...: ***~ price***.

in·cog·ni·to [ın'kɒgnıtəʊ] **I** *adv.* **1.** in'kognito, unter fremdem Namen: ***travel ~***; **2.** ano'nym: ***do good ~***; **II** *pl.* **-tos** *s.* **3.** In'kognito *n*; **4.** j-d, der in'kognito auftritt.

in·co·her·ence [,ınkəʊ'hıərəns] *s.* Zs.-hang(s)losigkeit *f*, Wirr-, Verwirrtheit *f*; **,in·co'her·ent** [-nt] *adj.* □ zs.-hanglos, wirr (*a. Person*).

in·com·bus·ti·ble [,ınkəm'bʌstəbl] *adj.* □ unverbrennbar.

in·come ['ıŋkʌm] *s.* ✝ Einkommen *n*, Einkünfte *pl.* (***from*** aus): ***~ bond*** Schuldverschreibung *f* mit gewinnabhängiger Verzinsung *f*; ***~ bracket*** *od.* ***group*** Einkommensstufe *f*; ***~ return*** *Am.* Rendite *f*; ***~ statement*** *Am.* Gewinn- u. Verlustrechnung *f*; ***~ tax*** Einkommensteuer *f*; ***~ tax return*** Einkommensteuererklärung *f*; ***live within*** (***beyond***) ***one's ~*** s-n Verhältnissen entsprechend (über s-e Verhältnisse) leben.

in·com·er ['ın,kʌmə] *s.* **1.** (Neu)Ankömmling *m*; **2.** ✝ (Rechts)Nachfolger(in).

in·com·ing ['ın,kʌmıŋ] **I** *adj.* **1.** her'einkommend: ***the ~ tide*** die Flut; **2.** ankommend (*Telefongespräch, Zug etc.*); **3.** nachfolgend, neu (*Regierung, Präsident, Mieter etc.*); **4.** ✝ eingehend (*Post etc.*): ***~ goods*** *od.* ***stocks*** Wareneingang *m*, -eingänge *pl.*; ***~ orders*** Auftragseingang *m*; **II** *s.* **5.** Ankommen *n*, Ankunft *f*, Eingang *m*; **6.** *pl.* ✝ Eingänge *pl.*, Einkünfte *pl.*

in·com·men·su·ra·ble [,ınkə'menʃərəbl] **I** *adj.* □ **1.** ⅍ a) inkommensu'rabel, b) 'irratioₗnal; **2.** nicht vergleichbar; **3.** völlig unverhältnismäßig, in keinem Verhältnis stehend (***with*** zu); **II** *s.* **4.** ⅍ inkommensu'rable Größe; **in·com·men·su·rate** [ˌɪnkə'menʃərət] *adj.* □ **1.** (***to***) unangemessen (*dat.*), unvereinbar (mit); **2.** → ***incommensurable*** I.

in·com·mode [ˌɪnkə'məʊd] *v/t. j-m* lästig fallen, *j-n* belästigen, stören; ˌ**in·com'mo·di·ous** [-djəs] *adj.* □ unbequem: a) lästig (***to*** *dat. od.* für), b) beengt.

in·com·mu·ni·ca·ble [ˌɪnkə'mju:nɪkəbl] *adj.* □ nicht mitteilbar, nicht auszudrücken(d); **in·com·mu·ni·ca·do** [ˌɪnkəmju:nɪ'kɑ:dəʊ] *adj.* vom Verkehr mit der Außenwelt abgeschnitten, ⚖ *a.* in Einzel- *od.* Isolierhaft; ˌ**in·com'mu·ni·ca·tive** [-ətɪv] *adj.* □ nicht mitteilsam, zu'rückhaltend, reserviert.

in·com·pa·ra·ble [ɪn'kɒmpərəbl] *adj.* □ **1.** nicht zu vergleichen(d) (***with***, ***to*** mit); **2.** unvergleichlich, einzigartig; **in'com·pa·ra·bly** [-blɪ] *adv.* unvergleichlich.

in·com·pat·i·bil·i·ty ['ɪnkəmˌpætə'bɪlətɪ] *s.* Unverträglichkeit *f* (*a.* ⚕): a) Unvereinbarkeit *f*, 'Widersprüchlichkeit *f*, b) (*charakterliche*) Gegensätzlichkeit; **in·com·pat·i·ble** [ˌɪnkəm'pætəbl] *adj.* □ **1.** unver'einbar, 'widersprüchlich, ein'ander wider'sprechend; **2.** unverträglich: a) nicht zs.-passend (*a. Personen*), b) ⚕ inkompa'tibel (*Medikamente etc.*).

in·com·pe·tence [ɪn'kɒmpɪtəns], **in'com·pe·ten·cy** [-sɪ] *s.* **1.** Unfähigkeit *f*, Untüchtigkeit *f*; **2.** *bsd.* ⚖ a) Unzuständigkeit *f*, b) Unbefugtheit *f*, c) Unzulässigkeit *f* (*e-r Aussage etc.*), d) *Am.* Unzurechnungsfähigkeit *f*; **3.** Unzulänglichkeit *f*; **in'com·pe·tent** [-nt] *adj.* □ **1.** unfähig, untauglich, ungeeignet; **2.** ⚖ a) unbefugt, b) unzuständig, 'inkompeₗtent, c) *Am.* unzurechnungsfähig, geschäftsunfähig, d) unzulässig (*a. Beweis*, *Zeuge*); **3.** unzulänglich, mangelhaft.

in·com·plete [ˌɪnkəm'pli:t] *adj.* □ **1.** 'unvollₗständig, 'unvollₗendet; **2.** 'unvollₗkommen, lücken-, mangelhaft.

in·com·pre·hen·si·bil·i·ty [ɪnˌkɒmprɪhensə'bɪlətɪ] *s.* Unbegreiflichkeit *f*; **in·com·pre·hen·si·ble** [ɪnˌkɒmprɪ'hensəbl] *adj.* □ unbegreiflich.

in·con·ceiv·a·ble [ˌɪnkən'si:vəbl] *adj.* □ **1.** unbegreiflich, unfaßbar; **2.** undenkbar, unvorstellbar.

in·con·clu·sive [ˌɪnkən'klu:sɪv] *adj.* □ **1.** nicht über'zeugend *od.* schlüssig, ohne Beweiskraft; **2.** ergebnislos; ˌ**in·con'clu·sive·ness** [-nɪs] *s.* **1.** Mangel *m* an Beweiskraft; **2.** Ergebnislosigkeit *f*.

in·con·dite [ɪn'kɒndaɪt] *adj.* schlecht gemacht, mangelhaft; roh, grob.

in·con·gru·i·ty [ˌɪnkɒŋ'gru:ətɪ] *s.* **1.** Nichtüber'einstimmung *f*: a) 'Mißverhältnis *n*, b) Unver'einbarkeit *f*; **2.** 'Widersinnigkeit *f*; **3.** Unangemessenheit *f*; **4.** ⅍ 'Inkongruₗenz *f*; **in·con·gru·ous** [ɪn'kɒŋgrʊəs] *adj.* □ **1.** nicht zuein'ander passend, nicht über'einstimmend, unver'einbar (***to***, ***with*** mit); **2.** 'widersinnig, ungereimt; **3.** unangemessen, ungehörig; **4.** ⅍ 'inkongruₗent, nicht deckungsgleich.

in·con·se·quence [ɪn'kɒnsɪkwəns] *s.* **1.** 'Inkonseₗquenz *f*, Unlogik *f*, Folgewidrigkeit *f*; **2.** Belanglosigkeit *f*; **in'con·se·quent** [-nt] *adj.* □ **1.** 'inkonseₗquent, folgewidrig, unlogisch; **2.** nicht zur Sache gehörig, 'irreleₗvant; **3.** belanglos, unwichtig; **in·con·se·quen·tial** [ˌɪnkɒnsɪ'kwenʃl] → ***inconsequent***.

in·con·sid·er·a·ble [ˌɪnkən'sɪdərəbl] *adj.* □ unbedeutend, unerheblich, belanglos, gering(fügig).

in·con·sid·er·ate [ˌɪnkən'sɪdərət] *adj.* □ **1.** rücksichtslos, taktlos (***towards*** gegen); **2.** 'unüberₗlegt; ˌ**in·con'sid·er·ate·ness** [-nɪs] *s.* **1.** Rücksichtslosigkeit *f*; **2.** Unbesonnenheit *f*.

in·con·sist·en·cy [ˌɪnkən'sɪstənsɪ] *s.* **1.** (innerer) 'Widerspruch, Unver'einbarkeit *f*; **2.** 'Inkonseₗquenz *f*, Folgewidrigkeit *f*; **3.** Unbeständigkeit *f*, Wankelmut *m*; ˌ**in·con'sist·ent** [-nt] *adj.* □ **1.** unver'einbar, (ein'ander) wider'sprechend, gegensätzlich; **2.** 'inkonseₗquent, folgewidrig, ungereimt; **3.** unbeständig, *Person*: *a.* 'inkonseₗquent.

in·con·sol·a·ble [ˌɪnkən'səʊləbl] *adj.* □ untröstlich.

in·con·spic·u·ous [ˌɪnkən'spɪkjʊəs] *adj.* □ unauffällig: ***make o.s.*** ~ sich möglichst unauffällig verhalten.

in·con·stan·cy [ɪn'kɒnstənsɪ] *s.* **1.** Unbeständigkeit *f*, Veränderlichkeit *f*; **2.** Wankelmut *m*, Treulosigkeit *f*; **3.** Ungleichförmigkeit *f*; **in'con·stant** [-nt] *adj.* □ **1.** unbeständig, unstet; **2.** wankelmütig; **3.** ungleichförmig.

in·con·test·a·ble [ˌɪnkən'testəbl] *adj.* □ **1.** unbestreitbar, unanfechtbar; **2.** 'unumₗstößlich, 'unwiderₗleglich.

in·con·ti·nence [ɪn'kɒntɪnəns] *s.* **1.** (*bsd.* sexu'elle) Unmäßigkeit, Zügellosigkeit *f*, Unkeuschheit *f*; **2.** Nicht'haltenkönnen *n*, ⚕ *a.* 'Inkontiₗnenz *f*: ~ ***of speech*** Geschwätzigkeit *f*; ~ ***of urine*** ⚕ Harnfluß *m*; **in'con·ti·nent** [-nt] *adj.* □ **1.** ausschweifend, zügellos, unkeusch; **2.** unauf'hörlich; **3.** nicht im'stande *et.* zu'rückzuhalten *od.* bei sich zu behalten (*a.* ⚕).

in·con·tro·vert·i·ble [ˌɪnkɒntrə'vɜ:təbl] *adj.* □ unbestreitbar, unstrittig, unbestritten.

in·con·ven·ience [ˌɪnkən'vi:njəns] **I** *s.* Unbequemlichkeit *f*, Lästigkeit *f*, Unannehmlichkeit *f*, Schwierigkeit *f*: ***put s.o. to great*** ~ j-m große Ungelegenheiten bereiten; **II** *v/t.* belästigen, stören, *j-m* lästig sein, *j-m* Unannehmlichkeiten bereiten; ˌ**in·con'ven·ient** [-nt] *adj.* □ **1.** unbequem, lästig, störend, beschwerlich; **2.** *Zeit*, *Lage etc.*: ungünstig, ‚ungeschickt'.

in·con·vert·i·bil·i·ty ['ɪnkənˌvɜ:tə'bɪlətɪ] *s.* **1.** Unverwandelbarkeit *f*; **2.** ✝ a) Nichtkonver'tierbarkeit *f*, Nicht'umwandelbarkeit *f* (*Guthaben*), b) Nicht'einlösbarkeit *f* (*Papiergeld*), c) Nicht'umsetzbarkeit *f* (*Waren*); **in·con·vert·i·ble** [ˌɪnkən'vɜ:təbl] *adj.* □ **1.** unverwandelbar; **2.** ✝ a) nicht 'umwandelbar, nicht konvertierbar, b) nicht einlösbar, c) nicht 'umsetzbar.

in·cor·po·rate [ɪn'kɔ:pəreɪt] **I** *v/t.* **1.** vereinigen, verbinden, zs.-schließen; **2.** (***in***, ***into***) einverleiben (*dat.*), *Staatsgebiet a.* eingliedern; einbauen, integrieren (in *acc.*); **3.** *Stadt* eingemeinden; **4.** (***in***, ***into***) *als Mitglied* aufnehmen (in *acc.*); **5.** ⚖ als Körperschaft *od. Am.* als Aktiengesellschaft (amtlich) eintragen; 'Rechtsperₗsönlichkeit verleihen (*dat.*); gründen, inkorporieren lassen; **6.** aufnehmen, enthalten, einschließen; **7.** ⚙, ⚗ (ver)mischen; **II** *v/i.* **8.** sich verbinden *od.* vereinigen; **9.** ⚖ e-e Körperschaft *etc.* bilden; **10.** ⚙, ⚗ sich vermischen; **III** *adj.* [-pərət] **11.** → **in'cor·po·rat·ed** [-tɪd] *adj.* **1.** ✝, ⚖ a) (als Körperschaft) (amtlich) eingetragen, inkorporiert, b) *Am.* als Aktiengesellschaft eingetragen: ~ ***bank*** *Am.* Aktienbank *f*; ~ ***company*** *Brit.* rechtsfähige (Handels)Gesellschaft, *Am.* Aktiengesellschaft *f*; **2.** (***in***, ***into***) a) eng verbunden, zs.-geschlossen (mit), b) einverleibt (*dat.*); **3.** eingemeindet; **in·cor·po·ra·tion** [ɪnˌkɔ:pə'reɪʃn] *s.* **1.** Vereinigung *f*, Verbindung *f*; **2.** Einverleibung *f*, Eingliederung *f*, Aufnahme *f* (***into*** in *acc.*); **3.** Eingemeindung *f*; **4.** ⚖ a) Bildung *f od.* Gründung *f* e-r Körperschaft *od.* (*Am.*) e-r Aktiengesellschaft: ***articles of*** ~ *Am.* Satzung *f* (*e-r AG*); ***certificate of*** ~ Korporationsurkunde *f*, *Am.* Gründungsurkunde *f* (*e-r AG*), b) amtliche Eintragung; **in'cor·po·ra·tor** [-tə] *s. Am.* Gründungsmitglied *n*.

in·cor·po·re·al [ˌɪnkɔ:'pɔ:rɪəl] *adj.* □ **1.** unkörperlich, immateri'ell, geistig; **2.** ⚖ nicht greifbar: ~ ***hereditaments*** vererbliche Rechte; ~ ***rights*** Immaterialgüterrechte (*z. B. Patente*).

in·cor·rect [ˌɪnkə'rekt] *adj.* □ **1.** unrichtig, ungenau, irrig, falsch; **2.** 'inkorₗrekt, ungehörig (*Betragen*); ˌ**in·cor'rect·ness** [-nɪs] *s.* **1.** Unrichtigkeit *f*; **2.** Unschicklichkeit *f*.

in·cor·ri·gi·bil·i·ty [ɪnˌkɒrɪdʒə'bɪlətɪ] *s.* Unverbesserlichkeit *f*; **in·cor·ri·gi·ble** [ɪn'kɒrɪdʒəbl] *adj.* □ unverbesserlich.

in·cor·rupt·i·bil·i·ty ['ɪnkəˌrʌptə'bɪlətɪ] *s.* **1.** Unbestechlichkeit *f*; **2.** Unverderblichkeit *f*; **in·cor·rupt·i·ble** [ˌɪnkə'rʌptəbl] *adj.* □ **1.** unbestechlich, redlich; **2.** unverderblich, unvergänglich; **in·cor·rup·tion** ['ɪnkəˌrʌpʃn] *s.* **1.** Unbestechlichkeit *f*; **2.** Unverdorbenheit *f*; **3.** *bibl.* Unvergänglichkeit *f*.

in·crease [ɪn'kri:s] **I** *v/i.* **1.** zunehmen, sich vermehren, größer werden, (an-) wachsen: ~ ***in size*** an Größe zunehmen; ~***d demand*** Mehrbedarf *m*; **2.** steigen (*Preise*); sich steigern *od.* vergrößern *od.* verstärken *od.* erhöhen; **II** *v/t.* **3.** vergrößern, verstärken, vermehren, erhöhen, steigern: ~ ***tenfold*** verzehnfachen; **III** *s.* ['ɪnkri:s] **4.** Vergrößerung *f*, Vermehrung *f*, Verstärkung *f*, Erhöhung *f*, Zunahme *f*, (An)Wachsen *n*, Zuwachs *m*, Wachstum *n*, Steigen *n*, Steigerung *f*, Erhöhung *f*: ***be on the*** ~ zunehmen, wachsen; ~ ***in wages*** ✝ Lohnerhöhung *f*, -steigerung *f*; ~ ***of trade*** Zunahme *od.* Aufschwung *m* des Handels; **5.** Ertrag *m*, Gewinn *m*; **in'creas·ing·ly** [-sɪŋlɪ] *adv.* immer mehr: ~ ***clear*** immer klarer.

in·cred·i·bil·i·ty [ɪnˌkredɪ'bɪlətɪ] *s.* **1.** Unglaubhaftigkeit *f*; **2.** Un'glaublichkeit *f*; **in·cred·i·ble** [ɪn'kredəbl] *adj.* □ **1.** unglaublich, unvor'stellbar (*a. fig.*

unerhört, äußerst); **2.** unglaubhaft.

in·cre·du·li·ty [ˌɪnkrɪˈdjuːlətɪ] *s.* Ungläubigkeit *f*; **in·cred·u·lous** [ɪnˈkredjʊləs] *adj.* □ ungläubig.

in·cre·ment [ˈɪnkrɪmənt] *s.* **1.** Zuwachs *m*, Zunahme *f*; **2.** ✝ (Gewinn-, Wert-) Zuwachs *m*, Mehrertrag *m*, -einnahme *f*; **3.** ⩚ Zuwachs *m*, Inkreˈment *n*, *bsd.* positives Differentiˈal.

in·crim·i·nate [ɪnˈkrɪmɪneɪt] *v/t.* beschuldigen, belasten: **~ *o.s.*** sich (selbst) belasten; **inˈcrim·i·nat·ing** [-tɪŋ] *adj.* belastend; **in·crim·i·na·tion** [ɪnˌkrɪmɪˈneɪʃn] *s.* Beschuldigung *f*, Belastung *f*; **inˈcrim·i·na·to·ry** [-nətərɪ] → ***incriminating***.

in·crust [ɪnˈkrʌst] → ***encrust***.

in·crus·ta·tion [ˌɪnkrʌsˈteɪʃn] *s.* **1.** Verkrustung *f* (*a. fig.*); **2.** ⚙ a) Inkrustatiˈon *f*, Kruste *f*, b) Kesselstein(bildung *f*) *m*; **3.** Verkleidung *f*, Belag *m* (*Wand*); **4.** Einlegearbeit *f*.

in·cu·bate [ˈɪnkjʊbeɪt] **I** *v/t.* **1.** *Ei* ausbrüten (*a. künstlich*); **2.** *Bakterien* im Brutschrank züchten; **3.** *fig.* ausbrüten, aushecken; **II** *v/i.* **4.** brüten; **in·cu·ba·tion** [ˌɪnkjʊˈbeɪʃn] *s.* **1.** Ausbrütung *f*, Brüten *n*; **2.** ⚕ Inkubatiˈon *f*: **~ *period*** Inkubationszeit *f*; **ˈin·cu·ba·tor** [-tə] *s.* a) ⚕ Brutkasten *m*, Inkuˈbator *m* (*für Babys*), b) Brutschrank *m* (*für Bakterien*), c) ˈBrutappaˌrat *m* (*für Küken, Eier*).

in·cu·bus [ˈɪŋkjʊbəs] *s.* **1.** ⚕ Alp(drükken *n*) *m*; **2.** *fig.* a) Alpdruck *m*, b) Schreckgespenst *n*.

in·cul·cate [ˈɪnkʌlkeɪt] *v/t.* einprägen, einschärfen, einimpfen (***on***, ***in s.o.*** j-m); **in·cul·ca·tion** [ˌɪnkʌlˈkeɪʃn] *s.* Einschärfung *f*.

in·cul·pate [ˈɪnkʌlpeɪt] *v/t.* **1.** an-, beschuldigen, anklagen; **2.** belasten; **in·cul·pa·tion** [ˌɪnkʌlˈpeɪʃn] *s.* **1.** An-, Beschuldigung *f*; **2.** Vorwurf *m*.

in·cult [ɪnˈkʌlt] *adj.* ˈunkultiˌviert, roh, grob.

in·cum·ben·cy [ɪnˈkʌmbənsɪ] *s.* **1.** a) Innehaben *n* e-s Amtes, b) Amtszeit *f*, c) Amt(sbereich *m*) *n*; **2.** *eccl. Brit.* (Besitz *m* e-r) Pfründe *f*; **3.** *fig.* Obliegenheit *f*; **inˈcum·bent** [-nt] **I** *adj.* □ **1.** obliegend: ***it is ~ upon him*** es ist s-e Pflicht; **2.** amtierend: ***the ~ mayor***; **II** *s.* **3.** Amtsinhaber(in); **4.** *eccl. Brit.* Pfründeninhaber *m*.

in·cu·nab·u·la [ˌɪnkjuːˈnæbjʊlə] *s. pl.* Inkuˈnabeln *pl.*, Wiegendrucke *pl.*

in·cur [ɪnˈkɜː] *v/t.* sich *et.* zuziehen; auf sich laden *od.* ziehen, geraten in (*acc.*): **~ *displeasure*** Mißfallen erregen; **~ *debts*** Schulden machen; **~ *losses*** Verluste erleiden; **~ *liabilities*** Verpflichtungen eingehen.

in·cur·a·bil·i·ty [ɪnˌkjʊərəˈbɪlətɪ] *s.* Unheilbarkeit *f*; **in·cur·a·ble** [ɪnˈkjʊərəbl] **I** *adj.* □ unheilbar; **II** *s.* unheilbar Kranke(r *m*) *f*.

in·cu·ri·ous [ɪnˈkjʊərɪəs] *adj.* □ **1.** nicht neugierig, gleichgültig, uninteressiert; **2.** ˈuninteresˌsant.

in·cur·sion [ɪnˈkɜːʃn] *s.* **1.** (feindlicher) Einfall, Raubzug *m*; **2.** Eindringen *n* (*a. fig.*); **3.** *fig.* Einbruch *m*, -griff *m*.

in·curve [ˌɪnˈkɜːv] *v/t.* (nach innen) krümmen, (ein)biegen.

in·debt·ed [ɪnˈdetɪd] *adj.* **1.** verschuldet; **2.** zu Dank verpflichtet: ***I am ~ to you for*** ich habe Ihnen zu danken für; **inˈdebt·ed·ness** [-nɪs] *s.* **1.** Verschuldung *f*, Schulden *pl.*; **2.** Dankesschuld *f*, Verpflichtung *f*.

in·de·cen·cy [ɪnˈdiːsnsɪ] *s.* **1.** Unanständigkeit *f*, Anstößigkeit *f*; **2.** Zote *f*; **inˈde·cent** [-nt] *adj.* □ **1.** unanständig, anstößig; *a.* ⚖ unsittlich, unzüchtig; **2.** ungebührlich: **~ *haste*** unziemliche Hast.

in·de·ci·pher·a·ble [ˌɪndɪˈsaɪfərəbl] *adj.* nicht zu entziffern(d).

in·de·ci·sion [ˌɪndɪˈsɪʒn] *s.* Unentschlossenheit *f*, Unschlüssigkeit *f*; **ˌin·deˈci·sive** [-ˈsaɪsɪv] *adj.* □ **1.** nicht entscheidend: ***an ~ battle***; **2.** unentschlossen, unschlüssig, schwankend; **3.** unbestimmt.

in·de·clin·a·ble [ˌɪndɪˈklaɪnəbl] *adj. ling.* undeklinierbar.

in·dec·o·rous [ɪnˈdekərəs] *adj.* □ unschicklich, unanständig, ungehörig; **in·de·co·rum** [ˌɪndɪˈkɔːrəm] *s.* Unschicklichkeit *f*.

in·deed [ɪnˈdiːd] *adv.* **1.** in der Tat, tatsächlich, wirklich: ***it is very lovely ~*** es ist wirklich (sehr) hübsch; ***if ~*** wenn überhaupt; ***if ~ he were right*** falls er wirklich recht haben sollte; ***we think, ~ we know this is wrong*** wir glauben, ja wir wissen (sogar), daß dies falsch ist; ***~ I am quite sure*** ich bin (mir) sogar ganz sicher; ***yes, ~!*** ja tatsächlich! (→ 3); ***did you ~?*** tatsächlich?, ach wirklich?; ***you, ~!*** *iro.* ausgerechnet du!, Du? daß ich nicht lache!; ***what ~!*** *iro.* na, was wohl?; ***thank you very much ~!*** vielen herzlichen Dank!; ***this is ~ an exception*** das ist allerdings *od.* freilich e-e Ausnahme; **2.** zwar, wohl: ***it is ~ a good plan, but ...***; **3.** (*in Antworten*) *a.* ***yes ~*** a) allerdings(!), aber sicher(!), und ob(!), b) aber gern!, ja doch!, c) ach wirklich?, was Sie nicht sagen; ***~ you may not!*** aber ja nicht!, kommt nicht in Frage!

in·de·fat·i·ga·ble [ˌɪndɪˈfætɪgəbl] *adj.* □ unermüdlich.

in·de·fea·si·ble [ˌɪndɪˈfiːzəbl] *adj.* □ ⚖ unverletzlich, unantastbar.

in·de·fen·si·ble [ˌɪndɪˈfensəbl] *adj.* □ unhaltbar: a) ⚔ nicht zu verteidigen(d), b) *fig.* nicht zu rechtfertigen(d), unentschuldbar.

in·de·fin·a·ble [ˌɪndɪˈfaɪnəbl] *adj.* □ undefinierbar: a) unbestimmbar, b) unbestimmt.

in·def·i·nite [ɪnˈdefɪnət] *adj.* □ **1.** unbestimmt (*a. ling.*); **2.** unbegrenzt, unbeschränkt; **3.** unklar, undeutlich, ungenau; **inˈdef·i·nite·ly** [-lɪ] *adv.* **1.** auf unbestimmte Zeit; **2.** unbegrenzt; **inˈdef·i·nite·ness** [-nɪs] *s.* **1.** Unbestimmtheit *f*; **2.** Unbegrenztheit *f*.

in·del·i·ble [ɪnˈdeləbl] *adj.* □ unauslöschlich (*a. fig.*); untilgbar: **~ *ink*** Zeichen-, Kopiertinte *f*; **~ *pencil*** Tintenstift *m*.

in·del·i·ca·cy [ɪnˈdelɪkəsɪ] *s.* **1.** Unanständigkeit *f*, Unfeinheit *f*; **2.** Taktlosigkeit *f*; **inˈdel·i·cate** [-kət] *adj.* □ **1.** unanständig, unfein, derb; **2.** taktlos.

in·dem·ni·fi·ca·tion [ɪnˌdemnɪfɪˈkeɪʃn] *s.* **1.** ✝ a) → ***indemnity*** 1 a, b) Entschädigung *f*, Schadloshaltung *f*, Ersatzleistung *f*, c) → ***indemnity*** 1 c; **2.** ⚖ Sicherstellung *f* (*gegen Strafe*); **in·dem·ni·fy** [ɪnˈdemnɪfaɪ] *v/t.* **1.** entschädigen, schadlos halten (***for*** für); **2.** sicherstellen, sichern (***from***, ***against*** gegen); **3.** ⚖ *parl.* a) *j-m* Entlastung erteilen, b) *j-m* Straflosigkeit zusichern; **in·dem·ni·ty** [ɪnˈdemnətɪ] *s.* **1.** ✝ a) Sicherstellung *f* (*gegen Verlust od. Schaden*), Garanˈtie(versprechen *n*) *f*, b) → ***indemnification*** 1 b, c) Entschädigung(sbetrag *m*) *f*, Abfindung *f*: **~ *against liability*** Haftungsausschluß *m*; **~ *bond*, *letter of ~*** Ausfallbürgschaft *f*; **~ *insurance*** Schadensversicherung *f*; → ***double indemnity***; **2.** ⚖, *parl.* Indemniˈtät *f*.

in·dent[1] [ɪnˈdent] **I** *v/t.* **1.** (ein-, aus-) kerben, auszacken: ***~ed coastline*** zerklüftete Küste; **2.** ⚙ (ver)zahnen; **3.** *typ. Zeile* einrücken; **4.** ⚖ *Vertrag* mit Doppel ausfertigen; **5.** ✝ *Waren* bestellen; **II** *v/i.* **6.** (***upon s.o. for s.th.***) (et. bei j-m) bestellen, (et. von j-m) anfordern; **III** *s.* [ˈɪndent] **7.** Kerbe *f*, Einschnitt *m*, Auszackung *f*; **8.** *typ.* Einzug *m*; **9.** ⚖ Vertragsurkunde *f*; **10.** ✝ (Auslands)Auftrag *m*; **11.** ⚔ *Brit.* Anforderung *f* (*von Vorräten*).

in·dent[2] **I** *v/t.* [ɪnˈdent] eindrücken, einprägen; **II** *s.* [ˈɪndent] Delle *f*, Vertiefung *f*.

in·den·ta·tion [ˌɪndenˈteɪʃn] *s.* **1.** Einschnitt *m*, Einkerbung *f*, Auszackung *f*, Zickzacklinie *f*; **2.** ⚙ Zahnung *f*; **3.** Einbuchtung *f*; Bucht *f*; **4.** *typ.* a) Einzug *m*, b) Absatz *m*; **5.** Vertiefung *f*, Delle *f*; **in·dent·ed** [ɪnˈdentɪd] *adj.* **1.** (aus)gezackt; **2.** ✝ vertraglich verpflichtet; **in·den·tion** [ɪnˈdenʃn] → ***indentation*** 1, 2, 4; **in·den·ture** [ɪnˈdentʃə] **I** *s.* **1.** Vertrag *m od.* Urkunde *f* (im Dupliˈkat); **2.** ✝, ⚖ Lehrvertrag *m*, -brief *m*: ***take up one's ~s*** ausgelernt haben; **3.** amtliche Liste; **4.** → ***indentation*** 1, 2; **II** *v/t.* **5.** ✝, ⚖ durch (*bsd.* Lehr)Vertrag binden, vertraglich verpflichten.

in·de·pend·ence [ˌɪndɪˈpendəns] *s.* **1.** Unabhängigkeit *f* (***on***, ***of*** von): ***ℒ Day*** *Am.* Unabhängigkeitstag *m* (*4. Juli*); **2.** Selbständigkeit *f*; **3.** hinreichendes Aus- *od.* Einkommen; **ˌin·deˈpend·en·cy** [-sɪ] *s.* **1.** → ***independence***; **2.** unabhängiger Staat; **3.** ℒ → ***Congregationalism***; **ˌin·deˈpend·ent** [-nt] **I** *adj.* □ **1.** unabhängig (***of*** von) (*a.* ⩚, *ling.*), selbständig (*a. Person*): **~ *clause*** *ling.* Hauptsatz *m*; **2.** a) selbständig, -sicher, -bewußt, b) eigenmächtig, -ständig; **3.** *pol.* unabhängig (*Staat*), *Abgeordneter*: *a.* parˈteilos, *parl.* praktiˈonslos; **4.** voneinˈander unabhängig: ***the various decisions were ~***; ***we arrived ~ly at the same results*** wir kamen unabhängig voneinander zu denselben Ergebnissen; **5.** finanziˈell unabhängig: **~ *gentleman*, *man of ~ means*** Mann *m* mit Privateinkommen, Privatier *m*; **6.** eigen, Einzel...: **~ *axle*** ⚙ Schwingachse *f*; **~ *fire*** ⚔ Einzel-, Schützenfeuer *n*; **~ *suspension*** *mot.* Einzelaufhängung *f*; **II** *s.* **7.** ℒ *pol.* Unabhängige(r *m*) *f*, Parˈteilose(r *m*) *f*, *parl.* fraktiˈonsloser Abgeordneter; **8.** ℒ → ***Congregationalist***.

ˌin-ˈdepth *adj.* tiefschürfend, eingehend: **~ *interview*** Tiefeninterview *n*, Intensivbefragung *f*.

in·de·scrib·a·ble [ˌɪndɪ'skraɪbəbl] *adj.* □ **1.** unbeschreiblich; **2.** unbestimmt, undefinierbar.

in·de·struct·i·bil·i·ty ['ɪndɪˌstrʌktə'bɪlətɪ] *s.* Unzerstörbarkeit *f*; **in·de·struct·i·ble** [ˌɪndɪ'strʌktəbl] *adj.* □ unzerstörbar, (*a.* ✝) unverwüstlich.

in·de·ter·mi·na·ble [ˌɪndɪ'tɜːmɪnəbl] *adj.* □ unbestimmbar, nicht bestimmbar; ˌ**in·de'ter·mi·nate** [-nət] *adj.* □ **1.** unbestimmt (*a.* ⩚), unentschieden, ungewiß, nicht festgelegt; unklar, vage; **2.** → ***indeterminable***: ***of ~ sex***; ***~ sentence*** ⚖ (Freiheits)Strafe *f* von unbestimmter Dauer; **in·de·ter·mi·na·tion** ['ɪndɪˌtɜːmɪ'neɪʃn] *s.* **1.** Unbestimmtheit *f*; **2.** Ungewißheit *f*; **3.** Unentschlossenheit *f*; ˌ**in·de'ter·min·ism** [-mɪnɪzəm] *s.* *phls.* Indetermi'nismus *m*, Lehre *f* von der Willensfreiheit *f*.

in·dex ['ɪndeks] **I** *pl.* '**in·dex·es**, **in·di·ces** ['ɪndɪsiːs] *s.* **1.** Inhalts-, Stichwortverzeichnis *n*, Ta'belle *f*, ('Sach)Reˌgister *n*, Index *m*; **2.** *a.* ***~ file*** Kar'tei *f*: ***~ card*** Karteikarte *f*; **3.** ⚙ a) (An)Zeiger *m*, b) (Einstell)Marke *f*, Strich *m*, c) Zunge *f* (*Waage*); **4.** *typ.* Hand(zeichen *n*) *f*; **5.** *fig.* a) (An)Zeichen *n* (***of*** für, von *od. gen.*), b) (***to***) Fingerzeig *m* (für), Hinweis *m* (auf *acc.*); **6.** *Statistik*: Indexziffer *f*, Vergleichs-, Meßzahl *f*, ✝ Index *m*: ***cost of living ~*** Lebenskosten-, Lebenshaltungsindex; ***share price ~*** Aktienindex; **7.** ⩚ a) Index *m*, Kennziffer *f*, b) Expo'nent *m*: ***~ of refraction*** *phys.* Brechungsindex *od.* -exponent; **8.** *bsd. eccl.* Index *m* (*verbotener Bücher*); **9.** → ***index finger***; **II** *v/t.* **10.** mit e-m Inhaltsverzeichnis versehen; **11.** in ein Verzeichnis aufnehmen; **12.** *eccl.* auf den Index setzen; **13.** ⚙ a) *Revolverkopf etc.* schalten: ***~ing disc*** Schaltscheibe *f*, b) *in Maßeinheiten* einteilen; **~ fin·ger** *s.* Zeigefinger *m*; '**~-linked** *adj.* indexgebunden: ***~ pension***; ***~ wage*** Indexlohn *m*; **~ num·ber** → ***index*** 6.

In·di·a| ink ['ɪndjə] → ***Indian ink***; '**~·man** [-mən] *s.* [*irr.*] (Ost)'Indienfahrer *m* (*Schiff*).

In·di·an ['ɪndjən] **I** *adj.* **1.** (ost)'indisch; **2.** *bsd. Am.* indi'anisch; **3.** *Am.* Mais...; **II** *s.* **4.** a) Inder(in), b) Ost'indier(in); **5.** *bsd. Am.* Indi'aner(in); **~ club** *s.* *sport* (Schwing)Keule *f*; **~ corn** *s.* Mais *m*; **~ file** *s.*: ***in ~*** im Gänsemarsch; **~ giv·er** *s.* *Am.* F *j-d, der s-e Geschenke zurückverlangt*; **~ ink** *s.* chi'nesische Tusche; **~ meal** *s.* Maismehl *n*; **~ pa·per** → ***India paper***; **~ summer** *s.* Alt'weiber-, Spät-, Nachsommer *m*.

In·di·a| pa·per *s.* 'Dünndruckpaˌpier *n*; ˌ**2-'rub·ber** *s.* **1.** Kautschuk *m*, Gummi *n*, *m*: ***~ ball*** Gummiball *m*; ***~ tree***; **2.** Radiergummi *m*.

In·dic ['ɪndɪk] *adj. ling.* indisch (*den indischen Zweig der indo-iranischen Sprachen betreffend*).

in·di·cate ['ɪndɪkeɪt] *v/t.* **1.** anzeigen, angeben, bezeichnen, kennzeichnen; **2.** a) *Person*: andeuten, (an)zeigen, zu verstehen geben, b) *Sache*: hindeuten *od.* hinweisen auf (*acc.*), erkennen lassen (*acc.*), *a.* ⚙ anzeigen; **3.** ⚕ indizieren, erfordern: ***be ~d*** indiziert sein, *fig.* angezeigt *od.* angebracht sein; **in·di·ca·tion** [ˌɪndɪ'keɪʃn] *s.* **1.** Anzeige *f*, Angabe *f*, Bezeichnung *f*; **2.** (***of***) a) (An-)Zeichen *n* (für), b) Hinweis *m* (auf *acc.*), c) (kurze) Andeutung: ***give ~ of*** *et.* anzeigen; ***there is every ~*** alles deutet darauf hin (***that*** daß); **3.** ⚕ a) Indikati'on *f*, b) Sym'ptom *n* (*a. fig.*); **4.** ⚙ a) Anzeige *f*, b) Grad *m*, Stand *m*; **in·dic·a·tive** [ɪn'dɪkətɪv] **I** *adj.* □ **1.** anzeigend, andeutend, hinweisend: ***be ~ of*** → ***indicate*** 2; **2.** *ling.* 'indikaˌtivisch: ***~ mood*** → 3; **II** *s.* **3.** *ling.* Indikativ *m*, Wirklichkeitsform *f*; '**in·di·ca·tor** [-tə] *s.* **1.** Anzeiger *m*; **2.** ⚙ a) Zeiger *m*, b) Anzeiger *m*, Anzeige- *od.* Ablesegerät *n*, Zähler *m*, (Leistungs)Messer *m*, c) Schauzeichen *n*, d) *mot.* Richtungsanzeiger *m*, e) *a.* ***~ telegraph*** 'Zeigertele-ˌgraph *m*; **3.** ⚗ Indi'kator *m*; **4.** *fig.* → ***index*** 5 *u.* 6; **in·dic·a·to·ry** [ɪn'dɪkətərɪ] → ***indicative*** 1.

in·di·ces ['ɪndɪsiːz] *pl. von* ***index***.

in·di·ci·um [ɪn'dɪʃɪəm] *pl.* **-ci·a** [-ʃɪə] *s.* ✉ *Am.* aufgedruckter Freimachungsvermerk.

in·dict [ɪn'daɪt] *v/t.* ⚖ anklagen (***for*** wegen); **in'dict·a·ble** [-təbl] *adj.* ⚖ strafrechtlich verfolgbar: ***~ offence*** schwurgerichtlich abzuurteilende Straftat, Verbrechen *n*; **in'dict·ment** [-mənt] **1.** (for'melle) Anklage (*vor e-m Geschworenengericht*); **2.** a) Anklagebeschluß *m* (*der* ***grand jury***), b) (*Am. a.* ***bill of ~***) Anklageschrift *f*.

in·dif·fer·ence [ɪn'dɪfrəns] *s.* **1.** (***to***) Gleichgültigkeit *f* (gegen), Inter'esselosigkeit *f* (gegen'über); **2.** Unwichtigkeit *f*: ***it is a matter of complete ~ to me*** das ist mir völlig gleichgültig; **3.** Mittelmäßigkeit *f*; **4.** Unwichtigkeit *f*; **in'different** [-nt] *adj.* □ **1.** (***to***) gleichgültig (gegen), inter'esselos (gegen'über); **2.** 'unparˌteiisch; **3.** mittelmäßig, leidlich: ***~ quality***; **4.** mäßig, nicht besonders gut: ***a very ~ cook***; **5.** unwichtig; **6.** ⚕, ⚗, *phys.* neu'tral, indiffe'rent; **in'differ·ent·ism** [-ntɪzəm] *s.* (Neigung *f* zur) Gleichgültigkeit *f*.

in·di·gence ['ɪndɪdʒəns] *s.* Armut *f*, Mittellosigkeit *f*.

in·di·gene ['ɪndɪdʒiːn] *s.* **1.** Eingeborene(r *m*) *f*; **2.** a) einheimisches Tier, b) einheimische Pflanze; **in·dig·e·nize** [ɪn'dɪdʒɪnaɪz] *v/t. Am.* **1.** *a. fig.* heimisch machen, einbürgern; **2.** (nur) mit einheimischem Perso'nal besetzen; **in·dig·e·nous** [ɪn'dɪdʒɪnəs] *adj.* □ **1.** *a.* ⚘, *zo.* einheimisch (***to*** in *dat.*); **2.** *fig.* angeboren (***to*** *dat.*).

in·di·gent ['ɪndɪdʒənt] *adj.* □ arm, bedürftig, mittellos.

in·di·gest·ed [ˌɪndɪ'dʒestɪd] *adj. mst fig.* unverdaut; wirr; 'undurchˌdacht; **in·di·gest·i·bil·i·ty** ['ɪndɪˌdʒestə'bɪlətɪ] *s.* Unverdaulichkeit *f*; ˌ**in·di'gest·i·ble** [-təbl] *adj.* □ unverdaulich (*a. fig.*); ˌ**in·di'ges·tion** [-tʃn] *s.* ⚕ Magenverstimmung *f*, verdorbener Magen.

in·dig·nant [ɪn'dɪgnənt] *adj.* □ (***at***, ***with***) entrüstet, ungehalten, empört (über *acc.*), peinlich berührt (von); **in·dig·na·tion** [ˌɪndɪg'neɪʃn] *s.* Entrüstung *f*, Unwille *m*, Empörung *f* (***at*** über *acc.*): ***~ meeting*** Protestkundgebung *f*.

in·dig·ni·ty [ɪn'dɪgnətɪ] *s.* Schmach *f*, Demütigung *f*, Kränkung *f*.

in·di·go ['ɪndɪgəʊ] *pl.* **-gos** *s.* Indigo *m*: ***~-blue*** indigoblau; **in·di·got·ic** [ˌɪndɪ'gɒtɪk] *adj.* Indigo...

in·di·rect [ˌɪndɪ'rekt] *adj.* □ **1.** 'indiˌrekt: ***~ lighting***; ***~ tax***; ***~ cost*** ✝ Gemeinkosten *pl.*; **2.** nicht di'rekt *od.* gerade: ***~ route*** Umweg *m*; ***~ means*** Umwege, Umschweife; **3.** *fig.* krumm, unredlich; **4.** *ling.* 'indiˌrekt, abhängig: ***~ object*** indirektes Objekt, Dativobjekt *n*; ***~ question*** indirekte Frage; ***~ speech*** indirekte Rede; **in·di·rec·tion** [ˌɪndɪ'rekʃn] *s.* **1.** 'Umweg *m* (*a. fig. b.s. unlautere Methode*): ***by ~*** a) indirekt, auf Umwegen, b) *fig.* hinten herum, unehrlich; **2.** Unehrlichkeit *f*; **3.** Anspielung *f*; ˌ**in·di'rect·ness** [-nɪs] *s.* **1.** 'indiˌrekte Art u. Weise; **2.** → ***indirection***.

in·dis·cern·i·ble [ˌɪndɪ'sɜːnəbl] *adj.* nicht wahrnehmbar, unmerklich.

in·dis·ci·pline [ɪn'dɪsɪplɪn] *s.* Diszi'plin-, Zuchtlosigkeit *f*.

in·dis·cov·er·a·ble [ˌɪndɪ'skʌvərəbl] *adj.* □ nicht zu entdecken(d).

in·dis·creet [ˌɪndɪ'skriːt] *adj.* □ **1.** 'indisˌkret; **2.** taktlos; **3.** 'unüberˌlegt.

in·dis·crete [ˌɪndɪ'skriːt] *adj.* homo'gen, kom'pakt, zs.-hängend.

in·dis·cre·tion [ˌɪndɪ'skreʃn] *s.* **1.** Indiskreti'on *f*; **2.** Taktlosigkeit *f*; **3.** 'Unüberˌlegtheit *f*.

in·dis·crim·i·nate [ˌɪndɪ'skrɪmɪnət] *adj.* □ **1.** wahllos, blind, 'unterschiedslos; **2.** kri'tiklos, unkritisch; **3.** willkürlich; **in·dis·crim·i·na·tion** ['ɪndɪˌskrɪmɪ'neɪʃn] *s.* **1.** Wahl-, Kri'tiklosigkeit *f*, Mangel *m* an Urteilskraft; **2.** 'Unterschiedslosigkeit *f*.

in·dis·pen·sa·bil·i·ty ['ɪndɪˌspensə'bɪlətɪ] *s.* Unerläßlichkeit *f*, Unentbehrlichkeit *f*; **in·dis·pen·sa·ble** [ˌɪndɪ'spensəbl] *adj.* □ **1.** unerläßlich, unentbehrlich (***for***, ***to*** für); **2.** ⚔ unabkömmlich; **3.** unbedingt einzuhalten(d) *od.* zu erfüllen(d) (*Pflicht etc.*).

in·dis·pose [ˌɪndɪ'spəʊz] *v/t.* **1.** untauglich machen (***for*** zu); **2.** unpäßlich machen, indisponieren; **3.** abgeneigt machen (***to do*** zu tun), einnehmen (***towards*** gegen); ˌ**in·dis'posed** [-zd] *adj.* **1.** indisponiert, unpäßlich; **2.** (***towards***, ***from***) a) nicht aufgelegt (zu), abgeneigt (*dat.*), b) eingenommen (gegen), abgeneigt (*dat.*); **in·dis·po·si·tion** [ˌɪndɪspə'zɪʃn] *s.* **1.** Unpäßlichkeit *f*; **2.** Abneigung *f*, 'Widerwille *m* (***to***, ***towards*** gegen).

in·dis·pu·ta·bil·i·ty ['ɪndɪˌspjuːtə'bɪlətɪ] *s.* Unbestreitbarkeit *f*, Unstrittigkeit *f*; **in·dis·pu·ta·ble** [ˌɪndɪ'spjuːtəbl] *adj.* □ **1.** unbestreitbar, unstrittig, nicht zu bestreiten(d); **2.** unbestritten.

in·dis·sol·u·bil·i·ty ['ɪndɪˌsɒljʊ'bɪlətɪ] *s.* Unauflösbarkeit *f*; **in·dis·sol·u·ble** [ˌɪndɪ'sɒljʊbl] *adj.* □ **1.** unauflösbar, -lich; **2.** unzertrennlich; **3.** ⚗ unlöslich.

in·dis·tinct [ˌɪndɪ'stɪŋkt] *adj.* □ **1.** undeutlich; **2.** unklar, verworren, verschwommen; ˌ**in·dis'tinc·tive** [-tɪv] *adj.* □ ausdruckslos, nichtssagend; ˌ**in·dis'tinct·ness** [-nɪs] *s.* Undeutlichkeit *f etc.*

in·dis·tin·guish·a·ble [ˌɪndɪ'stɪŋgwɪʃəbl] *adj.* □ **1.** nicht zu unter'scheiden(d) (***from*** von); **2.** nicht wahrnehmbar *od.* erkennbar; **3.** unmerklich.

in·dite [ɪn'daɪt] *v/t.* ver-, abfassen.

in·di·vid·u·al [ˌɪndɪˈvɪdjʊəl] **I** *adj.* □ → ***individually***; **1.** einzeln, Einzel…: ***each ~ word***; ***~ case*** Einzelfall *m*; ***~ consumer*** Einzelverbraucher *m*; ***~ drive*** ⚙ Einzelantrieb *m*; **2.** für ˈeine Perˈson bestimmt, eigen, perˈsönlich, einzel: ***~ credit*** Personalkredit *m*; ***~ property*** Privatvermögen *n*; ***~ psychology*** Individualpsychologie *f*; ***~ traffic*** Individualverkehr *m*; ***give ~ attention to*** individuell behandeln, s-e persönliche Aufmerksamkeit schenken (*dat.*); **3.** individuˈell, perˈsönlich, eigen(tümlich), charakteˈristisch: ***an ~ style***; **4.** verschieden: ***five ~ cups***; **II** *s.* **5.** ˈEinzelperˌson *f*, Indiˈviduum *n*, Einzelne(r) *m*; **6.** *mst contp.* Perˈson *f*, Indiˈviduum *n*; **7.** ⚖ naˈtürliche Perˈson *f*; ˌ**in·diˈvid·u·al·ism** [-lɪzəm] *s.* **1.** Individuaˈlismus *m*; **2.** Egoˈismus *m*; ˌ**in·diˈvid·u·al·ist** [-lɪst] **I** *s.* Individuaˈlist(in); **II** *adj.* → **in·di·vid·u·al·is·tic** [ˈɪndɪˌvɪdjʊəˈlɪstɪk] *adj.* (□ ***~ally***) individuaˈlistisch; **in·di·vid·u·al·i·ty** [ˈɪndɪˌvɪdjʊˈælətɪ] *s.* **1.** Individualiˈtät *f*, (perˈsönliche) Eigenart; **2.** *phls.* individuˈelle Exiˈstenz; **3.** → ***individual*** 5; **in·di·vid·u·al·i·za·tion** [ˈɪndɪˌvɪdjʊəlaɪˈzeɪʃn] *s.* **1.** Individualisierung *f*; **2.** Einzelbetrachtung *f*; ˌ**in·diˈvid·u·al·ize** [-laɪz] *v/t.* **1.** individualisieren, individuˈell gestalten *od.* behandeln, e-e individuˈelle *od.* eigene Note verleihen (*dat.*); **2.** einzeln betrachten; ˌ**in·diˈvid·u·al·ly** [-əlɪ] *adv.* **1.** einzeln, (jeder, jede, jedes) für sich; **2.** einzeln betrachtet, für sich genommen; **3.** perˈsönlich; ˌ**in·diˈvid·u·ate** [-jʊeɪt] *v/t.* **1.** → ***individualize*** 1; **2.** charakterisieren; **3.** unterˈscheiden (***from*** von).

in·di·vis·i·bil·i·ty [ˈɪndɪˌvɪzɪˈbɪlətɪ] *s.* Unteilbarkeit *f*; **in·di·vis·i·ble** [ˌɪndɪˈvɪzəbl] **I** *adj.* □ unteilbar; **II** *s.* Ѧ unteilbare Größe.

In·do-Chi·nese [ˌɪndəʊtʃaɪˈniːz] *adj.* indochiˈnesisch, ˈhinterindisch.

in·doc·ile [ɪnˈdəʊsaɪl] *adj.* **1.** ungelehrig; **2.** störrisch, unlenksam; **in·do·cil·i·ty** [ˌɪndəʊˈsɪlətɪ] *s.* **1.** Ungelehrigkeit *f*; **2.** Unlenksamkeit *f*.

in·doc·tri·nate [ɪnˈdɒktrɪneɪt] *v/t.* **1.** unterˈweisen, schulen (***in*** in *dat.*); *pol.* indoktrinieren; **2.** *j-m et.* einprägen, -bleuen, -impfen; **3.** durchˈdringen (***with*** mit); **in·doc·tri·na·tion** [ɪnˌdɒktrɪˈneɪʃn] *s.* Unterˈweisung *f*, Belehrung *f*, Schulung *f*; *pol.* Indoktrinatiˈon *f*, poˈlitische Schulung, ideoˈlogischer Drill; **inˈdoc·tri·na·tor** [-tə] *s.* Lehrer *m*, Instrukˈteur *m*.

ˈ**In·do|-ˌEu·roˈpe·an** [ˌɪndəʊ-] *ling.* **I** *adj.* **1.** ˈindogerˈmanisch; **II** *s.* **2.** *ling.* ˈIndogerˈmanisch *n*; **3.** ˈIndogerˈmane *m*, -gerˈmanin *f*; ˌ**~-Gerˈman·ic** → ***Indo-European*** 1 *u.* 2; ˌ**~-Iˈra·ni·an** *ling.* **I** *adj.* ˈindoiˈranisch, arisch; **II** *s.* ˈIndoiˈranisch *n*, Arisch *n*.

in·do·lence [ˈɪndələns] *s.* Indoˈlenz *f*: a) Trägheit *f*, b) Lässigkeit *f*, c) ⚕ Schmerzlosigkeit *f*; ˈ**in·do·lent** [-nt] *adj.* □ indoˈlent: a) träge, b) lässig, c) ⚕ schmerzlos.

in·dom·i·ta·ble [ɪnˈdɒmɪtəbl] *adj.* □ **1.** unbezähmbar, nicht ˈunterzukriegen(d); **2.** unbeugsam.

In·do·ne·sian [ˌɪndəʊˈniːzjən] **I** *adj.* indoˈnesisch; **II** *s.* Indoˈnesier(in).

in·door [ˈɪndɔː] *adj.* im *od.* zu Hause, Haus…, Zimmer…, Innen…, *sport* Hallen…: ***~ aerial*** ↯ Zimmer-, Innenantenne *f*; ***~ dress*** Hauskleid(ung *f*) *n*; ***~ games*** a) Spiele fürs Haus, b) *sport* Hallenspiele; ***~ swimming pool*** Hallenbad *n*; **in·doors** [ˌɪnˈdɔːz] *adv.* **1.** im *od.* zu Hause, drin(nen); **2.** ins Haus.

in·dorse [ɪnˈdɔːs] *etc.* → ***endorse*** *etc.*

in·du·bi·ta·ble [ɪnˈdjuːbɪtəbl] *adj.* □ unzweifelhaft, zweifellos.

in·duce [ɪnˈdjuːs] *v/t.* **1.** *j-n* veranlassen, bewegen, (dazu) bringen, überˈreden (***to do*** zu tun); **2.** herˈbeiführen, verursachen, bewirken, herˈvorrufen, führen zu: ***~ a birth*** ⚕ e-e Geburt einleiten; ***~d sleep*** künstlicher Schlaf; **3.** ↯ *Kernphysik, a. Logik*: induzieren: ***~ current*** Induktionsstrom *m*; **inˈduce·ment** [-mənt] *s.* **1.** a) Veranlassung *f*, Überˈredung *f*, b) Verleitung (***to*** zu); **2.** Anlaß *m*, Beweggrund *m*; **3.** *a.* † Anreiz *m* (***to*** zu); **4.** Herˈbeiführung *f*.

in·duct [ɪnˈdʌkt] *v/t.* **1.** *in ein Amt etc.* einführen, -setzen; **2.** *j-n* einweihen (***to*** in *acc.*); **3.** ⚔ *Am. zum Militär* einberufen; **inˈduct·ance** [-təns] *s.* ↯ **1.** Indukˈtanz *f*, indukˈtiver (ˈSchein)ˌWiderstand; **2.** ˈSelbstinduktiˌon *f*: ***~ coil*** Drosselspule *f*; **in·duc·tee** [ˌɪndʌkˈtiː] *s.* ⚔ *Am.* Einberufene(r) *m*, Reˈkrut *m*; **inˈduc·tion** [-kʃn] *s.* **1.** Einführung, -setzung *f* (*in ein Amt*); **2.** ⚙ Zuführung *f*, Einlaß *m*: ***~ pipe*** Einlaßrohr *n*; **3.** Herˈbeiführung *f*, Auslösung *f*; **4.** Einleitung *f*, Beginn *m*; **5.** ⚔ *Am.* Einberufung *f*: ***~ order*** Einberufungsbefehl *m*; **6.** Anführung *f* (*Beweise etc.*); **7.** ↯ Induktiˈon *f*, sekunˈdäre Erregung: ***~ coil*** (***current***) Induktionsspule *f* (-strom *m*); ***~ motor*** Induktions-, Drehstrommotor *m*; **8.** Ѧ, *phys.*, *phls.* Induktiˈon *f*: ***~ accelerator*** Elektronenbeschleuniger *m*; **inˈduc·tive** [-tɪv] *adj.* □ **1.** ↯, *phys.*, *phls.* indukˈtiv, Induktions…; **2.** ⚕ e-e Reaktiˈon herˈvorrufend; **inˈduc·tor** [-tə] *s.* ↯, *biol.* Inˈduktor *m*.

in·dulge [ɪnˈdʌldʒ] **I** *v/t.* **1.** *e-r Neigung etc.* nachgeben, frönen, sich hingeben, freien Lauf lassen; **2.** nachsichtig sein gegen: ***~ s.o. in s.th.*** j-m et. nachsehen; **3.** *j-m* nachgeben (***in*** in *dat.*): ***~ o.s. in*** → 7; **4.** *j-m* gefällig sein; **5.** *j-n* verwöhnen; **II** *v/i.* **6.** sich hingeben, frönen (***in*** *dat.*); **7.** ***~ in*** sich *et.* gönnen *od.* genehmigen *od.* leisten, *a.* sich gütlich tun an (*dat.*), *et.* essen *od.* trinken; **8.** F a) sich ‚einen genehmigen', b) sich e-e Zigarette *etc.* gönnen *od.* ‚genehmigen'; **inˈdul·gence** [-dʒəns] *s.* **1.** Nachsicht *f*, Milde *f* (***to***, ***of*** gegenüber); **2.** Nachgiebigkeit *f*; **3.** Gefälligkeit *f*; **4.** Verwöhnung *f*; **5.** Befriedigung *f* (*e-r Begierde etc.*); **6.** (***in***) Frönen *n* (*dat.*), Schwelgen *n* (in *dat.*), Genießen *n* (*gen.*): (***excessive***) ***~ in drink*** übermäßiger Alkoholgenuß; **7.** Wohlleben *n*, Genußsucht *f*; **8.** Schwäche *f*, Leidenschaft *f* (***of*** für); **9.** *R.C.* Ablaß *m*: ***sale of ~s*** Ablaßhandel *m*; **inˈdul·genced** [-dʒənst] *adj.*: ***~ prayer*** *R.C.* Ablaßgebet *n*; **inˈdul·gent** [-dʒənt] *adj.* □ (***to***) nachsichtig, mild (gegen); schonend, sanft (mit).

in·du·rate [ˈɪndjʊəreɪt] **I** *v/t.* **1.** (ver)härten, hart machen; **2.** *fig.* a) abstumpfen, b) abhärten (***against***, ***to*** gegen); **II** *v/i.* **3.** sich verhärten: a) hart werden, b) *fig.* gefühllos werden, abstumpfen; **4.** abgehärtet werden; **in·du·ra·tion** [ˌɪndjʊəˈreɪʃn] *s.* **1.** (Ver)Härtung *f*; **2.** *fig.* Abstumpfung *f*; **3.** Verstocktheit *f*.

in·dus·tri·al [ɪnˈdʌstrɪəl] **I** *adj.* □ **1.** industriˈell, gewerblich, Industrie…, Fabrik…, Gewerbe…, Wirtschafts…, Betriebs…, Werks…: ***~ accident*** Betriebsunfall *m*; ***~ waste*** Industrieabfälle *pl.*; **II** *s.* **2.** Industriˈelle(r) *m*; **3.** *pl.* Induˈstrieaktien *pl.*, -paˌpiere *pl.*; ***~ action*** *s.* Arbeitskampf(maßnahmen *pl.*) *m*; ***~ a·re·a*** *s.* Induˈstriegebiet *n*, -gelände *n*; ***~ de·sign*** *s.* Induˈstriedeˌsign *n*; ***~ de·sign·er*** *s.* Induˈstriedeˌsigner *m*; ***~ dis·pute*** *s.* Arbeitsstreitigkeit *f*; ***~ en·gi·neer·ing*** *s.* Inˈdustrial engiˈneering *n* (*Rationalisierung von Arbeitsprozessen*); ***~ es·pi·o·nage*** *s.* ˈWerk-, Induˈstriespioˌnage *f*; ***~ es·tate*** *s. Brit.* Induˈstriegebiet *n*; ***~ goods*** *s. pl.* Induˈstrieproˌdukte *pl.*, Investitiˈonsgüter *pl.*; ***~ in·ju·ry*** *s.* a) Berufsschaden *m*, b) Arbeitsunfall *m*.

in·dus·tri·al·ism [ɪnˈdʌstrɪəlɪzəm] *s.* Industriaˈlismus *m*; **inˈdus·tri·al·ist** [-ɪst] → ***industrial*** 2; **inˈdus·tri·al·i·za·tion** [ɪnˌdʌstrɪəlaɪˈzeɪʃn] *s.* Industrialisierung *f*; **inˈdus·tri·al·ize** [-aɪz] *v/t.* industrialisieren.

in·dus·tri·al| man·age·ment *s.* Betriebsführung *f*; ***~ med·i·cine*** *s.* Beˈtriebsmediˌzin *f*; ***~ na·tion*** *s.* Induˈstriestaat *m*; ***~ park*** *s. Am.* Induˈstriegebiet *n* (*e-r Stadt*); ***~ part·ner·ship*** *s.* † *Am.* Gewinnbeteiligung *f* der Arbeitnehmer; ***~ prop·er·ty*** *s.* gewerbliches Eigentum; ***~ psy·chol·o·gy*** *s.* Beˈtriebspsycholoˌgie *f*; ***~ re·la·tions*** *s. pl.* Beziehungen *pl.* zwischen Arbeitgeber u. Arbeitnehmern *od.* Gewerkschaften; ***~ re·la·tions court*** *s. Am.* Arbeitsgericht *n*; ***2 Rev·o·lu·tion*** *s. die* industriˈelle Revolutiˈon; ***~ school*** *s. Brit.* Gewerbeschule *f*; ***~ stocks*** *s. pl.* Induˈstriepaˌpiere *pl.*; ***~ town*** *s.* Induˈstriestadt *f*; ***~ tri·bu·nal*** *s.* Arbeitsgericht *n*.

in·dus·tri·ous [ɪnˈdʌstrɪəs] *adj.* □ fleißig, arbeitsam, emsig.

in·dus·try [ˈɪndəstrɪ] *s.* **1.** a) Induˈstrie *f* (*e-s Landes etc.*), b) Induˈstrie(zweig *m*) *f*, Gewerbe(zweig *m*) *n*, Branche *f*: ***the steel ~*** die Stahlindustrie; ***tourist ~*** Touˈristik *f*, Fremdenverkehrswesen *n*; **2.** Unterˈnehmer(schaft *f*) *pl.*, Arbeitgeber *pl.*; **3.** Fleiß *m*, Arbeitseifer *m*.

in·dwell [ˌɪnˈdwel] [*irr.* → ***dwell***] **I** *v/t.* **1.** bewohnen; **II** *v/i.* (***in***) **2.** wohnen (in *dat.*); **3.** *fig.* innewohnen (*dat.*); **in·dwell·er** [ˈɪnˌdwelə] *s. poet.* Bewohner(in).

in·e·bri·ate I *v/t.* [ɪˈniːbrɪeɪt] **1.** betrunken machen; **2.** *fig.* berauschen, trunken machen: ***~d by success*** vom Erfolg berauscht; **II** *s.* [-ɪət] **3.** Betrunkene(r) *m*; **4.** Alkoˈholiker(in); **III** *adj.* [-ɪət] **5.** betrunken; **6.** *fig.* berauscht; **in·e·bri·a·tion** [ɪˌniːbrɪˈeɪʃn], **in·e·bri·e·ty** [ˌɪniːˈbraɪətɪ] *s.* Trunkenheit *f* (*a. fig.*), betrunkener Zustand.

in·ed·i·bil·i·ty [ɪnˌedɪˈbɪlətɪ] *s.* Ungenießbarkeit *f*; **in·ed·i·ble** [ɪnˈedɪbl] *adj.* ungenießbar, nicht eßbar.

in·ed·it·ed [ɪnˈedɪtɪd] *adj.* **1.** unveröffentlicht; **2.** ohne Veränderungen her'ausgegeben, nicht redigiert.

in·ef·fa·ble [ɪnˈefəbl] *adj.* □ **1.** unaussprechlich, unbeschreiblich; **2.** (unsagbar) erhaben.

in·ef·face·a·ble [ˌɪnɪˈfeɪsəbl] *adj.* □ unauslöschlich.

in·ef·fec·tive [ˌɪnɪˈfektɪv] *adj.* □ **1.** unwirksam (*a.* ⚖), wirkungslos; **2.** frucht-, erfolglos; **3.** unfähig, untauglich; **4.** (*bsd. künstlerisch*) nicht wirkungsvoll; ˌ**in·efˈfec·tive·ness** [-nɪs] *s.* **1.** Wirkungslosigkeit *f*; **2.** Erfolglosigkeit *f*.

in·ef·fec·tu·al [ˌɪnɪˈfektjʊəl] *adj.* □ **1.** → ***ineffective*** 1 *u.* 2; **2.** kraftlos; ˌ**in·efˈfec·tu·al·ness** [-nɪs] *s.* **1.** → ***ineffectiveness***; **2.** Nutzlosigkeit *f*; **3.** Schwäche *f*.

in·ef·fi·ca·cious [ˌɪnefɪˈkeɪʃəs] → ***ineffective*** 1, 2; **in·ef·fi·ca·cy** [ɪnˈefɪkəsɪ] → ***ineffectiveness***.

in·ef·fi·cien·cy [ˌɪnɪˈfɪʃnsɪ] *s.* **1.** Wirkungslosigkeit *f*, ˈIneffiziˌenz *f*: **~ *of a remedy***; **2.** Unfähigkeit *f*, Inkompeˈtenz *f*, Leistungsschwäche *f* (*e-r Person*); **3.** ˈunratioˌnelles Arbeiten *etc.*, Unwirtschaftlichkeit *f*, ˈUnproduktiviˌtät *f*, ˈIneffiziˌenz *f*: **~ *of a method***; ˌ**in·efˈfi·cient** [-nt] *adj.* □ **1.** unwirksam, wirkungslos, ˈineffiziˌent; **2.** unfähig, untauglich, untüchtig, ˈinkompeˌtent; **3.** ˈineffiziˌent: a) leistungsschwach, b) ˈunratioˌnell, ˈunprodukˌtiv.

in·e·las·tic [ˌɪnɪˈlæstɪk] *adj.* **1.** ˈuneˌlastisch (*a. fig.*); **2.** *fig.* starr, nicht fleˈxibel; **in·e·las·tic·i·ty** [ˌɪnɪlæsˈtɪsətɪ] *s.* **1.** Mangel *m* an Elastiziˈtät; **2.** *fig.* Starrheit *f*, Mangel *m* an Flexibiliˈtät.

in·el·e·gance [ɪnˈelɪgəns] *s.* **1.** ˈUneleˌganz *f*, Mangel *m* an Eleˈganz (*a. fig.*); **2.** *fig.* a) Derbheit *f*, Geschmacklosigkeit *f*, b) Unbeholfenheit *f*; **inˈel·e·gant** [-nt] *adj.* □ **1.** ˈuneleˌgant, ohne Eleˈganz (*a. fig.*); **2.** *fig.* a) derb, geschmacklos, b) unbeholfen, plump.

in·el·i·gi·bil·i·ty [ɪnˌelɪdʒəˈbɪlətɪ] *s.* **1.** Untauglichkeit *f*, mangelnde Eignung; **2.** Unwählbarkeit *f*, Unfähigkeit *f* (in ein Amt gewählt zu werden *etc.*); **3.** mangelnde Berechtigung; **in·el·i·gi·ble** [ɪnˈelɪdʒəbl] **I** *adj.* □ **1.** ungeeignet, nicht in Frage kommend (***for*** für): **~ *for military service*** (wehr)untauglich; **2.** unwählbar; **3.** ⚖ unfähig, nicht qualifiziert: **~ *to hold an office***; **4.** (***for***) nicht berechtigt (zu), keinen Anspruch habend (auf *acc.*): **~ *for a grant***; **~ *to vote*** nicht wahlberechtigt; **5.** a) unerwünscht, b) unpassend; **II** *s.* **6.** ungeeignete *od.* nicht in Frage kommende Perˈson.

in·e·luc·ta·ble [ˌɪnɪˈlʌktəbl] *adj.* unvermeidlich, unentrinnbar.

in·ept [ɪˈnept] *adj.* □ **1.** unpassend; **2.** ungeschickt; **3.** albern, dumm; **inˈept·i·tude** [-tɪtju:d], **inˈept·ness** [-nɪs] *s.* **1.** Ungeeignetheit *f*; **2.** Ungeschicktheit *f*; **3.** Albernheit *f*, Dummheit *f*.

in·e·qual·i·ty [ˌɪnɪˈkwɒlətɪ] *s.* **1.** Ungleichheit *f* (*a.* ∧, *sociol.*), Verschiedenheit *f*; **2.** Ungleichmäßigkeit *f*, Unregelmäßigkeit *f*; **3.** Unebenheit *f* (*a. fig.*); **4.** *ast.* Abweichung *f*.

in·eq·ui·ta·ble [ɪnˈekwɪtəbl] *adj.* □ ungerecht, unbillig; **inˈeq·ui·ty** [-kwətɪ] *s.* Ungerechtigkeit *f*, Unbilligkeit *f*.

in·e·rad·i·ca·ble [ˌɪnɪˈrædɪkəbl] *adj.* □ *fig.* unausrottbar; tiefsitzend, tief eingewurzelt.

in·e·ras·a·ble [ˌɪnɪˈreɪzəbl] *adj.* □ unauslöschbar, unauslöschlich.

in·ert [ɪˈnɜ:t] *adj.* □ **1.** *phys.* träge: **~ *mass***; **2.** ⚗ ˈinakˌtiv: **~ *gas*** Inert-, Edelgas *n*; **3.** unwirksam; **4.** *fig.* träge, untätig, schwerfällig, schlaff; **in·er·tia** [ɪˈnɜ:ʃjə] *s.* **1.** *phys.* (Massen)Trägheit *f*, Beharrungsvermögen *n*: **~ *starter*** *mot.* Schwungkraftanlasser *m*; **2.** *fig.* Träg-, Faulheit *f*; **3.** ⚗ Inerˈtie *f*, Reaktiˈonsträgheit *f*; **in·er·tial** [ɪˈnɜ:ʃjəl] *adj. phys.* Trägheits…; **inˈert·ness** [-nɪs] *s.* Trägheit *f*.

in·es·cap·a·ble [ˌɪnɪˈskeɪpəbl] *adj.* □ unvermeidlich: a) unentrinnbar, unabwendbar, b) unweigerlich.

in·es·sen·tial [ˌɪnɪˈsenʃl] **I** *adj.* unwesentlich, nebensächlich; **II** *s. et.* Unwesentliches, Nebensache *f*.

in·es·ti·ma·ble [ɪnˈestɪməbl] *adj.* □ unschätzbar, unbezahlbar.

in·ev·i·ta·bil·i·ty [ɪnˌevɪtəˈbɪlətɪ] *s.* Unvermeidlichkeit *f*; **in·ev·i·ta·ble** [ɪnˈevɪtəbl] **I** *adj.* □ unvermeidlich: a) unentrinnbar: **~ *fate***, b) zwangsläufig, unweigerlich, c) *iro.* obliˈgat; **II** *s.* ***the*** **~** das Unvermeidliche; **in·ev·i·ta·ble·ness** [ɪnˈevɪtəblnɪs] → ***inevitability***.

in·ex·act [ˌɪnɪgˈzækt] *adj.* □ ungenau; ˌ**in·exˈact·i·tude** [-tɪtju:d] *s.*, ˌ**in·exˈact·ness** [-nɪs] *s.* Ungenauigkeit *f*.

in·ex·cus·a·ble [ˌɪnɪkˈskju:zəbl] *adj.* □ **1.** unverzeihlich; **2.** unverantwortlich; ˌ**in·exˈcus·a·bly** [-blɪ] *adv.* unverzeihlich(erweise).

in·ex·haust·i·bil·i·ty [ˈɪnɪgˌzɔ:stəˈbɪlətɪ] *s.* **1.** Unerschöpflichkeit *f*; **2.** Unermüdlichkeit *f*; **in·ex·haust·i·ble** [ˌɪnɪgˈzɔ:stəbl] *adj.* □ **1.** unerschöpflich; **2.** unermüdlich.

in·ex·o·ra·bil·i·ty [ɪnˌeksərəˈbɪlətɪ] *s.* Unerbittlichkeit *f*; **in·ex·o·ra·ble** [ɪnˈeksərəbl] *adj.* □ unerbittlich.

in·ex·pe·di·en·cy [ˌɪnɪkˈspi:djənsɪ] *s.* **1.** Unzweckmäßigkeit *f*; **2.** Unklugheit *f*; ˌ**in·exˈpe·di·ent** [-nt] *adj.* □ **1.** ungeeignet, unzweckmäßig, nicht ratsam; **2.** unklug.

in·ex·pen·sive [ˌɪnɪkˈspensɪv] *adj.* nicht teuer, preiswert, billig.

in·ex·pe·ri·ence [ˌɪnɪkˈspɪərɪəns] *s.* Unerfahrenheit *f*; ˌ**in·exˈpe·ri·enced** [-st] *adj.* unerfahren: **~ *hand*** Nichtfachmann *m*.

in·ex·pert [ɪnˈekspɜ:t] *adj.* □ **1.** ungeübt, unerfahren (***in*** in *dat.*); **2.** ungeschickt; **3.** unsachgemäß.

in·ex·pi·a·ble [ɪnˈekspɪəbl] *adj.* □ **1.** unsühnbar; **2.** unversöhnlich.

in·ex·pli·ca·ble [ˌɪnɪkˈsplɪkəbl] *adj.* □ unerklärlich, unverständlich; ˌ**in·exˈpli·ca·bly** [-blɪ] *adv.* unerklärlich(erweise).

in·ex·plic·it [ˌɪnɪkˈsplɪsɪt] *adj.* □ nicht deutlich ausgedrückt, nur angedeutet; unklar.

in·ex·plo·sive [ˌɪnɪkˈspləʊsɪv] *adj.* nicht exploˈsiv, exploziˈonssicher.

in·ex·press·i·ble [ˌɪnɪkˈspresəbl] *adj.* □ unaussprechlich, unsäglich.

in·ex·pres·sive [ˌɪnɪkˈspresɪv] *adj.* □ **1.** ausdruckslos, nichtssagend; **2.** inhaltlos.

in ex·ten·so [ˌɪnɪkˈstensəʊ] (*Lat.*) *adv.* vollständig, ungekürzt; ausführlich.

in·ex·tin·guish·a·ble [ˌɪnɪkˈstɪŋgwɪʃəbl] *adj.* □ **1.** un(aus)löschbar; **2.** *fig.* unauslöschlich.

in·ex·tri·ca·ble [ɪnˈekstrɪkəbl] *adj.* □ **1.** unentwirrbar, un(auf)lösbar; **2.** gänzlich verworren.

in·fal·li·bil·i·ty [ɪnˌfæləˈbɪlətɪ] *s.* Unfehlbarkeit *f* (*a. eccl.*); **in·fal·li·ble** [ɪnˈfæləbl] *adj.* □ unfehlbar.

in·fa·mous [ˈɪnfəməs] *adj.* □ **1.** verrufen, berüchtigt (***for*** wegen); **2.** schändlich, niederträchtig, gemein, inˈfam; **3.** F miseˈrabel, ‚saumäßig'; **4.** ehrlos: a) ⚖ der bürgerlichen Ehrenrechte verlustig, b) entehrend, ehrenrührig: **~ *conduct***; **ˈin·fa·mous·ness** [-nɪs] → ***infamy*** 2; **ˈin·fa·my** [-mɪ] *s.* **1.** Ehrlosigkeit *f*, Schande *f*; **2.** Verrufenheit *f*; Schändlichkeit *f*, Niedertracht *f*; **3.** ⚖ Verlust *m* der bürgerlichen Ehrenrechte.

in·fan·cy [ˈɪnfənsɪ] *s.* **1.** frühe Kindheit, Säuglingsalter *n*; **2.** ⚖ Minderjährigkeit *f*; **3.** *fig.* Anfangsstadium *n*: ***in its*** **~** in den Anfängen *od.* ‚Kinderschuhen' (steckend); **ˈin·fant** [-nt] **I** *s.* **1.** Säugling *m*, Baby *n*, kleines Kind; **2.** ⚖ Minderjährige(r *m*) *f*; **II** *adj.* **3.** Säuglings…, Kleinkinder…: **~ *mortality*** Säuglingssterblichkeit *f*; **~ *prodigy*** Wunderkind *n*; **~ *school*** *Brit. etwa* Vorschule *f*; **~ *welfare*** Säuglingsfürsorge *f*; **~ *Jesus*** das Jesuskind; ***his*** **~ *son*** sein kleiner Sohn; **4.** ⚖ minderjährig; **5.** *fig.* jung, in den Anfängen (befindlich).

in·fan·ta [ɪnˈfæntə] *s.* Inˈfantin *f*; **inˈfan·te** [-tɪ] *s.* Inˈfant *m*.

in·fan·ti·cide [ɪnˈfæntɪsaɪd] *s.* **1.** Kindestötung *f*; **2.** Kindesmörder(in).

in·fan·tile [ˈɪnfəntaɪl] *adj.* **1.** kindlich, Kinder…, Kindes…; **2.** jugendlich; **3.** infanˈtil, kindisch; **~ (*spinal*) *pa·ral·y·sis*** *s.* ⚕ (spiˈnale) Kinderlähmung.

in·fan·try [ˈɪnfəntrɪ] *s.* ⚔ Infanteˈrie *f*, Fußtruppen *pl.*; **ˈ~·man** [-mən] *s.* [*irr.*] ⚔ Infanteˈrist *m*.

in·farct [ɪnˈfɑ:kt] *s.* ⚕ Inˈfarkt *m*: ***cardiac*** **~** Herzinfarkt; **inˈfarc·tion** [-kʃn] *s.* Inˈfarkt(bildung *f*) *m*.

in·fat·u·ate [ɪnˈfætjʊeɪt] *v/t.* betören, verblenden (***with*** durch); **inˈfat·u·at·ed** [-tɪd] *adj.* □ **1.** betört, verblendet (***with*** durch); **2.** vernarrt (***with*** in *acc.*); **in·fat·u·a·tion** [ɪnˌfætjʊˈeɪʃn] *s.* Verblendung *f*; Verliebt-, Vernarrtheit *f*.

in·fect [ɪnˈfekt] *v/t.* **1.** ⚕ infizieren, anstecken (***with*** mit, ***by*** durch): ***become*** **~*ed*** sich anstecken; **2.** *Sitten* verderben; *Luft* verpesten; **3.** *fig. j-n* anstecken, beeinflussen; **4.** einflößen (***s.o. with s.th.*** j-m et.); **inˈfec·tion** [-kʃn] *s.* **1.** ⚕ Infektiˈon *f*, Ansteckung *f*: ***catch an*** **~** angesteckt werden, sich anstecken; **2.** ⚕ Ansteckungskeim *m*, Gift *n*; **3.** *fig.* Ansteckung *f*: a) Vergiftung *f*, b) (*a.* schlechter) Einfluß, Einwirkung *f*; **inˈfec·tious** [-kʃəs] *adj.* □ ⚕ ansteckend (*a. fig. Lachen, Optimismus etc.*), infektiˈös, überˈtragbar; **inˈfec·tious·ness** [-kʃəsnɪs] *s. das* Ansteckende: a) ⚕ Überˈtragbarkeit *f*, b) *fig.* Einfluß *m*.

in·fe·lic·i·tous [ˌɪnfɪˈlɪsɪtəs] *adj.* **1.** unglücklich; **2.** unglücklich (gewählt), ungeschickt (*Worte, Stil*); ˌ**in·feˈlic·i·ty** [-tɪ] *s.* **1.** Unglücklichkeit *f*; **2.** Unglück *n*, Elend *n*; **3.** unglücklicher *od.* ungeschickter Ausdruck *etc.*

in·fer [ɪnˈfɜː] *v/t.* **1.** schließen, folgern, ableiten (***from*** aus); **2.** schließen lassen auf (*acc.*), an-, bedeuten; **inˈfer·a·ble** [-ɜːrəbl] *adj.* zu schließen(d), zu folgern(d), ableitbar (***from*** aus); **in·fer·ence** [ˈɪnfərəns] *s.* (Schluß)Folgerung *f*, (Rück)Schluß *m*: ***make ~s*** Schlüsse ziehen; **in·fer·en·tial** [ˌɪnfəˈrenʃl] *adj.* □ **1.** zu folgern(d); **2.** folgernd; **3.** gefolgert; **in·fer·en·tial·ly** [ˌɪnfəˈrenʃəlɪ] *adv.* durch Schlußfolgerung.

in·fe·ri·or [ɪnˈfɪərɪə] **I** *adj.* **1.** (***to***) ˈuntergeordnet (*dat.*); niedriger, geringer, geringwertiger (als): ***be ~ to s.o.*** j-m nachstehen; ***he is ~ to none*** er nimmt es mit jedem auf; **2.** geringer, schwächer (***to*** als); **3.** ˈuntergeordnet, unter, nieder, zweitrangig: ***the ~ classes*** die unteren Klassen; ***~ court*** ⚖ niederer Gerichtshof; **4.** minderwertig, gering, (mittel)mäßig: ***~ quality***; **5.** unter, tiefer gelegen, Unter…; **6.** *typ.* tiefstehend (*z. B.* H_2); **7.** ***~ planet*** *ast.* unterer Planet (*zwischen Erde u. Sonne*); **II** *s.* **8.** ˈUntergeordnete(r *m*) *f*, Unterˈgebene(r *m*) *f*; **9.** Geringere(r *m*) *f*, Schwächere(r *m*) *f*.

in·fe·ri·or·i·ty [ɪnˌfɪərɪˈɒrətɪ] *s.* **1.** Minderwertigkeit *f*: ***~ complex (feeling)*** *psych.* Minderwertigkeitskomplex *m* (-gefühl *n*); **2.** (*a.* zahlen- *od.* mengenmäßige) Unterˈlegenheit; **3.** geringerer Stand *od.* Wert.

in·fer·nal [ɪnˈfɜːnl] *adj.* □ **1.** höllisch, Höllen…: ***~ machine*** Höllenmaschine *f*; ***~ regions*** Unterwelt *f*; **2.** *fig.* teuflisch; **3.** F gräßlich, höllisch; **inˈfer·no** [-nəʊ] *pl.* **-nos** *s.* Inˈferno *n*, Hölle *f*.

in·fer·tile [ɪnˈfɜːtaɪl] *adj.* unfruchtbar; **in·fer·til·i·ty** [ˌɪnfəˈtɪlətɪ] *s.* Unfruchtbarkeit *f*.

in·fest [ɪnˈfest] *v/t.* **1.** heimsuchen, *Ort* unsicher machen; **2.** plagen, verseuchen: ***~ed with*** geplagt von, verseucht durch; **3.** *fig.* überˈlaufen, -ˈschwemmen, -ˈfallen, sich festsetzen in (*dat.*): ***be ~ed with*** wimmeln von; **in·fes·ta·tion** [ˌɪnfeˈsteɪʃn] *s.* **1.** Heimsuchung *f*, (Land)Plage *f*; Belästigung *f*; **2.** *fig.* Überˈschwemmung *f*.

in·feu·da·tion [ˌɪnfjuːˈdeɪʃn] *s.* ⚖, *hist.* **1.** Belehnung *f*; **2.** ***~ of tithes*** Zehntverleihung *f* an Laien.

in·fi·del [ˈɪnfɪdəl] *eccl.* **I** *s.* Ungläubige(r *m*) *f*; **II** *adj.* ungläubig; **in·fi·del·i·ty** [ˌɪnfɪˈdelətɪ] *s.* **1.** Ungläubigkeit *f*; **2.** (*bsd.* eheliche) Untreue.

in·field [ˈɪnfiːld] *s.* **1.** ✓ a) dem Hof nahes Feld, b) Ackerland *n*; **2.** *Kricket*: a) inneres Spielfeld, b) die dort stehenden Fänger; **3.** *Baseball*: (Spieler *pl.* im) Innenfeld *n*.

in·fight·ing [ˈɪnˌfaɪtɪŋ] *s.* **1.** *Boxen*: Nahkampf *m*, Infight *m*; **2.** *fig.* Gerangel *n*, Hickhack *n*.

in·fil·trate [ˈɪnfɪltreɪt] **I** *v/t.* **1.** (*a.* ⚔) einsickern in (*acc.*), ˈdurchsickern durch; **2.** durchˈsetzen, -ˈtränken; **3.** eindringen lassen, einschmuggeln (***into*** in *acc.*); **4.** *pol.* a) unterˈwandern (*acc.*), b) *Agenten etc.* einschleusen (***into*** in *acc.*); **II** *v/i.* **5.** *a. fig.* einsickern, eindringen; **6.** *pol.* (***into***) sich einschleusen (in *acc.*), unterˈwandern (*acc.*); **in·fil·tra·tion** [ˌɪnfɪlˈtreɪʃn] *s.* **1.** Einsickern *n* (*a.* ⚔); Eindringen *n*; **2.** Durchˈtränkung *f*; **3.** *pol.* Unterˈwanderung *f*: ***~ of agents*** Einschleusen *n* von Agenten; **ˈin·fil·tra·tor** [-tə] *s. pol.* Unterˈwanderer *m*.

in·fi·nite [ˈɪnfɪnət] **I** *adj.* □ **1.** unˈendlich, endlos, unbegrenzt; **2.** ungeheuer, ˈallumˌfassend; **3.** *mit s. pl.* unzählige *pl.*; **4.** ***~ verb*** *ling.* Verbum *n* infinitum; **II** *s.* **5.** *das* Unˈendliche, unˈendlicher Raum; **6.** ***the*** ***~*** Gott *m*; **ˈin·fi·nite·ly** [-lɪ] *adv.* **1.** unˈendlich; ungeheuer; **2.** ***~ variable*** ⚙ stufenlos (regelbar).

in·fin·i·tes·i·mal [ˌɪnfɪnɪˈtesɪml] **I** *adj.* □ winzig, unˈendlich klein; **II** *s.* unˈendlich kleine Menge; ***~ cal·cu·lus*** *s.* 𝔄 Infinitesiˈmalrechnung *f*.

in·fin·i·ti·val [ɪnˌfɪnɪˈtaɪvl] *adj. ling.* infinitivisch, Infinitiv…; **in·fin·i·tive** [ɪnˈfɪnətɪv] *ling.* **I** *s.* Infinitiv *m*, Nennform *f*; **II** *adj.* infinitivisch: ***~ mood*** Infinitiv *m*.

in·fin·i·tude [ɪnˈfɪnɪtjuːd] → ***infinity*** 1 *u.* 2; **inˈfin·i·ty** [-ətɪ] *s.* **1.** Unˈendlichkeit *f*, Unbegrenztheit *f*, Unermeßlichkeit *f*; **2.** unˈendliche Größe *od.* Zahl; **3.** 𝔄 unˈendliche Menge *od.* Größe, das Unˈendliche: ***to ~*** ad infinitum.

in·firm [ɪnˈfɜːm] *adj.* □ **1.** schwach, gebrechlich; **2.** *a.* ***~ of purpose*** wankelmütig, unentschlossen, willensschwach; **inˈfir·ma·ry** [-mərɪ] *s.* **1.** Krankenhaus *n*; **2.** Krankenzimmer *n* (*in Internaten etc.*); ⚔ (ˈKranken)ReˌVier *n*; **inˈfir·mi·ty** [-mətɪ] *s.* **1.** Gebrechlichkeit *f*, (Alters)Schwäche *f*; Krankheit *f*; **2.** *a.* ***~ of purpose*** Chaˈrakterschwäche *f*, Unentschlossenheit *f*.

in·fix **I** *v/t.* [ɪnˈfɪks] **1.** eintreiben, befestigen; **2.** *fig.* einprägen (***in*** *dat.*); **3.** *ling.* einfügen; **II** *s.* [ˈɪnfɪks] **4.** *ling.* Inˈfix *n*, Einfügung *f*.

in·flame [ɪnˈfleɪm] **I** *v/t.* **1.** *mst* ✱ entzünden; **2.** *fig.* erregen, entflammen, reizen: ***~d with rage*** wutentbrannt; **II** *v/i.* **3.** sich entzünden (*a.* ✱), Feuer fangen; **4.** *fig.* entbrennen (***with*** vor *dat.*, von); sich erhitzen, in Wut geraten; **inˈflamed** [-md] *adj.* entzündet; **in·flam·ma·bil·i·ty** [ɪnˌflæməˈbɪlətɪ] *s.* **1.** Brennbarkeit *f*, Entzündlichkeit *f*; **2.** *fig.* Erregbarkeit *f*, Jähzorn *m*; **in·flam·ma·ble** [ɪnˈflæməbl] **I** *adj.* **1.** brennbar, leicht entzündlich; **2.** feuergefährlich; **3.** *fig.* reizbar, jähzornig, hitzig; **II** *s.* **4.** *pl.* Zündstoffe *pl.*; **in·flam·ma·tion** [ˌɪnfləˈmeɪʃn] *s.* **1.** ✱ Entzündung *f*; **2.** Aufflammen *n*; **3.** *fig.* Erregung *f*, Aufregung *f*; **in·flam·ma·to·ry** [ɪnˈflæmətərɪ] *adj.* **1.** ✱ Entzündungs…; **2.** *fig.* aufrührerisch, Hetz…: ***~ speech***.

in·flat·a·ble [ɪnˈfleɪtəbl] *adj.* aufblasbar: ***~ boat*** Schlauchboot *n*; **in·flate** [ɪnˈfleɪt] *v/t.* **1.** aufblasen, aufblähen (*beide a. fig.*), mit Luft *etc.* füllen, *Reifen etc.* aufpumpen; **2.** ✝ *Preise* hochtreiben, ˈübermäßig steigern; **inˈflat·ed** [-tɪd] *adj.* **1.** aufgebläht, aufgeblasen (*beide a. fig. Person*): ***~ with pride*** stolzgeschwellt; **2.** *fig.* geschwollen (*Stil*); **3.** überˈhöht (*Preise*); **inˈfla·tion** [-eɪʃn] *s.* **1.** ✝ Inflatiˈon *f*: ***creeping (galloping) ~*** schleichende (galoppierende) Inflation; ***rate of ~*** Inflationsrate *f*; **2.** *fig.* Dünkel *m*, Aufgeblasenheit *f*; **3.** *fig.* Schwülstigkeit *f*; **inˈfla·tion·ar·y** [-eɪʃnərɪ] *adj.* ✝ inflatioˈnär, inflatioˈnistisch, Inflations…: ***~ period*** Inflationszeit *f*; **inˈfla·tion·ism** [-eɪʃnɪzəm] *s.* ✝ Inflatioˈnismus *m*; **inˈfla·tion·ist** [-eɪʃnɪst] *s.* Anhänger *m* des Inflatioˈnismus.

in·flect [ɪnˈflekt] *v/t.* **1.** (nach innen) biegen; **2.** *ling.* flektieren, beugen, abwandeln; **inˈflec·tion** [-kʃn] *etc.* → ***inflexion*** *etc.*

in·flex·i·bil·i·ty [ɪnˌfleksəˈbɪlətɪ] *s.* **1.** Unbiegsamkeit *f*; **2.** Unbeugsamkeit *f*; **in·flex·i·ble** [ɪnˈfleksəbl] *adj.* □ **1.** ˈuneˌlastisch, unbiegsam; **2.** *fig.* a) unbeugsam, starr, b) unerbittlich.

in·flex·ion [ɪnˈflekʃn] *s.* **1.** Biegung *f*, Krümmung *f*; **2.** (meˈlodische) Modulaˈtion; **3.** (Ton)Veränderung *f der Stimme*, *weitS.* feine Nuˈance; **4.** *ling.* Flexiˈon *f*, Beugung *f*, Abwandlung *f*; **inˈflex·ion·al** [-ʃənl] *adj. ling.* flektierend, Flexions…

in·flict [ɪnˈflɪkt] *v/t.* **1.** *Leid etc.* zufügen; *Wunde*, *Niederlage* beibringen, *Schlag* versetzen, *Strafe* auferlegen, zudiktieren (***on, upon*** *dat.*); **2.** aufbürden (***on, upon*** *dat.*): ***~ o.s. on s.o.*** sich j-m aufdrängen; **inˈflic·tion** [-kʃn] *s.* **1.** Zufügung *f*, Auferlegung *f*; Verhängung *f* (*Strafe*); **2.** Last *f*, Plage *f*; **3.** Heimsuchung *f*, Strafe *f*.

in·flo·res·cence [ˌɪnflɔːˈresns] *s.* **1.** ♀ a) Blütenstand *m*, b) *coll.* Blüten *pl.*; **2.** *a. fig.* Aufblühen *n*, Blüte *f*.

in·flow [ˈɪnfləʊ] → ***influx*** 1.

in·flu·ence [ˈɪnflʊəns] **I** *s.* **1.** Einfluß *m*, (Ein)Wirkung *f* (***on, upon, over*** auf *acc.*, ***with*** bei); ⚖ Beeinflussung *f*: ***be under s.o.'s ~*** unter j-s Einfluß stehen; ***under the ~ of drink*** unter Alkoholeinfluß; ***under the ~*** F ‚blau'; **2.** Einfluß *m*, Macht *f*: ***bring one's ~ to bear*** s-n Einfluß geltend machen; **II** *v/t.* **3.** beeinflussen, (ein)wirken *od.* Einfluß ausüben auf (*acc.*); **4.** bewegen, bestimmen; **in·flu·en·tial** [ˌɪnflʊˈenʃl] *adj.* □ **1.** einflußreich; maßgeblich; **2.** von (großem) Einfluß (***on*** auf *acc.*; ***in*** in *dat.*).

in·flu·en·za [ˌɪnflʊˈenzə] *s.* ✱ Influˈenza *f*, Grippe *f*.

in·flux [ˈɪnflʌks] *s.* **1.** Einfließen *n*, Zustrom *m*, Zufluß *m*; **2.** ✝ (*Kapital- etc.*) Zufluß *m*, (Waren)Zufuhr *f*; **3.** Mündung *f* (*Fluß*); **4.** *fig.* Zustrom *m*: ***~ of visitors*** Besucherstrom *m*.

in·fo [ˈɪnfəʊ] *s.* F Informatiˈon *f*.

in·fold [ɪnˈfəʊld] → ***enfold***.

in·form [ɪnˈfɔːm] **I** *v/t.* (***of***) informieren (über *acc.*), verständigen, benachrichtigen, in Kenntnis setzen, unterˈrichten (von), *j-m* mitteilen (*acc.*): ***~ o.s. of s.th.*** sich über et. informieren; ***keep s.o. ~ed*** j-n auf dem laufenden halten; ***~ s.o. that*** j-n davon in Kenntnis setzen, daß; **II** *v/i.* ***~ against s.o.*** j-n anzeigen *od.* denunzieren.

in·for·mal [ɪnˈfɔːml] *adj.* □ **1.** zwanglos, ungezwungen, nicht forˈmell *od.* förmlich; **2.** ˈinoffiziˌell: ***~ visit (talks)***; **3.** *ling.* Umgangs…: ***~ speech***; **4.** ⚖ formlos: a) formfrei: ***~ contract***, b) formwidrig; **in·for·mal·i·ty** [ˌɪnfɔːˈmælətɪ] *s.* **1.** Zwanglosigkeit *f*, Ungezwungenheit *f*; **2.** ⚖ a) Formlosigkeit *f*, b) Formfehler *m*.

in·form·ant [ɪnˈfɔːmənt] *s.* **1.** Gewährsmann *m*, Inforˈmant(in), (Informati'ons)Quelle *f*; **2.** → ***informer***.

in·for·ma·tics [ˌɪnfəˈmætɪks] *s. pl. oft sg. konstr.* Infor'matik *f*.

in·for·ma·tion [ˌɪnfəˈmeɪʃn] *s.* **1.** Nachricht *f*, Mitteilung *f*, Meldung *f*, Informati'on *f* (*a. Computer*): **~ *bureau***, **~ *office*** Auskunftsstelle *f*, Auskunftei *f*; **~ *desk*** Auskunft(sschalter *m*) *f*; **~ *flow*** Informationsfluß *m*; **~ *science*** Informatik *f*; **2.** Auskunft *f*, Bescheid *m*, Kenntnis *f*: ***give*** **~** Auskunft geben; ***we have no*** **~** wir sind nicht unterrichtet (***as to*** über *acc.*); **3.** Erkundigungen *pl.*: ***gather*** **~** sich erkundigen, Auskünfte einholen; **4.** Unter'weisung *f*: ***for your*** **~** zu Ihrer Kenntnisnahme; **5.** Einzelheiten *pl.*, Angaben *pl.*; **6.** ⚖ Anklage *f*, Anzeige *f*: ***lodge*** **~** ***against s.o.*** Anklage erheben gegen j-n, j-n anzeigen; **ˌin·for'ma·tion·al** [-ʃənl] *adj.* informa'torisch, Informations...

in·form·a·tive [ɪnˈfɔːmətɪv] *adj.* **1.** informa'tiv, lehr-, aufschlußreich; **2.** mitteilsam; **in'form·a·to·ry** [-tərɪ] *adj.* → a) ***informational***, b) ***informative*** 1; **in'formed** [-md] *adj.* **1.** infor'miert, (gut) unter'richtet: **~ *quarters*** unterrichtete Kreise; **2.** a) sachkundig, b) sachlich begründet *od.* einwandfrei, fun'diert; **3.** gebildet; **in'form·er** [-mə] *s.* **1.** Infor'mant(in), Denunzi'ant(in): (***common***) **~**, (***police***) **~** Spitzel *m*; **2.** ⚖ Anzeigeerstatter(in).

in·fra [ˈɪnfrə] *adv.* unten: ***vide*** (*od.* ***see***) **~** siehe unten (*in Büchern*).

infra- [ɪnfrə] *in Zssgn* unter(halb).

in·frac·tion [ɪnˈfrækʃn] → ***infringement***.

in·fra dig [ˌɪnfrəˈdɪg] (*Lat. abbr.*) *adv. u. adj.* F unter m-r (*etc.*) Würde, unwürdig.

in·fran·gi·ble [ɪnˈfrændʒɪbl] *adj.* unzerbrechlich; *fig.* unverletzlich.

ˌin·fra|'red *adj. phys.* infrarot; **ˌ~'son·ic** *adj.* Infraschall..., unter der Schallgrenze liegend.

'in·fraˌstruc·ture *s. allg.* 'Infrastrukˌtur *f*.

in·fre·quen·cy [ɪnˈfriːkwənsɪ] *s.* Seltenheit *f*; **in'fre·quent** [-nt] *adj.* □ **1.** selten; **2.** spärlich, dünn gesät.

in·fringe [ɪnˈfrɪndʒ] **I** *v/t. Gesetz, Eid etc.* brechen, verletzen, verstoßen gegen; **II** *v/i.* (***on, upon***) *Rechte etc.* verletzen, eingreifen (in *acc.*); **in'fringe·ment** [-mənt] *s.* (***on, upon***) (*Rechts- etc., a. Patent*)Verletzung *f*, (*Rechts-, Vertrags*)Bruch *m*, Über'tretung *f* (*gen.*); Verstoß *m* (gegen).

in·fu·ri·ate [ɪnˈfjʊərɪeɪt] *v/t.* wütend *od.* rasend machen; **in'fu·ri·at·ing** [-tɪŋ] *adj.* aufreizend, rasend machend.

in·fuse [ɪnˈfjuːz] *v/t.* **1.** aufgießen, -brühen, ziehen lassen: **~ *tea*** Tee aufgießen; **2.** *fig.* einflößen (***into*** *dat.*); **3.** erfüllen (***with*** mit); **in'fus·er** [-zə] *s.*: (***tea***) **~** Tee-Ei *n*; **in'fu·si·ble** [-zəbl] *adj.* ⚗ unschmelzbar; **in'fu·sion** [-ʒn] *s.* **1.** Aufgießen *n*, -brühen *n*; **2.** Aufguß *m*, (Kräuter- *etc.*)Tee *m*; **3.** ⚕ Infusi'on *f*; **4.** *fig.* Einflößung *f*; **5.** *fig.* a) Beimischung *f*, b) Zufluß *m*.

in·fu·so·ri·a [ˌɪnfjuːˈzɔːrɪə] *s. pl. zo.* Infu'sorien *pl.*, Wimpertierchen *pl.*; **ˌin·fu'so·ri·al** [-əl] *adj. zo.* Infusorien...: **~ *earth*** *min.* Infusorienerde *f*, Kieselgur *f*; **ˌin·fu'so·ri·an** [-ən] *zo.* **I** *s.* Wimpertierchen *n*, Infu'sorium *n*; **II** *adj.* → ***infusorial***.

in·gen·ious [ɪnˈdʒiːnjəs] *adj.* □ geni'al: a) erfinderisch, findig, b) geistreich, klug, c) sinn-, kunstvoll, raffiniert: **~ *design***; **in'gen·ious·ness** [-nɪs] → ***ingenuity***.

in·gé·nue [ˈænʒeɪnjuː] *s.* **1.** na'ives Mädchen, ‚Unschuld' *f*; **2.** *thea.* Na'ive *f*.

in·ge·nu·i·ty [ˌɪndʒɪˈnjuːətɪ] *s.* **1.** Geniali'tät *f*, Erfindungsgabe *f*, Einfallsreichtum *m*, Findigkeit *f*, Geschicklichkeit *f*, Bril'lanz *f*; **2.** Raffi'nesse *f*, geni'ale Ausführung *etc.*

in·gen·u·ous [ɪnˈdʒenjʊəs] *adj.* □ **1.** offen(herzig), treuherzig, unbefangen, aufrichtig; **2.** na'iv, einfältig, unschuldig; **in'gen·u·ous·ness** [-nɪs] *s.* **1.** Offenheit *f*, Treuherzigkeit *f*; **2.** Naivi'tät *f*.

in·gest [ɪnˈdʒest] *v/t. Nahrung* aufnehmen; **in'ges·tion** [-tʃn] *s.* Nahrungsaufnahme *f*.

in·glo·ri·ous [ɪnˈglɔːrɪəs] *adj.* □ **1.** unrühmlich, schimpflich; **2.** *obs.* ruhmlos.

in·go·ing [ˈɪnˌgəʊɪŋ] *adj.* **1.** eintretend; **2.** neu (*Beamter, Mieter etc.*).

in·got [ˈɪŋgət] *s.* ⚙ Barren *m*, Stange *f*, Block *m*: **~ *of gold*** Goldbarren *m*; **~ *of steel*** Stahlblock *m*; **~ *iron*** Flußstahl *m*, -eisen *n*.

in·graft [ɪnˈgrɑːft] → ***engraft***.

in·grain I *v/t.* [ˌɪnˈgreɪn] **1.** *obs.* in der Wolle *od.* Faser (*farbecht*) färben; **2.** *fig.* tief verwurzeln; **II** *adj.* [*attr.* ˈɪngreɪn; *pred.* ˌɪnˈgreɪn] **3.** → **ˌin'grained** [-nd] *adj. fig.* **1.** tief verwurzelt: **~ *prejudice***; **2.** eingefleischt: **~ *habit***; **3.** unverbesserlich.

in·grate [ɪnˈgreɪt] *obs.* **I** *adj.* undankbar; **II** *s.* Undankbare(r *m*) *f*.

in·gra·ti·ate [ɪnˈgreɪʃɪeɪt] *v/t.*: **~ *o.s. with s.o.*** sich bei j-m einschmeicheln; **in'gra·ti·at·ing** [-tɪŋ] *adj.* □ schmeichlerisch.

in·grat·i·tude [ɪnˈgrætɪtjuːd] *s.* Undank (-barkeit *f*) *m*.

in·gre·di·ent [ɪnˈgriːdjənt] *s.* ⚗, *Küche u. fig.*: Bestandteil *m*, Zutat *f*; *fig. a.* (*Charakter- etc.*)Merkmal *n*.

in·gress [ˈɪngres] *s.* **1.** Eintritt *m* (*a. ast.*), Eintreten *n* (***into*** in *acc.*); **2.** Zutritt *m*, Zugang (***into*** zu); **3.** Zustrom *m*: **~ *of visitors***.

'in-group *s. sociol.* Ingroup *f*.

in·grow·ing [ˈɪnˌgrəʊɪŋ] *adj.*, **'in·grown** *adj.* ⚕ eingewachsen: ***an*** **~ *nail***.

in·gui·nal [ˈɪŋgwɪnl] *adj.* ⚕ Leisten...

in·gur·gi·tate [ɪnˈgɜːdʒɪteɪt] *v/t. bsd. fig.* verschlingen, schlucken.

in·hab·it [ɪnˈhæbɪt] *v/t.* bewohnen, wohnen *od.* (*a. zo.*) leben in (*dat.*); **in'hab·it·a·ble** [-təbl] *adj.* bewohnbar; **in'hab·it·ant** [-tənt] *s.* **1.** Bewohner (-in) (*e-s Hauses etc.*), **2.** Einwohner (-in) (e-s *Orts*, *e-s Landes*).

in·ha·la·tion [ˌɪnhəˈleɪʃn] *s.* **1.** Einatmung *f*; **2.** ⚕ Inhalati'on *f*; **in·hale** [ɪnˈheɪl] **I** *v/t.* ⚕ einatmen, inhalieren; **II** *v/i.* inhalieren, *beim Rauchen*: *a.* Lungenzüge machen; **in·hal·er** [ɪnˈheɪlə] *s.* **1.** ⚕ Inhalati'onsappaˌrat *m*; **2.** j-d, der inhaliert.

in·har·mo·ni·ous [ˌɪnhɑːˈməʊnjəs] *adj.* □ 'unharˌmonisch: a) 'mißtönend, b) *fig.* uneinig.

in·here [ɪnˈhɪə] *v/i.* **1.** innewohnen: a) anhaften (***in s.o.*** j-m), b) eigen sein (***in s.th.*** e-r Sache); **2.** enthalten sein (***in*** in *dat.*); **in'her·ence** [-ərəns] *s.* Innewohnen *n*, Anhaften *n*; *phls.* Inhä'renz *f*; **in'her·ent** [-ərənt] *adj.* □ **1.** innewohnend, eigen, anhaftend (*alle*: ***in*** *dat.*): **~ *defect*** (*od.* ***vice***) ⚖ innerer Fehler; **2.** eingewurzelt; **3.** *phls.* inhä'rent; **in'her·ent·ly** [-ərəntlɪ] *adv.* von Na'tur aus, schon an sich.

in·her·it [ɪnˈherɪt] **I** *v/t.* **1.** ⚖, *biol.*, *fig.* erben; **2.** *biol.*, *fig.* ererben; **II** *v/i.* **3.** ⚖ erben, Erbe sein; **in'her·it·a·ble** [-təbl] *adj.* **1.** ⚖, *biol.*, *fig.* vererbbar, erblich (*Sache*); **2.** erbfähig, -berechtigt (*Person*); **in'her·it·ance** [-təns] *s.* **1.** ⚖, *fig.* Erbe *n*, Erbschaft *f*, Erbteil *n*: **~ *tax*** *Am.* Erbschaftssteuer *f*; **2.** ⚖, *biol.* Vererbung *f*: ***by*** **~** durch Vererbung, erblich; **in'her·it·ed** [-tɪd] *adj.* ererbt, Erb... (*a. ling.*); **in'her·i·tor** [-tə] *s.* Erbe *m* (*a. fig.*); **in'her·i·tress** [-trɪs], **in'her·i·trix** [-trɪks] *s.* Erbin *f*.

in·hib·it [ɪnˈhɪbɪt] *v/t.* **1.** *et., psych.* *j-n* hemmen: **~*ed*** gehemmt; **2.** (***from***) *j-n* abhalten (von), hindern (an *dat.*): **~ *s.o. from doing s.th.*** j-n daran hindern, et. zu tun; **in·hi·bi·tion** [ˌɪnhɪˈbɪʃn] *s.* **1.** Hemmung *f* (*a.* ⚕ *u. psych.*); **2.** Unter'sagung *f*, Verbot *n*; **3.** ⚖ Unter'sagungsbefehl *m* (*e-e Sache weiterzuverfolgen*); **in'hib·i·tor** [-tə] *s.* ⚗, ⚙ Hemmstoff *m*, (*Korrosions- etc.*) Schutzmittel *n*; **in'hib·i·to·ry** [-tərɪ] **1.** hemmend, Hemmungs... (*a.* ⚕ *u. psych.*), hindernd; **2.** unter'sagend, verbietend.

in·hos·pi·ta·ble [ɪnˈhɒspɪtəbl] *adj.* □ ungastlich: a) nicht gastfreundlich, b) unwirtlich: **~ *climate***; **in·hos·pi·tal·i·ty** [ɪnˌhɒspɪˈtælətɪ] *s.* Ungastlichkeit *f*: a) mangelnde Gastfreundschaft *f*, b) Unwirtlichkeit *f*.

in·hu·man [ɪnˈhjuːmən] *adj.* □, **in·hu·mane** [ˌɪnhjuːˈmeɪn] *adj.* □ unmenschlich, 'inhuˌman; **in·hu·man·i·ty** [ˌɪnhjuːˈmænətɪ] *s.* Unmenschlichkeit *f*.

in·hume [ɪnˈhjuːm] *v/t.* beerdigen, bestatten.

in·im·i·cal [ɪˈnɪmɪkl] *adj.* □ (***to***) **1.** feindlich (gegen); **2.** schädlich, nachteilig (für).

in·im·i·ta·ble [ɪˈnɪmɪtəbl] *adj.* □ unnachahmlich, einzigartig.

in·iq·ui·tous [ɪˈnɪkwɪtəs] *adj.* □ **1.** ungerecht; **2.** frevelhaft; **3.** böse, lasterhaft, schlecht; **4.** gemein, niederträchtig; **in'iq·ui·ty** [-tɪ] *s.* **1.** Ungerechtigkeit *f*; **2.** Niederträchtigkeit *f*; **3.** Schandtat *f*, Frevel *m*; **4.** Sünde *f*, Laster *n*.

in·i·tial [ɪˈnɪʃl] **I** *adj.* □ **1.** anfänglich, Anfangs..., Ausgangs..., erst, ursprünglich: **~ *advertising*** ✝ Einführungswerbung *f*; **~ *capital expenditure*** ✝ Anlagekosten *pl.*; **~ *material*** ✝ Ausgangsmaterial *n*; **~ *position*** ⚙, ⚔ *etc.* Ausgangsstellung *f*; **~ *salary*** Anfangsgehalt *n*; **~ *stages*** Anfangsstadium *n*; **2.** *ling.* anlautend; **II** *s.* **3.** (großer) Anfangsbuchstabe, Initi'ale *f*; **4.** *pl.* Mono'gramm *n*; **5.** *ling.* Anlaut *m*; **III** *v/t.* **6.** mit Initi'alen versehen *od.* unter'zeichnen, paraphieren; **7.** mit e-m Mono'gramm versehen; **in'i·tial·ly** [-ʃəlɪ] *adv.* am *od.* zu Anfang, anfänglich, zu'erst.

in·i·ti·ate I *v/t.* [ɪˈnɪʃɪeɪt] **1.** beginnen,

einleiten, -führen, ins Leben rufen; **2.** *j-n* einweihen, -arbeiten, -führen (***into***, ***in*** in *acc.*); **3.** *j-n* einführen, aufnehmen (***into*** in *acc.*); **4.** *pol.* als erster beantragen; *Gesetzesvorlage* einbringen; **II** *adj.* [-ıət] **5.** → ***initiated***; **III** *s.* [-ıət] **6.** Eingeweihte(r *m*) *f*, Kenner(in); **7.** Eingeführte(r *m*) *f*; **8.** Neuling *m*, Anfänger (-in); **in'i·ti·at·ed** [-tɪd] *adj.* eingeführt, eingeweiht: ***the ~*** die Eingeweihten *pl.*;

in·i·ti·a·tion [ɪˌnɪʃɪ'eɪʃn] *s.* **1.** Einleitung *f*, Beginn *m*; **2.** (feierliche) Einführung, -setzung *f*, Aufnahme *f* (***into*** in *acc.*); **3.** Einweihung *f*, Weihe *f*.

in·i·ti·a·tive [ɪ'nɪʃɪətɪv] **I** *s.* **1.** Initia'tive *f*: a) erster Schritt *od.* Anstoß, Anregung *f*: ***take the ~*** die Initiative ergreifen, den ersten Schritt tun; ***on s.o.'s ~*** auf j-s Anregung hin; ***on one's own ~*** aus eigenem Antrieb, b) Unter'nehmungsgeist *m*; **2.** *pol.* (Ge'setzes)Initiaˌtive *f*; **II** *adj.* **3.** einleitend; **4.** beginnend.

in·i·ti·a·tor [ɪ'nɪʃɪeɪtə] *s.* **1.** Initi'ator *m*, Urheber *m*, Anreger *m*; **2.** ⚔ (Initi'al-) Zündladung *f*; **3.** ⚗ reakti'onsauslösende Sub'stanz; **in'i·ti·a·to·ry** [-ətərɪ] *adj.* **1.** einleitend; **2.** einweihend, Einweihungs…

in·ject [ɪn'dʒekt] *v/t.* **1.** ⚕ a) (*a.* ⚙) einspritzen, b) ausspritzen (***with*** mit), c) e-e Einspritzung machen in (*acc.*); **2.** *fig.* einflößen, einimpfen (***into*** *dat.*); **3.** *Bemerkung* einwerfen.

in·jec·tion [ɪn'dʒekʃn] *s.* ⚕ Injekti'on *f*: a) Einspritzung *f* (*a.* ⚙), Spritze *f*, b) *das Eingespritzte*, c) Einlauf *m*, d) Ausspritzung *f* (*e-r Wunde etc.*): ***~ of money*** *fig.* ‚Spritze' *f*, Geldzuschuß *m*; **~ cock** *s.* Einspritzhahn *m*; **~ die** *s.* ⚙ Spritzform *f*; **~ mo(u)ld·ing** *s.* Spritzguß(verfahren *n*) *m*; **~ noz·zle** *s.* Einspritzdüse *f*; **~ syr·inge** *s.* ⚕ Injekti'onsspritze *f*.

in·jec·tor [ɪn'dʒektə] *s.* ⚙ In'jektor *m*, Dampfstrahlpumpe *f*.

in·ju·di·cious [ˌɪndʒu:'dɪʃəs] *adj.* □ unklug, 'unüberˌlegt.

In·jun ['ɪndʒən] *s. Am. humor.* Indi'aner *m*: ***honest ~!*** Ehrenwort!

in·junc·tion [ɪn'dʒʌŋkʃn] *s.* **1.** ⚖ gerichtliche Verfügung, *bsd.* (gerichtlicher) Unter'lassungsbefehl: ***interim ~*** einstweilige Verfügung; **2.** ausdrücklicher Befehl.

in·jure ['ɪndʒə] *v/t.* **1.** verletzen, beschädigen, verwunden: ***~ one's leg*** sich am Bein verletzen; **2.** *fig. j-n, j-s Stolz etc.* kränken, verletzen; **3.** schaden (*dat.*), schädigen, beeinträchtigen; **'in·jured** [-əd] *adj.* **1.** verletzt: ***the ~*** die Verletzten; **2.** geschädigt: ***the ~ party*** der Geschädigte; **3.** gekränkt, verletzt: ***~ innocence*** gekränkte Unschuld; **in·ju·ri·ous** [ɪn'dʒʊərɪəs] *adj.* □ **1.** schädlich, nachteilig (***to*** für): ***be ~ (to)*** schaden (*dat.*); **2.** beleidigend, verletzend (*Worte*); **3.** un(ge)recht; **in·ju·ry** ['ɪndʒərɪ] *s.* **1.** Verletzung *f*, Wunde *f* (***to*** an *dat.*): ***~ to the head*** Kopfverletzung, -wunde; ***~ time*** *sport* Nachspielzeit *f*; **2.** (Be)Schädigung *f* (***to*** *gen.*), Schaden *m* (*a.* ⚖): ***~ to person (property)*** Personen-(Sach)schaden; **3.** *fig.* Verletzung *f*, Kränkung *f* (***to*** *gen.*); **4.** Unrecht *n*.

in·jus·tice [ɪn'dʒʌstɪs] *s.* Unrecht *n*, Ungerechtigkeit *f*: ***do s.o. an ~*** j-m ein Unrecht antun.

ink [ɪŋk] **I** *s.* **1.** Tinte *f*: ***copying ~*** Kopiertinte *f*; **2.** Tusche *f*: ***~ drawing*** Tuschzeichnung *f*; → ***Indian ink***; **3.** *typ.* (Druck)Farbe *f*; → ***printer*** 1; **4.** *zo.* Tinte *f*, Sepia *f*; **II** *v/t.* **5.** mit Tinte schwärzen *od.* beschmieren; **6.** *typ. Druckwalzen* einfärben; **7.** ***~ in*** *mit Tusche* ausziehen, tuschieren; **8.** ***~ out*** *mit Tinte* unleserlich machen, ausstreichen; **~ bag** → ***ink sac***; **~ blot** *s.* Tintenklecks *m*.

ink·er ['ɪŋkə] *s.* **1.** → ***inking-roller***, **2.** *typ.* Tuscher(in).

ink·ing ['ɪŋkɪŋ] *s. typ.* Einfärben *n*; **~ pad** *s.* Einschwärzballen *m*; **'~-ˌroll·er** *s.* Auftrag-, Farbwalze *f*.

ink·ling ['ɪŋklɪŋ] *s.* **1.** Andeutung *f*, Wink *m*; **2.** dunkle Ahnung: ***get an ~ of s.th.*** et. merken, ‚Wind von et. bekommen'; ***not the least ~*** nicht die leiseste Ahnung.

ink| pad *s.* Farb-, Stempelkissen *n*; **~ pot** *s.* Tintenfaß *n*; **~ sac** *s. zo.* Tintenbeutel *m*; **'~·stand** *s.* **1.** Tintenfaß *n*; **2.** Schreibzeug *n*; **'~·well** *s.* (eingelassenes) Tintenfaß.

ink·y ['ɪŋkɪ] *adj.* **1.** tiefschwarz; **2.** voll Tinte, tintig.

in·laid [ˌɪn'leɪd; *attr.* 'ɪnleɪd] *adj.* eingelegt, Einlege…, Mosaik…: ***~ floor*** Parkett(fußboden *m*) *n*; ***~ table*** Tisch *m* mit Einlegearbeit; ***~ work*** Einlegearbeit *f*.

in·land ['ɪnlənd] **I** *s.* **1.** In-, Binnenland *n*; **II** *adj.* **2.** binnenländisch, Binnen…: ***~ town*** Stadt im Binnenland; **3.** inländisch, einheimisch, Inland…, Landes…; **III** *adv.* [ɪn'lænd] **4.** im Innern des Landes; **5.** ins Innere des Landes, landeinwärts; **~ bill (of ex·change)** ['ɪnlənd] *s.* ✝ Inlandwechsel *m*; **~ du·ty** *s.* ✝ Binnenzoll *m*.

in·land·er ['ɪnləndə] *s.* Binnenländer(in).

'in·land| mail *s. Brit.* Inlandspost *f*; **~ nav·i·ga·tion** *s.* Binnenschiffahrt *f*; **~ prod·uce** *s.* ✝ 'Landesproˌdukte *pl.*; **~ rev·e·nue** *s.* ✝ *Brit.* a) Steueraufkommen *n*, b) ≈ Steuerbehörde *f*; **~ trade** *s.* ✝ Binnenhandel *m*; **~ wa·ters, ~ wa·ter·ways** *s. pl.* Binnengewässer *pl.*

in-laws ['ɪnlɔ:z] *s. pl.* **1.** angeheiratete Verwandte *pl.*; **2.** Schwiegereltern *pl.*

in·lay I *v/t.* [*irr.* → ***lay***] [ˌɪn'leɪ] **1.** einlegen: ***~ with ivory***; **2.** furnieren; **3.** täfeln, parkettieren, auslegen; **II** *s.* ['ɪnleɪ] **4.** Einlegearbeit *f*, In'tarsia *f*; **5.** ⚕ (Zahn)Füllung *f*, Plombe *f*.

in·let ['ɪnlet] *s.* **1.** Meeresarm *m*, schmale Bucht; **2.** Eingang *m* (*a.* ⚕), Einlaß *m* (*a.* ⚙): ***~ valve*** ⚙ Einlaßventil *n*; **3.** Einsatz(stück *n*) *m*.

'in-line en·gine *s.* Reihenmotor *m*.

in·ly·ing ['ɪnˌlaɪɪŋ] *adj.* innen liegend, Innen…, inner.

in·mate ['ɪnmeɪt] *s.* **1.** Insasse *m*, Insassin *f* (*bsd. e-r Anstalt etc.*); **2.** *obs.* Hausgenosse *m*, -genossin *f*; **3.** Bewohner(in) (*a. fig.*).

in·most ['ɪnməʊst] *adj.* **1.** (*a. fig.*) innerst; **2.** *fig.* tiefst, geheimst.

inn [ɪn] *s.* **1.** Gasthaus *n*, -hof *m*; **2.** Wirtshaus *n*; **3.** ***Inns*** *pl.* ***of Court*** ⚖ *die* (Gebäude *pl.* der) vier Rechtsschulen in London.

in·nards ['ɪnədz] *s. pl.* F *das Innere*, *bsd.* a) *die* Eingeweide *pl.* (*a. fig.*), b) *Küche*: *die* Inne'reien *pl.*

in·nate [ˌɪ'neɪt] *adj.* □ angeboren, eigen (***in*** *dat.*); **ˌin'nate·ly** [-lɪ] *adv.* von Na'tur (aus).

in·ner ['ɪnə] **I** *adj.* **1.** inner, inwendig, Innen…: ***~ door*** Innentür *f*; **2.** *fig.* inner, vertraut: ***the ~ circle*** der engere Kreis (*von Freunden etc.*); **3.** geistig, seelisch, inner(lich): ***~ life*** *das* Innen- *od.* Seelenleben; **4.** verborgen, geheim; **II** *s.* **5.** (Treffer *m* in das) Schwarze (*e-r Schießscheibe*); **~ man** *s.* [*irr.*] innerer Mensch: a) Seele *f*, Geist *m*, b) *humor. der* Magen *m*: ***refresh the ~*** sich stärken.

'in·ner·most → ***inmost***.

in·ner| span *s.* △ lichte Weite; **~ surface** *s.* Innenfläche *f*, -seite *f*; **~ tube** *s.* ⚙ (Luft)Schlauch *m e-s Reifens*.

in·ner·vate ['ɪnɜ:veɪt] *v/t.* **1.** ⚕ innervieren, mit Nerven versorgen; **2.** anregen, beleben.

in·ning ['ɪnɪŋ] *s.* **1.** *Brit.* **~s** *pl. sg. konstr.*, *Am.* **~** *sg.*: ***have one's ~(s)*** a) *Kricket*, *Baseball*: dran *od.* am Spiel *od.* am Schlagen sein, b) *fig.* an der Reihe sein, *pol.* an der Macht *od.* am Ruder sein; **2.** *pl. Brit.* Gelegenheit *f*, Glück *n*, Chance *f*.

'innˌkeep·er *s.* Gastwirt(in).

in·no·cence ['ɪnəsəns] *s.* **1.** *allg.* Unschuld *f*: a) ⚖ *etc.* Schuldlosigkeit *f* (***of*** an *dat.*), b) Keuschheit *f*, c) Harmlosigkeit *f*, d) Arglosigkeit *f*, Naivi'tät *f*, Einfalt *f*; **2.** Unwissenheit *f*; **'in·no·cent** [-snt] **I** *adj.* □ **1.** unschuldig: a) schuldlos (***of*** an *dat.*): ***~ air*** Unschuldsmiene *f*, b) keusch, rein, c) harmlos, d) arglos, na'iv, einfältig; **2.** harmlos: ***an ~ sport***; **3.** unbeabsichtigt: ***an ~ deception***; **4.** unwissend: ***he is ~ of such things*** er hat noch nichts von solchen Dingen gehört; **5.** ⚖ a) → 1 a, b) gutgläubig, c) le'gal; **6.** (***of***) frei (von), bar (*gen.*), ohne (*acc.*): ***~ of conceit*** frei von (jedem) Dünkel; ***~ of reason*** bar aller Vernunft; ***he is ~ of Latin*** er kann kein Wort Latein; **II** *s.* **7.** Unschuldige(r *m*) *f*: ***the slaughter of the ≈s*** a) *bibl.* der bethlehemitische Kindermord, b) *parl. sl.* das Über'bordwerfen von Vorlagen am Sessi'onsende; **8.** ‚Unschuld' *f*, na'iver Mensch, Einfaltspinsel *m*; **9.** Igno'rant(in), Nichtswisser(in).

in·noc·u·ous [ɪ'nɒkjʊəs] *adj.* □ unschädlich, harmlos.

in·no·vate ['ɪnəʊveɪt] *v/i.* Neuerungen einführen *od.* vornehmen; **in·no·va·tion** [ˌɪnəʊ'veɪʃn] *s.* Neuerung *f*, *a.* ✝ Innovati'on *f*; **'in·no·va·tor** [-tə] *s.* Neuerer *m*.

in·nox·ious [ɪ'nɒkʃəs] *adj.* □ unschädlich.

in·nu·en·do [ˌɪnju:'endəʊ] *pl.* **-does** *s.* **1.** (versteckte) Andeutung *od.* (boshafte) Anspielung, Anzüglichkeit *f*; **2.** Unter'stellung *f*.

in·nu·mer·a·ble [ɪ'nju:mərəbl] *adj.* □ unzählig, zahllos.

in·ob·serv·ance [ˌɪnəb'zɜ:vəns] *s.* **1.** Unaufmerksamkeit *f*, Unachtsamkeit *f*; **2.** Nichteinhaltung *f*, -beachtung *f*.

in·oc·u·late [ɪ'nɒkjʊleɪt] *v/t.* **1.** ⚕ a) *Serum etc.* einimpfen (***on, into s.o.*** j-m), b) *j-n* impfen (***against*** gegen); **2. ~**

***with** fig. j-m et.* einimpfen, *j-n* erfüllen mit; **3.** ⚘ okulieren; **in·oc·u·la·tion** [ɪˌnɒkjʊˈleɪʃn] *s.* **1.** ⚕ a) Impfung *f*: **~ gun** Impfpistole *f*; ***preventive* ~** Schutzimpfung, b) Einimpfung *f* (*a. fig.*); **2.** ⚘ Okulierung *f*.

in·o·dor·ous [ɪnˈəʊdərəs] *adj.* □ geruchlos.

in·of·fen·sive [ˌɪnəˈfensɪv] *adj.* □ harmlos.

in·of·fi·cious [ˌɪnəˈfɪʃəs] *adj.* ⚖ pflichtwidrig.

in·op·er·a·ble [ɪnˈɒpərəbl] *adj.* ⚕ inopeˈrabel, nicht operierbar.

in·op·er·a·tive [ɪnˈɒpərətɪv] *adj.* **1.** unwirksam: a) wirkungslos, b) ⚖ ungültig, nicht in Kraft; **2.** a) außer Betrieb, b) nicht einsatzfähig.

in·op·por·tune [ɪnˈɒpətjuːn] *adj.* □ ˈinopporˌtun, unangebracht, zur Unzeit (geschehen *etc.*), ungelegen.

in·or·di·nate [ɪˈnɔːdɪnət] *adj.* □ **1.** ˈübermäßig, überˈtrieben, maßlos; **2.** ungeordnet; **3.** unbeherrscht.

in·or·gan·ic [ˌɪnɔːˈgænɪk] *adj.* (□ **~ally**) ˈun-, ⚗ ˈanorˌganisch.

in·os·cu·late [ɪˈnɒskjʊleɪt] *mst* ⚕ **I** *v/t.* vereinigen (***with*** mit), einmünden lassen (***into*** in *acc.*); **II** *v/i.* sich vereinigen; eng verbunden sein.

in·pa·tient [ˈɪnˌpeɪʃnt] *s.* ˈAnstaltspatiˌent(in), statioˈnärer Patiˈent: **~ *treatment*** stationäre Behandlung.

in·pay·ment [ˈɪnˌpeɪmənt] *s.* † Einzahlung *f*.

in·phase [ˈɪnfeɪz] *adj.* ⚡ gleichphasig.

in-plant [ˈɪnplɑːnt] *adj.* † innerbetrieblich, (beˈtriebs)inˌtern.

in·pour·ing [ˈɪnˌpɔːrɪŋ] **I** *adj.* (her-) ˈeinströmend; **II** *s.* (Her)ˈEinströmen *n*.

in·put [ˈɪnpʊt] *s.* Input *m*: a) † eingesetzte Produktiˈonsmittel *pl.*: **~*-output analysis*** Input-Output-Analyse *f*, b) ⚙ eingespeiste Menge, c) ⚡ zugeführte Spannung *od.* Leistung, (Leistungs-) Aufnahme *f*, ˈEingangsenerˌgie *f*: **~ *amplifier*** *Radio*: Eingangsverstärker *m*; **~ *circuit*** ⚡ Eingangsstromkreis *m*; **~ *impedance*** ⚡ Eingangswiderstand *m*, d) *Computer*: (Daten-, Proˈgramm)Eingabe *f*.

in·quest [ˈɪnkwest] *s.* **1.** ⚖ a) gerichtliche Unterˈsuchung, b) *a.* ***coroner's* ~** Gerichtsverhandlung *f* zur Feststellung der Todesursache (*bei ungeklärten Todesfällen*), c) Unterˈsuchungsergebnis *n*, Befund *m*; **2.** genaue Prüfung, Nachforschung *f*.

in·qui·e·tude [ɪnˈkwaɪətjuːd] *s.* Unruhe *f*, Besorgnis *f*.

in·quire [ɪnˈkwaɪə] **I** *v/t.* **1.** sich erkundigen nach, fragen nach, erfragen: **~ *the price***; **~ *one's way*** sich nach dem Weg erkundigen; **II** *v/i.* **2.** fragen, sich erkundigen (***of s.o.*** bei j-m; ***for*** nach; ***about*** über *acc.*, wegen): **~ *after s.o.*** sich nach j-m *od.* nach j-s Befinden erkundigen; **~ *within!*** Näheres im Hause (zu erfragen)!; **3.** **~ *into*** unterˈsuchen, erforschen; **inˈquir·er** [-ərə] *s.* **1.** Fragesteller(in), Nachfragende(r *m*) *f*; **2.** Unterˈsuchende(r *m*) *f*; **inˈquir·ing** [-ərɪŋ] *adj.* □ forschend, fragend; neugierig.

in·quir·y [ɪnˈkwaɪərɪ] *s.* **1.** Erkundigung *f*, (An-, Nach)Frage *f*: ***on* ~** auf Nachfrage *od.* Anfrage; ***make inquiries*** Erkundigungen einziehen (***of s.o.*** bei j-m; ***about*** über *acc.*, wegen); ***Inquiries*** *pl.* Auskunft(sstelle) *f*; **2.** Unterˈsuchung *f*, Prüfung *f* (***into*** *gen.*); (Nach)Forschung *f*: ***board of* ~** Untersuchungsausschuß *m*; **~ *of·fice*** *s.* ˈAuskunft(sbüˌro *n*) *f*.

in·qui·si·tion [ˌɪnkwɪˈzɪʃn] *s.* **1.** (gerichtliche *od.* amtliche) Unterˈsuchung; **2.** *R.C.* a) *hist.* Inquisitiˈon *f*, Ketzergericht *n*, b) Kongregatiˈon *f* des heiligen Ofˈfiziums; **3.** *fig.* strenges Verhör; **ˌin·quiˈsi·tion·al** [-ʃənl] *adj.* **1.** Untersuchungs…; **2.** *R.C.* Inquisitions…; **3.** → ***inquisitorial*** 3.

in·quis·i·tive [ɪnˈkwɪzətɪv] *adj.* □ **1.** wißbegierig; **2.** neugierig, naseweis; **inˈquis·i·tive·ness** [-nɪs] *s.* **1.** Wißbegierde *f*; **2.** Neugier(de) *f*; **inˈquis·i·tor** [-tə] *s.* *R.C.* Inquiˈsitor *m*: ***Grand* ♀** Großinquisitor; **in·quis·i·to·ri·al** [ɪnˌkwɪzɪˈtɔːrɪəl] *adj.* □ **1.** ⚖ Untersuchungs…; **2.** *R.C.* Inquisitions…; **3.** inquisiˈtorisch, streng (verhörend); **4.** aufdringlich fragend, neugierig.

in| re [ˌɪnˈreɪ] (*Lat.*) *prp.* ⚖ in Sachen, betrifft; **~ rem** [ˌɪnˈrem] (*Lat.*) *adj.* ⚖ dinglich: **~ *action***.

in·road [ˈɪnrəʊd] *s.* **1.** Angriff *m*, ˈÜberfall *m* (***on*** auf *acc.*), Einfall *m* (***in, on*** in *acc.*); **2.** *fig.* (***on, into***) Eingriff *m* (in *acc.*), ˈÜbergriff *m* (auf *acc.*), ˈübermäßige Inˈanspruchnahme (*gen.*); **3.** Eindringen *n*: ***make an* ~ *into*** *fig.* e-n Einbruch erzielen in (*dat.*).

in·rush [ˈɪnrʌʃ] *s.* (Her)ˈEinströmen *n*, Zustrom *m*.

in·sa·lu·bri·ous [ˌɪnsəˈluːbrɪəs] *adj.* ungesund; **ˌin·saˈlu·bri·ty** [-ətɪ] *s.* Gesundheitsschädlichkeit *f*.

in·sane [ɪnˈseɪn] *adj.* □ wahn-, irrsinnig: a) ⚕ geisteskrank; → ***asylum*** 1, b) *fig.* verrückt, toll.

in·san·i·tar·y [ɪnˈsænɪtərɪ] *adj.* ˈunhygiˌenisch, gesundheitsschädlich.

in·san·i·ty [ɪnˈsænətɪ] *s.* Irr-, Wahnsinn *m*: a) ⚕ Geisteskrankheit *f*, b) *fig.* Verrücktheit *f*.

in·sa·ti·a·bil·i·ty [ɪnˌseɪʃjəˈbɪlətɪ] *s.* Unersättlichkeit *f*; **in·sa·ti·a·ble** [ɪnˈseɪʃjəbl], **in·sa·ti·ate** [ɪnˈseɪʃɪət] *adj.* unersättlich (*a. fig.*).

in·scribe [ɪnˈskraɪb] *v/t.* **1.** (ein-, auf-) schreiben; **2.** beschriften, mit e-r Inschrift versehen; **3.** *bsd.* † eintragen: **~*d stock*** *Brit.* Namensaktien *pl.*; **4.** *Buch etc.* widmen (***to*** *dat.*); **5.** ⩓ einbeschreiben; **6.** *fig.* (fest) einprägen (***in*** *dat.*).

in·scrip·tion [ɪnˈskrɪpʃn] *s.* **1.** Beschriftung *f*, In-, Aufschrift *f*; **2.** Eintragung *f*, Registrierung *f* (*bsd. von Aktien*); **3.** Zueignung *f*, Widmung *f* (*Buch etc.*); **4.** ⩓ Einzeichnung *f*; **5.** † *Brit.* (Ausgabe *f* von) Namensaktien *pl.*; **inˈscrip·tion·al** [-ʃənl], **inˈscrip·tive** [-ptɪv] *adj.* Inschriften…

in·scru·ta·bil·i·ty [ɪnˌskruːtəˈbɪlətɪ] *s.* Unergründlichkeit *f*; **in·scru·ta·ble** [ɪnˈskruːtəbl] *adj.* □ unergründlich: **~ *face*** undurchdringliches Gesicht.

in·sect [ˈɪnsekt] *s.* **1.** *zo.* Inˈsekt *n*, Kerbtier *n*; **2.** *contp.* ‚Wurm' *m*, ‚Giftzwerg' *m* (*Person*); **in·sec·ti·cide** [ɪnˈsektɪsaɪd] *s.* Inˈsektengift *n*, Insektiˈzid *n*; **in·sec·ti·vore** [ɪnˈsektɪvɔː] *s.* *zo.* Inˈsektenfresser *m*; **in·sec·tiv·o·rous** [ˌɪnsekˈtɪvərəs] *adj.* *zo.* inˈsektenfressend.

in·sect pow·der *s.* Inˈsektenpulver *n*.

in·se·cure [ˌɪnsɪˈkjʊə] *adj.* □ **1.** unsicher: a) ungesichert, preˈkär, b) ungewiß, zweifelhaft; **2.** *psych.* unsicher, verunsichert: ***make s.o. feel* ~** j-n verunsichern; **ˌin·seˈcu·ri·ty** [-ʊərətɪ] *s.* **1.** Unsicherheit *f*; **2.** Ungewißheit *f*.

in·sem·i·nate [ɪnˈsemɪneɪt] *v/t.* **1.** (ein-, aus)säen; **2.** *biol.* (*bsd.* künstlich) befruchten; **3.** *fig.* einimpfen; **in·sem·i·na·tion** [ɪnˌsemɪˈneɪʃn] *s.* **1.** (Ein)Säen *n*; **2.** *biol.* Befruchtung *f*: ***artificial* ~** künstliche Befruchtung.

in·sen·sate [ɪnˈsenseɪt] *adj.* □ **1.** leb-, empfindungs-, gefühllos; **2.** unsinnig, unvernünftig; **3.** → ***insensible*** 3.

in·sen·si·bil·i·ty [ɪnˌsensəˈbɪlətɪ] *s.* (***to***) **1.** (*a. fig.*) Gefühllosigkeit *f* (gegen), Unempfindlichkeit *f* (für); **2.** Bewußtlosigkeit *f*; **3.** Gleichgültigkeit *f* (gegen), Unempfänglichkeit *f* (für); Stumpfheit *f*; **in·sen·si·ble** [ɪnˈsensəbl] *adj.* □ **1.** unempfindlich, gefühllos (***to*** gegen): **~ *from cold*** vor Kälte gefühllos; **2.** bewußtlos; **3.** (***of, to***) unempfänglich (für), gleichgültig (gegen); **4.** ***be* ~ *of*** nicht (an)erkennen (*acc.*); **5.** unmerklich; **in·sen·si·bly** [ɪnˈsensəblɪ] *adv.* unmerklich.

in·sen·si·tive [ɪnˈsensətɪv] *adj.* (***to***) **1.** *a. phys.*, ⚙ unempfindlich (gegen); **2.** unempfänglich (für), gefühllos (gegen); **inˈsen·si·tive·ness** [-nɪs] *s.* Unempfindlichkeit *f*; Unempfänglichkeit *f*.

in·sen·ti·ent [ɪnˈsenʃnt] → ***insensible*** 1.

in·sep·a·ra·bil·i·ty [ɪnˌsepərəˈbɪlətɪ] *s.* **1.** Untrennbarkeit *f*; **2.** Unzertrennlichkeit *f*; **in·sep·a·ra·ble** [ɪnˈsepərəbl] **I** *adj.* □ **1.** untrennbar (*a. ling.*); **2.** unzertrennlich; **II** *s.* **3.** *pl. die* Unzertrennlichen *pl.*

in·sert I *v/t.* [ɪnˈsɜːt] **1.** einfügen, -setzen, -schieben, *Worte a.* einschalten, *Instrument etc.* einführen, *Schlüssel etc.* (hinˈein)stecken (***in, into*** in *acc.*); **2.** ⚡ ein-, zwischenschalten; **3.** *Münze* einwerfen; **4.** *Anzeige* (*in e-e Zeitung*) setzen, *ein Inserat* aufgeben; **II** *s.* [ˈɪnsɜːt] **5.** → ***insertion*** 2–4; **inˈser·tion** [-ɜːʃn] *s.* **1.** a) Einfügen *n* (*etc.* → ***insert***), b) Einfügung *f*, Ein-, Zusatz *m*, Einschaltung *f* (*a.* ⚡); Einwurf *m* (*Münze*); **2.** (Zeitungs)Beilage *f*; **3.** (Spitzen- *etc.*) Einsatz *m*; **4.** Inseˈrat *n*, Anzeige *f*.

ˈin-ˌser·vice *adj.* während der Dienstzeit: **~ *training*** betriebliche Berufsförderung.

in·set I *s.* [ˈɪnset] **1.** → ***insertion*** 1 b, 2, 3; **2.** Eckeinsatz *m*, Nebenbild *n*, -karte *f*; **II** *v/t.* [*irr.* → ***set***] [ˌɪnˈset] *pret. u. p.p. Brit. a.* **in·set·ted** [ˌɪnˈsetɪd] **3.** einfügen, -setzen.

in·shore [ˌɪnˈʃɔː] **I** *adj.* **1.** an *od.* nahe der Küste: **~ *fishing*** Küstenfischerei *f*; **II** *adv.* **2.** a) küstenwärts, b) nahe der Küste; **3.** **~ *of*** näher der Küste als: **~ *of a ship*** zwischen Schiff und Küste.

in·side [ˌɪnˈsaɪd] **I** *s.* **1.** Innenseite *f*, -fläche *f*, innere Seite: ***on the* ~** innen; ***s.o. on the* ~** *fig.* → ***insider*** 1; **2.** *das* Innere: ***from the* ~** von innen; **~ *out*** das Innere nach außen, umgestülpt, *Kleidung*: verkehrt herum, links; ***turn* ~ *out*** (völlig) umkrempeln, durcheinanderbringen, ‚auf den Kopf stellen'; ***know* ~**

out in- u. auswendig kennen; **3.** F ,Eingeweide' *pl.*: ***pain in one's ~*** Bauch- *od.* Leibschmerzen; **II** *adj.* **4.** inner, inwendig, Innen…: ***~ diameter*** lichter Durchmesser, lichte Weite; ***~ information*** interne Informationen *pl.*, Informationen *pl.* aus erster Quelle; ***~ job*** F Tat *f* e-s Eingeweihten *od.* Insiders; ***~ lane*** *sport* Innenbahn *f*; ***~ story*** Inside-Story *f* (*Bericht aus interner Sicht*); **III** *adv.* **5.** im Innern, innen, drin(nen); **6.** nach innen, hin'ein, her'ein: ***go ~***; ***put s.o. ~*** F j-n ,einlochen'; **7.** ***~ of*** a) innerhalb (*gen.*), binnen: ***~ of a week***, b) *Am.* → 8; **IV** *prp.* **8.** innerhalb (*gen.*), im Innern (*gen.*), in (*dat.*): ***be ~ the house***; **9.** in (*acc.*) … (hin'ein *od.* her'ein): ***go ~ the house***; **in·sid·er** [ˌɪn'saɪdə] *s.* **1.** Eingeweihte(r *m*) *f*, Insider *m*; **2.** Zugehörige(r *m*) *f*, Mitglied *n*.

in·sid·i·ous [ɪn'sɪdɪəs] *adj.* □ **1.** heimtückisch, 'hinterhältig, tückisch; **2.** ⚕ tückisch, schleichend; **in'sid·i·ous·ness** [-nɪs] *s.* 'Hinterlist *f*, Tücke *f*.

in·sight ['ɪnsaɪt] *s.* (***into***) **1.** Einblick *m* (in *acc.*); **2.** Verständnis *n* (für), Kenntnis (*gen.*).

in·sig·ni·a [ɪn'sɪgnɪə] *s. pl.* In'signien *pl.*, Ab-, Ehrenzeichen *pl.*

in·sig·nif·i·cance [ˌɪnsɪg'nɪfɪkəns] *s.*, **ˌin·sig'nif·i·can·cy** [-sɪ] *s.* Bedeutungslosigkeit *f*, Unwichtigkeit *f*, Belanglosigkeit *f*, Geringfügigkeit *f*; **ˌin·sig'nif·i·cant** [-nt] *adj.* □ **1.** bedeutungs-, belanglos, unwichtig; geringfügig, unbedeutend; nichtssagend; **2.** verächtlich.

in·sin·cere [ˌɪnsɪn'sɪə] *adj.* □ unaufrichtig, falsch; **ˌin·sin'cer·i·ty** [-'serətɪ] *s.* Unaufrichtigkeit *f*.

in·sin·u·ate [ɪn'sɪnjʊeɪt] *v/t.* **1.** andeuten, anspielen auf (*acc.*): ***what are you insinuating?*** was wollen Sie damit sagen?; **2.** *j-m et.* zu verstehen geben, *et.* vorsichtig beibringen; **3.** ***~ o.s. into s.o.'s favo(u)r*** sich bei j-m einschmeicheln; **in'sin·u·at·ing** [-tɪŋ] *adj.* □ **1.** anzüglich; **2.** schmeichlerisch; **in·sin·u·a·tion** [ɪnˌsɪnjʊ'eɪʃn] *s.* **1.** Anspielung *f*, (versteckte) Andeutung; **2.** Schmeiche'leien *pl.*

in·sip·id [ɪn'sɪpɪd] *adj.* □ **1.** fade, geschmacklos, schal; **2.** *fig.* fade, abgeschmackt, geistlos; **in·si·pid·i·ty** [ˌɪnsɪ'pɪdətɪ] *s.* Geschmacklosigkeit *f*, Fadheit *f*, *fig. a.* Abgeschmacktheit *f*.

in·sist [ɪn'sɪst] *v/i.* **1.** (***on***) bestehen (auf *dat.*), dringen (auf *acc.*), verlangen (*acc.*), insis'tieren (auf *dat.*): ***I ~ on doing it*** ich bestehe darauf, es zu tun; ***if you ~!*** wenn Sie darauf bestehen!; **2.** (***on***) beharren (auf *dat.*, bei), bleiben (bei); **3.** beteuern (***on*** *acc.*); **4.** (***on***) her'vorheben, nachdrücklich betonen (*acc.*); **5.** es sich nicht nehmen lassen (***on doing*** zu tun); **6.** ***~ on*** *doing* immer wieder *umfallen etc.* (*Sache*); **in'sist·ence** [-təns], **in'sist·en·cy** [-tənsɪ] *s.* **1.** Bestehen *n*, Beharren *n* (***on, upon*** auf *dat.*); **2.** (***on***) Beteuerung *f* (*gen.*), Beharren (auf *dat.*); **3.** (***on, upon***) Betonung *f* (*gen.*); Nachdruck *m* (auf *dat.*); **4.** Beharrlichkeit *f*, Hartnäckigkeit *f*; **in'sist·ent** [-tənt] *adj.* □ **1.** beharrlich, dauernd, hartnäckig, drängend; **2.** ***be ~ on*** → ***insist*** 1–3; **3.** eindringlich, nachdrücklich, dringend; **4.** aufdringlich, grell (*Farbe, Ton*).

in·so·bri·e·ty [ˌɪnsəʊ'braɪətɪ] *s.* Unmäßigkeit *f* (*engS.* im Trinken).

ˌin·so'far → ***far*** 4.

in·so·la·tion [ˌɪnsəʊ'leɪʃn] *s.* Sonnenbestrahlung *f*; Sonnenbad *n*.

in·sole ['ɪnsəʊl] *s.* **1.** Brandsohle *f*; **2.** Einlegesohle *f*.

in·so·lence ['ɪnsələns] *s.* **1.** Über'heblichkeit *f*; **2.** Unverschämtheit *f*, Frechheit *f*; **'in·so·lent** [-nt] *adj.* □ **1.** anmaßend; **2.** unverschämt.

in·sol·u·bil·i·ty [ɪnˌsɒljʊ'bɪlətɪ] *s.* **1.** Un(auf)löslichkeit *f*; **2.** *fig.* Unlösbarkeit *f*; **in·sol·u·ble** [ɪn'sɒljʊbl] **I** *adj.* □ **1.** un(auf)löslich; **2.** unlösbar, unerklärlich; **II** *s.* **3.** ⚗ unlösliche Sub'stanz.

in·sol·ven·cy [ɪn'sɒlvənsɪ] *s.* † **1.** Zahlungsunfähigkeit *f*, Insol'venz *f*; **2.** Kon'kurs *m*; **in'sol·vent** [-nt] **I** *adj.* † **1.** zahlungsunfähig, insol'vent; **2.** *bsd. fig.* (*moralisch etc.*) bank'rott; **3.** Konkurs…: ***~ estate*** konkursreifer Nachlaß; **II** *s.* **4.** zahlungsunfähiger Schuldner.

in·som·ni·a [ɪn'sɒmnɪə] *s.* ⚕ Schlaflosigkeit *f*; **in'som·ni·ac** [-ɪæk] *s.* ⚕ an Schlaflosigkeit Leidende(r *m*) *f*.

in·so·much [ˌɪnsəʊ'mʌtʃ] *adv.* **1.** so (sehr), dermaßen (***that*** daß); **2.** → ***inasmuch***.

in·sou·ci·ance [ɪn'su:sjəns] *s.* Sorglosigkeit *f* (*etc.* →) **in'sou·ci·ant** [-nt] *adj.* sorglos, unbekümmert, gleichgültig, lässig.

in·spect [ɪn'spekt] *v/t.* **1.** unter'suchen, prüfen, nachsehen; **2.** besichtigen, sich (genau) ansehen, inspizieren; **3.** beaufsichtigen; **in'spec·tion** [-kʃn] *s.* **1.** Besichtigung *f*; An-, 'Durchsicht *f*; Einsicht(nahme) *f* (*von Akten etc.*): ***for your ~*** zur Ansicht; ***free ~*** Besichtigung ohne Kaufzwang; ***be (laid) open to ~*** zur Einsicht ausliegen; **2.** Unter'suchung *f*, Prüfung *f*, Kon'trolle *f*: ***~ hole*** ⚙ Schauloch *n*; ***~ lamp*** ⚙ Ableuchtlampe *f*; **3.** Besichtigung *f*, Inspekti'on *f*; **4.** Aufsicht *f*; **5.** ⚔ Ap'pell *m*; **in'spec·tor** [-tə] *s.* **1.** In'spektor *m*; Kontrol'leur *m* (*Bus etc.*), Aufseher *m*, Aufsichtsbeamte(r) *m*: ***customs ~*** Zollinspektor *m*; ***~ of schools*** Schulinspektor *m*; ***~ of weights and measures*** Eichmeister *m*; **2.** (Poli'zei)Inˌspektor *m*, (-)Kommisˌsar *m*; **3.** ⚔ Inspek'teur *m*; **in'spec·to·ral** [-tərəl] *adj.* Inspektor(en)…; Aufsichts…; **in'spec·tor·ate** [-tərət] *s.* Inspekto'rat *n*: a) Aufsichtsbezirk *m*, b) Aufsichtsbehörde *f*, c) Aufseheramt *n*; **in·spec·to·ri·al** [ˌɪnspek'tɔ:rɪəl] → ***inspectoral***; **in'spec·tor·ship** [-təʃɪp] **1.** In'spektoramt *n*; **2.** Aufsicht *f*.

in·spi·ra·tion [ˌɪnspə'reɪʃn] *s.* **1.** *eccl.* göttliche Eingebung, Erleuchtung *f*; **2.** Inspirati'on *f*, Eingebung *f*, (plötzlicher) Einfall; **3.** *et.* Inspirierendes; **4.** Anregung *f*: ***at the ~ of*** auf *j-s* Veranlassung; **5.** Begeisterung *f*; **in·spi·ra·tor** ['ɪnspəreɪtə] *s.* ⚕ Inha'lator *m*; **in·spir·a·to·ry** [ɪn'spaɪərətərɪ] *adj.* (Ein-) Atmungs…

in·spire [ɪn'spaɪə] *v/t.* **1.** begeistern, anfeuern; **2.** anregen, veranlassen; **3.** (***in s.o.***) *Gefühl etc.* einflößen, eingeben (j-m); erwecken, erregen (in j-m); **4.** *fig.* a) erleuchten, b) beseelen, erfüllen (***with*** mit), c) inspirieren; **5.** einatmen; **in'spired** [-əd] *adj.* **1.** *bsd. eccl.* erleuchtet; eingegeben; **2.** schöpferisch, einfallsreich; **3.** begeistert; **4.** a) glänzend, her'vorragend, b) schwungvoll; **5.** von ,oben' (*von der Regierung etc.*) veranlaßt; **in'spir·er** [-ərə] *s.* Anreger (-in); **in'spir·ing** [-ərɪŋ] *adj.* □ anregend, begeisternd, inspirierend.

in·spir·it [ɪn'spɪrɪt] *v/t.* beleben, beseelen, anfeuern, ermutigen.

in·sta·bil·i·ty [ˌɪnstə'bɪlətɪ] *s. mst fig.* **1.** Instabili'tät *f*, Unsicherheit *f*; **2.** Labili'tät *f*, Unbeständigkeit *f*.

in·stall [ɪn'stɔ:l] *v/t.* **1.** ⚙ a) installieren, montieren, aufstellen, einbauen, b) einrichten, (an)legen, anbringen; **2.** *j-n* bestallen; *in ein Amt* einsetzen, -führen; **3.** ***~ o.s.*** F sich niederlassen; **in·stal·la·tion** [ˌɪnstə'leɪʃn] *s.* **1.** ⚙ a) Installierung *f*, Einrichtung *f*, Einbau *m*, b) (*fertige*) Anlage *od.* Einrichtung; **2.** (Amts)Einsetzung *f*, Bestallung *f*.

in·stal(l)·ment¹ [ɪn'stɔ:lmənt] → ***installation***.

in·stal(l)·ment² [ɪn'stɔ:lmənt] *s.* **1.** † Rate *f*, Teil-, Ab-, Abschlags-, Ratenzahlung *f*: ***by ~s*** in Raten; ***first ~*** Anzahlung *f*; ***~ credit*** Teilzahlungskredit *m*; ***~ plan*** Teilzahlungssystem *n*; ***buy on the ~ plan*** auf Raten kaufen, ,abstottern'; **2.** (Teil)Lieferung *f* (*Buch etc.*); **3.** Fortsetzung *f* (*Roman etc.*), *Radio*, *TV*: *a.* (Sende)Folge *f*.

in·stance ['ɪnstəns] **I** *s.* **1.** (*einzelner*) Fall, Beispiel *n*: ***in this ~*** in diesem (*besonderen*) Fall; ***for ~*** zum Beispiel: ***as an ~ of s.th.*** als Beispiel für et.; **2.** Bitte *f*, Ersuchen *n*: ***at his ~*** auf sein Drängen *od.* Betreiben *od.* s-e Veranlassung; **3.** ⚖ In'stanz *f*: ***court of the first ~*** Gericht *n* erster Instanz; ***in the last ~*** in letzter Instanz, *fig.* letztlich; ***in the first ~*** *fig.* in erster Linie, zuerst; **II** *v/t.* **4.** als Beispiel anführen; **5.** mit Beispielen belegen; **'in·stan·cy** [-sɪ] *s.* Dringlichkeit *f*.

in·stant ['ɪnstənt] **I** *s.* **1.** Mo'ment *m*: a) (kurzer) Augenblick *m*, b) (genauer) Zeitpunkt; ***in an ~, on the ~*** sofort, augenblicklich, im Nu; ***at this ~*** in diesem Augenblick; ***this ~*** sofort, augenblicklich; **II** *adj.* □ → ***instantly***; **2.** so'fortig, augenblicklich: ***~ camera*** *phot.* Instant-, Sofortbildkamera *f*; ***~ coffee*** Pulverkaffee *m*; ***~ meal*** Fertig-, Schnellgericht *n*; **3.** *abbr.* ***inst.***: ***the 10th ~*** der 10. dieses Monats; **4.** dringend.

in·stan·ta·ne·ous [ˌɪnstən'teɪnjəs] *adj.* □ **1.** so'fortig, unverzüglich, augenblicklich: ***death was ~*** der Tod trat auf der Stelle ein; **2.** gleichzeitig (*Ereignisse*); **3.** *phys.*, ⚙ momen'tan, Augenblicks…: ***~ photo*** Momentaufnahme *f*; ***~ shutter*** *phot.* Momentverschluß *m*; **ˌin·stan'ta·ne·ous·ly** [-lɪ] *adv.* so'fort, unverzüglich; auf der Stelle; **ˌin·stan'ta·ne·ous·ness** [-nɪs] *s.* Augenblicklichkeit *f*; Blitzesschnelle *f*.

in·stan·ter [ɪn'stæntə] *adv.* so'fort.

in·stant·ly ['ɪnstəntlɪ] *adv.* so'fort, unverzüglich, augenblicklich.

in·state [ɪn'steɪt] *v/t. in ein Amt* einsetzen.

in·stead [ɪnˈsted] *adv.* **1.** ~ ***of*** (an)statt (*gen.*), an Stelle von: ~ ***of me*** statt meiner, an meiner Statt *od.* Stelle; ~ ***of going*** (an)statt zu gehen; ~ ***of at work*** statt bei der Arbeit; **2.** statt dessen: ***she sent the boy*** ~.

in·step [ˈɪnstep] *s.* Rist *m*, Spann *m* (*Fuß*): ~ ***raiser*** Plattfußeinlage *f*; ***high in the*** ~ F hochnäsig.

in·sti·gate [ˈɪnstɪgeɪt] *v/t.* **1.** an-, aufreizen, aufhetzen, anstiften (***to*** zu, ***to do*** zu tun); **2.** *et.* (*Böses*) anstiften, anfachen; **in·sti·ga·tion** [ˌɪnstɪˈgeɪʃn] *s.* **1.** Anstiftung *f*, Aufhetzung *f*, -reizung *f*; **2.** Anregung *f*: ***at the*** ~ ***of*** auf Betreiben *od.* Veranlassung von (*od. gen.*); **ˈin·sti·ga·tor** [-tə] *s.* Anstifter(in), (Auf)Hetzer(in).

in·stil(l) [ɪnˈstɪl] *v/t.* **1.** einträufeln, -tröpfeln; **2.** *fig.* (***into***) a) *j-m* einflößen, -impfen, beibringen, b) *et.* durchˈdringen (mit), einfließen lassen (in *acc.*); **in·stil·la·tion** [ˌɪnstɪˈleɪʃn], **inˈstil(l)·ment** [-mənt] *s.* **1.** Einträufelung *f*; **2.** *fig.* Einflößung *f*, Einimpfung *f*.

in·stinct I *s.* [ˈɪnstɪŋkt] **1.** Inˈstinkt *m*, (Naˈtur)Trieb *m*: ***by*** ~, ***on*** ~, ***from*** ~ instinktiv; **2.** a) instinkˈtives Gefühl, (sicherer) Inˈstinkt, b) Begabung *f* (***for*** für); II *adj.* [ɪnˈstɪŋkt] **3.** belebt, durchˈdrungen, erfüllt (***with*** von); **in·stinc·tive** [ɪnˈstɪŋktɪv] *adj.* □ instinkˈtiv: a) inˈstinkt-, triebmäßig, Instinkt…, b) unwillkürlich, c) angeboren.

in·sti·tute [ˈɪnstɪtjuːt] I *s.* **1.** Instiˈtut *n*, Anstalt *f*; **2.** (gelehrte *etc.*) Gesellschaft; **3.** Instiˈtut *n* (*Gebäude*); **4.** *pl. bsd.* † Grundgesetze *pl.*, -lehren *pl.*; II *v/t.* **5.** ein-, errichten, gründen; einführen; **6.** einleiten, in Gang setzen: ~ ***an inquiry*** e-e Untersuchung einleiten; ~ ***legal proceedings*** Klage erheben, das Verfahren einleiten (***against*** gegen); **7.** *bsd. eccl. j-n* einsetzen, einführen.

in·sti·tu·tion [ˌɪnstɪˈtjuːʃn] *s.* **1.** Instiˈtut *n*, Anstalt *f*, Einrichtung *f*, Stiftung *f*, Gesellschaft *f*; **2.** Instiˈtut *n* (*Gebäude*); **3.** Institutiˈon *f*, Einrichtung *f*, (überˈkommene) Sitte, Brauch *m*; **4.** Ordnung *f*, Recht *n*, Satzung *f*; **5.** F a) alte Gewohnheit, b) vertraute Sache, feste Einrichtung, c) allbekannte Perˈson; **6.** Ein-, Errichtung *f*, Gründung *f*; **7.** *eccl.* Einsetzung *f*; **ˌin·stiˈtu·tion·al** [-ʃənl] *adj.* **1.** Institutions…, Instituts…, Anstalts…; **2.** † *Am.* ~ ***advertising*** Repräsentationswerbung *f*; **ˌin·stiˈtu·tion·al·ize** [-ʃənlaɪz] *v/t.* **1.** *et.* institutionalisieren; **2.** *j-n* in e-e Anstalt einweisen.

in·struct [ɪnˈstrʌkt] *v/t.* **1.** (be)lehren, unterˈweisen, -ˈrichten, schulen, ausbilden (***in*** in *dat.*); **2.** informieren, unterˈrichten; **3.** instruieren (*a.* ⚖), anweisen, beauftragen; **inˈstruc·tion** [-kʃn] *s.* **1.** Belehrung *f*, Schulung *f*, Ausbildung *f*, ˈUnterricht *m*: ***private*** ~ Privatunterricht; ***course of*** ~ Lehrgang *m*, Kursus *m*; **2.** *pl.* Auftrag *m*, Vorschrift (-en *pl.*) *f*, (An)Weisung(en *pl.*) *f*, Verhaltungsmaßregeln *pl.*, Richtlinien *pl.*, (*a.* Betriebs)Anleitung *f*: ***according to*** ~***s*** auftrags-, weisungsgemäß, vorschriftsmäßig; ~***s for use*** Gebrauchsanweisung; **3.** *Am.* ⚖ *mst pl.* Rechtsbelehrung *f*; **4.** ⚔ *mst pl.* Dienstanweisung *f*, Instruktiˈon *f*; **inˈstruc·tion·al** [-kʃənl] *adj.* Unterrichts…, Erziehungs…, Ausbildungs…, Lehr…: ~ ***film*** Lehrfilm *m*; ~ ***staff*** Lehrkörper *m*; **inˈstruc·tive** [-tɪv] *adj.* □ belehrend; lehr-, aufschlußreich; **inˈstruc·tive·ness** [-tɪvnɪs] *s. das* Belehrende; **inˈstruc·tor** [-tə] *s.* **1.** Lehrer *m*; **2.** Ausbilder *m* (*a.* ⚔); **3.** *univ. Am.* Doˈzent *m*; **inˈstruc·tress** [-trɪs] *s.* Lehrerin *f*.

in·stru·ment [ˈɪnstrʊmənt] I *s.* **1.** Instruˈment *n* (*a.* ♪): a) (feines) Werkzeug *n*, b) Appaˈrat *m*, (*bsd.* Meß)Gerät *n*; **2.** *pl.* ⚕ Besteck *n*; **3.** †, ⚖ a) Dokuˈment *n*, Urkunde *f*; ˈWertpaˌpier *n*: ~ ***of payment*** Zahlungsmittel *n*; ~ ***payable to bearer*** † Inhaberpapier; ~ ***to order*** Orderpapier, b) *pl.* Instrumenˈtarium *n*: ***the*** ~***s of credit policy***; **4.** *fig.* Werkzeug *n*: a) (Hilfs)Mittel *n*, b) Handlanger(in); II *v/t.* **5.** ♪ instrumentieren; III *adj.* **6.** ⚙ Instrumenten…: ~ ***board***, ~ ***panel*** a) Schalt-, Armaturenbrett *n*, b) ✈ Instrumentenbrett *n*; ~ ***maker*** Apparatebauer *m*, Feinmechaniker *m*; **7.** ✈ Blind…, Instrumenten…: ~ ***flying***; ~ ***landing***; **in·stru·men·tal** [ˌɪnstrʊˈmentl] *adj.* □ → ***instrumentally***; **1.** behilflich, dienlich, förderlich: ***be*** ~ ***in*** *ger.* behilflich sein *od.* wesentlich dazu beitragen, daß; e-e gewichtige Rolle spielen bei; **2.** ♪ Instrumental…; **3.** mit Instrumenten ausgeführt: ~ ***operation***; ~ ***error*** ⚙ Instrumentenfehler *m*; **4.** ~ ***case*** *ling.* Instrumental(is) *m*; **in·stru·men·tal·ist** [ˌɪnstrʊˈmentəlɪst] *s.* ♪ Instrumentaˈlist(in); **in·stru·men·tal·i·ty** [ˌɪnstrʊmenˈtælətɪ] *s.* **1.** Mitwirkung *f*, Mithilfe *f*: ***through his*** ~; **2.** (Hilfs)Mittel *n*; Einrichtung *f*; **in·stru·men·tal·ly** [ˌɪnstrʊˈmentəlɪ] *adv.* durch Instrumente; **in·stru·men·ta·tion** [ˌɪnstrʊmenˈteɪʃn] *s.* ♪ Instrumentatiˈon *f*.

in·sub·or·di·nate [ˌɪnsəˈbɔːdnət] *adj.* unbotmäßig, widerˈsetzlich, aufsässig; **in·sub·or·di·na·tion** [ˈɪnsəˌbɔːdɪˈneɪʃn] *s.* Unbotmäßigkeit *f etc.*; Gehorsamsverweigerung *f*, Auflehnung *f*.

in·sub·stan·tial [ˌɪnsəbˈstænʃl] *adj.* **1.** subˈstanzlos, unkörperlich; **2.** unwirklich; **3.** wenig nahrhaft.

in·suf·fer·a·ble [ɪnˈsʌfərəbl] *adj.* □ unerträglich, unausstehlich.

in·suf·fi·cien·cy [ˌɪnsəˈfɪʃnsɪ] *s.* **1.** Unzulänglichkeit *f*, Mangel(haftigkeit *f*) *m*; Untauglichkeit *f*; **2.** ⚕ Insuffiziˈenz *f*; **ˌin·sufˈfi·cient** [-nt] *adj.* □ **1.** unzulänglich, unzureichend, ungenügend; **2.** untauglich, mangelhaft, unfähig.

in·suf·flate [ˈɪnsʌfleɪt] *v/t.* **1.** *a.* ⚕, ⚙ (hin)ˈeinblasen; **2.** *R.C.* anhauchen; **ˈin·suf·fla·tor** [-tə] *s.* ⚙, ⚕ ˈEinblaseappaˌrat *m*.

in·su·lant [ˈɪnsjʊlənt] *s.* ⚙ Isoˈlierstoff *m*, -materiˌal *n*.

in·su·lar [ˈɪnsjʊlə] *adj.* □ **1.** inselartig, insuˈlar, Insel…; **2.** *fig.* isoliert, abgeschlossen; **3.** *fig.* engstirnig, beschränkt; **in·su·lar·i·ty** [ˌɪnsjʊˈlærətɪ] *s.* **1.** insuˈlare Lage; **2.** *fig.* Abgeschlossenheit *f*; **3.** *fig.* Engstirnigkeit *f*, Beschränktheit *f*.

in·su·late [ˈɪnsjʊleɪt] *v/t.* ⚡, ⚙ isolieren (*a. fig. absondern*); **ˈin·su·lat·ing** [-tɪŋ] *adj.* isolierend, Isolier…: ~ ***compound*** ⚡ Isoliermasse *f*; ~ ***joint*** ⚡ Isolierkupplung *f*; ~ ***switch*** Trennschalter *m*; ~ ***tape*** ⚡ Isolierband *n*; **in·su·la·tion** [ˌɪnsjʊˈleɪʃn] *s.* Isolierung *f*; **ˈin·su·la·tor** [-tə] *s.* **1.** ⚡ Isoˈlator *m*; **2.** Isolierer *m* (*Arbeiter*).

in·su·lin [ˈɪnsjʊlɪn] *s.* ⚕ Insuˈlin *n*.

in·sult I *v/t.* [ɪnˈsʌlt] beleidigen, beschimpfen; II *s.* [ˈɪnsʌlt] (***to***) Beleidigung *f* (für) (*durch Wort od. Tat*), Beschimpfung *f* (*gen.*): ***offer an*** ~ ***to*** → I; **inˈsult·ing** [-tɪŋ] *adj.* □ **1.** beleidigend, beschimpfend: ~ ***language*** Schimpfworte *pl.*; **2.** unverschämt, frech.

in·su·per·a·ble [ɪnˈsjuːpərəbl] *adj.* □ ˈunüberˌwindlich.

in·sup·port·a·ble [ˌɪnsəˈpɔːtəbl] *adj.* □ unerträglich, unausˈstehlich.

in·sur·a·bil·i·ty [ɪnˌʃʊərəˈbɪlətɪ] *s.* † Versicherungsfähigkeit *f*; **in·sur·a·ble** [ɪnˈʃʊərəbl] *adj.* □ † **1.** versicherungsfähig, versicherbar: ~ ***value*** Versicherungswert *m*; **2.** versicherungspflichtig.

in·sur·ance [ɪnˈʃʊərəns] I *s.* **1.** † Versicherung *f*: ***buy*** ~ sich versichern (lassen); ***carry*** ~ versichert sein; ***effect*** (*od.* ***take out***) ***an*** ~ e-e Versicherung abschließen; **2.** † a) Verˈsicherungspoˌlice *f*, b) Versicherungsprämie *f*; II *adj.* Versicherungs…: ~ ***agent*** (***broker***, ***company***, ***premium***, ***value***); ~ ***benefit*** Versicherungsleistung *f*; ~ ***certificate*** Versicherungsschein *m*; ~ ***claim*** Versicherungsanspruch *m*; ~ ***coverage*** Versicherungsschutz *m*; ~ ***fraud*** Versicherungsbetrug *m*; ~ ***office*** Versicherungsanstalt *f*; ~ ***policy*** Versicherungspolice *f*, -schein *m*; ***take out an*** ~ ***policy*** e-e Versicherung abschließen, sich versichern (lassen); **inˈsur·ant** [-nt] → ***insured*** II.

in·sure [ɪnˈʃʊə] *v/t.* **1.** † versichern (***against*** gegen; ***for*** mit *e-r Summe*): ~ ***oneself*** (***one's life***, ***one's house***); **2.** → ***ensure***; **inˈsured** [-ʊəd] † I *adj.*: ***the*** ~ ***party*** → II; II *s.* ***the*** ~ der *od.* die Versicherte, Versicherungsnehmer(in); **inˈsur·er** [-ʊərə] *s.* † Versicherer *m*, Versicherungsträger(in): ***the*** ~***s*** die Versicherungsgesellschaft *f*.

in·sur·gent [ɪnˈsɜːdʒənt] I *adj.* aufrührerisch, aufständisch; reˈbellisch (*a. fig.*); II *s.* Aufrührer *m*, Aufständische(r) *m*; Reˈbell *m* (*a. pol. gegen die Partei*).

in·sur·mount·a·ble [ˌɪnsəˈmaʊntəbl] *adj.* □ ˈunüberˌsteigbar; *fig.* ˈunüberˌwindlich.

in·sur·rec·tion [ˌɪnsəˈrekʃn] *s.* Aufruhr *m*, Aufstand *m*, Erhebung *f*, Empörung *f*; **ˌin·surˈrec·tion·al** [-ʃənl], **ˌin·surˈrec·tion·ar·y** [-ʃnərɪ] → ***insurgent*** I; **ˌin·surˈrec·tion·ist** [-ʃnɪst] → ***insurgent*** II.

in·sus·cep·ti·bil·i·ty [ˈɪnsəˌseptəˈbɪlətɪ] *s.* Unempfänglichkeit *f*, Unzugänglichkeit *f* (***to*** für); **in·sus·cep·ti·ble** [ˌɪnsəˈseptəbl] *adj.* **1.** (***of***) nicht fähig (zu), ungeeignet (für, zu); **2.** (***of***, ***to***) unempfänglich (für), unzugänglich (*dat.*).

in·tact [ɪnˈtækt] *adj.* **1.** inˈtakt, heil, unversehrt; **2.** unberührt, unangetastet.

in·tagl·io [ɪnˈtɑːlɪəʊ] *pl.* **-ios** *s.* **1.** Inˈtaglio *n* (*Gemme mit eingeschnittenem Bild*); **2.** eingraviertes Bild; **3.** Inˈtaglioverfahren *n*, -arbeit *f*; **4.** *typ. Am.* Tiefdruck *m*.

in·take [ˈɪnteɪk] *s.* **1.** ⚙ a) Einlaß(öffnung *f*) *m*: **~ valve** Einlaßventil *n*; **~ stroke** *mot.* Saughub *m*, b) aufgenommene Ener'gie; **2.** Einnehmen *n*, Ein-, Ansaugen *n*; **3.** (Neu)Aufnahme *f*, Zustrom *m*, aufgenommene Menge: **~ of food** Nahrungsaufnahme.

in·tan·gi·bil·i·ty [ɪnˌtændʒəˈbɪlətɪ] *s.* Nichtgreifbarkeit *f*, Unkörperlichkeit *f*; **in·tan·gi·ble** [ɪnˈtændʒəbl] **I** *adj.* □ **1.** nicht greifbar, immateri'ell (*a.* ✝), unkörperlich; **2.** *fig.* vage, unklar, unbestimmt; **3.** *fig.* unfaßbar; **II** *s.* **4.** *pl.* ✝ immateri'elle Werte.

in·tar·si·a [ɪnˈtɑːsɪə] *s. Am.* In'tarsia *f*, Einlegearbeit *f*.

in·te·ger [ˈɪntɪdʒə] *s.* **1.** 𝒜 ganze Zahl; **2.** → ***integral*** 5; **'in·te·gral** [-ɪgrəl] **I** *adj.* □ **1.** (*zur Vollständigkeit*) unerläßlich, integrierend, wesentlich, ⊙ (fest) eingebaut, e-e Einheit bildend (***with*** mit), integriert: ***an ~ part***; **2.** ganz, vollständig: ***an ~ whole*** → 5; **3.** → ***intact*** 2; **4.** 𝒜 a) ganz(zahlig), b) Integral…: **~ calculus** Integralrechnung *f*; **II** *s.* **5.** *ein* vollständiges *od.* einheitliches Ganzes; **6.** 𝒜 Inte'gral *n*; **'in·te·grand** [-ɪgrænd] *s.* 𝒜 Inte'grand *m*; **'in·te·grant** [-ɪgrənt] → ***integral*** 1.

in·te·grate [ˈɪntɪgreɪt] *v/t.* **1.** integrieren (*a.* 𝒜, ⊙), zu e-m Ganzen zs.-fassen, zs.-schließen, vereinigen, vereinheitlichen; **2.** vervollständigen; **3.** eingliedern, integrieren (***within*** in *acc.*); **4.** ϟ zählen (*Meßgerät*); **5.** *Am. Schule etc.* für Farbige zugänglich machen; **'in·te·grat·ed** [-tɪd] *adj.* **1.** einheitlich, geschlossen, zs.-gefaßt, integriert; ✝ Verbund…: **~ economy**; **2.** zs.-hängend; **3.** ⊙ eingebaut, integriert (*Schaltung, Datenverarbeitung etc.*): **~ circuit** ϟ integrierter Schaltkreis; **4.** *Am.* ohne Rassentrennung: **~ school**; **in·te·gra·tion** [ˌɪntɪˈgreɪʃn] *s.* **1.** Zs.-schluß *m*, Vereinigung *f*, Integrati'on *f*, Vereinheitlichung *f*; **2.** Vervollständigung *f*; **3.** Eingliederung *f*; **4.** 𝒜 Integrati'on *f*; **5.** *Am.* Aufhebung *f* der Rassenschranken; **in·te·gra·tion·ist** [ˌɪntɪˈgreɪʃnɪst] *s. Am.* Verfechter(in) rassischer Gleichberechtigung.

in·teg·ri·ty [ɪnˈtegrətɪ] *s.* **1.** Rechtschaffenheit *f*, (cha'rakterliche) Sauberkeit, (mo'ralische) Integri'tät; **2.** Vollständigkeit *f*, Unversehrtheit *f*; **3.** Reinheit *f*; **4.** 𝒜 Integri'tät *f*, Ganzzahligkeit *f*.

in·teg·u·ment [ɪnˈtegjʊmənt] *s. anat. biol.* Hülle *f*, Decke *f*, Haut *f*, Integu'ment *n*.

in·tel·lect [ˈɪntəlekt] *s.* **1.** Verstand *m*, Intel'lekt *m*, Denkvermögen *n*; **2.** kluger Kopf; *coll.* große Geister *pl.*, Intelli'genz *f*; **in·tel·lec·tu·al** [ˌɪntəˈlektjʊəl] **I** *adj.* □ → ***intellectually***; **1.** intellektu'ell: a) verstandesmäßig, Verstandes…, geistig, Geistes…, b) verstandesbetont, (geistig) anspruchsvoll: **~ power** Geisteskraft *f*; **2.** intelli'gent; **II** *s.* **3.** Intellektu'elle(r *m*) *f*, Verstandesmensch *m*; **in·tel·lec·tu·al·ist** [ˌɪntəˈlektjʊəlɪst] → ***intellectual*** 3; **in·tel·lec·tu·al·i·ty** [ˈɪntəˌlektjʊˈælətɪ] *s.* Intellektuali'tät *f*, Verstandesmäßigkeit *f*; Geisteskraft *f*; **in·tel·lec·tu·al·ly** [ˌɪntəˈlektjʊəlɪ] *adv.* verstandesmäßig, mit dem Verstand.

in·tel·li·gence [ɪnˈtelɪdʒəns] *s.* **1.** Intelli'genz *f*: a) Klugheit *f*, Verstand *m*, b) scharfer Verstand, rasche Auffassungsgabe, c) → ***intellect*** 2: **~ quotient** (***test***) Intelligenzquotient *m* (-test *m*); **2.** Einsicht *f*, Verständnis *n*; **3.** Nachricht *f*, Mitteilung *f*, Informati'on *f*, Auskunft *f*; ✕ 'Nachrichtenmateriˌal *n*; **4.** *a.* **~ office**, **~ service**, ♀ **Department** ✕ (geheimer) Nachrichtendienst: **~ officer** Abwehr-, Nachrichtenoffizier *m*; **5.** **~ with the enemy** (*verräterische*) Beziehungen *pl.* zum Feind; **in'tel·li·genc·er** [-sə] *s.* **1.** Berichterstatter (-in); **2.** A'gent(in), Spi'on(in); **in'tel·li·gent** [-nt] *adj.* □ **1.** intelli'gent, klug, gescheit; **2.** vernünftig: a) verständig, einsichtsvoll, b) vernunftbegabt; **in·tel·li·gent·si·a**, **in·tel·li·gent·zi·a** [ɪnˌtelɪˈdʒentsɪə] *s. pl. konstr. coll. die* Intelli'genz, *die* Intellektu'ellen *pl.*; **in·tel·li·gi·bil·i·ty** [ɪnˌtelɪdʒəˈbɪlətɪ] *s.* Verständlichkeit *f*; **in'tel·li·gi·ble** [-dʒəbl] □ verständlich, klar (***to*** für *od. dat.*).

in·tem·per·ance [ɪnˈtempərəns] *s.* Unmäßigkeit *f*, Zügellosigkeit *f*, *bsd.* Trunksucht *f*; **in'tem·per·ate** [-rət] *adj.* □ **1.** unmäßig, maßlos; **2.** ausschweifend, zügellos; unbeherrscht; **3.** trunksüchtig.

in·tend [ɪnˈtend] *v/t.* **1.** beabsichtigen, vorhaben, planen, im Sinne haben (***s.th.*** et.; ***to do od. doing*** zu tun); **2.** bestimmen (***for*** für, zu): ***our son is ~ed for the navy*** unser Sohn soll (einmal) zur Marine gehen; ***what is it ~ed for?*** was ist der Sinn (*od.* Zweck) der Sache?, was soll das?; **3.** sagen wollen, meinen: ***what do you ~ by this?***; **4.** bedeuten, sein sollen: ***it was ~ed for a compliment*** es sollte ein Kompliment sein; **5.** wollen, wünschen; **in'tend·ant** [-dənt] *s.* Verwalter *m*; **in'tend·ed** [-dɪd] **I** *adj.* □ **1.** beabsichtigt, gewünscht; **2.** absichtlich; **3.** F zukünftig: ***my ~ wife***; **II** *s.* **4.** F Verlobte(r *m*) *f*: ***her ~*** ihr Zukünftiger; **in'tend·ing** [-dɪŋ] *adj.* angehend, zukünftig; …lustig, …willig: **~ buyer** ✝ (Kauf)Interessent (-in), Kaufwillige(r).

in·tense [ɪnˈtens] *adj.* □ **1.** inten'siv: a) stark, heftig: **~ heat** (***longing*** *etc.*), b) hell, grell: **~ light**, c) tief, satt: **~ colo(u)rs**, d) angespannt: **~ study**, e) (an-) gespannt, konzentriert: **~ look**, f) sehnlich, dringend, g) eindringlich: **~ style**; **2.** leidenschaftlich, stark gefühlsbetont; **in'tense·ly** [-lɪ] *adv.* **1.** äußerst, höchst; **2.** → ***intense***; **in'tense·ness** [-nɪs] *s.* Intensi'tät *f*: a) Stärke *f*, Heftigkeit *f*, b) Anspannung *f*, Angestrengtheit *f*, c) Feuereifer *m*, d) Leidenschaftlichkeit *f*, e) Eindringlichkeit *f*; **in·ten·si·fi·ca·tion** [ɪnˌtensɪfɪˈkeɪʃn] *s.* Verstärkung *f* (*a. phot.*); **in'ten·si·fi·er** [-sɪfaɪə] *s. a.* ⊙, *phot.* Verstärker *m*; **in'ten·si·fy** [-sɪfaɪ] **I** *v/t.* verstärken (*a. phot.*), steigern; **II** *v/i.* sich verstärken.

in·ten·sion [ɪnˈtenʃn] *s.* **1.** Verstärkung *f*; **2.** → ***intenseness*** a *u.* b; **3.** (Begriffs)Inhalt *m*.

in·ten·si·ty [ɪnˈtensətɪ] *s.* Intensi'tät *f*: a) (hoher) Grad, Stärke *f*, Heftigkeit *f*, b) ϟ, ⊙, *phys.* (*Laut-, Licht-, Strom- etc.*)Stärke *f*, Grad *m*, c) → ***intenseness***; **in'ten·sive** [-sɪv] **I** *adj.* □ **1.** inten'siv: a) stark, heftig, b) gründlich, erschöpfend: **~ study**; **~ course** *ped.* Intensivkurs *m*; **2.** verstärkend (*a. ling.*); **3.** ⚕ a) stark wirkend, b) **~ care unit** Intensivstation *f*; **4.** ✝ inten'siv: a) ertragssteigernd, b) (*arbeits-, lohn-, kosten- etc.*)inten'siv; **II** *s.* **5.** *bsd. ling.* verstärkendes Ele'ment.

in·tent [ɪnˈtent] **I** *s.* **1.** Absicht *f*, Vorsatz *m*, Zweck *m*: **criminal ~** ⚖ Vorsatz, (verbrecherische) Absicht; ***with ~ to defraud*** in betrügerischer Absicht; ***to all ~s and purposes*** a) in jeder Hinsicht, durchaus, b) im Grunde, eigentlich, c) praktisch, sozusagen; ***declaration of ~*** Absichtserklärung *f*; **II** *adj.* □ **2.** erpicht, versessen (***on*** auf *acc.*); **3.** (***on***) bedacht (auf *acc.*), eifrig beschäftigt (mit); **4.** aufmerksam, gespannt, eifrig.

in·ten·tion [ɪnˈtenʃn] *s.* **1.** Absicht *f*, Vorhaben *n*, Vorsatz *m*, Plan *m* (***to do od. of doing*** zu tun): ***with the best (of) ~s*** in bester Absicht; **2.** *pl.* F (Heirats)Absichten *pl.*; **3.** Zweck *m* (*a. eccl.*), Ziel *n*; **4.** Sinn *m*, Bedeutung *f*; **in'ten·tion·al** [-ʃənl] *adj.* □ **1.** absichtlich, vorsätzlich; **2.** beabsichtigt; **in'ten·tioned** [-nd] *adj. in Zssgn* …gesinnt: **well-~** gutgesinnt, wohlmeinend.

in·tent·ness [ɪnˈtentnɪs] *s.* gespannte Aufmerksamkeit, Eifer *m*: **~ of purpose** Zielstrebigkeit *f*.

in·ter [ɪnˈtɜː] *v/t.* beerdigen.

inter- [ɪntə] *in Zssgn* zwischen, Zwischen…; unter; gegen-, wechselseitig, ein'ander, Wechsel…

'in·ter·act[1] [-əræk t] *s. thea.* Zwischenakt *m*, -spiel *n*.

ˌin·ter'act[2] [-ərˈækt] *v/i.* aufein'ander wirken, sich gegenseitig beeinflussen; **ˌin·ter'ac·tion** [-ərˈækʃn] *s.* Wechselwirkung *f*, Interakti'on *f*.

ˌin·ter'breed *biol.* **I** *v/t.* [*irr.* → ***breed***] durch Kreuzung züchten, kreuzen; **II** *v/i.* [*irr.* → ***breed***] a) sich kreuzen, b) Inzucht betreiben.

in·ter·ca·lar·y [ɪnˈtɜːkələrɪ] *adj.* eingeschaltet, eingeschoben; Schalt…: **~ day** Schalttag *m*; **in'ter·ca·late** [ɪnˈtɜːkəleɪt] *v/t.* einschieben, einschalten; **in·ter·ca·la·tion** [ɪnˌtɜːkəˈleɪʃn] *s.* **1.** Einschiebung *f*, Einschaltung *f*; **2.** Einlage *f*.

in·ter·cede [ˌɪntəˈsiːd] *v/i.* sich verwenden, sich ins Mittel legen, Fürsprache einlegen, intervenieren (***with*** bei, ***for*** für); bitten (***with*** bei *j-m*, ***for*** um *et.*); **ˌin·ter'ced·er** [-də] *s.* Fürsprecher(in).

in·ter·cept I *v/t.* [ˌɪntəˈsept] **1.** *Brief, Meldung, Flugzeug, Boten etc.* abfangen; **2.** *Meldung* auffangen, mit-, abhören; **3.** unter'brechen, abschneiden; **4.** den Weg abschneiden (*dat.*); **5.** *Sicht* versperren; **6.** 𝒜 a) abschneiden, b) einschließen; **II** *s.* [ˈɪntəsept] **7.** 𝒜 Abschnitt *m*; **8.** aufgefangene Meldung; **ˌin·ter'cep·tion** [-pʃn] *s.* **1.** Ab-, Auffangen *n* (*Meldung etc.*); **2.** Ab-, Mithören *n* (*Meldung*): **~ service** Abhör-, Horchdienst *m*; **3.** Abfangen *n* (*Flugzeug, Boten*): **~ flight** Sperrflug *m*; **~ plane** → ***interceptor*** 2; **4.** Unter'brechung *f*, Abschneiden *n*; **5.** Aufhalten *n*, Hinderung *f*; **ˌin·ter'cep·tor** [-tə] *s.* **1.** Auffänger *m*; **2.** *a.* **~ plane** ✈ ✕ Abfangjäger *m*.

in·ter·ces·sion [ˌɪntəˈseʃn] *s.* Fürbitte *f* (*a. eccl.*), Fürsprache *f*: ***make ~ to s.o. for*** bei j-m Fürsprache einlegen für, sich bei j-m verwenden für; (***service of***) ~ Bittgottesdienst *m*; ˌ**in·ter'ces·sor** [-esə] *s.* Fürsprecher(in), Vermittler(in) (***with*** bei); ˌ**in·ter'ces·so·ry** [-esərı] *adj.* fürsprechend.

in·ter·change [ˌıntə'tʃeındʒ] **I** *v/t.* **1.** untereinʼander austauschen, auswechseln; **2.** vertauschen, auswechseln (*a.* ⚙); einander abwechseln lassen; **II** *v/i.* **3.** abwechseln (***with*** mit), aufeinʼanderfolgen; **III** *s.* **4.** Austausch *m*; Aus-, Abwechslung *f*; Wechsel *m*, Aufeinʼanderfolge *f*; **5.** ✝ Tauschhandel *m*; **6.** *Am.* (Straßen)Kreuzung *f*; (Autobahn-) Kreuz *n*; **in·ter·change·a·bil·i·ty** ['ıntəˌtʃeındʒə'bılətı] *s.* Auswechselbarkeit *f*; ˌ**in·ter'change·a·ble** [-dʒəbl] *adj.* □ **1.** austauschbar, auswechselbar (*a.* ⚙, ✝); **2.** (miteinʼander) abwechselnd.

ˌ**in·ter·col'le·gi·ate** *adj.* zwischen verschiedenen Colleges (bestehend).

in·ter·com ['ıntəkɒm] *s.* **1.** ✈, ⚓ Bordverständigung(sanlage) *f*; **2.** (Gegen-, Haus)Sprechanlage *f*, (Werk- *etc.*)Rufanlage *f*.

ˌ**in·ter·com'mu·ni·cate** *v/i.* **1.** miteinʼander verkehren *od.* in Verbindung stehen; **2.** → ***communicate*** 4; '**in·ter·comˌmu·ni'ca·tion** *s.* gegenseitige Verbindung, gegenseitiger Verkehr: ~ ***system*** → ***intercom***.

ˌ**in·ter'com·pa·ny** *adj.* zwischenbetrieblich.

ˌ**in·ter·con'nect** **I** *v/t.* miteinʼander verbinden, ⚡ *a.* zs.-schalten; **II** *v/i.* miteinander verbunden werden *od.* sein, *fig. a.* in Zs.-hang (miteinander) stehen; ˌ**in·ter·con'nec·tion** **1.** (gegenseitige) Verbindung, *fig. a.* Zs.-hang *m*; **2.** ⚡ a) Zs.-Schaltung *f*, b) verkettete Schaltung.

'**in·terˌcon·ti'nen·tal** *adj.* interkontinenʼtal, Interkontinental…

'**in·ter·course** *s.* **1.** 'Umgang *m*, Verkehr *m* (***with*** mit); **2.** ✝ Geschäftsverkehr *m*; **3.** *a.* ***sexual*** ~ (Geschlechts-) Verkehr *m*.

ˌ**in·ter'cross** **I** *v/t.* **1.** einʼander kreuzen lassen; **2.** ⚘, *zo.* kreuzen; **II** *v/i.* **3.** sich kreuzen (*a.* ⚘, *zo.*).

'**in·ter·cut** *s. Film etc.*: Einblendung *f*.

'**in·ter·deˌnom·i'na·tion·al** *adj.* interkonfessioʼnell.

ˌ**in·ter·de'pend** *v/i.* voneinʼander abhängen; ˌ**in·ter·de'pend·ence**, ˌ**in·ter·de'pend·en·cy** *s.* gegenseitige Abhängigkeit; ˌ**in·ter·de'pend·ent** *adj.* □ voneinʼander abhängig, eng zs.-hängend *od.* verflochten, ineinʼandergreifend.

in·ter·dict **I** *s.* ['ıntədıkt] **1.** Verbot *n*; **2.** *eccl.* Interʼdikt *n*; **II** *v/t.* [ˌıntə'dıkt] **3.** (amtlich) unterʼsagen, verbieten (***to s.o.*** j-m): ~ ***s.o. from s.th.*** j-n von et. ausschließen, j-m et. entziehen *od.* verbieten; **4.** *eccl.* mit dem Interʼdikt belegen; ˌ**in·ter'dic·tion** → ***interdict*** 1, 2.

in·ter·est ['ıntrıst] **I** *s.* **1.** (***in***) Interʼesse *n* (an *dat.*, für), (An)Teilnahme *f* (an *dat.*): ***take an*** ~ ***in s.th.*** sich für et. interessieren; **2.** Reiz *m*, Interʼesse *n*: ***be of*** ~ (***to***) interessant *od.* reizvoll sein (für), interessieren (*acc.*); **3.** Wichtigkeit *f*, Bedeutung *f*: ***be of little*** ~ von geringer Bedeutung sein; ***of great*** ~ von großem Interesse; **4.** *bsd.* ✝ Beteiligung *f*, Anteil *m* (***in*** an *dat.*): ***have an*** ~ ***in s.th.*** an *od.* bei et. (*bsd.* finanziell) beteiligt sein; **5.** ✝ Interesʼsenten *pl.*, Kreise *pl.*: ***the banking*** ~ die Bankkreise *pl.*; ***the landed*** ~ die Grundbesitzer *pl.*; **6.** Interʼesse *n*, Vorteil *m*, Nutzen *m*, Gewinn *m*: ***be in*** (*od.* ***to***) ***the*** ~(***s***) ***of*** im Interesse von … liegen; ***in your*** ~ zu Ihrem Vorteil; ***look after one's*** ~***s*** s-e Interessen wahren; ***study s.o.'s*** ~(***s***) j-s Vorteil im Auge haben; **7.** Einfluß *m*, Macht *f*: ***have*** ~ ***with*** Einfluß haben bei; **8.** (An)Recht *n*, Anspruch *m* (***in*** auf *acc.*); **9.** Gesichtspunkt *m*, Seite *f* (*in e-r Geschichte etc.*): → ***human*** I; **10.** (*nie pl.*) ✝ Zins(en *pl.*) *m*: ***and*** (*od.* ***plus***) ~ zuzüglich Zinsen; ***ex*** ~ ohne Zinsen; ***free of*** ~ zinslos; ***bear*** (*od.* ***yield***) ~ Zinsen tragen, sich verzinsen; ~ (***rate***) ✝ Zinsfuß *m*, -satz *m*; ~ ***account*** a) Zinsrechnung *f*, b) Zinsenkonto *n*; ~ ***certificate*** Zinsenvergütungsschein *m*; ~ ***pro and contra*** Soll- u. Habenzinsen *pl.*; ~ ***coupon*** (*od.* ***ticket***, ***warrant***) Zinscoupon *m*, -schein *m*; **11.** *fig.* Zinsen *pl.*: ***return a blow with*** ~ e-n Schlag mit Zins u. Zinseszinsen zurückgeben; **II** *v/t.* **12.** interessieren (***in*** für), *j-s* Interʼesse *od.* Teilnahme erwecken (***in s.th.*** an e-r Sache; ***for s.o.*** für j-n): ~ ***o.s. in*** sich interessieren für, Anteil nehmen an (*dat.*); **13.** interessieren, anziehen, reizen, fesseln; **14.** angehen, betreffen: ***everyone is*** ~***ed in this*** dies geht jeden an; **15.** *bsd.* ✝ beteiligen (***in*** an *dat.*); **16.** gewinnen (***in*** für).

in·ter·est·ed ['ıntrıstıd] *adj.* □ **1.** interessiert, Anteil nehmend (***in*** an *dat.*); aufmerksam: ***be*** ~ ***in*** sich interessieren für; ***I was*** ~ ***to know*** es interessierte mich zu wissen; **2.** *bsd.* ✝ beteiligt (***in*** an *dat.*, bei): ***the parties*** ~ die Beteiligten; **3.** voreingenommen, parʼteiisch; **4.** eigennützig: ~ ***motives***; '**in·ter·est·ed·ly** [-lı] *adv.* mit Interʼesse, aufmerksam; '**in·ter·est·ing** [-tıŋ] *adj.* □ interesʼsant, fesselnd, anziehend: ***in an*** ~ ***condition*** *obs.* in anderen Umständen (*schwanger*); '**in·ter·est·ing·ly** [-tıŋlı] *adv.* interesʼsanterweise.

'**in·ter·face** *s.* Zwischen-, Grenzfläche *f*; ⚡ Schnittstelle *f*.

in·ter·fere [ˌıntə'fıə] *v/i.* **1.** sich einmischen, daʼzwischentreten, -kommen; dreinreden; sich Freiheiten herʼausnehmen; **2.** eingreifen, -schreiten: ***it is time to*** ~; **3.** *a.* ⚙ stören, hindern; **4.** zs.-stoßen (*a. fig.*), aufeinʼanderprallen; **5.** *phys.* aufeinʼandertreffen, sich kreuzen *od.* überʼlagern; ⚡ stören; **6.** ~ ***with*** a) *j-n* stören, unterʼbrechen, (be-) hindern, belästigen, b) *et.* stören, beeinträchtigen, sich einmischen in (*acc.*), störend einwirken auf (*acc.*); **7.** ~ ***in*** eingreifen in (*acc.*), sich befassen mit *od.* kümmern um; ˌ**in·ter'fer·ence** [-ıərəns] *s.* **1.** Einmischung *f* (***in*** in *acc.*), Eingreifen *n* (***with*** in *acc.*); **2.** Störung *f*, Hinderung *f*, Beeinträchtigung *f* (***with*** *gen.*); **3.** Zs.-stoß(en *n*) *m* (*a. fig.*); **4.** *Am. sport* Abschirmen *n*: ***run*** ~ a) den balltragenden Stürmer abschirmen, b) (***for s.o.***) *fig.* (j-m) Schützenhilfe leisten; **5.** ⚡, *phys.* a) Interfeʼrenz *f*, Überʼlagerung *f*, b) Störung *f*: ***reception*** ~ Empfangsstörung *f*; ~ ***suppression*** Entstörung *f*; **in·ter·fe·ren·tial** [ˌıntəfə'renʃl] *adj. phys.* Interferenz…; ˌ**in·ter'fer·ing** [-ıərıŋ] *adj.* □ **1.** störend, lästig: ***be always*** ~ F sich ständig einmischen; **2.** kollidierend, entgegenstehend: ~ ***claim***.

ˌ**in·ter'gla·cial** *adj. geol.* zwischeneiszeitlich, interglaziʼal.

in·ter·im ['ıntərım] **I** *s.* **1.** Zwischenzeit *f*: ***in the*** ~ in der Zwischenzeit, einstweilen, vorläufig; **2.** Interim *n*, einstweilige Regelung; **3.** ♀ *hist.* Interim *n*; **II** *adj.* **4.** einstweilig, vorläufig, Übergangs…, Interims…, Zwischen…: ~ ***report*** Zwischenbericht *m*; → ***injunction*** 1; ~ **aid** *s.* Überʼbrückungshilfe *f*; ~ **bal·ance** (**sheet**) *s.* ✝ 'Zwischenbiˌlanz *f*, -abschluß *m*; ~ **cer·tif·i·cate** *s.* ✝ Interimsschein *m*; ~ **cred·it** *s.* ✝ 'Zwischenkreˌdit *m*; ~ **div·i·dend** *s.* ✝ 'Interimsdiviˌdende *f*.

in·te·ri·or [ın'tıərıə] **I** *adj.* **1.** inner, innengelegen; Innen… (*a.* ⩓): ~ ***decoration***, ~ ***design*** a) Innenausstattung *f*, b) Innenarchitektur *f*; ~ ***decorator***, ~ ***designer*** a) Innenausstatter(in), b) Innenarchitekt(in); **2.** binnenländisch, Binnen…; **3.** inländisch, Inlands…; **4.** innerlich, geistig: ~ ***monologue*** *Literatur*: innerer Monolog; **II** *s.* **5.** *das* Innere (*a.* ⩓), Innenraum *m*; **6.** *das* Innere, Binnenland *n*; **7.** *phot.* Innenaufnahme *f*; **8.** *das* Innere, wahres Wesen; **9.** *pol.* innere Angelegenheiten *pl.*: ***Department of the*** ♀ *Am.* Innenministerium *n*.

in·ter·ject [ˌıntə'dʒekt] *v/t.* **1.** *Bemerkung* daʼzwischen-, einwerfen; daʼzwischenrufen; **2.** einschieben, einschalten; ˌ**in·ter'jec·tion** [-kʃn] *s.* **1.** Aus-, Zwischenruf *m*; **2.** *ling.* Interjektiʼon *f*; ˌ**in·ter'jec·tion·al** [-kʃənl] *adj.* □, ˌ**in·ter'jec·to·ry** [-tərı] *adj.* daʼzwischengeworfen, eingeschoben, Zwischen…

ˌ**in·ter'lace** **I** *v/t.* **1.** ineinʼander-, verflechten, verschlingen; **2.** durchʼflechten, verweben (*a. fig.*); **3.** (ver)mischen; **4.** *Computer*: verschachteln; **II** *v/i.* **5.** sich verflechten *od.* kreuzen: ***interlacing arches*** △ verschränkte Bogen; **III** *s.* **6.** *TV* Zwischenzeile *f*.

'**in·terˌlan·guage** *s.* Verkehrssprache *f*.

ˌ**in·ter'lard** *v/t. fig.* spicken, durchʼsetzen (***with*** mit).

'**in·ter·leaf** *s.* [*irr.*] leeres Zwischenblatt; ˌ**in·ter'leave** *v/t.* **1.** *Bücher* durchʼschießen; **2.** *Computer*: verschachteln.

ˌ**in·ter'line** *v/t.* **1.** zwischen die Zeilen schreiben *od.* setzen, einfügen; **2.** *typ. Zeilen* durchʼschießen; **3.** *Kleidungsstück* mit e-m Zwischenfutter versehen; ˌ**in·ter'lin·e·ar** *adj.* **1.** daʼzwischengeschrieben, zwischenzeilig, Interlinear…; **2.** ~ ***space*** *typ.* Durchschuß *m*; '**in·terˌlin·e'a·tion** *s. das* Daʼzwischengeschriebene.

ˌ**in·ter'link** **I** *v/t.* verketten (*a.* ⚡); **II** *s.* ['ıntəlıŋk] Binde-, Zwischenglied *n*.

ˌ**in·ter'lock** **I** *v/i.* **1.** ineinʼandergreifen (*a. fig.*): ~***ing directorate*** ✝ Schachtelaufsichtsrat *m*; **2.** 🚂 verblockt sein: ~***ing signals*** Blocksignale; **II** *v/t.* **3.** zs.-schließen, ineinʼanderschachteln; **4.** ineinʼanderhaken, verzahnen; **5.** ⚙, 🚂 verblocken: ~***ing plant*** Stellwerk *n*.

in·ter·lo·cu·tion [ˌıntələʊ'kju:ʃn] *s.* Gespräch *n*, Unterʼredung *f*; **in·ter·loc·u-**

tor [ˌɪntəˈlɒkjʊtə] *s.* Gesprächspartner (-in); **in·ter·loc·u·to·ry** [ˌɪntəˈlɒkjʊtərɪ] *adj.* **1.** in Gesprächsform; Gesprächs…; **2.** ⚖ vorläufig, Zwischen…: ~ ***injunction*** einstweilige Verfügung.

in·ter·lop·er [ˈɪntələʊpə] *s.* **1.** Eindringling *m*; **2.** ✝ Schleichhändler *m*.

in·ter·lude [ˈɪntəluːd] *s.* **1.** Zwischenspiel *n* (*a.* ♪ *u. fig.*); **2.** Pause *f*; **3.** Zwischenzeit *f*; **4.** Epiˈsode *f*.

ˌ**in·terˈmar·riage** *s.* **1.** Mischehe *f* (*zwischen verschiedenen Konfessionen*, *Rassen etc.*); **2.** Heirat *f* untereinˈander *od.* zwischen nahen Blutsverwandten; ˌ**in·terˈmar·ry** *v/i.* **1.** untereinˈander heiraten (*Stämme etc.*), Mischehen eingehen; **2.** innerhalb der Faˈmilie heiraten.

ˌ**in·terˈmed·dle** *v/i.* sich einmischen (***with***, ***in*** in *acc.*).

in·ter·me·di·ar·y [ˌɪntəˈmiːdjərɪ] **I** *adj.* **1.** → ***intermediate*** 1; **2.** vermittelnd; **II** *s.* **3.** Vermittler(in); **4.** ✝ Zwischenhändler *m*; ˌ**in·terˈme·di·ate** [-jət] **I** *adj.* ☐ **1.** daˈzwischenliegend, Zwischen…, Mittel…: ~ ***between*** liegend zwischen; ~ ***colo(u)r*** (***credit***, ***product***, ***stage***, ***trade***) Zwischenfarbe *f* (-kredit *m*, -produkt *n*, -stadium *n*, -handel *m*); ~ ***examination*** → 4; **II** *s.* **2.** Zwischenglied *n*, form *f*, stück *n*; **3.** ⚗ ˈZwischenproˌdukt *n*; **4.** Zwischenprüfung *f*; **5.** Vermittler(in), Mittelsmann *m*.

in·ter·ment [ɪnˈtɜːmənt] *s.* Beerdigung *f*, Beisetzung *f*.

in·ter·mez·zo [ˌɪntəˈmetsəʊ] *pl.* **-mez·zi** [-tsiː] *od.* **-mez·zos** *s.* Interˈmezzo *n*, Zwischenspiel *n*.

in·ter·mi·na·ble [ɪnˈtɜːmɪnəbl] *adj.* ☐ **1.** grenzenlos, endlos; **2.** langwierig.

ˌ**in·terˈmin·gle** → ***intermix***.

ˌ**in·terˈmis·sion** *s.* Unterˈbrechung *f*, Aussetzen *n*; Pause *f*: ***without*** ~ pausenlos, unaufhörlich, ständig.

in·ter·mit [ˌɪntəˈmɪt] **I** *v/t.* unterˈbrechen, aussetzen mit; **II** *v/i.* aussetzen, nachlassen; ˌ**in·terˈmit·tence** [-təns] *s.* Aussetzen *n*, Unterˈbrechung *f*; ˌ**in·terˈmit·tent** [-tənt] *adj.* ☐ mit Unterˈbrechungen, stoßweise; (zeitweilig) aussetzend, periˈodisch, intermittierend: ***be*** ~ aussetzen; ~ ***fever*** ⚕ Wechselfieber *n*; ~ ***light*** ⚓ Blinkfeuer *n*.

ˌ**in·terˈmix** **I** *v/t.* vermischen; **II** *v/i.* sich vermischen; ˌ**in·terˈmix·ture** *s.* **1.** Mischung *f*; **2.** Beimischung *f*, Zusatz *m*.

in·tern[1] **I** *v/t.* [ɪnˈtɜːn] internieren; **II** *s.* [ˈɪntɜːn] *Am.* Internierte(r *m*) *f*.

in·tern[2] [ˈɪntɜːn] *Am.* **I** *s.* ⚕ Assiˈstenzarzt *m*, *a. ped.* Praktiˈkant(in); **II** *v/i.* als Assiˈstenzarzt (*in e-r Klinik*) tätig sein.

in·ter·nal [ɪnˈtɜːnl] **I** *adj.* ☐ **1.** inner, inwendig: ~ ***organs*** *anat.* innere Organe; ~ ***diameter*** Innendurchmesser *m*; **2.** ⚕ innerlich anzuwenden(d), einzunehmen(d): ~ ***remedy***; **3.** inner(lich), geistig; **4.** einheimisch, in-, binnenländisch, Inlands…, Innen…, Binnen…: ~ ***loan*** ✝ Inlandsanleihe *f*; ~ ***trade*** Binnenhandel *m*; **5.** *pol.* inner, Innen…: ~ ***affairs*** innere Angelegenheiten; **6.** *ped.* inˈtern, im College *etc.* wohnend; **7.** ✝ *etc.* (beˈtriebs)inˌtern, innerbetrieblich; **II** *s.* **8.** *pl. anat.* innere Orˈgane *pl.*; **9.** innere Naˈtur; ~**-comˈbus·tion en·gine** *s.* ⚙ Verbrennungs-, Exploˈsionsmotor *m*.

in·ter·na·lize [ɪnˈtɜːnəlaɪz] *v/t. psych. et.* verinnerlichen, in sich aufnehmen.

in·ter·nal| med·i·cine *s.* ⚕ innere Meˈdizin; ~ **rev·e·nue** *s. Am.* Steueraufkommen *n*: ♀ ***Office*** Finanzamt *n*; ~ **rhyme** *s.* Binnenreim *m*; ~ **spe·cial·ist** *s.* ⚕ Interˈnist *m*, Facharzt *m* für innere Krankheiten; ~ **thread** *s.* ⚙ Innengewinde *n*.

ˌ**in·terˈna·tion·al** **I** *adj.* ☐ **1.** internatioˈnal, zwischenstaatlich: ~ ***candle*** *phys.* Internationale Kerze (*Lichtstärke*); **2.** Welt…, Völker…; **II** *s.* **3.** *sport* a) Internatioˈnale(r *m*) *f*, Natioˈnalspieler (-in), b) F internatioˈnaler Vergleichskampf; Länderspiel *n*; **4.** ♀ *pol.* Internatioˈnale *f*; **5.** *pl.* ✝ internatioˈnal gehandelte ˈWertpaˌpiere *pl.*; **In·ter·na·tio·nale** [ˌɪntənæʃəˈnɑːl] *s.* Internatioˈnale *f* (*Kampflied*); ˌ**in·terˈna·tion·al·ism** *s.* **1.** Internationaˈlismus *m*; **2.** internatioˈnale Zs.-arbeit; ˌ**in·terˈna·tion·al·ist** *s.* **1.** Internationaˈlist *m*, Anhänger *m* des Internationaˈlismus; **2.** ⚖ Völkerrechtler *m*; **3.** → ***international*** 3a; ˈ**in·terˌna·tionˈal·i·ty** *s.* internatioˈnaler Chaˈrakter; ˌ**in·terˈna·tion·al·ize** *v/t.* **1.** internationalisieren; **2.** internatioˈnaler Konˈtrolle unterˈwerfen.

in·ter·na·tion·al| law *s.* Völkerrecht *n*; ♀ **Mon·e·tar·y Fund** *s.* Internatioˈnaler Währungsfonds; ~ **mon·ey or·der** *s.* Auslandspostanweisung *f*; ~ **re·ply cou·pon** *s.* internatioˈnaler Antwortschein.

in·terne [ˈɪntɜːn] → ***intern***[2] I.

in·ter·ne·cine [ˌɪntəˈniːsaɪn] *adj.* **1.** gegenseitige Tötung bewirkend: ~ ***duel***; ~ ***war*** gegenseitiger Vernichtungskrieg; **2.** mörderisch, vernichtend.

in·tern·ee [ˌɪntɜːˈniː] *s.* Internierte(r *m*) *f*; **in·tern·ment** [ɪnˈtɜːnmənt] *s.* Internierung *f*: ~ ***camp*** Internierungslager *n*.

ˈ**in·terˌo·ceˈan·ic** [-ərˌəʊ-] *adj.* interozeˈanisch, zwischen (zwei) Weltmeeren liegend, (zwei) Weltmeere verbindend.

in·ter·pel·late [ɪnˈtɜːpeleɪt] *v/t. pol.* e-e Anfrage richten an (*acc.*); **in·ter·pel·la·tion** [ɪnˌtɜːpeˈleɪʃn] *s. pol.* Interpellatiˈon *f*.

ˌ**in·terˈpen·e·trate** **I** *v/t.* völlig durchˈdringen; **II** *v/i.* sich gegenseitig durchˈdringen.

in·ter·phone [ˈɪntəfəʊn] → ***intercom***.

ˌ**in·terˈplan·e·tar·y** *adj.* interplaneˈtarisch.

ˌ**in·terˈplay** *s.* Wechselwirkung *f*, -spiel *n*.

In·ter·pol [ˈɪntəpɒl] *s.* Interpol *f* (*Internationale kriminalpolizeiliche Organisation*).

in·ter·po·late [ɪnˈtɜːpəʊleɪt] *v/t.* **1.** interpolieren; *et.* einschalten, -fügen; **2.** (durch Einschiebungen) ändern, *bsd.* verfälschen; **3.** ⩚ interpolieren; **in·ter·po·la·tion** [ɪnˌtɜːpəʊˈleɪʃn] *s.* Interpolatiˈon *f* (*a.* ⩚), Einschaltung *f*, Einschiebung *f* (*in e-n Text*).

ˌ**in·terˈpose** **I** *v/t.* **1.** daˈzwischenstellen, -legen, -bringen; ⚙ zwischenschalten; **2.** *et.* in den Weg legen; **3.** *Bemerkung* einwerfen, einflechten; *Einwand etc.* vorbringen, *Veto* einlegen; **II** *v/i.* **4.** daˈzwischenkommen, -treten; **5.** vermitteln, intervenieren; **6.** (sich) unterˈbrechen (*im Reden*); **in·ter·po·si·tion** [ɪnˌtɜːpəˈzɪʃn] *s.* **1.** Eingreifen *n*; **2.** Vermittlung *f*, Einfügung *f*, Einschaltung *f* (*a.* ⚙).

in·ter·pret [ɪnˈtɜːprɪt] **I** *v/t.* **1.** interpretieren, auslegen, deuten; ansehen (***as*** als); *bsd.* ⚔ auswerten; **2.** dolmetschen; **3.** ♪, *thea. etc.* interpretieren, ˈwiedergeben, darstellen; **II** *v/i.* **4.** dolmetschen, als Dolmetscher fungieren; **in·ter·pre·ta·tion** [ɪnˌtɜːprɪˈteɪʃn] *s.* **1.** Erklärung *f*, Auslegung *f*, Deutung *f*; Auswertung *f*; **2.** (mündliche) ˈWiedergabe, Überˈsetzung *f*; **3.** ♪, *thea. etc.* Darstellung *f*, ˈWiedergabe *f*; Auffassung *f*, Interpretatiˈon *f e-r Rolle etc.*; **inˈter·pret·er** [-tə] *s.* **1.** Erklärer(in), Ausleger(in), Interˈpret(in); **2.** Dolmetscher(in); **3.** *Computer*: Interpreˈtierproˌgramm *n*; **inˈter·pret·er·ship** [-təʃɪp] *s.* Dolmetscherstellung *f*.

ˌ**in·terˈra·cial** *adj.* **1.** verschiedenen Rassen gemeinsam, interˈrassisch; **2.** zwischenrassisch: ~ ***tension(s)*** Rassenspannungen.

in·ter·reg·num [ˌɪntəˈregnəm] *pl.* **-na** [-nə], **-nums** *s.* **1.** Interˈregnum *n*: a) herrscherlose Zeit, b) Zwischenregierung *f*; **2.** Pause *f*, Unterˈbrechung *f*.

ˌ**in·ter·reˈlate** **I** *v/t.* zueinˈander in Beziehung bringen; **II** *v/i.* zueinˈander in Beziehung stehen, zs.-hängen; ˌ**in·ter·reˈlat·ed** *adj.* in Wechselbeziehung stehend, (untereinˈander) zs.-hängend; ˌ**in·ter·reˈla·tion** *s.* Wechselbeziehung *f*.

in·ter·ro·gate [ɪnˈterəʊgeɪt] *v/t.* **1.** (be-) fragen; **2.** ausfragen, vernehmen, verhören; **in·ter·ro·ga·tion** [ɪnˌterəʊˈgeɪʃn] *s.* **1.** Frage *f* (*a. ling.*), Befragung *f*: ~ ***mark***, ***point of*** ~ *ling.* Fragezeichen *n*; **2.** Vernehmung *f*, Verhör *n*: ~ ***officer*** Vernehmungsoffizier *m*, -beamter *m*; **in·ter·rog·a·tive** [ˌɪntəˈrɒgətɪv] **I** *adj.* ☐ fragend, Frage…: ~ ***pronoun*** → II; **II** *s. ling.* Fragefürwort *n*; **inˈter·ro·ga·tor** [-tə] *s.* **1.** Fragesteller (-in); **2.** Vernehmungsbeamte(r) *m*; **3.** *pol.* Interpelˈlant *m*; **in·ter·rog·a·to·ry** [ˌɪntəˈrɒgətərɪ] **I** *adj.* **1.** fragend, Frage…; **II** *s.* **2.** Frage(stellung) *f*; **3.** ⚖ Beweisfrage *f* (*vor der Verhandlung*).

in·ter·rupt [ˌɪntəˈrʌpt] *v/t.* **1.** *allg.*, *a.* ⚡ unterˈbrechen, *a. j-m* ins Wort fallen; **2.** aufhalten, stören, hindern; ˌ**in·terˈrupt·ed** [-tɪd] *adj.* ☐ unterˈbrochen (*a.* ⚡, ⚙, ⚘); ˌ**in·terˈrupt·ed·ly** [-tɪdlɪ] *adv.* mit Unterˈbrechungen; ˌ**in·terˈrupt·er** [-tə] *s.* **1.** Unterˈbrecher *m* (*a.* ⚡, ⚙); **2.** Zwischenrufer(in); Störer(in); ˌ**in·terˈrup·tion** [-pʃn] *s.* **1.** Unterˈbrechung *f* (*a.* ⚡), Stockung *f*: ***without*** ~ ununterbrochen; **2.** (⚙ Betriebs)Störung *f*.

in·ter·sect [ˌɪntəˈsekt] **I** *v/t.* (durch-) ˈschneiden; **II** *v/i.* sich schneiden *od.* kreuzen (*a.* ⩚); ˌ**in·terˈsec·tion** [-kʃn] *s.* **1.** Durchˈschneiden *n*; **2.** Schnitt-, Kreuzungspunkt *m*; **3.** ⩚ a) Schnitt *m*, b) *a.* ***point of*** ~ Schnittpunkt *m*, c) *a.* ***line of*** ~ Schnittlinie *f*; **4.** *Am.* (Straßen- *etc.*)Kreuzung *f*; **5.** ⚠ Vierung *f*.

ˈ**in·ter·sex** *s. biol.* Interˈsex *n* (*geschlechtliche Zwischenform*); ˌ**in·terˈsex·u·al** *adj.* zwischengeschlechtlich.

ˌ**in·terˈspace** **I** *s.* Zwischenraum *m*, -zeit *f*; **II** *v/t.* Raum lassen zwischen (*dat.*); trennen.

in·ter·sperse [ˌɪntəˈspɜːs] *v/t.* **1.** einstreuen, hier und da einfügen (***among*** zwischen *acc.*); **2.** durch'setzen (***with*** mit).

'in·ter·state *adj. Am.* zwischenstaatlich, zwischen den US.-Bundesstaaten (bestehend *etc.*).

ˌin·ter'stel·lar *adj.* interstel'lar.

in·ter·stice [ɪn'tɜːstɪs] *s.* **1.** Zwischenraum *m*; **2.** Lücke *f*, Spalte *f*; **in·ter·sti·tial** [ˌɪntə'stɪʃl] *adj.* in Zwischenräumen (gelegen), zwischenräumlich, Zwischen...

ˌin·ter'trib·al *adj.* zwischen verschiedenen Stämmen (vorkommend).

ˌin·ter'twine *v/t. u. v/i.* (sich) verflechten *od.* verschlingen.

ˌin·ter'ur·ban [-ər'ɜː-] *adj.* Überland...: ~ ***bus***.

in·ter·val ['ɪntəvl] *s.* **1.** Zwischenraum *m*, -zeit *f*, Abstand *m*: ***at*** **~*s*** dann und wann, periodisch; → ***lucid*** 1; **2.** Pause *f* (*a. thea. etc.*): ~ ***signal*** *Radio*: Pausenzeichen *n*; **3.** ♪ Inter'vall *n*, Tonabstand *m*; ~ **train·ing** *s. sport* Inter'valltraining *n*.

in·ter·vene [ˌɪntə'viːn] *v/i.* **1.** (*zeitlich*) da'zwischenliegen, liegen zwischen (*dat.*); **2.** sich (in'zwischen) ereignen, (plötzlich) eintreten; **3.** (*unerwartet*) da'zwischenkommen: ***if nothing*** **~*s***; **4.** sich einmischen (***in*** in *acc.*), einschreiten; **5.** (*helfend*) eingreifen, vermitteln; sich verwenden (***with s.o.*** bei j-m); **6.** *bsd.* ✝, ⚖ intervenieren; **ˌin·ter'ven·tion** [-'venʃn] *s.* **1.** Da'zwischenliegen *n*, -kommen *n*; **2.** Vermittlung *f*; **3.** Eingreifen *n*, -schreiten *n*, -mischung *f*; **4.** ✝, *pol.* (⚖ 'Neben)Interventi'on *f*; **5.** Einspruch *m*; **ˌin·ter'ven·tion·ist** [-'venʃnɪst] *s. pol.* Befürworter *m* e-r Interventi'on, Interventio'nist *m*.

in·ter·view ['ɪntəvjuː] **I** *s.* **1.** Inter'view *n*; **2.** Unter'redung *f*, (✝ *a.* Vorstellungs)Gespräch *n*: ***hours for*** **~*s*** Sprechzeiten, -stunden *pl.*; **II** *v/t.* **3.** inter'viewen, ein Inter'view *od.* e-e Unter'redung haben mit, ein Gespräch führen mit; **in·ter·view·ee** [ˌɪntəvjuː'iː] *s.* Inter'viewte(r *m*) *f*; *a.* Kandi'dat(in) (*für e-e Stelle*); **'in·ter·view·er** [-juːə] *s.* Inter'viewer(in); Leiter(in) e-s Vorstellungsgesprächs.

'in·ter·war *adj.*: ***the*** ~ ***period*** die Zeit zwischen den (Welt)Kriegen.

ˌin·ter'weave *v/t.* [*irr.* → ***weave***] **1.** verweben, verflechten (*a. fig.*); **2.** vermengen; **3.** durch'weben, -'flechten, -'wirken.

ˌin·ter'zon·al *adj.* Interzonen...

in·tes·ta·cy [ɪn'testəsɪ] *s.* ⚖ Fehlen *n* e-s Testa'ments; **in'tes·tate** [-teɪt] **I** *adj.* **1.** ohne Hinter'lassung e-s Testa'ments: ***die*** **~**; **2.** nicht testamen'tarisch geregelt: ~ ***estate***; ~ ***succession*** gesetzliche Erbfolge; **II** *s.* **3.** Erb-lasser(in), der (*od.* die) kein Testa'ment hinter'lassen hat.

in·tes·ti·nal [ɪn'testɪnl] *adj.* ⚕ Darm...: ~ ***flora*** Darmflora *f*; **in·tes·tine** [ɪn'testɪn] **I** *s. anat.* Darm *m*; *pl.* Gedärme *pl.*, Eingeweide *pl.*: ***large*** ~ Dickdarm; ***small*** ~ Dünndarm; **II** *adj.* inner, einheimisch: ~ ***war*** Bürgerkrieg *m*.

in·thral(l) [ɪn'θrɔːl] *Am.* → ***enthral(l)***.

in·throne [ɪn'θrəʊn] *Am.* → ***enthrone***.

in·ti·ma·cy ['ɪntɪməsɪ] *s.* **1.** Intimi'tät *f*: a) Vertrautheit *f*, vertrauter 'Umgang, b) (*contp. plumpe*) Vertraulichkeit; **2.** in'time (*sexuelle*) Beziehungen *pl.*

in·ti·mate¹ ['ɪntɪmət] **I** *adj.* ☐ **1.** vertraut, innig, in'tim: ***on*** ~ ***terms*** auf vertrautem Fuß; **2.** eng, nah; **3.** per'sönlich; **4.** in'tim, in geschlechtlichen Beziehungen (stehend) (***with*** mit); **5.** gründlich: ~ ***knowledge***; **6.** ⚙, ⚗ innig: ~ ***contact***; ~ ***mixture***; **II** *s.* **7.** Vertraute(r *m*) *f*, Intimus *m*.

in·ti·mate² ['ɪntɪmeɪt] *v/t.* **1.** andeuten, zu verstehen geben; **2.** nahelegen; **3.** ankündigen, mitteilen; **in·ti·ma·tion** [ˌɪntɪ'meɪʃn] *s.* **1.** Andeutung *f*, Wink *m*; **2.** Mitteilung *f*.

in·tim·i·date [ɪn'tɪmɪdeɪt] *v/t.* einschüchtern, abschrecken, bange machen; **in·tim·i·da·tion** [ɪnˌtɪmɪ'deɪʃn] *s.* Einschüchterung *f*; ⚖ Nötigung *f*.

in·ti·tle [ɪn'taɪtl] *Am.* → ***entitle***.

in·to ['ɪntʊ; 'ɪntə] *prp.* **1.** in (*acc.*), in (*acc.*) ... hin'ein: ***go*** ~ ***the house***; ***get*** ~ ***debt*** in Schulden geraten; ***flog*** ~ ***obedience*** durch Prügel zum Gehorsam bringen; ***translate*** ~ ***English*** ins Englische übersetzen; ***far*** ~ ***the night*** tief in die Nacht; ***she is*** ~ ***her thirties*** sie ist Anfang dreißig; ***Socialist*** ~ ***Conservative*** die Verwandlung e-s Sozialisten in einen Konservativen; **2.** *Zustandsänderung*: zu: ***make water*** ~ ***ice*** Wasser zu Eis machen; ***turn*** ~ ***cash*** zu Geld machen; ***grow*** ~ ***a man*** ein Mann werden; **3.** ℞ in: ***divide*** ~ ***10 parts*** in 10 Teile teilen; ***4*** ~ ***20 goes five times*** 4 geht in 20 fünfmal; **4.** ***be*** ~ ***s.th.*** F a) auf (*acc.*) et. ‚stehen', b) et. ‚am Wikkel' haben: ***he is*** ~ ***modern art now*** F er ‚hat es' jetzt (*beschäftigt sich*) mit moderner Kunst.

in·tol·er·a·ble [ɪn'tɒlərəbl] *adj.* ☐ unerträglich; **in'tol·er·a·ble·ness** [-nɪs] *s.* Unerträglichkeit *f*; **in'tol·er·ance** [-ləræns] *s.* **1.** 'Intoleˌranz *f*, Unduldsamkeit *f* (***of*** gegen); **2.** ⚕ 'Überempfindlichkeit *f* (***of*** gegen); **in'tol·er·ant** [-lərænt] *adj.* ☐ **1.** unduldsam, 'intoleˌrant (***of*** gegen); **2.** ***be*** ~ ***of*** nicht (v)ertragen können.

in·tomb [ɪn'tuːm] *Am.* → ***entomb***.

in·to·nate ['ɪntəʊneɪt] *v/t.* → ***intone***; **in·to·na·tion** [ˌɪntəʊ'neɪʃn] *s.* **1.** *ling.* Intonati'on *f*, Tonfall *m*; **2.** ♪ Intonati'on *f*: a) Anstimmen *n*, b) Psalmodieren *n*, c) Tonansatz *m*; **in·tone** [ɪn'təʊn] *v/t.* **1.** ♪ anstimmen, intonieren; **2.** ♪ psalmodieren; **3.** (mit *e-m bestimmten* Tonfall) (aus)sprechen.

in to·to [ˌɪn'təʊtəʊ] (*Lat.*) *adv.* **1.** im ganzen, insgesamt; **2.** vollständig.

in·tox·i·cant [ɪn'tɒksɪkənt] **I** *adj.* berauschend; **II** *s.* berauschendes Getränk, Rauschmittel *n*; **in'tox·i·cate** [-keɪt] *v/t.* (*a. fig.*) berauschen, (be)trunken machen: **~*d with*** berauscht *od.* trunken von *Wein*, *Liebe etc.*; **in·tox·i·ca·tion** [ɪnˌtɒksɪ'keɪʃn] *s. a. fig.* Rausch *m*, Trunkenheit *f*.

intra- [ɪntrə] *in Zssgn* innerhalb.

ˌin·tra'car·di·ac *adj.* ⚕ im Herz'innern, intrakardi'al.

in·trac·ta·bil·i·ty [ɪnˌtræktə'bɪlətɪ] *s.* Unlenksamkeit *f*, 'Widerspenstigkeit *f*; **in·trac·ta·ble** [ɪn'træktəbl] *adj.* ☐ **1.** unlenksam, störrisch, halsstarrig; **2.** schwer zu bearbeiten(d) *od.* zu handhaben(d), ‚'widerspenstig'.

in·tra·dos [ɪn'treɪdɒs] *s.* ⚠ Laibung *f*.

in·tra·mu·ral [ˌɪntrə'mjʊərəl] *adj.* **1.** innerhalb der Mauern (*e-r Stadt*, *e-s Hauses etc.*) befindlich; **2.** innerhalb der Universi'tät.

ˌin·tra'mus·cu·lar *adj.* ⚕ intramusku'lär.

in·tran·si·gence [ɪn'trænsɪdʒəns] *s.* Unnachgiebigkeit *f*, Intransi'genz *f*; **in'tran·si·gent** [-nt] *adj. bsd. pol.* unnachgiebig, starr, intransi'gent.

in·tran·si·tive [ɪn'trænsɪtɪv] **I** *adj.* ☐ *ling.* intransitiv (*a.* ℞); **II** *s. ling.* Intransitiv *n*.

in·trant ['ɪntrənt] *s.* Neueintretende(r *m*) *f*, (*ein Amt*) Antretende(r *m*) *f*.

ˌin·tra'state *adj.* innerstaatlich, *Am.* innerhalb e-s Bundesstaates.

ˌin·tra've·nous *adj.* ⚕ intrave'nös.

in·trench [ɪn'trentʃ] → ***entrench***.

in·trep·id [ɪn'trepɪd] *adj.* ☐ unerschrokken; **in·tre·pid·i·ty** [ˌɪntrɪ'pɪdətɪ] *s.* Unerschrockenheit *f*.

in·tri·ca·cy ['ɪntrɪkəsɪ] *s.* **1.** Kompliziertheit *f*, Kniffligkeit *f*; **2.** Komplikati'on *f*, Schwierigkeit *f*; **'in·tri·cate** [-kət] *adj.* ☐ verwickelt, kompliziert, knifflig, schwierig.

in·trigue [ɪn'triːg] **I** *v/i.* **1.** intrigieren, Ränke schmieden; **2.** ein Verhältnis haben (***with*** mit); **II** *v/t.* **3.** fesseln, faszinieren; **4.** neugierig machen; **5.** verblüffen; **III** *s.* **6.** In'trige *f*: a) Ränkespiel *n*, *pl.* Ränke *pl.*, Machenschaften *pl.*, b) Verwicklung *f* (*im Drama etc.*); **in'tri·guer** [-gə] *s.* Intri'gant(in); **in'tri·guing** [-gɪŋ] *adj.* ☐ **1.** fesselnd, faszinierend; **2.** verblüffend; **3.** intrigierend, ränkevoll.

in·trin·sic [ɪn'trɪnsɪk] *adj.* (☐ **~*ally***) inner, wahr, eigentlich, wirklich, wesentlich, imma'nent: ~ ***value*** innerer Wert; **in'trin·si·cal·ly** [-kəlɪ] *adv.* wirklich, eigentlich; an sich: ~ ***safe*** ⚡ eigensicher.

in·tro·duce [ˌɪntrə'djuːs] *v/t.* **1.** einführen: ~ ***a new method***; **2.** einleiten, eröffnen, anfangen; **3.** (***into*** in *acc.*) *et.* (her'ein)bringen; *Instrument etc.* einführen, -setzen; *Seuche* einschleppen; *parl. Gesetzesvorlage* einbringen; **4.** *Thema*, *Frage* anschneiden, aufwerfen; **5.** *j-n* (hin'ein)führen, (-)geleiten (***into*** in *acc.*); **6.** (***to***) *j-n* einführen (in *acc.*), bekannt machen (mit *et.*); **7.** (***to***) *j-n* bekannt machen (mit *j-m*), vorstellen (*dat.*); **ˌin·tro'duc·tion** [-'dʌkʃn] *s.* **1.** Einführung *f*; **2.** Einleitung *f*, Anbahnung *f*; **3.** Einleitung *f*, Vorrede *f*, -wort *n*; **4.** Leitfaden *m*, Anleitung *f*; **5.** Einführung *f* (*Instrument*); Einschleppung *f* (*Seuche*); *pol.* Einbringung *f* (*Gesetz*); **6.** Vorstellung *f*: ***letter of*** ~ Empfehlungsbrief *m*; **ˌin·tro'duc·to·ry** [-'dʌktərɪ] *adj.* einleitend, Einleitungs..., Vor...

in·tro·mis·sion [ˌɪntrəʊ'mɪʃn] *s.* **1.** Einführung *f*; **2.** Zulassung *f*.

in·tro·spect [ˌɪntrəʊ'spekt] *v/t.* sich (innerlich) prüfen; **ˌin·tro'spec·tion** [-kʃn] *s.* Selbstbeobachtung *f*, Innenschau *f*, Introspekti'on *f*; **ˌin·tro'spec·tive** [-tɪv] *adj.* ☐ introspek'tiv, selbstprüfend, nach innen gewandt.

in·tro·ver·sion [ˌɪntrəʊ'vɜːʃn] *s.* **1.** Einwärtskehren *n*; **2.** *psych.* Introversi'on *f*, Introvertiertheit *f*; **in·tro·vert** **I** *s.*

[ˈɪntrəʊvɜːt] *psych.* introvertierter Mensch; **II** *v/t.* [ˌɪntrəʊˈvɜːt] nach innen richten, einwärtskehren; *psych.* introvertieren.

in·trude [ɪnˈtruːd] **I** *v/t.* **1.** *fig.* (unnötigerweise) hiˈneinbringen: **~ *one's own ideas into the argument*; 2. ~ *s.th. upon s.o.*** j-m et. aufdrängen; **~ *o.s. upon s.o.*** sich j-m aufdrängen; **II** *v/i.* **3.** sich eindrängen *od.* einmischen (***into*** in *acc.*), sich aufdrängen (***upon*** *dat.*); **4.** (***upon***) *j-n* stören, belästigen: ***am I intruding?*** störe ich?; **inˈtrud·er** [-də] *s.* **1.** Eindringling *m*; **2.** Zudringliche(r *m*) *f*, Störenfried *m*; **3.** ✈ Störflugzeug *n*; **inˈtru·sion** [-uːʒn] *s.* **1.** Eindrängen *n*, Eindringen *n*; **2.** Einmischung *f*; **3.** Zu-, Aufdringlichkeit *f*; **4.** Belästigung *f* (***upon*** *gen.*); **5.** ⚖ Besitzstörung *f*; **inˈtru·sive** [-uːsɪv] *adj.* ☐ **1.** auf-, zudringlich, lästig; **2.** *geol.* eingedrungen; **3.** *ling.* ˈunetymoˌlogisch (eingedrungen); **inˈtru·sive·ness** [-uːsɪvnɪs] → ***intrusion*** 3.

in·tu·it [ɪnˈtjuːɪt] *v/t. u. v/i.* intuiˈtiv erfassen *od.* wissen; **in·tu·i·tion** [ˌɪntjuːˈɪʃn] *s.* Intuitiˈon *f*: a) unmittelbare Erkenntnis, b) Eingebung *f*, Ahnung *f*; **in·tu·i·tive** [ɪnˈtjuːɪtɪv] *adj.* ☐ intuiˈtiv.

in·tu·mes·cence [ˌɪntjuːˈmesns] *s.* **1.** Anschwellen *n*; **2.** ⚕ Anschwellung *f*, Geschwulst *f*; **ˌin·tuˈmes·cent** [-nt] *adj.* (an)schwellend.

in·twine [ɪnˈtwaɪn] *Am.* → ***entwine***.

in·un·date [ˈɪnʌndeɪt] *v/t.* überˈschwemmen (*a. fig.*); **in·un·da·tion** [ˌɪnʌnˈdeɪʃn] *s.* Überˈschwemmung *f*, Flut *f* (*a. fig.*).

in·ure [ɪˈnjʊə] **I** *v/t. mst pass.* (***to***) abhärten (gegen), gewöhnen (an *acc.*); **II** *v/i. bsd.* ⚖ wirksam *od.* gültig *od.* angewendet werden.

in·vade [ɪnˈveɪd] *v/t.* **1.** einfallen *od.* eindringen *od.* einbrechen in (*acc.*); **2.** überˈfallen, angreifen; **3.** *fig.* überˈlaufen, -ˈschwemmen, sich ausbreiten über (*acc.*); **4.** eindringen in (*acc.*), ˈübergreifen auf (*acc.*); **5.** *fig.* erfüllen, ergreifen, befallen: ***fear ~d all***; **6.** *fig.* verstoßen gegen, verletzen, antasten, eingreifen in (*acc.*); **inˈvad·er** [-də] *s.* Eindringling *m*, Angreifer(in); *pl.* ⚔ Invaˈsoren *pl.*

in·va·lid¹ [ˈɪnvəlɪd] **I** *adj.* **1.** a) krank, leidend, b) invaˈlide, c) ⚔ dienstunfähig; **2.** Kranken...: **~ *chair*** Rollstuhl *m*; **~ *diet*** Krankenkost *f*; **II** *s.* **3.** Kranke(r *m*) *f*; **4.** Invaˈlide *m*; **III** *v/t.* [ˌɪnvəˈliːd] **5.** zum Invaˈliden machen; **6.** *a.* **~ *out*** ⚔ dienstuntauglich erklären *od.* als dienstuntauglich entlassen: ***be ~ed out*** als Invalide (aus dem Heer) entlassen werden.

in·val·id² [ɪnˈvælɪd] *adj.* ☐ **1.** (rechts)ungültig, null u. nichtig; **2.** nichtig, nicht stichhaltig (*Argumente*); **inˈval·i·date** [-deɪt] *v/t.* **1.** außer Kraft setzen: a) (für) ungültig erklären, ˈumstoßen, b) ungültig *od.* unwirksam machen; **2.** *Argument etc.* entkräften; **in·val·i·da·tion** [ɪnˌvælɪˈdeɪʃn] *s.* **1.** Ungültigkeitserklärung *f*; **2.** Entkräftung *f*.

in·va·lid·ism [ˈɪnvəlɪdɪzəm] *s.* ⚕ Invalidiˈtät *f*.

in·va·lid·i·ty [ˌɪnvəˈlɪdətɪ] *s.* **1.** *bsd.* ⚖ Ungültigkeit *f*, Nichtigkeit *f*; **2.** ⚕ *Am.* Invalidiˈtät *f*.

in·val·u·a·ble [ɪnˈvæljʊəbl] *adj.* ☐ unschätzbar, unbezahlbar, von unschätzbarem Wert.

in·var·i·a·bil·i·ty [ɪnˌveərɪəˈbɪlətɪ] *s.* Unveränderlichkeit *f*; **in·var·i·a·ble** [ɪnˈveərɪəbl] **I** *adj.* ☐ unveränderlich, gleichbleibend; konˈstant (*a.* ⩚); **II** *s.* ⩚ Konˈstante *f*; **in·var·i·a·bly** [ɪnˈveərɪəblɪ] *adv.* stets, ausnahmslos.

in·va·sion [ɪnˈveɪʒn] *s.* **1.** (***of***) Invasiˈon *f* (*gen.*): a) ⚔ *u. fig.* Einfall *m* (in *acc.*), ˈÜberfall *m* (auf *acc.*), b) Eindringen *n*, Einbruch *m* (in *acc.*); **2.** Andrang *m* (***of*** zu); **3.** *fig.* (***of***) Eingriff *m* (in *acc.*), Verletzung *f* (*gen.*); **4.** ⚕ Anfall *m*; **inˈva·sive** [-eɪsɪv] *adj.* **1.** ⚔ Invasions..., angreifend; **2.** (gewaltsam) eingreifend (***of*** in *acc.*); **3.** zudringlich.

in·vec·tive [ɪnˈvektɪv] *s.* Schmähung(en *pl.*) *f*, Beschimpfung *f*; *pl.* Schimpfworte *pl.*

in·veigh [ɪnˈveɪ] *v/i.* (***against***) schimpfen (über, auf *acc.*), herziehen (über *acc.*).

in·vei·gle [ɪnˈveɪgl] *v/t.* (***into***) **1.** verleiten, verführen (zu): **~ *s.o. into doing s.th.*** j-n dazu verleiten, *et.* zu tun; **2.** locken (in *acc.*); **inˈvei·gle·ment** [-mənt] *s.* Verleitung *f etc.*

in·vent [ɪnˈvent] *v/t.* **1.** erfinden, ersinnen; **2.** *fig.* erfinden, erdichten; **inˈven·tion** [-nʃn] *s.* **1.** Erfindung *f* (*a. fig.*); **2.** (Gegenstand *m etc.* der) Erfindung *f*; **3.** Erfindungsgabe *f*; **4.** *contp.* Märchen *n*; **inˈven·tive** [-tɪv] *adj.* ☐ **1.** erfinderisch (***of*** in *dat.*); Erfindungs...; **2.** schöpferisch, einfallsreich, origiˈnell; **inˈven·tive·ness** [-tɪvnɪs] → ***invention*** 3; **inˈven·tor** [-tə] *s.* Erfinder(in).

in·ven·to·ry [ˈɪnvəntrɪ] *a.* ✝ **I** *s.* **1.** a) Invenˈtar *n*, Bestandsverzeichnis, (-)Liste *f*, b) *Am.* Bestandsaufnahme *f*, Invenˈtur *f*; **2.** Invenˈtar *n*, Lagerbestand *m*, Vorräte *pl.*: ***take ~*** Inventur machen; **II** *v/t.* **3.** inventarisieren: a) e-e Bestandsaufnahme machen von, b) im Invenˈtar verzeichnen.

in·verse [ɪnˈvɜːs] **I** *adj.* ☐ ˈumgekehrt, entgegengesetzt; ⩚ inˈvers, reziˈprok: ***~ly proportional*** umgekehrt proportional; **II** *s.* ˈUmkehrung *f*, Gegenteil *n*; **inˈver·sion** [ɪnˈvɜːʃn] *s.* **1.** ˈUmkehrung *f* (*a.* ♪); **2.** ⚗, ⩚, *ling.*, *meteor.* Inversiˈon *f*, *psych. a.* Homosexualiˈtät *f*.

in·vert **I** *v/t.* [ɪnˈvɜːt] **1.** ˈumkehren (*a.* ♪), ˈumdrehen, ˈumwenden (*a.* ⚡); **2.** *ling.* ˈumstellen; **3.** ⚗ invertieren; **II** *s.* [ˈɪnvɜːt] **4.** △ ˈumgekehrter Bogen; **5.** ⚙ Sohle *f* (*Schleuse etc.*); **6.** *psych.* Invertierte(r *m*) *f*: a) Homosexuˈelle(r *m*), b) Lesbierin *f*, c) Transsexuˈelle(r *m*) *f*.

in·ver·te·brate [ɪnˈvɜːtɪbrət] **I** *adj.* **1.** *zo.* wirbellos; **2.** *fig.* rückgratlos; **II** *s.* **3.** *zo.* wirbelloses Tier: ***the ~s*** die Wirbellosen.

in·vert·ed [ɪnˈvɜːtɪd] *adj.* **1.** ˈumgekehrt; ˈumgestellt; **2.** *psych.* invertiert, homosexuˈell; **3.** ⚙ hängend: **~ *cylinders*; ~ *engine*** Hängemotor *m*; **~ com·mas** *s. pl.* Anführungszeichen *pl.*, ‚Gänsefüßchen' *pl.*; **~ flight** *s.* ✈ Rückenflug *m*; **~ im·age** *s. phys.* Kehrbild *n*.

in·vest [ɪnˈvest] **I** *v/t.* **1.** ✝ investieren, anlegen (***in*** in *dat.*); **2.** (***with***, ***in*** mit) bekleiden (*a. fig.*); bedecken, umˈhüllen; **3.** (***with***) kleiden (in *acc.*), ausstatten (mit *Befugnissen etc.*); umˈgeben (mit); **4.** (in Amt u. Würden) einsetzen; **5.** ⚔ einschließen, belagern; **II** *v/i.* **6.** investieren (***in*** in *dat.*); **7.** **~ in** F ‚sein Geld investieren' in (*dat.*).

in·ves·ti·gate [ɪnˈvestɪgeɪt] **I** *v/t.* unterˈsuchen, erforschen; ermitteln; **II** *v/i.* (***into***) nachforschen (nach), Ermittlungen anstellen (über *acc.*); **in·ves·ti·ga·tion** [ɪnˌvestɪˈgeɪʃn] *s.* **1.** Unterˈsuchung *f*, Nachforschung *f*; *pl.* Ermittlung(en *pl.*) *f*, Reˈcherchen *pl.*; **2.** *wissenschaftliche* (Er)Forschung; **inˈves·ti·ga·tive** [-tɪv] *adj.* recherchierend, Untersuchungs...: **~ *journalism*** Enthüllungsjournalismus *m*; **~ *reporter*** recherchierender Reporter; **inˈves·ti·ga·tor** [-tə] *s.* **1.** Unterˈsuchende(r) *m*, (Er-, Nach-) Forscher(in); **2.** Unterˈsuchungsbeamte(r) *m*; **3.** Prüfer(in).

in·ves·ti·ture [ɪnˈvestɪtʃə] *s.* **1.** Investiˈtur *f*, (feierliche) Amtseinsetzung *f*; **2.** Belehnung *f*; **3.** *fig.* Ausstattung *f*.

in·vest·ment [ɪnˈvestmənt] *s.* **1.** ✝ a) Investierung *f*, b) Investitiˈon(en *pl.*) *f*, (Kapiˈtal-, Geld)Anlage *f*, Anlagewerte *pl.*: ***that's a good ~*** das ist e-e gute Geldanlage, *fig.* das lohnt sich *od.* macht sich bezahlt; **2.** ✝ Einlage *f*, Beteiligung *f* (*e-s Gesellschafters*); **3.** Ausstattung *f* (***with*** mit); **4.** *biol.* (Außen-, Schutz)Haut *f*; **5.** ⚔ *obs.* Belagerung *f*; **6.** → ***investiture*** 1; **~ ad·vis·er** *s.* Anlageberater *m*; **~ bank** *s.* Investitiˈons-, Inˈvestmentbank *f*; **~ bank·ing** *s.* Efˈfektenbankgeschäft *n*; **~ bonds** *s. pl.* festverzinsliche ˈAnlagepaˌpiere *pl.*; **~ com·pan·y** *s.* Kapiˈtalanlage-, Inˈvestmentgesellschaft *f*; **~ cred·it** *s.* Investitiˈonskreˌdit *m*; **~ fund** *s.* **1.** Anlagefonds *m*; **2.** *pl.* Investitiˈonsmittel *pl.*; **~ goods** *s. pl.* Investitiˈonsgüter *pl.*; **~ shares** *s. pl.*, **~ stocks** *s. pl.* ˈAnlagepaˌpiere *pl.*, -werte *pl.*; **~ trust** → ***investment company***: **~ *certificate*** Anteilschein *m*, Investmentzertifikat *n*.

in·ves·tor [ɪnˈvestə] *s.* ✝ Inˈvestor *m*, Geld-, Kapiˈtalanleger *m*.

in·vet·er·a·cy [ɪnˈvetərəsɪ] *s.* Unausrottbarkeit *f*, *a.* ⚕ Hartnäckigkeit *f*; **inˈvet·er·ate** [-rɪt] *adj.* ☐ **1.** eingewurzelt; **2.** ⚕ hartnäckig; **3.** eingefleischt, unverbesserlich.

in·vid·i·ous [ɪnˈvɪdɪəs] *adj.* ☐ **1.** verhaßt, ärgerlich; **2.** gehässig, boshaft, gemein; **inˈvid·i·ous·ness** [-nɪs] *s.* **1.** *das* Ärgerliche; **2.** Gehässigkeit *f*, Bosheit *f*, Gemeinheit *f*.

in·vig·i·la·tion [ɪnˌvɪdʒɪˈleɪʃn] *s. ped. Brit.* Aufsicht *f*.

in·vig·or·ate [ɪnˈvɪgəreɪt] *v/t.* stärken, kräftigen, beleben, *bsd. fig.* erfrischen: ***invigorating*** stärkend *etc.*; **in·vig·or·a·tion** [ɪnˌvɪgəˈreɪʃn] *s.* Kräftigung *f*, Belebung *f*.

in·vin·ci·bil·i·ty [ɪnˌvɪnsɪˈbɪlətɪ] *s.* Unbesiegbarkeit *f etc.*; **in·vin·ci·ble** [ɪnˈvɪnsəbl] *adj.* ☐ unbesiegbar, ˈunüberˌwindlich.

in·vi·o·la·bil·i·ty [ɪnˌvaɪələˈbɪlətɪ] *s.* Unverletzlichkeit *f*, Unantastbarkeit *f*; **in·vi·o·la·ble** [ɪnˈvaɪələbl] *adj.* ☐ unverletzlich, unantastbar, heilig; **in·vi·o·late** [ɪnˈvaɪələt] *adj.* ☐ **1.** unverletzt, unversehrt, nicht gebrochen (*Gesetz etc.*); **2.** unangetastet.

in·vis·i·bil·i·ty [ɪnˌvɪzəˈbɪlətɪ] *s.* Unsichtbarkeit *f*; **in·vis·i·ble** [ɪnˈvɪzəbl] *adj.* □ unsichtbar (*to* für): ~ *ink*; ~ *exports*; ~ *mending* Kunststopfen *n*; *he was* ~ *fig.* er ließ sich nicht sehen.

in·vi·ta·tion [ˌɪnvɪˈteɪʃn] *s.* **1.** Einladung *f* (*to s.o.* an j-n): ~ *to tea* Einladung zum Tee; **2.** Aufforderung *f*, Ersuchen *n*; **3.** ~ *to bid* ✝ Ausschreibung *f*; **in·vite** [ɪnˈvaɪt] *v/t.* **1.** einladen: ~ *s.o. in* j-n hereinbitten; **2.** *j-n* auffordern, bitten (*to do* zu tun); **3.** *et.* erbitten, ersuchen um, auffordern zu *et.*; ✝ ausschreiben; **4.** *Kritik, Gefahr etc.* herˈausfordern, sich aussetzen (*dat.*); **5.** a) einladen zu, ermutigen zu, b) (ver)lokken (*to do* zu tun); **in·vit·ing** [ɪnˈvaɪtɪŋ] *adj.* □ einladend, (ver)lockend.

in·vo·ca·tion [ˌɪnvəʊˈkeɪʃn] *s.* **1.** Anrufung *f*; **2.** *eccl.* Bittgebet *n*.

in·voice [ˈɪnvɔɪs] ✝ **I** *s.* Fakˈtura *f*, (Waren-, Begleit)Rechnung *f*: *as per* ~ laut Rechnung; ~ *clerk* Fakturist(in); **II** *v/t.* fakturieren, in Rechnung stellen.

in·voke [ɪnˈvəʊk] *v/t.* **1.** anrufen, anflehen, flehen zu; **2.** flehen um, erflehen; **3.** *fig.* zu Hilfe rufen, sich berufen auf (*acc.*), anführen, zitieren; **4.** *Geist* beschwören.

in·vol·un·tar·i·ness [ɪnˈvɒləntərɪnɪs] *s.* **1.** Unfreiwilligkeit *f*; **2.** ˈUnwillˌkürlichkeit *f*; **in·vol·un·tar·y** [ɪnˈvɒləntərɪ] *adj.* □ **1.** unfreiwillig; **2.** ˈunwillˌkürlich; **3.** unabsichtlich.

in·vo·lute [ˈɪnvəluːt] **I** *adj.* **1.** ⚘ eingerollt; **2.** *zo.* mit engen Windungen; **3.** *fig.* verwickelt; **II** *s.* **4.** & Evolˈvente *f*; **in·vo·lu·tion** [ˌɪnvəˈluːʃn] *s.* **1.** ⚘ Einrollung *f*; **2.** Involutiˈon *f*: a) *biol.* Rückbildung *f*, b) & Potenzierung *f*; **3.** Verwicklung *f*, Verwirrung *f*.

in·volve [ɪnˈvɒlv] (→ *a. involved*) *v/t.* **1.** umˈfassen, einschließen, involvieren; **2.** nach sich ziehen, zur Folge haben, mit sich bringen, verbunden sein mit, bedeuten: ~ *great expense*; *this would* ~ (*our*) *living abroad* das würde bedeuten, daß wir im Ausland leben müßten; **3.** nötig machen, erfordern: ~ *hard work*; **4.** betreffen: a) angehen: *the plan* ~*s all employees*, b) beteiligen (*in, with* an *dat.*): *the number of persons* ~*d*, c) sich handeln *od.* drehen um, gehen um, zum Gegenstand haben: *the case* ~*d some grave offences*, d) in Mitleidenschaft ziehen: *diseases that* ~ *the nervous system*; *it wouldn't* ~ *you* du hättest nichts damit zu tun; **5.** verwickeln, -stricken, hinˈeinziehen (*in* in *acc.*): ~*d in a lawsuit* in e-n Rechtsstreit verwickelt; ~*d in an accident* in e-n Unfall verwikkelt, an e-m Unfall beteiligt; *I am not getting* ~*d in this!* ich lasse mich da nicht hineinziehen!; **6.** *j-n* (*seelisch, persönlich*) engagieren (*in* in *dat.*): ~ *o.s. with s.o.* sich mit j-m einlassen; *be* ~*d with s.o.* a) mit j-m zu tun haben, b) zu j-m e-e (enge) Beziehung haben, *erotisch*: *a.* mit j-m ein Verhältnis haben, es mit j-m ‚haben'; *she was* ~*d with several men*; **7.** *j-n* in Schwierigkeiten bringen (*with* mit); **8.** *et.* komplizieren, verwirren; **inˈvolved** [-vd] *adj.* (→ *a. involve*) **1.** a) kompliziert, b) verworren: *an* ~ *sentence*; **2.** betroffen, beteiligt: *the persons* ~; **3.** *be* ~ a) → *involve* 4 c, b) mitspielen (*in* bei *e-r Sache*), c) auf dem Spiel stehen, gehen um: *the national prestige was* ~; **4.** (*in*) verwickelt, verstrickt (in *acc.*), beteiligt (an *dat.*); **5.** einbegriffen; **6.** (*in, with*) a) stark beschäftigt (mit), versunken (in *acc.*), b) (stark) interessiert (an *dat.*); **7.** (*seelisch, innerlich*) engagiert: *emotionally* ~; *be deeply* ~ *with a girl* e-e enge Beziehung zu e-m Mädchen haben, stark empfinden für ein Mädchen; **inˈvolve·ment** [-mənt] *s.* **1.** Verwicklung *f*, -strickung *f* (*in* in *acc.*); **2.** Beteiligung *f* (*in* an *dat.*); **3.** Betroffensein *n*; **4.** (*seelisches od. persönliches*) Engagement; **5.** (*with*) a) (*innere*) Beziehung (zu), b) (*sexuelles*) Verhältnis (mit), c) Umgang (mit); **6.** Kompliziertheit *f*; **7.** komplizierte Sache, Schwierigkeit *f*.

in·vul·ner·a·bil·i·ty [ɪnˌvʌlnərəˈbɪlətɪ] *s.* **1.** Unverwundbarkeit *f*; **2.** *fig.* Unanfechtbarkeit *f*; **in·vul·ner·a·ble** [ɪnˈvʌlnərəbl] *adj.* □ **1.** unverwundbar, ungefährdet, gefeit (*to* gegen); **2.** *fig.* unanfechtbar.

in·ward [ˈɪnwəd] **I** *adj.* □ **1.** inner(lich), Innen...; nach innen gehend: ~ *parts anat.* innere Organe; *the* ~ *nature* der Kern, das eigentliche Wesen; **2.** *fig.* seelisch, geistig, inner(lich); **3.** ~ *duty* ✝ Eingangszoll *m*; ~ *journey* ⚓ Heimfahrt *f*, -reise *f*; ~ *mail* eingehende Post; **II** *s.* **4.** *das* Innere (*a. fig.*); **5.** *pl.* [ˈɪnədz] F a) innere Orˈgane *pl.*, Eingeweide *pl.*, b) *Küche*: Inneˈreien *pl.*; **III** *adv.* **6.** nach innen; **7.** im Innern (*a. fig.*); **ˈin·ward·ly** [-lɪ] *adv.* **1.** innerlich, im Innern (*a. fig.*); nach innen; **2.** im stillen, insgeheim, für sich, leise; **ˈin·ward·ness** [-nɪs] *s.* **1.** Innerlichkeit *f*; **2.** innere Naˈtur, wahre Bedeutung; **ˈin·wards** [-dz] → *inward* 6, 7.

in·weave [ˌɪnˈwiːv] *v/t.* [*irr.* → *weave*] **1.** einweben (*into* in *acc.*); **2.** *fig.* ein-, verflechten.

in·wrought [ˌɪnˈrɔːt] *adj.* **1.** eingewoben, eingearbeitet; **2.** verziert; **3.** *fig.* (eng) verflochten.

i·o·date [ˈaɪəʊdeɪt] *s.* ⚗ Joˈdat *n*; **i·od·ic** [aɪˈɒdɪk] *adj.* ⚗ jodhaltig, Jod...; **ˈi·o·dide** [-daɪd] *s.* ⚗ Joˈdid *n*; **ˈi·o·dine** [-diːn] *s.* Jod *n*: *tincture of* ~ Jodtinktur *f*; **ˈi·o·dism** [-dɪzəm] *s.* Jodvergiftung *f*; **ˈi·o·dize** [-daɪz] *v/t.* jodieren, mit Jod behandeln.

i·on [ˈaɪən] *s. phys.* Iˈon *n*.

I·o·ni·an [aɪˈəʊnjən] **I** *adj.* iˈonisch; **II** *s.* Iˈonier(in).

I·on·ic¹ [aɪˈɒnɪk] *adj.* iˈonisch: ~ *order* ionische Säulenordnung.

i·on·ic² [aɪˈɒnɪk] *adj. phys.* iˈonisch: ~ *centrifuge* Ionenschleuder *f*; ~ *migration* Ionenwanderung *f*.

i·o·ni·um [aɪˈəʊnɪəm] *s.* ⚗ Iˈonium *n*.

i·on·i·za·tion [ˌaɪənaɪˈzeɪʃn] *s. phys.* Ionisierung *f*; **i·on·ize** [ˈaɪənaɪz] *phys.* **I** *v/t.* ionisieren; **II** *v/i.* in Iˈonen zerfallen; **i·on·o·sphere** [aɪˈɒnəˌsfɪə] *s. phys.* Ionoˈsphäre *f*.

i·o·ta [aɪˈəʊtə] *s.* Jota *n* (*griech. Buchstabe*): *not an* ~ *fig.* kein Jota *od.* bißchen.

IOU [ˌaɪəʊˈjuː] *s.* Schuldschein *m* (= *I owe you*).

ip·so fac·to [ˌɪpsəʊˈfæktəʊ] (*Lat.*) gerade (*od.* alˈlein) durch diese Tatsache, eo ipso.

I·ra·ni·an [ɪˈreɪnjən] **I** *adj.* **1.** iˈranisch, persisch; **II** *s.* **2.** Iˈranier(in), Perser (-in); **3.** *ling.* Iˈranisch *n*, Persisch *n*.

I·ra·qi [ɪˈrɑːkɪ] **I** *s.* **1.** Iˈraker(in); **2.** *ling.* Iˈrakisch *n*; **II** *adj.* **3.** iˈrakisch.

i·ras·ci·bil·i·ty [ɪˌræsəˈbɪlətɪ] *s.* Jähzorn *m*, Reizbarkeit *f*; **i·ras·ci·ble** [ɪˈræsəbl] *adj.* □ jähzornig, reizbar.

i·rate [aɪˈreɪt] *adj.* zornig, wütend.

ire [ˈaɪə] *s. poet.* Zorn *m*, Wut *f*; **ˈire·ful** [-fʊl] *adj.* □ *poet.* zornig.

ir·i·des·cence [ˌɪrɪˈdesns] *s.* Schillern *n*; **ˌir·iˈdes·cent** [-nt] *adj.* schillernd, irisierend.

i·rid·i·um [aɪˈrɪdɪəm] *s.* ⚗ Iˈridium *n*.

i·ris [ˈaɪərɪs] *s.* **1.** *anat.* Regenbogenhaut *f*, Iris *f*; **2.** ⚘ Schwertlilie *f*.

I·rish [ˈaɪərɪʃ] **I** *adj.* **1.** irisch: *the* ~ *Free State obs.* der Irische Freistaat; → *bull³*; **II** *s.* **2.** *ling.* Irisch *n*; **3.** *the* ~ *pl.* die Iren *pl.*, die Irländer *pl.*; **ˈI·rish·ism** [-ʃɪzəm] *s.* irische (Sprach)Eigentümlichkeit.

ˈI·rish|·man [-mən] *s.* [*irr.*] Ire *m*, Irländer *m*; ~ **stew** *s. Küche*: Irish Stew *n*; ~ **ter·ri·er** *s.* Irischer Terrier; **ˈ~ˌwom·an** *s.* [*irr.*] Irin *f*, Irländerin *f*.

irk [ɜːk] *v/t.* ärgern, verdrießen; **ˈirk·some** [-səm] *adj.* □ **1.** ärgerlich, verdrießlich; **2.** lästig.

i·ron [ˈaɪən] **I** *s.* **1.** Eisen *n*: *have* (*too*) *many* ~*s in the fire* (zu) viele Eisen im Feuer haben; *rule with a rod of* ~ *od. with an* ~ *hand* mit eiserner Faust regieren; *strike while the* ~ *is hot* das Eisen schmieden, solange es heiß ist; *a man of* ~ ein harter Mann; *he is made of* ~ er hat e-e eiserne Gesundheit; **2.** Brandeisen *n*, -stempel *m*; **3.** (Bügel-, Plätt)Eisen *n*; **4.** Steigbügel *m*; **5.** *Golf*: Eisen *n* (*Schläger*); **6.** ✱ ˈEisen (-präpaˌrat) *n*: *take* ~ Eisen einnehmen; **7.** *pl.* Hand-, Fußschellen *pl.*, Eisen *pl.*: *put in* ~*s* → 14; **8.** *pl.* ✱ Beinschiene *f* (*Stützapparat*): *put s.o.'s leg in* ~*s* j-m das Bein schienen; **II** *adj.* **9.** eisern, Eisen...: ~ *bar* Eisenstange *f*; **10.** *fig.* eisern: a) hart, kräftig: ~ *constitution* eiserne Gesundheit; ~ *frame* kräftiger Körper(bau), b) ehern, hart, grausam: ~ *fist od. hand* eiserne Faust (→ 1); *there was an* ~ *fist in a velvet glove* bei all s-r Freundlichkeit war mit ihm doch nicht zu spaßen, c) unbeugsam, unerschütterlich: ~ *discipline* eiserne Zucht; ~ *will* eiserner Wille; **III** *v/t.* **11.** bügeln, plätten; **12.** ~ *out* a) glätten, einebnen, glattwalzen, b) *fig.* ‚ausbügeln', in Ordnung bringen; **13.** ⚙ mit Eisen beschlagen; **14.** fesseln, in Eisen legen.

I·ron| Age *s.* Eisenzeit *f*; ~ **Chan·cel·lor** *s.*: *the* ~ der Eiserne Kanzler (*Bismarck*); **ˈ2·clad I** *adj.* **1.** gepanzert (*Schiff*), eisenverkleidet, -bewehrt, mit Eisenmantel; **2.** *fig.* eisern, starr, streng; **3.** *fig.* unangreifbar, absoˈlut stichhaltig: ~ *argument*; **II** *s.* **4.** *hist.* Panzerschiff *n*; 2 **con·crete** *s.* ⚙ ˈEisenbeˌton *m*; ~ **Cross** *s.* ⚔ Eisernes Kreuz (*Auszeichnung*); ~ **Cur·tain** *s. pol.* ‚Eiserner Vorhang': ~ *countries die* Länder *pl.* hinter dem Eisernen Vorhang; ~ **Duke** *s.*: *the* ~ der Eiserne Herzog (*Wellington*); 2 **found·ry** *s.* Eisengießeˈrei *f*; 2 **horse** *s.* F *obs.*

'Dampfroß' *n* (*Lokomotive*).

i·ron·ic, i·ron·i·cal [aɪ'rɒnɪk(l)] *adj.* **1.** i'ronisch, spöttelnd, spöttisch; **2.** *Situation etc.*: seltsam, 'komisch', paradox; **i'ron·i·cal·ly** [-ɪkəlɪ] *adv.* **1.** i'ronisch(erweise); **2.** komischerweise; **i·ro·nize** ['aɪərənaɪz] **I** *v/t. et.* ironisieren; **II** *v/i.* i'ronisch sein, spötteln.

i·ron·ing board ['aɪənɪŋ] *s.* Bügel-, Plättbrett *n.*

i·ron| lung *s.* ⚕ eiserne Lunge; '**~,mas·ter** *s. Brit.* 'Eisenfabri,kant *m, obs.* Eisenhüttenbesitzer *m*; '**~,mon·ger** *s. bsd. Brit.* Eisenwaren-, Me'tallwarenhändler(in); '**~,mon·ger·y** *s. bsd. Brit.* **1.** Eisen-, Me'tallwaren *pl.*; **2.** Eisenwaren-, Me'tallwarenhandlung *f*; **~ ore** *s. metall.* Eisenerz *n*; **~ ox·ide** *s.* ⚗ 'Eiseno,xyd *n*; **~ ra·tion** *s.* ⚔ eiserne Rati'on; '**~·sides** *s.* **1.** *sg.* Mann *m* von großer Tapferkeit; **2.** ⚔ *pl. hist.* Cromwells Reite'rei *f od.* Heer *n*; **3.** → ***iron-clad*** 4; '**~·ware** *s.* Eisen-, Me'tallwaren *pl.*; '**~·work** *s.* ⚙ 'Eisenbeschlag *m*, -konstrukti,on *f*; '**~·works** *s. pl. sg. konstr.* Eisenhütte *f.*

i·ron·y¹ ['aɪənɪ] *adj.* **1.** eisern; **2.** eisenhaltig (*Erde*); **3.** eisenartig.

i·ro·ny² ['aɪərənɪ] *s.* **1.** Iro'nie *f*: **~ *of fate*** *fig.* Ironie des Schicksals; ***tragic* ~** tragische Ironie; ***the* ~ *of it!*** *fig.* welche Ironie (des Schicksals)!; **2.** i'ronische Bemerkung, Spötte'lei *f.*

Ir·o·quois ['ɪrəkwɔɪ] *pl.* **-quois** [-kwɔɪz] *s.* Iro'kese *m*, Iro'kesin *f.*

ir·ra·di·ance [ɪ'reɪdjəns] *s.* **1.** (An-, Aus-, Be)Strahlen *n*; **2.** Strahlenglanz *m*; **ir'ra·di·ant** [-nt] *adj. a. fig.* strahlend (***with*** vor *dat.*); **ir'ra·di·ate** [-dɪeɪt] *v/t.* **1.** bestrahlen (*a.* ⚕), erleuchten; **2.** ausstrahlen; **3.** *fig. Gesicht etc.* aufheitern, verklären; **4.** *fig. etc.* erhellen, Licht werfen auf (*acc.*); **ir·ra·di·a·tion** [ɪ,reɪdɪ'eɪʃn] *s.* **1.** (Aus)Strahlen *n*, Leuchten *n*; **2.** *phys.* a) 'Strahlungsintensi,tät *f*, b) spe'zifische 'Strahlungsener,gie; **3.** Irradiati'on *f*: a) *phot.* Belichtung *f*, b) ⚕ Bestrahlung *f*, Durch'leuchtung *f*; **4.** *fig.* Erhellung *f.*

ir·ra·tion·al [ɪ'ræʃənl] **I** *adj.* □ **1.** unvernünftig: a) vernunftlos: **~ *animal***, b) 'irratio,nal (*a.* ⩕, *phls.*), vernunftwidrig, unsinnig; **II** *s.* **2.** ⩕ 'Irratio,nalzahl *f*; **3.** *the* **~** → **ir·ra·tion·al·i·ty** [ɪ,ræʃə'nælətɪ] *s.* Irrationali'tät *f* (*a.* ⩕, *phls.*), *das* 'Irratio,nale, Unvernunft *f*, Unsinnigkeit *f.*

ir·re·but·ta·ble [,ɪrɪ'bʌtəbl] *adj.* 'unwider,legbar.

ir·re·claim·a·ble [,ɪrɪ'kleɪməbl] *adj.* □ **1.** unverbesserlich; **2.** ✓ unbebaubar; **3.** 'unwieder,bringlich.

ir·rec·og·niz·a·ble [ɪ'rekəgnaɪzəbl] *adj.* □ nicht 'wiederzuer,kennen(d), unkenntlich.

ir·rec·on·cil·a·bil·i·ty [ɪ,rekənsaɪlə'bɪlətɪ] *s.* **1.** Unvereinbarkeit *f* (***to, with*** mit); **2.** Unversöhnlichkeit *f*; **ir·rec·on·cil·a·ble** [ɪ'rekənsaɪləbl] **I** *adj.* □ **1.** unvereinbar (***to, with*** mit); **2.** unversöhnlich; **II** *s.* **3.** *pol.* unversöhnlicher Gegner.

ir·re·cov·er·a·ble [,ɪrɪ'kʌvərəbl] *adj.* □ **1.** unrettbar (verloren), 'unwieder,bringlich, unersetzlich: **~ *debt*** nicht beitreibbare (Schuld)Forderung; **2.** unheilbar, nicht wieder'gutzumachen(d).

ir·re·deem·a·ble [,ɪrɪ'di:məbl] *adj.* □ **1.** nicht rückkaufbar; **2.** ✝ nicht (in Gold) einlösbar (*Papiergeld*); **3.** ✝ a) untilgbar; **~ *loan***, b) nicht ablösbar, unkündbar (*Schuldverschreibung etc.*); **4.** unrettbar (verloren), unverbesserlich, hoffnungslos.

ir·re·den·tism [,ɪrɪ'dentɪzəm] *s. pol.* Irreden'tismus *m*; **,ir·re'den·tist** [-ɪst] *pol.* **I** *s.* Irreden'tist *m*; **II** *adj.* irreden'tistisch.

ir·re·duc·i·ble [,ɪrɪ'dju:səbl] *adj.* □ **1.** nicht zu vereinfachen(d); **2.** nicht reduzierbar, nicht zu vermindern(d): ***the* ~ *minimum*** das äußerste Mindestmaß.

ir·re·fran·gi·ble [,ɪrɪ'frændʒəbl] *adj.* **1.** unverletzlich, nicht zu über'treten(d); **2.** *opt.* unbrechbar.

ir·re·fu·ta·ble [,ɪrɪ'fju:təbl] *adj.* □ 'unwider,legbar, nicht zu wider'legen(d).

ir·re·gard·less [,ɪrɪ'gɑ:dlɪs] *adj. Am.* F **~ *of*** ohne sich zu kümmern um.

ir·reg·u·lar [ɪ'regjʊlə] **I** *adj.* □ **1.** unregelmäßig (*a.* ⚘, *ling*, *a. Zähne etc.*), ungleichmäßig, uneinheitlich; **2.** ungeordnet, unordentlich; **3.** ungehörig, ungebührlich; **4.** regel-, vorschriftswidrig; **5.** ungesetzlich, ungültig; **6.** uneben; 'unsyste,matisch; **7.** ⚔ 'irregu,lär; **II** *s.* **8.** *pl.* Parti'sanen *pl.*, Freischärler *pl.*; **ir·reg·u·lar·i·ty** [ɪ,regjʊ'lærətɪ] *s.* **1.** Unregelmäßigkeit *f* (*a. ling.*), Ungleichmäßigkeit *f*; **2.** Regelwidrigkeit *f*; ⚖ Formfehler *m*, Verfahrensmangel *m*; **3.** Ungehörigkeit *f*; **4.** Unebenheit *f*; **5.** Unordnung *f*; **6.** Vergehen *n*, Verstoß *m*; **7.** *pl.* ✝ *Am.* Ausschußware(n *pl.*) *f.*

ir·rel·e·vance [ɪ'reləvəns], **ir'rel·e·van·cy** [-sɪ] *s.* 'Irrele,vanz *f*, Unerheblichkeit *f*, Belanglosigkeit *f*, Unwesentlichkeit *f*; **ir'rel·e·vant** [-nt] *adj.* □ 'irrele,vant, belanglos, unerheblich (***to*** für) (*alle a.* ⚖), nicht zur Sache gehörig.

ir·re·li·gion [,ɪrɪ'lɪdʒən] *s.* Religi'onslosigkeit *f*, Unglaube *m*; Gottlosigkeit *f*; **,ir·re'li·gious** [-dʒəs] *adj.* □ **1.** 'irreligi,ös, ungläubig, gottlos; **2.** religi'onsfeindlich.

ir·re·me·di·a·ble [,ɪrɪ'mi:djəbl] *adj.* □ **1.** unheilbar; **2.** unabänderlich; **3.** → ***irreparable***.

ir·re·mis·si·ble [,ɪrɪ'mɪsəbl] *adj.* □ **1.** unverzeihlich; **2.** unerläßlich.

ir·re·mov·a·ble [,ɪrɪ'mu:vəbl] *adj.* □ **1.** nicht zu entfernen(d); unbeweglich (*a. fig.*); **2.** unabsetzbar.

ir·rep·a·ra·ble [ɪ'repərəbl] *adj.* □ **1.** 'irrepa,rabel, nicht wieder'gutzumachen(d); **2.** unersetzlich; **3.** unheilbar (*a.* ⚕).

ir·re·place·a·ble [,ɪrɪ'pleɪsəbl] *adj.* unersetzlich, unersetzbar.

ir·re·press·i·ble [,ɪrɪ'presəbl] *adj.* □ **1.** unbezähmbar, unbändig; **2.** *Person*: a) nicht 'unterzukriegen(d), unverwüstlich, b) tempera'mentvoll.

ir·re·proach·a·ble [,ɪrɪ'prəʊtʃəbl] *adj.* □ untadelig, einwandfrei, tadellos.

ir·re·sist·i·bil·i·ty ['ɪrɪ,zɪstə'bɪlətɪ] *s.* 'Unwider,stehlichkeit *f*; **ir·re·sist·i·ble** [,ɪrɪ'zɪstəbl] *adj.* □ **1.** 'unwider,stehlich (*a. fig. Charme etc.*); **2.** unaufhaltsam.

ir·res·o·lute [ɪ'rezəlu:t] *adj.* □ unentschlossen, schwankend; **ir'res·o·lute·ness** [-nɪs], **ir·res·o·lu·tion** ['ɪ,rezə'lu:ʃn] *s.* Unentschlossenheit *f.*

ir·re·spec·tive [,ɪrɪ'spektɪv] *adj.* □: **~ *of*** ohne Rücksicht auf (*acc.*), ungeachtet (*gen.*), abgesehen von.

ir·re·spon·si·bil·i·ty ['ɪrɪ,spɒnsə'bɪlətɪ] *s.* **1.** Unverantwortlichkeit *f*; **2.** Verantwortungslosigkeit *f*; **ir·re·spon·si·ble** [,ɪrɪ'spɒnsəbl] *adj.* □ **1.** unverantwortlich (*Handlung*); **2.** verantwortungslos (*Person*); **3.** ⚖ unzurechnungsfähig.

ir·re·spon·sive [,ɪrɪ'spɒnsɪv] *adj.* **1.** teilnahms-, verständnislos, gleichgültig (***to*** gegenüber); **2.** unempfänglich (***to*** für); ***be* ~ *to*** *a.* nicht reagieren auf (*acc.*).

ir·re·triev·a·ble [,ɪrɪ'tri:vəbl] *adj.* □ **1.** 'unwieder,bringlich, unrettbar (verloren): **~ *breakdown of marriage*** ⚖ unheilbare Zerrüttung der Ehe; **2.** unersetzlich; **3.** nicht wieder'gutzumachen(d); **,ir·re'triev·a·bly** [-əblɪ] *adv.*: **~ *broken down*** ⚖ unheilbar zerrüttet (*Ehe*).

ir·rev·er·ence [ɪ'revərəns] *s.* **1.** Unehrerbietigkeit *f*, Re'spekt-, Pie'tätlosigkeit *f*; **2.** 'Mißachtung *f*; **ir'rev·er·ent** [-nt] *adj.* □ re'spektlos, ehrfurchtslos, pie'tätlos.

ir·re·vers·i·bil·i·ty ['ɪrɪ,vɜ:sə'bɪlətɪ] *s.* **1.** Nicht'umkehrbarkeit *f*; **2.** 'Unwider,ruflichkeit *f*; **ir·re·vers·i·ble** [,ɪrɪ'vɜ:səbl] *adj.* □ **1.** nicht 'umkehrbar; **2.** ⚙ nur in 'einer Richtung (laufend); **3.** ⚗, ⩕, *phys.* irrever'sibel; **4.** 'unwider,ruflich.

ir·rev·o·ca·bil·i·ty [ɪ,revəkə'bɪlətɪ] *s.* 'Unwider,ruflichkeit *f*; **ir·rev·o·ca·ble** [ɪ'revəkəbl] *adj.* □ 'unwider,ruflich (*a.* ✝), endgültig.

ir·ri·ga·ble ['ɪrɪgəbl] *adj.* ✓ bewässerungsfähig; **ir·ri·gate** ['ɪrɪgeɪt] *v/t.* **1.** ✓ bewässern, berieseln; **2.** ⚕ spülen; **ir·ri·ga·tion** [,ɪrɪ'geɪʃn] *s.* **1.** ✓ Bewässerung *f*, Berieselung *f*; **2.** ⚕ Spülung *f.*

ir·ri·ta·bil·i·ty [,ɪrɪtə'bɪlətɪ] *s.* Reizbarkeit *f* (*a.* ⚕); **ir·ri·ta·ble** ['ɪrɪtəbl] *adj.* □ **1.** reizbar; **2.** gereizt, ⚕ *a.* empfindlich.

ir·ri·tant ['ɪrɪtənt] **I** *adj.* Reiz erzeugend, Reiz…; **II** *s.* a) Reizmittel *n* (*a. fig.*), b) ⚔ Reiz(kampf)stoff *m.*

ir·ri·tate¹ ['ɪrɪteɪt] *v/t.* reizen (*a.* ⚕), (ver)ärgern, irritieren: ***~d at*** (*od.* ***by*** *od.* ***with***) ärgerlich über (*acc.*).

ir·ri·tate² ['ɪrɪteɪt] *v/t. Scot.* ⚖ für nichtig erklären.

ir·ri·tat·ing ['ɪrɪteɪtɪŋ] *adj.* □ irritierend, aufreizend; ärgerlich, lästig; **ir·ri·ta·tion** [,ɪrɪ'teɪʃn] *s.* **1.** Reizung *f*, Ärger *m*; **2.** ⚕ Reizung *f*, Reizzustand *m.*

ir·rupt [ɪ'rʌpt] *v/i.* eindringen, her'einbrechen; **ir'rup·tion** [-pʃn] *s.* Einbruch *m*: a) Eindringen *n*, (plötzliches) Her'einbrechen, b) (feindlicher) Einfall, 'Überfall *m*; **ir'rup·tive** [-tɪv] *adj.* her'einbrechend.

is [ɪz] *3. sg. pres. von* **be**.

I·sa·iah [aɪ'zaɪə], *a.* **I'sa·ias** [-əs] *npr. u. s. bibl.* (das Buch) Je'saja *m od.* I'saias *m.*

is·chi·ad·ic [,ɪskɪ'ædɪk] *mst* **,is·chi'at·ic** [-'ætɪk] *adj.* **1.** *anat.* Hüft-, Sitzbein…; **2.** ⚕ ischi'atisch.

i·sin·glass ['aɪzɪŋglɑ:s] *s.* Hausenblase *f*, Fischleim *m.*

Is·lam ['ɪzlɑ:m] *s.* Is'lam *m*; **Is·lam·ic** [ɪz'læmɪk] *adj.* is'lamisch; **Is·lam·ize** ['ɪzləmaɪz] *v/t.* islamisieren.

is·land ['aɪlənd] *s.* **1.** Insel *f* (*a. fig. u.*

⚕); **2.** Verkehrsinsel *f*; **ˈis·land·er** [-də] *s.* Inselbewohner(in), Insuˈlaner (-in).

isle [aɪl] *s. poet. u. in npr.* (kleine) Insel, *poet.* Eiland *n*.

ism [ˈɪzəm] *s.* Ismus *m* (*bloße Theorie*).

is·n't [ˈɪznt] F *für* **is not**.

i·so·bar [ˈaɪsəʊbɑː] *s.* **1.** *meteor.* Isoˈbare *f*; **2.** *phys.* Isoˈbar *n*.

i·so·chro·mat·ic [ˌaɪsəʊkrəʊˈmætɪk] *adj. phys.* isochroˈmatisch, gleichfarbig.

i·so·late [ˈaɪsəleɪt] *v/t.* **1.** isolieren, absondern, abschließen (**from** von); **2.** ⚗, ⚕, ⚡, *phys.* isolieren; **3.** *fig.* genau bestimmen; **ˈi·so·lat·ed** [-tɪd] *adj.* **1.** isoliert (*a.* ⚙), (ab)gesondert, alˈleinstehend, vereinzelt: **~ case** Einzelfall *m*; **2.** einsam, abgeschieden; **i·so·la·tion** [ˌaɪsəˈleɪʃn] *s.* ⚕, ⚙, *pol.*, *fig.* Isolierung *f*, Isolatiˈon *f*: **~ ward** Isolierstation *f*; **in ~** *fig.* einzeln, für sich (*betrachtet*); **i·so·la·tion·ism** [ˌaɪsəˈleɪʃnɪzəm] *s. pol.* Isolatioˈnismus *m*; **i·so·la·tion·ist** [ˌaɪsəˈleɪʃnɪst] *s. pol.* Isolatioˈnist *m*.

i·so·mer [ˈaɪsəʊmɜː] *s.* ⚗ Isoˈmer *n*; **i·so·mer·ic** [ˌaɪsəʊˈmerɪk] *adj.* ⚗ isoˈmer.

i·so·met·ric [ˌaɪsəʊˈmetrɪk] ⩘ **I** *adj.* isoˈmetrisch; **II** *s. pl. sg. konstr.* Isomeˈtric *f* (*a. Muskeltraining*).

i·sos·ce·les [aɪˈsɒsɪliːz] *adj.* ⩘ gleichschenk(e)lig (*Dreieck*).

i·so·therm [ˈaɪsəʊθɜːm] *s.* Isoˈtherme *f*; **i·so·ther·mal** [ˌaɪsəʊˈθɜːml] *adj.* isoˈthermisch, gleich warm: **~ line** → **isotherm**.

i·so·tope [ˈaɪsəʊtəʊp] *s.* ⚗, *phys.* Isoˈtop *n*.

Is·ra·el [ˈɪzreɪəl] *s. bibl.* (das Volk) Israel *n*; **Is·rae·li** [ɪzˈreɪlɪ] **I** *adj.* israˈelisch; **II** *s.* Israˈeli *m*; **Is·ra·el·ite** [ˈɪzˌrɪəlaɪt] **I** *s.* Israeˈlit(in); **II** *adj.* israeˈlitisch, jüdisch.

is·su·a·ble [ˈɪʃuːəbl] *adj.* **1.** auszugeben(d); **2.** ✝ emittierbar; **3.** ⚖ zu veröffentlichen(d); **ˈis·su·ance** [-əns] *s.* (Her)ˈAusgabe *f*, Ver-, Erteilung *f*.

is·sue [ˈɪʃuː] **I** *s.* **1.** Ausgabe *f*, Erteilung *f*, Erlaß *m* (*Befehl*); **2.** Aus-, Herˈausgabe *f*; **3.** ✝ a) (Efˈfekten-) Emissiˌon *f*, (Aktien)Ausgabe *f*, Auflegen *n* (*Anleihe*); Ausstellung *f* (*Dokument*): **date of ~** Ausstellungsdatum *n*, Ausgabetag *m*; **bank of ~** Emissionsbank *f*, b) ˈWertpaˌpiere *pl.* derˈselben Emissiˈon; **4.** *bsd.* ⚔ Lieferung *f*, Ausgabe *f*, Zu-, Verteilung *f*; **5.** Ausgabe *f*: a) Veröffentlichung *f*, Auflage *f* (*Buch*), b) Nummer *f* (*Zeitung*); **6.** Streitfall *m*, (Streit)Frage *f*, Proˈblem *n*: **at ~** a) strittig, zur Debatte stehend, b) uneinig; **point at ~** strittige Frage; **evade the ~** ausweichen; **join** *od.* **take ~ with s.o.** sich mit j-m auf e-n Streit *od.* e-e Auseinandersetzung einlassen; **7.** (Kern)Punkt *m*, Fall *m*, Sachverhalt *m*: **~ of fact (law)** ⚖ Tatsachen-(Rechts)frage *f*; **side ~** Nebenpunkt *m*; **the whole ~** F das Ganze; **raise an ~** e-n Fall *od.* Sachverhalt anschneiden; **8.** Ergebnis *n*, Ausgang *m*, (Ab)Schluß *m*: **in the ~** schließlich; **bring to an ~** entscheiden; **force an ~** e-e Entscheidung erzwingen; **9.** Abkömmlinge *pl.*, leibliche Nachkommenschaft: **die without ~** ohne direkte Nachkommen sterben; **10.** *bsd.* ⚕ Ab-, Ausfluß *m*; **11.** Öffnung *f*, Mündung *f*; *fig.* Ausweg *m*; **II** *v/t.* **12.** *Befehle etc.* ausgeben, erteilen; **13.** ✝ *Banknoten* ausgeben, in ˈUmlauf setzen; *Anleihe* auflegen; *Dokumente* ausstellen: **~d capital** effektiv ausgegebenes (Aktien)Kapital; **14.** *Bücher* herˈausgeben, publizieren; **15.** ⚔ a) ausgeben, liefern, ver-, zuteilen, b) ausrüsten, beliefern (**with** mit); **III** *v/i.* **16.** herˈauskommen, -strömen; herˈvorbrechen; **17.** (**from**) herrühren (von), entspringen (*dat.*); **18.** herˈauskommen, herˈausgegeben werden (*Schriften etc.*); **19.** ergehen, erteilt werden (*Befehl etc.*); **20.** enden (**in** in *dat.*).

is·sue·less [ˈɪʃuːlɪs] *adj.* ohne Nachkommen.

is·su·er [ˈɪʃuːə] *s.* ✝ **1.** Aussteller(in); **2.** Ausgeber(in).

isth·mus [ˈɪsməs] *s.* **1.** *geogr.* Isthmus *m*, Landenge *f*; **2.** ⚕ Verengung *f*.

it[1] [ɪt] **I** *pron.* **1.** es (*nom. od. acc.*): **do you believe it?** glaubst du es?; **2.** *auf deutsches s. bezogen* (*nom.*, *dat.*, *acc.*) *m* er, ihm, ihn; *f* sie, ihr, sie; *n* es, ihm, es; *refl.* (*dat.*, *acc.*) sich; **3.** *unpersönliches od. grammatisches Subjekt*: **it rains** es regnet; **what time is it?** wieviel Uhr ist es?; **it is I** (F **me**) ich bin es; **it was my parents** es waren m-e Eltern; **4.** *unbestimmtes Objekt* (*oft unübersetzt*): **foot it** zu Fuß gehen; **I take it that** ich nehme an, daß; **5.** *verstärkend*: **it is for this reason that** gerade aus diesem Grunde ...; **6.** *nach prp.*: **at it** daran; **with it** damit *etc.*; **please see to it that** bitte sorge dafür, daß; **II** *s.* **7.** F ‚das Nonplusˈultra‘, ‚ganz große Klasse‘: **he thinks he's it**; **8.** F a) das gewisse Etwas, *bsd.* ˈSex-Apˌpeal *m*, b) Sex *m*, Geschlechtsverkehr *m*; **9.** F **that's it!** a) das ist es (ja)!, b) das wär's (gewesen)!; F **this is it!** gleich geht's los!

it[2] [ɪt], *a.* ♀ *abbr. für* **Italian**: **gin and it** Gin mit (italienischem) Wermut.

I·tal·ian [ɪˈtæljən] **I** *adj.* **1.** italiˈenisch: **~ handwriting** lateinische Schreibschrift; **II** *s.* **2.** Italiˈener(in); **3.** *ling.* Italiˈenisch *n*; **Iˈtal·ian·ate** [-neɪt] *adj.* italianisiert, nach italiˈenischer Art; **Iˈtal·ian·ism** [-nɪzəm] *s.* italiˈenische (Sprach-*etc.*)Eigenheit.

i·tal·ic [ɪˈtælɪk] **I** *adj.* **1.** *typ.* kurˈsiv; **2.** ♀ *ling.* iˈtalisch; **II** *s. pl.* **3.** *typ.* Kurˈsivschrift *f*; **iˈtal·i·cize** [-ɪsaɪz] *typ. v/t.* **1.** in Kurˈsiv drucken; **2.** durch Kurˈsivschrift herˈvorheben.

itch [ɪtʃ] **I** *s.* **1.** Jucken *n*; **2.** ⚕ Krätze *f*; **3.** *fig.* brennendes Verlangen, Sucht *f* (**for** nach): **I have an ~ to do s.th.** es ‚juckt‘ mich, et. zu tun; **II** *v/i.* **4.** jukken; **5.** *fig.* (**for**) brennen (auf *acc.*): **I am ~ing to do s.th.** es ‚juckt‘ mich, et. zu tun; **my fingers ~ to do it** es juckt mir (*od.* mich) in den Fingern, es zu tun; **itch·ing** [ˈɪtʃɪŋ] **I** *s.* **1.** → **itch** 1, 3; **II** *adj.* **2.** juckend; **3.** F a) ‚scharf‘, begierig, *a.* geil, b) nerˈvös; **itch·y** [ˈɪtʃɪ] *adj.* **1.** juckend; **2.** ⚕ krätzig; **3.** → **itching** 3.

i·tem [ˈaɪtəm] **I** *s.* **1.** Punkt *m* (*der Tagesordnung etc.*); Gegenstand *m*, Stück *n*; Einzelheit *f*, Deˈtail *n*; ✝ (Buchungs-, Rechnungs)Posten *m*; (ˈWaren)Arˌtikel *m*; **2.** (ˈPresse)Noˌtiz *f*, (kurzer) Arˈtikel; **II** *adv. obs.* **3.** desˈgleichen, ferner; **ˈi·tem·ize** [-maɪz] *v/t.* (einzeln) aufführen, spezifizieren.

it·er·ate [ˈɪtəreɪt] *v/t.* wiederˈholen; **it·er·a·tion** [ˌɪtəˈreɪʃn] *s.* Wiederˈholung *f*; **ˈit·er·a·tive** [-rətɪv] *adj.* (sich) wiederˈholend; *ling.* iteraˈtiv.

i·tin·er·a·cy [ɪˈtɪnərəsɪ], **iˈtin·er·an·cy** [-ənsɪ] *s.* Umˈherreisen *n*, -ziehen *n*; **iˈtin·er·ant** [-ənt] *adj.* □ (beruflich) reisend *od.* umˈherziehend, Reise..., Wander...: **~ trade** Wandergewerbe *n*; **iˈtin·er·ar·y** [aɪˈtɪnərərɪ] **I** *s.* **1.** Reiseroute *f*, -plan *m*; **2.** Reisebericht *m*; **3.** Reiseführer *m* (*Buch*); **4.** Straßenkarte *f*; **II** *adj.* **5.** Reise...; **i·tin·er·ate** [ɪˈtɪnəreɪt] *v/i.* (umˈher)reisen.

its [ɪts] *pron.* sein, ihr, dessen, deren: **the house and ~ roof** das Haus u. sein (*od.* dessen) Dach.

it's [ɪts] F *für* a) **it is**, b) **it has**.

it·self [ɪtˈself] *pron.* **1.** *refl.* sich: **the dog hides ~**; **2.** sich (selbst): **the kitten wants it for ~**; **3.** *verstärkend*: selbst: **like innocence ~** wie die Unschuld selbst; **by ~** (für sich) allein, von selbst; **in ~** an sich (betrachtet); **4.** alˈlein (schon), schon: **the garden ~ measures two acres**.

I've [aɪv] F *für* **I have**.

i·vied [ˈaɪvɪd] *adj.* ˈefeuumˌrankt, mit Efeu bewachsen.

i·vo·ry [ˈaɪvərɪ] **I** *s.* **1.** Elfenbein *n*; **2.** Stoßzahn *m* (*des Elefanten*); **3.** ˈElfenbeinschnitzeˌrei *f*; **4.** *pl. sl.* a) *obs.* ‚Beißer‘ *pl.*, Gebiß *n*, b) (*Spiel*)Würfel *pl.*, c) Billardkugeln *pl.*, d) (Klaˈvier)Tasten *pl.*: **tickle the ivories** (auf dem Klavier) klimpern; **II** *adj.* **5.** elfenbeinern, Elfenbein...; **6.** elfenbeinfarben; **~ nut** *s.* ⚘ Steinnuß *f*; **~ tow·er** *s. fig.* Elfenbeinturm *m*: **live in an ~** im Elfenbeinturm sitzen.

i·vy [ˈaɪvɪ] *s.* ⚘ Efeu *m*; ♀ **League** *s. die acht Eliteuniversitäten im Osten der U.S.A.*

iz·zard [ˈɪzəd] *s.*: **from A to ~** von A bis Z.

J

J, j [dʒeɪ] *s.* J *n*, j *n*, Jot *n* (*Buchstabe*).

jab [dʒæb] **I** *v/t.* **1.** (hin'ein)stechen, (-)stoßen; **II** *s.* **2.** Stich *m*, Stoß *m*; **3.** *Boxen*: Jab *m*, (kurze) Gerade; **4.** ⚕ F Spritze *f*.

jab·ber ['dʒæbə] **I** *v/t. u. v/i.* **1.** schnattern, quasseln, schwatzen; **2.** nuscheln, undeutlich sprechen; **II** *s.* **3.** Geplapper *n*, Geschnatter *n*.

jack [dʒæk] **I** *s.* **1.** Mann *m*, Bursche *m*: ***every man ~*** F jeder einzelne, alle (ohne Ausnahme); **2.** *Kartenspiel*: Bube *m*; **3.** ⚙ Hebevorrichtung *f*, Winde *f*: ***car ~*** Wagenheber *m*; **4.** *Brit. Bowls-Spiel*: Zielkugel *f*; **5.** *zo.* a) Männchen *n einiger Tiere*, b) → ***jackass*** 1; **6.** ⚓ Gösch *f*, Bugflagge *f*; **7.** ⚡ a) Klinke *f*, b) Steckdose *f*; **8.** *Am. sl.* ,Zaster' *m* (*Geld*); **II** *v/t.* **9.** *mst ~* ***up*** hochheben, -winden; *Auto* aufbocken; *fig.* F *Preise* hochtreiben; **10.** *~* ***in*** F *et.* ,aufstecken', ,hinschmeißen'; **III** *v/i.* **11.** *~* ***off*** *Am.* V ,wichsen'.

jack·al ['dʒækɔːl] *s.* **1.** *zo.* Scha'kal *m*; **2.** *contp.* Handlanger *m*.

jack·a·napes ['dʒækəneɪps] *s.* **1.** Geck *m*, Laffe *m*; **2.** Frechdachs *m*, (kleiner) Schlingel.

jack·ass ['dʒækæs] *s.* **1.** (männlicher) Esel; **2.** *fig. contp.* ,Esel' *m*.

'jack|·boot *s.* Schaftstiefel *m*; **'~·daw** *s. orn.* Dohle *f*.

jack·et ['dʒækɪt] **I** *s.* **1.** Jacke *f*, Jac'kett *n*; → ***dust*** 8; **2.** ⚙ Mantel *m*, Um'mantelung *f*, Hülle *f*, Um'wicklung *f*; **3.** ⚔ (Geschoß-, *a.* Rohr)Mantel *m*; **4.** Buchhülle *f*, 'Schutzˌumschlag *m*; *Am. a.* (Schallplatten)Hülle *f*; **5.** Haut *f*, Schale *f*: ***potatoes (boiled) in their ~s***, *a.* ***~ potatoes*** Pellkartoffeln; **II** *v/t.* **6.** ⚙ um'manteln, verkleiden, verschalen; ***~ crown*** *s.* ⚕ Jacketkrone *f*.

Jack| Frost *s.* Väterchen *n* Frost; **'℘-ˌham·mer** *s.* Preßlufthammer *m*; **'℘-in-ˌof·fice** wichtigtuerischer Beamter; **'℘-in-the-box** *pl.* **'℘-in-the-ˌbox·es** *s.* Schachtelmännchen *n* (*Kinderspielzeug*): ***like a ~*** *fig.* wie ein Hampelmann; **~ Ketch** [ketʃ] *s. Brit. obs.* der Henker; **'℘·knife I** *s.* [*irr.*] **1.** Klappmesser *n*; **2.** *a.* ***~ dive*** *sport* Hechtbeuge *f* (*Kopfsprung*); **II** *v/t.* **3.** *a. v/i.* wie ein Taschenmesser zs.-klappen; **III** *v/i.* **4.** *sport* hechten; **5.** *mot.* sich querstellen (*Anhänger e-s Lastzugs*); **ˌ℘-of-'all-trades** *s.* Aller'weltskerl *m*, Hans'dampf *m* in allen Gassen; Fak'totum *n*; **ˌ℘-o'-'lan·tern** *pl.* **ˌ℘-o'-'lan·terns** [ˌdʒækəʊ-] **1.** Irrlicht *n* (*a. fig.*); **2.** 'Kürbislaˌterne *f*; **℘ plane** *s.* ⚙ Schrupphobel *m*; **'℘·pot** *s. Poker, Glücksspiel*: Jackpot *m*, *weitS. u. fig.* Haupttreffer *m*, *das* große Los, *fig. a.* ,Schlager' *m*, Bombenerfolg *m*: ***hit the ~*** F *fig.* a) den Jackpot gewinnen, b) den Haupttreffer machen, c) großen Erfolg haben, den Vogel abschießen, d) ,schwer absahnen'; **~ Ro·bin·son** *s.*: ***before you could say ~*** F im Nu, im Handumdrehen; **'℘·straw** *s.* a) Mi'kadostäbchen *n*, b) *pl.* Mi'kadospiel *n*; **℘ tar** *s.* ⚓ F Ma'trose *m*; **'℘-ˌtow·el** *s.* Rollhandtuch *n*.

Jac·o·be·an [ˌdʒækəʊ'biːən] *adj.* aus der Zeit Jakobs I.: ***~ furniture***.

Jac·o·bin ['dʒækəʊbɪn] *s.* **1.** *hist.* Jako'biner *m*, *fig. pol. a.* radi'kaler 'Umstürzler, Revolutio'när *m*; **2.** *orn.* Jako'binertaube *f*; **'Jac·o·bite** [-baɪt] *s. hist.* Jako'bit *m*.

Ja·cob's lad·der ['dʒeɪkəbz] *s.* **1.** *bibl.*, *a.* ⚘ Jakobs-, Himmelsleiter *f*; **2.** ⚓ Lotsentreppe *f*.

Ja·cuz·zi [dʒə'kuːziː] *s. Warenzeichen*: Whirlpool *m* (*Unterwassermassagebecken*).

jade¹ [dʒeɪd] *s.* **1.** *min.* Jade *m*; **2.** Jadegrün *n*.

jade² [dʒeɪd] *s.* **1.** Schindmähre *f*, Klepper *m*; **2.** Weibsstück *n*; **'jad·ed** [-dɪd] *adj.* **1.** erschöpft, abgespannt; **2.** über'sättigt, abgestumpft; **3.** schal (geworden): ***~ pleasures***.

jag [dʒæg] **I** *s.* **1.** Zacke *f*, Kerbe *f*; Zahn *m*; Auszackung *f*; Schlitz *m*, Riß *m*; **2.** *sl.* a) Schwips *m*, Rausch *m*: ***have a ~ on*** ,e-n in der Krone haben', b) Sauftour *f*, Saufe'rei *f*, c) *bsd. fig.* Orgie *f*: ***go on a ~*** ,einen draufmachen'; ***crying ~*** ,heulendes Elend'; **II** *v/t.* **3.** auszakken, einkerben; **4.** zackig schneiden *od.* reißen; **'jag·ged** [-gɪd] *adj.* ☐ **1.** zakkig; schartig; **2.** schroff, zerklüftet; **3.** rauh, grob (*a. fig.*); **4.** *Am. sl.* ,blau', besoffen.

jag·uar ['dʒægjʊə] *s. zo.* Jaguar *m*.

Jah [dʒɑː], **Jah·ve(h)** ['jɑːveɪ] *s.* Je'hova *m*.

jail [dʒeɪl] **I** *s.* **1.** Gefängnis *n*, Strafanstalt *f*; **2.** Gefängnis(haft *f*) *n*; **II** *v/t.* **3.** ins Gefängnis werfen, einsperren, inhaftieren; **'~·bird** *s.* F ,Zuchthäusler' *m*, *engS.* ,Knastbruder' *m*; **'~·break** *s.* Ausbruch *m* (aus dem Gefängnis); **'~ˌbreak·er** *s.* Ausbrecher *m*.

jail·er ['dʒeɪlə] *s.* (Gefängnis)Aufseher *m*, (-)Wärter *m*, *obs. u. fig.* Kerkermeister *m*.

jake [dʒeɪk] *Am.* F **I** *s.* **1.** Bauernlackel *m*, *weitS.* ,Knülch' *m*; **2.** ,Pinke' *f* (*Geld*); **II** *adj.* **3.** ,bestens', in Ordnung: ***everything's ~***.

ja·lop·(p)y [dʒə'lɒpɪ] *s.* F ,alte Kiste' (*Auto, Flugzeug*).

jal·ou·sie ['ʒæluːziː] *s.* Jalou'sie *f*.

jam¹ [dʒæm] **I** *v/t.* **1.** *a.* ***~ in*** a) *et.* (hin'ein)zwängen, -stopfen, -quetschen, *Menschen a.* (-)pferchen, b) einklemmen, -keilen; **2.** (zs.-, zer)quetschen; *Finger etc.* einklemmen, sich *et.* quetschen; **3.** *et.* pressen, (heftig) drücken, *Knie etc.* rammen (***into*** in *acc.*): ***~ (one's foot) on the brakes*** heftig auf die Bremse treten; **4.** verstopfen, -sperren, blockieren: ***a road ~med with cars***; ***~med with people*** von Menschen verstopft, gedrängt voll; **5.** ⚙ verklemmen, blockieren; **6.** *Funk*: (*durch Störsender*) stören; **II** *v/i.* **7.** eingeklemmt sein, festsitzen; **8.** *a.* ***~ in*** sich (hin'ein)quetschen, (-)zwängen, (-) drängen; **9.** ⚙ (sich ver)klemmen; ⚔ Ladehemmung haben; **10.** *Jazz*: (frei) improvisieren; **III** *s.* **11.** Gedränge *n*, Gewühl *n*; **12.** Verstopfung *f*, Stauung *f*; (Verkehrs)Stockung *f*, (-)Stau *m*: ***traffic ~***; **13.** ⚙ Blockierung *f*, Klemmen *n*; ⚔ Ladehemmung *f*; **14.** F ,Klemme' *f*: ***be in a ~*** in der Klemme *od.* Patsche sitzen; ***get s.o. out of a ~*** j-m aus der Klemme *od.* Patsche helfen.

jam² [dʒæm] *s.* **1.** Marme'lade *f*: ***~ jar*** Marmeladeglas *n*; **2.** *Brit.* F ,schicke Sache': ***money for ~*** leichtverdientes Geld; ***~ tomorrow*** *iro.* schöne Versprechungen *od.* Aussichten; ***that's ~ for him*** das ist ein Kinderspiel für ihn.

Ja·mai·can [dʒə'meɪkən] **I** *adj.* jamai'kanisch; **II** *s.* Jamai'kaner(in); **Ja·mai·ca rum** [dʒə'meɪkə] *s.* Ja'maika-Rum *m*.

jamb [dʒæm] *s.* (Tür-, Fenster)Pfosten *m*.

jam·bo·ree [ˌdʒæmbə'riː] *s.* **1.** Pfadfindertreffen *n*; **2.** F ,rauschendes Fest', ,tolle Party'.

jam·mer ['dʒæmə] *s. Radio*: Störsender *m*; **'jam·ming** [-mɪŋ] *s.* **1.** ⚙ Klemmung *f*, Hemmung *f*; **2.** *Radio*: Störung *f*: ***~ station*** Störsender *m*; **'jam·my** [-mɪ] *adj. Brit. sl.* **1.** prima, ,Klasse'; **2.** glücklich, Glücks...: ***~ fellow*** Glückspilz *m*.

jam|-'packed *adj.* F vollgestopft, *Bus etc.* ,knallvoll'; **~ roll** *s.* Bis'kuitrolle *f*; **~ ses·sion** *s.* Jam Session *f* (*Jazzimprovisation*).

Jane [dʒeɪn] **I** *npr.* Johanna *f*; **II** *s. a.* ℘ *sl.* ,Weib' *n*.

jan·gle ['dʒæŋgl] **I** *v/i.* **1.** a) klirren, klimpern, b) bimmeln (*Glocken*); **2.** schimpfen; **II** *v/t.* **3.** a) klirren *od.* klimpern mit, b) bimmeln lassen; **4.** ***~ s.o.'s nerves*** j-m auf die Nerven gehen; **III** *s.* **5.** a) Klirren *n*, Klimpern *n*, b) Bimmeln *n*; **6.** Gekreisch *n*, laute Streite'rei.

jan·i·tor ['dʒænɪtə] *s.* **1.** Pförtner *m*; **2.** *bsd. Am.* Hausmeister *m*.

Jan·u·ar·y ['dʒænjʊərɪ] *s.* Januar *m*: ***in ~*** im Januar.

Ja·nus ['dʒeɪnəs] *s. myth.* Janus *m*; '**~-faced** *adj.* janusköpfig.

Jap [dʒæp] F *contp.* **I** *s.* ‚Japs' *m* (*Japaner*); **II** *adj.* ja'panisch.

ja·pan [dʒə'pæn] **I** *s.* **1.** Japanlack *m*; **2.** lackierte Arbeit (*in japanischer Art*); **II** *v/t.* **3.** mit Japanlack über'ziehen, lakkieren.

Jap·a·nese [ˌdʒæpə'ni:z] **I** *adj.* **1.** ja'panisch; **II** *s.* **2.** Ja'paner(in); **3.** ***the ~*** *pl.* die Japaner; **4.** *ling.* Ja'panisch *n*, das Ja'panische.

jar¹ [dʒɑ:] *s.* **1.** a) (*irdenes od. gläsernes*) Gefäß, Topf *m* (*ohne Henkel*), b) (Einmach)Glas *n*; **2.** *Brit.* F ‚Bierchen' *n*.

jar² [dʒɑ:] **I** *v/i.* **1.** kreischen, quietschen, kratzen (*Metall etc.*), durch Mark u. Bein gehen; **2.** ♪ dissonieren; **3.** (***on, upon***) *das Ohr, ein Gefühl* beleidigen, verletzen, weh tun (*dat.*): ***~ on the ear, ~ on the nerves*** auf die Nerven gehen; **4.** sich ‚beißen', nicht harmonieren (*Farben etc.*); **5.** *fig.* sich nicht vertragen (*Ideen etc.*), im 'Widerspruch stehen (***with*** zu), sich wider'sprechen: ***~ring opinions*** widerstreitende Meinungen; **6.** schwirren, vibrieren; **II** *v/t.* **7.** kreischen *od.* quietschen lassen, ein unangenehmes Geräusch erzeugen mit; **8.** a) erschüttern, e-n Stoß versetzen (*dat.*), b) 'durchrütteln, c) sich *das Knie etc.* anstoßen *od.* stauchen; **9.** *fig.* a) erschüttern, e-n Schock versetzen (*dat.*), b) → 3; **III** *s.* **10.** Kreischen *n*, Quietschen *n*, unangenehmes Geräusch; **11.** Ruck *m*, Stoß *m*, Erschütterung *f* (*a. fig.*); *fig.* Schock *m*, Schlag *m*; **12.** ♪ *u. fig.* 'Mißton *m*; **13.** *fig.* 'Widerstreit *m*.

jar·di·nière [ˌʒɑ:dɪ'njeə] (*Fr.*) *s.* **1.** Jardini'ere *f*: a) Blumenständer *m*, b) Blumenschale *f*; **2.** *Küche*: a) Gar'nierung *f*, b) (Fleisch)Gericht *n* à la jardinière.

jar·gon ['dʒɑ:gən] *s. allg.* Jar'gon *m*: a) Kauderwelsch *n*, b) Fach-, Berufssprache *f*, c) Mischsprache *f*, d) ungepflegte Ausdrucksweise.

jar·ring ['dʒɑ:rɪŋ] *adj.* □ **1.** 'mißtönend, kreischend, schrill, unangenehm, ‚nervtötend': ***a ~ note*** ein Mißton *od.* -klang (*a. fig.*); **2.** nicht harmonierend, *Farben*: *a.* sich beißend; → *a.* ***jar²*** 5.

jas·min(e) ['dʒæsmɪn] *s.* ⚘ Jas'min *m*.

jas·per ['dʒæspə] *s. min.* Jaspis *m*.

jaun·dice ['dʒɔ:ndɪs] *s.* **1.** ⚕ Gelbsucht *f*; **2.** *fig.* a) Neid *m*, Eifersucht *f*, b) Feindseligkeit *f*; '**jaun·diced** [-st] *adj.* **1.** ⚕ gelbsüchtig; **2.** *fig.* voreingenommen, neidisch, eifersüchtig, scheel.

jaunt [dʒɔ:nt] **I** *s.* Ausflug *m*, Spritztour *f*: ***go for*** (*od.* ***on***) ***a ~*** → **II** *v/i.* e-e Spritztour *od.* e-n Ausflug machen; '**jaun·ti·ness** [-tɪnɪs] *s.* Flottheit *f*, ‚Feschheit' *f*: a) Munterkeit *f*, ‚Spritzigkeit' *f*, Schwung *m*, b) flotte Ele'ganz; '**jaunt·ing-car** [-tɪŋ] *s. leichter, zweirädriger Wagen*; '**jaun·ty** [-tɪ] *adj.* □ fesch, flott: a) munter, ‚spritzig', b) keck, ele'gant: ***with one's hat at a ~ angle*** den Hut keck über dem Ohr.

Ja·va ['dʒɑ:və] *s. Am.* F Kaffee *m*; **Ja·va·nese** [ˌdʒɑ:və'ni:z] **I** *adj.* **1.** ja'vanisch; **II** *s.* **2.** Ja'vaner(in): ***the ~*** die Javaner; **3.** *ling.* Ja'vanisch *n*, das Ja'vanische.

jave·lin ['dʒævlɪn] *s.* **1.** *a. sport* Speer *m*; **2.** ***the ~*** → ***~ throw(·ing)*** *s. sport* Speerwerfen *n*; ***~ throw·er*** *s.* Speerwerfer(in).

jaw [dʒɔ:] **I** *s.* **1.** *anat., zo.* Kiefer *m*, Kinnbacken *m*, -lade *f*: ***lower ~*** Unterkiefer; ***upper ~*** Oberkiefer; **2.** *mst pl.* Mund *m*, Maul *n*: ***hold your ~!, none of your ~!*** F halt's Maul!; **3.** *mst pl.* Schlund *m*, Rachen *m* (*a. fig.*): ***~s of death*** *der* Rachen des Todes; **4.** ⚙ (Klemm)Backe *f*, Backen *m*; Klaue *f*: ***~ clutch*** Klauenkupplung *f*; **5.** *sl.* a) (freches) Geschwätz, Frechheit *f*, b) Schwatz *m*, ‚Tratsch' *m*, c) Mo'ralpredigt *f*; **II** *v/i.* **6.** *sl.* a) ‚quatschen', ‚tratschen', b) schimpfen; **III** *v/t.* **7.** ***~ out*** *sl. j-n* ‚anschnauzen'; '**~·bone** *s.* **1.** *anat., zo.* Kiefer(knochen) *m*, Kinnlade *f*; **2.** *Am. sl.* (***on ~*** auf) Kre'dit *m*; '**~ˌbreak·er** *s.* F Zungenbrecher *m* (*Wort*); '**~ˌbreak·ing** *adj.* F zungenbrecherisch; ***~ chuck*** *s.* ⚙ Backenfutter *n*.

jay [dʒeɪ] *s.* **1.** *orn.* Eichelhäher *m*; **2.** *fig.* ‚Trottel' *m*; '**~·walk** *v/i.* verkehrswidrig über die Straße gehen; '**~ˌwalk·er** *s.* unachtsamer Fußgänger.

jazz [dʒæz] **I** *s.* **1.** 'Jazz(muˌsik *f*) *m*: ***~ band*** Jazzkapelle *f*; **2.** *sl.* a) ‚Gequatsche' *n*, ‚blödes Zeug', b) ‚Quatsch' *m*, ‚Krampf' *m*: ***and all that ~*** und all der Mist; **II** *v/t.* **3.** *mst* ***~ up*** F a) verjazzen, b) *fig. et.* ‚aufmöbeln'; **III** *v/i.* **4.** jazzen; **5.** *Am. sl.* ‚vögeln'; '**jazz·er** [-zə] *s.* F Jazzmusiker *m*; '**jazz·y** [-zɪ] *adj.* F **1.** Jazz...; **2.** *fig.* a) ‚knallig', b) ‚toll', todschick.

jeal·ous ['dʒeləs] *adj.* □ **1.** eifersüchtig (***of*** auf *acc.*): ***a ~ wife***; **2.** (***of***) neidisch (auf *acc.*), 'mißgünstig (gegen): ***she is ~ of his fortune*** sie beneidet ihn um *od.* mißgönnt ihm s-n Reichtum; **3.** 'mißtrauisch (***of*** gegen); **4.** (***of***) besorgt (um), bedacht (auf *acc.*); **5.** *bibl.* eifernd (*Gott*); '**jeal·ous·y** [-sɪ] *s.* **1.** Eifersucht *f* (***of*** auf *acc.*); *pl.* Eifersüchte'leien; **2.** (***of***) Neid *m* (auf *acc.*), 'Mißgunst *f* (gegen); **3.** Achtsamkeit *f* (***of*** auf *acc.*).

jean *s.* **1.** [dʒeɪn] *Art* Baumwollköper *m*; **2.** *pl.* [dʒi:nz] Jeans *pl.*

jeep [dʒi:p] (*Fabrikmarke*) *s.* Jeep *m*: a) ⚔ *Art* Kübelwagen *m*, b) kleines geländegängiges Mehrzweckfahrzeug.

jeer [dʒɪə] **I** *v/i.* spotten, höhnen (***at*** über *acc.*); **II** *s.* Hohn *m*, Stiche'lei *f*; '**jeer·ing** [-ərɪŋ] **I** *s.* Verhöhnung *f*; **II** *adj.* □ höhnisch.

Je·ho·vah [dʒɪ'həʊvə] *s. bibl.* Je'hovah *m*; ***~'s Wit·ness·es*** *s. pl.* Zeugen *pl.* Jehovas.

je·june [dʒɪ'dʒu:n] *adj.* □ **1.** mager, ohne Nährwert: ***~ food***; **2.** trocken: a) dürr (*Boden*), b) *fig.* fade, nüchtern; **3.** *fig.* simpel, na'iv.

jell [dʒel] *Am.* F **I** *s.* **1.** → ***jelly*** 1–3; **II** *v/i.* **2.** → ***jelly*** II; **3.** *fig.* sich (her'aus-) kristallisieren, Gestalt annehmen; **4.** ‚zum Klappen kommen' (*Geschäft etc.*).

jel·lied ['dʒelɪd] *adj.* **1.** gallertartig, eingedickt; **2.** in Ge'lee *od.* As'pik: ***~ eel***.

jel·ly ['dʒelɪ] **I** *s.* **1.** Gallert *n*, Gal'lerte *f*, *Küche*: *a.* Ge'lee *n*, Sülze *f*, As'pik *n*; **2.** a) Ge'lee *n* (*Marmelade*), b) Götterspeise *f*, ‚Wackelpeter' *m*, c) (rote *etc.*) Grütze (*Süßspeise*); **3.** gallertartige *od.* ‚schwabbelige' Masse, Brei *m*: ***beat s.o. into a ~*** F j-n ‚zu Brei schlagen'; **4.** *Brit. sl.* Dyna'mit *n*; **II** *v/t.* **5.** zum Gelieren *od.* Erstarren bringen, eindikken; **6.** *Küche*: in Sülze *od.* As'pik *od.* Ge'lee (ein)legen; **III** *v/i.* **7.** gelieren, Ge'lee bilden; **8.** erstarren; ***~ ba·by*** *s.* Gummibärchen *n*; '**~·bean** *s.* 'Weingummi(bonˌbon) *n*; '**~·fish** *s.* **1.** Qualle *f*; **2.** *fig.* ‚Waschlappen' *m*.

jel·lo ['dʒeləʊ] *s. Am.* → ***jelly*** 2.

jem·my ['dʒemɪ] **I** *s.* Brecheisen *n*; **II** *v/t.* mit dem Brecheisen öffnen, aufstemmen.

jen·ny ['dʒenɪ] *s.* **1.** → ***spinning-jenny***; **2.** ⚙ Laufkran *m*; **3.** *zo.* Weibchen *n*; ***~ ass*** *s.* Eselin *f*; ***~ wren*** *s. orn.* (weiblicher) Zaunkönig.

jeop·ard·ize ['dʒepədaɪz] *v/t.* gefährden, aufs Spiel setzen; '**jeop·ard·y** [-dɪ] *s.* Gefahr *f*, Gefährdung *f*, Risiko *n*: ***put in ~*** → ***jeopardize***; ***no one shall be put twice in ~ for the same offence*** ⚖ niemand darf wegen derselben Straftat zweimal vor Gericht gestellt werden.

jer·e·mi·ad [ˌdʒerɪ'maɪəd] *s.* Jeremi'ade *f*, Klagelied *n*; **Jer·e·mi·ah** [ˌdʒerɪ'maɪə] *npr. u. s.* **1.** *bibl.* (das Buch) Jere'mia(s) *m*; **2.** *fig.* 'Unglücksproˌphet *m*, Schwarzseher *m*; **Jer·e'mi·as** [-əs] → ***Jeremiah*** 1.

jerk¹ [dʒɜ:k] **I** *s.* **1.** a) Ruck *m*, plötzlicher Stoß *od.* Schlag *od.* Zug, b) Satz *m*, Sprung *m*, Auffahren *n*: ***by ~s*** ruck-, sprung-, stoßweise; ***with a ~*** plötzlich, mit e-m Ruck; ***give s.th. a ~*** → 5; ***put a ~ in it*** *sl.* tüchtig rangehen; **2.** ⚕ Zuckung *f*, Zucken *n*, (*bsd.* 'Knie-) Reˌflex *m*; **3.** *pl. Brit. mst* ***physical ~s*** *sl.* Freiübungen; Gym'nastik *f*; **4.** *Am. sl.* a) ‚Blödmann' *m*, ‚Knülch' *m*, b) → ***soda jerker***; **II** *v/t.* **5.** schnellen; ruckweise *od.* ruckartig *od.* plötzlich ziehen *od.* reißen *od.* stoßen *etc.*: ***~ o.s. free*** sich losreißen; **III** *v/i.* **6.** (zs.-)zucken; **7.** (hoch- *etc.*)schnellen; **8.** sich ruckweise bewegen: ***~ to a stop*** ruckartig anhalten; **9.** ***~ off*** *Am. sl.* ‚wichsen'.

jerk² [dʒɜ:k] *v/t. Fleisch* in Streifen schneiden u. dörren.

jer·kin ['dʒɜ:kɪn] *s.* **1.** ärmellose Jacke; **2.** *hist.* (Leder)Wams *n*.

'**jerkˌwa·ter** *Am.* F **I** *s.* **1.** *a.* ***~ town*** kleines ‚Kaff'; **2.** *a.* ***~ train*** Bummelzug *m*; **II** *adj.* **3.** unbedeutend, armselig.

jerk·y ['dʒɜ:kɪ] *adj.* □ **1.** ruckartig, stoß-, ruckweise; krampfhaft; **2.** *Am.* F ‚blöd'.

jer·o·bo·am [ˌdʒerə'bəʊəm] *s. Brit.* Riesenweinflasche *f*.

jer·ry ['dʒerɪ] *s. Brit.* F **1.** Nachttopf *m*; **2.** ℒ a) Deutsche(r) *m*, deutscher Sol'dat, b) die Deutschen *pl.*; '**~-ˌbuild·er** *s.* F Bauschwindler *m*; '**~-built** *adj.* F unsolide gebaut: ***~ house*** ‚Bruchbude' *f*; ***~ can*** *s. Brit.* F Ben'zinkaˌnister *m*.

jer·sey ['dʒɜ:zɪ] *s.* **1.** a) wollene Strickjacke, b) 'Unterjacke *f*; **2.** Jersey *m* (*Stoffart*); **3.** ℒ *zo.* Jerseyrind *n*.

jes·sa·mine ['dʒesəmɪn] → ***jasmin(e)***.

jest [dʒest] **I** *s.* **1.** Scherz *m*, Spaß *m*, Witz *m*: ***in ~*** im Spaß; ***make a ~ of***

witzeln über (*acc.*); **2.** Zielscheibe *f* des Witzes *od.* Spotts: ***standing ~*** Zielscheibe ständigen Gelächters; **II** *v/i.* **3.** scherzen, spaßen, ulken; **'jest·er** [-tə] *s.* **1.** Spaßmacher *m*, -vogel *m*; **2.** *hist.* (Hof)Narr *m*; **'jest·ing** [-tɪŋ] *adj.* □ scherzend, spaßhaft: ***no ~ matter*** nicht zum Spaßen; **'jest·ing·ly** [-tɪŋlɪ] *adv.* im *od.* zum Spaß.

Jes·u·it ['dʒezjʊɪt] *s. eccl.* Jesu'it *m*; **Jes·u·it·i·cal** [ˌdʒezjʊ'ɪtɪkl] *adj.* □ *eccl.* jesu'itisch, Jesuiten...; **'Jes·u·it·ry** [-rɪ] *s.* a) Jesui'tismus *m*, b) *contp.* Spitzfindigkeit *f*.

jet¹ [dʒet] **I** *s. min.* Ga'gat *m*, Pechkohle *f*, Jett *m*, *n*; **II** *adj. a.* **~-black** tief-, pech-, kohlschwarz.

jet² [dʒet] **I** *s.* **1.** (*Feuer-*, *Wasser- etc.*) Strahl *m*, Strom *m*: ***~ of flame*** Stichflamme *f*; **2.** ⚙ Strahlrohr *n*, Düse *f*; **3.** → a) ***jet engine***, b) ***jet plane***; **II** *v/t.* **4.** ausspritzen, -strahlen, her'vorstoßen; **III** *v/i.* **5.** her'vorschießen, ausströmen; **6.** mit Düsenflugzeug reisen, ‚jetten'; **~ age** *s.* Düsenzeitalter *n*; **~ bomb·er** *s.* ✈ Düsenbomber *m*; **~ en·gine** *s.* ⚙ Düsen-, Strahltriebwerk *n*; **~ fight·er** *s.* ✈ Düsenjäger *m*; **~ lag** *s.* (physische) Prob'leme *pl.* durch die Zeitumstellung (*nach langen Flugreisen*); **~ lin·er** *s.* ✈ Düsenverkehrsflugzeug *n*; **~ plane** *s.* ✈ Düsenflugzeug *n*, F ‚Düse' *f*, Jet *m*; **ˌ~-pro'pelled**, *abbr.* **ˌ~-'prop** *adj.* ✈ mit Düsenantrieb; **~ pro·pul·sion** *s.* ⚙, ✈ Düsen-, Rückstoß-, Strahlantrieb *m*.

jet·sam ['dʒetsəm] *s.* ⚓ **1.** Seewurfgut *n*, über Bord geworfene Ladung; **2.** Strandgut *n*; → ***flotsam***.

jet|set *s.* Jet-set *m*; **'~-ˌset·ter** *s.* Angehörige(r *m*) *f* des Jet-set.

jet·ti·son ['dʒetɪsn] **I** *s.* **1.** ⚓ Über'bordwerfen *n von Ladung*, Seewurf *m*; **2.** ✈ Notwurf *m*; **II** *v/t.* **3.** ⚓ über Bord werfen; **4.** ✈ im Notwurf abwerfen; **5.** *fig. Pläne etc.* über Bord werfen; *alte Kleider etc.* wegwerfen, *Personen* fallenlassen; **6.** *Raketenstufe* absprengen; **'jet·ti·son·a·ble** [-nəbl] *adj.* ✈ abwerfbar, Abwurf...(*-behälter etc.*): **~ *seat*** Schleudersitz *m*.

jet·ton ['dʒetn] *s.* Je'ton *m*.

jet tur·bine *s.* 'Strahlturˌbine *f*.

jet·ty ['dʒetɪ] *s.* ⚓ **1.** Landungsbrücke *f*, -steg *m*; **2.** Hafendamm *m*, Mole *f*; **3.** Strömungsbrecher *m* (*Brücke*).

Jew [dʒu:] *s.* Jude *m*, Jüdin *f*; **'~-ˌbait·er** *s.* Judenhetzer *m*; **'~-ˌbait·ing** *s.* Judenverfolgung *f*, -hetze *f*.

jew·el ['dʒu:əl] **I** *s.* **1.** Ju'wel *n*, Edelstein *m*, *weitS.* Schmuckstück *n*: ***~ box***, ***~ case*** Schmuckkästchen *n*; **2.** *fig.* Ju'wel *n*, Perle *f*; **3.** Stein *m* (*e-r Uhr*); **II** *v/t.* **4.** mit Ju'welen schmücken *od.* versehen, mit Edelsteinen besetzen; **5.** *Uhr* mit Steinen versehen; **'jew·el·(l)er** [-lə] *s.* Juwe'lier *m*; **'jew·el·ler·y**, *bsd. Am.* **'jew·el·ry** [-lrɪ] *s.* **1.** Ju'welen *pl.*; **2.** Schmuck(sachen *pl.*) *m*.

Jew·ess ['dʒu:ɪs] *s.* Jüdin *f*; **'Jew·ish** [-ɪʃ] *adj.* □ jüdisch, Juden...; **Jew·ry** ['dʒʊərɪ] *s.* **1.** *die* Juden *pl.*, (***world ~*** das Welt)Judentum; **2.** *hist.* Judenviertel *n*, G(h)etto *n*.

ˌJew's|-'ear *s.* ⚘ Judasohr *n*; **ˌ~-'harp** *s.* ♪ Maultrommel *f*.

jib¹ [dʒɪb] *s.* **1.** ⚓ Klüver *m*: ***~ boom*** Klüverbaum *m*; ***the cut of his ~*** F s-e äußere Erscheinung *od.* sein Auftreten; **2.** ⚙ Ausleger *m* (*e-s Krans*).

jib² [dʒɪb] *v/i.* **1.** scheuen, bocken (***at*** vor *dat.*) (*Pferd*); **2.** *Brit. fig.* (***at***) a) scheuen, zu'rückweichen (vor *dat.*), b) sich sträuben (gegen), c) störrisch *od.* bokkig sein.

jibe¹ [dʒaɪb] *Am.* → ***gybe***.

jibe² [dʒaɪb] → ***gibe***.

jibe³ [dʒaɪb] *v/i. Am.* F über'einstimmen, sich entsprechen.

jif·fy [dʒɪfɪ], *a.* **jiff** [dʒɪf] *s.* F Augenblick *m*: ***in a ~*** im Nu; ***wait a ~!*** (einen) Moment!

jig¹ [dʒɪg] **I** *s.* **1.** ⚙ Spann-, Bohrvorrichtung *f*; **2.** ⚒ a) Kohlenwippe *f*, b) 'Setzmaˌschine *f*; **II** *v/t.* **3.** ⚙ mit e-r Einstellvorrichtung *od.* Schab'lone herstellen; **4.** ⚒ *Erze* setzen, scheiden.

jig² [dʒɪg] **I** *s.* **1.** ♪ Gigue *f* (*a. Tanz*); **2.** *Am. sl.* ‚Schwof' *m*, Tanzparty *f*: ***the ~ is up*** *fig.* das Spiel ist aus; **3.** *fig.* Freudentanz *m*; **II** *v/t.* **4.** schütteln; **III** *v/i.* **5.** e-e Gigue tanzen; **6.** hopsen, tanzen.

jig·ger ['dʒɪgə] *s.* **1.** Giguetänzer *m*; **2.** ⚓ a) Be'san(mast) *m*, b) Handtalje *f*; **3.** *Golf*: Jigger *m* (*Schläger*, *mst Nr. 4*); **4.** a) Schnapsglas *n*, b) ‚Schnäps-chen' *n*; **5.** *Am.* F Dings(bums) *n*, Appa'rat *m*; **6.** *a.* **~ *flea*** Sandfloh *m*; **jig·gered** ['dʒɪgəd] *adj.*: ***well, I'm ~ (if)*** hol mich der Teufel(, wenn).

jig·ger·y-pok·er·y [ˌdʒɪgərɪ'pəʊkərɪ] *s. Brit.* F fauler Zauber, ‚Schmu' *m*.

jig·gle ['dʒɪgl] **I** *v/t.* (leicht) rütteln; **II** *v/i.* wippen, hüpfen, wackeln.

'jig·saw *s.* ⚙ **1.** Laubsäge *f*; **2.** 'Schweifsäge(maˌschine) *f*; **3.** → **~ puz·zle** *s.* Puzzle(spiel) *n*.

Jill [dʒɪl] → ***Gill⁴***.

jilt [dʒɪlt] *v/t.* a) *e-m Liebhaber* den Laufpaß geben, b) *ein Mädchen* sitzenlassen.

Jim Crow [ˌdʒɪm'krəʊ] *s. Am.* F **1.** *contp.* ‚Nigger' *m*; **2.** 'Rassendiskrimiˌnierung *f*: ***~ car*** 🚃 Wagen *m* für Farbige.

jim-jams ['dʒɪmdʒæmz] *s. pl. sl.* **1.** De'lirium *n* tremens; **2.** a) Nervenflattern *n*, b) Gänsehaut *f*.

jim·my ['dʒɪmɪ] → ***jemmy***.

jin·gle ['dʒɪŋgl] **I** *v/i.* **1.** klimpern, klirren, klingeln; **II** *v/t.* **2.** klingeln lassen, klimpern (mit), bimmeln (mit); **III** *s.* **3.** Geklingel *n*, Klimpern *n*; **4.** (eingängiges) Liedchen *od.* Vers-chen, *a.* Werbesong *m od.* -spruch *m*.

jin·go ['dʒɪŋgəʊ] **I** *pl.* **-goes** *s.* **1.** *pol.* Chauvi'nist(in); **2.** → ***jingoism***; **II** *int.* **3.** ***by ~!*** beim Zeus!; **'jin·go·ism** [-əʊɪzəm] *s. pol.* Chauvi'nismus *m*, Hur'rapatrioˌtismus *m*; **jin·go·is·tic** [ˌdʒɪŋgəʊ'ɪstɪk] *adj.* chauvi'nistisch.

jink [dʒɪŋk] **I** *s.* **1.** 'Ausweichmaˌnöver *n*; **2.** ***high ~s*** ‚Highlife' *n*, ‚tolle Party'; **II** **3.** *v/i. u. v/t.* geschickt ausweichen.

jin·rik·i·sha, *a.* **jin·rick·sha** [dʒɪn'rɪkʃə] *s.* Rikscha *f*.

jinn [dʒɪn] *pl. von* **jin·nee** [dʒɪ'ni:] *s.* Dschin *m* (*islamischer Geist*).

jinx [dʒɪŋks] *sl.* **I** *s.* **1.** Unheilbringer *m*; *weitS.* Unglück *n*, Pech *n* (***for*** für): ***there is a ~ on it!*** das ist wie verhext!; ***put a ~ on*** → 3b; **2.** Unheil *n*; **II** *v/t.* **3.** a) Unglück bringen (*dat.*), b) *et.* ‚verhexen'.

jit·ter ['dʒɪtə] F **I** *v/i.* ner'vös sein, ‚Bammel' haben, ‚bibbern'; **II** *s.*: ***the ~s*** *pl.* a) ‚Bammel' *m* (*Angst*), b) ‚Zustände' *pl.*, ‚Tatterich' *m* (*Nervosität*); **'jit·ter·bug** [-bʌg] *s.* **1.** Jitterbug *m* (*Tanz*); **2.** *fig.* Nervenbündel *n*; **'jit·ter·y** [-ərɪ] *adj.* F nervös, ‚bibbernd'.

jiu·jit·su [dʒju:'dʒɪtsu:] → ***jujitsu***.

jive [dʒaɪv] **I** *s.* **1.** ♪ Jive *m*, (*Art*) 'Swingmuˌsik *f od.* -tanz *m*; **2.** *Am. sl.* Gequassel *n*; **II** *v/i.* **3.** Jive *od.* Swing tanzen *od.* spielen.

job¹ [dʒɒb] **I** *s.* **1.** *ein Stück* Arbeit *f*: ***a ~ of work*** e-e Arbeit; ***a good ~ of work*** e-e saubere Arbeit; ***be paid by the ~*** pro Auftrag bezahlt werden; ***odd ~s*** Gelegenheitsarbeiten; ***make a good ~ of it*** gute Arbeit leisten, s-e Sache gut machen; ***it was quite a ~*** es war (gar) nicht so einfach, es war e-e Mordsarbeit; ***I had a ~ to do it*** das war ganz schön schwer (für mich); ***on the ~*** a) an der Arbeit, ‚dran', b) in Aktion, c) ‚auf Draht'; **2.** Stück-, Ak'kordarbeit *f*: ***by the ~*** im Akkord; **3.** Stellung *f*, Tätigkeit *f*, Arbeit *f*, Job *m*: ***a ~ as a typist***; ***out of a ~*** stellungslos; ***know one's ~*** s-e Sache verstehen; ***on the ~ training*** Ausbildung *f* am Arbeitsplatz; ***create new ~s*** neue Arbeitsplätze schaffen; ***~s for the boys*** *pol.* F Vetternwirtschaft *f*; ***this is not everybody's ~*** dies liegt nicht jedem; **4.** Aufgabe *f*, Pflicht *f*, Sache *f*: ***it is your ~ to do it*** es ist deine Sache; **5.** F Sache *f*, Angelegenheit *f*, Lage *f*: ***a good ~ (too)!*** ein (wahres) Glück!; ***make the best of a bad ~*** a) retten, was zu retten ist, b) gute Miene zum bösen Spiel machen; ***I gave it up as a bad ~*** ich steckte es (*als aussichtslos*) auf; ***I gave him up as a bad ~*** ich ließ ihn fallen (*weil er nichts taugte etc.*); ***just the ~!*** genau das Richtige!; **6.** *sl.* a) Pro'fitgeschäft *n*, Schiebung *f*, ‚krumme Tour', b) ‚Ding' *n* (*Verbrechen*): ***pull a ~*** ein Ding drehen; ***do his ~ for him*** ihn ‚fertigmachen'; **7.** *bsd. Am.* F a) ‚Dings' *n*, ‚Appa'rat' *m* (*a. Auto etc.*), b) ‚Nummer' *f*, ‚Type' *f* (*Person*): ***he's a tough ~*** er ist ein unangenehmer Kerl; **II** *v/i.* **8.** Gelegenheitsarbeiten machen, ‚jobben'; **9.** im Ak'kord arbeiten; **10.** Zwischenhandel treiben; **11.** Maklergeschäfte treiben, mit Aktien handeln; **12.** ‚schieben', in die eigene Tasche arbeiten; **III** *v/t.* **13.** *a.* **~ *out*** ⚕ a) *Arbeit* im Ak'kord vergeben, b) *Auftrag* (weiter)vergeben; **14.** spekulieren mit; **15.** als Zwischenhändler verkaufen; **16.** veruntreuen; *Amt* miß'brauchen: ***~ s.o. into a post*** j-m e-n Posten zuschanzen.

Job² [dʒəʊb] *npr. bibl.* Hiob *m*, Job *m*: (***the Book of***) **~** (das Buch) Hiob *od.* Job; ***patience of ~*** *e-e* Engelsgeduld; ***that would try the patience of ~*** das würde selbst e-n Engel zur Verzweiflung treiben; ***~'s comforter*** schlechter Tröster (*der alles noch verschlimmert*); ***~'s news***, ***~'s post*** Hiobsbotschaft *f*.

job a·nal·y·sis *s.* 'Arbeitsplatzanaˌlyse *f*.

job·ber ['dʒɒbə] *s.* **1.** Gelegenheitsarbeiter *m*; **2.** Ak'kordarbeiter *m*: **3.** ⚕ Zwischen-, *Am.* Großhändler *m*; **4.** *Brit. Börse*: Jobber *m* (*der auf eigene Rechnung Geschäfte tätigt*); **5.** *Am.* 'Börsenspekuˌlant *m*; **6.** Geschäftemacher *m*, ‚Schieber' *m*, *a.* kor'rupter Beamter; '**job·ber·y** [-ərɪ] *s.* **1.** *b.s.* ‚Schiebung' *f*, Korrupti'on *f*; **2.** 'Amts,mißbrauch *m*; '**job·bing** [-bɪŋ] *s.* **1.** Gelegenheitsarbeit *f*; **2.** Ak'kordarbeit *f*; **3.** *Börse*: *Brit.* Ef'fektenhandel *m*, *a.* Spekulati'on(sgeschäfte *pl.*) *f*; **4.** Zwischen-, *Am.* Großhandel *m*; **5.** ‚Schiebung' *f*.

job| cre·a·tion *s.* Schaffung *f* von Arbeitsplätzen: **~ *scheme*** (*od.* ***program*[*me*]**) Arbeitsbeschaffungsprogramm *n*; **~ de·scrip·tion** *s.* Arbeits(platz)-, Tätigkeitsbeschreibung *f*; **~ e·val·u·a·tion** *s.* Arbeits(platz)bewertung *f*; **~ hop·ping** *s.* häufiger Stellenwechsel (*zur Verbesserung des Einkommens*); **~ hunt·er** *s.* Stellungssuchende(r *m*) *f*; **~ kil·ler** *s.* Jobkiller *m* (*arbeitsplatzvernichtende Maschine etc.*); '**~·less** [-lɪs] **I** *adj.* arbeitslos; **II** *s.*: ***the* ~** *pl.* die Arbeitslosen *pl.*; **~ line**, **~ lot** *s.* ✝ **1.** Gelegenheitskauf *m*; **2.** Ramsch-, Par'tieware(n *pl.*) *f*; **~ mar·ket** *s.* Arbeitsmarkt *m*; **~ print·ing** *s.* Akzi'denzdruck *m*; **~ ro·ta·tion** *s.* turnusmäßiger Arbeitsplatztausch; **~ se·cu·ri·ty** *s.* Sicherheit *f* des Arbeitsplatzes; **~ shar·ing** *s.* Jobsharing *n*, Arbeitsplatzteilung *f*; **~ work** *s.* **1.** Ak'kordarbeit *f*; **2.** → ***job printing***.

jock·ey ['dʒɒkɪ] **I** *s.* Jockey *m*, Jockei *m*; **II** *v/t.* a) manipulieren, b) betrügen (***out of*** um): **~ *into s.th.*** in et. hineinmanövrieren, zu et. verleiten; **~ *s.o. into a position*** j-m durch Protektion e-e Stellung verschaffen, ‚j-n lancieren'; **III** *v/i.* **~ *for*** ‚rangeln' um (*a. fig.*): **~ *for position*** *sport u. fig.* sich e-e gute (Ausgangs)Position zu schaffen suchen.

'**jock·strap** ['dʒɒk-] *s. bsd. sport* Suspen'sorium *n*.

jo·cose [dʒəʊ'kəʊs] *adj.* □ **1.** scherzhaft, komisch, drollig; **2.** heiter, ausgelassen.

joc·u·lar ['dʒɒkjʊlə] *adj.* □ **1.** scherzhaft, witzig; **2.** lustig, heiter; **joc·u·lar·i·ty** [,dʒɒkjʊ'lærətɪ] *s.* **1.** Scherzhaftigkeit *f*; **2.** Heiterkeit *f*.

joc·und ['dʒɒkənd] *adj.* □ lustig, fröhlich, heiter; **jo·cun·di·ty** [dʒəʊ'kʌndətɪ] *s.* Lustigkeit *f*.

jodh·purs ['dʒɒdpəz] *s. pl.* Reithose(n *pl.*) *f*.

jog [dʒɒg] **I** *v/t.* **1.** (an)stoßen, rütteln, ‚stupsen'; **2.** *fig.* aufrütteln: **~ *s.o.'s memory*** j-s Gedächtnis nachhelfen; **II** *v/i.* **3.** *a.* **~ *on***, **~ *along*** (da'hin)trotten, (-)zuckeln; **4.** sich auf den Weg machen, ‚loszuckeln'; **5.** *fig. a.* **~ *on*** a) weiterwursteln, b) s-n Lauf nehmen; **6.** *sport* ‚joggen', im Trimmtrab laufen; **III** *s.* **7.** (leichter) Stoß; **8.** Rütteln *n*; **9.** → ***jogtrot*** 1; '**jog·ging** [-gɪŋ] *s.* ‚Jogging' *n*, Trimmtrab *m*.

jog·gle ['dʒɒgl] **I** *v/t.* **1.** leicht schütteln *od.* rütteln; **2.** ⚙ verschränken, verzahnen; **II** *v/i.* **3.** sich schütteln, wackeln; **III** *s.* **4.** Stoß *m*, Rütteln *n*; **5.** ⚙ Verzahnung *f*, Nut *f u.* Feder *f*.

'**jog·trot I** *s.* **1.** gemächlicher Trab, Trott *m*; **2.** *fig.* Trott *m*: a) Schlendrian *m*, b) Eintönigkeit *f*; **II** *v/i.* **3.** → ***jog*** 3.

john¹ [dʒɒn] *s. Am. sl.* Klo *n*.

John² [dʒɒn] *npr. u. s. bibl.* Jo'hannes (-evan,gelium *n*) *m*: **~ *the Baptist*** Johannes der Täufer; (***the Epistles of***) **~** die Johannesbriefe; **~ Bull** *s.* John Bull: a) *England*, b) *der* (*typische*) *Engländer*; **~ Doe** [dəʊ] *s.*: **~ *and Richard Roe*** ⚖ A. und B. (*fiktive Parteien*); **~ Do·ry** ['dɔ:rɪ] *s. ichth.* Heringskönig *m*; **~ Han·cock** ['hænkɒk] *s. Am.* F *j-s* ‚Friedrich Wilhelm' *m* (*Unterschrift*).

john·ny ['dʒɒnɪ] *s. Brit.* F Bursche *m*, Typ *m*, ‚Knülch' *m*; **,2-come-'late·ly** *s. Am.* F **1.** Neuankömmling *m*, Neuling *m*; **2.** *fig.* ‚Spätzünder' *m*; **2 *on the spot*** *s. Am.* F a) j-d, der ‚auf Draht' ist, b) Retter *m* in der Not.

John·so·ni·an [dʒɒn'səʊnjən] *adj.* **1.** Johnsonsch (*Samuel Johnson od. s-n Stil betreffend*); **2.** pom'pös, hochtrabend.

join [dʒɔɪn] **I** *v/t.* **1.** *et.* verbinden, -einigen, zs.-fügen (***to***, ***on to*** mit): **~ *hands*** a) die Hände falten, b) sich die Hand reichen (*a. fig.*), c) *fig.* sich zs.-tun; **2.** *Personen* vereinigen, zs.-bringen (***with***, ***to*** mit): **~ *in marriage*** verheiraten; **~ *in friendship*** freundschaftlich verbinden; **3.** *fig.* verbinden, -ein(ig)en: **~ *prayers*** gemeinsam beten; → ***battle*** 2, ***force*** 1, ***issue*** 6; **4.** sich anschließen (*dat. od.* an *acc.*), stoßen *od.* sich gesellen zu, sich einfinden bei: **~ *s.o. in*** (***doing***) ***s.th.*** et. zusammen mit j-m tun; **~ *s.o. in a walk*** (gemeinsam) mit j-m e-n Spaziergang machen, sich j-m auf e-m Spaziergang anschließen; **~ *one's regiment*** zu s-m Regiment stoßen; **~ *one's ship*** an Bord s-s Schiffes gehen; ***may I* ~ *you?*** a) darf ich mich Ihnen anschließen *od.* Ihnen Gesellschaft leisten, b) darf ich mitmachen?; ***I'll* ~ *you soon!*** ich komme bald (nach)!; ***will you* ~ *me in a drink?*** trinken Sie ein Glas mit mir?; → ***majority*** 1; **5.** *e-m Klub, e-r Partei etc.* beitreten, eintreten in (*acc.*): **~ *the army*** ins Heer eintreten, Soldat werden; **~ *a firm as a partner*** in e-e Firma als Teilhaber eintreten; **6.** a) teilnehmen *od.* sich beteiligen an (*dat.*), mitmachen bei, b) sich einlassen auf (*acc.*), *den Kampf* aufnehmen: **~ *an action*** *jur.* e-m Prozeß beitreten; **~ *a treaty*** e-m (Staats)Vertrag beitreten; **7.** sich vereinigen mit, zs.-kommen mit, (ein-)münden in (*acc.*) (*Fluß*, *Straße*); **8.** *math. Punkte* verbinden; **9.** (an)grenzen an (*acc.*); **II** *v/i.* **10.** sich vereinigen *od.* verbinden, zs.-kommen, sich treffen (***with*** mit); **11.** a) **~ *in*** (*s.th.*) → 6 a, b) **~ *with s.o. in s.th.*** sich j-m bei et. anschließen, et. gemeinsam tun mit j-m: **~ *in everybody!*** alle mitmachen!; **12.** anein'andergrenzen, sich berühren; **13.** **~ *up*** Sol'dat werden, zum Mili'tär gehen; **III** *s.* **14.** Verbindungsstelle *f*, -linie *f*, Naht *f*, Fuge *f*.

join·der ['dʒɔɪndə] *s.* **1.** Verbindung *f*; **2.** ⚖ a) *a.* **~ *of actions*** (objek'tive) Klagehäufung, b) *a.* **~ *of parties*** Streitgenossenschaft *f*, c) **~ *of issue*** Einlassung *f* (auf die Klage).

join·er ['dʒɔɪnə] *s.* Tischler *m*, Schreiner *m*: **~*'s bench*** Hobelbank *f*; '**join·er·y** [-ərɪ] *s.* **1.** Tischlerhandwerk *n*, Schreine'rei *f*; **2.** Tischlerarbeit *f*.

joint [dʒɔɪnt] **I** *s.* **1.** Verbindung(sstelle) *f*, *bsd.* a) *Tischlerei etc.*: Fuge *f*, Stoß *m*, b) (Löt)Naht *f*, Nahtstelle *f*, c) Falz *m* (*der Buchdecke*), d) *anat.*, *biol.*, ⚘, ⚙ Gelenk *n*: ***out of* ~** ausgerenkt, *bsd. fig.* aus den Fugen; → ***nose*** *Bes. Redew.*; **2.** Verbindungsstück *n*, Bindeglied *n*; **3.** Hauptstück *n* (*e-s Schlachttiers*), Braten(stück *n*) *m*; **4.** *sl.* ‚Bude' *f*, ‚Laden' *m*: a) Lo'kal *n*, ‚Schuppen' *m*, *contp.* ‚'Bumslo,kal' *n*, Spe'lunke *f*, b) Gebäude; **5.** *sl.* Joint *m* (*Marihuanazigarette*); **II** *adj.* (□ → ***jointly***) **6.** gemeinsam, gemeinschaftlich (*a.* ⚖): **~ *invention***; **~ *liability***; **~ *effort***; **~ *efforts*** vereinte Kräfte *od.* Anstrengungen; **~ *and several*** ⚖ gesamtschuldnerisch, solidarisch, zur gesamten Hand (→ ***jointly***); **~ *and several creditor*** (***debtor***) Gesamtgläubiger *m* (-schuldner *m*); ***take* ~ *action*** gemeinsam vorgehen, zs.-wirken; **7.** *bsd.* ⚖ Mit..., Neben...: **~ *heir*** Miterbe *m*; **~ *offender*** Mittäter *m*; **~ *plaintiff*** Mitkläger *m*; **8.** vereint, zs.-hängend; **III** *v/t.* **9.** verbinden, zs.-fügen; **10.** ⚙ a) fugen, stoßen, verbinden, -zapfen, b) *Fugen* verstreichen; **~ ac·count** *s.* ✝ Gemeinschaftskonto *n*: ***on*** (*od.* ***for***) **~** auf *od.* für gemeinsame Rechnung; **~ ad·ven·ture** → ***joint venture***; **~ cap·i·tal** *s.* ✝ Ge'sellschaftskapi,tal *n*; **~ com·mit·tee** *s. pol.* gemischter Ausschuß; **~ cred·it** *s.* ✝ Konsorti'alkre,dit *m*; **~ cred·i·tor** *s.* ⚖ Gesamthandgläubiger *m*; **~ debt** *s.* ⚖ gemeinsame Verbindlichkeit(en *pl.*) *f*, Gesamthandschuld *f*; **~ debt·or** *s.* ⚖ Mitschuldner *m*, Gesamthandschuldner *m*.

joint·ed ['dʒɔɪntɪd] *adj.* **1.** verbunden; **2.** gegliedert, mit Gelenken (versehen): **~ *doll*** Gliederpuppe *f*.

joint·ly ['dʒɔɪntlɪ] *adv.* gemeinschaftlich: **~ *and severally*** a) gemeinsam u. jeder für sich, b) solidarisch, zur gesamten Hand, gesamtschuldnerisch.

joint| own·er *s.* ✝ Miteigentümer(in), Mitinhaber(in); **~ own·er·ship** *s.* Miteigentum *n*; **~ res·o·lu·tion** *s. pol.* gemeinsame Resoluti'on; **~ stock** *s.* ✝ Ge'sellschafts-, 'Aktienkapi,tal *n*; **,~-'stock bank** *s.* Genossenschafts-, Aktienbank *f*; **,~-'stock com·pa·ny** *s.* ✝ **1.** *Brit.* Aktiengesellschaft *f*; **2.** *Am.* offene Handelsgesellschaft auf Aktien; **,~-'stock cor·po·ra·tion** *s. Am.* Aktiengesellschaft *f*; **~ ten·an·cy** *s.* ✝ Mitbesitz *m*, -pacht *f*; **~ un·der·tak·ing**, **~ ven·ture** *s.* ✝ **1.** Ge'meinschaftsunter,nehmen *n*; **2.** Gelegenheitsgesellschaft *f*.

joist [dʒɔɪst] ⚠ **I** *s.* (Quer)Balken *m*; (Quer-, Pro'fil)Träger *m*; **II** *v/t.* mit Pro'filträgern belegen.

joke [dʒəʊk] **I** *s.* **1.** Witz *m*: ***practical* ~** Schabernack *m*, Streich *m*; ***play a practical* ~ *on s.o.*** j-m einen Streich spielen; ***crack* ~*s*** Witze reißen; **2.** Scherz *m*, Spaß *m*: ***in* ~** zum Scherz; ***he cannot take*** (*od.* ***see***) ***a* ~** er versteht keinen Spaß; ***I don't see the* ~!** was soll daran so witzig sein?; ***it's no* ~!** a) (das ist) kein Witz!, b) das ist keine Kleinigkeit *od.* kein Spaß!; ***the* ~ *was on me*** der Spaß ging auf m-e Kosten; **II** *v/i.* **3.** Witze *od.* Spaß machen, scherzen, flachsen: ***I'm not joking!*** ich meine das ernst; ***you must be joking!*** soll das ein Witz sein?; '**jok·er** [-kə] *s.* **1.** Spaßvogel *m*, Witzbold *m*; **2.** *sl.* Kerl *m*, ‚Heini' *m*; **3.** Joker *m* (*Spielkarte*) (*a. fig.*); **4.** *Am. sl. mst pol.* ‚'Hintertürklausel' *f*;

'jok·ing [-kɪŋ] *s.* Scherzen *n*: ~ ***apart!*** Scherz beiseite!
jol·li·fi·ca·tion [ˌdʒɒlɪfɪ'keɪʃn] *s.* F (feucht)fröhliches Fest, Festivi'tät *f*;
jol·li·ness ['dʒɒlɪnɪs], *mst* **jol·li·ty** ['dʒɒlətɪ] *s.* **1.** Fröhlichkeit *f*; **2.** Fest *n*.
jol·ly ['dʒɒlɪ] **I** *adj.* ☐ **1.** lustig, fi'del, vergnügt; **2.** F angeheitert, beschwipst; **3.** *Brit.* F a) nett, hübsch: ***a ~ room***, b) *iro.* ‚schön', ‚furchtbar': ***he must be a ~ fool*** er muß (ja) ganz schön blöd sein; **II** *adv.* **4.** *Brit.* F ziemlich, ‚mächtig', ‚furchtbar': ***~ late***; ***~ nice*** ‚unheimlich' nett; ***~ good*** *a. iro.* (ist ja) Klasse!; ***a ~ good fellow*** ein ‚prima' Kerl; ***I ~ well told him*** ich hab' es ihm (doch) ganz deutlich gesagt; ***you'll ~ well*** (***have to***) ***do it!*** du mußt (es tun), ob du willst oder nicht; ***you ~ well know*** du weißt das ganz genau; **III** *v/t.* F **5.** *mst* ***~ along*** *od.* ***up*** *j-n* bei Laune halten *od.* aufmuntern: ***~ s.o. into doing s.th.*** j-n zu e-r Sache ‚bequatschen'; **6.** *j-n* ‚veräppeln'.
jol·ly boat ['dʒɒlɪ] *s.* ⚓ Jolle *f*.
Jol·ly Rog·er ['rɒdʒə] *s.* Totenkopf-, Pi'ratenflagge *f*.
jolt [dʒəʊlt] **I** *v/t.* **1.** ('durch)rütteln, stoßen; **2.** *Am. Boxen*: (*Gegner*) erschüttern (*a. fig.*); **3.** *fig. j-m* e-n Schock versetzen; **4.** *j-n* aufrütteln; **II** *v/i.* **5.** rütteln, holpern (*Fahrzeug*); **III** *s.* **6.** Ruck *m*, Stoß *m*, Rütteln *n*; **7.** Schock *m*; **8.** (harter) Schlag; **9.** F a) Wirkung *f* (*e-r Droge etc.*), b) ‚Schuß' *m* (*Kognak, Droge*).
Jo·nah ['dʒəʊnə] *npr. u. s.* **1.** *bibl.* (das Buch) Jonas *m*; **2.** *fig.* Unheilbringer *m*; **'Jo·nas** [-əs] → ***Jonah*** 1.
josh [dʒɒʃ] *sl.* **I** *v/t.* ‚aufziehen', veräppeln; **II** *s.* Hänse'lei *f*.
Josh·u·a ['dʒɒʃwə] *npr. u. s. bibl.* (das Buch) Josua *m od.* Josue *m*.
joss| house [dʒɒs] *s.* chi'nesischer Tempel; ~ **stick** *s.* Räucherstäbchen *n*.
jos·tle ['dʒɒsl] **I** *v/i.* drängeln: ***~ against*** → **II** *v/t.* anrempeln, schubsen; **III** *s.* a) Gedränge *n*, Dränge'lei *f*, b) Rempe'lei *f*.
Jos·u·e ['dʒɒzjʊiː] → ***Joshua***.
jot [dʒɒt] **I** *s.*: ***not a ~*** nicht ein bißchen; ***there's not a ~ of truth in it*** da ist überhaupt nichts Wahres dran; **II** *v/t.* *mst* ***~ down*** schnell hinschreiben *od.* notieren *od.* hinwerfen; **'jot·ter** [-tə] *s.* No'tizbuch *n*; **'jot·ting** [-tɪŋ] *s.* (kurze) No'tiz.
joule [dʒuːl] *s. phys.* Joule *n*.
jounce [dʒaʊns] → ***jolt*** 1, 6, 7.
jour·nal ['dʒɜːnl] *s.* **1.** Jour'nal *n*, Zeitschrift *f*, Zeitung *f*; **2.** Tagebuch *n*; **3.** ✝ Jour'nal *n*, Memori'al *n*; **4.** ***2s*** *pl. parl. Brit.* Proto'kollbuch *n*; **5.** ⚓ Logbuch *n*; **6.** ⚙ (Achs-, Lager)Zapfen *m*: ***~ bearing*** *od.* ***box*** Achs-, Zapfenlager *n*; **jour·nal·ese** [ˌdʒɜːnə'liːz] *s. contp.* Zeitungsstil *m*; **'jour·nal·ism** [-nəlɪzəm] *s.* Journa'lismus *m*; **'jour·nal·ist** [-nəlɪst] *s.* Journa'list(in); **jour·nal·istic** [ˌdʒɜːnə'lɪstɪk] *adj.* journa'listisch.
jour·ney ['dʒɜːnɪ] **I** *s.* **1.** Reise *f*: ***go on a ~*** verreisen; ***bus ~*** Busfahrt *f*; ***~'s end*** Ende *n* der Reise, *fig.* ‚Endstation' *f*, *a.* Tod *m*; **2.** Reise *f*, Strecke *f*, Route *f*, Weg *m*, Fahrt *f*, Gang *m*: ***it's a day's ~ from here*** es ist e-e Tagereise von hier, man braucht e-n Tag, um von hier dorthin zu kommen; **II** *v/i.* **3.** reisen; wandern; **'~·man** [-mən] *s.* [*irr.*] (Handwerks)Geselle *m*: ***~ baker*** Bäckergeselle.
joust [dʒaʊst] *hist.* **I** *s.* Turnier *n*; **II** *v/i.* im Turnier kämpfen; *fig.* e-n Strauß ausfechten.
Jove [dʒəʊv] *npr.* Jupiter *m*: ***by ~!*** a) Donnerwetter!, b) beim Zeus!
jo·vi·al ['dʒəʊvjəl] *adj.* ☐ **1.** jovi'al (*a. contp.*), freundlich, aufgeräumt, gemütlich: ***a ~ fellow***; **2.** freundlich, nett: ***a ~ welcome***; **3.** heiter, vergnügt, lustig; **jo·vi·al·i·ty** [ˌdʒəʊvɪ'ælətɪ] *s.* Joviali'tät *f*, Freundlichkeit *f*, Fröhlichkeit *f*.
jowl [dʒaʊl] *s.* **1.** ('Unter)Kiefer *m*; **2.** (*mst* feiste *od.* Hänge)Backe *f*; → ***cheek*** 1; **3.** *zo.* Wamme *f*.
joy [dʒɔɪ] *s.* **1.** Freude *f* (***at*** über *acc.*, ***in***, ***of*** an *dat.*): ***to my*** (***great***) ***~*** zu m-r (großen) Freude; ***leap for ~*** vor Freude hüpfen; ***tears of ~*** Freudentränen; ***it gives me great ~*** es macht mir große Freude; ***my children are a great ~ to me*** m-e Kinder machen mir viel Freude; ***wish s.o. ~*** (***of***) j-m Glück wünschen (zu); ***I wish you ~!*** *iro.* (na, dann) viel Spaß!; **2.** *Brit.* F Erfolg *m*: ***I didn't have any ~!*** ich hatte keinen Erfolg!, es hat nicht geklappt!; **'joy·ful** [-fʊl] *adj.* ☐ **1.** freudig, erfreut, froh: ***be ~*** sich freuen; **2.** erfreulich, froh; **'joyful·ness** [-fʊlnɪs] *s.* Freude *f*, Fröhlichkeit *f*; **'joy·less** [-lɪs] *adj.* ☐ freudlos; **joy·ous** ['dʒɔɪəs] *adj.* ☐ → ***joyful***.
joy| ride *s.* F Vergnügungsfahrt *f*, (wilde) Spritztour (*bsd.* in e-m gestohlenen Auto); **'~·stick** *s.* **1.** ✈ F Steuerknüppel *m*; **2.** *Computer*: Joystick *m*.
ju·bi·lant ['dʒuːbɪlənt] *adj.* ☐ jubelnd, froh'lockend, (glück)strahlend (*a. Gesicht*): ***be ~*** → ***jubilate*** 1; **ju·bi·late** **I** *v/i.* ['dʒuːbɪleɪt] **1.** jubeln, jubilieren, überglücklich sein, triumphieren; **II** ***2*** [ˌdʒuːbɪ'lɑːtɪ] (*Lat.*) *s. eccl.* **2.** (Sonntag *m*) Jubi'late *m* (*3. Sonntag nach Ostern*); **3.** Jubi'latepsalm *m*; **ju·bi·la·tion** [ˌdʒuːbɪ'leɪʃn] *s.* Jubel *m*.
ju·bi·lee ['dʒuːbɪliː] *s.* **1.** (*bsd.* fünfzigjähriges) Jubi'läum: ***silver ~*** fünfundzwanzigjähriges Jubiläum; **2.** *R.C.* Jubel-, Ablaßjahr *n*.
Ju·da·ic [dʒuː'deɪɪk] *adj.* ju'daisch, jüdisch; **Ju·da·ism** ['dʒuːdeɪɪzəm] *s.* **1.** Juda'ismus *m*; **2.** *das* Judentum; **Ju·da·ize** ['dʒuːdeɪaɪz] *v/t.* judaisieren, jüdisch machen.
Ju·das ['dʒuːdəs] **I** *npr. bibl.* Judas *m* (*a. fig. Verräter*): ***~ kiss*** Judaskuß *m*; **II** ***2*** *s.* Guckloch *n*, ‚Spi'on' *m*.
Jude [dʒuːd] *npr. u. s. bibl.* Judas *m*: (***the Epistle of***) ***~*** der Judasbrief.
jud·der ['dʒʌdə] *v/i.* **1.** rütteln, wackeln; **2.** vibrieren.
judge [dʒʌdʒ] **I** *s.* **1.** ⚖ Richter *m*; **2.** *mst* Preis-, *sport a.* Kampfrichter *m*; **3.** Kenner *m*: ***a*** (***good***) ***~ of wine*** ein Weinkenner; ***I am no ~ of it*** ich kann es nicht beurteilen; ***I am no ~ of music, but*** ich verstehe (zwar) nicht viel von Musik, aber; ***I'll be the ~ of that*** das müssen Sie mich schon selbst beurteilen lassen; **4.** *bibl.* a) Richter *m*, b) ***2s*** *pl. sg. konstr.* (*das* Buch der) Richter *pl.*; **II** *v/t.* **5.** ⚖ ein Urteil fällen *od.* Recht sprechen über (*acc.*), *e-n Fall* verhandeln; **6.** entscheiden (***s.th.*** et.; ***that*** daß); **7.** beurteilen, bewerten, einschätzen (***by*** nach); **8.** a) Preis-, *sport* Kampfrichter sein bei, b) *Leistungen etc.* (als Preisrichter *etc.*) bewerten; **9.** betrachten als, halten für; **III** *v/i.* **10.** ⚖ urteilen, Recht sprechen; **11.** *fig.* richten; **12.** urteilen (***by***, ***from*** nach; ***of*** über *acc.*): ***~ for yourself!*** urteilen Sie selbst!; ***judging by his words*** s-n Worten nach zu urteilen; ***how can I ~?*** wie soll 'ich das beurteilen?; **13.** schließen (***from***, ***by*** aus); **14.** Preis-, *sport* Kampfrichter sein; **15.** a) denken, vermuten, b) ***~ of*** sich *et.* vorstellen; ~ **ad·vo·cate** *s.* ⚔ Kriegsgerichtsrat *m*; **'~-made law** *s.* auf richterlicher Entscheidung beruhendes Recht, geschöpftes Recht.
judg(e)·ment ['dʒʌdʒmənt] *s.* **1.** ⚖ (Gerichts)Urteil *n*, gerichtliche Entscheidung: ***~ by default*** Versäumnisurteil; ***give*** (*od.* ***deliver***, ***render***, ***pronounce***) ***~*** ein Urteil erlassen *od.* verkünden (***on*** über *acc.*); ***pass ~*** ein Urteil fällen (***on*** über *acc.*); ***sit in ~ on a case*** Richter sein in e-m Fall; ***sit in ~ on s.o.*** über j-n zu Gericht sitzen; → ***error*** 1; **2.** Beurteilung *f*, Bewertung *f* (*a. sport etc.*), Urteil *n*; **3.** Urteilsvermögen *n*: ***man of ~*** urteilsfähiger Mann; ***use your best ~!*** handeln Sie nach Ihrem besten Ermessen; **4.** Urteil *n*, Ansicht *f*, Meinung *f*: ***form a ~*** sich ein Urteil bilden; ***against my better ~*** wider besseres Wissen; ***give one's ~ on s.th.*** sein Urteil über et. abgeben; ***in my ~*** meines Erachtens; **5.** Schätzung *f*: ***~ of distance***; **6.** göttliches (Straf)Gericht, Strafe *f* (Gottes): ***the Last 2***, ***the Day of 2***, ***2 Day*** das Jüngste Gericht; ~ **cred·i·tor** *s.* ⚖ Voll'streckungsgläubiger(in); ~ **debt** *s.* ⚖ voll'streckbare Forderung, durch Urteil festgestellte Schuld; ~ **debt·or** *s.* ⚖ Vollstreckungsschuldner(in); **'~-proof** *adj. Am.* ⚖ unpfändbar.
judge·ship ['dʒʌdʒʃɪp] *s.* Richteramt *n*.
ju·di·ca·ture ['dʒuːdɪkətʃə] *s.* ⚖ **1.** Rechtsprechung *f*, Rechtspflege *f*; **2.** Gerichtswesen *n*, Ju'stiz(verwaltung) *f*; → ***supreme*** 1; **3.** *coll.* Richter(stand *m*, -schaft *f*) *pl.*; **ju·di·cial** [dʒuː'dɪʃl] *adj.* ☐ **1.** ⚖ gerichtlich, Justiz…, Gerichts…: ***~ error*** Justizirrtum *m*; ***~ murder*** Justizmord *m*; ***~ proceedings*** Gerichtsverfahren *n*; ***~ office*** Richteramt *n*, richterliches Amt; ***~ power*** richterliche Gewalt; ***~ separation*** gerichtliche Trennung der Ehe; ***~ system*** Gerichtswesen *n*; **2.** ⚖ Richter…, richterlich; **3.** klar urteilend, kritisch; **ju·di·ci·ar·y** [dʒuː'dɪʃɪərɪ] ⚖ **I** *s.* **1.** → ***judicature*** 2, 3; **2.** *Am.* richterliche Gewalt; **II** *adj.* **3.** richterlich, rechtsprechend, gerichtlich: ***2 Committee*** *Am. parl.* Rechtsausschuß *m*.
ju·di·cious [dʒuː'dɪʃəs] *adj.* ☐ **1.** vernünftig, klug; **2.** 'wohlüberˌlegt, verständnisvoll; **ju'di·cious·ness** [-nɪs] *s.* Klugheit *f*, Einsicht *f*.
ju·do ['dʒuːdəʊ] *s. sport* Judo *n*; **'ju·doka** [-əʊkɑː] *s.* Ju'doka *m*.
Ju·dy ['dʒuːdɪ] → ***Punch***[4].
jug[1] [dʒʌg] **I** *s.* **1.** Krug *m*, Kanne *f*, Kännchen *n*; **2.** *sl.* ‚Kittchen' *n*, ‚Knast' *m*; **II** *v/t.* **3.** schmoren *od.* dämpfen: ***~ged hare*** Hasenpfeffer *m*; **4.** *sl.* ‚einlochen'.
jug[2] [dʒʌg] **I** *v/i.* schlagen (*Nachtigall*); **II** *s.* Nachtigallenschlag *m*.

ˈjug·ful [-fʊl] *pl.* **-fuls** *s. ein* Krug(voll) *m.*

jug·ger·naut [ˈdʒʌgənɔːt] *s.* **1.** Moloch *m*: ***the ~ of war***; **2.** *Brit.* schwerer ‚Brummi', Schwerlastwagen *m*, Lastzug *m.*

jug·gins [ˈdʒʌgɪnz] *s. sl.* Trottel *m.*

jug·gle [ˈdʒʌgl] **I** *v/i.* **1.** jonglieren; **2. ~ *with*** *fig.* (mit) *et.* jonglieren, *et.* manipulieren: ***~ with facts***; ***~ with one's accounts*** s-e Konten ‚frisieren'; ***~ with words*** mit Worten spielen *od.* ‚jonglieren', Worte verdrehen; **II** *v/t.* **3.** jonglieren mit; **4.** → 2; **ˈjug·gler** [-lə] *s.* **1.** Jonˈgleur *m*; **2.** Schwindler *m*; **ˈjug·gler·y** [-lərɪ] *s.* **1.** Jonglieren *n*; **2.** Taschenspieleˈrei *f*; **3.** Schwindel *m*, Hokusˈpokus *m.*

Ju·go·slav [ˌjuːgəʊˈslɑːv] **I** *s.* Jugoˈslawe *m*, Jugoˈslawin *f*; **II** *adj.* jugoˈslawisch.

jug·u·lar [ˈdʒʌgjʊlə] *anat.* **I** *adj.* Kehl…, Gurgel…; **II** *s. a.* ***~ vein*** Hals-, Drosselader *f*; **ˈju·gu·late** [-leɪt] *v/t. fig.* abwürgen.

juice [dʒuːs] *s.* **1.** Saft *m* (*a. fig.*): ***orange ~***; ***~ extractor*** Entsafter *m*; ***body ~s*** Körpersäfte; ***stew in one's own ~*** F im eigenen Saft schmoren; **2.** *sl.* a) ⚡ ‚Saft' *m*, Strom *m*, b) *mot.* Sprit *m*, c) *Am.* ‚Zeug' *n*, Whisky *m*; **3.** *fig.* Kern *m*, Subˈstanz *f*, Esˈsenz *f*; **ˈjuic·i·ness** [-sɪnɪs] *s.* Saftigkeit *f*; **ˈjuic·y** [-sɪ] *adj.* **1.** saftig (*a. fig.*); **2.** F a) ‚saftig', ‚gepfeffert': ***~ scandal***, b) piˈkant, schlüpfrig: ***~ story***, c) interessant, ‚mit Pfiff'; **3.** *Am.* F lukraˈtiv: ***~ contract***; **4.** *sl.* ‚scharf', ‚dufte': ***~ girl.***

ju·jit·su [dʒuːˈdʒɪtsuː] *s. sport* Jiu-Jitsu *n.*

ju·jube [ˈdʒuːdʒuːb] *s.* **1.** ♀ Juˈjube *f*, Brustbeere *f*; **2.** *pharm.* ˈBrustbonˌbon *m, n.*

ju·jut·su [dʒuːˈdʒʊtsuː] → ***jujitsu.***

ˈjuke|·box [ˈdʒuːk-] *s.* Jukebox *f* (*Musikautomat*); **ˈ~-joint** *s. Am. sl.* ‚ˈBumsloˌkal' *n*, ‚Jukebox-Bude' *f.*

ju·lep [ˈdʒuːlep] *s.* **1.** süßliches (Arzˈnei-)Getränk; **2.** *Am.* Julep *m* (*alkoholisches Eisgetränk*).

Jul·ian [ˈdʒuːljən] *adj.* juliˈanisch: ***the ~ calendar*** der Julianische Kalender.

Ju·ly [dʒuːˈlaɪ] *s.* Juli *m*: ***in ~*** im Juli.

jum·ble [ˈdʒʌmbl] **I** *v/t.* **1.** *a.* ***~ together***, ***~ up*** zs.-werfen, in Unordnung bringen, (wahllos) vermischen, durcheinˈanderwürfeln; **II** *v/i.* **2.** *a.* ***~ together***, ***~ up*** durcheinˈandergeraten, -gerüttelt werden; **III** *s.* **3.** Durcheinˈander *n*, Wirrwarr *m*; **4.** Ramsch *m*: ***~ sale*** *Brit.* Wohltätigkeitsbasar *m*; ***~ shop*** Ramschladen *m.*

jum·bo [ˈdʒʌmbəʊ] *s.* **1.** Koˈloß *m*: ***~-sized*** riesig; **2.** → **jum·bo jet** *s.* ✈ Jumbo(-Jet) *m.*

jump [dʒʌmp] **I** *s.* **1.** Sprung *m* (*a. fig.*), Satz *m*: ***make*** (*od.* ***take***) ***a ~*** e-n Sprung machen; ***by ~s*** *fig.* sprungweise; (***always***) ***on the ~*** F (immer) auf den Beinen *od.* in Eile; ***keep s.o. on the ~*** j-n in Trab halten; ***get the ~ on s.o.*** F j-m zuvorkommen, j-m den Rang ablaufen; ***have the ~ on s.o.*** F j-m gegenüber im Vorteil sein; ***be*** (***stay***) ***one ~ ahead*** *fig.* (immer) e-n Schritt voraus sein (***of*** *dat.*); ***give a ~*** → 15; ***give s.o. a ~*** F j-n erschrecken; **2.** (Fallschirm)Absprung *m*: ***~ area*** Absprunggebiet *n*; **3.** *sport* (Hoch- *od.* Weit)Sprung *m*: ***high*** (***long*** *od. Am.* ***broad***) ***~***; **4.** *bsd. Reitsport*: Hindernis *n*: ***take the ~***; **5.** sprunghaftes Anwachsen, Emˈporschnellen *n* (***in prices*** der Preise *etc.*): ***~ in production*** rapider Produktionsanstieg; **6.** (plötzlicher) Ruck; **7.** *fig.* Sprung *m*: a) abrupter ˈÜbergang, b) Überˈspringen *n*, -ˈgehen *n*, Auslassen *n* (*von Buchseiten etc.*); **8.** a) *Film*: Sprung *m* (*Überblenden etc.*), b) *Computer*: (Proˈgramm)Sprung *m*; **9.** *Damespiel*: Schlagen *n*; **10.** a) Rückstoß *m* (*e-r Feuerwaffe*), b) ⚔ Abgangsfehler *m*; **11.** V ‚Nummer' *f* (*Koitus*); **II** *v/i.* **12.** springen: ***~ at*** (*od.* ***to***) *fig.* sich stürzen auf (*acc.*), sofort zugreifen bei *e-m Angebot*, *Vorschlag etc.*, (sofort) aufgreifen, einhaken bei *e-r Frage etc.*; ***~ at the chance*** die Gelegenheit beim Schopf ergreifen, mit beiden Händen zugreifen; → ***conclusion*** 3; ***~ down s.o.'s throat*** F j-n ‚anschnauzen'; ***~ off*** a) abspringen (von *s-m Fahrrad etc.*), b) *Am.* F loslegen; ***~ on s.o.*** F a) über j-n herfallen, b) j-m ‚aufs Dach' steigen; ***~ out of one's skin*** aus der Haut fahren; ***~ to it*** F ‚(d)rangehen', zupacken; ***~ to it!*** ran!, mach schon!; ***~ up*** aufspringen (***onto*** auf *acc.*); **13.** (*mit dem Fallschirm*) (ab-)springen; **14.** hopsen, hüpfen: ***~ up and down***; ***~ for joy*** e-n Freudensprung *od.* Freudensprünge machen; ***his heart ~ed for joy*** das Herz hüpfte ihm im Leibe; **15.** zs.-zucken, -fahren, aufschrecken, hochfahren (***at*** bei): ***the noise made him ~*** der Lärm schreckte ihn auf *od.* ließ ihn zs.-zucken; **16.** *fig.* abˈrupt ˈübergehen, -wechseln (***to*** zu): ***~ from one topic to another***; **17.** a) rütteln (*Wagen etc.*), b) gerüttelt werden, schaukeln, wackeln; **18.** *fig.* sprunghaft ansteigen, emˈporschnellen (*Preise etc.*); **19.** ⚙ springen (*Filmstreifen, Schreibmaschine etc.*); **20.** *Damespiel*: schlagen; **21.** *Bridge*: (unvermittelt) hoch reizen; **22.** pochen, pulsieren; **23.** F voller Leben sein: ***the place is ~ing*** dort ist ‚schwer was los'; ***the party was ~ing*** die Party war ‚schwer in Fahrt'; **III** *v/t.* **24.** (hinˈweg)springen über (*acc.*): ***~ the fence***; ***~ the rails*** entgleisen (*Zug*); **25.** *fig.* überˈspringen, auslassen: ***~ a few lines***; ***~ the lights*** F bei Rot über die Kreuzung fahren; ***~ the queue*** *Brit.* sich vordrängeln, aus der Reihe tanzen (*a. fig.*); → ***gun*** 4; **26.** springen lassen: ***he ~ed his horse over the ditch*** er setzte mit dem Pferd über den Graben; **27.** *Damespiel*: schlagen; **28.** *Bridge*: (zu) hoch reizen; **29.** *sl.* ‚abhauen' von: ***~ ship*** (***town***); → ***bail***[1] 1; **30.** a) aufspringen auf (*acc.*), b) abspringen von (*e-m fahrenden Zug*); **31.** schaukeln: ***~ a baby on one's knee***; **32.** F *j-n* überfallen, über *j-n* herfallen; **33.** emˈporschnellen lassen, hochtreiben: ***~ prices***; **34.** *Am.* F *j-n* (plötzlich) *im Rang* befördern; **35.** V *Frau* ‚bumsen'; **36.** → ***jump-start.***

jump ball *s. Basketball*: Sprungball *m.*

jumped-up [ˌdʒʌmptˈʌp] *adj.* F **1.** (parveˈnühaft) hochnäsig, ‚hochgestochen'; **2.** improvisiert.

jump·er[1] [ˈdʒʌmpə] *s.* **1.** Springer(in): ***high ~*** *sport* Hochspringer(in); **2.** Springpferd *n*; **3.** ⚙ Steinbohrer *m*; Bohrmeißel *m*; **4.** ⚡ Kurzschlußbrücke *f.*

jump·er[2] [ˈdʒʌmpə] *s.* **1.** (*Am.* ärmelloser) Pullover *m*; **2.** *bsd. Am.* Trägerkleid *n*, -rock *m*; **3.** (Kinder)Spielhose *f.*

jump·i·ness [ˈdʒʌmpɪnɪs] *s.* Nervosiˈtät *f.*

jump·ing [ˈdʒʌmpɪŋ] *s.* **1.** Springen *n*: ***~ pole*** Sprungstab *m*, -stange *f*; ***~ test*** *Reitsport*: (Jagd)Springen *n*; **2.** *Skisport*: Sprunglauf *m*, Springen *n*; **~ bean** *s.* ♀ Springende Bohne; **~ jack** *s.* Hampelmann *m*; **ˌ~-ˈoff place** *s.* **1.** *fig.* Sprungbrett *n*, Ausgangspunkt *m*; **2.** *Am.* F Ende *n* der Welt.

jump| jet *s.* ✈ (Düsen)Senkrechtstarter *m*; **~ leads** *s. pl. mot.* Starthilfekabel *n*; **ˈ~-off** *s. Reitsport*: Stechen *n*; **~ seat** *s.* Not-, Klappsitz *m*; **ˈ~-start** *v/t. Auto* mittels Starthilfekabel anlassen; **~ suit** *s.* Overall *m*; **~ turn** *s. Skisport*: ˈUmsprung *m.*

jump·y [ˈdʒʌmpɪ] *adj.* nerˈvös.

junc·tion [ˈdʒʌŋkʃn] *s.* **1.** Verbindung(spunkt *m*) *f*, Vereinigung *f*, Zs.-treffen *n*; Treffpunkt *m*; Anschluß *m* (*a.* ⚙); (Straßen)Kreuzung *f*, (-)Einmündung *f*; **2.** 🚂 a) Knotenpunkt *m*, b) ˈAnschlußstatiˌon *f*; **3.** Berührung *f*; **~ box** *s.* ⚡ Abzweig-, Anschlußdose *f*; **~ line** *s.* 🚂 Verbindungs-, Nebenbahn *f.*

junc·ture [ˈdʒʌŋktʃə] *s.* (kritischer) Augenblick *od.* Zeitpunkt: ***at this ~*** in diesem Augenblick, an dieser Stelle.

June [dʒuːn] Juni *m*: ***in ~*** im Juni.

jun·gle [ˈdʒʌŋgl] *s.* **1.** Dschungel *m*, *a. n* (*a. fig.*): ***~ fever*** Dschungelfieber *n*; ***law of the ~*** Faustrecht *n*; **2.** (undurchdringliches) Dickicht (*a. fig.*); *fig.* Gewirr *n*: ***~ gym*** Klettergerüst *n* (*für Kinder*); **ˈjun·gled** [-ld] *adj.* mit Dschungel(n) bedeckt, verdschungelt.

jun·ior [ˈdʒuːnjə] **I** *adj.* **1.** junior (*mst nach Familiennamen u. abgekürzt zu Jr., jr., Jun., jun.*): ***George Smith jr.***; ***Smith ~*** Smith II (*von Schülern*); **2.** jünger (*im Amt*), ˈuntergeordnet, zweiter: ***~ clerk*** a) untere(r) Büroangestellte(r), b) zweiter Buchhalter, c) *jur. Brit.* Anwaltspraktikant *m*, d) kleiner Angestellter; ***~ counsel*** (*od.* ***barrister***) *jur. Brit.* → ***barrister*** (*als Vorstufe zum* ***King's Counsel***); ***~ partner*** jüngerer Teilhaber, *fig. der* kleinere Partner; ***~ staff*** untere Angestellte *pl.*; **3.** später, jünger, nachfolgend: ***~ forms*** *ped. Brit. die* Unterklassen, *die* Unterstufe; ***~ school*** *Brit.* Grundschule *f*; **4.** *jur.* rangjünger, (im Rang) nachstehend: ***~ mortgage***; **5.** *sport* Junioren…, Jugend…: ***~ championship***; **6.** *Am.* Kinder…, Jugend…: ***~ books***; **7.** jugendlich, jung: ***~ citizens*** Jungbürger *pl.*; ***~ skin***; **8.** *Am.* F kleiner(er, e, es): ***a ~ hurricane***; **II** *s.* **9.** Jüngere(r *m*) *f*: ***he is my ~ by 2 years***, ***he is 2 years my ~*** er ist (um) 2 Jahre jünger als ich; ***my ~s*** Leute, die jünger sind als ich; **10.** *univ. Am.* Stuˈdent *m* a) *im vorletzten Jahr vor s-r Graduierung*, b) *im 3. Jahr an e-m* ***senior college***, c) *im 1. Jahr an e-m* ***junior college***; **11.** *a.* ♂ (*ohne art*) a) Junior *m* (*Sohn mit dem Vornamen des Vaters*), b) *allg.* der Sohn, der Junge, c) *Am.* F Kleine(r) *m*; **12.** Jugendliche(r *m*) *f*, Herˈanwachsende(r *m*) *f*: **~ miss** *Am.* ‚junge Dame' (*Mädchen*); **13.** 'Untergeordnete(r *m*) *f* (im Amt), jüngere(r) Angestellte(r): ***he is my ~ in this office*** a) er untersteht mir in diesem Amt, b) er ist in dieses Amt nach mir eingetreten; **14.** *Bridge*: Junior *m* (*Spieler, der rechts vom Alleinspieler sitzt*); **~ col·lege** *s. Am.* Juni'orencollege *n* (*umfaßt die untersten Hochschuljahrgänge, etwa 16- bis 18jährige Studenten*); **~ high (school)** *s. Am.* (*Art*) Aufbauschule *f* (*für die* ***high school***) (*dritt- u. viertletzte Klasse der Grundschule u. erste Klasse der* ***high school***).

jun·ior·i·ty [ˌdʒuːnɪ'ɒrətɪ] *s.* **1.** geringeres Alter *od.* Dienstalter; **2.** 'untergeordnete Stellung, niedrigerer Rang.

ju·ni·per ['dʒuːnɪpə] *s.* Wa'cholder *m.*

junk[1] [dʒʌŋk] **I** *s.* **1.** Trödel *m*, alter Kram, Plunder *m*: **~ *food*** *bsd. Am.* Nahrung *f* mit geringem Nährwert; **~ *market*** Trödel-, Flohmarkt *m*; **~ *dealer*** Trödler *m*, Altwarenhändler *m*; **~ *shop*** Trödelladen *m*; **~ *yard*** Schrottplatz *m*; **2.** *contp.* Schund *m*, ‚Mist' *m*, ‚Schrott' *m*; **3.** *sl.* ‚Stoff' *m* (*Rauschgift*); **II** *v/t.* **4.** *Am.* F a) wegwerfen, b) verschrotten, c) *fig.* zum alten Eisen *od.* über Bord werfen.

junk[2] [dʒʌŋk] *s.* Dschunke *f.*

jun·ket ['dʒʌŋkɪt] **I** *s.* **1.** a) Sahnequark *m*, b) Quarkspeise *f* mit Sahne; **2.** Festivi'tät *f*, Fete *f*; **3.** *Am.* F sogenannte Dienstreise, Vergnügungsreise *f* auf öffentliche Kosten; **II** *v/i.* **4.** feiern, es sich wohl sein lassen.

junk·ie ['dʒʌŋkɪ] *s. sl.* ‚Fixer' *m*, Rauschgiftsüchtige(r *m*) *f.*

Ju·no·esque [ˌdʒuːnəʊ'esk] *adj.* ju'no-nisch.

jun·ta ['dʒʌntə] (*Span.*) *s.* **1.** *pol.* (*bsd.* Mili'tär)Junta *f*; **2.** → '**jun·to** [-təʊ] *pl.* **-tos** *s.* Clique *f.*

Ju·pi·ter ['dʒuːpɪtə] *s. myth. u. ast.* Jupiter *m.*

Ju·ras·sic [ˌdʒʊə'ræsɪk] *geol.* **I** *adj.* Jura..., ju'rassisch: **~ *period***; **II** *s.* 'Juraformatiˌon *f.*

ju·rat ['dʒʊəræt] *s. Brit.* **1.** *hist.* Stadtrat *m* (*Person*) in den ***Cinque Ports***; **2.** Richter *m auf den Kanalinseln*; **3.** ⚖ Bekräftigungsformel *f* unter eidesstattlichen Erklärungen.

ju·rid·i·cal [ˌdʒʊə'rɪdɪkl] *adj.* □ **1.** gerichtlich, Gerichts...; **2.** ju'ristisch, Rechts...: **~ *person*** *Am.* juristische Person.

ju·ris·dic·tion [ˌdʒʊərɪs'dɪkʃn] *s.* **1.** Rechtsprechung *f*; **2.** a) Gerichtsbarkeit *f*, b) (*örtliche u. sachliche*) Zuständigkeit (***of, over*** für): ***come under the ~ of*** unter die Zuständigkeit fallen (*gen.*); ***have ~ over*** zuständig sein für; **3.** a) Gerichtsbezirk *m*, b) Zuständigkeitsbereich *m*; **ju·ris'dic·tion·al** [-ʃənl] *adj.* Gerichtsbarkeits..., Zuständigkeits...; **ju·ris·pru·dence** [ˌdʒʊərɪs'pruːdəns] *s.* Rechtswissenschaft *f*, Jurispru'denz *f*; **ju·rist** ['dʒʊərɪst] *s.* **1.** Ju'rist(in); **2.** *Brit.* Stu'dent *m* der Rechte; **3.** *Am.* Rechtsanwalt *m*; **ju·ris·tic, ju·ris·ti·cal** [ˌdʒʊə'rɪstɪk(l)] *adj.* □ ju'ristisch, Rechts...

ju·ror ['dʒʊərə] *s.* **1.** ⚖ Geschworene(r *m*) *f*; **2.** Preisrichter(in).

ju·ry[1] ['dʒʊərɪ] *s.* **1.** ⚖ *die* Geschworenen *pl.*, Ju'ry *f*: ***trial by ~, ~ trial*** Schwurgerichtsverfahren *n*; ***sit on the ~*** Geschworene(r) sein; **2.** Ju'ry *f*, Preisrichterausschuß *m*, *sport a.* Kampfgericht *n*; **3.** Sachverständigenausschuß *m.*

ju·ry[2] ['dʒʊərɪ] *adj.* ⚓, ✈ Ersatz..., Hilfs..., Not...

ju·ry| box *s.* ⚖ Geschworenenbank *f*; '**~·man** [-mən] *s.* [*irr.*] ⚖ Geschworene(r) *m*; **~ pan·el** *s.* ⚖ Geschworenenliste *f.*

jus [dʒʌs] *pl.* **ju·ra** ['dʒʊərə] (*Lat.*) *s.* Recht *n.*

jus·sive ['dʒʌsɪv] *adj. ling.* Befehls..., impera'tivisch.

just [dʒʌst] **I** *adj.* □ → II *u.* ***justly***; **1.** gerecht (***to*** gegen): ***be ~ to s.o.*** j-n gerecht behandeln; **2.** gerecht, richtig, angemessen, gehörig: ***it was only ~*** es war nur recht u. billig; **~ *reward*** gerechter *od.* (wohl)verdienter Lohn; **3.** rechtmäßig, wohlbegründet: ***a ~ claim***; **4.** berechtigt, gerechtfertigt, (wohl)begründet: **~ *indignation***; **5.** a) genau, kor'rekt, b) wahr, richtig; **6.** *bibl.* gerecht, rechtschaffen: ***the ~*** die Gerechten *pl.*; **7.** ♪ rein; **II** *adv.* **8.** *zeitlich*: a) gerade, (so)'eben: ***they have ~ left***; **~ *before I came*** kurz *od.* knapp bevor ich kam; **~ *after breakfast*** kurz *od.* gleich nach dem Frühstück; **~ *now*** eben erst, soeben (→ b), b) genau, gerade (*zu diesem Zeitpunkt*): **~ *as*** gerade als, genau in dem Augenblick als (→ 9); ***I was ~ going to say*** ich wollte gerade sagen; **~ *now*** a) gerade jetzt, b) jetzt gleich (→ a); **~ *then*** a) gerade damals, b) gerade in diesem Augenblick; **~ *five o'clock*** genau fünf Uhr; **9.** *örtlich u. fig.*: genau: **~ *there***; **~ *round the corner*** gleich um die Ecke; **~ *as*** ebenso wie; **~ *as good*** genausogut; **~ *about*** a) (so *od.* in) etwa, b) so ziemlich, c) so gerade, eben (noch); **~ *about here*** ungefähr hier, hier herum; **~ *so!*** ganz recht!; ***that's ~ it!*** das ist es ja gerade *od.* eben!; ***that's ~ like you!*** das sieht dir (ganz) ähnlich!; ***that's ~ what I thought!*** (genau) das hab' ich mir (doch) gedacht!; **~ *what do you mean (by that)?*** was (genau) wollen Sie damit sagen?; **~ *how many are they?*** wie viele sind es genau?; ***it's ~ as well*** (es ist) vielleicht besser *od.* ganz gut so; ***we might ~ as well go!*** da können wir genausogut auch gehen!; **10.** gerade (noch), ganz knapp, mit knapper Not: ***we ~ managed***; ***the bullet ~ missed him*** die Kugel ging ganz knapp an ihm vorbei; **~ *possible*** immerhin möglich, nicht unmöglich; **~ *too late*** gerade zu spät; **11.** nur, lediglich, bloß: **~ *in case*** nur für den Fall; **~ *the two of us*** nur wir beide; **~ *for the fun of it*** nur zum Spaß; **~ *a moment!*** (nur) e-n Augenblick!, *a. iro.* Moment (mal)!; **~ *give her a book*** schenk ihr doch einfach ein Buch; **12.** *vor imp.* a) doch, mal, b) nur: **~ *tell me*** sag (mir) mal, sag mir nur *od.* bloß; **~ *sit down, please!*** setzen Sie sich doch bitte; **~ *think!*** denk mal!; **~ *try!*** versuch's doch (mal)!; **13.** F einfach, wirklich: **~ *wonderful***.

jus·tice ['dʒʌstɪs] *s.* **1.** Gerechtigkeit *f* (***to*** gegen); **2.** Rechtmäßigkeit *f*, Berechtigung *f*, Recht *n*: ***with ~*** mit *od.* zu Recht; **3.** Gerechtigkeit *f*, gerechter Lohn: ***do ~ to*** a) *j-m od. e-r Sache* Gerechtigkeit widerfahren lassen, gerecht werden (*dat.*), b) *et.* (recht) zu würdigen wissen, *a. e-r Speise, dem Wein* tüchtig zusprechen; ***the picture did ~ to her beauty*** das Bild wurde ihrer Schönheit gerecht; ***do o.s. ~*** a) sein wahres Können zeigen, b) sich selbst gerecht werden; **~ *was done*** der Gerechtigkeit wurde Genüge getan; ***in ~ to him*** um ihm gerecht zu werden, fairerweise; **4.** ⚖ Gerechtigkeit *f*, Recht *n*, Ju'stiz *f*: ***administer ~*** Recht sprechen; ***flee from ~*** sich der verdienten Strafe (durch die Flucht) entziehen; ***bring to ~*** vor Gericht bringen; ***in ~*** von Rechts wegen; **5.** Richter *m*: ***Mr. ♀ X.*** (*Anrede in England*); **~ *of the peace*** Friedensrichter (*Laienrichter*); '**jus·tice·ship** [-ʃɪp] *s.* Richteramt *n.*

jus·ti·ci·a·ble [dʒʌ'stɪʃɪəbl] *adj.* ⚖ justiti'abel, gerichtlicher Entscheidung unter'worfen; **jus'ti·ci·ar·y** [-ɪərɪ] ⚖ **I** *s.* Richter *m*; **II** *adj.* Justiz..., gerichtlich.

jus·ti·fi·a·ble ['dʒʌstɪfaɪəbl] *adj.* □ zu rechtfertigen(d), berechtigt, vertretbar, entschuldbar; '**jus·ti·fi·a·bly** [-lɪ] *adv.* berechtigterweise.

jus·ti·fi·ca·tion [ˌdʒʌstɪfɪ'keɪʃn] *s.* **1.** Rechtfertigung *f*: ***in ~ of*** zur Rechtfertigung von (*od. gen.*); **2.** Berechtigung *f*: ***with ~*** berechtigterweise, mit Recht; **3.** *typ.* Justierung *f*, Ausschluß *m*; **jus·ti·fi·ca·to·ry** ['dʒʌstɪfɪkeɪtərɪ] *adj.* rechtfertigend, Rechtfertigungs...; **jus·ti·fy** ['dʒʌstɪfaɪ] *v/t.* **1.** rechtfertigen (***before*** *od.* ***to s.o.*** vor j-m, j-m gegenüber); ***be justified in doing s.th.*** et. mit gutem Recht tun; ein Recht haben, et. zu tun; berechtigt sein, et. zu tun; **2.** a) gutheißen, b) entschuldigen, c) *j-m* recht geben; **3.** *eccl.* rechtfertigen, von Sündenschuld freisprechen; **4.** ⚙ richtigstellen, richten, justieren; **5.** *typ.* ausschließen.

just·ly ['dʒʌstlɪ] *adv.* **1.** richtig; **2.** mit *od.* zu Recht, gerechterweise; **3.** verdientermaßen; '**just·ness** [-tnɪs] *s.* **1.** Gerechtigkeit *f*; **2.** Rechtmäßigkeit *f*; **3.** Richtigkeit *f*; **4.** Genauigkeit *f.*

jut [dʒʌt] **I** *v/i. a.* **~ *out*** vorspringen, her'ausragen: **~ *into s.th.*** in et. hineinragen; **II** *s.* Vorsprung *m.*

jute[1] [dʒuːt] ⚘ Jute *f.*

Jute[2] [dʒuːt] *s.* Jüte *m*; **Jut·land** ['dʒʌtlənd] *npr.* Jütland *n*: ***the Battle of ~*** *hist.* die Skagerrakschlacht.

ju·ve·nes·cence [ˌdʒuːvə'nesns] *s.* **1.** Verjüngung *f*; **2.** Jugend *f.*

ju·ve·nile ['dʒuːvənaɪl] **I** *adj.* **1.** jugendlich, jung, Jugend...: **~ *book*** Jugendbuch *n*; **~ *court*** Jugendgericht *n*; **~ *delinquency*** Jugendkriminalität *f*; **~ *delinquent*** *od.* ***offender*** jugendlicher Täter; **II** *s.* **2.** Jugendliche(r *m*) *f*; **3.** *thea.* jugendlicher Liebhaber; **4.** Jugendbuch *n*; **ju·ve·nil·i·a** [ˌdʒuːvə'nɪlɪə] *pl.* **1.** Jugendwerke *pl.* (*e-s Autors etc.*); **2.** Werke *pl.* für die Jugend; **ju·ve·nil·i·ty** [ˌdʒuːvə'nɪlətɪ] *s.* **1.** Jugendlichkeit *f*; **2.** jugendlicher Leichtsinn; **3.** *pl.* Kinde'reien *pl.*; **4.** *coll.* (*die*) Jugend.

jux·ta·pose [ˌdʒʌkstə'pəʊz] *v/t.* nebenein'anderstellen: **~*d to*** angrenzend an (*acc.*); **jux·ta·po·si·tion** [ˌdʒʌkstəpə'zɪʃn] *s.* Nebenein'anderstellung *f*, -liegen *n.*

K

K, k [keɪ] *s.* K *n*, k *n* (*Buchstabe*).
kab·(b)a·la [kəˈbɑːlə] → ***ca(b)bala***.
ka·di [ˈkɑːdɪ] → ***cadi***.
ka·ke·mo·no [ˌkækɪˈməʊnəʊ] *pl.* **-nos** *s.* Kakeˈmono *n* (*japanisches Rollbild*).
kale [keɪl] *s.* **1.** ⚘ Kohl *m*, *bsd.* Grün-, Blattkohl *m*: (***curly***) ~ Krauskohl *m*; **2.** Kohlsuppe *f*; **3.** *Am. sl.* ‚Zaster' *m*.
ka·lei·do·scope [kəˈlaɪdəskəʊp] *s.* Kaleidoˈskop *n* (*a. fig.*); **ka·lei·do·scop·ic, ka·lei·do·scop·i·cal** [kəˌlaɪdəˈskɒpɪk(l)] *adj.* □ kaleidoˈskopisch.
ˈkale·yard *s. Scot.* Gemüsegarten *m*; **~ school** *s. schottische Heimatdichtung*.
Kan·a·ka [ˈkænəkə, kəˈnækə] *s.* Kaˈnake *m* (*Südseeinsulaner, a. contp.*).
kan·ga·roo [ˌkæŋgəˈruː] *pl.* **-roos** *s. zo.* Känguruh *n*; **~ court** *s. Am. sl.* **1.** ˈillegales Gericht (*z. B. unter Sträflingen*); **2.** korˈruptes Gericht.
Kant·i·an [ˈkæntɪən] *phls.* **I** *adj.* kantisch; **II** *s.* Kantiˈaner(in).
ka·o·lin(e) [ˈkeɪəlɪn] *s. min.* Kaoˈlin *n*.
ka·ra·te [kəˈrɑːtɪ] *s.* Kaˈrate *n*; **~ chop** *s.* Kaˈrateschlag *m*.
kar·ma [ˈkɑːmə] *s.* **1.** *Buddhismus etc.*: Karma *n*; **2.** *allg.* Schicksal *n*.
kat·a·bat·ic wind [ˌkætæˈbætɪk] *s.* Fallwind *m*, kataˈbatischer Wind.
kay·ak [ˈkaɪæk] *s.* Kajak *m*, *n*: ***two-seater ~*** *sport* Kajakzweier *m*.
kay·o [ˌkeɪˈəʊ] F *für* ***knock out*** *od.* ***knockout***.
ke·bab [kəˈbæb] *s.* Keˈbab *n* (*orientalisches Fleischspießgericht*).
keck [kek] *v/i.* würgen, (sich) erbrechen (müssen).
kedge [kedʒ] ⚓ **I** *v/t.* warpen, verholen; **II** *s. a.* ***~ anchor*** Wurf-, Warpanker *m*.
kedg·er·ee [ˌkedʒəˈriː] *s. Brit. Ind.* Kedgeˈree *n* (*Reisgericht mit Fisch, Eiern, Zwiebeln etc.*).
keel [kiːl] **I** *s.* **1.** ⚓ Kiel *m*: ***on an even ~*** im Gleichgewicht, *fig. a.* gleichmäßig, ruhig: ***be on an even ~ again*** *fig.* wieder im Lot sein; **2.** *poet.* Schiff *n*; **3.** Kiel *m*: a) ✈ Längsträger *m*, b) ⚘ Längsrippe *f*; **II** *v/t.* **4.** ***~ over*** a) (ˈum-)kippen, kentern lassen, b) kielˈoben legen; **III** *v/i.* **5.** ***~ over*** ˈumschlagen, -kippen (*a. fig.*), kentern; kielˈoben liegen; **6.** F ‚umkippen' (*Person etc.*); **ˈkeel·age** [-lɪdʒ] *s.* ⚓ Kielgeld *n*, Hafengebühren *pl.*; **ˈkeel·haul** *v/t.* **1.** *j-n* kielholen; **2.** *fig. j-n* ‚zs.-stauchen'; **keel·son** [ˈkelsn] → ***kelson***.
keen¹ [kiːn] *adj.* □ → ***keenly***; **1.** scharf (geschliffen): ***~ edge*** scharfe Schneide; **2.** scharf (*Wind*), schneidend (*Kälte*); **3.** beißend (*Spott*); **4.** scharf, ˈdurchdringend: ***~ glance*** (***smell***); **5.** grell (*Licht*), schrill (*Ton*); **6.** heftig, stark (*Schmerzen*); **7.** scharf (*Augen*), fein (*Sinne*): ***be ~-eyed*** (***~-eared***) scharfe Augen (ein feines Gehör) haben; **8.** fein, ausgeprägt (*Gefühl*; ***of*** für): ***a ~ sense of literature***; **9.** heftig, stark, groß (*Freude etc.*): ***~ desire*** heftiges Verlangen, heißer Wunsch; ***~ interest*** starkes *od.* lebhaftes Interesse; ***~ competition*** scharfe Konkurrenz; **10.** *a.* ***~-witted*** scharfsinnig; ***a ~ mind*** ein scharfer Verstand; **11.** eifrig, begeistert, leidenschaftlich: ***a ~ swimmer***; ***~ on*** begeistert von, sehr interessiert an (*dat.*); ***he is ~ on dancing*** er ist ein begeisterter Tänzer; ***he is very ~*** F er ist ‚schwer auf Draht'; ***you shouldn't be too ~!*** du solltest dich etwas zurückhalten!; (→ *a.* 13); **12.** (stark) interessiert (*Bewerber etc.*); **13.** F erpicht, versessen, ‚scharf' (***on, about*** auf *acc.*): ***he is ~ on doing*** (*od.* ***to do***) ***it*** er ist sehr darauf erpicht *od.* scharf darauf, es zu tun, es liegt ihm (sehr) viel daran, es zu tun; ***I am not ~ on it*** ich habe wenig Lust dazu, ich mache mir nichts daraus, es liegt mir nichts daran, ich lege keinen (gesteigerten) Wert darauf; ***I am not ~ on sweets*** ich mag keine Süßigkeiten; ***I am not ~ on that idea*** ich bin nicht gerade begeistert von dieser Idee; ***as ~ as mustard*** (***on***) F ganz versessen (auf *acc.*), Feuer u. Flamme (für); **14.** *Brit.* F niedrig, gut: ***~ prices***; **15.** *Am.* F ‚prima', ‚prächtig'.
keen² [kiːn] *Ir.* **I** *s.* Totenklage *f*; **II** *v/i.* wehklagen; **III** *v/t.* beklagen.
ˌkeen-ˈedged *adj.* **1.** → ***keen¹*** 1; **2.** *fig.* messerscharf.
keen·ly [ˈkiːnlɪ] *adv.* **1.** scharf (*etc.* → ***keen¹***); **2.** ungemein, äußerst, sehr; **ˈkeen·ness** [-nnɪs] *s.* **1.** Schärfe *f* (*a. fig.*); **2.** Heftigkeit *f*; **3.** Eifer *m*, starkes Interˈesse, Begeisterung *f*; **4.** Scharfsinn *m*; **5.** Feinheit *f*; **6.** *fig.* Bitterkeit *f*.
keep [kiːp] **I** *s.* **1.** a) Burgverlies *n*, b) Bergfried *m*; **2.** a) (ˈLebens)ˌUnterhalt *m*, b) ˈUnterkunft *f* u. Verpflegung *f*: ***earn one's ~*** s-n Lebensunterhalt verdienen; **3.** ˈUnterhaltskosten *pl.*: ***the ~ of a horse***; **4.** Obhut *f*, Verwahrung *f*; **5.** ***for ~s*** F auf *od.* für immer, endgültig; **II** *v/t.* [*irr.*] **6.** (be)halten, haben: ***~ the ticket in your hand*** behalte die Karte in der Hand!; ***he kept his hands in his pockets*** er hatte die Hände in den Taschen; **7.** *j-n od. et.* lassen, (*in e-m gewissen Zustand*) (er)halten: ***~ apart*** getrennt halten, auseinanderhalten; ***~ a door closed*** e-e Tür geschlossen halten; ***~ s.th. dry*** et. trocken halten *od.* vor Nässe schützen; ***~ s.o. from doing s.th.*** j-n davon abhalten, et. zu tun; ***~ s.th. to o.s.*** et. für sich behalten; ***~ s.o. informed*** j-n auf dem laufenden halten; ***~ s.o. waiting*** j-n warten lassen; ***~ s.th. going*** et. in Gang halten; ***~ s.o. going*** a) j-n finanziell unterstützen, b) j-n am Leben erhalten; ***~ s.th. a secret*** et. geheimhalten (***from s.o.*** vor j-m); **8.** *fig.* (er)halten, (be)wahren: ***~ one's balance*** das *od.* sein Gleichgewicht (be)halten *od.* wahren; ***~ one's distance*** Abstand halten *od.* bewahren; **9.** (*im Besitz*) behalten: ***you may ~ the book***; ***~ the change!*** behalten Sie den Rest (*des Geldes*)!; ***~ your seat!*** bleiben Sie (doch) sitzen!; **10.** *fig.* halten, sich halten *od.* behaupten in *od.* auf (*dat.*): ***~ the stage*** sich auf der Bühne behaupten; **11.** *j-n* auf-, ˈhinhalten: ***don't let me ~ you!*** laß dich nicht aufhalten!; **12.** (fest)halten, bewachen: ***~ s.o.*** (***a***) ***prisoner*** (*od.* ***in prison***) j-n gefangenhalten; ***~ s.o. for lunch*** j-n zum Mittagessen dabehalten; ***she ~s him here*** sie hält ihn hier fest, er bleibt ihretwegen hier; ***~*** (***the***) ***goal*** *sport* das Tor hüten, im Tor stehen; **13.** aufheben, (auf)bewahren: ***I ~ all my old letters***; ***~ a secret*** ein Geheimnis bewahren; ***~ for a later date*** für später *od.* für e-n späteren Zeitpunkt aufheben; **14.** (aufrechter)halten, unterˈhalten: ***~ an eye on s.o.*** j-n im Auge behalten; ***~ good relations with s.o.*** zu j-m gute Beziehungen unterhalten; **15.** pflegen, (er)halten: ***~ in*** (***good***) ***repair*** in gutem Zustand erhalten; ***a well-kept garden*** ein gutgepflegter Garten; **16.** *e-e Ware* führen, auf Lager haben: ***we don't ~ this article***; **17.** *Schriftstücke* führen, halten: ***~ a diary***; ***~*** (***the***) ***books*** Buch führen; ***~ a record of s.th.*** über (*acc.*) et. Buch führen *od.* Aufzeichnungen machen; **18.** *ein Geschäft etc.* führen, verwalten, vorstehen (*dat.*): ***~ a shop*** ein (Laden)Geschäft führen *od.* betreiben; **19.** *ein Amt etc.* innehaben: ***~ a post***; **20.** *Am. e-e Versammlung etc.* (ab)halten: ***~ an assembly***; **21.** *ein Versprechen etc.* (ein)halten, einlösen: ***~ a promise***; ***~ an appointment*** e-e Verabredung einhalten; **22.** *das Bett, Haus, Zimmer* hüten, bleiben in (*dat.*): ***~ one's bed*** (***house, room***); **23.** *Vorschriften etc.* be(ob)achten, (ein)halten, befolgen: ***~ the rules***; **24.** *ein Fest* begehen, feiern: ***~ Christmas***; **25.** ernähren, er-, unterˈhalten, sorgen für: ***have a family to ~***; **26.** (*bei sich*) haben, halten, beherbergen: ***~ boarders***; **27.** sich halten *od.* zulegen: ***~ a maid*** ein Hausmädchen haben *od.* (sich) halten;

a kept woman e-e Mätresse; ***~ a car*** sich e-n Wagen halten, ein Auto haben; **28.** (be)schützen: ***God ~ you!***; **III** *v/i.* [*irr.*] **29.** bleiben: ***~ in bed***; ***~ at home***; ***~ in sight*** in Sicht(weite) bleiben; ***~ out of danger*** sich außer Gefahr halten; ***~ (to the) left*** sich links halten, links fahren *od.* gehen; ***~ straight on*** (immer) geradeaus gehen; → ***clear*** 6; **30.** sich halten, (*in e-m gewissen Zustand*) bleiben: ***~ cool*** kühl bleiben (*a. fig.*); ***~ quiet!*** sei still!; ***~ to o.s.*** für sich bleiben, sich zurückhalten; ***~ friends*** (weiterhin) Freunde bleiben: ***~ in good health*** gesund bleiben; ***the milk (weather) will ~*** die Milch (das Wetter) wird sich halten; ***the weather ~s fine*** das Wetter bleibt schön; ***that (matter) will ~*** F diese Sache hat Zeit *od.* eilt nicht; ***how are you ~ing?*** wie geht es dir?; **31.** *mit ger.* weiter…: ***~ going*** a) weitergehen, b) weitermachen; ***~ (on) laughing*** weiterlachen, nicht aufhören zu lachen, dauernd *od.* unaufhörlich lachen; ***~ smiling!*** immer nur lächeln!, Kopf hoch!

Zssgn mit prp. u. adv.:

keep| a·head *v/i.* an der Spitze *od.* vorn(e) bleiben: ***~ of j-m*** vorausbleiben; ***~ at*** *v/i.* **1.** weitermachen mit: ***~ it!*** bleib dran!, weiter so!; **2.** ***~ s.o.*** j-n nicht in Ruhe lassen, j-m ständig zusetzen, j-n dauernd ‚bearbeiten'; ***~ a·way*** **I** *v/i.* wegbleiben, sich fernhalten (***from*** von); im Hintergrund bleiben; **II** *v/t.* fernhalten (***from*** von); ***~ back*** **I** *v/t.* **1.** *allg.* zurückhalten: a) fernhalten, b) *fig. Geld etc.* einbehalten, c) *et.* verschweigen (***from s.o.*** j-m); **2.** *j-n, et.* aufhalten; *et.* verzögern; *Schüler* dabehalten; **II** *v/i.* **3.** im Hintergrund bleiben; ***~ down*** **I** *v/t.* **1.** unten halten, *Kopf a.* ducken; **2.** *fig. Preise etc.* niedrig halten, be-, einschränken; **3.** *fig.* nicht auf- *od.* hochkommen lassen, unter'drükken; **4.** *Essen etc.* bei sich behalten; **5.** *Schüler* (eine Klasse) wiederholen lassen; **II** *v/i.* **6.** unten bleiben; **7.** sich geduckt halten; ***~ from*** **I** *v/t.* **1.** ab-, zu'rück-, fernhalten von, hindern an (*dat.*), bewahren vor (*dat.*): ***he kept me from work*** er hielt mich von m-r Arbeit ab; ***he kept me from danger*** er bewahrte mich vor Gefahr; ***I kept him from knowing too much*** ich verhinderte, daß er zuviel erfuhr; **2.** vorenthalten, verschweigen: ***you are keeping s.th. from me*** du verschweigst mir et.; **II** *v/i.* **3.** sich fernhalten von, sich enthalten (*gen.*), *et.* unterlassen *od.* nicht tun: ***I couldn't ~ laughing*** ich mußte einfach lachen; ***~ in*** **I** *v/t.* **1.** nicht außer Haus lassen, *bsd. Schüler* nachsitzen lassen; **2.** *Gefühle etc.* im Zaume halten; **3.** *Feuer* nicht ausgehen lassen; **4.** *Bauch* einziehen; **II** *v/i.* **5.** (dr)innen bleiben; **6.** anbleiben (*Feuer*); **7.** ***~ with*** gut Freund bleiben mit, sich gut stellen mit; ***~ off*** **I** *v/t.* fernhalten (von); *die Hände* weglassen (von); **II** *v/i.* sich fernhalten (von), *a. Getränk etc.* meiden: ***if the rain keeps off*** wenn es nicht regnet; ***~ the grass!*** Betreten des Rasens verboten; ***~ on*** **I** *v/t.* **1.** *Kleider* anbehalten; *Hut* aufbehalten; **2.** *Angestellte etc.* behalten, weiterbeschäftigen; **II** *v/i.* **3.** *mit ger.* weiter…: ***~ doing s.th.*** a) *et.* weiter tun, b) *et.* immer wieder tun, c) *et.* dauernd tun; → ***keep*** 31; **4.** ***~ at s.o.*** an j-m her'umnörgeln, auf j-n ‚einhacken'; **5.** weitergehen *od.* -fahren: ***keep straight on!*** immer geradeaus!; ***~ out*** **I** *v/t.* **1.** nicht her'einlassen, abhalten: ***~ s.o.*** (***the light*** *etc.*); **2.** schützen *od.* bewahren vor (*dat.*), *j-n a.* her'aushalten aus (*e-r Sache*); **II** *v/i.* **3.** draußen bleiben, nicht her'einkommen, *Zimmer etc.* nicht betreten: ***~!*** a) bleib draußen!, b) „Zutritt verboten"; **4.** ***~ of*** sich her'aushalten aus, *et.* meiden: ***~ of debt*** keine Schulden machen; ***~ of sight*** sich nicht sehen lassen; ***~ of mischief!*** mach keine Dummheiten!; ***you ~ of this!*** halten Sie sich da raus!; ***~ to*** **I** *v/t.* **1.** ***keep s.o. to his promise*** j-n auf sein Versprechen festnageln; ***keep s.th. to a minimum*** et. auf ein Minimum beschränken; **2.** ***keep o.s. to o.s.*** für sich bleiben, Gesellschaft meiden; **II** *v/i.* **3.** festhalten an (*dat.*), bleiben bei: ***~ one's word***; ***~ the rules*** an den Regeln festhalten, die Vorschriften einhalten; ***~ the subject*** (*od.* ***point***) bleiben Sie beim Thema!; **4.** bleiben in (*dat.*) *od.* auf (*acc.*) *etc.*: ***~ one's bed*** (*od.* ***room***) im Bett (in s-m Zimmer) bleiben; ***~ the left!*** halten Sie sich links!; ***~ o.s.*** → 2; ***~ to·geth·er*** **I** *v/t.* zu'sammenhalten; **II** *v/i.* a) zu'sammenbleiben, b) zu'sammenhalten (*Freunde etc.*); ***~ un·der*** *v/t.* **1.** *j-n* unter'drkcken, unten halten: ***you won't keep him under*** den kriegst du nicht klein; **2.** *j-n* unter Nar'kose halten; **3.** *Gefühle* unter'drücken, zügeln; **4.** *Feuer* unter Kon'trolle halten; ***~ up*** **I** *v/t.* **1.** aufrecht (*a.* über Wasser) halten, hochhalten; **2.** *fig. Freundschaft, Moral etc.* aufrechterhalten, *Preise etc. a.* hoch halten, *et.* beibehalten, *Sitte etc.* weiterpflegen, *Tempo etc.* halten: ***~ a correspondence*** in Briefwechsel bleiben; ***~ it up!*** (nur) weiter so!; **3.** *Haus etc.* unter'halten, in'stand halten; **4.** *j-n* am Schlafen (-gehen) hindern; **II** *v/i.* **5.** andauern, -halten, nicht nachlassen; **6.** *lange etc.* aufbleiben: ***we ~ late***; **7.** ***~ with*** a) mit *j-m od. et.* Schritt halten, *fig. a.* mithalten (können), b) *j-m, e-r Sache* folgen können, c) sich auf dem laufenden halten über (*acc.*), d) in Kon'takt bleiben mit *j-m*: ***~ with the times*** mit der Zeit gehen; ***~ with the Joneses*** den Nachbarn nicht nachstehen wollen.

keep·er ['ki:pə] *s.* **1.** Wächter *m*, Aufseher *m*, (Gefangenen-, Irren-, Tier-, Park-, Leuchtturm)Wärter *m*, Betreuer (-in): ***am I my brother's ~?*** *bibl.* soll ich m-s Bruders Hüter sein?; **2.** Verwahrer *m*, Verwalter *m*: ***Lord** ♀ **of the Great Seal*** Großsiegelbewahrer *m*; **3.** *mst in Zssgn*: a) Inhaber(in), Besitzer (-in): → ***innkeeper*** *etc.*, b) Halter(in), Züchter(in): → ***beekeeper***, c) j-d, der et. besorgt, betreut *od.* verteidigt: (***goal***) ***~*** *sport* Torwart *m*; **4.** ⚙ a) Schutzring *m*, b) Verschluß *m*, Schieber *m*, c) ↯ Ma'gnetanker *m*; **5.** ***be a good ~*** sich gut halten (*Obst, Fisch etc.*); **6.** *sport abbr. für **wicket-~**.*

ˌkeep-'fresh bag *s.* Frischhaltebeutel *m*.

keep·ing ['ki:pɪŋ] **I** *s.* **1.** Verwahrung *f*, Aufsicht *f*, Pflege *f*, (Ob)Hut *f*: ***in safe ~*** in guter Obhut, sicher verwahrt; ***have in one's ~*** in Verwahrung *od.* unter s-r Obhut haben; ***put s.th. in s.o.'s ~*** j-m et. zur Aufbewahrung geben; **2.** 'Unterhalt *m*; **3.** ***be in*** (***out of***) ***~ with*** mit et. (nicht) in Einklang stehen *od.* (nicht) übereinstimmen, *e-r Sache* (nicht) entsprechen; ***in ~ with the times*** zeitgemäß; **4.** Gewahrsam *m*, Haft *f*; **II** *adj.* **5.** haltbar: ***~ apples*** Winteräpfel.

keep·sake ['ki:pseɪk] *s.* Andenken *n* (*Geschenk etc.*): ***as*** (*od.* ***for***) ***a ~*** zum Andenken.

kef·ir ['kefɪə] *s.* Kefir *m* (*Getränk aus gegorener Milch*).

keg [keg] *s.* **1.** kleines Faß, Fäßchen *n*; **2.** *Brit.* (Alu'minium)Behälter *m* für Bier: ***~ (beer)*** Bier *n* vom Faß; **3.** *Am. Gewichtseinheit für Nägel = 45,3 kg.*

kelp [kelp] *s.* ♆ **1.** *ein* Seetang *m*; **2.** Kelp *n*, Seetangasche *f*.

kel·pie ['kelpɪ] *s. Scot.* Nix *m*, Wassergeist *m* in Pferdegestalt.

kel·son ['kelsn] *s.* ⚓ Kielschwein *n*.

kel·vin ['kelvɪn] *s. phys.* Kelvin *n*: ***~ temperature*** Kelvintemperatur *f*, thermody'namische Temperatur.

Kelt·ic ['keltɪk] → ***Celtic***.

ken [ken] **I** *s.* **1.** Gesichtskreis *m*, *fig. a.* Hori'zont *m*: ***that is beyond*** (*od.* ***outside***) ***my ~*** das entzieht sich m-r Kenntnis; **2.** (Wissens)Gebiet *n*; **II** *v/t.* **3.** *bsd. Scot.* kennen, verstehen, wissen.

ken·nel ['kenl] **I** *s.* **1.** Hundehütte *f*; **2.** *pl. mst sg. konstr.* a) Hundezwinger *m*, b) Hunde-, Tierheim *n*; **3.** *a. fig.* Meute *f*, Pack *n* (*Hunde*); **4.** *fig.* ‚Loch' *n*, armselige Behausung; **II** *v/t.* **5.** in e-r Hundehütte *od.* in e-m (Hunde)Zwinger halten.

Ken·tuck·y Der·by [ken'tʌkɪ] *s. sport das wichtigste amer. Pferderennen* (*für Dreijährige*).

kep·i ['keɪpi:] *s.* ⚔ Käppi *n*.

kept [kept] **I** *pret. u. p.p. von **keep***; **II** *adj.*: ***~ woman*** Mä'tresse *f*; ***she is a ~ woman*** *a.* sie läßt sich aushalten.

kerb [kɜ:b] *s.* **1.** Bord-, Randstein *m*, Bord-, Straßenkante *f*: ***~ drill*** Verkehrserziehung *f* für Fußgänger; **2.** ***on the ~*** ✝ im Freiverkehr; ***~ mar·ket*** ✝ Freiverkehrsmarkt *m*, Nachbörse *f*: ***~ price*** Freiverkehrskurs *m*; **'~-stone** → ***kerb*** 1: ***~ broker*** Freiverkehrsmakler *m*.

ker·chief ['kɜ:tʃɪf] *s.* Hals-, Kopftuch *n*.

ker·fuf·fle [kə'fʌfl] *s. Brit.* F **1.** Lärm *m*, Krach *m*; **2.** *a.* ***fuss and ~*** ‚The'ater' *n*, ‚Gedöns' *n*.

ker·mess ['kɜ:mɪs], **'ker·mis** [-mɪs] *s.* **1.** Kirmes *f*, Kirchweih *f*; **2.** *Am.* 'Wohltätigkeitsbaˌsar *m*.

ker·nel ['kɜ:nl] *s.* **1.** (Nuß- *etc.*)Kern *m*; **2.** (Hafer-, Mais- *etc.*)Korn *n*; **3.** *fig.* Kern *m*, *das* Innerste, Wesen *n*; **4.** ⚙ (*Guß- etc.*)Kern *m*.

ker·o·sene, **ker·o·sine** ['kerəsi:n] *s.* ⚗ Kero'sin *n*.

kes·trel ['kestrəl] *s.* Turmfalke *m*.

ketch [ketʃ] *s.* ⚓ Ketsch *f* (*zweimastiger Segler*).

ketch·up ['ketʃəp] *s.* Ketchup *m, n*.

ket·tle ['ketl] *s.* (*Koch*)Kessel *m*: ***put the ~ on*** (Tee- *etc.*)Wasser aufstellen; ***a pretty*** (*od.* ***nice***) ***~ of fish*** F e-e schöne Bescherung; **'~·drum** *s.* ♪ (Kessel)Pauke *f*; ˈ~ˌ**drum·mer** *s.* ♪ (Kessel)Pauker *m.*

key [kiː] **I** *s.* **1.** Schlüssel *m*: ***false ~*** Nachschlüssel *m*, Dietrich *m*; ***power of the ~s*** *R.C.* Schlüsselgewalt *f*; ***turn the ~*** abschließen; **2.** *fig.* Schlüssel *m*, Lösung *f* (***to*** zu): ***the ~ to a problem*** (***riddle*** *etc.*); ***the ~ to success*** der Schlüssel zum Erfolg; **3.** *fig.* Schlüssel *m*: a) *Buch mit Lösungen*, b) Zeichenerklärung *f* (*auf e-r Landkarte etc.*), c) Übersetzung(sschlüssel *m*) *f*, d) Code (-schlüssel) *m*; **4.** Kennwort *n*, Chiffre *f* (*in Inseraten etc.*); **5.** ♪ a) Taste *f*, b) Klappe *f* (*an Blasinstrumenten*), c) Tonart *f*: ***major*** (***minor***) ***~*** Dur *n* (Moll *n*); ***in the ~ of C minor*** in c-Moll; ***sing off ~*** falsch singen; ***in ~ with*** *fig.* in Einklang mit, d) → ***key signature***; **6.** *fig.* Ton(art *f*) *m*: ***in a high*** (***low***) ***~*** laut (leise); ***all in the same ~*** alles im selben Ton(fall), monoton; ***in a low ~*** a) *paint. phot.* matt (getönt), in matten Farben (gehalten), b) *fig.* ‚lahm', ‚müde'; **7.** ⚙ a) Keil *m*, Splint *m*, Bolzen *m*, b) Schraubenschlüssel *m*, c) Taste *f* (*der Schreibmaschine etc.*); **8.** ⚡ a) Taste *f*, Druckknopf *m*, b) Taster *m*, ˈTastkonˌtakt *m*; **9.** *tel.* Taster *m*, Geber *m*; **10.** *typ.* Setz-, Schließkeil *m*; **11.** △ Keil *m*, Schlußstein *m*; **12.** ⚔ Schlüsselstellung *f*, Macht *f* (***to*** über *acc.*); **II** *adj.* **13.** *fig.* Schlüssel...: ***~ position*** Schlüsselstellung *f*, -position *f*; ***~ official*** Beamter in e-r Schlüsselstellung; **III** *v/t.* **14.** *a.* ***~ in***, ***~ on*** ver-, festkeilen; **15.** a) *tel.* tasten, geben, b) *Computer etc.*: tasten: ***~ in*** eintasten, -geben; **16.** ♪ stimmen: ***~ the strings***; **17.** (***to***, ***for***) anpassen (an *acc.*), abstimmen (auf *acc.*); **18.** *fig.*: ***~ up*** a) *j-n* in nervöse Spannung versetzen, b) *allg. et.* steigern: ***~ed up*** (an)gespannt, überreizt, ‚überdreht'; **19.** mit e-m Kennwort versehen; ˈ**~·board I** *s.* **1.** ♪ a) Klaviaˈtur *f*, Tastaˈtur *f* (*Klavier*), b) Manuˈal *n* (*Orgel*): ***~ instruments***, ***~s*** *pl.* Tasteninstrumente; **2.** Tasten *pl.*, Tastaˈtur *f* (*Schreibmaschine etc.*); **II** *v/t.* **3.** *Computer etc.*: eintasten, -geben; ***~*** **bu·gle** *s.* ♪ Klappenhorn *n*; ***~*** **date** *s.* Stichtag *m*; ***~*** **fos·sil** *s. geol.* ˈLeitfosˌsil *n*; ˈ**~·hole** *s.* **1.** Schlüsselloch *n*: ***~ report*** *fig.* Bericht *m* mit intimen Einzelheiten; **2.** *Am.* F *Basketball*: Freiwurfraum *m*; ***~*** **in·dus·try** *s.* ˈSchlüsselinduˌstrie *f*; ***~*** **man**, *a.* ˈ**~·man** [-mæn] *s.* [*irr.*] ˈSchlüsselfiˌgur *f*, Mann *m* in e-r ˈSchlüsselpositiˌon; ***~*** **map** *s.* ˈÜbersichtskarte *f*; ***~*** **mon·ey** *s.* Abstandssumme *f*, (ˈMiet-)Kautiˌon *f*; ˈ**~·move** *s. Schach*: Schlüsselzug *m*; ˈ**~·note I** *s.* **1.** ♪ Grundton *m*; **2.** *fig.* Grundton *m*, -gedanke *m*, Leitgedanke *m*, Hauptthema *n*; **3.** *pol. Am.* Parˈteilinie *f*, -proˌgramm *n*: ***~ address*** programmatische Rede; ***~ speaker*** → ***keynoter***; **II** *v/t.* **4.** *pol. Am.* a) e-e programˈmatische Rede halten auf (*e-m Parteitag etc.*), b) programˈmatisch verkünden, c) als Grundgedanken enthalten; **5.** kennzeichnen; ˈ**~ˌnot·er** *s. pol. Am.* Hauptsprecher *m*, poˈlitischer Proˈgrammredner *m*; ***~*** **punch** *s.* ⚙ (Karten-, Tastaˈtur)Locher *m*; ˈ**~-punch op·er·a·tor** *s.* Locher(in); ***~*** **ring** *s.* Schlüsselring *m*; ***~*** **sig·na·ture** *s.* ♪ Vorzeichen *n od. pl.*; ˈ**~·stone** *s.* **1.** △ Schlußstein *m*; **2.** *fig.* Grundpfeiler *m*, Fundaˈment *n*; ***~*** **stroke** *s.* Anschlag *m*; ˈ**~·way** *s.* ⚙ Keilnut *f*; ***~*** **wit·ness** *s.* ⚖ Hauptzeuge *m*; ***~*** **word** *s.* Schlüssel-, Stichwort *n*.

kha·ki [ˈkɑːkɪ] **I** *s.* **1.** Khaki *n*; **2.** a) Khakistoff *m*, b) ˈKhakiuniˌform *f*; **II** *adj.* **3.** khaki, staubfarben.

khan[1] [kɑːn] → ***caravansary***.

khan[2] [kɑːn] *s.* Khan *m* (*orientalischer Fürstentitel*); ˈ**khan·ate** [-neɪt] *s.* Khaˈnat *n* (*Land e-s Khans*).

khe·dive [kɪˈdiːv] *s.* Kheˈdive *m.*

kib·butz [kiːˈbuːts] *pl.* **kibˈbutz·im** [-tsɪm] *s.* Kibˈbuz *m.*

khi [kaɪ] *s.* Chi *n* (*griech. Buchstabe*).

kibe [kaɪb] *s.* ✻ offene Frostbeule.

kib·itz [ˈkɪbɪts] *v/i.* ‚kiebitzen'; ˈ**kib·itz·er** [-tsə] *s.* F **1.** Kiebitz *m* (*Zuschauer*, *bsd. beim Kartenspiel*); **2.** *fig.* Besserwisser *m.*

ki·bosh [ˈkaɪbɒʃ] *s.*: ***put the ~ on*** *sl. et.* ‚kaˈputtmachen' *od.* ‚vermasseln'.

kick [kɪk] **I** *s.* **1.** (Fuß)Tritt *m* (*a. fig.*), Stoß *m*: ***give*** *s.o. od. s.th.* ***a ~*** → 9; ***get the ~*** ‚(raus)fliegen' (*entlassen werden*); ***what he needs is a ~ in the pants*** er braucht mal e-n kräftigen Tritt in den Hintern; **2.** Rückstoß *m* (*Schußwaffe*); **3.** *Fußball*: Schuß *m*; **4.** *Schwimmen*: Beinschlag *m*; **5.** F (Stoß)Kraft *f*, Enerˈgie *f*, Eˈlan *m*: ***give a ~ to*** *et.* in Schwung bringen, *e-r Sache* ‚Pfiff' verleihen; ***he has no ~ left*** er hat keinen Schwung mehr; ***a novel with a ~*** ein Roman mit ‚Pfiff'; **6.** F (Nerven)Kitzel *m*: ***get a ~ out of s.th.*** an et. mächtig Spaß haben; ***just for ~s*** nur zum Spaß; **7.** (*berauschende*) Wirkung: ***this cocktail has got a ~*** der Cocktail ‚hat es aber in sich'; **8.** *Am.* F a) Groll *m*, b) (Grund *m* zur) Beschwerde *f*; **II** *v/t.* **9.** (mit dem Fuß) stoßen *od.* treten, e-n Fußtritt versetzen (*dat.*): ***~ s.o.'s behind*** j-m in den Hintern treten; ***~ s.o. downstairs*** j-n die Treppe hinunterwerfen; ***~ upstairs*** *fig. j-n* durch Beförderung kaltstellen; ***I felt like ~ing myself*** ich hätte mich ohrfeigen können; **10.** *sport* a) *Ball* treten, kicken, b) *Tor*, *Freistoß etc.* schießen: ***~ a goal***; **11.** *sl.* ‚runterkommen' von (*e-m Rauschgift*, *e-r Gewohnheit*); **III** *v/i.* **12.** (mit dem Fuß) stoßen *od.* treten: ***~ at*** treten nach; **13.** um sich treten; **14.** strampeln (*bsd. Baby*); **15.** das Bein hochwerfen (*Tänzer*); **16.** ausschlagen (*Pferd*); **17.** zuˈrückstoßen, -prallen (*Schußwaffe*); **18.** *mot.* ‚stottern'; **19.** F a) ‚meutern', sich mit Händen u. Füßen wehren, (***against***, ***at*** gegen), b) ‚meckern', nörgeln (***about*** über *acc.*); **20.** → ***kick off*** 3; ***~*** **a·bout** *od.* ***~*** **a·round I** *v/t.* **1.** *Ball* heˈrumkicken; **2.** F *j-n* heˈrumstoßen, schikanieren; **3.** F a) *Idee etc.* ‚beschwatzen', diskutieren, b) ‚spielen' *od.* sich befassen mit; **II** *v/i.* **4.** F herˈumreisen; **5.** F ‚rumliegen' (*Sache*); ***~*** **in I** *v/t.* **1.** *Tür etc.* eintreten; **2.** *sl.* beisteuern; **II** *v/i.* **3.** *sl.* beisteuern; ***~*** **off I** *v/i.* **1.** *Fußball*: anstoßen, den Anstoß ausführen; **2.** F loslegen (***with*** mit); **3.** *Am. sl.* ‚abkratzen' (*sterben*); **II** *v/t.* **4.** wegschleudern; **5.** F *et.* starten, in Gang setzen; ***~*** **out** *v/t.* **1.** *Fußball*: ins Aus schießen; **2.** *sl.* ‚rausschmeißen'; ***~*** **up** *v/t.* hochschleudern; *Staub* aufwirbeln; → ***heel***[1] *Redew.*, ***row***[3] I.

ˈ**kick·back** *s.* **1.** F heftige Reaktiˈon; **2.** *Am. sl.* a) *allg.* Provisiˈon *f*, Anteil *m*, b) (geheime) Rückvergütung *f*, c) Schmiergeld *n*.

ˈ**kick·down** *s. mot.* Kickdown *m* (*Durchtreten des Gaspedals*).

kick·er [ˈkɪkə] *s.* **1.** (Aus)Schläger *m* (*Pferd*); **2.** *Brit.* a) Kicker *m*, Fußballspieler *m*, b) *Rugby*: Kicker *m* (*Spezialist für Frei- und Strafstöße*); **3.** ‚Meckerer' *m*, Queruˈlant(in).

ˈ**kick|-off** *s.* **1.** *Fußball*: Anstoß *m*; **2.** F Start *m*, Anfang *m*; ˈ**~-start** *v/t. mot.* anlassen; ˈ**~-ˌstart·er** *s. mot.* Kickstarter *m*, Tretanlasser *m*; ***~*** **turn** *s. Skisport*: Spitzkehre *f*.

kid[1] [kɪd] **I** *s.* **1.** *zo.* Zicklein *n*, Kitz(e *f*) *n*; **2.** *a.* ***~ leather*** Ziegen-, Glaˈcéleder *n*; → ***kid glove***; **3.** F ‚Kleine(r' *m*) *f*, Kind *n*, Junge *m*, Mädchen *n*: ***my ~ brother*** mein kleiner Bruder; ***that's ~ stuff!*** das ist was für (kleine) Kinder!; **II** *v/i.* **4.** zickeln.

kid[2] [kɪd] F **I** *v/t. j-n* a) ‚verkohlen', b) ‚aufziehen', ‚auf den Arm nehmen': ***don't ~ me*** erzähl mir doch keine Märchen; ***don't ~ yourself*** mach dir doch nichts vor; **II** *v/i.* a) albern, Jux machen, b) schwindeln: ***he was only ~ding*** er hat (ja) nur Spaß gemacht; ***no ~ding!*** im Ernst!, ehrlich!; ***you are ~ding!*** das sagst du doch nur so!

kid·dy [ˈkɪdɪ] → ***kid***[1] 3.

kid| glove *s.* Glaˈcéhandschuh *m* (*a. fig.*): ***handle with ~s*** *fig.* mit Samt- *od.* Glacéhandschuhen anfassen; ˈ**~-glove** *adj. fig.* **1.** anspruchsvoll, wählerisch; **2.** sanft, diploˈmatisch.

kid·nap [ˈkɪdnæp] *v/t.* kidnappen, entführen; ˈ**kid·nap·(p)er** [-pə] *s.* Kidnapper(in), Entführer(in); ˈ**kid·nap·(p)ing** [-pɪŋ] *s.* Kidnapping *n*, Entführung *f*, Menschenraub *m.*

kid·ney [ˈkɪdnɪ] *s.* **1.** *anat.* Niere *f* (*a. als Speise*); **2.** *fig.* Art *f*, Schlag *m*, Sorte *f*: ***a man of the same ~*** ein Mann vom gleichen Schlag; ***~*** **bean** *s.* ⚘ Weiße Bohne; ***~*** **ma·chine** *s.* ✻ künstliche Niere; ˈ**~-shaped** *adj.* nierenförmig; ***~*** **stone** *s.* ✻ Nierenstein *m.*

kill [kɪl] **I** *v/t.* **1.** (***o.s.*** sich) töten, ˈumbringen: ***~ off*** abschlachten, ausrotten, vertilgen, beseitigen, ‚abmurksen'; ***~ two birds with one stone*** *fig.* zwei Fliegen mit e-r Klappe schlagen; ***be ~ed*** getötet werden, ums Leben kommen, umkommen, sterben; ***be ~ed in action*** ⚔ (im Krieg *od.* im Kampf) fallen; **2.** *Tiere* schlachten; **3.** *hunt.* erlegen, schießen; **4.** ⚔ abschießen, zerstören, vernichten, *Schiff* versenken; **5.** töten, *j-s* Tod verursachen: ***his reckless driving will ~ him one day*** sein leichtsinniges Fahren wird ihn noch das Leben kosten; ***the job*** (*etc.*) ***is ~ing me*** die Arbeit (*etc.*) bringt mich (noch) um; ***the sight nearly ~ed me*** der Anblick war zum Totlachen; **6.** a) zuˈgrunde richten, ruinieren, kaˈputtmachen, b) *Knospen etc.* vernichten, zerstören; **7.** *fig.* widerˈrufen, ungültig machen, streichen; **8.** *fig. Gefühle* (ab)töten, erstikken; **9.** *Schmerzen* stillen; **10.** unwirksam machen, *Wirkung etc.* aufheben, *Farben* übertönen, ‚erschlagen'; **11.**

Geräusche schlucken; **12.** *fig. ein Gesetz etc.* zu Fall bringen, *e-n Plan* durch'kreuzen; **13.** durch Kri'tik vernichten; **14.** *sport den Ball* töten; **15.** *Zeit* totschlagen: **~ time**; **16.** a) *e-e Maschine etc.* abstellen, abschalten, *den Motor a.* ‚abwürgen', b) *Lichter* ausschalten; **17.** F a) *e-e Flasche etc.* austrinken, b) *e-e Zigarette* ausdrücken; **II** *v/i.* **18.** töten: a) den Tod verursachen *od.* her'beiführen, b) morden; **19.** F unwider'stehlich *od.* hinreißend sein, e-n tollen Eindruck machen: **dressed to ~** todschick gekleidet, *contp.* aufgedonnert; **III** *s.* **20.** *bsd. hunt.* a) Tötung *f* (*des Wildes*), Abschuß *m*, b) erlegtes Wild, Strecke *f*: **be in at the ~** *fig.* am Schluß dabei sein; **21.** a) ⚔ Zerstörung *f*, b) ✈ Abschuß *m*, c) ⚓ Versenkung *f*.

kill·er ['kɪlə] *s.* **1.** Mörder *m*, Killer *m*; **2.** *a. fig.* Schlächter *m*; **3.** tödliche Krankheit *etc.*; et., das e-n umbringt; **4.** *bsd. in Zssgn* Vertilgungsmittel *n*; **5.** *Am.* F a) schicke *od.* ‚tolle' Frau, b) ‚toller' Bursche, c) ‚tolle' Sache, d) mörderischer Schlag; **~ in·stinct** *s.* 'Killerinˌstinkt *m*; **~ whale** *s. zo.* Schwertwal *m*.

kill·ing ['kɪlɪŋ] **I** *s.* **1.** a) Tötung *f*, Morden *n*, b) Mord(fall) *m*: **three more ~s in London**; **2.** Schlachten *n*; **3.** *hunt.* Erlegen *n*; **4. make a ~** e-n Riesengewinn machen; **II** *adj.* □ **5.** tödlich, vernichtend, mörderisch (*a. fig.*): **a ~ glance** ein vernichtender Blick; **a ~ pace** ein mörderisches Tempo; **6.** *a.* **~ly funny** F urkomisch, zum Brüllen.

'kill|·joy *s.* Spielverderber(in), Störenfried *m*, Miesmacher(in); **'~-time** *adj.* zum Zeitvertreib getan *etc.*

kiln [kɪln] *s.* Brenn-, Trocken-, Röst-, Darrofen *m*, Darre *f*; **'~-dry** *v/t.* (*im Ofen*) dörren, darren, brennen, rösten.

ki·lo ['kiːləʊ] *s.* Kilo *n*.

kil·o|·gram(me) ['kɪləʊgræm] *s.* Kilo'gramm *n*, Kilo *n*; **~·gram·me·ter** *Am.*, **~·gram·me·tre** *Brit.* [ˌkɪləʊgræm'miːtə] *s.* 'Meterkiloˌgramm *n*; **~·hertz** ['kɪləʊhɜːts] *s.* ϟ, *phys.* Kilo'hertz *n*; **~·li·ter** *Am.*, **~·li·tre** *Brit.* ['kɪləʊˌliːtə] *s.* Kilo'liter *m*, *n*; **~·me·ter** *Am.*, **~·me·tre** *Brit.* ['kɪləʊˌmiːtə] *s.* Kilo'meter *m*; **~·met·ric**, **~·met·ri·cal** [ˌkɪləʊ'metrɪk(l)] *adj.* kilo'metrisch; **~·ton** ['kɪləʊtʌn] *s.* **1.** 1000 Tonnen *pl.*; **2.** *phys. Sprengkraft, die 1000 Tonnen TNT entspricht*; **~·volt** ['kɪləʊvəʊlt] *s.* ϟ Kilo'volt *n*; **~·watt** ['kɪləʊwɒt] *s.* ϟ Kilo'watt *n*: **~ hour** Kilowattstunde *f*.

kilt [kɪlt] **I** *s.* **1.** Kilt *m*, Schottenrock *m*; **II** *v/t.* **2.** aufschürzen; **3.** fälteln, plissieren; **'kilt·ed** [-tɪd] *adj.* mit e-m Kilt (bekleidet).

ki·mo·no [kɪ'məʊnəʊ] *pl.* **-nos** *s.* Kimono *m*.

kin [kɪn] **I** *s.* **1.** Fa'milie *f*, Sippe *f*; **2.** *coll. pl. konstr.* (Bluts)Verwandtschaft *f*, Verwandte *pl.*; → **kith**, **next** 1; **II** *adj.* **3.** (**to**) verwandt (mit), ähnlich (*dat.*).

kind¹ [kaɪnd] *s.* **1.** Art *f*: a) Typ *m*, Gattung *f*, b) Sorte *f*, c) Beschaffenheit *f*: **all ~s of** alle möglichen, alle Arten von; **all of a ~** (**with**) von der gleichen Art (wie); **the only one of its ~** das einzige s-r Art; **two of a ~** zwei von derselben Sorte; **what ~ of ...?** was für ein ...?; **nothing of the ~** a) keineswegs, b) nichts dergleichen; **you'll do nothing of the ~** *a.* das wirst du schön bleibenlassen; **these ~** (**of people**) F diese Art Menschen; **he is not that ~ of person** F er ist nicht so (einer); **your ~** Leute wie Sie; **I know your ~** Ihre Sorte *od.* Ihren Typ kenne ich; **s.th. of the ~** etwas Derartiges, so etwas; **that ~ of** (**a**) **book** so ein Buch; **I haven't got that ~ of money** F soviel Geld hab' ich nicht; **he felt a ~ of compunction** er empfand so etwas wie Reue; **I ~ of expected it** F ich hatte es halb *od.* irgendwie erwartet; **I ~ of promised it** F ich habe es so halb u. halb versprochen; **he is ~ of funny** F er ist etwas *od.* ein bißchen komisch; **I was ~ of disappointed** F ich war schon ein bißchen enttäuscht; **I had ~ of thought that ...** F ich hatte eigentlich *od.* fast gedacht, daß; **that's not my ~ of film** F solche Filme sind nicht mein Fall; **2.** Natu'ralien *pl.*, Waren *pl.*: **pay in ~**; **I shall pay him in ~!** *fig.* dem werd' ich es in gleicher Münze zurückzahlen; **3.** *eccl.* Gestalt *f* (*von Brot u. Wein beim Abendmahl*).

kind² [kaɪnd] *adj.* □ → **kindly** II; **1.** gütig, freundlich, liebenswürdig, nett, lieb, gut (**to s.o.** zu j-m): **be so ~ as to** (*inf.*) seien Sie bitte so gut *od.* freundlich, zu (*inf.*); **would you be ~ enough to** wären Sie (vielleicht) so nett *od.* gut, zu *inf.*; **that was very ~ of you** das war wirklich nett *od.* lieb von dir; **2.** gutartig, fromm (*Pferd*).

kin·der·gar·ten ['kɪndəˌgɑːtn] *s.* a) Kindergarten *m*, b) Vorschule *f*.

kind·heart·ed [ˌkaɪnd'hɑːtɪd] *adj.* gütig, gutherzig; **ˌkind'heart·ed·ness** [-nɪs] *s.* (Herzens)Güte *f*.

kin·dle ['kɪndl] **I** *v/t.* **1.** an-, entzünden; **2.** *fig.* entflammen, -zünden, -fachen, *Interesse etc.* wecken; **3.** erleuchten; **II** *v/i.* **4.** *a. fig.* Feuer fangen, aufflammen; **5.** *fig.* (**at**) a) sich erregen (über *acc.*), b) sich begeistern (für).

kind·li·ness ['kaɪndlɪnɪs] → **kindness**.

kin·dling ['kɪndlɪŋ] *s.* Anmach-, Anzündholz *n*.

kind·ly ['kaɪndlɪ] **I** *adj.* **1.** → **kind²**; **II** *adv.* **2.** gütig, freundlich; **3.** F freundlicherweise, liebenswürdig(erweise), gütig(st), freundlich(st): **~ tell me** sagen Sie mir bitte; **take ~ to** sich befreunden mit, sich hingezogen fühlen zu, liebgewinnen; **he didn't take ~ to that** das hat ihm gar nicht gefallen, das paßte ihm gar nicht; **will you ~ shut up!** *iro.* willst du gefälligst den Mund halten!; **'kind·ness** [-dnɪs] *s.* **1.** Güte *f*, Freundlichkeit *f*, Liebenswürdigkeit *f*: **out of the ~ of one's heart** aus reiner (Herzens)Güte; **please, have the ~ to** bitte, seien Sie so freundlich, zu *inf.*; **2.** Gefälligkeit *f*: **do s.o. a ~** j-m e-n Gefallen tun.

kin·dred ['kɪndrɪd] **I** *s.* **1.** (Bluts)Verwandtschaft *f*; **2.** *coll. pl. konstr.* Verwandte *pl.*, Verwandtschaft *f*, Fa'milie *f*; **II** *adj.* **3.** (bluts)verwandt; **4.** *fig.* verwandt, ähnlich, gleichartig: **~ languages**; **~ spirit** Gleichgesinnte(r *m*) *f*; **he and I are ~ spirits** er u. ich sind geistesverwandt *od.* verwandte Seelen.

kin·e·mat·ic, **kin·e·mat·i·cal** [ˌkɪnɪ'mætɪk(l)] *adj. phys.* kine'matisch; **ˌkin·e'mat·ics** [-ks] *s. pl. sg. konstr. phys.* Kine'matik *f*, Bewegungslehre *f*.

ki·net·ic [kaɪ'netɪk] *adj. phys.* ki'netisch: **~ energy**; **ki'net·ics** [-ks] *s. pl. sg. konstr. phys.* Ki'netik *f*, Bewegungslehre *f*.

king [kɪŋ] **I** *s.* **1.** König *m*: **~ of beasts** König der Tiere (*Löwe*); → **King's Counsel** *etc.*; **2.** a) **♀ of ♀s** *eccl. der* König der Könige (*Gott*, *Christus*), b) (**Book of**) **♀s** *bibl.* (*das* Buch der) Könige *pl.*; **3.** a) *Kartenspiel*, *Schach*: König *m*, b) *Damespiel*: Dame *f*; **4.** *fig.* König *m*, Ma'gnat *m*: **oil ~**; **II** *v/i.* **5. ~ it** König sein, den König spielen, herrschen (**over** über *acc.*).

king·dom ['kɪŋdəm] *s.* **1.** Königreich *n*; **2.** *a.* **♀ of heaven** Himmelreich *n*, *das* Reich Gottes; **send s.o. to ~ come** F j-n ins Jenseits befördern; **till ~ come** F bis in alle Ewigkeit; **3.** *fig.* (Na'tur-)Reich *n*: **animal** (**vegetable**, **mineral**) **~** Tier- (Pflanzen-, Mineral)reich *n*.

'king|ˌfish·er *s. orn.* Eisvogel *m*; **♀ James Bi·ble** *od.* **Ver·sion** *s. autorisierte englische Bibelübersetzung*.

king·let ['kɪŋlɪt] *s.* unbedeutender König, Duo'dezfürst *m*.

'king·ly [-lɪ] *adj. u. adv.* königlich, maje'stätisch.

'king|ˌmak·er *s. bsd. fig.* Königsmacher *m*; **'~·pin** *s.* **1.** ⚙ Achsschenkelbolzen *m*; **2.** *Kegelspiel*: König *m*; **3.** F a) *der* ‚Hauptmacher', der wichtigste Mann, b) *die* Hauptsache, *der* Dreh- u. Angelpunkt; **♀'s Bench** (**Di·vi·sion**) *s.* ⚖ *Brit. Abteilung des* **High Court of Justice**, *zuständig für* a) *Zivilsachen* (*Obligations- und Deliktsrecht*, *Handels-*, *Steuer- u. Seesachen*), b) *Strafsachen* (*als oberste Instanz für* **summary offences**); **♀'s Coun·sel** *s.* ⚖ *Brit.* Anwalt *m* der Krone; **♀'s Eng·lish** → **English** 3; **~'s ev·i·dence** → **evidence** 1.

king·ship ['kɪŋʃɪp] *s.* Königtum *n*.

'king-size(d) *adj.* 'überˌdurchschnittlich groß, Riesen..., *fig.* F *a.* Mords...: **~ cigarettes** King-size-Zigaretten.

King's Speech *s. Brit.* Thronrede *f*.

kink [kɪŋk] **I** *s.* **1.** *bsd.* ⚓ Kink *f*, Knick *m*, Schleife *f* (*Draht*, *Tau*); **2.** (Muskel-)Zerrung *f od.* (-)Krampf *m*; **3.** *fig.* a) Schrulle *f*, Tick *m*, b) ‚Macke' *f*, De'fekt *m*; **4.** *Brit.* F Abartigkeit *f*; **II** *v/i.* **5.** e-e Kink *etc.* haben (→ 1); **III** *v/t.* **6.** knicken, knoten, verknäueln; **'kink·y** [-kɪ] *adj.* **1.** voller Kinken, verdreht (*Tau etc.*); **2.** wirr, kraus (*Haar*); **3.** F a) spleenig, ‚irre', ausgefallen, ‚verrückt', b) *Brit.* per'vers, abartig.

kins·folk ['kɪnzfəʊk] *s. pl.* Verwandtschaft *f*, (Bluts)Verwandte *pl.*

kin·ship ['kɪnʃɪp] *s.* **1.** (Bluts)Verwandtschaft *f*; **2.** *fig.* Verwandtschaft *f*.

kins|·man ['kɪnzmən] *s.* [*irr.*] (Bluts-)Verwandte(r) *m*, Angehörige(r) *m*; **~·wom·an** ['kɪnzˌwʊmən] *s.* [*irr.*] (Bluts)Verwandte *f*, Angehörige *f*.

ki·osk ['kiːɒsk] *s.* **1.** Kiosk *m*, Verkaufsstand *m*; **2.** *Brit.* Tele'fonzelle *f*.

kip [kɪp] *sl.* **I** *s.* **1.** Schläfchen *n*; **2.** ‚Falle' *f*, ‚Klappe' *f* (*Bett*); **II** *v/i.* **3.** a) ‚pennen' (*schlafen*), b) *mst* **~ down** sich ‚hinhauen'.

kip·per ['kɪpə] **I** *s.* **1.** Räucherhering *m*, Bückling *m*; **2.** Lachs *m* (*während der*

Laichzeit); **II** *v/t.* **3.** *Heringe* einsalzen u. räuchern: ***~ed herring*** → 1.

Kir·ghiz ['kɜ:gɪz] *s.* Kir'gise *m.*

kirk [kɜ:k] *s. Scot.* Kirche *f.*

Kirsch [kɪəʃ] *s.* Kirsch(wasser *n*) *m.*

kiss [kɪs] **I** *s.* **1.** Kuß *m*: ***~ of death*** *fig.* Todesstoß *m*; ***~ of life*** Mund-zu-Mund-Beatmung *f*; ***blow*** (*od.* ***throw***) ***a ~ to s.o.*** j-m e-e Kußhand zuwerfen; **2.** leichte Berührung (*zweier Billardbälle etc.*); **3.** *Am.* Bai'ser *n* (*Zuckergebäck*); **4.** Zuckerplätzchen *n*; **II** *v/t.* **5.** küssen: ***~ away*** *Tränen* fortküssen; ***~ s.o. good night*** j-m e-n Gutenachtkuß geben: ***~ s.o. goodbye*** j-m e-n Abschiedskuß geben; ***you can ~ your money goodbye!*** F dein Geld hast du gesehen!; ***~ one's hand to s.o.*** j-m e-e Kußhand zuwerfen; ***~ s.o.'s hand*** j-m die Hand küssen; → ***book*** 1, ***rod*** 2; **6.** *fig.* leicht berühren; **III** *v/i.* **7.** sich küssen: ***~ and make up*** sich mit e-m Kuß versöhnen; **8.** *fig.* sich leicht berühren; **'kiss·a·ble** *adj.* küssenswert; **kiss curl** *s. Brit.* Schmachtlocke *f*; **'kiss·er** [-sə] *s. sl.* ‚Fresse' *f* (*Mund od. Gesicht*).

kiss·ing gate ['kɪsɪŋ] *s.* kleines Schwingtor (*das immer nur eine Person durchläßt*).

'kiss|-off *s. Am. sl.* **1.** Ende *n* (*a. Tod*); **2.** ‚Rausschmiß' *m*; **'~·proof** *adj.* kußecht, -fest.

kit [kɪt] **I** *s.* **1.** (*Angel-, Reit- etc.*)Ausrüstung *f*: ***gym ~*** Sportsachen *pl.*, -zeug *n*; **2.** ⚔ a) Mon'tur *f*, b) Gepäck *n*; **3.** a) Arbeitsgerät *n*, Werkzeug(e *pl.*) *n*, b) Werkzeugkasten *m*, -tasche *f*, Flickzeug *n*, c) Baukasten *m*, d) Bastelsatz *m*, e) *allg.* Behälter *m*: ***first-aid ~*** Verbandskasten *m*; **4.** *Zeitungswesen*: Pressemappe *f*; **5.** F a) Kram *m*, Zeug *n*, ‚Sachen' *pl.*, b) Sippe *f*, ‚Blase' *f*: ***the whole ~*** (***and caboodle***) der ganze Kram *od.* der ganze ‚Verein'; **II** *v/t.* **6.** ***~ out*** *od.* ***up*** ausstatten (***with*** mit); **'~·bag** *s.* **1.** Reisetasche *f*; **2.** ⚔ Kleider-, Seesack *m.*

kitch·en ['kɪtʃɪn] **I** *s.* Küche *f*; **II** *adj.* Küchen..., Haushalts...; **kitch·en·et(te)** [ˌkɪtʃɪ'net] *s.* Kleinküche *f*, Kochnische *f.*

kitch·en| foil *s.* Haushalts- *od.* Alufolie *f*; **~ gar·den** *s.* Gemüsegarten *m*; **'~·maid** *s.* Küchenmädchen *n*; **~ mid·den** *s.* vorgeschichtlicher (Küchen-) Abfallhaufen; **~ po·lice** *s.* ⚔ *Am.* Küchendienst *m*; **~ range** *s.* Küchen-, Kochherd *m*; **~ scales** *s. pl.* Küchenwaage *f*; **~ sink** *s.* Ausguß *m*, Spülstein *m*, ‚Spüle' *f*: ***everything but the ~*** *humor.* alles, der ganze Krempel; **~ dra·ma** *thea.* realistisches Sozialdrama; **'~·ware** *s.* Küchengeschirr *n od.* -geräte *pl.*

kite [kaɪt] *s.* **1.** (Pa'pier-, Stoff)Drachen *m*: ***fly a ~*** a) e-n Drachen steigen lassen, b) *fig.* e-n Versuchsballon loslassen, c) → 3; **2.** *orn.* Gabelweihe *f*; **3.** ✝ F Gefälligkeits-, Kellerwechsel *m*: ***fly a ~*** Wechselreiterei betreiben; → 1; **4.** ✈ *sl.* ‚Kiste' *f*, ‚Mühle' *f* (*Flugzeug*); **5.** ***ℒ mark*** *Brit.* (amtliches) Gütezeichen; **~ bal·loon** *s.* ⚔ 'Fessel-, 'Drachenbalˌlon *m*; **'~ˌfly·ing** *s.* **1.** Steigenlassen *n* e-s Drachens; **2.** *fig.* Loslassen *n* e-s Ver'suchsbalˌlons, Sondieren *n*; **3.** ✝ F Wechselreite'rei *f.*

kith [kɪθ] *s.*: ***~ and kin*** (Bekannte u.) Verwandte *pl.*; ***with ~ and kin*** mit Kind u. Kegel.

kitsch [kɪtʃ] *s.* Kitsch *m.*

kit·ten ['kɪtn] **I** *s.* Kätzchen *n*, junge Katze: ***have ~s*** F ‚Zustände' kriegen; **II** *v/i.* Junge werfen (*Katze*); **'kit·ten·ish** [-nɪʃ] *adj.* **1.** wie ein Kätzchen (geartet); **2.** (kindlich) verspielt *od.* ausgelassen.

kit·ty[1] ['kɪtɪ] *s.* Mieze *f*, Kätzchen *n.*

kit·ty[2] ['kɪtɪ] *s.* **1.** *Kartenspiel*: (Spiel-) Kasse *f*; **2.** (gemeinsame) Kasse.

ki·wi ['ki:wi:] *s.* **1.** *orn.* Kiwi *m*; **2.** ⚘ Kiwi *f.*

klax·on ['klæksn] *s.* (Auto)Hupe *f.*

klep·to·ma·ni·a [ˌkleptəʊ'meɪnjə] *s. psych.* Kleptoma'nie *f*; **ˌklep·to'ma·ni·ac** [-nɪæk] **I** Klepto'mane *m*, Klepto'manin *f*; **II** *adj.* klepto'manisch.

klieg light [kli:g] *s. Film*: Jupiterlampe *f.*

klutz [klʌts] *s. Am. sl.* ‚Trottel' *m.*

knack [næk] *s.* **1.** Trick *m*, Kniff *m*, ‚Dreh' *m*; **2.** Geschick(lichkeit *f*) *n*, Kunst *f*, Ta'lent *n*: ***the ~ of writing*** die Kunst des Schreibens; ***have the ~ of s.th.*** den Dreh von et. heraushaben, wissen, wie man et. macht; ***I've lost the ~*** ich krieg' es nicht mehr hin.

knack·er ['nækə] *s.* **1.** *Brit.* Abdecker *m*, Schinder *m*; **2.** 'Abbruchunterˌnehmer *m*; **'knack·ered** *adj. Brit. sl.* (ganz) ‚ka'putt', ‚to'tal geschafft'.

knag [næg] *s.* Knorren *m*, Ast *m* (*im Holz*).

knap·sack ['næpsæk] *s.* **1.** ⚔ Tor'nister *m*; **2.** Rucksack *m*, Ranzen *m.*

knave [neɪv] *s.* **1.** *obs.* Schurke *m*, Schuft *m*, Spitzbube *m*; **2.** *Kartenspiel*: Bube *m*, Unter *m*; **'knav·er·y** [-vərɪ] *s. obs.* **1.** Schurke'rei *f*; **2.** Gaune'rei *f*; **'knav·ish** [-vɪʃ] *adj.* □ *obs.* schurkisch.

knead [ni:d] *v/t.* **1.** kneten; **2.** ('durch-) kneten, massieren; **3.** *fig.* formen (***into*** zu); **'knead·ing-trough** [-dɪŋ] *s.* Backtrog *m.*

knee [ni:] **I** *s.* **1.** Knie *n*: ***on one's*** (***bended***) ***~s*** auf Knien, kniefällig; ***bend*** (*od.* ***bow***) ***the ~ to*** niederknien vor (*dat.*); ***bring s.o. to his ~s*** j-n auf *od.* in die Knie zwingen; ***give a ~ to s.o.*** j-n unterstützen; ***go on one's ~s to*** a) niederknien vor (*dat.*), b) *fig. j-n* kniefällig bitten; **2.** ⚙ a) Knie(stück) *n*, Winkel *m*, b) Knie(rohr) *n*, (Rohr-) Krümmer *m*; **II** *v/t.* **3.** mit dem Knie stoßen; **4.** F *Hose an den Knien* ausbeulen; **~ bend(·ing)** *s.* Kniebeuge *f*; **~ breech·es** *s. pl.* Kniehose(n *pl.*) *f*; **'~·cap** *s.* **1.** *anat.* Kniescheibe *f*; **2.** Knieleder *n*, -schützer *m*; **ˌ~-'deep** *adj.* knietief, bis an die Knie (reichend); **ˌ~-'high** **1.** → ***knee-deep***; **2.** kniehoch; **'~-hole desk** *s.* Schreibtisch *m* mit Öffnung für die Knie; **~ jerk** *s.* ⚕ 'Knie-(sehnen)reˌflex *m*; **'~-joint** *s. anat.*, ⚙ Kniegelenk *n.*

kneel [ni:l] *v/i.* [*irr.*] *a.* ***~ down*** (nieder)knien (***to*** vor *dat.*).

'knee|-length *adj.* knielang: ***~ skirt*** kniefreier Rock; **~ pad** *s.* Knieschützer *m*; **'~-pan** → ***kneecap*** 1; **~ pipe** *s.* ⚙ Knierohr *n*; **~ shot** *s. Film*: 'Halbtoˌtale *f.*

knell [nel] **I** *s.* **1.** Totenglocke *f*, Grabgeläute *n* (*a. fig.*): ***sound the ~*** → 3; **2.** *fig.* Vorbote *m*, Ankündigung *f*; **II** *v/i.* **3.** läuten; **III** *v/t.* **4.** (*bsd. durch Läuten*) a) bekanntgeben, b) zs.-rufen.

knelt [nelt] *pret. u. p.p. von* ***kneel.***

knew [nju:] *pret von* ***know.***

Knick·er·bock·er ['nɪkəbɒkə] *s.* **1.** (*Spitzname für den*) New Yorker; **2.** ***ℒs*** *pl.* Knickerbocker *pl.* (*Hose*).

knick·ers ['nɪkəz] *s. pl. Brit.* (Damen-) Schlüpfer *m*: ***get one's ~ in a twist*** *humor.* sich ‚ins Hemd machen'; ***~!*** Quatsch!, ‚Mist'!

knick-knack ['nɪknæk] *s.* **1.** a) Nippsache *f*, b) billiger Schmuck; **2.** Spiele'rei *f*, Schnickschnack *m.*

knife [naɪf] **I** *pl.* **knives** [naɪvz] *s.* **1.** Messer *n* (*a.* ⚙, ⚕): ***play a good ~ and fork*** ein starker Esser sein; ***before you can say "~"*** ehe man sich's versieht; ***have*** (***got***) ***one's ~ into s.o.*** j-n ‚gefressen' haben, es auf j-n abgesehen haben; ***war to the ~*** Krieg bis aufs Messer; ***be*** (***go***) ***under the ~*** F unterm Messer (*des Chirurgen*) sein (unters Messer kommen); ***turn the ~*** (***in the wound***) *fig.* Salz in die Wunde streuen; ***watch s.o. like a ~*** F j-n scharf beobachten; **II** *v/t.* **2.** mit e-m Messer bearbeiten; **3.** a) einstechen auf (*acc.*), mit e-m Messer stechen, b) erstechen, erdolchen; **4.** *Am. sl. bsd. pol. j-m* in den Rücken fallen, *j-n* ‚abschießen'; **'~-edge** *s.* **1.** (Messer)Schneide *f*: ***on a ~*** *fig.* sehr aufgeregt (***about*** wegen); ***be balanced on a ~*** *fig.* auf des Messers Schneide stehen; **2.** ⚙ Waageschneide *f*; **'~-edged** *adj.* messerscharf; **~ grind·er** *s.* **1.** Scheren-, Messerschleifer *m*; **2.** Schleifrad *n*, -stein *m*; **~ rest** *s.* Messerbänkchen *n.*

knif·ing ['naɪfɪŋ] *s.* Messersteche'rei *f.*

knight [naɪt] **I** *s.* **1.** *hist.* Ritter *m*, Edelmann *m*; **2.** *Brit.* Ritter *m* (*niederster, nicht erblicher Adelstitel*; *Anrede*: ***Sir*** *u. Vorname*); **3.** Ritter *m* e-s Ordens: ***ℒ of the Bath*** Ritter des Bath-Ordens; ***ℒ of the Garter*** Ritter des Hosenbandordens; ***~ of the pen*** *humor.* Ritter der Feder (*Schriftsteller*); → ***Hospital(l)er*** 1; **4.** *fig.* Ritter *m*, Kava'lier *m*; **5.** *Schach*: Springer *m*, Pferd *n*; **II** *v/t.* **6.** a) zum Ritter schlagen, b) adeln, in den Ritterstand erheben; **'knight·age** [-tɪdʒ] *s.* **1.** *coll.* Ritterschaft *f*; **2.** Ritterstand *m*; **3.** Ritterliste *f.*

knight| bach·e·lor *pl.* **~s bach·e·lor** *s.* Ritter *m* (*Mitglied des niedersten englischen Ritterordens*); **~ er·rant** *pl.* **~s er·rant** *s.* **1.** fahrender Ritter; **2.** *fig.* ‚Don Qui'xote' *m*; **ˌ~-'er·rant·ry** *s.* **1.** fahrendes Rittertum; **2.** *fig.* a) Abenteuerlust *f*, unstetes Leben, b) Donquichotte'rie *f.*

knight·hood ['naɪthʊd] *s.* **1.** Rittertum *n*, -würde *f*, -stand *m*: ***receive a ~*** in den Ritterstand erhoben werden; **2.** *coll.* Ritterschaft *f.*

knight·ly ['naɪtlɪ] *adj. u. adv.* ritterlich.

Knight Tem·plar → ***Templar*** 1 *u.* 2.

knit [nɪt] **I** *v/t.* [*irr.*] **1.** a) stricken, b) ⚙ wirken: ***~ two, purl two*** zwei rechts, zwei links (stricken); **2.** *a.* ***~ together*** zs.-fügen, verbinden, verknüpfen, vereinigen (*alle a. fig.*); → ***close-knit***, ***well-knit***; **3.** ***~ up*** a) fest verbinden, b) ab-, beschließen; **4.** *Stirn* runzeln, *Augenbrauen* zs.-ziehen; **II** *v/i.* [*irr.*] **5.** a) stricken, b) ⚙ wirken; **6.** *a.* ~ ***up*** sich (eng) verbinden *od.* zs.-fügen (*a. fig.*), zs.-wachsen (*Knochen etc.*); **III** *s.* **7.** Strickart *f*; **'knit·ted** [-tɪd] *adj.* gestrickt, Strick..., Wirk...; **'knit·ter** [-tə] *s.* **1.** Stricker(in); **2.** ⚙ 'Strick-, 'Wirkmaˌschine *f*.

knit·ting ['nɪtɪŋ] *s.* **1.** a) Stricken *n*, b) ⚙ Wirken *n*; **2.** Strickzeug *n*, -arbeit *f*; ~ **ma·chine** *s.* 'Strickmaˌschine *f*; ~ **nee·dle** *s.* Stricknadel *f*.

'knit·wear *s.* Strick-, Wirkwaren *pl.*

knives [naɪvz] *pl. von* ***knife***.

knob [nɒb] *s.* **1.** (runder) Griff, Knopf *m*, Knauf *m*: ***with ~s on*** *sl.* (na) und ob!, und wie!; ***and the same to you with*** (***brass***) ***~s on!*** *sl.* das kann man erst recht von dir behaupten!; **2.** Knorren *m*, Ast *m* (*im Holz*); **3.** Buckel *m*, Beule *f*, Höcker *m*; **4.** Stück(chen) *n* (*Zucker etc.*); **5.** ⚠ Knauf *m*; **6.** *Am. sl.* ,Birne' *f* (*Kopf*); **7.** *Brit.* V ,Schwanz' *m* (*Penis*); **'knob·bly** [-blɪ] *adj.* ,knubbelig': ~ ***knees*** ,Knubbelknie' *pl.*; **'knob·by** [-bɪ] *adj.* **1.** knorrig; **2.** knoten-, knopf-, knaufartig.

knock [nɒk] **I** *s.* **1.** Schlag *m*, Stoß *m*: ***he has had*** (*od.* ***taken***) ***a few ~s*** *fig.* F er hat ein paar Nackenschläge eingesteckt, ***take the ~*** *sl.* ,schwer bluten müssen'; ***the table has had a few ~s*** F der Tisch hat ein paar Schrammen abgekriegt; **2.** Klopfen *n*, Pochen *n*: ***there is a ~*** (***at the door***) es klopft; ***I'll give you a ~ at six*** *Brit.* F ich klopfe um sechs (an Ihre Tür) (*zum Wecken*); **II** *v/t.* **3.** schlagen, stoßen: ~ ***s.o. cold*** → ***knock out*** 2; ~ ***the bottom out of s.th.***, ~ ***s.th. on the head*** *fig.* F et. zunichte machen, *Pläne* über den Haufen werfen; ~ ***s.o. sideways*** (*od.* ***for a loop***) F j-n ,glatt umhauen'; ~ ***one's head against*** a) mit dem Kopf stoßen gegen, b) die Stirn bieten (*dat.*); ~ ***s.th. into s.o.*** j-m et. einhämmern *od.* einbleuen; ~ ***spots off s.o.*** (***s.th.***) F j-m (e-r Sache) haushoch überlegen sein; **4.** klopfen, schlagen; **5.** F her'untermachen, herziehen über (*acc.*), kritisieren: ***don't ~ him*** (***so hard***)***!*** mach ihn nicht (allzu) schlecht!; **6.** F *j-n* ,'umhauen', 'umwerfen, sprachlos machen; **III** *v/i.* **7.** schlagen, klopfen, pochen (***at the door*** an die Tür): ~ ***before entering!*** bitte anklopfen!; **8.** stoßen, schlagen, prallen (***against***, ***into*** gegen *od.* auf *acc.*); **9.** ⚙ a) rattern, rütteln (*Maschine*), b) klopfen (*Motor*, *Brennstoff*); *Zssgn mit adv.*:

knock| a·bout, *bsd. Am.* ~ **a·round I** *v/t.* **1.** her'umstoßen (*a. fig. schikanieren*); **2.** verprügeln; **3.** übel zurichten; **II** *v/i.* **4.** F sich her'umtreiben (***with*** mit); **5.** her'umziehen; **6.** ,rumliegen' (*Sache*); ~ **back** *v/t. Brit.* F **1.** *Whisky etc.* ,hinter die Binde gießen', ,kippen'; **2.** *j-n et.* kosten: ***that has ~ed me back a few pounds***; **3.** *fig. j-n* ,'umhauen', 'umwerfen; ~ **down** *v/t.* **1.** niederschlagen, zu Boden schlagen (*a. fig.*); **2.** → ***knock over*** 2; **3.** *Haus* abreißen; **4.** ⚙ zerlegen, ausein'andernehmen; **5.** ✝ a) *bei Auktionen*: (***to s.o.*** j-m) *et.* zuschlagen, b) F mit *dem Preis* ,runtergehen', c) F *j-n* her'unterhandeln (***to*** auf *acc.*); ~ **off I** *v/t.* **1.** her'unter-, abschlagen, weghauen; **2.** F aufhören mit: ~ ***work*** → 7; ***knock it off!*** *sl.* hör doch auf damit!; **3.** F a) *et.* rasch erledigen, b) *et.* ,'hinhauen', aus dem Ärmel schütteln; **4.** ✝ *vom Preis* abziehen: ***he knocked £10 off the bill*** er hat £10 (von der Rechnung) nachgelassen; **5.** F a) *Brit.* ,klauen', stehlen, b) *Bank etc.* ausrauben, c) *j-n* ,umlegen' (*töten*); **6.** V *Mädchen* ,bumsen'; **II** *v/i.* **7.** F Feierabend machen; ~ **out** *v/t.* **1.** (her)'ausschlagen, -klopfen; **2.** *sport* a) *Boxen*: k.o. schlagen, niederschlagen, b) *Gegner* ausschalten; **3.** F *j-n* ,umhauen': a) verblüffen, b) erschöpfen, c) ,ins Land der Träume schicken' (*Droge etc.*); **4.** ⚔ abschießen; **5.** F *Melodie* ,runterspielen, -hacken'; ~ **o·ver** *v/t.* **1.** 'umwerfen (*a. fig.*), 'umstoßen; **2.** über'fahren; ~ **to·geth·er** *v/t.* **1.** schnell zs.-bauen *od.* -basteln, *Essen etc.* rasch zu'rechtmachen; **2.** anein'anderstoßen: ***knock people's heads together*** *fig.* die Leute zur Vernunft bringen; ~ **up I** *v/t.* **1.** (*durch Klopfen*) wecken; **2.** F *Essen etc.* rasch ,auf die Beine stellen' *od.* zu'rechtmachen; **3.** F *Haus etc.* rasch ,'hinstellen'; **4.** *Brit.* F *Geld* ,machen' (*verdienen*); **5.** *j-n* ,fertigmachen' *od.* ,schaffen' (*erschöpfen*); **6.** V *Am.* e-e *Frau* ein Kind machen, e-e *Frau* ,anbumsen'; **II** *v/i.* **7.** *Tennis etc.*: sich warm- *od.* einspielen.

'knock|·aˌbout I *adj.* **1.** *thea.* F Radau..., Klamauk...; **2.** Alltags..., strapa'zierfähig: ~ ***clothes***; ~ ***car*** Gebrauchswagen *m*; **ˌ~'down I** *adj.* **1.** niederschmetternd (*a. fig.*): ~ ***blow*** a) Schlag *m*, der j-n umwirft, b) *Boxen*: Niederschlag *m*, c) *fig.* Nackenschlag *m*, schwerer Schlag; **2.** ⚙ zerlegbar, zs.-legbar; **3.** ✝ äußerst, niedrigst: ~ ***price*** Schleuderpreis *m*; **II** *s.* **4.** ✝ F Preissenkung *f*; **5.** F zerlegbares Möbelstück *od.* Gerät; **6.** ***give s.o. a ~ to s.o.*** *Am.* F j-n j-m vorstellen.

knock·er ['nɒkə] *s.* **1.** (Tür)Klopfer *m*; **2.** *sl.* Nörgler *m*, Krittler *m*; **3.** *pl.* V ,Titten' *pl.*; **'knock·ing** ['nɒkɪŋ] *s.* **1.** Klopfen *n* (*a. mot.*); **2.** F Kri'tik *f* (***of*** an *dat.*): ***he has taken a bad ~*** er wurde schwer in die Pfanne gehauen.

ˌknock|-'kneed *adj.* X-beinig; **'~-knees** *s. pl.* X-Beine *pl.*; **'~·out I** *s.* **1.** *Boxen*: Knockout *m*, K. 'o. *m*, Niederschlag *m*; **2.** *fig.* vernichtende Niederlage, tödlicher Schlag, *das* ,Aus' (***for*** für *j-n*); **3.** F großartige *od.* ,tolle' Sache *od.* Per'son: ***she's a real ~*** sie sieht toll aus; **II** *adj.* **4.** *Boxen*: K.-o.-...: ~ ***blow*** K.-o.-Schlag *m*; ~ ***system*** K.-o.-System *n*; ~ ***match*** Ausscheidungsspiel *n*; **5.** *fig.* vernichtend; **6.** *Am. sl.* Betäubungs...: ~ ***pill***; **'~-proof** *adj. mot.* klopffest; ~ **rat·ing** *s. mot.* Ok'tanzahl *f*; **ˌ~'up** *s. sport* Einspielen *n*.

knoll [nəʊl] *s.* Hügel *m*, Kuppe *f*.

knot [nɒt] **I** *s.* **1.** Knoten *m*: ***tie s.o.*** (***up***) ***into ~s*** *fig.* F j-n ,fertigmachen'; ***his stomach was in a ~*** sein Magen krampfte sich zusammen; **2.** Schleife *f*, Schlinge *f*, ⚔ *a.* Achselstück *n*; **3.** Knorren *m*, Ast *m* (*im Holz*); **4.** ⚘ Knoten *m*, Knospe *f*, Auge *n*; **5.** ⚓ Knoten *m*: a) Stich *m* (*im Tau*), b) Seemeile *f* (*1,853 km/h*); **6.** *fig.* Knoten *m*, Schwierigkeit *f*, Pro'blem *n*: ***cut the ~*** den Knoten 'durchhauen; **7.** *fig.* Band *n* *der Ehe etc.*: ***tie the ~*** den Bund fürs Leben schließen; **8.** Knäuel *m*, *n*, Haufen *m* (*Menschen etc.*); **9.** ⚕ (*Gicht- etc.*)Knoten *m*; **II** *v/t.* **10.** (ver)knoten, (ver)knüpfen; **11.** *fig.* verwickeln, verwirren; **III** *v/i.* **12.** (e-n) Knoten bilden; **13.** *fig.* sich verwickeln; **'~·hole** *s.* Astloch *n*.

knot·ted ['nɒtɪd] *adj.* **1.** ver-, geknotet; **2.** → **'knot·ty** [-tɪ] *adj.* **1.** knorrig (*Holz*); **2.** knotig, *fig.* verzwickt, schwierig, kompliziert.

knout [naʊt] *s.* Knute *f*.

know [nəʊ] **I** *v/t.* [*irr.*] **1.** *allg.* wissen: ***come to ~*** erfahren, hören; ***he ~s what to do*** er weiß, was zu tun ist; ~ ***what's what***, ~ ***all about it*** genau Bescheid wissen; (***and***) ***don't I ~ it!*** und ob ich das weiß!, ***he wouldn't ~*** (***that***) er kann das nicht *od.* kaum wissen; ***I wouldn't ~!*** das kann ich leider nicht sagen!; *iro.* weiß ich doch nicht!; ***for all I ~*** a) soviel ich weiß, b) was weiß ich?; ***I would have you ~ that*** ich möchte betonen *od.* Ihnen klarmachen, daß; ***I have never ~n him to lie*** m-s Wissens hat er nie gelogen; ***what do you ~!*** F na, so was!; **2.** (es) können *od.* verstehen (***how to do*** zu tun): ***do you ~ how to do it?*** wissen Sie, wie man das macht?, können Sie das?; ***he ~s how to treat children*** er versteht mit Kindern umzugehen; ***do you ~ how to drive a car?*** können Sie Auto fahren?; ***he ~s*** (***some***) ***German*** er kann (etwas) Deutsch; **3.** kennen, vertraut sein mit: ***I have ~n him for years*** ich kenne ihn (schon) seit Jahren; ***he ~s a thing or two*** F ,er ist nicht von gestern', er weiß (ganz gut) Bescheid; ***get to ~*** a) *j-n*, *et.* kennenlernen, b) *et.* erfahren, herausfinden; ***after I first knew him*** nachdem ich s-e Bekanntschaft gemacht hatte; **4.** erfahren, erleben: ***he has ~n better days*** er hat bessere Tage gesehen; ***I have ~n it to happen*** ich habe das schon erlebt; → ***known*** II, ***mind*** 4; **5.** ('wieder)erkennen, unter'scheiden: ***I should ~ him anywhere*** ich würde ihn überall erkennen; ~ ***one from the other*** e-n vom anderen unterscheiden (können), die beiden auseinanderhalten können; ***before you ~ where you are*** im Handumdrehen; ***I don't ~ whether I shall ~ him again*** ich weiß nicht, ob ich ihn wiedererkennen werde; **6.** *Bibl.* (*geschlechtlich*) erkennen; **II** *v/i.* [*irr.*] **7.** wissen (***of*** von, um), im Bilde sein *od.* Bescheid wissen (***about*** über *acc.*), sich auskennen (***about*** in *dat.*), et. verstehen (***about*** von); ***I ~ of s.o. who*** ich weiß *od.* kenne j-n, der; ***let me ~*** (***about it***) laß es mich wissen, sag mir Bescheid (darüber); ***I ~ better!*** so dumm bin ich nicht!; ***I ~ better than to say that*** ich werde mich hüten, das zu sagen; ***you ought to ~ better*** (***than that***) das sollten Sie besser wissen, so dumm werden Sie doch nicht sein; ***he ought to ~ better than to go swimming after a big meal*** er sollte so viel Verstand haben zu wissen, daß man nach e-m reichlichen Mahl nicht baden geht; ***they don't ~ any better*** sie kennen's nicht anders; ***not that I ~ of*** F nicht daß ich wüßte; ***do*** (*od.* ***don't***) ***you ~?*** F nicht wahr?; ***you ~*** (*oft un-*

übersetzt) a) weißt du, wissen Sie, b) nämlich, c) schon, na ja; **III** *s.* **8. *be in the ~*** Bescheid wissen, im Bilde *od.* eingeweiht sein.

know·a·ble ['nəʊəbl] *adj.* was man wissen kann.

'know|-(it-)all *s.* Besserwisser *m*, ‚Klugscheißer' *m*; **'~-how** *s.* Know-'how *n*: a) Sachkenntnis *f*, Fachwissen *n*, (praktische, *bsd.* technische) Erfahrung, b) ⚙ Herstellungsverfahren *pl.*

know·ing ['nəʊɪŋ] **I** *adj.* □ **1.** intelli'gent, geschickt; **2.** verständnisvoll, wissend: ***~ smile***; ***with a ~ hand*** mit kundiger Hand; **3.** schlau, raffiniert: ***a ~ one*** ein Schlauberger; **II** *s.* **4.** Wissen *n*: ***there is no ~*** man kann nie wissen; **'know·ing·ly** [-lɪ] *adv.* **1.** schlau, klug; **2.** verständnisvoll, wissend; **3.** wissentlich, bewußt, absichtlich.

knowl·edge ['nɒlɪdʒ] *s. nur sg.* **1.** Kenntnis *f*, Wissen *n*: ***have ~ of*** Kenntnis haben von, wissen (*acc.*); ***have no ~ of*** nichts wissen von *od.* über (*acc.*); ***without my ~*** ohne mein Wissen; ***the ~ of the victory*** die Kunde *od.* Nachricht vom Siege; ***it has come to my ~*** es ist mir zu Ohren gekommen, ich habe erfahren; ***to*** (***the best of***) ***my ~*** m-s Wissens, soviel ich weiß; ***to the best of my ~ and belief*** nach bestem Wissen u. Gewissen; ***not to my ~*** nicht daß ich wüßte; ***~ of life*** Lebenserfahrung *f*; → ***carnal***; **2.** Wissen *n*, Kenntnisse *pl.*: ***a good ~ of German*** gute Deutschkenntnisse; ***my ~ of Dickens*** was ich von Dickens kenne; **'knowl·edge·a·ble** [-dʒəbl] *adj.* kenntnisreich, (gut) unter'richtet: ***he is very ~ about wines*** er weiß gut Bescheid über Weine, er ist ein Weinkenner.

known [nəʊn] **I** *p.p. von* ***know***; **II** *adj.* bekannt: ***~ quantity*** ⩓ bekannte Größe; ***make ~*** bekanntmachen; ***make o.s. ~ to s.o.*** F sich j-m vorstellen; ***~ to all*** allbekannt; ***the ~ facts*** die anerkannten Tatsachen.

knuck·le ['nʌkl] **I** *s.* **1.** Fingergelenk *n*, -knöchel *m*: ***a rap over the ~s*** *fig.* ein Verweis, e-e Rüge; **2.** (Kalbs- *od.* Schweins)Haxe (*od.* Hachse) *f*: ***near the ~*** *fig.* F reichlich ‚gewagt' (*Witz etc.*); **II** *v/i.* **3. *~ down***, ***~ under*** sich beugen, sich unter'werfen (***to*** *dat.*), klein beigeben; **4. *~ down to s.th.*** sich an et. ‚ranmachen', sich hinter et. ‚klemmen': ***~ down to work*** sich an die Arbeit machen; **'~·bone** *s. anat., zo.* Knöchelbein *n*; **'~ˌdust·er** *s.* Schlagring *m*; **~ joint** *s.* **1.** *anat.* Knöchel-, Fingergelenk *n*; **2.** ⚙ Kar'dan-, Kreuzgelenk *n.*

knurl [nɜːl] **I** *s.* **1.** Knoten *m*, Ast *m*, Buckel *m*; **2.** ⚙ Rändelrad *n*; **II** *v/t.* **3.** rändeln, kordeln: ***~ed screw*** Rändelschraube *f.*

KO [ˌkeɪ'əʊ] → ***knockout*** 1 *u.* ***knock out.***

ko·a·la [kəʊ'ɑːlə] *s. zo.* Ko'ala(bär) *m.*

kohl·ra·bi [ˌkəʊl'rɑːbɪ] *s.* ♀ Kohl'rabi *m.*

kol·khoz, **kol·khos** [kɒl'hɔːz] *s.* Kolchos *m, n*, Kol'chose *f.*

kook [kʊk] *s. Am.* F ‚komischer Typ', ‚Spinner' *m*; **kook·y** ['kʊkɪ] *adj. Am.* F ‚irr', verrückt.

ko·pe(c)k ['kəʊpek] → ***copeck.***

Ko·ran [kɒ'rɑːn] *s.* Ko'ran *m.*

Ko·re·an [kə'rɪən] **I** *s.* Kore'aner(in); **II** *adj.* kore'anisch.

ko·sher ['kəʊʃə] *adj.* koscher: ***~ food***; ***~ restaurant***; ***not quite ~*** *fig.* F nicht ganz koscher.

ko·tow [ˌkəʊ'taʊ], **kow·tow** [ˌkaʊ'taʊ] **I** *s.* Ko'tau *m*, unter'würfige Ehrenbezeigung; **II** *v/i. a. fig.* e-n Ko'tau machen: ***~ to s.o.*** e-n Kotau machen (*fig. a.* kriechen) vor j-m.

kraal [krɑːl; *in Südafrika mst* krɔːl] *s. S.Afr.* Kral *m.*

kraft [krɑːft], *a.* ***~ pa·per*** *s. Am.* braunes 'Packpaˌpier.

kraut [kraʊt] *sl. contp.* **I** *s.* Deutsche(r *m*) *f*; **II** *adj.* deutsch.

Krem·lin ['kremlɪn] *npr.* Kreml *m*; **Krem·lin·ol·o·gist** [ˌkremlɪ'nɒlədʒɪst] *s.* Sowjeto'loge *m*, Kremlforscher(in).

ku·dos ['kjuːdɒs] *s.* F Ruhm *m*, Ehre *f.*

Ku-Klux-Klan [ˌkjuːklʌks'klæn] *s. Am. pol.* 'Ku-Klux-'Klan *m* (*rassistischer amer. Geheimbund*).

ku·lak ['kuːlæk] (*Russ.*) *s.* Ku'lak *m*, Großbauer *m.*

kum·quat ['kʌmkwɒt] *s.* ♀ Kumquat *f.*

kung fu [ˌkʌŋ'fuː; ˌkʊŋ-] *s.* Kung'fu *n* (*chines. Kampfsport*).

Kurd [kɜːd] *s.* Kurde *m*, Kurdin *f*; **'Kurd·ish** [-ɪʃ] *adj.* kurdisch.

kur·saal ['kʊəzɑːl] *s.* (*Ger.*) Kursaal *m*, -haus *n.*

Kyr·i·e ['kɪəriːeɪ], ***~ e·le·i·son*** [ə'leɪsɒn] *s. eccl.* Kyrie (e'leison) *n.*

L

L, l [el] *s.* L *n*, l *n* (*Buchstabe*).

laa·ger ['lɑ:gə] *s. S.Afr.* Lager *n*, *bsd.* Wagenburg *f*.

lab [læb] *s.* F La'bor *n*.

la·bel ['leɪbl] **I** *s.* **1.** Eti'kett *n* (*a. fig.*), (Klebe-, Anhänge)Zettel *m od.* (-)Schild(chen) *n*, Anhänger *m*, Aufkleber *m*; **2.** *fig.* a) Bezeichnung *f*, b) (Kenn)Zeichen *n*, Signa'tur *f*; **3.** Aufschrift *f*, Beschriftung *f*; **4.** Label *n*, 'Schallplatteneti,kett *n od.* F -firma *f*; **5.** *Computer*: Label *n* (*Markierung in e-m Programm*); **6.** ⚠ Kranzleiste *f*; **II** *v/t.* **7.** etikettieren, mit e-m Zettel *od.* Schild(chen) versehen, **8.** beschriften, mit e-r Aufschrift versehen: ***~(l)ed "poison"*** mit der Aufschrift „Gift"; **9.** *a.* ***~ as*** *fig.* als … bezeichnen, zu … stempeln, abstempeln als; **'la·bel·(l)er** [-lə] *s.* Etiket'tierma,schine *f*.

la·bi·a ['leɪbɪə] *pl. von* ***labium***.

la·bi·al ['leɪbjəl] **I** *adj. anat.*, *ling.* Lippen…, labi'al; **II** *s.* Lippenlaut *m*, Labi'al *m*.

la·bile ['leɪbaɪl] *adj. allg.* la'bil.

la·bi·o·den·tal [,leɪbɪəʊ'dentl] *ling.* **I** *adj.* labioden'tal; **II** *s.* Labioden'tal *m*, Lippenzahnlaut *m*.

la·bi·um ['leɪbɪəm] *pl.* **-bi·a** [-bɪə] *s. anat.* Labium *n*, (*bsd.* Scham)Lippe *f*.

la·bor *etc. Am.* → ***labour*** *etc.*

lab·o·ra·to·ry [*Brit.* lə'bɒrətərɪ; *Am.* 'læbrə,tɔ:rɪ] *s.* **1.** Labora'torium *n*: ***~ assistant*** Laborant(in); ***~ technician*** Chemotechniker(in); ***~ stage*** Versuchsstadium *n*; **2.** *fig.* Werkstätte *f*.

la·bo·ri·ous [lə'bɔ:rɪəs] *adj.* □ mühsam: a) anstrengend, schwierig, b) 'umständlich, schwerfällig (*Stil etc.*).

la·bor un·ion *s. Am.* Gewerkschaft *f*.

la·bour ['leɪbə] *Brit.* **I** *s.* **1.** a) (*bsd.* schwere) Arbeit, b) Anstrengung *f*, Mühe *f*: ***~ of Hercules*** Herkulesarbeit *f*; ***~ of love*** Liebesdienst *m*, gern *od.* unentgeltlich getane Arbeit; → ***hard labo(u)r***; **2.** a) Arbeiterschaft *f*, Arbeiter(klasse *f*) *pl.*, b) Arbeiter *pl.*, Arbeitskräfte *pl.*: ***cheap ~***; ***shortage of ~*** Arbeitskräftemangel *m*; → ***skilled*** 2; **3.** ♀ (*ohne Artikel*) → ***Labour Party***; **4.** ⚕ Wehen *pl.*: ***be in ~*** in den Wehen liegen; **II** *v/i.* **5.** arbeiten (***at*** an *dat.*); **6.** sich anstrengen (***to*** *inf.* zu *inf.*), sich abmühen (***at***, ***with*** mit; ***for*** um *acc.*); **7.** *a.* ***~ along*** sich mühsam fortbewegen *od.* da'hinschleppen, sich (da'hin)quälen; **8.** stampfen, schlingern (*Schiff*); **9.** (***under***) zu leiden haben (unter *dat.*), zu kämpfen haben (mit *Schwierigkeiten etc.*), kranken (an *dat.*); → ***delusion*** 2; **10.** ⚕ in den Wehen liegen; **III** *v/t.* **11.** ausführlich eingehen auf (*acc.*), eingehend behandeln, *iro.* ,breittreten', her'umreiten auf (*dat.*): ***I need not ~ the point***; ***~ camp*** *s.* Arbeitslager *n*; ♀ **Day** *s.* Tag *m* der Arbeit; **~ dis·pute** *s.* ✝ Arbeitskampf *m*.

la·bo(u)red ['leɪbəd] *adj.* **1.** → ***laborious***; **2.** → ***labo(u)ring*** 2; **'la·bo(u)r·er** [-ərə] *s.* (*bsd. ungelernter*) Arbeiter.

La·bour Ex·change *s. Brit. obs.* Arbeitsamt *n*.

la·bo(u)r force *s.* Arbeitskräfte *pl.*, Belegschaft *f* (*e-s Betriebs*).

la·bo(u)r·ing ['leɪbərɪŋ] *adj.* **1.** arbeitend, werktätig: ***the ~ classes***; **2.** mühsam, schwer (*Atem*).

'la·bo(u)r-in,ten·sive *adj.* ✝ 'arbeitsinten,siv.

la·bour·ite ['leɪbəraɪt] *s. Brit.* Anhänger (-in) *od.* Mitglied *n* der ***Labour Party***.

la·bo(u)r| lead·er *s.* Arbeiterführer *m*; **~ mar·ket** *s.* Arbeitsmarkt *m*; **~ pains** *s. pl.* ⚕ Wehen *pl.*

La·bour Par·ty *s. Brit. pol. die* Labour Party.

la·bo(u)r| re·la·tions *s. pl.* Beziehungen *pl.* zwischen Arbeitgeber(n) u. Arbeitnehmern; **'~-,sav·ing** *adj.* arbeitssparend.

Lab·ra·dor (dog) ['læbrədɔ:] *s. zo.* Neu'fundländer *m* (*Hund*).

la·bur·num [lə'bɜ:nəm] *s.* ♀ Goldregen *m*.

lab·y·rinth ['læbərɪnθ] *s.* **1.** Laby'rinth *n*, Irrgarten *m* (*beide a. fig.*); **2.** *fig.* Wirrwarr *m*, Durchein'ander *n*; **3.** *anat.* Laby'rinth *n*, inneres Ohr; **lab·y·rin·thine** [,læbə'rɪnθaɪn] *adj.* laby'rinthisch (*a. fig.*).

lac[1] [læk] *s.* Gummilack *m*, Lackharz *n*.

lac[2] [læk] *s. Brit. Ind.* Lak *n* (*100 000, mst Rupien*).

lace [leɪs] **I** *s.* **1.** Spitze *f* (*Stoff*); **2.** Litze *f*, Borte *f*, Tresse *f*, Schnur *f*: ***gold ~***; **3.** Schnürband *n*, -senkel *m*; → ***laced*** 1; **4.** Schnur *f*, Band *n*; **II** *v/t.* **5.** *a.* ***~ up*** (zu-, zs.-)schnüren; **6.** *j-n*, *j-s Taille* schnüren; **7.** ***~ s.o.*** F → 14; **8.** *Finger etc.* ineinanderschlingen; **9.** mit Spitzen *od.* Litzen besetzen; Schnürsenkel einziehen in; **10.** mit Streifenmuster verzieren; **11.** *fig.* durch'setzen (***with*** mit): ***a story ~d with jokes***; **12.** e-n Schuß Alkohol zugeben (*dat.*); **III** *v/i.* **13.** *a.* ***~ up*** sich schnüren (lassen); **14.** ***~ into*** F a) auf *j-n* einprügeln, b) *j-n* anbrüllen;

laced [-st] *adj.* **1.** geschnürt, Schnür…: ***~ boot*** Schnürstiefel *m*; **2.** mit e-m Schuß Alkohol, ,mit Schuß': ***~ coffee***.

lace| pa·per *s.* Pa'pierspitzen *pl.*; **~ pil·low** *s.* Klöppelkissen *n*.

lac·er·ate ['læsəreɪt] *v/t.* **1.** a) aufreißen, -schlitzen, zerfetzen, -kratzen, b) zerfleischen, zerreißen; **2.** *fig. j-n*, *j-s Gefühle* zutiefst verletzen; **lac·er·a·tion** [,læsə'reɪʃn] *s.* **1.** Zerreißung *f*, Zerfleischung *f* (*a. fig.*); **2.** ⚕ Schnitt-, Riß-, Fleischwunde *f*, Riß *m*.

'lace|-up (shoe) *s.* Schnürschuh *m*; **'~·work** *s.* **1.** Spitzenarbeit *f*, -muster *n*; **2.** *weitS.* Fili'gran(muster) *n*.

lach·ry·mal ['lækrɪml] **I** *adj.* **1.** Tränen…: ***~ gland***; **II** *s.* **2.** *pl. anat.* 'Tränenappa,rat *m*; **3.** *hist.* Tränenkrug *m*; **'lach·ry·mose** [-məʊs] *adj.* □ **1.** weinerlich; **2.** *fig.* rührselig: ***~ story***.

lac·ing ['leɪsɪŋ] *s.* **1.** Litzen *pl.*, Tressen *pl.*, **2.** → ***lace*** 3, **3.** ,Schuß' *m* (Alkohol); **4.** Tracht *f* Prügel.

lack [læk] **I** *s.* (***of***) Mangel *m* (an *dat.*), Fehlen *n* (von): ***for ~ of time*** aus Zeitmangel; ***there was no ~ of*** es fehlte nicht *od.* da war kein Mangel an (*dat.*); **II** *v/t.* Mangel haben an (*dat.*), *et.* nicht haben *od.* besitzen: ***he ~s time*** ihm fehlt es an (der nötigen) Zeit, er hat keine Zeit; **III** *v/i.*: ***be ~ing*** fehlen, nicht vorhanden sein; ***wine was not ~ing*** an Wein fehlte es nicht; ***he ~ed for nothing*** es fehlte ihm an nichts; ***be ~ing in*** → II.

lack·a·dai·si·cal [,lækə'deɪzɪkl] *adj.* □ **1.** lustlos, gelangweilt, gleichgültig; **2.** schlaff, lasch.

lack·ey ['lækɪ] *s. bsd. fig. contp.* La'kai *m*.

'lack|,lus·ter *Am.*, **'~,lus·tre** *Brit. adj.* glanzlos, matt, *fig. a.* farblos.

la·con·ic [lə'kɒnɪk] *adj.* (□ ***~ally***) **1.** la'konisch, kurz u. treffend; **2.** wortkarg; **lac·o·nism** ['lækənɪzəm] *s.* Lako'nismus *m*: a) La'konik *f*, la'konische Kürze, b) la'konischer Ausspruch.

lac·quer ['lækə] **I** *s.* **1.** (Farb)Lack *m*, (Lack)Firnis *m*; **2.** a) (Nagel)Lack *m*, b) Haarspray *m*; **3.** *a.* ***~ ware*** Lackarbeit *f*, -waren *pl.*; **II** *v/t.* **4.** lackieren.

la·crosse [lə'krɒs] *s.* La'crosse *n* (*Ballspiel*): ***~ stick*** La'crosseschläger *m*.

lac·tate ['lækteɪt] **I** *v/t. physiol. Milch* absondern; **II** *s.* ⚗ Lak'tat *n*; **lac·ta·tion** [læk'teɪʃn] *s.* Laktati'on *f*: a) Milchabsonderung *f*, b) Stillen *n*, c) Stillzeit *f*; **'lac·te·al** [-tɪəl] **I** *adj.* Milch…, milchähnlich; **II** *s. pl.* Milch-, Lymphgefäße *pl.*; **'lac·tic** [-tɪk] *adj.* Milch…: ***~ acid*** Milchsäure *f*; **lac·tif·er·ous** [læk'tɪfərəs] *adj.* milchführend: ***~ duct*** Milchgang *m*; **lac·tom·e·ter** [læk'tɒmɪtə] *s.* Lakto'meter *n*, Milchwaage *f*; **'lac·tose** [-təʊs] *s.* Lak'tose *f*, Milchzucker *m*.

la·cu·na [lə'kju:nə] *pl.* **-nae** [-ni:] *od.* **-nas** *s.* Lücke *f*, La'kune *f*: a) *anat.* Spalt *m*, Hohlraum *m*, b) (Text- *etc.*)

Lücke *f*; **la'cu·nar** [-nə] *s.* ⚠ Kas'settendecke *f*.

la·cus·trine [lə'kʌstraɪn] *adj.* See...: **~ *dwellings*** Pfahlbauten.

lac·y ['leɪsɪ] *adj.* spitzenartig, Spitzen...

lad [læd] *s.* **1.** (junger) Kerl *od.* Bursche, Junge *m*: ***he's just a ~!*** er ist (doch) noch ein Junge!; ***come on, ~s!*** los, Jungs!; ***he's a bit of a ~*** F *Brit.* er ist ein ziemlicher Draufgänger *od.* Schwerenöter; **2.** *Brit.* Stallbursche *m*.

lad·der ['lædə] **I** *s.* **1.** Leiter *f* (*a. fig.*): ***the social ~*** *fig.* die gesellschaftliche Stufenleiter; ***the ~ of fame*** die (Stufen-) Leiter des Ruhms; ***kick down the ~*** die Leute loswerden wollen, die e-m beim Aufstieg geholfen haben; **2.** *Brit.* Laufmasche *f*; **3.** *Tischtennis etc.*: Ta'belle *f*; **II** *v/i.* **4.** *Brit.* Laufmaschen bekommen (*Strumpf*); **III** *v/t.* **5.** *Brit.* zerreißen: ***~ one's stockings*** sich e-e Laufmasche holen; **'~·proof** *adj. Brit.* (lauf)maschenfest (*Strumpf*).

lad·die ['lædɪ] *s. bsd. Scot.* F Bürschchen *n*.

lade [leɪd] *p.p. a.* **'lad·en** [-dn] *v/t.* **1.** (be)laden, befrachten; **2.** *Waren* ver-, aufladen; **'lad·en** [-dn] **I** *p.p. von **lade***; **II** *adj.* (***with***) *a. fig.* beladen *od.* befrachtet (mit), voll (von), voller: **~ *with fruit*** (schwer) beladen mit Obst.

la-di-da(h) [ˌlɑːdɪ'dɑː] *adj. Brit.* F affektiert, vornehmtuerisch, ‚affig'.

la·dies'| choice *s.* Damenwahl *f* (*beim Tanz*); **~ man** *s.* [*irr.*] Frauenheld *m*, Char'meur *m*; **~ room** → ***lady*** 6.

lad·ing ['leɪdɪŋ] *s.* **1.** (Ver)Laden *n*; **2.** Ladung *f*; → ***bill***[2] 3.

la·dle ['leɪdl] **I** *s.* **1.** Schöpflöffel *m*, (Schöpf-, Suppen)Kelle *f*; **2.** ⚙ Gießkelle *f*, -löffel *m*; **3.** Schaufel *f* (*am Wasserrad*); **II** *v/t.* **4.** *a.* **~ *out*** (aus)schöpfen, *a.* F *fig. Lob etc.* austeilen.

la·dy ['leɪdɪ] **I** *s.* **1.** Dame *f*: ***she is no*** (*od.* ***not a***) **~** sie ist keine Dame; ***an English ~*** e-e Engländerin; ***young ~*** junge Dame, junges Mädchen; ***young ~!*** *iro.* (mein) liebes Fräulein!; ***his young ~*** F s-e (kleine) Freundin; ***my*** (***dear***) **~** (verehrte) gnädige Frau; ***ladies and gentlemen*** m-e (sehr verehrten) Damen u. Herren; **2.** Lady *f* (*Titel*): ***my ~!*** Mylady!, gnädige Frau; **3.** *obs. od.* F (*außer wenn auf e-e **Lady** angewandt*) Gattin *f*, Gemahlin *f*: ***the old ~*** F a) die alte Dame (*Mutter*), b) m-e *etc.* ‚Alte' (*Frau*); **4.** Herrin *f*, Gebieterin *f*: **~ *of the house*** Hausherrin, Dame *f* des Hauses; ***our sovereign ~*** *Brit.* die Königin; **5.** ***Our*** 𝔏 Unsere Liebe Frau, die Mutter Gottes: ***Church of Our*** 𝔏 Marien-, (Lieb)Frauenkirche *f*; **6.** ***Ladies*** *pl. sg. konstr.* 'Damentoiˌlette *f*, ‚Damen' *n*; **II** *adj.* **7.** weiblich: **~ *doctor*** Ärztin *f*; **~ *friend*** Freundin *f*; **~ *mayoress*** Frau *f* (Ober)Bürgermeister; **~ *dog*** *humor.* ‚Hundedame' *f*.

'la·dy|·bird *s. zo.* Ma'rienkäfer(chen *n*) *m*; 𝔏 **Boun·ti·ful** *s. fig.* gute Fee; **'~·bug** *Am.* → ***ladybird***; 𝔏 **Day** *s. eccl.* Ma'riä Verkündigung *f*; **'~ˌfin·ger** *s.* Löffelbiskuit *n*; **ˌ~-in-'wait·ing** *s.* Hofdame *f*; **'~-ˌkill·er** *s.* F Herzensbrecher *m*, Ladykiller *m*; **'~·like** *adj.* damenhaft, vornehm; **'~·love** *s. obs.* Geliebte *f*; 𝔏 **of the Bed·cham·ber** *s. Brit.* königliche Kammerfrau, Hofdame *f*.

la·dy·ship ['leɪdɪʃɪp] *s.* Ladyschaft *f* (*Stand u. Anrede*): ***her*** (***your***) **~** ihre (Eure) Ladyschaft.

la·dy's| maid *s.* Kammerzofe *f*; **'~-ˌslip·per** *s.* ⚘ Frauenschuh *m*.

lag[1] [læg] **I** *v/i.* **1.** *mst* **~ *behind*** *a. fig.* zu'rückbleiben, nicht mitkommen, nach-, hinter'herhinken; **2.** *mst* **~ *behind*** a) sich verzögern, b) zögern, c) ⚡ nacheilen; **II** *s.* **3.** Zu'rückbleiben *n*, Rückstand *m*, Verzögerung *f* (*a.* ⚙, *phys.*): ***cultural ~*** kultureller Rückstand; **4.** 'Zeitabstand *m*, -ˌunterschied *m*; **5.** ⚡ negative Phasenverschiebung, (Phasen)Nacheilung *f*.

lag[2] [læg] *s. Brit. sl.* **1.** ‚Knastschieber' *m*, ‚Knacki' *m*; **2. *do a ~*** ‚(im Knast) sitzen'.

lag[3] [læg] **I** *s.* **1.** (Faß)Daube *f*; **2.** ⚙ Verschalungsbrett *n*; **II** *v/t.* **3.** mit Dauben versehen; **4.** ⚙ *Rohre etc.* isolieren, um'wickeln.

lag·an ['lægən] *s.* ⚖, ⚓ versenktes (Wrack)Gut.

la·ger (**beer**) ['lɑːgə] *s.* Lagerbier *n* (*ein helles Bier*).

lag·gard ['lægəd] **I** *adj.* ☐ **1.** langsam, bummelig, faul; **II** *s.* **2.** ‚Trödler(in)', Bummler(in); **3.** Nachzügler(in).

lag·ging ['lægɪŋ] *s.* ⚙ **1.** Verkleidung *f*, Verschalung *f*; **2.** a) Isolierung *f*, b) Iso'liermateriˌal *n*.

la·goon [lə'guːn] *s.* La'gune *f*.

la·ic, la·i·cal ['leɪɪk(l)] *adj.* weltlich, Laien...; **'la·i·cize** [-ɪsaɪz] *v/t.* säkularisieren.

laid [leɪd] *pret. u. p.p. von **lay***[1]: **~ *up*** → ***lay up*** 4; **'~·back** *adj. Am.* **1.** entspannend; **2.** entspannt, ruhig.

lain [leɪn] *p.p. von **lie***[2].

lair [leə] *s.* **1.** *zo.* a) Lager *n*, b) Höhle *f*, Bau *m* (*des Wildes*); **2.** *allg.* Lager(statt *f*) *n*; **3.** F *fig.* a) Versteck *n*, b) Zuflucht(sort *m*) *f*.

laird [leəd] *s. Scot.* Gutsherr *m*.

lais·sez-faire [ˌleɪseɪ'feə] (*Fr.*) *s.* Laissez-'faire *n* (*Gewährenlassen, Nichteinmischung*).

la·i·ty ['leɪətɪ] *s.* **1.** Laienstand *m*, Laien *pl.* (*Ggs. Geistlichkeit*); **2.** Laien *pl.*, Nichtfachleute *pl.*

lake[1] [leɪk] *s.* **1.** (*bsd.* rote) Pig'mentfarbe, Farblack *m*; **2.** Beizenfarbstoff *m*.

lake[2] [leɪk] *s.* (Binnen)See *m*: ***the Great*** 𝔏 der große Teich (*der Atlantische Ozean*); ***the Great*** 𝔏***s*** die Großen Seen (*an der Grenze zwischen USA u. Kanada*); ***the ~s*** → 𝔏 **Dis·trict** *s. das* Seengebiet (*im Nordwesten Englands*); **~ dwell·er** *s.* Pfahlbauer *m*; **~ dwell·ing** *s.* Pfahlbau *m*; **'**𝔏**·land** → ***Lake District***; 𝔏 **po·et** *s.* Seendichter *m* (*e-r der 3 Dichter der **Lake school***); 𝔏 **school** *s.* Seeschule *f* (*die Dichter Southey, Coleridge u. Wordsworth*).

lam[1] [læm] *sl.* **I** *v/t.* verdreschen, ‚vermöbeln'; **II** *v/i.*: **~ *into*** a) → I, b) *fig.* auf *j-n* ‚einhauen'.

lam[2] [læm] *Am. sl.* **I** *s.*: ***on the ~*** im ‚Abhauen' (begriffen), auf der Flucht (*vor der Polizei*); ***take it on the ~*** → **II** *v/i.* ‚türmen', ‚Leine ziehen'.

la·ma ['lɑːmə] *s. eccl.* Lama *m*; **'la·ma·ism** [-əɪzəm] *s. eccl.* Lama'ismus *m*; **'la·ma·ser·y** [-əsərɪ] *s.* Lamakloster *n*.

lamb [læm] **I** *s.* **1.** Lamm *n*: ***in*** (*od.* ***with***) **~** trächtig (*Schaf*); ***like a ~*** *fig.* wie ein Lamm, lammfromm; ***like a ~ to the slaughter*** *fig.* wie ein Lamm zur Schlachtbank; **2.** Lamm(fleisch) *n*; **3. *the*** 𝔏 (***of God***) *eccl.* das Lamm (Gottes); **4.** F Schätzchen *n*; **II** *v/i.* **5.** lammen: **~*ing time*** Lammzeit *f*.

lam·baste [læm'beɪst] *v/t. sl.* **1.** ‚vermöbeln' (*verprügeln*); **2.** *fig.* ‚her'unterputzen', ‚zs.-stauchen'.

lam·ben·cy ['læmbənsɪ] *s.* **1.** Züngeln *n* (*e-r Flamme*); **2.** *fig.* (*geistreiches*) Funkeln, Sprühen *n*; **'lam·bent** [-nt] *adj.* ☐ **1.** züngelnd, flackernd; **2.** sanft strahlend; **3.** *fig.* sprühend, funkelnd (*Witz*).

lamb·kin ['læmkɪn] *s.* **1.** Lämmchen *n*; **2.** *fig.* ‚Schätzchen' *n*.

'lamb·skin *s.* **1.** Lammfell *n*; **2.** Schafleder *n*.

lamb's| tails *s. pl.* ⚘ **1.** *Brit.* Haselkätzchen *pl.*; **2.** *Am.* Weiden-, Palmkätzchen *pl.*; **~ wool** *s.* Lammwolle *f*.

lame [leɪm] **I** *adj.* ☐ **1.** lahm, hinkend: **~ *in*** (*od.* ***of***) ***one leg*** auf 'einem Bein lahm; **2.** *fig.* ‚lahm', ‚müde': **~ *efforts***; **~ *story***; **~ *excuse*** faule Ausrede; **~ *verses*** holprige *od.* hinkende Verse; **II** *v/t.* **3.** lahm machen, lähmen (*a. fig.*); **~ duck** *s.* F **1.** Körperbehinderte(r *m*) *f*; **2.** ‚Versager' *m*, ‚Niete' *f*; **3.** ♰ ruinierter ('Börsen)Spekuˌlant; **4.** *Am. pol. nicht wiedergewählter Amtsinhaber, bsd. Kongreßmitglied od. Präsident, bis zum Ende s-r Amtsperiode*.

la·mel·la [lə'melə] *pl.* **-lae** [-liː] *s. allg.* La'melle *f*, Plättchen *n*; **la'mel·lar** [-lə], **lam·el·late** ['læməleɪt] *adj.* la'mellenartig, Lamellen...

lame·ness ['leɪmnɪs] *s.* **1.** Lahmheit *f* (*a. fig., contp.*); **2.** *fig.* Schwäche *f*; **3.** Hinken *n* (*von Versen*).

la·ment [lə'ment] **I** *v/i.* **1.** jammern, (weh)klagen, lamentieren (***for*** *od.* ***over*** um); **2.** trauern (***for*** *od.* ***over*** um); **II** *v/t.* **3.** bejammern, beklagen, bedauern, betrauern; **III** *s.* **4.** Jammer *m*, Wehklage *f*, Klage(lied *n*) *f*; **lam·en·ta·ble** ['læməntəbl] *adj.* ☐ **1.** beklagenswert, bedauerlich; **2.** *contp.* erbärmlich, kläglich, jämmerlich (schlecht); **lam·en·ta·tion** [ˌlæmen'teɪʃn] *s.* **1.** Jammern *n*, Lamentieren *n*, (Weh)Klage *f*, *iro. a.* La'mento *n*; **2.** 𝔏***s*** (***of Jeremiah***) *pl. mst sg. konstr. bibl.* Klagelieder *pl.* Jere'miae.

lam·i·na ['læmɪnə] *pl.* **-nae** [-niː] *s.* **1.** Plättchen *n*, Blättchen *n*; **2.** (dünne) Schicht; **3.** ⚘ Blattspreite *f*; **'lam·i·nal** [-nl], **'lam·i·nar** [-nə] *adj.* **1.** blätterig; **2.** (blättchenartig) geschichtet; **3.** *phys.* lami'nar: **~ *flow*** Laminarströmung *f*; **'lam·i·nate** [-neɪt] **I** *v/t.* **1.** ⚙ a) auswalzen, strecken, b) in Blättchen aufspalten, c) schichten; **2.** mit Plättchen belegen, mit Folie über'ziehen; **II** *v/i.* **3.** sich in Plättchen *od.* Schichten spalten; **III** *s.* **4.** ⚙ (Plastik-, Verbund)Folie *f*; **IV** *adj.* **5.** → ***laminar***.

lam·i·nat·ed ['læmɪneɪtɪd] *adj.* la'mellenartig, Lamellen...; ⚙ *a.* blättrig *od.* geschichtet: **~ *glass*** Verbundglas *n*; **~ *material*** Schichtstoff *m*; **~ *paper*** Hartpapier *n*; **~ *sheet*** Schichtplatte *f*; **~ *spring*** Blattfeder *f*; **~ *wood*** Sperr-, Preßholz *n*; **lam·i·na·tion** [ˌlæmɪ'neɪʃn] *s.* **1.** ⚙ a) Lamellierung *f*, b) Streckung *f*, c) Schichtung *f*; **2.** 'Blätterstrukˌtur *f*.

lam·mer·gei·er, **lam·mer·gey·er** ['læməgaɪə] *s. orn.* Lämmergeier *m.*

lamp [læmp] *s.* **1.** Lampe *f*; (*Straßen- etc.*)La'terne *f*: ***smell of the ~*** nach ‚saurem Schweiß riechen', mehr Fleiß als Talent verraten; **2.** ⚡ Lampe *f*: a) Glühbirne *f*, b) Leuchte *f*; **3.** *fig.* Leuchte *f*, Licht *n*; **'~·black** *s.* Lampenruß *m*, -schwarz *n*; **~ chim·ney** *s.* 'Lampenzyˌlinder *m*; **'~·light** *s.* (***by ~*** bei) Lampenlicht *n.*

lam·poon [læm'pu:n] **I** *s.* Spott- *od.* Schmähschrift *f*, Pam'phlet *n*, Sa'tire *f*; **II** *v/t.* (*schriftlich*) verspotten, -höhnen; **lam'poon·er** [-nə], **lam'poon·ist** [-nɪst] *s.* Pamphle'tist(in).

'lamp·post *s.* La'ternenpfahl *m*: ***between you and me and the ~*** F (ganz) unter uns (gesagt).

lam·prey ['læmprɪ] *s. ichth.* Lam'prete *f*, Neunauge *n.*

'lamp·shade *s.* Lampenschirm *m.*

Lan·cas·tri·an [læŋ'kæstrɪən] *Brit.* **I** *s.* **1.** Bewohner(in) der Stadt *od.* Grafschaft Lancaster; **2.** *hist.* Angehörige(r *m*) *f od.* Anhänger(in) des Hauses Lancaster; **II** *adj.* **3.** Lancaster…

lance [lɑ:ns] **I** *s.* **1.** Lanze *f*, Speer *m*: ***break a ~ for*** (*od.* ***on behalf of***) ***s.o.*** e-e Lanze für j-n brechen; **2.** → ***lancer*** 1; **3.** → ***lancet*** 1; **II** *v/t.* **4.** mit e-r Lanze durch'bohren; **5.** ⚕ mit e-r Lan'zette öffnen: ***~ a boil*** ein Geschwür (*fig.* e-e Eiterbeule) aufstechen; **~ cor·po·ral** *s.* ⚔ *Brit.* Ober-, Hauptgefreite(r) *m.*

lanc·er ['lɑ:nsə] *s.* **1.** ⚔ *hist.* U'lan *m*; **2.** *pl. sg. konstr.* Lanci'er *m* (*Tanz*).

lan·cet ['lɑ:nsɪt] *s.* **1.** ⚕ Lan'zette *f*; **2.** ⚠ a) *a.* ***~ arch*** Spitzbogen *m*, b) *a.* ***~ window*** Spitzbogenfenster *n.*

land [lænd] **I** *s.* **1.** Land *n* (*Ggs. Meer, Wasser*): ***by ~*** auf dem Landweg; ***by ~ and by sea*** zu Wasser u. zu Lande; ***make ~*** ⚓ Land sichten; ***see how the ~ lies*** sehen, wie der Hase läuft, die Lage ‚peilen'; **2.** Land *n*, Boden *m*: ***live off the ~*** a) von den Früchten des Landes leben, b) sich aus der Natur ernähren (*Soldaten etc.*); **3.** Land *n*, Grund *m* u. Boden *m*, Grundbesitz *m*, Ländereien *pl.*; **4.** Land *n* (*Staat, Region*): ***far-off ~s*** ferne Länder; **5.** *fig.* Land *n*, Reich *n*: ***~ of the living*** Diesseits *n*; ***~ of dreams*** Reich der Träume; **II** *v/i.* **6.** ⚓, ✈ landen; ⚓ anlegen; **7.** landen, an Land gehen, aussteigen; **8.** landen, (an-) kommen: ***he ~ed in a ditch*** er landete in e-m Graben; ***~ on one's feet*** auf die Füße fallen (*a. fig.*); ***~*** (***up***) ***in prison*** im Gefängnis landen; **9.** *sport* durchs Ziel gehen; **III** *v/t.* **10.** *Personen, Waren, Flugzeug* landen; *Schiffsgüter* landen, löschen, ausladen; *Fisch(fang)* an Land bringen; **11.** *bsd. Fahrgäste* absetzen; **12.** *j-n in Schwierigkeiten etc.* bringen, verwickeln: ***~ s.o. in difficulties***; ***~ s.o. with s.th.*** j-m et. aufhalsen *od.* einbrocken; ***~ o.s.*** (*od.* ***be ~ed***) ***in*** (hinein)geraten in (*acc.*); **13.** F a) *e-n Schlag od. Treffer* landen: ***I ~ed him one*** ich hab' ihm eine geknallt *od.* ‚verpaßt'; **14.** F *j-n od. et.* ‚erwischen', (sich) ‚schnappen', ‚kriegen': ***~ a prize*** sich e-n Preis ‚holen'; ***~ a good contract*** e-n guten Vertrag ‚an Land ziehen'.

land a·gent *s.* **1.** Grundstücksmakler *m*; **2.** *Brit.* Gutsverwalter *m.*

lan·dau ['lændɔ:] *s.* Landauer *m* (*Kutsche*).

land| bank *s.* 'Bodenkreˌdit-, Hypo'thekenbank *f*; **~ car·riage** *s.* 'Landtransˌport *m*, -fracht *f*; **~ crab** *s. zo.* Landkrabbe *f.*

land·ed ['lændɪd] *adj.* Land…, Grund…: ***~ estate***, ***~ property*** Grundbesitz *m*, -eigentum *n*; ***~ gentry*** Landadel *m*; ***~ proprietor*** Grundbesitzer (-in); ***the ~ interest*** *coll.* die Grundbesitzer.

'land|·fall *s.* ⚓ Landkennung *f*, Sichten *n* von Land; **~ forc·es** *s. pl.* ⚔ Landstreitkräfte *pl.*; **'~·grave** [-ndg-] *s. hist.* (deutscher) Landgraf; **'~ˌhold·er** *s.* Grundbesitzer *m od.* -pächter *m.*

land·ing ['lændɪŋ] *s.* **1.** ⚓ Landen *n*, Landung *f*: a) Anlegen *n* (*e-s Schiffs*), b) Ausschiffung *f* (*von Personen*), c) Ausladen *n*, Löschen *n* (*der Fracht*); **2.** ⚓ Lande-, Anlegeplatz *m*; **3.** ✈ Landung *f*; **4.** ⚠ Treppenabsatz *m*; **~ beam** *s.* ✈ Landeleitstrahl *m*; **~ card** *s.* Einreisekarte *f*; **~ craft** *s.* ⚓, ⚔ Landungsboot *n*; **~ field** *s.* ✈ Landeplatz *m*, -bahn *f*; **~ flap** *s.* ✈ Landeklappe *f*; **~ gear** *s.* ✈ Fahrgestell *n*, -werk *n*; **~ net** *s.* Hamen *m*, Kescher *m*; **~ par·ty** *s.* ⚔ 'Landungstrupp *m*, -komˌmando *n*; **~ place** → ***landing*** 2; **~ stage** *s.* ⚓ Landungsbrücke *f*, -steg *m*; **~ strip**, **~ track** → ***air strip***.

'landˌla·dy ['lænˌl-] *s.* (Haus-, Gast-, Pensi'ons)Wirtin *f.*

land·less ['lændlɪs] *adj.* ohne Grundbesitz.

'land|·locked *adj.* 'landumˌschlossen, ohne Zugang zum Meer: ***~ country*** Binnenstaat *m*; **'~ˌlop·er** [-ˌləʊpə] *s.* Landstreicher *m*; **'~·lord** ['lænl-] *s.* **1.** Grundbesitzer *m*; **2.** Hauseigentümer *m*; **3.** Hauswirt *m*, ⚖ *a.* Hauswirtin *f*; **4.** (Gast)Wirt *m*; **'~ˌlub·ber** *s.* ⚓ ‚Landratte' *f*; **'~·mark** [-ndm-] *s.* **1.** Grenzstein *m*; **2.** ⚓ Seezeichen *n*; **3.** ⚔ Gelände-, Orientierungspunkt *m*; **4.** Wahrzeichen *n* (*e-r Stadt etc.*); **5.** *fig.* Meilen-, Markstein *m*, Wendepunkt *m*: ***a ~ in history***; **'~·mine** [-ndm-] *s.* ⚔ Landmine *f*; **~ of·fice** *s. Am.* Grundbuchamt *n*; **'~ˌof·fice busi·ness** *s. Am.* F ‚Bombengeschäft' *n*; **'~ˌown·er** *s.* Land-, Grundbesitzer(in); **~ re·form** *s.* 'Bodenreˌform *f*; **~ reg·is·ter** *s.* Grundbuch *n.*

land·scape ['lænskeɪp] **I** *s.* **1.** Landschaft *f* (*a. paint.*); **2.** Landschaftsmale'rei *f*; **II** *v/i.* **3.** landschaftlich *od.* gärtnerisch gestalten, anlegen; **~ ar·chi·tect** *s.* **1.** 'Landschaftsarchiˌtekt(in); **2.** → **~ gar·den·er** *s.* Landschaftsgärtner (-in), 'Gartenarchiˌtekt(in); **~ gar·den·ing** *s.* Landschaftsgärtne'rei *f*; **~ paint·er** → **land·scap·ist** ['lænˌskeɪpɪst] *s.* Landschaftsmaler(in).

'land|·slide [-nds-] *s.* **1.** Erdrutsch *m*; **2.** *a.* ***~ victory*** *pol. fig.* ‚Erdrutsch' *m*, über'wältigender (Wahl)Sieg; **'~·slip** [-nds-] *Brit.* → ***landslide*** 1; **~ sur·vey·or** *s.* Geo'meter *m*, Land(ver)messer *m*; **~ swell** [-nds-] *s.* ⚓ einlaufende Dünung; **~ tax** *s. obs.* Grundsteuer *f*; **~ tor·toise** *s. zo.* Landschildkröte *f*; **'~ˌwait·er** *s. Brit.* 'Zollinˌspektor *m.*

land·ward ['lændwəd] **I** *adj.* land('ein)-wärts (gelegen); **II** *adv. a.* **'land·wards** [-dz] land(ein)wärts.

lane [leɪn] *s.* **1.** (Feld)Weg *m*, (Hecken-) Pfad *m*; **2.** Gasse *f*: a) Gäßchen *n*, Sträßchen *n*, b) 'Durchgang *m*: ***form a ~*** Spalier stehen, e-e Gasse bilden; **3.** Schneise *f*; **4.** ⚓ Fahrrinne *f*, (Fahrt-) Route *f*; **5.** ✈ (Flug)Schneise *f*; **6.** *mot.* (Fahr)Spur *f*: ***get in ~!*** bitte einordnen!; **7.** *sport* (*einzelne*) Bahn (*e-s Läufers, Schwimmers etc.*).

lang·syne [ˌlæŋ'saɪn] *Scot.* **I** *adv.* vor langer Zeit; **II** *s.* längst vergangene Zeit; → ***auld lang syne***.

lan·guage ['læŋgwɪdʒ] *s.* **1.** Sprache *f*: ***foreign ~s*** Fremdsprachen; ***~ of flowers*** *fig.* Blumensprache; ***talk the same ~*** *a. fig.* dieselbe Sprache sprechen; **2.** Sprache *f*, Ausdrucks-, Redeweise *f*, Worte *pl.*: ***bad ~*** ordinäre Ausdrücke, Schimpfworte; ***strong ~*** a) Kraftausdrücke, b) harte Worte *od.* Sprache; **3.** Sprache *f*, Stil *m*; **4.** (Fach)Sprache *f*: ***medical ~***; **5.** *sl.* ordi'näre Sprache: ***~, Sir!*** ich verbitte mir solche (gemeinen) Ausdrücke!; **~ bar·ri·er** *s.* Sprachschranke *f*; **~ lab·o·ra·to·ry** *s. ped.* 'Sprachlaˌbor *n.*

lan·guid ['læŋgwɪd] *adj.* □ **1.** schwach, matt, schlaff; **2.** schleppend, träge; **3.** gelangweilt, lustlos, lau; **4.** lässig, träge; **5.** ✝ flau, lustlos (*Markt*).

lan·guish ['læŋgwɪʃ] *v/i.* **1.** ermatten, erschlaffen, erlahmen (*a. fig. Interesse, Konversation*); **2.** (ver)schmachten, da'hinsiechen, -welken: ***~ in prison*** im Gefängnis schmachten; **3.** da'niederliegen (*Handel, Industrie etc.*); **4.** schmachtend blicken; **5.** schmachten (***for*** nach); **6.** Sehnsucht haben, sich härmen (***for*** nach); **'lan·guish·ing** [-ʃɪŋ] *adj.* □ **1.** ermattend, erlahmend (*a. fig.*); **2.** (ver)schmachtend, (da'hin-) siechend, leidend; **3.** sehnsuchtsvoll, schmachtend (*Blick*); **4.** lustlos, träge (*a.* ✝), langsam; **5.** langsam (*Tod*), schleichend (*Krankheit*).

lan·guor ['læŋgə] *s.* **1.** Mattigkeit *f*, Schlaffheit *f*; **2.** Trägheit *f*, Schläfrigkeit *f*; **3.** Stumpfheit *f*, Gleichgültigkeit *f*, Lauheit *f*; **4.** Stille *f*, Schwüle *f*; **'lan·guor·ous** [-ərəs] *adj.* □ **1.** matt; **2.** schlaff, träge; **3.** stumpf, gleichgültig; **4.** schläfrig, wohlig; **5.** schmelzend (*Musik etc.*); **6.** (*a. sinnlich*) schwül.

lank [læŋk] *adj.* □ **1.** lang u. dünn, schlank, mager; **2.** glatt, strähnig (*Haar*); **'lank·i·ness** [-kɪnɪs] *s.* Schlaksigkeit *f*; **'lank·y** [-kɪ] *adj.* hoch aufgeschossen, schlaksig.

lan·o·lin(e) ['lænəʊlɪn (-li:n)] *s.* ⚗ Lano'lin *n*, Wollfett *n.*

lan·tern ['læntən] *s.* **1.** La'terne *f*; **2.** Leuchtkammer *f* (*e-s Leuchtturms*); **3.** ⚠ La'terne *f* (*durchbrochener Dachaufsatz*); **'~-jawed** *adj.* hohlwangig; **~ jaws** *s. pl.* eingefallene Wangen *pl.*; **~ slide** *s. obs.* Dia(posi'tiv) *n*, Lichtbild *n*: ***~ lecture*** Lichtbildervortrag *m.*

lan·yard ['lænjəd] *s.* **1.** ⚓ Taljereep *n*; **2.** ⚔ a) *obs.* Abzugsleine *f* (*Kanone*), b) Traggurt *m* (*Pistole*), c) (Achsel-) Schnur *f*; **3.** Schleife *f.*

lap[1] [læp] *s.* **1.** Schoß *m* (*e-s Kleides od. des Körpers*; *a. fig.*): ***sit on s.o.'s ~***; ***in the ~ of the church***; ***drop into s.o.'s ~*** j-m in den Schoß fallen; ***in Fortune's ~***

im Schoß des Glücks; ***it is in the ~ of the gods*** es liegt im Schoß der Götter; ***live in the ~ of luxury*** ein Luxusleben führen; **2.** (Kleider- *etc.*)Zipfel *m.*

lap² [læp] **I** *v/t.* **1.** falten, wickeln (***round, about*** um); **2.** einwickeln, -schlagen, -hüllen; **3.** *a. fig.* um'hüllen, (ein)betten, (-)hüllen: ***~ped in luxury*** von Luxus umgeben; **4.** überein'anderlegen, über'lappt anordnen; **5.** *sport* a) *Gegner* über'runden, b) *e-e Strecke* zu'rücklegen (*in 1 Minute etc.*); **II** *v/i.* **6.** sich winden *od.* legen (***round*** um); **7.** hin'ausragen, -gehen (*a. fig.*; ***over*** über *acc.*); **8.** über'lappen; **9.** *sport* die *od.* s-e Runde drehen *od.* laufen (***at*** in e-r Zeit von); **III** *s.* **10.** ⚙ Wickelung *f*, Windung *f*, Lage *f*; **11.** Über'lappung *f*, 'Überstand *m*; **12.** 'überstehender Teil, Vorstoß *m*; **13.** *Buchbinderei*: Falz *m*; **14.** *sport* Runde *f*; **15.** E'tappe *f* (*e-r Reise, a. fig.*).

lap³ [læp] **I** *v/t.* **1.** *a.* ***~ up*** auflecken; **2.** ***~ up*** a) *Suppe etc.* gierig (hin'unter-) schlürfen, b) F *et.* ‚fressen' (*glauben*), c) F *et.* gierig (in sich) aufnehmen, *et.* liebend gern hören *etc.*: ***they ~ped it up*** es ging ihnen ‚runter wie Öl'; **3.** plätschern gegen; **II** *v/i.* **4.** lecken, schlekken, schlürfen; **5.** plätschern; **III** *s.* **6.** Lecken *n*; **7.** Plätschern *n.*

'lap-dog *s.* Schoßhund *m.*

la·pel [lə'pel] *s.* (Rock)Aufschlag *m*, Re'vers *n, m.*

lap·i·dar·y ['læpɪdərɪ] **I** *s.* **1.** Edelsteinschneider *m*; **II** *adj.* **2.** Stein...; **3.** Steinschleiferei...; **4.** (Stein)Inschriften...; **5.** in Stein gehauen; **6.** *fig.* wuchtig, lapi'dar.

lap·is laz·u·li [ˌlæpɪs'læzjʊlaɪ] *s. min.* Lapis'lazuli *m.*

Lap·land·er ['læplændə] → ***Lapp*** I.

Lapp [læp] **I** *s.* Lappe *m*, Lappin *f*, Lappländer(in); **II** *adj.* lappisch.

lap·pet ['læpɪt] *s.* **1.** Zipfel *m*; **2.** *anat., zo.* Hautlappen *m.*

Lap·pish ['læpɪʃ] → ***Lapp*** II.

lapse [læps] **I** *s.* **1.** Lapsus *m*, Fehler *m*, Versehen *n*: ***~ of the pen*** Schreibfehler *m*; ***~ of justice*** Justizirrtum *m*; ***~ of taste*** Geschmacksverirrung *f*; **2.** Fehltritt *m*, Vergehen *n*, Entgleisung *f*: ***~ from duty*** Pflichtversäumnis *n*; ***~ from faith*** Abfall *m* vom Glauben; **3.** Absinken *n*, Abgleiten *n*, Verfall(en *n*) *m* (***into*** in *acc.*); **4.** a) Ablauf *m*, Vergehen *n* (*e-r Zeit*), b) ⚖ (Frist)Ablauf *m*, c) Zeitspanne *f*; **5.** ⚖ a) Verfall *m*, Erlöschen *n e-s Anspruchs etc.*, b) Heimfall *m* (*von Erbteilen etc.*); **6.** Aufhören, Verschwinden *n*, Aussterben *n*; **II** *v/i.* **7.** a) verstreichen (*Zeit*), b) ablaufen (*Frist*); **8.** verfallen (***into*** in *acc.*): ***~ into silence***; **9.** absinken, abgleiten, verfallen (***into*** in *Barbarei etc.*); **10.** e-n Fehltritt tun, (mo'ralisch) entgleisen, sündigen; **11.** abfallen (***from faith*** vom Glauben); ***~ from duty*** s-e Pflicht versäumen; **12.** ‚einschlafen', aufhören (*Beziehung, Unterhaltung etc.*); **13.** ⚖ a) verfallen, erlöschen (*Recht etc.*), b) heimfallen (***to*** an *acc.*).

lap·wing ['læpwɪŋ] *s. orn.* Kiebitz *m.*

lar·board ['lɑːbəd] ⚓ *obs.* **I** *s.* Backbord *n*; **II** *adj.* Backbord...

lar·ce·ner ['lɑːsənə], **'lar·ce·nist** [-nɪst] *s.* ⚖ Dieb *m*; **'lar·ce·ny** [-nɪ] *s.* ⚖ Diebstahl *m.*

larch [lɑːtʃ] *s.* ⚘ Lärche *f.*

lard [lɑːd] **I** *s.* **1.** Schweinefett *n*, -schmalz *n*; **II** *v/t.* **2.** *Fleisch* spicken: ***~ing needle*** (*od.* ***pin***) Spicknadel *f*; **3.** *fig.* spicken (***with*** mit); **'lard·er** [-də] *s.* Speisekammer *f*, -schrank *m.*

large [lɑːdʒ] **I** *adj.* □ → ***largely***; **1.** groß: ***a ~ room*** (***horse, rock, etc.***); (***as***) ***~ as life*** in (voller) Lebensgröße (*a. humor.*); ***~r than life*** überlebensgroß; **2.** groß (*beträchtlich*): ***a ~ business*** (***family, sum, etc.***); ***a ~ meal*** e-e reichliche Mahlzeit; ***~ farmer*** Großbauer *m*; ***~ producer*** Großerzeuger *m*; **3.** um'fassend, ausgedehnt, weit(gehend): ***~ powers*** umfassende Vollmachten; **4.** *obs.* großzügig; → *a.* ***large-minded***; **II** *adv.* **5.** groß: ***write ~***; ***it was written ~ all over his face*** *fig.* es stand ihm (deutlich) im Gesicht geschrieben; **6.** großspurig: ***talk ~*** ‚große Töne spucken'; **III** *s.* **7.** ***at ~*** a) auf freiem Fuß, in Freiheit: ***set s.o. at ~*** j-n auf freien Fuß setzen, b) (sehr) ausführlich: ***discuss s.th. at ~***, c) ganz allgemein, d) in der Gesamtheit: ***the nation at ~***; ***talk at ~*** ins Blaue hineinreden; **8.** ***in*** (***the***) ***~*** a) im großen, in großem Maßstab, b) im ganzen; **ˌ~-'hand·ed** *adj. fig.* freigebig; **ˌ~-'heart·ed** *adj. fig.* großherzig.

large·ly ['lɑːdʒlɪ] *adv.* **1.** in hohem Maße, großen-, größtenteils; **2.** weitgehend, im wesentlichen; **3.** reichlich; **4.** allgemein.

ˌlarge-'mind·ed *adj.* vorurteilslos, tole'rant, aufgeschlossen.

large·ness ['lɑːdʒnɪs] *s.* **1.** Größe *f*; **2.** Größe *f*, Weite *f*, 'Umfang *m*; **3.** Großzügigkeit *f*, Freigebigkeit *f*; **4.** Großmütigkeit *f.*

'large-scale *adj.* groß(angelegt), 'umfangreich, ausgedehnt, Groß...: ***~ attack*** ⚔ Großangriff *m*; ***~ experiment*** Großversuch *m*; ***~ manufacture*** Serienherstellung *f*; ***a ~ map*** e-e Karte in großem Maßstab.

lar·gess(e) [lɑː'dʒes] *s.* **1.** Freigebigkeit *f*; **2.** a) Gabe *f*, reiches Geschenk, b) reiche Geschenke *pl.*

larg·ish ['lɑːdʒɪʃ] *adj.* ziemlich groß.

lar·i·at ['lærɪət] *s.* Lasso *m, n.*

lark¹ [lɑːk] *s. orn.* Lerche *f*: ***rise with the ~*** mit den Hühnern aufstehen.

lark² [lɑːk] F **I** *s.* **1.** Jux *m*, Ulk *m*, Spaß *m*: ***for a ~*** zum Spaß, aus Jux; ***have a ~*** s-n Spaß haben *od.* treiben; ***what a ~!*** ist ja lustig *od.* ‚zum Brüllen'!; **2.** a) ‚Ding' *n*, Sache *f*, b) Quatsch *m*; **II** *v/i.* **3.** *a.* ***~ about*** *od.* ***around*** her'umalbern, -blödeln.

lark·spur ['lɑːkspɜː] *s.* ⚘ Rittersporn *m.*

lar·ri·kin ['lærɪkɪn] *s. bsd. Austral.* (jugendlicher) Rowdy.

lar·va ['lɑːvə] *pl.* **-vae** [-viː] *s. zo.* Larve *f*; **'lar·val** [-vl] *adj. zo.* Larven...; **'lar·vi·cide** [-vɪsaɪd] *s.* Raupenvertilgungsmittel *n.*

la·ryn·ge·al [ˌlærɪn'dʒiːəl] *adj.* Kehlkopf...; **ˌlar·yn'gi·tis** [-'dʒaɪtɪs] *s.* ⚕ Kehlkopfentzündung *f.*

la·ryn·go·scope [lə'rɪŋgəskəʊp] *s.* ⚕ Kehlkopfspiegel *m.*

lar·ynx ['lærɪŋks] *s. anat.* Kehlkopf *m.*

las·civ·i·ous [lə'sɪvɪəs] *adj.* □ las'ziv: a) geil, lüstern, b) schlüpfrig: ***~ story.***

la·ser ['leɪzə] *s. phys.* Laser *m*; ***~ beam*** *s. phys.* Laserstrahl *m.*

lash¹ [læʃ] **I** *s.* **1.** a) Peitschenschnur *f*, b) Peitsche(nende *n*) *f*; **2.** Peitschen-, Rutenhieb *m*: ***the ~ of her tongue*** *fig.* ihre scharfe Zunge; **3.** Peitschen *n* (*a. fig. des Regens, des Sturms etc.*); **4.** *fig.* (Peitschen)Hieb *m*; **5.** (Augen)Wimper *f*; **II** *v/t.* **6.** *j-n* peitschen, schlagen, auspeitschen: ***~ the tail*** mit dem Schwanz um sich schlagen; ***~ the sea*** das Meer peitschen (*Sturm*); **7.** peitschen *od.* schlagen an (*acc.*) *od.* gegen (*Regen etc.*); **8.** *fig.* geißeln, abkanzeln; **9.** heftig (an)treiben: ***~ the audience into a fury*** das Publikum aufpeitschen; ***~ o.s. into a fury*** sich in e-e Wut hineinsteigern; **III** *v/i.* **10.** *a. fig.* peitschen, schlagen: ***~ about*** (wild) um sich schlagen; ***~ into s.o.*** a) auf j-n einschlagen, b) *fig.* j-n wild attackieren; **11.** *fig.* peitschen, (*Regen*) *a.* prasseln: ***~ down*** niederprasseln; **12.** ***~ out*** a) (wild) um sich schlagen, b) ausschlagen (*Pferd*), c) (***at***) vom Leder ziehen (gegen), ‚einhauen' (auf *j-n*); **13.** ***~ out on*** F a) (*mit Geld*) ‚auf den Putz hauen' bei *et.*, b) sich *j-m* gegenüber spendabel zeigen.

lash² [læʃ] *v/t. a.* ***~ down*** festbinden, -zurren (***to, on*** an *dat.*).

lash·ing¹ ['læʃɪŋ] *s.* **1.** a) Auspeitschung *f*, b) Prügel *pl.*; **2.** *pl. Brit.* F Masse(n *pl.*) *f* (*Speise etc.*).

lash·ing² ['læʃɪŋ] *s.* **1.** Anbinden *n*; **2.** ⚓ Laschung *f*, Tau(werk) *n.*

lass [læs] *s. bsd. Brit.* **1.** Mädchen *n*; **2.** ‚Schatz' *m*; **las·sie** ['læsɪ] → ***lass.***

las·si·tude ['læsɪtjuːd] *s.* Mattigkeit *f.*

las·so [læ'suː] **I** *pl.* **-so(e)s** *s.* Lasso *m, n*; **II** *v/t.* mit e-m Lasso fangen.

last¹ [lɑːst] **I** *adj.* □ → ***lastly***; **1.** letzt: ***~ but one*** vorletzt; ***~ but two*** drittletzt; ***for the ~ time*** zum letzten Male; ***to the ~ man*** bis auf den letzten Mann; **2.** letzt, vorig: ***~ Monday, Monday ~*** (am) letzten *od.* vorigen Montag; ***~ night*** a) gestern abend, b) in der vergangenen Nacht; ***~ week*** in der letzten *od.* vorigen Woche; ***the week before ~*** (die) vorletzte Woche; ***this day ~ week*** heute vor e-r Woche; ***on May 6th ~*** am vergangenen 6. Mai; **3.** neuest, letzt: ***the ~ news***; ***the ~ thing in jazz*** das Neueste im Jazz; **4.** letzt, al'lein übrigbleibend: ***the ~ hope*** die letzte (verbleibende) Hoffnung; ***my ~ pound*** mein letztes Pfund; **5.** letzt, endgültig, entscheidend; → ***word*** 1; **6.** äußerst: ***of the ~ importance*** von höchster Bedeutung; ***this is my ~ price*** dies ist mein äußerster *od.* niedrigster Preis; **7.** letzt, am wenigsten erwartet *od.* geeignet, unwahrscheinlich: ***the ~ man I would choose*** der letzte, den ich wählen würde; ***he is the ~ person I expected to see*** mit ihm hatte ich am wenigsten gerechnet; ***this is the ~ thing to happen*** das ist völlig unwahrscheinlich; **8.** *contp.* ‚letzt', mise'rabelst; **II** *adv.* **9.** zu'letzt, als letzter, -e, -es, an letzter Stelle: ***~ of all*** ganz zuletzt, zu allerletzt; ***~ but not least*** nicht zuletzt, nicht zu vergessen; **10.** zu'letzt, das letztemal, zum letzten Male: ***I ~ met him in Berlin***; **11.** zu guter Letzt; **12.** *in Zssgn*: ***~-mentioned*** letzterwähnt, -genannt; **III** *s.* **13.** ***at ~*** a) endlich, b) schließlich, zuletzt; ***at long ~*** schließlich (doch noch); **14.** *der* (*die*, *das*) Letzte: ***the ~ of the Mohicans*** der letzte Mohikaner; ***he was the ~ to arrive*** er traf als letzter ein; ***he would be the ~ to do that*** er wäre der letzte, der so etwas täte; **15.** *der* (*die*, *das*) Letztgenannte *od.* Letzte; **16.** F a) letzte Erwähnung, b) letzter (An)Blick, c) letztes Mal: ***breathe one's ~*** s-n letzten Atemzug tun; ***hear the ~ of*** zum letzten Male (*od.* nichts mehr) hören von *et. od. j-m*; ***we shall never hear the ~ of this*** das werden wir noch lang zu hören kriegen; ***look one's ~ on s.th.*** e-n (aller)letzten Blick auf et. werfen; ***we shall never see the ~ of that man*** den (Mann) werden wir nie mehr los; **17.** Ende *n*: ***to the ~*** a) bis zum äußersten, b) bis zum Ende (*od.* Tod).

last² [lɑ:st] **I** *v/i.* **1.** (an-, fort)dauern, währen: ***too good to ~*** zu schön, um lange zu währen *od.* um wahr zu sein; ***it won't ~*** es wird nicht lange anhalten *od.* so bleiben; **2.** bestehen: ***as long as the world ~s***; **3.** ˈdurch-, aushalten: ***he won't ~ much longer*** er wird's nicht mehr lange machen; **4.** (sich) halten: ***the paint will ~***; ***~ well*** haltbar sein; **5.** (aus)reichen, genügen: ***while the money ~s*** solange das Geld reicht; ***I must make my money ~*** ich muß mit m-m Gelde auskommen; **II** *v/t.* **6.** *a.* ***~ out*** *j-m* reichen: ***it will ~ us a week***; **7.** *mst* ***~ out*** a) überˈdauern, b) ˈdurchhalten, c) (es mindestens) ebenso lange aushalten wie.

last³ [lɑ:st] *s.* Leisten *m*: ***put on the ~*** über den Leisten schlagen; ***stick to your ~!*** *fig.* (Schuster,) bleib bei deinem Leisten!

ˌlast-ˈditch *adj.*: ***~ stand*** *ein* letzter (verzweifelter) Widerstand *od.* Versuch.

last·ing [ˈlɑ:stɪŋ] **I** *adj.* □ dauerhaft, dauernd, anhaltend, *Material etc. a.* haltbar: ***~ impression*** nachhaltiger Eindruck; **II** *s.* Lasting *n* (*fester Kammgarnstoff*); **ˈlast·ing·ness** [-nɪs] *s.* Dauer(haftigkeit) *f*, Haltbarkeit *f*.

last·ly [ˈlɑ:stlɪ] *adv.* zuˈletzt, schließlich, am Ende, zum Schluß.

latch [lætʃ] **I** *s.* **1.** Klinke *f*, (Schnapp-)Riegel *m*: ***on the ~*** nur eingeklinkt (*Tür*); **2.** Schnappschloß *n*; **II** *v/t.* **3.** ein-, zuklinken; **III** *v/i.* **4.** sich einklinken, einschnappen; **5.** ***~ on to*** F a) sich (wie e-e Klette) an *j-n* hängen, b) *e-e Idee* (gierig) aufgreifen, c) *et.* kapieren *od.* ‚spitzkriegen'.

ˈlatch·key *s.* **1.** Drücker *m*, Schlüssel *m* (*für ein Schnappschloß*); **2.** Haus- *od.* Wohnungsschlüssel *m*: ***~ child*** Schlüsselkind *n*.

late [leɪt] **I** *adj.* □ → ***lately***; **1.** spät: ***at a ~ hour*** zu später Stunde, spät (*beide a. fig.*); ***on Monday at the ~st*** spätestens am Montag; ***it is*** (***getting***) ***~*** es ist (schon) spät; ***at a ~r time*** später, zu e-m späteren Zeitpunkt; → ***latest*** I; **2.** vorgerückt, spät, Spät...: ***~ edition*** (***programme***, ***summer***) Spätausgabe *f* (-programm *n*, -sommer *m*); ℒ ***Latin*** Spätlatein *n*; ***the ~ 18th century*** das späte 18. Jahrhundert; ***in the ~ eighties*** gegen Ende der achtziger Jahre; ***a man in his ~ eighties*** ein Endachtziger; ***in ~ May*** Ende Mai; **3.** verspätet, zu spät: ***be ~*** zu spät kommen (***for s.th.*** zu et.), sich verspäten, spät dran sein, 🚂 *etc.* Verspätung haben: ***be ~ for dinner*** zu spät zum Essen kommen; ***he was ~ with the rent*** er bezahlte s-e Miete mit Verspätung *od.* zu spät; **4.** letzt, jüngst, neu: ***the ~ war*** der letzte Krieg; ***of ~ years*** in den letzten Jahren; **5.** a) letzt, früher, ehemalig, b) verstorben: ***the ~ headmaster*** der letzte *od.* der verstorbene Schuldirektor; ***the ~ government*** die letzte *od.* vorige Regierung; ***my ~ residence*** m-e frühere Wohnung; ***~ of Oxford*** früher in Oxford (wohnhaft); **II** *adv.* **6.** spät: ***of ~*** in letzter Zeit, neuerdings; ***as ~ as last year*** erst *od.* noch letztes Jahr; ***until as ~ as 1984*** noch bis 1984; ***better ~ than never*** lieber spät als gar nicht; ***~ into the night*** bis spät in die Nacht; ***sit*** (*od.* ***stay***) ***up ~*** bis spät in die Nacht *od.* lange aufbleiben; ***it's a bit ~*** F es ist schon ein bißchen spät dafür; (***even***) ***~ in life*** (auch noch) in hohem Alter; ***not ~r than*** spätestens, nicht später als; ***~r on*** später, nachher; ***see you ~r!*** bis später!, bis bald!; ***~ in the day*** F reichlich spät, ‚ein bißchen' spät; **7.** zu spät: ***come ~***; ***the train arrived 20 minutes ~*** der Zug hatte 20 Minuten Verspätung; **ˈ~-ˌcom·er** *s.* Zuˈspätgekommene(r *m*) *f*, Nachzügler(in), *fig. a.* e-e Neuerscheinung, *et.* Neues: ***he is a ~ in this field*** *fig.* er ist neu in diesem (Fach)Gebiet.

late·ly [ˈleɪtlɪ] *adv.* **1.** vor kurzem, kürzlich; **2.** in letzter Zeit, seit einiger Zeit, neuerdings.

la·ten·cy [ˈleɪtənsɪ] *s.* Laˈtenz *f*, Verborgenheit *f*.

late·ness [ˈleɪtnɪs] *s.* **1.** späte Zeit, spätes Stadium: ***the ~ of the hour*** die vorgerückte Stunde; **2.** Verspätung *f*, Zuˈspätkommen *n*.

la·tent [ˈleɪtənt] *adj.* □ laˈtent (*a.* ⚕, *phys.*, *psych.*), verborgen: ***~ abilities***; ***~ buds*** unentwickelte Knospen; ***~ heat*** *phys.* latente *od.* gebundene Wärme; ***~ period*** Latenzstadium *n od.* -zeit *f*.

lat·er [ˈleɪtə] *comp. von* ***late***.

lat·er·al [ˈlætərəl] **I** *adj.* □ **1.** seitlich, Seiten..., Neben..., Quer...: ***~ angle*** (***view***, ***wind***) Seitenwinkel *m* (-ansicht *f*, -wind *m*); ***~ branch*** Seitenlinie *f* (*e-s Stammbaums*); ***~ thinking*** unorthodoxe Denkmethode(n *pl.*) *f*; **2.** *anat.*, *ling.* lateˈral; **II** *s.* **3.** Seitenteil *n*, -stück *n*; **4.** *ling.* Lateˈral *m*; **ˈlat·er·al·ly** [-rəlɪ] *adv.* seitlich, seitwärts; von der Seite.

Lat·er·an [ˈlætərən] *s.* Lateˈran *m*.

lat·est [ˈleɪtɪst] **I** *sup. von* ***late***; **II** *adj.* **1.** spätest; **2.** neuest: ***the ~ fashion*** (***news***, *etc.*); **3.** letzt: ***he was the ~ to come*** er kam als letzter; **III** *adv.* **4.** am spätesten: ***he came ~*** er kam als letzter; **IV** *s.* **5.** (*der*, *die*, *das*) Neueste; **6.** ***at the ~*** spätestens.

la·tex [ˈleɪteks] *s.* ⚘ Milchsaft *m*, Latex *m*.

lath [lɑ:θ] *s.* **1.** Latte *f*, Leiste *f*: → ***thin*** 2; **2.** *coll.* Latten(werk *n*) *pl.*

lathe [leɪð] *s.* ⚙ **1.** Drehbank *f*: ***~ tool*** Drehstahl *m*; ***~ tooling*** Bearbeitung *f* auf der Drehbank; **2.** Töpferscheibe *f*.

lath·er [ˈlɑ:ðə] **I** *s.* **1.** (Seifen)Schaum *m*; **2.** Schweiß *m* (*bsd. e-s Pferdes*): ***in a ~*** schweißgebadet; ***be in a ~ about s.th.*** F sich über et. aufregen; **II** *v/t.* **3.** einseifen; **III** *v/i.* **4.** schäumen.

Lat·in [ˈlætɪn] **I** *s.* **1.** *ling.* Laˈtein(isch) *n*, das Lateinische; **2.** *antiq.* a) Laˈtiner *m*, b) Römer *m*; **3.** Roˈmane *m*, Roˈmanin *f*, Südländer(in); **II** *adj.* **4.** *ling.* laˈteinisch, Latein...; **5.** a) roˈmanisch: ***the ~ peoples***, b) südländisch: ***~ temperament***; **6.** *eccl.* römisch-kaˈtholisch: ***~ Church***; **7.** laˈtinisch; **ˌ~-Aˈmer·i·can I** *adj.* laˈteinameriˌkanisch; **II** *s.* Laˈteinameriˌkaner(in).

Lat·in·ism [ˈlætɪnɪzəm] *s.* Latiˈnismus *m*; **ˈLat·in·ist** [-nɪst] *s.* Latiˈnist(in), ‚Laˈteiner' *m*; **Lat·in·i·za·tion** [ˌlætɪnaɪˈzeɪʃn] *s.* Latinisierung *f*; **ˈLat·in·ize** [-naɪz] *v/t.* latinisieren; **La·ti·no** [ləˈti:nəʊ] *pl.* **-nos** *s. Am.* F (*US-*)*Einwohner* (*-in*) *lateinamerikanischer Abkunft*.

lat·ish [ˈleɪtɪʃ] *adj.* etwas spät.

lat·i·tude [ˈlætɪtju:d] *s.* **1.** *ast.*, *geogr.* Breite *f*: ***degree of ~*** Breitengrad *m*; ***in ~ 40° N.*** auf dem 40. Grad nördlicher Breite; **2.** *pl. geogr.* Breiten *pl.*, Gegenden *pl.*: ***low ~s*** niedere Breiten; ***cold ~s*** kalte Gegenden; **3.** *fig.* a) Spielraum *m*, Freiheit *f*: ***allow s.o. great ~*** j-m große Freiheit gewähren, b) großzügige Auslegung (*e-s Begriffs etc.*); **4.** *phot.* Belichtungsspielraum *m*; **lat·i·tu·di·nal** [ˌlætɪˈtju:dɪnl] *adj. geogr.* Breiten...

lat·i·tu·di·nar·i·an [ˌlætɪtju:dɪˈneərɪən] **I** *adj.* libeˈral, toleˈrant, *eccl. a.* freisinnig; **II** *s. bsd. eccl.* Freigeist *m*; **ˌlat·i·tu·diˈnar·i·an·ism** [-nɪzəm] *s. eccl.* Liberaliˈtät *f*, Toleˈranz *f*.

la·trine [ləˈtri:n] *s.* Laˈtrine *f*.

lat·ter [ˈlætə] **I** *adj.* □ → ***latterly***; **1.** *von zweien*: letzter: ***the ~ name*** der letztere *od.* letztgenannte Name; **2.** neuer, jünger: ***in these ~ days*** in der jüngsten Zeit; **3.** letzt, später: ***the ~ years of one's life***; ***the ~ half of June*** die zweite Junihälfte; ***the ~ part of the book*** die zweite Hälfte des Buches; **II** *s.* **4.** ***the ~*** a) der (die, das) letztere, b) die letzteren *pl.*; **ˈ~-day** *adj.* aus neuester Zeit, moˈdern; **ˈ~-day saints** *s. pl. eccl. die* Heiligen *pl.* der letzten Tage (*Mormonen*).

lat·ter·ly [ˈlætəlɪ] *adv.* **1.** in letzter Zeit, neuerdings; **2.** am Ende.

lat·tice [ˈlætɪs] **I** *s.* **1.** Gitter(werk) *n*; **2.** Gitterfenster *n od.* -tür *f*; **3.** Gitter(muster) *n*; **II** *v/t.* **4.** vergittern; ***~ bridge*** *s.* ⚙ Gitterbrücke *f*; ***~ frame***, ***~ gird·er*** *s.* ⚙ Gitter-, Fachwerkträger *m*; ***~ window*** *s.* Gitter-, Rautenfenster *n*; **ˈ~·work** → ***lattice*** 1.

Lat·vi·an [ˈlætvɪən] **I** *adj.* **1.** lettisch; **II** *s.* **2.** Lette *m*, Lettin *f*; **3.** *ling.* Lettisch *n*.

laud [lɔ:d] **I** *s.* Lobgesang *m*; **II** *v/t.* loben, preisen, rühmen; **ˈlaud·a·ble** [-dəbl] *adj.* □ löblich, lobenswert.

lau·da·num [ˈlɒdnəm] *s. pharm.* Lauˈdanum *n*, ˈOpiumtinkˌtur *f*.

lau·da·tion [lɔ:ˈdeɪʃn] *s.* Lob *n*; **laud·a·to·ry** [ˈlɔ:dətərɪ] *adj.* lobend, Belobigungs..., Lob...

laugh [lɑ:f] **I** *s.* **1.** Lachen *n*, Gelächter *n*, *thea. etc. a.* ‚Lacher' *m*, *contp.* (*böse etc.*) Lache: ***with a ~*** lachend; ***have a good ~ at s.th.*** herzlich über e-e Sache lachen; ***have the ~ of s.o.*** über j-n (am Ende) triumphieren; ***have the ~ on***

one's side die Lacher auf s-r Seite haben; ***the ~ was on me*** der Scherz ging auf m-e Kosten; ***raise a ~*** Gelächter erregen, e-n Lacherfolg erzielen; ***what a ~!*** (das) ist ja zum Brüllen!; ***he (it) is a ~*** F er (es) ist doch zum Lachen; ***just for ~s*** nur zum Spaß; **II** *v/i.* **2.** lachen (*a. fig.*): ***to make s.o. ~*** j-n zum Lachen bringen; ***don't make me ~!*** *iro.* daß ich nicht lache!; ***he ~s best who ~s last*** wer zuletzt lacht, lacht am besten; → ***wrong*** 2; **3.** *fig.* lachen, strahlen (*Himmel etc.*); **III** *v/t.* **4.** lachend äußern: ***~ a bitter ~*** bitter lachen; → ***court*** 9;
Zssgn mit adv. u. prp.:
~ at *v/i.* lachen *od.* sich lustig machen über *j-n od. e-e Sache, j-n* auslachen; **~ a·way I** *v/t.* **1.** → ***laugh off***; **2.** *Sorgen etc.* durch Lachen verscheuchen; **3.** *Zeit* mit Scherzen verbringen; **II** *v/i.* **4.** drauf'loslachen, lachen u. lachen; **~ down** *v/t. j-n* durch Gelächter zum Schweigen bringen *od.* mit Lachen über'tönen, auslachen; **~ off** *v/t. et.* lachend *od.* mit e-m Scherz abtun.

laugh·a·ble ['lɑ:fəbl] *adj.* □ lachhaft, lächerlich, komisch.

laugh·ing ['lɑ:fɪŋ] **I** *s.* **1.** Lachen *n*, Gelächter *n*; **II** *adj.* □ **2.** lachend; **3.** lustig: ***it is no ~ matter*** das ist nicht zum Lachen; **4.** *fig.* lachend, strahlend: ***a ~ sky***; **~ gas** *s.* ⚗ Lachgas *n*; **~ gull** *s. orn.* Lachmöwe *f*; **~ hy·e·na** *s. zo.* 'Flekkenhy,äne *f*; **~ jack·ass** *s. orn.* Riesen-eisvogel *m*; '**~-stock** *s.* Gegenstand *m* des Gelächters, Zielscheibe *f* des Spottes: ***make a ~ of o.s.*** sich lächerlich machen.

laugh·ter ['lɑ:ftə] *s.* Lachen *n*, Gelächter *n*.

launch [lɔ:ntʃ] **I** *v/t.* **1.** *Boot* aussetzen, ins Wasser lassen; **2.** *Schiff* a) vom Stapel lassen, b) taufen: ***be ~ed*** vom Stapel laufen *od.* getauft werden; **3.** ✈ katapultieren, abschießen; **4.** *Torpedo, Geschoß* abschießen, *Rakete a.* starten; **5.** *et.* schleudern, werfen: ***~ o.s. into*** → 12; **6.** *Rede, Kritik, Protest etc., a. e-n Schlag* vom Stapel lassen, loslassen; **7.** *et.* in Gang bringen, einleiten, starten, lancieren; **8.** *et.* lancieren: a) *Produkt, Buch, Film etc.* her'ausbringen, b) *Anleihe* auflegen, *Aktien* ausgeben; **9.** *j-n* lancieren, (gut) einführen, *j-m* ‚Starthilfe' geben; **10.** ⚔ *Truppen* einsetzen, *an e-e Front etc.* schicken *od.* werfen; **II** *v/i.* **11.** *mst* **~ *out***, **~ *forth*** losfahren, starten: ***~ out on a journey*** sich auf e-e Reise begeben; **12.** ***~ out (into)*** *fig.* a) sich (in *die Arbeit, e-e Debatte etc.*) stürzen, b) loslegen (mit *e-r Rede, e-r Tätigkeit etc.*), c) (*et.*) anpacken, (*e-e Karriere, ein Projekt etc.*) starten: ***~ out into*** → *a.* 6; **13.** ***~ out*** a) e-n Wortschwall von sich geben, b) F viel Geld springen lassen; **III** *s.* **14.** ⚓ Bar'kasse *f*; **15.** → ***launching***; '**launch·er** [-tʃə] *s.* **1.** ⚔ a) (Ra'keten)Werfer *m*, b) Abschußvorrichtung *f* (*Fernlenkgeschosse*); **2.** ✈ Kata'pult *m, n*, Startschleuder *f*.

launch·ing ['lɔ:ntʃɪŋ] *s.* **1.** ⚓ a) Stapellauf *m*, b) Aussetzen *n* (*von Booten*); **2.** Abschuß *m*, *e-r Rakete*: *a.* Start *m*; **3.** ⚔ Kata'pultstart *m*; **4.** *fig.* a) Starten *n*, In-'Gang-Setzen *n*, b) Start *m*, c) Einsatz *m*; **5.** Lancierung *f*, Einführung *f* (*e-s Produkts etc.*), Herausgabe *f* (*e-s Buches etc.*); **~ pad**, **~ plat·form** *s.* Abschußrampe *f* (*e-r Rakete*); **~ rope** *s.* ✈ Startseil *n*; **~ site** *s.* ⚔ (Ra'keten-) ,Abschuß,basis *f*; **~ ve·hi·cle** *s.* 'Startra,kete *f*.

laun·der ['lɔ:ndə] **I** *v/t. Wäsche* waschen (u. bügeln); F *fig. illegal erworbenes Geld* ‚waschen'; **II** *v/i.* sich (*leicht etc.*) waschen lassen; **laun·der·ette** [,lɔ:ndə'ret] *s.* 'Waschsa,lon *m*; '**laun·dress** [-drɪs] *s.* Wäscherin *f*.

laun·dry ['lɔ:ndrɪ] *s.* **1.** Wäsche'rei *f*; **2.** F (schmutzige *od.* frisch gereinigte) Wäsche; **~ list 1.** Wäschezettel *m*; **2.** *Am.* F lange Liste.

lau·re·ate ['lɔ:rɪət] **I** *adj.* **1.** lorbeergekrönt, -geschmückt; -bekränzt; **II** *s.* **2.** *mst* ***poet ~*** Hofdichter *m*; **3.** Preisträger *m*.

lau·rel ['lɒrəl] *s.* **1.** ⚘ Lorbeer(baum) *m*; **2.** *mst pl. fig.* Lorbeeren *pl.*, Ehren *pl.*, Ruhm *m*: ***look to one's ~s*** sich behaupten wollen; ***reap*** (*od.* ***win*** *od.* ***gain***) ***~s*** Lorbeeren ernten; ***rest on one's ~s*** sich auf s-n Lorbeeren ausruhen; '**lau·rel(l)ed** [-ld] *adj.* **1.** lorbeergekrönt; **2.** preisgekrönt.

lav [læv] *s. Brit.* F ‚Klo' *n*.

la·va ['lɑ:və] *s. geol.* Lava *f*.

lav·a·to·ry ['lævətərɪ] *s.* Toi'lette *f*: ***public ~*** *a.* (öffentliche) Bedürfnisanstalt.

lav·en·der ['lævəndə] **I** *s.* **1.** ⚘ La'vendel *m* (*a. Farbe*); **2.** La'vendel(wasser) *n*; **II** *adj.* **3.** la'vendelfarben.

lav·ish ['lævɪʃ] **I** *adj.* □ a) großzügig, reich, fürstlich, üppig (*Geschenke etc.*), b) reich, 'überschwenglich (*Lob etc.*), c) großzügig, verschwenderisch (***of*** mit, ***in*** in *dat.*) (*Person*): ***be ~ of*** (*od.* ***with***) um sich werfen mit, nicht geizen mit, verschwenderisch umgehen mit; **II** *v/t.* verschwenden, verschwenderisch (aus-) geben: ***~ s.th. on s.o.*** j-n mit et. überhäufen; '**lav·ish·ness** [-nɪs] *s.* Großzügigkeit *f* (*etc.*); Verschwendung(ssucht) *f*.

law [lɔ:] *s.* **1.** (*objektives*) Recht, (*das*) Gesetz *od.* (*die*) Gesetze *pl.*: ***by*** (*od.* ***in***, ***under the***) **~** nach dem Gesetz, von Rechts wegen, gesetzlich; ***under German ~*** nach deutschem Recht; ***contrary to ~*** gesetz-, rechtswidrig; ***~ and order*** Recht (*od.* Ruhe) u. Ordnung, *contp.* ‚Law and order'; ***become*** (*od.* ***pass into***) **~** Gesetz *od.* rechtskräftig werden; ***lay down the ~*** (alles) bestimmen, das Sagen haben; ***take the ~ into one's own hands*** zur Selbsthilfe greifen; ***his word is the ~*** was er sagt, gilt; **2.** Recht *n*: a) 'Rechtssy,stem *n*: ***the English ~***, b) (*einzelnes*) Rechtsgebiet: ***~ of nations*** Völkerrecht; **3.** (*einzelnes*) Gesetz: ***Election ~***; ***he is a ~ unto himself*** er tut, was er will; ***is there a ~ against it?*** *iro.* ist das (etwa) verboten?; **4.** Rechtswissenschaft *f*, Jura *pl.*: ***read*** (*od.* ***study***, ***take***) **~** Jura studieren; ***be in the ~*** Jurist sein; ***practise ~*** e-e Anwaltspraxis ausüben; **5.** Gericht *n*, Rechtsweg *m*: ***go to ~*** vor Gericht gehen, den Rechtsweg beschreiten, prozessieren; ***go to ~ with s.o.*** j-n verklagen, gegen j-n prozessieren; **6.** ***the ~*** F die Polizei: ***call in the ~***; **7.** (*künstlerisches etc.*) Gesetz: ***the ~s of poetry***; **8.** (Spiel)Regel *f*: ***the ~s of the game***; **9.** a) (Na'tur)Gesetz *n*, b) (wissenschaftliches) Gesetz: ***the ~ of gravity***, c) (Lehr)Satz *m*: ***~ of sines*** Sinussatz; **10.** *eccl.* a) (göttliches) Gesetz, *coll. die* Gebote (Gottes), b) ***the ~ (of Moses)*** das Gesetz (des Moses), c) ***the ~*** das Alte Testament; **11.** *hunt.*, *sport* Vorgabe *f*; '**~-a,bid·ing** *adj.* gesetzestreu, ordnungsliebend: ***~ citizen***; '**~,break·er** *s.* Ge'setzesüber,treter(in); **~ court** *s.* Gericht(shof *m*) *n*.

law·ful ['lɔ:fʊl] *adj.* □ **1.** gesetzlich, le'gal; **2.** rechtmäßig, legi'tim: ***~ son*** ehelicher *od.* legitimer Sohn; **3.** rechtsgültig, gesetzlich anerkannt: ***~ marriage*** gültige Ehe; '**law·ful·ness** [-nɪs] *s.* Gesetzlichkeit *f*, Legali'tät *f*; Rechtsgültigkeit *f*.

'**law,giv·er** *s.* Gesetzgeber *m*.

law·less ['lɔ:lɪs] *adj.* □ **1.** gesetzlos (*Land, Person*); **2.** gesetzwidrig, unrechtmäßig; '**law·less·ness** [-nɪs] *s.* **1.** Gesetzlosigkeit *f*; **2.** Gesetzwidrigkeit *f*.

Law Lord *s.* Mitglied *n* des brit. Oberhauses mit richterlicher Funkti'on.

lawn[1] [lɔ:n] *s.* Rasen *m*.

lawn[2] [lɔ:n] *s.* Li'non *m*, Ba'tist *m*.

lawn| mow·er *s.* Rasenmäher *m*; **~ sprin·kler** *s.* Rasensprenger *m*; **~ ten·nis** *s.* Rasentennis *n*.

law| of·fice *s.* 'Anwaltskanz,lei *f*, -praxis *f*; **~ of·fi·cer** *s.* ⚖ **1.** Ju'stizbeamte(r) *m*; **2.** *Brit. für* a) ***Attorney General***, b) ***Solicitor General***; **~ re·ports** *s. pl.* Urteilsammlung *f*, Sammlung *f* von richterlichen Entscheidungen; **~ school** *s.* **1.** 'Rechtsakade,mie *f*; **2.** *univ. Am.* ju'ristische Fakul'tät; **~ stu·dent** *s.* 'Jurastu,dent(in); '**~-suit** *s.* ⚖ a) Pro'zeß *m*, Verfahren *n*, b) Klage *f*: ***bring a ~*** e-n Prozeß anstrengen, Klage einreichen (***against*** gegen).

law·yer ['lɔ:jə] *s.* **1.** (Rechts)Anwalt *m*, (-)Anwältin *f*; **2.** Rechtsberater(in); **3.** Ju'rist(in).

lax [læks] *adj.* □ **1.** lax, locker, (nach-) lässig (***about*** hinsichtlich *gen.*, mit): ***~ morals*** lockere Sitten; **2.** lose, schlaff, locker; **3.** unklar, verschwommen; **4.** *Phonetik*: schlaff artikuliert; **5.** ***~ bowels*** a) offener Leib, b) 'Durchfall *m*; **lax·a·tive** ['læksətɪv] ⚕ **I** *s.* Abführmittel *n*; **II** *adj.* abführend; **lax·i·ty** ['læksətɪ], '**lax·ness** [-nɪs] *s.* **1.** Laxheit *f*, Lässigkeit *f*; **2.** Schlaffheit *f*, Lockerheit *f* (*a. fig.*); **3.** Verschwommenheit *f*.

lay[1] [leɪ] **I** *s.* **1.** *bsd. geogr.* Lage *f*: ***the ~ of the land*** *fig.* die Lage; **2.** Schicht *f*, Lage *f*; **3.** Schlag *m* (*Tauwerk*); **4.** V a) ‚Nummer' *f* (*Koitus*), b) ***she is an easy ~*** die ist gleich ‚dabei'; ***she is a good ~*** sie ‚bumst' gut; **II** *v/t.* [*irr.*] **5.** *allg.* legen: ***~ it on the table***; ***~ a cable*** ein Kabel (ver)legen; ***~ a bridge*** e-e Brükke schlagen; ***~ eggs*** Eier legen; ***~ the foundation(s) of*** *fig.* den Grund(stock) legen zu; ***~ the foundation-stone*** den Grundstein legen; → *die Verbindungen mit den entsprechenden Substantiven etc.*; **6.** *fig.* legen, setzen: ***~ stress on*** Nachdruck legen auf (*acc.*), betonen; ***~ an ambush*** e-n Hinterhalt legen; ***~ the ax(e) to a tree*** die Axt an e-n Baum legen; ***the scene is laid in Rome*** der Schauplatz *od.* Ort der Handlung ist Rom, *thea.* das Stück *etc.* spielt in Rom; **7.** anordnen, herrichten: ~ ***the table*** (*od.* ***the cloth***) den Tisch decken; ~ ***the fire*** das Feuer (*im Kamin*) anlegen; **8.** belegen, bedecken: ~ ***the floor with a carpet***; **9.** (***before***) vorlegen (*dat.*), bringen (vor *acc.*): ~ ***one's case before a commission***; **10.** geltend machen, erheben: ~ ***an information against s.o.*** Klage erheben *od.* (Straf)Anzeige erstatten gegen; **11.** a) *Strafe etc.* verhängen, b) *Steuern* auferlegen; **12.** *Schuld etc.* zuschreiben, zur Last legen: ~ ***a mistake to s.o.***(***'s charge***) j-m e-n Fehler zur Last legen; **13.** *Schaden* festsetzen (***at*** auf *acc.*); **14.** a) *et.* wetten, b) setzen auf (*acc.*); **15.** *e-n Plan* schmieden; **16.** 'umlegen, niederwerfen: ~ ***s.o. low*** (*od.* ***in the dust***) j-n zu Boden strecken; **17.** *Getreide etc.* zu Boden drücken; **18.** *Wind*, *Wogen etc.* beruhigen, besänftigen: ***the wind is laid*** der Wind hat sich gelegt; **19.** *Staub* löschen; **20.** *Geist* bannen, beschwören; → ***ghost*** 1; **21.** ⚓ *Kurs* nehmen auf (*acc.*), ansteuern; **22.** ⚔ *Geschütz* richten; **23.** V ‚umlegen', ‚bumsen'; **III** *v/i.* [*irr.*] **24.** (Eier) legen; **25.** wetten; **26.** zuschlagen: ~ ***about one*** um sich schlagen; ~ ***into s.o.*** *sl.* auf j-n einschlagen; ~ ***to*** (mächtig) ‚rangehen' an *e-e Sache*; **27.** (*fälschlich für* ***lie***[2] II) liegen;

Zssgn mit adv.:

lay| a·bout *v/i.* (heftig) um sich schlagen; ~ **a·side**, ~ **by** *v/t.* **1.** bei'seite legen; **2.** *fig.* a) aufgeben, b) ‚ausklammern'; **3.** *Geld etc.* beiseite *od.* auf die ‚hohe Kante' legen, zu'rücklegen; ~ **down I** *v/t.* **1.** hinlegen; **2.** *Amt*, *Waffen etc.* niederlegen; **3.** *sein Leben* hingeben, opfern; **4.** *Geld* hinter'legen; **5.** *Grundsatz*, *Regeln etc.* aufstellen, festlegen, -setzen, vorschreiben, *Bedingung in e-m Vertrag* niederlegen, verankern; → ***law*** 1; **6.** a) die Grundlagen legen für, b) planen, entwerfen; **7.** 🌱 besäen *od.* bepflanzen (***in***, ***to***, ***under***, ***with*** mit); **8.** *Wein etc.* (ein)lagern; **II** *v/i.* **9.** *fälschlich für* ***lie down*** 1; ~ **in** *v/t.* sich eindecken mit, einlagern; *Vorrat* anlegen; ~ **off I** *v/t.* **1.** *Arbeiter* (vor'übergehend) entlassen; **2.** *die Arbeit* einstellen; **3.** *das Rauchen etc.* aufgeben: ~ ***smoking***; **4.** in Ruhe lassen: ~ (***it***)***!*** hör auf (damit)!; **II** *v/i.* **5.** aufhören; ~ **on I** *v/t.* **1.** *Steuer etc.* auferlegen; **2.** *Peitsche* gebrauchen; **3.** *Farbe etc.* auftragen: ***lay it on*** a) (***thick***) *fig.* ‚dick auftragen', übertreiben, b) e-e ‚saftige' Rechnung stellen, c) draufschlagen; **4.** a) *Gas etc.* installieren, b) *Haus* ans (*Gas- etc.*)Netz anschließen; **5.** F a) auftischen, b) bieten, sorgen für, c) veranstalten, arrangieren; **II** *v/i.* **6.** zuschlagen, angreifen; ~ **o·pen** *v/t.* **1.** bloßlegen; **2.** *fig.* a) aufdecken, b) offenlegen; ~ **out** *v/t.* **1.** ausbreiten; **2.** *Toten* aufbahren; **3.** *Geld* ausgeben; **4.** *allg.* gestalten, *Garten etc.* anlegen, *et.* entwerfen, planen, anordnen, *typ.* aufmachen, das Layout *e-r Zeitschrift etc.* machen; **5.** *sl.* a) *j-n* zs.-schlagen, b) *j-n* ‚'umlegen', ‚kaltmachen'; **6.** ~ ***o.s. out*** F sich ‚mächtig ranhalten'; ~ **o·ver** *Am.* **I** *v/t. et.* zu'rückstellen; **II** *v/i.* Aufenthalt haben, 'Zwischenstati,on machen; ~ **to** *v/i.* ⚓ beidrehen; ~ **up** *v/t.* **1.** → ***lay in***; **2.** ansammeln, anhäufen; **3.** a) ⚓ *Schiff* auflegen, außer Dienst stellen, b) *mot.* stillegen; **4.** ***be laid up*** (***with***) bettlägerig sein (wegen), im Bett liegen (mit *Grippe etc.*).

lay[2] [leɪ] *pret. von* ***lie***[2].

lay[3] [leɪ] *adj.* Laien...: a) *eccl.* weltlich; b) laienhaft, nicht fachmännisch: ***to the ~ mind*** für den Laien(verstand).

lay[4] [leɪ] *s. obs.* **1.** Bal'lade *f*; **2.** Lied *n*.

'lay|·a·bout *s. bsd. Brit.* F Faulenzer *m*; ~ **broth·er** *s. eccl.* Laienbruder *m*; **'~-by** *s. mot. Brit.* a) Rastplatz *m*, Parkplatz *m*, b) Parkbucht *f* (*Landstraße*); ~ **days** *s. pl.* ⚓ Liegetage *pl.*, -zeit *f*; **'~-down** → ***lie-down***.

lay·er I *s.* ['leɪə] **1.** Schicht *f*, Lage *f*: ***in ~s*** schicht-, lagenweise; **2.** Leger *m*, *in Zssgn* ...leger *m*; **3.** Leg(e)henne *f*: ***this hen is a good ~*** diese Henne legt gut; **4.** 🌱 Ableger *m*; **5.** ⚔ 'Höhenrichtkano,nier *m*; **II** *v/t.* **6.** 🌱 durch Ableger vermehren; **7.** über'lagern, schichtweise legen; **'~-cake** *s.* Schichttorte *f*.

lay·ette [leɪ'et] *s.* Babyausstattung *f*.

lay fig·ure *s.* **1.** Gliederpuppe *f* (*als Modell*); **2.** *fig.* Mario'nette *f*, Null *f*.

lay·ing ['leɪɪŋ] *s.* **1.** Legen *n* (*etc.* → ***lay***[1] II u. III): ~ ***on of hands*** Handauflegen *n*; **2.** Gelege *n* (*Eier*); **3.** ⚠ Bewurf *m*, Putz *m*.

lay| judge *s.* Laienrichter(in); **'~·man** [-mən] *s.* [*irr.*] **1.** Laie *m* (*Ggs. Geistlicher*); **2.** Laie *m*, Nichtfachmann *m*; **'~-off** *s.* **1.** (vor'übergehende) Entlassung; **2.** Feierschicht *f*; **'~·out** *s.* **1.** Planung *f*, Anordnung *f*, Anlage *f*; **2.** Plan *m*, Entwurf *m*; **3.** *typ.*, *a. Elektronik*: Layout *n*: ~ ***man*** Layouter *m*; **4.** Aufmachung *f* (*e-r Zeitschrift etc.*); ~ **sis·ter** *s.* Laienschwester *f*; **'~,wom·an** *s.* [*irr.*] Laiin *f*.

laze [leɪz] **I** *v/i. a.* ~ ***around*** faulenzen, bummeln, auf der faulen Haut liegen; **II** *v/t.* ~ ***away*** *Zeit* verbummeln; **III** *s.*: ***have a ~*** → I; **la·zi·ness** ['leɪzɪnɪs] *s.* Faulheit *f*, Trägheit *f*.

la·zy ['leɪzɪ] *adj.* □ träg(e): a) faul, b) langsam, sich langsam bewegend; **'~·bones** *s.* F Faulpelz *m*.

'ld [d] F *für* ***would*** *od.* ***should***.

lea [li:] *s. poet.* Flur *f*, Aue *f*.

leach [li:tʃ] **I** *v/t.* **1.** 'durchsickern lassen; **2.** (aus)laugen; **II** *v/i.* **3.** 'durchsickern.

lead[1] [li:d] **I** *s.* **1.** Führung *f*, Leitung *f*: ***under s.o.'s ~***; **2.** Führung *f*, Spitze *f*: ***be in the ~***, ***have the ~*** an der Spitze stehen, führen(d sein), *sport etc.* in Führung *od.* vorn liegen; ***take the ~*** a) *a. sport* die Führung übernehmen, sich an die Spitze setzen, b) die Initiative ergreifen, c) vorangehen, neue Wege weisen; **3.** *bsd. sport* a) Führung *f*: ***have a two-goal ~*** mit zwei Toren führen, b) Vorsprung *m*: ***one minute's ~*** 'eine Minute Vorsprung (***over s.o.*** vor j-m); **4.** Vorbild *n*, Beispiel *n*: ***give s.o. a ~*** j-m mit gutem Beispiel vorangehen; ***follow s.o.'s ~*** j-s Beispiel folgen; **5.** Hinweis *m*, Fingerzeig *m*, Anhaltspunkt *m*, Spur *f*: ***the police have several ~s***; **6.** *Kartenspiel*: a) Vorhand *f*: ***your ~!*** Sie spielen aus!, b) zu'erst ausgespielte Karte; **7.** *thea.* a) Hauptrolle *f*, b) Hauptdarsteller(in); **8.** ♪ a) Eröffnung *f*, Auftakt *m*, b) *Jazz etc.*: Lead *n*, Führungsstimme *f* (*Trompete etc.*); **9.** *Zeitung*: a) → ***lead story***, b) (zs.-fassende) Einleitung; **10.** (Hunde)Leine *f*; **11.** ϟ a) Leiter *m*, b) (Zu)Leitung *f*, c) *a.* ***phase ~*** Voreilung *f*; **12.** ⚙ Steigung *f* (*e-s Gewindes*); **13.** ⚔ Vorhalt *m*; **II** *v/t.* [*irr.*] **14.** führen: ~ ***the way*** vorangehen; ***this is ~ing us nowhere*** das bringt uns nicht weiter; → ***nose*** *Redew.*; **15.** *j-n* führen, bringen (***to*** nach, zu) (*a. Straße etc.*); → ***temptation***; **16.** (an)führen, an der Spitze stehen von, *a. Orchester etc.* leiten, *Armee* führen *od.* befehligen: ~ ***the field*** *sport* das Feld anführen, vorn liegen; **17.** *j-n* dazu bringen, bewegen, verleiten (***to do s.th.*** et. zu tun): ***this led me to believe*** das machte mich glauben(, *daß*); **18.** a) *ein behagliches etc. Leben* führen, b) *j-m ein elendes etc. Leben* bereiten: ~ ***s.o. a dog's life*** j-m das Leben zur Hölle machen; **19.** *Karte*, *Farbe etc.* aus-, anspielen; **20.** *Kabel etc.* führen, legen; **III** *v/i.* [*irr.*] **21.** führen: a) vor'angehen, den Weg weisen (*a. fig.*), b) die erste Stelle einnehmen, c) *sport* in Führung liegen (***by*** mit *7 Metern etc.*): ~ ***by points*** nach Punkten führen; **22.** ~ ***to*** a) führen *od.* gehen zu *od.* nach (*Straße etc.*), b) *fig.* führen zu: ***this is ~ing nowhere*** das führt zu nichts; **23.** *Kartenspiel*: ausspielen (***with s.th.*** et.): ***who ~s?***; **24.** *Boxen*: angreifen (mit der Linken *od.* Rechten): ***he ~s with his right*** *a.* s-e Führungshand ist die Rechte, er ist Rechtsausleger; ~ ***with one's chin*** *fig.* das Schicksal herausfordern;

Zssgn mit adv.:

lead| a·stray *v/t.* in die Irre führen, *fig. a.* irre-, verführen; ~ **a·way I** *v/t.* **1.** a) *j-n* wegführen, b) → ***lead off*** 1; **2.** *fig. j-n* abbringen (***from*** von *e-m Thema etc.*); **3.** ***be led away*** sich verleiten lassen; **II** *v/i.* **4.** ~ ***from*** von *e-m Thema etc.* wegführen; ~ **off I** *v/t.* **1.** *j-n* abführen; **2.** *fig.* einleiten, eröffnen; **II** *v/i.* **3.** den Anfang machen; ~ **on I** *v/i.* vor'angehen; **II** *v/t. fig.* a) *j-n* hinters Licht führen, b) *j-n* auf den Arm nehmen, c) *j-n* an der Nase herumführen; ~ **up I** *v/t.* (***to***) a) (hin'auf)führen (auf *acc.*), b) (hin'über)führen (zu); **II** *v/i.* ~ ***to*** *fig.* a) (all'mählich) führen zu, 'überleiten zu, *et.* einleiten: ***what is he leading up to?*** worauf will er hinaus?

lead[2] [led] **I** *s.* **1.** ⚗ Blei *n*; **2.** ⚓ Senkblei *n*, Lot *n*: ***cast*** (*od.* ***heave***) ***the ~*** loten; **3.** Blei *n*, Kugeln *pl.* (*Geschosse*); **4.** Gra'phit *m*, Reißblei *n*; **5.** (Bleistift)Mine *f*; **6.** *typ.* 'Durchschuß *m*; **7.** Bleifassung *f* (*Fenster*); **8.** *pl. Brit.* a) bleierne Dachplatten *pl.*, b) Bleidach *n*; **II** *v/t.* **9.** verbleien; **10.** mit Blei beschweren; **11.** *typ.* durch'schießen; ~ **con·tent** *s.* ⚗ Bleigehalt *m* (*im Benzin*).

lead·en ['ledn] *adj.* bleiern (*a. fig. Glieder*, *Schlaf etc.*; *a. bleigrau*), Blei...

lead·er ['li:də] *s.* **1.** Führer(in), Erste(r *m*) *f*, *sport a.* Ta'bellenführer *m*; **2.** (An)Führer(in), (*pol. Partei-*, *Fraktions-*, *Oppositions-*, ⚔ *bsd. Zug-*, *Gruppen*)Führer *m*: ***ℒ of the House*** *parl.* Vorsitzende(r) *m* des Unterhauses; **3.** ♪ a) Kon'zertmeister *m*, erster Violi'nist, b) Führungsstimme *f* (*erster Sopran od. Bläser etc.*), c) *Am.* (Or-

'chester-, Chor)Leiter *m*, Diri'gent *m*; **4.** Leiter(in) (*e-s Projekts etc.*); **5.** Leitpferd *n od.* -hund *m*; **6.** ⚖ *Brit.* erster Anwalt (*mst Kronanwalt*): **~ for the defence** Hauptverteidiger *m*; **7.** *bsd. Brit.* 'Leitar,tikel *m* (*Zeitung*): **~ writer** Leitartikler *m*; **8.** *allg. fig.* ‚Spitzenreiter' *m*, *pl. a.* Spitzengruppe *f*; **9.** ✝ a) 'Lockar,tikel *m*, b) 'Spitzenar,tikel *m*, führendes Pro'dukt, c) *pl. Börse*: führende Werte *pl.*, d) *Statistik*: Index *m*; **10.** ⚘ Leit-, Haupttrieb *m*; **11.** *anat.* Sehne *f*; **12.** Startband *n* (*e-s Films etc.*); **13.** *typ.* Leit-, Ta'bellenpunkt *m*.

lead·er·ship ['li:dəʃɪp] *s.* **1.** Führung *f*, Leitung *f*; **2.** 'Führungsquali,täten *pl.*

,**lead-'in** [,li:d-] **I** *adj.* **1.** ⚡ Zuleitungs…, *a. fig.* Einführungs…; **II** *s.* **2.** (An'tennen- *etc.*)Zuleitung *f*; **3.** *fig.* Einleitung *f*.

lead·ing ['li:dɪŋ] führend: a) erst, vorderst: **the ~ car**, b) *fig.* Haupt…: **~ part** *thea.* Hauptrolle *f*; **~ product** Spitzenprodukt *n*, c) tonangebend, maßgeblich: **~ citizen** prominenter Bürger; **~ ar·ti·cle** → **leader** 7, 9 a, b; **~ case** *s.* ⚖ Präze'denzfall *m*; **~ la·dy** *s.* Hauptdarstellerin *f*; **~ light** *s.* F *fig.* ‚Leuchte' *f* (*Person*); **~ man** *s.* [*irr.*] Hauptdarsteller *m*; **~ note** *s.* ♪ Leitton *m*; **~ ques·tion** *s.* ⚖ Sugge'stivfrage *f*; **~ reins**, *Am.* **~ strings** *s. pl.* **1.** Leitzügel *m*; **2.** Gängelband *n* (*a. fig.*): **in ~** *fig.* a) in den Kinderschuhen (stekkend), b) am Gängelband.

lead| pen·cil [led] *s.* Bleistift *m*; **~ poi·son·ing** *s.* ⚕ Bleivergiftung *f*.

lead sto·ry [li:d] *s. Zeitung*: 'Hauptar,tikel *m*, ‚Aufmacher' *m*.

leaf [li:f] **I** *pl.* **leaves** [li:vz] *s.* **1.** ⚘ (*a.* Blumen)Blatt *n*, *pl. a.* Laub *n*: **in ~** belaubt, grün; **come into ~** ausschlagen, grün werden; **2.** *coll.* a) Teeblätter *pl.*, b) Tabakblätter *pl.*; **3.** Blatt *n* (*im Buch*): **take a ~ out of s.o.'s book** *fig.* sich an j-m ein Beispiel nehmen; **turn over a new ~** *fig.* ein neues Leben beginnen; **4.** ⚙ a) Flügel *m* (*Tür, Fenster etc.*), b) Klappe *od.* Ausziehplatte *f* (*Tisch*), c) ⚔ (*Visier*)Klappe *f*; **5.** ⚙ Blatt *n*, (dünne) Folie: **gold ~** Blattgold *n*; **6.** ⚙ Blatt *n* (*Feder*); **II** *v/t. u. v/i.* **7. ~ through** 'durchblättern.

leaf·age ['li:fɪdʒ] *s.* Laub(werk) *n*.

leaf| bud *s.* Blattknospe *f*; **~ green** *s.* ⚘ Blattgrün *n* (*a. Farbe*).

leaf·less ['li:flɪs] *adj.* blätterlos, entblättert, kahl.

leaf·let ['li:flɪt] *s.* **1.** ⚘ Blättchen *n*; **2.** a) Flugblatt *n*, b) Hand-, Re'klamezettel *m*, c) Merkblatt *n*, d) Pro'spekt *m*, e) Bro'schüre *f*.

leaf spring *s.* ⚙ Blattfeder *f*.

leaf·y ['li:fɪ] *adj.* **1.** belaubt, grün; **2.** Laub…; **3.** blattartig, Blatt…

league¹ [li:g] *s.* **1.** Liga *f*, Bund *m*: **𝔏 of Nations** *hist.* Völkerbund; **2.** Bündnis *n*, Bund *m*: **be in ~ with** im Bunde sein mit, unter 'einer Decke stecken mit; **be in ~ against s.o.** sich gegen j-n verbündet haben; **3.** *sport* Liga *f*: **he is not in the same ~** (**with me**) *fig.* da (an mich) kommt er nicht ran.

league² [li:g] *s. obs.* Wegstunde *f*, Meile *f* (*etwa 4 km*).

leak [li:k] **I** *s.* **1.** a) ⚓ Leck *n*, b) undichte Stelle, Loch *n*: **spring a ~** ein Leck *etc.* bekommen; **take a ~** *sl.* ‚pinkeln' (gehen), c) → **leakage** 1; **2.** *fig.* a) ‚undichte Stelle' (*in e-m Amt etc.*), b) 'Durchsickern *n* (*von Informationen*), c) gezielte Indiskreti'on: **a ~ to the press** *a.* e-e der Presse zugespielte Information *etc.*; **3.** ⚡ a) Streuung(sverluste *pl.*) *f*, b) Fehlerstelle *f*; **II** *v/i.* **4.** lecken (*a.* ⚡ streuen), leck *od.* undicht sein, *Eimer etc. a.* (aus)laufen, tropfen; **5.** *a.* **~ out** a) ausströmen, entweichen (*Gas*), b) auslaufen, sickern, tropfen (*Flüssigkeit*), c) 'durchsickern (*a. fig. Nachricht etc.*); **III** *v/t. a.* **~ out 6.** 'durchlassen: **the container ~ed** (**out**) **oil** aus dem Behälter lief Öl aus; **7.** *fig. Nachricht etc.* 'durchsickern lassen: **~ s.th.** (**out**) **to** *j-m* et. zuspielen.

leak·age ['li:kɪdʒ] *s.* **1.** a) Lecken *n*, Auslaufen *n*, -strömen *n*, -treten *n*, b) → **leak** 1 a *u.* 2; **2.** *a. fig.* Schwund *m*, Verlust *m*; **3.** ✝ Lec'kage *f*; **~ cur·rent** *s.* ⚡ Leck-, Ableitstrom *m*.

leak·y ['li:kɪ] *adj.* leck, undicht.

lean¹ [li:n] *adj.* **1.** a) mager (*a. fig. Ernte, Fleisch, Jahre, Lohn etc.*), schmal, hager, b) schlank; **2.** ⚙ Mager… (*-kohle etc.*), Spar… (*-beton, -gemisch etc.*).

lean² [li:n] **I** *v/i.* [*irr.*] **1.** sich neigen (**to** nach), *Person a.* sich beugen (**over** über *acc.*), (sich) lehnen (**against** gegen, an *acc.*), sich stützen (**on** auf *acc.*): **~ back** sich zurücklehnen; **~ over** sich (vor)neigen *od.* (vor)beugen; **~ over backward(s)** F sich ‚fast umbringen' (*et. zu tun*); **~ to(ward) s.th.** *fig.* zu et. (hin)neigen *od.* tendieren; **2. ~ on** *fig.* a) sich auf *j-n* verlassen, b) F *j-n* unter Druck setzen; **II** *v/t.* [*irr.*] **3.** neigen, beugen; **4.** lehnen (**against** gegen, an *acc.*), (auf)stützen (**on, upon** auf *acc.*); **III** *s.* **5.** Hang *m*, Neigung *f* (**to** nach); '**lean·ing** [-nɪŋ] **I** *adj.* sich neigend, geneigt, schief: **~ tower** schiefer Turm; **II** *s.* Neigung *f*, Ten'denz *f* (*a. fig.* **towards** zu).

lean·ness ['li:nnɪs] *s.* Magerkeit *f* (*a. fig. der Ernte, Jahre etc.*).

leant [lent] *bsd. Brit. pret. u. p.p. von* **lean²**.

'**lean-to** [-tu:] **I** *pl.* **-tos** *s.* Anbau *m od.* Schuppen (*mit Pultdach*); **II** *adj.* angebaut, Anbau…, sich anlehnend.

leap [li:p] **I** *v/i.* [*irr.*] **1.** springen: **look before you ~** erst wägen, dann wagen; **ready to ~ and strike** sprungbereit; **~ for joy** vor Freude hüpfen (*a. Herz*); **2.** *fig.* a) springen, b) sich stürzen, c) *a.* **~ up** (auf)lodern (*Flammen*), d) *a.* **~ up** hochschnellen (*Preise etc.*): **~ into view** plötzlich sichtbar werden *od.* auftauchen; **~ at** sich (förmlich) auf *e-e Gelegenheit etc.* stürzen; **~ into fame** mit 'einem Schlag berühmt werden; **~ to a conclusion** voreilig e-n Schluß ziehen; **~ to the eye**, **~ out** ins Auge springen; **II** *v/t.* [*irr.*] **3.** über'springen (*a. fig.*), springen über (*acc.*); **4.** *Pferd etc.* springen lassen (**over** über *acc.*); **III** *s.* **5.** Sprung *m* (*a. fig.*): **a ~ in the dark** *fig.* ein Sprung ins Ungewisse; **a great ~ forward** *fig.* ein großer Sprung *od.* Schritt nach vorn; **by ~s** (**and bounds**) *fig.* sprunghaft; '**~·frog I** *s.* Bockspringen *n*; **II** *v/i.* bockspringen; **III** *v/t.* bockspringen über (*acc.*), e-n Bocksprung machen über (*acc.*).

leapt [lept] *pret. u. p.p. von* **leap**.

leap year *s.* Schaltjahr *n*.

learn [lɜ:n] **I** *v/t.* [*irr.*] **1.** (er)lernen; **2.** (**from**) a) erfahren, hören (von), b) ersehen, entnehmen (aus *e-m Brief etc.*); **3.** *sl.* ‚lernen' (*lehren*); **II** *v/i.* [*irr.*] **4.** lernen: **he will never ~!** er lernt es nie!; **5.** erfahren, hören (**of, about** von); '**learn·ed** [-nɪd] *adj.* □ gelehrt, *Buch etc.*: *a.* wissenschaftlich, *Beruf etc.*: *a.* aka'demisch; '**learn·er** [-nə] *s.* **1.** Anfänger(in); **2.** (*a. mot.* Fahr)Schüler (-in), Lernende(r *m*) *f*: **slow ~** Lernschwache(r *m*) *f*; '**learn·ing** [-nɪŋ] *s.* **1.** Gelehrsamkeit *f*, Gelehrtheit *f*, Wissen *n*: **man of ~** Gelehrte(r) *m*; **2.** (Er)Lernen *n*; **learnt** [-nt] *pret. u. p.p. von* **learn**.

lease [li:s] **I** *s.* **1.** Pacht-, Mietvertrag *m*; **2.** a) Verpachtung *f* (**to** an *acc.*), b) Pacht *f*, Miete *f*, c) → **leasing**: **a new ~ of life** *fig.* ein neues Leben, noch e-e (Lebens)Frist (*nach Krankheit etc.*); **put out to** (*od.* **to let out on**) **~** → 5; **take s.th. on ~**, **take a ~ of s.th.** → 6; **by** (*od.* **on**) **~** auf Pacht; **3.** Pachtbesitz *m*, -grundstück *n*; **4.** Pacht- *od.* Mietzeit *f od.* -verhältnis *n*; **II** *v/t.* **5. ~ out** verpachten *od.* vermieten (**to** an *acc.*); **6.** pachten *od.* mieten, *Investitionsgüter a.* leasen.

'**lease|·hold** [-ʃhəʊ-] **I** *s.* **1.** Pacht- *od.* Mietbesitz *m*, Pacht- *od.* Mietgrundstück *n*, Pachtland *n*; **II** *adj.* **2.** gepachtet, Pacht…; '**~,hold·er** *s.* Pächter(in), Mieter(in).

leas·er ['li:sə] *s.* Pächter(in), Mieter(in), *von Investitionsgütern etc.*: *a.* Leasingnehmer(in).

leash [li:ʃ] **I** *s.* **1.** (Koppel-, Hunde)Leine *f*: **hold in ~** a) → 4, b) *fig.* im Zaum halten; **strain at the ~** a) an der Leine zerren, b) *fig.* vor Ungeduld platzen; **2.** *hunt.* Koppel *f* (*drei Hunde, Füchse etc.*); **II** *v/t.* **3.** (zs.-)koppeln; **4.** an der Leine halten.

leas·ing ['li:sɪŋ] *s.* **1.** Pachten *n*, Mieten *n*; **2.** Verpachten *n od.* Vermieten *n*, *von Investitionsgütern etc.*: *a.* Leasing *n*.

least [li:st] **I** *adj.* (*sup. von* **little**) geringst: a) kleinst, wenigst, mindest, b) unbedeutendst; **II** *s. das* Mindeste, *das* Wenigste: **at** (**the**) **~** mindestens, wenigstens, zum mindesten; **at the very ~** allermindestens; **not in the ~** nicht im geringsten *od.* mindesten; **say the ~** (**of it**) gelinde gesagt; **~ said soonest mended** je weniger Worte (darüber) desto besser; **that's the ~ of my worries** das ist m-e geringste Sorge; **III** *adv.* am wenigsten: **~ of all** am allerwenigsten; **not ~** nicht zuletzt; **the ~ complicated solution** die unkomplizierteste Lösung; **with the ~ possible effort** mit möglichst geringer Anstrengung.

leath·er ['leðə] **I** *s.* **1.** Leder *n* (*a. fig. humor. Haut*; *sport sl. Ball*): **~ goods** Lederwaren *pl.*; **2.** Lederball *m*, -lappen *m*, -riemen *m etc.*; **3.** *pl.* a) Lederhose(n *pl.*) *f*, b) 'Lederga,maschen *pl.*; **II** *v/t.* **4.** mit Leder über'ziehen; **5.** F ‚versohlen'; '**~·neck** *s.* ⚔ *Am.* F ‚Ledernacken' *m*, Ma'rineinfante,rist *m* (*des U.S. Marine Corps*).

leath·er·y ['leðərɪ] *adj.* ledern, zäh.

leave¹ [li:v] **I** *v/t.* [*irr.*] **1.** *allg.* verlassen:

a) von *j-m od. e-m Ort* weggehen, b) abreisen *od.* abfahren *od.* abfliegen von (***for*** nach), c) von *der Schule* abgehen, d) *j-n od. et.* im Stich lassen, *et.* aufgeben; **2.** lassen: ***~ open*** offenlassen; ***it ~s me cold*** F es läßt mich kalt; ***~ it at that*** F es dabei belassen *od.* (bewenden) lassen; ***~ things as they are*** die Dinge so lassen, wie sie sind; → ***leave alone***; **3.** (übrig)lassen: ***6 from 8 ~s 2*** 8 minus 6 ist 2; ***be left*** übrig sein, (übrig-) bleiben; ***there's nothing left for us but to go*** uns bleibt nichts übrig, als zu gehen; ***to be left till called for*** postlagernd; **4.** *Narbe etc.* zu'rücklassen, *Eindruck, Nachricht, Spur etc.* hinter'lassen: ***~ s.o. wondering whether*** j-n im Zweifel darüber lassen, ob; ***~ s.o. to himself*** j-n sich selbst überlassen; **5.** *s-n Schirm etc.* stehen- *od.* liegenlassen, vergessen; **6.** über'lassen, an'heimstellen (***to*** *dat.*): ***I ~ it to you*** (***to decide***); ***~ it to me!*** überlaß das mir!, laß mich das *od.* nur machen; ***~ nothing to accident*** nichts dem Zufall überlassen; **7.** (*nach dem Tode*) hinter'lassen, zu'rücklassen: ***he ~s a wife and five children***; **8.** vermachen, vererben (***to s.o.*** j-m); **9.** (*auf der Fahrt*) *links od. rechts* liegen lassen: ***~ the mill on the left***; **10.** aufhören mit, (unter)'lassen, *Arbeit etc.* einstellen; **II** *v/i.* [*irr.*] **11.** (fort-, weg-) gehen, (ab)reisen *od.* (ab)fahren *od.* (ab)fliegen (***for*** nach); **12.** gehen, die Stellung aufgeben;

Zssgn mit adv.:

leave| a·bout *v/t.* her'umliegen lassen; **~ a·lone** *v/t.* **1.** al'lein lassen; **2.** *j-n od. et.* in Ruhe lassen; *et.* auf sich beruhen lassen: ***leave well alone*** die Finger davon lassen; **~ a·side** *v/t.* bei'seite lassen; **~ be·hind** *v/t.* **1.** da-, zu'rücklassen; **2.** → ***leave***[1] 4, 5; **3.** *Gegner etc.* hinter sich lassen; **~ off I** *v/t.* **1.** weglassen; **2.** *Kleid etc.* a) nicht anziehen, b) ablegen, nicht mehr tragen; **3.** aufhören mit, *die Arbeit* einstellen; **4.** *Gewohnheit etc.* aufgeben; **II** *v/i.* **5.** aufhören; **~ on** *v/t. Kleid etc.* anbehalten, *a. Licht etc.* anlassen; **~ out** *v/t.* **1.** aus-, weglassen; **2.** draußen lassen; **3.** *j-n* ausschließen (***of*** von): ***leave her out of this!*** laß sie aus dem Spiel!; **~ o·ver** *v/t.* (*als Rest*) übriglassen: ***be left over*** übrig(geblieben) sein.

leave[2] [li:v] *s.* **1.** Erlaubnis *f*, Genehmigung *f*: ***ask ~ of s.o.*** j-n um Erlaubnis bitten; ***take ~ to say*** sich zu sagen erlauben; ***by your ~!*** mit Verlaub!; ***without so much as a by your ~*** *iro.* mir nichts, dir nichts; **2.** *a.* ***~ of absence*** Urlaub *m*: (***go on***) ***~*** auf Urlaub (gehen); ***a man on ~*** ein Urlauber; **3.** Abschied *m*: ***take*** (***one's***) ***~*** sich verabschieden, Abschied nehmen (***of s.o.*** von j-m); ***have taken ~ of one's senses*** nicht (mehr) ganz bei Trost sein.

leav·en ['levn] **I** *s.* **1.** a) Sauerteig *m* (*a. fig.*), b) Hefe *f*, c) → ***leavening***; **II** *v/t.* **2.** *Teig* a) säuern, b) (auf)gehen lassen; **3.** *fig.* durch'setzen, -'dringen; **'leav·en·ing** [-nıŋ] *s.* Treibmittel *n*, Gär(ungs)stoff *m*.

leaves [li:vz] *pl. von* ***leaf***.

'leave-,tak·ing *s.* Abschied(nehmen *n*) *m*.

leav·ing cer·tif·i·cate ['li:vıŋ] *s.* Abgangszeugnis *n*.

leav·ings ['li:vıŋz] *s. pl.* **1.** 'Überbleibsel *pl.*, Reste *pl.*; **2.** Abfall *m*.

Leb·a·nese [,lebə'ni:z] **I** *adj.* liba'nesisch; **II** *s.* a) Liba'nese *m*, Liba'nesin *f*, b) *pl.* Liba'nesen *pl.*

lech·er ['letʃə] *s.* Wüstling *m*, *humor.* ‚Lustmolch' *m*; **lech·er·ous** ['letʃərəs] *adj.* □ lüstern, geil; **'lech·er·y** [-ərı] *s.* Lüsternheit *f*, Geilheit *f*.

lec·tern ['lektɜ:n] *s. eccl.* (Lese- *od.* Chor)Pult *n*.

lec·ture ['lektʃə] **I** *s.* **1.** Vortrag *m*; *univ.* Vorlesung *f*, Kol'leg *n* (***on*** über *acc.*, ***to*** vor *dat.*): ***~ room*** Vortrags-, *univ.* Hörsaal *m*; ***~ tour*** Vortragsreise *f*; **2.** Strafpredigt *f*: ***give*** (*od.* ***read***) ***s.o. a ~*** → 5; **II** *v/i.* **3.** e-n Vortrag *od.* Vorträge halten (***to s.o. on s.th.*** vor j-m über e-e Sache); **4.** *univ.* e-e Vorlesung *od.* Vorlesungen halten, lesen (***on*** über *acc.*); **III** *v/t.* **5.** *j-m* e-e Strafpredigt *od.* Standpauke halten; **'lec·tur·er** [-tʃərə] *s.* **1.** Vortragende(r *m*) *f*; **2.** *univ.* Do'zent(in), Hochschullehrer(in); **3.** *Church of England*: Hilfsprediger *m*; **'lec·ture·ship** [-ʃıp] *s. univ.* Dozen'tur *f*, Lehrauftrag *m*.

led [led] *pret. u. p.p. von* ***lead***[1].

ledge [ledʒ] *s.* **1.** Leiste *f*, Kante *f*; **2.** a) (Fenster)Sims *m od. n*, b) (Fenster-) Brett *n*; **3.** (Fels)Gesims *n*, (-)Vorsprung *m*; **4.** Felsbank *f*, Riff *n*.

ledg·er ['ledʒə] *s.* **1.** ✝ Hauptbuch *n*; **2.** ⚠ Querbalken *m*, Sturz *m* (*e-s Gerüsts*); **3.** große Steinplatte; **~ line** *s.* **1.** Angelleine *f* mit festliegendem Köder; **2.** ♪ Hilfslinie *f*.

lee [li:] *s.* **1.** (wind)geschützte Stelle; **2.** Windschattenseite *f*; **3.** ⚓ Lee(seite) *f*.

leech [li:tʃ] *s.* **1.** *zo.* Blutegel *m*: ***stick like a ~ to s.o.*** *fig.* wie e-e Klette an j-m hängen; **2.** *fig.* Blutsauger *m*, Schma'rotzer *m*.

leek [li:k] *s.* ⚘ (Breit)Lauch *m*, Porree *m*.

leer [lıə] **I** *s.* (lüsterner *od.* gehässiger *od.* boshafter) (Seiten)Blick, anzügliches Grinsen; **II** *v/i.* (lüstern *etc.*) schielen (***at*** nach); anzüglich grinsen; **leer·y** ['lıərı] *adj. sl.* **1.** schlau; **2.** argwöhnisch (***of*** gegenüber).

lees [li:z] *s. pl.* Bodensatz *m*, Hefe *f* (*a. fig.*): ***drink*** (*od.* ***drain***) ***to the ~*** *bsd. fig.* bis zur Neige leeren.

lee| shore *s.* ⚓ Leeküste *f*; **~ side** *s.* ⚓ Leeseite *f*.

lee·ward ['li:wəd; ⚓ 'lu:əd] **I** *adj.* Lee…; **II** *s.* Lee(seite) *f*: ***to ~*** → **III** *adv.* leewärts.

'lee·way *s.* **1.** ⚓, *a.* ✈ Abtrift *f*: ***make ~*** abtreiben; **2.** *fig.* Rückstand *m*: ***make up ~*** (den Rückstand) aufholen, (das Versäumte) nachholen; **3.** *fig.* Spielraum *m*.

left[1] [left] *pret. u. p.p. von* ***leave***[1].

left[2] [left] **I** *adj.* **1.** link (*a. pol.*); **II** *adv.* **2.** links: ***move ~*** nach links rücken; ***turn ~*** links abbiegen; ***~ turn!*** ⚔ links um!; **III** *s.* **3.** Linke *f* (*a. pol.*), linke Seite: ***on*** (*od.* ***to***) ***the ~*** (***of***) links (von), linker Hand (von); ***on our ~*** zu unserer Linken, links von uns; ***to the ~*** nach links; ***keep to the ~*** sich links halten, links fahren; ***the ~ of the party*** *pol.* der linke Flügel der Partei; **4.** *Boxen*: a) Linke *f* (*Faust*), b) Linke(r *m*) *f* (*Schlag*); **'~-hand** *adj.* **1.** link; **2.** → ***left-handed*** 1–4; **,~-'hand·ed** *adj.* □ **1.** linkshändig: ***a ~ person*** → ***left-hander*** 1; **2.** linkshändig, link (*Schlag etc.*); **3.** link, linksseitig; **4.** ⚙ linksgängig, -läufig, Links…: ***~ drive*** Linkssteuerung *f*; ***~ screw*** linksgängige Schraube; **5.** zweifelhaft, fragwürdig: ***~ compliments***; **6.** linkisch, ungeschickt; **7.** *hist.* morga'natisch, zur linken Hand (*Ehe*); **,~-'hand·er** *s.* **1.** Linkshänder(in); **2.** *Boxen*: Linke *f*.

left·ist ['leftıst] *pol.* **I** *s.* Linke(r *m*) *f*, 'Linkspo,litiker(in), -stehende(r *m*) *f*; **II** *adj.* linksgerichtet, -stehend, Links…

,left|-'lug·gage lock·er *s. Brit.* (Gepäck)Schließfach *n*; **,~-'lug·gage** (**of·fice**) *s. Brit.* Gepäckaufbewahrung(sstelle) *f*; **'~,o·ver I** *adj.* übrig(geblieben); **II** *s.* 'Überbleibsel *n*, (*bsd.* Speise)Rest *m*.

'left|-wing *adj. pol.* dem linken Flügel angehörend, Links…, *Person*: *a.* linksgerichtet, -stehend; **,~-'wing·er** *s.* **1.** → ***leftist*** I; **2.** *sport* Linksaußen *m*.

leg [leg] **I** *s.* **1.** a) Bein *n*, b) 'Unterschenkel *m*; → *Bes. Redew.*; **2.** (*Hammel- etc.*)Keule *f*: ***~ of mutton***; **3.** a) Bein *n* (*Hose, Strumpf*), b) Schaft *m* (*Stiefel*), **4.** a) Bein *n* (*Tisch etc.*), b) Stütze *f*, c) Schenkel *m* (*Zirkel etc.*, *a.* ⩓ *Dreieck*); **5.** E'tappe *f*, Abschnitt *m*, Teilstrecke *f*; **6.** *sport* a) E'tappe *f*, Teilstrecke *f*, b) Runde *f*, c) 'Durchgang *m*, Lauf *m*; **II** *v/i.* **7.** *mst* ***~ it*** F a) tippeln, marschieren, b) rennen;

Besondere Redewendungen:

on one's ~s a) stehend (*bsd. um e-e Rede zu halten*), b) auf den Beinen (*Ggs. bettlägerig*); ***be on one's last ~s*** es nicht mehr lange machen, ‚am Eingehen' sein, auf dem letzten Loch pfeifen; ***find one's ~s*** s-e Beine gebrauchen lernen, *fig.* sich finden; ***give s.o. a ~ up*** j-m (hin)aufhelfen, *fig.* j-m unter die Arme greifen; ***have not a ~ to stand on*** *fig.* keinerlei Beweise *od.* keine Chance haben; ***pull s.o.'s ~*** F j-n ‚auf den Arm nehmen' *od.* aufziehen; ***shake a ~*** a) F das Tanzbein schwingen, b) *sl.* ‚Tempo machen'; ***stand on one's own ~s*** auf eigenen Füßen stehen; ***stretch one's ~s*** sich die Beine vertreten.

leg·a·cy ['legəsı] *s.* ⚖ Le'gat *n*, Vermächtnis *n* (*a. fig.*), *fig. a.* Erbe *n*, *contp.* Hinter'lassenschaft *f*.

le·gal ['li:gl] *adj.* □ **1.** gesetzlich, rechtlich: ***~ holiday*** gesetzlicher Feiertag; ***~ reserves*** ✝ gesetzliche Rücklagen; **2.** le'gal: a) (rechtlich *od.* gesetzlich) zulässig, gesetzmäßig, b) rechtsgültig: ***~ claim***; ***not ~*** gesetzlich verboten *od.* nicht zulässig; ***make ~*** legalisieren; **3.** Rechts…, ju'ristisch: ***~ adviser*** Rechtsberater(in); ***~ aid*** Prozeßkostenhilfe *f*; ***~ capacity*** Geschäftsfähigkeit *f*; ***~ entity*** juristische Person; ***~ force*** Rechtskraft *f*; ***~ position*** Rechtslage *f*; ***~ remedy*** Rechtsmittel *n*; **4.** gerichtlich: ***a ~ decision***; ***take ~ action*** (*od.* ***steps***) ***against s.o.*** gegen j-n gerichtlich vorgehen; **le·gal·ese** [,li:gə'li:z] *s.* Ju'ristensprache *f*, -jar,gon *m*; **le·gal·i·ty** [li:'gælətı] *s.* Legali'tät *f*, Gesetzlichkeit *f*, Rechtmäßigkeit *f*, Zulässigkeit *f*.

le·gal·i·za·tion [,li:gəlaı'zeıʃn] *s.* Legalisierung *f*; **le·gal·ize** ['li:gəlaɪz] *v/t.* legalisieren, rechtskräftig machen, *a.* amtlich beglaubigen, beurkunden.

leg·ate[1] ['legɪt] *s.* (päpstlicher) Le'gat.

le·gate[2] [lɪ'geɪt] *v/t.* (testamen'tarisch) vermachen.

leg·a·tee [ˌlegə'ti:] *s.* ⚖ Lega'tar(in), Vermächtnisnehmer(in).

le·ga·tion [lɪ'geɪʃn] *s. pol.* Gesandtschaft *f*, Vertretung *f*.

leg·a·tor [ˌlegə'tɔ:; *Am.* lɪ'geɪtə] *s.* ⚖ Vermächtnisgeber(in), Erb-lasser(in).

leg·end ['ledʒənd] *s.* **1.** Sage *f*, (*a.* 'Heiligen)Leˌgende *f*; **2.** Le'gende *f*: a) erläuternder Text, Beschriftung *f*, 'Bildˌunterschrift *f*, b) Zeichenerklärung *f* (*auf Karten etc.*), c) Inschrift *f*; **3.** *fig.* legen'däre Gestalt *od.* Sache, Mythus *m*; '**leg·end·ar·y** [-dərɪ] *adj.* legen'där: a) sagenhaft, Sagen…, b) berühmt.

leg·er·de·main [ˌledʒədə'meɪn] *s.* Taschenspiele'rei *f*, *a. fig.* (Taschenspieler)Trick *m*.

-legged [legd] *adj. bsd. in Zssgn* mit (…) Beinen, …beinig; **leg·gings** ['legɪŋz] *s. pl.* **1.** (hohe) Ga'maschen *pl.*; **2.** 'Überhose *f*; **leg·gy** ['legɪ] *adj.* langbeinig.

leg·i·bil·i·ty [ˌledʒɪ'bɪlətɪ] *s.* Leserlichkeit *f*; **leg·i·ble** ['ledʒəbl] *adj.* □ (gut) leserlich.

le·gion ['li:dʒən] *s.* **1.** *antiq.* ⚔ Legi'on *f* (*a. fig. Unzahl*): ***their name is ~*** *fig.* ihre Zahl ist Legion; **2.** Legi'on *f*, (*bsd.* Frontkämpfer)Verband *m*: ***the American*** (***British***) ♀; ♀ ***of Hono***(***u***)***r*** *französische* Ehrenlegion; ***the*** (***Foreign***) ♀ die (französische) Fremdenlegion; '**legion·ar·y** [-dʒənərɪ] **I** *adj.* Legions…; **II** *s.* Legio'när *m*; **le·gion·naire** [ˌli:dʒə'neə] *s.* ('Fremden- *etc.*)Legioˌnär *m*.

leg·is·late ['ledʒɪsleɪt] **I** *v/i.* Gesetze erlassen; **II** *v/t.* durch Gesetze bewirken *od.* schaffen: ***~ away*** durch Gesetze abschaffen; **leg·is·la·tion** [ˌledʒɪs'leɪʃn] *s.* Gesetzgebung *f* (*a. weitS.* [erlassene] Gesetze *pl.*); '**leg·is·la·tive** [-lətɪv] **I** *adj.* □ **1.** gesetzgebend, legisla'tiv; **2.** Legislatur…, Gesetzgebungs…; **II** *s.* **3.** → ***legislature***; '**leg·is·la·tor** [-leɪtə] *s.* Gesetzgeber *m*; '**leg·is·la·ture** [-leɪtʃə] *s.* Legisla'tive *f*, gesetzgebende Körperschaft.

le·git [lɪ'dʒɪt] *sl. für **legitimate*** I, ***legitimate drama***.

le·git·i·ma·cy [lɪ'dʒɪtɪməsɪ] *s.* **1.** Legitimi'tät *f*: a) Rechtmäßigkeit *f*, b) Ehelichkeit *f*: ***~ of birth***, c) Berechtigung *f*, Gültigkeit *f*; **2.** (Folge)Richtigkeit *f*.

le·git·i·mate [lɪ'dʒɪtɪmət] **I** *adj.* □ **1.** legi'tim: a) gesetzmäßig, gesetzlich, b) rechtmäßig, berechtigt (*Forderung etc.*), c) ehelich: ***~ birth***; ***~ son***; **2.** (folge)richtig, begründet, einwandfrei; **II** *v/t.* [-meɪt] **3.** legitimieren: a) für gesetzmäßig erklären, b) ehelich machen; **4.** als (rechts)gültig anerkennen; **5.** rechtfertigen; ***~ dra·ma*** *s.* **1.** lite'rarisch wertvolles Drama; **2.** echtes Drama (*Ggs. Film etc.*).

le·git·i·ma·tion [lɪˌdʒɪtɪ'meɪʃn] *s.* Legitimati'on *f*: a) Legitimierung *f*, *a.* Ehelichkeitserklärung *f*, b) 'Ausweis(paˌpiere *pl.*) *m*; **le·git·i·ma·tize** [lɪ'dʒɪtɪmətaɪz], **le·git·i·mize** [lɪ'dʒɪtɪmaɪz] → ***legitimate*** 3, 4, 5.

leg·less ['leglɪs] *adj.* ohne Beine, beinlos.

'**leg**|**·man** *s.* [*irr.*] *bsd. Am.* **1.** Re'porter *m* (im Außendienst); **2.** ‚Laufbursche' *m*; '**~-pull** *s.* F Veräppelung *f*, Scherz *m*; '**~-room** [-rʊm] *s. mot.* Beinfreiheit *f*; '**~-show** *s.* F ‚Beinchenschau' *f*, Re'vue *f*.

leg·ume ['legju:m] *s.* **1.** ⚘ a) Hülsenfrucht *f*, b) Hülse *f* (*Frucht*); **2.** *mst pl.* a) Hülsenfrüchte *pl.* (*als Gemüse*), b) Gemüse *n*; **le·gu·mi·nous** [le'gju:mɪnəs] *adj.* Hülsen…; hülsentragend.

'**leg·work** *s.* F Laufe'rei *f*.

lei·sure ['leʒə] **I** *s.* **1.** Muße *f*, Freizeit *f*: ***at ~ → leisurely***; ***be at ~*** Zeit *od.* Muße haben; ***at your ~*** wenn es Ihnen (gerade) paßt; **2.** → ***leisureliness***; **II** *adj.* Muße…, frei: ***~ hours***; ***~ activities*** Freizeitbeschäftigungen *pl.*, -gestaltung *f*; ***~ industry*** Freizeitindustrie *f*; ***~ time*** Freizeit *f*; ***~ wear*** Freizeit(be)kleidung *f*; '**lei·sured** [-əd] *adj.* frei, unbeschäftigt, müßig: ***the ~ classes*** die begüterten Klassen; '**lei·sure·li·ness** [-lɪnɪs] *s.* Gemächlichkeit *f*, Gemütlichkeit *f*; '**lei·sure·ly** [-lɪ] *adj. u. adv.* gemächlich, gemütlich.

leit·mo·tiv, *a.* **leit·mo·tif** ['laɪtməʊˌti:f] *s. bsd.* ♪ 'Leitmoˌtiv *n*.

lem·ming ['lemɪŋ] *s. zo.* Lemming *m*.

lem·on ['lemən] **I** *s.* **1.** Zi'trone *f*; **2.** Zi'tronenbaum *m*; **3.** Zi'tronengelb *n*; **4.** *sl.* ‚Niete' *f*: a) ‚Flasche' *f* (*Person*), b) ‚Gurke' *f* (*Sache*): ***hand s.o. a ~*** ‚j-n schwer drankriegen'; **II** *adj.* **5.** zi'tronengelb; **lem·on·ade** [ˌlemə'neɪd] *s.* Zi'tronenlimoˌnade *f*.

lem·on| **dab** *s. ichth.* Rotzunge *f*; **~ sole** *s. ichth.* Seezunge *f*; **~ squash** *s. Brit.* Zi'tronenlimoˌnade *f*; **~ squeez·er** *s.* Zi'tronenpresse *f*.

le·mur ['li:mə] *s. zo.* Le'mur(e) *m*, Maki *m*.

lem·u·res ['lemjʊri:z] *s. pl. myth.* Le'muren *pl.* (*Gespenster*).

lend [lend] *v/t.* [*irr.*] **1.** (aus-, ver)leihen: ***~ s.o. money*** (*od.* ***money to s.o.***) j-m Geld leihen, an j-n Geld verleihen; **2.** *fig. Würde etc.* verleihen (***to*** *dat.*); **3.** *Hilfe etc.* leisten, gewähren: ***~ itself to*** sich eignen zu *od.* für (*Sache*); → ***ear***[1] 3, ***hand*** 1; **4.** *s-n Namen* hergeben (***to*** zu): ***~ o.s. to*** sich hergeben zu; **lend·er** ['lendə] *s.* Aus-, Verleiher(in), Geld-, Kre'ditgeber(in); **lend·ing li·brar·y** ['lendɪŋ] *s.* 'Leihbücheˌrei *f*.

ˌ**Lend-'Lease Act** *s. hist.* Leih-Pacht-Gesetz *n* (*1941*).

length [leŋθ] *s.* **1.** *allg.* Länge *f*: a) *als Maß*, *a.* Stück *n* (*Stoff etc.*): ***two feet in ~*** 2 Fuß lang, b) (*a.* lange) Strecke, c) 'Umfang *m* (*Buch, Liste etc.*), d) (*a.* lange) Dauer (*a. Phonetik*); **2.** *sport* Länge *f* (Vorsprung): ***win by a ~*** mit e-r Länge (Vorsprung) siegen;

Besondere Redewendungen:

at ~ a) lang, ausführlich, b) endlich, schließlich; ***at full ~*** a) in allen Einzelheiten, ganz ausführlich, b) der Länge nach (*hinfallen*); ***at great*** (***some***) ***~*** sehr (ziemlich) ausführlich; ***for any ~ of time*** für längere Zeit; (***over all***) ***the ~ and breadth of France*** in ganz Frankreich (herum); ***go*** (***to***) ***great ~s*** a) sehr weit gehen, b) sich sehr bemühen; ***he went*** (***to***) ***the ~ of asserting*** er ging so weit zu behaupten; ***go*** (***to***) ***all ~s*** aufs Ganze gehen, vor nichts zurückschrecken; ***go any ~*** alles (Erdenkliche) tun.

length·en ['leŋθən] **I** *v/t.* **1.** verlängern, länger machen; **2.** ausdehnen; **3.** *Wein etc.* strecken; **II** *v/i.* **4.** sich verlängern, länger werden; **5.** ***~ out*** sich in die Länge ziehen; '**length·en·ing** [-θənɪŋ] *s.* Verlängerung *f*.

length·i·ness ['leŋθɪnɪs] *s.* Langatmigkeit *f*, Weitschweifigkeit *f*.

'**length·ways** [-weɪz], *Am.* '**length·wise** *adv.* der Länge nach, längs.

length·y ['leŋθɪ] *adj.* □ **1.** (sehr) lang; **2.** *fig.* ermüdend *od.* 'übermäßig lang, langatmig.

le·ni·en·cy ['li:njənsɪ], *a.* **le·ni·ence** ['li:njəns] *s.* Milde *f*, Nachsicht *f*; '**le·ni·ent** [-nt] *adj.* □ mild(e), nachsichtig (***to***[***wards***] gegen'über).

lens [lenz] *s.* **1.** *anat.* Linse *f* (*a. phys.*, ⚙); **2.** *opt.* a) Linse *f*, b) Lupe *f*, (Vergrößerungs)Glas *n*; **3.** *phot.* Objek'tiv *n*, ‚Linse' *f*: ***~ aperture*** Blende *f*; ***~ screen*** Gegenlichtblende *f*.

lent[1] [lent] *pret. u. p.p. von **lend***.

Lent[2] [lent] *s.* Fasten(zeit *f*) *pl.*

len·tic·u·lar [len'tɪkjʊlə] *adj.* □ **1.** linsenförmig, *bsd. anat.* Linsen…; **2.** *phys.* bikon'vex.

len·til ['lentɪl] *s.* ⚘ Linse *f*.

Lent| **lil·y** *s.* ⚘ Nar'zisse *f*; **~ term** *s. Brit.* 'Frühjahrstriˌmester *n*.

Le·o ['li:əʊ] *s. ast.* Löwe *m*.

le·o·nine ['li:əʊnaɪn] *adj.* Löwen…

leop·ard ['lepəd] *s. zo.* Leo'pard *m*: ***black ~*** Schwarzer Panther; ***the ~ can't change its spots*** *fig.* die Katze läßt das Mausen nicht; **~ cat** *s. zo.* Ben'galkatze *f*.

le·o·tard ['li:əʊtɑ:d] *s.* Tri'kot(anzug *m*) *n*, *sport* Gym'nastikanzug *m*.

lep·er ['lepə] *s.* **1.** Leprakranke(r *m*) *f*; **2.** *fig.* Aussätzige(r *m*) *f*.

lep·i·dop·ter·ous [ˌlepɪ'dɒptərəs] *adj.* Schmetterlings…

lep·re·chaun ['leprəkɔ:n] *s. Ir.* Kobold *m*.

lep·ro·sy ['leprəsɪ] *s.* ⚕ Lepra *f*; '**lep·rous** [-əs] *adj.* a) leprakrank, b) le'prös, Lepra…

les·bi·an ['lezbɪən] **I** *adj.* lesbisch; **II** *s.* Lesbierin *f*; '**les·bi·an·ism** [-nɪzəm] *s.* lesbische Liebe, Lesbia'nismus *m*.

lese-maj·es·ty [ˌli:z'mædʒɪstɪ] *s.* **1.** *a. fig.* Maje'stätsbeleidigung *f*; **2.** Hochverrat *m*.

le·sion ['li:ʒn] *s.* **1.** Verletzung *f*, Wunde *f*; **2.** krankhafte Veränderung (*e-s Organs*).

less [les] **I** *adv.* (*comp. von **little***) weniger (***than*** als): ***a ~ known*** (*od.* ***~-known***) ***author*** ein weniger bekannter Autor; ***~ and ~*** immer weniger *od.* seltener; ***still*** (*od.* ***much***) ***~*** noch viel weniger, geschweige denn; ***the ~ so as*** (dies) um so weniger, als; **II** *adj.* (*comp. von **little***) geringer, kleiner, weniger: ***in ~ time*** in kürzerer Zeit; ***of ~ importance*** (***value***) von geringerer Bedeutung (von geringerem Wert); ***no ~ a person than Churchill***; *a.* ***Churchill, no ~*** kein Geringerer als Churchill; **III** *s.* weniger, e-e kleinere Menge *od.* Zahl, ein geringeres (Aus)Maß: ***for ~*** billiger; ***do with ~*** mit weniger auskommen; ***little ~ than robbery*** so gut wie *od.* schon fast Raub; ***nothing ~ than*** zumindest; ***nothing ~ than a disaster*** e-e echte Katastrophe; ***~ of that!*** hör auf damit!; **IV** *prp.* weniger, minus, ✝ abzüglich.

les·see [le'si:] *s.* Pächter(in) *od.* Mieter (-in), *von Investitionsgütern etc.*: *a.* Leasingnehmer(in).

less·en ['lesn] **I** *v/i.* sich vermindern *od.* verringern, abnehmen, geringer werden, nachlassen; **II** *v/t.* vermindern, -ringern, -kleinern; *fig.* her'absetzen, schmälern; **'less·en·ing** [-nɪŋ] *s.* Nachlassen *n*, Abnahme *f*, Verringerung *f*, -minderung *f*.

less·er ['lesə] *adj.* (*nur attr.*) kleiner, geringer; unbedeutender.

les·son ['lesn] *s.* **1.** Lekti'on *f* (*a. fig. Denkzettel, Strafe*), Übungsstück *n*, (*a.* Haus)Aufgabe *f*; **2.** (Lehr-, 'Unterrichts)Stunde *f*; *pl.* 'Unterricht *m*, Stunden *pl.*: ***give ~s*** Unterricht erteilen; ***take ~s from s.o.*** Stunden *od.* Unterricht bei j-m nehmen; **3.** *fig.* Lehre *f*: ***this was a ~ to me*** das war mir e-e Lehre; ***let this be a ~ to you*** laß dir das zur Lehre *od.* Warnung dienen; ***he has learnt his ~*** er hat s-e Lektion gelernt; **4.** *eccl.* Lesung *f*.

les·sor [le'sɔ:] *s.* Verpächter(in) *od.* Vermieter(in), *von Investitionsgütern etc.*: *a.* Leasinggeber(in).

lest [lest] *cj.* **1.** (*mst mit folgendem* ***should*** *konstr.*) daß *od.* da'mit nicht; aus Furcht, daß; **2.** (*nach Ausdrücken des Befürchtens*) daß: ***fear ~***.

let¹ [let] **I** *s.* **1.** *Brit.* F a) Vermietung *f*, b) Mietwohnung *f*, Mietshaus *n*: ***get a ~ for*** e-n Mieter finden für; **II** *v/t.* [*irr.*] **2.** lassen, *j-m* erlauben: ***~ him talk!*** laß ihn reden!; ***~ me help you*** lassen Sie mich Ihnen helfen; ***~ s.o. know*** j-n wissen lassen *od.* Bescheid sagen; ***~ into*** a) (her)einlassen in (*acc.*), b) *j-n* einweihen in *ein Geheimnis*, c) *Stück Stoff etc.* einsetzen in (*acc.*); ***~ s.o. off a penalty*** j-m e-e Strafe erlassen; ***~ s.o. off a promise*** j-n von e-m Versprechen entbinden; **3.** vermieten (***to*** an *acc.*, ***for*** auf *ein Jahr etc.*): ***"to ~"*** „zu vermieten"; **4.** *Arbeit etc.* vergeben (***to*** an *j-n*); **III** *v/aux.* [*irr.*] **5.** lassen, mögen, sollen (*zur Umschreibung des Imperativs der 1. u. 2. Person*): ***~ us go! Yes, ~'s!*** gehen wir! Ja, gehen wir! (*od.* Ja, einverstanden!); ***~ him go there at once!*** er soll sofort hingehen!; ***~'s not*** (F ***don't let's***) ***quarrel!*** wir wollen doch nicht streiten!; (***just***) ***~ them try*** das sollen sie nur versuchen; ***~ me see!*** Moment mal!; ***~ A be equal to B*** nehmen wir an, A ist gleich B; ***~ it be known that*** man soll *od.* alle sollen wissen, daß; **IV** *v/i.* [*irr.*] **6.** sich vermieten (lassen) (***at***, ***for*** für);

Besondere Redewendungen:

~ alone a) geschweige denn, ganz zu schweigen von, b) → ***let alone***; ***~ loose*** loslassen; ***~ be*** a) *et.* sein lassen, die Finger lassen von, b) *et. od. j-n* in Ruhe lassen; ***~ fall*** a) (*a. fig. Bemerkung*) fallen lassen, b) ⟂ *Senkrechte* fällen (***on, upon*** auf *acc.*); ***~ fly*** a) *et.* abschießen, *fig. et.* vom Stapel lassen, b) (*v/i.*) schießen (***at*** auf *acc.*), c) *fig.* vom Leder ziehen, grob werden; ***~ go*** a) loslassen, fahren lassen, b) es sausen lassen, c) drauf'los rasen *od.* schießen *etc.*, d) loslegen; ***~ o.s. go*** a) sich gehenlassen, b) aus sich herausgehen; ***~ go of s.th.*** et. loslassen; ***~ it go at that*** laß es dabei bewenden;

Zssgn mit adv.:

let| a·lone *v/t.* **1.** al'lein lassen, verlassen; **2.** *j-n od. et.* in Ruhe lassen; *et.* sein lassen; die Finger von *et.* lassen (*a. fig.*): ***let well alone*** lieber die Finger davon lassen; **~ down** *v/t.* **1.** hin'unter- *od.* her'unterlassen: ***let s.o. down gently*** mit j-m glimpflich verfahren; **2.** a) *j-n* im Stich lassen (***on*** bei), b) *j-n* enttäuschen, c) *j-n* blamieren; **3.** die Luft aus *e-m Reifen* lassen; **~ in** *v/t.* **1.** (her)'einlassen; **2.** *Stück etc.* einlassen, -setzen; **3.** einweihen (***on*** in *acc.*); **4.** ***let s.o. in for*** j-m *et.* aufhalsen *od.* einbrocken; ***let o.s. in for*** sich *et.* einbrokken *od.* einhandeln, sich auf *et.* einlassen; **~ off** *v/t.* **1.** *Sprengladung etc.* loslassen, *Gewehr etc.* abfeuern; *Gas etc.* ablassen; → ***steam*** 1; **2.** *Witz etc.* vom Stapel lassen; **3.** *j-n* laufen *od.* gehen lassen, *mit e-r Geldstrafe etc.* da'vonkommen lassen; **~ on** F **I** *v/i.* **1.** ‚plaudern' (*Geheimnis verraten*); **2.** vorgeben, so tun als ob; **II** *v/t.* **3.** ‚ausplaudern', verraten; **4.** sich *et.* anmerken lassen; **~ out** *v/t.* **1.** hin'aus- *od.* her'auslassen; **2.** *Kleid* auslassen; **3.** *Geheimnis* ausplaudern; **4.** → ***let¹*** 3, 4; **~ up** *v/i.* F **1.** a) nachlassen, b) aufhören; **2.** ~ ***on*** ablassen von, *j-n* in Ruhe lassen.

let² [let] *s.* **1.** *Tennis*: Netzaufschlag *m*, Netz(ball *m*) *n*; **2.** ***without ~ or hindrance*** völlig unbehindert.

'let·down *s.* **1.** Nachlassen *n*; **2.** F Enttäuschung *f*; **3.** ✈ Her'untergehen *n*.

le·thal ['li:θl] *adj.* **1.** tödlich, todbringend; **2.** Todes…

le·thar·gic, le·thar·gi·cal [lɪ'θɑ:dʒɪk(l)] *adj.* ☐ le'thargisch: a) ⚕ schlafsüchtig, b) teilnahmslos, stumpf, träg(e); **leth·ar·gy** ['leθədʒɪ] *s.* Lethar'gie *f*: a) Teilnahmslosigkeit *f*, Stumpfheit *f*, b) ⚕ Schlafsucht *f*.

Le·the ['li:θi:] *s.* **1.** Lethe *f* (*Fluß des Vergessens im Hades*); **2.** *poet.* Vergessen(heit *f*) *n*.

Lett [let] → ***Latvian***.

let·ter ['letə] **I** *s.* **1.** Buchstabe *m* (*a. fig. buchstäblicher Sinn*): ***to the ~*** *fig.* buchstabengetreu, (ganz) exakt; ***the ~ of the law*** der Buchstabe des Gesetzes; ***in ~ and in spirit*** dem Buchstaben u. dem Sinne nach; **2.** Brief *m*, Schreiben *n* (***to*** an *acc.*): ***by ~*** brieflich, schriftlich; ***~ of application*** Bewerbungsschreiben; ***~ of attorney*** ⚖ Vollmacht *f*; ***~ of credit*** ✝ Akkreditiv *n*; **3.** *pl.* Urkunde *f*: ***~s of administration*** ✝ Nachlaßverwalter-Zeugnis *n*; ***~s testamentary*** Testamentsvollstrecker-Zeugnis *n*; ***~s*** (*od.* ***~***) ***of credence***, ***~s credential*** *pol.* Beglaubigungsschreiben *n*; ***~s patent*** ✝ (*sg. od. pl. konstr.*) Patent(urkunde *f*) *n*; **4.** *typ.* a) Letter *f*, Type *f*, b) *coll.* Lettern *pl.*, Typen *pl.*, c) Schrift(art) *f*; **5.** *pl.* a) (schöne) Litera'tur, b) Bildung *f*, c) Wissenschaft *f*: ***man of ~s*** a) Literat *m*, b) Gelehrter *m*; **II** *v/t.* **6.** beschriften; mit Buchstaben bezeichnen; *Buch* betiteln.

let·ter| bomb *s.* Briefbombe *f*; **'~·box** *s.* *bsd. Brit.* Briefkasten *m*; **~ card** *s.* Briefkarte *f*.

let·tered ['letəd] *adj.* **1.** a) (lite'rarisch) gebildet, b) gelehrt; **2.** beschriftet, bedruckt.

let·ter| file *s.* Briefordner *m*; **'~,found·er** *s. typ.* Schriftgießer *m*.

'let·ter·head *s.* **1.** (gedruckter) Briefkopf; **2.** 'Kopfpa,pier *n*.

let·ter·ing ['letərɪŋ] *s.* Aufdruck *m*, Beschriftung *f*.

,let·ter-'per·fect *adj.* **1.** *thea.* rollensicher; **2.** *allg.* buchstabengetreu.

'let·ter|·press *s. typ.* **1.** (Druck)Text *m*; **2.** Hoch-, Buchdruck *m*; **~ scales** *s. pl.* Briefwaage *f*; **'~·weight** *s.* Briefbeschwerer *m*.

Let·tish ['letɪʃ] → ***Latvian***.

let·tuce ['letɪs] *s.* ⚘ (*bsd.* 'Kopf)Sa,lat *m*.

'let-up *s.* F Nachlassen *n*, Aufhören *n*, Unter'brechung *f*: ***without ~*** unaufhörlich.

leu·co·cyte ['lju:kəʊsaɪt] *s. physiol.* Leuko'zyte *f*, weißes Blutkörperchen.

leu·co·ma [lju:'kəʊmə] *s.* ⚕ Leu'kom *n* (*Hornhauttrübung*).

leu·k(a)e·mi·a [lju:'ki:mɪə] *s.* ⚕ Leukä'mie *f*.

Le·van·tine ['levəntaɪn] **I** *s.* Levan'tiner (-in); **II** *adj.* levan'tinisch.

lev·ee¹ ['levɪ] *s.* (Ufer-, Schutz)Damm *m*, (Fluß)Deich *m*.

lev·ee² ['levɪ] *s.* **1.** *hist.* Le'ver *n*, Morgenempfang *m* (*e-s Fürsten*); **2.** *Brit.* Nachmittagsempfang *m*; **3.** *allg.* Empfang *m*.

lev·el ['levl] **I** *s.* **1.** Ebene *f* (*a. geogr.*), ebene Fläche; **2.** Horizon'tale *f*, Waagrechte *f*; **3.** Höhe *f* (*a. geogr.*), (*Meeres-, Wasser-, physiol. Alkohol-, Blutzucker- etc.*)Spiegel *m*, (*Geräusch-, Wasser*)Pegel *m*: ***on a ~*** (***with***) auf gleicher Höhe (mit); ***he's on the ~*** F a) er ist ‚in Ordnung', b) er meint es ehrlich; **4.** *fig.* (*a. geistiges*) Ni'veau, Stand *m*, Grad *m*, Stufe *f*: ***high ~ of education***; ***the ~ of prices*** das Preisniveau; ***low production ~*** niedriger Produktionsstand; ***come down to the ~ of others*** sich auf das Niveau anderer begeben; ***sink to the ~ of cut-throat practices*** auf das Niveau von Halsabschneidern absinken; ***find one's ~*** *fig.* den Platz einnehmen, der e-m zukommt; **5.** (*politische etc.*) Ebene: ***a conference at*** (*od.* ***on***) ***the highest ~*** e-e Konferenz auf höchster Ebene; **6.** ⚙ a) Li'belle *f*, b) Wasserwaage *f*; **7.** ⚙, *surv.* Nivel'lierinstru,ment *n*; **8.** ⚒ a) Sohle *f*, b) Sohlenstrecke *f*; **II** *adj.* **9.** eben: ***a ~ road***; **10.** horizon'tal, waag(e)recht; **11.** gleich (*a. fig.*): ***~ crossing*** schienengleicher Übergang; ***a ~ teaspoon***(***ful***) ein gestrichener Teelöffel (voll); ***~*** (***with***) a) auf gleicher Höhe (mit), b) gleich hoch (wie); ***draw ~ with*** *j-n* einholen, *fig. a.* mit *j-m* gleichziehen; ***~ with the ground*** a) zu ebener Erde, b) in Bodenhöhe; ***make ~ with the ground*** dem Erdboden gleichmachen; **12.** ausgeglichen: ***~ race*** *a.* Kopf-an-Kopf-Rennen *n*; ***~ stress*** *ling.* schwebende Betonung; ***~ temperature*** gleichbleibende Temperatur; **13.** a) vernünftig, b) ausgeglichen (*Person*), c) kühl, ruhig (*a. Stimme*), d) ausgewogen (*Urteil*); **14.** F ‚anständig', ehrlich, fair; **III** *v/t.*

15. (ein)ebnen, planieren: ~ (***with the ground***) dem Erdboden gleichmachen; **16.** *j-n* zu Boden schlagen; **17.** *fig.* a) gleichmachen, nivellieren, ‚einebnen', b) *Unterschiede* aufheben, c) ausgleichen; **18.** in horizon'tale Lage bringen; **19.** (***at, against***) a) *Waffe, Blick, a. Kritik etc.* richten (auf *acc.*), b) *Anklage* erheben (gegen); **IV** *v/i.* **20.** zielen (***at*** auf *acc.*); **21.** ~ ***with s.o.*** F j-m gegenüber ehrlich sein; ~ **down** *v/t.* **1.** *Löhne, Preise etc.* nach unten angleichen; **2.** auf ein tieferes Ni'veau her'abdrücken; ~ **off** *od.* **out I** *v/t.* (*v/i.* das Flugzeug) abfangen *od.* aufrichten; **II** *v/i. fig.* sich einpendeln (***at*** bei); ~ **up** *v/t.* **1.** (nach oben) angleichen; **2.** auf ein höheres Ni'veau heben.

,lev·el-'head·ed *adj.* vernünftig, nüchtern, klar.

lev·el·(l)er ['levlə] *s. sociol.* ‚Gleichmacher' *m* (*Faktor*).

le·ver ['li:və] **I** *s.* **1.** ⚙, *phys.* a) Hebel *m*, b) Brechstange *f*; **2.** ⚙ Anker *m* (*der Uhr*): ~ ***escapement*** Ankerhemmung *f*; ~ ***watch*** Ankeruhr *f*; **3.** *fig.* Druckmittel *n*; **II** *v/t.* **4.** hebeln, mit e-m Hebel bewegen, (hoch- *etc.*)stemmen: ~ ***up***; **'le·ver·age** [-vərɪdʒ] *s.* **1.** ⚙ Hebelkraft *f*, -wirkung *f*; **2.** *fig.* a) Einfluß *m*, b) Druckmittel *n*: ***put*** ~ ***on s.o.*** j-n unter Druck setzen.

lev·er·et ['levərɪt] *s.* Junghase *m*, Häschen *n*.

le·vi·a·than [lɪ'vaɪəθn] *s. bibl.* Levi'athan *m*, (See)Ungeheuer *n*; *fig.* Ungetüm *n*, Gi'gant *m*.

lev·i·tate ['levɪteɪt] *v/i. u. v/t.* (frei) schweben (lassen); **lev·i·ta·tion** [,levɪ'teɪʃn] *s.* Levitati'on *f*, (freies) Schweben.

lev·i·ty ['levətɪ] *s.* Leichtfertigkeit *f*, Frivoli'tät *f*.

lev·y ['levɪ] **I** *s.* **1.** ✝ a) Erhebung *f* (*von Steuern etc.*), b) Abgabe *f*: ***capital*** ~ Kapitalabgabe, c) Beitrag *m*, 'Umlage *f*; **2.** ⚖ Voll'streckungsvoll,zug *m*; **3.** ⚔ a) Aushebung *f*, b) *a. pl.* ausgehobene Truppen *pl.*, Aufgebot *n*; **II** *v/t.* **4.** *Steuern etc.* erheben, *a. Geldstrafe* auferlegen (***on*** *dat.*); **5.** a) beschlagnahmen, b) *Beschlagnahme* 'durchführen; **6.** ⚔ a) *Truppen* ausheben, b) *Krieg* anfangen *od.* führen ([***up***]***on*** gegen).

lewd [lu:d] *adj.* □ **1.** lüstern, geil; **2.** unanständig, schmutzig; **'lewd·ness** [-nɪs] *s.* **1.** Lüsternheit *f*; **2.** Unanständigkeit *f*.

lex·i·cal ['leksɪkl] *adj.* □ lexi'kalisch; **lex·i·cog·ra·pher** [,leksɪ'kɒgrəfə] *s.* Lexiko'graph(in), Wörterbuchverfasser (-in); **lex·i·co·graph·ic, lex·i·co·graph·i·cal** [,leksɪkəʊ'græfɪk(l)] *adj.* □ lexiko'graphisch; **lex·i·cog·ra·phy** [,leksɪ'kɒgrəfɪ] *s.* Lexikogra'phie *f*; **lex·i·col·o·gy** [,leksɪ'kɒlədʒɪ] *s.* Lexikolo'gie *f*; **'lex·i·con** [-kən] *s.* Lexikon *n*.

li·a·bil·i·ty [,laɪə'bɪlətɪ] *s.* **1.** ✝, ⚖ a) Verpflichtung *f*, Verbindlichkeit *f*, Schuld *f*, *Bilanz*: Passivposten *m*, *pl.* Pas'siva *pl.*, b) Haftung *f*, Haftpflicht *f*, Haftbarkeit *f*: ~ ***insurance*** Haftpflichtversicherung *f*; → ***limited*** I, c) (*Beitrags-, Schadensersatz- etc.*)Pflicht *f*: ~ ***for damages***; **2.** Verantwortlichkeit *f*: ***criminal*** ~ strafrechtliche Verantwortung; **3.** Ausgesetztsein *n*, Unter'worfensein *n* (***to s.th.*** e-r Sache): ~ ***to penalty*** Strafbarkeit *f*; **4.** (***to***) Hang *m* (zu), Anfälligkeit *f* (für).

li·a·ble ['laɪəbl] *adj.* **1.** ✝, ⚖ verantwortlich, haftbar, -pflichtig (***for*** für): ***be*** ~ ***for*** haften für; ***hold s.o.*** ~ j-n haftbar machen; **2.** verpflichtet (***for*** zu); (*steuer- etc.*)pflichtig: ~ ***to*** (*od.* ***for***) ***military service*** wehrpflichtig; **3.** (***to***) neigend (zu), ausgesetzt (*dat.*), unter'worfen (*dat.*): ***be*** ~ ***to*** a) *e-r Sache* ausgesetzt sein *od.* unterliegen, b) (*mit inf.*) leicht *et. tun* (können), in Gefahr sein *vergessen etc.* zu *werden*, c) (*mit inf.*) *et.* wahrscheinlich *tun*: ***be*** ~ ***to a fine*** e-r Geldstrafe unterliegen; ~ ***to prosecution*** strafbar.

li·aise [lɪ'eɪz] *v/i.* (***with***) als Verbindungsmann fungieren (zu), die Verbindung aufrechterhalten (mit).

li·ai·son [li:'eɪzɔ̃:ŋ, ⚔ -zən] (*Fr.*) *s.* **1.** Zs.-arbeit *f*, Verbindung *f*: ~ ***officer*** a) ⚔ Verbindungsoffizier *m*, b) Verbindungsmann *m*; **2.** Liai'son *f*: a) (Liebes-) Verhältnis *n*, b) *ling.* Bindung *f*.

li·a·na [lɪ'ɑ:nə] *s.* ⚘ Li'ane *f*.

li·ar ['laɪə] *s.* Lügner(in).

Li·as ['laɪəs] *s. geol.* Lias *m, f*, schwarzer Jura.

li·ba·tion [laɪ'beɪʃn] *s.* **1.** Trankopfer *n*; **2.** *humor.* Zeche'rei *f*.

li·bel ['laɪbl] **I** *s.* **1.** ⚖ a) Verleumdung *f*, üble Nachrede, Beleidigung *f* (*durch e-e Veröffentlichung*) (***of, on*** *gen.*), b) Klageschrift *f*; **2.** *allg.* (***on***) Verleumdung *f* (*gen.*), Beleidigung *f* (*gen.*), Hohn *m* (auf *acc.*); **II** *v/t.* **3.** ⚖ (schriftlich *etc.*) verleumden; **4.** *allg.* verunglimpfen; **'li·bel·(l)ant** [-lənt] *s.* ⚖ Kläger(in); **li·bel·(l)ee** [,laɪbə'li:] *s.* ⚖ Beklagte(r *m*) *f*; **'li·bel·(l)ous** [-bləs] *adj.* □ verleumderisch.

lib·er·al ['lɪbərəl] **I** *adj.* □ **1.** libe'ral, frei(sinnig), vorurteilsfrei, aufgeschlossen; **2.** großzügig: a) freigebig (***of*** mit), b) reichlich (bemessen): ***a*** ~ ***gift*** ein großzügiges Geschenk; ***a*** ~ ***quantity*** e-e reichliche Menge, c) frei, weitherzig: ~ ***interpretation***, d) allgemein(bildend): ~ ***education*** allgemeinbildende Erziehung *od.* (gute) Allgemeinbildung; ~ ***profession*** freier Beruf; **3.** *mst* ♀ *pol.* libe'ral: ♀ ***Party***; **II** *s.* **4.** *oft* ♀ *pol.* Libe'rale(r *m*) *f*; ~ **arts** *s. pl.* Geisteswissenschaften *pl.* (*Philosophie, Literatur, Sprachen, Soziologie etc.*).

lib·er·al·ism ['lɪbərəlɪzəm] *s.* **1.** → ***liberality*** b; **2.** ♀ *pol.* Libera'lismus *m*; **lib·er·al·i·ty** [,lɪbə'rælətɪ] *s.* Großzügigkeit *f*: a) Freigebigkeit *f*, b) libe'rale Einstellung, Liberali'tät *f*; **lib·er·al·i·za·tion** [,lɪbərəlaɪ'zeɪʃn] *s.* ✝, *pol.* Liberalisierung *f*; **'lib·er·al·ize** [-laɪz] *v/t.* ✝, *pol.* liberalisieren.

lib·er·ate ['lɪbəreɪt] *v/t.* **1.** befreien (***from*** von) (*a. fig.*); **2.** ⚗ freisetzen; **lib·er·a·tion** [,lɪbə'reɪʃn] *s.* **1.** Befreiung *f*; **2.** ⚗ Freisetzen *n od.* -werden *n*; **'lib·er·a·tor** [-tə] *s.* Befreier *m*.

Li·be·ri·an [laɪ'bɪərɪən] **I** *s.* Li'berier(in); **II** *adj.* li'berisch.

lib·er·tin·age ['lɪbətɪnɪdʒ] → ***libertinism***; **'lib·er·tine** [-ti:n] *s.* Wüstling *m*; **'lib·er·tin·ism** [-tɪnɪzəm] *s.* Sittenlosigkeit *f*, Liberti'nismus *m*.

lib·er·ty ['lɪbətɪ] *s.* **1.** Freiheit *f*: a) per'sönliche *etc.* Freiheit: ***religious*** ~ Religionsfreiheit, b) freie Wahl, Erlaubnis *f*: ***large*** ~ ***of action*** weitgehende Handlungsfreiheit, c) *mst pl.* Privi'leg *n*, (Vor)Recht *n*, d) *b.s.* Ungehörigkeit *f*, Frechheit *f*; **2.** *hist. Brit.* Freibezirk *m* (*e-r Stadt*);

Besondere Redewendungen:

at ~ a) in Freiheit, frei, b) berechtigt, c) unbenützt; ***be at*** ~ ***to do s.th.*** et. tun dürfen; ***you are at*** ~ ***to go*** es steht Ihnen frei zu gehen, Sie können gehen; ***set at*** ~ in Freiheit setzen, freilassen; ***take the*** ~ ***to do*** (*od.* ***of doing***) ***s.th.*** sich die Freiheit nehmen, et. zu tun; ***take liberties with*** a) sich Freiheiten gegen *j-n* herausnehmen, b) willkürlich mit *et.* umgehen.

li·bid·i·nous [lɪ'bɪdɪnəs] *adj.* □ lüstern, triebhaft, *psych.* libidi'nös, wollüstig;

li·bi·do [lɪ'bi:dəʊ] *s. psych.* Li'bido *f*.

Li·bra ['laɪbrə] *s. ast.* Waage *f*; **'Li·bran** [-rən] *s.* Waage(mensch *m*) *f*.

li·brar·i·an [laɪ'breərɪən] *s.* Bibliothe'kar (-in); **li'brar·i·an·ship** [-ʃɪp] *s.* **1.** Bibliothe'karsstelle *f*; **2.** Biblio'thekswissenschaft *f*.

li·brar·y ['laɪbrərɪ] *s.* **1.** Biblio'thek *f*: a) *öffentliche* Büche'rei, b) *private* Büchersammlung, c) Studierzimmer *n*, d) Buchreihe *f*; **2.** Schallplattensammlung *f*; ~ **sci·ence** → ***librarianship*** 2.

li·bret·to [lɪ'bretəʊ] *s.* ♪ Li'bretto *n*, Text(buch *n*) *m*.

Lib·y·an ['lɪbɪən] **I** *adj.* libysch; **II** *s.* Libyer(in).

lice [laɪs] *pl. von* ***louse***.

li·cence ['laɪsəns] **I** *s.* **1.** Erlaubnis *f*, Genehmigung *f*; **2.** (*a.* ✝ *Export-, Herstellungs-, Patent-, Verkaufs*)Li'zenz *f*, Konzessi'on *f*, behördliche Genehmigung, *z.B.* Schankerlaubnis *f*; amtlicher Zulassungsschein, Zulassung *f*, (*Führer-, Jagd-, Waffen- etc.*)Schein *m*: ~ ***fee*** Lizenz- *od.* Konzessionsgebühr *f*; ~ ***holder*** Führerscheininhaber *m*; ~ ***number*** *mot.* Kraftfahrzeug- *od.* Kfz-Nummer *f*; ~ ***plate*** *mot.* amtliches *od.* polizeiliches Kennzeichen, Nummernschild *n*; ~ ***to practise medicine*** (ärztliche) Approbation; **3.** Heiratserlaubnis *f*; **4.** (*künstlerische, dichterische*) Freiheit; **5.** Zügellosigkeit *f*; **II** *v/t.* **6.** → ***license*** I; **'li·cense** [-ns] **I** *v/t.* **1.** *j-m* e-e (behördliche) Genehmigung *od.* e-e Li'zenz *od.* e-e Konzessi'on erteilen; **2.** *et.* lizenzieren, konzessionieren, (amtlich) genehmigen *od.* zulassen; **3.** *Buch* zur Veröffentlichung *od. Theaterstück* zur Aufführung freigeben; **4.** *j-n* ermächtigen; **II** *s.* **5.** *Am.* → ***licence*** I; **'li·censed** [-st] *adj.* **1.** konzessioniert, lizenziert, amtlich zugelassen: ~ ***house*** (*od.* ***premises***) Lokal *n* mit Schankkonzession; **2.** Lizenz…: ~ ***construction*** Lizenzbau *m*; **3.** privilegiert; **li·cen·see** [,laɪsən'si:] *s.* **1.** Li'zenznehmer(in); **2.** Konzessi'onsinhaber(in); **'li·cens·er** [-sə] *s.* Li'zenzgeber *m*, Konzessi'onserteiler *m*; **li·cen·ti·ate** [laɪ'senʃɪət] *s. univ.* **1.** Lizenti'at *m*; **2.** (*Grad*) Lizenti'at *n*.

li·cen·tious [laɪ'senʃəs] *adj.* □ unzüchtig, ausschweifend, lasterhaft.

li·chen ['laɪkən] *s.* ⚘, ⚕ Flechte *f*.

lich gate [lɪtʃ] *s. überdachtes* Friedhofstor.

lick [lɪk] **I** *v/t.* **1.** (be-, ab)lecken, lecken

an (*dat.*): **~ off** ablecken; **~ up** auflekken; **~ one's lips** sich die Lippen lekken; **~ s.o.'s boots** *fig.* vor j-m kriechen; **~ into shape** *fig.* in die richtige Form bringen, zurechtbiegen, -stutzen; → **dust** 1; **2.** F a) *j-n* ‚verdreschen', b) schlagen, besiegen, c) über'treffen, ‚schlagen': **this ~s everything!**, d) *et.* ‚schaffen', fertigwerden mit *e-m Problem*: **we have got it ~ed!**; **II** *v/i.* **3.** lecken (**at** an *dat.*), *fig. a.* a) plätschern (*Welle*), b) züngeln (*Flamme*); **III** *s.* **4.** Lecken *n*: **give s.th. a ~** an et. lecken; **a ~ and a promise** e-e flüchtige Arbeit *etc.*, *bsd.* e-e ‚Katzenwäsche'; **5.** (*ein*) bißchen: **a ~ of paint**; **he didn't do a ~ of work** *Am.* F er hat keinen Strich getan; **6.** F a) Schlag *m*, b) ‚Tempo' *n*: (**at**) **full ~** mit größter Geschwindigkeit; **7.** Salzlecke *f*.

ˌ**lick·e·ty-'split** [ˌlɪkətɪ-] *adv. Am.* F wie der Blitz.

lick·ing ['lɪkɪŋ] *s.* **1.** Lecken *n*; **2.** F (Tracht *f*) Prügel *pl.*, Abreibung *f* (*a. fig. Niederlage*).

'**lickˌspit·tle** *s.* Speichellecker *m*.

lic·o·rice ['lɪkərɪs] → **liquorice**.

lid [lɪd] *s.* **1.** Deckel *m* (*a.* F *Hut*): **put the ~ on s.th.** *Brit.* F a) e-r Sache die Krone aufsetzen, b) et. endgültig ‚erledigen'; **clamp** (*od.* **put**) **the ~ on s.th.** *Am.* a) et. verbieten, b) scharf vorgehen gegen et., c) et. (*Nachricht etc.*) sperren; **2.** (Augen)Lid *n*.

li·do ['li:dəʊ] *s. Brit.* Frei- *od.* Strandbad *n*.

lie¹ [laɪ] **I** *s.* Lüge *f*, Schwindel *m*: **tell a ~** (*od.* **lies**) lügen; → **white lie**; **give s.o. the ~** j-n der Lüge bezichtigen; **give the ~ to** *et. od. j-n* Lügen strafen; **he lived a ~** sein Leben war e-e einzige Lüge; **II** *v/i.* lügen: **~ to s.o.** a) j-n belügen, j-n anlügen, b) j-m vorlügen (**that** daß).

lie² [laɪ] **I** *s.* **1.** Lage *f* (*a. fig.*): **the ~ of the land** *Brit. fig.* die Lage (der Dinge); **II** *v/i.* [*irr.*] **2.** *allg.* liegen: a) *im Bett*, *im Hinterhalt*, *in Trümmern etc.* liegen, b) *ausgebreitet*, *tot etc.* daliegen, c) begraben sein, ruhen, d) gelegen sein, sich befinden, e) lasten (**on** auf *der Seele*, im *Magen etc.*), f) begründet liegen, bestehen (**in** in *dat.*): **~ dying** im Sterben liegen; **~ behind** *fig.* a) hinter *j-m* liegen (*Erlebnis etc.*), b) dahinterstecken (*Motiv etc.*); **~ in s.o.'s way** j-m zur Hand *od.* möglich sein, *a.* in j-s Fach schlagen; **his talents do not ~ that way** dazu hat er kein Talent; **~ on s.o.** ⚖ j-m obliegen; **~ under a suspicion** unter e-m Verdacht stehen; **~ under a sentence of death** zum Tode verurteilt sein; **~ with s.o.** *obs. od. bibl.* j-m beischlafen, mit j-m schlafen; **as far as ~s with me** soweit es in m-n Kräften steht; **it ~s with you to do it** es liegt an dir, es zu tun; **3.** sich (hin)legen: **~ on your back!** leg dich auf den Rücken!; **4.** führen, verlaufen (*Straße etc.*); **5.** ⚖ zulässig sein (*Klage etc.*): **appeal ~s to the Supreme Court** Rechtsmittel können beim Obersten Gericht eingelegt werden;

Zssgn mit adv.:

lie| back *v/i.* sich zu'rücklegen; *fig.* die Hände in den Schoß legen; **~ down** *v/i.* **1.** sich hinlegen; **2. ~ under**, **take lying down** *Beleidigung etc.* widerspruchslos hinnehmen, sich *et.* gefallen lassen: **we won't take that lying down!** das lassen wir uns nicht (so einfach) bieten!; **~ in** *v/i.* **1.** im Bett bleiben; **2.** im Wochenbett liegen; **~ off** *v/i.* **1.** ⚓ vom Land *etc.* abhalten; **2.** *fig.* pausieren; **~ low** *v/i.* sich versteckt halten; **~ o·ver** *v/i.* liegenbleiben, aufgeschoben werden; **~ to** *v/i.* ⚓ beiliegen; **~ up** *v/i.* **1.** ruhen (*a. fig.*); **2.** das Bett *od.* das Zimmer hüten (müssen); **3.** außer Betrieb sein.

lied [li:d] *pl.* **lie·der** ['li:də] (*Ger.*) *s.* ♪ (*deutsches* Kunst)Lied.

lie de·tec·tor *s.* 'Lügendeˌtektor *m*.

'**lie-down** *s.* F Schläfchen *n*.

lief [li:f] *adv. obs.* gern: **~er than** lieber als; **I had** (*od.* **would**) **as ~** ... ich würde eher *sterben etc.*, ich *ginge etc.* ebensogern.

liege [li:dʒ] **I** *s.* **1.** *a.* **~ lord** Leh(e)nsherr *m*; **2.** *a.* **~man** Leh(e)nsmann *m*; **II** *adj.* **3.** Leh(e)ns...

lien [lɪən] *s.* ⚖ (**on**) Pfandrecht *n* (**an** *dat.*), Zu'rückbehaltungsrecht *n* (auf *acc.*).

lieu [lju:] *s.*: **in ~ of** an Stelle von (*od. gen.*), anstatt (*gen.*); **in ~** (**of that**) statt dessen.

lieu·ten·an·cy [*Brit.* lef'tenənsɪ; ⚓ le't-; *Am.* lu:'t-] *s.* ⚔, ⚓ Leutnantsrang *m*.

lieu·ten·ant [*Brit.* lef'tenənt; ⚓ le't-; *Am.* lu:'t-] *s.* **1.** ⚔, ⚓ a) *allg.* Leutnant *m*, b) *Brit.* (*Am.* **first ~**) Oberleutnant *m*, c) ⚓ (*Am. a.* **~ senior grade**) Kapi'tänleutnant *m*: **~ junior grade** *Am.* Oberleutnant zur See; **2.** Statthalter *m*; **3.** *fig.* rechte Hand, ‚Adju'tant'; **~ colo·nel** *s.* ⚔ Oberst'leutnant *m*; **~ com·mand·er** *s.* ⚓ Kor'vettenkapiˌtän *m*; **~ gen·er·al** *s.* ⚔ Gene'ralleutnant *m*; **~ gov·er·nor** *s.* 'Vizegouverˌneur *m* (*im brit. Commonwealth od. e-s amer. Bundesstaates*).

life [laɪf] *pl.* **lives** [laɪvz] *s.* **1.** (*organisches*) Leben; → **large** 1; **2.** Leben *n*: a) Lebenserscheinungen *pl.*, b) Lebewesen *pl.*: **there is no ~ on the moon**; **plant ~** Pflanzen(welt *f*) *pl.*; **3.** (Menschen)Leben *n*: **they lost their lives** sie kamen ums Leben; **three lives were lost** drei Menschenleben sind zu beklagen; **~ and limb** Leib u. Leben; **4.** Leben *n* (*e-s Einzelwesens*): **it is a matter of ~ and death** es geht um Leben oder Tod; **early in ~** in jungen Jahren, (schon) früh; **5.** Leben *n*, Lebenszeit *f*, *a.* ⚙ Lebensdauer *f*: **all his ~** sein ganzes Leben (lang); **6.** Leben(skraft *f*) *n*: **there is still ~ in the old dog yet!** *humor.* so alt u. klapprig bin ich (*od.* ist er) noch gar nicht!; **7.** a) Bestehen *n*, b) ⚖, ✝ Gültigkeitsdauer *f*, Laufzeit *f*: **the ~ of a contract** (**an insurance**, **patent**, *etc.*), c) *parl.* Legisla'turperiˌode *f*; **8.** Lebensweise *f*, -führung *f*, -wandel *m*; Leben *n*: **lead an honest ~** ein ehrbares Leben führen; **lead the ~ of Riley** F leben wie Gott in Frankreich; **9.** Leben *n*, Welt *f* (*menschliches Tun u. Treiben*): **~ in Canada** das Leben in Kanada; **see ~** das Leben kennenlernen *od.* genießen, die Welt sehen; **10.** Leben *n*, Lebhaftigkeit *f*, Lebendigkeit *f*: **put ~ into s.th.** e-e Sache beleben, Leben in et. bringen; **he was the ~ and soul of** er war die Seele *des Unternehmens etc.*, er brachte Leben in *die Party etc.*; **11.** Leben(sbeschreibung *f*) *n*, Biogra'phie *f*: **the** ℒ **of Churchill**; **12.** *Versicherungswesen*: Lebensversicherung(en *pl.*) *f*;

Besondere Redewendungen:

for ~ a) fürs (ganze) Leben, b) *bsd.* ⚖ *u. pol.* lebenslänglich, auf Lebenszeit, c) *a.* **for one's ~**, **for dear ~** ums (liebe) Leben *rennen etc.*; **not for the ~ of me** F nicht um alles in der Welt; **not on your ~!** nie(mals)!; **never in my ~** meiner Lebtag (noch) nicht; **to the ~** lebensecht, naturgetreu; **bring to ~** *fig.* lebendig werden lassen; **bring s.o. back to ~** j-n wiederbeleben *od.* ins Leben zurückrufen; **come to ~** *fig.* lebendig werden, *Person*: *a.* munter werden; **seek s.o.'s ~** j-m nach dem Leben trachten; **save s.o.'s ~** j-m das Leben retten, *fig. humor.* j-n ‚retten'; **sell one's ~ dearly** *fig.* sein Leben teuer verkaufen; **such is ~** so ist das Leben; **take s.o.'s** (**one's own**) **~** j-m (sich [selbst]) das Leben nehmen; **this is the ~!** F Mann, ist das ein Leben!

ˌ**life|-and-'death** [-fən'd-] *adj. Kampf etc.* auf Leben u. Tod; **~ an·nu·i·ty** *s.* Leibrente *f*; **~ as·sur·ance** *s. Brit.* Lebensversicherung *f*; '**~-belt** *s.* Rettungsgürtel *m*; '**~-blood** *s.* Herzblut *n* (*a. fig.*); '**~-boat** *s.* ⚓ Rettungsboot *n*; **~ buoy** *s.* Rettungsboje *f*; **~ cy·cle** *s.* **1.** Lebenszyklus *m*; **2.** Lebensphase *f*; **~ ex·pect·an·cy** *s.* Lebenserwartung *f*; **~ force** *s.* Lebenskraft *f*, lebenspendende Kraft; '**~-ˌgiv·ing** *adj.* lebenspendend, belebend; '**~-guard** *s.* **1.** ⚔ Leibgarde *f*; **2.** Rettungsschwimmer *m*, Bademeister *m*; ℒ **Guards** *s. pl.* ⚔ Leibgarde *f* (zu Pferde), 'GardekavalleˌrieI *f*; **~ in·sur·ance** *s.* Lebensversicherung *f*; **~ in·ter·est** *s.* ⚖ lebenslänglicher Nießbrauch; **~ jack·et** *s.* Schwimmweste *f*.

life·less ['laɪflɪs] *adj.* ☐ leblos: a) tot, b) unbelebt, c) *fig.* matt, schwunglos, ‚lahm', ✝ lustlos (*Börse*).

'**life|·like** *adj.* lebenswahr, -echt, na'turgetreu; '**~·line** *s.* **1.** ⚓ Rettungsleine *f*; **2.** Si'gnalleine *f* (*für Taucher*); **3.** *fig.* a) Lebensader *f* (*Versorgungsweg*), b) lebenswichtige Sache, ‚Rettungsanker' *m*; **4.** Lebenslinie *f* (*in der Hand*); '**~·long** *adj.* lebenslänglich; **~ mem·ber** *s.* Mitglied *n* auf Lebenszeit; **~ of·fice** *s. Brit.* Lebensversicherungsgesellschaft *f*; **~ pre·serv·er** *s.* **1.** *Am.* ⚓ Schwimmweste *f*, Rettungsgürtel *m*; **2.** Totschläger *m* (*Waffe*).

lif·er ['laɪfə] *s. sl.* **1.** Lebenslängliche(r *m*) *f* (*Strafgefangene*[*r*]); **2.** → **life sentence**; **3.** *Am.* Be'rufssolˌdat *m*.

life| raft *s.* Rettungsfloß *n*; '**~-ˌsav·er** *s.* **1.** Lebensretter(in); **2.** → **lifeguard** 2; **3.** *fig.* a) ‚rettender Engel', b) *die* ‚Rettung' (*Sache*); **~ sen·tence** *s.* ⚖ lebenslängliche Freiheitsstrafe; '**~-size**(**d**) *adj.* lebensgroß, in Lebensgröße; **~ span** *s.* Leben(sspanne *f*, -zeit *f*) *n*; **~ style** *s.* Lebensstil *m*; '**~-supˌport sys·tem** *n* ⚕, ⚙ 'Lebenserhaltungssyˌstem *n*; **~ ta·ble** *s.* 'Sterblichkeitstaˌbelle *f*; '**~·time I** *s.* Lebenszeit *f*, Leben *n*, *a.* ⚙ Lebensdauer *f*: **the chance of a ~** e-e einmalige Chance; **II** *adj.* lebenslänglich, Lebens...; **~ vest** *s.* Rettungs-, Schwimmweste *f*; **ˌ~-ˈwork** *s.* Lebenswerk *n*.

lift [lɪft] **I** *s.* **1.** (Auf-, Hoch)Heben *n*; **2.** stolze *etc.* Kopfhaltung; **3.** ⚙ a) Hub (-höhe *f*) *m*, b) Hubkraft *f*; **4.** ✈ a) Auftrieb *m*, b) Luftbrücke *f*; **5.** *fig.* a) Hilfe *f*, b) (innerer) Auftrieb *m*: ***give s.o. a ~*** a) j-m helfen, b) j-m Auftrieb geben, j-n aufmuntern, c) j-n (im Auto) mitnehmen; **6.** a) *Brit.* Lift *m*, Aufzug *m*, Fahrstuhl *m*, b) (Ski-, Sessel)Lift *m*; **II** *v/t.* **7.** *a.* ***~ up*** (auf-, emˈpor-, hoch-) heben; *Augen*, *Stimme etc.* erheben: ***~ s.th. down*** et. herunterheben; ***not to ~ a finger*** keinen Finger rühren; **8.** *fig.* a) (*geistig od. sittlich*) heben, b) *aus der Armut etc.* emˈporheben, c) *a.* ***~ up*** (*innerlich*) erheben, aufmuntern; **9.** *Preise* erhöhen; **10.** *Kartoffeln* ausgraben, ernten; **11.** ‚mitgehen lassen', ‚klauen', stehlen (*a. fig. plagiieren*); **12.** *Gesicht etc.* liften, straffen: ***have one's face ~ed*** sich das Gesicht liften lassen; **13.** *Blockade*, *Verbot*, *Zensur etc.* aufheben; **III** *v/i.* **14.** sich heben (*a. Nebel*); sich (hoch)heben lassen: ***~ off*** ✈ abheben, starten; **ˈlift·er** [-tə] *s.* **1.** (*sport* Gewicht)Heber *m*; **2.** ⚙ a) Hebegerät *n*, b) Nocken *m*, c) Stößel *m*; **3.** ‚Langfinger' *m* (*Dieb*).

lift·ing [ˈlɪftɪŋ] *adj.* Hebe…, Hub…; **~ jack** *s.* ⚙ Hebewinde *f*, *mot.* Wagenheber *m*.

ˈlift-off *s.* **1.** Start *m* (*Rakete*); **2.** Abheben *n* (*Flugzeug*).

lig·a·ment [ˈlɪgəmənt] *s. anat.* Ligaˈment *n*, Band *n*.

lig·a·ture [ˈlɪgəˌtʃʊə] **I** *s.* **1.** Binde *f*, Band *n*; **2.** *typ. u.* ♪ Ligaˈtur *f*; **3.** ⚕ Abbindungsschnur *f*, Bindung *f*; **II** *v/t.* **4.** ver-, ⚕ abbinden.

light¹ [laɪt] **I** *s.* **1.** *allg.* Licht *n* (*Helligkeit*, *Schein*, *Beleuchtung*, *Lichtquelle*, *Lampe*, *Tageslicht*, *fig. Aspekt*, *Erleuchtung*): ***by the ~ of a candle*** beim Schein e-r Kerze, bei Kerzenlicht; ***bring*** (***come***) ***to ~*** *fig.* ans Licht *od.* an den Tag bringen (kommen); ***cast*** (*od.* ***shed, throw***) ***a ~ on s.th.*** *fig.* Licht auf et. werfen; ***place*** (*od.* ***put***) ***in a favo(u)rable ~*** *fig.* in ein günstiges Licht stellen *od.* rücken; ***see the ~*** *eccl.* erleuchtet werden; ***see the ~*** (***of day***) *fig.* bekannt *od.* veröffentlicht werden; ***I see the ~!*** mir geht ein Licht auf!; (***seen***) ***in the ~ of these facts*** im Lichte *od.* angesichts dieser Tatsachen; ***show s.th. in a different ~*** et. in e-m anderen Licht erscheinen lassen; ***hide one's ~ under a bushel*** *fig.* sein Licht unter den Scheffel stellen; ***let there be ~!*** *Bibl.* es werde Licht; ***he went out like a ~*** F er war sofort ‚weg' (*eingeschlafen*); **2.** Licht *n*: a) Lampe *f*, *a. pl.* Beleuchtung *f* (*beide a. mot. etc.*): ***~s out*** ⚔ Zapfenstreich *m*; ***~s out!*** Lichter aus!, b) (Verkehrs)Ampel *f*; → ***green light***, ***red*** 1; **3.** ⚓ a) Leuchtfeuer *n*, b) Leuchtturm *m*; **4.** Feuer *n* (*zum Anzünden*), *a.* Streichholz *n*: ***put a ~ to s.th.*** et. anzünden; ***strike a ~*** ein Streichholz anzünden; ***will you give me a ~?*** darf ich Sie um Feuer bitten?; **5.** *fig.* Leuchte *f* (*Person*): ***a shining ~*** e-e Leuchte, ein großes Licht; **6.** Lichtöffnung *f*, *bsd.* Fenster *n*, Oberlicht *n*; **7.** *paint.* a) Licht *n*, heller Teil (*e-s Gemäldes*); **8.** *fig.* Verstand *m*, geistige Fähigkeiten *pl.*: ***according to his ~s*** so gut er es eben versteht; **9.** *pl. sl.* Augen *pl.*; **II** *adj.* **10.** hell: ***~-red*** hellrot; **III** *v/t.* [*irr.*] **11.** *a.* ***~ up*** anzünden; **12.** *oft* ***~ up*** beleuchten, erhellen (*a. das Gesicht*); ***~ up*** *Augen etc.* aufleuchten lassen; **13.** *j-m* leuchten; **IV** *v/i.* [*irr.*] **14.** *a.* ***~ up*** sich entzünden, angehen (*Feuer*, *Licht*); **15.** *mst* ***~ up*** *fig.* sich erhellen, strahlen (*Gesicht*), aufleuchten (*Augen etc.*); **16.** ***~ up*** a) die Pfeife *etc.* anzünden, sich e-e Zigarette anstecken, b) Licht machen.

light² [laɪt] **I** *adj.* □ → ***lightly***; **1.** *allg.* leicht (*z. B. Last*; *Kleidung*; *Mahlzeit*, *Wein*, *Zigarre*; ⚔ *Infanterie*, ⚓ *Kreuzer etc.*; *Hand*, *Schritt*, *Schlaf*; *Regen*, *Wind*; *Arbeit*, *Fehler*, *Strafe*; *Charakter*; *Musik*, *Roman*): ***~ of foot*** leichtfüßig; ***a ~ girl*** ein ‚leichtes' Mädchen; ***~ current*** ⚡ Schwachstrom *m*; ***~ metal*** Leichtmetall *n*; ***~ literature*** (*od.* ***reading***) Unterhaltungsliteratur *f*; ***~ railway*** Kleinbahn *f*; ***~ in the head*** benommen; ***~ on one's feet*** leichtfüßig; ***with a ~ heart*** leichten Herzens; ***no ~ matter*** keine Kleinigkeit; ***make ~ of*** a) *et.* auf die leichte Schulter nehmen, b) bagatellisieren; **2.** zu leicht: ***~ weights*** Untergewichte; **3.** locker (*Brot*, *Erde*, *Schnee*); **4.** sorglos, unbeschwert, heiter; **5.** a) leicht beladen, b) unbeladen; **II** *adv.* **6.** leicht: ***travel ~*** mit leichtem Gepäck reisen.

light³ [laɪt] *v/i.* [*irr.*] **1.** fallen (***on*** auf *acc.*); **2.** sich niederlassen (***on*** auf *dat.*) (*Vogel etc.*); **3.** ***~*** (***up***)***on*** *fig.* (zufällig) stoßen auf (*acc.*); **4.** ***~ out*** *sl.* ‚verduften'; **5.** ***~ into*** F herfallen über *j-n*.

light bar·ri·er *s.* ⚡ Lichtschranke *f*.

light·en¹ [ˈlaɪtn] **I** *v/i.* **1.** hell werden, sich erhellen; **2.** blitzen; **II** *v/t.* **3.** erhellen.

light·en² [ˈlaɪtn] **I** *v/t.* **1.** leichter machen, erleichtern (*beide a. fig.*); **2.** *Schiff* (ab)leichtern; **3.** aufheitern; **II** *v/i.* **4.** leichter werden (*a. fig. Herz etc.*).

light·er¹ [ˈlaɪtə] *s.* Anzünder *m* (*a. Gerät*); (Taschen)Feuerzeug *n*.

light·er² [ˈlaɪtə] *s.* ⚓ Leichter(schiff *n*) *m*, Prahm *m*; **ˈlight·er·age** [-ərɪdʒ] *s.* Leichtergeld *n*.

ˌlight·er-than-ˈair *adj.*: ***~ craft*** Luftfahrzeug *n* leichter als Luft.

ˈlight|-ˌfin·gered *adj.* **1.** geschickt; **2.** langfingerig, diebisch; **ˈ~-ˌfoot·ed** *adj.* leicht-, schnellfüßig; **ˌ~-ˈhead·ed** *adj.* **1.** leichtsinnig, -fertig; **2.** ˈübermütig, ausgelassen; **3.** a) wirr, leicht verrückt, b) schwind(e)lig; **ˌ~-ˈheart·ed** *adj.* □ fröhlich, heiter, unbeschwert; **~ heav·y·weight** *s. sport* Halbschwergewicht (-ler *m*) *n*; **ˈ~-house** *s.* Leuchtturm *m*.

light·ing [ˈlaɪtɪŋ] *s.* **1.** Beleuchtung *f*; ***~ effects*** Lichteffekte; ***~ point*** ⚡ Brennstelle *f*; **2.** Anzünden *n*; **ˌ~-ˈup time** *s.* Zeit *f* des Einschaltens der Straßenbeleuchtung *od.* (*mot.*) der Scheinwerfer.

light·ly [ˈlaɪtlɪ] *adv.* **1.** *allg.* leicht: ***~ come ~ go*** wie gewonnen, so zerronnen; **2.** gelassen, leicht; **3.** leichtfertig; **4.** leichthin; **5.** geringschätzig.

light·ness [ˈlaɪtnɪs] *s.* **1.** Leichtheit *f*, Leichtigkeit *f* (*a. fig.*); **2.** Leichtverdaulichkeit *f*; **3.** Milde *f*; **4.** Behendigkeit *f*; **5.** Heiterkeit *f*; **6.** Leichtfertigkeit *f*, Leichtsinn *m*, Oberflächlichkeit *f*.

light·ning [ˈlaɪtnɪŋ] **I** *s.* Blitz *m*: ***struck by ~*** vom Blitz getroffen; ***like*** (***greased***) ***~*** *fig.* wie der *od.* ein geölter Blitz; **II** *adj.* blitzschnell, Schnell…: ***~ artist*** Schnellzeichner *m*; ***with ~ speed*** mit Blitzesschnelle; **~ ar·rest·er** *s.* ⚡ Blitzschutzsicherung *f*; **~ bug** *s. Am.* Leuchtkäfer *m*; **~ con·duc·tor**, **~ rod** *s.* Blitzableiter *m*; **~ strike** *s.* Blitzstreik *m*.

light| oil *s.* ⚙ Leichtöl *n*; **~ pen** *s. Computer*: Lichtgriffel *m*.

lights [laɪts] *s. pl.* (Tier)Lunge *f*.

ˈlight|·ship *s.* ⚓ Feuer-, Leuchtschiff *n*; **~ source** *s.* ⚡, *phys.* Lichtquelle *f*; **ˈ~·weight** **I** *adj.* leicht; **II** *s. sport* Leichtgewicht(ler *m*) *n*; F *fig.* a) ‚kein großes Licht', b) unbedeutender Mensch; **ˈ~-year** *s. ast.* Lichtjahr *n*.

lig·ne·ous [ˈlɪgnɪəs] *adj.* holzig, holzartig, Holz…; **ˈlig·ni·fy** [-nɪfaɪ] **I** *v/t.* in Holz verwandeln; **II** *v/i.* verholzen; **ˈlig·nin** [-nɪn] *s.* ⚗ Liˈgnin *n*, Holzstoff *m*; **ˈlig·nite** [-naɪt] *s.* Braunkohle *f*, *bsd.* Liˈgnit *m*.

lik·a·ble [ˈlaɪkəbl] *adj.* liebenswert, symˈpathisch, nett.

like¹ [laɪk] **I** *adj. u. prp.* **1.** gleich (*dat.*), wie (*a. adv.*): ***a man ~ you*** ein Mann wie du; ***~ a man*** wie ein Mann; ***what is he ~?*** a) wie sieht er aus?, b) wie ist er?; ***he is ~ that*** er ist nun mal so; ***he is just ~ his brother*** er ist genau (so) wie sein Bruder; ***that's just ~ him!*** das sieht ihm ähnlich!; ***that's just ~ a woman!*** typisch Frau!; ***what does it look ~?*** wie sieht es aus?; ***it looks ~ rain*** es sieht nach Regen aus; ***feel ~*** (***doing***) ***s.th.*** zu et. aufgelegt sein, Lust haben, et. zu tun, et. gern tun wollen; ***a fool ~ that*** ein derartiger *od.* so ein Dummkopf; ***a thing ~ that*** so etwas; ***I saw one ~ it*** ich sah ein ähnliches (*Auto etc.*); ***there is nothing ~*** es geht nichts über (*acc.*); ***it is nothing ~ as bad as that*** es ist bei weitem nicht so schlimm; ***something ~ 100 tons*** so etwa 100 Tonnen; ***this is something ~!*** F das läßt sich hören!; ***that's more ~ it!*** das läßt sich (schon) eher hören!; ***~ master, ~ man*** wie der Herr, so's Gescherr; **2.** gleich: ***a ~ amount*** ein gleicher Betrag; ***in ~ manner*** a) auf gleiche Weise, b) gleichermaßen; **3.** ähnlich: ***the portrait is not ~*** das Porträt ist nicht ähnlich; ***as ~ as two eggs*** ähnlich wie ein Ei dem anderen; **4.** ähnlich, gleich-, derartig: ***... and other ~ problems*** … und andere derartige Probleme; **5.** F *od. obs.* (*a. adv.*) wahrˈscheinlich: ***he is ~ to pass his exam*** er wird sein Examen wahrscheinlich bestehen; ***~ enough***, ***as ~ as not*** höchstwahrscheinlich; **6.** *sl.* ‚oder so': ***let's go to the cinema ~***; **II** *cj.* **7.** *sl.* (*fälschlich für* ***as***) wie: ***~ I said***; ***~ who?*** wie wer, zum Beispiel?; **8.** *dial.* als ob; **III** *s.* **9.** *der* (*die, das*) Gleiche: ***his ~*** seinesgleichen; ***the ~*** der-, desgleichen; ***and the ~*** und dergleichen; ***the ~***(***s***) ***of*** so etwas wie, solche wie; ***the ~***(***s***) ***of that*** so etwas, etwas derartiges; ***the ~s of you*** F Leute wie Sie.

like² [laɪk] **I** *v/t.* (gern) mögen: a) gern

haben, (gut) leiden können, lieben, b) gern essen, trinken *etc.*: ***~ doing*** (*od.* ***to do***) gern tun; ***much ~d*** sehr beliebt; ***I ~ it*** es gefällt mir; ***I ~ him*** ich hab' ihn gern, ich mag ihn (gern), ich kann ihn gut leiden; ***I ~ fast cars*** mir gefallen *od.* ich habe Spaß an schnellen Autos; ***how do you ~ it?*** wie gefällt es dir?, wie findest du es?; ***we ~ it here*** es gefällt uns hier; ***I ~ that!*** *iro.* so was hab' ich gern!; ***what do you ~ better?*** was hast du lieber?, was gefällt dir besser?; ***I should ~ to know*** ich möchte gerne wissen; ***I should ~ you to be here*** ich hätte gern, daß du hier wär(e)st; ***~ it or not*** ob du willst oder nicht; ***~ it or lump it!*** F wenn du nicht willst, dann laß es eben bleiben!; ***I ~ steak, but it doesn't ~ me*** *humor.* ich esse Beefsteak gern, aber es bekommt mir nicht; **II** *v/i.* wollen: (***just***) ***as you ~*** (ganz) wie du willst; ***if you ~*** wenn du willst; **III** *s.* Neigung *f*, Vorliebe *f*: ***~s and dislikes*** Neigungen u. Abneigungen.

-like [laɪk] *in Zssgn* wie, …artig, …ähnlich, …mäßig.

like·a·ble → ***likable***.

like·li·hood ['laɪklɪhʊd] *s.* Wahr'scheinlichkeit *f*: ***in all ~*** aller Wahrscheinlichkeit nach; ***there is a strong ~ of his succeeding*** es ist sehr wahrscheinlich, daß es ihm gelingt; **like·ly** ['laɪklɪ] **I** *adj.* **1.** wahr'scheinlich, vor'aussichtlich: ***not ~*** schwerlich, kaum; ***it is not ~*** (***that***) ***he will come, he is not ~ to come*** es ist nicht wahrscheinlich, daß er kommen wird; ***which is his most ~ route?*** welchen Weg wird er voraussichtlich *od.* am ehesten einschlagen?; ***this is not ~ to happen*** das wird wahrscheinlich nicht *od.* wohl kaum geschehen; ***not ~!*** *iro.* wohl kaum!; **2.** glaubhaft: ***a ~ story!*** *iro.* wer's glaubt, wird selig!; **3.** a) möglich, b) geeignet, in Frage kommend, c) aussichtsreich, d) vielversprechend: ***a ~ candidate***; ***a ~ explanation*** e-e mögliche Erklärung; ***a ~ place*** ein möglicher Ort (*wo sich et. befindet etc.*); **II** *adv.* **4.** wahr'scheinlich: ***as ~ as not, very ~*** höchstwahrscheinlich.

ˌlike-'mind·ed *adj.* gleichgesinnt: ***be ~ with s.o.*** mit j-m übereinstimmen.

lik·en ['laɪkən] *v/t.* vergleichen (***to*** mit).

like·ness ['laɪknɪs] *s.* **1.** Ähnlichkeit *f* (***to*** mit); **2.** Gleichheit *f*; **3.** Gestalt *f*, Form *f*; **4.** Bild *n*, Por'trät *n*: ***to have one's ~ taken*** sich malen *od.* fotografieren lassen; **5.** Abbild *n* (***of*** *gen.*).

'like·wise *adv. u. cj.* eben-, gleichfalls, des'gleichen, ebenso.

lik·ing ['laɪkɪŋ] *s.* **1.** Zuneigung *f*: ***have*** (***take***) ***a ~ for*** (*od.* ***to***) ***s.o.*** zu j-m eine Zuneigung haben (fassen), an j-m Gefallen haben (finden); **2.** (***for***) Gefallen *n* (an *dat.*), Neigung *f* (zu), Geschmack *m* (an *dat.*): ***be greatly to s.o.'s ~*** j-m sehr zusagen; ***this is not to my ~*** das ist nicht nach meinem Geschmack; ***it's too big for my ~*** es ist mir (einfach) zu groß.

li·lac ['laɪlək] **I** *s.* **1.** ⚘ Spanischer Flieder; **2.** Lila *n* (*Farbe*); **II** *adj.* **3.** lila (-farben).

Lil·li·pu·tian [ˌlɪlɪ'pju:ʃjən] **I** *adj.* **1.** a) winzig, zwergenhaft, b) Liliput…, Klein(st)…; **II** *s.* **2.** Lilipu'taner(in); **3.** Zwerg *m*.

lilt [lɪlt] **I** *s.* **1.** fröhliches Lied; **2.** rhythmischer Schwung; **3.** a) singender Tonfall, b) fröhlicher Klang: ***a ~ in her voice***; **II** *v/t. u. v/i.* **4.** trällern.

lil·y ['lɪlɪ] *s.* ⚘ Lilie *f*: ***~ of the valley*** Maiglöckchen *n*; ***paint the ~*** *fig.* schönfärben; **ˌ~-'liv·ered** *adj.* feig(e).

limb [lɪm] *s.* **1.** *anat.* Glied *n*, *pl.* Glieder *pl.*, Gliedmaßen *pl.*; **2.** Ast *m*: ***out on a ~*** F in e-r gefährlichen Lage; **3.** *fig.* a) Glied *n*, Teil *m*, b) Arm *m*, c) *ling.* (Satz)Glied *n*, d) ⚖ Absatz *m*; **4.** F ‚Satansbraten' *m*.

lim·ber¹ ['lɪmbə] **I** *adj.* geschmeidig (*a. fig.*), gelenkig; **II** *v/t. u. v/i.* ***~ up*** (sich) geschmeidig machen, (sich) lockern, *v/i. a.* Lockerungsübungen machen, sich warm machen *od.* spielen.

lim·ber² [lɪmbə] **I** *s.* ⚔ Protze *f*; **II** *v/t. u. v/i. mst* ***~ up*** ⚔ aufprotzen.

lim·bo ['lɪmbəʊ] *s.* **1.** *eccl.* Vorhölle *f*; **2.** Gefängnis *n*; **3.** *fig.* a) ‚Rumpelkammer' *f*, b) Vergessenheit *f*, c) Schwebe (-zustand *m*) *f*: ***be in a ~*** ‚in der Luft hängen' (*Person od. Sache*).

lime¹ [laɪm] **I** *s.* **1.** ⚗ Kalk *m*; **2.** ⚒ Kalkdünger *m*; **3.** Vogelleim *m*; **II** *v/t.* **4.** kalken, mit Kalk düngen.

lime² [laɪm] *s.* ⚘ Linde *f*.

lime³ [laɪm] *s.* ⚘ Li'mone *f*, Limo'nelle *f*.

'lime|·kiln *s.* Kalkofen *m*; **'~·light** *s.* **1.** ⚙ Kalklicht *n*; **2.** *fig.* (***be in the ~*** im) Rampenlicht *n od.* (im) Licht *n* der Öffentlichkeit *od.* (im) Mittelpunkt *m* des (öffentlichen) Inter'esses (stehen).

li·men ['laɪmen] *s. psych.* (Bewußtseins- *od.* Reiz)Schwelle *f*.

lime pit *s.* **1.** Kalkbruch *m*; **2.** Kalkgrube *f*; **3.** *Gerberei*: Äscher *m*.

Lim·er·ick ['lɪmərɪk] *s.* Limerick *m* (*5-zeiliger Nonsensvers*).

'lime|·stone *s. min.* Kalkstein *m*; **~ tree** *s.* ⚘ Linde(nbaum *m*) *f*.

lim·ey ['laɪmɪ] *s. Am. sl.* ‚Tommy' *m* (*Brite*).

lim·it ['lɪmɪt] **I** *s.* **1.** *bsd. fig.* a) Grenze *f*, Schranke *f*, b) Begrenzung *f*, Beschränkung *f* (***on*** *gen.*): ***within ~s*** in Grenzen, bis zu e-m gewissen Grade; ***without ~*** ohne Grenzen, grenzen-, schrankenlos; ***there is a ~ to everything*** alles hat seine Grenzen; ***there is no ~ to his ambition*** sein Ehrgeiz kennt keine Grenzen; ***off ~s Am.*** Zutritt verboten (***to*** für); ***that's my ~!*** a) mehr schaffe ich nicht!, b) höher kann ich nicht gehen!; ***that's the ~!*** F das ist (doch) die Höhe!; ***he is the ~!*** F er ist unglaublich *od.* unmöglich!; ***go to the ~*** F bis zum Äußersten gehen, *sport* über die Runden kommen; → ***speed limit***; **2.** ♁, ⚙ Grenze *f*, Grenzwert *m*; **3.** zeitliche Begrenzung, Frist *f*: ***extreme ~*** † äußerster Termin; **4.** † a) Höchstbetrag *m*, b) Limit *n*, Preisgrenze *f*: ***lowest ~*** äußerster *od.* letzter Preis; **II** *v/t.* **5.** begrenzen, beschränken, einschränken (***to*** auf *acc.*); *Preise* limitieren: ***~ o.s. to*** sich beschränken auf (*acc.*); **lim·i·ta·tion** [ˌlɪmɪ'teɪʃn] *s.* **1.** *fig.* Grenze *f*: ***know one's ~s*** s-e Grenzen kennen; **2.** Begrenzung *f*, Ein-, Beschränkung *f*; **3.** (***statutory period of***) ***~*** ⚖ Verjährung(sfrist) *f*: ***be barred by the statute of ~*** verjähren *od.* verjährt sein; **'lim·it·ed** [-tɪd] **I** *adj.* beschränkt, begrenzt (***to*** auf *acc.*): ***~*** (***express***) ***train*** → II; ***~ in time*** zeitlich begrenzt; ***~*** (***liability***) ***company*** † *Brit.* Aktiengesellschaft *f*; ***~ monarchy*** konstitutionelle Monarchie; ***~ partner*** † Kommanditist(in); ***~ partnership*** † Kommanditgesellschaft; **II** *s.* Schnellzug *m od.* Bus *m* mit Platzkarten; **'lim·it·less** [-lɪs] *adj.* grenzenlos.

lim·net·ic [lɪm'netɪk] *adj.* Süßwasser…

lim·ou·sine ['lɪmu:zi:n] *s. mot.* **1.** *Brit.* Wagen *m* mit Glastrennscheibe; **2.** *Am.* Kleinbus *m*.

limp¹ [lɪmp] *adj.* □ **1.** schlaff, schlapp (*a. fig. kraftlos, schwach*): ***go ~*** erschlaffen, *Person*: *a.* ‚abschlaffen'; **2.** biegsam, weich: ***~ book cover***.

limp² [lɪmp] **I** *v/i.* **1.** hinken (*a. fig. Vers etc.*), humpeln; **2.** sich schleppen (*a. Schiff etc.*); **II** *s.* **3.** Hinken *n*: ***walk with a ~*** → 1.

lim·pet ['lɪmpɪt] *zo.* Napfschnecke *f*: ***like a ~*** *fig.* wie e-e Klette; ***~ mine*** *s.* ⚔ Haftmine *f*.

lim·pid ['lɪmpɪd] *adj.* □ 'durchsichtig, klar (*a. fig. Stil etc.*), hell, rein; **lim·pid·i·ty** [lɪm'pɪdətɪ], **'lim·pid·ness** [-nɪs] *s.* 'Durchsichtigkeit *f*, Klarheit *f*.

limp·ness ['lɪmpnɪs] *s.* Schlaff-, Schlappheit *f*.

lim·y ['laɪmɪ] *adj.* **1.** Kalk…, kalkig: a) kalkhaltig, b) kalkartig; **2.** gekalkt.

lin·age ['laɪnɪdʒ] *s.* **1.** → ***alignment***; **2.** a) Zeilenzahl *f*, b) 'Zeilenhonoˌrar *n*.

linch·pin ['lɪntʃpɪn] *s.* ⚙ Lünse *f*, Vorstecker *m*, Achsnagel *m*.

lin·den ['lɪndən] *s.* ⚘ Linde *f*.

line¹ [laɪn] **I** *s.* **1.** Linie *f*, Strich *m*; **2.** a) (*Hand- etc.*)Linie *f*: ***~ of fate*** Schicksalslinie, b) Falte *f*, Runzel *f*, c) Zug *m* (*im Gesicht*); **3.** Zeile *f*: ***drop s.o. a ~*** j-m ein paar Zeilen schreiben; ***read between the ~s*** zwischen den Zeilen lesen; **4.** *TV* (Bild)Zeile *f*; **5.** a) Vers *m*, b) *pl. Brit. ped.* Strafarbeit *f*, c) *thea. etc.* Rolle *f*, Text *m*; **6.** *pl.* F Trauschein *m*; **7.** F a) Informati'on *f*, Hinweis *m*: ***get a ~ on*** e-e Information erhalten über (*acc.*); **8.** *Am.* F a) ‚Platte' *f* (*Geschwätz*), b) ‚Tour' *f*, ‚Masche' *f* (*Trick*); **9.** Linie *f*, Richtung *f*: ***~ of attack*** Angriffsrichtung, *fig.* Taktik *f*; ***~ of fire*** ⚔ Schußlinie *f*; ***~ of sight*** a) Blickrichtung *f*, b) *a.* ***~ of vision*** Gesichtslinie, -achse *f*; ***he said s.th. along these ~s*** er sagte etwas in dieser Richtung; → ***resistance*** 1; **10.** *pl. fig.* Grundsätze *pl.*, Richtlinie(n *pl.*) *f*, Grundzüge *pl.*: ***along these ~s*** a) nach diesen Grundsätzen, b) folgendermaßen; ***along general ~s*** ganz allgemein, in großen Zügen; **11.** Art *f* (u. Weise), Me'thode *f*: ***~ of approach*** Art, et. anzupacken, Methode *f*; ***~ of argument*** (Art der) Argumentation *f*; ***~ of reasoning*** Denkmethode *f*, -weise *f*; ***take a strong ~*** energisch auftreten *od.* werden (***with s.o.*** j-m gegenüber); ***take the ~ that*** den Standpunkt vertreten, daß; ***don't take that ~ with me!*** komm mir ja nicht so! → ***hard line*** 1; **12.** Grenze *f*, Grenzlinie *f*: ***draw the ~*** (***at***) *fig.* die Grenze ziehen (bei); ***I draw the ~ at that!*** da hört es bei mir auf; ***lay*** (*od.* ***put***) ***on the ~*** *fig. sein Leben, s-n Ruf etc.* aufs Spiel setzen; ***be on the ~*** auf dem Spiel stehen; ***I'll lay it***

on the ~ for you! F das kann ich Ihnen genau sagen!; **13.** *pl.* a) Linien(führung *f*) *pl.*, Kon'turen *pl.*, Form *f*, b) Riß *m*, Entwurf *m*; **14.** a) Reihe *f*, Kette *f*, b) *bsd. Am.* (Menschen-, *a.* Auto)Schlange *f*: ***stand in ~ (for)*** anstehen *od.* Schlange stehen (nach); ***drive in ~*** *mot.* Kolonne fahren; ***be in ~ for*** *fig.* Aussichten haben auf (*acc.*) *od.* Anwärter sein für; **15.** Übereinstimmung *f*: ***be in (out of) ~*** (nicht) übereinstimmen *od.* im Einklang sein (***with*** mit); ***bring*** (*od.* ***get***) ***into ~*** a) in Einklang bringen (***with*** mit), b) *j-n* ‚auf Vordermann' bringen, c) *pol.* gleichschalten; ***fall into ~*** sich einordnen, *fig.* sich anschließen (***with*** *j-m*); ***toe the ~*** ‚spuren', sich der (*Partei- etc.*)Disziplin beugen; ***in ~ of duty*** *bsd.* ⚔ in Ausübung des Dienstes; **16.** a) (Abstammungs)Linie *f*, b) Fa'milie *f*, Geschlecht *n*: ***the male ~*** die männliche Linie; ***in the direct ~*** in direkter Linie; **17.** *pl.* Los *n*, Geschick *n*: ***hard ~s*** F Pech *n*; **18.** Fach *n*, Gebiet *n*, Sparte *f*: ***~ (of business)*** Branche *f*, Geschäftszweig *m*; ***that's not in my ~*** das schlägt nicht in mein Fach, das liegt mir nicht; ***that's more in my ~*** das liegt mir schon eher; **19.** (*Verkehrs-*, *Eisenbahn- etc.*)Linie *f*, Strecke *f*, Route *f*, *engS.* Gleis *n*: ***ship of the ~*** Linienschiff *n*; ***~s of communications*** ⚔ rückwärtige Verbindungen; ***he was at the end of the ~*** *fig.* er war am Ende; ***that's the end of the ~!*** *fig.* Endstation!; **20.** (*Eisenbahn-*, *Luftverkehrs-*, *Autobus*)Gesellschaft *f*; **21.** a) ⚡, ⚙ Leitung *f*, *bsd.* Tele'fon- *od.* Tele'grafenleitung *f*: ***the ~ is engaged*** (*Am.* ***busy***) die Leitung ist besetzt; ***hold the ~!*** bleiben Sie am Apparat!; ***three ~s*** 3 Anschlüsse; → ***hot line***; **22.** ⚙ (Fertigungs)Straße *f*; **23.** ✝ a) Sorte *f*, Warengattung *f*, b) Posten *m*, Par'tie *f*, c) Ar'tikel(ˌserie *f*) *m od. pl.*; **24.** ⚔ a) Linie *f*: ***behind the enemy's ~s*** hinter den feindlichen Linien; ***~ of battle*** vorderste Linie, Kampflinie, b) Front *f*: ***go up the ~*** an die Front gehen; ***all along the ~***, (***all***) ***down the ~*** *fig.* auf der ganzen Linie, voll (u. ganz); ***go down the ~ for*** *Am.* F sich voll einsetzen für, c) Linie *f* (*Formation beim Antreten*), d) Fronttruppe *f*: ***the ~s*** die Linienregimenter; **25.** *geogr.* Längen- *od.* Breitenkreis *m*: ***the*** ≈ der Äquator; **26.** ⚓ Linie *f*: ***~ abreast*** Dwarslinie; ***~ ahead*** Kiellinie; **27.** (Wäsche)Leine *f*, (starke) Schnur, Seil *n*, Tau *n*; **28.** *teleph.* a) Draht *m*, b) Kabel *n*; **29.** Angelschnur *f*; **II** *v/i.* **30.** → ***line up*** 1, 2; **III** *v/t.* **31.** linieren; **32.** zeichnen, skizzieren; **33.** *Gesicht* (durch)'furchen; **34.** *Straße etc.* säumen: ***soldiers ~d the street*** Soldaten bildeten an der Straße Spalier; **~ in** *v/t.* einzeichnen; **~ off** *v/t.* abgrenzen; **~ through** *v/t.* 'durchstreichen; **~ up I** *v/i.* **1.** sich in e-r Linie *od.* Reihe aufstellen; **2.** Schlange stehen; **3.** *fig.* sich zs.-schließen; **II** *v/t.* **4.** in Linie *od.* in e-r Reihe aufstellen; **5.** aufstellen; **6.** *fig.* F *et.* ‚auf die Beine stellen', organisieren, arrangieren.

line² [laɪn] *v/t.* **1.** *Kleid etc.* füttern; **2.** ⚙ ausfüttern, -gießen, -kleiden, -schlagen, (innen) über'ziehen: ***~ one's (own) pockets*** in die eigene Tasche arbeiten, sich bereichern.

lin·e·age ['lɪnɪɪdʒ] *s.* **1.** (geradlinige) Abstammung; **2.** Stammbaum *m*; **3.** Geschlecht *n*, Fa'milie *f*.

lin·e·al ['lɪnɪəl] *adj.* □ geradlinig, in di'rekter Linie, di'rekt (*Abstammung*, *Nachkomme*).

lin·e·a·ment ['lɪnɪəmənt] *s.* (Gesichts-, *fig.* Cha'rakter)Zug *m*.

lin·e·ar ['lɪnɪə] *adj.* □ **1.** Linien..., geradlinig, *bsd.* ✈, ⚙, *phys.* line'ar (*Gleichung*, *Elektrode*, *Perspektive etc.*), Linear...; **2.** Längen...(*-ausdehnung*, *-maß etc.*); **3.** Linien..., Strich..., strichförmig.

line| block *s.* → ***line etching***; **~ drawing** *s.* Strichzeichnung *f*; **~ etch·ing** *s.* *Kunst*: Strichätzung *f*; '**~·man** [-mən] *s.* [*irr.*] *Am.* **1.** 🚂 Streckenarbeiter *m*; **2.** → ***linesman*** 1.

lin·en ['lɪnɪn] **I** *s.* **1.** Leinen *n*, Leinwand *f*, Linnen *n*; **2.** (Bett-, 'Unter- *etc.*)Wäsche *f*: ***wash one's dirty ~ in public*** *fig.* s-e schmutzige Wäsche vor allen Leuten waschen; **II** *adj.* **3.** leinen, Leinen...: ***~ closet*** (*od.* ***cupboard***) Wäscheschrank *m*.

lin·er¹ ['laɪnə] *s.* **1.** ⚙ Futter *n*, Buchse *f*; **2.** Einsatz(stück *n*) *m*.

lin·er² ['laɪnə] *s.* **1.** ⚓ Linienschiff *n*; **2.** → ***air liner***.

lines·man ['laɪnzmən] *s.* [*irr.*] **1.** ⚡ (Fernmelde)Techniker *m*, *engS.* Störungssucher *m*; **2.** 🚂 Streckenwärter *m*; **3.** *sport* Linienrichter *m*.

'**line-up** *s.* **1.** *sport* (Mannschafts)Aufstellung *f*, Aufgebot *n*; **2.** Gruppierung *f*; **3.** *Am.* ‚Schlange' *f*.

lin·ger ['lɪŋgə] *v/i.* **1.** (*a. fig.*) (noch) verweilen, (zu'rück)bleiben (*beide a. Gefühl*, *Geschmack*, *Erinnerung etc.*), sich aufhalten; *fig. a.* nachklingen (*Töne*, *Gefühl etc.*): ***~ on*** *fig.* (noch) fortleben *od.* -bestehen (*Brauch etc.*); ***~ on a subject*** bei e-m Thema verweilen; **2.** a) zögern, b) trödeln; **3.** da'hinsiechen (*Kranker*); **4.** sich hinziehen *od.* -schleppen.

lin·ge·rie ['læ:nʒəri:] (*Fr.*) *s.* ('Damen-)ˌUnterwäsche *f*.

lin·ger·ing ['lɪŋgərɪŋ] *adj.* □ **1.** a) verweilend, b) langsam, zögernd; **2.** (zu'rück)bleibend, nachklingend (*Ton*, *Gefühl etc.*); **3.** schleppend; **4.** schleichend (*Krankheit*); **5.** lang: a) sehnsüchtig, b) innig, c) prüfend: ***a ~ look***.

lin·go ['lɪŋgəʊ] *pl.* **-goes** [-gəʊz] *s.* Kauderwelsch *n*, *engS. a.* ('Fach)Jarˌgon *m*.

lin·gua fran·ca [ˌlɪŋgwə'fræŋkə] *s.* Verkehrssprache *f*.

lin·gual ['lɪŋgwəl] **I** *adj.* Zungen...; **II** *s.* Zungenlaut *m*.

lin·guist ['lɪŋgwɪst] *s.* **1.** Sprachforscher (-in), Lingu'ist(in); **2.** Fremdsprachler (-in), Sprachkundige(r *m*) *f*: ***he is a good ~*** er ist sehr sprachbegabt; **lin·guis·tic** [lɪŋ'gwɪstɪk] *adj.* (□ ***~ally***) **1.** sprachwissenschaftlich, lingu'istisch; **2.** Sprach(en)...; **lin·guis·tics** [lɪŋ'gwɪstɪks] *s. pl.* (*mst sg. konstr.*) Sprachwissenschaft *f*, Lingu'istik *f*.

lin·i·ment ['lɪnɪmənt] *s.* ⚕ Einreibemittel *n*.

lin·ing ['laɪnɪŋ] *s.* **1.** Futter(stoff *m*) *n*, (Aus)Fütterung *f* (*von Kleidern etc.*); **2.** ⚙ Futter *n*, Ver-, Auskleidung *f*; Ausmauerung *f*; (*Brems- etc.*)Belag *m*; → ***silver lining***.

link [lɪŋk] **I** *s.* **1.** (Ketten)Glied *n*; **2.** *fig.* a) Glied *n* (*in e-r Kette von Ereignissen etc.*), b) Bindeglied *n*; → ***missing*** 1; **3.** *freundschaftliche etc.* Bande *pl.*; **4.** Verbindung *f*, -knüpfung *f*, Zs.-hang *m* (***between*** zwischen); **5.** Man'schettenknopf *m*; **6.** ⚙ Glied *n* (*a.* ⚡), Verbindungsstück *n*, Gelenk *n*; **7.** *tel.* a) Streckenabschnitt *m*, b) Über'tragungsweg *m*; **8.** *TV* a) Verbindungsstrecke *f*, b) → ***linkup*** 3; **9.** *surv.* Meßkettenglied *n*; **10.** → ***links***; **II** *v/t.* **11.** *a.* ***~ up*** *od.* ***together*** (***with***) a) verbinden, -knüpfen (mit): ***~ arms (with)*** sich einhaken (bei *j-m*), b) mitein'ander in Verbindung *od.* Zs.-hang bringen, c) anein'anderkoppeln: ***be ~ed (with)*** zs.-hängen *od.* in Zs.-hang stehen (mit); ***~ed*** ⚗ gekoppelt (*a. biol. Gene*); **III** *v/i.* **12.** (***with***) a) sich verbinden (lassen) (mit), b) verknüpft sein (mit).

link·age ['lɪŋkɪdʒ] *s.* **1.** Verkettung *f*, *Computer*: *a.* Pro'grammverbindung *f*; **2.** ⚙ Gestänge *n*, Gelenkviereck *n*; **3.** ⚗, *biol.* Koppelung *f*, (*a. phys. Atom- etc.*)Bindung *f*.

links [lɪŋks] *s. pl.* **1.** *bsd. Scot.* Dünen *pl.*; **2.** (*a. sg. konstr.*) Golfplatz *m*.

'**link·up** *s.* **1.** → ***link*** 4; **2.** (Anein'ander-)Koppeln *n*; **3.** *Radio*, *TV*: Zs.-schaltung *f*.

linn [lɪn] *s. bsd. Scot.* **1.** Teich *m*; **2.** Wasserfall *m*.

lin·net ['lɪnɪt] *s. orn.* Hänfling *m*.

li·no ['laɪnəʊ] *abbr. für* ***linoleum***; **li·no·cut** ['laɪnəʊkʌt] *s.* Lin'olschnitt *m*.

li·no·le·um [lɪ'nəʊljəm] *s.* Lin'oleum *n*.

lin·o·type ['laɪnəʊtaɪp] *s. typ.* **1.** *a.* ≈ Linotype *f* (*Markenname für e-e Zeilensetz- u. -gießmaschine*); **2.** ('Setzmaˌschinen)Zeile *f*.

lin·seed ['lɪnsi:d] *s.* ⚘ Leinsamen *m*; **~ cake** *s.* Leinkuchen *m*; **~ oil** *s.* Leinöl *n*.

lint [lɪnt] **I** *s.* **1.** ⚕ Schar'pie *f*, Zupflinnen *n*; **2.** *Am.* Fussel *f*; **II** *v/i.* **3.** *Am.* Fusseln bilden, fusseln.

lin·tel ['lɪntl] *s.* △ (Tür-, Fenster)Sturz *m*.

li·on ['laɪən] *s.* **1.** *zo.* Löwe *m* (*a. fig. Held*; *a. ast.* ≈): ***the ~'s share*** *fig.* der Löwenanteil; ***go into the ~'s den*** *fig.* sich in die Höhle des Löwen wagen; **2.** ‚Größe' *f*, Berühmtheit *f* (*Person*); **3.** *pl.* Sehenswürdigkeiten *pl.* (*e-s Ortes*); '**li·on·ess** [-nes] *s.* Löwin *f*; '**li·onˌheart·ed** *adj.* furchtlos, mutig; **li·on·ize** ['laɪənaɪz] *v/t.* *j-n* feiern, zum Helden des Tages machen.

lip [lɪp] *s.* **1.** Lippe *f*: ***hang on s.o.'s ~s*** an j-s Lippen hängen; ***keep a stiff upper ~*** Haltung bewahren; ***lick*** (*od.* ***smack***) ***one's ~s*** sich die Lippen lekken; → ***bite*** 7; **2.** F Unverschämtheit *f*: ***none of your ~!*** keine Frechheiten!; **3.** Rand *m* (*Wunde*, *Schale*, *Krater etc.*); **4.** Tülle *f*, Schnauze *f* (*Krug etc.*).

'**lip|-read** *v/t. u. v/i.* [*irr.* → ***read***] von den Lippen ablesen; '**~-ˌread·ing** *s.* Lippenlesen *n*; **~ ser·vice** *s.* Lippendienst *m*: ***pay ~ to*** ein Lippenbekenntnis ablegen zu *e-r Idee etc.*; '**~·stick** *s.* Lippenstift *m*.

li·quate ['laɪkweɪt] *v/t. metall.* (aus)seigern.

liq·ue·fa·cient [ˌlɪkwɪ'feɪʃnt] **I** *s.* Verflüssigungsmittel *n*; **II** *adj.* verflüssigend; ˌ**liq·ue'fac·tion** [-'fækʃn] *s.* Verflüssigung *f*; **liq·ue·fi·a·ble** ['lɪkwɪfaɪəbl] *adj.* schmelzbar; **liq·ue·fy** ['lɪkwɪfaɪ] *v/t. u. v/i.* (sich) verflüssigen; schmelzen; **li·ques·cent** [lɪ'kwesnt] *adj.* sich (leicht) verflüssigend, schmelzend.

li·queur [lɪ'kjʊə] *s.* Li'kör *m.*

liq·uid ['lɪkwɪd] **I** *adj.* □ **1.** flüssig; Flüssigkeits…: **~ measure** Flüssigkeitsmaß *n*; **~ crystal** Flüssigkristall *m*; **~ crystal display** Flüssigkristallanzeige *f*; **2.** a) klar, hell u. glänzend, b) feucht (schimmernd): **~ eyes**; **~ sky**; **3.** perlend, wohltönend; **4.** *ling.* li'quid, fließend: **~ sound** → 7; **5.** † li'quid, flüssig: **~ assets**; **II** *s.* **6.** Flüssigkeit *f*; **7.** *Phonetik*: Liquida *f*, Fließlaut *m.*

liq·ui·date ['lɪkwɪdeɪt] *v/t.* **1.** a) *Schulden etc.* tilgen, b) *Schuldbetrag* feststellen; **2.** *Konten* abrechnen, saldieren; **3.** † *Unternehmen* liquidieren; **4.** † *Wertpapier* flüssigmachen, realisieren; **5.** *j-n* liquidieren (*umbringen*); **liq·ui·da·tion** [ˌlɪkwɪ'deɪʃn] *s.* **1.** † a) Liquidati'on *f*, Abwicklung *f* (*Unternehmen*): **go into ~** in Liquidation treten, b) Tilgung *f* (*von Schulden*), c) Abrechnung *f*, d) Realisierung *f*; **2.** *fig.* Liquidierung *f*, Beseitigung *f*; '**liq·ui·da·tor** [-tə] *s.* † Liqui'dator *m*, Abwickler *m.*

li·quid·i·ty [lɪ'kwɪdətɪ] *s.* **1.** flüssiger Zustand; **2.** † Liquidi'tät *f*, (Geld)Flüssigkeit *f.*

liq·uor ['lɪkə] **I** *s.* **1.** alko'holisches Getränk, *coll.* Spiritu'osen *pl.*, Alkohol *m* (*bsd. Branntwein u. Whisky*): **in ~, the worse for ~** betrunken; **2.** Flüssigkeit *f*; *pharm.* Arz'neilösung *f*; **3.** ⚙ a) Lauge *f*, b) Flotte *f* (*Färbebad*); **II** *v/i.* **4.** *mst* **~ up** *sl.* ‚einen heben'; **III** *v/t.* **5. get ~ed up** sich ‚vollaufen' lassen; **~ cab·i·net** *s.* Hausbar *f.*

liq·uo·rice ['lɪkərɪs] *s.* La'kritze *f.*

lisp [lɪsp] **I** *v/i.* **1.** (*a. v/t. et.*) lispeln, mit der Zunge anstoßen; **2.** stammeln; **II** *s.* **3.** Lispeln *n*, Anstoßen *n* (mit der Zunge).

lis·some, *a.* **lis·som** ['lɪsəm] *adj.* **1.** geschmeidig; **2.** wendig, a'gil.

list[1] [lɪst] **I** *s.* Liste *f*, Verzeichnis *n*: **on the ~** auf der Liste; **~ price** † Listenpreis *m*; **II** *v/t.* a) verzeichnen, aufführen, erfassen, katalogisieren; in e-e Liste eintragen, b) aufzählen: **~ed** *Am.* † amtlich notiert, börsenfähig (*Wertpapier*).

list[2] [lɪst] *s.* **1.** Saum *m*, Rand *m*; **2.** *Weberei*: Salband *n*, Webekante *f*; **3.** (Sal)Leiste *f*; **4.** *pl. hist.* a) Schranken *pl.* (*e-s Turnierplatzes*), b) Kampfplatz *m* (*a. fig.*): **enter the ~s** *fig.* in die Schranken treten, zum Kampf antreten.

list[3] [lɪst] ⚓ **I** *s.* Schlagseite *f*; **II** *v/i.* Schlagseite haben.

lis·ten ['lɪsn] *v/i.* **1.** horchen, hören, lauschen (**to** auf *acc.*): **~ to** a) *j-m* zuhören, *j-n* anhören, b) auf *j-n od. j-s Rat* hören, *j-m* Gehör schenken, c) *e-m Rat etc.* folgen: **~!** hör mal (zu)!; **~ for** auf *et. od. j-n* horchen (*warten*); → **reason** 1; **2. ~ in** a) Radio hören, b) (*am Telefon etc.*) mithören *od.* mit anhören (**on s.th.** et.): **~ in to** *et.* im Radio hören; '**lis·ten·er** [-nə] *s.* **1.** Horcher(in), Lauscher(in); **2.** Zuhörer(in); **3.** *Radio*: Hörer(in).

lis·ten·ing post ['lɪsnɪŋ] *s.* ⚔ **1.** Horchposten *m* (*a. fig.*); **2.** Abhörstelle *f.*

list·less ['lɪstlɪs] *adj.* □ lustlos, teilnahmslos, matt, a'pathisch.

lists [lɪsts] → **list**[2] 4.

lit [lɪt] **I** *pret. u. p.p.* von **light**[1] *u.* **light**[3]; **II** *adj. mst* **~ up** *sl.* ‚blau' (*betrunken*).

lit·a·ny ['lɪtənɪ] *s. eccl. u. fig.* Lita'nei *f.*

li·ter ['li:tə] *Am.* → **litre.**

lit·er·a·cy ['lɪtərəsɪ] *s.* **1.** Fähigkeit *f* zu lesen u. zu schreiben; **2.** (lite'rarische) Bildung, Belesenheit *f*; '**lit·er·al** [-rəl] **I** *adj.* □ **1.** wörtlich, wortgetreu: **~ translation**; **2.** wörtlich, buchstäblich, eigentlich: **~ sense**; **3.** nüchtern, wahrheitsgetreu: **~ account**; **the ~ truth** die reine Wahrheit; **4.** *fig.* buchstäblich: **~ annihilation**; **a ~ disaster** e-e wahre *od.* echte Katastrophe; **5.** pe'dantisch, pro'saisch (*Person*); **6.** Buchstaben…, Schreib…: **~ error** → 7; **II** *s.* **7.** Schreib- *od.* Druckfehler *m*; '**lit·er·al·ism** [-əlɪzəm], '**lit·er·al·ness** [-rəlnɪs] *s.* **1.** Festhalten *n* am Buchstaben, *bsd.* strenge *od.* allzu wörtliche Über'setzung *od.* Auslegung, Buchstabenglaube *m*; **2.** *Kunst*: Rea'lismus *m.*

lit·er·ar·y ['lɪtərərɪ] *adj.* □ **1.** lite'rarisch, Literatur…: **~ historian** Literaturhistoriker(in); **~ history** Literaturgeschichte *f*; **~ language** Schriftsprache *f*; **2.** schriftstellerisch: **a ~ man** ein Literat; **~ property** geistiges Eigentum; **3.** lite'rarisch gebildet; **4.** gewählt: **a ~ expression**; **lit·er·ate** ['lɪtərət] **I** *adj.* **1.** des Lesens u. Schreibens kundig; **2.** (lite'rarisch) gebildet; **3.** lite'rarisch; **II** *s.* **4.** j-d, der Lesen u. Schreiben kann; **5.** Gebildete(r *m*) *f*; **lit·e·ra·ti** [ˌlɪtə'rɑ:ti:] *s. pl.* **1.** Lite'raten *pl.*; **2.** *die* Gelehrten *pl.*; **lit·e·ra·tim** [ˌlɪtə'rɑ:tɪm] (*Lat.*) *adv.* buchstäblich, (wort)wörtlich; **lit·er·a·ture** ['lɪtərətʃə] *s.* **1.** Litera'tur *f*, Schrifttum *n*; **2.** Schriftstelle'rei *f*; **3.** Druckschriften *pl.*, *bsd.* Pro'spekte *pl.*, 'Unterlagen *pl.*

lithe [laɪð] *adj.* □ geschmeidig; '**lithe·ness** [-nɪs] *s.* Geschmeidigkeit *f.*

lith·o·chro·mat·ic [ˌlɪθəʊkrəʊ'mætɪk] *adj.* Farben-, Buntdruck…

lith·o·graph ['lɪθəʊgrɑ:f] **I** *s.* Lithogra'phie *f*, Steindruck *m* (*Erzeugnis*); **II** *v/t. u. v/i.* lithographieren; **li·thog·ra·pher** [lɪ'θɒgrəfə] *s.* Litho'graph *m*; **lith·o·graph·ic** [ˌlɪθəʊ'græfɪk] *adj.* (□ **~ally**) litho'graphisch, Steindruck…; **li·thog·ra·phy** [lɪ'θɒgrəfɪ] *s.* Lithogra'phie *f*, Steindruck *m.*

Lith·u·a·ni·an [ˌlɪθju:'eɪnjən] **I** *s.* **1.** Litauer(in); **2.** *ling.* Litauisch *n*; **II** *adj.* **3.** litauisch.

lit·i·gant ['lɪtɪgənt] ⚖ **I** *s.* Pro'zeßführende(r *m*) *f*, (streitende) Par'tei; **II** *adj.* streitend, pro'zeßführend; **lit·i·gate** ['lɪtɪgeɪt] *v/i.* (*u. v/t.*) prozessieren (um), streiten (um); **lit·i·ga·tion** [ˌlɪtɪ'geɪʃn] *s.* Rechtsstreit *m*, Pro'zeß *m*; **li·ti·gious** [lɪ'tɪdʒəs] *adj.* □ **1.** ⚖ a) Prozeß…, b) strittig, streitig; **2.** pro'zeß-, streitsüchtig.

lit·mus ['lɪtməs] *s.* ⚗ Lackmus *n*; '**~-ˌpa·per** *s.* 'Lackmuspaˌpier *n.*

li·tre ['li:tə] *s. Brit.* Liter *m*, *n.*

lit·ter ['lɪtə] **I** *s.* **1.** Sänfte *f*; **2.** Trage *f*; **3.** Streu *f*; **4.** her'umliegende Sachen *pl.*, *bsd.* (her'umliegendes) Pa'pier u. Abfälle *pl.*; **5.** Wust *m*, Unordnung *f*; **6.** *zo.* Wurf *m Ferkel etc.*; **II** *v/t.* **7.** *mst* **~ down** a) Streu legen für *Tiere*, b) *Stall, Boden* einstreuen, c) *Pflanzen* abdekken; **8.** a) verunreinigen, b) unordentlich verstreuen, her'umliegen lassen, c) *Zimmer* in Unordnung bringen, d) *oft* **~ up** (unordentlich) her'umliegen in (*dat.*) *od.* auf (*dat.*): **be ~ed with** übersät sein mit (*a. fig.*); **9.** *zo. Junge* werfen; **III** *v/i.* **10.** (Junge) werfen.

lit·tle ['lɪtl] **I** *adj.* **1.** klein: **a ~ house** ein kleines Haus, ein Häuschen; **a ~ one** ein Kleines (*Kind*); **our ~ ones** unsere Kleinen; **the ~ people** die Elfen; **~ things** Kleinigkeiten *pl.*; **2.** kurz (*Strecke od. Zeit*); **3.** wenig: **~ hope**; **a ~ honey** ein wenig *od.* ein bißchen *od.* etwas Honig; **4.** klein, gering(fügig), unbedeutend: **of ~ interest** von geringem Interesse; **5.** klein(lich), beschränkt, engstirnig: **~ minds** Kleingeister *pl.*; **6.** gemein, erbärmlich; **7.** *iro.* klein: **her poor ~ efforts**; **his ~ ways** s-e kleinen Eigenarten *od.* Schliche; **II** *adv.* **8.** wenig, kaum, nicht sehr: **he ~ knows** er ahnt ja nicht (**that** daß); **we see ~ of her** wir sehen sie nur sehr selten; **make ~ of** *et.* bagatellisieren; **think ~ of** wenig halten von; **III** *s.* **9.** Kleinigkeit *f*, *das* Wenige, *ein* bißchen: **a ~** ein wenig, ein bißchen; **not a ~** nicht wenig; **after a ~** nach e-m Weilchen; **for a ~** für ein Weilchen; **a ~ rash** ein bißchen voreilig; **~ by ~** nach und nach; **~ or nothing** so gut wie nichts; **what ~ I have seen** das wenige, das ich gesehen habe; **every ~ helps** auch der kleinste Beitrag hilft; '**lit·tle·ness** [-nɪs] *s.* **1.** Kleinheit *f*; **2.** Geringfügigkeit *f*, Bedeutungslosigkeit *f*; **3.** Kleinlichkeit *f*; **4.** Beschränktheit *f.*

lit·to·ral ['lɪtərəl] **I** *adj.* a) Küsten…, b) Ufer…; **II** *s.* Küstenland *n*, -strich *m.*

li·tur·gic, **li·tur·gi·cal** [lɪ'tɜ:dʒɪk(l)] *adj.* □ li'turgisch; **lit·ur·gy** ['lɪtədʒɪ] *s. eccl.* Litur'gie *f.*

liv·a·ble ['lɪvəbl] *adj.* **1.** *a.* **~-in** wohnlich; **2.** *mst* **~-with** 'umgänglich (*Person*); **3.** erträglich.

live[1] [lɪv] **I** *v/i.* **1.** *allg.* leben: **~ to a great age** ein hohes Alter erreichen; **~ to be eighty** achtzig Jahre alt werden; **~ to see** *et.* erreichen; **~ off** leben von, sich ernähren von; *b.s.* auf *j-s* Kosten leben; **~ on** a) weiter-, fortleben, b) *a.* **~ by** leben *od.* sich ernähren von; **~ through s.th.** et. mit- *od.* durchmachen, et. miterleben; **~ with** a) *a. iro.* mit *der Atombombe etc.* leben, b) *bsd. sport* F mit *e-m Gegner etc.* mithalten; **we ~ and learn!** man lernt nie aus!; **~ and let ~** leben u. leben lassen; **he will ~ to regret it!** das wird er noch bereuen!; **2.** (über)'leben, am Leben bleiben: **the patient will ~!**; **3.** leben, wohnen: **~ in a town**; **4.** leben, ein *ehrliches etc.* Leben führen: **~ well** gut leben; **~ to o.s.** (ganz) für sich leben; **5.** leben, das Leben genießen: **she wanted to ~** sie wollte (et. er)leben; (**then**) **you haven't ~d!** *humor.* du weißt ja gar nicht, was du versäumt hast!; **II** *v/t.* **6.** *ein anständiges etc. Leben* führen *od.* leben: **~ one's own life** sein eigenes Leben leben; **7.** (vor)leben, im Leben verwirklichen: **he ~d a lie** sein Leben war

e-e einzige Lüge;
Zssgn mit adv.:
live| down *v/t. et.* (durch tadellosen Lebenswandel) vergessen machen, sich reinwaschen *od.* rehabilitieren von: ***I will never live it down*** das wird man mir nie vergessen; **~ in** *v/i.* im Haus *od.* Heim *etc.* wohnen, nicht außerhalb wohnen; **~ out** *v/i.* außerhalb wohnen; **~ to·geth·er** *v/i.* zu'sammen leben *od.* wohnen; **~ up I** *v/i.*: **~ *to*** *den Anforderungen, Erwartungen etc.* entsprechen, *a. s-m Ruf* gerecht werden; *sein Versprechen* halten; **II** *v/t.*: ***live it up*** ‚auf den Putz hauen', ‚toll leben'.
live² [laɪv] **I** *adj.* (*nur attr.*) **1.** le'bendig: a) lebend: **~ *animals***, b) *fig.* lebhaft (*a. Debatte etc.*); rührig, tätig, e'nergisch (*Person*); **2.** aktu'ell: ***a ~ question***; **3.** glühend (*Kohle etc.*) (*a. fig.*); ⚔ scharf (*Munition*); ungebraucht (*Streichholz*); ϟ stromführend, geladen: **~ *wire*** *fig.* ‚Energiebündel' *n*; **~ *load*** ⚙ Nutzlast *f*; **~ *steam*** ⚙ Frischdampf *m*; **4.** *Radio, TV*: di'rekt, live, Direkt..., Original..., Live-...: **~ *broadcast*** Live-Sendung *f*, Direktübertragung *f*; **5.** ⚙ a) Trieb..., b) angetrieben; **II** *adv.* **6.** *Radio, TV*: di'rekt, live: ***the game will be broadcast ~***.
-lived [lɪvd] *in Zssgn* ...lebig.
live·li·hood ['laɪvlɪhʊd] *s.* 'Lebens,unterhalt *m*, Auskommen *n*: ***earn*** (*od.* ***make***) ***a*** (*od.* ***one's***) **~** sein Brot *od.* s-n Lebensunterhalt verdienen.
live·li·ness ['laɪvlɪnɪs] *s.* **1.** Lebhaftigkeit *f*; **2.** Le'bendigkeit *f*.
live·long ['lɪvlɒŋ] *adj. poet.*: ***all the ~ day*** den lieben langen Tag.
live·ly ['laɪvlɪ] *adj.* □ **1.** *allg.* lebhaft, le'bendig (*Person, Geist, Gespräch, Rhythmus, Gefühl, Erinnerung, Farbe, Beschreibung etc.*): **~ *hope*** starke Hoffnung; **2.** kräftig, vi'tal; **3.** lebhaft, aufregend (*Zeit*): ***make it*** (*od.* ***things***) **~ *for*** *j-m* (tüchtig) einheizen; ***we had a ~ time*** es war ‚schwer was los'; **4.** flott (*Tempo*).
liv·en ['laɪvn] *mst* **~ up I** *v/t.* beleben, Leben *od.* Schwung bringen in (*acc.*); **II** *v/i.* sich beleben, in Schwung kommen.
liv·er¹ ['lɪvə] *s. anat.* Leber *f*.
liv·er² ['lɪvə] *s.*: ***be a fast ~*** ein flottes Leben führen; ***be a good ~*** ‚gut leben'.
liv·er·ied ['lɪvərɪd] *adj.* livriert.
liv·er·ish ['lɪvərɪʃ] *adj.* F **1.** ***be ~*** es an der Leber haben; **2.** reizbar, mürrisch.
Liv·er·pud·li·an [,lɪvə'pʌdlɪən] **I** *adj.* aus *od.* von Liverpool; **II** *s.* Liverpooler(in).
'**liv·er·wort** *s.* ⚘ Leberblümchen *n*.
liv·er·y ['lɪvərɪ] *s.* **1.** Li'vree *f*; **2.** (*bsd.* Amts- *od.* Gilden)Tracht *f*; *fig.* (*a. zo. Winter- etc.*)Kleid *n*; **3.** → ***livery company***; **4.** Pflege *f* u. 'Unterbringung *f* (*von Pferden*) gegen Bezahlung: ***at ~*** in Futter *stehen etc.*; **5.** *Am.* → ***livery stable***; **6.** a) 'Übergabe *f*, Über'tragung *f*, b) *Brit.* 'Übergabe *f* von vom Vormundschaftsgericht freigegebenem Eigentum; **~ com·pa·ny** *s.* (Handels-) Zunft *f* der ***City of London***; '**~·man** [-mən] *s.* [*irr.*] Zunftmitglied *n*; **~ servant** *s.* livrierter Diener; **~ sta·ble** *s.* Mietstall *m*.
lives [laɪvz] *pl. von* ***life***.
'**live·stock** ['laɪv-] *s.* Vieh(bestand *m*) *n*, lebendes Inven'tar.
liv·id ['lɪvɪd] *adj.* □ **1.** bläulich; bleifarben, graublau; **2.** fahl, aschgrau, blaß (***with*** vor *dat.*); **3.** *Brit.* F ‚fuchsteufelswild'; **li·vid·i·ty** [lɪ'vɪdətɪ], '**liv·id·ness** [-nɪs] *s.* Fahlheit *f*, Blässe *f*.
liv·ing ['lɪvɪŋ] **I** *adj.* □ **1.** lebend (*a. Sprachen*), le'bendig (*a. fig. Glaube, Gott etc.*): ***no man ~*** kein Sterblicher; ***not a ~ soul*** keine Menschenseele; ***while ~*** zu Lebzeiten; ***the greatest of ~ statesmen*** der größte lebende Staatsmann; **~ *death*** trostloses Dasein; ***within ~ memory*** seit Menschengedenken; **2.** glühend (*Kohle*); **3.** gewachsen (*Fels*); **4.** Lebens...: **~ *conditions***; **II** *s.* **5. *the ~*** die Lebenden; **6.** (das) Leben; **7.** Leben *n*, Lebensweise *f*, -führung *f*: ***good ~*** üppiges Leben; **8.** 'Lebens,unterhalt *m*: ***make a ~*** s-n Lebensunterhalt verdienen (***as*** als, ***out of*** durch); **9.** Leben *n*, Wohnen *n*; **10.** *eccl. Brit.* Pfründe *f*; **~ room** [rʊm] *s.* Wohnzimmer *n*; **~ space** *s.* **1.** Wohnraum *m*, -fläche *f*; **2.** *pol.* Lebensraum *m*; **~ wage** *s.* ausreichender Lohn.
lix·iv·i·ate [lɪk'sɪvɪeɪt] *v/t.* auslaugen.
liz·ard ['lɪzəd] *s.* **1.** *zo.* a) Eidechse *f*, b) Echse *f*; **2.** Eidechsenleder *n*.
'll [l; əl] F *für* ***will*** 1, 2, 4 *od.* ***shall***.
lla·ma ['lɑːmə] *s. zo.* Lama(wolle *f*) *n*.
lo [ləʊ] *int. obs.* siehe!, seht!: **~ *and behold!*** *oft humor.* sieh(e) da!
loach [ləʊtʃ] *s. ichth.* Schmerle *f*.
load [ləʊd] **I** *s.* **1.** Last *f* (*a. phys.*); **2.** *fig.* Last *f*, Bürde *f*: ***take a ~ off s.o.'s mind*** j-m e-e Last von der Seele nehmen; ***that takes a ~ off my mind!*** da fällt mir ein Stein vom Herzen!; **3.** Ladung *f* (*a. e-r Schußwaffe*; *a. Am. sl.* Menge Alkohol), Fracht *f*, Fuhre *f*: ***a bus~ of tourists*** ein Bus voll(er) Touristen; ***have a ~ on*** *Am. sl.* ‚schwer geladen' haben; ***get a ~ of this!*** F hör mal gut zu!; **~*s of*** F e-e Unmasse *od.* massenhaft *od.* jede Menge *Geld, Fehler etc.*; **4.** *fig.* Belastung *f*: (***work***) **~** (Arbeits)Pensum *n*; **5.** ⚙, ϟ a) Last *f*, (Arbeits)Belastung *f*, b) Leistung *f*: **~ *capacity*** a) Ladefähigkeit *f*, b) Tragfähigkeit *f*, c) ϟ Belastbarkeit *f*; **II** *v/t.* **6.** beladen; **7.** *Güter, Schußwaffe etc.* laden; aufladen: **~ *the camera*** *phot.* e-n Film einlegen; **8.** *fig. j-n* über'häufen (***with*** mit *Arbeit, Geschenken, Vorwürfen etc.*): ***he's ~ed*** *sl.* a) er hat Geld wie Heu, b) er hat ‚schwer geladen' *od.* ist ‚blau'; **9.** *den Magen* über'laden; **10.** beschweren: **~ *dice*** Würfel präparieren: **~ *the dice*** *fig.* die Karten zinken; ***the dice are ~ed against him*** *fig.* er hat kaum e-e Chance; **~*ed question*** Fangfrage *f*; **11.** *Wein* verfälschen; **III** *v/i.* **12.** *a.* **~ up** (auf-, ein)laden.
load·er ['ləʊdə] *s.* **1.** (Ver)Lader *m*; **2.** Verladevorrichtung *f*; **3.** *hunt.* Lader *m*; **4.** ⚔ Ladeschütze *m*.
load·ing ['ləʊdɪŋ] *s.* **1.** (Be-, Auf)Laden *n*; **2.** a) Laden *n* (*e-r Schußwaffe*), b) Einlegen *n* e-s Films (*in die Kamera*); **3.** Ladung *f*, Fracht *f*; **4.** ⚙, ϟ, ✈ Belastung *f*; **5.** *Versicherung*: Verwaltungskostenanteil *m* (*der Prämie*); **~ bridge** *s.* Verlade-, ✈ Fluggastbrücke *f*; **~ coil** *s.* ϟ Belastungsspule *f*.
load| line *s.* ⚓ Lade(wasser)linie *f*; '**~·star** → ***lodestar***; '**~·stone** → ***lodestone***.
loaf¹ [ləʊf] *pl.* **loaves** [ləʊvz] *s.* **1.** Laib *m* (*Brot*), *weitS.* Brot *n*: ***half a ~ is better than no bread*** (etwas ist) besser als gar nichts; **2.** Zuckerhut *m*: **~ *sugar*** Hutzucker *m*; **3.** *a.* ***meat ~*** Hackbraten *m*; **4.** *Brit. sl.* ‚Birne' *f*: ***use your ~*** denk mal ein bißchen (nach)!
loaf² [ləʊf] **I** *v/i. a.* **~ *about*** (*od.* ***around***) her'umlungern, bummeln; faulenzen; **II** *v/t.* **~ *away*** *Zeit* verbummeln; '**loaf·er** [-fə] *s.* **1.** Faulenzer *m*, Nichtstuer *m*; Her'umtreiber(in); **2.** *Am.* Mokas'sin *m* (*Schuh*).
loam [ləʊm] *s.* Lehm(boden) *m*; '**loam·y** [-mɪ] *adj.* lehmig, Lehm...
loan [ləʊn] **I** *s.* **1.** (Ver)Leihen *n*, Ausleihung *f*: ***as a ~, on ~*** leihweise; ***it's on ~, it's a ~*** es ist geliehen; ***ask for the ~ of s.th.*** et. leihweise erbitten; ***put out to ~*** verleihen; **2.** Anleihe *f* (*a. fig.*): ***take up a ~ on*** e-e Anleihe aufnehmen auf *e-e Sache*; ***government ~*** Staatsanleihe; **3.** Darlehen *n*, Kre'dit *m*: **~ *on securities*** Lombarddarlehen; ***bankrate for ~s*** Lombardsatz *m*; **4.** Leihgabe *f* (*für e-e Ausstellung*); **II** *v/t. u. v/i.* **5.** (ver-, aus)leihen (***to*** *dat.*); **~ bank** *s.* Darlehensbank *f*; **~ of·fice** *s.* Darlehenskasse *f*; **~ shark** *s.* F ‚Kre'dithai' *m*; **~ trans·la·tion** *s. ling.* 'Lehnüber,setzung *f*; **~ word** *s. ling.* Lehnwort *n*.
loath [ləʊθ] *adj.* (*nur pred.*) abgeneigt, nicht willens: ***be ~ to do s.th.*** et. nur sehr ungern tun; ***nothing ~*** durchaus nicht abgeneigt.
loathe [ləʊð] *v/t. et. od. j-n* verabscheuen, hassen, nicht ausstehen können; '**loath·ing** [-ðɪŋ] *s.* Abscheu *m*, Ekel *m*; '**loath·ing·ly** [-ðɪŋlɪ] *adv.* mit Abscheu *od.* Ekel; '**loath·some** [-səm] *adj.* □ widerlich, ab'scheulich, verhaßt; ekelhaft, eklig.
loaves [ləʊvz] *pl. von* ***loaf¹***.
lob [lɒb] **I** *s.* **1.** *Tennis*: Lob *m*; **II** *v/t.* **2.** *den Ball* lobben; **3.** (*engS. et.* von unten her) werfen.
lob·by ['lɒbɪ] **I** *s.* **1.** a) Vor-, Eingangshalle *f*, Vesti'bül *n*, *bsd. thea., Hotel*: Foy'er *n*, b) Wandelgang *m*, -halle *f*, Korridor *m*, *parl. a.* Lobby *f*; **2.** *pol.* Lobby *f*, (Vertreter *pl.* e-r) Inter'essengruppe *f*; **II** *v/t. u. v/i.* **3.** (auf Abgeordnete) Einfluß nehmen: **~ *for*** (mit Hilfe e-r Lobby) für die Annahme *e-s Antrags etc.* arbeiten; **~ (*through*)** *Gesetzesantrag* mit Hilfe e-r Lobby durchbringen; '**lob·by·ist** [-ɪɪst] *s. pol.* Lobby'ist(in).
lobe [ləʊb] *s.* ⚘, *anat.* Lappen *m*: **~ *of the ear*** Ohrläppchen *n*; **lobed** [-bd] *adj.* gelappt, lappig.
lob·ster ['lɒbstə] *s. zo.* **1.** Hummer *m*: ***as red as a ~*** *fig.* krebsrot; **2.** (***spiny***) **~** Languste *f*.
lob·ule ['lɒbjuːl] *s.* ⚘, *anat.* Läppchen *n*.
lo·cal ['ləʊkl] **I** *adj.* □ **1.** lo'kal, örtlich, Lokal..., Orts...: **~ *authorities*** *pl.*, **~ *government*** Gemeinde-, Stadt-, Kommunalverwaltung *f*; **~ *call*** *teleph.* Ortsgespräch *n*; **~ *news*** Lokalnachrichten *pl.*; **~ *politics*** Lokalpolitik *f*; **~ *time*** Ortszeit *f*; **~ *traffic*** Lokal-, Orts-, Nahverkehr *m*; **~ *train*** → 5; **2.** Orts..., ortsansässig: a) hiesig, b) dortig: ***the ~***

doctor; **3.** lo'kal, örtlich, Lokal...: *~ an(a)esthesia* → 10; *~ colo(u)r fig.* Lokalkolorit *n*; *a ~ custom* ein ortsüblicher Brauch; *~ expression* ortsgebundener Ausdruck; **4.** *Brit.* (*als Postvermerk*) Ortsdienst!; **II** *s.* **5.** Vororts-, Nahverkehrszug *m*; **6.** *Am. Zeitung*: Lo'kalnachricht *f*; **7.** *Am.* Ortsgruppe *f* (*e-r Gewerkschaft etc.*); **8.** *pl.* Ortsansässige *pl.*; **9.** *Brit.* F Ortsgasthaus *n*, *a.* Stammkneipe *f*; **10.** ⚕ Lo'kalanästhe,sie *f*, örtliche Betäubung.

lo·cale [ləʊ'kɑːl] *s.* Schauplatz *m*, Ort *m* (*e-s Ereignisses etc.*).

lo·cal·ism ['ləʊkəlɪzəm] *s.* Provinzia'lismus *m*: a) *ling.* örtliche (Sprach)Eigentümlichkeit, b) provinzi'elle Borniertheit, c) Lo'kalpatrio,tismus *m*.

lo·cal·i·ty [ləʊ'kælətɪ] *s.* **1.** a) Ort *m*: *sense of ~* Ortssinn *m*, b) Gegend *f*; **2.** (örtliche) Lage.

lo·cal·i·za·tion [,ləʊkəlaɪ'zeɪʃn] *s.* Lokalisierung *f*, örtliche Bestimmung *od.* Festlegung *od.* Begrenzung; **lo·cal·ize** ['ləʊkəlaɪz] *v/t.* **1.** lokalisieren: a) örtlich festlegen *od.* fixieren, b) (örtlich) begrenzen (*to* auf *acc.*); **2.** Lo'kalkolo,rit geben (*dat.*).

lo·cate [ləʊ'keɪt] **I** *v/t.* **1.** ausfindig machen, die örtliche Lage *od.* den Aufenthalt ermitteln von (*od. gen.*); **2.** a) ⚓ *etc.* orten, b) ⚔ *Ziel etc.* ausmachen; **3.** *Büro etc.* errichten, einrichten; **4.** a) (*an e-m bestimmten Ort*) an- *od.* 'unterbringen, b) *an e-n Ort* verlegen: *be ~d* gelegen sein, *wo* liegen *od.* sich befinden; **II** *v/i.* **5.** *Am.* F sich niederlassen; **lo'ca·tion** [-eɪʃn] *s.* **1.** Lage *f*: a) Platz *m*, Stelle *f*, b) Standort *m*, Ort *m*, Örtlichkeit *f*; **2.** Ausfindigmachen *n*, Lokalisierung *f*, ⚓ *etc.* Ortung *f*; **3.** *Am.* a) Grundstück *n*, b) angewiesenes Land; **4.** *Film*: Gelände *n* für Außenaufnahmen, Drehort *m*: *on ~* auf Außenaufnahme; *~ shots* Außenaufnahmen *pl.*; **5.** Niederlassung *f*, Siedlung *f*: **6.** *Computer*: 'Speicherstelle *f*, -a,dresse *f*.

loc·a·tive ['lɒkətɪv] *ling.* **I** *adj.* Lokativ...: *~ case* → **II** *s.* Lokativ *m*, Ortsfall *m*.

loch [lɒk; lɒx] *s. Scot.* **1.** See *m*; **2.** Bucht *f*.

lo·ci ['ləʊsaɪ] *pl. u. gen. von* ***locus***.

lock[1] [lɒk] **I** *s.* **1.** (*Tür- etc.*)Schloß *n*: *under ~ and key* a) hinter Schloß u. Riegel (*Person*), b) unter Verschluß (*Sache*); **2.** Verschluß *m*, Schließe *f*; **3.** Sperrvorrichtung *f*; **4.** (*Gewehr- etc.*) Schloß *n*: *~, stock, and barrel* a) ganz u. gar, voll und ganz, mit Stumpf u. Stiel, b) mit allem Drum u. Dran, c) mit Sack u. Pack; **5.** a) Schleuse(nkammer) *f*, b) Luft-, Druckschleuse *f*; **6.** Knäuel *m*, *n*, Stau *m* (*von Fahrzeugen*); **7.** *mot. bsd. Brit.* Einschlag *m* (*der Vorderräder*); **8.** *Ringen*: Fessel(griff *m*) *f*; **II** *v/t.* **9.** (ab-, zu-, ver)schließen, zusperren, verriegeln; **10.** *a. ~ up* a) *j-n* einschließen, (ein)sperren, (*in, into* in *acc.*), b) → *lock up* 2; **11.** (*in die Arme*) schließen, *a. Ringen*: um'fassen, -'klammern: *~ed* a) eng umschlungen, b) festgekeilt, *fig.* festsitzend, c) ineinander verkrallt: *~ed in conflict*; **12.** inein'anderschlingen, *die Arme* verschränken; → *horn*; **13.** ⚙ sperren, sichern, arretieren, festklemmen; **14.** *mot. Räder* blockieren; **15.** *Schiff* ('durch)schleusen; **16.** *Kanal* mit Schleusen versehen; **17.** ✝ *Geld* festlegen, fest anlegen; **III** *v/i.* **18.** (ab-) schließen; **19.** sich schließen lassen; **20.** ⚙ inein'andergreifen, einrasten; **21.** *mot.* a) sich einschlagen lassen, b) blockieren (*Räder*); **22.** geschleust werden (*Schiff*);

Zssgn mit adv.:

lock| a·way *v/t.* weg-, einschließen; *~ down* *v/t. Schiff* hin'abschleusen; *~ in* *v/t.* einschließen, -sperren; *~ on* *v/i.* (*to*) **1.** *Radar*: (*Ziel*) erfassen u. verfolgen; **2.** *Raumfahrt*: (an)koppeln (an *acc.*); **3.** *fig.* a) einhaken (bei), b) sich ‚verbeißen' (in *acc.*); *~ out* *v/t.* (*a. Arbeiter*) aussperren; *~ up* *v/t.* **1.** → *lock*[1] 9, 10; **2.** ver-, ein-, wegschließen; **3.** *Kapital* festlegen, fest anlegen; **4.** *Schiff* hin'aufschleusen.

lock[2] [lɒk] *s.* **1.** Locke *f*; *pl. poet.* Haar *n*; **2.** (Woll)Flocke *f*; **3.** Strähne *f*, Büschel *n*.

lock·age ['lɒkɪdʒ] *s.* **1.** Schleusen(anlage *f*) *pl.*; **2.** Schleusengeld *n*; **3.** ('Durch)Schleusen *n*.

lock·er ['lɒkə] *s.* **1.** (verschließbarer) Kasten *od.* Schrank, Spind *m*, *n*: *~ room* Umkleideraum *m*, *sport* (Umkleide)Kabine *f*; → *shot*[2] 4; **2.** Schließfach *n*.

lock·et ['lɒkɪt] *s.* Medail'lon *n*.

lock| gate *s.* Schleusentor *n*; '*~·jaw* *s.* ⚕ Kaumuskelkrampf *m*; '*~·nut* *s.* ⚙ Gegenmutter *f*; '*~·out* *s.* Aussperrung *f* (*von Arbeitern*); '*~·smith* *s.* Schlosser *m*; *~ stitch* *s.* Kettenstich *m*; '*~·up* *s.* **1.** a) Gefängnis *n*, b) (Haft)Zelle(n *pl.*) *f*; **2.** *Brit.* (kleiner) Laden; **3.** *mot.* 'Einzelga,rage *f*; **4.** Schließen *n*, (Tor-) Schluß *m*; **5.** feste Anlage (*von Kapital*).

lo·co[1] ['ləʊkəʊ] *adj. Am. sl.* ‚bekloppt', verrückt.

lo·co[2] ['ləʊkəʊ] *s.* Lok *f* (*Lokomotive*).

lo·co·mo·tion [,ləʊkə'məʊʃn] *s.* **1.** Fortbewegung *f*; **2.** Fortbewegungsfähigkeit *f*; **'lo·co,mo·tive** [-əʊtɪv] **I** *adj.* sich fortbewegend, fortbewegungsfähig, Fortbewegungs...: *~ engine* → **II** *s.* Lokomo'tive *f*.

lo·cum ['ləʊkəm] F *für* *~ te·nens* [,ləʊkəm'tiːnenz] *pl.* *~ te·nen·tes* [-tɪ'nentiːz] *s.* Vertreter(in) (*z.B. e-s Arztes*).

lo·cus ['ləʊkəs] *pl. u. gen.* **lo·ci** ['ləʊsaɪ] *s.* (𝔄 geo'metrischer) Ort.

lo·cust ['ləʊkəst] *s.* **1.** *zo.* Heuschrecke *f*; **2.** *a. ~ tree* ⚘ a) Ro'binie *f*, b) Jo'hannisbrotbaum *m*; **3.** ⚘ Jo'hannisbrot *n*, Ka'rube *f*.

lo·cu·tion [ləʊ'kjuːʃn] *s.* **1.** Ausdrucksweise *f*, Redestil *m*; **2.** Redewendung *f*, Ausdruck *m*.

lode [ləʊd] *s.* ⚒ (Erz)Gang *m*, Ader *f*; '*~·star* *s.* Leitstern *m* (*a. fig.*), *bsd.* Po'larstern *m*; '*~·stone* *s.* **1.** Ma'gneteisen(stein *m*) *n*; **2.** *fig.* Ma'gnet *m*.

lodge [lɒdʒ] **I** *s.* **1.** *allg.* Häus-chen *n*: a) (Jagd-, Ski- *etc.*)Hütte *f*, b) Pförtnerhaus *n*, c) Parkwächter-, Forsthaus *n*; **2.** Pförtner-, Porti'erloge *f*; **3.** *Am.* Zen'tralgebäude *n* (*in e-m Park etc.*); **4.** (*bsd.* Freimaurer)Loge *f*; **5.** (*Indianer-*) Wigwam *m*; **II** *v/i.* **6.** (*with*) a) logieren, (*bsd.* in 'Untermiete) wohnen (bei), b) über'nachten (bei); **7.** stecken (-bleiben) (*Kugel etc.*); **III** *v/t.* **8.** *j-n* a) 'unterbringen, aufnehmen, b) in 'Untermiete nehmen; **9.** *Geld* deponieren, hinter'legen; **10.** ✝ *Kredit* eröffnen; **11.** *Antrag, Beschwerde etc.* einreichen, *Anzeige* erstatten, *Berufung*, *Protest* einlegen (*with* bei); **12.** *Kugel*, *Messer etc.* (hin'ein)jagen, *Schlag* landen; **'lodge·ment** [-mənt] → *lodgment*; **'lodg·er** [-dʒə] *s.* ('Unter)Mieter(in).

lodg·ing ['lɒdʒɪŋ] *s.* **1.** 'Unterkunft *f*, ('Nacht)Quar,tier *n*; **2.** *pl.* a) (*bsd.* möbliertes) Zimmer, b) (möblierte) Zimmer *pl.*, c) Mietwohnung *f*; '*~-house* *s.* Fremdenheim *n*, Pensi'on *f*.

lodg·ment ['lɒdʒmənt] *s.* **1.** ⚖ Einreichung *f* (*Klage, Antrag etc.*); Erhebung *f* (*Beschwerde, Protest etc.*); Einlegung *f* (*Berufung*); **2.** Hinter'legung *f*, Deponierung *f*.

lo·ess ['ləʊɪs] *s. geol.* Löß *m*.

loft [lɒft] **I** *s.* **1.** (Dach-, *a.* ⚘ Heu)Boden *m*, Speicher *m*; **2.** ⚠ Em'pore *f* (*für Kirchenchor, Orgel*); **3.** Taubenschlag *m*; **II** *v/t. u. v/i. Golf*: (den Ball) hochschlagen; **'loft·er** [-tə] *s. Golf*: Schläger *m* für Hochbälle.

loft·i·ness ['lɒftɪnɪs] *s.* **1.** Höhe *f*; **2.** Erhabenheit *f* (*a. fig.*); **3.** Hochmut *m*; **loft·y** ['lɒftɪ] *adj.* ☐ **1.** hoch(ragend); **2.** *fig.* a) erhaben, b) hochfliegend, c) *contp.* hochtrabend; **3.** stolz, hochmütig.

log[1] [lɒg] **I** *s.* **1.** a) (Holz)Klotz *m*, (-)Block *m*, b) (*Feuer*)Scheit *n*, c) (*gefällter*) (Baum)Stamm: *in the ~* unbehauen; *roll a ~ for s.o. Am.* j-m e-n Dienst erweisen, *bsd.* j-m et. zuschanzen; *sleep like a ~* schlafen wie ein Klotz *od.* Bär; **2.** ⚓ Log *n*; **3.** ⚓ *etc.* → *logbook*: *keep a ~ (of)* Buch führen (über *acc.*); **II** *v/t.* **4.** ⚓ loggen: a) *Entfernung* zu'rücklegen, b) *Geschwindigkeit etc.* in das Logbuch eintragen.

log[2] [lɒg] → *logarithm*.

lo·gan·ber·ry ['ləʊgənbərɪ] *s.* ⚘ Loganbeere *f* (*Kreuzung zwischen Brombeere u. Himbeere*).

log·a·rithm ['lɒgərɪðəm] *s.* 𝔄 Loga'rithmus *m*; **log·a·rith·mic, log·a·rith·mi·cal** [,lɒgə'rɪðmɪk(l)] *adj.* ☐ loga'rithmisch.

'log|·book *s.* **1.** ⚓ Log-, ✈ Bord-, *mot.* Fahrtenbuch *n*; **2.** *mot. Brit.* Kraftfahrzeugbrief *m*; **3.** Reisetagebuch *n*; *~ cab·in* *s.* Blockhaus *n*.

log·ger·head ['lɒgəhed] *s.*: *be at ~s* (*with s.o.*) sich (mit j-m) in den Haaren liegen.

log·gia ['ləʊdʒə] *s.* ⚠ Loggia *f*.

log·ic ['lɒdʒɪk] *s. phls. u. fig.* Logik *f*; **'log·i·cal** [-kl] *adj.* ☐ **1.** logisch (*a. fig. folgerichtig od. natürlich*); **2.** *Computer*: logisch, Logik...; **lo·gi·cian** [ləʊ'dʒɪʃn] *s.* Logiker *m*; **lo·gis·tic** [ləʊ'dʒɪstɪk] **I** *adj.* **1.** *phls. u.* ⚔ lo'gistisch; **II** *s.* **2.** *phls.* Lo'gistik *f*; **3.** *pl. mst sg. konstr. bsd.* ⚔ Lo'gistik *f*.

log·o ['lɒgəʊ] → *logotype*.

log·o·gram ['lɒgəʊgræm] *s.* Logo'gramm *n*, Wortzeichen *n*.

log·o·type ['lɒgəʊtaɪp] *s.* ✝ Firmen- *od.* Markenzeichen *n*.

'log|·roll *pol. Am.* **I** *v/t. Gesetz* durch gegenseitige ‚Schützenhilfe' 'durchbringen; **II** *v/i.* sich gegenseitig in die Hände arbeiten; **'~,roll·ing** *s. pol.* ‚Kuhhandel' *m*, gegenseitige Unter'stützung (*zur Durchsetzung von Gruppeninteressen etc.*).

loin [lɔɪn] *s.* **1.** (*mst pl.*) *anat.* Lende *f*: ***gird up one's ~s*** *fig.* s-e Lenden gürten, sich rüsten; **2.** *pl. bibl. u. poet.* a) Lenden *pl.* (*Fortpflanzungsorgane*), b) Schoß *m* (*der Frau*); **3.** *Küche*: Lende(nstück *n*) *f*; **'~·cloth** *s.* Lendentuch *n*.

loi·ter ['lɔɪtə] **I** *v/i.* **1.** bummeln, trödeln; **2.** her'umlungern, -stehen, sich her'umtreiben; **II** *v/t.* **3.** ~ ***away*** *Zeit* vertrödeln; **'loi·ter·er** [-ərə] *s.* **1.** Bummler (-in), Faulenzer(in); **2.** Her'umtreiber(in).

loll [lɒl] **I** *v/i.* **1.** sich rekeln *od.* (her'um-)lümmeln; **2.** sich lässig lehnen (***against*** gegen); **3.** ~ ***out*** her'aushängen, baumeln (*Zunge*); **II** *v/t.* **4.** *a.* ~ ***out*** *die Zunge* her'aushängen lassen.

lol·li·pop ['lɒlɪpɒp] *s.* **1.** Lutscher *m* (*Stielbonbon*); **2.** *Brit.* Eis *n* am Stiel.

lol·lop ['lɒləp] *v/i.* F a) ‚latschen', b) hoppeln.

lol·ly ['lɒlɪ] *s.* **1.** F für ***lollipop***; **2.** *Brit. sl.* ‚Kies' *m* (*Geld*).

Lon·don·er ['lʌndənə] *s.* Londoner(in).

lone [ləʊn] *adj.* einsam: ***play a ~ hand*** *fig.* e-n Alleingang machen; → ***wolf*** 1; **'lone·li·ness** [-lɪnɪs] *s.* Einsamkeit *f*; **'lone·ly** [-lɪ] *adj. allg.* einsam: ***be ~ for*** *Am.* F Sehnsucht haben nach *j-m*; **lon·er** ['ləʊnə] *s.* F Einzelgänger(in); **'lone·some** [-səm] *adj.* □ → ***lonely***.

long¹ [lɒŋ] **I** *adj.* **1.** *allg.* lang (*a. fig. langwierig, a. ling.*): ***two miles*** (***weeks***) ***~***; ***~ journey*** (***list, syllable***); ***~ years of misery***; ***~ measure*** Längenmaß *n*; ***~ wave*** ⚡ Langwelle *f*; ***~er*** *comp.* länger; ***a ~ chance***, ***~ odds*** *fig.* geringe Aussichten; ***a ~ dozen*** 13 Stück; ***~ drink*** Longdrink *m*; ***a ~ guess*** e-e vage Schätzung; **2.** lang, hoch(gewachsen): ***a ~ fellow***; **3.** groß, zahlreich: ***a ~ family***; ***a ~ figure*** eine vielstellige Zahl; ***a ~ price*** ein hoher Preis; **4.** weitreichend: ***a ~ memory***; ***take a ~ view*** weit vorausblicken; **5.** † langfristig, mit langer Laufzeit, auf lange Sicht; **6.** a) † eingedeckt (***of*** mit), b) ***~ on*** F reichlich versehen mit, *fig. a.* voller *Ideen etc.*; **II** *adv.* **7.** lang, lange: ***~ dead*** schon lange tot; ***as*** (*od.* ***so***) ***~ as*** a) solange (wie), b) sofern; vorausgesetzt, daß; ***~ after*** lange (da)nach; ***~ ago*** vor langer Zeit; ***not ~ ago*** vor kurzem; ***as ~ ago as 1900*** schon 1900; ***all day ~*** den ganzen Tag (lang); ***be ~*** a) lange dauern (*Sache*), b) lange brauchen ([***in***] ***doing s.th.*** et. zu tun); ***don't be*** (***too***) ***~!*** mach nicht so lang!, beeil dich!; ***I shan't be ~!*** (ich) bin gleich wieder da!; ***not ~ before*** kurz bevor; ***it was not ~ before*** es dauerte nicht lange, bis *er kam etc.*; ***so ~!*** tschüs!, bis später (dann)!; ***no*** (*od.* ***not any***) ***~er*** nicht (mehr) länger, nicht mehr; ***for how much ~er?*** wie lange noch?; ***~est*** *sup.* am längsten; **III** *s.* **8.** (e-e) lange Zeit: ***at the ~est*** längstens, höchstens; ***before ~*** bald, binnen kurzem; ***for ~*** lange (Zeit); ***it is ~ since*** es ist lange her, daß; **9.** ***take ~*** lange brauchen; ***the ~ and the short of it*** a) die ganze Geschichte, b) mit 'einem Wort, kurz'um; **10.** Länge *f*: a) *Phonetik*: langer Laut, b) *Metrik*: lange Silbe; **11.** *pl.* a) lange Hose, b) 'Übergrößen *pl.*

long² [lɒŋ] *v/i.* sich sehnen (***for*** nach): ***~ for*** *a. j-n od. et.* herbeisehnen; ***I ~ed to see him*** ich sehnte mich danach, ihn zu sehen; ***the*** (***much***) ***~ed-for rest*** die (heiß)ersehnte Ruhe.

'long|·boat *s.* ⚓ Großboot *n*, großes Beiboot (*e-s Segelschiffs*); **'~·bow** [-bəʊ] *s. hist.* Langbogen *m*: ***draw the ~*** F übertreiben, dick auftragen; **'~·case clock** *s.* Standuhr *f*; **,~-'dat·ed** *adj.* langfristig; **,~-'dis·tance I** *adj.* **1.** *teleph. etc.* Fern…(*-gespräch, -empfang, -leitung etc.*; *a. -fahrt, -lastzug, -verkehr etc.*); **2.** ✈, *sport* Langstrecken… (*-bomber, -flug, -lauf etc.*); **II** *adv.* **3.** ***call ~*** ein Ferngespräch führen; **III** *s.* **4.** *teleph. Am.* a) Fernamt *n*, b) Ferngespräch *n*; **,~-drawn-'out** *adj. fig.* langatmig, in die Länge gezogen.

longe [lʌndʒ] → ***lunge²***.

lon·ge·ron ['lɒndʒərən] *s.* ✈ Rumpf(längs)holm *m*.

lon·gev·i·ty [lɒn'dʒevətɪ] *s.* Langlebigkeit *f*, langes Leben.

,long|-'haired *adj.* **1.** langhaarig (*a. contp.*), *zo.* Langhaar…; **2.** (betont) intellektu'ell; **'~·hand** *s.* Langschrift *f*, (gewöhnliche) Schreibschrift; **,~'head·ed** *adj.* **1.** langköpfig; **2.** gescheit, klug; **'~·horn** *s.* **1.** langhörniges Tier; **2.** langhörniges Rind, *Am.* Longhorn *n*.

long·ing ['lɒŋɪŋ] **I** *adj.* □ sehnsüchtig, verlangend; **II** *s.* Sehnsucht *f*, Verlangen *n* (***for*** nach).

long·ish ['lɒŋɪʃ] *adj.* ziemlich lang.

lon·gi·tude ['lɒndʒɪtju:d] *s. geogr.* Länge *f*; **lon·gi·tu·di·nal** [,lɒndʒɪ'tju:dɪnl] *adj.* □ **1.** *geogr.* Längen…; **2.** Längs…; **lon·gi·tu·di·nal·ly** [,lɒndʒɪ'tju:dɪnəlɪ] *adv.* längs, der Länge nach.

long| johns *s. pl.* F lange 'Unterhose; **~ jump** *s. sport* Weitsprung *m*; **'~-legged** *adj.* langbeinig; **,~-'lived** *adj.* langlebig; **'~-,play·ing rec·ord** *s.* Langspielplatte *f*; **~ prim·er** *s. typ.* Korpus *f* (*Schriftgrad*); **,~-'range** *adj.* **1.** ⚔ weittragend, Fernkampf…, Fern…; ✈ Langstrecken…: ***~ bomber***; **2.** auf lange Sicht (geplant), langfristig; **'~·shore·man** [-mən] *s.* [*irr.*] Hafenarbeiter *m*; **~ shot** *s.* **1.** *Film*: To'tale *f*; **2.** *sport etc.* (krasser) Außenseiter; **3.** a) ris'kante Wette, b) (ziemlich) aussichtslose Sache, c) wilde Vermutung: ***not by a ~*** nicht entfernt, längst nicht (*so gut etc.*); **,~-'sight·ed** *adj.* **1.** ⚕ weitsichtig; **2.** *fig.* weitblickend, 'umsichtig; **,~-'stand·ing** *adj.* seit langer Zeit bestehend, langjährig, alt; **,~-'suf·fer·ing I** *s.* Langmut *f*; **II** *adj.* langmütig; **'~-term** *adj.*, **'~·time** *adj.* langfristig, Langzeit…

lon·gueur [lɒŋ'gɜ:] (*Fr.*) *s.* Länge *f* (*in e-m Roman etc.*).

,long-'wind·ed [-'wɪndɪd] *adj. fig.* langatmig.

loo [lu:] *Brit.* F **I** *s.* Klo *n*; **II** *v/i.* aufs Klo gehen.

loo·fa(h) ['lu:fə] → ***luffa***.

look [lʊk] **I** *s.* **1.** Blick *m* (***at*** auf *acc.*, nach): ***have a ~ at s.th.*** (sich) et. ansehen; ***take a good ~*** (***at it***)***!*** sieh es dir genau an!; ***have a ~ round*** sich (mal) umsehen; **2.** Miene *f*, Ausdruck *m*; **3.** *oft pl.* Aussehen *n*: (***good***) ***~s*** gutes Aussehen; ***I do not like the ~ of it*** die Sache gefällt mir (gar) nicht; **II** *v/i.* **4.** schauen, blicken, (hin)sehen (***at, on*** auf *acc.*, nach): ***don't ~!*** nicht hersehen!; ***don't ~ like that!*** schau nicht so (drein)!; ***~ here!*** schau mal (her)!, hör mal (zu)!; → ***leap*** 1; **5.** (nach)schauen, nachsehen: ***~ who is here!*** schau, wer da kommt!, *humor.* ei, wer kommt denn da!; ***~ and see!*** überzeugen Sie sich (selbst)!; **6.** *krank etc.* aussehen (*a. fig.*): ***things ~ bad for him*** es sieht schlimm für ihn aus; ***it ~s as if*** es sieht (so) aus, als ob; ***~ like*** aussehen wie; ***it ~s like snow*** es sieht nach Schnee aus; ***he ~s like winning*** es sieht so aus, als ob er gewinnen sollte; ***it ~s all right to me*** es scheint (mir) in Ordnung zu sein; ***it ~s well on you*** es steht dir gut; **7.** aufpassen; → *Zssgn mit prp.* ***look to***; **8.** *nach e-r Richtung* liegen, gehen (***toward, to*** nach) (*Zimmer etc.*); **III** *v/t.* **9.** *j-m in die Augen etc.* sehen *od.* schauen *od.* blicken: ***~ s.o. in the eyes***; **10.** aussehen wie: ***he ~s an idiot***; ***he doesn't ~ his age*** man sieht ihm sein Alter nicht an; ***he ~s it!*** so sieht er auch aus!; **11.** durch Blicke ausdrücken: ***~ compassion*** mitleidig dreinschauen; → ***dagger*** 1;

Zssgn mit prp.:

look| a·bout *v/i.*: ***~ one*** sich 'umsehen, um sich blicken; **~ aft·er** *v/i.* **1.** *j-m* nachblicken; **2.** sehen nach, aufpassen auf (*acc.*), sich kümmern um, sorgen für: ***~ o.s.*** a) für sich selbst sorgen, b) auf sich aufpassen; **~ at** *v/i.* (*a.* sich *j-n, et.*) ansehen, -schauen, betrachten, blicken auf (*acc.*), *fig. a. et.* prüfen: ***to ~ him*** wenn man ihn (so) ansieht; ***he wouldn't ~ it*** er wollte nichts davon wissen; ***he*** (***it***) ***isn't much to ~*** er (es) sieht nicht ‚berühmt' aus; **~ for** *v/i.* **1.** suchen (nach), sich 'umsehen nach; **2.** erwarten; **~ in·to** *v/i.* **1.** blicken in (*acc.*); **2.** *fig. et.* unter'suchen, prüfen; **~ on** *v/i.* betrachten, ansehen (***as*** als); **~ through** *v/i.* **1.** blicken durch; **2.** 'durchsehen, -lesen; **3.** *fig. j-n od. et.* durch'schauen; **~ to** *v/i.* **1.** achten *od.* achtgeben auf (*acc.*): ***~ it that*** achte darauf, daß; sieh zu, daß; **2.** zählen auf (*acc.*), von *j-m* erwarten, *daß er …*: ***I ~ you to help me*** (*od.* ***for help***) ich erwarte Hilfe von dir; **3.** sich wenden *od.* halten an (*acc.*); **~ up·on** → ***look on***;

Zssgn mit adv.:

look| a·bout *v/i.* sich 'umsehen (***for*** nach); **~ a·head** *v/i.* **1.** nach vorn blikken *od.* schauen; **2.** *fig.* a) vor'ausschauen, b) Weitblick haben; **~ a·round** → ***look about***; **~ back** *v/i.* **1.** sich 'umsehen; *a. fig.* zu'rückblicken (***upon*** auf *acc.*, ***to*** nach, zu); **2.** *fig.* schwankend werden; **~ down** *v/i.* **1.** her'ab-, her'untersehen (*a. fig.* [***up***]***on s.o.*** auf j-n); **2.** *bsd.* † sich verschlechtern; **~ for·ward** *v/i.*: ***~ to*** sich freuen auf (*acc.*): ***I am looking forward to seeing him*** ich freue mich darauf, ihn zu sehen; **~ in** *v/i. als Besucher* her'ein- *od.* hin'einschauen (***on*** bei); **~ on** *v/i.* zusehen, -schauen (***at*** bei); **~ out I** *v/i.* **1.** her'aus- *od.* hin'aussehen, -schauen (***of the window*** zum *od.* aus dem Fenster); **2.** Ausschau halten (***for*** nach); **3.** (***for***) gefaßt sein (auf *acc.*), auf der Hut sein (vor *dat.*), aufpassen (auf *acc.*): ***~!*** paß auf!, Vorsicht!; **4.** Ausblick gewähren, (hin'aus)gehen (***on*** auf *acc.*) (*Fenster etc.*); **II** *v/t.* **5.** (her'aus)suchen; **~ o·ver** *v/t.* **1.** 'durchsehen, (über)'prüfen; **2.** sich *et. od. j-n* ansehen, *j-n* mustern; **~ round** *v/i.* sich 'umsehen; **~ through** *v/t.* → ***look over*** 1; **~ up I** *v/i.* **1.** hin'aufblicken (***at*** auf *acc.*); aufblikken (*fig.* ***to s.o.*** zu j-m); **2.** F *a.* ✝ sich bessern; steigen (*Preise*): ***things are looking up*** es geht bergauf; **II** *v/t.* **3.** *Wort* nachschlagen; **4.** *j-n* be- *od.* aufsuchen; **5.** ***look s.o. up and down*** j-n von oben bis unten mustern.

'look-a,like *s.* F Doppelgänger(in).

look·er ['lʊkə] *s.* F: ***be a*** (***good***) **~** gut *od.* ‚toll' aussehen; ***she is not much of a ~*** sie sieht nicht besonders gut aus; **,~-'on** [-ər'ɒn] *pl.* **,look·ers-'on** *s.* Zuschauer(in) (***at*** bei).

'look-in *s.* **1.** F kurzer Besuch; **2.** *sl.* Chance *f.*

'look·ing-glass ['lʊkɪŋ-] *s.* Spiegel *m.*

'look-out *s.* **1.** Ausschau *f*: ***be on the ~ for*** nach *et.* Ausschau halten; ***keep a good ~*** (***for***) auf der Hut sein (vor *dat.*); **2.** *a.* ⚓ Ausguck *m*; **3.** Wache *f*, Beobachtungsposten *m*; **4.** *fig.* Aussicht(en *pl.*) *f*; **5.** ***that's his ~*** F das ist s-e Sache *od.* sein Problem.

'look-see *s.*: ***have a ~*** *sl.* a) (kurz) mal nachgucken, b) sich mal umsehen.

loom¹ [lu:m] *s.* Webstuhl *m.*

loom² [lu:m] *v/i. oft* **~ up 1.** (drohend) aufragen: **~ *large*** *fig.* a) sich auftürmen, b) von großer Bedeutung sein *od.* scheinen; **2.** undeutlich *od.* bedrohlich auftauchen; **3.** *fig.* a) sich abzeichnen, b) bedrohlich näherrücken, c) sich zs.-brauen.

loon¹ [lu:n] *s. orn.* Seetaucher *m.*

loon² [lu:n] *s.* F ‚Blödmann' *m.*

loon·y ['lu:nɪ] *sl.* **I** *adj.* ‚bekloppt', verrückt; **II** *s.* Verrückte(r *m*) *f*; **~ bin** *s. sl.* ‚Klapsmühle' *f.*

loop [lu:p] **I** *s.* **1.** Schlinge *f*, Schleife *f*; **2.** ⚡, 🚂, *Computer*, *Eislauf*, *Fingerabdruck*, *Fluß etc.*: Schleife *f*; **3.** a) Schlaufe *f*, b) Öse *f*; **4.** ✈ *etc.* Looping *m, n*; **5.** ⚕ Spi'rale *f* (*Verhütungsmittel*); **6.** → ***loop aerial***; **II** *v/t.* **7.** in e-e Schleife *od.* in Schleifen legen, schlingen; **8.** **~ *the* ~** ✈ e-n Looping drehen; **9.** ⚡ zur Schleife schalten; **III** *v/i.* **10.** e-e Schleife machen, sich schlingen *od.* winden; **~ aer·i·al** *s.*, **~ an·ten·na** *s.* ⚡ 'Rahmenan,tenne *f*, Peilrahmen *m*; **'~-hole** *s.* **1.** (Guck)Loch *n*; **2.** ⚔ a) Sehschlitz *m*, b) Schießscharte *f*; **3.** *fig.* Schlupfloch *n*, 'Hintertürchen *n*: ***a ~ in the law*** eine Lücke im Gesetz; **,~-the-'loop** *s. Am.* Achterbahn *f.*

loose [lu:s] **I** *adj.* ☐ **1.** los(e): ***come*** (*od.* ***get, work***) **~** a) abgehen (*Knöpfe*), b) sich ablösen (*Farbe etc.*), c) sich lockern, d) loskommen; ***let ~*** a) loslassen, b) *s-m Ärger etc.* Luft machen; **2.** frei, befreit (***of, from*** von): ***break ~*** a) sich losreißen, b) sich lösen (***from*** von), *fig. a.* sich freimachen (***from*** von); **3.** lose (hängend) (*Haar etc.*): **~ *ends*** *fig.* (noch zu erledigende) Kleinigkeiten; ***be at a ~ end*** a) nicht wissen, was man mit sich anfangen soll, b) ohne geregelte Tätigkeit sein; **4.** a) locker (*Boden*, *Glieder*, *Gürtel*, *Husten*, *Schraube*, *Zahn etc.*), b) offen, lose, unverpackt (*Ware*): ***buy s.th. ~*** et. offen kaufen; **~ *bowels*** offener Leib, *a.* Durchfall *m*; **~ *change*** Kleingeld *n*; **~ *connection*** ⚡ Wackelkontakt *m*; *fig.* lose Beziehung; **~ *dress*** weites *od.* lose sitzendes Kleid; **~ *leaves*** lose Blätter; **5.** *fig.* einzeln, verstreut, zs.-hanglos; **6.** ungenau: **~ *translation*** freie Übersetzung; **7.** *fig.* locker, lose (*unmoralisch*): **~ *girl*** (***life, morals***); **~ *tongue*** loses Mundwerk; **II** *adv.* **8.** lose, locker; **III** *v/t.* **9.** → ***loosen*** 1; **10.** befreien, lösen (***from*** von); **11.** lockern: **~ *one's hold of*** *et.* loslassen; **12.** *mst* **~ *off*** *Waffe*, *Schuß* abfeuern; **IV** *v/i.* **13.** *mst* **~ *off*** schießen, feuern (***at*** auf *acc.*): **~ *off at s.o.*** *fig.* loswettern gegen j-n; **V** *s.* **14.** ***be on the ~*** a) frei herumlaufen, b) die Gegend ‚unsicher machen', c) ‚einen draufmachen'; **,~-'joint·ed** *adj.* **1.** (außerordentlich) gelenkig; **2.** schlaksig; **,~'leaf** *adj.* Loseblatt...: **~ *binder*** (*od.* ***book***) Loseblatt-, Ringbuch *n*, Schnellhefter *m.*

loos·en ['lu:sn] **I** *v/t.* **1.** *Knoten etc.*, *a.* ⚕ *Husten*, *fig. Zunge* lösen; ⚕ *Leib* öffnen; **2.** *Griff*, *Gürtel*, *Schraube etc.*, *a. Disziplin etc.* lockern; ⚘ *Boden* auflokkern; **II** *v/i.* **3.** sich lockern (*a. fig.*), sich lösen; **~ up I** *v/t. Muskeln etc.* lockern; *fig. j-n* auflockern; **II** *v/i. bsd. sport* sich (auf)lockern, *fig. a.* auftauen (*Person*).

loose·ness ['lu:snɪs] *s.* **1.** Lockerheit *f*; **2.** Schlaffheit *f*; **3.** Ungenauigkeit *f*, Unklarheit *f*; **4.** Freiheit *f der Übersetzung*; **5.** ⚕ 'Durchfall *m*; **6.** lose Art, Liederlichkeit *f.*

loot [lu:t] **I** *s.* **1.** (Kriegs-, Diebes)Beute *f*; **2.** *fig.* Beute *f*; **3.** F ‚Kies' *m* (*Geld*); **II** *v/t.* **4.** erbeuten; **5.** plündern; **III** *v/i.* **6.** plündern; **'loot·er** [-tə] *s.* Plünderer *m*; **'loot·ing** [-tɪŋ] *s.* Plünderung *f.*

lop¹ [lɒp] *v/t.* **1.** *Baum etc.* beschneiden, stutzen; **2.** *oft* **~ *off*** *Äste*, *a. Kopf etc.* abhauen, -hacken.

lop² [lɒp] *v/i. u. v/t.* schlaff (her'unter-) hängen (lassen).

lope [ləʊp] **I** *v/i.* (da'her)springen *od.* (-)trotten; **II** *s.*: ***at a ~*** im Galopp, in großen Sprüngen.

'lop|-eared *adj.* mit Hängeohren; **'~-ears** *s. pl.* Hängeohren *pl.*; **,~-'sid·ed** *adj.* **1.** schief (*a. fig.*), nach einer Seite hängend; **2.** einseitig (*a. fig.*).

lo·qua·cious [ləʊ'kweɪʃəs] *adj.* ☐ redselig, geschwätzig; **lo'qua·cious·ness** [-nɪs], **lo'quac·i·ty** [-'kwæsətɪ] *s.* Redseligkeit *f.*

lord [lɔ:d] **I** *s.* **1.** Herr *m*, Gebieter *m* (***of*** über *acc.*): ***her ~ and master*** *bsd. humor.* ihr Herr u. Gebieter; ***the ~s of creation*** *a. humor.* die Herren der Schöpfung; **2.** *fig.* Ma'gnat *m*; **3.** Lehensherr *m*; → ***manor***; **4.** ***the*** ℒ a) *a.* ℒ ***God*** (Gott) der Herr, b) *a.* ***our*** ℒ (Christus) der Herr; ***the*** ℒ***'s day*** der Tag des Herrn; ***the*** ℒ***'s Prayer*** das Vaterunser; ***the*** ℒ***'s Supper*** das (heilige) Abendmahl; ***the*** ℒ***'s table*** der Tisch des Herrn (*a. Abendmahl*), der Altar; ***in the year of our*** ℒ im Jahre des Herrn; (***good***) ℒ***!*** (du) lieber Gott *od.* Himmel!; **5.** ℒ Lord *m* (*Adliger od. Würdenträger*, *z.B. Bischof*, *hoher Richter*): ***the*** ℒ***s*** *Brit. parl.* das Oberhaus; ***live like a ~*** leben wie ein Fürst; **6.** ***my*** ℒ [mɪ'lɔ:d; ⚖ *Brit. oft* mɪ'lʌd] My'lord, Euer Lordschaft, ⚖ Euer Ehren (*Anrede*); **II** *v/i.* **7.** *oft* **~ *it*** den Herren spielen: ***to ~ it over*** a) sich *j-m* gegenüber als Herr aufspielen, b) herrschen über (*acc.*).

Lord| Cham·ber·lain (of the Household) *s.* Haushofmeister *m*; **~ Chan·cel·lor** *s.* Lordkanzler *m* (*Präsident des Oberhauses*, *Präsident der* ***Chancery Division*** *des* ***Supreme Court of Judicature*** *sowie des* ***Court of Appeal***, *Kabinettsmitglied*, *Bewahrer des Großsiegels*); **~ Chief Jus·tice of Eng·land** *s.* ⚖ Lord'oberrichter *m* (*Vorsitzender der* ***King's Bench Division*** *des* ***High Court of Justice***); ℒ **in wait·ing** *s.* königlicher Kammerherr (*wenn e-e Königin regiert*); **~ Jus·tice** *pl.* **Lords Jus·tic·es** *s. Brit.* Lordrichter *m* (*Richter des* ***Court of Appeal***); ℒ **lieu·ten·ant** *pl.* **lords lieu·ten·ant** *s.* **1.** *hist. Vertreter der Krone in den englischen Grafschaften*; *jetzt oberster Exekutivbeamter*; **2. *Lord Lieutenant*** a) *hist.* Vizekönig *m* von Irland (*bis 1922*), b) *Vertreter der Krone in e-r Grafschaft.*

lord·li·ness ['lɔ:dlɪnɪs] *s.* **1.** Großzügigkeit *f*; **2.** Würde *f*; **3.** Pracht *f*, Glanz *m*; **4.** Arro'ganz *f.*

lord·ling ['lɔ:dlɪŋ] *s. contp.* Herrchen *n*, kleiner Lord.

lord·ly ['lɔ:dlɪ] *adj. u. adv.* **1.** großzügig; **2.** vornehm, edel, Herren...; **3.** herrisch; **4.** stolz; **5.** arro'gant; **6.** prächtig.

Lord| May·or *pl.* **Lord May·ors** *s. Brit.* Oberbürgermeister *m*: ***~'s Day*** *Tag des Amtsantritts des Oberbürgermeisters von London* (*9. November*); ***~'s Show*** *Festzug des Oberbürgermeisters von London am 9. November*; **~ Priv·y Seal** *s.* Lord'siegelbewahrer *m*; **~ Prov·ost** *pl.* **Lord Prov·osts** *s.* Oberbürgermeister *m* (*der vier größten schottischen Städte*).

lord·ship ['lɔ:dʃɪp] *s.* **1.** Lordschaft *f*: ***your*** (***his***) **~** Euer (Seine) Lordschaft; **2.** *hist.* Herrschaftsgebiet *n* e-s Lords; **3.** *fig.* Herrschaft *f.*

lord| spir·it·u·al *pl.* **lords spir·it·u·al** *s. geistliches Mitglied des brit. Oberhauses*; **~ tem·po·ral** *pl.* **lords tem·po·ral** *s. weltliches Mitglied des brit. Oberhauses.*

lore [lɔ:] *s.* **1.** (*Tier- etc.*)Kunde *f*, (über'liefertes) Wissen; **2.** Sagen- u. Märchengut *n*, Über'lieferungen *pl.*

lorn [lɔ:n] *adj. obs. od. poet.* verlassen, einsam.

lor·ry ['lɒrɪ] *s.* **1.** *Brit.* Last(kraft)wagen *m*, Lastauto *n*; **2.** 🚂, ⚒ Lore *f*, Lori *f.*

lose [lu:z] **I** *v/t.* [*irr.*] **1.** *allg. Sache*, *j-n*, *Gesundheit*, *das Leben*, *Verstand*, *a. Weg*, *Zeit etc.* verlieren: **~ *o.s.*** a) sich verlieren (*a. fig.*), b) sich verirren; **~ *interest*** a) das Interesse verlieren, b) uninteressant werden (*Sache*); ***she lost the baby*** sie verlor das Baby (*durch Fehlgeburt*); → ***lost***; *s. a. Verbindungen mit verschiedenen Substantiven*; **2.** *Vermögen*, *Stellung* verlieren, einbüßen, kommen um; **3.** *Vorrecht etc.* verlieren, verlustig gehen (*gen.*); **4.** a) *Schlacht*, *Spiel etc.* verlieren, b) *Preis etc.* nicht erringen *od.* bekommen, c) *Gesetzesan-*

trag nicht ˈdurchbringen; **5.** *Zug etc., a. Gelegenheit* versäumen, verpassen; **6.** a) *Worte etc.* ‚nicht mitbekommen', b) ***he lost his listeners*** F s-e Zuhörer kamen nicht mit; **7.** aus den Augen verlieren; → ***sight*** 3; **8.** vergessen, verlernen: ***I have lost my French***; **9.** nachgehen, zuˈrückbleiben (*Uhr*); **10.** *Krankheit etc.* loswerden, *Verfolger a.* abschütteln; **11.** *j-n s-e Stellung etc.* kosten, bringen um: ***this will ~ you your position***; **12.** ***~ it*** *mot. sl.* die Kontrolle über den Wagen verlieren; **II** *v/i.* [*irr.*] **13.** verlieren, Verluste erleiden (***on*** bei, ***by*** durch); **14.** *fig.* verlieren: ***the poem ~s in translation*** das Gedicht verliert (sehr) in der Übersetzung; **15.** (***to***) verlieren (gegen), unterˈliegen (*dat.*); **16.** ***~ out*** F a) verlieren, b) ‚in den Mond gucken' (***on*** bei): ***~ on*** *a. et.* nicht kriegen; **ˈlos·er** [-zə] *s.* **1.** Verlierer(in): ***a good*** (***bad***) ***~***; ***be a ~ by*** Schaden *od.* e-n Verlust erleiden durch; ***come off a ~*** den kürzeren ziehen; **2.** F ‚Verlierer' *m*, Versager *m*; **ˈlos·ing** [-zɪŋ] *adj.* **1.** verlierend; **2.** verlustbringend, Verlust...: ***~ bargain*** ✝ Verlustgeschäft *n*; **3.** verloren, aussichtslos (*Schlacht, Spiel*).

loss [lɒs] *s.* **1.** Verlust *m*: a) Einbuße *f*, Ausfall *m* (***in*** an *dat.*, von *od. gen.*): ***~ of blood*** (***time***) Blut- (Zeit)verlust; ***~ of pay*** Lohnausfall; ***a dead ~*** totaler Verlust, *fig.* ‚Pleite' *f*, totaler Reinfall (*Sache*), ‚totaler Ausfall', ‚Niete' *f* (*Person*), b) Nachteil *m*, Schaden *m*: ***it's your ~!*** das ist dein Problem!, c) *verlorene Sache od. Person*: ***he is a great ~ to his firm***, d) Verschwinden *n*, Verlieren *n*, e) *verlorene Schlacht, Wette etc., a.* Niederlage *f*, f) Abnahme *f*, Schwund *m*: ***~ in weight*** Gewichtsverlust, -abnahme; **2.** *mst pl.* ⚔ Verluste *pl.*, Ausfälle *pl.*; **3.** *Versicherungswesen*: Schadensfall *m*; **4.** ***at a ~*** a) ✝ mit Verlust (*arbeiten, verkaufen etc.*), b) in Verlegenheit (***for*** um): ***be at a ~*** *a.* nicht mehr ein u. aus wissen; ***be at a ~ for words*** (*od.* ***what to say***) keine Worte finden (können), nicht wissen, was man (dazu) sagen soll; ***he is never at a ~ for an excuse*** er ist nie um e-e Ausrede verlegen; ***~ lead·er*** *s.* ✝ ˈLockarˌtikel *m*; **ˈ~-ˌmak·er** *s.* ✝ *Brit.* **1.** mit Verlust arbeitender Betrieb; **2.** Verlustgeschäft *n*.

lost [lɒst] **I** *pret. u. p.p. von* ***lose***; **II** *adj.* **1.** verloren: ***~ articles*** (***battle, friend, time*** *etc.*); ***a ~ chance*** e-e verpaßte Gelegenheit; ***~ property office*** Fundbüro *n*; **2.** verloren(gegangen), vernichtet, (da)ˈhin: ***be ~*** a) verlorengehen (***to*** an *acc.*), b) zugrunde gehen, untergehen, c) umkommen, den Tod finden, d) verschwinden, e) verschwunden *od.* verschollen sein, f) vergessen sein, g) versunken *od.* vertieft sein (***in*** in *acc.*); ***~ in thought***; ***I am ~ without my car!*** ohne mein Auto bin ich verloren *od.* ‚aufgeschmissen'!; **3.** verirrt: ***be ~*** sich verirrt *od.* verlaufen haben, sich nicht mehr zurechtfinden (*a. fig.*); ***get ~*** sich verirren; ***get ~!*** F verschwinde!; ***I'm ~!*** F da komm' ich nicht mehr mit!; **4.** *fig.* verschwendet, vergeudet (***on s.o.*** an j-n): ***that's ~ on him*** *a.* a) das läßt ihn kalt, b) dafür hat er keinen Sinn, c) das versteht er nicht.

lot [lɒt] **I** *s.* **1.** Los *n*: ***cast*** (*od.* ***draw***) ***~s*** losen, Lose ziehen (***for*** um); ***throw in one's ~ with s.o.*** das Los mit j-m teilen, sich (auf Gedeih u. Verderb) mit j-m zs.-tun; ***by ~*** durch (das) Los; **2.** Anteil *m*; **3.** Los *n*, Schicksal *n*: ***it falls to my ~*** es ist mein Los, es fällt mir zu (*et. zu tun*); **4.** *bsd. Am.* a) Stück *n* Land, Grundstück *n*, *bsd.* Parˈzelle *f*, b) Bauplatz *m*, c) (Park- *etc.*)Platz *m*; **5.** *Am.* Filmgelände *n*, *bsd.* Studio *n*; **6.** ✝ a) Arˈtikel *m*, b) Parˈtie *f*, Posten *m* (*von Waren*): ***in ~s*** partienweise; **7.** Gruppe *f*, Gesellschaft *f*, ‚Verein' *m*: ***the whole ~*** a) die ganze Gesellschaft, der ganze ‚Laden', b) → 8; **8.** ***the ~*** alles, das Ganze: ***take the ~!***; ***that's the ~*** das ist alles; **9.** (Un)Menge *f*: ***a ~ of, ~s of*** viel, e-e Menge, ein Haufen *Geld etc.*; ***~s and ~s of people*** e-e Unmasse Menschen; ***~s!*** *in Antworten*: jede Menge!; **10.** F Kerl *m*: ***a bad ~*** ein übler Bursche; **II** *adv.* **11.** ***a ~***, F ***~s*** a) (sehr) viel: ***a ~ better***, ***I read a ~***, b) (sehr) oft: ***I see her a ~***.

loth [ləʊθ] → ***loath***.

Lo·thar·i·o [ləʊˈθɑːrɪəʊ] *s.* Schwerenöter *m*.

lo·tion [ˈləʊʃn] *s.* (*Augen-, Haut-, Rasier- etc.*)Wasser *n*, Lotiˈon *f*.

lot·ter·y [ˈlɒtərɪ] *s.* **1.** Lotteˈrie *f*: ***~ ticket*** Lotterielos *n*; **2.** *fig.* Glückssache *f*, Lotteˈriespiel *n*.

lo·tus [ˈləʊtəs] *s.* **1.** *Sage*: Lotos *m* (*Frucht*); **2.** ⚘ a) Lotos(blume *f*) *m*, b) Honigklee *m*; **ˈ~-ˌeat·er** *s.* **1.** (*in der Odyssee*) Lotosesser *m*; **2.** Träumer *m*, Müßiggänger *m*, tatenloser Genußmensch.

loud [laʊd] *adj.* □ **1.** (*a. adv.*) laut (*a. fig.*): ***~ admiration***; **2.** schreiend, auffallend, grell: ***~ colo(u)rs***; **ˌ~-ˈhail·er** *s. Brit.* Megaˈphon *n*; **ˈ~·mouth** *s.* F **1.** Großmaul *n*; **2.** ‚dummer Quatscher'; **ˈ~·mouthed** *adj.* großmäulig.

loud·ness [ˈlaʊdnɪs] *s.* **1.** Lautheit *f*, *a. phys.* Lautstärke *f*; **2.** Lärm *m*; **3.** *das* Auffallende, Grellheit *f*.

ˌloudˈspeak·er *s.* ⚡ Lautsprecher *m*.

lounge [laʊndʒ] **I** *s.* **1.** a) Halle *f*, Diele *f*, Gesellschaftsraum *m* (*Hotel*), b) *thea.* Foyˈer *n*, c) Abflug-, Wartehalle (*Flughafen*), d) *a.* ***~ bar*** ✓, ⚓, 🚂 Saˈlon *m*; **2.** Wohndiele *f*, -zimmer *n*; **3.** Sofa *n*, Liege *f*; **II** *v/i.* **4.** sich rekeln; **5.** faulenzen; **6.** ***~ about*** (*od.* ***around***) heˈrumliegen *od.* -sitzen *od.* -stehen *od.* -schlendern; **7.** schlendern; **III** *v/t.* **8.** ***~ away*** *Zeit* verbummeln; ***~ bar*** Saˈlon *m* (*e-s Restaurants*); ***~ chair*** *s.* Klubsessel *m*; ***~ liz·ard*** *s.* F Saˈlonlöwe *m*; ***~ suit*** *s. Brit.* Straßenanzug *m*.

lour, **lour·ing** → ***lower***[1], ***lowering***.

louse [laʊs] **I** *pl.* **lice** [laɪs] *s.* **1.** *zo.* Laus *f*; **2.** *sl.* ‚Fiesling' *m*, Scheißkerl *m*; **II** *v/t.* [laʊz] **3.** (ent)lausen; **4.** ***~ up*** *sl.* versauen, -masseln; **ˈlous·y** [-zɪ] *adj.* **1.** verlaust; **2.** *sl.* a) ‚fies', (hunds)gemein, b) miseˈrabel, ‚beschissen': ***the film was ~***; ***I feel ~***, c) ‚lausig': ***for ~ two dollars***; **3.** ***~ with*** *sl.* wimmelnd von; ***~ with people***; ***~ with money*** stinkreich.

lout [laʊt] *s.* Flegel *m*, Rüpel *m*; **ˈlout·ish** [-tɪʃ] *adj.* □ flegel-, rüpelhaft.

lou·ver, *Brit. a.* **lou·vre** [ˈluːvə] *s.* **1.** ⚠ *hist.* Dachtürmchen *n*; **2.** Jalouˈsie *f* (*a.* ⚙ *Luft-, Kühlschlitze*).

lov·a·ble [ˈlʌvəbl] *adj.* □ liebenswert, reizend, ‚süß'.

lov·age [ˈlʌvɪdʒ] *s.* ⚘ Liebstöckel *n, m*.

love [lʌv] **I** *s.* **1.** (*sinnliche od. geistige*) Liebe (***of, for, to***[***wards***] zu): ***~ of music*** Liebe zur Musik, Freude *f* an der Musik; ***~ of adventure*** Abenteuerlust *f*; ***the ~ of God*** a) die Liebe Gottes, b) die Liebe zu Gott; ***for the ~ of God*** um Gottes willen; ***be in ~*** (***with s.o.***) verliebt sein (in j-n); ***fall in ~*** (***with s.o.***) sich verlieben (in j-n); ***make ~*** sich (*sexuell*) lieben; ***make ~ to s.o.*** a) j-n (*körperlich*) lieben, b) *obs.* j-n umˈwerben, j-m gegenüber zärtlich werden; ***send one's ~ to s.o.*** j-n grüßen lassen; ***give her my ~!*** grüße sie herzlich von mir!; ***~*** *als Briefschluß*: herzliche Grüße; ***for ~*** a) umsonst, gratis, b) *a.* ***for the ~ of it*** (nur) zum Spaß; ***play for ~*** um nichts spielen; ***not for ~ or money*** nicht für Geld u. gute Worte; ***there is no ~ lost between them*** sie haben nichts füreinander übrig; **2.** ♀ die Liebe, (Gott *m*) Amor *m*; **3.** *pl. Kunst*: Amoˈretten *pl.*; **4.** Liebling *m*, Schatz *m*; **5.** F a) mein Lieber, b) m-e Liebe; **6.** Liebe *f*, Liebschaft *f*; **7.** F lieber *od.* goldiger Kerl: ***he*** (***she***) ***is a ~***; **8.** F reizende *od.* goldige *od.* ‚süße' Sache *od.* Perˈson: ***a ~ of a child*** (***hat***); **9.** *bsd. Tennis*: null: ***~ all*** null beide; ***~ fifteen*** null fünfzehn; **II** *v/t.* **10.** *j-n* lieben; **11.** *et.* lieben, sehr mögen: ***~ to do*** (*od.* ***doing***) ***s.th.*** etwas (schrecklich) gern tun; ***we ~d having you with us*** wir haben uns sehr über deinen Besuch gefreut; ***~ af·fair*** *s.* ˈLiebesafˌfäre *f*; **ˈ~·bird** *s.* **1.** *orn.* Unzertrennliche(r) *m*; **2.** *pl.* F ‚Turteltauben' *pl.*; ***~ child*** *s.* Kind *n* der Liebe; ***~ game*** *s. Tennis*: Zu-ˈNull-Spiel *n*; **ˌ~-ˈhate re·la·tion·ship** *s.* Haßliebe *f*.

love·less [ˈlʌvlɪs] *adj.* □ **1.** ohne Liebe; **2.** lieblos.

love| let·ter *s.* Liebesbrief *m*; ***~ life*** *s.* Liebesleben *n*.

love·li·ness [ˈlʌvlɪnɪs] *s.* Lieblichkeit *f*, Schönheit *f*.

ˈlove|·lock *s.* Schmachtlocke *f*; **ˈ~·lorn** [-lɔːn] *adj.* liebeskrank, vor Liebeskummer *od.* Liebe vergehend.

love·ly [ˈlʌvlɪ] *adj.* □ **1.** a) lieblich, schön, hübsch, b) *allg., a.* F *u. iro.* schön, wunderbar, reizend, entzückend, c) lieb, nett (***of you*** von dir); **2.** F ‚süß', niedlich.

ˈlove|-ˌmak·ing *s.* (*körperliche*) Liebe; Liebesspiele *pl.*, -kunst *f*; ***~ match*** *s.* Liebesheirat *f*; ***~ nest*** *s.* ‚Liebesnest' *n*; ***~ po·tion*** *s.* Liebestrank *m*.

lov·er [ˈlʌvə] *s.* **1.** a) Liebhaber *m*, Geliebte(r) *m*, b) Geliebte *f*; **2.** *pl.* Liebende *pl.*, Liebespaar *n*: ***~s' lane*** *humor.* ‚Seufzergäßchen' *n*; ***they were ~s*** sie liebten sich *od.* hatten ein Verhältnis miteinander; **3.** Liebhaber(in), (*Musik- etc.*)Freund(in); **ˈ~·boy** *s.* F Casaˈnova *m*.

love| seat *s.* Plaudersofa *n*; ***~ set*** *s. Tennis*: Zu-ˈNull-Satz *m*; **ˈ~·sick** *adj.* liebeskrank: ***be ~*** *a.* Liebeskummer haben; ***~ song*** *s.* Liebeslied *n*; ***~ sto·ry*** *s.* Liebesgeschichte *f*.

lov·ing [ˈlʌvɪŋ] *adj.* □ liebend, liebevoll, Liebes...: ***~ words***; ***your ~ father*** (*als*

Briefschluß) Dein Dich liebender Vater; **~ cup** *s.* Po'kal *m*; **ˌ~-'kind·ness** *s.* **1.** (göttliche) Gnade *od.* Barm'herzigkeit; **2.** Herzensgüte *f.*

low[1] [ləʊ] **I** *adj. u. adv.* **1.** nieder, niedrig (*a. Preis, Temperatur, Zahl etc.*): ***of ~ birth*** von niedriger Abkunft; ***~ pressure*** Tiefdruck *m*; ***~ speed*** niedrige *od.* geringe Geschwindigkeit; ***~ water*** ⚓ tiefster Gezeitenstand; ***at the ~est*** wenigstens, mindestens; ***be at its ~est*** auf dem Tiefpunkt angelangt sein; → ***lower***[3], ***opinion*** 2; **2.** tief (*a. fig.*): ***~ bow***; ***~ flying*** Tiefflug *m*; ***the sun is ~*** die Sonne steht tief; → ***low-necked***; **3.** knapp (*Vorrat etc.*): ***run ~*** knapp werden, zur Neige gehen; ***I am ~ in funds*** ich bin nicht gut bei Kasse; **4.** schwach: ***~ light***; ***~ pulse***; **5.** einfach, fru'gal (*Kost*); **6.** be-, gedrückt: ***~ spirits*** gedrückte Stimmung; ***feel ~*** a) in gedrückter Stimmung *od.* niedergeschlagen sein, b) sich elend fühlen; **7.** minderwertig, schlecht: ***~ quality***; **8.** a) niedrig (*denkend od. gesinnt*): ***~ thinking*** niedrige Denkungsart, b) ordi'när, vul'gär: ***a ~ expression***; ***a ~ fellow***, c) gemein, niederträchtig: ***a ~ trick***; **9.** nieder, primi'tiv: ***~ forms of life*** niedere Lebensformen; ***~ race*** primitive Rasse; **10.** a) tief (*Ton etc.*), b) leise (*Ton, Stimme etc.*): ***in a ~ voice*** leise; **11.** *Phonetik*: offen (*Vokal*); **12.** ⚙, *mot.* erst, niedrigst (*Gang*): ***in ~ gear***; **II** *adv.* **13.** niedrig (*zielen etc.*); **14.** tief: ***bow*** (***hit***, *etc.*) ***~***; ***sunk thus ~*** *fig.* so tief gesunken; ***bring s.o. ~*** *fig.* j-n zu Fall bringen *od.* ruinieren *od.* demütigen; ***lay s.o. ~*** a) j-n niederstrecken, b) *fig.* j-n zur Strecke bringen; ***be laid ~*** (***with***) darniederliegen (mit *e-r Krankheit*); **15.** a) leise, b) tief: ***sing ~***; **16.** kärglich: ***live ~***; **17.** billig: ***buy*** (***sell***) ***~***; **18.** niedrig, mit geringem Einsatz: ***play ~***; **III** *s.* **19.** *meteor.* Tief(druckgebiet) *n*; **20.** *fig.* Tiefstand *m*: ***reach a new ~*** e-n neuen Tiefstand erreichen; **21.** *mot.* erster Gang.

low[2] [ləʊ] **I** *v/i. u. v/t.* brüllen, muhen (*Rind*); **II** *s.* Brüllen *n*, Muhen *n.*

ˌlow|-'born *adj.* von niedriger Geburt; **'~-boy** *s. Am.* niedrige Kom'mode; **'~-brow** F **I** *s.* Ungebildete(r *m*) *f*, ‚Unbedarfte(r' *m*) *f*; **II** *adj.* geistig anspruchslos, *Person*: *a.* ungebildet, ‚unbedarft'; **ˌ~-'cal·o·rie** *adj.* kalo'rienarm; **≈ Church** *s. eccl.* Low Church *f* (*protestantisch-pietistische Sektion der anglikanischen Kirche*); **~ com·e·dy** *s.* Schwank *m*, ‚Klamotte' *f*; **'~-cost** *adj.* billig, preisgünstig; **≈ Coun·tries** *s. pl. die Niederlande, Belgien u. Luxemburg*; **'~-down** F **I** *adj.* fies, gemein; **II** *s.* (volle) Informati'onen *pl.*, *die* Wahrheit, genaue Tatsachen *pl.*, 'Hintergründe *pl.* (***on*** über *acc.*).

low·er[1] ['laʊə] *v/i.* **1.** finster *od.* drohend blicken: ***~ at*** *j-n* finster anblicken; **2.** *fig.* bedrohlich aussehen (*Himmel, Wolken etc.*); **3.** *fig.* drohen (*Ereignisse*).

low·er[2] ['ləʊə] **I** *v/t.* **1.** niedriger machen; **2.** *Augen, Gewehrlauf etc., a. Stimme, Preis, Kosten, Niveau, Temperatur, Ton etc.* senken; *fig. Moral* senken, *a. Widerstand etc.* schwächen; **3.** her'unter- *od.* hin'unterlassen, niederlassen; *Fahne, Segel* niederholen, *Rettungsboote* aussetzen; **4.** *fig.* erniedrigen: ***~ o.s.*** sich herablassen (*et. zu tun*); **II** *v/i.* **5.** sinken, fallen, sich senken.

low·er[3] ['ləʊə] **I** *adj.* (*comp. von* ***low***[1] **I**) **1.** tiefer, niedriger; **2.** unter, Unter…: ***≈ Chamber*** (*od.* ***House***) *parl.* Unter-, Abgeordnetenhaus *n*; ***the ~ class*** *sociol.* die untere Klasse *od.* Schicht; ***~ deck*** Unterdeck *n*; ***~ jaw*** Unterkiefer *m*; ***~ region*** Unterwelt *f* (*Hölle*); ***~ school*** Unter- u. Mittelstufe *f*; **3.** *geogr.* Unter…, Nieder…: ***≈ Austria*** Niederösterreich *n*; **II** *adv.* **4.** tiefer: ***~ down the river*** (***list***) weiter unten am Fluß (auf der Liste).

low·er·ing ['laʊərɪŋ] *adj.* □ finster, düster, drohend.

low·er·most ['ləʊəməʊst] → ***lowest***.

low·est ['ləʊɪst] **I** *adj.* tiefst, niedrigst, unterst (*etc.*, → ***low***[1] **I**): ***~ bid*** † Mindestgebot *n*; **II** *adv.* am tiefsten (*etc.*).

'low|-ˌfly·ing *adj.* tieffliegend: ***~ plane*** Tiefflieger *m*; **~ fre·quen·cy** *s.* ϟ 'Niederfreˌquenz *f*; **≈ Ger·man** *s. ling.* Niederdeutsch *n*, Plattdeutsch *n*; **ˌ~-'key(ed)** *adj.* gedämpft (*Farbe, Ton, Stimmung etc.*), *fig. a.* a) (sehr) zurückhaltend, b) bedrückt, c) unaufdringlich; **'~·land** [-lənd] **I** *s. oft pl.* Flach-, Tiefland *n*: ***the ≈s*** das schottische Tiefland; **II** *adj.* Tiefland(s)…; **'~·land·er** [-ləndə] *s.* **1.** Tieflandbewohner(in); **2.** ≈ (schottischer) Tiefländer; **≈ Lat·in** *s. ling.* nichtklassisches La'tein; **ˌ~-'lev·el** *adj.* niedrig (*a. fig.*): ***~ officials***; ***~ talks*** *pol.* Gespräche *pl.* auf unterer Ebene; ***~ attack*** ✈ Tief(flieger)angriff *m.*

low·li·ness ['ləʊlɪnɪs] *s.* **1.** Niedrigkeit *f*; **2.** Bescheidenheit *f.*

low·ly ['ləʊlɪ] *adj. u. adv.* **1.** niedrig, gering, bescheiden; **2.** tief(stehend), primi'tiv, niedrig; **3.** demütig, bescheiden.

Low| Mass *s. R.C.* Stille Messe; **ˌ≈-'mind·ed** *adj.* niedrig (gesinnt), gemein; **ˌ≈-'necked** *adj.* tief ausgeschnitten (*Kleid*).

low·ness ['ləʊnɪs] *s.* **1.** Niedrigkeit *f* (*a. fig., contp.*); **2.** Tiefe *f* (*e-r Verbeugung, e-s Tons etc.*); **3.** ***~ of spirits*** Niedergeschlagenheit *f*; **4.** a) Gemeinheit *f*, b) ordi'näre Art.

ˌlow|-'noise *adj.* rauscharm (*Tonband*); **ˌ~-'pitched** *adj.* **1.** ♪ tief; **2.** mit geringer Steigung (*Dach*); **~ pres·sure** *s.* **1.** ⚙ Nieder-, 'Unterdruck *m*; **2.** *meteor.* Tiefdruck *m*; **ˌ~-'pres·sure** *adj.* a) Niederdruck…, b) *meteor.* Tiefdruck…; **ˌ~-'priced** *adj.* † billig; **ˌ~-'spir·it·ed** *adj.* niedergeschlagen, gedrückt; **≈ Sun·day** *s.* Weißer Sonntag (*erster Sonntag nach Ostern*); **~ ten·sion** *s.* ϟ Niederspannung *f*; **ˌ~-'ten·sion** *adj.* ϟ Niederspannungs…; **~ tide** *s.* ⚓ Niedrigwasser *n*; **ˌ~-'volt·age** *adj.* ϟ **1.** Niederspannungs…; **2.** Schwachstrom…; **~ wa·ter** *s.* ⚓ Ebbe *f*, Niedrigwasser *n*: ***be in ~*** *fig.* auf dem trockenen sitzen; **ˌ~-'wa·ter mark** *s.* **1.** ⚓ Niedrigwassermarke *f*; **2.** *fig.* Tiefpunkt *m*, -stand *m.*

loy·al ['lɔɪəl] *adj.* □ **1.** (***to***) loy'al (gegenüber), treu (ergeben) (*dat.*); **2.** (ge)treu (***to*** *dat.*); **3.** aufrecht, redlich; **loy·al·ist** ['lɔɪəlɪst] **I** *s.* Loya'list(in): a) *allg.* Treugesinnte(r *m*) *f*, b) *hist.* Königstreue(r *m*) *f*; **II** *adj.* loya'listisch; **'loy·al·ty** [-tɪ] *s.* Loyali'tät *f*, Treue *f* (***to*** zu, gegen).

loz·enge ['lɒzɪndʒ] *s.* **1.** *her.*, & Raute *f*, Rhombus *m*; **2.** *pharm.* (*bsd.* 'Husten-) Paˌstille *f.*

lub·ber ['lʌbə] *s.* **1.** a) Flegel *m*, b) Trottel *m*; **2.** ⚓ Landratte *f.*

lu·bri·cant ['lu:brɪkənt] *s.* Gleit-, ⚙ Schmiermittel *n*; **lu·bri·cate** ['lu:brɪkeɪt] *v/t.* ⚙ *u. fig.* schmieren, ölen; **lu·bri·ca·tion** [ˌlu:brɪ'keɪʃn] *s.* ⚙ *u. fig.* Schmieren *n*, Schmierung *f*, Ölen *n*: ***~ chart*** Schmierplan *m*; ***~ point*** Schmierstelle *f*, -nippel *m*; **'lu·bri·ca·tor** [-keɪtə] *s.* ⚙ Öler *m*, Schmiervorrichtung *f*; **lu·bric·i·ty** [lu:'brɪsətɪ] *s.* **1.** Gleitfähigkeit *f*, Schlüpfrigkeit *f* (*a. fig.*); **2.** ⚙ Schmierfähigkeit *f.*

luce [lu:s] *s. ichth.* (ausgewachsener) Hecht.

lu·cent ['lu:snt] *adj.* **1.** glänzend, strahlend; **2.** 'durchsichtig, klar.

lu·cern(e) [lu:'sɜ:n] *s.* ⚘ Lu'zerne *f.*

lu·cid ['lu:sɪd] *adj.* □ **1.** *fig.* klar: ***~ interval*** *psych.* lichter Augenblick; **2.** → ***lucent***; **lu·cid·i·ty** [lu:'sɪdətɪ], **'lu·cid·ness** [-nɪs] *s. fig.* Klarheit *f.*

Lu·ci·fer ['lu:sɪfə] *s. bibl.* Luzifer *m* (*a. ast. Venus als Morgenstern*).

luck [lʌk] *s.* **1.** Schicksal *n*, Geschick *n*, Zufall *m*: ***as ~ would have it*** wie es der Zufall wollte, (un)glücklicherweise; ***bad*** (*od.* ***hard***, ***ill***) ***~*** a) Unglück *n*, Pech *n*, b) *als Einschaltung*: Pech gehabt!; ***good ~*** Glück *n*; ***good ~!*** viel Glück!; Hals- u. Beinbruch!; ***worse ~*** unglücklicherweise, leider; ***be down on one's ~*** e-e Pechsträhne haben; ***just my ~!*** so geht es mir immer; **2.** Glück *n*: ***for ~*** als Glücksbringer; ***be in*** (***out of***) ***~*** (kein) Glück haben; ***try one's ~*** sein Glück versuchen; ***with ~*** mit ein bißchen Glück; ***here's ~!*** F Prost!; **luck·i·ly** ['lʌkɪlɪ] *adv.* zum Glück, glücklicherweise; **luck·i·ness** ['lʌkɪnɪs] *s.* Glück *n*; **'luck·less** [-lɪs] *adj.* □ glücklos.

luck·y ['lʌkɪ] *adj.* □ → ***luckily***; **1.** Glücks…, glücklich: ***a ~ day*** ein Glückstag; ***~ hit*** Glückstreffer *m*; ***be ~*** Glück haben; ***you ~ thing!*** F du Glückliche(r *m*) *f*!; ***you are ~ to be alive!*** du kannst von Glück sagen, daß du noch lebst!; ***it was ~ that*** ein Glück, daß …, zum Glück …; **2.** glückbringend, Glücks…: ***~ bag***, ***~ dip*** Glücksbeutel *m*, -topf *m*; ***~ star*** Glücksstern *m.*

lu·cra·tive ['lu:krətɪv] *adj.* □ einträglich, lukra'tiv.

lu·cre ['lu:kə] *s.* Gewinn(sucht *f*) *m*, Geld(gier *f*) *n*: ***filthy ~*** schnöder Mammon, gemeine Profitgier.

lu·di·crous ['lu:dɪkrəs] *adj.* □ **1.** lächerlich, ab'surd; **2.** spaßig, drollig.

lu·do ['lu:dəʊ] *s.* Mensch, ärgere dich nicht *n* (*Würfelspiel*).

lu·es ['lu:i:z] *s.* ⚕ Lues *f*, Syphilis *f.*

luff [lʌf] ⚓ **I** *s.* **1.** Luven *n*; **2.** Luv(seite) *f*, Windseite *f*; **II** *v/t. u. v/i.* **3.** *a.* ***~ up*** anluven.

luf·fa ['lʌfə] *s.* ⚘ *u.* † Luffa *f.*

lug[1] [lʌg] *v/t.* zerren, schleppen: ***~ in*** *fig.* an den Haaren herbeiziehen, *Thema* (mit Gewalt) hineinbringen.

lug[2] [lʌg] *s.* **1.** (Leder)Schlaufe *f*; **2.** ⚙ a) Henkel *m*, Öhr *n*, b) Knagge *f*, Zinke *f*, c) Ansatz *m*; **3.** *Scot. od. Brit.* F Ohr *n*; **4.** *sl.* Trottel *m.*

luge [lu:ʒ] **I** *s.* Renn-, Rodelschlitten *m*; **II** *v/i.* rodeln.

lug·gage ['lʌɡɪdʒ] *s. Brit.* Gepäck *n*; **~ boot** *s. mot.* Kofferraum *m*; **~ car·ri·er** *s.* Gepäckträger *m* (*am Fahrrad*); **~ in·sur·ance** *s.* (Reise)Gepäckversicherung *f*; **~ lock·er** *s.* (Gepäck)Schließfach *n*; **~ rack** *s.* **1.** Gepäcknetz *n*; **2.** *mot.* Gepäckträger *m*; '**~-van** *s.* Packwagen *m*.

lug·ger ['lʌɡə] *s.* ⚓ Logger *m* (*Schiff*).

lu·gu·bri·ous [lu:'ɡu:brɪəs] *adj.* □ schwermütig, kummervoll.

Luke [lu:k] *npr. u. s. bibl.* 'Lukas(evan,gelium *n*) *m*.

luke·warm ['lu:kwɔ:m] *adj.* □ lau (-warm); *fig.* lau; '**luke·warm·ness** [-nɪs] *s.* Lauheit *f* (*a. fig.*).

lull [lʌl] **I** *v/t.* **1.** *mst* **~ to sleep** einlullen (*a. fig.*); **2.** *fig.* beruhigen, *a. j-s Befürchtungen etc.* beschwichtigen: **~ into (a false sense of) security** in Sicherheit wiegen; **II** *s.* **3.** Pause *f*; **4.** (Wind-)Stille *f*, Flaute *f* (*a.* ✝), *fig. a.* Stille *f* (*vor dem Sturm*): **a ~ in conversation** e-e Gesprächspause.

lull·a·by ['lʌləbaɪ] *s.* Wiegenlied *n*.

lu·lu ['lu:lu:] *s. Am. sl.* ‚dolles Ding', schicke Sache.

lum·ba·go [lʌm'beɪɡəʊ] *s.* ⚕ Hexenschuß *m*, Lum'bago *f*.

lum·bar ['lʌmbə] *adj. anat.* Lenden…, lum'bal.

lum·ber[1] ['lʌmbə] **I** *s.* **1.** *bsd. Am.* Bau-, Nutzholz *n*; **2.** Gerümpel *n*, Plunder *m*; **II** *v/t.* **3.** *bsd. Am. Holz* aufbereiten; **4.** *a.* **~ up** vollstopfen, -pfropfen.

lum·ber[2] ['lʌmbə] *v/i.* **1.** trampeln, trappen; **2.** (da'hin)rumpeln (*Fahrzeug*).

lum·ber·ing ['lʌmbərɪŋ] *adj.* □ schwerfällig.

'**lum·ber|·jack** *s. bsd. Am.* Holzfäller *m*; '**~,jack·et** *s.* Lumberjack *m*; **~ mill** *s.* Sägewerk *n*; **~ room** *s.* Rumpelkammer *f*; **~ trade** *s.* (Bau)Holzhandel *m*; **~ yard** *s.* Holzplatz *m*.

lu·men ['lu:mən] *s. phys.* Lumen *n*.

lu·mi·nar·y ['lu:mɪnərɪ] *s.* Leuchtkörper *m*, *bsd. ast.* Himmelskörper *m*; *fig.* Leuchte *f* (*Person*); **lu·mi·nes·cence** [,lu:mɪ'nesns] *s.* Lumines'zenz *f*; **lu·mi·nes·cent** [,lu:mɪ'nesnt] *adj.* lumineszierend, leuchtend; **lu·mi·nos·i·ty** [,lu:mɪ'nɒsətɪ] *s.* **1.** Leuchten *n*, Glanz *m*; **2.** *ast., phys.* Lichtstärke *f*, Helligkeit *f*; '**lu·mi·nous** [-nəs] *adj.* □ **1.** leuchtend, Leucht…(*-farbe, -kraft, -uhr, -zifferblatt etc.*), *bsd. phys.* Licht…(*-energie etc.*); **2.** *fig.* a) klar, b) lichtvoll, bril'lant.

lum·mox ['lʌməks] *s. Am.* F Trottel *m*.

lump [lʌmp] **I** *s.* **1.** Klumpen *m*: **have a ~ in one's throat** *fig.* e-n Kloß im Hals haben; **2.** a) Schwellung *f*, Beule *f*, b) Geschwulst *f*; **3.** Stück *n Zucker etc.*; **4.** *metall.* Luppe *f*; **5.** *fig.* Masse *f*: **all of** (*od.* **in**) **a ~** alles auf einmal; **in the ~** a) pauschal, in Bausch u. Bogen, b) im großen; **6.** F ‚Klotz' *m* (*langweiliger od. stämmiger Kerl*); **7. the ~** *Brit.* die Selbständigen *pl.* im Baugewerbe; **II** *adj.* **8.** Stück…: **~ coal**; **~ sugar** Würfelzucker *m*; **9.** Pauschal…(*-fracht, -summe etc.*); **III** *v/t.* **10.** *oft* **~ together** a) zs.-tun, -legen, b) *fig. a.* in 'einen Topf werfen, über 'einen Kamm scheren, c) *fig.* zs.-fassen; **11. if you don't like it you can ~ it** a) wenn es dir nicht paßt, kannst du's ja bleiben lassen, b) du wirst dich eben damit abfinden müssen; **IV** *v/i.* **12.** Klumpen bilden; '**lump·ish** [-pɪʃ] *adj.* □ **1.** schwerfällig, klobig, plump; **2.** dumm; '**lump·y** [-pɪ] *adj.* □ **1.** klumpig; **2.** → **lumpish** 1; **3.** ⚓ unruhig (*See*).

lu·na·cy ['lu:nəsɪ] *s.* ⚕ Wahn-, Irrsinn *m* (*a. fig.* F).

lu·nar ['lu:nə] *adj.* Mond…, Lunar…: **~ landing** Mondlandung *f*; **~ landing vehicle** Mondlandefahrzeug *n*; **~ module** Mondfähre *f*; **~ rock** Mondgestein *n*; **~ rover** Mondfahrzeug *n*; **~ year** Mondjahr *n*.

lu·na·tic ['lu:nətɪk] **I** *adj.* wahn-, irrsinnig, geisteskrank: **~ fringe** F *pol.* extremistische Randgruppe; **II** *s.* Wahnsinnige(r *m*) *f*, Irre(r *m*) *f*: **~ asylum** Irrenanstalt *f*.

lunch [lʌntʃ] **I** *s.* Mittagessen *n*, Lunch *m*: **~ break** Mittagspause *f*; **~ counter** Imbißbar *f*; **~ hour**, **~ time** Mittagszeit *f*, -pause *f*; **II** *v/i.* das Mittagessen einnehmen; **III** *v/t. j-n* zum Mittagessen einladen, beköstigen.

lunch·eon ['lʌntʃən] → **lunch**: **~ meat** Frühstücksfleisch *n*; **~ voucher** Essen(s)marke *f*; **lunch·eon·ette** [,lʌntʃə'net] *s. Am.* Imbißstube *f*.

lu·nette [lu:'net] *s.* **1.** Lü'nette *f*: a) ⚠ Halbkreis-, Bogenfeld *n*, b) ⚔ Brillschanze *f*, c) Scheuklappe *f* (*Pferd*); **2.** flaches Uhrglas.

lung [lʌŋ] *s. anat.* Lunge(nflügel *m*) *f*: **the ~s** die Lunge (*als Organ*); **~ power** Stimmkraft *f*.

lunge[1] [lʌndʒ] **I** *s.* **1.** *fenc.* Ausfall *m*, Stoß *m*; **2.** Satz *m od.* Sprung *m* vorwärts; **II** *v/i.* **3.** *fenc.* ausfallen (**at** gegen); **4.** sich stürzen (**at** auf *acc.*); **III** *v/t.* **5.** *Waffe etc.* stoßen.

lunge[2] [lʌndʒ] **I** *s.* Longe *f*, Laufleine *f* (*für Pferde*); **II** *v/t.* longieren.

lu·pin(e)[1] ['lu:pɪn] *s.* ⚘ Lu'pine *f*.

lu·pine[2] ['lu:paɪn] *adj.* Wolfs…, wölfisch.

lurch[1] [lɜ:tʃ] **I** *s.* **1.** Taumeln *n*, Torkeln *n*; **2.** ⚓ Schlingern *n*, Rollen *n*; **3.** Ruck *m*; **II** *v/i.* **4.** ⚓ schlingern; **5.** taumeln, torkeln.

lurch[2] [lɜ:tʃ] *s.*: **leave in the ~** *fig.* im Stich lassen.

lure [ljʊə] **I** *s.* **1.** Köder *m* (*a. fig.*); **2.** *fig.* Lockung *f*, Verlockungen *pl.*, Reiz *m*; **II** *v/t.* **3.** (an)locken, ködern: **~ away** fortlocken; **4.** verlocken (**into** zu).

lu·rid ['ljʊərɪd] *adj.* □ **1.** grell; **2.** fahl, gespenstisch (*Beleuchtung etc.*); **3.** *fig.* a) düster, finster, unheimlich, b) grausig, gräßlich.

lurk [lɜ:k] **I** *v/i.* **1.** lauern (*a. fig.*); **2.** *fig.* a) verborgen liegen, b) (heimlich) drohen; **3.** *a.* **~ about** *od.* **around** her'umschleichen; **II** *s.* **4. on the ~** auf der Lauer; '**lurk·ing** [-kɪŋ] *adj. fig.* versteckt, lauernd, heimlich.

lus·cious ['lʌʃəs] *adj.* □ **1.** köstlich, lekker, *a.* saftig; **2.** üppig; **3.** *Mädchen, Figur etc.*: prächtig, ‚knackig'.

lush[1] [lʌʃ] *adj.* □ ⚘ saftig, üppig (*a. fig.*).

lush[2] [lʌʃ] *s. Am. sl.* **1.** ‚Stoff' *m* (*Whisky etc.*); **2.** Säufer(in).

lust [lʌst] **I** *s.* **1.** a) (sinnliche) Begierde, b) (Sinnes)Lust *f*, Wollust *f*; **2.** Gier *f*, Gelüste *n*, Sucht *f* (**of**, **for** nach): **~ of power** Machtgier *f*; **~ for life** Lebensgier *f*; **II** *v/i.* **3.** gieren (**for**, **after** nach): **they ~ for power** es gelüstet sie nach Macht.

lus·ter ['lʌstə] *Am.* → **lustre**.

lust·ful ['lʌstfʊl] *adj.* □ wollüstig, geil, lüstern.

lust·i·ly ['lʌstɪlɪ] *adv.* kräftig, mächtig, mit Macht *od.* Schwung, *a.* aus voller Kehle *singen*.

lus·tre ['lʌstə] *s.* **1.** Glanz *m* (*a. min. u. fig.*); **2.** Lüster *m*: a) Kronleuchter *m*, b) *Halbwollgewebe*, c) *Glanzüberzug auf Porzellan etc.*; '**lus·tre·less** [-lɪs] *adj.* glanzlos, stumpf; **lus·trous** ['lʌstrəs] *adj.* □ glänzend.

lust·y ['lʌstɪ] *adj.* (□ → **lustily**) **1.** kräftig, gesund u. munter; **2.** lebhaft, voller Leben, schwungvoll; **3.** kräftig, kraftvoll.

lu·ta·nist ['lu:tənɪst] *s.* Lautenspieler (-in), Laute'nist(in).

lute[1] [lu:t] *s.* ♪ Laute *f*.

lute[2] [lu:t] **I** *s.* **1.** ⚙ Kitt *m*, Dichtungsmasse *f*; **2.** Gummiring *m*; **II** *v/t.* **3.** (ver)kitten.

lu·te·nist ['lu:tənɪst] → **lutanist**.

Lu·ther·an ['lu:θərən] **I** *s. eccl.* Luthe'raner(in); **II** *adj.* lutherisch; '**Lu·ther·an·ism** [-rənɪzəm] *s.* Luthertum *n*.

lu·tist ['lu:tɪst] → **lutanist**.

lux [lʌks] *pl.* **lux**, '**lux·es** *s. phys.* Lux *n* (*Einheit der Beleuchtungsstärke*).

lux·ate ['lʌkseɪt] *v/t.* ⚕ aus-, verrenken; **lux·a·tion** [lʌk'seɪʃn] *s.* Verrenkung *f*, Luxati'on *f*.

luxe [lʊks] *s.* Luxus *m*; → **de luxe**.

lux·u·ri·ance [lʌɡ'zjʊərɪəns], **lux'u·ri·an·cy** [-sɪ] *s.* **1.** Üppigkeit *f*; **2.** Fülle *f* (**of** an *dat.*), Pracht *f*; **lux'u·ri·ant** [-nt] *adj.* □ üppig (*Vegetation etc., a. fig.*); **lux·u·ri·ate** [lʌɡ'zjʊərɪeɪt] *v/i.* **1.** schwelgen (*a. fig.*) (**in** in *dat.*); **2.** üppig wachsen *od.* gedeihen; **lux'u·ri·ous** [-ɪəs] *adj.* □ **1.** Luxus…, luxuri'ös, üppig; **2.** schwelgerisch, verschwenderisch (*Person*); **3.** genüßlich, wohlig; **lux·u·ry** ['lʌkʃərɪ] *s.* **1.** Luxus *m*: a) Wohlleben *n*: **live in ~** im Überfluß leben, b) (Hoch)Genuß *m*: **permit o.s. the ~ of doing** sich den Luxus gestatten, *et.* zu tun, c) Aufwand *m*, Pracht *f*; **2.** a) 'Luxusar,tikel *m*, b) Genußmittel *n*.

lych gate [lɪtʃ] → **lich gate**.

lye [laɪ] *s.* ⚗ Lauge *f*.

ly·ing[1] ['laɪɪŋ] **I** *pres.p. von* **lie**[1]; **II** *adj.* lügnerisch, verlogen; **III** *s.* Lügen *n od. pl.*

ly·ing[2] ['laɪɪŋ] **I** *pres.p. von* **lie**[2]; **II** *adj.* liegend; **,~-'in** *s.* a) Entbindung *f*, b) Wochenbett *n*: **~ hospital** Entbindungsanstalt *f*, -heim *n*.

lymph [lɪmf] *s.* **1.** Lymphe *f*: a) *physiol.* Gewebeflüssigkeit *f*, b) ⚕ Impfstoff *m*; **2.** *poet.* Quellwasser *n*; **lym·phat·ic** [lɪm'fætɪk] ⚕ **I** *adj.* lym'phatisch, Lymph…: **~ gland**; **II** *s.* Lymphgefäß *n*.

lynch [lɪntʃ] *v/t.* lynchen; **~ law** *s.* 'Lynchju,stiz *f*.

lynx [lɪŋks] *s. zo.* Luchs *m*; '**~-eyed** *adj. fig.* luchsäugig.

lyre ['laɪə] *s.* ♪, *ast.* Leier *f*, Lyra *f*.

lyr·ic ['lɪrɪk] **I** *adj.* (□ **~ally**) **1.** lyrisch (*a. fig.*); **2.** Musik…: **~ drama**; **II** *s.* **3.** a) lyrisches Gedicht, b) *pl.* Lyrik *f*; **4.**

pl. (Lied)Text *m*; ˈ**lyr·i·cal** [-kl] *adj.* □ → ***lyric*** I; ˈ**lyr·i·cism** [-ɪsɪzəm] *s.* **1.** Lyrik *f*, lyrischer Chaˈrakter *od.* Stil; **2.** Schwärmeˈrei *f*; ˈ**lyr·ist** [-ɪst] *s.* Lyriker(in).

M

M, m [em] *s.* M *n*, m *n* (*Buchstabe*).
ma [mɑː] *s.* F Ma'ma *f.*
ma'am [mæm] *s.* (*Anrede*) **1.** F *für* ***madam***; **2.** [mɑːm; mæm] *Brit.* a) Maje'stät (*Königin*), b) Hoheit (*Prinzessin*).
mac[1] [mæk] *s. Brit.* F → ***mackintosh***.
Mac[2] [mæk] *s. Am.* F ‚Chef' *m.*
ma·ca·bre [mə'kɑːbrə], *Am. a.* **ma'ca·ber** [-bə] *adj.* ma'kaber: a) grausig, b) Toten…
ma·ca·co [mə'keɪkəʊ] *s. zo.* Maki *m.*
mac·ad·am [mə'kædəm] **I** *s.* **1.** Maka'dam-, Schotterdecke *f*; **2.** Schotterstraße *f*; **3.** a) Maka'dam *m*, b) Schotter *m*; **II** *adj.* **4.** beschottert, Schotter…: ~ ***road***; **mac'ad·am·ize** [-maɪz] *v/t.* makadamisieren.
mac·a·ro·ni [ˌmækə'rəʊnɪ] *s. sg. u. pl.* Makka'roni *pl.*
mac·a·roon [ˌmækə'ruːn] *s.* Ma'krone *f.*
ma·caw [mə'kɔː] *s. orn.* Ara *m.*
mac·ca·ro·ni → ***macaroni***.
mace[1] [meɪs] *s.* Mus'katblüte *f.*
mace[2] [meɪs] *s.* **1.** ⚔ *hist.* Streitkolben *m*; **2.** Amtsstab *m*; **3.** *a.* **~-*bearer*** Träger *m* des Amtsstabes; **4.** (***Chemical***) ℒ (*TM*) chemische Keule (*Reizgas*).
mac·er·ate ['mæsəreɪt] *v/t.* **1.** (*a. v/i.*) (aufquellen u.) aufweichen; **2.** *biol. Nahrungsmittel* aufschließen; **3.** ausmergeln; **4.** ka'steien.
Mach [mɑːk] *s.* ⚔ *phys.* Mach *n*: ***at*** ~ ***two*** (mit) Mach 2 *fliegen*.
Mach·i·a·vel·li·an [ˌmækɪə'velɪən] *adj.* machiavel'listisch, skrupellos.
mach·i·nate ['mækɪneɪt] *v/i.* Ränke schmieden, intrigieren; **mach·i·na·tion** [ˌmækɪ'neɪʃn] *s.* Anschlag *m*, In'trige *f*, Machenschaft *f*, *pl. a.* Ränke; **'mach·i·na·tor** [-tə] *s.* Ränkeschmied *m*, Intri'gant(in).
ma·chine [mə'ʃiːn] **I** *s.* **1.** ⚙ Ma'schine *f* (F *a. Auto, Motorrad, Flugzeug etc.*); **2.** Appa'rat *m*, Vorrichtung *f*, (*thea.* 'Bühnen)Mechaˌnismus *m*: ***the god from the*** ~ Deus *m* ex machina (*e-e plötzliche Lösung*); **3.** *fig.* ‚Ma'schine' *f*, ‚Robo'ter' *m* (*Mensch*); **4.** *pol.* (Par'tei)Maˌschine *f*, (Re'gierungs)Appaˌrat *m*; **II** *v/t.* **5.** ⚙ maschi'nell herstellen; maschi'nell drucken; (maschi'nell) bearbeiten; *engS. Metall* zerspanen; ~ **age** *s.* Ma'schinenzeitalter *n*; ~ **fit·ter** *s.* ⚙ Ma'schinenschlosser *m*; **~-gun** ⚔ **I** *s.* Ma'schinengewehr *n*; **II** *v/t.* mit Ma'schinengewehrfeuer belegen; ~ **lan·guage** *s. Computer*: Ma'schinensprache *f*; **~-made** *adj.* **1.** maschi'nell (hergestellt), Fabrik…: ~ ***paper*** Maschinenpapier *n*; **2.** *fig.* stereo'typ; ~ **pis·tol** *s.* Ma'schinenpisˌtole *f.*
ma·chin·er·y [mə'ʃiːnərɪ] *s.* **1.** Maschine'rie *f*, Ma'schinen(park *m*) *pl.*; **2.** Mecha'nismus *m*, (Trieb)Werk *n*; **3.** *fig.* Maschine'rie *f*, Räderwerk *n*, (*Regierungs*)Ma'schine *f*; **4.** dra'matische Kunstmittel *pl.*
ma·chine| shop *s.* ⚙ Ma'schinenhalle *f*, -saal *m*; ~ **tool** *s.* ⚙ 'Werkzeugmaˌschine *f*; **~-ˌwash·a·ble** *adj.* 'waschmaˌschinenfest (*Stoff etc.*).
ma·chin·ist [mə'ʃiːnɪst] *s.* **1.** ⚙ a) Ma'schineningeniˌeur *m*, b) Ma'schinenschlosser *m*, c) Maschi'nist *m* (*a. thea.*); **2.** Ma'schinennäherin *f.*
ma·chis·mo [mæ'tʃɪzməʊ] *s.* Ma'chismo *m*, Männlichkeitswahn *m.*
Mach num·ber [mɑːk] *s. phys.* Machzahl *f.*
ma·cho ['mætʃəʊ] **I** *s.* ‚Macho' *m*, ‚Kraft- *od.* Sexprotz' *m*; **II** *adj.* ‚macho', (betont) männlich.
mac·in·tosh → ***mackintosh***.
mack·er·el ['mækrəl] *pl.* **-el** *s. ichth.* Ma'krele *f*; ~ **sky** *s. meteor.* (Himmel *m* mit) Schäfchenwolken *pl.*
Mack·i·naw ['mækɪnɔː] *s. a.* ~ ***coat*** *Am.* Stutzer *m*, kurzer Plaidmantel.
mack·in·tosh ['mækɪntɒʃ] *s.* Regen-, Gummimantel *m.*
mack·le ['mækl] **I** *s.* **1.** dunkler Fleck; **2.** *typ.* Schmitz *m*, verwischter Druck; **II** *v/t. u. v/i.* **3.** *typ.* schmitzen.
ma·cle ['mækl] *s. min.* **1.** 'Zwillingskriˌstall *m*; **2.** dunkler Fleck.
macro- [mækrəʊ] *in Zssgn* Makro…, (sehr) groß: **~*climate*** Großklima *n.*
mac·ro·bi·ot·ic [ˌmækrəʊbaɪ'ɒtɪk] *adj.* makrobi'otisch; **ˌmac·ro·bi'ot·ics** [-ks] *s. pl. sg. konstr.* Makrobi'otik *f.*
mac·ro·cosm ['mækrəʊkɒzəm] *s.* Makro'kosmos *m.*
ma·cron ['mækrɒn] *s.* Längestrich *m* (*über Vokalen*).
mad [mæd] *adj.* ☐ → ***madly***; **1.** wahnsinnig, verrückt, toll (*alle a. fig.*): ***go*** ~ verrückt werden; ***it's enough to drive one*** ~ es ist zum Verrücktwerden; ***like*** ~ wie toll *od.* wie verrückt (*arbeiten etc.*); ***a*** ~ ***plan*** ein verrücktes Vorhaben; → ***hatter***, ***drive*** 15; **2.** (***after***, ***about***, ***for***, ***on***) versessen (auf *acc.*), verrückt (nach), vernarrt (in *acc.*): ***she is*** ~ ***about music***; **3.** F außer sich, verrückt (***with*** vor *Freude*, *Schmerzen*, *Wut etc.*); **4.** *bsd. Am.* F wütend, böse (***at***, ***about*** über *acc.*, auf *acc.*); **5.** toll, wild, 'übermütig: ***they are having a*** ~ ***time*** bei denen geht's toll zu, sie amüsieren sich toll; **6.** wild (geworden): ***a*** ~ ***bull***; **7.** tollwütig (*Hund*).
Mad·a·gas·can [ˌmædə'gæskən] **I** *s.* Made'gasse *m*, Made'gassin *f*; **II** *adj.* made'gassisch.
mad·am ['mædəm] *s.* **1.** gnädige Frau *od.* gnädiges Fräulein (*Anrede*); **2.** Bor'dellwirtin *f*, Puffmutter *f.*
'mad·cap I *s.* ‚verrückter Kerl'; **II** *adj.* ‚verrückt', wild, verwegen.
mad·den ['mædn] **I** *v/t.* verrückt *od.* toll *od.* rasend machen (*a. fig. wütend machen*); **II** *v/i.* verrückt *etc.* werden; **'mad·den·ing** [-nɪŋ] *adj.* ☐ verrückt *etc.* machend: ***it is*** ~ es ist zum Verrücktwerden.
mad·der[1] ['mædə] *comp. von* ***mad***.
mad·der[2] ['mædə] *s.* ♀, ⚙ Krapp *m.*
mad·dest ['mædɪst] *sup. von* ***mad***.
mad·ding ['mædɪŋ] *adj. poet.* **1.** rasend, tobend: ***the*** ~ ***crowd***; **2.** → ***maddening***.
'mad-ˌdoc·tor *s.* Irrenarzt *m.*
made [meɪd] **I** *pret. u. p.p. von* ***make***; **II** *adj.* **1.** (künstlich) hergestellt: ~ ***dish*** aus mehreren Zutaten zs.-gestelltes Gericht; ~ ***gravy*** künstliche Bratensoße; ~ ***road*** befestigte Straße; ~ ***of wood*** aus Holz, Holz…; ***English-***~ ✝ *Artikel* englischer Fabrikation; **2.** gemacht, arriviert: ***a*** ~ ***man***; ***he had got it*** ~ F er hatte es geschafft; **3.** *körperlich* gebaut: ***a well-***~ ***man***.
ˌmade|-to-'meas·ure, **ˌ~-to-'or·der** *adj.* ✝ nach Maß angefertigt, Maß…, *a. fig.* maßgeschneidert, nach Maß; **ˌ~-'up** *adj.* **1.** (frei) erfunden: ***a*** ~ ***story***; **2.** geschminkt; **3.** ✝ Fertig…, Fabrik…: ~ ***clothes*** Konfektionskleidung *f.*
'mad·house *s.* Irren-, *fig. a.* Tollhaus *n.*
mad·ly ['mædlɪ] *adv.* **1.** wie verrückt, wie wild: ***they worked*** ~ ***all night***; **2.** F schrecklich, wahnsinnig: ~ ***in love***; **3.** verrückt(erweise).
'mad·man [-mən] *s.* [*irr.*] Verrückte(r) *m*, Irre(r) *m.*
mad·ness ['mædnɪs] *s.* **1.** Wahnsinn *m*, Tollheit *f* (*a. fig.*); **2.** *bsd. Am.* Wut *f* (***at*** über *acc.*).
mad·re·pore [ˌmædrɪ'pɔː] *s. zo.* Madre'pore *f*, 'Löcherkoˌralle *f.*
mad·ri·gal ['mædrɪgl] *s.* ♪ Madri'gal *n.*
'madˌwom·an *s.* [*irr.*] Wahnsinnige *f*, Irre *f.*
mael·strom ['meɪlstrɒm] *s.* Mahlstrom *m*, Strudel *m* (*a. fig.*): ~ ***of traffic*** Verkehrsgewühl *n.*
Mae West [ˌmeɪ'west] *s. sl.* **1.** ⚓ aufblasbare Schwimmweste; **2.** ⚔ *Am.* Panzer *m* mit Zwillingsturm.
Maf·fi·a ['mæfɪə] → ***Mafia***.
maf·fick ['mæfɪk] *v/i. Brit. obs.* ausgelassen feiern.
Ma·fia ['mæfɪə] *s.* Mafia *f*; **ma·fi·o·so** [ˌmæfɪ'əʊsəʊ] *pl.* **-sos** *od.* **-si** [-sɪ] *s.* Mafi'oso *m.*
mag[1] [mæg] F *für* ***magazine*** 4.

mag² [mæg] ⚙ *sl. für* ***magneto***: ***~-generator*** Magnetodynamo *m*.

mag·a·zine [ˌmægəˈziːn] *s*. **1.** ⚔ a) (ˈPulver)Magaˌzin *n*, Munitiˈonslager *n*, b) Versorgungslager *n*, c) Magaˈzin *n* (*in Mehrladewaffen*): ***~ gun***, ***~ rifle*** Mehrladegewehr *n*; **2.** ⚙ Magaˈzin *n* (*a. Computer*), Vorratsbehälter *m*; **3.** ✝ Magaˈzin *n*, Speicher *m*, Lagerhaus *n*; *fig*. Vorrats-, Kornkammer *f* (*fruchtbares Gebiet*); **4.** Magaˈzin *n*, (*oft* illustrierte) Zeitschrift.

mag·da·len [ˈmægdəlɪn] *s*. *fig*. Magdaˈlena *f*, reuige Sünderin.

ma·gen·ta [məˈdʒentə] **I** *s*. ⚗ Maˈgenta (-rot) *n*, Fuchˈsin *n*; **II** *adj*. maˈgentarot.

mag·got [ˈmægət] *s*. **1.** *zo*. Made *f*, Larve *f*; **2.** *fig*. Grille *f*; **ˈmag·got·y** [-tɪ] *adj*. **1.** madig; **2.** *fig*. schrullig.

Ma·gi [ˈmeɪdʒaɪ] *s*. *pl*.: ***the*** (***three***) ***~*** die (drei) Weisen aus dem Morgenland, die Heiligen Drei Könige.

mag·ic [ˈmædʒɪk] **I** *s*. **1.** Maˈgie *f*, Zaubeˈrei *f*; **2.** Zauber(kraft *f*) *m* (*a. fig.*): ***it works like ~*** es ist die reinste Hexerei; **II** *adj*. (☐ ***~ally***) **3.** magisch, Wunder..., Zauber...: ***~ carpet*** fliegender Teppich; ***~ eye*** ⚡ magisches Auge; ***~ lamp*** Wunderlampe *f*; ***~ lantern*** Laterna *f* magica; ***~ square*** magisches Quadrat; **4.** zauberhaft: ***~ beauty***; **ˈmag·i·cal** [-kl] → ***magic*** II.

ma·gi·cian [məˈdʒɪʃn] *s*. **1.** Magier *m*, Zauberer *m*; **2.** Zauberkünstler *m*.

mag·is·te·ri·al [ˌmædʒɪˈstɪərɪəl] *adj*. ☐ **1.** obrigkeitlich, behördlich; **2.** maßgeblich; **3.** herrisch.

mag·is·tra·cy [ˈmædʒɪstrəsɪ] *s*. **1.** ⚖, *pol*. *Amt e-s* ***magistrate***; **2.** Richterschaft *f*; **3.** *pol*. Verwaltung *f*; **mag·is·tral** [məˈdʒɪstrəl] *adj*. *pharm*. magiˈstral (*nach ärztlicher Vorschrift*); **ˈmag·is·trate** [-reɪt] *s*. **1.** a) ⚖ Richter *m* (an e-m ***magistrates' court***), b) (***police***) ***~*** *Am*. Poliˈzeirichter *m*; **2.** (Verˈwaltungs)Beˌamte(r) *m*: ***chief ~*** *Am*. a) Präsiˈdent *m*, b) Gouverˈneur *m*, c) Bürgermeister *m*; **mag·is·trates' court** *s*. ⚖ *erstinstanzliches Gericht für einfache Fälle*.

Mag·na C(h)ar·ta [ˌmægnəˈkɑːtə] *s*. **1.** *hist*. Magna Charta *f* (*der große Freibrief des englischen Adels* [*1215*]); **2.** Grundgesetz *n*.

mag·na·nim·i·ty [ˌmægnəˈnɪmətɪ] *s*. Edelmut *m*, Großmut *f*; **mag·nan·i·mous** [mægˈnænɪməs] *adj*. ☐ großmütig, hochherzig.

mag·nate [ˈmægneɪt] *s*. **1.** Maˈgnat *m*: a) ˈGroßindustriˌelle(r) *m*, b) Großgrundbesitzer *m*; **2.** Größe *f*, einflußreiche Perˈsönlichkeit.

mag·ne·sia [mægˈniːʃə] *s*. ⚗ Maˈgnesia *f*, Maˈgnesiumoˌxyd *n*; **magˈne·sian** [-ʃn] *adj*. **1.** Magnesia...; **2.** Magnesium...; **magˈne·si·um** [-iːzjəm] *s*. ⚗ Maˈgnesium *n*.

mag·net [ˈmægnɪt] *s*. Maˈgnet *m* (*a. fig.*); **mag·net·ic** [mægˈnetɪk] *adj*. (☐ ***~ally***) **1.** maˈgnetisch, Magnet...(*-feld*, *-kompaß*, *-nadel*, *-pol etc.*): ***~ attraction*** magnetische Anziehung(skraft) (*a. fig.*); ***~ declination*** Mißweisung *f*; ***~ tape recorder*** Magnettongerät *n*; **2.** *fig*. faszinierend, fesselnd, maˈgnetisch; **mag·net·ics** [mægˈnetɪks] *s*. *pl*. (*mst sg. konstr.*) Wissenschaft *f* vom Magneˈtismus; **ˈmag·net·ism** [-tɪzəm] *s*. **1.** *phys*. Magneˈtismus *m*; **2.** *fig*. (maˈgnetische) Anziehungskraft; **mag·net·i·za·tion** [ˌmægnɪtaɪˈzeɪʃn] *s*. Magnetisierung *f*; **ˈmag·net·ize** [-taɪz] *v/t*. **1.** magnetisieren; **2.** *fig*. (wie ein Maˈgnet) anziehen, fesseln; **ˈmag·net·iz·er** [-taɪzə] *s*. ⚕ Magnetiˈseur *m*.

mag·ne·to [mægˈniːtəʊ] *pl*. **-tos** *s*. ⚡ Maˈgnetzünder *m*.

magneto- [mægniːtəʊ] *in Zssgn* Magneto...; **mag·ne·to-e·lec·tric** [mægˌniːtəʊɪˈlektrɪk] *adj*. maˈgneto-eˌlektrisch.

mag·ni·fi·ca·tion [ˌmægnɪfɪˈkeɪʃn] *s*. **1.** Vergrößern *n*; **2.** Vergrößerung *f*; **3.** *phys*. Vergrößerungsstärke *f*; **4.** ⚡ Verstärkung *f*.

mag·nif·i·cence [mægˈnɪfɪsns] *s*. Großartigkeit *f*, Herrlichkeit *f*; **magˈnif·i·cent** [-nt] *adj*. ☐ großartig, prächtig, herrlich (*alle a.* F *fig.*).

mag·ni·fi·er [ˈmægnɪfaɪə] *s*. **1.** Vergrößerungsglas *n*, Lupe *f*; **2.** ⚡ Verstärker *m*; **3.** Verherrlicher *m*; **mag·ni·fy** [ˈmægnɪfaɪ] *v/t*. *opt*. *u*. *fig*. **1.** vergrößern: ***~ing glass*** → ***magnifier*** 1; **2.** *fig*. aufbauschen; **3.** ⚡ verstärken.

mag·nil·o·quence [mægˈnɪləʊkwəns] *s*. **1.** Großspreche'rei *f*; **2.** Schwulst *m*, Bomˈbast *m*; **magˈnil·o·quent** [-nt] *adj*. ☐ **1.** großsprecherisch; **2.** hochtrabend, bomˈbastisch.

mag·ni·tude [ˈmægnɪtjuːd] *s*. Größe *f*, Größenordnung *f* (*a. ast.*, ⚗), *fig*. *a*. Ausmaß *n*, Schwere *f*: ***a star of the first ~*** ein Stern erster Größe; ***of the first ~*** von äußerster Wichtigkeit.

mag·no·li·a [mægˈnəʊljə] *s*. ⚘ Maˈgnolie *f*.

mag·num [ˈmægnəm] *s*. Zweiˈquartflasche *f* (*etwa 2 l enthaltend*); **ˌ~ ˈo·pus** [-ˈəʊpəs] *s*. Meister-, Hauptwerk *n*.

mag·pie [ˈmægpaɪ] *s*. **1.** *zo*. Elster *f*; **2.** *fig*. Schwätzer(in); **3.** *fig*. sammelwütiger Mensch; **4.** *Scheibenschießen*: zweiter Ring von außen.

ma·gus [ˈmeɪgəs] *pl*. **-gi** [-dʒaɪ] *s*. **1.** ♀ *antiq*. *persischer* Priester; **2.** Zauberer *m*; **3.** *a*. ♀ *sg*. *von* ***Magi***.

ma·ha·ra·ja(h) [ˌmɑːhəˈrɑːdʒə] *s*. Mahaˈradscha *m*; **ˌma·haˈra·nee** [-ɑːniː] *s*. Mahaˈrani *f*.

mahl·stick [ˈmɔːlstɪk] → ***maulstick***.

ma·hog·a·ny [məˈhɒgənɪ] **I** *s*. **1.** ⚘ Mahaˈgonibaum *m*; **2.** Mahaˈgoni(holz) *n*; **3.** Mahaˈgoni(farbe *f*) *n*; **4.** ***have*** (*od*. ***put***) ***one's feet under s.o.'s ~*** F j-s Gastfreundschaft genießen; **II** *adj*. **5.** Mahagoni...; **6.** mahaˈgonifarben.

ma·hout [məˈhaʊt] *s*. *Brit. Ind*. Eleˈfantentreiber *m*.

maid [meɪd] *s*. **1.** (junges) Mädchen, *poet*. *u*. *iro*. Maid *f*: ***~ of hono(u)r*** a) Ehren-, Hofdame *f*, b) *Am*. *erste* Brautjungfer; ***old ~*** alte Jungfer; **2.** (Dienst-) Mädchen *n*, Magd *f*: ***~-of-all-work*** *bsd*. *fig*. Mädchen für alles; **3.** *poet*. Jungfrau *f*: ***the ♀*** (***of Orleans***).

maid·en [ˈmeɪdn] **I** *adj*. **1.** mädchenhaft, Mädchen...: ***~ name*** Mädchenname *e-r Frau*; **2.** jungfräulich, unberührt (*a. fig.*): ***~ soil***; **3.** unverheiratet: ***~ aunt***; **4.** Jungfern..., Antritts...: ***~ flight*** ✈ Jungfernflug *m*; ***~ speech*** *parl*. Jungfernrede *f*; ***~ voyage*** ⚓ Jungfernfahrt *f*; **II** *s*. **5.** → ***maid*** 1; **6.** *Scot. hist*. Guilloˈtine *f*; **7.** *Rennsport*: a) Maiden *n* (*Pferd, das noch nie gesiegt hat*), b) Rennen *n* für Maidens; **ˈ~·hair** (**fern**) *s*. ⚘ Frauenhaar(farn *m*) *n*; **ˈ~·head** *s*. **1.** → ***maidenhood***; **2.** *anat*. Jungfernhäutchen *n*; **ˈ~·hood** [-hʊd] *s*. **1.** Jungfräulichkeit *f*, Jungfernschaft *f*; **2.** Jungˈmädchenzeit *f*.

maid·en·like [ˈmeɪdnlaɪk], **ˈmaid·en·ly** [-lɪ] *adj*. **1.** → ***maiden*** 1; **2.** jungfräulich, züchtig.

ˈmaidˌserv·ant → ***maid*** 2.

mail¹ [meɪl] **I** *s*. **1.** Post(sendung) *f*, *bsd*. Brief- *od*. Paˈketpost *f*: ***by ~*** *Am*. mit der Post; ***by return ~*** *Am*. postwendend, umgehend; ***incoming ~*** Posteingang *m*; ***outgoing ~*** Postausgang *m*; **2.** Briefbeutel *m*, Postsack *m*; **3.** Post (-dienst *m*) *f*: ***the Federal ♀s*** *Am*. die Bundespost; **4.** Postversand *m*; **5.** Postauto *n*, -boot *n*, -bote *m*, -flugzeug *n*, -zug *m*; **II** *adj*. **6.** Post...: ***~-boat*** Post-, Paketboot *n*; **III** *v/t*. **7.** *bsd*. *Am*. (ab-) schicken, aufgeben; zuschicken (***to*** *dat.*): ***~ing list*** ✝ Adressenliste *f*, -kartei *f*.

mail² [meɪl] **I** *s*. **1.** Kettenpanzer *m*: ***coat of ~*** Panzerhemd *n*; **2.** (Ritter-) Rüstung *f*; **3.** *zo*. Panzer *m*; **II** *v/t*. **4.** panzern.

mail·a·ble [ˈmeɪləbl] *adj*. *Am*. postversandfähig.

ˈmail|·bag *s*. Postbeutel *m*; **ˈ~·box** *s*. *Am*. Briefkasten *m*; **ˈ~·car** *s*. *Am*. Postwagen *m*; **ˈ~ˌcar·ri·er** *s*. → ***mailman***; **ˈ~-clad** *adj*. gepanzert; **ˈ~·coach** *s*. *Brit*. **1.** Postwagen *m*; **2.** *hist*. Postkutsche *f*.

mailed [meɪld] *adj*. gepanzert (*a. zo.*): ***the ~ fist*** *fig*. die eiserne Faust.

ˈmail|·man [-mən] *s*. [*irr.*] *Am*. Briefträger *m*; **~ or·der** *s*. ✝ Bestellung *f* (*von Waren*) durch die Post; **ˈ~-ˌor·der** *adj*. Postversand...: ***~ business*** Versandhandel *m*; ***~ catalog(ue)*** Versandhauskatalog *m*; ***~ house*** (Post)Versandgeschäft *n*.

maim [meɪm] *v/t*. verstümmeln (*a. fig. Text*); zum Krüppel machen; lähmen (*a. fig.*).

main [meɪn] **I** *adj*. ☐ → ***mainly***, **1.** Haupt..., größt, wichtigst, vorwiegend, hauptsächlich: ***~ clause*** *ling*. Hauptsatz *m*; ***~ deck*** ⚓ Hauptdeck *n*; ***~ girder*** ⚠ Längsträger *m*; ***~ office*** Hauptbüro *n*; ***~ road*** Hauptverkehrsstraße *f*; ***the ~ sea*** die offene *od*. hohe See; ***~ station*** a) *teleph*. Hauptanschluß *m*, b) Hauptbahnhof *m*; ***the ~ thing*** die Hauptsache; ***by ~ force*** mit äußerster Kraft, mit (aller) Gewalt; **2.** ⚓ groß, Groß...: ***~ brace*** Großbrasse *f*; **II** *s*. **3.** *mst pl*. a) Haupt(gas- *etc.*)leitung *f*: (***gas***) ***~s***; (***water***) ***~s***, b) ⚡ Haupt-, Stromleitung *f*, c) (Strom)Netz *n*: ***operating on the ~s***, ***~s-operated*** mit Netzanschluß *od*. -betrieb; ***~s adapter*** Netzteil *n*; ***~s failure*** Stromausfall *m*; ***~s voltage*** Netzspannung *f*; **4.** a) Hauptrohr *n*, b) Hauptkabel *n*; **5.** ⛏ *Am*. Hauptlinie *f*; **6.** Hauptsache *f*, Kern *m*: ***in*** (*Am. a.* ***for***) ***the ~*** hauptsächlich, in der Hauptsache; **7.** *poet*. *die* hohe See; **8.** → ***might¹*** 2; ***~ chance*** *s*.: ***have an eye to the ~*** s-n eigenen Vorteil im Auge haben; **ˈ~·frame** *s*. *Computer*: Großrechner *m*; ***~ fuse*** *s*. ⚡ Hauptsicherung *f*; **ˈ~·land** [-lənd] *s*.

Festland *n*; ~ **line** *s.* **1.** 🚂 *etc.*, *a.* ⚔ Hauptlinie *f*: ~ ***of resistance*** Hauptkampflinie *f*; **2.** *Am.* Hauptverkehrsstraße *f*; **3.** *sl.* a) Hauptvene *f*, b) ‚Schuß' *m* (*Heroin etc.*); '**~line** *v/i. sl.* ‚fixen'; '**~,lin·er** *s. sl.* ‚Fixer(in)'.
main·ly ['meɪnlɪ] *adv.* hauptsächlich, vorwiegend.
main|·mast ['meɪnmɑːst; ⚓ -məst] *s.* ⚓ Großmast *m*; **~·sail** ['meɪnseɪl; ⚓ -sl] *s.* ⚓ Großsegel *n*; '**~·spring** *s.* **1.** Hauptfeder *f* (*Uhr etc.*); **2.** *fig.* (Haupt)Triebfeder *f*, treibende Kraft; '**~·stay** *s.* **1.** ⚓ Großstag *n*; **2.** *fig.* Hauptstütze *f*; '**~·stream** *s. fig.* Hauptströmung *f*; **2 Street** *adj. Am.* provinzi'ell-materia'listisch.
main·tain [meɪn'teɪn] *v/t.* **1.** *Zustand, gute Beziehungen etc.* (aufrecht)erhalten, *e-e Haltung etc.* beibehalten, *Ruhe u. Ordnung etc.* (be)wahren: ~ ***a price*** ☤ e-n Preis halten; **2.** in'stand halten, pflegen, ⚙ *a.* warten; **3.** *Briefwechsel etc.* unter'halten, (weiter)führen; **4.** (*in e-m bestimmten Zustand*) lassen, bewahren: ~ ***s.th. in*** (***an***) ***excellent condition***; **5.** *Familie etc.* unter'halten, versorgen; **6.** behaupten (***that*** daß, ***to*** zu); **7.** *Meinung, Recht etc.* verfechten; auf *e-r Forderung* bestehen: ~ ***an action*** ⚖ e-e Klage anhängig machen; **8.** *j-n* unter'stützen, *j-m* beipflichten; ⚖ *e-e Prozeßpartei* 'widerrechtlich unterstützen; **9.** nicht aufgeben, behaupten: ~ ***one's ground*** *bsd. fig.* sich behaupten; **main'tain·a·ble** [-nəbl] *adj.* verfechtbar, haltbar; **main'tain·er** [-nə] *s.* Unter'stützer *m*: a) Verfechter *m* (*Meinung etc.*), b) Versorger *m*; **main'tain·or** [-nə] *s.* ⚖ außenstehender Pro'zeßtreiber; **main·te·nance** ['meɪntənəns] *s.* **1.** In'standhaltung *f*, Erhaltung *f*; **2.** ⚙ Wartung *f*: ~ ***man*** Wartungsmonteur *m*; ***~-free*** wartungsfrei; **3.** 'Unterhalt(smittel *pl.*) *m*: ~ ***grant*** Unterhaltszuschuß *m*; ~ ***order*** ⚖ Anordnung *f* von Unterhaltszahlungen; **4.** Aufrechterhaltung *f*, Beibehalten *n*; **5.** Behauptung *f*, Verfechtung *f*; **6.** ⚖ 'ille,gale Unter'stützung e-r pro'zeßführenden Par'tei.
'**main|·top** *s.* ⚓ Großmars *m*; ~ **yard** *s.* ⚓ Großrah(e) *f*.
mai·son·(n)ette [,meɪzə'net] *s.* **1.** Maiso'nette *f*; **2.** Einliegerwohnung *f*.
maize [meɪz] *s. Brit.* ⚘ Mais *m*.
ma·jes·tic [mə'dʒestɪk] *adj.* (□ **~ally**) maje'stätisch; **maj·es·ty** ['mædʒəstɪ] *s.* **1.** Maje'stät *f*: ***His*** (***Her***) **2** Seine (Ihre) Majestät; ***Your* 2** Eure Majestät; **2.** *fig.* Maje'stät *f*, Erhabenheit *f*, Hoheit *f*.
ma·jol·i·ca [mə'jɒlɪkə] *s.* Ma'jolika *f*.
ma·jor ['meɪdʒə] **I** *s.* **1.** Ma'jor *m*; **2.** ⚖ Volljährige(r *m*) *f*, Mündige(r *m*) *f*; **3.** *hinter Eigennamen*: der Ältere; **4.** ♪ a) Dur *n*, b) 'Durak,kord *m*, c) Durtonart *f*; **5.** *phls.* a) *a.* ~ ***term*** Oberbegriff *m*, b) *a.* ~ ***premise*** Obersatz *m*; **6.** *univ. Am.* Hauptfach *n*; **II** *adj.* **7.** größer (*a. fig.*); *fig.* bedeutend: ~ ***attack*** Großangriff *m*; ~ ***event*** *bsd. sport* Großveranstaltung *f*, *weitS.* ‚große Sache'; ~ ***repair*** größere Reparatur; ~ ***shareholder*** Großaktionär(in); → ***operation*** 9; **8.** ⚖ volljährig, mündig; **9.** ♪ a) groß (*Terz etc.*), b) Dur...: ~ ***key*** Durtonart *f*; ***C*** ~ C-Dur *n*; **III** *v/t.* **10.** (*v/i.* ~ ***in***) *Am.* als Hauptfach studieren; **,~-'gen·er·al** *s.* ⚔ Gene'ralma,jor *m*.
ma·jor·i·ty [mə'dʒɒrətɪ] *s.* **1.** Mehrheit *f*: ~ ***of votes*** (Stimmen)Mehrheit, Majorität *f*; ~ ***decision*** Mehrheitsbeschluß *m*; ~ ***leader*** *Am.* Fraktionsführer *m* der Mehrheitspartei; ~ ***rule*** Mehrheitsregierung *f*; ***in the*** ~ ***of cases*** in der Mehrzahl der Fälle; ***join the*** ~ a) sich der Mehrheit anschließen, b) zu den Vätern versammelt werden (*sterben*); ***win by a large*** ~ mit großer Mehrheit gewinnen; **2.** ⚖ Voll-, Großjährigkeit *f*; **3.** ⚔ Ma'jorsrang *m*, -stelle *f*.
ma·jor| league *s. sport Am.* oberste Spielklasse; ~ **mode** *s.* ♪ Dur(tonart *f*) *n*; ~ **scale** *s.* Durtonleiter *f*.
ma·jus·cule ['mædʒəskjuːl] *s.* Ma'juskel *f*, großer Anfangsbuchstabe.
make [meɪk] **I** *s.* **1.** a) Mach-, Bauart *f*, Form *f*, b) Erzeugnis *n*, Fabri'kat *n*: ***our own*** ~ (unser) eigenes Fabrikat; ***of best English*** ~ beste englische Qualität; **2.** *Mode*: Schnitt *m*, Fas'son *f*; **3.** ☤ a) (Fa'brik)Marke *f*, b) ⚙ Typ *m*, Bau(-art *f*) *m*; **4.** (*Körper*)Bau *m*; **5.** Anfertigung *f*, Herstellung *f*; **6.** ⚡ Schließen *n* (*Stromkreis*): ***be at*** ~ geschlossen sein; **7.** ***be on the*** ~ *sl.* a) auf Geld (*od.* e-n Vorteil) aussein, ‚schwer dahinterher' sein, b) auf ein (sexuelles) Abenteuer aussein; **II** *v/t.* [*irr.*] **8.** *allg. z.B. Einkäufe, Einwände, Feuer, Reise, Versuch* machen; *Frieden* schließen; *e-e Rede* halten; → ***face*** 2, ***war*** 1 *etc.*; **9.** machen: a) anfertigen, herstellen, erzeugen (***from***, ***of***, ***out of*** von, aus), b) verarbeiten, bilden, formen (***to***, ***into*** in *acc.*, zu), c) *Tee etc.* (zu)bereiten, d) *Gedicht etc.* verfassen; **10.** errichten, bauen, *Garten, Weg etc.* anlegen; **11.** (er)schaffen: ***God made man*** Gott schuf den Menschen; ***you are made for this job*** du bist für diese Arbeit wie geschaffen; **12.** *fig.* machen zu: ***he made her his wife***; ***to*** ~ ***enemies of*** sich zu Feinden machen; **13.** ergeben, bilden, entstehen lassen: ***many brooks*** ~ ***a river***; ***oxygen and hydrogen*** ~ ***water*** Wasserstoff u. Sauerstoff bilden Wasser; **14.** verursachen: a) *ein Geräusch, Lärm, Mühe, Schwierigkeiten* machen, b) bewirken, (mit sich) bringen: ***prosperity ~s contentment***; **15.** (er)geben, den Stoff abgeben zu, dienen als (*Sache*): ***this ~s a good article*** das gibt e-n guten Artikel; ***this book ~s good reading*** dieses Buch liest sich gut; **16.** sich erweisen als (*Person*): ***he would*** ~ ***a good salesman*** er würde e-n guten Verkäufer abgeben; ***she made him a good wife*** sie war ihm e-e gute Frau; **17.** bilden, (aus)machen: ***this ~s the tenth time*** das ist das zehnte Mal; → ***difference*** 1, ***one*** 6, ***party*** 2; **18.** (*mit adj., p.p. etc.*) machen: ~ ***angry*** zornig machen, erzürnen; ~ ***known*** bekanntmachen, -geben; → ***make good***; **19.** (*mit folgendem s.*) machen zu, ernennen zu: ***they made him a general***, ***he was made a general*** er wurde zum General ernannt; ***he made himself a martyr*** er wurde zum Märtyrer; **20.** *mit inf.* (*act. ohne* ***to***, *pass. mit* ***to***) *j-n* veranlassen, lassen, bringen, zwingen *od.* nötigen zu: ~ ***s.o. wait*** j-n warten lassen; ***we made him talk*** wir brachten ihn zum Sprechen; ***they made him repeat it*** man ließ es ihn wiederholen; ~ ***s.th. do***, ~ ***do with s.th.*** mit et. auskommen, sich mit et. behelfen; **21.** *fig.* machen: ~ ***much of*** a) viel Wesens um *et. od. j-n* machen, b) sich viel aus *et.* machen, viel von *et.* halten; → ***best*** 7, ***most*** 3, ***nothing*** *Redew.*; **22.** sich e-e Vorstellung von *et.* machen, *et.* halten für: ***what do you*** ~ ***of it?*** was halten Sie davon?; **23.** F *j-n* halten für: ***I*** ~ ***him a greenhorn***; **24.** schätzen auf (*acc.*): ***I*** ~ ***the distance three miles***; **25.** feststellen: ***I*** ~ ***it a quarter to five*** nach m-r Uhr ist es viertel vor fünf; **26.** erfolgreich 'durchführen: → ***escape*** 9; **27.** *j-m* zum Erfolg verhelfen, *j-s* Glück machen: ***I can*** ~ ***and break you*** ich kann aus Ihnen et. machen oder Sie auch fertigmachen; **28.** sich *ein Vermögen etc.* erwerben, verdienen, *Geld, Profit* machen, *Gewinn* erzielen; → ***name*** *Redew.*; **29.** ‚schaffen': a) *Strecke* zu'rücklegen: ***can we*** ~ ***it in 3 hours?***, b) *Geschwindigkeit* erreichen: ~ ***60 mph.***; **30.** F *et.* erreichen, ‚schaffen', *akademischen Grad* erlangen, *sport etc. Punkte, a. Schulnote* erzielen, *Zug* erwischen: ~ ***it*** es schaffen; ~ ***the team*** in die Mannschaft aufgenommen werden; **31.** *sl. Frau* ‚'umlegen' (*verführen*); **32.** ankommen in (*dat.*), erreichen: ~ ***port*** ⚓ in den Hafen einlaufen; **33.** ⚓ sichten, ausmachen: ~ ***land***; **34.** *Brit. Mahlzeit* einnehmen; **35.** *Fest etc.* veranstalten; **36.** *Preis* festsetzen, machen; **37.** *Kartenspiel*: a) *Karten* mischen, b) *Stich* machen; **38.** ⚡ *Stromkreis* schließen; **39.** *ling. Plural etc.* bilden, werden zu; **40.** sich belaufen auf (*acc.*), ergeben, machen: ***two and two*** ~ ***four*** 2 u. 2 macht *od.* ist 4; **III** *v/i.* [*irr.*] **41.** sich anschicken, den Versuch machen (***to do*** zu tun): ***he made to go*** er wollte gehen; **42.** (***to*** nach) a) sich begeben *od.* wenden, b) führen, gehen (*Weg etc.*), sich erstrecken, c) fließen; **43.** einsetzen (*Ebbe, Flut*), (an)steigen (*Flut etc.*); **44.** ~ ***as if*** (*od.* ***as though***) so tun als ob *od.* als wenn: ~ ***believe*** (***that*** *od.* ***to do***) vorgeben (daß *od.* zu tun); **45.** ~ ***like*** *Am. sl.* sich verhalten wie: ~ ***like a father***;
Zssgn mit prp.:
make| aft·er *v/i. obs. j-m* nachsetzen, *j-n* verfolgen; ~ **a·gainst** *v/i.* **1.** ungünstig sein für, schaden (*dat.*); **2.** sprechen gegen (*a. fig.*); ~ **for** *v/i.* **1.** a) zugehen auf (*acc.*), sich aufmachen nach, zustreben (*dat.*), b) ⚓ lossteuern (*a. fig.*) *od.* Kurs haben auf (*acc.*), c) sich stürzen auf (*acc.*); **2.** beitragen zu, förderlich sein *od.* dienen (*dat.*): ***it makes for his advantage*** es wirkt sich für ihn günstig aus; ***the aerial makes for better reception*** die Antenne verbessert den Empfang; ~ **to·ward(s)** *v/i.* zugehen auf (*acc.*), sich bewegen nach, sich nähern (*dat.*); ~ **with** *v/i. Am. sl.* loslegen mit: ~ ***the feet!*** nun lauf schon!
Zssgn mit adv.:
make| a·way *v/i.* sich da'vonmachen: ~ ***with*** a) sich davonmachen mit (*Geld etc.*), b) *et. od. j-n* beseitigen, aus dem Weg(e) räumen, c) *Geld etc.* durchbrin-

gen, d) sich entledigen (*gen.*); **~ good I** *v/t.* **1.** a) (wieder)'gutmachen, b) ersetzen, vergüten: **~ *a deficit*** ein Defizit decken; **2.** begründen, rechtfertigen, nachweisen; **3.** *Versprechen, sein Wort* halten; **4.** *den Erwartungen* entsprechen; **5.** *Flucht etc.* glücklich bewerkstelligen; **6.** (*berufliche etc.*) *Stellung* ausbauen; **II** *v/i.* **7.** sich 'durchsetzen, sein Ziel erreichen; **8.** sich bewähren, den Erwartungen entsprechen; **~ off** *v/i.* sich da'vonmachen, ausreißen (***with*** mit *Geld etc.*); **~ out I** *v/t.* **1.** *Scheck etc.* ausstellen; *Urkunde* ausfertigen; *Liste etc.* aufstellen; **2.** ausmachen, erkennen; **3.** *Sachverhalt etc.* feststellen, her'ausbekommen; **4.** a) *j-n* ausfindig machen, b) aus *j-m od. et.* klug werden; **5.** entziffern; **6.** a) behaupten, b) beweisen, c) *j-n als Lügner etc.* hinstellen; **7.** *Am.* *mühsam* zustande bringen; **8.** *Summe* voll machen; **9.** halten für; **II** *v/i.* **10.** *bsd. Am.* F Erfolg haben: ***how did you ~?*** wie haben Sie abgeschnitten?; **11.** *bsd. Am.* (*mit j-m*) auskommen; **12.** vorgeben, (so) tun (als ob); **~ o·ver** *v/t.* **1.** *Eigentum* über'tragen, -'eignen, vermachen; **2.** 'umbauen; *Anzug etc.* 'umarbeiten, **~ up I** *v/t.* **1.** bilden, zs.-setzen: ***be made up of*** bestehen *od.* sich zs.-setzen aus; **2.** *Arznei, Bericht etc.* zs.-stellen; *Schriftstück* aufsetzen, *Liste etc.* aufstellen; *Paket* (ver-)packen, verschnüren; **3.** *a. thea.* zu'rechtmachen, schminken, pudern; **4.** *Geschichte etc.* sich ausdenken, *a. b.s.* erfinden: ***a made-up story***; **5.** a) *Versäumtes* nachholen; → ***leeway*** 2, b) 'wiedergewinnen: **~ *lost ground***; **6.** ersetzen, vergüten; **7.** *Rechnung, Konten* ausgleichen; *Bilanz* ziehen; → ***account*** 5; **8.** *Streit etc.* beilegen; **9.** ver'vollständigen, *Fehlendes* ergänzen, *Betrag, Gesellschaft etc.* voll machen; **10.** ***make it up*** a) es wieder'gutmachen, b) → 17; **11.** *typ.* um'brechen; **II** *v/i.* **12.** sich zu'rechtmachen, *bsd.* sich pudern *od.* schminken; **13.** (***for***) Ersatz leisten, als Ersatz dienen (für), vergüten (*acc.*); **14.** aufholen, wieder'gutmachen, wettmachen (***for*** *acc.*): **~ *for lost time*** die verlorene Zeit wieder wettzumachen suchen; **15.** *Am.* sich nähern (***to*** *dat.*); **16.** (***to***) F (*j-m*) schöntun, sich anbiedern (bei *j-m*), sich her'anmachen (an *j-n*); **17.** sich versöhnen *od.* wieder vertragen (***with*** mit).

make| and break *s.* ϟ Unter'brecher *m*; **ˌ~-and-'break** *adj.* ϟ zeitweilig unter'brochen: **~ *contact*** Unterbrecherkontakt *m*; **'~-beˌlieve I** *s.* **1.** a) Verstellung *f*, b) Heuche'lei *f*; **2.** Vorwand *m*; **3.** Schein *m*, Spiegelfechte'rei *f*; **II** *adj.* **4.** vorgeblich, scheinbar, falsch: **~ *world*** Scheinwelt *f*.

mak·er ['meɪkə] *s.* **1.** a) Macher *m*, Verfertiger *m*; Aussteller(in) *e-r Urkunde*, b) † Hersteller *m*, Erzeuger *m*; **2. *the*** ≈ der Schöpfer (*Gott*): ***meet one's ~*** das Zeitliche segnen.

'make|-ˌread·y *s. typ.* Zurichtung *f*; **'~-shift I** *s.* Notbehelf *m*; **II** *adj.* behelfsmäßig, Behelfs…, Not…

'make-up *s.* **1.** Aufmachung *f*: a) *Film etc.*: Ausstattung *f*, Kostümierung *f*, Maske *f*: **~ *man*** Maskenbildner *m*, b) Verpackung *f*, † Ausstattung *f*: **~ *charge*** *Schneiderei*: Macherlohn *m*; **2.** Schminke *f*, Puder *m*; **3.** Make-up *n*: a) Schminken *n*, b) Pudern *n*; **4.** *fig. humor.* Aufmachung *f*, (Ver)Kleidung *f*; **5.** Zs.-setzung *f*; *sport* (*Mannschafts-*) Aufstellung *f*; **6.** Körperbau *m*; **7.** Veranlagung *f*, Na'tur *f*; **8.** *fig. humor. Am.* erfundene Geschichte; **9.** *typ.* 'Umbruch *m*.

'make·weight *s.* **1.** (Gewichts)Zugabe *f*, Zusatz *m*; **2.** Gegengewicht *n* (*a. fig.*); **3.** *fig.* a) Lückenbüßer *m* (*Person*), b) Notbehelf *m*.

mak·ing ['meɪkɪŋ] *s.* **1.** Machen *n*: ***this is of my own ~*** das habe ich selbst gemacht; **2.** Erzeugung *f*, Herstellung *f*, Fabrikati'on *f*: ***be in the ~*** *a. fig.* im Werden *od.* im Kommen *od.* in der Entwicklung sein; **3.** a) Zs.-setzung *f*, b) Verfassung *f*, c) Bau(art *f*) *m*, Aufbau *m*, d) Aufmachung *f*; **4.** Glück *n*, Chance *f*: ***this will be the ~ of him*** damit ist er ein gemachter Mann; **5.** *pl.* ('Roh)Materiˌal *n* (*a. fig.*): ***he has the ~s of*** er hat das Zeug *od.* die Anlagen zu; **6.** *pl.* Pro'fit *m*, Verdienst *m*; **7.** *pl.* F *die* (nötigen) Zutaten *pl.*

mal- [mæl] *in Zssgn* a) schlecht, b) mangelhaft, c) übel, d) Miß…, un…

Mal·a·chi ['mæləkaɪ], *u.* **Mal·a·chi·as** [ˌmælə'kaɪəs] *npr. u. s. bibl.* (das Buch) Male'achi *m od.* Mala'chias *m*.

mal·a·chite ['mæləkaɪt] *s. min.* Mala'chit *m*, Kupferspat *m*.

mal·ad·just·ed [ˌmælə'dʒʌstɪd] *adj. psych.* nicht angepaßt, mi'lieugestört; **ˌmal·ad'just·ment** [-stmənt] *s.* **1.** mangelnde Anpassung, Mi'lieustörung *f*; **2.** ⚙ Falscheinstellung *f*; **3.** 'Mißverhältnis *n*.

'mal·adˌmin·is'tra·tion *s.* **1.** schlechte Verwaltung; **2.** *pol.* 'Mißwirtschaft *f*.

ˌmal·a'droit *adj.* □ **1.** ungeschickt; **2.** taktlos.

mal·a·dy ['mælədɪ] *s.* Krankheit *f*, Gebrechen *n*, Übel *n* (*a. fig.*).

ma·la fi·de [ˌmeɪlə'faɪdɪ] (*Lat.*) *adj. u. adv.* arglistig, ⚖ *a.* bösgläubig.

ma·laise [mæ'leɪz] *s.* **1.** Unpäßlichkeit *f*; **2.** *fig.* Unbehagen *n*.

mal·a·prop·ism ['mæləprɒpɪzəm] *s.* (lächerliche) Wortverwechslung, 'Mißgriff *m*; **mal·ap·ro·pos** [ˌmæl'æprəpəʊ] **I** *adj.* **1.** unangebracht; **2.** unschicklich; **II** *adv.* **3.** a) zur Unzeit, b) im falschen Augenblick; **III** *s.* **4.** *et.* Unangebrachtes.

ma·lar ['meɪlə] *anat.* **I** *adj.* Backen…; **II** *s.* Backenknochen *m*.

ma·lar·i·a [mə'leərɪə] *s.* ⚕ Ma'laria *f*; **ma'lar·i·al** [-əl], **ma'lar·i·an** [-ən], **ma'lar·i·ous** [-ɪəs] *adj.* Malaria…, ma'lariaverseucht.

ma·lar·k(e)y [mə'lɑːkɪ] *s. Am. sl.* ‚Quatsch' *m*, ‚Käse' *m*.

Ma·lay [mə'leɪ] **I** *s.* **1.** Ma'laie *m*, Ma'laiin *f*; **2.** Ma'laiisch *n*; **II** *adj.* **3.** ma'laiisch; **Ma'lay·an** [-eɪən] *adj.* ma'laiisch.

'mal·conˌtent I *adj.* unzufrieden (*a. pol.*); **II** *s.* Unzufriedene(r *m*) *f*.

male [meɪl] **I** *adj.* **1.** männlich (*a. biol. u.* ⚙): **~ *child*** Knabe *m*; **~ *choir*** Männerchor *m*; **~ *cousin*** Vetter *m*; **~ *nurse*** Krankenpfleger *m*; **~ *plug*** ⚙ Stecker *m*; **~ *rhyme*** männlicher Reim; **~ *screw*** Schraube(nspindel) *f*; **2.** *weitS.* männlich, mannhaft; **II** *s.* **3.** a) Mann *m*, b) Knabe *m*: **~ *model*** Dressman *m*; **4.** *zo.* Männchen *n*; **5.** ⚘ männliche Pflanze.

mal·e·dic·tion [ˌmælɪ'dɪkʃn] *s.* Fluch *m*, Verwünschung *f*; **ˌmal·e'dic·to·ry** [-ktərɪ] *adj.* verwünschend, Verwünschungs…, Fluch…

mal·e·fac·tor ['mælɪfæktə] *s.* Misse-, Übeltäter *m*; **'mal·e·fac·tress** [-trɪs] *s.* Misse-, Übeltäterin *f*.

ma·lef·ic [mə'lefɪk] *adj.* (□ **~*ally***) ruchlos, bösartig; **ma'lef·i·cent** [-ɪsnt] *adj.* **1.** bösartig; **2.** schädlich (***to*** für *od. dat.*); **3.** verbrecherisch.

ma·lev·o·lence [mə'levələns] *s.* 'Mißgunst *f*, Feindseligkeit *f* (***to*** gegen), Böswilligkeit *f*; **ma'lev·o·lent** [-nt] *adj.* □ **1.** 'mißgünstig, widrig (*Umstände etc.*); **2.** feindselig, böswillig, übelwollend.

mal·fea·sance [mæl'fiːzəns] *s.* ⚖ strafbare Handlung.

ˌmal·for'ma·tion *s. bsd.* ⚕ 'Mißbildung *f*.

ˌmal'func·tion I *s.* **1.** ⚕ Funkti'onsstörung *f*; **2.** ⚙ schlechtes Funktionieren, Versagen *n*, De'fekt *m*; **II** *v/i.* **3.** schlecht funktionieren, de'fekt sein, versagen.

mal·ice ['mælɪs] *s.* **1.** Böswilligkeit *f*, Bosheit *f*; Arglist *f*, Tücke *f*; **2.** Groll *m*: ***bear s.o. ~*** j-m grollen, e-n Groll gegen j-n hegen; **3.** ⚖ (böse) Absicht, Vorsatz *m*: ***with ~ aforethought*** (*od.* ***prepense***) vorsätzlich; **4.** (schelmische) Bosheit: ***with ~*** boshaft, maliziös; **ma·li·cious** [mə'lɪʃəs] *adj.* □ **1.** böswillig, boshaft; **2.** arglistig, (heim)tückisch; **3.** gehässig; **4.** hämisch; **5.** ⚖ böswillig, vorsätzlich; **6.** malizi'ös, boshaft; **ma·li·cious·ness** [mə'lɪʃəsnɪs] → ***malice*** 1, 2.

ma·lign [mə'laɪn] **I** *adj.* □ **1.** verderblich, schädlich; **2.** unheilvoll; **3.** böswillig; **4.** ⚕ bösartig; **II** *v/t.* **5.** verleumden, beschimpfen.

ma·lig·nan·cy [mə'lɪgnənsɪ] *s.* Böswilligkeit *f*; Bösartigkeit *f* (*a.* ⚕); Bosheit *f*; Arglist *f*; Schadenfreude *f*; **ma'lig·nant** [-nt] **I** *adj.* □ **1.** böswillig; bösartig (*a.* ⚕); **2.** arglistig, (heim)tückisch; **3.** schadenfroh; **4.** gehässig; **II** *s.* **5.** *hist. Brit.* Roya'list *m*; **6.** Übelgesinnte(r *m*) *f*; **ma'lig·ni·ty** [-nətɪ] → ***malignancy***.

ma·lin·ger [mə'lɪŋgə] *v/i.* sich krank stellen, simulieren, ‚sich drücken'; **ma'lin·ger·er** [-ərə] *s.* Simu'lant *m*, Drückeberger *m*.

mall[1] [mɔːl] *s.* **1.** Prome'nade(nweg *m*) *f*; **2.** Mittelstreifen *m e-r Autobahn*; **3.** *Am.* Einkaufszentrum, Fußgängerzone *f*.

mall[2] [mɔːl] *s. orn.* Sturmmöwe *f*.

mal·lard ['mæləd] *pl.* **-lards**, *coll.* **-lard** *s. orn.* Stockente *f*.

mal·le·a·ble ['mælɪəbl] *adj.* **1.** ⚙ a) (kalt-)hämmerbar, b) dehn-, streckbar, c) verformbar; **2.** *fig.* gefügig, geschmeidig; **~ cast i·ron** *s.* ⚙ **1.** Tempereisen *n*; **2.** Temperguß *m*; **~ i·ron** *s.* ⚙ **1.** a) Schmiedeeisen *n*, b) schmiedbarer Guß; **2.** → ***malleable cast iron***.

mal·le·o·lar [mə'liːələ] *adj. anat.* Knöchel…

mal·let ['mælɪt] *s.* **1.** Holzhammer *m*, Schlegel *m*; **2.** ⚙, ⚒ Fäustel *m*: **~ *toe*** ⚕

Hammerzehe *f*; **3.** *sport* Schlagholz *n*, Schläger *m*.

mal·low ['mæləʊ] *s.* ⚘ Malve *f*.

malm [mɑːm] *s. geol.* Malm *m*.

ˌmal·nu'tri·tion *s.* 'Unterernährung *f*, schlechte Ernährung.

mal·o·dor·ous [mæl'əʊdərəs] *adj.* übelriechend.

ˌmal'prac·tice *s.* **1.** Übeltat *f*; **2.** ⚖ a) Vernachlässigung *f* der beruflichen Sorgfalt, b) Kunstfehler *m*, Fahrlässigkeit *f des Arztes*, c) Untreue *f im Amt etc.*

malt [mɔːlt] **I** *s.* **1.** Malz *n*: **~ kiln** Malzdarre *f*; **~ liquor** gegorener Malztrank, *bsd.* Bier *n*; **II** *v/t.* **2.** mälzen, malzen: **~ed milk** Malzmilch *f*; **3.** unter Zusatz von Malz herstellen; **III** *v/i.* **4.** zu Malz werden.

Mal·tese [ˌmɔːl'tiːz] **I** *s. sg. u. pl.* **1.** a) Mal'teser(in), b) Malteser *pl.*; **2.** *ling.* Mal'tesisch *n*; **II** *adj.* **3.** mal'tesisch, Malteser…; **~ cross** *s.* **1.** Mal'teserkreuz *n*; **2.** ⚘ Brennende Liebe.

'malt-house *s.* Mälze'rei *f*.

malt·ose ['mɔːltəʊs] *s.* ⚗ Malzzucker *m*.

ˌmal'treat *v/t.* **1.** schlecht behandeln, malträtieren; **2.** miß'handeln; **ˌmal'treat·ment** *s.* **1.** schlechte Behandlung; **2.** Miß'handlung *f*.

mal·ver·sa·tion [ˌmælvɜː'seɪʃn] *s.* ⚖ **1.** Amtsvergehen *n*; **2.** Veruntreuung *f*, 'Unterschleif *m*.

ma·mil·la [mæ'mɪlə] *pl.* **-lae** [-liː] *s.* **1.** *anat.* Brustwarze *f*; **2.** *zo.* Zitze *f*; **mam·il·lar·y** ['mæmɪlərɪ] *adj.* **1.** *anat.* Brustwarzen…; **2.** brustwarzenförmig.

mam·ma¹ [mə'mɑː] *s.* Mutti *f*.

mam·ma² ['mæmə] *pl.* **-mae** [-miː] *s.* **1.** *anat.* (weibliche) Brust, Brustdrüse *f*; **2.** *zo.* Zitze *f*, Euter *n*.

mam·mal ['mæml] *s. zo.* Säugetier *n*; **mam·ma·li·an** [mæ'meɪljən] *zo.* **I** *s.* Säugetier *n*; **II** *adj.* Säugetier…

mam·ma·ry ['mæmərɪ] *adj.* **1.** *anat.* Brust(warzen)…, Milch…: **~ gland** Milchdrüse *f*; **2.** *zo.* Euter…

mam·mil·la *etc. Am.* → **mamilla** *etc.*

mam·mo·gram ['mæməʊgræm] *s.* ⚕ Mammo'gramm *n*; **mam·mo·gra·phy** [mæ'mɒgrəfɪ] *s.* Mammogra'phie *f*.

mam·mon ['mæmən] *s.* Mammon *m*; **'mam·mon·ism** [-nɪzəm] *s.* Mammonsdienst *m*, Geldgier *f*.

mam·moth ['mæməθ] **I** *s. zo.* Mammut *n*; **II** *adj.* Mammut…(*-baum*, *-unternehmen etc.*), riesig, Riesen…

mam·my ['mæmɪ] *s.* **1.** F Mami *f*; **2.** *Am. obs.* (schwarzes) Kindermädchen.

man [mæn] **I** *pl.* **men** [men] *s.* **1.** Mensch *m*; **2.** *oft* ♀ *coll.* (*mst ohne* **the**) der Mensch, die Menschen *pl.*, die Menschheit: **rights of ~** Menschenrechte; → **measure** 5; **3.** Mann *m*: **~ about town** Lebemann; **the ~ in the street** der Mann auf der Straße, der Durchschnittsmensch; **~ of God** Diener *m* Gottes; **~ of letters** a) Literat *m*, Schriftsteller *m*, b) Gelehrter *m*; **~ of all work** a) Faktotum *n*, b) Allerweltskerl *m*; **~ of straw** Strohmann; **~ of the world** Weltmann; **~ of few** (**many**) **words** Schweiger *m* (Schwätzer *m*); **Oxford ~** Oxforder (Akademiker) *m*; **I have known him ~ and boy** ich kenne ihn von Jugend auf; **be one's own ~** a) sein eigener Herr sein, b) im Vollbesitz s-r Kräfte sein; **the ~ Smith** (besagter) Smith; **my good ~!** *herablassend*: mein lieber Herr!; → **honour** 1; **4.** *weitS.* a) Mann *m*, Per'son *f*, b) jemand, c) man: **a ~** jemand; **any ~** irgend jemand, jedermann; **no ~** niemand; **few men** wenige (Leute); **every ~ jack** F jeder einzelne; **~ by ~** Mann für Mann, einer nach dem andern; **as one ~** wie 'ein Mann, geschlossen; **to a ~** bis auf den letzten Mann; **give a ~ a chance** einem e-e Chance geben; **what can a ~ do in such a case?** was kann man da schon machen?; **5.** F Mensch *m*, Menschenskind *n*: **~ alive!** Menschenskind!; **hurry up, ~!** Mensch, beeil dich!; **6.** (Ehe)Mann *m*: **~ and wife** Mann u. Frau; **7.** a) Diener *m*, b) Angestellte(r) *m*, c) Arbeiter *m*: **men working** Baustelle (*Hinweis auf Verkehrsschildern*), d) *hist.* Lehnsmann *m*; **8.** ⚔, ⚓ Mann *m*: a) Sol'dat *m*, b) ⚓ Ma'trose *m*, c) *pl.* Mannschaft *f*: **~ on leave** Urlauber *m*; **20 men** zwanzig Mann; **9.** *der* Richtige: **be the ~ for s.th.** der Richtige für et. (*e-e Aufgabe*) sein; **I am your ~!** ich bin Ihr Mann!; **10.** *Brettspiel*: Stein *m*, ('Schach)Fiˌgur *f*; **II** *v/t.* **11.** ⚔, ⚓ bemannen; *a. e-n Arbeitsplatz* besetzen; **12.** *fig. j-n* stärken: **~ o.s.** sich ermannen; **III** *adj.* **13.** männlich: **~ cook** Koch *m*.

man·a·cle ['mænəkl] **I** *s. mst pl.* (Hand-)Fessel *f*, -schelle *f* (*a. fig.*); **II** *v/t. j-m* Handfesseln *od.* -schellen anlegen, *j-n* fesseln (*a. fig.*).

man·age ['mænɪdʒ] **I** *v/t.* **1.** *Geschäft etc.* führen, verwalten; *Betrieb etc.* leiten; *Gut etc.* bewirtschaften; **2.** *Künstler etc.* managen; **3.** zu'stande bringen, bewerkstelligen, es fertigbringen (**to do** zu tun) (*a. iro.*): **he ~d to** (*inf.*) es gelang ihm zu (*inf.*); **4.** ‚deichseln', ‚managen': **~ matters** ‚die Sache managen'; **5.** F *Arbeit*, *Essen* bewältigen, ‚schaffen'; **6.** 'umgehen (können) mit: a) *Werkzeug etc.* handhaben, bedienen, b) *j-n* zu behandeln *od.* zu ‚nehmen' wissen, c) *j-n* bändigen, mit *j-m etc.* fertigwerden: **I can ~ him** ich werde (schon) mit ihm fertig; **7.** lenken (*a. fig.*); **II** *v/i.* **8.** das Geschäft *od.* den Betrieb *etc.* führen; die Aufsicht haben; **9.** auskommen, sich behelfen (**with** mit); **10.** F a) ‚es schaffen', 'durchkommen, zu Rande kommen, b) ermöglichen: *can you come?* **I'm afraid, I can't ~** (**it**) es geht leider nicht *od.* es ist mir leider nicht möglich; **'man·age·a·ble** [-dʒəbl] *adj.* □ **1.** lenksam, fügsam; **2.** handlich, leicht zu handhaben(d); **'man·age·a·ble·ness** [-dʒəblnɪs] *s.* **1.** Lenk-, Fügsamkeit *f*; **2.** Handlichkeit *f*; **'man·age·ment** [-mənt] *s.* **1.** (Haus-*etc.*)Verwaltung *f*; **2.** ☤ Management *n*, Unter'nehmensführung *f*: **~ consultant** Unternehmensberater *m*; → **industrial management**; **3.** ☤ Geschäftsleitung *f*, Direkti'on *f*: **under new ~** unter neuer Leitung; **labo(u)r and ~** Arbeitnehmer *pl.* u. Arbeitgeber *pl.*; **4.** ✓ Bewirtschaftung *f* (*Gut etc.*); **5.** Geschicklichkeit *f*, (kluge) Taktik; **6.** Kunstgriff *m*, Trick *m*; **7.** Handhabung *f*, Behandlung *f*; **'man·ag·er** [-dʒə] *s.* **1.** (Haus-*etc.*)Verwalter *m*; **2.** ☤ a) Manager *m*, b) Führungskraft *f*, c) Geschäftsführer *m*, Leiter *m*, Di'rektor *m*: **board of ~s** Direktorium *n*; **3.** *thea.* a) Inten'dant *m*, b) Regis'seur *m*, c) Manager *m* (*a. sport*), Impre'sario *m*; **4.** **be a good ~** gut *od.* sparsam wirtschaften können; **man·ag·er·ess** [ˌmænɪdʒə'res] *s.* **1.** (Haus- *etc.*)Verwalterin *f*; **2.** ☤ a) Managerin *f*, b) Geschäftsführerin *f*, Leiterin *f*, Direk'torin *f*; **3.** Haushälterin *f*; **man·a·ge·ri·al** [ˌmænə'dʒɪərɪəl] *adj.* geschäftsführend, Direktions…, leitend: **~ functions**; **in ~ capacity** in leitender Stellung; **~ qualities** Führungsqualitäten; **~ staff** leitende Angestellte *pl.*

man·ag·ing ['mænɪdʒɪŋ] *adj.* geschäftsführend, leitend, Betriebs…; **~ board** *s.* ☤ Direk'torium *n*; **~ clerk** *s.* ☤ **1.** Geschäftsführer *m*; **2.** Bü'rovorsteher *m*; **~ com·mit·tee** *s.* ☤ Vorstand *m*; **~ di·rec·tor** *s.* ☤ Gene'raldiˌrektor *m*, Hauptgeschäftsführer *m*.

Man·chu [ˌmæn'tʃuː] **I** *s.* **1.** Mandschu *m* (*Eingeborener der Mandschurei*); **2.** *ling.* Mandschu *n*; **II** *adj.* **3.** man'dschurisch; **Man·chu·ri·an** [mæn'tʃʊərɪən] → **Manchu** 1, 3.

man·da·mus [mæn'deɪməs] *s.* ⚖ *hist.* (*heute*: **order of ~**) Befehl *m e-s höheren Gerichts an ein untergeordnetes.*

man·da·rin¹ ['mændərɪn] *s.* **1.** *hist.* Manda'rin *m* (*chinesischer Titel*); **2.** F ‚hohes Tier' (*hoher Beamter*); **3.** ♀ *ling.* Manda'rin *n*.

man·da·rin² ['mændərɪn] *s.* ⚘ Manda'rine *f*.

man·da·tar·y ['mændətərɪ] *s.* ⚖ Manda'tar *m*: a) (Pro'zeß)Beˌvollmächtigte(r) *m*, Sachwalter *m*, b) Manda'tarstaat *m*.

man·date ['mændeɪt] **I** *s.* **1.** ⚖ a) Man'dat *n* (*a. parl.*), (Pro'zeß)ˌVollmacht *f*, b) Geschäftsbesorgungsauftrag *m*, c) Befehl *m e-s übergeordneten Gerichts*; **2.** *pol.* a) Man'dat *n* (*Schutzherrschaftsauftrag*), b) Man'dat(sgebiet) *n*; **3.** *R.C.* päpstlicher Entscheid; **II** *v/t.* **4.** *pol.* e-m Man'dat unter'stellen: **~d territory** Mandatsgebiet *n*; **man·da·tor** [mæn'deɪtə] *s.* ⚖ Man'dant *m*, Vollmachtgeber *m*; **'man·da·to·ry** [-dətərɪ] **I** *adj.* **1.** ⚖ vorschreibend, Muß…: **~ regulation** Mußvorschrift *f*; **to make s.th. ~ upon s.o.** j-m et. vorschreiben; **2.** obliga'torisch, verbindlich, zwangsweise; **II** *s.* **3.** → **mandatary**.

man·di·ble ['mændɪbl] *s. anat.* **1.** Kinnbacken *m*, -lade *f*; **2.** 'Unterkieferknochen *m*.

man·do·lin(e) ['mændəlɪn] *s.* ♪ Mando'line *f*.

man·drake ['mændreɪk] *s.* ⚘ Al'raun(e *f*) *m*; Al'raunwurzel *f*.

man·drel, *a.* **man·dril** ['mændrəl] *s.* ⚙ (Spann)Dorn *m*; (Drehbank)Spindel *f*; *für Holz*: Docke(nspindel) *f*.

mane [meɪn] *s.* Mähne *f* (*a. weitS.*).

'man-ˌeat·er *s.* **1.** Menschenfresser *m*; **2.** menschenfressendes Tier; **3.** F ‚männermordendes Wesen' (*Frau*).

maned [meɪnd] *adj.* mit Mähne; Mähnen…: **~ wolf**.

ma·nège, *a.* **ma·nege** [mæ'neɪʒ] *s.* **1.** Ma'nege *f*: a) Reitschule *f*, b) Reitbahn *f*, c) Reitkunst *f*; **2.** Gang *m*, Schule *f*; **3.** Zureiten *n*.

ma·nes ['mɑːneɪz] *s. pl.* Manen *pl.*

ma·neu·ver [mə'nu:və] *etc. Am.* → ***ma-nœuvre*** *etc.*
man·ful ['mænfʊl] *adj.* □ mannhaft, beherzt; **'man·ful·ness** [-nɪs] *s.* Mannhaftigkeit *f*; Beherztheit *f*.
man·ga·nate ['mæŋgəneɪt] *s.* ⚗ man'gansaures Salz; **man·ga·nese** [mæŋgə'ni:z] *s.* ⚗ Man'gan *n*; **man·gan·ic** [mæŋ'gænɪk] *adj.* man'ganhaltig, Mangan…
mange [meɪndʒ] *s. vet.* Räude *f*.
man·gel-wur·zel ['mæŋgl,wɜ:zl] *s.* ⚘ Mangold *m*.
man·ger ['meɪndʒə] *s.* Krippe *f* (*a. ast.* ♋); Futtertrog *m*; → ***dog*** *Redew.*
man·gle[1] ['mæŋgl] *v/t.* **1.** zerfleischen, -fetzen, -stückeln; **2.** *fig.* *Text* verstümmeln.
man·gle[2] ['mæŋgl] **I** *s.* (Wäsche)Mangel *f*; **II** *v/t.* mangeln.
man·gler ['mæŋglə] *s.* Fleischwolf *m*.
man·go ['mæŋgəʊ] *pl.* **-goes** [-z] *s.* Mango *f* (*Frucht*); Mangobaum *m*.
man·grove ['mæŋgrəʊv] *s.* ⚘ Man'grove(nbaum *m*) *f*.
man·gy ['meɪndʒɪ] *adj.* □ **1.** *vet.* krätzig, räudig; **2.** *fig.* a) eklig, b) schäbig.
'man,han·dle *v/t.* **1.** F miß'handeln; **2.** mit Menschenkraft bewegen *od.* befördern *od.* meistern.
'man·hole *s.* ⚙ Mann-, Einsteigloch *n*; (Straßen)Schacht *m*.
man·hood ['mænhʊd] *s.* **1.** Menschentum *n*; **2.** Mannesalter *n*; **3.** Männlichkeit *f*; **4.** Mannhaftigkeit *f*; **5.** *coll.* die Männer *pl*.
'man|-,hour *s.* Arbeitsstunde *f*; **'~hunt** *s.* Großfahndung *f*.
ma·ni·a ['meɪnjə] *s.* **1.** ⚕ Ma'nie *f*, Wahn(sinn) *m*, Besessensein *n*: ***religious ~*** religiöses Irresein; **2.** *fig.* (***for***) Sucht *f* (nach), Leidenschaft *f* (für), Ma'nie *f*, ‚Fimmel' *m*: ***collector's ~*** Sammlerwut *f*; ***sport ~*** ‚Sportfimmel'; **ma·ni·ac** ['meɪnɪæk] **I** *s.* Wahnsinnige(r *m*) *f*, Verrückte(r *m*) *f*; **II** *adj.* wahnsinnig, verrückt, irr(e); **ma·ni·a·cal** [mə'naɪəkl] *adj.* □ → ***maniac*** II.
ma·nic ['mænɪk] *psych.* **I** *adj.* manisch: ***~-depressive*** manisch-depressiv(e Person); **II** *s.* manische Per'son.
man·i·cure ['mænɪ,kjʊə] **I** *s.* Mani'küre *f*: a) Hand-, Nagelpflege *f*, b) Hand-, Nagelpflegerin *f*; **II** *v/t. u. v/i.* mani'küren; **'man·i,cur·ist** [-ərɪst] *s.* Mani'küre *f* (*Person*).
man·i·fest ['mænɪfest] **I** *adj.* □ **1.** offenbar-, -kundig, augenscheinlich, mani'fest (*a.* ⚕); **II** *v/t.* **2.** offen'baren, bekunden, kundtun, manifestieren; **3.** be-, erweisen; **III** *v/i.* **4.** *pol.* Kundgebungen veranstalten; **5.** erscheinen (*Geister*); **IV** *s.* **6.** ⚓ Ladungsverzeichnis *n*; **7.** ✝ ('Schiffs)Mani,fest *n*, *bsd. Am.* ✈ Passa'gierliste *f*; **man·i·fes·ta·tion** [,mænɪfe'steɪʃn] *s.* **1.** Offen'barung *f*, Äußerung *f*, Manifestati'on *f*; **2.** (deutliches) Anzeichen, Sym'ptom *n*: ***~ of life*** Lebensäußerung *f*; **3.** *pol.* Demonstrati'on *f*; **4.** Erscheinen *n e-s Geistes*; **man·i·fes·to** [,mænɪ'festəʊ] *s.* Mani'fest *n*: a) öffentliche Erklärung, b) *pol.* Grundsatzerklärung *f*, (Par'tei-, 'Wahl)Pro,gramm *n*.
man·i·fold ['mænɪfəʊld] **I** *adj.* □ **1.** mannigfaltig, vielfach, -fältig; **2.** ⚙ Mehr(fach)…, Mehrzweck…; **II** *s.* **3.** ⚙ a) Sammelleitung *f*, b) Rohrverzweigung *f*: ***intake ~*** *mot.* Einlaßkrümmer *m*; **4.** Ko'pie *f*, Abzug *m*; **III** *v/t.* **5.** *Text* vervielfältigen, hektographieren; **~ pa·per** *s.* 'Manifold-Pa,pier *n* (*festes Durchschlagpapier*); **~ plug** *s.* ϟ Vielfachstecker *m*; **~ writ·er** *s.* Ver'vielfältigungsappa,rat *m*.
man·i·kin ['mænɪkɪn] *s.* **1.** Männchen *n*, Knirps *m*; **2.** Glieder-, Schaufensterpuppe *f*, ('Anpro,bier)Mo,dell *n*; **3.** ⚕ ana'tomisches Mo'dell, Phan'tom *n*; **4.** → ***mannequin*** 1.
Ma·nil·(l)a [mə'nɪlə] *s. abbr. für* a) ***~ cheroot***, b) ***~ hemp***, c) ***~ paper***; **~ che·root** *s.* Ma'nilazi,garre *f*; **~ hemp** *s.* Ma'nilahanf *m*; **~ pa·per** *s.* Ma'nilapa,pier *n*.
ma·nip·u·late [mə'nɪpjʊleɪt] **I** *v/t.* **1.** manipulieren, (künstlich) beeinflussen: ***~ prices***; **2.** (geschickt) handhaben; ⚙ bedienen; **3.** *j-n od. et.* manipulieren *od.* geschickt behandeln; **4.** *et.* ‚deichseln', ‚schaukeln'; **5.** *Konten etc.* ‚frisieren'; **II** *v/i.* **6.** manipulieren; **ma·nip·u·la·tion** [mə,nɪpjʊ'leɪʃn] *s.* **1.** Manipulati'on *f*: ***~ of currency***; **2.** (Kunst)Griff *m*, Verfahren *n*; **3.** *b.s.* Machenschaft *f*, Manipulati'on *f*; **ma'nip·u·la·tive** [-lətɪv] → ***manipulatory***; **ma'nip·u·la·tor** [-tə] *s.* **1.** (geschickter) Handhaber; **2.** Drahtzieher *m*, Manipulierer *m*; **ma'nip·u·la·to·ry** [-lətərɪ] *adj.* **1.** durch Manipulati'on her'beigeführt; **2.** manipulierend; **3.** Handhabungs…
man·kind [mæn'kaɪnd] *s.* **1.** die Menschheit; **2.** *coll.* die Menschen *pl.*, der Mensch; **3.** ['mænkaɪnd] *coll.* die Männer *pl.*
'man·like *adj.* **1.** menschenähnlich; **2.** wie ein Mann, männlich; **3.** → ***mannish***.
man·li·ness ['mænlɪnɪs] *s.* **1.** Männlichkeit *f*; **2.** Mannhaftigkeit *f*; **man·ly** ['mænlɪ] *adj.* **1.** männlich; **2.** mannhaft; **3.** Mannes…: ***~ sports*** Männersport *m*.
'man-made *adj.* Kunst…, künstlich: ***~ satellite***; ***~ fibre*** (*Am.* ***fiber***) ⚙ Kunstfaser *f*.
man·na ['mænə] *s. bibl.* Manna *n*, *f* (*a.* ⚘ *u. fig.*).
man·ne·quin ['mænɪkɪn] *s.* **1.** Mannequin *n*: ***~ parade*** Mode(n)schau *f*; **2.** → ***manikin*** 2.
man·ner ['mænə] *s.* **1.** Art *f* (und Weise *f*) (*et. zu tun*): ***after*** (*od.* ***in***) ***this ~*** auf diese Art *od.* Weise, so: ***in such a ~*** (***that***) so *od.* derart (, daß); ***in what ~?*** wie?; ***adverb of ~*** *ling.* Umstandswort der Art u. Weise, Modaladverb *n*; ***in a ~*** auf e-e Art, gewissermaßen; ***in a ~ of speaking*** sozusagen; ***all ~ of things*** alles mögliche; ***no ~ of doubt*** gar kein Zweifel; ***by no ~ of means*** in keiner Weise; **2.** Art *f*, Betragen *n*, Auftreten *n*, Verhalten *n* (***to*** zu): ***I don't like his ~*** ich mag s-e Art nicht; ***to the ~ born*** hineingeboren (*in bestimmte Verhältnisse*), von Kind auf damit vertraut; ***as to the ~ born*** wie selbstverständlich, als ob er *etc.* es immer so getan hätte; **3.** *pl.* Benehmen *n*, 'Umgangsformen *pl.*, Ma'nieren *pl.*: ***bad*** (***good***) ***~s***; ***we shall teach them ~s*** ‚wir werden sie Mores lehren'; ***it is bad ~s*** es gehört sich nicht; **4.** *pl.* Sitten *pl.* (u. Gebräuche *pl.*); **5.** *paint. etc.* Stil(art *f*) *m*, Ma'nier *f*; **'man·nered** [-əd] *adj.* **1.** *mst in Zssgn* gesittet, geartet: ***ill-~*** von schlechtem Benehmen, ungezogen; **2.** gekünstelt, manie'riert; **'man·ner·ism** [-ərɪzəm] *s.* **1.** *Kunst etc.*: Manie'rismus *m*, Künste'lei *f*; **2.** Manie'riertheit *f*, Gehabe *n*; **3.** eigenartige Wendung (*in der Rede etc.*); **'man·ner·li·ness** [-əlɪnɪs] *s.* gutes Benehmen, Ma'nierlichkeit *f*; **'man·ner·ly** [-əlɪ] *adj.* ma'nierlich, gesittet.
man·ni·kin → ***manikin***.
man·nish ['mænɪʃ] *adj.* masku'lin, unweiblich.
ma·nœu·vra·ble [mə'nu:vrəbl] *adj.* **1.** ⚔ manövrierfähig; **2.** ⚙ lenk-, steuerbar; *weitS.* (*a. fig.*) wendig, beweglich; **ma·nœu·vre** [mə'nu:və] **I** *s.* **1.** ⚔, ⚓ Ma'növer *n*: a) taktische Bewegung, b) Truppen-, ⚓ Flottenübung *f*, ✈ 'Luftma,növer *n*; **2.** *fig.* Ma'növer *n*, Schachzug *m*, List *f*; **II** *v/t. u. v/i.* **3.** manövrieren (*a. fig.*): ***~ s.o. into s.th.*** j-n in et. hineinmanövrieren; **ma'nœu·vrer** [-vərə] *s. fig.* **1.** (schlauer) Taktiker; **2.** Intri'gant *m*.
man-of-war [,mænəv'wɔ:], *pl.* **,men-of-'war** [,men-] *s.* ⚓ Kriegsschiff *n*.
ma·nom·e·ter [mə'nɒmɪtə] *s.* ⚙ Mano'meter *n*, Druckmesser *m*.
man·or ['mænə] *s.* **1.** Ritter-, Landgut *n*: ***lord*** (***lady***) ***of the ~*** Gutsherr(in); **2.** *a.* ***~ house*** Herrenhaus *n*; **ma·no·ri·al** [mə'nɔ:rɪəl] *adj.* herrschaftlich, (Ritter-)Guts…, Herrschafts…
man·qué(e *f*) *m* ['mɑ̃:ŋkeɪ] (*Fr.*) *adj.* verhindert, ‚verkracht': ***a poet manqué***.
'man,pow·er *s.* **1.** menschliche Arbeitskraft *od.* -leistung; **2.** 'Menschenpoten-ti,al *n*: *bsd.* a) Kriegsstärke *f* (*e-s Volkes*), b) (verfügbare) Arbeitskräfte *pl.*
man·sard ['mænsɑ:d] *s.* **1.** *a.* ***~ roof*** Man'sardendach *n*; **2.** Man'sarde *f*.
'man,serv·ant *pl.* **'men,serv·ants** *s.* Diener *m*.
man·sion ['mænʃn] *s.* **1.** (herrschaftliches) Wohnhaus, Villa *f*; **2.** *bsd. pl. Brit.* (großes) Mietshaus; **~ house** *s. Brit.* **1.** Herrenhaus *n*, -sitz *m*; **2. *the*** ♋ *Amtssitz des* ***Lord Mayor*** *von London.*
'man,slaugh·ter *s.* ⚖ Totschlag *m*, Körperverletzung *f* mit Todesfolge: ***involuntary ~*** fahrlässige Tötung; ***voluntary ~*** Totschlag im Affekt.
man·tel ['mæntl] *abbr. für* a) ***mantelpiece***, b) ***mantelshelf***; **'~·piece** *s.* **1.** Ka'mineinfassung *f*, -mantel *m*; **2.** → **'~·shelf** *s.* Ka'minsims *m*, *n*.
man·tis ['mæntɪs] *pl.* **-tis·es** *s. zo.* Gottesanbeterin *f* (*Heuschrecke*).
man·tle ['mæntl] **I** *s.* **1.** Mantel *m* (*a. zo.*), (ärmelloser) 'Umhang; **2.** *fig.* (Schutz-, Deck)Mantel *m*, Hülle *f*; **3.** ⚙ Mantel *m*; (Glüh)Strumpf *m*; **4.** *Gußtechnik*: Formmantel *m*; **II** *v/i.* **5.** sich über'ziehen (***with*** mit); sich röten (*Gesicht*); **III** *v/t.* **6.** über'ziehen; **7.** verhüllen (*a. fig. bemänteln*).
,man-to-'man *adj.* von Mann zu Mann: ***a ~ talk***.
'man·trap *s.* **1.** Fußangel *f*; **2.** *fig.* Falle *f*.
man·u·al ['mænjʊəl] **I** *adj.* □ **1.** mit der Hand, Hand…, manu'ell: ***~ alphabet*** Fingeralphabet *n*; ***~ exercises*** ⚔ Grif-

feüben *n*; ~ ***labo(u)r*** Handarbeit *f*; ~ ***training*** *ped.* Werkunterricht *m*; ~***ly operated*** ⚙ mit Handbetrieb, handgesteuert; **2.** handschriftlich: ~ ***bookkeeping***; **II** *s.* **3.** a) Handbuch *n*, Leitfaden *m*: (***instruction***) ~ Bedienungsanleitung(en *pl.*) *f*, b) ⚔ Dienstvorschrift *f*; **4.** ♪ Manu'al *n* (*Orgel etc.*).

man·u·fac·to·ry [ˌmænjʊ'fæktərɪ] *s. obs.* Fa'brik *f*.

man·u·fac·ture [ˌmænjʊ'fæktʃə] **I** *s.* **1.** Fertigung *f*, Erzeugung *f*, Herstellung *f*, Fabrikati'on *f*: ***year of*** ~ Herstellungs-, Baujahr *n*; **2.** Erzeugnis *n*, Fabri'kat *n*; **3.** Indu'strie(zweig *m*) *f*; **II** *v/t.* **4.** verfertigen, erzeugen, herstellen, fabrizieren (*a. fig. Beweismittel etc.*): ~***d goods*** Fabrik-, Fertig-, Manufakturwaren; **5.** verarbeiten (***into*** zu); ˌ**man·u'fac·tur·er** [-tʃərə] *s.* **1.** Hersteller *m*, Erzeuger *m*; **2.** Fabri'kant *m*; ˌ**man·u'fac·tur·ing** [-tʃərɪŋ] *adj.* **1.** Herstellungs..., Produktions...: ~ ***cost*** Herstellungskosten *pl.*; ~ ***efficiency*** Produktionsleistung *f*; ~ ***industries*** Fertigungsindustrien; ~ ***plant*** Fabrikationsbetrieb *m*; ~ ***process*** Herstellungsverfahren *n*; **2.** Industrie..., Fabrik..., Gewerbe...

ma·nure [mə'njʊə] **I** *s.* **1.** Dünger *m*; **2.** Dung *m*: ***liquid*** ~ (Dung)Jauche *f*; **II** *v/t.* **3.** düngen.

man·u·script ['mænjʊskrɪpt] **I** *s.* Manu'skript *n*: a) Handschrift *f* (*alte Urkunde etc.*), b) Urschrift *f* (*e-s Autors*), c) *typ.* Satzvorlage *f*; **II** *adj.* Manuskript..., handschriftlich.

man·y ['menɪ] **I** *adj.* **1.** viele, viel: ~ ***times*** oft; ***as*** ~ ebensoviel(e); ***as*** ~ ***again*** doppelt soviel(e); ***as*** ~ ***as forty*** (nicht weniger als) vierzig; ***one too*** ~ einer zuviel; ***be one too*** ~ ***for*** F *j-m* ‚über' sein; ***they behaved like so*** ~ ***children*** sie benahmen sich wie (die) Kinder; **2.** ~ ***a*** manch, manch ein: ~ ***a man*** manch einer; ~ ***a time*** des öfteren; **II** *s.* **3.** viele: ***the*** ~ *pl. konstr.* die (große) Masse; ~ ***of us*** viele von uns; ***a good*** ~ ziemlich viel(e); ***a great*** ~ sehr viele; ~**-sid·ed** [ˌmenɪ'saɪdɪd] *adj.* vielseitig (*a. fig.*); *fig.* vielschichtig (*Problem etc.*); ~**-sid·ed·ness** [ˌmenɪ'saɪdɪdnɪs] *s.* **1.** Vielseitigkeit *f* (*a. fig.*); **2.** *fig.* Vielschichtigkeit *f*.

Mao·ism ['maʊɪzəm] *s.* Mao'ismus *m*; '**Mao·ist** [-ɪst] **I** *s.* Mao'ist(in); **II** *adj.* mao'istisch.

map [mæp] **I** *s.* **1.** (Land- *etc.*, *a.* Himmels)Karte *f*: ~ ***of the city*** Stadtplan *m*; ***by*** ~ nach der Karte; ***off the*** ~ F a) abgelegen, ‚hinter dem Mond' (gelegen), b) bedeutungslos; ***on the*** ~ F a) (noch) da *od.* vorhanden, b) beachtenswert; ***put on the*** ~ *fig. Stadt etc.* bekannt machen, Geltung verschaffen (*dat.*); **2.** *sl.* ‚Vi'sage' *f*, ‚Fresse' *f* (*Gesicht*); **II** *v/t.* **3.** e-e Karte machen von, karto'graphisch darstellen; **4.** *Gebiet* karto'graphisch erfassen; **5.** auf e-r Karte eintragen; **6.** ~ ***out*** *fig.* (vor'aus-)planen, ausarbeiten, *s-e Zeit* einteilen; ~ ***case*** *s.* Kartentasche *f*; ~ ***ex·er·cise*** *s.* ⚔ Planspiel *n*.

ma·ple ['meɪpl] **I** *s.* **1.** ⚘ Ahorn *m*; **2.** Ahornholz *n*; **II** *adj.* **3.** aus Ahorn(-holz), Ahorn...; ~ ***sug·ar*** *s.* Ahornzucker *m*.

map·per ['mæpə] *s.* Karto'graph *m*.

ma·quis ['mæki:] *pl.* **-quis** [-ki:] *s.* **1.** ⚘ Macchia *f*; **2.** a) Ma'quis *m*, fran'zösische 'Widerstandsbewegung (*im 2. Weltkrieg*), b) Maqui'sard *m*, (fran'zösischer) 'Widerstandskämpfer.

mar [mɑ:] *v/t.* **1.** (be)schädigen: ~**-*resistant*** ⚙ kratzfest; **2.** ruinieren; **3.** *fig. Pläne etc.* stören, beeinträchtigen; *Schönheit, Spaß* verderben.

mar·a·bou ['mærəbu:] *s. orn.* Marabu *m*.

mar·a·schi·no [ˌmærə'ski:nəʊ] *s.* Mara'schino(liˌkör) *m*.

mar·a·thon ['mærəθn] **I** *s. sport* **1.** *a.* ~ ***race*** Marathonlauf *m*; **2.** *fig.* Dauerwettkampf *m*; **II** *adj.* **3.** *sport* Marathon...: ~ ***runner***; **4.** *fig.* Marathon..., Dauer...: ~ ***session***.

ma·raud [mə'rɔ:d] ⚔ **I** *v/i.* plündern; **II** *v/t.* verheeren, (aus)plündern; **ma'raud·er** [-də] *s.* Plünderer *m*.

mar·ble ['mɑ:bl] **I** *s.* **1.** *min.* Marmor *m*: ***artificial*** ~ Gipsmarmor, Stuck *m*; **2.** Marmorstatue *f*, -bildwerk *n*; **3.** a) Murmel(kugel) *f*, b) *pl. sg. konstr.* Murmelspiel *n*: ***play*** ~***s*** (mit) Murmeln spielen; ***he's lost his*** ~***s*** *Brit. sl.* ‚er hat nicht mehr alle'; **4.** marmorierter Buchschnitt; **II** *adj.* **5.** marmorn, aus Marmor; **6.** marmoriert, gesprenkelt; **7.** *fig.* steinern, gefühllos; **III** *v/t.* **8.** marmorieren, sprenkeln: ~***d meat*** durchwachsenes Fleisch.

mar·cel [mɑ:'sel] **I** *v/t. Haar* ondulieren; **II** *s. a.* ~ ***wave*** Ondulati'on(swelle) *f*.

march[1] [mɑ:tʃ] **I** *v/i.* **1.** ⚔ *etc.* marschieren, ziehen: ~ ***off*** abrücken; ~ ***past*** (***s.o.***) (an j-m) vorbeiziehen *od.* -marschieren; ~ ***up*** anrücken; **2.** *fig.* fortschreiten; Fortschritte machen; **II** *v/t.* **3.** *Strecke* marschieren, zu'rücklegen; **4.** marschieren lassen: ~ ***off prisoners*** Gefangene abführen; **III** *s.* **5.** ⚔ Marsch *m* (*a.* ♪): ***slow*** ~ langsamer Parademarsch; ~ ***order*** *Am.* Marschbefehl *m*; **6.** Marsch(strecke *f*) *m*: ***a day's*** ~ ein Tagemarsch; **7.** ⚔ Vormarsch *m* (***on*** auf *acc.*); **8.** *fig.* (Ab-)Lauf *m*, (Fort)Gang *m*: ***the*** ~ ***of events***; **9.** *fig.* Fortschritt *m*: ***the*** ~ ***of progress*** die fortschrittliche Entwicklung; **10.** ***steal a*** ~ (***up***)***on s.o.*** j-m ein Schnippchen schlagen, j-m zuvorkommen.

march[2] [mɑ:tʃ] **I** *s.* **1.** *hist.* Mark *f*; **2.** a) *mst pl.* Grenzgebiet *n*, -land *n*, b) Grenze *f*; **II** *v/i.* **3.** grenzen (***upon*** an *acc.*); **4.** e-e gemeinsame Grenze haben (***with*** mit).

March[3] [mɑ:tʃ] *s.* März *m*: ***in*** ~ im März; ***as mad as a*** ~ ***hare*** F total übergeschnappt.

march·ing ['mɑ:tʃɪŋ] *adj.* ⚔ Marsch..., marschierend: ~ ***order*** a) Marschausrüstung *f*, b) Marschordnung *f*; ***in heavy*** ~ ***order*** feldmarschmäßig; ~ ***orders*** *Brit.* Marschbefehl *m*; ***he got his*** ~ ***orders*** F er bekam den ‚Laufpaß'.

mar·chion·ess ['mɑ:ʃənɪs] *s.* Mar'quise *f*, Markgräfin *f*.

march·pane ['mɑ:tʃpeɪn] *s. obs.* Marzi'pan *n*.

Mar·di Gras [ˌmɑ:dɪ'grɑ:] (*Fr.*) *s.* Fastnacht(sdienstag *m*) *f*.

mare [meə] *s.* Stute *f*: ***the grey*** ~ ***is the better horse*** *fig.* die Frau ist der Herr im Hause; ~***'s nest*** *fig.* a), Windei' *n*, *a.* (Zeitungs)Ente *f*, b) ‚Saustall' *m*.

mar·ga·rine [ˌmɑ:dʒə'ri:n] *s.* Marga'rine *f*.

marge [mɑ:dʒ] *s. Brit.* F Marga'rine *f*.

mar·gin ['mɑ:dʒɪn] **I** *s.* **1.** Rand *m* (*a. fig.*); **2.** *a. pl.* (Seiten)Rand *m* (*bei Büchern etc.*): ***as per*** ~ ✝ wie nebenstehend; **3.** Grenze *f* (*a. fig.*): ~ ***of income*** Einkommensgrenze; **4.** Spielraum *m*: ***leave a*** ~ Spielraum lassen; **5.** *fig.* 'Überschuß *m*, (*ein*) Mehr *n* (*an Zeit, Geld etc.*): ***safety*** ~ Sicherheitsfaktor *m*; ***by a narrow*** ~ mit knapper Not; **6.** *mst* ***profit*** ~ ✝ (Gewinn-, Verdienst-)Spanne *f*, Marge *f*, Handelsspanne *f*: ***interest*** ~ Zinsgefälle *n*; **7.** ✝, *Börse*: Hinter'legungssumme *f*, Deckung *f* (*von Kursschwankungen*), Marge *f*: ~ ***business*** *Am.* Effektendifferenzgeschäft *n*; **8.** ✝ Rentabili'tätsgrenze *f*; **9.** *sport* (***by a*** ~ ***of four seconds*** mit vier Sekunden) Abstand *m od.* Vorsprung *m*; **II** *v/t.* **10.** mit Rand(bemerkungen) versehen; **11.** an den Rand schreiben; **12.** ✝ *durch Hinterlegung* decken; '**mar·gin·al** [-nl] *adj.* ☐ **1.** am *od.* auf dem Rand, Rand...: ~ ***note*** Randbemerkung *f*; ~ ***release*** a) Randauslösung *f*, b) Randlöser *m* (*der Schreibmaschine*); **2.** am Rande, Grenz... (*a. fig.*); **3.** *fig.* Mindest...: ~ ***capacity***; **4.** ✝ a) zum Selbstkostenpreis, b) knapp über der Rentabili'tätsgrenze (liegend), Grenz...: ~ ***cost*** Grenz-, Mindestkosten *pl.*; ~ ***sales*** Verkäufe zum Selbstkostenpreis; **mar·gi·na·li·a** [ˌmɑ:dʒɪ'neɪljə] *s. pl.* Margi'nalien *pl.*, Randbemerkungen *pl.*; '**mar·gin·al·ly** [-nəlɪ] *adv. fig.* **1.** geringfügig; **2.** (nur) am Rande.

mar·grave ['mɑ:greɪv] *s. hist.* Markgraf *m*; **mar·gra·vi·ate** [mɑ:'greɪvɪət] *s.* Markgrafschaft *f*; '**mar·gra·vine** [-grəvi:n] *s.* Markgräfin *f*.

mar·gue·rite [ˌmɑ:gə'ri:t] *s.* ⚘ **1.** Marge'rite *f*; **2.** Gänseblümchen *n*.

mar·i·gold ['mærɪgəʊld] *s.* ⚘ Ringelblume *f*; Stu'dentenblume *f*.

mar·i·jua·na, *a.* **mar·i·hua·na** [ˌmærɪ'hwɑ:nə] *s.* **1.** ⚘ Marihu'anahanf *m*; **2.** Marihu'ana *n* (*Droge*).

mar·i·nade [ˌmærɪ'neɪd] *s.* **1.** Mari'nade *f*; **2.** marinierter Fisch; **mar·i·nate** ['mærɪneɪt] *v/t. Fisch* marinieren.

ma·rine [mə'ri:n] **I** *adj.* **1.** See...: ~ ***warfare***; ~ ***court*** *Am.* ⚖ Seegericht *n*; ~ ***insurance*** See(transport)versicherung *f*; **2.** Meeres...: ~ ***plants***; **3.** Schiffs...; **4.** Marine...: ♀ ***Corps*** *Am.* ⚔ Marineinfanteriekorps *n*; **II** *s.* **5.** Ma'rine *f*: ***mercantile*** ~ Handelsmarine; **6.** ⚔ Ma'rineinfanteˌrist *m*: ***tell that to the*** ~***s!*** F das kannst du deiner Großmutter erzählen!; **7.** *paint.* Seestück *n*.

mar·i·ner ['mærɪnə] *s. poet. od.* ⚖ Seemann *m*, Ma'trose *m*: ***master*** ~ Kapitän *m* e-s Handelsschiffs.

Mar·i·ol·a·try [ˌmeərɪ'ɒlətrɪ] *s.* Ma'rienkult *m*, -verehrung *f*.

mar·i·o·nette [ˌmærɪə'net] *s.* Mario'nette *f* (*a. fig.*).

mar·i·tal ['mærɪtl] *adj.* ☐ ehelich, Ehe..., Gatten...: ~ ***partners*** Ehegatten; ~ ***relations*** eheliche Beziehungen; ~ ***status*** ⚖ Familienstand *m*; ***disruption of*** ~ ***relations*** Zerrüttung *f* der

Ehe.

mar·i·time [ˈmærɪtaɪm] *adj.* **1.** See…, Schiffahrts…: ~ ***court*** Seeamt *n*; ~ ***insurance*** Seeversicherung *f*; ~ ***law*** Seerecht *n*; **2.** a) seefahrend, Seemanns…, b) Seehandel (be)treibend; **3.** an der See liegend *od.* lebend, Küsten…; **4.** *zo.* an der Küste lebend, Strand…; ⁂ **Com·mis·sion** *s. Am. Oberste Handelsschiffahrtsbehörde der USA*; ~ **ter·ri·to·ry** *s.* ⚖ Seehoheitsgebiet *n*.

mar·jo·ram [ˈmɑːdʒərəm] *s.* ⚘ Majoran *m*.

mark¹ [mɑːk] **I** *s.* **1.** Markierung *f*, Marke *f*, Mal *n*; *engS.* Fleck *m*: ***adjusting*** ~ ⚙ Einstellmarke; **2.** *fig.* Zeichen *n*: ~ ***of confidence*** Vertrauensbeweis *m*; ~ ***of respect*** Zeichen der Hochachtung; **3.** (Kenn)Zeichen *n*, (Merk)Mal *n*; *zo.* Kennung *f*: ***distinctive*** ~ Kennzeichen; **4.** (Schrift-, Satz)Zeichen *n*: ***question*** ~ Fragezeichen; **5.** (An)Zeichen *n*: ***a ~ of great carelessness***; **6.** (Eigentums)Zeichen *n*, Brandmal *n*; **7.** Strieme *f*, Schwiele *f*; **8.** Narbe *f* (*a.* ⚙); **9.** Kerbe *f*, Einschnitt *m*; **10.** Kreuz *n als Unterschrift*; **11.** Ziel(scheibe *f*; *a. fig.*) *n*: ***wide of*** (*od.* ***beside***) ***the ~*** *fig.* a) fehl am Platz, nicht zur Sache gehörig, b) ‚fehlgeschossen'; ***you are quite off*** (*od.* ***wide of***) ***the ~*** *fig.* Sie irren sich gewaltig; ***hit the ~*** (ins Schwarze) treffen; ***miss the ~*** a) fehl-, vorbeischießen, b) sein Ziel *od.* s-n Zweck verfehlen, ‚danebenhauen'; **12.** *fig.* Norm *f*: ***below the ~*** unterdurchschnittlich, nicht auf der Höhe; ***up to the ~*** a) der Sache gewachsen, b) den Erwartungen entsprechend, c) *gesundheitlich etc.* auf der Höhe; ***within the ~*** innerhalb der erlaubten Grenzen, berechtigt (***in doing*** zu tun); ***overshoot the ~*** über das Ziel hinausschießen, zu weit gehen; **13.** (aufgeprägter) Stempel, Gepräge *n*; **14.** Spur *f* (*a. fig.*): ***leave one's ~ upon*** a) s-n Stempel aufdrücken (*dat.*), b) bei *j-m* s-e Spuren hinterlassen; ***make one's ~*** sich e-n Namen machen (***in*** in *dat.*, ***upon*** bei), Vorzügliches leisten; **15.** *fig.* Bedeutung *f*, Rang *m*: ***a man of ~*** e-e markante Persönlichkeit; **16.** † a) (Waren)Zeichen *n*, Faˈbrik-, Schutzmarke *f*, (Handels)Marke *f*, b) Preisangabe *f*; **17.** ⚔ *Brit.* Moˈdell *n*, Type *f* (*Panzerwagen etc.*); **18.** (Schul-)Note *f*, Zenˈsur *f*: ***obtain full ~s*** in allen Punkten voll bestehen; ***give s.o. full ~s*** (***for***) *fig.* j-m höchstes Lob spenden (für); ***bad ~*** Note für schlechtes Benehmen; ***bad ~s*** (ein) schlechtes Zeugnis; **19.** *sport* a) *Fußball etc.*: (Strafstoß-)Marke *f*, b) *Laufsport*: Startlinie *f*, c) *Boxen*: *sl.* Magengrube *f*: ***on your ~s!*** auf die Plätze!; ***get off the ~*** starten; **20.** ***not my ~*** *sl.* nicht mein Geschmack, nicht das Richtige für mich; **21.** *sl.* ‚Gimpel' *m*, leichtes Opfer: ***be an easy ~*** leicht ‚reinzulegen' sein; **22.** *hist.* a) Mark *f* (*Grenzgebiet*), b) Allˈmende *f*; **II** *v/t.* **23.** markieren (*a.* ⚔), (*a. fig. j-n, et., ein Zeitalter*) kennzeichnen; bezeichnen; *Wäsche* zeichnen; † *Waren* auszeichnen, *Preis* festsetzen; *Temperatur etc.* anzeigen; *fig.* ein Zeichen sein für: ***to ~ the occasion*** aus diesem Anlaß, zur Feier des Tages; ***the day was ~ed by heavy fighting*** der Tag stand im Zeichen schwerer Kämpfe; → ***time*** 18; **24.** brandmarken; **25.** Spuren hinterˈlassen auf (*dat.*); **26.** zeigen, zum Ausdruck bringen; **27.** be-, vermerken, achtgeben auf (*acc.*), sich merken; **28.** *ped. Arbeiten* zensieren; **29.** bestimmen (***for*** für); **30.** *sport* a) *Gegenspieler* decken, markieren, b) *Punkte etc.* notieren; **III** *v/i.* **31.** achtgeben, aufpassen: ***~!*** Achtung!; ***~ you*** wohlgemerkt; ~ **down** *v/t.* **1.** † (*im Preis*) herˈabsetzen; **2.** bestimmen, vormerken (***for*** für, zu); ~ **off** *v/t.* **1.** abgrenzen, -stecken; **2.** *auf e-r Liste* abhaken; **3.** *fig.* (ab)trennen; **4.** ⩓ *Strecke* ab-, auftragen; ~ **out** *v/t.* **1.** bestimmen, ausersehen (***for*** für, zu); **2.** abgrenzen, (*durch Striche etc.*) bezeichnen, markieren; ~ **up** *v/t.* † **1.** (*im Preis etc.*) hinˈauf-, herˈaufsetzen; **2.** *Diskontsatz etc.* erhöhen.

mark² [mɑːk] *s.* † **1.** (deutsche) Mark: ***blocked ~*** Sperrmark; **2.** *hist.* Mark *f* (*Münze, Goldgewicht*).

Mark³ [mɑːk] *npr. u. s. bibl.* ˈMarkus (-evanˌgelium *n*) *m*.

ˈmark·down *s.* † niedrigere Auszeichnung (*e-r Ware*), Preissenkung *f*.

marked [mɑːkt] *adj.* □ **1.** markiert, gekennzeichnet, mit e-r Aufschrift versehen; **2.** † bestätigt (*Am.* gekennzeichnet) (*Scheck*); **3.** marˈkant, ausgeprägt; **4.** deutlich, merklich: ~ ***progress***; **5.** auffällig, ostentaˈtiv: ~ ***indifference***; **6.** gezeichnet: ***a face ~ with smallpox*** ein pockennarbiges Gesicht; ***a ~ man*** *fig.* ein Gezeichneter; **ˈmark·ed·ly** [-kɪdlɪ] *adv.* deutlich, ausgesprochen.

mark·er [ˈmɑːkə] *s.* **1.** Anschreiber *m*; *Billard*: Marˈkör *m*; **2.** ⚔ a) Anzeiger *m* (*beim Schießstand*), b) Flügelmann *m*; **3.** a) Kennzeichen *n*, b) (Weg- *etc.*) Markierung *f*; **4.** Lesezeichen *n*; **5.** *Am.* a) Straßenschild *n*, b) Gedenktafel *f*; **6.** ✈ a) Sichtzeichen *n*: ~ ***panel*** Fliegertuch *n*, b) Leuchtbombe *f*.

mar·ket [ˈmɑːkɪt] † **I** *s.* **1.** Markt *m* (*Handel*): ***be in the ~ for*** Bedarf haben an (*a. fig.*); ***come into the ~*** (zum Verkauf) angeboten werden, auf den Markt kommen; ***place*** (*od.* ***put***) ***on the ~*** → 11; ***sale in the open ~*** freihändiger Verkauf; **2.** *Börse*: Markt *m*: ***railway ~*** Markt für Eisenbahnwerte; **3.** (*a.* Geld)Markt *m*, Börse *f*, Handelsverkehr *m*: ***active*** (***dull***) ~ lebhafter (lustloser) Markt; ***play the ~*** an der Börse spekulieren; **4.** a) Marktpreis *m*, b) Marktpreise *pl.*: ***the ~ is low*** (***rising***); ***at the ~*** zum Marktpreis, *Börse*: zum ‚Bestens'-Preis; **5.** Markt(platz) *m*, Handelsplatz *m*: ***in the ~*** auf dem Markt; (***covered***) ~ Markthalle *f*; **6.** *Am.* (Lebensmittel)Geschäft *n*: ***meat ~***; **7.** (Wochen- *od.* Jahr)Markt *m*; **8.** Markt *m* (*Absatzgebiet*): ***hold the ~*** a) den Markt beherrschen, b) (durch Kauf *od.* Verkauf) die Preise halten; **9.** Absatz *m*, Verkauf *m*, Markt *m*: ***find a ~*** Absatz finden (*Ware*); ***find a ~ for*** *et.* an den Mann bringen; ***meet with a ready ~*** schnellen Absatz finden; **10.** (***for***) Nachfrage *f* (nach), Bedarf *m* (an *dat.*); **II** *v/t.* **11.** auf den Markt bringen; vertreiben; **III** *v/i.* **12.** einkaufen; auf dem Markt handeln; Märkte besuchen; **IV** *adj.* **13.** Markt…: ~ ***day***; **14.** Börsen…; **15.** Kurs…: ~ ***profit***; **ˈmar·ket·a·ble** [-təbl] *adj.* marktfähig, -gängig; börsenfähig.

mar·ket| a·nal·y·sis *s.* † ˈMarktanaˌlyse *f*; ~ **con·di·tion** *s.* † Marktlage *f*, Konjunkˈtur *f*; ~ **e·con·o·my** *s.* † (***free ~, social ~*** freie, soziˈale) Marktwirtschaft; ~ **fluc·tu·a·tion** *s.* † **1.** Konjunkˈturbewegung *f*; **2.** *pl.* Konjunkˈturschwankungen *pl.*; ~ **gar·den** *s. Brit.* Handelsgärtneˈrei *f*.

mar·ket·ing [ˈmɑːkɪtɪŋ] **I** *s.* **1.** † Marketing *n*, Marktversorgung *f*, ˈAbsatzpoliˌtik *f*, -förderung *f*; **2.** Marktbesuch *m*; **II** *adj.* **3.** Markt…: ~ ***association*** Marktverband *m*; ~ ***company*** Vertriebsgesellschaft *f*; ~ ***organization*** Absatzorganisation *f*; ~ ***research*** Absatzforschung *f*.

mar·ket| in·ves·ti·ga·tion *s.* ˈMarktunterˌsuchung *f*; ~ **lead·ers** *s. pl.* führende Börsenwerte *pl.*; ~ **let·ter** *s. Am.* Markt-, Börsenbericht *m*; ~ **niche** *s.* Marktnische *f*, -lücke *f*; **ˈ~-ˌo·ri·ent·ed** *adj.* † marktorientiert; **ˈ~-place** *s.* Marktplatz *m*; ~ **price** *s.* **1.** Marktpreis *m*; **2.** *Börse*: Kurs(wert) *m*; ~ **quo·ta·tion** *s.* Börsennotierung *f*, Marktkurs *m*: ***list of ~s*** Markt-, Börsenzettel *m*; ~ **rate** → ***market price***, ~ **re·search** *s.* † Marktforschung *f*; ~ **re·search·er** *s.* † Marktforscher *m*; ~ **rig·ging** *s.* Kurstreibeˈrei *f*, ˈBörsenmaˌnöver *n*; ~ **share** *s.* Marktanteil *m*; ~ **stud·y** *s.* † ˈMarktunterˌsuchung *f*; ~ **swing** *s. Am.* Konjunkˈturperiˌode *f*; **ˈ~-town** *s.* Markt(flecken) *m*; ~ **val·ue** *s.* Kurs-, Verkehrswert *m*.

mark·ing [ˈmɑːkɪŋ] **I** *s.* **1.** Kennzeichnung *f*, Markierung *f*; Bezeichnung *f* (*a.* ♪); *ped.* Zensieren *n*; ✈ Hoheitsabzeichen *n*; **2.** *zo.* (Haut-, Feder)Musterung *f*, Zeichnung *f*; **II** *adj.* **3.** ⚙ markierend: ~ ***awl*** Reißahle *f*; ~ ***ink*** Zeichen-, Wäschetinte *f*.

marks·man [ˈmɑːksmən] *s.* [*irr.*] guter Schütze, Meisterschütze *m*, *bsd.* ⚔ *u. Polizei*: Scharfschütze *m*; **ˈmarks·man·ship** [-ʃɪp] *s.* **1.** Schießkunst *f*; **2.** Treffsicherheit *f*.

ˈmark-up *s.* † **1.** a) höhere Auszeichnung (*e-r Ware*), b) Preiserhöhung *f*; **2.** Kalkulatiˈonsaufschlag *m*; **3.** *Am.* im Preis erhöhter Arˈtikel.

marl [mɑːl] **I** *s. geol.* Mergel *m*; **II** *v/t.* ⚒ mergeln.

mar·ma·lade [ˈmɑːməleɪd] *s.* (*bsd.* Oˈrangen)Marmeˌlade *f*.

mar·mo·set [ˈmɑːməʊzet] *s. zo.* Krallenaffe *m*.

mar·mot [ˈmɑːmət] *s. zo.* **1.** Murmeltier *n*; **2.** Präˈriehund *m*.

mar·o·cain [ˈmærəkeɪn] *s.* Maroˈcain *n* (*ein Kreppgewebe*).

ma·roon¹ [məˈruːn] **I** *v/t.* **1.** (*auf e-r einsamen Insel etc.*) aussetzen; **2.** *fig.* a) im Stich lassen, b) von der Außenwelt abschneiden; **II** *v/i.* **3.** *Brit.* herˈumlungern; **4.** *Am.* einsam zelten; **III** *s.* **5.** Busch-, Maˈronneger *m* (*Westindien u. Guayana*); **6.** Ausgesetzte(r *m*) *f*.

ma·roon² [məˈruːn] **I** *s.* **1.** Kaˈstanienbraun *n*; **2.** Kaˈnonenschlag *m* (*Feuerwerk*); **II** *adj.* **3.** kaˈstanienbraun.

mar·plot [ˈmɑːplɒt] *s.* **1.** Quertreiber *m*; **2.** Spielverderber *m*, Störenfried *m*.

marque [mɑːk] *s.* ⚓ *hist.*: ***letter(s) of ~***

(***and reprisal***) Kaperbrief *m*.

mar·quee [mɑːˈkiː] *s.* **1.** großes Zelt; **2.** *Am.* Marˈkise *f*, Schirmdach *n* (*über e-m Hoteleingang etc.*); **3.** Vordach *n* (*über Haustür*).

mar·quess [ˈmɑːkwɪs] *s.* → ***marquis***.

mar·que·try, *a.* **mar·que·te·rie** [ˈmɑːkɪtrɪ] *s.* Inˈtarsia *f*, Marketeˈrie *f*, Holzeinlegearbeit *f*.

mar·quis [ˈmɑːkwɪs] *s.* Marˈquis *m* (*englischer Adelstitel*).

mar·riage [ˈmærɪdʒ] *s.* **1.** Heirat *f*, Vermählung *f*, Hochzeit *f* (***to*** mit); → ***civil*** 4; **2.** Ehe(stand *m*) *f*: ~ ***of convenience*** Vernunftehe, Geldheirat *f*; ***by*** ~ angeheiratet; ***of his*** (***her***) ***first*** ~ aus erster Ehe; ***related by*** ~ verschwägert; ***contract a*** ~ die Ehe eingehen; ***give s.o. in*** ~ j-n verheiraten; ***take s.o. in*** ~ j-n heiraten; **3.** *fig.* Vermählung *f*, innige Verbindung; **ˈmar·riage·a·ble** [-dʒəbl] *adj.* heiratsfähig: ~ ***age*** Ehemündigkeit *f*.

mar·riage| ar·ti·cles *s. pl.* ⚖ Ehevertrag *m*; ~ **bro·ker** *s.* Heiratsvermittler *m*; ~ **bu·reau** *s.* ˈHeiratsinstiˌtut *n*; ~ **cer·e·mo·ny** *s.* Trauung *f*; ~ **cer·tif·i·cate** *s.* Trauschein *m*; ~ **con·tract** *s.* ⚖ Ehevertrag *m*; ~ **flight** *s. Bienenzucht*: Hochzeitsflug *m*; ~ **guid·ance** *s.* Eheberatung *f*: ~ ***counsel(l)or*** Eheberater(in); ~ **li·cence**, *Am.* ~ **li·cense** *s.* ⚖ (kirchliche, *Am.* amtliche) Eheerlaubnis; ~ **lines** *s. pl. Brit.* F Trauschein *m*; ~ **por·tion** *s.* ⚖ Mitgift *f*; ~ **set·tle·ment** *s.* ⚖ Ehevertrag *m*.

mar·ried [ˈmærɪd] *adj.* **1.** verheiratet, Ehe…, ehelich: ~ ***life*** Eheleben *n*; ~ ***man*** Ehemann *m*; ~ ***state*** Ehestand *m*; **2.** *fig.* eng *od.* innig (miteinˈander) verbunden.

mar·ron [ˈmærən] *s.* ⚘ Maˈrone *f*.

mar·row¹ [ˈmærəʊ] *s.* **1.** *anat.* (Knochen)Mark *n*; **2.** *fig.* Mark *n*, Kern *m*, *das* Innerste *od.* Wesentlichste; Lebenskraft *f*: ***to the*** ~ (***of one's bones***) bis aufs Mark, bis ins Innerste; → ***pith*** 2.

mar·row² [ˈmærəʊ] *s. Am. mst* ~ ***squash***, *Brit. a.* ***vegetable*** ~ ⚘ Eier-, Markkürbis *m*.

ˈmar·row·bone *s.* **1.** Markknochen *m*; **2.** *pl. humor.* Knie *pl.*; **3.** *pl.* → ***crossbones***.

mar·row·less [ˈmærəʊlɪs] *adj. fig.* mark-, kraftlos.

mar·row·y [ˈmærəʊɪ] *adj. a. fig.* markig, kernig, kräftig.

mar·ry¹ [ˈmærɪ] **I** *v/t.* **1.** heiraten, sich vermählen *od.* verheiraten mit: ***be married to*** verheiratet sein mit; ***get married to*** sich verheiraten mit; **2.** *a.* ~ ***off*** *Sohn, Tochter* verheiraten (***to*** an *acc.*, mit); **3.** *ein Paar* trauen (*Geistlicher*); **4.** *fig.* eng verbinden *od.* verknüpfen (***to*** mit); **II** *v/i.* **5.** (sich ver-) heiraten: ~***ing man*** F Heiratslustige(r) *m*, Ehekandidat *m*; ~ ***in haste and repent at leisure*** schnell gefreit, lang bereut.

mar·ry¹ [ˈmærɪ] *int. obs.* fürˈwahr!

Mars [mɑːz] *npr. u. s.* Mars *m* (*Kriegsgott od. Planet*).

marsh [mɑːʃ] *s.* **1.** Sumpf(land *n*) *m*, Marsch *f*; **2.** Moˈrast *m*.

mar·shal [ˈmɑːʃl] **I** *s.* **1.** ⚔ Marschall *m*; **2.** ⚖ *Brit.* Gerichtsbeamte(r) *m*; **3.** ⚖ *Am.* a) ***US*** ~ (ˈBundes)Vollˌzugsbeamte(r) *m*, b) Beˈzirkspoliˌzeichef *m*, c) *a.* ***city*** ~ Poliˈzeidiˌrektor *m*, d) *a.* ***fire*** ~ ˈBranddiˌrektor *m*; **4.** *hist.* ˈHofmarˌschall *m*; **5.** Zereˈmonienmeister *m*; Festordner *m*; *mot.* Rennwart *m*; **II** *v/t.* **6.** aufstellen (*a.* ⚔); (an)ordnen, arrangieren: ~ ***wag(g)ons into trains*** Züge zs.-stellen; ~ ***one's thoughts*** *fig.* s-e Gedanken ordnen; **7.** (*bsd. feierlich*) (hinˈein)geleiten (***into*** in *acc.*); **8.** ✈ einwinken; **ˈmar·shal·(l)ing yard** [-ʃlɪŋ] *s.* 🚂 Rangier-, Verschiebebahnhof *m*.

ˈmarsh|-ˌfe·ver *s.* ⚕ Sumpffieber *n*; ~ **gas** *s.* Sumpfgas *n*; **ˈ~·land** *s.* Sumpf-, Marschland *n*; **ˌ~ˈmal·low** *s.* **1.** ⚘ Echter Eibisch, Alˈthee *f*; **2.** Marshˈmallow *n* (*Süßigkeit*); ~ **mar·i·gold** *s.* ⚘ Sumpfdotterblume *f*.

marsh·y [ˈmɑːʃɪ] *adj.* sumpfig, moˈrastig, Sumpf…

mar·su·pi·al [mɑːˈsjuːpjəl] *zo.* **I** *adj.* **1.** Beuteltier…; **2.** Beutel…; **II** *s.* **3.** Beuteltier *n*.

mart [mɑːt] *s.* **1.** Markt *m*, Handelszentrum *n*; **2.** Auktiˈonsraum *m*; **3.** *obs. od. poet.* Markt(platz) *m*, (Jahr)Markt *m*.

mar·ten [ˈmɑːtɪn] *s. zo.* Marder *m*.

mar·tial [ˈmɑːʃl] *adj.* ☐ **1.** kriegerisch, streitbar; **2.** miliˈtärisch, solˈdatisch: ~ ***music*** Militärmusik *f*; **3.** Kriegs…, Militär…: ~ ***law*** Kriegs-, Standrecht *n*; ***state of*** ~ ***law*** Ausnahmezustand *m*; ~ ***arts*** asiatische Kampfsportarten.

Mar·ti·an [ˈmɑːʃjən] **I** *s.* **1.** Marsmensch *m*; **II** *adj.* **2.** Mars…, kriegerisch; **3.** *ast.* Mars…

mar·tin [ˈmɑːtɪn] *s. orn.* Mauerschwalbe *f*.

mar·ti·net [ˌmɑːtɪˈnet] *s.* Leuteschinder *m*, Zuchtmeister *m*.

mar·tyr [ˈmɑːtə] **I** *s.* **1.** Märtyrer(in), Blutzeuge *m*; **2.** *fig.* Märtyrer(in), Opfer *n*: ***make a*** ~ ***of o.s.*** sich für et. aufopfern, *iro.* den Märtyrer spielen: ***die a*** ~ ***to*** (*od.* ***in the cause of***) ***science*** sein Leben im Dienst der Wissenschaft opfern; **3.** F Dulder *m*, armer Kerl: ***be a*** ~ ***to gout*** ständig von Gicht geplagt werden; **II** *v/t.* **4.** zum Märtyrer machen; **5.** zu Tode martern; **6.** martern, peinigen; **ˈmar·tyr·dom** [-dəm] *s.* **1.** Marˈtyrium *n* (*a. fig.*), Märtyrertod *m*; **2.** Marterqualen *pl.* (*a. fig.*); **ˈmar·tyr·ize** [-əraɪz] *v/t.* **1.** (***o.s.*** sich) zum Märtyrer machen (*a. fig.*); **2.** → ***martyr*** 6.

mar·vel [ˈmɑːvl] **I** *s.* **1.** Wunder(ding) *n*: ***engineering*** ~***s*** Wunder der Technik; ***be a*** ~ ***at s.th.*** et. fabelhaft können; **2.** Muster *n* (***of*** an *dat.*): ***he is a*** ~ ***of patience*** er ist die Geduld selber; ***he is a perfect*** ~ F er ist phantastisch *od.* ein Phänomen; **II** *v/i.* **3.** sich (ver)wundern, staunen (***at*** über *acc.*); **4.** sich verwundert fragen, sich wundern (***that*** daß, ***how*** wie, ***why*** warum).

mar·vel·(l)ous [ˈmɑːvələs] *adj.* ☐ **1.** erstaunlich, wunderbar; **2.** unˈglaublich; **3.** F fabelhaft, phanˈtastisch.

Marx·i·an [ˈmɑːksjən] → ***Marxist***; **ˈMarx·ism** [-sɪzəm] *s.* Marˈxismus *m*; **ˈMarx·ist** [-sɪst] **I** *s.* Marˈxist(in); **II** *adj.* marˈxistisch.

mar·zi·pan [ˌmɑːzɪˈpæn] *s.* Marziˈpan *n*.

mas·car·a [mæˈskɑːrə] *s.* Wimperntusche *f*.

mas·cot [ˈmæskət] *s.* Masˈkottchen *n*, Talisman *m*; Glücksbringer(in): ***radiator*** ~ *mot.* Kühlerfigur *f*.

mas·cu·line [ˈmæskjʊlɪn] **I** *adj.* **1.** männlich, maskuˈlin (*a. ling.*); Männer…; **2.** unweiblich, maskuˈlin; **II** *s.* **3.** *ling.* Maskuˈlinum *n*; **mas·cu·lin·i·ty** [ˌmæskjʊˈlɪnətɪ] *s.* **1.** Männlichkeit *f*; **2.** Mannhaftigkeit *f*.

mash¹ [mæʃ] **I** *s.* **1.** *Brauerei etc.*: Maische *f*; **2.** ⚒ Mengfutter *n*; **3.** Brei *m*, Mansch *m*; **4.** *Brit.* Karˈtoffelbrei *m*; **5.** *fig.* Mischmasch *m*; **II** *v/t.* **6.** (ein)maischen; **7.** zerdrücken, -quetschen: ~***ed potatoes*** Kartoffelbrei *m*.

mash² [mæʃ] *obs. sl.* **I** *v/t.* **1.** *j-m* den Kopf verdrehen; **2.** flirten mit; **II** *v/i.* **3.** flirten, schäkern.

mash·er¹ [ˈmæʃə] *s.* **1.** Stampfer *m* (*Küchengerät*); **2.** *Brauerei*: ˈMaischappaˌrat *m*.

mash·er² [ˈmæʃə] *s. obs. sl.* Schwerenöter *m*, ‚Schäker' *m*.

mask [mɑːsk] **I** *s.* **1.** Maske *f* (*a.* △), Larve *f*: ***death-***~ Totenmaske; **2.** (Schutz-, Gesichts)Maske *f*: ***fencing*** ~ Fechtmaske; ***oxygen*** ~ ⚕ Sauerstoffmaske; **3.** Gasmaske *f*; **4.** Maske *f*: a) Maskierte(r *m*) *f*, b) ˈMaskenkoˌstüm *n*, Maskierung *f*, c) *fig.* Verkappung *f*: ***throw off the*** ~ *fig.* die Maske fallen lassen; ***under the*** ~ ***of*** unter dem Deckmantel (*gen.*); **5.** maskenhaftes Gesicht; **6.** *Kosmetik*: (Gesichts)Maske *f*; **7.** → ***masque***; **8.** ⚔ Tarnung *f*, Blende *f*; **9.** *phot.* Vorsatzscheibe *f*; **II** *v/t.* **10.** *j-n* maskieren, verkleiden, vermummen; *fig.* verschleiern, -hüllen; **11.** ⚔ tarnen; **12.** *a.* ~ ***out*** ⚙ korrigieren, retuschieren; *Licht* abblenden; **masked** [-kt] *adj.* **1.** maskiert (*a.* ⚘); Masken…: ~ ***ball*** Maskenball *m*; **2.** ⚔, ⚘ getarnt: ~ ***advertising*** Schleichwerbung *f*; **ˈmask·er** [-kə] *s.* Maske *f*, Maskenspieler *m*.

mas·och·ism [ˈmæsəʊkɪzəm] *s.* ⚕, *psych.* Masoˈchismus *m*; **ˈmas·och·ist** [-ɪst] *s.* Masoˈchist *m*.

ma·son [ˈmeɪsn] **I** *s.* **1.** Steinmetz *m*; **2.** Maurer *m*; **3.** *oft* 2 Freimaurer *m*; **II** *v/t.* **4.** mauern; **Ma·son·ic** [məˈsɒnɪk] *adj.* freimaurerisch, Freimaurer…; **ˈma·son·ry** [-rɪ] *s.* **1.** Steinmetz-, Maurerarbeit *f od.* -handwerk *n*; **2.** Mauerwerk *n*; **3.** *mst.* 2 Freimaureˈrei *f*.

masque [mɑːsk] *s. thea. hist.* Maskenspiel *n*.

mas·quer·ade [ˌmæskəˈreɪd] **I** *s.* **1.** Maskeˈrade *f*: a) Maskenball *m*, b) Maskierung *f*, c) *fig.* Theˈater *n*, Verstellung *f*, d) *fig.* Maske *f*, Verkleidung *f*; **II** *v/i.* **2.** an e-r Maskerade teilnehmen; **3.** sich maskieren *od.* verkleiden (*a. fig.*); **4.** *fig.* sich ausgeben (***as*** als).

mass¹ [mæs] **I** *s.* **1.** *allg.* Masse *f* (*a.* ⚙ *u. phys.*): ***a*** ~ ***of blood*** ein Klumpen Blut; ***a*** ~ ***of troops*** e-e Truppenansammlung; ***in the*** ~ im großen u. ganzen; **2.** Mehrzahl *f*: ***the*** (***great***) ~ ***of imports*** der überwiegende Teil der Einfuhr; **3.** ***the*** ~ die Masse, die Allgeˈmeinheit: ***the*** ~***es*** die ‚breite' Masse; **II** *v/t.* **4.** (*v/i.* sich) (an)sammeln *od.* (an)häufen, (*v/i.* sich) zs.-ballen; ⚔ (*v/i.* sich) massieren *od.* konzentrieren; **III** *adj.* **5.**

Massen…: ~ ***acceleration*** *phys.* Massenbeschleunigung *f*; ~ ***communication*** Massenkommunikation *f*; ~ ***meeting*** Massenversammlung *f*; ~ ***murder*** Massenmord *m*; ~ ***society*** Massengesellschaft *f*.

Mass² [mæs] *s. eccl.* (*a.* ♪) Messe *f*; → ***High*** (***Low***) ***Mass***; ~ ***was said*** die Messe wurde gelesen; ***to attend*** (***the***) (*od.* ***go to***) ~ zur Messe gehen; ~ ***for the dead*** Toten-, Seelenmesse.

mas·sa·cre ['mæsəkə] **I** *s.* Gemetzel *n*, Mas'saker *n*, Blutbad *n*; **II** *v/t.* niedermetzeln, massakrieren.

mas·sage ['mæsɑːʒ] **I** *s.* Mas'sage *f*: ~ ***parlo(u)r*** Massagesalon *m*; **II** *v/t.* massieren.

mas·seur [mæ'sɜː] (*Fr.*) *s.* Mas'seur *m*; **mas·seuse** [mæ'sɜːz] (*Fr.*) *s.* Mas'seurin *f*, Mas'seuse *f*.

mas·sif ['mæsiːf] *s. geol.* Ge'birgsmasˌsiv *n*, -stock *m*.

mas·sive ['mæsɪv] *adj.* □ **1.** mas'siv (*a. geol.*, *a. Gold etc.*), schwer, massig; **2.** *fig.* mas'siv, gewaltig, wuchtig, ‚klotzig'; **'mas·sive·ness** [-nɪs] *s.* **1.** Mas'sive(s) *n*, Schwere(s) *n*; **2.** Gediegenheit *f* (*Gold etc.*); **3.** *fig.* Wucht *f*.

mass| me·di·a *s. pl.* Massenmedien *pl.*; **'~-proˌduce** *v/t.* serienmäßig herstellen: ~***d articles*** Massen-, Serienartikel; ~ **pro·duc·tion** *s.* ✝ 'Massen-, 'Serienproduktiˌon *f*: ***standardized*** ~ Fließarbeit *f*.

mass·y ['mæsɪ] → ***massive***.

mast¹ [mɑːst] **I** *s.* **1.** ⚓ (Schiffs)Mast *m*: ***sail before the*** ~ (als Matrose) zur See fahren; **2.** (Gitter-, Leitungs-, An'tennen-, ✈ Anker)Mast *m*; **II** *v/t.* **3.** ⚓ bemasten: ***three-~ed*** dreimastig.

mast² [mɑːst] *s.* ⚘ Mast(futter *n*) *f*.

mas·tec·to·my [mæ'stektəmɪ] *s.* ⚕ 'Brustamputatiˌon *f*.

mas·ter ['mɑːstə] **I** *s.* **1.** Meister *m* (*a. Kunst u. fig.*), Herr *m*, Gebieter *m*: ***the*** ℒ *eccl.* der Herr (*Christus*); ***be*** ~ ***of s.th.*** et. (*a. e-e Sprache*) beherrschen; ***be*** ~ ***of o.s.*** sich in der Gewalt haben; ***be*** ~ ***of the situation*** Herr der Lage sein; ***be one's own*** ~ sein eigener Herr sein; ***be*** ~ ***of one's time*** über s-e Zeit (nach Belieben) verfügen können; **2.** Besitzer *m*, Eigentümer *m*, Herr *m*: ***make o.s.*** ~ ***of s.th.*** et. in s-n Besitz bringen; **3.** Hausherr *m*; **4.** Meister *m*, Sieger *m*; **5.** a) Lehrherr *m*, Meister *m*, b) *a.* ⚖ Dienstherr *m*, Arbeitgeber *m*, c) (Handwerks)Meister *m*: ~ ***tailor*** Schneidermeister; ***like*** ~ ***like man*** wie der Heer, so's Gescherr; **6.** Vorsteher *m*, Leiter *m e-r Innung etc.*; **7.** ⚓ ('Handels)Kapiˌtän *m*: ~***'s certificate*** Kapitänspatent *n*; **8.** *bsd. Brit.* Lehrer *m*: ~ ***in English*** Englischlehrer; **9.** *Brit. univ.* Rektor *m* (*Titel der Leiter einiger Colleges*); **10.** *univ.* Ma'gister *m* (*Grad*): ℒ ***of Arts*** Magister Artium; ℒ ***of Science*** Magister der Naturwissenschaften; **11.** junger Herr (*a. als Anrede für Knaben bis zu 16 Jahren*); **12.** *Brit.* (*in Titeln*): Leiter *m*, Aufseher *m* (*am königlichen Hof etc.*): ℒ ***of Ceremonies*** a) Zeremonienmeister *m*, b) Conférencier *m*; ℒ ***of the Horse*** Oberstallmeister *m*; **13.** ⚖ proto'kollführender Gerichtsbeamter: ℒ ***of the Rolls*** Oberarchivar *m*; **14.** → ***master copy*** 1; **II** *v/t.* **15.** Herr sein *od.* werden über (*acc.*) (*a. fig.*), *a. Sprache etc.* beherrschen; *Aufgabe*, *Schwierigkeit* meistern; **16.** *Tier* zähmen; *a. Leidenschaften etc.* bändigen; **III** *adj.* **17.** Meister…, meisterhaft, -lich; **18.** Meister…, Herren…; **19.** Haupt…, hauptsächlich: ~ ***file*** Hauptkartei *f*; ~ ***switch*** ↯ Hauptschalter *m*; **20.** leitend, führend.

ˌmas·ter|-at-'arms [-ərət'ɑː-] *pl.* **ˌmas·ters-at-'arms** [-əzət'ɑː-] *s.* ⚓ 'Schiffsproˌfos *m* (*Polizeioffizier*); ~ **build·er** *s.* Baumeister *m*; ~ **car·pen·ter** *s.* Zimmermeister *m*; ~ **chord** *s.* ♪ Domi'nantdreiklang *m*; ~ **clock** *s.* Zen'traluhr *f* (*e-r Uhrenanlage*); ~ **cop·y** *s.* **1.** Origi'nalkoˌpie *f* (*a. Film etc.*); **2.** 'Handexemˌplar *n* (*e-s literarischen etc. Werks*).

mas·ter·ful ['mɑːstəfʊl] *adj.* □ **1.** herrisch, gebieterisch; **2.** → ***masterly***.

mas·ter| fuse *s.* ↯ Hauptsicherung *f*; ~ **ga(u)ge** *s.* ⚙ Urlehre *f*; **'~-key** *s.* **1.** Hauptschlüssel *m*; **2.** *fig.* Schlüssel *m*.

mas·ter·less ['mɑːstəlɪs] *adj.* herrenlos; **'mas·ter·li·ness** [-lɪnɪs] *s.* meisterhafte Ausführung, Meisterschaft *f*; **'mas·ter·ly** [-lɪ] *adj. u. adv.* meisterhaft, -lich, Meister…

'mas·ter|·mind I *s.* **1.** über'ragender Geist, Ge'nie *n*; **2.** (führender) Kopf; **II** *v/t.* **3.** der Kopf (*gen.*) sein, leiten; **'~·piece** *s.* Meisterstück *n*, -werk *n*; ~ **plan** *s.* Gesamtplan *m*; ~ **ser·geant** *s.* ⚔ *Am.* (Ober)Stabsfeldwebel *m*.

mas·ter·ship ['mɑːstəʃɪp] *s.* **1.** meisterhafte Beherrschung (***of*** *gen.*), Meisterschaft *f*; **2.** Herrschaft *f*, Gewalt *f* (***over*** über *acc.*); **3.** Vorsteheramt *n*; **4.** Lehramt *n*.

'mas·ter|-stroke *s.* Meisterstreich *m*, -stück *n*, Glanzstück *n*; ~ **tooth** *s.* [*irr.*] Eck-, Fangzahn *m*; ~ **touch** *s.* **1.** Meisterhaftigkeit *f*, -schaft *f*; **2.** Meisterzug *m*; **3.** ⚙ *u. fig.* letzter Schliff; **'~·work** → ***masterpiece***.

mas·ter·y ['mɑːstərɪ] *s.* **1.** Herrschaft *f*, Gewalt *f* (***of***, ***over*** über *acc.*); **2.** Über'legenheit *f*, Oberhand *f*: ***gain the*** ~ ***over s.o.*** über j-n die Oberhand gewinnen; **3.** Beherrschung *f* (*e-r Sprache etc.*); **4.** → ***master touch*** 1.

'mast-head *s.* **1.** ⚓ Masttop *m*, Mars *m*: ~ ***light*** Topplicht *n*; **2.** *typ.* Im'pressum *n e-r Zeitung*.

mas·tic ['mæstɪk] *s.* **1.** Mastix(harz *n*) *m*; **2.** ♀ Mastixstrauch *m*; **3.** Mastik *m*, 'Mastixzeˌment *m*.

mas·ti·cate ['mæstɪkeɪt] *v/t.* (zer-)kauen; **mas·ti·ca·tion** [ˌmæstɪ'keɪʃn] *s.* Kauen *n*; **'mas·ti·ca·tor** [-tə] *s.* **1.** Kauende(r *m*) *f*; **2.** Fleischwolf *m*; **3.** ⚙ 'Mahlmaˌschine *f*; **'mas·ti·ca·to·ry** [-kətərɪ] *adj.* Kau…, Freß…

mas·tiff ['mæstɪf] *s.* Mastiff *m*, Bulldogge *f*, englische Dogge.

mas·ti·tis [mæ'staɪtɪs] *s.* ⚕ Brust(drüsen)entzündung *f*; **mas·toid** ['mæstɔɪd] *adj. anat.* masto'id, brust(warzen)förmig; **mas·tot·o·my** [mæ'stɒtəmɪ] *s.* ⚕ 'Brustoperatiˌon *f*.

mas·tur·bate ['mæstəbeɪt] *v/i.* masturbieren; **mas·tur·ba·tion** [ˌmæstə'beɪʃn] *s.* Masturbati'on *f*.

mat¹ [mæt] **I** *s.* **1.** Matte *f* (*a. Ringen, Turnen*): ~ ***position*** *Ringen*: Bank *f*; ***be on the*** ~ a) am Boden sein, b) *sl. fig.* ‚dran' sein, in der Tinte sitzen, *a.* e-e Zigarre verpaßt kriegen; **2.** 'Untersetzer *m*, -satz *m*: ***beer*** ~ Bierdeckel *m*; **3.** Vorleger *m*, Abtreter *m*; **4.** grober Sack; **5.** verfilzte Masse (*Haar etc.*), Gewirr *n*; **6.** (*glasloser*) Wechselrahmen; **II** *v/t.* **7.** mit Matten belegen; **8.** (*v/i.* sich) verflechten; **9.** (*v/i.* sich) verfilzen (*Haar*).

mat² [mæt] **I** *adj.* matt (*a. phot.*), glanzlos, mattiert; **II** *v/t.* mattieren.

match¹ [mætʃ] **I** *s.* **1.** *der od. die od. das* gleiche *od.* Ebenbürtige: ***his*** ~ a) seinesgleichen, b) sein Ebenbild *n*, c) j-d, der es mit ihm aufnehmen kann; ***meet one's*** ~ s-n Meister finden; ***be a*** ~ ***for s.o.*** j-m gewachsen sein; ***be more than a*** ~ ***for s.o.*** j-m überlegen sein; **2.** Gegenstück *n*, Passende(s) *n*; **3.** (zs.-passendes) Paar, Gespann *n* (*a. fig.*): ***they are an excellent*** ~ sie passen ausgezeichnet zueinander; **4.** ✝ Ar'tikel *m* gleicher Quali'tät: ***exact*** ~ genaue Bemusterung; **5.** (Wett)Kampf *m*, Wettspiel *n*, Par'tie *f*, Treffen *n*: ***boxing*** ~ Boxkampf; ***singing*** ~ Wettsingen *n*; **6.** a) Heirat *f*, b) *gute etc.* Par'tie (*Person*): ***make a*** ~ (***of it***) e-e Ehe stiften *od.* zustande bringen; **II** *v/t.* **7.** *j-n* passend verheiraten (***to***, ***with*** mit); **8.** *j-n od. et.* vergleichen (***with*** mit); **9.** *j-n* ausspielen (***against*** gegen); **10.** passend machen, anpassen (***to***, ***with*** an *acc.*); *a. ehelich* verbinden, zs.-fügen; ↯ angleichen: ~***ing circuit*** Anpassungskreis *m*; **11.** entsprechen (*dat.*), *a. farblich etc.* passen zu: ***well-~ed*** gut zs.-passend; **12.** et. gleiches *od.* Passendes auswählen *od.* finden zu: ***can you*** ~ ***this velvet for me?*** haben Sie et. Passendes zu diesem Samtstoff?; **13.** *nur pass.*: ***be*** ~***ed*** *j-m* ebenbürtig *od.* gewachsen sein, *e-r Sache* gleichkommen; ***not to be*** ~***ed*** unerreichbar; **III** *v/i.* **14.** zs.-passen, über'einstimmen (***with*** mit), entsprechen (***to*** *dat.*): ***a brown coat and gloves to*** ~ ein brauner Mantel u. dazu passende Handschuhe.

match² [mætʃ] *s.* **1.** Zünd-, Streichholz *n*; **2.** Zündschnur *f*; **3.** *hist.* Lunte *f*; **'~-box** *s.* Streichholzschachtel *f*.

match·less ['mætʃlɪs] *adj.* □ unvergleichlich, einzigartig.

'matchˌmak·er *s.* **1.** Ehestifter(in), *b.s.* Kuppler(in); **2.** Heiratsvermittler(in).

match| point *s. sport* (für den Sieg) entscheidender Punkt; *Tennis etc.*: Matchball *m*; **'~·wood** *s.* (Holz)Späne *pl.*, Splitter *pl.*: ***make*** ~ ***of s.th.*** aus et. Kleinholz machen, et. kurz u. klein schlagen.

mate¹ [meɪt] **I** *s.* **1.** a) ('Arbeits)Kame'rad *m*, Genosse *m*, Gefährte *m*, b) *als Anrede*: Kame'rad *m*, ‚Kumpel' *m*, c) Gehilfe *m*, Handlanger *m*; **2.** a) (Lebens)Gefährte *m*, Gatte *m*, Gattin *f*, b) *bsd. orn.* Männchen *n od.* Weibchen *n*, c) Gegenstück *n* (*von Schuhen etc.*); **3.** *Handelsmarine*: 'Schiffsoffiˌzier *m*; **4.** ⚓ Maat *m*: ***cook's*** ~ Kochsmaat; **II** *v/t.* **5.** (*paarweise*) verbinden, *bsd.* vermählen, -heiraten; *Tiere* paaren; **6.** *fig.* ein'ander anpassen: ~ ***words with deeds*** auf Worte entsprechende Taten folgen lassen; **III** *v/i.* **7.** sich vermählen, (*a. weitS.*) sich verbinden; *zo.* sich paaren;

8. ⚙ eingreifen (*Zahnräder*); aufein'ander arbeiten (*Flächen*): ***mating surfaces*** Arbeitsflächen.

mate² [meɪt] → ***checkmate***.

ma·te·ri·al [mə'tɪərɪəl] **I** *adj.* ☐ **1.** materi'ell, physisch, körperlich; **2.** stofflich, Material...: ***~ damage*** Sachschaden *m*; ***~ defect*** Materialfehler *m*; ***~ fatigue*** ⚙ Materialermüdung *f*; ***~ goods*** Sachgüter; **3.** materia'listisch (*Anschauung etc.*); **4.** materi'ell, leiblich: ***~ well-being***; **5.** a) sachlich wichtig, gewichtig, von Belang, b) wesentlich, ausschlaggebend (***to*** für); ⚖ erheblich: ***~ facts***; ***a ~ witness*** ein unentbehrlicher Zeuge; **6.** *Logik*: sachlich (*Folgerung etc.*); **7.** 𝒜 materi'ell (*Punkt etc.*); **II** *s.* **8.** Materi'al *n*, Stoff *m* (*beide a. fig.*; ***for*** zu *e-m Buch etc.*); ⚙ Werkstoff *m*; (Kleider-)Stoff *m*; **9.** *coll. od. pl.* Materi'al(ien *pl.*) *n*, Ausrüstung *f*: ***building ~s*** Baustoffe; ***cleaning ~s*** Putzzeug *n*; ***war ~*** Kriegsmaterial; ***writing ~s*** Schreibmaterial(ien); **10.** *oft pl. fig.* 'Unterlagen *pl.*, *urkundliches etc.* Materi'al; **ma'te·ri·al·ism** [-lɪzəm] *s.* Materia'lismus *m*; **ma'te·ri·al·ist** [-lɪst] **I** *s.* Materia'list(in); **II** *adj. a.* **ma·te·ri·al·is·tic** [məˌtɪərɪə'lɪstɪk] *adj.* (☐ ***~ally***) materia'listisch; **ma·te·ri·al·i·za·tion** [məˌtɪərɪəlaɪ'zeɪʃn] *s.* **1.** Verkörperung *f*; **2.** *Spiritismus*: Materialisati'on *f*; **ma'te·ri·al·ize** [-laɪz] **I** *v/t.* **1.** *e-r Sache* stoffliche Form geben, *et.* verkörperlichen; **2.** *et.* verwirklichen; **3.** *bsd. Am.* materia'listisch machen: ***~ thought***; **4.** *Geister* erscheinen lassen; **II** *v/i.* **5.** (feste) Gestalt annehmen, sich verkörpern (***in*** in *dat.*); **6.** sich verwirklichen, Tatsache werden, zu'stande kommen; **7.** sich materialisieren, erscheinen (*Geister*).

ma·té·ri·el [məˌtɪərɪ'el] *s.* Ausrüstung *f*, (⚔ 'Kriegs)Materiˌal *n*.

ma·ter·nal [mə'tɜːnl] *adj.* ☐ a) mütterlich, Mutter...: ***~ instinct*** (***love***), b) *Verwandte(r) etc.* mütterlicherseits, c) Mütter...: ***~ mortality*** Müttersterblichkeit *f*.

ma·ter·ni·ty [mə'tɜːnətɪ] **I** *s.* Mutterschaft *f*; **II** *adj.* Wöchnerinnen..., Schwangerschafts..., Umstands...(*-kleidung*): ***~ allowance*** (*od.* ***benefit***) Mutterschaftsbeihilfe *f*; ***~ dress*** Umstandskleid *n*; ***~ home***, ***~ hospital*** Entbindungsklinik *f*; ***~ leave*** Mutterschaftsurlaub *m*; ***~ ward*** Entbindungsstation *f*.

mat·ey ['meɪtɪ] **I** *adj.* kame'radschaftlich, vertraulich, famili'är; **II** *s. Brit.* F ‚Kumpel' *m* (*Anrede*).

math [mæθ] *s. Am. für* **maths**.

math·e·mat·i·cal [ˌmæθə'mætɪkl] *adj.* ☐ **1.** mathe'matisch; **2.** *fig.* (mathe'matisch) ex'akt; **math·e·ma·ti·cian** [ˌmæθəmə'tɪʃn] *s.* Mathe'matiker(in); **ˌmath·e'mat·ics** [-ks] *s. pl. mst sg. konstr.* Mathema'tik *f*: ***higher*** (***new***) ***~*** höhere (neue) Mathematik.

maths [mæθs] *s. Brit.* F ‚Mathe' *f* (*Mathematik*).

mat·ins ['mætɪnz] *s. pl. oft* 2 a) *R.C.* (Früh)Mette *f*, b) *Church of England*: 'Morgenliturˌgie *f*.

mat·i·nee, **mat·i·née** ['mætɪneɪ] *s. thea.* Mati'nee *f*, *bsd.* Nachmittagsvorstellung *f*.

mat·ing ['meɪtɪŋ] *s. bsd. orn.* Paarung *f*: ***~ season*** Paarungszeit *f*.

ma·tri·ar·chal [ˌmeɪtrɪ'ɑːkl] *adj.* matriar'chalisch; **ma·tri·arch·y** ['meɪtrɪɑːkɪ] *s.* Mutterherrschaft *f*, Matriar'chat *n*; **ˌma·tri'cid·al** [-ɪ'saɪdl] *adj.* muttermörderisch; **ma·tri·cide** ['meɪtrɪsaɪd] *s.* **1.** Muttermord *m*; **2.** Muttermörder(in).

ma·tric·u·late [mə'trɪkjʊleɪt] **I** *v/t.* immatrikulieren (*an e-r Universität*); **II** *v/i.* sich immatrikulieren (lassen); **III** *s.* Immatrikulierte(r *m*) *f*; **ma·tric·u·la·tion** [məˌtrɪkjʊ'leɪʃn] *s.* Immatrikulati'on *f*.

mat·ri·mo·ni·al [ˌmætrɪ'məʊnjəl] *adj.* ☐ ehelich, Ehe...: ***~ agency*** Heiratsinstitut *n*; ***~ cases*** ⚖ Ehesachen; ***~ law*** Eherecht *n*; **mat·ri·mo·ny** ['mætrɪmənɪ] *s.* Ehe(stand *m*) *f*.

ma·trix ['meɪtrɪks] *pl.* **-tri·ces** [-trɪsiːz] *s.* **1.** Mutter-, Nährboden *m* (*beide a. fig.*), 'Grundsubˌstanz *f*; **2.** *physiol.* Matrix *f*: a) Mutterboden *m*, b) Gewebeschicht *f*, c) Gebärmutter *f*; **3.** *min.* a) Grundmasse *f*, b) Ganggestein *n*; **4.** ⚙, *typ.* Ma'trize *f* (*a. Schallplattenherstellung*); **5.** 𝒜 Matrix *f*: ***~ algebra*** Matrizenrechnung *f*.

ma·tron ['meɪtrən] *s.* **1.** würdige Dame, Ma'trone *f*; **2.** Hausmutter *f* (*e-s Internats etc.*), Wirtschafterin *f*; **3.** a) Vorsteherin *f*, b) Oberschwester *f*, Oberin *f im Krankenhaus*, c) Aufseherin *f im Gefängnis etc.*; **'ma·tron·ly** [-lɪ] *adj.* ma'tronenhaft (*a. adv.*), gesetzt: ***~ duties*** hausmütterliche Pflichten.

mat·ted¹ ['mætɪd] *adj.* mattiert.

mat·ted² ['mætɪd] *adj.* **1.** mit Matten bedeckt: ***a ~ floor***; **2.** verflochten: ***~ hair*** verfilztes Haar.

mat·ter ['mætə] **I** *s.* **1.** Ma'terie *f* (*a. phys.*, *phls.*), Materi'al *n*, Stoff *m*; *biol.* Sub'stanz *f*: → ***foreign*** 2, ***grey matter***; **2.** Sache *f* (*a.* ⚖), Angelegenheit *f*: ***this is a serious ~***; ***the ~ in hand*** die vorliegende Angelegenheit; ***a ~ of fact*** e-e Tatsache; ***as a ~ of fact*** tatsächlich, eigentlich; ***a ~ of course*** e-e Selbstverständlichkeit; ***as a ~ of course*** selbstverständlich; ***a ~ of form*** e-e Formsache; ***~ (in issue)*** ⚖ Streitgegenstand *m*; ***a ~ of taste*** (e-e) Geschmackssache; ***a ~ of time*** e-e Frage der Zeit; ***it is a ~ of life and death*** es geht um Leben u. Tod; ***it's no laughing ~*** es ist nichts zum Lachen; ***for that ~*** was das (an)betrifft, schließlich; ***in the ~ of*** a) hinsichtlich (*gen.*), b) ⚖ in Sachen *A. gegen B.*; **3.** *pl.* (*ohne Artikel*) die 'Umstände *pl.*, die Dinge *pl.*: ***to make ~s worse*** was die Sache noch schlimmer macht; ***as ~s stand*** wie die Dinge liegen; **4.** ***the ~*** die Schwierigkeit: ***what's the ~?*** was ist los?, wo fehlt's?; ***what's the ~ with him*** (***it***)***?*** was ist los mit ihm (damit)?; ***no ~!*** es hat nichts zu sagen!; ***it's no ~ whether*** es spielt keine Rolle, ob; ***no ~ what he says*** was er auch sagt; ***no ~ who*** gleichgültig wer; **5.** ***a ~ of*** (*mit verblaßter Bedeutung*) Sache *f*, etwas: ***it's a ~ of £5*** es kostet 5 Pfund; ***a ~ of three weeks*** ungefähr 3 Wochen; ***it was a ~ of five minutes*** es dauerte nur 5 Minuten; ***it's a ~ of common knowledge*** es ist allgemein bekannt; **6.** *fig.* Stoff *m* (*Dichtung*), Thema *n*, Gegenstand *m*, Inhalt *m* (*Buch*), innerer Gehalt; **7.** *mst* ***postal ~*** Postsache *f*: ***printed ~*** Drucksache *f*; **8.** *typ.* a) Manu'skript *n*, b) (Schrift)Satz *m*: ***live ~***, ***standing ~*** Stehsatz *m*; **9.** ⚕ Eiter *m*; **II** *v/i.* **10.** von Bedeutung sein (***to*** für), dar'auf ankommen (***to s.o.*** j-m): ***it doesn't ~*** (es) macht nichts; ***it ~s little*** es ist ziemlich einerlei, es spielt kaum e-e Rolle; **11.** ⚕ eitern.

ˌmat·ter|-of-'course [-tərəv'k-] *adj.* selbstverständlich; **ˌ~-of-'fact** [-tərəv'f-] *adj.* sachlich, nüchtern; pro'saisch.

Mat·thew ['mæθjuː] *npr. u. s. bibl.* Mat'thäus(evanˌgelium *n*) *m*.

mat·ting ['mætɪŋ] *s.* ⚙ **1.** Mattenstoff *m*; **2.** Matten(belag *m*) *pl.*

mat·tock ['mætək] *s.* (Breit)Hacke *f*, ⛏ Karst *m*.

mat·tress ['mætrɪs] *s.* Ma'tratze *f*.

mat·u·ra·tion [ˌmætjʊ'reɪʃn] *s.* **1.** ⚕ (Aus)Reifung *f*, Eiterung *f* (*Geschwür*); **2.** *biol.*, *a. fig.* Reifen *n*.

ma·ture [mə'tjʊə] **I** *adj.* ☐ **1.** *allg.* reif (*a. Käse*, *Wein*; *a.* ⚕ *Geschwür*); **2.** reif (*Person*): a) voll entwickelt, b) *fig.* gereift, mündig; **3.** *fig.* reiflich erwogen, ('wohl)durchˌdacht: ***upon ~ reflection*** nach reiflicher Überlegung; ***~ plans*** ausgereifte Pläne; **4.** ⚚ fällig, zahlbar (*Wechsel*); **II** *v/t.* **5.** reifen (lassen), zur Reife bringen; *fig. Pläne* reifen lassen; **III** *v/i.* **6.** reif werden, (her'an-, aus)reifen; ⚚ fällig werden; **ma'tured** [-əd] *adj.* **1.** (aus)gereift; **2.** abgelagert; **3.** ⚚ fällig; **ma'tu·ri·ty** [-ərətɪ] *s.* **1.** Reife *f* (*a.* ⚕ *u. fig.*): ***bring*** (***come***) ***to ~*** zur Reife bringen (kommen); ***~ of judg(e)ment*** Reife des Urteils; **2.** ⚚ Fälligkeit *f*, Verfall(zeit *f*) *m*: ***at*** (*od.* ***on***) ***~*** bei Fälligkeit; ***~ date*** Fälligkeitstag *m*; **3.** *fig. pol.* Mündigkeit *f* (*des Bürgers*).

ma·tu·ti·nal [ˌmætjuː'taɪnl] *adj.* morgendlich, Morgen..., früh.

mat·y ['meɪtɪ] *Brit.* → ***matey***.

maud·lin ['mɔːdlɪn] **I** *s.* weinerliche Gefühlsduse'lei; **II** *adj.* weinerlich sentimen'tal, rührselig.

maul [mɔːl] **I** *s.* **1.** ⚙ Schlegel *m*, schwerer Holzhammer; **II** *v/t.* **2.** *j-n*, *et.* übel zurichten, *j-n* 'durchprügeln, miß'handeln: ***~ about*** roh umgehen mit; **3.** ‚her'unterreißen' (*Kritiker*).

maul·stick ['mɔːlstɪk] *s. paint.* Malerstock *m*.

maun·der ['mɔːndə] *v/i.* **1.** schwafeln, faseln; **2.** ziellos um'herschlendern *od.* handeln.

Maun·dy Thurs·day ['mɔːndɪ] *s. eccl.* Grün'donnerstag *m*.

mau·so·le·um [ˌmɔːsə'lɪəm] *s.* Mauso'leum *n*, Grabmal *n*.

mauve [məʊv] **I** *s.* Malvenfarbe *f*; **II** *adj.* malvenfarbig, mauve.

mav·er·ick ['mævərɪk] *s. Am.* **1.** herrenloses Vieh ohne Brandzeichen; **2.** mutterloses Kalb; **3.** F *pol.* Einzelgänger *m*, *allg.* Außenseiter *m*.

maw [mɔː] *s.* **1.** (Tier)Magen *m*, *bsd.* Labmagen *m* (*der Wiederkäuer*); **2.** *fig.* Rachen *m des Todes etc.*

mawk·ish ['mɔːkɪʃ] *adj.* ☐ **1.** süßlich, abgestanden (*Geschmack*); **2.** *fig.* rührselig, süßlich, kitschig.

'maw·seed *s.* Mohnsame(n) *m*.

'maw·worm *s. zo.* Spulwurm *m*.

max·i ['mæksɪ] **I** *s.* Maximode *f*: ***wear ~*** maxi tragen; **II** *adj.* Maxi...: ***~ dress***.

max·il·la [mæk'sɪlə] *pl.* **-lae** [-liː] *s.* **1.**

anat. (Ober)Kiefer *m*; **2.** *zo.* Fußkiefer *m*, Zange *f*; **max'il·lar·y** [-ərɪ] **I** *adj. anat.* (Ober)Kiefer…, maxil'lar; **II** *s.* Oberkieferknochen *m*.

max·im ['mæksɪm] *s.* Ma'xime *f*.

max·i·mal ['mæksɪml] *adj.* maxi'mal, Maximal…, Höchst…; **'max·i·mize** [-maɪz] *v/t.* ✝, ⚙ maximieren; **max·i·mum** ['mæksɪməm] **I** *pl.* **-ma** [-mə], **-mums** *s.* **1.** Maximum *n*, Höchstgrenze *f*, -maß *n*, -stand *m*, -wert *m* (*a.* ⚗): ***smoke a ~ of 20 cigarettes a day*** maximal 20 Zigaretten am Tag rauchen; **2.** ✝ Höchstpreis *m*, -angebot *n*, -betrag *m*; **II** *adj.* **3.** höchst, größt, Höchst…, Maximal…: ***~ load*** ⚙, ⚡ Höchstbelastung *f*; ***~ safety load*** (*od.* ***stress***) zulässige Beanspruchung; ***~ performance*** Höchst-, Spitzenleistung *f*; ***~ permissible speed*** zulässige Höchstgeschwindigkeit; ***~ wages*** Höchst-, Spitzenlohn *m*.

'max·i,sin·gle *s.* Maxisingle *f* (*Schallplatte*).

may¹ [meɪ] *v/aux.* [*irr.*] **1.** (*Möglichkeit, Gelegenheit*) *sg.* kann, mag, *pl.* können, mögen: ***it ~ happen any time*** es kann jederzeit geschehen; ***it might happen*** es könnte geschehen; ***you ~ be right*** du magst recht haben; ***he ~ not come*** vielleicht kommt er nicht; ***he might lose his way*** er könnte sich verirren; **2.** (*Erlaubnis*) *sg.* darf, kann (*a.* ⚖), *pl.* dürfen können: ***you ~ go***; ***~ I ask?*** darf ich fragen?; ***we might as well go*** da können wir ebensogut auch gehen; **3.** *ungewisse Frage*: ***how old ~ she be?*** wie alt mag sie wohl sein?; ***I wondered what he might be doing*** ich fragte mich, was er wohl tue; **4.** *Wunschgedanke, Segenswunsch*: ***~ you be happy!*** sei glücklich!; ***~ it please your Majesty*** Eure Majestät mögen geruhen; **5.** *familiäre od. vorwurfsvolle Aufforderung*: ***you might help me*** du könntest mir (eigentlich) helfen; ***you might at least write me*** du könntest mir wenigstens schreiben; **6.** ***~*** *od.* ***might*** *als Konjunktivumschreibung*: ***I shall write to him so that he ~ know our plans***; ***whatever it ~ cost***; ***difficult as it ~ be*** so schwierig es auch sein mag; ***we feared they might attack*** wir fürchteten, sie könnten *od.* würden angreifen.

May² [meɪ] *s.* **1.** Mai *m*, *poet.* (*fig. a.* ♀) Lenz *m*: ***in ~*** im Mai; **2.** ♀ ⚘ Weißdornblüte *f*.

may·be ['meɪbi:] *adv.* viel'leicht.

May| bug *s. zo.* Maikäfer *m*; **~ Day** *s.* der 1. Mai; **'♀·day** *s. internationales Funknotsignal*; **'~,flow·er** *s.* **1.** ⚘ a) Maiblume *f*, b) *Am.* Primelstrauch *m*; **2.** ♀ *hist. Name des Auswandererschiffs der* ***Pilgrim Fathers***; **'~·fly** *s. zo.* Eintagsfliege *f*.

may·hap ['meɪhæp] *adv. obs. od. dial.* viel'leicht.

may·hem ['meɪhem] *s.* **1.** *bsd. Am.* ⚖ schwere Körperverletzung; **2.** *fig.* a) ‚Gemetzel' *n*, b) Chaos *n*, Verwüstung *f*.

may·on·naise [ˌmeɪə'neɪz] *s.* Mayon'naise(gericht *n*) *f*: ***~ of lobster*** Hummermayonnaise *f*.

may·or [meə] *s.* Bürgermeister *m*; **'may·or·al** [-ərəl] *adj.* bürgermeisterlich; **'may·or·ess** [-ərɪs] *s.* **1.** Gattin *f* des Bürgermeisters; **2.** *Am.* Bürgermeisterin *f*.

'May|·pole, ♀ *s.* Maibaum *m*; **~ queen** *s.* Mai(en)königin *f*; **'~·thorn** *s.* ⚘ Weißdorn *m*.

maz·a·rine [ˌmæzə'ri:n] *adj.* maza'rin-, dunkelblau.

maze [meɪz] *s.* **1.** Irrgarten *m*, Laby'rinth *n*, *fig. a.* Gewirr *n*; **2.** *fig.* Verwirrung *f*: ***in a ~*** → **mazed** [-zd] *adj.* verdutzt, verblüfft.

Mc·Coy [mə'kɔɪ] *s. Am. sl.*: ***the real ~*** der wahre Jakob, der (die, das) Richtige.

'M-day *s.* Mo'bilmachungstag *m*.

me [mi:; mɪ] **I** *pron.* **1.** (*dat.*) mir: ***he gave ~ money***; ***he gave it*** (***to***) ***~***; **2.** (*acc.*) mich: ***he took ~ away*** er führte mich weg; **3.** F ich: ***it's ~*** ich bin's; **II** ♀ *s.* **4.** *psych.* Ich *n*.

mead¹ [mi:d] *s.* Met *m*.

mead² [mi:d] *poet. für* ***meadow***.

mead·ow ['medəʊ] *s.* Wiese *f*; **~ grass** *s.* ⚘ Rispengras *n*; **~ saf·fron** *s.* ⚘ (*bsd.* Herbst)Zeitlose *f*; **'~·sweet** *s.* ⚘ **1.** Mädesüß *n*; **2.** *Am.* Spierstrauch *m*.

mead·ow·y ['medəʊɪ] *adj.* wiesenartig, -reich, Wiesen…

mea·ger *Am.*, **mea·gre** *Brit.* ['mi:gə] *adj.* ☐ **1.** mager, dürr; **2.** *fig.* dürftig, kärglich; **'mea·ger·ness** *Am.*, **'mea·gre·ness** *Brit.* [-nɪs] *s.* **1.** Magerkeit *f*; **2.** Dürftigkeit *f*.

meal¹ [mi:l] *s.* **1.** Schrotmehl *n*; **2.** Mehl *n*, Pulver *n* (*aus Nüssen, Mineralen etc.*).

meal² [mi:l] *s.* Mahl(zeit *f*) *n*, Essen *n*: ***have a ~*** e-e Mahlzeit einnehmen; ***make a ~ of s.th.*** et. verzehren; ***~s on wheels*** Essen *n* auf Rädern.

meal·ies ['mi:lɪz] (*S.Afr.*) *s. pl.* Mais *m*.

meal| tick·et *s. Am.* **1.** Essensbon(s *pl.*) *m*; **2.** *sl.* a) *b.s.* ‚Ernährer' *m*, b) Einnahmequelle *f*, ‚Goldesel' *m*, c) Kapi'tal *n*: ***his voice is his ~***; **'~·time** *s.* Essenszeit *f*.

meal·y ['mi:lɪ] *adj.* **1.** mehlig: ***~ potatoes***; **2.** mehlhaltig; **3.** (wie) mit Mehl bestäubt; **4.** blaß (*Gesicht*); **'~-mouthed** *adj.* **1.** heuchlerisch, glattzüngig; **2.** leisetreterisch: ***be ~ about it*** um den (heißen) Brei herumreden.

mean¹ [mi:n] **I** *v/t.* [*irr.*] **1.** *et.* beabsichtigen, vorhaben, im Sinn haben: ***I ~ it*** es ist mir Ernst damit; ***~ to do s.th.*** et. zu tun gedenken, et. tun wollen; ***he ~s no harm*** er meint es nicht böse; ***I didn't ~ to disturb you*** ich wollte dich nicht stören; ***without ~ing it*** ohne es zu wollen; → ***business*** 4; **2.** bestimmen (***for*** zu): ***he was meant to be a barrister*** er war zum Anwalt bestimmt; ***the cake is meant to be eaten*** der Kuchen ist zum Essen da; ***that remark was meant for you*** das war auf dich abgezielt; **3.** meinen, sagen wollen: ***by 'liberal' I ~*** unter ‚liberal' verstehe ich; ***I ~ his father*** ich meine s-n Vater; ***I ~ to say*** ich will sagen; **4.** bedeuten: ***that ~s a lot of work***; ***he ~s all the world to me*** er bedeutet mir alles; ***that ~s war*** das bedeutet Krieg; ***what does 'fair' ~?*** was bedeutet *od.* heißt (das Wort) ‚fair'?; **II** *v/i.* [*irr.*] **5.** ***~ well*** (***ill***) ***by*** (*od.* ***to***) ***s.o.*** j-m wohlgesinnt (übel gesinnt) sein.

mean² [mi:n] *adj.* ☐ **1.** gering, niedrig: ***~ birth*** niedrige Herkunft; **2.** ärmlich, schäbig: ***~ streets***; **3.** unbedeutend, gering: ***no ~ artist*** ein recht bedeutender Künstler; ***no ~ foe*** ein nicht zu unterschätzender Gegner; **4.** schäbig, gemein; ***feel ~*** sich schäbig vorkommen; **5.** geizig, schäbig, ‚filzig'; **6.** *Am.* F a) bösartig, ‚ekelhaft', b) ‚bös', scheußlich (*Sache*), c) ‚toll', ‚wüst': ***a ~ fighter***, d) *Am.* unpäßlich: ***feel ~*** sich elend fühlen.

mean³ [mi:n] **I** *adj.* **1.** mittel, mittler, Mittel…; 'durchschnittlich, Durchschnitts…: ***~ life*** a) mittlere Lebensdauer, b) *phys.* Halbwertzeit *f*; ***~ sea level*** *das* Normalnull; ***~ value*** Mittelwert *m*; **II** *s.* **2.** Mitte *f*, *das* Mittlere, Mittel *n*, 'Durchschnitt(szahl *f*) *m*; ⚗ Mittel(wert *m*) *n*: ***hit the happy ~*** die goldene Mitte treffen; ***arithmetical ~*** arithmetisches Mittel; → ***golden mean***; **3.** *pl. sg. od. pl. konstr.* (Hilfs)Mittel *n od. pl.*, Werkzeug *n*, Weg *m*: ***by all ~s*** auf alle Fälle, unbedingt; ***by any ~s*** etwa, vielleicht, möglicherweise; ***by no ~s*** durchaus nicht, keineswegs, auf keinen Fall; ***by some ~s or other*** auf die eine oder andere Weise, irgendwie; ***by ~s of*** mittels, durch; ***by this*** (*od.* ***these***) ***~s*** hierdurch; ***~ of production*** Produktionsmittel; ***~s of transport***(***ation***) Beförderungsmittel; ***find the ~s*** Mittel und Wege finden; → ***end*** 9, ***way¹*** 1; **4.** *pl.* (Geld)Mittel *pl.*, Vermögen *n*, Einkommen *n*: ***live within*** (***beyond***) ***one's ~s*** s-n Verhältnissen entsprechend (über s-e Verhältnisse) leben; ***a man of ~s*** ein bemittelter Mann; ***~s test*** *Brit.* (behördliche) Einkommens- *od.* Bedürftigkeitsermittlung.

me·an·der [mɪ'ændə] **I** *s. bsd. pl.* Windung *f*, verschlungener Pfad, Schlängelweg *m*; ⚠ Mä'ander(linien *pl.*) *m*, Schlangenlinie *f*; **II** *v/i.* sich winden, (sich) schlängeln.

mean·ing ['mi:nɪŋ] **I** *s.* **1.** Absicht *f*, Zweck *m*, Ziel *n*; **2.** Sinn *m*, Bedeutung *f*: ***full of ~*** bedeutungsvoll, bedeutsam; ***what's the ~ of this?*** was soll das bedeuten?; ***words with the same ~*** Wörter mit gleicher Bedeutung; ***full of ~*** → 3; ***if you take my ~*** wenn Sie verstehen, was ich meine; **II** *adj.* ☐ **3.** bedeutungsvoll, bedeutsam (*Blick etc.*); **4.** *in Zssgn* in … Absicht: ***well-~*** wohlmeinend, -wollend; **'mean·ing·ful** [-fʊl] *adj.* bedeutungsvoll; **'mean·ing·less** [-lɪs] *adj.* **1.** sinn-, bedeutungslos; **2.** ausdruckslos (*Gesicht*).

mean·ness ['mi:nnɪs] *s.* **1.** Niedrigkeit *f*, niedriger Stand; **2.** Wertlosigkeit *f*, Ärmlichkeit *f*; **3.** Schäbigkeit *f*: a) Gemeinheit *f*, Niederträchtigkeit *f*, b) Geiz *m*; **4.** *Am.* F Bösartigkeit *f*.

meant [ment] *pret. u. p.p. von* ***mean¹***.

ˌmean|'time **I** *adv.* in'zwischen, mittler'weile, unter'dessen; **II** *s.* Zwischenzeit *f*: ***in the ~*** → I; **~ time** *s. ast.* mittlere (Sonnen)Zeit; **ˌ~'while** → ***meantime*** I.

mea·sles ['mi:zlz] *s. pl. sg. konstr.* **1.** ⚕ Masern *pl.*: ***false ~***, ***German ~*** Röteln *pl.*; **2.** *vet.* Finnen *pl.* (*der Schweine*); **'mea·sly** [-lɪ] *adj.* **1.** ⚕ masernkrank; **2.** *vet.* finnig; **3.** *sl.* elend, schäbig, lumpig.

meas·ur·a·ble ['meʒərəbl] *adj.* □ meßbar: ***within ~ distance of*** *fig.* nahe (*dat.*); **'meas·ur·a·ble·ness** [-nɪs] *s.* Meßbarkeit *f.*

meas·ure ['meʒə] **I** *s.* **1.** Maß(einheit *f*) *n*: ***long ~*** Längenmaß; ***~ of capacity*** Hohlmaß; **2.** *fig.* richtiges Maß, Ausmaß *n*: ***beyond*** (*od.* ***out of***) ***all ~*** über alle Maßen, grenzenlos; ***in a great ~*** in großem Maße, großenteils, überaus; ***in some ~, in a*** (***certain***) ***~*** gewissermaßen, bis zu e-m gewissen Grade; ***for good ~*** obendrein; **3.** Messen *n*, Maß *n*: ***take the ~ of s.th.*** et. abmessen; ***take s.o.'s ~*** a) j-m (*zu e-m Anzug*) Maß nehmen, b) *fig.* j-n taxieren *od.* einschätzen; → ***made-to-measure***; **4.** Maß *n*, Meßgerät *n*; ***weigh with two ~s*** *fig.* mit zweierlei Maß messen; → ***tape-measure***; **5.** Maßstab *m* (***of*** für): ***be a ~ of s.th.*** e-r Sache als Maßstab dienen; ***man is the ~ of all things*** der Mensch ist das Maß aller Dinge; **6.** Anteil *m*, Porti'on *f*, gewisse Menge; **7.** a) ⚘ Maß(einheit *f*) *n*, Teiler *m*, Faktor *m*, b) ⚗, *phys.* Maßeinheit *f*: ***~ of variation*** Schwankungsmaß; ***common ~*** gemeinsamer Teiler; **8.** (abgemessener) Teil, Grenze *f*: ***set a ~ to s.th.*** et. begrenzen; **9.** *Metrik*: a) Silbenmaß *n*, b) Versglied *n*, c) Versmaß *n*; **10.** ♪ Metrum *n*, Takt *m*, Rhythmus *m*: ***tread a ~*** tanzen; **11.** *poet.* Weise *f*, Melo'die *f*; **12.** *pl. geol.* Lager *n*, Flöz *n*; **13.** *typ.* Zeilen-, Satz-, Ko'lumnenbreite *f*; **14.** *fig.* Maßnahme *f*, -regel *f*, Schritt *m*: ***take ~s*** Maßnahmen ergreifen; ***take legal ~s*** den Rechtsweg beschreiten; **15.** ⚖ gesetzliche Maßnahme, Verfügung *f*: ***coercive ~*** Zwangsmaßnahme; **II** *v/t.* **16.** (ver)messen, ab-, aus-, zumessen: ***~ one's length*** *fig.* längelang hinfallen; ***~ swords*** a) die Klingen messen, b) (***with***) die Klingen kreuzen (mit) (*a. fig.*); ***~ s.o. for a suit of clothes*** j-m Maß nehmen zu e-m Anzug; **17.** ***~ out*** ausmessen, die Ausmaße bestimmen; **18.** *fig.* ermessen; **19.** (ab)messen, abschätzen (***by*** an *dat.*): ***~d by*** gemessen an; **20.** beurteilen (***by*** nach); **21.** vergleichen, messen (***with*** mit): ***~ one's strength with s.o.*** s-e Kräfte mit j-m messen; **III** *v/i.* **22.** Messungen vornehmen; **23.** messen, groß sein: ***it ~s 7 inches*** es mißt 7 Zoll, es ist 7 Zoll lang; **24.** ***~ up*** (***to***) die Ansprüche (*gen.*) erfüllen, her'anreichen (an *acc.*); **'meas·ured** [-əd] *adj.* **1.** (ab)gemessen: ***~ in the clear*** (*od.* ***day***) ⚙ im Lichten gemessen; ***~ value*** Meßwert *m*; **2.** richtig proportioniert; **3.** (ab)gemessen, gleich-, regelmäßig: ***~ tread*** gemessener Schritt; **4.** 'wohlüber,legt, abgewogen, gemessen: ***to speak in ~ terms*** sich maßvoll ausdrücken; **5.** im Versmaß, metrisch; **'meas·ure·less** [-lɪs] *adj.* unermeßlich, unbeschränkt; **'meas·ure·ment** [-mənt] *s.* **1.** (Ver-) Messung *f*, (Ab)Messen *n*; **2.** Maß *n*; *pl.* Abmessungen *pl.*, Größe *f*, Ausmaße *pl.*; **3.** ⚓ Tonnengehalt *m.*

meas·ur·ing ['meʒərɪŋ] *s.* **1.** Messen *n*, (Ver)Messung *f*; **2.** *in Zssgn*: Meß…; **~ bridge** *s.* ⚡ Meßbrücke *f*; **~ di·al** *s.* Rundmaßskala *f*; **~ glass** *s.* Meßglas *n*; **~ in·stru·ment** *s.* Meßgerät *n*; **~ range** *s.* Meßbereich *m*; **~ tape** *s.* Maß-, Meßband *n*, Bandmaß *n.*

meat [mi:t] *s.* **1.** Fleisch *n* (*als Nahrung*; *Am. a. von Früchten etc.*): ***~s*** a) Fleischwaren, b) Fleichgerichte; ***fresh ~*** Frischfleisch; ***butcher's ~*** Schlachtfleisch; ***~ and drink*** Speise *f* u. Trank *m*; ***this is ~ and drink to me*** es ist mir e-e Wonne; ***one man's ~ is another man's poison*** des einen Freud ist des andern Leid; **2.** Fleischspeise *f*: ***cold ~*** kalte Platte; ***~ tea*** kaltes Abendbrot mit Tee; **3.** *fig.* Sub'stanz *f*, Gehalt *m*, Inhalt *m*: ***full of ~*** gehaltvoll; **~ ax(e)** *s.* Schlachtbeil *n*; **'~·ball** *s.* **1.** Fleischklößchen *n*; **2.** *Am. sl.* ‚Heini' *m*; **~ broth** *s.* Fleischbrühe *f*; **'~,chop·per** *s.* **1.** Hackmesser *n*; **2.** → **~ grind·er** *s.* Fleischwolf *m*; **~ ex·tract** *s.* 'Fleischex,trakt *m*; **~ fly** *s. zo.* Schmeißfliege *f*; **~ in·spec·tion** *s.* Fleischbeschau *f.*

meat·less ['mi:tlɪs] *adj.* fleischlos.

meat| loaf *s.* Hackbraten *m*; **'~·man** [-mæn] *s.* [*irr.*] *Am.* Fleischer *m*; **~ meal** *s.* Fleischmehl *n*; **~ pie** *s.* 'Fleischpa,stete *f*; **~ pud·ding** *s.* Fleischpudding *m*; **~ safe** *s.* Fliegenschrank *m.*

meat·y ['mi:tɪ] *adj.* **1.** fleischig; **2.** fleischartig; **3.** *fig.* gehaltvoll, handfest, so'lid.

Mec·can·o [mɪ'kɑ:nəʊ] (*TM*) *s.* Sta'bilbaukasten *m* (*Spielzeug*).

me·chan·ic [mɪ'kænɪk] **I** *adj.* **1.** → ***mechanical***; **II** *s.* **2.** a) Me'chaniker *m*, Maschi'nist *m*, Mon'teur *m*, (Auto-) Schlosser *m*, b) Handwerker *m*; **3.** *pl. sg. konstr. phys.* a) Me'chanik *f*, Bewegungslehre *f*: ***~s of fluids*** Strömungslehre *f*, b) *a.* ***practical ~s*** Ma'schinenlehre *f*; **4.** *pl. sg. konstr.* ⚙ Konstrukti'on *f* von Ma'schinen *etc.*: ***precision ~s*** Feinmechanik *f*; **5.** *pl. sg. konstr.* Mecha'nismus *m* (*a. fig.*); **6.** *pl. sg. konstr. fig.* Technik *f*: ***the ~s of playwriting***; **me'chan·i·cal** [-kl] *adj.* □ **1.** ⚙ me'chanisch (*a. phys.*); maschi'nell, Maschinen…; auto'matisch: ***~ drawing*** maschinelles Zeichnen; ***~ force*** *phys.* mechanische Kraft; ***~ engineer*** Maschinenbauingenieur *m*; ***~ engineering*** Maschinenbau(kunde *f*) *m*; ***~ woodpulp*** Holzschliff *m*; **2.** *fig.* me'chanisch, auto'matisch; **me'chan·i·cal·ness** [-klnɪs] *s. das* Me'chanische; **mech·a·ni·cian** [,mekə'nɪʃn] → ***mechanic*** 2.

mech·a·nism ['mekənɪzəm] *s.* **1.** Mecha'nismus *m*: ***~ of government*** *fig.* Regierungs-, Verwaltungsapparat *m*; **2.** *biol, physiol., phls., psych.* Mecha'nismus *m*; **3.** *paint. etc.* Technik *f*; **mech·a·nis·tic** [,mekə'nɪstɪk] *adj.* (□ ***~ally***) *phls.* mecha'nistisch; **mech·a·ni·za·tion** [,mekənaɪ'zeɪʃn] *s.* Mechanisierung *f*; **'mech·a·nize** [-naɪz] *v/t.* mechanisieren, ⚔ *a.* motorisieren: ***~d division*** ⚔ Panzergrenadierdivision *f.*

me·co·ni·um [mɪ'kəʊnjəm] *s. physiol.* Kindspech *n.*

med·al ['medl] *s.* Me'daille *f*: a) Denk-, Schaumünze *f*; → ***reverse*** 4, b) Orden *m*, Ehrenzeichen *n*, Auszeichnung *f*: ***♀ of Honor*** *Am.* ⚔ Tapferkeitsmedaille; ***~ ribbon*** Ordensband *n.*

med·aled, med·al·ist *Am.* → ***medalled, medallist.***

med·alled ['medld] *adj.* ordengeschmückt.

me·dal·lion [mɪ'dæljən] *s.* **1.** große Denk- *od.* Schaumünze, Me'daille *f*; **2.** Medail'lon *n*; **med·al·list** ['medlɪst] *s.* **1.** Me'daillenschneider *m*; **2.** *bsd. sport* (*Gold- etc.*)Medaillengewinner(in).

med·dle ['medl] *v/i.* **1.** sich (ein-) mischen (***with, in*** in *acc.*); **2.** sich (unaufgefordert) befassen, sich abgeben, sich einlassen (***with*** mit); **3.** her'umhantieren, -spielen (***with*** mit); **'med·dler** [-lə] *s.* j-d, der sich (ständig) in fremde Angelegenheiten mischt, aufdringlicher Mensch; **'med·dle·some** [-səm] *adj.* aufdringlich.

me·di·a[1] ['medɪə] *pl.* **-di·ae** [-dɪi:] *s. ling.* Media *f*, stimmhafter Verschlußlaut.

me·di·a[2] ['mi:djə] **1.** *pl. von* ***medium***; **2.** Medien *pl.*: ***~ research*** Medienforschung *f*; ***mixed ~*** a) Multimedia *pl.*, b) *Kunst*: Mischtechnik *f.*

me·di·ae·val *etc.* → ***medieval*** *etc.*

me·di·al ['mi:djəl] **I** *adj.* □ **1.** mittler, Mittel…: ***~ line*** Mittellinie *f*; **2.** *ling.* medi'al, inlautend: ***~ sound*** Inlaut *m*; **3.** Durchschnitts…; **II** *s.* **4.** → ***media***[1].

me·di·an ['mi:djən] **I** *adj.* die Mitte bildend, mittler, Mittel…: ***~ salaries*** ✝ mittlere Gehälter; ***~ strip*** *Am. mot.* Mittelstreifen *m*; **II** *s.* Mittellinie *f*, -wert *m*; **~ line** *s.* ⚘ a) Mittellinie *f* (*a. anat.*), b) Halbierungslinie *f*; **~ point** *s.* ⚘ Mittelpunkt *m*, Schnittpunkt *m* der Winkelhalbierenden.

me·di·ant ['mi:djənt] *s.* ♪ Medi'ante *f.*

me·di·ate ['mi:dɪeɪt] **I** *v/i.* **1.** vermitteln (*a. v/t.*), den Vermittler spielen (***between*** zwischen *dat.*); **2.** da'zwischen liegen, ein Bindeglied bilden; **II** *adj.* [-dɪət] □ **3.** mittelbar, 'indi,rekt; **4.** → ***median*** I; **me·di·a·tion** [,mi:dɪ'eɪʃn] *s.* Vermittlung *f*, Fürsprache *f*; *eccl.* Fürbitte *f*: ***through his ~***; **'me·di·a·tor** [-tə] *s.* Vermittler *m*; Fürsprecher *m*; *eccl.* Mittler *m*; **me·di·a·to·ri·al** [,mi:dɪə'tɔ:rɪəl] *adj.* □ vermittelnd, (Ver)Mittler…; **'me·di·a·tor·ship** [-təʃɪp] *s.* (Ver)Mittleramt *n*, Vermittlung *f*; **'me·di·a·to·ry** [-dɪətərɪ] → ***mediatorial***; **me·di·a·trix** [,mi:dɪ'eɪtrɪks] *s.* Vermittlerin *f.*

med·ic ['medɪk] **I** *adj.* → ***medical*** 1; **II** *s.* F Medi'ziner *m* (*Arzt od. Student*), ⚔ Sani'täter *m.*

Med·i·caid ['medɪkeɪd] *s. Am. Gesundheitsfürsorge*(*programm*) *für Bedürftige.*

med·i·cal ['medɪkl] **I** *adj.* □ **1.** medi'zinisch, ärztlich, Kranken…, *a.* inter'nistisch: ***~ attendance*** ärztliche Behandlung; ***~ board*** Gesundheitsbehörde *f*; ***~ certificate*** ärztliches Attest; ***♀ Corps*** ⚔ Sanitätstruppe *f*; ***♀ Department*** ⚔ Sanitätswesen *n*; ***~ examiner*** a) Amtsarzt *m*, -ärztin *f*, b) Vertrauensarzt *m*, -ärztin *f* (*Krankenkasse*), c) *Am.* Leichenbeschauer(in); ***~ history*** Krankengeschichte *f*; ***~ jurisprudence*** Gerichtsmedizin *f*; ***~ man*** → 3 a; ***~ officer*** Amtsarzt *m*, -ärztin *f*; ***~ practitioner*** praktischer Arzt, praktische Ärztin; ***~ retirement*** vorzeitige Pensionierung aus gesundheitlichen Gründen; ***~ science*** medizinische Wissenschaft, Medizin *f*; ***~ specialist*** Facharzt *m*, -ärztin *f*; ***~ student*** Mediziner(in), Medizinstudent(in); ***♀ Superintendent***

Chefarzt *m*, -ärztin *f*; ~ ***ward*** innere Abteilung (*e-r Klinik*); ***on*** ~ ***grounds*** aus gesundheitlichen Gründen; **2.** Heil…, heilend; **II** *s.* **3.** F a) ‚Doktor' *m* (*Arzt*), b) ärztliche Unter'suchung; **me·dic·a·ment** [me'dɪkəmənt] *s.* Medika'ment *n*, Heil-, Arz'neimittel *n*.

Med·i·care ['medɪkeə] *s. Am.* Gesundheitsfürsorge *f* (*bsd. für Senioren*).

med·i·cate ['medɪkeɪt] *v/t.* **1.** medi'zinisch behandeln; **2.** mit Arz'neistoff versetzen *od.* imprägnieren: ~***d cotton*** medizinische Watte; ~***d bath*** (***wine***) Medizinalbad *n* (-wein *m*); **med·i·ca·tion** [ˌmedɪ'keɪʃn] *s.* **1.** Beimischung *f* von Arz'neistoffen; **2.** Verordnung *f*, medi'zinische *od.* medikamen'töse Behandlung; **'med·i·ca·tive** [-keɪtɪv] *adj.*, **me·dic·i·nal** [me'dɪsɪnl] *adj.* □ Medizinal…, medi'zinisch, heilkräftig, -sam, Heil…: ~ ***herbs*** Heilkräuter; ~ ***spring*** Heilquelle *f*.

med·i·cine ['medsɪn] *s.* **1.** Medi'zin *f*, Arz'nei *f* (*a. fig.*): ***take one's*** ~ a) s-e Medizin (ein)nehmen, b) *fig.* ‚die Pille schlucken'; **2.** a) Heilkunde *f*, ärztliche Wissenschaft, b) innere Medi'zin (*Ggs. Chirurgie*); **3.** Zauber *m*, Medi'zin *f* (*bei Indianern etc.*): ***he is bad*** ~ *Am. sl.* er ist ein gefährlicher Bursche; ~ **ball** *s. sport* Medi'zinball *m*; ~ **chest** *s.* Arz'neischrank *m*, 'Hausapoˌtheke *f*; '~**man** [-mæn] *s.* [*irr.*] Medi'zinmann *m*.

med·i·co ['medɪkəʊ] *pl.* **-cos** *s.* → ***medic*** II.

medico- [medɪkəʊ] *in Zssgn* medi'zinisch, Mediko…: ~***legal*** gerichtsmedizinisch.

me·di·e·val [ˌmedɪ'i:vl] *adj.* □ mittelalterlich (*a.* F *fig. altmodisch, vorsintflutlich*); ˌ**me·di'e·val·ism** [-vəlɪzəm] *s.* **1.** Eigentümlichkeit *f od.* Geist *m* des Mittelalters; **2.** Vorliebe *f* für das Mittelalter; **3.** Mittelalterlichkeit *f*; ˌ**me·di'e·val·ist** [-vəlɪst] *s.* Mediä'vist(in), Erforscher(in) *od.* Kenner(in) des Mittelalters.

me·di·o·cre [ˌmi:dɪ'əʊkə] *adj.* mittelmäßig, zweitklassig; **me·di·oc·ri·ty** [ˌmi:dɪ'ɒkrətɪ] *s.* **1.** Mittelmäßigkeit *f*, mäßige Begabung; **2.** unbedeutender Mensch, kleiner Geist.

med·i·tate ['medɪteɪt] **I** *v/i.* nachsinnen, -denken, grübeln, meditieren (***on***, ***upon*** über *acc.*); **II** *v/t.* erwägen, planen, sinnen auf (*acc.*); **med·i·ta·tion** [ˌmedɪ'teɪʃn] *s.* **1.** Meditati'on *f*, tiefes Nachdenken, Sinnen *n*; **2.** (*bsd.* fromme) Betrachtung, Andacht *f*: ***book of*** ~***s*** Andachts-, Erbauungsbuch *n*; **'med·i·ta·tive** [-tətɪv] *adj.* □ **1.** nachdenklich; **2.** besinnlich (*a. Buch etc.*).

med·i·ter·ra·ne·an [ˌmedɪtə'reɪnjən] **I** *adj.* **1.** von Land um'geben; binnenländisch; **2.** ♀ mittelmeerisch, mediter'ran, Mittelmeer…: ♀ ***Sea*** → 3; **II** *s.* **3.** ♀ Mittelmeer *n*, Mittelländisches Meer; **4.** ♀ Angehörige(r *m*) *f* der mediter'ranen Rasse.

me·di·um ['mi:djəm] **I** *pl.* **-di·a** [-djə], **-di·ums** *s.* **1.** *fig.* Mitte *f*, Mittel *n*, Mittelweg *m*: ***the happy*** ~ die goldene Mitte, der goldene Mittelweg; **2.** *phys.* Mittel *n*, Medium *n*; **3.** ✝, *biol.* Medium *n*, Träger *m*, Mittel *n*: ***circulating*** ~, ***currency*** ~ ✝ Umlaufs-, Zahlungsmittel; ***dispersion*** ~ ⚗ Dispersionsmittel; **4.** 'Lebenseleˌment *n*, -bedingungen *pl.*; **5.** *fig.* Um'gebung *f*, Mili'eu *n*; **6.** (*a. künstlerisches*, *a. Kommunikations-*) Medium *n*, (Hilfs-, Werbe- *etc.*)Mittel *n*; Werkzeug *n*, Vermittlung *f*: ***by*** (*od.* ***through***) ***the*** ~ ***of*** durch, vermittels; → ***media***[2]; **7.** *paint.* Bindemittel *n*; **8.** *Spiritismus etc.*: Medium *n*; **9.** *typ.* Medi'anpaˌpier *n*; **II** *adj.* **10.** mittler, Mittel…, Durchschnitts…, *a.* mittelmäßig: ~ ***quality*** mittlere Qualität; ~ ***price*** Durchschnittspreis *m*; ~***-price car*** *mot.* Wagen *m* der mittleren Preisklasse; ~ **brown** *s.* Mittelbraun *n*; '~-ˌ**dat·ed** *adj.* ✝ mittelfristig; '~**-faced** *adj. typ.* halbfett.

me·di·um·is·tic [ˌmi:djə'mɪstɪk] *adj. Spiritismus*: medi'al (begabt).

me·di·um| size *s.* Mittelgröße *f*; '~**-size(d)** *adj.* mittelgroß: ~ ***car*** Mittelklassewagen *m*; '~**-term** *adj.* mittelfristig; ~ **wave** *s. Radio*: Mittelwelle *f*.

med·lar ['medlə] *s.* ♀ **1.** Mispelstrauch *m*; **2.** Mispel *f* (*Frucht*).

med·ley ['medlɪ] **I** *s.* **1.** Gemisch *n*; *contp.* Mischmasch *m*, Durchein'ander *n*; **2.** ♪ Potpourri *n*, Medley *n*; **II** *adj.* **3.** gemischt, wirr; bunt; **4.** *sport* Lagen…: ~ ***swimming***; ~ ***relay*** a) *Schwimmen*: Lagenstaffel *f*, b) *Laufsport*: Schwellstaffel *f*.

me·dul·la [me'dʌlə] *s.* **1.** *anat.* (Knochen)Mark *n*: ~ ***spinalis*** Rückenmark; **2.** ♀ Mark *n*; **me'dul·lar·y** [-ərɪ] *adj.* medul'lär, Mark…

meed [mi:d] *s. poet.* Lohn *m*.

meek [mi:k] *adj.* □ **1.** mild, sanft(mütig); **2.** demütig, 'unterwürfig; **3.** fromm (*Tier*): ***as*** ~ ***as a lamb*** *fig.* lammfromm; **'meek·ness** [-nɪs] *s.* **1.** Sanftmut *f*, Milde *f*; **2.** Demut *f*, 'Unterwürfigkeit *f*.

meer·schaum ['mɪəʃəm] *s.* Meerschaum(pfeife *f*) *m*.

meet [mi:t] **I** *v/t.* [*irr.*] **1.** begegnen (*dat.*), treffen, zs.-treffen mit, treffen auf (*acc.*), antreffen: ~ ***s.o. in the street***; ***well met!*** schön, daß wir uns treffen!; **2.** abholen; ~ ***s.o. at the station*** j-n von der Bahn abholen; ***be met*** abgeholt *od.* empfangen werden; ***come*** (***go***) ***to*** ~ ***s.o.*** j-m entgegenkommen (-gehen); **3.** *j-n* kennenlernen: ***when I first met him*** als ich s-e Bekanntschaft machte; ***pleased to*** ~ ***you*** F sehr erfreut, Sie kennenzulernen; ~ ***Mr. Brown!*** *bsd. Am.* darf ich Sie mit Herrn B. bekannt machen?; **4.** *fig. j-m* entgegenkommen (***half-way*** auf halbem Wege); **5.** (*feindlich*) zs.-treffen *od.* -stoßen mit, begegnen (*dat.*), stoßen auf (*acc.*); *sport* antreten gegen (*Konkurrenten*); **6.** *a. fig. j-m* gegen'übertreten; → ***fate*** 1; **7.** *fig.* entgegentreten (*dat.*): a) *e-r Sache* abhelfen, *der Not* steuern, *Schwierigkeiten* über'winden, *e-m Übel* begegnen, *der Konkurrenz* Herr werden, b) *Einwände* wider'legen, entgegnen auf (*acc.*); **8.** *parl.* sich vorstellen (*dat.*): ~ (***the***) ***parliament***; **9.** berühren, münden in (*acc.*) (*Straßen*), stoßen *od.* treffen auf (*acc.*), schneiden (*a.* ⩚): ~ ***s.o.'s eye*** a) j-m ins Auge fallen, b) j-s Blick erwidern; ~ ***the eye*** auffallen; ***there is more in it than*** ~***s the eye*** da steckt mehr dahinter; **10.** *Anforderungen etc.* entsprechen, gerecht werden (*dat.*), über'einstimmen mit: ***the supply*** ~***s the demand*** das Angebot entspricht der Nachfrage; ***be well met*** gut zs.-passen; ***that won't*** ~ ***my case*** das löst mein Problem nicht; **11.** *j-s Wünschen* entgegenkommen *od.* entsprechen, *Forderungen* erfüllen, *Verpflichtungen* nachkommen, *Unkosten* bestreiten (***out of*** aus), *Nachfrage* befriedigen, *Rechnungen* begleichen, *j-s Auslagen* decken, *Wechsel* honorieren *od.* decken: ~ ***the claims of one's creditors*** s-e Gläubiger befriedigen; **II** *v/i.* [*irr.*] **12.** zs.-kommen, -treffen, -treten; **13.** sich begegnen, sich treffen, sich finden: ~ ***again*** sich wiedersehen; **14.** (*feindlich od. im Spiel*) zs.-stoßen, anein'andergeraten, sich messen; *sport* aufein'andertreffen (*Gegner*); **15.** sich kennenlernen, zs.-treffen; **16.** sich vereinigen (*Straßen etc.*), sich berühren; **17.** genau zs.-treffen *od.* -stimmen *od.* -passen, sich decken; zugehen (*Kleidungsstück*); → ***end*** 1; **18.** ~ ***with*** a) zs.-treffen mit, sich vereinigen mit, b) (an)treffen, finden, (zufällig) stoßen auf (*acc.*), c) erleben, erleiden, erfahren, betroffen werden von, erhalten, *Billigung* finden, *Erfolg* haben: ~ ***with an accident*** e-n Unfall erleiden, verunglücken; ~ ***with a kind reception*** freundlich aufgenommen werden; **III** *s.* **19.** *Am.* a) Treffen *n* (*von Zügen etc.*), b) → ***meeting*** 3 b; **20.** *Brit. hunt.* a) Jagdtreffen *n* (*zur Fuchsjagd*), b) Jagdgesellschaft *f*.

meet·ing ['mi:tɪŋ] *s.* **1.** Begegnung *f*, Zs.-treffen *n*, -kunft *f*; **2.** (***at a*** ~ auf e-r) Versammlung *od.* Konfe'renz *od.* Sitzung *od.* Tagung: ~ ***of creditors*** (***members***) Gläubiger- (Mitglieder-) versammlung; **3.** a) Zweikampf *m*, Du'ell *n*, b) *sport* Treffen *n*, Wettkampf *m*, Veranstaltung *f*; **4.** Zs.-treffen *n* (*zweier Linien etc.*), Zs.-fluß *m* (*zweier Flüsse*); '~**-place** *s.* Treffpunkt *m* (*a. weitS.*), Tagungs-, Versammlungsort *m*.

meg(a)- [meg(ə)] *in Zssgn* a) (riesen-) groß, b) Milli'on.

meg·a·cy·cle ['megəˌsaɪkl] *s.* ⚡ Megahertz *n*; **'meg·a·death** [-deθ] *s.* Tod *m* von e-r Milli'on Menschen (*bsd. in e-m Atomkrieg*); **'meg·a·fog** [-fɒg] *s.* ⚓ 'Nebelsiˌgnal(anlage *f*) *n*; **'meg·a·lith** [-lɪθ] *s.* Mega'lith *m*, großer Steinblock.

megalo- [megələʊ] *in Zssgn* groß.

meg·a·lo·car·di·a [ˌmegələʊ'kɑ:dɪə] *s.* ⚕ Herzerweiterung *f*; **meg·a·lo·ma·ni·a** [ˌmegələʊ'meɪnjə] *s. psych.* Größenwahn *m*; **meg·a·lop·o·lis** [ˌmegə'lɒpəlɪs] *s.* **1.** Riesenstadt *f*; **2.** Ballungsgebiet *n*.

meg·a·phone ['megəfəʊn] **I** *s.* Mega'phon *n*; **II** *v/t. u. v/i.* durch ein Mega'phon sprechen; **'meg·a·ton** [-tʌn] *s.* Megatonne *f* (*1 Million Tonnen*); **'meg·a·watt** [-wɒt] *s.* ⚡ Megawatt *n*.

meg·ger ['megə] *s.* ⚡ Megohm'meter *n*.

me·gilp [mə'gɪlp] **I** *s.* Leinöl-, Retuschierfirnis *m*; **II** *v/t.* firnissen.

meg·ohm ['megəʊm] *s.* ⚡ Meg'ohm *n*.

me·grim ['mi:grɪm] *s.* **1.** ⚕ *obs.* Mi'gräne *f*; **2.** *obs.* Grille *f*, Schrulle *f*; **3.** *pl. obs.* Schwermut *f*, Melancho'lie *f*; **4.** *pl. vet.* Koller *m* (*der Pferde*).

mel·an·cho·li·a [ˌmelən'kəʊljə] *s.* ⚕

Melancho'lie *f*, Schwermut *f*; ˌ**mel·an·'cho·li·ac** [-lıæk], ˌ**mel·an'chol·ic** [-'kɒlık] **I** *adj.* melan'cholisch, schwermütig, traurig, schmerzlich; **II** *s.* Melan'choliker(in), Schwermütige(r *m*) *f*; **mel·an·chol·y** ['melənkəlı] **I** *s.* Melancho'lie *f*: a) ⚕ Depressi'on *f*, b) Schwermut *f*, Trübsinn *m*; **II** *adj.* melan'cholisch: a) schwermütig, trübsinnig, b) *fig.* traurig, düster, trübe.

mé·lange [meı'lɑ̃:nʒ] (*Fr.*) *s.* Mischung *f*, Gemisch *n*.

me·las·sic [mı'læsık] *adj.* ⚗ Melassin…(*-säure etc.*).

Mel·ba toast ['melbə] *s.* dünne, hartgeröstete Brotscheiben *pl.*

me·lee *Am.*, **mê·lée** ['meleı] (*Fr.*) *s.* Handgemenge *n*; *fig.* Tu'mult *m*; Gewühl *n*.

mel·io·rate ['mi:ljəreıt] **I** *v/t.* **1.** (ver-)bessern; **2.** ⚘ meliorieren; **II** *v/i.* sich (ver)bessern; **mel·io·ra·tion** [ˌmi:ljə'reıʃn] *s.* (Ver)Besserung *f*; ⚘ Meliorati'on *f*.

me·lis·sa [mı'lısə] *s.* ⚘, ⚕ (Zi'tronen-)Meˌlisse *f*.

mel·lif·er·ous [me'lıfərəs] *adj.* **1.** ⚘ honigerzeugend; **2.** *zo.* Honig tragend *od.* bereitend; **mel'lif·lu·ence** [-fluəns] *s.* **1.** Honigfluß *m*; **2.** *fig.* Süßigkeit *f*; **mel'lif·lu·ent** [-fluənt] *adj.* □ (wie Honig) süß *od.* glatt da'hinfließend; **mel'lif·lu·ous** [-fluəs] *adj.* □ *fig.* honigsüß.

mel·low ['meləʊ] **I** *adj.* □ **1.** reif, saftig, mürbe, weich (*Obst*); **2.** ⚘ a) leicht zu bearbeiten(d), locker, b) reich (*Boden*); **3.** ausgereift, mild (*Wein*); **4.** sanft, mild, zart, weich (*Farbe*, *Licht*, *Ton etc.*); **5.** *fig.* gereift u. gemildert, mild, freundlich, heiter (*Person*): ***of ~ age*** von gereiftem Alter; **6.** angeheitert, beschwipst; **II** *v/t.* **7.** weich *od.* mürbe machen, *Boden* auflockern; **8.** *fig.* sänftigen, mildern; **9.** (aus)reifen, reifen lassen (*a. fig.*); **III** *v/i.* **10.** weich *od.* mürbe *od.* mild *od.* reif werden (*Wein etc.*); **11.** *fig.* sich abklären *od.* mildern; '**mel·low·ness** [-nıs] *s.* **1.** Weichheit *f* (*a. fig.*), Mürbheit *f*; **2.** ⚘ Gare *f*; **3.** Gereiftheit *f*; **4.** Milde *f*, Sanftheit *f*.

me·lo·de·on [mı'ləʊdjən] *s.* ♪ **1.** Me'lodium(orgel *f*) *n* (*ein amer. Harmonium*); **2.** *Art* Ak'kordeon *n*; **3.** *obs. Am.* Varie'té(theˌater) *n*.

me·lod·ic [mı'lɒdık] *adj.* me'lodisch; **me'lod·ics** [-ks] *s. pl. sg. konstr.* ♪ Melo'dielehre *f*, Me'lodik *f*; **me·lo·di·ous** [mı'ləʊdjəs] *adj.* □ melo'dienreich, wohlklingend; **mel·o·dist** ['melədıst] *s.* **1.** 'Liedersänger(in), -kompoˌnist(in); **2.** Me'lodiker *m*; **mel·o·dize** ['melədaız] **I** *v/t.* **1.** me'lodisch machen; **2.** *Lieder* vertonen; **II** *v/i.* **3.** Melo'dien singen *od.* komponieren; **mel·o·dra·ma** ['meləʊˌdrɑ:mə] *s.* Melo'dram(a) *n* (*a. fig.*); **mel·o·dra·mat·ic** [ˌmeləʊdrə'mætık] *adj.* (□ ***~ally***) melodra'matisch.

mel·o·dy ['melədı] *s.* **1.** ♪ (*a. ling. u. fig.*) Melo'die *f*, Weise *f*; **2.** Wohllaut *m*, -klang *m*.

mel·on ['melən] *s.* **1.** ⚘ Me'lone *f*: ***water-~*** Wassermelone; **2. *cut a ~*** ✝ *sl.* e-e Sonderdividende ausschütten.

melt [melt] **I** *v/i.* **1.** (zer)schmelzen, flüssig werden; sich auflösen, auf-, zergehen (***into*** in *acc.*): ***~ down*** zerfließen; → ***butter*** 1; **2.** sich auflösen; **3.** aufgehen (***into*** in *acc.*), sich verflüchtigen; **4.** zs.-schrumpfen; **5.** *fig.* zerschmelzen, zerfließen (***with*** vor *dat.*): ***~ into tears*** in Tränen zerfließen; **6.** *fig.* auftauen, weich werden, schmelzen; **7.** verschmelzen, *ineinander* 'übergehen (*Ränder*, *Farben etc.*): ***outlines ~ing into each other***; **8.** (ver)schwinden, zur Neige gehen (*Geld etc.*): ***~ away*** dahinschwinden, -schmelzen; **9.** *humor.* vor Hitze vergehen, zerfließen; **II** *v/t.* **10.** schmelzen, lösen; **11.** (zer-)schmelzen *od.* (zer)fließen lassen (***into*** in *acc.*); *Butter* zerlassen; ⚙ schmelzen: ***~ down*** einschmelzen; **12.** *fig.* rühren, erweichen: ***~ s.o.'s heart***; **13.** *Farben etc.* verschmelzen lassen; **III** *s.* **14.** Schmelzen *n* (*Metall*); **15.** a) Schmelze *f*, geschmolzene Masse, b) → ***melting charge***.

melt·ing ['meltıŋ] *adj.* □ **1.** schmelzend, Schmelz…: ***~ heat*** schwüle Hitze; **2.** *fig.* a) weich, zart, b) schmelzend, schmachtend, rührend (*Worte etc.*); ***~ charge*** *s. metall.* Schmelzgut *n*, Einsatz *m*; ***~ fur·nace*** *s.* ⚙ Schmelzofen *m*; ***~ point*** *s. phys.* Schmelzpunkt *m*; ***~ pot*** *s.* Schmelztiegel *m* (*a. fig. Land etc.*): ***put into the ~*** *fig.* von Grund auf ändern; ***~ stock*** *s. metall.* Charge *f*, Beschickungsgut *n* (*Hochofen*).

mem·ber ['membə] *s.* **1.** Mitglied *n*, Angehörige(r *m*) *f* (*e-s Klubs*, *e-r Familie*, *Partei etc.*): ***ℒ of Parliament*** *Brit.* Abgeordnete(r *m*) *f* des Unterhauses; ***ℒ of Congress*** *Am.* Kongreßmitglied *n*; **2.** *anat.* a) Glied(maße *f*) *n*, b) (männliches) Glied, Penis *m*; **3.** ⚙ (Bau)Teil *n*; **4.** *ling.* Satzteil *m*, -glied *n*; **5.** ⚹ a) Glied *n* (*Reihe etc.*), b) Seite *f* (*Gleichung*); '**mem·bered** [-əd] *adj.* **1.** gegliedert; **2.** *in Zssgn* …gliedrig: ***four-~*** viergliedrig; '**mem·ber·ship** [-ʃıp] *s.* **1.** Mitgliedschaft *f*, Zugehörigkeit *f*: ***~ card*** Mitgliedsausweis *m*; ***~ fee*** Mitgliedsbeitrag *m*; **2.** Mitgliederzahl *f*; *coll. die* Mitglieder *pl.*

mem·brane ['membreın] *s.* **1.** *anat.* Mem'bran(e) *f*, Häutchen *n*: ***drum ~*** Trommelfell *n*; ***~ of connective tissue*** Bindegewebshaut *f*; **2.** *phys.*, ⚙ Mem'bran(e) *f*; **mem·bra·ne·ous** [mem'breınjəs], **mem·bra·nous** [mem'breınəs] *adj. anat.*, ⚙ häutig, Membran…: ***~ cartilage*** Hautknorpel *m*.

me·men·to [mı'mentəʊ] *pl.* **-tos** [-z] *s.* Me'mento *n*, Mahnzeichen *n*; Erinnerung *f* (***of*** an *acc.*).

mem·o ['meməʊ] *s.* F Memo *n*, No'tiz *f*.

mem·oir ['memwɑ:] *s.* **1.** Denkschrift *f*, Abhandlung *f*, Bericht *m*; **2.** *pl.* Memo'iren *pl.*, Lebenserinnerungen *pl.*

mem·o·ra·bil·i·a [ˌmemərə'bılıə] (*Lat.*) *s. pl.* Denkwürdigkeiten *pl.*; **mem·o·ra·ble** ['memərəbl] *adj.* □ denkwürdig.

mem·o·ran·dum [ˌmemə'rændəm] *pl.* **-da** [-də], **-dums** *s.* **1.** Vermerk *m* (*a.* 'Akten)NoˌTiz *f*: ***make a ~ of*** *et.* notieren; ***urgent ~*** Dringlichkeitsvermerk; **2.** ⚖ Schriftsatz *m*; Vereinbarung *f*, Vertragsurkunde *f*: ***~ of association*** Gründungsurkunde (*e-r Gesellschaft*); **3.** ✝ a) Kommissi'onsnota *f*: ***send on a ~*** in Kommission senden, b) Rechnung *f*, Nota *f*; **4.** *pol.* diplo'matische Note, Denkschrift *f*, Memo'randum *n*; **5.** Merkblatt *n*; ***~ book*** *s.* No'tizbuch *n*, Kladde *f*.

me·mo·ri·al [mı'mɔ:rıəl] **I** *adj.* **1.** Gedächtnis…: ***~ service*** Gedenkgottesdienst *m*; **II** *s.* **2.** Denkmal *n*, Ehrenmal *n*; Gedenkfeier *f*; **3.** Andenken *n* (***for*** an *acc.*); **4.** ⚖ Auszug *m* (*aus e-r Urkunde etc.*); **5.** Denkschrift *f*, Eingabe *f*, Gesuch *n*; **6.** *pl.* → ***memoir*** 2; ***ℒ Day*** *s. Am.* Volkstrauertag *m* (*30. Mai*); **me'mo·ri·al·ize** [-laız] *v/t.* **1.** e-e Denk- *od.* Bittschrift einreichen bei: ***~ Congress***; **2.** erinnern an (*acc.*), e-e Gedenkfeier abhalten für.

mem·o·rize ['meməraız] *v/t.* **1.** sich einprägen, auswendig lernen, memorieren; **2.** niederschreiben, festhalten, verewigen; '**mem·o·ry** [-rı] *s.* **1.** Gedächtnis *n*, Erinnerung(svermögen *n*) *f*: ***from ~***, ***by ~*** aus dem Gedächtnis, auswendig; ***call to ~*** sich *et.* ins Gedächtnis zurückrufen; ***escape s.o.'s ~*** j-s Gedächtnis *od.* j-m entfallen; ***if my ~ serves me*** (***right***) wenn ich mich recht erinnere; → ***commit*** 1; **2.** Erinnerung(szeit) *f* (***of*** an *acc.*): ***within living ~*** seit Menschengedenken; ***before ~***, ***beyond ~*** in unvordenklichen Zeiten; **3.** Andenken *n*, Erinnerung *f*: ***in ~ of*** zum Andenken an (*acc.*); → ***blessed*** 1; **4.** Reminis'zenz *f*, Erinnerung *f* (*an Vergangenes*); **5.** *Computer*: Speicher *m*: ***~ bank*** Speicherbank *f*.

mem·sa·hib ['memˌsɑ:hıb] *s. Brit. Ind.* euro'päische Frau.

men [men] *pl. von* ***man***.

men·ace ['menəs] **I** *v/t.* **1.** bedrohen, gefährden; **2.** *et.* androhen; **II** *v/i.* **3.** drohen, Drohungen ausstoßen; **III** *s.* **4.** (Be)Drohung *f* (***to*** *gen.*), *fig. a.* drohende Gefahr (***to*** für); **5.** F ‚Scheusal' *n*, Nervensäge *f*; '**men·ac·ing** [-sıŋ] *adj.* □ drohend.

mé·nage, **me·nage** [me'nɑ:ʒ] (*Fr.*) *s.* Haushalt(ung *f*) *m*.

me·nag·er·ie [mı'nædʒərı] *s.* Menage'rie *f*, Tierschau *f*.

mend [mend] **I** *v/t.* **1.** ausbessern, flikken, reparieren: ***~ stockings*** Strümpfe stopfen; ***~ a friendship*** *fig.* e-e Freundschaft ‚kitten'; **2.** *fig.* (ver)bessern: ***~ one's efforts*** s-e Anstrengungen verdoppeln; ***~ one's pace*** den Schritt beschleunigen; ***~ one's ways*** sich (*sittlich*) bessern; ***least said soonest ~ed*** je weniger geredet wird, desto rascher wird alles wieder gut; **II** *v/i.* **3.** sich bessern; **4.** genesen: ***be ~ing*** auf dem Wege der Besserung sein; **III** *s.* **5.** ✝ *u. allg.* Besserung *f*: ***be on the ~*** → 4; **6.** ausgebesserte Stelle, Stopfstelle *f*, Flikken *m*; '**mend·a·ble** [-dəbl] *adj.* (aus-)besserungsfähig.

men·da·cious [men'deıʃəs] *adj.* □ lügnerisch, verlogen, lügenhaft; **men'dac·i·ty** [-'dæsətı] *s.* **1.** Lügenhaftigkeit *f*, Verlogenheit *f*; **2.** Lüge *f*, Unwahrheit *f*.

Men·de·li·an [men'di:ljən] *adj. biol.* Mendelsch, Mendel…; '**Men·de·lize** ['mendəlaız] *v/i.* mendeln.

men·di·can·cy ['mendıkənsı] *s.* Bette'lei *f*, Betteln *n*; '**men·di·cant** [-nt] **I** *adj.* **1.** bettelnd, Bettel…: ***~ friar*** → 3; **II** *s.* **2.** Bettler(in); **3.** Bettelmönch *m*.

men·dic·i·ty [men'dısətı] *s.* **1.** Bette'lei

f; **2.** Bettelstand *m*: ***reduce to ~*** *fig.* an den Bettelstab bringen.
mend·ing ['mendɪŋ] *s.* **1.** (Aus)Bessern *n*, Flicken *n*: ***his boots need ~*** seine Stiefel müssen repariert werden; ***invisible ~*** Kunststopfen *n*; **2.** *pl.* Stopfgarn *n*.
'men·folk(s) *s. pl.* Mannsvolk *n*, -leute *pl.*
me·ni·al ['mi:njəl] **I** *adj.* □ **1.** *contp.* knechtisch, niedrig (*Arbeit*): ***~ offices*** niedrige Dienste; **2.** knechtisch, unter'würfig; **II** *s.* **3.** Diener(in), Knecht *m*, La'kai *m* (*a. fig.*): ***~s*** Gesinde *n*.
me·nin·ge·al [mɪ'nɪndʒɪəl] *adj. anat.* Hirnhaut...; **men·in·gi·tis** [ˌmenɪn'dʒaɪtɪs] *s.* ⚕ Menin'gitis *f*, (Ge)Hirnhautentzündung *f*.
me·nis·cus [mɪ'nɪskəs] *pl.* **-nis·ci** [-'nɪsaɪ] *s.* **1.** Me'niskus *m*: a) halbmondförmiger Körper, b) *anat.* Gelenkscheibe *f*; **2.** *opt.* Me'niskenglas *n*.
men·o·pause ['menəʊpɔ:z] *s. physiol.* Wechseljahre *pl.*, Klimak'terium *n*.
men·ses ['mensi:z] *s. pl. physiol.* Menses *pl.*, Regel *f* (*der Frau*).
men·stru·al ['menstrʊəl] *adj.* **1.** *ast.* Monats...: ***~ equation*** Monatsgleichung *f*; **2.** *physiol.* Menstruations...: ***~ flow*** Regelblutung *f*; **'men·stru·ate** [-ʊeɪt] *v/i.* menstruieren, die Regel haben; **men·stru·a·tion** [ˌmenstrʊ'eɪʃn] *s.* Menstruati'on *f*, (monatliche) Regel, Peri'ode *f*.
men·sur·a·bil·i·ty [ˌmenʃʊrə'bɪlətɪ] *s.* Meßbarkeit *f*; **men·sur·a·ble** ['menʃʊrəbl] *adj.* **1.** meßbar; **2.** ♪ Mensural...: ***~ music.***
men·tal ['mentl] **I** *adj.* □ **1.** geistig, innerlich, intellektu'ell, Geistes...(*-kraft*, *-zustand etc.*): ***~ arithmetic*** Kopfrechnen *n*; ***~ reservation*** geheimer Vorbehalt, Mentalreservation *f*; → ***note*** 2; **2.** (geistig-)seelisch; **3.** ⚕ geisteskrank, -gestört, F verrückt: ***~ disease*** Geisteskrankheit *f*; ***~ home***, ***~ hospital*** Nervenheilanstalt *f*; ***~ patient***, ***~ case*** Geisteskranke(r *m*) *f*; ***~ly handicapped*** geistig behindert; **II** *s.* **4.** F Verrückte(r *m*) *f*; ***~ age*** *s. psych.* geistiges Alter; ***~ cru·el·ty*** *s.* ⚖ seelische Grausamkeit; ***~ de·fi·cien·cy*** *s.* ⚕ Geistesbehinderung *f*; ***~ de·range·ment*** *s.* **1.** ⚖ krankhafte Störung der Geistestätigkeit; **2.** ⚕ Geistesstörung *f*, Irrsinn *m*; ***~ hy·giene*** *s.* ⚕ 'Psychohygiˌene *f*.
men·tal·i·ty [men'tælətɪ] *s.* Mentali'tät *f*, Denkungsart *f*, Gesinnung *f*; Wesen *n*, Na'tur *f*.
men·thol ['menθɒl] *s.* ⚗ Men'thol *n*; **'men·tho·lat·ed** [-θəleɪtɪd] *adj.* Men'thol enthaltend, Menthol...
men·tion ['menʃn] **I** *s.* **1.** Erwähnung *f*: ***to make (no) ~ of s.th.*** et. (nicht) erwähnen; ***hono(u)rable ~*** ehrenvolle Erwähnung; **2.** lobende Erwähnung; **II** *v/t.* **3.** erwähnen, anführen: ***(please) don't ~ it!*** bitte!, gern geschehen!, (es ist) nicht der Rede wert!; ***not to ~*** ganz zu schweigen von; ***not worth ~ing*** nicht der Rede wert; **'men·tion·a·ble** [-ʃnəbl] *adj.* erwähnenswert.
men·tor ['mentɔ:] *s.* Mentor *m*, treuer Ratgeber.
men·u ['menju:] (*Fr.*) *s.* **1.** Speise(n)karte *f*; **2.** Speisenfolge *f*.
me·ow [mɪ'aʊ] **I** *v/i.* mi'auen (*Katze*); **II** *s.* Mi'auen *n*.
me·phit·ic [me'fɪtɪk] *adj.* verpestet, giftig (*Luft*, *Geruch etc.*).
mer·can·tile ['mɜ:kəntaɪl] *adj.* **1.** kaufmännisch, handeltreibend, Handels...: ***~ agency*** a) Handelsauskunftei *f*, b) Handelsvertretung *f*; ***~ law*** Handelsrecht *n*; ***~ marine*** Handelsmarine *f*; ***~ paper*** ✝ Warenpapier *n*; **2.** ✝ Merkantil...: ***~ system*** *hist.* Merkantilismus *m*; **'mer·can·til·ism** [-tɪlɪzəm] *s.* **1.** Handels-, Krämergeist *m*; **2.** kaufmännischer Unter'nehmergeist; **3.** ✝ *hist.* Merkanti'lismus *m*.
mer·ce·nar·y ['mɜ:sɪnərɪ] **I** *adj.* □ **1.** gedungen, Lohn...: ***~ troops*** Söldnertruppen; **2.** *fig.* feil, käuflich; **3.** *fig.* gewinnsüchtig: ***~ marriage*** Geldheirat *f*; **II** *s.* **4.** ⚔ Söldner *m*; *contp.* Mietling *m*.
mer·cer ['mɜ:sə] *s. Brit.* Seiden- u. Tex'tilienhändler *m*; **'mer·cer·ize** [-əraɪz] *v/t. Baumwollfasern* merzerisieren; **'mer·cer·y** [-ərɪ] *s.* ✝ *Brit.* **1.** Seiden-, Schnittwaren *pl.*; **2.** Seiden-, Schnittwarenhandlung *f*.
mer·chan·dise ['mɜ:tʃəndaɪz] **I** *s.* **1.** *coll.* Ware(n *pl.*) *f*, Handelsgüter *pl.*: ***an article of ~*** eine Ware; **II** *v/i.* **2.** Handel treiben, Waren vertreiben; **III** *v/t.* **3.** *Waren* vertreiben; **4.** Werbung machen für *e-e Ware*, den Absatz *e-r Ware* steigern; **'mer·chan·dis·ing** [-zɪŋ] ✝ **I** *s.* **1.** Merchandising *n*, Ver'kaufspoliˌtik *f* u. -förderung *f* (*durch Marktforschung, wirksame Gütergestaltung, Werbung etc.*); **2.** Handel(sgeschäfte *pl.*) *m*; **II** *adj.* **3.** Handels...
mer·chant ['mɜ:tʃənt] ✝ **I** *s.* **1.** (Groß-)Kaufmann *m*, Handelsherr *m*, Großhändler *m*: ***the ~s*** die Kaufmannschaft, Handelskreise *pl.*; **2.** *bsd. Am.* Ladenbesitzer *m*, Krämer *m*; **3.** ***~ of doom*** *Brit. sl.* ‚Unke' *f*, Schwarzseher(in); **4.** ⚓ *obs.* Handelsschiff *n*; **II** *adj.* **5.** Handels..., Kaufmanns...; **'mer·chant·a·ble** [-təbl] *adj.* marktgängig.
mer·chant| bank *s.* Handelsbank *f*; **~ fleet** *s.* ⚓ Handelsflotte *f*; **'~-man** [-mən] *s.* [*irr.*] ⚓ Kauffahr'tei-, Handelsschiff *n*; **~ na·vy** *s.* 'Handelsmaˌrine *f*; **~ prince** *s.* ✝ reicher Kaufherr, Handelsfürst *m*; **~ ship** *s.* Handelsschiff *n*.
mer·ci·ful ['mɜ:sɪfʊl] *adj.* □ (***to***) barm'herzig, mitleidvoll (gegen), gütig (gegen, zu); gnädig (*dat.*); **'mer·ci·ful·ly** [-fʊlɪ] *adv.* **1.** → ***merciful***; **2.** glücklicherweise; **'mer·ci·ful·ness** [-nɪs] *s.* Barm'herzigkeit *f*, Erbarmen *n*, Gnade *f* (*Gottes*); **'mer·ci·less** [-ɪlɪs] *adj.* □ unbarmherzig, erbarmungslos, mitleidlos; **'mer·ci·less·ness** [-ɪlɪsnɪs] *s.* Erbarmungslosigkeit *f*.
mer·cu·ri·al [mɜ:'kjʊərɪəl] *adj.* □ **1.** ⚗ Quecksilber...; **2.** *fig.* lebhaft, quecksilb(e)rig; **3.** *myth.* Merkur...: ***♀ wand*** Merkurstab *m*; **mer'cu·ri·al·ism** [-lɪzəm] *s.* ⚕ Quecksilbervergiftung *f*; **mer'cu·ri·al·ize** [-laɪz] *v/t.* ⚕, *phot.* mit Quecksilber behandeln; **mer'cu·ric** [-rɪk] *adj.* ⚗ Quecksilber...
mer·cu·ry ['mɜ:kjʊrɪ] *s.* **1.** ♀ *myth. ast.* Mer'kur *m*; *fig.* Bote *m*; **2.** ⚗, ⚕ Quecksilber *n*: ***~ column*** → 3; ***~ poisoning*** Quecksilbervergiftung *f*; **3.** Quecksilber(säule *f*) *n*: ***the ~ is rising*** das Barometer steigt (*a. fig.*); **4.** ⚘ Bingelkraut *n*; ***~ pres·sure ga(u)ge*** *s. phys.* 'Quecksilbermanoˌmeter *n*.
mer·cy ['mɜ:sɪ] *s.* **1.** Barm'herzigkeit *f*, Mitleid *n*, Erbarmen *n*; Gnade *f*: ***be at the ~ of s.o.*** in j-s Gewalt sein, j-m auf Gnade u. Ungnade ausgeliefert sein; ***at the ~ of the waves*** den Wellen preisgegeben; ***throw o.s. on s.o.'s ~*** sich j-m auf Gnade u. Ungnade ergeben; ***be left to the tender mercies of*** *iro.* der rauhen Behandlung von ... ausgesetzt sein; ***Sister of ♀*** Barmherzige Schwester; **2.** Glück *n*, Segen *m*, (wahre) Wohltat: ***it is a ~ that he left***; ***~ kill·ing*** *s.* Sterbehilfe *f*.
mere [mɪə] *adj.* □ bloß, nichts als, rein, völlig: ***~(st) nonsense*** purer Unsinn; ***~ words*** bloße Worte; ***he is no ~ craftsman*** er ist kein bloßer Handwerker; ***the ~st accident*** der reinste Zufall; **'mere·ly** [-lɪ] *adv.* bloß, rein, nur, lediglich.
mer·e·tri·cious [ˌmerɪ'trɪʃəs] *adj.* □ **1.** *obs.* dirnenhaft; **2.** *fig.* a) falsch, verlogen, b) protzig.
merge [mɜ:dʒ] **I** *v/t.* **1.** (***in***) verschmelzen (mit), aufgehen lassen (in *dat.*), einverleiben (*dat.*): ***be ~d in*** in *et.* aufgehen; **2.** ⚖ tilgen, aufheben; **3.** ✝ a) fusionieren, b) *Aktien* zs.-legen; **II** *v/i.* **4.** ***~ in*** sich verschmelzen mit, aufgehen in (*dat.*); **5.** a) *mot.* sich (in den Verkehr) einfädeln, b) zs.-laufen (*Straßen*); **'mer·gence** [-dʒəns] *s.* Aufgehen *n* (***in*** in *dat.*), Verschmelzung *f* (***into*** mit); **'merg·er** [-dʒə] *s.* **1.** ✝ Fusi'on *f*, Fusionierung *f von Gesellschaften*; Zs.-legung *f von Aktien*; **2.** ⚖ a) Verschmelzung(svertrag *m*) *f*, Aufgehen *n* (*e-s Besitzes od. Vertrages in e-m anderen etc.*), b) Konsumpti'on *f* (*e-r Straftat durch e-e schwerere*).
me·rid·i·an [mə'rɪdɪən] **I** *adj.* **1.** mittägig, Mittags...; **2.** *ast.* Kulminations..., Meridian...: ***~ circle*** Meridiankreis *m*; **3.** *fig.* höchst; **II** *s.* **4.** *geogr.* Meridi'an *m*, Längenkreis *m*: ***prime ~*** Nullmeridian; **5.** *poet.* Mittag(szeit *f*) *m*; **6.** *ast.* Kulminati'onspunkt *m*; **7.** *fig.* Höhepunkt *m*, Gipfel *m*; *fig.* Blüte(zeit) *f*; **me'rid·i·o·nal** [-dɪənl] **I** *adj.* □ **1.** *ast.* meridio'nal, Meridian..., Mittags...; **2.** südlich, südländisch; **II** *s.* **3.** Südländer (-in), *bsd.* 'Südfranˌzose *m*, -franˌzösin *f*.
me·ringue [mə'ræŋ] *s.* Me'ringe *f*, Schaumgebäck *n*, Bai'ser *n*.
me·ri·no [mə'ri:nəʊ] *pl.* **-nos** [-z] *s.* **1.** *a.* ***~ sheep*** *zo.* Me'rinoschaf *n*; **2.** ✝ a) Me'rinowolle *f*, b) Me'rino *m* (*Kammgarnstoff*).
mer·it ['merɪt] **I** *s.* **1.** Verdienst(lichkeit *f*) *n*: ***according to one's ~*** nach Verdienst *belohnen etc.*; ***a man of ~*** e-e verdiente Persönlichkeit; ***Order of ♀*** Verdienstorden *m*; ***~ pay*** ✝ leistungsbezogene Bezahlung; ***~ rating*** Leistungsbeurteilung *f*; **2.** Wert *m*, Vorzug *m*: ***of architectural ~*** von architektonischem Wert, erhaltungswürdig; **3.** ***the ~s*** *pl.* ⚖ *u. fig.* die Hauptpunkte, der sachliche Gehalt, die wesentlichen (⚖ *a.* materiell-rechtlichen) Gesichtspunkte: ***on its (own) ~s*** dem wesentlichen Inhalt nach, an (u. für) sich betrachtet; ***on the ~s*** ⚖ in der Sache selbst, nach materiellem Recht; ***decision on the ~s***

Sachentscheidung *f*; ***inquire into the ~s of a case*** e-r Sache auf den Grund gehen; **II** *v/t.* **4.** *Lohn, Strafe etc.* verdienen; **'mer·it·ed** [-tɪd] *adj.* □ verdient; **'mer·it·ed·ly** [-tɪdlɪ] *adv.* verdientermaßen.

me·ri·toc·ra·cy [ˌmerɪ'tɒkrəsɪ] *s. sociol.* **1.** (herrschende) E'lite; **2.** Leistungsgesellschaft *f*.

mer·i·to·ri·ous [ˌmerɪ'tɔ:rɪəs] *adj.* □ verdienstvoll.

mer·lin ['mɜ:lɪn] *s. orn.* Merlin-, Zwergfalke *m*.

mer·maid ['mɜ:meɪd] *s.* Meerweib *n*, Seejungfrau *f*, Nixe *f*; **'mer·man** [-mæn] *s.* [*irr.*] Wassergeist *m*, Triton *m*, Nix *m*.

mer·ri·ly ['merəlɪ] *adv. von* ***merry***; **'mer·ri·ment** [-ɪmənt] *s.* **1.** Fröhlichkeit *f*, Lustigkeit *f*; **2.** Belustigung *f*, Lustbarkeit *f*, Spaß *m*.

mer·ry ['merɪ] *adj.* □ **1.** lustig, fröhlich: ***as ~ as a lark*** (*od.* ***cricket***) kreuzfidel; ***make ~*** lustig sein, feiern, scherzen; **2.** scherzhaft, spaßhaft, lustig: ***make ~ over*** sich lustig machen über (*acc.*); **3.** beschwipst, angeheitert; **~ an·drew** ['ændru:] *s.* Hans'wurst *m*, Spaßmacher *m*; **'~-go-ˌround** [-gəʊˌr-] *s.* Karus'sell *n*; *fig.* Wirbel *m*; **'~ˌmak·ing** *s.* Belustigung *f*, Lustbarkeit *f*, Fest *n*; **'~·thought** → ***wishbone*** 1.

me·sa ['meɪsə] *s. geogr. Am.* Tafelland *n*; **~ oak** *s. Am.* Tischeiche *f*.

mes·en·ter·y ['mesəntərɪ] *s. anat., zo.* Gekröse *n*.

mesh [meʃ] **I** *s.* **1.** Masche *f*: ***~ stocking*** Netzstrumpf *m*; **2.** ⚙ Maschenweite *f*; **3.** *mst pl. fig.* Netz *n*, Schlingen *pl.*: ***be caught in the ~es of the law*** sich in den Schlingen des Gesetzes verfangen (haben); **4.** ⚙ Inein'andergreifen *n*, Eingriff *m* (*von Zahnrädern*): ***be in ~*** im Eingriff sein; **5.** → ***mesh connection***; **II** *v/t.* **6.** in e-m Netz fangen, verwickeln; **7.** ⚙ in Eingriff bringen, einrücken; **8.** *fig.* (mitein'ander) verzahnen; **III** *v/i.* **9.** ⚙ ein-, inein'andergreifen (*Zahnräder*); **~ con·nec·tion** *s.* ⚡ Vieleck-, *bsd.* Deltaschaltung *f*.

meshed [meʃt] *adj.* netzartig; ...maschig: ***close-~*** engmaschig.

'mesh·work *s.* Maschen *pl.*, Netzwerk *n*; Gespinst *n*.

mes·mer·ic, mes·mer·i·cal [mez'merɪk(l)] *adj.* **1.** mesmerisch, 'heilmaˌgnetisch; **2.** *fig.* hyp'notisch, ma'gnetisch, faszinierend.

mes·mer·ism ['mezmərɪzəm] *s.* Mesme'rismus *m*, tierischer Magne'tismus; **'mes·mer·ist** [-ɪst] *s.* 'Heilmagnetiˌseur *m*; **'mes·mer·ize** [-raɪz] *v/t.* mesmerisieren; *fig.* faszinieren, bannen.

mesne [mi:n] *adj.* ⚖ Zwischen..., Mittel...: ***~ lord*** Afterlehnsherr *m*; ***~ interest*** *s.* ⚖ Zwischenzins *m*.

meso- [mesəʊ] *in Zssgn* Zwischen..., Mittel...; **ˌmes·o'lith·ic** [-'lɪθɪk] *adj.* meso'lithisch, mittelsteinzeitlich.

mes·on ['mi:zɒn] *s. phys.* Meson *n*.

Mes·o·zo·ic [ˌmesəʊ'zəʊɪk] *geol.* **I** *adj.* meso'zoisch; **II** *s.* Meso'zoikum *n*.

mess [mes] **I** *s.* **1.** *obs.* Gericht *n*, Speise *f*: ***~ of pottage*** *bibl.* Linsengericht; **2.** Viehfutter *n*; **3.** ⚔ Ka'sino *n*, Speiseraum *m*; ⚓ Messe *f*, Back *f*: ***officers' ~*** Offiziersmesse; **4.** *fig.* Mischmasch *m*, Mansche'rei *f*; **5.** *fig.* a) Durchein'ander *n*, Unordnung *f*, b) Schmutz *m*, ‚Schweine'rei' *f*, c) ‚Schla'massel' *m*, ‚Patsche' *f*, Klemme *f*: ***in a ~*** beschmutzt, in Unordnung, *fig.* in der Klemme; ***get into a ~*** in die Klemme kommen; ***make a ~*** Schmutz machen; ***make a ~ of*** → 6 c; ***make a ~ of it*** alles vermasseln *od.* versauen, Mist bauen; ***you made a nice ~ of it*** da hast du was Schönes angerichtet; ***he was a ~*** er sah gräßlich aus, *fig.* er war völlig verwahrlost; → ***pretty*** 2; **II** *v/t.* **6.** *a.* ***~ up*** a) beschmutzen, b) in Unordnung *od.* Verwirrung bringen, c) *fig.* verpfuschen, vermasseln, verhunzen; **III** *v/i.* **7.** (*an e-m gemeinsamen Tisch*) essen (***with*** mit): ***~ together*** ⚓ zu 'einer Back gehören; **8.** manschen, panschen (***in*** in *dat.*); **9.** ***~ with*** sich einmischen; **10.** ***~ about***, ***~ around*** her'ummurksen, (-)pfuschen, F *fig.* sich her'umtreiben.

mes·sage ['mesɪdʒ] *s.* **1.** Botschaft *f* (*a. bibl.*), Sendung *f*: ***can I take a ~?*** kann ich et. ausrichten?; **2.** Mitteilung *f*, Bescheid *m*, Nachricht *f*: ***get the ~*** F (es) kapieren; ***radio ~*** Funkmeldung *f*, -spruch *m*; **3.** *fig.* Botschaft *f*, Anliegen *n e-s Dichters etc.*; **'~ˌtak·ing ser·vice** *s. teleph.* (Fernsprech)Auftragsdienst *m*.

mes·sen·ger ['mesɪndʒə] *s.* **1.** (Post-*etc.*)Bote *m*: (***express*** *od.* ***special***) ***~*** Eilbote; ***by ~*** durch Boten; **2.** Ku'rier *m*; ⚔ *a.* Melder *m*; **3.** *fig.* (Vor)Bote *m*, Verkünder *m*; **4.** ⚓ a) Anholtau *n*, b) Ankerkette *f*; ***~ air·plane*** *s.* ⚔ Ku'rierflugzeug *n*; ***~ boy*** *s.* Laufbursche *m*, Botenjunge *m*; ***~ dog*** *s.* Meldehund *m*; ***~ pi·geon*** *s.* Brieftaube *f*.

mess hall *s.* ⚔, ⚓ Messe *f*, Ka'sino (-raum *m*) *n*, Speisesaal *m*.

Mes·si·ah [mɪ'saɪə] *s. bibl.* Mes'sias *m*, Erlöser *m*; **Mes·si·an·ic** [ˌmesɪ'ænɪk] *adj.* messi'anisch.

mess| jack·et *s.* ⚓ kurze Uni'formjacke; **~ kit** *s.* ⚔ Kochgeschirr *n*, Eßgerät *n*; **'~·mate** *s.* ⚔, ⚓ Meßgenosse *m*, 'Tischkameˌrad *m*; **~ ser·geant** *s.* ⚔ 'Küchenˌunteroffiˌzier *m*; **'~·tin** *s.* ⚔, ⚓ *bsd. Brit.* Eßgeschirr *n*.

mes·suage ['meswɪdʒ] *s.* ⚖ Wohnhaus *n* (*mst mit Ländereien*), Anwesen *n*.

'mess-up *s.* F **1.** Durchein'ander *n*; **2.** Mißverständnis *n*.

mess·y ['mesɪ] *adj.* □ **1.** unordentlich, schlampig; **2.** unsauber, schmutzig.

mes·ti·zo [me'sti:zəʊ] *pl.* **-zos** [-z] *s.* Me'stize *m*; Mischling *m*.

met [met] *pret. u. p.p. von* ***meet***.

met·a·bol·ic [ˌmetə'bɒlɪk] *adj.* **1.** *physiol.* meta'bolisch, Stoffwechsel...; **2.** sich (ver)wandelnd; **me·tab·o·lism** [me'tæbəlɪzəm] *s.* **1.** *biol.* Metabo'lismus *m*, Formveränderung *f*; **2.** *physiol., a.* ⚘ Stoffwechsel *m*: ***general ~***, ***total ~*** Gesamtstoffwechsel; → ***basal*** 2; **3.** ⚗ Metabo'lismus *m*; **me·tab·o·lize** [me'tæbəlaɪz] *v/t.* 'umwandeln.

met·a·car·pal [ˌmetə'kɑ:pl] *anat.* **I** *adj.* Mittelhand...; **II** *s.* Mittelhandknochen *m*; **ˌmet·a'car·pus** [-pəs] *pl.* **-pi** [-paɪ] *s.* **1.** Mittelhand *f*; **2.** Vordermittelfuß *m*.

met·age ['mi:tɪdʒ] *s.* **1.** amtliches Messen (*des Inhalts od. Gewichts bsd. von Kohlen*); **2.** Meßgeld *n*.

met·al ['metl] **I** *s.* **1.** ⚗, *min.* Me'tall *n*; **2.** ⚙ a) 'Nichteisenmeˌtall *n*, b) Me'talllegierung *f*, *bsd.* 'Typen-, Ge'schützmeˌtall *n*, c) 'Gußmeˌtall *n*: ***brittle ~***, ***red ~*** Rotguß *m*; ***fine ~*** Weiß-, Feinmetall; ***grey ~*** graues Gußeisen; **3.** *min.* a) Regulus *m*, Korn *n*, b) (Kupfer)Stein *m*; **4.** ⚒ Schieferton *m*; **5.** ⚙ (flüssige) Glasmasse; **6.** *pl. Brit.* Eisenbahnschienen *pl.*: ***run off the ~s*** entgleisen; **7.** *her.* Me'tall *n* (*Gold- u. Silberfarbe*); **8.** *Straßenbau*: Beschotterung *f*, Schotter *m*; **9.** *fig.* Mut *m*; **II** *v/t.* **10.** mit Me'tall bedecken *od.* versehen; **11.** ⛟, *Straßenbau*: beschottern; **III** *adj.* **12.** Me'tall..., me'tallen; **~ age** *s.* Bronze- u. Eisenzeitalter *n*; **'~-clad** *adj.* ⚙ me'tallgekapselt; **'~-coat** *v/t.* mit Me'tall über'ziehen; **~ cut·ting** *s.* ⚙ spanabhebende Bearbeitung; **~ found·er** *s.* Me'tallgießer *m*; **~ ga(u)ge** *s.* Blechlehre *f*.

met·al·ize *Am.* → ***metallize***.

me·tal·lic [mɪ'tælɪk] *adj.* (□ **~ally**) **1.** me'tallen, Metall...: ***~ cover*** a) ⚙ Metallüberzug *m*, b) ✝ Metalldeckung *f*; ***~ currency*** Metallwährung *f*, Hartgeld *n*; **2.** me'tallisch (glänzend *od.* klingend): ***~ voice***; ***~ beetle*** Prachtkäfer *m*; **met·al·lif·er·ous** [ˌmetə'lɪfərəs] *adj.* me'tallführend, -reich; **met·al·line** ['metəlaɪn] *adj.* **1.** me'tallisch; **2.** me'tallhaltig; **met·al·lize** ['metəlaɪz] *v/t.* metallisieren.

met·al·loid ['metəlɔɪd] **I** *adj.* metallo'idisch; **II** *s.* ⚗ Metallo'id *n*.

met·al·lur·gic, met·al·lur·gi·cal [ˌmetə'lɜ:dʒɪk(l)] *adj.* metall'urgisch; **met·al·lur·gist** [me'tælədʒɪst] *s.* Metall'urg(e) *m*; **met·al·lur·gy** [me'tælədʒɪ] *s.* Metallur'gie *f*, Hüttenkunde *f*, -wesen *n*.

met·al| plat·ing *s.* ⚙ Plattierung *f*; **'~ˌpro·ces·sing**, **'~ˌwork·ing I** *s.* Me'tallbearbeitung *f*; **II** *adj.* me'tallverarbeitend.

met·a·mor·phic [ˌmetə'mɔ:fɪk] *adj.* **1.** *geol.* meta'morph; **2.** *biol.* gestaltverändernd; **ˌmet·a'mor·phose** [-fəʊz] **I** *v/t.* **1.** (***to***, ***into***) 'umgestalten (zu), verwandeln (in *acc.*); **2.** verzaubern, -wandeln (***to***, ***into*** in *acc.*); **II** *v/i.* **3.** *zo.* sich verwandeln; **ˌmet·a'mor·pho·sis** [-fəsɪs] *pl.* **-ses** [-si:z] *s.* Metamor'phose *f* (*a. biol., physiol.*), Verwandlung *f*.

met·a·phor ['metəfə] *s.* Me'tapher *f*, bildlicher Ausdruck.

met·a·phor·i·cal [ˌmetə'fɒrɪkl] *adj.* □ meta'phorisch, bildlich.

met·a·phrase ['metəfreɪz] **I** *s.* Meta'phrase *f*, wörtliche Über'setzung; **II** *v/t.* a) wörtlich über'tragen, b) um'schreiben.

met·a·phys·i·cal [ˌmetə'fɪzɪkl] *adj.* □ **1.** *phls.* meta'physisch; **2.** 'übersinnlich; ab'strakt; **met·a·phy·si·cian** [ˌmetəfɪ'zɪʃn] *s. phls.* Meta'physiker *m*; **ˌmet·a'phys·ics** [-ks] *s. pl. sg. konstr. phls.* Metaphy'sik *f*.

met·a·plasm ['metəplæzəm] *s.* **1.** *ling.* Meta'plasmus *m*, Wortveränderung *f*; **2.** *biol.* Meta'plasma *n*.

me·tas·ta·sis [mɪ'tæstəsɪs] *pl.* **-ses** [-si:z] *s.* **1.** ⚕ Meta'stase *f*, Tochtergeschwulst *f*; **2.** *biol.* Stoffwechsel *m*.

met·a·tar·sal [ˌmetə'tɑ:sl] *anat.* **I** *adj.* Mittelfuß...; **II** *s.* Mittelfußknochen *m*;

ˌmet·aˈtar·sus [-səs] *pl.* **-si** [-saɪ] *s. anat., zo.* Mittelfuß *m.*

mete [miːt] **I** *v/t.* **1.** *poet.* (ab-, aus)messen, durch'messen; **2.** *mst* **~ out** (*a. Strafe*) zumessen (**to** *dat.*); **3.** *fig.* ermessen; **II** *s. mst pl.* **4.** Grenze *f*: **know one's ~s and bounds** *fig.* Maß u. Ziel kennen.

me·tem·psy·cho·sis [ˌmetempsɪˈkəʊsɪs] *pl.* **-ses** [-siːz] *s.* Seelenwanderung *f*, Metempsy'chose *f.*

me·te·or [ˈmiːtjə] *s. ast.* a) Mete'or *m* (*a. fig.*), b) Sternschnuppe *f*; **me·te·or·ic** [ˌmiːtɪˈɒrɪk] *adj.* **1.** *ast.* mete'orisch, Meteor…: **~ shower** Sternschnuppenschwarm *m*; **2.** *fig.* mete'orhaft: a) glänzend: **~ fame**, b) ko'metenhaft, rasch: **his ~ rise to power**; **ˈme·te·or·ite** [-jəraɪt] *s. ast.* Meteo'rit *m*, Mete'orstein *m*; **me·te·or·o·log·ic, me·te·or·o·log·i·cal** [ˌmiːtjərəˈlɒdʒɪk(l)] *adj.* □ *phys.* meteoro'logisch, Wetter…, Luft…: **~ conditions** Witterungsverhältnisse; **~ office** Wetteramt *n*; **~ satellite** Wettersatellit *m*; **me·te·or·ol·o·gist** [ˌmiːtjəˈrɒlədʒɪst] *s. phys.* Meteoro'loge *m*, Meteoro'login *f*; **me·te·or·ol·o·gy** [ˌmiːtjəˈrɒlədʒɪ] *s. phys.* **1.** Meteorolo'gie *f*; **2.** meteoro'logische Verhältnisse *pl.* (*e-r Gegend*).

me·ter¹ [ˈmiːtə] *Am.* → **metre.**

me·ter² [ˈmiːtə] **I** *s.* ⚙ Messer *m*, Meßgerät *n*, Zähler *m*: **electricity ~** elektrischer Strommesser *od.* Zähler; **II** *v/t.* (*mit e-m Meßinstrument*) messen: **~ out** *et.* abgeben, dosieren; **ˈ~-maid** *s.* F Poli'tesse *f.*

meth·ane [ˈmiːθeɪn] *s.* ⚗ Me'than *n.*

me·thinks [mɪˈθɪŋks] *v/impers. obs. od. poet.* mich dünkt, mir scheint.

meth·od [ˈmeθəd] *s.* **1.** Me'thode *f*; *bsd.* ⚙ Verfahren *n*: **~ of doing s.th.** Art u. Weise *f*, et. zu tun; **by a ~** nach e-r Methode; **2.** ˈLehrmeˌthode *f*; **3.** Sy'stem *n*; **4.** *phls.* (logische) ˈDenkmeˌthode; **5.** Ordnung *f*, Me'thode *f*, Planmäßigkeit *f*: **work with ~** methodisch arbeiten; **there is ~ in his madness** sein Wahnsinn hat Methode; **there is ~ in this** da ist System drin; **me·thod·ic, me·thod·i·cal** [mɪˈθɒdɪk(l)] *adj.* □ **1.** me'thodisch, syste'matisch; **2.** über'legt.

Meth·od·ism [ˈmeθədɪzəm] *s. eccl.* Metho'dismus *m*; **ˈMeth·od·ist** [-ɪst] **I** *s.* **1.** *eccl.* Metho'dist(in); **2.** ♀ *fig. contp.* Frömmler *m*, Mucker *m*; **II** *adj.* **3.** *eccl.* metho'distisch.

meth·od·ize [ˈmeθədaɪz] *v/t.* me'thodisch ordnen; **ˈmeth·od·less** [-dlɪs] *adj.* □ plan-, sy'stemlos.

meth·od·ol·o·gy [ˌmeθəˈdɒlədʒɪ] *s.* **1.** Methodolo'gie *f*; **2.** Me'thodik *f.*

Me·thu·se·lah [mɪˈθjuːzələ] *npr. bibl.* Me'thusalem *m*: **as old as ~** (so) alt wie Methusalem.

meth·yl [ˈmeθɪl; ⚗ ˈmiːθaɪl] *s.* ⚗ Me'thyl *n*: **~ alcohol** Methylalkohol *m*; **meth·yl·ate** [ˈmeθɪleɪt] ⚗ **I** *v/t.* **1.** methylieren; **2.** denaturieren: **~d spirits** denaturierter Spiritus, Brennspiritus *m*; **II** *s.* **3.** Methy'lat *n*; **meth·yl·ene** [ˈmeθɪliːn] *s.* ⚗ Methy'len *n*; **me·thyl·ic** [mɪˈθɪlɪk] *adj.* ⚗ Methyl…

me·tic·u·los·i·ty [mɪˌtɪkjʊˈlɒsətɪ] *s.* peinliche Genauigkeit, Akri'bie *f*; **me·tic·u·lous** [mɪˈtɪkjʊləs] *adj.* □ peinlich genau, a'kribisch.

mé·tier [ˈmeɪtɪeɪ] *s.* **1.** Gewerbe *n*; **2.** *fig.* (Spezi'al)Gebiet *n*, Meti'er *n.*

me·ton·y·my [mɪˈtɒnɪmɪ] *s.* Metony'mie *f*, Begriffsvertauschung *f.*

me·tre [ˈmiːtə] *s. Brit.* **1.** Versmaß *n*, Metrum *n*; **2.** Meter *m, n.*

met·ric [ˈmetrɪk] **I** *adj.* (□ **~ally**) **1.** metrisch: **~ system**; **~ method of analysis** ⚗ Maßanalyse *f*; **2.** → **metrical** 2; **II** *s. pl. sg. konstr.* **3.** Metrik *f*, Verslehre *f*; ♪ Rhythmik *f*, Taktlehre *f*; **ˈmet·ri·cal** [-kl] *adj.* □ **1.** → **metric** 1; **2.** a) metrisch, Vers…, b) rhythmisch; **ˈmet·ri·cate** [-keɪt] *v/t. u. v/i. Brit.* (sich) auf das metrische Sy'stem ˈumstellen.

met·ro·nome [ˈmetrənəʊm] *s.* ♪ Metro'nom *n*, Taktmesser *m.*

me·trop·o·lis [mɪˈtrɒpəlɪs] *s.* **1.** Metro'pole *f*, Haupt-, Großstadt *f*: **the ♀** *Brit.* London; **2.** Hauptzentrum *n*; **3.** *eccl.* Sitz *m* e-s Metropo'liten *od.* Erzbischofs; **met·ro·pol·i·tan** [ˌmetrəˈpɒlɪtən] **I** *adj.* **1.** hauptstädtisch, Stadt…; **2.** *eccl.* erzbischöflich; **II** *s.* **3.** a) Metropo'lit *m* (*Ostkirche*), Erzbischof *m*; **4.** Bewohner(in) der Hauptstadt; Großstädter(in).

met·tle [ˈmetl] *s.* **1.** Veranlagung *f*; **2.** Eifer *m*, Mut *m*, Feuer *n*: **be on one's ~** vor Eifer brennen; **put s.o. on his ~** j-n zur Aufbietung aller s-r Kräfte anspornen; **try s.o.'s ~** j-n auf die Probe stellen; **horse of ~** feuriges Pferd; **ˈmet·tled** [-ld], **ˈmet·tle·some** [-səm] *adj.* feurig, mutig.

mew¹ [mjuː] *s. orn.* Seemöwe *f.*

mew² [mjuː] *v/i.* mi'auen (*Katze*).

mew³ [mjuː] *s.* **1.** Mauserkäfig *m*; **2.** *pl. sg. konstr.* a) Stall *m*: **the Royal ♀s** der Königliche Marstall, b) *Brit. zu Wohnungen umgebaute ehemalige Stallungen.*

mewl [mjuːl] *v/i.* **1.** quäken, wimmern (*Baby*); **2.** mi'auen.

Mex·i·can [ˈmeksɪkən] **I** *adj.* mexi'kanisch; **II** *s.* Mexi'kaner(in).

mez·za·nine [ˈmetsəniːn] *s.* △ **1.** Mezza'nin *n*, Zwischengeschoß *n*; **2.** *thea.* Raum *m* unter der Bühne.

mez·zo [ˈmedzəʊ] (*Ital.*) **I** *adj.* **1.** ♪ mezzo, mittel, halb: **~ forte** halblaut; **II** *s.* **2.** → **mezzo-soprano**; **3.** → **mezzotint**; **ˌ~-soˈpra·no** *s.* ♪ ˈMezzosoˌpran *m*; **ˈ~·tint I** *s.* **1.** *Kupferstecherei*: Mezzo'tinto *n*, Schabkunst *f*; **2.** Schabkunstblatt *n*: **~ engraving** Stechkunst *f* in Mezzotintomanier; **II** *v/t.* **3.** in Mezzo'tinto gravieren.

mi·aow [miːˈaʊ] → **meow.**

mi·asm [ˈmaɪæzəm], **mi·as·ma** [mɪˈæzmə] *pl.* **-ma·ta** [-mətə] *s.* ⚕ Mi'asma *n*, Krankheitsstoff *m*; **mi·as·mal** [mɪˈæzml], **mi·as·mat·ic, mi·as·mat·i·cal** [ˌmɪəzˈmætɪk(l)] *adj.* ansteckend.

mi·aul [miːˈaʊl; mɪˈɔːl] *v/i.* mi'auen.

mi·ca [ˈmaɪkə] *min.* **I** *s.* Glimmer(erde *f*) *m*; **II** *adj.* Glimmer…: **~ capacitor** ⚡ Glimmerkondensator *m*; **mi·ca·ceous** [maɪˈkeɪʃəs] *adj.* Glimmer…

Mi·cah [ˈmaɪkə] *npr. u. s. bibl.* (das Buch) Micha *m od.* Mi'chäas *m.*

mice [maɪs] *pl. von* **mouse.**

Mich·ael·mas [ˈmɪklməs] *s.* Micha'elis *n*, Michaelstag *m* (*29. September*); **~ Day** *s.* **1.** Michaelstag *m* (*29. September*); **2.** *e-r der 4 brit. Quartalstage*; **~ term** *s. Brit. univ.* ˈHerbstseˌmester *n.*

Mick [mɪk] → **Mike¹.**

Mick·ey [ˈmɪkɪ] *s.* **1.** *Am. sl.* ✈ Bordradar *n*; **2. take the ♀ out of s.o.** j-n ‚veräppeln'; **3.** → **~ Finn** [fɪn] *s. sl.* a) präparierter Drink, b) Betäubungsmittel *n.*

micro- [maɪkrəʊ] *in Zssgn*: a) Mikro…, (sehr) klein, b) ein milli'onstel, c) mikro'skopisch.

mi·crobe [ˈmaɪkrəʊb] *s. biol.* Mi'krobe *f*; **mi·cro·bi·al** [maɪˈkrəʊbjəl], **mi·cro·bic** [maɪˈkrəʊbɪk] *adj.* mi'krobisch, Mikroben…; **mi·cro·bi·o·sis** [ˌmaɪkrəʊbaɪˈəʊsɪs] *s.* ⚕ Mi'krobeninfektiˌon *f.*

ˌmi·croˈchem·is·try *s.* Mikroche'mie *f.*

ˈmi·cro·chip *s. Computer*: Mikrochip *m.*

ˈmi·croˌcir·cuit *s.* Mikroschaltung *f.*

mi·cro·cosm [ˈmaɪkrəʊkɒzəm] *s.* Mikro'kosmos *m* (*a. phls. u. fig.*); **mi·cro·cos·mic** [ˌmaɪkrəʊˈkɒzmɪk] *adj.* mikro'kosmisch.

ˈmi·croˌe·lecˈtron·ics *s. pl. sg. konstr. phys.* Mikroelek'tronik *f.*

mi·cro·fiche [ˈmaɪkrəʊfiːʃ] *s.* Mikrofiche *m.*

ˈmi·cro·film *phot.* **I** *s.* Mikrofilm *m*; **II** *v/t.* auf Mikrofilm aufnehmen.

ˈmi·cro·gram *Am.*, **ˈmi·cro·gramme** *Brit. s. phys.* Mikro'gramm *n* (*ein millionstel Gramm*).

ˈmi·cro·groove *s.* **1.** Mikrorille *f*; **2.** Schallplatte *f* mit Mikrorillen.

ˈmi·cro·inch *s.* ein milli'onstel Zoll.

mi·crom·e·ter [maɪˈkrɒmɪtə] *s.* **1.** *phys.* Mikro'meter *n* (*ein millionstel Meter*): **~ adjustment** ⚙ Feinsteinstellung *f*; **~ (caliper)** Feinmeßschraube *f*; **2.** *opt.* Oku'lar-Mikroˌmeter *n* (*an Fernrohren etc.*).

mi·cron [ˈmaɪkrɒn] *pl.* **-crons, -cra** [-krə] *s.* ⚗, *phys.* Mikron *n* (*ein tausendstel Millimeter*).

ˌmi·croˈor·gan·ism *s.* Mikroorga'nismus *m.*

mi·cro·phone [ˈmaɪkrəfəʊn] *s.* ⚡ **1.** (**at the ~** am) Mikro'phon *n*; **2.** *teleph.* Sprechmuschel *f*; **3.** F Radio *n*: **through the ~** durch den Rundfunk.

ˌmi·croˈpho·to·graph *s.* **1.** Mikrofoto (-gra'fie *f*) *n*; **2.** → **ˌmi·cro·phoˈtog·ra·phy** *s.* Mikrofotogra'fie *f.*

ˌmi·croˈpro·ces·sor *s. Computer*: Mikropro'zessor *m.*

mi·cro·scope [ˈmaɪkrəskəʊp] **I** *s.* Mikro'skop *n*: **reflecting ~** Spiegelmikroskop; **~ stage** Objektivtisch *m*; **II** *v/t.* mikro'skopisch unter'suchen; **mi·cro·scop·ic, mi·cro·scop·i·cal** [ˌmaɪkrəˈskɒpɪk(l)] *adj.* □ **1.** mikro'skopisch: **~ examination**; **~ slide** Objektträger *m*; **2.** (peinlich) genau; **3.** mikro'skopisch klein, verschwindend klein.

ˈmi·croˌsec·ond *s.* Mikrose'kunde *f* (*eine millionstel Sekunde*).

ˌmi·croˈsur·ger·y *s.* ⚕ Mikrochirur'gie *f.*

ˈmi·cro·volt *s. phys.* Mikrovolt *n.*

ˈmi·cro·wave *s.* ⚡ Mikrowelle *f*, Dezi'meterwelle *f*: **~ engineering** Höchstfrequenztechnik *f*; **~ oven** Mikrowellenherd *m.*

mic·tu·ri·tion [ˌmɪktjʊəˈrɪʃn] *s.* ⚕ **1.** U'rindrang *m*; **2.** Harnen *n.*

mid¹ [mɪd] *adj. attr. od. in Zssgn* mittler, Mittel…: **in ~air** mitten in der Luft, frei schwebend; **in the ~ 16th century** in der Mitte des 16. Jhs.; ***in ~-April*** Mitte April; ***in ~ ocean*** auf offener See.

mid² [mɪd] *prp. poet.* in'mitten von (*od. gen.*).

Mi·das ['maɪdæs] I *npr. antiq.* Midas *m* (*König von Phrygien*): ***he has the ~ touch*** *fig.* er macht aus allem Geld; II *s.* ♀ *zo.* Midasfliege *f.*

'mid·day I *s.* Mittag *m*; II *adj.* mittägig, Mittags…

mid·dle ['mɪdl] I *adj.* **1.** mittler, Mittel… (*a. ling.*): ***~ finger*** Mittelfinger *m*; ***~ quality*** ✝ Mittelqualität *f*; ***~ management*** mittleres Management; II *s.* **2.** Mitte *f*: ***in the ~*** in der Mitte; ***in the ~ of speaking*** mitten in der Rede; ***in the ~ of July*** Mitte Juli; **3.** Mittelweg *m*; **4.** Mittelstück *n* (*a. e-s Schlachttieres*); **5.** Mitte *f* (*des Leibes*), Taille *f*; **6.** Medium *n* (*griechische Verbalform*); **7.** *Logik*: Mittelglied *n* (*e-s Schlusses*); **8.** *Fußball*: Flankenball *m*; **9.** *a.* ***~ article*** *Brit.* Feuille'ton *n*; **10.** *pl.* ✝ Mittelsorte *f*; **11.** Mittelsmann *m*; III *v/t.* **12.** in die Mitte plazieren; *Fußball*: zur Mitte flanken.

mid·dle| age *s.* mittleres Alter; ˌ**♀-'Age** *adj.* mittelalterlich; ˌ**~-'aged** *adj.* mittleren Alters; ♀ **Ag·es** *s. pl. das* Mittelalter; **~ A·mer·i·ca** *s. Am.* die (konserva'tive) ameri'kanische Mittelschicht; **'~·brow** F I *s.* geistiger ‚Nor'malverbraucher'; II *adj.* von 'durchschnittlichen geistigen Inter'essen; ˌ**~-'class** *adj.* zum Mittelstand gehörig, Mittelstands…; **~ class·es** *s. pl.* Mittelstand *m*; **~ course** *s. fig.* Mittelweg *m*; **~ dis·tance** *s.* **1.** *paint., phot.* Mittelgrund *m*; **2.** *sport* Mittelstrecke *f*; ˌ**~-'dis·tance** *adj. sport* Mittelstrecken…: ***~ runner*** Mittelstreckler(in); **~ ear** *s. anat.* Mittelohr *n*; ♀ **East** *s. geogr.* **1.** *der* Mittlere Osten; **2.** *Brit. der* Nahe Osten; ♀ **Eng·lish** *s. ling.* Mittelenglisch *n*; ♀ **High Ger·man** *s. ling.* Mittelhochdeutsch *n*; ˌ**~-'in·come** *adj.* mit mittlerem Einkommen; **~ in·i·tial** *s. Am.* Anfangsbuchstabe *m* des zweiten Vornamens; **~ life** *s.* die mittleren Lebensjahre *pl.*; **'~·man** [-mæn] *s.* [*irr.*] **1.** Mittelsmann *m*; **2.** ✝ Zwischenhändler *m*; **'~·most** *adj.* ganz in der Mitte (liegend); **~ name** *s.* **1.** zweiter Vorname; **2.** *fig.* her'vorstechende Eigenschaft; ˌ**~-of-the-'road** *adj. bsd. pol.* gemäßigt; neu'tral; **~ rhyme** *s.* Binnenreim *m*; **'~-sized** *adj.* von mittlerer Größe; **~ watch** *s.* ⚓ Mittelwache *f* (*zwischen Mitternacht u. 4 Uhr morgens*); **'~·weight** *s. sport* Mittelgewicht(ler *m*) *n*; ♀ **West** *s. Am.* (*u. Kanada*) Mittelwesten *m*, *der* mittlere Westen.

mid·dling ['mɪdlɪŋ] I *adj.* □ → *a.* II; **1.** von mittlerer Güte *od.* Sorte, mittelmäßig, Mittel…: ***fair to ~*** ‚so lala', ‚mittelprächtig'; ***~ quality*** ✝ Mittelqualität *f*; **2.** F leidlich (*Gesundheit*); **3.** F ziemlich groß; II *adv.* F **4.** (*a. ~ly*) leidlich, ziemlich; **5.** ziemlich gut; III *s.* **6.** *mst pl.* ✝ Mittelsorte *f*; **7.** *pl.* Mittelmehl *n*; **8.** *pl. metall.* 'Zwischenproˌdukt *n*.

mid·dy ['mɪdɪ] *s.* **1.** F *für* ***midshipman***; **2.** → ***~ blouse*** *s.* Ma'trosenbluse *f*.

'mid·field *s. sport* Mittelfeld *n* (*a. Spieler*): ***~ man, ~ player*** Mittelfeldspieler *m*.

midge [mɪdʒ] *s.* **1.** *zo.* kleine Mücke; **2.** → ***midget*** 1.

midg·et ['mɪdʒɪt] I *s.* **1.** Zwerg *m*, Knirps *m*; **2.** *et.* Winziges; II *adj.* **3.** Zwerg…, Miniatur…, Kleinst…: ***~ car*** *mot.* Klein(st)wagen *m*; ***~ railroad*** Liliputbahn *f*.

mid·i ['mɪdɪ] I *s.* Midimode *f*: ***wear ~*** midi tragen; II *adj.* Midi…: ***~ skirt*** → **'mid·i·skirt** *s.* Midirock *m*.

'mid·land [-lənd] I *s.* **1.** *mst pl.* Mittelland *n*; **2.** ***the ♀s*** *pl.* Mittelengland *n*; II *adj.* **3.** binnenländisch; **4.** ♀ *geogr.* mittelenglisch.

'mid·life cri·sis *s. psych.* Midlife-crisis *f*, Krise *f* in der Lebensmitte.

'mid·most [-məʊst] I *adj.* ganz in der Mitte (liegend); innerst; II *adv.* (ganz) im Innern *od.* in der Mitte.

'mid·night I *s.* (***at ~*** um) Mitternacht *f*; II *adj.* mitternächtlich, Mitternachts…: ***burn the ~ oil*** bis spät in die Nacht arbeiten *od.* aufbleiben; **~ blue** *s.* Mitternachtsblau *n* (*Farbe*); **~ sun** *s.* **1.** Mitternachtssonne *f*; **2.** ⚓ Nordersonne *f*.

'mid|·noon *s.* Mittag *m*; ˌ**~-'off** (ˌ**~-'on**) *s. Kricket*: **1.** links (rechts) vom Werfer po'stierter Spieler; **2.** links (rechts) vom Werfer liegende Seite des Spielfelds; **'~·riff** *s.* **1.** *anat.* Zwerchfell *n*; **2.** *Am.* a) Mittelteil *m e-s Damenkleids*, b) zweiteilige Kleidung, c) Obertaille *f*, d) Magengrube *f*; **'~·ship** ⚓ I *s.* Mitte *f* des Schiffs; II *adj.* Mittschiffs…: ***~ section*** Hauptspant *n*; **'~·ship·man** [-mən] *s.* [*irr.*] ⚓ **1.** *Brit.* Leutnant *m* zur See; **2.** *Am.* 'Seeoffiˌziersanwärter *m*; **'~·ships** *adv.* ⚓ mittschiffs.

midst [mɪdst] *s.*: ***in the ~ of*** inmitten (*gen.*), mitten unter (*dat.*); ***in their*** (***our***) ***~*** mitten unter ihnen (uns); ***from our ~*** aus unserer Mitte.

'mid·stream *s.* Strommitte *f*: ***in ~*** *fig.* mittendrin.

'midˌsum·mer I *s.* **1.** Mitte *f* des Sommers, Hochsommer *m*; **2.** *ast.* Sommersonnenwende *f*; II *adj.* **3.** hochsommerlich, Hochsommer…; ♀ **Day** *s.* **1.** Jo'hannistag *m* (*24. Juni*); **2.** *e-r der 4 brit. Quartalstage.*

ˌ**mid|'way** I *s.* **1.** Hälfte *f* des Weges, halber Weg; **2.** *Am.* Haupt-, Mittelstraße *f* (*auf Ausstellungen etc.*); II *adj.* **3.** mittler; III *adv.* **4.** auf halbem Wege; ˌ**~'week** I *s.* Mitte *f* der Woche; II *adj.* (in der) Mitte der Woche stattfindend.

mid·wife ['mɪdwaɪf] *s.* [*irr.*] Hebamme *f*, Geburtshelferin *f* (*a. fig.*); **'mid·wife·ry** [-wɪfərɪ] *s.* Geburtshilfe *f*, *fig. a.* Mithilfe *f*.

ˌ**mid|'win·ter** *s.* **1.** Mitte *f* des Winters; **2.** *ast.* Wintersonnenwende *f*; ˌ**~'year** I *adj.* **1.** in der Mitte des Jahres vorkommend, in der Jahresmitte; II *s.* **2.** Jahresmitte *f*; **3.** *Am.* F a) um die Jahresmitte stattfindende Prüfung, b) *pl.* Prüfungszeit *f* (*um die Jahresmitte*).

mien [mi:n] *s.* Miene *f*, Gesichtsausdruck *m*; Gebaren *n*: ***noble ~*** vornehme Haltung.

miff [mɪf] *s.* F Verstimmung *f*.

might¹ [maɪt] *s.* **1.** Macht *f*, Gewalt *f*: ***~ is*** (***above***) ***right*** Gewalt geht vor Recht; **2.** Stärke *f*, Kraft *f*: ***with ~ and main, with all one's ~*** aus Leibeskräften, mit aller Gewalt.

might² [maɪt] *pret. von* ***may¹***.

'might-have-ˌbeen *s.* **1.** et., was hätte sein können; **2.** Per'son, die es zu et. hätte bringen können.

might·i·ly ['maɪtɪlɪ] *adv.* **1.** mit Macht, heftig, kräftig; **2.** F e'norm, mächtig, sehr; **'might·i·ness** [-nɪs] *s.* Macht *f*, Gewalt *f*; **might·y** ['maɪtɪ] I *adj.* □ → ***mightily*** *u.* II; **1.** mächtig, gewaltig, heftig, groß, stark; → ***high and mighty***; **2.** *fig.* gewaltig, riesig, mächtig; II *adv.* **3.** F mächtig, riesig, ungeheuer: ***~ easy*** kinderleicht; ***~ fine*** prima.

mi·graine ['mi:greɪn] (*Fr.*) *s.* ⚕ Mi'gräne *f*; **'mi·grain·ous** [-nəs] *adj.* durch Migräne verursacht, Migräne…

mi·grant ['maɪgrənt] I *adj.* **1.** Wander…, Zug…; → *a.* ***migratory***; II *s.* **2.** Wandernde(r *m*) *f*; 'Umsiedler(in); **3.** *zo.* Zugvogel *m*; Wandertier *n*; **mi·grate** [maɪ'greɪt] *v/i.* (aus-, ab)wandern, (*a. orn.* fort)ziehen; **mi·gra·tion** [maɪ'greɪʃn] *s.* Wanderung *f* (*a.* ⚗, *zo., geol.*); Zug *m* (*Menschen od. Wandertiere*); *orn.* (Vogel)Zug *m*: ***~ of*** (***the***) ***peoples*** Völkerwanderung; ***intramolecular ~*** ⚗ intramolekulare Wanderung; → ***ionic²***; **mi·gra·tion·al** [maɪ'greɪʃənl] *adj.* Wander…, Zug…; **'mi·gra·to·ry** [-rətərɪ] *adj.* **1.** (aus)wandernd; **2.** Zug…, Wander…: ***~ bird*** Zugvogel *m*; ***~ instinct*** Wandertrieb *m*; **3.** um'herziehend, no'madisch: ***~ life*** Wanderleben *n*; ***~ worker*** Wanderarbeiter(in).

Mike¹ [maɪk] I *npr.* (*Kosename für*) Michael; II *s.* ♀ *sl.* a) Ire *m*, b) Katho'lik *m*.

mike² [maɪk] *v/i. sl.* her'umlungern.

mike³ [maɪk] *s.* F ‚Mikro' *n* (*Mikrophon*).

mil [mɪl] *s.* **1.** Tausend *n*: ***per ~*** per Mille; **2.** ⚙ 1/1000 Zoll *m* (*Drahtmaß*); **3.** ⚔ (Teil)Strich *m*.

mil·age ['maɪlɪdʒ] → ***mileage***.

Mil·a·nese [ˌmɪlə'ni:z] I *adj.* mailändisch; II *s. sg. u. pl.* Mailänder(in), Mailänder *pl.*

milch [mɪltʃ] *adj.* milchgebend, Milch…; **'milch·er** [-tʃə] → ***milker*** 3.

mild [maɪld] *adj.* □ mild (*a. Strafe, Wein, Wetter etc.*); gelind, sanft; leicht (*Droge, Krankheit, Zigarre etc.*), schwach: ***~ attempt*** schüchterner Versuch; ***~ steel*** ⚙ Flußstahl *m*; ***to put it ~*(ly)*** a) sich gelinde ausdrücken, b) gelinde gesagt; ***draw it ~*** mach's mal halblang!

mil·dew ['mɪldju:] I *s.* **1.** ⚘ Mehltau (-pilz) *m*, Brand *m* (*am Getreide*); **2.** Schimmel *m*, Moder *m*: ***spot of ~*** Moder- *od.* Stockfleck *m* (*in Papier etc.*); II *v/t.* **3.** mit Mehltau *od.* Schimmel- *od.* Moderflecken über'ziehen: ***be ~ed*** verschimmelt sein (*a. fig.*); III *v/i.* **4.** brandig *od.* schimm(e)lig *od.* mod(e)rig werden (*a. fig.*); **'mil·dewed** [-dju:d], **'mil·dew·y** [-dju:ɪ] *adj.* **1.** brandig, mod(e)rig, schimm(e)lig; **2.** ⚘ von Mehltau befallen; mehltauartig.

mild·ness ['maɪldnɪs] *s.* Milde *f*; Sanftheit *f*; Sanftmut *f*.

mile [maɪl] *s.* Meile *f* (*zu Land = 1,609 km*): ***Admiralty ~*** *Brit.* englische Seemeile (*= 1,8532 km*); ***air ~*** Luftmeile (*= 1,852 km*); ***nautical ~, sea ~*** Seemeile (*= 1,852 km*); ***~ after ~ of fields***,

~s and ~s of fields meilenweite Felder; ***~s apart*** meilenweit auseinander, *fig.* himmelweit entfernt; ***miss s.th. by a ~*** *fig.* et. (meilen)weit verfehlen.

mile·age ['maɪlɪdʒ] *s.* **1.** Meilenlänge *f*, -zahl *f*; **2.** zu'rückgelegte Meilenzahl *od.* Fahrstrecke, Meilenstand *m*: ***~ indicator***, ***~ recorder*** *mot.* Meilenzähler *m*; **3.** *a.* ***~ allowance*** Meilengeld *n* (*Vergütung*); **4.** Fahrpreis *m* per Meile; **5.** *a.* ***~ book*** 🚂 *Am.* Fahrscheinheft *n*; **6.** F ***get a lot of ~ out of it*** jede Menge (dabei) rausholen; ***there's no ~ in it*** das bringt nichts (ein).

mile·om·e·ter [maɪ'lɒmɪtə] *s. mot.* Meilenzähler *m*.

'mile·stone *s.* Meilenstein *m* (*a. fig.*).

mil·foil ['mɪlfɔɪl] *s.* ⚘ Schafgarbe *f*.

mil·i·ar·i·a [ˌmɪlɪ'eərɪə] *s.* ⚕ Frieselfieber *n*; **mil·i·ar·y** ['mɪlɪərɪ] *adj.* ⚕ mili'ar, hirsekornartig: ***~ fever*** → ***miliaria***; ***~ gland*** Hirsedrüse *f*.

mil·i·tan·cy ['mɪlɪtənsɪ] *s.* **1.** Kriegszustand *m*, Kampf *m*; **2.** Kampfgeist *m*; **'mil·i·tant** [-tənt] **I** *adj.* □ mili'tant: a) streitend, kämpfend, b) streitbar, kriegerisch; **II** *s.* Kämpfer *m*, Streiter *m*; **'mil·i·ta·rist** [-tərɪst] *s.* **1.** *pol.* Milita'rist *m*; **2.** Wehr- *od.* Mili'tärexperte *m*; **mil·i·ta·ris·tic** [ˌmɪlɪtə'rɪstɪk] *adj.* milita'ristisch; **'mil·i·ta·rize** [-təraɪz] *v/t.* militarisieren.

mil·i·tar·y ['mɪlɪtərɪ] **I** *adj.* □ **1.** mili'tärisch, Militär...: ***of ~ age*** in wehrpflichtigem Alter; **2.** Heeres..., Kriegs...; **II** *s. pl. konstr.* **3.** Mili'tär *n*, Sol'daten *pl.*, Truppen *pl.*; ***~ a·cad·e·my*** *s.* **1.** Mili'tärakadeˌmie *f*; **2.** *Am.* (*zivile*) Schule mit mili'tärischer Ausbildung; ***~ col·lege*** *s. Am.* Mili'tärcollege *n*; ***~ gov·ern·ment*** *s.* Mili'tärreˌgierung *f*; ***~ jun·ta*** *s.* Mili'tärjunta *f*; ***~ law*** *s.* Wehr(straf)recht *n*; ***~ map*** *s.* Gene'ralstabskarte *f*; ***~ po·lice*** *s.* Mili'tärpoliˌzei *f*; ***~ ser·vice*** *s.* Mili'tär-, Wehrdienst *m*; ***~ ser·vice book*** *s.* Wehrpaß *m*; ***~ stores*** *s. pl.* Mili'tärbedarf *m*, 'Kriegsmateriˌal *n* (*Munition*, *Proviant etc.*); ***~ tes·ta·ment*** *s.* ⚖ 'Nottestaˌment *n* (*von Militärpersonen im Krieg*); ***~ tri·bu·nal*** *s.* Mili'tärgericht *n*.

mil·i·tate ['mɪlɪteɪt] *v/i.* (***against***) sprechen (gegen), wider'streiten (*dat.*), *e-r Sache* entgegenwirken; ***~ for*** eintreten *od.* kämpfen für.

mi·li·tia [mɪ'lɪʃə] *s.* ⚔ Mi'liz *f*, Bürgerwehr *f*.

milk [mɪlk] **I** *s.* **1.** Milch *f*: ***~ and water*** *fig.* kraftloses Zeug, seichtes Gewäsch; ***~ of human kindness*** *fig.* Milch der frommen Denkungsart; ***~ of sulphur*** ⚗ Schwefelmilch; ***it is no use crying over spilt ~*** geschehen ist geschehen, hin ist hin; → ***coconut*** 1; **2.** ⚘ (Pflanzen)Milch *f*; **II** *v/t.* **3.** melken; **4.** *fig. j-n* schröpfen, ‚ausnehmen'; **5.** ⚡ *Leitung* ‚anzapfen', abhören; **III** *v/i.* **6.** Milch geben; **ˌ~-and-'wa·ter** *adj.* saft- u. kraftlos, seicht; ***~ bar*** *s.* Milchbar *f*; ***~ crust*** *s.* ⚕ Milchschorf *m*; ***~ duct*** *s. anat.* Milchdrüsengang *m*.

milk·er ['mɪlkə] *s.* **1.** Melker(in); **2.** ⚙ 'Melkmaˌschine *f*; **3.** Milchkuh *f od.* -schaf *n od.* -ziege *f*.

milk| float *s. Brit.* Milchwagen *m*; **'~·man** [-mən] *s.* [*irr.*] Milchmann *m*; ***~ run*** *s.* ✈ *sl.* **1.** Rou'tineeinsatz *m*; **2.** ‚gemütliche Sache', gefahrloser Einsatz; ***~ shake*** *s.* Milchshake *m*; **'~·sop** *s. fig. contp.* Muttersöhnchen *n*; ***~ sug·ar*** *s.* ⚗ Milchzucker *m*, Lak'tose *f*; ***~ tooth*** *s.* [*irr.*] Milchzahn *m*; **'~·weed** *s.* ⚘ **1.** Schwalbenwurzgewächs *n*; **2.** Wolfsmilch *f*.

milk·y ['mɪlkɪ] *adj.* **1.** □ milchig, Milch...; milchweiß; **2.** *min.* milchig, wolkig (*bsd. Edelsteine*); **3.** *fig.* a) sanft, b) weichlich, ängstlich; ***♀ Way*** *s. ast.* Milchstraße *f*.

mill¹ [mɪl] **I** *s.* **1.** (Mehl-, Mahl)Mühle *f*; → ***grist*** 1; **2.** ⚙ (*Kaffee-*, *Öl-*, *Säge- etc.*)Mühle *f*, Zerkleinerungsvorrichtung *f*: ***go through the ~*** *fig.* e-e harte Schule durchmachen; ***put s.o. through the ~*** j-n hart rannehmen; ***have been through the ~*** viel durchgemacht haben; **3.** *metall.* Hütten-, Hammer-, Walzwerk *n*; **4.** *a.* ***spinning-~*** ⚙ Spinne'rei *f*; **5.** ⚙ a) *Münzerei*: Prägwerk *n*, b) *Glasherstellung*: Schleifkasten *m*; **6.** Fa'brik *f*, Werk *n*; **7.** F Prüge'lei *f*; **II** *v/t.* **8.** *Korn etc.* mahlen; **9.** ⚙ *allg.* bearbeiten, *z.B. Holz*, *Metall* fräsen, *Papier*, *Metall* walzen, *Tuch*, *Leder* walken, *Münzen* rändeln, *Eier*, *Schokolade* quirlen, schlagen, *Seide* moulinieren; **10.** F ‚'durchwalken'; **III** *v/i.* **11.** F sich prügeln; **12.** ***~ about*** *od.* ***around*** ('rund)her'umlaufen, her'umirren: ***~ing crowd*** Gewühl *n*, wogende Menge.

mill² [mɪl] *s. Am.* Tausendstel *n* (*bsd.* ¹⁄₁₀₀₀ *Dollar*).

mill| bar *s.* ⚙ Pla'tine *f*; **'~·board** *s.* starke Pappe, Pappdeckel *m*; **'~·course** *s.* **1.** Mühlengerinne *n*; **2.** Mahlgang *m*.

mil·le·nar·i·an [ˌmɪlɪ'neərɪən] **I** *adj.* **1.** tausendjährig; **2.** *eccl.* das Tausendjährige Reich (Christi) betreffend; **II** *s.* **3.** *eccl.* Chili'ast *m*; **mil·le·nar·y** [mɪ'lenərɪ] **I** *adj.* **1.** aus tausend (Jahren) bestehend, von tausend Jahren; **II** *s.* **2.** (Jahr)'Tausend *n*; **3.** Jahr'tausendfeier *f*; **mil·len·ni·al** [mɪ'lenɪəl] *adj.* **1.** *eccl.* das Tausendjährige Reich betreffend; **2.** e-e Jahr'tausendfeier betreffend; **3.** tausendjährig; **mil·len·ni·um** [mɪ'lenɪəm] *pl.* **-ni·ums** *od.* **-ni·a** [-nɪə] *s.* **1.** Jahr'tausend *n*; **2.** Jahr'tausendfeier *f*; **3.** *eccl.* Tausendjähriges Reich (Christi); **4.** *fig.* Para'dies *n* auf Erden.

mil·le·pede ['mɪlɪpi:d] *s. zo.* Tausendfüß(l)er *m*.

mill·er ['mɪlə] *s.* **1.** Müller *m*; **2.** ⚙ 'Fräsmaˌschine *f*.

mil·les·i·mal [mɪ'lesɪml] **I** *adj.* □ **1.** tausendst; **2.** aus Tausendsteln bestehend; **II** *s.* **3.** Tausendstel *n*.

mil·let ['mɪlɪt] *s.* ⚘ (Rispen)Hirse *f*.

'mill-hand *s.* Mühlen-, Fa'brik-, Spinne'reiarbeiter *m*.

milli- [mɪlɪ] *in Zssgn* Tausendstel.

ˌmil·li'am·me·ter *s.* ⚡ 'Milliamˌpereˌmeter *n*.

mil·li·ard ['mɪljɑ:d] *s. Brit.* Milli'arde *f*.

mil·li·bar ['mɪlɪbɑ:] *s. meteor.* Milli'bar *n*.

'mil·li·gram(me) *s.* Milli'gramm *n*; **'mil·li·me·ter** *Am.*, **'mil·li·me·tre** *Brit. s.* Milli'meter *m*, *n*.

mil·li·ner ['mɪlɪnə] *s.* Hut-, Putzmacherin *f*, Mo'distin *f*; **'mil·li·ner·y** [-nərɪ] *s.* **1.** Putz-, Modewaren *pl.*; **2.** Hutmacherhandwerk *n*; **3.** 'Hutsaˌlon *m*.

mill·ing ['mɪlɪŋ] *s.* **1.** Mahlen *n*; **2.** ⚙ a) Walken *n*, b) Rändeln *n*, c) Fräsen *n*, d) Walzen *n*; **3.** *sl.* Tracht *f* Prügel; ***~ cut·ter*** *s.* ⚙ Fräser *m*; ***~ ma·chine*** *s.* **1.** 'Fräsmaˌschine *f*; **2.** Rändelwerk *n*; ***~ prod·uct*** *s.* 'Mühlen- *od.* ⚙ 'Walzproˌdukt *n*.

mil·lion ['mɪljən] *s.* **1.** Milli'on *f*: ***a ~ times*** millionenmal; ***two ~ men*** 2 Millionen Mann; ***by the ~*** nach Millionen; ***~s of people*** *fig.* e-e Unmasse Menschen; **2.** ***the ~*** die große Masse, das Volk; **mil·lion·aire**, *bsd. Am.* **mil·lion·naire** [ˌmɪljə'neə] *s.* Millio'när *m*; **mil·lion·air·ess** [ˌmɪljə'neərɪs] *s.* Millio'närin *f*; **'mil·lion·fold** *adj. u. adv.* milli'onenfach; **'mil·lionth** [-nθ] **I** *adj.* milli'onst; **II** *s.* Milli'onstel *n*.

mil·li·pede ['mɪlɪpi:d], *a.* **'mil·li·ped** [-ped] → ***millepede***.

'mil·liˌsec·ond *s.* 'Milliseˌkunde *f*.

'mill|·pond *s.* Mühlteich *m*; **'~·race** *s.* Mühlgerinne *n*.

Mills bomb [mɪlz], **Mills gre·nade** *s.* ⚔ 'Eierˌhandgraˌnate *f*.

'mill|·stone *s.* Mühlstein *m* (*a. fig. Last*): ***be a ~ round s.o.'s neck*** *fig.* j-m ein Klotz am Bein sein; ***see through a ~*** *fig.* das Gras wachsen hören; **'~ wheel** *s.* Mühlrad *n*.

mi·lom·e·ter → ***mileometer***.

milt¹ [mɪlt] *s. anat.* Milz *f*.

milt² [mɪlt] *ichth.* **I** *s.* Milch *f* (*der männlichen Fische*); **II** *v/t. den Rogen* mit Milch befruchten; **'milt·er** [-tə] *s. ichth.* Milchner *m*.

mime [maɪm] **I** *s.* **1.** *antiq.* Mimus *m*, Possenspiel *n*; **2.** Mime *m*; **3.** Possenreißer *m*; **II** *v/t.* **4.** mimen, nachahmen.

mim·e·o·graph ['mɪmɪəgrɑ:f] **I** *s.* Mimeo'graph *m* (*Vervielfältigungsapparat*); **II** *v/t.* vervielfältigen; **mim·e·o·graph·ic** [ˌmɪmɪə'græfɪk] *adj.* (□ ***~ally***) mimeo'graphisch, vervielfältigt.

mi·met·ic [mɪ'metɪk] *adj.* (□ ***~ally***) **1.** nachahmend (*a. ling. lautmalend*); *b.s.* nachäffend, Schein...; **2.** *biol.* fremde Formen nachbildend.

mim·ic ['mɪmɪk] **I** *adj.* **1.** mimisch, (durch Gebärden) nachahmend; **2.** Schauspiel...: ***~ art*** Schauspielkunst *f*; **3.** nachgeahmt, Schein...; **II** *s.* **4.** Nachahmer *m*, Imi'tator *m*; **III** *v/t. pret. u. p.p.* **'mim·icked** [-kt], *pres. p.* **'mim·ick·ing** [-kɪŋ] **5.** nachahmen, -äffen; **6.** ⚘, *zo.* sich *in der Farbe etc.* angleichen (*dat.*); **'mim·ic·ry** [-krɪ] *s.* **1.** Nachahmen *n*, -äffung *f*; **2.** *zo.* Mimikry *f*, Angleichung *f*.

mi·mo·sa [mɪ'məʊzə] *s.* ⚘ Mi'mose *f*.

min·a·ret ['mɪnəret] *s.* ⚠ Mina'rett *n*.

min·a·to·ry ['mɪnətərɪ] *adj.* drohend, bedrohlich.

mince [mɪns] **I** *v/t.* **1.** zerhacken, in kleine Stücke zerschneiden; 'durchdrehen: ***~ meat*** Hackfleisch machen; **2.** *fig.* mildern, bemänteln: ***~ one's words*** affektiert sprechen; ***not to ~ matters*** (*od.* ***one's words***) kein Blatt vor den Mund nehmen; **3.** geziert tun: ***~ one's steps*** → 5 b; **II** *v/i.* **4.** Fleisch (*a.* Fett, Gemüse) kleinschneiden *od.* zerkleinern, Hackfleisch machen; **5.** a) sich geziert benehmen, b) geziert gehen, trippeln; **III** *s.* **6.** *bsd. Brit.* → ***mincemeat*** 2; **'~·meat** *s.* **1.** Pa'stetenfüllung *f* (*aus Korinthen*, *Äpfeln*, *Rosinen*, *Rum* *etc. mit od. ohne Fleisch*); **2.** Hackfleisch *n*, Gehacktes *n*: ***make ~ of*** *fig.* a) ‚aus *j-m* Hackfleisch machen', b) *Argument etc.* ‚(in der Luft) zerreißen'; **~ pie** *s. mit* ***mincemeat*** *gefüllte Pastete.*

minc·er ['mɪnsə] → ***mincing machine.***

minc·ing ['mɪnsɪŋ] *adj.* □ *fig.* geziert, affektiert; **~ ma·chine** *s.* 'Fleischhackmaˌschine *f*, Fleischwolf *m.*

mind [maɪnd] **I** *s.* **1.** Sinn *m*, Gemüt *n*, Herz *n*: ***have s.th. on one's ~*** et. auf dem Herzen haben; **2.** Seele *f*, Verstand *m*, Geist *m*: ***presence of ~*** Geistesgegenwart *f*; (***the triumph of***) ***~ over matter*** *oft iro.* der Sieg des Geistes über die Materie; ***before one's ~'s eye*** vor s-m geistigen Auge; ***be of sound ~, be in one's right ~*** bei (vollem) Verstand sein; ***of sound ~ and memory*** ⚖ im Vollbesitz s-r geistigen Kräfte; ***be out of one's ~*** nicht (recht) bei Sinnen sein, verrückt sein; ***lose one's ~*** den Verstand verlieren; ***close one's ~ to s.th.*** sich gegen et. verschließen; ***have an open ~*** unvoreingenommen sein; ***cast back one's ~*** sich zurückversetzen (***to*** nach, in *acc.*); ***enter s.o.'s ~*** j-m in den Sinn kommen; ***put*** (*od.* ***give***) ***one's ~ to s.th.*** sich mit e-r Sache befassen; ***put s.th. out of one's ~*** sich et. aus dem Kopf schlagen; ***read s.o.'s ~*** j-s Gedanken lesen; ***that blows your ~!*** F da ist man (einfach) ‚fertig'!; **3.** Geist *m* (*a. phls.*): ***the human ~***; ***things of the ~*** geistige Dinge; ***history of the ~*** Geistesgeschichte *f*; ***his is a fine ~*** er hat e-n feinen Verstand, er ist ein kluger Kopf; ***one of the greatest ~s of his time*** *fig.* e-r der größten Geister *od.* Köpfe s-r Zeit; **4.** Meinung *f*, Ansicht *f*: ***in*** (*od.* ***to***) ***my ~*** m-r Ansicht nach, m-s Erachtens; ***be of s.o.'s ~*** j-s Meinung sein; ***change one's ~*** sich anders besinnen; ***speak one's ~*** (***freely***) s-e Meinung frei äußern; ***give s.o. a piece of one's ~*** j-m gründlich die Meinung sagen; ***know one's own ~*** wissen, was man will; ***be in two ~s about s.th.*** mit sich selbst über et. nicht einig sein; ***there can be no two ~s about it*** darüber kann es keine geteilte Meinung geben; **5.** Neigung *f*, Lust *f*; Absicht *f*: ***have*** (***half***) ***a ~ to do s.th.*** (beinahe) Lust haben, et. zu tun; ***have s.th. in ~*** et. im Sinne haben; ***I have you in ~*** ich denke (dabei) an dich; ***have it in ~ to do s.th.*** beabsichtigen, et. zu tun; ***make up one's ~*** a) sich entschließen, e-n Entschluß fassen, b) zur Überzeugung kommen (***that*** daß), sich klarwerden (***about*** über *acc.*); ***I can't make up your ~*** *iro.* ich kann mir nicht deinen Kopf zerbrechen; **6.** Erinnerung *f*, Gedächtnis *n*: ***bear*** (*od.* ***keep***) ***in ~*** (immer) an *et.* denken, *et.* nicht vergessen, bedenken; ***call to ~*** sich *et.* ins Gedächtnis zurückrufen, sich an *et.* erinnern; ***put s.o. in ~ of s.th.*** j-n an et. erinnern; ***nothing comes to ~*** nichts fällt einem dabei ein; ***time out of ~*** seit (*od.* vor) undenklichen Zeiten; **II** *v/t.* **7.** merken, (be)achten, achtgeben, hören auf (*acc.*): ***~ one's P's and Q's*** F sich ganz gehörig in acht nehmen; ***~ you write*** F denk daran (*od.* vergiß nicht) zu schreiben; **8.** sich in acht nehmen, sich hüten vor (*dat.*): ***~ the step!*** Achtung, Stufe!; **9.** sorgen für, sehen nach: ***~ the children*** sich um die Kinder kümmern, die Kinder hüten; ***~ your own business!*** kümmere dich um deine eigenen Dinge!; ***don't ~ me!*** laß dich durch mich nicht stören!; ***never ~ him!*** kümmere dich nicht um ihn!; **10.** et. haben gegen, es nicht gern sehen *od.* mögen, sich stoßen an (*dat.*): ***do you ~ my smoking?*** haben Sie et. dagegen, wenn ich rauche?; ***would you ~ coming?*** würden Sie so freundlich sein zu kommen?; ***I don't ~*** (***it***) ich habe nichts dagegen, meinetwegen; ***I wouldn't ~ a drink*** ich hätte nichts gegen einen Drink; **III** *v/i.* **11.** achthaben, aufpassen, bedenken: ***~*** (***you***)! wohlgemerkt; ***never ~!*** laß es gut sein!, es hat nichts zu sagen!, es macht nichts! (→ *a.* 12); **12.** et. da'gegen haben: ***I don't ~*** ich habe nichts dagegen, meinetwegen; ***I don't ~ if I do*** F ja, ganz gern *od.* ich möchte schon; ***he ~s a great deal*** er ist allerdings dagegen, es macht ihm sehr viel aus; ***never ~!*** mach dir nichts draus!

'mind|ˌbend·ing, '~ˌblow·ing, '~ˌbog·gling *adj. sl.* ‚irr(e)', ‚toll'.

mind·ed ['maɪndɪd] *adj.* **1.** geneigt, gesonnen: ***if you are so ~*** wenn das deine Absicht ist; **2.** *in Zssgn* a) gesinnt: ***evil-~*** böse gesinnt; ***small-~*** kleinlich, b) *religiös, technisch etc.* veranlagt: ***religious-~***, c) interes'siert an (*dat.*): ***air-~*** flugbegeistert.

'mind-exˌpand·ing *adj.* bewußtseinserweiternd, psyche'delisch.

mind·ful ['maɪndfʊl] *adj.* □ (***of***) aufmerksam, achtsam (auf *acc.*), eingedenk (*gen.*): ***be ~ of*** achten auf; **'mind·less** ['maɪndlɪs] *adj.* □ **1.** (***of***) unbekümmert (um), ohne Rücksicht (auf *acc.*), uneingedenk (*gen.*); **2.** hirn-, gedankenlos, ‚blind'; **3.** geistlos, unbeseelt.

'mind|-ˌread·er *s.* Gedankenleser(in); **'~-ˌread·ing** *s.* Gedankenlesen *n.*

mine[1] [maɪn] **I** *poss. pron.* der (die, das) mein(ig)e: ***what is ~*** was mir gehört, das Meinige; ***a friend of ~*** ein Freund von mir; ***me and ~*** ich u. die Mein(ig)en *od.* meine Familie; **II** *poss. adj. poet. od. obs.* mein: ***~ eyes*** meine Augen; ***~ host*** (der) Herr Wirt.

mine[2] [maɪn] **I** *v/i.* **1.** minieren; **2.** schürfen, graben (***for*** nach); **3.** sich eingraben (*Tiere*); **II** *v/t.* **4.** *Erz, Kohlen* abbauen, gewinnen; **5.** ⚓, ⚔ a) verminen, b) minieren; **6.** *fig.* unter'graben, -mi'nieren; **III** *s.* **7.** *oft pl.* ⚒ Mine *f*, Bergwerk *n*, Zeche *f*, Grube *f*; **8.** ⚓, ⚔ (*Luft-, See*)Mine *f*: ***spring a ~*** e-e Mine springen lassen (*a. fig.*); **9.** *fig.* Fundgrube *f* (***of*** an *dat.*): ***a ~ of information***; **~ bar·ri·er** *s.* ⚔ Minensperre *f*; **~ de·tec·tor** *s.* ⚔ Minensuchgerät *n*; **'~·field** *s.* ⚔ Minenfeld *n*; **~ fore·man** *s.* [*irr.*] ⚒ Obersteiger *m*; **~ gas** *s.* **1.** Me'than *n*; **2.** ⚒ Grubengas *n*, schlagende Wetter *pl.*; **'~ˌlay·er** [-ˌleɪə] *s.* ⚓, ⚔ Minenleger *m.*

min·er ['maɪnə] *s.* **1.** ⚒ Bergarbeiter *m*, -mann *m*, Grubenarbeiter *m*, Kumpel *m*: ***~s' association*** Knappschaft *f*; ***~'s lamp*** Grubenlampe *f*; ***~'s lung*** ⚕ (Kohlen)Staublunge *f*; **2.** ⚓, ⚔ Minenleger *m.*

min·er·al ['mɪnərəl] **I** *s.* **1.** Mine'ral *n*; **2.** *bsd. pl.* Mine'ralwasser *n*; **II** *adj.* **3.** mine'ralisch, Mineral…; **4.** ⚗ 'anorˌganisch; **~ car·bon** *s.* Gra'phit *m*; **~ coal** *s.* Steinkohle *f*; **~ de·pos·it** *s.* Erzlagerstätte *f.*

min·er·al·ize ['mɪnərəlaɪz] *v/t. geol.* **1.** vererzen; **2.** mineralisieren, versteinern; **3.** mit 'anorˌganischem Stoff durch'setzen; **min·er·al·og·i·cal** [ˌmɪnərə'lɒdʒɪkl] *adj.* □ *min.* minera'logisch; **min·er·al·o·gy** [ˌmɪnə'rælədʒɪ] *s.* Mineralo'gie *f.*

min·er·al| oil *s.* Erdöl *n*, Pe'troleum *n*, Mine'ralöl *n*; **~ spring** *s.* Mine'ralquelle *f*, Heilbrunnen *m*; **~ wa·ter** *s.* Mine'ralwasser *n.*

'mineˌsweep·er *s.* ⚓, ⚔ Minenräum-, Minensuchboot *n.*

min·e·ver ['mɪnɪvə] → ***miniver.***

min·gle ['mɪŋgl] **I** *v/i.* **1.** verschmelzen, sich vermischen, sich verbinden (***with*** mit): ***with ~d feelings*** *fig.* mit gemischten Gefühlen; **2.** *fig.* sich (ein)mischen (***in*** in *acc.*), sich mischen (***among, with*** unter *acc.*); **II** *v/t.* **3.** vermischen, -mengen.

min·i ['mɪnɪ] **I** *s.* **1.** Minimode *f*: ***wear ~*** mini tragen; **2.** Minikleid *n*, -rock *m etc.*; **II** *adj.* **3.** Mini…

min·i·a·ture ['mɪnətʃə] **I** *s.* **1.** Minia'tur (-gemälde *n*) *f*; **2.** *fig.* Minia'turausgabe *f*: ***in ~*** im kleinen, en miniature, Miniatur…; **3.** ⚔ kleine Ordensschnalle; **II** *adj.* **4.** Miniatur…, Klein…, im kleinen; **~ cam·er·a** *s. phot.* Kleinbildkamera *f*; **~ cur·rent** *s.* ⚡ Mini'mal-, 'Unterstrom *m*; **~ grand** *s.* ♪ Stutzflügel *m*; **~ ri·fle shoot·ing** *s.* 'Kleinkaˌliberschießen *n.*

min·i·a·tur·ist ['mɪnəˌtjʊərɪst] *s.* Minia'turmaler(in); **min·i·a·tur·ize** ['mɪnətʃəraɪz] *v/t. bsd. elektronische Elemente* miniaturisieren.

'min·i|·bus *s. mot.* Mini-, Kleinbus *m*; **'~·cab** *s. mot.* Minicar *m* (*Kleintaxi*); **'~·car** *s. mot.* Kleinwagen *m*; **'~·dress** *s.* Minikleid *n.*

min·i·kin ['mɪnɪkɪn] **I** *adj.* **1.** affektiert, geziert; **2.** winzig, zierlich; **II** *s.* **3.** kleine Stecknadel; **4.** *fig.* Knirps *m.*

min·im ['mɪnɪm] *s.* **1.** ♪ halbe Note; **2.** *et.* Winziges; Zwerg *m*; **3.** *pharm.* 1/60 Drachme *f* (*Apothekermaß*); **4.** Grundstrich *m* (*Kalligraphie*); **'min·i·mal** [-ml] *adj.* kleinst, mini'mal, Mindest…; **'min·i·mize** [-maɪz] *v/t.* **1.** auf das Mindestmaß zu'rückführen, möglichst gering halten; **2.** als geringfügig darstellen, bagatellisieren; **'min·i·mum** [-məm] **I** *pl.* **-ma** [-mə] *s.* Minimum *n* (*a.* ⚗), Mindestmaß *n*, -betrag *m*, -stand *m*: ***with a ~ of effort*** mit e-m Minimum an *od.* von Anstrengung; **II** *adj.* mini'mal, mindest, Mindest…, kleinst: ***~ output*** Leistungsminimum *n*; ***~ price*** Mindestpreis *m*; ***~ wage*** Mindestlohn *m.*

min·ing ['maɪnɪŋ] **I** *s.* Bergbau *m*, Bergwerk(s)betrieb *m*; **II** *adj.* Bergwerks…, Berg(bau)…, Gruben…, Montan…: ***~ academy*** Bergakademie *f*; ***~ law*** Bergrecht *n*; **~ dis·as·ter** *s.* Grubenunglück *n*; **~ en·gi·neer** *s.* 'Berg(bau)ingeniˌeur *m*; **~ in·dus·try** *s.* 'Bergbau-, Mon'taninduˌstrie *f*; **~ share** *s.* Kux *m.*

min·ion ['mɪnjən] *s.* **1.** Günstling *m*; **2.** *contp.* Speichellecker *m*: **~ *of the law*** *oft humor.* Gesetzeshüter *m*; **3.** *typ.* Kolo'nel *f* (*Schriftgrad*).
'min·i·skirt *s.* Minirock *m*.
'min·i-state *s. pol.* Zwergstaat *m*.
min·is·ter ['mɪnɪstə] **I** *s.* **1.** *eccl.* Geistliche(r) *m*, Pfarrer *m* (*bsd. e-r Dissenterkirche*); **2.** *pol. Brit.* Mi'nister(in), *a.* Premi'ermi,nister(in): **2 *of the Crown*** (Kabinetts)Minister(in); **2 *of Labour*** Arbeitsminister(in); **3.** *pol.* Gesandte(r *m*) *f*: **~ *plenipotentiary*** bevollmächtigter Gesandter; **4.** *fig.* Diener *m*, Werkzeug *n*; **II** *v/t.* **5.** darreichen; *eccl. die Sakramente* spenden; **III** *v/i.* **6.** (***to***) behilflich *od.* dienlich sein (*dat.*) (*a. fig. fördern*): **~ *to the wants of others*** für die Bedürfnisse anderer sorgen; **7.** *eccl.* Gottesdienst halten; **min·is·te·ri·al** [,mɪnɪ'stɪərɪəl] *adj.* □ **1.** amtlich, Verwaltungs..., 'untergeordnet: **~ *officer*** Verwaltungs-, Exekutivbeamte(r) *m*; **2.** *eccl.* geistlich; **3.** *pol.* a) Ministerial..., Minister..., b) Regierungs...: **~ *bill*** Regierungsvorlage *f*; **4.** Hilfs..., dienlich (***to*** *dat.*); **'min·is·trant** [-trənt] **I** *adj.* **1.** (***to***) dienend (zu), dienstbar (*dat.*); **II** *s.* **2.** Diener(in); **3.** *eccl.* Mini'strant *m*; **min·is·tra·tion** [,mɪnɪ'streɪʃn] *s.* Dienst *m* (***to*** an *dat.*); *bsd. kirchliches* Amt; **'min·is·try** [-trɪ] *s.* **1.** *eccl.* geistliches Amt; **2.** *pol. Brit.* a) Mini'sterium *n* (*a. Amtsdauer u. Gebäude*), b) Mi'nisterposten *m*, -amt *n*, c) Kabi'nett *n*, Regierung *f*; **3.** *pol. Brit.* Amt *n* e-s Gesandten; **4.** *eccl. coll.* Geistlichkeit *f*.
min·i·um ['mɪnɪəm] *s.* **1.** → ***vermilion*** 1; **2.** ⚗ Mennige *f*.
min·i·ver ['mɪnɪvə] *s.* Grauwerk *n*, Feh *n* (*Pelz*).
mink [mɪŋk] *s.* **1.** *zo.* Nerz *m*; **2.** Nerz (-fell *n*) *m*.
min·now ['mɪnəʊ] *s.* **1.** *ichth.* Elritze *f*; **2.** *fig. contp.* (*eine*) ,Null', (*ein*) Niemand *m*.
mi·nor ['maɪnə] **I** *adj.* **1.** a) kleiner, geringer, b) klein, unbedeutend, geringfügig; 'untergeordnet (*a. phls.*): **~ *casualty*** ⚔ Leichtverwundete(r) *m*; **~ *offence*** (*Am.* ***-se***) ⚖ (leichtes) Vergehen; ***the* 2 *Prophets*** *bibl.* die kleinen Propheten; ***of* ~ *importance*** von zweitrangiger Bedeutung, c) Neben..., Hilfs..., Unter...: ***a* ~ *group*** eine Untergruppe; **~ *premise*** → 7; **~ *subject*** *Am. univ.* Nebenfach *n*; **2.** minderjährig; **3.** *Brit.* jünger (*in Schulen*): ***Smith*** **~** Smith der Jüngere; **4.** ♪ a) klein (*Terz etc.*), b) Moll...: ***C* ~** c-Moll *n*; **~ *key*** Molltonart *f*; ***in* ~ *key*** *fig.* (etwas) gedämpft; **~ *mode*** Mollgeschlecht *n*; **II** *s.* **5.** Minderjährige(r *m*) *f*; **6.** ♪ a) Moll *n*, b) 'Mollak,kord *m*, c) Molltonart *f*; **7.** *phls.* 'Untersatz *m*; **8.** *Am. univ.* Nebenfach *n*; **III** *v/i.* **9.** **~ *in*** *Am. univ.* als Nebenfach studieren; **mi·nor·i·ty** [maɪ'nɒrətɪ] *s.* **1.** Minderjährigkeit *f*, Unmündigkeit *f*; **2.** Minori'tät *f*, Minderheit *f*, -zahl *f*: **~ *government*** (***party***) Minderheitsregierung (-partei) *f*; ***be in the* ~** in der Minderheit *od.* -zahl sein.
min·ster ['mɪnstə] *s. eccl.* **1.** Münster *n*; **2.** Klosterkirche *f*.
min·strel ['mɪnstrəl] *s.* **1.** *hist.* Spielmann *m*; Minnesänger *m*; **2.** *poet.* Sänger *m*, Dichter *m*; **'min·strel·sy** [-sɪ] *s.* **1.** Musi'kantentum *n*; **2.** a) Minnesang *m*, -dichtung *f*, b) *poet.* Dichtkunst *f*, Dichtung *f*; **3.** *coll.* Spielleute *pl.*
mint[1] [mɪnt] *s.* **1.** ♆ Minze *f*: **~ *sauce*** (saure) Minzsoße; **2.** 'Pfefferminz(li-,kör) *m*.
mint[2] [mɪnt] **I** *s.* **1.** Münze *f*: a) Münzstätte *f*, -anstalt *f*, b) Münzamt *n*: ***a* ~ *of money*** F ein Haufen Geld; **2.** *fig.* (reiche) Fundgrube, Quelle *f*; **II** *adj.* **3.** (wie) neu, tadellos erhalten, (*Buch etc.*): ***in* ~ *condition***; **4.** postfrisch (*Briefmarke*); **III** *v/t.* **5.** *Geld* münzen, schlagen, prägen; **6.** *fig. Wort etc.* prägen; **'mint·age** [-tɪdʒ] *s.* **1.** Münzen *n*, Prägung *f* (*a. fig.*); **2.** *das* Geprägte, Geld *n*; **3.** Prägegebühr *f*.
min·u·end ['mɪnjʊend] *s.* ⩲ Minu'end *m*.
min·u·et [,mɪnjʊ'et] *s.* ♪ Menu'ett *n*.
mi·nus ['maɪnəs] **I** *prp.* **1.** ⩲ minus, weniger; **2.** F ohne: **~ *his hat***; **II** *adv.* **3.** minus, unter Null (*Temperatur*); **III** *adj.* **4.** Minus..., negativ: **~ *amount*** Fehlbetrag *m*; **~ *quantity*** → 6; **~ *sign*** → 5; **IV** *s.* **5.** Minuszeichen *n*; **6.** Minus *n*, negative Größe; **7.** Mangel *m* (***of*** an *dat.*).
mi·nus·cule ['mɪnəskju:l] *s.* Mi'nuskel *f*, kleiner (Anfangs)Buchstabe.
min·ute[1] ['mɪnɪt] **I** *s.* **1.** Mi'nute *f* (*a. ast.*, ⩲, △): ***for a* ~** e-e Minute (lang); **~ *hand*** Minutenzeiger *m* (*Uhr*); ***to the* ~** auf die Minute genau; (***up***) ***to the* ~** hypermodern; **2.** Augenblick *m*: ***in a* ~** sofort; ***just a* ~!** Moment mal!; ***the* ~ *that*** sobald; **3.** ♱ a) Kon'zept *n*, kurzer Entwurf, b) No'tiz *f*, Memo'randum *n*: **~ *book*** Protokollbuch *n*; **4.** *pl.* ⚖, *pol.* ('Sitzungs)Proto,koll *n*, Niederschrift *f*: (***the***) **~*s of the proceedings*** Verhandlungsprotokoll *n*; ***keep the* ~*s*** das Protokoll führen; **II** *v/t.* **5.** a) entwerfen, aufsetzen, b) notieren, protokollieren.
mi·nute[2] [maɪ'nju:t] *adj.* □ **1.** sehr klein, winzig: ***in the* ~*st details*** in den kleinsten Einzelheiten; **2.** *fig.* unbedeutend, geringfügig; **3.** peinlich genau, minuzi'ös.
min·ute·ly[1] ['mɪnɪtlɪ] **I** *adj.* jede Mi'nute geschehend, Minuten...; **II** *adv.* jede Mi'nute, von Minute zu Minute.
mi·nute·ly[2] [maɪ'nju:tlɪ] *adv. von* ***minute***[2]; **mi·nute·ness** [maɪ'nju:tnɪs] *s.* **1.** Kleinheit *f*, Winzigkeit *f*; **2.** minuzi'öse Genauigkeit.
mi·nu·ti·a [maɪ'nju:ʃɪə] *pl.* **-ti·ae** [-ʃɪi:] (*Lat.*) *s.* Einzelheit *f*, De'tail *n*.
minx [mɪŋks] *s.* Range *f*, ,kleines Biest'.
mir·a·cle ['mɪrəkl] *s.* Wunder *n* (*a. fig.* ***of*** an *dat.*); Wundertat *f*, -kraft *f*: ***to a* ~** phantastisch (gut); ***work* ~*s*** Wunder tun *od.* vollbringen; **~ *drug*** Wunderdroge *f*; **~ *play*** *hist. eccl.* Mirakelspiel *n*; **mi·rac·u·lous** [mɪ'rækjʊləs] **I** *adj.* □ 'überna,türlich, wunderbar (*a. fig.*); Wunder...: **~ *cure*** Wunderkur *f*; **II** *s. das* Wunderbare; **mi·rac·u·lous·ly** [mɪ'rækjʊləslɪ] *adv.* (wie) durch ein Wunder, wunderbar(erweise).
mi·rage ['mɪrɑ:ʒ] *s.* **1.** *phys.* Luftspiegelung *f*, Fata Mor'gana *f*; **2.** *fig.* Trugbild *n*.
mire ['maɪə] **I** *s.* **1.** Schlamm *m*, Sumpf *m*, Kot *m* (*alle a. fig.*): ***drag s.o. through the* ~** *fig.* j-n in den Schmutz ziehen; ***be deep in the* ~** ,tief in der Klemme sitzen'; **II** *v/t.* **2.** in den Schlamm fahren *od.* setzen: ***be* ~*d*** im Sumpf *etc.* stecken(bleiben); **3.** beschmutzen, besudeln; **III** *v/i.* **4.** im Sumpf versinken.
mir·ror ['mɪrə] **I** *s.* **1.** Spiegel *m* (*a. zo.*): ***hold up the* ~ *to s.o.*** *fig.* j-m den Spiegel vorhalten; **2.** *fig.* Spiegel(bild *n*) *m*; **II** *v/t.* **3.** 'widerspiegeln: ***be* ~*ed*** sich (wider)spiegeln (***in*** in *dat.*); **4.** mit Spiegel(n) versehen: **~*ed room*** Spiegelzimmer *n*; **~ *fin·ish*** *s.* ⚙ Hochglanz *m*; **'~-in,vert·ed** *adj.* seitenverkehrt; **~ *sym·me·try*** *s.* ⩲, *phys.* 'Spiegelsymme,trie *f*; **'~-,writ·ing** *s.* Spiegelschrift *f*.
mirth [mɜ:θ] *s.* Fröhlichkeit *f*, Heiterkeit *f*, Freude *f*; **'mirth·ful** [-fʊl] *adj.* □ fröhlich, heiter, lustig; **'mirth·ful·ness** [-fʊlnɪs] *s.* → ***mirth***; **'mirth·less** [-lɪs] *adj.* freudlos, trüb(e).
mir·y ['maɪərɪ] *adj.* **1.** sumpfig, schlammig, kotig; **2.** *fig.* schmutzig, gemein.
mis- [mɪs] *in Zssgn* falsch, Falsch..., miß..., Miß...; schlecht; Fehl...
,mis·ad'ven·ture *s.* Unfall *m*, Unglück *n*; 'Mißgeschick *n*; **,mis·a'lign·ment** *s.* ⚙ Flucht(ungs)fehler *m*; *Radio, TV*: schlechte Ausrichtung; **,mis·al'li·ance** *s.* Mesalli'ance *f*, 'Mißheirat *f*.
mis·an·thrope ['mɪzənθrəʊp] *s.* Menschenfeind *m*, Misan'throp *m*; **mis·an·throp·ic, mis·an·throp·i·cal** [,mɪzən'θrɒpɪk(l)] *adj.* □ menschenfeindlich, misan'thropisch; **mis·an·thro·pist** [mɪ'zænθrəpɪst] → ***misanthrope***; **mis·an·thro·py** [mɪ'zænθrəpɪ] *s.* Menschenhaß *m*, Misanthro'pie *f*.
'mis,ap·pli'ca·tion *s.* falsche Verwendung; *b.s.* 'Mißbrauch *m*; **,mis·ap'ply** *v/t.* **1.** falsch anbringen *od.* anwenden; **2.** → ***misappropriate*** 1.
'mis,ap·pre'hend *v/t.* 'mißverstehen; **'mis,ap·pre'hen·sion** *s.* 'Mißverständnis *n*, falsche Auffassung: ***be*** *od.* ***labo(u)r under a* ~** sich in e-m Irrtum befinden.
,mis·ap'pro·pri·ate *v/t.* **1.** sich 'widerrechtlich aneignen, unter'schlagen; **2.** falsch anwenden: **~*d capital*** ♱ fehlgeleitetes Kapital; **'mis·ap,pro·pri'a·tion** *s.* ⚖ 'widerrechtliche Aneignung *od.* Verwendung, Unter'schlagung *f*, Veruntreuung *f*.
,mis·be'come *v/t.* [*irr.* → ***become***] *j-m* schlecht stehen, sich nicht schicken *od.* ziemen für; **,mis·be'com·ing** *adj.* → ***unbecoming***.
'mis·be,got·ten *adj.* **1.** unehelich (gezeugt); **2.** → ***misgotten***; **3.** mise'rabel, verkorkst.
,mis·be'have *v/i. od. v/refl.* **1.** sich schlecht benehmen *od.* aufführen, sich da'nebenbenehmen; ungezogen sein (*Kind*); **2.** **~ *with*** sich einlassen *od.* in'tim werden mit; **,mis·be'hav·io(u)r** *s.* **1.** schlechtes Betragen, Ungezogenheit *f*; **2.** **~ *before the enemy*** ⚔ *Am.* Feigheit *f* vor dem Feind.
,mis·be'lief *s.* Irrglaube *m*; irrige Ansicht; **,mis·be'lieve** *v/i.* irrgläubig sein.
,mis'cal·cu·late **I** *v/t.* falsch berechnen *od.* (ab)schätzen; **II** *v/i.* sich verrechnen, sich verkalkulieren; **'mis,cal·cu'la·tion** *s.* Rechen-, Kalkulati'onsfehler *m*.
,mis'call *v/t.* falsch *od.* zu Unrecht (be-)

nennen.

ˌ**mis'car·riage** *s.* **1.** Fehlschlag(en *n*) *m*, Miß'lingen *n*: **~ of justice** ⚖ Fehlspruch *m*, -urteil *n*, Justizirrtum *m*; **2.** ✝ Versandfehler *m*; **3.** Fehlleitung *f* (*Brief*); **4.** ⚕ Fehlgeburt *f*; ˌ**mis'car·ry** *v/i.* **1.** miß'lingen, -'glücken, fehlschlagen, scheitern; **2.** verlorengehen (*Brief*); **3.** ⚕ e-e Fehlgeburt haben.

ˌ**mis'cast** *v/t.* [*irr.* → ***cast***] *thea. etc. Rolle* fehlbesetzen: ***be ~*** a) e-e Fehlbesetzung sein (*Schauspieler*), b) *fig.* s-n Beruf verfehlt haben.

mis·ce·ge·na·tion [ˌmɪsɪdʒɪ'neɪʃn] *s.* Rassenmischung *f*.

mis·cel·la·ne·ous [ˌmɪsɪ'leɪnjəs] *adj.* ☐ **1.** ge-, vermischt, di'vers; **2.** mannigfaltig, verschiedenartig; ˌ**mis·cel'la·ne·ous·ness** [-nɪs] *s.* **1.** Gemischtheit *f*; **2.** Vielseitigkeit *f*; Mannigfaltigkeit *f*; **mis·cel·la·ny** [mɪ'selənɪ] *s.* **1.** Gemisch *n*, Sammlung *f*, Sammelband *m*; **2.** *pl.* vermischte Schriften *pl.*, Mis'zellen *pl.*

ˌ**mis'chance** *s.* 'Mißgeschick *n*: ***by ~*** durch e-n unglücklichen Zufall, unglücklicherweise.

mis·chief ['mɪstʃɪf] *s.* **1.** Unheil *n*, Unglück *n*, Schaden *m*: ***do ~*** Unheil anrichten; ***mean ~*** Böses im Schilde führen; ***make ~*** Zwietracht säen, böses Blut machen; ***run into ~*** in Gefahr kommen; **2.** Ursache *f* des Unheils, Übelstand *m*, Unrecht *n*, Störenfried *m*; **3.** Unfug *m*, Possen *m*: ***get into ~*** et. ‚anstellen'; ***keep out of ~*** keine Dummheiten machen, brav sein; ***that will keep you out of ~!*** damit du auf keine dummen Gedanken kommst!; **4.** Racker *m* (*Kind*); **5.** 'Übermut *m*, Ausgelassenheit *f*: ***be full of ~*** immer Unfug im Kopf haben; **6.** *euphem. der* Teufel: ***what*** (***why***) ***the ~ …?*** was (warum) zum Teufel …?; '**~-ˌmak·er** *s.* → ***troublemaker***.

mis·chie·vous ['mɪstʃɪvəs] *adj.* ☐ **1.** nachteilig, schädlich, verderblich; **2.** boshaft, mutwillig, schadenfroh, schelmisch; '**mis·chie·vous·ness** [-nɪs] *s.* **1.** Schädlichkeit *f*; **2.** Bosheit *f*; **3.** Schalkhaftigkeit *f*, Ausgelassenheit *f*.

mis·ci·ble ['mɪsəbl] *adj.* mischbar.

ˌ**mis·con'ceive** *v/t.* falsch auffassen *od.* verstehen, sich e-n falschen Begriff machen von; ˌ**mis·con'cep·tion** *s.* 'Mißverständnis *n*, falsche Auffassung.

mis·con·duct I *v/t.* [ˌmɪskən'dʌkt] **1.** schlecht führen *od.* verwalten; **2. ~ *o.s.*** sich schlecht betragen *od.* benehmen, e-n Fehltritt begehen; **II** *s.* [ˌmɪs'kɒndʌkt] **3.** Ungebühr *f*, schlechtes Betragen *od.* Benehmen; **4.** Verfehlung *f*, *bsd.* Ehebruch *m*, Fehltritt *m*; ⚔ schlechte Führung: ***~ in office*** ⚖ Amtsvergehen *n*.

ˌ**mis·con'struc·tion** *s.* 'Mißdeutung *f*, falsche Auslegung; ˌ**mis·con'strue** *v/t.* falsch auslegen, miß'deuten, 'mißverstehen.

mis·cre·ant ['mɪskrɪənt] **I** *adj.* gemein, ab'scheulich; **II** *s.* Schurke *m*.

ˌ**mis'date I** *v/t.* falsch datieren; **II** *s.* falsches Datum.

ˌ**mis'deal** *v/t. u. v/i.* [*irr.* → ***deal***] **~** (***the cards***) sich vergeben.

ˌ**mis'deed** *s.* Missetat *f*.

mis·de·mean [ˌmɪsdɪ'mi:n] *v/i. u. v/refl.* sich schlecht betragen, sich vergehen; ˌ**mis·de'mean·o(u)r** [-nə] *s.* ⚖ Vergehen *n*, minderes De'likt.

ˌ**mis·di'rect** *v/t.* **1.** *j-n od. et.* fehl-, irreleiten: ***~ed charity*** falsch angebrachte Wohltätigkeit; **2.** ⚖ *die Geschworenen* falsch belehren; **3.** *Brief* falsch adressieren.

mise en scène [ˌmi:zɑ̃:n'seɪn] (*Fr.*) *s. thea. u. fig.* Inszenierung *f*.

ˌ**mis·em'ploy** *v/t.* **1.** schlecht anwenden; **2.** miß'brauchen.

mi·ser ['maɪzə] *s.* Geizhals *m*.

mis·er·a·ble ['mɪzərəbl] *adj.* ☐ **1.** elend, jämmerlich, erbärmlich, armselig, kläglich (*alle a. contp.*); **2.** traurig, unglücklich: ***make s.o. ~***; **3.** *contp. allg.* mise'rabel.

mi·ser·li·ness ['maɪzəlɪnɪs] *s.* Geiz *m*; **mi·ser·ly** ['maɪzəlɪ] *adj.* geizig.

mis·er·y ['mɪzərɪ] *s.* Elend *n*, Not *f*; Trübsal *f*, Jammer *m*; ***put s.o. out of his ~*** *mst iro.* j-n von s-m Leiden erlösen.

mis·fea·sance [mɪs'fi:zəns] *s.* ⚖ **1.** pflichtwidrige Handlung; **2.** 'Mißbrauch *m* (*der Amtsgewalt*).

ˌ**mis'fire I** *v/i.* **1.** versagen (*Waffe*); **2.** *mot.* fehlzünden, aussetzen; **3.** *fig.* ‚da'nebengehen'; **II** *s.* **4.** Versager *m*; **5.** *mot.* Fehlzündung *f*.

'**mis·fit** *s.* **1.** schlechtsitzendes Kleidungsstück; **2.** nicht passendes Stück; **3.** F *fig.* Außenseiter(in), Eigenbrötler(in).

mis'for·tune *s.* 'Mißgeschick *n*.

mis'give *v/t.* [*irr.* → ***give***] *Böses* ahnen lassen: ***my heart ~s me*** mir schwant (***that*** daß, ***about s.th.*** et.); **mis'giv·ing** *s.* Befürchtung *f*, böse Ahnung, Zweifel *m*.

mis'got·ten *adj.* unrechtmäßig erworben.

ˌ**mis'gov·ern** *v/t.* schlecht regieren; ˌ**mis'gov·ern·ment** *s.* 'Mißregierung *f*, schlechte Regierung.

ˌ**mis'guide** *v/t.* fehlleiten, verleiten, irreführen; ˌ**mis'guid·ed** *adj.* fehl-, irregeleitet; irrig, unangebracht.

ˌ**mis'han·dle** *v/t.* miß'handeln; *weitS.* falsch behandeln, schlecht handhaben; verpatzen.

mis·hap ['mɪshæp] *s.* Unglück *n*, Unfall *m*; *mot.* (*a. humor. fig.*) Panne *f*.

ˌ**mis'hear** *v/t. u. v/i.* [*irr.* → ***hear***] falsch hören, sich verhören (bei).

mish·mash ['mɪʃmæʃ] *s.* Mischmasch *m*.

ˌ**mis·in'form I** *v/t. j-m* falsch berichten, *j-n* falsch unter'richten; **II** *v/i.* falsch aussagen (***against*** gegen); ˌ**mis·in·for'ma·tion** *s.* falscher Bericht, falsche Auskunft.

ˌ**mis·in'ter·pret** *v/t.* miß'deuten, falsch auffassen *od.* auslegen; '**mis·inˌter·pre'ta·tion** *s.* 'Mißdeutung *f*, falsche Auslegung.

ˌ**mis'join·der** *s.* ⚖ unzulässige Klagehäufung; unzulässige Zuziehung (*e-s Streitgenossen*).

ˌ**mis'judge** *v/i. u. v/t.* **1.** falsch (be)urteilen, verkennen; **2.** falsch schätzen: ***I ~d the distance***; ˌ**mis'judge·ment** *s.* irriges Urteil; falsche Beurteilung.

ˌ**mis'lay** *v/t.* [*irr.* → ***lay***] *et.* verlegen.

ˌ**mis'lead** *v/t.* [*irr.* → ***lead***] irreführen; *fig. a.* verführen, verleiten (***into doing*** zu tun): ***be misled*** sich verleiten lassen; ˌ**mis'lead·ing** *adj.* irreführend.

ˌ**mis'man·age I** *v/t.* schlecht verwalten, unrichtig handhaben; **II** *v/i.* schlecht wirtschaften; ˌ**mis'man·age·ment** *s.* schlechte Verwaltung, 'Mißwirtschaft *f*.

ˌ**mis'matched** *adj.* nicht zs.-passend, ungleich (*Paar*).

ˌ**mis'name** *v/t.* falsch benennen.

mis·no·mer [ˌmɪs'nəʊmə] *s.* **1.** ⚖ Namensirrtum *m* (*in e-r Urkunde*); **2.** falsche Benennung *od.* Bezeichnung.

mi·sog·a·mist [mɪ'sɒgəmɪst] *s.* Ehefeind *m*.

mi·sog·y·nist [mɪ'sɒdʒɪnɪst] *s.* Frauenfeind *m*; **mi'sog·y·ny** [-nɪ] *s.* Frauenhaß *m*, Mysogy'nie *f*.

ˌ**mis'place** *v/t.* **1.** *et.* verlegen; **2.** an e-e falsche Stelle legen *od.* setzen; **3.** *fig.* falsch *od.* übel anbringen: ***~d*** unangebracht, deplaziert.

mis·print I *v/t.* [ˌmɪs'prɪnt] verdrucken, fehldrucken; **II** *s.* ['mɪsprɪnt] Druckfehler *m*.

ˌ**mis·pro'nounce** *v/t.* falsch aussprechen; '**mis·proˌnun·ci'a·tion** *s.* falsche Aussprache.

ˌ**mis·quo'ta·tion** *s.* falsches Zi'tat; ˌ**mis'quote** *v/t. u. v/i.* falsch anführen *od.* zitieren.

ˌ**mis'read** *v/t.* [*irr.* → ***read***] **1.** falsch lesen; **2.** miß'deuten.

'**misˌrep·re'sent** *v/t.* **1.** falsch *od.* ungenau darstellen; **2.** entstellen, verdrehen; '**misˌrep·re·sen'ta·tion** *s.* falsche Darstellung *od.* Angabe (*a.* ⚖), Verdrehung *f*.

ˌ**mis'rule I** *v/t.* **1.** schlecht regieren; **II** *s.* **2.** schlechte Re'gierung, 'Mißregierung *f*; **3.** Unordnung *f*.

miss[1] [mɪs] *s.* **1.** ℒ *in der Anrede*: Fräulein *n*: ***ℒ Smith***; ***ℒ America*** Miß Amerika (*die Schönheitskönigin von Amerika*); **2.** *humor.* (junges) ‚Ding', Dämchen *n*; **3.** F (*ohne folgenden Namen*) Fräulein *n*.

miss[2] [mɪs] **I** *v/t.* **1.** *Chance, Zug etc.* verpassen, versäumen; *Beruf, Person, Schlag, Weg, Ziel* verfehlen: ***~ the point*** (***of an argument***) das Wesentliche (e-s Arguments) nicht begreifen; ***he didn't ~ much*** a) er versäumte nicht viel, b) ihm entging fast nichts; ***~ed approach*** ✈ Fehlanflug *m*; → ***boat*** 1, ***bus*** 1, ***fire*** 6 *etc.*; **2.** *a.* ***~ out*** auslassen, über'gehen, -'springen; **3.** nicht haben, nicht bekommen; **4.** nicht hören können, über'hören; **5.** vermissen; **6.** (ver-)missen, entbehren: ***we ~ her very much*** sie fehlt uns sehr; **7.** vermeiden: ***he just ~ed being hurt*** er ist gerade (noch) e-r Verletzung entgangen; ***I just ~ed running him over*** ich hätte ihn beinahe überfahren; **II** *v/i.* **8.** fehlen, nicht treffen: a) da'nebenschießen, -werfen, -schlagen *etc.*, b) da'nebengehen (*Schuß etc.*); **9.** miß'glücken, -'lingen, fehlschlagen, ‚da'nebengehen'; **10. ~ *out on*** a) über'sehen, auslassen, b) sich entgehen lassen, c) *et.* nicht kriegen; **III** *s.* **11.** Fehlschuß *m*, -wurf *m*, -stoß *m*: ***every shot a ~*** jeder Schuß (ging) daneben; **12.** Verpassen *n*, Versäumen *n*, Verfehlen *n*, Entrinnen *n*: ***a ~ is as good as a mile*** a) knapp daneben ist auch daneben, b) mit knapper Not entrinnen ist immerhin entrinnen; ***give s.th. a ~*** a) et. vermeiden, et.

nicht nehmen, et. nicht tun *etc.*, die Finger lassen von et., b) → 10 a; **13.** Verlust *m*.

mis·sal ['mɪsl] *s. eccl.* Meßbuch *n*.

mis·shap·en [ˌmɪs'ʃeɪpən] *adj.* 'mißgestaltet, ungestalt, unförmig.

mis·sile ['mɪsaɪl; *Am.* -səl] **I** *s.* **1.** (Wurf-) Geschoß *n*, Projek'til *n*; **2.** *a.* ***ballistic ~, guided ~*** ⚔ Flugkörper *m*, Fernlenkwaffe *f*, Ra'kete(ngeschoß *n*) *f*; **II** *adj.* **3.** Wurf…; Raketen…: ***~ site*** Raketenstellung *f*.

miss·ing ['mɪsɪŋ] *adj.* **1.** fehlend, weg, nicht da, verschwunden: ***~ link*** *biol.* fehlendes Glied, Zwischenstufe *f* (*zwischen Mensch u. Affe*); **2.** vermißt (⚔ *a.* ***~ in action***), verschollen: ***be ~*** vermißt sein *od.* werden; ***the ~*** die Vermißten, die Verschollenen.

mis·sion ['mɪʃn] *s.* **1.** *pol.* Gesandtschaft *f*; Ge'sandtschaftsperso͵nal *n*; **2.** *pol.*, ⚔ Missi'on *f im Ausland*; **3.** (⚔ Kampf)Auftrag *m*; ✈ Einsatz *m*, Feindflug *m*: ***on*** (***a***) ***special ~*** mit besonderem Auftrag; ***~ accomplished!*** Auftrag ausgeführt!; **4.** *eccl.* a) Missi'on *f*, Sendung *f*, b) Missio'narstätigkeit *f*: ***foreign*** (***home***) ***~*** äußere (innere) Mission, c) Missi'on(sgesellschaft) *f*, d) Missi'onsstati͵on *f*; **5.** Missi'on *f*, Sendung *f*, (innere) Berufung, Lebenszweck *m*: ***~ in life*** Lebensaufgabe *f*; **mis·sion·ar·y** ['mɪʃnərɪ] **I** *adj.* missio'narisch, Missions…: ***~ work***; **II** *s.* Missio'nar(in).

mis·sis ['mɪsɪz] *s.* **1.** *sl.* gnä' Frau (*Hausfrau*); **2.** F ‚Alte' *f*, ‚bessere Hälfte' (*Ehefrau*).

mis·sive ['mɪsɪv] *s.* Sendschreiben *n*.

͵mis'spell *v/t.* [*a. irr.* → ***spell***] falsch buchstabieren *od.* schreiben; **͵mis'spell·ing** *s.* **1.** falsches Buchstabieren; **2.** Rechtschreibfehler *m*.

͵mis'spend *v/t.* [*irr.* → ***spend***] falsch verwenden, *a. s-e Jugend etc.* vergeuden.

͵mis'state *v/t.* falsch angeben, unrichtig darstellen; **͵mis'state·ment** *s.* falsche Angabe *od.* Darstellung.

mis·sus ['mɪsəs] → ***missis***.

miss·y ['mɪsɪ] *s.* F kleines Fräulein.

mist [mɪst] **I** *s.* **1.** (feiner) Nebel, feuchter Dunst, *Am. a.* Sprühregen *m*; **2.** *fig.* Nebel *m*, Schleier *m*: ***be in a ~*** ganz irre *od.* verdutzt sein; **3.** F Beschlag *m*, Hauch *m* (*auf e-m Glas*); **II** *v/i.* **4.** *a.* ***~ over*** nebeln, neblig sein (*a. fig.*); sich trüben (*Augen*); (sich) beschlagen (*Glas*); **III** *v/t.* **5.** um'nebeln.

mis·tak·a·ble [mɪ'steɪkəbl] *adj.* verkennbar, (leicht) zu verwechseln(d), 'mißzuverstehen(d); **mis·take** [mɪ'steɪk] **I** *v/t.* [*irr.* → ***take***] **1.** (***for***) verwechseln (mit), (fälschlich) halten (für), verfehlen, nicht erkennen, verkennen, sich irren in (*dat.*): ***~ s.o.'s character*** sich in j-s Charakter irren; **2.** falsch verstehen, 'mißverstehen; **II** *v/i.* [*irr.* → ***take***] **3.** sich irren, sich versehen; **III** *s.* **4.** 'Mißverständnis *n*; **5.** Irrtum *m* (*a.* ⚖), Fehler *m*, Versehen *n*, 'Mißgriff *m*: ***by ~*** irrtümlich, aus Versehen; ***make a ~*** e-n Fehler machen, sich irren; ***and no ~*** F bestimmt, worauf du dich verlassen kannst; **6.** (Schreib-, Sprach-, Rechen-) Fehler *m*; **mis'tak·en** [-kn] *adj.* ☐ **1.** im Irrtum: ***be ~*** sich irren; ***unless I am very much ~*** wenn ich mich nicht sehr irre; ***we were quite ~ in him*** wir haben uns in ihm ziemlich getäuscht; **2.** irrtümlich, falsch, verfehlt (*Politik etc.*): (***case of***) ***~ identity*** Personenverwechslung *f*; ***~ kindness*** unangebrachte Freundlichkeit.

mis·ter ['mɪstə] *s.* **1.** ♂ Herr *m* (*abbr.* ***Mr*** *od.* ***Mr.***): ***Mr President*** Herr Präsident; **2.** F *als bloße Anrede*: (mein) Herr!, ‚Meister'!, ‚Chef'!

͵mis'time *v/t.* zur unpassenden Zeit sagen *od.* tun; e-n falschen Zeitpunkt wählen für, *bsd. sport* schlecht timen.

͵mis'timed *adj.* unpassend, unangebracht, zur Unzeit, *bsd. sport* schlecht getimed.

mist·i·ness ['mɪstɪnɪs] *s.* **1.** Nebligkeit *f*, Dunstigkeit *f*; **2.** Unklarheit *f*, Verschwommenheit *f* (*a. fig.*).

mis·tle·toe ['mɪsltəʊ] *s.* ♀ **1.** Mistel *f*; **2.** Mistelzweig *m*.

͵mis·trans'late *v/t. u. v/i.* falsch über'setzen.

mis·tress ['mɪstrɪs] *s.* **1.** Herrin *f* (*a. fig.*), Gebieterin *f*, Besitzerin *f*: ***she is ~ of herself*** sie weiß sich zu beherrschen; **2.** Frau *f* des Hauses, Hausfrau *f*; **3.** *bsd. Brit.* Lehrerin *f*: ***chemistry ~*** Chemielehrerin; **4.** Kennerin *f*, Meisterin *f in e-r Kunst etc.*; **5.** Mä'tresse *f*, Geliebte *f*; **6.** → ***Mrs.***

͵mis'tri·al *s.* ⚖ fehlerhaft geführter (*Am. a.* ergebnisloser) Pro'zeß.

͵mis'trust I *s.* **1.** 'Mißtrauen *n*, Argwohn *m* (***of*** gegen); **II** *v/t.* **2.** *j-m* miß'trauen, nicht trauen; **3.** zweifeln an (*dat.*); **mis'trust·ful** *adj.* ☐ 'mißtrauisch, argwöhnisch (***of*** gegen).

mist·y ['mɪstɪ] *adj.* ☐ **1.** (leicht) neb(e)lig, dunstig; **2.** *fig.* nebelhaft, verschwommen, unklar.

͵mis·un·der'stand *v/t. u. v/i.* [*irr.* → ***understand***] 'mißverstehen; **͵mis·un·der'stand·ing** *s.* **1.** 'Mißverständnis *n*; **2.** 'Mißhelligkeit *f*, Diffe'renz *f*; **͵mis·un·der'stood** *adj.* **1.** 'mißverstanden; **2.** verkannt, nicht richtig gewürdigt.

͵mis'us·age → ***misuse*** 1.

mis·use I *s.* [͵mɪs'juːs] **1.** 'Mißbrauch *m*, falscher Gebrauch, falsche Anwendung; **2.** Miß'handlung *f*; **II** *v/t.* [͵mɪs'juːz] **3.** miß'brauchen, falsch *od.* zu unrechten Zwecken gebrauchen; falsch anwenden; **4.** miß'handeln.

mite[1] [maɪt] *s. zo.* Milbe *f*.

mite[2] [maɪt] *s.* **1.** Heller *m*; *weitS.* kleine Geldsumme: ***contribute one's ~ to*** sein Scherflein beitragen zu; ***not a ~*** kein bißchen; **2.** F kleines Ding, Dingelchen *n*: ***a ~ of a child*** ein Würmchen.

mi·ter ['maɪtə] *Am.* → ***mitre***.

mit·i·gate ['mɪtɪgeɪt] *v/t. Schmerz etc.* lindern; *Strafe etc.* mildern; *Zorn* besänftigen, mäßigen: ***mitigating circumstances*** ⚖ (straf)mildernde Umstände; **mit·i·ga·tion** [͵mɪtɪ'geɪʃn] *s.* **1.** Linderung *f*, Milderung *f*; **2.** Milderung *f*, Abschwächung *f*: ***plead in ~*** ⚖ a) für Strafmilderung plädieren, b) strafmildernde Umstände geltend machen; **3.** Besänftigung *f*, Mäßigung *f*.

mi·to·sis [maɪ'təʊsɪs] *pl.* **-ses** [-siːz] *s. biol.* Mi'tose *f*, 'indi͵rekte *od.* chromoso'male (Zell)Kernteilung.

mi·tre ['maɪtə] **I** *s.* **1.** a) Mitra *f*, Bischofsmütze *f*, b) *fig.* Bischofsamt *n*, -würde *f*; **2.** ⚙ a) → ***mitre joint***, ***mitre square***, b) Gehrungsfläche *f*; **II** *v/t.* **3.** mit der Mitra schmücken, zum Bischof machen; **4.** ⚙ a) auf Gehrung verbinden, b) gehren, auf Gehrung zurichten; **III** *v/i.* **5.** ⚙ sich in 'einem Winkel treffen; ***~ box*** *s.* ⚙ Gehrlade *f*; ***~ gear*** *s.* Kegelrad *n*, Winkelgetriebe *n*; ***~ joint*** *s.* Gehrfuge *f*; ***~ square*** *s.* Gehrdreieck *n*; ***~ valve*** *s.* 'Kegelven͵til *n*; ***~ wheel*** *s.* Kegelrad *n*.

mitt [mɪt] *s.* **1.** Halbhandschuh *m*; **2.** *Baseball*: Fanghandschuh *m*; **3.** → ***mitten*** 1 *u.* 3; **4.** *Am. sl.* ‚Flosse' *f* (*Hand*).

mit·ten ['mɪtn] *s.* **1.** Fausthandschuh *m*, Fäustling *m*: ***get the ~*** F a) e-n Korb bekommen, abgewiesen werden, b) ‚(hinaus)fliegen', entlassen werden; **2.** → ***mitt*** 1; **3.** *sl.* Boxhandschuh *m*.

mit·ti·mus ['mɪtɪməs] (*Lat.*) *s.* **1.** ⚖ a) *richterlicher Befehl an die Gefängnisbehörde zur Aufnahme e-s Häftlings*, b) *Befehl zur Übersendung der Akten an ein anderes Gericht*; **2.** F ‚blauer Brief', Entlassung *f*.

mix [mɪks] **I** *v/t.* **1.** (ver)mischen, vermengen (***with*** mit); *Cocktail etc.* mixen, mischen; *Teig* anrühren, mischen. ***~ into*** mischen in (*acc.*); ***~ up*** zs.-, durcheinandermischen, *fig.* völlig durcheinanderbringen, verwechseln (***with*** mit); ***be ~ed up*** *fig.* a) verwickelt sein *od.* werden (***in***, ***with*** in *acc.*), b) (*geistig*) ganz durcheinander sein; **2.** *biol.* kreuzen; **3.** *Stoffe* melieren; **4.** *fig.* verbinden: ***~ business with pleasure*** das Angenehme mit dem Nützlichen verbinden; **II** *v/i.* **5.** sich (ver)mischen; **6.** sich mischen lassen; **7.** *gut etc.* auskommen (***with*** mit); **8.** verkehren (***with*** mit, ***in*** in *dat.*): ***~ in the best society***; **III** *s.* **9.** (*Am. a.* koch- *od.* back-, gebrauchsfertige) Mischung: ***cake ~*** Backmischung; **10.** F Durchein'ander *n*, Mischmasch *m*; **11.** *sl.* Keile'rei *f*.

mixed [mɪkst] *adj.* **1.** gemischt (*a. fig. Gefühl*, *Gesellschaft*, *Metapher*); **2.** vermischt, Misch…; **3.** F verwirrt, kon'fus; ***~ bag*** *s.* F bunte Mischung; ***~ blood*** *s.* **1.** gemischtes Blut; **2.** Mischling *m*; ***~ car·go*** *s.* ✝ Stückgutladung *f*; ***~ con·struc·tion*** *s.* Gemischtbauweise *f*; ***~ dou·bles*** *s. pl. sg. konstr. sport* gemischtes Doppel: ***play a ~***; ***~ e·con·o·my*** *s.* ✝ gemischte Wirtschaftsform; **͵~ e'con·o·my** *adj.* ✝ gemischtwirtschaftlich; ***~ for·est*** *s.* Mischwald *m*; ***~ frac·tion*** *s.* ⅌ gemischter Bruch; ***~ mar·riage*** *s.* Mischehe *f*; ***~ me·di·a*** *s. pl.* **1.** Multi'media *pl.*; **2.** *Kunst*: Mischtechnik *f*; ***~ pick·les*** *s. pl.* Mixed Pickles *pl.* (*Essiggemüse*).

mix·er ['mɪksə] *s.* **1.** Mischer *m*; **2.** Mixer *m* (*von Cocktails etc.*) (*a. Küchengerät*); **3.** ⚙ Mischer *m*, 'Mischma͵schine *f*; **4.** ⚡ *Fernsehen etc.*: Mischpult *n*; **5.** ***be a good*** (***bad***) ***~*** F kontaktfreudig (kontaktarm) sein; **mix·ture** ['mɪkstʃə] *s.* **1.** Mischung *f* (*a. von Tee*, *Tabak etc.*), Gemisch *n* (*a.* ⚗); **2.** *mot.* Gas-Luft-Gemisch *n*; **3.** *pharm.* Mix'tur *f*; **4.** *biol.* Kreuzung *f*; **5.** Beimengung *f*; **'mix-up** *s.* F **1.** Durchein'ander *n*; **2.** Verwechslung *f*; **3.** Handgemenge *n*.

miz·(z)en ['mɪzn] *s.* ⚓ **1.** Be'san(segel *n*) *m*; **2.** → **'~-mast** [-mɑːst; ⚓ -məst] *s.* Be'san-, Kreuzmast *m*; **'~-sail** → ***miz(z)en*** 1; **'~-ˌtop'gal·lant** *s.* Kreuzbramsegel *n*.

miz·zle ['mɪzl] *dial.* **I** *v/i.* nieseln; **II** *s.* Nieseln *n*, Sprühregen *m*.

mne·mon·ic [niː'mɒnɪk] **I** *adj.* **1.** mnemo'technisch; **2.** mne'monisch, Gedächtnis…; **II** *s.* **3.** Gedächtnishilfe *f*; **4.** → ***mnemonics*** 1; **mne'mon·ics** [-ks] *s. pl.* **1.** *a. sg. konstr.* Mnemo'technik *f*, Gedächtniskunst *f*; **2.** mne'monische Zeichen *pl.*; **mne·mo·tech·nics** [ˌniːməʊ'teknɪks] *s. pl. a. sg. konstr.* → ***mnemonics*** 1.

mo [məʊ] *s.* F Mo'ment *m*: ***wait half a ~!*** (eine) Sekunde!

moan [məʊn] **I** *s.* **1.** Stöhnen *n*, Ächzen *n* (*a. fig. des Windes etc.*); **II** *v/i.* **2.** stöhnen, ächzen; **3.** (weh)klagen, jammern; **'moan·ful** [-fʊl] *adj.* □ (weh-)klagend.

moat [məʊt] ⚔ *hist.* **I** *s.* (Wall-, Burg-, Stadt)Graben *m*; **II** *v/t.* mit e-m Graben um'geben.

mob [mɒb] **I** *s.* **1.** Mob *m*, zs.-gerotteter Pöbel(haufen): ***~ law*** Lynchjustiz *f*; ***~ psychology*** Massenpsychologie *f*; **2.** Pöbel *m*, Gesindel *n*; **3.** *sl.* a) (Verbrecher)Bande *f*, b) *allg.* Bande *f*, Sippschaft *f*; **II** *v/t.* **4.** lärmend herfallen über (*acc.*); anpöbeln; angreifen, attakkieren; *Geschäfte etc.* stürmen.

mo·bile ['məʊbaɪl] **I** *adj.* **1.** beweglich, wendig (*a. Geist etc.*); schnell (beweglich); **2.** unstet, veränderlich; lebhaft (*Gesichtszüge*); **3.** leichtflüssig; **4.** ⚙, ⚔ fahrbar, beweglich, mo'bil, ⚔ *a.* motorisiert: ***~ crane*** Autokran *m*; ***~ home*** *mot.* Wohnwagen *m*; ***~ warfare*** Bewegungskrieg *m*; ***~ workshop*** Werkstattwagen *m*; **5.** ✝ flüssig: ***~ funds***; **II** ♀ *s* **6.** *Kunst*: Mobile *n*; **mo·bil·i·ty** [məʊ'bɪlətɪ] *s.* **1.** Beweglichkeit *f*, Wendigkeit *f*; **2.** Mobili'tät *f*, Freizügigkeit *f* (*der Arbeitnehmer etc.*).

mo·bi·li·za·tion [ˌməʊbɪlaɪ'zeɪʃn] *s.* Mobilisierung *f*: a) ⚔ Mo'bilmachung *f*, b) *bsd. fig.* Aktivierung *f*, Aufgebot *n* (*der Kräfte etc.*), c) ✝ Flüssigmachung *f*; **mo·bi·lize** ['məʊbɪlaɪz] *v/t.* mobilisieren: a) ⚔ mo'bilmachen, *a.* dienstverpflichten, b) *fig. Kräfte etc.* aufbieten, einsetzen, c) ✝ *Kapital* flüssigmachen.

mob·oc·ra·cy [mɒ'bɒkrəsɪ] *s.* **1.** Pöbelherrschaft *f*; **2.** (herrschender) Pöbel.

mobs·man ['mɒbzmən] *s.* [*irr.*] **1.** Gangster *m*; **2.** *Brit. sl.* (ele'ganter) Taschendieb.

mob·ster ['mɒbstə] *Am. sl. für* ***mobsman*** 1.

moc·ca·sin ['mɒkəsɪn] *s.* **1.** Mokas'sin *m* (*a. Damenschuh*); **2.** *zo.* Mokas'sinschlange *f*.

mo·cha¹ ['mɒkə] **I** *s.* **1.** *a.* ***~ coffee*** 'Mokka(kafˌfee) *m*; **2.** Mochaleder *n*; **II** *adj.* **3.** Mokka…

mo·cha² ['məʊkə], ♀ **stone** *s. min.* Mochastein *m*.

mock [mɒk] **I** *v/t.* **1.** verspotten, -höhnen, lächerlich machen; **2.** (*zum Spott*) nachäffen; **3.** *poet.* nachahmen; **4.** täuschen, narren; **5.** spotten (*gen.*), trotzen (*dat.*), nicht achten (*acc.*); **II** *v/i.* **6.** sich lustig machen, spotten (***at*** über *acc.*); **III** *s.* **7.** → ***mockery*** 1–3; **8.** Nachahmung *f*, Fälschung *f*; **IV** *adj.* **9.** nachgemacht, Schein…, Pseudo…: ***~ attack*** ⚔ Scheinangriff *m*; ***~ battle*** ⚔ Scheingefecht *n*; ***~ king*** Schattenkönig *m*; **mock·er** ['mɒkə] *s.* **1.** Spötter(in); **2.** Nachäffer(in); **mock·er·y** ['mɒkərɪ] *s.* **1.** Spott *m*, Hohn *m*, Spötte'rei *f*; **2.** Gegenstand *m* des Spottes, Gespött *n*: ***make a ~ of*** zum Gespött (der Leute) machen; **3.** Nachäffung *f*; **4.** *fig.* Possenspiel *n*, Farce *f*.

ˌmock-he'ro·ic *adj.* (□ ***~ally***) 'komischhe'roisch (*Gedicht etc.*).

mock·ing ['mɒkɪŋ] **I** *s.* Spott *m*, Gespött *n*; **II** *adj.* □ spöttisch; **'~·bird** *s. orn.* Spottdrossel *f*.

mock| moon *s. ast.* Nebenmond *m*; **~ tri·al** *s.* ⚖ 'Scheinproˌzeß *m*; **~ tur·tle** *s. Küche*: Kalbskopf *m* en tor'tue; **~ tur·tle soup** *s.* falsche Schildkrötensuppe; **'~-up** *s.* Mo'dell *n* (in na'türlicher Größe), At'trappe *f*.

mod·al ['məʊdl] *adj.* □ **1.** mo'dal (*a. phls., ling.,* ♪): ***~ proposition*** *Logik*: Modalsatz *m*; ***~ verb*** modales Hilfsverb; **2.** *Statistik*: typisch; **mo·dal·i·ty** [məʊ'dælətɪ] *s.* Modali'tät *f* (*a.* ✝, *pol., phls.*), Art *f* u. Weise *f*, Ausführungsart *f*.

mode¹ [məʊd] *s.* **1.** (Art *f* u.) Weise *f*, Me'thode *f*: ***~ of action*** ⚙ Wirkungsweise; ***~ of life*** Lebensweise; ***~ of operation*** Verfahrensweise; ***~ of payment*** ✝ Zahlungsweise; **2.** (Erscheinungs-) Form *f*, Art *f*: ***heat is a ~ of motion*** Wärme ist e-e Form der Bewegung; **3.** *Logik*: a) Modali'tät *f*, b) Modus *m* (*e-r Schlußfigur*); **4.** ♪ Modus *m*, Tonart *f*, -geschlecht *n*; **5.** *ling.* Modus *m*, Aussageweise *f*; **6.** *Statistik*: Modus *m*, häufigster Wert.

mode² [məʊd] *s.* Mode *f*, Brauch *m*.

mod·el ['mɒdl] **I** *s.* **1.** Muster *n*, Vorbild *n* (***for*** für): ***after*** (*od.* ***on***) ***the ~ of*** nach dem Muster von (*od. gen.*); ***he is a ~ of self-control*** er ist ein Muster an Selbstbeherrschung; **2.** (*fig.* 'Denk)Moˌdell *n*, Nachbildung *f*: ***working ~*** Arbeitsmodell; **3.** Muster *n*, Vorlage *f*; **4.** *paint. etc.* Mo'dell *n*: ***act as a ~ to a painter*** e-m Maler Modell stehen *od.* sitzen; **5.** *Mode*: a) Mannequin *n*, Vorführdame *f*: ***male ~*** Dressman *m*, b) Mo'dellkleid *n*; **6.** ⚙ a) Bau(weise *f*) *m*, b) (Bau)Muster *n*, Mo'dell *n*, Typ(e *f*) *m*; **II** *adj.* **7.** vorbildlich, musterhaft, Muster…: ***~ farm*** landwirtschaftlicher Musterbetrieb; ***~ husband*** Mustergatte *m*; ***~ plant*** ✝ Musterbetrieb *m*; ***~ school*** Musterschule *f*; **8.** Modell…: ***~ airplane***; ***~ builder*** ⚙ Modellbauer *m*; ***~ dress*** → 5 b; **III** *v/t.* **9.** nach Mo'dell formen *od.* herstellen; **10.** modellieren, nachbilden; abformen; **11.** *fig.* formen, gestalten (***after, on, upon*** nach [dem Vorbild *gen.*]): ***~ o.s. on*** sich *j-n* zum Vorbild nehmen; **IV** *v/i.* **12.** *Kunst*: modellieren; **13.** Mo'dell stehen *od.* sitzen; **14.** Kleider vorführen, als Mannequin *od.* Dressman arbeiten; **'mod·el·(l)er** [-lə] *s.* **1.** Modellierer *m*; **2.** Mo'dell-, Musterbauer *m*; **'mod·el·(l)ing** [-lɪŋ] **I** *s.* **1.** Modellieren *n*; **2.** Formgebung *f*, Formung *f*; **3.** Mo'dellstehen *od.* -sitzen *n*; **II** *adj.* **4.** Modellier…: ***~ clay***.

mo·dem ['məʊdem] *s. Computer, teleph.* Modem *m* (*Datenübertragungsgerät*).

mod·er·ate ['mɒdərət] **I** *adj.* □ **1.** gemäßigt (*a. Sprache etc.*; *a. pol.*), mäßig; **2.** mäßig *im Trinken etc.*; fru'gal (*Lebensweise*); **3.** mild (*Winter, Strafe etc.*); **4.** vernünftig, maßvoll (*Forderung etc.*); angemessen, niedrig (*Preis*); **5.** mittelmäßig; **II** *s.* **6.** (*pol. mst* ♀) Gemäßigte(r *m*) *f*; **III** *v/t.* [-dəreɪt] **7.** mäßigen, mildern; beruhigen; **8.** einschränken; **9.** ⚙, *phys.* dämpfen, abbremsen; **IV** *v/i.* [-dəreɪt] **10.** sich mäßigen; **11.** nachlassen (*Wind etc.*); **'mod·er·ate·ness** [-nɪs] *s.* Mäßigkeit *f etc.*; **mod·er·a·tion** [ˌmɒdə'reɪʃn] *s.* **1.** Mäßigung *f*, Maß(halten) *n*: ***in ~*** mit Maß; **2.** Mäßigkeit *f*; **3.** *pl. univ.* erste öffentliche Prüfung *in Oxford*; **4.** Milderung *f*; **'mod·er·a·tor** [-dəreɪtə] *s.* **1.** Mäßiger *m*, Beruhiger *m*; Vermittler *m*; **2.** Vorsitzende(r) *m*; Diskussi'onsleiter *m*; *univ.* Exami'nator *m* (*Oxford*); **3.** a) Mode'rator *m* (*Vorsitzender e-s Kollegiums reformierter Kirchen*), b) *TV*: Mode'rator *m*, Modera'torin *f*, Pro'grammleiter(in); **4.** ⚙, *phys.* Mode'rator *m*.

mod·ern ['mɒdən] **I** *adj.* **1.** mo'dern, neuzeitlich: ***~ times*** die Neuzeit; ***the ~ school*** (*od.* ***side***) *ped. Brit.* die Realabteilung; **2.** mo'dern, (neu)modisch; **3.** *mst* ♀ *ling.* a) mo'dern, Neu…, b) neuer: ♀ ***Greek*** Neugriechisch *n*; ***~ languages*** neuere Sprachen; ♀ ***Languages*** (*als Fach*) Neuphilologie *f*; **II** *s.* **4.** mo'derner Mensch, Fortschrittliche(r *m*) *f*; **5.** Mensch *m* der Neuzeit; **6.** *typ.* neuzeitliche An'tiqua; **'mod·ern·ism** [-dənɪzəm] *s.* **1.** Moder'nismus *m*: a) mo'derne Einstellung, b) mo'dernes Wort, mo'derne Redewendung(en *pl.*); **2.** *eccl.* Moder'nismus *m*; **mo·der·ni·ty** [mɒ'dɜːnətɪ] *s.* **1.** Moderni'tät *f*, (*das*) Mo'derne; **2.** *et.* Mo'dernes; **mod·ern·i·za·tion** [ˌmɒdənaɪ'zeɪʃn] *s.* Modernisierung *f*; **'mod·ern·ize** [-dənaɪz] *v/t. u. v/i.* (sich) modernisieren.

mod·est ['mɒdɪst] *adj.* □ **1.** bescheiden, anspruchslos (*Person od. Sache*): ***~ income*** bescheidenes Einkommen; **2.** anständig, sittsam; **3.** maßvoll, vernünftig; **'mod·es·ty** [-tɪ] *s.* **1.** Bescheidenheit *f* (*Person, Einkommen etc.*): ***in all ~*** bei aller Bescheidenheit; **2.** Anspruchslosigkeit *f*, Einfachheit *f*; **3.** Schamgefühl *n*; Sittsamkeit *f*.

mod·i·cum ['mɒdɪkəm] *s.* kleine Menge, *ein* bißchen: ***a ~ of truth*** ein Körnchen Wahrheit.

mod·i·fi·a·ble ['mɒdɪfaɪəbl] *adj.* modifizierbar, (ab)änderungsfähig; **mod·i·fi·ca·tion** [ˌmɒdɪfɪ'keɪʃn] *s.* **1.** Modifika'ti'on *f*: a) Abänderung *f*: ***make a ~ to*** → ***modify*** 1 a, b) Abart *f*, modifizierte Form, c) Einschränkung *f*, nähere Bestimmung, d) *biol.* nichterbliche Abänderung, e) *ling.* nähere Bestimmung, f) *ling.* lautliche Veränderung, 'Umlautung *f*; **2.** Mäßigung *f*; **mod·i·fy** ['mɒdɪfaɪ] *v/t.* **1.** modifizieren: a) abändern, teilweise 'umwandeln, b) einschränken, näher bestimmen; **2.** mildern, mäßigen; abschwächen; **3.** *ling. Vokal* 'umlauten.

mod·ish ['məʊdɪʃ] *adj.* □ **1.** modisch, mo'dern; **2.** Mode…

mods [mɒdz] *s. pl. Brit.* Halbstarke *pl.* von betont dandyhaftem Äußeren (*in den 60er Jahren*) (*Ggs.* ***rockers***).

mod·u·lar [ˈmɒdjʊlə] *adj.* Ⱥ, ⚙ Modul…: **~ *design*** Modulbauweise *f.*

mod·u·late [ˈmɒdjʊleɪt] **I** *v/t.* **1.** abstimmen, regulieren; **2.** anpassen (***to*** an *acc.*); **3.** dämpfen; **4.** *Stimme, Ton etc., a. Funk* modulieren: ***~d reception*** ϟ Tonempfang *m*; **II** *v/i.* **5.** ♪ modulieren (***from*** von, ***to*** nach), die Tonart wechseln; **6.** allˈmählich ˈübergehen (***into*** in *acc.*); **mod·u·la·tion** [ˌmɒdjʊˈleɪʃn] *s.* **1.** Abstimmung *f*, Regulierung *f*; **2.** Anpassung *f*; **3.** Dämpfung *f*; **4.** ♪, *Funk, a. Stimme*: Modulatiˈon *f*; **5.** Intonatiˈon *f*, Tonfall *m*; **ˈmod·u·la·tor** [-tə] *s.* **1.** Regler *m*; ϟ Moduˈlator *m*: **~ *of tonality Film*:** Tonblende *f*; **2.** ♪ die Tonverwandtschaft (*nach der Tonic-Solfa-Methode*) darstellende Skala; **ˈmod·ule** [-djuːl] *s.* **1.** Modul *m*, Model *m*, Maßeinheit *f*, Einheits-, Verhältniszahl *f*; **2.** ⚙ Moˈdul *n* (*austauschbare Funktionseinheit*), ϟ *a.* Baustein *m*; **3.** ⚙ Baueinheit *f*: **~ *construction*** Baukastensystem *n*; **4.** *Raumfahrt*: (*Kommando- etc.*)Kapsel *f*; **ˈmod·u·lus** [-ləs] *pl.* **-li** [-laɪ] *s.* Ⱥ, *phys.* Modul *m*: **~ *of elasticity*** Elastiziˈtätsmodul.

Mo·gul [ˈməʊgʌl] *s.* **1.** Mogul *m*: ***the*** (***Great*** *od.* ***Grand***) **~** der Großmogul; **2.** ℒ *Am. humor.* ‚großes Tier', ‚Bonze' *m*, Maˈgnat *m*.

mo·hair [ˈməʊheə] *s.* **1.** Moˈhair *m* (*Angorahaar*); **2.** Moˈhairstoff *m*, -kleidungsstück *n*.

Mo·ham·med·an [məʊˈhæmɪdən] **I** *adj.* mohammeˈdanisch; **II** *s.* Mohammeˈdaner(in).

moi·e·ty [ˈmɔɪətɪ] *s.* **1.** Hälfte *f*; **2.** Teil *m*.

moire [mwɑː] *s.* **1.** Moiˈré *m, n*, Wasserglanz *m auf Stoffen*; **2.** moirierter Stoff; **moi·ré** [ˈmwɑːreɪ] **I** *adj.* moiriert, gewässert, geflammt, mit Wellenmuster; **II** *s.* → ***moire*** 1.

moist [mɔɪst] *adj.* □ feucht, naß; **ˈmois·ten** [-sn] **I** *v/t.* an-, befeuchten, benetzen; **II** *v/i.* feucht werden; nässen; **ˈmoist·ness** [-nɪs] *s.* Feuchte *f*; **ˈmois·ture** [-tʃə] *s.* Feuchtigkeit *f*: ***~-proof*** feuchtigkeitsfest; **ˈmois·tur·iz·er** [-tʃəraɪzə] *s.* **1.** Feuchtigkeitscreme *f*; **2.** Luftbefeuchter *m*.

moke [məʊk] *s. Brit. sl.* Esel *m* (*a. fig.*).

mo·lar[1] [ˈməʊlə] *anat.* **I** *s.* Backenzahn *m*, Moˈlar *m*; **II** *adj.* Mahl…, Backen…: **~ *tooth*** → I.

mo·lar[2] [ˈməʊlə] *adj.* **1.** *phys.* Massen…: **~ *motion*** Massenbewegung *f*; **2.** ⚗ moˈlar, Mol…: **~ *weight*** Mol-, Molargewicht *n*.

mo·lar[3] [ˈməʊlə] *adj.* ✱ Molen…

mo·las·ses [məʊˈlæsɪz] *s. sg. u. pl.* **1.** Meˈlasse *f*; **2.** (Zucker)Sirup *m*.

mold [məʊld] *etc. Am.* → ***mould*** *etc.*

mole[1] [məʊl] *s. zo.* Maulwurf *m* (*a.* F *fig. eingeschleuster Agent*).

mole[2] [məʊl] *s.* (kleines) Muttermal, *bsd.* Leberfleck *m*.

mole[3] [məʊl] *s.* Mole *f*, Hafendamm *m*.

mole[4] [məʊl] *s.* ⚗ Mol *n*, ˈGrammoleˌkül *n*.

mole[5] [məʊl] *s.* ✱ Mole *f*, Mondkalb *n*.

ˈmole-ˌcrick·et *s. zo.* Maulwurfsgrille *f*.

mo·lec·u·lar [məʊˈlekjʊlə] *adj.* ⚗, *phys.* molekuˈlar, Molekular…: **~ *biology*; ~ *weight*; mo·lec·u·lar·i·ty** [məʊˌlekjʊˈlærətɪ] *s.* ⚗, *phys.* Molekuˈlarzustand *m*; **mol·e·cule** [ˈmɒlɪkjuːl] *s.* **1.** ⚗, *phys.* Moleˈkül *n*; **2.** *fig.* winziges Teilchen.

ˈmole|·hill *s.* Maulwurfshügel *m*, -haufen *m*; → ***mountain*** I; **ˈ~·skin** *s.* **1.** Maulwurfsfell *n*; **2.** ☤ Moleskin *m, n*, Englischleder *n* (*Baumwollgewebe*); **3.** *pl.* Hose *f* aus Moleskin.

mo·lest [məʊˈlest] *v/t.* belästigen; **mo·les·ta·tion** [ˌməʊleˈsteɪʃn] *s.* Belästigung *f*.

Moll, *a.* ℒ [mɒl] *s. sl.* **1.** ‚Nutte' *f* (*Prostituierte*); **2.** Gangsterbraut *f*.

mol·li·fi·ca·tion [ˌmɒlɪfɪˈkeɪʃn] *s.* **1.** Besänftigung *f*; **2.** Erweichung *f*; **mol·li·fy** [ˈmɒlɪfaɪ] *v/t.* **1.** besänftigen, beruhigen, beschwichtigen; **2.** weich machen, erweichen.

mol·lusc [ˈmɒləsk] → ***mollusk***.

mol·lus·can [mɒˈlʌskən] **I** *adj.* Weichtier…; **II** *s.* → **mol·lusk** [ˈmɒləsk] *s. zo.* Molˈluske *f*, Weichtier *n*.

mol·ly·cod·dle [ˈmɒlɪˌkɒdl] **I** *s.* Weichling *m*, Muttersöhnchen *n*; **II** *v/t.* verhätscheln.

molt [məʊlt] *Am.* → ***moult***.

mol·ten [ˈməʊltən] *adj.* **1.** geschmolzen, (schmelz)flüssig: **~ *metal*** flüssiges Metall; **2.** gegossen, Guß…

mo·lyb·date [mɒˈlɪbdeɪt] *s.* ⚗ Molybˈdat *n*, molybˈdänsaures Salz; **moˈlyb·de·nite** [-dɪnaɪt] *s. min.* Molybdäˈnit *m*.

mom [mɒm] *s.* F *bsd. Am.* **1.** Mami *f*; **2.** ‚Oma' *f* (*alte Frau*); **ˌ~-and-ˈpop store** *s. Am.* F Tante-Emma-Laden *m*.

mo·ment [ˈməʊmənt] *s.* **1.** Moˈment *m*, Augenblick *m*: ***one*** (*od.* ***just a***) **~!** (nur) e-n Augenblick!; ***in a* ~** in e-m Augenblick, sofort; **2.** Zeitpunkt *m*, Augenblick *m*: **~ *of truth*** Stunde *f* der Wahrheit; ***the very* ~ *I saw him*** in dem Augenblick, in dem ich ihn sah; ***at the* ~** im Augenblick, gerade (jetzt *od.* damals); ***at the last* ~** im letzten Augenblick; ***not for the* ~** im Augenblick nicht; ***to the* ~** auf die Sekunde genau, pünktlich; **3.** Bedeutung *f*, Tragweite *f*, Belang *m* (***to*** für); **4.** *phys.* Moˈment *n*: **~ *of inertia*** Trägheitsmoment; **mo·men·tal** [məʊˈmentl] *adj. phys.* Momenten…; **ˈmo·men·tar·y** [-tərɪ] *adj.* □ **1.** momenˈtan, augenblicklich; **2.** vorˈübergehend, flüchtig; **3.** jeden Augenblick geschehend *od.* möglich; **ˈmo·ment·ly** [-lɪ] *adv.* **1.** augenblicklich, in e-m Augenblick; **2.** von Seˈkunde zu Seˈkunde: ***increasing* ~**; **3.** e-n Augenblick lang; **mo·men·tous** [məʊˈmentəs] *adj.* □ bedeutsam, folgenschwer, von großer Tragweite; **mo·men·tous·ness** [məʊˈmentəsnɪs] *s.* Bedeutsam-, Wichtigkeit *f*, Tragweite *f*.

mo·men·tum [məʊˈmentəm] *pl.* **-ta** [-tə] *s.* **1.** *phys.* Imˈpuls *m*, Moˈment *n e-r Kraft*: **~ *theorem*** Momentensatz *m*; **2.** ⚙ Triebkraft *f*; **3.** *allg.* Wucht *f*, Schwung *m*, Fahrt *f*: ***gather*** (*od.* ***gain***) **~** in Fahrt kommen, Stoßkraft gewinnen; ***lose* ~** (an) Schwung verlieren.

mon·ad [ˈmɒnæd] *s.* **1.** *phls.* Moˈnade *f*; **2.** *biol.* Einzeller *m*; **3.** ⚗ einwertiges Eleˈment *od.* Aˈtom; **mo·nad·ic** [mɒˈnædɪk] *adj.* **1.** moˈnadisch, Monaden…; **2.** Ⱥ eingliedrig, -stellig.

mon·arch [ˈmɒnək] *s.* Monˈarch(in), Herrscher(in); **mo·nar·chal** [mɒˈnɑːkl] *adj.* □ monˈarchisch; **mo·nar·chic** *adj.*, **mo·nar·chi·cal** [mɒˈnɑːkɪk(l)] *adj.* □ **1.** monˈarchisch; **2.** monarˈchistisch; **3.** königlich (*a. fig.*); **ˈmon·arch·ism** [-kɪzəm] *s.* Monarˈchismus *m*; **ˈmon·arch·ist** [-kɪst] **I** *s.* Monarˈchist(in); **II** *adj.* monarˈchistisch; **ˈmon·arch·y** [-kɪ] *s.* Monarˈchie *f*.

mon·as·ter·y [ˈmɒnəstərɪ] *s.* (Mönchs-)Kloster *n*; **mo·nas·tic** [məˈnæstɪk] *adj.* (□ ***~ally***) **1.** klösterlich, Kloster…; **2.** mönchisch (*a. fig.*), Mönchs…: **~ *vows*** Mönchsgelübde *n*; **mo·nas·ti·cism** [məˈnæstɪsɪzəm] *s.* **1.** Mönch(s)tum *n*; **2.** mönchisches Leben, Asˈkese *f*.

mon·a·tom·ic [ˌmɒnəˈtɒmɪk] *adj.* ⚗ ˈeinaˌtomig.

Mon·day [ˈmʌndɪ] *s.* Montag *m*: ***on* ~** am Montag; ***on* ~*s*** montags.

mon·e·tar·y [ˈmʌnɪtərɪ] *adj.* ☤ **1.** Geld…, geldlich, finanziˈell; **2.** Währungs…(*-einheit, -reform etc.*); **3.** Münz…: **~ *standard*** Münzfuß *m*; **ˈmon·e·tize** [-taɪz] *v/t.* **1.** zu Münzen prägen; **2.** zum gesetzlichen Zahlungsmittel machen; **3.** den Münzfuß (*gen.*) festsetzen.

mon·ey [ˈmʌnɪ] *s.* ☤ **1.** Geld *n*, Geldbetrag *m*, -summe *f*: **~ *on*** (*od.* ***at***) ***call*** Tagesgeld; ***be out of* ~** kein Geld haben; ***short of* ~** knapp an Geld, ‚schlecht bei Kasse'; **~ *due*** ausstehendes Geld; **~ *on account*** Guthaben *n*; **~ *on hand*** verfügbares Geld; ***get one's* ~*'s worth*** et. (*Vollwertiges*) für sein Geld bekommen; **2.** Geld *n*, Vermögen *n*: ***make* ~** Geld machen, gut verdienen (***by*** bei); ***marry* ~** sich reich verheiraten; ***have* ~ *to burn*** Geld wie Heu haben; **3.** Geldsorte *f*; **4.** Zahlungsmittel *n*; **5. *monies*** *pl.* ⚖ Gelder *pl.*, (Geld-)Beträge *pl.*; **ˈ~·bag** *s.* **1.** Geldbeutel *m*; ⚔ Brustbeutel *m*; **2.** *pl.* F a) Geldsäcke *pl.*, Reichtum *m*, b) *sg. konstr.* ‚Geldsack' *m* (*reiche Person*); **~ *bill*** *s. parl.* Fiˈnanzvorlage *f*; **ˈ~-box** *s.* Sparbüchse *f*; **~ *bro·ker*** *s.* Fiˈnanzmakler *m*; **ˈ~ˌchang·er** *s.* **1.** Geldwechsler *m*; **2.** ˈWechselautoˌmat *m*.

mon·eyed [ˈmʌnɪd] *adj.* **1.** reich, vermögend; **2.** Geld…: **~ *corporation*** ☤ *Am.* Geldinstitut *n*; **~ *interest*** Finanzwelt *f*.

ˈmon·ey|ˌgrub·ber [-ˌgrʌbə] *s.* Geldraffer *m*; **ˈ~ˌgrub·bing** [-ˌgrʌbɪŋ] *adj.* geldraffend, -gierig; **ˈ~ˌlend·er** *s.* ☤ Geldverleiher *m*; **~ *let·ter*** *s.* Geld-, Wertbrief *m*; **ˈ~ˌmak·er** *s.* **1.** guter Geschäftsmann; **2.** Bombengeschäft *n*, ‚Renner' *m*, ‚Goldgrube' *f*; **ˈ~-ˌmak·ing I** *adj.* gewinnbringend, einträglich; **II** *s.* Geldverdienen *n*; **~ *mar·ket*** *s.* ☤ Geldmarkt *m*; **~ *mat·ters*** *s. pl.* Geldangelegenheiten *pl.*; **~ *or·der*** *s.* **1.** Postanweisung *f*; **2.** Zahlungsanweisung *f*; **ˈ~ˌspin·ner** *s.* → ***moneymaker*** 2.

mon·ger [ˈmʌŋgə] *s.* (*mst in Zssgn*) **1.** Händler *m*, Krämer *m*: ***fish~*** Fischhändler; **2.** *fig. contp.* Verbreiter(in) *von Gerüchten etc.*; → ***scaremonger***, ***warmonger*** *etc.*

Mon·gol [ˈmɒŋgɒl] **I** *s.* **1.** Monˈgole *m*, Monˈgolin *f*; **2.** *ling.* Monˈgolisch *n*; **II** *adj.* **3.** → ***Mongolian*** I; **Mon·go·li·an** [mɒŋˈgəʊljən] **I** *adj.* **1.** monˈgolisch; **2.**

mongo'lid, gelb (*Rasse*); **3.** → ***Mongoloid*** I; **II** *s.* **4.** → ***Mongol*** 1; **5.** → ***Mongoloid*** II; '**Mon·gol·oid** [-lɔɪd] *bsd.* I *adj.* mongolo'id; **II** *s.* Mongolo'ide(r *m*) *f.*
mon·goose ['mɒŋgu:s] *s. zo.* Mungo *m.*
mon·grel ['mʌŋgrəl] **I** *s.* **1.** *biol.* Bastard *m*; **2.** Köter *m*, Prome'nadenmischung *f*; **3.** Mischling *m* (*Mensch*); **4.** Zwischending *n*; **II** *adj.* **5.** Bastard…, Misch…: ~ ***race*** Mischrasse *f.*
'**mongst** [mʌŋst] *abbr. für* ***among(st)***.
mon·ick·er ['mɒnɪkə] → ***moniker***.
mon·ies ['mʌnɪz] *s. pl.* → ***money*** 5.
mon·i·ker ['mɒnɪkə] *s. sl.* (Spitz)Name *m.*
mon·ism ['mɒnɪzəm] *s. phls.* Mo'nismus *m.*
mo·ni·tion [məʊ'nɪʃn] *s.* **1.** (Er)Mahnung *f*; **2.** Warnung *f.*
mon·i·tor ['mɒnɪtə] **I** *s.* **1.** (Er)Mahner *m*; **2.** Warner *m*; **3.** *ped.* Klassenordner *m*; **4.** ⚓ *Art* Panzerschiff *n*; **5.** ⚡, *tel.* a) Abhörer(in), b) Abhorchgerät *n*; **6.** ⚡ *etc.* Monitor *m*, Kon'trollgerät *n*, -schirm *m*; **II** *v/t.* **7.** *tel.* ab-, mithören, über'wachen (*a. fig.*); **8.** ⚡ *Akustik etc.* durch Abhören kontrollieren; **9.** auf Radioaktivi'tät über'prüfen; '**mon·i·tor·ing** [-tərɪŋ] *adj.* ⚡, *tel.* Mithör…, Prüf…, Überwachungs…: ~ ***desk*** Misch-, Reglerpult *n*; '**mon·i·to·ry** [-tərɪ] *adj.* **1.** (er)mahnend, Mahn…; **2.** warnend, Warnungs…
monk [mʌŋk] *s.* **1.** *eccl.* Mönch *m*; **2.** *zo.* Mönchsaffe *m*; **3.** *typ.* Schmierstelle *f.*
mon·key ['mʌŋkɪ] **I** *s.* **1.** *zo.* a) Affe *m* (*a. fig. humor.*), b) *engS.* kleinerer (langschwänziger) Affe (*Ggs.* ***ape***); **2.** ⚙ a) Ramme *f*, b) Fallhammer *m*; **3.** *Brit. sl.* Wut *f*: ***get*** (*od.* ***put***) ***s.o.'s ~ up*** j-n auf die Palme bringen; ***get one's ~ up*** ‚hochgehen', in Wut geraten; **4.** *sl.* 500 Dollar *od.* brit. Pfund; **II** *v/i.* **5.** Possen treiben; **6.** F (***with***) spielen (mit), her'umpfuschen (an *dat.*): ~ (***about***) (herum)albern; **III** *v/t.* **7.** nachäffen; '**~-bread** *s.* ⚘ Affenbrotbaum-Frucht *f*; ~ **busi·ness** *s. sl.* **1.** ‚krumme Tour', ‚fauler Zauber'; **2.** ‚Blödsinn' *m*, Unfug *m*; ~ **en·gine** *s.* ⚙ (Pfahl)Ramme *f*; '**~-ˌjack·et** *s.* ⚔ Affenjäckchen *n*; '**~-shine** *s. Am. sl.* (dummer *od.* 'übermütiger) Streich, ‚Blödsinn' *m*; '**~-wrench** *s.* ⚙ ‚Engländer' *m*, Univer'sal(schrauben)schlüssel *m*: ***throw a ~ into s.th.*** *Am.* F et. behindern *od.* beeinträchtigen.
monk·ish ['mʌŋkɪʃ] *adj.* **1.** Mönchs…; **2.** *mst contp.* mönchisch, Pfaffen…
mon·o ['mɒnəʊ] F **I** *s. Radio etc*: Mono *n*; **II** *adj.* mono (abspielbar), Mono…
mono- [mɒnəʊ] *in Zssgn* ein…, einfach…; **mon·o·ac·id** [ˌmɒnəʊ'æsɪd] ⚗ **I** *adj.* einsäurig; **II** *s.* einbasige Säure; **mon·o·car·pous** [ˌmɒnəʊ'kɑ:pəs] *adj.* ⚘ **1.** einfrüchtig (*Blüte*); **2.** nur einmal fruchtend.
mon·o·chro·mat·ic [ˌmɒnəʊkrəʊ'mætɪk] *adj.* (□ ***~ally***) monochro'matisch, einfarbig; **mon·o·chrome** ['mɒnəkrəʊm] **I** *s.* **1.** einfarbiges Gemälde; **2.** Schwarz'weißaufnahme *f*; **II** *adj.* **3.** mono'chrom.
mon·o·cle ['mɒnəkl] *s.* Mon'okel *n.*
mo·no·coque ['mɒnəkɒk] (*Fr.*) *s.* ✈ **1.** Schalenrumpf *m*; **2.** Flugzeug *n* mit Schalenrumpf: ~ ***construction*** ⚙ Schalenbau(weise *f*) *m.*
mo·noc·u·lar [mɒ'nɒkjʊlə] *adj.* monoku'lar, für 'ein Auge.
mon·o·cul·ture ['mɒnəʊˌkʌltʃə] *s.* ✓ 'Monokulˌtur *f*; **mo·nog·a·mous** [mɒ'nɒgəməs] *adj.* mono'gam(isch); **mo·nog·a·my** [mɒ'nɒgəmɪ] *s.* Monoga'mie *f*, Einehe *f*; **mon·o·gram** ['mɒnəgræm] *s.* Mono'gramm *n*; **mon·o·graph** ['mɒnəgrɑ:f] *s.* Monogra'phie *f*; **mon·o·hy·dric** [ˌmɒnəʊ'haɪdrɪk] *adj.* ⚗ einwertig: ~ ***alcohol***; **mon·o·lith** ['mɒnəʊlɪθ] *s.* Mono'lith *m*; **mon·o·lith·ic** [ˌmɒnəʊ'lɪθɪk] *adj.* mono'lithisch; *fig.* gi'gantisch; **mo·nol·o·gize** [mɒ'nɒlədʒaɪz] *v/i.* monologisieren, ein Selbstgespräch führen; **mon·o·logue** ['mɒnəlɒg] *s.* Mono'log *m*, Selbstgespräch *n*; **mon·o·ma·ni·a** [ˌmɒnəʊ'meɪnjə] *s.* Monoma'nie *f*, fixe I'dee.
mo·no·mi·al [mɒ'nəʊmjəl] *s.* ⩤ eingliedrige Zahlengröße.
mon·o·phase ['mɒnəʊfeɪz] *adj.* ⚡ einphasig; **mon·o·pho·bi·a** [ˌmɒnəʊ'fəʊbjə] *s.* Monopho'bie *f*; **mon·o·phtong** ['mɒnəfθɒŋ] Mono'phtong *m*, einfacher Selbstlaut; **mon·o·plane** ['mɒnəʊpleɪn] *s.* ✈ Eindecker *m.*
mo·nop·o·list [mə'nɒpəlɪst] *s.* † Monopo'list *m*; Mono'polbesitzer(in); **mo·'nop·o·lize** [-laɪz] *v/t.* monopolisieren: a) † ein Mono'pol erringen *od.* haben für, b) *fig.* an sich reißen: ~ ***the conversation*** die Unterhaltung ganz allein bestreiten, c) *fig. j-n od. et.* mit Beschlag belegen; **mo'nop·o·ly** [-lɪ] *s.* † **1.** Mono'pol(stellung *f*) *n*; **2.** (***of***) Mono'pol *n* (auf *acc.*); Al'leinverkaufs-, Al'leinbetriebs-, Al'leinherstellungsrecht *n* (für): ***market ~*** Marktbeherrschung *f*; **3.** *fig.* Mono'pol *n*, al'leiniger Besitz, al'leinige Beherrschung: ~ ***of learning*** Bildungsmonopol.
mon·o·rail ['mɒnəʊreɪl] *s.* 🚃 **1.** Einschiene *f*; **2.** Einwegbahn *f.*
mon·o·syl·lab·ic [ˌmɒnəʊsɪ'læbɪk] *adj.* (□ ***~ally***) *ling. u. fig.* einsilbig; **mon·o·syl·la·ble** ['mɒnəˌsɪləbl] *s.* einsilbiges Wort: ***speak in ~s*** einsilbige Antworten geben.
mon·o·the·ism ['mɒnəʊθi:ˌɪzəm] *s. eccl.* Monothe'ismus *m*; '**mon·o·theˌist** [-ˌɪst] **I** *s.* Monothe'ist *m*; **II** *adj.* → **mon·o·the·is·tic**, **mon·o·the·is·ti·cal** [ˌmɒnəʊθi:'ɪstɪk(l)] *adj.* monothe'istisch.
mon·o·tone ['mɒnətəʊn] *s.* **1.** mono'tones Geräusch, gleichbleibender Ton; eintönige Wieder'holung; **2.** → ***monotony***; **mo·not·o·nous** [mə'nɒtnəs] *adj.* □ mono'ton, eintönig (*a. fig.*); **mo·not·o·ny** [mə'nɒtnɪ] *s.* Monoto'nie *f*, Eintönigkeit *f*, *fig. a.* Einförmigkeit *f*, (ewiges) Einerlei.
mon·o·type ['mɒnəʊtaɪp] (*Fabrikmarke*) *s. typ.* **1.** Ⓡ Monotype *f*; **2.** mit der Monotype hergestellte Letter.
mon·o·va·lent ['mɒnəʊˌveɪlənt] *adj.* ⚗ einwertig; **mon·ox·ide** [mɒ'nɒksaɪd] *s.* ⚗ 'Monoˌxyd *n.*
mon·soon [mɒn'su:n] *s.* Mon'sun *m.*
mon·ster ['mɒnstə] **I** *s.* **1.** *a. fig.* Monster *n*, Ungeheuer *n*, Scheusal *n*; **2.** Monstrum *n*: a) 'Mißgeburt *f*, -bildung *f*, b) *fig.* Ungeheuer *n*, Ko'loß *m*; **II** *adj.* **3.** ungeheuer(lich), Riesen…, Monster…: ~ ***film*** Monsterfilm *m*; ~ ***meeting*** Massenversammlung *f.*
mon·strance ['mɒnstrəns] *s. eccl.* Mon'stranz *f.*
mon·stros·i·ty [mɒn'strɒsətɪ] *s.* **1.** Ungeheuerlichkeit *f*; **2.** → ***monster*** 2.
mon·strous ['mɒnstrəs] *adj.* □ **1.** mon'strös: a) ungeheuer, riesig, b) unge'heuerlich, gräßlich, scheußlich, c) 'mißgestaltet, unförmig, ungestalt; **2.** un-, 'widernaˌtürlich; **3.** ab'surd, lächerlich; '**mon·strous·ness** [-nɪs] *s.* **1.** Unge'heuerlichkeit *f*; **2.** Riesenhaftigkeit *f*; **3.** 'Widernaˌtürlichkeit *f.*
mon·tage [mɒn'tɑ:ʒ] *s.* **1.** ('Bild-, 'Foto-) Monˌtage *f*; **2.** *Film*, *Radio etc.*: Mon'tage *f.*
month [mʌnθ] *s.* **1.** Monat *m*: ***this day ~*** heute in *od.* vor e-m Monat; ***by the ~*** (all)monatlich; ***a ~ of Sundays*** e-e ewig lange Zeit; **2.** F vier Wochen *od.* 30 Tage; **month·ly** ['mʌnθlɪ] **I** *s.* **1.** Monatsschrift *f*; **2.** *pl.* → ***menses***; **II** *adj.* **3.** einen Monat dauernd; **4.** monatlich, Monats…: ~ ***salary*** Monatsgehalt *n*; **III** *adv.* **5.** monatlich, einmal im Monat, jeden Monat.
mon·ti·cule ['mɒntɪkju:l] *s.* **1.** (kleiner) Hügel; **2.** Höckerchen *n.*
mon·u·ment ['mɒnjʊmənt] *s.* Monu'ment *n*, (*a.* Grab-, Na'tur- *etc.*)Denkmal *n* (***to*** für, ***of*** *gen.*): ***a ~ of literature*** *fig.* ein Literaturdenkmal; **mon·u·men·tal** [ˌmɒnjʊ'mentl] *adj.* □ **1.** monumen'tal, gewaltig, impo'sant; **2.** F kolos'sal, ungeheuer: ~ ***stupidity***; **3.** Denkmal(s)…, Gedenk…; Grabmal(s)…
moo [mu:] **I** *v/i.* muhen; **II** *s.* Muhen *n.*
mooch [mu:tʃ] *sl.* **I** *v/i.* **1.** *a.* ~ ***about*** her'umlungern, -strolchen: ~ ***along*** dahinlatschen; **II** *v/t.* **2.** ‚klauen', stehlen; **3.** schnorren, erbetteln.
mood[1] [mu:d] *s.* **1.** *ling.* Modus *m*, Aussageweise *f*; **2.** ♪ Tonart *f.*
mood[2] [mu:d] *s.* **1.** Stimmung *f* (*a. paint.*, ♪ *etc.*), Laune *f*: ***be in the ~ to work*** zur Arbeit aufgelegt sein; ***be in no ~ for a walk*** nicht zu e-m Spaziergang aufgelegt sein, keine Lust haben spazierenzugehen; ***change of ~*** Stimmungsumschwung *m*; ~ ***music*** stimmungsvolle Musik; **2.** *paint.*, *phot.* Stimmungsbild *n*; **mood·i·ness** ['mu:dɪnɪs] *s.* **1.** Launenhaftigkeit *f*; **2.** Übellaunigkeit *f*; **3.** Trübsinn(igkeit *f*) *m*; **mood·y** ['mu:dɪ] *adj.* **1.** □ launisch, launenhaft; **2.** übellaunig, verstimmt; **3.** trübsinnig.
moon [mu:n] **I** *s.* **1.** Mond *m*: ***full ~*** Vollmond; ***new ~*** Neumond; ***once in a blue ~*** F alle Jubeljahre einmal, höchst selten; ***be over the ~*** F ganz selig sein; ***cry for the ~*** nach etwas Unmöglichem verlangen; ***promise s.o. the ~*** j-m das Blaue vom Himmel (herunter) versprechen; ***reach for the ~*** nach den Sternen greifen; ***shoot the ~*** F bei Nacht u. Nebel ausziehen (*Mieter*); **2.** *ast.* Tra'bant *m*, Satel'lit *m*: ***man-made*** (*od.* ***baby***) ~ (Erd)Satellit, ‚Sputnik' *m*; **3.** *poet.* Mond *m*, Monat *m*; **II** *v/i.* **4.** *mst ~* ***about*** um'herlungern, -geistern; **III** *v/t.* **5.** ~ ***away*** Zeit vertrödeln, verträumen; '**~·beam** *s.* Mondstrahl *m*: '**~·calf** *s.* [*irr.*] **1.** ‚Mondkalb' *n*, Trottel *m*; **2.**

Träumer *m*; '**~·faced** *adj.* vollmondgesichtig; '**~·light I** *s.* Mondlicht *n*, -schein *m*: **2 *Sonata*** ♪ Mondscheinsonate *f*; **II** *adj.* mondhell, Mondlicht…: ***~ flit(ting)*** *sl.* heimliches Ausziehen bei Nacht (*wegen Mietschulden*); '**~ˌlight·er** *s.* Schwarzarbeiter *m*; '**~·lit** *adj.* mondhell; **~ rak·er** *s.* ⚓ Mondsegel *n*; '**~·rise** *s.* Mondaufgang *m*; '**~·set** *s.* 'Mondˌuntergang *m*; '**~·shine** *s.* **1.** Mondschein *m*; **2.** *fig.* a) Schwindel *m*, fauler Zauber, b) Unsinn *m*, Geschwafel *n*; **3.** *sl.* geschmuggelter *od.* schwarzgebrannter Alkohol; '**~ˌshin·er** *s. Am. sl.* Alkoholschmuggler *m*; Schwarzbrenner *m*; '**~·stone** *s. min.* Mondstein *m*; '**~·struck** *adj.* **1.** mondsüchtig; **2.** verrückt.

moon·y ['mu:nɪ] *adj.* **1.** (halb)mondförmig; **2.** Mond…; **3.** mondhell, Mondlicht…; **4.** F a) verträumt, dösig, b) beschwipst, c) verrückt.

moor[1] [mʊə] *s.* **1.** Ödland *n*, *bsd.* Heideland *n*; **2.** Hochmoor *n*; Bergheide *f*.

moor[2] [mʊə] **I** *v/t.* **1.** ⚓ vertäuen, festmachen; *fig.* verankern, sichern; **II** *v/i.* ⚓ **2.** festmachen, ein Schiff vertäuen; **3.** sich festmachen; **4.** festgemacht *od.* vertäut liegen.

Moor[3] [mʊə] *s.* Maure *m*; Mohr *m*.

moor·age ['mʊərɪdʒ] → ***mooring***.

'**moor|·fowl**, **~ game** *s.* (schottisches) Moorhuhn; '**~·hen** *s.* **1.** weibliches Moorhuhn; **2.** Gemeines Teichhuhn.

moor·ing ['mʊərɪŋ] *s.* ⚓ **1.** Festmachen *n*; **2.** *mst pl.* Vertäuung *f* (*Schiff*); **3.** *pl.* Liegeplatz *m*; **4.** Anlegegebühr *f*; **~ buoy** *s.* ⚓ Festmacheboje *f*; **~ rope** *s.* Halteleine *f*.

Moor·ish ['mʊərɪʃ] *adj.* maurisch.

'**moor·land** [-lənd] *s.* Heidemoor *n*.

moose [mu:s] *pl.* **moose** *s. zo.* Elch *m*.

moot [mu:t] **I** *s.* **1.** *hist.* (beratende) Volksversammlung; **2.** ⚖, *univ.* Diskussi'on *f* fik'tiver (Rechts)Fälle; **II** *v/t.* **3.** *Frage* aufwerfen, anschneiden; **4.** erörtern, diskutieren; **III** *adj.* **5.** a) strittig: ***~ point***, b) (rein) aka'demisch: ***~ question***.

mop[1] [mɒp] **I** *s.* **1.** Mop *m* (*Fransenbesen*); Schrubber *m*; Wischlappen *m*; **2.** (Haar)Wust *m*; **3.** ⚓ Dweil *m*; **4.** ⚙ Schwabbelscheibe *f*; **II** *v/t.* **5.** auf-, abwischen: ***~ one's face*** sich das Gesicht (ab)wischen; → ***floor*** 1; **6.** ***~ up*** a) (mit dem Mop) aufwischen, b) ⚔ *sl.* (*vom Feinde*) säubern, *Wald* durch'kämmen, c) *sl. Profit etc.* ‚schlucken', d) *sl.* aufräumen mit.

mop[2] [mɒp] **I** *v/i. mst* ***~ and mow*** Gesichter schneiden; **II** *s.* Gri'masse *f*: ***~s and mows*** Grimassen.

mope [məʊp] **I** *v/i.* **1.** den Kopf hängen lassen, Trübsal blasen; **II** *v/t.* **2.** (*nur pass.*) ***be ~d*** niedergeschlagen sein; ‚sich mopsen' (*langweilen*); **III** *s.* **3.** Trübsalbläser(in); **4.** *pl.* Trübsinn *m*.

mo·ped ['məʊped] *s. mot. Brit.* Moped *n*.

'**mop·head** *s.* F a) Wuschelkopf *m*, b) Struwwelpeter *m*.

mop·ing ['məʊpɪŋ] *adj.* □; '**mop·ish** [-ɪʃ] *adj.* □ trübselig, a'pathisch, kopfhängerisch; '**mop·ish·ness** [-ɪʃnɪs] *s.* Lustlosigkeit *f*, Griesgrämigkeit *f*, Trübsinn *m*.

mop·pet ['mɒpɪt] *s.* F Püppchen *n* (*a. fig. Kind, Mädchen*).

'**mop·ping-up** ['mɒpɪŋ-] *s.* ⚔ *sl.* **1.** Aufräumungsarbeit *f*; **2.** Säuberung *f* (*vom Feinde*): ***~ operation*** Säuberungsaktion *f*.

mo·raine [mɒ'reɪn] *s. geol.* Mo'räne *f*.

mor·al ['mɒrəl] **I** *adj.* □ **1.** *allg.* mo'ralisch: a) sittlich: ***~ force***; ***~ sense*** sittliches Empfinden, b) geistig: ***~ obligation*** moralische Verpflichtung; ***~ support*** moralische Unterstützung; ***~ victory*** moralischer Sieg, c) vernunftgemäß: ***~ certainty*** moralische Gewißheit, d) Moral…, Sitten…: ***~ law*** Sittengesetz *n*; ***~ theology*** Moraltheologie *f*, e) sittenstreng, tugendhaft: ***a ~ life***; **2.** (sittlich) gut: ***a ~ act***; **3.** cha'rakterlich: ***~ly firm*** innerlich gefestigt; **II** *s.* **4.** Mo'ral *f*, Nutzanwendung *f* (*e-r Geschichte etc.*): ***draw the ~ from*** die Lehre ziehen aus; **5.** mo'ralischer Grundsatz: ***point the ~*** den sittlichen Standpunkt betonen; **6.** *pl.* Mo'ral *f*, sittliches Verhalten, Sitten *pl.*: ***code of ~s*** Sittenkodex *m*; **7.** *pl. sg. konstr.* Sittenlehre *f*, Ethik *f*.

mo·rale [mɒ'rɑ:l] *s.* Mo'ral *f*, Haltung *f*, Stimmung *f*, (Arbeits-, Kampf)Geist *m*: ***the ~ of the army*** die Kampfmoral *od.* Stimmung der Armee; ***raise (lower) the ~*** die Moral heben (senken).

mor·al| fac·ul·ty *s.* Sittlichkeitsgefühl *n*; **~ haz·ard** *s. Versicherungswesen*: subjek'tives Risiko, Risiko *n* falscher Angaben des Versicherten; **~ in·san·i·ty** *s. psych.* mo'ralischer De'fekt.

mor·al·ist ['mɒrəlɪst] *s.* **1.** Mora'list *m*, Sittenlehrer *m*; **2.** Ethiker *m*.

mo·ral·i·ty [mə'rælətɪ] *s.* **1.** Mo'ral *f*, Sittlichkeit *f*, Tugend(haftigkeit) *f*; **2.** Morali'tät *f*, sittliche Gesinnung; **3.** Ethik *f*, Sittenlehre *f*; **4.** *pl.* mo'ralische Grundsätze *pl.*, Ethik *f* (*e-r Person*); **5.** *contp.* Mo'ralpredigt *f*; **6.** → **~ play** *s. hist. thea.* Morali'tät *f*.

mor·al·ize ['mɒrəlaɪz] **I** *v/i.* **1.** moralisieren (***on*** über *acc.*); **II** *v/t.* **2.** mo'ralisch auslegen; **3.** versittlichen, die Mo'ral (*gen.*) heben; '**mor·al·iz·er** [-zə] *s.* Sittenprediger(in).

mor·al| phi·los·o·phy, **~ sci·ence** *s.* Mo'ralphilosoˌphie *f*, Ethik *f*.

mo·rass [mə'ræs] *s.* **1.** Mo'rast *m*, Sumpf (-land *n*) *m*; **2.** *fig.* a) Wirrnis *f*, b) Klemme *f*, schwierige Lage.

mor·a·to·ri·um [ˌmɒrə'tɔ:rɪəm] *pl.* **-ri·ums** *s.* ✝ Mora'torium *n*, Zahlungsaufschub *m*, Stillhalteabkommen *n*, Stundung *f*; **mor·a·to·ry** ['mɒrətərɪ] *adj.* Moratoriums…, Stundungs…

Mo·ra·vi·an [mə'reɪvjən] **I** *s.* **1.** Mähre *m*, Mährin *f*; **2.** *ling.* Mährisch *n*; **II** *adj.* **3.** mährisch: ***~ Brethren*** *eccl. die* Herrnhuter Brüdergemein(d)e.

mor·bid ['mɔ:bɪd] *adj.* □ mor'bid, krankhaft, patho'logisch: ***~ anatomy*** ⚕ pathologische Anatomie; **mor·bid·i·ty** [mɔ:'bɪdətɪ] *s.* **1.** Krankhaftigkeit *f*; **2.** Erkrankungsziffer *f*.

mor·dan·cy ['mɔ:dənsɪ] *s.* Bissigkeit *f*, beißende Schärfe; '**mor·dant** [-dənt] **I** *adj.* □ **1.** beißend: a) brennend (*Schmerz*), b) *fig.* scharf, sar'kastisch (*Worte etc.*); **2.** ⚙ a) beizend, ätzend, b) *Farben* fixierend; **II** *s.* **3.** ⚙ a) Ätzwasser *n*, b) (*bsd. Färberei*) Beize *f*.

more [mɔ:] **I** *adj.* **1.** mehr: (***no***) ***~ than*** (nicht) mehr als; ***they are ~ than we*** sie sind zahlreicher als wir; **2.** mehr, noch (mehr), weiter: ***some ~ tea*** noch etwas Tee; ***one ~ day*** noch ein(en) Tag; ***so much the ~ courage*** um so mehr Mut; ***he is no ~*** er ist nicht mehr (*ist tot*); **3.** größer (*obs. außer in*): ***the ~ fool*** der größere Tor; ***the ~ part*** der größere Teil; **II** *adv.* **4.** mehr: ***~ dead than alive*** mehr *od.* eher tot als lebendig; ***~ and ~*** immer mehr; ***~ and ~ difficult*** immer schwieriger; ***~ or less*** mehr oder weniger, ungefähr; ***the ~*** um so mehr; ***the ~ so because*** um so mehr, da; ***all the ~ so*** nur um so mehr; ***no*** (*od.* ***not any***) ***~ than*** ebensowenig wie; ***neither*** (*od.* ***no***) ***~ nor less than stupid*** nicht mehr u. nicht weniger als dumm; **5.** (*zur Bildung des comp.*): ***~ important*** wichtiger; ***~ often*** öfter; **6.** noch: ***once ~*** noch einmal; ***two hours ~*** noch zwei Stunden; **7.** noch mehr, ja so'gar: ***it is wrong and, ~, it is foolish***; **III** *s.* **8.** Mehr *n* (***of*** an *dat.*); **9.** mehr: ***~ than one person has seen it*** mehr als einer hat es gesehen; ***we shall see ~ of him*** wir werden ihn noch öfter sehen; ***and what is ~*** und was noch wichtiger ist; ***no ~*** nicht(s) mehr.

mo·rel [mɒ'rel] *s.* ⚘ **1.** Morchel *f*; **2.** Nachtschatten *m*; **3.** → **mo·rel·lo** [mə'reləʊ] *pl.* **-los** *s.* ⚘ Mo'relle *f*, Schwarze Sauerweichsel.

more·o·ver [mɔ:'rəʊvə] *adv.* außerdem, über'dies, ferner, weiter.

mo·res ['mɔ:ri:z] *s. pl.* Sitten *pl.*

mor·ga·nat·ic [ˌmɔ:gə'nætɪk] *adj.* (□ ***~ally***) morga'natisch.

morgue [mɔ:g] *s.* **1.** Leichenschauhaus *n*; **2.** F Ar'chiv *n* (*e-s Zeitungsverlages etc.*).

mor·i·bund ['mɒrɪbʌnd] *adj.* **1.** sterbend, dem Tode geweiht; **2.** *fig.* zum Aussterben *od.* Scheitern verurteilt.

Mor·mon ['mɔ:mən] *eccl.* **I** *s.* Mor'mone *m*, Mor'monin *f*; **II** *adj.* mor'monisch: ***~ Church*** mormonische Kirche, Kirche Jesu Christi der Heiligen der letzten Tage; ***~ State*** *Beiname für* Utah *n* (*USA*).

morn [mɔ:n] *s. poet.* Morgen *m*.

morn·ing ['mɔ:nɪŋ] **I** *s.* **1.** a) Morgen *m*, b) Vormittag *m*: ***in the ~*** morgens, am Morgen, vormittags; ***early in the ~*** frühmorgens, früh am Morgen; ***on the ~ of May 5*** am Morgen des 5. Mai; ***one*** (***fine***) ***~*** eines (schönen) Morgens; ***this ~*** heute früh; ***the ~ after*** am Morgen darauf, am darauffolgenden Morgen; ***good ~!*** guten Morgen!; ***~!*** F ('n) Morgen!; **2.** *fig.* Morgen *m*, Beginn *m*; **3.** *poet.* a) Morgendämmerung *f*, b) **2** Au'rora *f*; **II** *adj.* **4.** a) Morgen…, Vormittags…, b) Früh…; **~ call** *s.* Weckdienst *m* (*im Hotel etc.*); **~ coat** *s.* Cut(away) *m*; **~ dress** *s.* **1.** Hauskleid *n*; **2.** Besuchs-, Konfe'renzanzug *m*, ‚Stresemann' *m* (*schwarzer Rock mit gestreifter Hose*); **~ gift** *s.* ⚖ *hist.* Morgengabe *f*; **~ glo·ry** *s.* ⚘ Winde *f*; **~ gown** *s.* Morgenrock *m*; Hauskleid *n* (*der Frau*); **~ per·form·ance** *s. thea.* Frühvorstellung *f*, Mati'nee *f*; **~ prayer** *s. eccl.* **1.** Morgengebet *n*; **2.** Frühgottesdienst *m*; **~ sick·ness** *s.* ⚕ morgendliches Erbrechen (*bei Schwangeren*); **~ star** *s.* **1.** *ast.*, *a.* ⚔ *hist.* Morgenstern *m*; **2.** ♀ Menˈtzelie *f.*

Mo·roc·can [məˈrɒkən] **I** *adj.* marokˈkanisch; **II** *s.* Marokˈkaner(in).

mo·roc·co [məˈrɒkəʊ] *pl.* **-cos** [-z] *s. a. ~ leather* Saffian(leder *n*) *m.*

mo·ron [ˈmɔːrɒn] *s.* **1.** Schwachsinnige(r *m*) *f*; **2.** F Trottel *m*, Idiˈot *m*; **mo·ron·ic** [məˈrɒnɪk] *adj.* schwachsinnig.

mo·rose [məˈrəʊs] *adj.* □ mürrisch, grämlich, verdrießlich; **moˈrose·ness** [-nɪs] *s.* Verdrießlichkeit *f.*

mor·pheme [ˈmɔːfiːm] *s. ling.* Morˈphem *n.*

mor·phi·a [ˈmɔːfjə], **ˈmor·phine** [-fiːn] *s.* ⚗ Morphium *n*; **ˈmor·phin·ism** [-fɪnɪzəm] *s.* **1.** Morphiˈnismus *m*, Morphiumsucht *f*; **2.** Morphiumvergiftung *f*; **ˈmor·phin·ist** [-fɪnɪst] *s.* Morphiˈnist(in).

morpho- [mɔːfəʊ] *in Zssgn* Form…, Gestalt…, Morpho…

mor·pho·log·ic, mor·pho·log·i·cal [ˌmɔːfəˈlɒdʒɪk(l)] *adj.* □ morphoˈlogisch, Form…: *~ element* Formelement *n*; **mor·phol·o·gy** [mɔːˈfɒlədʒɪ] *s.* Morpholoˈgie *f.*

mor·ris [ˈmɒrɪs] *s. a. ~ dance* Moˈriskentanz *m*; *~* **tube** *s.* Einstecklauf *m* (*für Gewehre*).

mor·row [ˈmɒrəʊ] *s. mst poet.* morgiger *od.* folgender Tag: *the ~ of* a) der Tag nach, b) *fig.* die Zeit unmittelbar nach.

Morse[1] [mɔːs] **I** *adj.* Morse…: *~ code* Morsealphabet *n*; **II** *v/t. u. v/i.* 2 morsen.

morse[2] [mɔːs] → *walrus.*

mor·sel [ˈmɔːsl] **I** *s.* **1.** Bissen *m*, Happen *m*; **2.** Stückchen *n*, *das* bißchen; **3.** Leckerbissen *m*; **II** *v/t.* **4.** in kleine Stückchen teilen, in kleinen Portiˈonen austeilen.

mort[1] [mɔːt] *s. hunt.* (ˈHirsch)ˌTotsiˌgnal *n.*

mort[2] [mɔːt] *s. ichth.* dreijähriger Lachs.

mor·tal [ˈmɔːtl] **I** *adj.* □ **1.** sterblich; **2.** tödlich: a) verderblich, todbringend (*to* für): *~ wound*, b) erbittert: *~ battle*; *~ hatred* tödlicher Haß; **3.** Tod(es)…: *~ agony* Todeskampf *m*; *~ enemies* Todfeinde; *~ fear* Todesangst *f*; *~ hour* Todesstunde *f*; *~ sin* Todsünde *f*; **4.** menschlich, irdisch, Menschen…: *~ life* irdisches Leben, Vergänglichkeit *f*; *by no ~ means* F auf keine menschenmögliche Art; *of no ~ use* F absolut zwecklos; *every ~ thing* F alles menschenmögliche; **5.** F Mords…, ‚mordsmäßig': *I'm in a ~ hurry* ich hab's furchtbar eilig; **6.** ewig, sterbenslangweilig: *three ~ hours* drei endlose Stunden; **II** *s.* **7.** Sterbliche(r *m*) *f*; **mor·tal·i·ty** [mɔːˈtælətɪ] *s.* **1.** Sterblichkeit *f*; **2.** die (sterbliche) Menschheit; **3.** *a. ~ rate* a) Sterblichkeit(sziffer) *f*, b) ⚙ Verschleiß(quote *f*) *m.*

mor·tar[1] [ˈmɔːtə] **I** *s.* **1.** ⚗ Mörser *m*; **2.** *metall.* Pochladen *m*; **3.** ⚔ a) Mörser *m* (*Geschütz*), b) Graˈnatwerfer *m*: *~ shell* Werfergranate *f*; **4.** (Feuerwerks-)Böller *m*; **II** *v/t.* **5.** ⚔ mit Mörsern beschießen, mit Graˈnatwerferfeuer belegen.

mor·tar[2] [ˈmɔːtə] *s.* △ Mörtel *m.*

ˈmor·tar·board *s.* **1.** △ Mörtelbrett *n*; **2.** *univ.* quaˈdratisches Baˈrett.

mort·gage [ˈmɔːgɪdʒ] ⚖ **I** *s.* **1.** Verpfändung *f*; Pfandgut *n*: *give in ~* verpfänden; **2.** Pfandbrief *m*; **3.** Hypoˈthek *f*: *by ~* hypothekarisch; *lend on ~* auf Hypothek (ver)leihen; *raise a ~* e-e Hypothek aufnehmen (*on* auf *acc.*); **4.** Hypoˈthekenbrief *m*; **II** *v/t.* **5.** (*a. fig.*) verpfänden (*to* an *acc.*); **6.** hypotheˈkarisch belasten, e-e Hypoˈthek aufnehmen auf (*acc.*); *~* **bond** *s.* Hypoˈthekenpfandbrief *m*; *~* **deed** *s.* **1.** Pfandbrief *m*; **2.** Hypoˈthekenbrief *m.*

mort·ga·gee [ˌmɔːgəˈdʒiː] *s.* ⚖ Hypotheˈkar *m*, Pfand- *od.* Hypoˈthekengläubiger *m*; **ˌmort·gaˈgor** [-ˈdʒɔː] *s.* Pfand- *od.* Hypoˈthekenschuldner *m.*

mor·ti·cian [mɔːˈtɪʃən] *s. Am.* Leichenbestatter *m.*

mor·ti·fi·ca·tion [ˌmɔːtɪfɪˈkeɪʃn] *s.* **1.** Demütigung *f*, Kränkung *f*; **2.** Ärger *m*, Verdruß *m*; **3.** Kaˈsteiung *f*; Abtötung *f* (*Leidenschaften*); **4.** ⚕ (kalter) Brand, Neˈkrose *f*; **mor·ti·fy** [ˈmɔːtɪfaɪ] **I** *v/t.* **1.** demütigen, kränken; **2.** *Gefühle* verletzen; **3.** *Körper*, *Fleisch* kaˈsteien; *Leidenschaften* abtöten; **4.** ⚕ brandig machen, absterben lassen; **II** *v/i.* **5.** ⚕ brandig werden, absterben.

mor·tise [ˈmɔːtɪs] ⚙ **I** *s.* a) Zapfenloch *n*, b) Stemmloch *n*, c) (Keil)Nut *f*, d) Falz *m*, Fuge *f*; **II** *v/t.* a) verzapfen, b) einstemmen, c) einzapfen (*into* in *acc.*); *~* **chis·el** *s.* Lochbeitel *m*; *~* **ga(u)ge** *s.* Zapfenstreichmaß *n*; *~* **joint** *s.* Verzapfung *f*; *~* **lock** *s.* (Ein-)Steckschloß *n.*

mort·main [ˈmɔːtmeɪn] *s.* ⚖ unveräußerlicher Besitz, Besitz *m* der Toten Hand: *in ~* unveräußerlich.

mor·tu·ar·y [ˈmɔːtjʊərɪ] **I** *s.* Leichenhalle *f*; **II** *adj.* Leichen…, Begräbnis…

mo·sa·ic[1] [məʊˈzeɪɪk] **I** *s.* **1.** Mosaˈik *n* (*a. fig.*); **2.** (ˈLuftbild)Mosaˌik *n*, Reihenbild *n*; **II** *adj.* **3.** Mosaik…; mosaˈikartig.

Mo·sa·ic[2] *adj.*, **Mo·sa·i·cal** [məʊˈzeɪɪk(l)] *adj.* moˈsaisch.

Mo·selle [məʊˈzel] *s.* Mosel(wein) *m.*

mo·sey [ˈməʊzɪ] *v/i. Am. sl.* **1.** *a. ~ along* daˈhinlatschen; **2.** ‚abhauen'.

Mos·lem [ˈmɒzlem] **I** *s.* Moslem *m*; **II** *adj.* mosˈlemisch, mohammeˈdanisch.

mosque [mɒsk] *s.* Moˈschee *f.*

mos·qui·to [məˈskiːtəʊ] *s.* **1.** *pl.* **-toes** *zo.* Stechmücke *f*, *bsd.* Mosˈkito *m*; **2.** *pl.* **-toes** *od.* **-tos** ✈ Mosˈkito *m* (*brit. Bomber*); *~* **boat**, *~* **craft** *s.* Schnellboot *n*; *~* **net** *s.* Mosˈkitonetz *n*; 2 **State** *s. Am.* (*Beiname für*) New Jersey *n* (*USA*).

moss [mɒs] *s.* **1.** ♀ Moos *n*; **2.** (Torf-)Moor *n*; **ˈ~-grown** *adj.* **1.** moosbewachsen, bemoost; **2.** *fig.* altmodisch, überˈholt.

moss·i·ness [ˈmɒsɪnɪs] *s.* **1.** ˈMoosˌüberzug *m*; **2.** Moosartigkeit *f*, Weichheit *f*; **moss·y** [ˈmɒsɪ] *adj.* **1.** moosig, bemoost; **2.** moosartig; **3.** Moos…: *~ green* Moosgrün *n.*

most [məʊst] **I** *adj.* □ → *mostly*; **1.** meist, größt; höchst, äußerst; *the ~ fear* die meiste *od.* größte Angst; *for the ~ part* größten-, meistenteils; **2.** (*vor e-m Substantiv im pl.*) die meisten: *~ people* die meisten Leute; **II** *s.* **3.** *das* meiste, *das* Höchste, *das* Äußerste: *at (the) ~* höchstens, bestenfalls; *make the ~ of et.* nach Kräften ausnützen, (noch) das Beste aus *et.* herausholen; **4.** das meiste, der größte Teil: *he spent ~ of his time there* er verbrachte die meiste Zeit dort; **5.** die meisten: *better than ~* besser als die meisten; *~ of my friends* die meisten m-r Freunde; **III** *adv.* **6.** am meisten: *~ of all* am allermeisten; **7.** *zur Bildung des Superlativs*: *the ~ important point* der wichtigste Punkt; **8.** *vor adj.* höchst, äußerst, ˈüberaus: *it's ~ kind of you.*

-most [məʊst] *in Zssgn Bezeichnung des sup.*: *in~, top~ etc.*

ˈmost-ˌfa·vo(u)red-ˈna·tion clause *s. pol.* Meistbegünstigungsklausel *f.*

most·ly [ˈməʊstlɪ] *adv.* **1.** größtenteils, im wesentlichen, in der Hauptsache; **2.** hauptsächlich.

mote [məʊt] *s.* (Sonnen)Stäubchen *n*: *the ~ in another's eye bibl.* der Splitter im Auge des anderen.

mo·tel [məʊˈtel] *s.* Moˈtel *n.*

mo·tet [məʊˈtet] *s.* ♪ Moˈtette *f.*

moth [mɒθ] *s.* **1.** *pl.* **moths** *zo.* Nachtfalter *m*; **2.** *pl.* **moths** *od. coll.* **moth** (Kleider)Motte *f*; **ˈ~·ball** **I** *s.* Mottenkugel *f*: *put in ~s* → **II** *v/t. Kleidung, a. Maschinen etc.* einmotten; *fig. Plan etc.* ‚auf Eis legen'; **ˈ~-ˌeat·en** *adj.* **1.** von Motten zerfressen; **2.** *fig.* veraltet, antiˈquiert.

moth·er[1] [ˈmʌðə] **I** *s.* **1.** Mutter *f* (*a. fig.*); **II** *adj.* **2.** Mutter…: *2's Day* Muttertag *m*; **III** *v/t.* **3.** (*mst fig.*) gebären, herˈvorbringen; **4.** bemuttern; **5.** *~ a novel on s.o.* j-m e-n Roman zuschreiben.

moth·er[2] [ˈmʌðə] **I** *s.* Essigmutter *f*; **II** *v/i.* Essigmutter ansetzen.

Moth·er Car·ey's chick·en [ˈkeərɪz] *s. orn.* Sturmschwalbe *f.*

moth·er| cell *s. biol.* Mutterzelle *f*; *~* **church** *s.* **1.** Mutterkirche *f*; **2.** Hauptkirche *f*; *~* **coun·try** *s.* **1.** Mutterland *n*; **2.** Vater-, Heimatland *n*; *~* **earth** *s.* Mutter *f* Erde; *~* **fix·a·tion** *s. psych.* Mutterfixierung *f*, -bindung *f*; **ˈ~ˌfuck·er** *s. fig.* V ‚Scheißkerl' *m.*

moth·er·hood [ˈmʌðəhʊd] *s.* **1.** Mutterschaft *f*; **2.** *coll. die* Mütter *pl.*

ˈmoth·er-in-law [-ðərɪn-] *pl.* **ˈmoth·ers-in-law** [-ðəzɪn-] *s.* Schwiegermutter *f.*

ˈmoth·er·land → *mother country.*

moth·er·less [ˈmʌðəlɪs] *adj.* mutterlos.

ˈmoth·er·li·ness [ˈmʌðəlɪnɪs] *s.* Mütterlichkeit *f.*

moth·er| liq·uor *s.* ⚗ Mutterlauge *f*; *~* **lode** *s.* ⚒ Hauptader *f.*

moth·er·ly [ˈmʌðəlɪ] *adj. u. adv.* mütterlich.

moth·er| of pearl *s.* Perlˈmutter *f*, Perlˈmutt *n*; **ˌ~-of-ˈpearl** [-ðərəvˈp-] *adj.* perlˈmuttern, Perlmutt…

moth·er| ship *s.* ⚓ *Brit.* Mutterschiff *n*; *~* **su·pe·ri·or** *s. eccl.* Oberin *f*, Äbˈtissin *f*; **ˈ~-tie** *s. psych.* Mutterbindung *f*; *~* **tongue** *s.* Muttersprache *f*; *~* **wit** *s.* Mutterwitz *m.*

moth·er·y [ˈmʌðərɪ] *adj.* hefig, trübe.

moth·y [ˈmɒθɪ] *adj.* **1.** voller Motten; **2.** mottenzerfressen.

mo·tif [məʊˈtiːf] *s.* **1.** ♪ (ˈLeit)Moˌtiv *n*; **2.** *paint. etc.*, *Literatur*: Moˈtiv *n*, Vorwurf *m*; **3.** *fig.* Leitgedanke *m.*

mo·tile [ˈməʊtaɪl] *adj. biol.* freibeweglich; **mo·til·i·ty** [məʊˈtɪlətɪ] *s.* selbständiges Bewegungsvermögen.

mo·tion [ˈməʊʃn] **I** *s.* **1.** Bewegung *f* (*a.*

phys., ✈, ♪): ***go through the ~s of doing s.th.*** *fig.* et. mechanisch *od.* pro forma tun; **2.** Gang *m* (*a.* ⚙): ***set in ~*** in Gang bringen, in Bewegung setzen; → ***idle*** 3; **3.** (Körper-, Hand)Bewegung *f*, Wink *m*: ***~ of the head*** Zeichen *n* mit dem Kopf; **4.** Antrieb *m*: ***of one's own ~*** aus eigenem Antrieb, *a.* freiwillig; **5.** *pl.* Schritte *pl.*, Handlungen *pl.*: ***watch s.o.'s ~s***; **6.** ⚖, *parl. etc.* Antrag *m*: ***carry a ~*** e-n Antrag durchbringen; ***~ of no confidence*** Mißtrauensantrag *m*; **7.** *physiol.* Stuhlgang *m*; **II** *v/i.* **8.** winken (***with*** mit, ***to*** *dat.*); **III** *v/t.* **9.** *j-m* (zu)winken, *j-n* durch e-n Wink auffordern (***to do*** zu tun), *j-n wohin* winken; **'mo·tion·less** [-lɪs] *adj.* bewegungslos, regungslos, unbeweglich.

mo·tion| pic·ture *s.* Film *m*; **'~-ˌpic·ture** *adj.* Film…: ***~ camera***; ***~ projector*** Filmprojektor *m*; **~ stud·y** *s.* Bewegungs-, Rationalisierungsstudie *f*; **~ ther·a·py** *s.* ⚕ Be'wegungstheraˌpie *f*.

mo·ti·vate ['məʊtɪveɪt] *v/t.* **1.** motivieren: a) *et.* begründen, b *j-n* anregen, anspornen; **2.** *et.* anregen, her'vorrufen; **mo·ti·va·tion** [ˌməʊtɪ'veɪʃn] *s.* **1.** Motivierung *f*: a) Begründung *f*, b) Motivati'on *f*, Ansporn *m*, Antrieb *m*: ***~ research*** Motivforschung *f*; **2.** Anregung *f*.

mo·tive ['məʊtɪv] **I** *s.* **1.** Mo'tiv *n*, Beweggrund *m*, Antrieb *m* (***for*** zu); **2.** → ***motif*** 1 *u.* 2; **II** *adj.* **3.** bewegend, treibend (*a. fig.*): ***~ power*** Triebkraft *f*; **III** *v/t.* **4.** *mst pass.* der Beweggrund sein von, veranlassen: ***an act ~d by hatred*** e-e vom Haß diktierte Tat.

mo·tiv·i·ty [məʊ'tɪvətɪ] *s.* Bewegungsfähigkeit *f*, -kraft *f*.

mot·ley ['mɒtlɪ] **I** *adj.* **1.** bunt (*a. fig. Menge etc.*), scheckig; **II** *s.* **2.** *hist.* Narrenkleid *n*; **3.** Kunterbunt *n*.

mo·tor ['məʊtə] **I** *s.* **1.** ⚙ (*bsd.* E'lektro-, Verbrennungs)Motor *m*; **2.** *fig.* treibende Kraft; **3.** *bsd. Brit.* a) Kraftwagen *m*, Auto *n*, b) Motorfahrzeug *n*; **4.** *anat.* a) Muskel *m*, b) mo'torischer Nerv; **II** *adj.* **5.** bewegend, (an)treibend; **6.** Motor…; **7.** Auto…; **8.** *anat.* mo'torisch; **III** *v/i.* **9.** *mot.* fahren; **IV** *v/t.* **10.** in e-m Kraftfahrzeug befördern; **~ ac·ci·dent** *s.* Autounfall *m*; **~ am·bu·lance** *s.* Krankenwagen *m*, Ambu'lanz *f*; **'~-asˌsist·ed** *adj.*: ***~ bicycle*** a) Fahrrad *n* mit Hilfsmotor, b) Mofa *n*; **~ bi·cy·cle** → ***motorcycle***; **'~·bike** *F für* ***motorcycle***; **'~·boat** *s.* Motorboot *n*; **'~·bus** *s.* Autobus *m*; **'~·cade** [-keɪd] *s.* 'Autokoˌlonne *f*; **'~·car** *s.* **1.** Kraftwagen *m*, Auto(mo'bil) *n*: ***~ industry*** Automobilindustrie *f*; **2.** 🚃 Triebwagen *m*; **~ car·a·van** *s. Brit.* 'Wohnmoˌbil *n*; **~ coach** → ***coach*** 3; **~ court** → ***motel***; **'~ˌcy·cle I** *s.* Motorrad *n*; **II** *v/i.* a) Motorrad fahren, b) mit dem Motorrad fahren; **'~ˌcy·clist** *s.* Motorradfahrer(in); **'~-ˌdriv·en** *adj.* mit Motorantrieb, Motor…; **'~·drome** [-drəʊm] *s.* Moto'drom *n*.

mo·tored ['məʊtəd] *adj.* ⚙ **1.** motorisiert, mit e-m Motor *od.* mit Mo'toren (versehen); **2.** …motorig.

mo·tor| en·gine *s.* 'Kraftmaˌschine *f*; **~ fit·ter** *s.* Autoschlosser *m*; **~ home** 'Wohnmoˌbil *n*.

mo·tor·ing ['məʊtərɪŋ] *s.* Autofahren *n*; Motorsport *m*: ***school of ~*** Fahrschule *f*; **'mo·tor·ist** [-ɪst] *s.* Kraft-, Autofahrer(in).

mo·tor·i·za·tion [ˌməʊtəraɪ'zeɪʃn] *s.* Motorisierung *f*; **mo·tor·ize** ['məʊtəraɪz] *v/t.* ⚙ *u.* ⚔ motorisieren: ***~d unit*** ⚔ (voll)motorisierte Einheit.

mo·tor launch *s.* 'Motorbarˌkasse *f*.

mo·tor·less ['məʊtəlɪs] *adj.* motorlos: ***~ flight*** Segelflug *m*.

mo·tor| lor·ry *s. Brit.* Lastkraftwagen *m*; **'~·man** [-mən] *s.* [*irr.*] Wagenführer *m*; **~ me·chan·ic** *s.* 'Automeˌchaniker *m*; **~ nerve** *s. anat.* mo'torischer Nerv, Bewegungsnerv *m*; **~ oil** *s.* Motoröl *n*; **~ pool** *s.* Fahrbereitschaft *f*; **~ road** *s.* Autostraße *f*; **~ scoot·er** *s.* Motorroller *m*; **~ ship** *s.* Motorschiff *n*; **~ show** *s.* Automo'bilausstellung *f*; **~ start·er** *s.* (Motor)Anlasser *m*; **~ tor·pe·do boat** *s.* ⚓, ⚔ Schnellboot *n*; **~ trac·tor** *s.* Traktor *m*, Schlepper *m*, 'Zugmaˌschine *f*; **~ truck** *s.* **1.** *bsd. Am.* Lastkraftwagen *m*; **2.** ⚡ E'lektrokarren *m*; **~ van** *s. Brit.* Lieferwagen *m*; **~ ve·hi·cle** *s.* Kraftfahrzeug *n*; **'~·way** *s. Brit.* Autobahn *f*.

mot·tle ['mɒtl] *v/t.* sprenkeln, marmorieren; **'mot·tled** [-ld] *adj.* gesprenkelt, gefleckt, bunt.

mot·to ['mɒtəʊ] *pl.* **-toes**, **-tos** *s.* Motto *n*, Wahl-, Sinnspruch *m*.

mou·jik ['muːʒɪk] → ***muzhik***.

mould[1] [məʊld] **I** *s.* **1.** ⚙ (Gieß-, Guß-) Form *f*: ***cast in the same ~*** *fig.* aus demselben Holz geschnitzt; **2.** (Körper-) Bau *m*, Gestalt *f*, (*äußere*) Form; **3.** Art *f*, Na'tur *f*, Cha'rakter *m*; **4.** ⚙ a) Hohlform *f*, b) Preßform *f*, c) Ko'kille *f*, Hartgußform *f*, d) Ma'trize *f*, e) ('Form)Moˌdell *n*, f) Gesenk *n*; **5.** ⚙ a) 'Gußmateriˌal *n*, b) Guß(stück *n*) *m*; **6.** *Schiffbau*: Mall *n*; **7.** △ a) Sims *m*, *n*, b) Leiste *f*, c) Hohlkehle *f*; **8.** *Küche*: Form *f* (*für Speisen*): ***jelly ~*** Puddingform; **9.** *geol.* Abdruck *m* (*Versteinerung*); **II** *v/t.* **10.** ⚙ gießen; (ab)formen, modellieren; pressen; *Holz* profilieren; ⚓ abmallen; **11.** formen (*a. fig. Charakter*), bilden, gestalten (***on*** nach dem Muster von); **III** *v/i.* **12.** Gestalt annehmen, sich formen.

mould[2] [məʊld] **I** *s.* **1.** Schimmel *m*, Moder *m*; **2.** ⚘ Schimmelpilz *m*; **II** *v/i.* **3.** schimm(e)lig werden, (ver)schimmeln.

mould[3] [məʊld] *s.* **1.** lockere Erde, Gartenerde *f*; **2.** Humus(boden) *m*.

mould·a·ble ['məʊldəbl] *adj.* (ver-) formbar, bildsam: ***~ material*** ⚙ Preßmasse *f*.

mould·er[1] ['məʊldə] *s.* **1.** ⚙ Former *m*, Gießer *m*; **2.** *fig.* Gestalter(in).

mould·er[2] ['məʊldə] *v/i. a.* ***~ away*** vermodern, (*zu Staub*) zerfallen.

mould·i·ness ['məʊldɪnɪs] *s.* Moder *m*, Schimm(e)ligkeit *f*; (*a. fig.*) Schalheit *f*; *fig. sl.* Fadheit *f*.

mould·ing ['məʊldɪŋ] *s.* **1.** Formen *n*, Formgebung *f*; **2.** Formgieße'rei *f*, -arbeit *f*; Modellieren *n*; **3.** Formstück *n*; Preßteil *n*; **4.** → ***mould***[1] 7; **~ board** *s.* **1.** Formbrett *n*; **2.** *Küche*: Kuchen-, Nudelbrett *n*; **~ clay** *s.* ⚙ Formerde *f*, -ton *m*; **~ ma·chine** *s.* **1.** *Holzbearbeitung*: 'Kehl(hobel)maˌschine *f*; **2.** *metall.* 'Formmaˌschine *f*; **3.** 'Spritzmaˌschine *f* (*für Spritzguß etc.*); **~ press** *s.* Formpresse *f*; **~ sand** *s.* Formsand *m*.

mould·y ['məʊldɪ] *adj.* **1.** schimm(e)lig; **2.** Schimmel…, schimmelartig: ***~ fungi*** Schimmelpilze; **3.** muffig, schal (*a. fig.*), *sl.* fad.

moult [məʊlt] *zo.* **I** *v/i.* (sich) mausern (*a. fig.*); sich häuten; **II** *v/t.* *Federn, Haut* abwerfen, verlieren; **III** *s.* Mauser(ung) *f*; Häutung *f*.

mound[1] [maʊnd] *s.* **1.** Erdwall *m*, -hügel *m*; **2.** Damm *m*; **3.** *Baseball*: Abwurfstelle *f*.

mound[2] [maʊnd] *s. hist.* Reichsapfel *m*.

mount[1] [maʊnt] **I** *v/t.* **1.** *Berg, Pferd, Barrikaden etc., fig. den Thron* besteigen; *Treppen* hin'aufgehen, ersteigen; *Fluß* hin'auffahren; **2.** beritten machen: ***~ troops***; ***~ed police*** berittene Polizei; **3.** errichten; *a. Maschine* aufstellen, montieren (*a. phot., TV*); anbringen, einbauen, befestigen; *Papier, Bild* aufkleben, -ziehen; *Edelstein* fassen; *Messer etc.* mit e-m Griff versehen, stielen; ⚕ *Versuchsobjekt* präparieren; *Präparat im Mikroskop* fixieren; **4.** zs.-bauen, -stellen, arrangieren; *thea. Stück* inszenieren, *fig. a.* aufziehen; **5.** ⚔ a) *Geschütz* in Stellung bringen, b) *Posten* aufstellen; → ***guard*** 9; **6.** ⚓ bewaffnet sein mit, *Geschütz* führen; **II** *v/i.* **7.** (auf-, em'por-, hoch)steigen; **8.** *fig.* (an)wachsen, steigen, sich auftürmen (*bsd. Schulden, Schwierigkeiten etc.*): ***~ing suspense*** (***debts***) wachsende Spannung (Schulden); **9.** *oft* ***~ up*** sich belaufen (***to*** auf *acc.*); **III** *s.* **10.** Gestell *n*; ⚙ Ständer *m*, Halterung *f*, 'Untersatz *m*; Fassung *f*; (Wechsel)Rahmen *m*, Passepar'tout *n*; 'Aufziehkarˌton *m*; ⚔ (Ge'schütz)Laˌfette *f*; Ob'jektträger *m* (*Mikroskop*); **11.** Pferd *n*, Reittier *n*.

mount[2] [maʊnt] *s.* **1.** *poet.* a) Berg *m*, b) Hügel *m*; **2.** ♀ (*in Eigennamen*) Berg *m*: ***♀ Sinai***; ***♀ of Venus*** *Handlesekunst f*: Venusberg *m*.

moun·tain ['maʊntɪn] **I** *s.* Berg *m* (*a. fig. von Arbeit etc.*); *pl.* Gebirge *n*: ***make a ~ out of a molehill*** aus e-r Mücke e-n Elefanten machen; **II** *adj.* Berg…, Gebirgs…: ***~ artillery*** Gebirgsartillerie *f*; **~ ash** *s. e-e* Eberesche *f*; **~ bike** *s.* Mountain bike *n*, Geländefahrrad *n*; **~ chain** *s.* Berg-, Gebirgskette *f*; **~ crys·tal** *s.* 'Bergkriˌstall *m*; **~ cock** *s.* Auerhahn *m*.

moun·tained ['maʊntɪnd] *adj.* bergig, gebirgig.

moun·tain·eer [ˌmaʊntɪ'nɪə] **I** *s.* **1.** Bergbewohner(in); **2.** Bergsteiger(in); **II** *v/i.* **3.** bergsteigen; **ˌmoun·tain'eer·ing** [-'nɪərɪŋ] **I** *s.* Bergsteigen *n*; **II** *adj.* bergsteigerisch; **moun·tain·ous** ['maʊntɪnəs] *adj.* **1.** bergig, gebirgig; **2.** Berg…, Gebirgs…; **3.** *fig.* riesig, gewaltig.

moun·tain| rail·way *s.* Bergbahn *f*; **~ range** *s.* Gebirgszug *m*, -kette *f*; **~ sick·ness** *s.* ⚕ Berg-, Höhenkrankheit *f*; **'~·side** *s.* Berg(ab)hang *m*; **~ slide** *s.* Bergrutsch *m*; **♀ State** *s. Am.* (*Beiname für*) a) Mon'tana *n*, b) West Vir'ginia *n* (*USA*); **~ troops** *s. pl.* Gebirgstruppen *pl.*; **~ wood** *s.* 'Holzasˌbest *m*.

moun·te·bank ['maʊntɪbæŋk] *s.* **1.** Quacksalber *m*; Marktschreier *m*; **2.** Scharlatan *m*.

mount·ing ['maʊntɪŋ] *s.* **1.** ⚙ a) Einbau *m*, Aufstellung *f*, Mon'tage *f* (*a. phot.*, *TV etc.*), b) Gestell *n*, Rahmen *m*, c) Befestigung *f*, Aufhängung *f*, d) (Auf-) Lagerung *f*, e) Arma'tur *f*, f) (Ein)Fassung *f* (*Edelstein*), g) Ausstattung *f*, h) *pl.* Fenster-, Türbeschläge *pl.*, i) *pl.* Gewirre *n* (*an Türschlössern*), j) (*Weberei*) Geschirr *n*, Zeug *n*; **2.** ⚡ (Ver-) Schaltung *f*, Installati'on *f*; ~ **brack·et** *s.* Befestigungsschelle *f*.

mourn [mɔ:n] **I** *v/i.* **1.** trauern, klagen (***at***, ***over*** über *acc.*; ***for***, ***over*** um); **2.** Trauer(kleidung) tragen, trauern; **II** *v/t.* **3.** *j-n* betrauern, *a. et.* beklagen, trauern um *j-n*; '**mourn·er** [-nə] *s.* Trauernde(r *m*) *f*, Leidtragende(r *m*) *f*; '**mourn·ful** [-fʊl] *adj.* □ trauervoll, traurig, düster, Trauer…

mourn·ing ['mɔ:nɪŋ] **I** *s.* **1.** Trauer(n *n*) *f*; ***national*** ~ Staatstrauer; **2.** Trauer (-kleidung) *f*: ***in*** ~ in Trauer; ***go into*** (***out of***) ~ Trauer anlegen (die Trauer ablegen); **II** *adj.* □ **3.** trauernd; **4.** Trauer…: ~ ***band*** Trauerband *n*, -flor *m*; ~ **bor·der**, ~ **edge** *s.* Trauerrand *m*; ~ **pa·per** *s.* Pa'pier *n* mit Trauerrand.

mouse [maʊs] **I** *pl.* **mice** [maɪs] *s.* **1.** *zo.*, *a. Computer*: Maus *f*: ~***trap*** Mausefalle *f* (*a. fig.*); **2.** ⚙ Zugleine *f* mit Gewicht; **3.** F Feigling *m*; **4.** *sl.* ‚blaues Auge', ‚Veilchen' *n*; **II** *v/i.* [maʊz] **5.** mausen, Mäuse fangen; '~-ˌ**col·o(u)red** *adj.* mausfarbig, -grau.

mousse [mu:s] *s.* Schaumspeise *f*.

mous·tache [mə'stɑ:ʃ] *s.* Schnurrbart *m* (*a. zo.*).

mous·y ['maʊsɪ] *adj.* **1.** von Mäusen heimgesucht; **2.** mausartig; mausgrau; **3.** *fig.* grau, trüb; **4.** *fig.* leise; furchtsam; farblos; unscheinbar.

mouth [maʊθ] **I** *pl.* **mouths** [maʊðz] *s.* **1.** Mund *m*: ***give*** ~ Laut geben, anschlagen (*Hund*); ***by word*** (*od.* ***way***) ***of*** ~ mündlich; ***keep one's*** ~ ***shut*** F den Mund halten; ***shut s.o.'s*** ~ j-m den Mund stopfen; ***stop s.o.'s*** ~ j-m (durch Bestechung) den Mund stopfen; ***down in the*** ~ F niedergeschlagen, bedrückt; → ***wrong*** 2; **2.** Maul *n*, Schnauze *f*, Rachen *m* (*Tier*); **3.** Mündung *f* (*Fluß*, *Kanone etc.*); Öffnung *f* (*Flasche*, *Sack*); Ein-, Ausgang *m* (*Höhle*, *Röhre etc.*); Ein-, Ausfahrt *f* (*Hafen etc.*); ♪ → ***mouthpiece*** 1; **4.** ⚙ a) Mundloch *n*, b) Schnauze *f*, c) Öffnung *f*, d) Gichtöffnung *f* (*Hochofen*), e) Abstichloch *n* (*Hoch-*, *Schmelzofen*); **II** *v/t.* [maʊð] **5.** (*bsd.* affek'tiert *od.* gespreizt) (aus-) sprechen; **6.** *Worte* (*unhörbar*) mit den Lippen formen; **7.** in den Mund *od.* ins Maul nehmen; '**mouth·ful** [-fʊl] *pl.* **-fuls** *s.* **1.** *ein* Mundvoll *m*, Brocken *m* (*a. fig. ellenlanges Wort*); **2.** kleine Menge; **3.** *sl.* großes Wort.

'**mouth**|-ˌ**or·gan** *s.* ♪ **1.** 'Mundharˌmonika *f*; **2.** Panflöte *f*; '~·**piece** *s.* **1.** ♪ Mundstück *n*, Ansatz *m*; **2.** ⚙ a) Schalltrichter *m*, Sprechmuschel *f*, b) Mundstück *n* (*a. e-r Tabakspfeife od. Gasmaske*), Tülle *f*; **3.** *fig.* Sprachrohr *n* (*a. Person*); ⚖ *sl.* (Straf)Verteidiger *m*; **4.** Gebiß *n* (*Pferdezaum*); **5.** *Boxen*: Zahnschutz *m*; ˌ~-**to**-'~ **res·pi·ra·tion** *s.* ⚕ Mund-zu-Mund-Beatmung *f*; '~·**wash** *s.* Mundwasser *n*; '~-ˌ**wa·ter·ing** *adj.* lecker.

mov·a·bil·i·ty [ˌmu:və'bɪlətɪ] *s.* Beweglichkeit *f*, Bewegbarkeit *f*.

mov·a·ble ['mu:vəbl] **I** *adj.* □ **1.** beweglich (*a.* ⚙; *a.* ⚖ *Eigentum*, *Feiertag*), bewegbar: ~ ***goods*** → 5; **2.** a) verschiebbar, verstellbar, b) fahrbar; **3.** ✈ ortsveränderlich; **II** *s.* **4.** *pl.* Möbel *pl.*; **5.** *pl.* ⚖ Mo'bilien *pl.*, bewegliche Habe; ~ **kid·ney** *s.* ⚕ Wanderniere *f*.

move [mu:v] **I** *v/t.* **1.** fortbewegen, -rükken, von der Stelle bewegen, verschieben; ⚔ *Einheit* verlegen: ~ ***up*** a) *Truppen* heranbringen, b) *ped. Brit. Schüler* versetzen; F ~ ***it*** Tempo!; **2.** entfernen, fortbringen, -schaffen; **3.** bewegen (*a. fig.*), in Bewegung setzen *od.* halten, (an)treiben: ~ ***on*** vorwärtstreiben; **4.** *fig.* bewegen, rühren, ergreifen: ***be*** ~***d to tears*** zu Tränen gerührt sein; **5.** *j-n* veranlassen, bewegen, hinreißen (***to*** zu): ~ ***to anger*** erzürnen; **6.** *Schach etc.*: e-n Zug machen mit, ziehen; **7.** *et.* beantragen, Antrag stellen auf (*acc.*), vorschlagen: ~ ***an amendment*** *parl.* e-n Abänderungsantrag stellen; **8.** *Antrag* stellen, einbringen; **II** *v/i.* **9.** sich bewegen, sich rühren, sich regen; ⚙ laufen, in Gang sein (*Maschine etc.*); **10.** sich fortbewegen, gehen, fahren: ~ ***on*** weitergehen: ~ ***with the times*** *fig.* mit der Zeit gehen; **11.** sich entfernen, abziehen, abmarschieren; *wegen Wohnungswechsels* ('um)ziehen (***to*** nach): ~ ***in*** einziehen; ***if*** ~***d*** falls verzogen; **12.** fortschreiten, weitergehen (*Vorgang*); **13.** verkehren, sich bewegen: ~ ***in good society***; **14.** a) vorgehen, Schritte unter'nehmen (***in s.th.*** in e-r Sache, ***against*** gegen), b) *a.* ~ ***in*** handeln, zupacken, losschlagen: ***he*** ~***d quickly***; **15.** ~ ***for*** beantragen, (e-n) Antrag'stellen auf (*acc.*); ~ ***that*** beantragen, daß; **16.** *Schach etc.*: e-n Zug machen, ziehen; **17.** ⚕ sich entleeren (*Darm*); **18.** ~ ***up*** ✝ anziehen, steigen (*Preise*); **III** *s.* **19.** (Fort)Bewegung *f*, Aufbruch *m*: ***on the*** ~ in Bewegung, auf den Beinen; ***get a*** ~ ***on!*** *sl.* Tempo!, mach(t) schon!; ***make a*** ~ a) aufbrechen, sich (von der Stelle) rühren, b) → 14 b; **20.** 'Umzug *m*; **21.** *Schach etc.*: Zug *m*; *fig.* Schritt *m*, Maßnahme *f*: ***a clever*** ~ ein kluger Schachzug (*od.* Schritt); ***make the first*** ~ den ersten Schritt tun; '**move·ment** [-mənt] *s.* **1.** Bewegung *f* (*a. fig.*, *pol.*, *eccl.*, *paint. etc.*); ⚔, ⚓ (Truppen- *od.* Flotten)Bewegung *f*: ~ ***by air*** Lufttransport *m*; **2.** *mst pl.* Handeln *n*, Schritte *pl.*, Maßnahmen *pl.*; **3.** (rasche) Entwicklung, Fortschreiten *n* (*von Ereignissen*, *e-r Handlung*); **4.** Bestrebung *f*, Ten'denz *f*, (mo'derne) Richtung; **5.** ♪ a) Satz *m*: ***a*** ~ ***of a sonata***, b) Tempo *n*; **6.** ⚙ a) Bewegung *f*, b) Lauf *m* (*Maschine*), c) Gang-, Gehwerk *n* (*der Uhr*), 'Antriebsmechaˌnismus *m*; **7.** *a.* ~ ***of the bowels*** ⚕ Stuhlgang *m*; **8.** ✝ (Kurs-, Preis)Bewegung *f*; 'Umsatz *m* (*Börse*, *Markt*): ***downward*** ~ Senkung *f*, Fallen *n*; ***retrograde*** ~ rückläufige Bewegung; ***upward*** ~ Steigen *n*, Aufwärtsbewegung *f* (*der Preise*); '**mov·er** [-və] *s.* **1.** *fig.* treibende Kraft, Triebkraft *f*, Antrieb *m* (*a. Person*); **2.** ⚙ Triebwerk *n*, Motor *m*; → ***prime mover***; **3.** Antragsteller(in); **4.** *Am.* a) Spedi'teur *m*, b) (Möbel)Packer *m*.

mov·ie ['mu:vɪ] *Am.* F **I** *s.* **1.** Film(streifen) *m*; **2.** *pl.* a) Filmwesen *n*, b) Kino *n*, c) Kinovorstellung *f*: ***go to the*** ~***s*** ins Kino gehen; **II** *adj.* **3.** Film…, Kino…, Lichtspiel…: ~ ***camera*** Filmkamera *f*; ~ ***projector*** Filmprojektor *m*; ~ ***star*** Filmstar *m*; '~-ˌ**go·er** *s. Am.* F Kinobesucher(in).

mov·ing ['mu:vɪŋ] *adj.* □ **1.** beweglich, sich bewegend; **2.** bewegend, treibend: ~ ***power*** treibende Kraft; **3.** a) rührend, bewegend, b) eindringlich, packend; ~ **coil** *s.* ⚡ Drehspule *f*; ~ **magnet** *s.* 'Drehmaˌgnet *m*; ~ **pic·ture** F → ***motion picture***; ~ **stair·case** *s.* Rolltreppe *f*; ~ **van** *s.* Möbelwagen *m*.

mow[1] [məʊ] **I** *v/t.* [*a. irr.*] (ab)mähen, schneiden: ~ ***down*** niedermähen (*a. fig.*); **II** *v/i.* [*a. irr.*] mähen.

mow[2] [məʊ] *s.* **1.** Getreidegarbe *f*, Heuhaufen *m*; **2.** Heu-, Getreideboden *m*.

mow·er ['məʊə] *s.* **1.** Mäher(in), Schnitter(in); **2.** a) Rasenmäher *m*, b) → '**mow·ing-maˌchine** ['məʊɪŋ-] *s.* 'Mähmaˌschine *f*.

mown [məʊn] *p.p. von* ***mow***[1].

Mr, **Mr.** → ***mister*** 1.

Mrs, **Mrs.** ['mɪsɪz] *s.* Frau *f* (*Anrede für verheiratete Frauen*): ***Mrs Smith***.

Ms, **Ms.** [mɪz] *Anrede für Frauen ohne Berücksichtigung des Familienstandes*.

mu [mju:] *s.* My *n* (*griechischer Buchstabe*).

much [mʌtʃ] **I** *s.* **1.** Menge *f*, große Sache, Besondere(s) *n*: ***nothing*** ~ nichts Besonderes; ***it did not come to*** ~ es kam nicht viel dabei heraus; ***think*** ~ ***of s.o.*** viel von j-m halten; ***he is not*** ~ ***of a dancer*** er ist kein großer Tänzer; → ***make*** 21; **II** *adj.* **2.** viel: ***too*** ~ zu viel; **III** *adv.* **3.** sehr: ~ ***to my regret*** sehr zu m-m Bedauern; **4.** (*in Zssgn*) viel…: ~-***admired***; **5.** (*vor comp.*) viel, weit: ~ ***stronger***; **6.** (*vor sup.*) bei weitem, weitaus: ~ ***the oldest***; **7.** fast: ***he did it in*** ~ ***the same way*** er tat es auf ungefähr die gleiche Weise; ***it is*** ~ ***the same thing*** es ist ziemlich dasselbe;

Besondere Redewendungen:

~ ***as I would like*** so gern ich (auch) möchte; ***as*** ~ ***as*** so viel wie; ***he did not as*** ~ ***as write*** er schrieb nicht einmal; ***as*** ~ ***again*** noch einmal soviel; ***he said as*** ~ das war (ungefähr) der Sinn s-r Worte; ***this is as*** ~ ***as to say*** das heißt mit anderen Worten; ***as*** ~ ***as to say*** als wenn er (*etc.*) sagen wollte; ***I thought as*** ~ das habe ich mir gedacht; ***so*** ~ a) so sehr, b) so viel, c) lauter, nichts als; ***so*** ~ ***the better*** um so besser; ***so*** ~ ***for our plans*** soviel (wäre also) zu unseren Plänen (zu sagen); ***not so*** ~ ***as*** nicht einmal; ***without so*** ~ ***as to move*** ohne sich auch nur zu bewegen; ***so*** ~ ***so*** (und zwar) so sehr; ~ ***less*** a) viel weniger, b) geschweige denn; ~ ***like a child*** ganz wie ein Kind.

much·ly ['mʌtʃlɪ] *adv. obs. od. humor.* sehr, viel, besonders; '**much·ness** [-tʃnɪs] *s.* große Menge: ***much of a*** ~ F ziemlich *od.* praktisch dasselbe.

mu·ci·lage ['mju:sɪlɪdʒ] *s.* **1.** ⚘ (Pflanzen)Schleim *m*; **2.** *bsd. Am.* Klebstoff *m*, Gummilösung *f*; **mu·ci·lag·i·nous** [ˌmju:sɪ'lædʒɪnəs] *adj.* **1.** schleimig; **2.** klebrig.

muck [mʌk] **I** *s.* **1.** Mist *m*, Dung *m*; **2.**

Kot *m*, Dreck *m*, Unrat *m*, Schmutz *m* (*a. fig.*); **3.** *Brit.* F Blödsinn *m*, ‚Mist' *m*: ***make a ~ of*** → 6; **II** *v/t.* **4.** düngen; *a.* ***~ out*** ausmisten; **5.** *oft* ***~ up*** F beschmutzen; **6.** *sl.* verpfuschen, verhunzen, ‚vermasseln'; **III** *v/i.* **7.** *mst* ***~ about*** *sl.* a) her'umlungern, b) her'umpfuschen (***with*** an *dat.*), c) her'umalbern; **8.** ***~ in*** F mit anpacken; **'muck·er** [-kə] *s.* **1.** *sl.* a) ‚Blödmann' *m*, b) ‚Kumpel' *m*; **2.** ⚒ Lader *m*: ***~'s car*** Minenhund *m*; **3.** *sl.* a) schwerer Sturz, b) *fig.* ‚Reinfall' *m*: ***come a ~*** auf die ‚Schnauze' fallen, *fig. a.* ‚reinfallen'.

'muck|-hill *s.* Mist-, Dreckhaufen *m*; **'~-rake** *v/i. fig.* im Schmutz her'umwühlen; *Am. sl.* Skan'dale aufdecken; **'~,rak·er** *s. Am.* Skan'dalmacher *m*.

muck·y ['mʌkɪ] *adj.* schmutzig, dreckig (*a. fig.*).

mu·cous ['mju:kəs] *adj.* schleimig, Schleim...: ***~ membrane*** Schleimhaut *f*; **'mu·cus** [-kəs] *s. biol.* Schleim *m*.

mud [mʌd] *s.* **1.** Schlamm *m*, Matsch *m*: ***~ and snow tyres*** (*Am.* ***tires***) *mot.* Matsch-u.-Schnee-Reifen; **2.** Mo'rast *m*, Kot *m*, Schmutz *m* (*alle a. fig.*): ***drag in the ~*** *fig.* in den Schmutz ziehen; ***stick in the ~*** im Schlamm steckenbleiben, *fig.* aus dem Dreck nicht mehr herauskommen; ***sling*** (*od.* ***throw***) ***~ at s.o.*** *fig.* j-n mit Schmutz bewerfen; ***his name is ~ with me*** er ist für mich erledigt; ***~ in your eye!*** F prost!; → ***clear*** 1; **'~-bath** *s.* ⚕ Moor-, Schlammbad *n*.

mud·di·ness ['mʌdɪnɪs] *s.* **1.** Schlammigkeit *f*, Trübheit *f* (*a. des Lichts*); **2.** Schmutzigkeit *f*.

mud·dle ['mʌdl] **I** *s.* **1.** Durchein'ander *n*, Unordnung *f*, Wirrwarr *m*: ***make a ~ of s.th.*** et. durcheinanderbringen *od.* ‚vermasseln'; ***get into a ~*** in Schwierigkeiten geraten; **2.** Verworrenheit *f*, Unklarheit *f*: ***be in a ~*** in Verwirrung *od.* verwirrt sein; **II** *v/t.* **3.** *Gedanken etc.* verwirren: ***~ up*** verwechseln, durcheinanderwerfen; **4.** in Unordnung bringen, durchein'anderbringen; **5.** ‚benebeln' (*bsd. durch Alkohol*): ***~ one's brains*** sich benebeln; **6.** verpfuschen, verderben; **III** *v/i.* **7.** pfuschen, stümpern, ‚wursteln': ***~ about*** herumwursteln (***with*** an *dat.*); ***~ on*** weiterwursteln; ***~ through*** sich durchwursteln; **'mud·dle·dom** [-dəm] *s. humor.* Durchein'ander *n*; **'mud·dle-,head·ed** *adj.* wirr (-köpfig), kon'fus; **'mud·dler** [-lə] *s.* **1.** j-d, der sich 'durchwurstelt; Wirrkopf *m*; Pfuscher *m*; **2.** *Am.* ('Um)Rührlöffel *m*.

mud·dy ['mʌdɪ] **I** *adj.* □ **1.** schlammig, trüb(e) (*a. Licht*); Schlamm...: ***~ soil***; **2.** schmutzig; **3.** *fig.* unklar, verworren, kon'fus; **4.** verschwommen (*Farbe*); **II** *v/t.* **5.** trüben; **6.** beschmutzen.

'mud|·guard *s.* **1.** a) *mot.* Kotflügel *m*, b) Schutzblech *n* (*Fahrrad*); **2.** ⚙ Schmutzfänger *m*; **'~·hole** *s.* **1.** Schlammloch *n*; **2.** ⚙ Schlammablaß *m*; **'~·lark** *s.* Gassenjunge *m*, Dreckspatz *m*; ***~ pack*** *s.* ⚕ Fangopackung *f*; **'~,sling·er** [-,slɪŋə] *s.* F Verleumder (-in); **'~,sling·ing** [-,slɪŋɪŋ] F **I** *s.* Beschmutzung *f*, Verleumdung *f*; **II** *adj.* verleumderisch.

muff [mʌf] **I** *s.* **1.** Muff *m*; **2.** F *sport. u. fig.* ‚Patzer' *m*; **3.** F ‚Flasche' *f*, Stümper *m*; **4.** ⚙ a) Stutzen *m*, b) Muffe *f*; **II** *v/t.* **5.** F *sport u. fig.* ‚verpatzen'; **III** *v/i.* **6.** F ‚patzen'.

muf·fin ['mʌfɪn] *s.* Muffin *n*: a) *Brit.* Hefeteigsemmel *f*, b) *Am. kleine süße Semmel.*

muf·fle ['mʌfl] **I** *v/t.* **1.** *oft* ***~ up*** einhüllen, einwickeln; *Ruder* um'wickeln; **2.** *Ton etc.* dämpfen (*a. fig.*); **II** *s.* **3.** *metall.* Muffel *f*: ***~ furnace*** Muffelofen *m*; **4.** ⚙ Flaschenzug *m*; **'muf·fler** [-lə] *s.* **1.** (dicker) Schal *m*, Halstuch *n*; **2.** ⚙ Schalldämpfer *m*; *mot.* Auspufftopf *m*; ♪ Dämpfer *m*.

muf·ti ['mʌftɪ] *s.* **1.** Mufti *m*; **2.** ⚔ Zi'vilkleidung *f*: ***in ~*** in Zivil.

mug [mʌg] **I** *s.* **1.** Krug *m*; **2.** Becher *m*; **3.** *sl.* a) Vi'sage *f*, Gesicht *n*: ***~ shot*** Kopfbild *n* (*bsd. für das Verbrecheralbum*), *Film etc.*: Großaufnahme *f*, b) ‚Fresse' *f*, Mund *m*, c) Gri'masse *f*; **4.** *Brit. sl.* a) Trottel *m*, b) Büffler *m*, Streber *m*; **5.** *Am. sl.* a) Boxer *m*, b) Ga'nove *m*; **II** *v/t.* **6.** *sl. bsd. Verbrecher* fotografieren; **7.** *sl.* über'fallen, niederschlagen u. ausrauben; **8.** *a.* ***~ up*** *Brit. sl.* ‚büffeln', ‚ochsen'; **III** *v/i.* **9.** *sl.* Gri'massen schneiden; **10.** *Am. sl.* ‚schmusen'; **'mug·ger** [-gə] *s. sl.* Straßenräuber *m*.

mug·gi·ness ['mʌgɪnɪs] *s.* **1.** Schwüle *f*; **2.** Muffigkeit *f*; **'mug·ging** [-gɪŋ] *s. sl.* 'Raub,überfall *m* (auf der Straße); **mug·gy** ['mʌgɪ] *adj.* **1.** schwül (*Wetter*); **2.** dumpfig, muffig.

'mug·wort *s.* ⚘ Beifuß *m*.

mug·wump ['mʌgwʌmp] *s. Am.* **1.** F ‚hohes Tier'; **2.** *pol. sl.* a) Unabhängige(r *m*) *f*, Einzelgänger(in), b) ‚Re'bell(in)', Abtrünnige(r *m*) *f*.

mu·lat·to [mju:'lætəʊ] **I** *pl.* **-toes** *s.* Mu'latte *m*, Mu'lattin *f*; **II** *adj.* Mulatten...

mul·ber·ry ['mʌlbərɪ] *s.* **1.** Maulbeerbaum *m*; **2.** Maulbeere *f*.

mulch [mʌltʃ] ⚘ **I** *s.* Mulch *m*; **II** *v/t.* mulchen.

mulct [mʌlkt] **I** *s.* **1.** Geldstrafe *f*; **II** *v/t.* **2.** mit e-r Geldstrafe belegen; **3.** a) *j-n* betrügen (***of*** um), b) *Geld etc.* ‚abknöpfen' (***from s.o.*** j-m).

mule [mju:l] *s.* **1.** *zo.* a) Maultier *n*, b) Maulesel *m*; **2.** *biol.* Bastard *m*, Hy'bride *f*; **3.** *fig.* sturer Kerl, Dickkopf *m*; **4.** ⚙ a) (Motor)Schlepper *m*, Traktor *m*, b) 'Förderlokomo,tive *f*, c) 'Mule-(spinn)ma,schine *f* (*Spinnerei*); **5.** Pan'toffel *m*; **'mule-,jen·ny** → ***mule*** 4 c; **mule skin·ner**, *Am.* F **mu·le·teer** [,mju:lɪ'tɪə] *s.* Maultiertreiber *m*; **mule track** *s.* Saumpfad *m*.

mul·ish ['mju:lɪʃ] *adj.* □ störrisch, stur.

mull¹ [mʌl] **I** *v/t.* F verpatzen, verpfuschen; **II** *v/i.* ***~ over*** F *Am.* nachdenken, -grübeln über (*acc.*).

mull² [mʌl] *v/t. Getränk* heiß machen u. (süß) würzen: ***~ed wine*** Glühwein *m*.

mull³ [mʌl] *s.* (⚕ Verband)Mull *m*.

mull⁴ [mʌl] *s. Scot.* Vorgebirge *n*.

mul·la(h) ['mʌlə] *s. eccl.* Mulla *m*.

mul·le(i)n ['mʌlɪn] *s.* ⚘ Königskerze *f*, Wollkraut *n*.

mull·er ['mʌlə] *s.* ⚙ Reibstein *m*.

mul·let ['mʌlɪt] *s. ichth.* **1.** *a.* ***grey ~*** Meeräsche *f*; **2.** *a.* ***red ~*** Seebarbe *f*.

mul·li·gan ['mʌlɪgən] *s. Am.* F Eintopfgericht *n*.

mul·li·ga·taw·ny [,mʌlɪgə'tɔ:nɪ] *s.* Currysuppe *f*.

mul·li·grubs ['mʌlɪgrʌbz] *s. pl.* F **1.** Bauchweh *n*; **2.** miese Laune.

mul·lion ['mʌlɪən] *s.* △ Mittelpfosten *m* (*Fenster etc.*).

mul·tan·gu·lar [mʌl'tæŋgjʊlə] *adj.* vielwink(e)lig, -eckig.

mul·te·i·ty [mʌl'ti:ətɪ] *s.* Vielheit *f*.

multi- [mʌltɪ] *in Zssgn*: viel..., mehr..., ...reich, Mehrfach..., Multi...

mul·ti ['mʌltɪ] *s.* ✝ F ‚Multi' *m*.

'mul·ti,ax·le drive *s. mot.* Mehrachsenantrieb *m*; **'mul·ti,col·o(u)r**, **'mul·ti-,col·o(u)red** *adj.* mehrfarbig, Mehrfarben...; **,mul·ti'en·gine(d)** *adj.* 'mehrmo,torig.

mul·ti·far·i·ous [,mʌltɪ'feərɪəs] *adj.* □ mannigfaltig.

'mul·ti·form *adj.* vielförmig, -gestaltig; **'mul·ti·graph** *typ.* **I** *s.* Ver'vielfältigungsma,schine *f*; **II** *v/t. u. v/i.* vervielfältigen; **'mul·ti·grid tube** *s.* ⚡ Mehrgitterröhre *f*; **,mul·ti'lat·er·al** *adj.* **1.** vielseitig (*a. fig.*); **2.** *pol.* mehrseitig, multilate'ral; **,mul·ti'lin·gual** *adj.* mehrsprachig; **,mul·ti'me·di·a** *s. pl.* Medienverbund *m*, Multi'media *pl.*; **,mul·ti·mil·lion'aire** *s.* 'Multimillio,när *m*; **,mul·ti'na·tion·al I** *adj. bsd.* ✝ multinatio'nal; **II** *s.* multinatio'naler Kon'zern, ‚Multi' *m*; **mul·tip·a·rous** [mʌl'tɪpərəs] *adj.* mehrgebärend; **,mul·ti'par·tite** *adj.* **1.** vielteilig; **2.** → ***multilateral*** 2.

mul·ti·ple ['mʌltɪpl] **I** *adj.* □ **1.** viel-, mehrfach; **2.** mannigfaltig; **3.** *biol.*, ⚕, ⅍ mul'tipel; **4.** ⚙, ⚡ a) Mehr(fach)..., Vielfach...: ***~ switch***, b) Parallel...; **5.** *ling.* zs.-gesetzt (*Satz*); **II** *s.* **6.** Vielfache(s) *n* (*a.* ⅍); **7.** *a.* ***~ connection*** ⚡ Paral'lelschaltung *f*: ***in ~*** parallel (geschaltet); ***~ birth*** *s.* ⚕ Mehrlingsgeburt *f*; **'~-disk clutch** *s. mot.* La'mellenkupplung *f*; ***~ fac·tors*** *s. pl. biol.* poly'mere Gene *pl.*; **,~-'par·ty** *adj. pol.* Mehrparteien...: ***~ system***; ***~ plug*** *s.* ⚡ Mehrfachstecker *m*; ***~ pro·duc·tion*** *s.* ✝ Serienherstellung *f*; ***~ root*** *s.* ⅍ mehrwertige Wurzel; ***~ scle·ro·sis*** *s.* ⚕ mul'tiple Skle'rose; ***~ shop*** *s.*, ***~ store*** *s.* ✝ Ketten-, Fili'algeschäft *n*; ***~ thread*** *s.* ⚙ mehrgängiges Gewinde.

mul·ti·plex ['mʌltɪpleks] **I** *adj.* **1.** mehr-, vielfach; **2.** ⚡, *tel.* Mehrfach...(*-betrieb*, *-telegrafie etc.*); **II** *v/t.* **3.** ⚡, *tel.* a) in Mehrfachschaltung betreiben, b) gleichzeitig senden; **'mul·ti·pli·a·ble** [-plaɪəbl] *adj.* multiplizierbar; **mul·ti·pli·cand** [,mʌltɪplɪ'kænd] *s.* ⅍ Multipli'kand *m*; **'mul·ti·pli·cate** [-plɪkeɪt] *adj.* mehr-, vielfach; **mul·ti·pli·ca·tion** [,mʌltɪplɪ'keɪʃn] *s.* **1.** Vermehrung *f* (*a.* ⚘); **2.** ⅍ a) Multiplikati'on *f*: ***~ sign*** Mal-, Multiplikationszeichen *n*; ***~ table*** *das* Einmaleins, b) Vervielfachung *f*; **3.** ⚙ (Ge'triebe)Über,setzung *f*; **mul·ti·plic·i·ty** [,mʌltɪ'plɪsətɪ] *s.* **1.** Vielfalt *f*; **2.** Menge *f*, Vielzahl *f*, -heit *f*; **3.** ⅍ a) Mehr-, Vielwertigkeit *f*, b) Mehrfachheit *f*; **'mul·ti·pli·er** [-plaɪə] *s.* **1.** Vermehrer *m*; **2.** ⅍ a) Multipli'kator *m*, b) Multipli'ziermaschine *f*; **3.** *phys.* a) Verstärker *m*, b) Vergrößerungslinse *f*, Lupe *f*; **4.** ⚡ 'Vor- *od.* 'Neben,widerstand *m*; **5.** ⚙ Über'setzung *f*; **'mul·ti·ply** [-plaɪ] **I** *v/t.* **1.** vermehren (*a. biol.*), vervielfältigen: **~ing glass** *opt.* Vergrößerungsglas *n*, -linse *f*; **2.** ⚒ multiplizieren (***by*** mit); **3.** ⚡ vielfachschalten; **II** *v/i.* **4.** multiplizieren; **5.** sich vermehren *od.* vervielfachen.

ˌmul·tiˈpo·lar *adj.* ⚡ viel-, mehrpolig; **ˌ~-ˈpur·pose** *adj.* Mehrzweck…: **~ *aircraft***; **ˌ~ˈra·cial** *adj.* gemischtrassig, Vielvölker…: **~ *state***; **ˈ~ˌseat·er** *s.* ✈ Mehrsitzer *m*; **ˈ~·speed** *adj.* ⚙ Mehrgang…; **ˈ~·stage** *adj.* ⚙, ⚡ mehrstufig, Mehrstufen…: **~ *rocket***; **ˌ~-ˈsto·r(e)y** *adj.* vielstöckig: **~ *building*** Hochhaus *n*; **~ *parking garage***, **~ *car park*** Park(hoch)haus *n*.

mul·ti·tude [ˈmʌltɪtjuːd] *s.* **1.** große Zahl, Menge *f*; **2.** Vielheit *f*; **3.** Menschenmenge *f*: ***the ~*** der große Haufen, die Masse; **mul·ti·tu·di·nous** [ˌmʌltɪˈtjuːdɪnəs] *adj.* □ **1.** (sehr) zahlreich; **2.** mannigfaltig, vielfältig.

ˌmul·tiˈva·lent *adj.* ⚗ mehr-, vielwertig; **ˈ~·way** *adj.* ⚡ mehrwegig: **~ *plug*** Vielfachstecker *m*.

mum¹ [mʌm] F **I** *int.* pst!, still!; ***~'s the word!*** (aber) Mund halten!; **II** *adj.* still, stumm.

mum² [mʌm] *v/i.* **1.** sich vermummen; **2.** Mummenschanz treiben.

mum³ [mʌm] *s.* F Mami *f*.

mum·ble [ˈmʌmbl] **I** *v/t. u. v/i.* **1.** murmeln; **2.** mummeln, knabbern; **II** *s.* **3.** Gemurmel *n*.

Mum·bo Jum·bo [ˌmʌmbəʊ ˈdʒʌmbəʊ] *s.* **1.** Popanz *m*; **2.** ♀ a) Hokusˈpokus *m*, fauler Zauber, b) Kauderwelsch *n*.

mum·mer [ˈmʌmə] *s.* **1.** Vermummte(r *m*) *f*, Maske *f* (*Person*); **2.** *contp.* Komödiˈant *m*; **ˈmum·mer·y** [-ərɪ] *s.* **1.** *contp.* Mummenschanz *m*, Maskeˈrade *f*; **2.** Hokusˈpokus *m*.

mum·mi·fi·ca·tion [ˌmʌmɪfɪˈkeɪʃn] *s.* **1.** Mumifizierung *f*; **2.** ⚕ trockener Brand; **mum·mi·fy** [ˈmʌmɪfaɪ] **I** *v/t.* mumifizieren; **II** *v/i. a. fig.* vertrocknen, -dorren.

mum·my¹ [ˈmʌmɪ] *s.* **1.** Mumie *f* (*a. fig.*); **2.** Brei *m*, breiige Masse.

mum·my² [ˈmʌmɪ] *s.* F Mutti *f*.

mump [mʌmp] *v/i.* **1.** schmollen, schlecht gelaunt sein; **2.** F schnorren, betteln; **ˈmump·ish** [-pɪʃ] *adj.* □ mürrisch.

mumps [mʌmps] *s. pl.* **1.** *sg. konstr.* ⚕ Mumps *m*; **2.** miese Laune.

munch [mʌntʃ] *v/t. u. v/i.* schmatzend kauen, ‚mampfen'.

Mun·chau·sen·ism [mʌnˈtʃɔːznɪzəm] Münchhausiˈade *f*, phanˈtastische Geschichte.

mun·dane [ˈmʌndeɪn] *adj.* □ **1.** weltlich, Welt…; **2.** irdisch, weltlich: **~ *poetry*** weltliche Dichtung; **3.** proˈsaisch, nüchtern.

mu·nic·i·pal [mjuːˈnɪsɪpl] *adj.* □ **1.** städtisch, Stadt…; kommuˈnal, Gemeinde…: **~ *elections*** Kommunalwahlen; **2.** Selbstverwaltungs…: **~ *town*** → ***municipality*** 1; **3.** Land(es)…: **~ *law*** Landesrecht *n*; **~ bank** *s.* ✝ Kommuˈnalbank *f*; **~ bonds** *s. pl.* ✝ Kommuˈnalobligatiˌonen *pl.*, Stadtanleihen *pl.*; **~ cor·po·ra·tion** *s.* **1.** Gemeindebehörde *f*; **2.** Körperschaft *f* des öffentlichen Rechts.

mu·nic·i·pal·i·ty [mjuːˌnɪsɪˈpælətɪ] *s.* **1.** Stadt *f* mit Selbstverwaltung; Stadtbezirk *m*; **2.** Stadtbehörde *f*, -verwaltung *f*; **mu·nic·i·pal·ize** [mjuːˈnɪsɪpəlaɪz] *v/t.* **1.** *Stadt* mit Obrigkeitsgewalt ausstatten; **2.** *Betrieb etc.* kommunalisieren.

mu·nic·i·pal| loan *s.* Kommuˈnalanleihe *f*; **~ rates**, **~ tax·es** *s. pl.* Gemeindesteuern *pl.*, -abgaben *pl.*

mu·nif·i·cence [mjuːˈnɪfɪsns] *s.* Freigebigkeit *f*, Großzügigkeit *f*; **muˈnif·i·cent** [-nt] *adj.* □ freigebig, großzügig.

mu·ni·ment [ˈmjuːnɪmənt] *s.* **1.** *pl.* ⚖ Rechtsurkunde *f*; **2.** Urkundensammlung *f*, Arˈchiv *n*.

mu·ni·tion [mjuːˈnɪʃn] **I** *s. mst pl.* ˈKriegsmateriˌal *n*, -vorräte *pl.*, *bsd.* Munitiˈon *f*: **~ *plant*** Rüstungsfabrik *f*; **~ *worker*** Munitionsarbeiter(in); **II** *v/t.* mit Materiˈal *od.* Munitiˈon versehen, ausrüsten.

mu·ral [ˈmjʊərəl] **I** *adj.* Mauer…, Wand…; **II** *s. a.* **~ *painting*** Wandgemälde *n*.

mur·der [ˈmɜːdə] **I** *s.* **1.** (***of***) Mord *m* (an *dat.*), Ermordung *f* (*gen.*): **~ *will out*** *fig.* die Sonne bringt es an den Tag; ***the ~ is out*** *fig.* das Geheimnis ist gelüftet; ***cry blue ~*** F zetermordio schreien; ***get away with ~*** F sich alles erlauben können; ***it was ~!*** F es war fürchterlich!; **II** *v/t.* **2.** (er)morden; **3.** *fig.* (*a. Sprache*) verschandeln, verhunzen; **4.** *sport* F ‚auseinˈandernehmen'; **ˈmur·der·er** [-ərə] *s.* Mörder *m*; **ˈmur·der·ess** [-ərɪs] *s.* Mörderin *f*; **ˈmur·der·ous** [-dərəs] *adj.* □ **1.** mörderisch (*a. fig. Hitze, Tempo etc.*); **2.** Mord…: **~ *intent***; **3.** tödlich, todbringend; **4.** blutdürstig; **mur·der squad** *s. Brit.* ˈMordkommissiˌon *f*.

mure [mjʊə] *v/t.* **1.** einmauern; **2.** *mst* **~ *up*** einsperren.

mu·ri·ate [ˈmjʊərɪət] *s.* ⚗ **1.** Muriˈat *n*, Hydrochloˈrid *n*; **2.** ˈKaliumchloˌrid *n*; **mu·ri·at·ic** [ˌmjʊərɪˈætɪk] *adj.* salzsauer: **~ *acid*** Salzsäure *f*.

murk·y [ˈmɜːkɪ] *adj.* □ dunkel, düster, trüb (*alle a. fig.*).

mur·mur [ˈmɜːmə] **I** *s.* **1.** Murmeln *n*, (leises) Rauschen (*Wasser, Wind etc.*); **2.** Gemurmel *n*; **3.** Murren *n*: ***without a ~*** ohne zu murren; **4.** ⚕ Geräusch *n*; **II** *v/i.* **5.** murmeln (*a. Wasser etc.*); **6.** murren (***at***, ***against*** gegen); **III** *v/t.* **7.** murmeln; **ˈmur·mur·ous** [-mərəs] *adj.* □ **1.** murmelnd; **2.** murrend.

mur·rain [ˈmʌrɪn] *s.* Viehseuche *f*.

mus·ca·dine [ˈmʌskədɪn], **ˈmus·cat** [-kət], **mus·ca·tel** [ˌmʌskəˈtel] *s.* Muskaˈteller(wein) *m*, -traube *f*.

mus·cle [ˈmʌsl] **I** *s.* **1.** *anat.* Muskel *m*, Muskelfleisch *n*: ***not to move a ~*** *fig.* sich nicht rühren, nicht mit der Wimper zucken; **2.** *fig. a.* **~ *power*** Muskelkraft *f*; **3.** *Am. sl.* Muskelprotz *m*, ‚Schläger' *m*; **4.** *fig.* F Macht *f*, Einfluß *m*, ‚Muskeln' *pl.*; **II** *v/i.* **5.** **~ *in*** *bsd. Am.* F sich rücksichtslos eindrängen; **ˈ~-bound** *adj.*: ***be ~*** eine überentwickelte Muskulatur haben; **~ man** [mæn] *s.* **1.** ˈMuskelpaˌket *n*, -mann *m*; **2.** ‚Schläger' *m*.

Mus·co·vite [ˈmʌskəʊvaɪt] **I** *s.* **1.** a) Moskoˈwiter(in), b) Russe *m*, Russin *f*; **2.** ♀ *min.* Muskoˈwit *m*, Kaliglimmer *m*; **II** *adj.* **3.** a) moskoˈwitisch, b) russisch.

mus·cu·lar [ˈmʌskjʊlə] *adj.* □ **1.** Muskel…: **~ *atrophy*** Muskelschwund *m*; **2.** muskuˈlös; **mus·cu·lar·i·ty** [ˌmʌskjʊˈlærətɪ] *s.* Muskelkraft *f*, muskuˈlöser Körperbau; **ˈmus·cu·la·ture** [-lətʃə] *s. anat.* Muskulaˈtur *f*.

Muse¹ [mjuːz] *s. myth.* Muse *f* (*fig. a.* ♀).

muse² [mjuːz] *v/i.* **1.** (nach)sinnen, (-)denken, (-)grübeln (***on***, ***upon*** über *acc.*); **2.** in Gedanken versunken sein, träumen; **ˈmus·er** [-zə] *s.* Träumer(in), Sinnende(r *m*) *f*.

mu·se·um [mjuːˈzɪəm] *s.* Muˈseum *n*: **~ *piece*** Museumsstück *n* (*a. fig.*).

mush¹ [mʌʃ] *s.* **1.** Brei *m*, Mus *n*; **2.** *Am.* (Mais)Brei *m*; **3.** F a) Gefühlsduseˈlei *f*, b) sentimenˈtales Zeug; **4.** *Radio*: Knistergeräusch *n*: **~ *area*** Störgebiet *n*.

mush² [mʌʃ] *v/i. Am.* **1.** durch den Schnee stapfen; **2.** mit Hundeschlitten fahren.

mush·room [ˈmʌʃrʊm] **I** *s.* **1.** ⚘ a) Ständerpilz *m*, b) *allg.* eßbarer Pilz, *bsd.* Champignon *m*: ***grow like ~s*** → 6 a; **2.** *fig.* Emˈporkömmling *m*; **II** *adj.* **3.** Pilz…; pilzförmig: **~ *bulb*** ⚡ Pilzbirne *f*; **~ *cloud*** Atompilz *m*; **4.** plötzlich entstanden; Eintags…: **~ *fame***; **III** *v/i.* **5.** Pilze sammeln; **6.** *fig.* a) wie Pilze aus dem Boden schießen, b) sich ausbreiten (*Flammen*); **IV** *v/t.* **7.** F *Zigarette* ausdrücken.

mush·y [ˈmʌʃɪ] *adj.* □ **1.** breiig, weich; **2.** *fig.* a) weichlich, b) F gefühlsduselig.

mu·sic [ˈmjuːzɪk] *s.* **1.** Muˈsik *f*, Tonkunst *f*; *konkr.* Kompositiˈon(en *pl. coll.*) *f*: ***face the ~*** F ‚die Suppe auslöffeln'; ***set to ~*** vertonen; **2.** Noten(blatt *n*) *pl.*: ***play from ~*** vom Blatt spielen; **3.** *coll.* Musiˈkalien *pl.*: **~ *shop*** → ***music house***; **4.** *fig.* Muˈsik *f*, Wohllaut *m*, Gesang *m*; **5.** (Muˈsik)Kaˌpelle *f*.

mu·si·cal [ˈmjuːzɪkl] **I** *adj.* □ **1.** Musik…: **~ *history***; **~ *instrument***; **2.** meˈlodisch; **3.** musiˈkalisch (*Person, Komödie etc.*); **II** *s.* **4.** Musical *n*; **5.** F *für* ***musical film***; **~ art** *s.* (Kunst *f* der) Muˈsik *f*, Tonkunst *f*; **~ box** *s. Brit.* Spieldose *f*; **~ chairs** *s. pl.* ‚Reise *f* nach Jeˈrusalem' (*Gesellschaftsspiel*); **~ clock** *s.* Spieluhr *f*; **~ film** *s.* Muˈsikfilm *m*; **~ glass·es** *s. pl.* ♪ ˈGlasharˌmonika *f*.

mu·si·cal·i·ty [ˌmjuːzɪˈkælətɪ], **mu·si·cal·ness** [ˈmjuːzɪklnɪs] *s.* **1.** Musikaliˈtät *f*; **2.** Wohlklang *m*.

ˈmu·sic|-apˌpre·ciˈa·tion rec·ord *s.* Schallplatte *f* mit muˈsikkundlichem Kommenˈtar; **~ book** *s.* Notenheft *n*, -buch *n*; **~ box** *s.* **1.** Spieldose *f*; **2.** → ***jukebox***; **~ hall** *s. Brit.* Varieˈté(theˌater) *n*; **~ house** *s.* Musiˈkalienhandlung *f*.

mu·si·cian [mjuːˈzɪʃn] *s.* **1.** (*bsd.* Berufs)Musiker(in): ***be a good ~*** a) gut spielen *od.* singen, b) sehr musikalisch sein; **2.** Musiˈkant *m*.

mu·si·col·o·gy [ˌmjuːzɪˈkɒlədʒɪ] *s.* Muˈsikwissenschaft *f*.

mu·sic| pa·per *s.* ˈNotenpaˌpier *n*; **~ rack**, **~ stand** *s.* Notenständer *m*; **~ stool** *s.* Klaˈvierstuhl *m*.

mus·ing [ˈmjuːzɪŋ] **I** *s.* **1.** Sinnen *n*, Grübeln *n*, Nachdenken *n*; **2.** *pl.* Träumeˈreien *pl.*; **II** *adj.* □ **3.** nachdenklich, sinnend, in Gedanken (versunken).

musk [mʌsk] *s.* **1.** *zo.* Moschus *m* (*a. Geruch*), Bisam *m*; **2.** → ***musk deer***;

3. Moschuspflanze *f*; **~ bag** *s. zo.* Moschusbeutel *m*; **~ deer** *s. zo.* Moschustier *n*.

mus·ket ['mʌskɪt] *s.* ⚔ *hist.* Mus'kete *f*, Flinte *f*; **mus·ket·eer** [ˌmʌskɪ'tɪə] *s. hist.* Muske'tier *m*; **'mus·ket·ry** [-trɪ] *s.* **1.** *hist. coll.* a) Mus'keten *pl.*, b) Muske'tiere *pl.*; **2.** *hist.* Mus'ketenschießen *n*; **3.** ⚔ 'Schieß,unterricht *m*: **~ manual** Schießvorschrift *f*.

musk| ox *s. zo.* Moschusochse *m*; **'~-rat** *s. zo.* Bisamratte *f*; **~ rose** *s.* ⚘ Moschusrose *f*.

musk·y ['mʌskɪ] *adj.* □ **1.** nach Moschus riechend; **2.** Moschus…

Mus·lim ['mʊslɪm] → ***Moslem***.

mus·lin ['mʌzlɪn] *s.* Musse'lin *m*.

mus·quash ['mʌskwɒʃ] → ***muskrat***.

muss [mʌs] *bsd. Am.* F **I** *s.* Durchein'ander *n*, Unordnung *f*; **II** *v/t. oft* **~ up** durchein'anderbringen, in Unordnung bringen, *Haar* verwuscheln.

mus·sel ['mʌsl] *s.* Muschel *f*.

Mus·sul·man ['mʌslmən] **I** *pl.* **-mans**, *a.* **-men** [-mən] *s.* Muselman(n) *m*; **II** *adj.* muselmanisch.

muss·y ['mʌsɪ] *adj. Am.* F unordentlich; verknittert; schmutzig.

must¹ [mʌst] **I** *v/aux.* **1.** *pres.* muß, mußt, müssen, müßt: ***I ~ go now*** ich muß jetzt gehen; ***he ~ be over eighty*** er muß über achtzig (Jahre alt) sein; **2.** *neg.* darf, darfst, dürfen, dürft: ***you ~ not smoke here*** du darfst hier nicht rauchen; **3.** *pret.* a) mußte, mußtest, mußten, mußtet: ***it was too late now, he ~ go on***; ***just as I was busiest, he ~ come*** gerade als ich am meisten zu tun hatte, mußte er kommen, b) *neg.* durfte, durftest, durften, durftet; **II** *adj.* **4.** unerläßlich, abso'lut notwendig: ***a ~ book*** ein Buch, das man (unbedingt) gelesen haben muß; **III** *s.* **5.** Muß *n*: ***it is a ~*** es ist unerläßlich *od.* unbedingt erforderlich (→ *a.* 4).

must² [mʌst] *s.* Most *m*.

must³ [mʌst] *s.* **1.** Moder *m*, Schimmel *m*; **2.** Modrigkeit *f*.

mus·tache [mə'stɑːʃ; *Am.* 'mʌstæʃ] *Am.* → ***moustache***.

mus·tang ['mʌstæŋ] *s.* **1.** *zo.* Mustang *m* (*halbwildes Präriepferd*); **2.** ♀ ✈ Mustang *m* (*amer. Jagdflugzeug im 2. Weltkrieg*).

mus·tard ['mʌstəd] *s.* **1.** Senf *m*, Mostrich *m*; → ***keen¹*** 13; **2.** ⚘ Senf *m*; **3.** *Am. sl.* a) ‚Mordskerl' *m*, b) ‚tolle' Sache, c) ‚Pfeffer' *m*, Schwung *m*; **~ gas** *s.* ⚔ Senfgas *n*, Gelbkreuz *n*; **~ plas·ter** *s.* ⚕ Senfpflaster *n*; **~ poul·tice** *s.* ⚕ Senfpackung *f*; **~ seed** *s.* **1.** ⚘ Senfsame *m*: ***grain of ~*** *bibl.* Senfkorn *n*; **2.** *hunt.* Vogelschrot *m*, *n*.

mus·ter ['mʌstə] **I** *v/t.* **1.** ⚔ a) (zum Ap'pell) antreten lassen, mustern, b) aufbieten: **~ *in*** (***out***) *Am.* einziehen (entlassen, ausmustern); **2.** zs.-bringen, auftreiben; **3.** *a.* **~ *up*** *fig.* aufbieten, *s-e Kraft* zs.-nehmen, *Mut* fassen; **II** *v/i.* **4.** sich versammeln, ⚔ *a.* antreten; **III** *s.* **5.** ⚔ Ap'pell *m*, Pa'rade *f*; Musterung *f*: ***pass ~*** *fig.* durchgehen, Billigung finden (***with*** bei); **6.** ⚔ → ***muster roll*** 2; **7.** Versammlung *f*; **8.** Aufgebot *n*; **~ book** *s.* ⚔ Stammrollenbuch *n*; **~ roll** *s.* **1.** ⚓ Musterrolle *f*; **2.** ⚔ Stammrolle *f*.

mus·ti·ness ['mʌstɪnɪs] *s.* **1.** Muffigkeit *f*, Modrigkeit *f*; **2.** *fig.* Verstaubtheit *f*; **mus·ty** ['mʌstɪ] *adj.* □ **1.** muffig; **2.** mod(e)rig; **3.** schal (*a. fig.*); **4.** *fig.* verstaubt.

mu·ta·bil·i·ty [ˌmjuːtə'bɪlətɪ] *s.* **1.** Veränderlichkeit *f*; **2.** *fig.* Unbeständigkeit *f*; **3.** *biol.* Mutati'onsfähigkeit *f*; **mu·ta·ble** ['mjuːtəbl] *adj.* □ **1.** veränderlich; **2.** *fig.* unbeständig; **3.** *biol.* mutati'onsfähig; **mu·tant** ['mjuːtənt] *biol.* **I** *adj.* **1.** mutierend; **2.** mutati'onsbedingt; **II** *s.* **3.** Vari'ante *f*, Mu'tant *m*; **mu·tate** [mjuː'teɪt] **I** *v/t.* **1.** verändern; **2.** *ling.* 'umlauten: **~*d vowel*** Umlaut *m*; **II** *v/i.* **3.** sich ändern; **4.** *ling.* 'umlauten; **5.** *biol.* mutieren; **mu·ta·tion** [mjuː'teɪʃn] *s.* **1.** (Ver)Änderung *f*; **2.** 'Umwandlung *f*: **~ *of energy*** *phys.* Energieumformung *f*; **3.** *biol.* a) Mutati'on *f* (*a.* ♪), b) Mutati'onspro,dukt *n*; **4.** *ling.* 'Umlaut *m*.

mute [mjuːt] **I** *adj.* □ **1.** stumm (*a. ling.*), *weitS. a.* still, schweigend: **~ *sound*** *ling.* Verschlußlaut *m*; **II** *s.* **2.** Stumme(r *m*) *f*; **3.** *thea.* Sta'tist(in); **4.** ♪ Dämpfer *m*; **5.** *ling.* a) stummer Buchstabe, b) Verschlußlaut *m*; **III** *v/t.* **6.** ♪ *Instrument* dämpfen.

mu·ti·late ['mjuːtɪleɪt] *v/t.* verstümmeln (*a. fig.*); **mu·ti·la·tion** [ˌmjuːtɪ'leɪʃn] *s.* Verstümmelung *f*.

mu·ti·neer [ˌmjuːtɪ'nɪə] **I** *s.* Meuterer *m*; **II** *v/i.* meutern; **mu·ti·nous** ['mjuːtɪnəs] *adj.* □ **1.** meuterisch; **2.** aufrührerisch, re'bellisch (*a. fig.*); **mu·ti·ny** ['mjuːtɪnɪ] **I** *s.* **1.** Meute'rei *f*; **2.** Auflehnung *f*, Rebelli'on *f*; **II** *v/i.* **3.** meutern.

mut·ism ['mjuːtɪzəm] *s.* (Taub)Stummheit *f*.

mutt [mʌt] *s. Am. sl.* **1.** Trottel *m*, Schafskopf *m*; **2.** Köter *m*, Hund *m*.

mut·ter ['mʌtə] **I** *v/i.* **1.** (*a. v/t. et.*) murmeln: **~ *to o.s.*** vor sich hinmurmeln; **2.** murren (***at*** über *acc.*; ***against*** gegen); **II** *s.* **3.** Gemurmel *n*; **4.** Murren *n*.

mut·ton ['mʌtn] *s.* Hammelfleisch *n*: ***leg of ~*** Hammelkeule *f*; → ***dead*** 1; **~ chop** *s.* **1.** 'Hammelkote,lett *n*; **2.** *pl.* Kote'letten *pl.* (*Backenbart*); **'~·head** *s.* F ‚Schafskopf' *m*.

mu·tu·al ['mjuːtʃʊəl] *adj.* □ **1.** gegen-, wechselseitig: **~ *aid*** gegenseitige Hilfe; **~ *building association*** Baugenossenschaft *f*; ***by ~ consent*** in gegenseitigem Einvernehmen; **~ *contributory negligence*** ⚖ beiderseitiges Verschulden; **~ *improvement society*** Fortbildungsverein *m*; **~ *insurance*** ✝ Versicherung *f* auf Gegenseitigkeit; **~ *investment trust***, **~ *fund*** *Am.* Investmentfonds *m*; **~ *will*** ⚖ gegenseitiges Testament; ***it's ~*** *iro.* es beruht auf Gegenseitigkeit; **2.** gemeinsam: ***our ~ friends***; **mu·tu·al·i·ty** [ˌmjuːtjʊ'ælətɪ] *s.* Gegenseitigkeit *f*.

mu·zhik, **mu·zjik** ['muːʒɪk] *s.* Muschik *m*, russischer Bauer.

muz·zle ['mʌzl] **I** *s.* **1.** Maul *n*, Schnauze *f* (*Tier*); **2.** Maulkorb *m*; **3.** Mündung *f e-r Feuerwaffe*; **4.** ⚙ Mündung *f*; Tülle *f*; **II** *v/t.* **5.** e-n Maulkorb anlegen (*dat.*); *fig. a. Presse etc.* knebeln, mundtot machen, den Mund stopfen (*dat.*); **~ brake** *s.* ⚔ Mündungsbremse *f*; **~ burst** *s.* ⚔ Mündungskrepierer *m*; **'~,load·er** *s.* ⚔ *hist.* Vorderlader *m*; **~ ve·loc·i·ty** *s. Ballistik*: Mündungs-, Anfangsgeschwindigkeit *f*.

muz·zy ['mʌzɪ] *adj.* □ F **1.** zerstreut, verwirrt; **2.** dus(e)lig; **3.** stumpfsinnig.

my [maɪ] *poss. pron.* mein(e): ***I must wash ~ face*** ich muß mir das Gesicht waschen; (***oh***) **~!** F (du) meine Güte!

my·al·gi·a [maɪ'ældʒɪə] *s.* ⚕ 'Muskelrheuma(,tismus *m*) *n*.

my·col·o·gy [maɪ'kɒlədʒɪ] *s.* ⚘ **1.** Pilzkunde *f*, Mykolo'gie *f*; **2.** Pilzflora *f*, Pilze *pl.* (*e-s Gebiets*).

my·cose ['maɪkəʊs] *s.* ⚗ My'kose *f*.

my·co·sis [maɪ'kəʊsɪs] *s.* ⚕ Pilzkrankheit *f*, My'kose *f*.

my·e·li·tis [ˌmaɪə'laɪtɪs] *s.* Mye'litis *f*: a) Rückenmarksentzündung *f*, b) Knochenmarksentzündung *f*; **my·e·lon** ['maɪəlɒn] *s.* Rückenmark *n*.

my·o·car·di·o·gram [ˌmaɪəʊ'kɑːdɪəʊgræm] *s.* ⚕ E,lektrokardio'gramm *n*; **,my·o'car·di·o·graph** [-grɑːf] *s.* ⚕ E,lektrokardio'graph *m*, EK'G-Appa,rat *m*; **my·o·car·di·tis** [ˌmaɪəʊkɑː'daɪtɪs] *s.* Herzmuskelentzündung *f*.

my·ol·o·gy [maɪ'ɒlədʒɪ] *s.* Myolo'gie *f*, Muskelkunde *f*, -lehre *f*.

my·o·ma [maɪ'əʊmə] *s.* ⚕ My'om *n*.

my·ope ['maɪəʊp] *s.* ⚕ Kurzsichtige(r *m*) *f*; **my·o·pi·a** [maɪ'əʊpjə] *s.* ⚕ Kurzsichtigkeit *f* (*a. fig.*); **my·op·ic** [maɪ'ɒpɪc] *adj.* kurzsichtig; **my·o·py** ['maɪəpɪ] → ***myopia***.

myr·i·ad ['mɪrɪəd] **I** *s.* Myri'ade *f*; *fig. a.* Unzahl *f*; **II** *adj.* unzählig.

myr·mi·don ['mɜːmɪdən] *s.* Scherge *m*, Häscher *m*; Helfershelfer *m*: **~ *of law*** Hüter *m* des Gesetzes.

myrrh [mɜː] *s.* ⚘ Myrrhe *f*.

myr·tle ['mɜːtl] *s.* ⚘ **1.** Myrthe *f*; **2.** *Am.* Immergrün *n*.

my·self [maɪ'self] *pron.* **1.** (*verstärkend*) (ich *od.* mir *od.* mich) selbst: ***I did it ~*** ich selbst habe es getan; ***I ~ wouldn't do it*** ich (persönlich) würde es sein lassen; ***it is for ~*** es ist für mich (selbst); **2.** *refl.* mir (*dat.*), mich (*acc.*): ***I cut ~*** ich habe mich geschnitten.

mys·te·ri·ous [mɪ'stɪərɪəs] *adj.* □ mysteri'ös: a) geheimnisvoll, b) rätselhaft, schleierhaft, unerklärlich; **mys'te·ri·ous·ness** [-nɪs] *s.* Rätselhaftigkeit *f*, Unerklärlichkeit *f*, *das* Geheimnisvolle *od.* Mysteri'öse.

mys·ter·y ['mɪstərɪ] *s.* **1.** Geheimnis *n*, Rätsel *n* (***to*** für *od. dat.*): ***make a ~ of*** *et.* geheimhalten; ***wrapped in ~*** in geheimnisvolles Dunkel gehüllt; ***it's a complete ~ to me*** es ist mir völlig schleierhaft; **2.** Rätselhaftigkeit *f*, Unerklärlichkeit *f*; **3.** *eccl.* My'sterium *n*; **4.** *pl.* Geheimlehre *f*, -kunst *f*; My'sterien *pl.*; **5.** → ***mystery play*** 1; **6.** *Am.* → **~ nov·el** *s.* Krimi'nalro,man *m*; **~ play** *s.* **1.** *hist.* My'sterienspiel *n*; **2.** *thea.* Krimi'nalstück *n*; **~ ship** *s.* ⚓ U-Boot-Falle *f*; **~ tour** *s.* Fahrt *f* ins Blaue.

mys·tic ['mɪstɪk] **I** *adj.* (□ **~*ally***) **1.** mystisch; **2.** *fig.* rätselhaft, mysteri'ös, geheimnisvoll; **3.** geheim, Zauber…; **II** *s.* **4.** Mystiker(in); Schwärmer(in); **'mys·ti·cal** [-kl] *adj.* □ **1.** sym'bolisch; **2.** → ***mystic*** 1, 2; **'mys·ti·cism** [-ɪsɪzəm] *s. phls.*, *eccl.* a) Mysti'zismus *m*, Glaubensschwärme'rei *f*, b) Mystik *f*.

mys·ti·fi·ca·tion [ˌmɪstɪfɪ'keɪʃn] *s.* **1.** Täuschung *f*, Irreführung *f*; **2.** Foppe-

ˈrei *f*; **3.** Verwirrung *f*, Verblüffung *f*; **mys·ti·fy** [ˈmɪstɪfaɪ] *v/t.* **1.** täuschen, hinters Licht führen, foppen; **2.** verwirren, verblüffen; **3.** in Dunkel hüllen.

myth [mɪθ] *s.* **1.** (Götter-, Helden)Sage *f*, Mythos *m* (*a. pol.*), Mythus *m*, Mythe *f*; **2.** Märchen *n*, erfundene Geschichte; **3.** *fig.* Mythus *m* (*legendär gewordene Person od. Sache*).

myth·ic, **myth·i·cal** [ˈmɪθɪk(l)] *adj.* ☐ **1.** mythisch, sagenhaft; Sagen…; **2.** *fig.* erdichtet, fikˈtiv.

myth·o·log·ic, **myth·o·log·i·cal** [ˌmɪθəˈlɒdʒɪk(l)] *adj.* ☐ mythoˈlogisch; **my·thol·o·gist** [mɪˈθɒlədʒɪst] *s.* Mythoˈloge *m*; **my·thol·o·gize** [mɪˈθɒlədʒaɪz] *v/t.* mythologisieren; **my·thol·o·gy** [mɪˈθɒlədʒɪ] *s.* **1.** Mytholoˈgie *f*, Götter- u. Heldensagen *pl.*; **2.** Sagenforschung *f*, -kunde *f*.

N

N, n [en] *s.* **1.** N *n*, n *n* (*Buchstabe*); **2.** ⚗ N *n* (*Stickstoff*); **3.** ⚗ N *n*, n *n* (*unbestimmte Konstante*).

nab [næb] *v/t.* F **1.** schnappen, erwischen; **2.** sich *et.* schnappen.

na·bob ['neɪbɒb] *s.* Nabob *m* (*a. fig. Krösus*).

na·celle [næ'sel] *s.* ✈ **1.** (Flugzeug-)Rumpf *m*; **2.** (Motor-, Luftschiff)Gondel *f*; **3.** Bal'lonkorb *m*.

na·cre ['neɪkə] *s.* Perlmutt(er *f*) *n*; **'na·cre·ous** [-krɪəs], **'na·crous** [-krəs] *adj.* **1.** perlmutterartig; **2.** Perlmutt(er)…

na·dir ['neɪˌdɪə] *s.* **1.** *ast.*, *geogr.* Na'dir *m*, Fußpunkt *m*; **2.** *fig.* Tief-, Nullpunkt *m*.

nag¹ [næg] *s.* **1.** kleines Reitpferd, Pony *n*; **2.** F *contp.* Gaul *m*.

nag² [næg] **I** *v/t.* **1.** her'umnörgeln an (*dat.*); *j-m* zusetzen; **II** *v/i.* **2.** nörgeln, keifen: **~ at** → 1; **3.** *fig.* nagen, bohren; **III** *s.* **4.** → **'nag·ger** [-gə] *s.* Nörgler (-in); **'nag·ging** [-gɪŋ] **I** *s.* Nörge'lei *f*, Gekeife *n*; **II** *adj.* nörgelnd, keifend, *fig.* nagend.

nai·ad ['naɪæd] *s.* **1.** *myth.* Na'jade *f*, Wassernymphe *f*; **2.** *fig.* (Bade)Nixe *f*.

nail [neɪl] **I** *s.* **1.** (Finger-, Zehen)Nagel *m*; **2.** ⚙ Nagel *m*; Stift *m*; **3.** *zo.* a) Nagel *m*, b) Klaue *f*, Kralle *f*;

Besondere Redewendungen:

a ~ in s.o.'s coffin ein Nagel zu j-s Sarg; ***on the ~*** auf der Stelle, sofort, bar *bezahlen*; ***to the ~*** bis ins letzte, vollendet; ***hit the (right) ~ on the head*** *fig.* den Nagel auf den Kopf treffen; ***hard as ~s*** eisern: a) fit, in guter Kondition, b) unbarmherzig; ***right as ~s*** ganz richtig;

II *v/t.* **4.** (an)nageln (***on*** auf *acc.*, ***to*** an *acc.*): ***~ed to the spot*** wie an- *od.* festgenagelt; ***~ to the barndoor*** *fig. Lüge etc.* festnageln; → ***colour*** 10; **5.** benageln, mit Nägeln beschlagen; **6.** *a.* **~ up** vernageln; **7.** *fig. Augen etc.* heften, *Aufmerksamkeit* richten (***to*** auf *acc.*); **8.** → ***nail down*** 2; **9.** F a) schnappen, erwischen, b) sich *et.* schnappen, c) ‚klauen', d) *et.* ‚spitzkriegen' (*entdekken*); **~ down** *v/t.* **1.** zunageln; **2.** *fig. j-n* festnageln (***to*** auf *acc.*); **3.** *fig. et.* endgültig beweisen; **~ up** *v/t.* **1.** zs.-nageln; **2.** zu-, vernageln; **3.** *fig.* zs.-basteln: ***a nailed-up drama***.

'nail|-bed *s. anat.* Nagelbett *n*; **'~-brush** *s.* Nagelbürste *f*; **~ en·am·el** *s.* Nagellack *m*; **~ file** *s.* Nagelfeile *f*; **'~-head** *s.* ⚙ Nagelkopf *m*; **~ pol·ish** *s.* Nagellack *m*; **'~-ˌpull·er** *s.* ⚙ Nagelzieher *m*; **~ scis·sors** *s. pl.* Nagelschere *f*; **~ var·nish** *s. Brit.* Nagellack *m*.

na·ïve [nɑː'iːv], *a.* **na·ive** [neɪv] *adj.* □ *allg.* na'iv (*a. Kunst*); **na·ïve·té** [nɑː'iːvteɪ], *a.* **na·ive·ty** ['neɪvtɪ] *s.* Naivi'tät *f*.

na·ked ['neɪkɪd] *adj.* □ **1.** nackt, bloß, unbedeckt: ♀ ***Lady*** ♀ Herbstzeitlose *f*; **2.** bloß, unbewaffnet (*Auge*); **3.** bloß, blank (*Schwert*; ⚙ *Draht*); **4.** nackt, kahl (*Feld, Raum, Wand etc.*); **5.** entblößt (***of*** von): ***~ of all provisions*** bar aller Vorräte; **6.** a) schutz-, wehrlos, b) preisgegeben (***to*** *dat.*); **7.** nackt, unverhüllt: ***~ facts***; ***~ truth***; **8.** ⚖ bloß, unbestätigt: ***~ confession***; ***~ possession*** tatsächlicher Besitz (*ohne Rechtsanspruch*); **'na·ked·ness** [-nɪs] *s.* **1.** Nacktheit *f*, Blöße *f*; **2.** Kahlheit *f*; **3.** Schutz-, Wehrlosigkeit *f*; **4.** Mangel *m* (***of*** an *dat.*); **5.** *fig.* Unverhülltheit *f*.

nam·a·ble ['neɪməbl] *adj.* **1.** benennbar; **2.** nennenswert.

nam·by-pam·by [ˌnæmbɪ'pæmbɪ] **I** *adj.* **1.** seicht, abgeschmackt; **2.** affektiert, ‚etepe'tete'; **3.** sentimen'tal; **II** *s.* **4.** sentimentales Zeug; **5.** sentimentaler Mensch; **6.** Mutterkindchen *n*.

name [neɪm] **I** *v/t.* **1.** nennen; erwähnen, anführen; **2.** (be)nennen (***after***, ***from*** nach), e-n Namen geben (*dat.*): ***~d*** genannt, namens; **3.** beim (richtigen) Namen nennen; **4.** a) ernennen (zu), b) nomi'nieren, vorschlagen (***for*** für); **5.** *Datum etc.* bestimmen; **6.** *parl. Brit.* mit Namen zur Ordnung rufen: ***~!*** a) zur Ordnung rufen!, b) *allg.* Namen nennen!; **II** *s.* **7.** Name *m*: ***what is your ~?*** wie heißen Sie?; ***in ~ only*** nur dem Namen nach; **8.** Name *m*, Bezeichnung *f*, Benennung *f*; **9.** Schimpfname *m*: ***call s.o. ~s*** j-n beschimpfen; **10.** Name *m*, Ruf *m*: ***a bad ~***; → *Bes. Redew.*; **11.** (berühmter) Name, (guter) Ruf: ***a man of ~*** ein Mann von Ruf; **12.** Name *m*, Berühmtheit *f* (*Person*): ***the great ~s of our century***; **13.** Geschlecht *n*, Fa'milie *f*;

Besondere Redewendungen:

by ~ a) mit Namen, namentlich, b) namens, c) dem Namen nach; ***a man by*** (*od.* ***of***) ***the ~ of A.*** ein Mann namens A.; ***in the ~ of*** a) um (*gen.*) willen, b) im Namen *des Gesetzes etc.*, c) auf *j-s* Namen *bestellen etc.*; ***I haven't a penny to my ~*** ich besitze keinen Pfennig; ***give one's ~*** s-n Namen nennen; ***give it a ~!*** F heraus damit!, sagen Sie, was Sie (haben) wollen!; ***give s.o.*** (***s.th.***) ***a bad ~*** j-n (et.) in Verruf bringen; ***give a dog a bad ~ and hang him*** j-n wegen s-s schlechten Rufs *od.* auf Grund von Gerüchten verurteilen; ***have a ~ for being*** dafür bekannt sein, *et.* zu sein; ***make one's ~***, ***make*** (*od.* ***win***) ***a ~ for o.s.*** sich e-n Namen machen (***as*** als, ***by*** durch); ***put one's ~ down for*** a) kandidieren für, b) sich anmelden für, c) sich vormerken lassen für; ***send in one's ~*** sich (an)melden (lassen); ***what's in a ~?*** was bedeutet schon ein Name?; ***that's the ~ of the game!*** darum dreht es sich!

'name|-ˌcall·ing *s.* Beschimpfung(en *pl.*) *f*; **'~-child** *s.*: ***my ~*** das nach mir benannte Kind.

named [neɪmd] *adj.* **1.** genannt, namens; **2.** genannt, erwähnt: ***~ above*** oben genannt.

'name|-day *s.* **1.** Namenstag *m*; **2.** ✝ Abrechnungstag *m*; **'~-ˌdrop·per** *s.* j-d, der ständig mit promi'nenten Bekannten angibt; **'~-ˌdrop·ping** *s.* Wichtigtue'rei *f* durch Erwähnung von Promi'nenten, die man angeblich kennt.

name·less ['neɪmlɪs] *adj.* □ **1.** namenlos, unbekannt, ob'skur; **2.** ungenannt, unerwähnt; ano'nym; **3.** unehelich (*Kind*); **4.** *fig.* namenlos, unbeschreiblich (*Furcht etc.*); **5.** unaussprechlich, ab'scheulich; **'name·ly** [-lɪ] *adv.* nämlich.

name| part *s. thea.* Titelrolle *f*; **~ plate** *s.* **1.** Tür-, Firmen-, Namens-, Straßenschild *n*; **2.** ⚙ Typenschild *n*; **'~·sake** *s.* Namensvetter *m*, -schwester *f*.

nam·ing ['neɪmɪŋ] *s.* Namengebung *f*.

nan·cy ['nænsɪ] *s. sl.* **1.** Muttersöhnchen *n*; **2.** ‚Homo' *m*.

nan·ny ['nænɪ] *s.* **1.** Kindermädchen *n*; **2.** Oma *f*; **3.** → **~ goat** *s.* Ziege *f*.

nap¹ [næp] **I** *v/i.* **1.** ein Schläfchen *od.* ein Nickerchen machen; **2.** *fig.* ‚schlafen': ***catch s.o. ~ping*** j-n überrumpeln; **II** *s.* **3.** Schläfchen *n*, ‚Nickerchen' *n*: ***take a ~*** → 1.

nap² [næp] **I** *s.* **1.** Haar(seite *f*) *n e-s Gewebes*; **2.** a) *Spinnerei*: Noppe *f*, b) *Weberei*: (Gewebe)Flor *m*; **II** *v/t. u. v/i.* **3.** noppen, rauhen.

nap³ [næp] *s.* **1.** Na'poleon *n* (*Kartenspiel*): ***a ~ hand*** *fig.* gute Chancen; ***go ~*** a) die höchste Zahl von Stichen ansagen, b) *fig.* alles auf eine Karte setzen; **2.** Setzen *n* auf eine einzige Gewinnchance.

na·palm ['neɪpɑːm] *s.* ⚔ Napalm *n*.

nape [neɪp] *s. mst* ***~ of the neck*** Genick *n*, Nacken *m*.

naph·tha ['næfθə] *s.* ⚗ **1.** Naphtha *n*, 'Leuchtpeˌtroleum *n*; **2.** ('Schwer)Benˌzin *n*: ***cleaner's ~*** Waschbenzin; ***painter's ~*** Testbenzin; **'naph·tha·lene** [-liːn] *s.* Naphtha'lin *n*; **naph·tha·len·ic** [ˌnæfθə'lenɪk] *adj.* naphtha'linsauer: ***~ acid*** Naphthalinsäure *f*; **naph·thal·ic** [næf'θælɪk] *adj.* naph'thalsauer:

~ acid Naphthalsäure *f*; **ˈnaph·tha·line** [-liːn] → ***naphthalene***.
nap·kin [ˈnæpkɪn] *s.* **1.** *a. **table** ~* Servi'ette *f*; **2.** Wischtuch *n*; **3.** *bsd. Brit.* Windel *f*; **4.** *a. **sanitary** ~ Am.* Monatsbinde *f*.
napped [næpt] *adj.* genoppt, gerauht (*Tuch*); **nap·ping** [ˈnæpɪŋ] *s.* **1.** Ausnoppen *n* (*der Wolle*); **2.** Rauhen *n*: *~ **comb*** Aufstreichkamm *m*.
nap·py [ˈnæpɪ] *s. bsd. Brit.* F Windel *f*.
nar·cis·sism [nɑːˈsɪsɪzəm] *s. psych.* Nar'zißmus *m*; **nar'cis·sist** [-ɪst] *s.* Nar'zißt (-in).
nar·cis·sus [nɑːˈsɪsəs] *pl.* **-sus·es** [-sɪz] *s.* ⚘ Nar'zisse *f*.
nar·co·sis [nɑːˈkəʊsɪs] *s.* Nar'kose *f*.
nar·cot·ic [nɑːˈkɒtɪk] **I** *adj.* (☐ *~**ally***) **1.** nar'kotisch (*a. fig. einschläfernd*); **2.** Rauschgift…; **II** *s.* **3.** Nar'kotikum *n*, Betäubungsmittel *n* (*a. fig.*); **4.** Rauschgift *n*: *~**s squad*** Rauschgiftdezernat *n*; **nar·co·tism** [ˈnɑːkətɪzəm] *s.* **1.** Narko'tismus *m* (*Sucht*); **2.** nar'kotischer Zustand *od.* Rausch; **nar·co·tize** [ˈnɑːkətaɪz] *v/t.* narkotisieren.
nard [nɑːd] *s.* **1.** ⚘ Narde *f*; **2.** *pharm.* Nardensalbe *f*.
nark [nɑːk] *sl.* **I** *s.* **1.** Poli'zeispitzel *m*; **II** *v/t.* **2.** bespitzeln; **3.** ärgern.
nar·rate [nəˈreɪt] *v/t. u. v/i.* erzählen; **nar'ra·tion** [-eɪʃn] *s.* Erzählung *f*; **nar·ra·tive** [ˈnærətɪv] **I** *s.* **1.** Erzählung *f*, Geschichte *f*; **2.** Bericht *m*, Schilderung *f*; **II** *adj.* ☐ **3.** erzählend: *~ **poem***; **4.** Erzählungs…: *~ **skill*** Erzählergabe *f*; **nar'ra·tor** [-tə] *s.* Erzähler(in).
nar·row [ˈnærəʊ] **I** *adj.* ☐ **1.** eng, schmal: ***the ~ seas*** der Ärmelkanal u. die Irische See; **2.** eng (*a. fig.*), (*räumlich*) beschränkt, knapp: ***within ~ bounds*** in engen Grenzen; ***in the ~est sense*** im engsten Sinne; **3.** *fig.* eingeschränkt, beschränkt; **4.** → ***narrow-minded***; **5.** knapp, beschränkt (*Mittel, Verhältnisse*); **6.** knapp (*Entkommen, Mehrheit etc.*); **7.** gründlich, eingehend; genau: *~ **investigations***; **II** *v/i.* **8.** enger *od.* schmäler werden, sich verengen (***into*** zu); **9.** knapper werden; **III** *v/t.* **10.** enger *od.* schmäler machen, verenge(r)n; **11.** einengen, beengen; **12.** *a. ~ **down*** (***to*** auf *acc.*) be-, einschränken, begrenzen, eingrenzen; **13.** *Maschen* abnehmen; **14.** engstirnig machen; **IV** *s.* **15.** Enge *f*, enge *od.* schmale Stelle; *pl.* a) (Meer)Enge *f*, b) *bsd. Am.* Engpaß *m*.
nar·row| ga(u)ge *s.* 🚂 Schmalspur *f*; **ˈ~-ga(u)ge** [-rəʊg-], *a.* **ˌ~-ˈga(u)ged** [-rəʊˈg-] *adj.* Schmalspur…; **ˌ~-ˈmind·ed** [-rəʊˈmaɪndɪd] *adj.* engherzig, -stirnig, borniert, kleinlich; **ˌ~-ˈmind·ed·ness** [-rəʊˈmaɪndɪdnɪs] *s.* Engstirnigkeit *f*, Borniertheit *f*.
nar·row·ness [ˈnærəʊnɪs] *s.* **1.** Enge *f*, Schmalheit *f*; **2.** Knappheit *f*; **3.** → ***narrow-mindedness***; **4.** Gründlichkeit *f*.
na·sal [ˈneɪzl] **I** *adj.* ☐ → ***nasally***; **1.** Nasen…: *~ **bone***; *~ **cavity***; *~ **organ*** *humor.* Riechorgan *n*; *~ **septum*** Nasenscheidewand *f*; **2.** *ling.* na'sal, Nasal…: *~ **twang*** Näseln *n*; **II** *s.* **3.** *ling.* Na'sal(laut) *m*; **na·sal·i·ty** [neɪˈzælətɪ] *s.* Nasali'tät *f*; **na·sal·i·za·tion** [ˌneɪzəlaɪˈzeɪʃn] *s.* Nasalierung *f*, nasale Aussprache; **ˈna·sal·ize** [-zəlaɪz] **I** *v/t.* nasalieren; **II** *v/i.* näseln, durch die Nase sprechen; **ˈna·sal·ly** [-zəlɪ] *adv.* **1.** nasal, durch die Nase; **2.** näselnd.
nas·cent [ˈnæsnt] *adj.* **1.** werdend, entstehend: *~ **state*** Entwicklungszustand *m*; **2.** ⚗ freiwerdend.
nas·ti·ness [ˈnɑːstɪnɪs] *s.* **1.** Schmutzigkeit *f*; **2.** Ekligkeit *f*; **3.** Unflätigkeit *f*; **4.** Gefährlichkeit *f*; **5.** a) Bosheit *f*, b) Gemeinheit *f*, c) Übelgelauntheit *f*.
nas·tur·tium [nəˈstɜːʃəm] *s.* ⚘ Kapu'ziner- *od.* Brunnenkresse *f*.
nas·ty [ˈnɑːstɪ] **I** *adj.* ☐ **1.** schmutzig; **2.** ekelhaft, eklig, widerlich (*alle a. fig.*): *~ **taste***; *~ **fellow***; **3.** *fig.* schmutzig, zotig; **4.** *fig.* böse, schlimm, gefährlich: *~ **accident***; **5.** *fig.* a) bös, gehässig, garstig (***to*** zu, gegen), b) fies, niederträchtig, c) übelgelaunt, ‚eklig'; **II** *s.* **6.** *mst pl. Video*: ‚'Schmutz- u. 'Horror-Kasˌsette' *f*.
na·tal [ˈneɪtl] *adj.* Geburts…: *~ **day***; **na·tal·i·ty** [nəˈtælətɪ] *s. bsd. Am.* Geburtenziffer *f*.
na·ta·tion [nəˈteɪʃn] *s.* Schwimmen *n*; **na·ta·to·ri·al** [ˌneɪtəˈtɔːrɪəl] *adj.* Schwimm…: *~ **bird***; **na·ta·to·ry** [ˈneɪtətərɪ] *adj.* Schwimm…
na·tion [ˈneɪʃn] *s.* **1.** Nati'on *f*: a) Volk *n*, b) Staat *m*; **2.** (Indi'aner)Stamm *m*.
na·tion·al [ˈnæʃənl] **I** *adj.* ☐ **1.** natio'nal, National…, Landes…, Volks…: *~ **language*** Landessprache *f*; **2.** staatlich, öffentlich, Staats…: *~ **debt*** Staatsschuld *f*, öffentliche Schuld; **3.** (ein)heimisch; **4.** landesweit (*Streik etc.*), 'überregioˌnal (*Zeitung etc.*); **II** *s.* **5.** Staatsangehörige(r *m*) *f*; *~ **an·them*** *s.* Natio'nalhymne *f*; *~ **as·sem·bly*** *s. pol.* Natio'nalversammlung *f*; *~ **bank*** *s.* ✝ Landes-, Natio'nalbank *f*; *~ **cham·pi·on*** *s.* Landesmeister(in); *~ **con·ven·tion*** *s. pol. Am.* Par'teikonvent *m* (*zur Nominierung des Präsidentschaftskandidaten etc.*); *~ **e·con·o·my*** *s.* ✝ Volkswirtschaft *f*; **ℒ Gi·ro** *s.* 📯 *Brit.* Postscheck-, Postgirodienst *m*; **ℒ Guard** *s. Am.* Natio'nalgarde *f* (*Art Miliz*); **ℒ Health Ser·vice** *s. Brit.* Staatlicher Gesundheitsdienst; *~ **in·come*** *s.* ✝ Sozi'alproˌdukt *n*; **ℒ In·sur·ance** *s. Brit.* Sozi'alversicherung *f*.
na·tion·al·ism [ˈnæʃnəlɪzəm] *s.* **1.** Natio'nalgefühl *n*, Nationa'lismus *m*; **2.** ✝ *Am.* Ver'staatlichungspoliˌtik *f*; **ˈna·tion·al·ist** [-ɪst] **I** *s. pol.* Nationa'list (-in); **II** *adj.* nationa'listisch; **na·tion·al·i·ty** [næʃəˈnælətɪ] *s.* **1.** Nationali'tät *f*, Staatsangehörigkeit *f*; **2.** Nati'on *f*; **na·tion·al·i·za·tion** [ˌnæʃnəlaɪˈzeɪʃn] *s.* **1.** *bsd. Am.* Einbürgerung *f*, Naturalisierung *f*; **2.** ✝ Verstaatlichung *f*; **3.** Verwandlung *f* in e-e (*einheitliche, unabhängige etc.*) Nation; **ˈna·tion·al·ize** [-laɪz] *v/t.* **1.** einbürgern, naturalisieren; **2.** ✝ verstaatlichen; **3.** zu e-r Nation machen; **4.** *Problem etc.* zur Sache der Nation machen.
na·tion·al| park *s.* Natio'nalpark *m* (*Naturschutzgebiet*); *~ **prod·uct*** *s.* ✝ Sozi'alproˌdukt *n*; *~ **ser·vice*** *s.* ⚔ Wehrdienst *m*; **ℒ So·cial·ism** *s. pol. hist.* Natio'nalsoziaˌlismus *m*.
ˈna·tion|·hood [-hʊd] *s.* (natio'nale) Souveräni'tät; **ˈ~-state** *s.* Natio'nalstaat *m*; **ˌ~-ˈwide** *adj.* allgemein, das ganze Land um'fassend.
na·tive [ˈneɪtɪv] **I** *adj.* ☐ **1.** angeboren (***to s.o.*** j-m), na'türlich (*Recht etc.*); **2.** eingeboren, Eingeborenen…: *~ **quarter***; ***go ~*** unter den *od.* wie die Eingeborenen leben, *fig.* verwahrlosen; **3.** (ein)heimisch, inländisch, Landes…: *~ **plant*** ⚘ einheimische Pflanze; *~ **product***; **4.** heimatlich, Heimat…: *~ **country*** Heimat *f*, Vaterland *n*; *~ **language*** Muttersprache *f*; *~ **speaker** ling.* Muttersprachler(in); *~ **town*** Heimat-, Vaterstadt *f*; **5.** ursprünglich, urwüchsig, na'turhaft: *~ **beauty***; **6.** ursprünglich, eigentlich: ***the ~ sense of a word***; **7.** gediegen (*Metall etc.*); **8.** *min.* a) roh, Jungfern…, b) na'türlich vorkommend; **II** *s.* **9.** Eingeborene(r *m*) *f*; **10.** Einheimische(r *m*) *f*, Landeskind *n*: ***a ~ of Berlin*** ein gebürtiger Berliner; **11.** ⚘ einheimisches Gewächs; **12.** *zo.* einheimisches Tier; **13.** Na'tive *f*, (künstlich) gezüchtete Auster; **ˈ~-born** *adj.* gebürtig: ***a ~ American***.
na·tiv·i·ty [nəˈtɪvətɪ] *s.* **1.** Geburt *f* (*a. fig.*): ***the ℒ*** *eccl.* a) die Geburt Christi (*a. paint. etc.*), b) Weihnachten *n*, c) Ma'riä Geburt (*8. September*); **ℒ play** Krippenspiel *n*; **2.** *ast.* Nativi'tät *f*, (Ge'burts)Horoˌskop *n*.
na·tron [ˈneɪtrən] *s. min.* kohlensaures Natron.
nat·ter [ˈnætə] *Brit.* F **I** *v/i.* plauschen, plaudern; **II** *s.* Plausch *m*, Schwatz *m*.
nat·ty [ˈnætɪ] *adj.* ☐ F schick, piekfein (angezogen), ele'gant (*a. fig.*).
nat·u·ral [ˈnætʃrəl] **I** *adj.* ☐ → ***naturally***; **1.** na'türlich, Natur…: *~ **disaster*** Naturkatastrophe *f*; *~ **law*** Naturgesetz *n*; ***die a ~ death*** e-s natürlichen Todes sterben; → ***person*** 1; **2.** na'turgemäß, -bedingt; **3.** angeboren, na'türlich, eigen (***to*** *dat.*): *~ **talent***; **4.** → ***natural-born***; **5.** re'al, wirklich, physisch; **6.** selbstverständlich, na'türlich: ***it comes quite ~ to him*** es ist ihm ganz selbstverständlich; **7.** na'türlich, ungekünstelt (*Benehmen etc.*); **8.** na'turgetreu, na'türlich (wirkend) (*Nachahmung, Bild etc.*); **9.** unbearbeitet, Natur…, Roh…: *~ **steel*** Rohstahl *m*; **10.** na'turhaft, urwüchsig; **11.** na'türlich, unehelich (*Kind, Vater etc.*); **12.** Ⱥ na'türlich: *~ **number*** natürliche Zahl; **13.** ♪ a) ohne Vorzeichen: *~ **key*** C-Dur-Tonart *f*, b) mit e-m Auflösungszeichen (versehen) (*Note*), c) Vokal…: *~ **music***; **II** *s.* **14.** *obs.* Idi'ot(in); **15.** ♪ a) Auflösungszeichen *n*, b) mit e-m Auflösungszeichen versehene Note, c) Stammton *m*, d) weiße Taste (*Klaviatur*); **16.** F a) Na'turtaˌlent *n* (*Person*), b) (sicherer) Erfolg (*a. Person*); *e-e* ‚klare Sache' (***for s.o.*** für j-n); **ˈ~-born** *adj.* von Geburt, geboren: *~ **genius***; *~ **fre·quen·cy*** *s. phys.* 'Eigenfreˌquenz *f*; *~ **gas*** *s. geol.* Erdgas *n*; *~ **his·to·ry*** *s.* Na'turgeschichte *f*.
nat·u·ral·ism [ˈnætʃrəlɪzəm] *s. phls., paint. etc.* Natura'lismus *m*; **ˈnat·u·ral·ist** [-ɪst] **I** *s.* **1.** *phls., paint. etc.* Natura'list *m*; **2.** Na'turwissenschaftler(in), -forscher(in), *bsd.* Zoo'loge *m*, Zoo'login *f od.* Bo'taniker(in); **3.** *Brit.* a) Tierhändler *m*, b) ('Tier)Präpaˌrator *m*; **II** *adj.* **4.** natura'listisch; **nat·u·ral·is·tic** [ˌnætʃrəˈlɪstɪc] *adj.* (☐ *~**ally***) **1.** *phls., paint. etc.* naturalistisch; **2.** na'turkund-

lich, -geschichtlich.

nat·u·ral·i·za·tion [ˌnætʃrəlaɪˈzeɪʃn] *s.* Naturalisierung *f*, Einbürgerung *f*; **nat·u·ral·ize** [ˈnætʃrəlaɪz] *v/t.* **1.** naturalisieren, einbürgern; **2.** einbürgern (*a. ling. u. fig.*), ⚘, *zo.* heimisch machen; **3.** akklimatisieren (*a. fig.*).

nat·u·ral·ly [ˈnætʃrəlɪ] *adv.* **1.** von Naˈtur (aus); **2.** instinkˈtiv, sponˈtan; **3.** auf naˈtürlichem Wege, naˈtürlich; **4.** *a. int.* naˈtürlich, selbstverständlich; **ˈnat·u·ral·ness** [-rəlnɪs] *s. allg.* Naˈtürlichkeit *f*.

nat·u·ral| phi·los·o·phy *s.* **1.** Naˈturphilosoˌphie *f*, -kunde *f*; **2.** Phyˈsik *f*; **~ re·li·gion** *s.* Naˈturreligiˌon *f*; **~ rights** *s. pl.* ⚖, *pol.* Naˈturrechte *pl. des Menschen*; **~ scale** *s.* **1.** ♪ Stammtonleiter *f*; **2.** ⚹ Achse *f* der naˈtürlichen Zahlen; **~ sci·ence** *s.* Naˈturwissenschaft *f*; **~ se·lec·tion** *s. biol.* naˈtürliche Auslese; **~ sign** *s.* ♪ Auflösungszeichen *n*; **~ state** *s.* Naˈturzustand *m*.

na·ture [ˈneɪtʃə] *s.* **1.** Naˈtur *f*, Schöpfung *f*; **2.** (*a.* ≈; *ohne art.*) Naˈtur(kräfte *pl.*) *f*: **law of ~** Naturgesetz *n*; **from ~** nach der Natur *malen etc.*; **back to ~** zurück zur Natur; **in the state of ~** in natürlichem Zustand, nackt; → **debt**, **true** 1; **3.** Naˈtur *f*, Veranlagung *f*, Chaˈrakter *m*, (Eigen-, Gemüts)Art *f*, Natuˈrell *n*: **animal ~** das Tierische *im Menschen*; **by ~** von Natur (aus); **human ~** die menschliche Natur; **of good ~** gutherzig, -mütig; **it is in her ~** es liegt in ihrem Wesen; → **second** 1; **4.** Art *f*, Sorte *f*: **of** (*od.* **in**) **the ~ of a trial** nach Art (*od.* in Form) e-s Verhörs; **~ of the business** Gegenstand *m* der Firma; **5.** (naˈtürliche) Beschaffenheit; **6.** Naˈtur *f*, naˈtürliche Landschaft: **~ conservation** Naturschutz *m*; **≈ Conservancy** *Brit.* Naturschutzbehörde *f*; **~ reserve** Naturschutzgebiet *n*; **~ trail** Naturlehrpfad *m*; **7. ease** (*od.* **relieve**) **~** sich erleichtern (*urinieren etc.*).

-natured [neɪtʃəd] *in Zssgn* geartet, …artig, …mütig: **good-~** gutartig.

na·tur·ism [ˈneɪtʃərɪzəm] *s.* ˈFreikörperkulˌtur *f*; **ˈna·tur·ist** [-ɪst] *s.* FKˈK-Anhänger(in).

na·tur·o·path [ˈneɪtʃərəʊpæθ] *s.* ⚕ **1.** Heilpraktiker(in); **2.** Naˈturheilkundige(r *m*) *f*.

naught [nɔːt] **I** *s.* Null *f*: **bring** (**come**) **to ~** zunichte machen (werden); **set at ~** *Mahnung etc.* in den Wind schlagen; **II** *adj. obs.* keineswegs.

naugh·ti·ness [ˈnɔːtɪnɪs] *s.* Ungezogenheit *f*, Unartigkeit *f*; **naugh·ty** [ˈnɔːtɪ] *adj.* □ **1.** ungezogen, unartig; **2.** ungehörig (*Handlung*); **3.** unanständig, schlimm (*Wort etc.*): **~, ~!** F aber, aber!

nau·se·a [ˈnɔːsjə] *s.* **1.** Übelkeit *f*, Brechreiz *m*; **2.** Seekrankheit *f*; **3.** *fig.* Ekel *m*; **ˈnau·se·ate** [-sɪeɪt] **I** *v/i.* **1.** (e-n) Brechreiz empfinden, sich ekeln (**at** vor *dat.*); **II** *v/t.* **2.** sich ekeln vor (*dat.*); **3.** anekeln, *j-m* Übelkeit erregen: **be ~d** (**at**) → 1; **ˈnau·se·at·ing** [-sɪeɪtɪŋ], **ˈnau·seous** [-sjəs] *adj.* □ ekelerregend, widerlich.

nau·tic [ˈnɔːtɪk] → **nautical**.

nau·ti·cal [ˈnɔːtɪkl] *adj.* □ ⚓ nautisch, Schiffs…, See(fahrts)…; **~ al·ma·nac** *s.* nautisches Jahrbuch; **~ chart** *s.* Seekarte *f*; **~ mile** *s.* ⚓ Seemeile *f* (*1,852 km*).

na·val [ˈneɪvl] *adj.* ⚓ **1.** Flotten…, (Kriegs)Marine…; **2.** See…, Schiffs…; **~ a·cad·e·my** *s.* ⚓ **1.** Maˈrine-Akadeˌmie *f*; **2.** Navigatiˈonsschule *f*; **~ airplane** *s.* Maˈrineflugzeug *n*; **~ ar·chi·tect** *s.* ˈSchiffbauingeniˌeur *m*; **~ base** *s.* ˈFlottenstützpunkt *m*, -ˌbasis *f*; **~ bat·tle** *s.* Seeschlacht *f*; **~ ca·det** *s.* ˈSeekaˌdett *m*; **~ forc·es** *s. pl.* Seestreitkräfte *pl.*; **~ of·fi·cer** *s.* **1.** Maˈrineoffiˌzier *m*; **2.** *Am.* (höherer) Hafenzollbeamter; **~ pow·er** *s. pol.* Seemacht *f*.

nave[1] [neɪv] *s.* △ Mittel-, Hauptschiff *n*: **~ of a cathedral**.

nave[2] [neɪv] *s.* ⚙ (Rad)Nabe *f*.

na·vel [ˈneɪvl] *s.* **1.** *anat.* Nabel *m*, *fig. a.* Mitte(lpunkt *m*) *f*; **2.** → **~ or·ange** *s.* ˈNaveloˌrange *f*; **ˈ~-string** *s. anat.* Nabelschnur *f*.

nav·i·cert [ˈnævɪsɜːt] *s.* †, ⚓ Naviˈcert *n* (*Geleitschein*).

na·vic·u·lar [nəˈvɪkjʊlə] *adj.* nachen-, kahnförmig: **~** (**bone**) *anat.* Kahnbein *n*.

nav·i·ga·bil·i·ty [ˌnævɪgəˈbɪlətɪ] *s.* **1.** ⚓ a) Schiffbarkeit *f* (*e-s Gewässers*), b) Fahrtüchtigkeit *f*; **2.** ✈ Lenkbarkeit *f*; **nav·i·ga·ble** [ˈnævɪgəbl] *adj.* **1.** ⚓ a) schiffbar, (be)fahrbar, b) fahrtüchtig; **2.** ✈ lenkbar (*Luftschiff*); **nav·i·gate** [ˈnævɪgeɪt] **I** *v/i.* **1.** schiffen, (zu Schiff) fahren; **2.** *bsd.* ⚓, ✈ steuern, orten (**to** nach); **II** *v/t.* **3.** *Gewässer* a) befahren, b) durchˈfahren; **4.** ✈ durchˈfliegen; **5.** steuern, lenken; **nav·i·ga·tion** [ˌnævɪˈgeɪʃn] *s.* **1.** ⚓ Nautik *f*, Navigatiˈon *f*, Schiffsführung *f*, Schiffahrtskunde *f*; **2.** ✈ Navigatiˈonskunde *f*; **3.** ⚓ Schiffahrt *f*, Seefahrt *f*; **4.** ✈, ⚓ a) Navigatiˈon *f*, b) Ortung *f*; **nav·i·ga·tion·al** [ˌnævɪˈgeɪʃnl] *adj.* Navigations…

nav·i·ga·tion| chan·nel *s.* Fahrwasser *n*; **~ chart** *s.* Navigatiˈonskarte *f*; **~ guide** *s.* Bake *f*; **~ light** *s.* Positiˈonslicht *n*; **~ of·fi·cer** *s.* ⚓, ✈ Navigatiˈonsoffiˌzier *m*.

nav·i·ga·tor [ˈnævɪgeɪtə] *s.* **1.** ⚓ a) Seefahrer *m*, b) Nautiker *m*, c) Steuermann *m*, d) *Am.* Navigatiˈonsoffiˌzier *m*; **2.** ✈ a) (Aero)ˈNautiker *m*, b) Beobachter *m*.

nav·vy [ˈnævɪ] *s.* **1.** *Brit.* Kaˈnal-, Erd-, Streckenarbeiter *m*; **2.** ⚙ Exkaˈvator *m*, Löffelbagger *m*.

na·vy [ˈneɪvɪ] *s.* ⚓ **1.** *mst* ≈ ˈKriegsmaˌrine *f*; **2.** (Kriegs)Flotte *f*; **~ blue** *s.* Maˈrineblau *n*; **ˌ~-ˈblue** *adj.* maˈrineblau; **≈ Board** *s. Brit.* Admiraliˈtät *f*; **~ league** *s.* Flottenverein *m*; **≈ List** *s.* Maˈrineˌrangliste *f*; **~ yard** *s.* Maˈrinewerft *f*.

nay [neɪ] **I** *adv.* **1.** *obs.* nein; **2.** *obs.* ja soˈgar; **II** *s.* **3.** *parl. etc.* Nein(stimme *f*) *n*: **the ~s have it!** der Antrag ist abgelehnt!

Naz·a·rene [ˌnæzəˈriːn] *s.* Nazaˈrener *m* (*a. Christus*).

naze [neɪz] *s.* Landspitze *f*.

Na·zi [ˈnɑːtsɪ] *pol. contp.* **I** *s.* Nazi *m*; **II** *adj.* Nazi…; **ˈNa·zism** [-ɪzəm] *s.* Naˈzismus *m*.

neap [niːp] **I** *adj.* niedrig, abnehmend (*Flut*); **II** *s. a.* **~ tide** Nippflut *f*; **III** *v/i.* zuˈrückgehen (*Flut*).

near [nɪə] **I** *adv.* **1.** nahe, (ganz) in der Nähe; **2.** nahe (bevorstehend) (*Ereignis etc.*): **~ upon five o'clock** ziemlich genau um 5 Uhr; **3.** F annähernd, nahezu, fast: **not ~ so bad** bei weitem nicht so schlecht; *Besondere Redewendungen*: **~ at hand** a) nahe, in der Nähe, dicht dabei, b) *fig.* nahe bevorstehend, vor der Tür; **~ by** → **nearby** I; **come** (*od.* **go**) **~ to** a) sich ungefähr belaufen auf (*acc.*), b) *e-r Sache* sehr nahekommen, fast *et.* sein; **come ~ to doing s.th.** et. beinahe tun; **draw ~** heranrücken (*a. Zeitpunkt*); **live ~** sparsam *od.* kärglich leben; **sail ~ to the wind** ⚓ hart am Wind segeln;
II *adj.* □ → **I** *u.* **nearly**; **4.** nahe(gelegen), in der Nähe: **the ~est place** der nächste Ort; **~ miss** a) ⚔ Nahkrepierer *m*, b) ✈ Beinahzusammenstoß *m*, c) *fig.* fast ein Erfolg; **5.** kurz, nahe (*Weg*): **the ~est way** der kürzeste Weg; **6.** nahe (*Zeit, Ereignis*): **the ~ future**; **7.** nahe (verwandt): **the ~est relations** die nächsten Verwandten; **8.** eng (befreundet), inˈtim: **a ~ friend**; **9.** aˈkut, brennend (*Frage, Problem etc.*); **10.** knapp (*Entkommen, Rennen etc.*): **that was a ~ thing** F ‚das hätte ins Auge gehen können'; **11.** genau, (wort)getreu (*Übersetzung etc.*), **12.** sparsam, geizig; **13.** link (*vom Fahrer aus*; *Pferd, Fahrbahnseite etc.*): **~ horse** Handpferd *n*; **14.** Imitations…: **~ leather**, **~ beer** Dünnbier *n*; **~ silk** Halbseide *f*; **III** *prp.* **15.** nahe, in der Nähe von (*od. gen.*), nahe an (*dat.*) *od.* bei, unweit (*gen.*): **~ s.o.** j-m nahe; **~ doing s.th.** nahe daran, et. zu tun; **16.** (*zeitlich*) nahe, nicht weit von; **IV** *v/t. u. v/i.* **17.** sich nähern, näherkommen (*dat.*): **be ~ing completion** der Vollendung entgegengehen.

near·by I [ˌnɪəˈbaɪ] *adv. bsd. Am.* in der Nähe, nahe; **II** [ˈnɪəbaɪ] *adj.* nahe(gelegen).

Near East *s. geogr., pol.* **1.** *Brit. obs. die* Balkanstaaten *pl.*; **2.** *der* Nahe Osten.

near·ly [ˈnɪəlɪ] *adv.* **1.** beinahe, fast; **2.** annähernd: **not ~** bei weitem nicht, nicht annähernd; **3.** genau, gründlich; **near·ness** [ˈnɪənɪs] *s.* **1.** Nähe *f*; **2.** Innigkeit *f*, Vertrautheit *f*; **3.** große Ähnlichkeit; **4.** Knauserigkeit *f*.

near| point *s. opt.* Nahpunkt *m*; **ˈ~side** *s. mot.* Beifahrerseite *f*; **ˌ~-ˈsight·ed** *adj.* kurzsichtig; **ˌ~-ˈsight·ed·ness** *s.* Kurzsichtigkeit *f*.

neat[1] [niːt] *adj.* □ **1.** sauber: a) ordentlich, reinlich, b) hübsch, nett (*a. fig.*), aˈdrett, geschmackvoll, c) klar, ˈübersichtlich, d) geschickt; **2.** treffend (*Antwort etc.*); **3.** a) rein: **~ silk**, b) pur: **~ whisky**; **4.** *sl.* prima.

neat[2] [niːt] **I** *s. pl.* **1.** *coll.* Rind-, Hornvieh *n*, Rinder *pl.*; **2.** Ochse *m*, Rind *n*; **II** *adj.* **3.** Rind(er)…

'neath, **neath** [niːθ] *prp. poet. od. dial.* unter (*dat.*), ˈunterhalb (*gen.*).

neat·ness [ˈniːtnɪs] *s.* **1.** Ordentlichkeit *f*, Sauberkeit *f*; **2.** Gefälligkeit *f*, Nettigkeit *f*; Zierlichkeit *f*; **3.** schlichte Eleˈganz, Klarheit *f* (*Stil etc.*); **4.** Geschicklichkeit *f*; **5.** Unvermischtheit *f* (*Getränke etc.*).

ˈneat's|-foot oil *s.* Klauenfett *n*; **ˈ~-leath·er** *s.* Rindsleder *n*.

neb·u·la ['nebjʊlə] *pl.* **-lae** [-li:] *s.* **1.** *ast.* Nebel(fleck) *m*; **2.** ⚕ a) Trübheit *f* (*des Urins*), b) Hornhauttrübung *f*; '**neb·u·lar** [-lə] *adj. ast.* **1.** Nebel(fleck)..., Nebular...; **2.** nebelartig; **neb·u·los·i·ty** [ˌnebjʊ'lɒsətɪ] *s.* **1.** Neb(e)ligkeit *f*; **2.** Trübheit *f*; **3.** *fig.* Verschwommenheit *f*; **4.** → ***nebula*** 1; '**neb·u·lous** [-ləs] *adj.* □ **1.** neb(e)lig, wolkig (*a. Flüssigkeit*); *ast.* Nebel...; **2.** *fig.* verschwommen, nebelhaft.

nec·es·sar·i·ly ['nesəsərəlɪ] *adv.* **1.** notwendigerweise; **2.** unbedingt: ***you need not ~ do it***; **nec·es·sar·y** ['nesəsərɪ] **I** *adj.* □ **1.** notwendig, nötig, erforderlich (***to*** für): ***it is ~ for me to do it*** es ist nötig, daß ich es tue; ***a ~ evil*** ein notwendiges Übel; ***if ~*** nötigenfalls; **2.** unvermeidlich, zwangsläufig, notwendig: ***a ~ consequence***; **3.** notgedrungen; **II** *s.* **4.** Erfordernis *n*, Bedürfnis *n*: ***necessaries of life*** Notbedarf *m*, Lebensbedürfnisse; ***strict necessaries*** unentbehrliche Unterhaltsmittel; **5.** ✝ Be'darfsarˌtikel *m*.

ne·ces·si·tar·i·an [nɪˌsesɪ'teərɪən] *phls.* **I** *s.* Determi'nist *m*; **II** *adj.* determi'nistisch.

ne·ces·si·tate [nɪ'sesɪteɪt] *v/t.* **1.** notwendig *od.* nötig machen, erfordern, verlangen; **2.** *j-n* zwingen, nötigen; **ne·ces·si·ta·tion** [nɪˌsesɪ'teɪʃn] *s.* Nötigung *f*, Zwang *m*; **ne'ces·si·tous** [-təs] *adj.* □ **1.** bedürftig, notleidend; **2.** dürftig, ärmlich (*Umstände*); **3.** notgedrungen (*Handlung*); **ne'ces·si·ty** [-tɪ] *s.* **1.** Notwendigkeit *f*: a) Erforderlichkeit *f*, b) 'Unumˌgänglichkeit *f*, Unvermeidlichkeit *f*, c) Zwang *m*: ***as a ~, of ~*** notwendigerweise; ***be under the ~ of doing*** gezwungen sein zu tun; **2.** (dringendes) Bedürfnis: (***the bare***) ***necessities of life*** (die dringendsten) Lebensbedürfnisse; **3.** Not *f*, Zwangslage *f*, *a.* ⚖ Notstand *m*: ***~ is the mother of invention*** Not macht erfinderisch; ***~ knows no law*** Not kennt kein Gebot; ***in case of ~*** im Notfall; → ***virtue*** 3; **4.** Not(lage) *f*, Bedürftigkeit *f*.

neck [nek] **I** *s.* **1.** Hals *m* (*a. Flasche, Gewehr, Saiteninstrument*); **2.** Nacken *m*, Genick *n*: ***break one's ~*** sich das Genick brechen; ***crane one's ~*** sich den Hals ausrenken (***at*** nach); ***get it in the ~*** *sl.* ‚eins aufs Dach bekommen'; ***risk one's ~*** Kopf u. Kragen riskieren; ***stick one's ~ out*** F viel riskieren, den Kopf hinhalten; ***be up to one's ~ in s.th.*** bis über die Ohren in et. stecken; ***win by a ~*** *sport* um e-e Kopflänge gewinnen (*Pferd*); ***~ and ~*** Kopf an Kopf (*a. fig.*); ***~ and crop*** mit Stumpf u. Stiel; ***~ or nothing*** a) (*adv.*) auf Biegen oder Brechen, b) (*attr.*) tollkühn, verzweifelt; ***it is ~ or nothing*** es geht um alles oder nichts; **3.** Hals-, Kammstück *n* (*Schlachtvieh*); **4.** Ausschnitt *m* (*Kleid*); **5.** *anat.* Hals *m e-s Organs*; **6.** ⚠ Halsglied *n* (*Säule*); **7.** ⚙ a) Hals *m* (*Welle*), b) Schenkel *m* (*Achse*), c) (abgesetzter) Zapfen, d) Ansatz *m* (*Schraube*), e) Einfüllstutzen *m*; **8.** a) Landenge *f*, b) Engpaß *m*: ***~ of the woods*** ‚Ecke' *f e-s Landes*; **II** *v/t.* **9.** *e-m Huhn etc.* den Kopf abschlagen *od.* den Hals 'umdrehen; **10.** ⚙ *a.* ***~ out*** aushalsen; **11.** *sl.* ‚knutschen' *od.* ‚schmusen' mit; **III** *v/i.* **12.** *sl.* ‚knutschen'; '**~·cloth** *s.* Halstuch *n*.

neck·er·chief ['nekətʃɪf] *s.* Halstuch *n*.

neck·ing ['nekɪŋ] *s.* **1.** ⚠ Säulenhals *m*; **2.** ⚙ a) Aushalsen *n e-s Hohlkörpers*, b) Querschnittverminderung *f*; **3.** *sl.* ‚Geknutsche' *n*.

neck·lace ['neklɪs], '**neck·let** [-lɪt] *s.* Halskette *f*.

neck| le·ver *s. Ringen*: Nackenhebel *m*; '**~·line** *s.* Ausschnitt *m* (*am Kleid*); **~ scis·sors** *s. pl. sg. konstr. Ringen*: Halsschere *f*; '**~·tie** *s.* Kra'watte *f*, Schlips *m*; '**~·wear** *s.* ✝ *coll.* Kra'watten *pl.*, Kragen *pl.*, Halstücher *pl.*

ne·crol·o·gy [ne'krɒlədʒɪ] *s.* **1.** Toten-, Sterbeliste *f*; **2.** Nachruf *m*; **nec·ro·man·cer** ['nekrəʊmænsə] *s.* **1.** Geister-, Totenbeschwörer *m*; **2.** *allg.* Schwarzkünstler *m*; **nec·ro·man·cy** ['nekrəʊmænsɪ] *s.* **1.** Geisterbeschwörung *f*, Nekroman'tie *f*; **2.** *allg.* Schwarze Kunst; **ne·croph·i·lism** [ne'krɒfɪlɪzəm] *s. psych.* Nekrophi'lie *f*; **ne·cro·sis** [ne'krəʊsɪs] *s.* ⚕ Ne'krose *f*, Brand *m* (*a.* ⚘): ***~ of the bone*** Knochenfraß *m*; **ne·crot·ic** [ne'krɒtɪk] *adj.* ⚘, ⚕ brandig.

nec·tar ['nektə] *s. myth.* Nektar *m* (*a.* ⚘ *u. fig.*), Göttertrank *m*; '**nec·ta·ry** [-ərɪ] *s.* ⚘, *zo.* Nek'tarium *n*, Honigdrüse *f*.

née, *bsd. Am.* **nee** [neɪ] *adj.* geborene (*vor dem Mädchennamen e-r Frau*).

need [ni:d] **I** *s.* **1.** (***of, for***) (dringendes) Bedürfnis (nach), Bedarf *m* (an *dat.*): ***one's own ~s*** Eigenbedarf; ***be*** (*od.* ***stand***) ***in ~ of s.th.*** et. dringend brauchen, et. sehr nötig haben; ***fill a ~*** e-m Bedürfnis entgegenkommen, e-m Mangel abhelfen; ***in ~ of repair*** reparaturbedürftig; ***have no ~ to do*** kein Bedürfnis *od.* keinen Grund haben zu tun; **2.** Mangel *m* (***of, for*** an *dat.*): ***feel the ~ of*** (*od.* ***for***) ***s.th.*** et. vermissen, Mangel an et. verspüren; **3.** dringende Notwendigkeit: ***there is no ~ for you to come*** du brauchst nicht zu kommen; **4.** Not(lage) *f*: ***in case of ~, if ~ be, if ~ arise*** nötigenfalls, im Notfall; **5.** Armut *f*, Not *f*; **6.** *pl.* Erfordernisse *pl.*, Bedürfnisse *pl.*; **II** *v/t.* **7.** benötigen, nötig haben, brauchen; **8.** erfordern: ***it ~s all your strength***; ***it ~ed doing*** es mußte (einmal) getan werden; **III** *v/aux.* **9.** müssen, brauchen: ***it ~s to be done*** es muß getan werden; ***it ~s but to become known*** es braucht nur bekannt zu werden; **10.** (*vor e-r Verneinung u. in Fragen, ohne* ***to***; *3. sg. pres.* ***need***) brauchen, müssen: ***she ~ not do it***; ***you ~ not have come*** du hättest nicht zu kommen brauchen; '**need·ful** [-fʊl] **I** *adj.* □ nötig; **II** *s. das* Nötige: ***the ~*** F das nötige Kleingeld; '**need·i·ness** [-dɪnɪs] *s.* Bedürftigkeit *f*, Armut *f*.

nee·dle ['ni:dl] **I** *s.* **1.** (*Näh-, a. Grammophon-, Magnet- etc.*)Nadel *f* (*a.* ⚕, ⚘): ***knitting-~*** Stricknadel; ***as sharp as a ~*** *fig.* äußerst intelligent, ‚auf Draht'; ***~'s eye*** Nadelöhr *n*; ***get*** (*od.* ***take***) ***the ~*** F ‚hochgehen', e-e Wut kriegen; ***give s.o. the ~*** → 7; **2.** ⚙ a) Ven'tilnadel *f*, b) *mot.* Schwimmernadel *f* (*Vergaser*), c) Zeiger *m*, d) Zunge *f* (*Waage*), e) Radiernadel *f*; **3.** Nadel *f* (*Berg-, Felsspitze*); **4.** Obe'lisk *m*; **5.** *min.* Kri'stallnadel *f*; **II** *v/t.* **6.** (*mit e-r Nadel*) nähen, durch'stechen; ⚕ punktieren: ***~ one's way through*** *fig.* sich hindurchschlängeln; **7.** F *durch Sticheleien* aufbringen, reizen; **8.** anstacheln; **9.** F *Getränk durch Alkoholzusatz* schärfen; **~ bath** *s.* Strahldusche *f*; '**~·book** *s.* Nadelbuch *n*; '**~-gun** *s.* ⚔ Zündnadelgewehr *n*; '**~·like** *adj.* nadelartig; **~ point** *s.* **1.** Petit'point-Stickeˌrei *f*; **2.** → '**~-point lace** *s.* Nadelspitze *f* (*Ggs. Klöppelspitze*).

need·less ['ni:dlɪs] *adj.* unnötig, 'überflüssig: ***~ to say*** selbstredend, selbstverständlich; ***~ly*** *adv.* unnötig(erweise); '**need·less·ness** [-nɪs] *s.* Unnötigkeit *f*, 'Überflüssigkeit *f*.

nee·dle| valve *s.* ⚙ 'Nadelvenˌtil *n*; '**~ˌwom·an** *s.* [*irr.*] Näherin *f*; '**~·work** **I** *s.* Handarbeit *f*, Nähe'rei *f*; **II** *adj.* Handarbeits...: ***~ shop***.

needs [ni:dz] *adv.* unbedingt, notwendigerweise: ***if you must ~ do it*** wenn du es durchaus tun willst.

need·y ['ni:dɪ] *adj.* □ arm, bedürftig, notleidend.

ne'er [neə] *poet. für* ***never***; '**~-do-well** **I** *s.* Taugenichts *m*, Tunichtgut *m*; **II** *adj.* nichtsnutzig.

ne·far·i·ous [nɪ'feərɪəs] *adj.* □ ruchlos, schändlich; **ne'far·i·ous·ness** [-nɪs] *s.* Ruchlosigkeit *f*, Bosheit *f*.

ne·gate [nɪ'geɪt] *v/t.* **1.** verneinen, negieren, leugnen; **2.** annullieren, unwirksam machen, aufheben, verwerfen; **ne'ga·tion** [-eɪʃn] *s.* **1.** Verneinung *f*, Verneinen *n*, Negieren *n*; **2.** Verwerfung *f*, Annullierung *f*, Aufhebung *f*; **3.** *phls.* a) (*Logik*) Negati'on *f*, b) Nichts *n*.

neg·a·tive ['negətɪv] **I** *adj.* □ **1.** negativ, verneinend; **2.** abschlägig, ablehnend (*Antwort etc.*); **3.** erfolglos, ergebnislos; **4.** negativ (*ohne positive Werte*); **5.** ⚕, ⚡, ⚱, ⚕, *phot., phys.* negativ: ***~ conductor*** ⚡ Minusleitung *f*; ***~ electrode*** Kathode *f*; ***~ lens*** *opt.* Zerstreuungslinse *f*; ***~ sign*** ⚱ Minuszeichen *n*, negatives Vorzeichen; ***~!*** Fehlanzeige!; **II** *s.* **6.** Verneinung *f*: ***answer in the ~*** verneinen; **7.** abschlägige Antwort; **8.** *ling.* Negati'on *f*; **9.** a) Einspruch *m*, Veto *n*, b) ablehnende Stimme; **10.** negative Eigenschaft, Negativum *n*; **11.** ⚡ negativer Pol; **12.** ⚱ a) Minuszeichen *n*, b) negative Zahl; **13.** *phot.* Negativ *n*; **III** *v/t.* **14.** negieren, verneinen; **15.** verwerfen, ablehnen; **16.** wider'legen; **17.** unwirksam machen, neutralisieren, aufheben; '**neg·a·tiv·ism** [-vɪzəm] *s.* Negati'vismus *m* (*a. phls., psych.*); **ne·ga·tor** [nɪ'geɪtə] *s.* Verneiner *m*; '**neg·a·to·ry** [-tərɪ] *adj.* verneinend, negativ.

neg·lect [nɪ'glekt] **I** *v/t.* **1.** vernachlässigen; **2.** miß'achten; **3.** versäumen, unter'lassen (***to do*** *od.* ***doing*** zu tun); **4.** über'sehen, -'gehen; außer acht lassen; **II** *s.* **5.** Vernachlässigung *f*, Hint'ansetzung *f*; **6.** 'Mißachtung *f*; **7.** Unter'lassung *f*, Versäumnis *n*, ⚖ *a.* Fahrlässigkeit *f*: ***~ of duty*** Pflichtversäumnis; **8.** Verwahrlosung *f*: ***in a state of ~*** verwahrlost; **9.** Über'gehen *n*, Auslassung *f*; **10.** Nachlässigkeit *f*; **neg'lect·ful** [-fʊl] *adj.* □ → ***negligent*** 1.

neg·li·gée ['negli:ʒeɪ] *s.* Negli'gé *n*: a) *ungezwungene Hauskleidung*, b) *dün-*

ner Morgenmantel.

neg·li·gence ['neglɪdʒəns] *s.* **1.** Nachlässigkeit *f*, Unachtsamkeit *f*; **2.** ⚖ Fahrlässigkeit *f*: ***contributory*** ~ mitwirkendes Verschulden; '**neg·li·gent** [-nt] *adj.* □ **1.** nachlässig, gleichgültig, unachtsam (***of*** gegen): ***be*** ~ ***of s.th.*** et. vernachlässigen, et. außer acht lassen; **2.** ⚖ fahrlässig; **3.** lässig, sa'lopp.

neg·li·gi·ble ['neglɪdʒəbl] *adj.* □ **1.** nebensächlich, unwesentlich; **2.** geringfügig, unbedeutend; → ***quantity*** 2.

ne·go·ti·a·bil·i·ty [nɪˌgəʊʃjə'bɪlətɪ] *s.* † **1.** Verkäuflichkeit *f*; **2.** Begebbarkeit *f*; **3.** Bank-, Börsenfähigkeit *f*; **4.** Über'tragbarkeit *f*; **5.** Verwertbarkeit *f*; **ne·go·ti·a·ble** [nɪ'gəʊʃjəbl] *adj.* □ **1.** † a) verkäuflich, veräußerlich, b) verkehrsfähig, c) bank-, börsenfähig, d) (durch Indossa'ment) über'tragbar, begebbar, e) verwertbar: ~ ***instrument*** begebbares (Wert)Papier; ***not*** ~ nur zur Verrechnung; **2.** über'windbar (*Hindernis*); befahrbar (*Straße*); **3.** auf dem Verhandlungsweg erreichbar: ***salary*** ~ Gehalt nach Vereinbarung.

ne·go·ti·ate [nɪ'gəʊʃɪeɪt] **I** *v/i.* **1.** ver-, unter'handeln, in Unter'handlung stehen (***with*** mit, ***for***, ***about*** um, wegen): ***negotiating table*** Verhandlungstisch *m*; **II** *v/t.* **2.** *Vertrag etc.* zu'stande bringen, (ab)schließen; **3.** verhandeln über (*acc.*); **4.** † *Wechsel* begeben: ~ ***back*** zurückbegeben; **5.** *Hindernis etc.* über'winden, *a. Kurve* nehmen; **ne·go·ti·a·tion** [nɪˌgəʊʃɪ'eɪʃn] *s.* **1.** Ver-, Unter'handlung *f*: ***enter into*** ~***s*** in Verhandlungen eintreten: ***by way of*** ~ auf dem Verhandlungswege; **2.** Aushandeln *n* (*Vertrag*); **3.** † Begebung *f*, Über'tragung *f* (*Wechsel etc.*): ***further*** ~ Weiterbegebung; **4.** Über'windung *f*, Nehmen *n von Hindernissen*; **ne'go·ti·a·tor** [-tə] *s.* **1.** 'Unterhändler *m*; **2.** Vermittler *m*.

ne·gress ['ni:grɪs] *s. obs.* Negerin *f*.

ne·gro ['ni:grəʊ] **I** *pl.* **-groes** *s.* Neger (-in); **II** *adj.* Neger...: ~ ***question*** Negerfrage *f*, -problem *n*; ~ ***spiritual*** → ***spiritual*** 8; '**ne·groid** [-rɔɪd] *adj.* negro'id, negerartig.

Ne·gus[1] ['ni:gəs] *s. hist.* Negus *m* (*äthiopischer Königstitel*).

ne·gus[2] ['ni:gəs] *s.* Glühwein *m*.

neigh [neɪ] **I** *v/t. u. v/i.* wiehern; **II** *s.* Gewieher *n*, Wiehern *n*.

neigh·bo(u)r ['neɪbə] **I** *s.* **1.** Nachbar (-in); **2.** Nächste(r) *m*, Mitmensch *m*; **II** *adj.* **3.** → ***neighbo(u)ring***; **III** *v/t.* **4.** (an)grenzen an (*acc.*); **IV** *v/i.* **5.** benachbart sein, in der Nachbarschaft wohnen; **6.** grenzen (***upon*** an *acc.*); '**neigh·bo(u)r·hood** [-hʊd] *s.* **1.** Nachbarschaft *f* (*a. fig.*), Um'gebung *f*, Nähe *f*: ***in the*** ~ ***of*** a) in der Umgebung von, b) *fig.* F ungefähr, etwa, um ... herum; **2.** *coll.* Nachbarn *pl.*, Nachbarschaft *f*; **3.** (Wohn)Gegend *f*: ***a fashionable*** ~; '**neigh·bo(u)r·ing** [-bərɪŋ] *adj.* benachbart, angrenzend, Nachbar...: ~ ***state*** *a.* Anliegerstaat *m*; '**neigh·bo(u)r·li·ness** [-lɪnɪs] *s.* (gut)'nachbarliches Verhalten; Freundlichkeit *f*; '**neigh·bo(u)r·ly** [-lɪ] *adj. u. adv.* **1.** (gut)'nachbarlich; **2.** freundlich, gesellig.

nei·ther ['naɪðə] **I** *adj. u. pron.* **1.** kein (von beiden): ~ ***of you*** keiner von euch (beiden); **II** *cj.* **2.** weder: ~ ***you nor he knows*** weder du weißt es noch er; **3.** noch (auch), auch nicht, ebensowenig: ***he does not know***, ~ ***do I*** er weiß es nicht, noch *od.* ebensowenig weiß ich es.

nem·a·tode ['nemətəʊd] *zo. s.* Nema'tode *f*, Fadenwurm *m*.

nem con [ˌnem'kɒn] *adv.* einstimmig.

nem·e·sis, *a.* ♀ ['nemɪsɪs] *s. myth. u. fig.* Nemesis *f*, (die Göttin der) Vergeltung *f*.

ne·mo ['ni:məʊ] *s. Radio, TV*: 'Außenrepor,tage *f*.

neo- [ni:əʊ] *in Zssgn* neu, jung, neo..., Neo...

ne·o·lith ['ni:əʊlɪθ] *s.* jungsteinzeitliches Gerät; **ne·o·lith·ic** [ˌni:əʊ'lɪθɪk] *adj.* jungsteinzeitlich, neo'lithisch: ♀ ***period*** Jungsteinzeit *f*.

ne·ol·o·gism [ni:'ɒlədʒɪzəm] *s.* **1.** *ling.* Neolo'gismus *m*, Wortneubildung *f*; **2.** *eccl.* neue Dok'trin; **ne'ol·o·gy** [-dʒɪ] *s.* **1.** → ***neologism*** 1 *u.* 2; **2.** *ling.* Neolo'gie *f*, Bildung *f* neuer Wörter.

ne·on ['ni:ən] *s.* ⚗ Neon *n*: ~ ***lamp*** Neonlampe *f*, Leucht(stoff)röhre *f*; ~ ***signs*** Leuchtreklame *f*.

ne·o·phyte ['ni:əʊfaɪt] *s.* **1.** *eccl.* Neubekehrte(r *m*) *f*, Konver'tit(in); **2.** *R.C.* a) No'vize *m*, *f*, b) Jungpriester *m*; **3.** *fig.* Neuling *m*, Anfänger(in).

ne·o·plasm ['ni:əʊplæzəm] *s.* ⚕ Neo'plasma *n*, Gewächs *n*.

ne·o·ter·ic [ˌni:əʊ'terɪk] *adj.* (□ ~***ally***) neuzeitlich, mo'dern.

Ne·o·zo·ic [ˌni:əʊ'zəʊɪk] *geol.* **I** *s.* Neo'zoikum *n*, Neuzeit *f*; **II** *adj.* neo'zoisch.

Nep·a·lese [ˌnepɔ:'li:z] **I** *s.* Nepa'lese *m*, Nepalesin *f*, Bewohner(in) von Ne'pal; Nepa'lesen *pl.*; **II** *adj.* nepa'lesisch.

neph·ew ['nevju:] Neffe *m*.

ne·phol·o·gy [nɪ'fɒlədʒɪ] *s.* Wolkenkunde *f*.

ne·phrit·ic [ne'frɪtɪk] *adj.* ⚕ Nieren...; **ne·phri·tis** [ne'fraɪtɪs] *s.* ⚕ Ne'phritis *f*, Nierenentzündung *f*; **neph·ro·lith** ['nefrəʊlɪθ] *s.* ⚕ Nierenstein *m*; **ne·phrol·o·gist** [ne'frɒlədʒɪst] *s.* ⚕ Nierenfacharzt *m*, Uro'loge *m*.

nep·o·tism ['nepətɪzəm] *s.* Nepo'tismus *m*, Vetternwirtschaft *f*.

Nep·tune ['neptju:n] *s. myth. u. ast.* Neptun *m*.

Ne·re·id ['nɪərɪɪd] *s. myth.* Nere'ide *f*, Wassernymphe *f*.

ner·va·tion [nɜ:'veɪʃn], **nerv·a·ture** ['nɜ:vəˌtʃʊə] *s.* **1.** Anordnung *f* der Nerven; **2.** ⚘ Aderung *f*.

nerve [nɜ:v] **I** *s.* **1.** Nerv(enfaser *f*) *m*: ***get on s.o.'s*** ~***s*** j-m auf die Nerven gehen; ***be all*** ~***s***, ***be a bag of*** ~***s*** F ein Nervenbündel sein; ***a fit of*** ~***s*** e-e Nervenkrise; ***strain every*** ~ s-e ganze Kraft aufbieten; **2.** *fig.* a) Lebensnerv *m*, b) Stärke *f*, Ener'gie *f*, c) (innere) Ruhe, d) Mut *m*, e) *sl.* Frechheit *f*: ***lose one's*** ~ die Nerven verlieren; ***have the*** ~ ***to do s.th.*** es wagen, et. zu tun; ***he has got a*** ~***!*** *sl.* der hat vielleicht Nerven!; **3.** ⚘ Nerv *m*, Ader *f* (*Blatt*); **4.** △ (Gewölbe)Rippe *f*; **II** *v/t.* **5.** *fig.* (*körperlich od. seelisch*) stärken, ermutigen: ~ ***o.s.*** sich aufraffen; ~ **cen·ter** *Am.*, ~ **cen·tre** *Brit. s.* Nervenzentrum *n* (*a. fig.*); ~ **cord** *s.* Nervenstrang *m*.

nerved [nɜ:vd] *adj.* **1.** nervig (*mst in Zssgn*): ***strong-***~ nervenstark; **2.** ⚘, *zo.* geädert, gerippt.

nerve·less ['nɜ:vlɪs] *adj.* □ **1.** *fig.* kraft-, ener'gielos; **2.** ohne Nerven; **3.** ⚘ ohne Adern, nervenlos.

nerve| poi·son *s.* Nervengift *n*; '~**-ˌrack·ing** *adj.* nervenaufreibend.

nerv·ine ['nɜ:vi:n] *adj. u. s.* ⚕ nervenstärkend(es Mittel).

nerv·ous ['nɜ:vəs] *adj.* **1.** Nerven...(*-system, -zusammenbruch etc.*): ~ ***excitement*** nervöse Erregtheit; **2.** nervenreich; **3.** ner'vös: a) nervenschwach, erregbar, b) ängstlich, scheu, c) aufgeregt; **4.** aufregend; **5.** *obs.* kräftig, nervig; '**ner·vous·ness** [-nɪs] *s.* Nervosi'tät *f*.

nerv·y ['nɜ:vɪ] *adj.* F **1.** frech; **2.** ner'vös; **3.** nervenaufreibend.

nes·ci·ence ['nesɪəns] *s.* (vollständige) Unwissenheit; '**nes·ci·ent** [-nt] *adj.* unwissend (***of*** in *dat.*).

ness [nes] *s.* Vorgebirge *n*.

nest [nest] **I** *s.* **1.** *orn.*, *zo.*, *a. geol.* Nest *n*; **2.** *fig.* Nest *n*, Zufluchtsort *m*, behagliches Heim; **3.** *fig.* Schlupfwinkel *m*, Brutstätte *f*: ~ ***of vice*** Lasterhöhle *f*; **4.** Brut *f* (*junger Tiere*): ***take a*** ~ ein Nest ausnehmen; **5.** ⚔ (Widerstands-, M'G-)Nest *n*; **6.** Serie *f*, Satz *m* (*ineinanderpassender Dinge*, *z.B. Schüsseln*); **7.** ⚙ Satz *m*, Gruppe *f*: ~ ***of boiler tubes*** Heizrohrbündel *n*; **II** *v/i.* **8.** a) ein Nest bauen, b) nisten; **9.** sich einnisten, sich 'niederlassen; **10.** Vogelnester ausnehmen; **III** *v/t.* **11.** *Töpfe etc.* inein'anderstellen, -setzen; ~ **egg** *s.* **1.** Nestei *n*; **2.** *fig.* Spar-, Notgroschen *m*.

nes·tle ['nesl] **I** *v/i.* **1.** *a.* ~ ***down*** sich behaglich 'niederlassen; **2.** sich anschmiegen *od.* kuscheln (***to***, ***against*** an *acc.*); **3.** sich einnisten; **II** *v/t.* **4.** schmiegen, kuscheln (***on***, ***to***, ***against*** an *acc.*); **nest·ling** ['nestlɪŋ] *s.* **1.** *orn.* Nestling *m*; **2.** *fig.* Nesthäkchen *n*.

net[1] [net] **I** *s.* **1.** (*a. weitS. Straßen- etc.*, ✈ Koordi'naten)Netz *n*; → *a.* ***network*** 4; **2.** *fig.* Falle *f*, Netz *n*, Garn *n*; **3.** netzartiges Gewebe, Netz *n*; † Tüll *m*, Musse'lin *m*: ~ ***curtain*** Store *m*; **4.** *Tennis*: Netzball *m*; **II** *v/t.* **5.** mit e-m Netz fangen; **6.** *fig.* (ein)fangen; **7.** mit e-m Netz um'geben *od.* bedecken; **8.** *Gewässer* mit Netzen abfischen; **9.** in Fi'let arbeiten, knüpfen; **10.** *Tennis*: Ball ins Netz schlagen; **III** *v/i.* **11.** Netz- *od.* Fi'letarbeit machen.

net[2] [net] **I** *adj.* † **1.** netto, Netto..., Rein..., Roh...: ~ ***income*** Nettoeinkommen *n*; **II** *v/t.* **2.** netto einbringen, e-n Reingewinn von ... abwerfen; **3.** netto verdienen, e-n Reingewinn haben von; ~ **a·mount** *s.* Nettobetrag *m*, Reinertrag *m*; ~ **cash** *s.* † netto Kasse: ~ ***in advance*** Nettokasse im voraus; ~ **ef·fi·cien·cy** *s.* ⚙ Nutzleistung *f*.

neth·er ['neðə] *adj.* **1.** unter, Unter...: ~ ***regions***, ~ ***world*** Unterwelt *f*; **2.** nieder, Nieder...

Neth·er·land·er ['neðələndə] *s.* Niederländer(in); '**Neth·er·land·ish** [-dɪʃ] *adj.* niederländisch.

'**neth·er·most** *adj.* unterst, tiefst.

net| load *s.* †, ⚙ Nutzlast *f*; ~ **price** *s.* † Nettopreis *m*; ~ **pro·ceeds** *s. pl.* † Nettoeinnahme(n *pl.*) *f*, Reinerlös *m*; ~

prof·it *s.* † Reingewinn *m.*
net·ted ['netɪd] *adj.* **1.** netzförmig, maschig; **2.** von Netzen um'geben *od.* bedeckt; **'net·ting** [-tɪŋ] *s.* **1.** Netzstricken *n*, Fi'letarbeit *f*; **2.** Netz(werk) *n*, Geflecht *n* (*a. Draht*); ⚔ Tarnnetze *pl.*
net·tle ['netl] **I** *s.* **1.** ♀ Nessel *f*: ***grasp the ~*** *fig.* den Stier bei den Hörnern packen; **II** *v/t.* **2.** mit *od.* an Nesseln brennen; **3.** *fig.* ärgern, reizen: ***be ~d at*** aufgebracht sein über (*acc.*); **~ cloth** *s.* Nesseltuch *n*; **~ rash** *s.* ⚕ Nesselausschlag *m.*
net| weight *s.* † Netto-, Rein-, Eigen-, Trockengewicht *n*; **'~·work** *s.* **1.** Netz-, Maschenwerk *n*, Geflecht *n*, Netz *n*; **2.** Netz-, Fi'letarbeit *f*; **3.** *fig.* Netz *n*: ***~ of roads*** Straßennetz; ***~ of intrigues*** Netz von Intrigen; **4.** ϟ a) Leitungs-, Verteilungsnetz *n*, b) *Rundfunk*: Sendernetz *n*, -gruppe *f*; **~ yield** *s.* † effek'tive Ren'dite *od.* Verzinsung, Nettoertrag *m.*
neu·ral ['njʊərəl] *adj. physiol.* Nerven...: ***~ axis*** Nervenachse *f.*
neu·ral·gia [ˌnjʊə'rældʒə] *s.* ⚕ Neural'gie *f*, Nervenschmerz *m*; **ˌneu'ral·gic** [-dʒɪk] *adj.* (□ ***~ally***) neur'algisch.
neu·ras·the·ni·a [ˌnjʊərəs'θiːnɪə] *s.* ⚕ Neurasthe'nie *f*, Nervenschwäche *f*; **ˌneu·ras'then·ic** [-'θenɪk] ⚕ **I** *adj.* (□ ***~ally***) neura'sthenisch; **II** *s.* Neura'stheniker(in).
neu·ri·tis [ˌnjʊə'raɪtɪs] *s.* Nervenentzündung *f.*
neu·rol·o·gist [ˌnjʊə'rɒlədʒɪst] *s.* Neuro'loge *m*, Nervenarzt *m*; **ˌneu'rol·o·gy** [-dʒɪ] *s.* Neurolo'gie *f.*
neu·ro·path ['njʊərəʊpæθ] *s.* ⚕ Nervenleidende(r *m*) *f*; **neu·ro·path·ic** [ˌnjʊərəʊ'pæθɪk] *adj.* (□ ***~ally***) neuro'pathisch: a) ner'vös (*Leiden etc.*), b) nervenkrank; **neu·rop·a·thist** [ˌnjʊə'rɒpəθɪst] → ***neurologist***; **neu'rop·a·thy** [ˌnjʊə'rɒpəθɪ] *s.* Nervenleiden *n.*
neu·rop·ter·an [ˌnjʊə'rɒptərən] *zo.* **I** *adj.* Netzflügler...; **II** *s.* Netzflügler *m.*
neu·ro·sis [ˌnjʊə'rəʊsɪs] *pl.* **-ses** [-siːz] *s.* ⚕ Neu'rose *f*; **ˌneu'rot·ic** [-'rɒtɪk] **I** *adj.* (□ ***~ally***) **1.** neu'rotisch; **2.** Nerven...(*-mittel, -leiden etc.*); **II** *s.* **3.** Neu'rotiker(in); **4.** Nervenmittel *n*; **ˌneu'rot·o·my** [-'rɒtəmɪ] *s.* **1.** 'Nervenanato,mie *f*; **2.** Nervenschnitt *m.*
neu·ter ['njuːtə] **I** *adj.* **1.** *ling.* a) sächlich, b) intransitiv (*Verb*); **2.** *biol.* geschlechtslos; **II** *s.* **3.** *ling.* a) Neutrum *n*, sächliches Hauptwort, b) intransitives Verb; **4.** ♀ Blüte *f* ohne Staubgefäße u. Stempel; **5.** *zo.* geschlechtsloses *od.* kastriertes Tier; **III** *v/t.* **6.** kastrieren.
neu·tral ['njuːtrəl] **I** *adj.* □ **1.** neu'tral (*a. pol.*), par'teilos, 'unparˌteiisch, unbeteiligt; **2.** neutral, unbestimmt, farblos; **3.** neutral (*a.* ⚗, ϟ), gleichgültig, 'indifféˌrent; **4.** ♀, *zo.* geschlechtslos; **5.** ⚙, *mot.* a) Ruhe..., Null... (*Lage*), b) Leerlauf... (*Gang*); **II** *s.* **6.** a) Neu'trale(r *m*) *f*, Par'teilose(r *m*) *f*, b) neutraler Staat, c) Angehörige(r *m*) *f* e-s neutralen Staates; **7.** *mot.*, ⚙ Ruhelage *f*, Leerlaufstellung *f*: ***put the car in ~*** den Gang herausnehmen; **~ ax·is** *s.* A, *phys.*, ⚙ neutrale Achse, Nullinie *f*; **~ con·duc·tor** *s.* ϟ Nulleiter *m*; **~ gear** *s.* ⚙ Leerlauf(gang) *m.*
neu·tral·ism ['njuːtrəlɪzəm] *s.* Neutra'lismus *m*; **'neu·tral·ist** [-ɪst] **I** *s.* Neutra'list *m*; **II** *adj.* neutra'listisch.
neu·tral·i·ty [njuː'trælətɪ] *s.* Neutrali'tät *f* (*a.* ⚗, *pol.*).
neu·tral·i·za·tion [ˌnjuːtrəlaɪ'zeɪʃn] *s.* **1.** Neutralisierung *f*, Ausgleichung *f*, (gegenseitige) Aufhebung; **2.** ⚗ Neutralisati'on *f*; **3.** *pol.* Neutrali'tätserklärung *f* *e-s Staates etc.*; **4.** ϟ Entkopplung *f*; **5.** ⚔ Niederhaltung *f*, Lahmlegung *f*, *a. sport*: Ausschaltung *f*; **neu·tral·ize** ['njuːtrəlaɪz] *v/t.* **1.** neutralisieren (*a.* ⚗), ausgleichen, aufheben: ***to ~ each other*** sich gegenseitig aufheben; **2.** *pol.* für neu'tral erklären; **3.** ϟ neutralisieren, entkoppeln; **4.** ⚔ niederhalten, -kämpfen, *a. sport*: *Gegner* ausschalten; *Kampfstoff* entgiften.
neu·tral| line *s.* **1.** A, *phys.* Neu'trale *f*, neu'trale Linie; **2.** *phys.* Nullinie *f*; **3.** → ***neutral axis***; **~ po·si·tion** *s.* **1.** ⚙ Nullstellung *f*, -lage *f*; Ruhestellung *f*; **2.** ϟ neutrale Stellung (*Anker etc.*).
neu·tro·dyne ['njuːtrədaɪn] *s.* ϟ Neutro'dyn *n.*
neu·tron ['njuːtrɒn] *phys.* **I** *s.* Neu'tron *n*; **II** *adj.* Neutronen...(*-bombe, -zahl etc.*).
né·vé ['neveɪ] (*Fr.*) *s.* Firn(feld *n*) *m.*
nev·er ['nevə] *adv.* **1.** nie, niemals, nimmer(mehr); **2.** durch'aus nicht, (ganz und) gar nicht, nicht im geringsten; **3.** (doch) wohl nicht;
Besondere Redewendungen:
~ fear nur keine Bange!; ***~ mind*** das macht nichts!; ***well I ~!*** F nein, so was!, das ist ja unerhört!; ***~ so*** auch noch so; ***he ~ so much as answered*** er hat noch nicht einmal geantwortet; ***~ say die!*** nur nicht verzweifeln!
'nev·er|-do-ˌwell *s.* Taugenichts *m*, Tunichtgut *m*; **ˌ~-'end·ing** [-ər'e-] *adj.* endlos, nicht enden wollend; **ˌ~-'fail·ing** *adj.* **1.** unfehlbar, untrüglich; **2.** nie versiegend; **ˌ~'more** *adv.* nimmermehr, nie wieder; **ˌ~-'nev·er** *s.* F **1.** ***buy on the ~*** ‚abstottern', auf Pump kaufen; **2.** *a.* ***~ land*** a) ‚Arsch *m* der Welt', b) *fig.* Wolken'kuckucksheim *n.*
ˌnev·er·the'less *adv.* nichtsdesto'weniger, dennoch, trotzdem.
ne·vus ['niːvəs] *s.* ⚕ Muttermal *n*, Leberfleck *m*: ***vascular ~*** Feuermal.
new [njuː] **I** *adj.* □ → ***newly***; **1.** *allg.* neu: ***nothing ~*** nichts Neues; → ***broom***[2]; **2.** *a. ling.* neu, mo'dern; *bsd. contp.* neumodisch; **3.** neu (*Obst etc.*), frisch (*Brot, Milch etc.*); **4.** neu (*Ggs. alt*), gut erhalten: ***as good as ~*** so gut wie neu; **5.** neu(entdeckt *od.* -erschienen *od.* -erstanden *od.* -geschaffen): ***~ facts***; ***~ star***; ***~ moon*** Neumond *m*; ***~ publications*** Neuerscheinungen *pl.*; ***the ~ woman*** die Frau von heute; ***the ℒ World*** die Neue Welt (*Amerika*); ***that is not ~ to me*** das ist mir nichts Neues; **6.** unerforscht: ***~ ground*** Neuland *n* (*a. fig.*); **7.** neu(gewählt, -ernannt): ***the ~ president***; **8.** (***to***) a) *j-m* unbekannt, b) nicht vertraut (mit *e-r Sache*), unerfahren (in *dat.*), c) *j-m* ungewohnt; **9.** neu, ander, besser: ***feel a ~ man*** sich wie neugeboren fühlen; **10.** erneut: ***a ~ start***; **11.** (*bsd. bei Ortsnamen*) Neu...; **II** *adv.* **12.** neu(erlich), so'eben, frisch (*bsd. in Zssgn*): ***~-built*** neuerbaut.
'new|·born *adj.* neugeboren (*a. fig.*); **~ build·ing** *s.* Neubau *m*; **'~-come** *adj.* neuangekommen; **'~·com·er** *s.* **1.** Neuankömmling *m*, Fremde(r *m*) *f*; **2.** Neuling *m* (***to*** in *e-m Fach*); **ℒ Deal** *s. hist.* New Deal *m* (*Wirtschafts- u. Sozialpolitik des Präsidenten F. D. Roosevelt*).
new·el ['njuːəl] *s.* ⚙ **1.** Spindel *f* (*Wendeltreppe, Gußform etc.*); **2.** Endpfosten *m* (*Geländer*).
'new|ˌfan·gled [-ˌfæŋgld] *adj. contp.* neu(modisch); **'~-fledged** *adj.* **1.** flügge geworden; **2.** *fig.* neugebacken; **ˌ~-'found** *adj.* **1.** neugefunden; neuerfunden; **2.** neuentdeckt.
New·found·land (dog) [njuː'faʊndlənd], **New'found·land·er** [-də] *s.* Neu'fundländer *m* (*Hund*).
new·ish ['njuːɪʃ] *adj.* ziemlich neu; **new·ly** ['njuːlɪ] *adv.* **1.** neulich, kürzlich, jüngst: ***~ married*** neu-, jungvermählt; **2.** von neuem; **new·ness** ['njuːnɪs] *s.* Neuheit *f*, *das* Neue; *fig.* Unerfahrenheit *f.*
ˌnew-'rich **I** *adj.* neureich; **II** *s.* Neureiche(r *m*) *f*, Parve'nü *m.*
news [njuːz] *s. pl. sg. konstr.* **1.** *das* Neue, Neuigkeit(en *pl.*) *f*, Neues *n*, Nachricht(en *pl.*) *f*: ***a piece of ~*** e-e Nachricht *od.* Neuigkeit; ***at this ~*** bei dieser Nachricht; ***commercial ~*** † Handelsteil *m* (*Zeitung*); ***break the (bad) ~ to s.o.*** j-m die (schlechte) Nachricht (schonend) beibringen; ***have ~ from s.o.*** von j-m Nachricht haben; ***it is ~ to me*** das ist mir (ganz) neu; ***what('s the) ~?*** was gibt es Neues?; ***~ certainly travels fast!*** es spricht sich alles herum!; ***he is bad ~s*** *Am. sl.* mit ihm werden wir Ärger kriegen; **2.** neueste (Zeitungs-, Radio)Nachrichten *pl.*: ***be in the ~*** (in der Öffentlichkeit) von sich reden machen; **~ a·gen·cy** *s.* 'Nachrichtenagenˌtur *f*, -büˌro *n*; **~ a·gent** *s.* Zeitungshändler(in); **~ black·out** *s.* Nachrichtensperre *f*; **'~·boy** *s.* Zeitungsjunge *m*; **~ butch·er** *s.* 🚂 *Am.* Verkäufer *m* von Zeitungen, Süßigkeiten *etc.*; **'~·cast** *s. Radio, TV*: Nachrichtensendung *f*; **'~ˌcast·er** *s.* Nachrichtensprecher(in); **~ cin·e·ma** *s.* Aktuali'tätenkino *n*; **~ con·fer·ence** *s.* 'Pressekonfeˌrenz *f*; **~ deal·er** *Am.* → ***news agent***; **~ flash** *s.* (eingeblendete) Kurzmeldung; **'~·hawk** *s.*, **'~·hound** *s. Am.* F 'Zeitungsreˌporter (-in); **~ i·tem** *s.* 'Pressenoˌtiz *f*; **'~-ˌlet·ter** *s.* (Nachrichten)Rundschreiben *n*, Zirku'lar *n*; **~ mag·a·zine** *s.* 'Nachrichtenmagaˌzin *n*; **'~·man** [-mæn] *s.* [*irr.*] **1.** Zeitungshändler *m*, -austräger *m*; **2.** Journa'list *m*; **'~ˌmon·ger** *s.* Neuigkeitskrämer(in).
'newsˌpa·per *s.* Zeitung *f*; **~ ad·ver·tise·ment** *s.* 'Zeitungsanˌnonce *f*, -anzeige *f*; **~ clip·ping** *Am.*, **~ cut·ting** *s.* Zeitungsausschnitt *m*; **'~·man** [-mæn] *s.* [*irr.*] **1.** Zeitungsverkäufer *m*; **2.** Journa'list *m*; **3.** Zeitungsverleger *m.*
'news|·print *s.* 'Zeitungspaˌpier *n*; **'~ˌread·er** *s. Brit.* für ***newscaster***; **'~·reel** *s.* Wochenschau *f*; **'~·room** [-rʊm] *s.* **1.** 'Nachrichtenraum *m*, -zenˌtrale *f*; **2.** *Brit.* Zeitschriftenlesesaal *m*; **3.** *Am.* 'Zeitungsladen *m*, -kiˌosk *m*; **~ serv·ice** *s.* Nachrichtendienst *m*; **'~·sheet** *s.* Informati'onsblatt *n*; **'~-**

stall *s. Brit.*, '**~·stand** *s.* 'Zeitungski͵osk *m*, -stand *m*.
New Style *s.* neue Zeitrechnung (*nach dem Gregorianischen Kalender*), neuer Stil.
news|ven·dor *s.* Zeitungsverkäufer(in); '**~͵wor·thy** *adj.* von Inter'esse (für den Zeitungsleser), aktu'ell.
news·y ['nju:zɪ] *adj.* F voller Neuigkeiten.
newt [nju:t] *s. zo.* Wassermolch *m*.
new·ton ['nju:tn] *s. phys.* Newton *n* (*Maßeinheit*).
New·to·ni·an [nju:'təʊnjən] *adj.* Newton(i)sch: **~ *force*** Newtonsche Kraft.
new| year *s.* Neujahr *n*, *das* neue Jahr; **♀ Year** *s.* Neujahrstag *m*; **♀ Year's Day** *s.* Neujahrstag *m*; **♀ Year's Eve** *s.* Sil'vesterabend *m*.
next [nekst] **I** *adj.* **1.** nächst, nächstfolgend, -stehend: ***the ~ house*** (***train***) das nächste Haus (der nächste Zug); (***the***) **~ *day*** am nächsten *od.* folgenden Tag; **~ *door*** (im Haus) nebenan; **~ *door to*** *fig.* beinahe, fast *unmöglich etc.*, so gut wie; **~ *to*** a) (gleich) neben, b) (gleich) nach (*Rang*, *Reihenfolge*), c) fast *unmöglich etc.*; **~ *to nothing*** fast gar nichts; **~ *to last*** zweitletzt; ***the ~ but one*** der (die, das) übernächste; **~ *in size*** a) nächstgrößer, b) nächstkleiner; **~ *friend*** ⚖ Prozeßpfleger *m*; ***the ~ of kin*** der (*pl.* die) nächste(n) Angehörige(n) *od.* Verwandte(n); ***be ~ best*** a) der (die, das) Zweitbeste sein, b) (***to***) *fig.* gleich kommen (nach), fast so gut sein (wie); ***week after ~*** übernächste Woche; ***what ~?*** was (denn) noch?; **II** *adv.* **2.** (*Ort*, *Zeit etc.*) zu'nächst, gleich dar'auf, als nächste(r) *od.* nächstes: ***come ~*** (als nächstes) folgen; **3.** nächstens, demnächst, das nächste Mal; **4.** (*bei Aufzählung*) dann, dar'auf; **III** *prp.* **5.** (gleich) neben (*dat.*) *od.* bei (*dat.*) *od.* an (*dat.*); **6.** zu'nächst nach, (*an Rang*) gleich nach; **IV** *s.* **7.** *der* (*die*, *das*) Nächste; '**next-door** *adj.* neben'an, im Nachbar- *od.* Nebenhaus, benachbart.
nex·us ['neksəs] *s.* Verknüpfung *f*, Zs.-hang *m*.
nib [nɪb] *s.* **1.** Schnabel *m* (*Vogel*); **2.** (Gold-, Stahl)Spitze *f* (*Schreibfeder*); **3.** *pl.* Kaffee- *od.* Ka'kaobohnenstückchen *pl.*
nib·ble ['nɪbl] **I** *v/t.* **1.** nagen, knabbern an (*dat.*): **~ *off*** abbeißen, -fressen; **2.** vorsichtig anbeißen (*Fische am Köder*); **II** *v/i.* **3.** nagen, knabbern (***at*** an *dat.*): **~ *at one's food*** im Essen herumstochern; **4.** *Kekse etc.* ‚knabbern', naschen; **5.** (fast) anbeißen (*Fisch*) (*a. fig. Käufer*); **6.** *fig.* kritteln, tadeln; **III** *s.* **7.** Nagen *n*, Knabbern *n*; **8.** (kleiner) Bissen, Happen *m*.
nib·lick ['nɪblɪk] *s. Golf*: *obs.* Niblick *m* (*Schläger*).
nibs [nɪbz] *s. pl. sg. konstr.* F ‚großes Tier': ***his ~*** ‚seine Hoheit'.
nice [naɪs] *adj.* □ **1.** fein (*Beobachtung*, *Sinn*, *Urteil*, *Unterschied etc.*); **2.** lekker, fein (*Speise etc.*); **3.** nett, freundlich (***to*** zu *j-m*); **4.** nett, hübsch, schön (*alle a. iro.*): **~ *girl***; **~ *weather***; ***a ~ mess*** *iro.* e-e schöne Bescherung; **~ *and fat*** schön fett; **~ *and warm*** hübsch warm; **5.** niedlich, nett; **6.** heikel, wählerisch (***about*** in *dat.*); **7.** (peinlich) genau, gewissenhaft; **8.** (*mst mit* ***not***) anständig; **9.** *fig.* heikel, schwierig; '**nice·ly** [-lɪ] *adv.* **1.** nett, fein: ***I was done ~*** *sl. iro.* ich wurde schön übers Ohr gehauen; **2.** gut, fein, befriedigend: ***that will do ~*** das paßt ausgezeichnet; ***she is doing ~*** F es geht ihr gut (*od.* besser), sie macht gute Fortschritte; **3.** sorgfältig, genau; '**nice·ness** [-nɪs] *s.* **1.** Feinheit *f*; **2.** Nettheit *f*; Niedlichkeit *f*; **3.** F Nettigkeit *f*; **4.** Schärfe *f des Urteils*; **5.** Genauigkeit *f*, Pünktlichkeit *f*; '**ni·ce·ty** [-sətɪ] **1.** Feinheit *f*, Schärfe *f des Urteils etc.*; **2.** peinliche Genauigkeit, Pünktlichkeit *f*: ***to a ~*** aufs genaueste, bis aufs Haar; **3.** Spitzfindigkeit *f*; **4.** *pl.* kleine 'Unterschiede *pl.*, Feinheiten *pl.*: ***not to stand upon niceties*** es nicht so genau nehmen; **5.** wählerisches Wesen; **6.** ***the niceties of life*** die Annehmlichkeiten des Lebens.
niche [nɪtʃ] **I** *s.* **1.** △, *a.* ⚕ Nische *f*; **2.** *fig.* Platz *m*, wo man hingehört: ***he finally found his ~ in life*** er hat endlich s-n Platz im Leben gefunden; **3.** *fig.* (ruhiges) Plätzchen; **II** *v/t.* **4.** mit e-r Nische versehen; **5.** in e-e Nische stellen.
ni·chrome ['naɪkrəʊm] *s.* ⚙ Nickelchrom *n*.
Nick[1] [nɪk] *npr.* **1.** Niki *m* (*Koseform zu* ***Nicholas***); **2.** ***Old ~*** *sl.* der Teufel.
nick[2] [nɪk] **I** *s.* **1.** Kerbe *f*, Einkerbung *f*, Einschnitt *m*; **2.** Kerbholz *n*; **3.** *typ.* Signa'tur(rinne) *f*; **4.** ***in the*** (***very***) **~** (***of time***) a) im richtigen Augenblick, wie gerufen, b) im letzten Moment; ***in good ~*** ‚gut in Schuß'; **5.** *Würfelspiel etc.*: (hoher) Wurf, Treffer *m*; **II** *v/t.* **6.** (ein)kerben, einschneiden: **~ *out*** auszacken, -furchen; **~ *o.s.*** sich *beim Rasieren* schneiden; **7.** *et.* glücklich treffen: **~ *the time*** gerade den richtigen Zeitpunkt treffen; **8.** erraten; **9.** *Zug etc.* erwischen, (noch) kriegen; **10.** *Brit. sl.* a) betrügen, reinlegen, b) ‚klauen', c) *j-n* ‚schnappen' *od.* ‚einlochen'.
nick·el ['nɪkl] **I** *s.* **1.** ⚗, *min.* Nickel *n*; **2.** *Am.* F Nickel *m*, Fünf'centstück *n*; **II** *adj.* **3.** Nickel...; **III** *v/t.* **4.** vernickeln; **~ bloom** *s. min.* Nickelblüte *f*; '**~-clad sheet** *s.* ⚙ nickelplattiertes Blech.
nick·el·o·de·on [͵nɪkə'ləʊdɪən] *s. Am.* **1.** *hist.* billiges ('Film-, Varie'té)The͵ater; **2.** Mu'sikauto͵mat *m*.
'**nick·el|-plate** *v/t.* ⚙ vernickeln; '**~͵plat·ing** *s.* Vernickelung *f*; **~ sil·ver** *s.* Neusilber *n*; **~ steel** *s.* Nickelstahl *m*.
nick·nack ['nɪknæk] → ***knickknack***.
nick·name ['nɪkneɪm] **I** *s.* Spitzname *m*; ⚔ Deckname *m*; **II** *v/t.* mit e-m Spitznamen bezeichnen, *j-m* e-n *od.* den Spitznamen geben.
nic·o·tine ['nɪkəti:n] *s.* ⚗ Niko'tin *n*; '**nic·o·tin·ism** [-nɪzəm] *s.* Niko'tinvergiftung *f*.
nide [naɪd] *s.* (Fa'sanen)Nest *n*.
nid·i·fy ['nɪdɪfaɪ] *v/i.* nisten.
nid-nod ['nɪdnɒd] *v/i.* (mehrmals *od.* ständig) nicken.
ni·dus ['naɪdəs] *pl. a.* **-di** [-daɪ] *s.* **1.** *zo.* Nest *n*, Brutstätte *f*; **2.** *fig.* Lagerstätte *f*, Sitz *m*; **3.** ⚕ Herd *m e-r Krankheit*.
niece [ni:s] *s.* Nichte *f*.
nif·ty ['nɪftɪ] *adj. sl.* **1.** ‚sauber': a) hübsch, fesch, b) prima, c) raffiniert; **2.** *Brit.* stinkend.
nig·gard ['nɪgəd] **I** *s.* Knicker(in), Geizhals *m*, Filz *m*; **II** *adj.* □ geizig, knikk(er)ig, kärglich; '**nig·gard·li·ness** [-lɪnɪs] *s.* Knause'rei *f*, Geiz *m*; '**nig·gard·ly** [-lɪ] **I** *adv.* → ***niggard*** II; **II** *adj.* schäbig, kümmerlich: ***a ~ gift***.
nig·ger ['nɪgə] *s.* F *contp.* Nigger *m*, Neger(in), Schwarze(r *m*) *f*: ***work like a ~*** wie ein Pferd arbeiten, schuften; **~ *in the woodpile*** *sl. der* Haken an der Sache.
nig·gle ['nɪgl] *v/i.* **1.** pe'dantisch sein *od.* her'umtüfteln; **2.** trödeln; **3.** nörgeln, ‚meckern'.
nigh [naɪ] *obs. od. poet.* **I** *adv.* **1.** nahe (***to*** an *dat.*): **~ (*un*)*to death*** dem Tode nahe; **~ *but*** beinahe; ***draw ~ to*** sich nähern (*dat.*); **2.** *mst* ***well ~*** beinahe, nahezu; **II** *prp.* **3.** nahe bei, neben.
night [naɪt] *s.* **1.** Nacht *f*: ***at ~***, ***by ~***, ***in the ~***, F ***o'nights*** bei Nacht, nachts, des Nachts; **~*'s lodging*** Nachtquartier *n*; ***all ~*** (***long***) die ganze Nacht (hindurch); ***over ~*** über Nacht; ***bid*** (*od.* ***wish***) ***s.o. good ~*** j-m gute Nacht wünschen; ***make a ~ of it*** die ganze Nacht durchmachen, -feiern, sich die Nacht um die Ohren schlagen; ***stay the ~ at*** übernachten in *e-m Ort od.* bei *j-m*; **2.** Abend *m*: ***last ~*** gestern abend; ***the ~ before last*** vorgestern abend; ***first ~*** *thea.* Erstaufführung *f*, Premiere *f*; ***a ~ of Wagner*** Wagnerabend; ***on the ~ of May 4th*** am Abend des 4. Mai; **~ *out*** freier Abend; ***have a ~ out*** e-n Abend ausspannen, ausgehen; **3.** *fig.* Nacht *f*, Dunkelheit *f*; **~ at·tack** *s.* ⚔ Nachtangriff *m*; **~ bird** *s.* **1.** Nachtvogel *m*; **2.** *fig.* Nachtschwärmer *m*; '**~-blind** *adj.* ⚕ nachtblind; '**~·cap** *s.* **1.** Nachtmütze *f*, -haube *f*; **2.** *fig.* Schlummertrunk *m*; **~ club** *s.* Nachtklub *m*, 'Nachtlo͵kal *n*; '**~·dress** *s.* Nachthemd *n* (*für Frauen u. Kinder*); **~ ex·po·sure** *s. phot.* Nachtaufnahme *f*; '**~·fall** *s.* Einbruch *m* der Nacht; **~ fight·er** *s.* ✈, ⚔ Nachtjäger *m*; **~ glass** *s.* Nachtfernrohr *n*, -glas *n*; '**~·gown** → ***nightdress***.
night·in·gale ['naɪtɪŋgeɪl] *s. orn.* Nachtigall *f*.
'**night|·jar** *s. orn.* Ziegenmelker *m*; **~ leave** *s.* ⚔ Urlaub *m* bis zum Wecken; **~ let·ter(-gram)** *s. Am.* (verbilligtes) 'Nachttele͵gramm; '**~·life** *s.* Nachtleben *n*; '**~-long** **I** *adj.* e-e *od.* die ganze Nacht dauernd; **II** *adv.* die ganze Nacht (hin'durch).
night·ly ['naɪtlɪ] **I** *adj.* **1.** nächtlich, Nacht...; **2.** jede Nacht *od.* jeden Abend stattfindend; **II** *adv.* **3.** a) (all-) nächtlich, jede Nacht, b) jeden Abend, (all)abendlich.
night·mare ['naɪtmeə] *s.* **1.** Nachtmahr *m* (*böser Geist*); **2.** ⚕ Alp(drücken *n*) *m*, böser Traum; **3.** *fig.* Schreckgespenst *n*, Alptraum *m*, Spuk *m*; '**night·mar·ish** [-eərɪʃ] *adj.* beklemmend, schauerlich.
night| nurse *s.* Nachtschwester *f*; **~ owl** *s.* **1.** *orn.* Nachteule *f* (*a.* F *fig. Nachtmensch*); **2.** F Nachtschwärmer *m*; **~ por·ter** *s.* 'Nachtporti͵er *m*.
nights [naɪts] *adv.* F bei Nacht, nachts.
night| school *s.* Abend-, Fortbildungsschule *f*; '**~·shade** *s.* ♀ Nachtschatten *m*: ***deadly ~*** Tollkirsche *f*; **~ shift** *s.*

Nachtschicht *f*: ***be on ~*** Nachtschicht haben; **'~·shirt** *s.* Nachthemd *n* (*für Männer u. Knaben*); **'~·spot** *s.* F *für **nightclub***; **'~·stand** *s. Am.* Nachttisch *m*; **~ stick** *s. Am.* Schlagstock *m der Polizei*; **'~·stool** *s.* Nachtstuhl *m*; **'~·time** *s.* Nachtzeit *f*; **~ vi·sion** *s.* **1.** nächtliche Erscheinung; **2.** Nachtsehvermögen *n*; **~ watch** *s.* Nachtwache *f*; **ˌ~'watch·man** [-mən] *s.* [*irr.*] Nachtwächter *m*; **'~·wear** *s.* Nachtzeug *n*.

night·y ['naɪtɪ] *s.* F (Damen-, Kinder-) Nachthemd *n*.

ni·hil·ism ['naɪɪlɪzəm] *s. phls., pol.* Nihi'lismus *m*; **'ni·hil·ist** [-ɪst] **I** *s.* Nihi'list (-in); **II** *adj.* → **ni·hil·is·tic** [ˌnaɪɪ'lɪstɪk] *adj.* nihi'listisch.

nil [nɪl] *s.* Nichts *n*, Null *f* (*bsd. in Spielresultaten*): ***two goals to ~*** zwei zu null (2:0); ***~ report*** Fehlanzeige *f*; ***his influence is ~*** *fig.* sein Einfluß ist gleich null.

nim·ble ['nɪmbl] *adj.* ☐ flink, hurtig, gewandt, be'hend: ***~ mind*** *fig.* beweglicher Geist, rasche Auffassungsgabe; **ˌ~'fin·gered** *adj.* **1.** geschickt; **2.** langfingerig, diebisch; **ˌ~'foot·ed** *adj.* leicht-, schnellfüßig.

nim·ble·ness ['nɪmblnɪs] *s.* Flinkheit *f*, Gewandtheit *f*, *fig. a.* geistige Beweglichkeit.

nim·bus ['nɪmbəs] *pl.* **-bi** [-baɪ] *od.* **-bus·es** *s.* **1.** *a.* ***~ cloud*** graue Regenwolke; **2.** Nimbus *m*: a) Heiligenschein *m*, b) *fig.* Ruhm *m*.

nim·i·ny-pim·i·ny [ˌnɪmɪnɪ'pɪmɪnɪ] *adj.* affek'tiert, ‚etepe'tete'.

Nim·rod ['nɪmrɒd] *npr. Bibl. u. fig.* Nimrod *m* (*großer Jäger*).

nin·com·poop ['nɪnkəmpu:p] *s.* Einfaltspinsel *m*, Trottel *m*.

nine [naɪn] **I** *adj.* **1.** neun: ***~ days' wonder*** Tagesgespräch *n*, sensationelles Ereignis; ***~ times out of ten*** in neun von zehn Fällen; **II** *s.* **2.** Neun *f*, Neuner *m* (*Spielkarte etc.*): ***the ~ of hearts*** Herzneun; ***to the ~s*** in höchstem Maße; ***dressed up to the ~s*** piekfein gekleidet, aufgedonnert; **3.** ***the*** ♎ die neun Musen; **4.** *sport* Baseballmannschaft *f*; **'nine·fold I** *adj. u. adv.* neunfach; **II** *s. das* Neunfache; **'nine·pins** *s. pl.* **1.** Kegel *pl.*: ***~ alley*** Kegelbahn *f*; **2.** *a. sg. konstr.* Kegelspiel *n*: ***play ~*** Kegel spielen, kegeln.

nine·teen [ˌnaɪn'ti:n] **I** *adj.* neunzehn; → ***dozen*** 2; **II** *s.* Neunzehn *f*; **ˌnine'teenth** [-θ] **I** *adj.* neunzehnt; **II** *s.* Neunzehntel *n*; **nine·ti·eth** ['naɪntɪɪθ] **I** *adj.* neunzigst; **II** *s.* Neunzigstel *n*; **nine·ty** ['naɪntɪ] **I** *s.* Neunzig *f*: ***he is in his nineties*** er ist in den Neunzigern; ***in the nineties*** in den neunziger Jahren (*e-s Jahrhunderts*); **II** *adj.* neunzig.

nin·ny ['nɪnɪ] F *s.* Trottel *m*.

ninth [naɪnθ] **I** *adj.* **1.** neunt: ***in the ~ place*** neuntens, an neunter Stelle; **II** *s.* **2.** *der* (*die, das*) Neunte; **3.** *a.* ***~ part*** Neuntel *n*; **4.** ♪ None *f*; **'ninth·ly** [-lɪ] *adv.* neuntens.

nip¹ [nɪp] **I** *v/t.* **1.** kneifen, zwicken, klemmen: ***~ off*** abzwicken, -kneifen, -beißen; **2.** (*durch Frost etc.*) beschädigen, vernichten, ka'puttmachen: ***~ in the bud*** *fig.* im Keim ersticken; **3.** *sl.* → ***nick²*** 10 b *u.* c; **II** *v/i.* **4.** schneiden (*Kälte, Wind*); ⚙ klemmen (*Maschine*); **5.** F ‚flitzen': ***~ in*** hineinschlüpfen; ***~ on ahead*** nach vorne flitzen; **III** *s.* **6.** Kneifen *n*, Kniff *m*, Biß *m*; **7.** Schneiden *n* (*Kälte etc.*); scharfer Frost; **8.** ⚘ Frostbrand *m*; **9.** Knick *m* (*Draht etc.*); **10.** ***~ and tuck***, *attr.* ***~-and-tuck*** *Am.* auf Biegen oder Brechen, scharf (*Kampf*), hart (*Rennen*).

nip² [nɪp] **I** *v/i. u. v/t.* nippen (an *dat.*); **II** *s.* Schlückchen *n*.

Nip [nɪp] *s. sl.* ‚Japs' *m*.

nip·per ['nɪpə] *s.* **1.** *zo.* a) Vorder-, Schneidezahn *m* (*bsd. des Pferdes*), b) Schere *f* (*Krebs etc.*); **2.** *mst pl.* ⚙ a) *a.* ***a pair of ~s*** (Kneif)Zange *f*, b) Pin'zette *f*; **3.** *pl.* Kneifer *m*; **4.** *Brit.* F Bengel *m*, ‚Stift' *m*; **5.** *pl.* F Handschellen *pl.*

nip·ping ['nɪpɪŋ] *adj.* ☐ **1.** kneifend; **2.** beißend, schneidend (*Kälte, Wind*); **3.** *fig.* bissig, scharf (*Worte*).

nip·ple ['nɪpl] *s.* **1.** *anat.* Brustwarze *f*; **2.** (Saug)Hütchen *n*, Sauger *m* (*e-r Saugflasche*); **3.** ⚙ (Speichen-, Schmier)Nippel *m*; (Rohr)Stutzen *m*.

nip·py ['nɪpɪ] **I** *adj.* **1.** → ***nipping*** 2, 3; **2.** F schnell, ‚fix'; spritzig (*Auto*); **II** *s.* **3.** *Brit.* F Kellnerin *f*.

ni·sei ['ni:ˌseɪ] *pl.* **-sei**, **-seis** *s.* Ja'paner (-in) geboren in den USA.

ni·si ['naɪsaɪ] (*Lat.*) *cj.* ⚖ wenn nicht: ***decree ~*** vorläufiges Scheidungsurteil.

Nis·sen hut ['nɪsn] *s.* ⚔ Nissenhütte *f*, 'Wellblechbaˌracke *f*.

nit [nɪt] *s. zo.* Nisse *f*, Niß *f*.

ni·ter *Am.* → ***nitre***.

'nitˌpick·ing I *adj.* F kleinlich, ‚pingelig'; **II** *s.* ‚Pingeligkeit' *f*.

ni·trate ['naɪtreɪt] **I** *s.* ⚗ Ni'trat *n*, sal'petersaures Salz: ***~ of silver*** salpetersaures Silber, Höllenstein *m*; ***~ of soda*** (*od.* ***sodium***) salpetersaures Natrium; **II** *v/t.* nitrieren; **III** *v/i.* sich in Sal'peter verwandeln.

ni·tre ['naɪtə] *s.* ⚗ Sal'peter *m*: ***~ cake*** Natriumkuchen *m*.

ni·tric ['naɪtrɪk] *adj.* ⚗ sal'petersauer, Salpeter..., Stickstoff...; ***~ ac·id*** *s.* Sal'petersäure *f*; ***~ ox·ide*** *s.* 'Stickstoffoˌxyd *n*.

ni·tride ['naɪtraɪd] **I** *s.* Ni'trid *n*; **II** *v/t.* nitrieren; **ni·trif·er·ous** [naɪ'trɪfərəs] *adj.* **1.** stickstoffhaltig; **2.** sal'peterhaltig; **'ni·tri·fy** [-trɪfaɪ] **I** *v/t.* nitrieren; **II** *v/i.* sich in Sal'peter verwandeln; **'ni·trite** [-aɪt] *s.* Ni'trit *n*, sal'pet(e)rigsaures Salz.

ni·tro·ben·zene [ˌnaɪtrəʊ'benzi:n], **ni·tro·ben·zol(e)** [ˌnaɪtrəʊ'benzɒl] *s.* ⚗ Nitroben'zol *n*.

ni·tro·cel·lu·lose [ˌnaɪtrəʊ'seljʊləʊs] *s.* ⚗ Nitrozellu'lose *f*: ***~ lacquer*** Nitro(zellulose)lack *m*.

ni·tro·gen ['naɪtrədʒən] *s.* ⚗ Stickstoff *m*: ***~ carbide*** Stickkohlenstoff *m*; ***~ chloride*** Chlorstickstoff; **ni·tro·gen·ize** [naɪ'trɒdʒɪnaɪz] *v/t.* mit Stickstoff verbinden *od.* anreichern *od.* sättigen: ***~d foods*** stickstoffhaltige Nahrungsmittel; **ni·trog·e·nous** [naɪ'trɒdʒɪnəs] *adj.* stickstoffhaltig.

ni·tro·glyc·er·in(e) [ˌnaɪtrəʊ'glɪsəri:n] *s.* ⚗ Nitroglyze'rin *n*.

ni·tro·hy·dro·chlo·ric ['naɪtrəʊˌhaɪdrəʊ'klɒrɪk] *adj.* Salpetersalz...

ni·trous ['naɪtrəs] *adj.* ⚗ Salpeter..., sal'peterhaltig, sal'petrig; ***~ ac·id*** *s.* sal'petrige Säure; ***~ ox·ide*** *s.* 'Stickstoffoxyˌdul *n*, Lachgas *n*.

nit·ty-grit·ty [ˌnɪtɪ'grɪtɪ] *s.*: ***get down to the ~*** F zur Sache kommen.

nit·wit ['nɪtwɪt] *s.* Schwachkopf *m*.

nix¹ [nɪks] *Am. sl. pron. adv.* ‚nix', nichts, *int. a.* nein.

nix² [nɪks] *pl.* **-es** *s.* Nix *m*, Wassergeist *m*; **'nix·ie** [-ksɪ] *s.* (Wasser)Nixe *f*.

no [nəʊ] **I** *adv.* **1.** nein: ***answer ~*** nein sagen; **2.** (*nach* ***or*** *am Ende e-s Satzes*) nicht (*jetzt mst* ***not***): ***whether ... or ~*** ob ... oder nicht; **3.** (*beim comp.*) um nichts, nicht: ***~ better a writer*** kein besserer Schriftsteller; ***~ longer*** (***ago***) ***than yesterday*** erst gestern; ***~!*** nicht möglich!, nein!; → ***more*** 2, 4, ***soon*** 1; **II** *adj.* **4.** kein(e): ***~ hope*** keine Hoffnung; ***~ one*** keiner; ***~ man*** niemand; ***~ parking*** Parkverbot; ***~ thoroughfare*** Durchfahrt gesperrt; ***in ~ time*** im Nu; ***~-claims bonus*** Vergütung *f* für Schadenfreiheit; **5.** kein, alles andere als ein(e): ***he is ~ artist***; ***~ such thing*** nichts dergleichen; **6.** (*vor ger.*): ***there is ~ denying*** es läßt sich *od.* man kann nicht leugnen; **III** *pl.* **noes** *s.* **7.** Nein *n*, verneinende Antwort, Absage *f*, Weigerung *f*; **8.** *parl.* Gegenstimme *f*: ***the ayes and ~es*** die Stimmen für u. wider; ***the ~es have it*** die Mehrheit ist dagegen, der Antrag ist abgelehnt.

'no-acˌcount *adj. Am. dial.* unbedeutend (*mst Person*).

nob¹ [nɒb] *s. sl.* ‚Birne' *f* (*Kopf*).

nob² [nɒb] *s. sl.* ‚feiner Pinkel' (*vornehmer Mann*), ‚großes Tier'.

nob·ble ['nɒbl] *v/t. sl.* **1.** betrügen, ‚reinlegen'; **2.** *j-n* auf s-e Seite ziehen, ‚her'umkriegen'; **3.** bestechen; **4.** ‚klauen'.

nob·by ['nɒbɪ] *adj. sl.* schick.

No·bel Prize [nəʊ'bel] *s.* No'belpreis *m*: ***~ winner*** Nobelpreisträger(in); ***Nobel Peace Prize*** Friedensnobelpreis.

no·bil·i·ar·y [nəʊ'bɪlɪərɪ] *adj.* adlig, Adels...

no·bil·i·ty [nəʊ'bɪlətɪ] *s.* **1.** *fig.* Adel *m*, Würde *f*, Vornehmheit *f*: ***~ of mind*** vornehme Denkungsart; ***~ of soul*** Seelenadel; **2.** Adel(sstand) *m*, *die* Adligen *pl.*; (*bsd. in England*) *der* hohe Adel: ***the ~ and gentry*** der hohe u. niedere Adel.

no·ble ['nəʊbl] **I** *adj.* ☐ **1.** adlig, von Adel; edel, erlaucht; **2.** *fig.* edel, nobel, erhaben, groß(mütig), vor'trefflich: ***the ~ art*** (***of self-defence***, *Am.* ***self-defense***) die edle Kunst der Selbstverteidigung (*Boxen*); **3.** prächtig, stattlich: ***a ~ edifice***; **4.** prächtig geschmückt (***with*** mit); **5.** *phys.* Edel...(*-gas, -metall*); **II** *s.* **6.** Edelmann *m*, (hoher) Adliger; **7.** *hist.* Nobel *m* (*Goldmünze*); **'~·man** [-mən] *s.* [*irr.*] **1.** Edelmann *m*, (hoher) Adliger; **2.** *pl. Schach*: Offi'ziere *pl.*; **ˌ~'mind·ed** *adj.* edeldenkend; **ˌ~'mind·ed·ness** *s.* vornehme Denkungsart, Edelmut *m*.

no·ble·ness ['nəʊblnɪs] *s.* **1.** Adel *m*, hohe Abstammung; **2.** *fig.* a) Adel *m*, Würde *f*, b) Edelsinn *m*, -mut *m*.

'no·bleˌwom·an *s.* [*irr.*] Adlige *f*.

no·bod·y ['nəʊbədɪ] **I** *adj. pron.* niemand, keiner: ***~ else*** sonst niemand, niemand anders; **II** *s. fig.* unbedeutende Per'son, ‚Niemand' *m*, ‚Null' *f*: ***be*** (***a***) ***~*** *a.* nichts sein, nichts zu sagen haben.

nock [nɒk] **I** *s. Bogenschießen*: Kerbe *f*; **II** *v/t.* a) *Pfeil* auf die Kerbe legen, b) *Bogen* einkerben.

noc·tam·bu·la·tion [nɒkˌtæmbjʊ'leɪʃn], *a.* **noc·tam·bu·lism** [nɒk'tæmbjʊlɪzəm] *s.* ⚕ Somnambu'lismus *m*, Nachtwandeln *n*; **noc·tam·bu·list** [nɒk'tæmbjʊlɪst] *s.* Schlafwandler(in), Somnam'bule(r *m*) *f*.

noc·turn ['nɒktɜːn] *s. R.C.* Nachtmette *f*; **noc·tur·nal** [nɒk'tɜːnl] *adj.* □ nächtlich, Nacht…; **noc·turne** ['nɒktɜːn] *s.* **1.** *paint.* Nachtstück *n*; **2.** ♪ Not'turno *n*.

noc·u·ous ['nɒkjʊəs] *adj.* □ **1.** schädlich; **2.** giftig (*Schlangen*).

nod [nɒd] **I** *v/i.* **1.** nicken: **~ to s.o.** j-m zunicken, j-n grüßen; **~ding acquaintance** oberflächliche(r) Bekannte(r), Grußbekanntschaft *f*; **we are on ~ding terms** wir grüßen uns; **2.** sich neigen (*Blumen etc.*) (*a. fig.* **to** vor *dat.*); wippen (*Hutfeder*); **3.** nicken, (*sitzend*) schlafen: **~ off** einnicken; **4.** *fig.* unaufmerksam sein, ‚schlafen': **Homer sometimes ~s** auch dem Aufmerksamsten entgeht manchmal etwas; **II** *v/t.* **5. ~ one's head** (mit dem Kopf) nicken; **6.** (*durch Nicken*) andeuten: **~ one's assent** beifällig (zu)nicken; **~ s.o. out** j-n hinauswinken; **III** *s.* **7.** (Kopf)Nicken *n*, Wink *m*: **give s.o. a ~** j-m zunicken; **go to the land of ~** einschlafen; **on the ~** *Am. sl.* auf Pump.

nod·al ['nəʊdl] *adj.* Knoten…: **~ point** a) ♪, *phys.* Schwingungsknoten *m*, b) ⩚, *phys.* Knotenpunkt *m*.

nod·dle ['nɒdl] *s. sl.* Schädel *m*, ‚Birne' *f*, *fig.* ‚Grips' *m*.

node [nəʊd] *s.* **1.** *allg.* Knoten *m* (*a. ast.*, ⚘, ⩚; *a. fig. im Drama etc.*): **~ of a curve** ⩚ Knotenpunkt *m* e-r Kurve; **2.** ⚕ Knoten *m*, Knötchen *n*: **gouty ~** Gichtknoten; **3.** *phys.* Schwingungsknoten *m*.

no·dose ['nəʊdəʊs] *adj.* knotig (*a.* ⚕), voller Knoten; **no·dos·i·ty** [nəʊ'dɒsətɪ] *s.* **1.** knotige Beschaffenheit; **2.** → **node** 2.

nod·u·lar ['nɒdjʊlə] *adj.* knoten-, knötchenförmig: **~-ulcerous** ⚕ tubero-ulzerös.

nod·ule ['nɒdjuːl] *s.* **1.** ⚘, ⚕ Knötchen *n*: **lymphatic ~** Lymphknötchen *n*; **2.** *geol.*, *min.* Nest *n*, Niere *f*.

no·dus ['nəʊdəs] *pl.* **-di** [-daɪ] *s.* Knoten *m*, Schwierigkeit *f*.

nog [nɒg] *s.* **1.** Holznagel *m*, -klotz *m*; **2.** ⚠ a) Holm *m* (*querliegender Balken*), b) *Maurerei*: Riegel *m*.

nog·gin ['nɒgɪn] *s.* **1.** kleiner (Holz-) Krug; **2.** F ‚Birne' *f* (*Kopf*).

nog·ging ['nɒgɪŋ] *s.* ⚠ Riegelmauer *f*, (ausgemauertes) Fachwerk.

'no-good *Am.* F **I** *s.* Lump *m*, Nichtsnutz *m*; **II** *adj.* nichtsnutzig, elend, mise'rabel.

'no·how *adv.* F **1.** auf keinen Fall, durch'aus nicht; **2.** nichtssagend, ungut: **feel ~** nicht auf der Höhe sein; **look ~** nach nichts aussehen.

noil [nɔɪl] *s. sg. u. pl.* ✝, ⚙ Kämmling *m*, Kurzwolle *f*.

ˌno-'i·ron *adj.* bügelfrei (*Hemd etc.*).

noise [nɔɪz] **I** *s.* **1.** Geräusch *n*; Lärm *m*, Getöse *n*, Geschrei *n*: **~ of battle** Gefechtslärm; **~ abatement**, **~ control** Lärmbekämpfung *f*; **~ nuisance** Lärmbelästigung *f*; **hold your ~!** F halt den Mund!; **2.** Rauschen *n* (*a.* ⚡ *Störung*), Summen *n*: **~ factor** ⚡ Rauschfaktor *m*; **3.** *fig.* Streit *m*, Krach *m*: **make a ~** Krach machen (**about** wegen); → 4; **4.** *fig.* Aufsehen *n*, Geschrei *n*: **make a great ~ in the world** großes Aufsehen erregen; **make a ~** viel Tamtam machen (**about** um); **5. a big ~** *sl.* ein hohes (*od.* großes) Tier (*wichtige Persönlichkeit*); **II** *v/i.* **6. ~ it** lärmen; **III** *v/t.* **7. ~ abroad** verbreiten, aussprengen.

noise·less ['nɔɪzlɪs] *adj.* □ laut-, geräuschlos (*a.* ⚙), still; **'noise·less·ness** [-nɪs] *s.* Geräuschlosigkeit *f*.

noise| lev·el *s.* Lärm-, ⚡ Störpegel *m*; **~ sup·pres·sion** *s.* ⚡ **1.** Störschutz *m*; **2.** Entstörung *f*; **~ volt·age** *s.* ⚡ **1.** Geräuschspannung *f*; **2.** Störspannung *f*.

nois·i·ness ['nɔɪzɪnɪs] *s.* Lärm *m*, Getöse *n*; lärmendes Wesen.

noi·some ['nɔɪsəm] *adj.* □ **1.** schädlich, ungesund; **2.** widerlich.

nois·y ['nɔɪzɪ] *adj.* □ **1.** geräuschvoll, laut; lärmend: **~ running** ⚙ geräuschvoller Gang; **~ fellow** Krakeeler *m*, Schreier *m*; **2.** *fig.* grell, schreiend (*Farbe etc.*), laut, aufdringlich (*Stil*).

nol·le ['nɒlɪ], **nol·le·pros** [ˌnɒlɪ'prɒs] (*Lat.*) ⚖ *Am.* **I** *v/i.* a) die Zu'rücknahme e-r Klage einleiten, b) *im Strafprozeß*: das Verfahren einstellen; **II** *s.* → **nolle prosequi**.

nol·le pros·e·qui [ˌnɒlɪ'prɒsɪkwaɪ] (*Lat.*) *s.* ⚖ a) Zu'rücknahme *f* der (*Zivil*)Klage, b) Einstellung *f* des (*Straf-*) Verfahrens.

ˌno-'load *s.* ⚡ Leerlauf *m*: **~ speed** Leerlaufdrehzahl *f*.

nol-pros [nɒl'prɒs] → **nolle** I.

no·mad ['nɒməd] **I** *adj.* no'madisch, Nomaden…; **II** *s.* No'made *m*, No'madin *f*; **no·mad·ic** [nəʊ'mædɪk] *adj.* (□ **~ally**) **1.** → **nomad** I; **2.** *fig.* unstet; **'no·mad·ism** [-dɪzəm] *s.* No'madentum *n*, Wanderleben *n*.

'no-man's land *s.* ⚔ Niemandsland *n* (*a. fig.*).

nom·bril ['nɒmbrɪl] *s.* Nabel *m* (*des Wappenschilds*).

nom de plume [ˌnɔ̃mdə'pluːm] (*Fr.*) *s.* Pseudo'nym *n*, Schriftstellername *m*.

no·men·cla·ture [nəʊ'menklətʃə] *s.* **1.** Nomenkla'tur *f*: a) (*wissenschaftliche*) Namengebung, b) Namensverzeichnis *n*; **2.** (*fachliche*) Terminolo'gie; **3.** *coll. die* Namen *pl.*, Bezeichnungen *pl.* (*a.* ⩚).

nom·i·nal ['nɒmɪnl] *adj.* □ **1.** Namen…; **2.** nomi'nell, Nominal…: **~ consideration** ⚖ formale Gegenleistung; **~ fine** nominelle (*sehr geringe*) Geldstrafe; **~ rank** Titularrang *m*; **3.** *ling.* nomi'nal; **4.** ⚙, ⚡ Nominal…, Nenn…, Soll…; **~ ac·count** *s.* ✝ Sachkonto *n*; **~ a·mount** *s.* ✝ Nennbetrag *m*; **~ bal·ance** *s.* ✝ Sollbestand *m*; **~ ca·pac·i·ty** *s.* ⚡, ⚙ Nennleistung *f*; **~ cap·i·tal** *s.* ✝ 'Grund-, 'Stammkapiˌtal *n*; **~ fre·quen·cy** *s.* ⚡ 'Sollfreˌquenz *f*; **~ in·ter·est** *s.* ✝ Nomi'nalzinsfuß *m*.

nom·i·nal·ism ['nɒmɪnəlɪzəm] *s. phls.* Nomina'lismus *m*.

nom·i·nal| out·put *s.* ⚙ Nennleistung *f*; **~ par** *s.* ✝ Nenn-, Nomi'nalwert *m*; **~ par·i·ty** *s.* ✝ 'Nennwertpariˌtät *f*; **~ speed** *s.* ⚡ Nenndrehzahl *f*; **~ stock** *s.* ✝ 'Gründungs-, 'Stammkapiˌtal *n*; **~ val·ue** *s.* ✝, ⚙ Nennwert *m*.

nom·i·nate *v/t.* ['nɒmɪneɪt] **1.** (**to**) berufen, ernennen (zu *e-r Stelle*), einsetzen (in *ein Amt*); **2.** nominieren, als ('Wahl)Kandiˌdaten aufstellen; **nom·i·na·tion** [ˌnɒmɪ'neɪʃn] *s.* **1.** (**to**) Berufung *f*, Ernennung *f* (zu), Einsetzung *f* (in): **in ~** vorgeschlagen (**for** für); **2.** Vorschlagsrecht *n*; **3.** Nominierung *f*, Vorwahl *f* (*e-s Kandidaten*): **~ day** Wahlvorschlagstermin *m*; **nom·i·na·tive** ['nɒmmətɪv] **I** *adj. ling.* nominativ (-isch): **~ case** → **II**; **II** *s. ling.* Nominativ *m*, erster Fall; **'nom·i·na·tor** [-tə] *s.* Ernenn(end)er *m*; **nom·i·nee** [ˌnɒmɪ'niː] *s.* **1.** Vorgeschlagene(r *m*) *f*, Kandi'dat(in); **2.** ✝ Begünstigte(r *m*) *f*, Empfänger(in) *e-r Rente etc.*

non- [nɒn] *in Zssgn*: nicht…, Nicht…, un…, miß…

ˌnon(-)ac'cept·ance *s.* Annahmeverweigerung *f*, Nichtannahme *f e-s Wechsels etc.*

ˌnon(-)a'chiev·er *s.* Versager *m*.

non·age ['nəʊnɪdʒ] *s.* Unmündigkeit *f*, Minderjährigkeit *f*.

non·a·ge·nar·i·an [ˌnəʊnədʒɪ'neərɪən] **I** *adj.* neunzigjährig; **II** *s.* Neunzigjährige(r *m*) *f*.

ˌnon-ag'gres·sion *s.* Nichtangriff *m*: **~ treaty** *pol.* Nichtangriffspakt *m*.

non·a·gon ['nɒnəgən] *s.* ⩚ Nona'gon *n*, Neuneck *n*.

ˌnon(-)al·co'hol·ic *adj.* alkoholfrei.

ˌnon-a'ligned *adj. pol.* bündnis-, blockfrei.

ˌnon(-)ap'pear·ance *s.* Nichterscheinen *n vor Gericht etc.*

ˌnon(-)as'sess·a·ble *adj.* nicht steuerpflichtig, steuerfrei.

ˌnon(-)at'tend·ance *s.* Nichterscheinen *n*.

ˌnon(-)bel'lig·er·ent **I** *adj.* nicht kriegführend; **II** *s.* nicht am Krieg teilnehmende Per'son *od.* Nati'on.

nonce [nɒns] *s.* (*nur in*): **for the ~** a) für das 'eine Mal, nur für diesen Fall, b) einstweilen; **~ word** *s. ling.* Ad-'hoc-Bildung *f*.

non·cha·lance ['nɒnʃələns] (*Fr.*) *s.* Noncha'lance *f*: a) (Nach)Lässigkeit *f*, Gleichgültigkeit *f*, b) Unbekümmertheit *f*; **'non·cha·lant** [-nt] *adj.* □ lässig: a) gleichgültig, b) unbekümmert.

ˌnon(-)col'le·gi·ate *adj.* **1.** *Brit. univ.* keinem College angehörend; **2.** nicht aka'demisch; **3.** nicht aus Colleges bestehend (*Universität*).

non·com [ˌnɒn'kɒm] F *für* **non-commissioned** (**officer**).

ˌnon(-)'com·bat·ant ⚔ **I** *s.* 'Nichtkämpfer *m*, -kombatˌtant *m*; **II** *adj.* am Kampf nicht beteiligt.

ˌnon(-)com'mis·sioned *adj.* **1.** unbestallt, nicht be'vollmächtigt; **2.** 'Unteroffiˌziersˌrang besitzend; **~ of·fi·cer** *s.* ⚔ 'Unteroffiˌzier *m*.

ˌnon-com'mit·tal **I** *adj.* **1.** unverbindlich, nichtssagend, neu'tral; **2.** zu'rückhaltend, sich nicht festlegen wollend (*Person*); **II** *s.* Unverbindlichkeit *f*.

ˌnon(-)com'mit·ted → **non-aligned**.

ˌnon(-)com'pli·ance *s.* **1.** Zu'widerhandeln *n* (**with** gegen), Weigerung *f*; **2.**

Nichterfüllung *f*, Nichteinhaltung *f* (***with*** von *od. gen.*).

non com·pos (men·tis) [ˌnɒnˈkɒmpəs(ˈmentɪs)] (*Lat.*) *adj.* ⚖ unzurechnungsfähig.

ˌnon-conˈduc·tor *s.* ϟ Nichtleiter *m.*

ˌnon·conˈform·ist **I** *s.* Nonkonforˈmist (-in): a) (soziˈaler *od.* poˈlitischer) Einzelgänger, b) *Brit. eccl.* Dissiˈdent(in), Freikirchler(in); **II** *adj.* ˈnonkonforˌmistisch; **ˌnon·conˈform·i·ty** *s.* **1.** mangelnde Überˈeinstimmung (***with*** mit) *od.* Anpassung (***to*** an *acc.*); **2.** Nonkonforˈmismus *m*; **3.** *eccl.* Dissiˈdententum *n.*

ˌnon-conˈtent *s. Brit. parl.* Neinstimme *f* (*im Oberhaus*).

ˌnon(-)conˈten·tious *adj.* □ nicht strittig: **~ *litigation*** ⚖ freiwillige Gerichtsbarkeit.

ˌnon-conˈtrib·u·to·ry *adj.* beitragsfrei (*Organisation*).

ˈnon(-)co(-)ˌop·erˈa·tion *s.* Verweigerung *f* der Mit- *od.* Zuˈsammenarbeit; *pol.* passiver ˈWiderstand.

ˌnon(-)corˈrod·ing *adj.* ⚙ **1.** korrosiˈonsfrei; **2.** rostbeständig (*Eisen*).

ˌnon(-)ˈcreas·ing *adj.* † knitterfrei.

ˌnon(-)ˈcut·ting *adj.* ⚙ spanlos: **~ *shaping*** spanlose Formung.

ˌnon(-)ˈdaz·zling *adj.* ⚙ blendfrei.

ˌnon(-)deˈliv·er·y *s.* **1.** †, ⚖ Nichtauslieferung *f*, Nichterfüllung *f*; **2.** ✉ Nichtbestellung *f.*

ˈnon(-)deˌnom·iˈna·tion·al *adj.* nicht konfesˈsionsgebunden: **~ *school*** Simultan-, Gemeinschaftsschule *f.*

non·de·script [ˈnɒndɪskrɪpt] **I** *adj.* schwer zu beschreiben(d), unbestimmbar, nicht klassifizierbar (*mst contp.*); **II** *s.* Perˈson *od.* Sache, die schwer zu klassifizieren ist *od.* über die nichts Näheres bekannt ist, *etwas* ˈUndefiˌnierbares.

ˌnon-diˈrec·tion·al *adj. Funk, Radio*: ungerichtet: **~ *aerial*** (*bsd. Am.* ***antenna***) Rundstrahlantenne *f.*

none [nʌn] **I** *pron. u. s. mst pl. konstr.* kein, niemand: **~ *of them is here*** keiner von ihnen ist hier; ***I have ~*** ich habe keine(n); **~ *but fools*** nur Narren; ***it's ~ of your business*** das geht dich nichts an; **~ *of that*** nichts dergleichen; **~ *of your tricks!*** laß deine Späße!; ***he will have ~ of me*** er will von mir nichts wissen; → ***other*** 8; **II** *adv.* in keiner Weise, nicht im geringsten, keineswegs: **~ *too high*** keineswegs zu hoch; **~ *the less*** nichtsdestoweniger; **~ *too soon*** kein bißchen zu früh, im letzten Augenblick; → ***wise*** 3.

ˌnon-efˈfec·tive ⚔ **I** *adj.* dienstuntauglich; **II** *s.* Dienstuntaugliche(r) *m.*

ˌnon(-)ˈe·go *s. phls.* Nicht-Ich *n.*

non·en·ti·ty [nɒˈnentətɪ] *s.* **1.** Nicht(da)sein *n*; **2.** Unding *n*, Nichts *n*; *fig. contp.* Null *f* (*Person*).

nones [nəʊnz] *s. pl.* **1.** *antiq.* Nonen *pl.*; **2.** *R.C.* ˈMittagsofˌfizium *n.*

ˌnon(-)esˈsen·tial *Brit.* **I** *adj.* unwesentlich; **II** *s.* unwesentliche Sache, Nebensächlichkeit *f*: **~*s*** *a.* nicht lebenswichtige Dinge.

ˈnone·such **I** *adj.* **1.** unvergleichlich; **II** *s.* **2.** Perˈson *od.* Sache, die nicht ihresgleichen hat, Muster *n*; **3.** ⚘ a) Brennende Liebe, b) Nonpaˈreilleapfel *m.*

ˌnon·theˈless *adv.* nichtsdestoweniger, dennoch.

ˌnon(-)eˈvent *s.* F ‚Reinfall' *m.*

ˌnon(-)exˈist·ence *s.* Nicht(da)sein *n*; *weitS.* Fehlen *n*; **ˌnon(-)exˈist·ent** *adj.* nicht existierend.

ˌnon(-)ˈfad·ing *adj.* ⚙, † lichtecht.

non(-)fea·sance [ˌnɒnˈfiːzəns] *s.* ⚖ pflichtwidrige Unterˈlassung.

ˌnon(-)ˈfer·rous *adj.* **1.** nicht eisenhaltig; **2.** Nichteisen…: **~ *metal.***

ˌnon(-)ˈfic·tion *s.* Sachbücher *pl.*

ˌnon(-)ˈfreez·ing *adj.* ⚙ kältebeständig: **~ *mixture*** Frostschutzmittel *n.*

ˌnon(-)ful·fil(l)·ment *s.* Nichterfüllung *f.*

ˌnon(-)ˈhu·man *adj.* nicht zur menschlichen Rasse gehörig.

ˌnon(-)inˈduc·tive *adj.* ϟ induktiˈonsfrei.

ˌnon(-)inˈflam·ma·ble *adj.* nicht feuergefährlich.

ˌnon-ˈin·ter·est-ˌbear·ing *adj.* † zinslos.

ˈnon(-)ˌin·terˈven·tion *s. pol.* Nichteinmischung *f.*

ˌnon-ˈi·ron *adj.* bügelfrei.

ˌnon(-)ˈju·ry *adj.*: **~ *trial*** ⚖ summarisches Verfahren.

ˌnon-ˈlad·der·ing *adj.* maschenfest.

ˌnon(-)ˈlead·ed [-ˈledɪd] *adj.* ⚒ bleifrei (*Benzin*).

ˌnon(-)ˈmet·al *s.* ⚒ ˈNichtmeˌtall *n*; **ˌnon(-)meˈtal·lic** *adj.* ˈnichtmeˌtallisch: **~ *element*** Metalloid *n.*

ˌnon(-)neˈgo·ti·a·ble *adj.* † ˈunüberˌtragbar, nicht begebbar: **~ *bill*** (***cheque***, *Am.* ***check***) Rektawechsel *m* (-scheck *m*).

no-ˈnon·sense *adj.* sachlich, kühl.

ˌnon(-)ˈnu·cle·ar *adj.* **1.** a) *pol.* ohne Aˈtomwaffen, b) ⚔ konventioˈnell; **2.** ⚙ ohne Aˈtomkraft.

ˌnon(-)obˈjec·tion·a·ble *adj.* einwandfrei.

ˌnon(-)obˈserv·ance *s.* Nichtbe(ob)achtung *f*; Nichterfüllung *f.*

non·pa·reil [ˈnɒnpərəl] (*Fr.*) **I** *adj.* **1.** unvergleichlich; **II** *s.* **2.** *der* (*die, das*) Unvergleichliche; **3.** *typ.* Nonpaˈreille (-schrift) *f*; **4.** Liebesperlen(plätzchen *n*) *pl.*

ˌnon(-)ˈpar·ti·san *adj.* **1.** (parˈtei)unabhängig; ˈüberparˌteilich; **2.** objekˈtiv, ˈunparˌteiisch.

ˌnon(-)ˈpar·ty → ***non(-)partisan.***

ˌnon(-)ˈpay·ment *s.* Nicht(be)zahlung *f*, Nichterfüllung *f.*

ˌnon(-)perˈform·ance *s.* ⚖ Nichterfüllung *f.*

ˌnon(-)ˈper·ish·a·ble *adj.* haltbar: **~ *foods.***

ˌnon(-)ˈper·son *s.* ‚Unperson' *f.*

ˌnonˈplus **I** *v/t.* verblüffen, verwirren: ***be ~(s)ed*** *a.* verdutzt sein; **II** *s.* Verlegenheit *f*, Klemme *f*: ***at a ~*** ratlos, verdutzt.

ˌnon(-)polˈlut·ing *adj.* ˈumweltfreundlich, ungiftig.

ˌnon(-)proˈduc·tive *adj.* † ˈunprodukˌtiv (*a. Person*); unergiebig.

ˌnon(-)ˈprof·it (mak·ing) *adj.* gemeinnützig: ***a ~ institution.***

ˈnonˌpro·lif·erˈa·tion *s. pol.* Nichtweitergabe *f* von Aˈtomwaffen: **~ *treaty*** Atomsperrvertrag *m.*

non-pros [ˌnɒnˈprɒs] *v/t.* ⚖ *e-n Kläger* (*wegen Nichterscheinens*) abweisen;

non pro·se·qui·tur [ˌnɒnprəʊˈsekwɪtə] (*Lat.*) *s.* Abweisung *f* e-s Klägers *wegen Nichterscheinens.*

ˌnon(-)ˈquo·ta *adj.* † nicht kontingenˈtiert: **~ *imports.***

ˌnon-reˈcur·ring *adj.* einmalig (*Zahlung etc.*).

ˈnon(-)ˌrep·re·senˈta·tion·al *adj. Kunst*: gegenstandslos, abˈstrakt.

ˌnon(-)ˈres·i·dent **I** *adj.* **1.** außerhalb des Amtsbezirks wohnend; abwesend (*Amtsperson*); **2.** nicht ansässig: **~ *traffic*** Durchgangsverkehr *m*; **3.** auswärtig (*Klubmitglied*); **II** *s.* **4.** Abwesende(r *m*) *f*; **5.** Nichtansässige(r *m*) *f*; nicht im Hause Wohnende(r *m*) *f*; **6.** † Deˈvisenausländer *m.*

ˌnon(-)reˈturn·a·ble *adj.* † Einweg…: **~ *bottle.***

ˌnon(-)ˈrig·id *adj. Brit.* ✈ unstarr (*Luftschiff*; *a. phys. Molekül*).

ˌnon(-)ˈsched·uled *adj.* **1.** außerplanmäßig; **2.** ✈ Charter…

non·sense [ˈnɒnsəns] **I** *s.* Unsinn *m*, dummes Zeug: ***talk ~***; ***stand no ~*** sich nichts gefallen lassen; ***make ~ of*** a) ad absurdum führen, b) illusorisch machen; ***there's no ~ about him*** er ist ein ganz kühler Bursche; **II** *int.* Unsinn!, Blödsinn!; **III** *adj.* a) Nonsens…: **~ *verses***, **~ *word***, b) → **non·sen·si·cal** [nɒnˈsensɪkl] *adj.* □ unsinnig, sinnlos, abˈsurd.

non se·qui·tur [ˌnɒnˈsekwɪtə] (*Lat.*) *s.* Trugschluß *m*, irrige Folgerung.

ˌnon(-)ˈskid *adj. mot.* rutschsicher, Gleitschutz…

ˌnon(-)ˈsmok·er *s.* **1.** Nichtraucher(in); **2.** Nichtraucher(abteil *n*) *m.*

ˌnon-ˈstart·er *s. fig.* F **1.** ‚Blindgänger' *m* (*Person*); **2.** ‚Pleite' *f*, ‚Reinfall' *m* (*Plan etc.*).

ˌnon(-)ˈstop *adj.* ohne Halt, pausenlos, Nonstop…, ˈdurchgehend (*Zug*), ohne Zwischenlandung (*Flug*), *adv. a.* nonˈstop: **~ *flight*** Nonstopflug *m*; **~ *operation*** ⚙ 24-Stunden-Betrieb *m*; **~ *run*** *mot.* Ohnehaltfahrt *f.*

ˈnon·such → ***nonesuch.***

ˌnon(-)ˈsuit ⚖ **I** *s.* **1.** (*gezwungene*) Zuˈrücknahme e-r Klage; **2.** Abweisung *f* e-r Klage; **II** *v/t.* **3.** *den Kläger* mit der Klage abweisen.

ˌnon(-)supˈport *s.* ⚖ Nichterfüllung *f* einer ˈUnterhaltsverpflichtung.

ˌnon-ˈsyn·chro·nous *adj.* ⚙ *Brit.* asynchron.

ˌnon-ˈU *adj. Brit.* F unfein.

ˌnon(-)ˈu·ni·form *adj.* ungleichmäßig (*a. phys.*, ⚗), uneinheitlich.

ˌnon(-)ˈun·ion *Brit. adj.* † keiner Gewerkschaft angehörig, nicht organisiert: **~ *shop*** *Am.* gewerkschaftsfreier Betrieb; **ˌnon(-)ˈun·ion·ist** *s.* **1.** nicht organisierter Arbeiter; **2.** Gewerkschaftsgegner *m.*

ˌnon(-)ˈus·er *s.* ⚖ Nichtausübung *f* e-s Rechts.

ˌnon(-)ˈval·ue bill *s.* † Gefälligkeitswechsel *m.*

ˌnon(-)ˈva·lent *adj.* ⚗, *phys.* nullwertig.

ˌnon(-)ˈvi·o·lent *adj.* gewaltlos.

ˌnon(-)ˈwar·ran·ty *s.* ⚖ Haftungsausschluß *m.*

noo·dle[1] [ˈnuːdl] *s.* **1.** F Trottel *m*; **2.** *sl.* ‚Birne' *f*, Schädel *m.*

noo·dle² ['nu:dl] *s.* Nudel *f*: **~ *soup*** Nudelsuppe *f*.

nook [nʊk] *s.* (Schlupf)Winkel *m*, Ecke *f*, (stilles) Plätzchen.

noon [nu:n] **I** *s. a.* '**~·day**, '**~·tide**, '**~·time** Mittag(szeit *f*) *m*: ***at* ~** zu Mittag; ***at high* ~** am hellen Mittag; **II** *adj.* mittägig, Mittags…

noose [nu:s] **I** *s.* Schlinge *f* (*a. fig.*): ***running* ~** Lauf-, Gleitschlinge; ***slip one's head out of the hangman's* ~** *fig.* mit knapper Not dem Galgen entgehen; ***put one's head into the* ~** *fig.* den Kopf in die Schlinge stecken; **II** *v/t.* a) *et.* schlingen (***over*** über *acc.*, ***round*** um), b) (mit e-r Schlinge) fangen.

ˌno-'par *adj.* ✝ nennwertlos (*Aktie*).

nope [nəʊp] *adv.* F ‚ne(e)', nein.

nor [nɔ:] *cj.* **1.** (*mst nach neg.*) noch: ***neither … ~*** weder … noch; **2.** (*nach e-m verneinten Satzglied od. zu Beginn e-s angehängten verneinten Satzes*) und nicht, auch nicht(s): **~ *do*** (*od.* ***am***) ***I*** ich auch nicht.

Nor·dic ['nɔ:dɪk] **I** *adj.* nordisch: **~ *combined*** *Skisport*: Nordische Kombination; **II** *s.* nordischer Mensch.

norm [nɔ:m] *s.* **1.** Norm *f* (*a.* A, ✝); **2.** *biol.* Typus *m*; **3.** *bsd. ped.* 'Durchschnittsleistung *f*; '**nor·mal** [-ml] **I** *adj.* ☐ → ***normally***; **1.** nor'mal, Normal…; gewöhnlich, üblich: **~ *school*** Pädagogische Hochschule; **~ *speed*** ⚙ Betriebsdrehzahl *f*; **2.** A normal: a) richtig, b) lot-, senkrecht: **~ *line*** → 5; **II** *s.* **3.** → ***normalcy***; **4.** Nor'maltyp *m*; **5.** A Nor'male *f*, Senkrechte *f*, (Einfalls)Lot *n*; '**nor·mal·cy** [-mlsɪ] *s.* Normali'tät *f*, Nor'malzustand *m*, *das* Nor'male: ***return to* ~** sich normalisieren; **nor·mal·i·ty** [nɔ:'mælətɪ] *s.* Normali'tät *f* (*a.* A).

nor·mal·i·za·tion [ˌnɔ:məlaɪ'zeɪʃn] *s.* **1.** Normalisierung *f*; **2.** Normung *f*, Vereinheitlichung *f*; **nor·mal·ize** ['nɔ:məlaɪz] *v/t.* **1.** normalisieren; **2.** normen, vereinheitlichen; **3.** *metall.* nor'malglühen; **nor·mal·ly** ['nɔ:məlɪ] *adv.* nor'malerweise, (für) gewöhnlich.

Nor·man ['nɔ:mən] **I** *s.* **1.** *hist.* Nor'manne *m*, Nor'mannin *f*; **2.** Bewohner(in) der Norman'die; **3.** *ling.* Nor'mannisch *n*; **II** *adj.* **4.** nor'mannisch.

nor·ma·tive ['nɔ:mətɪv] *adj.* norma'tiv.

Norse [nɔ:s] **I** *adj.* **1.** skandi'navisch; **2.** altnordisch; **3.** (*bsd.* alt)norwegisch; **II** *s.* **4.** *ling.* a) Altnordisch *n*, b) (*bsd.* Alt)Norwegisch *n*; **5.** *coll.* a) *die* Skandinavier *pl.*, b) *die* Norweger *pl.*; '**~·man** [-mən] *s.* [*irr.*] *hist.* Nordländer *m*, Norweger *m*.

north [nɔ:θ] **I** *s.* **1.** *mst* ***the*** ♀ Nord(en *m*) (*Himmelsrichtung*, *Gegend etc.*): ***to the* ~ *of*** nördlich von; **~ *by east*** ⚓ Nord zu Ost; **2. *the*** ♀ a) *Brit.* Nordengland *n*, b) *Am.* die Nordstaaten *pl.*, c) die Arktis; **II** *adj.* **3.** nördlich, Nord…; **III** *adv.* **4.** nördlich, nach *od.* im Norden (***of*** von); ♀ **At·lan·tic Trea·ty** *s.* 'Nordatˌlantikˌpakt *m*; ♀ **Brit·ain** *s.* Schottland *n*; ♀ **Coun·try** *s.* Nord-England *n*; **~-east** [ˌnɔ:θ'i:st; ⚓ nɔ:r'i:st] **I** *s.* Nord'ost(en *m*): **~ *by east*** ⚓ Nordost zu Ost; **II** *adj.* nord'östlich, Nordost…; **III** *adv.* nordöstlich, nach Nordosten; **~-east·er** [ˌnɔ:θ'i:stə; ⚓ nɔ:r'i:stə] *s.* Nord'ostwind *m*; **~-east·er·ly** [ˌnɔ:θ'i:stəlɪ; ⚓ nɔ:r'i:stəlɪ] *adj. u. adv.* nordöstlich, Nordost…; **ˌ~-'east·ern** *adj.* nordöstlich; **ˌ~-'east·ward I** *adj. u. adv.* nordöstlich; **II** *s.* nordöstliche Richtung.

north·er·ly ['nɔ:ðəlɪ] *adj. u. adv.* nördlich; '**north·ern** [-ðn] *adj.* **1.** nördlich, Nord…: **~ *Europe*** Nordeuropa *n*; **~ *lights*** Nordlicht *n*; **2.** nordisch; '**north·ern·er** [-ðənə] *s.* Bewohner(in) des nördlichen Landesteils, *bsd.* der amer. Nordstaaten; '**north·ern·most** *adj.* nördlichst; **north·ing** ['nɔ:θɪŋ] *s.* **1.** *ast.* nördliche Deklinati'on (*Planet*); **2.** Weg *m od.* Di'stanz *f* nach Norden, nördliche Richtung.

'**North**|**·man** [-mən] *s.* [*irr.*] Nordländer *m*; ♀ **point** *s. phys.* Nordpunkt *m*; **~ Pole** *s.* Nordpol *m*; **~ Sea** *s.* Nordsee *f*; **~ Star** *s. ast.* Po'larstern *m*.

north·ward ['nɔ:θwəd] *adj. u. adv.* nördlich (***of***, ***from*** von), nordwärts, nach Norden; '**north·wards** [-dz] *adv.* → ***northward***.

north-west [ˌnɔ:θ'west; ⚓ nɔ:'west] **I** *s.* Nord'west(en *m*); **II** *adj.* nord'westlich, Nordwest…: ♀ ***Passage*** *geogr.* Nordwestpassage *f*; **III** *adv.* nordwestlich, nach *od.* von Nordwesten; **north-west·er** [ˌnɔ:θ'westə; ⚓ nɔ:'westə] *s.* **1.** Nord'westwind *m*; **2.** *Am.* Ölzeug *n*; **north-west·er·ly** [ˌnɔ:θ'westəlɪ; ⚓ nɔ:'westəlɪ] *adj. u. adv.* nordwestlich; **ˌnorth-'west·ern** *adj.* nordwestlich.

Nor·we·gian [nɔ:'wi:dʒən] **I** *adj.* **1.** norwegisch; **II** *s.* **2.** Norweger(in); **3.** *ling.* Norwegisch *n*.

nose [nəʊz] **I** *s.* **1.** *anat.* Nase *f* (*a. fig.* ***for*** für); **2.** *Brit.* A'roma *n*, starker Geruch (*Tee*, *Heu etc.*); **3.** ⚙ *etc.* a) Nase *f*, Vorsprung *m*, (⚔ Geschoß)Spitze *f*, Schnabel *m*, b) Schneidkopf *m* (*Drehstahl etc.*), Mündung *f*; **4.** a) ✈ (Rumpf)Nase *f*, (*a.* ⚓ Schiffs)Bug *m*, b) *mot.* ‚Schnauze' *f* (*Vorderteil*);

Besondere Redewendungen:

bite (*od.* ***snap***) ***s.o.'s* ~ *off*** j-n scharf anfahren; ***cut off one's* ~ *to spite one's face*** sich ins eigene Fleisch schneiden; ***follow one's* ~** a) immer der Nase nach gehen, b) s-m Instinkt folgen; ***have a good* ~ *for s.th.*** F e-e gute Nase *od.* e-n ‚Riecher' für et. haben; ***hold one's* ~** sich die Nase zuhalten; ***lead s.o. by the* ~** j-n völlig beherrschen; ***keep one's* ~ *clean*** F sich nichts zuschulden kommen lassen; ***look down one's* ~** ein verdrießliches Gesicht machen; ***look down one's* ~ *at*** *j-n od. et.* verachten; ***pay through the* ~** ‚bluten' *od.* übermäßig bezahlen müssen; ***poke*** (*od.* ***put***, ***thrust***) ***one's* ~ *into*** s-e Nase in *et.* stecken; ***put s.o.'s* ~ *out of joint*** a) j-n ausstechen, j-m die Freundin *etc.* ausspannen, b) j-m das Nachsehen geben; ***not to see beyond one's* ~** a) die Hand nicht vor den Augen sehen können, b) *fig.* e-n engen (*geistigen*) Horizont haben; ***turn up one's* ~** (***at***) die Nase rümpfen (über *acc.*); ***as plain as the* ~ *in your face*** sonnenklar; ***under s.o.'s*** (***very***) **~** direkt vor j-s Nase; **II** *v/t.* **5.** riechen, spüren, wittern; **6.** beschnüffeln; mit der Nase berühren *od.* stoßen; **7.** *fig.* a) sich *im Verkehr etc.* vorsichtig vortasten, b) *Auto etc.* vorsichtig (*aus der Garage etc.*) fahren; **8.** näseln(d aussprechen); **III** *v/i.* **9.** *a.* **~ *around*** (her'um)schnüffeln (***after***, ***for*** nach) (*a. fig.*);

Zssgn mit adv.:

nose| **down** ✈ **I** *v/t.* *Flugzeug* (an-)drücken; **II** *v/i.* im Steilflug niedergehen; **~ out** *v/t.* **1.** ausschnüffeln, -spionieren, her'ausbekommen; **2.** um e-e Handbreit schlagen; **~ o·ver** *v/i.* ✈ (sich) über'schlagen, e-n ‚Kopfstand' machen; **~ up** ✈ **I** *v/t.* *Flugzeug* hochziehen; **II** *v/i.* steil hochgehen.

nose| **ape** *s. zo.* Nasenaffe *m*; '**~·bag** *s.* Futterbeutel *m*; '**~·bleed** *s.* ⚕ Nasenbluten *n*; '**~-cone** *s.* Ra'ketenspitze *f*.

nosed [nəʊzd] *adj. mst in Zssgn* mit e-r *dicken etc.* Nase, …nasig.

'**nose**|**·dive I** *s.* **1.** ✈ Sturzflug *m*; **2.** ✝ F (Kurs-, Preis)Sturz *m*; **II** *v/i.* **3.** e-n Sturzflug machen; **4.** ✝ ‚purzeln' (*Kurs*, *Preis*); '**~·gay** *s.* Sträußchen *n*; '**~-ˌheav·y** *adj.* ✈ vorderlastig; '**~-ˌo·ver** *s.* ✈ ‚Kopfstand' *m beim Landen*; '**~·piece** *s.* ⚙ a) Mundstück *n* (*Blasebalg*, *Schlauch etc.*), b) Re'volver *m* (*Objektivende e-s Mikroskops*), c) Steg *m* (*e-r Brille*); Nasensteg *m* (*Schutzbrille*); '**~·rag** *s. sl.* ‚Rotzfahne' *f* (*Taschentuch*); **~ tur·ret** *s.* ✈ vordere Kanzel; '**~ˌwarm·er** *s. sl.* ‚Nasenwärmer' *m*, kurze Pfeife; **~ wheel** *s.* ✈ Bugrad *n*.

nos·ey → ***nosy***.

ˌno-'show *s.* ✈ *Am. sl.* **1.** *zur Abflugszeit nicht erschienener Flugpassagier*; **2.** ‚Phantom' *n* (*fiktiver Arbeitnehmer etc.*).

nos·o·log·i·cal [ˌnɒsəʊ'lɒdʒɪkl] *adj.* ☐ ⚕ noso-, patho'logisch; **no·sol·o·gist** [nəʊ'sɒlədʒɪst] *s.* Patho'loge *m*.

nos·tal·gi·a [nɒ'stældʒɪə] *s.* ⚕ Nostal'gie *f* (*a.* ⚕): a) Heimweh *n*, b) Sehnsucht *f nach etwas Vergangenem*; **nos·tal·gic** [nɒ'stældʒɪk] *adj.* (☐ **~*ally***) **1.** Heimweh…; **2.** no'stalgisch, wehmütig.

nos·tril ['nɒstrɪl] *s.* Nasenloch *n*, *bsd. zo.* Nüster *f*: ***it stinks in one's* ~*s*** es ekelt einen an.

nos·trum ['nɒstrəm] *s.* **1.** ⚕ Geheimmittel *n*, 'Quacksalbermediˌzin *f*; **2.** *fig.* (*soziales*, *politisches*) Heilmittel *n*, Pa'tentreˌzept *n*.

nos·y ['nəʊzɪ] *adj.* **1.** F neugierig: **~ *parker*** *Brit.* neugierige Person; **2.** *Brit.* a) aro'matisch, duftend (*bsd. Tee*), b) muffig.

not [nɒt] *adv.* **1.** nicht; **~ *that*** nicht, daß, nicht als ob; ***is it* ~?**, F ***isn't it?*** nicht wahr?; → ***at*** 7; **2. ~ *a*** kein(e): **~ *a few*** nicht wenige.

no·ta·bil·i·ty [ˌnəʊtə'bɪlətɪ] *s.* **1.** wichtige Per'sönlichkeit, 'Standesperˌson *f*; **2.** her'vorragende Eigenschaft, Bedeutung *f*; **no·ta·ble** ['nəʊtəbl] **I** *adj.* ☐ **1.** beachtens-, bemerkenswert, denkwürdig, wichtig; **2.** beträchtlich: ***a* ~ *difference***; **3.** angesehen, her'vorragend; **4.** ⚗ merklich; **II** *s.* **5.** → ***notability*** 1.

no·tar·i·al [nəʊ'teərɪəl] *adj.* ☐ ⚖ **1.** Notariats…, notari'ell; **2.** notariell beglaubigt; **no·ta·rize** ['nəʊtəraɪz] *v/t.* notariell be'urkunden *od.* beglaubigen; **no·ta·ry** ['nəʊtərɪ] *s. mst* **~ *public*** (öffentlicher) Notar.

no·ta·tion [nəʊ'teɪʃn] *s.* **1.** Aufzeichnung *f*, Notierung *f*; **2.** *bsd.* ⚗, A Schreibweise *f*, Bezeichnung *f*: ***chemical* ~** chemisches Formelzeichen; **3.** ♪

(Aufzeichnen *n* in) Notenschrift *f*.

notch [nɒtʃ] **I** *s.* **1.** *a.* ⚙ Kerbe *f*, Einschnitt *m*, Aussparung *f*, Falz *m*, Nute *f*, Raste *f*: ***be a ~ above*** F e-e Klasse besser sein als; **2.** (Vi'sier)Kimme *f* (*Schußwaffe*): ***~ and bead sights*** Kimme und Korn; **3.** *Am.* Engpaß *m*; **II** *v/t.* **4.** *bsd.* ⚙ (ein)kerben, (ein)schneiden, einfeilen; **5.** ⚙ a) ausklinken, b) nuten, falzen; **notched** [-tʃt] *adj.* **1.** ⚙ (ein-) gekerbt, mit Nuten versehen; **2.** ⚘ grob gezähnt (*Blatt*).

note [nəʊt] **I** *s.* **1.** (Kenn)Zeichen *n*, Merkmal *n*; *fig.* Ansehen *n*, Ruf *m*, Bedeutung *f*: ***man of ~*** bedeutender Mann; ***nothing of ~*** nichts von Bedeutung; **2.** *mst pl.* No'tiz *f*, Aufzeichnung *f*: ***compare ~s*** Meinungen *od.* Erfahrungen austauschen, sich beraten; ***make a ~ of s.th.*** sich et. vormerken *od.* notieren; ***make a mental ~ of s.th.*** sich et. merken; ***take ~s of s.th.*** sich über et. Notizen machen; ***take ~ of s.th.*** *fig.* et. zur Kenntnis nehmen, et. berücksichtigen; **3.** *pol.* (diplo'matische) Note: ***exchange of ~s*** Notenwechsel *m*; **4.** Briefchen *n*, Zettelchen *n*; **5.** *typ.* a) Anmerkung *f*, b) (Satz-) Zeichen *n*; **6.** ✝ a) Nota *f*, Rechnung *f*: ***as per ~*** laut Nota, b) (Schuld)Schein *m*: ***~ of hand*** → ***promissory***; ***bought and sold ~*** Schlußschein; ***~s payable*** (***receivable***) *Am.* Wechselverbindlichkeiten (-forderungen), c) Banknote *f*, d) Vermerk *m*, Notiz *f*: ***urgent ~*** Dringlichkeitsvermerk *m*, e) Mitteilung *f*: ***advice ~*** Versandanzeige *f*; ***~ of exchange*** Kursblatt *n*; **7.** ♪ a) Note *f*, b) Ton *m*, c) Taste *f*; **8.** *weitS.* a) Klang *m*, Melo'die *f*; Gesang *m* (*Vogel*), b) *fig.* Ton(art *f*) *m*: ***change one's ~*** e-n anderen Ton anschlagen; ***strike the right ~*** den richtigen Ton treffen; ***strike a false ~*** a) sich im Ton vergreifen, b) sich danebenbenehmen; ***on this*** (***encouraging*** *etc.*) ***~*** mit diesen (ermutigenden *etc.*) Worten; **9.** *fig.* Brandmal *n*, Schandfleck *m*; **II** *v/t.* **10.** Kenntnis nehmen von, bemerken, be(ob)achten; **11.** besonders erwähnen; **12.** *a.* ***~ down*** niederschreiben, notieren, vermerken; **13.** ✝ *Wechsel* protestieren; *Preise* angeben.

note| bank *s.* ✝ Notenbank *f*; **'~book** *s.* No'tizbuch *n*; ✝, ⚖ Kladde *f*; **~ broker** *s.* ✝ *Am.* Wechselhändler *m*, Dis'kontmakler *m*.

not·ed ['nəʊtɪd] *adj.* □ **1.** bekannt, berühmt (***for*** wegen); **2.** ✝ notiert: ***~ before official hours*** vorbörslich (*Kurs*); **'not·ed·ly** [-lɪ] *adv.* ausgesprochen, deutlich, besonders.

note| pa·per *s.* 'Briefpaˌpier *n*; **~ press** *s.* ✝ 'Banknotenpresse *f*, -druckeˌrei *f*; **'~ˌwor·thy** *adj.* bemerkens-, beachtenswert.

noth·ing ['nʌθɪŋ] **I** *pron.* **1.** nichts (***of*** von): ***~ much*** nichts Bedeutendes; **II** *s.* **2.** Nichts *n*: ***to ~*** zu *od.* in nichts; ***for ~*** vergebens, umsonst; **3.** *fig.* Nichts *n*, Unwichtigkeit *f*, Kleinigkeit *f*; *pl.* Nichtigkeiten *pl.*; Null *f* (*a. Person*): ***whisper sweet ~s*** Süßholz raspeln; **III** *adv.* **4.** durch'aus nicht, keineswegs: ***~ like complete*** alles andere als vollständig; **IV** *int.* **5.** F keine Spur!, Unsinn!; *Besondere Redewendungen*: ***good for ~*** zu nichts zu gebrauchen; ***~ doing*** F a) (das) kommt gar nicht in Frage, b) nichts zu machen; ***~ but*** nichts als, nur; ***~ else*** nichts anderes, sonst nichts; ***~ if not courageous*** überaus mutig; ***not for ~*** nicht umsonst, nicht ohne Grund; ***that is ~ to what we have seen*** das ist nichts gegen das, was wir gesehen haben; ***that's ~ to me*** das bedeutet mir nichts; ***that is ~ to you*** das geht dich nichts an; ***there is ~ like*** es geht nichts über; ***there is ~ to it*** a) da ist nichts dabei, b) an der Sache ist nichts dran; ***come to ~*** *fig.* zunichte werden, sich zerschlagen; ***feel like ~ on earth*** sich hundeelend fühlen; ***make ~ of s.th.*** nicht viel Wesens von et. machen, sich nichts aus et. machen; ***I can make ~ of it*** ich kann daraus nicht klug werden; → ***say*** 2, ***think*** 3 e.

noth·ing·ness ['nʌθɪŋnɪs] *s.* **1.** Nichts *n*; **2.** Nichtigkeit *f*; **3.** Leere *f*.

no·tice ['nəʊtɪs] **I** *s.* **1.** Wahrnehmung *f*: ***to avoid ~*** (*Redew.*) um Aufsehen zu vermeiden; ***come under s.o.'s ~*** j-m bekanntwerden; ***escape ~*** unbemerkt bleiben; ***take ~ of*** Notiz nehmen von *et. od. j-m*, beachten; ***~!*** zur Beachtung!; **2.** No'tiz *f*, (*a. Presse*)Nachricht *f*, Anzeige *f* (*a.* ✝), (An)Meldung *f*, Ankündigung *f*, Mitteilung *f*; ⚖ Vorladung *f*; (Buch)Besprechung *f*; Kenntnis *f*: ***~ of acceptance*** ✝ Annahmeerklärung *f*; ***~ of arrival*** ✝ Eingangsbestätigung *f*; ***~ of assessment*** Steuerbescheid *m*; ***~ of departure*** (polizeiliche) Abmeldung *f*; ***previous ~*** Voranzeige *f*; ***bring s.th. to s.o.'s ~*** j-m et. zur Kenntnis bringen; ***give ~ that*** bekanntgeben, daß; ***give s.o. ~ of s.th.*** j-n von et. benachrichtigen; ***give ~ of appeal*** ⚖ Berufung einlegen; ***give ~ of motion*** *parl.* e-n Initiativantrag stellen; ***give ~ of a patent*** ein Patent anmelden; ***have ~ of*** Kenntnis haben von; **3.** Warnung *f*; Kündigung(sfrist) *f*: ***give s.o. ~*** (***for Easter***) j-m (zu Ostern) kündigen; ***I am under ~ to leave*** mir ist gekündigt worden; ***at a day's ~*** binnen eines Tages; ***at a moment's ~*** sogleich, jederzeit; ***at short ~*** kurzfristig, auf (kurzen) Abruf, sofort; ***subject to a month's ~*** mit monatlicher Kündigung; ***without ~*** fristlos; ***until further ~*** bis auf weiteres; → ***quit*** 9; **II** *v/t.* **4.** bemerken, beobachten, wahrnehmen; **5.** beachten, achten auf (*acc.*); **6.** No'tiz nehmen von; **7.** *Buch* besprechen; **8.** anzeigen, melden, bekanntmachen, ⚖ benachrichtigen; **no·tice·a·ble** ['nəʊtɪsəbl] *adj.* □ **1.** wahrnehmbar, merklich, spürbar; **2.** bemerkenswert, beachtlich; **3.** auffällig, ins Auge fallend.

no·tice| board *s.* **1.** Anschlagtafel *f*, Schwarzes Brett; **2.** Warnschild *n*; **~ pe·ri·od** *s.* Kündigungsfrist *f*.

no·ti·fi·a·ble ['nəʊtɪfaɪəbl] *adj.* meldepflichtig; **no·ti·fi·ca·tion** [ˌnəʊtɪfɪ'keɪʃn] *s.* Anzeige *f*, Meldung *f*, Mitteilung *f*, Bekanntmachung *f*, Benachrichtigung *f*; **no·ti·fy** ['nəʊtɪfaɪ] *v/t.* **1.** bekanntgeben, anzeigen, avisieren, melden, (amtlich) mitteilen (***s.th. to s.o.*** j-m et.); **2.** *j-n* benachrichtigen, in Kenntnis setzen (***of*** von, ***that*** daß).

no·tion ['nəʊʃn] *s.* **1.** Begriff *m* (*a. phls.*, ⚠), Gedanke *m*, I'dee *f*, Vorstellung *f* (***of*** von): ***not to have the vaguest ~ of s.th.*** nicht die leiseste Ahnung von et. haben; ***I have a ~ that*** ich denke mir, daß; **2.** Meinung *f*, Ansicht *f*: ***fall into the ~ that*** auf den Gedanken kommen, daß; **3.** Neigung *f*, Lust *f*, Absicht *f* (***of doing*** zu tun); **4.** *pl. Am.* a) Kurzwaren *pl.*, b) Kinkerlitzchen *pl.*; **'no·tion·al** [-ʃənl] *adj.* □ **1.** begrifflich, Begriffs…; **2.** *phls.* rein gedanklich, spekula'tiv; **3.** theo'retisch; **4.** fik'tiv, angenommen, imagi'när.

no·to·ri·e·ty [ˌnəʊtə'raɪətɪ] *s.* **1.** *bsd. contp.* allgemeine Bekanntheit, (traurige) Berühmtheit, schlechter Ruf; **2.** Berüchtigtsein *n*, *das* No'torische; **3.** allbekannte Per'sönlichkeit *od.* Sache; **no·to·ri·ous** [nəʊ'tɔːrɪəs] *adj.* □ no'torisch: a) offenkundig, b) all-, stadt-, weltbekannt, c) berüchtigt (***for*** wegen).

not·with·stand·ing [ˌnɒtwɪθ'stændɪŋ] **I** *prp.* ungeachtet, trotz (*gen.*): ***~ the objections*** ungeachtet der Einwände; ***his great reputation ~*** trotz s-s hohen Ansehens; **II** *a.* ***~ that*** *cj.* ob'gleich; **III** *adv.* nichtsdesto'weniger, dennoch.

nou·gat ['nuːgɑː] *s.* *Art* türkischer Honig.

nought [nɔːt] *s. u. pron.* **1.** nichts: ***bring to ~*** ruinieren, zunichte machen; ***come to ~*** zunichte werden, mißlingen, fehlschlagen; **2.** Null *f* (*a. fig.*): ***set at ~*** *et.* in den Wind schlagen, verlachen, ignorieren.

noun [naʊn] *ling.* **I** *s.* Hauptwort *n*, Substantiv *n*: ***proper ~*** Eigenname *m*; **II** *adj.* substantivisch.

nour·ish ['nʌrɪʃ] *v/t.* **1.** (er)nähren, erhalten (***on*** von); **2.** *fig. Gefühl* nähren, hegen; **'nour·ish·ing** [-ʃɪŋ] *adj.* nahrhaft, Nähr…; **'nour·ish·ment** [-mənt] *s.* **1.** Ernährung *f*; **2.** Nahrung *f* (*a. fig.*), Nahrungsmittel *n*: ***take ~*** Nahrung zu sich nehmen.

nous [naʊs] *s.* **1.** *phls.* Vernunft *f*, Verstand *m*; **2.** F Mutterwitz *m*, ‚Grütze' *f*, ‚Grips' *m*.

no·va ['nəʊvə] *pl.* **-vae** [-viː], *a.* **-vas** *s. ast.* Nova *f*, neuer Stern.

no·va·tion [nəʊ'veɪʃn] *s.* ⚖ Nova'tion *f* (*Forderungsablösung od. -übertragung*).

nov·el ['nɒvl] **I** *adj.* neu(artig); ungewöhnlich, über'raschend; **II** *s.* Ro'man *m*: ***short ~*** Kurzroman; ***~-writer*** → ***novelist***; **no·vel·la** [nəʊ'velə] *s.* No'velle *f*; **nov·el·ette** [ˌnɒvə'let] *s.* **1.** kurzer Roman; **2.** *contp.* seichter Unter'haltungsroˌman; **nov·el·ist** ['nɒvəlɪst] *s.* Ro'manschriftsteller(in); **nov·el·is·tic** [ˌnɒvə'lɪstɪk] *adj.* ro'manhaft, Roman…; **'nov·el·ty** [-tɪ] *s.* **1.** Neuheit *f*: a) *das* Neue, b) *et.* Neues: ***the ~ had soon worn off*** der Reiz des Neuen war bald verflogen; **2.** Ungewöhnlichkeit *f*, *et.* Ungewöhnliches; **3.** *pl.* ✝ (billige) Neuheiten *pl.*: ***~ item*** Neuheit *f*, Schlager *m*, (billiger) Modeartikel; **4.** Neuerung *f*.

No·vem·ber [nəʊ'vembə] *s.* No'vember *m*: ***in ~*** im November.

nov·ice ['nɒvɪs] *s.* **1.** Anfänger(in), Neuling *m* (***at*** auf *e-m Gebiet*); **2.** *R.C.* No'vize *m*, *f*, No'vizin *f*; **3.** *bibl.* Neubekehrte(r *m*) *f*.

now [naʊ] **I** *adv.* **1.** nun, gegenwärtig, jetzt: ***from ~*** von jetzt an; ***up to ~*** bis jetzt; **2.** so'fort, bald; **3.** eben, so'eben: ***just*** ~ gerade eben, vor ein paar Minuten; **4.** nun, dann, dar'auf, damals; **5.** (*nicht zeitlich*) nun (aber); **II** *cj.* **6.** *a.* ~ ***that*** nun aber, nun da, da nun, jetzt wo; **III** *s.* **7.** *poet.* Gegenwart *f*, Jetzt *n*; *Besondere Redewendungen*: ***before*** ~ schon einmal, schon früher; ***by*** ~ mittlerweile, jetzt; ~ ***if*** wenn nun aber; ***how*** ~**?** nun?, was gibt's?, was soll das heißen?; ***what is it*** ~**?** was ist jetzt schon wieder los?; ***now ... now ...*** bald ... bald ...; ~ ***and again***, (***every***) ~ ***and then*** von Zeit zu Zeit, hie(r) und da, dann und wann, gelegentlich; ~ ***then*** (nun) also; ***come*** ~**!** nur ruhig!, sachte, sachte!; ***what*** ~**?** was nun?; ~ ***or never*** jetzt oder nie.

now·a·days ['naʊədeɪz] **I** *adv.* heutzutage, jetzt; **II** *s. das* Heute *od.* Jetzt.

'no·way(s) [-weɪ(z)] F → ***nowise***.

'no·where I *adv.* **1.** nirgends, nirgendwo: ***be*** ~ a) *Sport*: unter ‚ferner liefen' enden, b) nichts erreicht haben; ***get*** ~ nicht weiterkommen, nichts erreichen; ~ ***near*** auch nicht annähernd; **2.** nirgendwohin; **II** *s.* **3.** Nirgendwo *n*: ***from*** ~ aus dem Nichts; ***in the middle of*** ~ 🚂 auf freier Strecke *halten*.

'no·wise *adv.* in keiner Weise.

nox·ious ['nɒkʃəs] *adj.* ☐ schädlich (***to*** für): ~ ***substance*** Schadstoff *m*.

noz·zle ['nɒzl] *s.* **1.** Schnauze *f*, Rüssel *m*; **2.** *sl.* ‚Rüssel' *m* (*Nase*); **3.** ⚙ a) Schnauze *f*, Tülle *f*, Schnabel *m*, Mundstück *n*, Ausguß *m*, Röhre *f*, (*an Gefäßen etc.*), b) Stutzen *m*, Mündung *f* (*an Röhren etc.*), c) (*Kraftstoff- etc.*)Düse *f*, d) 'Zapfpisˌtole *f*.

nth [enθ] *adj.* ⩓ n-te(r), n-tes: ***to the*** ~ ***degree*** a) ⩓ bis zum n-ten Grade, b) *fig.* im höchsten Maße; ***for the*** ~ ***time*** zum hundertsten Mal.

nu [nju:] *s.* Ny *n* (*griech. Buchstabe*).

nu·ance [nju:'ɑ̃:ns] (*Fr.*) *s.* Nu'ance *f*: a) Schattierung *f*, b) Feinheit *f*, feiner 'Unterschied.

nub [nʌb] *s.* **1.** Knopf *m*, Auswuchs *m*, Knötchen *n*; **2.** (kleiner) Klumpen, Nuß *f* (*Kohle etc.*); **3.** ***the*** ~ F der springende Punkt (***of*** bei); **'nub·bly** [-blɪ] *adj.* knotig.

nu·bile ['nju:baɪl] *adj.* **1.** heiratsfähig, ehemündig (*Frau*); **2.** attrak'tiv; **nu·bil·i·ty** [nju:'bɪlətɪ] *s.* Heiratsfähigkeit *f etc.*

nu·cle·ar ['nju:klɪə] **I** *adj.* **1.** kernförmig; *a. biol. etc.* Kern...; **2.** *phys.* nukle'ar, Nuklear..., (Atom)Kern..., ato'mar, Atom...: ~ ***test***; ~ ***weapon*** Kernwaffe *f*; **3.** *a.* ~***-powered*** mit A'tomantrieb, Atom...: ~ ***submarine***; **II** *s.* **4.** Kernwaffe *f*, A'tomraˌkete *f*; **5.** *pol.* A'tommacht *f*; ~ **bomb** *s.* A'tombombe *f*; ~ **charge** *s. phys.* Kernladung *f*; ~ **chem·is·try** *s.* 'Kercheˌmie *f*; ~ **dis·in·te·gra·tion** *s. phys.* Kernzerfall *m*; ~ **en·er·gy** *s. phys.* **1.** 'Kernenerˌgie *f*; **2.** *allg.* A'tomenerˌgie *f*; ~ **fam·i·ly** *s.* 'Kernfaˌmilie *f*; ~ **fis·sion** *s. phys.* Kernspaltung *f*; ~ **fuel** *s.* Kernbrennstoff *m*: ~ ***rod*** Brennstab *m*; ~ **fu·sion** *s. phys.* 'Kernfusˌion *f*; ~ **par·ti·cle** *s. phys.* Kernteilchen *n*; ~ **phys·ics** *s. pl. sg. konstr.* 'Kernphyˌsik *f*; ~ **pow·er** *s.* **1.** *phys.* A'tomkraft *f*; **2.** *pol.* A'tommacht *f*; ~ **re·ac·tor** *s. phys.* 'Kernreˌaktor *m*; ~ **re·search** *s.* (A'tom)Kernforschung *f*; ~ **ship** *s.* Re'aktorschiff *n*; ~ **the·o·ry** *s. phys.* 'Kerntheoˌrie *f*; ~ **war(·fare)** *s.* A'tomkrieg(führung *f*) *m*; ~ **war·head** *s.* ✕ A'tomsprengkopf *m*; ~ **waste** *s.* A'tommüll *m*.

nu·cle·i ['nju:klɪaɪ] *pl. von* ***nucleus***.

nu·cle·o·lus [nju:'kli:ələs] *pl.* **-li** [-laɪ] *s.* ⚘, *biol.* Kernkörperchen *n*.

nu·cle·on ['nju:klɪɒn] *s. phys.* Nukleon *n*, (A'tom)Kernbaustein *m*.

nu·cle·us ['nju:klɪəs] *pl.* **-e·i** [-ɪaɪ] *s.* **1.** *allg.* (*a.* A'tom-, Ko'meten-, Zell)Kern *m* (*a.* ⩓); **2.** *fig.* Kern *m*: a) Mittelpunkt *m*, b) Grundstock *m*; **3.** *opt.* Kernschatten *m*.

nude [nju:d] **I** *adj.* **1.** nackt (*a. fig. Tatsache etc.*), bloß; **2.** nackt, kahl: ~ ***hill***; **3.** ⚖ unverbindlich, nichtig: ~ ***contract***; **II** *s.* **4.** *paint. etc.* Akt *m*: ***study from the*** ~ Aktstudie *f*; **5.** Nacktheit *f*: ***in the*** ~ nackt.

nudge [nʌdʒ] **I** *v/t. j-n* anstoßen, ‚(an-)stupsen'; **II** *s.* Stups *m*.

nu·die ['nju:dɪ] *s. sl.* Nacktfilm *m*.

nud·ism ['nju:dɪzəm] *s.* 'Nackt-, 'Freikörperkulˌtur *f*, Nu'dismus *m*; **'nud·ist** [-ɪst] *s.* Nu'dist(in), FK'K-Anhänger (-in): ~ ***beach*** Nacktbadestrand *m*; ~ ***camp***, ~ ***colony*** FKK-Platz *m*; **'nu·di·ty** [-ətɪ] *s.* **1.** Nacktheit *f*, Blöße *f*; **2.** *fig.* Armut *f*; **3.** Kahlheit *f*; **4.** *paint. etc.* 'Akt(fiˌgur *f*) *m*.

nu·ga·to·ry ['nju:gətərɪ] *adj.* **1.** wertlos, albern; **2.** unwirksam (*a.* ⚖), eitel, leer.

nug·get ['nʌgɪt] *s.* **1.** Nugget *n* (*Goldklumpen*); **2.** *fig.* Brocken *m*.

nui·sance ['nju:sns] *s.* **1.** Ärgernis *n*, Plage *f*, *et.* Lästiges *od.* Unangenehmes; Unfug *m*, 'Mißstand *m*: ***dust*** ~ Staubplage; ***what a*** ~**!** wie ärgerlich!; **2.** ⚖ Poli'zeiwidrigkeit *f*: ***public*** ~ Störung *f od.* Gefährdung *f* der öffentlichen Sicherheit u. Ordnung, *a. fig. iro.* öffentliches Ärgernis; ***private*** ~ Besitzstörung *f*; ***commit no*** ~**!** das Verunreinigen (dieses Ortes) ist verboten!; **3.** (*von Personen*) ‚Landplage' *f*, Quälgeist *m*, Nervensäge *f*: ***be a*** ~ ***to s.o.*** j-m lästig fallen; ***make a*** ~ ***of o.s.*** anderen auf die Nerven gehen; ~ **raid** *s.* ✕, ✈ Störangriff *m*; ~ **tax** *s. sl. ärgerliche kleine* (*Verbraucher*)*Steuer*: ~ **val·ue** *s.* Wert *m od.* Wirkung *f* als störender Faktor.

nuke [nu:k] *Am. sl.* **I** *s.* **1.** Kernwaffe *f*; **2.** 'Kernreˌaktor *m*; **II** *v/t.* **3.** mit Kernwaffen angreifen.

null [nʌl] **I** *adj.* **1.** ⚖ *u. fig.* nichtig, ungültig: ***declare*** ~ ***and void*** für null u. nichtig erklären; **2.** wertlos, leer, nichtssagend, unbedeutend; **II** *s.* **3.** ⩓, ⚡ Null *f*: ~ ***set*** Nullmenge *f*.

nul·li·fi·ca·tion [ˌnʌlɪfɪ'keɪʃn] *s.* **1.** Aufhebung *f*, Nichtigerklärung *f*; **2.** Zu'nichtemachen *n*; **nul·li·fy** ['nʌlɪfaɪ] *v/t.* **1.** ungültig machen, für null u. nichtig erklären, aufheben; **2.** zu'nichte machen; **nul·li·ty** ['nʌlətɪ] *s.* **1.** Unwirksamkeit *f*; ⚖ Ungültigkeit *f*, Nichtigkeit *f*: ***decree of*** ~ Nichtigkeitsurteil *n od.* Annullierung *f e-r Ehe*; ~ ***suit*** Nichtigkeitsklage *f*; ***be a*** ~ (null u.) nichtig sein; **2.** Nichts *n*; *fig.* Null *f* (*Person*).

numb [nʌm] **I** *adj.* ☐ starr, erstarrt (***with*** vor *Kälte etc.*); taub (*empfindungslos*); *fig.* a) (wie) betäubt, starr (***with fear*** vor Angst), b) abgestumpft; **II** *v/t.* starr *od.* taub machen, erstarren lassen; *fig.* a) betäuben, b) abstumpfen.

num·ber ['nʌmbə] **I** *s.* **1.** Zahl(enwert *m*) *f*, Ziffer *f*; **2.** (Haus-, Tele'fon- *etc.*) Nummer *f*: ***by*** ~***s*** nummernweise; ~ ***engaged*** *teleph.* besetzt; ***have s.o.'s*** ~ F j-n durchschaut haben; ***his*** ~ ***is up*** F s-e Stunde hat geschlagen, jetzt ist er dran; → ***number one***; **3.** (An)Zahl *f*: ***a*** ~ ***of*** e-e Anzahl von (*od. gen.*), mehrere; ***a great*** ~ ***of*** sehr viele *Leute etc.*; ***five in*** ~ fünf an (der) Zahl; ***in large*** ~***s*** in großen Mengen; ***in round*** ~ rund; ***one of their*** ~ einer aus ihrer Mitte; ~***s of times*** zu wiederholten Malen; ***times without*** ~ unzählige Male; ***five times the*** ~ ***of people*** fünfmal so viele Leute; **4.** ✝ a) (An)Zahl *f*, Nummer *f*, b) Ar'tikel *m*, Ware *f*; **5.** Heft *n*, Nummer *f*, Ausgabe *f* (*Zeitschrift etc.*), Lieferung *f e-s Werkes*: ***appear in*** ~***s*** in Lieferungen erscheinen; **6.** *thea. etc.* (Pro'gramm)Nummer *f*; **7.** ♪ a) Nummer *f* (*Satz*), b) *sl.* Tanznummer *f*, Schlager *m*; **8.** *poet. pl.* Verse *pl.*; **9.** *ling.* Numerus *m*: ***plural*** (***singular***) ~ Mehrzahl (Einzahl) *f*; **10.** ⚙ Feinheitsnummer *f* (*Garn*); **11.** *sl.* ‚Type' *f*, ‚Nummer' *f* (*Person*); **12.** ≗***s*** *bibl.* Numeri *pl.*, Viertes Buch Mose; **II** *v/t.* **13.** zs.-zählen, aufrechnen: ~ ***off*** abzählen; ***his days are*** ~***ed*** s-e Tage sind gezählt; **14.** zählen, rechnen (*a. fig.* ***among***, ***in***, ***with*** zu *od.* unter *acc.*); **15.** numerieren: ~ ***consecutively*** durchnumerieren; **16.** zählen, sich belaufen auf (*acc.*); **17.** *Jahre* zählen, alt sein; **III** *v/i.* **18.** (auf)zählen; **19.** zählen (***among*** zu *j-s Freunden etc.*); **'num·ber·ing** [-bərɪŋ] *s.* Numerierung *f*; **'num·ber·less** [-lɪs] *adj.* unzählig, zahllos.

num·ber| one I *adj.* **1.** a) erstklassig, b) (aller)höchst: ~ ***priority***; **II** *s.* **2.** Nummer *f* Eins; der (die, das) Erste; erste Klasse; **3.** F das liebe Ich: ***look after*** ~ auf seinen Vorteil bedacht sein, nur an sich selbst denken; **4.** ***do*** ~ F sein ‚kleines Geschäft' machen; **'~·plate** *s. mot.* Nummernschild *n*; ~ **pol·y·gon** *s.* ⩓ 'Zahlenvieleck *n*, -polyˌgon *n*; ~ **two** *s.*: ***do*** ~ F sein ‚großes Geschäft' machen.

numb·ness ['nʌmnɪs] *s.* Erstarrung *f*, Starr-, Taubheit *f*; *fig.* Betäubung *f*.

nu·mer·a·ble ['nju:mərəbl] *adj.* zählbar; **'nu·mer·al** [-rəl] **I** *adj.* **1.** Zahl..., Zahlen..., nu'merisch: ~ ***language*** Ziffernsprache *f*; **II** *s.* **2.** Ziffer *f*, Zahlzeichen *n*; **3.** *ling.* Zahlwort *n*; **'nu·mer·ar·y** [-ərɪ] *adj.* Zahl(en)...; **nu·mer·a·tion** [ˌnju:mə'reɪʃn] *s.* **1.** Zählen *n*; Rechenkunst *f*; **2.** Numerierung *f*; **3.** (Auf-) Zählung *f*; **'nu·mer·a·tive** [-ətɪv] *adj.* zählend, Zahl(en)...: ~ ***system*** Zahlensystem *n*; **'nu·mer·a·tor** [-məreɪtə] *s.* ⩓ Zähler *m e-s Bruchs*; **nu·mer·i·cal** [nju:'merɪkl] *adj.* ☐ nu'merisch: a) ⩓ Zahl(en)...: ~ ***value***; ~ ***equation*** Zahlengleichung *f*, b) zahlenmäßig: ~ ***superiority***.

nu·mer·ous ['nju:mərəs] *adj.* ☐ zahlreich: ***a*** ~ ***assembly***; **'nu·mer·ous·ness** [-nɪs] *s.* große Zahl, Menge *f*, Stärke *f*.

nu·mis·mat·ic [ˌnju:mɪz'mætɪk] *adj.* (☐ ~***ally***) numis'matisch, Münz(en)...; **ˌnu·mis'mat·ics** [-ks] *s. pl. sg. konstr.*

Numis'matik *f*, Münzkunde *f*; **nu·mis·ma·tist** [nju:'mızmətıst] *s.* Numis'matiker(in): a) Münzkenner(in), b) Münzsammler(in).

num·skull ['nʌmskʌl] *s.* Dummkopf *m*, Trottel *m*.

nun [nʌn] *s. eccl.* Nonne *f*.

nun·ci·a·ture ['nʌnʃıətʃə] *s. eccl.* Nuntia'tur *f*; **nun·ci·o** ['nʌnʃıəʊ] *pl.* **-os** *s.* Nuntius *m*.

nun·cu·pa·tive ['nʌnkjʊpeıtıv] *adj.* ⚖ mündlich: **~ will** mündliches Testament, *bsd.* ⚔ Not-, ⚓ Seetestament.

nun·ner·y ['nʌnərı] *s.* Nonnenkloster *n*.

nup·tial ['nʌptʃəl] **I** *adj.* hochzeitlich, Hochzeit(s)..., Ehe..., Braut...: **~ bed** Brautbett *n*; **~ flight** Hochzeitsflug *m der Bienen*; **II** *s. mst pl.* Hochzeit *f*.

nurse [nɜ:s] **I** *s.* **1.** *mst* **wet ~** (Säug-)Amme *f*; **2.** *a.* **dry ~** Kinderfrau *f*, -mädchen *n*; **3.** Krankenschwester *f*, *a.* **~-attendant** (Kranken)Pfleger(in): **head ~** Oberschwester; → **male** 1; **4.** a) Stillen *n*, Stillzeit *f*, b) Pflege *f*: **at ~** in Pflege; **put out to ~** *Kinder* in Pflege geben; **5.** *zo.* a) Amme *f*, b) Arbeiterin *f* (*Biene*); **6.** *fig.* Nährmutter *f*; **II** *v/t.* **7.** *Kind* säugen, nähren, stillen, *dem Kind* die Brust geben; **8.** *Kind* auf-, großziehen; **9.** a) *Kranke* pflegen, b) *Krankheit* auskurieren, c) *Glied*, *Stimme* schonen, d) *Knie etc.* (schützend) um'fassen: **~ one's leg** ein Bein über das andere schlagen, e) sparsam *od.* schonend 'umgehen mit: **~ a glass of wine** bedächtig ein Glas Wein trinken; **10.** *fig.* a) nähren, fördern, b) *Gefühl etc.* nähren, hegen; **11.** streicheln, hätscheln; *weitS. a. pol.* sich eifrig kümmern um, sich ‚warm halten': **~ one's constituency**; **III** *v/i.* **12.** a) säugen, stillen, b) die Brust nehmen (*Säugling*); **13.** als (Kranken)Pfleger(in) arbeiten.

nurse·ling → **nursling**.

'nurse·maid *s.* Kindermädchen *n*.

nurs·er·y ['nɜ:srı] *s.* **1.** Kinderzimmer *n*: **day ~** Spielzimmer *n*; **night ~** Kinderschlafzimmer; **2.** Kindertagesstätte *f*; **3.** Pflanz-, Baumschule *f*; Schonung *f*; *fig.* Pflanzstätte *f*, Schule *f*; **4.** Fischpflege *f*, Streckteich *m*; **5.** *a.* **~ stakes** (Pferde-)Rennen *n* für Zweijährige; **~ gov·er·ness** *s.* Kinderfräulein *n*; **'~·man** [-mən] *s.* [*irr.*] Pflanzenzüchter *m*; **~ rhyme** *s.* Kinderlied *n*, -reim *m*; **~ school** *s.* Kindergarten *m*; **~ slope** *s.* *Skisport*: ‚Idi'otenhügel' *m*, Anfängerhügel *m*; **~ tale** *s.* Ammenmärchen *n*.

nurs·ing ['nɜ:sıŋ] **I** *s.* **1.** Säugen *n*, Stillen *n*; **2.** *a.* **sick~**, **~ care** (Kranken-)Pflege *f*; **II** *adj.* **3.** Nähr..., Pflege..., Kranken...; **~ ben·e·fit** *s.* Stillgeld *n*; **~ bot·tle** *s.* Säuglingsflasche *f*; **~ home** *s.* **1.** *bsd. Brit.* a) Pri'vatklinik *f*, b) pri'vate Entbindungsklinik; **2.** Pflegeheim *n*; **~ moth·er** *s.* stillende Mutter; **~ staff** *s.* 'Pflegeperso,nal *n*.

nurs·ling ['nɜ:slıŋ] *s.* **1.** Säugling *m*; **2.** Pflegling *m*; **3.** *fig.* a) Liebling *m*, Hätschelkind *n*, b) Schützling *m*.

nur·ture ['nɜ:tʃə] **I** *v/t.* **1.** (er)nähren; **2.** auf-, erziehen; **3.** *fig. Gefühle etc.* hegen; **II** *s.* **4.** Nahrung *f*; *fig.* Pflege *f*, Erziehung *f*.

nut [nʌt] **I** *s.* **1.** ♀ Nuß *f*; **2.** ⚙ a) Nuß *f*, b) (Schrauben)Mutter *f*: **~s and bolts** *fig.* praktische Grundlagen, wesentliche Details; **3.** ♪ a) Frosch *m* (*am Bogen*), b) Saitensattel *m*; **4.** *pl.* ⚒ Nußkohle *f*; **5.** *fig.* schwierige Sache: **a hard ~ to crack** e-e harte Nuß; **6.** *sl.* a) ‚Birne' *f* (*Kopf*): **be** (**go**) **off one's ~** verrückt sein (werden), b) *contp.* ‚Knülch' *m*, Kerl *m*, c) komischer Kauz, ‚Spinner' *m*, d) Idi'ot *m*, e) Geck *m*; **7.** *sl.* **be ~s** verrückt sein (**on** nach); **he is ~s about her** er ist in sie total verschossen; **drive s.o. ~s** j-n verrückt machen; **go ~s** überschnappen; **that's ~s to him** das ist genau sein Fall; **~s!** a) du spinnst wohl!, b) *a.* **~ to you!** ‚du kannst mich mal!'; **8.** *pl.* V ‚Eier' *pl.* (*Hoden*); **9. not for ~s** *sl.* überhaupt nicht; **he can't play for ~s** *sl.* er spielt miserabel; **II** *v/i.* **10.** Nüsse pflücken.

nut| bolt ⚙ **1.** Mutterbolzen *m*; **2.** Bolzen *m od.* Schraube *f* mit Mutter; **'~-,but·ter** *s.* Nußbutter *f*; **'~·case** *s. sl.* ‚Spinner' *m*; **'~,crack·er** *s.* **1.** *a. pl.* Nußknacker *m*; **2.** *orn.* Tannenhäher *m*; **'~·gall** *s.* Gallapfel *m*: **~ ink** Gallustinte *f*; **'~·hatch** *s. orn.* Kleiber *m*, Spechtmeise *f*; **'~·house** *s. sl.* ‚Klapsmühle' *f*.

nut·meg ['nʌtmeg] *s.* Mus'kat(nuß *f*) *m*: **~ butter** Muskatbutter *f*.

nu·tri·a ['nju:trıə] *s.* **1.** *zo.* Biberratte *f*, Nutria *f*; **2.** ⚒ Nutriafell *n*.

nu·tri·ent ['nju:trıənt] **I** *adj.* **1.** nährend, nahrhaft; **2.** Ernährungs...: **~ medium** *biol.* Nährsubstanz *f*; **~ solution** Nährlösung *f*; **II** *s.* **3.** Nährstoff *m*; **4.** *biol.* Baustoff *m*; **'nu·tri·ment** [-ımənt] *s.* Nahrung *f*, Nährstoff *m* (*a. fig.*); *biol.* Baustoff *m*.

nu·tri·tion [nju:'trıʃn] *s.* **1.** Ernährung *f*; **2.** Nahrung *f*: **~ cycle** Nahrungskreislauf *m*; **nu'tri·tion·al** [-ʃənl] Ernährungs...; **nu'tri·tion·ist** [-ʃnıst] *s.* Ernährungswissenschaftler(in), Diä'tetiker(in); **nu'tri·tious** [-ʃəs] *adj.* □ nährend, nahrhaft; **nu'tri·tious·ness** [-ʃəsnıs] *s.* Nahrhaftigkeit *f*.

nu·tri·tive ['nju:trətıv] *adj.* □ **1.** nährend, nahrhaft: **~ value** Nährwert *m*; **2.** Ernährungs...: **~ tract** Ernährungsbahn *f*.

nuts [nʌts] → **nut** 7.

nut| screw *s.* ⚙ **1.** Schraube *f* mit Mutter; **2.** Innengewinde *n*; **'~·shell** *s.* ♀ Nußschale *f*: (**to put it**) **in a ~** (*Redewendung*) mit 'einem Wort, kurz gesagt; **'~·tree** *s.* ♀ **1.** Haselnußstrauch *m*; **2.** Nußbaum *m*.

nut·ty ['nʌtı] *adj.* **1.** voller Nüsse; **2.** nußartig, Nuß...; **3.** pi'kant; **4.** *sl.* verrückt (**on** nach).

nuz·zle ['nʌzl] **I** *v/t.* **1.** mit der Schnauze aufwühlen; **2.** mit der Schnauze *od.* Nase reiben an (*dat.*); *fig. Kind* liebkosen, hätscheln; **3.** *e-m Schwein etc.* e-n Ring durch die Nase ziehen; **II** *v/i.* **4.** (mit der Schnauze) wühlen, schnüffeln (**in** in *dat.*, **for** nach); **5.** sich (an)schmiegen (**to** an *acc.*).

ny·lon ['naılɒn] *s.* Nylon *n*: **~s** F Nylonstrümpfe, Nylons.

nymph [nımf] *s.* **1.** *myth.* Nymphe *f* (*a. poet. u. iro. Mädchen*); **2.** *zo.* a) Puppe *f*, b) Nymphe *f*; **'nymph·et** [nım'fet] *s.* ‚Nymphchen' *n*; **nym·pho** ['nımfəʊ] *pl.* **-phos** *s.* F *für* **nymphomaniac** II.

nym·pho·ma·ni·a [,nımfəʊ'meınjə] *s.* ⚕ Nymphoma'nie *f*, Mannstollheit *f*; **,nym·pho'ma·ni·ac** [-nıæk] **I** *adj.* nympho'man, mannstoll; **II** *s.* Nympho'manin *f*.

O

O, o¹ [əʊ] *s.* **1.** O *n*, o *n* (*Buchstabe*); **2.** *bsd. teleph.* Null *f*.

O, o² [əʊ] *int.* o(h)!, ah!, ach!

oaf [əʊf] *s.* **1.** Dummkopf *m*, ‚Esel' *m*; **2.** Lümmel *m*, Flegel *m*; **oaf·ish** ['əʊfɪʃ] *adj.* **1.** dumm, ‚blöd'; **2.** lümmel-, flegelhaft.

oak [əʊk] **I** *s.* **1.** ♀ *a.* **~-tree** Eiche *f*, Eichbaum *m*; **2.** *poet.* Eichenlaub *n*; **3.** Eichenholz *n*; **4.** *Brit. univ. sl.* Eichentür *f*: ***sport one's ~*** die Tür verschlossen halten, nicht zu sprechen sein; **5.** ***the ≈s*** *sport Stutenrennen in Epsom*; **II** *adj.* **6.** eichen, Eichen...; **~ ap·ple** *s.* ♀ Gallapfel *m*.

oak·en ['əʊkən] *adj.* **1.** *bsd. poet.* Eichen...; **2.** eichen, von Eichenholz; **oak·let** ['əʊklɪt], **oak·ling** ['əʊklɪŋ] *s.* ♀ junge *od.* kleine Eiche.

oa·kum ['əʊkəm] *s.* Werg *n*: ***pick ~*** a) Werg zupfen, b) F ‚Tüten kleben', ‚Knast schieben'.

'oak·wood *s.* **1.** Eichenholz *n*; **2.** Eichenwald(ung *f*) *m*.

oar [ɔː] **I** *s.* **1.** Ruder *n* (*a. zo.*), *bsd. sport* Riemen *m*: ***four-~*** Vierer *m* (*Boot*); ***pull a good ~*** gut rudern; ***put*** (*od.* ***shove***) ***one's ~ in*** F sich einmischen, *im Gespräch* ‚s-n Senf dazugeben'; ***rest on one's ~s*** *fig.* sich auf s-n Lorbeeren ausruhen; → ***ship*** 8; **2.** *sport* Ruderer *m*, Ruderin *f*: ***a good ~***; **3.** *fig.* Flügel *m*, Arm *m*; **4.** *Brauerei*: Krücke *f*; **II** *v/t. u. v/i.* **5.** rudern; **oared** [ɔːd] *adj.* **1.** mit Rudern (versehen), Ruder...; **2.** *in Zssgn* ...rud(e)rig; **oar·lock** ['ɔːlɒk] *s. Am.* Riemendolle *f*; **oars·man** ['ɔːzmən] *s.* [*irr.*] Ruderer *m*; **oars·wom·an** ['ɔːzˌwʊmən] *s.* [*irr.*] Ruderin *f*.

o·a·sis [əʊ'eɪsɪs] *pl.* **-ses** [-siːz] *s.* O'ase *f* (*a. fig.*).

oast [əʊst] *s. Brauerei*: Darre *f*.

oat [əʊt] *s. mst pl.* Hafer *m*: ***be off one's ~s*** F keinen Appetit haben; ***he feels his ~s*** F a) ihn sticht der Hafer, b) er ist ‚groß in Form'; ***sow one's wild ~s*** sich austoben, sich die Hörner abstoßen; **oat·en** ['əʊtn] *adj.* **1.** Hafer...; **2.** Hafermehl...

oath [əʊθ; *pl.* əʊðz] *s.* **1.** Eid *m*, Schwur *m*: ***~ of allegiance*** Fahnen-, Treueid; ***~ of disclosure*** ⚖ Offenbarungseid; ***~ of office*** Amts-, Diensteid; ***false ~*** Falsch-, Meineid *m*; ***bind by ~*** eidlich verpflichten; (***up***)***on ~*** unter Eid, eidlich; ***upon my ~!*** das kann ich beschwören!; ***administer*** (*od.* ***tender***) ***an ~ to s.o., put s.o. to*** (*od.* ***on***) ***his ~*** j-m e-n Eid abnehmen, j-n schwören lassen; ***swear*** (*od.* ***take***) ***an ~*** e-n Eid leisten, schwören (***on, to*** auf *acc.*); ***in lieu of an ~*** an Eides Statt; ***under ~*** unter Eid, eidlich verpflichtet; ***be on one's ~*** unter Eid stehen; **2.** Fluch *m*, Verwünschung *f*.

'oat·meal *s.* **1.** Hafermehl *n*, -grütze *f*; **2.** Haferschleim *m*.

ob·bli·ga·to [ˌɒblɪ'gɑːtəʊ] ♪ **I** *adj.* obli'gat, hauptstimmig; **II** *pl.* **-tos** *s.* selbständige Begleitstimme.

ob·du·ra·cy ['ɒbdjʊrəsɪ] *s. fig.* Verstocktheit *f*, Halsstarrigkeit *f*; **'ob·du·rate** [-rət] *adj.* □ **1.** verstockt, halsstarrig; **2.** hartherzig.

o·be·di·ence [ə'biːdjəns] *s.* **1.** Gehorsam *m* (***to*** gegen); **2.** *fig.* Abhängigkeit *f* (***to*** von): ***in ~ to*** gemäß (*dat.*), im Verfolg (*gen.*); ***in ~ to s.o.*** auf j-s Verlangen; **o'be·di·ent** [-nt] *adj.* □ **1.** gehorsam (***to*** *dat.*); **2.** ergeben, unter'würfig (***to*** *dat.*): ***Your ~ servant*** Hochachtungsvoll (*Amtsstil*); **3.** *fig.* abhängig (***to*** von).

o·bei·sance [əʊ'beɪsəns] *s.* **1.** Verbeugung *f*; **2.** Ehrerbietung *f*, Huldigung *f*: ***do*** (*od.* ***make*** *od.* ***pay***) ***~ to s.o.*** j-m huldigen; **o'bei·sant** [-nt] *adj.* huldigend, unter'würfig.

ob·e·lisk ['ɒbelɪsk] *s.* **1.** Obe'lisk *m*; **2.** *typ.* a) → ***obelus***, b) Kreuz(zeichen) *n* (*für Randbemerkungen*).

ob·e·lus ['ɒbɪləs] *pl.* **-li** [-laɪ] *s. typ.* **1.** Obe'lisk *m* (*Zeichen für fragwürdige Stellen*); **2.** Verweisungszeichen *n auf Randbemerkungen*.

o·bese [əʊ'biːs] *adj.* fettleibig, korpu'lent, *a. fig.* fett, dick; **o'bese·ness** [-nɪs], **o'bes·i·ty** [-sətɪ] *s.* Fettleibigkeit *f*, Korpu'lenz *f*.

o·bey [ə'beɪ] **I** *v/t.* **1.** *j-m* gehorchen, folgen (*a. fig.*); **2.** *e-m Befehl etc.* Folge leisten, befolgen (*acc.*); **II** *v/i.* **3.** gehorchen, folgen (***to*** *dat.*).

ob·fus·cate ['ɒbfʌskeɪt] *v/t.* **1.** verfinstern, trüben (*a. fig.*); **2.** *fig. Urteil etc.* trüben, verwirren; *die Sinne* benebeln; **ob·fus·ca·tion** [ˌɒbfʌs'keɪʃn] Verfinsterung *f etc.*

o·bit·u·ar·y [ə'bɪtjʊərɪ] **I** *s.* **1.** Todesanzeige *f*; **2.** Nachruf *m*; **3.** *eccl.* Totenliste *f*; **II** *adj.* **4.** Toten..., Todes...: ***~ notice*** Todesanzeige *f*.

ob·ject¹ [əb'dʒekt] **I** *v/t.* **1.** *fig.* einwenden, vorbringen (***to*** gegen); **2.** vorhalten, vorwerfen (***to, against*** *dat.*); **II** *v/i.* **3.** Einwendungen machen, Einsprüche erheben, protestieren, reklamieren (***to, against*** gegen); **4.** et. einwenden, et. dagegen haben: ***~ to s.th.*** et. beanstanden; ***do you ~ to my smoking?*** haben Sie et. dagegen, wenn ich rauche?; ***if you don't ~*** wenn Sie nichts dagegen haben.

ob·ject² ['ɒbdʒɪkt] *s.* **1.** Ob'jekt *n* (*a. Kunst*), Gegenstand *m* (*a. fig. des Mitleids etc.*): ***~ of invention*** ⚖ Erfindungsgegenstand; ***money is no ~*** Geld spielt keine Rolle; ***salary no ~*** Gehalt Nebensache; **2.** Absicht *f*, Ziel *n*, Zweck *m*: ***make it one's ~ to do s.th.*** es sich zum Ziel setzen, et. zu tun; **3.** F komische *od.* scheußliche Per'son *od.* Sache: ***what an ~ you are!*** wie sehen Sie denn aus!; **4.** *ling.* a) Ob'jekt *n*: ***direct ~*** Akkusativobjekt; ***~ clause*** Objektsatz *m*, b) von e-r Präpositi'on abhängiges Wort; **~ draw·ing** *s.* Zeichnen *n* nach Vorlagen *od.* Mo'dellen; **'~·find·er** *s. phot.* (Objek'tiv)Sucher *m*; **'~·glass** *s. opt.* Objek'tiv(linse *f*) *n*.

ob·jec·ti·fy [ɒb'dʒektɪfaɪ] *v/t.* objektivieren.

ob·jec·tion [əb'dʒekʃn] *s.* **1.** a) Einwendung *f* (*a.* ⚖), Einspruch *m*, -wand *m*, -wurf *m*, Bedenken *n* (***to*** gegen), b) *weitS.* Abneigung *f*, 'Widerwille *m* (***against*** gegen): ***I have no ~ to him*** ich habe nichts gegen ihn *od.* an ihm nichts auszusetzen; ***make*** (*od.* ***raise***) ***an ~ to s.th.*** gegen et. e-n Einwand erheben; ***take ~ to s.th.*** gegen et. protestieren; **2.** Beanstandung *f*, Reklamati'on *f*; **ob'jec·tion·a·ble** [-ʃnəbl] *adj.* □ **1.** nicht einwandfrei, zu beanstanden(d), unerwünscht, anrüchig; **2.** unangenehm (***to*** *dat. od.* für); **3.** anstößig.

ob·jec·tive [əb'dʒektɪv] **I** *adj.* □ **1.** objek'tiv (*a. phls.*), sachlich, vorurteilslos; **2.** *ling.* Objekts...: ***~ case*** → 5; ***~ genitive*** objektiver Genitiv; **3.** Ziel...: ***~ point*** → 6; **II** *s.* **4.** *opt.* Objek'tiv(linse *f*) *n*; **5.** *ling.* Ob'jektsfall *m*; **6.** (*bsd.* ⚔ Kampf-, Angriffs)Ziel *n*; **ob'jec·tive·ness** [-nɪs], **ob·jec·tiv·i·ty** [ˌɒbdʒek'tɪvətɪ] *s.* Objektivi'tät *f*.

ob·ject lens *s. opt.* Objek'tiv(linse *f*) *n*.

ob·ject·less ['ɒbdʒɪktlɪs] *adj.* gegenstands-, zweck-, ziellos.

ob·ject les·son *s.* **1.** *ped. u. fig.* 'Anschauungsˌunterricht *m*; **2.** *fig.* Schulbeispiel *n*; **3.** *fig.* Denkzettel *m*.

ob·jec·tor [əb'dʒektə] *s.* Gegner(in) (***to*** *gen*); → ***conscientious***.

ob·ject| plate, ~ slide *s.* Ob'jektträger *m* (*Mikroskop etc.*); **~ teach·ing** *s.* 'Anschauungsˌunterricht *m*.

ob·jet d'art [ˌɒbʒeɪ'dɑː] (*Fr.*) *s.* (*bsd.* kleiner) Kunstgegenstand.

ob·jur·gate ['ɒbdʒɜːgeɪt] *v/t.* tadeln, schelten.

ob·late¹ ['ɒbleɪt] *adj.* ⩲, *phys.* (an den Polen) abgeplattet.

ob·late² ['ɒbleɪt] *R.C.* Ob'lat(in) (*Laienbruder od. -schwester*).

ob·la·tion [əʊ'bleɪʃn] *s. bsd. eccl.* Opfer (-gabe *f*) *n.*

ob·li·gate *v/t.* ['ɒblɪgeɪt] *a.* ⚖ verpflichten; **ob·li·ga·tion** [ˌɒblɪ'geɪʃn] *s.* **1.** Verpflichten *n*; **2.** Verpflichtung *f*, Verbindlichkeit *f*: **of ~** obligatorisch; **be under an ~ to s.o.** j-m (zu Dank) verpflichtet sein; **3.** † a) Schuldverschreibung *f*, Obligati'on *f*, b) (Schuld-) Verpflichtung *f*, Verbindlichkeit *f*: **financial ~** Zahlungsverpflichtung; **~ to buy** Kaufzwang *m*; **no ~, without ~** unverbindlich, freibleibend; **ob·li·ga·to·ry** [ə'blɪgətərɪ] *adj.* □ verpflichtend, bindend, (rechts)verbindlich, obliga'torisch (**on, upon** für), Zwangs…

o·blige [ə'blaɪdʒ] **I** *v/t.* **1.** nötigen, zwingen: **I was ~d to go** ich mußte gehen; **2.** *fig. j-n* (zu Dank) verpflichten: **much ~d!** sehr verbunden!, danke bestens!; **I am ~d to you for it** ich habe es Ihnen zu verdanken; **will you ~ me by** (*ger.*)**?** wären Sie so freundlich, zu (*inf.*)?, *iro.* würden Sie gefälligst *et. tun*?; **3.** *j-m* gefällig sein, e-n Gefallen tun, dienen: **to ~ you** Ihnen zu Gefallen; **~ the company with** die Gesellschaft mit *e-m Lied etc.* erfreuen; **4.** ⚖ *j-n* (*durch Eid etc.*) binden (**to** an *acc.*): **~ o.s.** sich verpflichten (**to do** *et.* zu tun); **II** *v/i.* **5. ~ with** F *Lied etc.* vortragen, zum besten geben; **6.** erwünscht sein: **an early reply will ~** um baldige Antwort wird gebeten; **ob·li·gee** [ˌɒblɪ'dʒiː] *s.* ⚖ Obligati'onsgläubiger (-in), Forderungsberechtigte(r *m*) *f*; **o'blig·ing** [-dʒɪŋ] *adj.* □ verbindlich, gefällig, zu'vor-, entgegenkommend; **o'blig·ing·ness** [-dʒɪŋnɪs] *s.* Gefälligkeit *f*, Zu'vorkommenheit *f*; **ob·li·gor** [ˌɒblɪ'gɔː] *s.* ⚖ (Obligati'ons)Schuldner(in).

ob·lique [ə'bliːk] *adj.* □ **1.** *bsd.* A schief, schräg: **~(-angled)** schiefwink(e)lig; **at an ~ angle with** im spitzen Winkel zu; **2.** 'indiˌrekt, versteckt, verblümt: **~ accusation**; **~ glance** Seitenblick *m*; **3.** unaufrichtig, unredlich; **4.** *ling.* abhängig, 'indiˌrekt: **~ case** Beugefall *m*; **~ speech** indirekte Rede; **ob'lique·ness** [-nɪs], **ob·liq·ui·ty** [ə'blɪkwətɪ] *s.* **1.** Schiefe *f* (*a. ast.*), schiefe Lage *od.* Richtung, Schrägheit *f*; **2.** *fig.* Schiefheit *f*: **moral ~** Unredlichkeit *f*; **~ of judg(e)ment** Schiefe *f* des Urteils.

ob·lit·er·ate [ə'blɪtəreɪt] *v/t.* **1.** auslöschen, tilgen (*beide a. fig.*), *Schrift a.* ausstreichen, wegradieren; *Briefmarken* entwerten; **2.** ⚕ veröden; **ob·lit·er·a·tion** [əˌblɪtə'reɪʃn] *s.* **1.** Verwischung *f*, Auslöschung *f*; **2.** *fig.* Vernichtung *f*, Vertilgung *f*.

ob·liv·i·on [ə'blɪvɪən] *s.* **1.** Vergessenheit *f*: **fall** (*od.* **sink**) **into ~** in Vergessenheit geraten; **2.** Vergessen *n*, Vergeßlichkeit *f*; **3.** ⚖, *pol.* Straferlaß *m*: (**Act of**) **℞** Amne'stie *f*; **ob'liv·i·ous** [-ɪəs] *adj.* □ vergeßlich: **be ~ of s.th.** et. vergessen (haben); **be ~ to s.th.** F *fig.* blind sein gegen et., et. nicht beachten.

ob·long ['ɒblɒŋ] **I** *adj.* **1.** länglich: **~ hole** ⚙ Langloch *n*; **2.** A rechteckig; **II** *s.* **3.** A Rechteck *n*.

ob·lo·quy ['ɒbləkwɪ] *s.* **1.** Verleumdung *f*, Schmähung *f*: **fall into ~** in Verruf kommen; **2.** Schmach *f*.

ob·nox·ious [əb'nɒkʃəs] *adj.* □ **1.** anstößig, anrüchig, verhaßt, ab'scheulich; **2.** (**to**) unbeliebt (bei), unangenehm (*dat.*); **ob'nox·ious·ness** [-nɪs] *s.* **1.** Anstößigkeit *f*, Anrüchigkeit *f*; **2.** Verhaßtheit *f*.

o·boe ['əʊbəʊ] *s.* ♪ O'boe *f*; **'o·bo·ist** [-əʊɪst] *s.* Obo'ist(in).

ob·scene [əb'siːn] *adj.* □ **1.** unzüchtig (*a.* ⚖), unanständig, zotig, ob'szön: **~ libel** ⚖ Veröffentlichung *f* unzüchtiger Schriften; **~ talker** Zotenreißer *m*; **2.** 'widerlich; **ob·scen·i·ty** [əb'senətɪ] *s.* **1.** Unanständigkeit *f*, Schmutz *m*, Zote *f*, *pl. a.* Obszöni'täten *pl.*; **2.** 'Widerlichkeit *f*.

ob·scur·ant ['ɒbskjʊərənt] *s.* Obsku'rant *m*, Dunkelmann, Bildungsfeind *m*; **ob·scur·ant·ism** [ˌɒbskjʊə'ræntɪzəm] *s.* Obskuran'tismus *m*, Bildungshaß *m*; **ob·scur·ant·ist** [ˌɒbskjʊə'ræntɪst] **I** *s.* → **obscurant**; **II** *adj.* obskuran'tistisch.

ob·scu·ra·tion [ˌɒbskjʊ'reɪʃn] *s.* Verdunkelung *f* (*a. fig.*).

ob·scure [əb'skjʊə] **I** *adj.* □ **1.** dunkel, düster; **2.** *fig.* dunkel, unklar; **3.** *fig.* ob'skur, unbekannt, unbedeutend; **4.** *fig.* verborgen: **live an ~ life**; **II** *v/t.* **5.** verdunkeln, verfinstern (*a. fig.*); **6.** *fig.* verkleinern, in den Schatten stellen; **7.** *fig.* unverständlich *od.* undeutlich machen; **8.** verbergen; **ob'scu·ri·ty** [-ərətɪ] *s.* **1.** Dunkelheit *f* (*a. fig.*); **2.** *fig.* Unklarheit *f*, Undeutlichkeit *f*, Unverständlichkeit *f*; **3.** *fig.* Unbekanntheit *f*, Verborgenheit *f*, Niedrigkeit *f der Herkunft*: **be lost in ~** vergessen sein.

ob·se·quies ['ɒbsɪkwɪz] *s. pl.* Trauerfeierlichkeit(en *pl.*) *f*.

ob·se·qui·ous [əb'siːkwɪəs] *adj.* □ unter'würfig (**to** gegen), ser'vil, kriecherisch; **ob'se·qui·ous·ness** [-nɪs] *s.* Unter'würfigkeit *f*.

ob·serv·a·ble [əb'zɜːvəbl] *adj.* □ **1.** wahrnehmbar; **2.** bemerkenswert; **3.** zu be(ob)achten(d); **ob'serv·ance** [-vns] *s.* **1.** Befolgung *f*, Be(ob)achtung *f*, Ein-, Innehaltung *f von Gesetzen etc.*; **2.** *eccl.* Heilighaltung *f*, Feiern *n*; **3.** Brauch *m*, Sitte *f*; **4.** Regel *f*, Vorschrift *f*; **5.** *R.C.* Ordensregel *f*, Obser'vanz *f*; **ob'serv·ant** [-vnt] *adj.* □ **1.** beobachtend, befolgend (**of** *acc.*): **be very ~ of forms** sehr auf Formen halten; **2.** aufmerksam, acht-, wachsam (**of** auf *acc.*).

ob·ser·va·tion [ˌɒbzə'veɪʃn] **I** *s.* **1.** Beobachtung *f* (*a.* ⚕, ⚓ *etc.*), Über'wachung *f*, Wahrnehmung *f*: **keep s.o. under ~** j-n beobachten (lassen); **2.** ⚔ (Nah)Aufklärung *f*; **3.** Beobachtungsvermögen *n*; **4.** Bemerkung *f*; **5.** Befolgung *f*; **II** *adj.* **6.** Beobachtungs…, Aussichts…; **~ bal·loon** *s.* 'Fesselbalˌlon *m*; **~ car** *s.* 🚃 Aussichtswagen *m*; **~ coach** *s.* Omnibus *m* mit Aussichtsplattform; **~ post** *s.* ⚔ Beobachtungsstand *m*, -posten *m*; **~ tow·er** *s.* Beobachtungswarte *f*, Aussichtsturm *m*; **~ ward** *s.* ⚕ Be'obachtungsstatiˌon *f*; **~ win·dow** *s.* ⚙ *etc.* Beobachtungsfenster *n*.

ob·serv·a·to·ry [əb'zɜːvətrɪ] *s.* Observa'torium *n*: a) Wetterwarte *f*, b) Sternwarte *f*.

ob·serve [əb'zɜːv] **I** *v/t.* **1.** beobachten: a) über'wachen, b) (be)merken, wahrnehmen, c) *Gesetz etc.* befolgen, (ein-) halten, beachten, *Fest etc.* feiern, begehen: **~ silence** Stillschweigen bewahren; **2.** bemerken, äußern, sagen; **II** *v/i.* **3.** Beobachtungen machen; **4.** Bemerkungen machen, sich äußern (**on, upon** über *acc.*); **ob'serv·er** [-və] *s.* **1.** Beobachter(in) (*a. pol.*), Zuschauer(in); **2.** Befolger(in); **3.** ⚔, ✈ a) Beobachter *m*, b) *Flugmeldedienst*: Luftspäher *m*; **ob'serv·ing** [-vɪŋ] *adj.* □ aufmerksam, achtsam.

ob·sess [əb'ses] *v/t.* quälen, heimsuchen, verfolgen (*von Ideen etc.*): **~ed by** (*od.* **with**) besessen von; **ob·ses·sion** [əb'seʃn] *s.* Besessenheit *f*, fixe I'dee; *psych.* Zwangsvorstellung *f*; **ob'ses·sive** [-sɪv] *adj. psych.* zwanghaft, Zwangs…: **~ neurosis**.

ob·so·les·cence [ˌɒbsəʊ'lesns] *s.* Veralten *n*: **planned ~** †, ⚙ künstliche Veralterung; **ob·so'les·cent** [-nt] *adj.* veraltend.

ob·so·lete ['ɒbsəliːt] *adj.* □ **1.** veraltet, über'holt, altmodisch; **2.** abgenutzt, verbraucht; **3.** *biol.* zu'rückgeblieben, rudimen'tär.

ob·sta·cle ['ɒbstəkl] *s.* Hindernis *n* (**to** für) (*a. fig.*): **put ~s in s.o.'s way** *fig.* j-m Hindernisse in den Weg legen; **~ race** *sport* Hindernisrennen *n*.

ob·stet·ric, ob·stet·ri·cal [ɒb'stetrɪk(l)] *adj.* Geburts(hilfe)…, Entbindungs…; **ob·ste·tri·cian** [ˌɒbste'trɪʃn] *s.* ⚕ Geburtshelfer(in); **ob'stet·rics** [-ks] *s. pl. mst sg. konstr.* Geburtshilfe *f*.

ob·sti·na·cy ['ɒbstɪnəsɪ] *s.* Hartnäckigkeit *f* (*a. fig.*, ⚕ *etc.*), Eigensinn *m*; **'ob·sti·nate** [-tənət] *adj.* □ hartnäckig (*a. fig.*), halsstarrig, eigensinnig.

ob·strep·er·ous [əb'strepərəs] *adj.* □ **1.** ungebärdig, tobend, 'widerspenstig; **2.** lärmend.

ob·struct [əb'strʌkt] **I** *v/t.* **1.** versperren, -stopfen, blockieren: **~ s.o.'s view** j-m die Sicht nehmen; **2.** *a. fig.* behindern, hemmen, lahmlegen; **3.** *fig.*, *a. pol.* blockieren, vereiteln; **4.** *sport*: sperren, (*a. Amtsperson*) behindern (**in** bei); **II** *v/i.* **5.** *pol.* Obstrukti'on treiben; **ob'struc·tion** [-kʃn] *s.* **1.** Versperrung *f*, Verstopfung *f*; **2.** Behinderung *f*, Hemmung *f*; **3.** Hindernis *n* (**to** für); **4.** *pol.* Obstrukti'on *f*; **ob'struc·tion·ism** [-kʃənɪzəm] *s. bsd. pol.* Obstrukti'onspoliˌtik *f*; **ob'struc·tion·ist** [-kʃənɪst] **I** *s.* Obstrukti'onspoˌlitiker(in); **II** *adj.* Obstruktions…; **ob'struc·tive** [-tɪv] **I** *adj.* □ **1.** versperrend (*etc.* → **obstruct** I); **2.** (**of, to**) hinderlich, hemmend (für): **be ~ to s.th.** et. behindern; **3.** Obstruktions…; **II** *s.* **4.** Hindernis *n*.

ob·tain [əb'teɪn] **I** *v/t.* **1.** erlangen, erhalten, bekommen, erwerben, sich verschaffen, *Sieg* erringen: **~ by flattery** sich erschmeicheln; **~ legal force** Rechtskraft erlangen; **details can be ~ed from** Näheres ist zu erfahren bei; **2.** *Willen, Wünsche etc.* 'durchsetzen; **3.** erreichen; **4.** † *Preis* erzielen; **II** *v/i.* **5.** (vor)herrschen, bestehen; Geltung haben, sich behaupten; **ob'tain·a·ble** [-nəbl] *adj.* erreichbar, erlangbar; erhältlich, zu erhalten(d) (**at** bei); **ob'tain·ment** [-mənt] *s.* Erlangung *f*.

ob·trude [əb'truːd] **I** *v/t.* aufdrängen, -nötigen, -zwingen (**upon, on** *dat.*): **~**

o.s. upon → II *v/i.* sich aufdrängen (***upon***, *on dat.*); **ob'tru·sion** [-u:ʒn] *s.* **1.** Aufdrängen *n*, Aufnötigung *f*; **2.** Aufdringlichkeit *f*; **ob'tru·sive** [-u:sɪv] *adj.* □ aufdringlich (*a. Sache*).

ob·tu·rate ['ɒbtjʊəreɪt] *v/t.* **1.** *a.* ⚕ verstopfen, verschließen; **2.** ⚙ (ab)dichten, lidern; **ob·tu·ra·tion** [ˌɒbtjʊə'reɪʃn] *s.* **1.** Verstopfung *f*, Verschließung *f*; **2.** ⚙ (Ab)Dichtung *f*.

ob·tuse [əb'tju:s] *adj.* □ **1.** stumpf (*a.* ⩓): **~(-*angled*)** stumpfwink(e)lig; **2.** *fig.* begriffsstutzig, beschränkt; dumpf (*Ton*, *Schmerz etc.*); **ob'tuse·ness** [-nɪs] *s.* **1.** Stumpfheit *f* (*a. fig.*); **2.** Begriffsstutzigkeit *f*.

ob·verse ['ɒbvɜ:s] **I** *s.* **1.** Vorderseite *f*; Bildseite *f e-r Münze*; **2.** Gegenstück *n*, *die* andere Seite, Kehrseite *f*; **II** *adj.* □ **3.** Vorder…, dem Beobachter zugekehrt; **4.** entsprechend, 'umgekehrt; **ob·verse·ly** [ɒb'vɜ:slɪ] *adv.* 'umgekehrt.

ob·vi·ate ['ɒbvɪeɪt] *v/t.* **1.** *e-r Sache* begegnen, zu'vorkommen, vorbeugen, *et.* verhindern, verhüten; **2.** aus dem Weg räumen, beseitigen; **3.** erübrigen; **ob·vi·a·tion** [ˌɒbvɪ'eɪʃn] *s.* **1.** Vorbeugen *n*, Verhütung *f*; **2.** Beseitigung *f*.

ob·vi·ous ['ɒbvɪəs] *adj.* □ offensichtlich, augenfällig, klar, deutlich; naheliegend, einleuchtend: ***it is ~ that*** es liegt auf der Hand, daß; ***it was the ~ thing to do*** es war das Nächstliegende; ***he was the ~ choice*** kein anderer kam dafür in Frage; **'ob·vi·ous·ness** [-nɪs] *s.* Offensichtlichkeit *f*.

oc·ca·sion [ə'keɪʒn] **I** *s.* **1.** (günstige) Gelegenheit; **2.** (***of***) Gelegenheit *f* (zu), Möglichkeit *f* (*gen.*); **3.** (besondere) Gelegenheit, Anlaß *m*; (F festliches) Ereignis: ***on this ~*** bei dieser Gelegenheit; ***on the ~ of*** anläßlich (*gen.*); ***on ~*** a) bei Gelegenheit, b) gelegentlich, c) wenn nötig; ***for the ~*** für diese besondere Gelegenheit, eigens zu diesem Zweck; ***a great ~*** ein großes Ereignis; ***improve the ~*** die Gelegenheit (*bsd.* zu e-r Moralpredigt) benützen; ***rise to the ~*** sich der Lage gewachsen zeigen; **4.** Anlaß *m*, Anstoß *m*: ***give ~ to*** → 6; **5.** (***for***) Grund *m* (zu), Ursache *f* (*gen.*), Veranlassung *f* (zu); **II** *v/t.* **6.** verursachen (***s.o. s.th.***, ***s.th. to s.o.*** j-m et.), hervorrufen, bewirken, zeitigen; **7.** *j-n* veranlassen (***to do*** zu tun); **oc'ca·sion·al** [-ʒənl] *adj.* □ **1.** gelegentlich, Gelegenheits…(*-arbeit*, *-dichter*, *-gedicht etc.*); vereinzelt; **2.** zufällig; **oc'ca·sion·al·ly** [-ʒnəlɪ] *adv.* gelegentlich, hin u. wieder.

Oc·ci·dent ['ɒksɪdənt] *s.* **1.** 'Okzident *m*, Westen *m*, Abendland *n*; **2.** ♀ Westen *m*; **Oc·ci·den·tal** [ˌɒksɪ'dentl] **I** *adj.* □ **1.** abendländisch, westlich; **2.** ♀ westlich; **II** *s.* **3.** Abendländer(in).

oc·cip·i·tal [ɒk'sɪpɪtl] *anat.* **I** *adj.* Hinterhaupt(s)…; **II** *s.* 'Hinterhauptsbein *n*; **oc·ci·put** ['ɒksɪpʌt] *pl.* **oc·cip·i·ta** [ɒk'sɪpɪtə] *s. anat.* 'Hinterkopf *m*.

oc·clude [ɒ'klu:d] *v/t.* **1.** *a.* ⚕ verstopfen, verschließen; **2.** a) einschließen, b) ausschließen, c) abschließen (***from*** von); **3.** ⚗ okkludieren, adsorbieren; **oc'clu·sion** [-u:ʒn] *s.* **1.** *a.* ⚕ a) Verstopfung *f*, Verschließung *f*, b) Verschluß *m*; **2.** Okklusi'on *f*: a) ⚗ Adsorpti'on *f*, b) ⚕ Biß(stellung *f*) *m*; ***abnormal ~*** Bißanomalie *f*.

oc·cult [ɒ'kʌlt] **I** *adj.* □ ok'kult: a) geheimnisvoll, verborgen (*a.* ⚕), b) magisch, 'übersinnlich, c) geheim, Geheim…: ***~ sciences*** Geheimwissenschaften; **II** *v/t.* verdecken; *ast.* verfinstern; **III** *s.* ***the ~*** das Ok'kulte; **oc·cult·ism** ['ɒkəltɪzəm] *s.* Okkul'tismus *m*; **oc·cult·ist** ['ɒkəltɪst] **I** *s.* Okkul'tist (-in); **II** *adj.* okkul'tistisch.

oc·cu·pan·cy ['ɒkjʊpənsɪ] *s.* **1.** Besitzergreifung *f* (*a.* ⚖); Einzug *m* (***of*** in *e-e Wohnung*); **2.** Innehaben *n*, Besitz *m*: ***during his ~ of the post*** solange er die Stelle innehatte; **3.** In'anspruchnahme *f* (*von Raum etc.*); **'oc·cu·pant** [-nt] *s.* **1.** *bsd.* ⚖ Besitzergreifer(in); **2.** Besitzer (-in), Inhaber(in); **3.** Bewohner(in), Insasse *m*, Insassin *f* (*Haus etc.*); **oc·cu·pa·tion** [ˌɒkjʊ'peɪʃn] *s.* **1.** Besitz *m*, Innehaben *n*; **2.** Besitznahme *f*, -ergreifung *f*; **3.** ⚔, *pol.* Besetzung *f*, Besatzung *f*, Okkupati'on *f*: ***~ troops*** Besatzungstruppen; → ***zone*** 1; **4.** Beschäftigung *f*: ***without ~*** beschäftigungslos; **5.** Beruf *m*, Gewerbe *n*: ***by ~*** von Beruf; ***employed in an ~*** berufstätig; ***in*** (*od.* ***as a***) ***regular ~*** hauptberuflich; **oc·cu·pa·tion·al** [ˌɒkjʊ:'peɪʃənl] *adj.* **1.** beruflich, Berufs…(*-gruppe*, *-krankheit etc.*), Arbeits…(*-psychologie*, *-unfall etc.*): ***~ hazard*** Berufsrisiko *n*; **2.** Beschäftigungs…: ***~ therapy***.

oc·cu·pi·er ['ɒkjʊpaɪə] → ***occupant***.

oc·cu·py ['ɒkjʊpaɪ] *v/t.* **1.** in Besitz nehmen, Besitz ergreifen von; *Wohnung* beziehen; ⚔ besetzen; **2.** besitzen, innehaben; *fig. Amt etc.* bekleiden, innehaben: ***~ the chair*** den Vorsitz führen; **3.** bewohnen; **4.** *Raum* einnehmen, (*a. Zeit*) in Anspruch nehmen; **5.** *j-n*, *j-s Geist* beschäftigen: ***~ o.s.*** sich beschäftigen *od.* befassen (***with*** mit); ***be occupied with*** (*od.* ***in***) ***doing*** damit beschäftigt sein, *et.* zu tun.

oc·cur [ə'kɜ:] *v/i.* **1.** sich ereignen, vorfallen, -kommen, passieren, eintreten; **2.** vorkommen (***in Poe*** bei Poe); **3.** zustoßen, vorkommen, begegnen (***to s.o.*** j-m); **4.** einfallen (***to*** *dat.*): ***it ~red to me that*** es fiel mir ein *od.* es kam mir der Gedanke, daß; **oc·cur·rence** [ə'kʌrəns] *s.* **1.** Vorkommen *n*, Auftreten *n*; **2.** Ereignis *n*, Vorfall *m*, Vorkommnis *n*.

o·cean ['əʊʃn] *s.* **1.** Ozean *m*, Meer *n*: ***~ lane*** Schiffahrtsroute *f*; ***~ liner*** Ozeandampfer *m*; **2.** *fig.* Meer *n*: ***~s of*** F e-e Unmenge von; ***~ bill of lad·ing*** *s.* ✝ Konnosse'ment *n*, Seefrachtbrief *m*; **'~-ˌgo·ing** *adj.* ⚓ Hochsee…, hochseetüchtig.

o·ce·an·ic [ˌəʊʃɪ'ænɪk] *adj.* oze'anisch, Ozean…, Meer(es)…

o·ce·a·no·graph·ic, **o·ce·a·no·graph·i·cal** [ˌəʊʃɪənəʊ'græfɪk(l)] *adj.* ozeano'graphisch; **o·ce·a·nog·ra·phy** [ˌəʊʃjə'nɒgrəfɪ] *s.* Meereskunde *f*; **o·ce·a·nol·o·gy** [ˌəʊʃjə'nɒlədʒɪ] *s.* Ozeanolo'gie *f*, Meereskunde *f*.

oc·el·lat·ed ['ɒsəleɪtɪd] *adj. zo.* **1.** augenfleckig; **2.** augenähnlich; **o·cel·lus** [əʊ'seləs] *pl.* **-li** [-laɪ] *s. zo.* **1.** Punktauge *n*; **2.** Augenfleck *m*.

o·cher *Am.* → ***ochre***.

och·loc·ra·cy [ɒk'lɒkrəsɪ] *s.* Ochlokra'tie *f*, Pöbelherrschaft *f*.

o·chre ['əʊkə] **I** *s.* **1.** *min.* Ocker *m*: ***blue*** (*od.* ***iron***) ***~*** Eisenocker *m*; ***brown*** (*od.* ***spruce***) ***~*** brauner Eisenocker; **2.** Okkerfarbe *f*, -gelb *n*; **II** *adj.* **3.** ockergelb; **o·chre·ous** ['əʊkrɪəs] *adj.* **1.** Ocker…; **2.** ockerhaltig *od.* -artig *od.* -farbig.

o'clock [ə'klɒk] Uhr (*bei Zeitangaben*): ***four ~*** vier Uhr.

oc·ta·gon ['ɒktəgən] *s.* ⩓ Achteck *n*; **oc·tag·o·nal** [ɒk'tægənl] *adj.* □ **1.** achteckig, -seitig; **2.** Achtkant…

oc·ta·he·dral [ˌɒktə'hedrəl] *adj.* ⩓, *min.* okta'edrisch, achtflächig; **ˌoc·ta'he·dron** [-drən] *pl.* **-drons** *od.* **-dra** [-drə] *s.* Okta'eder *n*.

oc·tal ['ɒktl] *adj.* ⚡ Oktal…

oc·tane ['ɒkteɪn] *s.* ⚗ Ok'tan *n*: ***~ number***, ***~ rating*** Oktanzahl *f*.

oc·tant ['ɒktənt] *s.* ⩓, ⚓ Ok'tant *m*.

oc·tave ['ɒktɪv; *eccl.* 'ɒkteɪv] *s.* ♪, *eccl.*, *phys.* Ok'tave *f*.

oc·ta·vo [ɒk'teɪvəʊ] *pl.* **-vos** *s.* **1.** Ok'tav(forˌmat) *n*; **2.** Ok'tavband *m*.

oc·til·lion [ɒk'tɪljən] *s.* ⩓ *Brit.* Oktilli'on *f*, *Am.* Quadrilli'arde *f*.

Oc·to·ber [ɒk'təʊbə] *s.* Ok'tober *m*: ***in ~*** im Oktober.

oc·to·dec·i·mo [ˌɒktəʊ'desɪməʊ] *pl.* **-mos** *s.* **1.** Okto'dezforˌmat *n*; **2.** Okto'dezband *m*.

oc·to·ge·nar·i·an [ˌɒktəʊdʒɪ'neərɪən] **I** *adj.* achtzigjährig; **II** *s.* Achtzigjährige(r *m*) *f*, Achtziger(in).

oc·to·pod ['ɒktəpɒd] *s. zo.* Okto'pode *m*, Krake *m*.

oc·to·pus ['ɒktəpəs] *pl.* **-pus·es** *od.* **'oc·to·pi** [-paɪ] *s.* **1.** *zo.* Krake *m*: a) 'Seepoˌlyp *m*, b) Okto'pode *m*; **2.** *fig.* Po'lyp *m*.

oc·to·syl·lab·ic [ˌɒktəʊsɪ'læbɪk] **I** *adj.* achtsilbig; **II** *s.* Achtsilb(l)er *m* (*Vers*); **oc·to·syl·la·ble** ['ɒktəʊˌsɪləbl] *s.* **1.** achtsilbiges Wort; **2.** → ***octosyllabic*** II.

oc·u·lar ['ɒkjʊlə] **I** *adj.* □ **1.** Augen… (*-bewegung*, *-zeuge etc.*); **2.** sichtbar (*Beweis*), augenfällig; **II** *s.* **3.** *opt.* Oku'lar *n*; **'oc·u·lar·ly** [-lɪ] *adv.* **1.** augenscheinlich; **2.** durch Augenschein, mit eigenen Augen; **'oc·u·list** [-lɪst] *s.* Augenarzt *m*.

odd [ɒd] **I** *adj.* □ → ***oddly***; **1.** sonderbar, seltsam, merkwürdig, kuri'os: ***an ~ fellow*** (*od.* F ***fish***) ein sonderbarer Kauz; **2.** (*nach Zahlen etc.*) und etliche, und einige *od.* etwas dar'über: ***50 ~*** über 50, einige 50; ***fifty ~ thousand*** zwischen 50000 u. 60000; ***it cost five pounds ~*** es kostete etwas über 5 Pfund; **3.** (*noch*) übrig, 'überzählig, restlich; **4.** ungerade: ***~ and even*** gerade u. ungerade; ***an ~ number*** eine ungerade Zahl; ***~ man out*** Überzählige(r *m*); ***the ~ man*** der Mann mit der entscheidenden Stimme (*bei Stimmengleichheit*) (→ 6); **5.** a) einzeln (*Schuh etc.*): ***~ pair*** Einzelpaar *n*, b) vereinzelt: ***some ~ volumes*** einige Einzelbände, c) ausgefallen, wenig gefragt (*Kleidergröße*); **6.** gelegentlich, Gelegenheits…: ***~ jobs*** Gelegenheitsarbeiten; ***at ~ moments***, ***at ~ times*** dann und wann, zwischendurch; ***~ man*** Gelegenheitsarbeiter *m*; **II** *s.* **7.** → ***odds***; **'odd·ball** *s. Am.* F → ***oddity*** 2.

odd·i·ty ['ɒdɪtɪ] *s.* **1.** Seltsamkeit *f*, Wunderlichkeit *f*, Eigenartigkeit *f*; **2.** komischer Kauz, Unikum *n*; **3.** seltsame *od.* kuri'ose Sache; **odd·ly** ['ɒdlɪ] *adv.* **1.** → ***odd*** 1; **2.** *a.* ***~ enough*** seltsamerweise; **odd·ments** ['ɒdmənts] *s. pl.* Reste *pl.*, 'Überbleibsel *pl.*; Krimskrams *m*; ✝ Einzelstücke *pl.*; **odd·ness** ['ɒdnɪs] *s.* Seltsamkeit *f*, Sonderbarkeit *f*.

'odd,num·bered *adj.* ungeradzahlig.

odds [ɒdz] *s. pl. oft sg. konstr.* **1.** Verschiedenheit *f*, 'Unterschied *m*: ***what's the ~?*** F was macht es (schon) aus?; ***it makes no ~*** es macht nichts (aus); **2.** Vorgabe *f* (*im Spiel*): ***give s.o. ~*** j-m et. vorgeben; ***take ~*** sich vorgeben lassen; ***take the ~*** e-e ungleiche Wette eingehen; **3.** (Gewinn)Chancen *pl.*: ***the ~ are 10 to 1*** die Chancen stehen 10 zu 1; ***the ~ are in our favo(u)r*** (*od.* ***on us***) *a. fig.* wir haben die besseren Chancen; ***the ~ are against us*** unsere Chancen stehen schlecht, wir sind im Nachteil; ***against long ~*** mit wenig Aussicht auf Erfolg; ***by long ~*** bei weitem; ***the ~ are that he will come*** es ist sehr wahrscheinlich, daß er kommt; **4.** Uneinigkeit *f*: ***at ~ with*** im Streit mit, uneins mit; ***set at ~*** uneinig machen, gegeneinander aufhetzen; **5.** ***~ and ends*** a) allerlei Kleinigkeiten, Krimskrams *m*, dies u. das, b) Reste, Abfälle; **,~-'on I** *adj.* aussichtsreich (*z. B. Rennpferd*): ***~ certainty*** sichere Sache; ***it's ~ that*** es ist so gut wie sicher, daß; **II** *s.* gute Chance.

ode [əʊd] *s.* Ode *f*.

o·di·ous ['əʊdjəs] *adj.* ☐ **1.** verhaßt, hassenswert, ab'scheulich; **2.** widerlich, ekelhaft; **'o·di·ous·ness** [-nɪs] *s.* **1.** Verhaßtheit *f*, Ab'scheulichkeit *f*; **2.** Widerlichkeit *f*; **'o·di·um** [-jəm] *s.* **1.** Verhaßtheit *f*; **2.** Odium *n*, Vorwurf *m*, Makel *m*; **3.** Haß *m*, Gehässigkeit *f*.

o·dom·e·ter [əʊ'dɒmɪtə] *s.* **1.** Weg(strecken)messer *m*; **2.** Kilo'meterzähler *m*.

o·don·tic [ɒ'dɒntɪk] *adj.* Zahn...: ***~ nerve***; **o·don·tol·o·gy** [,ɒdɒn'tɒlədʒɪ] *s.* Zahn(heil)kunde *f*, Odontolo'gie *f*.

o·dor(·less) *Am.* → ***odour(less)***.

o·dor·ant ['əʊdərənt] *adj.*, **o·dor·if·er·ous** [,əʊdə'rɪfərəs] *adj.* ☐ **1.** wohlriechend, duftend; **2.** *allg.* riechend.

o·dour ['əʊdə] *s.* **1.** Geruch *m*; **2.** Duft *m*, Wohlgeruch *m*; **3.** *fig.* Geruch *m*, Ruf *m*: ***the ~ of sanctity*** der Geruch der Heiligkeit; ***to be in bad ~ with s.o.*** bei j-m in schlechtem Rufe stehen; **'o·dour·less** [-lɪs] *adj.* geruchlos.

Od·ys·sey ['ɒdɪsɪ] *s. lit.* (*fig. oft* ℒ) Odys'see *f*.

oe·col·o·gy [iː'kɒlədʒɪ] → ***ecology***.

oec·u·men·i·cal [,iːkjuː'menɪkəl] *etc.* → ***ecumenical*** *etc.*

oe·de·ma [iː'diːmə] *pl.* **-ma·ta** [-mətə] *s.* ⚕ Ödem *n*.

oe·di·pal ['iːdɪpl] *adj. psych.* ödi'pal, Ödipus...

Oed·i·pus com·plex ['iːdɪpəs] *s. psych.* 'Ödipuskom,plex *m*.

oen·o·lo·gy [iː'nɒlədʒɪ] Wein(bau)kunde *f*, Önolo'gie *f*.

o'er ['əʊə] *poet. od. dial. für* ***over***.

oe·so·phag·e·al [iː,sɒfə'dʒiːəl] *adj. anat.* Speiseröhren..., Schlund...: ***~ orifice*** Magenmund *m*; **oe·soph·a·gus** [iː'sɒfəgəs] *pl.* **-gi** [-gaɪ] *od.* **-gus·es** *s. anat.* Speiseröhre *f*.

of [ɒv, əv] *prp.* **1.** *allg.* von; **2.** *zur Bezeichnung des Genitivs*: ***the tail ~ the dog*** der Schwanz des Hundes; ***the tail ~ a dog*** der Hundeschwanz; **3.** *Ort*: bei: ***the battle ~ Hastings***; **4.** *Entfernung, Trennung, Befreiung*: a) von: ***south ~ (within ten miles ~) London***; ***cure (rid) ~ s.th.***; ***free ~***, b) *gen.*: ***robbed ~ his purse*** s-r Börse beraubt, c) um: ***cheat s.o. ~ s.th.***; **5.** *Herkunft*: von, aus: ***~ good family***; ***Mr. X ~ London***; **6.** *Teil*: von *od. gen.*: ***the best ~ my friends***; ***a friend ~ mine*** ein Freund von mir, e-r m-r Freunde; ***that red nose ~ his*** diese rote Nase, die er hat; **7.** *Eigenschaft*: von, mit: ***a man ~ courage***; ***a man ~ no importance*** ein unbedeutender Mensch; **8.** *Stoff*: aus, von: ***a dress ~ silk*** ein Kleid aus *od.* von Seide, ein Seidenkleid; ***(made) ~ steel*** aus Stahl (hergestellt), stählern, Stahl...; **9.** *Urheberschaft, Art u. Weise*: von: ***the works ~ Byron***; ***it was clever ~ him***; ***~ o.s.*** von selbst, von sich aus; **10.** *Ursache, Grund*: a) von, an (*dat.*): ***die ~ cancer*** an Krebs sterben, b) aus: ***~ charity***, c) vor (*dat.*): ***afraid ~***, d) auf (*acc.*): ***proud ~***, e) über (*acc.*): ***ashamed ~***, f) nach: ***smell ~***; **11.** *Beziehung*: hinsichtlich (*gen.*): ***quick ~ eye*** flinkäugig; ***nimble ~ foot*** leichtfüßig; **12.** *Thema*: a) von, über (*acc.*): ***speak ~ s.th.***, b) an (*acc.*): ***think ~ s.th.***; **13.** *Apposition, im Deutschen nicht ausgedrückt*: a) ***the city ~ London***; ***the University ~ Oxford***; ***the month ~ April***; ***the name ~ Smith***, b) *Maß*: ***two feet ~ snow***; ***a glass ~ wine***; ***a piece ~ meat***; **14.** *Genitivus objectivus*: a) zu: ***the love ~ God***, b) vor (*dat.*): ***the fear ~ God*** die Furcht vor Gott, die Gottesfurcht, c) bei: ***an audience ~ the king;*** **15.** *Zeit*: a) an (*dat.*), in (*dat.*), *mst gen.*: ***~ an evening*** e-s Abends; ***~ late years*** in den letzten Jahren, b) von: ***your letter ~ March 3rd*** Ihr Schreiben vom 3. März, c) *Am.* F vor (*bei Zeitangaben*): ***ten minutes ~ three***.

off [ɒf] **I** *adv.* **1.** *mst in Zssgn mit vb.* fort, weg, da'von: ***be ~*** a) weg *od.* fort sein, b) (weg)gehen, sich davonmachen, (ab)fahren, c) weg müssen; ***be ~!***, ***~ you go!***, ***~ with you!*** fort mit dir!, pack dich!, weg!; ***where are you ~ to?*** wo gehst du hin?; **2.** ab(*-brechen, -kühlen, -rutschen, -schneiden etc.*), her'unter(...), los(...): ***the apple is ~*** der Apfel ist ab; ***dash ~*** losrennen; ***have one's shoes*** *etc.* ***~*** s-e *od.* die Schuhe *etc.* ausgezogen haben; ***~ with your hat!*** herunter mit dem Hut!; **3.** entfernt, weg: ***3 miles ~***; **4.** *Zeitpunkt*: von jetzt an, hin: ***Christmas is a week ~*** bis Weihnachten ist es eine Woche; ***~ and on*** a) ab u. zu, hin u. wieder, b) ab u. an, mit (kurzen) Unterbrechungen; **5.** abgezogen, ab(züglich); **6.** a) aus(geschaltet), abgeschaltet, -gestellt (*Maschine, Radio etc.*), (ab)gesperrt (*Gas etc.*), zu (*Hahn etc.*), b) *fig.* aus, vor'bei, abgebrochen; gelöst (*Verlobung*): ***the bet is ~*** die Wette gilt nicht mehr; ***the whole thing is ~*** die ganze Sache ist abgeblasen *od.* ins Wasser gefallen; **7.** aus(gegangen), verkauft, nicht mehr vorrätig; **8.** frei (*von Arbeit*): ***take a day ~*** sich e-n Tag freinehmen; **9.** ganz, zu Ende: ***drink ~*** (ganz) austrinken; ***kill ~*** ausrotten; ***sell ~*** ausverkaufen; **10.** ✝ flau: ***the market is ~***; **11.** nicht frisch, (leicht) verdorben (*Nahrungsmittel*); **12.** *sport* außer Form; **13.** ⚓ vom Land *etc.* ab; **14.** ***well (badly) ~*** gut (schlecht) d(a)ran *od.* gestellt *od.* situiert; ***how are you ~ for ...?*** wie bist du dran mit ...?; **II** *prp.* **15.** von ... (weg, ab, her'unter): ***climb ~ the horse*** vom Pferd (herunter)steigen; ***eat ~ a plate*** von e-m Teller essen; ***take 3 percent ~ the price*** 3 Prozent vom Preis abziehen; ***be ~ a drug*** *sl.* von e-r Droge ‚heruntersein'; **16.** abseits von *od. gen.*, von ... ab: ***~ the street***; ***a street ~ Piccadilly*** e-e Seitenstraße von Piccadilly; ***~ one's balance*** aus dem Gleichgewicht; ***~ form*** außer Form; **17.** frei von: ***~ duty*** dienstfrei; **18.** ⚓ auf der Höhe von *Trafalgar etc.*, vor *der Küste*; **III** *adj.* **19.** (weiter) entfernt; **20.** Seiten..., Neben...: ***~ street***; **21.** recht (*von Tieren, Fuhrwerken etc.*): ***the ~ horse*** das rechte Pferd, das Handpferd; **22.** *Kricket*: abseitig (*rechts vom Schlagmann*); **23.** ab(-), los(gegangen); **24.** (arbeits-, dienst)frei: ***an ~ day***; → **25.** (*verhältnismäßig*) schlecht: ***an ~ day*** ein schlechter Tag (*an dem alles mißlingt etc.*); ***an ~ year for fruit*** ein schlechtes Obstjahr; **26.** ✝ a) flau, still, tot (*Saison*), b) von schlechter Quali'tät: ***~ shade*** Fehlfarbe *f*; **27.** ‚ab', unwohl, nicht auf dem Damm: ***I am feeling rather ~ today***; **28.** ***on the ~ chance*** auf gut Glück: ***I went there on the ~ chance of seeing him*** ich ging in der vagen Hoffnung hin, ihn zu sehen; **IV** *int.* **29.** weg!, fort!, raus!: ***hands ~!*** Hände weg!; **30.** her'unter!, ab!

of·fal ['ɒfl] *s.* **1.** Abfall *m*; **2.** *sg. od. pl. konstr.* Fleischabfall *m*, Inne'reien *pl.*; **3.** billige *od.* minderwertige Fische *pl.*; **4.** *fig.* Schund *m*, Ausschuß *m*.

,off|'beat *adj.* F ausgefallen, extrava'gant (*Geschmack, Kleidung etc.*); **'~·cast I** *adj.* verworfen, abgetan; **II** *s.* abgetane Per'son *od.* Sache; **,~-'cen·ter** *Am.*, **,~-'cen·tre** *Brit. adj.* verrutscht; ⚙ außermittig, ex'zentrisch (*a. fig.*); **,~-'col·o(u)r** *adj.* **1.** a) farblich abweichend, b) nicht lupenrein: ***~ jewel***; **2.** *fig.* nicht (ganz) in Ordnung; unpäßlich; **3.** zweideutig, schlüpfrig: ***~ jokes***; **,~-'du·ty** *adj.* dienstfrei.

of·fence [ə'fens] *s.* **1.** *allg.* Vergehen *n*, Verstoß *m* (***against*** gegen); **2.** ⚖ a) *a.* ***criminal ~*** Straftat *f*, strafbare Handlung, De'likt *n*, b) *a.* ***lesser*** *od.* ***minor ~*** Über'tretung *f*; **3.** Anstoß *m*, Ärgernis *n*, Beleidigung *f*, Kränkung *f*: ***give ~*** Anstoß *od.* Ärgernis erregen (***to*** bei); ***take ~ (at)*** Anstoß nehmen (an *dat.*), beleidigt *od.* gekränkt sein (durch, über *acc.*), (*et.*) übelnehmen; ***no ~ (meant)!*** nichts für ungut!; **4.** Angriff *m*: ***arms of ~*** Angriffswaffen *pl.*; **of'fence·less** [-lɪs] *adj.* harmlos.

of·fend [ə'fend] **I** *v/t.* **1.** *j-n, j-s Gefühle etc.* verletzen, beleidigen, kränken: ***it ~s the eye*** es beleidigt das Auge; ***be ~ed at*** (*od.* ***by***) ***s.th.*** sich durch et. beleidigt fühlen; ***be ~ed with*** (*od.* ***by***) ***s.o.*** sich durch j-n beleidigt fühlen; **II** *v/i.* **2.** Anstoß erregen; **3.** (***against***) verstoßen (gegen), sündigen, sich vergehen (an *dat.*); **of'fend·ed·ly** [-dɪdlɪ] *adv.* beleidigt; **of'fend·er** [-də] *s.* Übel-, Missetäter(in); ⚖ Straffällige(r *m*) *f*: ***first*** ~ ⚖ nicht Vorbestrafte(r *m*) *f*, Ersttäter(in); ***second*** ~ Rückfällige(r *m*) *f*; **of'fend·ing** [-dɪŋ] *adj.* **1.** verletzend, beleidigend; **2.** anstößig.

of·fense(·less) *Am.* → ***offence(less)***.

of·fen·sive [ə'fensɪv] **I** *adj.* □ **1.** beleidigend, anstößig, anstoß- *od.* ärgerniserregend; **2.** 'widerwärtig, ekelhaft, übel: ~ ***smell***; **3.** angreifend, offen'siv: ~ ***war*** Angriffs-, Offensivkrieg *m*; ~ ***weapon*** Angriffswaffe *f*; **II** *s.* **4.** Offen'sive *f*, Angriff *m*: ***take the*** ~ die Offensive ergreifen, zum Angriff übergehen; **of'fen·sive·ness** [-nɪs] *s.* **1.** *das* Beleidigende, Anstößigkeit *f*; **2.** 'Widerlichkeit *f*.

of·fer ['ɒfə] **I** *v/t.* **1.** *Geschenk, Ware etc., a. Schlacht* anbieten; † *a.* offerieren; *Preis, Summe* bieten: ~ ***s.o. a cigarette***; ~ ***one's hand*** (***to***) *j-m* die Hand bieten *od.* reichen; ~ ***for sale*** zum Verkauf anbieten; **2.** *Ansicht, Entschuldigung etc.* vorbringen, äußern; **3.** *Anblick, Schwierigkeit etc.* bieten: ***no opportunity*** ~***ed itself*** es bot sich keine Gelegenheit; **4.** sich bereit erklären zu, sich (an)erbieten zu; **5.** Anstalten machen zu, sich anschicken zu; **6.** *fig. Beleidigung* zufügen; *Widerstand* leisten; *Gewalt* antun (***to*** *dat.*); **7.** *a.* ~ ***up*** opfern, *Opfer, Gebet, Geschenk* darbringen (***to*** *dat.*); **II** *v/i.* **8.** sich bieten, auftauchen: ***no opportunity*** ~***ed*** es bot sich keine Gelegenheit; **III** *s.* **9.** *allg.* Angebot *n*, Anerbieten *n*; **10.** † (An-) Gebot *n*, Of'ferte *f*, Antrag *m*: ***on*** ~ zu verkaufen, verkäuflich; **11.** Vorbringen *n* (*e-s Vorschlags, e-r Meinung etc.*); **of·fer·ing** ['ɒfərɪŋ] *s.* **1.** *eccl.* Opfer *n*; **2.** *eccl.* Spende *f*; **3.** Angebot *n* (*Am. a.* † *Börse*).

of·fer·to·ry ['ɒfətərɪ] *s. eccl.* **1.** *mst* ♀ Offer'torium *n*; **2.** Kol'lekte *f*, Geldsammlung *f*; **3.** Opfer(geld) *n*.

ˌ**off|-'face** *adj.* stirnfrei (*Damenhut*); '~**·fla·vo(u)r** *s.* (unerwünschter) Beigeschmack; ˌ~'**grade** *adj.* † von geringerer Quali'tät: ~ ***iron*** Ausfalleisen *n*.

off|·hand [ˌɒf'hænd] **I** *adv.* **1.** aus dem Stegreif *od.* Kopf, (so) ohne weiteres *sagen können etc.*; **II** *adj.* **2.** unvorbereitet, improvisiert, Stegreif...: ***an*** ~ ***speech***; **3.** lässig (*Art etc.*), 'hingeworfen (*Bemerkung*); **4.** kurz (angebunden); ˌ~'**hand·ed** [-dɪd] → ***offhand*** II; ˌ~'**hand·ed·ness** [-dɪdnɪs] *s.* Lässigkeit *f*.

of·fice ['ɒfɪs] *s.* **1.** Bü'ro *n*, Kanz'lei *f*, Kon'tor *n*; Geschäftsstelle *f* (*a.* ⚖ *des Gerichts*), Amt *n*; Geschäfts-, Amtszimmer *n od.* -gebäude *n*; **2.** Behörde *f*, Amt *n*, (Dienst)Stelle *f*; *mst* ♀ *bsd. Brit.* Mini'sterium *n*, (Ministeri'al)Amt *n*: ***Foreign*** ♀; **3.** Zweigstelle *f*, Fili'ale *f*; **4.** (*bsd.* öffentliches, staatliches) Amt, Posten *m*, Stellung *f*: ***take*** ~, ***enter upon an*** ~ ein Amt antreten; ***be in*** ~ im Amt *od.* an der Macht sein; ***hold an*** ~ ein Amt bekleiden *od.* innehaben; ***resign one's*** ~ zurücktreten, sein Amt niederlegen; **5.** Funkti'on *f*, Aufgabe *f*, Pflicht *f*: ***it is my*** ~ ***to advise him***; **6.** Dienst(leistung *f*) *m*, Gefälligkeit *f*: ***good*** ~***s*** *pol.* gute Dienste; ***do s.o. a good*** ~ j-m e-n guten Dienst erweisen; ***through the good*** ~***s of*** durch die freundliche Vermittlung von; **7.** *eccl.* Gottesdienst *m*: ♀ ***for the Dead*** Totenamt *n*; ***perform the last*** ~***s to*** *e-n Toten* aussegnen; ***divine*** ~ das Brevier; **8.** *pl. bsd. Brit.* Wirtschaftsteil *m*, -raum *m od.* -räume *pl. od.* -gebäude *n od. pl.*; **9.** *sl.* Wink *m*, Tip *m*.

of·fice| ac·tion *s.* (Prüfungs)Bescheid *m des Patentamts*; '~ˌ**bear·er** *s.* Amtsinhaber(in); ~ **block** *s.* Bü'rogebäude *n*; ~ **boy** *s.* Laufbursche *m*, Bü'rogehilfe *m*; ~ **clerk** *s.* Konto'rist(in), Bü'roangestellte(r *m*) *f*; ~ **girl** *s.* Bü'rogehilfin *f*; '~ˌ**hold·er** *s.* Amtsinhaber(in), (Staats)Beamte(r) *m*, (Staats)Beamtin *f*; ~ **hours** *s. pl.* Dienststunden *pl.*, Geschäftszeit *f*; '~ˌ**hunt·er** *s.* Postenjäger(in).

of·fi·cer ['ɒfɪsə] **I** *s.* **1.** ⚔, ⚓ Offi'zier *m*: ~ ***of the day*** Offizier vom Tagesdienst; ***commanding*** ~ Kommandeur *m*, Einheitsführer *m*; ~ ***cadet*** Fähnrich *m*; ~ ***candidate*** Offiziersanwärter *m*; ♀***s' Training Corps*** *Brit.* Offiziersausbildungskorps *n*; **2.** a) Poli'zist *m*, Poli'zeibeamte(r) *m*, b) Herr Wachtmeister (*Anrede*); **3.** Beamte(r) *m* (*a.* † *etc.*), Beamtin *f*, Amtsträger(in): ***medical*** ~ Amtsarzt *m*; ***public*** ~ Beamte(r) im öffentlichen Dienst; **4.** Vorstandsmitglied *n*; **II** *v/t.* **5.** ⚔ a) mit Offizieren versehen, b) *e-e Einheit* als Offizier befehligen (*mst pass.*): ***be*** ~***ed by*** befehligt werden von; **6.** *fig.* leiten, führen.

of·fice| seek·er *s. bsd. Am.* **1.** Stellungssuchende(r *m*) *f*; **2.** *b.s.* Postenjäger(in); ~ **staff** *s.* Bü'roperso,nal *n*; ~ **sup·plies** *s. pl.* Bü'romateri,al *n*, -bedarf *m*.

of·fi·cial [ə'fɪʃl] **I** *adj.* □ **1.** offizi'ell, amtlich, dienstlich, behördlich: ~ ***act*** Amtshandlung *f*; ~ ***business*** ✉ Dienstsache *f*; ~ ***call*** *teleph.* Dienstgespräch *n*; ~ ***duties*** Amtspflichten; ~ ***language*** Amtssprache *f*; ~ ***oath*** Amtseid *m*; ~ ***residence*** Amtssitz *m*; ~ ***secret*** Amts-, Dienstgeheimnis *n*; ***through*** ~ ***channels*** auf dem Dienstweg; ~ ***trip*** Dienstreise *f*; **2.** offiziell, amtlich (bestätigt *od.* autorisiert): ***an*** ~ ***report***; **3.** offizi'ell, for'mell: ***an*** ~ ***dinner***; **4.** ⚕ offizi'nell; **II** *s.* **5.** Beamte(r) *m*, Beamtin *f*; Funktio'när(in); **of'fi·cial·dom** [-dəm] *s.* → ***officialism*** 2 *u.* 3; **of·fi·cial·ese** [əˌfɪʃə'li:z] *s.* Behördensprache *f*, Amtsstil *m*; **of'fi·cial·ism** [-ʃəlɪzəm] *s.* **1.** Amtsme'thoden *pl.*; **2.** Bürokra'tie *f*, Amtsschimmel *m*; **3.** *coll. das* Beamtentum, *die* Beamten *pl.*

of·fi·ci·ate [ə'fɪʃɪeɪt] *v/i.* **1.** amtieren, fungieren (***as*** als); **2.** den Gottesdienst leiten: ~ ***at the wedding*** die Trauung vornehmen.

of·fic·i·nal [ˌɒfɪ'saɪnl] **I** *adj.* ⚕ a) offizi'nell, als Arz'nei anerkannt, b) Arznei...: ~ ***plants*** Heilkräuter *pl.*; **II** *s.* offizinelle Arznei.

of·fi·cious [ə'fɪʃəs] *adj.* □ **1.** aufdringlich, über'trieben diensteifrig, 'übereifrig; **2.** offizi'ös, halbamtlich; **of'fi·cious·ness** [-nɪs] *s.* Zudringlichkeit *f*, (aufdringlicher) Diensteifer.

of·fing ['ɒfɪŋ] *s.* ⚓ offene See, Seeraum *m*: ***in the*** ~ a) auf offener See, b) *fig.* in (Aus)Sicht: ***be in the*** ~ *a.* sich abzeichnen.

off·ish ['ɒfɪʃ] *adj.* F reserviert, unnahbar, kühl, steif.

'**off|-key** *adj. u. adv.* ♪ falsch; '~ˌ**li·cence** *s. Brit.* 'Schankkonzessiˌon *f* über die Straße; ˌ~'**load** *v/t. fig.* abladen (***on s.o.*** auf j-n); ˌ~'**peak** **I** *adj.* abfallend, unter der Spitze liegend: ~ ***charges*** *pl.* verbilligter Tarif; ~ ***hours*** verkehrsschwache Stunden; ~ ***tariff*** Nacht(strom)tarif *m*; **II** *s.* ⚡ Belastungstal *n*; ~ **po·si·tion** *s.* ⚙ Ausschalt-, Nullstellung *f*; '~**·print** **I** *s.* Sonder(ab)druck *m* (***from*** aus); **II** *v/t.* als Sonder(ab)druck herstellen; '~ˌ**put·ting** *adj.* F störend, unangenehm; '~ˌ**scour·ings** *s. pl.* **1.** Kehricht *m*, Schmutz *m*; **2.** Abschaum *m* (*bsd. fig.*): ***the*** ~***s of humanity***; '~**·scum** *s. fig.* Abschaum *m*, Auswurf *m*; ~ **sea·son** *s.* 'Nebensaiˌson *f*, stille Sai'son.

off·set ['ɒfset] **I** *s.* **1.** Ausgleich *m*, Kompensati'on *f*; † Verrechnung *f*: ~ ***account*** Verrechnungskonto *n*; **2.** ⚘ a) Ableger *m*, b) kurzer Ausläufer; **3.** Neben-, Seitenlinie *f* (*e-s Stammbaums etc.*); **4.** Abzweigung *f*; Ausläufer *m* (*bsd. e-s Gebirges*); **5.** *typ.* a) Offsetdruck *m*, b) Abziehen *n*, Abliegen *n* (*bsd. noch feuchten Druckes*), c) Abzug *m*, Pa'trize *f* (*Lithographie*); **6.** ⚙ a) Kröpfung *f*; Biegung *f e-s Rohrs*, b) ⚒ kurze Sohle, c) ⚡ (Ab)Zweigleitung *f*; **7.** *surv.* Ordi'nate *f*; **8.** △ Absatz *m e-r Mauer etc.*; **II** *v/t.* [*irr.* → ***set***] **9.** ausgleichen, aufwiegen, wettmachen: ***the gains*** ~ ***the losses***; **10.** † *Am.* aufrechnen, ausgleichen; **11.** ⚙ kröpfen; **12.** △ *Mauer etc.* absetzen; **13.** *typ.* im Offsetverfahren drucken; ~ **bulb** *s.* ⚘ Brutzwiebel *f*; ~ **sheet** *s. typ.* 'Durchschußbogen *m*.

'**off|·shoot** *s.* **1.** ⚘ Sprößling *m*, Ausläufer *m*, Ableger *m*; **2.** Abzweigung *f*; **3.** *fig.* Seitenlinie *f* (*e-s Stammbaums etc.*); '~**·shore** **I** *adv.* **1.** von der Küste ab *od.* her; **2.** in einiger Entfernung von der Küste; **II** *adj.* **3.** küstennah: ~ ***drilling*** Off-shore-Bohrung *f*; **4.** ablandig (*Wind, Strömung*); **5.** Auslands...: ~ ***order*** *Am.* Off-shore-Auftrag *m*; ˌ~'**side** *adj. u. adv. sport* abseits; '~**·side** **I** *s.* **1.** *sport* Abseits(stellung *f*) *n*; **2.** *mot.* Fahrerseite *f*; **II** *adj. u. adv.* abseits: ***be*** ~ im Abseits stehen; ~ ***trap*** Abseitsfalle *f*; '~**·size** *s.* ⚙ Maßabweichung *f*; '~**·spring** *s.* **1.** Nachkommen(schaft *f*) *pl.*; **2.** (*pl.* ***offspring***) Nachkomme *m*, Abkömmling *m*; **3.** *fig.* Frucht *f*, Ergebnis *n*; ˌ~'**stage** *adj.* hinter der Bühne, hinter den Ku'lissen (*a. fig.*); '~**·take** *s.* **1.** † Abzug *m*; Einkauf *m*; **2.** ⚙ Abzug(srohr *n*) *m*; ˌ~**-the-'cuff** *adj. fig.* aus dem Handgelenk *od.* Stegreif; ˌ~**-the-'peg** *adj.* von der Stange, Konfektions...; ˌ~**-the-'rec·ord** *adj.* nicht für die Öffentlichkeit bestimmt, 'inoffiziˌell; ˌ~**-the-'shelf** *adj.* †, ⚙ Standard...: ~ ***accessories***; ˌ~'**white** *adj.* gebrochen weiß.

oft [ɒft] *adv. obs., poet. u. in Zssgn* oft: ~***-told*** oft erzählt.

of·ten ['ɒfn] *adv.* oft(mals), häufig: ***as*** ~ ***as not, ever so*** ~ sehr oft; ***more*** ~ ***than not*** meistens.

o·gee ['əʊdʒi:] *s.* **1.** S-Kurve *f*, S-förmige Linie; **2.** △ a) Kar'nies *n*, Rinnleiste *f*, b) *a.* **~ arch** Eselsrücken *m* (*Bogenform*).

o·give ['əʊdʒaɪv] *s.* **1.** △ a) Gratrippe *f e-s Gewölbes*, b) Spitzbogen *m*; **2.** ⚔ Geschoßspitze *f*; **3.** *Statistik*: Häufigkeitsverteilungskurve *f*.

o·gle ['əʊgl] **I** *v/t.* liebäugeln mit; **II** *v/i.* (**with**) liebäugeln (mit, *a. fig.*), ‚Augen machen' (*dat.*); **III** *s.* verliebter *od.* liebäugelnder Blick; **'o·gler** [-lə] *s.* Liebäugelnde(r *m*) *f*.

o·gre ['əʊgə] *s.* **1.** (menschenfressendes) Ungeheuer, *bsd.* Riese *m* (*im Märchen*); **2.** *fig.* Scheusal *n*, Ungeheuer *n* (*Mensch*); **o·gress** ['əʊgrɪs] *s.* Menschenfresserin *f*, Riesin *f* (*im Märchen*).

oh [əʊ] *int.* oh!; ach!

ohm [əʊm], **ohm·ad** ['əʊmæd] *s.* ⚡ Ohm *n*: **2's Law** Ohmsches Gesetz; **ohm·age** ['əʊmɪdʒ] *s.* Ohmzahl *f*; **ohm·ic** ['əʊmɪk] *adj.* Ohmsch: **~ resistance**; **ohm·me·ter** ['əʊmˌmi:tə] *s.* ⚡ Ohmmeter *n*.

oil [ɔɪl] **I** *s.* **1.** Öl *n*: **pour ~ on the flames** *fig.* Öl ins Feuer gießen; **pour ~ on troubled waters** *fig.* die Gemüter beruhigen; **smell of ~** *fig.* mehr Fleiß als Geist *od.* Talent verraten; **2.** (Erd-)Öl *n*, Pe'troleum *n*: **to strike ~** a) Erdöl finden, auf Öl stoßen, fündig werden (*a. fig.*), b) *fig.* Glück *od.* Erfolg haben; **3.** *mst pl.* Ölfarbe *f*: **paint in ~s** in Öl malen; **4.** *mst pl.* F Ölgemälde *n*; **5.** *pl.* Ölzeug *n*, -haut *f*; **II** *v/t.* **6.** ⚙ (ein-)ölen, einfetten, schmieren; → **palm**[1] 1; **'~·bear·ing** *adj. geol.* ölhaltig, -führend; **'~·berg** [-bɜ:g] *s.* ⚓ Riesentanker *m*; **~ box** *s.* ⚙ Schmierbüchse *f*; **'~-brake** *s. mot.* Öldruckbremse *f*; **~ burn·er** *s.* ⚙ Ölbrenner *m*; **'~·cake** *s.* Ölkuchen *m*; **'~·can** *s.* 'Ölkaˌnister *m*, -kännchen *n*; **~ change** *s. mot.* Ölwechsel *m*; **'~·cloth** *s.* **1.** Wachstuch *n*; **2.** → **oilskin**; **~ col·o(u)r** *s. mst pl.* Ölfarbe *f*; **~ cri·sis** *s.* [*irr.*] ✝ Ölkrise *f*; **'~·cup** *s.* ⚙ Öler *m*, Schmierbüchse *f*.

oiled [ɔɪld] *adj.* **1.** (ein)geölt; **2.** *bsd.* **well ~** *sl.* ‚blau', besoffen.

oil·er ['ɔɪlə] *s.* **1.** ⚓, ⚙ Öler *m*, Schmierer *m* (*Person u. Gerät*); **2.** ⚙ Öl-, Schmierkanne *f*; **3.** *Am.* F → **oilskin** 2; **4.** *Am.* Ölquelle *f*; **5.** ⚓ Öltanker *m*.

'oil|·field *s.* Ölfeld *n*; **'~·fired** *adj.* mit Ölfeuerung, ölbeheizt: **~ central heating** Ölzentralheizung *f*; **~ fu·el** *s.* **1.** Heizöl *n*; **2.** Öltreibstoff *m*; **~ gas** *s.* Ölgas *n*; **'~-ga(u)ge** *s.* ⚙ Ölstandsanzeiger *m*; **~ glut** *s.* Ölschwemme *f*.

oil·i·ness ['ɔɪlɪnɪs] *s.* **1.** ölige Beschaffenheit, Fettigkeit *f*, Schmierfähigkeit *f*; **2.** *fig.* Glattheit *f*, aalglattes Wesen; **3.** *fig.* Öligkeit *f*, salbungsvolles Wesen.

oil| lev·el *s. mot.* Ölstand *m*; **~ paint** *s.* Ölfarbe *f*; **~ paint·ing** *s.* **1.** 'Ölmaleˌrei *f*; **2.** Ölgemälde *n*; **3.** ⚙ Ölanstrich *m*; **~ pan** *s. mot.* Ölwanne *f*; **'~-proˌduc·ing coun·try** *s.* Ölförderland *n*; **~ rig** *s.* Bohrinsel *f*; **~ seal** *s.* ⚙ **1.** Öldichtung *f*; **2.** *a.* **~ ring** Simmerring *m*; **'~·skin** *s.* **1.** Ölleinwand *f*; **2.** *pl.* Ölzeug *n*, -kleidung *f*; **~ slick** *s.* **1.** ⚙ Ölschlick *m*; **2.** Ölteppich *m* (*auf dem Meer etc.*); **~ stove** *s.* Ölofen *m*; **~ sump** *s.* ⚙ Ölwanne *f*; **~ switch** *s.* ⚙ Ölschalter *m*; **~ var·nish** *s.* Öllack *m*; **~ well** *s.* Ölquelle *f*.

oil·y ['ɔɪlɪ] *adj.* ☐ **1.** ölig, ölhaltig, Öl…; **2.** fettig, schmierig; **3.** *fig.* glatt(züngig), aalglatt, schmeichlerisch; **4.** *fig.* ölig, salbungsvoll.

oint·ment ['ɔɪntmənt] *s.* ⚕ Salbe *f*; → **fly**[2] 1.

O.K., OK, o·kay [ˌəʊ'keɪ] F **I** *adj. u. int.* richtig, gut, in Ordnung, genehmigt; **II** *v/t.* genehmigen, gutheißen, *e-r Sache* zustimmen; **III** *s.* Zustimmung *f*, Genehmigung *f*.

old [əʊld] **I** *adj.* **1.** alt, betagt: **grow ~** alt werden, altern; **2.** *zehn Jahre etc.* alt: **ten years ~**; **3.** alt('hergebracht): **~ tradition**; **as ~ as the hills** uralt; **4.** alt, vergangen, früher: **the ~ masters** *paint. etc.* die alten Meister; → **old boy**; **5.** alt(bekannt, -bewährt): **an ~ friend**; **6.** alt, abgenutzt; (ab)getragen (*Kleider*): **that is ~ hat** das ist ein alter Hut; **7.** alt(modisch), verkalkt; **8.** alt, erfahren, gewitz(ig)t: **~ offender** alter Sünder; → **hand** 6; **9.** F (*guter*) alter, lieber: **~ chap** *od.* **man** ‚altes Haus'; **nice ~ boy** netter alter ‚Knabe'; **the ~ man** der ‚Alte' (*Chef*); **my ~ man** mein ‚Alter' (*Vater*); **my ~ woman** meine ‚Alte' (*Ehefrau*); **10.** *sl.* toll: **have a fine ~ time** sich toll amüsieren; **any ~ thing** irgend (et)was, egal was; **any ~ time** egal wann; **II** *s.* **11. the ~** die Alten *pl*; **12. of ~, in times of ~** ehedem, vor alters; **from of ~** seit alters; **times of ~** alte Zeiten; **a friend of ~** ein alter Freund.

old| age *s.* (hohes) Alter, Greisenalter *n*: **~ annuity**, **~ pension** (Alters)Rente *f*, Ruhegeld *n*; **~ insurance** Altersversicherung *f*; **~ pensioner** (Alters)Rentner(in), Ruhegeldempfänger(in); **~ boy** *s. Brit.* ehemaliger Schüler, Ehemalige(r) *m*; **~·clothes·man** [ˌəʊld'kləʊðzmæn] *s.* [*irr.*] Trödler *m*.

old·en ['əʊldən] *adj. Brit. obs. od. poet.* alt: **in ~ times**.

Old| Eng·lish *s. ling.* Altenglisch *n*; **ˌ2-es'tab·lished** *adj.* alteingesessen (*Firma etc.*), alt (*Brauch etc.*); **ˌ2-'fash·ioned** *adj.* **1.** altmodisch: **an ~ butler** ein Butler der alten Schule; **2.** altklug (*Kind*); **ˌ2-'fo·g(e)y·ish** *adj.* altmodisch, verknöchert, verkalkt; **2 girl** *s.* **1.** *Brit.* ehemalige Schülerin; **2.** F ‚altes Mädchen'; **~ Glo·ry** *s.* Sternenbanner *n* (*Flagge der USA*); **~ Guard** *s. pol.* ‚alte Garde': a) *Am. der ultrakonservative Flügel der Republikaner*, b) *allg. jede streng konservative Gruppe*.

old·ie ['əʊldɪ] *s.* F **1.** Oldie *m* (*alter Schlager*); **2.** alter Witz.

old·ish ['əʊldɪʃ] *adj.* ältlich.

ˌold|-'line *adj.* **1.** konserva'tiv; **2.** traditio'nell; **3.** e-r alten Linie entstammend; **ˌ~-'maid·ish** *adj.* alt'jüngferlich.

old·ster ['əʊldstə] *s.* F ‚alter Knabe'.

old| style *s.* **1.** alte Zeitrechnung (*nach dem Julianischen Kalender*); **2.** *typ.* Mediä'val(schrift) *f*; **'~-time** *adj.* aus alter Zeit, alt; **ˌ~-'tim·er** *s.* F **1.** Oldtimer *m*: a) altmodische Sache, *z. B.* altes Auto, b) ‚alter Hase', ‚Vete'ran' *m*; **2.** → **oldster**; **~ wives' tale** *s.* Ammenmärchen *n*; **ˌ~-'wom·an·ish** *adj.* alt'weiberhaft; **ˌ~-'world** *adj.* **1.** altertümlich, anheimelnd; **2.** alt, an'tik: **~ furniture**; **3.** altmodisch.

o·le·ag·i·nous [ˌəʊlɪ'ædʒɪnəs] *adj.* ölig (*a. fig.*), ölhaltig, Öl…

o·le·ate ['əʊlɪeɪt] *s.* ⚗ ölsaures Salz: **~ of potash** ölsaures Kali.

o·le·fi·ant ['əʊlɪfaɪənt] *adj.* ⚗ ölbildend: **~ gas**.

o·le·if·er·ous [ˌəʊlɪ'ɪfərəs] *adj.* ⚘ ölhaltig.

o·le·in ['əʊlɪɪn] *s.* ⚗ **1.** Ole'in *n*; **2.** (handelsübliche) Ölsäure.

o·le·o·graph ['əʊlɪəʊgrɑ:f] *s.* Öldruck *m* (*Bild*); **o·le·og·ra·phy** [ˌəʊlɪ'ɒgrəfɪ] *s.* Öldruck(verfahren *n*) *m*.

o·le·o·mar·ga·rine ['əʊlɪəʊˌmɑ:dʒə'ri:n] *s.* Marga'rine *f*.

O lev·el *s. Brit. ped.* (*etwa*) mittlere Reife.

ol·fac·tion [ɒl'fækʃn] *s.* Geruchssinn *m*; **ol·fac·to·ry** [ɒl'fæktərɪ] *adj.* Geruchs…: **~ nerves**.

ol·i·garch ['ɒlɪgɑ:k] *s.* Olig'arch *m*; **'ol·i·garch·y** [-kɪ] *s.* Oligar'chie *f*.

o·li·o ['əʊlɪəʊ] *pl.* **-os** *s.* **1.** Ra'gout *n* (*a. fig.*); **2.** ♪ Potpourri *n*.

ol·ive ['ɒlɪv] **I** *s.* **1.** *a.* **~-tree** O'live *f*, Ölbaum *m*: **Mount of 2s** *bibl.* Ölberg; **2.** O'live *f* (*Frucht*); **3.** Ölzweig *m*; **4.** *a.* **~-green** O'livgrün *n*; **II** *adj.* **5.** o'livenartig, Oliven…; **6.** o'livgrau, -grün; **'~-branch** *s.* Ölzweig *m* (*a. fig.*): **hold out the ~** s-n Friedenswillen zeigen; **~ drab** *s.* **1.** O'livgrün *n*; **2.** *Am.* o'livgrünes Uni'formtuch; **ˌ~-'drab** *adj.* o'livgrün; **~ oil** *s.* O'livenöl *n*.

ol·la po·dri·da [ˌɒləpɒ'dri:də] → **olio** 1.

ol·o·gy ['ɒlədʒɪ] *s. humor.* Wissenschaft(szweig *m*) *f*.

O·lym·pi·ad [əʊ'lɪmpɪæd] *s. allg.* Olympi'ade *f*; **O'lym·pi·an** [-ɪən] *adj.* o'lympisch; **O'lym·pic** [-ɪk] **I** *adj.* o'lympisch: **~ games** → **II** *s. pl.* O'lympische Spiele *pl*.

om·buds·man ['ɒmbʊdzmən] *s.* [*irr.*] **1.** *pol.* Ombudsmann *m* (*Beauftragter für Beschwerden von Staatsbürgern*); **2.** Beschwerdestelle *f*, Schiedsrichter *m*.

om·e·let(te) ['ɒmlɪt] *s.* Ome'lett *n*: **you cannot make an ~ without breaking eggs** *fig.* wo gehobelt wird, (da) fallen Späne.

o·men ['əʊmen] **I** *s.* Omen *n*, (*bsd.* schlechtes) Vorzeichen (**for** für): **a good** (**bad**, **ill**) **~**; **II** *v/i. u. v/t.* deuten (auf *acc.*), ahnen (lassen), prophe'zeien, (ver)künden.

o·men·tum [əʊ'mentəm] *pl.* **-ta** [-tə] *s. anat.* (Darm)Netz *n*.

om·i·nous ['ɒmɪnəs] *adj.* ☐ unheil-, verhängnisvoll, omi'nös, drohend.

o·mis·si·ble [əʊ'mɪsɪbl] *adj.* auslaßbar; **o·mis·sion** [ə'mɪʃn] *s.* **1.** Aus-, Weglassung *f* (**from** aus); **2.** Unter'lassung *f*, Versäumnis *n*, Über'gehung *f*: **sin of ~** Unterlassungssünde *f*; **o·mit** [ə'mɪt] *v/t.* **1.** aus-, weglassen (**from** aus *od.* von); über'gehen; **2.** unter'lassen, (es) versäumen (**doing**, **to do** *et.* zu tun).

om·ni·bus ['ɒmnɪbəs] **I** *s.* **1.** Omnibus *m*, (Auto)Bus *m*; **2.** Sammelband *m*, Antholo'gie *f*; **II** *adj.* **3.** Sammel… (*-konto*, *-klausel etc.*); **~ bar** *s.* ⚡ Sammelschiene *f*; **~ bill** *s. parl.* (Vorlage *f* zu e-m) Mantelgesetz *n*.

om·ni·di·rec·tion·al [ˌɒmnɪdɪ'rekʃənl] *s.* ⚡ Rundstrahl…(*-antenne*), Allrichtungs…(*-mikrofon*).

om·ni·far·i·ous [ˌɒmnɪ'feərɪəs] *adj.* von

aller(lei) Art, vielseitig.

om·nip·o·tence [ˌɒmˈnɪpətəns] *s.* All-macht *f*; **omˈnip·o·tent** [-nt] *adj.* □ allˈmächtig.

om·ni·pres·ence [ˌɒmnɪˈprezns] *s.* Allˈgegenwart *f*; **ˌom·niˈpres·ent** [-nt] *adj.* allˈgegenwärtig, überˈall.

om·nis·cience [ɒmˈnɪsɪəns] *s.* Allˈwissenheit *f*; **omˈnis·cient** [-nt] *adj.* □ allˈwissend.

om·ni·um [ˈɒmnɪəm] *s.* ✝ *Brit.* Omnium *n*, Gesamtwert *m e-r fundierten öffentlichen Anleihe*; **ˌ~-ˈgath·er·um** [-ˈgæðərəm] *s.* **1.** Sammelˈsurium *n*; **2.** bunte Gesellschaft.

om·niv·o·rous [ɒmˈnɪvərəs] *adj.* alles fressend.

o·mo·plate [ˈəʊməʊpleɪt] *s. anat.* Schulterblatt *n*.

om·phal·ic [ɒmˈfælɪk] *adj. anat.* Nabel…; **om·pha·lo·cele** [ˈɒmfələʊsi:l] *s.* ⚕ Nabelbruch *m*.

om·pha·los [ˈɒmfəlɒs] *pl.* **-li** [-laɪ] *s.* **1.** *anat.* Nabel *m* (*a. fig. Mittelpunkt*); **2.** *antiq.* Schildbuckel *m*.

on [ɒn; ən] **I** *prp.* **1.** *mst* auf (*dat. od. acc.*): *siehe die mit* **on** *verbundenen Wörter*; **2.** *Lage*: a) (*getragen von*): auf (*dat.*), an (*dat.*), in (*dat.*): **~ board** an Bord; **~ earth** auf Erden; **the scar ~ the face** die Narbe im Gesicht; **~ foot** zu Fuß; **~ all fours** auf allen vieren; **~ the radio** im Radio; **have you a match ~ you?** haben Sie ein Streichholz bei sich?, b) (*festgemacht od. unmittelbar*) an (*dat.*): **~ the chain**; **~ the Thames**; **~ the wall**; **3.** *Richtung*, *Ziel*: auf (*acc.*) … (hin) (*od.* los), nach … (hin), an (*acc.*), zu: **a blow ~ the chin** ein Schlag ans Kinn; **throw s.o.** *od.* **s.th. ~ the floor** j-n *od.* et. zu Boden werfen; **4.** *fig.* a) *Grund*: auf … (hin): **~ his authority**; **~ suspicion**; **levy a duty ~ silk** einen Zoll auf Seide erheben; **~ his own theory** nach s-r eigenen Theorie; **~ these conditions** unter diesen Bedingungen, b) *Aufeinanderfolge*: auf (*acc.*), über (*acc.*), nach: **loss ~ loss** Verlust auf *od.* über Verlust, ein Verlust nach dem andern, c) *gehörig* zu, *beschäftigt* bei, an (*dat.*): **~ a committee** zu e-m Ausschuß gehörend; **be ~ the Stock Exchange** an der Börse (beschäftigt) sein, d) *Zustand*: in, auf (*dat.*), zu: **~ duty** im Dienst; **~ fire** in Brand; **~ leave** auf Urlaub; **~ sale** verkäuflich, e) *gerichtet* auf (*acc.*): **an attack ~**; **~ business** geschäftlich; **a joke ~ me** ein Spaß auf m-e Kosten; **shut** (**open**) **the door ~ s.o.** j-m die Tür verschließen (öffnen); **have s.th. ~ s.o.** *sl.* et. Belastendes über j-n wissen; **have nothing ~ s.o.** *sl.* j-m nichts anhaben können, *a.* j-m nichts voraus haben; **this is ~ me** F das geht auf m-e Rechnung; **be ~ a pill** e-e Pille (ständig) nehmen, f) *Thema*: über (*acc.*): **agreement** (**lecture**, **opinion**) **~**; **talk ~ a subject**; **5.** *Zeitpunkt*: an (*dat.*): **~ Sunday**; **~ the 1st of April**; **~ or before April 1st** bis zum 1. April; **~ his arrival** bei *od.* (gleich) nach seiner Ankunft; **~ being asked** als ich *etc.* (danach) gefragt wurde; **~ entering** beim Eintritt; **II** *adv.* **6.** (*a. Zssgn mit vb.*) (dar)ˈauf(*-legen*, *-schrauben etc.*); **7.** *bsd. Kleidung*: a) an(*-haben*, *-ziehen*): **have** (**put**) **a coat ~**, b) auf: **keep one's hat ~**; **8.** (*a. in Zssgn mit vb.*) weiter(*-gehen*, *-sprechen etc.*): **and so ~** und so weiter; **~ and ~** immer weiter; **~ and off** a) ab u. zu, b) ab u. an, mit Unterbrechungen; **from that day ~** von dem Tage an; **~ with the show!** weiter im Programm!; **~ to …** auf (*acc.*) … (hinauf *od.* hinaus); **III** *adj. pred.* **9. be ~** a) im Gange sein (*Spiel etc.*), vor sich gehen: **what's ~?** was ist los?; **have you anything ~ tomorrow?** haben Sie morgen et. vor?; **that's not ~!** das ist nicht ‚drin'!, b) an sein (*Licht*, *Radio*, *Wasser etc.*), an-, eingeschaltet sein, laufen; auf sein (*Hahn*): **~-off** ⚙ An-Aus, c) *thea.* gegeben werden, laufen (*Film*), *Radio*, *TV*: gesendet werden, d) d(a)ran (*an der Reihe*) sein, e) (mit) dabeisein, mitmachen; **10. be ~ to** *sl. et.* ‚spitzgekriegt' haben, über *j-n od. et.* im Bilde sein; **he is always ~ at me** er ‚bearbeitet' mich ständig (**about** wegen); **11.** *sl.* beschwipst: **be a bit ~** e-n Schwips haben.

o·nan·ism [ˈəʊnənɪzəm] *s.* ⚕ **1.** Coitus *m* interˈruptus; **2.** Onaˈnie *f*.

ˈon·board *adj.* ✈ bordeigen, Bord…: **~ computer**.

once [wʌns] **I** *adv.* **1.** einmal: **~ again** (*od.* **more**) noch einmal; **~ and again** (*od.* **~ or twice**) einige Male, ab u. zu; **~ in a while** (*od.* **way**) zuweilen, hin u. wieder; **~** (**and**) **for all** ein für allemal; **if ~ he should suspect** wenn er erst einmal mißtrauisch würde; **not ~** kein einziges Mal; **2.** einmal, einst: **~** (**upon a time**) **there was** es war einmal (*Märchenanfang*); **II** *s.* **3. every ~ in a while** von Zeit zu Zeit; **for ~**, **this ~** dieses ˈeine Mal, (für) diesmal (*ausnahmsweise*); **4. at ~** a) auf einmal, zugleich, gleichzeitig: **don't all speak at ~**; **at ~ a soldier and a poet** Soldat u. Dichter zugleich, b) sogleich, sofort: **all at ~** plötzlich, mit ˈeinem Male; **III** *cj.* **5.** *a.* **~ that** soˈbald *od.* wenn … (einmal), wenn erst; **ˈ-ˌo·ver** *s.* F **give s.o.** *od.* **s.th. the ~** a) *j-n* kurz mustern *od.* abschätzen, (sich) *j-n od. et.* (rasch) mal ansehen, b) *j-n* ‚in die Mache' nehmen.

ˈonˌcom·ing *adj.* **1.** (herˈan)nahend, entgegenkommend: **~ traffic** Gegenverkehr *m*; **2.** *fig.* kommend: **the ~ generation**.

one [wʌn] **I** *adj.* **1.** ein (eine, ein): **~ hundred** (ein)hundert; **~ man in ten** jeder zehnte; **~ or two** ein paar, einige; **2.** (*betont*) ein (eine, ein), ein einziger (eine einzige, ein einziges): **all were of ~ mind** sie waren alle ˈeines Sinnes; **for ~ thing** (zunächst) einmal; **his ~ thought** sein einziger Gedanke; **the ~ way to do it** die einzige Möglichkeit (es zu tun); **3.** ein gewisser (e-e gewisse, ein gewisses), ein (eine, ein): **~ day** e-s Tages (*in Zukunft od. Vergangenheit*); **~ of these days** irgendwann (ein)mal; **~ John Smith** ein gewisser J. S.; **II** *s.* **4.** Eins *f*, eins: **Roman ~** römische Eins; **~ and a half** ein(und)einhalb, anderthalb; **at ~ o'clock** um ein Uhr; **5.** *der* (*die*) einzelne, *das* einzelne (Stück): **~ by ~**, **~ after another** e-r nach dem andern, einzeln; **I for ~** ich zum Beispiel; **6.** Einheit *f*: **be at ~ with s.o.** mit j-m ˈeiner Meinung *od.* einig sein; **~ and all** alle miteinander; **all in ~** alles in ˈeinem; **it is all ~** (**to me**) es ist (mir) ganz einerlei; **be made ~** ein (*Ehe*)Paar werden; **make ~** mit von der Partie sein; **7.** *bsd.* Einˈdollar- *od.* Einˈpfundnote *f*; **III** *pron.* **8.** ein, einer, jemand: **like ~ dead** wie ein Toter; **~ of the poets** einer der Dichter; **~ another** einander; **~ who** einer, der; **the ~ who** der(jenige), der; **~ of these days** dieser Tage; **~ in the eye** F *fig.* ein Denkzettel; **9.** (*Stützwort*, *mst unübersetzt*): **a sly ~** ein (ganz) Schlauer; **the little ~s** die Kleinen; **a red pencil and a blue ~** ein roter Bleistift u. ein blauer; **that ~** der (die, das) da *od.* dort; **the ~s you mention** die (von Ihnen) erwähnten; → **each** *etc.*; **10.** man: **~ knows**; **11. ~'s** sein: **break ~'s leg** sich das Bein brechen; **take ~'s walk** s-n Spaziergang machen; **ˌ~-ˈact play** *s. thea.* Einakter *m*; **ˌ~-ˈarmed** *adj.* einarmig: **~ bandit** F Spielautomat *m*; **ˌ~-ˈcrop sys·tem** *s.* ✍ ˈMonokulˌtur *f*; **ˌ~-ˈdig·it** *adj.* ⅍ einstellig (*Zahl*); **ˌ~-ˈeyed** *adj.* einäugig; **ˌ~-ˈhand·ed** *adj.* **1.** einhändig; **2.** mit nur ˈeiner Hand zu bedienen(d); **ˌ~-ˈhorse** *adj.* **1.** einspännig; **2. ~ town** F (elendes) ‚Kaff' *n od.* ‚Nest' *n*, **ˌ~-ˈlegged** [-ˈlegd] *adj.* **1.** einbeinig; **2.** *fig.* einseitig; **ˌ~-ˈline busi·ness** *s.* ✝ Fachgeschäft *n*; **ˌ~-ˈman** *adj.* Einmann…: **~ business** ✝ Einzelunternehmen *n*; **~ bus** Einmannbus *m*; **~ show** a) One-man-Show *f* (*a. fig.*), b) Ausstellung *f* der Werke ˈeines Künstlers.

one·ness [ˈwʌnnɪs] *s.* **1.** Einheit *f*; **2.** Gleichheit *f*, Identiˈtät *f*; **3.** Einigkeit *f*, (völliger) Einklang.

ˌone|-ˈnight stand *s. thea.* einmaliges Gastspiel (*a. fig.* F *sexuelles Abenteuer*); **ˌ~-ˈpiece** *adj.* **1.** einteilig: **~ bathing-suit**; **2.** ⚙ aus ˈeinem Stück, Voll…; **ˌ~-ˈprice shop** *s.* Einheitspreisladen *m*.

on·er [ˈwʌnə] *s.* **1.** *sl.* ‚Kaˈnone' *f* (*Könner*) (**at** in *dat.*); **2.** *sl.* ‚Mordsding' *n* (*bsd. wuchtiger Schlag*).

on·er·ous [ˈɒnərəs] *adj.* □ lästig, drükkend, beschwerlich (**to** für); **ˈon·er·ous·ness** [-nɪs] *s.* Beschwerlichkeit *f*, Last *f*.

oneˈself *pron.* **1.** *refl.* sich (selber): **by ~** aus eigener Kraft, von selbst; **2.** selbst, selber; **3.** *mst* **one's self** man (selbst *od.* selber).

ˌone|-ˈsid·ed [-ˈsaɪdɪd] *adj.* □ einseitig (*a. fig.*); **ˈ~-time I** *adj.* einst-, ehemalig; **II** *adv.* einst-, ehemals; **ˈ~-track** *adj.* **1.** 🚂 eingleisig; **2.** *fig.* einseitig: **you have a ~ mind** du hast immer nur dasselbe im Kopf; **~-up·man·ship** [wʌnˈʌpmənʃɪp] *s.* die Kunst, dem andern immer (um eine Nasenlänge) vorˈaus zu sein; **ˌ~-ˈway** *adj.* **1.** Einweg…(*-flasche etc.*), Einbahn…(*-straße*, *-verkehr*): **~ ticket** *Am.* einfache Fahrkarte; **2.** *fig.* einseitig.

on·ion [ˈʌnjən] *s.* **1.** ⚘ Zwiebel *f*; **2.** *sl.* ‚Rübe' *f* (*Kopf*): **off one's ~** *sl.* (total) verrückt; **3. know one's ~s** F sein Geschäft verstehen; **ˈ~·skin** *s.* **1.** Zwiebelschale *f*; **2.** ˈDurchschlag- *od.* ˈLuftpostpaˌpier *n*.

ˈonˌlook·er *s.* Zuschauer(in) (**at** bei); **ˈonˌlook·ing** *adj.* zuschauend.

on·ly [ˈəʊnlɪ] **I** *adj.* **1.** einzig, alˈleinig: ***the ~ son*** der einzige Sohn; ***my one and ~ hope*** meine einzige Hoffnung; ***the ~ begotten Son of God*** Gottes eingeborener Sohn; **2.** einzigartig: ***the ~ and only Mr. X*** *a. iro.* der unvergleichliche, einzigartige Mr. X; **II** *adv.* **3.** nur, bloß: ***not ~ ..., but (also)*** nicht nur ..., sondern auch; ***if ~*** wenn nur; **4.** erst: ***~ yesterday*** erst gestern, gestern noch; ***~ just*** eben erst, gerade, kaum; **III** *cj.* **5.** jeˈdoch, nur (daß), aber; **6.** ***~ that*** nur, daß; außer, wenn.

ˌ**on-ˈoff switch** *s.* ϟ Ein-Aus-Schalter *m.*

on·o·mat·o·poe·ia [ˌɒnəʊmætəʊˈpiːə] *s.* Lautmaleˈrei *f*; ˌ**on·o·mat·oˈpoe·ic** [-ˈpiːɪk], **on·o·mat·o·po·et·ic** [ˌɒnəʊmætəʊpəʊˈetɪk] *adj.* (□ ***~ally***) lautnachahmend, onomatopoˈetisch.

ˈ**on|-poˌsi·tion** *s.* ⚙ Einschaltstellung *f*, -zustand *m*; ˈ**~·rush** *s.* Ansturm *m* (*a. fig.*); ˈ**~·set** *s.* **1.** Angriff *m*, Atˈtacke *f*; **2.** Anfang *m*, Beginn *m*, Einsetzen *n*: ***at the first ~*** gleich beim ersten Anlauf; **3.** ⚕ Ausbruch *m* (*e-r Krankheit*), Anfall *m*; **~ˈshore** *adj. u. adv.* **1.** landwärts; **2.** a) in Küstennähe, b) an Land; **3.** ☤ Inlands...: ***~ purchases***; **~-slaught** [ˈɒnslɔːt] *s.* (heftiger) Angriff *od.* Ansturm (*a. fig.*); ˌ**~-the-ˈjob** *adj.* praktisch: ***~ training***.

on·to [ˈɒntʊ; -tə] *prp.* **1.** auf (*acc.*); **2.** ***be ~ s.th.*** *sl.* hinter et. gekommen sein; ***he's ~ you*** *sl.* er hat dich durchschaut.

on·to·gen·e·sis [ˌɒntəʊˈdʒenɪsɪs] *s. biol.* Ontogeˈnese *f.*

on·tol·o·gy [ɒnˈtɒlədʒɪ] *s. phls.* Ontoloˈgie *f.*

o·nus [ˈəʊnəs] (*Lat.*) *s. nur sg.* **1.** *fig.* Last *f*, Verpflichtung *f*, Onus *n*; **2.** *a.* ***~ of proof, ~ probandi*** ⚖ Beweislast *f*: ***the ~ rests with him*** die Beweislast trifft ihn.

on·ward [ˈɒnwəd] **I** *adv.* vorwärts, weiter: ***from the tenth century ~*** vom 10. Jahrhundert an; **II** *adj.* vorwärts-, fortschreitend; ˈ**on·wards** [-dz] → ***onward*** I.

on·yx [ˈɒnɪks] *s.* **1.** *min.* Onyx *m*; **2.** ⚕ Nagelgeschwür *n* der Hornhaut, Onyx *m.*

o·o·blast [ˈəʊəblɑːst] *s. biol.* Eikeim *m*; **o·o·cyst** [ˈəʊəsɪst] *s.* Ooˈzyste *f.*

oo·dles [ˈuːdlz] *s. pl.* F Unmengen *pl.*, ‚Haufen' *m*: ***he has ~ of money*** er hat Geld wie Heu.

oof [uːf] *s. Brit. sl.* ‚Kies' *m* (*Geld*).

oomph [ʊmf] *s. sl.* ˈSex-Apˈpeal *m.*

o·o·sperm [ˈəʊəspɜːm] *s. biol.* befruchtetes Ei *od.* befruchtete Eizelle, Zyˈgote *f.*

ooze [uːz] **I** *v/i.* **1.** (ˈdurch-, aus-, ein)sickern (***through, out of, into***); ein-, hinˈdurchdringen (*a. Licht etc.*): ***~ away*** a) versickern, b) *fig.* (dahin)schwinden; ***~ out*** a) entweichen (*Luft, Gas*), b) *fig.* durchsickern (*Geheimnis*); ***~ with sweat*** von Schweiß triefen; **II** *v/t.* **2.** ausströmen, -schwitzen; **3.** *fig.* ausstrahlen, *iro.* triefen von; **III** *s.* **4.** ⚙ Lohbrühe *f*: ***~ leather*** lohgares Leder; **5.** Schlick *m*, Schlamm(grund) *m*; **oo·zy** [ˈuːzɪ] *adj.* **1.** schlammig, schlick(er)ig; **2.** schleimig; **3.** feucht.

o·pac·i·ty [əʊˈpæsətɪ] *s.* **1.** ˈUndurchˌsichtigkeit *f* (*a. fig.*); **2.** Dunkelheit *f* (*a. fig.*); **3.** *fig.* Borniertheit *f*; **4.** *phys.* (ˈLicht)ˌUndurchˌlässigkeit *f*; **5.** Deckfähigkeit *f* (*Farbe*).

o·pal [ˈəʊpl] *s. min.* Oˈpal *m*: ***~ blue*** Opalblau *n*; ***~ glass*** Opal-, Milchglas *n*; ***~ lamp*** Opallampe *f*; **o·pal·esce** [ˌəʊpəˈles] *v/i.* opalisieren, bunt schillern; **o·pal·es·cence** [ˌəʊpəˈlesns] *s.* Opalisieren *n*, Schillern *n*; **o·pal·es·cent** [ˌəʊpəˈlesnt] *adj.* opalisierend, schillernd.

o·paque [əʊˈpeɪk] *adj.* □ **1.** ˈundurchˌsichtig, oˈpak: ***~ colo(u)r*** Deckfarbe *f*; **2.** ˈundurchˌlässig (***to*** für *Strahlen*): ***~ meal*** ⚕ Kontrastmahlzeit *f*; **3.** glanzlos, trüb; **4.** *fig.* a) unklar, dunkel, b) borniert, dumm; **oˈpaque·ness** [-nɪs] *s.* (ˈLicht)ˌUndurchˌlässigkeit *f*; Deckkraft *f* (*Farben*).

op art [ɒp] *s. Kunst*: Op-art *f.*

o·pen [ˈəʊpən] **I** *adj.* □ **1.** *allg.* offen (*z. B. Buch, Flasche,* ⚙ *Kette,* ϟ *Stromkreis,* ⚔ *Stadt, Tür,* ⚕ *Wunde*); offenstehend, auf: ***~ prison*** offenes Gefängnis; ***~ warfare*** ⚔ Bewegungskrieg *m*; ***keep one's eyes ~*** *fig.* die Augen offenhalten; → ***arm***[1] 1, ***bowels*** 1, ***order*** 5; **2.** zugänglich, frei, offen (*Gelände, Straße, Meer etc.*): ***~ field*** freies Feld; ***~ spaces*** öffentliche Plätze (*Parkanlagen etc.*); **3.** frei, bloß, offen (*Wagen etc.*; ϟ *Motor*); → ***lay open***; **4.** offen, eisfrei (*Wetter,* ⚓ *Hafen, Gewässer*); ⚓ klar (*Sicht*): ***~ winter*** frostfreier Winter; **5.** ge-, eröffnet (*Laden, Theater etc.*), offen (*a. fig.* ***to*** *dat.*), öffentlich (*Sitzung, Versteigerung etc.*); (jedem) zugänglich: ***a career ~ to talent***; ***~ competition*** freier Wettbewerb; ***~ market*** ☤ offener *od.* freier Markt; ***~ position*** freie *od.* offene (*Arbeits*)Stelle; ***~ policy*** a) ☤ Offenmarktpolitik *f*, b) *Versicherung*: Pauschalpolice *f*; ***~ scholarship*** *Brit.* offenes Stipendium; ***~ for subscription*** ☤ zur Zeichnung aufgelegt; ***in ~ court*** in öffentlicher Verhandlung, vor Gericht; **6.** (***to***) *fig. der Kritik, dem Zweifel etc.* ausgesetzt, unterˈworfen: ***~ to question*** anfechtbar; ***~ to temptation*** anfällig gegen die Versuchung; ***leave o.s. wide ~*** (***to s.o.***) sich (j-m gegenüber) e-e (große) Blöße geben; **7.** zugänglich, aufgeschlossen (***to*** für *od. dat.*): ***an ~ mind***; ***be ~ to conviction*** (***an offer***) mit sich reden (handeln) lassen; ***that is ~ to argument*** darüber läßt sich streiten; **8.** offen(kundig), unverhüllt: ***~ contempt***; ***an ~ secret*** ein offenes Geheimnis; **9.** offen, freimütig: ***an ~ character***; ***~ letter*** offener Brief; ***I will be ~ with you*** ich will ganz offen mit dir reden; **10.** freigebig: ***with an ~ hand***; ***keep an ~ house*** ein offenes Haus führen, gastfrei sein; **11.** *fig.* unentschieden, offen (*Frage, Forderung, Kampf, Urteil etc.*); **12.** *fig.* frei (*ohne Verbote*): ***~ pattern*** ⚖ ungeschütztes Muster; ***~ season*** Jagd-, Fischzeit *f*; **13.** ☤ laufend (*Konto, Kredit, Rechnung*): ***~ cheque*** Barscheck *m*; **14.** ⚙ durchˈbrochen (*Gewebe, Handarbeit*); **15.** *ling.* offen (*Silbe, Vokal*): ***~ consonant*** Reibelaut *m*; **16.** ♪ a) weit (*Lage, Satz*), b) leer (*Saite etc.*): ***~ note*** Grundton *m*; **17.** *typ.* licht (*Satz*): ***~ type*** Konturschrift *f*; **II** *s.* **18.** ***the ~*** a) offenes Land, b) offene See: ***in the ~*** im Freien, unter freiem Himmel; ⚒ über Tag; ***bring into the ~*** *fig.* an die Öffentlichkeit bringen; ***come into the ~*** *fig.* sich erklären, offen reden, Farbe bekennen, (***with s.th.*** mit et.) an die Öffentlichkeit treten; **19.** ***the*** **2** *bsd. Golf*: offenes Turnier *für Amateure u. Berufsspieler*; **III** *v/t.* **20.** *allg.* öffnen, aufmachen; *Buch a.* aufschlagen; ϟ *Stromkreis* ausschalten, unterˈbrechen: ***~ the bowels*** ⚕ den Leib öffnen; ***~ s.o.'s eyes*** *fig.* j-m die Augen öffnen; → ***throttle*** 2; **21.** *Aussicht,* ☤ *Akkreditiv, Debatte,* ⚔ *das Feuer,* ☤ *Konto, Geschäft,* ⚖ *die Verhandlung etc.* eröffnen; *Verhandlungen* anknüpfen, in *Verhandlungen* eintreten; ☤ *neue Märkte* erschließen: ***~ s.th. to traffic*** *e-e Straße etc.* dem Verkehr übergeben; **22.** *fig. Gefühle, Gedanken* enthüllen, *s-e Absichten* entdecken: ***~ o.s. to s.o.*** sich j-m mitteilen; → ***heart*** *Redew.*; **IV** *v/i.* **23.** sich öffnen *od.* auftun, aufgehen; *fig.* sich *dem Auge, Geist etc.* erschließen, zeigen, auftun; **24.** führen, gehen (*Tür, Fenster*) (***on to*** auf *acc.*, ***into*** nach *dat.*); **25.** *fig.* a) anfangen, beginnen (*Schule, Börse etc.*), öffnen, aufmachen (*Laden etc.*), b) (e-n Brief, s-e Rede) beginnen (***with*** mit *e-m Kompliment etc.*); **26.** *allg.* öffnen; (ein Buch) aufschlagen; ***~ out*** **I** *v/t.* **1.** *et.* ausbreiten; **II** *v/i.* **2.** sich ausbreiten, -dehnen, sich erweitern; **3.** *mot.* Vollgas geben; ***~ up*** **I** *v/t.* **1.** *Land,* ☤ *Markt etc.* erschließen; **II** *v/i.* **2.** ⚔ das Feuer eröffnen; **3.** *fig.* a) ‚loslegen' (*mit Worten, Schlägen etc.*), b) ‚auftauen', mitteilsam werden; **4.** sich auftun *od.* zeigen.

ˌ**o·pen|-ˈac·cess li·brar·y** *s.* ˈFreihandbiblioˌthek *f*; ˌ**~-ˈair** *adj.* Freilicht..., Freiluft..., unter freiem Himmel: ***~ swimming pool*** Freibad *n*; ˌ**~-and-ˈshut** *adj.* ganz einfach, sonnenklar; ˌ**~-ˈarmed** *adj.* warm, herzlich (*Empfang*); ˌ**~-ˈdoor** *adj.* frei zugänglich: ***~ policy*** (Handels)Politik *f* der offenen Tür; ˌ**~-ˈend·ed** *adj.* **1.** zeitlich unbegrenzt: ***~ discussion*** Open-end-Diskussion *f*; **2.** ausbaufähig: ***~ program(me)***.

o·pen·er [ˈəʊpnə] *s.* **1.** (*fig.* Er)Öffner (-in); **2.** (*Büchsen- etc.*)Öffner *m*; *sport etc.* Eröffnung(sspiel *n*, *thea.* -nummer *f*) *f.*

ˌ**o·pen|-ˈeyed** *adj.* **1.** mit großen Augen, staunend; **2.** wachsam; ˌ**~-ˈhand·ed** *adj.* □ freigebig; ˌ**~-ˈheart** *adj.*: ***~ surgery*** ⚕ Offenherzchirurgie *f*; ˌ**~-ˈheart·ed** *adj.* □ offen(herzig), aufrichtig; ˌ**~-ˈhearth** *adj.* ⚙ Siemens-Martin(*-ofen, -stahl*).

o·pen·ing [ˈəʊpnɪŋ] **I** *s.* **1.** *das* Öffnen; Eröffnung *f* (*a. fig. Akkreditiv, Konto, Testament, Unternehmen*); *fig.* Inbetriebnahme *f* (*e-r Anlage etc.*); *fig.* Erschließung *f* (*Land,* ☤ *Markt*); **2.** Öffnung *f*, Loch *n*, Lücke *f*, Bresche *f*, Spalt *m*, ˈDurchlaß *m*; **3.** *Am.* (Wald-)Lichtung *f*; **4.** ⚙ (Spann)Weite *f*; **5.** *fig.* Eröffnung *f* (*a. Schach, Kampf etc.*), Beginn *m*, einleitender Teil (*a.* ⚖); **6.** Gelegenheit *f*, (☤ Absatz)Möglichkeit *f*; **7.** ☤ offene *od.* freie Stelle; **II** *adj.* **8.** Öffnungs...; **9.** Eröffnungs...: ***~ speech***; ***~ price*** ☤ Eröffnungskurs *m*;

~ night *thea.* Eröffnungsvorstellung *f.*

ˌo·pen|-ˈmar·ket *adj.* Freimarkt...: ***~ paper*** marktgängiges Wertpapier; ***~ policy*** Offenmarktpolitik *f*; **ˌ~-ˈmind·ed** *adj.* □ aufgeschlossen, vorurteilslos; **ˌ~-ˈmouthed** *adj.* mit offenem Mund, *fig. a.* gaffend; **ˌ~-ˈplan of·fice** *s.* ˈGroßraumbüˌro *n*; **~ ses·a·me** *s.* Sesam öffne dich *n*; **~ shop** *s. Am.* Betrieb *m*, der auch Nichtgewerkschaftsmitglieder beschäftigt; ♙ **U·ni·ver·si·ty** *s.* ˈFernsehuniversiˌtät *f*, ˈTelekolˌleg *n*; **ˈ~·work** *s.* ˈDurchbrucharbeit *f* (*Handarbeit*); **~ work·ing** *s.* ⚒ Tagebau *m.*

op·er·a¹ [ˈɒpərə] *s.* Oper *f* (*a. Gebäude*): ***comic ~*** komische Oper; ***grand ~*** große Oper.

op·er·a² [ˈɒpərə] *pl. von* ***opus.***

op·er·a·ble [ˈɒpərəbl] *adj.* **1.** ˈdurchführbar; **2.** ⚙ betriebsfähig; **3.** ⚕ opeˈrabel.

op·er·a| cloak *s.* Abendmantel *m*; **~ glass(·es** *pl.*) *s.* Opern-, TheˈaterglAS *n*; **~ hat** *s.* ˈKlappzyˌlinder *m*, Chapeauˈclaque *m*; **~ house** *s.* Opernhaus *n*, Oper *f*; **~ pump** *s. Am.* glatter Pumps.

op·er·ate [ˈɒpəreɪt] **I** *v/i.* **1.** arbeiten, in Betrieb sein, funktionieren, laufen (*Maschine etc.*): ***be operating*** in Betrieb sein; ***on batteries*** von Batterien betrieben werden; ***~ at a deficit*** ☤ mit Verlust arbeiten; **2.** wirksam werden *od.* sein, (ein)wirken (***on, upon*** auf *acc.*, ***as*** als), hinwirken (***for*** auf *acc.*); **3.** ⚕ (***on, upon***) *j-n* operieren: ***be ~d on*** operiert werden; **4.** ☤ F spekulieren, operieren: ***~ for a fall*** auf e-e Baisse spekulieren; **5.** ⚔ operieren; **II** *v/t.* **6.** bewirken, verursachen, (mit sich) bringen; **7.** ⚙ *Maschine* laufen lassen, bedienen, *Gerät* handhaben, *Schalter, Bremse etc.* betätigen, *Auto* fahren: ***safe to ~*** betriebssicher; **8.** *Unternehmen, Geschäft* betreiben, führen, *Vorhaben* ausführen.

op·er·at·ic [ˌɒpəˈrætɪk] *adj.* (□ ***~ally***) opernhaft (*a. fig. contp.*), Opern...: ***~ performance*** Opernaufführung *f*; ***~ singer*** Opernsänger(in).

op·er·at·ing [ˈɒpəreɪtɪŋ] *adj.* **1.** *bsd.* ⚙ in Betrieb befindlich, Betriebs..., Arbeits...: ***~ conditions*** Betriebsbedingungen; ***~ instructions*** Bedienungsvorschrift *f*, Betriebsanweisung *f*; ***~ lever*** Betätigungshebel *m*; ***~ system*** *Computer*: Betriebssystem *n*; **2.** ☤ Betriebs..., betrieblich: ***~ assets*** Vermögenswerte; ***~ costs*** (*od.* ***expenses***) Betriebs-, Geschäfts(un)kosten; ***~ profit*** Betriebsgewinn *m*; ***~ statement*** Betriebsbilanz *f*; **3.** ⚕ operierend, Operations...: ***~ room*** *od.* ***~ theatre*** (*Am.* ***theater***) Operationssaal *m*; ***~ surgeon*** → ***operator*** 4; ***~ table*** Operationstisch *m.*

op·er·a·tion [ˌɒpəˈreɪʃn] *s.* **1.** Wirken *n*, Wirkung *f* (***on*** auf *acc.*); **2.** *bsd.* ⚖ Wirksamkeit *f*, Geltung *f*: ***by ~ of law*** kraft Gesetzes; ***come into ~*** in Kraft treten; **3.** ⚙ Betrieb *m*, Tätigkeit *f*, Lauf *m* (*Maschine etc.*): ***in ~*** in Betrieb; ***put*** (*od.* ***set***) ***in*** (***out of***) ***~*** in (außer) Betrieb setzen; **4.** *bsd.* ⚙ Wirkungs-, Arbeitsweise *f*; Arbeits(vor)gang *m*, (*Arbeits-, Denk- etc. a. chemischer*) Proˈzeß *m*; **5.** ⚙ Inbetriebsetzung *f*, Bedienung *f* (*Maschine, Gerät*), Betätigung *f* (*Bremse, Schalter*); **6.** Arbeit *f*: ***building ~s*** Bauarbeiten; **7.** ☤ a) Betrieb *m*: ***continuous ~*** durchgehender Betrieb; ***in ~*** in Betrieb, b) Unterˈnehmen *n*, -ˈnehmung *f*, c) Geschäft *n*: ***trading ~*** Tauschgeschäft; **8.** *Börse*: Transaktiˈon *f*; **9.** ⚕ Operatiˈon *f*, (chirˈurgischer) Eingriff: ***~ for appendicitis*** Blinddarmoperation; ***~ to*** (*od.* ***on***) ***the neck*** Halsoperation; ***major ~*** a) größere Operation, b) *fig.* F große Sache, ‚schwere Geburt'; **10.** ⚔ Operatiˈon *f*, Einsatz *m*, Unterˈnehmung *f*; **ˌop·erˈa·tion·al** [-ʃənl] *adj.* **1.** ⚙ a) Betriebs..., Arbeits..., b) betriebsbereit, -fähig; **2.** ☤ betrieblich, Betriebs...; **3.** ⚔ Einsatz..., Operations..., einsatzfähig: ***~ objective*** Operationsziel *n*; **4.** ⚓ klar, fahrbereit; **op·er·a·tive** [ˈɒpərətɪv] **I** *adj.* □ **1.** wirkend, treibend: ***an ~ motive***; **2.** wirksam: ***an ~ dose***; ***become ~*** ⚖ (rechts)wirksam werden, in Kraft treten; ***the ~ word*** das Wort, auf das es ankommt, ⚖ *a.* das rechtsbegründende Wort; **3.** praktisch; **4.** ☤, ⚙ Arbeits..., Betriebs..., betriebsfähig; **5.** ⚕ operaˈtiv, chirˈurgisch: ***~ dentistry*** Zahn- u. Kieferchirurgie *f*; **6.** arbeitend, tätig, beschäftigt; **II** *s.* **7.** (Fach)Arbeiter *m*, Meˈchaniker *m*; → ***operator*** 2; **8.** *Am.* Priˈvatdetekˌtiv(in); **op·er·a·tor** [ˈɒpəreɪtə] *s.* **1.** *der* (*die, das*) Wirkende; **2.** a) ⚙ Bedienungsperson *f*, Arbeiter(in), (*Kran- etc.*)Führer *m*: ***engine ~*** Maschinist *m*; ***~'s license*** *Am.* Führerschein *m*, b) Telegraˈfist(in), c) Telefoˈnist(in), d) (Film)Vorführer *m*, *a.* Kameramann *m*; **3.** ☤ a) Unterˈnehmer *m*, b) *Börse*: (berufsmäßiger) Spekuˈlant, *b.s.* Schieber *m*; **4.** ⚕ operierender Arzt, Operaˈteur *m*; **5.** *Computer*: Opeˈrator *m.*

o·per·cu·lum [əʊˈpɜːkjʊləm] *pl.* **-la** [-lə] *s.* **1.** ⚘ Deckel *m*; **2.** *zo.* a) Deckel *m* (*Schnecken*), b) Kiemendeckel *m* (*Fische*).

op·er·et·ta [ˌɒpəˈretə] *s.* Opeˈrette *f.*

oph·thal·mi·a [ɒfˈθælmɪə] *s.* ⚕ Bindehautentzündung *f*; **ophˈthal·mic** [-ɪk] *adj.* Augen...; augenkrank: ***~ hospital*** Augenklinik *f*; **oph·thal·mol·o·gist** [ˌɒfθælˈmɒlədʒɪst] *s.* Augenarzt *m*, Augenärztin *f*; **oph·thal·mol·o·gy** [ˌɒfθælˈmɒlədʒɪ] *s.* Augenheilkunde *f*, Ophthalmoloˈgie *f*; **oph·thal·mo·scope** [ɒfˈθælməskəʊp] *s.* ⚕ Augenspiegel *m*, Ophthalmoˈskop *n.*

o·pi·ate [ˈəʊpɪət] **I** *s.* **1.** ⚕ Opiˈat *n*, ˈOpiumpräpaˌrat *n*; **2.** Schlaf- *od.* Beruhigungs- *od.* Betäubungsmittel *n* (*a. fig.*): ***~ for the people*** Opium *n* fürs Volk; **II** *adj.* **3.** einschläfernd; betäubend (*a. fig.*).

o·pine [əʊˈpaɪn] **I** *v/i.* daˈfürhalten; **II** *v/t. et.* meinen.

o·pin·ion [əˈpɪnjən] *s.* **1.** Meinung *f*, Ansicht *f*, Stellungnahme *f*: ***in my ~*** m-s Erachtens, nach m-r Meinung *od.* Ansicht; ***be of*** (***the***) ***~ that*** der Meinung sein, daß; ***that is a matter of ~*** das ist Ansichtssache *f*; ***public ~*** die öffentliche Meinung; **2.** Achtung *f*, (gute) Meinung: ***have a high*** (***low*** *od.* ***poor***) ***~ of*** e-e (keine) hohe Meinung haben von, (nicht) viel halten von; ***she has no ~ of Frenchmen*** sie hält nicht viel von (den) Franzosen; **3.** (schriftliches) Gutachten (***on*** über *acc.*): ***counsel's ~*** Rechtsgutachten; **4.** *mst pl.* Überˈzeugung *f*: ***have the courage of one's ~s*** zu s-r Überzeugung stehen; **5.** ⚖ (Urteils)Begründung *f*; **oˈpin·ion·at·ed** [-neɪtɪd] *adj.* **1.** starr-, eigensinnig; dogˈmatisch; **2.** schulmeisterlich, überˈheblich.

oˈpin·ion|-ˌform·ing *adj.* meinungsbildend; **~ form·er**, **~ lead·er**, **~-ˌmak·er** *s.* Meinungsbildner *m*; **~ poll** *s.* ˈMeinungsˌumfrage *f*; **~ re·search** *s.* Meinungsforschung *f.*

o·pi·um [ˈəʊpjəm] *s.* Opium *n*: ***~-eater*** Opiumesser *m*; ***~ poppy*** ⚘ Schlafmohn *m*; **ˈo·pi·um·ism** [-mɪzəm] *s.* ⚕ **1.** Opiumsucht *f*; **2.** Opiumvergiftung *f.*

o·pos·sum [əˈpɒsəm] *s. zo.* Oˈpossum *n*, Beutelratte *f.*

op·po·nent [əˈpəʊnənt] **I** *adj.* entgegenstehend, -gesetzt, gegnerisch (***to*** *dat.*); **II** *s.* Gegner(in) (*a.* ⚖, *sport*), Gegenspieler(in), ˈWidersacher(in), Oppoˈnent(in).

op·por·tune [ˈɒpətjuːn] *adj.* □ **1.** günstig, passend, gut angebracht, opporˈtun; **2.** rechtzeitig; **ˈop·por·tune·ness** [-nɪs] *s.* Opportuniˈtät *f*, Rechtzeitigkeit *f*; günstiger Zeitpunkt.

op·por·tun·ism [ˈɒpətjuːnɪzəm] *s.* Opportuˈnismus *m*; **ˈop·por·tun·ist** [-ɪst] *s.* Opportuˈnist(in).

op·por·tu·ni·ty [ˌɒpəˈtjuːnətɪ] *s.* (*günstige*) Gelegenheit, Möglichkeit *f* (***of doing, to do*** zu tun; ***for s.th.*** zu et.): ***miss the ~*** die Gelegenheit verpassen; ***seize*** (*od.* ***take***) ***an ~*** e-e Gelegenheit ergreifen; ***at the first ~*** bei der ersten Gelegenheit; ***~ for advancement*** Aufstiegsmöglichkeit; ***~ makes the thief*** Gelegenheit macht Diebe.

op·pose [əˈpəʊz] *v/t.* **1.** (*vergleichend*) gegenˈüberstellen; **2.** entgegensetzen, -stellen (***to*** *dat.*); **3.** entgegentreten (*dat.*), sich widerˈsetzen (*dat.*); angehen gegen, bekämpfen; **4.** ⚖ *Am.* gegen *e-e Patentanmeldung* Einspruch erheben; **opˈposed** [-zd] *adj.* **1.** gegensätzlich, entgegengesetzt (*a.* 𝒜); **2.** (***to***) abgeneigt (*dat.*), feind (*dat.*), feindlich (gegen): ***be ~ to*** *j-m od. e-r Sache* feindlich *od.* ablehnend gegenüberstehen, gegen *j-n od. et.* sein; **3.** ⚙ Gegen...: ***~ piston engine*** Gegenkolben-, Boxermotor *m*; **opˈpos·ing** [-zɪŋ] *adj.* **1.** gegenˈüberliegend; **2.** opponierend, gegnerisch; **3.** *fig.* entgegengesetzt, unvereinbar.

op·po·site [ˈɒpəzɪt] **I** *adj.* □ **1.** gegenˈüberliegend, -stehend (***to*** *dat.*): ***~ angle*** 𝒜 Gegen-, Scheitelwinkel *m*; **2.** entgegengesetzt (gerichtet), ˈumgekehrt: ***~ directions***; ***~ signs*** 𝒜 entgegengesetzte Vorzeichen; ***of ~ sign*** 𝒜 ungleichnamig; ***~ pistons*** ⚙ gegenläufige Kolben; **3.** gegensätzlich, entgegengesetzt, gegenteilig, (grund)verschieden, ander: ***words of ~ meaning***; **4.** gegnerisch, Gegen...: ***~ side*** *sport* Gegenpartei *f*, gegnerische Mannschaft; ***~ number*** *sport, pol. etc.* Gegenspieler(in), ‚Gegenüber' *n*, *weitS.* ‚Kollege' *m*, ‚Kollegin' *f* (von der anderen Seite); **5.** ⚘ gegenständig (*Blätter*); **II** *s.* **6.** Gegenteil *n* (*a.* 𝒜), -satz *m*: ***just the ~*** das genaue Gegenteil; **III** *adv.* **7.** gegenˈüber; **IV** *prp.* **8.** gegenüber (*dat.*): ***the ~ house***; ***play ~ X.*** *sport,*

Film etc. (der, die) Gegenspieler(in) von X sein.

op·po·si·tion [ˌɒpəˈzɪʃn] *s.* **1.** Gegenˈüberstellung *f; das* Gegenˈüberstehen *od.* -liegen; ⚙ Gegenläufigkeit *f;* **2.** ˈWiderstand *m* (***to*** gegen): ***offer ~*** (***to***) Widerstand leisten (gegen); ***meet with*** (*od.* ***face***) ***stiff ~*** auf heftigen Widerstand stoßen; **3.** Gegensatz *m*, ˈWiderspruch *m*: ***act in ~ to*** zuwiderhandeln (*dat.*); **4.** *pol.* (*a. ast. u. fig.*) Oppositiˈon *f;* **5.** ✝ Konkurˈrenz *f;* **6.** ⚖ a) ˈWiderspruch *m*, b) *Am.* Einspruch *m* (***to*** gegen *e-e Patentanmeldung*); **7.** *Logik*: Gegensatz *m*; ˌ**op·poˈsi·tion·al** [-ʃənl] *adj.* **1.** *pol.* oppositioˈnell, Oppositions…, regierungsfeindlich; **2.** gegensätzlich, Widerstands…

op·press [əˈpres] *v/t.* **1.** *seelisch* bedrükken; **2.** unterˈdrücken, tyrannisieren, schikanieren; **opˈpres·sion** [-eʃn] *s.* **1.** Unterˈdrückung *f*, Tyrannisierung *f;* ⚖ a) Schiˈkane(n *pl.*) *f*, b) ˈMißbrauch *m* der Amtsgewalt; **2.** Druck *m*, Bedrängnis *f*, Not *f;* **3.** Bedrücktheit *f;* **4.** ⚕ Beklemmung *f;* **opˈpres·sive** [-sɪv] *adj.* □ **1.** *seelisch* (be)drückend; **2.** tyˈrannisch, grausam, hart; ⚖ schikaˈnös; **3.** drückend (schwül); **opˈpres·sive·ness** [-sɪvnɪs] *s.* **1.** Druck *m;* **2.** Schwere *f*, Schwüle *f;* **opˈpres·sor** [-sə] *s.* Unterˈdrücker *m*, Tyˈrann *m*.

op·pro·bri·ous [əˈprəʊbrɪəs] *adj.* □ **1.** schmähend, Schmäh…; **2.** schändlich, inˈfam; **opˈpro·bri·um** [-ɪəm] *s.* Schmach *f*, Schande *f*.

op·pugn [ɒˈpjuːn] *v/t.* anfechten.

opt [ɒpt] *v/i.* wählen (***between*** zwischen *dat.*), sich entscheiden (***for*** für, ***against*** gegen), *bsd. pol.* optieren (***for*** für); ***~ out*** a) sich dagegen entscheiden, b) ‚aussteigen' (***of, on*** aus *der Gesellschaft, e-r Unternehmung etc.*); **op·ta·tive** [ˈɒptətɪv] **I** *adj.* Wunsch…, *ling.* optativ(isch): ***~ mood*** → **II** *s. ling.* Optativ *m*, Wunschform *f*.

op·tic [ˈɒptɪk] **I** *adj.* **1.** Augen…, Seh…, Gesichts…: ***~ angle*** Seh-, Gesichtswinkel *m;* ***~ axis*** a) optische Achse, b) Sehachse *f;* ***~ nerve*** Sehnerv *m;* **2.** → ***optical***; **II** *s.* **3.** *mst pl. humor.* Auge *n;* **4.** *pl. sg. konstr. phys.* Optik *f*, Lichtlehre *f;* ˈ**op·ti·cal** [-kl] *adj.* □ optisch: ***~ illusion*** optische Täuschung; ***~ microscope*** Lichtmikroskop *n;* ***~ viewfinder*** *TV* optischer Sucher; **op·ti·cian** [ɒpˈtɪʃn] *s.* Optiker(in).

op·ti·mal [ˈɒptɪml] → ***optimum*** II.

op·ti·mism [ˈɒptɪmɪzəm] *s.* Optiˈmismus *m;* ˈ**op·ti·mist** [-ɪst] *s.* Optiˈmist(in); **op·ti·mis·tic** [ˌɒptɪˈmɪstɪk] *adj.* (□ ***~ally***) optiˈmistisch.

op·ti·mize [ˈɒptɪmaɪz] *v/t.* ✝, ⚙ optimieren.

op·ti·mum [ˈɒptɪməm] **I** *pl.* **-ma** [-mə] *s.* **1.** Optimum *n*, günstigster Fall, Bestfall *m;* **2.** ✝, ⚙ Bestwert *m;* **II** *adj.* **3.** optiˈmal, günstigst, best.

op·tion [ˈɒpʃn] *s.* **1.** Wahlfreiheit *f*, freie Wahl *od.* Entscheidung: ***~ of a fine*** Recht *n*, e-e Geldstrafe (*an Stelle der Haft*) zu wählen; **2.** Wahl *f*: ***at one's ~*** nach Wahl; ***make one's ~*** s-e Wahl treffen; **3.** Alternaˈtive *f*: ***I had no ~ but to*** ich hatte keine andere Wahl als; **4.** ✝ Optiˈon *f* (*a. Versicherung*), Vorkaufsrecht *n*: ***buyer's ~*** Kaufoption, Vorprämie *f;* ***~ for the call*** (***the put***) Vor- (Rück)prämiengeschäft *n;* ***~ rate*** Prämiensatz *m;* ***~ of repurchase*** Rückkaufsrecht *n;* **op·tion·al** [ˈɒpʃənl] *adj.* □ **1.** freigestellt, wahlfrei, freiwillig, fakultaˈtiv: ***~ bonds*** *Am.* kündbare Obligationen; ***~ subject*** *ped.* Wahlfach *n;* **2.** ✝ Options…: ***~ bargain*** Prämiengeschäft *n*.

op·u·lence [ˈɒpjʊləns] *s.* Reichtum *m*, (Über)Fülle *f*, ˈÜberfluß *m*: ***live in ~*** im Überfluß leben; ˈ**op·u·lent** [-nt] *adj.* □ **1.** (sehr) reich (*a. fig.*); **2.** üppig, opuˈlent: ***~ meal***.

o·pus [ˈəʊpəs] *pl.* **op·er·a** [ˈɒpərə] (*Lat.*) *s.* (*einzelnes*) Werk, Opus *n;* → ***magnum opus***; **o·pus·cule** [ɒˈpʌskjuːl] *s.* ♪, *lit.* kleines Werk.

or[1] [ɔː] *cj.* **1.** oder: ***~ else*** sonst, andernfalls; ***one ~ two*** ein bis zwei, einige; **2.** (*nach neg.*) noch, und kein, und auch nicht.

or[2] [ɔː] *s. her.* Gold *n*, Gelb *n*.

or·a·cle [ˈɒrəkl] **I** *s.* **1.** Oˈrakel(spruch *m*) *n; fig. a.* Weissagung *f*: ***work the ~*** F e-e Sache ‚drehen'; **2.** *fig.* oˈrakelhafter Ausspruch; **3.** *fig.* Proˈphet(in), unfehlbare Autoriˈtät; **II** *v/t. u. v/i.* **4.** oˈrakeln; **o·rac·u·lar** [ɒˈrækjʊlə] *adj.* □ **1.** oˈrakelhaft (*a. fig.*), Orakel…; **2.** *fig.* weise.

o·ral [ˈɔːrəl] **I** *adj.* □ **1.** mündlich: ***~ contract***; ***~ examination***; **2.** ⚕ oˈral (*a. ling.*), Mund…: ***for ~ use*** zum innerlichen Gebrauch; ***~ intercourse*** Oralverkehr *m;* ***~ stage*** *psych.* orale Phase; **II** *s.* **3.** F mündliche Prüfung.

or·ange [ˈɒrɪndʒ] **I** *s.* ⚘ Oˈrange *f*, Apfelˈsine *f*: ***bitter ~*** Pomeranze *f;* ***squeeze the ~ dry*** F j-n ausquetschen wie e-e Zitrone; **II** *adj.* Orangen…; oˈrange (-farben); ***~ lead*** [led] *s.* ⚙ Oˈrangemennige *f*, Bleisafran *m;* ***~ peel*** *s.* **1.** Oˈrangenschale *f;* **2.** *a.* ***~ effect*** ⚙ Oˈrangenschalenstrukˌtur *f* (*Lackierung*).

or·ange·ry [ˈɒrɪndʒərɪ] *s.* Orangeˈrie *f*.

o·rang-ou·tang [ɔːˌræŋuːˈtæŋ], **oˌrang-uˈtan** [-uːˈtæn] *s. zo.* ˈOrang-ˈUtan *m*.

o·rate [ɔːˈreɪt] *v/i.* **1.** e-e Rede halten; **2.** *humor. u. contp.* (lange) Reden halten *od.* ‚schwingen', reden; **oˈra·tion** [-ˈeɪʃn] *s.* **1.** *förmliche od. feierliche* Rede; **2.** *ling.* (*direkte etc.*) Rede *f;* **or·a·tor** [ˈɒrətə] *s.* **1.** Redner(in); **2.** ⚖ *Am.* Kläger(in) (*in **equity**-Prozessen*); **or·a·tor·i·cal** [ˌɒrəˈtɒrɪkl] *adj.* □ rednerisch, Redner…, oraˈtorisch, rheˈtorisch, Rede…; **or·a·to·ri·o** [ˌɒrəˈtɔːrɪəʊ] *pl.* **-ri·os** *s.* ♪ Oraˈtorium *n;* **or·a·tor·ize** [ˈɒrətəraɪz] → ***orate*** 2; **or·a·to·ry** [ˈɒrətərɪ] *s.* **1.** Redekunst *f*, Beredsamkeit *f*, Rheˈtorik *f;* **2.** *eccl.* Kaˈpelle *f*, Andachtsraum *m*.

orb [ɔːb] **I** *s.* **1.** Kugel *f*, Ball *m;* **2.** *poet.* Gestirn *n*, Himmelskörper *m;* **3.** *poet.* a) Augapfel *m*, b) Auge *n;* **4.** *hist.* Reichsapfel *m;* **or·bic·u·lar** [ɔːˈbɪkjʊlə] *adj.* □ **1.** kugelförmig; **2.** rund, kreisförmig; **3.** ringförmig; **or·bit** [ˈɔːbɪt] **I** *s.* **1.** (*ast. etc.* Kreis-, *phys.* Elekˈtronen-) Bahn *f*: ***get into ~*** in e-e Umlaufbahn gelangen (*Erdsatellit*); ***put into ~*** → 5; **2.** *fig.* Bereich *m*, Wirkungskreis *m; pol.* Einflußsphäre *f;* **3.** *anat.* a) Augenhöhle *f*, b) Auge *n;* **II** *v/t.* **4.** *die Erde etc.* umˈkreisen; **5.** in e-e ˈUmlaufbahn bringen; **III** *v/i.* **6.** die Erde *etc.* umˈkreisen; **7.** ✈ (über dem Flugplatz) kreisen; ˈ**or·bit·al** [-bɪtl] **I** *adj.* **1.** *anat.* Augenhöhlen…: ***~ cavity*** Augenhöhle *f;* **2.** *ast., phys.* Bahn…: ***~ electron***; **II** *s.* **3.** *Brit.* Ringstraße *f*.

or·chard [ˈɔːtʃəd] *s.* Obstgarten *m;* ˈObstplanˌtage *f*: ***in ~*** mit Obstbäumen bepflanzt; ˈ**or·chard·ing** [-dɪŋ] *s.* **1.** Obstbau *m;* **2.** *coll. Am.* ˈObstkulˌturen *pl.*

or·ches·tic [ɔːˈkestɪk] **I** *adj.* Tanz…; **II** *s. pl.* Orˈchestik *f*.

or·ches·tra [ˈɔːkɪstrə] *s.* **1.** ♪ Orˈchester *n;* **2.** *thea.* a) Orˈchester(raum *m*, -graben *m*) *n*, b) Parˈterre *n*, c) *a.* ***~ stalls*** Parˈkett *n;* **or·ches·tral** [ɔːˈkestrəl] *adj.* ♪ **1.** Orchester…; **2.** orcheˈstral; ˈ**or·ches·trate** [-reɪt] *v/t.* **1.** *a. v/i.* ♪ orchestrieren, instrumentieren; **2.** *fig. Am.* ordnen, aufbauen; **or·ches·tra·tion** [ˌɔːkeˈstreɪʃn] *s.* Instrumentatiˈon *f*.

or·chid [ˈɔːkɪd] *s.* ⚘ Orchiˈdee *f*.

or·chis [ˈɔːkɪs] *pl.* ˈ**or·chis·es** *s.* ⚘ **1.** Orchiˈdee *f;* **2.** Knabenkraut *n*.

or·dain [ɔːˈdeɪn] *v/t.* **1.** *eccl.* ordinieren, (*zum Priester*) weihen; **2.** bestimmen, fügen (*Gott, Schicksal*); **3.** anordnen, verfügen.

or·deal [ɔːˈdiːl] *s.* **1.** *hist.* Gottesurteil *n*: ***~ by fire*** Feuerprobe *f;* **2.** *fig.* Zerreiß-, Feuerprobe *f*, schwere Prüfung; **3.** *fig.* Qual *f*, Nervenprobe *f*, Torˈtur *f*, Marˈtyrium *n*.

or·der [ˈɔːdə] **I** *s.* **1.** Ordnung *f*, geordneter Zustand: ***love of ~*** Ordnungsliebe *f;* ***in ~*** in Ordnung (*a. fig.*); ***out of ~*** in Unordnung; → 8; **2.** (öffentliche) Ordnung: ***law and ~*** Ruhe *f* u. Ordnung; **3.** Ordnung *f* (*a.* ⚘ *Kategorie*), Syˈstem *n*: ***social ~*** soziale Ordnung; **4.** (An)Ordnung *f*, Reihenfolge *f; ling.* (Satz)Stellung *f*, Wortfolge *f*: ***in alphabetical ~*** in alphabetischer Ordnung; ***~ of priority*** Dringlichkeitsfolge *f;* ***~ of merit*** (*od.* ***precedence***) Rangordnung; **5.** Ordnung *f*, Aufstellung *f;* △ Stil *m*: ***in close*** (***open***) ***~*** ⚔ in geschlossener (geöffneter) Ordnung; ***~ of battle*** a) ⚔ Schlachtordnung, Gefechtsaufstellung, b) ⚓ Gefechtsformation *f;* ***Doric ~*** △ dorische Säulenordnung; **6.** ⚔ vorschriftsmäßige Uniˈform u. Ausrüstung; → ***marching***; **7.** (Geschäfts-) Ordnung *f*: ***standing ~s*** *parl.* feststehende Geschäftsordnung; ***a call to ~*** ein Ordnungsruf *m;* ***call to ~*** zur Ordnung rufen; ***rise to*** (***a point of***) ***~*** zur Geschäftsordnung sprechen; ***2!, 2!*** zur Ordnung!; ***in*** (***out of***) ***~*** (un)zulässig; ***~ of the day*** Tagesordnung; → 9; ***be the ~ of the day*** *fig.* an der Tagesordnung sein; ***pass to the ~ of the day*** zur Tagesordnung übergehen; → ***rule*** 15; **8.** Zustand *m*: ***in bad ~*** nicht in Ordnung, in schlechtem Zustand; ***out of ~*** nicht in Ordnung, defekt; ***in running ~*** betriebsfähig; **9.** Befehl *m*, Instruktiˈon *f*, Anordnung *f*: ***2 in Council*** *pol.* Kabinettsbefehl; ***~ of the day*** ⚔ Tagesbefehl; ***~ for remittance*** Überweisungsauftrag *m;* ***doctor's ~s*** ärztliche Anordnung; ***by ~*** a) befehls-, auftragsgemäß, b) im Auftrag (*vor der Unterschrift*); ***by*** (*od.* ***on the***) ***~ of*** auf Befehl von, im Auftrag von; ***be under ~s to do s.th.*** Befehl haben, et. zu tun; ***till***

further ~s bis auf weiteres; ***in short ~*** *Am.* F sofort; **10.** ⚖ (Gerichts)Beschluß *m*, Befehl *m*, Verfügung *f*; **11.** ✝ Bestellung *f* (*a. Ware*), Auftrag *m* (***for*** für): ***a large*** (*od.* ***tall***) **~** F e-e (arge) Zumutung, (zu)viel verlangt; ***~s on hand*** Auftragsbestand *m*; ***give*** (*od.* ***place***) ***an ~*** e-n Auftrag erteilen, e-e Bestellung aufgeben; ***make to ~*** a) auf Bestellung anfertigen, b) nach Maß anfertigen; ***shoes made to ~*** Maßschuhe; ***last ~s, please*** Polizeistunde!; **12.** ✝ Order *f* (*Zahlungsauftrag*): ***pay to s.o.'s ~*** an j-s Order zahlen; ***pay to the ~ of*** für mich an ... (*Wechselindossament*); ***payable to ~*** zahlbar an Order; ***own ~*** eigene Order; **13.** → ***post-office order, postal*** I; **14.** ♮ Ordnung *f*, Grad *m*: ***equation of the first ~*** Gleichung *f* ersten Grades; **15.** Größenordnung *f*: ***of*** (*od.* ***in***) ***the ~ of*** in der Größenordnung von; **16.** Art *f*, Rang *m*: ***of a high ~*** von hohem Rang; ***of quite another ~*** von ganz anderer Art; ***on the ~ of*** nach Art von; **17.** (Gesellschafts)Schicht *f*, Klasse *f*, Stand *m*: ***the higher ~s*** die höheren Klassen; ***the military ~*** der Soldatenstand; **18.** Orden *m* (*Gemeinschaft*): ***the Franciscan ~*** *eccl.* der Franziskanerorden; ***the Teutonic ~*** *hist.* der Deutsche (*Ritter-*) Orden; **19.** Orden(szeichen *n*) *m*; → ***Garter*** 2; **20.** *pl. mst* ***holy ~s*** *eccl.* (heilige) Weihen, Priesterweihe *f*: ***take*** (***holy***) ***~s*** die (heiligen) Weihen empfangen; ***major ~s*** höhere Weihen; **21.** Einlaßschein *m*, *thea.* Freikarte *f*; **22.** ***in ~ to*** *inf.* um zu *inf.*; ***in ~ that*** damit; **II** *v/t.* **23.** *j-m od. e-e Sache* befehlen, *et.* anordnen: ***he ~ed him to come*** er befahl ihm zu kommen; **24.** *j-n* schikken, beordern (***to*** nach); **25.** ⚕ *j-m et.* verordnen; **26.** bestellen (*a.* ✝; *a. im Restaurant*); **27.** regeln, leiten, führen; **28.** ***~ arms!*** ⚔ Gewehr ab!; **29.** ordnen, einrichten: ***~ one's affairs*** s-e Angelegenheiten in Ordnung bringen; **~ a·bout** *v/t.* her'umkommandieren; **~ a·way** *v/t.* **1.** weg-, fortschicken; **2.** abführen lassen; **~ back** *v/t.* zu'rückbeordern; **~ in** *v/t.* her'einkommen lassen; **~ off** *v/t. sport* vom Platz stellen; **~ out** *v/t.* **1.** hin'ausbeordern; **2.** hin'ausweisen.

or·der| bill *s.* ✝ 'Orderpa,pier *n*; **~ bill of lad·ing** *s.* ✝, ⚙ 'Orderkonnossement *n*; **~ book** *s.* **1.** ✝ Auftragsbuch *n*; **2.** *Brit. parl.* Liste *f* der angemeldeten Anträge; **~ check** *Am.*, **~ cheque** *Brit. s.* ✝ Orderscheck *m*; **~ form** *s.* ✝ Bestellschein *m*; **~ in·stru·ment** *s.* ✝ 'Orderpa,pier *n*.

or·der·less ['ɔːdəlɪs] *adj.* unordentlich, regellos; **'or·der·li·ness** [-lɪnɪs] *s.* **1.** Ordnung *f*, Regelmäßigkeit *f*; **2.** Ordentlichkeit *f*.

or·der·ly ['ɔːdəlɪ] **I** *adj.* **1.** ordentlich, (wohl)geordnet; **2.** plan-, regelmäßig, me'thodisch; **3.** *fig.* ruhig, friedlich: ***an ~ citizen***; **4.** ⚔ a) im *od.* vom Dienst, diensttuend, b) Ordonnanz...: ***on ~ duty*** auf Ordonnanz; **II** *adv.* **5.** ordnungsgemäß, planmäßig; **III** *s.* **6.** ⚔ a) Ordon'nanz *f*, b) Sani'täter *m*, Krankenträger *m*, c) (Offi'ziers)Bursche *m*; **7.** *allg.* (Kranken)Pfleger *m*; **~ of·fi·cer** *s.* ⚔ **1.** Ordon'nanzoffi,zier *m*; **2.** Offi'zier *m* vom Dienst; **~ room** *s.* ⚔ Schreibstube *f*.

or·der| num·ber *s.* ✝ Bestellnummer *f*; **~ pad** *s.* ✝ Bestell(schein)block *m*; **~ pa·per** *s.* **1.** 'Sitzungspro,gramm *n*, (*schriftliche*) Tagesordnung; **2.** ✝ *Am.* 'Orderpa,pier *n*; **~ slip** *s.* ✝ Bestellzettel *m*.

or·di·nal ['ɔːdɪnl] **I** *adj.* **1.** ♮ Ordnungs..., Ordinal...: ***~ number***; **2.** ⚘, *zo.* Ordnungs...; **II** *s.* **3.** ♮ Ordnungszahl *f*; **4.** *eccl.* a) Ordi'nale *n* (*Regelbuch für die Ordinierung anglikanischer Geistlicher*), b) *oft* ♀ Ordi'narium *n* (*Ritualbuch od. Gottesdienstordnung*).

or·di·nance ['ɔːdɪnəns] *s.* **1.** *amtliche* Verordnung; **2.** *eccl.* (*festgesetzter*) Brauch, Ritus *m*.

or·di·nand [,ɔːdɪ'nænd] *s. eccl.* Ordi'nandus *m*.

or·di·nar·i·ly ['ɔːdnrɪlɪ] *adv.* **1.** nor'malerweise, gewöhnlich; **2.** wie gewöhnlich *od.* üblich.

or·di·nar·y ['ɔːdnrɪ] **I** *adj.* ☐ → ***ordinarily***; **1.** gewöhnlich, nor'mal, üblich; **2.** gewöhnlich, mittelmäßig, Durchschnitts...: ***~ face*** Alltagsgesicht *n*; **3.** ständig; ordentlich (*Gericht, Mitglied*); **II** *s.* **4.** *das* Übliche, *das* Nor'male: ***nothing out of the ~*** nichts Ungewöhnliches; ***above the ~*** außergewöhnlich; **5.** ***in ~*** ordentlich, von Amts wegen; ***judge in ~*** ordentlicher Richter; ***physician in ~*** (***to a king***) Leibarzt *m* (e-s Königs); **6.** *eccl.* Ordi'narium *n*, Gottesdienst-, Meßordnung *f*; **7.** *a.* ♀ *eccl.* Ordi'narius *m* (*Bischof*); **8.** ⚖ a) ordentlicher Richter, b) *Am.* Nachlaßrichter *m*; **9.** *Brit. obs.* a) Hausmannskost *f*, b) Tagesgericht *n*; **10.** *Brit. obs.* Gaststätte *f*; **~ life in·sur·ance** *s.* Lebensversicherung *f* auf den Todesfall; **~ sea·man** *s.* 'Leichtma,trose *m*; **~ share** *s.* ✝ Stammaktie *f*.

or·di·nate ['ɔːdnət] *s.* ♮ Ordi'nate *f*.

or·di·na·tion [,ɔːdɪ'neɪʃn] *s.* **1.** *eccl.* Priesterweihe *f*, Ordinati'on *f*; **2.** Ratschluß *m* (*Gottes etc.*).

ord·nance ['ɔːdnəns] *s.* ⚔ **1.** Artille'rie *f*, Geschütze *pl.*: ***a piece of ~*** ein (schweres) Geschütz; **~ *technician*** Feuerwerker *m*; **2.** 'Feldzeugmateri,al *n*; **3.** Feldzeugwesen *n*: ***Royal Army ♀ Corps*** Feldzeugkorps *n* des brit. Heeres; ♀ **De·part·ment** *s.* ⚔ Zeug-, Waffenamt *n*; **~ de·pot** *s.* ⚔ 'Feldzeug-, *bsd.* Artille'riede,pot *n*; **~ map** *s.* ⚔ **1.** *Am.* Gene'ralstabskarte *f*; **2.** *Brit.* Meßtischblatt *n*; **~ of·fi·cer** *s.* **1.** ⚓ *Am.* Artille'rieoffi,zier *m*; **2.** Offi'zier *m* der Feldzeugtruppe; **3.** 'Waffenoffi,zier *m*; **~ park** *s.* ⚔ a) Geschützpark *m*, b) Feldzeugpark *m*; **~ ser·geant** *s.* ⚔ 'Waffen-, Ge'räte,unteroffi,zier *m*; ♀ **Sur·vey** *s.* amtliche Landesvermessung: ***♀ map*** *Brit.* a) Meßtischblatt *n*, b) (*1:100000*) Generalstabskarte *f*.

or·dure ['ɔːˌdjʊə] *s.* Kot *m*, Schmutz *m*, Unflat *m* (*a. fig.*).

ore [ɔː] *s.* **1.** Erz *n*; **2.** *poet.* (kostbares) Me'tall; **'~-,bear·ing** *adj. geol.* erzführend, -haltig; **~ bed** *s.* Erzlager *n*.

or·gan ['ɔːgən] *s.* **1.** Or'gan *n*: a) *anat.* Körperwerkzeug *n*: ***~ of sight*** Sehorgan, b) *fig.* Werkzeug *n*, Hilfsmittel *n*, c) Sprachrohr *n* (*Zeitschrift*): ***party ~*** Parteiorgan, d) *laute etc.* Stimme; **2.** ♪ a) Orgel *f*: ***~ stop*** Orgelregister *n*, b) Kla'vier *n* (*e-r Orgel*), c) *a.* ***American ~*** *Art* Har'monium *n*, d) → ***barrel-organ***: ***~-grinder*** Leier(kasten)mann *m*.

or·gan·die, or·gan·dy ['ɔːgəndɪ] *s.* Or'gandy *m* (*Baumwollgewebe*).

or·gan·ic [ɔː'gænɪk] *adj.* (☐ ***~ally***) *allg.* **1.** or'ganisch; **2.** bio'logisch-or'ganisch: ***~ vegetables***; **~ chem·is·try** *s.* or'ganische Che'mie; **~ dis·ease** *s.* ⚕ or'ganische Krankheit; **~ e·lec·tric·i·ty** *s. zo.* tierische Elektrizi'tät; **~ law** *s. pol.* Grundgesetz *n*.

or·gan·ism ['ɔːgənɪzəm] *s. biol. u. fig.* Orga'nismus *m*.

or·gan·ist ['ɔːgənɪst] *s.* ♪ Orga'nist(in).

or·gan·i·za·tion [,ɔːgənaɪ'zeɪʃn] *s.* **1.** Organisati'on *f*: a) Organisierung *f*, Bildung *f*, Gründung *f*, b) (syste'matischer) Aufbau, Gliederung *f*, (Aus)Gestaltung *f*, c) Zs.-schluß *m*, Verband *m*, Gesellschaft *f*: ***administrative ~*** Verwaltungsapparat *m*; **2.** Orga'nismus *m*, Sy'stem *n*; **,or·gan·i'za·tion·al** [-ʃənl] *adj.* organisa'torisch; **or·gan·ize** ['ɔːgənaɪz] **I** *v/t.* **1.** organisieren: a) aufbauen, einrichten, b) gründen, ins Leben rufen, c) veranstalten, *sport a.* ausrichten: ***~d tour*** Gesellschaftsreise *f*, d) gestalten; **2.** in ein Sy'stem bringen; **3.** (gewerkschaftlich) organisieren: ***~d labo(u)r***; **II** *v/i.* **4.** sich organisieren; **or·gan·iz·er** ['ɔːgənaɪzə] *s.* Organi'sator *m*; Veranstalter *m*, *sport a.* Ausrichter *m*; ⚖ Gründer *m*.

or·gan loft *s.* ⚠ Orgelchor *m*.

or·gan·zine ['ɔːgənziːn] *s.* Organ'sin (-seide *f*) *m, n*.

or·gasm ['ɔːgæzəm] *s. physiol.* **1.** Or'gasmus *m*, (sexu'eller) Höhepunkt; **2.** heftige Erregung; **or·gi·as·tic** [,ɔːdʒɪ'æstɪk] *adj.* orgi'astisch; **or·gy** ['ɔːdʒɪ] *s.* Orgie *f*.

o·ri·el ['ɔːrɪəl] *s.* ⚠ Erker *m*.

o·ri·ent ['ɔːrɪənt] **I** *s.* **1.** Osten *m*; **2.** ***the ♀*** der (Ferne) Osten, der Orient; **II** *adj.* **3.** aufgehend (*Sonne*); **4.** östlich; **5.** glänzend; **III** *v/t.* [-ɪent] **6.** orientieren, die Lage *od.* die Richtung bestimmen von, orten; *Landkarte* einnorden; *Instrument* einstellen; *Kirche* osten; **7.** *fig. geistig* (aus)richten, orientieren (***by*** an *dat.*): ***profit-~ed*** gewinnorientiert; **8.** ***~ o.s.*** sich orientieren (***by*** an *dat.*), sich zu'rechtfinden, sich informieren; **o·ri·en·tal** [,ɔːrɪ'entl] **I** *adj.* **1.** östlich; **2.** *mst* ♀ orien'talisch, *bsd. Am. a.* ostasiatisch, östlich; **II** *s.* **3.** Orien'tale *m*, Orien'talin *f*, *bsd. Am. a.* Ostasiat(in); **o·ri·en·tal·ist** [,ɔːrɪ'entəlɪst] *s.* Orienta'list(in); **o·ri·en·tate** ['ɔːrɪenteɪt] → ***orient*** 6, 7, 8; **o·ri·en·ta·tion** [,ɔːrɪen'teɪʃn] *s.* **1.** ⚠ Ostung *f* (*Kirche*); **2.** Anlage *f*, Richtung *f*; **3.** Orientierung *f* (*a.* ✈ *u. fig.*), Ortung *f*; Ausrichtung *f* (*a. fig.*); **4.** *a. fig.* Orientierung *f*, (Sich-) Zu'rechtfinden *n*: ***~ course*** Einführungskurs *m*; **5.** Orientierungssinn *m*; **or·i·en·teer·ing** [,ɔːrɪen'tɪːrɪŋ] *s.* Orientierungslauf *m*.

or·i·fice ['ɒrɪfɪs] *s.* Öffnung *f* (*a. anat.*, ⚙), Mündung *f*.

or·i·flamme ['ɒrɪflæm] *s.* Banner *n*, Fahne *f*; *fig.* Fa'nal *n*.

or·i·gin ['ɒrɪdʒɪn] *s.* **1.** Ursprung *f*: a) Quelle *f*, b) *fig.* Herkunft *f*, Abstammung *f*: ***certificate of ~*** ✝ Ursprungszeugnis *n*; ***country of ~*** † Ursprungsland *n*, c) Anfang *m*, Entstehung *f*: ***the ~ of species*** der Ursprung der Arten; **2.** A Koordi'natenursprung *m*, -nullpunkt *m*.

o·rig·i·nal [ə'rɪdʒənl] **I** *adj.* □ → ***originally***; **1.** origi'nal, Original..., Ur..., ursprünglich, echt: ***the ~ text*** der Urod. Originaltext; **2.** erst, ursprünglich, Ur...: ***~ bill*** † *Am.* Primawechsel *m*; ***~ capital*** † Gründungskapital *n*; ***~ copy*** Erstausfertigung *f*; ***~ cost*** † Selbstkosten *pl.*; ***~ inhabitants*** Ureinwohner; ***~ jurisdiction*** ⚖ erstinstanzliche Zuständigkeit; ***~ share*** † Stammaktie *f*; → ***sin*** 1; **3.** origi'nell, neu(artig); ***an ~ idea***; **4.** schöpferisch, ursprünglich: ***~ genius*** Originalgenie *n*, Schöpfergeist *m*; ***~ thinker*** selbständiger Geist; **5.** urwüchsig, Ur...: ***~ nature*** Urnatur *f*; **II** *s.* **6.** Origi'nal *n*: a) Urbild *n*, -stück *n*, b) Urfassung *f*, -text *m*: ***in the ~*** im Original, im Urtext, ⚖ urschriftlich; **7.** Original *n* (*Mensch*); **8.** ⚘, *zo.* Stammform *f*; **o·rig·i·nal·i·ty** [ə'rɪdʒə'nælətɪ] *s.* **1.** Originali'tät *f*: a) Ursprünglichkeit *f*, Echtheit *f*, b) Eigenart *f*, origi'neller Cha'rakter, c) Neuheit *f*; **2.** *das* Schöpferische; **o'rig·i·nal·ly** [-dʒənəlɪ] *adv.* **1.** ursprünglich, zu'erst; **2.** hauptsächlich, eigentlich; **3.** von Anfang an, schon immer; **4.** origi'nell.

o·rig·i·nate [ə'rɪdʒəneɪt] **I** *v/i.* **1.** (***from***) entstehen (aus), s-n Ursprung haben (in *dat.*), herrühren (von *od.* aus); **2.** (***with, from***) ausgehen (von *j-m*); **II** *v/t.* **3.** her'vorbringen, verursachen, erzeugen, schaffen; **4.** den Anfang machen mit, den Grund legen zu; **o·rig·i·na·tion** [əˌrɪdʒə'neɪʃn] *s.* **1.** Her'vorbringung *f*, Schaffung *f*, Veranlassung *f*; **2.** → ***origin*** 1 b *u.* c; **o'rig·i·na·tive** [-tɪv] *adj.* schöpferisch; **o'rig·i·na·tor** [-tə] *s.* Urheber(in), Begründer(in), Schöpfer(in).

o·ri·ole ['ɔːrɪəʊl] *s. orn.* Pi'rol *m*.

or·mo·lu ['ɔːməʊluː] *s.* a) Malergold *n*, b) Goldbronze *f*.

or·na·ment I *s.* ['ɔːnəmənt] Orna'ment *n*, Verzierung *f* (*a.* ♪), Schmuck *m*; *fig.* Zier(de) *f* (***to*** für *od. gen.*): ***rich in ~*** reich verziert; **II** *v/t.* [-ment] verzieren, schmücken; **or·na·men·tal** [ˌɔːnə'mentl] *adj.* □ ornamen'tal, schmükkend, dekora'tiv, Zier...: ***~ castings*** ⚙ Kunstguß *m*; ***~ plants*** Zierpflanzen; ***~ type*** Zierschrift *f*; **or·na·men·ta·tion** [ˌɔːnəmen'teɪʃn] *s.* Ornamentierung *f*, Verzierung *f*.

or·nate [ɔː'neɪt] *adj.* □ **1.** reich verziert; **2.** über'laden (*Stil etc.*); blumig (*Sprache*).

or·ni·tho·log·i·cal [ˌɔːnɪθə'lɒdʒɪkl] *adj.* □ ornitho'logisch; **or·ni·thol·o·gist** [ˌɔːnɪ'θɒlədʒɪst] *s.* Ornitho'loge *m*; **or·ni·thol·o·gy** [ˌɔːnɪ'θɒlədʒɪ] *s.* Ornitholo'gie *f*, Vogelkunde *f*; **or·ni·thop·ter** [ˌɔːnɪ'θɒptə] *s.* ✈ Schwingenflügler *m*; **ˌor·ni·tho'rhyn·chus** [-ə'rɪŋkəs] *s. zo.* Schnabeltier *n*.

o·rol·o·gy [ɒ'rɒlədʒɪ] *s.* Gebirgskunde *f*.

o·ro·pha·ryn·ge·al ['ɔːrəʊˌfærɪn'dʒiːəl] *adj.* ⚕ Mundrachen...

o·ro·tund ['ɔːrəʊtʌnd] *adj.* **1.** volltönend; **2.** bom'bastisch (*Stil*).

or·phan ['ɔːfn] **I** *s.* **1.** (Voll)Waise *f*, Waisenkind *n*: ***~s' home*** → ***orphanage*** 1; **II** *adj.* **2.** Waisen...: ***an ~ child***; **III** *v/t.* **3.** zur Waise machen: ***be ~ed*** (zur) Waise werden, verwaisen; **or·phan·age** ['ɔːfənɪdʒ] *s.* **1.** Waisenheim *n*, -haus *n*; **2.** Verwaistheit *f*; **or·phan·ize** ['ɔːfnaɪz] *v/t.* → ***orphan*** 3.

or·rer·y ['ɒrərɪ] *s.* Plane'tarium *n*.

or·tho·chro·mat·ic [ˌɔːθəʊkrəʊ'mætɪk] *adj. phot.* orthochro'matisch, farb(wert)richtig.

or·tho·don·ti·a [ˌɔːθəʊ'dɒnʃɪə] *s.* ⚕ 'Kieferorthopäˌdie *f*.

or·tho·dox ['ɔːθədɒks] *adj.* □ **1.** *eccl.* ortho'dox: a) streng-, recht-, altgläubig, b) 2 'griechisch-ortho'dox: ***2 Church***; **2.** *fig.* ortho'dox: a) streng: ***an ~ opinion***, b) anerkannt, üblich, konventio'nell; **'or·tho·dox·y** [-ksɪ] *s. eccl.* Orthodo'xie *f* (*a. fig. orthodoxes Denken*).

or·thog·o·nal [ɔː'θɒgənl] *adj.* A orthogo'nal, rechtwink(e)lig.

or·tho·graph·ic, or·tho·graph·i·cal [ˌɔːθəʊ'græfɪk(l)] *adj.* □ **1.** ortho'graphisch; **2.** A senkrecht, rechtwink(e)lig; **or·thog·ra·phy** [ɔː'θɒgrəfɪ] *s.* Orthogra'phie *f*, Rechtschreibung *f*.

or·tho·p(a)e·dic [ˌɔːθəʊ'piːdɪk] *adj.* ⚕ ortho'pädisch; **ˌor·tho'p(a)e·dics** [-ks] *s. pl. oft sg. konstr.* Orthopä'die *f*; **ˌortho'p(a)e·dist** [-ɪst] *s.* Ortho'päde *m*; **or·tho·p(a)e·dy** ['ɔːθəʊpiːdɪ] → ***orthop(a)edics***.

or·thop·ter [ɔː'θɒptə] *s.* **1.** ✈ → ***ornithopter***; **2.** → **or'thop·ter·on** [-ərɒn] *s. zo.* Geradflügler *m*.

or·tho·scope ['ɔːθəʊskəʊp] *s.* ⚕ Ortho'skop *n*.

Os·car ['ɒskə] *s.* Oskar *m* (*Filmpreis*).

os·cil·late ['ɒsɪleɪt] **I** *v/i.* **1.** oszillieren, schwingen, pendeln, vibrieren: ***oscillating axle*** *mot.* Schwingachse *f*; ***oscillating circuit*** ϟ Schwingkreis *m*; **2.** *fig.* (hin- u. her) schwanken; **II** *v/t.* **3.** in Schwingungen versetzen; **os·cil·la·tion** [ˌɒsɪ'leɪʃn] *s.* **1.** Oszillati'on *f*, Schwingung *f*, Pendelbewegung *f*, Schwankung *f*; **2.** *fig.* Schwanken *n*; **3.** ϟ a) Ladungswechsel *m*, b) Stoßspannung *f*, c) Peri'ode *f*; **'os·cil·la·tor** [-tə] *s.* ϟ Oszil'lator *m*; **'os·cil·la·to·ry** [-lətərɪ] *adj.* oszilla'torisch, schwingend, schwingungsfähig: ***~ circuit*** ϟ Schwingkreis *m*; **os·cil·lo·graph** [ə'sɪləʊgrɑːf] *s.* Oszillo'graph *m*; **os·cil·lo·scope** [ə'sɪləʊskəʊp] *s. phys.*, ϟ Oszillo'skop *n*.

os·cu·late ['ɒskjʊleɪt] *v/t. u. v/i.* **1.** *humor.* (sich) küssen; **2.** A oskulieren.

o·sier ['əʊʒə] *s.* ⚘ Korbweide *f*: ***~ basket*** Weidenkorb *m*; ***~ furniture*** Korbmöbel *pl.*

os·mic ['ɒzmɪk] *adj.* ⚗ Osmium...

os·mo·sis [ɒz'məʊsɪs] *s. phys.* Os'mose *f*; **os·mot·ic** [ɒz'mɒtɪk] *adj.* (□ ***~ally***) os'motisch.

os·prey ['ɒsprɪ] *s.* **1.** *orn.* Fischadler *m*; **2.** † Reiherfederbusch *m*.

os·se·in ['ɒsɪɪn] *s. biol.*, ⚗ Knochenleim *m*.

os·se·ous ['ɒsɪəs] *adj.* knöchern, Knochen...; **os·si·cle** ['ɒsɪkl] *s. anat.* Knöchelchen *n*; **os·si·fi·ca·tion** [ˌɒsɪfɪ'keɪʃn] Verknöcherung *f*; **os·si·fied** ['ɒsɪfaɪd] *adj.* verknöchert (*a. fig.*); **os·si·fy** ['ɒsɪfaɪ] **I** *v/t.* **1.** verknöchern (lassen); **2.** *fig.* verknöchern; (*in Konventionen*) erstarren lassen; **II** *v/i.* **3.** verknöchern; **4.** *fig.* verknöchern, (in Konventi'onen) erstarren; **os·su·ar·y** ['ɒsjʊərɪ] *s.* Beinhaus *n*.

os·te·i·tis [ˌɒstɪ'aɪtɪs] *s.* ⚕ Knochenentzündung *f*.

os·ten·si·ble [ɒ'stensəbl] *adj.* □ **1.** scheinbar; **2.** an-, vorgeblich: ***~ partner*** † Strohmann *m*.

os·ten·ta·tion [ˌɒsten'teɪʃn] *s.* **1.** (protzige) Schaustellung; **2.** Protze'rei *f*, Prahle'rei *f*; **3.** Gepränge *n*; **ˌos·ten'ta·tious** [-ʃəs] *adj.* □ **1.** großtuerisch, prahlerisch, prunkend; **2.** (*absichtlich*) auffällig, ostenta'tiv, betont; **ˌos·ten'ta·tious·ness** [-ʃəsnɪs] → ***ostentation***.

os·te·o·blast ['ɒstɪəʊblɑːst] *s. biol.* Knochenbildner *m*; **os·te·oc·la·sis** [ˌɒstɪ'ɒkləsɪs] *s.* ⚕ (opera'tive) 'Knochenfrakˌtur; **os·te·ol·o·gy** [ˌɒstɪ'ɒlədʒɪ] *s.* Knochenlehre *f*; **os·te·o·ma** [ˌɒstɪ'əʊmə] *s.* ⚕ Oste'om *n*, gutartige Knochengeschwulst; **os·te·o·ma·la·ci·a** [ˌɒstɪəʊmə'leɪʃɪə] *s.* ⚕ Knochenerweichung *f*; **'os·te·o·path** [-ɪəʊpæθ] *s.* ⚕ Osteo'path *m*.

ost·ler ['ɒslə] *s.* Stallknecht *m*.

os·tra·cism ['ɒstrəsɪzəm] *s.* **1.** *antiq.* Scherbengericht *n*; **2.** *fig.* a) Verbannung *f*, b) Ächtung *f*; **'os·tra·cize** [-saɪz] *v/t.* **1.** verbannen (*a. fig.*); **2.** *fig.* ächten, (aus der Gesellschaft) ausstoßen, verfemen.

os·trich ['ɒstrɪtʃ] *s. orn.* Strauß *m*; ***~ pol·i·cy*** *s.* Vogel-'Strauß-Poliˌtik *f*.

oth·er ['ʌðə] **I** *adj.* **1.** ander; **2.** (*vor s. im pl.*) andere, übrige: ***the ~ guests***; **3.** ander, weiter, sonstig: ***one ~ person*** e-e weitere Person, (noch) j-d anders; **4.** anders (***than*** als): ***no person ~ than yourself*** niemand außer dir; **5.** (***from, than***) anders (als), verschieden (von); **6.** zweit (*nur in*): ***every ~*** jeder (jede, jedes) zweite; ***every ~ day*** jeden zweiten Tag; **7.** (*nur in*): ***the ~ day*** neulich, kürzlich; ***the ~ night*** neulich abends; **II** *pron.* **8.** ander: ***the ~*** der (die, das) andere; ***each ~*** einander; ***the two ~s*** die beiden anderen; ***of all ~s*** vor allen anderen; ***no*** (*od.* ***none***) ***~ than*** kein anderer als; ***some day*** (*od.* ***time***) ***or ~*** eines Tages, irgendeinmal; ***some way or ~*** irgendwie, auf irgendeine Weise; → ***someone*** I; **III** *adv.* **9.** anders (***than*** als); **'~·wise** [-waɪz] *adv.* **1.** (*a. cj.*) sonst, andernfalls; **2.** sonst, im übrigen: ***stupid but ~ harmless***; **3.** anderweitig: ***~ occupied***; ***unless you are ~ engaged*** wenn du nichts anderes vorhast; **4.** anders (***than*** als): ***we think ~*** wir denken anders; ***berries edible and ~*** eßbare u. nicht eßbare Beeren; **ˌ~'world** *adj.* jenseitig; **ˌ~'world·ly** *adj.* **1.** jenseitig, Jenseits...; **2.** auf das Jenseits gerichtet; **3.** weltfremd.

o·ti·ose ['əʊʃɪəʊs] *adj.* □ müßig: a) untätig, b) zwecklos.

o·to·lar·yn·gol·o·gist ['əʊtəʊˌlærɪŋ'gɒlədʒɪst] *s.* ⚕ Hals-Nasen-Ohren-Arzt *m*; **o·tol·o·gy** [əʊ'tɒlədʒɪ] *s.* Ohrenheilkunde *f*; **o·to·rhi·no·lar·yn·gol·o·gist** ['əʊtəʊˌraɪnəʊˌlærɪŋ'gɒlədʒɪst] → ***otolaryngologist***; **o·to·scope** ['əʊtəskəʊp] *s.* ⚕ Ohr(en)spiegel *m*.

ot·ter ['ɒtə] *s.* **1.** *zo.* Otter *m*; **2.** Otterfell *n*, -pelz *m*; **'~·hound** *s. hunt.* Otterhund *m*.

Ot·to·man ['ɒtəʊmən] **I** *adj.* **1.** os'manisch, türkisch; **II** *s. pl.* **-mans 2.** Os'mane *m*, Türke *m*; **3.** & Otto'mane *f* (*Sofa*).

ouch [aʊtʃ] *int.* autsch!, au!

ought¹ [ɔːt] **I** *v/aux. ich, er, sie, es* sollte, *du* solltest, *ihr* solltet, *wir, sie, Sie* sollten: ***he ~ to do it*** er sollte es (eigentlich) tun; ***he ~ (not) to have seen it*** er hätte es (nicht) sehen sollen; ***you ~ to have known better*** du hättest es besser wissen sollen *od.* müssen; **II** *s.* (mo'ralische) Pflicht.

ought² [ɔːt] *s.* Null *f.*

ought³ [ɔːt] → ***aught***.

ounce¹ [aʊns] *s.* **1.** Unze *f* (*28,35 g*): ***by the ~*** nach (dem) Gewicht; **2.** *fig. ein* bißchen, Körnchen *n* (*Wahrheit etc.*): ***an ~ of practice is worth a pound of theory*** Probieren geht über Studieren.

ounce² [aʊns] *s.* **1.** *zo.* Irbis *m* (*Schneeleopard*); **2.** *poet.* Luchs *m.*

our ['aʊə] *poss. adj.* unser: & ***Father*** *das* Vaterunser; **ours** ['aʊəz] *poss. pron.* **1.** *der* (*die, das*) uns(e)re: ***I like ~ better*** mir gefällt das unsere besser; ***a friend of ~*** ein Freund von uns; ***this world of ~*** diese unsere Welt; ***~ is a small group*** unsere Gruppe ist klein; **2.** unser, *der* (*die, das*) uns(e)re: ***it is ~*** es gehört uns, es ist unser; **ˌour'self** *pron.*: ***We &*** Wir höchstselbst; **ˌour'selves** *pron.* **1.** *refl.* uns (selbst): ***we blame ~*** wir geben uns (selbst) die Schuld; **2.** (wir) selbst: ***let us do it ~***; **3.** uns (selbst): ***good for the others, not for ~*** gut für die andern, nicht für uns (selbst).

oust [aʊst] *v/t.* **1.** vertreiben, entfernen, verdrängen, hin'auswerfen (***from*** aus): ***~ s.o. from office***; ***~ from the market*** ✝ vom Markt verdrängen; **2.** ⚖ enteignen, um den Besitz bringen; **3.** berauben (***of*** *gen.*); **'oust·er** [-tə] *s.* ⚖ a) Enteignung *f*, b) Besitzvorenthaltung *f.*

out [aʊt] **I** *adv.* **1.** (*a. in Zssgn mit vb.*) hin'aus (*-gehen, -werfen etc.*), her'aus (*-kommen, -schauen etc.*), aus (*-brechen, -pumpen, -sterben etc.*): ***voyage ~*** Ausreise *f*; ***way ~*** Ausgang *m*; ***on the way ~*** beim Hinausgehen; ***~ with him!*** hinaus mit ihm!; ***~ with it!*** hinaus *od.* heraus damit!; ***have a tooth ~*** sich e-n Zahn ziehen lassen; ***insure ~ and home*** ✝ hin u. zurück versichern; ***have it ~ with s.o.*** *fig.* die Sache mit j-m ausfechten; ***that's ~!*** das kommt nicht in Frage!; **2.** außen, draußen, fort: ***some way ~*** ein Stück draußen; ***he is ~*** er ist draußen; **3.** nicht zu Hause, ausgegangen: ***be ~ on business*** geschäftlich verreist sein; ***a day ~*** ein freier Tag; ***an evening ~*** ein Ausgeh-Abend *m*; ***be ~ on account of illness*** wegen Krankheit der Arbeit fernbleiben; **4.** ausständig (*Arbeiter*): ***be ~*** streiken; **5.** a) ins Freie, b) draußen, im Freien, c) ⚓ draußen, auf See, d) ⚔ im Felde; **6.** a) ausgeliehen (*Buch*), b) verliehen (*Geld*), c) verpachtet, vermietet, d) (*aus dem Gefängnis etc.*) entlassen; **7.** her'aus *sein*: a) (***just***) ***~*** (soeben) erschienen (*Buch*), b) in Blüte (*Blumen*), entfaltet (*Blüte*), c) ausgeschlüpft (*Küken*), d) verrenkt (*Glied*), e) *fig.* enthüllt (*Geheimnis*): ***the girl is not yet ~*** das Mädchen ist noch nicht in die Gesellschaft eingeführt (worden); → ***blood*** 3, ***murder*** 1; **8.** *sport* aus, draußen: a) nicht (mehr) im Spiel, b) im Aus; **9.** *Boxen*: ausgezählt, kampfunfähig; **10.** *pol.* draußen, raus, nicht (mehr) im Amt, nicht (mehr) am Ruder; **11.** aus der Mode; **12.** aus, vor'bei (*zu Ende*): ***before the week is ~*** vor Ende der Woche; **13.** aus, erloschen (*Feuer, Licht*); **14.** aus(gegangen), verbraucht: ***the potatoes are ~***; **15.** aus der Übung: ***my hand is ~***; **16.** zu Ende, bis zum Ende, ganz: ***hear s.o. ~*** j-n bis zum Ende *od.* ganz anhören; **17.** ausgetreten, über die Ufer getreten (*Fluß*); **18.** löch(e)rig, 'durchgescheuert; → ***elbow*** 1; **19.** ärmer um *1 Dollar etc.*; **20.** unrichtig, im Irrtum (befangen): ***his calculations are ~*** s-e Berechnungen stimmen nicht; ***be (far) ~*** sich (gewaltig) irren, (ganz) auf dem Holzweg sein; **21.** entzweit, verkracht: ***be ~ with s.o.***; **22.** laut *lachen etc.*; **23.** ***~ for*** auf *e-e Sache* aus, auf der Jagd *od.* Suche nach: ***~ for prey*** auf Raub aus; **24.** ***~ to do s.th.*** darauf aus, et. zu tun; **25.** (*bsd. nach sup.*) *das Beste etc.* weit u. breit; **26.** ***~ and about*** (wieder) auf den Beinen; ***~ and away*** bei weitem; ***~ and ~*** durch u. durch; ***~ of*** → 31; **II** *adj.* **27.** Außen...: ***~ edge***; ***~ party*** Oppositionspartei *f*; **28.** *sport* auswärtig, Auswärts... (*-spiel*); **29.** *Kricket*: nicht schlagend: ***~ side*** → 34; **30.** 'übernorˌmal, Über...; → ***outsize***; **III** *prp.* **31.** ***~ of*** a) aus (... her'aus), zu ... hin'aus, b) *fig.* aus *Furcht, Mitleid etc.*, c) aus, von: ***two ~ of three*** zwei von drei *Personen etc.*, d) außerhalb, außer *Reichweite, Sicht etc.*, e) außer *Atem, Übung etc.*, ohne: ***be ~ of s.th.*** et. nicht (mehr) haben, ohne et. sein; → ***money*** 1, ***work*** 1, f) aus *der Mode, Richtung etc.*, nicht gemäß: ***~ of drawing*** verzeichnet; → ***focus*** 1, ***hand*** *Redew.*, ***question*** 4, g) außerhalb (*gen. od.* von): ***6 miles ~ of Oxford***; ***~ of doors*** im Freien, ins Freie; ***be ~ of it*** nicht dabeisein (dürfen); ***feel ~ of it*** sich ausgeschlossen *od.* nicht zugehörig fühlen, h) um *et. betrügen*: ***cheat s.o. ~ of s.th.***, i) aus, von: ***get s.th. ~ of s.o.*** et. von j-m bekommen; ***he got more (pleasure) ~ of it*** er hatte mehr davon, j) *hergestellt* aus: ***made ~ of paper***; **IV** *s.* **32.** *typ.* Auslassung *f*, ‚Leiche' *f*; **33.** *Tennis etc.*: Ausball *m*; **34.** ***the ~s*** *Kricket etc.*: die 'Feldparˌtei; **35.** ***the ~s*** *parl.* die Oppositi'on; **36.** *Am.* F Ausweg *m*, Schlupfloch *n*; **37.** → ***outage*** 2; **V** *v/t.* **38.** F rausschmeißen; **39.** *sport*: a) *den Gegner* ausschalten, b) *Boxen*: k.'o. schlagen, c) *Tennis*: *Ball* ins Aus schlagen; **VI** *int.* **40.** hin'aus!, raus!

ˌout'act *v/t. thea. etc. j-n* ‚an die Wand spielen'.

out·age ['aʊtɪdʒ] *s.* **1.** fehlende Menge; **2.** ⚙ (Strom- *etc.*)Ausfall *m.*

ˌout|-and-'out *adj.* abso'lut, völlig: ***an ~ villain*** ein Erzschurke; **ˌ~-and-'out·er** *s. sl.* **1.** 'Hundertproˌzentige(r *m*) *f*, ‚Waschechte(r' *m*) *f*; **2.** *et.* 'Hundertproˌzentiges *od.* ganz Typisches *s-r Art*; **'~·back** *s.* (*bsd. der* australische) Busch, *das* Hinterland; **ˌ~'bal·ance** *v/t.* über'wiegen; **ˌ~'bid** *v/t.* [*irr.* → ***bid***] über'bieten (*a. fig.*); **'~·board** ⚓ **I** *adj.* Außenbord...: ***~ motor***; **II** *adv.* außenbords; **'~·bound** *adj.* **1.** ⚓ nach auswärts bestimmt *od.* fahrend, auslaufend, ausgehend; **2.** ✈ im Abflug; **3.** ✝ nach dem Ausland bestimmt; **ˌ~'box** *v/t. j-n* ausboxen, *im Boxen* schlagen; **ˌ~'brave** *v/t.* **1.** trotzen (*dat.*); **2.** an Kühnheit *od.* Glanz über'treffen; **'~·break** *s. allg.* Ausbruch *m*; **'~ˌbuild·ing** *s.* Außen-, Nebengebäude *n*; **'~·burst** *s.* Ausbruch *m* (*a. fig.*); **'~·cast I** *adj.* **1.** ausgestoßen, verstoßen; **II** *s.* **2.** Ausgestoßene(r *m*) *f*; **3.** Abfall *m*, Ausschuß *m*; **ˌ~'class** *v/t. j-m* weit über'legen sein, *j-n* weit über'treffen, *sport a. j-n* deklassieren; **'~ˌclear·ing** *s.* ✝ Gesamtbetrag *m* der Wechsel- u. Scheckforderungen e-r Bank an das ***Clearing-House***; **'~·come** *s.* Ergebnis *n*, Resul'tat *n*, Folge *f*; **'~·crop I** *s.* **1.** *geol.* a) Zu'tageliegen *n*, Anstehen *n*, b) Anstehendes *n*, Ausbiß *m*; **2.** *fig.* Zu'tagetreten *n*; **II** *v/i.* **ˌout'crop 3.** *geol.* zu'tage liegen *od.* treten (*a. fig.*); **'~·cry** *s.* Aufschrei *m*, Schrei *m* der Entrüstung; **ˌ~'dat·ed** *adj.* über'holt, veraltet; **ˌ~'dis·tance** *v/t.* (weit) über'holen *od.* hinter sich lassen (*a. fig.*); **ˌ~'do** *v/t.* [*irr.* → ***do¹***] über'treffen (***o.s.*** sich selbst); **'~·door** *adj.* Außen..., draußen, außerhalb des Hauses, im Freien: ***~ aerial*** Außen-, Hochantenne *f*; ***~ dress*** Ausgehanzug *m*; ***~ exercise*** Bewegung *f* im Freien; ***~ performance*** *thea.* Freiluftaufführung *f*; ***~ season*** *bsd. sport* Freiluftsaison *f*; ***~ shot*** *phot.* Außen-, Freilichtaufnahme *f*; **ˌ~'doors I** *adv.* **1.** draußen, im Freien; **2.** hin'aus, ins Freie; **II** *adj.* **3.** → ***outdoor***; **III** *s.* **4.** das Freie; die freie Na'tur.

out·er ['aʊtə] *adj.* Außen...: ***~ garments***, ***~ wear*** Oberbekleidung *f*; ***~ cover*** ✈ Außenhaut *f*; ***~ diameter*** äußerer Durchmesser; ***~ harbo(u)r*** ⚓ Außenhafen *m*; ***the ~ man*** der äußere Mensch; ***~ skin*** Oberhaut *f*, Epidermis *f*; ***~ space*** Weltraum *m*; ***~ surface*** Außenfläche *f*, -seite *f*; ***~ world*** Außenwelt *f*; **'~·most** *adj.* äußerst.

ˌout|'face *v/t.* **1.** Trotz bieten (*dat.*), mutig *od.* gefaßt begegnen (*dat.*): ***~ a situation*** e-r Lage Herr werden; **2.** *j-n* mit Blicken aus der Fassung bringen; **'~·fall** *s.* Mündung *f*; **'~·field** *s.* **1.** *Baseball u. Kricket*: a) Außenfeld *n*, b) Außenfeldspieler *pl.*; **2.** *fig.* fernes Gebiet; **3.** weitabliegende Felder *pl.* (*e-r Farm*); **'~ˌfield·er** *s.* Außenfeldspieler(in); **ˌ~'fight** *v/t.* niederkämpfen, schlagen; **'~ˌfight·er** *s.* Di'stanzboxer *m*; **'~·fit I** *s.* **1.** Ausrüstung *f*, -stattung *f*: ***travel(l)ing ~***; ***~ of tools*** Werkzeug *n*; ***cooking ~*** Kochutensilien *pl.*; ***puncture ~*** Reifenflickzeug *n*; ***the whole ~*** F der ganze Kram; **2.** F a) ⚔ Einheit *f*, ‚Haufen' *m*, b) Gruppe *f*, c) F ‚Verein' *m*, ‚Laden' *m*, Gesellschaft *f*; **II** *v/t.* **3.** ausrüsten, -statten; **'~ˌfit·ter** *s.* ✝ **1.** 'Ausrüstungslieferˌant *m*; **2.** Herrenausstatter *m*; **3.** (Fach)Händler *m*: ***electrical ~*** Elektrohändler; **ˌ~'flank** *v/t.* **1.** ⚔ die Flanke um'fassen von: ***~ing attack*** Umfassungsangriff *m*; **2.** *fig.* über'listen; **'~·flow** *s.* Ausfluß *m* (*a.* ⚒): ***~ of gold*** ✝ Goldabfluß *m*; **ˌ~'gen·er·al** → ***outmanoeuvre***; **ˌ~'go I** *v/t.* [*irr.* → ***go***] *fig.* über'treffen; über'listen; **II** *s.* **'outgo** *pl.* **'~·goes** ✝ Ausgaben *pl.*; **ˌ~'go-**

ing I *adj.* weggehend; 🚂, ⚓, *teleph. etc.* abgehend (*a. Verkehr*, ⚡, *Strom*); ausziehend (*Mieter*); zu'rückgehend (*Flut*); abtretend (*Regierung*): **~ mail** Postausgang *m*; **II** *s.* Ausgehen *n*; *pl.* ✝ Ausgaben *pl.*; **'~·group** *s.* Fremdgruppe *f*; **ˌ~'grow** *v/t.* [*irr.* → **grow**] **1.** schneller wachsen als, hin'auswachsen über (*acc.*); **2.** *j-m* über den Kopf wachsen; **3.** her'auswachsen aus *Kleidern*; **4.** *fig. Gewohnheit etc.* (mit der Zeit) ablegen, her'auswachsen aus; **'~·growth** *s.* **1.** na'türliche Folge, Ergebnis *n*; **2.** Nebenerscheinung *f*; **3.** ⚕ Auswuchs *m*; **'~·guard** *s.* ⚔ Vorposten *m*, Feldwache *f*; **ˌ~-'Her·od** [-'herəd] *v/t.*: **~ Herod** der schlimmste Tyrann sein; **'~·house** *s.* **1.** Nebengebäude *n*, Schuppen *m*; **2.** *Am.* Außenabort *m*.

out·ing ['aʊtɪŋ] *s.* Ausflug *m*: **go for an ~** e-n Ausflug machen; **works ~, company ~** Betriebsausflug.

ˌout|'jump *v/t.* höher *od.* weiter springen als; **~'land·ish** [-'lændɪʃ] *adj.* **1.** fremdartig, seltsam, e'xotisch; **2.** a) unkultiviert, b) rückständig; **3.** abgelegen; **4.** ausländisch; **ˌ~'last** *v/t.* über'dauern, -'leben.

out·law ['aʊtlɔː] **I** *s.* **1.** *hist.* Geächtete(r *m*) *f*, Vogelfreie(r *m*) *f*; **2.** Ban'dit *m*, Verbrecher *m*; **3.** *Am.* bösartiges Pferd; **II** *v/t.* **4.** *hist.* ächten, für vogelfrei erklären; **5.** ⚖ *Am.* für verjährt erklären: **~ed claim** verjährter Anspruch; **6.** für ungesetzlich erklären, verbieten; *Krieg etc.* ächten; **'out·law·ry** [-rɪ] *s.* **1.** *hist.* a) Acht *f* (u. Bann *m*), b) Ächtung *f*; **2.** Verfemung *f*, Verbot *n*, Ächtung *f*; **3.** Ge'setzesmißˌachtung *f*; **4.** Verbrechertum *n*.

'out|·lay *s.* (Geld)Auslage(n *pl.*) *f*: **initial ~** Anschaffungskosten *pl.*; **'~·let** *s.* **1.** Auslaß *m*, Abzug *m*, Abzugsöffnung *f*, 'Durchlaß *m*; *mot.* Abluftstutzen *m*; **2.** ⚡ Steckdose *f*; *weitS.* (**electric ~**) Stromverbraucher *m*; **3.** *fig.* Ven'til *n*, Betätigungsfeld *n*: **find an ~ for one's emotions** s-n Gefühlen Luft machen können; **4.** ✝ a) Absatzmarkt *m*, -möglichkeit *f*, b) Großabnehmer *m*, c) Verkaufsstelle *f*; **'~·line I** *s.* **1.** a) 'Umriß(linie *f*) *m*, b) *mst pl.* 'Umrisse *pl.*, Kon'turen *pl.*, Silhou'ette *f*; **2.** *Zeichnen*: a) Kon'turzeichnung *f*, b) 'Umriß-, Kon'turlinie *f*; **3.** Entwurf *m*, Skizze *f*; **4.** (**of**) *fig.* 'Umriß *m* (von), 'Überblick *m* (über *acc.*); **5.** Abriß *m*, Auszug *m*: **an ~ of history**; **II** *v/t.* **6.** entwerfen, skizzieren; *fig. a.* um'reißen, e-n 'Überblick geben über (*acc.*), in groben Zügen darstellen; **7.** die 'Umrisse zeigen von: **~d against** scharf abgehoben von; **ˌ~'live** *v/t. j-n od. et.* über'leben; *et.* über'dauern; **'~·look** *s.* **1.** Aussicht *f*, (Aus-)Blick *m*; *fig.* Aussichten *pl.*; **2.** *fig.* Auffassung *f*, Einstellung *f*; Ansichten *pl.*, (Welt)Anschauung *f*; *pol.* Zielsetzung *f*; **3.** Ausguck *m*, Warte *f*; **4.** Wacht *f*, Wache *f*; **'~ˌly·ing** *adj.* **1.** außerhalb *od.* abseits gelegen, entlegen, Außen...: **~ district** Außenbezirk *m*; **2.** *fig.* am Rande liegend, nebensächlich; **ˌ~·ma'neu·ver** *Am.*, **ˌ~·ma'noeu·vre** *Brit. v/t.* ausmanövrieren (*a. fig. überlisten*); **ˌ~'match** *v/t.* über'treffen, (aus dem Felde) schlagen; **ˌ~'mod·ed** *adj.* 'unmoˌdern, veraltet, über'holt; **'~·most** [-məʊst] *adj.* äußerst (*a. fig.*); **ˌ~'number** *v/t.* an Zahl über'treffen, zahlenmäßig über'legen sein (*dat.*): **be ~ed** in der Minderheit sein.

ˌout-of|-'bal·ance [ˌaʊtəv-] *adj.* ⚙ unausgeglichen: **~ force** Unwuchtkraft *f*; **ˌ~-'date** *adj.* veraltet, 'unmoˌdern; **ˌ~-'door(s)** → **outdoor(s)**; **ˌ~-'pock·et ex·pens·es** *s. pl.* Barauslagen *pl.*; **ˌ~-the-'way** [ˌaʊtəvðə-] *adj.* **1.** abgelegen, versteckt; **2.** ausgefallen, ungewöhnlich; **3.** ungehörig; **ˌ~-'town** *adj.* auswärtig: **~ bank** ✝ auswärtige Bank; **~ bill** Distanzwechsel *m*; **ˌ~-'turn** *adj.* unangebracht, taktlos, vorlaut; **ˌ~-'work pay** *s.* Er'werbslosenunterˌstützung *f*.

ˌout|'pace *v/t. j-n* hinter sich lassen; **'~ˌpa·tient** *s.* ⚕ ambu'lanter Pati'ent: **~ treatment** ambulante Behandlung; **ˌ~'play** *v/t.* besser spielen als, schlagen; **ˌ~'point** *v/t. sport* nach Punkten schlagen; **'~·port** *s.* ⚓ **1.** Vorhafen *m*; **2.** abgelegener Hafen; **'~·pour**, **'~ˌpour·ing** *s.* Erguß *m* (*a. fig.*); **'~·put** *s.* Output *m*: a) ✝, ⚙ (Arbeits)Leistung *f*, b) ✝ Ausstoß *m*, Produkti'on *f*, Ertrag *m*, c) ⚒ Förderung *f*, Fördermenge *f*, d) ⚡ Ausgang(sleistung *f*) *m*, e) *Computer*: (Daten)Ausgabe *f*: **~ capacity** ⚙ Leistungsfähigkeit *f*, *e-r Maschine*: *a.* Stückleistung *f*; **~ voltage** ⚡ Ausgangsspannung *f*.

out·rage ['aʊtreɪdʒ] **I** *s.* **1.** Frevel(tat *f*) *m*, Greuel(tat *f*) *m*, Ausschreitung *f*, Verbrechen *n*, *a. fig.* Ungeheuerlichkeit *f*; **2.** (**on, upon**) Frevel(tat *f*) *m* (an *dat.*), Atten'tat *n* (auf *acc.*) (*bsd. fig.*): **an ~ upon decency** e-e grobe Verletzung des Anstandes; **an ~ upon justice** e-e Vergewaltigung der Gerechtigkeit; **3.** Schande *f*, Schmach *f*; **II** *v/t.* **4.** sich vergehen an (*dat.*), *j-m* Gewalt antun (*a. fig.*); **5.** *Gefühle etc.* mit Füßen treten, gröblich beleidigen *od.* verletzen; **6.** *j-n* em'pören, schockieren; **out·rageous** [aʊt'reɪdʒəs] *adj.* ☐ **1.** frevelhaft, abscheulich, verbrecherisch; **2.** schändlich, em'pörend, ungeheuerlich: **~ behavio(u)r**; **3.** heftig, unerhört: **~ heat**.

ˌout|'range *v/t.* **1.** ⚔ e-e größere Reichweite haben als; **2.** hin'ausreichen über (*acc.*); **3.** *fig.* über'treffen; **ˌ~'rank** *v/t.* **1.** im Rang höherstehen als; **2.** *fig.* wichtiger sein als; **ˌ~'reach** → **outrange** 2, 3; **ˌ~'ride** *v/t.* [*irr.* → **ride**] **1.** besser *od.* schneller reiten *od.* fahren als; **2.** ⚓ *e-n Sturm* ausreiten; **'~ˌrid·er** *s.* Vorreiter *m*; **'~ˌrig·ger** *s.* **1.** ⚓, ⚙ *u. Rudern*: Ausleger *m*; **2.** Auslegerboot *n*; **'~·right I** *adj.* **1.** völlig, gänzlich, to'tal: **an ~ loss**; **an ~ lie** e-e glatte Lüge; **2.** vorbehaltlos, offen: **an ~ refusal** e-e glatte Weigerung; **3.** gerade (her)'aus, di'rekt; **II** *adv.* **out'right 4.** → 1; **5.** ohne Vorbehalt, ganz: **refuse ~** rundweg ablehnen; **sell ~** fest verkaufen; **6.** auf der Stelle, so'fort: **kill ~**; **buy ~** *Am.* gegen sofortige Lieferung kaufen; **laugh ~** laut lachen; **ˌ~'ri·val** *v/t.* über'treffen, über'bieten (**in** an *od.* in *dat.*), ausstechen; **ˌ~'run I** *v/t.* [*irr.* → **run**] **1.** schneller laufen als, (im Laufen) besiegen; **2.** *fig.* über'schreiten; **II** *s.* **'outrun 3.** *Skisport*: Auslauf *m*; **'~ˌrun·ner** *s.* **1.** (Vor)Läufer *m* (*Bedienter*); **2.** Leithund *m*; **ˌ~'sell** *v/t.* [*irr.* → **sell**] **1.** mehr verkaufen als; **2.** sich besser verkaufen als; mehr einbringen als; **'~·set** *s.* **1.** Anfang *m*, Beginn *m*: **at the ~** am Anfang; **from the ~** gleich von Anfang an; **2.** Aufbruch *m zu e-r Reise*; **ˌ~'shine** [*irr.* → **shine**] *v/t.* über'strahlen, *fig. a.* in den Schatten stellen.

ˌout'side I *s.* **1.** *das* Äußere (*a. fig.*), Außenseite *f*: **on the ~ of** außerhalb, jenseits (*gen.*); **2.** *fig. das* Äußerste: **at the ~** äußerstenfalls, höchstens; **3.** *sport* Außenstürmer *m*: **~ right** Rechtsaußen *m*; **II** *adj.* **4.** äußer, Außen... (*-antenne*, *-durchmesser etc.*), von außen: **~ broker** ✝ freier Makler; **~ capital** Fremdkapital *n*; **an ~ opinion** die Meinung e-s Außenstehenden; **5.** außerhalb, (dr)außen; **6.** *fig.* äußerst (*Schätzung*, *Preis*); **7.** **~ chance** winzige Chance, *sport* Außenseiterchance *f*; **III** *adv.* **8.** draußen, außerhalb: **~ of** a) außerhalb, b) *Am.* F außer, ausgenommen; **9.** her'aus, hin'aus; **10.** außen, an der Außenseite; **IV** *prp.* **11.** außerhalb, jenseits (*gen.*) (*a. fig.*); **ˌout'sid·er** *s.* **1.** *allg.* Außenseiter(in); **2.** ✝ freier Makler.

ˌout|'sit *v/t.* [*irr.* → **sit**] länger sitzen (bleiben) als; **'~·size I** *s.* 'Übergröße *f* (*a. Kleidungsstück*); **II** *adj. a.* **'~·sized** 'übergroß, -dimensioˌnal; **'~·skirts** *s. pl.* nahe Um'gebung, Stadtrand *m*, *a. fig.* Rand(gebiet *n*) *m*, Periphe'rie *f*; **ˌ~'smart** → **outwit**; **ˌ~'speed** *v/t.* [*irr.* → **speed**] schneller sein als.

ˌout|'spo·ken *adj.* ☐ offen, freimütig; unverblümt: **she was very ~ about it** sie äußerte sich sehr offen darüber; **ˌ~'spo·ken·ness** [-'spəʊkənnɪs] *s.* Offenheit *f*, Freimütigkeit *f*; Unverblümtheit *f*.

ˌout'stand·ing *adj.* **1.** her'vorragend (*bsd. fig. Leistung, Spieler etc.*); *fig.* her'vorstechend (*Eigenschaft etc.*), promi'nent (*Persönlichkeit*); **2.** *bsd.* ✝ unerledigt, aus-, offenstehend (*Forderung etc.*), unbezahlt (*Zinsen*): **~ capital stock** ausgegebenes Aktienkapital; **~ debts** → **'outˌstand·ings** *s. pl.* ✝ Außenstände *pl.*, Forderungen *pl.*

ˌout|'stare *v/t.* mit e-m Blick aus der Fassung bringen; **'~ˌsta·tion** *s.* **1.** 'Außenstatiˌon *f*; **2.** *Funk*: 'Gegenstatiˌon *f*; **ˌ~'stay** *v/t.* länger bleiben als; → **welcome** 1; **ˌ~'stretch** *v/t.* ausstrecken; **ˌ~'strip** *v/t.* über'holen, hinter sich lassen, *fig. a.* über'flügeln, (aus dem Feld) schlagen; **ˌ~'swim** *v/t.* [*irr.* → **swim**] schneller schwimmen als, schlagen; **ˌ~'talk** *v/t.* in Grund u. Boden reden; ‚über'fahren'; **'~·turn** *s.* **1.** Ertrag *m*; **2.** ✝ Ausfall *m*: **~ sample** Ausfallmuster *n*; **ˌ~'vote** *v/t.* über'stimmen.

out·ward ['aʊtwəd] **I** *adj.* ☐ → **outwardly**; **1.** äußer, sichtbar; Außen...; **2.** äußerlich (*a.* ⚕ *u. fig. contp.*); **3.** nach (dr)außen gerichtet *od.* führend, Aus(wärts)..., Hin...: **~ cargo**, **~ freight** ⚓ ausgehende Ladung, Hinfracht *f*; **~ journey** Aus-, Hinreise *f*; **~ trade** Ausfuhrhandel *m*; **II** *adv.* **4.** (nach) auswärts, nach außen: **clear ~** *Schiff* ausklarieren; → **bound²**; **'out·ward·ly** [-lɪ] *adv.* äußerlich; außen, nach außen (hin); **'out·ward·ness** [-nɪs] *s.* Äußerlichkeit *f*; äußere Form; **'out·wards** [-dz] → **outward** II.

ˌ**out|ˈwear** *v/t.* [*irr.* → ***wear***] **1.** abnutzen; **2.** *fig.* erschöpfen; **3.** *fig.* überˈdauern, haltbarer sein als; ˌ**~ˈweigh** *v/t.* **1.** mehr wiegen als; **2.** *fig.* überˈwiegen, gewichtiger sein als, *e-e Sache* aufwiegen; ˌ**~ˈwit** *v/t.* überˈlisten, ‚austricksen'; ˈ**~·work** *s.* **1.** ⚔ Außenwerk *n*; *fig.* Bollwerk *n*; **2.** † Heimarbeit *f*; ˈ**~ˌwork·er** *s.* **1.** Außenarbeiter(in); **2.** Heimarbeiter(in); ˈ**~·worn** *adj.*, *pred.* ˌ**outˈworn 1.** abgetragen, abgenutzt; **2.** veraltet, überˈholt; **3.** erschöpft.

ou·zel [ˈu:zl] *s. orn.* Amsel *f*.

o·va [ˈəʊvə] *pl. von* ***ovum***.

o·val [ˈəʊvl] **I** *adj.* oˈval; **II** *s.* Oˈval *n*.

o·var·i·an [ˌəʊˈveəriən] *adj.* **1.** *anat.* Eierstock(s)…; **2.** ♀ Fruchtknoten…; **o·va·ri·tis** [ˌəʊvəˈraɪtɪs] *s.* Eierstockentzündung *f*; **o·va·ry** [ˈəʊvəri] *s.* **1.** *anat.* Eierstock *m*; **2.** ♀ Fruchtknoten *m*.

o·va·tion [əʊˈveɪʃn] *s.* Ovatiˈon *f*, begeisterte Huldigung.

ov·en [ˈʌvn] *s.* **1.** Backofen *m*, -rohr *n*; **2.** ⚙ Ofen *m*; ˈ**~·dry** *adj.* ofentrocken; ˈ**~ˌread·y** *adj.* bratfertig; ˈ**~·ware** *s.* feuerfestes Geschirr.

o·ver [ˈəʊvə] **I** *prp.* **1.** *Lage*: über (*dat.*): ***the lamp ~ his head***; ***be ~ the signature of Mr. N.*** von Herrn N. unterzeichnet sein; **2.** *Richtung, Bewegung*: über (*acc.*), über (*acc.*) … hin *od.* (hin-) ˈweg: ***jump ~ the fence***; ***the bridge ~ the Danube*** die Brücke über die Donau; ***~ the radio*** im Radio; ***all ~ the town*** durch die ganze *od.* in der ganzen Stadt; ***from all ~ Germany*** aus ganz Deutschland; ***be all ~ s.o.*** *sl.* ganz hingerissen sein von j-m; **3.** über (*dat.*), auf der anderen Seite von (*od. gen.*): ***~ the sea*** in Übersee, jenseits des Meeres; ***~ the street*** über die Straße, auf der anderen Seite; ***~ the way*** gegenüber; **4.** a) über *der Arbeit einschlafen etc.*, bei *e-m Glase Wein etc.*, b) über (*acc.*), wegen: ***laugh ~*** über *et.* lachen; **5.** *Herrschaft, Rang*: über (*dat. od. acc.*): ***be ~ s.o.*** über j-m stehen; **6.** über (*acc.*), mehr als: ***~ a mile***: ***~ and above*** zusätzlich zu, außer; → 21; **7.** über (*acc.*), während (*gen.*): ***~ the weekend***; ***~ night*** die Nacht über; **8.** durch: ***he went ~ his notes*** er ging seine Notizen durch; **II** *adv.* **9.** hinˈüber, darˈüber: ***he jumped ~***; **10.** hinˈüber (***to*** zu), auf die andere Seite; **11.** herˈüber: ***come ~*** herüberkommen (*a. weitS. zu Besuch*); **12.** drüben: ***~ there*** da drüben; ***~ against*** gegenüber (*dat.*; *a. fig. im Gegensatz zu*); **13.** (*genau*) darˈüber: ***the bird is directly ~***; **14.** über (*acc.*) …; darˈüber…(*-decken, -legen etc.*); überˈ…: ***to paint ~*** *et.* übermalen; **15.** (*mst in Verbindung mit vb.*) a) überˈ… (*-geben etc.*): ***hand s.th. ~***, b) ˈüber… (*-kochen etc.*): ***boil ~***; **16.** (*oft in Verbindung mit vb.*) a) ˈum… (*-fallen, -werfen etc.*), b) (her)ˈum… (*-drehen etc.*): ***see ~!*** siehe umstehend; **17.** ˈdurch(weg), vom Anfang bis zum Ende: ***the world ~*** a) in der ganzen Welt, b) durch die ganze Welt; ***read s.th. ~*** *et.* (ganz) durchlesen; **18.** (gründlich) überˈ… (*-denken, -legen*): ***think s.th. ~***; ***talk s.th. ~*** *et.* durchsprechen; **19.** nochmals, wieder: ***do s.th. ~***; (***all***) ***~ again*** nochmals, (ganz) von vorn; ***~ and ~*** (***again***) immer wieder; ***ten times ~*** zehnmal hintereinander; **20.** ˈübermäßig, allzu *sparsam etc.*, ˈüber…(*-vorsichtig etc.*); **21.** darˈüber, mehr: ***10 years and ~*** 10 Jahre und darüber; ***~ and above*** außerdem, überdies; → 6; **22.** übrig, über: ***left ~*** übrig (-gelassen *od.* -geblieben); ***have s.th. ~*** *et.* übrig haben; **23.** zu Ende, vorˈüber, vorˈbei: ***the lesson is ~***; ***~ with*** F erledigt, vorüber; ***it's all ~*** es ist aus und vorbei; ***get s.th. ~*** (***and done***) ***with*** F *et.* hinter sich bringen; *Funk*: ***~!*** over!, Ende!; ***~ and out!*** over and out!, Ende (*der Gesamtdurchsage*)!

ˌ**o·ver|-aˈbun·dant** [-vərə-] *adj.* □ ˈüberreich(lich), ˈübermäßig; ˌ**~ˈact** [-vərˈæ-] **I** *v/t. e-e Rolle* überˈtreiben, überˈspielen; **II** *v/i.* (s-e Rolle) überˈtreiben; ˈ**~·all** [-ərɔ:l] **I** *adj.* **1.** gesamt, Gesamt…: ***~ length***; ***~ efficiency*** ⚙ Totalnutzeffekt *m*; **II** *s.* **2.** *a. pl.* Arbeits-, Monˈteur-, Kombinatiˈonsanzug *m*; (*Arzt- etc.*)Kittel *m*; **3.** *Brit.* Kittelschürze *f*; **4.** *pl. obs.* ˈÜberzieh-, Arbeitshose *f*; ˌ**~-amˈbi·tious** [-əræ-] *adj.* □ allzu ehrgeizig; ˌ**~ˈanx·ious** [-ərˈæ-] *adj.* □ **1.** ˈüberängstlich; **2.** allzu begierig; ˈ**~·arm stroke** [-ərɑ:m] *s. Schwimmen*: Hand-über-ˈHand-Stoß *m*; ˌ**~ˈawe** [-ərˈɔ:] *v/t.* **1.** einschüchtern; **2.** tief beeindrucken; ˌ**~ˈbal·ance I** *v/t.* **1.** überˈwiegen (*a. fig.*); **2.** ˈumstoßen, -kippen; **II** *v/i.* **3.** ˈumkippen, das ˈÜbergewicht bekommen; **III** *s.* ***ˈoverbalance* 4.** ˈÜbergewicht *n*; **5.** † ˈÜberschuß *m*: ***~ of exports***; ˌ**~ˈbear** *v/t.* [*irr.* → ***bear***[1]] **1.** niederdrücken; **2.** überˈwinden; **3.** tyrannisieren; **4.** *fig.* schwerer wiegen als; ˌ**~ˈbear·ance** *s.* Anmaßung *f*, Arroˈganz *f*; ˌ**~ˈbear·ing** *adj.* □ **1.** anmaßend, arroˈgant, hochfahrend; **2.** von überˈragender Bedeutung; ˌ**~ˈbid** *v/t.* [*irr.* → ***bid***] **1.** † überˈbieten; **2.** *Bridge*: überˈreizen; ˈ**~·blouse** *s.* Kasackbluse *f*; ˌ**~ˈblown** *adj.* **1.** am Verblühen (*a. fig.*); **2.** ♪ überˈblasen (*Ton*); **3.** *metall.* ˈübergar (*Stahl*); **4.** *fig.* schwülstig; ˈ**~·board** *adv.* ⚓ über Bord: ***throw ~*** über Bord werfen (*a. fig.*); ***go ~*** (***about*** *od.* ***for***) F hingerissen sein (von); ˌ**~ˈbrim** *v/i. u. v/t.* ˈüberfließen (lassen); ˌ**~ˈbuild** *v/t.* [*irr.* → ***build***] **1.** überˈbauen; **2.** zu dicht bebauen; **3.** ***~ o.s.*** sich ‚verbauen'; ˌ**~ˈbur·den** *v/t.* überˈbürden, -ˈladen, -ˈlasten; ˌ**~ˈbus·y** *adj.* **1.** zu sehr beschäftigt; **2.** ˈübergeschäftig; ˌ**~ˈbuy** [*irr.* → ***buy***] † **I** *v/t.* zu viel kaufen von; **II** *v/i.* zu teuer *od.* über Bedarf (ein)kaufen; ˌ**~-ˈcap·i·tal·ize** *v/t.* † **1.** e-n zu hohen Nennwert für das ˈStammkapiˌtal *e-s Unternehmens* angeben: ***~ a firm***; **2.** ˈüberkapitalisieren; ˌ**~ˈcast I** *v/t.* [*irr.* → ***cast***] **1.** *mit Wolken* überˈziehen, bedecken, verdunkeln, trüben (*a. fig.*); **2.** *Naht* umˈstechen; **II** *v/i.* [*irr.* → ***cast***] **3.** sich bewölken, sich beziehen (*Himmel*); **III** *adj.* ***ˈovercast* 4.** bewölkt, bedeckt (*Himmel*); **5.** trüb(e), düster (*a. fig.*); **6.** überˈwendlich (genäht); ˌ**~ˈcharge I** *v/t.* **1.** a) *j-m* zuˈviel berechnen, b) *e-n Betrag* zuˈviel verlangen, c) zuˈviel anrechnen *od.* verlangen für *et.*; **2.** ⚙, ⚡ überˈladen (*a. fig.*); **II** *s.* **3.** † a) Mehrbetrag *m*, Aufschlag *m*: ***~ for arrears*** Säumniszuschlag *m*, b) Überˈforderung *f*, Überˈteuerung *f*; **4.** Überˈladung *f*, ˈÜberbelastung *f*; ˌ**~ˈcloud** → ***overcast*** 1, 3; ˈ**~·coat** *s.* Mantel *m*; ˌ**~ˈcome** [*irr.* → ***come***] **I** *v/t.* überˈwinden, -ˈwältigen, -ˈmannen, bezwingen; *e-r Sache* Herr werden: ***he was ~ with*** (*od.* ***by***) ***emotion*** er wurde von s-n Gefühlen übermannt; **II** *v/i.* siegen, triumphieren: ***we shall ~!***; ˌ**~ˈcom·pen·sate** *v/t. psych.* ˈüberkompensieren; ˌ**~-ˈcon·fi·dence** *s.* **1.** übersteigertes Selbstvertrauen *od.* -bewußtsein; **2.** zu großes Vertrauen; **3.** zu großer Optiˈmismus; ˌ**~-ˈcon·fi·dent** *adj.* □ **1.** allzuˈsehr vertrauend (***of*** auf *acc.*); **2.** überˈtrieben selbstbewußt; **3.** (all)zu optiˈmistisch; ˌ**~ˈcrop** *v/t.* ↗ Raubbau treiben mit; ˌ**~ˈcrowd** *v/t.* überˈfüllen: ***~ed profession*** überlaufener Beruf; ˌ**~-deˈvel·op** *v/t. bsd. phot.* ˈüberentwickeln; ˌ**~ˈdo** *v/t.* [*irr.* → ***do***[1]] **1.** überˈtreiben, zu weit treiben; **2.** *fig.* zu weit gehen mit *od.* in (*dat.*), *et.* zu arg treiben: ***~ it*** (*od.* ***things***) a) zu weit gehen, b) des Guten zuviel tun; **3.** ˈüberbeanspruchen; **4.** zu stark *od.* zu lange kochen *od.* braten; ˌ**~ˈdone** *adj.* ˈübergar; ˈ**~·dose I** *s.* ˈÜberdosis *f*; **II** *v/t.* ˌ**overˈdose** a) *j-m* e-e zu starke Dosis geben, b) *et.* ˈüberdosieren; ˈ**~·draft** *s.* † a) (ˈKonto)ÜberˌZiehung *f*, b) Überˈziehung *f*, überˈzogener Betrag; ˌ**~ˈdraw** *v/t.* [*irr.* → ***draw***] **1.** *Konto* überˈziehen; **2.** *Bogen* überˈspannen; **3.** *fig.* überˈtreiben; ˌ**~ˈdress** *v/t. u. v/i.* (sich) überˈtrieben anziehen; ˌ**~ˈdrive I** *v/t.* [*irr.* → ***drive***] **1.** abschinden, -hetzen; **2.** *et.* zu weit treiben; **II** *s.* ***ˈoverdrive* 3.** *mot.* Overdrive *m*, Schnell-, Schongang *m*; ˌ**~ˈdue** *adj.* ˈüberfällig (*a.* 🚂, †): ***the train is ~*** der Zug hat Verspätung; ***she is ~*** sie müßte längst hier sein; ˌ**~ˈeat** [-ərˈi:t] *v/i.* [*irr.* → ***eat***] (*a.* ***~ o.s.***) sich überˈessen; ˌ**~ˈem·pha·size** [-ərˈe-] *v/t.* ˈüberbetonen; ˌ**~-ˈes·ti·mate** [-ərˈestɪmeɪt] **I** *v/t.* überˈschätzen, ˈüberbewerten; **II** *s.* [-mət] Überˈschätzung *f*; ˌ**~-exˈcite** [-vərɪ-] *v/t.* **1.** überˈreizen; **2.** ⚡ ˈübererregen; ˌ**~-exˈert** [-vərɪ-] *v/t.* überˈanstrengen; ˌ**~-exˈpose** [-vərɪ-] *v/t. phot.* ˈüberbelichten; ˌ**~-exˈpo·sure** [-vərɪ-] *s. phot.* ˈÜberbelichtung *f*; ˌ**~-faˈtigue I** *v/t.* überˈmüden, überˈanstrengen; **II** *s.* Überˈmüdung *f*; ˌ**~ˈfeed** *v/t.* [*irr.* → ***feed***] überˈfüttern, ˈüberernähren; ˌ**~ˈflow I** *v/i.* **1.** ˈüberlaufen, ˈüberfließen, ˈüberströmen, sich ergießen (***into*** in *acc.*); **2.** *fig.* ˈüberquellen (***with*** von); **II** *v/t.* **3.** überˈfluten, überˈschwemmen; **4.** nicht mehr Platz finden in (*e-m Saal etc.*); **III** *s.* ***ˈoverflow* 5.** Überˈschwemmung *f*, ˈÜberfließen *n*; **6.** ⚙ a) *a.* ⚡ ˈÜberlauf *m*, b) *a.* ***~ pipe*** Überlaufrohr *n*, c) *a.* ***~ basin*** ˈÜberlaufbasˌsin *n*: ***~ valve*** Überströmventil *n*; **7.** ˈÜberschuß *m*: ***~ meeting*** Parallelversammlung *f*; ˌ**~ˈflow·ing I** *adj.* **1.** ˈüberfließend, -quellend, -strömend (*a. fig. Güte, Herz etc.*); **2.** ˈüberreich (*Ernte etc.*); **II** *s.* **3.** ˈÜberfließen *n*: ***full to ~*** voll (bis) zum Überlaufen, *weitS.* zum Platzen voll; ˌ**~ˈfly** *v/t.* [*irr.* → ***fly***[1]] überˈfliegen; ˌ**~ˈfond** *adj.*: ***be ~ of doing s.th.*** *et.* leidenschaftlich gern tun; ˈ**~·freight** *s.* † ˈÜberfracht *f*; ˈ**~·ground** *adj.* über der Erde (befindlich); ˌ**~ˈgrow** *v/t.* [*irr.* → ***grow***] **1.** überˈwachsen, -ˈwuchern; **2.** hinˈauswachsen über (*acc.*), zu groß werden für; ˌ~'**grown** *adj.* **1.** über'wachsen; **2.** 'übermäßig gewachsen, 'übergroß; '~**·growth** *s.* **1.** Über'wucherung *f*; **2.** 'übermäßiges Wachstum; '~**·hand** *adj. u. adv.* **1.** *Schlag etc.* von oben; **2.** *sport* 'überhand: ~ **stroke** a) *Tennis*: Überhandschlag *m*, b) *Schwimmen*: Hand-über-Hand-Stoß *m*; ~ **service** Hochaufschlag *m*; **3.** *Näherei*: über'wendlich; ˌ~'**hang I** *v/t.* [*irr.* → **hang**] **1.** her'vorstehen *od.* -ragen *od.* 'überhängen über (*acc.*); **2.** *fig.* (drohend) schweben über (*dat.*), drohen (*dat.*); **II** *v/i.* [*irr.* → **hang**] **3.** 'überhängen, -kragen (*a.* ⚠), her'vorstehen, -ragen; **III** *s.* '**overhang 4.** 'Überhang *m* (*a.* ⚠, ⚓, ✈); ⚙ Ausladung *f*; ˌ~-'**hap·py** *adj.* 'überglücklich; ˌ~-'**hast·y** *adj.* über'eilt; ˌ~'**haul I** *v/t.* **1.** ⚙ *Maschine etc.* (gene'ral)überˌholen, (*a. fig.*) gründlich über'prüfen (*a. fig.*) u. in'stand setzen; **2.** ⚓ *Tau, Taljen etc.* 'überholen; **3.** a) einholen, b) über'holen; **II** *s.* '**overhaul 4.** ⚙ Über'holung *f*, gründliche Über'prüfung (*a. fig.*); '~**·head I** *adj.* **1.** oberirdisch, Frei..., Hoch...(*-antenne, -behälter etc.*): ~ **line** Frei-, Oberleitung *f*; ~ **railway** Hochbahn *f*; **2.** *mot.* a) obengesteuert (*Motor, Ventil*), b) obenliegend (*Nockenwelle*); **3.** allgemein, Gesamt...: ~ **costs**, ~ **expenses** → 5; **4.** *sport*: a) ~ **stroke** → 6, b) ~ **kick** (Fall-) Rückzieher *m*; **II** *s.* **5.** *a. pl.* allgemeine Unkosten *pl.*, Gemeinkosten *pl.*, laufende Geschäftskosten *pl.*; **6.** *Tennis*: Über'kopfball *m*; **III** *adv.* ˌ**over'head 7.** (dr)oben: **works ~!** Vorsicht, Dacharbeiten!; ˌ~'**hear** *v/t.* [*irr.* → **hear**] belauschen, (zufällig) (mit'an)hören; ˌ~'**heat I** *v/t. Motor etc., a. fig.* über'hitzen, *Raum* über'heizen: ~ **itself** → II; **II** *v/i.* ⚙ heißlaufen; '~**·house** *adj.* Dach...(*-antenne etc.*); ˌ~'**hung** *adj.* ⚙ fliegend (angeordnet), freitragend; 'überhängend; ˌ~**·in'dulge** [-vərɪ-] **I** *v/t.* **1.** zu nachsichtig behandeln; **2.** *e-r Leidenschaft etc.* 'übermäßig frönen; **II** *v/i.* **3.** ~ **in** sich allzu'sehr ergehen in (*dat.*); ˌ~**·in'dul·gence** [-vərɪ-] *s.* **1.** zu große Nachsicht; **2.** 'übermäßiger Genuß; ˌ~-**in'dul·gent** [-vərɪ-] *adj.* allzu nachsichtig; ˌ~**·in'sure** [-vərɪ-] *v/t. u. v/i.* (sich) 'überversichern; ˌ~-'**is·sue** [-ər'ɪ-] **I** *s.* 'Überemissiˌon *f*; **II** *v/t.* zu'viel *Banknoten etc.* ausgeben; ˌ~'**joyed** [-'dʒɔɪd] *adj.* außer sich vor Freude, 'überglücklich; '~**·kill** *s.* **1.** ⚔ Overkill *m*; **2.** *fig.* 'Übermaß *n*, Zu'viel *n* (**of** an *dat.*); ˌ~'**lad·en** *adj.* über'laden (*a. fig.*); ˌ~'**land I** *adv.* über Land, auf dem Landweg; **II** *adj.* '**overland** Überland...: ~ **route** Landweg *m*; ~ **transport** Überland-, Fernverkehr *m*; ˌ~'**lap I** *v/t.* **1.** 'übergreifen auf (*acc.*) *od.* in (*acc.*), sich über'schneiden mit, teilweise zs.-fallen mit; ⚙ über'lappen; **2.** hin'ausgehen über (*acc.*); **II** *v/i.* **3.** sich *od.* ein'ander über'schneiden, sich teilweise decken, auf- *od.* inein'ander 'übergreifen; ⚙ über'lappen, 'übergreifen; **III** *s.* '**overlap 4.** 'Übergreifen *n*, Über'schneiden *n*; ⚙ Über'lappung *f*; ˌ~'**lay I** *v/t.* [*irr.* → **lay**[1]] **1.** belegen; ⚙ über'lagern; **2.** über'ziehen (**with** mit *Gold etc.*); **3.** *typ.* zurichten; **II** *s.* '**overlay 4.** Bedekkung *f*: ~ **mattress** Auflegematratze *f*; **5.** Auflage *f*, 'Überzug *m*; **6.** *typ.* Zurichtung *f*; **7.** Planpause *f*; ˌ~'**leaf** *adv.* 'umstehend, 'umseitig; ˌ~'**lie** *v/t.* [*irr.* → **lie**[2]] **1.** liegen auf *od.* über (*dat.*); **2.** *geol.* über'lagern; ˌ~'**load I** *v/t.* über'laden, 'überbelasten, *a.* ⚡ über'lasten; **II** *s.* '**overload** 'Überbelastung *f*, -beanspruchung *f*, *a.* ⚡ Über'lastung *f*; ˌ~'**long** *adj. u. adv.* 'überlang, (all)zu lang; ˌ~'**look** *v/t.* **1.** *Fehler etc.* (geflissentlich) über'sehen, nicht beachten, *fig. a.* ignorieren, (nachsichtig) hin'wegsehen über (*acc.*); **2.** über'blicken; *weitS. a.* Aussicht gewähren auf (*acc.*); **3.** über'wachen; (prüfend) 'durchsehen; '~**·lord** *s.* Oberherr *m*; '~**·lord·ship** *s.* Oberherrschaft *f*.

o·ver·ly ['əʊvəlɪ] *adv.* allzu('sehr).

ˌ**o·ver|'ly·ing** *adj.* da'rüberliegend; '~**·man** [-mæn] *s.* [*irr.*] Aufseher *m*, Vorarbeiter *m*; ⚒ Steiger *m*; ˌ~-'**manned** *adj.* 'überbelegt, zu stark bemannt; ˌ~'**much I** *adj.* allzu'viel; **II** *adv.* allzu('sehr, -'viel), 'übermäßig; ˌ~-'**nice** *adj.* 'überfein; ˌ~'**night I** *adv.* über Nacht; **II** *adj.* Nacht...; Übernachtungs...: ~ **lodgings**; ~ **bag** Reisetasche *f*; ~ **case** Handkoffer *m*; ~ **guests** Übernachtungsgäste; ~ **stay** Übernachtung *f*; ~ **stop** Aufenthalt *m* für e-e Nacht; '~**·pass** *s.* ('Straßen-, 'Eisenbahn)ÜberˌFührung *f*; ˌ~'**pay** *v/t.* [*irr.* → **pay**] **1.** zu teuer bezahlen; **2.** 'überreichlich belohnen; **3.** 'überbezahlen; ˌ~'**peo·pled** *adj.* über'völkert; ˌ~**·per'suade** *v/t. j-n* (gegen s-n Willen) über'reden; ˌ~'**play** *v/t.* **1.** über'treiben; **2.** ~ **one's hand** *fig.* sich über'nehmen, es über'treiben; '~**·plus** *s.* 'Überschuß *m*; '~ˌ**pop·u'la·tion** *s.* 'Über(be)völkerung *f*; ˌ~'**pow·er** *v/t.* über'wältigen (*a. fig.*); ˌ~'**print I** *v/t.* **1.** *typ.* a) über'drucken, b) e-e zu große Auflage drucken von; **2.** *phot.* 'überkopieren; **II** *s.* '**overprint 3.** *typ.* 'Überdruck *m*; **4.** a) Aufdruck *m* (*auf Briefmarken*), b) Briefmarke *f* mit Aufdruck; ˌ~**·pro'duce** *v/t.* ✝ 'überproduzieren; ˌ~**·pro'duc·tion** *s.* 'Überproduktiˌon *f*; ˌ~'**proof** *adj.* 'überproˌzentig (*alkoholisches Getränk*); ˌ~'**rate** *v/t.* **1.** über'schätzen, 'überbewerten (*a. sport*); **2.** ✝ zu hoch veranschlagen; ˌ~'**reach** *v/t.* **1.** zu weit gehen für: ~ **one's purpose** *fig.* über sein Ziel hinausschießen; ~ **o.s.** es zu weit treiben, sich übernehmen; **2.** *j-n* über'vorteilen, -'listen; ˌ~**·re'act** *v/i.* 'überreagieren; ˌ~'**ride** *v/t.* [*irr.* → **ride**] **1.** über'reiten; **2.** *fig.* sich (rücksichtslos) hin'wegsetzen über (*acc.*); **3.** *fig.* 'umstoßen, aufheben, nichtig machen; **4.** den Vorrang haben vor (*dat.*); ˌ~'**rid·ing** *adj.* über'wiegend, hauptsächlich; vorrangig; ˌ~'**ripe** *adj.* 'überreif; ˌ~'**rule** *v/t.* **1.** *Vorschlag etc.* verwerfen, zu'rückweisen; ⚖ *Urteil* 'umstoßen; **2.** *fig.* die Oberhand gewinnen über (*acc.*); ˌ~'**ruling** *adj.* beherrschend, 'übermächtig; ˌ~'**run** *v/t.* [*irr.* → **run**] **1.** *fig. Land etc.* über'fluten, -'schwemmen (*a. fig.*), einfallen in (*acc.*), über'rollen (*a. fig.*): **be ~ with** wimmeln von, überlaufen sein von; **2.** *fig.* rasch um sich greifen in (*dat.*); **3.** *typ.* 'um'brechen; ˌ~'**run·ning** *adj.* ⚙ Freilauf..., Überlauf...: ~ **clutch**; ˌ~'**sea I** *adv. a.* ˌ~'**seas** nach *od.* in 'Übersee; **II** *adj.* 'überseeisch, Übersee...; ˌ~'**see** *v/t.* [*irr.* → **see**[1]] beaufsichtigen, über'wachen; '~ˌ**se·er** [-ˌsɪə] *s.* **1.** Aufseher(in), In'spektor *m*, Inspek'torin *f*; **2.** Vorarbeiter(in); ⚒ Steiger *m*; ˌ~-'**sen·si·tive** *adj.* □ 'überempfindlich; ˌ~'**set** *v/t.* [*irr.* → **set**] → **upset**[1] I; ˌ~'**sew** *v/t.* [*irr.* → **sew**] über'wendlich nähen; ˌ~'**sexed** *adj.* sexbesessen; ˌ~'**shad·ow** *v/t.* **1.** *fig.* in den Schatten stellen; **2.** *bsd. fig.* über'schatten, e-n Schatten werfen auf (*acc.*), verdüstern; '~**·shoe** *s.* 'Überschuh *m*; ˌ~'**shoot** *v/t.* [*irr.* → **shoot**] **1.** über *ein Ziel* hin'ausschießen (*a. fig.*): ~ **o.s.** (*od.* **the mark**) zu weit gehen, übers Ziel hinausschießen; '~**·shot** *adj.* oberschlächtig (*Wasserrad, Mühle*); '~**·sight** *s.* **1.** Versehen *n*: **by an ~** aus Versehen; **2.** Aufsicht *f*; ˌ~'**sim·pli·fy** *v/t.* (zu) grob vereinfachen; '~**·size** *s.* 'Übergröße *f*; '~**·size(d)** *adj.* 'übergroß; ~**·slaugh** ['əʊvəslɔː] *v/t.* **1.** ⚔ abkommandieren; **2.** *Am. bei der Beförderung* über'gehen; ˌ~'**sleep I** *v/t.* [*irr.* → **sleep**] *e-n Zeitpunkt* verschlafen: ~ **o.s.** → II; **II** *v/i.* [*irr.* → **sleep**] (sich) verschlafen; '~**·sleeve** *s.* Ärmelschoner *m*; ˌ~'**speed** *v/t.* [*irr.* → **speed**] *den Motor* über'drehen; ˌ~'**spend** [*irr.* → **spend**] **I** *v/i.* **1.** zuviel ausgeben; **II** *v/t.* **2.** *Ausgabensumme* über'schreiten; **3.** ~ **o.s.** über s-e Verhältnisse leben; '~**·spill** *s.* (*bsd.* Be'völkerungs)ˌÜberschuß *m*; ˌ~'**spread** *v/t.* [*irr.* → **spread**] **1.** über'ziehen, sich ausbreiten über (*acc.*); **2.** (**with**) über'ziehen *od.* bedekken (mit); ˌ~'**staffed** *adj.* (perso'nell) 'überbesetzt; ˌ~'**state** *v/t.* über'treiben: ~ **one's case** in s-n Behauptungen zu weit gehen; ˌ~'**state·ment** *s.* Über'treibung *f*; ˌ~'**stay** *v/t. e-e Zeit* über'schreiten: ~ **one's time** über s-e Zeit hinaus bleiben; → **welcome** 1; ˌ~'**steer** *v/i. mot.* über'steuern; ˌ~'**step** *v/t.* über'schreiten (*a. fig.*); ˌ~'**stock I** *v/t.* **1.** 'überreichlich eindecken, ✝ *a.* 'überbeliefern, *den Markt* über'schwemmen: ~ **o.s.** → 3; **2.** ✝ in zu großen Mengen auf Lager halten; **II** *v/i.* **3.** sich zu hoch eindecken; ˌ~'**strain I** *v/t.* über'anstrengen, 'überstrapazieren (*a. fig.*): ~ **one's conscience** übertriebene Skrupel haben; **II** *s.* '**overstrain** Über'anstrengung *f*; ˌ~'**strung** *adj.* **1.** über'reizt (*Nerven od. Person*); **2.** '**overstrung** ♪ kreuzsaitig (*Klavier*); ˌ~**·sub'scribe** *v/t.* ✝ *Anleihe* über'zeichnen; ˌ~**·sub'scrip·tion** *s.* ✝ Über'zeichnung *f*; ˌ~**·sup'ply** *s.* (**of** an *dat.*) **1.** 'Überangebot *n*; **2.** zu großer Vorrat.

o·vert ['əʊvɜːt] *adj.* □ offen(kundig): ~ **act** ⚖ Ausführungshandlung *f*; ~ **hostility** offene Feindschaft; ~ **market** ✝ offener Markt.

ˌ**o·ver|'take** *v/t.* [*irr.* → **take**] **1.** einholen (*a. fig.*); **2.** über'holen (*a. v/i.*); **3.** *fig.* über'raschen, -'fallen; **4.** *Versäumtes* nachholen; ˌ~'**task** *v/t.* **1.** über'bürden; **2.** über *j-s* Kräfte gehen; ˌ~'**tax** *v/t.* **1.** 'überbesteuern; **2.** zu hoch einschätzen; **3.** 'überbeanspruchen, zu hohe Anforderungen stellen an (*acc.*); *Geduld* strapazieren: ~ **one's strength** sich (kräftemäßig) übernehmen; ˌ~-**the-'count·er** *adj.* **1.** ✝ freihändig (*Effektenverkauf*): ~ **market** Freiverkehrsmarkt *m*; **2.** *pharm.* re'zeptfrei; ˌ~'**throw I** *v/t.* [*irr.* → **throw**] **1.** ('um-)

stürzen (*a. fig. Regierung etc.*); **2.** niederwerfen, besiegen; **3.** niederreißen, vernichten; **II** *s.* ˈ*overthrow* **4.** Sturz *m*, Niederlage *f* (*e-r Regierung etc.*); **5.** Vernichtung *f*, ˈUntergang *m*; ˈ**~·time I** *s.* ✝ a) ˈÜberstunden *pl.*, b) *a.* **~ *pay*** Mehrarbeitszuschlag *m*, ˈÜberstundenlohn *m*; **II** *adv.*: ***work*** **~** Überstunden machen; ˌ**~ˈtire** *v/t.* überˈmüden; ˈ**~·tone** *s.* **1.** ♪ Oberton *m*; **2.** *fig.* a) ˈUnterton *m*, b) *pl.* Neben-, Zwischentöne *pl.*: ***it had ~s of*** es schwang darin et. mit von; ˌ**~ˈtop**, ˌ**~ˈtow·er** *v/t.* überˈragen (*a. fig.*); ˌ**~ˈtrain** *v/t. u. v/i.* ˈübertrainieren; ˈ**~·trump** *v/t. u. v/i.* überˈtrumpfen.

o·ver·ture [ˈəʊvəˌtjʊə] *s.* **1.** ♪ Ouverˈtüre *f*; **2.** *fig.* Einleitung *f*, Vorspiel *n*; **3.** (forˈmeller Heirats-, Friedens)Antrag *m*, Angebot *n*; **4.** *pl.* Annäherungsversuche *pl.*

ˌ**o·ver|ˈturn I** *v/t.* (ˈum)stürzen (*a. fig.*); ˈumstoßen, -kippen; **II** *v/i.* ˈumkippen, -schlagen, -stürzen, kentern; **III** *s.* ˈ*overturn* (ˈUm)Sturz *m*; ˌ**~ˈval·ue** *v/t.* zu hoch einschätzen, ˈüberbewerten; ˈ**~·view** *s. fig.* ˈÜberblick *m*; ˌ**~ˈween·ing** *adj.* **1.** anmaßend, überˈheblich; **2.** überˈtrieben; ˈ**~·weight I** *s.* ˈÜbergewicht *n* (*a. fig.*); **II** *adj.* ˌ***overˈweight*** ˈübergewichtig, mit ˈÜbergewicht.

o·ver·whelm [ˌəʊvəˈwelm] *v/t.* **1.** überˈwältigen, -ˈmannen (*bsd. fig.*); **2.** *fig. mit Fragen, Geschenken etc.* überˈschütten, -ˈhäufen: ***~ed with work*** überlastet; **3.** erdrücken; **o·verˈwhelm·ing** [-mɪŋ] *adj.* überˈwältigend.

o·ver|·wind [ˌəʊvəˈwaɪnd] *v/t.* [*irr.* → ***wind²***] *Uhr etc.* überˈdrehen; ˌ**~ˈwork I** *v/t.* **1.** überˈanstrengen, mit Arbeit überˈlasten, ˈüberstrapazieren (*a. fig.*): **~ *o.s.*** → 2; **II** *v/i.* **2.** sich überˈarbeiten; **III** *s.* **3.** ˈArbeitsüberˌlastung *f*; **4.** Überˈarbeitung *f*; ˌ**~ˈwrought** *adj.* **1.** überˈarbeitet, erschöpft; **2.** überˈreizt; ˌ**~ˈzeal·ous** *adj.* ˈübereifrig.

o·vi·duct [ˈəʊvɪdʌkt] *s. anat.* Eileiter *m*; ˈ**o·vi·form** [-ɪfɔːm] *adj.* eiförmig, oˈval; **o·vip·a·rous** [əʊˈvɪpərəs] *adj.* oviˈpar, eierlegend.

o·vo·gen·e·sis [ˌəʊvəʊˈdʒenɪsɪs] *s. biol.* Eibildung *f*; **o·void** [ˈəʊvɔɪd] *adj. u. s.* eiförmig(er Körper).

o·vu·lar [ˈɒvjʊlə] *adj. biol.* Ei..., Ovular...; **o·vu·la·tion** [ˌɒvjʊˈleɪʃn] *s.* Ovulatiˈon *f*, Eisprung *m*; **o·vule** [ˈəʊvjuːl] *s.* **1.** *biol.* Ovulum *n*, kleines Ei; **2.** ⚘ Samenanlage *f*; **o·vum** [ˈəʊvəm] *pl.* **o·va** [ˈəʊvə] *s. biol.* Ovum *n*, Ei(zelle *f*) *n*.

owe [əʊ] **I** *v/t.* **1.** *Geld, Achtung, e-e Erklärung etc.* schulden, schuldig sein: **~ *s.o. a grudge*** gegen j-n e-n Groll hegen; ***you ~ that to yourself*** das bist du dir schuldig; **2.** bei *j-m* Schulden haben (***for*** für); **3.** *et.* verdanken, zu verdanken haben, Dank schulden für: ***I ~ him much*** ich habe ihm viel zu verdanken; **II** *v/i.* **4.** Schulden haben; **5.** die Bezahlung schuldig sein (***for*** für); **ow·ing** [ˈəʊɪŋ] *adj.* **1.** geschuldet: ***be ~*** zu zahlen sein, noch offenstehen; ***have ~*** ausstehen haben; **2.** **~ *to*** infolge (*gen.*), wegen (*gen.*), dank (*dat.*): ***be ~ to*** zurückzuführen sein auf (*acc.*), zuzuschreiben sein (*dat.*).

owl [aʊl] *s.* **1.** *orn.* Eule *f*; **2.** *fig.* ‚alte Eule' (*Person*): ***wise old ~*** ‚kluges Kind': **owl·ish** [ˈaʊlɪʃ] *adj.* □ eulenhaft.

own [əʊn] **I** *v/t.* **1.** besitzen; **2.** *Erben, Kind, Schuld etc.* anerkennen; **3.** zugeben, (ein)gestehen, einräumen: **~ *o.s. defeated*** sich geschlagen geben; **II** *v/i.* **4.** sich bekennen (***to*** zu): **~ *to*** → 3; **5.** **~ *up*** es zugeben *od.* gestehen; **III** *adj.* **6.** eigen: ***my ~ self*** ich selbst; **~ *brother to s.o.*** j-s leiblicher Bruder; **7.** eigen (-artig), besonder: ***it has a value all its ~*** es hat e-n ganz besonderen *od.* eigenen Wert; **8.** selbst: ***I cook my ~ breakfast*** ich mache mir das Frühstück selbst; **9.** (innig) geliebt, einzig: ***my ~ child!***; **IV** *s.* **10.** ***my ~*** a) mein Eigentum *n*, b) meine Angehörigen *pl.*: ***may I have it for my ~?*** darf ich es haben?; ***come into one's ~*** a) s-n rechtmäßigen Besitz erlangen, b) zur Geltung kommen; ***she has a car of her ~*** sie hat ein eigenes Auto; ***he has a way of his ~*** er hat e-e eigene Art; ***on one's ~*** F a) selbständig, unabhängig, ohne fremde Hilfe, b) von sich aus, aus eigenem Antrieb, c) auf eigene Verantwortung; ***be left on one's ~*** F sich selbst überlassen sein; ***get one's ~ back*** F sich revanchieren, sich rächen (***on*** an *dat.*); → ***hold*** 20.

-owned [əʊnd] *adj. in Zssgn* gehörig, gehörend (*dat.*), in *j-s* Besitz: ***state-~*** staatseigen, Staats...

own·er [ˈəʊnə] *s.* Eigentümer(in), Inhaber(in); ***at ~'s risk*** ✝ auf eigene Gefahr; ***~-driver*** j-d, der sein eigenes Auto fährt; ***~-occupation*** Eigennutzung *f* (*e-s Hauses etc.*); ˈ**own·er·less** [-lɪs] *adj.* herrenlos; ˈ**own·er·ship** [-ʃɪp] *s.* **1.** Eigentum(srecht) *n*, Besitzerschaft *f*; **2.** Besitz *m*.

ox [ɒks] *pl.* **ox·en** [ˈɒksn] *s.* **1.** Ochse *m*; **2.** (Haus)Rind *n*.

ox·a·late [ˈɒksəleɪt] *s.* ⚗ Oxaˈlat *n*; **ox·al·ic** [ɒkˈsælɪk] *adj.* ⚗ oˈxalsauer: **~ *acid*** Oxalsäure *f*.

Ox·bridge [ˈɒksbrɪdʒ] *s. Brit.* F (die Universiˈtäten) Oxford *u.* Cambridge *pl.*

Ox·ford| **man** *s.* [*irr.*] → ***Oxonian*** II; **~ move·ment** *s. eccl.* Oxfordbewegung *f*.

ox·i·dant [ˈɒksɪdənt] *s.* ⚗ Oxydatiˈonsmittel *n*; ˈ**ox·i·date** [-deɪt] → ***oxidize***; **ox·i·da·tion** [ˌɒksɪˈdeɪʃn] *s.* ⚗ Oxydatiˈon *f*, Oxydierung *f*; **ox·ide** [ˈɒksaɪd] *s.* ⚗ Oˈxyd *n*; ˈ**ox·i·dize** [-daɪz] *v/t. u. v/i.* ⚗ oxydieren; ˈ**ox·i·diz·er** [-daɪzə] *s.* ⚗ Oxydatiˈonsmittel *n*.

ˈ**ox·lip** *s.* ⚘ Hohe Schlüsselblume.

Ox·o·ni·an [ɒkˈsəʊnjən] **I** *adj.* Oxforder, Oxford...; **II** *s.* Mitglied *n od.* Graduierte(r *m*) *f* der Universiˈtät Oxford; *weitS.* Oxforder(in).

ˈ**ox·tail** *s.* Ochsenschwanz *m*: **~ *soup***.

ox·y·a·cet·y·lene [ˌɒksɪəˈsetɪliːn] *adj.* ⚗, ⚙ Sauerstoff-Azetylen...: **~ *torch*** *od.* ***burner*** Schweißbrenner *m*; **~ *welding*** Autogenschweißen *n*.

ox·y·gen [ˈɒksɪdʒən] *s.* ⚗ Sauerstoff *m*: **~ *apparatus*** Atemgerät *n*; **~ *tent*** ⚕ Sauerstoffzelt *n*; **ox·yg·e·nant** [ɒkˈsɪdʒənənt] *s.* Oxydatiˈonsmittel *n*; **ox·y·gen·ate** [ɒkˈsɪdʒəneɪt], **ox·y·gen·ize** [ɒkˈsɪdʒənaɪz] *v/t.* **1.** oxydieren, mit Sauerstoff verbinden *od.* behandeln; **2.** mit Sauerstoff anreichern.

ox·y·hy·dro·gen [ˌɒksɪˈhaɪdrədʒən] ⚗, ⚙ **I** *adj.* Hydrooxygen..., Knallgas...; **II** *s.* Knallgas *n*.

o·yer [ˈɔɪə] *s.* ⚖ **1.** *hist.* gerichtliche Unterˈsuchung; **2.** → **~ *and ter·mi·ner*** [ˈtɜːmɪnə] *s.* ⚖ **1.** *hist.* gerichtliche Unterˈsuchung u. Entscheidung; **2.** *mst* ***commission*** (*od.* ***writ***) ***of ~*** *Brit. königliche Ermächtigung an die Richter der Assisengerichte, Gericht zu halten.*

o·yez [əʊˈjes] *int.* hört (zu)!

oys·ter [ˈɔɪstə] *s.* **1.** *zo.* Auster *f*: ***~s on the shell*** frische Austern; ***he thinks the world is his ~*** *fig.* er meint, er kann alles haben; **2.** F ‚zugeknöpfter Mensch'; **~ *bank***, **~ *bed*** *s.* Austernbank *f*; **~ *catch·er*** *s. orn.* Austernfischer *m*; **~ *farm*** *s.* Austernpark *m*.

o·zone [ˈəʊzəʊn] *s.* **1.** ⚗ Oˈzon *m*, *n*: **~ *layer*** Oˈzonschicht *f*; **2.** F Oˈzon *m*, *n*, reine frische Luft; **o·zon·ic** [əʊˈzɒnɪk] *adj.* **1.** oˈzonisch, Ozon...; **2.** oˈzonhaltig; **o·zo·nif·er·ous** [ˌəʊzəʊˈnɪfərəs] *adj.* **1.** oˈzonhaltig; **2.** oˈzonerzeugend; **o·zo·nize** [ˈəʊzəʊnaɪz] **I** *v/t.* ozonisieren; **II** *v/i.* sich in Oˈzon verwandeln; **o·zo·niz·er** [ˈəʊzəʊnaɪzə] *s.* Ozoniˈsator *m*.

P

P, p [piː] *s.* P *n*, p *n* (*Buchstabe*): ***mind one's P's and Q's*** sich sehr in acht nehmen.

pa [pɑː] *s.* F Pa'pa *m*, ‚Paps' *m*.

pab·u·lum ['pæbjʊləm] *s.* Nahrung *f* (*a. fig.*).

pace¹ [peɪs] **I** *s.* **1.** Schritt *m* (*a. als Maß*); **2.** Gang(art *f*) *m*: ***put a horse through its ~s*** ein Pferd alle Gangarten machen lassen; ***put s.o. through his ~s*** *fig.* j-n auf Herz u. Nieren prüfen; **3.** Paßgang *m* (*Pferd*); **4.** a) ⚔ Marschschritt *m*, b) (Marsch)Geschwindigkeit *f*, Tempo *n* (*a. sport*; *a. fig. e-r Handlung etc.*), Fahrt *f*, Schwung *m*: ***go the ~*** a) ein scharfes Tempo anschlagen, b) *fig.* flott leben; ***keep ~ with*** Schritt halten mit (*a. fig.*); ***set the ~*** *sport* das Tempo angeben (*a. fig.*) *od.* machen; ***at a great ~*** in schnellem Tempo; **II** *v/t.* **5.** *a.* ***~ out*** (*od.* ***off***) abschreiten; **6.** *Zimmer etc.* durch'schreiten, -'messen; **7.** *fig.* das Tempo (*gen.*) bestimmen; **8.** *sport* Schrittmacher sein für; **9.** *Pferd* im Paßgang gehen lassen; **III** *v/i.* **10.** (*auf u. ab etc.*) schreiten; **11.** im Paßgang gehen (*Pferd*).

pa·ce² ['peɪsɪ] (*Lat.*) *prp.* ohne (*dat.*) nahetreten zu wollen.

'pace|·mak·er *s. sport* (*a.* ⚕ Herz-) Schrittmacher *m*: ***~ race*** *Radsport*: Steherrennen *n*; **'~,mak·ing** *s. sport* Schrittmacherdienste *pl.*

pac·er ['peɪsə] *s.* **1.** → ***pacemaker***; **2.** Paßgänger *m* (*Pferd*).

pach·y·derm ['pækɪdɜːm] *s. zo.* Dickhäuter *m* (*a. humor. fig.*); **pach·y·der·ma·tous** [ˌpækɪ'dɜːmətəs] *adj.* **1.** *zo.* dickhäutig; *fig. a.* dickfellig; **2.** ⚘ dickwandig.

pa·cif·ic [pə'sɪfɪk] *adj.* (□ ***~ally***) **1.** friedfertig, versöhnlich, Friedens...: ***~ policy***; **2.** ruhig, friedlich; **3.** ♀ *geogr.* pa'zifisch, Pa'zifisch: ***the*** ♀ (***Ocean***) der Pazifische *od.* Stille Ozean, der Pa'zifik; **pac·i·fi·ca·tion** [ˌpæsɪfɪ'keɪʃn] *s.* **1.** Befriedung *f*; **2.** Beschwichtigung *f*.

pac·i·fi·er ['pæsɪfaɪə] *s.* **1.** Friedensstifter(in); **2.** *Am.* a) Schnuller *m*, b) Beißring *m für Kleinkinder*; **'pac·i·fism** [-fɪzəm] *s.* Pazi'fismus *m*; **'pac·i·fist** [-fɪst] **I** *s.* Pazi'fist *m*; **II** *adj.* pazi'fistisch; **'pac·i·fy** [-faɪ] *v/t.* **1.** *Land* befrieden; **2.** besänftigen, beschwichtigen.

pack [pæk] **I** *s.* **1.** Pack(en) *m*, Ballen *m*, Bündel *n*; **2.** *bsd. Am.* Packung *f*, Schachtel *f Zigaretten etc.*, Päckchen *n*: ***a ~ of films*** ein Filmpack *m*; **3.** ⚕, *Kosmetik*: Packung *f*: ***face ~***; **4.** (Karten)Spiel *n*; **5.** ⚔ a) Tor'nister *m*, b) Rückentrage *f* (*Kabelrolle etc.*); **6.** Verpackungsweise *f*; **7.** (Schub *m*) Kon'serven *pl.*; **8.** Menge *f*: ***a ~ of lies*** ein Haufen Lügen; ***a ~ of nonsense*** lauter Unsinn; **9.** Packeis *n*; **10.** Pack *n*, Bande *f* (*Diebe etc.*); **11.** Meute *f*, Koppel *f* (*Hunde*); Rudel *n* (*Wölfe*, ⚔ *U-Boote*); **12.** *Rugby*: Sturm(reihe *f*) *m*; **II** *v/t.* **13.** *oft* ***~ up*** einpacken (*a.* ⚕), zs.-, verpakken: ***~ it in!*** F *fig.* hör doch auf (damit)!; **14.** zs.-pressen, -pferchen; → ***sardine***; **15.** vollstopfen: ***a ~ed house*** *thea. etc.* ein zum Bersten volles Haus; **16.** eindosen, konservieren; **17.** ⚙ (ab)dichten; **18.** bepacken, -laden; **19.** *Geschworenenbank etc.* mit s-n Leuten besetzen; **20.** *Am.* F (bei sich) tragen: ***~ a hard punch*** *Boxen*: e-n harten Schlag haben; **21.** *a.* ***~ off*** (fort)schicken, (-)jagen; **III** *v/i.* **22.** packen (*oft* ***~ up***): ***~ up*** *fig.* ‚einpacken' (*es aufgeben*); **23.** sich *gut etc.* (ver)packen lassen; **24.** fest werden, sich fest zs.-ballen; **25.** *mst* ***~ off*** *fig.* sich packen *od.* da'vonmachen: ***send s.o. ~ing*** j-n fortjagen; **26.** ***~ up*** *sl.* ‚absterben', ‚verrecken' (*Motor*) (***on s.o.*** j-m).

pack·age ['pækɪdʒ] **I** *s.* **1.** Pack *m*, Ballen *m*; Frachtstück *n*; *bsd. Am.* Pa'ket *n*; **2.** Packung *f* (*Spaghetti etc.*); **3.** Verpackung *f*; **4.** ⚙ betriebsfertige Maschine *od.* Baueinheit; **5.** ✝, *pol.*, *fig.* Pa'ket *n* (*a. Computer*), *pol. a.* Junktim *n*: ***~ deal*** a) Kopplungsgeschäft *n*, b) Pau'schalarrange,ment *n*, -angebot *n*: ***~ tour*** Pauschalreise *f*, c) *pol.* Junktim *n*, d) (als Ganzes *od.* en bloc verkauftes) ('Fernseh- *etc.*)Pro,gramm *n*; **II** *v/t.* **6.** verpacken; **7.** *Lebensmittel etc.* abpakken; **8.** ✝ en bloc anbieten *od.* verkaufen; **'pack·ag·ing** [-dʒɪŋ] **I** *s.* (Einzel-) Verpackung *f*; **II** *adj.* Verpackungs...: ***~ machine.***

'pack|-,an·i·mal *s.* Pack-, Lasttier *n*; **'~-cloth** *s.* Packleinwand *f*; **'~-drill** *s.* ⚔ Strafexerzieren *n* in voller Marschausrüstung.

pack·er ['pækə] *s.* **1.** (Ver)Packer(in); **2.** ✝ Verpacker *m*, Großhändler *m*; *Am.* Kon'serven,hersteller *m*; **3.** Ver'packungsma,schine *f*.

pack·et ['pækɪt] **I** *s.* **1.** kleines Pa'ket, Päckchen *n*, Schachtel *f* (*Zigaretten etc.*); ***sell s.o. a ~*** F j-n ‚anschmieren'; **2.** ⚓ *a.* ***~ boat*** Postschiff *n*, Pa'ketboot *n*; **3.** *sl.* Haufen *m* Geld, *e-e* ‚(hübsche) Stange Geld'; **4.** *sl.* ‚Ding' *n* (*Schlag, Ärger etc.*); **II** *v/t.* **5.** verpacken, paketieren.

'pack|·horse *s.* **1.** Packpferd *n*; **2.** *fig.* Lastesel *m*; **~ ice** *s.* Packeis *n*.

pack·ing ['pækɪŋ] *s.* **1.** (Ver)Packen *n*: ***do one's ~*** packen; **2.** Konservierung *f*; **3.** Verpackung *f* (*a.* ✝); **4.** ⚙ a) (Ab-) Dichtung *f*, b) Dichtung *f*, c) 'Dichtungsmateri,al *n*, d) Füllung *f*, e) *Computer*: Verdichtung *f*; **5.** Zs.-ballen *n*; **~ box** *s.* **1.** Packkiste *f*; **2.** ⚙ Stopfbüchse *f*; **~ case** *s.* Packkiste *f*; **~ de·part·ment** *s.* ✝ Packe'rei *f*; **~ house** *s.* **1.** *Am.* Abpackbetrieb *m*; **2.** Warenlager *n*; **~ pa·per** *s.* 'Packpa,pier *n*; **~ ring** *s.* ⚙ Dichtring *m*, Man'schette *f*; **~ sleeve** *s.* ⚙ Dichtungsmuffe *f*.

pack| rat *s. zo.* Packratte *f*; **'~·sack** *s. Am.* Rucksack *m*, Tor'nister *m*; **'~,sad·dle** *s.* Pack-, Saumsattel *m*; **'~·thread** *s.* Packzwirn *m*, Bindfaden *m*; **~ train** *s.* 'Tragtierko,lonne *f*.

pact [pækt] s. Pakt *m*, Vertrag *m*.

pad¹ [pæd] **I** *s.* **1.** Polster *n*, (Stoß)Kissen *n*, Wulst *m*, Bausch *m*: ***oil ~*** ⚙ Schmierkissen *n*; **2.** *sport* Knie- *od.* Beinschützer *m*; **3.** 'Unterlage *f*; ⚙ Kon'sole *f für Hilfsgeräte*; **4.** ('Löschpa,pier-, Brief-, Schreib)Block *m*; **5.** Stempelkissen *n*; **6.** *zo.* (Fuß)Ballen *m*; **7.** *hunt.* Pfote *f*; **8.** *sl.* ‚Bude' *f* (*Zimmer od. Wohnung*); **9.** ✈ a) Startrampe *f*, b) (Ra'keten)Abschußrampe *f*; **10.** *Am. sl.* a) Schutzgelder *pl.*, b) Schmiergelder *pl.*; **II** *v/t.* **11.** (aus)polstern, wattieren: ***~ded cell*** Gummizelle *f* (*für Irre*): **12.** *fig. Rede, Schrift* ‚garnieren', ‚aufblähen'.

pad² [pæd] *v/t. u. v/i. a.* ***~ along*** *sl.* (da'hin)trotten, (-)latschen.

pad·ding ['pædɪŋ] *s.* **1.** (Aus)Polstern *n*; **2.** Polsterung *f*, Wattierung *f*, Einlage *f*; **3.** (Polster)Füllung *f*; **4.** *fig.* leeres Füllwerk, (Zeilen)Füllsel *n*; **5.** *a.* ***~ capacitor*** ⚡ 'Paddingkonden,sator *m*.

pad·dle ['pædl] **I** *s.* **1.** Paddel *n*: **2.** ⚓ a) Schaufel(rad *n*) *f*, b) Raddampfer *m*; **3.** *obs.* Waschbleuel *m*; **4.** ⚙ Kratze *f*, Rührstange *f*; **5.** ⚙ a) Schaufel *f* (*Wasserrad*), b) Schütz *n*, Falltor *n* (*Schleuse*); **II** *v/i.* **6.** rudern, *bsd.* paddeln; → ***canoe*** I; **7.** *im Wasser* planschen; **8.** watscheln; **III** *v/t.* **9.** paddeln; **10.** *Am.* F verhauen; **~ steam·er** *s.* ⚓ Raddampfer *m*; **~ wheel** *s.* Schaufelrad *n*.

pad·dling pool ['pædlɪŋ] *s.* Planschbekken *n*.

pad·dock¹ ['pædək] *s.* **1.** (Pferde)Koppel *f*; **2.** *sport* a) Sattelplatz *m*, b) *mot.* Fahrerlager *n*.

pad·dock² ['pædək] *s. zo.* **1.** *obs. od. dial.* Frosch *m*; **2.** *obs.* Kröte *f*.

Pad·dy¹ ['pædɪ] *s.* F ‚'Paddy' *m* (*Ire*).

pad·dy² ['pædɪ] *s.* ✝ roher Reis.

pad·dy³ ['pædɪ] *s.* F Wutanfall *m*; **~ wag·on** *s. Am.* F ‚grüne Minna' (*Polizeigefangenenwagen*).

pad·lock ['pædlɒk] **I** *s.* Vorhänge-, Vorlegeschloß *n*; **II** *v/t.* mit e-m Vorhängeschloß verschließen.
pa·dre ['pɑːdrɪ] *s.* Pater *m* (*Priester*); ⚔ Ka'plan *m.*
pae·an ['piːən] *s.* **1.** *antiq.* Pä'an *m*; **2.** *allg.* Freuden-, Lobgesang *m.*
paed·er·ast *etc.* → ***pederast*** *etc.*
pae·di·at·ric *etc.* → ***pediatric*** *etc.*
pa·gan ['peɪgən] **I** *s.* Heide *m*, Heidin *f*; **II** *adj.* heidnisch; **'pa·gan·ism** [-nɪzəm] *s.* Heidentum *n.*
page¹ [peɪdʒ] **I** *s.* **1.** Seite *f* (*Buch etc.*); *typ.* Schriftseite *f*, Ko'lumne *f*: ~ ***printer*** *tel.* Blattdrucker *m*; **2.** *fig.* Chronik *f*, Buch *n*; **3.** *fig.* Blatt *n aus der Geschichte etc.*; **II** *v/t.* **4.** paginieren.
page² [peɪdʒ] **I** *s.* **1.** *hist.* Page *m*; Edelknabe *m*; **2.** *a.* ~ ***boy*** (Ho'tel)Page *m*; **II** *v/t.* **3.** *j-n* (durch e-n Pagen *od.* per Lautsprecher) ausrufen lassen; **4.** mit *j-m* über Funkrufempfänger Kon'takt aufnehmen, *j-n* ‚anpiepsen'.
pag·eant ['pædʒənt] *s.* **1.** a) (*bsd.* hi'storischer) Fest- *od.* Umzug, b) (historisches) Festspiel; **2.** (Schau)Gepränge *n*, Pomp *m*; **3.** *fig.* leerer Prunk; **'pag·eant·ry** [-rɪ] *s.* → ***pageant*** 2, 3.
pag·er ['peɪdʒə(r)] Funkrufempfänger *m*, ‚Piepser' *m.*
pag·i·nal ['pædʒɪnl] *adj.* Seiten...; **'pag·i·nate** [-neɪt] *v/t.* paginieren; **pag·i·na·tion** [ˌpædʒɪ'neɪʃn], *a.* **pag·ing** ['peɪdʒɪŋ] *s.* Paginierung *f*, 'Seitennumeˌrierung *f.*
pa·go·da [pə'gəʊdə] *s.* Pa'gode *f*; ~ **tree** *s.* ⚘ So'phora *f*: ***shake the*** ~ *obs. fig.* in Indien schnell ein Vermögen machen.
pah [pɑː] *int. contp.* a) pfui!, b) pah!
paid [peɪd] **I** *pret. u. p.p. von* ***pay***; **II** *adj.* bezahlt: ~ ***in*** → ***paid-in***; ~ ***up*** → ***paid-up***; ***put*** ~ ***to s.th.*** e-r Sache ein Ende setzen; **ˌ~-'in** *adj.* **1.** ✝ (voll) eingezahlt: ~ ***capital*** Einlagekapital *n*; **2.** → ***paid-up*** 2; **ˌ~-'up** *adj.* **1.** → ***paid-in*** 1; **2.** ***fully*** ~ ***member*** Mitglied *n* ohne Beitragsrückstände, vollwertiges Mitglied.
pail [peɪl] *s.* Eimer *m*, Kübel *m*; **'pail·ful** [-fʊl] *s. ein* Eimer(voll) *m*: ***by*** **~*s*** eimerweise.
pail·lasse ['pælɪæs] *s.* Strohsack *m* (*Matratze*).
pain [peɪn] **I** *s.* **1.** Schmerz(en *pl.*) *m*, Pein *f*; *pl.* ⚕ (Geburts)Wehen *pl.*: ***be in*** ~ Schmerzen haben, leiden; ***you are a*** ~ ***in the neck*** F du gehst mir auf die Nerven; **2.** Schmerz(en *pl.*) *m*, Leid *n*, Kummer *m*: ***give*** (*od.* ***cause***) ***s.o.*** ~ j-m Kummer machen; **3.** *pl.* Mühe *f*, Bemühungen *pl.*: ***be at*** **~*s***, ***take*** **~*s*** sich Mühe geben, sich anstrengen; ***spare no*** **~*s*** keine Mühe scheuen; ***all he got for his*** **~*s*** der (ganze) Dank (für s-e Mühe); **4.** Strafe *f*: (***up***)***on*** (*od.* ***under***) ~ ***of*** bei Strafe von; ***on*** (*od.* ***under***) ~ ***of death*** bei Todesstrafe; **II** *v/t.* **5.** *j-m* weh tun, *j-n* schmerzen; *fig. a. j-n* schmerzlich berühren, peinigen; **pained** [-nd] *adj.* gequält, schmerzlich; **'pain·ful** [-fʊl] *adj.* ☐ **1.** schmerzhaft; **2.** a) schmerzlich, quälend, b) peinlich: ***produce a*** ~ ***impression*** peinlich wirken; **3.** mühsam; **'pain·ful·ness** [-fʊlnɪs] *s.* Schmerzhaftigkeit *f etc.*; **'painˌkill·er** *s.* F schmerzstillendes Mittel; **'pain·less** [-lɪs] *adj.* ☐ schmerzlos (*a. fig.*).
pains·tak·ing ['peɪnzˌteɪkɪŋ] **I** *adj.* ☐ sorgfältig, gewissenhaft; eifrig; **II** *s.* Sorgfalt *f*, Mühe *f.*
paint [peɪnt] **I** *v/t.* **1.** *Bild* malen; *fig.* ausmalen, schildern: ~ ***s.o.'s portrait*** j-n malen; **2.** an-, bemalen, (an)streichen; *Auto* lackieren: ~ ***out*** übermalen; ~ ***the town red*** *sl.* ‚auf die Pauke hauen', ‚(schwer) einen draufmachen'; → ***lily***; **3.** *Mittel* auftragen, *Hals*, *Wunde* (aus)pinseln; **4.** schminken: ~ ***one's face*** sich schminken, sich ‚anmalen'; **II** *v/i.* **5.** malen; **6.** streichen; **7.** sich schminken; **III** *s.* **8.** (Anstrich-, Öl)Farbe *f*; (Auto)Lack *m*; Tünche *f*; **9.** *a.* ***coat of*** ~ Anstrich *m*: ***as fresh as*** ~ F frisch u. munter; **10.** Schminke *f*; **11.** ⚕ Tink'tur *f*; **'~·box** *s.* **1.** Tusch-, Malkasten *m*; **2.** Schminkdose *f*; **'~·brush** *s.* Pinsel *m.*
paint·ed ['peɪntɪd] *p.p. u. adj.* **1.** ge-, bemalt, gestrichen; lackiert; **2.** *bsd.* ⚘, *zo.* bunt, scheckig; **3.** *fig.* gefärbt; ≈ **La·dy** *s.* **1.** *zo.* Distelfalter *m*; **2.** ⚘ Rote Wucherblume; ~ **wom·an** *s.* Hure *f*, ‚Flittchen' *n.*
paint·er¹ ['peɪntə] *s.* ⚓ Fangleine *f*: ***cut the*** ~ *fig.* alle Brücken hinter sich abbrechen.
paint·er² ['peɪntə] *s.* **1.** (Kunst)Maler (-in); **2.** Maler *m*, Anstreicher *m*: **~'*s colic*** ⚕ Bleikolik *f*; **~'*s shop*** a) Malerwerkstatt *f*, b) (Auto)Lackiererei *f*; **'paint·ing** [-tɪŋ] *s.* **1.** Malen *n*, Male'rei *f*: ~ ***in oil*** Ölmalerei *f*; **2.** Gemälde *n*, Bild *n*; **3.** ⚙ a) Farbanstrich *m*, b) Spritzlackieren *n.*
paint| re·fresh·er *s.* 'Neuglanzpoliˌtur *f*; **~ re·mov·er** *s.* (Farben)Abbeizmittel *n.*
paint·ress ['peɪntrɪs] *s.* Malerin *f.*
'paint|-ˌspray·ing pis·tol *s.* ⚙ ('Anstreich)ˌSpritzpiˌstole *f*; **'~·work** *s. mot.* Lackierung *f*, Lack *m.*
pair [peə] **I** *s.* **1.** Paar *n*: ***a*** ~ ***of boots***, ***legs*** *etc.*; **2.** (*Zweiteiliges, mst unübersetzt*): ***a*** ~ ***of scales*** (***scissors***, ***spectacles***) eine Waage (Schere, Brille); ***a*** ~ ***of trousers*** ein Paar Hosen, eine Hose; **3.** Paar *n*, Pärchen *n* (*Mann u. Frau; zo. Männchen u. Weibchen*): ~ ***skating*** *sport* Paarlauf(en *n*) *m*; ***in*** **~*s*** paarweise; **4.** Partner *m*; Gegenstück *n* (*von e-m Paar*); *der* (*die, das*) andere *od.* zweite: ***where is the*** ~ ***to this shoe?***; **5.** *pol.* a) *zwei Mitglieder verschiedener Parteien, die sich abgesprochen haben, sich der Stimme zu enthalten etc.*, b) *dieses Abkommen*, c) *e-r dieser Partner*; **6.** (Zweier)Gespann *n*: ***carriage and*** ~ Zweispänner *m*; **7.** *sport* Zweier *m* (*Ruderboot*): ~ ***with cox*** Zweier mit Steuermann; **8.** *a.* ***kinematic*** ~ ⚙ Ele'mentenpaar *n*; **9.** *Brit.* ~ ***of stairs*** (*od.* ***steps***) Treppe *f*: ***two*** ~ ***front*** (***back***) (Raum *m od.* Mieter *m*) im zweiten Stock nach vorn (hinten); **II** *v/t.* **10.** *a.* ~ ***off*** a) paarweise anordnen, b) F *fig.* verheiraten; **11.** *Tiere* paaren (***with*** mit); **III** *v/i.* **12.** sich paaren (*Tiere*) (*a. fig.*); **13.** zs.-passen; **14.** ~ ***off*** a) paarweise weggehen, b) F *fig.* sich verheiraten (***with*** mit), c) *pol.* (***with*** mit *e-m Mitglied e-r anderen Partei*) ein Abkommen treffen (→ 5a); **pair·ing** ['peərɪŋ] *s. biol.* Paarung *f* (*a. sport*): ~ ***season***, ~ ***time*** Paarungszeit *f.*
pair-oar ['peərɔː] **I** *s.* Zweier *m* (*Boot*); **II** *adj.* zweiruderig.
pa·ja·mas [pə'dʒɑːməs] *bsd. Am.* → ***pyjamas.***
Pak·i ['pækɪ] *s. Brit. sl.* Paki'stani *m.*
Pak·i·stan·i [ˌpɑːkɪ'stɑːnɪ] **I** *adj.* paki'stanisch; **II** *s.* Paki'staner(in), Paki'stani *m.*
pal [pæl] **I** *s.* F ‚Kumpel' *m*, ‚Spezi' *m*, Freund *m*; **II** *v/i. mst* ~ ***up*** F sich anfreunden (***with s.o.*** mit j-m).
pal·ace ['pælɪs] *s.* Schloß *n*, Pa'last *m*, Pa'lais *n*: ~ ***of justice*** Justizpalast; ~ **car** *s.* 🚂 Sa'lonwagen *m*; ~ **guard** *s.* **1.** Pa'lastwache *f*; **2.** *fig. contp.* Clique *f um e-n Regierungschef*, Kama'rilla *f*; ~ **rev·o·lu·tion** *s. pol. fig.* Pa'lastrevoluˌtiˌon *f.*
pal·a·din ['pælədɪn] *s. hist.* Pala'din *m* (*a. fig.*).
pa·lae·og·ra·pher *etc.* → ***paleographer*** *etc.*
pal·at·a·ble ['pælətəbl] *adj.* ☐ wohlschmeckend, schmackhaft (*a. fig.*); **'pal·a·tal** [-tl] **I** *adj.* **1.** Gaumen...; **II** *s.* **2.** Gaumenknochen *m*; **3.** *ling.* Pala'tal (-laut) *m*; **'pal·a·tal·ize** [-təlaɪz] *v/t. ling. Laut* palatalisieren; **pal·ate** ['pælət] *s.* **1.** *anat.* Gaumen *m*: ***bony*** (*od.* ***hard***) ~ harter Gaumen, Vordergaumen; ***cleft*** ~ Wolfsrachen *m*; ***soft*** ~ weicher Gaumen, Gaumensegel *n*; **2.** *fig.* (***for***) Gaumen *m*, Sinn *m* (für), Geschmack *m* (an *dat.*).
pa·la·tial [pə'leɪʃl] *adj.* pa'lastartig, Palast..., Schloß..., Luxus...
pa·lat·i·nate [pə'lætɪnət] **I** *s.* **1.** *hist.* Pfalzgrafschaft *f*; **2.** ***the*** ≈ die (Rhein-) Pfalz; **II** *adj.* **3.** ≈ Pfälzer, pfälzisch.
pal·a·tine¹ ['pælətaɪn] **I** *adj.* **1.** *hist.* Pfalz..., pfalzgräflich: ***Count*** ≈ Pfalzgraf; ***County*** ≈ Pfalzgrafschaft *f*; **2.** ≈ pfälzisch, Pfälzer(...); **II** *s.* **3.** Pfalzgraf *m*; **4.** ≈ (Rhein)Pfälzer(in).
pal·a·tine² ['pælətaɪn] *anat.* **I** *adj.* Gaumen...: ~ ***tonsil*** Gaumen-, Halsmandel *f*; **II** *s.* Gaumenbein *n.*
pa·lav·er [pə'lɑːvə] **I** *s.* **1.** Unter'handlung *f*, -'redung *f*, Konfe'renz *f*; **2.** F ‚Pa'laver' *n*, Geschwätz *n*; **3.** F ‚Wirbel' *m*; **II** *v/i.* **4.** unter'handeln; **5.** pa'lavern, ‚quasseln'; **III** *v/t.* **6.** F *j-n* beschwatzen; *j-m* schmeicheln.
pale¹ [peɪl] **I** *s.* **1.** Pfahl *m* (*a. her.*); **2.** *bsd. fig.* um'grenzter Raum, Bereich *m*, (enge) Grenzen *pl.*: ***beyond the*** ~ *fig.* jenseits der Grenzen des Erlaubten; ***within the*** ~ ***of the Church*** im Schoße der Kirche; **II** *v/t.* **3.** *a.* ~ ***in*** einpfählen, -zäunen; *fig.* um'schließen; **4.** *hist.* pfählen.
pale² [peɪl] **I** *adj.* ☐ **1.** blaß, bleich, fahl: ***turn*** ~ → 3; ~ ***with fright*** schreckensbleich; ***as*** ~ ***as ashes*** (***clay***, ***death***) aschfahl (kreidebleich, totenblaß); **2.** hell, blaß, matt (*Farben*): ~ ***ale*** helles Bier; ~ ***green*** Blaß-, Zartgrün; ~ ***pink*** (Blaß)Rosa; **II** *v/i.* **3.** blaß werden, erbleichen, erblassen; **4.** *fig.* verblassen (***before*** *od.* ***beside*** vor *dat.*); **III** *v/t.* **5.** bleich machen, erbleichen lassen.
'pale·face *s.* Bleichgesicht *n* (*Ggs. Indianer*).
pale·ness ['peɪlnɪs] *s.* Blässe *f*, Farblosigkeit *f* (*a. fig.*).
pa·le·og·ra·pher [ˌpælɪ'ɒgrəfə] *s.* Paläo'graph *m*; **ˌpa·le'og·ra·phy** [-fɪ] *s.* **1.**

alte Schriftarten *pl.*, alte Schriftdenkmäler *pl.*; **2.** Paläogra'phie *f*, Handschriftenkunde *f*.

pa·le·o·lith·ic [ˌpælɪəʊ'lɪθɪk] **I** *adj.* paläo'lithisch, altsteinzeitlich; **II** *s.* Altsteinzeit *f*.

pa·le·on·tol·o·gist [ˌpælɪɒn'tɒlədʒɪst] *s.* Paläonto'loge *m*; **ˌpa·le·on'tol·o·gy** [-dʒɪ] *s.* Paläontolo'gie *f*.

pa·le·o·zo·ic [ˌpælɪəʊ'zəʊɪk] *geol.* **I** *adj.* paläo'zoisch: **~ era** → II; **II** *s.* Paläo'zoikum *n*.

Pal·es·tin·i·an [ˌpæle'stɪnɪən] **I** *adj.* palästi'nensisch; **II** *s.* Palästi'nenser(in).

pal·e·tot ['pæltəʊ] *s.* **1.** 'Paletot *m*, 'Überzieher *m* (*für Herren*); **2.** loser (Damen)Mantel.

pal·ette ['pælət] *s. paint.* Pa'lette *f*, *fig. a.* Farbenskala *f*; **~ knife** *s.* Streichmesser *n*, Spachtel *m*, *f*.

pal·frey ['pɔːlfrɪ] *s.* Zelter *m*.

pal·ing ['peɪlɪŋ] *s.* Um'pfählung *f*, Pfahl-, Lattenzaun *m*, Sta'ket *n*.

pal·in·gen·e·sis [ˌpælɪn'dʒenɪsɪs] *s. bsd. eccl.* 'Wiedergeburt *f*, *a. biol.* Palinge'nese *f*.

pal·i·sade [ˌpælɪseɪd] **I** *s.* **1.** Pali'sade *f*; Pfahlzaun *m*, Sta'ket *n*; **2.** Schanzpfahl *m*; **II** *v/t.* **3.** mit Pfählen *od.* mit e-r Palisade um'geben.

pall[1] [pɔːl] *s.* **1.** Bahr-, Leichentuch *n*; **2.** *fig.* Mantel *m*, Hülle *f*, Decke *f*; **3.** a) (Rauch)Wolke *f*, b) Dunstglocke *f*; **4.** *eccl.* → ***pallium*** 2; **5.** *her.* Gabel(kreuz *n*) *f*.

pall[2] [pɔːl] **I** *v/i.* **1.** (***on, upon***) jeden Reiz verlieren (für), *j-n* kalt lassen *od.* langweilen; **2.** schal *od.* fade werden, s-n Reiz verlieren; **II** *v/t.* **3.** *a. fig.* über'sättigen.

pal·la·di·um [pə'leɪdjəm] [-djə] *s.* Pal'ladium *n*: a) *pl.* **-di·a** *fig.* Hort *m*, Schutz *m*, b) ⚗ *ein Element.*

'pallˌbear·er *s.* Sargträger *m*.

pal·let[1] ['pælɪt] *s.* (Stroh)Lager *n*, Strohsack *m*, Pritsche *f*.

pal·let[2] ['pælɪt] *s.* **1.** ⚙ Dreh-, Töpferscheibe *f*; **2.** *paint.* Pa'lette *f*; **3.** Trokkenbrett *n* (*für Keramik, Ziegel etc.*); **4.** ⚙ Pa'lette: **~ truck** Gabelstapler *m*; **'pal·let·ize** [-lətaɪz] *v/t.* ⚙ palettieren.

pal·liasse ['pælɪæs] → ***paillasse***.

pal·li·ate ['pælɪeɪt] *v/t.* **1.** ⚕ lindern; **2.** *fig.* bemänteln, beschönigen; **pal·li·a·tion** [ˌpælɪ'eɪʃn] *s.* **1.** Linderung *f*; **2.** Bemäntelung *f*, Beschönigung *f*; **'pal·li·a·tive** [-ɪətɪv] **I** *adj.* **1.** ⚕ lindernd, pallia'tiv; **2.** *fig.* bemäntelnd, beschönigend; **II** *s.* **3.** ⚕ Linderungsmittel *n*; **4.** *fig.* Bemäntelung *f*.

pal·lid ['pælɪd] *adj.* □ *a. fig.* blaß, farblos; **'pal·lid·ness** [-nɪs] *s.* Blässe *f*.

pal·li·um ['pælɪəm] *pl.* **-li·a** [-lɪə], **-li·ums** *s.* **1.** *antiq.* 'Pallium *n*, Philo'sophenmantel *m*; **2.** *eccl.* a) Pallium *n* (*Schulterband des Erzbischofs*), b) Al'tartuch *n*; **3.** *anat.* (Ge)Hirnmantel *m*; **4.** *zo.* Mantel *m*.

pal·lor ['pælə] *s.* Blässe *f*.

pal·ly ['pælɪ] *adj.* F **1.** (eng) befreundet; **2.** kumpelhaft.

palm[1] [pɑːm] **I** *s.* **1.** Handfläche *f*, -teller *m*, hohle Hand: ***grease*** (*od.* ***oil***) ***s.o.'s ~*** j-n ‚schmieren', bestechen; **2.** Hand (-breite) *f* (*als Maß*); **3.** Schaufel *f* (*Anker, Hirschgeweih*); **II** *v/t.* **4.** betasten, streicheln; **5.** a) palmieren (*wegzaubern*), b) *Am. sl.* ‚klauen', stehlen; **6. *~ s.th. off on s.o., ~ s.o. off with s.th.*** j-m et. ‚aufhängen' *od.* ‚andrehen'; ***~ o.s. off*** (***as***) sich ausgeben (als).

palm[2] [pɑːm] *s.* **1.** ⚘ Palme *f*; **2.** *fig.* Siegespalme *f*, Krone *f*, Sieg *m*: ***bear*** (*od.* ***win***) ***the ~*** den Sieg davontragen; → ***yield*** 4.

pal·mate ['pælmɪt] *adj.* **1.** ⚘ handförmig (gefingert *od.* geteilt); **2.** *zo.* schwimmfüßig.

palm grease *s.* F Schmiergeld *n*.

pal·mi·ped ['pælmɪped], **'pal·mi·pede** [-ɪpiːd] *zo.* **I** *adj.* schwimmfüßig; **II** *s.* Schwimmfüßer *m*.

palm·ist ['pɑːmɪst] *s.* Handleser(in); **'palm·is·try** [-trɪ] *s.* Handlesekunst *f*, Chiroman'tie *f*.

palm| oil *s.* **1.** Palmöl *n*; **2.** → ***palm grease***; **♀ Sun·day** *s.* Palm'sonntag *m*; **~ tree** *s.* Palme *f*.

palm·y ['pɑːmɪ] *adj.* **1.** palmenreich; **2.** *fig.* glorreich, Glanz..., Blüte...

pa·loo·ka [pə'luːkə] *s. Am. sl.* **1.** *bsd. sport* ‚Niete' *f*, ‚Flasche' *f*; **2.** ‚Ochse' *m*; **3.** Lümmel *m*.

palp [pælp] *s. zo.* Taster *m*, Fühler *m*; **pal·pa·bil·i·ty** [ˌpælpə'bɪlətɪ] *s.* **1.** Fühl-, Greif-, Tastbarkeit *f*; **2.** *fig.* Handgreiflichkeit *f*, Augenfälligkeit *f*; **'pal·pa·ble** [-pəbl] *adj.* □ **1.** fühl-, greif-, tastbar; **2.** *fig.* handgreiflich, augenfällig; **'pal·pa·ble·ness** [-pəblnɪs] → ***palpability***; **'pal·pate** [-peɪt] *v/t.* befühlen, abtasten (*a.* ⚕); **pal·pa·tion** [pæl'peɪʃn] *s.* Abtasten *n* (*a.* ⚕).

pal·pe·bra ['pælpɪbrə] *s. anat.* Augenlid *n*: ***lower ~*** Unterlid *n*.

pal·pi·tant ['pælpɪtənt] *adj.* klopfend, pochend; **pal·pi·tate** ['pælpɪteɪt] *v/i.* **1.** klopfen, pochen (*Herz*); **2.** (er)zittern; **pal·pi·ta·tion** [ˌpælpɪ'teɪʃn] *s.* Klopfen *n*, (heftiges) Schlagen: ***~ (of the heart)*** ⚕ Herzklopfen *n*.

pal·sied ['pɔːlzɪd] *adj.* **1.** gelähmt; **2.** zittrig, wacklig; **pal·sy** ['pɔːlzɪ] **I** *s.* **1.** ⚕ Lähmung *f*: ***shaking ~*** Schüttellähmung; ***wasting ~*** progressive Muskelatrophie; → ***writer*** 1; **2.** *fig.* Ohnmacht *f*, Lähmung *f*; **II** *v/t.* **3.** lähmen.

pal·ter ['pɔːltə] *v/i.* **1.** (***with***) gemein handeln (an *dat.*), sein Spiel treiben (mit); **2.** feilschen.

pal·tri·ness ['pɔːltrɪnɪs] *s.* Armseligkeit *f*, Schäbigkeit *f*; **pal·try** ['pɔːltrɪ] *adj.* □ **1.** armselig, karg: ***a ~ sum***; **2.** dürftig, fadenscheinig: ***a ~ excuse***; **3.** schäbig, schofel, gemein: ***a ~ fellow***, ***a ~ lie***; ***a ~ ten dollars*** lumpige zehn Dollar.

pam·pas ['pæmpəs] *s. pl.* Pampas *pl.* (*südamer. Grasebene[n]*).

pam·per ['pæmpə] *v/t.* verwöhnen, -hätscheln; *fig. Stolz etc.* nähren, ‚hätscheln'; *e-m Gelüst* frönen.

pam·phlet ['pæmflɪt] *s.* **1.** Bro'schüre *f*, Druckschrift *f*, Heft *n*; **2.** Flugblatt *n*, -schrift *f*; **pam·phlet·eer** [ˌpæmflə'tɪə] *s.* Verfasser(in) von Flugschriften.

pan[1] [pæn] **I** *s.* **1.** Pfanne *f*: ***frying ~*** Bratpfanne; **2.** ⚙ Pfanne *f*, Tiegel *m*, Becken *n*, Mulde *f*, Trog *m*; **3.** Schale *f* (*e-r Waage*); **4.** ⚔ *hist.* (Zünd)Pfanne *f*; → ***flash*** 2; **5.** *sl.* Vi'sage *f*, Gesicht *n*; **6.** F ‚Verriß' *m*, vernichtende Kri'tik; **II** *v/t.* **7.** *oft* ***~ out***, ***~ off*** *Gold(sand)* auswaschen; **8.** F ‚verreißen', scharf kritisieren; **III** *v/i.* **9.** ***~ out*** *Am. sl.* sich bezahlt machen, ‚klappen': ***~ out well*** a) *an Gold* ergiebig sein, b) *fig.* ‚hinhauen', ‚einschlagen'.

pan[2] [pæn] **I** *v/t. Filmkamera* schwenken, fahren; **II** *v/i.* a) panoramieren, die 'Filmˌkamera fahren *od.* schwenken, b) (her'um)schwenken (*Kamera*); **III** *s. Film:* Schwenk *m*.

pan- [pæn] *in Zssgn* all..., gesamt...; All..., Gesamt..., Pan...

pan·a·ce·a [ˌpænə'sɪə] *s.* All'heil-, Wundermittel *n*; *fig. a.* Pa'tentreˌzept *n*.

pa·nache [pə'næʃ] *s.* **1.** Helm-, Federbusch *m*; **2.** *fig.* Großtue'rei *f*.

Pan-A·mer·i·can [ˌpænə'merɪkən] *adj.* panameri'kanisch.

'pan·cake I *s.* **1.** Pfann-, Eierkuchen *m*; **2.** Leder *n* geringerer Qualität (*aus Resten hergestellt*); **3.** *a.* ***~ landing*** ✈ Bumslandung *f*; **II** *v/i.* **4.** ✈ *bei Landung* 'durchsacken; **III** *v/t.* **5.** ✈ *Maschine* 'durchsacken lassen; **IV** *adj.* **6.** Pfannkuchen...: ***~ Day*** F Fastnachtsdienstag *m*; **7.** flach: ***~ coil*** ⚡ Flachspule.

pan·chro·mat·ic [ˌpænkrəʊ'mætɪk] *adj.* ♪, *phot.* panchro'matisch.

pan·cre·as ['pæŋkrɪəs] *s. anat.* Bauchspeicheldrüse *f*, Pankreas *n*; **pan·cre·at·ic** [ˌpæŋkrɪ'ætɪk] *adj.* Bauchspeicheldrüsen...: ***~ juice*** Bauchspeichel *m*.

pan·da ['pændə] *s. zo.* Panda *m*, Katzenbär *m*; **~ car** *s. Brit.* (Funk-, Poli'zei)Streifenwagen *m*; **~ cros·sing** *s. Brit.* 'Fußgängerˌüberweg *m* mit Druckampel.

pan·dem·ic [pæn'demɪk] *adj.* ⚕ pan'demisch, ganz allgemein verbreitet.

pan·de·mo·ni·um [ˌpændɪ'məʊnjəm] *s. fig.* **1.** In'ferno *n*, Hölle *f*; **2.** Höllenlärm *m*.

pan·der ['pændə] **I** *s.* **1.** a) Kuppler(in), b) Zuhälter *m*; **2.** *fig.* j-d, der aus den Schwächen u. Lastern anderer Kapi'tal schlägt; j-d, der e-m Laster Vorschub leistet; **II** *v/t.* **3.** verkuppeln; **III** *v/i.* **4.** kuppeln; **5.** (***to***) *e-m Laster etc.* Vorschub leisten: ***~ to s.o.'s ambition*** j-s Ehrgeiz anstacheln.

Pan·do·ra's box [pæn'dɔːrəz] *s. myth. u. fig.* die Büchse der Pan'dora.

pane [peɪn] *s.* **1.** (Fenster)Scheibe *f*; **2.** ⚙ Feld *n*, Fach *n*, Platte *f*, Tafel *f*, Füllung *f* (*Tür*), ⚠ Kas'sette *f* (*Decke*): ***~ of glass*** *e-e* Tafel Glas; **3.** ebene Seitenfläche; Finne *f* (*Hammer*); Fa'cette *f* (*Edelstein*).

pan·e·gyr·ic [ˌpænɪ'dʒɪrɪk] **I** *s.* Lobrede *f*, -preisung *f*, -schrift *f*, Lobeshymne *f* (***on*** über *acc.*); **II** *adj.* → **pan·e'gyr·i·cal** [-kl] *adj.* □ lobpreisend, Lob(es)...; **ˌpan·e'gyr·ist** [-ɪst] *s.* Lobredner *m*; **pan·e·gy·rize** ['pænɪdʒɪraɪz] **I** *v/t.* (lob)preisen, ‚in den Himmel heben'; **II** *v/i.* sich in Lobeshymnen ergehen.

pan·el ['pænl] **I** *s.* **1.** ⚠ (vertieftes) Feld, Fach *n*, Füllung *f* (*Tür*), Täfelung *f* (*Wand*); **2.** Tafel *f* (*Holz*), Platte *f* (*Blech etc.*); **3.** *paint.* Holztafel *f*, Gemälde *n* auf Holz; **4.** *phot.* (Bild *n* im) 'Hochforˌmat *n*; **5.** Einsatz(streifen) *m am Kleid*; **6.** ✈ a) ⚔ 'Flieger-, Si'gnaltuch *n*, b) Stoffbahn *f* (*Fallschirm*), c) Streifen *m* der Bespannung (*am Flugzeugflügel*), Verkleidung(sblech *n*) *f* (*Flügelbauteil*); **7.** ⚡, ⚙ a) → ***instru-***

ment 6, b) Schalttafel(feld *n*) *f*, c) *Radio etc.*: Feld *n*, Einschub *m*, d) → ***panel board*** 2; **8.** (Bau)Abteilung *f*, Abschnitt *m*; **9.** ⚒ (Abbau)Feld *n*; **10.** ⚖ a) Liste *f* der Geschworenen, b) Geschworene *pl.*; **11.** ('Unter)Ausschuß *m*, Kommissi'on *f*, Gremium *n*, Kammer *f*; **12.** a) → ***panel discussion***, b) Diskussi'onsteilnehmer *pl.*; **13.** *Meinungsforschung*: Befragtengruppe *f*; **II** *v/t.* **14.** täfeln, paneelieren, in Felder einteilen; **15.** *Kleid* mit Einsatzstreifen verzieren.

pan·el| board *s.* **1.** ⚙ Füllbrett *n*, (Wand-, Par'kett)Tafel *f*; **2.** ⚡ Schaltbrett *n*, -tafel *f*; **~ dis·cus·sion** *s.* Podiumsgespräch *n*, öffentliche Diskussi'on; **~ game** *s. TV etc.*: Ratespiel *n*, 'Quiz(pro͵gramm) *n*; **~ heat·ing** *s.* Flächenheizung *f*.

pan·el·ist ['pænlɪst] *s.* **1.** Diskussi'onsteilnehmer(in); **2.** *TV etc.* Teilnehmer (-in) an e-m 'Quizpro͵gramm.

pan·el·(l)ing ['pænlɪŋ] *s.* Täfelung *f*, Verkleidung *f*.

pan·el| sys·tem *s.* 'Listensy͵stem *n* (*für die Auswahl von Abgeordneten etc.*); **~ saw** *s.* Laubsäge *f*; **~ truck** *s. Am.* (kleiner) Lieferwagen; **'~·work** *s.* Tafel-, Fachwerk *n*.

pang [pæŋ] *s.* **1.** plötzlicher Schmerz, Stechen *n*, Stich *m*: ***death ~s*** Todesqualen; ***~s of hunger*** nagender Hunger; ***~s of love*** Liebesschmerz *m*; **2.** *fig.* aufschießende Angst, plötzlicher Schmerz, Qual *f*, Weh *n*, Pein *f*: ***~s of remorse*** heftige Gewissensbisse.

͵Pan-'Ger·man I *adj.* 'panger͵manisch, all-, großdeutsch; **II** *s.* 'Pangerma͵nist *m*, Alldeutsche(r) *m*.

pan·han·dle ['pæn͵hændl] **I** *s.* **1.** Pfannenstiel *m*; **2.** *Am.* schmaler Fortsatz (*bes. e-s Staatsgebiets*); **II** *v/t. u. v/i.* **3.** *Am. sl. j-n* (an)betteln, *et.* ‚schnorren', erbetteln (*a. fig.*); **'pan͵han·dler** [-lə] *s. Am. sl.* Bettler *m*, ‚Schnorrer' *m*.

pan·ic[1] ['pænɪk] *s.* ⚘ (Kolben)Hirse *f*.

pan·ic[2] ['pænɪk] **I** *adj.* **1.** panisch: **~ *fear*; ~ *haste*** blinde Hast; **~ *braking*** *mot.* scharfes Bremsen; **~ *buying*** Angstkäufe; ***push the ~ button*** *fig.* F panisch reagieren; ***be at ~ stations*** F fast ‚'durchdrehen'; **II** *s.* **2.** Panik *f*, panischer Schrecken; **3.** ✝ Börsenpanik *f*, Kurssturz *m*: ***~-proof*** krisenfest; **4.** *Am. sl.* etwas zum Totlachen; **III** *v/t. pret. u. p.p.* **'pan·icked** [-kt] **5.** in Panik versetzen; **6.** in Panik geraten, *Am. sl. Publikum* hinreißen; **IV** *v/i.* **7.** von panischem Schrecken erfaßt werden: ***don't ~!*** nur die Ruhe!; **8.** sich zu e-r Kurzschlußhandlung hinreißen lassen, ‚'durchdrehen'; **'pan·ick·y** [-kɪ] *adj.* F **1.** 'überängstlich, -ner͵vös; **2.** in Panik.

pan·i·cle ['pænɪkl] *s.* ⚘ Rispe *f*.

'pan·ic|͵mon·ger *s.* Bange-, Panikmacher(in); **~ re·ac·tion** *s.* Kurzschlußhandlung *f*; **'~-͵strick·en, '~-struck** *adj.* von panischem Schrecken gepackt.

pan·jan·drum [pən'dʒændrəm] *s. humor.* Wichtigtuer *m*.

pan·nier ['pænɪə] *s.* **1.** (Trag)Korb *m*: ***a pair of ~s*** e-e Doppelpacktasche (*Fahr-, Motorrad*); **2.** a) Reifrock *m*, b) Reifrockgestell *n*.

pan·ni·kin ['pænɪkɪn] *s.* **1.** Pfännchen *n*; **2.** kleines Trinkgefäß.

pan·ning ['pænɪŋ] *s. Film*: Panoramierung *f*, (Kamera)Schwenkung *f*: **~ *shot*** Schwenk *m*.

pan·o·plied ['pænəplɪd] *adj.* **1.** vollständig gerüstet (*a. fig.*); **2.** prächtig geschmückt; **pan·o·ply** ['pænəplɪ] *s.* **1.** vollständige Rüstung; **2.** *fig.* prächtige Um'rahmung *od.* Aufmachung, Schmuck *m*.

pan·o·ra·ma [͵pænə'rɑːmə] *s.* **1.** Pano'rama *n* (*a. paint.*), Rundblick *m*; **2.** a) *Film*: Schwenk *m*, b) *phot.* Rundbildaufnahme *f*: **~ *lens*** Weitwinkelobjektiv *n*; **3.** *fig.* vollständiger 'Überblick (***of*** über *acc.*); **͵pan·o'ram·ic** [-'ræmɪk] *adj.* (□ ***~ally***) pano'ramisch, Rundblick...: **~ *camera*** Panoramenkamera; **~ *sketch*** Ansichtsskizze; **~ *windshield*** *mot. Am.* Rundsichtverglasung.

pan shot *s.* (Kamera)Schwenk *m*.

pan·sy ['pænzɪ] *s.* **1.** ⚘ Stiefmütterchen *n*; **2.** *a.* **~ *boy*** F a) ‚Bubi' *m*, b) ‚Homo' *m*, ‚Schwule(r)' *m*.

pant [pænt] **I** *v/i.* **1.** keuchen, japsen, schnaufen: **~ *for breath*** nach Luft schnappen; **2.** *fig.* lechzen, dürsten, gieren (***for*** *od.* ***after*** nach); **II** *v/t.* **3.** **~ *out*** *Worte* (her'vor)keuchen.

pan·ta·loon [͵pæntə'luːn] *s.* **1.** *thea.* Hans'wurst *m*; **2.** *pl. hist.* Panta'lons *pl.* (*Herrenhose*).

pan·tech·ni·con [pæn'teknɪkən] *s. Brit.* **1.** Möbellager *n*; **2.** *a.* **~ *van*** Möbelwagen *m*.

pan·the·ism ['pænθiːɪzəm] *s. phls.* Panthe'ismus *m*; **'pan·the·ist** [-ɪst] *s.* Panthe'ist(in); **pan·the·is·tic** [͵pænθiː'ɪstɪk] *adj.* panthe'istisch.

pan·the·on ['pænθɪən] *s.* Pantheon *n*, Ehrentempel *m*, Ruhmeshalle *f*.

pan·ther ['pænθə] *s. zo.* Panther *m*.

pan·ties ['pæntɪz] *s. pl.* F **1.** Kinderhöschen *n od. pl.*; **2.** (Damen)Slip *m*.

pan·ti·hose ['pæntɪhəʊz] *s.* Strumpfhose *f*.

pan·tile ['pæntaɪl] *s.* Dachziegel *m*, -pfanne *f*, Hohlziegel *m*.

pan·to·graph ['pæntəʊgrɑːf] *s.* **1.** ⚡ Scherenstromabnehmer *m*; **2.** ⚙ Storchschnabel *m*.

pan·to·mime ['pæntəmaɪm] **I** *s.* **1.** *thea.* Panto'mime *f*; **2.** *Brit.* (Laien)Spiel *n*, englisches Weihnachtsspiel; **3.** Mienen-, Gebärdenspiel *n*; **II** *v/t.* **4.** panto'mimisch darstellen, mimen; **pan·to·mim·ic** [͵pæntə'mɪmɪk] *adj.* (□ ***~ally***) panto'mimisch.

pan·try ['pæntrɪ] *s.* Vorratskammer *f*, Speiseschrank *m*: ***butlers ~*** Anrichteraum *m*.

pants [pænts] *s. pl.* **1.** lange (Herren-) Hose; → ***wear***[1] 1; **2.** *Brit.* Herrenunterhose *f*.

'pant| skirt [pænt] *s.* Hosenrock *m*; **pant(s) suit** *s. Am.* Hosenanzug *m*.

pant·y ['pæntɪ] → ***panties***; **~ *gir·dle*** *s.* Miederhös-chen *n*; **~ hose** *s.* Strumpfhose *f*; **'~·waist** *Am. s.* **1.** Hemdhöschen *n*; **2.** *sl.* Schwächling *m*.

pap [pæp] *s.* **1.** (Kinder)Brei *m*, Papp *m*; **2.** *fig. Am.* F Protekti'on *f*.

pa·pa [pə'pɑː] *s.* Pa'pa *m*.

pa·pa·cy ['peɪpəsɪ] *s.* **1.** päpstliches Amt; **2.** ♀ Papsttum *n*; **3.** Pontifi'kat *n*; **'pa·pal** [-pl] *adj.* □ **1.** päpstlich; **2.** 'römisch-ka'tholisch; **'pa·pal·ism** [-əlɪzəm] *s.* Papsttum *n*; **'pa·pal·ist** [-əlɪst] *s.* Pa'pist(in).

pa·per ['peɪpə] **I** *s.* **1.** ⚙ a) Pa'pier *n*, b) Pappe *f*, c) Ta'pete *f*; **2.** Blatt *n* Papier; **3.** Papier *n als Schreibmaterial*: **~ *does not blush*** Papier ist geduldig; ***on ~*** *fig.* auf dem Papier, theoretisch; → ***commit*** 1; **4.** Doku'ment *n*, Schriftstück *n*; **5.** ✝ a) ('Wert)Pa͵pier *n*, b) Wechsel *m*, c) Pa'piergeld *n*: ***best ~*** erstklassiger Wechsel; ***convertible ~*** (*in Gold*) einlösbares Papiergeld; **~ *currency*** Papierwährung *f*; **6.** *pl.* a) 'Ausweis- *od.* Be'glaubigungspa͵piere *pl.*, Doku'mente *pl.*: ***send in one's ~s*** den Abschied nehmen, b) Akten *pl.*, Schriftstücke *pl.*: ***~s on appeal*** ⚖ Berufungsakten; ***move for ~s*** *bsd. parl.* die Vorlage der Unterlagen *e-s Falles* beantragen; **7.** Prüfungsarbeit *f*; **8.** Aufsatz *m*, Abhandlung *f*, Vortrag *m*, -lesung *f*, Refe'rat *n*: ***read a ~*** e-n Vortrag halten, referieren (***on*** über *acc.*); **9.** Zeitung *f*, Blatt *n*; **10.** Brief *m*, Heft *n mit Nadeln etc.*; **11.** *thea. sl.* a) Freikarte *f*, b) Besucher *m* mit Freikarte; **II** *adj.* **12.** pa'pieren, Papier..., Papp...; **13.** *fig.* (hauch)dünn, schwach; **14.** nur auf dem Pa'pier vorhanden: **~ *team***; **III** *v/t.* **15.** in Papier einwickeln; mit Papier ausschlagen: **~ *over*** überkleben, *fig.* (notdürftig) übertünchen; **16.** tapezieren; **17.** mit 'Sandpa͵pier polieren; **18.** *thea. sl. Haus* mit Freikarten füllen; **'~·back** *s.* Paperback *n*, Taschenbuch *n*; **~ bag** *s.* Tüte *f*; **'~·board** *s.* Pappdeckel *m*, Pappe...; **~ chase** *s.* Schnitzeljagd *f*; **~ clip** *s.* Bü'ro-, Heftklammer *f*; **~ cup** *s.* Pappbecher *m*; **~ cutter** *s.* **1.** Pa'pier͵schneidema͵schine *f*; **2.** → ***paper knife***; **~ ex·er·cise** *s.* ⚔ Planspiel *n*; **~ fas·ten·er** *s.* Heftklammer *f*; **'~͵hang·er** *s.* Tapezierer *m*; **~ knife** *s.* Pa'piermesser *n*, Brieföffner *m*; **~ mill** *s.* Pa'pierfa͵brik *f*, -mühle *f*; **~ mon·ey** *s.* Pa'piergeld *n*; **~ plate** *s.* Pappteller *m*; **~ prof·it** *s.* ✝ rechnerischer Gewinn; **~ stain·er** *s.* Ta'petenmaler *m*, -macher *m*; **~ tape** *s. Computer*: Lochstreifen *m*; **'~·thin** *adj.* hauchdünn (*a. fig.*); **~ ti·ger** *s. fig.* Pa'piertiger *m*; **~ war(·fare)** *s.* **1.** Pressekrieg *m*, -fehde *f*, Federkrieg *m*; **2.** Pa'pierkrieg *m*; **'~-weight** *s.* **1.** Briefbeschwerer *m*; **2.** *sport* Pa'piergewicht(ler *m*) *n*; **'~·work** *s.* Schreib-, Bü'roarbeit *f*.

pa·per·y ['peɪpərɪ] *adj.* pa'pierähnlich; (pa'pier)dünn.

pa·pier-mâ·ché [͵pæpjeɪ'mæʃeɪ] *s.* Pa'pierma͵ché, 'Pappma͵ché *n*.

pa·pil·i·o·na·ceous [pə͵pɪlɪəʊ'neɪʃəs] *adj.* ⚘ schmetterlingsblütig.

pa·pil·la [pə'pɪlə] *pl.* **-pil·lae** [-liː] *s. anat.* Pa'pille *f* (*a.* ⚘), Warze *f*; **pap'il·lar·y** [-ərɪ] *adj.* **1.** warzenartig, papil'lär; **2.** mit Pa'pillen versehen.

pa·pist ['peɪpɪst] *s. contp.* Pa'pist *m*; **pa·pis·tic** *adj.*; **pa·pis·ti·cal** [pə'pɪstɪk(l)] *adj.* □ **1.** päpstlich; **2.** *contp.* pa'pistisch; **'pa·pist·ry** [-rɪ] *s.* Pa'pismus *m*, Papiste'rei *f*.

pa·poose [pə'puːs] *s.* **1.** Indi'anerbaby *n*; **2.** *Am. humor.* ‚Balg' *m*.

pap·pus ['pæpəs] *pl.* **-pi** [-aɪ] *s.* **1.** ⚘ a) Haarkrone *f*, b) Federkelch *m*; **2.** Flaum *m*.

pap·py ['pæpɪ] *adj.* breiig, pappig.

Pap| test, ~ smear [pæp] *s.* ⚕ Abstrich

m.

pa·py·rus [pəˈpaɪərəs] *pl.* **-ri** [-raɪ] *s.* **1.** ⚘ Paˈpyrus(staude *f*) *m*; **2.** *antiq.* Paˈpyrus(rolle *f*, -text) *m*.

par [pɑː] **I** *s.* **1.** ✝ Nennwert *m*, Pari *n*: ***issue ~*** Emissionskurs *m*; ***nominal*** (*od.* ***face***) ~ Nennbetrag *m* (*Aktie*), Nominalwert *m*; ***~ of exchange*** Wechselpari(tät *f*) *n*, Parikurs *m*; ***at ~*** zum Nennwert, al pari; ***above*** (***below***) ~ über (unter) Pari; **2.** *fig.* ***above ~*** in bester Form; ***up to*** (***below***) ***~*** F (nicht) auf der Höhe; ***be on a ~*** (***with***) ebenbürtig *od.* gewachsen sein (*dat.*), entsprechen (*dat.*); ***put on a ~ with*** gleichstellen (*dat.*); ***on a ~*** *Brit.* im Durchschnitt; **3.** *Golf*: Par *n*, festgesetzte Schlagzahl; **II** *adj.* **4.** ✝ pari: ***~ clearance*** *Am.* Clearing *n* zum Pariwert; ***~ value*** Pari-, Nennwert *m*.

para- [pærə] *in Zssgn* **1.** neben, über … hinˈaus; **2.** ähnlich; **3.** falsch; **4.** ⚗ neben, ähnlich; Verwandtschaft bezeichnend; **5.** ⚕ a) fehlerhaft, abˈnorm, b) ergänzend, c) umˈgebend; **6.** Schutz…; **7.** Fallschirm…

pa·ra [ˈpærə] *s.* F **1.** ⚔ Fallschirmjäger *m*; **2.** *typ.* Absatz *m*.

par·a·ble [ˈpærəbl] *s.* Paˈrabel *f*, Gleichnis *n* (*a. bibl.*).

pa·rab·o·la [pəˈræbələ] *s.* ⩚ Paˈrabel *f*: ***~ compasses*** Parabelzirkel *m*.

par·a·bol·ic [ˌpærəˈbɒlɪk] *adj.* **1.** → ***parabolical***; **2.** ⩚ paraˈbolisch, Parabel…: ***~ mirror*** Parabolspiegel *m*; **ˌpar·aˈbol·i·cal** [-kl] *adj.* □ paraˈbolisch, gleichnishaft; **pa·rab·o·loid** [pəˈræbəlɔɪd] *s.* ⩚ Paraboloˈid *n*.

ˈpar·a·brake *v/t.* ✈ durch Bremsfallschirm abbremsen.

par·a·chute [ˈpærəʃuːt] **I** *s.* **1.** ✈ Fallschirm *m*: ***~ jumper*** Fallschirmspringer *m*; **2.** ⚘ Schirmflieger *m*; **3.** ⚙ Sicherheits-, Fangvorrichtung *f*; **II** *v/t.* **4.** (mit dem Fallschirm) absetzen, -werfen; **III** *v/i.* **5.** mit dem Fallschirm abspringen; **6.** (wie) mit e-m Fallschirm schweben; ***~ flare*** *s.* ⚔ Leuchtfallschirm *m*; ***~ troops*** *s. pl.* ⚔ Fallschirmtruppen *pl.*

par·a·chut·ist [ˈpærəʃuːtɪst] *s.* ✈ **1.** Fallschirmspringer(in); **2.** ⚔ Fallschirmjäger *m*.

pa·rade [pəˈreɪd] **I** *s.* **1.** Paˈrade *f*, Vorführung *f*, Zurˈschaustellen *n*; ***make a ~ of*** → 7; **2.** ⚔ a) Paˈrade *f* (*Truppenschau u. Vorbeimarsch*): ***be on ~*** e-e Parade abhalten, b) Apˈpell *m*: ***~ rest!*** Rührt Euch!, c) *a.* ***~ ground*** Paˈrade-, Exerzierplatz *m*; **3.** (ˈUm)Zug *m*, (Auf-, Vorˈbei)Marsch *m*; **4.** *bsd. Brit.* Promeˈnade *f*; **5.** *fenc.* Paˈrade *f*; **II** *v/t.* **6.** zur Schau stellen, vorführen; **7.** zur Schau tragen, protzen mit; **8.** ⚔ auf-, vorˈbeimarschieren lassen; **9.** *Straße* entlangstolzieren; **III** *v/i.* **10.** ⚔ paradieren, (vorˈbei)marschieren; **11.** e-n Umzug veranstalten, durch die Straßen ziehen; **12.** sich zur Schau stellen, stolzieren.

par·a·digm [ˈpærədaɪm] *s. ling.* Paraˈdigma *n*, (Muster)Beispiel *n*; **par·a·dig·mat·ic** [ˌpærədɪgˈmætɪk] *adj.* (□ ***~ally***) paradigˈmatisch.

par·a·dise [ˈpærədaɪs] *s.* (*bibl.* ℒ) Paraˈdies *n* (*a. fig.*): ***bird of ~*** Paradiesvogel *m*; → ***fool's paradise***; **par·a·dis·i·ac** [ˌpærəˈdɪsɪæk], **par·a·di·si·a·cal** [ˌpærədɪˈsaɪəkl] *adj.* paraˈdiesisch.

par·a·dox [ˈpærədɒks] *s.* Paˈradoxon *n*, Paraˈdox *n*; **par·a·dox·i·cal** [ˌpærəˈdɒksɪkl] *adj.* □ paraˈdox.

ˈpar·a·drop *v/t.* ✈ mit dem Fallschirm abwerfen *od.* absetzen.

par·af·fin [ˈpærəfɪn], **par·af·fine** [ˈpærəfiːn] **I** *s.* Parafˈfin *n*: ***liquid ~***, *Brit.* ~ (***oil***) Paraffinöl *n*; ***solid ~*** Erdwachs *n*; ***~ wax*** Paraffin (*für Kerzen*); **II** *v/t.* ⚙ paraffinieren.

par·a·glid·er [ˈpærəˌglaɪdə] *s. sport* Gleitschirm *m*.

par·a·gon [ˈpærəgən] *s.* **1.** Muster *n*, Vorbild *n*: ***~ of virtue*** Muster *od. iro.* Ausbund *m* an Tugend; **2.** *typ.* Text *f* (*Schriftgrad*).

par·a·graph [ˈpærəgrɑːf] *s.* **1.** *typ.* a) Absatz *m*, Abschnitt *m*, Paraˈgraph *m*, b) Paraˈgraphzeichen *n*; **2.** kurzer (ˈZeitungs)Arˌtikel; **ˈpar·a·graph·er** [-fə] *s.* **1.** Verfasser *m* kleiner Zeitungsartikel; **2.** ˈLeitarˌtikler *m* (*e-r Zeitung*).

Par·a·guay·an [ˌpærəˈgwaɪən] **I** *adj.* paraˈguayisch; **II** *s.* Paraˈguayer(in).

par·a·keet [ˈpærəkiːt] *s. orn.* Sittich *m*: ***Australian grass ~*** Wellensittich.

par·al·de·hyde [pəˈrældɪhaɪd] *s.* ⚗ Paralde'hyd *n*.

par·al·lac·tic [ˌpærəˈlæktɪk] *adj. ast., phys.* paralˈlaktisch: ***~ motion*** parallaktische Verschiebung; **par·al·lax** [ˈpærəlæks] *s.* Paralˈlaxe *f*.

par·al·lel [ˈpærəlel] **I** *adj.* **1.** (***with, to***) paralˈlel (zu, mit), gleichlaufend (mit): ***~ bars*** *Turnen*: Barren *m*; ***~ connection*** ⚡ Parallelschaltung *f*; ***run ~ to*** parallel verlaufen zu; **2.** *fig.* paralˈlel, gleich(gerichtet, -laufend), entsprechend: ***~ case*** Parallelfall *m*; ***~ passage*** Parallele *f in e-m Text*; **II** *s.* **3.** ⩚ *u. fig.* Paralˈlele *f* (***to*** zu): ***in ~ with*** parallel zu; ***draw a ~ between*** *fig.* e-e Parallele ziehen zwischen (*dat.*), (miteinander) vergleichen; **4.** ⩚ Paralleliˈtät *f* (*a. fig. Gleichheit*); **5.** *geogr.* Breitenkreis *m*; **6.** ⚡ Paralˈlelschaltung *f*: ***connect*** (*od.* ***join***) ***in ~*** parallelschalten; **7.** Gegenstück *n*, Entsprechung *f*: ***have no ~*** nicht seinesgleichen haben; ***without ~*** ohnegleichen; **III** *v/t.* **8.** (***with, to***) anpassen, -gleichen (*dat.*); **9.** gleichkommen (*dat.*); **10.** et. Gleiches *od.* Entsprechendes finden zu; **11.** *bsd. Am.* F parallel laufen zu; **ˈpar·al·lel·ism** [-lɪzəm] *s.* ⩚ Paralleˈlismus *m* (*a. ling., phls., fig.*), Paralleliˈtät *f*; **par·al·lel·o·gram** [ˌpærəˈleləʊgræm] *s.* ⩚ Paralleloˈgramm *n*: ***~ of forces*** *phys.* Kräfteparallelogramm *n*.

pa·ral·o·gism [pəˈrælədʒɪzəm] *s. phls.* Paraloˈgismus *m*, Trugschluß *m*.

par·a·ly·sa·tion [ˌpærəlaɪˈzeɪʃn] *s.* **1.** ⚕ Lähmung *f* (*a. fig.*); **2.** *fig.* Lahmlegung *f*; **par·a·lyse** [ˈpærəlaɪz] *v/t.* **1.** ⚕ paralysieren, lähmen (*a. fig.*); **2.** *fig.* lahmlegen, lähmen, zum Erliegen bringen; **pa·ral·y·sis** [pəˈrælɪsɪs] *pl.* **-ses** [-siːz] *s.* **1.** ⚕ Paraˈlyse *f*, Lähmung *f*; **2.** *fig.* a) Lähmung *f*, Lahmlegung *f*, b) Daˈniederliegen *n*, c) Ohnmacht *f*; **par·a·lyt·ic** [ˌpærəˈlɪtɪk] **I** *adj.* (□ ***~ally***) ⚕ paraˈlytisch: a) Lähmungs…, b) gelähmt (*a. fig.*); **II** *s.* ⚕ Paraˈlytiker(in).

par·a·lyze *bsd. Am.* → ***paralyse***.

par·a·med·ic [ˌpærəˈmedɪk] *s. Am.* **1.** ärztlicher Assiˈstent, *a.* Saniˈtäter *m*; **2.** Arzt, der sich in abgelegenen Gegenden mit dem Fallschirm absetzen läßt.

pa·ram·e·ter [pəˈræmɪtə] *s.* ⩚ **1.** Paˈrameter *m*; **2.** Nebenveränderliche *f*.

ˌpar·aˈmil·i·tar·y *adj.* ˈparamiliˌtärisch.

par·a·mount [ˈpærəmaʊnt] **I** *adj.* □ **1.** höher stehend (***to*** als), oberst, höchst; **2.** *fig.* an der Spitze stehend, größt, überˈragend, ausschlaggebend: ***of ~ importance*** von (aller)größter Bedeutung.

par·a·mour [ˈpærəˌmʊə] *s.* Geliebte(r *m*) *f*, Buhle *m*, *f*.

par·a·noi·a [ˌpærəˈnɔɪə] *s.* ⚕ Paraˈnoia *f*; **ˌpar·aˈnoi·ac** [-ɪæk] **I** *adj.* paraˈnoisch; **II** *s.* Paraˈnoiker(in); **par·a·noid** [ˈpærənɔɪd] *adj.* paranoˈid.

par·a·pet [ˈpærəpɪt] *s.* **1.** ⚔ Wall *m*, Brustwehr *f*; **2.** ⩓ (Brücken)Geländer *n*, (Balˈkon-, Fenster)Brüstung *f*.

par·aph [ˈpærəf] *s.* Paˈraphe *f*, (ˈUnterschrifts)Schnörkel *m*.

par·a·pher·na·li·a [ˌpærəfəˈneɪljə] *s. pl.* **1.** Zubehör *n*, *m*, Utenˈsilien *pl.*, ‚Drum u. ˈDran' *n*; **2.** ⚖ Parapherˈnalgut *n der Ehefrau*.

par·a·phrase [ˈpærəfreɪz] **I** *s.* Paraˈphrase *f* (*a.* ♪), Umˈschreibung *f*; freie ˈWiedergabe, Interpretatiˈon *f*; **II** *v/t. u. v/i.* paraphrasieren (*a.* ♪), interpretieren, *e-n Text* frei ˈwiedergeben; umˈschreiben.

par·a·ple·gi·a [ˌpærəˈpliːdʒə] *s.* Parapleˈgie *f*, doppelseitige Lähmung; **ˌpar·aˈpleg·ic** [-dʒɪk] *adj.* paraˈplegisch.

ˌpar·a·psyˈchol·o·gy [ˌpærəsaɪˈkɒlədʒɪ] *s.* ˈParapsycholoˌgie *f*.

par·a·scend·ing [ˌpærəˈsendɪŋ] *s.* Fallschirmsport *m*, -springen *n*.

par·a·sit·al [ˌpærəˈsaɪtl] *adj.* paraˈsitisch (*a. fig.*); **par·a·site** [ˈpærəsaɪt] **I** *s.* **1.** *biol. u. fig.* Schmaˈrotzer *m*, Paraˈsit *m*; **2.** *ling.* paraˈsitischer Laut; **II** *adj.* **3.** → ***parasitic*** 4; **ˌpar·aˈsit·ic**, **ˌpar·aˈsit·i·cal** [-ˈsɪtɪk(l)] *adj.* □ **1.** *biol.* paraˈsitisch (*a. ling.*), schmaˈrotzend; **2.** ⚕ paraˈsitisch, parasiˈtär; **3.** *fig.* schmaˈrotzerhaft, paraˈsitisch; **4.** ⚙, ⚡ (*nur* ***parasitic***) störend, parasiˈtär: ***~ current*** Fremdstrom *m*; **par·a·sit·ism** [ˈpærəsaɪtɪzəm] *s.* Parasiˈtismus *m* (*a.* ⚕), Schmaˈrotzertum *n*.

par·a·sol [ˈpærəsɒl] *s.* (Damen)Sonnenschirm *m*, *obs.* Paraˈsol *m*, *n*.

par·a·suit [ˈpærəsuːt] *s.* ✈ ˈFallschirmkombinatiˌon *f*.

par·a·thy·roid (gland) [ˌpærəˈθaɪrɔɪd] *s. anat.* Nebenschilddrüse *f*.

ˈpar·aˌtroop·er *s.* ⚔ Fallschirmjäger *m*; **ˈpar·a·troops** *s. pl.* ⚔ Fallschirmtruppen *pl.*

par·a·ty·phoid (fe·ver) [ˌpærəˈtaɪfɔɪd] *s.* ⚕ Paratyphus *m*.

par·a·vane [ˈpærəveɪn] *s.* ⚓ Minenabweiser *m*, Ottergerät *n*.

par·boil [ˈpɑːbɔɪl] *v/t.* **1.** halbgar kochen, ankochen; **2.** *fig.* überˈhitzen.

par·cel [ˈpɑːsl] **I** *s.* **1.** Paˈket *n*, Päckchen *n*; Bündel *n*; *pl.* Stückgüter *pl.*: ***~ of shares*** Aktienpaket; ***do up in ~s*** einpacken; **2.** ✝ Posten *m*, Parˈtie *f*, Los *n* (*Ware*): ***in ~s*** in kleinen Posten, stück-, packweise; **3.** *contp.* Haufe(n) *m*; **4.** *a.* ***~ of land*** Parˈzelle *f*; **II** *v/t.* **5.** *mst* ***~ out*** auf-, aus-, abteilen, *Land* parzellieren; **6.** *a.* ***~ up*** einpacken, (ver)packen; ***~ of·fice*** *s.* Gepäckabfertigung(sstelle) *f*;

~ **post** *s.* Pa'ketpost *f.*

par·ce·nar·y ['pɑːsɪnərɪ] *s.* ⚖ Mitbesitz *m* (*durch Erbschaft*); '**par·ce·ner** [-nə] *s.* Miterbe *m.*

parch [pɑːtʃ] **I** *v/t.* **1.** rösten, dörren; **2.** ausdörren, -trocknen, (ver)sengen: ***be ~ed*** (***with thirst***), ‚am Verdursten' sein; **II** *v/i.* **3.** ausdörren, -trocknen, rösten, schmoren; '**parch·ing** [-tʃɪŋ] *adj.* **1.** brennend (*Durst*); **2.** sengend (*Hitze*); '**parch·ment** [-mənt] *s.* **1.** Perga'ment *n*; **2.** *a.* ***vegetable ~*** Perga'mentpaˌpier *n*; **3.** Per'gament(urkunde *f*) *n*, Urkunde *f.*

pard [pɑːd], '**pard·ner** [-dnə] *s. bsd. Am.* F Partner *m*, ‚Kumpel' *m.*

par·don ['pɑːdn] **I** *v/t.* **1.** *j-m od. e-e Sache* verzeihen, *j-n od. et.* entschuldigen: ***~ me!*** Verzeihung!, entschuldigen Sie!, verzeihen Sie!; ***~ me for interrupting you!*** entschuldigen Sie, wenn ich Sie unterbreche!; **2.** *Schuld* vergeben; **3.** *j-m* das Leben schenken, *j-m* die Strafe erlassen, *j-n* begnadigen; **II** *s.* **4.** Verzeihung *f*: ***a thousand ~s*** ich bitte Sie tausendmal um Entschuldigung; ***beg*** (*od.* ***ask***) ***s.o.'s ~*** j-n um Verzeihung bitten; (***I***) ***beg your ~*** a) entschuldigen Sie bitte!, Verzeihung!, b) F *a.* ***...?*** wie sagten Sie (doch eben)?, wie bitte?, c) *empört*: erlauben Sie mal!; **5.** Vergebung *f*; *R.C.* Ablaß *m*; ⚖ Begnadigung *f*, Straferlaß *m*: ***general ~*** (allgemeine) Amnestie; **6.** Par'don *m*, Gnade *f*; '**par·don·a·ble** [-nəbl] *adj.* □ verzeihlich (*Fehler*), läßlich (*Sünde*); '**par·don·er** [-nə] *s. eccl. hist.* Ablaßkrämer *m.*

pare [peə] *v/t. Äpfel etc.* schälen; *Fingernägel etc.* (be)schneiden: ***~ down*** *fig.* beschneiden, einschränken; ***~ off*** (ab-) schälen (*a.* ⚙); → ***claw*** 1 b.

par·e·gor·ic [ˌpærə'gɒrɪk] *adj. u. s.* ⚕ schmerzstillend(es Mittel).

par·en·ceph·a·lon [ˌpæren'sefəlɒn] *s. anat.* Kleinhirn *n.*

pa·ren·chy·ma [pə'reŋkɪmə] *s.* **1.** Paren'chym *n* (*biol.*, ⚘ *Grund-*, *anat. Organgewebe*); **2.** ⚕ Tumorgewebe *n.*

par·ent ['peərənt] **I** *s.* **1.** *pl.* Eltern *pl.*: ***~-teacher association*** *ped.* (*amer.*, *a. brit.*) Eltern-Lehrer-Ausschuß *m*; ***~-teacher meeting*** Elternabend *m*; **2.** *a.* ⚖ Elternteil *m*; **3.** Vorfahr *m*; **4.** *biol.* Elter *m*; **5.** *fig.* Ursache *f*: ***the ~ of vice*** aller Laster Anfang; **6.** ✝ F ‚Mutter' *f* (*Muttergesellschaft*); **II** *adj.* **7.** *biol.* Stamm..., Mutter...: ***~ cell*** Mutterzelle *f*; **8.** ursprünglich, Ur...: ***~ form*** Urform *f*; **9.** *fig.* Mutter..., Stamm...: ***~ company*** ✝ Stammhaus *n*, Muttergesellschaft *f*; ***~ material*** Urstoff *m*, *geol.* Ausgangsgestein *n*; ***~ organization*** Dachorganisation *f*; ***~ patent*** ✝ Stammpatent *n*; ***~ rock*** *geol.* Urgestein *n*; ***~ ship*** ⚓ Mutterschiff *n*; ***~ unit*** ⚔ Stammtruppenteil *m*; '**par·ent·age** [-tɪdʒ] *s.* **1.** Abkunft *f*, Abstammung *f*, Fa'milie *f*; **2.** Elternschaft *f*; **3.** *fig.* Urheberschaft *f*; **pa·ren·tal** [pə'rentl] *adj.* □ elterlich, Eltern...: ***~ authority*** ⚖ elterliche Gewalt.

pa·ren·the·sis [pə'renθɪsɪs] *pl.* **-the·ses** [-siːz] *s.* **1.** *ling.* Paren'these *f*, Einschaltung *f*: ***by way of ~*** *fig.* beiläufig; **2.** *mst pl. typ.* (runde) Klammer(n *pl.*): ***put in parentheses*** einklammern; **pa'ren·the·size** [-saɪz] *v/t.* **1.** einschalten, einflechten; **2.** *typ.* einklammern; **par·en·thet·ic, par·en·thet·i·cal** [ˌpærən'θetɪk(l)] *adj.* □ **1.** paren'thetisch, eingeschaltet; *fig.* beiläufig; **2.** eingeklammert.

par·ent·less ['peərəntlɪs] *adj.* elternlos.

pa·re·sis ['pærɪsɪs] *s.* ⚕ **1.** Pa'rese *f*, unvollständige Lähmung; **2.** *a.* ***general ~*** progres'sive Para'lyse.

par·get ['pɑːdʒɪt] **I** *s.* **1.** Gips(stein) *m*; **2.** Verputz *m*; **3.** Stuck *m*; **II** *v/t.* **4.** verputzen; **5.** mit Stuck verzieren.

par·he·li·on [pɑː'hiːljən] *pl.* **-li·a** [-ljə] *s.* Nebensonne *f*, Par'helion *n.*

pa·ri·ah ['pærɪə] *s.* Paria *m* (*a. fig.*).

pa·ri·e·tal [pə'raɪɪtl] **I** *adj.* **1.** *anat.* parie'tal: a) (*a.* ⚘, *biol.*) wandständig, Wand..., b) seitlich, c) Scheitel(bein)...; **2.** *ped. Am.* in'tern, Haus...; **II** *s.* **3.** *a.* ***~ bone*** Scheitelbein *n.*

par·ing ['peərɪŋ] *s.* **1.** Schälen *n*; (Be-)Schneiden *n*, Stutzen *n* (*a. fig.*); **2.** *pl.* Schalen *pl.*: ***potato ~s***; **3.** *pl.* ⚙ Späne *pl.*, Schabsel *pl.*, Schnitzel *pl.*; ***~ knife*** *s.* **1.** Schälmesser *n* (*für Obst etc.*); **2.** Beschneidmesser.

pa·ri pas·su [ˌpɑːrɪ'pæsuː] (*Lat.*) *adv.* gleichrangig, -berechtigt.

Par·is ['pærɪs] *adj.* Pa'riser; ***~ blue*** *s.* Ber'liner Blau *n*; ***~ green*** *s.* Pa'riser *od.* Schweinfurter Grün *n.*

par·ish ['pærɪʃ] **I** *s.* **1.** *eccl.* a) Kirchspiel *n*, Pfarrbezirk *m*, b) Gemeinde *f* (*a. coll.*); **2.** *a.* ***civil*** (*od.* ***poor-law***) ***~*** *pol. Brit.* (po'litische) Gemeinde: ***go*** (*od.* ***be***) ***on the ~*** der Gemeinde zur Last fallen; **II** *adj.* **3.** Kirchen..., Pfarr...: ***~ church*** Pfarrkirche *f*; ***~ clerk*** Küster *m*; ***~ register*** Kirchenbuch *n*; **4.** *pol.* Gemeinde...: ***~ council*** Gemeinderat *m*; ***~-pump politics*** Kirchturmpolitik *f*; **pa·rish·ion·er** [pə'rɪʃənə] *s.* Gemeindeglied *n.*

Pa·ri·sian [pə'rɪzjən] **I** *s.* Pa'riser(in); **II** *adj.* Pa'riser.

par·i·syl·lab·ic [ˌpærɪsɪ'læbɪk] *ling.* **I** *adj.* parisyl'labisch, gleichsilbig; **II** *s.* Pari'syllabum *n.*

par·i·ty ['pærətɪ] *s.* **1.** Gleichheit *f*, *a.* gleichberechtigte Stellung; **2.** ✝ a) Pari'tät *f*, b) 'Umrechnungskurs *m*: ***at the ~ of*** zum Umrechnungskurs von; ***~ clause*** Paritätsklausel *f*; ***~ price*** Parikurs *m.*

park [pɑːk] **I** *s.* **1.** Park *m*, (Park)Anlagen *pl.*; **2.** Na'turschutzgebiet *n*, Park *m*: ***national ~***; **3.** *bsd.* ⚔ (Geschütz-, Fahrzeug- *etc.*)Park *m*; **4.** *Am.* Parkplatz *m*; **5.** a) *Am.* (Sport)Platz *m*, b) ***the ~*** *Brit.* F der Fußballplatz; **II** *v/t.* **6.** *mot. etc.* parken, ab-, aufstellen; F *et.* abstellen, *wo* lassen: ***~ o.s.*** sich ‚hinhocken'; **III** *v/i.* **7.** parken.

par·ka ['pɑːkə] *s.* Parka *m, f.*

ˌ**park-and-'ride sys·tem** *s.* 'Park-and-'ride-Syˌstem *n.*

park·ing ['pɑːkɪŋ] *s. mot.* **1.** Parken *n*: ***No ~!*** Parken verboten!; **2.** Parkplatz *m*, -plätze *pl.*, -fläche *f*; ***~ brake*** *s.* Feststellbremse *f*; ***~ disc*** *s.* Parkscheibe *f*; ***~ fee*** *s.* Parkgebühr *f*; ***~ ga·rage*** *s.* Parkhaus *n*; ***~ light*** *s.* Park-, Standlicht *n*; ***~ lot*** *s. Am.* Parkplatz *m*, -fläche *f*; ***~ me·ter*** *s.* Park(zeit)uhr *f*; ***~ place*** *s.* Parkplatz *m*, -fläche *f*; ***~ space*** *s.* **1.** → ***parking place***; **2.** Abstellfläche *f*; -lücke *f*; ***~ tick·et*** *s.* Strafzettel *m* (für unerlaubtes Parken).

par·lance ['pɑːləns] *s.* Ausdrucksweise *f*, Sprache *f*: ***in common ~*** auf gut deutsch; ***in legal ~*** in der Rechtssprache; ***in modern ~*** im modernen Sprachgebrauch.

par·lay ['pɑːlɪ] *Am.* **I** *v/t.* **1.** *Wett-, Spielgewinn* wieder einsetzen; **2.** *fig.* aus *j-m od. et.* Kapi'tal schlagen; **3.** erweitern, ausbauen (***into*** zu); **II** *v/i.* **4.** e-n Spielgewinn wieder einsetzen; **III** *s.* **5.** erneuter Einsatz e-s Gewinns; **6.** Auswertung *f*; **7.** Ausweitung *f*, Ausbau *m.*

par·ley ['pɑːlɪ] **I** *s.* **1.** Unter'redung *f*, Verhandlung *f*; **2.** ⚔ (Waffenstillstands)Verhandlung(en *pl.*) *f*, Unter'handlung(en *pl.*) *f*; **II** *v/i.* **3.** sich besprechen (***with*** mit); **4.** ⚔ unter'handeln; **III** *v/t.* **5.** *humor.* parlieren: ***~ French.***

par·lia·ment ['pɑːləmənt] *s.* Parla'ment *n*: ***enter*** (*od.* ***get into*** *od.* ***go into***) ***⁓*** ins Parlament gewählt werden; ***Member of ⁓*** *Brit.* Mitglied des Unterhauses, Abgeordnete(r *m*) *f*; **par·lia·men·tar·i·an** [ˌpɑːləmen'teərɪən] *pol.* **I** *s.* (erfahrener) Parlamen'tarier; **II** *adj.* → ***parliamentary***; **par·lia·men·ta·rism** [ˌpɑːlə'mentərɪzəm] *s.* parlamen'tarisches Sy'stem, Parlamenta'rismus *m*; **par·lia·men·ta·ry** [ˌpɑːlə'mentərɪ] *adj.* **1.** parlamen'tarisch, Parlaments...: ***⁓ Commissioner*** *Brit.* → ***ombudsman*** 1; ***~ group*** (*od.* ***party***) Fraktion *f*; ***~ party leader*** *Brit.* Fraktionsvorsitzende(r) *m*; **2.** *fig.* höflich (*Sprache*).

par·lo(u)r ['pɑːlə] **I** *s.* **1.** Wohnzimmer *n*; **2.** *obs.* Besuchszimmer *n*, Sa'lon *m*; **3.** Empfangs-, Sprechzimmer *n*; **4.** Klub-, Gesellschaftszimmer *n* (*Hotel*); **5.** *bsd. Am.* Geschäftsraum *m*, Sa'lon *m*; → ***beauty parlo(u)r***; **II** *adj.* **6.** Wohnzimmer...: ***~ furniture***; **7.** *fig.* Salon...: ***~ radical***, *Am.* ***~ red*** *pol.* Salonbolschewist(in); ***~ car*** *s.* 🚃 *Am.* Sa'lonwagen *m*; ***~ game*** *s.* Gesellschaftsspiel *n*; '***~-maid*** *s.* Stubenmädchen *n.*

par·lous ['pɑːləs] *obs.* **I** *adj.* **1.** pre'kär; **2.** schlau; **II** *adv.* **3.** ‚furchtbar'.

pa·ro·chi·al [pə'rəʊkjəl] *adj.* □ **1.** parochi'al, Pfarr..., Gemeinde...: ***~ church council*** Kirchenvorstand *m*; ***~ school*** *Am.* Konfessionsschule *f*; **2.** *fig.* beschränkt, eng(stirnig): ***~ politics*** Kirchturmpolitik *f*; **pa'ro·chi·al·ism** [-lɪzəm] *s.* **1.** Parochi'alsyˌstem *n*; **2.** *fig.* Beschränktheit *f*, Spießigkeit *f.*

par·o·dist ['pærədɪst] *s.* Paro'dist(in); **par·o·dy** ['pærədɪ] **I** *s. a. fig.* Paro'die *f* (***of*** auf *acc.*); **II** *v/t.* parodieren.

pa·rol [pə'rəʊl] *adj.* ⚖ a) (bloß) mündlich, b) unbeglaubigt, ungesiegelt: ***~ contract*** formloser (*mündlicher od. schriftlicher*) Vertrag; ***~ evidence*** Zeugenbeweis *m.*

pa·role [pə'rəʊl] **I** *s.* **1.** ⚖ a) bedingte Haftentlassung *od.* Strafaussetzung, b) Hafturlaub *m*: ***put s.o. on ~*** → 4; ***~ officer*** *Am.* Bewährungshelfer *m*; **2.** *a.* ***~ of hono(u)r*** *bsd.* ⚔ Ehrenwort *n*: ***on ~*** auf Ehrenwort; **3.** ⚔ Pa'role *f*, Kennwort *n*; **II** *v/t.* **4.** ⚖ a) *j-n* bedingt (aus der Haft) entlassen, j-s Strafe bedingt aussetzen, b) *j-m* Hafturlaub gewähren; **pa·rol·ee** [pərəʊ'liː] *s.* ⚖ bedingt Haftentlassene(r *m*) *f.*

par·o·nym ['pærənɪm] *s. ling.* **1.** Paro'nym *n*, Wortableitung *f*; **2.** 'Lehnüber,setzung *f*; **pa·ron·y·mous** [pə'rɒnɪməs] *adj.* □ a) (stamm)verwandt, b) 'lehnüber,setzt (*Wort*).
par·o·quet ['pærəket] → ***parakeet***.
pa·rot·id [pə'rɒtɪd] *s. a.* **~ *gland*** *anat.* Ohrspeicheldrüse *f*; **par·o·ti·tis** [,pærəʊ'taɪtɪs] *s.* Mumps *m*.
par·ox·ysm ['pærəksɪzəm] *s.* ⚕ Paro'xysmus *m*, Krampf *m*, Anfall *m* (*a. fig.*): ***~s of laughter*** Lachkrampf *m*; ***~s of rage*** Wutanfall *m*; **par·ox·ys·mal** [,pærek'sɪzməl] *adj.* krampfartig.
par·quet ['pɑːkeɪ] **I** *s.* **1.** Par'kett(fußboden *m*) *n*; **2.** *thea. bsd. Am.* Par'kett *n*; **II** *v/t.* **3.** parkettieren; **'par·quet·ry** [-kɪtrɪ] *s.* Par'kett(arbeit *f*) *n*.
par·ri·cid·al [,pærɪ'saɪdl] *adj.* vater-, muttermörderisch; **par·ri·cide** ['pærɪsaɪd] *s.* **1.** Vater-, Muttermörder(in); **2.** Vater-, Mutter-, Verwandtenmord *m*.
par·rot ['pærət] **I** *s. orn.* Papa'gei *m*, *fig. a.* Nachschwätzer(in); **II** *v/t.* nachplappern; **~ *dis·ease***, **~ *fe·ver*** *s.* ⚕ Papa'geienkrankheit *f*.
par·ry ['pærɪ] **I** *v/t.* *Stöße, Schläge, Fragen etc.* parieren, abwehren (*beide a. v/i.*); **II** *s. fenc. etc.* Pa'rade *f*, Abwehr *f*.
parse [pɑːz] *v/t. ling. Satz* gram'matisch zergliedern, *Satzteil* bestimmen, *Wort* grammatisch definieren.
par·sec ['pɑːsek] *s. ast.* Parsek *n*, Sternweite *f* (*3,26 Lichtjahre*).
par·si·mo·ni·ous [,pɑːsɪ'məʊnjəs] *adj.* □ **1.** sparsam, geizig, knauserig (***of*** mit); **2.** armselig, kärglich; **,par·si'mo·ni·ous·ness** [-nɪs], **par·si·mo·ny** ['pɑːsɪmənɪ] *s.* Sparsamkeit *f*, Geiz *m*, Knauserigkeit *f*.
pars·ley ['pɑːslɪ] *s.* ♀ Peter'silie *f*.
pars·nip ['pɑːsnɪp] *s.* ♀ Pastinak *m*.
par·son ['pɑːsn] *s.* Pastor *m*, Pfarrer *m*; F *contp.* Pfaffe *m*: ***~'s nose*** Bürzel *m* (*e-r Gans etc.*); **'par·son·age** [-nɪdʒ] *s.* Pfar'rei *f*, Pfarrhaus *n*.
part [pɑːt] **I** *s.* **1.** Teil *m*, *n*, Stück *n*: ***~ by volume*** (***weight***) *phys.* Raum(Gewichts)teil; ***~ of speech*** *ling.* Redeteil, Wortklasse *f*; ***in ~*** teilweise; ***payment in ~*** Abschlagszahlung *f*; ***be ~ and parcel of*** e-n wesentlichen Bestandteil bilden von (*od. gen.*); ***for the best ~ of the year*** fast das ganze Jahr (über); **2.** ⅍ Bruchteil *m*: ***three ~s*** drei Viertel; **3.** ⚙ (Bau-, Einzel)Teil *n*: ***~s list*** Ersatzteil-, Stückliste *f*; **4.** ✝ Lieferung *f e-s Buches*; **5.** (Körper)Teil *m*, Glied *n*: ***soft ~*** Weichteil *n*; ***the*** (***privy***) ***~s*** die Geschlechtsteile; **6.** Anteil *m* (***of***, ***in*** an *dat.*): ***have a ~ in*** teilhaben an (*dat.*); ***have neither ~ nor lot in*** nicht das geringste mit *et.* zu tun haben; ***take ~*** (***in***) teilnehmen (an *dat.*), mitmachen (bei); ***he wanted no ~ of it*** er wollte davon nichts wissen *od.* damit zu tun haben; **7.** *fig.* Teil *m*, Seite *f*: ***the most ~*** die Mehrheit, das Meiste *von et.*; ***for my ~*** ich für mein(en) Teil; ***for the most ~*** meistens, größtenteils; ***on the ~ of*** von seiten, seitens (*gen.*); ***take in good*** (***bad***) ***~*** *et.* gut (übel) aufnehmen; **8.** Seite *f*, Par'tei *f*: ***he took my ~*** er ergriff m-e Partei; **9.** Pflicht *f*: ***do one's ~*** das Seinige *od.* s-e Schuldigkeit tun; **10.** *thea.* Rolle *f* (*a. fig.*): ***act*** (*od. a. fig.* ***play***) ***a ~*** e-e Rolle spielen; **11.** ♪ Sing- *od.* Instrumen'talstimme *f*, Par'tie *f*: ***for*** (*od.* ***in*** *od.* ***of***) ***several ~s*** mehrstimmig; **12.** *pl.* (geistige) Fähigkeiten *pl.*, Ta'lent *n*: ***a man of ~s*** ein fähiger Kopf; **13.** *oft pl.* Gegend *f*, Teil *m e-s Landes, der Erde*: ***in these ~s*** hierzulande; ***in foreign ~s*** im Ausland; **14.** *Am.* (Haar)Scheitel *m*; **II** *v/t.* **15.** teilen, ab-, ein-, zerteilen; trennen (***from*** von); **16.** *Streitende* trennen, *Metalle* scheiden, *Haar* scheiteln; **III** *v/i.* **17.** ausein'andergehen, sich lösen, zerreißen, brechen (*a.* ⚓), aufgehen (*Vorhang*); **18.** ausein'andergehen, sich trennen (*Menschen, Wege etc.*): ***~ friends*** als Freunde auseinandergehen; ***~ with*** sich von *j-m od. et.* trennen; ***~ with one's money*** mit dem Geld herausrücken; **IV.** *adj.* **19.** Teil...: ***~ damage*** Teilschaden *m*; ***~ delivery*** Teillieferung *f*; **V** *adv.* **20.** teilweise, zum Teil: ***made ~ of iron, ~ of wood*** teils aus Eisen, teils aus Holz.
part- [pɑːt] *in Zssgn* teilweise, zum Teil: ***~-done*** zum Teil erledigt; ***accept s.th. in ~-exchange*** et. in Zahlung nehmen; ***~-finished*** halbfertig; ***~-opened*** ein Stück geöffnet.
par·take [pɑː'teɪk] **I** *v/i.* [*irr.* → ***take***] **1.** teilnehmen, -haben (***in***, ***of*** an *dat.*); **2.** (***of***) *et.* an sich haben (von), *et.* teilen (mit): ***his manner ~s of insolence*** es ist et. Unverschämtes in s-m Benehmen; **3.** (***of***) mitessen, genießen, *j-s Mahlzeit* teilen; *Mahlzeit* einnehmen; **II** *v/t.* [*irr.* → ***take***] **4.** *obs.* teilen, teilhaben (an *dat.*).
par·terre [pɑː'teə] *s.* **1.** französischer Garten; **2.** *thea. bsd. Am.* Par'terre *n*.
par·the·no·gen·e·sis [,pɑːθɪnəʊ'dʒenɪsɪs] *s.* Parthenoge'nese *f*: a) ♀ Jungfernfrüchtigkeit *f*, b) *zo.* Jungfernzeugung *f*, c) *eccl.* Jungfrauengeburt *f*.
Par·thi·an ['pɑːθjən] *adj.* parthisch: ***~ shot*** → ***parting shot***.
par·tial ['pɑːʃl] *adj.* □ → ***partially***; **1.** teilweise, parti'ell, Teil...: ***~ eclipse*** *ast.* partielle Finsternis; ***~ payment*** Teilzahlung *f*; ***~ view*** Teilansicht *f*; **2.** par'teiisch, eingenommen (***to*** für), einseitig: ***be ~ to s.th.*** e-e besondere Vorliebe haben für et.; **par·ti·al·i·ty** [,pɑːʃɪ'ælətɪ] *s.* **1.** Par'teilichkeit *f*, Voreingenommenheit *f*; **2.** Vorliebe *f* (***to***, ***for*** für); **'par·tial·ly** [-ʃəlɪ] *adv.* teilweise, zum Teil.
par·tic·i·pant [pɑː'tɪsɪpənt] **I** *s.* Teilnehmer(in) (***in*** an *dat.*); **II** *adj.* teilnehmend, Teilnehmer..., (mit)beteiligt; **par·tic·i·pate** [pɑː'tɪsɪpeɪt] *v/i.* **1.** teilhaben, -nehmen, sich beteiligen (***in*** an *dat.*), mitmachen (bei); beteiligt sein (an *dat.*); ✝ am Gewinn beteiligt sein; **2.** ***~ of*** *et.* an sich haben von; **par'tic·i·pat·ing** [-peɪtɪŋ] *adj.* **1.** ✝ gewinnberechtigt, mit Gewinnbeteiligung (*Versicherungspolice etc.*): ***~ share*** dividendenberechtigte Aktie; ***~ rights*** Gewinnbeteiligungsrechte; **2.** → ***participant*** II; **par·tic·i·pa·tion** [pɑː,tɪsɪ'peɪʃn] *s.* **1.** Teilnahme *f*, Beteiligung *f*, Mitwirkung *f*; **2.** ✝ Teilhaberschaft *f*, (Gewinn)Beteiligung *f*; **par'tic·i·pa·tor** [-peɪtə] *s.* Teilnehmer(in) (***in*** an *dat.*).
par·ti·cip·i·al [,pɑːtɪ'sɪpɪəl] *adj.* □ *ling.* partizipi'al; **par·ti·ci·ple** ['pɑːtɪsɪpl] *s. ling.* Parti'zip *n*, Mittelwort *n*.
par·ti·cle ['pɑːtɪkl] *s.* **1.** Teilchen *n*, Stückchen *n*; **2.** *phys.* Par'tikel *n* (*a. f*), (Stoff-, Masse-, Elemen'tar)Teilchen *n*; **3.** *fig.* Fünkchen *n*, Spur *f*: ***not a ~ of truth in it*** nicht ein wahres Wort daran; **4.** *ling.* Par'tikel *f*.
par·ti·col·o(u)red ['pɑːtɪ,kʌləd] *adj.* bunt, vielfarbig.
par·tic·u·lar [pə'tɪkjʊlə] **I** *adj.* □ → ***particularly***; **1.** besonder, einzeln, spezi'ell, Sonder...: ***~ average*** ✝ kleine (besondere) Havarie; ***for no ~ reason*** aus keinem besonderen Grund; ***this ~ case*** dieser spezielle Fall; **2.** individu'ell, ausgeprägt; **3.** ausführlich; 'umständlich; **4.** peinlich genau, eigen: ***be ~ about*** es genau nehmen mit, Wert legen auf (*acc.*); **5.** wählerisch (***in***, ***about***, ***as to*** in *dat.*): ***none too ~ about*** *iro.* nicht gerade wählerisch (*in s-n Methoden etc.*); **6.** eigentümlich, sonderbar; **II** *s.* **7.** Einzelheit *f*, besonderer 'Umstand; *pl.* nähere Umstände *od.* Angaben *pl.*, *das* Nähere: ***in ~*** insbesondere; ***enter into ~s*** sich auf Einzelheiten einlassen; ***further ~s from*** Näheres (erfährt man) bei; **8.** Perso'nalien *pl.*, Angaben *pl. zur Person*; **9.** F Speziali'tät *f*, *et.* Typisches; **par'tic·u·lar·ism** [-ərɪzəm] *s. pol.* Partikula'rismus *m*: a) Sonderbestrebungen *pl.*, b) ,Kleinstaate'rei *f*; **par·tic·u·lar·i·ty** [pə,tɪkjʊ'lærətɪ] *s.* **1.** Besonderheit *f*, Eigentümlichkeit *f*; **2.** besonderer 'Umstand, Einzelheit *f*; **3.** Ausführlichkeit *f*; **4.** (peinliche) Genauigkeit; **5.** Eigenheit *f*; **par·tic·u·lar·i·za·tion** [pə,tɪkjʊləraɪ'zeɪʃn] *s.* Detaillierung *f*, Spezifizierung *f*; **par'tic·u·lar·ize** [-əraɪz] **I** *v/t.* spezifizieren, einzeln (*a.* 'umständlich) anführen, ausführlich angeben; **II** *v/i.* ins einzelne gehen; **par'tic·u·lar·ly** [-lɪ] *adv.* **1.** besonders, im besonderen, insbesondere: ***not ~*** nicht sonderlich; (***more***) ***~ as*** um so mehr als, zumal; **2.** ungewöhnlich; **3.** ausdrücklich.
part·ing ['pɑːtɪŋ] **I** *adj.* **1.** Scheide..., Abschieds...: ***~ kiss***; ***~ breath*** letzter Atemzug; **2.** trennend, abteilend: ***~ wall*** Trennwand *f*; **II** *s.* **3.** Abschied *m*, Scheiden *n*, Trennung *f* (***with*** von); *fig.* Tod *m*; **4.** Trennlinie *f*, (Haar)Scheitel *m*: ***~ of the ways*** Weggabelung, *fig.* Scheideweg; **5.** ⚗, *phys.* Scheidung *f*: ***~ silver*** Scheidesilber; **6.** ⚙ *Gießerei*: a) *a.* ***~ sand*** Streusand *m*, trockener Formsand, b) *a.* ***~ line*** Teilfuge *f* (*Gußform*); **7.** ⚓ Bruch *m*, Reißen *n*; ***~ shot*** *s. fig.* letzte boshafte Bemerkung (*beim Abschied*).
par·ti·san[1] ['pɑːtɪzn] *s.* ⚔ *hist.* Parti'sane *f* (*Stoßwaffe*).
par·ti·san[2] [,pɑːtɪ'zæn] **I** *s.* **1.** Par'teigänger(in), -genosse *m*, -genossin *f*; **2.** ⚔ Parti'san *m*, Freischärler *m*; **II** *adj.* **3.** Partei...; **4.** par'teiisch: ***~ spirit*** leidenschaftliche Parteilichkeit; **5.** ⚔ Partisanen..., **,par·ti'san·ship** [-ʃɪp] *s.* **1.** *pl.* Par'teigängertum *n*; **2.** *fig.* Par'tei-, Vetternwirtschaft *f*.
par·tite ['pɑːtaɪt] *adj.* **1.** geteilt (*a.* ♀); **2.** *in Zssgn* ...teilig.
par·ti·tion [pɑː'tɪʃn] **I** *s.* **1.** (Auf-, Ver-) Teilung *f*; **2.** ⚖ ('Erb)Ausein,andersetzung *f*; **3.** Trennung *f*, Absonderung *f*; **4.** Scheide-, Querwand *f*, Fach *n*

(*Schrank etc.*); (Bretter)Verschlag *m*: **~ wall** Zwischenwand *f*; **II** *v/t.* **5.** (auf-, ver)teilen; **6.** *Erbschaft* ausein'andersetzen; **7.** *mst* **~ off** abteilen, -fachen;

par·ti·tive ['pɑːtɪtɪv] **I** *adj.* teilend, Teil…; *ling.* parti'tiv: **~ genitive**; **II** *s. ling.* Parti'tivum *n.*

part·ly ['pɑːtlɪ] *adv.* zum Teil, teilweise, teils: **~ …, ~ …** teils …, teils …

part·ner ['pɑːtnə] **I** *s.* **1.** *allg.* (*a. sport, a.* Tanz)Partner(in); **2.** † Gesellschafter *m*, (Geschäfts)Teilhaber(in), Kompagnon *m*: **general ~** (unbeschränkt) haftender Gesellschafter, Komplementär *m*; **special ~** *Am.* Kommanditist (-in); → **dormant** 3; **limited** I; **silent** 2; **sleeping partner**; **3.** 'Lebenskameˌrad (-in), Gatte *m*, Gattin *f*; **II** *v/t.* **4.** zs.-bringen, -tun; **5.** sich zs.-tun, sich assoziieren (**with** mit *j-m*): **be ~ed with** *j-n* zum Partner haben; **'part·ner·ship** [-ʃɪp] *s.* **1.** Teilhaberschaft *f*, Partnerschaft *f*, Mitbeteiligung *f* (**in** an *dat.*); **2.** † a) Handelsgesellschaft *f*, b) Perso'nalgesellschaft *f*: **general** *od.* **ordinary ~** Offene Handelsgesellschaft; → **limited** I; **special ~** *Am.* Kommanditgesellschaft *f*; **deed of ~** Gesellschaftsvertrag *m*; **enter into a ~ with** → **partner** 5.

part| own·er *s.* **1.** Miteigentümer(in); **2.** ⚓ Mitreeder *m*; **~ pay·ment** *s.* Teil-, Abschlagszahlung *f.*

par·tridge ['pɑːtrɪdʒ] *pl.* **par·tridge** *u.* **par·tridg·es** *s. orn.* Rebhuhn *n.*

part| sing·ing *s.* ♪ mehrstimmiger Gesang; **'~-time I** *adj.* Teilzeit…, Halbtags…: **~ job**; **II** *adv.* halbtags; **'~-ˌtim·er** *s.* Teilzeitbeschäftigte(r *m*) *f*, Halbtagskraft *f.*

par·tu·ri·ent [pɑː'tjʊərɪənt] *adj.* **1.** gebärend, kreißend; **2.** *fig.* (*mit e-r Idee*) schwanger; **par·tu·ri·tion** [ˌpɑːtjʊə'rɪʃn] *s.* Gebären *n.*

par·ty ['pɑːtɪ] *s.* **1.** *pol.* Par'tei *f*: **~ boss** Parteibonze *m*; **~ spirit** Parteigeist *m*; → **whip** 4a; **2.** Par'tie *f*, Gesellschaft *f*: **hunting ~**; **make one of the ~** sich anschließen, mitmachen; **3.** Trupp *m*: a) ⚔ Kom'mando *n*, b) (Arbeits)Gruppe *f*, c) (Rettungs- *etc.*)Mannschaft *f*; **4.** Einladung *f*, Party *f*, Gesellschaft *f*: **give a ~**; **5.** ⚖ (Pro'zeß- *etc.*)Parˌtei *f*: **contracting ~**, **~ to a contract** Vertragspartei, Kontrahent *m*; **a third ~** ein Dritter; **6.** Teilhaber(in), -nehmer (-in), Beteiligte(r *m*) *f*: **be a ~ to** beteiligt sein an, *et.* mitmachen; **the parties concerned** die Beteiligten; **7.** F ‚Typ' *m*, Per'son *f*; **~ card** *s.* Par'teibuch *n*; **~ line** *s.* **1.** *teleph.* Gemeinschaftsanschluß *m*; **2.** *pol.* Par'teilinie *f*, -direkˌtive *f*: **follow the ~** *parl.* linientreu sein; **voting was on ~s** bei der Abstimmung herrschte Fraktionszwang; **~ lin·er** *s. Am.* Linientreue(r *m*) *f*; **~ tick·et** *s.* **1.** Gruppenfahrkarte *f*; **2.** *pol. Am.* (Kandi'daten)liste *f e-r Partei.*

par·ve·nu ['pɑːvənjuː] (*Fr.*) *s.* Em'porkömmling *m*, Parve'nü *m.*

Pas·cal ['pæskl] Pas'cal *n*: a) *phys. Einheit des Drucks*, b) *e-e Computersprache.*

pa·sha ['pɑːʃə] *s.* Pascha *m.*

pasque·flow·er ['pæskˌflaʊə] *s.* ⚘ Küchenschelle *f.*

pass¹ [pɑːs] *s.* **1.** (Eng)Paß *m*, Zugang *m*, 'Durchgang *m*, -fahrt *f*, Weg *m*: **hold the ~** die Stellung halten (*a. fig.*); **sell the ~** *fig.* alles verraten; **2.** Joch *n*, Sattel *m* (*Berg*); **3.** schiffbarer Ka'nal; **4.** Fischgang *m* (*Schleuse etc.*).

pass² [pɑːs] **I** *s.* **1.** (Reise)Paß *m*; (Perso'nal)Ausweis *m*; Passierschein *m*; 🚂, *thea. a.* **free ~** Frei-, Dauerkarte *f*; **2.** ⚔ a) Urlaubsschein *m*, b) Kurzurlaub *m*: **be on ~** auf (Kurz)Urlaub sein; **3.** a) Bestehen *n*, 'Durchkommen *n im Examen etc.*, b) bestandenes Examen, c) Note *f*, Zeugnis *n*, d) *univ. Brit.* einfacher Grad; **4.** †, ⚙ Abnahme *f*, Genehmigung *f*; **5.** Bestreichung *f*, Strich *m beim Hypnotisieren etc.*; **6.** *Maltechnik*: Strich *m*; **7.** (Hand)Bewegung *f*, (Zauber)Trick *m*; **8.** *Fußball etc.*: Paß *m*, (Ball)Abgabe *f*, Vorlage *f*: **~ back** Rückgabe *f*; **low ~** Flachpaß; **9.** *fenc.* Ausfall *m*, Stoß *m*; **10.** *sl.* Annäherungsversuch *m*, *oft* **hard ~** Zudringlichkeit *f*: **make a ~ at** *e-r Frau gegenüber* zudringlich werden; **11.** *fig.* a) Zustand *m*, b) kritische Lage: **a pretty ~** F e-e ‚schöne Geschichte'; **be at a desperate ~** hoffnungslos sein; **things have come to such a ~** die Dinge haben sich derart zugespitzt; **12.** ⚙ Arbeitsgang *m* (*Werkzeugmaschine*); **13.** ⚙ (Schweiß)Lage *f*, **14.** *Walzwesen*: a) Gang *m*, b) Zug *m*; **15.** ϟ Paß *m* (*frequenzabhängiger Vierpol*); **II** *v/t.* **16.** *et.* passieren, vor'bei-, vor'übergehen, -fahren, -fließen, -kommen, -reiten, -ziehen an (*dat.*); **17.** über'holen (*a. mot.*), vor'beilaufen, -fahren an (*dat.*); **18.** durch-, über'schreiten, passieren, durch'gehen, -'reisen *etc.*: **~ s.o.'s lips** über j-s Lippen kommen; **19.** über'steigen, -'treffen, hin'ausgehen über (*acc.*) (*a. fig.*): **it ~es my comprehension** es geht über m-n Verstand; **20.** *fig.* über'gehen, -'springen, keine No'tiz nehmen von; † *e-e Dividende* ausfallen lassen; **21.** *durch et.* hin'durchleiten, -führen (*a.* ⚙), gleiten lassen: **~** (**through a sieve**) durch ein Sieb passieren, durchseihen; ; **~ one's hand over** mit der Hand über *et.* fahren; **22.** *Gegenstand* reichen, (*a.* ⚖ *Falschgeld*) weitergeben; *Geld* in 'Umlauf setzen; (über-) 'senden, (*a. Funkspruch*) befördern; *sport Ball* abspielen, abgeben (**to** an *acc.* passen), (zu): **~ the chair** (**to**) den Vorsitz abgeben (an *j-n*); **~ the hat** (**round** *Brit.*) e-e Sammlung veranstalten (**for** für *j-n*); **~ the time of day** guten Tag *etc.* sagen, grüßen; **~ to s.o.'s account** j-m *e-n Betrag* in Rechnung stellen; **~ to s.o.'s credit** j-m gutschreiben; → **word** 5; **23.** *Türschloß* öffnen; **24.** vor'bei-, 'durchlassen, passieren lassen; **25.** *fig.* anerkennen, gelten lassen, genehmigen; **26.** ⚕ a) *Eiter, Nierenstein etc.* ausscheiden, b) *Eingeweide* entleeren, *Wasser* lassen; **27.** *Zeit* verbringen, -leben, -treiben; **28.** *parl. etc.* a) *Vorschlag* 'durchbringen, -setzen, b) *Gesetz* verabschieden, ergehen lassen, c) *Resolution* annehmen; **29.** rechtskräftig machen; **30.** ⚖ *Eigentum, Rechtstitel* über'tragen, *letztwillig* zukommen lassen; **31.** a) *Examen* bestehen, b) *Prüfling* bestehen lassen, 'durchkommen lassen; **32.** *Urteil* äußern, *s-e Meinung* aussprechen (**upon** über *acc.*), *Bemerkung* fallenlassen, *Kompliment* machen: **~ criticism on** Kritik üben an (*dat.*); → **sentence** 2 a; **III** *v/i.* **33.** sich fortbewegen, von e-m Ort zum andern gehen *od.* fahren *od.* ziehen *etc.*; **34.** vor'bei-, vor'übergehen *etc.* (**by** an *dat.*); **35.** 'durchgehen, passieren (*a. Linie*): **it just ~ed through my mind** *fig.* es ging mir eben durch den Kopf; **36.** ⚕ abgehen, abgeführt werden; **37.** 'durchkommen: a) ein Hindernis *etc.* bewältigen, b) (e-e Prüfung) bestehen; **38.** her'umgereicht werden, von Hand zu Hand gehen, her'umgehen; im 'Umlauf sein: **harsh words ~ed between them** es fielen harte Worte bei ihrer Auseinandersetzung; **39.** a) *sport* passen, (den Ball) zuspielen *od.* abgeben, b) (*Kartenspiel u. fig.*) passen: **I ~ on that!** da muß ich passen!; **40.** *fenc.* ausfallen; **41.** 'übergehen (**from …** [**in**]**to** von … zu), werden (**into** zu); **42.** *in andere Hände* 'übergehen, über'tragen werden (*Eigentum*); fallen (**to** an *Erben etc.*); *unter j-s Aufsicht* kommen, geraten; **43.** an-, hin-, 'durchgehen, leidlich sein, unbeanstandet bleiben, geduldet werden: **let that ~** reden wir nicht mehr davon; **44.** *parl. etc.* 'durchgehen, bewilligt *od.* zum Gesetz erhoben werden, Rechtskraft erlangen; **45.** gangbar sein, Geltung finden (*Ideen, Grundsätze*); **46.** angesehen werden, gelten (**for** als); **47.** urteilen, entscheiden (**upon** über *acc.*); ⚖ *a.* gefällt werden (*Urteil*); **48.** vergehen (*a. Schmerz etc.*), verstreichen (*Zeit*); endigen; sterben: **fashions ~** Moden kommen u. gehen; **49.** sich zutragen *od.* abspielen, passieren: **what ~ed between you and him?**; **bring to ~** bewirken; **it came to ~ that** *bibl.* es begab sich, daß;

Zssgn mit prp.:

pass| be·yond *v/i.* hin'ausgehen über (*acc.*) (*a. fig.*); **~ by** *v/i.* **1.** vor'bei-, vor'übergehen an (*dat.*); **2.** *et. od. j-n* über'gehen (**in silence** stillschweigend); **3.** unter *dem Namen …* bekannt sein; **~ for** → **pass** 46; **~ in·to I** *v/t.* **1.** *et.* einführen in (*acc.*); **II** *v/i.* **2.** (hin'ein)gehen *etc.* in (*acc.*); **3.** führen *od.* leiten in (*acc.*); **4.** 'übergehen in (*acc.*): **~ law** (zum) Gesetz werden; **~ through I** *v/t.* **1.** durch … führen *od.* leiten *od.* stecken; 'durchschleusen; **II** *v/i.* **2.** durch'fahren, -'queren, -'schreiten *etc.*; durch … gehen *etc.*; durch'fließen; **3.** durch … führen (*Draht, Tunnel etc.*); **4.** durch'bohren; **5.** 'durchmachen, erleben;

Zssgn mit adv.:

pass| a·way I *v/t.* **1.** *Zeit* ver-, zubringen (**doing s.th.** mit et.); **II** *v/i.* **2.** vergehen (*Zeit etc.*); **3.** verscheiden, sterben; **~ by** *v/i.* **1.** vor'bei-, vor'übergehen (*a. Zeit*); **2.** → **pass over** 4; **~ down** *v/t. Bräuche etc.* über'liefern, weitergeben (**to** an *dat.*); **~ in** *v/t.* **1.** einlassen; **2.** einreichen, -händigen: **~ one's check** *Am. sl.* ‚den Löffel abgeben' (*sterben*); **~ off I** *v/t.* **1.** *j-n od. et.* ausgeben (**for**, **as** für, als); **II** *v/i.* **2.** vergehen (*Schmerz etc.*); **3.** *gut etc.* vor'übergehen, von'statten gehen; **4.** 'durchgehen (**as** als); **~ on I** *v/t.* **1.** weitergeben, -reichen (**to** *dat. od.* an *acc.*); befördern; **2.** † abwälzen (**to** auf *acc.*);

II *v/i.* **3.** weitergehen; **4.** 'übergehen (***to*** zu); **5.** → ***pass away*** 3; **~ out I** *v/i.* **1.** hin'ausgehen, -fließen, -strömen; **2.** *sl.* ‚umkippen', ohnmächtig werden; **II** *v/t.* **3.** ver-, austeilen; **~ o·ver I** *v/i.* **1.** hin'übergehen; **2.** 'überleiten, -führen; **II** *v/t.* **3.** über'reichen, -'tragen; **4.** über'gehen (***in silence*** stillschweigend), ignorieren; **5.** → ***pass up*** 1; **~ through** *v/i.* **1.** hin'durchführen; **2.** hin'durchgehen, -reisen *etc.*: ***be passing through*** auf der Durchreise sein; **~ up** *v/t. sl.* **1.** a) sich *e-e Chance* entgehen lassen, b) *et.* ‚sausen' lassen; verzichten auf (*acc.*); **2.** *j-n* über'gehen.

pass·a·ble ['pɑːsəbl] *adj.* □ **1.** passierbar; gang-, befahrbar; **2.** ✝ gangbar, gültig (*Geld etc.*); **3.** *fig.* leidlich, pas'sabel.

pas·sage ['pæsɪdʒ] *s.* **1.** Her'ein-, Her'aus-, Vor'über-, 'Durchgehen *n*, 'Durchgang *m*, -reise *f*, -fahrt *f*, 'Durchfließen *n*: ***no ~!*** kein Durchgang!, keine Durchfahrt!; → ***bird*** 1; **2.** ✝ ('Waren-) Tran,sit *m*, 'Durchgang *m*; **3.** Pas'sage *f*, ('Durch-, Verbindungs)Gang *m*; *bsd. Brit.* Korridor *m*; **4.** Ka'nal *m*, Furt *f*; **5.** ⚙ 'Durchlaß *m*, -tritt *m*; **6.** (See-, Flug)Reise *f*, ('Über)Fahrt *f*: ***book one's ~*** s-e Schiffskarte lösen (***to*** nach); ***work one's ~*** s-e Überfahrt durch Arbeit abverdienen; **7.** Vergehen *n*, Ablauf *m*: ***the ~ of time***; **8.** *parl.* 'Durchkommen *n*, Annahme *f*, In'krafttreten *n e-s Gesetzes*; **9.** Wortwechsel *m*; **10.** *pl.* Beziehungen *pl.*, *geistiger* Austausch; **11.** (Text)Stelle *f*, Passus *m*; **12.** ♪ Pas'sage *f* (*a. Reiten*); **13.** *fig.* 'Übergang *m*, -tritt *m* (***from ... to, into*** von ... in *acc.*, zu); **14.** a) (Darm)Entleerung *f*, Stuhlgang *m*, b) *anat.* (*Gehör- etc.*)Gang *m*, (*Harn- etc.*) Weg(e *pl.*) *m*: ***auditory*** (***urinary***) ~; **~ at arms** *s.* **1.** Waffengang; **2.** Wortgefecht *n*, ‚Schlagabtausch' *m*; **~ boat** *s.* Fährboot *n*; '**~·way** *s.* 'Durchgang *m*, Korridor *m*, Pas'sage *f*.

'**pass|·book** *s.* **1.** *bsd. Brit.* a) Bank-, Kontobuch *n*, b) Sparbuch *n*; **2.** Buch *n* über kreditierte Waren; **~ check** *s. Am.* Pas'sierschein *m*; **~ de·gree** → ***pass²*** 3c.

pas·sé, pas·sée ['pɑːseɪ] (*Fr.*) *adj.* pas'sé: a) vergangen, b) veraltet, c) verblüht: ***a passée belle*** e-e verblühte Schönheit.

passe·men·terie ['pɑːsmɑ̃ntrɪ] (*Fr.*) *s.* Posamentierwaren *pl.*

pas·sen·ger ['pæsɪndʒə] *s.* **1.** Passa'gier *m*, Fahr-, Fluggast *m*, Reisende(r *m*) *f*, Insasse *m*: **~ *cabin*** ✈ Fluggastraum *m*; **2.** F a) Schma'rotzer *m*, b) Drückeberger *m*; **~ car** *s.* **1.** Per'sonen(kraft)wagen *m*, *abbr.* Pkw; **2.** 🚃 *Am.* Per'sonenwagen *m*, **~ lift** *s. Brit.* Per'sonenaufzug *m*; **~ pi·geon** *s. orn.* Wandertaube *f*; **~ plane** *s.* ✈ Passa'gierflugzeug *n*; **~ serv·ice** *s.* Per'sonenbeförderung *f*; **~ traf·fic** *s.* Per'sonenverkehr *m*; **~ train** *s.* 🚃 Per'sonenzug *m*.

passe-par·tout ['pæspɑːtuː] (*Fr.*) *s.* **1.** Hauptschlüssel *m*; **2.** Passepar'tout *n* (*Bildumrahmung*).

,pass·er-'by *pl.* **,pass·ers-'by** *s.* Pas'sant(in).

pass ex·am·i·na·tion *s. univ. Brit.* unterstes 'Abschluße,xamen.

pas·sim ['pæsɪm] (*Lat.*) *adv.* passim, hier u. da, an verschiedenen Orten.

pass·ing ['pɑːsɪŋ] **I** *adj.* **1.** vor'über-, 'durchgehend: **~ *axle*** ⚙ durchgehende Achse; **2.** vergehend, vor'übergehend, flüchtig; **3.** beiläufig; **II** *s.* **4.** Vor'bei-, 'Durch-, Hin'übergehen *n*: ***in ~*** im Vorbeigehen, *fig.* beiläufig, nebenbei; ***no ~!*** *mot.* Überholverbot!; **5.** 'Übergang *m*: **~ *of title*** Eigentumsübertragung *f*; **6.** Da'hinschwinden *n*; **7.** Hinscheiden *n*, Ableben *n*; **8.** *pol.* 'Durchgehen *n e-s Gesetzes*; **~ beam** *s. mot.* Abblendlicht *n*; **~ lane** *s. mot.* Über'holspur *f*; **~ note** *s.* ♪ 'Durchgangston *m*; **~ shot** *s. Tennis*: Pas'sierschlag *m*; **~ zone** *s. Staffellauf*: Wechselzone *f*.

pas·sion ['pæʃn] *s.* **1.** Leidenschaft *f*, heftige Gemütserregung, (Gefühls-) Ausbruch *m*; **2.** Zorn *m*: ***fly into a ~*** e-n Wutanfall bekommen; → ***heat*** 6; **3.** Leidenschaft *f*: a) heiße Liebe, heftige Neigung, b) heißer Wunsch, c) Passi'on *f*, Vorliebe *f* (***for*** für), d) Liebhabe'rei *f*; Passi'on *f*: ***it has become a ~ with him*** es ist bei ihm zur Leidenschaft geworden, er tut es leidenschaftlich gern(e); **4.** ♀ *eccl.* Leiden *n* (Christi), Passion *f* (*a.* ♪, *paint. u. fig.*); **pas·sion·ate** ['pæʃənət] *adj.* □ **1.** leidenschaftlich (*a. fig.*); **2.** hitzig, jähzornig; **pas·sion·less** ['pæʃnlɪs] *adj.* □ leidenschaftslos.

pas·sion| play *s. eccl.* Passi'onsspiel *n*; ♀ **Sun·day** *s. eccl.* Passi'onssonntag *m*; **~ week** *s.* **1.** Karwoche *f*; **2.** Woche zwischen Passi'onssonntag u. Palm'sonntag.

pas·si·vate ['pæsɪveɪt] *v/t.* ⚙, ⚗ passivieren.

pas·sive ['pæsɪv] **I** *adj.* □ **1.** passiv (*a. ling.*, ⚡, ⚘, *sport*), leidend, teilnahmslos, 'widerstandslos: **~ *air defence*** Luftschutz; **~ *verb*** *ling.* passivisch konstruiertes Verb; **~ *voice*** → 3; **~ *vocabulary*** passiver Wortschatz; **2.** ✝ untätig, nicht zinstragend, passiv: **~ *debt*** unverzinsliche Schuld; **~ *trade*** Passivhandel *m*; **II** *s.* **3.** *ling.* Passiv *n*, Leideform *f*; '**pas·sive·ness** [-nɪs], **pas·siv·i·ty** [pæ'sɪvətɪ] *s.* Passivi'tät *f*, Teilnahmslosigkeit *f*.

'**pass·key** *s.* **1.** Hauptschlüssel *m*; **2.** Drücker *m*; **3.** Nachschlüssel *m*.

pas·som·e·ter [pæ'sɒmɪtə] *s.* ⚙ Schrittmesser *m*.

Pass·o·ver ['pɑːs,əʊvə] *s. eccl.* **1.** Passah(fest) *n*; **2.** ♀ Osterlamm *n*.

pass·port ['pɑːspɔːt] *s.* **1.** (Reise)Paß *m*: **~ *inspection*** Paßkontrolle *f*; **2.** ✝ Passierschein *m*; **3.** *fig.* Zugang *m*, Weg *m*, Schlüssel *m* (***to*** zu).

'**pass·word** *s.* Pa'role *f*, Losung *f*, Kennwort *n*.

past [pɑːst] **I** *adj.* **1.** vergangen, verflossen: ***for some time ~*** seit einiger Zeit; **2.** *ling.* Vergangenheits...: **~ *participle*** Mittelwort *n* der Vergangenheit, Partizip *n* Perfekt; **~ *tense*** Vergangenheit *f*, Präteritum *n*; **3.** vorig, früher, ehemalig, letzt: **~ *president***; **~ *master*** *fig.* Altmeister *m*, großer Könner; **II** *s.* **4.** Vergangenheit *f* (*a. ling.*), *weitS. a.* Vorleben *n*: ***a woman with a ~*** eine Frau mit Vergangenheit; **III** *adv.* **5.** vor'bei, vor'über: ***to run ~***; **IV** *prp.* **6.** (*Zeit*) nach, über (*acc.*): ***half ~ seven*** halb acht; ***she is ~ forty*** sie ist über vierzig; **7.** an ... vorbei: ***he ran ~ the house***; **8.** über ... hin'aus: **~ *comprehension*** unfaßbar, unfaßlich; **~ *cure*** unheilbar; **~ *hope*** hoffnungslos; ***he is ~ it*** F er ist ‚darüber hinaus'; ***she is ~ caring*** das kümmert sie alles nicht mehr; ***I would not put it ~ him*** *sl.* ich traue es ihm glatt zu.

pas·ta ['pæstə] *s.* Teigwaren *pl.*

past-'due *ad.* ✝ 'überfällig (*Wechsel etc.*); Verzugs...(*-zinsen*).

paste [peɪst] **I** *s.* **1.** Teig *m*, (*Fisch-, Zahn- etc.*)Paste *f*, Brei *m*; ⚙ Tonmasse *f*; Glasmasse *f*; **2.** Kleister *m*, Klebstoff *m*, Papp *m*; **3.** a) Paste *f* (*Diamantenherstellung*), b) künstlicher Edelstein, Simili *n*, *m*; **II** *v/t.* **4.** kleben, kleistern, pappen, bekleben (***with*** mit); **5.** **~ *up*** a) auf-, ankleben (***on, in*** auf, in *acc.*), b) verkleistern (*Loch*); **6.** *sl.* ('durch)hauen: **~ *s.o. one*** j-m ‚eine kleben'; '**~·board I** *s.* **1.** Pappe *f*, Pappendeckel *m*, Kar'ton *m*; **2.** *sl.* (Eintritts-, Spiel-, Vi'siten)Karte *f*; **II** *adj.* **3.** aus Pappe, Papp...: **~ *box*** Karton; **4.** *fig.* unecht, wertlos, kitschig, nachgemacht.

pas·tel I *s.* [pæ'stel] **1.** ⚘ Färberwaid *m*; **2.** ⚙ Waidblau *n*; **3.** Pa'stellstift *m*, -farbe *f*; **4.** Pa'stellzeichnung *f*, -bild *n*; **II** *adj.* ['pæstl] **5.** zart, duftig, Pastell... (*Farbe*); **pas·tel·ist** ['pæstəlɪst], **pas·tel·list** [pæ'stelɪst] *s.* Pa'stellmaler(in).

pas·tern ['pæstəːn] *s. zo.* Fessel *f* (*vom Pferd*).

'**paste-up** *s. typ.* 'Klebe,umbruch *m*.

pas·teur·i·za·tion [,pæstəraɪ'zeɪʃn] *s.* Pasteurisierung *f*; **pas·teur·ize** ['pæstəraɪz] *v/t.* pasteurisieren.

pas·tille ['pæstəl] *s.* **1.** Räucherkerzchen *n*; **2.** *pharm* Pa'stille *f*.

pas·time ['pɑːstaɪm] *s.* (***as a ~*** zum) Zeitvertreib *m*.

past·i·ness ['peɪstɪnɪs] *s.* **1.** breiiger Zustand; breiiges Aussehen; **2.** *fig.* käsiges Aussehen.

past·ing ['peɪstɪŋ] *s.* **1.** Kleistern *n*, Kleben *n*; **2.** ⚙ Klebstoff *m*; **3.** *sl.* ‚Dresche' *f*, (Tracht *f*) Prügel *pl.*

pas·tor ['pɑːstə] *s.* Pfarrer *m*, Pastor *m*, Seelsorger *m*; '**pas·to·ral** [-tərəl] **I** *adj.* □ **1.** Schäfer..., Hirten..., i'dyllisch, ländlich; **2.** *eccl.* pasto'ral, seelsorgerlich: **~ *staff*** Krummstab; **II** *s.* **3.** Hirtengedicht *n*, I'dylle *f*; **4.** *paint.* ländliche Szene; **5.** ♪ a) Schäferspiel *n*, b) Pasto'rale *n*; **6.** *eccl.* a) Hirtenbrief *m*, b) *pl. a.* ♀ ***Epistles*** Pasto'ralbriefe *pl.* (*von Paulus*); '**pas·tor·ate** [-ərət] *s.* **1.** Pasto'rat *n*, Pfarramt *n*; **2.** *coll. die* Geistlichen *pl.*; **3.** *Am.* Pfarrhaus *n*.

past per·fect *ling. s.* Vorvergangenheit *f*, 'Plusquamper,fekt(um) *n*.

pas·try ['peɪstrɪ] *s.* **1.** a) *coll.* Kon'ditorwaren *pl.*, Feingebäck *n*, b) Kuchen *m*, Torte *f*; **2.** (Kuchen-, Torten)Teig *m*; **~ cook** *s.* Kon'ditor *m*.

pas·tur·age ['pɑːstjʊrɪdʒ] *s.* **1.** Weiden *n* (*Vieh*); **2.** Weidegras *n*; **3.** Weide(land *n*) *f*; **4.** Bienenzucht *f* u. -fütterung *f*.

pas·ture ['pɑːstʃə] **I** *s.* **1.** Weidegras *n*, Viehfutter *n*; **2.** Weide(land *n*) *f*: ***seek greener ~s*** *fig.* sich nach besseren Möglichkeiten umsehen; ***retire to ~*** (in den Ruhestand) abtreten; **II** *v/i.* **3.** grasen, weiden; III *v/t.* **4.** *Vieh* auf die Weide treiben, weiden; **5.** *Wiese* abweiden.

past·y¹ ['peɪstɪ] *adj.* **1.** teigig, kleisterig; **2.** *fig.* ‚käsig', blaß.

past·y² ['pæstɪ] *s.* ('Fleisch)Paˌstete *f.*

pat [pæt] I *s.* **1.** *Brit.* (*leichter*) Schlag, Klaps *m*: **~ *on the back*** *fig.* Schulterklopfen *n*, Lob *n*, Glückwunsch *m*; **2.** (Butter)Klümpchen *n*; **3.** Klopfen *n*, Getrappel *n*, Tapsen *n*; II *adj.* **4.** a) pa'rat, bereit, b) passend, treffend: **~ *answer*** schlagfertige Antwort; **~ *solution*** Patentlösung; ***a ~ style*** ein gekonnter Stil; ***know s.th. off*** (*od.* ***have it down***) **~** F et. (wie) am Schnürchen können; **5.** fest: ***stand ~*** festbleiben, sich nicht beirren lassen; **6.** (*a. adv.*) im rechten Augenblick, rechtzeitig, wie gerufen; III *v/t.* **7.** *Brit.* klopfen, tätscheln: **~ *s.o. on the back*** j-m (anerkennend) auf die Schulter klopfen, *fig. a.* j-n beglückwünschen.

pat² [pæt] *s.* Ire *m* (*Spitzname*).

'pat-a-cake backe, backe Kuchen (*Kinderspiel*).

patch [pætʃ] I *s.* **1.** Fleck *m*, Flicken *m*, Lappen *m*; ⚔ *etc.* Tuchabzeichen *n*: ***not a ~ on*** F gar nicht zu vergleichen mit; **2.** a) ⚕ Pflaster *n*, b) Augenbinde *f*; **3.** Schönheitspflästerchen *n*; **4.** Stück *n* Land, Fleck *m*; Stück *n* Rasen; Stelle *f* (*a. im Buch*): ***in ~es*** stellenweise; ***strike a bad ~*** e-e Pechsträhne *od.* e-n schwarzen Tag haben; **5.** (Farb)Fleck *m* (*bei Tieren etc.*); **6.** *pl.* Bruchstücke *pl.*, *et.* Zs.-gestoppeltes; II *v/t.* **7.** flikken, ausbessern; mit Flicken versehen; **8. ~ *up*** *bsd. fig.* a) zs.-stoppeln: **~ *up a textbook***, b) ‚zs.-flicken', c) *Ehe etc.* ‚kitten', d) *Streit* beilegen, e) über'tünchen, beschönigen; **'~·board** *s. Computer*: Schaltbrett; **~ kit** *s.* Flickzeug *n.*

patch·ou·li ['pætʃʊlɪ] *s.* 'Patschuli *n* (*Pflanze u. Parfüm*).

patch| pock·et *s.* aufgesetzte Tasche; **~ test** *s.* ⚕ Tuberku'linprobe *f*; **'~·word** *s. ling.* Flickwort *n*; **'~·work** *s. a. fig.* Flickwerk *n.*

patch·y ['pætʃɪ] *adj.* ☐ **1.** voller Flicken; **2.** *fig.* zs.-gestoppelt; **3.** fleckig; **4.** *fig.* ungleichmäßig.

pate [peɪt] *s.* F Schädel *m*, ‚Birne' *f.*

pâté ['pæteɪ] (*Fr.*) *s.* Pa'stete *f.*

pat·en ['pætən] *s. eccl.* Pa'tene *f*, Hostienteller *m.*

pa·ten·cy ['peɪtənsɪ] *s.* **1.** Offenkundigkeit *f*; **2.** ⚕ 'Durchgängigkeit *f* (*e-s Kanals etc.*).

pat·ent ['peɪtənt; *bsd.* ⚖ *u. Am.* 'pæ-] I *adj.* ☐ **1.** offen(kundig): ***to be ~*** auf der Hand liegen; **2. *letters ~*** → 6 *u.* 7; **3.** patentiert, gesetzlich geschützt: **~ *article*** Markenartikel *m*; **~ *fuel*** Preßkohlen *pl.*; **~ *leather*** Lack-, Glanzleder *n*; **~*-leather shoe*** Lackschuh *m*; **~ *medicine*** Marken-, Patentmedizin *f*; **4.** ⚖ Patent...: **~ *agent*** (*Am.* ***attorney***) Patentanwalt *m*; **~ *law*** *objektives* Patentrecht; Ω ***Office*** Patentamt *n*; **~ *right*** *subjektives* Patentrecht; **~ *roll*** *Brit.* Patentregister *n*; **~ *specification*** Patentschrift *f*, -beschreibung *f*; **5.** *Brit.* F ‚pa'tent': **~ *methods***; II *s.* **6.** Pa'tent *n*, Privi'leg(ium) *n*, Freibrief *m*, Bestallung *f*; **7.** ⚖ Pa'tent(urkunde *f*) *n*: **~ *of addition*** Zusatzpatent; **~ *applied for***, **~ *pending*** Patent angemeldet; ***take out a ~ for*** → 10; **8.** *Brit.* F ‚Re'zept' *n*; III *v/t.* **9.** patentieren, gesetzlich schützen; **10.** patentieren lassen; **'pat·ent·a·ble** [-təbl] *adj.* pa'tentfähig; **pat·ent·ee** [ˌpeɪtən'tiː] *s.* Pa'tentinhaber(in).

pa·ter ['peɪtə] *s. ped. sl.* ‚alter Herr' (*Vater*).

pa·ter·nal [pə'tɜːnl] *adj.* ☐ väterlich, Vater...: **~ *grandfather*** Großvater väterlicherseits; **pa'ter·ni·ty** [-nətɪ] *s.* Vaterschaft *f* (*a. fig.*): **~ *suit*** ⚖ Vaterschaftsklage *f*; ***declare ~*** die Vaterschaft feststellen.

pa·ter·nos·ter [ˌpætə'nɒstə] I *s.* **1.** *R.C.* a) Vater'unser *n*, b) Rosenkranz *m*; **2.** ⚙ Pater'noster *m* (*Aufzug*); II *adj.* **3.** ⚙ Paternoster...

path [pɑːθ] **~s** [pɑːðz] *s.* **1.** Pfad *m*, Weg *m* (*a. fig.*): ***cross s.o.'s ~*** j-m über den Weg laufen; **2.** ⚙, *phys.*, *sport* Bahn *f*: **~ *of electrons*** Elektronenbahn.

pa·thet·ic [pə'θetɪk] *adj.* (☐ **~*ally***) **1.** *obs.* pa'thetisch, allzu gefühlvoll: **~ *fallacy*** Vermenschlichung *f* der Natur (*in der Literatur*); **2.** mitleiderregend; **3.** *Brit.* F kläglich, jämmerlich, ‚zum Weinen'.

'pathˌfind·er *s.* **1.** ✈, ⚔ Pfadfinder *m*; **2.** Forschungsreisende(r) *m*; **3.** *fig.* Bahnbrecher *m.*

path·less ['pɑːθlɪs] *adj.* weglos.

path·o·gen·ic [ˌpæθə'dʒenɪk] *adj.* ⚕ patho'gen, krankheitserregend.

path·o·log·i·cal [ˌpæθə'lɒdʒɪkl] *adj.* ☐ ⚕ patho'logisch: a) krankhaft, b) *die Krankheitslehre betreffend*; **pa·thol·o·gist** [pə'θɒlədʒɪst] *s.* ⚕ Patho'loge *m*; **pa·thol·o·gy** [pə'θɒlədʒɪ] *s.* ⚕ **1.** Patholo'gie *f*, Krankheitslehre *f*; **2.** pathologischer Befund.

pa·thos ['peɪθɒs] *s.* **1.** *obs.* Pathos *n*; **2.** a) Mitleid *n*, b) *das* Mitleiderregende.

'path·way *s.* Pfad *m*, Weg *m*, Bahn *f.*

pa·tience ['peɪʃns] *s.* **1.** Geduld *f*; Ausdauer *f*: ***lose one's ~*** die Geduld verlieren; ***be out of ~ with s.o.*** aufgebracht sein gegen j-n; ***have no ~ with s.o.*** j-n nicht leiden können, nichts übrig haben für j-n; ***try s.o.'s ~*** j-s Geduld auf die Probe stellen; → ***Job²***; ***possess*** 2 b; **2.** *bsd. Brit.* Pati'ence *f* (*Kartenspiel*); **'pa·tient** [-nt] I *adj.* ☐ **1.** geduldig; nachsichtig; beharrlich: ***be ~ of*** ertragen; **~ *of two interpretations*** *fig.* zwei Deutungen zulassend; II *s.* **2.** Pati'ent(in), Kranke(r *m*) *f*; **3.** ⚖ *Brit.* Geistesgestörte(r *m*) *f* (*in e-r Heil- und Pflegeanstalt*).

pat·i·o ['pætɪəʊ] *s.* **1.** Innenhof *m*, Patio *m*; **2.** Ter'rasse *f*, Ve'randa *f.*

pa·tri·arch ['peɪtrɪɑːk] *s.* Patri'arch *m*; **pa·tri·ar·chal** [ˌpeɪtrɪ'ɑːkl] *adj.* patriar'chalisch (*a. fig. ehrwürdig*); **'pa·tri·arch·ate** [-kɪt] *s.* Patriar'chat *n.*

pa·tri·cian [pə'trɪʃn] I *adj.* pa'trizisch; *fig.* aristo'kratisch; II *s.* Pa'trizier(in).

pat·ri·cide ['pætrɪsaɪd] → ***parricide***.

pat·ri·mo·ni·al [ˌpætrɪ'məʊnjəl] *adj.* ererbt, Erb...; **pat·ri·mo·ny** ['pætrɪmənɪ] *s.* **1.** väterliches Erbteil (*a. fig.*); **2.** Vermögen *n*; **3.** Kirchengut *n.*

pa·tri·ot ['pætrɪət] *s.* Patri'ot(in); **pa·tri·ot·eer** [ˌpætrɪə'tɪə] *s.* Hur'rapatriˌot *m*; **pa·tri·ot·ic** [ˌpætrɪ'ɒtɪk] *adj.* (☐ **~*ally***) patri'otisch; **'pa·tri·ot·ism** [-tɪzəm] *s.* Patrio'tismus *m*, Vaterlandsliebe *f.*

pa·trol [pə'trəʊl] I *v/i.* **1.** ⚔ patroullieren, ✈ Pa'trouille fliegen; auf Streife sein (*Polizisten*), s-e Runde machen (*Wachmann*); II *v/t.* **2.** ⚔ abpatrouillieren, ✈ *Strecke* abfliegen; auf Streife sein in (*dat.*); III *s.* **3.** (***on ~*** auf) Pa'trouille *f*; Streife *f*; Runde *f*; **4.** ⚔ Pa'trouille *f*, Späh-, Stoßtrupp *m*; (Poli'zei)Streife *f*: **~ *activity*** ⚔ Spähtrupptätigkeit *f*; **~ *car*** a) ⚔ (Panzer-)Spähwagen *m*, b) (Funk-, Poli'zei-)Streifenwagen *m*; **~ *wagon*** *Am.* Polizeigefangenenwagen *m*; **~·man** [-mæn] *s.* [*irr.*] Streifenbeamte(r) *m.*

pa·tron ['peɪtrən] *s.* **1.** Pa'tron *m*, Schutz-, Schirmherr *m*; **2.** Gönner *m*, Förderer *m*; **3.** *R.C.* a) 'Kirchenpaˌtron *m*, b) → ***patron saint***; **4.** a) ✝ (Stamm-)Kunde *m*, b) Stammgast *m*, *a. thea. etc.* regelmäßiger Besucher; **5.** *Brit. mot.* Pannenhelfer *m*; **pa·tron·age** ['pætrənɪdʒ] *s.* **1.** Schirmherrschaft *f*; **2.** Gönnerschaft *f*, Förderung *f*; **3.** ⚖ Patro'natsrecht *n*; **4.** Kundschaft *f*; **5.** gönnerhaftes Benehmen; **6.** *Am.* Recht *n* der Ämterbesetzung; **pa·tron·ess** ['peɪtrənɪs] *s.* Pa'tronin *f etc.* (→ ***patron***).

pa·tron·ize ['pætrənaɪz] *v/t.* **1.** beschirmen, beschützen; **2.** fördern, unter'stützen; **3.** (Stamm)Kunde *od.* Stammgast sein bei, *Theater etc.* regelmäßig besuchen; **4.** gönnerhaft behandeln; **'pa·tron·iz·er** [-zə] *s.* → ***patron*** 2, 4; **'pa·tron·iz·ing** [-zɪŋ] *adj.* ☐ gönnerhaft, her'ablassend: **~ *air*** Gönnermiene *f.*

pa·tron saint *s. R.C.* Schutzheilige(r) *m.*

pat·sy ['pætsɪ] *s. sl.* **1.** Sündenbock *m*; **2.** Gimpel *m*; **3.** 'Witzfiˌgur *f.*

pat·ten ['pætn] *s.* **1.** Holzschuh *m*; **2.** Stelzschuh *m*; **3.** △ Säulenfuß *m.*

pat·ter¹ ['pætə] I *v/i. u. v/t.* **1.** schwatzen, (da'her)plappern; ‚he'runterleiern'; II *s.* **2.** Geplapper *n*; **3.** ('Fach-)Jargon *m*; **4.** Gaunersprache *f.*

pat·ter² ['pætə] I *v/i.* **1.** prasseln (*Regen etc.*); **2.** trappeln (*Füße*); II *s.* **3.** Prasseln *n* (*Regen*); **4.** (Fuß)Getrappel *n*; **5.** Klappern *n.*

pat·tern ['pætən] I *s.* **1.** (*a.* Schnitt-, Stick)Muster *n*, Vorlage *f*, Mo'dell *n*: ***on the ~ of*** nach dem Muster von *od. gen.*; **2.** ✝ Muster *n*: a) (Waren)Probe *f*, b) Des'sin *n*, Mo'tiv *n* (*Stoff*): ***by ~ post*** als Muster ohne Wert; **3.** *fig.* Muster *n*, Vorbild *n*; **4.** *fig.* Plan *m*, Anlage *f*: **~ *of one's life***; **5.** ⚙ a) Scha'blone *f*, b) 'Gußmoˌdell *n*, c) Lehre *f*; **6.** *Weberei*: Pa'trone *f*; **7.** (***behavio[u]r***) **~** *psych.* (Verhaltens)Muster *n*; II *adj.* **8.** musterhaft, Muster...: ***a ~ wife***; III *v/t.* **9.** (nach)bilden, gestalten (***after***, ***on*** nach): **~ *one's conduct on s.o.*** sich (in s-m Benehmen) ein Beispiel an j-m nehmen; **10.** mit Muster(n) verzieren, mustern; **~ bomb·ing** *s.* ⚔ Flächenwurf *m*; **~ book** *s.* ✝ Musterbuch *n*; **~ mak·er** *s.* ⚙ Mo'dellmacher *m*; **~ paint·ing** *s.* ⚔ Tarnanstrich *m.*

pat·ty ['pætɪ] *s.* Pa'stetchen *n.*

pau·ci·ty ['pɔːsətɪ] *s.* geringe Zahl *od.* Menge, Knappheit.

Paul·ine ['pɔːlaɪn] *adj. eccl.* pau'linisch.

paunch [pɔːntʃ] *s.* **1.** (Dick)Bauch *m*,

Wanst *m*; **2.** *zo.* Pansen *m*; **'paunch·y** [-tʃɪ] *adj.* dickbäuchig.

pau·per ['pɔːpə] **I** *s.* **1.** Arme(r *m*) *f*; **2.** *Am.* a) Unter'stützungsempfänger(in), b) ⚖ unter Armenrecht Klagende(r *m*) *f*; **II** *adj.* **3.** Armen...; **'pau·per·ism** [-ərɪzəm] *s.* Verarmung *f*, Massenarmut *f*; **pau·per·i·za·tion** [ˌpɔːpəraɪ'zeɪʃn] *s.* Verarmung *f*, Verelendung *f*; **'pau·per·ize** [-əraɪz] *v/t.* bettelarm machen.

pause [pɔːz] **I** *s.* **1.** Pause *f*, Unter'brechung *f*: ***make a*** ~ innehalten, pausieren; ***it gives one*** ~ ***to think*** es gibt e-m zu denken; **2.** *typ.* Gedankenstrich *m*; **3.** ♪ Fer'mate *f*; **II** *v/i.* **4.** pausieren, innehalten; stehenbleiben; zögern; **5.** verweilen (***on, upon*** bei): ***to*** ~ ***upon a note*** (*od.* ***tone***) ♪ e-n Ton aushalten.

pave [peɪv] *v/t.* *Straße* pflastern, *Fußboden* legen: ~ ***the way for*** *fig.* den Weg ebnen für; → ***paving***; **'pave·ment** [-mənt] *s.* **1.** (Straßen)Pflaster *n*; **2.** *Brit.* Bürgersteig *m*, Trot'toir *n*: ~ ***artist*** Pflastermaler *m*; ~ ***café*** Straßencafé *n*; **3.** *Am.* Fahrbahn *f*; **4.** Fußboden(belag) *m*; **'pav·er** [-və] *s.* **1.** Pflasterer *m*; **2.** Fliesen-, Plattenleger *m*; **3.** Pflasterstein *m*, Fußbodenplatte *f*; **4.** *Am.* 'Straßenbeˌtonmischer *m*.

pa·vil·ion [pə'vɪljən] *s.* **1.** (großes) Zelt; **2.** Pavillon *m*, Gartenhäuschen *n*; **3.** ✝ (Messe)Pavillon *m*.

pav·ing ['peɪvɪŋ] *s.* Pflastern *n*; (Be)Pflasterung *f*, Straßendecke *f*; Fußbodenbelag *m*; ~ **stone** *s.* Pflasterstein *m*; ~ **tile** *s.* Fliese *f*.

pav·io(u)r ['peɪvjə] *s.* Pflasterer *m*.

paw [pɔː] **I** *s.* **1.** Pfote *f*, Tatze *f*; **2.** F ‚Pfote' *f* (*Hand*); **3.** F *humor.* ‚Klaue' *f* (*Handschrift*); **II** *v/t.* **4.** *mit dem Vorderfuß od. der Pfote* scharren; **5.** F ‚betatschen': a) derb *od.* ungeschickt anfassen, b) *j-n* ‚begrabschen': ~ ***the air*** (in der Luft) herumfuchteln; **III** *v/i.* **6.** stampfen, scharren; **7.** ‚(he'rum)fummeln'.

pawl [pɔːl] *s.* **1.** ⚙ Sperrhaken *m*, -klinke *f*, Klaue *f*; **2.** ⚓ Pall *n*.

pawn¹ [pɔːn] *s.* **1.** *Schach*: Bauer *m*; **2.** *fig.* 'Schachfiˌgur *f*.

pawn² [pɔːn] **I** *s.* **1.** Pfand(sache *f*) *n*; ⚖ *u. fig. a.* Faustpfand *n*: ***in*** (*od.* ***at***) ~ verpfändet, versetzt; **II** *v/t.* **2.** verpfänden (*a. fig.*), versetzen; **3.** ✝ lombardieren; **'~ˌbro·ker** *s.* Pfandleiher *m*.

pawn·ee [ˌpɔː'niː] *s.* ⚖ Pfandinhaber *m*, -nehmer *m*; **pawn·er, pawn·or** ['pɔːnə] *s.* Pfandschuldner *m*.

'pawn|·shop *s.* Pfandhaus *n*, Pfandleihe *f*; ~ **tick·et** *s.* Pfandschein *m*.

pay [peɪ] **I** *s.* **1.** Bezahlung *f*; (Arbeits-) Lohn *m*, Löhnung *f*; Gehalt *n*; Sold *m* (*a. fig.*); ⚔ (Wehr)Sold *m*: ***in the*** ~ ***of s.o.*** bei j-m beschäftigt, in j-s Sold; **2.** *fig.* Belohnung *f*, Lohn *m*; **II** *v/t.* [*irr.*] **3.** zahlen, entrichten; *Rechnung* bezahlen *od.* begleichen, *Wechsel* einlösen, *Hypothek* ablösen; *j-n* bezahlen, *Gläubiger* befriedigen: ~ ***into*** einzahlen auf *ein Konto*; ~ ***one's way*** ohne Verlust arbeiten, s-n Verbindlichkeiten nachkommen, auskommen mit dem, was man hat; **4.** *fig.* (be)lohnen, vergelten (***for*** *et.*): ~ ***home*** heimzahlen; **5.** *fig. Achtung* zollen; *Aufmerksamkeit* schenken; *Besuch* abstatten; *Ehre* erweisen; *Kompliment* machen; → ***court*** 10; ***homage*** 2; **6.** *fig.* sich lohnen für *j-n*; **III** *v/i.* [*irr.*] **7.** zahlen, Zahlung leisten: ~ ***for*** (für) *et.* bezahlen (*a. fig. et. büßen*), die Kosten tragen für; ***he had to*** ~ ***dearly for it*** *fig.* er mußte es bitter büßen, es kam ihn teuer zu stehen; **8.** *fig.* sich lohnen, sich rentieren, sich bezahlt machen;
Zssgn mit adv.:

pay| back *v/t.* **1.** zu'rückzahlen, -erstatten; **2.** *fig.* a) *Besuch etc.* erwidern, b) *j-m* heimzahlen (***for s.th.*** et.); → ***coin*** 1; ~ **down** *v/t.* **1.** bar bezahlen; **2.** e-e Anzahlung machen von; ~ **in** *v/t. u. v/i.* (*auf ein Konto*) einzahlen; → ***paid-in***; ~ **off I** *v/t.* **1.** *j-n* auszahlen, entlohnen; ⚓ abmustern; **2.** *et.* abbezahlen, tilgen; **3.** *Am. für* ***pay back*** 2b; **II** *v/i.* **4.** F → ***pay*** 8; ~ **out** *v/t.* **1.** auszahlen; **2.** F *fig.* → ***pay back*** 2b; **3.** (*pret. u. p.p.* **payed**) *Kabel, Kette etc.* ausstekken, -legen, abrollen; ~ **up** *v/t. j-n od. et.* voll *od.* so'fort bezahlen; *Schuld* tilgen; ✝ *Anteile, Versicherung etc.* voll einzahlen; → ***paid-up***.

pay·a·ble ['peɪəbl] *adj.* **1.** zahlbar, fällig: ~ ***to bearer*** auf den Überbringer lautend; ***make a cheque*** (*Am.* ***check***) ~ ***to s.o.*** e-n Scheck auf j-n ausstellen; **2.** ✝ ren'tabel.

ˌpay|-as-you-'earn *s. Brit.* Lohnsteuerabzug *m*; **ˌ~-as-you-'see tel·e·vi·sion** *s.* Münzfernsehen *n*; ~ **bed** *s.* ⚕ Pri'vatbett *n*; ~ **check** *s. Am.* Lohn-, Gehaltsscheck *m*; ~ **claim** *s.* Lohn-, Gehaltsforderung *f*; ~ **clerk** *s.* **1.** ✝ Lohnauszahler *m*; **2.** ⚔ Rechnungsführer *m*; **'~·day** *s.* Zahl-, Löhnungstag *m*; ~ **desk** *s.* ✝ Kasse *f* (*im Kaufhaus*); ~ **dirt** *s.* **1.** *geol.* goldführendes Erdreich; **2.** *fig. Am.* Geld *n*, Gewinn *m*: ***strike*** ~ Erfolg haben.

pay·ee [peɪ'iː] *s.* **1.** Zahlungsempfänger (-in); **2.** Wechselnehmer(in).

pay en·ve·lope *s.* Lohntüte *f*.

pay·er ['peɪə] *s.* **1.** (Be)Zahler *m*; **2.** (*Wechsel*)Bezogene(r) *m*, Tras'sat *m*.

pay freeze *s.* Lohnstopp *m*.

pay·ing ['peɪɪŋ] *adj.* **1.** lohnend, einträglich, ren'tabel: ***not*** ~ unrentabel; ~ ***concern*** lohnendes Geschäft; **2.** Kassen..., Zahl(ungs)...: ~ ***guest*** zahlender Gast; **ˌ~-'in slip** *s.* Einzahlungsschein *m*.

pay| load *s.* **1.** ⚙, ⚓, ✈ Nutzlast *f*: ~ ***capacity*** Ladefähigkeit *f*; **2.** ⚔ Sprengladung *f*; **3.** ✝ *Am.* Lohnanteil *m*; **'~ˌmas·ter** *s.* ⚔ Zahlmeister *m*.

pay·ment ['peɪmənt] *s.* **1.** (Ein-, Aus-, Be)Zahlung *f*, Entrichtung *f*, Abtragung *f von Schulden*, Einlösung *f e-s Wechsels*: ~ ***in kind*** Sachleistung *f*; ***in*** ~ ***of*** zum Ausgleich (*gen.*); ***on*** ~ (***of***) nach Eingang (*gen.*), gegen Zahlung (von *od. gen.*); ***accept in*** ~ in Zahlung nehmen; **2.** gezahlte Summe, Bezahlung *f*; **3.** Lohn *m*, Löhnung *f*, Besoldung *f*; **4.** *fig.* Lohn *m* (*a. Strafe*).

'pay|·off *s. sl.* **1.** Aus- *od.* Abzahlung *f*; **2.** *fig.* Abrechnung *f* (*Rache*); **3.** Resul'tat *n*; Entscheidung *f*; **4.** *Am.* Clou *m* (*Höhepunkt*); ~ **of·fice** *s.* **1.** 'Lohnbüˌro *n*; **2.** Zahlstelle *f*.

pay·o·la [peɪ'əʊlə] *s. Am. sl.* Bestechungs-, Schmiergeld(er *pl.*) *n*.

pay| pack·et *s.* Lohntüte *f*; ~ **pause** *s.* Lohnpause *f*; **'~·roll** *s.* Lohnliste *f*: ***have*** (*od.* ***keep***) ***s.o. on one's*** ~ j-n (bei sich) beschäftigen; ***he is no longer on our*** ~ er arbeitet nicht mehr für *od.* bei uns; ~ **slip** *s.* Lohn-, Gehaltsstreifen *m*; ~ **tel·e·phone** *s.* Münzfernsprecher *m*; ~ **tel·e·vi·sion** *s.* Münzfernsehen *n*.

pea [piː] **I** *s.* ⚘ Erbse *f*: ***as like as two*** ~***s*** sich gleichend wie ein Ei dem andern; → ***sweet pea***; **II** *adj.* erbsengroß, -förmig.

peace [piːs] **I** *s.* **1.** Friede(n) *m*: ***at*** ~ a) in Frieden, im Friedenszustand, b) in Frieden ruhend (*tot*); **2.** *a.* ***the King's*** (*od.* ***Queen's***) ~, ***public*** ~ Landfrieden *m*, öffentliche Ruhe und Ordnung, öffentliche Sicherheit: ***breach of the*** ~ ⚖ (öffentliche) Ruhestörung; ***disturb the*** ~ die öffentliche Ruhe stören; ***keep the*** ~ die öffentliche Sicherheit wahren; **3.** *fig.* Ruhe *f*, Friede(n) *m*: ~ ***of mind*** Seelenruhe; ***hold one's*** ~ sich ruhig verhalten; ***leave in*** ~ in Ruhe *od.* Frieden lassen; **4.** Versöhnung *f*, Eintracht *f*: ***make one's*** ~ ***with s.o.*** sich mit j-m versöhnen; **II** *int.* **5.** sst!, still!, ruhig!; **III** *adj.* **6.** Friedens...: ~ ***conference***; ~ ***feelers***; ~ ***movement***; ~ ***offensive***; ~ ***corps*** Friedenstruppe *f*; **'peace·a·ble** [-səbl] *adj.* □ friedlich: a) friedfertig, -liebend, b) ruhig, ungestört; **'peace·ful** [-fʊl] *adj.* □ friedlich; **'~ˌkeep·ing** *adj.*: ~ ***force*** *pol.* ⚔ Friedenstruppe *f*; **'peace·less** [-lɪs] *adj.* friedlos.

peace·nik ['piːsnɪk] *s. Am. sl.* Kriegsgegner(in).

peace| of·fer·ing *s.* **1.** *eccl.* Sühneopfer *n*; **2.** Versöhnungsgeschenk *n*, versöhnliche Geste, Friedenszeichen *n*; ~ **of·fi·cer** *s.* Sicherheitsbeamte(r) *m*, Schutzmann *m*; ~ **re·search** *s.* Friedensforschung *f*; ~ **set·tle·ment** *s.* Friedensregelung *f*; **'~·time I** *s.* Friedenszeit *f*; **II** *adj.* in Friedenszeiten, Friedens...; ~ **trea·ty** *s. pol.* Friedensvertrag *m*.

peach¹ [piːtʃ] *s.* **1.** ⚘ Pfirsich(baum) *m*; **2.** *sl.* ‚klasse' Per'son *od.* Sache: ***a*** ~ ***of a car*** ein ‚todschicker' Wagen; ***a*** ~ ***of a girl*** ein bildhübsches Mädchen.

peach² [piːtʃ] *v/i.*: ~ ***against*** (*od.* ***on***) *Komplicen* ‚verpfeifen', *Schulkameraden* verpetzen.

peach·y ['piːtʃɪ] *adj.* **1.** pfirsichartig; **2.** *sl.* ‚prima', ‚schick', ‚klasse'.

pea·cock ['piːkɒk] *s.* **1.** *orn.* Pfau(hahn) *m*; **2.** *fig.* (eitler) Fatzke *m*; ~ **blue** *s.* Pfauenblau *n* (*Farbe*).

'pea|·fowl *s. orn.* Pfau *m*; **'~·hen** *s. orn.* Pfauhenne *f*; ~ **jack·et** *s.* ⚓ Ko'lani *m* (*Uniformjacke*).

peak¹ [piːk] **I** *s.* **1.** Spitze *f*; **2.** Bergspitze *f*; Horn *n*, spitzer Berg; **3.** (Mützen-) Schirm *m*; **4.** ⚓ Piek *f*; **5.** ⩚, *phys.* Höchst-, Scheitelwert *m*; **6.** *fig.* (Leistungs- *etc.*)Spitze *f*, Höchststand *m*; Gipfel *m des Glücks etc.*: ~ ***of traffic*** Verkehrsspitze; ***reach the*** ~ den Höchststand erreichen; **II** *adj.* **7.** Spitzen..., Höchst..., Haupt...: ~ ***factor*** *phys.*, ⚡ Scheitelfaktor *m*; ~ ***load*** Spitzenbelastung *f* (*a.* ⚡); ~ ***season*** Hochsaison *f*, -konjunktur; ~ ***time*** a) Hochkonjunktur *f*, b) Stoßzeit *f*, c) = ~ (***traffic***) ***hours*** Hauptverkehrszeit *f*.

peak² [piːk] *v/i.* **1.** kränkeln, abmagern; **2.** spitz aussehen.

peaked [piːkt] *adj.* **1.** spitz(ig): ~ ***cap***

Schirmmütze; **2.** F ‚spitz', kränklich.
peak·y ['pi:kɪ] *adj.* **1.** gipfelig; **2.** spitz (-ig); **3.** → ***peaked*** 2.
peal [pi:l] **I** *s.* **1.** (Glocken)Läuten *n*; **2.** Glockenspiel *n*; **3.** (*Donner*)Schlag *m*, Dröhnen *n*: **~ of laughter** schallendes Gelächter; **II** *v/i.* **4.** läuten; erschallen, dröhnen, schmettern; **III** *v/t.* **5.** erschallen lassen.
'pea·nut I *s.* **1.** ⚘ Erdnuß *f*; **2.** *Am. sl.* a) *pl.* ‚kleine Fische' *pl.* (*geringer Betrag*), b) ‚kleines Würstchen' (*Person*); **II** *adj.* **3.** *Am. sl.* klein, unbedeutend, lächerlich: **a ~ politician**; **~ but·ter** *s.* Erdnußbutter *f*.
pear [peə] *s.* ⚘ **1.** Birne *f* (*a. weitS. Objekt*); **2.** *a.* **~ tree** Birnbaum *m*.
pearl [pɜ:l] **I** *s.* **1.** Perle *f* (*a. fig. u. pharm.*): ***cast ~s before swine*** Perlen vor die Säue werfen; **2.** Perl'mutt *n*; **3.** *typ.* Perl(schrift) *f*; **II** *adj.* **4.** Perlen…; Perlmutt(er)…; **III** *v/i.* **5.** Perlen bilden, perlen, tropfen; **~ bar·ley** *s.* Perlgraupen *pl.*; **~ div·er** *s.* Perlentaucher *m*; **'~-ˌoys·ter** *s. zo.* Perlmuschel *f*.
pearl·y ['pɜ:lɪ] *adj.* **1.** Perlen…, perlenartig, perlmutterartig; **2.** perlenreich.
'pear|-quince *s.* ⚘ Echte Quitte, Birnenquitte *f*; **'~-shaped** *adj.* birnenförmig.
peas·ant ['peznt] **I** *s.* **1.** (Klein)Bauer *m*; **2.** *fig.* F ‚Bauer' *m*; **II** *adj.* **3.** (klein-) bäuerlich, Bauern…: **~ woman** Bäuerin *f*; **'peas·ant·ry** [-rɪ] *s. die* (Klein-) Bauern *pl.*, Landvolk *n*.
pease [pi:z] *s. pl. Br. dial.* Erbsen *pl.*: **~ pudding** Erbs(en)brei *m*.
'pea|-ˌshoot·er *s.* **1.** Blas-, Pusterohr *n*; **2.** *Am.* Kata'pult *m, n*; **3.** *Am. sl.* ‚Ka'none' *f* (*Pistole*); **~ soup** *s.* **1.** Erbsensuppe *f*; **2.** *a.* **ˌ~-'soup·er** [-'su:pə] *s.* **1.** F ‚Waschküche' *f* (*dichter Nebel*); **2.** 'Frankokaˌnadier *m*; **ˌ~-'soup·y** [-'su:pɪ] *adj.* F dicht u. gelb (*Nebel*).
peat [pi:t] *s.* **1.** Torf *m*: ***cut*** (*od.* ***dig***) **~** Torf stechen: **~ bath** ⚕ Moorbad *n*; **~ coal** Torfkohle *f*: **~ moss** Torfmoos *n*; **2.** Torfstück *n*, -sode *f*.
peb·ble ['pebl] **I** *s.* **1.** Kiesel(stein) *m*: ***you are not the only ~ on the beach*** F man (*od.* ich) kann auch ohne dich auskommen; **2.** A'chat *m*; **3.** 'Bergkriˌstall *m*; **4.** *opt.* Linse *f* aus 'Bergkriˌstall; **II** *v/t.* **5.** *Weg* mit Kies bestreuen; **6.** ⚙ *Leder* krispeln; **'peb·bly** [-lɪ] *adj.* kieselig.
pec·ca·dil·lo [ˌpekə'dɪləʊ] *pl.* **-loes** *s.* ‚kleine Sünde', Kava'liersdeˌlikt *n*.
peck¹ [pek] *s.* **1.** Viertelscheffel *m* (*Brit. 9,1, Am. 8,8 Liter*); **2.** *fig.* Menge *f*, Haufen *m*: ***a ~ of trouble***.
peck² [pek] **I** *v/t.* **1.** *mit dem Schnabel etc.* (auf)picken, (-)hacken; **2.** *j-m* ein Küßchen geben; **II** *v/i.* **3.** (***at***) picken, hacken (nach), einhacken (auf *acc.*): **~*ing order*** *zo.* u. *fig.* Hackordnung *f*; **~ *at s.o.*** *fig.* auf j-m ‚herumhacken'; **~ *at one's food*** lustlos im Essen herumstochern; **III** *s.* **4.** Schlag *m*, (Schnabel-) Hieb *m*; **5.** Loch *n*; **6.** leichter *od.* flüchtiger Kuß; **7.** *Brit. sl.* ‚Futter' *n* (*Essen*); **'peck·er** [-kə] *s.* **1.** Picke *f*, Haue *f*; **2.** ⚙ Abfühlnadel *f*; **3.** *sl.* ‚Zinken' *m* (*Nase*): ***keep your ~ up!*** halt die Ohren steif!; **4.** *Am. sl.* ‚Schwanz' *m* (*Penis*); **peck·ish** ['pekɪʃ] *adj.* F **1.** hungrig; **2.** *Am.* reizbar.

pec·to·ral ['pektərəl] **I** *adj.* **1.** *anat.*, ⚕ Brust…; **II** *s.* **2.** *hist.* Brustplatte *f*; **3.** *anat.* Brustmuskel *m*; **4.** *pharm.* Brustmittel *n*; **5.** *zo. a.* **~ fin** Brustflosse *f*; **6.** *R.C.* Brustkreuz *n*.
pec·u·late ['pekjʊleɪt] *v/t.* (*v/i.*) öffentliche Gelder) unter'schlagen, veruntreuen; **pec·u·la·tion** [ˌpekjʊ'leɪʃn] *s.* Unter'schlagung *f*, Veruntreuung *f*, 'Unterschleif *m*; **'pec·u·la·tor** [-tə] *s.* Veruntreuer *m*.
pe·cul·iar [pɪ'kju:ljə] **I** *adj.* □ **1.** eigen (-tümlich) (***to*** *dat.*); **2.** eigen, seltsam, absonderlich; **3.** besonder; **II** *s.* **4.** ausschließliches Eigentum; **pe·cu·li·ar·i·ty** [pɪˌkju:lɪ'ærətɪ] *s.* **1.** Eigenheit *f*, Eigentümlichkeit *f*, Besonderheit *f*; **2.** Eigenartigkeit *f*, Seltsamkeit *f*.
pe·cu·ni·ar·y [pɪ'kju:njərɪ] *adj.* □ Geld…, pekuni'är, finanzi'ell: **~ advantage** Vermögensvorteil.
ped·a·gog·ic, ped·a·gog·i·cal [ˌpedə'gɒdʒɪk(l)] *adj.* □ päda'gogisch, erzieherisch, Erziehungs…; **ˌped·a'gog·ics** [-ks] *s. pl. sg. konstr.* Päda'gogik *f*; **ped·a·gogue** ['pedəgɒg] *s.* **1.** Päda'goge *m*, Erzieher *m*; **2.** *contp. fig.* Pe'dant *m*, Schulmeister *m*; **ped·a·go·gy** ['pedəgɒdʒɪ] *s.* Päda'gogik *f*.
ped·al ['pedl] **I** *s.* **1.** Pe'dal *n* (*a.* ♪), Fußhebel *m*, Tretkurbel *f*; → ***soft pedal***; **2.** *a.* **~ note** ♪ Pe'dal- *od.* Orgelton *m*; **II** *v/i.* **3.** ⚙, ♪ Pe'dal treten; **4.** radfahren, ‚strampeln'; **III** *v/t.* **5.** treten, fahren; **IV.** *adj.* **6.** Pedal…, Fuß…: **~ bin** Treteimer *m*; **~ car** Tretauto *n*; **~ brake** *mot.* Fußbremse *f*; **~ control** ✈ Pedalsteuerung *f*; **~ switch** ⚙ Fußschalter *m*.
ped·a·lo ['pedələʊ] *s.* Tretboot *n*.
ped·ant ['pedənt] *s.* Pe'dant(in), Kleinigkeitskrämer(in); **pe·dan·tic** [pɪ'dæntɪk] *adj.* (□ **~ally**) pe'dantisch, kleinlich; **'ped·ant·ry** [-trɪ] *s.* Pedante'rie *f*.
ped·dle ['pedl] **I** *v/i.* **1.** hausieren gehen; **2.** sich mit Kleinigkeiten abgeben, tändeln; **II** *v/t.* **3.** hausieren gehen mit (*a. fig.*), handeln mit: **~ drugs**; **~ new ideas**; **'ped·dler** [-lə] *Am.* → ***pedlar***; **'ped·dling** [-lɪŋ] *adj. fig.* kleinlich; geringfügig, unbedeutend, wertlos.
ped·er·ast ['pedəræst] *s.* Päde'rast *m*; **'ped·er·as·ty** [-tɪ] *s.* Pädera'stie *f*, Knabenliebe *f*.
ped·es·tal ['pedɪstl] *s.* **1.** ⚠ Sockel *m*, Posta'ment *n*, Säulenfuß *m*: ***set s.o. on a ~*** *fig.* j-n aufs Podest erheben; **2.** *fig.* Basis *f*, Grundlage *f*; **3.** ⚙ 'Untergestell *n*, Sockel *m*, (Lager)Bock *m*.
pe·des·tri·an [pɪ'destrɪən] **I** *adj.* **1.** zu Fuß, Fuß…; Spazier…; Fußgänger…: **~ precinct** (*od.* ***area***) Fußgängerzone *f*; **2.** *fig.* pro'saisch, nüchtern; langweilig; **II** *s.* **3.** Fußgänger(in); **pe'des·tri·an·ize** [-naɪz] *v/t.* in e-e Fußgängerzone verwandeln.
pe·di·at·ric [ˌpi:dɪ'ætrɪk] *adj.* ⚕ pädi'atrisch, Kinder(heilkunde)…; **pe·di·a·tri·cian** [ˌpi:dɪə'trɪʃn] *s.* Kinderarzt *m*, -ärztin *f*; **ˌpe·di'at·rics** [-ks] *s. pl. sg. konstr.* Kinderheilkunde *f*, Pädia'trie *f*; **ˌpe·di'at·rist** [-ɪst] → ***pediatrician***; **ped·i·at·ry** ['pi:dɪætrɪ] → ***pediatrics***.
ped·i·cel ['pedɪsəl] *s.* **1.** ⚘ Blütenstengel *m*; **2.** *anat.*, *zo.* Stiel(chen *n*) *m*; **'ped·i·cle** [-kl] *s.* **1.** ⚘ Blütenstengel *m*; **2.** ⚕ Stiel *m* (*Tumor*).
ped·i·cure ['pedɪkjʊə] **I** *s.* Pedi'küre *f*: a) Fußpflege *f*, b) Fußpfleger(in); **II** *v/t.* *j-s* Füße behandeln *od.* pflegen; **'ped·i·cur·ist** [-ərɪst] → ***pedicure*** I b.
ped·i·gree ['pedɪgri:] **I** *s.* **1.** Stammbaum *m* (*a. zo. u. fig.*), Ahnentafel *f*; **2.** Entwicklungstafel *f*; **3.** Ab-, Herkunft *f*; **4.** lange Ahnenreihe; **II** *adj. a.* **'ped·i·greed** [-i:d] **5.** mit Stammbaum, reinrassig, Zucht…
ped·i·ment ['pedɪmənt] *s.* ⚠ **1.** Giebel (-feld *n*) *m*; **2.** Ziergiebel *m*.
ped·lar ['pedlə] *s.* Hausierer *m*.
pe·dom·e·ter [pɪ'dɒmɪtə] *s. phys.* Schrittmesser *m*, -zähler *m*.
pe·dun·cle [pɪ'dʌŋkl] *s.* **1.** ⚘ Blütenstandstiel *m*, Blütenzweig *m*; **2.** *zo.* Stiel *m*, Schaft *m*; **3.** *anat.* Zirbel-, Hirnstiel *m*.
pee [pi:] *v/i.* F ‚Pi'pi machen', ‚pinkeln'.
peek¹ [pi:k] **I** *v/i.* **1.** gucken, spähen (***into*** in *acc.*); **2.** **~ *out*** her'ausgucken (*a. fig.*); **II** *s.* **3.** flüchtiger *od.* heimlicher Blick.
peek² [pi:k] *s.* Piepsen *n* (*Vogel*).
peek·a·boo [ˌpi:kə'bu:] *s.* ‚Guck-Guck-Spiel' *n* (*kleiner Kinder*).
peel¹ [pi:l] **I** *v/t.* **1.** *Frucht, Kartoffeln, Bäume* schälen: **~ *off*** abschälen, -lösen; **~*ed barley*** Graupen *pl.*; ***keep your eyes ~ed*** *sl.* halt die Augen offen; **2.** *sl. Kleider* abstreifen; **II** *v/i.* **3.** *a.* **~ *off*** sich abschälen, sich abblättern, abbröckeln, abschilfern; **4.** *sl.* ‚sich entblättern', ‚strippen'; **5.** **~ *off*** ✈ *aus e-m Verband* ausscheren; **III** *s.* **6.** (*Zitronen- etc.*)Schale *f*; Rinde *f*; Haut *f*.
peel² [pi:l] *s.* **1.** Backschaufel *f*, Brotschieber *m*; **2.** *typ.* Aufhängekreuz *n*.
peel·er¹ ['pi:lə] *s.* **1.** (*Kartoffel- etc.*) Schäler *m*; **2.** *sl.* Stripperin *f*.
peel·er² ['pi:lə] *s. sl. obs.* ‚Bulle' *m* (*Polizist*).
peel·ing ['pi:lɪŋ] *s.* (*lose*) Schale, Rinde *f*, Haut *f*.
peen [pi:n] *s.* ⚙ Finne *f*, Hammerbahn *f*.
peep¹ [pi:p] **I** *v/i.* **1.** piep(s)en (*Vogel etc.*): ***he never dared ~ again*** er hat es nicht mehr gewagt, den Mund aufzumachen; **II** *s.* **2.** Piep(s)en *n*; **3.** *sl.* ‚Pieps' *m* (*Wort*).
peep² [pi:p] **I** *v/i.* **1.** gucken, neugierig *od.* verstohlen blicken (***into*** in *acc.*): **~ *at*** e-n Blick werfen auf (*acc.*); **2.** *oft* **~ *out*** her'vorgucken, -schauen, -lugen (*a. fig. sich zeigen, zum Vorschein kommen*); **II** *s.* **3.** neugieriger *od.* verstohlener Blick: ***have*** (*od.* ***take***) ***a ~*** → 1; **4.** Blick *m* (***of*** in *acc.*), ('Durch)Sicht *f*; **5.** ***at ~ of day*** bei Tagesanbruch; **'peep·er** [-pə] *s.* **1.** Spitzel *m*; **2.** *sl.* ‚Gucker' *m* (*Auge*); **3.** *sl.* Spiegel *m*; Fenster *n*; Brille *f*.
'peep-hole *s.* Guckloch *n*.
Peep·ing Tom ['pi:pɪŋ] *s.* ‚Spanner' *m* (*Voyeur*).
'peep|-scope *s.* ‚Spion' *m* (*an der Tür*); **~ show** *s.* **1.** Guckkasten *m*; **2.** Peep-Show *f*.
peer¹ [pɪə] *v/i.* **1.** spähen, gucken (***into*** in *acc.*): **~ *at*** sich *et.* genau an- *od.* begucken; **2.** *poet.* sich zeigen; **3.** → ***peep²*** 2.
peer² [pɪə] *s.* **1.** Gleiche(r *m*) *f*, Ebenbürtige(r *m*) *f*: ***without a ~*** ohneglei-

chen, unvergleichlich; ***he associates with his ~s*** er gesellt sich zu seinesgleichen; ***~ group*** *sociol.* Peer-group *f*; **2.** Angehörige(r) *m* des (brit.) Hochadels: ***~ of the realm*** *Brit.* Peer *m* (*Mitglied des Oberhauses*); **peer·age** ['pɪərɪdʒ] *s.* **1.** Peerage *f*: a) Peerswürde *f*, b) Hochadel *m*, (*die*) Peers *pl.*; **2.** 'Adelskaˌlender *m*; **peer·ess** ['pɪərɪs] *s.* **1.** Gemahlin *f* e-s Peers; **2.** hohe Adlige: ***~ in her own right*** Peereß *f* im eigenen Recht; **peer·less** ['pɪəlɪs] *adj.* □ unvergleichlich, einzig(artig).

peeve [pi:v] F *v/t.* (ver)ärgern; **peeved** [-vd] *adj.* F ‚eingeschnappt', verärgert; '**pee·vish** [-vɪʃ] *adj.* □ grämlich, übellaunig, verdrießlich.

peg [peg] **I** *s.* **1.** (Holz-, *surv.* Absteck-) Pflock *m*; (Holz)Nagel *m*; (Schuh)Stift *m*; ⚙ Dübel *m*; Sprosse *f* (*a. fig.*): ***take s.o. down a ~*** (***or two***) j-m ‚einen Dämpfer aufsetzen'; ***come down a ~*** gelindere Saiten aufziehen, ‚zurückstecken'; ***a round ~ in a square hole, a square ~ in a round hole*** ein Mensch am falschen Platze; **2.** (Kleider)Haken *m*: ***off the ~*** von der Stange (*Anzug*); **3.** (Wäsche)Klammer *f*; **4.** (Zelt)Hering *m*; **5.** ♪ Wirbel *m* (*Saiteninstrument*); **6.** *fig.* ‚Aufhänger' *m*: ***a good ~ on which to hang a story***; **7.** *Brit.* ‚Gläs-chen' *n*, *bsd.* Whisky *m* mit Soda; **II** *v/t.* **8.** anpflöcken, -nageln; **9.** ⚙ (ver)dübeln; **10.** *a.* ***~ out*** *surv. Grenze, Land* abstecken: ***~ out one's claim*** *fig.* s-e Ansprüche geltend machen; **11.** ✝ *Löhne, Preise* stützen, halten: ***~ged price*** Stützkurs; **12.** F schmeißen (***at*** nach); **III** *v/i.* **13.** ***~ away*** (*od.* ***along***) F drauf'los arbeiten; **14.** ***~ out*** F a) ‚zs.-klappen', b) ‚abkratzen' (*sterben*); '**~·top** *s.* Kreisel *m*.

peign·oir ['peɪnwɑ:] (*Fr.*) *s.* Morgenrock *m*.

pe·jo·ra·tive ['pi:dʒərətɪv] **I** *adj.* □ abschätzig, her'absetzend, pejora'tiv; **II** *s.* *ling.* abschätziges Wort, Pejora'tivum *n*.

peke [pi:k] F *für* ***Pekingese*** 2.

Pe·king·ese [ˌpi:kɪŋ'i:z] *s. sg. u. pl.* **1.** Bewohner(in) von Peking; **2.** ♎ Peki'nese *m* (*Hund*).

pel·age ['pelɪdʒ] *s. zo.* Körperbedekkung *f* wilder Tiere (*Fell etc.*).

pel·ar·gon·ic [ˌpelɑ:'gɒnɪk] *adj.* ⚗ Pelargon…: ***~ acid***; ˌ**pel·ar'go·ni·um** [-'gəʊnjəm] *s.* ⚘ Pelar'gonie *f*.

pelf [pelf] *s. contp.* Mammon *m*.

pel·i·can ['pelɪkən] *s. orn.* Pelikan *m*; **~ cross·ing** *s. mit Ampeln gesicherter* Fußgängerüberweg *m*.

pe·lisse [pe'li:s] *s.* (*langer*) Damen- *od.* Kindermantel.

pel·let ['pelɪt] *s.* **1.** Kügelchen *n*, Pille *f*; **2.** Schrotkorn *n* (*Munition*).

pel·li·cle ['pelɪkl] *s.* Häutchen *n*; Mem'bran *f*; **pel·lic·u·lar** [pe'lɪkjʊlə] *adj.* häutchenförmig, Häutchen…

pell-mell [ˌpel'mel] **I** *adv.* **1.** durchein'ander, ‚wie Kraut u. Rüben'; **2.** 'unterschiedslos; **3.** Hals über Kopf; **II** *adj.* **4.** verworren, kunterbunt; **5.** hastig, über'eilt; **III** *s.* **6.** Durchein'ander *n*.

pel·lu·cid [pe'lju:sɪd] *adj.* □ 'durchsichtig, klar (*a. fig.*).

pelt[1] [pelt] *s.* Fell *n*, (Tier)Pelz *m*; ✝ *rohe* Haut.

pelt[2] [pelt] **I** *v/t.* **1.** *j-n mit Steinen etc.* bewerfen, (*fig. mit Fragen*) bombardieren; **2.** verhauen, prügeln; **II** *v/i.* **3.** *mit Steinen etc.* werfen (***at*** nach); **4.** niederprasseln: ***~ing rain*** Platzregen *m*; **III** *s.* **5.** Schlag *m*, Wurf *m*; **6.** Prasseln *n* (*Regen*); **7.** Eile *f*: (***at***) ***full ~*** in voller Geschwindigkeit.

pelt·ry ['peltrɪ] *s.* **1.** Rauch-, Pelzwaren *pl.*; **2.** Fell *n*, Haut *f*.

pel·vic ['pelvɪk] *adj. anat.* Becken…: ***~ cavity*** Beckenhöhle; **pel·vis** ['pelvɪs] *pl.* **-ves** [-vi:z] *s. anat.* Becken *n*.

pem·(m)i·can ['pemɪkən] *s.* Pemmikan *n* (*Dörrfleisch*).

pen[1] [pen] **I** *s.* **1.** Pferch *m*, Hürde *f* (*Schafe*), Verschlag *m* (*Geflügel*), Hühnerstall *m*; **2.** kleiner Behälter *od.* Raum; **3.** ⚓ (U-Boot)Bunker *m*; **4.** *Am. sl.* ‚Kittchen' *n*, ‚Knast' *m*; **II** *v/t.* **5.** *a.* ***~ in***, ***~ up*** einpferchen, -schließen, -sperren.

pen[2] [pen] **I** *s.* **1.** (Schreib)Feder *f*, *a.* Federhalter *m*; Füller *m*; Kugelschreiber *m*: ***set ~ to paper*** die Feder ansetzen; ***~ and ink*** Schreibzeug *n*; ***~ friend*** Brieffreund(in); **2.** *fig.* Feder *f*, Stil *m*: ***he has a sharp ~*** er führt e-e spitze Feder; **II** *v/t.* **3.** (nieder)schreiben; abverfassen.

pe·nal ['pi:nl] *adj.* □ **1.** strafrechtlich, Straf…: ***~ code*** Strafgesetzbuch *n*; ***~ colony*** Sträflingskolonie *f*; ***~ duty*** Strafzoll *m*; ***~ institution*** Strafanstalt *f*; ***~ law*** Strafrecht *n*; ***~ reform*** Strafrechtsreform *f*; ***~ sum*** Vertrags-, Konventionalstrafe *f*; → ***servitude*** 2; **2.** sträflich, strafbar: ***~ act***; '**pe·nal·ize** [-nəlaɪz] *v/t.* **1.** mit e-r Strafe belegen, bestrafen; **2.** benachteiligen, ‚bestrafen'; **pen·al·ty** ['penltɪ] *s.* **1.** gesetzliche Strafe: ***on*** (*od.* ***under***) ***~ of*** bei Strafe von; → ***extreme*** 2; ***pay*** (*od.* ***bear***) ***the ~ of*** *et.* büßen; **2.** (Geld)Buße *f*, Vertragsstrafe *f*; **3.** *fig.* Nachteil *m*, Fluch *m des Ruhms etc.*; **4.** *sport* a) Strafe *f*, Strafpunkt *m*, b) *Fußball*: Elf'meter *m*, c) *Hockey*: Sieben'meter *m*, *Eishockey*: Penalty *m*: ***~ area*** *Fußball*: Strafraum *m*; ***~ box*** a) *Eishockey*: Strafbank, b) *Fußball*: Strafraum *m*; ***~ kick*** *Fußball*: Strafstoß *m*; ***~ shot*** *Eishockey*: Penalty *m*; ***~ spot*** a) *Fußball*: Elfmeterpunkt *m*, b) *Hockey*: Siebenmeterpunkt *m*.

pen·ance ['penəns] *s.* Buße *f*: ***do ~*** Buße tun.

ˌ**pen-and-'ink** *adj.* Feder…, Schreiber…: ***~*** (***drawing***) Federzeichnung *f*.

pence [pens] *pl. von* ***penny***.

pen·chant ['pɑ̃:ŋʃɑ̃:ŋ] (*Fr.*) *s.* (***for***) Neigung *f*, Hang *m* (für, zu), Vorliebe *f* (für).

pen·cil ['pensl] **I** *s.* **1.** Blei-, Zeichen-, Farbstift *m*: ***red ~*** Rotstift; ***in ~*** mit Bleistift; **2.** *paint. obs.* Pinsel *m*; *fig.* Stil *m e-s Malers*; **3.** *rhet.* Griffel *m*, Stift *m*; **4.** ⚙, ⚕, *Kosmetik*: Stift *m*; **5.** ⚡, *phys.* (Strahlen)Büschel *m*, *n*: ***~ of light*** *phot.* Lichtbündel *n*; **II 6.** *v/t.* zeichnen; **7.** mit e-m Bleistift aufschreiben, anzeichnen *od.* anstreichen; **8.** mit e-m Stift behandeln, *z.B. die Augenbrauen* nachziehen; '**pen·cil(l)ed** [-ld] *adj.* **1.** fein gezeichnet *od.* gestrichelt; **2.** mit e-m Bleistift gezeichnet *od.* angestrichen; **3.** ⚡, *phys.* gebündelt (*Strahlen etc.*).

pen·cil push·er *s. humor.* ‚Bürohengst' *m*; **~ sharp·en·er** *s.* Bleistiftspitzer *m*.

'**pen·craft** *s.* **1.** → ***penmanship***; **2.** Schriftstelle'rei *f*.

pend·ant ['pendənt] **I** *s.* **1.** Anhänger *m*, (*Schmuckstück*), Ohrgehänge *n*; **2.** a) Behang *m*, b) Hängeleuchter *m*; **3.** Bügel *m* (*Uhr*); **4.** △ Hängezierat *m*; **5.** *fig.* Anhang *m*, Anhängsel *n*; **6.** *fig.* Pen'dant *n*, Seiten-, Gegenstück *n* (***to*** zu); **7.** ⚓ → ***pennant*** 1; **II** *adj.* → ***pendent*** I; '**pend·en·cy** [-dənsɪ] *s. fig. bsd.* ⚖ Schweben *n*, Anhängigkeit *f* (*e-s Prozesses*); '**pen·dent** [-nt] **I** *adj.* **1.** (her'ab)hängend; 'überhängend; Hänge…; **2.** *fig.* → ***pending*** 3; **3.** *ling.* unvollständig; **II** *s.* **4.** → ***pendant*** I; '**pend·ing** [-dɪŋ] **I** *adj.* **1.** hängend; **2.** bevorstehend; **3.** *bsd.* ⚖ schwebend, (noch) unentschieden; anhängig (*Klage*); → ***patent*** 7; **II** *prp.* **4.** a) während, b) bis zu.

pen·du·late ['pendjʊleɪt] *v/i.* **1.** pendeln; **2.** *fig.* fluktuieren, schwanken; '**pen·du·lous** [-ləs] *adj.* hängend, pendelnd; Hänge…(*bauch etc.*), Pendel…(*-bewegung etc.*); '**pen·du·lum** [-ləm] **I** *s.* **1.** *phys.* Pendel *n*; **2.** ⚙ a) Pendel *n*, Perpen'dikel *m*, *n* (*Uhr*), b) Schwunggewicht *n*; **3.** *fig.* Pendelbewegung *f*, wechselnde Stimmung *od.* Haltung; → ***swing*** 20; **II** *adj.* **4.** Pendel… (*-säge, -uhr, -waage etc.*): ***~ wheel*** Unruh *f der Uhr*.

pen·e·tra·bil·i·ty [ˌpenɪtrə'bɪlətɪ] *s.* Durch'dringbarkeit *f*, Durch'dringlichkeit *f*; **pen·e·tra·ble** ['penɪtrəbl] *adj.* □ durch'dringlich, erfaßbar, erreichbar; **pen·e·tra·li·a** [ˌpenɪ'treɪljə] (*Lat.*) *s. pl.* **1.** *das* Innerste, *das* Aller'heiligste; **2.** *fig.* Geheimnisse *pl.*; in'time Dinge *pl.*

pen·e·trate ['penɪtreɪt] **I** *v/t.* **1.** durch'dringen, eindringen in (*acc.*), durch'bohren, *a.* ⚔ durch'stoßen; **2.** *fig. seelisch* durch'dringen, erfüllen; **3.** *fig. geistig* eindringen in (*acc.*), ergründen, durch'schauen; **II** *v/i.* **4.** eindringen, 'durchdringen (***into***, ***to*** in *acc.*, zu); ✈, ⚔ einfliegen; **5.** 'durch-, vordringen (***to*** zu); **6.** *fig.* ergründen: ***~ into a secret***; '**pen·e·trat·ing** [-tɪŋ] *adj.* □ **1.** 'durchdringend, durch'bohrend (*a. Blick*): ***~ power*** ⚔ Durchschlagskraft *f*; **2.** *fig.* durch'dringend, scharf(sinnig); **pen·e·tra·tion** [ˌpenɪ'treɪʃn] *s.* **1.** Ein-, 'Durchdringen, Durch'bohren *n*; **2.** Eindringungsvermögen *n*, 'Durchschlagskraft *f* (*e-s Geschosses*); Tiefenwirkung *f*; **3.** ⚔ 'Durch-, Einbruch *m*; ✈ Einflug *m*; **4.** *phys.* Schärfe *f*, Auflösungsvermögen *n* (*Auge*, *Objektiv etc.*); **5.** *fig.* Ergründung *f*; **6.** *fig.* Einflußnahme *f*, Durchdringung *f*: ***peaceful ~*** friedliche Durchdringung *e-s Landes*; **7.** *fig.* Scharfsinn *m*, durch'dringender Verstand; '**pen·e·tra·tive** [-trətɪv] *adj.* □ → ***penetrating***.

pen friend *s.* Brieffreund(in).

pen·guin ['peŋgwɪn] *s.* **1.** Pinguin *m*; **2.** ✈ Übungsflugzeug *n*; **~ suit** *s.* Raumanzug *m*.

'**penˌhold·er** *s.* Federhalter *m*.

pen·i·cil·lin [ˌpenɪ'sɪlɪn] *s.* ⚕ Penicil'lin *n*.

pen·in·su·la [pɪ'nɪnsjʊlə] *s.* Halbinsel *f*; **pen'in·su·lar** [-lə] *adj.* **1.** Halbinsel…;

2. halbinselförmig.
pe·nis ['pi:nɪs] *s. anat.* Penis *m.*
pen·i·tence ['penɪtəns] *s.* Bußfertigkeit *f*, Buße *f*, Reue *f*; **'pen·i·tent** [-nt] **I** *adj.* □ **1.** bußfertig, reuig, zerknirscht; **II** *s.* **2.** Bußfertige(r *m*) *f*, Büßer(in); **3.** Beichtkind *n*; **pen·i·ten·tial** [ˌpenɪ'tenʃl] *eccl.* **I** *adj.* □ bußfertig, Buß...; **II** *s. a.* **~ *book*** *R.C.* Buß-, Pöni'tenzbuch *n*; **pen·i·ten·tia·ry** [ˌpenɪ'tenʃərɪ] **I** *s.* **1.** *eccl.* Bußpriester *m*; **2.** *Am.* 'Straf(voll'zugs)anstalt *f*; **3.** *hist.* Besserungsanstalt *f*; **II** *adj.* **4.** *eccl.* Buß...
'pen|·knife *s.* [*irr.*] Feder-, Taschenmesser *n*; **'~·man** [-mən] *s.* [*irr.*] **1.** Kalli'graph *m*; **2.** Schriftsteller *m*; **'~·man·ship** [-mənʃɪp] *s.* **1.** Schreibkunst *f*; **2.** Stil *m*; schriftstellerisches Können; **~ *name*** *s.* Schriftstellername *m*, Pseudo'nym *n.*
pen·nant ['penənt] *s.* **1.** ⚓, ⚔ Wimpel *m*, Stander *m*, kleine Flagge; **2.** (Lanzen)Fähnchen *n*; **3.** *sport Am.* Siegeswimpel *m*; *fig.* Meisterschaft *f*; **4.** ♪ *Am.* Fähnchen *n.*
pen·ni·less ['penɪlɪs] *adj.* □ ohne (e-n Pfennig) Geld, mittellos.
pen·non ['penən] *s.* **1.** *bsd.* ⚔ Fähnlein *n*, Wimpel *m*, Lanzenfähnchen *n*; **2.** Fittich *m*, Schwinge *f.*
Penn·syl·va·nia Dutch [ˌpensɪl'veɪnjə] *s.* **1.** *coll.* in Pennsyl'vania lebende 'Deutsch-Ameriˌkaner *pl.*; **2.** *ling.* Pennsyl'vanisch-Deutsch *n.*
pen·ny ['penɪ] *pl.* **-nies** *od. coll.* **pence** [pens] *s.* **1.** a) *Brit.* Penny *m* (= £ 0.01 = 1 p), b) *Am.* Centstück *n*: ***in for a ~, in for a pound*** wer A sagt, muß auch B sagen; ***the ~ dropped!*** *humor.* ‚der Groschen ist gefallen'!; ***spend a ~*** F ‚mal verschwinden' (*auf die Toilette*); **2.** *fig.* Pfennig *m*, Heller *m*, Kleinigkeit *f*: ***not worth a ~*** keinen Heller wert; ***he hasn't a ~ to bless himself with*** er hat keinen roten Heller; ***a ~ for your thoughts!*** (an) was denkst du denn (eben)?; **3.** *fig.* Geld *n*: ***turn an honest ~*** sich et. (durch ehrliche Arbeit) (da'zu)verdienen; ***a pretty ~*** ein hübsches Sümmchen.
ˌpen·ny|-a-'lin·er *s. bsd. Brit.* Schreiberling *m*, Zeilenschinder *m*; **~ ar·cade** *s.* 'Spielsaˌlon *m*; **~ dread·ful** *s.* 'Groschen-, 'Schauerroˌman *m*; Groschenblatt *n*; **ˌ~-in-the-'slot ma·chine** *s.* (Verkaufs)Automat *m*; **'~-ˌpinch·er** *s.* F Pfennigfuchser *m*; **'~·weight** *s. Brit.* Pennygewicht *n* (*1½ Gramm*); **ˌ~-'wise** *adj.* am falschen Ende sparsam: ***~ and pound-foolish*** im Kleinen sparsam, im Großen verschwenderisch; **'~·worth** ['penəθ] *s.* **1.** was man für e-n Penny kaufen kann: ***a ~ of tobacco*** für e-n Penny Tabak; **2.** (*bsd.* guter) Kauf: ***a good ~.***
pe·no·log·ic, pe·no·log·i·cal [ˌpi:nə'lɒdʒɪkl] *adj.* □ ⚖ krimi'nalkundlich, Strafvollzugs...; **pe·nol·o·gy** [pi:'nɒlədʒɪ] *s.* Krimi'nalstrafkunde *f*, *bsd.* Strafvollzugslehre *f.*
pen pal *Am. für **pen friend.***
pen·sion¹ ['pɑ̃:ŋsɪɔ̃:ŋ] (*Fr.*) *s.* Pensi'on *f*: a) Fremdenheim *n*, b) 'Unterkunft u. Verpflegung *f*: ***full ~.***
pen·sion² ['penʃn] **I** *s.* Pensi'on *f*, Ruhegeld *n*, Rente *f*: **~ *fund*** Pensionskasse *f*; **~ *plan*, ~ *scheme*** (Alters)Versorgungsplan *m*; ***entitled to a ~*** pensionsberechtigt; ***be on a ~*** in Rente *od.* Pension sein; **II** *v/t. oft* **~ *off*** *j-n* pensionieren; **'pen·sion·a·ble** [-ʃnəbl] *adj.* pensi'onsberechtigt, -fähig: ***of ~ age*** im Renten- *od.* Pensionsalter; **'pen·sion·er** [-ʃənə] *s.* **1.** Pensio'när *m*, Ruhegeldempfänger(in), Rentner(in); **2.** *Brit.* Stu'dent *m* (*in Cambridge*), der für Kost u. Wohnung im College zahlt.
pen·sive ['pensɪv] *adj.* □ **1.** nachdenklich, sinnend, gedankenvoll; **2.** ernst, tiefsinnig; **'pen·sive·ness** [-nɪs] *s.* Nachdenklichkeit *f*; Tiefsinn *m*, Ernst *m.*
'pen·stock *s.* **1.** Wehr *n*, Stauanlage *f*; **2.** *Am.* Druckrohr *n.*
pen·ta·cle ['pentəkl] → ***pentagram.***
pen·ta·gon ['pentəgən] *s.* ⩘ Fünfeck *n*: ***the ☉ Am.*** das Pentagon (*das amer. Verteidigungsministerium*); **pen·tag·o·nal** [pen'tægənl] *adj.* fünfeckig; **'pen·ta·gram** [-græm] *s.* Penta'gramm *n*, Drudenfuß *m*; **pen·ta·he·dral** [ˌpentə'hi:drəl] *adj.* ⩘ fünfflächig; **pen·ta·he·dron** [ˌpentə'hi:drɒn] *pl.* **-drons** *od.* **-dra** [-drə] *s.* ⩘ ˌPenta'eder *n*; **pen·tam·e·ter** [pen'tæmɪtə] *s.* Pen'tameter *m.*
Pen·ta·teuch ['pentətju:k] *s. bibl.* Penta'teuch *m*, die Fünf Bücher Mose.
pen·tath·lete [pen'tæθli:t] *s. sport* Fünfkämpfer(in); **pen'tath·lon** [-lɒn] *s. sport* Fünfkampf *m.*
pen·ta·va·lent [ˌpentə'veɪlənt] *adj.* ⚗ fünfwertig.
Pen·te·cost ['pentɪkɒst] *s.* Pfingsten *n od. pl.*, Pfingstfest *n*; **Pen·te·cos·tal** [ˌpentɪ'kɒstl] *adj.* pfingstlich; Pfingst...
pent·house ['penthaʊs] *s.* ⚠ **1.** Wetter-, Vor-, Schirmdach *n*; **2.** Anbau *m*, Nebengebäude *n*, angebauter Schuppen; **3.** Penthouse *n*, 'Dachterˌrassenwohnung *f.*
pen·tode ['pentəʊd] *s.* ⚡ Pen'tode *f*, Fünfpolröhre *f.*
ˌpent-'up *adj.* **1.** eingepfercht; **2.** *fig.* angestaut (*Gefühle*): **~ *demand*** † *Am.* Nachholbedarf *m.*
pe·nult [pe'nʌlt] *s. ling.* vorletzte Silbe; **pe'nul·ti·mate** [-tɪmət] **I** *adj.* vorletzt; **II** *s.* → ***penult.***
pe·num·bra [pɪ'nʌmbrə] *pl.* **-bras** *s.* Halbschatten *m.*
pe·nu·ri·ous [pɪ'njʊərɪəs] *adj.* □ **1.** geizig, knauserig; **2.** karg; **pen·u·ry** ['penjʊrɪ] *s.* Knappheit *f*, Armut *f*, Not *f*, Mangel *m.*
pe·on ['pi:ən] *s.* **1.** Sol'dat *m*, Poli'zist *m*, Bote *m* (*in Indien u. Ceylon*); **2.** Tagelöhner *m* (*in Südamerika*); **3.** (*durch Geldschulden*) zu Dienst verpflichteter Arbeiter (*Mexiko*); **4.** *Am.* zu Arbeit her'angezogener Sträfling; **'pe·on·age** [-nɪdʒ] **'pe·on·ism** [-nɪzəm] *s.* Dienstbarkeit *f*, Leibeigenschaft *f.*
pe·o·ny ['pi:ənɪ] *s.* ⚘ Pfingstrose *f.*
peo·ple ['pi:pl] **I** *s.* **1.** *pl. konstr.* die Leute *pl.*, die Menschen *pl.*: ***English ~*** (die) Engländer; ***London ~*** die Londoner (Bevölkerung); ***country ~*** Landleute, -bevölkerung; ***literary ~*** (die) Literaten; ***a great many ~*** sehr viele Leute; ***some ~*** manche; ***he of all ~*** ausgerechnet er; **2. *the ~*** a) *a. sg. konstr.* das *gemeine* Volk, b) die Bürger *pl.*, die Wähler *pl.*; **3.** *pl.* **~s** Volk *n*, Nati'on *f*: ***the ~s of Europe***; ***the chosen ~*** das auserwählte Volk; **4.** *pl. konstr.* F *j-s* Angehörige *pl.*, Fa'milie *f*: ***my ~*** m-e Leute; **5.** F man: **~ *say*** man sagt; **II** *v/t.* **6.** bevölkern (***with*** mit).
peo·ple's re·pub·lic *s. pol.* 'Volksrepuˌblik *f*: ***the ☉ of Poland.***
pep [pep] *sl.* **I** *s.* E'lan *m*, Schwung *m*, ‚Schmiß' *m*: **~ *pill*** Aufputschtablette *f*; **~ *talk*** Anfeuerung *f*, ermunternde Worte; **II** *v/t.* **~ *up*** a) *j-n* ‚aufmöbeln', in Schwung bringen, b) *j-n* anfeuern, c) *Geschichte* ‚pfeffern', d) *et.* in Schwung bringen.
pep·per ['pepə] **I** *s.* **1.** Pfeffer *m* (*a. fig. et. Scharfes*); **2.** ⚘ Pfefferstrauch *m*, *bsd.* a) Spanischer Pfeffer, b) Roter Pfeffer, c) Paprika *m*; **3.** pfefferähnliches Gewürz: **~ *cake*** Ingwerkuchen *m*; **II** *v/t.* **4.** pfeffern; **5.** *fig. Stil etc.* würzen; **6.** *fig.* sprenkeln, bestreuen; **7.** *fig.* ‚bepfeffern', bombardieren (*a. mit Fragen etc.*); **8.** *fig.* 'durchprügeln; **ˌ~-and-'salt I** *adj.* pfeffer-und-salz-farbig (*Stoff*); **II** *s.* a) Pfeffer u. Salz *n* (*Stoff*), b) Anzug *m* in Pfeffer u. Salz; **'~·box** *s. bsd. Brit.*, **'~-ˌcast·or** *s.* Pfefferbüchse *f*, -streuer *m*; **'~·corn** *s.* Pfefferkorn *n*; **'~·mint** *s.* **1.** ⚘ Pfefferminze *f*; **2.** Pfefferminzöl *n*; **3.** *a.* **~ *drop*, ~ *lozenge*** Pfefferminzplätzchen *n.*
pep·per·y ['pepərɪ] *adj.* **1.** pfefferig, scharf; **2.** *fig.* hitzig, jähzornig; **3.** gepfeffert, scharf (*Stil*).
pep·py ['pepɪ] *adj. sl.* schwungvoll, ‚schmissig', forsch.
pep·sin ['pepsɪn] *s.* ⚗ Pep'sin *n*; **pep·tic** ['peptɪk] *anat. adj.* **1.** Verdauungs...: **~ *gland*** Magendrüse *f*; **~ *ulcer*** Magengeschwür *n*; **2.** verdauungsfördernd, peptisch; **pep·tone** ['peptəʊn] *s. physiol.* Pep'ton *n.*
per [pɜ:; pə] *prp.* **1.** per, durch: **~ *bearer*** durch Überbringer; **~ *post*** durch die Post; **~ *rail*** per Bahn; **2.** pro, je, für: **~ *annum*** [pər'ænəm] pro Jahr, jährlich; **~ *capita*** ['kæpɪtə] pro Kopf, pro Person; **~ *capita income*** Pro-Kopf-Einkommen *n*; **~ *capita quota*** Kopfbetrag *m*; **~ *cent*** pro *od.* vom Hundert; **~ *second*** in der *od.* pro Sekunde; **3.** laut, gemäß († *a.* ***as ~***).
per·ad·ven·ture [pərəd'ventʃə] *adv. obs.* viel'leicht, ungefähr.
per·am·bu·late [pə'ræmbjʊleɪt] **I** *v/t.* **1.** durch'wandern, -'reisen, -'ziehen; **2.** bereisen, besichtigen; **3.** die Grenzen *e-s Gebiets* abschreiten; **II** *v/i.* **4.** um'herwandern; **per·am·bu·la·tion** [pəˌræmbjʊ'leɪʃn] *s.* **1.** Durch'wanderung *f*; **2.** Bereisen *n*, Besichtigung(sreise) *f*; **3.** Grenzbegehung *f*; **per·am·bu·la·tor** [pə'ræmbjʊleɪtə] *s. bsd. Brit.* Kinderwagen *m.*
per·ceiv·a·ble [pə'si:vəbl] *adj.* □ **1.** wahrnehmbar, spürbar, merklich; **2.** verständlich; **per·ceive** [pə'si:v] *v/t. u. v/i.* **1.** wahrnehmen, empfinden, (be-)merken, spüren; **2.** verstehen, erkennen, begreifen.
per·cent, *Brit.* **per cent** [pə'sent] **I** *adj.* **1.** ...prozentig; **II** *s.* **2.** Pro'zent *n* (%); **3.** *pl.* 'Wertpaˌpiere *pl.* mit feststehendem Zinssatz: ***three per cents*** dreiprozentige Wertpapiere; **per'cent·age** [-tɪdʒ] *s.* **1.** Pro'zent-, Hundertsatz *m*; Prozentgehalt *m*: **~ *by weight*** Ge-

wichtsprozent *n*; **2.** ✝ Pro'zente *pl.*; **3.** *weitS.* Teil *m*, Anteil *m* (**of** an *dat.*); **4.** ✝ Gewinnanteil *m*, Provisi'on *f*, Tan'tieme *f*; **per'cen·tal** [-tl], **per'cen·tile** [-taɪl] *adj.* prozentu'al, Prozent…

per·cep·ti·bil·i·ty [pəˌseptə'bɪlətɪ] *s.* Wahrnehmbarkeit *f*; **per·cep·ti·ble** [pə'septəbl] *adj.* □ wahrnehmbar, merklich; **per·cep·tion** [pə'sepʃn] *s.* **1.** (sinnliche *od.* geistige) Wahrnehmung, Empfindung *f*; **2.** Wahrnehmungsvermögen *n*; **3.** Auffassung(skraft) *f*; **4.** Begriff *m*, Vorstellung *f*; **5.** Erkenntnis *f*; **per·cep·tion·al** [pə'sepʃənl] *adj.* Wahrnehmungs…, Empfindungs…; **per·cep·tive** [pə'septɪv] *adj.* □ **1.** wahrnehmend, Wahrnehmungs…; **2.** auffassungsfähig, scharfsichtig; **per·cep·tiv·i·ty** [ˌpɜːsep'tɪvətɪ] *s.* → ***perception*** 2.

perch[1] [pɜːtʃ] *pl.* **'perch·es** [-ɪz] *od.* **perch** *s. ichth.* Flußbarsch *m.*

perch[2] [pɜːtʃ] **I** *s.* **1.** (Auf)Sitzstange *f für Vögel*, Hühnerstange *f*; **2.** F *fig.* hoher (sicherer) Sitz, ‚Thron' *m*: ***knock s.o. off his ~*** *fig.* j-n von s-m Sockel herunterstoßen; ***come off your ~!*** F tu nicht so überlegen!; **3.** *surv.* Meßstange *f*; **4.** Rute *f* (*Längenmaß = 5,029 m*); **5.** ⚓ Pricke *f*; **6.** Lang-, Lenkbaum *m e-s Wagens*; **II** *v/i.* **7.** sich setzen *od.* niederlassen (**on** auf *acc.*), sitzen (*Vögel*); *fig.* hoch sitzen *od.* ‚thronen'; **III** *v/t.* **8.** (*auf et. Hohes*) setzen: ***~ o.s.*** sich setzen; ***be ~ed*** sitzen, ‚thronen'.

per·chance [pə'tʃɑːns] *adv. poet.* viel'leicht, zufällig.

perch·er ['pɜːtʃə] *s. orn.* Sitzvogel *m.*

per·chlo·rate [pə'klɔːreɪt] *s.* ⚗ Perchlo'rat *n*; **per'chlo·ric** [-ɪk] *adj.* 'überchlorig: ***~ acid*** Über- *od.* Perchlorsäure *f*; **per'chlo·ride** [-raɪd] *s.* Perchlo'rid *n.*

per·cip·i·ence [pə'sɪpɪəns] *s.* **1.** Wahrnehmen *n*; **2.** Wahrnehmung(svermögen *n*) *f*; **per'cip·i·ent** [-nt] → ***perceptive*** 1.

per·co·late ['pɜːkəleɪt] **I** *v/t.* **1.** *Kaffee etc.* filtern, 'durchseihen, 'durchsickern lassen; **II** *v/i.* **2.** 'durchsickern (*a. fig.*): ***percolating tank*** Sickertank *m*; **3.** gefiltert werden; **per·co·la·tion** [ˌpɜːkə'leɪʃn] *s.* 'Durchseihung *f*, Filtrati'on *f*; **'per·co·la·tor** [-tə] *s.* Fil'triertrichter *m*, Perko'lator *m*, 'Kaffeemaˌschine *f.*

per·cuss [pə'kʌs] *v/t. u. v/i.* ⚕ perkutieren, abklopfen; **per'cus·sion** [-ʌʃən] **I** *s.* **1.** Schlag *m*, Stoß *m*, Erschütterung *f*, Aufschlag *m*; **2.** ⚕ a) Perkussi'on *f*, Abklopfen *n*, b) 'Klopfmasˌsage *f*; **3.** ♪ *coll.* 'Schlaginstruˌmente *pl.*, -zeug *n*; **II** *adj.* **4.** Schlag…, Stoß…, Zünd…: ***~ cap*** Zündhütchen *n*; ***~ drill*** ⚙ Schlagbohrer *m*; ***~ fuse*** ⚔ Aufschlagzünder *m*; ***~ instrument*** ♪ Schlaginstrument *n*; ***~ welding*** ⚙ Schlag-, Stoßschweißen *n*; **III** *v/t.* **5.** ⚕ a) perkutieren, abklopfen, b) durch Beklopfen massieren; **per'cus·sion·ist** [-ʌʃnɪst] *s.* ♪ Schlagzeuger *m*; **per'cus·sive** [-sɪv] → ***percussion*** 4.

per·cu·ta·ne·ous [ˌpɜːkjuː'teɪnjəs] *adj.* □ ⚕ perku'tan, durch die Haut.

per di·em [ˌpɜː'daɪem] **I** *adj. u. adv.* täglich, pro Tag: ***~ rate*** Tagessatz *m*; **II** *s.* Tagegeld *n.*

per·di·tion [pə'dɪʃn] *s.* **1.** Verderben *n*; **2.** a) ewige Verdammnis, b) Hölle *f.*

per·e·gri·nate ['perɪgrɪneɪt] **I** *v/i.* wandern, um'herreisen; **II** *v/t.* durch'wandern, bereisen; **per·e·gri·na·tion** [ˌperɪgrɪ'neɪʃn] *s.* **1.** Wanderschaft *f*; **2.** Wanderung *f*; **3.** *fig.* Weitschweifigkeit *f.*

per·emp·to·ri·ness [pə'remptərɪnɪs] *s.* **1.** Entschiedenheit *f*, Bestimmtheit *f*; herrisches Wesen; **2.** Endgültigkeit *f*; **per·emp·to·ry** [pə'remptərɪ] *adj.* □ **1.** entschieden, bestimmt; gebieterisch, herrisch; **2.** entscheidend, endgültig; zwingend, defini'tiv: ***a ~ command.***

per·en·ni·al [pə'renjəl] **I** *adj.* □ **1.** das ganze Jahr *od.* Jahre hin'durch dauernd, beständig; **2.** immerwährend, anhaltend; **3.** ⚘ perennierend, winterhart; **II** *s.* **4.** ⚘ perennierende Pflanze.

per·fect ['pɜːfɪkt] **I** *adj.* □ → ***perfectly***; **1.** per'fekt, voll'endet: a) fehler-, makellos, ide'al, b) fertig, abgeschlossen: ***make ~*** vervollkommnen; ***~ pitch*** ♪ absolutes Gehör; ***~ participle*** *ling.* Mittelwort *n* der Vergangenheit, Partizip *n* Perfekt; ***~ tense*** Perfekt *n*; **2.** gründlich (ausgebildet), per'fekt (***in*** in *dat.*); **3.** gänzlich, 'vollständig: ***a ~ circle***; ***~ strangers*** wildfremde Leute; **4.** F rein, ‚kom'plett': ***~ nonsense***; ***a ~ fool*** ein ausgemachter Narr; **II** *s.* **5.** *ling.* Perfekt *n*: ***past ~*** Plusquamperfekt; **III** *v/t.* [pə'fekt] **6.** voll'enden; ver'vollkommnen (***o.s.*** sich); **per·fect·i·ble** [pə'fektəbl] *adj.* ver'vollkommnungsfähig; **per·fec·tion** [pə'fekʃn] *s.* **1.** Ver'vollkommnung *f*; **2.** *fig.* Voll'kommenheit *f*, Voll'endung *f*, Perfekti'on *f*: ***bring to ~*** vervollkommnen; ***to ~*** vollkommen, meisterlich; **3.** Vor'trefflichkeit *f*; **4.** Fehler-, Makellosigkeit *f*; **5.** *fig.* Gipfel *m*; **6.** *pl.* Fertigkeiten *pl.*; **per·fec·tion·ist** [pə'fekʃnɪst] **I** *s.* Perfektio'nist *m*; **II** *adj.* perfektio'nistisch; **'per·fect·ly** [-ktlɪ] *adv.* **1.** vollkommen, fehlerlos; gänzlich, völlig; **2.** F ganz, abso'lut, einfach *wunderbar etc.*

per·fid·i·ous [pə'fɪdɪəs] *adj.* □ verräterisch, falsch, heimtückisch, per'fid; **per'fid·i·ous·ness** [-nɪs], **per·fi·dy** ['pɜːfɪdɪ] *s.* Falschheit *f*, Perfi'die *f*, Tücke *f*, Verrat *m.*

per·fo·rate **I** *v/t.* ['pɜːfəreɪt] durch'bohren, -'löchern, lochen, perforieren: ***~d disk*** ⚙ (Kreis)Lochscheibe *f*; ***~d tape*** Lochstreifen *m*; **II** *adj.* [-rɪt] durch'löchert, gelocht; **per·fo·ra·tion** [ˌpɜːfə'reɪʃn] *s.* **1.** Durch'bohrung *f*, -'lochung *f*, -'löcherung *f*, Perforati'on *f*: ***~ of the stomach*** ⚕ Magendurchbruch *m*; **2.** Lochung *f*, gelochte Linie; **3.** Loch *n*, Öffnung *f*; **'per·fo·ra·tor** [-tə] *s.* Locher *m.*

per·force [pə'fɔːs] *adv.* notgedrungen, gezwungenermaßen.

per·form [pə'fɔːm] **I** *v/t.* **1.** *Arbeit, Dienst etc.* verrichten, leisten, machen, tun, ausführen; ⚕ *e-e Operation* 'durchführen (***on*** bei); **2.** voll'bringen, -'ziehen, 'durchführen; *e-r Verpflichtung* nachkommen, *e-e Pflicht, a. e-n Vertrag* erfüllen; **3.** *Theaterstück, Konzert etc.* aufführen, geben, spielen; *e-e Rolle* spielen, darstellen; **II** *v/i.* **4.** et. ausführen *od.* leisten; ⚙ funktionieren, arbeiten: ***~ well*** e-e gute Leistung bringen; **5.** *thea. etc.* e-e Vorstellung geben, auftreten, spielen: ***~ on the piano*** Klavier spielen, auf dem Klavier et. vortragen; **per'form·ance** [-məns] *s.* **1.** Aus-, 'Durchführung *f*: ***in the ~ of his duty*** in Ausübung s-r Pflicht; **2.** Leistung *f* (*a.* ⚖, ⚙), Erfüllung *f* (*Pflicht, Versprechen, Vertrag*), Voll'ziehung *f*: ***~ in kind*** Sachleistung; ***~ data*** ⚙ Leistungswerte *pl.*; ***~ principle*** *sociol.* Leistungsprinzip *n*; ***~ test*** *ped.* Leistungsprüfung *f*; ***~ of a machine*** (Arbeits)Leistung *od.* Arbeitsweise *f* e-r Maschine; **3.** ♪, *thea.* Aufführung *f*; Vorstellung *f*; Vortrag *m*; **4.** *thea.* Darstellung(skunst) *f*, Spiel *n*; **5.** *ling.* Perfor'manz *f*; **per'form·er** [-mə] *s.* **1.** Ausführende(r *m*) *f*; **2.** Leistungsträger(in): ***top ~***; **3.** Schauspieler(in); Darsteller(in); Musiker(in); Künstler(in); **per'form·ing** [-mɪŋ] *adj.* **1.** *thea.* Aufführungs…: ***~ rights***; **2.** darstellend: ***~ arts***; **3.** dressiert (*Tier*).

per·fume **I** *v/t.* [pə'fjuːm] **1.** mit Duft erfüllen, parfümieren (*a. fig.*); **II** *s.* ['pɜːfjuːm] **2.** Duft *m*, Wohlgeruch *m*; **3.** Par'füm *n*, Duftstoff *m*; **per'fum·er** [-mə] *s.* Parfüme'riehändler *m*, Parfü'meur *m*; **per'fum·er·y** [-mərɪ] *s.* Parfüme'rien *pl.*; Parfüme'rie(geschäft *n*) *f.*

per·func·to·ry [pə'fʌŋktərɪ] *adj.* □ **1.** oberflächlich, obenhin, flüchtig; **2.** me'chanisch, inter'esselos.

per·go·la ['pɜːgələ] *s.* Laube *f*, offener Laubengang, Pergola *f.*

per·haps [pə'hæps; præps] *adv.* viel'leicht.

per·i·car·di·tis [ˌperɪkɑː'daɪtɪs] *s.* ⚕ Herzbeutelentzündung *f*, Perikar'ditis *f*; **per·i·car·di·um** [ˌperɪ'kɑːdjəm] *pl.* **-di·a** [-djə] *s. anat.* **1.** Herzbeutel *m*; **2.** Herzfell *n.*

per·i·carp ['perɪkɑːp] *s.* ⚘ Fruchthülle *f*, Peri'karp *n.*

per·i·gee ['perɪdʒiː] *s. ast.* Erdnähe *f.*

per·i·he·li·on [ˌperɪ'hiːljən] *s. ast.* Sonnennähe *f e-s Planeten.*

per·il ['perəl] **I** *s.* Gefahr *f*, Risiko *n* (*a.* ✝): ***in ~ of one's life*** in Lebensgefahr; ***at (one's) ~*** auf eigene Gefahr; ***at the ~ of*** auf die Gefahr hin, daß; **II** *v/t.* gefährden; **'per·il·ous** [-rələs] *adj.* □ gefährlich.

per·im·e·ter [pə'rɪmɪtə] *s.* **1.** Periphe'rie *f*: a) ⩘ 'Umkreis *m*, b) *allg.* Rand *m*: ***~ position*** ⚔ Randstellung *f*; **2.** ⚕, *opt.* Peri'meter *n* (*Instrument*).

per·i·ne·um [ˌperɪ'niːəm] *pl.* **-ne·a** [-ə] *s. anat.* Damm *m*, Peri'neum *n.*

pe·ri·od ['pɪərɪəd] **I** *s.* **1.** Peri'ode *f* (*a.* ⩘, ⚡, ♪), Zeit(dauer *f*, -raum *m*, -spanne *f*) *f*, Frist *f*: ***~ of appeal*** ⚖ Berufungsfrist; ***~ of exposure*** *phot.* Belichtungszeit; ***~ of office*** Amtsdauer *f*; ***for a ~*** für einige Zeit; ***for a ~ of*** auf die Dauer von; **2.** *ast.* 'Umlaufszeit *f*; **3.** (vergangenes *od.* gegenwärtiges) Zeitalter: ***glacial ~*** Eiszeit *f*; ***dresses of the ~*** zeitgenössische Kleider; ***a girl of the ~*** ein modernes Mädchen; **4.** *ped.* ('Unterrichts)Stunde *f*; **5.** *Sport*: Spielabschnitt *m*, *z.B. Eishockey*: Drittel *n*; **6.** *a.* ***monthly ~*** (*od.* ***~s*** *pl.*) ⚕ Periode *f der Frau*; **7.** (Sprech)Pause *f*, Absatz *m*; **8.** *ling.* a) Punkt *m*: ***put a ~ to*** *fig.* *e-r Sache* ein Ende setzen, b) Satzgefüge *n*, c) *allg.* wohlgefügter Satz; **II** *adj.* **9.** a) zeitgeschichtlich, Zeit…: ***~ play*** Zeitstück *n*; b) Stil…: ***~ furniture***; ***~***

house Haus *n* im Zeitstil; ~ ***dress*** historisches Kostüm.
pe·ri·od·ic¹ [ˌpɪərɪ'ɒdɪk] *adj.* (□ ~ ***ally***) **1.** peri'odisch, Kreis..., regelmäßig 'wiederkehrend; **2.** *ling.* rhe'torisch, wohlgefügt (*Satz*).
per·i·od·ic² [ˌpɜːraɪ'ɒdɪk] *adj.* ⚗ per-, überjodsauer: ~ ***acid*** Überjodsäure *f*.
pe·ri·od·i·cal [ˌpɪərɪ'ɒdɪkl] **I** *adj.* □ **1.** → ***periodic¹***; **2.** regelmäßig erscheinend; **3.** Zeitschriften...; **II** *s.* **4.** Zeitschrift *f*;
pe·ri·o·dic·i·ty [ˌpɪərɪə'dɪsətɪ] *s.* **1.** Periodizi'tät *f* (*a.* ⚕); **2.** ⚗ Stellung *f* e-s Ele'ments in der A'tomgewichtstafel; **3.** ⚡ Fre'quenz *f*.
per·i·os·te·um [ˌperɪ'ɒstɪəm] *pl.* **-te·a** [-ə] *s. anat.* Knochenhaut *f*; **per·i·os·ti·tis** [ˌperɪə'staɪtɪs] *s.* ⚕ Knochenhautentzündung *f*.
per·i·pa·tet·ic [ˌperɪpə'tetɪk] *adj.* (□ ~***ally***) **1.** um'herwandelnd; **2.** ♀ *phls.* peripa'tetisch; **3.** *fig.* weitschweifig.
pe·riph·er·al [pə'rɪfərəl] *adj.* □ **1.** peri'pherisch, Rand...; **2.** *anat.* peri'pher;
pe·riph·er·y [pə'rɪfərɪ] *s.* Periphe'rie *f*; *fig. a.* Rand *m*, Grenze *f*.
pe·riph·ra·sis [pə'rɪfrəsɪs] *pl.* **-ses** [-siːz] *s.* Um'schreibung *f*, Peri'phrase *f*;
per·i·phras·tic [ˌperɪ'fræstɪk] *adj.* (□ ~***ally***) um'schreibend, peri'phrastisch.
per·i·scope ['perɪskəʊp] *s.* ⚔ **1.** Sehrohr *n* (*U-Boot*, *Panzer*); **2.** Beobachtungsspiegel *m*.
per·ish ['perɪʃ] **I** *v/i.* **1.** 'umkommen, 'untergehen, zu'grunde gehen, sterben, (tödlich) verunglücken (***by***, ***of***, ***with*** durch, von, an *dat.*): ***to*** ~ ***by drowning*** ertrinken; ~ ***the thought!*** Gott behüte!; **2.** hinschwinden, absterben, eingehen; **II** *v/t.* **3.** vernichten (*mst pass.*): ***be*** ~***ed with*** F (fast) umkommen vor *Kälte etc.*; **'per·ish·a·ble** [-ʃəbl] **I** *adj.* □ vergänglich; leichtverderblich (*Lebensmittel etc.*); **II** *s. pl.* leichtverderbliche Waren *pl.*; **'per·ish·er** [-ʃə] *s. Brit.* ***little*** ~ kleiner Räuber (*Kind*); **'per·ish·ing** [-ʃɪŋ] **I** *adj.* □ vernichtend, tödlich (*a. fig.*); **II** *adv.* F scheußlich, verflixt: ~ ***cold***.
per·i·style ['perɪstaɪl] *s.* ⩓ Säulengang *m*, Peri'styl *n*.
per·i·to·n(a)e·um [ˌperɪtəʊ'niːəm] *pl.* **-ne·a** [-ə] *s. anat.* Bauchfell *n*; **ˌper·i·to'ni·tis** [-tə'naɪtɪs] *s.* ⚕ Bauchfellentzündung *f*.
per·i·wig ['perɪwɪg] *s.* Pe'rücke *f*.
per·i·win·kle ['perɪˌwɪŋkl] *s.* **1.** ⚘ Immergrün *n.*; **2.** *zo.* (*eßbare*) Uferschnecke.
per·jure ['pɜːdʒə] *v/t.*: ~ ***o.s.*** e-n Meineid leisten, meineidig werden; ~***d*** meineidig; **'per·jur·er** [-dʒərə] *s.* Meineidige(r *m*) *f*; **'per·ju·ry** [-dʒərɪ] *s.* Meineid *m*.
perk¹ [pɜːk] *s. mst pl. bsd. Brit* F *für* ***perquisite*** 1.
perk² [pɜːk] **I** *v/i. mst* ~ ***up*** **1.** (lebhaft) den Kopf recken, munter werden; **2.** *fig.* die Nase hoch tragen, selbstbewußt *od.* forsch auftreten; **3.** *fig.* sich erholen, munter werden; **II** *v/t. mst* ~ ***up*** **4.** *den Kopf* recken; *die Ohren* spitzen; **5.** ~ ***up*** *j-n* ,aufmöbeln'; **6.** ~ ***o.s.*** (***up***) sich schön machen; **'perk·i·ness** [-kɪnɪs] *s.* Keckheit *f*, Selbstbewußtsein *n*; **'perk·y** [-kɪ] *adj.* □ **1.** flott, forsch; **2.** keck, dreist, frech.
perm [pɜːm] *s.* F Dauerwelle *f*.
per·ma·frost ['pɜːməfrɒst] *s.* Dauerfrostboden *m*.
per·ma·nence ['pɜːmənəns] *s.* **1.** Perma'nenz *f* (*a. phys.*), Ständigkeit *f*, (Fort)Dauer *f*; **2.** Beständigkeit *f*, Dauerhaftigkeit *f*; **'per·ma·nen·cy** [-sɪ] **1.** → ***permanence***; **2.** *et.* Dauerhaftes *od.* Bleibendes; feste Anstellung, Dauerstellung *f*; **'per·ma·nent** [-nt] *adj.* □ (fort)dauernd, bleibend, perma'nent; ständig (*Ausschuß*, *Bauten*, *Personal*, *Wohnsitz etc.*); dauerhaft, Dauer... (*-magnet*, *-stellung*, *-ton*, *-wirkung etc.*), mas'siv (*Bau*): ~ ***assets*** ✝ Anlagevermögen *n*; ~ ***call*** *teleph.* Dauerbelegung *f*; ♀ ***Secretary*** *Brit.* ständiger (*fachlicher*) Staatssekretär; ~ ***situation*** ✝ Dauer-, Lebensstellung *f*; ~ ***wave*** Dauerwelle *f*; ~ ***way*** 🚂 Bahnkörper *m*; Oberbau *m*.
per·man·ga·nate [pɜː'mæŋgəneɪt] *s.* ⚗ Permanga'nat *n*: ~ ***of potash*** Kaliumpermanganat; **per·man·gan·ic** [ˌpɜːmæŋ'gænɪk] *adj.* Übermangan...: ~ ***acid***.
per·me·a·bil·i·ty [ˌpɜːmjə'bɪlətɪ] *s.* Durch'dringbarkeit *f*, *bsd. phys.* Permeabili'tät *f*: ~ ***to gas***(***es***) *phys.* Gasdurchlässigkeit *f*.
per·me·a·ble ['pɜːmjəbl] *adj.* □ 'durchlässig (***to*** für); **per·me·ance** ['pɜːmɪəns] *s.* **1.** Durch'dringung *f*; **2.** *phys.* ma'gnetischer Leitwert; **per·me·ate** ['pɜːmɪeɪt] **I** *v/t.* durch'dringen; **II** *v/i.* dringen (***into*** in *acc.*), sich verbreiten (***among*** unter *dat.*), 'durchsickern; **per·me·a·tion** [ˌpɜːmɪ'eɪʃn] *s.* Eindringen *n*, Durch'dringung *f*.
per·mis·si·ble [pə'mɪsəbl] *adj.* □ zulässig; **per'mis·sion** [-'mɪʃn] *s.* Erlaubnis *f*, Genehmigung *f*, Zulassung *f*: ***by special*** ~ mit besonderer Erlaubnis; ***ask s.o. for*** ~, ***ask s.o.'s*** ~ j-n um Erlaubnis bitten; **per'mis·sive** [-sɪv] *adj.* □ **1.** gestattend, zulassend; ⚖ fakulta'tiv; **2.** tole'rant, libe'ral; (sexu'ell) freizügig: ~ ***society*** tabufreie Gesellschaft; **per'mis·sive·ness** [-sɪvnɪs] *s.* **1.** Zulässigkeit *f*; **2.** Tole'ranz *f*; **3.** (sexu'elle) Freizügigkeit *f*.
per·mit [pə'mɪt] **I** *v/t.* **1.** *et.* erlauben, gestatten, zulassen, dulden: ***am I*** ~***ted to*** darf ich?; ~ ***o.s. s.th.*** sich et. erlauben; **II** *v/i.* **2.** erlauben: ***weather*** (***time***) ~***ting*** wenn es das Wetter (die Zeit) erlaubt; **3.** ~ ***of*** *fig.* zulassen: ***the rule*** ~***s of no exception***; **III** *s.* ['pɜːmɪt] **4.** Genehmigung(sschein *m*) *f*, Li'zenz *f*, Zulassung *f* (***to*** für); ✝ Aus-, Einfuhrerlaubnis *f*; **5.** Aus-, Einreiseerlaubnis *f*; **6.** Passierschein *m*; **per·mit·tiv·i·ty** [ˌpɜːmɪ'tɪvətɪ] *s.* ⚡ Dielektrizi'tätskonˌstante *f*.
per·mu·ta·tion [ˌpɜːmjuː'teɪʃn] *s.* **1.** Vertauschung *f*, Versetzung *f*: ~ ***lock*** Vexierschloß; **2.** ℞ Permutati'on *f*.
per·ni·cious [pə'nɪʃəs] *adj.* □ **1.** verderblich, schädlich; **2.** ⚕ bösartig, perni'ziös; **per'ni·cious·ness** [-nɪs] *s.* Schädlichkeit *f*; Bösartigkeit *f*.
per·nick·et·y [pə'nɪkətɪ] *adj.* **1.** F ,pingelig', kleinlich, wählerisch, pe'dantisch (***about*** mit); **2.** heikel (*a. Sache*).
per·o·rate ['perəreɪt] *v/i.* **1.** große Reden schwingen; **2.** e-e Rede abschließen; **per·o·ra·tion** [ˌperə'reɪʃn] *s.* (zs.-fassender) Redeschluß.
per·ox·ide [pə'rɒksaɪd] ⚗ 'Superoˌxyd *n*; *engS.* 'Wasserstoffˌsuperoˌxyd *n*: ~ ***blonde*** F ,Wasserstoffblondine' *f*; **per'ox·i·dize** [-sɪdaɪz] *v/t. u. v/i.* peroxydieren.
per·pen·dic·u·lar [ˌpɜːpən'dɪkjʊlə] **I** *adj.* □ **1.** senk-, lotrecht (***to*** zu): ~ ***style*** ⩓ englische Spätgotik; **2.** rechtwinklig (***to*** auf *dat.*); **3.** ⚒ seiger; **4.** steil; **5.** aufrecht (*a. fig.*); **II** *s.* **6.** (Einfalls)Lot *n*, Senkrechte *f*; Perpen'dikel *n*, *m*: ***out of*** (***the***) ~ schief, nicht senkrecht; ***raise*** (***let fall***) ***a*** ~ ein Lot errichten (fällen); **7.** ⚙ (Senk)Lot *n*, Senkwaage *f*.
per·pe·trate ['pɜːpɪtreɪt] *v/t. Verbrechen etc.* begehen, verüben; F *fig. Buch etc.* ,verbrechen'; **per·pe·tra·tion** [ˌpɜːpɪ'treɪʃn] *s.* Begehung *f*, Verübung *f*; **'per·pe·tra·tor** [-tə] *s.* Täter *m*.
per·pet·u·al [pə'petʃʊəl] *adj.* □ **1.** fort-, immerwährend, unaufhörlich, beständig, ewig, andauernd: ~ ***check*** Dauerschach *n*; ~ ***motion machine*** Perpetuum mobile *n*; ~ ***snow*** ewiger Schnee, Firn *m*; **2.** lebenslänglich, unabsetzbar: ~ ***officer***; **3.** ✝ unablösbar, unkündbar: ~ ***lease***; ~ ***bonds*** Rentenanleihen; **4.** ⚘ perennierend, **per'pet·u·ate** *v/t.* [-tʃʊeɪt] verewigen, fortbestehen lassen, (immerwährend) fortsetzen; **per·pet·u·a·tion** [pəˌpetʃʊ'eɪʃn] *s.* Fortdauer *f*, endlose Fortsetzung, Verewigung *f*, Fortbestehenlassen *n*; **per·pe·tu·i·ty** [ˌpɜːpɪ'tjuːətɪ] *s.* **1.** Fortdauer *f*, unaufhörliches Bestehen, Unaufhörlichkeit *f*, Ewigkeit *f*: ***in*** (*od.* ***to*** *od.* ***for***) ~ auf ewig; **2.** ⚖ Unveräußerlichkeit(sverfügung) *f*; **3.** lebenslängliche (Jahres-) Rente.
per·plex [pə'pleks] *v/t.* verwirren, verblüffen, bestürzt machen; **per'plexed** [-kst] *adj.* □ **1.** verwirrt, verblüfft, verdutzt, bestürzt (*Person*); **2.** verworren, verwickelt (*Sache*); **per'plex·i·ty** [-ksətɪ] *s.* **1.** Verwirrung *f*, Bestürzung *f*, Verlegenheit *f*; **2.** Verworrenheit *f*.
per·qui·site ['pɜːkwɪzɪt] *s.* **1.** *mst pl. bsd. Brit.* a) Nebeneinkünfte *pl.*, -verdienst *m*, b) Vergünstigung *f*; **2.** Vergütung *f*, Gehalt *n*; **3.** per'sönliches Vorrecht.
per·se·cute ['pɜːsɪkjuːt] *v/t.* **1.** *bsd. pol.*, *eccl.* verfolgen; **2.** a) plagen, belästigen, b) drangsalieren, schikanieren;
per·se·cu·tion [ˌpɜːsɪ'kjuːʃn] *s.* **1.** Verfolgung *f*: ~ ***mania***, ~ ***complex*** Verfolgungswahn *m*; **2.** Drangsalierung *f*, Schi'kane(n *pl.*) *f*; **'per·se·cu·tor** [-tə] *s.* **1.** Verfolger *m*; **2.** Peiniger(in).
per·se·ver·ance [ˌpɜːsɪ'vɪərəns] *s.* Beharrlichkeit *f*, Ausdauer *f*; **per·sev·er·ate** [pə'sevəreɪt] *v/i. psych.* ständig *od.* immer 'wiederkehren (*Melodie*, *Motiv*, *Gedanken etc.*); **per·se·vere** [ˌpɜːsɪ'vɪə] *v/i.* (***in***) beharren, ausdauern, aushalten (bei), fortfahren (mit), festhalten (an *dat.*); **ˌper·se've·ing** [-'vɪərɪŋ] *adj.* □ beharrlich, standhaft.
Per·sian ['pɜːʃn] **I** *adj.* **1.** persisch; **II** *s.* **2.** Perser(in); **3.** *ling.* Persisch *n*; ~ ***blinds*** *s. pl.* Jalou'sien *pl.*; ~ ***car·pet*** *s.* Perserteppich *m*; ~ ***cat*** *s.* An'gorakatze *f*.
per·si·flage [ˌpɜːsɪ'flɑːʒ] *s.* Persi'flage *f*, (*feine*) Verspottung *f*.

per·sim·mon [pɜːˈsɪmən] *s.* ⚘ Persiˈmone *f*, Kaki-, Dattelpflaume *f*.

per·sist [pəˈsɪst] *v/i.* **1.** (*in*) aus-, verharren (bei), hartnäckig bestehen (auf *dat.*), beharren (auf *dat.*, bei), unbeirrt fortfahren (mit); **2.** weiterarbeiten (*with* an *dat.*); **3.** fortdauern, anhalten; fort-, weiterbestehen; **perˈsist·ence** [-təns], **perˈsist·en·cy** [-tənsɪ] *s.* **1.** Beharren *n* (*in* bei); Beharrlichkeit *f*; Fortdauer *f*; **2.** beharrliches *od.* hartnäckiges Fortfahren (*in* in *dat.*); **3.** Hartnäckigkeit *f*, Ausdauer *f*; **4.** *phys.* Beharrung(szustand *m*) *f*, Nachwirkung *f*; Wirkungsdauer *f*; *TV etc.* Nachleuchten *n*; *opt.* (Augen)Trägheit *f*; **perˈsist·ent** [-tənt] *adj.* □ **1.** beharrlich, ausdauernd, hartnäckig; **2.** ständig, nachhaltig; anhaltend (*a.* † *Nachfrage*; *a. Regen*); ⚔ seßhaft (*Kampfstoff*), schwerflüchtig (*Gas*).

per·son [ˈpɜːsn] *s.* **1.** Perˈson *f* (*a. contp.*), (Einzel)Wesen *n*, Indiˈviduum *n*; *weitS.* Perˈsönlichkeit *f*: ***any** ~* irgend jemand: ***in** ~* in eigener Person, persönlich; ***no** ~* niemand; ***natural** ~* ⚖ natürliche Person; ***~-to-~ call** teleph.* Voranmeldung(sgespräch *n*) *f*; **2.** *das* Äußere, Körper *m*: ***carry s.th. on one's** ~* et. bei sich tragen; **3.** *thea.* Rolle *f*.

per·so·na [pɜːˈsəʊnə] *pl.* **-nae** [-niː] *s.* (*Lat.*) **1.** a) *thea.* Chaˈrakter *m*, Rolle *f*, b) Gestalt *f* (*in der Literatur*); **2.** *~ (**non**) **grata*** Persona (non) grata *f*, (nicht) genehme Person.

per·son·a·ble [ˈpɜːsnəbl] *adj.* **1.** von angenehmem Äußeren; **2.** symˈpathisch; **ˈper·son·age** [-nɪdʒ] *s.* **1.** (hohe) Perˈsönlichkeit; **2.** → ***persona*** 1; **ˈper·son·al** [-nl] **I** *adj.* □ **1.** perˈsönlich (*a. ling.*); Personal…(*-konto, -kredit, -steuer etc.*); Privat…(*-einkommen, -leben etc.*); eigen (*a. Meinung*): *~ **call** teleph.* Voranmeldung(sgespräch *n*) *f*; *~ **column*** → 5; *~ **damage*** Personenschaden *m*; *~ **data*** Personalien *pl.*; *~ **file*** Personalakte *f*; *~ **injury*** Körperverletzung *f*; *~ **property** (od. **estate**)* → ***personalty***; *~ **union** pol.* Personalunion *f*; **2.** persönlich, priˈvat, vertraulich (*Brief etc.*); mündlich (*Auskunft etc.*): *~ **matter*** Privatsache *f*; **3.** äußer, körperlich: *~ **charms***; *~ **hygiene*** Körperpflege *f*; **4.** persönlich, anzüglich (*Bemerkung etc.*): ***become** ~* anzüglich werden; **II** *s.* **5.** Perˈsönliches *n* (*Zeitung*); **per·son·al·i·ty** [ˌpɜːsəˈnælətɪ] *s.* **1.** Perˈsönlichkeit *f* (*a. jur.*), Perˈson *f*: *~ **clash** psych.* Persönlichkeitskonflikt *m*; *~ **cult** pol.* Personenkult *m*; *~ **test** psych.* Persönlichkeitstest *m*; **2.** Individualiˈtät *f*; **3.** *pl.* Anzüglichkeiten *pl.*, anzügliche Bemerkungen *pl.*; **per·son·al·ize** [ˈpɜːsnəlaɪz] → ***personify***; **ˈper·son·al·ty** [-nltɪ] ⚖ bewegliches Vermögen; **ˈper·son·ate** [-səneɪt] *v/t.* **1.** → ***personify***; **2.** vor-, darstellen; **3.** nachahmen; **4.** sich (fälschlich) ausgeben als; **per·son·a·tion** [ˌpɜːsəˈneɪʃn] *s.* **1.** Vor-, Darstellung *f*; **2.** Personifikatiˈon *f*, Verkörperung *f*; **3.** Nachahmung *f*; **4.** ⚖ fälschliches Sichˈausgeben.

per·son·i·fi·ca·tion [pɜːˌsɒnɪfɪˈkeɪʃn] *s.* Verkörperung *f*; **per·son·i·fy** [pɜːˈsɒnɪfaɪ] *v/t.* personifizieren, verkörpern, versinnbildlichen.

per·son·nel [ˌpɜːsəˈnel] *s.* Persoˈnal *n*, Belegschaft *f*; ⚔, ⚓ Mannschaft(en *pl.*) *f*, Besatzung *f*: *~ **manager*** † Personalchef *m*.

per·spec·tiv·al [ˌpɜːspektˈtaɪvl] *adj.* perspekˈtivisch; **per·spec·tive** [pəˈspektɪv] **I** *s.* **1.** ⩓, *paint. etc.* Perspekˈtive *f*: ***in** (**true**) ~* in richtiger Perspektive; **2.** *a. ~ **drawing*** perspektivische Zeichnung; **3.** Perspekˈtive *f*: a) Aussicht *f*, -blick *m* (*beide a. fig.*), b) *fig.* klarer Blick: ***he has no** ~* er sieht die Dinge nicht im richtigen Verhältnis (zueinander); **II** *adj.* □ → ***perspectival***.

per·spex [ˈpɜːspeks] (*TM*) *s. Brit.* Sicherheits-, Plexiglas *n*.

per·spi·ca·cious [ˌpɜːspɪˈkeɪʃəs] *adj.* □ scharfsinnig, ˈdurchdringend; **ˌper·spiˈcac·i·ty** [-ˈkæsətɪ] *s.* Scharfblick *m*, -sinn *m*; **ˌper·spiˈcu·i·ty** [-ˈkjuːətɪ] *s.* Klarheit *f*, Verständlichkeit *f*; **per·spic·u·ous** [pəˈspɪkjʊəs] *adj.* □ deutlich, klar, (leicht)verständlich.

per·spi·ra·tion [ˌpɜːspəˈreɪʃn] *s.* **1.** Ausdünsten *n*, Schwitzen *n*; **2.** Schweiß *m*; **per·spir·a·to·ry** [pəˈspaɪərətərɪ] *adj.* Schweiß…: *~ **gland*** Schweißdrüse *f*; **per·spire** [pəˈspaɪə] **I** *v/i.* schwitzen, transpirieren; **II** *v/t.* ausschwitzen, -dünsten.

per·suade [pəˈsweɪd] *v/t.* **1.** überˈreden, bereden (***to** inf.*, ***into** ger.* zu *inf.*); **2.** überˈzeugen (***of*** von, ***that*** daß): *~ **o.s.*** a) sich überzeugen, b) sich einbilden *od.* einreden; ***be** ~**d that*** überzeugt sein, daß; **perˈsuad·er** [-də] *s.* **1.** Überredungskünstler(in), ‚Verführer' *m*; **2.** *sl.* Überˈredungsmittel *n* (*a. Pistole etc.*).

per·sua·sion [pəˈsweɪʒn] *s.* **1.** Überˈredung *f*; **2.** *a. **powers of** ~* Überˈredungsgabe *f*, -künste *pl.*; **3.** Überˈzeugung *f*, fester Glaube; **4.** *eccl.* Glaube(nsrichtung *f*) *m*; **5.** F *humor.* a) Art *f*, Sorte *f*, b) Geschlecht *n*: ***female** ~*; **perˈsua·sive** [-eɪsɪv] *adj.* □ **1.** überˈredend; **2.** überˈzeugend; **perˈsua·sive·ness** [-eɪsɪvnɪs] *s.* **1.** ***persuasion*** 2; **2.** überˈzeugende Art.

pert [pɜːt] *adj.* □ keck (*a. fig. Hut etc.*), schnippisch, vorlaut.

per·tain [pɜːˈteɪn] *v/i.* (***to***) a) gehören (*dat. od.* zu), b) betreffen (*acc.*), sich beziehen (auf *acc.*): ***~ing to*** betreffend.

per·ti·na·cious [ˌpɜːtɪˈneɪʃəs] *adj.* □ **1.** hartnäckig, zäh; **2.** beharrlich, standhaft; **ˌper·tiˈnac·i·ty** [-ˈnæsətɪ] *s.* Hartnäckigkeit *f*; Zähigkeit *f*, Beharrlichkeit *f*.

per·ti·nence [ˈpɜːtɪnəns], **ˈper·ti·nen·cy** [-sɪ] *s.* **1.** Angemessenheit *f*, Gemäßheit *f*; **2.** Sachdienlichkeit *f*, Releˈvanz *f*; **ˈper·ti·nent** [-nt] *adj.* □ **1.** angemessen, passend, gemäß; **2.** zur Sache gehörig, einschlägig, sachdienlich, gehörig (***to*** zu): ***be** ~ **to*** Bezug haben auf (*acc.*).

pert·ness [ˈpɜːtnɪs] *s.* Keckheit *f*, schnippisches Wesen, vorlaute Art.

per·turb [pəˈtɜːb] *v/t.* beunruhigen, stören, verwirren, ängstigen; **per·tur·ba·tion** [ˌpɜːtəˈbeɪʃn] *s.* **1.** Unruhe *f*, Bestürzung *f*; **2.** Beunruhigung *f*, Störung *f*; **3.** *ast.* Perturbatiˈon *f*.

pe·ruke [pəˈruːk] *s. hist.* Peˈrücke *f*.

pe·rus·al [pəˈruːzl] *s.* sorgfältiges ˈDurchlesen, ˈDurchsicht *f*, Prüfung *f*: ***for** ~* zur Einsicht; **pe·ruse** [pəˈruːz] *v/t.* (ˈdurch)lesen; *weitS.* ˈdurchgehen, prüfen.

Pe·ru·vi·an [pəˈruːvjən] **I** *adj.* peruˈanisch: *~ **bark*** ⚘ Chinarinde *f*; **II** *s.* Peruˈaner(in).

per·vade [pəˈveɪd] *v/t.* durchˈdringen, -ˈziehen, erfüllen (*a. fig.*); **perˈva·sion** [-eɪʒn] *s.* Durchˈdringung *f* (*a. fig.*); **perˈva·sive** [-eɪsɪv] *adj.* □ ˈdurchdringend; *fig.* ˈüberall vorˈhanden, beherrschend.

per·verse [pəˈvɜːs] *adj.* □ **1.** verkehrt, Fehl…; **2.** verderbt, böse; **3.** verdreht, wunderlich; **4.** verstockt; **5.** launisch; **6.** *psych.* perˈvers (*a. fig.*), ˈwidernatürlich; **perˈver·sion** [-ɜːʃn] *s.* **1.** Verdrehung *f*, ˈUmkehrung *f*; Entstellung *f*: *~ **of justice*** Rechtsbeugung *f*; *~ **of history*** Geschichtsklitterung *f*; **2.** *bsd. eccl.* Verirrung *f*, Abkehr *f vom Guten etc.*; **3.** *psych.* Perversiˈon *f*; **4.** ⩓ ˈUmkehrung *f* (*e-r Figur*); **perˈver·si·ty** [-sətɪ] *s.* **1.** Verdrehtheit *f*; **2.** Halsstarrigkeit *f*; **3.** Verderbtheit *f*; **4.** ˈWidernaˌtürlichkeit *f*, Perversiˈtät *f* (*a. fig.*); **perˈver·sive** [-sɪv] *adj.* verderblich (***of*** für).

per·vert **I** *v/t.* [pəˈvɜːt] **1.** verdrehen, verkehren, entstellen, fälschen, pervertieren (*a. psych.*); mißˈbrauchen; **2.** *j-n* verderben, verführen; **II** *s.* [ˈpɜːvɜːt] **3.** Abtrünnige(r *m*) *f*; **4.** *a. **sexual** ~ psych.* perˈverser Mensch; **perˈvert·er** [-tə] *s.* Verdreher(in); Verführer(in).

per·vi·ous [ˈpɜːvjəs] *adj.* □ **1.** ˈdurchlässig (*a. phys.*), durchˈdringbar, gangbar (***to*** für); **2.** *fig.* zugänglich (***to*** für), offen (***to** dat.*); **3.** ⚙ undicht.

pes·ky [ˈpeskɪ] *adj.* u. *adv. Am.* F ‚verflixt'.

pes·sa·ry [ˈpesərɪ] *s.* ⚕ Pesˈsar *n*.

pes·si·mism [ˈpesɪmɪzəm] *s.* Pessiˈmismus *m*, Schwarzseheˈrei *f*; **ˈpes·si·mist** [-ɪst] **I** *s.* Pessiˈmist(in), Schwarzseher (-in); **II** *adj. a.* **pes·si·mis·tic** [ˌpesɪˈmɪstɪk] *adj.* (□ ***~ally***) pessiˈmistisch.

pest [pest] *s.* **1.** Pest *f*, Plage *f* (*a. fig.*); **2.** *fig.* Pestbeule *f*; **3.** *fig.* a) ‚Ekel' *n*, ‚Nervensäge' *f*, b) Plage *f*, lästige Sache; **4.** *bsd. **insect** ~ biol.* Schädling *m*: *~ **control*** Schädlingsbekämpfung *f*.

pes·ter [ˈpestə] *v/t.* plagen, quälen, belästigen, *j-m* auf die Nerven gehen.

pes·ti·cide [ˈpestɪsaɪd] *s.* Schädlingsbekämpfungsmittel *n*.

pes·ti·lence [ˈpestɪləns] *s.* Seuche *f*, Pest *f*, Pestiˈlenz *f* (*a. fig.*); **ˈpes·ti·lent** [-nt] *adj.* → **pes·ti·len·tial** [ˌpestɪˈlenʃl] *adj.* □ **1.** verpestend, ansteckend; **2.** *fig.* verderblich, schädlich; **3.** *oft humor.* ekelhaft.

pes·tle [ˈpesl] **I** *s.* **1.** Mörserkeule *f*, Stößel *m*; **2.** ⚗ Piˈstill *n*; **II** *v/t.* **3.** zerstoßen.

pet[1] [pet] **I** *s.* **1.** (zahmes) Haustier; Stubentier *n*; **2.** gehätscheltes Tier *od.* Kind, Liebling *m*, ‚Schatz' *m*, ‚Schätzchen' *n*; **II** *adj.* **3.** Lieblings…: *~ **dog*** Schoßhund *m*; *~ **mistake*** Lieblingsfehler *m*; *~ **name*** Kosename *m*; *~ **shop*** Tierhandlung *f*; → ***aversion*** 3; **III** *v/t.* **4.** (ver)hätscheln, liebkosen; **5.** F ‚abfummeln', Petting machen mit; **IV** *v/i.* **6.** F ‚fummeln', knutschen, Petting machen.

pet[2] [pet] *s.* schlechte Laune: ***in a** ~* verärgert, schlecht gelaunt.

pet·al ['petl] *s.* ⚘ Blumenblatt *n.*
pe·tard [pe'tɑ:d] *s.* **1.** ⚔ *hist.* Pe'tarde *f*, Sprengbüchse *f*; → ***hoist***[1]; **2.** Schwärmer *m* (*Feuerwerk*).
pe·ter[1] ['pi:tə] *v/i.*: ~ ***out*** a) (allmählich) zu Ende gehen, b) sich verlieren, c) sich totlaufen, versanden.
Pe·ter[2] ['pi:tə] *npr. u. s. bibl.* 'Petrus *m*: (***the Epistles of***) ~ die Petrusbriefe.
pe·ter[3] ['pi:tə] *s. sl.* ‚Zipfel' *m* (*Penis*).
pe·ter[4] ['pi:tə] *s. sl.* **1.** Geldschrank *m*; **2.** (Laden)Kasse *f*.
pet·it ['petɪ] → ***petty***.
pe·ti·tion [pɪ'tɪʃn] **I** *s.* Bitte *f*, *bsd.* Bittschrift *f*, Gesuch *n*; Eingabe *f* (*a. Patentrecht*); ⚖ (schriftlicher) Antrag: ~ ***for divorce*** Scheidungsklage *f*; ~ ***in bankruptcy*** Konkursantrag *m*; ***file one's*** ~ ***in bankruptcy*** Konkurs anmelden; ~ ***for clemency*** Gnadengesuch *n*; **II** *v/i.* (*u. v/t. j-n*) bitten, an-, ersuchen (***for*** um), schriftlich einkommen (***s.o.*** bei j-m), e-e Bittschrift einreichen (***s.o.*** an j-n): ~ ***for divorce*** die Scheidungsklage einreichen; **pe'ti·tion·er** [-ʃnə] *s.* Antragsteller(in): a) Bitt-, Gesuchsteller(in), Pe'tent *m*, b) ⚖ (Scheidungs)Kläger(in).
pet·rel ['petrəl] *s.* **1.** *orn.* Sturmvogel *m*; → ***stormy petrel***; **2.** Unruhestifter *m*.
pet·ri·fac·tion [ˌpetrɪ'fækʃn] *s.* Versteinerung *f* (*Vorgang u. Ergebnis*; *a. fig.*);
pet·ri·fy ['petrɪfaɪ] **I** *v/t.* **1.** versteinern (*a. fig.*); **2.** *fig. durch Schrecken etc.* versteinern, erstarren lassen: ***petrified with horror*** starr vor Schrecken; **II** *v/i.* **3.** sich versteinern (*a. fig.*).
pe·tro·chem·is·try [ˌpetrəʊ'kemɪstrɪ] *s.* Petroche'mie *f*; **pe·trog·ra·phy** [pɪ'trɒgrəfɪ] *s.* Gesteinsbeschreibung *f*, -kunde *f*.
pet·rol ['petrəl] *s. mot. Brit.* Ben'zin *n*, Kraftstoff *m*: ~ ***bomb*** Molotowcocktail *m*; ~ ***coupon*** Benzingutschein *m*; ~ ***engine*** Benzin-, Vergasermotor *m*; ~ ***ga(u)ge*** Kraftstoffanzeige *f*; ~ ***station*** Tankstelle *f*; **pet·ro·la·tum** [ˌpetrə'leɪtəm] *s.* **1.** ⚗ Petro'latum *n*, Vase'lin *n*; **2.** ⚕ Paraf'finöl *n*; **pe·tro·le·um** [pɪ'trəʊljəm] *s.* Pe'troleum *n*, Erd-, Mine'ralöl *n*: ~ ***jelly*** → ***petrolatum***; **pe·trol·o·gy** [pɪ'trɒlədʒɪ] *s.* Gesteinskunde *f*.
pet·ti·coat ['petɪkəʊt] **I** *s.* **1.** 'Unterrock *m*; Petticoat *m*; **2.** *fig.* Frauenzimmer *n*, Weibsbild *n*, ‚Unterrock' *m*; **3.** Kinderröckchen *n*; **4.** ⚙ Glocke *f*; **5.** ⚡ a) *a.* ~ ***insulator*** 'Glockeniso,lator *m*, b) Isolierglocke *f*; **6.** *mot.* (Ven'til)Schutzhaube *f*; **II** *adj.* **7.** Weiber...: ~ ***government*** Weiberregiment *n*.
pet·ti·fog·ger ['petɪfɒgə] *s.* 'Winkeladvo,kat *m*; Haarspalter *m*, Rabu'list *m*; **'pet·ti·fog·ging** [-gɪŋ] **I** *adj.* **1.** rechtsverdrehend; **2.** schika'nös, rabu'listisch; **3.** gemein, lumpig; **II** *s.* **4.** Rabu'listik *f*, Haarspalte'rei *f*, Rechtskniffe *pl.*
pet·ti·ness ['petɪnɪs] *s.* **1.** Geringfügigkeit *f*; **2.** Kleinlichkeit *f*.
pet·ting ['petɪŋ] *s.* F ‚Fumme'lei' *f*, Petting *n*.
pet·tish ['petɪʃ] *adj.* ☐ reizbar, mürrisch; **'pet·tish·ness** [-nɪs] *s.* Gereiztheit *f*.
pet·ti·toes ['petɪtəʊz] *s. pl. Küche*: Schweinsfüße *pl.*
pet·ty ['petɪ] *adj.* ☐ **1.** unbedeutend, geringfügig, klein, Klein...: ~ ***cash*** ✝ a) geringfügige Beträge, b) kleine Kasse, Portokasse; ~ ***offence*** ⚖ Bagatelldelikt *n*; ~ ***wares*** Kurzwaren; **2.** kleinlich; ~ **bour·geois** ['bʊəʒwɑ:] **I** *s.* (*Fr.*) Kleinbürger(in); **II** *adj.* kleinbürgerlich; ~ **bour·geoi·sie** [ˌbʊəʒwɑ:'zi:] *s.* (*Fr.*) Kleinbürgertum *n*; ~ **ju·ry** *s.* ⚖ kleine Jury; ~ **lar·ce·ny** *s.* ⚖ leichter Diebstahl; ~ **of·fi·cer** *s.* ⚔, ⚓ Maat *m* (*Unteroffizier*); ~ **ses·sions** *s. pl.* → ***magistrate***.
pet·u·lance ['petjʊləns] *s.* Gereiztheit *f*; **'pet·u·lant** [-nt] *adj.* ☐ gereizt.
pe·tu·ni·a [pɪ'tju:njə] *s.* ⚘ Pe'tunie *f*.
pew [pju:] *s.* **1.** Kirchenstuhl *m*, -sitz *m*, Bank(reihe) *f*; **2.** *Brit.* F Platz *m*: ***take a*** ~ sich ‚platzen'.
pe·wit ['pi:wɪt] *s. orn.* **1.** Kiebitz *m*; **2.** *a.* ~ ***gull*** Lachmöwe *f*.
pew·ter ['pju:tə] **I** *s.* **1.** brit. Schüsselzinn *n*, Hartzinn *n*; **2.** *coll.* Zinngerät *n*; **3.** Zinnkrug *m*, -gefäß *n*; **4.** *Brit. sl. bsd. Sport*: Po'kal *m*; **II** *adj.* **5.** (Hart-)Zinn..., zinnern; **'pew·ter·er** [-ərə] *s.* Zinngießer *m*.
pha·e·ton ['feɪtn] *s.* Phaeton *m* (*Kutsche*; *mot. obs. Tourenwagen*).
phag·o·cyte ['fægəʊsaɪt] *s. biol.* Phago'cyte *f*, Freßzelle *f*.
pha·lange ['fælændʒ] *s.* **1.** *anat.* Finger-, Zehenknochen *m*; **2.** ⚘ Staubfädenbündel *n*; **3.** *zo.* Tarsenglied *n*.
pha·lanx ['fælæŋks] *pl.* **-lanx·es** *od.* **-lan·ges** [fæ'lændʒi:z] *s.* **1.** ⚔ *hist.* Phalanx *f*, *fig. a.* geschlossene Front; **2.** → ***phalange*** 1 *u.* 2.
phal·lic ['fælɪk] *adj.* phallisch, Phallus...: ~ ***symbol***; **phal·lus** ['fæləs] *pl.* **-li** [-laɪ] *s.* Phallus *m*.
phan·tasm ['fæntæzəm] → ***phantom*** 1 a *u.* b; **phan·tas·ma·go·ri·a** [ˌfæntæzmə'gɒrɪə] *s.* Phantasmago'rie *f*, Gaukelbild *n*, Blendwerk *n*; **phan·tas·ma·gor·ic** [ˌfæntæzmə'gɒrɪk] *adj.* (☐ ~***ally***) phantasma'gorisch, gespensterhaft, trügerisch; **phan·tas·mal** [fæn'tæzml] *adj.* ☐ **1.** halluzina'torisch, eingebildet; **2.** geisterhaft; **3.** illu'sorisch, unwirklich, trügerisch.
phan·tom ['fæntəm] **I** *s.* **1.** Phan'tom *n*: a) Erscheinung *f*, Gespenst *n*, *a. fig.* Geist *m*, b) Wahngebilde *n*, Hirngespinst *n*; Trugbild *n*, c) *fig.* Alptraum *m*, Schreckgespenst *n*; **2.** *fig.* Schatten *m*, Schein *m*; **3.** ⚕ Phantom *n* (*Körpermodell*); **II** *adj.* **4.** Phantom..., Gespenster..., Geister...; **5.** scheinbar, Schein...; ~ **cir·cuit** *s.* ⚡ Phan'tomkreis *m*, Duplexleitung *f*; ~ **(limb) pain** *s.* ⚕ Phan'tomschmerz *m*; ~ **ship** *s.* Geisterschiff *n*; ~ **view** *s.* ⚙ (Konstrukti'ons-)Durchsicht *f*.
phar·i·sa·ic, **phar·i·sa·i·cal** [ˌfærɪ'seɪɪk(l)] *adj.* ☐ phari'säisch, selbstgerecht, scheinheilig; **phar·i·sa·ism** ['færɪseɪɪzəm] *s.* Phari'säertum *n*, Scheinheiligkeit *f*; **Phar·i·see** ['færɪsi:] *s.* **1.** *eccl.* Phari'säer *m*; **2.** ♀ *fig.* Phari'säer(in), Selbstgerechte(r *m*) *f*, Heuchler(in).
phar·ma·ceu·ti·cal [ˌfɑ:mə'sju:tɪkl] *adj.* ☐ pharma'zeutisch; Apotheker...; **ˌphar·ma'ceu·tics** [-ks] *s. pl. sg. konstr.* Pharma'zeutik *f*, Arz'neimittelkunde *f*; **phar·ma·cist** ['fɑ:məsɪst] *s.* **1.** Pharma'zeut *m*, Apo'theker *m*; **2.** pharma'zeutischer Chemiker; **phar·ma·col·o·gy** *s.* [ˌfɑ:mə'kɒlədʒɪ] ˌPharmakolo'gie *f*, Arz'neimittellehre *f*; **phar·ma·co·poe·ia** [ˌfɑ:məkə'pi:ə] *s.* **1.** ˌPharmako'pöe *f*, amtliches Arz'neibuch; **2.** Arz'neimittelvorrat *m*; **phar·ma·cy** ['fɑ:məsɪ] *s.* **1.** → ***pharmaceutics***; **2.** Apo'theke *f*.
pha·ryn·gal [fə'rɪŋgl]; **pha·ryn·ge·al** [ˌfærɪn'dʒi:l] **I** *adj. anat.* Rachen... (*-mandeln etc.*; *a. ling. -laut*); **II** *s. anat.* Schlundknochen *m*; **phar·yn·gi·tis** [ˌfærɪn'dʒaɪtɪs] *s.* 'Rachenkaˌtarrh *m*; **phaˌryn·go'na·sal** [-gəʊ'neɪzl] *adj.* Rachen u. Nase betreffend; **phar·ynx** ['færɪŋks] *s.* Schlund *m*, Rachen(höhle *f*) *m*.
phase [feɪz] **I** *s.* **1.** ⚗, ⚡, ♐, *ast.*, *biol.*, *phys.* Phase *f*: ***the*** ~***s of the moon*** *ast.* Mondphasen; ~ ***advancer*** (*od.* ***converter***) ⚡ Phasenverschieber *m*; ***in*** ~ (***out of*** ~) ⚡ phasengleich (phasenverschoben); **2.** (Entwicklungs)Stufe *f*, Stadium *n*, Phase *f* (*a. psych.*); **3.** ⚔ (Front)Abschnitt *m*; **II** *v/t.* **4.** ⚡ in Phase bringen; **5.** aufeinander abstimmen, ⚙ synchronisieren; **6.** stufenweise durchführen, staffeln: ~ ***down*** einstellen; ~ ***in*** stufenweise einführen; ~ ***out*** *et.* stufenweise einstellen *od.* abwickeln *od.* auflösen, *Produkt etc.* auslaufen lassen; **III** *v/i.* **7.** ~ ***out*** sich stufenweise zurückziehen (***of*** aus).
pheas·ant ['feznt] *s. orn.* Fa'san *m*; **'pheas·ant·ry** [-rɪ] *s.* Fasane'rie *f*.
phe·nic ['fi:nɪk] *adj.* ⚗ kar'bolsauer, Karbol...: ~ ***acid*** → **phe·nol** ['fi:nɒl] *s.* ⚗ Phe'nol *n*, Kar'bolsäure *f*; **phe·nol·ic** [fɪ'nɒlɪk] **I** *adj.* Phenol...: ~ ***resin*** → **II** *s.* Phe'nolharz *n*.
phe·nom·e·nal [fɪ'nɒmɪnl] *adj.* ☐ phänome'nal: a) *phls.* Erscheinungs... (*-welt etc.*), b) unglaublich, ‚toll'; **phe'nom·e·nal·ism** [-nəlɪzəm] *s. phls.* Phänomena'lismus *m*; **phe·nom·e·non** [fɪ'nɒmɪnən] *pl.* **-na** [-nə] *s.* **1.** Phäno'men *n*, Erscheinung *f* (*a. phys. u. phls.*); **2.** *pl.* **-nons** *fig.* wahres Wunder; *a.* ***infant*** ~ Wunderkind *n*.
phe·no·type ['fi:nəʊtaɪp] *s. biol.* 'Phänoˌtypus *m*, Erscheinungsbild *n*.
phen·yl ['fi:nɪl] *s.* Phe'nyl *n*; **phe·nyl·ic** [fɪ'nɪlɪk] *adj.* Phenyl..., phe'nolisch: ~ ***acid*** → ***phenol***.
phew [fju:] *int.* puh!
phi·al ['faɪəl] *s.* Phi'ole *f* (*bsd.* Arz'nei-)Fläschchen *n*, Am'pulle *f*.
Phi Be·ta Kap·pa [ˌfaɪˌbi:tə'kæpə] *s. Am.* a) *studentische Vereinigung hervorragender Akademiker*, b) *ein Mitglied dieser Vereinigung*.
phi·lan·der [fɪ'lændə] *v/i.* ‚poussieren', schäkern; **phi'lan·der·er** [-ərə] *s.* Schäker *m*, Schürzenjäger *m*.
phil·an·throp·ic, **phil·an·throp·i·cal** [ˌfɪlən'θrɒpɪk(l)] *adj.* ☐ philan'thropisch, menschenfreundlich; **phi·lan·thro·pist** [fɪ'lænθrəpɪst] **I** *s.* Philan'throp *m*, Menschenfreund *m*; **II** *adj.* → ***philanthropic***; **phi·lan·thro·py** [fɪ'lænθrəpɪ] *s.* Philanthro'pie *f*, Menschenliebe *f*.
phil·a·tel·ic [ˌfɪlə'telɪk] *adj.* philate'listisch; **phi·lat·e·list** [fɪ'lætəlɪst] **I** *s.* Philate'list *m*; **II** *adj.* philate'listisch; **phi·lat·e·ly** [fɪ'lætəlɪ] *s.* Philate'lie *f*.
phil·har·mon·ic [ˌfɪlɑ:'mɒnɪk] *adj.* philhar'monisch (*Konzert*, *Orchester*): ~

society Philharmonie *f*.
Phi·lip·pi·ans [fɪˈlɪpɪənz] *s. pl. sg. konstr. bibl.* (Brief *m* des Paulus an die) Phiˈlipper *pl*.
phi·lip·pic [fɪˈlɪpɪk] *s.* Phiˈlippika *f*, Strafpredigt *f*.
Phil·ip·pine [ˈfɪlɪpiːn] *adj.* **1.** philipˈpinisch, Philippinen…; **2.** Filipino…
Phi·lis·tine [ˈfɪlɪstaɪn] **I** *s. fig.* Phiˈlister *m*, Spießbürger *m*, Spießer *m*; **II** *adj.* phiˈlisterhaft, spießbürgerlich; **ˈphi·lis·tin·ism** [-tɪnɪzəm] *s.* Phiˈlistertum *n*, Philisteˈrei *f*, Spießbürgertum *n*, Baˈnausentum *n*.
phil·o·log·i·cal [ˌfɪləˈlɒdʒɪkl] *adj.* □ philoˈlogisch, sprachwissenschaftlich; **phi·lol·o·gist** [fɪˈlɒlədʒɪst] *s.* Philoˈloge *m*, Philoˈlogin *f*, Sprachwissenschaftler (-in); **phi·lol·o·gy** [fɪˈlɒlədʒɪ] *s.* Philoloˈgie *f*, (Literaˈtur- u.) Sprachwissenschaft *f*.
phi·los·o·pher [fɪˈlɒsəfə] *s.* Philoˈsoph *m* (*a. fig. Lebenskünstler*): ***natural ~*** Naturforscher *m*; ***~s' stone*** Stein *m* der Weisen; **phil·o·soph·ic, phil·o·soph·i·cal** [ˌfɪləˈsɒfɪk(l)] *adj.* □ philoˈsophisch (*a. fig. weise, gleichmütig*); **phiˈlos·o·phize** [-faɪz] *v/i.* philosophieren; **phiˈlos·o·phy** [-fɪ] *s.* **1.** Philosoˈphie *f*: ***natural ~*** Naturwissenschaft *f*; ***~ of history*** Geschichtsphilosophie; **2.** a) *a.* ***~ of life*** (ˈLebens)Philosoˌphie *f*, Weltanschauung *f*, b) *fig.* (philoˈsophische) Gelassenheit, c) ‚Philosoˈphie' *f*, Denkbild *n*, -modell *n*.
phil·ter *Am.*, **phil·tre** *Brit.* [ˈfɪltə] *s.* **1.** Liebestrank *m*; **2.** Zaubertrank *m*.
phiz [fɪz] *s. sl.* Viˈsage *f*, Gesicht *n*.
phle·bi·tis [flɪˈbaɪtɪs] *s.* ⚕ Venenentzündung *f*, Phleˈbitis *f*.
phlegm [flem] *s.* **1.** *physiol.* Phlegma *n*, Schleim *m*; **2.** *fig.* Phlegma *n*: a) stumpfer Gleichmut, b) (geistige) Trägheit; **phleg·mat·ic** [flegˈmætɪk] **I** *adj.* (□ ***~ally***) *physiol. u. fig.* phlegˈmatisch; **II** *s.* Phlegˈmatiker(in).
pho·bi·a [ˈfəʊbɪə] *s. psych.* (***about***) Phoˈbie *f*, krankhafte Furcht (vor *dat.*) *od.* Abneigung (gegen).
Phoe·ni·cian [fɪˈnɪʃɪən] **I** *s.* **1.** Phöˈnizier (-in); **2.** *ling.* Phöˈnikisch *n*; **II** *adj.* **3.** phöˈnizisch.
phoe·nix [ˈfiːnɪks] *s. myth.* Phönix *m* (*legendärer Vogel*), *fig. a.* Wunder *n*.
phon [fɒn] *s. phys.* Phon *n*.
phone¹ [fəʊn] *s. ling.* (Einzel)Laut *m*.
phone² [fəʊn] *s.*, *v/t. u. v/i.* F → ***telephone***; ***~-in*** *Radio, TV* Sendung *f* mit telefonischer Publikumsbeteiligung.
pho·neme [ˈfəʊniːm] *s. ling.* **1.** Phoˈnem *n*; **2.** → ***phone¹***.
pho·net·ic [fəʊˈnetɪk] *adj.* (□ ***~ally***) phoˈnetisch, lautlich: ***~ spelling, ~ transcription*** Lautschrift *f*; **pho·ne·ti·cian** [ˌfəʊnɪˈtɪʃn] *s.* Phoˈnetiker *m*; **phoˈnet·ics** [-ks] *s. pl. mst sg. konstr.* Phoˈnetik *f*, Laut(bildungs)lehre *f*.
pho·ney [ˈfəʊnɪ] → ***phony***.
phon·ic [ˈfəʊnɪk] *adj.* **1.** lautlich, aˈkustisch; **2.** phoˈnetisch; **3.** ⚙ phonisch.
pho·no·gram [ˈfəʊnəgræm] *s.* Lautzeichen *n*; **ˈpho·no·graph** [-grɑːf] *s.* ⚙ **1.** Phonoˈgraph *m*, ˈSprechmaˌschine *f*; **2.** *Am.* Plattenspieler *m*, Grammoˈphon *n*; **pho·no·graph·ic** [ˌfəʊnəˈgræfɪk] *adj.* (□ ***~ally***) phonoˈgraphisch.
pho·nol·o·gy [fəʊˈnɒlədʒɪ] *s. ling.* Phonoloˈgie *f*, Lautlehre *f*.
pho·nom·e·ter [fəʊˈnɒmɪtə] *s. phys.* Phonoˈmeter *n*, Schall(stärke)messer *m*.
pho·ny [ˈfəʊnɪ] F **I** *adj.* **1.** falsch, gefälscht, unecht; Falsch…, Schwindel…, Schein…: ***~ war*** *hist.* ‚Sitzkrieg' *m*; **II** *s.* **2.** Schwindler(in), ‚Schauspieler(in)', Scharlatan *m*: ***he is ~ a.*** der ist nicht ‚echt'; **3.** Fälschung *f*, Schwindel *m*.
phos·gene [ˈfɒzdʒiːn] *s.* ⚗ Phosˈgen *n*, Chlorˈkohlenoˌxyd *n*; **phos·phate** [ˈfɒsfeɪt] *s.* ⚗ **1.** Phosˈphat *n*: ***~ of lime*** phosphorsaurer Kalk; **2.** ✓ Phosˈphat (-düngemittel) *n*; **phos·phat·ic** [fɒsˈfætɪk] *adj.* ⚗ phosˈphathaltig; **phos·phide** [ˈfɒsfaɪd] *s.* ⚗ Phosˈphid *n*; **phos·phite** [ˈfɒsfaɪt] *s.* **1.** ⚗ Phosˈphit *n*; **2.** *min.* ˈPhosphormeˌtall *n*; **phos·phor** [ˈfɒsfə] **I** *s.* **1.** *poet.* Phosphor *m*; **2.** ⚙ Leuchtmasse *f*; **II** *adj.* **3.** Phosphor…; **phos·pho·rate** [ˈfɒsfəreɪt] *v/t.* ⚗ **1.** phosphorisieren; **2.** phosphoreszierend machen; **phos·pho·resce** [ˌfɒsfəˈres] *v/i.* phosphoreszieren, (nach)leuchten; **phos·pho·res·cence** [ˌfɒsfəˈresns] *s.* **1.** ⚗, *phys.* Chemolumiˈneszenz *f*; **2.** *phys.* Phosphoresˈzenz *f*, Nachleuchten *n*; **phos·pho·res·cent** [ˌfɒsfəˈresnt] *adj.* phosphoreszierend; **phos·phor·ic** [fɒsˈfɒrɪk] *adj.* phosphorsauer, -haltig, Phosphor…; **phos·pho·rous** [ˈfɒsfərəs] *adj.* ⚗ phosˈphorig(sauer); **phos·pho·rus** [ˈfɒsfərəs] *pl.* **-ri** [-raɪ] *s.* **1.** ⚗ Phosphor *m*; **2.** *phys.* ˈLeuchtphosˌphore *f*, -masse *f*.
phot [fɒt] *s. phys.* Phot *n*.
pho·to [ˈfəʊtəʊ] F → ***photograph***.
photo- [fəʊtəʊ] *in Zssgn* Photo…, Foto…: a) Licht…, b) photoˈgraphisch; **ˈ~cell** *s.* ⚡ Photozelle *f*; **ˌ~ˈchem·i·cal** *adj.* □ photoˈchemisch; **ˌ~·comˈpose** *v/t.* im Photosatz herstellen; **ˈ~ˌcop·i·er** *s.* Fotokoˈpiergerät *n*; **ˈ~ˌcop·y** → ***photostat*** 1 *u.* 3; **ˌ~·eˈlec·tric** [-təʊ-] *adj.*; **ˌ~·eˈlec·tri·cal** [-təʊ-] *adj.* □ *phys.* photoeˈlektrisch: ***~ barrier*** Lichtschranke *f*; ***~ cell*** Photozelle *f*; **ˌ~-enˈgrav·ing** [-təʊ-] *s.* Lichtdruck(verfahren *n*) *m*; **~ fin·ish** *s. sport* a) Fotofinish *n*, b) äußerst knappe Entscheidung; **ˈ~·fit** *s. Polizei*: Phanˈtombild *n*; **ˈ~·flash (lamp)** *s.* Blitzlicht(birne *f*) *n*.
pho·to·gen·ic [ˌfəʊtəʊˈdʒenɪk] *adj.* **1.** photoˈgen, bildwirksam; **2.** *biol.* lichterzeugend, Leucht…; **~·gram·me·try** [ˌfəʊtəˈgræmɪtrɪ] *s.* Photogrammeˈtrie *f*, Meßbildverfahren *n*.
pho·to·graph [ˈfəʊtəgrɑːf] **I** *s.* Fotograˈfie *f*, (Licht)Bild *n*, Aufnahme *f*: ***take a ~*** e-e Aufnahme machen (***of*** von); **II** *v/t.* fotografieren, aufnehmen, ‚knipsen'; **III** *v/i.* fotografieren; fotografiert werden: ***he does not ~ well*** er wird nicht gut auf den Bildern, er läßt sich schlecht fotografieren; **pho·tog·ra·pher** [fəˈtɒgrəfə] *s.* Fotoˈgraf(in); **pho·to·graph·ic** [ˌfəʊtəˈgræfɪk] *adj.* (□ ***~ally***) **1.** fotoˈgrafisch; **2.** *fig.* fotografisch genau; **pho·tog·ra·phy** [fəˈtɒgrəfɪ] *s.* Fotograˈfie *f*, Lichtbildkunst *f*.
pho·to·gra·vure [ˌfəʊtəgrəˈvjʊə] *s.* ˈPhotograˌvüre *f*, Kupferlichtdruck *m*; **ˌpho·toˈjour·nal·ism** *s.* ˈBildjournaˌlismus *m*; **ˌpho·toˈlith·o·graph** *typ.* **I** *s.* ˌPhotolithograˈphie *f* (*Erzeugnis*); **II** *v/t.* photolithographieren; **ˌpho·to·liˈthog·ra·phy** *s.* ˌPhotolithograˈphie *f* (*Verfahren*).
pho·tom·e·ter [fəʊˈtɒmɪtə] *s. phys.* Photoˈmeter *n*, Lichtstärkemesser *m*; **phoˈtom·e·try** [-trɪ] *s.* Lichtstärkemessung *f*.
ˌpho·toˈmi·cro·graph *s. phot.* ˈMikrofotograˌfie *f* (*Bild*).
ˌpho·to|·monˈtage *s.* ˈFotomonˌtage *f*; **ˌ~ˈmu·ral** *s.* Riesenvergrößerung *f* (*Wandschmuck*), *a.* ˈFototaˌpete *f*; **ˌ~ˈoff·set** *s. typ.* fotoˈgrafischer Offsetdruck *m*.
pho·ton [ˈfəʊtɒn] *s.* **1.** *phys.* Photon *n*, Lichtquant *n*; **2.** *opt.* Troland *n*.
ˈpho·to·play *s.* Filmdrama *n*.
pho·to·stat [ˈfəʊtəʊstæt] *phot.* **I** *s.* **1.** Fotokoˈpie *f*, Ablichtung *f*; **2.** ☤ Fotokoˈpiergerät *n* (*Handelsname*); **II** *v/t.* **3.** fotokopieren, ablichten; **pho·to·stat·ic** [ˌfəʊtəʊˈstætɪk] *adj.* Kopier…, Ablichtungs…: ***~ copy*** → ***photostat*** 1.
ˌpho·to·teˈleg·ra·phy *s.* ˈBildtelegraˌphie *f*; **ˈpho·to·type** *s. typ.* **I** *s.* Lichtdruck(bild *n*, -platte *f*) *m*; **II** *v/t.* im Lichtdruckverfahren vervielfältigen; **ˌpho·toˈtype·set** → ***photocompose***.
phrase [freɪz] **I** *s.* **1.** (Rede)Wendung *f*, Redensart *f*, Ausdruck *m*: ***~ of civility*** Höflichkeitsfloskel *f*; ***~ book*** a) Sammlung *f* von Redewendungen, b) Sprachführer *m*; **2.** Phrase *f*, Schlagwort *n*: ***~ monger*** Phrasendrescher *m*; ***as the ~ goes*** wie man so schön sagt; **3.** *ling.* a) Wortverbindung *f*, b) kurzer Satz, c) Sprechtakt *m*; **4.** ♪ Satz *m*; Phrase *f*; **II** *v/t.* **5.** ausdrücken, formulieren; **6.** ♪ phrasieren; **phra·se·ol·o·gy** [ˌfreɪzɪˈɒlədʒɪ] *s.* Phraseoloˈgie *f* (*a. Buch*), Ausdrucksweise *f*.
phren·ic [ˈfrenɪk] *anat.* **I** *adj.* Zwerchfell…; **II** *s.* Zwerchfell *n*.
phre·nol·o·gist [frɪˈnɒlədʒɪst] *s.* Phrenoˈloge *m*; **phreˈnol·o·gy** [-dʒɪ] *s.* Phrenoloˈgie *f*, Schädellehre *f*.
phthi·sis [ˈθaɪsɪs] *s.* Tuberkuˈlose *f*, Schwindsucht *f*.
phut [fʌt] **I** *int.* fft!; **II** *adj. sl.*: ***go ~*** a) futschgehen, b) ‚platzen'.
phy·col·o·gy [faɪˈkɒlədʒɪ] *f* Algenkunde *f*.
phyl·lox·e·ra [ˌfɪlɒkˈsɪərə] *pl.* **-rae** [-riː] *s. zo.* Reblaus *f*.
phy·lum [ˈfaɪləm] *pl.* **-la** [-lə] *s.* **1.** *bot. zo.* ˈUnterabteilung *f*, Ordnung; **2.** *biol.* Stamm *m*; **3.** *ling.* Sprachstamm *m*.
phys·ic [ˈfɪzɪk] **I** *s.* **1.** Arzˈnei(mittel *n*) *f*, *bsd.* Abführmittel *n*; **2.** *obs.* Heilkunde *f*; **3.** *pl. sg. konstr.* (die) Phyˈsik; **II** *v/t. pret. u. p.p.* **ˈphys·icked** [-kt] **4.** *obs.* j-n (ärztlich) behandeln; **ˈphys·i·cal** [-kl] **I** *adj.* □ **1.** physisch, körperlich (*a. Liebe etc.*): ***~ condition*** Gesundheitszustand *m*; ***~ culture*** Körperkultur *f*; ***~ education, ~ training*** *ped.* Leibeserziehung *f*; ***~ examination*** → 3; ***~ force*** physische Gewalt; ***~ impossibility*** absolute Unmöglichkeit; ***~ inventory*** ✝ Bestandsaufnahme *f*; ***~ stock*** ✝ Lagerbestand *m*; **2.** physiˈkalisch; naˈturwissenschaftlich: ***~ geography*** physikalische Geographie; ***~ science*** a) Physik *f*, b) Naturwissenschaft(en *pl.*) *f*; **II** *s.* **3.** ärztliche Unterˈsuchung, ⚔ Musterung *f*; **phy·si·cian** [fɪˈzɪʃn] *s.* Arzt *m*;

'phys·i·cist [-ɪsɪst] *s.* Physiker *m.*

ˌphys·i·co-'chem·i·cal [ˌfɪzɪkəʊ-] *adj.* □ physiko'chemisch.

phys·i·og·no·my [ˌfɪzɪ'ɒnəmɪ] *s.* **1.** Physiogno'mie *f* (*a. fig.*), Gesichtsausdruck *m*, -züge *pl.*; **2.** Phyio'gnomik *f*; **ˌphys·i'og·ra·phy** [-'ɒgrəfɪ] *s.* **1.** ˌPhysio-(geo)gra'phie *f*; **2.** Na'turbeschreibung *f*; **phys·i·o·log·i·cal** [ˌfɪzɪə'lɒdʒɪkl] *adj.* □ physio'logisch; **ˌphys·i'ol·o·gist** [-'ɒlədʒɪst] *s.* Physio'loge *m*; **ˌphys·i·'ol·o·gy** [-'ɒlədʒɪ] *s.* Physiolo'gie *f*; **phys·i·o·ther·a·pist** [ˌfɪzɪəʊ'θerəpɪst] *s.* ⚕ Physiothera'peut(in), *weitS.* Heilgymnastiker(in); **phys·i·o·ther·a·py** [ˌfɪzɪəʊ'θerəpɪ] *s.* ˌPhysiothera'pie *f*, 'Heilgymˌnastik *f.*

phy·sique [fɪ'zi:k] *s.* Körperbau *m*, -beschaffenheit *f*, Konstituti'on *f.*

phy·to·gen·e·sis [ˌfaɪtəʊ'dʒenɪsɪs] *s.* ⚘ Lehre *f* von der Entstehung der Pflanzen; **phy·tol·o·gy** [faɪ'tɒlədʒɪ] *s.* Pflanzenkunde *f*; **phy·to·to·my** [faɪ'tɒtəmɪ] *s.* ⚘ 'Pflanzenanatoˌmie *f.*

pi·an·ist ['pɪənɪst] *s.* ♪ Pia'nist(in), Kla'vierspieler(in).

pi·an·o[1] [pɪ'ænəʊ] *pl.* **-os** *s.* ♪ Kla'vier *n*, Piˌano('forte) *n*: **at (on) the ~** am (auf dem) Klavier.

pi·a·no[2] ['pjɑ:nəʊ] ♪ **I** *pl.* **-nos** *s.* Pi'ano *n* (*leises Spiel*): **~ pedal** Pianopedal *n*; **II** *adv.* pi'ano, leise.

pi·an·o·for·te [ˌpjænəʊ'fɔ:tɪ] → **piano**[1].

pi·an·o play·er 1. → **pianist**; **2.** Pia'nola *n.*

pi·az·za [pɪ'ætsə] *pl.* **-zas** (*Ital.*) *s.* **1.** öffentlicher Platz; **2.** *Am.* (große) Ve'randa.

pi·broch ['pi:brɒk; -ɒx] *s.* 'Kriegsmuˌsik *f* der Bergschotten; 'Dudelsackvariatiˌonen *pl.*

pi·ca ['paɪkə] *s. typ.* Cicero *f*, Pica *f.*

pic·a·resque [ˌpɪkə'resk] *adj.* pika'resk: **~ novel** Schelmenroman *m.*

pic·a·roon [ˌpɪkə'ru:n] *s.* **1.** Gauner *m*, Abenteurer *m*; **2.** Pi'rat *m.*

pic·a·yune [ˌpɪkɪ'ju:n] *Am.* **I** *s.* **1.** *mst fig.* Pfennig *m*, Groschen *m*; **2.** *fig.* Lap'palie *f*; Tinnef *m, n*; **3.** *fig.* ,Null' *f* (*unbedeutender Mensch*); **II** *adj.*, *a.* **ˌpic·a'yun·ish** [-nɪʃ] **4.** unbedeutend, schäbig; klein(lich).

pic·ca·lil·li ['pɪkəlɪlɪ] *s. pl.* Picca'lilli *pl.* (*eingemachtes, scharf gewürztes Mischgemüse*).

pic·ca·nin·ny ['pɪkənɪnɪ] **I** *s. humor.* (*bsd.* Neger)Kind *n*, Gör *n*; **II** *adj.* kindlich; winzig.

pic·co·lo ['pɪkələʊ] *pl.* **-los** *s.* ♪ Pikkoloflöte *f*; **~ pi·an·o** *s.* ♪ Kleinklavier *n.*

pick [pɪk] **I** *s.* **1.** ⚙ a) Spitz-, Kreuzhacke *f*, Picke *f*, Pickel *m*, b) ⚒ (Keil)Haue *f*; **2.** Schlag *m*; **3.** Auswahl *f*, -lese *f*: **the ~ of the bunch** der (die, das) Beste von allen; **take your ~!** suchen Sie sich etwas aus!; Sie haben die Wahl!; **4.** *typ.* unreiner Buchstabe; **5.** ✓ Ernte *f*; **II** *v/t.* **6.** aufhacken, -picken: → **brain** 2, **hole** 1; **7.** *Körner* aufpicken; auflesen; sammeln; *Blumen, Obst* pflücken; *Beeren* abzupfen; F lustlos essen, herumstochern in (*dat.*); **8.** *fig.* (sorgfältig) auswählen, -suchen: **~ one's way** (*od.* **steps**) sich s-n Weg suchen *od.* bahnen, *fig.* sich durchlavieren; **~ one's words** s-e Worte (sorgfältig) wählen; **~ a quarrel** (**with s.o.**) (mit j-m) Streit suchen *od.* anbändeln; **9.** *Gemüse etc.* (ver)lesen, säubern; *Hühner* rupfen; *Metall* scheiden; *Wolle* zupfen; in *der Nase* bohren; in *den Zähnen* stochern; *e-n Knochen* (ab)nagen; → **bone** 1; **10.** *Schloß* mit e-m Dietrich öffnen, ,knakken'; *j-m die Tasche* ausräumen (*Dieb*); **11.** ♪ *Am. Banjo etc.* spielen; **12.** ausfasern, zerpflücken: **~ to pieces** *fig. Theorie etc.* zerpflücken, herunterreißen; **III** *v/i.* **13.** hacken, picke(l)n; **14.** (lustlos) im Essen her'umstochern; **15.** sorgfältig wählen: **~ and choose** *a.* wählerisch sein; **16.** ,sti'bitzen', stehlen;

Zssgn mit prp. u. adv.:

pick| at *v/i.* **1.** *im Essen* her'umstochern; **2.** F her'ummäkeln *od.* -nörgeln an (*dat.*); auf *j-m* her'umhacken; **~ off** *v/t.* **1.** (ab)pflücken, -rupfen; **2.** wegnehmen; **3.** (einzeln) abschießen, ,wegputzen'; **~ on** *v/i.* **1.** aussuchen, sich entscheiden für; **2.** → **pick at** 2; **~ out** *v/t.* **1.** (sich) *et. od. j-n* auswählen; **2.** ausmachen, erkennen; *fig.* her'ausfinden, -bekommen; **3.** ♪ sich *e-e Melodie auf dem Klavier etc.* zs.-suchen; **4.** *mit e-r anderen Farbe* absetzen; **~ o·ver** *v/t.* **1.** (gründlich) 'durchsehen, -gehen; **2.** (das Beste) auslesen; **~ up I** *v/t.* **1.** *Boden* aufhacken; **2.** aufheben, -nehmen, -lesen; in die Hand nehmen: **pick o.s. up** sich ,hochrappeln' (*a. fig.*); → **gauntlet**[1] 2; **3.** *j-n im Fahrzeug* mitnehmen, abholen; **4.** F a) *j-n* ,auflesen, -gabeln, -reißen', b) ,hochnehmen' (*verhaften*), c) ,klauen' (*stehlen*); **5.** *Strickmaschen* aufnehmen; **6.** a) *Rundfunksender* ,(rein)kriegen', b) *Sendung* empfangen, aufnehmen, abhören, c) *Funkspruch etc.* auffangen; **7.** in Sicht bekommen; **8.** *fig. et.* ,mitkriegen', *Wort, Sprache etc.* ,aufschnappen'; **9.** erstehen, gewinnen: **~ a livelihood** sich mit Gelegenheitsarbeiten *etc.* durchschlagen; **~ courage** Mut fassen; **~ speed** auf Touren (*od.* in Fahrt) kommen; **II** *v/i.* **10.** sich (wieder) erholen (*a.* ✝); **11.** sich anfreunden (**with** mit); **12.** auf Touren kommen, Geschwindigkeit aufnehmen; *fig.* stärker werden.

pick-a-back ['pɪkəbæk] *adj. u. adv.* huckepack *tragen etc.*: **~ plane** ✈ Hukkepackflugzeug *n.*

pick·a·nin·ny → **piccaninny.**

'pick·ax(e) *s.* (Spitz)Hacke *f*, (Beil)Pike *f*, Pickel *m.*

picked [pɪkt] *adj. fig.* ausgewählt, -gesucht, (aus)erlesen: **~ troops** ⚔ Kerntruppen *pl.*

pick·er·el ['pɪkərəl] *s. ichth.* (*Brit.* junger) Hecht.

pick·et ['pɪkɪt] **I** *s.* **1.** (Holz-, Absteck-) Pfahl *m*; Pflock *m*; **2.** ⚔ Vorposten *m*; **3.** Streikposten *m*; **II** *v/t.* **4.** einpfählen; **5.** an e-n Pfahl binden, anpflocken; **6.** Streikposten aufstellen vor (*dat.*), mit Streikposten besetzen; (als Streikposten) anhalten *od.* belästigen; **7.** ⚔ als Vorposten ausstellen; **III** *v/i.* **8.** Streikposten stehen.

pick·ings ['pɪkɪŋz] *s. pl.* **1.** Nachlese *f*, 'Überbleibsel *pl.*, Reste *pl.*; **2.** *a.* **~ and stealings** a) unehrliche Nebeneinkünfte *pl.*, b) Diebesbeute *f*, Fang *m*; **3.** Pro'fit *m.*

pick·le ['pɪkl] **I** *s.* **1.** Pökel *m*, Salzlake *f*, Essigsoße *f* (*zum Einlegen*); **2.** Essig-, Gewürzgurke *f*; **3.** *pl.* Eingepökelte(s) *n*, Pickles *pl.*; → **mixed pickles**; **4.** ⚙ Beize *f*; **5.** F *a.* **nice** (*od.* **sad** *od.* **sorry**) **~** mißliche Lage, ,böse Sache': **be in a ~** (schön) in der Patsche sitzen; **6.** F Balg *m, n*, Gör *n*; **II** *v/t.* **7.** einpökeln, -salzen, -legen; **8.** ⚙ *Metall* (ab)beizen; *Bleche* dekapieren: **pickling agent** Abbeizmittel *n*; **9.** ✓ *Saatgut* beizen; **'pick·led** [-ld] *adj.* **1.** gepökelt, eingesalzen; Essig..., Salz...: **~ herring** Salzhering *m*; **2.** *sl.* ,blau' (*betrunken*).

'pick|·lock *s.* **1.** Einbrecher *m*; **2.** Dietrich *m*; **'~-me-up** *s.* F Schnäps-chen *n*, *a. fig.* Stärkung *f*; **'~-off** *adj.* ⚙ *Am.* 'abmonˌtierbar, Wechsel...; **'~ˌpock·et** *s.* Taschendieb *m*; **'~·up** *s.* **1.** Ansteigen *n*; ✝ Erholung *f*: **~** (**in prices**) Anziehen *n* der Preise, Hausse *f*; **2.** *mot.* Start-, Beschleunigungsvermögen *n*; **3.** *a.* **~ truck** Kleinlastwagen; **4.** *Am.* → **pick-me-up**; **5.** ⚙ Tonabnehmer *m*, Pick-up *m* (*am Plattenspieler*); Empfänger *m* (*Mikrophon*); Geber *m* (*Meßgerät*); **6.** *TV*: a) Abtasten *n*, b) Abtastgerät *n*, c) *a. Radio*: 'Aufnahme- und Über'tragungsapparaˌtur *f*; **7.** ⚡ a) Schalldose *f*, b) Ansprechen *n* (*Relais*); **8.** F a) Zufallsbekanntschaft *f*, b) ,Flittchen' *n*, c) ,Anhalter' *m*; **9.** *mst* **~ dinner** *sl.* improvisierte Mahlzeit, Essen *n* aus (Fleisch)Resten; **10.** *sl.* a) Verhaftung *f*, b) Verhaftete(r *m*) *f*; **11.** *sl.* Fund *m.*

pick·y ['pɪkɪ] *adj.* F wählerisch.

pic·nic ['pɪknɪk] **I** *s.* **1.** a) Picknick *n*, b) Ausflug *m*; **2.** F a) (reines) Vergnügen, b) Kinderspiel *n*: **no ~** keine leichte Sache, kein Honiglecken; **II** *v/i.* **3.** ein Picknick *etc.* machen; picknicken.

pic·to·gram ['pɪktəʊgræm] Pikto'gramm *n.*

pic·to·ri·al [pɪk'tɔ:rɪəl] **I** *adj.* □ **1.** malerisch, Maler...: **~ art** Malerei; **2.** Bild(er)..., illustriert: **~ advertising** Bildwerbung; **3.** *fig.* bildmäßig (*a. phot.*), -haft; **II** *s.* **4.** Illustrierte *f* (*Zeitung*).

pic·ture ['pɪktʃə] **I** *s.* **1.** *allg., a. TV* Bild *n*: (**clinical**) **~** ⚕ Krankheitsbild, Befund *m*; **2.** Abbildung *f*, Illustrati'on *f*, Bild *n*; **3.** Gemälde *n*, Bild *n*: **sit for one's ~** sich malen lassen; **4.** (geistiges) Bild, Vorstellung *f*: **form a ~ of s.th.** sich von et. ein Bild machen; **5.** *fig.* F Bild *n*, Verkörperung *f*: **he looks the very ~ of health** er sieht aus wie das blühende Leben; **be the ~ of misery** ein Bild des Jammers sein; **6.** Ebenbild *n*: **the child is the ~ of his father**; **7.** *fig.* anschauliche Darstellung *od.* Schilderung (*in Worten*), Bild *n*; **8.** F bildschöne Sache *od.* Per'son: **she is a perfect ~** sie ist bildschön; **the hat is a ~** der Hut ist ein Gedicht; **9.** *fig.* F Blickfeld *n*: **be in the ~** a) sichtbar sein, e-e Rolle spielen, b) im Bilde (*informiert*) sein; **come into the ~** in Erscheinung treten; **put s.o. in the ~** j-n ins Bild setzen; **quite out of the ~** gar nicht von Interesse, ohne Belang; **10.** *phot.* Aufnahme *f*, Bild *n*; **11.** a) Film *m*, Streifen *m*, b) *pl.* F Kino *n*, Film *m* (*Filmvorführung od. Filmwelt*): **go to the ~s** *Brit.* ins Kino gehen; **II** *v/t.* **12.** abbilden, darstellen, malen; **13.** *fig.* anschaulich schildern, beschreiben, ausmalen; **14.**

a. ~ ***to o.s.*** *fig.* sich ein Bild machen von, sich *et.* ausmalen *od.* vorstellen; **15.** *s-e Empfindung etc.* spiegeln, zeigen; **III** *adj.* **16.** Bild..., Bilder...; **17.** Film...: ~ ***play*** Filmdrama *n*; ~ **book** *s.* Bilderbuch *n*; ~ **card** *s. Kartenspiel*: Fi'gurenkarte *f*, Bild *n*; ~ **ed·i·tor** *s.* 'Bildredak,teur *m*; '~,**go·er** *s. Brit.* Kinobesucher(in); ~ **post·card** *s.* Ansichtskarte *f*; ~ **puz·zle** *s.* **1.** Vexierbild *n*; **2.** Bilderrätsel *n*.

pic·tur·esque [,pıktʃə'resk] *adj.* □ malerisch (*a. fig.*).

pic·ture| te·leg·ra·phy *s.* 'Bildtelegra,phie *f*; ~ **the·a·ter** *Am.*, ~ **the·a·tre** *Brit. s.* 'Filmthe,ater *n*, Lichtspielhaus *n*, Kino *n*; ~ **trans·mis·sion** *s.* 'Bildüber,tragung *f*, Bildfunk *m*; ~ **tube** *s. TV* Bildröhre *f*; ~ **writ·ing** *s.* Bilderschrift *f*.

pic·tur·ize ['pıktʃəraız] *v/t.* **1.** *Am.* verfilmen; **2.** bebildern.

pid·dle ['pıdl] *v/i.* **1.** (*v/t.* ver)trödeln; **2.** F ,Pi'pi machen', ,pinkeln'; '**pid·dling** [-lıŋ] *adj.* ,lumpig'.

pidg·in ['pıdʒın] *s.* **1.** *sl.* Angelegenheit *f*: ***that is your*** ~ das ist deine Sache; **2.** ~ ***English*** Pidgin-Englisch *n* (*Verkehrssprache zwischen Europäern u. Ostasiaten*); *weitS.* Kauderwelsch *n*.

pie¹ [paı] *s.* **1.** *orn.* Elster *f*; **2.** *zo.* Scheck(e) *m* (*Pferd*).

pie² [paı] *s.* **1.** ('Fleisch-, 'Obst- *etc.*)Pa,stete *f*, Pie *f*: ~ ***in the sky*** F a) ein ,schöner Traum', b) leere Versprechung(en); ***a share in the*** ~ ✝ F ein ,Stück vom Kuchen'; ~***-flinging*** ,Tortenschlacht' *f*; ***it's*** (***as easy as***) ~ *sl.* es ist kinderleicht; → ***finger*** 1; ***humble*** I; **2.** (Obst)Torte *f*; **3.** *pol. Am. sl.* Protekti'on *f*, Bestechung *f*: ~ ***counter*** ,Futterkrippe' *f*; **4.** F *e-e* feine Sache, *ein* ,gefundenes Fressen'.

pie³ [paı] **I** *s.* **1.** *typ.* Zwiebelfisch(e *pl.*) *m*; **2.** *fig.* Durchein'ander *n*; **II** *v/t.* **3.** *typ. Satz* zs.-werfen; **4.** *fig.* durchein'anderbringen.

pie·bald ['paıbɔ:ld] **I** *adj.* scheckig, bunt; **II** *s.* scheckiges Tier; Schecke *m, f* (*Pferd*).

piece [pi:s] **I** *s.* **1.** Stück *n*: ***a*** ~ ***of land*** ein Stück Land; ***a*** ~ ***of furniture*** ein Möbel(stück) *n*; ***a*** ~ ***of wallpaper*** e-e Rolle Tapete; ***a*** ~ je, das Stück (*im Preis*); ***by the*** ~ a) stückweise *verkaufen*, b) im Akkord *od.* Stücklohn *arbeiten od. bezahlen*; ***in*** ~***s*** entzwei, ,kaputt'; ***of a*** ~ gleichmäßig; ***all of a*** ~ aus 'einem Guß; ***be all of a*** ~ ***with*** ganz passen zu; ***break*** (*od.* ***fall***) ***to*** ~***s*** entzweigehen, zerbrechen; ***go to*** ~***s*** a) in Stücke gehen (*a. fig.*), b) *fig.* zs.-brechen (*Person*); ***take to*** ~***s*** auseinandernehmen, zerlegen; → ***pick*** 12, ***pull*** 16; **2.** *fig.* Beispiel *n*, Fall *m*, *mst* ein(e): ***a*** ~ ***of advice*** ein Rat(schlag) *m*; ***a*** ~ ***of folly*** e-e Dummheit; ***a*** ~ ***of news*** e-e Neuigkeit; → ***mind*** 4; **3.** Teil *m* (*e-s Service etc.*): ***two-***~ ***set*** zweiteiliger Satz; **4.** (Geld)Stück *n*, Münze *f*; **5.** ⚔ Geschütz *n*; Gewehr *n*; **6.** a) *a.* ~ ***of work*** Arbeit *f*, Stück *n*: ***a nasty*** ~ ***of work*** *fig.* F ein ,fieser' Kerl, b) *paint.* Stück *n*, Gemälde *n*, c) *thea.* (Bühnen-) Stück *n*, d) ♪ (Mu'sik)Stück *n*, e) (kleines) *literarisches* Werk; **7.** ('Spiel)Fi,gur *f*, Stein *m*; *Schach*: Offi'zier *m*, Figur *f*: ***minor*** ~***s*** leichtere Figuren (*Läufer u. Springer*); **8.** F a) Stück *n* Wegs, kurze Entfernung, b) Weilchen *n*; **9.** V *a.* ~ ***of ass*** a) ,heiße Biene', b) ,Nummer' *f* (*Koitus*); **II** *v/t.* **10.** *a.* ~ ***up*** flicken, ausbessern, zs.-stücken; **11.** verlängern, anstücken, -setzen (***on to*** an *acc.*); **12.** *oft* ~ ***together*** zs.-setzen, -stücke(l)n (*a. fig.*); **13.** ver'vollständigen, ergänzen; ~ **goods** *pl.* ✝ Meter-, Schnittware *f*; '~**·meal** *adv. u. adj.* stückchenweise, all'mählich; ~ **rate** *s.* Ak'kordsatz *m*; ~ **wag·es** *s. pl.* Ak'kord-, Stücklohn *m*; '~**·work** *s.* Ak'kordarbeit *f*; '~,**work·er** *s.* Ak'kordarbeiter(in).

pièce de ré·sis·tance [pı,esdərezı'stã:ŋs] (*Fr.*) *s.* **1.** Hauptgericht *n*; **2.** *fig.* Glanzstück *n*, Krönung *f*.

pie| chart *s. Statistik*: 'Kreisdia,gramm *n*; '~**·crust** *s.* Pa'stetenkruste *f*, ungefüllte Pa'stete.

pied¹ [paıd] *adj.* gescheckt, buntscheckig: ♀ ***Piper*** (***of Hamelin***) *der* Rattenfänger von Hameln.

pied² [paıd] *pret. u. p.p. von* ***pie³*** II.

'**pie|-eyed** *adj. Am. sl.* ,blau', ,besoffen'; '~**·plant** *s. Am.* Rha'barber *m*.

pier [pıə] *s.* **1.** Pier *m, f* (*feste Landungsbrücke*); **2.** Kai *m*; **3.** Mole *f*, Hafendamm *m*; (Brücken- *od.* Tor- *od.* Stütz-) Pfeiler *m*; **pier·age** ['pıərıdʒ] *s.* Kaigeld *n*.

pierce [pıəs] **I** *v/t.* **1.** durch'bohren, -'dringen, -'stechen, -'stoßen; ⚙ lochen; ⚔ durch'brechen, -'stoßen, eindringen in (*acc.*); **2.** *fig.* durch'dringen (*Kälte, Schrei, Schmerz etc.*): ***to*** ~ ***s.o.'s heart*** j-m ins Herz schneiden; **3.** *fig.* durch'schauen, ergründen, eindringen in *Geheimnisse etc.*; **II** *v/i.* **4.** (ein)dringen (***into*** in *acc.*) (*a. fig.*); dringen (***through*** durch); '**pierc·ing** [-sıŋ] *adj.* □ 'durchdringend, scharf, schneidend, stechend (*a. Kälte, Blick, Schmerz*); gellend (*Schrei*).

pier| glass *s.* Pfeilerspiegel *m*; '~**·head** *s.* Molenkopf *m*.

pi·er·rot ['pıərəʊ] *s.* Pier'rot *m*, Hans'wurst *m*.

pi·e·tism ['paıətızəm] *s.* **1.** Pie'tismus *m*; **2.** → ***piety*** 1; **3.** *contp.* Frömme'lei *f*; '**pi·e·tist** [-ıst] *s.* **1.** Pie'tist(in); **2.** *contp.* Frömmler(in).

pi·e·ty ['paıətı] *s.* **1.** Frömmigkeit *f*; **2.** Pie'tät *f*, Ehrfurcht *f* (***to*** vor *dat.*).

pi·e·zo·e·lec·tric [paı,i:zəʊı'lektrık] *adj. phys.* pi'ezoe,lektrisch.

pif·fle ['pıfl] F **I** *v/i.* Quatsch reden *od.* machen; **II** *s.* Quatsch *m*.

pig [pıg] **I** *pl.* **pigs** *od. coll.* **pig** *s.* **1.** Ferkel *n*: ***sow in*** ~ trächtiges Mutterschwein; ***sucking*** ~ Spanferkel; ***buy a*** ~ ***in a poke*** *fig.* die Katze im Sack kaufen; ~***s might fly*** *iron.* ,man hat schon Pferde kotzen sehen'; ***in a*** (*od.* ***the***) ~***'s eye!*** *Am. sl.* Quatsch!, ,von wegen'!; **2.** *fig. contp.* a) ,Freßsack' *m*, b) ,Ekel' *n*, c) sturer Kerl, d) gieriger Kerl; **3.** *sl.* ,Bulle' *m* (*Polizist*); **4.** ⚙ a) Massel *f*, (Roheisen)Barren *m*, b) Roheisen *n*, c) Block *m*, Mulde *f* (*bsd. Blei*); **II** *v/i.* **5.** ferkeln, frischen; **6.** *mst* ~ ***it*** F ,aufein'anderhocken', eng zs.-hausen.

pi·geon ['pıdʒın] *s.* **1.** *pl.* **-geons** *od. coll.* **-geon** Taube *f*: ***that's not my*** ~ F a) das ist nicht mein Fall, b) das ist nicht mein ,Bier'; **2.** *sl.* ,Gimpel' *m*; **3.** → ***clay pigeon***; ~ **breast** *s.* ⚕ Hühnerbrust *f*; '~**·hole I** *s.* **1.** (Ablege-, Schub-) Fach *n*; **2.** Taubenloch *n*; **II** *v/t.* **3.** in ein Schubfach legen, einordnen, *Akten* ablegen; **4.** *fig.* zu'rückstellen, zu den Akten legen, auf die lange Bank schieben, die Erledigung *e-r Sache* verschleppen; **5.** *fig. Tatsachen, Wissen* (ein)ordnen, klassifizieren; **6.** mit Fächern versehen; ~ **house**, ~ **loft** *s.* Taubenschlag *m*; '~-,**liv·ered** *adj.* feige.

pi·geon·ry ['pıdʒınrı] *s.* Taubenschlag *m*.

pig·ger·y ['pıgərı] *s.* **1.** Schweinezucht *f*; **2.** Schweinestall *m*; **3.** *fig. contp.* Saustall *m*; **pig·gish** ['pıgıʃ] *adj.* **1.** schweinisch, unflätig; **2.** gierig; **3.** dickköpfig; **pig·gy** ['pıgı] **I** *s.* F **1.** Schweinchen *n*: ~ ***bank*** Sparschwein(chen); **2.** *Am.* Zehe *f*; **II** *adj.* **3.** → ***piggish***; '**pig·gy·back** → ***pick-a-back***.

,**pig|'head·ed** *adj.* □ dickköpfig, stur; ~ **i·ron** *s.* Massel-, Roheisen *n*; ~ **Lat·in** *s. e-e Kindergeheimsprache*.

pig·let ['pıglıt] *s.* Ferkel *n*.

pig·ment ['pıgmənt] **I** *s.* **1.** *a. biol.* Pig'ment *n*; **2.** Farbe *f*, Farbstoff *m*, -körper *m*; **II** *v/t. u. v/i.* **3.** (sich) pigmentieren, (sich) färben; '**pig·men·tar·y** [-tərı], *a.* **pig·men·tal** [pıg'mentl] *adj.* Pigment...; **pig·men·ta·tion** [,pıgmən'teıʃn] *s.* **1.** *biol.* Pigmentati'on *f*, Färbung *f*; **2.** ⚕ Pigmentierung *f*.

pig·my ['pıgmı] → ***pygmy***.

'**pig|·nut** *s.* ⚘ 'Erdka,stanie *f*, -nuß *f*; '~**·skin** *s.* **1.** Schweinehaut *f*; **2.** Schweinsleder *n*; '~,**stick·ing** *s.* **1.** Wildschweinjagd *f*, Sauhatz *f*; **2.** Schweineschlachten *n*; '~**·sty** [-staı] *s.* Schweinestall *m* (*a. fig.*); '~**·tail** *s.* **1.** Zopf *m*; **2.** Rolle *f* ('Kau),Tabak.

pi-jaw ['paıdʒɔ:] *s. Brit. sl.* Mo'ralpredigt *f*, Standpauke *f*.

pike¹ [paık] *pl.* **pikes** *od. bsd. coll.* **pike** *s.* **1.** *ichth.* Hecht *m*; **2.** *Sport*: Hechtsprung *m*.

pike² [paık] *s.* **1.** ⚔ *hist.* Pike *f*, (Lang-) Spieß *m*; **2.** (Speer- *etc.*)Spitze *f*, Stachel *m*; **3.** a) Schlagbaum *m* (*Mautstraße*), b) Maut *f*, Straßenbenutzungsgebühr *f*, c) Mautstraße *f*, gebührenpflichtige Straße; **4.** *Brit. dial.* Bergspitze *f*.

'**pike·man** [-mən] *s.* [*irr.*] **1.** ⚒ Hauer *m*; **2.** Mauteinnehmer *m*; **3.** ⚔ *hist.* Pike'nier *m*.

pik·er ['paıkə] *s. Am. sl.* **1.** Geizhals *m*; **2.** vorsichtiger Spieler.

'**pike·staff** *s.*: ***as plain as a*** ~ sonnenklar.

pi·las·ter [pı'læstə] *s.* △ Pi'laster *m*, (*viereckiger*) Stützpfeiler.

pil·chard ['pıltʃəd] *s.* Sar'dine *f*.

pile¹ [paıl] **I** *s.* **1.** Haufen *m*, Stoß *m*, Stapel *m* (*Akten, Holz etc.*): ***a*** ~ ***of arms*** e-e Gewehrpyramide; **2.** Scheiterhaufen *m*; **3.** großes Gebäude, Ge'bäudekom,plex *m*; **4.** F ,Haufen' *m*, ,Masse' *f* (*bsd. Geld*): ***make a*** (*od.* ***one's***) ~ e-e Menge Geld machen, ein Vermögen verdienen; ***make a*** ~ ***of money*** e-e Stange Geld verdienen; **5.** ⚡ a) (gal'vanische *etc.*) Säule: ***thermoelectrical*** ~ Thermosäule, b) Batte'rie *f*; **6.** *a.* ***atomic*** ~ (A'tom)Meiler *m*,

Re'aktor *m*; **7.** *metall.* 'Schweiß(eisen)-pa'ket *n*; **8.** *Am. sl.* ‚Schlitten' *m* (*Auto*); **9.** → ***piles***; **II** *v/t.* **10.** *a.* **~ *up*** (*od.* ***on***) (an-, auf)häufen, (auf)stapeln, aufschichten: **~ *arms*** ⚔ Gewehre zs.-setzen; **11.** aufspeichern (*a. fig.*); **12.** über'häufen, -'laden (*a. fig.*): **~ *a table with food***; **~ *up*** (*od.* ***on***) ***the agony*** F Schrecken auf Schrecken häufen; **~ *it on*** F dick auftragen; **13. ~ *up*** F a) ⚓ *Schiff* auflaufen lassen, b) ✈ mit *dem Flugzeug* ‚Bruch machen', c) *mot. sein Auto* ka'puttfahren; **III** *v/i.* **14.** *mst* **~ *up*** sich (auf- *od.* an)häufen, sich ansammeln *od.* stapeln (*a. fig.*); **15.** F sich (scharenweise) drängen (***into*** in *acc.*); **16. ~ *up*** a) ⚓ auffahren, b) ✈ ‚Bruch machen', c) *mot.* aufein'anderprallen.

pile² [paɪl] **I** *s.* **1.** ⚙ (Stütz)Pfahl *m*, Pfeiler *m*; Bock *m*, Joch *n e-r Brücke*; **2.** *her.* Spitzpfahl *m*; **II** *v/t.* **3.** auspfählen, unter'pfählen, durch Pfähle verstärken; **4.** (hin'ein)treiben *od.* (ein)rammen in (*acc.*).

pile³ [paɪl] **I** *s.* **1.** Flaum *m*; **2.** (Woll-)Haar *n*, Pelz *m* (*des Fells*); **3.** *Weberei*: a) Samt *m*, Ve'lours *n*, b) Flor *m*, Pol *m* (*e-s Gewebes*); **II** *adj.* **4.** …fach gewebt (*Teppich etc.*): ***a three-~ carpet***.

pile| bridge (Pfahl)Jochbrücke *f*; **driv·er** *s.* ⚙ **1.** (Pfahl)Ramme *f*; **2.** Rammklotz *m*; **~ dwell·ing** *s.* Pfahlbau *m*; **~ fab·ric** *s.* Samtstoff *m*; *pl.* Polgewebe *pl.*

piles [paɪlz] *s. pl.* ⚕ Hämorrho'iden *pl.*

'pile·up *s. mot.* 'Massenkarambo,lage *f*.

pil·fer ['pɪlfə] *v/t. u. v/i.* stehlen, sti'bitzen; **'pil·fer·age** [-ərɪdʒ] *s.* Diebe'rei *f*; **'pil·fer·er** [-ərə] *s.* Dieb(in).

pil·grim ['pɪlgrɪm] *s.* **1.** Pilger(in), Wallfahrer(in); **2.** *fig.* Pilger *m*, Wanderer *m*; **3.** ♀ (*pl. a.* ♀ ***Fathers***) *hist.* Pilgervater *m*; **'pil·grim·age** [-mɪdʒ] **I** *s.* **1.** Pilger-, Wallfahrt *f* (*a. fig.*); **2.** *fig.* lange Reise; **II** *v/i.* **3.** pilgern, wallfahren.

pill [pɪl] **I** *s.* **1.** Pille *f* (*a. fig.*), Ta'blette *f*: ***swallow the ~*** die bittere Pille schlukken, in den sauren Apfel beißen; → ***gild²*** 2; **2.** *sl.* ‚Brechmittel' *n*, ‚Ekel' *n* (*Person*); **3.** *sport sl.* Ball *m*; *Brit. a.* Billard *n*; **4.** ⚔ *sl. od. humor.* ‚blaue Bohne' (*Gewehrkugel*), ‚Ei' *n*, ‚Koffer' *m* (*Granate, Bombe*); **5.** *sl.* ‚Stäbchen' *n* (*Zigarette*); **6. *the ~*** die (Anti'baby-)Pille: ***be on the ~*** die Pille nehmen; **II** *v/t.* **7.** *sl. bei e-r Wahl* durchfallen lassen.

pil·lage ['pɪlɪdʒ] **I** *v/t.* **1.** (aus)plündern; **2.** rauben, erbeuten; **II** *v/i.* **3.** plündern; **III** *s.* **4.** Plünderung *f*, Plündern *n*; **5.** Beute *f*.

pil·lar ['pɪlə] **I** *s.* **1.** Pfeiler *m*, Ständer *m* (*a. Reitsport*): ***a ~ of coal*** ⚒ Kohlenpfeiler; ***run from ~ to post*** *fig.* von Pontius zu Pilatus laufen; **2.** △ (*a. weitS.* Luft-, Rauch- *etc.*)Säule *f*; **3.** *fig.* Säule *f*, (Haupt)Stütze *f*: ***the ~s of society*** (***wisdom***) die Säulen der Gesellschaft (der Weisheit); ***he was a ~ of strength*** er stand da wie ein Fels in der Brandung; **4.** ⚙ Stütze *f*, Sup'port *m*, Sockel *m*; **II** *v/t.* **5.** mit Pfeilern *od.* Säulen stützen *od.* schmücken; **'~-box** *s. Brit.* Briefkasten *m* (in Säulenform).

pil·lared ['pɪləd] *adj.* **1.** mit Säulen *od.* Pfeilern (versehen); **2.** säulenförmig.

'pill·box *s.* **1.** Pillenschachtel *f*; **2.** ⚔ *sl.* Bunker *m*, 'Unterstand *m*.

pil·lion ['pɪljən] *s.* **1.** leichter (Damen-)Sattel; **2.** Sattelkissen *n*; **3.** *a.* **~ *seat*** *mot.* Soziussitz *m*: ***ride ~*** auf dem Soziussitz (mit)fahren; **~ *rid·er*** *s.* Soziusfahrer(in).

pil·lo·ry ['pɪlərɪ] **I** *s.* (***in the ~*** am) Pranger *m* (*a. fig.*); **II** *v/t.* an den Pranger stellen; *fig.* anprangern.

pil·low ['pɪləʊ] **I** *s.* **1.** (Kopf)Kissen *n*, Polster *n*: ***take counsel of one's ~*** *fig. die* Sache beschlafen; **2.** ⚙ (Zapfen)Lager *n*, Pfanne *f*; **II** *v/t.* **3.** (auf ein Kissen) betten, stützen (***on*** auf *acc.*): **~ *up*** hoch betten; **'~·case** *s.* (Kopf)Kissenbezug *m*; **~ *fight*** *s.* Kissenschlacht *f*; **'~-lace** *s.* Klöppel-, Kissenspitzen *pl.*; **~ *slip*** → ***pillowcase***.

pi·lose ['paɪləʊs] *adj.* ♀, *zo.* behaart.

pi·lot ['paɪlət] **I** *s.* **1.** ⚓ Lotse *m*: ***drop the ~*** *fig.* den Lotsen von Bord schikken; **2.** ✈ Flugzeug-, Bal'lonführer *m*, Pi'lot *m*: ***~'s licence*** Flug-, Pilotenschein *m*; ***second ~*** Kopilot *m*; **3.** *fig.* a) Führer *m*, Wegweiser *m*, b) Berater *m*; **4.** ⚙ a) Be'tätigungsele,ment *n*, b) Führungszapfen *m*; **5.** → a) ***pilot program(me)***, b) ***pilot film***; **II** *v/t.* **6.** ⚓ lotsen (*a. mot. u. fig.*), steuern: **~ *through*** durchlotsen (*a. fig.*); **7.** ✈ steuern, fliegen; **8.** *bsd. fig.* führen, lenken, leiten; **III** *adj.* **9.** Versuchs…, Pilot…; **10.** Hilfs-…: **~ *parachute***; **11.** Steuer…, Kontroll…, Leit…: **~ *relay*** Steuer-, Kontrollrelais *n*; **'pi·lot·age** [-tɪdʒ] *s.* **1.** ⚓ Lotsen(kunst *f*) *n*: ***certificate of ~*** Lotsenpatent *n*; **2.** Lotsengeld *n*; **3.** ✈ a) Flugkunst *f*, b) 'Bodennavigati,on *f*; **4.** *fig.* Leitung *f*, Führung *f*.

pi·lot| bal·loon *s.* ✈ Pi'lotbal,lon *m*; **~ *boat*** *s.* Lotsenboot *n*; **~ *burn·er*** *s.* ⚙ Sparbrenner *m*; **~ *cloth*** *s.* dunkelblauer Fries; **~ *en·gine*** *s.* 🚂 'Leerfahrtlokomo,tive *f*; **~ *film*** *s.* Pi'lotfilm *m*; **~ *in·jec·tion*** *s. mot.* Voreinspritzung *f*; **~ *in·struc·tor*** *s.* ✈ Fluglehrer(in); **~ *jet*** *s.* ⚙ Leerlaufdüse *f*; **~ *lamp*** *s.* ⚙ Kon'trollampe *f*.

pi·lot·less ['paɪlətlɪs] *adj.* führerlos, unbemannt: **~ *airplane***.

pi·lot| light *s.* **1.** → ***pilot burner***; **2.** → ***pilot lamp***; **~ *of·fi·cer*** *s.* ⚔ Fliegerleutnant *m*; **~ *plant*** *s.* **1.** Versuchsanlage *f*; **2.** Musterbetrieb *m*; **~ *program(me Brit.)*** *s. Radio, TV*: Pi'lotsendung *f*; **~ *pro·ject*** *s.*, **~ *scheme*** *s.* Pi'lot-, Ver'suchspro,jekt *n*; **~ *stu·dy*** *s.* Pi'lotstudie *f*; **~ *train·ee*** *s.* Flugschüler (-in); **~ *valve*** *s.* ⚙ 'Steuerven,til *n*.

pi·lous ['paɪləs] → ***pilose***.

pil·ule ['pɪlju:l] *s.* kleine Pille.

pi·men·to [pɪ'mentəʊ] *pl.* **-tos** *s.* ♀ *bsd. Brit.* **1.** Pi'ment *m, n*, Nelkenpfeffer *m*; **2.** Pi'mentbaum *m*.

pimp [pɪmp] **I** *s.* a) Kuppler *m*, b) Zuhälter *m*; **II** *v/i.* Kuppler *od.* Zuhälter sein.

pim·per·nel ['pɪmpənel] *s.* ♀ Pimper'nell *m*.

pim·ple ['pɪmpl] **I** *s.* Pustel *f*, (Haut)Pikkel *m*; **II** *v/i.* pickelig werden; **'pim·pled** [-ld], **'pim·ply** [-lɪ] *adj.* pickelig.

pin [pɪn] **I** *s.* **1.** (Steck)Nadel *f*: ***~s and needles*** ‚Kribbeln' (*in eingeschlafenen Gliedern*); ***sit on ~s and needles*** *fig.* wie auf Kohlen sitzen; ***I don't care a ~*** das ist mir völlig schnuppe; **2.** (Schmuck-, Haar-, Hut)Nadel *f*: ***scarf-~*** Krawattennadel; **3.** (Ansteck)Nadel *f*, Abzeichen *n*; **4.** ⚙ Pflock *m*, Dübel *m*, Bolzen *m*, Zapfen *m*, Stift *m*: ***split ~*** Splint *m*; **~ *with thread*** Gewindezapfen *m*; **~ *bearing*** Nadel-, Stiftlager *n*; **5.** ⚙ Dorn *m*; **6.** *a.* ***drawing ~*** *Brit.* Reißnagel *m*, -zwecke *f*; **7.** *a.* ***clothes-~*** Wäscheklammer *f*; **8.** *a.* ***rolling ~*** Nudel-, Wellholz *n*; **9.** F ‚Stelzen' *pl.* (*Beine*): ***that knocked him off his ~s*** das hat ihn ‚umgehauen'; **10.** ♪ Wirbel *m* (*Streichinstrument*); **11.** a) *Kegelsport*: Kegel *m*, b) *Bowling*: Pin *m*; **II** *v/t.* **12.** (an)heften, -stecken, befestigen (***to, on*** an *acc.*): **~ *up*** auf-, hochstecken; **~ *one's faith on*** sein Vertrauen auf j-n setzen; **~ *one's hopes on*** s-e (ganze) Hoffnung setzen auf (*acc.*); **~ *a murder on s.o.*** F j-m e-n Mord ‚anhängen'; **13.** pressen, drücken, heften (***against, to*** gegen, an *acc.*), festhalten; **14.** *a.* **~ *down*** a) zu Boden pressen, b) *fig. j-n* festnageln (***to*** auf *ein Versprechen, e-e Aussage etc.*), c) ⚔ *Feindkräfte* fesseln (*a. Schach*), d) *et.* genau bestimmen *od.* definieren; **15.** ⚙ verbolzen, -dübeln, -stiften.

pin·a·fore ['pɪnəfɔ:] *s.* (Kinder)Lätzchen *n*, (…)Schürze *f*.

'pin|·ball ma·chine *s.* Flipper *m* (*Spielautomat*); **~ *bit*** *s.* ⚙ Bohrspitze *f*; **~ *bolt*** *s.* Federbolzen *m*.

pince-nez ['pæ̃:nsneɪ] (*Fr.*) *s.* Kneifer *m*, Klemmer *m*.

pin·cer ['pɪnsə] *adj.* Zangen…: **~ *movement*** ⚔ Zangenbewegung *f*; **'pin·cers** [-əz] *s. pl.* **1.** (Kneif-, Beiß)Zange *f*: ***a pair of ~*** eine Kneifzange; **2.** ⚕, *typ.* Pin'zette *f*; **3.** *zo.* Krebsschere *f*.

pinch [pɪntʃ] **I** *v/t.* **1.** zwicken, kneifen, (ein)klemmen, quetschen: **~ *off*** abkneifen; **2.** beengen, einengen, -zwängen; *fig.* (be)drücken, beengen, beschränken: ***be ~ed for time*** wenig Zeit haben; ***be ~ed*** in Bedrängnis sein, Not leiden, knapp sein (***for, in, of*** an *dat.*); ***be ~ed for money*** knapp bei Kasse sein; ***~ed circumstances*** beschränkte Verhältnisse; **3.** *fig.* quälen: ***be ~ed with hunger*** ausgehungert sein; ***a ~ed face*** ein spitzes *od.* abgehärmtes Gesicht; **4.** *sl. et.* ‚klauen' (*stehlen*); **5.** *sl. j-n* ‚schnappen' (*verhaften*); **II** *v/i.* **6.** drücken, kneifen, zwicken: ***~ing want*** drückende Not; → ***shoe*** 1; **7.** *fig. a.* **~ *and scrape*** knausern, darben, sich nichts gönnen; **III** *s.* **8.** Kneifen *n*, Zwicken *n*; **9.** *fig.* Druck *m*, Qual *f*, Not(lage) *f*: ***at a ~*** im Notfall; ***if it comes to a ~*** wenn es zum Äußersten kommt; **10.** Prise *f* (*Tabak etc.*); **11.** Quentchen *n*, (kleines) bißchen: ***a ~ of butter***, ***with a ~ of salt*** *fig.* mit Vorbehalt; **12.** *sl.* Festnahme *f*, Verhaftung *f*.

pinch·beck ['pɪntʃbek] **I** *s.* **1.** Tombak *m*, Talmi *n* (*a. fig.*); **II** *adj.* **2.** Talmi… (*a. fig.*); **3.** unecht.

'pinch|-hit *v/i.* [*irr.* → ***hit***] *Am. Baseball u. fig.* einspringen (***for*** für); **'~-hit·ter** *s. Am.* Ersatz(mann) *m*.

'pinch,pen·ny **I** *adj.* knick(e)rig; **II** *s.* Knicker *m*.

'pin,cush·ion *s.* Nadelkissen *n*.

pine¹ [paɪn] *s.* **1.** ♀ Kiefer *f*, Föhre *f*, Pinie *f*; **2.** Kiefernholz *n*; **3.** F Ananas *f*.

pine² [paɪn] *v/i.* **1.** sich sehnen,

schmachten (***after, for*** nach); **2.** *mst* ~ ***away*** verschmachten, vor Gram vergehen; **3.** sich grämen *od.* abhärmen (***at*** über *acc.*).

pin·e·al gland ['paɪnɪəl] *s. anat.* Zirbeldrüse *f.*

'pine|,ap·ple *s.* **1.** ⚘ Ananas *f*; **2.** ⚔ *sl.* a) 'Handgra,nate *f*, b) (kleine) Bombe; ~ **cone** *s.* ⚘ Kiefernzapfen *m*; ~ **marten** *s. zo.* Baummarder *m*; ~ **nee·dle** *s.* ⚘ Fichtennadel *f*; ~ **oil** *s.* Kiefernöl *n.*

pine| tar *s.* Kienteer *m*; ~ **tree** → ***pine***[1] 1.

ping [pɪŋ] **I** *v/i.* **1.** pfeifen (*Kugel*), schwirren (*Mücke etc.*); *mot.* klingeln; **II** *s.* **2.** Peng *n*; **3.** Pfeifen *n*, Schwirren *n*; *mot.* Klingeln *n*; '**~-pong** [-pɒŋ] *s.* Tischtennis *n.*

'pin|·head *s.* **1.** (Steck)Nadelkopf *m*; **2.** *fig.* Kleinigkeit *f*; **3.** F Dummkopf *m*; '**~·hole** *s.* **1.** Nadelloch *n*; **2.** kleines Loch (*a. opt.*): ~ ***camera*** Lochkamera *f.*

pin·ion[1] ['pɪnjən] *s.* ⚙ **1.** Ritzel *n*, Antriebs(kegel)rad *n*: ***gear*** ~ Getriebezahnrad *n*; ~ ***drive*** Ritzelantrieb *m*; **2.** Kammwalze *f.*

pin·ion[2] ['pɪnjən] **I** *s.* **1.** *orn.* Flügelspitze *f*; **2.** *orn.* (Schwung)Feder *f*; **3.** *poet.* Schwinge *f*, Fittich *m*; **II** *v/t.* **4.** die Flügel stutzen (*dat.*) (*a. fig.*); **5.** fesseln (***to*** an *acc.*).

pink[1] [pɪŋk] **I** *s.* **1.** ⚘ Nelke *f*: ***plumed*** (*od.* ***feathered***) ~ Federnelke; **2.** Blaßrot *n*, Rosa *n*; **3.** *bsd. Brit.* (scharlach-) roter Jagdrock; **4.** *pol. Am. sl.* ‚rot Angehauchte(r)' *m*, Sa'lonbolsche,wist *m*; **5.** *fig.* Gipfel *m*, Krone *f*, höchster Grad: ***in the*** ~ ***of health*** bei bester Gesundheit; ***the*** ~ ***of perfection*** die höchste Vollendung; ***be in the*** ~ (***of condition***) in ‚Hochform' sein; **II** *adj.* **6.** rosa(farben), blaßrot: ~ ***slip*** ‚blauer Brief', Kündigungsschreiben *n*; **7.** *pol. sl.* ‚rötlich', kommu'nistisch angehaucht.

pink[2] [pɪŋk] *v/t.* **1.** *a.* ~ ***out*** auszacken: ~***ing shears*** *pl.* Zickzackschere *f*; **2.** durch'bohren, -'stechen.

pink[3] [pɪŋk] *s.* ⚓ Pinke *f* (*Boot*).

pink[4] [pɪŋk] *v/i.* klopfen (*Motor*).

pink·ish ['pɪŋkɪʃ] *adj.* rötlich (*a. pol. sl.*), blaßrosa.

'pin-,mon·ey *s.* (*a.* selbstverdientes) Taschengeld (*der Frau*).

pin·na ['pɪnə] *pl.* **-nae** [-ni:] *s.* **1.** *anat.* Ohrmuschel *f*; **2.** *zo.* a) Feder *f*, Flügel *m*, b) Flosse *f*; **3.** ⚘ Fieder(blatt *n*) *f.*

pin·nace ['pɪnɪs] *s.* ⚓ Pi'nasse *f.*

pin·na·cle ['pɪnəkl] *s.* **1.** ⚠ a) Spitzturm *m*, b) Zinne *f*; **2.** (Fels-, Berg)Spitze *f*, Gipfel *m*; **3.** *fig.* Gipfel *m*, Spitze *f*, Höhepunkt *m.*

pin·nate ['pɪnɪt] *adj.* gefiedert.

pin·ni·grade ['pɪnɪgreɪd], '**pin·ni·ped** [-ped] *zo.* **I** *adj.* flossen-, schwimmfüßig; **II** *s.* Flossen-, Schwimmfüßer *m.*

pin·nule ['pɪnju:l] *s.* **1.** Federchen *n*; **2.** *zo.* Flössel *n*; **3.** ⚘ Fiederblättchen *n.*

pin·ny ['pɪnɪ] F → ***pinafore.***

pi·noch·le, pi·noc·le ['pi:nʌkl] *s. Am.* Bi'nokel *n* (*Kartenspiel*).

'pin|·point I *v/t. Ziel* genau festlegen *od.* lokalisieren *od.* bombardieren; *fig. et.* genau bestimmen; **II** *adj.* genau, Punkt...: ~ ***bombing*** Bombenpunktwurf *m*; ~ ***strike*** ✝ Schwerpunktstreik *m*; ~ ***target*** Punktziel *n*; '**~·prick** *s.* **1.** Nadelstich *m* (*a. fig.*): ***policy of*** ~***s*** Politik *f* der Nadelstiche; **2.** *fig.* Stiche'lei *f*, spitze Bemerkung; '**~-striped** *adj.* mit Nadelstreifen (*Anzug*).

pint [paɪnt] *s.* **1.** Pinte *f* (*Brit. 0,57, Am. 0,47 Liter*); **2.** F Halbe *f* (Bier); '**pint-size(d)** *adj.* F winzig.

pin·tle ['pɪntl] *s.* **1.** ⚙ (Dreh)Bolzen *m*; **2.** *mot.* Düsennadel *f*, -zapfen *m*; **3.** ⚓ Fingerling *m*, Ruderhaken *m.*

pin·to ['pɪntəʊ] *Am. pl.* **-tos** *s.* Scheck(e) *m*, Schecke *f* (*Pferd*).

'pin-up (**girl**) *s.* Pin-'up-Girl *n.*

pi·o·neer [,paɪə'nɪə] **I** *s.* **1.** ⚔ Pio'nier *m*; **2.** *fig.* Pio'nier *m*, Bahnbrecher *m*, Vorkämpfer *m*, Wegbereiter *m*; **II** *v/i.* **3.** *fig.* den Weg bahnen, bahnbrechende Arbeit leisten; **III** *v/t.* **4.** den Weg bahnen für (*a. fig.*); **IV.** *adj.* **5.** Pionier...: ~ ***work***; **6.** *fig.* bahnbrechend, wegbereitend, Versuchs..., erst.

pi·ous ['paɪəs] *adj.* ☐ **1.** fromm (*a. iro.*), gottesfürchtig: ~ ***fraud*** (***wish***) *fig.* frommer Betrug (Wunsch); ~ ***effort*** F gutgemeinter Versuch; **2.** lieb (*Kind*).

pip[1] [pɪp] *s.* **1.** *vet.* Pips *m* (*Geflügelkrankheit*); **2.** *Brit.* F miese Laune: ***he gives me the*** ~ er geht mir auf den ‚Wecker'.

pip[2] [pɪp] *s.* **1.** Auge *n* (*auf Spielkarten*), Punkt *m* (*auf Würfeln etc.*); **2.** (Obst-) Kern *m*; **3.** ⚔ *bsd. Brit. sl.* Stern *m* (*Rangabzeichen*); **4.** *Radar*: Blip *m* (*Bildspur*); **5.** *Brit. Radio*: Ton *m* (*Zeitzeichen*).

pip[3] [pɪp] *Brit.* F **I** *v/t.* **1.** 'durchfallen lassen (*bei e-r Wahl etc.*); **2.** *fig.* knapp besiegen, im Ziel abfangen; **3.** ‚abknallen' (*erschießen*); **II** *v/i.* **4.** *a.* ~ ***out*** ‚abkratzen' (*sterben*).

pipe [paɪp] **I** *s.* **1.** ⚙ a) Rohr *n*, Röhre *f*, b) (Rohr)Leitung *f*; **2.** (Tabaks)Pfeife *f*: ***put that in your*** ~ ***and smoke it*** F laß dir das gesagt sein; **3.** ♪ Pfeife *f* (*Flöte*); Orgelpfeife *f*; ('Holz)Blasinstru,ment *n*; *mst pl.* Dudelsack *m*; **4.** a) Pfeifen *n* (*e-s Vogels*), Piep(s)en *n*, b) Pfeifenton *m*, c) Stimme *f*; **5.** F Luftröhre *f*: ***clear one's*** ~ sich räuspern; **6.** *metall.* Lunker *m*; **7.** ⚒ (Wetter)Lutte *f*; **8.** ✝ Pipe *f* (*Weinfaß = Brit. 477,3, Am. 397,4 Liter*); **II** *v/t.* **9.** (durch Röhren, *weitS.* durch Kabel) leiten, *weitS. a.* schleusen, *a. e-e Radiosendung* über'tragen: ~***d music*** Musik *f* aus dem Lautsprecher, Musikberieselung *f*; **10.** Röhren *od.* e-e Rohrleitung legen in (*acc.*); **11.** pfeifen, flöten; *Lied* anstimmen, singen; **12.** quieken, piepsen; **13.** ⚓ *Mannschaft* zs.-pfeifen; **14.** *Schneiderei*: paspelieren, mit Biesen besetzen; **15.** *Torte etc.* mit feinem Guß verzieren, spritzen; **16.** ~ ***one's eye*** F ‚flennen', weinen; **III** *v/i.* **17.** pfeifen (*a. Wind etc.*), flöten; piep(s)en: ~ ***down*** *sl.* ‚die Luft anhalten', ‚die Klappe halten'; ~ ***up*** loslegen, anfangen; ~ **bowl** *s.* Pfeifenkopf *m*; ~ **burst** *s.* Rohrbruch *m*; ~ **clamp** *s.* ⚙ Rohrschelle *f*; '**~·clay I** *s.* **1.** *min.* Pfeifenton *m*; **2.** ⚔ *fig.* ‚Kom'miß' *m*; **II** *v/t.* **3.** mit Pfeifenton weißen; ~ **clip** *s.* ⚙ Rohrschelle *f*; ~ **dream** *s.* F Luftschloß *n*, Hirngespinst *n*; ~ **fit·ter** *s.* ⚙ Rohrleger *m*; '**~·line** *s.* **1.** Rohrleitung *f*; *für Erdöl, Erdgas*: Pipeline *f*: ***in the*** ~ *fig.* in Vorbereitung (*Pläne etc.*), im Kommen (*Entwicklung etc.*); **2.** *fig.* ‚Draht' *m*, (geheime) Verbindung *od.* (Informati'ons)Quelle; **3.** (*bsd.* Ver'sorgungs)Sy,stem *n.*

pip·er ['paɪpə] *s.* Pfeifer *m*: ***pay the*** ~ *fig.* die Zeche bezahlen, *weitS.* der Dumme sein.

pipe| rack *s.* Pfeifenständer *m*; ~ **tongs** *s. pl.* ⚙ Rohrzange *f.*

pi·pette [pɪ'pet] *s.* ⚗ Pi'pette *f.*

pipe wrench *s.* ⚙ Rohrzange *f.*

pip·ing ['paɪpɪŋ] **I** *s.* **1.** ⚙ a) Rohrleitung *f*, -netz *n*, Röhrenwerk *n*, b) Rohrverlegung *f*; **2.** *metall.* a) Lunker *m*, b) Lunkerbildung *f*; **3.** Pfeifen *n*, Piep(s)en *n*; Pfiff *m*; **4.** *Schneiderei*: Paspel *f*, (*an Uniformen*) Biese *f*; **5.** (feiner) Zuckerguß, Verzierung *f* (*Kuchen*); **II** *adj.* **6.** pfeifend, schrill; **7.** friedlich, i'dyllisch (*Zeit*); **III** *adv.* **8.** ~ ***hot*** siedend heiß, *fig.* ‚brühwarm'.

pip·pin ['pɪpɪn] *s.* **1.** Pippinapfel *m*; **2.** *sl.* a) ‚tolle Sache', b) ‚toller Kerl'.

'pip·squeak *s.* F ‚Grashüpfer' *m*, ‚Würstchen' *n* (*Person*).

pi·quan·cy ['pi:kənsɪ] *s.* Pi'kantheit *f*, *das* Pi'kante; '**pi·quant** [-nt] *adj.* ☐ pi'kant (*a. fig.*).

pique [pi:k] **I** *v/t.* **1.** (auf)reizen, sticheln, ärgern, *j-s Stolz etc.* verletzen: ***be*** ~***d at*** über *et.* pikiert *od.* verärgert sein; **2.** *Neugier etc.* reizen, wecken; **3.** ~ ***o.s.*** (***on***) sich et. einbilden (auf *acc.*), sich brüsten (mit); **II** *s.* **4.** Groll *m*; Gereiztheit *f*, Gekränktsein *n*, Ärger *m.*

pi·qué ['pi:keɪ] *s.* Pi'kee *m* (*Gewebe*).

pi·quet [pɪ'ket] *s.* Pi'kett *n* (*Kartenspiel*).

pi·ra·cy ['paɪərəsɪ] *s.* **1.** Pirate'rie *f*, Seeräube'rei *f*; **2.** Plagi'at *n*, *bsd.* a) Raubdruck *m*, b) Raubpressung *f* (*e-r* Schallplatte *f*); **3.** Pa'tentverletzung *f*; **pi·rate** ['paɪərət] **I** *s.* **1.** a) Pi'rat *m*, Seeräuber *m*, b) Seeräuberschiff *n*; **2.** Plagi'ator *m*, *bsd.* a) Raubdrucker *m*, b) Raubpresser *m* (*von Schallplatten*); **II** *adj.* **3.** Piraten...: ~ ***ship***; **4.** ⚖ Raub...: ~ ***record***; ~ ***edition*** Raubdruck *m*; **5.** Schwarz...: ~ ***listener***; ~ (***radio***) ***station*** Pi'raten-, Schwarzsender *m*; **III** *v/t.* **6.** kapern, (aus)plündern (*a. weitS.*); **7.** plagiieren, *bsd.* unerlaubt nachdrukken; **pi·rat·i·cal** [paɪ'rætɪkl] *adj.* ☐ **1.** (see)räuberisch, Piraten...; **2.** ~ ***edition*** Raubdruck *m.*

pir·ou·ette [,pɪrʊ'et] **I** *s. Tanz etc.*: Pirou'ette *f*; **II** *v/i.* pirouettieren.

Pis·ces ['pɪsi:z] *s. pl. ast.* **1.** Fische *pl.*; **2.** *Person*: *ein* Fisch *m.*

pis·ci·cul·ture ['pɪsɪkʌltʃə] *s.* Fischzucht *f*; **pis·ci·cul·tur·ist** [,pɪsɪ'kʌltʃərɪst] *s.* Fischzüchter *m.*

pish [pɪʃ] *int.* **1.** pfui!; **2.** pah!

pi·si·form ['paɪsɪfɔ:m] *adj.* erbsenförmig, Erbsen...

piss [pɪs] *sl.* **I** *v/i.* ‚pissen', ‚pinkeln': ~ ***on s.th.*** *fig.* ‚auf et. scheißen'; ~ ***off!*** hau ab!; **II** *v/t.* ‚be-, anpissen': ~ ***the bed*** ins Bett pinkeln; **III** *s.* ‚Pisse' *f*; **pissed** [-st] *adj. sl.* **1.** ‚blau', besoffen; **2.** ~ ***off*** ‚(stock)sauer'.

pis·tach·i·o [pɪ'stɑ:ʃɪəʊ] *pl.* **-i·os** *s.* ⚘ Pi'stazie *f.*

pis·til ['pɪstɪl] *s.* ⚘ Pi'still *n*, Stempel *m*, Griffel *m*; '**pis·til·late** [-lət] *adj.* mit Stempel(n), weiblich (*Blüte*).

pis·tol ['pɪstl] *s.* Pi'stole *f* (*a. phys.*):

hold a ~ to s.o.'s head *fig.* j-m die Pistole auf die Brust setzen; **~ point** *s.*: ***at ~*** mit vorgehaltener Pistole; **~ shot** *s.* **1.** Pi'stolenschuß *m*; **2.** *Am.* Pi'stolenschütze *m*.

pis·ton ['pɪstən] *s.* **1.** ⚙ Kolben *m*: **~ *engine*** Kolbenmotor *m*; **2.** ⚙ (Druck-) Stempel *m*; **~ dis·place·ment** *s.* Kolbenverdrängung *f*, Hubraum *m*; **~ rod** *s.* Kolben-, Pleuelstange *f*; **~ stroke** *s.* Kolbenhub *m*.

pit[1] [pɪt] **I** *s.* **1.** Grube *f* (*a. anat.*): ***refuse ~*** Müllgrube; ***~ of the stomach*** Magengrube; **2.** Abgrund *m* (*a. fig.*): (***bottomless***) **~**, **~** (***of hell***) (Abgrund der) Hölle *f*, Höllenschlund *m*; **3.** ⚒ a) (*bsd.* Kohlen)Grube *f*, Zeche *f*, b) (*bsd.* Kohlen)Schacht *m*; **4.** ✓ (Rüben- *etc.*)Miete *f*; **5.** ⚙ a) *Gießerei*: Dammgrube *f*, b) Abstichherd *m*, Schlackengrube *f*; **6.** *thea.* a) *bsd. Brit.* Par'kett *n*, b) Or'chestergraben *m*; **7.** *mot. Sport*: Box *f*: **~ *stop*** Boxenstopp *m*; **8.** ✝ *Am.* Börse *f*, Maklerstand *m*: ***grain ~*** Getreidebörse; **9.** ⚕ (Blattern-, Pocken)Narbe *f*; **10.** ⚙ Rostgrübchen *n*; **II** *v/t.* **11.** Löcher *od.* Vertiefungen bilden in (*dat.*) *od.* graben in (*acc.*); ⚙ an-, zerfressen (*Korrosion*); ⚕ mit Narben bedecken: ***~ted with smallpox*** pokkennarbig; **12.** ✓ *Rüben etc.* einmieten; **13.** (***against***) a) *feindlich* gegen'überstellen (*dat.*), b) *j-n* ausspielen (gegen), c) *s-e Kraft etc.* messen (mit), *Argument* ins Feld führen (gegen); **III** *v/i.* **14.** Löcher *od.* Vertiefungen bilden; ⚕ narbig werden; ⚙ sich festfressen (*Kolben*).

pit[2] [pɪt] *Am.* **I** *s.* (Obst)Stein *m*; **II** *v/t.* entsteinen.

pit-a-pat [ˌpɪtə'pæt] **I** *adv.* ticktack (*Herz*); klippklapp (*Schritte*); **II** *s.* Getrappel *n*, Getrippel *n*.

pitch[1] [pɪtʃ] **I** *s.* Pech *n*; **II** *v/t.* (ver)pichen, teeren (*a.* ⚓).

pitch[2] [pɪtʃ] **I** *s.* **1.** Wurf *m* (*a. sport*): ***queer s.o.'s ~*** F j-m ‚die Tour vermasseln', j-m e-n Strich durch die Rechnung machen; ***what's the ~?*** *Am. sl.* was ist los?; **2.** ✝ (Waren)Angebot *n*; **3.** ⚓ Stampfen *n*; **4.** Neigung *f*, Gefälle *n* (*Dach etc.*); **5.** ⚙ a) Teilung *f* (*Gewinde, Zahnrad*), b) Schränkung *f* (*Säge*), c) Steigung *f* (*Luftschraube* ✈); **6.** ♪ a) Tonhöhe *f*, b) (*absolute*) Stimmung *e-s Instruments*, c) Nor'malstimmung *f*, Kammerton *m*: ***above ~*** zu hoch; ***have absolute ~*** das absolute Gehör haben; ***sing true to ~*** tonrein singen; **7.** Grad *m*, Stufe *f*, Höhe *f* (*a. fig.*); *fig.* höchster Grad, Gipfel *m*: ***to the highest ~*** aufs äußerste; **8.** ✝ a) Stand *m e-s Händlers*, b) *sl.* Anpreisung *f*, Verkaufsgespräch *n*, c) *sl.* ‚Platte' *f*, ‚Masche' *f*; **9.** *sport Brit.* Spielfeld *n*; *Krikket*: (Mittel)Feld *n*; **II** *v/t.* **10.** (*gezielt*) werfen (*a. sport*), schleudern; *Golf*: *den Ball* heben (*hoch schlagen*); **11.** *Heu etc.* aufladen, -gabeln; **12.** *Pfosten etc.* einrammen, befestigen; *Zelt, Verkaufsstand etc.* aufschlagen; *Leiter, Stadt etc.* anlegen; **13.** ♪ a) *Instrument* stimmen, b) *Grundton* angeben, c) *Lied etc. in e-r Tonart* anstimmen *od.* singen *od.* spielen: ***high-~ed voice*** hohe Stimme; **~ *one's hopes too high*** *fig.* s-e Hoffnungen zu hoch stecken; **~ *a yarn*** *fig.* ein Garn spinnen; **14.** *fig. Rede etc.* abstimmen (***on*** auf *acc.*), *et.* ausdrücken; **15.** *Straße* beschottern, *Böschung* verpacken; **16.** *Brit. Ware* ausstellen, feilhalten; **17.** ⚔ ***~ed battle*** regelrechte *od.* offene (Feld)Schlacht; **III** *v/i.* **18.** (kopf'über) hinstürzen, -schlagen; **19.** ⚔ (sich) lagern; **20.** ✝ e-n (Verkaufs-) Stand aufschlagen; **21.** ⚓ stampfen (*Schiff*); *fig.* taumeln; **22.** sich neigen (*Dach etc.*); **23.** **~ *in*** F a) sich (tüchtig) ins Zeug legen, loslegen, b) tüchtig ‚zulangen' (*essen*); **24.** **~ *into*** F a) herfallen über *j-n* (*a. fig.*), b) herfallen über *das Essen*, c) sich (mit Schwung) an *die Arbeit* machen; **25.** **~ *on***, **~ *upon*** sich entscheiden für, verfallen auf (*acc.*); **ˌ~-and-'toss** *s.* ‚Kopf oder Schrift' (*Spiel*); **~ an·gle** *s.* ⚙ Steigungswinkel *m*; **ˌ~-'black** *adj.* pechschwarz; **'~-blende** [-blend] *s. min.* (U'ran)Pechblende *f*; **~ cir·cle** *s.* ⚙ Teilkreis *m* (*Zahnrad*); **ˌ~-'dark** *adj.* pechschwarz, stockdunkel (*Nacht*).

pitch·er[1] ['pɪtʃə] *s. sport* Werfer *m*.

pitch·er[2] ['pɪtʃə] *s.* (irdener) Krug (*mit Henkel*).

'pitch|·fork I *s.* **1.** ✓ Heu-, Mistgabel *f*; **2.** ♪ Stimmgabel *f*; **II** *v/t.* **3.** mit der Heugabel werfen; **4.** *fig* rücksichtslos werfen: **~ *troops into a battle***; **5.** ‚schubsen' (***into*** in *ein Amt etc.*); **~ pine** *s.* ⚘ Pechkiefer *f*; **~ pipe** *s.* ♪ Stimmpfeife *f*.

pitch·y ['pɪtʃɪ] *adj.* **1.** pechartig; **2.** voll Pech; **3.** pechschwarz (*a. fig.*).

pit coal *s.* Schwarz-, Steinkohle *f*.

pit·e·ous ['pɪtɪəs] → ***pitiable*** 1.

'pit·fall *s.* Fallgrube *f*, Falle *f*, *fig. a.* Fallstrick *m*.

pith [pɪθ] *s.* **1.** ⚘, *anat.* Mark *n*; **2.** *a.* **~ *and marrow*** *fig.* Mark *n*, Kern *m*, 'Quintesˌsenz *f*; **3.** *fig.* Kraft *f*, Prä'gnanz *f* (*e-r Rede etc.*); **4.** *fig.* Gewicht *n*, Bedeutung *f*.

'pit·head *s.* ⚒ **1.** Füllort *m*, Schachtöffnung *f*; **2.** Fördergerüst *n*.

pith·e·can·thro·pus [ˌpɪθɪkæn'θrəʊpəs] *s.* Javamensch *m*.

pith| hat, **~ hel·met** *s.* Tropenhelm *m*.

pith·i·ness ['pɪθɪnɪs] *s.* **1.** *das* Markige, Markigkeit *f*; **2.** *fig.* Kernigkeit *f*, Prä'gnanz *f*, Kraft *f*; **pith·less** ['pɪθlɪs] *adj.* marklos; *fig.* kraftlos, schwach; **pith·y** ['pɪθɪ] *adj.* ☐ **1.** mark(art)ig; **2.** *fig.* markig, kernig, prä'gnant.

pit·i·a·ble ['pɪtɪəbl] *adj.* ☐ **1.** mitleiderregend, bedauernswert; *a. contp.* erbärmlich, jämmerlich, elend, kläglich; **2.** *contp.* armselig, dürftig; **'pit·i·ful** [-fʊl] *adj.* ☐ **1.** mitleidig, mitleidsvoll; **2.** → ***pitiable***; **'pit·i·less** [-lɪs] *adj.* ☐ **1.** unbarmherzig; **2.** erbarmungslos, mitleidlos.

'pit|·man [-mən] *s.* [*irr.*] Bergmann *m*, Knappe *m*, Grubenarbeiter *m*; **~ prop** *s.* ⚒ (Gruben)Stempel *m*; *pl.* Grubenholz *n*; **~ saw** *s.* ⚙ Schrot-, Längensäge *f*.

pit·tance ['pɪtəns] *s.* **1.** Hungerlohn *m*, ‚paar Pfennige' *pl.*; **2.** (kleines) bißchen: ***the small ~ of learning*** das kümmerliche Wissen.

pit·ting ['pɪtɪŋ] *s. metall.* Körnung *f*, Lochfraß *m*, 'Grübchenkorrosiˌon *f*.

pi·tu·i·tar·y [pɪ'tjʊɪtərɪ] *physiol.* **I** *adj.* pitui'tär, schleimabsondernd, Schleim...; **II** *s. a.* **~ *gland*** Hirnanhang(drüse *f*) *m*, Hypo'physe *f*.

pit·y ['pɪtɪ] **I** *s.* **1.** Mitleid *n*, Erbarmen *n*: ***feel ~ for, have*** (*od.* ***take***) **~ *on*** Mitleid haben mit; ***for ~'s sake!*** um Himmels willen!; **2.** Jammer *m*: ***it is a*** (***great***) **~** es ist (sehr) schade; ***what a ~!*** wie schade!; ***it is a thousand pities*** es ist jammerschade; ***the ~ of it is that*** es ist ein Jammer, daß; **II** *v/t.* **3.** bemitleiden, bedauern, Mitleid haben mit: ***I ~ him*** er tut mir leid; **pit·y·ing** ['pɪtɪɪŋ] *adj.* ☐ mitleidig.

piv·ot ['pɪvət] **I** *s.* **1.** a) (Dreh)Punkt *m*, b) (Dreh)Zapfen *m*: **~ *bearing*** Zapfenlager, c) Stift *m*, d) Spindel *f*; **2.** (Tür-) Angel *f*; **3.** ⚔ stehender Flügel(mann), Schwenkungspunkt *m*; **4.** *fig.* a) Dreh-, Angelpunkt *m*, b) → ***pivot man***, c) *Fußball*: 'Schaltstatiˌon *f* (*Spieler*); **II** *v/t.* **5.** ⚙ a) mit Zapfen *etc.* versehen, b) drehbar lagern, c) (ein)schwenken; **III** *v/i.* **6.** sich drehen (***upon***, ***on*** um) (*a. fig.*); ⚔ schwenken; **'piv·ot·al** [-tl] *adj.* **1.** Zapfen..., Angel...: **~ *point*** Angelpunkt *m*; **2.** *fig.* zen'tral, Kardinal...: ***a ~ question***.

piv·ot| bolt *s.* Drehbolzen *m*; **~ bridge** *s.* Drehbrücke *f*; **~ man** [-mən] *s.* [*irr.*] *fig* 'Schlüsselfiˌgur *f*; **'~-mount·ed** *adj.* schwenkbar; **~ tooth** *s.* ⚕ Stiftzahn *m*.

pix·el ['pɪksəl] *s. TV*, *Computer*: Bild(schirm)punkt *m*.

pix·ie → ***pixy***.

pix·i·lat·ed ['pɪksɪleɪtɪd] *adj. Am.* F **1.** ‚verdreht', leicht verrückt; **2.** ‚blau' (*betrunken*).

pix·y ['pɪksɪ] *s.* Fee *f*, Elf *m*, Kobold *m*.

piz·zle ['pɪzl] *s.* **1.** *zo.* Fiesel *m*; **2.** Ochsenziemer *m*.

pla·ca·ble ['plækəbl] *adj.* ☐ versöhnlich, nachgiebig.

plac·ard ['plækɑ:d] **I** *s.* **1.** a) Pla'kat *n*, b) Transpa'rent *n*; **II** *v/t.* **2.** mit Pla'katen bekleben; **3.** durch Pla'kate bekanntgeben, anschlagen.

pla·cate [plə'keɪt] *v/t.* beschwichtigen, besänftigen, versöhnlich stimmen.

place [pleɪs] **I** *s.* **1.** Ort *m*, Stelle *f*, Platz *m*: ***from ~ to ~*** von Ort zu Ort; ***in ~*** am Platze (*a. fig. angebracht*); ***in ~s*** stellenweise; ***in ~ of*** an Stelle (*gen.*), anstatt (*gen.*); ***out of ~*** *fig.* fehl am Platz, unangebracht; ***take ~*** stattfinden; ***take s.o.'s ~*** j-s Stelle einnehmen; ***take the ~ of*** ersetzen, an die Stelle treten von; ***if I were in your ~*** an Ihrer Stelle (*würde ich* ...); ***put yourself in my ~*** versetzen Sie sich in meine Lage; **2.** Ort *m*, Stätte *f*: **~ *of amusement*** Vergnügungsstätte; **~ *of birth*** Geburtsort; **~ *of business*** ✝ Geschäftssitz *m*; **~ *of delivery*** ✝ Erfüllungsort; **~ *of worship*** Gotteshaus *n*, Kultstätte *f*; ***from this ~*** ✝ ab hier; ***in*** (*od.* ***of***) ***your ~*** ✝ dort; ***go ~s*** *Am.* a) ‚groß ausgehen', b) die Sehenswürdigkeiten *e-s Ortes* ansehen, c) *fig.* es weit bringen (*im Leben*); **3.** Wohnsitz *m*; F Wohnung *f*, Haus *n*: ***at his ~*** bei ihm (zu Hause); **4.** Wohnort *m*; Ort(schaft *f*) *m*, Stadt *f*, Dorf *n*: ***in this ~*** hier; **5.** ⚓ Platz *m*, Hafen *m*: **~ *for tran(s)shipment*** Umschlagplatz; **6.** ⚔ Festung *f*; **7.** F Gaststätte *f*, Lo'kal *n*; **8.** (Sitz)Platz *m*; **9.** *fig.* Platz *m* (*in e-r Reihenfolge*; *a. sport*), Stelle *f* (*a.*

in e-m Buch): ***in the first ~*** a) an erster Stelle, erstens, b) zuerst, von vornherein, c) in erster Linie, d) überhaupt (erst); ***in third ~*** *sport* auf dem dritten Platz; **10.** ⩓ (Dezi'mal)Stelle *f*; **11.** Raum *m* (*a. fig.*, *a. für Zweifel etc.*); **12.** *thea.* Ort *m* (der Handlung); **13.** (An)Stellung *f*, (Arbeits)Stelle *f*: ***out of ~*** stellenlos; **14.** Dienst *m*, Amt *n*: ***it is not my ~*** *fig.* es ist nicht meines Amtes; **15.** (sozi'ale) Stellung, Rang *m*, Stand *m*: ***keep s.o. in his ~*** j-n in s-n Schranken *od.* Grenzen halten; ***know one's ~*** wissen, wohin man gehört; ***put s.o. in his ~*** j-n in s-e Schranken weisen; **16.** *univ.* (Studien)Platz *m*; **II** *v/t.* **17.** stellen, setzen, legen (*a. fig.*); *teleph. Gespräch* anmelden; → ***disposal*** 3; **18.** ⚔ *Posten* aufstellen, (***o.s.*** sich) postieren; **19.** *j-n* an-, einstellen; ernennen, in ein Amt einsetzen; **20.** *j-n* 'unterbringen (*a. Kind*), *j-m* Arbeit *od.* e-e Anstellung verschaffen; **21.** ✝ *Anleihe, Kapital* 'unterbringen; *Auftrag* erteilen *od.* vergeben; *Bestellung* aufgeben; *Vertrag* abschließen; → ***account*** 5, ***credit*** 1; **22.** ✝ *Ware* absetzen; **23.** (der Lage nach) näher bestimmen; *fig. j-n* ,'unterbringen' (*identifizieren*): ***I can't ~ him*** ich weiß nicht, wo ich ihn ,unterbringen' *od.* ,hintun' soll; **24.** *sport* plazieren: ***be ~d*** unter den ersten drei sein, sich plazieren; **~ bet** *s. Rennsport*: Platzwette *f*.

pla·ce·bo [plə'si:bəʊ] *pl.* **-bos** *s.* **1.** ⚕ Pla'cebo *n*, 'Blindpräpa,rat *n*; **2.** *fig.* Beruhigungspille *f*.

place| card *s.* Platz-, Tischkarte *f*; **~ hunt·er** *s.* Pöstchenjäger *m*; **~ hunt·ing** *s.* Pöstchenjäge'rei *f*; **~ kick** *s. sport* a) *Fußball*: Stoß *m* auf den ruhenden Ball (*Freistoß etc.*), b) *Rugby*: Platztritt *m*; **'~·man** [-mən] *s.* [*irr.*] *pol. contp.* ,Pöstcheninhaber' *m*, ,'Futterkrippenpo,litiker' *m*; **~ mat** *s.* Set *n*, Platzdeckchen *n*.

place·ment ['pleɪsmənt] *s.* **1.** (Hin-, Auf)Stellen *n*, Plazieren *n*; **2.** a) Einstellung *f e-s Arbeitnehmers*, b) Vermittlung *f e-s Arbeitsplatzes*, c) 'Unterbringung *f von Arbeitskräften, Waisen*; **3.** Stellung *f*, Lage *f*; Anordnung *f*; **4.** ✝ a) Anlage *f*, Unterbringung *f von Kapital*, b) Vergabe *f von Aufträgen*; **5.** *ped. Am.* Einstufung *f*.

place name *s.* Ortsname *m*.

pla·cen·ta [plə'sentə] *pl.* **-tae** [-ti:] *s.* **1.** *anat.* Pla'zenta *f*, Mutterkuchen *m*; **2.** ⚘ Samenleiste *f*.

plac·er ['plæsə] *s. min.* **1.** *bsd. Am.* (*Gold- etc.*)Seife *f*; **2.** seifengold- *od.* erzseifenhaltige Stelle; **'~-gold** *s.* Seifen-, Waschgold *n*; **'~-,min·ing** *s.* Goldwaschen *n*.

pla·cet ['pleɪset] (*Lat.*) *s.* Plazet *n*, Zustimmung *f*, Ja *n*.

plac·id ['plæsɪd] *adj.* □ **1.** (seelen)ruhig, ,gemütlich'; **2.** mild, sanft; **3.** selbstgefällig; **pla·cid·i·ty** [plæ'sɪdətɪ] *s.* Milde *f*, Gelassenheit *f*, (Seelen)Ruhe *f*.

plack·et ['plækɪt] *s. Mode*: a) Schlitz *m an Frauenkleid*, b) Tasche *f*.

pla·gi·a·rism ['pleɪdʒjərɪzəm] *s.* Plagi'at *n*; **'pla·gi·a·rist** [-ɪst] *s.* Plagi'ator *m*; **'pla·gi·a·rize** [-raɪz] **I** *v/t.* plagiieren, abschreiben; **II** *v/i.* ein Plagi'at begehen.

plague [pleɪg] **I** *s.* **1.** ⚕ Seuche *f*, Pest *f*: ***avoid like the ~*** *fig.* wie die Pest meiden; **2.** *bsd. fig.* Plage *f*, Heimsuchung *f*, Geißel *f*: ***the ten ~s*** *bibl.* die Zehn Plagen; ***a ~ on it!*** zum Henker damit!; **3.** *fig.* F a) Plage *f*, b) Quälgeist *m* (*Mensch*); **II** *v/t.* **4.** plagen, quälen; **5.** F belästigen, peinigen; **6.** *fig.* heimsuchen; **~ spot** *s. mst fig.* Pestbeule *f*.

plaice [pleɪs] *pl. coll.* **plaice** *s. ichth.* Scholle *f*.

plaid [plæd] **I** *s.* schottisches Plaid(tuch); **II** *adj.* 'buntka,riert.

plain [pleɪn] **I** *adj.* □ **1.** einfach, schlicht: ***~ clothes*** Zivil(kleidung *f*) *n*; ***~-clothes man*** Kriminalbeamte(r) *m od.* Polizist in Zivil; ***~ cooking*** bürgerliche Küche; ***~ fare*** Hausmannskost *f*; ***~ paper*** unliniertes Papier; ***~ postcard*** gewöhnliche Postkarte; **2.** schlicht, schmucklos, kahl (*Zimmer etc.*); ungemustert, einfarbig (*Stoff*): ***~ knitting*** Rechts-, Glattstrickerei *f*; ***~ sewing*** Weißnäherei *f*; **3.** unscheinbar, reizlos, hausbacken (*Gesicht, Mädchen etc.*); **4.** klar, leicht verständlich: ***in ~ language*** *tel.* im Klartext (*a. fig.*), offen; **5.** klar, offenbar, -kundig (*Irrtum etc.*); **6.** klar (und deutlich), 'unmißverständlich, 'unum,wunden: ***~ talk***; ***the ~ truth*** die nackte Wahrheit; **7.** offen, ehrlich: ***~ dealing*** ehrliche Handlungsweise; **8.** pur, unverdünnt (*Getränk*); *fig.* bar, rein (*Unsinn etc.*): ***~ folly*** heller Wahnsinn; **9.** *bsd. Am.* flach; ⚙ glatt: ***~ country*** *Am.* Flachland *n*; ***~ roll*** ⚙ Glattwalze *f*; ***~ bearing*** Gleitlager *n*; ***~ fit*** ⚙ Schlichtsitz *m*; *fig.* → ***sailing*** 1; **10.** ohne Filter (*Zigarette*); **II** *adv.* **11.** klar, deutlich; **III** *s.* **12.** Ebene *f*, Fläche *f*; Flachland *n*; *pl. bsd. Am.* Prä'rie *f*; **'plain·ness** [-nɪs] *s.* **1.** Einfachheit *f*, Schlichtheit *f*; **2.** Deutlichkeit *f*, Klarheit *f*; **3.** Offenheit *f*, Ehrlichkeit *f*; **4.** Reizlosigkeit *f* (*e-r Frau etc.*); **,plain-'spo·ken** *adj.* offen, freimütig: ***he is a ~ man*** er nimmt (sich) kein Blatt vor den Mund.

plaint [pleɪnt] *s.* **1.** Beschwerde *f*, Klage *f*; **2.** ⚖ (An)Klage(schrift) *f*; **'plain·tiff** [-tɪf] *s.* ⚖ (Zi'vil)Kläger(in): ***party ~*** klagende Partei; **'plain·tive** [-tɪv] *adj.* □ traurig, kläglich; wehleidig (*Stimme*); Klage...: ***~ song***.

plait [plæt] **I** *s.* **1.** Zopf *m*, Flechte *f*; (Haar-, Stroh)Geflecht *n*; **2.** Falte *f*; **II** *v/t.* **3.** *Haar, Matte etc.* flechten; **4.** verflechten.

plan [plæn] **I** *s.* **1.** (Spiel-, Wirtschafts-, Arbeits)Plan *m*, Entwurf *m*, Pro'jekt *n*, Vorhaben *n*: ***~ of action*** Schlachtplan (*a. fig.*); ***according to ~*** planmäßig; ***make ~s*** (***for the future***) (Zukunfts-)Pläne schmieden; **2.** (Lage-, Stadt-)Plan *m*: ***general ~*** Übersichtsplan; **3.** ⚙ (Grund)Riß *m*: ***~ view*** Draufsicht; **II** *v/t.* **4.** planen, entwerfen, e-n Plan entwerfen für *od.* zu: ***~ ahead*** (*a. v/i.*) vorausplanen; ***~ning board*** Planungsamt *n*; **5.** *fig.* planen, beabsichtigen.

plane[1] [pleɪn] *s.* ⚘ Pla'tane *f*.

plane[2] [pleɪn] **I** *adj.* **1.** flach, eben; ⚙ plan; **2.** ⩓ eben: ***~ figure***; ***~ curve*** einfach gekrümmte Kurve; **II** *s.* **3.** Ebene *f*, (ebene) Fläche: ***~ of refraction*** *phys.* Brechungsebene; ***on the upward ~*** *fig.* im Anstieg; **4.** *fig.* Ebene *f*, Stufe *f*, Ni'veau *n*, Bereich *m*: ***on the same ~ as*** auf dem gleichen Niveau wie; **5.** ⚙ Hobel *m*; **6.** ⚒ Förderstrecke *f*; **7.** ✈ a) Tragfläche *f*: ***elevating*** (***depressing***) ***~s*** Höhen-(Flächen)steuer *n*, b) Flugzeug *n*; **III** *v/t.* **8.** (ein)ebnen, planieren, ⚙ *a.* schlichten, *Bleche* abrichten; **9.** (ab)hobeln; **10.** *typ.* bestoßen; **IV.** *v/i.* **11.** ✈ gleiten; fliegen; **'plan·er** [-nə] *s.* **1.** ⚙ 'Hobel(ma,schine *f*) *m*; **2.** *typ.* Klopfholz *n*.

plane sail·ing *s.* ⚓ Plansegeln *n*.

plan·et ['plænɪt] *s. ast.* Pla'net *m*.

'plane-,ta·ble *s. surv.* Meßtisch *m*: ***~ map*** Meßtischblatt *n*.

plan·e·tar·i·um [,plænɪ'teərɪəm] *s.* Plane'tarium *n*; **plan·e·tar·y** ['plænɪtərɪ] *adj.* **1.** *ast.* plane'tarisch, Planeten...; **2.** *fig.* um'herirrend; **3.** ⚙ Planeten...: ***~ gear*** Planetengetriebe *n*; ***~ wheel*** Umlaufrad *n*; **plan·et·oid** ['plænɪtɔɪd] *s. ast.* Planeto'id *m*.

'plane-tree → ***plane***[1].

pla·nim·e·ter [plæ'nɪmɪtə] *s.* ⚙ Plani'meter *n*, Flächenmesser *m*; **pla'nim·e·try** [-trɪ] *s.* Planime'trie *f*.

plan·ish ['plænɪʃ] ⚙ *v/t.* **1.** glätten, (ab-)schlichten, planieren; **2.** *Holz* glatthobeln; **3.** *Metall* glatthämmern; polieren.

plank [plæŋk] **I** *s.* **1.** (*a.* Schiffs)Planke *f*, Bohle *f*, (Fußboden)Diele *f*, Brett *n*: ***~ flooring*** Bohlenbelag *m*; ***walk the ~*** a) ⚓ *hist.* ertränkt werden, b) *fig. pol. etc.* ,abgeschossen' werden; **2.** *pol. bsd. Am.* (Pro'gramm)Punkt *m e-r Partei*; **3.** ⚒ Schwarte *f*; **II** *v/t.* **4.** mit Planken *etc.* belegen, beplanken, dielen; **5.** verschalen, ⚒ verzimmern; **6.** *Speise* auf e-m Brett servieren; **7.** ***~ down*** (*od.* ***out***) F *Geld* auf den Tisch legen, hinlegen, ,blechen'; **~ bed** *s.* (Holz)Pritsche *f* (*im Gefängnis etc.*).

plank·ing ['plæŋkɪŋ] *s.* Beplankung *f*, (Holz)Verschalung *f*, Bohlenbelag *m*; *coll.* Planken *pl.*

plank·ton ['plæŋktən] *s. zo.* Plankton *n*.

plan·less ['plænlɪs] *adj.* planlos; **'plan·ning** [-nɪŋ] *s.* **1.** Planen *n*, Planung *f*; **2.** ✝ Bewirtschaftung *f*, Planwirtschaft *f*.

pla·no-con·cave [,pleɪnəʊ'kɒnkeɪv] *adj. phys.* 'plan-kon,kav (*Linse*).

plant [plɑ:nt] **I** *s.* **1.** a) Pflanze *f*, Gewächs *n*, b) Setz-, Steckling *m*: ***in ~*** im Wachstum befindlich; **2.** ⚙ (Betriebs-, Fa'brik)Anlage *f*, Werk *n*, Fa'brik *f*, (Fabrikati'ons)Betrieb *m*: ***~ engineer*** Betriebsingenieur *m*; **3.** ⚙ (Ma'schinen)Anlage *f*, Aggre'gat *n*; Appara'tur *f*; **4.** (Be'triebs)Materi,al *n*, Betriebseinrichtung *f*, Inven'tar *n*: ***~ equipment*** Werksausrüstung *f*; **5.** *sl.* a) *et.* Eingeschmuggeltes, Schwindel *m*, (*a.* Poli'zei)Falle *f*, b) (Poli'zei)Spitzel *m*; **II** *v/t.* **6.** (ein-, an)pflanzen: ***~ out*** aus-, um-, verpflanzen; **7.** *Land* a) bepflanzen, b) besiedeln, kolonisieren; **8.** *Kolonisten* ansiedeln; **9.** *Garten etc.* anlegen; *et.* errichten; *Kolonie etc.* gründen; **10.** *fig.* (***o.s.*** sich) *wo* aufpflanzen, (auf-)stellen, postieren; **11.** *Faust, Fuß wohin* setzen, ,pflanzen'; **12.** *fig. Ideen etc.* (ein)pflanzen, einimpfen; **13.** *sl. Schlag* ,landen', ,verpassen'; *Schuß* setzen, knallen; **14.** *Spitzel* einschleusen; **15.** *sl. Belastendes etc.* (ein)schmuggeln, ,deponieren': ***~ s.th. on*** *j-m et.*

'unterschieben'; **16.** *j-n* im Stich lassen.

plan·tain¹ ['plæntın] *s.* ♀ Wegerich *m.*

plan·tain² ['plæntın] *s.* ♀ **1.** Pi'sang *m*; **2.** Ba'nane *f* (*Frucht*).

plan·ta·tion [plæn'teıʃn] *s.* **1.** Pflanzung *f* (*a. fig.*), Plan'tage *f*; **2.** (Wald)Schonung *f*; **3.** *hist.* Ansiedlung *f*, Kolo'nie *f*.

plant·er ['plɑ:ntə] *s.* **1.** Pflanzer *m*, Plan'tagenbesitzer *m*; **2.** *hist.* Siedler *m*; **3.** 'Pflanzma͵schine *f*.

plan·ti·grade ['plæntıgreıd] *zo.* **I** *adj.* auf den Fußsohlen gehend; **II** *s.* Sohlengänger *m* (*Bär etc.*).

plant louse *s.* [*irr.*] *zo.* Blattlaus *f*.

plaque [plɑ:k] *s.* **1.** (Schmuck)Platte *f*; **2.** A'graffe *f*, (Ordens)Schnalle *f*, Spange *f*; **3.** Gedenktafel *f*; **4.** (Namens-) Schild *n*; **5.** ⚕ Fleck *m*: ***dental ~*** Zahnbelag *m*.

plash¹ [plæʃ] *v/t. u. v/i.* (Zweige) zu e-r Hecke verflechten.

plash² [plæʃ] **I** *v/i.* **1.** platschen, plätschern (*Wasser*); *im Wasser* planschen; **II** *v/t.* **2.** platschen *od.* klatschen auf (*acc.*): ***~!*** platsch!; **III** *s.* **3.** Platschen *n*, Plätschern *n*, Spritzen *n*; **4.** Pfütze *f*, Lache *f*; **'plash·y** [-ʃı] *adj.* **1.** plätschernd, klatschend, spritzend; **2.** voller Pfützen, matschig, feucht.

plasm ['plæzəm], **'plas·ma** [-zmə] *s.* **1.** *biol.* ('Milch-, 'Blut-, 'Muskel)͵Plasma *n*; **2.** *biol.* Proto'plasma *n*; **3.** *min.*, *phys.* 'Plasma *n*; **plas·mat·ic** [plæz'mætık], **'plas·mic** [-zmık] *adj. biol.* plas'matisch, Plasma...

plas·ter ['plɑ:stə] **I** *s.* **1.** *pharm.* (Heft-, Senf)Pflaster *n*; **2.** a) Gips *m* (*a.* ⚕), b) ⚙ Mörtel *m*, Verputz *m*, Bewurf *m*, Tünche *f*: ***~ cast*** a) Gipsabdruck *m*, b) ⚕ Gipsverband *m*; **3.** *mst* ***~ of Paris*** a) (gebrannter) Gips (*a.* ⚕), b) Stuck *m*, Gips(mörtel) *m*; **II** *v/t.* **4.** ⚙ (ver)gipsen, (über)'tünchen, verputzen; **5.** bepflastern (*a. fig. mit Plakaten, Steinwürfen etc.*); **6.** *fig.* über'schütten (***with*** mit *Lob etc.*); **7.** ***be ~ed*** *sl.* 'besoffen' sein; **'plas·ter·er** [-ərə] *s.* Stukka'teur *m*; **'plas·ter·ing** [-ərıŋ] *s.* **1.** Verputz *m*, Bewurf *m*; **2.** Stuck *m*; **3.** Gipsen *n*; **4.** Stukka'tur *f*.

plas·tic ['plæstık] **I** *adj.* (☐ ***~ally***) **1.** plastisch: ***~ art*** bildende Kunst, Plastik *f*; **2.** formgebend, gestaltend; **3.** ⚙ (ver)formbar, knetbar, plastisch: ***~ clay*** bildfähiger Ton; **4.** Kunststoff...: ***~ bag*** Plastikbeutel *m*, -tüte *f*; (***synthetic***) ***~ material*** → 9; **5.** ⚕ plastisch: ***~ surgery***; ***~ surgeon*** Facharzt *m* für plastische Chirurgie; **6.** *fig.* plastisch, anschaulich; **7.** *fig.* formbar (*Geist*); **8.** ***~ bomb*** Plastikbombe *f*; **II** *s.* **9.** ⚙ (Kunstharz)Preßstoff *m*, Plastik-, Kunststoff *m*; **'plas·ti·cine** [-ısi:n] *s.* Plasti'lin *n*, Knetmasse *f*; **plas·tic·i·ty** [plæ'stısətı] *s.* Plastizi'tät *f* (*a. fig. Bildhaftigkeit*), (Ver)Formbarkeit *f*; **'plas·ti·ciz·er** [-ısaızə] *s.* ⚙ Weichmacher *m*.

plat [plæt] → ***plait***, ***plot*** 1.

plate [pleıt] **I** *s.* **1.** *allg.* Platte *f* (*a. phot.*); (Me'tall)Schild *n*, Tafel *f*; (Namen-, Firmen-, Tür)Schild *n*; **2.** *paint.* (Kupfer- *etc.*)Stich *m*; *weitS.* Holzschnitt *m*: ***etched ~*** Radierung *f*; **3.** (Bild)Tafel *f* (*Buch*); **4.** (Eß-, *eccl.* Kol'lekten)Teller *m*; Platte *f* (*a. Gang e-r Mahlzeit*); *coll.* (Gold-, Silber-, Tafel-) Geschirr *n od.* (-)Besteck *n*: ***German ~*** Neusilber *n*; ***have a lot on one's ~*** F viel am Hals haben; ***hand s.o. s.th. on a ~*** j-m et. 'auf dem Tablett servieren'; **5.** ⚙ (Glas-, Me'tall)Platte *f*; Scheibe *f*, La'melle *f* (*Kupplung etc.*); Deckel *m*; **6.** ⚙ Grobblech *n*; Blechtafel *f*; **7.** ⚡ *Radio*: A'node *f e-r Röhre*; Platte *f*, Elek'trode *f e-s Kondensators*; **8.** *typ.* (Druck-, Stereo'typ)Platte *f*; **9.** Po'kal *m*, Preis *m beim Rennen*; **10.** *Am. Baseball*: (Schlag)Mal *n*; **11.** *a.* ***dental ~*** a) (Gaumen)Platte *f*, b) *weitS.* (künstliches) Gebiß; **12.** *Am. sl.* a) ('hyper)ele͵gante Per'son, b) 'tolle Frau'; **13.** *pl. sl.* 'Plattfüße' *pl.* (*Füße*); **II** *v/t.* **14.** mit Platten belegen; ⚔, ⚓ panzern, blenden; **15.** plattieren, (mit Me'tall) über'ziehen; **16.** *typ.* a) stereotypieren, b) *Typendruck*: in Platten formen; ***~ ar·mo(u)r*** *s.* ⚓, ⚙ Plattenpanzer(ung *f*) *m*.

pla·teau ['plætəʊ] *pl.* **-teaux**, **teaus** [-z] (*Fr.*) *s.* Pla'teau *n* (*a. fig. psych. etc.*), Hochebene *f*.

plate cir·cuit *s.* ⚡ An'odenkreis *m*.

plat·ed ['pleıtıd] *adj.* ⚙ plattiert, me'tallüber͵zogen, versilbert, -goldet, dubliert; **'plate·ful** [-fʊl] *pl.* **-fuls** *s. ein* Teller(voll) *m*.

plate| glass *s.* Scheiben-, Spiegelglas *n*; **'~-͵hold·er** *s. phot.* ('Platten)Kas͵sette *f*; **'~͵lay·er** *s.* 🚂 Streckenarbeiter *m*; **'~-mark** → ***hallmark***.

plat·en ['plætən] *s.* **1.** *typ.* Drucktiegel *m*, Platte *f*: ***~ press*** Tiegeldruckpresse *f*; **2.** ('Schreibma͵schinen)Walze *f*; **3.** 'Druckzy͵linder *m* (*Rotationsmaschine*).

plat·er ['pleıtə] *s.* **1.** ⚙ Plattierer *m*; **2.** (minderwertiges) Rennpferd.

plate| shears *s. pl.* Blechschere *f*; **~ spring** *s.* ⚙ Blattfeder *f*.

plat·form ['plætfɔ:m] *s.* **1.** Plattform *f*, ('Redner)Tri͵büne *f*, Podium *n*; **2.** ⚙ Rampe *f*; (Lauf-, Steuer)Bühne *f*: ***lifting ~*** Hebebühne *f*; **3.** Treppenabsatz *m*; **4.** *geogr.* a) Hochebene *f*, b) Ter'rasse *f* (*a. engS.*); **5.** 🚂 a) Bahnsteig *m*, b) Plattform *f am Wagenende*); **6.** ⚔ Bettung *f e-s Geschützes*; **7.** a) *a.* ***~ sole*** Pla'teausohle *f*, b) *pl*, *a.* ***~ shoes*** Schuhe *pl.* mit Plateausohle; **8.** *fig.* öffentliches Forum, Podiumsgespräch *n*; **9.** *pol.* Par'teipro͵gramm *n*, Plattform *f*; *bsd. Am.* program'matische Wahlerklärung; ***~ car*** *bsd. Am.* → ***flatcar***; ***~ scale*** *s.* ⚙ Brückenwaage *f*; ***~ tick·et*** *s.* Bahnsteigkarte *f*.

plat·ing ['pleıtıŋ] *s.* **1.** Panzerung *f*; **2.** ⚙ Beplattung *f*, Me'tall͵auflage *f*, Verkleidung *f* (*mit Metallplatten*); **3.** Plattieren *n*, Versilberung *f*.

pla·tin·ic [plə'tınık] *adj.* Platin...: ***~ acid*** ⚗ Platinchlorid *n*; **plat·i·nize** ['plætınaız] *v/t.* **1.** ⚙ platinieren, mit Platin über'ziehen; **2.** ⚗ mit Platin verbinden; **plat·i·num** ['plætınəm] *s.* Platin *n*: ***~ blonde*** F Platinblondine *f*.

plat·i·tude ['plætıtju:d] *s. fig.* Plattheit *f*, Gemeinplatz *m*, Plati'tüde *f*; **plat·i·tu·di·nar·i·an** ['plætı͵tju:dı'neərıən] *s.* Phrasendrescher *m*, Schwätzer *m*; **plat·i·tu·di·nize** [͵plætı'tju:dınaız] *v/i.* sich in Gemeinplätzen ergehen, quatschen; **plat·i·tu·di·nous** [͵plætı'tju:dınəs] *adj.* ☐ platt, seicht, phrasenhaft.

Pla·ton·ic [plə'tɒnık] *adj.* (☐ ***~ally***) pla'tonisch.

pla·toon [plə'tu:n] *s.* **1.** ⚔ Zug *m* (*Kompanieabteilung*): ***in*** (*od.* ***by***) ***~s*** zugweise; **2.** Poli'zeiaufgebot *n*.

plat·ter ['plætə] *s.* **1.** (Servier)Platte *f*: ***hand s.o. s.th. on a ~*** *fig.* F j-m et. 'auf e-m Tablett servieren'; **2.** *Am. sl.* Schallplatte *f*.

plat·y·pus ['plætıpəs] *pl.* **-pus·es** *s. zo.* Schnabeltier *n*.

plat·y(r)·rhine ['plætıraın] *zo.* **I** *adj.* breitnasig; **II** *s.* Breitnase *f* (*Affe*).

plau·dit ['plɔ:dıt] *s. mst pl.* lauter Beifall, Ap'plaus *m*.

plau·si·bil·i·ty [͵plɔ:zə'bılətı] *s.* **1.** Glaubwürdigkeit *f*, Wahr'scheinlichkeit *f*; **2.** gefälliges Äußeres, einnehmendes Wesen; **plau·si·ble** ['plɔ:zəbl] *adj.* ☐ **1.** glaubhaft, einleuchtend, annehmbar, plau'sibel; **2.** einnehmend, gewinnend (*Äußeres*); **3.** glaubwürdig.

play [pleı] **I** *s.* **1.** (Glücks-, Wett-, Unter'haltungs)Spiel *n* (*a. sport*): ***be at ~*** a) spielen, b) *Kartenspiel*: am Ausspielen sein, c) *Schach*: am Zuge sein; ***it is your ~*** Sie sind am Spiel; ***in*** (***out of***) ***~*** *sport*: (noch) im Spiel (im Aus) (*Ball*); ***lose money at ~*** Geld verwetten; **2.** Spiel(weise *f*) *n*: ***that was pretty ~*** das war gut (gespielt); → ***fair¹*** 9, ***foul play***; **3.** Spiele'rei *f*, Kurzweil *f*, *a.* Liebesspiel(e *pl.*) *n*: ***a ~ of words*** ein Spiel mit Worten; ***a ~ (up)on words*** ein Wortspiel; ***in ~*** im Scherz; **4.** *thea.* (Schau)Spiel *n*, (The'ater)Stück *n*: ***at the ~*** im Theater; ***go to the ~*** ins Theater gehen; ***as good as a ~*** äußerst amüsant *od.* interessant; **5.** Spiel *n*, Vortrag *m*; **6.** *fig.* Spiel *n des Lichtes auf Wasser etc.*, spielerische Bewegung, (*Muskel- etc.*)Spiel *n*: ***~ of colo(u)rs*** Farbenspiel; **7.** Bewegung *f*, Gang *m*: ***bring into ~*** a) in Gang bringen, b) ins Spiel *od.* zur Anwendung bringen; ***come into ~*** ins Spiel kommen; ***make ~*** a) Wirkung haben, b) s-n Zweck erfüllen; ***make ~ with*** zur Geltung bringen, sich brüsten mit; ***make a ~ for*** *Am. sl. e-m Mädchen* den Kopf verdrehen wollen; **8.** Spielraum *m* (*a. fig.*); ⚙ *mst* Spiel *n*: ***allow*** (*od.* ***give***) ***full*** (*od.* ***free***) ***~ to*** *e-r Sache*, *s-r Phantasie etc.* freien Lauf lassen; **II** *v/i.* **9.** a) spielen (*a. sport*, *thea. u. fig.*) (***for*** um *Geld etc.*), b) mitspielen (*a. fig. mitmachen*): ***~ at*** a) *Ball*, *Karten etc.* spielen, b) *fig.* sich nur so nebenbei mit *et.* beschäftigen; ***~ at business*** ein bißchen in Geschäften machen; ***~ for time*** a) Zeit zu gewinnen suchen, b) *sport*: auf Zeit spielen; ***~ into s.o.'s hands*** j-m in die Hände spielen; ***~ (up)on*** a) ♪ auf *einem Instrument* spielen, b) mit *Worten* spielen, c) *fig. j-s Schwächen* ausnutzen; ***~ with*** spielen mit (*a. fig. e-m Gedanken*; *a. leichtfertig umgehen mit*; *a. engS. herumfingern an*); ***~ safe*** 'auf Nummer Sicher' gehen; ***~!*** *Tennis etc.*: fertig! (= *fertig*); → ***fair¹*** 15, ***false*** II, ***fast²*** 3, ***gallery*** 2; **10.** a) *Kartenspiel*: ausspielen, b) *Schach*: am Zug sein, ziehen; **11.** a) 'her'umspielen', sich amüsieren, b) Unsinn treiben, c) scherzen; **12.** a) sich tummeln, b) flattern, gaukeln, c) spielen (*Lächeln*, *Licht etc.*) (***on*** auf *dat.*), d) schillern (*Farbe*), e) in Tätigkeit sein (*Springbrunnen*); **13.** a) schießen, b)

spritzen, c) strahlen, streichen: *~ on* gerichtet sein auf (*acc.*), bestreichen, bespritzen (*Schlauch, Wasserstrahl*), anstrahlen, absuchen (*Scheinwerfer*); **14.** ⚙ a) Spiel(raum) haben, b) sich bewegen (*Kolben etc.*); **15.** sich *gut etc.* zum Spielen eignen (*Boden etc.*); **III** *v/t.* **16.** *Karten, Tennis etc., a.* ♪, *a. thea. Rolle od. Stück, a. fig.* spielen: *~ (s.th. on) the piano* (et. auf dem) Klavier spielen; *~ both ends against the middle fig.* vorsichtig lavieren; *~ it safe* a) kein Risiko eingehen, b) (*Wendung*) um (ganz) sicher zu gehen; *~ it low down sl.* ein gemeines Spiel treiben (*on* mit *j-m*); *~ the races* bei (Pferde)Rennen wetten; → *deuce* 3, *fool*[1] 2, *game*[1] 4, *havoc*, *hooky*[2], *trick* 2, *truant* 1; **17.** a) *Karte* ausspielen (*a. fig.*): *~ one's cards well* s-e Chancen gut (aus)nutzen, b) *Schachfigur* ziehen; **18.** spielen, Vorstellungen geben in (*dat.*): *~ the larger cities*; **19.** *Geschütz, Scheinwerfer, Licht-, Wasserstrahl etc.* richten (*on* auf *acc.*): *~ a hose on et.* bespritzen; *~ colo(u)red lights on et.* bunt anstrahlen; **20.** *Fisch* auszappeln lassen;
Zssgn mit prp.:
play| at → *play* 9; *~* **(up·)on** → *play* 9, 12, 13, 19; *~* **up to** → *play* 9; *~* **with** → *play* 9;
Zssgn mit adv.:
play| a·round *v/i.* → *play* 11a; *~* **a·way I** *v/t. Geld* verspielen; **II** *v/i.* drauf'losspielen; *~* **back** *v/t. Platte, Band* abspielen; *~* **down** *v/t. fig.* ‚her'unterspielen'; *~* **off** *v/t.* **1.** *sport Spiel* a) beenden, b) *durch Stichkampf* entscheiden; **2.** *fig. j-n* ausspielen (*against* gegen *e-n andern*); **3.** *Musik* her'unterspielen; *~* **out** *v/t.* erschöpfen: *played out* erschöpft, ‚fertig'; *~* **up I** *v/i.* **1.** ♪ lauter spielen; **2.** *sport* F ‚aufdrehen'; **3.** *Brit.* F ‚verrückt spielen' (*Auto etc.*); **4.** *~ to* a) *j-m* schöntun, b) *j-n* unter'stützen; **II** *v/t.* **5.** *e-e Sache* ‚hochspielen'; **6.** F *j-n* ‚auf die Palme bringen' (*reizen*).
play·a·ble ['pleɪəbl] *adj.* **1.** spielbar; **2.** *thea.* bühnenreif, -gerecht.
'play|·act *v/i. contp.* ‚schauspielern'; *~* **ac·tor** *s. mst contp.* Schauspieler *m* (*a. fig.*); **'~·back** *s.* ⚡ **1.** Playback *n*, Abspielen *n*: *~ head* Tonabnehmerkopf *m*; **2.** Wiedergabegerät *n*; **'~·bill** *s.* The'aterpla₁kat *n*; **'~·book** *s. thea.* Textbuch *n*; **'~·boy** *s.* Playboy *m*; **'~·day** *s.* (schul)freier Tag.
play·er ['pleɪə] *s.* **1.** *sport, a.* ♪ Spieler (-in); **2.** *Brit. sport* Berufsspieler *m*; **3.** (Glücks)Spieler *m*; **4.** Schauspieler(in); *~* **pi·an·o** *s.* me'chanisches Kla'vier.
'play₁fel·low → *playmate*.
play·ful ['pleɪfʊl] *adj.* □ **1.** spielerisch; **2.** verspielt; **3.** ausgelassen, neckisch; **'play·ful·ness** [-nɪs] *s.* **1.** Munterkeit *f*; Ausgelassenheit *f*; **2.** Verspieltheit *f*.
'play|·girl *s.* Playgirl *n*; **'~₁go·er** *s.* The'aterbesucher(in); **'~·ground** *s.* **1.** Spiel-, Tummelplatz *m* (*a. fig.*); **2.** Schulhof *m*; **'~·house** *s.* **1.** *thea.* Schauspielhaus *n*; **2.** Spielhaus *n*, -hütte *f*.
play·ing| card ['pleɪɪŋ] *s.* Spielkarte *f*; *~* **field** *s. Brit.* Sport-, Spielplatz *m*.
play·let ['pleɪlɪt] *s.* kurzes Schauspiel.
'play|·mate *s.* 'Spielkame₁rad(in), Gespiele *m*, Gespielin *f*; **'~·off** *s. sport* Entscheidungsspiel *n*; **'~·pen** Laufgitter *n*; **'~·suit** *s.* Spielhös-chen *n*; **'~·thing** *s.* Spielzeug *n* (*fig. a. Person*); **'~·time** *s.* **1.** Freizeit *f*; **2.** *ped.* große Pause; **'~·wright** *s.* Bühnenschriftsteller *m*, Dra'matiker *m*.
plea [pli:] *s.* **1.** Vorwand *m*, Ausrede *f*: *on the ~ of* (*od. that*) unter dem Vorwand (*gen.*) *od.* daß; **2.** ⚖ a) Verteidigung *f*, b) Antwort *f* des Angeklagten: *~ of guilty* Schuldgeständnis *n*; **3.** ⚖ Einrede *f*: *make a ~* Einspruch erheben; *~ of the crown Brit.* Strafklage *f*; **4.** *fig.* (dringende) Bitte (*for* um), Gesuch *n*; **5.** *fig.* Befürwortung *f*.
plead [pli:d] **I** *v/i.* **1.** ⚖ *u. fig.* plädieren (*for* für); **2.** ⚖ (*vor Gericht*) e-n Fall erörtern, Beweisgründe vorbringen; **3.** ⚖ sich zu s-r Verteidigung äußern: *~ guilty* sich schuldig bekennen (*to gen.*); **4.** dringend bitten (*for* um, *with s.o.* j-n); **5.** sich einsetzen *od.* verwenden (*for* für, *with s.o.* bei j-m); **6.** einwenden *od.* geltend machen (*that* daß); **II** *v/t.* **7.** ⚖ *u. fig.* als Verteidigung *od.* Entschuldigung anführen, *et.* vorschützen: *~ ignorance*; **8.** ⚖ erörtern; **9.** ⚖ a) *Sache* vertreten, verteidigen: *~ s.o.'s cause*, b) (als Beweisgrund) vorbringen, anführen; **'plead·er** [-də] *s.* ⚖ *u. fig.* Anwalt *m*, Sachwalter *m*; **'plead·ing** [-dɪŋ] **I** *s.* **1.** ⚖ a) Plädo'yer *n*, b) Plädieren *n*, Führen *n* e-r Rechtssache, c) Parteivorbringen *n*, d) *pl.*, gerichtliche Verhandlungen *pl.*, e) *bsd. Brit.* vorbereitete Schriftsätze *pl.*, Vorverhandlung *f*; **2.** Fürsprache *f*; **3.** Bitten *n* (*for* um); **II** *adj.* □ **4.** flehend, bittend, inständig.
pleas·ant ['pleznt] *adj.* □ **1.** angenehm (*a. Geruch, Traum etc.*), wohltuend, erfreulich (*Nachrichten etc.*), vergnüglich; **2.** freundlich (*a. Wetter, Zimmer*): *please look ~!* bitte recht freundlich!; **'pleas·ant·ness** [-nɪs] *s.* **1.** *das* Angenehme; angenehmes Wesen; **2.** Freundlichkeit *f*; **3.** Heiterkeit *f* (*a. fig.*); **'pleas·ant·ry** [-trɪ] *s.* **1.** Heiter-, Lustigkeit *f*; **2.** Scherz *m*: a) Witz *m*, b) Hänse'lei *f*.
please [pli:z] **I** *v/i.* **1.** gefallen, angenehm sein, befriedigen, Anklang finden: *~!* bitte (sehr)!; *as you ~* wie Sie wünschen; *if you ~* a) wenn ich bitten darf, wenn es Ihnen recht ist, b) *iro.* gefälligst, c) man stelle sich vor, denken Sie nur; *~ come in!* bitte, treten Sie ein!; **2.** befriedigen, zufriedenstellen: *anxious to ~* dienstbeflissen, sehr eifrig; **II** *v/t.* **3.** *j-m* gefallen *od.* angenehm sein *od.* zusagen, *j-n* erfreuen: *be ~d to do* sich freuen *et.* zu tun; *I am only too ~d to do it* ich tue es mit dem größten Vergnügen; *be ~d with* a) befriedigt sein von, b) Vergnügen haben an (*dat.*), c) Gefallen finden an (*dat.*): *I am ~d with it* es gefällt mir; **4.** befriedigen, zufriedenstellen: *~ o.s.* tun, was man will; *~ yourself* a) wie Sie wünschen, b) bitte, bedienen Sie sich; *only to ~ you* nur Ihnen zuliebe; → *hard* 3; **5.** (*a. iro.*) geruhen, belieben (*to do et.* zu tun): *~ God* so Gott will; **'pleased** [-zd] *adj.* zufrieden (*with* mit), erfreut (*at* über *acc.*); → *Punch*[4]; **'pleas·ing** [-zɪŋ] *adj.* □ angenehm, wohltuend, gefällig.
pleas·ur·a·ble ['pleʒərəbl] *adj.* □ angenehm, vergnüglich, ergötzlich.
pleas·ure ['pleʒə] **I** *s.* **1.** Vergnügen *n*, Freude *f*, (*a. sexueller*) Genuß, Lust *f*: *with ~!* mit Vergnügen!; *give s.o. ~* j-m Vergnügen (*od.* Freude) machen; *have the ~ of doing* das Vergnügen haben, *et.* zu tun; *take ~ in* (*od. at*) Vergnügen *od.* Freude finden an (*dat.*): *he takes (a) ~ in contradicting* es macht ihm Spaß zu widersprechen; *take one's ~* sich vergnügen; *a man of ~* ein Genußmensch; **2.** Gefallen *m*, Gefälligkeit *f*: *do s.o. a ~* j-m e-n Gefallen tun; **3.** Belieben *n*, Gutdünken *n*: *at ~* nach Belieben; *at the Court's ~* nach dem Ermessen des Gerichts; ⚖ *during Her Majesty's ~ Brit.* auf unbestimmte Zeit (*Freiheitsstrafe*); **II** *v/i.* **4.** sich erfreuen *od.* vergnügen; *~* **boat** *s.* Vergnügungsdampfer *m*; *~* **ground** *s.* Vergnügungs-, Rasenplatz *m*; *~* **prin·ci·ple** *s. psych.* 'Lustprin₁zip *n*; **'~-₁seek·ing** *adj.* vergnügungssüchtig; *~* **tour** *s.*, *~* **trip** *s.* Vergnügungsreise *f*.
pleat [pli:t] **I** *s.* (Rock- *etc.*)Falte *f*; **II** *v/t.* falten, fälteln, plissieren.
ple·be·ian [plɪ'bi:ən] **I** *adj.* ple'bejisch; **II** *s.* Ple'bejer(in); **ple'be·ian·ism** [-nɪzəm] *s.* Ple'bejertum *n*.
pleb·i·scite ['plebɪsɪt] *s.* Plebis'zit *n*, Volksabstimmung *f*, -entscheid *m*.
plec·trum ['plektrəm] *pl.* **-tra** [-ə] *s.* ♪ Plektron *n*.
pledge [pledʒ] **I** *s.* **1.** (Faust-, 'Unter-) Pfand *n*, Pfandgegenstand *m*; Verpfändung *f*; Bürgschaft *f*, Sicherheit *f*; *hist.* Bürge *m*, Geisel *f*: *in ~ of* a) als Pfand für, b) *fig.* als Beweis für, zum Zeichen, daß; *hold in ~* als Pfand halten; *put in ~* verpfänden; *take out of ~ Pfand* auslösen; **2.** Versprechen *n*, feste Zusage, Gelübde *n*, Gelöbnis *n*: *take the ~* dem Alkohol abschwören; **3.** *fig.* 'Unterpfand *n*, Beweis *m* (*der Freundschaft etc.*): *under the ~ of secrecy* unter dem Siegel der Verschwiegenheit; **4.** *a. ~ of love fig.* Pfand *n* der Liebe (*Kind*); **5.** Zutrinken *n*, Toast *m*; **6.** *bsd. univ. Am.* a) Versprechen *n*, e-r Verbindung *od.* e-m (Geheim)Bund beizutreten, b) Anwärter(in) auf solche Mitgliedschaft; **II** *v/t.* **7.** verpfänden (*s.th. to s.o.* j-m et.); Pfand bestellen für, e-e Sicherheit leisten für; als Sicherheit *od.* zum Pfand geben: *~ one's word fig.* sein Wort verpfänden; *~d article* Pfandobjekt; *~d merchandise* † sicherungsübereignete Ware(n); *~d securities* † lombardierte Effekten; **8.** *j-n* verpflichten (*to* zu, auf *acc.*): *~ o.s.* geloben, sich verpflichten; **9.** *j-m* zutrinken, auf das Wohl (*gen.*) trinken; **'pledge·a·ble** [-dʒəbl] *adj.* verpfändbar; **pledg·ee** [ple'dʒi:] *s.* Pfandnehmer(in), -inhaber (-in), -gläubiger(in); **pledge·or** [ple'dʒɔ:], **'pledg·er** [-dʒə], **pledg·or** [ple'dʒɔ:] *s.* ⚖ Pfandgeber(in), -schuldner(in).
Ple·iad ['plaɪəd] *pl.* **'Ple·ia·des** [-di:z] *s. ast., fig.* Siebengestirn *n*.
Pleis·to·cene ['plaɪstəʊsi:n] *s. geol.* Pleisto'zän *n*, Di'luvium *n*.
ple·na·ry ['pli:nərɪ] *adj.* **1.** □ voll(ständig), Voll..., Plenar...: *~ session* Plenarsitzung *f*; **2.** voll('kommen), unein-

geschränkt: **~ indulgence** *R.C.* vollkommener Ablaß; **~ power** Generalvollmacht *f.*
plen·i·po·ten·ti·ar·y [ˌplenɪpəʊˈtenʃərɪ] **I** *s.* **1.** (Geneˈral)Beˌvollmächtigte(r *m*) *f*, bevollmächtigter Gesandter *od.* Miˈnister; **II** *adj.* **2.** bevollmächtigt; **3.** absoˈlut, unbeschränkt.
plen·i·tude [ˈplenɪtju:d] *s.* **1.** → **plenty** 1; **2.** Vollkommenheit *f.*
plen·te·ous [ˈplentjəs] *adj.* □ *poet.* reich(lich); ˈ**plen·te·ous·ness** [-nɪs] *s. poet.* Fülle *f.*
plen·ti·ful [ˈplentɪfʊl] *adj.* □ reich(lich), im ˈÜberfluß (vorˈhanden); ˈ**plen·ti·ful·ness** [-nɪs] → **plenty** 1.
plen·ty [ˈplentɪ] **I** *s.* Fülle *f*, ˈÜberfluß *m*, Reichtum *m* (**of** an *dat.*): **have ~ of s.th.** mit et. reichlich versehen sein, et. in Hülle u. Fülle haben; **in ~** im Überfluß; **~ of money (time)** jede Menge *od.* viel Geld (Zeit); **~ of times** sehr oft; → **horn** 4; **II** *adj. bsd. Am.* reichlich, jede Menge; **III** *adv.* F a) bei weitem, ‚lange', b) *Am.* ‚mächtig'.
ple·num [ˈpli:nəm] *s.* **1.** Plenum *n*, Vollversammlung *f*; **2.** *phys.* (vollkommen) ausgefüllter Raum.
ple·o·nasm [ˈplɪəʊnæzəm] *s.* Pleoˈnasmus *m*; **ple·o·nas·tic** [ˌplɪəʊˈnæstɪk] *adj.* (□ **~ally**) pleoˈnastisch.
pleth·o·ra [ˈpleθərə] *s.* **1.** ⚕ Blutandrang *m*; **2.** *fig.* ˈÜberfülle *f*, Zuˈviel *n* (**of** an *dat.*); **ple·thor·ic** [pleˈθɒrɪk] *adj.* (□ **~ally**) **1.** ⚕ pleˈthorisch; **2.** *fig.* ˈübervoll, überˈladen.
pleu·ra [ˈplʊərə] *pl.* **-rae** [-ri:] *s. anat.* Brust-, Rippenfell *n*; ˈ**pleu·ral** [-rəl] *adj.* Brust-, Rippenfell...; ˈ**pleu·ri·sy** [-rəsɪ] *s.* ⚕ Pleuˈritis *f*, Brustfell-, Rippenfellentzündung *f.*
pleu·ro·car·pous [ˌplʊərəʊˈkɑ:pəs] *adj.* ⚘ seitenfrüchtig; ˌ**pleu·ro·pneuˈmo·ni·a** [-njʊˈməʊnjə] *s.* **1.** ⚕ Lungen- u. Rippenfellentzündung *f*; **2.** *vet.* Lungen- u. Brustseuche *f.*
plex·or [ˈpleksə] *s.* ⚕ Perkussiˈonshammer *m.*
plex·us [ˈpleksəs] *pl.* **-es** [-ɪz] *s.* **1.** *anat.* Plexus *m*, (Nerven)Geflecht *n*; **2.** *fig.* Flechtwerk *n*, Netz(werk) *n*, Komˈplex *m.*
pli·a·bil·i·ty [ˌplaɪəˈbɪlətɪ] *s.* Biegsamkeit *f*, Geschmeidigkeit *f* (*a. fig.*); **pli·a·ble** [ˈplaɪəbl] *adj.* □ **1.** biegsam, geschmeidig (*a. fig.*); **2.** *fig.* nachgiebig, fügsam, leicht zu beeinflussen(d).
pli·an·cy [ˈplaɪənsɪ] *s.* Biegsamkeit *f*, Geschmeidigkeit *f* (*a. fig.*); ˈ**pli·ant** [-nt] *adj.* □ → **pliable**.
pli·ers [ˈplaɪəz] *s. pl.* (*a. als sg. konstr.*) ⚙ (**a pair of ~** e-e) (Draht-, Kneif)Zange: **round(-nosed) ~** Rundzange *f.*
plight¹ [plaɪt] *s.* (mißliche) Lage, Not-, Zwangslage *f.*
plight² [plaɪt] *bsd. poet.* **I** *v/t.* **1.** *Wort, Ehre* verpfänden, *Treue* geloben: **~ed troth** gelobte Treue; **2.** verloben (**to** *dat.*); **II** *s.* **3.** *obs.* Gelöbnis *n*, feierliches Versprechen; **4.** *a.* **~ of faith** Verlobung *f.*
plim·soll [ˈplɪmsəl] *s.* Turnschuh *m.*
plinth [plɪnθ] *s.* ⛫ **1.** Plinthe *f*, Säulenplatte *f*; **2.** Fußleiste *f.*
Pli·o·cene [ˈplaɪəʊsi:n] *s. geol.* Plioˈzän *n.*
plod [plɒd] **I** *v/i.* **1.** *a.* **~ along, ~ on** mühsam *od.* schwerfällig gehen, sich daˈhinschleppen, trotten, (einˈher)stapfen; **2. ~ away** *fig.* sich abmühen *od.* -plagen (**at** mit), ‚schuften'; **II** *v/t.* **3. ~ one's way** → 1; ˈ**plod·der** [-də] *s. fig.* Arbeitstier *n*; ˈ**plod·ding** [-dɪŋ] **I** *adj.* □ **1.** stapfend; **2.** arbeitsam, angestrengt *od.* unverdrossen (*arbeitend*); **II** *s.* **3.** Plackeˈrei *f*, Schufteˈrei *f.*
plonk¹ [plɒŋk] *s.* F billiger u. schlechter Wein.
plonk² [plɒŋk] F **I** *v/t.* **1.** *a.* **~ down** *et.* ‚hinschmeißen'; **2.** ♪ zupfen auf (*acc.*); **3. ~ down** *Am. sl.* ‚blechen', bezahlen; **II** *v/i.* **4.** ‚knallen'; **III** *adv.* **5.** knallend; **6.** ‚zack', genau: **~ in the eye**; **~!** wamm!
plop [plɒp] **I** *v/i.* plumpsen; **II** *v/t.* plumpsen lassen; **III** *s.* Plumps *m*, Plumpsen *n*; **IV** *adv.* mit e-m Plumps; **V** *int.* plumps!
plo·sion [ˈpləʊʒn] *s. ling.* Verschluß (-sprengung *f*) *m*; **plo·sive** [ˈpləʊsɪv] **I** *adj.* Verschluß...; **II** *s.* Verschlußlaut *m.*
plot [plɒt] **I** *s.* **1.** Stück(chen) *n* Land, Parˈzelle *f*, Grundstück *n*: **a garden-~** ein Stück Garten; **2.** *bsd. Am.* (Lage-, Bau)Plan *m*, (Grund)Riß *m*, Diaˈgramm *n*, graphische Darstellung; **3.** ⚔ a) *Artillerie*: Zielort *m*, b) *Radar*: Standort *m*; **4.** (geheimer) Plan, Komˈplott *n*, Anschlag *m*, Verschwörung *f*, Inˈtrige *f*: **lay a ~** ein Komplott schmieden; **5.** Handlung *f*, Fabel *f* (*Roman, Drama etc.*), *a.* Inˈtrige *f* (*Komödie*); **II** *v/t.* **6.** e-n Plan von *et.* anfertigen, *et.* planen, entwerfen; aufzeichnen (*a.* **~ down**) (**on** in *dat.*); ⚓, ✈ *Kurs* abstekken, -setzen, ermitteln; ⩚ *Kurve* (graphisch) darstellen *od.* auswerten; *Luftbilder* auswerten: **~ted fire** ⚔ Planfeuer *n*; **7.** *a.* **~ out** *Land* parzellieren; **8.** *Verschwörung* planen, aushecken, *Meuterei etc.* anzetteln; **9.** *Romanhandlung etc.* entwickeln, ersinnen; **III** *v/i.* **10.** (**against**) Ränke *od.* ein Komplott schmieden, intrigieren, sich verschwören (gegen), e-n Anschlag verüben (auf *acc.*); ˈ**plot·ter** [-tə] *s.* **1.** Planzeichner (-in); **2.** Anstifter(in); **3.** Ränkeschmied *m*, Intriˈgant(in), Verschwörer(in).
plough [plaʊ] **I** *s.* **1.** Pflug *m*: **put one's hand to the ~** s-e Hand an den Pflug legen; **2. the** ♌ *ast.* der Große Bär *od.* Wagen; **3.** *Tischlerei*: Falzhobel *m*; **4.** *Buchbinderei*: Beschneidhobel *m*; **5.** *univ. Brit. sl.* ‚(ˈDurch)Rasseln' *n*, ‚ˈDurchfall' *m*; **II** *v/t.* **6.** *Boden* (ˈum-) pflügen: **~ back** unterpflügen, *fig. Gewinn* wieder in das Geschäft stecken; → **sand** 2; **7.** *fig.* a) *Wasser, Gesicht* (durch)ˈfurchen, *Wellen* pflügen, b) sich (*e-n Weg*) bahnen: **~ one's way**; **8.** *univ. Brit. sl.* ˈdurchfallen lassen: **be** *od.* **get ~ed** durchrasseln; **III** *v/i.* **9.** *fig.* sich e-n Weg bahnen: **~ through a book** F ein Buch durchackern; ˈ**~-land** *s.* Ackerland *n*; ˈ**~·man** [-mən] *s.* [*irr.*] Pflüger *m*: **~'s lunch** Imbiß *m* aus Brot, Käse *etc.*; **~ plane** *s.* ⚙ Nuthobel *m*; ˈ**~·share** *s.* ⚒ Pflugschar *f.*
plov·er [ˈplʌvə] *s. orn.* **1.** Regenpfeifer *m*; **2.** Gelbschenkelwasserläufer *m*; **3.** Kiebitz *m.*
plow [plaʊ] *etc. Am.* → **plough** *etc.*
ploy [plɔɪ] *s.* F Trick *m*, ‚Masche' *f.*
pluck [plʌk] **I** *s.* **1.** Rupfen *n*, Zupfen *n*, Zerren *n*; **2.** Ruck *m*, Zug *m*; **3.** Geschlinge *n von Schlachttieren*; **4.** *fig.* Schneid *m*, Mut *m*; **5.** → **plough** 5; **II** *v/t.* **6.** *Obst, Blumen etc.* pflücken, abreißen; **7.** *Federn, Haar, Unkraut etc.* ausreißen, -zupfen, *Geflügel* rupfen; ⚙ *Wolle* plüsen; → **crow¹** 1; **8.** zupfen, ziehen, zerren, reißen: **~ s.o. by the sleeve** j-n am Ärmel zupfen; **~ up courage** *fig.* Mut fassen; **9.** *sl. j-n* ‚rupfen', ausplündern; **10.** → **plough** 8; **III** *v/i.* **11.** (**at**) zupfen, ziehen, zerren (an *dat.*), schnappen, greifen (nach); ˈ**pluck·i·ness** [-kɪnɪs] *s.* Schneid *m*, Mut *m*; ˈ**pluck·y** [-kɪ] *adj.* □ F mutig, schneidig.
plug [plʌg] **I** *s.* **1.** Pflock *m*, Stöpsel *m*, Dübel *m*, Zapfen *m*; (Faß)Spund *m*; Pfropf(en) *m* (*a.* ⚕); Verschlußschraube *f*, (Hahn-, Venˈtil)Küken *n*: **drain ~** Ablaßschraube; **2.** ⚡ Stecker *m*, Stöpsel *m*: **~-ended cord** Stöpselschnur *f*; **~ socket** Steckdose *f*; **3.** *mot.* Zündkerze *f*; **4.** (ˈFeuer)Hyˌdrant *m*; **5.** (Kloˈsett-) Spülvorrichtung *f*; **6.** (Zahn)Plombe *f*; **7.** Priem *m* (*Kautabak*); **8.** → **plug hat**; **9.** ✝ *sl.* Ladenhüter *m*; **10.** *sl.* alter Gaul; **11.** *sl.* a) (Faust)Schlag *m*, b) Schuß *m*, c) Kugel *f*: **take a ~ at** → 18; **12.** *Am. Radio*: Reˈklame(hinweis *m*) *f*; **13.** F falsches Geldstück; **II** *v/t.* **14.** *a.* **~ up** zu-, verstopfen, zustöpseln; **15.** *Zahn* plombieren; **16. ~ in** ⚡ *Gerät* einstecken, -stöpseln, *durch Steckkontakt* anschließen; **17.** F *im Radio etc.* (ständig) Reklame machen für; *Lied etc.* ständig spielen (lassen); **18.** *sl. j-m* ‚eine (*e-n Schlag, e-e Kugel*) verpassen'; **III** *v/i.* **19.** F *a.* **~ away** ‚schuften' (**at** an *dat.*); **~ box** *s.* ˈSteckdose *f*, -konˌtakt *m*; **~ fuse** *s.* Stöpselsicherung *f*; **~ hat** *s. Am. sl.* ‚Angströhre' *f* (*Zylinder*); ˈ**~-in** *adj.* ⚙ Steck..., Einschub...; ˈ**~·ˌug·ly I** *s. Am. sl.* Schläger *m*, Raˈbauke *m*; **II** *adj.* F abgrundhäßlich; **~ wrench** *s. mot.* Zündkerzenschlüssel *m.*
plum [plʌm] *s.* **1.** Pflaume *f*, Zwetsch(g)e *f*; **2.** Roˈsine (*im Pudding etc.*): **~ cake** Rosinenkuchen *m*; **3.** *fig.* a) ‚Roˈsine' *f* (*das Beste*), b) *a.* **~ job** ‚Bombenjob' *m*, c) *Am. sl.* Belohnung *f für Unterstützung bei der Wahl* (*Posten, Titel etc.*); **4.** *Am. sl.* unverhoffter Gewinn, ✝ ˈSonderdiviˌdende *f.*
plum·age [ˈplu:mɪdʒ] *s.* Gefieder *n.*
plumb [plʌm] **I** *s.* **1.** (Blei)Lot *n*, Senkblei *n*: **out of ~** aus dem Lot, nicht (mehr) senkrecht; **2.** ⚓ (Echo)Lot *n*; **II** *adj.* **3.** lot-, senkrecht; **4.** F völlig, rein (*Unsinn etc.*); **III** *adv.* **5.** *fig.* genau, ‚peng', platsch (*ins Wasser etc.*); **6.** *Am.* F ‚toˈtal' (*verrückt etc.*); **IV** *v/t.* **7.** lotrecht machen; **8.** ⚓ *Meerestiefe* (ab-, aus)loten, sondieren; **9.** *fig.* sondieren, ergründen; **10.** ⚙ (mit Blei) verlöten, verbleien; **11.** F Wasser- *od.* Gasleitungen legen in (*e-m Haus*); **V** *v/i.* **12.** klempnern; **plum·ba·go** [plʌmˈbeɪgəʊ] *s.* **1.** *min.* a) Graˈphit *m*, b) Bleiglanz *m*; **2.** ⚘ Bleiwurz *f.*
ˈ**plumb-bob** → **plumb** 1.
plum·be·ous [ˈplʌmbɪəs] *adj.* **1.** bleiartig; **2.** bleifarben; **3.** *Keramik*: mit Blei glasiert; **plumb·er** [ˈplʌmə(r)] *s.* **1.**

Klempner *m*, Installa'teur *m*; **2.** Bleiarbeiter *m*; **'plum·bic** [-bɪk] *adj.* Blei...: **~ chloride** ⚗ Bleitetrachlorid *n*; **plum·bif·erous** [plʌm'bɪfərəs] *adj.* bleihaltig; **'plumb·ing** [-mɪŋ] *s.* **1.** Klempner-, Installa'teurarbeit *f*; **2.** Rohr-, Wasser-, Gasleitung *f*; sani'täre Einrichtung; **3.** Blei(gießer)arbeit *f*; **4.** △, ⚓ Ausloten *n*; **'plum·bism** [-bɪzəm] *s.* ⚕ Bleivergiftung *f*.

'plumb-line I *s.* **1.** Senkschnur *f*, -blei *n*; **II** *v/t.* **2.** △, ⚓ ausloten; **3.** *fig.* sondieren, prüfen.

plumbo- [plʌmbəʊ] ⚗ *in Zssgn* Blei..., *z.B.* ***plumbosolvent*** bleizersetzend.

plumb rule *s.* ⚙ Lot-, Senkwaage *f*.

plume [plu:m] **I** *s.* **1.** *orn.* (*Straußen- etc.*) Feder *f*: ***adorn o.s. with borrowed ~s*** *fig.* sich mit fremden Federn schmükken; **2.** (Hut-, Schmuck)Feder *f*; **3.** Feder-, Helmbusch *m*; **4.** *fig.* **~ (*of cloud*)** Wolkenstreifen *m*; **~ (*of smoke*)** Rauchfahne *f*; **II** *v/t.* **5.** mit Federn schmücken: **~ *o.s.* (*up*)*on*** *fig.* sich brüsten mit; **~*d*** a) gefiedert, b) mit Federn geschmückt; **6.** *Gefieder* putzen; **'plume·less** [-lɪs] *adj.* ungefiedert.

plum·met ['plʌmɪt] **I** *s.* **1.** (Blei)Lot *n*, Senkblei *n*; **2.** ⚙ Senkwaage *f*; **3.** *Fischen*: (Blei)Senker *m*; **4.** *fig.* Bleigewicht *n*; **II** *v/i.* **5.** absinken, (ab)stürzen (*a. fig.*).

plum·my ['plʌmɪ] *adj.* **1.** pflaumenartig, Pflaumen...; **2.** reich an Pflaumen *od.* Ro'sinen; **3.** F ‚prima', ‚schick'; **4.** so'nor: **~ *voice*.**

plu·mose ['plu:məʊs] *adj.* **1.** *orn.* gefiedert; **2.** ⚘, *zo.* federartig.

plump¹ [plʌmp] **I** *adj.* drall, mollig, ‚pummelig': **~ *cheeks*** Pausbacken; **II** *v/t. u. v/i. oft* **~ *out*** prall *od.* fett machen (werden).

plump² [plʌmp] **I** *v/i.* **1.** (hin)plumpsen, schwer fallen, sich (*in e-n Sessel etc.*) fallen lassen; **2.** *pol.* kumulieren: **~ *for*** a) *e-m Wahlkandidaten* s-e Stimme ungeteilt geben, b) *j-n* rückhaltlos unterstützen, c) sich sofort für *et.* entscheiden; **II** *v/t.* **3.** plumpsen lassen; **4.** mit *s-r Meinung etc.* her'ausplatzen, unverblümt her'aussagen; **III** *s.* **5.** F Plumps *m*; **IV** *adv.* **6.** plumpsend, mit e-m Plumps; **7.** F unverblümt, gerade her'aus; **V** *adj.* ☐ **8.** F plump (*Lüge etc.*), deutlich, glatt (*Ablehnung etc.*); **'plump·er** [-pə] *s.* **1.** Plumps *m*; **2.** Bausch *m*; **3.** *pol.* ungeteilte Wahlstimme; **4.** *sl.* plumpe Lüge.

plum pud·ding *s.* Plumpudding *m*.

plum·y ['plu:mɪ] *adj.* **1.** gefiedert; **2.** federartig.

plun·der ['plʌndə] **I** *v/t.* **1.** *Land, Stadt etc.* plündern; **2.** rauben, stehlen; **3.** *j-n* ausplündern; **II** *v/i.* **4.** plündern, räubern; **III** *s.* **5.** Plünderung *f*; **6.** Beute *f*, Raub *m*; **7.** *Am.* F Plunder *m*; **'plun·der·er** [-ərə] *s.* Plünderer *m*, Räuber *m*.

plunge [plʌndʒ] **I** *v/t.* **1.** (ein-, 'unter-)tauchen, stürzen (***in, into*** in *acc.*); *fig. j-n in Schulden etc.* stürzen; *e-e Nation in e-n Krieg* stürzen *od.* treiben; *Zimmer in Dunkel* tauchen *od.* hüllen; **2.** *Waffe* stoßen; **II** *v/i.* **3.** (ein-, 'unter-)tauchen (***into*** in *acc.*); **4.** (ab)stürzen (*a. fig. Klippe etc.*, † *Preise*); **5.** *ins Zimmer etc.* stürzen, stürmen; *fig.* sich *in e-e Tätigkeit, in Schulden etc.* stürzen; **6.** ⚓ stampfen (*Schiff*); **7.** sich nach vorne werfen, ausschlagen (*Pferd*); **8.** *sl.* et. riskieren, alles auf 'eine Karte setzen; **III** *s.* **9.** (Ein-, 'Unter)Tauchen *n*; *sport* (Kopf)Sprung *m*: ***take the ~*** *fig.* den entscheidenden Schritt *od.* den Sprung wagen; **10.** Sturz *m*, Stürzen *n*; **11.** Ausschlagen *n e-s Pferdes*; **12.** Sprung-, Schwimmbekken *n*; **13.** Schwimmen *n*, Bad *n*; **'plung·er** [-dʒə] *s.* **1.** Taucher *m*; **2.** ⚙ Tauchkolben *m*; **3.** ⚡ a) Tauchkern *m*, b) Tauchspule *f*; **4.** *mot.* Ven'tilkolben *m*; **5.** ⚔ Schlagbolzen *m*; **6.** *sl.* a) Hasar'deur *m*, Spieler *m*, b) wilder Speku'lant.

plunk [plʌŋk] → ***plonk²***.

plu·per·fect [ˌplu:'pɜ:fɪkt] *s. a.* **~ *tense*** *ling.* Plusquamperfekt *n*, Vorvergangenheit *f*.

plu·ral ['plʊərəl] **I** *adj.* ☐ **1.** mehrfach: **~ *marriage*** Mehrehe *f*; **~ *society*** pluralistische Gesellschaft; **~ *vote*** Mehrstimmenwahlrecht *n*; **2.** *ling.* Plural..., im Plural, plu'ralisch: **~ *number*** → 3; **II** *s.* **3.** *ling.* Plural *m*, Mehrzahl *f*; **'plu·ral·ism** [-rəlɪzəm] *s.* **1.** Vielheit *f*; **2.** *eccl.* Besitz *m* mehrerer Pfründen *od.* Ämter; **3.** *phls., pol.* Plura'lismus *m*; **'plu·ral·ist** [-rəlɪst] *adj. phls., pol.* plura'listisch; **plu·ral·i·ty** [ˌplʊə'rælətɪ] *s.* **1.** Mehrheit *f*, 'Über-, Mehrzahl *f*; **2.** Vielheit *f*, -zahl *f*; **3.** *pol.* (*Am. bsd.* rela'tive) Stimmenmehrheit; **4.** → ***pluralism*** 2; **'plu·ral·ize** [-rəlaɪz] *v/t. ling.* **1.** in den Plural setzen; **2.** als *od.* im Plural gebrauchen.

plus [plʌs] **I** *prp.* **1.** plus, und; **2.** *bsd.* † zuzüglich (*gen.*); **II** *adj.* **3.** Plus..., *a.* extra, Extra...; **4.** Ⱥ, ⚡ positiv, Plus...: **~ *quantity*** positive Größe; **5.** F plus, mit; **III** *s.* **6.** Plus(zeichen) *n*; **7.** Plus *n*, Mehr *n*, 'Überschuß *m*; **8.** *fig.* Plus(-punkt *m*) *n*; **ˌ~-'fours** *s. pl. weite* Knickerbocker- *od.* Golfhose.

plush [plʌʃ] **I** *s.* **1.** Plüsch *m*; **II** *adj.* **2.** Plüsch...; **3.** *sl.* (stink)vornehm, ‚feu'dal'; **'plush·y** [-ʃɪ] *adj.* **1.** plüschartig; **2.** → ***plush*** 3.

plus·(s)age ['plʌsɪdʒ] *s. Am.* 'Überschuß *m*.

Plu·to ['plu:təʊ] *s. myth. u. ast.* Pluto *m* (*Gott u. Planet*).

plu·toc·ra·cy [plu:'tɒkrəsɪ] *s.* **1.** Plutokra'tie *f*, Geldherrschaft *f*; **2.** 'Geldaristokraˌtie *f*, *coll.* Pluto'kraten *pl.*; **plu·to·crat** ['plu:təʊkræt] *s.* Pluto'krat *m*, Kapita'list *m*; **plu·to·crat·ic** [ˌplu:təʊ'krætɪk] *adj.* pluto'kratisch.

plu·ton·ic [plu:'tɒnɪk] *adj. geol.* plu'tonisch; **plu'to·ni·um** [-'təʊnjəm] *s.* ⚗ Plu'tonium *n*.

plu·vi·al ['plu:vjəl] *adj.* regnerisch; Regen...; **'plu·vi·o·graph** [-əʊgrɑ:f] *s. phys.* Regenschreiber *m*; **plu·vi·om·e·ter** [ˌplu:vɪ'ɒmɪtə] *s. phys.* Pluvio'meter *n*, Regenmesser *m*; **'plu·vi·ous** [-jəs] → ***pluvial***.

ply¹ [plaɪ] **I** *v/t.* **1.** *Arbeitsgerät* handhaben, hantieren mit; **2.** *Gewerbe* betreiben, ausüben; **3.** (***with***) bearbeiten (mit) (*a. fig.*); *fig. j-m* (mit *Fragen etc.*) zusetzen, *j-n* (mit *et.*) über'häufen: **~ *s.o. with drink*** j-n zum Trinken nötigen; **4.** *Strecke* (regelmäßig) befahren; **II** *v/i.* **5.** verkehren, fahren, pendeln (***between*** zwischen); **6.** ⚓ aufkreuzen.

ply² [plaɪ] **I** *s.* **1.** Falte *f*; (Garn)Strähne *f*; (Stoff-, Sperrholz- *etc.*)Lage *f*, Schicht *f*: ***three-~*** dreifach (*z.B. Garn, Teppich*); **2.** *fig.* Hang *m*, Neigung *f*; **II** *v/t.* **3.** falten; *Garn* fachen; **'ply·wood** *s.* Sperrholz *n*.

pneu·mat·ic [nju:'mætɪk] **I** *adj.* (☐ **~*ally***) **1.** ⚙, *phys.* pneu'matisch, Luft...; ⚙ Druck-, Preßluft...: **~ *brake*** Druckluftbremse *f*; **~ *tool*** Preßluftwerkzeug *n*; **2.** *zo.* lufthaltig; **II** *s.* **3.** Luftreifen *m*; **4.** Fahrzeug *n* mit Luftbereifung; **~ dis·patch** *s.* Rohrpost *f*; **~ drill** *s.* Preßluftbohrer *m*; **~ float** *s.* Floßsack *m*; **~ ham·mer** *s.* Preßlufthammer *m*.

pneu·mat·ics [nju:'mætɪks] *s. pl. sg. konstr. phys.* Pneu'matik *f*.

pneu·mat·ic| tire (*od.* **tyre**) *s.* Luftreifen *m*; *pl. a.* Luftbereifung *f*; **~ tube** *s.* pneu'matische Röhre; *weitS., a. pl.* Rohrpost *f*.

pneu·mo·ni·a [nju:'məʊnjə] *s.* ⚕ Lungenentzündung *f*, Pneumo'nie *f*; **pneu'mon·ic** [-'mɒnɪk] *adj.* pneu'monisch, die Lunge *od.* Lungenentzündung betreffend.

poach¹ [pəʊtʃ] **I** *v/t.* **1.** *a.* **~ *up*** *Erde* aufwühlen, *Rasen* zertrampeln; **2.** (zu e-m Brei) anrühren; **3.** wildern, unerlaubt jagen *od.* fangen; **4.** räubern (*a. fig.*); **5.** *sl.* wegschnappen; **6.** ⚙ *Papier* bleichen; **II** *v/i.* **7.** weich *od.* matschig werden (*Boden*); **8.** unbefugt eindringen (***on*** in *acc.*); → ***preserve*** 8b; **9.** *hunt.* wildern.

poach² [pəʊtʃ] *v/t. Eier* pochieren: **~*ed egg*** pochiertes *od.* verlorenes Ei.

poach·er¹ ['pəʊtʃə] *s.* Wilderer *m*, Wilddieb *m*.

poach·er² ['pəʊtʃə] *s.* Po'chierpfanne *f*.

poach·ing ['pəʊtʃɪŋ] *s.* Wildern *n*, Wilde'rei *f*.

PO Box [ˌpi: əʊ 'bɒks] *s.* Postfach *n*.

po·chette [pɒ'ʃet] (*Fr.*) *s.* Handtäschchen *n*.

pock [pɒk] *s.* ⚕ **1.** Pocke *f*, Blatter *f*; **2.** → ***pockmark***.

pock·et ['pɒkɪt] **I** *s.* **1.** (*Hosen- etc., a. zo. Backen- etc.*)Tasche *f*: ***have s.o. in one's ~*** *fig.* j-n in der Tasche *od.* Gewalt haben; ***put s.o. in one's ~*** *fig.* j-n in die Tasche stecken; ***put one's pride in one's ~*** s-n Stolz überwinden, klein beigeben; **2.** *fig.* Geldbeutel *m*, Fi'nanzen *pl.*: ***be in ~*** gut bei Kasse sein; ***be 3 dollars in*** (***out of***) **~** drei Dollar profitiert (verloren) haben; ***put one's hand in one's ~*** (tief) in die Tasche greifen; → ***line²*** 2; **3.** *Brit.* Sack *m Hopfen, Wolle* (= *76 kg*); **4.** *geol.* Einschluß *m*; **5.** *min.* (*Erz-, Gold*)Nest *n*; **6.** *Billard*: Tasche *f*, Loch *n*; **7.** ✈ (Luft)Loch *n*, Fallbö *f*; **8.** ⚔ Kessel *m*: **~ *of resistance*** Widerstandsnest *n*; **II** *adj.* **9.** Taschen..., im (*fig.* Westen)Taschenformat; **III** *v/t.* **10.** in die Tasche stecken, einstecken (*a. fig. einheimsen*); **11.** a) *fig. Kränkung* einstecken, hinnehmen, b) *Gefühle* unter'drücken, *s-n Stolz* über'winden; **12.** *Billardkugel* einlochen; **13.** *pol. Am. Gesetzesvorlage* nicht unter'schreiben, sein Veto einlegen gegen (*Präsident etc.*); **14.** ⚔ *Feind* einkesseln; **~ bat·tle·ship** *s.* ⚓ Westentaschenkreuzer *m*; **~ bil·liards** *s. pl. sing. konstr.* Poolbillard *n*; **~**

book *s.* **1.** Taschen-, No'tizbuch *n*; **2.** a) Brieftasche *f*, b) Geldbeutel *m* (*beide a. fig.*); **3.** *Am.* Handtasche *f*; **4.** Taschenbuch *n*; **~ cal·cu·la·tor** *s.* Taschenrechner *m*; **~ e·di·tion** *s.* Taschenausgabe *f*.

pock·et·ful ['pɒkɪtfʊl] *pl.* **-fuls** *s. e-e* Tasche(voll): ***a ~ of money***.

'pock·et|·knife *s.* [*irr.*] Taschenmesser *n*; **~ lamp** *s.* Taschenlampe *f*; **~ light·er** *s.* Taschenfeuerzeug *n*; **~ mon·ey** *s.* Taschengeld *n*; **'~-size(d)** *adj.* im (*fig.* Westen)Taschenformat; **~ ve·to** *s. pol. Am.* Zu'rückhalten *n od.* Verzögerung *f* e-s Gesetzentwurfs (*bsd. durch den Präsidenten etc.*).

'pock|·mark *s.* Pockennarbe *f*; **'~-marked** *adj.* pockennarbig.

pod[1] [pɒd] *s. zo.* **1.** Herde *f* (*Wale, Robben*); **2.** Schwarm *m* (*Vögel*).

pod[2] [pɒd] **I** *s.* **1.** ⚘ Hülse *f*, Schale *f*, Schote *f*: ***~ pepper*** Paprika *f*; **2.** *zo.* (Schutz)Hülle *f*, *a.* Ko'kon *m* (*der Seidenraupe*), Beutel *m* (*des Moschustiers*); **3.** *sl.* ‚Wampe' *f*, Bauch *m*: ***in ~*** ‚dick' (*schwanger*); **II** *v/i.* **4.** Hülsen ansetzen; **5.** *Erbsen etc.* aushülsen, -schoten.

po·dag·ra [pəʊ'dægrə] *s.* ⚕ Podagra *n*, (Fuß)Gicht *f*.

podg·y ['pɒdʒɪ] *adj.* F unter'setzt, dicklich.

po·di·a·trist [pəʊ'daɪətrɪst] *s. Am.* Fußpfleger(in); **po'di·a·try** [-trɪ] *s.* Fußpflege *f*, Pedi'küre *f*.

Po·dunk ['pəʊdʌŋk] *s. Am. contp.* ‚Krähwinkel' *n*.

po·em ['pəʊɪm] *s.* Gedicht *n* (*a. fig.*), Dichtung *f*; **po·et** ['pəʊɪt] *s.* Dichter *m*, Po'et *m*: ***~ laureate*** a) Dichterfürst *m*, b) *Brit.* Hofdichter *m*; **po·et·as·ter** [pəʊɪ'tæstə] *s.* Dichterling *m*; **po·et·ess** ['pəʊɪtɪs] *s.* Dichterin *f*.

po·et·ic, po·et·i·cal [pəʊ'etɪk(l)] *adj.* □ **1.** po'etisch, dichterisch: ***~ justice*** *fig.* ausgleichende Gerechtigkeit; → ***licence*** 4; **2.** *fig.* po'etisch, ro'mantisch, stimmungsvoll; **po'et·ics** [-ks] *s. pl. sg. konstr.* Po'etik *f*; **po·et·ize** ['pəʊɪtaɪz] **I** *v/i.* **1.** dichten; **II** *v/t.* **2.** in Verse bringen; **3.** (im Gedicht) besingen; **po·et·ry** ['pəʊɪtrɪ] *s.* **1.** Poe'sie *f* (*a. Ggs. Prosa*) (*a. fig.*), Dichtkunst *f*; **2.** Dichtung *f*, *coll.* Dichtungen *pl.*, Gedichte *pl.*: ***dramatic ~*** dramatische Dichtung.

po-faced [ˌpəʊ'feɪst] *Brit.* F grimmig (dreinschauend).

po·grom ['pɒgrəm] *s.* Po'grom *m*, *n*, (*bsd.* Juden)Verfolgung *f*.

poign·an·cy ['pɔɪnənsɪ] *s.* **1.** Schärfe *f von Gerüchen etc.*; **2.** *fig.* Bitterkeit *f*, Heftigkeit *f*, Schärfe *f*; **3.** Schmerzlichkeit *f*; **'poign·ant** [-nt] *adj.* □ **1.** scharf, beißend (*Geruch, Geschmack*); **2.** pi'kant (*a. fig.*); **3.** *fig.* a) bitter, quälend (*Reue, Hunger etc.*), b) ergreifend: ***a ~ scene***, c) beißend, scharf: ***~ wit***, d) treffend, präg'nant: ***~ remark***; **4.** 'durchdringend: ***a ~ look***.

point [pɔɪnt] **I** *s.* **1.** (Nadel-, Messer-, Bleistift- *etc.*)Spitze *f*: (***not***) ***to put too fine a ~ upon s.th.*** *fig.* et. (nicht gerade) gewählt ausdrücken; ***at the ~ of the pistol*** → ***pistol point***; ***at the ~ of the sword*** *fig.* unter Zwang, mit Gewalt; **2.** ⚙ a) Stecheisen *n*, b) Grabstichel *m*, Griffel *m*, c) Radiernadel *f*, d) Ahle *f*; **3.** *geogr.* a) Landspitze *f*, b) Himmelsrichtung *f*; → ***cardinal*** 1; **4.** *hunt.* a) (Geweih)Ende *n*, b) Stehen *n des Jagdhundes*; **5.** *ling.* a) *a.* ***full ~*** Punkt *m am Satzende*, b) ***~ of exclamation*** Ausrufezeichen *n*; → ***interrogation*** 1; **6.** *typ.* a) Punk'tur *f*, b) typo'graphischer Punkt (= *0,376 mm im Didot-System*); **7.** Ⱥ a) Punkt *m*: ***~ of intersection*** Schnittpunkt, b) (Dezi'mal)Punkt *m*, Komma *n*; **8.** (Kompaß)Strich *m*; **9.** Auge *n*, Punkt *m auf Karten, Würfeln*; **10.** → ***point lace***; **11.** *phys.* Grad *m e-r Skala* (*a. ast.*), Stufe *f* (*a.* ⚙ *e-s Schalters*), Punkt *m*: ***~ of action*** Angriffspunkt (der Kraft); ***~ of contact*** Berührungspunkt; ***~ of culmination*** Kulminations-, Gipfelpunkt; ***boiling-~*** Siedepunkt; ***freezing-~*** Gefrierpunkt; ***3 ~s below zero*** 3 Grad unter Null; ***to bursting ~*** zum Bersten (*voll*); ***frankness to the ~ of insult*** *fig.* an Beleidigung grenzende Offenheit; ***up to a ~*** bis zu e-m gewissen Grad; ***when it came to the ~*** *fig.* als es so weit war, als es darauf ankam; → ***stretch*** 10; **12.** Punkt *m*, Stelle *f*, Ort *m*: ***~ of departure*** Ausgangsort; ***~ of destination*** Bestimmungsort; ***~ of entry*** † Eingangshafen *m*; ***~ of lubrication*** ⚙ Schmierstelle; ***~ of view*** *fig.* Gesichts-, Standpunkt; **13.** ϟ a) Kon'takt(punkt) *m*, b) *Brit.* 'Steckkonˌtakt *m*; **14.** *Brit.* (Kon'troll)Posten *m e-s Verkehrspolizisten*; **15.** *pl.* 🚂 *Brit.* Weichen *pl.*; **16.** Punkt *m e-s Bewertungs- od. Bewirtschaftungssystems* (*a. Börse u. sport*): ***bad ~*** *sport* Strafpunkt; ***beat*** (***win***) ***on ~s*** nach Punkten schlagen (gewinnen); ***winner on ~s*** Punktsieger *m*; ***level on ~s*** punktgleich; ***give ~s to s.o.*** a) *sport* j-m vorgeben, b) *fig.* j-m überlegen sein; **17.** *Boxen*: ‚Punkt' *m* (*Kinnspitze*); **18.** *a.* ***~ of time*** Zeitpunkt *m*, Augenblick *m*: ***at the ~ of death***; ***at this ~*** a) in diesem Augenblick, b) an dieser Stelle, hier (*a. in e-r Rede etc.*); ***be on the ~ of doing s.th.*** im Begriff sein, et. zu tun; **19.** Punkt *m e-r Tagesordnung etc.*, (Einzel-, Teil)Frage *f*: ***a case in ~*** ein einschlägiger Fall, ein Beispiel; ***the case in ~*** der vorliegende Fall; ***at all ~s*** in allen Punkten, in jeder Hinsicht; ***~ of interest*** interessante Einzelheit; ***~ of law*** Rechtsfrage; ***~ of order*** a) (Punkt der) Tagesordnung *f*, b) Verfahrensfrage *f*; ***differ on many ~s*** in vielen Punkten nicht übereinstimmen; **20.** Kernpunkt *m*, -frage *f*, springender Punkt, Sache *f*: ***beside*** (*od.* ***off***) ***the ~*** nicht zur Sache gehörig, abwegig, unerheblich; ***come to the ~*** zur Sache kommen; ***the ~*** zur Sache gehörig, (zu)treffend, exakt; ***keep*** (*od.* ***stick***) ***to the ~*** bei der Sache bleiben; ***make*** (*od.* ***score***) ***a ~*** ein Argument anbringen, s-e Ansicht durchsetzen; ***make a ~ of s.th.*** Wert *od.* Gewicht auf et. legen, auf et. bestehen; ***make the ~ that*** die Feststellung machen, daß; ***that's the ~ I wanted to make*** darauf wollte ich hinaus; ***in ~ of*** hinsichtlich (*gen.*); ***in ~ of fact*** tatsächlich; ***that is the ~!*** das ist die Frage!; ***the ~ is that*** die Sache ist die, daß; ***it's a ~ of hono(u)r to him*** das ist Ehrensache für ihn; ***you have a ~ there!*** da haben Sie nicht unrecht!; ***I take your ~!*** ich verstehe, was Sie meinen!; → ***miss***[2] 1, ***press*** 8; **21.** Pointe *f e-s Witzes etc.*; **22.** Zweck *m*, Ziel *n*, Absicht *f*: ***what's your ~ in coming?***; ***carry*** (*od.* ***gain*** *od.* ***make***) ***one's ~*** sich (*od.* s-e Ansicht) durchsetzen, sein Ziel erreichen; ***there is no ~ in doing*** es hat keinen Zweck *od.* es ist sinnlos, zu tun; **23.** Nachdruck *m*: ***give ~ to one's words*** s-n Worten Nachdruck *od.* Gewicht verleihen; **24.** (her'vorstechende) Eigenschaft, (Vor)Zug *m*: ***a noble ~ in her*** ein edler Zug an ihr; ***it has its ~s*** es hat so s-e Vorzüge; ***strong ~*** starke Seite, Stärke; ***weak ~*** schwache Seite, wunder Punkt; **II** *v/t.* **25.** (an-, zu)spitzen; **26.** *fig.* pointieren; **27.** *Waffe etc.* richten (***at*** auf *acc.*): ***~ one's finger at*** (mit dem Finger) auf *j-n* deuten *od.* zeigen; ***~*** (***up***)***on*** *Augen, Gedanken etc.* richten auf (*acc.*); ***~ to*** *Kurs, Aufmerksamkeit* lenken auf (*acc.*), *j-n* bringen auf (*acc.*); **28.** ***~ out*** a) zeigen, b) *fig.* hinweisen *od.* aufmerksam machen auf (*acc.*), betonen, c) *fig.* aufzeigen (*a. Fehler*), klarmachen, d) ausführen, darlegen; **29.** ***~ off places*** Ⱥ (Dezimal-) Stellen abstreichen; **30.** ***~ up*** a) △ verfugen, b) ⚙ *Fugen* glattstreichen, c) *Am. fig.* unter'streichen; **III** *v/i.* **31.** (mit dem Finger) zeigen, deuten, weisen (***at*** auf *acc.*); **32.** ***~ to*** nach *e-r Richtung* weisen *od.* liegen (*Haus etc.*); *fig.* a) hinweisen, -deuten auf (*acc.*), b) ab-, hinzielen auf (*acc.*); **33.** *hunt.* (vor)stehen (*Jagdhund*); **34.** ⚕ reifen (*Abszeß etc.*); **ˌ~-'blank I** *adj.* **1.** schnurgerade; **2.** ⚔ Kernschuß... (*weite etc.*): ***at ~ range*** aus kürzester Entfernung; ***~ shot*** Fleckschuß *m*; **3.** unverblümt, offen; glatt (*Ablehnung*); **II** *adv.* **4.** geradewegs; **5.** *fig.* 'rundher'aus, klipp u. klar; **'~-ˌdu·ty** *s. Brit.* (Verkehrs)Postendienst *m* (*Polizei*).

point·ed ['pɔɪntɪd] *adj.* □ **1.** spitz, zugespitzt, Spitz...(*-bogen, -geschoß etc.*); **2.** scharf, pointiert (*Stil, Bemerkung*), anzüglich; **3.** treffend; **'point·ed·ness** [-nɪs] *s.* **1.** Spitzigkeit *f*; **2.** *fig.* Schärfe *f*, Deutlichkeit *f*; **3.** Anzüglichkeit *f*, Spitze *f*; **'point·er** [-tə] *s.* **1.** ⚔ 'Richtschütze *m*, -kanoˌnier *m*; **2.** Zeiger *m*, Weiser *m* (*Uhr, Meßgerät*); **3.** Zeigestock *m*; **4.** Radiernadel *f*; **5.** *hunt.* Vorsteh-, Hühnerhund *m*; **6.** F Fingerzeig *m*, Tip *m*.

point lace *s.* genähte Spitze(n *pl.*).

point·less ['pɔɪntlɪs] *adj.* □ **1.** ohne Spitze, stumpf; **2.** *sport etc.* punktlos; **3.** *fig.* witzlos, ohne Pointe; **4.** *fig.* sinn-, zwecklos.

'point-poˌlice·man [-mən] *s.* [*irr.*] → ***pointsman*** 2; **points·man** ['pɔɪntsmən] *s.* [*irr.*] *Brit.* **1.** 🚂 Weichensteller *m*; **2.** Ver'kehrspoliˌzist *m*; **point sys·tem** *s.* **1.** *sport, ped. etc.* 'Punktsysˌtem *n* (*a. typ.*); **2.** Punktschrift *f für Blinde*; **ˌpoint-to-'point** (**race**) *s.* Geländejagdrennen *n*.

poise [pɔɪz] **I** *s.* **1.** Gleichgewicht *n*; **2.** Schwebe *f* (*a. fig. Unentschiedenheit*); **3.** (*Körper-, Kopf*)Haltung *f*; **4.** *fig.* sicheres Auftreten; Gelassenheit *f*; Haltung *f*; **II** *v/t.* **5.** im Gleichgewicht halten; *et.* balancieren: ***be ~d*** a) im Gleichgewicht sein, b) gelassen *od.* ausgeglichen sein, c) *fig.* schweben: ***~d for***

bereit zu; **6.** *Kopf, Waffe etc.* halten; **III** *v/i.* **7.** schweben.

poi·son ['pɔɪzn] **I** *s.* **1.** Gift *n* (*a. fig.*): ***what is your ~?*** F was wollen Sie trinken?; **II** *v/t.* **2.** (*o.s.* sich) vergiften (*a. fig.*); **3.** ⚕ infizieren; **'poi·son·er** [-nə] *s.* **1.** Giftmörder(in), Giftmischer(in); **2.** *fig.* Vergifter(in), ‚Giftspritze' *f.*

'poi·son|-fang *s. zo.* Giftzahn *m*; **~ gas** *s.* ⚔ Kampfstoff *m, bsd.* Giftgas *n.*

poi·son·ing ['pɔɪznɪŋ] *s.* **1.** Vergiftung *f*; **2.** Giftmord *m*; **'poi·son·ous** [-nəs] *adj.* □ **1.** giftig (*a. fig.*) Gift...; **2.** F ekelhaft.

ˌpoi·son-'pen let·ter *s.* verleumderischer *od.* ob'szöner (*anonymer*) Brief.

poke¹ [pəʊk] **I** *v/t.* **1.** *j-n* stoßen, puffen, knuffen: **~ *s.o. in the ribs*** j-m e-n Rippenstoß geben; **2.** *Loch* stoßen (***in*** in *acc.*); **3.** *a.* **~ *up*** *Feuer* schüren; **4.** *Kopf* vorstrecken, *Nase etc. wohin* stecken: ***she ~s her nose into everything*** sie steckt überall ihre Nase hinein; **5.** **~ *fun at s.o.*** sich über j-n lustig machen; **II** *v/i.* **6.** stoßen (***at*** nach); stöbern (***into*** in *dat.*): **~ *about*** (herum)tasten, -tappen (***for*** nach); **7.** *fig.* a) *a.* **~ *and pry*** (her'um)schnüffeln, b) sich einmischen (***into*** in *acc.*); **8.** *a.* **~ *about*** F (her'um)trödeln, bummeln; **III** *s.* **9.** (Rippen)Stoß *m*, Puff *m*, Knuff *m*; **10.** *Am.* → ***slowpoke.***

poke² [pəʊk] *s. obs.* Spitztüte *f*; → ***pig*** 1.

'poke-bon·net *s.* Kiepe(nhut *m*) *f.*

pok·er¹ ['pəʊkə] *s.* Schürhaken *m*: ***be as stiff as a ~*** steif wie ein Stock sein.

po·ker² ['pəʊkə] *s.* Poker(spiel) *n.*

pok·er| face *s.* Pokergesicht *n* (*unbewegtes, undurchdringliches Gesicht, a. Person*); **~ work** *s.* Brandmale'rei *f.*

pok·y ['pəʊkɪ] *adj.* **1.** eng, winzig; **2.** 'unelegant: **~ *dress***; **3.** langweilig, ‚lahm' (*a. Mensch*).

po·lar ['pəʊlə] **I** *adj.* □ **1.** po'lar (*a. phys.*, ⩓), Polar...: **~ *air*** Polarluft *f*, polare Kaltluft; **~ *fox*** Polarfuchs *m*; **~ *lights*** Polarlicht *n*; **2 *Sea*** Polar-, Eismeer *n*; **2.** *fig.* po'lar, genau entgegengesetzt (wirkend); **II** *s.* **3.** ⩓ Po'lare *f*; **~ ax·is** *s.* ⩓, *ast.* Po'larachse *f*; **~ bear** *s. zo.* Eisbär *m*; **~ cir·cle** *s. geogr.* Po'larkreis *m.*

po·lar·i·ty [pəʊ'lærətɪ] *s. phys.* Polari'tät *f* (*a. fig.*): **~ *indicator*** ⚡ Polsucher *m*; **po·lar·i·za·tion** [ˌpəʊləraɪ'zeɪʃn] *s.* ⚡, *phys.* Polarisati'on *f*; *fig.* Polarisierung *f*; **po·lar·ize** ['pəʊləraɪz] *v/t.* ⚡, *phys.* polarisieren (*a. fig.*); **po·lar·iz·er** ['pəʊləraɪzə] *s. phys.* Polari'sator *m.*

pole¹ [pəʊl] **I** *s.* **1.** Pfosten *m*, Pfahl *m*; **2.** (*Bohnen-, Telegraphen-, Zelt- etc.*) Stange *f*; (*sport* Sprung)Stab *m*; (Wagen)Deichsel *f*; ⚡ (Leitungs)Mast *m*; (Schi)Stock *m*: **~ *jumper*** *sport* Stabhochspringer; ***be up the ~*** *sl.* a) in der Tinte sitzen, b) verrückt sein; **3.** ⚓ a) Flaggenmast *m*, b) Schifferstange *f*: ***under bare ~s*** ⚓ vor Topp und Takel; **4.** (Meß)Rute *f* (*5,029 Meter*); **II** *v/t.* **5.** *Boot* staken; **6.** *Bohnen etc.* stängen.

pole² [pəʊl] *s.* **1.** *ast., biol., geogr., phys.* Pol *m*: ***celestial ~*** Himmelspol; ***negative ~*** *phys.* negativer Pol, ⚡ *a.* Kathode *f*; → ***positive*** 8; **2.** *fig.* Gegenpol *m*, entgegengesetztes Ex'trem: ***they are ~s apart*** Welten trennen sie.

Pole³ [pəʊl] *s.* Pole *m*, Polin *f.*

pole| aer·i·al *s.* 'Stabanˌtenne *f*; **'~·ax(e)** *s.* **1.** Streitaxt *f*; **2.** ⚓ a) *hist.* Enterbeil *n*, b) Kappbeil *n*; **3.** Schlächterbeil *n*; **'~·cat** *s. zo.* **1.** Iltis *m*; **2.** *Am.* Skunk *m*; **~ chang·er** *s.* ⚡ Polwechsler *m*; **~ charge** *s.* ⚔ gestreckte Ladung; **~ jump** *etc.* → ***polevault*** *etc.*

po·lem·ic [pɒ'lemɪk] **I** *adj.* (□ **~*ally***) **1.** po'lemisch, Streit...; **II** *s.* **2.** Po'lemiker (-in); **3.** Po'lemik *f*; **po'lem·i·cist** [-ɪsɪst] *s.* Po'lemiker(in); **po'lem·ics** [-ks] *s. pl. sg. konstr.* Po'lemik *f.*

pole| star *s. ast.* Po'larstern *m*; *fig.* Leitstern *m*; **~ vault** *s. sport* Stabhochsprung *m*; **'~-vault** *sport v/i.* stabhochspringen; **~ vault·er** *s. sport* Stabhochspringer *m.*

po·lice [pə'li:s] **I** *s.* **1.** Poli'zei(behörde, -truppe) *f*; **2.** *coll. pl. konstr.* Poli'zei *f*, *einzelne* Poli'zisten *pl.*: ***five ~***; **3.** ⚔ *Am.* Ordnungsdienst *m*: ***kitchen ~*** Küchendienst; **II** *v/t.* **4.** (poli'zeilich) über'wachen; **5.** *fig.* kontrollieren, über'wachen; **6.** ⚔ *Am. Kaserne etc.* säubern, in Ordnung halten; **III** *adj.* **7.** poli'zeilich, Polizei...(*-gericht, -gewalt, -staat etc.*): **~ blot·ter** *s. Am.* Dienstbuch *n*; **~ con·sta·ble** → ***policeman*** 1; **~ dog** *s.* **1.** Poli'zeihund *m*; **2.** (deutscher) Schäferhund; **~ force** *s.* Poli'zei(truppe) *f*; **~·man** [-mən] *s.* [*irr.*] **1.** Poli'zist *m*, Schutzmann *m*; **2.** *zo.* Sol'dat *m* (*Ameise*); **~ of·fi·cer** *s.* Poli'zeibeamte(r) *m*, Poli'zist *m*; **~ rec·ord** *s.* 'Vorstrafenreˌgister *n*; **~ sta·tion** *s.* Poli'zeiwache *f*, -reˌvier *n*; **~ trap** *s.* Autofalle *f*; **~ˌwo·man** *s.* Poli'zistin *f.*

pol·i·clin·ic [ˌpɒlɪ'klɪnɪk] *s.* ⚕ Poliklinik *f*, Ambu'lanz *f.*

pol·i·cy¹ ['pɒlɪsɪ] *s.* **1.** Verfahren(sweise *f*) *n*, Taktik *f*, Poli'tik *f*: ***marketing ~*** ✝ Absatzpolitik *e-r Firma*; ***honesty is the best ~*** ehrlich währt am längsten; ***the best ~ would be to*** (*inf.*) das Beste *od.* Klügste wäre, zu (*inf.*); **2.** Poli'tik *f* (*Wege u. Ziele der Staatsführung*), po'litische Linie: ***foreign ~*** Außenpolitik; **~ *adviser*** (politischer) Berater; **3.** ***public ~*** ⚖ Rechtsordnung *f*: ***against public ~*** sittenwidrig; **4.** Klugheit *f*: a) Zweckmäßigkeit *f*, b) Schlauheit *f.*

pol·i·cy² ['pɒlɪsɪ] *s.* **1.** (Ver'sicherungs-) Poˌlice *f*, Versicherungsschein *m*; **2.** *a.* **~ *racket*** *Am.* Zahlenlotto *n*; **'~ˌhold·er** *s.* Versicherungsnehmer(in), Po'liceninhaber(in); **'~-ˌmak·ing** *adj.* die Richtlinien der Poli'tik bestimmend.

pol·i·o ['pəʊlɪəʊ] *s.* ⚕ F **1.** Polio *f*; **2.** Polio-Fall *m.*

pol·i·o·my·e·li·tis [ˌpəʊlɪəʊmaɪə'laɪtɪs] *s.* ⚕ spi'nale Kinderlähmung, Poliomye'litis *f.*

Pol·ish¹ ['pəʊlɪʃ] **I** *adj.* polnisch; **II** *s. ling.* Polnisch *n.*

pol·ish² ['pɒlɪʃ] **I** *v/t.* **1.** polieren, glätten; *Schuhe etc.* wichsen; ⚙ abschleifen, -schmirgeln, glanzschleifen; **2.** *fig.* abschleifen, verfeinern: **~ *off*** F a) *Gegner* ‚erledigen', b) *Arbeit* ‚hinhauen' (*schnell erledigen*), c) *Essen* ‚wegputzen', ‚verdrücken' (*verschlingen*); **~ *up*** aufpolieren (*a. fig. Wissen auffrischen*); **II** *v/i.* **3.** glänzend werden; sich polieren lassen; **III** *s.* **4.** Poli'tur *f*, (Hoch)Glanz *m*, Glätte *f*: ***give s.th. a ~*** et. polieren; **5.** Poliermittel *n*, Poli'tur *f*; Schuhcreme *f*; Bohnerwachs *n*; **6.** *fig.* Schliff *m* (*feine Sitten*); **7.** *fig.* Glanz *m*; **'pol·ished** [-ʃt] *adj.* **1.** poliert, glatt, glänzend; **2.** *fig.* geschliffen: a) höflich, b) gebildet, fein, c) bril'lant; **'pol·ish·er** [-ʃə] *s.* **1.** Polierer *m*, Schleifer *m*; **2.** ⚙ a) Polierfeile *f*, -stahl *m*, -scheibe *f*, -bürste *f*, b) Po'liermaˌschine *f*; **3.** Poliermittel *n*, Poli'tur *f*; **'pol·ish·ing** [-ʃɪŋ] **I** *s.* Polieren *n*, Glätten *n*, Schleifen *n*; **II** *adj.* Polier..., Putz...: **~ *file*** Polierfeile *f*; **~ *powder*** Polier-, Schleifpulver *n*; **~ *wax*** Bohnerwachs *n.*

po·lite [pə'laɪt] *adj.* □ **1.** höflich, artig (***to*** gegen); **2.** verfeinert, fein: **~ *arts*** schöne Künste; **~ *letters*** schöne Literatur, Belletristik; **po'lite·ness** [-nɪs] *s.* Höflichkeit *f.*

pol·i·tic ['pɒlɪtɪk] *adj.* □ **1.** diplo'matisch; **2.** *fig.* diplo'matisch, (welt)klug, berechnend, po'litisch; **3.** po'litisch: ***body ~*** Staatskörper *m*; **po·lit·i·cal** [pə'lɪtɪkl] *adj.* □ **1.** po'litisch: **~ *economy*** Volkswirtschaft *f*; **~ *science*** Politologie *f*; **~ *scientist*** Politologe *m*, Politikwissenschaftler *m*; ***a ~ issue*** ein Politikum; **2.** staatlich, Staats...: **~ *system*** Regierungssystem *n*; **pol·i·ti·cian** [ˌpɒlɪ'tɪʃn] *s.* **1.** Po'litiker *m*; **2.** a) (Par'tei)Poˌlitiker *m* (*a. contp.*), b) *Am.* po'litischer Opportu'nist; **po·lit·i·cize** [pə'lɪtɪsaɪz] *v/i. u. v/t. allg.* politisieren; **po·lit·i·co** [pə'lɪtɪkəʊ] *Am.* F *für* ***politician*** 2.

politico- [pəlɪtɪkəʊ] *in Zssgn* politisch-...: **~-*economical*** wirtschaftspolitisch.

pol·i·tics ['pɒlɪtɪks] *s. pl. oft sg. konstr.* **1.** Poli'tik *f*, Staatskunst *f*; **2.** (Par'tei-, 'Staats)Poliˌtik: ***enter ~*** ins politische Leben (ein)treten; **3.** po'litische Über'zeugung *od.* Richtung: ***what are his ~?*** wie ist er politisch eingestellt?; **4.** *fig.* (Inter'essen)Poliˌtik *f*; **5.** *Am.* (politische) Machenschaften *pl.*: ***play ~*** Winkelzüge machen, manipulieren; **'pol·i·ty** [-ɪtɪ] *s.* **1.** Regierungsform *f*, Verfassung *f*, politische Ordnung; **2.** Staats-, Gemeinwesen *n*, Staat *m.*

pol·ka ['pɒlkə] **I** *s.* ♪ Polka *f*; **II** *v/i.* Polka tanzen; **~ dot** *s.* Punktmuster *n* (*auf Textilien*).

poll¹ [pəʊl] **I** *s.* **1.** *bsd. dial. od. humor.* (Hinter)Kopf *m*; **2.** ('Einzel)Perˌson *f*; **3.** Abstimmung *f*, Stimmabgabe *f*, Wahl *f*: ***poor ~*** geringe Wahlbeteiligung; **4.** Wählerliste *f*; **5.** a) Stimmenzählung *f*, b) Stimmenzahl *f*; **6.** *mst pl.* 'Wahlloˌkal *n*: ***go to the ~s*** zur Wahl (-urne) gehen; **7.** (Ergebnis *n* e-r) ('Meinungs)ˌUmfrage *f*; **II** *v/t.* **8.** *Haar etc.* stutzen, (*a. Tier*) scheren; *Baum* kappen; *Pflanze* köpfen; *e-m Rind* die Hörner stutzen; **9.** in die Wahlliste eintragen; **10.** *Wahlstimmen* erhalten, auf sich vereinigen; **11.** *Bevölkerung* befragen; **III** *v/i.* **12.** s-e Stimme abgeben, wählen: **~ *for*** stimmen für.

poll² [pɒl] *s. univ. Brit. sl.* **1.** *coll.* ***the 2*** *Studenten, die sich nur auf den* ***poll degree*** (→ 2) vorbereiten; **2.** *a.* **~ *examination*** (leichteres) Bakkalaure'atsexˌamen: **~ *degree*** *nach Bestehen dieses Examens erlangter Grad.*

poll³ [pəʊl] **I** *adj.* hornlos: **~ *cattle***; **II** *s.* hornloses Rind.

pol·lack ['pɒlək] *pl.* **-lacks**, *bsd. coll.*

-lack *s.* Pollack *m* (*Schellfisch*).

pol·lard ['pɒləd] **I** *s.* **1.** gekappter Baum; **2.** *zo.* a) hornloses Tier, b) Hirsch, der sein Geweih abgeworfen hat; **3.** (Weizen)Kleie *f*; **II** *v/t.* **4.** *Baum etc.* kappen, stutzen.

'poll·book *s.* Wählerliste *f*.

pol·len ['pɒlən] *s.* ⚘ Pollen *m*, Blütenstaub *m*: **~ catarrh** Heuschnupfen *m*; **~ sac** Pollensack *m*; **~ tube** Pollenschlauch *m*; **'pol·li·nate** [-neɪt] *v/t. bot.* bestäuben, befruchten.

poll·ing ['pəʊlɪŋ] **I** *s.* **1.** Wählen *n*, Wahl *f*; **2.** Wahlbeteiligung *f*: **heavy** (**poor**) **~** starke (geringe) Wahlbeteiligung; **II** *adj.* **3.** Wahl…: **~ booth** Wahlzelle *f*; **~ district** Wahlkreis *m*; **~ place** *Am.*, **~ station** *bsd. Brit.* Wahllokal *n*.

pol·lock ['pɒlək] → **pollack**.

poll·ster ['pəʊlstə] *s. Am.* Meinungsforscher *m*, Inter'viewer *m*.

'poll-tax *s.* Kopfsteuer *f*, -geld *n*.

pol·lu·tant [pə'lu:tənt] *s.* Schadstoff *m*; **pol·lute** [pə'lu:t] *v/t.* **1.** beflecken (*a. fig. Ehre etc.*), beschmutzen; **2.** *Wasser etc.* verunreinigen, *Umwelt etc.* verschmutzen; **3.** *fig.* besudeln; *eccl.* entweihen; *moralisch* verderben; **pol'lu·ter** [-tə] *s.* 'Umweltverschmutzer *m*, -sünder *m*; **pol'lu·tion** [-u:ʃn] *s.* **1.** Befleckung *f*, Verunreinigung *f* (*a. fig.*); **2.** *fig.* Entweihung *f*, Schändung *f*; **3.** *physiol.* Polluti'on *f*; **4.** ('Umwelt-, Luft-, Wasser)Verschmutzung *f*: **~ control** Umweltschutz *m*; **pol'lu·tive** [-tɪv] *adj.* 'umweltverschmutzend, -feindlich.

po·lo ['pəʊləʊ] *s. sport* Polo *n*: **~** (**neck**) Rollkragen(pullover) *m*; **~ shirt** Polohemd *n*.

po·lo·ny [pə'ləʊnɪ] *s.* grobe Zerve'latwurst.

pol·troon [pɒl'tru:n] *s.* Feigling *m*.

poly- [pɒlɪ] *in Zssgn* Viel…, Mehr…, Poly…; **pol·y·an·drous** [ˌpɒlɪ'ændrəs] *adj.* ⚘, *zo.*, *sociol.* poly'andrisch; **ˌpol·y·a'tom·ic** *adj.* ⚗ 'viel-, 'mehraˌtomig; **ˌpol·y'bas·ic** *adj.* ⚗ mehrbasig; **ˌpol·y·chro'mat·ic** *adj.* (□ **~ally**) viel-, mehrfarbig; **'pol·y·chrome I** *adj.* **1.** viel-, mehrfarbig, bunt: **~ printing** Bunt-, Mehrfarbendruck; **II** *s.* **2.** Vielfarbigkeit *f*; **3.** buntbemalte Plastik; **ˌpol·y'clin·ic** *s.* Klinik *f* (für alle Krankheiten).

po·lyg·a·mist [pə'lɪgəmɪst] *s.* Polyga'mist(in); **po'lyg·a·mous** [-məs] *adj.* poly'gam(isch ⚘, *zo.*); **po'lyg·a·my** [-mɪ] *s.* Polyga'mie *f* (*a. zo.*), Mehrehe *f*, Vielweibe'rei *f*.

pol·y·glot ['pɒlɪglɒt] **I** *adj.* **1.** vielsprachig; **II** *s.* **2.** Poly'glotte *f* (*Buch in mehreren Sprachen*); **3.** Poly'glotte(r *m*) *f* (*Person*).

pol·y·gon ['pɒlɪgən] *s.* ∡ a) Poly'gon *n*, Vieleck *n*, b) Polygo'nalzahl *f*: **~ of forces** *phys.* Kräftepolygon; **po·lyg·o·nal** [pɒ'lɪgənl] *adj.* polygo'nal, vieleckig.

po·lyg·y·ny [pə'lɪdʒɪnɪ] *s. allg.* Polygy'nie *f*.

pol·y·he·dral [ˌpɒlɪ'hedrl] *adj.* ∡ poly'edrisch, vielflächig, Polyeder…; **ˌpol·y'he·dron** [-rən] *s.* ∡ Poly'eder *n*.

pol·y·mer·ic [ˌpɒlɪ'merɪk] *adj.* ⚗ ˌpoly'mer; **po·lym·er·ism** [pə'lɪmərɪzəm] *s.* Polyme'rie *f*; **pol·y·mer·ize** [pə'lɪməraɪz] ⚗ **I** *v/t.* polymerisieren; **II** *v/i.* poly'mere Körper bilden.

pol·y·mor·phic [ˌpɒlɪ'mɔ:fɪk] *adj.* poly'morph, vielgestaltig.

Pol·y·ne·sian [ˌpɒlɪ'ni:zjən] **I** *adj.* **1.** poly'nesisch; **II** *s.* **2.** Poly'nesier(in); **3.** *ling.* Poly'nesisch *n*.

pol·y·no·mi·al [ˌpɒlɪ'nəʊmjəl] **I** *adj.* ∡ poly'nomisch, vielglied(e)rig; **II** *s.* ∡ Poly'nom *n*.

pol·yp(e) ['pɒlɪp] *s.* ⚕, *zo.* Po'lyp *m*.

'pol·y·phase *adj.* ϟ mehrphasig: **~ current** Mehrphasen-, Drehstrom *m*; **ˌpol·y'phon·ic** [-'fɒnɪk] *adj.* **1.** vielstimmig, mehrtönig; **2.** ♪ poly'phon, kontra'punktisch; **3.** *ling.* pho'netisch mehrdeutig; **'pol·y·pod** [-pɒd] *s. zo.* Vielfüßer *m*.

pol·y·pus ['pɒlɪpəs] *pl.* **-pi** [-paɪ] *s.* **1.** *zo.* Po'lyp *m*, Tintenfisch *m*; **2.** ⚕ Po'lyp *m*.

pol·y·sty·rene [ˌpɒlɪ'staɪri:n] *s.* ⚗ Styro'por *n*.

ˌpol·y·syl'lab·ic *adj.* mehr-, vielsilbig; **'pol·yˌsyl·la·ble** *s.* vielsilbiges Wort; **ˌpol·y'tech·nic I** *adj.* poly'technisch; **II** *s.* poly'technische Schule, Poly'technikum *n*; **'pol·y·the·ism** *s.* Polythe'ismus *m*, Vielgötte'rei *f*; **pol·y·thene** ['pɒlɪθi:n] *s.* ⚗ Polyäthy'len *n*: **~ bag** Plastiktüte *f*; **ˌpol·y'trop·ic** *adj.* ∡, *biol.* poly'trop(isch); **ˌpol·y'va·lent** *adj.* ⚗ polyva'lent, mehrwertig.

pol·y·zo·on [ˌpɒlɪ'zəʊɒn] *pl.* **-'zo·a** [-ə] *s.* Moostierchen *n*.

pom [pɒm] → **pommy**.

po·made [pə'mɑ:d] **I** *s.* Po'made *f*; **II** *v/t.* pomadisieren, mit Po'made einreiben.

po·man·der [pəʊ'mændə] *s.* Duftkugel *f*.

po·ma·tum [pəʊ'meɪtəm] → **pomade**.

pome [pəʊm] *s.* **1.** ⚘ Apfel-, Kernfrucht *f*; **2.** *hist.* Reichsapfel *m*.

pome·gran·ate ['pɒmɪˌgrænɪt] *s.* **1.** *a.* **~ tree** Gra'natapfelbaum *m*; **2.** *a.* **~ apple** Gra'natapfel *m*.

Pom·er·a·nian [ˌpɒmə'reɪnjən] **I** *adj.* **1.** pommer(i)sch; **II** *s.* **2.** Pommer(in); **3.** *a.* **~ dog** Spitz *m*.

po·mi·cul·ture ['pəʊmɪˌkʌltʃə] *s.* Obstbaumzucht *f*.

pom·mel ['pʌml] **I** *s.* (Degen-, Sattel-, Turm)Knopf *m*, Knauf *m*; **II** *v/t.* mit den Fäusten bearbeiten, schlagen.

pom·my ['pɒmɪ] *s. sl. brit.* Einwanderer *m* (in Au'stralien *od.* Neu'seeland).

pomp [pɒmp] *s.* Pomp *m*, Prunk *m*.

pom·pon ['pɔ̃:mpɔ̃:ŋ] (*Fr.*) *s.* Troddel *f*, Quaste *f*.

pom·pos·i·ty [pɒm'pɒsətɪ] *s.* **1.** Prunk *m*; Pomphaftigkeit *f*, Prahle'rei *f*; wichtigtuerisches Wesen; **2.** Bom'bast *m*, Schwülstigkeit *f* (*im Ausdruck*); **pompous** ['pɒmpəs] *adj.* □ **1.** pom'pös, prunkvoll; **2.** wichtigtuerisch, aufgeblasen; **3.** bom'bastisch, schwülstig (*Sprache*).

ponce [pɒns] *Brit. sl.* **I** *s.* **1.** Zuhälter *m*; **2.** ‚Homo' *m*; **II** *v/i.* **3.** Zuhälter sein; **'ponc·ing** [-sɪŋ] *s. Brit. sl.* Zuhälte'rei *f*.

pon·cho ['pɒntʃəʊ] *pl.* **-chos** [-z] *s.* Poncho *m*, 'Umhang *m*.

pond [pɒnd] *s.* Teich *m*, Weiher *m*: **horse ~** Pferdeschwemme *f*; **big ~** ‚Großer Teich' (*Atlantik*).

pon·der ['pɒndə] **I** *v/i.* nachdenken, -sinnen, (nach)grübeln (**on**, **upon**, **over** über *acc.*): **~ over s.th.** et. überlegen; **II** *v/t.* über'legen, nachdenken über (*acc.*): **~ one's words** s-e Worte abwägen; **~ing silence** nachdenkliches Schweigen; **pon·der·a·bil·i·ty** [ˌpɒndərə'bɪlətɪ] *s. phys.* Wägbarkeit *f*; **'pon·der·a·ble** [-dərəbl] *adj.* wägbar (*a. fig.*); **pon·der·os·i·ty** [ˌpɒndə'rɒsətɪ] *s.* **1.** Gewicht *n*, Schwere *f*, Gewichtigkeit *f*; **2.** *fig.* Schwerfälligkeit *f*; **'pon·der·ous** [-dərəs] *adj.* □ **1.** schwer, massig, gewichtig; **2.** *fig.* schwerfällig (*Stil*); **'pon·der·ous·ness** [-dərəsnɪs] → **ponderosity**.

pone[1] [pəʊn] *s. Am.* Maisbrot *n*.

po·ne[2] ['pəʊnɪ] *s. Kartenspiel*: **1.** Vorhand *f*; **2.** Spieler, der abhebt.

pong [pɒŋ] **I** *s.* **1.** dumpfes Dröhnen; **2.** *Br. sl.* Gestank *m*, ‚Mief' *m*; **II** *v/i.* **3.** dröhnen; **4.** *Br. sl.* stinken; **5.** *sl. thea.* improvisieren.

pon·tiff ['pɒntɪf] *s.* **1.** Hohe'priester *m*; **2.** Papst *m*; **pon·tif·i·cal** [pɒn'tɪfɪkl] *adj.* □ **1.** *antiq.* (ober)priesterlich; **2.** *R.C.* pontifi'kal: a) bischöflich, b) *bsd.* päpstlich: ℒ **Mass** Pontifikalamt *n*; **3.** *fig.* a) feierlich, würdig, b) päpstlich, über'heblich; **pon·tif·i·cate I** *s.* [pɒn'tɪfɪkət] Pontifi'kat *n*; **II** *v/i.* [-keɪt] a) sich päpstlich gebärden, b) **~** (**on**) sich dogmatisch auslassen (über); **'pon·ti·fy** [-ɪfaɪ] → **pontificate** II.

pon·toon[1] [pɒn'tu:n] *s.* **1.** Pon'ton *m*, Brückenkahn *m*: **~ bridge** Ponton-, Schiffsbrücke *f*; **~ train** ⚔ Brückenkolonne *f*; **2.** ⚓ Kielleichter *m*, Prahm *m*; **3.** ✈ Schwimmer *m*.

pon·toon[2] [pɒn'tu:n] *s. Brit.* 'Siebzehnund'vier *n* (*Kartenspiel*).

po·ny ['pəʊnɪ] **I** *s.* **1.** *zo.* Pony *n*: a) kleines Pferd, b) *Am. a.* Mustang *m*, c) *pl. sl.* Rennpferde *pl.*; **2.** *Brit. sl.* £ 25; **3.** *Am.* F ‚Klatsche' *f*, Eselsbrücke *f* (*Übersetzungshilfe*); **4.** *Am.* F a) kleines (Schnaps- *etc.*)Glas, b) Gläs-chen *n* Schnaps *etc.*; **5.** *Am.* et. ‚im Westentaschenformat', Miniatur… (*z.B. Auto, Zeitschrift*); **II** *v/t.* **6.** **~ up** *Am. sl.* berappen, bezahlen; **~ en·gine** *s.* 🚂 Ran'gierlokomoˌtive *f*; **~ tail** *s.* Pferdeschwanz *m* (*Frisur*).

pooch [pu:tʃ] *s. Am. sl.* Köter *m*.

poo·dle ['pu:dl] *s. zo.* Pudel *m*.

poof [pu:f] *Brit. sl.* ‚Schwule(r)' *m*, ‚Homo' *m*.

pooh [pu:] *int. contp.* pah!; **ˌ~-'pooh** *v/t.* geringschätzig behandeln, *et.* als unwichtig abtun, die Nase rümpfen über (*acc.*), *et.* verlachen.

pool[1] [pu:l] *s.* **1.** Teich *m*, Tümpel *m*; **2.** Pfütze *f*, Lache *f*: **~ of blood** Blutlache; **3.** (Schwimm)Becken *n*; **4.** *geol.* pe'troleumhaltige Ge'steinsparˌtie; **5.** ⚙ Schmelzbad *n*.

pool[2] [pu:l] **I** *s.* **1.** *Kartenspiel*: a) (Gesamt)Einsatz *m*, b) (Spiel)Kasse *f*; **2.** *mst pl.* (Fußball- *etc.*)Toto *m*, *n*; **3.** *Billard*: a) *Brit.* Poulespiel *n* (*mit Einsatz*), b) *Am.* Poolbillard *n*; **4.** *fenc.* Ausscheidungsrunde *f*; **5.** ⚚ a) Pool *m*, Kar'tell *n*, Ring *m*, Inter'essengemeinschaft *f*, b) *a.* **working ~** Arbeitsgemeinschaft *f*, c) (Preis- *etc.*)Abkommen *n*; **6.** ⚚ gemeinsamer Fonds; **7.** **~** (**of players**) *sport* a) Kader *m*, b) Aufgebot *n*, Auswahl *f*; **II** *v/t.* **8.** ⚚ *Geld, Kapital* zs.-legen: **~ funds** zs.-schießen;

Gewinn unterein'ander (ver)teilen; *Geschäftsrisiko* verteilen; **9.** ✝ zu e-m Ring vereinigen; **10.** *fig. Kräfte, Wissen etc.* vereinigen, zs.-tun; **III** *v/i.* **11.** ein Kar'tell bilden; **'~room** *s. Am.* **1.** Billardzimmer *n*; **2.** 'Spielsa,lon *m*; **3.** Wettannahmestelle *f*.

poop¹ [pu:p] ⚓ **I** *s.* **1.** Heck *n*; **2.** *a.* **~ deck** Achterdeck *n*; **3.** *obs.* Achterhütte *f*; **II** *v/t.* **4.** *Schiff* von hinten treffen (*Sturzwelle*): **be ~ed** e-e Sturzsee von hinten bekommen.

poop² [pu:p] **I** *v/i.* **1.** tuten; **2.** ‚pupen', furzen; **II** *v/t.* **3.** *sl. j-n* ‚auspumpen': **~ed** (**out**) ‚fix u. fertig'.

poor [pʊə] **I** *adj.* □ → **poorly** II; **1.** arm, mittellos, (unter'stützungs)bedürftig: **~ person** ⚖ Arme(r *m*) *f*; **2.** *fig.* arm(selig), ärmlich, dürftig (*Kleidung, Mahlzeit etc.*); **3.** dürr, mager (*Boden, Erz, Vieh etc.*), schlecht, unergiebig (*Ernte etc.*): **~ coal** Magerkohle *f*; **4.** *fig.* arm (**in** an *dat.*); schlecht, mangelhaft, schwach (*Gesundheit, Leistung, Spieler, Sicht, Verständigung etc.*): **~ consolation** schwacher Trost; **a ~ lookout** schlechte Aussichten; **a ~ night** e-e schlechte Nacht; **5.** *fig. contp.* jämmerlich, traurig: **in my ~ opinion** *iro.* m-r unmaßgeblichen Meinung nach; **6.** F arm, bedauernswert: **~ me!** *humor.* ich Ärmste(r)!; **II** *s.* **7. the ~** die Armen *pl.*; **'~house** *s. hist.* Armenhaus *n*; **~ law** *s. hist.* **1.** ⚖ Armenrecht *n*; **2.** *pl.* öffentliches Fürsorgerecht.

poor·ly ['pʊəlɪ] **I** *adj.* **1.** unpäßlich, kränklich: **he looks ~** er sieht schlecht aus; **II** *adv.* **2.** armselig, dürftig: **he is ~ off** es geht ihm schlecht; **3.** *fig.* schlecht, dürftig, schwach: **~ gifted** schwachbegabt; **think ~ of** nicht viel halten von; **'poor·ness** [-nɪs] *s.* **1.** Armut *f*, Mangel *m*; *fig.* Armseligkeit *f*, Ärmlichkeit *f*, Dürftigkeit *f*; **2.** ✓ Magerkeit *f*, Unfruchtbarkeit *f* (*des Bodens*); *min.* Unergiebigkeit *f*.

poove [pu:v] *s.* → **poof**; **'poov·y** *adj.* ‚schwul'.

pop¹ [pɒp] **I** *v/i.* **1.** knallen, puffen, losgehen (*Flaschenkork, Feuerwerk etc.*); **2.** aufplatzen (*Kastanien, Mais*); **3.** F knallen, ‚ballern' (**at** auf *acc.*); **4.** *mit adv.* flitzen, huschen: **~ in** hereinplatzen, auf e-n Sprung vorbeikommen (*Besuch*); **~ off** F a) ‚abhauen', sich aus dem Staub machen, plötzlich verschwinden, b) einnicken, c) ‚abkratzen' (*sterben*), d) *Am. sl.* ‚das Maul aufreißen'; **~ up** (plötzlich) auftauchen; **5.** *a.* **~ out** aus den Höhlen treten (*Augen*); **II** *v/t.* **6.** knallen *od.* platzen lassen; *Am. Mais* rösten; **7.** F *Gewehr etc.* abfeuern; **8.** abknallen, -schießen; **9.** schnell *wohin* tun *od.* stecken: **~ one's head in the door**, **~ on** *Hut* aufstülpen; **10.** her'ausplatzen mit (*e-r Frage etc.*): **~ the question** F (**to** *e-r Dame*) e-n Heiratsantrag machen; **11.** *Brit. sl.* versetzen, verpfänden; **III** *s.* **12.** Knall *m*, Puff *m*, Paff *m*; **13.** F Schuß *m*: **take a ~ at** schießen nach; **14.** *Am. sl.* Pi'stole *f*; **15.** F ‚Limo' *f* (*Limonade*); **16. in ~** *Brit. sl.* versetzt, verpfändet; **IV** *int.* **17.** puff!, paff!, husch!, zack!; **V** *adv.* **18.** a) mit e-m Knall, b) plötzlich: **go ~** knallen, platzen.

pop² [pɒp] *s. Am.* F **1.** Pa'pa *m*, Papi *m*; **2.** ‚Opa' *m*, Alter *m*.

pop³ [pɒp] F **I** *s.* **1.** *a.* **~ music** 'Schlager-, 'Popmu,sik *f*; **2.** *a.* **~ song** Schlager *m*; **II** *adj.* **3.** Schlager…: **~ group** Popgruppe *f*; **~ singer** Schlager-, Popsänger(in).

pop⁴ [pɒp] → **popsicle**.

pop art *s. Kunst*: Pop-art *f*.

'pop·corn *s.* Puffmais *m*, Popcorn *n*.

pope [pəʊp] *s. R.C.* Papst *m* (*a. fig.*); **'pope·dom** [-dəm] *s.* Papsttum *n*; **'pop·er·y** [-pərɪ] *s. contp.* Papiste'rei *f*, Pfaffentum *n*.

'pop|·eyed *adj.* F glotzäugig: **be ~** Stielaugen machen (**with** vor *dat.*); **'~gun** *s.* Kindergewehr *n*; ‚Knallbüchse' *f* (*a. fig. schlechtes Gewehr*).

pop·in·jay ['pɒpɪndʒeɪ] *s. obs.* Geck *m*, Laffe *m*, Fatzke *m*.

pop·ish ['pəʊpɪʃ] *adj.* □ *contp.* pa'pistisch.

pop·lar ['pɒplə] *s.* ⚘ Pappel *f*.

pop·lin ['pɒplɪn] *s.* Pope'lin *m*, Pope'line *f* (*Stoff*).

pop·per ['pɒpə] *s.* F Druckknopf *m*.

pop·pet ['pɒpɪt] *s.* **1.** *obs. od. dial.* Püppchen *n* (*a. Kosewort*); **2.** ⚙ a) *a.* **~ head** Docke *f e-r Drehbank*, b) *a.* **~ valve** 'Schnüffelven,til *n*.

pop·py ['pɒpɪ] *s.* **1.** ⚘ Mohn(blume *f*) *m*; **2.** a) Mohnsaft *m*, b) Mohnrot *n*; **'~cock** *s. Am.* F Quatsch *m*; **♀ Day** *s. Brit.* F Volkstrauertag *m* (*Sonntag vor od. nach dem 11. November*); **'~seed** *s.* Mohn(samen) *m*.

pops [pɒps] → **pop²** 2.

pop·si·cle ['pɒpsɪkl] *s. Am.* Eis *n* am Stiel.

pop·sy ['pɒpsɪ], *a.* **,~-'wop·sy** [-'wɒpsɪ] *s.* ‚süße Puppe', ‚Mädchen' *n*, ‚Schatz' *m*.

pop·u·lace ['pɒpjʊləs] *s.* **1.** Pöbel *m*; **2.** (gemeines) Volk, *der* große Haufen.

pop·u·lar ['pɒpjʊlə] *adj.* □ → **popularly**; **1.** Volks…: **~ election** allgemeine Wahl; **~ front** *pol.* Volksfront *f*; **~ government** Volksherrschaft *f*; **2.** allgemein, weitverbreitet (*Irrtum, Unzufriedenheit etc.*); **3.** popu'lär, (allgemein) beliebt (**with** bei): **the ~ hero** der Held des Tages; **make o.s. ~ with** sich bei *j-m* beliebt machen; **4.** a) popu'lär, volkstümlich, b) gemeinverständlich, Popular…: **~ magazine** populäre Zeitschrift; **~ music** volkstümliche Musik; **~ science** Popularwissenschaft *f*; **~ song** Schlager *m*; **~ writer** Volksschriftsteller(in); **5.** (für jeden) erschwinglich, Volks…: **~ edition** Volksausgabe *f*; **~ prices** volkstümliche Preise; **pop·u·lar·i·ty** [,pɒpjʊ'lærətɪ] *s.* Populari'tät *f*, Volkstümlichkeit *f*, Beliebtheit *f* (**with** bei, **among** unter *dat.*); **'pop·u·lar·ize** [-əraɪz] *v/t.* **1.** popu'lär machen, (*beim Volk*) einführen; **2.** popularisieren, volkstümlich *od.* gemeinverständlich darstellen; **'pop·u·lar·ly** [-lɪ] *adv.* **1.** allgemein; im Volksmund; **2.** populär, volkstümlich, gemeinverständlich.

pop·u·late ['pɒpjʊleɪt] *v/t.* bevölkern, besiedeln; **pop·u·la·tion** [,pɒpjʊ'leɪʃn] *s.* **1.** Bevölkerung *f*, Einwohnerschaft *f*: **~ density** Bevölkerungsdichte *f*; **~ explosion** Bevölkerungsexplosion *f*; **2.** Bevölkerungszahl *f*; **3.** Gesamtzahl *f*, Bestand *m*: **swine ~** Schweinebestand (*e-s Landes*); **'pop·u·lous** [-ləs] *adj.* □ dichtbesiedelt, volkreich; **'pop·u·lous·ness** [-ləsnɪs] *s.* dichte Besied(e)lung, Bevölkerungsdichte *f*.

por·ce·lain ['pɔ:səlɪn] **I** *s.* Porzel'lan *n*; **II** *adj.* Porzellan…: **~ clay** *min.* Porzellanerde *f*, Kaolin *n*.

porch [pɔ:tʃ] *s.* **1.** (über'dachte) Vorhalle, Por'tal *n*; **2.** *Am.* Ve'randa *f*: **~ climber** *sl.* ‚Klettermaxe' *m*, Einsteigdieb *m*.

por·cine ['pɔ:saɪn] *adj.* **1.** *zo.* zur Fa'milie der Schweine gehörig; **2.** schweineartig; **3.** *fig.* schweinisch.

por·cu·pine ['pɔ:kjʊpaɪn] *s. zo.* Stachelschwein *n*.

pore¹ [pɔ:] *v/i.* **1.** (**over**) brüten (über *dat.*): **~ over one's books** über s-n Büchern hocken; **2.** (nach)grübeln (**on, upon** über *acc*).

pore² [pɔ:] *s. biol. etc.* Pore *f*.

pork [pɔ:k] *s.* **1.** Schweinefleisch *n*; **2.** *Am.* F *von der Regierung aus politischen Gründen gewährte* (*finanzielle*) *Begünstigung od. Stellung*; **~ bar·rel** *s. Am.* F *politisch berechnete* Geldzuwendung *der Regierung*; **~ butch·er** *s.* Schweineschlächter *m*; **~ chop** *s.* 'Schweinekote,lett *n*.

pork·er ['pɔ:kə] *s.* Mastschwein *n*; **'pork·ling** [-klɪŋ] *s.* Ferkel *n*.

pork pie *s.* 'Schweinefleischpa,stete *f*.

'pork-pie hat *s.* runder Filzhut.

pork·y¹ ['pɔ:kɪ] *adj.* fett(ig), dick.

por·ky² ['pɔ:kɪ] *s. Am.* F Stachelschwein *n*.

porn [pɔ:n], **por·no** ['pɔ:nəʊ] *sl.* **I** *s.* **1.** Porno(gra'phie *f*) *m*; **2.** Porno(film) *m*; **II** *adj.* **3.** → **pornographic**.

por·no·graph·ic [,pɔ:nəʊ'græfɪk] *adj.* porno'graphisch, Porno…: **~ film** Porno(film) *m*; **por·nog·ra·phy** [pɔ:'nɒgrəfɪ] *s.* Pornogra'phie *f*.

por·ny ['pɔ:nɪ] *adj. sl.* → **pornographic**.

po·ros·i·ty [pɔ:'rɒsətɪ] *s.* **1.** Porosi'tät *f*, ('Luft-, 'Wasser),Durchlässigkeit *f*; **2.** Pore *f*, po'röse Stelle; **po·rous** ['pɔ:rəs] *adj.* po'rös: a) löch(e)rig, porig, b) ('luft-, 'wasser),durchlässig.

por·poise ['pɔ:pəs] *pl.* **-pois·es**, *coll.* **-poise** *s. zo.* **1.** Tümmler *m*; **2.** Del'phin *m*.

por·ridge ['pɒrɪdʒ] *s.* Porridge *n, m*, Hafer(flocken)brei *m*, -grütze *f*: **pease-~** Erbsenbrei.

por·ri·go [pə'raɪgəʊ] *s.* ⚕ Grind *m*.

port¹ [pɔ:t] *s.* **1.** ⚓, ✈ (See-, Flug)Hafen *m*: **free ~** Freihafen; **inner ~** Binnenhafen; **~ of call** a) ⚓ Anlaufhafen, b) ✈ Anflughafen; **~ of delivery** (*od.* **discharge**) Löschhafen, -platz *m*; **~ of departure** a) ⚓ Abgangshafen, b) ✈ Abflughafen; **~ of destination** a) ⚓ Bestimmungshafen, b) ✈ Zielflughafen; **~ of entry** Einlaufhafen; **~ of registry** Heimathafen; **~ of tran(s)shipment** Umschlaghafen; **any ~ in a storm** *fig.* in der Not frißt der Teufel Fliegen; **2.** Hafenplatz *m*, -stadt *f*; **3.** *fig.* (sicherer) Hafen, Ziel *n*: **come safe to ~**.

port² [pɔ:t] ⚓ **I** *s.* Backbord(seite *f*) *n*: **on the ~ beam** an Backbord dwars; **on the ~ bow** an Backbord voraus; **on the ~ quarter** Backbord achtern; **cast to ~** nach Backbord abfallen; **II** *v/t.* *Ruder* nach der Backbordseite 'umlegen; **III**

v/i. nach Backbord drehen (*Schiff*); **IV** *adj.* a) ⚓ Backbord…, b) ✈ link.

port³ [pɔːt] *s.* **1.** Tor *n*, Pforte *f*; ***city ~*** Stadttor; **2.** ⚓ a) (Pfort-, Lade)Luke *f*, b) (Schieß)Scharte *f* (*a.* ⚔ *Panzer*); **3.** ⚙ (Auslaß-, Einlaß)Öffnung *f*, Abzug *m*.

port⁴ [pɔːt] *s.* Portwein *m*.

port⁵ [pɔːt] *v/t.* **1.** *obs.* tragen; **2.** ⚔ *Am.* ***~ arms!*** Gewehr in Schräghalte nach links!

port·a·ble ['pɔːtəbl] **I** *adj.* **1.** tragbar: ***~ radio*** (***set***) a) → 3a, b) ⚔ Tornisterfunkgerät; ***~ typewriter*** → 4; **2.** transpor'tabel, beweglich: ***~ derrick*** fahrbarer Kran; ***~ firearm*** Handfeuerwaffe *f*; ***~ railway*** Feldbahn *f*; ***~ search-light*** Handscheinwerfer *m*; **II** *s.* **3.** a) Kofferradio *n*, b) Portable *m*, *n*, tragbares Fernsehgerät, c) Phonokoffer *m*, d) Koffertonbandgerät *n*; **4.** 'Reiseschreibma͵schine *f*.

por·tage ['pɔːtɪdʒ] *s.* **1.** (*bsd.* 'Trage-) Trans͵port *m*; **2.** ✝ Fracht *f*, Rollgeld *n*; **3.** ⚓ a) Por'tage *f*, Trageplatz *m*, b) Tragen *n* (*von Kähnen etc.*) über e-e Portage.

por·tal¹ ['pɔːtl] *s.* **1.** ⚠ Por'tal *n*, (Haupt)Eingang *m*, Tor *n*: ***~ crane*** ⚙ Portalkran *m*; **2.** *poet.* Pforte *f*, Tor *n*: ***~ of heaven.***

por·tal² ['pɔːtl] *anat.* **I** *adj.* Pfort(ader)…; **II** *s.* Pfortader *f*.

͵por·tal-to-'por·tal pay *s.* ✝ *Arbeitslohn, berechnet für die Zeit vom Betreten der Fabrik etc. bis zum Verlassen.*

port·cul·lis [͵pɔːt'kʌlɪs] *s.* ⚔ *hist.* Fallgatter *n*.

por·tend [pɔː'tend] *v/t.* vorbedeuten, anzeigen, deuten auf (*acc.*); **por·tent** ['pɔːtent] *s.* **1.** Vorbedeutung *f*; **2.** (*bsd.* schlimmes) (Vor-, An)Zeichen, Omen *n*; **3.** Wunder *n* (*Sache od. Person*); **por'ten·tous** [-ntəs] *adj.* ☐ **1.** omi'nös, unheil-, verhängnisvoll; **2.** ungeheuer, wunderbar, *a. humor.* unheimlich.

por·ter¹ ['pɔːtə] *s.* a) Pförtner *m*, b) Por'tier *m*.

por·ter² ['pɔːtə] *s.* **1.** 🚂 (Gepäck)Träger *m*, Dienstmann *m*; **2.** 🚂 *Am.* (Schlafwagen)Schaffner *m*.

por·ter³ ['pɔːtə] *s.* Porter(bier *n*) *m*.

'por·ter-house *s.* **1.** *obs.* Bier-, Speisehaus *n*; **2.** *a.* ***~ steak*** Porterhousesteak *n*.

'port|͵fire *s.* ⚔ Zeitzündschnur *f*, Lunte *f*; **͵~'fo·li·o** *s.* **1.** a) Aktentasche *f*, (*a.* Künstler- *etc.*)Mappe *f*, b) Porte'feuille *n* (*für Staatsdokumente*); **2.** *fig.* (Mi'nister)Porte͵feuille *n*: ***without ~*** ohne Geschäftsbereich; **3.** ✝ ('Wechsel-) Porte͵feuille *n*; **'~·hole** *s.* **1.** ⚓ a) (Pfort)Luke *f*, b) Bullauge *n*; **2.** ⚙ → ***port³*** 3.

por·ti·co ['pɔːtɪkəʊ] *pl.* **-cos** *s.* ⚠ Säulengang *m*.

por·tion ['pɔːʃn] **I** *s.* **1.** (An)Teil *m* (***of*** an *dat.*); **2.** Porti'on *f* (*Essen*); **3.** Teil *m*, Stück *n* (*Buch, Gebiet, Strecke etc.*); **4.** Menge *f*, Quantum *n*; **5.** ⚖ a) Mitgift *f*, Aussteuer *f*, b) Erbteil *n*: ***legal ~*** Pflichtteil *n*; **6.** *fig.* Los *n*, Schicksal *n*; **II** *v/t.* **7.** aufteilen: ***~ out*** aus-, verteilen; **8.** zuteilen; **9.** *Tochter* aussteuern.

port·li·ness ['pɔːtlɪnɪs] *s.* **1.** Stattlichkeit *f*; **2.** Wohlbeleibtheit *f*; **port·ly** ['pɔːtlɪ] *adj.* **1.** stattlich, würdevoll; **2.** wohlbeleibt.

port·man·teau [͵pɔːt'mæntəʊ] *pl.* **-s** *u.* **-x** [-z] *s.* **1.** Handkoffer *m*; **2.** *obs.* Mantelsack *m*; **3.** *mst* ***~ word*** *ling.* Schachtelwort *n*.

por·trait ['pɔːtrɪt] *s.* **1.** a) Por'trät *n*, Bild(nis) *n*, b) *phot.* Por'trät(aufnahme *f*) *n*; ***take s.o.'s ~*** j-n porträtieren *od.* malen; → ***sit for*** 3; **2.** *fig.* Bild *n*, (lebenswahre) Schilderung *f*; **'por·trait·ist** [-tɪst] *s.* Por'trätmaler(in); **'por·trai·ture** [-tʃə] *s.* **1.** → ***portrait***; **2.** a) Por'trätmale͵rei *f*, b) *phot.* Por'trätphotogra͵phie *f*; **por·tray** [pɔː'treɪ] *v/t.* **1.** porträ'tieren, (ab)malen; **2.** *fig.* schildern, darstellen; **por·tray·al** [pɔː'treɪəl] *s.* **1.** Porträtieren *n*; **2.** Por'trät *n*; **3.** *fig.* Schilderung *f*.

Por·tu·guese [͵pɔːtjʊ'giːz] **I** *pl.* **-guese** *s.* **1.** Portu'giese *m*, Portu'giesin *f*; **2.** *ling.* Portu'giesisch *n*; **II** *adj.* **3.** portu'giesisch.

pose¹ [pəʊz] **I** *s.* **1.** Pose *f* (*a. fig.*), Posi'tur *f*, Haltung *f*; **II** *v/t.* **2.** aufstellen, in Posi'tur setzen; **3.** *Frage* stellen, aufwerfen; **4.** *Behauptung* aufstellen, *Anspruch* erheben; **5.** (***as***) hinstellen (als), ausgeben (für); **III** *v/i.* **6.** sich in Posi'tur setzen; **7.** a) *paint etc.* Mo'dell stehen *od.* sitzen, b) sich photographieren lassen; **8.** posieren, sich in Pose werfen; **9.** auftreten *od.* sich ausgeben (***as*** als).

pose² [pəʊz] *v/t.* durch Fragen verwirren, verblüffen.

pos·er ['pəʊzə] *s.* **1.** → ***poseur***; **2.** ‚harte Nuß', knifflige Frage.

po·seur [pəʊ'zɜː] (*Fr.*) *s.* Po'seur *m*, ‚Schauspieler' *m*.

posh [pɒʃ] *adj.* F ‚pikfein', ‚todschick', ‚feu'dal'.

pos·it ['pɒzɪt] *phls.* **I** *v/t.* postulieren; **II** *n* Postu'lat *n*.

po·si·tion [pə'zɪʃn] **I** *s.* **1.** Positi'on *f*, Lage *f*, Standort *m*; ⚙ (Schalt- *etc.*) Stellung *f*: ***~ of the sun*** *ast.* Sonnenstand *m*; ***in*** (***out of***) ***~*** (nicht) in der richtigen Lage; **2.** *körperliche* Lage, Stellung *f*: ***horizontal ~***; **3.** ⚓, ✈ Positi'on *f* (*a. sport*), ⚓ *a.* Besteck *n*: ***~ lights*** a) ⚓, ✈ Positionslichter, b) *mot.* Begrenzungslichter; **4.** ⚔ Stellung *f*: ***~ warfare*** Stellungskrieg *m*; **5.** (Arbeits-) Platz *m*, Stellung *f*, Posten *m*, Amt *n*: ***hold a responsible ~*** e-e verantwortliche Stellung innehaben; **6.** *fig.* (sozi'ale) Stellung, (gesellschaftlicher) Rang: ***people of ~*** Leute von Rang; **7.** *fig.* Lage *f*, Situati'on *f*: ***an awkward ~***; ***be in a ~ to do s.th.*** in der Lage sein, et. zu tun; **8.** *fig.* (Sach)Lage *f*, Stand *m der Dinge*: ***financial ~*** Finanzlage, Vermögensverhältnisse *pl.*; ***legal ~*** Rechtslage; **9.** Standpunkt *m*, Haltung *f*: ***take up a ~ on a question*** zu e-r Frage Stellung nehmen; **10.** ⩓, *phls.* (Grund-, Lehr)Satz *m*; **II** *v/t.* **11.** *bsd.* ⚙ in die richtige Lage bringen, (ein-) stellen; anbringen; **12.** lokalisieren; **13.** *Polizisten etc.* postieren; **po'si·tion·al** [-ʃənl] *adj.* Stellungs…, Lage…: ***~ play*** *sport* Stellungsspiel *n*; **po·si·tion find·er** *s.* Ortungsgerät *n*; **po·si·tion pa·per** *s. pol.* 'Grundsatzpa͵pier *n*.

pos·i·tive ['pɒzətɪv] **I** *adj.* ☐ **1.** bestimmt, defini'tiv, ausdrücklich (*Befehl etc.*), fest (*Versprechen etc.*), unbedingt: ***~ law*** ⚖ positives Recht; **2.** sicher, 'unum͵stößlich, eindeutig (*Beweis, Tatsache*); **3.** positiv, tatsächlich; **4.** positiv, zustimmend: ***~ reaction***; **5.** über'zeugt, (abso'lut) sicher: ***be ~ about s.th.*** e-r Sache ganz sicher sein; **6.** rechthaberisch; **7.** F ausgesprochen, abso'lut: ***a ~ fool*** ein ausgemachter Narr; **8.** ϟ, ⩓, ⚗, *biol., phys., phot., phls.* positiv: ***~ electrode*** ϟ Anode *f*; ***~ pole*** ϟ Pluspol *m*; **9.** ⚙ zwangsläufig, Zwangs… (*Getriebe, Steuerung etc.*); **10.** *ling.* im Positiv stehend: ***~ degree*** Positiv *m*; **II** *s.* **11.** *et.* Positives, Positivum *n*; **12.** *phot.* Positiv *n*; **13.** *ling.* Positiv *m*; **'pos·i·tive·ness** [-nɪs] *s.* **1.** Bestimmtheit *f*; Wirklichkeit *f*; **2.** *fig.* Hartnäckigkeit *f*; **'pos·i·tiv·ism** [-vɪzəm] *s. phls.* Positi'vismus *m*.

pos·se ['pɒsɪ] *s.* (Poli'zei- *etc.*)Aufgebot *n*; *allg.* Haufen *m*, Schar *f*.

pos·sess [pə'zes] *v/t.* **1.** *allg.* (*a. Eigenschaften, Kenntnisse etc.*) besitzen, haben; im Besitz haben, (inne)haben: ***~ed of*** im Besitz *e-r Sache*; ***~ o.s. of*** *et.* in Besitz nehmen, sich *e-r Sache* bemächtigen; ***~ed noun*** *ling.* Besitzsubjekt *n*; **2.** a) (*a. fig. e-e Sprache etc.*) beherrschen, Gewalt haben über (*acc.*), b) erfüllen (***with*** mit *e-r Idee*, mit *Unwillen etc.*): ***like a man ~ed*** wie ein Besessener, wie toll; ***~ one's soul in patience*** sich in Geduld fassen; **pos'ses·sion** [-eʃn] *s.* **1.** *abstrakt*: Besitz *m* (*a.* ⚖): ***actual ~*** tatsächlicher *od.* unmittelbarer Besitz; ***adverse ~*** Ersitzung(sbesitz *m*) *f*; ***in the ~ of*** in *j-s* Besitz; ***in ~ of s.th.*** im Besitz e-r Sache; ***have ~ of*** im Besitze von *et.* sein; ***take ~ of*** Besitz ergreifen von, in Besitz nehmen; **2.** Besitz(tum *n*) *m*, Habe *f*; **3.** *pl.* Besitzungen *pl.*, Liegenschaften *pl.*: ***foreign ~s*** auswärtige Besitzungen; **4.** *fig.* Besessenheit *f*; **5.** *fig.* Beherrscht-, Erfülltsein *n* (***by*** von *e-r Idee etc.*); **6.** *mst* ***self-~*** *fig.* Fassung *f*, Beherrschung *f*; **pos'ses·sive** [-sɪv] **I** *adj.* ☐ **1.** Besitz…; **2.** besitzgierig, -betonend: ***~ instinct*** Sinn *m* für Besitz; **3.** *fig.* besitzergreifend (*Mutter etc.*); **4.** *ling.* posses'siv, besitzanzeigend: ***~ case*** → 5 b; **II** *s.* **5.** *ling.* a) Posses'siv(um) *n*, besitzanzeigendes Fürwort, b) Genitiv *m*, zweiter Fall; **pos'ses·sor** [-sə] *s.* Besitzer (-in), Inhaber(in); **pos'ses·so·ry** [-sərɪ] *adj.* Besitz…: ***~ action*** ⚖ Besitzstörungsklage *f*; ***~ right*** Besitzrecht *n*.

pos·si·bil·i·ty [͵pɒsə'bɪlətɪ] *s.* **1.** Möglichkeit *f* (***of*** zu, für, ***of doing*** *et.* zu tun): ***there is no ~ of his coming*** es besteht keine Möglichkeit, daß er kommt; **2.** *pl.* (Entwicklungs)Möglichkeiten *pl.*, (-)Fähigkeiten *pl.*; **pos·si·ble** ['pɒsəbl] **I** *adj.* ☐ **1.** möglich (***with*** bei, ***to*** *dat.*, ***for*** für): ***this is ~ with him*** das ist bei ihm möglich; ***highest ~*** größtmöglich; **2.** eventu'ell, etwaig, denkbar; **3.** F annehmbar, pas'sabel, leidlich; **II** *s.* **4.** ***the ~*** das (Menschen-) Mögliche, das Beste; *sport* die höchste Punktzahl; **5.** in Frage kommende Per'son (*bei Wettbewerb etc.*); **pos·si·bly** ['pɒsəblɪ] *adv.* **1.** möglicherweise, viel'leicht; **2.** (irgend) möglich: ***when I ~ can*** wenn ich irgend kann; ***I cannot ~ do this*** ich kann das unmöglich tun; ***how can I ~ do it?*** wie kann ich es nur *od.* bloß machen?

pos·sum [ˈpɒsəm] *s.* F *abbr. für* ***opossum***: ***to play ~*** sich nicht rühren, sich tot *od.* krank *od.* dumm stellen.

post¹ [pəʊst] **I** *s.* **1.** Pfahl *m*, Pfosten *m*, Ständer *m*, Stange *f*, Stab *m*: ***as deaf as a ~*** *fig.* stocktaub; **2.** Anschlagsäule *f*; **3.** *sport* (Start- *od.* Ziel)Pfosten *m*, Start- (*od.* Ziel)linie *f*: ***be beaten at the ~*** kurz vor dem Ziel geschlagen werden; **II** *v/t.* **4.** *mst* ***~ up*** *Plakate etc.* anschlagen, -kleben; **5.** *mst* ***~ over*** *Mauer mit Zetteln* bekleben; **6.** a) *et.* (durch Aushang *etc.*) bekanntgeben: ***~ as missing*** ⚓, ✈ als vermißt melden, b) *fig.* (öffentlich) anprangern.

post² [pəʊst] **I** *s.* **1.** ⚔ Posten *m* (*Stelle od. Soldat*): ***advanced ~*** vorgeschobener Posten; ***last ~*** *Brit.* Zapfenstreich *m*; ***at one's ~*** auf (s-m) Posten; **2.** ⚔ Standort *m*, Garniˈson *f*: ***ℒ Exchange*** (*abbr.* ***PX***) *Am.* Einkaufsstelle *f*; ***~ headquarters*** Standortkommandantur *f*; **3.** Posten *m*, Platz *m*, Stand *m*; † Börsenstand *m*; **4.** Handelsniederlassung *f*, -platz *m*; **5.** † (Rechnungs)Posten *m*; **6.** Posten *m*, (An)Stellung *f*, Stelle *f*, Amt *n*: ***~ of a secretary*** Sekretärsposten; **II** *v/t.* **7.** *Soldaten etc.* aufstellen, postieren; **8.** ⚔ a) ernennen, b) versetzen, (ab)kommandieren; **9.** † eintragen, verbuchen; *Konto* (ins Hauptbuch) überˈtragen: ***~ up*** *Bücher* nachtragen, in Ordnung bringen.

post³ [pəʊst] **I** *s.* **1.** ✉ *bsd. Brit.* Post *f*: a) *als Einrichtung*, b) *Brit.* Postamt *n*, c) *Brit.* Post-, Briefkasten *m*, d) Postzustellung *f*, e) Postsendung(en *pl.*) *f*, -sachen *pl.*, *f*) Nachricht *f*: ***by ~*** per (*od.* mit der) Post; **2.** *hist.* a) Post(kutsche) *f*, b) Kuˈrier *m*; **3.** *bsd. Brit.* ˈBrief,papier *n* (*Format*); **II** *v/t.* **4.** *Brit.* zur Post geben, mit der Post (zu)senden, aufgeben, in den Briefkasten werfen; **5.** F *mst* ***~ up*** *j-n* informieren: ***keep s.o. ~ed*** j-n auf dem laufenden halten; ***well ~ed*** gut unterrichtet.

post- [pəʊst] *in Zssgn* nach, später, hinter, post…

post·age [ˈpəʊstɪdʒ] *s.* Porto *n*, Postgebühr *f*, -spesen *pl.*: ***additional*** (*od.* ***extra***) ***~*** Nachporto, Portozuschlag *m*; ***~ free***, ***~ paid*** portofrei, franko; ˈ**~-due** *s.* Nach-, Strafporto *n*; **~ stamp** *s.* Briefmarke *f*, Postwertzeichen *n*.

post·al [ˈpəʊstəl] **I** *adj.* poˈstalisch, Post…: ***~ card*** → II; ***~ cash order*** Postnachnahme *f*; ***~ code*** → ***postcode***; ***~ district*** Postzustellbezirk *m*; ***~ order*** *Brit.* Postanweisung *f*; ***~ parcel*** Postpaket *n*; ***~ tuition*** Fernunterricht *m*; ***~ vote*** *Brit.* Briefwahl *f*; ***~ voter*** Briefwähler(in); ***ℒ Union*** Weltpostverein *m*; **II** *s. Am.* Postkarte *f* (*mit aufgedruckter Marke*).

ˈ**post|·card** [-sɑːk] *s.* Postkarte *f*; ˈ**~·code** *s. Brit.* Postleitzahl *f*.

ˌ**post|-ˈdate** *v/t.* **1.** *Brief etc.* voˈrausdaˌtieren; **2.** nachträglich *od.* später datieren; ˈ**~ˌen·try** *s.* **1.** † nachträgliche (Ver)Buchung; **2.** † Nachverzollung *f*; **3.** *sport* Nachnennung *f*.

post·er [ˈpəʊstə] *s.* **1.** Plaˈkatankleber *m*; **2.** Plaˈkat *n*: ***~ paint*** Plakatfarbe *f*; **3.** Poster *m*, *n*.

poste res·tante [ˌpəʊstˈrestɑ̃ːnt] (*Fr.*) **I** *adj.* postlagernd; **II** *s. bsd. Brit.* Aufbewahrungsstelle *f* für postlagernde Sendungen.

pos·te·ri·or [pɒˈstɪərɪə] **I** *adj.* ☐ a) später (***to*** als), b) hinter, Hinter…: ***be ~ to*** *zeitlich od. örtlich* kommen nach, folgen auf (*acc.*); **II** *s.* Hinterteil *n*, Hintern *m*; **pos·ter·i·ty** [pɒˈsterətɪ] *s.* **1.** Nachkommen(schaft *f*) *pl.*; **2.** Nachwelt *f*.

pos·tern [ˈpəʊstɜːn] *s. a.* ***~ door***, ***~ gate*** Hinter-, Neben-, Seitentür *f*.

ˌ**post-ˈfree** *adj.* portofrei.

ˌ**postˈgrad·u·ate** [-stˈg-] **I** *adj.* nach dem ersten akaˈdemischen Grad: ***~ studies***; **II** *s.* j-d, der nach dem ersten akaˈdemischen Grad weiterstudiert.

ˌ**postˈhaste** *adv.* eiligst.

post·hu·mous [ˈpɒstjʊməs] *adj.* ☐ poˈstum, postˈhum: a) *nach des Vaters Tod geboren*, b) nachgelassen, hinterˈlassen (*Schriftwerk*), c) nachträglich (*Ordensverleihung etc.*): ***~ fame*** Nachruhm *m*.

pos·til·(l)ion [pəˈstɪljən] *s. hist.* Postillion *m*.

post·ing [ˈpəʊstɪŋ] *s.* Versetzung *f*, ⚔ ˈAbkommanˌdierung *f*.

post|·man [ˈpəʊstmən] *s.* [*irr.*] Briefträger *m*, Postbote *m*; ˈ**~·mark** [-stm-] **I** *s.* Poststempel *m*; **II** *v/t.* (ab)stempeln; ˈ**~ˌmas·ter** [-stˌm-] *s.* Postamtsvorsteher *m*, Postmeister *m*: ***ℒ General*** Postminister *m*.

post·me·rid·i·an [ˌpəʊstməˈrɪdɪən] *adj.* Nachmittags…, nachmittägig; **post me·rid·i·em** [-məˈrɪdɪəm] (*Lat.*) *adv.* (*abbr.* ***p.m.***) nachmittags.

ˈ**postˌmis·tress** [-stˌm-] *s.* Postmeisterin *f*.

post|-mor·tem [ˌpəʊstˈmɔːtəm] ⚖, ⚕ **I** *adj.* Leichen…, nach dem Tode (stattfindend); **II** *s.* (*abbr. für* ***~ examination***) Leichenöffnung *f*, Autoˈpsie *f*; *fig.* Maˈnöverkriˌtik *f*, nachträgliche Anaˈlyse; ˌ**~ˈna·tal** *adj.* nach der Geburt (stattfindend); ˌ**~ˈnup·tial** *adj.* nach der Hochzeit (stattfindend).

post of·fice *s.* **1.** Post(amt *n*) *f*: ***General ℒ*** Hauptpost(amt); ***ℒ Department*** *Am.* Postministerium *n*; **2.** *Am. ein Gesellschaftsspiel*; **~ box** *s.* Post(schließ)fach *n*; **~ or·der** *s.* Postanweisung *f*; **~ savings bank** *s.* Postsparkasse *f*.

ˌ**postˈop·er·a·tive** *adj.* ⚕ postoperaˈtiv, nachträglich.

ˌ**post-ˈpaid** *adj. u. adv.* freigemacht, frankiert.

post·pone [ˌpəʊstˈpəʊn] *v/t.* **1.** verschieben, auf-, hinˈausschieben; **2.** ˈunterordnen (***to*** *dat.*), hintˈansetzen; ˌ**postˈpone·ment** [-mənt] *s.* **1.** Verschiebung *f*, Aufschub *m*; **2.** ⚙, *a. ling.* Nachstellung *f*.

ˌ**post·poˈsi·tion** *s.* **1.** Nachstellung *f* (*a. ling.*); **2.** *ling.* nachgestelltes (Verhältnis)Wort; ˌ**postˈpos·i·tive** *ling.* **I** *adj.* nachgestellt; **II** *s.* → ***postposition*** 2.

ˌ**postˈpran·di·al** *adj.* nach dem Essen, nach Tisch (*Rede, Schläfchen etc.*).

post·script [ˈpəʊsskrɪpt] *s.* **1.** Postˈskriptum *n* (*zu e-m Brief*), Nachschrift *f*; **2.** Nachtrag *m* (*zu e-m Buch*); **3.** Nachbemerkung *f*.

pos·tu·lant [ˈpɒstjʊlənt] *s.* **1.** Antragsteller(in); **2.** *R.C.* Postuˈlant(in); **pos·tu·late I** *v/t.* [ˈpɒstjʊleɪt] **1.** fordern, verlangen, begehren; **2.** postulieren, (als gegeben) vorˈaussetzen; **II** *s.* [-lət] **3.** Postuˈlat *n*, (ˈGrund)Vorˌaussetzung *f*.

pos·ture [ˈpɒstʃə] **I** *s.* **1.** (Körper)Haltung *f*, Stellung *f*; (*a. thea., paint.*) Posiˈtur *f*, Pose *f*; **2.** Lage *f* (*a. fig. Situation*), Anordnung *f*; **3.** *fig. geistige* Haltung; **II** *v/t.* **4.** zuˈrechtstellen, arrangieren; **III** *v/i.* **5.** sich in Posiˈtur stellen *od.* in Pose werfen; posieren (*a. fig.* ***as*** als); ˈ**pos·tur·er** [-ərə] *s.* **1.** Schlangenmensch *m* (*Artist*); **2.** → ***poseur***.

ˌ**postˈwar** *adj.* Nachkriegs…

po·sy [ˈpəʊzɪ] *s.* **1.** Sträußchen *n*; **2.** *obs.* Motto *n*, Denkspruch *m*.

pot [pɒt] **I** *s.* **1.** (*Blumen-, Koch-, Nacht- etc.*)Topf *m*: ***go to ~*** *sl.* a) kaputtgehen, b) ‚vor die Hunde gehen' (*Person*); ***keep the ~ boiling*** a) die Sache in Gang halten, b) sich über Wasser halten; ***the ~ calls the kettle black*** ein Esel schilt den andern Langohr; ***big ~*** *sl.* ‚großes Tier'; ***a ~ of money*** F ‚ein Heidengeld'; ***he has ~s of money*** F er hat Geld wie Heu; **2.** Kanne *f*; **3.** ⚙ Tiegel *m*, Gefäß *n*: ***~ annealing*** Kastenglühen *n*; ***~ galvanization*** Feuerverzinken *n*; **4.** *sport sl.* Poˈkal *m*; **5.** (Spiel)Einsatz *m*; **6.** → ***pot shot***; **7.** *sl.* Pot *n*, Marihuˈana *n*; **II** *v/t.* **8.** in e-n Topf tun; *Pflanze* eintopfen; **9.** *Fleisch* einlegen, einmachen: ***~ted meat*** Fleischkonserven *pl.*; **10.** *Billardball* einlochen; **11.** *hunt.* (ab)schießen; **12.** F einheimsen, erbeuten; **13.** *Baby* aufs Töpfchen setzen; **14.** *fig.* F a) *Musik* ‚konservieren', b) *Stoff* mundgerecht machen; **III** *v/i.* **15.** (los)ballern, schießen (***at*** auf *acc.*).

po·ta·ble [ˈpəʊtəbl] **I** *adj.* trinkbar; **II** *s.* Getränk *n*.

po·tage [pɒˈtɑːʒ] (*Fr.*) *s.* (dicke) Suppe.

pot·ash [ˈpɒtæʃ] *s.* ⚗ **1.** Pottasche *f*, ˈKaliumkarboˌnat *n*: ***bicarbonate of ~*** doppeltkohlensaures Kali; ***~ fertilizer*** Kalidünger *m*; ***~ mine*** Kalibergwerk *n*; **2.** → ***caustic*** 1.

po·tas·si·um [pəˈtæsjəm] *s.* ⚗ Kalium *n*; **~ bro·mide** *s.* ˈKaliumbroˌmid *n*; **~ car·bon·ate** *s.* ˈKaliumkarboˌnat *n*, Pottasche *f*; **~ cy·a·nide** *s.* ˈKaliumcyaˌnid *n*, Zyanˈkali *n*; **~ hy·drox·ide** *s.* ˈKaliumhydroˌxyd *n*, Ätzkali *n*; **~ ni·trate** *s.* ˈKaliumniˌtrat *n*.

po·ta·tion [pəʊˈteɪʃn] *s.* **1.** Trinken *n*; Zecheˈrei *f*; **2.** Getränk *n*.

po·ta·to [pəˈteɪtəʊ] *pl.* **-toes** *s.* **1.** Karˈtoffel *f*: ***fried ~es*** Bratkartoffeln; ***small ~es*** *Am.* F ‚kleine Fische'; ***hot ~*** F ‚heißes Eisen'; ***drop s.th. like a hot ~*** et. wie eine heiße Kartoffel fallen lassen; ***think o.s. no small ~es*** *sl.* sehr von sich eingenommen sein; **2.** *Am. sl.* a) ‚Rübe' *f* (*Kopf*), b) Dollar *m*; **~ bee·tle** *s. zo.* Karˈtoffelkäfer *m*; **~ blight** → ***potato disease***; **~ bug** → ***potato beetle***; **~ chips** *s. pl.* a) *Brit.* Pommes frites *pl.*, b) *Am.* → **~ crisps** *s. pl.* Karˈtoffelchips *pl.*; **~ dis·ease** *s.* Karˈtoffelkrankheit *f*; **~ trap** *s. sl.* ‚Klappe' *f*, ‚Maul' *n*.

pot| bar·ley *s.* Graupen *pl.*; ˈ**~-ˌbel·lied** *adj.* dickbäuchig; ˈ**~-ˌbel·ly** *s.* Schmerbauch *m*; ˈ**~ˌboil·er** *s.* F *Kunst etc.*: reine Brotarbeit; ˈ**~·boy** *s. Brit.* Schankkellner *m*.

po·teen [pɒˈtiːn] *s.* heimlich gebrannter Whisky (*in Irland*).

po·ten·cy ['pəʊtənsı] *s.* **1.** Stärke *f*, Macht *f*; *fig. a.* Einfluß *m*; **2.** Wirksamkeit *f*, Kraft *f*; **3.** *physiol.* Po'tenz *f*; **'po·tent** [-nt] *adj.* □ **1.** mächtig, stark; **2.** einflußreich; **3.** po'tent, fi'nanzstark: **a ~ bidder**; **4.** zwingend, über'zeugend (*Argumente etc.*); **5.** stark (*Drogen*, *Getränk*); **6.** *physiol.* po'tent; **'po·ten·tate** [-teıt] *s.* Poten'tat *m*, Machthaber *m*, Herrscher *m*; **po·ten·tial** [pəʊ'tenʃl] **I** *adj.* □ **1.** potenti'ell: a) möglich, eventu'ell, b) in der Anlage vorhanden, la'tent: **~ market** (**murderer**) potentieller Markt (Mörder); **2.** *ling.* Möglichkeits...: **~ mood** → 4; **3.** *phys.* potenti'ell, gebunden: **~ energy** potentielle Energie, Energie der Lage; **II** *s.* **4.** *ling.* Potenti'alis *m*, Möglichkeitsform *f*; **5.** *phys.* Potenti'al *n* (*a.* ϟ), ϟ Spannung *f*: **~ equation** 𝔄 Potentialgleichung *f*; **6.** (*Kriegs-*, *Menschen- etc.*)Potenti'al *n*, Re'serven *pl.*; **7.** Leistungsfähigkeit *f*, Kraftvorrat *m*; **po·ten·ti·al·i·ty** [pəʊ,tenʃı'ælətı] *s.* **1.** Potentiali'tät *f*, (Entwicklungs)Möglichkeit *f*; **2.** Wirkungsvermögen *n*, innere Kraft; **po·ten·ti·om·e·ter** [pəʊ,tenʃı'ɒmıtə] *s.* ϟ Potentio'meter *n* (*veränderbarer Widerstand*).

'pot head *s. sl.* ,Hascher' *m*.

po·theen [pɒ'θi:n] → **poteen**.

poth·er ['pɒðə] **I** *s.* **1.** Aufruhr *m*, Lärm *m*, Aufregung *f*, ,The'ater' *n*: **be in a ~ about s.th.** e-n großen Wirbel wegen et. machen; **2.** Rauch-, Staubwolke *f*, Dunst *m*; **II** *v/t.* **3.** verwirren, aufregen; **III** *v/i.* **4.** sich aufregen.

'pot|·herb *s.* Küchenkraut *n*; **'~·hole** *s.* **1.** *mot.* Schlagloch *n*; **2.** *geol.* Gletschertopf *m*, Strudelkessel *m*; **'~,hol·er** *s.* Höhlenforscher *m*; **'~·hook** *s.* **1.** Kesselhaken *m*; **2.** Schnörkel *m* (*Kinderschrift*); *pl.* Gekritzel *n*; **'~·house** *s.* Wirtschaft *f*, Kneipe *f*; **'~,hunt·er** *s. sl.* **1.** Aasjäger *m*; **2.** *sport* F Preisjäger *m*.

po·tion ['pəʊʃn] *s.* (Arz'nei-, Gift-, Zauber)Trank *m*.

pot luck *s.*: **take ~** a) (**with s.o.**) (bei j-m) mit dem vorliebnehmen, was es gerade (zu essen) gibt, b) es aufs Geratewohl probieren.

pot·pour·ri [,pəʊ'pʊrı] *s.* Potpourri *n*: a) Dufttopf *m*, b) musi'kalisches Aller'lei, c) *fig.* Kunterbunt *n*, Aller'lei *n*.

pot| roast *s.* Schmorfleisch *n*; **'~·sherd** [-ʃɜ:d] *s.* (Topf)Scherbe *f*; **~ shot** *s.* **1.** unweidmännischer Schuß; **2.** Nahschuß *m*, 'hinterhältiger Schuß; **3.** (wahllos abgegebener) Schuß; **4.** *fig.* Seitenhieb *m*.

pot·tage ['pɒtıdʒ] *s.* dicke Gemüsesuppe (mit Fleisch).

pot·ter¹ ['pɒtə] **I** *v/i.* **1.** *oft* **~ about** her'umwerkeln, -hantieren; **2.** (her'um-)trödeln: **~ at** herumspielen, -pfuschen an *od.* in (*dat.*); **II** *v/t.* **3. ~ away** *Zeit* vertrödeln.

pot·ter² ['pɒtə] *s.* Töpfer(in): **~'s clay** Töpferton *m*; **~'s lathe** Töpferscheibentisch *m*; **~'s wheel** Töpferscheibe *f*; **'pot·ter·y** [-ərı] *s.* **1.** Töpfer-, Tonware(n *pl.*) *f*, Steingut *n*, Ke'ramik *f*; **2.** Töpfe'rei(werkstatt) *f*; **3.** Töpfe'rei *f* (*Kunst*), Ke'ramik *f*.

pot·ty ['pɒtı] *adj.* F **1.** verrückt; **2.** klein, unbedeutend.

'pot-,val·o(u)r *s.* angetrunkener Mut.

pouch [paʊtʃ] **I** *s.* **1.** Beutel (*a. zo.*, ♀), (Leder-, Trage-, *a.* Post)Tasche *f*, (kleiner) Sack; **2.** Tabaksbeutel *m*; **3.** Geldbeutel *m*; **4.** ⚔ Pa'tronentasche *f*; **5.** *anat.* (Tränen)Sack *m*; **II** *v/t.* **6.** in e-n Beutel tun; **7.** *fig.* einstecken; **8.** (*v/i.* sich) beuteln *od.* bauschen; **pouched** [-tʃt] *adj. zo.* Beutel...

pouf(fe) [pu:f] *s.* **1.** a) Haarknoten *m*, -rolle *f*, b) Einlage *f*; **2.** Puff *m* (*Sitzpolster*); **3.** Tur'nüre *f*; **4.** → **poof**.

poul·ter·er ['pəʊltərə] *s.* Geflügelhändler *m*.

poul·tice ['pəʊltıs] ⚕ **I** *s.* 'Brei,umschlag *m*, Packung *f*; **II** *v/t.* e-n 'Brei,umschlag auflegen auf (*acc.*), e-e Packung machen um.

poul·try ['pəʊltrı] *s.* (Haus)Geflügel *n*, Federvieh *n*: **~ farm** Geflügelfarm *f*; **'~·man** [-mən] *s. irr.* Geflügelzüchter *m od.* -händler *m*.

pounce¹ [paʊns] **I** *s.* **1.** a) Her'abstoßen *n e-s Raubvogels*, b) Sprung *m*, Satz *m*: **on the ~** sprungbereit; **II** *v/i.* **2.** (her'ab)stoßen, sich stürzen (**on**, **upon** auf *acc.*) (*Raubvogel*); **3.** *fig.* a) (**on**, **upon**) sich stürzen (auf *j-n*, *e-n Fehler*, *e-e Gelegenheit etc.*), losgehen (auf *j-n*), b) ,zuschlagen'; **4.** (plötzlich) stürzen: **~ into the room**.

pounce² [paʊns] **I** *s.* **1.** Glättpulver *n*, *bsd.* Bimssteinpulver *n*; **2.** Pauspulver *n*; **3.** 'durchgepaustes (*bsd.* Stick)Muster; **II** *v/t.* **4.** glatt abreiben, bimsen; **5.** 'durchpausen.

pound¹ [paʊnd] *s.* **1.** Pfund *n* (*abbr.* **lb.** = *453,59 g*): **~ cake** *Am.* (reichhaltiger) Früchtekuchen *m*; **2.** *a.* **~ sterling** Pfund *n* (Sterling) (*abbr.* £): **pay twenty shillings in the ~** *fig. obs.* voll bezahlen.

pound² [paʊnd] **I** *s.* **1.** schwerer Stoß *od.* Schlag, Stampfen *n*; **II** *v/t.* **2.** (zer-)stoßen, (zer)stampfen; **3.** feststampfen, rammen; **4.** hämmern (auf), trommeln auf, schlagen: **~ sense into s.o.** *fig.* j-m Vernunft einhämmern; **~ out** a) glatthämmern, b) *Melodie* herunterhämmern (*auf dem Klavier*); **5.** ⚔ beschießen; **III** *v/i.* **6.** hämmern (*a. Herz*), pochen, schlagen; **7.** *mst* **~ along** (ein'her)stampfen, wuchtig gehen; **8.** stampfen (*Maschine etc.*); **9. ~** (**away**) **at** ⚔ unter schweren Beschuß nehmen.

pound³ [paʊnd] **I** *s.* **1.** 'Tiera,syl *n*; **2.** Hürde *f*, Pferch *m*; **3.** Abstellplatz *m* für abgeschleppte Autos; **II** *v/t.* **4.** *oft* **~ up** einpferchen.

pound·age ['paʊndıdʒ] *s.* **1.** Anteil *m od.* Gebühr *f* pro Pfund (*Sterling*); **2.** Bezahlung *f* pro Pfund (*Gewicht*); **3.** Gewicht *n* in Pfund.

pound·er ['paʊndə] *s. in Zssgn* ...pfünder.

,pound-'fool·ish *adj.* unfähig, mit großen Summen *od.* Pro'blemen 'umzugehen; → **penny-wise**.

pour [pɔ:] **I** *s.* **1.** Strömen *n*; **2.** (Regen-)Guß *m*; **3.** *metall.* Einguß *m*: **~ test** Stockpunktbestimmung; **II** *v/t.* **4.** gießen, schütten (**from**, **out of** aus, **into**, **in** in *acc.*, **on**, **upon** auf *acc.*): **~ forth** (*od.* **out**) a) ausgießen, (aus)strömen lassen, b) *fig. Herz* ausschütten, *Kummer* ausbreiten, c) *Flüche etc.* ausstoßen; **~ out drinks** Getränke eingießen, -schenken; **~ off** abgießen; **~ it on** *Am. sl.* a) ,rangehen', b) *a.* **~ on the speed** ,volle Pulle' fahren; **5. ~ itself** sich ergießen (*Fluß*); **III** *v/i.* **6.** strömen, gießen: **~ down** niederströmen; **~ forth** (*od.* **out**) (*a. fig.*) sich ergießen, strömen (**from** aus); **it ~s with rain** es gießt in Strömen; **it never rains but it ~s** *fig.* ein Unglück kommt selten allein; **7.** *fig.* strömen (*Menschenmenge etc.*): **~ in** hereinströmen (*a. Aufträge*, *Briefe etc.*); **8.** *metall. in die Form* gießen; **pour·a·ble** ['pɔ:əbl] *adj.* ⚙ vergießbar: **~ compound** Gußmasse *f*; **pour·ing** ['pɔ:rıŋ] **I** *adj.* **1.** strömend (*a. Regen*); **2.** ⚙ Gieß..., Guß...: **~ gate** Gießtrichter *m*; **II** *s.* **3.** ⚙ (Ver)Gießen *n*, Guß *m*.

pout¹ [paʊt] **I** *v/i.* **1.** die Lippen spitzen *od.* aufwerfen; **2.** a) e-e Schnute *od.* e-n Flunsch ziehen, b) *fig.* schmollen; **3.** vorstehen (*Lippen*); **II** *v/t.* **4.** *Lippen*, *Mund* (schmollend) aufwerfen, (*a. zum Kuß*) spitzen; **5.** schmollen(d sagen); **III** *s.* **6.** Flunsch *m*, Schnute *f*, Schmollmund *m*; **7.** Schmollen *n*: **have the ~s** schmollen, im Schmollwinkel sitzen.

pout² [paʊt] *s. ein* Schellfisch *m*.

pout·er ['paʊtə] *s.* **1.** *a.* **~ pigeon** *orn.* Kropftaube *f*; **2.** → **pout²**.

pov·er·ty ['pɒvətı] *s.* **1.** (**of** *an dat.*) Armut *f*, Mangel *m* (*beide a. fig.*): **~ of ideas** Ideenarmut; **2.** *fig.* Armseligkeit *f*, Dürftigkeit *f*; **3.** Armut *f*, geringe Ergiebigkeit (*des Bodens etc.*); **'~-,strick·en** *adj.* **1.** in Armut lebend, verarmt; **2.** *fig.* armselig.

pow·der ['paʊdə] **I** *s.* **1.** (*Back-*, *Schieß- etc.*)Pulver *n*: **not worth ~ and shot** keinen Schuß Pulver wert; **keep your ~ dry!** sei auf der Hut!; **take a ~** *Am. sl.* ,türmen'; **2.** Puder *m*: **face ~**; **II** *v/t.* **3.** pulvern, pulverisieren: **~ed milk** Trockenmilch *f*; **~ed sugar** Staubzucker *m*; **4.** (be)pudern: **~ one's nose** a) sich die Nase pudern, b) F ,mal kurz verschwinden'; **5.** bestäuben, bestreuen (**with** mit); **III** *v/i.* **6.** zu Pulver werden; **~ box** *s.* Puderdose *f*; **~ keg** *s. fig.* Pulverfaß *n*; **'~-,met·al·lur·gy** *s.* 'Sintermetallur,gie *f*, Me'tallke,ramik *f*; **~ mill** *s.* 'Pulvermühle *f*, -fa,brik *f*; **~ puff** *s.* Puderquaste *f*; **~ room** *s.* 'Damentoi,lette *f*.

pow·der·y ['paʊdərı] *adj.* **1.** pulverig, Pulver...: **~ snow** Pulverschnee *m*; **2.** bestäubt.

pow·er ['paʊə] **I** *s.* **1.** Kraft *f*, Stärke *f*, Macht *f*, Vermögen *n*: **do all in one's ~** alles tun, was in s-r Macht steht; **it was out of** (*od.* **not in**) **his ~** es stand nicht in s-r Macht (**to do** zu tun); **more ~ to you**(**r elbow**)**!** nur zu!, viel Erfolg!; **2.** Kraft *f*, Ener'gie *f*; *weitS.* Wucht *f*, Gewalt *f*; **3.** *mst pl. hypnotische etc.* Kräfte *pl.*, (geistige) Fähigkeiten *pl.*, Ta'lent *n*: **reasoning ~** Denkvermögen *n*; **4.** Macht *f*, Gewalt *f*, Herrschaft *f*, Einfluß *m* (**over** über *acc.*): **be in ~** *pol.* an der Macht *od.* am Ruder sein; **be in s.o.'s ~** in j-s Gewalt sein; **come into ~** *pol.* an die Macht kommen; **~ politics** Machtpolitik *f*; **5.** *pol.* Gewalt *f als Staatsfunktion*: **legislative ~**; **separation of ~s** Gewaltenteilung *f*; **6.** *pol.* (Macht)Befugnis *f*, (Amts)Gewalt *f*; **7.** ⚖ (Handlungs-, Vertretungs)Vollmacht *f*, Befugnis *f*, Recht *n*: **~ of testation** Testierfähigkeit *f*; → **attorney**;

8. *pol.* Macht *f*, Staat *m*; **9.** Macht(faktor *m*) *f*, einflußreiche Stelle *od.* Per'son: ***the ~s that be*** die maßgeblichen (Regierungs)Stellen; ***~ behind the throne*** graue Eminenz; **10.** *mst pl.* höhere Macht: ***heavenly ~s***; **11.** F Masse *f*: ***a ~ of people***; **12.** ⩚ Po'tenz *f*: ***raise to the third ~*** in die dritte Potenz erheben; **13.** ϟ, *phys.* Kraft *f*, Ener'gie *f*, Leistung *f*; *a.* ***~ current*** ϟ (Stark)Strom *m*; *Funk*, *Radio*, *TV*: Sendestärke *f*; *opt.* Stärke *f e-r Linse*: ***~ cable*** Starkstromkabel *n*; ***~ economy*** Energiewirtschaft *f*; **14.** ⚙ me'chanische Kraft, Antriebskraft *f*: ***~-propelled*** kraftbetrieben, Kraft…; ***~ on*** (mit) Vollgas; ***~ off*** a) mit abgestelltem Motor, b) im Leerlauf; **II** *v/t.* **15.** mit (*elektrischer etc.*) Kraft versehen *od.* betreiben, antreiben: ***rocket-~ed*** raketengetrieben; **~ am·pli·fi·er** *s. Radio*: Kraft-, Endverstärker *m*; **'~-as,sis·ted** *adj. mot.* Servo… (*-lenkung etc.*); **~ brake** *s. mot.* 'Servobremse *f*; **~ con·sump·tion** *s.* ϟ Strom-, Ener'gieverbrauch *m*; **~ cut** *s.* ϟ **1.** Stromsperre *f*; **2.** → ***power failure***; **'~-drive** *s.* ⚙ Kraftantrieb *m*; **'~-,driv·en** *adj.* ⚙ kraftbetrieben, Kraft…; **~ en·gi·neer·ing** *s.* ϟ 'Starkstrom,technik *f*; **~ fac·tor** *s.* ϟ, *phys.* 'Leistungs,faktor *m*; **~ fail·ure** *s.* ϟ Strom-, Netzausfall *m*.

pow·er·ful ['paʊəfʊl] *adj.* □ **1.** mächtig (*a. Körper*, *Schlag*, *Mensch*), stark (*a. opt. u. Motor*), gewaltig, kräftig; **2.** *fig.* kräftig, wirksam (*a. Argument*); wuchtig (*Stil*); packend (*Roman etc.*); **3.** F ‚massig', gewaltig.

pow·er| glid·er *s.* ✈ Motorsegler *m*; **'~·house** *s.* **1.** → ***power station***; **2.** ⚙ Ma'schinenhaus *n*; **3.** *Am. sl.* a) *sport* ‚Bombenmannschaft' *f*, b) *sport* ‚Ka'none' *f* (*Spitzenspieler*), c) Riesenkerl *m*, d) ‚Wucht' *f*, ‚tolle' Person *od.* Sache; **~ lathe** *s.* ⚙ Hochleistungsdrehbank *f*.

pow·er·less ['paʊəlɪs] *adj.* □ kraft-, machtlos, ohnmächtig.

pow·er| line *s.* ϟ **1.** Starkstromleitung *f*; **2.** 'Überlandleitung *f*; **,~-'op·er·at·ed** *adj.* ⚙ kraftbetätigt, -betrieben; **~ out·put** *s.* ϟ, ⚙ Ausgangs-, Nennleistung *f*; **~ pack** *s.* ϟ Netzteil *n* (*Radio etc.*); **'~-plant** *s.* **1.** → ***power station***; **2.** Ma'schinensatz *m*, Aggre'gat *n*, Triebwerk(anlage *f*) *n*; **~ play** *s. sport* Powerplay *n*; **~ point** *s.* ϟ Steckdose *f*; **~ pol·i·tics** *s. pl. sg. konstr.* 'Machtpoli,tik *f*; **~ saw** *s.* ⚙ Motorsäge *f*; **~ shar·ing** *s.* Teilhabe *f* an der Macht; **'~-,shov·el** *s.* ⚙ Löffelbagger *m*; **~ sta·tion** *s.* ϟ Elektrizi'täts-, Kraftwerk *n*: ***long-distance ~*** Überlandzentrale *f*; **~ steer·ing** *s. mot.* Servolenkung *f*; **~ stroke** *s.* ⚙, ϟ, *mot.* Arbeitshub *m*, -takt *m*; **~ strug·gle** *s.* Machtkampf *m*; **~ sup·ply** *s.* ϟ **1.** Ener'gieversorgung *f*, Netz(anschluß *m*) *n*; **2.** → ***power pack***; **~ trans·mis·sion** *s.* ⚙ 'Leistungs-, Ener'gieüber,tragung *f*; **~ un·it** *s.* **1.** → ***power station***; **2.** → ***power plant*** 2.

pow·wow ['paʊwaʊ] **I** *s.* **1.** a) indi'anisches Fest, b) Ratsversammlung *f*, c) indi'anischer Medi'zinmann; **2.** *Am.* F a) (lärmende, *a.* po'litische) Versammlung, b) Konfe'renz *f*, Besprechung *f*; **II** *v/i.* **3.** *bsd. Am.* F e-e Versammlung *etc.* abhalten; debattieren.

pox [pɒks] *s.* ⚕ **1.** Pocken *pl.*, Blattern *pl.*; Pusteln *pl.*; **2.** V Syphilis *f*.

prac·ti·ca·bil·i·ty [,præktɪkə'bɪlətɪ] *s.* 'Durchführbarkeit *f etc.*; **prac·ti·ca·ble** ['præktɪkəbl] *adj.* □ **1.** 'durch-, ausführbar, möglich; **2.** anwendbar, brauchbar; **3.** gang-, (be)fahrbar (*Straße*, *Furt etc.*).

prac·ti·cal ['præktɪkl] *adj.* □ → ***practically***; **1.** (*Ggs. theoretisch*) praktisch (*Kenntnisse*, *Landwirtschaft etc.*); angewandt: ***~ chemistry***; ***~ fact*** Erfahrungstatsache *f*; **2.** praktisch (*Anwendung*, *Versuch etc.*); **3.** praktisch, geschickt (*Person*); **4.** praktisch, in der Praxis tätig, ausübend: ***~ politician***; ***~ man*** Mann der Praxis, Praktiker; **5.** praktisch (*Denken*); **6.** praktisch, faktisch, tatsächlich; **7.** sachlich; **8.** praktisch anwendbar, 'durchführbar; **9.** handgreiflich, grob: ***~ joke***; **prac·ti·cal·i·ty** [,præktɪ'kælətɪ] *s. das* Praktische, praktisches Wesen, Sachlichkeit *f*; praktische Anwendbarkeit; **'prac·ti·cal·ly** *adv.* **1.** [-kəlɪ] → ***practical***; **2.** [-klɪ] praktisch, so gut wie *nichts etc.*

prac·tice ['præktɪs] **I** *s.* **1.** Praxis *f* (*Ggs. Theorie*): ***in ~*** in der Praxis; ***put into ~*** in die Praxis umsetzen, ausführen, verwirklichen; **2.** Übung *f* (*a.* ♪, ⚔), *mot. sport* Training *n*: ***in*** (***out of***) ***~*** in (aus) der Übung; ***~ makes perfect*** Übung macht den Meister; **3.** Praxis *f* (*Arzt*, *Anwalt*): ***be in ~*** praktizieren, s-e Praxis ausüben (*Arzt*); **4.** Brauch *m*, Gewohnheit *f*, übliches Verfahren, Usus *m*; **5.** Handlungsweise *f*, Praktik *f*; *oft pl. contp.* (unsaubere) Praktiken *pl.*, Machenschaften *pl.*, Schliche *pl.*; **6.** Verfahren *n*; ⚙ *a.* Technik *f*: ***welding ~*** Schweißtechnik; **7.** ⚖ Verfahren(sregeln *pl.*) *n*, for'melles Recht; **8.** Übungs…, Probe…: ***~ alarm***, ***~ alert*** Probealarm *m*; ***~ ammunition*** ⚔ Übungsmunition *f*; ***~ cartridge*** ⚔ Exerzierpatrone *f*; ***~ flight*** ✈ Übungsflug *m*; ***~ run*** *mot.* Trainingsfahrt *f*; **II** *v/t. u. v/i.* **9.** *Am.* → ***practise***.

prac·tise ['præktɪs] **I** *v/t.* **1.** *Beruf* ausüben; *Geschäft etc.* betreiben; tätig sein als *od.* in (*dat.*), *als Arzt*, *Anwalt* praktizieren: ***~ medicine*** (***law***); **2.** ♪ *etc.* (ein)üben, sich üben in (*dat.*); *et. auf e-m Instrument* üben; *j-n* schulen: ***~ Bach*** Bach üben; **3.** *fig. Höflichkeit etc.* üben: ***~ politeness***; **4.** verüben: ***~ a fraud on*** *j-n* arglistig täuschen; **II** *v/i.* **5.** praktizieren (*als Arzt*, *Jurist*, *a. Katholik*); **6.** (sich) üben (***on the piano*** auf dem Klavier, ***at shooting*** im Schießen); **7.** ***~ on*** (*od.* ***upon***) a) *j-n* ‚bearbeiten', b) *j-s Schwäche etc.* ausnutzen, miß'brauchen; **'prac·tised** [-st] *adj.* geübt (*Person*, *a. Auge*, *Hand*).

prac·ti·tion·er [præk'tɪʃnə] *s.* **1.** Praktiker *m*; **2.** ***general*** (*od.* ***medical***) ***~*** praktischer Arzt; **3.** ***legal*** (*od.* ***general***) ***~*** (Rechts)Anwalt *m*.

prag·mat·ic [præg'mætɪk] *adj.* (□ ***~ally***) **1.** *phls.* prag'matisch; **2.** → **prag·'mat·i·cal** [-kl] *adj.* □ **1.** *phls.* prag'matisch, *fig. a.* praktisch (denkend), sachlich; **2.** belehrend; **3.** geschäftig; **4.** 'übereifrig, aufdringlich; **5.** rechthaberisch; **prag·ma·tism** ['prægmətɪzəm] *s.* **1.** *phls.* Pragma'tismus *m*, *fig. a.* Sachlichkeit *f*, praktisches Denken; **2.** 'Übereifer *m*; **3.** rechthaberisches Wesen; **prag·ma·tize** ['prægmətaɪz] *v/t.* **1.** als re'al darstellen; **2.** vernunftmäßig erklären, rationalisieren.

prai·rie ['preərɪ] *s.* **1.** Grasebene *f*, Steppe *f*; **2.** Prä'rie *f* (*in Nordamerika*); **3.** *Am.* (grasbewachsene) Lichtung; **~ dog** *s. zo.* Prä'riehund *m*; **~ schoon·er** *s. Am.* Planwagen *m der frühen Siedler*.

praise [preɪz] **I** *v/t.* **1.** loben, rühmen, preisen; → ***sky*** 2; **2.** (*bsd. Gott*) (lob-) preisen, loben; **II** *s.* **3.** Lob *n*: ***sing s.o.'s ~*** j-s Lob singen; ***in ~ of s.o.***, ***in s.o.'s ~*** zu j-s Lob; **'~,wor·thi·ness** *s.* Löblichkeit *f*, lobenswerte Eigenschaft; **'~,wor·thy** *adj.* □ lobenswert, löblich.

pram¹ [præm] *s.* ⚓ Prahm *m*.

pram² [præm] *s.* F → ***perambulator***.

prance [prɑːns] *v/i.* **1.** a) sich bäumen, b) tänzeln (*Pferd*); **2.** (ein'her)stolzieren, paradieren; sich brüsten; **3.** F her'umtollen.

pran·di·al ['prændɪəl] *adj.* Essens…, Tisch…

prang [præŋ] *Brit.* F **I** *s.* **1.** ✈ Bruchlandung *f*; **2.** *mot.* schwerer Unfall; **3.** Luftangriff *m*; **4.** *fig.* ‚tolles Ding'; **II** *v/i.* **5.** ‚knallen', ‚krachen'.

prank¹ [præŋk] *s.* **1.** Streich *m*, Ulk *m*, Jux *m*; **2.** *weitS.* Kapri'ole *f*, Faxe *f e-r Maschine etc.*

prank² [præŋk] **I** *v/t. mst* ***~ out*** (*od.* ***up***) (her'aus)putzen, schmücken; **II** *v/i.* prunken, prangen.

prate [preɪt] **I** *v/i.* schwatzen, schwafeln (***of*** von); **II** *v/t.* (da'her)schwafeln; **III** *s.* Geschwätz *n*, Geschwafel *n*; **'prat·er** [-tə] *s.* Schwätzer(in); **'prat·ing** [-tɪŋ] *adj.* □ schwatzhaft, geschwätzig; **prat·tle** ['prætl] → ***prate***.

prawn [prɔːn] *s. zo.* Gar'nele *f*.

pray [preɪ] **I** *v/i.* **1.** beten (***to*** zu, ***for*** um, für); **2.** bitten, ersuchen (***for*** um); ⚖ beantragen (***that*** daß); **II** *v/t.* **3.** *j-n* inständig bitten, ersuchen, anflehen (***for*** um): ***~, consider!*** bitte, bedenken Sie doch!; **4.** *et.* erbitten, erflehen.

prayer [preə] *s.* **1.** Ge'bet *n*: ***put up a ~*** ein Gebet emporsenden; ***say one's ~s*** beten, s-e Gebete verrichten; ***he hasn't got a ~*** *Am. sl.* er hat nicht die geringste Chance; **2.** *oft pl.* Andacht *f*: ***evening ~*** Abendandacht; **3.** inständige Bitte, Flehen *n*; **4.** Gesuch *n*; ⚖ *a.* Antrag *m*, Klagebegehren *n*; **5.** ['preɪə] Beter(in); **~ book** *s.* Ge'betbuch *n*; **~ meet·ing** *s.* Ge'betsversammlung *f*; **~ wheel** *s.* Ge'betsmühle *f*.

pre- [priː; prɪ] *in Zssgn* a) (*zeitlich*) vor (-her); vor…; früher als, b) (*räumlich*) vor, da'vor.

preach [priːtʃ] **I** *v/i.* **1.** (*to*) predigen (zu *od.* vor *dat.*), e-e Predigt halten (*dat. od.* vor *dat.*); **2.** *fig.* ‚predigen': ***~ at s.o.*** j-m e-e (Moral)Predigt halten; **II** *v/t.* **3.** *et.* predigen: ***~ the gospel*** das Evangelium verkünden; ***~ a sermon*** e-e Predigt halten; **4.** ermahnen zu: ***~ charity*** Nächstenliebe predigen; **'preach·er** [-tʃə] *s.* Prediger(in); **'preach·i·fy** [-tʃɪfaɪ] *v/i.* sal'badern, Mo'ral predigen; **'preach·ing** [-tʃɪŋ] *s.* **1.** Predigen *n*; **2.** *bibl.* Lehre *f*; **'preach·y** [-tʃɪ] *adj.* □ F sal'badernd, moralisierend.

pre·am·ble [priːˈæmbl] *s.* **1.** Präˈambel *f* (*a.* ⚖), Einleitung *f*; Oberbegriff *m e-r Patentschrift*; Kopf *m e-s Funkspruchs etc.*; **2.** *fig.* Vorspiel *n*, Auftakt *m*.

pre·ar·range [ˌpriːəˈreɪndʒ] *v/t.* **1.** vorher abmachen *od.* anordnen *od.* bestimmen; **2.** vorbereiten.

preb·end [ˈprebənd] *s. eccl.* Präˈbende *f*, Pfründe *f*; **ˈpreb·en·dar·y** [-bəndərɪ] *s.* Pfründner *m*.

pre·cal·cu·late [ˌpriːˈkælkjʊleɪt] *v/t.* vorˈausberechnen.

pre·car·i·ous [prɪˈkeərɪəs] *adj.* □ **1.** preˈkär, unsicher (*a. Lebensunterhalt*), bedenklich (*a. Gesundheitszustand*); **2.** gefährlich; **3.** anfechtbar; **4.** ⚖ ˈwiderruflich; **preˈcar·i·ous·ness** [-nɪs] *s.* **1.** Unsicherheit *f*; **2.** Gefährlichkeit *f*; **3.** Zweifelhaftigkeit *f*.

pre·cau·tion [prɪˈkɔːʃn] *s.* **1.** Vorkehrung *f*, Vorsichtsmaßregel *f*: ***take ~s*** Vorsichtsmaßregeln *od.* Vorsorge treffen; ***as a ~*** vorsichtshalber, vorsorglich; **2.** Vorsicht *f*; **preˈcau·tion·ar·y** [-ʃnərɪ] *adj.* **1.** vorbeugend, Vorsichts…: ***~ measures*** Vorkehrungen; **2.** Warn…: ***~ signal*** Warnsignal *n*.

pre·cede [ˌpriːˈsiːd] **I** *v/t.* **1.** vorˈaus-, vorˈangehen (*dat.*) (*a. fig. Buchkapitel, Zeitraum etc.*); **2.** den Vorrang *od.* Vortritt *od.* Vorzug haben vor (*dat.*), vorgehen (*dat.*); **3.** *fig.* (***by, with s.th.***) (durch et.) einleiten, (*e-r Sache* et.) vorˈausschicken; **II** *v/i.* **4.** vorˈan-, vorˈausgehen; **5.** den Vorrang *od.* Vortritt haben; **ˌpreˈced·ence** [-dəns] *s.* **1.** Vorˈhergehen *n*, Prioriˈtät *f*: ***have the ~ of*** *e-r Sache zeitlich* vorangehen; **2.** Vorrang *m*, Vorzug *m*, Vortritt *m*, Vorrecht *n*: ***take ~ of*** (*od.* ***over***) → ***precede*** 2; (***order of***) ***~*** Rangordnung *f*; **prec·e·dent** [ˈpresɪdənt] **I** *s.* ⚖ Präzeˈdenzfall *m*, Präjuˈdiz *n*: ***without ~*** ohne Beispiel, noch nie dagewesen; ***set a ~*** e-n Präzedenzfall schaffen; **II** [prɪˈsiːdənt] *adj.* □ vorˈhergehend; **preˈced·ing** [-dɪŋ] **I** *adj.* vorˈhergehend: ***~ indorser*** ✝ Vor(der)mann *m* (*Wechsel*); **II** *prp.* vor (*dat.*).

pre·cen·sor [ˌpriːˈsensə] *v/t.* e-r ˈVorzenˌsur unterˈwerfen.

pre·cen·tor [ˌpriːˈsentə] *s.* ♪, *eccl.* Kantor *m*, Vorsänger *m*.

pre·cept [ˈpriːsept] *s.* **1.** (*a.* göttliches) Gebot; **2.** Regel *f*, Richtschnur *f*; **3.** Lehre *f*, Unterˈweisung *f*; **4.** ⚖ Gerichtsbefehl *m*; **pre·cep·tor** [prɪˈseptə] *s.* Lehrer *m*.

pre·cinct [ˈpriːsɪŋkt] *s.* **1.** Bezirk *m*: ***cathedral ~s*** Domfreiheit *f*; **2.** *bsd. Am.* Poliˈzei-, Wahlbezirk *m*; **3.** *pl.* Bereich *m*, *pl. fig. a.* Grenzen *pl*.

pre·ci·os·i·ty [ˌpreʃɪˈɒsətɪ] *s.* Geziertheit *f*, Affektiertheit *f*.

pre·cious [ˈpreʃəs] **I** *adj.* □ **1.** kostbar, wertvoll (*a. fig.*): ***~ memories***; **2.** edel (*Steine etc.*): ***~ metals*** Edelmetalle; **3.** F ‚schön': a) *iro.* ‚nett': ***a ~ mess***, b) beträchtlich: ***a ~ lot better than*** bei weitem besser als; **4.** *fig.* preziˈös, affektiert, geziert: ***~ style***; **II** *adv.* **5.** F reichlich, äußerst: ***~ little***; **III** *s.* **6.** Schatz *m*, Liebling *m*: ***my ~!***; **ˈpre·cious·ness** [-nɪs] *s.* **1.** Köstlichkeit *f*, Kostbarkeit *f*; **2.** → ***preciosity***.

prec·i·pice [ˈpresɪpɪs] *s.* Abgrund *m*, *fig. a.* Klippe *f*.

pre·cip·i·ta·ble [prɪˈsɪpɪtəbl] *adj.* ⚗ abscheidbar, fällbar, niederschlagbar; **preˈcip·i·tance** [-təns], **pre·cip·i·tan·cy** [-tənsɪ] *s.* **1.** Eile *f*; **2.** Hast *f*, Überˈstürzung *f*; **preˈcip·i·tant** [-tənt] **I** *adj.* □ **1.** (steil) abstürzend, jäh; **2.** *fig.* hastig, eilig; **3.** *fig.* überˈeilt; **II** *s.* **4.** ⚗ Fällungsmittel *n*; **preˈcip·i·tate** [-teɪt] **I** *v/t.* **1.** hinˈabstürzen (*a. fig.*); **2.** *fig. Ereignisse* herˈaufbeschwören, (plötzlich) herˈbeiführen, beschleunigen; **3.** *j-n* (hinˈein)stürzen (***into*** in *acc.*): ***~ a country into war***; **4.** ⚗ (aus)fällen; **5.** *meteor.* niederschlagen, verflüssigen; **II** *v/i.* **6.** ⚗ *u. meteor.* sich niederschlagen; **III** *adj.* [-tət] **7.** jäh(lings) hinˈabstürzend, steil abfallend; **8.** *fig.* überˈstürzt, -ˈeilt, ˈvoreilig; eilig, hastig; **9.** plötzlich; **IV** *s.* [-teɪt] **10.** ⚗ Niederschlag *m*, ˈFällproˌdukt *n*; **preˈcip·i·tate·ness** [-tətnɪs] *s.* Überˈeilung *f*, ˈVoreiligkeit *f*; **pre·cip·i·ta·tion** [prɪˌsɪpɪˈteɪʃn] *s.* **1.** jäher Sturz, (Herˈab)Stürzen *n*; **2.** *fig.* Überˈstürzung *f*; Hast *f*; **3.** ⚗ Fällung *f*; **4.** *meteor.* Niederschlag *m*; **5.** *Spiritismus*: Materialisatiˈon *f*; **preˈcip·i·tous** [-təs] *adj.* □ **1.** jäh, steil (abfallend), abschüssig; **2.** *fig.* überˈstürzt.

pré·cis [ˈpreɪsiː] (*Fr.*) **I** *pl.* **-cis** [-siːz] *s.* (kurze) ˈÜbersicht, Zs.-fassung *f*; **II** *v/t.* kurz zs.-fassen.

pre·cise [prɪˈsaɪs] *adj.* □ **1.** präˈzis(e), klar, genau; **2.** exˈakt, (peinlich) genau, korˈrekt; *contp.* peˈdantisch; **3.** genau, richtig (*Betrag, Moment etc.*); **preˈcise·ly** [-lɪ] *adv.* **1.** → ***precise***; **2.** gerade, genau, ausgerechnet; **3.** ***~!*** genau!; **preˈcise·ness** [-nɪs] *s.* **1.** (überˈtriebene) Genauigkeit; **2.** (ängstliche) Gewissenhaftigkeit, Pedanteˈrie *f*; **pre·ci·sion** [prɪˈsɪʒn] **I** *s.* Genauigkeit *f*, Exˈaktheit *f*; *a.* ⚙, ⚔ Präzisiˈon *f*; **II** *adj.* ⚙, ⚔ Präzisions…, Fein…: ***~ adjustment*** a) ⚙ Feineinstellung, b) ⚔ genaues Einschießen; ***~ bombing*** gezielter Bombenwurf; ***~ instrument*** Präzisionsinstrument *n*; ***~ mechanics*** Feinmechanik *f*; ***~-made*** Präzisions…

pre·clude [prɪˈkluːd] *v/t.* **1.** ausschließen (***from*** von); **2.** *e-r Sache* vorbeugen *od.* zuˈvorkommen; *Einwände* vorˈwegnehmen; **3.** *j-n* hindern (***from*** an *dat.*, ***from doing*** zu tun); **preˈclu·sion** [-uːʒn] *s.* **1.** Ausschließung *f*, Ausschluß *m* (***from*** von); **2.** Verhinderung *f*; **preˈclu·sive** [-uːsɪv] *adj.* □ **1.** ausschließend (***of*** von); **2.** (ver)hindernd.

pre·co·cious [prɪˈkəʊʃəs] *adj.* □ **1.** frühreif, frühzeitig (entwickelt); **2.** *fig.* frühreif, altklug; **preˈco·cious·ness** [-nɪs], **preˈcoc·i·ty** [-ˈkɒsətɪ] *s.* **1.** Frühreife *f*, -zeitigkeit *f*; **2.** *fig.* Frühreife *f*, Altklugheit *f*.

pre·cog·ni·tion [ˌpriːkɒgˈnɪʃn] *s.* Präkogniˈtion *f*, Vorauswissen *n*.

pre·con·ceive [ˌpriːkənˈsiːv] *v/t.* (sich) vorher ausdenken, sich vorher vorstellen: ***~d opinion*** → **pre·con·cep·tion** [ˌpriːkənˈsepʃn] *s.* vorgefaßte Meinung, *a.* Vorurteil *n*.

pre·con·cert [ˌpriːkənˈsɜːt] *v/t.* vorher vereinbaren: ***~ed*** verabredet, *b.s.* abgekartet.

pre·con·di·tion [ˌpriːkənˈdɪʃn] **I** *s.* **1.** Vorbedingung *f*, Vorˈaussetzung *f*; **II** *v/t.* **2.** ⚙ vorbehandeln; **3.** *fig.* j-n einstimmen.

pre·co·nize [ˈpriːkənaɪz] *v/t.* **1.** öffentlich verkündigen; **2.** *R. C. Bischof* präkonisieren.

pre·cook [ˌpriːˈkʊk] *v/t.* vorkochen.

pre·cool [ˌpriːˈkuːl] *v/t.* vorkühlen.

pre·cur·sor [ˌpriːˈkɜːsə] *s.* **1.** Vorläufer (-in), Vorbote *m*, -botin *f*; **2.** (Amts-) Vorgänger(in); **ˌpreˈcur·so·ry** [-ərɪ] *adj.* **1.** vorˈausgehend; **2.** einleitend, vorbereitend.

pre·da·ceous *Am.*, **pre·da·cious** *Brit.* [prɪˈdeɪʃəs] *adj.* räuberisch: ***~ animal*** Raubtier *n*; ***~ instinct*** Raub(tier)instinkt *m*.

pre·date [ˌpriːˈdeɪt] *v/t.* **1.** zuˈrück-, vordatieren; **2.** *zeitlich* vorˈangehen.

pred·a·to·ry [ˈpredətərɪ] *adj.* □ räuberisch, Raub…(*-krieg*, *-vogel etc.*).

pre·de·cease [ˌpriːdɪˈsiːs] *v/t.* früher sterben als *j-d*, vor *j-m* sterben: ***~d parent*** ⚖ vorverstorbener Elternteil.

pred·e·ces·sor [ˈpriːdɪsesə] *s.* **1.** Vorgänger(in) (*a. fig. Buch etc.*): ***~ in interest*** ⚖ Rechtsvorgänger; ***~ in office*** Amtsvorgänger; **2.** Vorfahr *m*.

pre·des·ti·nate [ˌpriːˈdestɪneɪt] **I** *v/t. eccl. u. weitS.* prädestinieren, aus(er)wählen, (vorˈher)bestimmen, ausersehen (***to*** für, zu); **II** *adj.* [-neɪt] prädestiniert, auserwählt; **pre·des·ti·na·tion** [priːˌdestɪˈneɪʃn] *s.* **1.** Vorˈherbestimmung *f*; **2.** *eccl.* Prädestinatiˈon *f*, Gnadenwahl *f*; **ˌpreˈdes·tine** [-tɪn] → ***predestinate*** I.

pre·de·ter·mi·na·tion [ˈpriːdɪˌtɜːmɪˈneɪʃn] *s.* Vorˈherbestimmung *f*; **pre·de·ter·mine** [ˌpriːdɪˈtɜːmɪn] *v/t.* **1.** *eccl.*, *a.* ⚙ vorˈherbestimmen; **2.** *Kosten etc.* vorher festsetzen *od.* bestimmen: ***~ s.o. to s.th.*** j-n für et. vorbestimmen.

pred·i·ca·ble [ˈpredɪkəbl] **I** *adj.* aussagbar, *j-m* zuzuschreiben(d); **II** *s. pl. phls.* Prädikaˈbilien *pl.*, Allgemeinbegriffe *pl.*; **pre·dic·a·ment** [prɪˈdɪkəmənt] *s.* **1.** *phls.* Kategoˈrie *f*; **2.** (mißliche) Lage; **pred·i·cate** [ˈpredɪkeɪt] **I** *v/t.* **1.** behaupten, aussagen; **2.** *phls.* prädizieren, aussagen; **3.** gründen, basieren (***on*** auf *dat.*): ***be ~d on*** basieren auf (*dat.*); **II** *s.* [-kət] **4.** *phls.* Aussage *f*; **5.** *ling.* Prädiˈkat *n*, Satzaussage *f*: ***~ adjective*** prädikatives Adjektiv; ***~ noun*** Prädikatsnomen *n*; **pred·i·ca·tion** [ˌpredɪˈkeɪʃn] *s.* Aussage *f* (*a. ling. im Prädikat*), Behauptung *f*; **pred·i·ca·tive** [prɪˈdɪkətɪv] *adj.* □ **1.** aussagend, Aussage…; **2.** *ling.* prädikaˈtiv; **pred·i·ca·to·ry** [prɪˈdɪkətərɪ] *adj.* **1.** predigend, Prediger…; **2.** gepredigt.

pre·dict [prɪˈdɪkt] *v/t.* vorˈher-, vorˈaussagen, propheˈzeien; **preˈdict·a·ble** [-təbl] *adj.* vorˈaussagbar, berechenbar (*a. Person, Politik etc.*): ***he's so ~*** bei ihm weiß man immer genau, was er tun wird; **preˈdict·a·bly** [-təblɪ] *adv.* a) wie vorherzusehen war, b) man kann jetzt schon sagen, daß; **preˈdic·tion** [-kʃn] *s.* Vorˈher-, Vorˈaussage *f*, Weissagung *f*, Propheˈzeiung *f*; **preˈdic·tor** [-tə] *s.* **1.** Proˈphet(in); **2.** ✈ Komˈmandogerät *n*.

pre·di·lec·tion [ˌpriːdɪˈlekʃn] *s.* Vorliebe *f*, Voreingenommenheit *f*.

pre·dis·pose [ˌpriːdɪˈspəʊz] *v/t.* **1.** (***for***) *j-n* (im vorˈaus) geneigt *od.* empfänglich machen *od.* einnehmen (für); **2.** (*to*) *bsd.* ⚕ prädisponieren, empfänglich *od.* anfällig machen (für); **pre·dis·po·si·tion** [ˈpriːˌdɪspəˈzɪʃn] *s.* (*to*) Neigung *f* (zu); Empfänglichkeit *f* (für); Anfälligkeit *f* (für) (*alle a.* ⚕).

pre·dom·i·nance [prɪˈdɒmɪnəns] *s.* **1.** Vorherrschaft *f*; Vormacht(stellung) *f*; **2.** *fig.* Vorherrschen *n*, Überˈwiegen *n*, ˈÜbergewicht *n* (***in*** in *dat.*, ***over*** über *acc.*); **3.** Überˈlegenheit *f*; **preˈdom·i·nant** [-nt] *adj.* □ **1.** vorherrschend, überˈwiegend, ˈvorwiegend; **2.** überˈlegen; **preˈdom·i·nate** [-neɪt] *v/i.* **1.** vorherrschen, überˈwiegen, vorwiegen; **2.** *zahlenmäßig, geistig, körperlich etc.* überˈlegen sein; **3.** die Oberhand *od.* das ˈÜbergewicht haben (***over*** über *acc.*); **4.** herrschen, die Herrschaft haben (***over*** über *acc.*).

pre·em·i·nence [ˌpriːˈemɪnəns] *s.* **1.** Herˈvorragen *n*, Überˈlegenheit *f* (***above, over*** über *acc.*); **2.** Vorrang *m*, -zug *m* (***over*** vor *dat.*); **3.** herˈvorragende Stellung; **ˌpre-ˈem·i·nent** [-nt] *adj.* □ herˈvorragend, überˈragend: ***be ~*** hervorstechen, sich hervortun.

pre·empt [ˌpriːˈempt] *v/t.* **1.** (*v/i.* Land) durch Vorkaufsrecht erwerben; **2.** (im voraus) mit Beschlag belegen; **ˌpre-ˈemp·tion** [-pʃn] *s.* Vorkauf(srecht *n*) *m*: ***~ price*** Vorkaufspreis *m*; **ˌpre-ˈemp·tive** [-tɪv] *adj.* **1.** Vorkaufs…: ***~ right***; **2.** ⚔ Präventiv…: ***~ strike*** Präventivschlag *m*; **ˌpreˈemp·tor** [-tə] *s.* Vorkaufsberechtigte(r *m*) *f*.

preen [priːn] *v/t. Gefieder etc.* putzen; *sein Haar* (her)richten: ***~ o.s.*** sich putzen (*a. Person*); ***~ o.s. on*** sich et. einbilden auf (*acc.*).

pre·en·gage [ˌpriːɪnˈgeɪdʒ] *v/t.* **1.** im vorˈaus *vertraglich* verpflichten; **2.** im vorˈaus in Anspruch nehmen; **3.** † vorbestellen; **ˌpre-enˈgage·ment** [-mənt] *s.* vorher eingegangene Verpflichtung, frühere Verbindlichkeit.

pre-ex·am·i·na·tion [ˈpriːɪgˌzæmɪˈneɪʃn] *s.* vorˈherige Vernehmung, ˈVorunterˌsuchung *f*, -prüfung *f*.

pre-ex·ist [ˌpriːɪgˈzɪst] *v/i.* vorher vorˈhanden sein *od.* existieren; **ˌpre·exˈist·ence** [-təns] *s. bsd. eccl.* früheres Dasein, Präexiˈstenz *f*.

pre·fab [ˈpriːfæb] **I** *adj.* → ***prefabricated***; **II** *s.* Fertighaus *n*.

pre·fab·ri·cate [ˌpriːˈfæbrɪkeɪt] *v/t.* vorfabrizieren, *genormte* Fertigteile für *Häuser etc.* herstellen; **ˌpreˈfab·ri·cat·ed** [-tɪd] *adj.* vorgefertigt, zs.-setzbar, Fertig…: ***~ house*** Fertighaus *n*; ***~ piece*** Bauteil *n*.

pref·ace [ˈprefɪs] **I** *s.* Vorwort *n*, -rede *f*; Einleitung *f* (*a. fig.*); **II** *v/t. Rede etc.* einleiten (*a. fig.*), ein Vorwort schreiben zu *e-m Buch*.

pref·a·to·ry [ˈprefətərɪ] *adj.* □ einleitend, Einleitungs…

pre·fect [ˈpriːfekt] *s.* **1.** *pol.* Präˈfekt *m*; **2.** *Brit.* Vertrauensschüler *m*.

pre·fer [prɪˈfɜː] *v/t.* **1.** (es) vorziehen (***to*** *dat.*, ***rather than*** statt); bevorzugen: ***I ~ to go today*** ich gehe lieber heute; ***~red*** † bevorzugt, Vorzugs…(*-aktie etc.*); **2.** befördern (***to*** [***the rank of***] zum); **3.** ⚖ *Gläubiger etc.* begünstigen, bevorzugt befriedigen; **4.** ⚖ *Gesuch, Klage* einreichen (***to*** bei, ***against*** gegen); *Ansprüche* erheben; **pref·er·a·ble** [ˈprefərəbl] *adj.* □ (***to***) vorzuziehen(d) (*dat.*); vorzüglicher (als); **pref·er·a·bly** [ˈprefərəblɪ] *adv.* vorzugsweise, lieber, am besten; **pref·er·ence** [ˈprefərəns] *s.* **1.** Bevorzugung *f*, Vorzug *m* (***above, before, over, to*** vor *dat.*); **2.** Vorliebe *f* (***for*** für): ***by ~*** mit (besonderer) Vorliebe; **3.** †, ⚖ a) Vor(zugs)recht *n*, Prioriˈtät *f*: ***~ bond*** Prioritätsobligation *f*; ***~ dividend*** *Brit.* Vorzugsdividende *f*; ***~ share*** (*od.* ***stock***) → e), b) Vorzug *m*, Bevorrechtigung *f*: ***~ as to dividends*** Dividendenbevorrechtigung *f*, c) bevorzugte Befriedigung (*a. Konkurs*): ***fraudulent ~*** Gläubigerbegünstigung *f*, d) *Zoll*: ˈMeistbegünstigung(staˌrif *m*) *f*, e) *Brit.* ˈVorzugsˌaktie *f*; **pref·er·en·tial** [ˌprefəˈrenʃl] *adj.* □ bevorzugt; *a.* †, ⚖ bevorrechtigt (*Forderung, Gläubiger etc.*), Vorzugs…(*-aktie, -dividende, -recht, -zoll*): ***~ treatment*** Vorzugsbehandlung *f*; **pref·er·en·tial·ly** [ˌprefəˈrenʃəlɪ] *adv.* vorzugsweise; **preˈfer·ment** [-mənt] *s.* **1.** Beförderung *f* (***to*** zu); **2.** höheres Amt, Ehrenamt *n* (*bsd. eccl.*); **3.** ⚖ Einreichung *f* (*Klage*).

pre·fig·u·ra·tion [ˈpriːˌfɪgjʊˈreɪʃn] *s.* **1.** vorbildhafte Darstellung, Vor-, Urbild *n*; **2.** vorˈherige Darstellung.

pre·fix **I** *v/t.* [ˌpriːˈfɪks] (*a. ling. Wort, Silbe*) vorsetzen, vorˈausgehen lassen (***to*** *dat.*); **II** *s.* [ˈpriːfɪks] *ling.* Präˈfix *n*, Vorsilbe *f*.

preg·gers [ˈpregəz] *adj.* F schwanger.

preg·nan·cy [ˈpregnənsɪ] *s.* **1.** Schwangerschaft *f*; *zo.* Trächtigkeit *f*; **2.** *fig.* Fruchtbarkeit *f*, Schöpferkraft *f*, Gedankenfülle *f*; **3.** *fig.* Präˈgnanz *f*, Bedeutungsgehalt *m*, -schwere *f*; **ˈpreg·nant** [-nt] *adj.* □ **1.** a) schwanger (*Frau*), b) trächtig (*Tier*); **2.** *fig.* fruchtbar, reich (***in*** an *dat.*); **3.** einfalls-, geistreich; **4.** *fig.* bedeutungsvoll, gewichtig; voll (***with*** von).

pre·heat [ˌpriːˈhiːt] *v/t.* vorwärmen (*a.* ⚙).

pre·hen·sile [prɪˈhensaɪl] *adj. zo.* Greif…: ***~ organ***.

pre·his·tor·ic, **pre·his·tor·i·cal** [ˌpriːhɪˈstɒrɪk(l)] *adj.* □ prähiˈstorisch, vorgeschichtlich; **pre·his·to·ry** [ˌpriːˈhɪstərɪ] *s.* Vor-, Urgeschichte *f*.

pre-ig·ni·tion [ˌpriːɪgˈnɪʃn] *s. mot.* Frühzündung *f*.

pre·judge [ˌpriːˈdʒʌdʒ] *v/t.* im vorˈaus *od.* vorschnell be- *od.* verurteilen.

prej·u·dice [ˈpredʒʊdɪs] **I** *s.* **1.** Vorurteil *n*, Voreingenommenheit *f*, *a.* ⚖ Befangenheit *f*; **2.** (*a.* ⚖) Nachteil *m*, Schaden *m*: ***to the ~ of*** zum Nachteil (*gen.*); ***without ~*** ohne Verbindlichkeit; ***without ~ to*** ohne Schaden für, unbeschadet (*gen.*); **II** *v/t.* **3.** mit e-m Vorurteil erfüllen, einnehmen (***in favo[u]r of*** für, ***against*** gegen): ***~d*** a) (vor)eingenommen, b) ⚖ befangen, c) vorgefaßt (*Meinung*); **4.** *a.* ⚖ beeinträchtigen, benachteiligen, schaden (*dat.*), *e-r Sache* abträglich sein; **prej·u·di·cial** [ˌpredʒʊˈdɪʃl] *adj.* □ nachteilig, schädlich (***to*** für): ***be ~ to*** → ***prejudice*** 4.

prel·a·cy [ˈpreləsɪ] *s. eccl.* **1.** Präläˈtur *f* (*Würde od. Amtsbereich*); **2.** *coll.* Präˈlaten(stand *m*, -tum *n*) *pl.*; **prel·ate** [ˈprelɪt] *s.* Präˈlat *m*.

pre·lect [prɪˈlekt] *v/i.* lesen, e-e Vorlesung *od.* Vorlesungen halten (***on, upon*** über *acc.*, ***to*** vor *dat.*); **preˈlec·tion** [-kʃn] *s.* Vorlesung *f*, Vortrag *m*; **preˈlec·tor** [-tə] *s.* Vorleser *m*, (Universiˈtäts)Lektor *m*.

pre·lim [ˈpriːlɪm] **1.** F → ***preliminary examination***; **2.** *pl. typ.* Titeˈlei *f*.

pre·lim·i·nar·y [prɪˈlɪmɪnərɪ] **I** *adj.* □ **1.** einleitend, vorbereitend, Vor…: ***~ discussion*** Vorbesprechung *f*; ***~ inquiry*** ⚖ Voruntersuchung *f*; ***~ measures*** vorbereitende Maßnahmen; ***~ round*** *sport* Vorrunde *f*; ***~ work*** Vorarbeit *f*; **2.** vorläufig: ***~ dressing*** ⚕ Notverband *m*; **II** *s.* **3.** *mst pl.* Einleitung *f*, Vorbereitung(en *pl.*) *f*, vorbereitende Maßnahmen *pl.*; *pl.* Prälimiˈnarien *pl.* (*a.* ⚖ *e-s Vertrags*); **4.** ⚖ Vorverhandlungen *pl.*; **5.** → ***~ ex·am·i·na·tion*** *s. univ.* **1.** Aufnahmeprüfung *f*; **2.** a) Vorprüfung *f*, b) ⚕ Physikum *n*.

prel·ude [ˈpreljuːd] **I** *s.* **1.** ♪ Vorspiel *n*, Einleitung *f* (*beide a. fig.*), Präˈludium *n*; *fig.* Auftakt *m*; **II** *v/t.* **2.** ♪ a) einleiten, b) als Präˈludium spielen; **3.** *bsd. fig.* einleiten, das Vorspiel *od.* der Auftakt sein zu; **III** *v/i.* **4.** ♪ a) ein Präˈludium spielen, b) als Vorspiel dienen (***to*** für, zu); **5.** *fig.* das Vorspiel *od.* die Einleitung bilden (***to*** zu).

pre·mar·i·tal [ˌpriːˈmærɪtl] *adj.* vorehelich.

pre·ma·ture [ˌpreməˈtjʊə] *adj.* □ **1.** früh-, vorzeitig, verfrüht: ***~ birth*** Frühgeburt *f*; ***~ ignition*** *mot.* Frühzündung *f*; **2.** *fig.* voreilig, -schnell, überˈeilt; **3.** frühreif; **ˌpre·maˈture·ness** [-nɪs], **ˌpre·maˈtu·ri·ty** [-ərətɪ] *s.* **1.** Frühreife *f*; **2.** Früh-, Vorzeitigkeit *f*; **3.** Überˈeiltheit *f*.

pre·med·i·cal [ˌpriːˈmedɪkl] *adj. univ. Am.* ˈvormediˌzinisch, in die Mediˈzin einführend: ***~ course*** Einführungskurs *m* in die Medizin; ***~ student*** Medizinstudent(in), der (die) e-n Einführungskurs besucht.

pre·me·di·e·val [ˈpriːˌmedɪˈiːvl] *adj.* frühmittelalterlich.

pre·med·i·tate [ˌpriːˈmedɪteɪt] *v/t. u. v/i.* vorher überˈlegen: ***~d murder*** vorsätzlicher Mord; **ˌpreˈmed·i·tat·ed·ly** [-tɪdlɪ] *adv.* mit Vorbedacht, vorsätzlich; **pre·med·i·ta·tion** [priːˌmedɪˈteɪʃn] *s.* Vorbedacht *m*; Vorsatz *m*.

pre·mi·er [ˈpremjə] **I** *adj.* erst; oberst, Haupt…; **II** *s.* Premiˈer(miˌnister) *m*, Miˈnisterpräsiˌdent(in).

pre·mière [prəˈmjeə] (*Fr.*) *thea.* **I** *s.* **1.** Premiˈere *f*, Ur-, Erstaufführung *f*; **2.** a) Darstellerin *f*, b) Primaballeˈrina *f*; **II** *v/t.* **3.** ur-, erstaufführen.

pre·mi·er·ship [ˈpremjəʃɪp] *s.* Amt *n od.* Würde *f* des Premiˈermiˌnisters.

prem·ise¹ [ˈpremɪs] *s.* **1.** *phls.* Präˈmisse *f*, Vorˈaussetzung *f*, Vordersatz *m e-s Schlusses*; **2.** ⚖ a) *pl. das* Obenerwähnte: ***in the ~s*** im Vorstehenden; ***in these ~s*** in Hinsicht auf das eben Erwähnte, b) obenerwähntes Grundstück; **3.** *pl.* a) Grundstück *n*, b) Haus *n* nebst Zubehör (*Nebengebäude, Grund u. Boden*), c) Loˈkal *n*, Räumlichkeiten *pl.*: ***business ~s*** Geschäftsräume *pl.*, Werksgelände *n*; ***licensed ~*** Schanklokal *n*; ***on the ~s*** an Ort u. Stelle, auf dem Grundstück, im Hause *od.* Lokal.

pre·mise² [prɪˈmaɪz] *v/t.* **1.** vorˈausschikken; **2.** *phls.* postulieren.

pre·mi·um [ˈpriːmjəm] *s.* **1.** (Leistungs-*etc.*)Prämie *f*, Bonus *m*; Belohnung *f*, Preis *m*; Zugabe *f*: **~ offers** ✝ Verkauf *m* mit Zugaben; **~ system** Prämienlohnsystem *n*; **2.** (Versicherungs)Prämie *f*: **free of ~** prämienfrei; **3.** ✝ Aufgeld *n*, Agio *n*: **at a ~** a) ✝ über Pari, b) *fig.* hoch im Kurs (stehend), sehr gesucht; **sell at a ~** a) (*v/i.*) über Pari stehen, b) (*v/t.*) mit Gewinn verkaufen; **4.** Lehrgeld *n e-s Lehrlings*, ˈAusbildungshonoˌrar *n*.

pre·mo·ni·tion [ˌpriːməˈnɪʃn] *s.* **1.** Warnung *f*; **2.** (Vor)Ahnung *f*, (Vor)Gefühl *n*; **pre·mon·i·to·ry** [prɪˈmɒnɪtərɪ] *adj.* warnend: **~ symptom** ⚕ Frühsymptom *n*.

pre·na·tal [ˌpriːˈneɪtl] *adj.* ⚕ vor der Geburt, vorgeburtlich, pränaˈtal: **~ care** Schwangerenvorsorge *f*.

pre·oc·cu·pan·cy [ˌpriːˈɒkjʊpənsɪ] *s.* **1.** (Recht *n* der) frühere(n) Besitznahme; **2.** (**in**) Beschäftigtsein *n* (mit), Vertieftsein *n* (in *acc.*); **pre·oc·cu·pa·tion** [priːˌɒkjʊˈpeɪʃn] *s.* **1.** vorˈherige Besitznahme; **2.** (**with**) Beschäftigtsein *n* (mit), Vertieftsein *n* (in *acc.*), Inˈanspruchnahme *f* (durch); **3.** Hauptbeschäftigung *f*; **4.** Vorurteil *n*, Voreingenommenheit *f*; ˌ**preˈoc·cu·pied** [-paɪd] *adj.* vertieft (**with** in *acc.*), gedankenverloren; **pre·oc·cu·py** [ˌpriːˈɒkjʊpaɪ] *v/t.* **1.** vorher *od.* vor anderen in Besitz nehmen; **2.** *j-n* (völlig) in Anspruch nehmen, *j-s Gedanken* ausschließlich beschäftigen, erfüllen.

pre·or·dain [ˌpriːɔːˈdeɪn] *v/t.* vorher anordnen, vorˈherbestimmen.

prep [prep] *s.* F **1.** a) *a.* **~ school** → **preparatory school**, b) *Am.* Schüler (-in) e-r **preparatory school**; **2.** *Brit.* → **preparation** 5.

pre·pack [ˌpriːˈpæk], **pre·pack·age** [ˌpriːˈpækɪdʒ] *v/t.* ✝ abpacken.

pre·paid [ˌpriːˈpeɪd] *adj.* vorˈausbezahlt; ✉ frankiert, (porto)frei.

prep·a·ra·tion [ˌprepəˈreɪʃn] *s.* **1.** Vorbereitung *f*: **in ~ for** als Vorbereitung auf (*acc.*); **make ~s** Vorbereitungen *od.* Anstalten treffen (**for** für); **2.** (Zu-)Bereitung *f* (*von Tee, Speisen etc.*), Herstellung *f*; ⚒, ⚙ Aufbereitung *f* (*von Erz, Kraftstoff etc.*); Vorbehandlung *f*, Imprägnieren *n* (*von Holz etc.*); **3.** ⚗, ⚕ Präpaˈrat *n*, *pharm. a.* Arzˈnei (-mittel *n*) *f*; **4.** Abfassung *f e-r Urkunde etc.*; Ausfüllen *n e-s Formulars*; **5.** *ped. Brit.* (Anfertigung *f* der) Hausaufgaben *pl.*, Vorbereitung(sstunde) *f*; **6.** ♪ a) (Dissoˈnanz)Vorbereitung *f*, b) Einleitung *f*; **pre·par·a·tive** [prɪˈpærətɪv] **I** *adj.* □ → **preparatory** I; **II** *s.* Vorbereitung *f*, vorbereitende Maßnahme (**for** auf *acc.*, **to** zu).

pre·par·a·to·ry [prɪˈpærətərɪ] **I** *adj.* □ **1.** vorbereitend, als Vorbereitung dienend (**to** für); **2.** Vor(bereitungs)...; **3. ~ to** *adv.* im Hinblick auf (*acc.*), vor (*dat.*): **~ to doing s.th.** bevor *od.* ehe man etwas tut; **II** *s.* **4.** *Brit.* → **~ school** *s.* (*Am.* priˈvate) Vor(bereitungs)schule.

pre·pare [prɪˈpeə] **I** *v/t.* **1.** (*a. Rede, Schularbeiten, Schüler etc.*) vorbereiten; zuˈrecht-, fertigmachen, (her)richten; *Speise etc.* (zu)bereiten; **2.** (aus)rüsten, bereitstellen; **3.** *j-n seelisch* vorbereiten (**to do** zu tun, **for** auf *acc.*): a) geneigt *od.* bereit machen, b) gefaßt machen: **~ o.s. to do s.th.** sich anschicken, et. zu tun; **4.** anfertigen, ausarbeiten, *Plan* entwerfen, *Schriftstück* abfassen; **5.** ⚗, ⚙ a) herstellen, anfertigen, b) präparieren, zurichten; **6.** *Kohle* aufbereiten; **II** *v/i.* **7.** (**for**) sich (*a. seelisch*) vorbereiten (auf *acc.*), sich anschicken *od.* rüsten, Vorbereitungen *od.* Anstalten treffen (für): **~ for war** (sich) zum Krieg rüsten; **~ to ...!** ⚔ Fertig zum ...!; **preˈpared** [-eəd] *adj.* **1.** vor-, zubereitet, bereit; **2.** *fig.* bereit, gewillt; **3.** gefaßt (**for** auf *acc.*); **preˈpar·ed·ness** [-eədnɪs] *s.* **1.** Bereitschaft *f*, -sein *n*; **2.** Gefaßtsein *n* (**for** auf *acc.*).

pre·pay [ˌpriːˈpeɪ] *v/t.* [*irr.* → **pay**] vorˈausbezahlen, *Brief etc.* frankieren; ˌ**preˈpay·ment** [-mənt] *s.* Vorˈaus(be)zahlung *f*; ✉ Frankierung *f*.

pre·pense [prɪˈpens] *adj.* □ ⚖ vorsätzlich, vorbedacht: **with** (*od.* **of**) **malice ~** in böswilliger Absicht.

pre·pon·der·ance [prɪˈpɒndərəns] *s.* **1.** ˈÜbergewicht *n* (*a. fig.* **over** über *acc.*); **2.** *fig.* Überˈwiegen *n* (*an Zahl etc.*), überˈwiegende Zahl (**over** über *acc.*); **preˈpon·der·ant** [-nt] *adj.* □ überˈwiegend, entscheidend; **pre·pon·der·ate** [prɪˈpɒndəreɪt] *v/i. fig.* überˈwiegen, vorherrschen: **~ over** (an Zahl) übersteigen, überlegen sein (*dat.*).

prep·o·si·tion [ˌprepəˈzɪʃn] *s. ling.* Präpositiˈon *f*, Verhältniswort *n*; ˌ**prep·o·ˈsi·tion·al** [-ʃənl] *adj.* □ präpositioˈnal.

pre·pos·sess [ˌpriːpəˈzes] *v/t.* **1.** *mst pass. j-n, j-s Geist* einnehmen (**in favo[u]r of** für): **~ed** voreingenommen; **~ing** einnehmend, anziehend; **2.** erfüllen (**with** mit *Ideen etc.*); ˌ**pre·posˈses·sion** [-eʃn] *s.* Voreingenommenheit *f* (**in favo[u]r of** für), Vorurteil *n* (**against** gegen); vorgefaßte (günstige) Meinung (**for** von).

pre·pos·ter·ous [prɪˈpɒstərəs] *adj.* □ **1.** abˈsurd, un-, ˈwidersinnig; **2.** lächerlich, groˈtesk.

pre·po·tence [prɪˈpəʊtəns], **preˈpo·ten·cy** [-sɪ] *s.* **1.** Vorherrschaft *f*, Überˈlegenheit *f*; **2.** *biol.* stärkere Vererbungskraft; **preˈpo·tent** [-nt] *adj.* **1.** vorherrschend, (an Kraft) überˈlegen; **2.** *biol.* sich stärker fortpflanzend *od.* vererbend.

pre·print **I** *s.* [ˈpriːprɪnt] **1.** Vorabdruck *m* (*e-s Buches etc.*); **2.** Teilausgabe *f*; **II** *v/t.* [ˌpriːˈprint] **3.** vorabdrucken.

pre·puce [ˈpriːpjuːs] *s. anat.* Vorhaut *f*.

Pre-Raph·a·el·ite [ˌpriːˈræfəlaɪt] *paint.* **I** *adj.* präraffaeˈlitisch; **II** *s.* Präraffaeˈlit(in).

pre·re·cord·ed [ˌpriːrɪˈkɔːdɪd] *adj.* bespielt (*Musikkassette etc.*).

pre·req·ui·site [ˌpriːˈrekwɪzɪt] **I** *adj.* vorˈauszusetzen(d), erforderlich (**for, to** für); **II** *s.* Vorbedingung *f*, (ˈGrund-)Vorˌaussetzung (**for, to** für).

pre·rog·a·tive [prɪˈrɒgətɪv] **I** *s.* Priviˈleg(ium) *n*, Vorrecht *n*: **royal ~** Hoheitsrecht *n*; **II** *adj.* bevorrechtigt: **~ right** Vorrecht.

pre·sage [ˈpresɪdʒ] **I** *v/t.* **1.** *mst Böses* ahnen; **2.** (vorher) anzeigen *od.* ankündigen; **3.** weissagen, propheˈzeien; **II** *s.* **4.** Omen *n*, Warnungs-, Anzeichen *n*; **5.** (Vor)Ahnung *f*, Vorgefühl *n*; **6.** Vorbedeutung *f*: **of evil ~**.

pres·by·op·ic [ˌprezbɪˈɒpɪk] *adj.* alters-(weit)sichtig.

pres·by·ter [ˈprezbɪtə] *s. eccl.* **1.** (Kirchen)Älteste(r) *m*; **2.** (Hilfs)Geistliche(r) *m* (*in Episkopalkirchen*); **Pres·by·te·ri·an** [ˌprezbɪˈtɪərɪən] **I** *adj.* presbyteriˈanisch; **II** *s.* Presbyteriˈaner(in); ˈ**pres·by·ter·y** [-tərɪ] *s.* **1.** Presbyˈterium *n* (*a.* ⚠ *Chor*); **2.** Pfarrhaus *n*.

pre·school *ped.* **I** *adj.* [ˌpriːˈskuːl] vorschulisch, Vorschul...: **~ child** noch nicht schulpflichtiges Kind; **II** *s.* [ˈpriː-skuːl] Vorschule *f*.

pre·sci·ence [ˈpresɪəns] *s.* Vorˈherwissen *n*, Vorˈaussicht *f*; ˈ**pre·sci·ent** [-nt] *adj.* □ vorˈherwissend, -sehend (**of** *acc.*).

pre·scribe [prɪˈskraɪb] **I** *v/t.* **1.** vorschreiben (**to s.o.** j-m), *et.* anordnen: (**as**) **~d** (wie) vorgeschrieben, vorschriftsmäßig; **2.** ⚕ verordnen, -schreiben (**for** *od.* **to s.o.** j-m, **for s.th.** gegen et.); **II** *v/i.* **3.** ⚕ et. verschreiben, ein Reˈzept ausstellen (**for s.o.** j-m); **4.** ⚖ a) verjähren, b) Verjährung *od.* Ersitzung geltend machen (**for, to** für, auf *acc.*).

pre·scrip·tion [prɪˈskrɪpʃn] **I** *s.* **1.** Vorschrift *f*, Verordnung *f*; **2.** ⚕ a) Reˈzept *n*, b) verordnete Mediˈzin; **3.** ⚖ a) (**positive**) **~** Ersitzung *f*, b) (**negative**) **~** Verjährung *f*; **II** *adj.* **4.** ärztlich verordnet: **~ glasses**; **~ pad** Rezeptblock *m*; **preˈscrip·tive** [-tɪv] *adj.* □ **1.** verordnend, vorschreibend; **2.** ⚖ a) ersessen: **~ right**, b) Verjährungs...: **~ period**; **~ debt** verjährte Schuld.

pre·se·lec·tion [ˌpriːsɪˈlekʃn] *s.* **1.** ⚙ Vorwahl *f*; **2.** *Radio*: ˈVorselektiˌon *f*; ˌ**pre·seˈlec·tive** [-ktɪv] *adj.* ⚙, *mot.* Vorwähler...: **~ gears**; ˌ**pre·seˈlec·tor** [-ktə] *s.* ⚙ Vorwähler *m*.

pres·ence [ˈprezns] *s.* **1.** Gegenwart *f*, Anwesenheit *f*, ⚔ *pol.* Präˈsenz *f*: **in the ~ of** in Gegenwart *od.* in Anwesenheit von *od. gen.*, *vor Zeugen*; **saving your ~** so sehr ich es bedaure, dies in Ihrer Gegenwart sagen zu müssen; → **mind** 2; **2.** (unmittelbare) Nähe, Vorˈhandensein *n*: **be admitted into the ~** (zur Audienz) vorgelassen werden; **in the ~ of danger** angesichts der Gefahr; **3.** hohe Perˈsönlichkeit(en *pl.*); **4.** Äußere(s) *n*, Aussehen *n*, (stattliche Erscheinung; *weitS.* Auftreten *n*, Haltung *f*; **5.** Anwesenheit *f e-s unsichtbaren Geistes*; **~ cham·ber** *s.* Audiˈenzsaal *m*.

pres·ent¹ [ˈpreznt] **I** *adj.* □ → **presently**; **1.** (*räumlich*) gegenwärtig, anwesend; vorˈhanden (*a.* ⚗ *etc.*): **~ company, those ~** die Anwesenden; **be ~ at** teilnehmen an (*dat.*), beiwohnen (*dat.*), zugegen sein bei; **~!** (*bei Namensaufruf*) hier!; **it is ~ to my mind** *fig.* es ist mir gegenwärtig; **2.** (*zeitlich*) gegenwärtig, jetzig, augenblicklich, momenˈtan: **the ~ day** (*od.* **time**) die Gegenwart; **~ value** Gegenwartswert *m*; **3.** heutig (*bsd. Tag*), laufend (*bsd. Jahr, Monat*); **4.** vorliegend (*Fall, Urkunde etc.*): **the ~ writer** der Schreiber *od.* Verfasser (dieser Zeilen); **5.** *ling.* **~ participle** Mittelwort *n* der Gegenwart, Partizip *n* Präsens; **~ perfect** Perfekt *n*, zweite Vergangenheit; **~ tense** → 7; **II** *s.* **6.** Gegenwart *f*: **at ~** gegenwärtig, im

Augenblick, jetzt, momentan; ***for the ~*** für den Augenblick, vorläufig, einstweilen; ***up to the ~*** bislang, bis dato; **7.** *ling.* Präsens *n*, Gegenwart *f*; **8.** *pl.* ⚖ (vorliegendes) Schriftstück *od.* Doku'ment: ***by these ~s*** hiermit, hierdurch; ***know all men by these ~s*** hiermit jedermann kund und zu wissen (*daß*).

pre·sent² [prɪ'zent] **I** *v/t.* **1.** (dar)bieten, (über)'reichen; *Nachricht etc.* über'bringen: ***~ one's compliments to*** sich *j-m* empfehlen; ***~ s.o. with*** j-n mit *et.* beschenken; ***~ s.th. to*** *j-m* et. schenken; **2.** *Gesuch etc.* einreichen, vorlegen, unter'breiten; ✝ *Scheck*, *Wechsel* (zur Zahlung) vorlegen, präsentieren; ⚖ *Klage* erheben: ***~ a case*** e-n Fall vor Gericht vertreten; **3.** *j-n für ein Amt* vorschlagen; **4.** *Bitte*, *Klage* vorbringen; *Gedanken*, *Wunsch etc.* äußern, unterbreiten; **5.** *j-n* vorstellen (***to*** *dat.*), einführen (***at*** bei *Hofe*): ***~ o.s.*** a) sich vorstellen, b) sich einfinden, erscheinen, sich melden (***for*** zu), c) *fig.* sich bieten (*Möglichkeit etc.*); **6.** *Schwierigkeiten* bieten, *Problem* darstellen; **7.** *thea. etc.* darbieten, *Film* vorführen, zeigen, *Sendung* bringen *od.* moderieren, *Rolle* spielen *od.* verkörpern; *fig.* vergegenwärtigen, darstellen, schildern; **8.** ⚔ a) *Gewehr* präsentieren, b) *Waffe* anlegen, richten (***at*** auf *acc.*).

pres·ent³ ['preznt] *s.* Geschenk *n*: ***make s.o. a ~ of s.th.*** j-m et. zum Geschenk machen.

pre·sent·a·ble [prɪ'zentəbl] *adj.* □ **1.** darstellbar; **2.** präsen'tabel (*Geschenk*); **3.** präsen'tabel (*Erscheinung*), anständig angezogen.

pres·en·ta·tion [ˌprezən'teɪʃn] *s.* **1.** Schenkung *f*, (feierliche) Über'reichung *od.* 'Übergabe: ***~ copy*** Widmungsexemplar *n*; **2.** Gabe *f*, Geschenk *n*; **3.** Vorstellung *f*, Einführung *f e-r Person*; **4.** Vorstellung *f*, Erscheinen *n*; **5.** *fig.* Darstellung *f*, Schilderung *f*, Behandlung *f e-s Falles*, *Problems etc.*; **6.** *thea.*, *Film*: Darbietung *f*, Vorführung *f*; *Radio*, *TV*: Moderati'on *f*; ⚕ Demonstrati'on *f* (*im Kolleg*); **7.** Einreichung *f e-s Gesuchs etc.*; ✝ Vorlage *f e-s Wechsels*: (***up***)***on ~*** gegen Vorlage; ***payable on ~*** zahlbar bei Sicht; **8.** Vorschlag(srecht *n*) *m*; Ernennung *f* (*Brit. a. eccl.*); **9.** ⚕ (Kinds)Lage *f im Uterus*; **10.** *psych.* a) Wahrnehmung *f*, b) Vorstellung *f*.

ˌ**pres·ent-'day** [ˌpreznt-] *adj.* heutig, gegenwärtig, mo'dern.

pre·sent·er [prɪ'zentə] *s. Brit.* ('Fernseh)Modeˌrator *m*.

pre·sen·tient [prɪ'senʃɪənt] *adj.* im vor'aus fühlend, ahnend (***of*** *acc.*); **pre·sen·ti·ment** [prɪ'zentɪmənt] *s.* (Vor-)Gefühl *n*, (*mst* böse Vor)Ahnung.

pres·ent·ly ['prezntlɪ] *adv.* **1.** (so-) 'gleich, bald (dar'auf), als'bald; **2.** jetzt, gegenwärtig; **3.** so'fort.

pre·sent·ment [prɪ'zentmənt] *s.* **1.** Darstellung *f*, 'Wiedergabe *f*, Bild *n*; **2.** *thea. etc.* Darbietung *f*, Aufführung *f*; **3.** ✝ (*Wechsel- etc.*)Vorlage *f*; **4.** ⚖ Anklage(schrift) *f*; Unter'suchung *f* von Amts wegen.

pre·serv·a·ble [prɪ'zɜːvəbl] *adj.* erhaltbar, zu erhalten(d), konservierbar; **pres·er·va·tion** [ˌprezə'veɪʃn] *s.* **1.** Bewahrung *f*, (Er)Rettung *f*, Schutz *m* (***from*** vor *dat.*): ***~ of natural beauty*** Naturschutz; **2.** Erhaltung *f*, Konservierung *f*: ***in good ~*** gut erhalten: ***~ of evidence*** ⚖ Beweissicherung *f*; **3.** Einmachen *n*, -kochen *n*, Konservierung *f* (*von Früchten etc.*); **pre'serv·a·tive** [-vətɪv] **I** *adj.* **1.** bewahrend, Schutz...: ***~ coat*** ⚙ Schutzanstrich *m*; **2.** erhaltend, konservierend; **II** *s.* **3.** Konservierungsmittel *n* (*a.* ⚙); **pre·serve** [prɪ'zɜːv] **I** *v/t.* **1.** bewahren, behüten, (er)retten, (be)schützen (***from*** vor *dat.*); **2.** erhalten, vor dem Verderb schützen: ***well-~d*** gut erhalten; **3.** aufbewahren, -heben; ⚖ *Beweise* sichern; **4.** konservieren (*a.* ⚙), *Obst etc.* einkochen, -machen, -legen: ***~d meat*** Büchsenfleisch *n*, *coll.* Fleischkonserven *pl.*; **5.** *hunt. bsd. Brit. Wild*, *Fische* hegen; **6.** *fig. Haltung*, *Ruhe*, *Andenken etc.* (be)wahren: ***~ silence***; **II** *s.* **7.** *mst pl.* Eingemachte(s) *n*, Kon'serve(n *pl.*) *f*; **8.** *oft pl.* a) *hunt. bsd. Brit.* ('Wild)Reserˌvat *n*, (Jagd-, Fisch)Gehege *n*, b) *fig.* Gehege *n*: ***poach on s.o.'s ~s*** j-m ins Gehege kommen (*a. fig.*); **pre'serv·er** [-və] *s.* **1.** Bewahrer(in), Erhalter(in), (Er)Retter(in); **2.** Konservierungsmittel *n*; **3.** 'Einkochappaˌrat *m*; **4.** *hunt. Brit.* Heger *m*, Wildhüter *m*.

pre·set [ˌpriː'set] *v/t.* [*irr.* → ***set***] ⚙ voreinstellen.

pre·shrink [ˌpriː'ʃrɪŋk] *v/t.* [*irr.* → ***shrink***] ⚙ *Stoffe* krumpfen; vorwaschen.

pre·side [prɪ'zaɪd] *v/i.* **1.** den Vorsitz haben *od.* führen (***at*** bei, ***over*** über *acc.*), präsidieren: ***~ over*** (*od.* ***at***) ***a meeting*** e-e Versammlung leiten; ***presiding judge*** ⚖ Vorsitzende(r *m*) *f*; **2.** ♪ *u. fig.* führen.

pres·i·den·cy ['prezɪdənsɪ] *s.* **1.** Prä'sidium *n*, Vorsitz *m*, (Ober)Aufsicht *f*; **2.** *pol.* a) Präsi'dentschaft *f*, b) Amtszeit *f e-s Präsidenten*; **3.** *eccl.* (***First*** ♀ oberste) Mor'monenbehörde *f*; **'pres·i·dent** [-nt] *s.* **1.** Präsi'dent *m* (*a. pol. u.* ⚖), Vorsitzende(r *m*) *f*, Vorstand *m e-r* Körperschaft; *Am.* ✝ (Gene'ral)Diˌrektor *m*: ***♀ of the Board of Trade*** *Brit.* Handelsminister *m*; **2.** *univ. bsd. Am.* Rektor *m*; **pres·i·dent e·lect** *s. der* gewählte Präsi'dent (*vor Amtsantritt*); **pres·i·den·tial** [ˌprezɪ'denʃl] *adj.* □ Präsidenten..., Präsidentschafts...: ***~ message*** *Am.* Botschaft *f* des Präsidenten an den Kongreß; ***~ primary*** *Am.* Vorwahl *f* zur Nominierung des Präsidentschaftskandidaten *e-r Partei*; ***~ system*** Präsidialsystem *n*; ***~ term*** Amtsperiode *f* des Präsidenten; ***~ year*** *Am.* F Jahr *n* der Präsidentenwahl.

press [pres] **I** *v/t.* **1.** *allg.*, *a. j-m die Hand* drücken, pressen (*a.* ⚙); **2.** drükken auf (*acc.*): ***~ the button*** auf den Knopf drücken (*a. fig.*); **3.** *Saft*, *Frucht etc.* (aus)pressen, keltern; **4.** (*vorwärts-*, *weiter- etc.*)drängen, (-)treiben: ***~ on***; **5.** *j-n* (be)drängen: a) in die Enge treiben, zwingen (***to do*** zu tun), b) *j-m* zusetzen, *j-n* bestürmen: ***~ s.o. for*** j-n dringend um *et.* bitten, von j-m *Geld* erpressen; ***be ~ed for money*** (***time***) in Geldverlegenheit sein (unter Zeitdruck stehen, es eilig haben); ***hard ~ed*** in Bedrängnis; **6.** ([***up***]***on*** *j-m*) *et.* aufdrängen, -nötigen; **7.** *Kleidungsstück* plätten; **8.** Nachdruck legen auf (*acc.*): ***~ a charge*** Anklage erheben; ***~ one's point*** auf s-r Forderung *od.* Meinung nachdrücklich bestehen; ***~ the point that*** nachdrücklich betonen, daß; ***~ home*** a) *Forderung etc.* 'durchsetzen, b) *Angriff* energisch 'durchführen, c) *Vorteil* ausnutzen (wollen); **9.** ⚔, ⚓ *in den Dienst* pressen; **II** *v/i.* **10.** drücken, (e-n) Druck ausüben (*a. fig.*); **11.** drängen, pressieren: ***time ~es*** die Zeit drängt; **12.** ***~ for*** dringen *od.* drängen auf (*acc.*), fordern; **13.** (sich) *wohin* drängen: ***~ forward*** (sich) vor(wärts)-drängen; ***~ on*** vorwärtsdrängen, weitereilen; ***~ in upon s.o.*** auf j-n eindringen (*a. fig.*); **III** *s.* **14.** (*Frucht-*, *Wein-etc.*)Presse *f*; **15.** *typ.* a) (Drucker-)Presse *f*, b) Drucke'rei(anstalt *f*, -raum *m*, -wesen *n*) *f*, c) Druck(en *n*) *m*: ***correct the ~*** Korrektur lesen; ***go to*** (***the***) ***~*** in Druck gehen; ***send to*** (***the***) ***~*** in Druck geben; ***in the ~*** im Druck; ***ready for the ~*** druckfertig; **16.** ***the ~*** die Presse (*Zeitungswesen*, *a. coll. die Zeitungen od. die Presseleute*): ***~ campaign*** Pressefeldzug *m*; ***~ conference*** Pressekonferenz *f*; ***~ photographer*** Pressephotograph *m*; ***have a good*** (***bad***) ***~*** e-e gute (schlechte) Presse haben; **17.** Spanner *m für Skier od. Tennisschläger*; **18.** (*Bücher- etc.*, *bsd. Wäsche*)Schrank *m*; **19.** *fig.* a) Druck *m*, Hast *f*, b) Dringlichkeit *f*, Drang *m der Geschäfte*: ***the ~ of business***; **20.** ⚔, ⚓ *hist.* Zwangsaushebung *f*; ***~ a·gen·cy*** *s.* 'Presseagenˌtur *f*; ***~ a·gent*** *s. thea. etc.* 'Presseaˌgent *m*; ***~ bar·on*** *s.* Pressezar *m*; ***'~-box*** *s.* 'Pressetriˌbüne *f*; ***~ but·ton*** *s.* ⚡ (Druck)Knopf *m*; ***~ clip·ping*** *Am.* → ***press cutting***; ***~ cop·y*** *s.* **1.** 'Durchschlag *m*; **2.** Rezensi'onsexemˌplar *n*; ***~ cor·rec·tor*** *s. typ.* Kor'rektor *m*; ***♀ Coun·cil*** *s. Brit.* Presserat *m*; ***~ cut·ting*** *s. Brit.* Zeitungsausschnitt *m*.

pressed [prest] *adj.* gepreßt, Preß... (*-glas*, *-käse*, *-öl*, *-ziegel etc.*); **'press·er** [-sə] *s.* **1.** ⚙ Presser(in); **2.** *typ.* Drukker *m*; **3.** Bügler(in); **4.** ⚙ Preßvorrichtung *f*; **5.** *typ. etc.* Druckwalze *f*.

press| gal·ler·y *s. parl. bsd. Brit.* 'Pressetriˌbüne *f*; **'~-gang I** *s.* ⚓ *hist.* 'Preßpaˌtrouille *f*; **II** *v/t.*: ***~ s.o. into doing s.th.*** F j-n zu et. zwingen.

press·ing ['presɪŋ] **I** *adj.* □ **1.** pressend, drückend; **2.** *fig.* a) (be)drückend, b) dringend, dringlich; **II** *s.* **3.** (Aus)Pressen *n*; **4.** ⚙ a) Stanzen *n*, b) *Papierfabrikation*: Satinieren *n*; **5.** ⚙ Preßling *m*; **6.** *Schallplattenfabrikation*: a) Preßplatte *f*, b) Pressung *f*, c) Auflage *f*.

press| law *s. mst pl.* Pressegesetz(e *pl.*) *n*; **~ lord** *s.* Pressezar *m*; **'~·man** [-mən] *s.* [*irr.*] **1.** (Buch)Drucker *m*; **2.** Zeitungsmann *m*, Pressevertreter *m*; **'~-mark** *s.* Signa'tur *f*, Biblio'theksnummer *f e-s Buches*; **~ proof** *s. typ.* letzte Korrek'tur, Ma'schinenrevisiˌon *f*; **~ re·lease** *s.* Presseverlautbarung *f*; **~ room** *s.* Drucke'rei(raum *m*) *f*, Ma'schinensaal *m*; **'~-stud** *s.* Druckknopf *m*; **ˌ~-to-'talk but·ton** *s.* Sprechtaste *f*; **'~-up** *s. sport* Liegestütz *m*.

pres·sure ['preʃə] **I** *s.* **1.** Druck *m* (*a.*

⚙, *phys.*): **~ hose** (**pump**, **valve**) ⚙ Druckschlauch *m*, (-pumpe *f*, -ventil *n*); **work at high ~** mit Hochdruck arbeiten (*a. fig.*); **2.** *meteor.* (Luft)Druck *m*: **high** (**low**) **~** Hoch-(Tief)druck; **3.** *fig.* Druck *m* (*Last od. Zwang*): **act under ~** unter Druck handeln; **bring ~ to bear upon** auf *j-n* Druck ausüben; **the ~ of business** der Drang *od.* Druck der Geschäfte; **~ of taxation** Steuerdruck *m*, -last *f*; **4.** *fig.* Drangsal *f*, Not *f*: **monetary ~** Geldknappheit *f*; **~ of conscience** Gewissensnot *f*; **II** *v/t.* **5.** → **pressurize** 1; **6.** *fig. j-n* (dazu) treiben *od.* zwingen (**into doing** et. zu tun); **~ cab·in** *s.* ✈ 'Druckausgleichska,bine *f*; **~ cook·er** *s.* Schnellkochtopf *m*; **~ drop** *s.* **1.** ⚙ Druckgefälle *n*; **2.** ⚡ Spannungsabfall *m*; **~ e·qual·i·za·tion** *s.* Druckausgleich *m*; **~ ga(u)ge** *s.* ⚙ Druckmesser *m*, Mano'meter *n*; **~ group** *s. pol.* Inter'essengruppe *f*; **~ lu·bri·ca·tion** *s.* ⚙ 'Druck(,umlauf)-,schmierung *f*; **'~-,sen·si·tive** *adj.* ⚕ druckempfindlich; **~ suit** *s.* ✈ ('Über-)Druckanzug *m*; **~ tank** *s.* ⚙ Druckbehälter *m*.

pres·sur·ize ['preʃəraɪz] *v/t.* **1.** ⚗, ⚙ unter Druck setzen (*a. fig.*), unter 'Überdruck halten, *bsd.* ✈ druckfest machen: **~d cabin** → **pressure cabin**; **2.** ⚗ belüften.

'press·work *s. typ.* Druckarbeit *f*.

pres·ti·dig·i·ta·tion ['prestɪ,dɪdʒɪ'teɪʃn] *s.* **1.** Fingerfertigkeit *f*; **2.** Taschenspielerkunst *f*; **pres·ti·dig·i·ta·tor** [,prestɪ'dɪdʒɪteɪtə] *s.* Taschenspieler *m* (*a. fig.*).

pres·tige [pre'sti:ʒ] (*Fr.*) *s.* Pre'stige *n*, Geltung *f*, Ansehen *n*.

pres·tig·ious [pre'stɪdʒəs] *adj.* berühmt, renom'miert.

pres·to ['prestəʊ] (*Ital.*) **I** *adv.* ♪ presto, (sehr) schnell (*a. fig.*): **hey ~, pass!** Hokuspokus (Fidibus)! (*Zauberformel*); **II** *adj.* blitzschnell.

pre·stressed [,pri:'strest] *adj.* ⚙ vorgespannt: **~ concrete** Spannbeton *m*.

pre·sum·a·ble [prɪ'zju:məbl] *adj.* □ vermutlich, mutmaßlich, wahr'scheinlich; **pre·sume** [prɪ'zju:m] **I** *v/t.* **1.** *als wahr* annehmen, vermuten; vor'aussetzen; schließen (**from** aus): **~d dead** verschollen; **2.** sich *et.* erlauben; **II** *v/i.* **3.** vermuten, mutmaßen: **I ~** (wie) ich vermute, vermutlich; **4.** sich her'ausnehmen, sich erdreisten, (es) wagen (**to** *inf.* zu *inf.*); anmaßend sein; **5. ~** (**up**)**on** ausnutzen *od.* miß'brauchen (*acc.*); **pre'sum·ed·ly** [-mɪdlɪ] *adv.* vermutlich; **pre'sum·ing** [-mɪŋ] *adj.* □ → **presumptuous** 1.

pre·sump·tion [prɪ'zʌmpʃn] *s.* **1.** Vermutung *f*, Annahme *f*, Mutmaßung *f*; **2.** ⚖ Vermutung *f*, Präsumti'on *f*: **~ of death** Todesvermutung, Verschollenheit *f*; **~ of law** Rechtsvermutung *f* (*der Wahrheit bis zum Beweis des Gegenteils*); **3.** Wahrscheinlichkeit *f*: **there is a strong ~ of his death** es ist (mit Sicherheit) anzunehmen, daß er tot ist; **4.** Vermessenheit *f*, Anmaßung *f*, Dünkel *m*; **pre'sump·tive** [-ptɪv] *adj.* □ vermutlich, mutmaßlich, präsum'tiv: **~ evidence** ⚖ Indizienbeweis *m*; **~ title** ⚖ präsumtives Eigentum; **pre'sump·tu·ous** [-ptjʊəs] *adj.* □ **1.** anmaßend, vermessen, dreist; **2.** über'heblich, dünkelhaft.

pre·sup·pose [,pri:sə'pəʊz] *v/t.* vor'aussetzen: a) im vor'aus annehmen, b) zur Vor'aussetzung haben; **pre·sup·po·si·tion** [,pri:sʌpə'zɪʃn] *s.* Vor'aussetzung *f*.

pre·tax [,pri:'tæks] *adj.* ✝ vor Abzug der Steuern, *a.* Brutto...

pre·teen [,pri:'ti:n] *adj. u. s.* (Kind *n*) im Alter zwischen 10 u. 12.

pre·tence [prɪ'tens] *s.* **1.** Anspruch *m*: **make no ~ to** keinen Anspruch erheben auf (*acc.*); **2.** Vorwand *m*, Scheingrund *m*, Vortäuschung *f*: **false ~s** ⚖ Arglist *f*; **under false ~s** arglistig, unter Vorspiegelung falscher Tatsachen; **3.** *fig.* Schein *m*, Verstellung *f*: **make ~ of doing s.th.** sich den Anschein geben, als tue man etwas.

pre·tend [prɪ'tend] **I** *v/t.* **1.** vorgeben, -täuschen, -schützen, -heucheln; so tun als ob: **~ to be sick** sich krank stellen, krank spielen; **2.** → **presume** 2–4; **II** *v/i.* **3.** sich verstellen, heucheln: **he is only ~ing** er tut nur so; **4.** Anspruch erheben (**to** auf *den Thron etc.*); **pre'tend·ed** [-dɪd] *adj.* □ vorgetäuscht, an-, vorgeblich; **pre'tend·er** [-də] *s.* **1.** Beanspruchende(r *m*) *f*; **2.** ('Thron-)Präten,dent *m*, Thronbewerber *m*.

pre·tense *Am.* → **pretence**.

pre·ten·sion [prɪ'tenʃn] *s.* **1.** Anspruch *m* (**to** auf *acc.*): **of great ~s** anspruchsvoll; **2.** Anmaßung *f*, Dünkel *m*; **pre'ten·tious** [-ʃəs] *adj.* □ **1.** anmaßend; **2.** prätenti'ös, anspruchsvoll; **3.** protzig; **pre'ten·tious·ness** [-ʃəsnɪs] *s.* Anmaßung *f*.

preter- [pri:tə] *in Zssgn* (hin'ausgehend) über (*acc.*), mehr als.

pret·er·it(e) ['pretərɪt] *ling.* **I** *adj.* Vergangenheits...; **II** *s.* Prä'teritum *n*, (erste) Vergangenheit; **,~-'pres·ent** [-'preznt] *s.* Prä'terito,präsens *n*.

pre·ter·nat·u·ral [,pri:tə'nætʃrəl] *adj.* □ **1.** ab'norm, außergewöhnlich; **2.** 'überna,türlich.

pre·text ['pri:tekst] *s.* Vorwand *m*, Ausrede *f*: **under** (*od.* **on**) **the ~ of** unter dem Vorwand (*gen.*).

pre·tri·al [,pri:'traɪəl] ⚖ **I** *s.* Vorverhandlung *f*; **II** *adj.* vor der (Haupt)Verhandlung, Untersuchungs...

pret·ti·fy ['prɪtɪfaɪ] *v/t.* F verschönern, hübsch machen; **'pret·ti·ly** [-ɪlɪ] *adv.* → **pretty** 1; **'pret·ti·ness** [-ɪnɪs] *s.* **1.** Hübschheit *f*, Niedlichkeit *f*; Anmut *f*; **2.** Geziertheit *f*; **pret·ty** ['prɪtɪ] **I** *adj.* □ **1.** hübsch, nett, niedlich; **2.** (*a. iro.*) schön, fein, tüchtig: **a ~ mess!** e-e schöne Geschichte!; **3.** F ‚(ganz) schön', ‚hübsch', beträchtlich: **it costs a ~ penny** es kostet e-e schöne Stange Geld; **II** *adv.* **4.** a) ziemlich, ganz, b) einigermaßen, leidlich: **~ cold** ganz schön kalt; **~ good** recht gut, nicht schlecht; **~ much the same thing** so ziemlich dasselbe; **~ near** nahe daran, ziemlich nahe; **5. sitting ~** *sl.* wie der Hase im Kohl, ‚warm' (sitzend); **II** *v/t.* **6. ~ up** *et.* hübsch machen, ‚aufpolieren'.

pret·zel ['pretsəl] *s.* (Salz)Brezel *f*.

pre·vail [prɪ'veɪl] *v/i.* **1.** (**over**, **against**) die Oberhand *od.* das 'Übergewicht gewinnen *od.* haben (über *acc.*), (*a.* ⚖ ob)siegen; *fig. a.* sich 'durchsetzen *od.* behaupten (gegen); **2.** *fig.* ausschlag-, maßgebend sein; **3.** *fig.* (vor)herrschen; (weit) verbreitet sein; **4. ~** (**up**)**on s.o. to do** j-n dazu bewegen *od.* bringen, *et.* zu tun; **pre'vail·ing** [-lɪŋ] *adj.* □ **1.** über'legen: **~ party** ⚖ obsiegende Partei; **2.** (vor)herrschend, maßgebend: **the ~ opinion** die herrschende Meinung; **under the ~ circumstances** unter den obwaltenden Umständen; **~ tone** ✝ Grundstimmung *f*; **prev·a·lence** ['prevələns] *s.* **1.** (Vor)Herrschen *n*; Über'handnehmen *n*; **2.** (allgemeine) Gültigkeit; **prev·a·lent** ['prevələnt] *adj.* □ (vor)herrschend, über'wiegend; häufig, weit verbreitet.

pre·var·i·cate [prɪ'værɪkeɪt] *v/i.* Ausflüchte machen; die Wahrheit verdrehen; **pre·var·i·ca·tion** [prɪ,værɪ'keɪʃn] *s.* **1.** Ausflucht *f*, Tatsachenverdrehung *f*, Winkelzug *m*; **2.** ⚖ Anwaltstreubruch *m*; **pre'var·i·ca·tor** [-tə] *s.* Ausflüchtemacher(in), Wortverdreher(in).

pre·vent [prɪ'vent] *v/t.* **1.** verhindern, -hüten; *e-r Sache* vorbeugen *od.* zu'vorkommen; **2.** (**from**) *j-n* hindern (an *dat.*), abhalten (von): **~ s.o. from coming** j-n am Kommen hindern, j-n vom Kommen abhalten; **pre'vent·a·ble** [-təbl] *adj.* verhütbar, abwendbar; **pre'ven·tion** [-nʃn] *s.* **1.** Verhinderung *f*, Verhütung *f*: **~ of accidents** Unfallverhütung; **2.** *bsd.* ⚕ Vorbeugung *f*; **pre'ven·tive** [-tɪv] **I** *adj.* □ **1.** *a.* ⚕ vorbeugend, prophy'laktisch, Vorbeugungs...: **~ medicine** Vorbeugungsmedizin *f*; **2.** *bsd.* ⚖ präven'tiv: **~ arrest** Schutzhaft *f*; **~ detention** a) Sicherungsverwahrung, b) *Am.* Vorbeugehaft *f*; **~ war** *pol.* Präventivkrieg *m*; **II** *s.* **3.** *a.* ⚕ Vorbeugungs-, Schutzmittel *n*; **4.** Schutz-, Vorsichtsmaßnahme *f*.

pre·view ['pri:vju:] *s.* **1.** Vorbesichtigung *f*; *Film*: a) Probeaufführung *f*, b) (Pro'gramm)Vorschau *f*; *Radio*, *TV*: Probe *f*; **2.** Vorbesprechung *f e-s Buches*; **3.** (Vor)'Ausblick *m*.

pre·vi·ous ['pri:vjəs] **I** *adj.* □ → **previously**; **1.** vor'her-, vor'ausgehend, früher, vor'herig, Vor...: **~ conviction** ⚖ Vorstrafe *f*; **~ holder** ✝ Vor(der)mann *m*; **~ question** *parl.* Vorfrage, ob ohne weitere Debatte abgestimmt werden soll; **move the ~ question** Übergang zur Tagesordnung beantragen; **without ~ notice** ohne vorherige Ankündigung; **2.** *mst* **too ~** F verfrüht, voreilig; **II** *adv.* **3. ~ to** bevor, vor (*dat.*); **~ to that** zuvor; **'pre·vi·ous·ly** [-lɪ] *adv.* vorher, früher.

pre·vo·ca·tion·al [,pri:vəʊ'keɪʃənl] *adj.* vorberuflich.

pre·vue ['pri:vju:] *s. Am.* (Film)Vorschau *f*.

pre·war [,pri:'wɔ:] *adj.* Vorkriegs...

prey [preɪ] **I** *s.* **1.** *zo. u. fig.* Raub *m*, Beute *f*, Opfer *n*: → **beast** 1, **bird** 1; **become** (*od.* **fall**) **a ~ to** *j-m od. e-r Sache* zum Opfer fallen; **II** *v/i.* **2.** auf Raub *od.* Beute ausgehen; **3. ~** (**up**)**on** a) *zo.* Jagd machen auf (*acc.*), erbeuten, fressen, b) *fig.* berauben, aussaugen, c) *fig.* nagen *od.* zehren an (*dat.*): **it ~ed upon his mind** es ließ ihm keine Ruhe, der Gedanke quälte ihn.

price [praɪs] **I** *s.* **1.** ✝ a) (Kauf)Preis *m*, Kosten *pl.*, b) *Börse*: Kurs(wert) *m*: **~**

of issue Emissionspreis; ***bid ~*** gebotener Preis, *Börse*: Geldkurs; ***share*** (*od.* ***stock***) **~** Aktienkurs; ***secure a good ~*** e-n guten Preis erzielen; ***every man has his ~*** *fig.* keiner ist unbestechlich; (***not***) ***at any ~*** um jeden (keinen) Preis; **2.** (Kopf)Preis *m*: ***set a ~ on s.o.'s head*** e-n Preis auf j-s Kopf aussetzen; **3.** *fig.* Lohn *m*, Preis *m*; **4.** (Wett-)Chance(n *pl.*) *f*: ***what ~ ...?*** *sl.* wie steht es mit ...?, welche Chancen hat ...?; **II** *v/t.* **5.** ✝ a) den Preis festsetzen für, b) *Waren* auszeichnen: ***~d*** mit Preisangaben (*Katalog*); ***high-~d*** hoch im Preis, teuer; **6.** bewerten: ***~ s.th. high*** (***low***) e-r Sache großen (geringen) Wert beimessen; **7.** F nach dem Preis *e-r Ware* fragen; **'~-ˌcon·scious** *adj.* preisbewußt; **~ con·trol** *s.* 'Preiskonˌtrolle *f*, -überˌwachung *f*; **~ cut** *s.* Preissenkung *f*; **~ cut·ting** *s.* Preisdrücke'rei *f*, -senkung *f*, 'Preisunterˌbietung *f*; **~ freeze** *s.* Preisstopp *m*.

price·less ['praɪslɪs] *adj.* unschätzbar, unbezahlbar (*a.* F *köstlich*).

price| lev·el *s.* 'Preisniˌveau *n*; **~ lim·it** *s.* (Preis)Limit *n*, Preisgrenze *f*; **~ list** *s.* **1.** Preisliste *f*; **2.** *Börse*: Kurszettel *m*; **'~-mainˌtained** *adj.* ✝ preisgebunden (*Ware*); **~ main·te·nance** *s.* ✝ Preisbindung *f*; **~ range** *s.* Preisklasse *f*; **~ tag**, **~ tick·et** *s.* Preisschild *n*, -zettel *m*.

pric·ey ['praɪsɪ] *adj.* F (ganz schön) teuer.

prick [prɪk] **I** *s.* **1.** (*Insekten-*, *Nadel- etc.*)Stich *m*; **2.** stechender Schmerz, Stich *m*: ***~s of conscience*** *fig.* Gewissensbisse; **3.** spitzer Gegenstand; Stachel *m* (*a. fig.*): ***kick against the ~s*** wider den Stachel löcken; **4.** V a) ,Schwanz' *m*, b) ,blöder Hund'; **II** *v/t.* **5.** (ein-, 'durch)stechen, ,piken': ***~ one's finger*** sich in den Finger stechen; ***his conscience ~ed him*** *fig.* er bekam Gewissensbisse; **6.** *a.* ***~ out*** (aus)stechen, lochen; *Muster etc.* punktieren; **7.** pikieren: ***~ in*** (***out***) ein-(aus)pflanzen; **8.** prickeln auf *od.* in (*dat.*); **9.** ***~ up one's ears*** die Ohren spitzen (*a. fig.*); **III** *v/i.* **10.** stechen (*a. Schmerzen*); **11.** prickeln; **12.** ***~ up*** sich aufrichten (*Ohren etc.*); **'prick·er** [-kə] *s.* **1.** ⚙ Pfriem *m*, Ahle *f*; **2.** *metall.* Schießnadel *f*; **'prick·et** [-kɪt] *s.* *zo.* Spießbock *m*.

prick·le ['prɪkl] **I** *s.* **1.** Stachel *m*, Dorn *m*; **2.** Prickeln *n*, Kribbeln *n* (*der Haut*); **II** *v/i.* **3.** stechen; **4.** prickeln, kribbeln; **'prick·ly** [-lɪ] *adj.* **1.** stachelig, dornig; **2.** stechend, pickelnd: ***~ heat*** Frieselausschlag *m*, Hitzebläschen *pl.*; **3.** *fig.* reizbar.

pric·y ['praɪsɪ] → ***pricey***.

pride [praɪd] **I** *s.* **1.** Stolz *m* (*a. Gegenstand des Stolzes*): ***civic ~*** Bürgerstolz *m*; ***~ of place*** Ehrenplatz *m*, *fig.* Vorrang *m*, *b.s.* Standesdünkel *m*; ***take ~ of place*** die erste Stelle einnehmen; ***take*** (***a***) ***~ in*** stolz sein auf (*acc.*); ***he is the ~ of his family*** er ist der Stolz s-r Familie; **2.** *b.s.* Stolz *m*, Hochmut *m*: ***~ goes before a fall*** Hochmut kommt vor dem Fall; **3.** *rhet.* Pracht *f*; **4.** Höhe *f*, Blüte *f*: ***~ of the season*** beste Jahreszeit; ***in the ~ of his years*** in s-n besten Jahren; **5.** *zo.* (Löwen)Rudel *n*; **6.** ***in his ~*** *her.* radschlagend (*Pfau*); **II** *v/t.* **7.** ***~ o.s.*** (***on***, ***upon***) stolz sein (auf *acc.*), sich et. einbilden (auf *acc.*), sich brüsten (mit).

priest [pri:st] *s.* Priester *m*, Geistliche(r) *m*; **'priest·craft** *s.* *contp.* Pfaffenlist *f*; **'priest·ess** [-tɪs] *s.* Priesterin *f*; **'priest·hood** [-hʊd] *s.* **1.** Priesteramt *n*, -würde *f*; **2.** Priesterschaft *f*, Priester *pl.*; **'priest·ly** [-lɪ] *adj.* priesterlich, Priester...

prig [prɪg] *s.* (selbstgefälliger) Pe'dant; eingebildeter Mensch; Tugendbold *m*; **'prig·gish** [-gɪʃ] *adj.* □ **1.** selbstgefällig, eingebildet; **2.** pe'dantisch; **3.** tugendhaft.

prim [prɪm] **I** *adj.* □ **1.** steif, for'mell, *a.* affektiert, gekünstelt; **2.** spröde, ,etepe'tete'; **3.** → ***priggish***; **II** *v/t.* **4.** *Mund*, *Gesicht* affektiert verziehen.

pri·ma·cy ['praɪməsɪ] *s.* **1.** Pri'mat *m*, *n*, Vorrang *m*, Vortritt *m*; **2.** *eccl.* Pri'mat *m*, *n* (*Würde*, *Sprengel e-s Primas*); **3.** *R.C.* Pri'mat *m*, *n* (*Gerichtsbarkeit des Papstes*).

pri·ma don·na [ˌpri:mə'dɒnə] *s.* ♪ Prima'donna *f* (*a. fig.*).

pri·ma fa·ci·e [ˌpraɪmə'feɪʃi:] (*Lat.*) *adj. u. adv.* dem (ersten) Anschein nach: ***~ case*** ⚖ Fall, bei dem der Tatbestand einfach liegt; ***~ evidence*** ⚖ a) glaubhafter Beweis, b) Beweis des ersten Anscheins.

pri·mal ['praɪml] *adj.* □ **1.** erst, frühest, ursprünglich; **2.** wichtigst, Haupt...; **'pri·ma·ri·ly** [-mərəlɪ] *adv.* in erster Linie; **pri·ma·ry** ['praɪmərɪ] **I** *adj.* □ **1.** erst, ursprünglich, Anfangs..., Ur...: ***~ instinct*** Urinstinkt *m*; ***~ matter*** Urstoff *m*; ***~ rocks*** Urgestein *n*, -gebirge *n*; ***~ scream*** *psych.* Urschrei *m*; **2.** pri'mär, hauptsächlich, wichtigst, Haupt...: ***~ accent*** *ling.* Hauptakzent *m*; ***~ concern*** Hauptsorge *f*; ***~ industry*** Grundstoffindustrie *f*; ***~ liability*** ⚖ unmittelbare Haftung; ***~ road*** Straße *f* erster Ordnung; ***~ share*** ✝ Stammaktie *f*; ***of ~ importance*** von höchster Wichtigkeit; **3.** grundlegend, elemen'tar, Grund...: ***~ education*** Volksschul-, *Am.* Grundschul(aus)bildung *f*; ***~ school*** Volks-, *Am.* Grundschule *f*; **4.** ⚡ Primär...(*-batterie*, *-spule*, *-strom etc.*); **5.** ⚕ Primär...: ***~ tumo***(***u***)***r*** Primärtumor *m*; **II** *s.* **6.** *a.* ***~ colo***(***u***)***r*** Pri'mär-, Grundfarbe *f*; **7.** *a.* ***~ feather*** *orn.* Haupt-, Schwungfeder *f*; **8.** *pol. Am.* a) *a.* ***~ election*** Vorwahl *f* (*zur Aufstellung von Wahlkandidaten*), b) *a.* ***~ meeting*** (*innerparteiliche*) Versammlung zur Nominierung der 'Wahlkandiˌdaten; **9.** *a.* ***~ planet*** *ast.* 'Hauptplaˌnet *m*.

pri·mate ['praɪmət] *s.* *eccl. Brit.* Primas *m*: ***2 of England*** (*Titel des Erzbischofs von York*); ***2 of All England*** (*Titel des Erzbischofs von Canterbury*); **pri·ma·tes** [praɪ'meɪti:z] *s. pl. zo.* Pri'maten *pl.*

prime [praɪm] **I** *adj.* □ **1.** erst, wichtigst, wesentlichst, Haupt...(*-grund etc.*): ***of ~ importance*** von größter Wichtigkeit; **2.** erstklassig (*Kapitalanlage*, *Qualität etc.*), prima: ***~ bill*** ✝ vorzüglicher Wechsel; ***~ rate*** Vorzugszins *m* für erste Adressen; ***~ time*** *TV* Haupteinschaltzeit *f*; **3.** pri'mär, grundlegend; **4.** erst, Erst..., Ur...; **5.** *A* a) unteilbar, b) teilerfremd (***to*** zu): ***~ factor*** (***number***) Primfaktor *m* (Primzahl *f*); **II** *s.* **6.** Anfang *m*: ***~ of the day*** (***year***) Tagesanbruch *m* (Frühling *m*); **7.** *fig.* Blüte(zeit) *f*: ***in his ~*** in der Blüte s-r Jahre, im besten (Mannes)Alter; **8.** *das* Beste, höchste Voll'kommenheit; ✝ Primasorte *f*, auserlesene Quali'tät; **9.** *eccl.* Prim *f*, erste Gebetsstunde; Frühgottesdienst *m*; **10.** *A* a) Primzahl *f*, b) Strich *m* (*erste Ableitung e-r Funktion*): ***x ~*** (***x'***) x Strich (x'); **11.** Strichindex *m*; **12.** ♪ *u. fenc.* Prim *f*; **III** *v/t.* **13.** ⚔ *Bomben*, *Munition* scharfmachen: ***~d*** zündfertig; **14.** a) ⚙ *Pumpe* anlassen, b) *sl.* ,vollaufen lassen': ***~d*** ,besoffen'; **15.** *mot.* a) *Kraftstoff* vorpumpen, b) Anlaßkraftstoff einspritzen in (*acc.*); **16.** ⚙, *paint.* grundieren; **17.** mit Strichindex versehen; **18.** *fig.* instruieren, vorbereiten; **~ cost** *s.* ✝ **1.** Selbstkosten(preis *m*) *pl.*, Gestehungskosten *pl.*; **2.** Einkaufspreis *m*, Anschaffungskosten *pl.*; **~ min·is·ter** *s.* Premi'ermiˌnister *m*, Mi'nisterpräsiˌdent *m*; **~ mov·er** *s.* **1.** *phys.* Antriebskraft *f*; *fig.* Triebfeder *f*, treibende Kraft; **2.** ⚙ 'Antriebsmaˌschine *f*; 'Zugmaˌschine *f* (*Sattelschlepper*); ⚔ *Am.* Geschützschlepper *m*; Triebwagen *m* (*Straßenbahn*).

prim·er¹ ['praɪmə] *s.* **1.** ⚔ Zündvorrichtung *f*, -hütchen *n*, -pille *f*; Sprengkapsel *f*; **2.** ⚔ Zündbolzen *m* (*am Gewehr*); **3.** ⚒ Zünddraht *m*; **4.** ⚙ Einspritzvorrichtung *f* (*bsd. mot.*): ***~ pump*** Anlaßeinspritzpumpe *f*; ***~ valve*** Anlaßventil *n*; **5.** ⚙ Grundier-, Spachtelmasse *f*: ***~ coat*** Voranstrich *m*; **6.** Grundierer *m*.

prim·er² ['praɪmə] *s.* **1.** a) Fibel *f*, b) Elemen'tarbuch *n*, c) *fig.* Leitfaden *m*; **2.** ['prɪmə] *typ.* a) ***great ~*** Tertia (-schrift) *f*, b) ***long ~*** Korpus(schrift) *f*, (-), Garmond(schrift) *f*.

pri·me·val [praɪ'mi:vl] *adj.* □ urzeitlich, Ur...(*-wald etc.*).

prim·ing ['praɪmɪŋ] *s.* **1.** ⚔ Zündmasse *f*, Zündung *f*: ***~ charge*** Zünd-, Initialladung *f*; **2.** ⚙ Grundierung *f*: ***~ colo***(***u***)***r*** Grundierfarbe *f*; **3.** *a.* ***~ material*** Spachtelmasse *f*; **4.** *mot.* Einspritzen *n* von Anlaßkraftstoff: ***~ fuel injector*** Anlaßeinspritzanlage *f*; **5.** ⚙ Angießen *n e-r Pumpe*; **6.** *a.* ***~ of the tide*** verfrühtes Eintreten der Flut; **7.** *fig.* Instrukti'on *f*, Vorbereitung *f*.

prim·i·tive ['prɪmɪtɪv] **I** *adj.* □ **1.** erst, ursprünglich, urzeitlich, Ur...: ***2 Church*** Urkirche; ***~ races*** Ur-, Naturvölker; ***~ rocks*** *geol.* Urgestein *n*; **2.** *allg.* (*a. contp.*) primi'tiv (*Kultur*, *Mensch*, *a. fig. Denkweise*, *Konstruktion etc.*); **3.** *ling.* Stamm...: ***~ verb***; **4.** ***~ colo***(***u***)***r*** Grundfarbe *f*; **II** *s.* **5.** *der* (*die*, *das*) Primi'tive: ***the ~s*** die Primitiven (*Naturvölker*); **6.** *Kunst*: a) primi'tiver Künstler, b) Frühmeister *m*, c) Früher Meister (*der Frührenaissance*, *a. Bild*); **7.** *ling.* Stammwort *n*; **'prim·i·tive·ness** [-nɪs] *s.* **1.** Ursprünglichkeit *f*; **2.** Primitivi'tät *f*; **'prim·i·tiv·ism** [-vɪzəm] *s.* **1.** Primitivi'tät *f*; **2.** *Kunst*: Primiti'vismus *m*.

prim·ness ['prɪmnɪs] *s.* **1.** Steifheit *f*, Förmlichkeit *f*; **2.** Sprödigkeit *f*, Zimperlichkeit *f*.

pri·mo·gen·i·tor [ˌpraɪməʊ'dʒenɪtə] *s.*

(Ur)Ahn *m*, Stammvater *m*; ˌ**pri·mo·ˈgen·i·ture** [-ɪtʃə] *s.* Erstgeburt(srecht *n* ⚖) *f.*

pri·mor·di·al [praɪˈmɔːdjəl] □ primordiˈal (*a. biol.*), Ur…

prim·rose [ˈprɪmrəʊz] *s.* **1.** ⚘ Primel *f*, gelbe Schlüsselblume: *~ path fig.* Rosenpfad *m*; **2.** *evening ~* ⚘ Nachtkerze *f*; **3.** *a. ~ yellow* Blaßgelb *n*.

prim·u·la [ˈprɪmjʊlə] *s.* ⚘ Primel *f*.

prince [prɪns] *s.* **1.** Fürst *m* (*Landesherr u. Adelstitel*): *♀ of the Church* Kirchenfürst; *♀ of Darkness* Fürst der Finsternis (*Satan*); *♀ of Peace* Friedensfürst (*Christus*); *~ of poets* Dichterfürst; *merchant ~* Kaufherr *m*; *~ consort* Prinzgemahl *m*; **2.** Prinz *m*: *~ of the blood* Prinz von (königlichem) Geblüt; *♀ Albert Am.* Gehrock *m*; **prince·dom** [ˈprɪnsdəm] *s.* **1.** Fürstenwürde *f*; **2.** Fürstentum *n*; ˈ**prince·ling** [-lɪŋ] *s.* **1.** Prinzchen *n*; **2.** kleiner Herrscher, Duoˈdezfürst *m*; ˈ**prince·ly** [-lɪ] *adj.* fürstlich (*a. fig.*); prinzlich, königlich; **prin·cess** [prɪnˈses] **I** *s.* **1.** Prinˈzessin *f*: *~ royal älteste Tochter e-s Herrschers*; **2.** Fürstin *f*; **II** *adj.* **3.** *Damenmode*: Prinzeß…(*-kleid etc.*).

prin·ci·pal [ˈprɪnsəpl] **I** *adj.* □ → *principally*: **1.** erst, hauptsächlich, Haupt…: *~ actor* Haupt(rollen)darsteller *m*; *~ office*, *~ place of business* Hauptgeschäftsstelle *f*, -niederlassung *f*; **2.** ♪, *ling.* Haupt…, Stamm…: *~ chord* Stammakkord; *~ clause* Hauptsatz; *~ parts* Stammformen *des Verbs*; **3.** ✝ Kapital…: *~ amount* Kapitalbetrag *m*; **II** *s.* **4.** ˈHaupt(perˌson *f*) *n*; Vorsteher (-in), *bsd. Am.* (ˈSchul)Diˌrektor *m*, Rektor *m*; **5.** ✝ Chef(in), Prinziˈpal (-in); **6.** ✝, ⚖ Auftrag-, Vollmachtgeber (-in), Geschäftsherr *m*; **7.** ⚖ *a. ~ in the first degree* Haupttäter(in), -schuldige(r *m*) *f*: *~ in the second degree* Mittäter(in); **8.** *a. ~ debtor* Hauptschuldner(in); **9.** Duelˈlant *m* (*Ggs. Sekundant*); **10.** ✝ (ˈGrund)Kapiˌtal *n*, Hauptsumme *f*; (*Nachlaß- etc.*)Masse *f*: *~ and interest* Kapital u. Zins(en); **11.** *a. ~ beam* △ Hauptbalken *m*; **prin·ci·pal·i·ty** [ˌprɪnsɪˈpælətɪ] *s.* Fürstentum *n*; ˈ**prin·ci·pal·ly** [-plɪ] *adv.* hauptsächlich, in der Hauptsache.

prin·ci·ple [ˈprɪnsəpl] *s.* **1.** Prinˈzip *n*, Grundsatz *m*, -regel *f*: *a man of ~s* ein Mann mit Grundsätzen; *~ of law* Rechtsgrundsatz *m*; *in ~* im Prinzip, an sich; *on ~* aus Prinzip, grundsätzlich; *on the ~ that* nach dem Grundsatz, daß; **2.** *phys. etc.* Prinzip *n*, (Naˈtur-) Gesetz *n*, Satz *m*: *~ of causality* Kausalitätsprinzip; *~ of averages* Mittelwertsatz: *~ of relativity* Relativitätstheorie *f*; **3.** Grund(lage *f*) *m*; **4.** ⚗ Grundbestandteil *m*; ˈ**prin·ci·pled** [-ld] *adj.* mit *hohen etc.* Grundsätzen.

prink [prɪŋk] **I** *v/i. a. ~ up* sich (auf)putzen, sich schniegeln; **II** *v/t.* (auf)putzen: *~ o.s. (up)*.

print [prɪnt] **I** *v/t.* **1.** *typ.* drucken (lassen), in Druck geben: *~ in italics* kursiv drucken; **2.** (ab)drucken: *~ed form* Vordruck *m*; *~ed matter* ✉ Drucksache(n *pl.*) *f*: *~ed circuit* ⚡ gedruckte Schaltung; **3.** bedrucken: *~ed goods* bedruckte Stoffe; **4.** in Druckschrift schreiben: *~ed characters* Druckbuchstaben; **5.** *Stempel etc.* (auf)drükken (*on dat.*), *Eindruck*, *Spur* hinterˈlassen (*on* auf *acc.*), *Muster etc.* ab-, aufdrucken, drücken (*in* in *acc.*); **6.** *fig.* einprägen (*on s.o.'s mind* j-m); **7.** *~ out* a) *Computer*: ausdrucken, b) *a. ~ off phot.* abziehen, kopieren; **II** *v/i.* **8.** *typ.* drucken; **9.** gedruckt werden, sich im Druck befinden: *the book is ~ing*; **10.** sich drucken (*phot.* abziehen) lassen; **III** *s.* **11.** (*Finger- etc.*)Abdruck *m*, Eindruck *m*, Spur *f*, Mal *n*; **12.** *typ.* Druck *m*: *colo(u)red ~* Farbdruck; *in ~* a) im Druck (erschienen), b) vorrätig; *out of ~* vergriffen; *in cold ~ fig.* schwarz auf weiß; **13.** Druckschrift *f*, *bsd. Am.* Zeitung *f*, Blatt *n*: *rush into ~* sich in die Öffentlichkeit flüchten; *appear in ~* im Druck erscheinen; **14.** Druckschrift *f*, -buchstaben *pl.*; **15.** ˈZeitungspaˌpier *n*; **16.** (*Stahl- etc.*) Stich *m*; Holzschnitt *m*; Lithograˈphie *f*; **17.** bedruckter Katˈtun, Druckstoff *m*: *~ dress* Kattunkleid *n*; **18.** *phot.* Abzug *m*, Koˈpie *f*; **19.** ⚙ Stempel *m*, Form *f*: *~ cutter* Formenschneider *m*; **20.** *metall.* Gesenk *n*; *Eisengießerei*: Kernauge *n*; **21.** *fig.* Stempel *m*; ˈ**print·a·ble** [-təbl] *adj.* **1.** druckfähig; **2.** druckfertig, -reif (*Manuskript*); ˈ**print·er** [-tə] *s.* **1.** (Buch- *etc.*)Drucker *m*: *~'s devil* Setzerjunge *m*; *~'s error* Druckfehler *m*; *~'s flower* Vignette *f*; *~'s ink* Druckerschwärze *f*; **2.** Druckeˈreibesitzer *m*; **3.** ⚙ ˈDruck-, Koˈpierappaˌrat *m*; **4.** → *printing telegraph*; ˈ**print·er·y** [-tərɪ] *s. bsd. Am.* Druckeˈrei *f*.

print·ing [ˈprɪntɪŋ] *s.* **1.** Drucken *n*; (Buch)Druck *m*, Buchdruckerkunst *f*; **2.** Tuchdruck *m*; **3.** *phot.* Abziehen *n*, Kopieren *n*; *~* **block** *s.* Kliˈschee *n*; *~* **frame** *s. phot.* Koˈpierrahmen *m*; *~* **ink** *s.* Druckerschwärze *f*, -farbe *f*; *~* **machine** *s. typ.* Schnellpresse *f*, (ˈBuch-)ˌDruckmaˌschine *f*; *~* **of·fice** *s.* (Buch-) Druckeˈrei *f*: *lithographic ~* lithographische Anstalt; ˈ*~*-**out** *adj. phot.* Kopier…; *~* **pa·per** *s.* **1.** ˈDruckpaˌpier *n*; **2.** ˈLichtpauspaˌpier *n*; **3.** Koˈpierpaˌpier *n*; *~* **press** *s.* Druckerpresse *f*: *~ type* Letter *f*, Type *f*; *~* **tel·e·graph** *s.* ˈDrucktele̦graph *m*; *~* **types** *s. pl.* Lettern *pl.*; *~* **works** *s. pl. oft sg. konstr.* Druckeˈrei *f*.

ˈ**print|ˌmak·er** *s.* Graphiker(in); ˈ*~*-**out** *s. Computer*: Ausdruck *m*, Printout *m*.

pri·or [ˈpraɪə] **I** *adj.* **1.** (*to*) früher, älter (als): *~ art Patentrecht*: Stand *m* der Technik, Vorwegnahme *f*; *~ patent* älteres Patent; *~ use* Vorbenutzung *f*; *subject to ~ sale* ✝ Zwischenverkauf vorbehalten; **2.** vordringlich, Vorzugs…: *~ right* (*od. claim*) Vorzugsrecht *n*; *~ condition* erste Voraussetzung; **II** *adv.* **3.** *~ to* vor (*dat.*) (*zeitlich*); **III** *s. eccl.* **4.** Prior *m*; ˈ**pri·or·ess** [-ərɪs] *s.* Priˈorin *f*; **pri·or·i·ty** [praɪˈɒrətɪ] *s.* **1.** Prioriˈtät *f* (*a.* ⚖), Vorrang *m* (*a. e-s Anspruchs etc.*), Vorzug *m* (*over*, *to* vor *dat.*): *take ~ of* den Vorrang haben *od.* genießen vor (*dat.*); *set priorities* Prioritäten setzen, Schwerpunkte bilden; *~ share* ✝ Vorzugsaktie *f*; **2.** Dringlichkeit(sstufe) *f*: *~ call teleph.* Vorrangsgespräch *n*; *~ list* Dringlichkeitsliste *f*; *of first* (*od. top*) *~* von größter Dringlichkeit; *give ~ to et.* vordringlich behandeln; **3.** Vorfahrt(srecht *n*) *f*; ˈ**pri·o·ry** [-ərɪ] *s. eccl.* Prioˈrei *f*.

prism [ˈprɪzəm] *s.* Prisma *n* (*a. fig.*): *~ binoculars* Prismen(fern)glas *n*; **pris·mat·ic** [prɪzˈmætɪk] *adj.* (□ *~ally*) prisˈmatisch, Prismen…: *~ colo(u)rs* Regenbogenfarben.

pris·on [ˈprɪzn] *s.* Gefängnis *n* (*a. fig.*), Strafanstalt *f*; ˈ*~*-ˌ**break·ing** *s.* Ausbruch *m* aus dem Gefängnis; *~* **camp** *s.* **1.** (Kriegs)Gefangenenlager *n*; **2.** ‚offenes' Gefängnis; *~* **ed·i·tor** *s.* (*presserechtlich verantwortlicher*) ‚ˈSitzredakˌteur' *m*.

pris·on·er [ˈprɪznə] *s.* Gefangene(r *m*) *f* (*a. fig.*), Häftling *m*: *~ (at the bar)* Angeklagte(r *m*) *f*; *~ (on remand)* Untersuchungsgefangene(r); *~ of state* Staatsgefangene(r), politischer Häftling; *~ (of war)* Kriegsgefangene(r); *hold (take) s.o. ~* j-n gefangenhalten (-nehmen); *he is a ~ to fig.* er ist gefesselt an (*acc.*); *~'s bar(s)*, *~'s base s.* Barlauf(spiel *n*) *m*.

pris·on| of·fi·cer *s.* Strafvollzugsbeamte(r) *m*; *~* **psy·cho·sis** *s.* [*irr.*] ˈHaftpsyˌchose *f*.

pris·sy [ˈprɪsɪ] *adj. Am.* F zimperlich, etepeˈtete.

pris·tine [ˈprɪstaɪn] *adj.* **1.** ursprünglich, -tümlich, unverdorben; **2.** vormalig, alt.

pri·va·cy [ˈprɪvəsɪ] *s.* **1.** Zuˈrückgezogenheit *f*; Alleinsein *n*; Ruhe *f*: *disturb s.o.'s ~* j-n stören; **2.** Priˈvatleben *n*, *a.* ⚖ Priˈvat-, Inˈtimsphäre *f*: *right of ~* Persönlichkeitsrecht *n*; **3.** Heimlichkeit *f*, Geheimhaltung *f*: *~ of letters* ⚖ Briefgeheimnis *n*; *talk to s.o. in ~* mit j-m unter vier Augen sprechen; *in strict ~* streng vertraulich.

pri·vate [ˈpraɪvɪt] **I** *adj.* □ **1.** priˈvat, Privat…(*-konto*, *-leben*, *-person*, *-recht etc.*), perˈsönlich: *~ affair* Privatangelegenheit *f*; *~ member's bill parl.* Antrag *m* e-s Abgeordneten; *~ eye Am. sl.* Privatdetektiv *m*; *~ firm* ✝ Einzelfirma *f*; *~ gentleman* Privatier *m*; *~ means* Privatvermögen *n*; → *nuisance* 2; *~ property* Privateigentum *n*; -besitz *m*; **2.** priˈvat, Privat…(*-pension*, *-schule etc.*), nicht öffentlich: *~ (limited) company* ✝ *Brit.* Gesellschaft *f* mit beschränkter Haftung; *~ corporation* a) ⚖ privatrechtliche Körperschaft, b) ✝ *Am.* Gesellschaft *f* mit beschränkter Haftung; *sell by ~ contract* unter der Hand verkaufen; *~ hotel* Fremdenheim *n*; *~ industry* Privatwirtschaft *f*; *~ road* Privatweg *m*; *~ theatre* Liebhabertheater *n*; *~ view* Besichtigung *f* durch geladene Gäste; **3.** alˈlein, zuˈrückgezogen, einsam; **4.** geheim (*Gedanken*, *Verhandlungen etc.*), heimlich; vertraulich (*Mitteilung etc.*): *~ parts* → 10; *~ prayer* stilles Gebet; *~ reasons* Hintergründe; *keep s.th. ~* et. geheimhalten *od.* vertraulich behandeln; *this is for your ~ ear* dies sage ich Ihnen ganz im Vertrauen; **5.** außeramtlich (*Angelegenheit*); **6.** nicht beamtet; **7.** ⚖ außergerichtlich: *~ arrangement* gütlicher Vergleich; **8.** *~ soldier* → 9; **II** *s.* **9.** ⚔ (gewöhnlicher) Solˈdat; *pl.* Mannschaften *pl.*: *~ 1st Class Am.* Obergefreite(r) *m*; **10.** *pl.* Geschlechtsteile *pl.*;

11. ***in ~*** a) pri'vat(im), b) insge'heim, unter vier Augen.

pri·va·teer [ˌpraɪvəˈtɪə] **I** *s.* **1.** ⚓ Freibeuter *m*, Kaperschiff *n*; **2.** Kapi'tän *m* e-s Kaperschiffes, Kaperer *m*; **3.** *pl.* Mannschaft *f* e-s Kaperschiffes; **II** *v/i.* **4.** Kape'rei treiben.

pri·va·tion [praɪˈveɪʃn] *s.* **1.** *a. fig.* Wegnahme *f*, Entziehung *f*, Entzug *m*; **2.** Not *f*, Entbehrung *f*.

priv·a·tive [ˈprɪvətɪv] **I** *adj.* □ **1.** entziehend, beraubend; **2.** *a. ling. od. phls.* verneinend, negativ; **II** *s.* **3.** *ling.* a) Ver'neinungsparˌtikel *f*, b) priva'tiver Ausdruck.

priv·et [ˈprɪvɪt] *s.* ⚘ Li'guster *m*.

priv·i·lege [ˈprɪvɪlɪdʒ] **I** *s.* **1.** Privi'leg *n*, Sonder-, Vorrecht *n*, Vergünstigung *f*, *Am. pol.* Grundrecht *n*; ***breach of a ~*** a) Übertretung *f* der Machtbefugnis, b) *parl.* Vergehen *n* gegen die Vorrechte des Parlaments; ***Committee of ~s*** Ausschuß *m* zur Untersuchung von Rechtsübergriffen; ***~ of Parliament*** *pol.* Immunität *f* e-s Abgeordneten; ***~ of self-defence*** (Recht *n* der) Notwehr *f*; ***with kitchen ~s*** mit Küchenbenutzung; **2.** *fig.* (besonderer) Vorzug: ***have the ~ of being admitted*** den Vorzug haben, zugelassen zu sein; ***it is a ~ to do*** es ist e-e besondere Ehre, *et.* zu tun; **3.** *pl.* † Prämien- *od.* Stellgeschäft *n*; **II** *v/t.* **4.** privilegieren, bevorrecht(ig)en: ***the ~d classes*** die privilegierten Stände; ***~d debt*** bevorrechtigte Forderung; ***~d communication*** ⚖ a) vertrauliche Mitteilung (*für die Schweigepflicht besteht*), b) Berufsgeheimnis *n*.

priv·i·ty [ˈprɪvətɪ] *s.* **1.** ⚖ (Inter'essen-) Gemeinschaft *f*; **2.** ⚖ Rechtsbeziehung *f*; **3.** ⚖ Rechtsnachfolge *f*; **4.** Mitwisserschaft *f*.

priv·y [ˈprɪvɪ] **I** *adj.* □ **1.** eingeweiht (***to*** in *acc.*); **2.** ⚖ (mit)beteiligt (***to*** an *dat.*); **3.** *mst. poet.* heimlich, geheim: ***~ parts*** Scham-, Geschlechtsteile; ***~ stairs*** Hintertreppe *f*; **II** *s.* **4.** 'Mitinteresˌsent(in) (***to*** an *dat.*); **5.** A'bort *m*, Abtritt *m*; **2 Coun·cil** *s. Brit.* (Geheimer) Staats- *od.* Kronrat: ***Judicial Committee of the ~*** ⚖ Justizausschuß *m* des Staatsrats (*höchste Berufungsinstanz für die Dominions*); **2 Coun·cil·lor** *s. Brit.* Geheimer (Staats)Rat (*Person*); **2 Purse** *s. königliche* Pri'vatschaˌtulle; **2 Seal** *s. Brit.* Geheimsiegel *n*: ***Lord ~*** königlicher Geheimsiegelbewahrer.

prize¹ [praɪz] **I** *s.* **1.** (Sieger)Preis *m* (*a. fig.*), Prämie *f*: ***the ~s of a profession*** die höchsten Stellungen in e-m Beruf; **2.** (*a.* Lotte'rie)Gewinn *m*: ***the first ~*** das Große Los; **3.** Lohn *m*, Belohnung *f*; **II** *adj.* **4.** preisgekrönt, prämiiert; **5.** Preis…: ***~ medal***; **6.** a) erstklassig (*a. iro.*), b) F *contp.* Riesen…: ***~ idiot***; **III** *v/t.* **7.** (hoch)schätzen, würdigen.

prize² [praɪz] **I** *s.* ⚓ Prise *f*, Beute *f* (*a. fig.*): ***make ~ of*** → **II** *v/t.* (als Prise) aufbringen, kapern.

prize³ [praɪz] *bsd. Brit.* **I** *v/t.* **1.** (auf-) stemmen: ***~ open*** (mit e-m Hebel) aufbrechen; ***~ up*** hochwuchten *od.* -stemmen; **II** *s.* **2.** Hebelwirkung *f*, -kraft *f*; **3.** Hebel *m*.

prize| com·pe·ti·tion *s.* Preisausschreiben *n*; **~ court** *s.* ⚓ Prisengericht *n*; **~ fight** *s.* Preisboxkampf *m*; **~ fight·er** *s.* Preis-, Berufsboxer *m*; **~ list** *s.* Gewinnliste *f*; **'~·man** [-mən] *s.* [*irr.*] Preisträger *m*; **~ mon·ey** *s.* **1.** ⚓ Prisengeld(er *pl.*) *n*; **2.** Geldpreis *m*; **~ ques·tion** *s.* Preisfrage *f*; **~ ring** *s.* (Box)Ring *m*, *das* Berufsboxen; **~ win·ner** *s.* Preisträger(in); **'~-ˌwin·ning** *adj.* preisgekrönt, präm(i)iert.

pro¹ [prəʊ] *pl.* **pros I** *s.* Ja-Stimme *f*, Stimme *f* da'für: ***the ~s and cons*** das Für und Wider; **II** *adv.* (da)'für.

pro² [prəʊ] (*Lat.*) *prp.* für; pro, per; → ***pro forma***, ***pro rata***.

pro³ [prəʊ] *s.* F **1.** *sport* Profi *m* (*a. fig.*); **2.** ‚Nutte' *f*.

pro- [prəʊ] *in Zssgn*: **1.** pro…, …freundlich, *z.B.* ***~-German***; **2.** stellvertretend, Vize…, Pro…; **3.** vor (*räumlich u. zeitlich*).

prob·a·bil·i·ty [ˌprɒbəˈbɪlətɪ] *s.* Wahrscheinlichkeit *f* (*a.* ⩘): ***in all ~*** aller Wahrscheinlichkeit nach, höchstwahrscheinlich; ***theory of ~***, ***~ calculus*** ⩘ Wahrscheinlichkeitsrechnung *f*; ***the ~ is that*** es besteht die Wahrscheinlichkeit, daß; **prob·a·ble** [ˈprɒbəbl] *adj.* □ **1.** wahrscheinlich, vermutlich, mutmaßlich: ***~ cause*** ⚖ hinreichender Verdacht; **2.** wahrscheinlich, glaubhaft, einleuchtend.

pro·bate [ˈprəʊbeɪt] ⚖ **I** *s.* **1.** gerichtliche (*bsd.* Testa'ments)Bestätigung; **2.** Testa'mentserˌöffnung *f*; **3.** Abschrift *f* e-s gerichtlich bestätigten Testaments; **II** *v/t.* **4.** *bsd. Am. Testament* a) bestätigen, b) eröffnen u. als rechtswirksam bestätigen lassen; **~ court** *s.* Nachlaßgericht *n*, (*in U.S.A. a. zuständig in Sachen der freiwilligen Gerichtsbarkeit, bsd. als*) Vormundschaftsgericht *n*; **~ du·ty** *s.* ⚖ Erbschaftssteuer *f*.

pro·ba·tion [prəˈbeɪʃn] *s.* **1.** (Eignungs-) Prüfung *f*, Probe(zeit) *f*: ***on ~*** auf Probe(zeit); **2.** ⚖ a) Bewährungsfrist *f*, b) bedingte Freilassung *f*: ***place s.o. on ~*** j-m Bewährungsfrist zubilligen, j-n unter Zubilligung von Bewährungsfrist freilassen: ***~ officer*** Bewährungshelfer (-in); **3.** *eccl.* Novizi'at *n*; **pro'ba·tion·ar·y** [-ʃnərɪ], **pro'ba·tion·al** [-ʃənl] *adj.* Probe…: ***~ period*** ⚖ Bewährungsfrist *f*; **pro'ba·tion·er** [-ʃnə] *s.* **1.** 'Probekandiˌdat(in), Angestellte(r *m*) *f* auf Probe, *z.B.* Lernschwester *f*; **2.** *fig.* Neuling *m*; **3.** *eccl.* No'vize *m*, *f*; **4.** ⚖ a) j-d, dessen Strafe zur Bewährung ausgesetzt ist, b) auf Bewährung bedingt Strafentlassene(r).

pro·ba·tive [ˈprəʊbətɪv] als Beweis dienend (***of*** für): ***~ facts*** ⚖ beweiserhebliche Tatsachen; ***~ force*** Beweiskraft *f*.

probe [prəʊb] **I** *v/t.* **1.** ⚕ sondieren (*a. fig.*); **2.** *fig.* eindringen in (*acc.*), erforschen, (gründlich) unter'suchen; **II** *v/i.* **3.** *fig.* (forschend) eindringen (***into*** in *acc.*); **III** *s.* **4.** ⚕, *a. Raumforschung etc.*: Sonde *f*; **5.** *fig.* Sondierung *f*; *bsd. Am.* Unter'suchung *f*.

prob·i·ty [ˈprəʊbətɪ] *s.* Rechtschaffenheit *f*, Redlichkeit *f*.

prob·lem [ˈprɒbləm] **I** *s.* **1.** Pro'blem *n* (*a. phls., Schach etc.*), proble'matische Sache, Schwierigkeit *f*: ***set a ~*** ein Problem stellen; **2.** ⩘ Aufgabe *f*, Problem *n*; **3.** *fig.* Rätsel *n* (***to*** für *j-n*); **II** *adj.* **4.** proble'matisch: ***~ play*** Problemstück *n*; ***~ child*** schwererziehbares Kind, Sorgenkind; ***~ drinker*** Alkoholiker(in); **prob·lem·at·ic**, **prob·lem·at·i·cal** [ˌprɒbləˈmætɪk(l)] *adj.* □ proble'matisch, zweifelhaft.

pro·bos·cis [prəʊˈbɒsɪs] *pl.* **-cis·es** [-sɪsiːz] *s. zo.* Rüssel *m* (*a. humor.*).

pro·ce·dur·al [prəˈsiːdʒərəl] *adj.* ⚖ verfahrensrechtlich; Verfahrens…: ***~ law***; **pro·ce·dure** [prəˈsiːdʒə] *s.* **1.** *allg.* Verfahren *n* (*a.* ⚙), Vorgehen *n*; **2.** ⚖ (*bsd. prozeßrechtliches*) Verfahren: ***rules of ~*** Prozeßvorschriften, Verfahrensbestimmungen; **3.** Handlungsweise *f*, Verhalten *n*.

pro·ceed [prəˈsiːd] *v/i.* **1.** weitergehen, -fahren *etc.*; sich begeben (***to*** nach); **2.** *fig.* weitergehen (*Handlung etc.*), fortschreiten; **3.** vor sich gehen, von'statten gehen; **4.** *fig.* fortfahren (***with***, ***in*** mit, in *s-r Rede etc.*), s-e Arbeit *etc.* fortsetzen: ***~ on one's journey*** s-e Reise fortsetzen, weiterreisen; **5.** *fig.* vorgehen, verfahren: ***~ with*** *et.* durchführen *od.* in Angriff nehmen; ***~ on the assumption that*** davon ausgehen, daß; **6.** schreiten *od.* 'übergehen (***to*** zu), sich anschicken (***to do*** zu tun): ***~ to business*** an die Arbeit gehen, anfangen; **7.** (***from***) ausgehen *od.* herrühren *od.* kommen (von) (*Geräusch, Hoffnung, Krankheit etc.*), (*e-r Hoffnung etc.*) entspringen; **8.** ⚖ (gerichtlich) vorgehen, e-n Pro'zeß anstrengen (***against*** gegen); **9.** *univ. Brit.* promovieren (***to*** [***the degree of***] zum); **pro'ceed·ing** [-dɪŋ] *s.* **1.** Vorgehen *n*, Verfahren *n*; **2.** *pl.* ⚖ Verfahren *n*, (Gerichts)Verhandlung(en *pl.*) *f*: ***take*** (*od.* ***institute***) ***~s against*** ein Verfahren einleiten *od.* gerichtlich vorgehen gegen; **3.** *pl.* (Sitzungs-, Tätigkeits)Bericht(e *pl.*) *m*, (⚖ Pro'zeß)Akten *pl.*; **pro·ceeds** [ˈprəʊsiːdz] *s. pl.* **1.** Erlös *m* (***from a sale*** aus e-m Verkauf), Ertrag *m*, Gewinn *m*; **2.** Einnahmen *pl.*

pro·cess [ˈprəʊses] **I** *s.* **1.** Verfahren *n*, Pro'zeß *m* (*a.* ⚙, ⚗): ***~ engineering*** Verfahrenstechnik *f*; ***~ chart*** Arbeitsablaufdiagramm *n*; ***~ control*** *Computer*: Prozeßsteuerung *f*; ***~ of manufacture*** Herstellungsvorgang *m*, Werdegang *m*; ***in ~ of construction*** im Bau (befindlich); **2.** Vorgang *m*, Verlauf *m*, Pro'zeß *m* (*a. phys.*): ***~ of combustion*** Verbrennungsvorgang; ***mental ~*** Denkprozeß *m*; **3.** Arbeitsgang *m*; **4.** Fortgang *m*, -schreiten *n*, (Ver)Lauf *m*: ***in ~ of time*** im Laufe der Zeit; ***be in ~*** im Gange sein; **5.** *typ.* 'photomeˌchanisches Reprodukti'onsverfahren: ***~ printing*** Mehrfarbendruck *m*; **6.** *anat.* Fortsatz *m*; **7.** ⚘ Auswuchs *m*; **8.** ⚖ a) Zustellung(en *pl.*) *f*, *bsd.* Vorladung *f*, b) (ordentliches) Verfahren: ***due ~ of law*** rechtliches Gehör; **II** *v/t.* **9.** ⚙ *etc.* bearbeiten, (chemisch *etc.*) behandeln, e-m Verfahren unter'werfen; *Material, a. Daten* verarbeiten; *Lebensmittel* haltbar machen, *Milch etc.* sterilisieren: ***~ into*** verarbeiten zu; **10.** ⚖ *j-n* gerichtlich belangen; **11.** *Am. fig. j-n* 'durchschleusen, abfertigen, *j-s Fall etc.* bearbeiten; **III** *v/i.* [prəʊˈses] **12.** F in e-r Prozessi'on (mit)gehen; **'proc·ess·ing** [-sɪŋ] *s.* **1.** ⚙ Vered(e)lung *f*: ***~ indus-***

try weiterverarbeitende Industrie, Veredelungsindustrie *f*; **2.** ⚙, *a. Computer*: Verarbeitung *f*; **3.** *bsd. Am. fig.* Bearbeitung *f*.

pro·ces·sion [prəˈseʃn] *s.* **1.** Prozessiˈon *f*, (feierlicher) (Auf-, ˈUm)Zug: ***go in*** ~ e-e Prozession abhalten *od.* machen; **2.** Reihe(nfolge) *f*; **3.** *a.* ~ ***of the Holy Spirit*** *eccl.* Ausströmen *n* des Heiligen Geistes; **proˈces·sion·al** [-ʃənl] **I** *adj.* Prozessions…; **II** *s. eccl.* a) Prozessiˈonsbuch *n*, b) Prozessiˈonshymne *f*.

pro·ces·sor [ˈprəʊsesə] *s.* **1.** ⚙ Verarbeiter *m*; Hersteller(in); **2.** *Am.* (Sach-) Bearbeiter(in); **3.** *Computer*: Proˈzessor *m*.

pro·claim [prəˈkleɪm] *v/t.* **1.** proklamieren, (öffentlich) verkünd(ig)en, kundgeben: ~ ***war*** den Krieg erklären; ~ ***s.o. a traitor*** j-n zum Verräter erklären; ~ ***s.o. king*** j-n zum König ausrufen; **2.** den Ausnahmezustand verhängen über *ein Gebiet etc.*; **3.** in die Acht erklären; **4.** *Versammlung etc.* verbieten.

proc·la·ma·tion [ˌprɒkləˈmeɪʃn] *s.* **1.** Proklamatiˈon *f* (***to*** an *acc.*), (öffentliche *od.* feierliche) Verkündigung *od.* Bekanntmachung, Aufruf *m*: ~ ***of martial law*** Verhängung *f* des Standrechts; **2.** Erklärung *f*, Ausrufung *f zum König etc.*; **3.** Verhängung *f* des Ausnahmezustandes.

pro·cliv·i·ty [prəˈklɪvətɪ] *s.* Neigung *f*, Hang *m* (***to***, ***toward*** zu).

pro·cras·ti·nate [prəʊˈkræstɪneɪt] **I** *v/i.* zaudern, zögern; **II** *v/t.* hiˈnausziehen, verschleppen.

pro·cre·ant [ˈprəʊkrɪənt] *adj.* (er)zeugend; **pro·cre·ate** [ˈprəʊkrɪeɪt] *v/t.* (er-) zeugen, herˈvorbringen (*a. fig.*); **pro·cre·a·tion** [ˌprəʊkrɪˈeɪʃn] *s.* (Er)Zeugung *f*, Herˈvorbringen *n*; **ˈpro·cre·a·tive** [-ɪeɪtɪv] *adj.* **1.** zeugungsfähig, Zeugungs…: ~ ***capacity*** Zeugungsfähigkeit; **2.** fruchtbar; **ˈpro·cre·a·tor** [-ɪeɪtə] *s.* Erzeuger *m*.

Pro·crus·te·an [prəʊˈkrʌstɪən] *adj.* Prokrustes… (*a. fig.*): ~ ***bed***.

proc·tor [ˈprɒktə] **I** *s.* **1.** *univ. Brit.* a) Diszipliˈnarbeˌamte(r) *m*, b) Aufsichtsführende(r) *m*, (*bsd. bei Prüfungen*): ~***'s man***, ~***'s*** (***bull***)***dog*** *sl.* Pedell; **2.** ⚖ a) Anwalt *m* (*an Spezialgerichten*), b) *a.* ***King's*** (*od.* ***Queen's***) ~ Prokuˈrator *m* der Krone; **II** *v/t.* **3.** beaufsichtigen.

pro·cur·a·ble [prəˈkjʊərəbl] *adj.* zu beschaffen(d), erhältlich; **proc·u·ra·tion** [ˌprɒkjʊəˈreɪʃn] *s.* **1.** → ***procurement*** 1 *u.* 3; **2.** (Stell)Vertretung *f*; **3.** † Proˈkura *f*, Vollmacht *f*: ***by*** ~ per Prokura; ***joint*** ~ Gesamthandlungsvollmacht; ***single*** (*od.* ***sole***) ~ Einzelprokura; **4.** → ***procuring*** 2; **proc·u·ra·tor** [ˈprɒkjʊəreɪtə] *s.* **1.** ⚖ Anwalt *m*: ♀ ***General*** *Brit.* Königlicher Anwalt des Schatzamtes; **2.** ⚖ Bevollmächtigte(r) *m*, Sachwalter *m*; **3.** ~ ***fiscal*** ⚖ *Scot.* Staatsanwalt *m*.

pro·cure [prəˈkjʊə] **I** *v/t.* **1.** (sich) beverschaffen, besorgen (***s.th. for s.o.***, ***s.o. s.th.*** j-m et.); *a. Beweise etc.* liefern, beibringen; **2.** erwerben, erlangen; **3.** verkuppeln; **4.** *fig.* bewirken, herˈbeiführen; **5.** veranlassen: ~ ***s.o. to commit a crime*** j-n zu e-m Verbrechen anstiften; **II** *v/i.* **6.** kuppeln; Zuhälteˈrei treiben; **proˈcure·ment** [-mənt] *s.* **1.** Besorgung *f*, Beschaffung *f*; **2.** Erwerbung *f*; **3.** Vermittlung *f*; **4.** Veranlassung *f*; **proˈcur·er** [-ərə] *s.* **1.** Beschaffer(in), Vermittler(in); **2.** a) Kuppler *m*, b) Zuhälter *m*; **proˈcur·ess** [-ərɪs] *s.* Kupplerin *f*; **proˈcur·ing** [-ərɪŋ] *s.* **1.** Beschaffen *n etc.*; **2.** a) Kuppeˈlei *f*, b) Zuhälteˈrei *f*.

prod [prɒd] **I** *v/t.* **1.** stechen, stoßen; **2.** *fig.* anstacheln, -spornen (***into*** zu *et.*); **II** *s.* **3.** Stich *m*, Stechen *n*, Stoß *m* (*a. fig.*); **4.** *fig.* Ansporn *m*; **5.** Stachelstock *m*; **6.** Ahle *f*.

prod·i·gal [ˈprɒdɪgl] **I** *adj.* □ **1.** verschwenderisch (***of*** mit): ***be*** ~ ***of*** → ***prodigalize***; ***the*** ~ ***son*** *bibl.* der verlorene Sohn; **II** *s.* **2.** Verschwender(in); **3.** reuiger Sünder; **prod·i·gal·i·ty** [ˌprɒdɪˈgælətɪ] *s.* **1.** Verschwendung *f*; **2.** Üppigkeit *f*, Fülle *f* (***of*** an *dat.*); **ˈprod·i·gal·ize** [-gəlaɪz] *v/t.* verschwenden, verschwenderisch ˈumgehen mit.

pro·di·gious [prəˈdɪdʒəs] *adj.* □ **1.** erstaunlich, wunderbar, großartig; **2.** gewaltig, ungeheuer; **prod·i·gy** [ˈprɒdɪdʒɪ] *s.* **1.** Wunder *n* (***of*** *gen. od.* an *dat.*): ***a*** ~ ***of learning*** ein Wunder der *od.* an Gelehrsamkeit; **2.** *mst* ***infant*** ~ Wunderkind *n*.

pro·duce[1] [prəˈdjuːs] *v/t.* **1.** *allg.* erzeugen, machen, schaffen; † *Waren etc.* produzieren, herstellen, erzeugen; *Kohle etc.* gewinnen, fördern; *Buch* a) verfassen, b) herˈausbringen; *thea. Stück* a) inszenieren, b) aufführen; *Film* produzieren; *Brit. thea.*, *Radio*: Reˈgie führen bei: ~ ***o.s.*** *fig.* sich produzieren; **2.** ⚘ *Früchte etc.* herˈvorbringen; **3.** † *Gewinn*, *Zinsen* (ein)bringen, abwerfen; **4.** *fig.* erzeugen, bewirken, herˈvorrufen, zeitigen; *Wirkung* erzielen; **5.** herˈvorziehen, -holen (***from*** aus *der Tasche etc.*); *Ausweis etc.* (vor)zeigen, vorlegen; *Beweise*, *Zeugen etc.* beibringen; *Gründe* anführen; **6.** ⩓ *Linie* verlängern.

prod·uce[2] [ˈprɒdjuːs] *s.* (*nur sg.*) **1.** (*bsd.* ˈBoden)Proˌdukt(e *pl.*) *n*, (Naˈtur)Erzeugnis(se *pl.*) *n*: ~ ***market*** Produkten-, Warenmarkt *m*; **2.** Ertrag *m*, Gewinn *m*.

pro·duc·er [prəˈdjuːsə] *s.* **1.** *a.* † Erzeuger(in), ˈHersteller(in): ~ ***country*** † Erzeugerland *n*; **2.** † Produˈzent *m*, Fabriˈkant *m*: ~ ***goods*** Produktionsgüter; **3.** a) *Film*: Produˈzent *m*, Produktiˈonsleiter *m*, b) *Brit. thea.*, *Radio*: Regisˈseur *m*, Spielleiter *m*; **4.** ⚙ Geneˈrator *m*: ~ ***gas*** Generatorgas *n*; **proˈduc·i·ble** [-səbl] *adj.* **1.** erzeug-, herstellbar, produzierbar; **2.** vorzuzeigen(d), beizubringen(d); **proˈduc·ing** [-sɪŋ] *adj.* Produktions…, Herstellungs…

prod·uct [ˈprɒdəkt] *s.* **1.** *a.* †, ⚙ Proˈdukt *n* (*a.* ⩓, ⚗), Erzeugnis *n*: ***intermediate*** ~ Zwischenprodukt *n*; ~ ***line*** Erzeugnis(gruppe *f*) *n*; ~ ***patent*** Stoffpatent *n*; **2.** *fig.* (*a.* ˈGeistes)Proˌdukt *n*, Ergebnis *n*, Werk *n*; **3.** *fig.* Proˈdukt *n* (*Person*).

pro·duc·tion [prəˈdʌkʃn] *s.* **1.** (*z.B. Kälte-*, *Strom*)Erzeugung *f*, (*z.B. Rauch*)Bildung *f*; **2.** † Produktiˈon *f*, Herstellung *f*, Erzeugung *f*, Fertigung *f*; ⚗, ⚒, *min.* Gewinnung *f*; ⚒ Förderleistung *f*: ~ ***of gold*** Goldgewinnung; ***be in*** ~ serienmäßig hergestellt werden; ***be in good*** ~ genügend hergestellt werden; ***go into*** ~ a) in Produktion gehen, b) die Produktion aufnehmen (*Fabrik*); **3.** (*Arbeits*)Erzeugnis *n*, (*a.* Naˈtur)Proˌdukt *n*, Fabriˈkat *n*; **4.** *fig.* (*mst* liteˈrarisches) Proˈdukt, Ergebnis *n*, Werk *n*, Schöpfung *f*, Frucht *f*; **5.** Herˈvorbringen *n*, Entstehung *f*; **6.** Vorlegung *f*, -zeigung *f e-s Dokuments etc.*, Beibringung *f e-s Zeugen*, Erbringen *n e-s Beweises*; Vorführen *n*, Aufweisen *n*; **7.** Herˈvorholen *n*, -ziehen *n*; **8.** *thea.* Vor-, Aufführung *f*, Inszenierung *f*; **9.** a) *Brit. thea.*, *Radio*, *TV*: Reˈgie *f*, Spielleitung *f*, b) *Film*: Produktiˈon *f*; **proˈduc·tion·al** [-ʃənl] *adj.* Produktions…

pro·duc·tion| ca·pac·i·ty *s.* Produktiˈonskapaziˌtät *f*, Leistungsfähigkeit *f*; ~ **car** *s. mot.* Serienwagen *m*; ~ **costs** *s. pl.* Gestehungskosten *pl.*; ~ **di·rec·tor** *s. Radio*: Sendeleiter *m*; ~ **en·gi·neer** *s.* Beˈtriebsingeniˌeur *m*; ~ **goods** *s. pl.* Produktiˈonsgüter *pl.*; ~ **line** *s.* ⚙ Fließband *n*, Fertigungsstraße *f*; ~ **man·ag·er** *s.* † ˈHerstellungsleiter *m*.

pro·duc·tive [prəˈdʌktɪv] *adj.* □ **1.** (***of*** *acc.*) herˈvorbringend, erzeugend, schaffend: ***be*** ~ ***of*** führen zu, erzeugen; **2.** produkˈtiv, ergiebig, ertragreich, fruchtbar, renˈtabel; **3.** produzierend, leistungsfähig; ⚒ abbauwürdig; **4.** *fig.* produkˈtiv, fruchtbar, schöpferisch; **proˈduc·tive·ness** [-nɪs], **pro·duc·tiv·i·ty** [ˌprɒdʌkˈtɪvətɪ] *s.* Produktiviˈtät *f*: a) † Rentabiliˈtät *f*, Ergiebigkeit *f*, b) † Leistungs-, Ertragsfähigkeit *f*, c) *fig.* Fruchtbarkeit *f*.

pro·em [ˈprəʊem] *s.* Einleitung *f* (*a. fig.*), Vorrede *f*.

prof [prɒf] *s.* F Prof *m* (*Professor*).

prof·a·na·tion [ˌprɒfəˈneɪʃn] *s.* Entweihung *f*, Profanierung *f*; **pro·fane** [prəˈfeɪn] **I** *adj.* □ **1.** weltlich, proˈfan, ungeweiht, Profan…(*-bau*, *-geschichte*); **2.** lästerlich, gottlos: ~ ***language***; **3.** uneingeweiht (***to*** in *acc.*); **II** *v/t.* **4.** entweihen, profanieren; **pro·fan·i·ty** [prəˈfænətɪ] *s.* **1.** Gott-, Ruchlosigkeit *f*; **2.** Weltlichkeit *f*; **3.** Fluchen *n*; *pl.* Flüche *pl.*

pro·fess [prəˈfes] *v/t.* **1.** (*a.* öffentlich) erklären, *Reue etc.* bekunden, sich bezeichnen (***to be*** als), sich bekennen zu (*e-m Glauben etc.*) *od.* als (*Christ etc.*): ~ ***o.s. a communist***; ~ ***Christianity***; **2.** beteuern, versichern, *b.s.* heucheln, zur Schau tragen; **3.** eintreten für, *Grundsätze etc.* vertreten; **4.** (*als Beruf*) ausüben, betreiben; **5.** *Brit.* Proˈfessor sein in (*dat.*), lehren; **proˈfessed** [-st] *adj.* □ **1.** erklärt (*Feind etc.*), ausgesprochen; **2.** an-, vorgeblich; **3.** Berufs…, berufsmäßig; **4.** (in einen Orden) aufgenommen: ~ ***monk*** Profeß *m*; **proˈfess·ed·ly** [-sɪdlɪ] *adv.* **1.** angeblich; **2.** erklärtermaßen; **3.** offenkundig; **proˈfes·sion** [-eʃn] *s.* **1.** (*bsd.* akaˈdemischer *od.* freier) Beruf, Stand *m*: ***learned*** ~ gelehrter Beruf; ***the*** ~***s*** die akademischen Berufe; ***the military*** ~ der Soldatenberuf; ***by*** ~ von Beruf; **2.** ***the*** ~ *coll.* der Beruf *od.* Stand: ***the medical*** ~ die Ärzteschaft; **3.** (*bsd.* Glaubens)Bekenntnis *n*; **4.** Bekundung *f*, (*a.* falsche) Versicherung *od.* Behauptung, Beteuerung *f*: ~ ***of***

friendship Freundschaftsbeteuerung *f*; **5.** *eccl.* Pro'feß *f*, Gelübde(ablegung *f*) *n*; **pro'fes·sion·al** [-eʃənl] **I** *adj.* □ **1.** Berufs..., beruflich, Amts..., Standes...: ~ ***discretion*** Schweigepflicht *f des Arztes etc.*; ~ ***ethics*** Berufsethos *n*; **2.** Fach..., Berufs..., fachlich: ~ ***association*** Berufsgenossenschaft *f*; ~ ***school*** Fach-, Berufsschule *f*; ~ ***studies*** Fachstudium *n*; ~ ***terminology*** Fachsprache *f*; ~ ***man*** Mann vom Fach (→ 4); **3.** professio'nell, Berufs... (*a. sport*): ~ ***player***; **4.** freiberuflich, aka'demisch; ~ ***man*** Akademiker, Geistesarbeiter; ***the*** ~ ***classes*** die höheren Berufsstände; **5.** gelernt, fachlich ausgebildet: ~ ***gardener***; **6.** *fig. iro.* unentwegt, ‚Berufs...': ~ ***patriot***; **II** *s.* **7.** *sport* Berufssportler(in) *od.* -spieler (-in); **8.** Berufskünstler *m etc.*, Künstler *m* vom Fach; **9.** Fachmann *m*; **10.** Geistesarbeiter *m*; **pro'fes·sion·al·ism** [-eʃnəlɪzəm] *s.* Berufssportlertum *n*, -spielertum *n*, Profitum *n*.

pro·fes·sor [prə'fesə] *s.* **1.** Pro'fessor *m*, Profes'sorin *f*; → ***associate*** 8; **2.** *Am.* Hochschullehrer *m*; **3.** *a. humor.* Lehrmeister *m*; **4.** *bsd. Am. od. Scot.* (*a.* Glaubens)Bekenner *m*; **pro·fes·so·ri·al** [ˌprɒfɪ'sɔːrɪəl] *adj.* □ professo'ral; Professoren...: ~ ***chair*** Lehrstuhl *m*, Professur *f*; **pro·fes·so·ri·ate** [ˌprɒfɪ'sɔːrɪət] *s.* **1.** Profes'soren(schaft *f*) *pl.*; **2.** → **pro'fes·sor·ship** [-ʃɪp] *s.* Profes'sur *f*, Lehrstuhl *m*.

prof·fer ['prɒfə] **I** *s.* Angebot *n*; **II** *v/t.* (an)bieten.

pro·fi·cien·cy [prə'fɪʃnsɪ] *s.* Können *n*, Tüchtigkeit *f*, (gute) Leistungen *pl.*; Fertigkeit *f*; **pro'fi·cient** [-nt] **I** *adj.* □ tüchtig, geübt, bewandert, erfahren (***in***, ***at*** in *dat.*); **II** *s.* Fachmann *m*, Meister *m*.

pro·file ['prəʊfaɪl] **I** *s.* **1.** Pro'fil *n*: a) Seitenansicht *f*, b) Kon'tur *f*: ***keep a low*** ~ *fig.* sich ‚bedeckt' *od.* im Hintergrund halten; **2.** (*a.* △, ⚙) Pro'fil *n*, Längsschnitt *m*; **3.** Querschnitt *m* (*a. fig.*); **4.** 'Kurzbiograˌphie *f*; **II** *v/t.* **5.** im Profil darstellen, profilieren; ⚙ im Quer- *od.* Längsschnitt zeichnen; **6.** ⚙ profilieren, fassonieren; kopierfräsen: ~ ***cutter*** Fassonfräser *m*.

prof·it ['prɒfɪt] **I** *s.* **1.** (✝ *oft pl.*) Gewinn *m*, Pro'fit *m*: ~ ***and loss account*** Gewinn- u. Verlustkonto *n*, Erfolgsrechnung *f*; ~ ***margin*** Gewinnspanne *f*; ~***-sharing*** Gewinnbeteiligung *f*; ~***-taking*** *Börse*: Gewinnmitnahme *f*; ***sell at a*** ~ mit Gewinn verkaufen; ***leave a*** ~ e-n Gewinn abwerfen; **2.** *oft pl.* a) Ertrag *m*, Erlös *m*, b) Reinertrag *m*; **3.** ⚖ Nutzung *f*, Früchte *pl.* (*aus Land*); **4.** Nutzen *m*, Vorteil *m*: ***turn s.th. to*** ~ aus et. Nutzen ziehen; ***to his*** ~ zu s-m Vorteil; **II** *v/i.* **5.** (***by***, ***from***) (e-n) Nutzen *od.* Gewinn ziehen (aus), profitieren (von): ~ ***by*** *a.* sich *et.* zunutze machen, *e-e Gelegenheit* ausnützen; **III** *v/t.* **6.** nützen, nutzen (*dat.*), von Nutzen sein für; **'prof·it·a·ble** [-təbl] *adj.* □ **1.** gewinnbringend, einträglich, lohnend, ren'tabel: ***be*** ~ *a.* sich rentieren; **2.** vorteilhaft, nützlich (***to*** für); **'prof·it·a·ble·ness** [-təblnɪs] *s.* **1.** Einträglichkeit *f*, Rentabili'tät *f*; **2.** Nützlichkeit *f*; **prof·it·eer** [ˌprɒfɪ'tɪə] **I** *s.* Pro'fitmacher *m*, (Kriegs- *etc.*)Gewinnler *m*, ‚Schieber' *m*, Wucherer *m*; **II** *v/i.* Schieber- *od.* Wuchergeschäfte machen, ‚schieben'; **prof·it·eer·ing** [ˌprɒfɪ'tɪərɪŋ] *s.* Schieber-, Wuchergeschäfte *pl.*, Preistreibe'rei *f*; **'prof·it·less** [-lɪs] *adj.* □ **1.** 'unrenˌtabel, ohne Gewinn; **2.** nutzlos.

prof·li·ga·cy ['prɒflɪgəsɪ] *s.* **1.** Lasterhaftigkeit *f*, Verworfenheit *f*; **2.** Verschwendung(ssucht) *f*; **'prof·li·gate** [-gət] **I** *adj.* □ **1.** verworfen, liederlich; **2.** verschwenderisch; **II** *s.* **3.** lasterhafter Mensch, Liederjan *m*; **4.** Verschwender(in).

pro for·ma [ˌprəʊ'fɔːmə] (*Lat.*) *adv. u. adj.* **1.** pro forma, zum Schein; **2.** ✝ Proforma...(*-rechnung*), Schein...(*-geschäft*): ~ ***bill*** Proforma-, Gefälligkeitswechsel *m*.

pro·found [prə'faʊnd] *adj.* □ **1.** tief (*mst fig. Friede, Seufzer, Schlaf etc.*); **2.** tiefschürfend, inhaltsschwer, gründlich, pro'fund; **3.** *fig.* unergründlich, dunkel; **4.** *fig.* tief, groß (*Hochachtung etc.*), stark (*Interesse etc.*), vollkommen (*Gleichgültigkeit*); **pro'found·ness** [-nɪs], **pro'fun·di·ty** [-'fʌndətɪ] *s.* **1.** Tiefe *f*, Abgrund *m* (*a. fig.*); **2.** Tiefgründigkeit *f*, -sinnigkeit *f*; **3.** Gründlichkeit *f*; **4.** *pl.* tiefgründige Pro'bleme *od.* Theo'rien; **5.** *oft pl.* Weisheit *f*, pro'funder Ausspruch; **6.** Stärke *f*, hoher Grad (*der Erregung etc.*).

pro·fuse [prə'fjuːs] *adj.* □ **1.** (*a.* 'über-) reich (***of***, ***in*** an *dat.*), 'überfließend, üppig; **2.** (*oft* allzu) freigebig, verschwenderisch (***of***, ***in*** mit): ***be*** ~ ***in one's thanks*** überschwenglich danken; ~***ly illustrated*** reich(haltig) illustriert; **pro'fuse·ness** [-nɪs], **pro'fu·sion** [-uːʒn] *s.* **1.** ('Über)Fülle *f*, 'Überfluß *m* (***of*** an *dat.*): ***in*** ~ in Hülle u. Fülle; **2.** Verschwendung *f*, Luxus *m*, allzu große Freigebigkeit.

pro·gen·i·tive [prəʊ'dʒenɪtɪv] *adj.* **1.** Zeugungs...: ~ ***act***; **2.** zeugungsfähig; **pro'gen·i·tor** [-tə] *s.* **1.** Vorfahr *m*, Ahn *m*; **2.** *fig.* Vorläufer *m*; **pro'gen·i·tress** [-trɪs] *s.* Ahne *f*; **pro'gen·i·ture** [-tʃə] *s.* **1.** Zeugung *f*; **2.** Nachkommenschaft *f*; **prog·e·ny** ['prɒdʒənɪ] *s.* **1.** Nachkommen(schaft *f a.* ⚘) *pl.*; *zo. die* Jungen *pl.*, Brut *f*; **2.** *fig.* Frucht *f*, Pro'dukt *n*.

pro·gna·thy ['prɒgnəθɪ] *s.* ⚕ **1.** Progna'thie *f*; **2.** Proge'nie *f*.

prog·no·sis [prɒg'nəʊsɪs] *pl.* **-ses** [-siːz] *s.* ⚕ *etc.* Pro'gnose *f*, Vor'hersage *f*; **prog'nos·tic** [-'nɒstɪk] **I** *adj.* **1.** pro'gnostisch (*bsd.* ⚕), vor'aussagend (***of*** *acc.*); **2.** warnend, vorbedeutend; **II** *s.* **3.** Vor'hersage *f*; **4.** (An-, Vor)Zeichen *n*; **prog·nos·ti·cate** [prɒg'nɒstɪkeɪt] *v/t.* **1.** (*a. v/i.*) vor'her-, vor'aussagen, prognostizieren; **2.** anzeigen; **prog·nos·ti·ca·tion** [prəgˌnɒstɪ'keɪʃn] *s.* **1.** Vor'her-, Vor'aussage *f*, Pro'gnose *f* (*a.* ⚕); **2.** Prophe'zeiung *f*; **3.** Vorzeichen *n*.

pro·gram(me) ['prəʊgræm] **I** *s.* **1.** ('Studien-, Par'tei- *etc.*)Proˌgramm *n*, Plan *m* (*a. fig.* F): ***manufacturing*** ~ Herstellungsprogramm *n*; **2.** Pro'gramm *n*: a) *thea.* Spielplan *m*, b) Pro'grammheft *n*, c) Darbietung *f*, d) *Radio*, *TV*: Sendefolge *f*, Sendung *f*: ~ ***director*** Programmdirektor *m*; ~ ***music*** Programmmusik *f*; ~ ***picture*** Beifilm *m*; **3.** *Computer*: Programm *n*: ~***-controlled*** programmgesteuert; ~ ***step*** Programmschritt *m*; **II** *v/t.* **4.** ein Pro'gramm aufstellen für; **5.** auf das Pro'gramm setzen, planen, ansetzen; **6.** *Computer* programmieren; **'pro·grammed** [-md] *adj.* programmiert: ~ ***instruction***; ~ ***learning***; **'pro·gram·mer** [-mə] *s. Computer*: Program'mierer(in); **'pro·gram·ming** [-mɪŋ] *s.* **1.** *Rundfunk*, *TV*: Pro'grammgestaltung *f*; **2.** *Computer*: Programmierung *f*: ~ ***language*** Programmiersprache *f*.

pro·gress I ['prəʊgres] *s.* (*nur sg. außer* 6) **1.** *fig.* Fortschritt(e *pl.*) *m*: ***make*** ~ Fortschritte machen; ~ ***engineer*** Entwicklungsingenieur *m*; ~ ***report*** Zwischenbericht; **2.** (Weiter)Entwicklung *f*: ***in*** ~ im Werden (begriffen); **3.** Fortschreiten *n*, Vorrücken *n*; ⚔ Vordringen *n*; **4.** Fortgang *m*, (Ver)Lauf *m*: ***be in*** ~ im Gange sein; **5.** Über'handnehmen *n*, 'Umsichgreifen *n*: ***the disease made rapid*** ~ die Krankheit griff schnell um sich; **6.** *obs.* Reise *f*, Fahrt *f*; *Brit. mst hist.* Rundreise *f e-s Herrschers etc.*; **II** [prəʊ'gres] *v/i.* **7.** fortschreiten, weitergehen, s-n Fortgang nehmen; **8.** sich (fort-, weiter)entwickeln: ~ ***towards completion*** s-r Vollendung entgegengehen; **9.** *fig.* Fortschritte machen, vo'ran-, vorwärtskommen.

pro·gres·sion [prəʊ'greʃn] *s.* **1.** Vorwärts-, Fortbewegung *f*; **2.** Weiterentwicklung *f*, Verlauf *m*; **3.** (Aufein'ander)Folge *f*; **4.** Progressi'on *f*: a) ⅌ Reihe *f*, b) Staffelung *f e-r Steuer etc.*; **5.** ♪ a) Se'quenz *f*, b) Fortschreitung *f* (*Stimmbewegung*); **pro'gres·sion·ist** [-ʃnɪst], **pro'gress·ist** [-esɪst] *s. pol.* Fortschrittler *m*; **pro'gres·sive** [-esɪv] **I** *adj.* □ **1.** fortschrittlich (*Person u. Sache*): ~ ***party*** *pol.* Fortschrittspartei *f*; **2.** fortschreitend, -laufend, progres'siv: ***a*** ~ ***step*** *fig.* ein Schritt nach vorn; ~ ***assembly*** ⚙ Fließbandmontage *f*; **3.** gestaffelt, progres'siv (*Besteuerung etc.*); **4.** (fort)laufend: ~ ***numbers***; **5.** *a.* ⚕ zunehmend, progres'siv: ~ ***paralysis***; **6.** *ling.* progres'siv: ~ ***form*** Verlaufsform *f*; **II** *s.* **7.** *pol.* Progres'sive(r *m*) *f*, Fortschrittler *m*; **pro'gres·sive·ly** [-esɪvlɪ] *adv.* schritt-, stufenweise, nach u. nach, all'mählich.

pro·hib·it [prə'hɪbɪt] *v/t.* **1.** verbieten, unter'sagen (***s.th.*** et., ***s.o. from doing*** j-m *et.* zu tun); **2.** verhindern (***s.th. being done*** daß et. geschieht); **3.** hindern (***s.o. from doing*** j-n daran, *et.* zu tun); **pro·hi·bi·tion** [ˌprəʊɪ'bɪʃn] *s.* **1.** Verbot *n*; **2.** (*hist. Am. mst* ℒ) Prohibiti'on(szeit) *f*, Alkoholverbot *n*; **pro·hi·bi·tion·ist** [ˌprəʊɪ'bɪʃnɪst] *s. hist. Am.* Prohibitio'nist *m*, Verfechter *m* des Alkoholverbots; **pro'hib·i·tive** [-tɪv] *adj.* □ **1.** verbietend, unter'sagend; **2.** ✝ Prohibitiv..., Schutz..., Sperr...: ~ ***duty*** Prohibitivzoll *m*; ~ ***tax*** Prohibitivsteuer *f*; **3.** unerschwinglich (*Preis*), untragbar (*Kosten*); **pro'hib·i·to·ry** [-tərɪ] → ***prohibitive***.

pro·ject I *v/t.* [prə'dʒekt] **1.** planen, entwerfen, projektieren; **2.** werfen, schleudern; **3.** *Bild*, *Licht*, *Schatten etc.* werfen, projizieren; **4.** *fig.* projizieren (*a.* ⚗): ~ ***o.s.*** (*od.* ***one's thoughts***) ***into*** sich versetzen in (*acc.*); ~ ***one's feelings into*** s-e Gefühle übertragen auf (*acc.*); **II** *v/i.* **5.** vorspringen, -stehen, -ragen (***over*** über *acc.*); **III** *s.* ['prɒdʒekt] **6.** Pro'jekt *n* (*a. Am. ped.*), Plan *m*, (*a.* Bau)Vorhaben *n*, Entwurf *m*: ~ ***engineer*** Projektingenieur *m*.

pro·jec·tile [prəʊ'dʒektaɪl] **I** *s.* **1.** ⚔ Geschoß *n*, Projek'til *n*; **2.** (Wurf)Geschoß *n*; **II** *adj.* **3.** (an)treibend, Stoß..., Trieb...: ~ ***force***; **4.** Wurf...

pro·jec·tion [prə'dʒekʃn] *s.* **1.** Vorsprung *m*, vorspringender Teil *od.* Gegenstand *etc.*; ⚠ Auskragung *f*, -ladung *f*, 'Überhang *m*; **2.** Fortsatz *m*; **3.** Werfen *n*, Schleudern *n*, (Vorwärts)Treiben *n*; **4.** Wurf *m*, Stoß *m*; **5.** ⚗, *ast.* Projekti'on *f*: ***upright*** ~ Aufriß *m*; **6.** *phot.* Projekti'on *f*: a) Projizieren *n* (*Lichtbilder*), b) Lichtbild *n*; **7.** Vorführen *n* (*Film*): ~ ***booth*** Vorführkabine *f*; ~ ***screen*** Projektions-, Leinwand *f*, Bildschirm *m*; **8.** *psych.* Projekti'on *f*; **9.** *fig.* 'Widerspiegelung *f*; **10.** a) Planen *n*, Entwerfen *n*, b) Plan *m*, Entwurf *m*; **11.** *Statistik etc.*: Hochrechnung *f*; **pro'jec·tion·ist** [-kʃnɪst] *s.* Filmvorführer *m*; **pro'jec·tor** [-ktə] *s.* **1.** Projekti'onsappa,rat *m*, Vorführgerät *n*, Bildwerfer *m*, Pro'jektor *m*; **2.** ⚙ Scheinwerfer *m*; **3.** ⚔ (Ra'keten-, Flammen- *etc.*)Werfer *m*; **4.** a) Planer *m*, b) *contp.* Pläneschmied *m*, Pro'jektemacher *m*.

pro·lapse ['prəʊlæps] ⚕ **I** *s.* Vorfall *m*, Pro'laps(us) *m*; **II** *v/i.* [prə'læps] prolabieren, vorfallen; **pro·lap·sus** [prəʊ'læpsəs] → ***prolapse*** I.

prole [prəʊl] *s.* F Pro'let(in).

pro·le·tar·i·an [,prəʊlɪ'teərɪən] **I** *adj.* prole'tarisch, Proletarier...; **II** *s.* Prole'tarier(in); **,pro·le'tar·i·at(e)** [-ɪət] *s.* Proletari'at *n*.

pro·li·cide ['prəʊlɪsaɪd] *s.* ⚖ Tötung *f* der Leibesfrucht, Abtreibung *f*.

pro·lif·er·ate [prəʊ'lɪfəreɪt] *v/i. biol.* **1.** wuchern; **2.** sich fortpflanzen (*durch Zellteilung etc.*); **3.** sich stark vermehren; **pro·lif·e'ra·tion** [prəʊ,lɪfə'reɪʃn] *s.* **1.** Wuchern *n*; **2.** Fortpflanzung *f*; **3.** starke Vermehrung *od.* Ausbreitung; **pro'lif·ic** [-fɪk] *adj.* (☐ ~***ally***) **1.** *bsd. biol.* (*oft* 'überaus) fruchtbar; **2.** *fig.* reich (***of, in*** an *dat.*); **3.** *fig.* fruchtbar, produk'tiv (*Schriftsteller etc.*).

pro·lix ['prəʊlɪks] *adj.* ☐ weitschweifig; **pro·lix·i·ty** [,prəʊ'lɪksətɪ] *s.* Weitschweifigkeit *f*.

pro·log *Am.* → ***prologue***.

pro·logue ['prəʊlɒg] *s.* **1.** *bsd. thea.* Pro'log *m*, Einleitung *f* (***to*** zu); **2.** *fig.* Vorspiel *n*, Auftakt *m*; **'pro·logu·ize** [-gaɪz] *v/i.* e-n Pro'log verfassen *od.* sprechen.

pro·long [prə'lɒŋ] *v/t.* **1.** verlängern, (aus)dehnen; **2.** ✝ *Wechsel* prolongieren; **pro'longed** [-ŋd] *adj.* anhaltend (*Beifall, Regen etc.*): ***for a*** ~ ***period*** längere Zeit; **pro·lon·ga·tion** [,prəʊlɒŋ'geɪʃn] *s.* **1.** Verlängerung *f*; **2.** Prolongierung *f e-s Wechsels etc.*, Fristverlängerung *f*, Aufschub *m*: ~ ***business*** ✝ Prolongationsgeschäft *n*.

prom [prɒm] *s.* **1.** *Am.* F High-School-, College-Ball *m*; **2.** *bsd. Brit.* F a) 'Strandprome,nade *f*, b) → ***promenade concert***.

prom·e·nade [,prɒmə'nɑːd] **I** *s.* **1.** Prome'nade *f*: a) Spaziergang *m*, -fahrt *f*, -ritt *m*, b) Spazierweg *m*, Wandelhalle *f*; **2.** [*a.* -'neɪd] feierlicher Einzug der (Ball)Gäste, Polo'naise *f*; **3.** → ***prom*** 1; **4.** → ***promenade concert***; **II** *v/i.* **5.** promenieren, spazieren(gehen *etc.*); **III** *v/t.* **6.** promenieren *od.* (her'um)spazieren in (*dat.*) *od.* auf (*dat.*); **7.** spazierenführen, (um'her)führen; ~ ***con·cert*** *s. Konzert in ungezwungener Atmosphäre*; ~ ***deck*** *s.* ⚓ Prome'nadendeck *n*.

prom·i·nence ['prɒmɪnəns] *s.* **1.** (Her-) 'Vorragen *n*, -springen *n*; **2.** Vorsprung *m*, vorstehender Teil; *ast.* Protube'ranz *f*; **3.** *fig.* a) Berühmtheit *f*, b) Bedeutung *f*: ***bring into*** ~ a) berühmt machen, b) klar herausstellen, hervorheben; ***come into*** ~ in den Vordergrund rücken, hervortreten; → ***blaze*** 7; **'prom·i·nent** [-nt] *adj.* ☐ **1.** vorstehend, -springend (*a. Nase etc.*); **2.** mar'kant, auffallend, her'vorstechend (*Eigenschaft*); **3.** promi'nent: a) führend (*Persönlichkeit*), her'vorragend, b) berühmt.

prom·is·cu·i·ty [,prɒmɪ'skjuːətɪ] *s.* **1.** Vermischt-, Verworrenheit *f*, Durchein'ander *n*; **2.** Wahllosigkeit *f*; **3.** Promiskui'tät *f*, wahllose *od.* ungebundene Geschlechtsbeziehungen *pl.*; **pro·mis·cu·ous** [prə'mɪskjʊəs] *adj.* ☐ **1.** (kunter)bunt, verworren; **2.** wahl-, 'unterschiedslos; **3.** gemeinsam (*beider Geschlechter*): ~ ***bathing***.

prom·ise ['prɒmɪs] **I** *s.* **1.** Versprechen *n*, -heißung *f*, Zusage *f* (***to*** *j-m* gegen-'über): ~ ***to pay*** ✝ Zahlungsversprechen; ***break*** (***keep***) ***one's*** ~ sein Versprechen brechen (halten); ***make a*** ~ ein Versprechen geben; ***breach of*** ~ Bruch *m* des Eheversprechens; ***Land of*** ♀ → ***Promised Land***; **2.** *fig.* Hoffnung *f od.* Aussicht *f* (***of*** auf *acc.*, zu *inf.*): ***of great*** ~ vielversprechend (*Aussicht, junger Mann etc.*); ***show some*** ~ gewisse Ansätze zeigen; **II** *v/t.* **3.** versprechen, zusagen, in Aussicht stellen (***s.o. s.th., s.th. to s.o.*** j-m et.): ***I*** ~ ***you*** a) das kann ich Ihnen versichern, b) ich warne Sie!; **4.** *fig.* versprechen, erwarten *od.* hoffen lassen, ankündigen; **5.** ***be*** ~***d*** (in die Ehe) versprochen sein; **6.** ~ ***o.s. s.th.*** sich et. versprechen *od.* erhoffen; **III** *v/i.* **7.** versprechen, zusagen; **8.** *fig.* Hoffnungen erwecken: ***he*** ~***s well*** er läßt sich gut an; ***the weather*** ~***s fine*** das Wetter verspricht gut zu werden; **Prom·ised Land** ['prɒmɪst] *s. bibl. u. fig. das* Gelobte Land, Land *n* der Verheißung; **prom·is·ee** [,prɒmɪ'siː] *s.* ⚖ Versprechensempfänger(in), Berechtigte(r *m*) *f*; **'prom·is·ing** [-sɪŋ] *adj.* ☐ *fig.* vielversprechend, hoffnungs-, verheißungsvoll, aussichtsreich; **'prom·i·sor** [-sɔː] *s.* ⚖ Versprechensgeber(in); **'prom·is·so·ry** [-sərɪ] *adj.* versprechend: ~ ***note*** ✝ Schuldschein *m*, Eigen-, Solawechsel *m*.

pro·mo ['prəʊməʊ] F **I** *adj.* Reklame...; **II** *s. Radio, TV*: (Werbe)Spot *m*; *Zeitung*: Anzeige *f*.

prom·on·to·ry ['prɒməntrɪ] *s.* Vorgebirge *n*.

pro·mote [prə'məʊt] *v/t.* **1.** fördern, unter'stützen; *b.s.* Vorschub leisten (*dat.*); **2.** *j-n* befördern: ***be*** ~***d*** a) befördert werden, b) *sport* aufsteigen; **3.** *parl. Antrag* a) unter'stützen, b) einbringen; **4.** ✝ *Gesellschaft* gründen; **5.** ✝ a) *Verkauf* (*durch Werbung*) steigern, b) werben für; **6.** *Boxkampf etc.* veranstalten; **7.** *ped. Am. Schüler* versetzen; **8.** *Schach*: *Bauern* verwandeln; **9.** *Am. sl.* ‚organisieren'; **pro'mot·er** [-tə] *s.* **1.** Förderer *m*; Befürworter *m*; *b.s.* Anstifter *m*; **2.** ✝ Gründer *m*: ~***'s shares*** Gründeraktien; **3.** *sport* Veranstalter *m*; **pro'mo·tion** [-əʊʃn] *s.* **1.** Beförderung *f* (*a.* ⚔): ~ ***list*** Beförderungsliste *f*; ***get one's*** ~ befördert werden; ~ ***prospects*** *pl.* Aufstiegschancen *pl.*; **2.** Förderung *f*, Befürwortung *f*: ***export*** ~ ✝ Exportförderung; **3.** ✝ Gründung *f*; **4.** ✝ Verkaufsförderung *f*, Werbung *f*; **5.** *ped. Am.* Versetzung *f*; **6.** *sport* Aufstieg *m*: ***gain*** ~ aufsteigen; **7.** *Schach*: Umwandlung *f*; **pro'mo·tion·al** [-əʊʃənl] *adj.* **1.** Beförderungs...; **2.** fördernd; **3.** ✝ Reklame..., Werbe...; **pro'mo·tive** [-tɪv] *adj.* fördernd, begünstigend (***of*** *acc.*).

prompt [prɒmpt] **I** *adj.* ☐ **1.** unverzüglich, prompt, so'fortig, 'umgehend: ***a*** ~ ***reply*** e-e prompte *od.* schlagfertige Antwort; **2.** schnell, rasch; **3.** bereit (-willig); **4.** ✝ a) pünktlich, b) bar, c) sofort liefer- u. zahlbar: ***for*** ~ ***cash*** gegen sofortige Kasse; **II** *adv.* **5.** pünktlich; **III** *v/t.* **6.** *j-n* antreiben, bewegen, (*a. et.*) veranlassen (***to*** zu); **7.** *Gedanken, Gefühl etc.* eingeben, wecken; **8.** *j-m* das Stichwort geben, ein-, vorsagen; *thea. j-m* soufflieren: ~***-book*** Soufflierbuch *n*; ~ ***box*** Souffleurkasten; **IV** *s.* **9.** ✝ Ziel *n*, Zahlungsfrist *f*; **'prompt·er** [-tə] *s.* **1.** *thea.* Souf'fleur *m*, Souf'fleuse *f*; **2.** Vorsager(in); **3.** Anreger(in), Urheber(in); *b.s.* Anstifter(in); **'prompt·ing** [-tɪŋ] *s.* (*oft pl.*) *fig.* Eingebung *f*, Stimme *f des Herzens*; **'promp·ti·tude** [-tɪtjuːd], **'prompt·ness** [-nɪs] *s.* **1.** Schnelligkeit *f*; **2.** Bereitwilligkeit *f*; **3.** *bsd.* ✝ Promptheit *f*, Pünktlichkeit *f*.

'prompt-note *s.* ✝ Verkaufsnota *f* mit Angabe der Zahlungsfrist.

pro·mul·gate ['prɒmlgeɪt] *v/t.* **1.** *Gesetz etc.* (öffentlich) bekanntmachen *od.* verkündigen; **2.** *Lehre etc.* verbreiten; **pro·mul·ga·tion** [,prɒml'geɪʃn] *s.* **1.** (öffentliche) Bekanntmachung, Verkündung *f*, -öffentlichung *f*; **2.** Verbreitung *f*.

prone [prəʊn] *adj.* ☐ **1.** auf dem Bauch *od.* mit dem Gesicht nach unten liegend, hingestreckt: ~ ***position*** a) Bauchlage, b) ⚔ *etc.* Anschlag liegend; **2.** (vorn'über)gebeugt; **3.** abschüssig; **4.** *fig.* (***to***) neigend (zu), veranlagt (zu), anfällig (für); **'prone·ness** [-nɪs] *s.* (***to***) Neigung *f*, Hang *m* (zu), Anfälligkeit *f* (für).

prong [prɒŋ] **I** *s.* **1.** Zinke *f e-r* (*Heu- etc.*)*Gabel*; Zacke *f*, Spitze *f*, Dorn *m*; **2.** (Geweih)Sprosse *f*, -ende *n*; **3.** Horn *n*; **4.** (Heu-, Mist- *etc.*)Gabel *f*; **II** *v/t.* **5.** mit e-r Gabel stechen *od.* heben; **6.** aufspießen; **pronged** [-ŋd] *adj.* gezinkt, zackig: ***two-***~ zweizinkig.

pro·nom·i·nal [prə'nɒmɪnl] *adj.* ☐ *ling.* pronomi'nal.

pro·noun ['prəʊnaʊn] *s. ling.* Pro'nomen *n*, Fürwort *n*.

pro·nounce [prə'naʊns] **I** *v/t.* **1.** aussprechen (*a. ling.*); **2.** erklären für, bezeichnen als; **3.** *Urteil* aussprechen *od.* verkünden, *Segen* erteilen: ***~ sentence of death*** das Todesurteil fällen, auf Todesstrafe erkennen; **4.** behaupten (***that*** daß); **II** *v/i.* **5.** Stellung nehmen, s-e Meinung äußern (***on*** zu): ***~ in favo(u)r of*** (***against***) ***s.th.*** sich für (gegen) et. aussprechen; **pro'nounced** [-st] *adj.* □ **1.** ausgesprochen, ausgeprägt, deutlich (*Tendenz etc.*), sichtlich (*Besserung etc.*); **2.** bestimmt, entschieden (*Ansicht etc.*); **pro'nounc·ed·ly** [-sɪdlɪ] *adv.* ausgesprochen *gut, schlecht etc.*; **pro'nounce·ment** [-mənt] *s.* **1.** Äußerung *f*; **2.** Erklärung *f*, (⚖ *Urteils*)Verkünd(ig)ung *f*; **3.** Entscheidung *f*.

pron·to ['prɒntəʊ] *adv. Am.* F fix, schnell, ‚aber dalli'.

pro·nun·ci·a·tion [prəˌnʌnsɪ'eɪʃn] *s.* Aussprache *f*.

proof [pru:f] **I** *adj.* **1.** fest (***against, to*** gegen), 'undurchˌlässig, (*wasser- etc.*) dicht, (*hitze*)beständig, (*kugel*)sicher; **2.** gefeit (***against*** gegen) (*a. fig.*); *fig. a.* unzugänglich: ***~ against bribes*** unbestechlich; **3.** ⚗ *obs.* probehaltig, nor'malstark (*alkoholische Flüssigkeit*); **II** *s.* **4.** Beweis *m*, Nachweis *m*: ***in ~ of*** zum *od.* als Beweis (*gen.*); ***give ~ of*** *et.* beweisen; **5.** (*a.* ⚖) Beweis(mittel *n*, -stück *n*) *m*; Beleg(e *pl.*) *m*; **6.** Probe *f* (*a.* Ⱥ), (*a.* Materi'al)Prüfung *f*: ***put to*** (***the***) ***~*** auf die Probe stellen; ***the ~ of the pudding is in the eating*** Probieren geht über Studieren; **7.** *typ.* a) Korrek'turfahne *f*, -bogen *m*, b) Probeabzug *m* (*a. phot.*): ***clean ~*** Revisionsbogen *m*; **8.** Nor'malstärke *f alkoholischer Getränke*; **III** *v/t.* **9.** ⚙ (*wasser- etc.*)dicht *od.* (*hitze- etc.*)beständig *od.* (*kugel- etc.*)fest machen, imprägnieren; '**~-ˌread·er** *s. typ.* Kor'rektor *m*; '**~ˌread·ing** *s. typ.* Korrek'turlesen *n*; **~ sheet** → ***proof*** 7 a; **~ spir·it** *s.* Nor'malweingeist *m*.

prop[1] [prɒp] **I** *s.* **1.** Stütze *f* (*a.* ⚓), (Stütz)Pfahl *m*; **2.** *fig.* Stütze *f*, Halt *m*; **3.** △, ⚙ Stempel *m*, Stützbalken *m*, Strebe *f*; **4.** ⚙ Drehpunkt *m e-s Hebels*; **5.** *pl. sl.* ‚Stelzen' *pl.* (*Beine*); **II** *v/t.* **6.** stützen (*a. fig.*); **7.** *a.* **~ up** a) (ab)stützen, ⚙ *a.* absteifen, verstreben, *mot.* aufbocken, b) *sich, et.* lehnen (***against*** gegen).

prop[2] [prɒp] *s. thea.* Requi'sit *n* (*a. fig.*).

prop[3] [prɒp] *s.* ✈ Pro'peller *m*.

prop·a·gan·da [ˌprɒpə'gændə] *s.* Propa'ganda *f*; ☤ Werbung *f*, Re'klame *f*: ***make ~ for***; **~ week** Werbewoche *f*; **ˌprop·a'gan·dist** [-dɪst] **I** *s.* Propagan'dist(in); **II** *adj.* propagan'distisch; **prop·a·gan·dis·tic** [ˌprɒpəgæn'dɪstɪk] *adj.* propagan'distisch; **ˌprop·a'gan·dize** [-daɪz] **I** *v/t.* **1.** Propa'ganda machen für, propagieren; **2.** *j-n* durch Propa'ganda beeinflussen; **II** *v/i.* **3.** Propa'ganda machen.

prop·a·gate ['prɒpəgeɪt] **I** *v/t.* **1.** *biol., a. phys. Ton, Bewegung, Licht* fortpflanzen; **2.** *Nachricht etc.* aus-, verbreiten, propagieren; **II** *v/i.* **3.** sich fortpflanzen; **prop·a·ga·tion** [ˌprɒpə'geɪʃn] *s.* **1.** Fortpflanzung *f* (*a. phys.*), Vermehrung *f*; **2.** Aus-, Verbreitung *f*; **prop·a·ga·tor** ['prɒpəgeɪtə] *s.* **1.** Fortpflanzer *m*; **2.** Verbreiter *m*, Propagan'dist *m*.

pro·pane ['prəʊpeɪn] *s.* ⚗ Pro'pan *n*.

pro·pel [prə'pel] *v/t.* (an-, vorwärts)treiben (*a. fig. od.* ⚙); **pro'pel·lant** [-lənt] *s.* ⚙ Treibstoff *m*, -mittel *n*: ***~*** (***charge***) Treibladung *f e-r Rakete etc.*; **pro'pel·lent** [-lənt] **I** *adj.* **1.** (an-, vorwärts-) treibend: ***~ gas*** Treibgas; ***~ power*** Antriebs-, Triebkraft *f*; **II** *s.* **2.** *fig.* treibende Kraft; **3.** → ***propellant***; **pro'pel·ler** [-lə] *s.* Pro'peller *m*: a) ✈ Luftschraube *f*, b) ⚓ Schiffsschraube *f*: ***~ blade*** ✈ Luftschraubenblatt *n*; **pro'pel·ling** [-lɪŋ] *adj.* Antriebs…, Trieb…, Treib…: ***~ charge*** Treibladung *f*, -satz *m e-r Rakete etc.*; ***~ nozzle*** ✈ Schubdüse *f*; ***~ pencil*** Drehbleistift *m*.

pro·pen·si·ty [prə'pensətɪ] *s. fig.* Hang *m*, Neigung *f* (***to, for*** zu).

prop·er ['prɒpə] *adj.* □ **1.** richtig, passend, geeignet, angemessen, ordnungsgemäß, zweckmäßig: ***in ~ form*** in gebührender *od.* angemessener Form; ***in the ~ place*** am rechten Platz; ***do as you think*** (***it***) ***~*** tun Sie, was Sie für richtig halten; ***~ fraction*** Ⱥ echter Bruch; **2.** anständig, schicklich, kor'rekt, einwandfrei (*Benehmen etc.*): ***it is ~*** es (ge)ziemt *od.* schickt sich; **3.** zulässig; **4.** eigen(tümlich) (***to*** *dat.*), besonder; **5.** genau: ***in the ~ meaning of the word*** strenggenommen; **6.** (*mst nachgestellt*) eigentlich: ***philosophy ~*** die eigentliche Philosophie; ***in the Middle East ~*** im Mittleren Osten selbst; **7.** maßgebend, zuständig (*Dienststelle etc.*); **8.** F ‚richtig', ‚ordentlich', ‚anständig': ***a ~ licking*** e-e gehörige Tracht Prügel; **9.** *ling.* Eigen…: ***~ name*** (*od.* ***noun***) Eigenname *m*; '**prop·er·ly** [-lɪ] *adv.* **1.** richtig (*etc.* → ***proper*** 1, 2), passend, wie es sich gehört: ***behave ~*** sich (anständig) benehmen; **2.** genau: ***~ speaking*** eigentlich, streng genommen; **3.** F gründlich, ‚anständig', ‚tüchtig'.

prop·er·tied ['prɒpətɪd] *adj.* besitzend, begütert: ***the ~ classes***.

prop·er·ty ['prɒpətɪ] *s.* **1.** Eigentum *n*, Besitz(tum *n*) *m*, Gut *n*, Vermögen *n*: ***common ~*** Gemeingut; ***damage to ~*** Sachschaden *m*; ***law of ~*** ⚖ Sachenrecht *n*; ***left ~*** Hinterlassenschaft *f*; ***lost ~*** Fundsache *f*; ***man of ~*** begüterter Mann; ***personal ~*** → ***personalty***; **2.** *a.* ***landed ~*** (Grund-, Land)Besitz *m*, Grundstück *n*, Liegenschaft *f*, Lände'reien *pl.*; **3.** ⚖ Eigentum(srecht) *n*: ***industrial ~*** gewerbliches Schutzrecht; ***intellectual ~*** geistiges Eigentum; ***literary ~*** literarisches Eigentum, Urheberrecht; **4.** *mst pl. thea.* Requi'sit(en *pl.*) *n*; **5.** Eigenart *f*, -heit *f*; Merkmal *n*; **6.** *phys. etc.* Eigenschaft *f*, ⚙ *a.* Fähigkeit *f*: ***~ of material*** Werkstoffeigenschaft; ***insulating ~*** Isolationsvermögen *n*; **~ as·sets** *s. pl.* ☤ Vermögenswerte *pl.*; **~ in·sur·ance** *s.* Sachversicherung *f*; **~ man** [mæn] *s.* [*irr.*] *thea.* Requisi'teur *m*; **~ mar·ket** *s.* Immo'bilienmarkt *m*; **~ tax** *s.* **1.** Vermögenssteuer *f*; **2.** Grundsteuer *f*.

proph·e·cy ['prɒfɪsɪ] *s.* Prophe'zeiung *f*, Weissagung *f*; '**proph·e·sy** [-saɪ] *v/t.* prophe'zeien, weis-, vor'aussagen (***s.th. for s.o.*** j-m et.).

proph·et ['prɒfɪt] *s.* Pro'phet *m* (*a. fig.*): ***the Major*** (***Minor***) ***≈s*** *bibl.* die großen (kleinen) Propheten; '**proph·et·ess** [-tɪs] *s.* Pro'phetin *f*; **pro·phet·ic, pro·phet·i·cal** [prə'fetɪk(l)] *adj.* □ pro'phetisch.

pro·phy·lac·tic [ˌprɒfɪ'læktɪk] **I** *adj. bsd.* ⚕ prophy'laktisch, vorbeugend, Vorbeugungs…, Schutz…; **II** *s.* ⚕ Prophy'laktikum *n*, vorbeugendes Mittel; *fig.* vorbeugende Maßnahme; **ˌpro·phy'lax·is** [-ksɪs] *s.* ⚕ Prophy'laxe *f*, Präven'tivbeˌhandlung *f*, Vorbeugung *f*.

pro·pin·qui·ty [prə'pɪŋkwətɪ] *s.* **1.** Nähe *f*; **2.** nahe Verwandtschaft.

pro·pi·ti·ate [prə'pɪʃɪeɪt] *v/t.* versöhnen, besänftigen, günstig stimmen; **pro·pi·ti·a·tion** [prəˌpɪʃɪ'eɪʃn] *s.* **1.** Versöhnung *f*; Besänftigung *f*; **2.** *obs.* (Sühn-) Opfer *n*, Sühne *f*; **pro'pi·ti·a·to·ry** [-ɪətərɪ] *adj.* □ versöhnend, sühnend, Sühn…

pro·pi·tious [prə'pɪʃəs] *adj.* □ **1.** günstig, vorteilhaft (***to*** für); **2.** gnädig, geneigt.

'**prop·jet** *s.* ✈ **1.** *a.* ***~ engine*** Pro'pellertur,bine(n-Triebwerk *n*) *f*; **2.** *a.* ***~ plane*** Flugzeug *n* mit Pro'pellerturˌbine(n).

pro·po·nent [prə'pəʊnənt] *s.* **1.** Vorschlagende(r *m*) *f*; *fig.* Befürworter(in); **2.** ⚖ präsum'tiver Testa'mentserbe.

pro·por·tion [prə'pɔ:ʃn] **I** *s.* **1.** (richtiges) Verhältnis; Gleich-, Ebenmaß *n*; *pl.* (Aus)Maße *pl.*, Größenverhältnisse *pl.*, Dimensi'onen *pl.*, Proporti'onen *pl.*: ***in ~ as*** in dem Maße wie, je nachdem wie; ***in ~ to*** im Verhältnis zu; ***be out of*** (***all***) ***~ to*** in keinem Verhältnis stehen zu; ***sense of ~*** *fig.* Augenmaß *n*; **2.** *fig.* a) Ausmaß *n*, Größe *f*, Umfang *m*, b) Symmet'rie *f*, Harmo'nie *f*; **3.** Ⱥ, ⚗ Proporti'on *f*; **4.** Ⱥ a) Dreisatz(rechnung *f*) *m*, *obs.* Regelde'tri *f*, b) *a.* ***geometric ~*** Verhältnisgleichheit *f*; **5.** Anteil *m*, Teil *m*: ***in ~*** anteilig; **II** *v/t.* **6.** (***to***) in das richtige Verhältnis bringen (mit, zu), anpassen (*dat.*); **7.** verhältnismäßig verteilen; **8.** proportionieren, bemessen; **9.** sym'metrisch gestalten: ***well-~d*** ebenmäßig, wohlgestaltet; **pro'por·tion·al** [-ʃənl] **I** *adj.* □ **1.** proportio'nal, verhältnismäßig; anteilmäßig: ***~ numbers*** Ⱥ Proportionalzahlen *pl.*; ***~ representation*** *pol.* Verhältniswahl(system *n*) *f*; **2.** → ***proportionate***; **II** *s.* **3.** Ⱥ Proportio'nale *f*; **pro'por·tion·ate** [-ʃnət] *adj.* □ (***to***) im richtigen Verhältnis (stehend) (zu), angemessen (*dat.*), entsprechend (*dat.*): ***~ share*** ☤ Verhältnisanteil *m*, anteilmäßige Befriedigung.

pro·pos·al [prə'pəʊzl] *s.* **1.** Vorschlag *m*, (*a.* ☤, *a. Friedens*)Angebot *n*, (*a. Heirats*)Antrag *m*; **2.** Plan *m*; **pro·pose** [prə'pəʊz] **I** *v/t.* **1.** vorschlagen (***s.th. to s.o.*** j-m et., ***s.o. for*** j-n zu *od.* als); **2.** *Antrag* stellen; *Resolution* einbringen; *Mißtrauensvotum* stellen *od.* beantragen; **3.** *Rätsel* aufgeben; *Frage* stellen; **4.** beabsichtigen, sich vornehmen; **5.** e-n Toast ausbringen auf (*acc.*), auf *et.* trinken; **II** *v/i.* **6.** beabsichtigen, vorhaben; planen: ***man ~s*** (***but***) ***God disposes*** der Mensch denkt, Gott lenkt; **7.** e-n Heiratsantrag machen (***to*** *dat.*), anhalten (**for** um *j-n, j-s Hand*); **pro'pos·er** [-zə] *s. pol.* Antragsteller *m*; **prop·o·si·tion** [ˌprɒpəˈzɪʃn] **I** *s.* **1.** Vorschlag *m*, Antrag *m*; **2.** (vorgeschlagener) Plan, Pro'jekt *n*; **3.** ✝ Angebot *n*; **4.** Behauptung *f*; **5.** F a) Sache *f*, b) Geschäft *n*: ***an easy ~*** ‚kleine Fische', Kleinigkeit *f*; **6.** *phls.* Satz *m*; **7.** ⩚ (Lehr)Satz *m*; **II** *v/t.* **8.** *j-m* e-n Vorschlag machen; **9.** *e-m Mädchen* e-n unsittlichen Antrag machen.

pro·pound [prəˈpaʊnd] *v/t.* **1.** *Frage etc.* vorlegen, -tragen (**to** *dat.*); **2.** vorschlagen; **3.** ***~ a will*** ⚖ auf Anerkennung e-s Testaments klagen.

pro·pri·e·tar·y [prəˈpraɪətərɪ] **I** *adj.* **1.** Eigentums...(*-recht etc.*), Vermögens...; **2.** Eigentümer..., Besitzer...: ***~ company*** ✝ a) *Am.* Holding-, Dachgesellschaft *f*, b) *Brit.* Familiengesellschaft *f*; ***the ~ classes*** die besitzenden Schichten; **3.** gesetzlich geschützt (*Arznei, Ware*): ***~ article*** Markenartikel *m*; ***~ name*** Markenbezeichnung *f*; **II** *s.* **4.** Eigentümer *m od. pl.*; **5.** ⚕ a) mediˈzinischer ˈMarkenarˌtikel, b) nicht reˈzeptpflichtiges Medikaˈment; **pro·pri·e·tor** [prəˈpraɪətə] *s.* Eigentümer *m*, Besitzer *m*, (Geschäfts)Inhaber *m*, Anteilseigner *m*, Gesellschafter *m*: ***~s' capital*** Eigenkapital *n e-r Gesellschaft*; ***sole ~*** a) Alleininhaber(in), b) ✝ *Am.* Einzelkaufmann *m*; **proˈpri·e·tor·ship** [-təʃɪp] *s.* **1.** Eigentum(srecht) *n* (***in*** an *dat.*); **2.** Verlagsrecht *n*; **3.** *Bilanz*: ˈEigenkapiˌtal *n*; **4.** ***sole ~*** a) allˈeiniges Eigentumsrecht, b) ✝ *Am.* ˈEinzelunterˌnehmen *n*; **proˈpri·e·tress** [-trɪs] *s.* Eigentümerin *f etc.*; **proˈpri·e·ty** [-tɪ] *s.* **1.** Schicklichkeit *f*, Anstand *m*; **2.** *pl.* Anstandsformen *pl.*; **3.** Angemessenheit *f*, Richtigkeit *f*.

props [prɒps] *s. pl. thea. sl.* **1.** Requiˈsiten *pl.*; **2.** *sg. konstr.* Requisiˈteur *m*.

pro·pul·sion [prəˈpʌlʃn] *s.* **1.** ⚙ Antrieb *m* (*a. fig.*), Antriebskraft *f*: ***~ nozzle*** Rückstoßdüse *f*; **2.** Fortbewegung *f*; **proˈpul·sive** [-lsɪv] *adj.* (an-, vorwärts-) treibend (*a. fig.*): ***~ force*** Triebkraft *f*; ***~ jet*** Treibstrahl *m*.

pro ra·ta [ˌprəʊˈrɑːtə] (*Lat.*) *adj. u. adv.* verhältnis-, anteilmäßig, pro ˈrata; **pro·rate** [ˈprəʊreɪt] *Am v/t.* anteilmäßig ver-, aufteilen.

pro·ro·ga·tion [ˌprəʊrəˈgeɪʃn] *s. pol.* Vertagung *f*; **pro·rogue** [prəˈrəʊg] *v/t. u. v/i.* (sich) vertagen.

pro·sa·ic [prəʊˈzeɪɪk] *adj.* (□ ***~ally***) *fig.* proˈsaisch: a) allˈtäglich, b) nüchtern, trocken, c) langweilig.

pro·sce·ni·um [prəʊˈsiːnjəm] *pl.* **-ni·a** [-njə] *s. thea.* Proˈszenium *n*.

pro·scribe [prəʊˈskraɪb] *v/t.* **1.** ächten, für vogelfrei erklären; **2.** *mst fig.* verbannen; **3.** *fig.* a) verurteilen, b) verbieten; **proˈscrip·tion** [-ˈskrɪpʃn] *s.* **1.** Ächtung *f*, Acht *f*, Proskriptiˈon *f* (*mst hist.*); **2.** Verbannung *f*; **3.** *fig.* Verurteilung *f*, Verbot *n*; **proˈscrip·tive** [-ˈskrɪptɪv] *adj.* □ **1.** Ächtungs..., ächtend; **2.** verbietend, Verbots...

prose [prəʊz] **I** *s.* **1.** Prosa *f*; **2.** *fig.* Prosa *f*, Nüchternheit *f*, Allˈtäglichkeit *f*; **3.** *ped.* Überˈsetzung *f in die Fremdsprache*; **II** *adj.* **4.** Prosa...: ***~ writer*** Prosaschriftsteller(in); **5.** *fig.* proˈsaisch; **III** *v/t. u. v/i.* **6.** in Prosa schreiben; **7.** langweilig erzählen.

pros·e·cute [ˈprɒsɪkjuːt] **I** *v/t.* **1.** *Plan etc.* verfolgen, weiterführen: ***~ an action*** ⚖ e-n Prozeß führen; **2.** *Gewerbe, Studien etc.* betreiben; **3.** *Untersuchung* ˈdurchführen; **4.** ⚖ a) strafrechtlich verfolgen, b) gerichtlich verfolgen, belangen, anklagen (**for** wegen), c) *Forderung* einklagen; **II** *v/i.* **5.** gerichtlich vorgehen; **6.** ⚖ als Kläger auftreten, die Anklage vertreten: ***prosecuting counsel*** (*Am.* ***attorney***) → ***prosecutor***; **pros·e·cu·tion** [ˌprɒsɪˈkjuːʃn] *s.* **1.** Verfolgung *f*, Fortsetzung *f*, ˈDurchführung *f e-s Plans etc.*; **2.** Betreiben *n e-s Gewerbes etc.*; **3.** ⚖ a) strafrechtliche Verfolgung, Strafverfolgung *f*, b) Einklagen *n e-r Forderung etc.*: ***liable to ~*** strafbar; ***Director of Public ~s*** Leiter *m* der Anklagebehörde; **4.** ***the ~*** ⚖ die Staatsanwaltschaft, die Anklage(behörde); → ***witness*** 1; **ˈpros·e·cu·tor** [-tə] *s.* ⚖ (An)Kläger *m*, Anklagevertreter *m*: ***public ~*** Staatsanwalt *m*.

pros·e·lyte [ˈprɒsɪlaɪt] *s. eccl.* Proseˈlyt (-in), Converˈtit(in), *a. fig.* Neubekehrte(r *m*) *f*; **ˈpros·e·lyt·ism** [-lɪtɪzəm] *s.* Proselyˈtismus *m*: a) Bekehrungseifer *m*, b) Proseˈlytentum *n*; **ˈpros·e·lyt·ize** [-lɪtaɪz] **I** *v/t.* (**to**) bekehren (zu), *fig. a.* gewinnen (für); **II** *v/i.* Anhänger gewinnen.

pros·i·ness [ˈprəʊzɪnɪs] *s.* **1.** Eintönigkeit *f*, Langweiligkeit *f*; **2.** Weitschweifigkeit *f*.

pros·o·dy [ˈprɒsədɪ] *s.* Prosoˈdie *f* (*Silbenmessungslehre*).

pros·pect I *s.* [ˈprɒspekt] **1.** (Aus)Sicht *f*, (-)Blick *m* (**of** auf *acc.*); **2.** *fig.* Aussicht *f*: ***hold out a ~ of et.*** in Aussicht stellen; ***have s.th. in ~*** auf et. Aussicht haben, et. in Aussicht haben; **3.** *fig.* Vor(ˈaus)schau *f* (**of** auf *acc.*); **4.** ✝ *etc.* Interesˈsent *m*, Reflekˈtant *m*; ✝ möglicher Kunde; **5.** ⚒ a) (*Erz- etc.*) Anzeichen *n*, b) Schürfprobe *f*, c) Schürfstelle *f*; **II** *v/t.* [prəˈspekt] **6.** *Gebiet* durchˈforschen, unterˈsuchen (**for** nach *Gold etc.*); **III** *v/i.* [prəˈspekt] **7.** (**for**) ⚒ suchen (nach, *a. fig.*), schürfen (nach); (nach *Öl*) bohren; **pro·spec·tive** [prəˈspektɪv] *adj.* □ **1.** (zu)künftig, vorˈaussichtlich, in Aussicht stehend, potentiˈell: ***~ buyer*** Kaufinteressent *m*, potentieller Käufer; **2.** *fig.* vorˈausschauend; **pros·pec·tor** [prəˈspektə] *s.* Proˈspektor *m*, Schürfer *m*, Goldsucher *m*; **pro·spec·tus** [prəˈspektəs] *s.* Proˈspekt *m*: a) Werbeschrift *f*, b) ✝ Subskriptiˈonsanzeige *f*, c) *Brit.* ˈSchulproˌspekt *m*.

pros·per [ˈprɒspə] **I** *v/i.* Erfolg haben (**in** bei); gedeihen, florieren, blühen (*Unternehmen etc.*); **II** *v/t.* begünstigen, *j-m* hold *od.* gewogen sein; segnen, *j-m* gnädig sein (*Gott*); **pros·per·i·ty** [prɒˈsperətɪ] *s.* **1.** Wohlstand *m* (*a.* ✝), Gedeihen *n*, Glück *n*; **2.** ✝ Prosperiˈtät *f*, Blüte(zeit) *f*, (*a.* ***peak ~*** ˈHoch)KonjunkˌturA *f*; **ˈpros·per·ous** [-pərəs] *adj.* □ **1.** gedeihend, blühend, erfolgreich, glücklich; **2.** wohlhabend, Wohlstands...; **3.** günstig (*Wind etc.*).

pros·tate (gland) [ˈprɒsteɪt] *s. anat.* Prostata *f*, Vorsteherdrüse *f*.

pros·the·sis [ˈprɒsθɪsɪs] *pl.* **-ses** [-siːz] *s.* **1.** ⚕ Proˈthese *f*, künstliches Glied; **2.** ⚕ Anfertigung *f* e-r Proˈthese; **3.** *ling.* Prosˈthese *f* (*Vorsetzen e-s Buchstabens od. e-r Silbe vor ein Wort*).

pros·ti·tute [ˈprɒstɪtjuːt] **I** *s.* **1.** a) Prostituierte *f*, b) *a.* ***male ~*** Strichjunge *m*; **II** *v/t.* **2.** prostituieren: ***to ~ o.s.*** sich prostituieren *od.* verkaufen (*a. fig.*); **3.** *fig.* (für ehrlose Zwecke) her-, preisgeben, entwürdigen, *Talente etc.* wegwerfen; **pros·ti·tu·tion** [prɒstɪˈtjuːʃn] *s.* **1.** Prostitutiˈon *f*; **2.** *fig.* Herˈab-, Entwürdigung *f*.

pros·trate I *v/t.* [prɒˈstreɪt] **1.** zu Boden werfen *od.* strecken, niederwerfen; **2.** ***~ o.s.*** *fig.* sich in den Staub werfen, sich demütigen (***before*** vor); **3.** entkräften, erschöpfen; *fig.* niederschmettern; **II** *adj.* [ˈprɒstreɪt] **4.** hingestreckt; **5.** *fig.* erschöpft (***with*** vor *dat.*), daˈniederliegend, kraftlos; *weitS.* gebrochen (***with grief*** vom Gram); **6.** *fig.* a) demütig, b) fußfällig, im Staube liegend; **prosˈtra·tion** [-eɪʃn] *s.* **1.** Fußfall *m* (*a. fig.*); **2.** *fig.* Niederwerfung *f*; Demütigung *f*; **3.** Erschöpfung, Entkräftung *f*; **4.** *fig.* Niedergeschlagenheit *f*.

pros·y [ˈprəʊzɪ] *adj.* □ **1.** langweilig, weitschweifig; **2.** nüchtern, proˈsaisch.

pro·tag·o·nist [prəʊˈtægənɪst] *s.* **1.** *thea.* ˈHauptfiˌgur *f*, Held(in), Träger(in) der Handlung; **2.** *fig.* Vorkämpfer(in).

pro·te·an [prəʊˈtiːən] *adj.* **1.** *fig.* proˈteisch, vielgestaltig; **2.** *zo.* aˈmöbenartig: ***~ animalcule*** Amöbe *f*.

pro·tect [prəˈtekt] *v/t.* **1.** (be)schützen (***from*** vor *dat.*, ***against*** gegen): ***~ interests*** Interessen wahren; **2.** ✝ (durch Zölle) schützen; **3.** ✝ a) *Sichtwechsel* honorieren, einlösen, b) *Wechsel mit Laufzeit* schützen; **4.** ⚙ (ab)sichern, abschirmen; *weitS.* schonen: ***~ed against corrosion*** korrosionsgeschützt; ***~ed motor*** ϟ geschützter Motor; **5.** ⚔ (taktisch) sichern, abschirmen; **6.** *Schach*: *Figur* decken; **proˈtec·tion** [-kʃn] *s.* **1.** Schutz *m*, Beschützung *f* (***from*** vor *dat.*); Sicherheit *f*: ***~ of interests*** Interessenwahrung *f*; (***legal***) ***~ of registered designs*** ⚖ Gebrauchsmusterschutz *m*; ***~ of industrial property*** gewerblicher Rechtsschutz; **2.** ✝ Wirtschaftsschutz *m*, ˈSchutzzoll (-poliˌtik *f*, -syˌstem *n*) *m*; **3.** ✝ Honorierung *f e-s Wechsels*: ***find due ~*** honoriert werden; **4.** Protektiˈon *f*, Gönnerschaft *f*, Förderung *f*: ***~ (money)*** *Am.* ‚Schutzgebühr' *f*; **5.** ⚙ Schutz *m*, Abschirmung *f*; **proˈtec·tion·ism** [-kʃənɪzəm] *s.* ✝ ˈSchutzzollpoliˌtik *f*; **proˈtec·tion·ist** [-kʃənɪst] **I** *s.* **1.** Protektioˈnist *m*, Verfechter *m* der Schutzzollpolitik; **2.** Naˈturschützer *m*; **II** *adj.* **3.** protektioˈnistisch, Schutzzoll...; **proˈtec·tive** [-tɪv] *adj.* □ **1.** (be)schützend, schutzgewährend, Schutz...: ***~ conveyance*** ⚖ Sicherungsübereignung *f*; ***~ custody*** ⚖ Schutzhaft *f*; ***~ duty*** ✝ Schutzzoll *m*; ***~ goggles*** Schutzbrille *f*; **2.** ✝ Schutzzoll...; **3.** beschützerisch; **proˈtec·tor** [-tə] *s.* **1.** Beschützer *m*, Schutz-, Schirmherr *m*, Gönner *m*; **2.** ⚙ *etc.* Schutz(vorrichtung *f*, -mittel *n*) *m*, Schützer *m*, Schoner *m*; **3.** *hist.* Proˈtektor *m*, Reichsverweser *m*; **proˈtec·tor·ate** [-tərət] *s.* Protektoˈrat *n*: a) Schutzherrschaft *f*, b) Schutzgebiet *n*; **proˈtec·tress** [-trɪs] *s.* Beschützerin *f*,

Schutz-, Schirmherrin *f*.

pro·té·gé ['prəʊteʒeɪ] (*Fr.*) *s*. Schützling *m*, Prote'gé *m*.

pro·te·in ['prəʊti:n] *s. biol.* Prote'in *n*, Eiweiß(körper *m od. pl.*) *n*.

pro·test I *s*. ['prəʊtest] **1.** Pro'test *m*, Ein-, 'Widerspruch *m*: ***in ~, as a ~*** aus (*od.* als) Protest; ***enter*** (*od.* ***lodge***) ***a ~*** Protest erheben *od.* Verwahrung einlegen (***with*** bei); ***accept under ~*** unter Vorbehalt *od.* Protest annehmen; **2.** ✝, ⚖ ('Wechsel)Pro,test *m*; **3.** ⚓, ⚖ 'Seepro,test *m*, Verklarung *f*; II *v/i.* [prə'test] **4.** protestieren, Verwahrung einlegen, sich verwahren (***against*** gegen); III *v/t.* [prə'test] **5.** protestieren gegen, reklamieren; **6.** beteuern (***s.th.*** et., ***that*** daß): ***~ one's loyalty***; **7.** ✝ *Wechsel* protestieren: ***have a bill ~ed*** e-n Wechsel zu Protest gehen lassen.

Prot·es·tant ['prɒtɪstənt] I *s*. Prote'stant (-in); II *adj.* prote'stantisch; **'Prot·es·tant·ism** [-tɪzəm] *s*. Protestan'tismus *m*.

prot·es·ta·tion [,prəʊte'steɪʃn] *s*. **1.** Beteuerung *f*; **2.** Pro'test *m*.

pro·to·col ['prəʊtəkɒl] I *s*. **1.** (Ver'handlungs)Proto,koll *n*; **2.** *pol.* Proto'koll *n*: a) *diplomatische Etikette*, b) *kleineres Vertragswerk*; **3.** *pol.* Einleitungs- u. Schlußformeln *pl. e-r Urkunde etc.*; II *v/t. u. v/i.* **4.** protokollieren.

pro·ton ['prəʊtɒn] *s. phys.* Proton *n*.

pro·to·plasm ['prəʊtəʊplæzəm] *s. biol.* **1.** Proto'plasma *n* (*Zellsubstanz*); **2.** Urschleim *m*; **'pro·to·plast** [-plæst] *s. biol.* Proto'plast *m*.

pro·to·type ['prəʊtəʊtaɪp] *s*. Proto'typ *m* (*a. biol.*): a) Urbild *n*, -typ *m*, -form *f*, b) (Ur)Muster *n*; ⚙ ('Richt)Mo,dell *n*, Ausgangsbautyp *m*.

pro·to·zo·on [,prəʊtəʊ'zəʊən] *pl.* **-'zo·a** [-'zəʊə] *s. zo.* Proto'zoon *n*, Urtierchen *n*, Einzeller *m*.

pro·tract [prə'trækt] *v/t.* **1.** in die Länge (*od.* hinaus)ziehen, verschleppen: ***~ed illness*** langwierige Krankheit; ***~ed defence*** ⚔ hinhaltende Verteidigung; **2.** A mit e-m Winkelmesser *od.* maßstabsgetreu zeichnen *od.* auftragen; **pro'trac·tion** [-kʃn] *s*. **1.** Hin'ausschieben *n*, -ziehen *n*, Verschleppen *n* (*a.* ⚕); **2.** A maßstabsgetreue Zeichnung; **pro'trac·tor** [-tə] *s*. **1.** A Transpor'teur *m*, Gradbogen *m*, Winkelmesser *m*; **2.** *anat.* Streckmuskel *m*.

pro·trude [prə'tru:d] I *v/i.* her'aus-, (her)'vorstehen, -ragen, -treten; II *v/t.* her'ausstrecken, (her)'vortreten lassen; **pro'tru·sion** [-u:ʒn] *s*. **1.** Her'vorstehen *n*, -treten *n*, Vorspringen *n*; **2.** Vorwölbung *f*, (her)'vorstehender Teil; **pro'tru·sive** [-u:sɪv] *adj.* □ vorstehend, her'vortretend.

pro·tu·ber·ance [prə'tju:bərəns] *s*. **1.** Auswuchs *m*, Beule *f*, Höcker *m*; **2.** *ast.* Protube'ranz *f*; **3.** (Her)'Vortreten *n*, -stehen *n*; **pro'tu·ber·ant** [-nt] *adj.* □ (her)'vorstehend, -tretend, -quellend (*a. Augen*).

proud [praʊd] I *adj.* □ **1.** stolz (***of*** auf *acc.*, ***to*** *inf.* zu *inf.*): ***a ~ day*** *fig.* ein stolzer Tag *für uns etc.*; **2.** hochmütig, eingebildet; **3.** *fig.* stolz, prächtig; **4.** ***~ flesh*** ⚕ wildes Fleisch; II *adv.* **5.** F stolz: ***do s.o. ~*** a) j-m große Ehre erweisen, b) j-n königlich bewirten; ***do o.s. ~*** a) stolz auf sich sein können, b) es sich gutgehen lassen.

prov·a·ble ['pru:vəbl] *adj.* □ be-, nachweisbar, erweislich; **prove** [pru:v] I *v/t.* **1.** er-, nach-, beweisen, **2.** ⚖ *Testament* bestätigen (lassen); **3.** bekunden, unter Beweis stellen, zeigen; **4.** (*a.* ⚙) prüfen, erproben: ***a ~d remedy*** ein erprobtes *od.* bewährtes Mittel; ***~ o.s.*** a) sich bewähren, b) sich erweisen als; → ***proving*** 1; **5.** A die Probe machen auf (*acc.*); II *v/i.* **6.** sich her'ausstellen *od.* erweisen (als): ***he will ~*** (***to be***) ***the heir*** es wird sich herausstellen, daß er der Erbe ist; ***~ true*** (***false***) a) sich als richtig (falsch) herausstellen, b) sich (nicht) bestätigen (*Voraussage etc.*); **7.** ausfallen, sich ergeben; **'prov·en** [-vən] *adj.* be-, erwiesen, nachgewiesen; *fig.* bewährt.

prov·e·nance ['prɒvənəns] *s*. Herkunft *f*, Ursprung *m*, Proveni'enz *f*.

prov·en·der ['prɒvɪndə] *s*. **1.** ✎ (Trokken)Futter *n*; **2.** F *humor.* ‚Futter' *n* (*Lebensmittel*).

prov·erb ['prɒvɜ:b] **1.** *s*. Sprichwort *n*: ***he is a ~ for shrewdness*** s-e Schläue ist sprichwörtlich (*b.s.* berüchtigt); **2.** (***The Book of***) ***2s*** *pl. bibl.* die Sprüche *pl.* (Salo'monis); **pro·ver·bi·al** [prə'vɜ:bjəl] *adj.* □ sprichwörtlich (*a. fig.*).

pro·vide [prə'vaɪd] I *v/t.* **1.** versehen, -sorgen, ausstatten, beliefern (***with*** mit); **2.** ver-, beschaffen, besorgen, liefern; zur Verfügung (*od.* bereit)stellen; *Gelegenheit* schaffen; **3.** ⚖ vorsehen, -schreiben, bestimmen (*a. Gesetze, Vertrag etc.*); II *v/i.* **4.** Vorsorge *od.* Vorkehrungen treffen, vorsorgen, sich sichern (***against*** vor *dat.*, gegen): ***~ against*** a) sich schützen vor (*dat.*), b) *et.* unmöglich machen, verhindern; ***~ for*** a) sorgen für (*j-s Lebensunterhalt*), b) *Maßnahmen* vorsehen, *e-r Sache* Rechnung tragen, *Bedürfnisse* befriedigen, *Gelder etc.* bereitstellen; **5.** ⚖ den Vorbehalt machen (***that*** daß): ***unless otherwise ~d*** sofern nichts Gegenteiliges bestimmt ist; ***providing*** (***that***) → **pro'vid·ed** [-dɪd] *cj. a.* ***~ that*** **1.** vor'ausgesetzt (daß), unter der Bedingung, daß; **2.** wenn, so'fern.

prov·i·dence ['prɒvɪdəns] *s*. **1.** (göttliche) Vorsehung; **2.** ***the 2*** die Vorsehung, Gott *m*; **3.** Vorsorge *f*, (weise) Vor'aussicht; **'prov·i·dent** [-nt] *adj.* □ **1.** vor'ausblickend, vor-, fürsorglich: ***~ bank*** Sparkasse *f*; ***~ fund*** Unterstützungskasse *f*; ***~ society*** Versicherungsverein *m* auf Gegenseitigkeit; **2.** haushälterisch, sparsam; **prov·i·den·tial** [,prɒvɪ'denʃl] *adj.* □ **1.** schicksalhaft; **2.** glücklich, gnädig (*Geschick etc.*).

pro·vid·er [prə'vaɪdə] *s*. **1.** Versorger (-in), Ernährer *m*: ***good ~*** F treusorgende(r) Mutter (Vater); **2.** Liefe'rant *m*.

prov·ince ['prɒvɪns] *s*. **1.** Pro'vinz *f* (*a. Ggs. Stadt*), Bezirk *m*; **2.** *fig.* a) (Wissens)Gebiet *n*, Fach *n*, b) (Aufgaben-) Bereich *m*, Amt *n*: ***it is not within my ~*** a) es schlägt nicht in mein Fach, b) es ist nicht m-s Amtes (***to*** *inf.* zu *inf.*).

pro·vin·cial [prə'vɪnʃl] I *adj.* □ **1.** Provinz..., provinzi'ell (*a. fig. engstirnig, spießbürgerlich*): ***~ town***; **2.** provinzi'ell, ländlich, kleinstädtisch; **3.** *fig. contp.* pro'vinzlerisch (*ungebildet, plump*); II *s*. **4.** Pro'vinzbewohner(in); *contp.* Pro'vinzler(in); **pro'vin·cial·ism** [-ʃəlɪzəm] *s*. Provinzia'lismus *m* (*a. mundartlicher Ausdruck, a. contp. Kleingeisterei, Lokalpatriotismus, Plumpheit*); *contp.* Pro'vinzlertum *n*.

prov·ing ['pru:vɪŋ] *s*. **1.** Prüfen *n*, Erprobung *f*: ***~ flight*** Probe-, Erprobungsflug *m*; ***~ ground*** Versuchsgelände *n*; **2.** ***~ of a will*** ⚖ Eröffnung *f* u. Bestätigung *f* e-s Testaments.

pro·vi·sion [prə'vɪʒn] I *s*. **1.** a) Vorkehrung *f*, -sorge *f*, Maßnahme *f*, b) Vor-, Einrichtung *f*: ***make ~*** sorgen *od.* Vorkehrungen treffen (***for*** für), sich schützen (***against*** vor *dat. od.* gegen); **2.** ⚖ Bestimmung *f*, Vorschrift *f*: ***come within the ~s of the law*** unter die gesetzlichen Bestimmungen fallen; **3.** ⚖ Bedingung *f*, Vorbehalt *m*; **4.** Beschaffung *f*, Besorgung *f*, Bereitstellung *f*; **5.** *pl.* (Lebensmittel)Vorräte *pl.*, Vorrat *m* (***of*** an *dat.*), Nahrungsmittel *pl.*, Provi'ant *m*: ***~s dealer*** (*od.* ***merchant***) Lebensmittel-, Feinkosthändler *m*; ***~s industry*** Nahrungsmittelindustrie *f*; **6.** *oft pl.* Rückstellungen *pl.*, -lagen *pl.*, Re'serven *pl.*: ***~ for taxes*** Steuerrückstellungen *pl.*; II *v/t.* **7.** mit Lebensmitteln versehen, verproviantieren; **pro'vi·sion·al** [-ʒənl] *adj.* □ provi'sorisch, einstweilig, behelfsmäßig: ***~ agreement*** Vorvertrag *m*; ***~ arrangement*** Provisorium *n*; ***~ receipt*** Interimsquittung *f*; ***~ regulations*** Übergangsbestimmungen; ***~ result*** *sport* vorläufiges *od.* inoffizielles Endergebnis.

pro·vi·so [prə'vaɪzəʊ] *s*. ⚖ Vorbehalt *m*, (Bedingungs)Klausel *f*, Bedingung *f*: ***~ clause*** Vorbehaltsklausel *f*; **pro'vi·so·ry** [-zərɪ] *adj.* □ **1.** bedingend, bedingt, vorbehaltlich; **2.** provi'sorisch, vorläufig.

pro·vo ['prəʊvəʊ] *s*. *Mitglied der provisorischen irisch-republikanischen Armee.*

prov·o·ca·tion [,prɒvə'keɪʃn] *s*. **1.** Her'ausforderung *f*, Provokati'on *f* (*a.* ⚖); **2.** Aufreizung *f*, Erregung *f*; **3.** Verärgerung *f*, Ärger *m*: ***at the slightest ~*** beim geringsten Anlaß; **pro·voc·a·tive** [prə'vɒkətɪv] I *adj.* (*a.* zum 'Widerspruch) her'ausfordernd, aufreizend (***of*** zu), provozierend; II *s*. Reiz(mittel *n*) *m*, Antrieb *m* (***of*** zu).

pro·voke [prə'vəʊk] *v/t.* provozieren: a) erzürnen, aufbringen, b) *et.* her'vorrufen, *Gefühl a.* erregen, c) *j-n* (auf)reizen, her'ausfordern: ***~ s.o. to do s.th.*** j-n dazu bewegen, et. zu tun; **pro'vok·ing** [-kɪŋ] *adj.* □ **1.** → ***provocative*** I; **2.** unerträglich, unausstehlich.

prov·ost ['prɒvəst] *s*. **1.** Vorsteher *m* (*a. univ. Brit. e-s College*); **2.** *Scot.* Bürgermeister *m*; **3.** *eccl.* Propst *m*; **4.** [prə'vəʊ] ⚔ Pro'fos *m*, Offi'zier *m* der Mili'tärpoli,zei; ***~ mar·shal*** [prə'vəʊ] *s*. ⚔ Komman'deur *m* der Mili'tärpoli,zei.

prow [praʊ] *s*. ⚓, ✈ Bug *m*.

prow·ess ['praʊɪs] *s*. **1.** Tapferkeit *f*, Kühnheit *f*; **2.** über'ragendes Können, Tüchtigkeit *f*.

prowl [praʊl] I *v/i.* um'herschleichen, -streichen; II *v/t.* durch'streifen; III *s*. Um'herstreifen *n*, Streife *f*: ***be on the ~***

→ I; ~ ***car*** *Am.* (Polizei)Streifenwagen *m*; **'prowl·er** [-lə] *s.* Her'umtreiber *m.*

prox·i·mal ['prɒksɪml] *adj.* □ *anat.* proxi'mal, körpernah; **'prox·i·mate** [-mət] *adj.* □ **1.** nächst, folgend, (sich) unmittelbar (anschließend): ~ ***cause*** unmittelbare Ursache; **2.** naheliegend; **3.** annähernd; **prox·im·i·ty** [prɒk'sɪmətɪ] *s.* Nähe *f*: ~ ***fuse*** ⚔ Annäherungszünder *m*; **'prox·i·mo** [-məʊ] *adv.* (des) nächsten Monats.

prox·y ['prɒksɪ] *s.* **1.** (Stell)Vertretung *f*, (Handlungs)Vollmacht *f*: ***by*** ~ in Vertretung (→ 2); ***marriage by*** ~ Ferntrauung *f*; **2.** (Stell)Vertreter(in), Bevollmächtigte(r *m*) *f*: ***by*** ~ durch e-n Bevollmächtigten; ***stand*** ~ ***for s.o.*** als Stellvertreter fungieren für j-n; **3.** Vollmacht(surkunde) *f*.

prude [pru:d] *s.* prüder Mensch: ***be a*** ~ prüde sein.

pru·dence ['pru:dəns] *s.* **1.** Klugheit *f*, Vernunft *f*; **2.** 'Um-, Vorsicht *f*, Über'legtheit *f*: ***ordinary*** ~ ⚖ die im Verkehr erforderliche Sorgfalt; **'pru·dent** [-nt] *adj.* □ **1.** klug, vernünftig; **2.** 'um-, vorsichtig, besonnen; **pru·den·tial** [prʊ'denʃl] *adj.* □ a) → ***prudent***, b) sachverständig: ***for*** ~ ***reasons*** aus Gründen praktischer Überlegung.

prud·er·y ['pru:dərɪ] *s.* Prüde'rie *f*; **'prud·ish** [-dɪʃ] *adj.* □ prüde.

prune¹ [pru:n] *s.* **1.** (*a.* Back)Pflaume *f*; **2.** *sl.* ‚Blödmann' *m.*

prune² [pru:n] *v/t.* **1.** *Bäume etc.* (aus-)putzen, beschneiden; **2.** *a.* ~ ***off***, ~ ***away*** wegschneiden; **3.** *fig.* zu('recht-)stutzen, befreien (***of*** von), säubern, *Text etc.* zs.-streichen, straffen, kürzen, *Überflüssiges* entfernen.

pru·nel·la¹ [prʊ'nelə] *s.* ✝ Pru'nell *m*, Lasting *m* (*Gewebe*).

pru·nel·la² [prʊ'nelə] *s.* ⚕ *obs.* Halsbräune *f*.

pru·nelle [prʊ'nel] *s.* Prü'nelle *f* (*getrocknete entkernte Pflaume*).

pru·nel·lo [prʊ'neləʊ] → ***prunelle***.

prun·ing| knife ['pru:nɪŋ] *s.* [*irr.*] Gartenmesser *n*; ~ **shears** *s. pl.* Baumschere *f*.

pru·ri·ence ['prʊərɪəns], **'pru·ri·en·cy** [-sɪ] *s.* **1.** Geilheit *f*, Lüsternheit *f*; (Sinnen)Kitzel *m*; **2.** Gier *f* (***for*** nach); **'pru·ri·ent** [-nt] *adj.* □ geil, lüstern, las'ziv.

Prus·sian ['prʌʃn] **I** *adj.* preußisch; **II** *s.* Preuße *m*, Preußin *f*; ~ **blue** *s.* Preußischblau *n*.

prus·si·ate ['prʌʃɪət] *s.* ⚗ Prussi'at *n*; ~ **of pot·ash** *s.* ⚗ 'Kaliumferrocya,nid *n*.

prus·sic ac·id ['prʌsɪk] *s.* ⚗ Blausäure *f*, Zy'anwasserstoff(säure *f*) *m*.

pry¹ [praɪ] *v/i.* neugierig gucken *od.* sein, (***about*** her'um)spähen, (-)schnüffeln: ~ ***into*** a) *et.* zu erforschen suchen, b) *contp.* s-e Nase stecken in (*acc.*).

pry² [praɪ] **I** *v/t.* **1.** *a.* ~ ***open*** *mit e-m Hebel etc.* aufbrechen, -stemmen: ~ ***up*** hochstemmen, -heben; **2.** *fig.* her'ausholen; **II** *s.* **3.** Hebel *m*; Brecheisen *n*; **4.** Hebelwirkung *f*.

pry·ing ['praɪɪŋ] *adj.* □ neugierig, naseweis.

psalm [sɑ:m] *s.* Psalm *m*: ***the*** (***Book of***) **2s** *bibl.* die Psalmen; **'psalm·ist** [-mɪst] *s.* Psal'mist *m*; **psal·mo·dy** ['sælmədɪ] *s.* **1.** Psalmo'die *f*, Psalmengesang *m*; **2.** Psalmen *pl.*

Psal·ter ['sɔ:ltə] *s.* Psalter *m*, (Buch *n* der) Psalmen *pl.*; **psal·te·ri·um** [sɔ:l'tɪərɪəm] *pl.* **-ri·a** [-rɪə] *s. zo.* Blättermagen *m*.

pse·phol·o·gy [pse'fɒlədʒɪ] *s.* (wissenschaftliche) Ana'lyse von Wahlergebnissen u. -trends.

pseudo- ['psju:dəʊ] *in Zssgn* Pseudo…, pseudo…, falsch, unecht; **,pseu·do-'carp** [-'kɑ:p] *s.* ⚘ Scheinfrucht *f*; **'pseu·do·nym** [-dənɪm] *s.* Pseudo'nym *n*, Deckname *m*; **,pseu·do'nym·i·ty** [-də'nɪmətɪ] *s.* **1.** Pseudonymi'tät *f*; **2.** Führen *n* e-s Pseudo'nyms; **pseu'don·y·mous** [-'dɒnɪməs] *adj.* □ pseudo'nym.

pshaw [pʃɔ:] *int.* pah!

psit·ta·co·sis [psɪtə'kəʊsɪs] *s.* ⚕ Papa'geienkrankheit *f*.

pso·ri·a·sis [psɒ'raɪəsɪs] *s.* ⚕ Schuppenflechte *f*, Pso'riasis *f*.

Psy·che ['saɪkɪ] *s.* **1.** *myth.* Psyche *f*; **2.** 2 Psyche *f*, Seele *f*, Geist *m*.

psy·che·del·ic [,saɪkɪ'delɪk] *adj.* psyche'delisch, bewußtseinserweiternd.

psy·chi·at·ric, **psy·chi·at·ri·cal** [,saɪkɪ'ætrɪk(l)] *adj.* psychi'atrisch; **psy·chi·a·trist** [saɪ'kaɪətrɪst] *s.* ⚕ Psychi'ater *m*; **psy'chi·a·try** [saɪ'kaɪətrɪ] *s.* ⚕ Psychia'trie *f*.

psy·chic ['saɪkɪk] **I** *adj.* (□ ~***ally***) **1.** psychisch, seelisch(-geistig), Seelen…; **2.** 'übersinnlich: ~ ***forces***; **3.** medi'al (veranlagt), F ‚hellseherisch'; **4.** parapsycho'logisch: ~ ***research*** Para-Forschung *f*; **II** *s.* **5.** medi'al veranlagte Per'son, Medium *n*; **6.** *das* Psychische; **7.** *pl. sg. konstr.* a) Seelenkunde *f*, -forschung *f*, b) Parapsycholo'gie *f*; **'psy·chi·cal** [-kl] *adj.* □ → ***psychic*** I.

psy·cho·a·nal·y·sis [,saɪkəʊə'næləsɪs] *s.* ,Psychoana'lyse *f*; **psy·cho·an·a·lyst** [,saɪkəʊ'ænəlɪst] *s.* ,Psychoana'lytiker (-in).

psy·cho·graph ['saɪkəʊgrɑ:f] *s.* Psycho'gramm *n*.

psy·cho·log·ic [,saɪkə'lɒdʒɪk] → ***psychological***; **,psy·cho'log·i·cal** [-kl] *adj.* □ psycho'logisch: ~ ***moment*** richtiger Augenblick; ~ ***warfare*** a) psychologische Kriegführung, b) *fig.* Nervenkrieg *m*; **psy·chol·o·gist** [saɪ'kɒlədʒɪst] *s.* Psycho'loge *m*, Psycho'login *f*; **psy·chol·o·gy** [saɪ'kɒlədʒɪ] *s.* Psycholo'gie *f* (*Wissenschaft od. Seelenleben*): ***good*** ~ *fig.* das psychologisch Richtige.

psy·cho·path ['saɪkəʊpæθ] *s.* Psycho'path(in); **psy·cho·path·ic** [,saɪkəʊ'pæθɪk] **I** *adj.* psycho'pathisch; **II** *s.* Psycho'path(in); **psy·chop·a·thy** [saɪ'kɒpəθɪ] *s.* Psychopa'thie *f*, Gemütskrankheit *f*.

psy·cho·sis [saɪ'kəʊsɪs] *pl.* **-ses** [-si:z] *s.* Psy'chose *f* (*a. fig.*).

psy·cho·ther·a·py [,saɪkəʊ'θerəpɪ] *s.* ⚕ ,Psychothera'pie *f*.

psy·chot·ic [saɪ'kɒtɪk] **I** *adj.* □ psy'chotisch; **II** *s.* Psy'chotiker(in).

ptar·mi·gan ['tɑ:mɪgən] *s. zo.* Schneehuhn *n*.

pto·maine ['təʊmeɪn] *s.* ⚗ Ptoma'in *n*, Leichengift *n*.

pub [pʌb] *s. bsd. Brit.* F Pub *n od. m*, Kneipe *f*; **'~-crawl** *s. bsd. Brit.* F Kneipenbummel *m*.

pu·ber·ty ['pju:bətɪ] *s.* **1.** Puber'tät *f*, Geschlechtsreife *f*; **2.** *a.* ***age of*** ~ Puber'tät(salter *n*) *f*: ~ ***vocal change*** Stimmbruch *m*.

pu·bes¹ ['pju:bi:z] *s. anat.* a) Schamgegend *f*, b) Schamhaare *pl.*

pu·bes² ['pju:bi:z] *pl. von* ***pubis***.

pu·bes·cence [pju:'besns] *s.* **1.** Geschlechtsreife *f*; **2.** ⚘, *zo.* Flaumhaar *n*; **pu'bes·cent** [-nt] *adj.* **1.** geschlechtsreif (werdend); **2.** Pubertäts…; **3.** ⚘, *zo.* fein behaart.

pu·bic ['pju:bɪk] *adj. anat.* Scham…

pu·bis ['pju:bɪs] *pl.* **-bes** [-bi:z] *s. anat.* Schambein *n*.

pub·lic ['pʌblɪk] **I** *adj.* □ **1.** öffentlich *stattfindend* (*z.B. Verhandlung*, *Versammlung*, *Versteigerung*): ~ ***notice*** öffentliche Bekanntmachung, Aufgebot *n*; ***in the*** ~ ***eye*** im Lichte der Öffentlichkeit; **2.** öffentlich, allgemein bekannt: ~ ***figure*** Persönlichkeit *f* des öffentlichen Lebens, prominente Gestalt; ***go*** ~ a) sich an die Öffentlichkeit wenden, b) ✝ sich in e-e AG umwandeln; ***make*** ~ (allgemein) bekanntmachen; **3.** a) öffentlich (*z.B. Anstalt*, *Bad*, *Dienst*, *Feiertag*, *Kredit*, *Sicherheit*, *Straße*, *Verkehrsmittel*), b) Staats…, staatlich (*z.B. Anleihe*, *Behörde*, *Papiere*, *Schuld*, *Stellung*), c) Volks… (*bücherei*, *gesundheit etc.*), d) Gemeinde…, Stadt…: ~ ***accountant*** *Am.* Wirtschaftsprüfer *m*; ~***-address system*** öffentliche Lautsprecheranlage; 2 ***Assistance*** *Am.* Sozialhilfe *f*; ~ ***charge*** Sozialhilfeempfänger(in); ~ (***limited***) ***company*** ✝ *Brit.* Aktiengesellschaft; ~ ***convenience*** öffentliche Bedürfnisanstalt; ~ ***corporation*** ⚖ öffentlich-rechtliche Körperschaft; ~ ***economy*** Volkswirtschaft(slehre) *f*; ~ ***enemy*** Staatsfeind *m*; ~ ***house*** *bsd. Brit.* → ***pub***; ~ ***information*** Unterrichtung der Öffentlichkeit; ~ ***law*** öffentliches Recht; ~ ***opinion*** öffentliche Meinung; ~ ***opinion poll*** öffentliche Umfrage, Meinungsbefragung *f*; ~ ***relations*** a) Public Relations *pl.*, Öffentlichkeitsarbeit *f*, b) *attr.* Presse…, Werbe…, Public-Relations-…; ~ ***revenue*** Staatseinkünfte *pl.*; ~ ***school*** a) *Brit.* Public School *f*, höhere Privatschule mit Internat, b) *Am.* staatliche Schule; ~ ***service*** a) Staatsdienst *m*, b) öffentliche Versorgung (*Gas*, *Wasser*, *Elektrizität etc.*); ~ ***servant*** a) (Staats)Beamte(r) *m*, b) Angestellte(r) *m* im öffentlichen Dienst; ~ ***works*** öffentliche (Bau-)Arbeiten; → ***nuisance*** 2, ***policy¹*** 3, ***prosecutor***, ***utility*** 3; **4.** natio'nal: ~ ***disaster***; **II** *s.* **5.** Öffentlichkeit *f*: ***in*** ~ in der Öffentlichkeit, öffentlich; **6.** *sg. u. pl. konstr.* Öffentlichkeit *f*, *die* Leute *pl.*; *das* Publikum; Kreise *pl.*, Welt *f*: ***appear before the*** ~ an die Öffentlichkeit treten; ***exclude the*** ~ ⚖ die Öffentlichkeit ausschließen; **7.** *Brit.* F → ***pub***; **'pub·li·can** [-kən] *s.* **1.** *Brit.* (Gast)Wirt *m*; **2.** *hist.*, *bibl.* Zöllner *m*; **pub·li·ca·tion** [,pʌblɪ'keɪʃn] *s.* **1.** Bekanntmachung *f*, -gabe *f*; **2.** Her'ausgabe *f*, Veröffentlichung *f* (*von Druckwerken*); **3.** Publikati'on *f*, Veröffentlichung *f*, Verlagswerk *n*; (Druck)Schrift *f*: ***monthly*** ~ Monatsschrift; ***new*** ~ Neuerscheinung *f*; **'pub·li·cist** [-ɪsɪst] *s.* **1.** Publi'zist *m*, Tagesschriftsteller *m*; **2.** Völkerrechtler *m*; **pub·lic·i·ty** [pʌb'lɪsətɪ] *s.* **1.** Publizi'tät *f*, Öffentlichkeit *f* (*a.* ⚖ *des Verfahrens*): ***give s.th. ~*** et. allgemein bekanntmachen; ***seek ~*** bekannt werden wollen; **2.** Re'klame *f*, Werbung *f*, Pu'blicity *f*: ***~ agent, ~ man*** Werbefachmann *m*; ***~ campaign*** Werbefeldzug *m*; ***~ manager*** Werbeleiter *m*; **'pub·li·cize** [-ısaız] *v/t.* **1.** publizieren, (öffentlich) bekanntmachen; **2.** Re'klame machen für, propagieren.

ˌpub·lic|-'pri·vate *adj.* † gemischt-wirtschaftlich; **ˌ~-'spir·it·ed** *adj.* gemeinsinnig, sozi'al gesinnt.

pub·lish ['pʌblɪʃ] *v/t.* **1.** (offizi'ell) bekanntmachen, -geben; *Aufgebot etc.* verkünd(ig)en; **2.** publizieren, veröffentlichen; **3.** *Buch etc.* verlegen, her'ausbringen: ***just ~ed*** (so)eben erschienen; ***~ed by Methuen*** im Verlag Methuen erschienen; ***~ed by the author*** im Selbstverlag; **4.** ⚖ *Beleidigendes* äußern, verbreiten; **'pub·lish·er** [-ʃə] *s.* **1.** Verleger *m*, Her'ausgeber *m*; *bsd. Am.* Zeitungsverleger *m*; **2.** *pl.* Verlag *m*, Verlagsanstalt *f*; **'pub·lish·ing** [-ʃɪŋ] **I** *s.* Her'ausgabe *f*, Verlag *m*; **II** *adj.* Verlags...: ***~ business*** Verlagsgeschäft *n*, -buchhandel *m*; ***~ house*** → ***publisher*** 2.

puce [pjuːs] *adj.* braunrot.

puck [pʌk] *s.* **1.** Kobold *m*; **2.** *Eishokkey*: Puck *m*, Scheibe *f*.

puck·a ['pʌkə] *adj. Brit.* F **1.** echt, wirklich; **2.** erstklassig, tadellos.

puck·er ['pʌkə] **I** *v/t. oft* ***~ up*** **1.** runzeln, fälteln, Runzeln *od.* Falten bilden in (*dat.*); **2.** *Mund, Lippen etc.* zs.-ziehen, spitzen; *a. Stirn, Stoff* kräuseln; **II** *v/i.* **3.** sich kräuseln, sich zs.-ziehen, sich falten, Runzeln bilden; **III** *s.* **4.** Runzel *f*, Falte *f*; **5.** Bausch *m*; **6.** F Aufregung *f* (***about*** über *acc.*, wegen).

pud·ding ['pʊdɪŋ] *s.* **1.** a) Pudding *m*, b) Nach-, Süßspeise *f*; → ***proof*** 6; **2.** *Art* 'Fleischpaˌstete *f*; **3.** *e-e Wurstsorte*: ***black ~*** Blutwurst *f*; ***white ~*** Preßsack *m*; **'~-faced** *adj.* mit e-m Vollmondgesicht.

pud·dle ['pʌdl] **I** *s.* **1.** Pfütze *f*, Lache *f*; **2.** ⚙ Lehmschlag *m*; **II** *v/t.* **3.** mit Pfützen bedecken; in Matsch verwandeln; **4.** *Wasser* trüben (*a. fig.*); **5.** *Lehm* zu Lehmschlag verarbeiten; **6.** mit Lehmschlag abdichten *od.* auskleiden; **7.** *metall.* puddeln: ***~(d) steel*** Puddelstahl *m*; **III** *v/i.* **8.** her'umplanschen *od.* -waten; **9.** *fig.* her'umpfuschen; **'pud·dler** [-lə] *s.* ⚙ Puddler *m* (*Arbeiter od. Gerät*).

pu·den·cy ['pjuːdənsɪ] *s.* Verschämtheit *f*.

pu·den·dum [pjuː'dendəm] *mst im pl.* **-da** [-də] *s.* (weibliche) Scham, Vulva *f*.

pu·dent ['pjuːdənt] *adj.* verschämt.

pudg·y ['pʌdʒɪ] *adj.* dicklich.

pu·er·ile ['pjʊəraıl] *adj.* □ pue'ril, knabenhaft, kindlich, *contp.* kindisch; **pu·er·il·i·ty** [pjʊə'rɪlətɪ] *s.* **1.** Puerili'tät *f*, kindliches *od.* kindisches Wesen; **2.** Kinde'rei *f*.

pu·er·per·al [pjuː'ɜːpərəl] *adj.* Kindbett...: ***~ fever.***

puff [pʌf] **I** *s.* **1.** Hauch *m*; (leichter) Windstoß; **2.** Zug *m beim Rauchen*; Paffen *n der Pfeife etc.*; **3.** (Rauch-, Dampf)Wölkchen *n*; **4.** leichter Knall; **5.** *Bäckerei*: Windbeutel *m*; **6.** Puderquaste *f*; **7.** Puffe *f*, Bausch *m an Kleidern*; **8.** a) marktschreierische Anpreisung, aufdringliche Re'klame, b) lobhudelnde Kri'tik: ***~ is part of the trade*** Klappern gehört zum Handwerk; **II** *v/t.* **9.** blasen, pusten (***away*** weg, ***out*** aus); **10.** auspuffen, -paffen, -stoßen; **11.** *Zigarre etc.* paffen; **12.** *oft* ***~ out, ~ up*** aufblasen, (-)blähen; *fig.* aufgeblasen machen: ***~ed up with pride*** stolzgeschwellt; ***~ed eyes*** geschwollene Augen; ***~ed sleeve*** Puffärmel *m*; **13.** außer Atem bringen: ***~ed*** außer Atem; **14.** marktschreierisch anpreisen: ***~ up*** *Preise* hochtreiben; **III** *v/i.* **15.** paffen (***at*** an *e-r Zigarre etc.*); Rauch- od. Dampfwölkchen ausstoßen; **16.** pusten, schnaufen, keuchen; **17.** *Lokomotive etc.* (da'hin)dampfen, keuchen; **18.** ***~ out*** (*od.* ***up***) sich (auf)blähen; **~ ad·der** *s. zo.* Puffotter *f*; **'~·ball** *s.* ⚘ Bofist *m*.

puff·er ['pʌfə] *s.* **1.** Paffer *m*; **2.** Marktschreier *m*; **3.** Preistreiber *m*, Scheinbieter *m bei Auktionen*; **'puff·er·y** [-ərɪ] *s.* Marktschreie'rei *f*; **puff·i·ness** ['pʌfɪnɪs] *s.* **1.** Aufgeblähtheit *f*, Aufgeblasenheit *f* (*a. fig.*); **2.** (Auf)Gedunsenheit *f*; **3.** Schwulst *m*; **puff·ing** ['pʌfɪŋ] *s.* **1.** Aufbauschung *f*, Aufblähung *f*; **2.** → ***puff*** 8 a; **3.** Scheinbieten *n bei Auktionen*, Preistreibe'rei *f*; **puff paste** *s.* Blätterteig *m*; **puff·y** ['pʌfɪ] *adj.* □ **1.** böig (*Wind*); **2.** kurzatmig, keuchend; **3.** aufgebläht, (an)geschwollen; **4.** bauschig (*Ärmel*); **5.** aufgedunsen, dick; **6.** *fig.* schwülstig.

pug¹ [pʌg] *s. a.* ***~-dog*** Mops *m*.

pug² [pʌg] *v/t.* **1.** *Lehm etc.* mischen u. kneten; schlagen; **2.** mit Lehmschlag *etc.* ausfüllen *od.* abdichten.

pug³ [pʌg] *s. sl.* Boxer *m*.

pu·gil·ism ['pjuːdʒɪlɪzəm] *s.* (Berufs-) Boxen *n*; **'pu·gil·ist** [-ɪst] *s.* (Berufs-) Boxer *m*.

pug·na·cious [pʌg'neɪʃəs] *adj.* □ **1.** kampflustig, kämpferisch; **2.** streitsüchtig; **pug'nac·i·ty** [-'næsətɪ] *s.* **1.** Kampflust *f*; **2.** Streitsucht *f*.

'pug|-nose *s.* Stupsnase *f*; **'~-nosed** *adj.* stupsnasig.

puis·ne ['pjuːnɪ] **I** *adj.* ⚖ rangjünger, 'untergeordnet: ***~ judge*** → II; **II** *s.* 'Unterrichter *m*, Beisitzer *m*.

puke [pjuːk] **I** *v/t. u. v/i.* (sich) erbrechen, ‚kotzen'; **II** *s.* ‚Kotze' *f*.

puk·ka ['pʌkə] → ***pucka.***

pul·chri·tude ['pʌlkrɪtjuːd] *s. bsd. Am.* (weibliche) Schönheit; **pul·chri·tu·di·nous** [ˌpʌlkrɪ'tjuːdɪnəs] *adj. Am.* schön.

pule [pjuːl] *v/i.* **1.** wimmern, winseln; **2.** piepsen.

pull [pʊl] **I** *s.* **1.** Ziehen *n*, Zerren *n*; **2.** Zug *m*, Ruck *m*: ***give a strong ~ (at)*** kräftig ziehen (an *dat.*); **3.** *mot. etc.* Zug(kraft *f*) *m*, Ziehkraft *f*; **4.** Anziehungskraft *f* (*a. fig.*); **5.** *fig.* Zug-, Werbekraft *f*; **6.** Zug *m*, Schluck *m* (***at*** aus); **7.** Zug(griff) *m*, -leine *f*: ***bell ~*** Glokkenzug; **8.** a) Bootfahrt *f*, Ruderpar'tie *f*, b) Ruderschlag *m*; **9.** (***long ~*** große) Anstrengung, ‚Schlauch' *m*, *fig.* Durststrecke *f*; **10.** ermüdende Steigung; **11.** Vorteil *m* (***over, of*** vor *dat.*, gegen'über); **12.** *sl.* (***with***) (heimlicher) Einfluß (auf *acc.*), Beziehungen *pl.* (zu); **13.** *typ.* Fahne *f*, (erster) Abzug; **II** *v/t.* **14.** ziehen, schleppen; **15.** zerren (an *dat.*), zupfen (an *dat.*): ***~ about*** umherzerren; ***~ a muscle*** sich e-e Muskelzerrung zuziehen; → ***face*** 2, ***leg*** *Redew.*, ***string*** 3, ***trigger*** 2; **16.** reißen: ***~ apart*** auseinanderreißen; ***~ to pieces*** a) zerreißen, in Stücke reißen, b) *fig.* (in e-r Kritik *etc.*) ‚verreißen'; ***~ o.s. together*** *fig.* sich zs.-reißen; **17.** *Pflanze* ausreißen; *Korken, Zahn* ziehen; *Blumen, Obst* pflücken; *Flachs* raufen; *Gans etc.* rupfen; *Leder* enthaaren; **18.** ***~ one's punches*** *Boxen*: verhalten schlagen, *fig.* sich zurückhalten; ***not to ~ one's punches*** *fig.* vom Leder ziehen, kein Blatt vor den Mund nehmen; **19.** *Pferd* zügeln; *Rennpferd* pullen; **20.** *Boot* rudern: ***~ a good oar*** gut rudern; → ***weight*** 1; **21.** *Am. Messer etc.* ziehen: ***~ a pistol on*** *j-n* mit der Pistole bedrohen; **22.** *typ. Fahne* abziehen; **23.** *sl. et.* ‚drehen', ‚schaukeln' (*ausführen*): ***~ the job*** das Ding drehen; ***~ a fast one on s.o.*** j-n ‚reinlegen'; **24.** *sl.* ‚schnappen' (*verhaften*); **25.** *sl.* e-e Razzia machen auf (*acc.*), *Spielhölle etc.* ausheben; **III** *v/i.* **26.** ziehen (***at*** an *dat.*); **27.** zerren, reißen (***at*** an *dat.*); **28.** *a.* ***~ against the bit*** am Zügel reißen (*Pferd*); **29.** a) e-n Zug machen, trinken (***at*** aus *e-r Flasche*), b) ziehen (***at*** an *e-r Pfeife etc.*); **30.** *gut etc.* ziehen (*Pfeife etc.*); **31.** sich vorwärtsarbeiten, -bewegen, -schieben: ***~ into the station*** 🚂 (in den Bahnhof) einfahren; **32.** rudern, pullen: ***~ together*** *fig.* zs.-arbeiten; **33.** (her'an)fahren (***to the kerb*** an den Bordstein); **34.** *sl.* ‚ziehen', Zugkraft haben (*Reklame*);

Zssgn mit adv.:

pull| away I *v/t.* **1.** wegziehen, -reißen; **II** *v/i.* **2.** anfahren (*Bus etc.*); **3.** sich losreißen; **4.** *a. sport* sich absetzen (von ***from***); **~ down** *v/t.* **1.** her'unterziehen, -reißen; *Gebäude* abreißen; **2.** *fig.* her'unterreißen, her'absetzen; **3.** *j-n* schwächen; *j-n* entmutigen; **~ in I** *v/t.* **1.** (her)'einziehen; **2.** *Pferd* zügeln, parieren; **II** *v/i.* **3.** anhalten, stehenbleiben; **4.** hin'einrudern; 🚂 einfahren; **~ off I** *v/t.* **1.** wegziehen, -reißen; **2.** *Schuhe etc.* ausziehen; *Hut* abnehmen (***to*** vor *dat.*); **3.** *Preis, Sieg* da'vontragen, erringen; **4.** F *et.* ‚schaukeln', ‚schaffen'; **II** *v/i.* **5.** sich in Bewegung setzen, abfahren; abstoßen (*Boot*); **~ on** *v/t. Kleid etc.* anziehen; **~ out I** *v/t.* **1.** her'ausziehen; ⚔ *Truppen* abziehen; **2.** ✈ *Flugzeug* hochziehen, *aus dem Sturzflug* abfangen; **3.** *fig.* in die Länge ziehen; **II** *v/i.* **4.** hin'ausrudern; abfahren (*Zug etc.*); ausscheren (*Fahrzeug*); ⚔ abziehen; *fig.* ‚aussteigen' (***of*** aus); **~ round I** *v/t. Kranken* wieder ‚hinkriegen', 'durchbringen; **II** *v/i.* wieder auf die Beine kommen, 'durchkommen, sich erholen; **~ through I** *v/t.* **1.** (hin-) 'durchziehen; **2.** *fig.* a) *j-n* 'durchhelfen, b) → ***pull round*** I; **3.** *et.* erfolgreich 'durchführen; **II** *v/i.* **4.** → ***pull round*** II; sich 'durchschlagen; **~ up I** *v/t.* **1.** hochziehen (*a.* ✈); ⚓ *Flagge* hissen; **2.** *Pferd, Wagen* anhalten; **3.** *j-n* zu'rückhalten, *j-m* Einhalt gebieten; *j-n* zur Rede stellen; **II** *v/i.* **4.** (an)halten, vorfahren; **5.** *fig.* bremsen; **6.** *sport* sich nach vorn schieben: ***~ to*** (*od.* ***with***) *j-n* einholen.

'pull|·back *s.* **1.** Hemmnis *n*; **2.** ⚔ Rückzug *m*; **~ date** *s.* ⚕ Haltbarkeitsdatum *n*.

pul·let ['pʊlɪt] *s.* Hühnchen *n*.

pul·ley ['pʊlɪ] ⚙ *s.* **1.** a) Rolle *f* (*bsd. Flaschenzug*): **rope ~** Seilrolle *f*; **block and ~**, **set of ~s** Flaschenzug *m*, b) Flasche *f* (*Verbindung mehrerer Rollen*), c) Flaschenzug *m*; **2.** ⚓ Talje *f*; **3.** *a.* **belt ~** Riemenscheibe *f*; **~ block** *s.* ⚙ (Roll)Kloben *m*; **~ chain** *s.* Flaschenzugkette *f*; **~ drive** *s.* Riemenscheibenantrieb *m*.

Pull·man (car) ['pʊlmən] *pl.* **-mans** *s.* 🚂 Pullmanwagen *m*.

'pull|-off I *s.* **1.** ✈ Lösen *n* des Fallschirms (*beim Absprung*); **2.** *leichter etc.* Abzug (*Schußwaffe*); **II** *adj.* **3.** ⚙ Abzieh...(*-feder*); **'~-out I** *s.* **1.** Faltblatt *n*; **2.** (Zeitschriften)Beilage *f*; **3.** ⚔ (Truppen)Abzug *m*; **II** *adj.* **4.** ausziehbar: **~ map** Faltkarte *f*; **~ seat** Schiebesitz *m*; **'~,o·ver** *s.* Pull'over *m*; **~ switch** *s.* ⚡ Zugschalter *m*.

pul·lu·late ['pʌljʊleɪt] *v/i.* **1.** (her'vor-)sprossen, knospen; **2.** Knospen treiben; **3.** keimen (*Samen*); **4.** *biol.* sich (*durch Knospung*) vermehren; **5.** *fig.* wuchern, grassieren; **6.** *fig.* wimmeln.

'pull-up *s.* **1.** *Brit. mot.* Raststätte *f*; **2.** Klimmzug *m*.

pul·mo·nar·y ['pʌlmənərɪ] *adj. anat.* Lungen...; **'pul·mo·nate** [-neɪt] *zo. adj.* Lungen..., mit Lungen (ausgestattet): **~ (mollusc)** Lungenschnecke *f*; **pul·mon·ic** [pʌl'mɒnɪk] **I** *adj.* Lungen...; **II** *s.* Lungenheilmittel *n*.

pulp [pʌlp] **I** *s.* **1.** Fruchtfleisch *n*, -mark *n*; **2.** ⚘ Stengelmark *n*; **3.** *anat.* (Zahn-)Pulpa *f*; **4.** Brei *m*, breiige Masse: **beat to a ~** *fig. j-n* zu Brei schlagen; **5.** ⚙ a) Pa'pierbrei *m*, Pulpe *f*, *bsd.* Ganzzeug *n*, b) Zellstoff *m*: **~board** Zellstoffpappe *f*; **~ engine** → **pulper** 1; **~ factory** Holzschleiferei *f*; **6.** Maische *f*, Schnitzel *pl.* (*Zucker*); **7.** *Am.* a) Schund *m*, b) *a.* **~ magazine** *Am.* Schundblatt *n*; **II** *v/t.* **8.** in Brei verwandeln; **9.** *Papier* einstampfen; **10.** *Früchte* entfleischen; **III** *v/i.* **11.** breiig werden *od.* sein; **'pulp·er** [-pə] *s.* **1.** ⚙ (Ganzzeug)Holländer *m* (*Papier*); **2.** ⚒ (Rüben)Breimühle *f*; **'pulp·i·fy** [-pɪfaɪ] *v/t.* in Brei verwandeln; **'pulp·i·ness** [-pɪnɪs] *s.* **1.** Weichheit *f*; **2.** Fleischigkeit *f*; **3.** Matschigkeit *f*.

pul·pit ['pʊlpɪt] *s.* **1.** Kanzel *f*: **in the ~** auf der Kanzel; **~ orator** Kanzelredner *m*; **2. the ~** *coll.* die Geistlichkeit; **3.** *fig.* Kanzel *f*; **4.** ⚙ Bedienungsstand *m*.

pulp·y ['pʌlpɪ] *adj.* □ **1.** weich u. saftig; **2.** fleischig; **3.** schwammig; **4.** breiig, matschig.

pul·sate [pʌl'seɪt] *v/i.* **1.** pulsieren (*a.* ⚡), (rhythmisch) pochen *od.* schlagen; **2.** vibrieren; **3.** *fig.* pulsieren (**with** von *Leben, Erregung*); **pul·sa·tile** ['pʌlsətaɪl] *adj.* ♪ Schlag...: **~ instrument**; **pul'sat·ing** [-tɪŋ] *adj.* **1.** ⚡ pulsierend (*a. fig.*), stoßweise; **2.** *fig.* beschwingt (*Rhythmus, Weise*); **pul'sa·tion** [-eɪʃn] *s.* **1.** Pulsieren *n* (*a. fig.*), Pochen *n*, Schlagen *n*; **2.** Pulsschlag *m* (*a. fig.*); **3.** Vibrieren *n*.

pulse¹ [pʌls] **I** *s.* **1.** Puls(schlag) *m* (*a. fig.*): **quick ~** schneller Puls; **~-rate** ⚕ Pulszahl *f*; **feel s.o.'s ~** a) j-m den Puls fühlen, b) *fig.* j-m auf den Zahn fühlen, bei j-m vorfühlen; **2.** ⚡, *phys.* Im'puls *m*, (Strom)Stoß *m*; **II** *v/i.* **3.** → **pulsate**.

pulse² [pʌls] *s.* Hülsenfrüchte *pl.*

pul·ver·i·za·tion [ˌpʌlvəraɪ'zeɪʃn] *s.* **1.** Pulverisierung *f*, (Feinst)Mahlung *f*; **2.** Zerstäubung *f von Flüssigkeiten*; **3.** *fig.* Zermalmung *f*; **pul·ver·ize** ['pʌlvəraɪz] **I** *v/t.* **1.** pulverisieren, *zu Staub* zermahlen, -stoßen, -reiben: **~d coal** feingemahlene Kohlen *pl.*, Kohlenstaub *m*; **2.** *Flüssigkeit* zerstäuben; **3.** *fig.* zermalmen; **II** *v/i.* **4.** (in Staub) zerfallen; **pul·ver·iz·er** ['pʌlvəraɪzə] *s.* **1.** ⚙ Zerkleinerer *m*, Pulverisiermühle *f*, Mahlanlage *f*; **2.** Zerstäuber *m*; **pul·ver·u·lent** [pʌl'verjʊlənt] *adj.* **1.** (fein)pulverig; **2.** (leicht) zerbröckelnd; **3.** staubig.

pu·ma ['pju:mə] *s. zo.* Puma *m*.

pum·ice ['pʌmɪs] **I** *s. a.* **~-stone** Bimsstein *m*; **II** *v/t.* mit Bimsstein abreiben, (ab)bimsen.

pum·mel ['pʌml] → **pommel** II.

pump¹ [pʌmp] **I** *s.* **1.** Pumpe *f*: (**dispensing**) **~** *mot.* Zapfsäule *f*; **~ priming** a) Anlassen *n* der Pumpe, b) ⚕ Ankurbelung *f* der Wirtschaft; **2.** Pumpen(stoß *m*) *n*; **II** *v/t.* **3.** pumpen: **~ dry** aus-, leerpumpen; **~ out** auspumpen (*a. fig. erschöpfen*); **~ up** a) hochpumpen, b) *Reifen* aufpumpen (*a. fig.*); **~ bullets into** *fig. j-m* Kugeln in den Leib jagen; **~ money into** ⚕ Geld in *et.* hineinpumpen; **4.** *fig. j-n* ausholen, -fragen, -horchen; **III** *v/i.* **5.** pumpen (*a. fig. Herz etc.*).

pump² [pʌmp] *s.* **1.** Pumps *m* (*Halbschuh*); **2.** *Brit.* Turnschuh *m*.

'pump-ˌhan·dle I *s.* Pumpenschwengel *m*; **II** *v/t.* F *j-s Hand* 'überschwenglich schütteln.

pump·kin ['pʌmpkɪn] *s.* ⚘ (*bsd.* Garten-)Kürbis *m*.

'pump-room *s.* Trinkhalle *f in Kurbädern*.

pun [pʌn] **I** *s.* Wortspiel *n* (**on** über *acc.*, mit); **II** *v/i.* Wortspiele *od.* ein Wortspiel machen, witzeln.

punch¹ [pʌntʃ] **I** *s.* **1.** (Faust)Schlag *m*: **beat s.o. to the ~** *Am. fig.* j-m zuvorkommen; → **pull** 18; **2.** Schlagkraft *f* (*a. fig.*); → **pack** 20; **3.** F Wucht *f*, Schmiß *m*, Schwung *m*; **II** *v/t.* **4.** (*mit der Faust*) schlagen, boxen, knuffen; **5.** (ein)hämmern auf (*acc.*): **~ the typewriter**.

punch² [pʌntʃ] ⚙ **I** *s.* **1.** Stanzwerkzeug *n*, Lochstanze *f*, -eisen *n*, Stempel *m*, 'Durchschlag *m*, Dorn *m*; **2.** Pa'trize *f*; **3.** Prägestempel *m*; **4.** Lochzange *f* (*a.* 🚂 *etc.*); **5.** (Pa'pier)Locher *m*; **II** *v/t.* **6.** (aus-, loch)stanzen, durch'schlagen, lochen; **7.** *Zahlen etc.* punzen, stempeln; **8.** *Fahrkarten etc.* lochen, knipsen: **~ed card** Lochkarte *f*; **~ed tape** Lochstreifen *m*.

punch³ [pʌntʃ] *s.* Punsch *m*.

Punch⁴ [pʌntʃ] *s.* Kasperle *n*, Hans'wurst *m*: **~ and Judy show** Kasperletheater *n*; **he was as pleased as ~** er hat sich königlich gefreut.

punch⁵ [pʌntʃ] *s. Brit.* **1.** kurzbeiniges schweres Zugpferd; **2.** F ‚Stöpsel' *m* (*kleine dicke Person*).

'punch|·ball *s. Boxen*: Punchingball *m*, (Mais)Birne *f*; **~ card** *s.* Lochkarte *f*; **ˌ~-'drunk** *adj.* **1.** (von vielen Boxhieben) blöde (geworden); **2.** groggy.

pun·cheon¹ ['pʌntʃən] *s.* **1.** (Holz-, Stütz)Pfosten *m*; **2.** ⚙ → **punch²** 1.

pun·cheon² ['pʌntʃən] *s. hist.* Puncheon *n* (*Faß von 315–540 l*).

punch·er ['pʌntʃə] *s.* **1.** ⚙ Locheisen *n*, Locher *m*; **2.** F Schläger *m* (*a. Boxer*); **3.** *Am.* F Cowboy *m*.

punch·ing| bag ['pʌntʃɪŋ] *s. Boxen*: Sandsack *m*; **'~-ball** *s. Boxen*: Punchingball *m*; **~ die** *s.* ⚙ 'Stanzmaˌtrize *f*.

punch| line *s. Am.* Po'inte *f*, 'Knalleffˌfekt *m*; **~ press** *s.* ⚙ Lochpresse *f*; **'~-up** *s.* F Schläge'rei *f*.

punc·til·i·o [pʌŋk'tɪlɪəʊ] *pl.* **-i·os** *s.* **1.** Punkt *m* der Eti'kette; Feinheit *f des Benehmens etc.*; **2.** heikler *od.* kitzliger Punkt: **~ of hono(u)r** Ehrenpunkt *m*; **3.** → **punctiliousness**; **punc'til·i·ous** [-ɪəs] *adj.* □ **1.** peinlich (genau), pe'dantisch, spitzfindig; **2.** (über'trieben) förmlich; **punc'til·i·ous·ness** [-ɪəsnɪs] *s.* pe'dantische Genauigkeit, Förmlichkeit *f*.

punc·tu·al ['pʌŋktjʊəl] *adj.* □ pünktlich; **punc·tu·al·i·ty** [ˌpʌŋktjʊ'ælətɪ] *s.* Pünktlichkeit *f*.

punc·tu·ate ['pʌŋktjʊeɪt] *v/t.* **1.** interpunktieren, Satzzeichen setzen in (*acc.*); **2.** *fig.* a) unter'brechen (**with** durch, mit), b) unter'streichen; **punc·tu·a·tion** [ˌpʌŋktjʊ'eɪʃn] *s.* **1.** Interpunkti'on *f*, Zeichensetzung *f*: **close** (**open**) **~** (weniger) strikte Zeichensetzung; **~ mark** Satzzeichen *n*; **2.** *fig.* a) Unter'brechung *f*, b) Unter'streichung *f*.

punc·ture ['pʌŋktʃə] **I** *v/t.* **1.** durch'stechen, -'bohren; **2.** ⚕ punktieren; **II** *v/i.* **3.** ein Loch bekommen, platzen (*Reifen*); **4.** ⚡ 'durchschlagen; **III** *s.* **5.** (Ein-)Stich *m*, Loch *n*; **6.** Reifenpanne *f*: **~ outfit** Flickzeug *n*; **7.** ⚕ Punk'tur *f*; **8.** ⚡ 'Durchschlag *m*; **'~-proof** *adj. mot.* pannen-, ⚡ 'durchschlagsicher.

pun·dit ['pʌndɪt] *s.* **1.** Pandit *m* (*brahmanischer Gelehrter*); **2.** *humor.* a) ‚gelehrtes Haus', b) ‚Weise(r)' *m* (*Experte*).

pun·gen·cy ['pʌndʒənsɪ] *s.* Schärfe *f* (*a. fig.*); **'pun·gent** [-nt] *adj.* □ **1.** scharf (*im Geschmack*); **2.** stechend (*Geruch etc.*), *a. fig.* beißend, scharf; **3.** *fig.* prickelnd, pi'kant.

pu·ni·ness ['pju:nɪnɪs] *s.* **1.** Schwächlichkeit *f*; **2.** Kleinheit *f*.

pun·ish ['pʌnɪʃ] *v/t.* **1.** *j-n* (be)strafen (**for** für, wegen); **2.** *Vergehen* bestrafen, ahnden; **3.** F *fig. Boxer etc.* übel zurichten, arg mitnehmen (*a. weitS. strapazieren*): **~ing** ‚mörderisch', zermürbend; **4.** F ‚reinhauen' (*ins Essen*); **'pun·ish·a·ble** [-ʃəbl] *adj.* □ strafbar; **'pun·ish·ment** [-mənt] *s.* **1.** Bestrafung *f* (**by** durch); **2.** Strafe *f* (*a.* ⚖): **for** (*od.* **as**) **a ~** als *od.* zur Strafe; **3.** F a) grobe Behandlung, b) *Boxen*: ‚Prügel' *pl.*: **take ~** ‚schwer einstecken' müssen; c) Stra'paze *f*, ‚Schlauch' *m*, d) ⚙, ⚕ harte Beanspruchung.

pu·ni·tive ['pju:nətɪv] *adj.* Straf...

punk [pʌŋk] **I** *s.* **1.** Zunder(holz *n*) *m*; **2.** *sl. contp.* a) ‚Flasche' *f*, b) ‚Blödmann' *m*, c) ‚Mist' *m*; **3.** ‚Punk' *m* (*Bewegung u. Anhänger*), Punker(in); **II** *adj. sl.* **4.** mise'rabel; **5.** Punk... (*a.* ♪).

pun·ster ['pʌnstə] *s.* Wortspielmacher (-in), Witzbold *m.*

punt¹ [pʌnt] **I** *s.* Punt *n*, Stakkahn *m*; **II** *v/t. Boot* staken; **III** *v/i.* punten, im Punt fahren.

punt² [pʌnt] **I** *s. Rugby etc.*: Falltritt *m*; **II** *v/t. u. v/i.* (den Ball) aus der Hand (ab)schlagen.

punt³ [pʌnt] *v/i.* **1.** *Glücksspiel*: gegen die Bank setzen; **2.** (*auf ein Pferd*) setzen, *allg.* wetten.

pu·ny ['pju:nɪ] *adj.* ☐ schwächlich; winzig, *a. fig.* kümmerlich.

pup [pʌp] **I** *s.* junger Hund: ***in ~*** trächtig (*Hündin*); ***conceited ~*** → ***puppy*** 2; ***sell s.o. a ~*** F j-m et. andrehen, j-n ‚reinlegen'; **II** *v/t. u. v/i.* (Junge) werfen.

pu·pa ['pju:pə] *pl.* **-pae** [-pi:] *s. zo.* Puppe *f*; **'pu·pate** [-peɪt] *v/i. zo.* sich verpuppen; **pu·pa·tion** [pju:'peɪʃən] *s. zo.* Verpuppung *f.*

pu·pil¹ ['pju:pl] *s.* **1.** Schüler(in): ***~ teacher*** Junglehrer(in); **2.** ☤ Prakti'kant(in); **3.** ⚖ Mündel *m*, *n.*

pu·pil² ['pju:pl] *s. anat.* Pu'pille *f.*

pu·pil·(l)age ['pju:pɪlɪdʒ] *s.* **1.** Schüler-, Lehrjahre *pl.*; **2.** Minderjährigkeit *f*, Unmündigkeit *f*; **'pu·pil·(l)ar** [-lə] → **'pu·pil·(l)ar·y** [-lərɪ] *adj.* **1.** ⚖ Mündel…; **2.** *anat.* Pupillen…

pup·pet ['pʌpɪt] *s. a. fig.* Mario'nette *f*, Puppe *f*: ***~ government*** Marionettenregierung *f*; ***~ show*** (*od.* ***play***) Puppenspiel *n*, Mario'nettenthe,ater *n.*

pup·py ['pʌpɪ] *s.* **1.** *zo.* junger Hund, Welpe *m*, *a. weitS.* Junge(s) *n*: ***~ love*** → ***calf love***; **2.** *fig.* (junger) Schnösel, Fatzke *m*; **'pup·py·hood** [-hʊd] *s.* Jugend-, Flegeljahre *pl.*

pup tent *s.* kleines Schutzzelt.

pur [pɜ:] → ***purr***.

pur·blind ['pɜ:blaɪnd] *adj.* **1.** *fig.* kurzsichtig, dumm; **2.** a) halb blind, b) *obs.* (ganz) blind.

pur·chas·a·ble ['pɜ:tʃəsəbl] *adj.* käuflich (*a. fig.*); **pur·chase** ['pɜ:tʃəs] **I** *v/t.* **1.** kaufen, erstehen, (käuflich) erwerben; **2.** *fig.* erkaufen, erringen (***with*** mit, durch); **3.** *fig.* kaufen (*bestechen*); **4.** ⚙, ⚓ a) hochwinden; b) (mit Hebelkraft) heben *od.* bewegen; **II** *s.* **5.** (An-, Ein)Kauf *m*: ***by ~*** durch Kauf, käuflich; ***make ~s*** Einkäufe machen; **6.** 'Kauf(-ob,jekt *n*) *m*, Anschaffung *f*: ***~s*** *Bilanz*: Wareneingänge; **7.** ⚖ Erwerbung *f*; **8.** (Jahres)Ertrag *m*: ***at ten years' ~*** zum Zehnfachen des Jahresertrages; ***his life is not worth a day's ~*** er lebt keinen Tag mehr, er macht es nicht mehr lange; **9.** ⚙ Hebevorrichtung *f*, *bsd.* a) Flaschenzug *m*, b) ⚓ Talje *f*; **10.** Hebelkraft *f*, -wirkung *f*; **11.** (guter) Angriffs- *od.* Ansatzpunkt; **12.** *fig.* a) Machtstellung *f*, Einfluß *m*, b) Machtmittel *n*, Handhabe *f.*

pur·chase| ac·count *s.* ☤ Wareneingangskonto *n*; **~ dis·count** *s.* 'Einkaufsra,batt *m*; **~ mon·ey** *s.* Kaufsumme *f*; **~ pat·tern** *s.* Käuferverhalten *n*; **~ price** *s.* Kaufpreis *m.*

pur·chas·er ['pɜ:tʃəsə] *s.* **1.** Käufer(in); Abnehmer(in); **2.** ⚖ Erwerber *m*: ***first ~*** Ersterwerber.

pur·chase tax *s. Brit.* Kaufsteuer *f.*

pur·chas·ing| a·gent ['pɜ:tʃəsɪŋ] *s.* ☤ Einkäufer *m*; **~ as·so·ci·a·tion** *s.* Einkaufsgenossenschaft *f*; **~ de·part·ment** *s.* Einkauf(sabteilung *f*) *m*; **~ man·ag·er** *s.* Einkaufsleiter *m*; **~ pow·er** *s.* Kaufkraft *f.*

pure [pjʊə] *adj.* ☐ **1.** rein: a) sauber, makellos (*a. fig. Freundschaft*, *Sprache*, *Ton etc.*), b) unschuldig, unberührt: ***a ~ girl***, c) unvermischt: ***~ gold*** pures *od.* reines Gold, d) theo'retisch: ***~ mathematics*** reine Mathematik, e) völlig, bloß, pur: ***~ nonsense***; ***~ly*** *adv. fig.* rein, bloß, ausschließlich; **2.** *biol.* reinrassig; **'~·bred I** *adj.* reinrassig, rasserein; **II** *s.* reinrassiges Tier.

pu·rée ['pjʊəreɪ] (*Fr.*) *s.* **1.** Pü'ree *n*; **2.** (Pü'ree)Suppe *f.*

pur·ga·tion [pɜ:'geɪʃn] *s.* **1.** *mst eccl. u. fig.* Reinigung *f*; **2.** ⚕ Darmentleerung *f*; **pur·ga·tive** ['pɜ:gətɪv] **I** *adj.* ☐ **1.** reinigend; **2.** ⚕ abführend, Abführ…; **II** *s.* **3.** ⚕ Abführmittel *n*; **pur·ga·to·ry** ['pɜ:gətərɪ] *s. R.C.* Fegefeuer *n* (*a. fig.*).

purge [pɜ:dʒ] **I** *v/t.* **1.** *mst fig j-n* reinigen (***of***, ***from*** von *Schuld*, *Verdacht*); **2.** *Flüssigkeit* klären, läutern; **3.** ⚕ a) *Darm* abführen, entschlacken, b) *j-m* Abführmittel geben; **4.** *Verbrechen* sühnen; **5.** *pol.* a) *Partei etc.* säubern, b) (aus der Par'tei) ausschließen, c) liquidieren (*töten*); **II** *v/i.* **6.** sich läutern; **7.** ⚕ a) abführen (*Medikament*), b) Stuhlgang haben; **III** *s.* **8.** Reinigung *f*; **9.** ⚕ a) Entleerung *f*, -schlackung *f*, b) Abführmittel *n*; **10.** *pol.* 'Säuberung(s-akti,on) *f.*

pu·ri·fi·ca·tion [,pjʊərɪfɪ'keɪʃn] *s.* **1.** Reinigung *f* (*a. eccl.*); **2.** ⚙ Reinigung *f* (*a. metall.*), Klärung *f*, Abläuterung *f*; Regenerierung *f von Altöl*; **pu·ri·fi·er** ['pjʊərɪfaɪə] *s.* ⚙ Reiniger *m*, 'Reinigungsappa,rat *m*; **pu·ri·fy** ['pjʊərɪfaɪ] **I** *v/t.* **1.** reinigen (***of***, ***from*** von) (*a. fig. läutern*); **2.** ⚙ reinigen, läutern, klären; aufbereiten, *Öl* regenerieren; **II** *v/i.* **3.** sich läutern.

pur·ism ['pjʊərɪzəm] *s. a. ling. u. Kunst*: Pu'rismus *m*; **'pur·ist** [-ɪst] *s.* Pu'rist *m*, *bsd.* Sprachreiniger *m.*

Pu·ri·tan ['pjʊərɪtən] **I** *s.* **1.** *hist.* (*fig. mst* ℒ) Puri'taner(in); **II** *adj.* **2.** puri'tanisch; **3.** *fig.* (*mst* ℒ) → ***puritanical***; **pu·ri·tan·i·cal** [,pjʊərɪ'tænɪkəl] *adj.* ☐ puritanisch, über'trieben sittenstreng; **'Pu·ri·tan·ism** [-tənɪzəm] *s.* Purita'nismus *m.*

pu·ri·ty ['pjʊərətɪ] *s.* Reinheit *f*: ***ℒ Campaign*** *fig.* Sauberkeitskampagne *f.*

purl¹ [pɜ:l] **I** *v/i.* murmeln, rieseln (*Bach*); **II** *s.* Murmeln *n.*

purl² [pɜ:l] **I** *v/t.* **1.** (um)'säumen, einfassen; **2.** (*a. v/i.*) linksstricken; **II** *s.* **3.** Gold-, Silberdrahtlitze *f*; **4.** Zäckchen (-borte *f*) *n*; **5.** Häkelkante *f*; **6.** Linksstricken *n.*

purl·er ['pɜ:lə] *s.* F **1.** schwerer Sturz: ***come*** (*od.* ***take***) ***a ~*** schwer stürzen; **2.** schwerer Schlag.

pur·lieus ['pɜ:lju:z] *s. pl.* Um'gebung *f*, Randbezirk(e *pl.*) *m.*

pur·loin [pɜ:'lɔɪn] *v/t.* entwenden, stehlen (*a. fig.*); **pur'loin·er** [-nə] *s.* Dieb *m*; *fig.* Plagi'ator *m.*

pur·ple ['pɜ:pl] **I** *adj.* **1.** purpurn, purpurrot: ***ℒ Heart*** a) ⚔ *Am.* Verwundetenabzeichen *n*, b) *Brit.* F Amphetamintablette *f*; **2.** *fig.* bril'lant (*Stil*): ***~ passage*** Glanzsstelle *f*; **3.** *Am.* lästerlich; **II** *s.* **4.** Purpur *m* (*a. fig. Herrscher-*, *Kardinalswürde*): ***raise to the ~*** zum Kardinal ernennen; **III** *v/i.* **5.** sich purpurn färben.

pur·port ['pɜ:pət] **I** *v/t.* **1.** behaupten, vorgeben: ***~ to be*** (***do***) angeblich sein (tun), sein (tun) wollen; **2.** besagen, beinhalten, zum Inhalt haben, ausdrükken (wollen); **II** *s.* **3.** Tenor *m*, Inhalt *m*, Sinn *m.*

pur·pose ['pɜ:pəs] **I** *s.* **1.** Zweck *m*, Ziel *n*; Absicht *f*, Vorsatz *m*: ***for what ~?*** zu welchem Zweck?, wozu?; ***for all practical ~s*** praktisch; ***for the ~ of*** a) um zu, zwecks, b) im Sinne *e-s Gesetzes*; ***of set ~*** ⚖ vorsätzlich; ***on ~*** absichtlich; ***to the ~*** a) zur Sache (gehörig), b) zweckdienlich; ***to no ~*** vergeblich, umsonst; ***answer*** (*od.* ***serve***) ***the ~*** dem Zweck entsprechen; ***be to little ~*** wenig Zweck haben; ***turn to good ~*** gut anwenden *od.* nützen; ***novel with a ~***, ***~-novel*** Tendenzroman *m*; **2.** *a.* ***strength of ~*** Entschlußkraft *f*; **3.** Zielbewußtheit *f*; **4.** Wirkung *f*; **II** *v/t.* **5.** vorhaben, beabsichtigen, bezwecken; **'~-built** *adj.* spezi'algefertigt, Spezial…, Zweck…

pur·pose·ful ['pɜ:pəsfʊl] *adj.* ☐ **1.** zielbewußt, entschlossen; **2.** zweckmäßig, -voll; **3.** absichtlich; **'pur·pose·less** [-lɪs] *adj.* ☐ **1.** zwecklos; **2.** ziel-, planlos; **'pur·pose·ly** [-lɪ] *adv.* absichtlich, vorsätzlich; **'pur·pos·ive** [-sɪv] *adj.* **1.** zweckmäßig, -voll, -dienlich; **2.** absichtlich, bewußt, *a.* gezielt; **3.** zielstrebig.

'pur·pose-trained *adj.* mit Spezi'alausbildung.

purr [pɜ:] **I** *v/i.* **1.** schnurren (*Katze etc.*); **2.** *fig.* surren, summen (*Motor etc.*); **3.** *fig.* vor Behagen schnurren; **II** *v/t.* **4.** *et.* summen, säuseln (*sagen*); **III** *s.* **5.** Schnurren *n*; Surren *n.*

purse [pɜ:s] **I** *s.* **1.** a) Geldbeutel *m*, Börse *f*, b) (Damen)Handtasche *f*: ***a light*** (***long***) ***~*** *fig.* ein magerer (voller) Geldbeutel; ***public ~*** Staatssäckel *m*; **2.** Fonds *m*: ***common ~*** gemeinsame Kasse; **3.** Geldsammlung *f*, -geschenk *n*: ***make up a ~ for*** Geld sammeln für; **4.** *sport*: a) Siegprämie *f*, b) *Boxen*: Börse *f*; **II** *v/t.* **5.** *oft* ***~ up*** in Falten legen; *Stirn* runzeln; *Lippen* schürzen, *Mund* spitzen; **'~-proud** *adj.* geldstolz, protzig.

purs·er ['pɜ:sə] *s.* **1.** ⚓ Zahl-, Provi'antmeister *m*; **2.** ✈ Purser(in).

'purse-strings *s. pl.*: ***hold the ~*** den Geldbeutel verwalten; ***tighten the ~*** den Daumen auf dem Beutel halten.

purs·lane ['pɜ:slɪn] *s.* ♀ Portulak(gewächs *n*) *m.*

pur·su·ance [pə'sjʊəns] *s.* Verfolgung *f*, Ausführung *f*: ***in ~ of*** a) im Verfolg (*gen.*), b) → ***pursuant***; **pur'su·ant** [-nt] *adj.* ☐: ***~ to*** gemäß *od.* laut *e-r Vorschrift etc.*

pur·sue [pə'sju:] **I** *v/t.* **1.** (*a.* ⚔) verfolgen, *j-m* nachsetzen, *j-n* jagen; **2.** *fig. Zweck*, *Ziel*, *Plan* verfolgen; **3.** nach *Glück etc.* streben; *dem Vergnügen* nachgehen; **4.** *Kurs*, *Weg* einschlagen, folgen (*dat.*); **5.** *Beruf*, *Studien etc.* betreiben, nachgehen (*dat.*); **6.** *et.* weiterführen, fortsetzen, fortfahren in; **7.**

Thema etc. weiterführen, (weiter) diskutieren; **II** *v/i.* **8.** ~ ***after*** → 1; **9.** *im Sprechen etc.* fortfahren; **pur'su·er** [-ju:ə] *s.* **1.** Verfolger(in); **2.** ⚖ *Scot.* (An)Kläger(in).

pur·suit [pə'sju:t] *s.* **1.** Verfolgung *f*, Jagd *f* (***of*** auf *acc.*): ~ ***action*** ⚔ Verfolgungskampf *m*; ***in hot*** ~ in wilder Verfolgung *od.* Jagd; **2.** *fig.* Streben *n*, Trachten *n*, Jagd *f* (***of*** nach); **3.** Verfolgung *f*, Verfolg *m e-s Plans etc.*: ***in*** ~ ***of*** im Verfolg *e-r Sache*; **4.** Beschäftigung *f*, Betätigung *f*; Ausübung *f e-s Gewerbes*, Betreiben *n von Studien etc.*; **5.** *pl.* Arbeiten *pl.*, Geschäfte *pl.*; Studien *pl.*; ~ **in·ter·cep·tor** *s.* ✈ Zerstörer *m*; ~ **plane** *s.* ✈ Jagdflugzeug *n*.

pur·sy[1] ['pɜ:sɪ] *adj.* **1.** kurzatmig; **2.** korpu'lent; **3.** protzig.

pur·sy[2] ['pɜ:sɪ] *adj.* zs.-gekniffen.

pu·ru·lence ['pjʊərʊləns] *s.* ⚕ **1.** Eitrigkeit *f*; **2.** Eiter *m*; **'pu·ru·lent** [-nt] *adj.* □ ⚕ eiternd, eit(e)rig; Eiter...: ~ ***matter*** Eiter *m*.

pur·vey [pə'veɪ] **I** *v/t.* (***to***) *mst Lebensmittel* liefern (an *acc.*), (*j-n*) versorgen mit; **II** *v/i.* (***for***) liefern (an *acc.*), sorgen (für): ~ ***for j-n*** beliefern; **pur'vey·ance** [-eɪəns] *s.* **1.** Lieferung *f*, Beschaffung *f*; **2.** (Mund)Vorrat *m*, Lebensmittel *pl.*; **pur'vey·or** [-eɪə] *s.* **1.** Liefe'rant *m*: ♀ ***to Her Majesty*** Hoflieferant; **2.** Lebensmittelhändler *m*.

pur·view ['pɜ:vju:] *s.* **1.** ⚖ verfügender Teil (*e-s Gesetzes*); **2.** *bsd.* ⚖ (Anwendungs)Bereich *m e-s Gesetzes*, b) Zuständigkeit(sbereich *m*) *f*; **3.** Wirkungskreis *m*, Sphäre *f*, Gebiet *n*; **4.** Gesichtskreis *m*, Blickfeld *n* (*a. fig.*).

pus [pʌs] *s.* ⚕ Eiter *m*.

push [pʊʃ] **I** *s.* **1.** Stoß *m*, Schub *m*: ***give s.o. a*** ~ a) j-m e-n Stoß versetzen, b) *mot.* j-n anschieben; ***give s.o. the*** ~ *sl.* j-n ‚rausschmeißen' (*entlassen*); ***get the*** ~ *sl.* ‚rausfliegen' (*entlassen werden*); **2.** ⚠, ⚙, *geol.* (horizon'taler) Druck, Schub *m*; **3.** Anstoß *m*, -trieb *m*; **4.** Anstrengung *f*, Bemühung *f*; **5.** *bsd.* ⚔ Vorstoß *m* (***for*** auf *acc.*); Offen'sive *f*; **6.** *fig.* Druck *m*, Drang *m der Verhältnisse*; **7.** kritischer Augenblick: ***at a*** ~ im Notfall; ***bring to the last*** ~ aufs Äußerste treiben; ***when it came to the*** ~ als es darauf ankam; **8.** F Schwung *m*, Ener'gie *f*, Tatkraft *f*, Draufgängertum *n*; **9.** Protekti'on *f*: ***get a job by*** ~; **10.** F Menge *f*, Haufen *m Menschen*; **11.** *sl.* a) (exklu'sive) Clique, b) ‚Verein' *m*, ‚Bande' *f*; **II** *v/t.* **12.** stoßen, *Karren etc.* schieben: ~ ***open*** aufstoßen; **13.** stecken, schieben (***into*** in *acc.*); **14.** drängen: ~ ***one's way ahead*** (***through***) sich vor- (durch)drängen; **15.** *fig.* (an)treiben, drängen (***to*** zu, ***to do*** zu tun): ~ ***s.o. for*** j-n bedrängen *od.* j-m zusetzen wegen; ~ ***s.o. for payment*** bei j-m auf Zahlung drängen; ~ ***s.th. on s.o.*** j-m et. aufdrängen; ***be*** ~***ed for time*** in Zeitnot *od.* im Gedränge sein; ***be*** ~***ed for money*** in Geldverlegenheit sein; **16.** *a.* ~ ***ahead*** (*od.* ***forward*** *od.* ***on***) *Angelegenheit* (e'nergisch) betreiben *od.* verfolgen, vor'antreiben; **17.** *a.* ~ ***through*** 'durchführen, -setzen; *Anspruch* 'durchdrücken; *Vorteil* ausnutzen: ~ ***s.th. too far*** et. zu weit treiben; **18.** Re'klame machen für, die Trommel rühren für; **19.** F verkaufen, mit *Rauschgift etc.* handeln; **20.** F sich *e-m Alter* nähern: ***be*** ~***ing 70***; **III** *v/i.* **21.** stoßen, schieben; **22.** (sich) drängen; **23.** sich vorwärtsdrängen, sich vor'ankämpfen; **24.** sich tüchtig ins Zeug legen; **25.** *Billard*: schieben; ~ **a·round** *v/t.* her'umschubsen (*a. fig.*); ~ **off I** *v/t.* **1.** *Boot* abstoßen; **2.** † *Waren* abstoßen, losschlagen; **II** *v/i.* **3.** ⚓ abstoßen (***from*** von); **4.** F ‚abhauen'; **5.** ~***!*** F ‚schieß los'!; ~ **up** *v/t.* hoch-, hin'aufschieben, -stoßen; † *Preise* hochtreiben; ~ **un·der** *v/t.* F *j-n* ‚'unterbuttern'.

'push|·ball *s.* Pushball(spiel *n*) *m*; **'~·bike** *s. Brit.* F Fahrrad *n*; **'~-,but·ton I** *s.* ⚙ Druckknopf *m*, -taste *f*; **II** *adj.* druckknopfgesteuert, Druckknopf...: ~ ***switch***; ~ ***telephone*** Tastentelefon *n*; ~ ***warfare*** automatische Kriegführung; **'~·cart** *s.* **1.** (Hand)Karren *m*; **2.** *Am.* Einkaufswagen *m*; **'~·chair** *s.* (Kinder-) Sportwagen *m*.

push·er ['pʊʃə] *s.* **1.** ⚙ Schieber *m* (*a. Kinderlöffel*); **2.** 🚂 'Hilfslokomo,tive *f*; **3.** *a.* ~ ***airplane*** Flugzeug *n* mit Druckschraube; **4.** F Streber *m*; Draufgänger *m*; **5.** *sl.* ‚Pusher' *m*, ‚Dealer' *m* (*Rauschgifthändler*).

push·ful ['pʊʃfʊl] *adj.* □ e'nergisch, unter'nehmend, draufgängerisch.

push·ing ['pʊʃɪŋ] *adj.* □ **1.** → ***pushful***; **2.** streberisch; **3.** zudringlich.

'push|-off *s.* F Anfang *m*, Start *m*; **'~,o·ver** *s.* F **1.** leicht zu besiegender Gegner; **2.** Gimpel *m*: ***he is a*** ~ ***for that*** darauf fällt er prompt herein; **3.** leichte Sache, Kinderspiel *n*; **,~-'pull** *adj.* ⚡ Gegentakt...; ~ **start** *s. mot.* Anschieben *n*; **,~-to-'talk but·ton** *s.* ⚡ Sprechtaste *f*; **'~-up** *s.* Liegestütz *m*.

push·y ['pʊʃɪ] *adj.* F aufdringlich, pene'trant; aggres'siv.

pu·sil·la·nim·i·ty [,pju:sɪlə'nɪmətɪ] *s.* Kleinmütigkeit *f*, Verzagtheit *f*; **pu·sil·lan·i·mous** [,pju:sɪ'lænɪməs] *adj.* □ kleinmütig, verzagt.

puss[1] [pʊs] *s.* **1.** Mieze *f*, Kätzchen *n* (*a.* F *fig. Mädchen*): ♀ ***in Boots*** *der* Gestiefelte Kater; ~ ***in the corner*** Kämmerchen vermieten (*Kinderspiel*); **2.** *hunt.* Hase *m*.

puss[2] [pʊs] *s. sl.* ‚Fresse' *f*, Vi'sage *f*.

puss·l(e)y ['pʊslɪ] *s.* ⚘ *Am.* Kohlportulak *m*.

puss·y ['pʊsɪ] *s.* **1.** Mieze(kätzchen *n*) *f*, Kätzchen *n*; **2.** → ***tipcat***; **3.** *et.* Weiches u. Wolliges, *bsd.* ⚘ (Weiden)Kätzchen *n*; **4.** *vulg.* ‚Muschi' *f* (*Vulva*): ***have some*** ~ ‚bumsen'; **'~·cat 1.** → ***pussy*** 1; **2.** → ***pussy willow***; **'~·foot I** *v/i.* **1.** (wie e-e Katze) schleichen; **2.** *fig.* F a) leisetreten, b) sich nicht festlegen (***on*** auf *acc.*), her'umreden (um); **II** *pl.* **-foots** [-fʊts] *s.* **3.** Schleicher *m*; **4.** *fig.* F Leisetreter *m*; ~ **wil·low** *s.* ⚘ Verschiedenfarbige Weide.

pus·tule ['pʌstju:l] *s.* **1.** ⚕ Pustel *f*, Eiterbläschen *n*; **2.** ⚘, *zo.* Warze *f*.

put [pʊt] **I** *s.* **1.** *bsd. sport* Stoß *m*, Wurf *m*; **2.** †, *Börse*: Rückprämie *f*: ~ ***and call*** Stellagegeschäft *n*; ~ ***of more*** Nochgeschäft *n* ‚auf Geben'; **II** *adj.* **3.** F an Ort u. Stelle, unbeweglich: ***stay*** ~ a) sich nicht (vom Fleck) rühren, b) festbleiben (*a. fig.*); **III** *v/t.* [*irr.*] **4.** legen, stellen, setzen, *wohin* tun; befestigen (***to*** an *dat.*): ***I shall*** ~ ***the matter before him*** ich werde ihm die Sache vorlegen; ***I*** ~ ***him above his brother*** ich stelle ihn über seinen Bruder; ~ ***s.th. in hand*** *fig.* et. in die Hand nehmen, anfangen; **5.** stecken (***in one's pocket*** in die Tasche, ***in prison*** ins Gefängnis); **6.** *j-n in e-e unangenehme Lage*, † *et. auf den Markt*, *in Ordnung*, *thea. ein Stück auf die Bühne etc.* bringen: ~ ***s.o. across a river*** j-n über e-n Fluß übersetzen; ~ ***it across s.o.*** F j-n ‚reinlegen'; ~ ***one's brain to it*** sich darauf konzentrieren, die Sache in Angriff nehmen; ~ ***s.o. in mind of*** j-n erinnern an (*acc.*); ~ ***s.th. on paper*** et. zu Papier bringen; ~ ***s.o. right*** j-n berichtigen; **7.** *ein Ende*, *in Kraft*, *in Umlauf*, *j-n auf Diät*, *in Besitz*, *in ein gutes od. schlechtes Licht*, *ins Unrecht*, *über ein Land*, *sich et. in den Kopf*, *j-n an e-e Arbeit* setzen: ~ ***one's signature to*** s-e Unterschrift darauf *od.* darunter setzen; ~ ***yourself in my place*** versetze dich in m-e Lage; **8.** ~ ***o.s.*** sich in *j-s Hände etc.* begeben: ~ ***o.s. under s.o.'s care*** sich in j-s Obhut begeben; ~ ***yourself in(to) my hands*** vertraue dich mir ganz an; **9.** ~ ***out of*** aus hin'ausstellen *etc.*; werfen *od.* verdrängen aus; außer *Betrieb od. Gefecht etc.* setzen; → ***action*** 2, 9, ***running*** 1; **10.** unter'werfen, -'ziehen (***to*** *e-r Probe etc.*; ***through*** *e-m Verhör etc.*): ~ ***s.o. through it*** j-n auf Herz u. Nieren prüfen; → ***confusion*** 3, ***death*** 1, ***expense*** 2, ***shame*** 2, ***sword***, ***test*** 1; **11.** *Land* bepflanzen (***into***, ***under*** mit): ***land was*** ~ ***under potatoes***; **12.** (***to***) setzen (an *acc.*), (an)treiben *od.* zwingen (zu): ~ ***s.o. to work*** j-n an die Arbeit setzen, j-n arbeiten lassen; ~ ***to school*** zur Schule schicken, einschulen; ~ ***to trade*** *j-n* ein Handwerk lernen lassen; ~ ***s.o. to a joiner*** j-n bei e-m Schreiner in die Lehre geben; ~ ***s.o. to it*** j-m zusetzen, j-n bedrängen; ***be hard*** ~ ***to it*** arg bedrängt werden; → ***flight***[1], ***pace***[1] 2; **13.** veranlassen, verlocken (***on***, ***to*** zu); **14.** *in Furcht*, *Wut etc.* versetzen; → ***countenance*** 2, ***ease*** 2, ***guard*** 11, ***mettle*** 2, ***temper*** 4; **15.** über'setzen (***into French*** *etc.* ins Französische *etc.*); **16.** (*un*)*klar etc.* ausdrükken, sagen *klug etc.* formulieren, *in Worte* fassen: ***the case was cleverly*** ~; ***to*** ~ ***it mildly*** gelinde gesagt; ***how shall I*** ~ ***it?*** wie soll ich mich (*od.* es) ausdrücken; **17.** schätzen (***at*** auf *acc.*); **18.** (***to***) verwenden (für), anwenden (zu): ~ ***s.th. to a good use*** et. gut verwenden; **19.** *Frage*, *Antrag etc.* vorlegen, stellen; *den Fall* setzen: ***I*** ~ ***it to you*** a) ich appelliere an Sie, b) ich stelle es Ihnen anheim; ***I*** ~ ***it to you that*** geben Sie zu, daß; **20.** *Geld* setzen, wetten (***on*** auf *acc.*); **21.** (***into***) *Geld* stecken (in *acc.*), anlegen (in *dat.*), investieren (in *dat.*); **22.** *Schuld* zuschieben, geben (***on*** *dat.*): ***they*** ~ ***the blame on him***; **23.** *Uhr* stellen; **24.** *bsd. sport* werfen, schleudern; *Kugel*, *Stein* stoßen; **25.** *Waffe* stoßen, *Kugel* schießen (***in***[***to***] in *acc.*); **IV.** *v/i.* [*irr.*] **26.** sich begeben (***to land*** an Land), fahren: ~ ***to sea*** in See stechen; **27.** *Am.* münden, sich ergießen (*Fluß*) (***into*** in *e-n*

See etc.); **28.** ~ ***upon*** *mst pass.* a) *j-m* zusetzen, b) *j-n* ausnutzen, c) *j-n* ‚reinlegen'; *Zssgn mit prp.*: → *Beispiele unter* ***put*** 4 → 28; *Zssgn mit adv.*:

put| a·bout I *v/t.* **1.** ⚓ wenden; **2.** *Gerücht* verbreiten; **3.** a) beunruhigen, b) quälen, c) ärgern; **II** *v/i.* **4.** ⚓ wenden; ~ **a·cross** *v/t.* **1.** ⚓ 'übersetzen; **2.** *sl. et.* ‚schaukeln', erfolgreich 'durchführen, *Idee etc.* ‚verkaufen': ***put it across*** ‚es schaffen', Erfolg haben; ~ **a·side** *v/t.* **1.** → ***put away*** 1 *u.* 3; **2.** *fig.* bei'seite schieben; ~ **a·way I** *v/t.* **1.** weglegen, -stecken, -tun, beiseite legen; **2.** auf-, wegräumen; **3.** *Geld* zu'rücklegen, ‚auf die hohe Kante legen'; **4.** *Laster etc.* ablegen; **5.** F *Speisen* ‚verdrücken', *Getränke* ‚runterstellen'; **6.** F *j-n* ‚einsperren'; **7.** F *j-n* ‚beseitigen' (*umbringen*); **8.** *sl. et.* versetzen; **II** *v/i.* **9.** ⚓ auslaufen (***for*** nach); ~ **back I** *v/t.* **1.** zu'rückschieben, -stellen, -tun; **2.** *Uhr* zu'rückstellen, *Zeiger* zu'rückdrehen; **3.** *fig.* aufhalten, hemmen; → ***clock***[1] 1; **4.** *Schüler* zu'rückversetzen; **II** *v/i.* **5.** ⚓ 'umkehren; ~ **by** *v/t.* **1.** → ***put away*** 1 *u.* 3; **2.** *e-r Frage etc.* ausweichen; **3.** *fig.* bei'seite schieben, *j-n* über'gehen; ~ **down** *v/t.* **1.** hin-, niederlegen, -stellen, -setzen; → ***foot*** 1; **2.** *j-n auf der Fahrt* absetzen, aussteigen lassen; **3.** *Weinkeller* anlegen; **4.** *Aufstand* niederwerfen, *a. Mißstand* unter'drücken; **5.** *j-n* demütigen, ducken; kurz abweisen; her'untersetzen; **6.** zum Schweigen bringen; **7.** a) *Preise* heruntersetzen, b) *Ausgaben* einschränken; **8.** (auf-, nieder)schreiben; **9.** (***to***) ✝ a) *j-m* anschreiben, b) auf *j-s Rechnung* setzen: ***put s.th. down to s.o.'s account***; **10.** *j-n* eintragen *od.* vormerken (***for*** für *e-e Spende etc.*): ***put o.s. down*** sich eintragen; **11.** zuschreiben (***to*** *dat.*); **12.** schätzen (***at***, ***for*** auf *acc.*); **13.** ansehen (***as***, ***for*** als); ~ **forth** *v/t.* **1.** her'vor-, hin'auslegen, -stellen, -schieben; **2.** *Hand etc.* ausstrecken; **3.** *Kraft etc.* aufbieten; **4.** ⚘ *Knospen etc.* treiben; **5.** veröffentlichen, *bsd. Buch* her'ausbringen; **6.** behaupten; ~ **for·ward** *v/t.* **1.** vorschieben; *Uhr* vorstellen, *Zeiger* vorrücken; **2.** in den Vordergrund schieben: ***put o.s. forward*** a) sich hervortun, b) sich vordrängen; **3.** *fig.* vor'anbringen, weiterhelfen (*dat.*); **4.** *Meinung etc.* vorbringen, *et.* vorlegen, unter'breiten; *Theorie* aufstellen; ~ **in I** *v/t.* **1.** her'ein-, hin'einlegen *etc.*; **2.** einschieben, -schalten: ~ ***a word*** a) e-e Bemerkung einwerfen *od.* anbringen, b) ein Wort mitsprechen, c) ein Wort einlegen (***for*** für); ~ ***an extra hour's work*** e-e Stunde mehr arbeiten; **3.** *Schlag etc.* anbringen; **4.** *Gesuch etc.* einreichen, *Dokument* vorlegen; *Anspruch* stellen *od.* erheben (***to***, ***for*** auf *acc.*); **5.** *j-n* anstellen, *in ein Amt* einsetzen; **6.** *Annonce* einrücken; **7.** F *Zeit* verbringen; **II** *v/i.* **8.** ⚓ einlaufen; **9.** einkehren (***at*** in *e-m Gasthaus etc.*); **10.** sich bewerben (***for*** um): ~ ***for s.th.*** et. fordern *od.* verlangen; ~ **in·side** *v/t.* F *j-n* ‚einlochen'; ~ **off I** *v/t.* **1.** weg-, bei'seite legen, -stellen; **2.** *Kleider*, *bsd. fig. Zweifel etc.* ablegen; **3.** auf-, verschieben; **4.** *j-n* vertrösten, abspeisen (***with*** mit *Worten etc.*); **5.** *j-m* absagen; **6.** sich drücken vor (*dat.*); **7.** *j-n* abbringen, *j-m* abraten (***from*** von); **8.** hindern (***from*** an *dat.*); **9.** ***put s.th. off (up)on s.o.*** j-m et. ‚andrehen'; **10.** F a) *j-n* aus der Fassung *od.* aus dem Kon'zept bringen, b) j-m die Lust nehmen, *j-n* abstoßen; **II** *v/i.* **11.** ⚓ auslaufen; ~ **on** *v/t.* **1.** *Kleider* anziehen; *Hut*, *Brille* aufsetzen; *Rouge* auflegen; **2.** *Fett* ansetzen; → ***weight*** 1; **3.** *Charakter*, *Gestalt* annehmen; **4.** vortäuschen, -spiegeln, (er)heucheln: → ***air***[1] 7, ***dog*** *Redew.*; ***put it on*** F a) angeben, b) übertreiben, c) ‚schwer draufschlagen' (*auf den Preis*), d) heucheln; ***put it on thick*** F dick auftragen; ***his modesty is all*** ~ s-e Bescheidenheit ist nur Mache; **5.** *Summe* aufschlagen (***on*** auf *den Preis*); **6.** *Uhr* vorstellen, *Zeiger* vorrücken; **7.** an-, einschalten, *Gas etc.* aufdrehen, *Dampf* anlassen, *Tempo* beschleunigen; **8.** *Kraft*, *a. Arbeitskräfte*, *Sonderzug etc.* einsetzen; **9.** *Schraube*, *Bremse* anziehen; **10.** *thea. etc. Stück*, *Sendung* bringen; **11.** ***put s.o. on to*** j-m e-n Tip geben für, j-n auf *e-e Idee* bringen; **12.** *sport Tor etc.* erzielen; ~ **out I** *v/t.* **1.** hin'auslegen, -stellen *etc.*; **2.** *Hand*, *Fühler* ausstrecken; *Zunge* her'ausstrecken; *Ankündigung etc.* aushängen; **3.** *sport* zum Ausscheiden zwingen, ‚aus dem Rennen werfen'; **4.** *Glied* aus-, verrenken; **5.** *Feuer*, *Licht* (aus-) löschen; **6.** a) verwirren, außer Fassung bringen, b) verstimmen, ärgern: ***be*** ~ ***about s.th.***, c) *j-m* Ungelegenheiten bereiten, *j-n* stören; **7.** *Kraft etc.* aufbieten; **8.** *Geld* ausleihen (***at interest*** auf Zinsen), investieren; **9.** *Boot* aussetzen; **10.** *Augen* ausstechen; **11.** *Arbeit*, *a. Kind*, *Tier* außer Haus geben; ✝ in Auftrag geben; → ***grass*** 3, ***nurse*** 4; **12.** *Knospen etc.* treiben; **II** *v/i.* **13.** ⚓ auslaufen: ~ (***to sea***) in See stechen; ~ **o·ver I** *v/t.* **1.** *sl.* → ***put across*** 2; **2.** *e-m Film etc.* Erfolg sichern, popu'lär machen (*acc.*): ***put o.s. over*** sich durchsetzen, ‚ankommen'; **3.** ***put it over on j-n*** ‚reinlegen'; **II** *v/i.* **4.** ⚓ hin'überfahren; ~ **through** *v/t.* **1.** 'durch-, ausführen; **2.** *teleph. j-n* verbinden (***to*** mit); ~ **to** *v/t.* *Pferd* anspannen, *Lokomotive* vorspannen; ~ **to·geth·er** *v/t.* **1.** zs.-setzen (*a. Schriftwerk*) zs.-stellen; **2.** zs.-zählen: → ***two*** 2; **3.** zs.-stecken; → ***head*** *Redew.*; ~ **up I** *v/t.* **1.** hin'auflegen, -stellen; **2.** hochschieben, -ziehen; → ***back***[1] 7, ***shutter*** 1; **3.** *Hände* a) heben, b) *zum Kampf* hochnehmen; **4.** *Bild etc.* aufhängen; *Plakat* anschlagen; **5.** *Haar* aufstecken; **6.** *Schirm* aufspannen; **7.** *Zelt etc.* aufstellen, *Gebäude* errichten; **8.** F *et.* aushecken; *et.* ‚drehen', fingieren; **9.** *Gebet* em'porsenden; **10.** *Gast* (bei sich) aufnehmen, 'unterbringen; **11.** weglegen; **12.** aufbewahren; **13.** ein-, verwegpacken; zs.-legen; **14.** *Schwert* einstecken; **15.** konservieren, einkochen, -machen; **16.** *Spiel etc.* zeigen; *e-n Kampf* liefern; *Widerstand* leisten; **17.** (als Kandi'daten) aufstellen; **18.** *Auktion*: an-, ausbieten: ~ ***for sale*** meistbietend verkaufen; **19.** *Preis etc.* hin'aufsetzen, erhöhen; **20.** *Wild* aufjagen; **21.** *Eheaufgebot* verkünden; **22.** bezahlen; **23.** (ein)setzen (*Wette etc.*), *Geld* bereitstellen, *od.* hinter'legen; **24.** ~ ***to*** a) *j-n* anstiften zu, b) *j-n* informieren über (*acc.*), *a. j-m* e-n Tip geben für; **II** *v/i.* **25.** absteigen, einkehren (***at*** in); **26.** (***for***) sich aufstellen lassen, kandidieren (für), sich bewerben (um); **27.** ~ ***with*** sich abfinden mit, sich gefallen lassen, hinnehmen.

pu·ta·tive ['pju:tətɪv] *adj.* ☐ **1.** vermeintlich; **2.** mutmaßlich; **3.** ⚖ puta'tiv.

'put|·down *s.*: ***that was a*** ~ damit wollte er *etc.* mich *etc.* fertigmachen; **'~·off** *s.* **1.** Ausflucht *f*; **2.** Verschiebung *f*; **'~-on I** *adj.* **1.** vorgetäuscht; **II** *s. Am. sl.* **2.** Bluff *m*; **3.** Getue *n*, ‚Mache' *f*, ‚Schau' *f*.

put-put ['pʌtpʌt] *s.* Tuckern *n* (*e-s Motors etc.*).

pu·tre·fa·cient [ˌpju:trɪ'feɪʃənt] → ***putrefactive***; **ˌpu·tre'fac·tion** [-'fækʃn] *s.* **1.** Fäulnis *f*, Verwesung *f*; **2.** Faulen *n*; **ˌpu·tre'fac·tive** [-'fæktɪv] **I** *adj.* **1.** faulig, Fäulnis...; **2.** fäulniserregend; **II** *s.* **3.** Fäulniserreger *m*; **pu·tre·fy** ['pju:trɪfaɪ] **I** *v/i.* (ver)faulen, verwesen; **II** *v/t.* verfaulen lassen.

pu·tres·cence [pju:'tresns] *s.* (Ver-) Faulen *n*, Fäulnis *f*; **pu'tres·cent** [-nt] *adj.* **1.** (ver)faulend, verwesend; **2.** faulig, Fäulnis...

pu·trid ['pju:trɪd] *adj.* ☐ **1.** verfault, verwest; faulig (*Geruch*), stinkend; **2.** *fig.* verderbt, kor'rupt; **3.** *fig.* verderblich; **4.** *fig.* ekelhaft; **5.** *sl.* mise'rabel.

putsch [pʊtʃ] (*Ger.*) *s. pol.* Putsch *m*, Staatsstreich *m*.

putt [pʌt] *Golf*: **I** *v/t. u. v/i.* putten; **II** *s.* Putt *m*.

put·tee ['pʌtɪ] *s.* 'Wickelgaˌmasche *f*.

putt·er ['pʌtə] *s. Golf*: Putter *m* (*Schläger od. Spieler*).

'putt·ing-green ['pʌtɪŋ] *s. Golf*: Putting green *n* (*Platzteil*).

put·ty ['pʌtɪ] **I** *s.* **1.** ⚙ Kitt *m*, Spachtel *m*: (***glaziers'***) ~ Glaserkitt; (***plasterers'***) ~ Kalkkitt; (***jewellers'***) ~ Zinnasche *f*; **2.** *fig.* Wachs *n*: ***he is*** ~ ***in her hand***; **II** *v/t.* **3.** *a.* ~ ***up*** (ver)kitten; ~ **knife** *s.* [*irr.*] Spachtelmesser *n*.

'put-up *adj.* F abgekartet: ***a*** ~ ***job*** e-e ‚Schiebung'.

puz·zle ['pʌzl] **I** *s.* **1.** Rätsel *n*; **2.** Puzzle-, Geduldspiel *n*; **3.** schwierige Sache, Prob'lem *n*; **4.** Verwirrung *f*, Verlegenheit *f*; **II** *v/t.* **5.** verwirren, vor ein Rätsel stellen, verdutzen; **6.** *et.* komplizieren, durchein'anderbringen; **7.** *j-m* Kopfzerbrechen machen, zu schaffen machen: ~ ***one's brains*** (*od.* ***head***) sich den Kopf zerbrechen (***over*** über *acc.*); **8.** ~ ***out*** austüfteln, -knobeln, her'ausbekommen; **III** *v/i.* **9.** verwirrt sein (***over***, ***about*** über *acc.*); **10.** sich den Kopf zerbrechen (***over*** über *acc.*); **'~-ˌhead·ed** *adj.* wirrköpfig, kon'fus; ~ **lock** *s.* Vexier-, Buchstabenschloß *n*.

puz·zle·ment ['pʌzlmənt] *s.* Verwirrung *f*; **'puz·zler** [-lə] → ***puzzle*** 3; **'puz·zling** [-lɪŋ] *adj.* ☐ **1.** rätselhaft; **2.** verwirrend.

py·e·li·tis [paɪə'laɪtɪs] *s.* ⚕ Nierenbeckenentzündung *f*.

pyg·m(a)e·an [pɪg'mi:ən] → ***pygmy*** II.

pyg·my ['pɪgmɪ] **I** *s.* **1.** ♀ Pyg'mäe *m*,

Pyg'mäin *f* (*Zwergmensch*); **2.** *fig.* Zwerg *m*; **II** *adj.* **3.** Pygmäen…; **4.** winzig, Zwerg…; **5.** unbedeutend.

py·ja·mas [pə'dʒɑːməz] *s. pl.* Schlafanzug *m*, Py'jama *m*.

py·lon ['paɪlən] *s.* **1.** ⚡ (freitragender) Mast (*für Hochspannungsleitungen etc.*); **2.** ✈ Orientierungsturm *m*, *bsd.* Wendeturm *m*.

py·lo·rus [paɪ'lɔːrəs] *pl.* **-ri** [-raɪ] *s. anat.* Py'lorus *m*, Pförtner *m*.

pyr·a·mid ['pɪrəmɪd] *s.* Pyra'mide *f* (*a.* ⩓ *u. fig.*); **py·ram·i·dal** [pɪ'ræmɪdl] *adj.* □ **1.** Pyramiden…; **2.** pyrami'dal (*a. fig. gewaltig*), pyra'midenartig, -förmig.

pyre ['paɪə] *s.* Scheiterhaufen *m*.

py·ret·ic [paɪ'retɪk] *adj.* ⚕ fieberhaft, Fieber…; **py'rex·i·a** [-eksɪə] *s.* ⚕ Fieberzustand *m*.

py·rite ['paɪraɪt] *s. min.* Py'rit *m*, Schwefel-, Eisenkies *m*; **py·ri·tes** [paɪ'raɪtiːz] *s. min.* Py'rit *m*: ***copper ~*** Kupferkies; ***iron ~ → pyrite***.

pyro- [paɪərəʊ] *in Zssgn* Feuer…, Brand…, Wärme…, Glut…; **'py·ro·gen** [-rədʒən] *s.* ⚕ fiebererregender Stoff; **py·rog·e·nous** [paɪ'rɒdʒɪnəs] *adj.* **1.** a) wärmeerzeugend, b) durch Wärme erzeugt; **2.** ⚕ a) fiebererregend, b) durch Fieber verursacht; **3.** *geol.* pyro'gen; **py·rog·ra·phy** [paɪ'rɒgrəfɪ] *s.* Brandmale'rei *f*; **py·ro·ma·ni·a** [ˌpaɪrəʊ'meɪnɪə] *s.* Pyroma'nie *f*, Brandstiftungstrieb *m*; **py·ro·ma·ni·ac** [ˌpaɪrəʊ'meɪnɪæk] *s.* Pyro'mane *m*, Pyro'manin *f*.

py·ro·tech·nic, py·ro·tech·ni·cal [ˌpaɪrəʊ'teknɪk(l)] *adj.* □ **1.** pyro'technisch; **2.** Feuerwerks…, feuerwerkartig; **3.** *fig.* bril'lant; **ˌpy·ro'tech·nics** [-ks] *s. pl.* **1.** Pyro'technik *f*, Feuerwerke'rei *f*; **2.** *fig.* Feuerwerk *n von Witz etc.*; **ˌpy·ro'tech·nist** [-ɪst] *s.* Pyro'techniker *m*.

Pyr·rhic vic·to·ry ['pɪrɪk] *s.* Pyrrhussieg *m*.

Py·thag·o·re·an [paɪˌθægə'rɪən] **I** *adj.* pythago'reisch; **II** *s. phls.* Pythago'reer *m*.

py·thon ['paɪθn] *s. zo.* **1.** Python(schlange *f*) *m*; **2.** *allg.* Riesenschlange *f*.

pyx [pɪks] **I** *s.* **1.** *R.C.* Pyxis *f*, Mon'stranz *f*; **2.** *Brit.* Büchse *f* mit Probemünzen; **II** *v/t.* **3.** *Münze* a) in der ***Pyx*** hinter'legen, b) auf Gewicht u. Feinheit prüfen.

Q

Q, q [kju:] *s.* Q *n*, q *n* (*Buchstabe*).
'Q-boat *s.* ⚓ U-Boot-Falle *f*.
quack¹ [kwæk] **I** *v/i.* **1.** quaken; **2.** *fig.* schnattern, schwatzen; **II** *s.* **3.** Quaken *n*; *fig.* Geplapper *n*.
quack² [kwæk] **I** *s.* **1.** *a.* ***~ doctor*** Quacksalber *m*, Kurpfuscher *m*; **2.** Scharlatan *m*; Marktschreier *m*; **II** *adj.* **3.** quacksalberisch, Quacksalber…; **4.** marktschreierisch; **5.** Schwindel…; **III** *v/i. u. v/t.* **6.** quacksalbern, her'umpfuschen (an *dat.*); **7.** marktschreierisch auftreten (*v/t.* anpreisen); **'quack·er·y** [-kərɪ] *s.* **1.** Quacksalbe'rei *f*, Kurpfusche'rei *f*; **2.** Scharlatane'rie *f*; **3.** marktschreierisches Auftreten.
quad¹ [kwɒd] F → ***quadrangle***, ***quadrat***, ***quadruped***, ***quadruplet***.
quad² [kwɒd] **I** *s.* ⚡ Viererkabel *n*; **II** *v/t.* zum Vierer verseilen.
quad·ra·ble ['kwɒdrəbl] *adj.* A quadrierbar.
quad·ra·ge·nar·i·an [kwɒdrədʒɪ'neərɪən] **I** *adj.* a) vierzigjährig, b) in den Vierzigern; **II** *s.* Vierziger(in), Vierzigjährige(r *m*) *f*.
quad·ran·gle ['kwɒdræŋgl] *s.* **1.** A *u. weitS.* Viereck *n*; **2.** a) (*bsd.* Schul)Hof *m*, b) viereckiger Ge'bäudekomˌplex; **quad·ran·gu·lar** [kwɒ'dræŋgjʊlə] *adj.* □ A viereckig.
quad·rant ['kwɒdrənt] *s.* **1.** A Qua'drant *m*, Viertelkreis *m*, ('Kreis)Segˌment *n*; **2.** ⚓, *ast.* Qua'drant *m*.
quad·ra·phon·ic [ˌkwɒdrə'fɒnɪk] *adj.* ♪, *phys.* quadro'phonisch; **ˌquad·ra·'phon·ics** [-ks] *s. pl. sg. konstr.* Quadropho'nie *f*.
quad·rat ['kwɒdrət] *s. typ.* Qua'drat *n*, (großer) Ausschluß: ***em ~*** Geviert *n*; ***en ~*** Halbgeviert *n*.
quad·rate ['kwɒdrət] **I** *adj.* (annähernd) qua'dratisch, *bsd. anat.* Quadrat…; **II** *v/t.* [kwɒ'dreɪt] in Über'einstimmung bringen (***with***, ***to*** mit); **III** *v/i.* [kwɒ'dreɪt] über'einstimmen; **quad·rat·ic** [kwɒ'drætɪk] **I** *adj.* qua'dratisch (*Form*, A *Gleichung*): ***~ curve*** Kurve *f* zweiter Ordnung; **II** *s.* A qua'dratische Gleichung; **quad·ra·ture** ['kwɒdrətʃə] *s.* **1.** A, *ast.* Quadra'tur *f* (***of the circle*** des Kreises); **2.** ⚡ (Phasen)Verschiebung *f* um 90 Grad.
quad·ren·ni·al [kwɒ'drenɪəl] **I** *adj.* □ **1.** vierjährig, vier Jahre dauernd; **2.** vierjährlich, alle vier Jahre stattfindend; **II** *s.* **3.** Zeitraum *m* von vier Jahren; **4.** vierter Jahrestag.
quad·ri·lat·er·al [ˌkwɒdrɪ'lætərəl] **I** *adj.* vierseitig; **II** *s.* Vierseit *n*, -eck *n*.
qua·drille [kwə'drɪl] *s.* Qua'drille *f* (*Tanz*).
quad·ril·lion [kwɒ'drɪljən] *s.* A **1.** *Brit.* Quadrilli'on *f*; **2.** *Am.* Billi'arde *f*.
quad·ri·par·tite [ˌkwɒdrɪ'pɑ:taɪt] *adj.* **1.** vierteilig (*a.* ⚘); **2.** Vierer…, zwischen vier Partnern abgeschlossen *etc.*: ***~ pact*** Viererpakt *m*.
quad·ro ['kwɒdrəʊ] *adj. u. adv.* ♪, *Radio*: quadro.
quadro- [kwɒdrəʊ] *in Zssgn* quadro…
ˌquad·ro'phon·ic [-'fɒnɪk] *etc.* → ***quadraphonic etc.***
quad·ru·ped ['kwɒdrʊped] **I** *s.* Vierfüßer *m*; **II** *adj. a.* **quad·ru·pe·dal** [ˌkwɒdrə'pi:dl] vierfüßig; **'quad·ru·ple** [-pl] **I** *adj.* **1.** *a.* ***~ to*** (*od.* ***of***) vierfach, -fältig; viermal so groß wie; **2.** Vierer…: ***~ machinegun*** ⚔ Vierlings-MG *n*; ***~ measure*** ♪ Viervierteltakt *m*; ***~ thread*** ⚙ viergängiges Gewinde; **II** *adv.* **3.** vierfach; **III** *s.* **4.** *das* Vierfache; **IV** *v/t.* **5.** vervierfachen; **6.** viermal so groß *od.* so viel sein wie; **V** *v/i.* **7.** sich vervierfachen; **'quad·ru·plet** [-plɪt] *s.* **1.** Vierling *m* (*Kind*); **2.** Vierergruppe *f*; **'quad·ru·plex** [-pleks] **I** *adj.* **1.** vierfach; **2.** ⚡ Quadruplex…, Vierfach…: ***~ system*** Vierfachbetrieb *m*, Doppelgegensprechen *n*; **II** *s.* **3.** 'Quadruplexteleˌgraph *m*; **quad·ru·pli·cate I** *v/t.* [kwɒ'dru:plɪkeɪt] **1.** vervierfachen; **2.** *Dokument* vierfach ausfertigen; **II** *adj.* [kwɒ'dru:plɪkət] **3.** vierfach; **III** *s.* [-kət] **4.** vierfache Ausfertigung.
quaff [kwɑ:f] **I** *v/i.* zechen; **II** *v/t.* schlürfen, in langen Zügen (aus)trinken: ***~ off*** *Getränk* hinunterstürzen.
quag [kwæg] → ***quagmire***; **'quag·gy** [-gɪ] *adj.* **1.** sumpfig; **2.** schwammig; **'quag·mire** [-maɪə] *s.* Mo'rast *m*, Moor(boden *m*) *n*, Sumpf(land *n*) *m*: ***be caught in a ~*** *fig.* in der Patsche sitzen.
quail¹ [kweɪl] *pl.* **quails**, *coll.* **quail** *s. orn.* Wachtel *f*.
quail² [kweɪl] *v/i.* **1.** verzagen; **2.** (vor Angst) zittern (***before*** vor *dat.*; ***at*** bei).
quaint [kweɪnt] *adj.* □ **1.** wunderlich, drollig, kuri'os; **2.** malerisch, anheimelnd (*altmodisch*); **3.** seltsam, merkwürdig; **'quaint·ness** [-nɪs] *s.* **1.** Wunderlichkeit *f*; Seltsamkeit *f*; **2.** anheimelndes (*bsd.* altmodisches) Aussehen.
quake [kweɪk] **I** *v/i.* zittern, beben (***with***, ***for*** vor *dat.*); **II** *s.* Zittern *n*, (*a.* Erd)Beben *n*, Erschütterung *f*.
Quak·er ['kweɪkə] *s.* **1.** *eccl.* Quäker *m*: ***~(s') meeting*** *fig.* schweigsame Versammlung; **2.** *a.* ***~ gun*** ⚔ *Am.* Ge'schützatˌtrappe *f*; **3.** ♀, *a.* ♀*-bird orn.* schwarzer Albatros; **'Quak·er·ess** [-ərɪs] *s.* Quäkerin *f*; **'Quak·er·ism** [-ərɪzəm] *s.* Quäkertum *n*.
'quak·ing-grass ['kweɪkɪŋ-] *s.* ⚘ Zittergras *n*.
qual·i·fi·ca·tion [ˌkwɒlɪfɪ'keɪʃn] *s.* **1.** Qualifikati'on *f*, Befähigung *f*, Eignung *f* (***for*** für, zu): ***~ test*** Eignungsprüfung *f*; ***have the necessary ~s*** den Anforderungen entsprechen; **2.** Vorbedingung *f*, (notwendige) Vor'aussetzung (***of***, ***for*** für); **3.** Eignungszeugnis *n*; **4.** Einschränkung *f*, Modifikati'on *f*: ***without any ~*** ohne jede Einschränkung; **5.** *ling.* nähere Bestimmung; **6.** ✝ 'Mindestˌaktienkapiˌtal *n* (*e-s Aufsichtsratsmitglieds*); **qual·i·fied** ['kwɒlɪfaɪd] *adj.* **1.** qualifiziert, geeignet, befähigt (***for*** für); **2.** berechtigt: ***~ for a post*** anstellungsberechtigt; ***~ voter*** Wahlberechtigte(r *m*) *f*; **3.** eingeschränkt, bedingt, modifiziert: ***~ acceptance*** ✝ bedingte Annahme (*e-s Wechsels*); ***~ sale*** ✝ Konditionskauf *m*; ***in a ~ sense*** mit Einschränkungen; **qual·i·fy** ['kwɒlɪfaɪ] **I** *v/t.* **1.** qualifizieren, befähigen, geeignet machen (***for*** für; ***for being***, ***to be*** zu sein); **2.** berechtigen (***for*** zu); **3.** bezeichnen, charakterisieren (***as*** als); **4.** einschränken, modifizieren; **5.** abschwächen, mildern; **6.** *Getränke* verdünnen; **7.** *ling.* modifizieren, näher bestimmen; **II** *v/i.* **8.** sich qualifizieren *od.* eignen, die Eignung besitzen *od.* nachweisen, in Frage kommen (***for*** für; ***as*** als): ***~ing examination*** Eignungsprüfung *f*; ***~ing period*** Anwartschafts-, Probezeit *f*; **9.** *sport* sich qualifizieren (***for*** für): ***~ing round*** Ausscheidungsrunde *f*; **10.** die nötigen Fähigkeiten erwerben; **11.** die (ju'ristischen) Vorbedingungen erfüllen, *bsd. Am.* den Eid ablegen; **qual·i·ta·tive** ['kwɒlɪtətɪv] *adj.* □ qualita'tiv (*a.* ⚗ *Analyse*, *a.* A *Verteilung*); **qual·i·ty** ['kwɒlətɪ] *s.* **1.** Eigenschaft *f* (*Person u. Sache*): (***good***) ***~*** gute Eigenschaft; ***in the ~ of*** (in der Eigenschaft) als; **2.** Art *f*, Na'tur *f*, Beschaffenheit *f*; **3.** Fähigkeit *f*, Ta'lent *n*; **4.** *bsd.* ✝, ⚙ Quali'tät *f*: ***in ~*** qualitativ; **5.** ✝ (Güte)Sorte *f*, Klasse *f*; **6.** gute Quali'tät, Güte *f*: ***~ goods*** Qualitätswaren; ***~ of life*** Lebensqualität; **7.** a) ♪ 'Tonqualiˌtät *f*, -farbe *f*, b) *ling.* Klangfarbe *f*; **8.** *phls.* Quali'tät *f*; **9.** vornehmer Stand: ***person of ~*** Standesperson *f*; ***the people of ~*** die vornehme Welt.
qualm [kwɑ:m] *s.* **1.** Übelkeitsgefühl *n*, Schwäche(anfall *m*) *f*; **2.** Bedenken *pl.*, Zweifel *pl.*; Skrupel *m*; **'qualm·ish** [-mɪʃ] *adj.* □ **1.** (sich) übel (fühlend), unwohl; **2.** Übelkeits…: ***~ feelings***.
quan·da·ry ['kwɒndərɪ] *s.* Verlegenheit *f*, verzwickte Lage: ***be in a ~*** sich in e-m

Dilemma befinden; nicht wissen, was man tun soll.

quan·ta ['kwɒntə] *pl. von* ***quantum.***

quan·ti·ta·tive ['kwɒntɪtətɪv] *adj.* □ quantita'tiv (*a. ling.*), Mengen...: **~ *analysis*** ⚗ quantitative Analyse; **~ *ratio*** Mengenverhältnis *n*; **quan·ti·ty** ['kwɒntətɪ] *s.* **1.** Quanti'tät *f*, (bestimmte *od.* große) Menge, Quantum *n*: **~ *of heat*** *phys.* Wärmemenge; ***a ~ of cigars*** e-e Anzahl Zigarren; ***in (large) quantities*** in großen Mengen; **~ *discount*** ✝ Mengenrabatt *m*; **~ *production*** Massenerzeugung *f*, Serienfertigung *f*; **~ *purchase*** Großeinkauf *m*; **~ *surveyor*** *Brit.* Bausachverständige(r) *m*; **2.** ⩚ Größe *f*: ***negligible ~*** a) unwesentliche Größe, b) *fig.* völlig unbedeutende Person *etc.*; ***numerical ~*** Zahlengröße; ***(un)known ~*** (un)bekannte Größe (*a. fig.*); **3.** *ling.* Quanti'tät *f*, Lautdauer *f*; (Silben)Zeitmaß *n*.

quan·ti·za·tion [ˌkwɒntɪ'zeɪʃn] *s. phys.* Quantelung *f*; **quan·tize** ['kwɒntaɪz] *v/t.* **1.** *phys.* quanteln; **2.** *Computer*: quantisieren.

quan·tum ['kwɒntəm] *pl.* **-ta** [-tə] *s.* **1.** Quantum *n*, Menge *f*; **2.** (An)Teil *m*; **3.** *phys.* Quant *n*: **~ *of radiation*** Lichtquant, **~ me·chan·ics** *s. pl.* 'Quantenmeˌchanik *f*; **~ or·bit**, **~ path** *s.* Quantenbahn *f*.

quar·an·tine ['kwɒrəntiːn] **I** *s.* ⚕ **1.** Quaran'täne *f*: ***absolute ~*** Isolierung *f*; **~ *flag*** ⚓ Quarantäneflagge *f*; ***put in ~*** → 2; **II** *v/t.* **2.** unter Quaran'täne stellen; **3.** *fig. pol.*, ✝ *Land* völlig isolieren.

quar·rel ['kwɒrəl] **I** *s.* **1.** Streit *m*, Zank *m*, Hader *m* (***with*** mit; ***between*** zwischen): ***have no ~ with*** (*od.* ***against***) keinen Grund zum Streit haben mit, nichts auszusetzen haben an (*dat.*); → ***pick*** 8; **II** *v/i.* **2.** (sich) streiten, (sich) zanken (***with*** mit; ***for*** wegen; ***about*** über *acc.*); **3.** sich entzweien; **4.** hadern (***with one's lot*** mit s-m Schicksal); **5.** et. auszusetzen haben (***with*** an *dat.*); → ***bread*** 2; **'quar·rel·(l)er** [-rələ] *s.* Zänker(in), ‚Streithammel' *m*; **'quar·rel·some** [-səm] *adj.* □ streitsüchtig; **'quar·rel·some·ness** [-səmnɪs] *s.* Streitsucht *f*.

quar·ri·er ['kwɒrɪə] *s.* Steinbrecher *m*.

quar·ry¹ ['kwɒrɪ] *s.* **1.** *hunt.* (verfolgtes) Wild, Jagdbeute *f*; **2.** *fig.* Wild *n*, Opfer *n*, Beute *f*.

quar·ry² ['kwɒrɪ] **I** *s.* **1.** Steinbruch *m*; **2.** Quaderstein *m*; **3.** 'unglasierte Kachel; **4.** *fig.* Fundgrube *f*, Quelle *f*; **II** *v/t.* **5.** *Steine* brechen, abbauen; **6.** *fig.* zs.-tragen, (mühsam) erarbeiten, ausgraben; stöbern (***for*** nach); **'~·man** [-mən] *s.* [*irr.*] → ***quarrier***; **'~·stone** *s.* Bruchstein *m*.

quart¹ [kwɔːt] *s.* **1.** Quart *n* (*Maß = Brit. 1,14 l, Am. 0,95 l*); **2.** *a.* **~*-pot*** Quartkrug *m*.

quart² [kɑːt] *s.* **1.** *fenc.* Quart *f*; **2.** *Kartenspiel*: Quart *f* (*Sequenz von 4 Karten gleicher Farbe*); **3.** ♪ Quart(e) *f*.

quar·tan ['kwɔːtn] ⚕ **I** *adj.* viertägig: **~ *fever*** → **II** *s.* Quar'tan-, Vier'tagefieber *n*.

quar·ter ['kwɔːtə] **I** *s.* **1.** Viertel *n*, vierter Teil: **~ *of a century*** Vierteljahrhundert *n*; ***for a ~ the price*** zum viertel Preis; ***not a ~ as good*** nicht annähernd so gut; **2.** *a.* **~ *of an hour*** Viertel(stunde *f*) *n*: ***a ~ to six*** (ein) Viertel vor sechs, drei Viertel sechs; **3.** *a.* **~ *of a year*** Vierteljahr *n*, Quar'tal *n*; **4.** Viertel(pfund *n*, -zentner *m*) *n*; **5.** *bsd.* Hinter)Viertel *n e-s Schlachttieres*; Kruppe *f e-s Pferdes*; **6.** *sport* a) (Spiel)Viertel *n*, b) Viertelmeile(nlauf *m*, *a.* **~*-mile race***) *f*, c) → ***quarterback*** I; **7.** *Am.* Vierteldollar *m*, 25 Cent; **8.** Quarter *n*: a) *Handelsgewicht* (*Brit. 12,7 kg, Am. 11,34 kg*), b) *Hohlmaß* (*2,908 hl*); **9.** Himmelsrichtung *f*; **10.** Gegend *f*, Teil *m e-s Landes etc.*: ***at close ~s*** nahe aufeinander; ***come to close ~s*** handgemein werden; ***from all ~s*** von überall(her); ***in this ~*** hierzulande, in dieser Gegend; **11.** (Stadt)Viertel *n*: ***poor ~*** Armenviertel; ***residential ~*** Wohnbezirk *m*; **12.** *mst pl.* Quar'tier *n*, 'Unterkunft *f*, Wohnung *f*: ***have free ~s*** freie Wohnung haben; **13.** *mst pl.* ⚔ Quar'tier *n*, ('Truppen)ˌUnterkunft *f*: ***be confined to ~s*** Stubenarrest haben; **14.** Stelle *f*, Seite *f*, Quelle *f*: ***higher ~s*** höhere Stellen; ***in the proper ~*** bei der zuständigen Stelle; ***from official ~s*** von amtlicher Seite; ***from a good ~*** aus guter Quelle; → ***informed*** 1; **15.** *bsd.* ⚔ Par'don *m*, Schonung *f*: ***find no ~*** keine Schonung finden; ***give no ~*** keinen Pardon geben; ***give fair ~*** *fig.* Nachsicht üben; **16.** ⚓ Achterschiff *n*; **17.** ⚓ Posten *m*; **18.** *her.* Quar'tier *n*, (Wappen)Feld *n*; **19.** ⚙, ⚠ Stollenholz *n*; **II** *v/t.* **20.** *et.* vierteln; *weitS.* aufteilen, zerstückeln; **21.** *j-n* vierteilen; **22.** *Wappenschild* vieren; **23.** *j-n* beherbergen; ⚔ einquartieren, *Truppen* 'unterbringen (***[up]on*** bei): **~*ed in barracks*** kaserniert; ***be ~ed at*** (*od.* ***in***) in Garnison liegen in (*dat.*); ***be ~ed (up)on*** bei *j-m* in Quartier liegen; **~ *o.s. upon s.o.*** *fig.* sich bei j-m einquartieren; **24.** *Gegend* durch'stöbern (*Jagdhunde*).

'quar·ter|·back I *s. American Football*: ‚Angriffsdiriˌgent' *m*; **II** *v/t. den Angriff* dirigieren (*a. fig.*); **~ bind·ing** *s. Buchbinderei*: Halbfranz(band *m*) *n*; **~ cir·cle** *s.* **1.** ⩚ Viertelkreis *m*; **2.** ⚙ Abrundung *f*; **~ day** *s.* Quar'talstag *m für fällige Zahlungen* (*in England: 25. 3., 24. 6., 29. 9., 25. 12.; in USA: 1. 1., 1. 4., 1. 7., 1. 10.*); **'~·deck** *s.* ⚓ **1.** Achterdeck *n*; **2.** *coll.* Offi'ziere *pl.*; **ˌ~'fi·nal** *s. sport* **1.** *mst pl.* 'Viertelfiˌnale *n*; **2.** 'Viertelfiˌnalspiel *n*; **ˌ~'fi·nal·ist** *s. sport* Teilnehmer(in) am Viertelfinale.

quar·ter·ly ['kwɔːtəlɪ] **I** *adj.* **1.** Viertel...; **2.** vierteljährlich, Quartals...; **II** *adv.* **3.** in *od.* nach Vierteln; **4.** vierteljährlich, quar'talsweise; **III** *s.* **5.** Viertel'jahresschrift *f*.

'quar·terˌmas·ter *s.* **1.** ⚔ Quar'tiermeister *m*; **2.** ⚓ a) Steuerer *m* (*Handelsmarine*), b) Steuermannsmaat *m* (*Kriegsmarine*); **'♀-'Gen·er·al** *s.* ⚔ Gene'ralquarˌtiermeister *m*.

quar·tern ['kwɔːtən] *s. bsd. Brit.* **1.** Viertel *n* (*bsd. e-s Maßes od. Gewichtes*): a) Viertelpinte *f*, b) Viertel *n* e-s engl. Pfunds; **2.** *a.* **~ *loaf*** Vier'pfundbrot *n*.

quar·ter| ses·sions *s. pl.* ⚖ **1.** *Brit. obs.* Krimi'nalgericht *n* (*mit vierteljährlichen Sitzungen, a. Berufungsinstanz für Zivilsachen; bis 1971*); **2.** *Am.* (*in einigen Staaten*) *ein ähnliches* Gericht für Strafsachen; **'~-tone** *s.* ♪ **1.** 'Vierteltoninterˌvall *n*; **2.** Viertelton *m*.

quar·tet(te) [kwɔː'tet] *s.* **1.** ♪ Quar'tett *n* (*a. humor. 4 Personen*); **2.** Vierergruppe *f*.

quar·tile ['kwɔːtaɪl] *s.* **1.** *ast.* Quadra'tur *f*, Geviertschein *m*; **2.** *Statistik*: Quar'til *n*, Viertelswert *m*.

quar·to ['kwɔːtəʊ] *pl.* **-tos** *typ.* **I** *s.* 'Quartforˌmat *n*; **II** *adj.* im 'Quartforˌmat.

quartz [kwɔːts] *s. min.* Quarz *m*: ***crystallized ~*** Bergkristall *m*; **~ *clock*** Quarzuhr *f*; **~ *lamp*** a) ⚙ Quarz(glas)-lampe *f*, b) ⚕ Quarzlampe *f* (*Höhensonne*).

qua·sar ['kweɪzɑː] *s. ast.* Qua'sar *m*.

quash¹ [kwɒʃ] *v/t.* ⚖ **1.** *Verfügung etc.* aufheben, annullieren, verwerfen; **2.** *Klage* abweisen; **3.** *Verfahren* niederschlagen.

quash² [kwɒʃ] *v/t.* **1.** zermalmen, -stören; **2.** *fig.* unter'drücken.

qua·si ['kweɪzaɪ] *adv.* gleichsam, gewissermaßen, sozu'sagen; (*mst mit Bindestrich*) Quasi..., Schein..., ...ähnlich: **~ *contract*** vertragsähnliches Verhältnis; **~*-judicial*** quasigerichtlich; **~*-official*** halbamtlich.

qua·ter·na·ry [kwə'tɜːnərɪ] **I** *adj.* **1.** aus vier bestehend; **2.** ♀ *geol.* Quartär...; **3.** ⚗ vierbindig, quater'när; **II** *s.* **4.** Gruppe *f* von 4 Dingen; **5.** Vier *f* (*Zahl*); **6.** *geol.* Quar'tär(periˌode *f*) *n*.

quat·rain ['kwɒtreɪn] *s.* Vierzeiler *m*.

quat·re·foil ['kætrəfɔɪl] *s.* **1.** ⚠ Vierpaß *m*; **2.** ⚘ vierblättriges (Klee)Blatt.

qua·ver ['kweɪvə] **I** *v/i.* **1.** zittern; **2.** ♪ tremolieren (*weitS. a. beim Sprechen*); **II** *v/t. mst* **~ *out*** **3.** mit über'triebenem Vi'brato singen; **4.** mit zitternder Stimme sagen, stammeln; **III** *s.* **5.** ♪ Trillern *n*, Tremolo *n*; **6.** ♪ *Brit.* Achtelnote *f*; **'qua·ver·y** [-vərɪ] *adj.* zitternd.

quay [kiː] *s.* ⚓ (***on the ~*** am) Kai *m*; **quay·age** ['kiːɪdʒ] *s.* **1.** Kaigeld *n*, -gebühr *f*; **2.** Kaianlagen *pl*.

quea·si·ness ['kwiːzɪnɪs] *s.* **1.** Übelkeit *f*; **2.** ('Über)Empfindlichkeit *f*; **quea·sy** ['kwiːzɪ] *adj.* □ **1.** ('über)empfindlich (*Magen etc.*); **2.** heikel, mäkelig (*beim Essen etc.*); **3.** ekelerregend; **4.** unwohl: ***I feel ~*** mir ist übel; **5.** bedenklich.

queen [kwiːn] **I** *s.* **1.** Königin *f* (*a. fig.*): ***♀ of (the) May*** Maikönigin; ***the ~ of the watering-places*** *fig.* die Königin *od.* Perle der Badeorte; **~*'s metal*** Weißmetall *n*; **~*'s ware*** gelbes Steingut; ***♀ Anne is dead!*** *humor.* so'n Bart!; **2.** *zo.* Königin *f*: a) *a.* **~ *bee*** Bienenkönigin, b) *a.* **~ *ant*** Ameisenkönigin; **3.** *Kartenspiel*, *Schach*: Dame *f*: **~*'s pawn*** Damenbauer *m*; **4.** *sl.* a) ‚Schwule(r)' *m*, ‚Tunte' *f*, b) *Am.* ‚Prachtweib' *n*; **II** *v/i.* **5.** *mst* **~ *it*** die große Dame spielen: **~ *it over*** *j-n* von oben herab behandeln; **6.** *Schach*: in e-e Dame verwandelt werden (*Bauer*); **III** *v/t.* **7.** zur Königin machen; **8.** *Bienenstock* beweiseln; **9.** *Schach*: *Bauern* (in e-e Dame) verwandeln; **~ dow·a·ger** *s.* Königinwitwe *f*; **'~·like** → ***queenly.***

queen·ly ['kwi:nlı] *adj. u. adv.* wie e-e Königin, maje'stätisch.
queen moth·er *s.* Königinmutter *f.*
Queen's| Bench → ***King's Bench***; ~ **Coun·sel** → ***King's Counsel***; ~ **Eng·lish** → ***English*** 3; ~ **Speech** → ***King's Speech***.
queer [kwıə] **I** *adj.* □ **1.** seltsam, sonderbar, wunderlich, kuri'os, ‚komisch': ~ (***in the head***) F leicht verrückt; ~ ***fellow*** komischer Kauz; **2.** F fragwürdig, ‚faul' (*Sache*): ***be in Q Street*** a) ‚auf dem trockenen sitzen', b) ‚in der Tinte sitzen'; **3.** unwohl, schwummerig: ***feel*** ~ sich ‚komisch' fühlen; **4.** *sl.* gefälscht; **5.** *sl.* ‚schwul' (*homosexuell*); **II** *v/t.* **6.** *sl.* verpfuschen, verderben; → ***pitch***[2] 1; **7.** *sl. j-n* in ein falsches Licht setzen (***with*** bei); **III** *s.* **8.** *sl.* ‚Blüte' *f* (*Falschgeld*); **9.** *sl.* ‚Schwule(r)' *m*, ‚Homo' *m*.
quell [kwel] *v/t. rhet.* **1.** bezwingen; **2.** *Aufstand etc., a. Gefühle* unter'drükken, ersticken.
quench [kwentʃ] *v/t.* **1.** *rhet. Flammen, Durst etc.* löschen; **2.** *fig.* a) → ***quell*** 2, b) *Hoffnung* zu'nichte machen, c) *Verlangen* stillen; **3.** ⚙ *Asche, Koks etc.* (ab)löschen; **4.** *metall.* abschrecken, härten: ~***ing and tempering*** (Stahl-) Vergütung *f*; **5.** ⚡ *Funken* löschen: ~***ed spark gap*** Löschfunkenstrecke *f*; **6.** *fig. j-m* den Mund stopfen; '**quench·er** [-tʃə] *s.* F Schluck *m*; '**quench·less** [-lıs] *adj.* □ un(aus)löschbar.
que·nelle [kə'nel] *s.* Fleisch- *od.* Fischknödel *m*.
que·rist ['kwıərıst] *s.* Fragesteller(in).
quer·u·lous ['kweruləs] *adj.* □ quengelig, nörgelnd, verdrossen.
que·ry ['kwıərı] **I** *s.* **1.** (*bsd.* zweifelnde *od.* unangenehme) Frage; ✝ Rückfrage *f*: ~ (*abbr.* ***qu.***), ***was the money ever paid?*** Frage, wurde das Geld je bezahlt?; **2.** *typ.* (anzweifelndes) Fragezeichen; **3.** *fig.* Zweifel *m*; **II** *v/t.* **4.** fragen; **5.** *j-n* (aus-, be)fragen; **6.** *et.* in Zweifel ziehen, in Frage stellen, beanstanden; **7.** *typ.* mit e-m Fragezeichen versehen.
quest [kwest] **I** *s.* **1.** Suche *f*, Streben *n*, Trachten *n* (***for, of*** nach): ***knightly*** ~ Ritterzug *m*; ***the*** ~ ***for the*** (***Holy***) ***Grail*** die Suche nach dem (Heiligen) Gral; ***in*** ~ ***of*** auf der Suche nach; **2.** Nachforschung(en *pl.*) *f*; **II** *v/i.* **3.** suchen (***for, after*** nach); **4.** Wild suchen (*Jagdhund*); **III** *v/t.* **5.** suchen *od.* trachten nach.
ques·tion ['kwestʃən] **I** *s.* **1.** Frage *f* (*a. ling.*): ***beg the*** ~ die Antwort auf eine Frage schuldig bleiben; ***put a*** ~ ***to s.o.*** j-m e-e Frage stellen; ***the*** ~ ***does not arise*** die Frage ist belanglos; → ***pop***[1] 10; **2.** Frage *f*, Pro'blem *n*, Thema *n*, (Streit)Punkt *m*: ***the social*** ~ die soziale Frage; ~***s of the day*** Tagesfragen; ~ ***of fact*** ⚖ Tatfrage; ~ ***of law*** ⚖ Rechtsfrage; ***the point in*** ~ die fragliche *od.* vorliegende *od.* zur Debatte stehende Sache; ***come into*** ~ in Frage kommen, wichtig werden; ***there is no*** ~ ***of*** *s.th. od. ger.* es ist nicht die Rede von *et. od.* davon, daß; ~***!*** *parl.* zur Sache!; **3.** Frage *f*, Sache *f*, Angelegenheit *f*: ***only a*** ~ ***of time*** nur e-e Frage der Zeit; **4.** Frage *f*, Zweifel *m*: ***beyond*** (***all***) ~ ohne Frage, fraglos; ***call in*** ~ → 8; ***there is no*** ~ ***but*** (*od.* ***that***) es steht außer Frage, daß; ***out of*** ~ außer Frage; ***that is out of the*** ~ das kommt nicht in Frage; **5.** *pol.* Anfrage *f*: ***put to the*** ~ zur Abstimmung über *e-e Sache* schreiten; **6.** ⚖ Vernehmung *f*; Unter'suchung *f*: ***put to the*** ~ *hist. j-n* foltern; **II** *v/t.* **7.** *j-n* (aus-, be)fragen; ⚖ vernehmen, -hören; **8.** *et.* an-, bezweifeln, in Zweifel ziehen; '**ques·tion·a·ble** [-tʃənəbl] *adj.* □ **1.** fraglich, zweifelhaft, ungewiß; **2.** bedenklich, fragwürdig; '**ques·tion·ar·y** [-tʃənərı] → ***questionnaire***; '**ques·tion·er** [-tʃənə] *s.* Fragesteller(in), Frager(in); '**ques·tion·ing** [-tʃənıŋ] **I** *adj.* □ fragend (*a. Blick, Stimme*); **II** *s.* Befragung *f*; ⚖ Vernehmung *f*.
ques·tion| mark *s.* Fragezeichen *n*; ~ **mas·ter** *s.* Mode'rator *m* e-r Quizsendung.
ques·tion·naire [ˌkwestıə'neə] (*Fr.*) *s.* Fragebogen *m*.
ques·tion time *s. parl.* Fragestunde *f*.
queue [kju:] **I** *s.* **1.** (Haar)Zopf *m*; **2.** *bsd. Brit.* Schlange *f*, Reihe *f vor Geschäften etc.*: ***stand*** (*od.* ***wait***) ***in a*** ~ Schlange stehen; → ***jump*** 25; **II** *v/i.* **3.** *mst* ~ ***up*** *Brit.* Schlange stehen, sich anstellen; '~-**jump·er** *s.* F j-d., der sich vordrängelt, *mot.* Ko'lonnenspringer *m*.
quib·ble ['kwıbl] **I** *s.* **1.** Spitzfindigkeit *f*, Wortklaube'rei *f*, Ausflucht *f*; **2.** *obs.* Wortspiel *n*; **II** *v/i.* **3.** her'umreden, Ausflüchte machen; **4.** spitzfindig sein, Haarspalte'rei betreiben; **5.** witzeln; '**quib·bler** [-lə] *s.* **1.** Wortklauber(in), -verdreher(in); **2.** Krittler(in); '**quib·bling** [-lıŋ] *adj.* □ spitzfindig, haarspalterisch, wortklauberisch.
quick [kwık] **I** *adj.* □ **1.** schnell, so'fortig: ~ ***answer*** (***service***) prompte Antwort (Bedienung); ~ ***returns*** ✝ schneller Umsatz; **2.** schnell, hurtig, geschwind, rasch: ***be*** ~***!*** mach schnell!, beeile dich!; ***be*** ~ ***about s.th.*** sich mit et. beeilen; **3.** (geistig) gewandt, flink, aufgeweckt, schlagfertig, ‚fix'; beweglich, flink (*Geist*): ~ ***wit*** Schlagfertigkeit *f*; **4.** scharf (*Auge, Ohr, Verstand*): ***a*** ~ ***ear*** ein feines Gehör; **5.** scharf (*Geruch, Geschmack, Schmerz*); **6.** voreilig, hitzig: ***a*** ~ ***temper***; **7.** *obs.* lebend (*a.* ⚘ *Hecke*), lebendig: ~ ***with child*** (hoch)schwanger; **8.** *fig.* lebhaft (*a. Gefühle; a. Handel etc.*); **9.** lose, treibend (*Sand etc.*); **10.** *min.* erzhaltig, ergiebig; **11.** ✝ flüssig (*Anlagen, Aktiva*); **II** *s.* **12.** ***the*** ~ die Lebenden *pl.*; **13.** (lebendes) Fleisch; *fig.* Mark *n*: ***to the*** ~ a) (bis) ins Fleisch, b) *fig.* bis ins Mark *od.* Herz, c) durch u. durch; ***cut s.o. to the*** ~ j-n tief verletzen; ***touched to the*** ~ bis ins Mark getroffen; ***a Socialist to the*** ~ ein Sozialist bis auf die Knochen; ***paint s.o. to the*** ~ j-n malen wie er leibt u. lebt; **14.** *Am.* → ***quicksilver***; **III** *adv.* **15.** schnell, geschwind; ˌ~-'**ac·tion** *adj.* ⚙ Schnell...; '~-**break switch** *s.* ⚡ Mo'mentschalter *m*; '~-**change** *adj.* **1.** ~ ***artist*** *thea.* Verwandlungskünstler(in); **2.** ⚙ Schnellwechsel...(*-futter, -getriebe etc.*); '~-ˌ**dry·ing** *adj.* schnelltrocknend (*Lack*); ä'therisch (*Öl*); '~-**eared** *adj.* mit e-m feinen Gehör.
quick·en ['kwıkən] **I** *v/t.* **1.** beschleunigen; **2.** (wieder) lebendig machen; beseelen; **3.** *Interesse etc.* an-, erregen; **4.** beleben, *j-m* neuen Auftrieb geben; **II** *v/i.* **5.** sich beschleunigen (*Puls, Schritte etc.*); **6.** (wieder) lebendig werden; **7.** gekräftigt werden; **8.** hoch'schwanger werden; **9.** sich bewegen (*Fötus*).
'**quick|-eyed** *adj.* scharfsichtig (*a. fig.*); '~-ˌ**fire**, '~-ˌ**fir·ing** *adj.* ⚔ Schnellfeuer...; '~-**freeze** *v/t.* einfrieren, tiefkühlen; '~-ˌ**freez·ing** *s.* Tiefkühl-, Gefrierverfahren *n*; '~-ˌ**fro·zen** *adj.* tiefgekühlt.
quick·ie ['kwıkı] *s.* F **1.** *et.* ‚'Hingehauenes', ‚auf die Schnelle' gemachte Sache, *z. B.* billiger, improvisierter Film; **2.** ‚kurze Sache', *z. B.* kurzer Werbefilm; **3.** ***have a*** ~ F rasch einen ‚kippen'.
'**quick|·lime** *s.* ⚗ gebrannter, ungelöschter Kalk, Ätzkalk *m*; ~ **march** *s.* ⚔ Eilmarsch *m*; '~-**match** *s.* ⚔, ⚒ Zündschnur *f*; ~ **mo·tion** *s.* ⚙ Schnellgang *m*; ˌ~-'**mo·tion cam·er·a** *s. phot.* Zeitraffer(kamera *f*) *m*.
quick·ness ['kwıknıs] *s.* **1.** Schnelligkeit *f*; **2.** (geistige) Beweglichkeit *od.* Flinkheit; **3.** Hitzigkeit *f*: ~ ***of temper***; **4.** ~ ***of sight*** gutes Sehvermögen; **5.** Lebendigkeit *f*, Kraft *f*.
'**quick|·sand** *s. geol.* Treibsand *m*; '~·**set** *s.* **1.** heckenbildende Pflanze, *bsd.* Weißdorn *m*; **2.** Setzling *m*; **3.** *a.* ~ ***hedge*** lebende Hecke; ˌ~-'**set·ting** *adj.* ⚙ schnell abbindend (*Zement etc.*); ˌ~-'**sight·ed** *adj.* scharfsichtig; '~ˌ**sil·ver** *s.* Quecksilber *n* (*a. fig.*); '~·**step** *s.* **1.** ⚔ Schnellschritt *m*; **2.** ♪ Quickstep *m* (*schneller Foxtrott*); ˌ~-'**tem·pered** *adj.* hitzig, jäh; ~ **time** *s.* ⚔ **1.** schnelles Marschtempo; **2.** exerziermäßiges Marschtempo: ~ ***march!*** Im Gleichschritt, marsch!; ˌ~-'**wit·ted** *adj.* schlagfertig, aufgeweckt, ‚fix'.
quid[1] [kwıd] *s.* **1.** Priem *m* (*Kautabak*); **2.** wiedergekäutes Futter.
quid[2] [kwıd] *pl. mst* **quid** *s. Brit. sl.* Pfund *n* (Sterling).
quid·di·ty ['kwıdətı] *s.* **1.** *phls.* Es'senz *f*, Wesen *n*; **2.** Feinheit *f*; **3.** Spitzfindigkeit *f*.
quid·nunc ['kwıdnʌŋk] *s.* Neuigkeitskrämer *m*, Klatschtante *f*.
quid pro quo [ˌkwıdprəʊ'kwəʊ] *pl.* **quid pro quos** (*Lat.*) *s.* Gegenleistung *f*, Vergütung *f*.
qui·es·cence [kwaı'esns] *s.* Ruhe *f*, Stille *f*; **qui'es·cent** [-nt] *adj.* □ **1.** ruhig, bewegungslos; *fig.* ruhig, still: ~ ***state*** Ruhezustand *m*; **2.** *ling.* stumm (*Buchstabe*).
qui·et ['kwaıət] **I** *adj.* □ **1.** ruhig, still (*a. fig. Person, See, Straße etc.*); **2.** ruhig, leise, geräuschlos (*a.* ⚙): ~ ***running*** *mot.* ruhiger Gang; ***be*** ~***!*** sei still!; ~, ***please!*** ich bitte um Ruhe!; ***keep*** ~ a) sich ruhig verhalten, b) den Mund halten; **3.** bewegungslos, still; **4.** ruhig, friedlich (*a. Leben, Zeiten*); behaglich, beschaulich: ~ ***conscience*** ruhiges Gewissen; ~ ***enjoyment*** ⚖ ruhiger Besitz, ungestörter Genuß; **5.** ruhig, unauffällig (*Farbe etc.*); **6.** versteckt, geheim, leise: ***keep s.th.*** ~ et. geheimhalten, et. für sich behalten; **7.** ✝ ruhig, still, ‚flau' (*Geschäft etc.*); **II** *s.* **8.** Ruhe *f*, Stille *f*;

Frieden *m*: ***on the ~*** (*od.* ***on the q.t.***) F ‚klammheimlich', stillschweigend; **III** *v/t.* **9.** beruhigen, zur Ruhe bringen; **10.** besänftigen; **11.** zum Schweigen bringen; **IV** *v/i.* **12.** *mst* ***~ down*** ruhig *od.* still werden, sich beruhigen; **'qui·et·en** [-tn] → ***quiet*** III *u.* IV.

qui·et·ism ['kwaɪɪtɪzəm] *s. eccl.* Quie'tismus *m.*

qui·et·ness ['kwaɪətnɪs] *s.* **1.** → ***quietude***; **2.** Geräuschlosigkeit *f*; **qui·e·tude** ['kwaɪɪtjuːd] *s.* **1.** Stille *f*, Ruhe *f*; **2.** *fig.* Friede(n) *m*; **3.** (Gemüts)Ruhe *f.*

qui·e·tus [kwaɪ'iːtəs] *s.* **1.** Ende *n*, Tod *m*; **2.** Todesstoß *m*: ***give s.o. his ~*** j-m den Garaus machen; **3.** (restlose) Tilgung *e-r Schuld*; **4.** ⚖ a) *Brit.* Endquittung *f*, b) *Am.* Entlastung *f des Nachlaßverwalters.*

quill [kwɪl] **I** *s.* **1.** *a.* ***~-feather*** *orn.* (Schwung-, Schwanz)Feder *f*; **2.** *a.* ***~ pen*** Federkiel *m*; *fig.* Feder *f*; **3.** *zo.* Stachel *m* (*Igel etc.*); **4.** ♪ a) *hist.* Panflöte *f*, b) Plektrum *n*; **5.** Zahnstocher *m*; **6.** Zimtstange *f*; **7.** ⚙ Weberspule *f*; **8.** ⚙ Hohlwelle *f*; **II** *v/t.* **9.** rund fälteln, kräuseln; **10.** *Faden* aufspulen; **'~-ˌdriv·er** *s. contp.* Federfuchser *m.*

quilt [kwɪlt] **I** *s.* **1.** Steppdecke *f*; **2.** gesteppte (Bett)Decke; **II** *v/t.* **3.** steppen, 'durchnähen; **4.** wattieren, (aus)polstern; **'quilt·ing** [-tɪŋ] *s.* **1.** 'Durchnähen *n*, Steppen *n*: ***~ seam*** Steppnaht *f*; **2.** gesteppte Arbeit; **3.** Füllung *f*, Wattierung *f*; **4.** Pi'kee *m* (*Gewebe*).

quim [kwɪm] *s.* V ‚Möse' *f.*

quince [kwɪns] *s.* ⚘ Quitte *f.*

qui·nine [*Brit.* kwɪ'niːn; *Am.* 'kwaɪnaɪn] *s.* ⚗, *pharm.* Chi'nin *n.*

quin·qua·ge·nar·i·an [ˌkwɪŋkwədʒɪ'neərɪən] **I** *adj.* fünfzigjährig, in den Fünfzigern; **II** *s.* Fünfzigjährige(r *m*) *f*, Fünfziger(in); **quin·quen·ni·al** [kwɪŋ'kwenɪəl] *adj.* □ fünfjährig; fünfjährlich (*wiederkehrend*).

quins [kwɪnz] *s. pl.* F Fünflinge *pl.*

quin·sy ['kwɪnzɪ] *s.* ⚕ (Hals)Bräune *f*, Mandelentzündung *f.*

quint *s.* **1.** [kɪnt] *Pikett*: Quinte *f*; **2.** [kwɪnt] ♪ Quint(e) *f.*

quin·tal ['kwɪntl] *s.* Doppelzentner *m.*

quinte [kɛ̃t; kænt] (*Fr.*) *s. fenc.* Quinte *f.*

quint·es·sence [kwɪn'tesns] *s.* **1.** ⚗ 'Quintessenz *f* (*a. phls. u. fig.*); **2.** *fig.* Kern *m*, Inbegriff *m*; **3.** a) Urtyp *m*, b) klassisches Beispiel, c) (höchste) Voll'kommenheit *f.*

quin·tet(te) [kwɪn'tet] *s.* **1.** ♪ Quin'tett *n* (*a. humor. 5 Personen*); **2.** Fünfergruppe *f.*

quin·tu·ple ['kwɪntjʊpl] **I** *adj.* fünffach; **II** *s. das* Fünffache; **III** *v/t. u. v/i.* (sich) verfünffachen; **'quin·tu·plets** [-plɪts] *s. pl.* Fünflinge *pl.*

quip [kwɪp] **I** *s.* **1.** witziger Einfall, geistreiche Bemerkung, Bon'mot *n*; **2.** (Seiten)Hieb *m*, Stich(e'lei *f*) *m*; **II** *v/i.* **3.** witzeln, spötteln.

quire ['kwaɪə] *s.* **1.** *typ.* Buch *n* (*24 Bogen*); **2.** *Buchbinderei*: Lage *f.*

quirk [kwɜːk] *s.* **1.** → ***quip*** 1, 2; **2.** Kniff *m*, Trick *m*; **3.** Zucken *n des Mundes etc.*; **4.** Eigenart *f*, seltsame Angewohnheit: ***by a ~ of fate*** durch e-n verrückten Zufall, wie das Schicksal so spielt; **5.** Schnörkel *m*; **6.** ⚠ Hohlkehle *f*; **'quirk·y** [-kɪ] *adj.* F **1.** ‚gerissen' (*Anwalt etc.*); **2.** eigenartig, schrullig, ‚komisch'.

quis·ling ['kwɪzlɪŋ] *s. pol.* F Quisling *m*, Kollabora'teur *m.*

quit [kwɪt] **I** *v/t.* **1.** verzichten auf (*acc.*); **2.** *a. Stellung* aufgeben; *Dienst* quittieren; sich vom *Geschäft* zu'rückziehen; **3.** F aufhören (***s.th.*** mit et.; ***doing*** zu tun); **4.** verlassen; **5.** *Schuld* bezahlen, tilgen; **6.** ***~ o.s.*** sich befreien (***of*** von); **7.** *poet.* vergelten (***love with hate*** Liebe mit Haß); **II** *v/i.* **8.** aufhören; **9.** weggehen; **10.** ausziehen (*Mieter*): ***notice to ~*** Kündigung *f*; ***give notice to ~*** (*j-m* die Wohnung) kündigen; **III** *adj. pred.* **11.** quitt, frei: ***go ~*** frei ausgehen; ***be ~ for*** davonkommen mit; **12.** frei, los (***of*** von): ***~ of charges*** † nach Abzug der Kosten, spesenfrei; **'~·claim** *s.* ⚖ **1.** Verzicht(leistung *f*) *m auf Rechte*; **2.** ***~ deed*** a) Grundstückskaufvertrag *m*, b) *Am.* Zessi'onsurkunde *f* (*beide: ohne Haftung für Rechts- od. Sachmängel*).

quite [kwaɪt] *adv.* **1.** ganz, völlig: ***~ another*** ein ganz anderer; ***~ wrong*** völlig falsch; **2.** wirklich, tatsächlich, ziemlich: ***~ a disappointment*** e-e ziemliche Enttäuschung; ***~ good*** recht gut; ***~ a few*** ziemlich viele; ***~ a gentleman*** wirklich ein feiner Herr; **3.** F ganz, durch'aus: ***~ nice*** ganz *od.* sehr nett; ***~ the thing*** genau das Richtige; ***~ (so)!*** ganz recht!

quit rent *s.* ⚖ Miet-, Pachtzins *m.*

quits [kwɪts] *adj.* quitt (*mit j-m*): ***call it ~*** quitt sein; ***get ~ with s.o.*** mit j-m quitt werden; → ***double*** 10.

quit·tance ['kwɪtəns] *s.* **1.** Vergeltung *f*, Entgelt *n*; **2.** Erledigung *f e-r Schuld etc.*; **3.** † Quittung *f.*

quit·ter ['kwɪtə] *s. Am. u.* F **1.** Drückeberger *m*; **2.** Feigling *m.*

quiv·er¹ ['kwɪvə] **I** *v/i.* beben, zittern (***with*** vor *dat.*); **II** *s.* Beben *n*, Zittern *n*: ***in a ~ of excitement*** *fig.* zitternd vor Aufregung.

quiv·er² ['kwɪvə] *s.* Köcher *m*: ***have an arrow left in one's ~*** *fig.* noch ein Eisen im Feuer haben; ***a ~ full of children*** *fig.* e-e ganze Schar Kinder.

qui vive [ˌkiː'viːv] (*Fr.*) *s.*: ***be on the ~*** auf dem Quivive *od.* auf der Hut sein.

quix·ot·ic [kwɪk'sɒtɪk] *adj.* (□ ***~ally***) donqui'chotisch (*weltfremd, überspannt*); **quix·ot·ism** ['kwɪksətɪzəm], **quix·ot·ry** ['kwɪksətrɪ] *s.* Donquichotte'rie *f*, Narre'tei *f.*

quiz [kwɪz] **I** *v/t.* **1.** *Am. j-n* prüfen, abfragen; **2.** (aus)fragen; **3.** *bsd. Brit.* aufziehen, hänseln; **4.** (spöttisch) anstarren, fixieren; **II** *pl.* **'quiz·zes** [-zɪz] *s.* **5.** *ped. Am.* Prüfung *f*, Klassenarbeit *f*; **6.** Ausfragen *n*; **7.** *Radio*, *TV*: Quiz *n*: ***~ game*** Ratespiel *n*, Quiz; ***~master*** Quizmaster *m*; ***~ program(me)***, ***~ show*** Quizsendung *f*; **8.** Denksportaufgabe *f*; **9.** *obs.* Foppe'rei *f*, Ulk *m.*

quiz·zi·cal ['kwɪzɪkl] *adj.* □ **1.** seltsam, komisch; **2.** spöttisch.

quod [kwɒd] *s. sl.* ‚Kittchen' *n*: ***be in ~*** *a.* ‚sitzen'.

quoin [kɔɪn] **I** *s.* **1.** ⚠ a) (vorspringende) Ecke, b) Eckstein *m*; **2.** *typ.* Schließkeil *m*; **II** *v/t.* **3.** *typ. Druckform* schließen; **4.** ⚙ verkeilen; **5.** ⚠ *Ecke* mit Keilsteinen versehen.

quoit [kɔɪt] *s.* **1.** Wurfring *m*; **2.** *pl. sg. konstr.* Wurfringspiel *n.*

quon·dam ['kwɒndæm] *adj.* ehemalig, früher.

Quon·set hut ['kwɒnsɪt] *s. Am.* (*Warenzeichen*) *e-e* Nissenhütte.

quo·rum ['kwɔːrəm] *s.* **1.** beschlußfähige Anzahl *od.* Mitgliederzahl: ***be*** (*od.* ***constitute***) ***a ~*** beschlußfähig sein; **2.** ⚖ handlungsfähige Besetzung *e-s Gerichts.*

quo·ta ['kwəʊtə] *s.* **1.** *bsd.* † Quote *f*, Anteil *m*; **2.** † (*Einfuhr- etc.*)Kontin'gent *n*: ***~ goods*** kontingentierte Waren; ***~ system*** Zuteilungssystem *n*; **3.** ⚖ Kon'kursdividende(nquote) *f*; **4.** *Am.* Einwanderungsquote *f.*

quot·a·ble ['kwəʊtəbl] *adj.* zi'tierbar.

quo·ta·tion [kwəʊ'teɪʃn] *s.* **1.** Zi'tat *n*; Anführung *f*, Her'anziehung *f* (*a.* ⚖): ***familiar ~s*** geflügelte Worte; **2.** Beleg(-stelle *f*) *m*; **3.** † a) Preisangabe *f*, -ansatz *m*, b) (Börsen-, Kurs)Notierung *f*, Kurs *m*: ***final ~*** Schlußnotierung; **4.** *typ.* Steg *m*; ***~ marks*** *s. pl.* Anführungszeichen *pl.*, ‚Gänsefüßchen' *pl.*

quote [kwəʊt] **I** *v/t.* **1.** zitieren (***from*** aus), (*a. als Beweis*) anführen, *weitS. a.* Bezug nehmen auf (*acc.*), sich auf *ein Dokument etc.* berufen, *e-e Quelle*, *e-n Fall* her'anziehen; **2.** † *Preis* aufgeben, ansetzen, berechnen; **3.** *Börse*: notieren: ***be ~d at*** (*od.* ***with***) notieren *od.* im Kurs stehen mit; **4.** *Am.* in Anführungszeichen setzen; **II** *v/i.* **5.** zitieren (***from*** aus): ***~: ...*** ich zitiere ..., Zitat...; **III** *s.* F **6.** Zi'tat *n*; **7.** *pl.* → ***quotation marks.***

quoth [kwəʊθ] *obs. ich, er, sie, es* sprach, sagte.

quo·tid·i·an [kwɒ'tɪdɪən] **I** *adj.* **1.** täglich: ***~ fever*** → 3; **2.** all'täglich, gewöhnlich; **II** *s.* **3.** ⚕ Quotidi'anfieber *n.*

quo·tient ['kwəʊʃnt] *s.* ⅌ Quoti'ent *m.*

R

R, **r** [ɑː] *s.* R *n*, r *n* (*Buchstabe*): ***the three Rs*** (*reading*, *[w]riting*, *[a]rithmetic*) (das) Lesen, Schreiben, Rechnen.

rab·bet ['ræbɪt] ⚙ **I** *s.* **1.** a) Fuge *f*, Falz *m*, Nut *f*, b) Falzverbindung *f*; **2.** Stoßstahl *m*; **II** *v/t.* **3.** einfügen, (zs.-)fugen, falzen; **~ joint** *s.* Fuge *f*, Falzverbindung *f*; **~ plane** *s.* Falzhobel *m*.

rab·bi ['ræbaɪ] *s.* **1.** Rab'biner *m*; **2.** Rabbi *m* (*Schriftgelehrter*); **rab·bin·ate** ['ræbɪnət] *s.* **1.** Rabbi'nat *n*; **2.** *coll.* Rab'biner *pl.*; **rab·bin·i·cal** [ræ'bɪnɪkl] *adj.* □ rab'binisch.

rab·bit ['ræbɪt] *s.* **1.** *zo.* Ka'ninchen *n*; **2.** *zo. Am. allg.* Hase *m*; **3.** → ***Welsh rabbit***; **4.** *sport* F a) Anfänger(in), b) ‚Flasche' *f*, c) *Laufsport*: Tempomacher *m*; **~ fe·ver** *s.* Hasenpest *f*; **~ hutch** *s.* Ka'ninchenstall *m*; **~ punch** *s. Boxen*: Genickschlag *m*.

rab·ble¹ ['ræbl] *s.* **1.** Mob *m*, Pöbelhaufen *m*; **2.** ***the ~*** der Pöbel: ***~-rousing*** aufwieglerisch, demagogisch.

rab·ble² ['ræbl] ⚙ **I** *s.* Rührstange *f*, Kratze *f*; **II** *v/t.* 'umrühren.

Rab·e·lai·si·an [ˌræbə'leɪzɪən] *adj.* **1.** des Rabe'lais; **2.** im Stil von Rabe'lais (*grob-satirisch*, *geistvoll-frech*).

rab·id ['ræbɪd] *adj.* □ **1.** wütend (*a. Haß etc.*), rasend (*a. fig. Hunger etc.*); **2.** rabi'at, fa'natisch: ***a ~ anti-Semite***; **3.** toll(wütig): ***a ~ dog***; **'rab·id·ness** [-nɪs] *s.* **1.** Rasen *n*, Wut *f*; **2.** (wilder) Fana'tismus.

ra·bies ['reɪbiːz] *s. vet.* Tollwut *f*.

rac·coon [rə'kuːn] *s.* Waschbär *m*.

race¹ [reɪs] *s.* **1.** Rasse *f*: ***the white ~***; **2.** Rasse *f*: a) Rassenzugehörigkeit *f*, b) rassische Eigenart: ***differences of ~*** Rassenunterschiede; **3.** a) Geschlecht *n*, Fa'milie *f*, b) Volk *n*; **4.** *biol.* Rasse *f*, Gattung *f*, 'Unterart *f*; **5.** (*Menschen- etc.*)Geschlecht *n*: ***the human ~***; **6.** *fig.* Kaste *f*, Schlag *m*: ***the ~ of politicians***; **7.** Rasse *f des Weins etc.*

race² [reɪs] **I** *s.* **1.** *sport* (Wett)Rennen *n*, (Wett)Lauf *m*: ***motor ~*** Autorennen; **2.** *pl. sport* Pferderennen *n*; → ***play*** 16; **3.** *fig.* (***for***) Wettlauf *m*, Kampf *m* (um), Jagd *f* (nach): ***~ against time*** Wettlauf mit der Zeit; **4.** *ast.* Lauf *m* (*a. fig. des Lebens etc.*): ***his ~ is run*** er hat die längste Zeit gelebt; **5.** a) starke Strömung, b) Stromschnelle *f*, c) Flußbett *n*, d) Ka'nal *m*, Gerinne *n*, e) Ka'nalgewässer *n*; **6.** ⚙ a) Laufring *m* (*Kugellager*), (Gleit)Bahn *f*, b) *Weberei*: Schützenbahn *f*; **7.** → ***slipstream***; **II** *v/i.* **8.** an e-m Rennen teilnehmen, *bsd.* um die Wette laufen *od.* fahren (***with*** mit); laufen *etc.* (***for*** um); **9.** (da'hin)rasen, (-)schießen, rennen; **10.** ⚙ 'durchdrehen (*Rad*); **III** *v/t.* **11.** um die Wette laufen *od.* fahren *etc.* mit; **12.** *Pferde* rennen *od.* laufen lassen; **13.** *Fahrzeug* rasen lassen, rasen mit; **14.** *fig.* ('durch)hetzen, (-)jagen; *Gesetz* 'durchpeitschen; **15.** ⚙ a) *Motor* 'durchdrehen lassen, b) *Motor* hochjagen: **~ *up*** *Flugzeugmotor* abbremsen; **~ boat** *s.* Rennboot *n*; **'~·course** *s.* (Pferde)Rennbahn *f*; **~ di·rec·tor** *s. mot.* Rennleiter *m*; **'~ˌgo·er** *s.* Rennplatzbesucher(in); **'~·horse** *s.* Rennpferd *n*.

ra·ceme [rə'siːm] *s.* ♀ Traube *f* (*Blütenstand*).

race meet·ing *s.* (Pferde)Rennen *n*.

rac·er ['reɪsə] *s.* **1.** a) (Renn)Läufer(in), b) Rennfahrer(in); **2.** Rennpferd *n*; **3.** Rennrad *n*, -boot *n*, -wagen *m*.

Race Re·la·tions Board *s. Brit.* Ausschuß *m* zur Verhinderung von Rassendiskriminierung.

race| ri·ot *s.* 'Rassenkraˌwall *m*; **'~·track** *s.* **1.** *mot.* Rennstrecke *f*; **2.** → ***racecourse***; **'~·way** *s.* **1.** (Mühl)Gerinne *n*; **2.** ⚙ Laufring *m*.

ra·chis ['reɪkɪs] *pl.* **rach·i·des** ['reɪkɪdiːs] *s.* **1.** ♀, *zo.* Rhachis *f*, Spindel *f*; **2.** *anat.*, *zo.* Rückgrat *n*; **ra·chi·tis** [ræ'kaɪtɪs] *s.* ⚕ Ra'chitis *f*.

ra·cial ['reɪʃl] *adj.* □ rassisch, Rassen...: ***~ equality*** Rassengleichheit *f*; ***~ discrimination*** Rassendiskriminierung *f*; ***~ segregation*** Rassentrennung *f*; **'ra·cial·ism** [-ʃəlɪzəm] *s.* **1.** Ras'sismus *m*; **2.** Rassenkult *m*; **3.** 'Rassenpoliˌtik *f*; **'ra·cial·ist** [-ʃəlɪst] **I** *s.* Ras'sist(in); **II** *adj.* ras'sistisch.

rac·i·ness ['reɪsɪnɪs] *s.* **1.** Rassigkeit *f*, Rasse *f*; **2.** Urwüchsigkeit *f*; **3.** *das* Pi'kante, Würze *f*; **4.** Schwung *m*, ‚Schmiß' *m*.

rac·ing ['reɪsɪŋ] **I** *s.* **1.** Rennen *n*; **2.** (Pferde)Rennsport *m*; **II** *adj.* **3.** Renn...(*-boot*, *-wagen etc.*): ***~ circuit*** *mot.* Rennstrecke *f*; ***~ cyclist*** Radrennfahrer *m*; ***~ driver*** Rennfahrer(in); ***~ man*** Pferdesport-Liebhaber *m*; ***~ world*** *die* Rennwelt.

rac·ism ['reɪsɪzəm] → ***racialism***; **'rac·ist** → ***racialist***.

rack¹ [ræk] **I** *s.* **1.** Gestell *n*, Gerüst *n*; (*Gewehr-*, *Kleider- etc.*)Ständer *m*; (Streck-, Stütz)Rahmen *m*; ✈ Raufe *f*, Futtergestell *n*; 🚂 Gepäcknetz *n*; (Handtuch)Halter *m*; **2.** 'Fächerreˌgal *n*; **3.** *typ.* 'Setzreˌgal *n*; **4.** ⚙ Zahnstange *f*: ***~(-and-pinion) gear*** Zahnstangengetriebe *n*; **5.** *hist.* Folterbank *f*, (Streck)Folter *f*; *fig.* (Folter)Qualen *pl.*: ***put on the ~*** *bsd. fig. j-n* auf die Folter spannen; **II** *v/t.* **6.** (aus)recken, strecken; **7.** auf *od.* in ein Gestell *od.* Re'gal legen; **8.** *bsd. fig.* foltern, martern: ***~ one's brains*** sich den Kopf zermartern; ***~ed with pain*** schmerzgequält; ***~ing pains*** rasende Schmerzen; **9.** a) *Miete* (wucherisch) hochschrauben, b) → ***rack-rent*** 3; **10.** **~ *up*** ✈ mit Futter versehen.

rack² [ræk] *s.*: ***go to ~ and ruin*** *a. fig.* ka'puttgehen.

rack³ [ræk] *s.* Paßgang *m* (*Pferd*).

rack⁴ [ræk] **I** *s.* fliegendes Gewölk; **II** *v/i.* (da'hin)ziehen (*Wolken*).

rack⁵ [ræk] *v/t.* *oft* ***~ off*** *Wein etc.* abziehen, -füllen.

rack·et¹ ['rækɪt] *s.* **1.** *sport* Ra'kett *n*, (*Tennis- etc.*)Schläger *m*: ***~ press*** Spanner *m*; **2.** *pl. oft sg. konstr.* Ra'kettspiel *n*, Wandballspiel *n*; **3.** Schneeteller *m*.

rack·et² ['rækɪt] **I** *s.* **1.** Krach *m*, Lärm *m*, Ra'dau *m*, Spek'takel *m*; **2.** ‚Wirbel' *m*, Aufregung *f*; **3.** a) ausgelassene Gesellschaft, rauschendes Fest, b) Vergnügungstaumel *m*, c) Trubel *m des Gesellschaftslebens*: ***go on the ~*** ‚auf die Pauke hauen'; **4.** harte (Nerven-)Probe, ‚Schlauch' *m*: ***stand the ~*** F a) die Sache durchstehen, b) die Folgen zu tragen haben, c) (alles) berappen; **5.** *sl.* a) Schwindel *m*, ‚Schiebung' *f*, b) Erpresserbande *f*, Racket *n*, c) organisierte Erpressung, d) ‚Masche' *f*, (einträgliches) Geschäft, e) *Am.* Beruf *m*, Branche *f*; **II** *v/i.* **6.** Krach machen, lärmen; **7.** *mst* ***~ about*** ‚(herum)sumpfen'; **rack·et·eer** [ˌrækə'tɪə] **I** *s.* **1.** Gangster *m*, Erpresser *m*; **2.** Schieber *m*, Geschäftemacher *m*; **II** *v/i.* **3.** dunkle Geschäfte machen; **4.** organisierte Erpressung betreiben; **rack·et·eer·ing** [ˌrækə'tɪərɪŋ] *s.* **1.** Gangstertum *n*, organisierte Erpressung; **2.** Geschäftemache'rei *f*; **'rack·et·y** [-tɪ] *adj.* **1.** lärmend; **2.** turbu'lent; **3.** ausgelassen, ausschweifend.

rack| rail·way *s.* Zahnradbahn *f*; **'~-rent** **I** *s.* **1.** Wuchermiete *f*; **2.** *Brit.* höchstmögliche Jahresmiete; **II** *v/t.* **3.** e-e Wuchermiete für *et. od.* von *j-m* verlangen; **~ wheel** *s.* Zahnrad *n*.

ra·coon → ***raccoon***.

rac·y ['reɪsɪ] *adj.* **1.** rassig (*a. fig. Auto, Stil etc.*), feurig (*Pferd*, *a. Musik etc.*); **2.** urtümlich, kernig: ***~ of the soil*** urwüchsig, bodenständig; **3.** *fig.* a) le'bendig, geistreich, ‚spritzig', b) schwungvoll, schmissig: ***~ melody***; **4.** pi'kant, würzig (*Geruch etc.*) (*a. fig.*); **5.** F *u. Am.* schlüpfrig, gewagt.

rad [ræd] *s. pol.* Radi'kale(r *m*) *f*.

ra·dar ['reɪdɑː] **I** *s.* **1.** Ra'dar *m*, *n*, Funkmeßtechnik *f*, -ortung *f*; **2.** *a.* ~

set Radargerät *n*; **II** *adj.* **3.** Radar…: **~ *display*** Radarschirmbild *n*; **~ *scanner*** Radarsuchgerät *n*; **~ *screen*** Radarschirm *m*; **~ *scope*** Radarsichtgerät *n*; **~ *trap*** Radarfalle *f* (*der Polizei*).

rad·dle ['rædl] **I** *s.* **1.** *min.* Rötel *m*; **II** *v/t.* **2.** mit Rötel bemalen; **3.** rot anmalen.

ra·di·al ['reɪdjəl] **I** *adj.* □ **1.** radi'al, Radial…, Strahl(en)…; sternförmig; **2.** *anat.* Speichen…; **3.** ⚘, *zo.* radi'alsym,metrisch; **II** *s.* **4.** *anat.* → a) ***radial artery***, b) ***radial nerve***; **~ ar·ter·y** *s.* Speichenschlagader *f*; **~ drill** *s.* ⚙ Radi'albohrma,schine *f*; **~ en·gine** *s.* Sternmotor *m*; **'~-flow tur·bine** *s.* Radi'altur,bine *f*; **~ nerve** *s.* Speichennerv *m*; **'~(-ply) tire** (*Brit.* **tyre**) *s.* ⚙ Gürtelreifen *m*; **~ route** *s.* Ausfallstraße *f*.

ra·di·ance ['reɪdjəns], **'ra·di·an·cy** [-sɪ] *s.* **1.** *a. fig.* Strahlen *n*, strahlender Glanz; **2.** → ***radiation***; **'ra·di·ant** [-nt] **I** *adj.* □ **1.** strahlend (*a. fig.* ***with*** vor *dat.*, von): **~ *beauty***; **~ *with joy*** freudestrahlend; ***be ~ with health*** vor Gesundheit strotzen; **2.** *phys.* Strahlungs…(*-energie etc.*): **~ *heating*** ⚙ Flächenheizung *f*; **3.** strahlenförmig (angeordnet); **II** *s.* **4.** Strahl(ungs)punkt *m*; **'ra·di·ate** [-dɪeɪt] **I** *v/i.* **1.** ausstrahlen (***from*** von) (*a. fig.*); **2.** *a. fig.* strahlen, leuchten; **II** *v/t.* **3.** *Licht*, *Wärme etc.* ausstrahlen; **4.** *fig. Liebe etc.* ausstrahlen, -strömen: **~ *health*** vor Gesundheit strotzen; **5.** *Radio*, *TV*: ausstrahlen, senden; **III** *adj.* [-dɪət] **6.** radi'al, strahlig, Strahl(en)…; **ra·di·a·tion** [,reɪdɪ'eɪʃn] *s.* **1.** *phys.* (Aus)Strahlung *f* (*a. fig.*): **~ *detection team*** ⚔ Strahlenspürtrupp *m*; **2.** *a.* **~ *therapy*** ⚕ Strahlenbehandlung *f*, Bestrahlung *f*; **'ra·di·a·tor** [-dɪeɪtə] *s.* **1.** ⚙ Heizkörper *m*; Strahlkörper *m*, -ofen *m*; **2.** ↯ 'Raumstrahlan,tenne *f*; **3.** *mot.* Kühler *m*: **~ *core*** Kühlerblock *m*; **~ *grid***, **~ *grill*** Kühlergrill *m*; **~ *mascot*** Kühlerfigur *f*.

rad·i·cal ['rædɪkl] **I** *adj.* □ → ***radically***; **1.** radi'kal (*pol. oft* ♎); *weitS. a.* drastisch, gründlich: **~ *cure*** Radikal-, Roßkur *f*; ***undergo a ~ change*** sich von Grund auf ändern; **2.** ursprünglich, eingewurzelt; fundamen'tal (*Fehler etc.*); grundlegend, Grund…: **~ *difference***; **~ *idea***; **3.** *bsd.* ⚘, ⩚ Wurzel…: **~ *sign*** → 8b; **~ *plane*** ⩚ Potenzebene *f*; **4.** *ling.* Wurzel…, Stamm…: **~ *word*** Stamm(wort *n*) *m*; **5.** ♪ Grund(ton)…; **6.** *a.* ⚗ Radikal…; **II** *s.* **7.** *pol.* (*a.* ♎) Radi'kale(r *m*) *f*; **8.** ⩚ a) Wurzel *f*, b) Wurzelzeichen *n*; **9.** *ling.* Wurzel(buchstabe *m*) *f*; **10.** ♪ Grundton *m* (*Akkord*); **11.** ⚗ Radi'kal *n*; **'rad·i·cal·ism** [-kəlɪzəm] *s.* Radika'lismus *m*; **'rad·i·cal·ize** [-kəlaɪz] *v/t.* (*v/i.* sich) radikalisieren; **'rad·i·cal·ly** [-kəlɪ] *adv.* **1.** radi'kal, von Grund auf; **2.** ursprünglich.

rad·i·ces ['reɪdɪsiːz] *pl. von* ***radix***.

rad·i·cle ['rædɪkl] *s.* **1.** ⚘ a) Keimwurzel *f*, b) Würzelchen *n*; **2.** *anat.* (Gefäß-, Nerven)Wurzel *f*.

ra·di·i ['reɪdɪaɪ] *pl. von* ***radius***.

ra·di·o ['reɪdɪəʊ] **I** *pl.* **-di·os** *s.* **1.** Funk(-betrieb) *m*; **2.** Radio *n*, Rundfunk *m*: ***on the ~*** im Rundfunk; **3.** a) Radio(gerät) *n*, Rundfunkempfänger *m*, b) Funkgerät *n*; **4.** (Radio)Sender *m*; **5.** Rundfunkgesellschaft *f*; **6.** F Funkspruch *m*; **II** *v/t.* **7.** senden, funken, *e-e Funkmeldung* 'durchgeben; **8.** ⚕ a) e-e Röntgenaufnahme machen von, b) durch'leuchten; **9.** ⚕ mit Radium bestrahlen.

,ra·di·o|'ac·tive *adj.* radioak'tiv: **~ *waste*** radioaktiver Müll, Atom-Müll *m*; **,~·ac'tiv·i·ty** *s.* Radioaktivi'tät *f*; **~ am·a·teur** *s.* 'Funkama,teur *m*; **~ bea·con** *s.* Funkbake *f*; **~ beam** *s.* Funk-, Richtstrahl *m*; **~ bear·ing** *s.* **1.** Funkpeilung *f*; **2.** Peilwinkel *m*; **~ car** *s.* Funk(streifen)wagen *m*; **,~'car·bon dat·ing** *s.* Radiokar'bonme,thode, C-'14-Me,thode *f*; **,~'chem·is·try** *s.* 'Radio-, 'Strahlenche,mie *f*; **,~-con'trol** **I** *s.* Funksteuerung *f*; **II** *v/t.* fernsteuern; **,~'el·e·ment** *s.* radioak'tives Ele'ment; **~ en·gi·neer·ing** *s.* Funktechnik *f*; **~ fre·quen·cy** *s.* ↯ 'Hochfre,quenz *f*.

ra·di·o·gram ['reɪdɪəʊgræm] *s.* **1.** 'Funkmeldung *f*, -tele,gramm *n*; **2.** *Brit.* a) → ***radiograph*** I, b) Mu'siktruhe *f*.

ra·di·o·graph ['reɪdɪəʊgrɑːf] ⚕ **I** *s.* Radio'gramm *n*, *bsd.* Röntgenaufnahme *f*; **II** *v/t.* ein Radio'gramm *etc.* machen von; **ra·di·o·gra·phy** [,reɪdɪ'ɒgrəfɪ] *s.* Röntgenogra'phie *f*.

ra·di·o·log·i·cal [,reɪdɪəʊ'lɒdʒɪkl] *adj.* ⚕ radio'logisch, Röntgen…; **ra·di·ol·o·gist** [,reɪdɪ'ɒlədʒɪst] *s.* Röntgeno'loge *m*; **ra·di·ol·o·gy** [,reɪdɪ'ɒlədʒɪ] *s.* Strahlen-, 'Röntgenkunde *f*.

ra·di·o| mark·er *s.* ✈ (Anflug)Funkbake *f*; **~ mes·sage** *s.* Funkmeldung *f*; **~ op·er·a·tor** *s.* (✈ Bord)Funker *m*.

ra·di·o·phone ['reɪdɪəʊfəʊn] *s.* **1.** *phys.* Radio'phon *n*; **2.** → ***radiotelephone***.

,ra·di·o|'pho·no·graph *s. Am.* Mu'siktruhe *f*; **,~'pho·to·graph** *s.* Funkbild *n*; **,~·pho'tog·ra·phy** *s.* Bildfunk *m*.

ra·di·os·co·py [,reɪdɪ'ɒskəpɪ] *s.* ⚕ Röntgenosko'pie *f*, 'Röntgenunter,suchung *f*.

ra·di·o| set *s.* → ***radio*** 3; **~ sonde** [sɒnd] *s. meteor.* Radiosonde *f*; **,~'tel·e·gram** *s.* 'Funktele,gramm *n*; **,~·te'leg·ra·phy** *s.* drahtlose Telegra'fie; **,~'tel·e·phone** *s.* Funksprechgerät *n*; **,~·te'leph·o·ny** *s.* drahtlose Telefo'nie; **,~'ther·a·py** *s.* 'Strahlen-, 'Röntgenthera,pie *f*.

rad·ish ['rædɪʃ] *s.* **1.** *a.* ***large ~*** Rettich *m*; **2.** *a.* ***red ~*** Ra'dieschen *n*.

ra·di·um ['reɪdjəm] *s.* ⚗ Radium *n*.

ra·di·us ['reɪdjəs] *pl.* **-di·i** [-dɪaɪ] *od.* **-di·us·es** *s.* **1.** ⩚ Radius *m*, Halbmesser *m*: **~ *of turn*** *mot.* Wendehalbmesser; **2.** ⚙, *anat.* Speiche *f*; **3.** ⚘ Strahl (-blüte *f*) *m*; **4.** 'Umkreis *m*: ***within a ~ of***; **5.** *fig.* (Wirkungs-, Einfluß)Bereich *m*: **~ (*of action*)** Aktionsradius *m*, *mot.* Fahrbereich *m*.

ra·dix ['reɪdɪks] *pl.* **rad·i·ces** ['reɪdɪsiːz] *s.* **1.** ⩚ Basis *f*, Grundzahl *f*; **2.** ⚘, *a. ling.* Wurzel *f*.

raf·fi·a ['ræfɪə] *s.* Raffiabast *m*.

raff·ish ['ræfɪʃ] *adj.* □ **1.** liederlich; **2.** pöbelhaft, ordi'när.

raf·fle ['ræfl] **I** *s.* Tombola *f*, Verlosung *f*; **II** *v/t. oft* **~ *off*** *et.* (in e-r Tombola) verlosen; **III** *v/i.* losen (***for*** um).

raft [rɑːft] **I** *s.* **1.** Floß *n*; **2.** zs.-gebundenes Holz; **3.** *Am.* Treibholz(ansammlung *f*) *n*; **4.** F Unmenge *f*, ‚Haufen' *m*, ‚Latte' *f*; **II** *v/t.* **5.** flößen, als *od.* mit dem Floß befördern; **6.** zu e-m Floß zs.-binden; **7.** mit e-m Floß befahren; **'raft·er** [-tə] *s.* **1.** Flößer *m*; **2.** ⚙ (Dach-) Sparren *m*; **rafts·man** ['rɑːftsmən] *s.* [*irr.*] Flößer *m*.

rag¹ [ræg] *s.* **1.** Fetzen *m*, Lumpen *m*, Lappen *m*: ***in ~s*** a) in Fetzen (*Stoff etc.*), b) zerlumpt (*Person*); ***not a ~ of evidence*** nicht den geringsten Beweis; ***chew the ~*** a) ‚quatschen', plaudern, b) ‚meckern'; ***cook to ~s*** zerkochen; ***it's a red ~ to him*** *fig.* es ist für ihn ein rotes Tuch; → ***ragtag***; **2.** *pl. Papierherstellung*: Hadern *pl.*, Lumpen *pl.*; **3.** *humor.* ‚Fetzen' *m* (*Kleid*, *Anzug*): ***not a ~ to put on*** keinen Fetzen zum Anziehen *haben*; → ***glad*** 2; **4.** *humor.* ‚Lappen' *m* (*Geldschein*, *Taschentuch etc.*); **5.** (*contp.* Käse-, Wurst)Blatt *n* (*Zeitung*); **6.** ♪ F → ***ragtime***.

rag² [ræg] *sl.* **I** *v/t.* **1.** *j-n* ‚anschnauzen'; **2.** *j-n* ‚aufziehen'; **3.** *j-m* e-n Streich spielen; **4.** *j-n* ‚piesacken', übel mitspielen (*dat.*); **II** *v/i.* **5.** Ra'dau machen; **III** *s.* **6.** Ra'dau *m*; **7.** Ulk *m*, Jux *m*.

rag·a·muf·fin ['rægə,mʌfɪn] *s.* **1.** zerlumpter Kerl; **2.** Gassenkind *n*.

,rag|-and-'bone man [-gən'b-] *s.* Lumpensammler *m*; **~ bag** *s.* Lumpensack *m*; *fig.* Sammel'surium *n*: ***out of the ~ bag*** aus der ‚Klamottenkiste'; **~ doll** *s.* Stoffpuppe *f*.

rage [reɪdʒ] **I** *s.* **1.** Wut(anfall *m*) *f*, Zorn *m*, Rage *f*: ***be in a ~*** vor Wut schäumen, toben; ***fly into a ~*** in Wut geraten; **2.** Wüten *n*, Toben *n*, Rasen *n* (*der Elemente*, *der Leidenschaft etc.*); **3.** Sucht *f*, Ma'nie *f*, Gier *f* (***for*** nach): **~ *for collecting things*** Sammelwut *f*; **4.** Begeisterung *f*, Taumel *m*, Rausch *m*, Ek'stase *f*: ***it is all the ~*** es ist jetzt die große Mode, alles ist wild darauf; **II** *v/i.* **5.** (*a. fig.*) toben, rasen, wüten (***at***, ***against*** gegen).

rag fair *s.* Trödelmarkt *m*.

rag·ged ['rægɪd] *adj.* □ **1.** zerlumpt, abgerissen (*Person*, *Kleidung*); **2.** zottig, struppig; **3.** zerfetzt, ausgefranst (*Wunde*); **4.** zackig, gezackt (*Glas*, *Stein*); **5.** holp(e)rig: **~ *rhymes***; **6.** verwildert: ***a ~ garden***; **7.** roh, unfertig, fehler-, mangelhaft; zs.-hanglos; **8.** rauh (*Stimme*, *Ton*).

'rag·man [-mən] *s.* [*irr.*] Lumpensammler *m*.

ra·gout ['rægu:] *s.* Ra'gout *n*.

rag| pa·per *s.* ⚙ 'Hadernpa,pier *n*; **'~,pick·er** *s.* Lumpensammler(in); **'~·tag** *s.* Pöbel *m*, Gesindel *n*: **~ *and bobtail*** Krethi u. Plethi *pl.*; **'~·time** *s.* ♪ Ragtime *m* (*Jazzstil*).

raid [reɪd] **I** *s.* **1.** Ein-, 'Überfall *m*; Raub-, Streifzug *m*; ⚔ 'Stoßtruppunter,nehmen *n*; ⚓ Kaperfahrt *f*; ✈ (Luft-) Angriff *m*; **2.** (Poli'zei),Razzia *f*; **3.** *fig.* a) (An)Sturm *m* (***on***, ***upon*** auf *acc.*), b) *sport* Vorstoß *m*; **II** *v/t.* **4.** e-n 'Überfall machen auf (*acc.*), über'fallen, angreifen (*a.* ✈): ***~ing party*** ⚔ Stoßtrupp *m*; **5.** stürmen, plündern; **6.** e-e Razzia machen in (*dat.*); **7.** **~ *the market*** † den Markt drücken.

rail¹ [reɪl] **I** *s.* **1.** ⚙ Schiene *f*, Riegel *m*, Querstange *f*; **2.** Geländer *n*; (***main***) **~** ⚓ Reling *f*; **3.** 🚂 a) Schiene *f*, b) *pl.* Gleis *n*: ***by ~*** mit der Bahn; ***run off the ~s*** entgleisen; ***off the ~s*** *fig.* aus dem Geleise, durcheinander; **4.** *pl.* † 'Eisenbahn,aktien *pl.*; **II** *v/t.* **5.** *a.* ~ ***in*** mit e-m Geländer um'geben: ~ ***off*** durch ein Geländer (ab)trennen.

rail² [reɪl] *s. orn.* Ralle *f.*

rail³ [reɪl] *v/i.* schimpfen, lästern, fluchen (***at, against*** über *acc.*): ~ ***at*** (*od.* ***against***) über *et.* herziehen, gegen *et.* wettern.

rail| bus *s.* Schienenbus *m*; '**~·car** *s.* Triebwagen *m*; '**~·head** *s.* **1.** Kopfbahnhof *m*, ⚔ Ausladebahnhof *m*; **2.** 🚂 a) Schienenkopf *m*, b) im Bau befindliches Ende (*e-r neuen Strecke*).

rail·ing ['reɪlɪŋ] *s.* **1.** *a. pl.* Geländer *n*, Gitter *n*; **2.** ⚓ Reling *f.*

rail·ler·y ['reɪlərɪ] *s.* Necke'rei *f*, Stiche'lei *f*, (gutmütiger) Spott.

rail·road ['reɪlrəʊd] *bsd. Am.* **I** *s.* **1.** *allg.* Eisenbahn *f*; **2.** *pl.* ✝ 'Eisenbahn,aktien *pl.*; **II** *adj.* **3.** Eisenbahn…: ~ ***accident***; **II** *v/t.* **4.** mit der Eisenbahn befördern; **5.** F *Gesetzesvorlage etc.* 'durchpeitschen; **6.** F a) *j-n* ,über'fahren', zwingen (***into doing*** et. zu tun), b) *j-n* ,abservieren'; '**rail·road·er** [-də] *s. Am.* Eisenbahner *m.*

rail·way ['reilweɪ] **I** *s.* **1.** *bsd. Brit. allg.* Eisenbahn *f*; **2.** Lo'kalbahn *f*; **II** *adj.* **3.** Eisenbahn…: ~ ***accident***; ~ **car·riage** *s.* Per'sonenwagen *m*; ~ **guard** *s.* Zugbegleiter *m*; ~ **guide** *s.* Kursbuch *n*; '**~·man** [-weɪmən] *s.* [*irr.*] Eisenbahner *m.*

rai·ment ['reɪmənt] *s. poet.* Kleidung *f*, Gewand *n.*

rain [reɪn] **I** *s.* **1.** Regen *m*; *pl.* Regenfälle *pl.*, -güsse *pl.*: ***the ~s*** die Regenzeit (*in den Tropen*); ~ ***or shine*** bei jedem Wetter; ***as right as*** ~ F ganz richtig, in Ordnung; **II** *v/i.* **2.** *impers.* regnen; → ***pour*** 6; **3.** *fig.* regnen; niederprasseln (*Schläge*); strömen (*Tränen*); **III** *v/t.* **4.** *Tropfen etc.* (her)'niedersenden, regnen: ***it's ~ing cats and dogs*** es gießt in Strömen; **5.** *fig.* (nieder)regnen *od.* (-)hageln lassen; '**~·bow** [-bəʊ] *s.* Regenbogen *m*; ~ **check** *s. Am.* Einlaßkarte *f* für die Neuansetzung e-r wegen Regens abgebrochenen (Sport)Veranstaltung: ***may I take a ~ on it?*** *fig.* darf ich darauf (*auf Ihr Angebot etc.*) später einmal zurückkommen?; '**~·coat** *s.* Regenmantel *m*; '**~·drop** *s.* Regentropfen *m*; '**~·fall** *s.* **1.** Regen(schauer) *m*; **2.** *meteor.* Niederschlagsmenge *f*; ~ **forest** *s.* Regenwald *m.*

rain·i·ness ['reɪmɪnɪs] *s.* **1.** Regenneigung *f*; **2.** Regenwetter *n.*

'**rain|·proof I** *adj.* wasserdicht; **II** *s.* Regenmantel *m*; '**~·storm** *s.* heftiger Regenguß.

rain·y ['reɪnɪ] *adj.* ☐ regnerisch, verregnet; Regen…(*-wetter, -wind etc.*): ***save up for a ~ day*** *fig.* e-n Notgroschen zurücklegen.

raise [reɪz] **I** *v/t.* **1.** *oft* ~ ***up*** (in die Höhe) heben, auf-, em'por-, hochheben, erheben, erhöhen; *mit Kran etc.* hochwinden, -ziehen; *Augen* erheben, aufschlagen; ✱ *Blasen* ziehen; *Kohle* fördern; *Staub* aufwirbeln; *Vorhang* hochziehen; *Teig, Brot* treiben: ~ ***one's glass to*** auf *j-n* das Glas erheben, *j-m* zutrinken; ~ ***one's hat*** (***to s.o.***) den Hut ziehen (vor j-m, *a. fig.*); → ***power*** 12; **2.** aufrichten, -stellen, aufrecht stellen; **3.** errichten, erstellen, (er)bauen; **4.** *Familie* gründen; *Kinder* auf-, großziehen; **5.** a) *Pflanzen* ziehen, b) *Tiere* züchten; **6.** aufwecken: ~ ***from the dead*** von den Toten erwecken; **7.** *Geister* zitieren, beschwören; **8.** *Gelächter, Sturm etc.* her'vorrufen, verursachen; *Erwartungen, Verdacht, Zorn* erwecken, erregen; *Gerücht* aufkommen lassen; *Schwierigkeiten* machen; **9.** *Geist, Mut* beleben, anfeuern; **10.** aufwiegeln (***against*** gegen); *Aufruhr* anstiften, -zetteln; **11.** *Geld etc.* beschaffen; *Anleihe, Hypothek, Kredit* aufnehmen; *Steuern* erheben; *Heer* aufstellen; **12.** *Stimme, Geschrei* erheben; **13.** *An-, Einspruch* erheben, *Einwand a.* vorbringen, geltend machen, *Forderung a.* stellen; *Frage* aufwerfen; *Sache* zur Sprache bringen; **14.** (ver)stärken, vergrößern, vermehren; **15.** *Lohn, Preis, Wert etc.* erhöhen, hin'aufsetzen; *Temperatur, Wette etc.* steigern; **16.** (im Rang) erhöhen: ~ ***to the throne*** auf den Thron erheben; **17.** *Belagerung, Blockade etc., a. Verbot* aufheben; **18.** ⚓ sichten; **II** *s.* **19.** Erhöhung *f*; *Am.* Steigung *f* (*Straße*); **20.** *bsd. Am.* (Gehalts-, Lohn)Erhöhung *f*, Aufbesserung *f*; **raised** [-zd] *adj.* **1.** erhöht; **2.** gesteigert; **3.** ⚙ erhaben; **4.** Hefe…: ~ ***cake.***

rai·sin ['reɪzn] *s.* Ro'sine *f.*

rai·son| d'é·tat [,reɪzɔ̃:n'deɪ'tɑ:] (*Fr.*) *s.* 'Staatsrä,son *f*; ~ **d'ê·tre** [-'deɪtrə] (*Fr.*) *s.* Daseinsberechtigung *f*, -zweck *m.*

raj [rɑ:dʒ] *s. Brit. Ind.* Herrschaft *f.*

ra·ja(h) ['rɑ:dʒə] *s.* Radscha *m* (*indischer Fürst*).

rake¹ [reɪk] **I** *s.* **1.** Rechen *m* (*a. des Croupiers etc.*), Harke *f*; **2.** ⚙ a) Rührstange *f*, b) Kratze *f*, c) Schürhaken *m*; **II** *v/t.* **3.** (glatt-, zs.-)rechen, (-)harken; **4.** *mst* ~ ***together*** zs.-scharren (*a. fig. zs.-raffen*); **5.** durch'stöbern (*a.* ~ ***up***, ~ ***over***): ~ ***up*** *fig. alte Geschichten* aufrühren; **6.** ⚔ (mit Feuer) bestreichen, ,beharken'; **7.** über'blicken, absuchen; **III** *v/i.* **8.** rechen, harken; **9.** *fig.* her'umstöbern, -suchen (***for*** nach).

rake² [reɪk] *s.* Lebemann *m.*

rake³ [reɪk] **I** *v/i.* **1.** Neigung haben; **2.** ⚓ a) 'überhängen (*Steven*), b) Fall haben (*Mast, Schornstein*); **II** *v/t.* **3.** (nach rückwärts) neigen; **III** *s.* **4.** Neigung(swinkel *m*) *f.*

'**rake-off** *s.* F (Gewinn)Anteil *m.*

rak·ish¹ ['reɪkɪʃ] *adj.* ☐ ausschweifend, liederlich, wüst.

rak·ish² ['reɪkɪʃ] *adj.* **1.** ⚓, *mot.* schnittig (gebaut); **2.** *fig.* flott, verwegen, keck.

ral·ly¹ ['rælɪ] **I** *v/t.* **1.** *Truppen etc.* (wieder) sammeln *od.* ordnen; **2.** vereinigen, scharen (***round, to*** um *acc.*), zs.-trommeln; **3.** aufrütteln, -muntern, in Schwung bringen; **4.** *Kräfte etc.* sammeln, zs.-raffen; **II** *v/i.* **5.** sich (wieder) sammeln; **6.** *a. fig.* sich scharen (***round, to*** um *acc.*); sich zs.-tun; sich anschließen (***to*** *dat. od. an acc.*); **7.** *a.* ~ ***round*** sich erholen (*a. fig. u.* ✝), neue Kräfte sammeln; *sport etc.* sich (wieder) ,fangen'; **8.** *Tennis etc.*: a) e-n Ballwechsel ausführen, b) sich einschlagen; **III** *s.* **9.** ⚔ Sammeln *n*; **10.** Zs.-kunft *f*, Treffen *n*, Tagung *f*, Kundgebung *f*, (Massen)Versammlung *f*; **11.** Erholung *f* (*a.* ✝ *der Preise, des Marktes*); **12.** *Tennis*: Ballwechsel *m*; **13.** *mot.* Rallye *f*, Sternfahrt *f.*

ral·ly² ['rælɪ] *v/t.* hänseln.

ral·ly·ing ['rælɪɪŋ] *adj.* Sammel…: ~ ***cry*** Parole *f*, Schlagwort *n*; ~ ***point*** Sammelpunkt *m*, -platz *m.*

ram [ræm] **I** *s.* **1.** *zo.* (*ast.* ♌) Widder *m*; **2.** ⚔ *hist.* Sturmbock *m*; **3.** ⚙ a) Ramme *f*, b) Rammbock *m*, -bär *m*, c) Preßkolben *m*; **4.** ⚓ Rammsporn *m*; **II** *v/t.* **5.** (fest-, ein)rammen (*a.* ~ ***down*** *od.* ***in***); *weitS.* (gewaltsam) stoßen, drükken; **6.** (hin'ein)stopfen: ~ ***up*** a) vollstopfen, b) verrammeln, verstopfen; **7.** *fig.* eintrichtern, -pauken: ~ ***s.th. into s.o.*** j-m et. einbleuen; → ***throat*** 1; **8.** ⚓, ✈ *etc.* rammen; *weitS.* stoßen, schmettern, ,knallen'.

ram·ble ['ræmbl] **I** *v/i.* **1.** um'herwandern, -streifen, bummeln; **2.** sich winden (*Fluß etc.*); **3.** ♀ wuchern, (üppig) ranken; **4.** *fig.* (vom Thema) abschweifen; drauf'losreden; **II** *s.* **5.** (Fuß)Wanderung *f*, Streifzug *m*; Bummel *m*; '**ram·bler** [-lə] *s.* **1.** Wand(e)rer *m*, Wand(r)erin *f*; **2.** *a.* ***crimson*** ~ ♀ Kletterrose *f*; '**ram·bling** [-lɪŋ] **I** *adj.* ☐ **1.** um'herwandernd, -streifend: ~ ***club*** Wanderverein *m*; **2.** ♀ (üppig) rankend, wuchernd; **3.** weitläufig, verschachtelt (*Gebäude*); **4.** *fig.* abschweifend, weitschweifig, planlos; **II** *s.* **5.** Wandern *n*, Um'herstreifen *n.*

ram·bunc·tious [ræm'bʌŋkʃəs] *adj.* laut, lärmend, wild.

ram·ie ['ræmi:] *s.* Ra'mie(faser) *f.*

ram·i·fi·ca·tion [,ræmɪfɪ'keɪʃn] *s.* Verzweigung *f*, -ästelung *f* (*a. fig.*); **ram·i·fy** ['ræmɪfaɪ] *v/t. u. v/i.* (sich) verzweigen (*a. fig.*).

ram·jet (**en·gine**) ['ræmdʒet] *s.* ⚙ Staustrahltriebwerk *n.*

ramp¹ [ræmp] **I** *s.* **1.** Rampe *f* (*a.* ⚠ *Abdachung*); **2.** (schräge) Auffahrt, (Lade)Rampe *f*; **3.** Krümmling *m* (*am Treppengeländer*); **4.** ✈ (fahrbare) Treppe; **II** *v/i.* **5.** sich (drohend) aufrichten, zum Sprung ansetzen (*Tier*); **6.** toben, wüten; **7.** ♀ wuchern; **III** *v/t.* **8.** mit e-r Rampe versehen.

ramp² [ræmp] *s. Brit. sl.* Betrug *m.*

ram·page [ræm'peɪdʒ] **I** *v/i.* toben, wüten; **II** *s.*: ***be on the*** ~ a) (sich aus)toben, b) *fig.* grassieren, um sich greifen, wüten; **ram'pa·geous** [-dʒəs] *adj.* ☐ wild, wütend.

ramp·an·cy ['ræmpənsɪ] *s.* **1.** Über'handnehmen *n*, 'Umsichgreifen *n*, Grassieren *n*; **2.** *fig.* wilde Ausgelassenheit, Wildheit *f*; '**ramp·ant** [-nt] *adj.* ☐ **1.** wild, zügellos, ausgelassen; **2.** über'handnehmend: ***be*** ~ → ***rampage*** II b; **3.** üppig, wuchernd (*Pflanzen*); **4.** (drohend) aufgerichtet, sprungbereit (*Tier*); **5.** *her.* steigend.

ram·part ['ræmpɑ:t] *s.* ⚔ a) Brustwehr *f*, b) (Schutz)Wall *m* (*a. fig.*).

ram·rod ['ræmrɒd] *s.* ⚔ *hist.* Ladestock *m*: ***as stiff as a*** ~ als hätte *er etc.* e-n Ladestock verschluckt.

ram·shack·le ['ræm,ʃækl] *adj.* baufällig, wack(e)lig; klapp(e)rig.

ran¹ [ræn] *pret. von* ***run.***

ran² [ræn] *s.* **1.** Docke *f* Bindfaden; **2.** ⚓ aufgehaspeltes Kabelgarn.

ranch [rɑ:ntʃ; *bsd. Am.* ræntʃ] **I** *s.*

Ranch *f*, (*bsd.* Vieh)Farm *f*; **II** *v/i.* Viehzucht treiben; **'ranch·er** [-tʃə] *s. Am.* **1.** Rancher *m*, Viehzüchter *m*; **2.** Farmer *m*; **3.** Rancharbeiter *m*.

ran·cid ['rænsɪd] *adj.* **1.** ranzig (*Butter etc.*); **2.** *fig.* widerlich; **ran·cid·i·ty** [ræn'sɪdətɪ], **'ran·cid·ness** [-nɪs] *s.* Ranzigkeit *f*.

ran·cor *Am.* → ***rancour***.

ran·cor·ous ['ræŋkərəs] *adj.* □ erbittert, voller Groll, giftig; **ran·cour** ['ræŋkə] *s.* Groll *m*, Haß *m*.

ran·dom ['rændəm] **I** *adj.* □ ziel-, wahllos, zufällig, aufs Gerate'wohl, Zufalls...: ***~ mating*** *biol.* Zufallspaarung *f*; ***~ sample*** (*od.* ***test***) Stichprobe *f*; ***~ shot*** Schuß *m* ins Blaue; ***~ access*** *Computer*: wahlfreier *od.* direkter Zugriff; **II** *s.*: ***at ~*** aufs Geratewohl, auf gut Glück, blindlings, zufällig: ***talk at ~*** (wild) drauflosreden.

rand·y ['rændɪ] *adj.* F geil.

ra·nee [ˌrɑː'niː] *s.* Rani *f* (*indische Fürstin*).

rang [ræŋ] *pret. von* ***ring***[2].

range [reɪndʒ] **I** *s.* **1.** Reihe *f*; (*a.* Berg-)Kette *f*; **2.** (Koch-, Küchen)Herd *m*; **3.** Schießstand *m*, -platz *m*; **4.** Entfernung *f zum Ziel*, Abstand *m*: ***at a ~ of*** aus (*od.* in) e-r Entfernung von; ***at close ~*** aus der Nähe; ***find the ~*** ⚔ sich einschießen; ***take the ~*** die Entfernung schätzen; **5.** *bsd.* ⚔ Reich-, Trag-, Schußweite *f*; ⚓ Laufstrecke *f* (*Torpedo*); ✈ Flugbereich *m*: ***at close ~*** aus nächster Nähe; ***out of ~*** außer Schußweite; ***within ~ of vision*** in Sichtweite; → ***long-range***; **6.** Ausdehnung *f*, (ausgedehnte) Fläche; **7.** *fig.* Bereich *m*, Spielraum *m*, Grenzen *pl.*; (⚘, *zo.* Verbreitungs)Gebiet *n*: ***~ (of action)*** Aktionsbereich; ***~ (of activities)*** (Betätigungs)Feld *n*; ***~ of application*** Anwendungsbereich; ***~ of prices*** ☤ Preislage *f*, -klasse *f*; ***~ of reception*** *Funk*: Empfangsbereich; ***boiling ~*** *phys.* Siedebereich; **8.** ☤ Kollekti'on *f*, Sorti'ment *n*: ***a wide ~ (of goods)*** e-e große Auswahl, ein großes Angebot; **9.** Bereich *m*, Gebiet *n*, Raum *m*: ***~ of knowledge*** Wissensbereich; ***~ of thought*** Ideenkreis *m*; **10.** ♪ a) 'Ton-, 'Stimmˌumfang *m*, b) Ton-, Stimmlage *f*; **II** *v/t.* **11.** (in Reihen) aufstellen *od.* anordnen; **12.** einreihen, -ordnen: ***~ o.s. with*** (*od.* ***on the side of***) zu *j-m* halten; **13.** *Gebiet etc.* durch'streifen, -'wandern; **14.** längs *der Küste* fahren, entlangfahren; **15.** *Teleskop etc.* einstellen; **16.** ⚔ a) *Geschütz* richten (***on*** auf *acc.*), b) e-e Reichweite haben von, tragen; **III** *v/i.* **17.** (***with***) e-e Reihe *od.* Linie bilden (mit), in e-r Reihe *od.* Linie stehen (mit); **18.** sich erstrecken, verlaufen, reichen; **19.** *fig.* rangieren (***among*** unter), im gleichen Rang stehen (***with*** mit); zählen, gehören (***with*** zu); **20.** (um'her)streifen, (-)schweifen, wandern (*a. Auge, Blick*); **21.** ⚘, *zo.* vorkommen, verbreitet *od.* zu finden sein; **22.** schwanken, sich bewegen (***from ... to ...*** *od.* ***between ... and ...*** zwischen ... und ...) (*Zahlenwert, Preis etc.*); **23.** ⚔ sich einschießen (*Geschütz*).

'range-ˌfind·er *s.* ⚔, *phot.* Entfernungsmesser *m* (⚔ *a. Mann*).

rang·er ['reɪndʒə] *s.* **1.** *Am.* Ranger *m*: a) *Wächter e-s Nationalparks*, b) *mst* ℛ *Angehöriger e-r Schutztruppe e-s Bundesstaates*, c) ⚔ *Angehöriger e-r Kommandotruppe*; **2.** *Brit.* Aufseher *m* e-s königlichen Forsts *od.* Parks (*Titel*); **3.** *a.* ***~ guide*** *Brit.* Ranger *f* (*Pfadfinderin über 16 Jahre*).

rank[1] [ræŋk] **I** *s.* **1.** Reihe *f*, Linie *f*; **2.** ⚔ a) Glied *n*, b) Rang *m*, Dienstgrad *m*: ***the ~s*** (Unteroffiziere und) Mannschaften; ***~ and file*** ⚔ *der* Mannschaftsstand, *pol.* die Basis (*e-r Partei*); ***in ~ and file*** in Reih und Glied; ***close the ~s*** die Reihen schließen; ***join the ~s*** ins Heer eintreten; ***rise from the ~s*** von der Pike auf dienen (*a. fig.*); **3.** (sozi'ale) Klasse, Stand *m*, Schicht *f*, Rang *m*: ***man of ~*** Mann von Stand; ***~ and fashion*** die vornehme Welt; ***of second ~*** zweitrangig; ***take ~ of*** den Vorrang haben vor (*dat.*); ***take ~ with*** mit *j-m* gleichrangig sein; **II** *v/t.* **4.** (ein-)reihen, (-)ordnen, klassifizieren; **5.** *Truppe etc.* aufstellen, formieren; **6.** *fig.* rechnen, zählen (***with, among*** zu): ***I ~ him above Shaw*** ich stelle ihn über Shaw; **III** *v/i.* **7.** sich reihen *od.* ordnen; ⚔ (in geschlossener Formati'on) marschieren; **8.** e-n Rang *od.* e-e Stelle einnehmen, rangieren (***above*** über *dat.*, ***below*** unter *dat.*, ***next to*** hinter *dat.*): ***~ as*** gelten als; ***~ first*** an erster Stelle stehen; ***~ high*** e-n hohen Rang einnehmen, *a.* e-n hohen Stellenwert haben; ***~ing officer*** *Am.* rangältester Offizier; **9.** ***~ among, ~ with*** gehören *od.* zählen zu.

rank[2] [ræŋk] *adj.* □ **1.** a) üppig, geil wachsend (*Pflanzen*), b) verwildert (*Garten*); **2.** fruchtbar, fett (*Boden*); **3.** stinkend, ranzig; **4.** widerlich, scharf (*Geruch od. Geschmack*); **5.** kraß: ***~ outsider***; ***~ beginner*** blutiger Anfänger; ***~ nonsense*** blühender Unsinn; **6.** ekelhaft, unanständig.

rank·er ['ræŋkə] *s.* ⚔ a) einfacher Sol'dat, b) aus dem Mannschaftsstand her'vorgegangener Offi'zier.

ran·kle ['ræŋkl] *v/i.* **1.** eitern, schwären (*Wunde*); **2.** *fig.* nagen, fressen, weh tun: ***~ with*** *j-n* wurmen, *j-m* weh tun.

ran·sack ['rænsæk] *v/t.* **1.** durch'wühlen; **2.** plündern, ausrauben.

ran·som ['rænsəm] **I** *s.* **1.** Loskauf *m*, Auslösung *f*; **2.** Lösegeld *n*: ***a king's ~*** e-e Riesensumme; ***hold to ~*** a) *j-n* gegen Lösegeld gefangenhalten, b) *fig. j-n* erpressen; **3.** *eccl.* Erlösung *f*; **II** *v/t.* **4.** los-, freikaufen; **5.** *eccl.* erlösen.

rant [rænt] **I** *v/i.* **1.** toben, lärmen; **2.** schwadronieren, Phrasen dreschen; **3.** *obs.* geifern (***at, against*** über *acc.*); **II** *v/t.* **4.** pa'thetisch vortragen; **III** *s.* **5.** Wortschwall *m*; Schwulst *m*, leeres Gerede, ˌPhrasendresche'rei *f*; **'rant·er** [-tə] *s.* **1.** pa'thetischer Redner, Kanzelpauker *m*; **2.** Schwadro'neur *m*, Großsprecher *m*.

ra·nun·cu·lus [rə'nʌŋkjʊləs] *pl.* **-lus·es, -li** [-laɪ] *s.* ⚘ Ra'nunkel *f*.

rap[1] [ræp] **I** *v/t.* **1.** klopfen *od.* pochen an *od.* auf (*acc.*): ***~ s.o.'s fingers, ~ s.o. over the knuckles*** *bsd. fig.* j-m auf die Finger klopfen; **2.** *Am. sl.* a) *j-m* e-e ‚Zi'garre' verpassen, b) *j-n, et.* scharf kritisieren, c) *j-n* ‚verdonnern', d) *j-n* ‚schnappen'; **3.** ***~ out*** a) durch Klopfen mitteilen (*Geist*), b) *Worte* her'auspoltern, ‚bellen'; **II** *v/i.* **4.** klopfen, pochen, schlagen (***at*** an *acc.*); **III** *s.* **5.** Klopfen *n*; **6.** Schlag *m*; **7.** *Am.* F a) scharfe Kri'tik, b) ‚Zi'garre' *f*, Rüge *f*; **8.** *Am. sl.* a) Anklage *f*, b) Strafe *f*, c) Schuld *f*: ***~ sheet*** Strafregister *n*; ***beat the ~*** sich rauswinden; ***take the ~*** (zu e-r Strafe) ‚verdonnert' werden; **9.** *Am.* F ‚Plausch' *m*: ***~ session*** (Gruppen-)Diskussion *f*.

rap[2] [ræp] *s. fig.* Heller *m*, Deut *m*: ***I don't care*** (*od.* ***give***) ***a ~ (for it)*** das ist mir ganz egal; ***it is not worth a ~*** es ist keinen Pfifferling wert.

ra·pa·cious [rə'peɪʃəs] *adj.* □ raubgierig, Raub...(*-tier, -vogel*); *fig.* (hab)gierig; **ra'pa·cious·ness** [-nɪs], **ra'pac·i·ty** [-'pæsətɪ] *s.* **1.** Raubgier *f*; **2.** *fig.* Habgier *f*.

rape[1] [reɪp] **I** *s.* **1.** Vergewaltigung *f* (*a. fig.*), ⚖ Notzucht *f*: ***~ and murder*** Lustmord *m*; ***statutory ~*** *Am.* ⚖ Unzucht mit Minderjährigen; **2.** Entführung *f*, Raub *m*; **II** *v/t.* **3.** vergewaltigen; **4.** *obs.* rauben.

rape[2] [reɪp] *s.* ⚘ Raps *m*.

rape[3] [reɪp] *s.* Trester *pl.*

rape|·oil *s.* Rüb-, Rapsöl *n*; **'~·seed** *s.* Rübsamen *m*.

rap·id ['ræpɪd] **I** *adj.* □ **1.** schnell, rasch, ra'pid(e); reißend (*Fluß*; ☤ *Absatz*); Schnell...: ***~ fire*** ⚔ Schnellfeuer *n*; ***~ transit*** *Am.* Nahschnellverkehr *m*; **2.** jäh, steil (*Hang*); **3.** *phot.* a) lichtstark (*Objektiv*), b) hochempfindlich (*Film*); **II** *s.* **4.** *pl.* Stromschnelle(n *pl.*) *f*; **ra·pid·i·ty** [rə'pɪdətɪ] *s.* Schnelligkeit *f*, (rasende) Geschwindigkeit.

ra·pi·er ['reɪpjə] *s. fenc.* Ra'pier *n*: ***~ thrust*** *fig.* sar'kastische Bemerkung.

rap·ist ['reɪpɪst] *s.* Vergewaltiger *m*: ***~-killer*** Lustmörder *m*.

rap·port [ræ'pɔː] *s.* (enge, per'sönliche) Beziehung: ***be in*** (*od.* ***en***) ***~ with*** mit *j-m* in Verbindung stehen, *fig.* gut harmonieren mit.

rap·proche·ment [ræ'prɒʃmɑ̃ːŋ] (*Fr.*) *s. bsd. pol.* (Wieder)'Annäherung *f*.

rapt [ræpt] *adj.* **1.** versunken, verloren (***in*** in *acc.*): ***~ in thought***; **2.** hingerissen, entzückt (***with, by*** von); **3.** verzückt (*Lächeln etc.*); gespannt (***upon*** auf *acc.*) (*a. Aufmerksamkeit*).

rap·to·ri·al [ræp'tɔːrɪəl] *orn.* **I** *adj.* Raub...; **II** *s.* Raubvogel *m*.

rap·ture ['ræptʃə] *s.* **1.** Entzücken *n*, Verzückung *f*, Begeisterung *f*, Taumel *m*: ***in ~s*** hingerissen (***at*** von); ***go into ~s*** in Verzückung geraten (***over*** über *acc.*); ***~ of the deep*** ⚕ Tiefenrausch *m*; **2.** *pl.* Ausbruch *m* des Entzückens, Begeisterungstaumel *m*; **'rap·tur·ous** [-tʃərəs] *adj.* □ **1.** entzückt, hingerissen; **2.** stürmisch, begeistert (*Beifall etc.*); **3.** verzückt (*Gesicht*).

rare[1] [reə] *adj.* □ **1.** selten, rar (*a. fig. ungewöhnlich, hervorragend, köstlich*): ***~ earth*** ⚗ seltene Erde; ***~ fun*** F Mordsspaß *m*; ***~ gas*** Edelgas *n*; **2.** *phys.* dünn (*Luft*).

rare[2] [reə] *adj.* halbgar, nicht 'durchgebraten (*Fleisch*); englisch (*Steak*).

rare·bit ['reəbɪt] *s.*: ***Welsh ~*** überbackene Käseschnitte.

rar·ee show ['reəriː] *s.* **1.** Guckkasten *m*; **2.** Straßenzirkus *m*; **3.** *fig.* Schau-

spiel *n*.
rar·e·fac·tion [ˌreərɪ'fækʃn] *s. phys.* Verdünnung *f*; **rar·e·fy** ['reərɪfaɪ] **I** *v/t.* **1.** verdünnen; **2.** *fig.* verfeinern; **II** *v/i.* **3.** sich verdünnen.
rare·ness ['reənɪs] → ***rarity***.
rar·ing ['reərɪŋ] *adj.*: **~ *to do s.th.*** F ganz wild darauf, et. zu tun.
rar·i·ty ['reərətɪ] *s.* **1.** Seltenheit *f*: a) *seltenes Vorkommen*, b) Rari'tät *f*, Kostbarkeit *f*; **2.** Vor'trefflichkeit *f*; **3.** *phys.* Verdünnung *f*.
ras·cal ['rɑːskəl] *s.* **1.** Schuft *m*, Schurke *m*, Ha'lunke *m*; **2.** *humor.* a) Gauner *m*, b) Frechdachs *m* (*Kind*); **ras·cal·i·ty** [rɑː'skælətɪ] *s.* Schurke'rei *f*; '**ras·cal·ly** [-kəlɪ] *adj u. adv.* niederträchtig, gemein.
rash[1] [ræʃ] *adj.* □ **1.** hastig, über'eilt, -'stürzt, vorschnell: ***a ~ decision***; **2.** unbesonnen.
rash[2] [ræʃ] *s.* ⚕ (Haut)Ausschlag *m*.
rash·er ['ræʃə] *s.* (dünne) Scheibe Frühstücksspeck *od.* Schinken.
rash·ness ['ræʃnɪs] *s.* **1.** Hast *f*, Über'eiltheit *f*, -'stürztheit *f*; **2.** Unbesonnenheit *f*.
rasp [rɑːsp] **I** *v/t.* **1.** raspeln, feilen, schaben; **2.** *fig. Gefühle etc.* verletzen; *Ohren* beleidigen; *Nerven* reizen; **3.** krächzen(d äußern); **II** *s.* **4.** Raspel *f*, Grobfeile *f*; Reibeisen *n*.
rasp·ber·ry ['rɑːzbərɪ] *s.* **1.** ⚘ Himbeere *f*; **2.** *a.* **~ *cane*** ⚘ Himbeerstrauch *m*; **3.** ***give*** (*od.* ***blow***) ***a ~*** *fig. sl.* verächtlich schnauben.
rasp·ing ['rɑːspɪŋ] **I** *adj.* □ **1.** kratzend, krächzend (*Stimme etc.*); **II** *s.* **2.** Raspeln *n*; **3.** *pl.* Raspelspäne *pl.*
ras·ter ['ræstə] *s. opt., TV* Raster *m*.
rat [ræt] **I** *s.* **1.** *zo.* Ratte *f*: ***smell a ~*** *fig.* Lunte *od.* den Braten riechen, Unrat wittern; ***like a drowned ~*** pudelnaß; ***~s!*** ‚Quatsch'!; **2.** *pol.* F 'Überläufer *m*, Abtrünnige(r *m*) *f*; **3.** F a) *allg.* Verräter *m*, b) ‚Schwein' *n*, c) Spitzel *m*, d) Streikbrecher *m*; **II** *v/i.* **4.** *pol.* F 'überlaufen, *allg.* Verrat begehen: **~ *on*** a) *j-n* verraten *od.* im Stich lassen, b) *Kumpane* ‚verpfeifen', c) *et.* widerrufen, d) aus *et.* ‚aussteigen'; **5.** Ratten fangen.
rat·a·bil·i·ty [ˌreɪtə'bɪlətɪ] *s.* **1.** (Ab-)Schätzbarkeit *f*; **2.** Verhältnismäßigkeit *f*; **3.** *bsd. Brit.* Steuerbarkeit *f*, 'Umlagepflicht *f*; **rat·a·ble** ['reɪtəbl] *adj.* □ **1.** (ab)schätzbar, abzuschätzen(d), bewertbar; **2.** anteilmäßig, proportio'nal; **3.** *bsd. Brit.* (kommu'nal)steuerpflichtig; zollpflichtig: **~ *value*** Einheitswert *m*.
ratch [rætʃ] *s.* ⚙ **1.** (gezahnte) Sperrstange; **2.** Auslösung *f* (*Uhr*).
ratch·et ['rætʃɪt] *s.* ⚙ Sperrklinke *f*; **~ *wheel*** *s.* ⚙ Sperrad *n*.
rate[1] [reɪt] **I** *s.* **1.** (Verhältnis)Ziffer *f*, Quote *f*, Maß(stab *m*) *n*, (*Wachstums-, Inflations- etc.*)Rate *f*: ***birth ~*** Geburtenziffer; ***death ~*** Sterblichkeitsziffer; ***at the ~ of*** im Verhältnis von (→ 2 *u.* 6); ***at a fearful ~*** in erschreckendem Ausmaß; **2.** (*Diskont-, Lohn-, Steuer- etc.*)Satz *m*, Kurs *m*, Ta'rif *m*: **~ *of exchange*** (Umrechnungs-, Wechsel-)Kurs; **~ *of the day*** Tageskurs; ***at the ~ of*** zum Satze von; **3.** (festgesetzter) Preis, Betrag *m*, Taxe *f*: ***at any ~*** *fig.* a) auf jeden Fall, b) wenigstens; ***at that ~*** unter diesen Umständen; **4.** (Post- *etc.*) Gebühr *f*, Porto *n*; (Gas-, Strom-)Preis *m*: ***inland ~*** Inlandporto; **5.** *Brit.* (Kommu'nal)Steuer *f*, (Gemeinde)Abgabe *f*; **6.** (rela'tive) Geschwindigkeit: **~ *of climb*** ✈ Steiggeschwindigkeit; **~ *of energy*** *phys.* Energiemenge *f* pro Zeiteinheit; **~ *of an engine*** Motorleistung *f*; **~ *plate*** ⚙ Leistungsschild *n*; ***at the ~ of*** mit e-r Geschwindigkeit von; **7.** Grad *m*, Rang *m*, Klasse *f*; **8.** ⚓ a) Klasse *f* (*Schiff*), b) Dienstgrad *m* (*Matrose*); **II** *v/t.* **9.** *et.* abschätzen, taxieren (***at*** auf *acc.*); **10.** *j-n* einschätzen, beurteilen; ⚓ *Seemann* einstufen; **11.** *Preis etc.* bemessen, ansetzen; *Kosten* veranschlagen: **~ *up*** höher versichern; **12.** *j-n* betrachten als, halten für; **13.** rechnen, zählen (***among*** zu); **14.** *Brit.* a) (zur Steuer) veranlagen, b) besteuern; **15.** *Am. sl. et.* wert sein, Anspruch haben auf (*acc.*); **III** *v/i.* **16.** angesehen werden, gelten (***as*** als): **~ *high*** (***low***) hoch (niedrig) ‚im Kurs stehen', e-n hohen Stellenwert haben; **~ *above*** (***below***) rangieren, stehen über (unter) *j-m od. e-r Sache*; **~ *with s.o.*** bei j-m e-n Stein im Brett haben; ***she*** (***it***) ***~d high with him*** sie (es) galt viel bei ihm; **17.** **~ *among*** zählen zu.
rate[2] [reɪt] **I** *v/t.* ausschelten (***for, about*** wegen); **II** *v/i.* schimpfen (***at*** auf *acc.*).
rate·a·bil·i·ty *etc.* → ***ratability*** *etc.*
rat·ed ['reɪtɪd] *adj.* **1.** (gemeinde)steuerpflichtig; **2.** ⚙ Nenn…: **~ *power*** Nennleistung *f*.
'**rate·pay·er** *s. Brit.* (Gemeinde)Steuerzahler(in).
rath·er ['rɑːðə] *adv.* **1.** ziemlich, fast, etwas: **~ *cold*** ziemlich kalt; ***I would ~ think*** ich möchte fast glauben; ***I ~ expected it*** ich habe es fast erwartet; **2.** lieber, eher (***than*** als): ***I would*** (*od.* ***had***) ***much ~ go*** ich möchte viel lieber gehen; **3.** (***or*** oder) vielmehr, eigentlich, besser gesagt; **4.** *bsd. Brit.* F (ja) freilich!, aller'dings!
rat·i·fi·ca·tion [ˌrætɪfɪ'keɪʃn] *s.* **1.** Bestätigung *f*, Genehmigung *f*; **2.** *pol.* Ratifizierung *f*; **rat·i·fy** ['rætɪfaɪ] *v/t.* **1.** bestätigen, genehmigen, gutheißen; **2.** *pol.* ratifizieren.
rat·ing[1] ['reɪtɪŋ] *s.* **1.** (Ab)Schätzung *f*, Bewertung *f*, (*a.* Leistungs)Beurteilung *f*; *ped. Am.* (Zeugnis)Note *f*; *Radio, TV*: Einschaltquote *f*; **2.** (Leistungs-)Stand *m*, Ni'veau *n*; **3.** *fig.* Stellenwert *m*; **4.** ⚓ a) Dienstgrad *m*, b) *Brit.* Ma'trose *m*, c) *pl. Brit.* Leute *pl.* e-s bestimmten Dienstgrades; **5.** ⚓ (Segel-)Klasse *f*; **6.** ✝ Kre'ditwürdigkeit *f*; **7.** Ta'rif *m*; **8.** *Brit.* a) (Gemeindesteuer-)Veranlagung *f*, b) Steuersatz *m*; **9.** ⚙ (Nenn)Leistung *f*, Betriebsdaten *pl.*
rat·ing[2] ['reɪtɪŋ] *s.* heftige Schelte.
ra·tio ['reɪʃɪəʊ] *s.* **1.** ₳ *etc.* Verhältnis *n*: **~ *of distribution*** Verteilungsschlüssel *m*; ***be in the inverse ~*** a) im umgekehrten Verhältnis stehen, b) ₳ umgekehrt proportional sein (***to*** zu); **2.** ₳ Quoti'ent *m*; **3.** ✝ Wertverhältnis *n* zwischen Gold u. Silber; **4.** ⚙ Über'setzungsverhältnis *n* (*e-s Getriebes*).
ra·ti·oc·i·na·tion [ˌrætɪɒsɪ'neɪʃn] *s.* **1.** logisches Denken; **2.** logischer Gedankengang *od.* Schluß.
ra·tion ['ræʃn] **I** *s.* **1.** Rati'on *f*, Zuteilung *f*: **~ *card*** Lebensmittelkarte *f*; ***off the ~*** markenfrei; **2.** ⚔ (Tages)Verpflegungssatz *m*; **3.** *pl.* Lebensmittel *pl.*, Verpflegung *f*; **II** *v/t.* **4.** rationieren, (zwangs)bewirtschaften; **5.** *a.* **~ *out*** (in Rationen) zuteilen; **6.** ⚔ verpflegen.
ra·tion·al ['ræʃənl] *adj.* □ **1.** vernünftig: a) vernunftmäßig, ratio'nal, b) vernunftbegabt, c) verständig; **2.** zweckmäßig, ratio'nal (*a.* ₳); **ra·tion·ale** [ˌræʃə'nɑːl] *s.* **1.** 'Grundprinˌzip *n*; **2.** vernunftmäßige Erklärung.
ra·tion·al·ism ['ræʃnəlɪzəm] *s.* Rationa'lismus *m*; '**ra·tion·al·ist** [-ɪst] **I** *s.* Rationa'list *m*; **II** *adj.* → **ra·tion·al·is·tic** [ˌræʃnə'lɪstɪk] *adj.* (□ ***~ally***) rationa'listisch; **ra·tion·al·i·ty** [ˌræʃə'nælətɪ] *s.* **1.** Vernünftigkeit *f*; **2.** Vernunft *f*, Denkvermögen *n*; **ra·tion·al·i·za·tion** [ˌræʃnəlaɪ'zeɪʃn] *s.* **1.** Rationalisieren *n*; **2.** ✝ Rationalisierung *f*; '**ra·tion·al·ize** [-laɪz] **I** *v/t.* **1.** ratio'nal erklären, vernunftgemäß deuten; **2.** ✝ rationalisieren; **II** *v/i.* **3.** ratio'nell verfahren; **4.** rationa'listisch denken.
ra·tion·ing ['ræʃnɪŋ] *s.* Rationierung *f*.
rat race *s.* **1.** ‚Hetzjagd' *f* (*des Lebens*); **2.** harter (Konkur'renz)Kampf; **3.** Teufelskreis *m*.
rats·bane ['rætsbeɪn] *s.* Rattengift *n*.
rat-tat [ˌræt'tæt], *a.* **rat-tat-tat** [ˌrætə'tæt] **I** *s.* Rattern *n*, Geknatter *n*; **II** *v/i.* knattern.
rat·ten ['rætn] *v/i. bsd. Brit.* (die Arbeit) sabotieren, Sabo'tage treiben.
rat·ter ['rætə] *s.* Rattenfänger *m* (*Hund od. Katze*).
rat·tle ['rætl] **I** *v/i.* **1.** rattern, klappern, rasseln, klirren: **~ *at the door*** an der Tür rütteln; **~ *off*** losrattern, davonjagen; **2.** röcheln; rasseln (*Atem*); **3.** *a.* **~ *away*** *od.* ***on*** plappern; **II** *v/t.* **4.** rasseln mit *od.* an (*dat.*); an *der Tür etc.* rütteln; mit *Geschirr etc.* klappern; → ***sabre*** 1; **5.** *a.* **~ *off*** *Rede etc.* ‚her'unterrasseln'; **6.** F *j-n* aus der Fassung bringen, verunsichern; **III** *s.* **7.** Rattern *n*, Gerassel *n*, Klappern *n*; **8.** Rassel *f*, (Kinder)Klapper *f*; **9.** Röcheln *n*; **10.** Lärm *m*, Trubel *m*; **11.** ⚘ a) ***red ~*** Sumpfläusekraut *n*, b) ***yellow ~*** Klappertopf *m*; '**~·brain** *s.* Hohl-, Wirrkopf *m*; '**~·brained** [-breɪnd] '**~-ˌpat·ed** [-ˌpeɪtɪd] *adj.* hohl-, wirrköpfig; '**~·snake** *s.* Klapperschlange *f*; '**~·trap** F **I** *s.* **1.** Klapperkasten *m* (*Fahrzeug etc.*); **2.** *mst pl.* (Trödel)Kram *m*; **II** *adj.* **3.** klapperig.
rat·tling ['rætlɪŋ] **I** *adj.* **1.** ratternd, klappernd; **2.** lebhaft; **3.** F schnell: ***at a ~ pace*** in rasendem Tempo; **4.** F ‚toll'; **II** *adv.* **5.** äußerst.
rat·ty ['rætɪ] *adj.* **1.** rattenverseucht; **2.** Ratten…; **3.** *sl.* gereizt, bissig.
rau·cous ['rɔːkəs] *adj.* □ rauh, heiser.
rav·age ['rævɪdʒ] **I** *s.* **1.** Verwüstung *f*, Verheerung *f*; **2.** *pl.* verheerende (Aus-)Wirkungen *pl.*: ***the ~s of time*** der Zahn der Zeit; **II** *v/t.* **3.** verwüsten, verheeren; plündern: ***a face ~d by grief*** *fig.* ein gramzerfurchtes Gesicht; **III** *v/i.* **4.** Verheerungen anrichten.
rave [reɪv] **I** *v/i.* **1.** a) phantasieren, irrereden, b) toben, wüten (*a. fig. Sturm etc.*), c) *fig.* wettern; **2.** schwärmen (***about, of*** von); **II** *s.* **3.** Pracht *f*; **4.** F

Schwärme'rei *f*: ~ ***review*** ‚Bombenkritik' *f*; **5.** *Brit. sl.* a) Mode *f*, b) → ***rave-up***.

rav·el ['rævl] **I** *v/t.* **1.** *a.* ~ ***out*** ausfasern, auftrennen; entwirren (*a. fig.*); **2.** verwirren, -wickeln (*a. fig.*); **II** *v/i.* **3.** *a.* ~ ***out*** sich auftrennen, sich ausfasern; sich entwirren (*a. fig.*); **III** *s.* **4.** Verwirrung *f*, -wicklung *f*; **5.** loser Faden.

ra·ven¹ ['reɪvn] **I** *s. orn.* Rabe *m*; **II** *adj.* (kohl)rabenschwarz.

rav·en² ['rævn] **I** *v/i.* **1.** rauben, plündern; **2.** gierig (fr)essen; **3.** Heißhunger haben; **4.** lechzen (***for*** nach); **II** *v/t.* **5.** (gierig) verschlingen.

rav·en·ous ['rævənəs] *adj.* □ **1.** ausgehungert, heißhungrig (*beide a. fig.*); **2.** gierig (***for*** auf *acc.*): ~ ***hunger*** Bärenhunger *m*; **3.** gefräßig; **4.** raubgierig (*Tier*).

'rave-up *s. Brit. sl.* ‚tolle Party'.

ra·vine [rə'vi:n] *s.* (Berg)Schlucht *f*, Klamm *f*; Hohlweg *m*.

rav·ing ['reɪvɪŋ] **I** *adj.* □ **1.** tobend, rasend; **2.** phantasierend, delirierend; **3.** F ‚toll', phan'tastisch: ***a ~ beauty***; **II** *s.* **4.** *mst pl.* a) Rase'rei *f*, b) De'lirien *pl.*, Fieberwahn *m*.

rav·ish ['rævɪʃ] *v/t.* **1.** entzücken, hinreißen; **2.** *obs. Frau* a) vergewaltigen, schänden, b) entführen; **3.** *rhet.* rauben, entreißen; **'rav·ish·er** [-ʃə] *s. obs.* **1.** Schänder *m*; **2.** Entführer *m*; **'rav·ish·ing** [-ʃɪŋ] *adj.* □ hinreißend, entzückend.

raw [rɔ:] **I** *adj.* □ **1.** roh (*a. fig. grob*); **2.** roh, ungekocht; **3.** ⚙, ✝ roh, Roh..., unbearbeitet, *a.* ungegerbt (*Leder*), ungewalkt (*Tuch*), ungesponnen (*Wolle etc.*), unvermischt, unverdünnt (*Spirituosen*): ~ ***material*** Rohmaterial *n*, -stoff *m* (*a. fig.*); ~ ***silk*** Rohseide *f*; **4.** *phot.* unbelichtet; **5.** roh, noch nicht ausgewertet: ~ ***data***; **6.** *Am.* nagelneu; **7.** wund(gerieben); offen (*Wunde*); **8.** unwirtlich, rauh, naßkalt (*Wetter, Klima etc.*); **9.** unerfahren, ‚grün'; **10.** *sl.* gemein: ***a ~ deal*** e-e Gemeinheit; **II** *s.* **11.** wund(gerieben)e Stelle; **12.** *fig.* wunder Punkt: ***touch s.o. on the ~*** j-n an s-r empfindlichen Stelle treffen; **13.** ✝ Rohstoff *m*; **14.** ***in the ~*** a) im Naturzustand, b) nackt: ***life in the ~*** *fig.* die grausame Härte des Lebens; **'~-boned** *adj.* hager, (grob)knochig; **'~-hide** *s.* **1.** Rohhaut *f*, -leder *n*; **2.** Peitsche *f*.

raw·ness ['rɔ:nɪs] *s.* **1.** Rohzustand *m*; **2.** Unerfahrenheit *f*; **3.** Wundsein *n*; **4.** Rauheit *f des Wetters*.

ray¹ [reɪ] **I** *s.* **1.** (Licht)Strahl *m*; **2.** *fig.* (*Hoffnungs- etc.*)Strahl *m*, Schimmer *m*; **3.** *phys.*, ⚘, ⚘ Strahl *m*: ~ ***treatment*** ⚕ Strahlenbehandlung *f*, Bestrahlung *f*; **II** *v/i.* **4.** Strahlen aussenden; **5.** sich strahlenförmig ausbreiten; **III** *v/t.* **6.** *a.* ~ ***out*** ausstrahlen; **7.** bestrahlen (*a. phys.*, ⚕), ⚕ F röntgen.

ray² [reɪ] *s. ichth.* Rochen *m*.

ray·on ['reɪɒn] *s.* ✝ 'Kunstseide(nprodukt *n*) *f*: ~ ***staple*** Zellwolle *f*.

raze [reɪz] *v/t.* **1.** *Gebäude* niederreißen; *Festung* schleifen: ~ ***s.th. to the ground*** et. dem Erdboden gleichmachen; **2.** *fig.* ausmerzen; **3.** ritzen, kratzen, streifen.

ra·zor ['reɪzə] *s.* Rasiermesser *n*: (***safety***) ~ Rasierapparat *m*; ~ ***blade*** Rasierklinge *f*; ***as sharp as a ~*** messerscharf; ***be on the ~'s edge*** auf des Messers Schneide stehen; ~ ***cut*** *s.* Messerschnitt *m* (*a. Frisur*); ~ ***strop*** *s.* Streichriemen *m*.

razz [ræz] *v/t. Am. sl.* hänseln, ‚aufziehen'.

raz·zi·a ['ræzɪə] *s. hist.* Raubzug *m*.

raz·zle-daz·zle ['ræzl,dæzl] *s. sl.* **1.** Saufe'rei *f*: ***go on the ~*** ‚auf die Pauke hauen'; **2.** ‚Rummel' *m*; **3.** *Am. sl.* a) ‚Kuddelmuddel' *m, n*, b) ‚Wirbel' *m*, Tam'tam *n*.

re [ri:] (*Lat.*) *prp.* **1.** ⚖ in Sachen; **2.** *bsd.* ✝ betrifft, betreffs, bezüglich.

re- *in Zssgn* **1.** [ri:] wieder, noch einmal, neu: ***reprint***, ***rebirth***; **2.** [rɪ] zu'rück, wider: ***revert***, ***retract***.

're [ə] F *für* ***are***.

re·ab·sorb [,ri:əb'sɔ:b] *v/t.* resorbieren.

reach [ri:tʃ] **I** *v/t.* **1.** (hin-, her)reichen, über'reichen, geben (***s.o. s.th.*** j-m et.); *j-m e-n Schlag* versetzen; **2.** (her)langen, nehmen: ~ ***s.th. down*** et. herunterlangen; **3.** *oft* ~ ***out*** (*od.* ***forth***) *Hand etc.* reichen, 'ausstrecken; **4.** reichen *od.* sich erstrecken bis an (*acc.*) *od.* zu: ***the water ~ed his knees*** das Wasser ging ihm bis an die Knie; **5.** *Zahl, Alter* erreichen; sich belaufen auf (*acc.*); *Auflagenzahl* erleben; **6.** erreichen, erzielen, gelangen zu: ~ ***an understanding***; ~ ***no conclusion*** zu keinem Schluß gelangen; **7.** *Ziel* erreichen, treffen; **8.** *Ort* erreichen, eintreffen in *od.* an (*dat.*): ~ ***home*** nach Hause gelangen; ~ ***s.o.'s ear*** j-m zu Ohren kommen; **9.** *j-n* erreichen (*Brief etc.*); **10.** *fig.* (ein)wirken auf (*acc.*), *durch Werbung etc.* ansprechen *od.* gewinnen *od.* erreichen, bei j-m (*geistig*) 'durchdringen; **II** *v/i.* **11.** (mit der Hand) reichen *od.* greifen *od.* langen; **12.** *a.* ~ ***out*** langen, greifen (***after***, ***for***, ***at*** nach); **13.** reichen, sich erstrecken *od.* ausdehnen (***to*** bis [zu]): ***as far as the eye can ~*** soweit das Auge reicht; **14.** sich belaufen (***to*** auf *acc.*); **III** *s.* **15.** Griff *m*: ***make a ~ for s.th.*** nach et. greifen *od.* langen; **16.** Reich-, Tragweite *f* (*Geschoß, Waffe, Stimme etc.*) (*a. fig.*): ***within ~*** erreichbar; ***within s.o.'s ~*** in j-s Reichweite, für j-n erreichbar *od.* erschwinglich, j-m zugänglich; ***above*** (*od.* ***beyond*** *od.* ***out of***) ~ unerreichbar *od.* unerschwinglich (***of*** für); ***within easy ~ of the station*** vom Bahnhof aus leicht zu erreichen; **17.** Bereich *m*, 'Umfang *m*, Ausdehnung *f*; **18.** (geistige) Fassungskraft, Hori'zont *m*; **19.** a) Ka'nalabschnitt *m* (*zwischen zwei Schleusen*), b) Flußstrecke *f*; **'reach·a·ble** [-tʃəbl] *adj.* erreichbar.

'reach-me-,down F **I** *adj.* **1.** Konfektions..., von der Stange; **2.** abgelegt (*Kleider*); **II** *s.* **3.** *mst pl.* Konfekti'onsanzug *m*, Kleid *n* von der Stange, *pl.* Konfekti'onskleidung *f*; **4.** abgelegtes Kleidungsstück *n* (*das von jüngeren Geschwistern etc. weiter getragen wird*).

re·act [rɪ'ækt] **I** *v/i.* **1.** ⚗, ⚕ reagieren (***to*** auf *acc.*): ***slow to ~*** reaktionsträge; **2.** *fig.* (***to***) reagieren, antworten, eingehen (auf *acc.*), aufnehmen (et.); sich verhalten (auf *acc.*, bei): ~ ***against*** *e-r Sache* entgegenwirken *od.* widerstreben; **3.** ein-, zu'rückwirken, Rückwirkungen haben ([***up***]***on*** auf *acc.*): ~ ***on each other*** sich gegenseitig beeinflussen; **4.** ⚔ e-n Gegenschlag führen; **II** *v/t.* **5.** ⚗ zur Reakti'on bringen.

re-act [,ri:'ækt] *v/t. thea. etc.* wieder'aufführen.

re·act·ance [rɪ'æktəns] *s.* ⚡ Reak'tanz *f*, 'Blind,widerstand *m*.

re·ac·tion [rɪ'ækʃn] *s.* **1.** ⚗, ⚕, *phys.* Reakti'on *f*; **2.** Rückwirkung *f*, -schlag *m*, Gegen-, Einwirkung *f* (***from***, ***against*** gegen, [***up***]***on*** auf *acc.*); **3.** *fig.* (***to***) Reakti'on *f* (auf *acc.*), Verhalten *n* (bei), Stellungnahme *f* (zu); **4.** *pol.* Reakti'on *f* (*a. Bewegung*), Rückschritt (-lertum *n*) *m*; **5.** ✝ rückläufige Bewegung, (*Kurs-, Preis- etc.*)Rückgang *m*; **6.** ⚔ Gegenstoß *m*, -schlag *m*; **7.** ⚙ Gegendruck *m*; **8.** ⚡ Rückkopplung *f*, -wirkung *f*; **re'ac·tion·ar·y** [-ʃnərɪ] **I** *adj. bsd. pol.* reaktio'när; **II** *s. pol.* Reaktio'när(in).

re·ac·tion| drive *s.* ⚙ Rückstoßantrieb *m*; ~ ***time*** *s. psych.* Reakti'onszeit *f*.

re'ac·ti·vate [rɪ'æktɪveɪt] *v/t.* reaktivieren; **re·ac·tive** [rɪ'æktɪv] *adj.* □ **1.** reak'tiv, rück-, gegenwirkend; **2.** empfänglich (***to*** für), Reaktions...; **3.** ⚡ Blind... (*strom, leistung etc.*); **re·ac·tor** [rɪ'æktə] *s.* **1.** *phys.* ('Kern)Re,aktor *m*; **2.** ⚡ Drossel(spule) *f*.

read¹ [ri:d] **I** *v/t.* [*irr.*] **1.** lesen (*a. fig.*): ~ ***s.th. into*** et. in *e-n Text* hineinlesen; ~ ***off*** *et.* ablesen; ~ ***out*** a) *et.* (laut) vorlesen, b) *Buch etc.* auslesen; ~ ***over*** a) durchlesen, b) *formell* vor-, verlesen (*Notar etc.*); ~ ***up*** a) sich in *et.* einlesen, b) *et.* nachlesen; ~ ***s.o.'s face*** in j-s Gesicht lesen; **2.** vor-, verlesen; *Rede etc.* ablesen; **3.** *parl. Vorlage* lesen: ***was read for the third time*** *die Vorlage* wurde in dritter Lesung behandelt; **4.** *Kurzschrift etc.* lesen können; *die Uhr* kennen: ~ ***music*** a) Noten lesen, b) nach Noten spielen *etc.*; **5.** *Traum etc.* deuten; → ***fortune*** 3; **6.** *et.* auslegen, auffassen, verstehen: ***do you ~ me?*** a) *Funk*: können Sie mich verstehen?, b) *fig.* haben Sie mich verstanden?; ***we can take it as ~ that*** wir können (also) davon ausgehen, daß; **7.** *Charakter etc.* durch'schauen: ***I ~ you like a book*** ich lese in dir wie in e-m Buch; **8.** ⚙ a) anzeigen (*Meßgerät*), b) *Barometerstand etc.* ablesen; **9.** *Rätsel* lösen; **II** *v/i.* [*irr.*] **10.** lesen: ~ ***to s.o.*** j-m vorlesen; **11.** e-e Vorlesung *od.* e-n Vortrag halten; **12.** *bsd. Brit.* (***for***) sich vorbereiten (auf *e-e Prüfung etc.*), *et.* studieren: ~ ***for the bar*** sich auf den Anwaltsberuf vorbereiten; ~ ***up on*** sich in *et.* einlesen *od.* einarbeiten; **13.** sich *gut etc.* lesen lassen; **14.** *so u. so.* lauten, heißen: ***the passage ~s as follows***.

read² [red] **I** *pret. u. p.p. von* ***read¹***; **II** *adj.* **1.** gelesen: ***the most-~ book*** das meistgelesene Buch; **2.** belesen (***in*** in *dat.*); → ***well-read***.

read·a·ble ['ri:dəbl] *adj.* □ lesbar: a) lesenswert, b) leserlich.

re·ad·dress [,ri:ə'dres] *v/t.* **1.** *Brief* neu adressieren; **2.** ~ ***o.s.*** sich nochmals wenden (***to*** an *j-n*).

read·er ['ri:də] *s.* **1.** Leser(in); **2.** Vorleser(in); **3.** (Verlags)Lektor *m*, (Ver-

'lags)Lek,torin *f*; **4.** *typ.* Kor'rektor *m*; **5.** *univ. Brit.* außerordentlicher Pro'fessor, Do'zent(in); **6.** a) *ped.* Lesebuch *n*, b) Antholo'gie *f*; **7.** *Computer*: Lesegerät *n*; **'read·er·ship** [-ʃɪp] *s.* **1.** Vorleseramt *n*; **2.** *univ. Brit.* Do'zentenstelle *f*.

read·i·ly ['redɪlɪ] *adv.* **1.** so'gleich, prompt; **2.** bereitwillig, gern; **3.** leicht, ohne weiteres; **'read·i·ness** [-ɪnɪs] *s.* **1.** Bereitschaft *f*: **~ *for war*** Kriegsbereitschaft; ***in* ~** bereit, in Bereitschaft; ***place in* ~** bereitstellen; **2.** Schnelligkeit *f*, Raschheit *f*, Promptheit *f*: **~ *of mind*** *od.* ***wit*** Geistesgegenwart *f*; **3.** Gewandtheit *f*; **4.** Bereitwilligkeit *f*: **~ *to help others*** Hilfsbereitschaft *f*.

read·ing ['ri:dɪŋ] **I** *s.* **1.** Lesen *n*; *weitS.* Büchersstudium *n*; **2.** (Vor)Lesung *f*, Vortrag *m*; **3.** *parl.* Lesung *f*; **4.** Belesenheit *f*: ***a man of vast* ~** ein sehr belesener Mann; **5.** Lek'türe *f*, Lesestoff *m*: ***this book makes good* ~** dieses Buch liest sich gut; **6.** Lesart *f*, Versi'on *f*; **7.** Deutung *f*, Auslegung *f*, Auffassung *f*; **8.** ⚙ Anzeige *f*, Ablesung *f* (*Meßgerät*), (*Barometer- etc.*)Stand *m*; **II** *adj.* **9.** Lese...: **~ *lamp***; **~ desk** *s.* Lesepult *n*; **~ glass** *s.* Vergrößerungsglas *n*, Lupe *f*; **~ glas·ses** *s. pl.* Lesebrille *f*; **~ head** *s. Computer*: Lesekopf *m*; **~ mat·ter** *s.* **1.** Lesestoff *m*; **2.** redaktio'neller Teil (*e-r Zeitung*); **~ public** *s.* Leserschaft *f*, 'Leser,publikum *n*; **~ room** *s.* Lesezimmer *n*, -saal *m*.

re·ad·just [,ri:ə'dʒʌst] *v/t.* **1.** wieder'anpassen; ⚙ nachstellen, -richten; **2.** wieder in Ordnung bringen; † sanieren; *pol. etc.* neu orientieren; **,re·ad'just·ment** [-stmənt] *s.* **1.** Wieder'anpassung *f*; **2.** Neuordnung *f*; † wirtschaftliche Sanierung; **3.** ⚙ Korrek'tur *f*.

re·ad·mis·sion [,ri:əd'mɪʃn] *s.* Wieder'zulassung *f* (**to** zu); **,re·ad'mit** [-'mɪt] *v/t.* wieder zulassen.

'read|·out *s. Computer*: Ausgabe *f* (*von lesbaren Worten*): **~ *pulse*** Leseimpuls *m*; **'~-through** *s. thea.* Leseprobe *f*.

read·y ['redɪ] **I** *adj.* □ → ***readily***; **1.** bereit, fertig (**for** zu *et.*): **~ *for action*** ⚔ einsatzbereit; **~ *for sea*** ⚓ seeklar; **~ *for service*** ⚙ betriebsfertig; **~ *for take-off*** ✈ startbereit; **~ *to operate*** ⚙ betriebsbereit; ***be* ~ *with s.th.*** et. bereithaben *od.* -halten; ***get*** *od.* ***make* ~** (sich) bereit- *od.* fertigmachen; ***are you* ~? *go!*** *sport* Achtung-fertig-los!; **2.** bereit(willig), willens, geneigt (**to** zu); **3.** schnell, rasch, prompt: ***find a* ~ *market*** (*od.* ***sale***) † raschen Absatz finden, gut gehen; **4.** schlagfertig, prompt (*Antwort*), geschickt (*Arbeiter etc.*), gewandt: ***a* ~ *pen*** e-e gewandte Feder; **~ *wit*** Schlagfertigkeit *f*; **5.** im Begriff, nahe dar'an (***to do*** zu tun); **6.** † verfügbar, greifbar (*Vermögenswerte*), bar (*Geld*): **~ *cash*** *od.* ***money*** Bargeld *n*, -zahlung *f*; **~ *money business*** Bar-, Kassageschäft *n*; **7.** bequem, leicht: **~ *at*** (*od.* ***to***) ***hand*** gleich zur Hand; **II** *v/t.* **8.** bereit-, fertigmachen; **III** *s.* **9.** *mst* ***the* ~** *sl.* Bargeld *n*; **10.** ⚔ ***at the* ~** schußbereit (*a. Kamera*); **IV** *adv.* **11.** fertig: **~*-built house*** Fertighaus *n*; **12.** ***readier*** schneller; ***readiest*** am schnellsten; **,~-'made** *adj.* **1.** Konfektions..., von der Stange: **~ *clothes*** Konfektion(sbekleidung *f*) *f*; **~ *shop*** Konfektionsgeschäft *n*; **2.** gebrauchsfertig, Fertig...; **3.** *fig.* schablonisiert, ‚fertig', ‚vorgekaut'; **4.** *fig.* Patent...: **~ *solution***; **~ reck·on·er** *s.* 'Rechenta,belle *f*; **,~-to-'serve** *adj.* tischfertig (*Speise*); **,~-to-'wear** → ***ready-made*** 1; **,~-'witted** *adj.* schlagfertig.

re·af·firm [,ri:ə'fɜ:m] *v/t.* nochmals versichern *od.* beteuern.

re·af·for·est [,ri:æ'fɒrɪst] *v/t.* wieder aufforsten.

re·a·gent [ri:'eɪdʒənt] *s.* **1.** ⚗ Re'agens *n*; **2.** *fig.* Gegenkraft *f*, -wirkung *f*; **3.** *psych.* 'Testperson *f*.

re·al [rɪəl] **I** *adj.* □ → ***really***; **1.** re'al (*a. phls.*), tatsächlich, wirklich, wahr, eigentlich: **~ *life*** das wirkliche Leben; ***the* ~ *thing*** *sl.* das einzig Wahre; **2.** echt (*Seide etc., a. fig. Gefühle, Mann etc.*); **3.** ⚖ a) dinglich, b) unbeweglich: **~ *account*** † Sach(wert)konto *n*; **~ *action*** dingliche Klage; **~ *assets*** unbewegliches Vermögen; **~ *estate*** *od.* ***property*** Grundeigentum *n*, Liegenschaften *pl.*, Immobilien *pl.*; **~ *stock*** † Ist-Bestand *m*; **~ *time*** *Computer*: Echtzeit *f*; **~ *wage*** Reallohn *m*; **4.** *phys.*, A re'ell (*Bild, Zahl etc.*); **5.** ⚡ ohmsch, Wirk...: **~ *power*** Wirkleistung *f*; **II** *adv.* **6.** *bsd. Am.* F sehr, äußerst, ‚richtig': ***for* ~** echt, im Ernst; **III** *s.* **7.** ***the* ~** *phls.* das Re'ale, die Wirklichkeit; **'re·al·ism** [-lɪzəm] *s.* Rea'lismus *m* (*a. phls., lit., paint.*); **'re·al·ist** [-lɪst] **I** *s.* Rea'list(in); **II** *adj.* → **re·al·is·tic** [,rɪə'lɪstɪk] *adj.* (□ **~ally**) rea'listisch (*a. phls., lit., paint.*), wirklichkeitsnah, -getreu, sachlich; **re·al·i·ty** [rɪ'ælətɪ] *s.* **1.** Reali'tät *f*, Wirklichkeit *f*: ***in* ~** in Wirklichkeit, tatsächlich; **2.** Wirklichkeits-, Na'turtreue *f*; **3.** Tatsache *f*, Faktum *n*, Gegebenheit *f*; **re·al·iz·a·ble** ['rɪəlaɪzəbl] *adj.* □ **1.** realisierbar, aus-, 'durchführbar; **2.** † realisierbar, verwertbar, kapitalisierbar, verkäuflich; **re·al·i·za·tion** [,rɪəlaɪ'zeɪʃn] *s.* **1.** Realisierung *f*, Verwirklichung *f*, Aus-, 'Durchführung *f*; **2.** Vergegen'wärtigung *f*, Erkenntnis *f*; **3.** † a) Realisierung *f*, Verwertung *f*, b) Liquidati'on *f*, Glattstellung *f*, c) Erzielung *f e-s Gewinns*: **~ *account*** Liquidationskonto *n*; **re·al·ize** ['rɪəlaɪz] *v/t.* **1.** (klar) erkennen, sich klarmachen, begreifen, erfassen: ***he* ~*d that*** er sah ein, daß; ihm wurde klar *od.* es kam ihm zum Bewußtsein, daß; **2.** verwirklichen, realisieren, aus-, 'durchführen; **3.** sich vergegen'wärtigen, sich (lebhaft) vorstellen; **4.** † a) realisieren, verwerten, zu Geld *od.* flüssig machen, b) *Gewinn, Preis* erzielen; **re·al·ly** ['rɪəlɪ] *adv.* **1.** wirklich, tatsächlich, eigentlich: ***not* ~** eigentlich nicht; ***not* ~!** nicht möglich!; **2.** (*rügend*) **~!** ich muß schon sagen!; **3.** unbedingt: ***you* ~ *must come!***

realm [relm] *s.* **1.** Königreich *n*: ***Peer of the* ♀** Mitglied *n* des Oberhauses; **2.** *fig.* Reich *n*, Sphäre *f*; **3.** Bereich *m*, (Fach-)Gebiet *n*.

re·al·tor ['rɪəltə] *s. Am.* Immo'bilienmakler *m*; **'re·al·ty** [-tɪ] *s.* Grundeigentum *n*, -besitz *m*, Liegenschaften *pl.*

ream¹ [ri:m] *s.* Ries *n* (*480 Bogen Papier*): ***printer's* ~, *long* ~** 516 Bogen Druckpapier; **~*s and* ~*s of*** *fig.* zahllose, große Mengen von.

ream² [ri:m] *v/t.* ⚙ **1.** *Bohrloch etc.* erweitern; **2.** *oft* **~ *out*** a) *Bohrung* (auf-, aus)räumen, b) *Kaliber* ausbohren, c) nachbohren; **'ream·er** [-mə] *s.* **1.** ⚙ Reib-, Räumahle *f*; **2.** *Am.* Fruchtpresse *f*.

re·an·i·mate [,ri:'ænɪmeɪt] *v/t.* **1.** 'wiederbeleben; **2.** *fig.* neu beleben.

reap [ri:p] **I** *v/t.* **1.** *Getreide etc.* schneiden, ernten; **2.** *Feld* mähen, abernten; **3.** *fig.* ernten; **II** *v/i.* **4.** mähen, ernten: ***he* ~*s where he has not sown*** *fig.* er erntet, wo er nicht gesät hat; **'reap·er** [-pə] *s.* **1.** Schnitter(in), Mäher(in): ***the Grim* ♀** *fig.* der Sensenmann; **2.** 'Mähma,schine *f*: **~*-binder*** Mähbinder *m*.

re·ap·pear [,ri:ə'pɪə] *v/i.* wieder erscheinen; **,re·ap'pear·ance** [-ərəns] *s.* 'Wiedererscheinen *n*.

re·ap·pli·ca·tion ['ri:,æplɪ'keɪʃn] *s.* **1.** wieder'holte Anwendung; **2.** erneutes Gesuch; **re·ap·ply** [,ri:ə'plaɪ] **I** *v/t.* wieder *od.* wieder'holt anwenden; **II** *v/i.* (**for**) (*et.*) wiederholt beantragen, erneut e-n Antrag stellen (auf *acc.*); sich erneut bewerben (um).

re·ap·point [,ri:ə'pɔɪnt] *v/t.* wieder ernennen *od.* einsetzen *od.* anstellen.

re·ap·prais·al [,ri:ə'preɪzl] *s.* Neubewertung *f*, -beurteilung *f*.

rear¹ [rɪə] **I** *v/t.* **1.** *Kind* auf-, großziehen, erziehen; *Tiere* züchten; *Pflanzen* ziehen; **2.** *Leiter etc.* aufrichten, -stellen; **3.** *rhet. Gebäude* errichten; **4.** *Haupt, Stimme etc.* (er)heben; **II** *v/i.* **5.** *a.* **~ *up*** sich (auf)bäumen (*Pferd etc.*); **6.** *oft* **~ *up*** (auf-, hoch)ragen.

rear² [rɪə] **I** *s.* **1.** 'Hinter-, Rückseite *f*; *mot.*, ⚓ Heck *n*: ***at*** (*Am.* in) ***the* ~ *of*** hinter (*dat.*); **2.** 'Hintergrund *m*: ***in the* ~ *of*** im Hintergrund (*gen.*); **3.** ⚔ Nachhut *f*: ***bring up the* ~** *allg.* die Nachhut bilden, den Zug beschließen; ***take in the* ~** *den Feind* im Rücken fassen; **4.** F a) ‚Hintern' *m*, b) *Brit.* ‚Lokus' *m* (*Abort*); **II** *adj.* **5.** hinter, Hinter..., Rück... **~ *axle***: *mot.* Hinterachse *f*; **~ *echelon*** ⚔ rückwärtiger Stab; **~ *engine*** *mot.* Heckmotor *m*; **~ ad·mi·ral** *s.* ⚓ 'Konteradmi,ral *m*; **~ drive** *s. mot.* Heckantrieb *m*; **~ end** *s.* **1.** hinter(st)er Teil, Ende *n*; **2.** F ‚Hintern' *m*; **'~-guard** *s.* ⚔ Nachhut *f*: **~ *action*** Rückzugsgefecht *n* (*a. fig.*); **~ gun·ner** *s.* ✈ Heckschütze *m*; **~ lamp**, **~ light** *s. mot.* Schlußlicht *n*.

re·arm [,ri:'ɑ:m] **I** *v/t.* 'wiederbewaffnen; **II** *v/i.* wieder'aufrüsten; **,re'ar·ma·ment** [-məmənt] *s.* Wieder'aufrüstung *f*, 'Wiederbewaffnung *f*.

re·ar·range [,ri:ə'reɪndʒ] *v/t.* neu-, 'umordnen, ändern; **,re·ar'range·ment** [-mənt] *s.* **1.** 'Um-, Neuordnung *f*, Neugestaltung *f*; Änderung *f*; **2.** ⚗ 'Umlagerung *f*; **3.** A 'Umschreibung *f*.

rear| sight *s.* ⚔ Kimme *f*; **'~-view mir·ror**, **'~-,vi·sion mir·ror** *s. mot.* Rückspiegel *m*.

rear·ward ['rɪəwəd] **I** *adj.* **1.** hinter, rückwärtig; **2.** Rückwärts...; **II** *adv. a.* **'rear·wards** [-dz] nach hinten, rückwärts, zu'rück.

rea·son ['ri:zn] **I** *s.* **1.** *ohne art.* Vernunft *f* (*a. phls.*), Verstand *m*, Einsicht *f*: ***Age of* ♀** *hist. die* Aufklärung; ***bring s.o. to* ~** j-n zur Vernunft bringen; ***listen to* ~**

Vernunft annehmen; ***lose one's ~*** den Verstand verlieren; ***it stands to ~*** es ist klar, es leuchtet ein (***that*** daß); ***there is ~ in what you say*** was du sagst, hat Hand u. Fuß; ***in*** (***all***) ***~*** a) in Grenzen, mit Maß u. Ziel, b) mit Recht; ***do everything in ~*** sein möglichstes tun (in gewissen Grenzen); **2.** Grund *m* (***of***, ***for*** *gen. od.* für), Ursache *f* (***for*** *gen.*), Anlaß *m*: ***the ~ why*** (der Grund) weshalb; ***by ~ of*** wegen (*gen.*), infolge (*gen.*); ***for this ~*** aus diesem Grund, deshalb; ***with ~*** aus gutem Grund, mit Recht; ***have ~ to do*** Grund *od.* Anlaß haben, zu tun; ***there is no ~ to suppose*** es besteht kein Grund zu der Annahme; ***there is every ~ to believe*** alles spricht dafür (***that*** daß); ***for ~s best known to oneself*** *iro.* aus unerfindlichen Gründen; **3.** Begründung *f*, Rechtfertigung *f*: ***~ of state*** Staatsräson *f*; **II** *v/i.* **4.** logisch denken; vernünftig urteilen; **5.** schließen, folgern (***from*** aus); **6.** (***with***) vernünftig reden (mit *j-m*), (*j-m*) gut zureden, (*j-n*) zu überˈzeugen suchen: ***he is not to be ~ed with*** er läßt nicht mit sich reden; **III** *v/t.* **7.** *a.* ***~ out*** durchˈdenken: ***~ed*** wohldurchdacht; **8.** ergründen (***why*** warum, ***what*** was); **9.** erörtern: ***~ away*** *et.* wegdisputieren; ***~ s.o. into*** (***out of***) ***s.th.*** j-m et. ein- (aus)reden; **10.** schließen, geltend machen (***that*** daß); **ˈrea·son·a·ble** [-nəbl] *adj.* □ → ***reasonably***; vernünftig: a) vernunftgemäß, b) verständig, einsichtig (*Person*), c) angemessen, annehmbar, tragbar, billig (*Forderung*), zumutbar (*Bedingung*, *Frist*, *Preis etc.*): ***~ doubt*** berechtigter Zweifel; ***~ care and diligence*** ⚖ die im Verkehr erforderliche Sorgfalt; **ˈrea·son·a·ble·ness** [-nəblnɪs] *s.* **1.** Vernünftigkeit *f*, Verständigkeit *f*; **2.** Annehmbarkeit *f*, Zumutbarkeit *f*, Billigkeit *f*; **ˈrea·son·a·bly** [-nəblɪ] *adv.* **1.** vernünftig; **2.** vernünftiger-, billigerweise; **3.** ziemlich, leidlich: ***~ good***; **ˈrea·son·er** [-nə] *s.* logischer Geist (*Person*); **ˈrea·son·ing** [-nɪŋ] **I** *s.* **1.** Denken *n*, Folgern *n*, Urteilen *n*; **2.** *a.* ***line of ~*** Gedankengang *m*; **3.** Argumentatiˈon *f*, Beweisführung *f*; **4.** Schluß(folgerung *f*) *m*, Schlüsse *pl.*; **5.** Arguˈment *n*, Beweis *m*; **II** *adj.* **6.** Denk…, Urteils…

re·as·sem·ble [ˌriːəˈsembl] *v/t.* **1.** (*v/i.* sich) wieder versammeln; **2.** ⚙ wieder zs.-bauen.

re·as·sert [ˌriːəˈsɜːt] *v/t.* **1.** erneut feststellen; **2.** wieder behaupten; **3.** wieder geltend machen.

re·as·sess·ment [ˌriːəˈsesmənt] *s.* **1.** neuerliche (Ab)Schätzung; **2.** † Neuveranlagung *f*; **3.** *fig.* Neubeurteilung *f*.

re·as·sur·ance [ˌriːəˈʃʊərəns] *s.* **1.** Beruhigung *f*; **2.** nochmalige Versicherung, Bestätigung *f*; **3.** † Rückversicherung *f*; **re·as·sure** [ˌriːəˈʃʊə] *v/t.* **1.** *j-n* beruhigen; **2.** *et.* nochmals versichern *od.* beteuern; **3.** † wieder versichern; **ˌre·asˈsur·ing** [-ərɪŋ] *adj.* □ beruhigend.

re·bap·tism [ˌriːˈbæptɪzəm] *s.* ˈWiedertaufe *f*; **re·bap·tize** [ˌriːbæpˈtaɪz] *v/t.* **1.** ˈwiedertaufen; **2.** ˈumtaufen.

re·bate¹ [ˈriːbeɪt] *s.* **1.** Raˈbatt *m*, (Preis-)Nachlaß *m*, Abzug *m*; **2.** Zuˈrückzahlung *f*, (Rück)Vergütung *f*.

re·bate² [ˈræbɪt] → ***rabbet***.

reb·el [ˈrebl] **I** *s.* Reˈbell(in), Empörer (-in) (*beide a. fig.*), Aufrührer(in); **II** *adj.* reˈbellisch, aufrührerisch; Rebellen…; **III** *v/i.* [rɪˈbel] rebellieren, sich empören *od.* auflehnen (***against*** gegen); **re·bel·lion** [rɪˈbeljən] *s.* **1.** Rebelliˈon *f*, Aufruhr *m*, Aufstand *m*, Empörung *f* (***against***, ***to*** gegen); **2.** Auflehnung *f*, offener ˈWiderstand; **reˈbel·lious** [rɪˈbeljəs] *adj.* □ **1.** reˈbellisch: a) aufrührerisch, -ständisch, b) *fig.* aufsässig, ˈwiderspenstig (*a. Sache*); **2.** ✱ hartnäckig (*Krankheit*).

re·birth [ˌriːˈbɜːθ] *s.* ˈWiedergeburt *f* (*a. fig.*).

re·bore [ˌriːˈbɔː] *v/t.* ⚙ **1.** *Loch* nachbohren; **2.** *Motorzylinder* ausschleifen.

re·born [ˌriːˈbɔːn] *adj.* ˈwiedergeboren, neugeboren (*a. fig.*).

re·bound¹ **I** *v/i.* [rɪˈbaʊnd] **1.** zuˈrückprallen, -schnellen; **2.** *fig.* zuˈrückfallen (***upon*** auf *acc.*); **II** *s.* [ˈriːbaʊnd] **3.** Zuˈrückprallen *n*; **4.** Rückprall *m*; **5.** ˈWiderhall *m*; **6.** *fig.* Reaktiˈon *f* (***from*** auf *e-n Rückschlag etc.*): ***on the ~*** a) als Reaktion darauf, b) in e-r Krise (befindlich); ***take s.o. on*** (*od.* ***at***) ***the ~*** j-s Enttäuschung ausnutzen; **7.** *sport* Abpraller *m*.

re·bound² [ˌriːˈbaʊnd] *adj.* neugebunden (*Buch*).

re·broad·cast [ˌriːˈbrɔːdkɑːst] **I** *v/t.* [*irr.* → ***cast***] **1.** *Radio*, *TV*: *e-e Sendung* wiederˈholen; **2.** durch Reˈlais(statiˌonen) überˈtragen; **II** *v/i.* [*irr.* → ***cast***] **3.** über Reˈlais(statiˌonen) senden: ***~ing station*** Ballsender *m*; **III** *s.* **4.** Wiederˈholungssendung *f*; **5.** Reˈlaisüberˌtragung *f*, Ballsendung *f*.

re·buff [rɪˈbʌf] **I** *s.* **1.** (schroffe) Abweisung, Abfuhr *f*: ***meet with a ~*** abblitzen; **II** *v/t.* **2.** zuˈrück-, abweisen, abblitzen lassen; **3.** *Angriff* abweisen, zuˈrückschlagen.

re·build [ˌriːˈbɪld] *v/t.* [*irr.* → ***build***] **1.** wiederˈaufbauen (*a. fig.*); **2.** ˈumbauen; **3.** *fig.* wiederˈherstellen.

re·buke [rɪˈbjuːk] **I** *v/t.* **1.** *j-n* rügen, rüffeln, zuˈrechtweisen, *j-m* e-n scharfen Verweis erteilen; **2.** *et.* scharf tadeln, rügen; **II** *s.* **3.** Rüge *f*, (scharfer) Tadel, Rüffel *m*.

re·bus [ˈriːbəs] *pl.* **-bus·es** [-sɪz] *s.* Rebus *m*, *n*, Bilderrätsel *n*.

re·but [rɪˈbʌt] *bsd.* ⚖ **I** *v/t.* widerˈlegen, entkräften; **II** *v/i.* den Gegenbeweis antreten; **reˈbut·tal** [-tl] *s. bsd.* ⚖ Widerˈlegung *f*, Entkräftung *f*; **reˈbut·ter** [-tə] *s. bsd.* ⚖ Gegenbeweis *m*.

re·cal·ci·trance [rɪˈkælsɪtrəns] *s.* ˈWiderspenstigkeit *f*; **reˈcal·ci·trant** [-nt] *adj.* ˈwiderspenstig.

re·call [rɪˈkɔːl] **I** *v/t.* **1.** zuˈrückrufen, *Gesandten etc.* abberufen; † *defekte Autos etc.* (in die Werkstatt) zuˈrückrufen; **2.** sich erinnern an (*acc.*), sich ins Gedächtnis zurückrufen; **3.** *j-n* erinnern (***to*** an *acc.*): ***~ s.th. to s.o.*** (*od.* ***to s.o.'s mind***) j-m et. ins Gedächtnis zurückrufen; **4.** *poet. Gefühl* wieder wachrufen; **5.** *Versprechen etc.* zuˈrücknehmen, widerˈrufen: ***until ~ed*** bis auf Widerruf; **6.** † *Kapital*, *Kredit etc.* (auf)kündigen; **II** *s.* **7.** Zuˈrückrufung *f*; Abberufung *f e-s Gesandten etc.*; ⚙, † Rückruf *m* (*in die Werkstatt*); **8.** ˈWiderruf *m*, Zuˈrücknahme *f*: ***beyond*** (*od.* ***past***) ***~*** unwiderruflich, unabänderlich; **9.** † (Auf)Kündigung *f*, Aufruf *m*; **10.** ⚔ Siˈgnal *n* zum Sammeln; **11.** (***total*** absoˈlutes) Gedächtnis; ***~ test*** *s. ped.* Nacherzählung *f*.

re·cant [rɪˈkænt] **I** *v/t. Behauptung* (förmˈmell) zuˈrücknehmen, widerˈrufen; **II** *v/i.* (öffentlich) widerˈrufen, Abbitte tun; **re·can·ta·tion** [ˌriːkænˈteɪʃn] *s.* Widerˈrufung *f*.

re·cap¹ [ˌriːˈkæp] *v/t.* ⚙ *Am. Autoreifen* runderneuern.

re·cap² [ˈriːkæp] F *für* ***recapitulate***, ***recapitulation***.

re·cap·i·tal·i·za·tion [ˈriːˌkæpɪtəlaɪˈzeɪʃn] *s.* † Neukapitalisierung *f*.

re·ca·pit·u·late [ˌriːkəˈpɪtjʊleɪt] *v/t. u. v/i.* rekapitulieren (*a. biol.*), (kurz) zs.-fassen *od.* wiederˈholen; **re·ca·pit·u·la·tion** [ˈriːkəˌpɪtjʊˈleɪʃn] *s.* ˌRekapitulatiˈon *f* (*a. biol.*), kurze Wiederˈholung *od.* Zs.-fassung.

re·cap·ture [ˌriːˈkæptʃə] **I** *v/t.* **1.** *et.* wieder (in Besitz) nehmen, ˈwiedererlangen; *j-n* wieder ergreifen; **2.** ⚔ zuˈrückerobern; **II** *s.* **3.** ˈWiedererlangung *f*, -ergreifung *f*; ⚔ Zuˈrückeroberung *f*.

re·cast [ˌriːˈkɑːst] **I** *v/t.* [*irr.* → ***cast***] **1.** ⚙ ˈumgießen; **2.** ˈumformen, neu-, ˈumgestalten; **3.** *thea. Stück*, *Rolle* ˈumbesetzen; *Rollen* neu verteilen; **4.** ˈdurchrechnen; **II** *s.* **5.** ⚙ ˈUmguß *m*; **6.** ˈUmarbeitung *f*, ˈUmgestaltung *f*; **7.** *thea.* Neu-, ˈUmbesetzung *f*.

re·cede [rɪˈsiːd] *v/i.* **1.** zuˈrücktreten, -weichen: ***receding*** fliehend (*Kinn*, *Stirn*); **2.** ent-, verschwinden; *fig. in den Hintergrund* treten; **3.** *fig.* (***from***) zurücktreten (von *e-m Amt*, *Vertrag*), (von *e-r Sache*) Abstand nehmen, (*e-e Ansicht*) aufgeben; *bsd.* † zuˈrückgehen, im Wert fallen.

re·ceipt [rɪˈsiːt] **I** *s.* **1.** Empfang *m e-s Briefes etc.*, Erhalt *m*; Annahme *f e-r Sendung*; Eingang *m von Waren*: ***on ~ of*** bei *od.* nach Empfang (*gen.*); ***be in ~ of*** im Besitz *e-r Sendung etc.* sein; **2.** Empfangsbestätigung *f*, Quittung *f*, Beleg *m*: ***~ stamp*** Quittungsstempel *m*; **3.** *pl.* † Einnahmen *pl.*, Eingänge *pl.*, eingehende Gelder *pl. od.* Waren *pl.*; **4.** *obs.* (ˈKoch)Reˌzept *n*; **II** *v/t. u. v/i.* **5.** quittieren.

re·ceiv·a·ble [rɪˈsiːvəbl] *adj.* **1.** annehmbar, zulässig (*Beweis etc.*): ***to be ~*** als gesetzliches Zahlungsmittel gelten; **2.** † ausstehend (*Forderung*, *Gelder*, *Guthaben*), debiˈtorisch (*Posten*): ***accounts ~***, ***~s*** *s. pl.* Außenstände, Forderungen; ***bills ~*** Rimessen; **re·ceive** [rɪˈsiːv] **I** *v/t.* **1.** *Brief etc.*, *a weitS. Befehl*, *Eindruck*, *Radiosendung*, *Sakramente*, *Wunde* empfangen, *a. Namen*, *Schock*, *Treffer* erhalten, bekommen; *Aufmerksamkeit* finden, auf sich ziehen; *Neuigkeit* erfahren; **2.** in Empfang nehmen, annehmen, *a. Beichte*, *Eid* entgegennehmen; *Geld etc.* einnehmen: ***~ stolen goods*** ⚖ Hehlerei treiben; **3.** *j-n* bei sich aufnehmen, beherbergen; **4.** *Besucher*, *a. weitS. Schauspieler etc.* empfangen (***with applause*** mit Beifall); **5.** *j-n* aufnehmen (***into*** in *e-e Gemeinschaft*); *j-n* zulassen; **6.** *Nachricht etc.* aufnehmen, reagieren auf (*acc.*): ***how did he ~ this offer?***; **7.** *et.* erleben, erleiden, erfahren; *Beleidigung* einstecken; *Armbruch etc.* da'vontragen; **8.** ⚙ *Flüssigkeit, Schraube etc.* aufnehmen; **9.** *et.* (als gültig) anerkennen; **II** *v/i.* **10.** (Besuch) empfangen; **11.** *eccl.* das Abendmahl empfangen, *R.C.* kommunizieren; **re'ceived** [-vd] *adj.* **1.** erhalten: ***~ with thanks*** dankend erhalten; **2.** allgemein anerkannt: ***~ text*** echter *od.* authentischer Text; **3.** gültig, kor'rekt, vorschriftsmäßig; **re'ceiv·er** [-və] *s.* **1.** Empfänger(in); **2.** (Steuer-, Zoll)Einnehmer *m*; **3.** *a.* ***official ~*** ⚖ a) (gerichtlich bestellter) Zwangs- *od.* Kon'kurs- *od.* Masseverwalter, b) Liqui'dator *m*, c) Treuhänder *m*; **4.** *a.* ***~ of stolen goods*** ⚖ Hehler (-in); **5.** (Radio-, Funk)Empfänger *m*, Empfangsgerät *n*; **6.** *teleph.* Hörer *m*; **7.** ⚙ (Sammel)Becken *n*, (-)Behälter *m*; **8.** ⚗, *phys.* Rezipi'ent *m*; **re'ceiv·er·ship** [-vəʃɪp] *s.* ⚖ Zwangs-, Kon'kursverwaltung *f*, Geschäftsaufsicht *f*; **re'ceiv·ing** [-vɪŋ] *s.* **1.** Annahme *f*: ***~ hopper*** ⚙ Schüttrumpf *m*; ***~ office*** Annahmestelle *f*; ***~ order*** ⚖ Konkurseröffnungsbeschluß *m*; **2.** *Funk*: Empfang *m*: ***~ set*** → ***receiver*** 5; ***~ station*** Empfangsstation *f*; **3.** ⚖ Hehle'rei *f*.

re·cen·cy ['ri:snsɪ] *s.* Neuheit *f*.

re·cen·sion [rɪ'senʃn] *s.* **1.** Prüfung *f*, Revisi'on *f*, 'Durchsicht *f e-s Textes etc.*; **2.** revidierter Text.

re·cent ['ri:snt] *adj.* □ **1.** vor kurzem *od.* unlängst (geschehen *od.* entstanden *etc.*): ***the ~ events*** die jüngsten Ereignisse; **2.** neu, jung, frisch: ***of ~ date*** neueren *od.* jüngeren Datums; **3.** neu, mo'dern; **'re·cent·ly** [-lɪ] *adv.* kürzlich, vor kurzem, unlängst, neulich.

re·cep·ta·cle [rɪ'septəkl] *s.* **1.** Behälter *m*, Gefäß *n*; **2.** *a.* ***floral ~*** ⚘ Fruchtboden *m*; **3.** ⚡ a) Steckdose *f*, b) Gerätbuchse *f*.

re·cep·tion [rɪ'sepʃn] *s.* **1.** Empfang *m* (*a. Funk, TV*), Annahme *f*; **2.** Zulassung *f*; **3.** Aufnahme *f* (*a. fig.*): ***meet with a favo(u)rable ~*** e-e günstige Aufnahme finden (*Buch etc.*); **4.** (offizi'eller) Empfang, *a.* Empfangsabend *m*: ***a warm*** (***cool***) ***~*** ein herzlicher (kühler) Empfang; ***~ room*** Empfangszimmer *n*; **re'cep·tion·ist** [-ʃənɪst] *s.* **1.** Empfangsdame *f*; **2.** ⚕ Sprechstundenhilfe *f*.

re·cep·tive [rɪ'septɪv] *adj.* □ aufnahmefähig, empfänglich (***of*** für); **re·cep·tiv·i·ty** [ˌresep'tɪvətɪ] *s.* Aufnahmefähigkeit *f*, Empfänglichkeit *f*.

re·cess [rɪ'ses] **I** *s.* **1.** (zeitweilige) Unter'brechung (*a.* ⚖ *der Verhandlung*), (*Am. a.* Schul)Pause *f*, *bsd. parl.* Ferien *pl.*; **2.** Schlupfwinkel *m*, stiller Winkel; **3.** △ (Wand)Aussparung *f*, Nische *f*, Al'koven *m*; **4.** ⚙ Aussparung *f*, Vertiefung *f*, Einschnitt *m*; **5.** *pl. fig. das* Innere, Tiefe(n *pl.*) *f*, geheime Winkel *pl. des Herzens etc.*; **II** *v/t.* **6.** in e-e Nische stellen, zu'rücksetzen; **7.** aussparen; ausbuchten, einsenken, vertiefen; **III** *v/i.* **8.** *Am.* e-e Pause *od.* Ferien machen, unter'brechen, sich vertagen.

re·ces·sion [rɪ'seʃn] *s.* **1.** Zu'rücktreten *n*; **2.** *eccl.* Auszug *m*; **3.** △ *etc.* Vertiefung *f*; **4.** ✝ Rezessi'on *f*, (leichter) Konjunk'turrückgang: ***period of ~*** Rezessionsphase *f*; **re'ces·sion·al** [-ʃənl] **I** *adj.* **1.** *eccl.* Schluß...; **2.** *parl.* Ferien...; **3.** ✝ Rezessions...; **II** *s.* **4.** *a.* ***~ hymn*** 'Schlußchoˌral *m*.

re·charge [ˌri:'tʃɑ:dʒ] *v/t.* **1.** wieder (be-) laden; **2.** ⚔ a) von neuem angreifen, b) nachladen; **3.** ⚡ *Batterie* wieder aufladen.

re·cher·ché [rə'ʃeəʃeɪ] (*Fr.*) *adj. fig.* **1.** ausgesucht, exqui'sit; **2.** *iro.* gesucht, prezi'ös.

re·chris·ten [ˌri:'krɪsn] → ***rebaptize***.

re·cid·i·vism [rɪ'sɪdɪvɪzəm] *s.* ⚖ Rückfall *m*, -fälligkeit *f*; **re'cid·i·vist** [-ɪst] *s.* Rückfällige(r *m*) *f*; **re'cid·i·vous** [-vəs] *adj.* rückfällig.

rec·i·pe ['resɪpɪ] *s.* ('Koch)ReˌZept *n*.

re·cip·i·ent [rɪ'sɪpɪənt] **I** *s.* **1.** Empfänger (-in); **II** *adj.* **2.** aufnehmend; **3.** empfänglich (***of, to*** für).

re·cip·ro·cal [rɪ'sɪprəkl] **I** *adj.* □ **1.** wechsel-, gegenseitig, *Vertrag, Versicherung* auf Gegenseitigkeit: ***~ service*** Gegendienst *m*; ***~ relationship*** Wechselbeziehung *f*; **2.** 'umgekehrt; **3.** ⩕, *ling., phls.* rezi'prok; **II** *s.* **4.** Gegenstück *n*; **5.** *a.* ***~ value*** ⩕ reziproker Wert, Kehrwert *m*; **re'cip·ro·cate** [-keɪt] **I** *v/t.* **1.** *Gefühle etc.* erwidern, vergelten; *Glückwünsche etc.* austauschen; **II** *v/i.* **2.** sich erkenntlich zeigen, sich revanchieren (***for*** für, ***with*** mit): ***glad to ~*** zu Gegendiensten gern bereit; **3.** in Wechselbeziehung stehen; **4.** ⚙ sich hin- u. herbewegen: ***reciprocating engine*** Kolbenmaschine *f*, -motor *m*; **re·cip·ro·ca·tion** [rɪˌsɪprə'keɪʃn] *s.* **1.** Erwiderung *f*; **2.** Erkenntlichkeit *f*; **3.** Austausch *m*; **4.** Wechselwirkung *f*; **5.** ⚙ ˌHinund'herbewegung *f*; **rec·i·proc·i·ty** [ˌresɪ'prɒsətɪ] *s.* Reziprozi'tät *f*, Gegenseitigkeit *f* (*a.* ✝ *in Verträgen etc.*): ***~ clause*** Gegenseitigkeitsklausel *f*.

re·cit·al [rɪ'saɪtl] *s.* **1.** Vortrag *m*, -lesung *f*; **2.** ♪ (Solo)Vortrag *m*, (*Orgel- etc.*) Kon'zert *n*: ***lieder ~*** Liederabend *m*; **3.** Bericht *m*, Schilderung *f*; **4.** Aufzählung *f*; **5.** ⚖ a) *a.* ***~ of fact*** Darstellung *f* des Sachverhalts, b) Prä'ambel *f e-s Vertrags etc.*; **rec·i·ta·tion** [ˌresɪ'teɪʃn] *s.* **1.** Auf-, Hersagen *n*, Rezitieren *n*; **2.** Vortrag *m*, Rezitati'on *f*; **3.** *ped. Am.* Abfrage-, Übungsstunde *f*; **4.** Vortragsstück *n*, rezitierter Text; **rec·i·ta·tive** [ˌresɪtə'ti:v] ♪ **I** *adj.* rezita'tivartig; **II** *s.* Rezita'tiv *n*, Sprechgesang *m*; **re·cite** [rɪ'saɪt] *v/t.* **1.** (auswendig) her- *od.* aufsagen; **2.** rezitieren, vortragen, deklamieren; **3.** ⚖ a) *Sachverhalt* darstellen, b) anführen, zitieren; **re'cit·er** [-tə] *s.* **1.** Rezi'tator *m*, Rezita'torin *f*, Vortragskünstler(in); **2.** Vortragsbuch *n*.

reck·less ['reklɪs] *adj.* □ **1.** unbesorgt, unbekümmert (***of*** um); ***be ~ of*** sich nicht kümmern um; **2.** sorglos; leichtsinnig; verwegen; **3.** rücksichtslos; ⚖ (bewußt *od.* grob) fahrlässig; **'reck·less·ness** [-nɪs] *s.* **1.** Unbesorgtheit *f*, Unbekümmertheit *f* (***of*** um); **2.** Sorglosigkeit *f*, Leichtsinn *m*, Verwegenheit *f*; **3.** Rücksichtslosigkeit *f*.

reck·on ['rekən] **I** *v/t.* **1.** (be-, er)rechnen: ***~ in*** einrechnen; ***~ over*** nachrechnen; ***~ up*** a) auf-, zs.-zählen, b) *j-n* einschätzen; **2.** halten für: ***~ as*** *od.* ***for*** betrachten als; ***~ among*** *od.* ***with*** rechnen *od.* zählen zu (*od.* unter *acc.*); **3.** der Meinung sein (***that*** daß); **II** *v/i.* **4.** zählen, rechnen: ***~ with*** a) rechnen mit (*a. fig.*), b) abrechnen mit (*a. fig.*); ***he is to be ~ed with*** mit ihm muß man rechnen; ***~ without*** nicht rechnen mit; ***~ (up)on*** *fig.* rechnen *od.* zählen auf *j-n, j-s Hilfe etc.*; ***I ~*** schätze ich, glaube ich; → ***host***² 2; **reck·on·er** ['reknə] *s.* **1.** Rechner(in); **2.** → ***ready reckoner***; **reck·on·ing** ['reknɪŋ] *s.* **1.** Rechnen *n*; **2.** Berechnung *f*, Kalkulati'on *f*; ⚓ Gissung *f*: ***dead ~*** gegißtes Besteck; ***be out of*** (*od.* ***out in***) ***one's ~*** sich verrechnet haben (*a. fig.*); **3.** Abrechnung *f*: ***day of ~*** a) *bsd. fig.* Tag *m* der Abrechnung, b) *eccl. der* Jüngste Tag; **4.** *obs.* Rechnung *f*, Zeche *f*.

re·claim [rɪ'kleɪm] *v/t.* **1.** *Eigentum, Rechte etc.* zu'rückfordern, her'ausverlangen, reklamieren; **2.** *Land* urbar machen, kultivieren, trockenlegen; **3.** *Tiere* zähmen; **4.** *Volk* zivilisieren; **5.** ⚙ *aus Altmaterial* gewinnen, *Altöl, Gummi etc.* regenerieren; **6.** *fig.* a) *j-n* bekehren, bessern, b) *j-n* zu'rückbringen, -führen (***from*** von, ***to*** zu); **re'claim·a·ble** [-məbl] *adj.* □ **1.** (ver)besserungsfähig; **2.** kul'turfähig (*Land*); **3.** ⚙ regenerierfähig.

rec·la·ma·tion [ˌreklə'meɪʃn] *s.* **1.** Reklamati'on *f*: a) Rückforderung *f*, b) Beschwerde *f*; **2.** *fig.* Bekehrung *f*, Besserung *f*, Heilung *f* (***from*** von); **3.** Urbarmachung *f*, Neugewinnung *f* (*von Land*); **4.** ⚙ Rückgewinnung *f*.

re·cline [rɪ'klaɪn] **I** *v/i.* **1.** sich (an-, zu'rück)lehnen: ***reclining chair*** (verstellbarer) Lehnstuhl; **2.** ruhen, liegen (***on, upon*** an, auf *dat.*); **3.** *fig.* ***~ upon*** sich stützen auf (*acc.*); **II** *v/t.* **4.** (an-, zu'rück)lehnen, legen (***on, upon*** auf *acc.*).

re·cluse [rɪ'klu:s] **I** *s.* **1.** Einsiedler(in); **II** *adj.* **2.** einsam, abgeschieden (***from*** von); **3.** einsiedlerisch.

rec·og·ni·tion [ˌrekəg'nɪʃn] *s.* **1.** ('Wieder)Erkennen *n*: ***~ vocabulary*** *ling.* passiver Wortschatz; ***beyond ~, out of ~, past (all) ~*** (bis) zur Unkenntlichkeit *verändert, verstümmelt etc.*; ***the capital has changed beyond (all) ~*** die Hauptstadt ist (überhaupt) nicht wiederzuerkennen; **2.** Erkenntnis *f*; **3.** Anerkennung *f* (*a. pol.*): ***in ~ of*** als Anerkennung für; ***win ~*** sich durchsetzen, Anerkennung finden; **rec·og·niz·a·ble** ['rekəgnaɪzəbl] *adj.* □ ('wieder-) erkennbar, kenntlich; **re·cog·ni·zance** [rɪ'kɒgnɪzəns] *s.* **1.** ⚖ schriftliche Verpflichtung; (Schuld)Anerkenntnis *n*, *f*: ***enter into ~s*** sich gerichtlich binden; **2.** ⚖ Sicherheitsleistung *f*, Kauti'on *f*; **re·cog·ni·zant** [rɪ'kɒgnɪzənt] *adj.*: ***be ~ of*** anerkennen; **rec·og·nize** ['rekəgnaɪz] *v/t.* **1.** ('wieder)erkennen; **2.** *j-n, e-e Regierung, Schuld etc., a. lobend* anerkennen: ***~ that*** zugeben, daß; **3.** No'tiz nehmen von; **4.** *auf der Straße* grüßen; **5.** *j-m* das Wort erteilen.

re·coil **I** *v/i.* [rɪ'kɔɪl] **1.** zu'rückprallen; zu'rückstoßen (*Gewehr etc.*); **2.** *fig.* zu'rückprallen, -schrecken, -schaudern (***at, from*** vor *dat.*); **3.** ***~ on*** *fig.* zu'rückfallen auf (*acc.*); **II** *s.* ['ri:kɔɪl] **4.** Rückprall *m*; **5.** ⚔ a) Rückstoß *m* (*Gewehr*),

b) (Rohr)Rücklauf *m* (*Geschütz*); **re'coil·less** [-lıs] *adj.* ⚔ rückstoßfrei.
rec·ol·lect [ˌrekə'lekt] *v/t.* sich erinnern (*gen.*) *od.* an (*acc.*), sich ins Gedächtnis zu'rückrufen.
re-col·lect [ˌri:kə'lekt] *v/t.* wieder sammeln (*a. fig.*): *~ o.s.* sich fassen.
rec·ol·lec·tion [ˌrekə'lekʃn] *s.* Erinnerung *f* (*Vermögen u. Vorgang*), Gedächtnis *n*: ***it is within my ~*** es ist mir erinnerlich; ***to the best of my ~*** soweit ich mich (daran) erinnern kann.
re·com·mence [ˌri:kə'mens] *v/t. u. v/i.* wieder beginnen.
rec·om·mend [ˌrekə'mend] *v/t.* **1.** empfehlen (***s.th. to s.o.*** j-m et.): ***~ s.o. for a post*** j-n für e-n Posten empfehlen; ***~ caution*** Vorsicht empfehlen, zu Vorsicht raten; **2.** empfehlen, anziehend machen: ***his manners ~ him***; **3.** (an-) empfehlen, anvertrauen: ***~ o.s. to s.o.***; **ˌrec·om'mend·a·ble** [-dəbl] *adj.* □ empfehlenswert; **rec·om·men·da·tion** [ˌrekəmen'deıʃn] *s.* **1.** Empfehlung *f* (*a. fig. Eigenschaft*), Befürwortung *f*, Vorschlag *m*: ***on the ~ of*** auf Empfehlung von; **2.** *a.* ***letter of ~*** Empfehlungsschreiben *n*; **ˌrec·om'mend·a·to·ry** [-dətərı] *adj.* empfehlend, Empfehlungs...
re·com·mis·sion [ˌri:kə'mıʃn] *v/t.* **1.** wieder anstellen *od.* beauftragen; ⚔ *Offizier* reaktivieren; **2.** ⚓ *Schiff* wieder in Dienst stellen.
re·com·mit [ˌri:kə'mıt] *v/t.* **1.** *parl.* (an e-n Ausschuß) zu'rückverweisen; **2.** ⚖ a) *j-n* wieder *dem Gericht* über'antworten, b) *j-n* wieder in *e-e* (*Straf- od. Heil-*) *Anstalt* einweisen.
re·com·pense ['rekəmpens] **I** *v/t.* **1.** *j-n* belohnen, entschädigen (***for*** für); **2.** *et.* vergelten, belohnen (***to s.o.*** j-m); **3.** *et.* erstatten, ersetzen, wieder'gutmachen; **II** *s.* **4.** Belohnung *f*; *a. b.s.* Vergeltung *f*; **5.** Entschädigung *f*, Ersatz *m*.
re·com·pose [ˌri:kəm'pəʊz] *v/t.* **1.** wieder zs.-setzen; **2.** neu (an)ordnen, 'umgestalten, -gruppieren; **3.** *fig.* wieder beruhigen; **4.** *typ.* neu setzen.
rec·on·cil·a·ble ['rekənsaıləbl] *adj.* **1.** versöhnbar; **2.** vereinbar (***with*** mit); **rec·on·cile** ['rekənsaıl] *v/t.* **1.** *j-n* ver-, aussöhnen (***to, with*** mit): ***~ o.s. to, become ~d to*** *fig.* sich versöhnen *od.* abfinden *od.* befreunden mit *et.*, sich fügen *od.* finden in (*acc.*); **2.** *fig.* in Einklang bringen, abstimmen (***with, to*** mit); **3.** *Streit* beilegen, schlichten; **rec·on·cil·i·a·tion** [ˌrekənsılı'eıʃn] *s.* **1.** Ver-, Aussöhnung *f* (***to, with*** mit); **2.** Beilegung *f*, Schlichtung *f*; **3.** Ausgleich(ung *f*) *m*, Einklang *m* (***between*** zwischen *dat.*, unter *dat.*).
rec·on·dite [rı'kɒndaıt] *adj.* □ *fig.* tief (-gründig), ab'strus, dunkel.
re·con·di·tion [ˌri:kən'dıʃn] *v/t. bsd.* ⚙ wieder in'standsetzen, über'holen, erneuern.
re·con·nais·sance [rı'kɒnısəns] *s.* ⚔ a) Erkundung *f*, Aufklärung *f*, b) *a.* ***~ party*** *od.* ***patrol*** Spähtrupp *m*: ***~ car*** Spähwagen *m*; ***~ plane*** Aufklärungsflugzeug *n*, Aufklärer *m*.
rec·on·noi·ter *Am.*, **rec·on·noi·tre** *Brit.* [ˌrekə'nɔıtə] *v/t.* ⚔ erkunden, aufklären, auskundschaften (*a. fig.*), rekognoszieren (*a. geol.*).
re·con·quer [ˌri:'kɒŋkə] *v/t.* 'wieder-, zu'rückerobern; **ˌre'con·quest** [-kwest] *s.* 'Wiedereroberung *f*.
re·con·sid·er [ˌri:kən'sıdə] *v/t.* **1.** von neuem erwägen, nochmals über'legen, nachprüfen; **2.** *pol.*, ⚖ *Antrag, Sache* nochmals behandeln; **re·con·sid·er·a·tion** ['ri:kənˌsıdə'reıʃn] *s.* nochmalige Über'legung *od.* Erwägung *od.* Prüfung.
re·con·stit·u·ent [ˌri:kən'stıtjʊənt] **I** *s.* ⚕ 'Roborans *n*; **II** *adj. bsd.* ⚕ wieder'aufbauend.
re·con·sti·tute [ˌri:'kɒnstıtju:t] *v/t.* **1.** wieder einsetzen; **2.** wieder'herstellen; neu bilden; ⚔ neu aufstellen; **3.** im Wasser auflösen.
re·con·struct [ˌri:kən'strʌkt] *v/t.* **1.** wieder aufbauen (*a. fig.*), wieder herstellen; **2.** 'umbauen (*a.* ⚙ *neu konstruieren*), 'umformen, -bilden; **3.** ✝ wieder'aufbauen, sanieren; **ˌre·con·struc·tion** [ˌri:kən'strʌkʃn] *s.* **1.** Wieder'aufbau *m*, -'herstellung *f*; **2.** 'Umbau *m* (*a.* ⚙ *Neukonstruktion*), 'Umformung *f*; **3.** Rekonstrukti'on *f* (*a. e-s Verbrechens etc.*); **4.** ✝ Sanierung *f*, Wieder'aufbau *m*.
re·con·ver·sion [ˌri:kən'vɜ:ʃn] *s.* ('Rück)ˌUmwandlung *f*, 'Umstellung *f* (*bsd.* ✝ *e-s Betriebs, auf Friedensproduktion etc.*); **ˌre·con'vert** [-'vɜ:t] *v/t.* (wieder) 'umstellen.
rec·ord¹ ['rekɔ:d] *s.* **1.** Aufzeichnung *f*, Niederschrift *f*: ***on ~*** a) (geschichtlich *etc.*) verzeichnet, schriftlich belegt, b) → 4 b, c) *fig. das beste etc.* aller Zeiten, bisher; ***off the ~*** inoffiziell, nicht für die Öffentlichkeit bestimmt; ***on the ~*** offiziell; ***matter of ~*** verbürgte Tatsache; **2.** (schriftlicher) Bericht; **3.** *a.* ⚖ Urkunde *f*, Doku'ment *n*, 'Unterlage *f*; **4.** ⚖ a) Proto'koll *n*, Niederschrift *f*, b) (Gerichts)Akte *f*, Aktenstück *n*: ***on ~*** aktenkundig; ***on the ~ of the case*** nach Aktenlage; ***go on ~*** *fig.* a) sich erklären *od.* festlegen, b) sich erweisen (***as*** als); ***place on ~*** aktenkundig machen; ***court of ~*** ordentliches Gericht; ***~ office*** Archiv *n*; (***just***) ***to put the ~ straight!*** (nur) um das mal klarzustellen!; ***just for the ~!*** (nur) um das mal festzuhalten!; **5.** Re'gister *n*, Liste *f*, Verzeichnis *n*: ***criminal ~*** a) Strafregister, b) *weitS.* Vorstrafen *pl.*; ***have a*** (***criminal***) ***~*** vorbestraft sein; **6.** *a.* ⚙ Registrierung *f*; **7.** a) Ruf *m*, Leumund *m*, Vergangenheit *f*: ***a bad ~***, b) *gute etc.* Leistung(en *pl.*) *in der Vergangenheit*; **8.** *fig.* Urkunde *f*, Zeugnis *n*: ***be a ~ of*** *et.* bezeugen; **9.** (Schall)Platte *f*: ***~ changer*** Plattenwechsler *m*; ***~ library*** a) Plattensammlung *f*, -archiv *n*, b) Plattenverleih *m*; ***~ machine*** *Am.* Musikautomat *m*; ***~ player*** Plattenspieler *m*; **10.** *sport, a. weitS.* Re'kord *m*, Best-, Höchstleistung *f*: ***~ high*** (***low***) ✝ Rekordhoch (-tief) *n*; ***~ performance*** *allg.* Spitzenleistung *f*; ***~ prices*** ✝ Rekordpreise; ***in ~ time*** in Rekordzeit.
re·cord² [rı'kɔ:d] *v/t.* **1.** schriftlich niederlegen; (*a.* ⚙) aufzeichnen, -schreiben; ⚖ beurkunden, protokollieren; zu den Akten nehmen; ✝ *etc.* eintragen, registrieren, erfassen: ***by ~ed delivery*** ✉ per Einschreiben; **2.** ⚙ *Meßwerte* registrieren, verzeichnen; **3.** (*auf Tonband etc.*) aufnehmen, -zeichnen, *Sendung* mitschneiden, *a. fotografisch* festhalten; **4.** *fig.* aufzeichnen, festhalten, der Nachwelt über'liefern; **5.** *Stimme* abgeben; **re·cord·er** [rı'kɔ:də] *s.* **1.** Regi'strator *m*; *weitS.* Chro'nist *m*; **2.** Schrift-, Proto'kollführer(in); **3.** ⚖ *Brit. obs.* Einzelrichter *m* der ***Quarter Sessions***; **4.** ⚙ Aufnahmegerät *n*: a) Regi'strierappaˌrat *m*, (Bild-, Selbst-) Schreiber *m*, b) 'Wiedergabegerät *n*; → ***tape recorder*** *etc.*; **5.** ♪ Blockflöte *f*; **re·cord·ing** [rı'kɔ:dıŋ] **I** *s.* **1.** *a.* ⚙ Aufzeichnung *f*, Registrierung *f*; **2.** Beurkundung *f*; Protokollierung *f*; **3.** *Radio etc.*: Aufnahme *f*, Aufzeichnung *f*, Mitschnitt *m*; **II** *adj.* **4.** Protokoll...; **5.** registrierend: ***~ chart*** Registrierpapier *n*; ***~ head*** a) ⚡ Tonkopf *m* (*Tonbandgerät*), b) Schreibkopf *m* (*Computer*).
re·count¹ [rı'kaʊnt] *v/t.* **1.** (im einzelnen) erzählen; **2.** aufzählen.
re·count² [ˌri:'kaʊnt] *v/t.* nachzählen.
re·coup [rı'ku:p] *v/t.* **1.** 'wiedergewinnen, *Verlust etc.* wieder'einbringen; **2.** *j-n* entschädigen (***for*** für); **3.** ✝, ⚖ einbehalten.
re·course [rı'kɔ:s] *s.* **1.** Zuflucht *f* (***to*** zu): ***have ~ to s.th.*** s-e Zuflucht zu et. nehmen, ***have ~ to foul means*** zu unredlichen Mitteln greifen; **2.** ✝, ⚖ Re'greß *m*, Re'kurs *m*: ***with*** (***without***) ***~*** mit (ohne) Rückgriff; ***liable to ~*** regreßpflichtig.
re·cov·er [rı'kʌvə] **I** *v/t.* **1.** (*a. fig. Appetit, Bewußtsein, Fassung etc.*) 'wiedererlangen, -finden; zu'rückerlangen, -gewinnen; ⚔ 'wieder-, zu'rückerobern; *Fahrzeug, Schiff* bergen: ***~ one's breath*** wieder zu Atem kommen; ***~ one's legs*** wieder auf die Beine kommen; ***~ land from the sea*** dem Meer Land abringen; **2.** *Verluste etc.* wieder'gutmachen, wieder'einbringen, ersetzen; *Zeit* wieder'aufholen; **3.** ⚖ a) *Schuld etc.* einziehen, beitreiben, b) *Urteil* erwirken (***against*** gegen): ***~ damages for*** Schadensersatz erhalten für; **4.** ⚙ *aus Altmaterial* regenerieren, 'wiedergewinnen; **5.** ***~ o.s.*** → 8 *u.* 9.: ***be ~ed from*** wiederhergestellt sein von; **6.** (er)retten, befreien (***from*** aus *dat.*); **7.** *fenc. etc.* in die Ausgangsstellung bringen; **II** *v/i.* **8.** genesen, wieder gesund werden; **9.** sich erholen (***from, of*** von *e-m Schock etc.*) (*a.* ✝); **10.** wieder zu sich kommen, das Bewußtsein 'wiedererlangen; **11.** ⚖ a) Recht bekommen, b) entschädigt werden, sich schadlos halten: ***~ in one's*** (***law-***) ***suit*** s-n Prozeß gewinnen, obsiegen.
re·cov·er·a·ble [rı'kʌvərəbl] *adj.* **1.** 'wiedererlangbar; **2.** wieder'gutzumachen(d); **3.** ⚖ ein-, beitreibbar (*Schuld*); **4.** wieder'herstellbar; **5.** ⚙ regenerierbar; **re·cov·er·y** [rı'kʌvərı] *s.* **1.** (Zu)'Rück-, 'Wiedererlangung *f*, -gewinnung *f*; **2.** ⚖ a) Ein-, Beitreibung *f*, b) *mst* ***~ of damages*** (Erlangung *f* von) Schadenersatz *m*; **3.** ⚙ Rückgewinnung *f aus Abfallstoffen etc.*; **4.** ⚓ *etc.* Bergung *f*, Rettung *f*: ***~ vehicle*** *mot.* Bergungsfahrzeug *n*; Abschleppwagen *m*; **5.** *fig.* Rettung *f*, Bekehrung *f*; **6.** Genesung *f*, Gesundung *f*, Erholung *f* (*a.* ✝), (*gesundheitliche*) Wieder'herstellung: ***economic ~*** Konjunkturauf-

schwung *m*, -belebung *f*; ***be past*** (*od.* ***beyond***) ~ unheilbar krank sein, *fig.* hoffnungslos darniederliegen; **7.** *sport* a) *fenc. etc.* Zu'rückgehen *n* in die Ausgangsstellung, b) *Golf*: Bunkerschlag *m*.

rec·re·an·cy ['rekrɪənsɪ] *s.* **1.** Feigheit *f*; **2.** Abtrünnigkeit *f*; **'rec·re·ant** [-nt] **I** *adj.* □ **1.** feig(e); **2.** abtrünnig, treulos; **II** *s.* **3.** Feigling *m*; **4.** Abtrünnige(r *m*) *f*.

rec·re·ate ['rekrɪeɪt] **I** *v/t.* **1.** erfrischen, *j-m* Erholung *od.* Entspannung gewähren; **2.** erheitern, unter'halten; **3.** ~ ***o.s.*** a) ausspannen, sich erholen, b) sich ergötzen *od.* unterhalten; **II** *v/i.* **4.** → 3.

re-cre·ate [ˌri:krɪ'eɪt] *v/t.* neu *od.* wieder (er)schaffen.

rec·re·a·tion [ˌrekrɪ'eɪʃn] *s.* Erholung *f*, Entspannung *f*, Erfrischung *f*; Belustigung *f*, Unter'haltung *f*: ~ ***area*** Erholungsgebiet *n*; ~ ***centre***, *Am.* ~ ***center*** Freizeitenzentrum *n*; ~ ***ground*** Spiel-, Sportplatz *m*; **ˌrec·re'a·tion·al** [-ʃənl] *adj.* Erholungs…, Entspannungs…, *Ort etc.* der Erholung; Freizeit…: ~ ***value*** Freizeitwert *m*; **rec·re·a·tive** ['rekrɪeɪtɪv] *adj.* **1.** erholsam, entspannend, erfrischend; **2.** unter'haltend.

re·crim·i·nate [rɪ'krɪmɪneɪt] *v/i. u. v/t.* Gegenbeschuldigungen vorbringen (gegen); **re·crim·i·na·tion** [rɪˌkrɪmɪ'neɪʃn] *s.* Gegenbeschuldigung *f*.

re·cru·desce [ˌri:kru:'des] *v/i.* **1.** wieder aufbrechen (*Wunde*); **2.** sich wieder verschlimmern (*Zustand*); **3.** *fig.* wieder'ausbrechen, -'aufflackern (*Übel*); **ˌre·cru'des·cence** [-sns] *s.* **1.** Wieder'aufbrechen *n* (*e-r Wunde etc.*); **2.** *fig.* a) Wieder'ausbrechen *n*, b) Wieder'aufleben *n*.

re·cruit [rɪ'kru:t] **I** *s.* **1.** ⚔ a) Re'krut *m*, b) *Am.* (einfacher) Sol'dat; **2.** Neuling *m* (*a. contp.*); **II** *v/t.* **3.** ⚔ rekrutieren: a) *Rekruten* ausheben, einziehen, b) anwerben, c) *Einheit* ergänzen, erneuern, d) *weitS. Leute* her'anziehen: ***be ~ed from*** sich rekrutieren aus, *fig. a.* sich zs.-setzen *od.* ergänzen aus; **4.** *j-n*, *j-s Gesundheit* wieder'herstellen; **5.** *fig.* stärken, erfrischen; **III** *v/i.* **6.** Rekruten ausheben *od.* anwerben; **7.** sich erholen; **re'cruit·al** [-tl] *s.* Erholung *f*, Wieder'herstellung *f*; **re'cruit·ing** [-tɪŋ] ⚔ **I** *s.* Rekrutierung *f*, (An)Werben *n*; **II** *adj.* Werbe…(*-büro*, *-offizier etc.*); Rekrutierungs…(*-stelle*); **re'cruit·ment** [-mənt] *s.* **1.** Verstärkung *f*, Auffrischung *f*; **2.** *bsd.* ⚔ Rekrutierung *f*; **3.** Erholung *f*.

rec·tal ['rektəl] *adj.* □ *anat.* rek'tal: ~ ***syringe*** Klistierspritze *f*.

rec·tan·gle ['rekˌtæŋgl] *s.* 𝔄 Rechteck *n*; **rec·tan·gu·lar** [rek'tæŋgjʊlə] *adj.* □ 𝔄 **1.** rechteckig; **2.** rechtwink(e)lig.

rec·ti·fi·a·ble ['rektɪfaɪəbl] *adj.* **1.** zu berichtigen(d), korrigierbar; **2.** 𝔄, ⚙, ⚗ rektifizierbar; **rec·ti·fi·ca·tion** [ˌrektɪfɪ'keɪʃn] *s.* **1.** Berichtigung *f*, Verbesserung *f*, Richtigstellung *f*; **2.** 𝔄, ⚗ Rektifikati'on *f*; **3.** ⚡ Gleichrichtung *f*; **4.** *phot.* Entzerrung *f*; **'rec·ti·fi·er** [-aɪə] *s.* **1.** Berichtiger *m*; **2.** ⚗ *etc.* Rektifizierer *m*; **3.** ⚡ Gleichrichter *m*; **4.** *phot.* Entzerrungsgerät *n*; **rec·ti·fy** ['rektɪfaɪ] *v/t.* berichtigen, korrigieren, richtigstellen; *Mißstand etc.* beseitigen; 𝔄, ⚗, ⚙ rektifizieren; ⚡ gleichrichten.

rec·ti·lin·e·al [ˌrektɪ'lɪnɪəl] *adj.*, **ˌrec·ti'lin·e·ar** [-ɪə] *adj.* □ geradlinig; **rec·ti·tude** ['rektɪtju:d] *s.* Geradheit *f*, Rechtschaffenheit *f*.

rec·tor ['rektə] *s.* **1.** *eccl.* Pfarrer *m*; **2.** *univ.* Rektor *m*; **3.** *Scot.* ('Schul)Diˌrektor *m*; **'rec·tor·ate** [-ərət], **'rec·tor·ship** [-ʃɪp] *s.* **1.** *ped.* Rekto'rat *n*; **2.** *eccl.* a) Pfarrstelle *f*, b) Amt *n od.* Amtszeit *f* e-s Pfarrers; **'rec·to·ry** [-tərɪ] *s.* Pfar'rei *f*, Pfarre *f*: a) Pfarrhaus *n*, b) *Brit.* Pfarrstelle *f*, c) Kirchspiel *n*.

rec·tum ['rektəm] *pl.* **-ta** [-tə] *s. anat.* Mastdarm *m*, Rektum *n*.

re·cum·ben·cy [rɪ'kʌmbənsɪ] *s.* **1.** liegende Stellung, Liegen *n*; **2.** *fig.* Ruhe *f*; **re'cum·bent** [-nt] *adj.* □ (sich zu'rück)lehnend, liegend, *a. fig.* ruhend.

re·cu·per·ate [rɪ'kju:pəreɪt] **I** *v/i.* **1.** sich erholen (*a.* †); **II** *v/t.* **2.** 'wiedererlangen; **3.** *Verluste etc.* wettmachen; **re·cu·per·a·tion** [rɪˌkju:pə'reɪʃn] *s.* Erholung *f* (*a. fig.*); **re'cu·per·a·tive** [-rətɪv] *adj.* **1.** stärkend, kräftigend; **2.** Erholungs…

re·cur [rɪ'kɜ:] *v/i.* **1.** 'wiederkehren, wieder'auftreten (*Ereignis*, *Erscheinung etc.*); **2.** *fig. in Gedanken*, *im Gespräch* zu'rückkommen (***to*** auf *acc.*); **3.** *fig.* 'wiederkehren (*Gedanken*); **4.** zu'rückgreifen (***to*** auf *acc.*); **5.** 𝔄 (peri'odisch) wiederkehren (*Kurve etc.*): ***~ring decimal*** periodische Dezimalzahl; **re·currence** [rɪ'kʌrəns] *s.* **1.** 'Wiederkehr *f*, Wieder'auftreten *n*; **2.** Zu'rückgreifen *n* (***to*** auf *acc.*); **3.** *fig.* Zu'rückkommen *n* (*im Gespräch etc.*) (***to*** auf *acc.*); **re·cur·rent** [rɪ'kʌrənt] *adj.* □ **1.** 'wiederkehrend (*a. Zahlungen*, *Träume*), sich wieder'holend; **2.** peri'odisch auftretend: ~ ***fever*** ⚕ Rückfallfieber *n*; **3.** ♀, *anat.* rückläufig (*Nerv*, *Arterie etc.*).

re·cy·cle [ˌri:'saɪkl] *v/t.* **1.** ⚙ *Abfälle* 'wiederverwerten; **2.** † *Kapital* zu'rückschleusen; **re'cy·cling** [-lɪŋ] *s.* ⚙, † Re'cycling *n*: a) ⚙ 'Wiederverwertung *f*: ~ ***of waste material***, b) † Rückschleusung *f*: ~ ***of funds***.

red [red] **I** *adj.* **1.** rot: ~ ***ant*** rote Waldameise; 2 ***Book*** a) Adelskalender *m*, b) *pol.* Rotbuch *n*; ~ ***cabbage*** Rotkohl *m*; 2 ***Cross*** Rotes Kreuz; ~ ***currant*** Johannisbeere *f*; ~ ***deer*** Edel-, Rothirsch *m*; 2 ***Ensign*** brit. Handelsflagge *f*; ~ ***hat*** Kardinalshut *m*; ~ ***heat*** Rotglut *f*; ~ ***herring*** a) Bückling *m*, b) *fig.* Ablenkungsmanöver *n*, falsche Spur; ***draw a ~ herring across the path*** a) ein Ablenkungsmanöver durchführen, b) e-e falsche Spur zurücklassen; ~ ***lead*** *min.* Mennige *f*; ~ ***lead ore*** Rotbleierz *n*; ~ ***light*** Warn-, Stopplicht *n*; ***see the ~ light*** *fig.* die Gefahr erkennen; ***the lights are at ~*** *mot.* die Ampel steht auf Rot; ~ ***tape*** Amtsschimmel *m*, Bürokratismus *m*, Papierkrieg *m*; ***see ~*** ‚rotsehen', wild werden; → ***paint*** 2; ***rag***[1] 1; **2.** rot(glühend); **3.** rot(haarig); **4.** rot(häutig); **5.** *oft* 2 *pol.* rot: a) kommu'nistisch, sozia'listisch, b) sow'jetisch: ***the 2 Army*** die Rote Armee; **II** *s.* **6.** Rot *n*; **7.** *a.* ***~skin*** Rothaut *f* (*Indianer*); **8.** *oft* 2 *pol.* Rote(r *m*) *f*; **9.** *bsd.* † ***be in the ~*** in den roten Zahlen sein; ***get out of the ~*** aus den roten Zahlen herauskommen.

re·dact [rɪ'dækt] *v/t.* **1.** redigieren, her'ausgeben; **2.** *Erklärung etc.* abfassen; **re'dac·tion** [-kʃn] *s.* **1.** Redakti'on *f* (*Tätigkeit*), Her'ausgabe *f*; **2.** (Ab)Fassung *f*; **3.** Neubearbeitung *f*.

ˌred|-'blood·ed *adj. fig.* lebensprühend, vi'tal, feurig; **'~·breast** *s. orn.* Rotkehlchen *n*; **'~·cap** *s.* ‚Rotkäppchen' *n*: a) *Brit. sl.* Mili'tärpoliˌzist *m*, b) *Am.* (Bahnhofs)Gepäckträger *m*; ~ **car·pet** *s.* roter Teppich: ~ ***treatment*** ‚großer Bahnhof'.

red·den ['redn] **I** *v/t.* röten, rot färben; **II** *v/i.* rot werden: a) sich röten, b) erröten (***at*** über *acc.*, ***with*** vor *dat.*).

red·dish ['redɪʃ] *adj.* rötlich.

red·dle ['redl] *s.* Rötel *m*.

re·dec·o·rate [ˌri:'dekəreɪt] *v/t. Zimmer etc.* renovieren, neu streichen *od.* tapezieren.

re·deem [rɪ'di:m] *v/t.* **1.** *Verpflichtung* abzahlen, -lösen, tilgen, amortisieren; **2.** zu'rückkaufen; **3.** † *Staatspapier* auslosen; **4.** *Pfand* einlösen; **5.** *Gefangene etc.* los-, freikaufen; **6.** *Versprechen* erfüllen, einlösen; **7.** *Fehler etc.* wieder'gutmachen, *Sünde* abbüßen; **8.** *schlechte Eigenschaft* aufwiegen, wettmachen, versöhnen mit: ***~ing feature*** a) versöhnender Zug, b) ausgleichendes Moment; **9.** *Ehre*, *Rechte* 'wiedererlangen, wieder'herstellen; **10.** (***from***) bewahren (vor *dat.*); (er)retten (von); befreien (von); **11.** *eccl.* erlösen (***from*** von); **12.** *Zeitverlust* wettmachen; **re'deem·a·ble** [-məbl] *adj.* □ **1.** abzahlbar, -lösbar, tilgbar; kündbar (*Anleihe*); rückzahlbar (*Wertpapier*): ~ ***loan*** Tilgungsdarlehen *n*; **2.** zu'rückkaufbar; **3.** † auslosbar (*Staatspapier*); **4.** einlösbar (*Pfand*, *Versprechen etc.*); **5.** wieder'gutzumachen(d) (*Fehler*), abzubüßen(d) (*Sünde*); **6.** 'wiedererlangbar; **7.** *eccl.* erlösbar; **re'deem·er** [-mə] *s.* **1.** Einlöser(in) *etc.*; **2.** 2 *eccl.* Erlöser *m*, Heiland *m*.

re·de·liv·er [ˌri:dɪ'lɪvə] *v/t.* **1.** *j-n* wieder befreien; **2.** *et.* zu'rückgeben; rückliefern.

re·demp·tion [rɪ'dempʃn] *s.* **1.** Abzahlung *f*, Ablösung *f*, Tilgung *f*, Amortisati'on *f e-r Schuld etc.*: ~ ***fund*** *Am.* † Tilgungsfonds *m*; ~ ***loan*** † Ablösungsanleihe *f*; **2.** Rückkauf *m*; **3.** Auslosung *f von Staatspapieren*; **4.** Einlösung *f e-s Pfandes* (*fig. e-s Versprechens*); **5.** Los-, Freikauf *m e-r Geisel etc.*; **6.** Wieder'gutmachung *f e-s Fehlers*; Abbüßung *f e-r Sünde*; **7.** Ausgleich *m* (***of*** für), Wettmachen *n e-s Nachteils*; **8.** 'Wiedererlangung *f*, Wieder'herstellung *f e-s Rechts etc.*; **9.** *bsd. eccl.* Erlösung *f* (***from*** von): ***past*** *od.* ***beyond ~*** hoffnungs- *od.* rettungslos (verloren); **re'demp·tive** [-ptɪv] *adj. eccl.* erlösend, Erlösungs…

re·de·ploy [ˌri:dɪ'plɔɪ] *v/t.* **1.** *bsd.* ⚔ 'umgrupˌpieren; **2.** ⚔, *a.* † verlegen; **ˌre·de'ploy·ment** [-mənt] *s.* **1.** 'Umgrupˌpierung *f*; (Truppen)Verschiebung *f*; **2.** Verlegung *f*.

re·de·vel·op [ˌri:dɪ'veləp] *v/t.* **1.** neu entwickeln; **2.** *phot.* nachentwickeln; **3.** *Stadtteil etc.* sanieren; **ˌre·de'vel·opment** [-mənt] *s.* **1.** Neuentwicklung *f etc.*; **2.** (Stadt- *etc.*)Sanierung *f*: ~ ***area*** Sanierungsgebiet *n*.

ˌred-ˈhand·ed *adj.*: ***catch s.o. ~*** j-n auf frischer Tat ertappen.

red·hi·bi·tion [ˌredhɪˈbɪʃn] *s.* ⚖ Wandlung *f beim Kauf*; **red·hib·i·to·ry** [redˈhɪbɪtərɪ] *adj.* Wandlungs…(*-klage etc.*): ***~ defect*** Fehler *m* der Sache beim Kauf.

ˌred-ˈhot *adj.* **1.** rotglühend; **2.** glühend heiß; **3.** *fig.* wild, toll; **4.** hitzig, jähzornig; **5.** allerneuest, ˈbrandaktuˌell: ***~ news.***

red·in·te·grate [reˈdɪntɪgreɪt] *v/t.* **1.** wiederˈherstellen; **2.** erneuern.

re·di·rect [ˌriːdɪˈrekt] *v/t.* **1.** *Brief etc.* ˈumadresˌsieren; **2.** *Verkehr* ˈumleiten; **3.** *fig.* e-e neue Richtung geben (*dat.*), ändern.

re·dis·count [ˌriːˈdɪskaʊnt] ✝ **I** *v/t.* **1.** rediskontieren; **II** *s.* **2.** Rediskonˈtierung *f*; **3.** Redisˈkont *m*: ***~ rate*** *Am.* Rediskontsatz *m*; **4.** rediskonˈtierter Wechsel.

re·dis·cov·er [ˌriːdɪˈskʌvə] *v/t.* ˈwiederentdecken.

re·dis·trib·ute [ˌriːdɪˈstrɪbjuːt] *v/t.* **1.** neu verteilen; **2.** wieder verteilen.

ˌred|-ˈlet·ter day *s. fig.* Freuden-, Glückstag *m*; **ˌ~-ˈlight dis·trict** *s.* Borˈdellviertel *n.*

red·ness [ˈrednɪs] *s.* Röte *f.*

re·do [ˌriːˈduː] *v/t.* [*irr.* → ***do***] **1.** nochmals tun *od.* machen; **2.** *Haar etc.* nochmals richten *etc.*

red·o·lence [ˈredəʊləns] *s.* Duft *m*, Wohlgeruch *m*; **ˈred·o·lent** [-nt] *adj.* duftend (***of, with*** nach): ***be ~ of*** *fig. et.* atmen, stark gemahnen an (*acc.*), umˈwittert sein von.

re·dou·ble [ˌriːˈdʌbl] **I** *v/t.* **1.** verdoppeln; **2.** *Bridge*: *j-m* Reˈkontra geben; **II** *v/i.* **3.** sich verdoppeln; **4.** *Bridge*: Reˈkontra geben.

re·doubt [rɪˈdaʊt] *s.* ⚔ **1.** Reˈdoute *f*; **2.** Schanze *f*; **reˈdoubt·a·ble** [-təbl] *adj. rhet. od. iro.* **1.** furchtbar, schrecklich; **2.** gewaltig.

re·dound [rɪˈdaʊnd] *v/i.* **1.** ausschlagen *od.* gereichen (***to*** zu *j-s Ehre*, *Vorteil etc.*); **2.** zuˈteil werden, erwachsen (***to*** *dat.*, ***from*** aus); **3.** zuˈrückfallen, -wirken (***upon*** auf *acc.*).

re·draft [ˌriːˈdrɑːft] **I** *s.* **1.** neuer Entwurf; **2.** ✝ Rück-, Riˈkambiowechsel *m*; **II** *v/t.* **3.** → ***redraw*** I.

re·draw [ˌriːˈdrɔː] [*irr.* → ***draw***] **I** *v/t.* neu entwerfen; **II** *v/i.* ✝ zuˈrücktrasˌsieren (***on*** auf *acc.*).

re·dress [rɪˈdres] **I** *s.* **1.** Abhilfe *f* (*a.* ⚖): ***legal ~*** Rechtshilfe *f*: ***obtain ~ from s.o.*** gegen j-n Regreß nehmen; **2.** Behebung *f*, Beseitigung *f e-s Übelstandes*; **3.** Wiederˈgutmachung *f e-s Unrechts*, *Fehlers etc.*; **4.** Entschädigung *f* (***for*** für); **II** *v/t.* **5.** *Mißstand* beheben, beseitigen, (*dat.*) abhelfen; *Unrecht* wiederˈgutmachen; *Gleichgewicht etc.* wiederˈherstellen; **6.** ✈ *Flugzeug* in die norˈmale Fluglage zuˈrückbringen.

ˌred|-ˈshort *adj. metall.* rotbrüchig; **ˈ~-start** *s. orn.* Rotschwänzchen *n*; **ˌ~-ˈtape** *adj.* büroˈkratisch; **ˌ~-ˈtap·ism** [-ˈteɪpɪzəm] *s.* Bürokraˈtismus *m*; **ˌ~-ˈtap·ist** [-ˈteɪpɪst] *s.* Büroˈkrat(in), Aktenmensch *m.*

re·duce [rɪˈdjuːs] **I** *v/t.* **1.** herˈabsetzen, vermindern, -ringern, -kleinern, reduzieren, *fig. a.* abbauen: ***~d scale*** verjüngter Maßstab; ***on a ~d scale*** in verkleinertem Maßstab; **2.** *Preise* herˈabsetzen, ermäßigen: ***at ~d prices*** zu herabgesetzten Preisen; ***at a ~d fare*** zu ermäßigtem Fahrpreis; **3.** *im Rang*, *Wert etc.* herˈabsetzen, -mindern, -drücken, erniedrigen; *a.* ***~ to the ranks*** ⚔ degradieren; **4.** schwächen, erschöpfen; (*finanziell*) erschüttern: ***in ~d circumstances*** in beschränkten Verhältnissen, verarmt; **5.** (***to***) verwandeln (in *acc.*, zu), machen (zu): ***~ to pulp*** zu Brei machen; ***~d to a skeleton*** zum Skelett abgemagert; **6.** bringen (***to*** zu): ***~ to a system*** in ein System bringen; ***~ to rules*** in Regeln fassen; ***~ to writing*** schriftlich niederlegen, aufzeichnen; ***~ theories into practice*** Theorien in die Praxis umsetzen; **7.** zuˈrückführen, reduzieren (***to*** auf *acc.*): ***~ to absurdity*** ad absurdum führen; **8.** zerlegen (***to*** in *acc.*); **9.** einteilen (***to*** in *acc.*); **10.** anpassen (***to*** *dat. od.* an *acc.*); **11.** ⩘, ⚗, *biol.* reduzieren; *Gleichung* auflösen; ***~ to a common denominator*** auf e-n gemeinsamen Nenner bringen; **12.** *metall.* (aus)schmelzen (***from*** aus); **13.** zwingen, *zur Verzweiflung etc.* bringen: ***~ to obedience*** zum Gehorsam zwingen; ***he was ~d to sell (-ing) his house*** er war gezwungen, sein Haus zu verkaufen; ***~d to tears*** zu Tränen gerührt; **14.** unterˈwerfen, erobern; *Festung* zur ˈÜbergabe zwingen; **15.** beschränken (***to*** auf *acc.*); **16.** *Farben etc.* verdünnen; **17.** *phot.* abschwächen; **18.** ⚕ einrenken, (wieder) einrichten; **II** *v/i.* **19.** (an Gewicht) abnehmen; e-e Abmagerungskur machen; **reˈduc·er** [-sə] *s.* **1.** ⚗ Reduktiˈonsmittel *n*; **2.** *phot.* a) Abschwächer *m*, b) Entwickler *m*; **3.** ⚙ a) Reduˈzierstück *n od.* -maˌschine *f*, b) → ***reducing gear***; **reˈduc·i·ble** [-səbl] *adj.* **1.** reduzierbar (*a.* ⚕), zuˈrückführbar (***to*** auf *acc.*): ***be ~ to*** sich reduzieren *od.* zurückführen lassen auf (*acc.*); **2.** verwandelbar (***to, into*** in *acc.*); **3.** herˈabsetzbar.

re·duc·ing| a·gent [rɪˈdjuːsɪŋ] *s.* ⚗ Reduktiˈonsmittel *n*; **~ di·et** *s.* Abmagerungskur *f*; **~ gear** *s.* ⚙ Unterˈsetzungsgetriebe *n.*

re·duc·tion [rɪˈdʌkʃn] *s.* **1.** Herˈabsetzung *f*, Verminderung *f*, -ringerung *f*, -kleinerung *f*, Reduzierung *f*, *fig. a.* Abbau *m*: ***~ in (od. of) prices*** Preisherabsetzung, -ermäßigung *f*; ***~ in (od. of) wages*** Lohnkürzung *f*; ***~ of interest*** Zinsherabsetzung; ***~ of staff*** Personalabbau *m*; **2.** (Preis)Nachlaß *m*, Abzug *m*, Raˈbatt *m*; **3.** Verminderung *f*, Rückgang *m*: ***import ~*** ✝ Einfuhrrückgang; **4.** Verwandlung *f* (***into, to*** in *acc.*): ***~ into gas*** Vergasung *f*; **5.** Zuˈrückführung *f*, Reduzierung *f* (***to*** auf *acc.*); **6.** Zerlegung *f* (***to*** in *acc.*); **7.** ⚗ Reduktiˈon *f*; **8.** ⩘ Reduktiˈon *f*, Kürzung *f*, Vereinfachung *f*; Auflösung *f von Gleichungen*; **9.** *metall.* (Aus-)Schmelzung *f*; **10.** Unterˈwerfung *f* (***to*** unter *acc.*); Bezwingung *f*, ⚔ Niederkämpfung *f*; **11.** *phot.* Abschwächung *f*; **12.** *biol.* Redukti'on *f*; **13.** ⚕ Einrenkung *f*; **14.** Verkleinerung *f* (*e-s Bildes etc.*); **~ com·pass·es** *s. pl.* Reduktiˈonszirkel *m*; **~ di·vi·sion** *s. biol.* Reduktiˈonsteilung *f*; **~ gear** *s.* ⚙ Reduktiˈons-, Unterˈsetzungsgetriebe *n*; **~ ra·tio** *s.* ⚙ Unterˈsetzungsverhältnis *n.*

re·dun·dance [rɪˈdʌndəns], **reˈdun·dan·cy** [-sɪ] *s.* **1.** ˈÜberfluß *m*, -fülle *f*; **2.** ˈÜberflüssigkeit *f*, ✝ *a.* Arbeitslosigkeit *f*: ***~ letter*** *od.* ***notice*** Entlassungsschreiben *n*; **3.** Wortfülle *f*; **4.** *ling.*, *Informatik*: Redunˈdanz *f*; **reˈdun·dant** [-nt] *adj.* ☐ **1.** ˈüberreichlich, -mäßig; **2.** ˈüberschüssig, -zählig: ***~ workers*** freigesetzte (*entlassene*) Arbeitskräfte; ***make s.o. ~*** j-n freisetzen, -stellen; **3.** ˈüberflüssig; **4.** üppig; **5.** ˈüberfließend (***of, with*** von); **6.** überˈladen (*Stil etc.*), *bsd.* weitschweifig; **7.** *ling.*, *Informatik*: redunˈdant.

re·du·pli·cate [rɪˈdjuːplɪkeɪt] *v/t.* **1.** verdoppeln; **2.** wiederˈholen; **3.** *ling.* reduplizieren.

re·dye [ˌriːˈdaɪ] *v/t.* **1.** nachfärben; **2.** ˈumfärben.

re·ech·o [riːˈekəʊ] **I** *v/i.* ˈwiderhallen (***with*** von); **II** *v/t.* widerhallen lassen.

reed [riːd] *s.* **1.** ⚘ Schilf *n*; (Schilf)Rohr *n*; Ried(gras) *n*: ***broken ~*** *fig.* schwankes Rohr; **2.** *pl. Brit.* (Dachdecker-)Stroh *n*; **3.** Pfeil *m*; **4.** Rohrflöte *f*; **5.** ♪ a) (Rohr)Blatt *n*: ***~ instruments, the ~s*** Rohrblattinstrumente, b) *a.* ***~-stop*** Zungenstimme *f* (*Orgel*); **6.** ⚙ Weberkamm *m*, Blatt *n.*

re-ed·it [ˌriːˈedɪt] *v/t.* neu herˈausgeben; **re-e·di·tion** [ˌriːɪˈdɪʃn] *s.* Neuausgabe *f.*

re-ed·u·cate [ˌriːˈedjʊkeɪt] *v/t.* ˈumschulen; **re-ed·u·ca·tion** [ˈriːˌedjʊˈkeɪʃn] *s.* ˈUmschulung *f.*

reed·y [ˈriːdɪ] *adj.* **1.** schilfig, schilfreich; **2.** lang u. schlank; **3.** dünn, quäkend (*Stimme*).

reef[1] [riːf] *s.* **1.** (Felsen)Riff *n*; **2.** *min.* Ader *f*, (Quarz)Gang *m.*

reef[2] [riːf] ⚓ **I** *s.* Reff *n*; **II** *v/t. Segel* reffen.

reef·er [ˈriːfə] *s.* **1.** ⚓ a) Reffer *m*, b) *sl.* ˈSeekaˌdett *m*, c) Bord-, Maˈtrosenjakke *f*, d) *Am. sl.* Kühlschiff *n*; **2.** *Am. sl.* a) 🚋, *mot.* Kühlwagen *m*, b) Kühlschrank *m*; **3.** *sl.* Marihuˈana-Zigaˌrette *f.*

reek [riːk] **I** *s.* **1.** Gestank *m*, (üble) Ausdünstung, Geruch *m*; **2.** Dampf *m*, Dunst *m*, Qualm *m*; **II** *v/i.* **3.** stinken, riechen (***of, with*** nach), üble Dünste ausströmen; **4.** dampfen, rauchen (***with*** von); **5.** *fig.* (***of, with***) stark riechen (nach), voll sein (von); **ˈreek·y** [-kɪ] *adj.* **1.** dampfend, dunstend; **2.** rauchig.

reel[1] [riːl] **I** *s.* **1.** Haspel *f*, (*Garn- etc.*) Winde *f*; **2.** (*Garn-*, *Schlauch- etc.*) Rolle *f*, (*Bandmaß-*, *Farbband-*, *Film- etc.*)Spule *f*; ϟ Kabeltrommel *f*; **3.** a) Film(streifen) *m*, b) (Film)Akt *m*; **II** *v/t.* **4.** *a.* ***~ up*** aufspulen, -wickeln, -rollen: ***~ off*** abhaspeln, -spulen, *fig.* ‚herunterrasseln': ***~ off a poem.***

reel[2] [riːl] *v/i.* **1.** sich (schnell) drehen, wirbeln: ***my head ~s*** mir schwindelt; **2.** wanken, taumeln: ***~ back*** zurücktaumeln.

reel[3] [riːl] *s.* Reel *m* (*schottischer Volkstanz*).

re-e·lect [ˌriːɪˈlekt] *v/t.* ˈwiederwählen; **ˌre-eˈlec·tion** [-kʃn] *s.* ˈWiederwahl *f*; **re-el·i·gi·ble** [ˌriːˈelɪdʒəbl] *adj.* ˈwiederwählbar.

re·em·bark [ˌriːɪmˈbɑːk] *v/t.* (*v/i.* sich) wieder einschiffen.
re-e·merge [ˌriːɪˈmɜːdʒ] *v/i.* wiederˈauftauchen, -ˈauftreten.
re-en·act [ˌriːɪˈnækt] *v/t.* **1.** wieder in Kraft setzen; **2.** *thea.* neu inszenieren; **3.** *fig.* wiederˈholen; **ˌre-enˈact·ment** [-mənt] *s.* **1.** ˌWiederinˈkraftsetzung *f*; **2.** *thea.* Neuinszenierung *f*.
re-en·gage [ˌriːɪnˈgeɪdʒ] *v/t. j-n* wieder an- *od.* einstellen.
re-en·list [ˌriːɪnˈlɪst] ⚔ *v/t. u. v/i.* (sich) weiter-, ˈwiederverpflichten; (*nur v/i.*) kapitulieren: **~ed man** Kapitulant *m*; **ˌre-enˈlist·ment** [-mənt] *s.* Wiederˈanwerbung *f*.
re-en·ter [ˌriːˈentə] *v/t.* **1.** wieder betreten, wieder eintreten in (*acc.*); **2.** wieder eintragen (*in e-e Liste etc.*); **3.** ⚙ *Farben* auftragen; **re-en·trant** [riːˈentrənt] **I** *adj.* ⛫ einspringend (*Winkel*); **II** *s.* einspringender Winkel; **re-en·try** [riːˈentrɪ] *s.* Wiederˈeintritt *m* (*a. Raumfahrt: in die Erdatmosphäre*; *a.* ⚖ *in den Besitz*).
re-es·tab·lish [ˌriːɪˈstæblɪʃ] *v/t.* **1.** wiederˈherstellen; **2.** wiederˈeinführen, neu gründen.
reeve[1] [riːv] *s. Brit.* a) *hist.* Vogt *m*, b) Gemeindevorsteher *m*.
reeve[2] [riːv] *v/t.* ⚓ *Tauende* einscheren; *das Tau* ziehen (***around*** um).
re-ex·am·i·na·tion [ˈriːɪgˌzæmɪˈneɪʃn] *s.* **1.** Nachprüfung *f*, Wiederˈholungsprüfung *f*; **2.** ⚖ a) nochmaliges (Zeugen-)Verhör, b) nochmalige Unterˈsuchung.
re-ex·change [ˌriːɪksˈtʃeɪndʒ] *s.* **1.** Rücktausch *m*; **2.** † Rück-, Gegenwechsel *m*; **3.** † Rückwechselkosten *pl.*
re-ex·port † **I** *v/t.* [ˌriːekˈspɔːt] **1.** wiederˈausführen; **II** *s.* [ˌriːˈekspɔːt] **2.** Wiederˈausfuhr *f*; **3.** wiederˈausgeführte Ware.
re·fash·ion [ˌriːˈfæʃn] *v/t.* ˈumgestalten, -modeln.
re·fec·tion [rɪˈfekʃn] *s.* **1.** Erfrischung *f*; **2.** Imbiß *m*; **reˈfec·to·ry** [-ktərɪ] *s.* **1.** *R.C.* Refekˈtorium *n* (*Speiseraum*); **2.** *univ.* Mensa *f*.
re·fer [rɪˈfɜː] **I** *v/t.* **1.** verweisen, hinweisen (***to*** auf *acc.*); **2.** *j-n um Auskunft, Referenzen etc.* verweisen (***to*** an *j-n*); **3.** (zur Entscheidung *etc.*) überˈgeben, -ˈweisen (***to*** an *acc.*): **~ back to** ⚖ *Rechtssache* zurückverweisen an *die Unterinstanz*; **~ to drawer** † an Aussteller zurück; **4.** (***to***) zuschreiben (*dat.*), zuˈrückführen (auf *acc.*); **5.** zuordnen, -weisen (***to*** *e-r Klasse etc.*); **II** *v/i.* **6.** (***to***) verweisen, hinweisen, sich beziehen, Bezug haben (auf *acc.*), betreffen (*acc.*): **~ to s.th. briefly** *et.* kurz berühren; **~ring to my letter** Bezug nehmend auf mein Schreiben; ***the point ~red to*** der erwähnte *od.* betreffende Punkt; **7.** sich beziehen *od.* berufen, Bezug nehmen (***to*** auf *j-n*); **8.** (***to***) sich wenden (an *acc.*), (*a. Uhr, Wörterbuch etc.*) befragen; (in *e-m Buch*) nachschlagen, -sehen; **ref·er·a·ble** [rɪˈfɜːrəbl] *adj.* **1.** (***to***) zuzuschreiben(d) (*dat.*), zuˈrückführen(d) (auf *acc.*); **2.** (***to***) zu beziehen(d) (auf *acc.*), bezüglich (*gen.*); **ref·er·ee** [ˌrefəˈriː] **I** *s.* **1.** ⚖, *sport* Schiedsrichter *m*, ⚖ *a.* beauftragter Richter; *Boxen*: Ringrichter *m*; **2.** *parl. etc.* Refeˈrent *m*, Berichterstatter *m*; **3.** ⚖ *etc.* Sachbearbeiter(in), -verständige(r *m*) *f*; **II** *v/i. u. v/t.* **4.** als Schiedsrichter *etc.* fungieren (bei); **ref·er·ence** [ˈrefrəns] **I** *s.* **1.** Verweis(ung *f*) *m*, Hinweis *m* (***to*** auf *acc.*): ***cross-~*** Querverweis: (***list of***) **~s** Quellenangabe *f*, Literaturverzeichnis *n*; ***mark of ~*** → 2 a *u.* 4; **2.** a) Verweiszeichen *n*, b) Verweisstelle *f*, c) Beleg *m*, ˈUnterlage *f*; **3.** Bezugnahme *f* (***to*** auf *acc.*); *Patentrecht*: Entgegenhaltung *f*: ***in*** (*od.* ***with***) **~ to** bezüglich (*gen.*); ***for future*** **~** zu späterer Verwendung; ***terms of ~*** Richtlinien; ***have ~ to*** sich beziehen auf (*acc.*); **4.** *a.* **~ number** Akten-, Geschäftszeichen *n*; **5.** (***to***) Anspielung *f* (auf *acc.*), Erwähnung *f* (*gen.*): ***make ~ to*** auf *et.* anspielen, *et.* erwähnen; **6.** (***to***) Zs.-hang *m* (mit), Beziehung *f* (zu): ***have no ~ to*** nichts zu tun haben mit; ***with ~ to him*** was ihn betrifft; **7.** Rücksicht *f* (***to*** auf *acc.*): ***without ~ to*** ohne Berücksichtigung (*gen.*); **8.** (***to***) Nachschlagen *n*, -sehen *n* (in *dat.*), Befragen *n* (*gen.*): ***book*** (*od.* ***work***) ***of ~*** Nachschlagewerk *n*; **~ library** Handbibliothek *f*; **9.** (***to***) Befragung *f* (*gen.*), Rückfrage *f* (bei); **10.** ⚖ Überˈweisung *f e-r Sache* (***to*** an *ein Schiedsgericht etc.*); **11.** a) Refeˈrenz *f*, Empfehlung *f*, *allg.* Zeugnis *n*, b) Refeˈrenz *f* (*Auskunftgeber*); **II** *adj.* **12.** ⚙, ⛫ Bezugs…: **~ frequency**; **~ value**; **III** *v/t.* **13.** Verweise anbringen in *e-m Buch*; **ref·er·en·dum** [ˌrefəˈrendəm] *pl.* **-dums** *s. pol.* Volksentscheid *m*, -befragung *f*, Refeˈrendum *n*.
re·fill [ˌriːˈfɪl] **I** *v/t.* wieder füllen, nach-, auffüllen; **II** *v/i.* sich wieder füllen; **III** *s.* [ˈriːfɪl] Nach-, Ersatzfüllung *f*; ⚡ Erˈsatzbatteˌrie *f*; Ersatzmine *f* (*Bleistift etc.*); Einlage *f* (*Ringbuch*).
re·fine [rɪˈfaɪn] **I** *v/t.* **1.** ⚙ veredeln, raffinieren, *bsd.* a) *Eisen* frischen, b) *Metall* feinen, c) *Stahl* gar machen, d) *Glas* läutern, e) *Petroleum, Zucker* raffinieren; **2.** *fig.* bilden, verfeinern, kultivieren; **3.** *fig.* läutern, vergeistigen; **II** *v/i.* **4.** sich läutern; **5.** sich verfeinern *od.* kultivieren; **6.** (herˈum)tüfteln ([***up***]***on*** an *dat.*); **7.** **~** (***up***)***on*** verbessern, weiterentwickeln; **reˈfined** [-nd] *adj.* ☐ **1.** geläutert, raffiniert: **~ sugar** Feinzucker *m*, Raffinade *f*; **~ steel** Raffinierstahl *m*; **2.** *fig.* fein, gebildet, kultiviert; **3.** *fig.* raffiniert, subˈtil; **4.** (ˈüber)fein, (-)genau; **reˈfine·ment** [-mənt] *s.* **1.** ⚙ Veredelung *f*, Vergütungs-, Raffinatiˈonsbehandlung *f*; **2.** Verfeinerung *f*; **3.** Feinheit *f der Sprache, e-r Konstruktion etc.*, Raffiˈnesse *f* (*des Luxus etc.*); **4.** Vornehm-, Feinheit *f*, Kultiviertheit *f*, gebildetes Wesen; **5.** Klügeˈlei *f*, Spitzfindigkeit *f*; **reˈfin·er** [-nə] *s.* **1.** ⚙ a) (Eisen)Frischer *m*, b) Raffiˈneur *m*, (Zucker)Sieder *m*, c) *metall.* Vorfrischofen *m*; **2.** Verfeinerer *m*; **3.** Klügler (-in), Haarspalter(in); **reˈfin·er·y** [-nərɪ] *s.* ⚙ **1.** (*Öl-, Zucker- etc.*)Raffineˈrie *f*; **2.** *metall.* (Eisen-, Frisch)Hütte *f*; **reˈfin·ing fur·nace** [-nɪŋ] *s. metall.* Frisch-, Feinofen *m*.
re·fit [ˌriːˈfɪt] **I** *v/t.* **1.** wieder inˈstand setzen, ausbessern; **2.** neu ausrüsten; **II** *v/i.* **3.** ausgebessert *od.* überˈholt werden; **III** *s.* **4.** *a.* **re·fit·ment** [rɪˈfɪtmənt] Wiederinˈstandsetzung *f*, Ausbesserung *f*.
re·fla·tion [riːˈfleɪʃn] *s.* † Reflatiˈon *f*.
re·flect [rɪˈflekt] **I** *v/t.* **1.** *Strahlen etc.* reflektieren, zuˈrückwerfen, -strahlen: **~ing power** Reflexionsvermögen *n*; **2.** *Bild etc.* (ˈwider)spiegeln: **~ing telescope** Spiegelteleskop *n*; **3.** *fig.* (ˈwider)spiegeln, zeigen: ***be ~ed in*** sich (wider)spiegeln in (*dat.*); **~ credit on s.o.** j-m Ehre machen; ***our prices ~ your commission*** † unsere Preise enthalten Ihre Provision; **4.** überˈlegen (***that*** daß, ***how*** wie); **II** *v/i.* **5.** ([***up***]***on***) nachdenken, -sinnen (über *acc.*), (*et.*) überˈlegen; **6.** **~** (***up***)***on*** a) sich abfällig äußern über (*acc.*), *et.* herˈabsetzen, b) ein schlechtes Licht werfen auf (*acc.*), *j-m* nicht gerade zur Ehre gereichen, c) *et.* ungünstig beeinflussen; **reˈflec·tion** [-kʃn] *s.* **1.** *phys.* Reflexiˈon *f*, Zuˈrückstrahlung *f*; **2.** (ˈWider)Spiegelung *f* (*a. fig.*); Reˈflex *m*, ˈWiderschein *m*: ***a faint ~ of*** *fig.* ein schwacher Abglanz (*gen.*); **3.** Spiegelbild *n*; **4.** *fig.* Nachwirkung *f*, Einfluß *m*; **5.** a) Überˈlegung *f*, Erwägung *f*, b) Betrachtung *f*, Gedanke *m* (***on*** über *acc.*): ***on ~*** nach einigem Nachdenken; **6.** abfällige Bemerkung (***on*** über *acc.*), Anwurf *m*: ***cast ~s upon*** herabsetzen, in ein schlechtes Licht setzen; **7.** *anat.* a) Zuˈrückbiegung *f*, b) zuˈrückgebogener Teil; **8.** *physiol.* Reˈflex *m*; **reˈflec·tive** [-tɪv] *adj.* ☐ **1.** reflektierend, zuˈrückstrahlend; **2.** nachdenklich; **reˈflec·tor** [-tə] *s.* **1.** Reˈflektor *m*; **2.** Spiegel *m*; **3.** *mot. etc.* Rückstrahler *m*; Katzenauge *n* (*Fahrrad etc.*); **4.** Scheinwerfer *m*; **re·flex** [ˈriːfleks] **I** *s.* **1.** *physiol.* Reˈflex *m*: **~ action** (*od.* **movement**) Reflexbewegung *f*; **2.** (ˈLicht)Reˌflex *m*, ˈWiderschein *m*; *fig.* Abglanz *m*: **~ camera** (Spiegel)Reflexkamera *f*; **3.** Spiegelbild *n* (*a. fig.*); **II** *adj.* **4.** zuˈrückgebogen; **5.** Reflex…, Rück…; **re·flex·i·ble** [rɪˈfleksəbl] *adj.* reflektierbar; **re·flex·ion** [rɪˈflekʃn] *s.* → ***reflection***; **re·flex·ive** [rɪˈfleksɪv] **I** *adj.* ☐ **1.** zuˈrückwirkend; **2.** *ling.* refleˈxiv, rückbezüglich, Reflexiv…; **II** *s.* **3.** *ling.* a) rückbezügliches Fürwort *od.* Zeitwort, b) reflexive Form.
re·float [ˌriːˈfləʊt] ⚓ **I** *v/t.* wieder flottmachen; **II** *v/i.* wieder flott werden.
re·flux [ˈriːflʌks] *s.* Zuˈrückfließen *n*, Rückfluß *m* (*a.* † *von Kapital*).
re·for·est [ˌriːˈfɒrɪst] *v/t. Land* aufforsten.
re·form[1] [rɪˈfɔːm] **I** *s.* **1.** *pol. etc.* Reˈform *f*, Verbesserung *f*; **2.** Besserung *f*: **~ school** Besserungsanstalt *f*; **II** *v/t.* **3.** reformieren, verbessern; **4.** *j-n* bessern; **5.** *Mißstand etc.* beseitigen; **6.** ⚖ *Am. Urkunde* berichtigen; **III** *v/i.* **7.** sich bessern.
re·form[2], **re-form** [ˌriːˈfɔːm] **I** *v/t.* ˈumformen, -gestalten, -bilden, neu gestalten; **II** *v/i.* sich ˈumformen, sich neu gestalten.
ref·or·ma·tion[1] [ˌrefəˈmeɪʃn] *s.* **1.** Reformierung *f*, Verbesserung *f*; **2.** Besserung *f des Lebenswandels etc.*; **3.** ♀ *eccl.* Reformatiˈon *f*; **4.** ⚖ *Am.* Berichtigung *f e-r Urkunde*.
re·for·ma·tion[2], **re-for·ma·tion** [ˌriːfɔːˈmeɪʃn] *s.* ˈUmbildung *f*, ˈUm-, Neuge-

staltung *f.*

re·form·a·to·ry [rɪˈfɔːmətərɪ] **I** *adj.* **1.** Besserungs...: *~ **measures*** Besserungsmaßnahmen; **2.** Reform...; **II** *s.* **3.** Besserungsanstalt *f*; **reˈformed** [-md] *adj.* **1.** verbessert, neu u. besser gestaltet; **2.** gebessert: *~ **drunkard*** geheilter Trinker; **3.** 𝟐 *eccl.* reformiert; **reˈform·er** [-mə] *s.* **1.** *bsd. eccl.* Reforˈmator *m*; **2.** *pol.* Reˈformer(in); **reˈform·ist** [-mɪst] *s.* **1.** *eccl.* Reformierte(r *m*) *f*; **2.** → ***reformer.***

re·fract [rɪˈfrækt] *v/t. phys. Strahlen* brechen; **reˈfract·ing** [-tɪŋ] *adj. phys.* lichtbrechend, Brechungs..., Refraktions...: *~ **angle*** Brechungswinkel *m*; *~ **telescope*** Refraktor *m*; **reˈfrac·tion** [-kʃn] *s. phys.* **1.** (*Licht-, Strahlen*)Brechung *f*, Refraktiˈon *f*; **2.** *opt.* Brechungskraft *f*; **reˈfrac·tive** [-tɪv] *adj. phys.* Brechungs..., Refraktions...; **reˈfrac·tor** [-tə] *s. phys.* **1.** Lichtbrechungskörper *m*; **2.** Reˈfraktor *m*; **reˈfrac·to·ri·ness** [-tərɪnɪs] *s.* **1.** ˈWiderspenstigkeit *f*; **2.** ˈWiderstandskraft *f*, *bsd.* a) ⚗ Strengflüssigkeit *f*, b) ⚙ Feuerfestigkeit *f*; **3.** ⚕ a) ˈWiderstandsfähigkeit *f gegen Krankheiten*, b) Hartnäckigkeit *f e-r Krankheit*; **reˈfrac·to·ry** [-tərɪ] **I** *adj.* **1.** ˈwiderspenstig, aufsässig; **2.** ⚗ strengflüssig; **3.** ⚙ feuerfest: *~ **clay*** Schamotte(ton *m*) *f*; **4.** ⚕ a) ˈwiderstandsfähig (*Person*), b) hartnäckig (*Krankheit*); **II** *s.* **5.** ⚙ feuerfester Baustoff.

re·frain¹ [rɪˈfreɪn] *v/i.* (***from***) Abstand nehmen *od.* absehen (von), sich (*gen.*) enthalten: *~ **from doing s.th.*** et. unterlassen, es unterlassen, et. zu tun.

re·frain² [rɪˈfreɪn] *s.* Reˈfrain *m.*

re·fran·gi·ble [rɪˈfrændʒɪbl] *adj. phys.* brechbar.

re·fresh [rɪˈfreʃ] **I** *v/t.* **1.** erfrischen, erquicken (*a. fig.*); **2.** *fig. sein Gedächtnis* auffrischen; *Vorrat etc.* erneuern; **II** *v/i.* **3.** sich erfrischen; **4.** frische Vorräte fassen (*Schiff etc.*); **reˈfresh·er** [-ʃə] *s.* **1.** Erfrischung *f*, ‚Gläs-chen' *n* (*Trunk*); **2.** *fig.* Auffrischung *f*: *~ **course*** Auffrischungs-, Wiederholungskurs *m*; ***paint** ~* Neuglanzpolitur *f*; **3.** ⚖ ˈNachschuß (-honoˌrar *n*) *m e-s Anwalts*; **reˈfresh·ing** [-ʃɪŋ] *adj.* □ erfrischend (*a. fig. wohltuend*); **reˈfresh·ment** [-mənt] *s.* Erfrischung *f* (*a. Getränk etc.*): *~ **room*** (Bahnhofs)Büfett *n.*

re·frig·er·ant [rɪˈfrɪdʒərənt] **I** *adj.* **1.** kühlend, Kühl...; **II** *s.* **2.** ⚕ kühlendes Mittel, Kühltrank *m*; **3.** ⚙ Kühlmittel *n*; **re·frig·er·ate** [rɪˈfrɪdʒəreɪt] *v/t.* ⚙ kühlen; **reˈfrig·er·at·ing** [-reɪtɪŋ] *adj.* ⚙ Kühl...(*-raum etc.*), Kälte...(*-maschine etc.*); **re·frig·er·a·tion** [rɪˌfrɪdʒəˈreɪʃn] *s.* Kühlung *f*, Kälteerzeugung *f*, -technik *f*; **reˈfrig·er·a·tor** [-reɪtə] *s.* ⚙ Kühlschrank *m*, -raum *m*, -anlage *f*; ˈKältemaˌschine *f*: *~ **van** Brit.*, *~ **car** Am.* 🚂 Kühlwagen *m*; *~ **van** od. **lorry** Brit.*, *~ **truck** Am. mot.* Kühlwagen *m*; *~ **vessel*** ⚓ Kühlschiff *n.*

re·fu·el [ˌriːˈfjʊəl] *v/t. u. v/i. mot.*, ✈ (auf)tanken.

ref·uge [ˈrefjuːdʒ] **I** *s.* **1.** Zuflucht *f* (*a. fig. Ausweg, a. Person, Gott*), Schutz *m* (***from*** vor): ***seek*** (*od.* ***take***) *~ **in*** *fig.* s-e Zuflucht suchen in *od.* nehmen zu; ***house of** ~* Obdachlosenasyl *n*; **2.** Zuflucht *f*, Zufluchtsort *m*; **3.** *a. ~ **hut*** *mount.* Schutzhütte *f*; **4.** Verkehrsinsel *f*; **II** *v/i.* **5.** Schutz suchen; **ref·u·gee** [ˌrefjʊˈdʒiː] *s.* Flüchtling *m*: *~ **camp*** Flüchtlingslager *n.*

re·ful·gent [rɪˈfʌldʒənt] *adj.* □ glänzend, strahlend.

re·fund¹ **I** *v/t.* [riːˈfʌnd] **1.** *Geld* zuˈrückzahlen, -erstatten, *Verlust, Auslagen* ersetzen, rückvergüten; **2.** *j-m* Rückzahlung leisten, *j-m* seine Auslagen ersetzen; **II** *s.* [ˈriːfʌnd] **3.** Rückvergütung *f.*

re·fund² [ˌriːˈfʌnd] *v/t.* ✝ *Anleihe etc.* neu fundieren.

re·fund·ment [rɪˈfʌndmənt] *s.* Rückvergütung *f.*

re·fur·bish [ˌriːˈfɜːbɪʃ] *v/t.* ˈaufpoˌlieren (*a. fig.*).

re·fur·nish [ˌriːˈfɜːnɪʃ] *v/t.* wieder *od.* neu möblieren *od.* ausstatten.

re·fu·sal [rɪˈfjuːzl] *s.* **1.** Ablehnung *f*, Zuˈrückweisung *f e-s Angebots etc.*; **2.** Verweigerung *f e-r Bitte, des Gehorsams etc., a. Reitsport*; **3.** abschlägige Antwort: ***he will take no** ~* er läßt sich nicht abweisen; **4.** Weigerung *f* (***to do s.th.*** et. zu tun); **5.** ✝ Vorkaufsrecht *n*, Vorhand *f*: ***first** ~ **of*** erstes Anrecht auf (*acc.*); ***give s.o. the** ~ **of s.th.*** j-m das Vorkaufsrecht auf e-e Sache einräumen.

re·fuse¹ [rɪˈfjuːz] **I** *v/t.* **1.** *Amt, Antrag, Kandidaten etc.* ablehnen; *Angebot* ausschlagen; *et. od. j-n* zuˈrückweisen; *j-n* abweisen; *j-m e-e Bitte* abschlagen; **2.** *Befehl, Forderung, Gehorsam* verweigern; *Bitte* abschlagen; **3.** *Kartenspiel: Farbe* verweigern; **4.** *Hindernis* verweigern, scheuen vor (*dat.*) (*Pferd*); **II** *v/i.* **5.** sich weigern, es ablehnen (***to do*** zu tun): ***he** ~**d to believe it*** er wollte es einfach nicht glauben; ***he** ~**d to be bullied*** er ließ sich nicht tyrannisieren; ***it** ~**d to work*** es wollte nicht funktionieren, es ‚streikte'; **6.** absagen (*Gast*); **7.** scheuen (*Pferd*).

ref·use² [ˈrefjuːs] **I** *s.* **1.** ⚙ Abfall *m*, Ausschuß *m*; **2.** (Küchen)Abfall *m*, Müll *m*; **II** *adj.* **3.** wertlos; **4.** Abfall..., Müll...

ref·u·ta·ble [ˈrefjʊtəbl] *adj.* □ widerˈlegbar; **ref·u·ta·tion** [ˌrefjuːˈteɪʃn] *s.* Widerˈlegung *f*; **re·fute** [rɪˈfjuːt] *v/t.* widerˈlegen.

re·gain [rɪˈgeɪn] *v/t.* ˈwiedergewinnen; *a. Bewußtsein etc.* ˈwiedererlangen: *~ **one's feet*** wieder auf die Beine kommen; *~ **the shore*** den Strand wiedergewinnen (*erreichen*).

re·gal [ˈriːgl] *adj.* □ königlich (*a. fig. prächtig*); Königs...

re·gale [rɪˈgeɪl] **I** *v/t.* **1.** erfreuen, ergötzen; **2.** festlich bewirten: *~ **o.s. on*** sich laben an (*dat.*); **II** *v/i.* **3.** (***on***) schwelgen (in *dat.*), sich gütlich tun (an *dat.*).

re·ga·li·a [rɪˈgeɪljə] *s. pl.* (ˈKrönungs-, ˈAmts)Inˌsignien *pl.*

re·gard [rɪˈgɑːd] **I** *v/t.* **1.** ansehen; betrachten (*a. fig.* ***with*** mit *Abneigung etc.*); **2.** *fig.* *~ **as*** betrachten als, halten für: ***be** ~**ed as*** gelten als *od.* für; **3.** *fig.* beachten, berücksichtigen; **4.** respektieren; **5.** achten, (hoch)schätzen; **6.** betreffen, angehen: ***as** ~**s*** was ... betrifft; **II** *s.* **7.** (*fester od. bedeutsamer*) Blick; **8.** Hinblick *m*, -sicht *f* (***to*** auf *acc.*): ***in this** ~* in dieser Hinsicht; ***in** ~ **to*** (*od.* ***of***), ***with** ~ **to*** hinsichtlich, bezüglich, was ... betrifft; ***have** ~ **to*** a) sich beziehen auf (*acc.*), b) in Betracht ziehen; **9.** (***to, for***) Rücksicht(nahme) *f* (auf *acc.*), Beachtung *f* (*gen.*): ***pay no** ~ **to s.th.*** sich um et. nicht kümmern; ***without** ~ **to*** (*od.* ***for***) ohne Rücksicht auf (*acc.*); ***have no** ~ **for s.o.'s feelings*** auf j-s Gefühle keine Rücksicht nehmen; **10.** (Hoch)Achtung *f* (***for*** vor *dat.*); **11.** *pl.* Grüße *pl.*, Empfehlungen *pl.*: ***with kind** ~**s to*** mit herzlichen Grüßen an (*acc.*); ***give him my*** (***best***) *~**s*** grüße ihn (herzlich) von mir; **reˈgard·ful** [-fʊl] *adj.* □ **1.** achtsam, aufmerksam (***of*** auf *acc.*); **2.** rücksichtsvoll (***of*** gegen); **reˈgard·ing** [-dɪŋ] *prp.* bezüglich, betreffs, hinsichtlich (*gen.*); **reˈgard·less** [-lɪs] **I** *adj.* □ **1.** *~ **of*** ungeachtet (*gen.*), ohne Rücksicht auf (*acc.*); **2.** rücksichts-, achtlos; **II** *adv.* **3.** F trotzdem, dennoch; ganz gleich, was passiert *od.* passieren würde; ohne Rücksicht auf Kosten *etc.*

re·gat·ta [rɪˈgætə] *s.* Reˈgatta *f.*

re·gen·cy [ˈriːdʒənsɪ] *s.* **1.** Reˈgentschaft *f* (*Amt, Gebiet, Periode*); **2.** 𝟐 *hist.* Regentschaft(szeit) *f*, *bsd.* a) Réˈgence *f* (*in Frankreich, des Herzogs Philipp von Orléans* [*1715–23*]), b) *in England* (*1811–30*), *von Georg, Prinz von Wales* (*später Georg IV.*).

re·gen·er·ate [rɪˈdʒenəreɪt] **I** *v/t. u. v/i.* **1.** (sich) regenerieren (*a. biol., phys.*, ⚙) (sich) erneuern, (sich) neu *od.* wieder bilden; (sich) wieder erzeugen: ***to be** ~**d*** *eccl.* wiedergeboren werden; **2.** *fig.* (sich) bessern *od.* reformieren; **3.** *fig.* (sich) neu beleben; **4.** ϟ rückkoppeln; **II** *adj.* [-rət] **5.** ge- *od.* verbessert, reformiert; ˈwiedergeboren; **re·gen·er·a·tion** [rɪˌdʒenəˈreɪʃn] *s.* **1.** Regeneratiˈon *f* (*a. biol.*), Erneuerung *f*; **2.** *eccl.* ˈWiedergeburt *f*; **3.** Besserung *f*; **4.** ϟ Rückkopplung *f*; **5.** ⚙ Regenerierung *f*, ˈWiedergewinnung *f*; **reˈgen·er·a·tive** [-nərətɪv] *adj.* □ **1.** (ver)bessernd; **2.** neuschaffend; **3.** Erneuerungs..., Verjüngungs...; **4.** ϟ Rückkopplungs...

re·gent [ˈriːdʒənt] *s.* **1.** Reˈgent(in): ***Queen** 𝟐* Regentin *f*; ***Prince** 𝟐* Prinzregent *m*; **2.** *univ. Am.* Mitglied *n* des ˈAufsichtskomiˌtees; **ˈre·gent·ship** [-ʃɪp] *s.* Reˈgentschaft *f.*

reg·i·cide [ˈredʒɪsaɪd] *s.* **1.** Königsmörder *m*; **2.** Königsmord *m.*

re·gime, *a.* **ré·gime** [reɪˈʒiːm] *s.* **1.** *pol.* Reˈgime *n*, Regierungsform *f*; **2.** (vor-)herrschendes Syˈstem: ***matrimonial** ~* ⚖ eheliches Güterrecht; **3.** → ***regimen*** 1.

reg·i·men [ˈredʒɪmən] *s.* **1.** ⚕ gesunde Lebensweise, *bsd.* Diˈät *f*; **2.** Regierung *f*, Herrschaft *f*; **3.** *ling.* Rektiˈon *f.*

reg·i·ment **I** *s.* [ˈredʒɪmənt] **1.** ⚔ Regiˈment *n*; **2.** *fig.* (große) Schar; **II** *v/t.* [ˈredʒɪment] **3.** *fig.* reglementieren, bevormunden; **4.** organisieren, systeˈmatisch einteilen.

reg·i·men·tal [ˌredʒɪˈmentl] *adj.* □ Regiments...: *~ **officer** Brit.* Truppenoffizier *m*; **reg·i·men·tals** [ˌredʒɪˈmentlz] *s. pl.* ⚔ (Regiˈments)Uniˌform *f*; **reg·i·men·ta·tion** [ˌredʒɪmenˈteɪʃn] *s.* **1.** Organisierung *f*, Einteilung *f*; **2.** Reglementierung *f*, Diriˈgismus *m*, Bevormundung *f*.

Re·gi·na [rɪˈdʒaɪnə] (*Lat.*) *s. Brit.* ⚖ *die* Königin; *weitS. die* Krone, *der* Staat: ~ **versus John Doe**.

re·gion [ˈriːdʒən] *s.* **1.** Gebiet *n* (*a. meteor.*), (*a.* ⚕ *Körper*)Gegend *f*, (*a. Höhen-, Tiefen*)Regiˈon *f*, Landstrich *m*; (Verwaltungs)Bezirk *m*; **2.** *fig.* Gebiet *n*, Bereich *m*, Sphäre *f*; (*a. himmlische etc.*) Regiˈon: **in the ~ of** von ungefähr …; **ˈre·gion·al** [-dʒənl] *adj.* □ regioˈnal; örtlich, loˈkal (*beide a.* ⚕); Orts…; Bezirks…: ~ (**station**) *Radio*: Regioˈnalsender *m*; **ˈre·gion·al·ism** [-dʒənəlɪzəm] *s.* **1.** Regionaˈlismus *m*, Loˈkalpatriotismus *m*; **2.** Heimatkunst *f*; **3.** *ling.* nur regioˈnal gebrauchter Ausdruck.

reg·is·ter [ˈredʒɪstə] **I** *s.* **1.** Reˈgister *n* (*a. Computer*), (Eintragungs)Buch *n*, (*a.* Inhalts)Verzeichnis *n*; (*Wähler- etc.*)Liste *f*: ~ **of births, marriages, and deaths** Personenstandsregister; ~ **of companies** Handelsregister; (**ship's**) ~ Schiffsregister; ~ **ton** ⚓ Registertonne *f*; **2.** ⚙ a) Registriervorrichtung *f*, Zählwerk *n*: **cash ~** Registrier-, Kontrollkasse *f*, b) Schieber *m*, Klappe *f*, Venˈtil *n*; **3.** ♪ a) (ˈOrgel)Reˌgister *n*, b) Stimm-, Tonlage *f*, c) ˈStimmˌumfang *m*; **4.** *typ.* Reˈgister *n*; **5.** *phot.* genaue Einstellung; **6.** → **registrar**; **II** *v/t.* **7.** registrieren, (in ein Register *etc.*) eintragen *od.* -schreiben (lassen), anmelden (**for school** zur Schule); *weitS.* amtlich erfassen; (*a. fig. Erfolg etc.*) verzeichnen, -buchen: ~ **a company** e-e Firma handelsgerichtlich eintragen; **8.** ✝ *Warenzeichen* anmelden; *Artikel* gesetzlich schützen; **9.** *Postsachen* einschreiben (lassen); *Gepäck* aufgeben; **10.** ⚙ *Meßwerte* registrieren, anzeigen; **11.** *fig. Empfindung* zeigen, ausdrücken, registrieren; **12.** *typ.* in das Reˈgister bringen; **13.** ⚔ *Geschütz* einschießen; **III** *v/i.* **14.** sich (in das Hoˈtelreˌgister, in die Wählerliste *etc.*) eintragen (lassen); *univ. etc.* sich einschreiben (**for** für); **15.** sich (an)melden (**at, with** bei *der Polizei etc.*); **16.** *typ.* Reˈgister halten; **17.** ⚙ a) sich decken, genau passen, b) einrasten; **18.** ♪ registrieren; **19.** ⚔ sich einschießen; **ˈreg·is·tered** [-əd] *adj.* **1.** eingetragen (✝ *Geschäftssitz, Gesellschaft, Warenzeichen*); **2.** ✝ gesetzlich geschützt: ~ **design** (*od.* **pattern**) Gebrauchsmuster *n*; **3.** ✝ registriert, Namens…: ~ **bonds** Namensschuldverschreibungen; ~ **capital** autorisiertes (Aktien)Kapital; ~ **share** (*Am.* **stock**) Namensaktie *f*; **4.** ✉ eingeschrieben, Einschreibe…(*-brief etc.*): **~!** Einschreiben!; **reg·is·trar** [ˌredʒɪˈstrɑː] *s.* Regiˈstrator *m*, Archiˈvar(in), Urkundsbeamte(r) *m*; *Brit.* Standesbeamte(r) *m*; ⚕ *Brit.* Krankenhausarzt *m*, -ärztin *f*: **~'s office** a) Standesamt *n*, b) Registratur *f*; **2-General** *Brit.* oberster Standesbeamter; ~ **in bankruptcy** ⚖ *Brit.* Konkursrichter *m*; **reg·is·tra·tion** [ˌredʒɪˈstreɪʃn] *s.* **1.** (*bsd.* amtliche) Registrierung, Erfassung *f*, Eintragung *f* (*a.* ✝ *e-r Gesellschaft, e-s Warenzeichens*); *mot.* Zulassung *f e-s Fahrzeugs*; **2.** (*polizeiliche, a. Hotel-, Schul- etc.*) Anmeldung, Einschreibung *f*: **compulsory ~** (An)Meldepflicht *f*; ~ **fee** Anmelde-, Einschreibgebühr *f*; ✝ Umschreibungsgebühr *f* (*Aktien*); ~ **form** (An)Meldeformular *n*; ~ **office** Meldestelle *f*, Einwohnermeldeamt *n*; **3.** Zahl *f* der Erfaßten, registrierte Zahl; **4.** ✉ Einschreibung *f*; **5.** *a.* ~ **of luggage** *bsd. Brit.* Gepäckaufgabe *f*: ~ **window** Gepäckschalter *m*; **ˈreg·is·try** [-trɪ] *s.* **1.** Registrierung *f* (*a. e-s Schiffs*): ~ **fee** *Am.* Anmelde-, Einschreibegebühr *f*; **port of ~** ⚓ Registerhafen *m*; **2.** Reˈgister *n*; **3.** *a.* ~ **office** a) Registraˈtur *f*, b) Standesamt *n*, c) ˈStellenverˌmittlungsbüˌro *n*.

reg·let [ˈreglɪt] *s.* **1.** △ Leistchen *n*; **2.** *typ.* a) Reˈglette *f*, b) (ˈZeilen)ˌDurchschuß *m*.

reg·nant [ˈregnənt] *adj.* regierend; *fig.* (vor)herrschend.

re·gress I *v/i.* [rɪˈgres] **1.** sich rückwärts bewegen; **2.** *fig.* a) sich rückläufig entwickeln, b) *biol., psych.* sich zuˈrückbilden *od.* -entwickeln; **II** *s.* [ˈriːgres] **3.** Rückwärtsbewegung *f*; **4.** rückläufige Entwicklung; **reˈgres·sion** [-eʃn] *s.* **1.** → **regress** II; **2.** Regressiˈon *f*: a) *biol. psych.* Rückentwicklung *f*, b) ⚖ Beziehung *f*; **reˈgres·sive** [-sɪv] *adj.* □ **1.** rückläufig; **2.** rückwirkend (*Steuer etc., a. ling. Akzent*); **3.** *biol.* regresˈsiv.

re·gret [rɪˈgret] **I** *s.* **1.** Bedauern *n* (**at** über *acc.*): **to my ~** zu m-m Bedauern, leider; **2.** Reue *f*; **3.** Schmerz *m*, Trauer *f* (**for** um); **II** *v/t.* **4.** bedauern, bereuen: **it is to be ~ted** es ist bedauerlich; **I ~ to say** ich muß leider sagen; **5.** *Vergangenes etc., a. Tote* beklagen, trauern um, *j-m od. e-r Sache* nachtrauern; **reˈgret·ful** [-fʊl] *adj.* □ bedauernd, reue-, kummervoll; **reˈgret·ta·ble** [-təbl] *adj.* □ **1.** bedauerlich; **2.** bedauernswert, zu bedauern(d); **reˈgret·ta·bly** [-təblɪ] *adv.* bedauerlicherweise.

re·grind [ˌriːˈgraɪnd] *v/t.* [*irr.* → **grind**] ⚙ nachschleifen.

re·group [ˌriːˈgruːp] *v/t.* ˈum-, neugruppieren, (*a.* ✝ *Kapital*) ˈumschichten; **reˈgroup·ment** [-mənt] *s.* ˈUmgrupˌpierung *f*.

reg·u·lar [ˈregjʊlə] **I** *adj.* □ **1.** *zeitlich* regelmäßig; 🚂 *etc.* fahrplanmäßig: ~ **air service** regelmäßige Flugverbindung; ~ **business** ✝ laufende Geschäfte; ~ **customer** → 14; **at ~ intervals** in regelmäßigen Abständen; **2.** regelmäßig (*in Form od. Anordnung*), ebenmäßig; symˈmetrisch; **3.** regelmäßig, geregelt, geordnet (*Lebensweise etc.*); **4.** pünktlich, genau; **5.** reguˈlär, norˈmal, gewohnt; **6.** richtig, geprüft, gelernt: **a ~ cook**; ~ **doctor** approbierter Arzt; **7.** richtig, vorschriftsmäßig, formgerecht; **8.** F ‚richtig(gehend)': ~ **rascal**; **a ~ guy** *Am.* ein Pfundskerl; **9.** ⚔ a) reguˈlär (*Kampftruppe*), b) Berufs…, akˈtiv (*Heer, Soldat*); **10.** *sport*: Stamm…: ~ **player**; **make the ~ team** sich e-n Stammplatz (*in der Mannschaft*) erobern; *eccl.* Ordens…; **II** *s.* **11.** Ordensgeistliche(r) *m*; **12.** ⚔ akˈtiver Solˈdat, Beˈrufssolˌdat *m*; *pl.* reguˈläre Truppen *pl.*; **13.** *pol. Am.* treuer Parˈteianhänger; **14.** F Stammkunde *m*, -kundin *f*, -gast *m*; **reg·u·lar·i·ty** [ˌregjʊˈlærətɪ] *s.* **1.** Regelmäßigkeit *f*: a) Gleichmäßigkeit *f*, Stetigkeit *f*, b) regelmäßige Form; **2.** Ordnung *f*, Richtigkeit *f*; **ˈreg·u·lar·ize** [-əraɪz] *v/t.* regeln, festlegen.

reg·u·late [ˈregjʊleɪt] *v/t.* **1.** *Geschäft, Verdauung, Verkehr etc.* regeln; ordnen; (*a.* ✝ *Wirtschaft*) lenken; **2.** ⚖ (gesetzlich) regeln; **3.** ⚙ a) *Geschwindigkeit etc.* regulieren, regeln, b) *Gerät, Uhr* (ein)stellen; **4.** anpassen (**according to** an *acc.*); **ˈreg·u·lat·ing** [-tɪŋ] *adj.* ⚙ Regulier…, (Ein)Stell…: ~ **screw** Stellschraube *f*; ~ **switch** Regelschalter *m*; **reg·u·la·tion** [ˌregjʊˈleɪʃn] **I** *s.* **1.** Regelung *f*, Regulierung *f* (*a.* ⚙); ⚙ Einstellung *f*; **2.** Verfügung *f*, (Ausführungs)Verordnung *f*; *pl.* a) ˈDurchführungsbestimmungen *pl.*, b) Satzung(en *pl.*) *f*, Staˈtuten *pl.*, c) (Dienst-, Betriebs)Vorschrift *f*: **~s of the works** Betriebsordnung *f*; **traffic ~s** Verkehrsvorschriften; **according to ~s** nach Vorschrift, vorschriftsmäßig; **contrary to ~s** vorschriftswidrig; **II** *adj.* **3.** vorschriftsmäßig; ⚔ *a.* Dienst…(*-mütze etc.*); **ˈreg·u·la·tive** [-lətɪv] *adj.* regelnd, regulierend, *a. phls.* regulaˈtiv; **ˈreg·u·la·tor** [-tə] *s.* **1.** ⚡ Regler *m*; **2.** *Uhrmacherei*: Reguˈlator *m* (*a. Uhr*); **3.** ⚙ Regulier-, Stellvorrichtung *f*: ~ **valve** Reglerventil *n*; **4.** ⚗ Reguˈlator *m*; **ˈreg·u·la·to·ry** [-leɪtərɪ] *adj.* Durch-, Ausführungs…

re·gur·gi·tate [rɪˈgɜːdʒɪteɪt] **I** *v/i.* zuˈrückfließen; **II** *v/t.* wieder ausströmen, -speien; *Essen* erbrechen.

re·ha·bil·i·tate [ˌriːəˈbɪlɪteɪt] *v/t.* **1.** rehabilitieren: a) wiederˈeinsetzen (**in** in *acc.*), b) *j-s* Ruf wiederˈherstellen, c) *e-n Versehrten* wieder ins Berufsleben eingliedern; **2.** *et. od. j-n* wiederˈherstellen; **3.** ⚖ *Strafentlassenen* resozialisieren; **4.** *Altbauten*, ✝ *e-n Betrieb etc.* sanieren; **re·ha·bil·i·ta·tion** [ˈriːəˌbɪlɪˈteɪʃn] *s.* **1.** Rehabilitierung *f*: a) Wiederˈeinsetzung *f* (*in frühere Rechte*), b) Ehrenrettung *f*, c) *a.* **vocational ~** Wiederˈeingliederung *f* ins Berufsleben: ~ **centre** (*Am.* **center**) Rehabilitationszentrum *n*; **2.** Wiederˈherstellung *f*; ✝ Sanierung *f*: **industrial ~** wirtschaftlicher Wiederaufbau; **3.** *a.* **social ~** ⚖ Resozialisierung *f*.

re·hash [ˈriːhæʃ] **I** *s.* **1.** *fig. et.* Aufgewärmtes, Wiederˈholung *f*, ‚Aufguß' *m*; **2.** Wiederˈaufwärmen *n*; **II** *v/t.* [ˌriːˈhæʃ] **3.** *fig.* wiederˈaufwärmen, ˈwiederkäuen.

re·hear·ing [ˌriːˈhɪərɪŋ] *s.* ⚖ erneute Verhandlung.

re·hears·al [rɪˈhɜːsl] *s.* **1.** *thea.*, ♪ *u. fig.* Probe *f*: **be in ~** einstudiert werden; **final ~** Generalprobe; **2.** Einstudierung *f*; **3.** Wiederˈholung *f*; **4.** Aufsagen *n*, Vortrag *m*; **5.** *fig.* Litaˈnei *f*; **re·hearse** [rɪˈhɜːs] *v/t.* **1.** *thea.*, ♪ *et.* proben (*a. v/i. u. fig.*), *Rolle etc.* einstudieren; **2.** wiederˈholen; **3.** aufzählen; **4.** aufsagen, rezitieren; **5.** *fig. Möglichkeiten etc.* ˈdurchspielen.

reign [reɪn] **I** *s.* **1.** Regierung *f*, Regierungszeit *f*: **in** (*od.* **under**) **the ~ of** unter der Regierung (*gen.*); **2.** Herrschaft *f* (*a. fig. der Mode etc.*): ~ **of law** Rechtsstaatlichkeit *f*; **2 of terror** Schreckensherrschaft; **II** *v/i.* **3.** regieren, herrschen (**over** über *acc.*); **4.** *fig.* (vor)herrschen: **silence ~ed** es herrschte Stille.

re·im·burs·a·ble [ˌriːɪmˈbɜːsəbl] *adj.* rückzahlbar; **re·im·burse** [ˌriːɪmˈbɜːs] *v/t.* **1.** *j-n* entschädigen (**for** für): **~ o.s.** sich entschädigen *od.* schadlos halten; **2.** *et.* zuˈrückzahlen, vergüten, *Auslagen* erstatten, *Kosten* decken; ˌ**re·im·ˈburse·ment** [-mənt] *s.* **1.** Entschädigung *f*; **2.** (ˈWieder)Erstattung *f*, (Rück)Vergütung *f*, (Kosten)Deckung *f*: **~ credit** † Rembourskredit *m*.

re·im·port † **I** *v/t.* [ˌriːɪmˈpɔːt] **1.** wiederˈeinführen; **II** *s.* [ˌriːˈɪmpɔːt] **2.** ˈWiedereinfuhr *f*; **3.** *pl.* wiederˈeingeführte Waren *pl.*

rein [reɪn] **I** *s.* **1.** *oft pl.* Zügel *m mst pl.* (*a. fig.*): **draw ~** (an)halten, zügeln (*a. fig.*); **give a horse the ~(s)** die Zügel locker lassen; **give free ~(s) to** *s-r Phantasie* freien Lauf lassen *od.* die Zügel schießen lassen; **keep a tight ~ on** *j-n* fest an der Kandare haben; **take** (*od.* **assume**) **the ~s of government** die Zügel (der Regierung) in die Hand nehmen; **II** *v/t.* **2.** *Pferd* aufzäumen; **3.** lenken: **to ~ back** (*od.* **in**, **up**) (*a. v/i.*) a) anhalten, b) verhalten; **4.** *a.* **~ in** *fig.* zügeln, im Zaum halten.

re·in·car·na·tion [ˌriːɪnkɑːˈneɪʃn] *s.* Reinkarnatiˈon *f*: a) (Glaube *m* an die) Seelenwanderung *f*, b) ˈWiederverkörperung *f*, -geburt *f*.

rein·deer [ˈreɪnˌdɪə] *pl.* **-deer** *od.* **-deers** *s. zo.* Ren(tier) *n*.

re·in·force [ˌriːɪnˈfɔːs] **I** *v/t.* **1.** verstärken (*a.* ⚙, *Gewebe etc.*, *a.* ⚔ *u. fig.* ⚙ *Beton* armieren: **~d concrete** Eisen-, Stahlbeton *m*; **2.** *fig. Gesundheit* kräftigen, *Worte* bekräftigen, *Beweis* unterˈmauern; **II** *s.* **3.** ⚙ Verstärkung *f*; ˌ**re·inˈforce·ment** [-mənt] *s.* **1.** Verstärkung *f*; Armierung *f* (*Beton*); *pl.* ⚔ Verstärkungstruppen *pl.*; **2.** *fig.* Unterˈmauerung *f*, Bekräftigung *f*.

re·in·stall [ˌriːɪnˈstɔːl] *v/t.* wiederˈeinsetzen; ˌ**re·inˈstal(l)·ment** [-mənt] *s.* Wiederˈeinsetzung *f*.

re·in·state [ˌriːɪnˈsteɪt] *v/t.* **1.** *j-n* wiederˈeinsetzen (**in** in *acc.*); **2.** *et.* (wieder) inˈstand setzen; **3.** *j-n od. et.* wiederˈherstellen; *Versicherung etc.* wiederˈaufleben lassen; ˌ**re·inˈstate·ment** [-mənt] *s.* **1.** Wiederˈeinsetzung *f*; **2.** Wiederˈherstellung *f*.

re·in·sur·ance [ˌriːɪnˈʃʊərəns] *s.* † Rückversicherung *f*; **re·in·sure** [ˌriːɪnˈʃʊə] *v/t.* **1.** rückversichern; **2.** nachversichern.

re·in·vest·ment [ˌriːɪnˈvestmənt] *s.* † Neu-, ˈWiederanlage *f*.

re·is·sue [ˌriːˈɪʃuː] **I** *v/t.* **1.** *Banknoten etc.* wieder ausgeben; **2.** *Buch* neu herˈausgeben; **II** *s.* **3.** ˈWieder-, Neuausgabe *f*: **~ patent** Abänderungspatent *n*.

re·it·er·ate [riːˈɪtəreɪt] *v/t.* (ständig) wiederˈholen; **re·it·er·a·tion** [riːˌɪtəˈreɪʃn] *s.* Wiederˈholung *f*.

re·ject I *v/t.* [rɪˈdʒekt] **1.** *Antrag*, *Kandidaten*, *Lieferung*, *Verantwortung etc.* ablehnen; *Ersuchen*, *Freier etc.* ab-, zuˈrückweisen; *Bitte* abschlagen; *et.* verwerfen; *Nahrung* verweigern: **be ~ed** *pol. u. thea.* durchfallen; **2.** (als wertlos) ausscheiden; **3.** *Essen* wieder von sich geben (*Magen*); **4.** ⚕ *körperfremdes Gewebe etc.* abstoßen; **II** *s.* [ˈriːdʒekt] **5.** ⚔ Ausgemusterte(r) *m*, Untaugliche(r) *m*; **6.** † ˈAusschußarˌtikel *m*; **re·jec·ta·men·ta** [rɪˌdʒektəˈmentə] *s. pl.* **1.** Abfälle *pl.*; **2.** Strandgut *n*; **3.** *physiol.* Exkreˈmente *pl.*; **reˈjec·tion** [-kʃn] *s.* **1.** Ablehnung *f*, Zuˈrückweisung *f*, Verwerfung *f*; †, ⚙ Abnahmeverweigerung *f*; **2.** Ausscheidung *f*; **3.** *pl.* Ausschußartikel *pl.*; **4.** ⚕ Abstoßung *f*; **5.** *pl. physiol.* Exkreˈmente *pl.*; **reˈjec·tor** [-tə] *s. a.* **~ circuit** ⚡ Sperrkreis *m*.

re·joice [rɪˈdʒɔɪs] **I** *v/i.* **1.** sich freuen, frohˈlocken (**in**, **at** über *acc.*); **2. ~ in** sich *e-r Sache* erfreuen; **II** *v/t.* **3.** erfreuen: **~d at** (*od.* **by**) erfreut über (*acc.*); **reˈjoic·ing** [-sɪŋ] **I** *s.* **1.** Freude *f*, Frohˈlocken *n*; **2.** *oft pl.* (Freuden)Fest *n*, Lustbarkeit(en *pl.*) *f*; **II** *adj.* □ **3.** erfreut, froh (**in**, **at** über *acc.*).

re-join [ˌriːˈdʒɔɪn] *v/t. u. v/i.* (sich) ˈwiedervereinigen (**to**, **with** mit), (sich) wieder zs.-fügen.

re·join¹ [ˌriːˈdʒɔɪn] *v/t.* sich wieder anschließen (*dat.*) *od.* an (*acc.*), wieder eintreten in *e-e Partei etc.*; wieder zuˈrückkehren zu, *j-n* wieder treffen.

re·join² [rɪˈdʒɔɪn] *v/t.* **1.** erwidern; **2.** ⚖ e-e Gegenerklärung auf e-e Reˈplik abgeben; **reˈjoin·der** [-ndə] *s.* Erwiderung *f*; ⚖ Gegenerklärung *f* (*des Beklagten auf e-e Replik*).

re·ju·ve·nate [rɪˈdʒuːvɪneɪt] *v/t.* (*v/i.* sich) verjüngen; **re·ju·ve·na·tion** [rɪˌdʒuːvɪˈneɪʃn] *s.* Verjüngung *f*.

re·ju·ve·nesce [ˌriːdʒuːvɪˈnes] *v/t. u. v/i.* (sich) verjüngen (*a. biol.*); ˌ**re·ju·veˈnes·cence** [-sns] *s.* (*biol.* Zell)Verjüngung *f*.

re·kindle [ˌriːˈkɪndl] **I** *v/t.* **1.** wieder anzünden; **2.** *fig.* wieder entfachen, neu beleben; **II** *v/i.* **3.** sich wieder entzünden; **4.** *fig.* wieder entbrennen, wiederˈaufleben.

re·lapse [rɪˈlæps] **I** *v/i.* **1.** zuˈrückfallen, wieder (ver)fallen (**into** in *acc.*); **2.** rückfällig werden; ⚕ e-n Rückfall bekommen; **II** *s.* **3.** ⚕ Rückfall *m*.

re·late [rɪˈleɪt] **I** *v/t.* **1.** berichten, erzählen (**to s.o.** j-m); **2.** in Beziehung *od.* Zs.-hang bringen, verbinden (**to**, **with** mit); **II** *v/i.* **3.** sich beziehen, Bezug haben (**to** auf *acc.*): **relating to** in bezug auf (*acc.*), bezüglich (*gen.*); **4. ~ to s.o.** a) sich j-m gegenüber verhalten, b) zu j-m e-e (*gute*, *innere etc.*) Beziehung haben; **reˈlat·ed** [-tɪd] *adj.* verwandt (**to**, **with** mit) (*a. fig.*): **~ by marriage** verschwägert.

re·la·tion [rɪˈleɪʃn] *s.* **1.** Bericht *m*, Erzählung *f*; **2.** Beziehung *f* (*a. pol.*, †, 𝔄), (*a. Vertrags-*, *Vertrauens- etc.*)Verhältnis *n*; (*kausaler etc.*) Zs.-hang; Bezug *m*: **business ~s** Geschäftsbeziehungen; **human ~s** a) zwischenmenschliche Beziehungen, b) (innerbetriebliche) Kontaktpflege; **in ~ to** in bezug auf (*acc.*); **be out of all ~ to** in keinem Verhältnis stehen zu; **bear no ~ to** nichts zu tun haben mit; → **public** 3; **3.** a) Verwandte(r *m*) *f*, b) Verwandtschaft *f* (*a. fig.*): **what ~ is he to you?** wie ist er mit dir verwandt?; **reˈla·tion·ship** [-ʃɪp] *s.* **1.** Beziehung *f*, (*a. Rechts*)Verhältnis *n* (**to** zu); **2.** Verwandtschaft *f* (**to** mit) (*a. coll. u. fig.*).

rel·a·tive [ˈrelətɪv] **I** *adj.* □ **1.** bezüglich, sich beziehend (**to** auf *acc.*): **~ value** 𝔄 Bezugswert *m*; **~ to** bezüglich, hinsichtlich (*gen.*); **2.** relaˈtiv, verhältnismäßig, Verhältnis...; **3.** (**to**) abhängig (von), bedingt (durch); **4.** gegenseitig, entsprechend, jeweilig; **5.** *ling.* bezüglich, Relativ...; **6.** ♪ paraˈlel (*Tonart*); **II** *s.* **7.** Verwandte(r *m*) *f*; **8.** *ling.* a) Relaˈtivproˌnomen *n*, b) Relaˈtivsatz *m*; ˈ**rel·a·tive·ness** [-nɪs] *s.* Relativiˈtät *f*; ˈ**rel·a·tiv·ism** [-vɪzəm] *s. phls.* Relatiˈvismus *m*; **rel·a·tiv·i·ty** [ˌreləˈtɪvətɪ] *s.* **1.** Relativiˈtät *f*: **theory of ~** *phys.* Relativitätstheorie *f*; **2.** Abhängigkeit *f* (**to** von).

re·lax [rɪˈlæks] **I** *v/t.* **1.** *Muskeln etc.*, ⚙ *Feder* entspannen; (*a. fig. Disziplin*, *Vorschrift etc.*) lockern: **~ing climate** Schonklima *n*; **2.** in *s-n Anstrengungen etc.* nachlassen; **3.** ⚕ abführend wirken; **II** *v/i.* **4.** sich entspannen (*Muskeln etc.*, *a. Geist*, *Person*); ausspannen, sich erholen (*Person*); es sich bequem machen: **~ing** entspannend, erholsam, Erholungs...; **5.** sich lockern (*Griff*, *Seil etc.*) (*a. fig.*); **6.** nachlassen (**in** *in e-r Bemühung etc.*) (*a. Sturm etc.*); **7.** milder *od.* freundlicher werden; **re·lax·a·tion** [ˌriːlækˈseɪʃn] *s.* **1.** Entspannung *f* (*a. fig. Erholung*); Lockerung *f* (*a. fig.*); Erschlaffung *f*; **2.** Nachlassen *n*; **3.** Milderung *f e-r Strafe etc.*

re·lay [ˈriːleɪ] **I** *s.* **1.** a) frisches Gespann, b) Pferdewechsel *m*, c) *fig.* †, ⚔ Ablösung(smannschaft) *f*: **~ attack** ⚔ rollender Angriff; **in ~s** ⚔ in rollendem Einsatz; **2.** *sport a.* **~ race** Staffel(lauf *m*, -wettbewerb *m*) *f*: **~ team** Staffel *f*; **3.** a) [ˌriːˈleɪ] ⚡ Reˈlais *n*: **~ station** Relais-, Zwischensender *m*, **~ switch** Schaltschütz *n*, b) *Radio*: Überˈtragung *f*; **II** *v/t.* **4.** *allg.* weitergeben; **5.** [ˌriːˈleɪ] ⚡ mit Reˈlais steuern; *Radio*: (mit Reˈlais) überˈtragen.

re·lease [rɪˈliːs] **I** *s.* **1.** (Haft)Entlassung *f*, Freilassung *f* (**from** aus); **2.** *fig.* Befreiung *f*, Erlösung *f* (**from** von); **3.** Entlastung *f* (*a. e-s Treuhänders etc.*), Entbindung *f* (**from** von *e-r Pflicht*); **4.** Freigabe *f* (*Buch*, *Film*, *Vermögen etc.*): **first ~** *Film*: Uraufführung *f*; (**press**) **~** (Presse)Verlautbarung *f*; **~ of energy** Freiwerden *n* von Energie; **5.** ⚖ a) Verzicht(leistung *f*, -urkunde *f*) *m*, b) (ˈRechts)Überˌtragung *f*, c) Quittung *f*; **6.** ⚙, *phot.* a) Auslöser *m*, b) Auslösung *f*: **~ of bombs** ⚔ Bombenabwurf *m*; **II** *v/t.* **7.** *Häftling* ent-, freilassen; **8.** *fig.* (**from**) a) befreien, erlösen (von), b) entbinden, -lasten (von *e-r Pflicht*, *Schuld etc.*); **9.** *Buch*, *Film*, *Guthaben* freigeben; **10.** ⚖ verzichten auf (*acc.*), *Recht* aufgeben *od.* überˈtragen; *Hypothek* löschen; **11.** ⚗, *phys.* freisetzen; **12.** ⚙ a) auslösen (*a. phot.*); *Bomben* abwerfen; *Gas* abblasen, b) ausschalten: **~ the clutch** auskuppeln.

rel·e·gate [ˈrelɪgeɪt] *v/t.* **1.** relegieren, verbannen (**out of** aus): **be ~d** *sport* absteigen; **2.** verweisen (**to** an *acc.*); **3.** (**to**) verweisen (in *acc.*), zuschreiben (*dat.*): **~ to the sphere of legend** in das Reich der Fabel verweisen; **he was ~d to fourth place** *sport* er wurde auf den vierten Platz verwiesen; **rel·e·ga·tion** [ˌrelɪˈgeɪʃn] *s.* **1.** Verbannung *f* (**out of** aus); **2.** Verweisung *f* (**to** an *acc.*); **3.** *sport* Abstieg *m*: **in danger of ~** in Abstiegsgefahr.

re·lent [rɪˈlent] *v/i.* weicher *od.* mitleidig werden, sich erweichen lassen; **reˈlent·less** [-lɪs] *adj.* □ unbarmherzig, schonungslos, hart.
rel·e·vance [ˈreləvəns], **ˈrel·e·van·cy** [-sɪ] *s.* Releˈvanz *f*, (*a.* Beweis)Erheblichkeit *f*; Bedeutung *f* (**to** für); **ˈrel·e·vant** [-nt] *adj.* □ **1.** einschlägig, sachdienlich; anwendbar (**to** auf *acc.*); **2.** (beweis-, rechts- *etc.*)erheblich, belangvoll, von Bedeutung (**to** für).
re·li·a·bil·i·ty [rɪˌlaɪəˈbɪlətɪ] *s.* Zuverlässigkeit *f*, ⚙ *a.* Betriebssicherheit *f*: **~ test** Zuverlässigkeitsprüfung *f*; **re·li·a·ble** [rɪˈlaɪəbl] *adj.* □ **1.** zuverlässig (*a.* ⚙ *betriebssicher*), verläßlich; **2.** glaubwürdig; **3.** vertrauenswürdig, reˈell (*Firma etc.*); **re·li·ance** [rɪˈlaɪəns] *s.* Vertrauen *n*: **in ~ (up)on** unter Verlaß auf (*acc.*), bauend auf; **place ~ on** (*od.* **in**) Vertrauen in *j-n* setzen; **re·li·ant** [rɪˈlaɪənt] *adj.* **1.** vertrauensvoll; **2.** zuversichtlich.
rel·ic [ˈrelɪk] *s.* **1.** (ˈÜber)Rest *m*, ˈÜberbleibsel *n*, Reˈlikt *n*: **~s of the past** *fig.* Zeugen der Vergangenheit; **2.** *R.C.* Reˈliquie *f*.
re·lief¹ [rɪˈli:f] *s.* **1.** Erleichterung *f* (*a.* ⚕); → **sigh** 5; **2.** (angenehme) Unterˈbrechung, Abwechslung *f*, Wohltat *f* (**to** für *das Auge etc.*); **3.** Trost *m*; **4.** Entlastung *f*; (*Steuer- etc.*)Erleichterung *f*; **5.** a) Unterˈstützung *f*, Hilfe *f*, b) *Am.* Soziˈalhilfe *f*; **~ fund** Unterstützungsfonds *m*, -kasse *f*; **be on ~** Sozialhilfe beziehen; **6.** ⚖ a) Rechtshilfe *f*: **the ~ sought** das Klagebegehren, b) Rechtsbehelf *m*, -mittel *n*; **7.** ⚔ a) *a. allg.* Ablösung *f*, b) Entsatz *m*, Entlastung *f*, c) *in Zssgn* Entlastungs...: **~ attack** (**road**, **train**); **~ driver** *mot.* Beifahrer *m*.
re·lief² [rɪˈli:f] *s.* △ *etc.* Reliˈef *n*; erhabene Arbeit: **~ map** Relief-, Höhenkarte *f*; **be in ~ against** sich (scharf) abheben gegen; **set into vivid ~** *fig. et.* plastisch schildern; **stand out in** (**bold**) **~** deutlich hervortreten (*a. fig.*); **throw into ~** hervortreten lassen (*a. fig.*).
re·lieve [rɪˈli:v] *v/t.* **1.** *Schmerzen etc.*, *a. Gewissen* erleichtern: **~ one's feelings** s-n Gefühlen Luft machen; **~ s.o.'s mind** j-n beruhigen; → **nature** 7; **2.** *j-n* entlasten: **~ s.o. from** (*od.* **of**) j-m *et.* abnehmen, j-n von *e-r Pflicht etc.* entbinden, j-n *e-r Verantwortung etc.* entheben, j-n von *et.* befreien; **~ s.o. of** *humor.* j-n um *et.* ‚erleichtern', j-m *et.* stehlen; **3.** *j-n* erleichtern, beruhigen, trösten: **I am ~d to hear** es beruhigt mich, zu hören; **4.** ⚔ a) *Platz* entsetzen, b) *Kampftruppe* entlasten, c) *Posten*, *Einheit* ablösen; **5.** *Bedürftige* unterˈstützen, *Armen* helfen; **6.** *Eintöniges* beleben, Abwechslung bringen in (*acc.*); **7.** herˈvor-, abheben; **8.** *j-m* Recht verschaffen; *e-r Sache* abhelfen; **9.** ⚙ a) entlasten (*a.* △), *Feder* entspannen, b) ˈhinterdrehen.
re·lie·vo [rɪˈli:vəʊ] *pl.* **-vos** *s.* Reliˈefarbeit *f*.
re·li·gion [rɪˈlɪdʒən] *s.* **1.** Religiˈon *f* (*a. iro.*): **get ~** F fromm werden; **2.** Frömmigkeit *f*; **3.** Ehrensache *f*, Herzenspflicht *f*; **4.** moˈnastisches Leben: **enter ~** in e-n Orden eintreten; **reˈli·gion·ist** [-dʒənɪst] *s.* religiˈöser Schwärmer *od.* Eiferer; **re·lig·i·os·i·ty** [rɪˌlɪdʒɪˈɒsətɪ] *s.* **1.** Religiosiˈtät *f*; **2.** Frömmeˈlei *f*.
re·li·gious [rɪˈlɪdʒəs] *adj.* □ **1.** Religions..., religiˈös (*Buch*, *Pflicht etc.*); **2.** religiˈös, fromm; **3.** Ordens...: **~ order** geistlicher Orden; **4.** *fig.* gewissenhaft, peinlich genau; **5.** *fig.* andächtig: **~ silence**.
re·lin·quish [rɪˈlɪŋkwɪʃ] *v/t.* **1.** *Hoffnung*, *Idee*, *Plan etc.* aufgeben; **2.** (**to**) *Besitz*, *Recht* abtreten (*dat. od.* an *acc.*), preisgeben (*dat.*), überˈlassen (*dat.*); **3.** *et.* loslassen, fahrenlassen; **4.** verzichten auf (*acc.*); **reˈlin·quish·ment** [-mənt] *s.* **1.** Aufgabe *f*; **2.** Überˈlassung *f*; **3.** Verzicht *m* (**of** auf *acc.*).
rel·i·quar·y [ˈrelɪkwərɪ] *s. R.C.* Reˈliquienschrein *m*.
rel·ish [ˈrelɪʃ] **I** *v/t.* **1.** gern essen, sich schmecken lassen; *a. fig.* (mit Behagen) genießen, Geschmack finden an (*dat.*): **I do not much ~ the idea** ich bin nicht gerade begeistert davon (**of doing** zu tun); **2.** *fig.* schmackhaft machen; **II** *v/i.* **3.** schmecken *od.* (*fig.*) riechen (**of** nach); **III** *s.* **4.** (Wohl)Geschmack *m*; **5.** *fig.* a) Kostprobe *f*, b) Beigeschmack *m* (**of** von); **6.** a) Gewürz *n*, Würze *f* (*a. fig.*), b) Horsd'œuvre *n*, Appeˈtithappen *m*; **7.** *fig.* (**for**) Geschmack *m* (an *dat.*), Sinn *m* (für): **have no ~ for** sich nichts machen aus; **with** (**great**) **~** mit (großem) Behagen, mit Wonne (*a. iro.*).
re·live [ˌri:ˈlɪv] *v/t. et.* noch einmal durchˈleben *od.* erleben.
re·lo·cate [ˌri:ləʊˈkeɪt] **I** *v/t.* **1.** ˈumsiedeln, *Betrieb*, *Werk*: *a.* verlegen; **2.** *Computer*: verschieben; **II** *v/i.* **3.** ˈumziehen (**to** nach).
re·luc·tance [rɪˈlʌktəns] *s.* **1.** Widerˈstreben *n*, Abneigung *f* (**to** gegen, **to do s.th.** et. zu tun): **with ~** widerstrebend, ungern, zögernd; **2.** *phys.* maˈgnetischer ˈWiderstand; **reˈluc·tant** [-nt] *adj.* □ ˈwiderwillig, widerˈstrebend, zögernd, ungern: **be ~ to do s.th.** sich sträuben, et. zu tun; et. nur ungern tun.
re·ly [rɪˈlaɪ] *v/i.* **1. ~ (up)on** sich verlassen, vertrauen *od.* bauen *od.* zählen auf (*acc.*): **~ on s.th.** (**for**) auf et. angewiesen sein (hinsichtlich *gen.*), et. (ausschließlich) beziehen (von); **2. ~ (up)on** sich auf *e-e Quelle etc.* stützen *od.* berufen.
re·main [rɪˈmeɪn] **I** *v/i.* **1.** *allg.* bleiben; **2.** (übrig)bleiben (*a. fig.* **to s.o.** j-m); zuˈrück-, verbleiben, noch übrig sein: **it now ~s for me to explain** es bleibt mir nur noch übrig, zu erklären; **nothing ~s** (**to us**) **but to** (*inf.*) es bleibt (uns) nichts anderes übrig, als zu (*inf.*); **that ~s to be seen** das bleibt abzuwarten; **3.** (bestehen) bleiben: **~ in force** in Kraft bleiben; **4.** *im Briefschluß*: verbleiben; **II** *s. pl.* **5.** *a. fig.* Reste *pl.*, ˈÜberreste *pl.*, -bleibsel *pl.*; **6.** *die* sterblichen Überreste *pl.*; **7.** *a.* **literary ~s** hinterˈlassene Werke *pl.*, liteˈrarischer Nachlaß; **reˈmain·der** [-də] **I** *s.* **1.** Rest *m* (*a.* ⅍), *das* übrige; **2.** ✝ Restbestand *m*, -betrag *m*: **~ of a debt** Restschuld *f*; **3.** ⚙ Rückstand *m*; **4.** *Buchhandel*: Restauflage *f*, Remitˈtenden *pl.*; **5.** ⚖ a) Anwartschaft *f* (auf Grundeigentum), b) Nacherbenrecht *n*; **II** *v/t.* **6.** *Bücher* billig abgeben; **reˈmain·der·man** [-dəmæn] *s.* [*irr.*] ⚖ a) Anwärter *m*, b) Nacherbe *m*; **reˈmain·ing** [-nɪŋ] *adj.* übrig(geblieben), Rest..., verbleibend, restlich.
re·make [ˌri:ˈmeɪk] **I** *v/t.* [*irr.* → **make**] wieder *od.* neu machen, *Film*: *a.* neu drehen; **II** *s.* [ˈri:meɪk] ˈNeuverfilmung *f*, Reˈmake *n*.
re·mand [rɪˈmɑ:nd] **I** *v/t.* ⚖ a) (in Unterˈsuchungshaft) zuˈrückschicken, b) *Rechtssache* (an die untere Inˈstanz) zuˈrückverweisen; **II** *s.* (Zuˈrücksendung *f* in die) Unterˈsuchungshaft *f*: **~ prison** Untersuchungsgefängnis *n*; **prisoner on ~** Untersuchungsgefangene(r *m*) *f*; **be brought up on ~** aus der Untersuchungshaft vorgeführt werden; **~ centre** (*od.* **home**) Unterˈsuchungshaftanstalt *f* für Jugendliche.
re·mark [rɪˈmɑ:k] **I** *v/t.* **1.** (be)merken, beobachten; **2.** bemerken, äußern (**that** daß); **II** *v/i.* **3.** e-e Bemerkung *od.* Bemerkungen machen, sich äußern ([**up**]**on** über *acc.*, zu); **III** *s.* **4.** Bemerkung *f*, Äußerung *f*: **without ~** ohne Kommentar; **worthy of ~** → **reˈmark·a·ble** [-kəbl] *adj.* □ bemerkenswert: a) beachtlich, b) ungewöhnlich; **reˈmark·a·ble·ness** [-kəblnɪs] *s.* **1.** Ungewöhnlichkeit *f*, Merkwürdigkeit *f*; **2.** Bedeutsamkeit *f*.
re·mar·riage [ˌri:ˈmærɪdʒ] *s.* ˈWiederverˌheiratung *f*; **ˌreˈmar·ry** [-rɪ] *v/i.* wieder heiraten.
re·me·di·a·ble [rɪˈmi:djəbl] *adj.* □ heil-, abstellbar: **this is ~** dem ist abzuhelfen; **reˈme·di·al** [-jəl] *adj.* □ **1.** heilend, Heil...: **~ gymnastics** Heilgymnastik *f*; **~ teaching** Förderunterricht *m* (für *Lernschwache*); **2.** abhelfend: **~ measure** Abhilfsmaßnahme *f*.
rem·e·dy [ˈremɪdɪ] **I** *s.* **1.** ⚕ (Heil-)Mittel *n*, Arzˈnei *f* (**for**, **against** für, gegen); **2.** *fig.* (Gegen)Mittel *n* (**for**, **against** gegen); Abhilfe *f*; ⚖ Rechtsmittel *n*, -behelf *m*; **3.** *Münzwesen*: Reˈmedium *n*, Toleˈranz *f*; **II** *v/t.* **4.** *Mangel*, *Schaden* beheben; **5.** *Mißstand* abstellen, abhelfen (*dat.*), in Ordnung bringen.
re·mem·ber [rɪˈmembə] **I** *v/t.* **1.** sich entsinnen (*gen.*) *od.* an (*acc.*), sich besinnen auf (*acc.*), sich erinnern an (*acc.*): **I ~ that** es fällt mir (gerade) ein, daß; **2.** sich merken, nicht vergessen; **3.** eingedenk sein (*gen.*), denken an (*acc.*), beherzigen, sich *et.* vor Augen halten; **4.** *j-n mit e-m Geschenk*, *in s-m Testament* bedenken; **5.** empfehlen, grüßen: **~ me to him** grüßen Sie ihn von mir; **II** *v/i.* **6.** sich erinnern *od.* entsinnen: **not that I ~** nicht, daß ich wüßte; **reˈmem·brance** [-brəns] *s.* **1.** Erinnerung *f*, Gedächtnis *n* (**of** an *acc.*); **2.** Gedächtnis *n*, An-, Gedenken *n*: **in ~ of** im Gedenken *od.* zur Erinnerung an (*acc.*); **2 Day** Volkstrauertag *m* (*11. November*); **3.** Andenken *n* (*Sache*); **4.** *pl.* Grüße *pl.*, Empfehlungen *pl.*
re·mi·gra·tion [ˌri:maɪˈgreɪʃn] *s.* Rückwanderung *f*.
re·mil·i·ta·ri·za·tion [ˈri:ˌmɪlɪtəraɪˈzeɪʃn] *s.* Remilitarisierung *f*.
re·mind [rɪˈmaɪnd] *v/t. j-n* erinnern (**of** an *acc.*, **that** daß): **that ~s me** da(bei)

fällt mir (et.) ein; ***this ~s me of home*** das erinnert mich an zu Hause; **re'mind·er** [-də] *s.* **1.** Mahnung *f*: ***a gentle ~*** ein (zarter) Wink; **2.** Erinnerung *f* (***of*** an *acc.*); **3.** Gedächtnishilfe *f*.

rem·i·nisce [ˌremɪ'nɪs] *v/i.* in Erinnerungen schwelgen; **ˌrem·i'nis·cence** [-sns] *s.* **1.** Erinnerung *f*; **2.** *pl.* (Lebens)Erinnerungen *pl.*, Reminis'zenzen *pl.*; **3.** *fig.* Anklang *m*; **ˌrem·i'nis·cent** [-snt] *adj.* □ **1.** sich erinnernd (***of*** an *acc.*), Erinnerungs…; **2.** Erinnerungen wachrufend (***of*** an *acc.*), erinnerungsträchtig; **3.** sich (gern) erinnernd, in Erinnerungen schwelgend.

re·mise[1] [rɪ'maɪz] *s.* ⚖ Aufgabe *f e-s Anspruchs*, Rechtsverzicht *m*.

re·mise[2] [rə'mi:z] *s.* **1.** *obs.* a) Re'mise *f*, Wagenschuppen *m*, b) Mietkutsche *f*; **2.** *fenc.* Ri'messe *f*.

re·miss [rɪ'mɪs] *adj.* □ (nach)lässig, säumig; lax, träge: ***be ~ in one's duties*** s-e Pflichten vernachlässigen; **re'mis·si·ble** [-səbl] *adj.* **1.** erläßlich; **2.** verzeihlich; *R.C.* läßlich (*Sünde*); **re'mis·sion** [-ɪʃn] *s.* **1.** Vergebung *f* (der Sünden); **2.** a) (teilweiser) Erlaß *e-r Strafe, Schuld, Gebühr etc.*, b) Nachlaß *m*, Ermäßigung *f*; **3.** Nachlassen *n der Intensität etc.*; ⚕ Remissi'on *f*; **re'miss·ness** [-nɪs] *s.* (Nach)Lässigkeit *f*.

re·mit [rɪ'mɪt] **I** *v/t.* **1.** *Sünden* vergeben; **2.** *Schulden, Strafe* (ganz *od.* teilweise) erlassen; **3.** hin'aus-, verschieben (***till***, ***to*** bis, ***to*** auf *acc.*); **4.** a) nachlassen in *s-n Anstrengungen etc.*, b) *Zorn etc.* mäßigen, c) aufhören mit, einstellen; **5.** † *Geld etc.* über'weisen, -'senden; **6.** *bsd.* ⚖ a) (*Fall etc. zur Entscheidung*) über'tragen, b) → ***remand*** I b; **II** *v/i.* **7.** † Zahlung leisten, remittieren; **re'mit·tal** [-tl] → ***remission***; **re'mit·tance** [-təns] *s.* **1.** (*bsd.* Geld)Sendung *f*, Über'weisung *f*; **2.** † (Geld-, Wechsel-) Sendung *f*, Überweisung *f*, Ri'messe *f*: ***~ account*** Überweisungskonto *n*; ***make ~*** remittieren, Deckung anschaffen; **re·mit·tee** [ˌremɪ'ti:] *s.* † (Zahlungs-, Über'weisungs)Empfänger *m*; **re'mit·tent** [-tənt] *bsd.* ⚕ **I** *adj.* (vor'übergehend) nachlassend; remittierend (*Fieber*); **II** *s.* remittierendes Fieber; **re'mit·ter** [-tə] *s.* **1.** † Geldsender *m*, Über'sender *m*; Remit'tend *m*; **2.** ⚖ a) Wieder'einsetzung *f* (***to*** in *frühere Rechte etc.*), b) Über'weisung *f e-s Falles*.

rem·nant ['remnənt] *s.* **1.** ('Über)Rest *m*, 'Überbleibsel *n*; kläglicher Rest; *fig.* (letzter) Rest, Spur *f*; **2.** † (Stoff)Rest *m*; *pl.* Reste(r) *pl.*: ***~ sale*** Resteverkauf *m*.

re·mod·el [ˌri:'mɒdl] *v/t.* 'umbilden, -bauen, -formen, -gestalten.

re·mon·e·ti·za·tion [ri:ˌmʌnɪtaɪ'zeɪʃn] *s.* † Wiederin'kurssetzung *f*.

re·mon·strance [rɪ'mɒnstrəns] *s.* (Gegen)Vorstellung *f*, Vorhaltung *f*, Einspruch *m*, Pro'test *m*; **re'mon·strant** [-nt] **I** *adj.* □ protestierend; **II** *s.* Einspruchерheber *m*; **re·mon·strate** ['remənstreɪt] **I** *v/i.* **1.** protestieren (***against*** gegen); **2.** Vorhaltungen *od.* Vorwürfe machen (***on*** über *acc.*, ***with s.o.*** j-m); **II** *v/t.* **3.** einwenden (***that*** daß).

re·morse [rɪ'mɔ:s] *s.* Gewissensbisse *pl.*, Reue *f* (***at*** über *acc.*, ***for*** wegen): ***without ~*** unbarmherzig, kalt; **re'morse·ful** [-fʊl] *adj.* □ reumütig, reuevoll; **re'morse·less** [-lɪs] *adj.* □ unbarmherzig, hart(herzig).

re·mote [rɪ'məʊt] **I** *adj.* □ **1.** *räumlich u. zeitlich, a. fig.* fern, (weit) entfernt (***from*** von); *fig.* schwach, vage: ***~ antiquity*** graue Vorzeit; ***a ~ chance*** e-e winzige Chance; ***~ control*** ⚙ a) Fernsteuerung *f*, b) Fernbedienung *f*; ***~-control(led)*** ferngesteuert, -gelenkt, mit Fernbedienung; ***~ future*** ferne Zukunft; ***not the ~st idea*** keine blasse Ahnung; ***~ possibility*** vage Möglichkeit; ***~ relation*** entfernte(r) *od.* weitläufige(r) Verwandte(r); ***~ resemblance*** entfernte *od.* schwache Ähnlichkeit; **2.** abgelegen, entlegen; **3.** mittelbar, 'indiˌrekt: ***~ damages*** ⚖ Folgeschäden; **4.** distan'ziert, unnahbar; **II** *s.* **5.** *Am. TV*: Außenübertragung *f*; **re'mote·ness** [-nɪs] *s.* Ferne *f*, Entlegenheit *f*.

re·mount [ˌri:'maʊnt] **I** *v/t.* **1.** *Berg, Pferd etc.* wieder besteigen; **2.** ⚔ neue Pferde beschaffen für; **3.** ⚙ *Maschine* wieder aufstellen; **II** *v/i.* **4.** wieder aufsteigen; wieder aufsitzen (*Reiter*); **5.** *fig.* zu'rückgehen (***to*** auf *acc.*); **III** *s.* ['ri:maʊnt] **6.** frisches Reitpferd; ⚔ Re'monte *f*.

re·mov·a·ble [rɪ'mu:vəbl] *adj.* □ **1.** absetzbar; **2.** ⚙ abnehmbar, auswechselbar; **3.** behebbar (*Übel*); **re'mov·al** [-vl] *s.* **1.** Fort-, Wegschaffen *n*, -räumen *n*; Entfernen *n*; Abfuhr *f*, 'Abtransˌport *m*; Beseitigung *f* (*a. fig. Behebung von Fehlern, Mißständen, e-s Gegners*); **2.** 'Umzug *m* (***to*** in *acc.*, nach): ***~ of business*** Geschäftsverlegung *f*; ***~ man*** a) Spediteur *m*, b) Möbelpacker *m*; ***~ van*** Möbelwagen *m*; **3.** a) Absetzung *f*, Enthebung *f* (***from office*** aus dem Amt), b) (Straf)Versetzung *f*; **4.** ⚖ Verweisung *f* (***to*** an *acc.*);

re·move [rɪ'mu:v] **I** *v/t.* **1.** *allg.* (weg-) nehmen, entfernen (***from*** aus); ⚙ abnehmen, abmontieren, ausbauen; *Kleidungsstück* ablegen; *Hut* abnehmen; *Hand* zu'rückziehen; *fig. Furcht, Zweifel etc.* nehmen: ***~ from the agenda*** *et.* von der Tagesordnung absetzen; ***~ o.s.*** sich entfernen (***from*** von); **2.** wegräumen, -rücken, -bringen, fortschaffen, abtransportieren; (*a. fig. j-n*) aus dem Wege räumen: ***~ furniture*** (Wohnungs)Umzüge besorgen; ***~ a prisoner*** e-n Gefangenen abführen (lassen); ***~ mountains*** *fig.* Berge versetzen; ***~ by suction*** ⚙ absaugen; ***a first cousin once ~d*** Kind e-s Vetters *od.* e-r Kusine; **3.** *Fehler, Gegner, Hindernis, Spuren etc.* beseitigen; *Flecken* entfernen; *fig. Schwierigkeiten* beheben; **4.** *wohin* bringen, schaffen, verlegen; **5.** *Beamten* absetzen, entlassen, *s-s Amtes* entheben; **II** *v/i.* **6.** (aus-, 'um-, ver)ziehen (***to*** nach); **III** *s.* **7.** Entfernung *f*, Abstand *m*: ***at a ~*** *fig.* mit einigem Abstand; **8.** Schritt *m*, Stufe *f*, Grad *m*; **9.** *Brit.* nächster Gang (*beim Essen*); **re'mov·er** [-və] *s.* **1.** Abbeizmittel *n*; **2.** ('Möbel)Spediˌteur *m*.

re·mu·ner·ate [rɪ'mju:nəreɪt] *v/t.* **1.** *j-n* entschädigen, belohnen (***for*** für); **2.** *et.* vergüten, Entschädigung zahlen für, ersetzen; **re·mu·ner·a·tion** [rɪˌmju:nə'reɪʃn] *s.* **1.** Entschädigung *f*, Vergütung *f*; **2.** Belohnung *f*; **3.** Hono'rar *n*, Lohn *m*, Entgelt *n*; **re'mu·ner·a·tive** [-nərətɪv] *adj.* □ einträglich, lohnend, lukra'tiv, vorteilhaft.

Ren·ais·sance [rə'neɪsəns] (*Fr.*) *s.* **1.** Renais'sance *f*; **2.** ᘔ 'Wiedergeburt *f*, -erwachen *n*.

re·nal ['ri:nl] *adj. anat.* Nieren…

re·name [ˌri:'neɪm] *v/t.* **1.** 'umbenennen; **2.** neu benennen.

re·nas·cence [rɪ'næsns] *s.* **1.** 'Wiedergeburt *f*, Erneuerung *f*; **2.** ᘔ Renais'sance *f*; **re'nas·cent** [-nt] *adj.* sich erneuernd, wieder auflebend, 'wiedererwachend.

rend [rend] [*irr.*] **I** *v/t.* **1.** (zer)reißen: ***~ from*** *j-m* entreißen; ***~ the air*** die Luft zerreißen (*Schrei etc.*); **2.** spalten (*a. fig.*); **II** *v/i.* **3.** (zer)reißen.

ren·der ['rendə] *v/t.* **1.** *a.* ***~ back*** zu'rückgeben, -erstatten: ***~ up*** herausgeben, *fig.* vergelten (***good for evil*** Böses mit Gutem); **2.** (*a.* ⚔ *Festung*) über'geben; † *Rechnung* (vor)legen: ***per account ~ed*** † laut (erteilter) Rechnung; ***~ a profit*** Gewinn abwerfen; → *a.* ***account*** 6 *u.* 7; **3.** (***to s.o.*** j-m) *e-n Dienst, Hilfe etc.* leisten; *Aufmerksamkeit, Ehre, Gehorsam* erweisen; *Dank* abstatten: ***for services ~ed*** für geleistete Dienste; **4.** *Grund* angeben; **5.** ⚖ *Urteil* fällen; **6.** *berühmt, schwierig, sichtbar etc.* machen: ***~ audible*** hörbar machen; ***~ possible*** möglich machen, ermöglichen; **7.** *künstlerisch* 'wiedergeben, interpretieren; **8.** *sprachlich, sinngemäß* 'wiedergeben, über'setzen; **9.** ⚙ *Fett* auslassen; **10.** △ roh bewerfen; **'ren·der·ing** [-dərɪŋ] *s.* **1.** 'Übergabe *f*: ***~ of account*** † Rechnungslegung *f*; **2.** *künstlerische* 'Wiedergabe, ˌInterpretati'on *f*, Gestaltung *f*, Vortrag *m*; **3.** Über'setzung *f*, 'Wiedergabe *f*; **4.** △ Rohbewurf *m*.

ren·dez·vous ['rɒndɪvu:] *pl.* **-vous** [-vu:z] (*Fr.*) *s.* **1.** a) Rendez'vous *n*, Verabredung *f*, Stelldichein *n*, b) Zs.-kunft *f*; **2.** Treffpunkt *m* (*a.* ⚔).

ren·di·tion [ren'dɪʃn] *s.* **1.** → ***rendering*** 2 *u.* 3; **2.** *Am.* (Urteils)Fällung *f*, (-)Verkündung *f*.

ren·e·gade ['renɪgeɪd] *s.* Rene'gat(in), Abtrünnige(r *m*) *f*, 'Überläufer(in).

re·nege [rɪ'ni:g] **I** *v/i.* **1.** sein Wort brechen: ***~ on*** *et.* nicht (ein)halten, *e-r Sache* untreu werden; **2.** *Kartenspiel*: nicht bedienen; **II** *v/t.* **3.** ab-, verleugnen.

re·new [rɪ'nju:] *v/t.* **1.** *allg.* erneuern (*z.B. Bekanntschaft, Angriff, Autoreifen, Gelöbnis*): ***~ed*** erneut; **2.** *Briefwechsel etc.* wieder'aufnehmen: ***~ one's efforts*** sich erneut bemühen; **3.** *Jugend, Kraft* 'wiedererlangen; *biol.* regenerieren; **4.** † *Vertrag etc.* erneuern, verlängern; *Wechsel* prolongieren; **5.** ergänzen, -setzen; **6.** wieder'holen; **re'new·a·ble** [-ju:əbl] *adj.* **1.** erneuerbar, zu erneuern(d); **2.** † erneuerungs-, verlängerungsfähig; prolongierbar (*Wechsel*); **re'new·al** [-ju:əl] *s.* **1.** Erneuerung *f*; **2.** † a) Erneuerung *f*, Verlängerung *f*, b) Prolongati'on *f*.

ren·i·form ['ri:nɪfɔ:m] *adj.* nierenförmig.

ren·net¹ ['renɪt] *s.* ⚗, *zo.* Lab *n.*
ren·net² ['renɪt] *s.* ⚘ *Brit.* Re'nette *f.*
re·nounce [rɪ'naʊns] **I** *v/t.* **1.** verzichten auf (*acc.*), *et.* aufgeben; entsagen (*dat.*); **2.** verleugnen; *dem Glauben etc.* abschwören; *Freundschaft* aufsagen; ✝ *Vertrag* kündigen; *et.* von sich weisen, ablehnen; sich von *j-m* lossagen; *j-n* verstoßen; **3.** *Kartenspiel*: *Farbe* nicht bedienen (können); **II** *v/i.* **4.** Verzicht leisten; **5.** *Kartenspiel*: nicht bedienen (können), passen.
ren·o·vate ['renəʊveɪt] *v/t.* **1.** erneuern; wieder'herstellen; **2.** renovieren; **ren·o·va·tion** [ˌrenəʊ'veɪʃn] *s.* Renovierung *f*, Erneuerung *f*; **'ren·o·va·tor** [-tə] *s.* Erneuerer *m.*
re·nown [rɪ'naʊn] *s. rhet.* Ruhm *m*, Ruf *m*, Berühmtheit *f*; **re'nowned** [-nd] *adj.* berühmt, namhaft.
rent¹ [rent] **I** *s.* **1.** (Wohnungs)Miete *f*, Mietzins *m*: **for ~** *bsd. Am.* a) zu vermieten, b) zu verleihen; **~-control(l)ed** miet(preis)gebunden; **~ tribunal** Mieterschiedsgericht *n*; **2.** Pacht(geld *n*, -zins *m*) *f*; **II** *v/t.* **3.** vermieten; **4.** verpachten; **5.** mieten; **6.** (ab)pachten; **7.** *Am.* a) *et.* ausleihen, b) sich *et.* leihen; **III** *v/i.* **8.** vermietet *od.* verpachtet werden (**at** *od.* **for** zu).
rent² [rent] **I** *s.* Riß *m*; Spalt(e *f*) *m*; **II** *pret. u. p.p. von* **rend**.
rent·a·ble ['rentəbl] *adj.* (ver)mietbar.
ˌrent-a-'car (serv·ice) *s. mot.* Autoverleih *m.*
ren·tal ['rentl] *s.* **1.** Miet-, Pachtbetrag *m*, -satz *m*: **~ car** Mietwagen *m*; **~ library** *Am.* Leihbücherei *f*: **~ value** Miet-, Pachtwert *m*; **2.** (Brutto)Mietertrag *m*; **3.** Zinsbuch *n.*
rent charge *pl.* **rents charge** *s.* Grundrente *f.*
rent·er ['rentə] *s. bsd. Am.* **1.** Pächter (-in), Mieter(in); **2.** Verpächter(in), -mieter(in), -leiher(in); **ˌrent-'free** *adj.* miet-, pachtfrei.
re·nun·ci·a·tion [rɪˌnʌnsɪ'eɪʃn] *s.* **1.** (**of**) Verzicht *m* (auf *acc.*), Aufgabe *f* (*gen.*); **2.** Entsagung *f*; **3.** Ablehnung *f.*
re·o·pen [ˌriː'əʊpən] **I** *v/t.* **1.** 'wiedereröffnen; **2.** wieder beginnen, wieder'aufnehmen; **II** *v/i.* **3.** sich wieder öffnen; **4.** 'wiedereröffnen (*Geschäft etc.*); **5.** wieder beginnen.
re·or·gan·i·za·tion ['riːˌɔːgənaɪ'zeɪʃn] *s.* **1.** 'Umbildung *f*, Neuordnung *f*, -gestaltung *f*; **2.** ✝ Sanierung *f*; **re·or·gan·ize** [ˌriː'ɔːgənaɪz] *v/t.* **1.** reorganisieren, neu gestalten, 'umgestalten, 'umgliedern; **2.** ✝ sanieren.
rep¹ [rep] *s.* Rips *m* (*Stoff*).
rep² [rep] *s. sl.* **1.** Wüstling *m*; **2.** *Am.* Ruf *m.*
re·pack [ˌriː'pæk] *v/t.* 'umpacken.
re·paint [ˌriː'peɪnt] *v/t.* neu (an)streichen, über'malen.
re·pair¹ [rɪ'peə] **I** *v/t.* **1.** reparieren, (wieder) in'stand setzen; ausbessern, flicken; **2.** wieder'herstellen; **3.** wieder'gutmachen; *Verlust* ersetzen; **II** *s.* **4.** Repara'tur *f*, In'standsetzung *f*, Ausbesserung *f*; *pl.* In'standsetzungsarbeit(en *pl.*) *f*: **state of ~** (baulicher *etc.*) Zustand; **in good ~** in gutem Zustand; **in need of ~** reparaturbedürftig; **out of ~** a) betriebsunfähig, b) baufällig; **under ~** in Reparatur; **~ kit**, **~ outfit** Reparaturwerkzeug *n*, Flickzeug *n.*
re·pair² [rɪ'peə] **I** *v/i.* sich begeben (**to** nach, zu); **II** *s.* Zufluchtsort *m*, (beliebter) Aufenthaltsort.
re·pair·a·ble [rɪ'peərəbl] *adj.* **1.** reparaturbedürftig; **2.** zu reparieren(d), reparierbar; **3.** → **reparable**.
re'pair|·man [-mæn] *s.* [*irr.*] *bsd. Am.* Me'chaniker *m*, Autoschlosser *m*, (*Fernseh- etc.*)Techniker *m*; **~-shop** *s.* Repara'turwerkstatt *f.*
rep·a·ra·ble ['repərəbl] *adj.* □ wieder'gutzumachen(d); ersetzbar (*Verlust*); **rep·a·ra·tion** [ˌrepə'reɪʃn] *s.* **1.** Wieder'gutmachung *f*: **make ~** Genugtuung leisten; **2.** Entschädigung *f*, Ersatz *m*; **3.** *pol.* Wieder'gutmachungsleistung *f*; *pl.* Reparati'onen *pl.*
rep·ar·tee [ˌrepɑː'tiː] *s.* schlagfertige Antwort, Schlagfertigkeit *f*: **quick at ~** schlagfertig.
re·par·ti·tion [ˌriːpɑː'tɪʃn] **I** *s.* Aufteilung *f*, (Neu)Verteilung *f*; **II** *v/t.* (neu) auf-, verteilen.
re·pass [ˌriː'pɑːs] *v/i.* (*u. v/t.*) wieder vor'beikommen (**an** *dat.*).
re·past [rɪ'pɑːst] *s.* Mahl(zeit *f*) *n.*
re·pa·tri·ate [riː'pætrɪeɪt] **I** *v/t.* repatriieren, (in die Heimat) zu'rückführen; **II** *s.* Repatriierte(r *m*) *f*, Heimkehrer (-in); **re·pa·tri·a·tion** [ˌriːpætrɪ'eɪʃn] *s.* Rückführung *f.*
re·pay [*irr.* → **pay**] **I** *v/t.* [riː'peɪ] **1.** *Geld etc.* zu'rückzahlen, (zu'rück)erstatten; **2.** *fig. Besuch*, *Gruß*, *Schlag etc.* erwidern; *Böses* heimzahlen, vergelten (**to s.o.** j-m); **3.** *j-n* belohnen, (*a.* ✝) entschädigen (**for** für); **4.** *et.* lohnen, vergelten (**with** mit); **II** *v/i.* [ˌriː'peɪ] **5.** nochmals (be)zahlen; **re'pay·a·ble** [-'peɪəbl] *adj.* rückzahlbar; **re'payment** [-mənt] *s.* **1.** Rückzahlung *f*; **2.** Erwiderung *f*; **3.** Vergeltung *f.*
re·peal [rɪ'piːl] **I** *v/t.* **1.** *Gesetz etc.* aufheben, außer Kraft setzen; **2.** wider'rufen; **II** *s.* **3.** Aufhebung *f von Gesetzen*; **re'peal·a·ble** [-ləbl] *adj.* 'widerruflich, aufhebbar.
re·peat [rɪ'piːt] **I** *v/t.* **1.** wieder'holen: **~ an experience** et. nochmals durchmachen *od.* erleben; **~ an order (for s.th.** et.) nachbestellen; **2.** nachsprechen, wieder'holen; weitererzählen; **3.** *ped. Gedicht* aufsagen; **II** *v/i.* **4.** sich wieder'holen (*Vorgang*); **5.** repetieren (*Uhr*, *Gewehr*); **6.** aufstoßen (*Speisen*); **III** *s.* **7.** Wieder'holung *f* (*a. TV etc.*); **8.** *et.* sich Wieder'holendes (*z.B. Muster*), *bsd. Stoff*, *Tapete*: Rap'port *m*; **9.** ♪ a) Wieder'holung *f*, b) Wieder'holungszeichen *n*: **10.** ✝ *oft* **~ order** Nachbestellung *f*; **re'peat·ed** [-tɪd] *adj.* □ wieder'holt, mehrmalig; neuerlich; **re'peat·er** [-tə] *s.* **1.** Wieder'holende(r *m*) *f*; **2.** Repetieruhr *f*; **3.** Repetier-, Mehrladegewehr *n*; **4.** *Am. Wähler, der widerrechtlich mehrere Stimmen abgibt*; **5.** ⩚ peri'odische Dezi'malzahl *f*; **6.** ⚖ Rückfällige(r *m*) *f*; **7.** ⚓ Tochterkompaß *m*; **8.** ⚡ a) (Leitungs)Verstärker *m*, b) Über'trager *m*; **re'peat·ing** [-tɪŋ] *adj.* wieder'holend: **~ decimal** → **repeater** 5; **~ rifle** → **repeater** 3; **~ watch** → **repeater** 2.
re·pel [rɪ'pel] *v/t.* **1.** *Angreifer* zu'rückschlagen, -treiben; **2.** *Angriff* abschlagen, abweisen, *a. Schlag* abwehren; **3.** *fig.* ab-, zu'rückweisen; **4.** *phys.* abstoßen; **5.** *fig. j-n* abstoßen, anwidern; **re'pel·lent** [-lənt] *adj.* □ **1.** ab-, zu'rückstoßend; **2.** *fig.* abstoßend.
re·pent [rɪ'pent] *v/t.* (*a. v/i.* **of**) *et.* bereuen; **re'pent·ance** [-təns] *s.* Reue *f*; **re'pent·ant** [-tənt] *adj.* □ reuig (**of** über *acc.*), bußfertig.
re·per·cus·sion [ˌriːpə'kʌʃn] *s.* **1.** Rückprall *m*, -stoß *m*; **2.** 'Widerhall *m*; **3.** *mst pl. fig.* Rück-, Auswirkungen *pl.* (**on** auf *acc.*).
rep·er·toire ['repətwɑː] → **repertory** 1.
rep·er·to·ry ['repətərɪ] *s.* **1.** *thea.* Reper'toire *n*, Spielplan *m*: **~ theatre** (*Am.* **theater**) Repertoirebühne *f*, -theater *n*; **2.** → **repository** 3.
rep·e·ti·tion [ˌrepɪ'tɪʃn] *s.* **1.** Wieder'holung *f*: **~ order** ✝ Nachbestellung *f*; **~ work** ⚙ Reihenfertigung *f*; **2.** *ped.* (Stück *n* zum) Aufsagen *n*; **3.** Ko'pie *f*, Nachbildung *f*; **rep·e·ti·tious** [ˌrepɪ'tɪʃəs] *adj.* □ sich ständig wieder'holend; ewig gleichbleibend; **re·pet·i·tive** [rɪ'petətɪv] *adj.* □ **1.** sich wieder'holend, wieder'holt; **2.** → **repetitious**.
re·pine [rɪ'paɪn] *v/i.* murren, 'mißvergnügt *od.* unzufrieden sein (**at** über *acc.*); **re'pin·ing** [-nɪŋ] *adj.* □ unzufrieden, murrend, mürrisch.
re·place [rɪ'pleɪs] *v/t.* **1.** wieder hinstellen, -legen; *teleph. Hörer* auflegen; **2.** *et. Verlorenes*, *Veraltetes* ersetzen, an die Stelle treten von; ⚙ austauschen, ersetzen, *a.* wieder einsetzen; **3.** *j-n* ersetzen *od.* ablösen *od.* vertreten, *j-s* Stelle einnehmen; **4.** *Geld* zu'rückerstatten, ersetzen; **5.** ⩚ vertauschen; **re'place·a·ble** [-səbl] *adj.* ersetzbar; ⚙ auswechselbar; **re'place·ment** [-mənt] *s.* **1.** a) Ersetzung *f*, b) Ersatz *m*: **~ engine** ⚙ Austauschmotor *m*; **~ part** Ersatzteil *n*; **2.** ⚔ a) Ersatzmann *m*, b) Ersatz *m*, Auffüllung *f*: **~ unit** Ersatztruppenteil *m*; **3.** *med.* Pro'these *f*: **~ surgery** Ersatzteilchirurgie *f.*
re·plant [ˌriː'plɑːnt] *v/t.* **1.** 'umpflanzen; **2.** neu pflanzen.
re·play ['riːpleɪ] *s. sport* **1.** Wieder'holungsspiel *n*; **2.** *TV*: Wieder'holung *f e-r Spielszene.*
re·plen·ish [rɪ'plenɪʃ] *v/t.* (wieder) auffüllen, ergänzen; **re'plen·ish·ment** [-mənt] *s.* **1.** Auffüllung *f*, Ersatz *m*; **2.** Ergänzung *f.*
re·plete [rɪ'pliːt] *adj.* **1.** (**with**) (zum Platzen) voll (von), angefüllt (von); **2.** reichlich versehen (**with** mit); **re'pletion** [-iːʃn] *s.* ('Über)Fülle *f*: **full to ~** bis zum Rande voll.
re·plev·in [rɪ'plevɪn] *s.* ⚖ **1.** (Klage *f* auf) Her'ausgabe *f* gegen Sicherheitsleistung; **2.** einstweilige Verfügung (auf Herausgabe).
rep·li·ca ['replɪkə] *s.* **1.** *paint.* Re'plik *f*, Origi'nalkoˌpie *f*; **2.** Ko'pie *f*; **3.** *fig.* Ebenbild *n.*
rep·li·ca·tion [ˌreplɪ'keɪʃn] *s.* **1.** Erwiderung *f*; **2.** Echo *n*; **3.** ⚖ Re'plik *f*; **4.** Reproduktion *f*, Ko'pie *f.*
re·ply [rɪ'plaɪ] **I** *v/i.* **1.** antworten, erwidern (**to s.th.** auf et., **to s.o.** j-m) (*a. fig.*); **2.** ⚖ replizieren; **II** *s.* **3.** Antwort *f*, Erwiderung *f*: **in ~ to** (als Antwort) auf; **in ~ to your letter** in Beantwortung Ihres Schreibens; **~-paid telegram** Telegramm *n* mit bezahlter

Rückantwort; ~ (***postal***) ***card*** Postkarte *f* mit Rückantwort; ~ ***postage*** Rückporto *n*; (***there is***) ***no*** ~ *teleph.* der Teilnehmer meldet sich nicht; **4.** *Funk*: Rückmeldung *f*; **5.** ⚖ Re'plik *f*.

re·port [rɪ'pɔːt] **I** *s.* **1.** *allg.* Bericht *m* (***on*** über *acc.*); ✝ (Geschäfts-, Sitzungs-, Verhandlungs)Bericht *m*: ***month under*** ~ Berichtsmonat *m*; ~ ***stage*** *parl.* Erörterungsstadium *n e-r Vorlage*; **2.** Gutachten *n*, Refe'rat *n*; **3.** ⚔ Meldung *f*; **4.** ⚖ Anzeige *f*; **5.** Nachricht *f*, (Presse)Bericht *m*, (-)Meldung *f*; **6.** (Schul)Zeugnis *n*; **7.** Gerücht *n*; **8.** Ruf *m*, Leumund *m*; **9.** Knall *m*; **II** *v/t.* **10.** berichten (***to s.o.*** j-m); Bericht erstatten, berichten über (*acc.*); erzählen: ***it is ~ed that*** es heißt, daß; ***he is ~ed as saying*** er soll gesagt haben; ***~ed speech*** *ling.* indirekte Rede; **11.** *Vorkommnis*, *Schaden etc.* melden; **12.** *j-n* (***o.s.*** sich) melden; anzeigen (***to*** bei, ***for*** wegen); **13.** *parl. Gesetzesvorlage* (wieder) vorlegen (*Ausschuß*); **III** *v/i.* **14.** (e-n) Bericht geben *od.* erstatten, berichten (***on***, ***of*** über *acc.*); **15.** als Berichterstatter(in) arbeiten (***for*** für *e-e Zeitung*); **16.** (***to***) sich melden (bei); sich stellen (*dat.*): ~ ***for duty*** sich zum Dienst melden; **17.** ~ ***to*** *Am.* j-m unter'stellt sein; **re'port·a·ble** [-təbl] *adj.* **1.** ⚕ meldepflichtig (*Krankheit*); **2.** steuerpflichtig (*Einkommen*); **re'port·ed·ly** [-tɪdlɪ] *adv.* wie verlautet; **re'port·er** [-tə] *s.* **1.** Re'porter(in), (Presse)Berichterstatter(in); **2.** Berichterstatter (-in), Refe'rent(in); **3.** Proto'kollführer(in).

re·pose [rɪ'pəʊz] **I** *s.* **1.** Ruhe *f* (*a. fig.*); Erholung *f* (***from*** von): ***in*** ~ in Ruhe, untätig (*a. Vulkan*); **2.** *fig.* Gelassenheit *f*, (Gemüts)Ruhe *f*; **II** *v/i.* **3.** ruhen (*a. Toter*); (sich) ausruhen, schlafen; **4.** ~ ***on*** a) liegen *od.* ruhen auf (*dat.*), b) *fig.* beruhen auf (*dat.*), c) verweilen bei (*Gedanken*); **5.** ~ ***in*** *fig.* vertrauen auf (*acc.*); **III** *v/t.* **6.** *j-m* Ruhe gewähren, *j-n* (sich aus)ruhen lassen: ~ ***o.s.*** sich zur Ruhe legen; **7.** ~ ***on*** legen *od.* betten auf (*acc.*); **8.** ~ ***in*** *fig. Vertrauen*, *Hoffnung* setzen auf (*acc.*); **re·pos·i·to·ry** [rɪ'pɒzɪtərɪ] *s.* **1.** Behältnis *n*, Gefäß *n* (*a. fig.*); **2.** Verwahrungsort *m*; ✝ (Waren)Lager *n*, Niederlage *f*; **3.** *fig.* Fundgrube *f*, Quelle *f*; **4.** Vertraute(r *m*) *f*.

re·pos·sess [ˌriːpə'zes] *v/t.* **1.** wieder in Besitz nehmen; **2.** ~ ***of*** *j-n* wieder in den Besitz *e-r Sache* setzen.

rep·re·hend [ˌreprɪ'hend] *v/t.* tadeln, rügen; ˌ**rep·re'hen·si·ble** [-nsəbl] *adj.* □ tadelnswert, sträflich; ˌ**rep·re'hen·sion** [-nʃn] *s.* Tadel *m*, Rüge *f*, Verweis *m*.

rep·re·sent [ˌreprɪ'zent] *v/t.* **1.** *j-n od. j-s Sache* vertreten: ***be ~ed at*** bei *e-r Sache* vertreten sein; **2.** (bildlich, graphisch) dar-, vorstellen, abbilden; **3.** *thea.* a) *Rolle* darstellen, verkörpern, b) *Stück* aufführen; **4.** *fig.* (*symbolisch*) darstellen, verkörpern, bedeuten, repräsentieren; *e-r Sache* entsprechen; **5.** darlegen, -stellen, schildern, vor Augen führen (***to*** *dat.*): ~ ***to o.s.*** sich *et.* vorstellen; **6.** hin-, darstellen (***as*** *od.* ***to be*** als); behaupten, vorbringen: ~ ***that*** behaupten, daß; es so hinstellen, als ob; ~ ***to s.o. that*** j-m vorhalten, daß; **rep·re·sen·ta·tion** [ˌreprɪzen'teɪʃn] *s.* **1.** ⚖, ✝, *pol.* Vertretung *f*; → ***proportional*** 1; **2.** (*bildliche*, *graphische*) Darstellung, Bild *n*; **3.** *thea.* a) Darstellung *f e-r Rolle*, b) Aufführung *f e-s Stückes*; **4.** Schilderung *f*, Darstellung *f des Sachverhalts*: ***false ~s*** ⚖ falsche Angaben; **5.** Vorhaltung *f*: ***make ~s to*** bei *j-m* vorstellig werden, Vorstellungen erheben bei; **6.** ⚖ a) Anzeige *f* von Ge'fahrˌumständen (*Versicherung*), b) Rechtsnachfolge *f* (*bsd. Erbrecht*); **7.** *phls.* Vorstellung *f*, Begriff *m*; ˌ**rep·re'sent·a·tive** [-tətɪv] **I** *s.* **1.** Vertreter (-in); Stellvertreter(in), Beauftragte(r *m*) *f*, Repräsen'tant(in): ***authorized*** ~ Bevollmächtigte(r *m*) *f*; (***commercial***) ~ Handelsvertreter(in); **2.** *parl.* (Volks-) Vertreter(in), Abgeordnete(r *m*) *f*: ***House of ~s*** *Am.* Repräsentantenhaus *n*; **3.** *fig.* typischer Vertreter, Musterbeispiel *n* (***of*** *gen.*); **II** *adj.* □ **4.** (***of***) vertretend (*acc.*), stellvertretend (für): ***in a*** ~ ***capacity*** als Vertreter(in); **5.** *pol.* repräsenta'tiv: ~ ***government*** parlamentarische Regierung; **6.** darstellend (***of*** *acc.*): ~ ***arts***; **7.** (***of***) *fig.* verkörpernd (*acc.*), sym'bolisch (für); **8.** typisch, kennzeichnend (***of*** für); *Statistik etc.*: repräsenta'tiv (*Auswahl*, *Querschnitt*): ~ ***sample*** ✝ Durchschnittsmuster *n*; **9.** ♀, *zo.* entsprechend (***of*** *dat.*).

re·press [rɪ'pres] *v/t.* **1.** *Gefühle*, *Tränen etc.* unter'drücken; **2.** *psych.* verdrängen; **re'pres·sion** [-eʃn] *s.* **1.** Unter'drückung *f*; **2.** *psych.* Verdrängung *f*; **re'pres·sive** [-sɪv] *adj.* □ **1.** repres'siv, unter'drückend; **2.** hemmend, Hemmungs...

re·prieve [rɪ'priːv] **I** *s.* **1.** ⚖ a) Begnadigung *f*, b) (Straf-, Voll'streckungs)Aufschub *m*; **2.** *fig.* (Gnaden)Frist *f*, Atempause *f*; **II** *v/t.* **3.** ⚖ *j-s* 'Urteilsvollˌstreckung aussetzen, (*a. fig.*) *j-m* e-e Gnadenfrist gewähren; **4.** *j-n* begnadigen; **5.** *fig. j-m* e-e Atempause gönnen.

rep·ri·mand ['reprɪmɑːnd] **I** *s.* Verweis *m*, Rüge *f*, Maßregelung *f*; **II** *v/t.* *j-m* e-n Verweis erteilen, *j-n* rügen *od.* maßregeln.

re·print [ˌriː'prɪnt] **I** *v/t.* neu drucken, nachdrucken, neu auflegen; **II** *s.* ['riːprɪnt] Nach-, Neudruck *m*, Re'print *m*, Neuauflage *f*.

re·pris·al [rɪ'praɪzl] *s.* Repres'salie *f*, Vergeltungsmaßnahme *f*: ***make ~s*** (***up***)***on*** Repressalien ergreifen gegen.

re·pro ['reprəʊ] *s.* F **1.** *typ.* ‚Repro' *f*, Reprodukti'on(svorlage) *f*; **2.** → ***reproduction*** 8.

re·proach [rɪ'prəʊtʃ] **I** *s.* **1.** Vorwurf *m*, Tadel *m*: ***without fear or*** ~ ohne Furcht u. Tadel; ***heap ~es on*** *j-n* mit Vorwürfen überschütten; **2.** *fig.* Schande *f* (***to*** für): ***bring*** ~ (***up***)***on*** *j-m* Schande machen; **II** *v/t.* **3.** vorwerfen, -halten, zum Vorwurf machen (***s.o. with s.th.*** j-m et.); **4.** *j-m* Vorwürfe machen, *j-n* tadeln (***for*** wegen); **5.** *et.* tadeln; **6.** *fig.* ein Vorwurf sein für, *et.* mit Schande bedecken; **re'proach·ful** [-fʊl] *adj.* □ vorwurfsvoll, tadelnd.

rep·ro·bate ['reprəʊbeɪt] **I** *adj.* **1.** ruchlos, lasterhaft; **2.** *eccl.* verdammt; **II** *s.* **3.** a) verkommenes Sub'jekt, b) Schurke *m*, c) Taugenichts *m*; **4.** (*von Gott*) Verworfene(r *m*) *f*; Verdammte(r *m*) *f*; **III** *v/t.* **5.** miß'billigen, verurteilen, verwerfen; verdammen (*Gott*); **rep·ro·ba·tion** [ˌreprəʊ'beɪʃn] *s.* 'Mißbilligung *f*, Verurteilung *f*.

re·pro·cess [ˌriː'prəʊses] *v/t.* ⚙ wieder'aufbereiten: ***~ing plant*** Wiederaufbereitungsanlage *f* (*für Kernbrennstoffe*).

re·pro·duce [ˌriːprə'djuːs] **I** *v/t.* **1.** *biol. u. fig.* ('wieder)erzeugen, (wieder) her'vorbringen; (***o.s.*** sich) fortpflanzen; **2.** *biol. Glied* regenerieren, neu bilden; **3.** *Bild etc.* reproduzieren; (*a.* ⚙) nachbilden, kopieren; *typ.* ab-, nachdrucken, vervielfältigen; **4.** *Stimme etc.* reproduzieren, 'wiedergeben; **5.** *Buch*, *Schauspiel* neu her'ausbringen; **6.** *et.* wieder'holen; **II** *v/i.* **7.** sich fortpflanzen *od.* vermehren; ˌ**re·pro'duc·er** [-sə] *s.* **1.** ϟ a) 'Tonˌwiedergabegerät *n*, b) Tonabnehmer *m*; **2.** *Computer*: (Loch)Kartendoppler *m*; ˌ**re·pro'duc·i·ble** [-səbl] *adj.* reproduzierbar; ˌ**re·pro'duc·tion** [-'dʌkʃn] *s.* **1.** *allg.* 'Wiedererzeugung *f*; **2.** *biol.* Fortpflanzung *f*; **3.** *typ.*, *phot.* Reprodukti'on *f* (*a. psych. früherer Erlebnisse*); **4.** *typ.* Nachdruck *m*, Vervielfältigung *f*; **5.** ⚙ Nachbildung *f*; **6.** ♪, ϟ *etc.* 'Wiedergabe *f*; **7.** *ped.* Nacherzählung *f*; **8.** Reprodukti'on *f*: a) Nachbildung *f*, b) *paint.* Ko'pie *f*; ˌ**re·pro'duc·tive** [-'dʌktɪv] *adj.* □ **1.** sich vermehrend, fruchtbar; **2.** *biol.* Fortpflanzungs...: ~ ***organs***; **3.** *psych.* reproduk'tiv, nachschöpferisch.

re·proof [rɪ'pruːf] *s.* Tadel *m*, Rüge *f*, Verweis *m*.

re·prov·al [rɪ'pruːvl] → ***reproof***; **re·prove** [rɪ'pruːv] *v/t.* *j-n* tadeln, rügen; *et.* miß'billigen; **re'prov·ing·ly** [-vɪŋlɪ] *adv.* tadelnd *etc.*

reps [reps] → ***rep***[1].

rep·tant ['reptənt] *adj.* ♀, *zo.* kriechend; '**rep·tile** [-taɪl] **I** *s.* **1.** *zo.* Rep'til *n*, Kriechtier *n*; **2.** *fig.* a) Kriecher(in), b) ‚falsche Schlange'; **II** *adj.* **3.** kriechend, Kriech...; **4.** *fig.* a) kriecherisch, b) gemein, niederträchtig; **rep·til·i·an** [rep'tɪlɪən] **I** *adj.* **1.** *zo.* Reptilien..., Kriechtier..., rep'tilisch; **2.** → ***reptile*** 4 b; **II** *s.* **3.** → ***reptile*** 1 *u.* 2.

re·pub·lic [rɪ'pʌblɪk] *s. pol.* Repu'blik *f*: ***the ~ of letters*** *fig.* die Gelehrtenwelt, die literarische Welt; **re'pub·li·can** [-kən] (*USA pol.* ♀) **I** *adj.* republi'kanisch; **II** *s.* Republi'kaner(in); **re'pub·li·can·ism** [-kənɪzəm] *s.* **1.** republi'kanische Staatsform; **2.** republi'kanische Gesinnung.

re·pub·li·ca·tion ['riːˌpʌblɪ'keɪʃn] *s.* **1.** 'Wiederveröffentlichung *f*; **2.** Neuauflage *f* (*a. Erzeugnis*); **re·pub·lish** [ˌriː'pʌblɪʃ] *v/t.* neu veröffentlichen.

re·pu·di·ate [rɪ'pjuːdɪeɪt] **I** *v/t.* **1.** *Autorität*, *Schuld etc.* nicht anerkennen; *Vertrag* für unverbindlich erklären; **2.** *als unberechtigt* zu'rückweisen, verwerfen; **3.** *et.* ablehnen, nicht glauben; **4.** *Sohn etc.* verstoßen; **II** *v/i.* **5.** Staatsschulden nicht anerkennen; **re·pu·di·a·tion** [rɪˌpjuːdɪ'eɪʃn] *s.* **1.** Nichtanerkennung *f* (*bsd. e-r Staatsschuld*); **2.** Ablehnung *f*, Zu'rückweisung *f*, Verwerfung *f*; **3.** Verstoßung *f*.

re·pug·nance [rɪ'pʌgnəns] *s.* **1.** 'Widerwille *m*, Abneigung *f* (***to***, ***against*** gegen); **2.** Unvereinbarkeit *f*, (innerer)

ˈWiderspruch (*of gen. od.* von, ***to, with*** mit); **reˈpug·nant** [-nt] *adj.* **1.** widerlich, zuˈwider(laufend), ˈwiderwärtig (***to*** *dat.*); **2.** unvereinbar (***to, with*** mit); **3.** widerˈstrebend.

re·pulse [rɪˈpʌls] **I** *v/t.* **1.** *Feind* zuˈrückschlagen, -werfen; *Angriff* abschlagen, -weisen; **2.** *fig. j-n* abweisen; *Bitte* abschlagen; **II** *s.* **3.** Zurückschlagen *n*, Abwehr *f*; **4.** *fig.* Zuˈrückweisung *f*, Absage *f*: ***meet with a ~*** abgewiesen werden (*a. fig.*); **5.** *phys.* Rückstoß *m*; **reˈpul·sion** [-lʃn] *s.* **1.** *phys.* Abstoßung *f*, Repulsiˈon *f*: ***~ motor*** ⚡ Repulsionsmotor *m*; **2.** *fig.* Abscheu *m, f*; **reˈpul·sive** [-sɪv] *adj.* □ *fig.* abstoßend (*a. phys.*), ˈwiderwärtig; **reˈpul·sive·ness** [-sɪvnɪs] *s.* ˈWiderwärtigkeit *f*.

re·pur·chase [ˌriːˈpɜːtʃəs] **I** *v/t.* ˈwieder-, zuˈrückkaufen; **II** *s.* ✝ Rückkauf *m*.

rep·u·ta·ble [ˈrepjʊtəbl] *adj.* □ **1.** achtbar, geachtet, angesehen, ehrbar; **2.** anständig; **rep·u·ta·tion** [ˌrepjʊˈteɪʃn] *s.* **1.** (guter) Ruf, Name *m*: ***a man of ~*** ein Mann von Ruf *od.* Namen; **2.** Ruf *m*: ***good*** (***bad***) ***~***; ***have the ~ of being*** im Ruf stehen, *et.* zu sein; ***have a ~ for*** bekannt sein für *od.* wegen.

re·pute [rɪˈpjuːt] **I** *s.* **1.** Ruf *m*, Leumund *m*: ***by ~*** dem Rufe nach, wie es heißt; ***of ill ~*** von schlechtem Ruf, übelbeleumdet; ***house of ill ~*** Bordell *n*; **2.** → ***reputation*** 1: ***be held in high ~*** hohes Ansehen genießen; **II** *v/t.* **3.** halten für: ***be ~d*** (***to be***) gelten als; ***be well*** (***ill***) ***~d*** in gutem (üblem) Rufe stehen; **reˈput·ed** [-tɪd] *adj.* □ **1.** angeblich; **2.** ungeeicht, landesüblich (*Maß*); **3.** bekannt, berühmt; **reˈput·ed·ly** [-tɪdlɪ] *adv.* angeblich, dem Vernehmen nach.

re·quest [rɪˈkwest] **I** *s.* **1.** Bitte *f*, Wunsch *m*; (*a. formelles*) Ersuchen, Gesuch *n*, Antrag *m*; (*Zahlungs- etc.*) Aufforderung *f*: ***at*** (*od.* ***by***) (***s.o.'s***) ***~*** auf (j-s) Ansuchen *od.* Bitte hin, auf (j-s) Veranlassung; ***by ~*** auf Wunsch; ***no flowers by ~*** Blumenspenden dankend verbeten; ***~ denied!*** *a. iro.* (Antrag) abgelehnt!; (***musical***) ***~ program***(***me***) Wunschkonzert *n*; ***~ stop*** 🚌 *etc.* Bedarfshaltestelle *f*; **2.** Nachfrage *f* (*a.* ✝): ***to be in*** (***great***) ***~*** (sehr) gefragt *od.* begehrt sein; **II** *v/t.* **3.** bitten *od.* ersuchen um: ***~ s.th. from s.o.*** j-n um et. ersuchen; ***it is ~ed*** es wird gebeten; **4.** *j-n* (höflich) bitten, *j-n* (*a. amtlich*) ersuchen (***to do*** zu tun).

re·qui·em [ˈrekwɪem] *s.* Requiem *n* (*a.* ♪), Seelen-, Totenmesse *f*.

re·quire [rɪˈkwaɪə] **I** *v/t.* **1.** erfordern (*Sache*): ***be ~d*** erforderlich sein; ***if ~d*** erforderlichenfalls, wenn nötig; **2.** brauchen, nötig haben, *e-r Sache* bedürfen: ***a task which ~s to be done*** e-e Aufgabe, die noch erledigt werden muß; **3.** verlangen, fordern (***of s.o.*** von j-m): ***~*** (***of***) ***s.o. to do s.th.*** j-n auffordern, et. zu tun; von j-m verlangen, daß er et. tue; ***~d subject*** *ped. Am.* Pflichtfach *n*; **4.** *Brit.* wünschen; **II** *v/i.* **5.** (es) verlangen; **reˈquire·ment** [-mənt] *s.* **1.** (*fig.* An)Forderung *f*; *fig.* Bedingung *f*, Vorˈaussetzung *f*: ***meet the ~s*** den Anforderungen entsprechen; **2.** Erfordernis *n*, Bedürfnis *n*; *mst pl.* Bedarf *m*: ***~s of raw materials*** Rohstoffbedarf *m*.

req·ui·site [ˈrekwɪzɪt] **I** *adj.* **1.** erforderlich, notwendig (***for, to*** für); **II** *s.* **2.** Erfordernis *n*, Vorˈaussetzung *f* (***for*** für); **3.** (Beˈdarfs-, Geˈbrauchs)Arˌtikel *m*: ***office ~s*** Büroartikel; **req·ui·si·tion** [ˌrekwɪˈzɪʃn] **I** *s.* **1.** Anforderung *f* (***for*** an *dat.*): ***~ number*** Bestellnummer *f*; **2.** (amtliche) Aufforderung; *Völkerrecht*: Ersuchen *n*; **3.** ⚔ Requisitiˈon *f*, Beschlagnahme *f*; Inˈanspruchnahme *f*; **4.** Einsatz *m*, Beanspruchung *f*; **5.** Erfordernis *n*; **II** *v/t.* **6.** verlangen; **7.** in Anspruch nehmen; ⚔ requirieren.

re·quit·al [rɪˈkwaɪtl] *s.* **1.** Belohnung *f* (***for*** für); **2.** Vergeltung *f* (***of*** für); **3.** Vergütung *f* (***for*** für); **re·quite** [rɪˈkwaɪt] *v/t.* **1.** belohnen: ***~ s.o.*** (***for s.th.***); **2.** vergelten.

re·read [ˌriːˈriːd] *v/t.* [*irr.* → ***read***] nochmals (ˈdurch)lesen.

re·route [ˌriːˈruːt] *v/t.* ˈumleiten.

re·run [ˌriːˈrʌn] **I** *v/t.* [*irr.*] *thea. Film*: wieder aufführen; *Radio, TV, a. Computer*: *Programm* wiederˈholen; **II** *s.* [ˈriːrʌn] ˈWiederaufführung *f*; Wiederˈholung *f*.

res [riːz] *pl.* **res** (*Lat.*) *s.* ⚖ Sache *f*: ***~ judicata*** rechtskräftig entschiedene Sache, *weitS.* (materielle) Rechtskraft; ***~ gestae*** (beweiserhebliche) Tatsachen, Tatbestand *m*.

re·sale [ˈriːseɪl] *s.* ˈWieder-, Weiterverkauf *m*: ***~ price maintenance*** Preisbindung *f* der zweiten Hand.

re·scind [rɪˈsɪnd] *v/t. Gesetz, Urteil etc.* aufheben, für nichtig erklären; *Kauf etc.* rückgängig machen; von *e-m Vertrag* zuˈrücktreten; **reˈscis·sion** [-ɪʒn] *s.* **1.** Aufhebung *f e-s Urteils etc.*; **2.** Rücktritt *m vom Vertrag*.

res·cue [ˈreskjuː] **I** *v/t.* **1.** (***from***) retten (aus), (*bsd.* ⚖ gewaltsam) befreien (von); (*bsd. et.*) bergen: ***~ from oblivion*** der Vergessenheit entreißen; **2.** (gewaltsam) zuˈrückholen; **II** *s.* **3.** Rettung *f* (*a. fig.*); Bergung *f*: ***come to s.o.'s ~*** j-m zu Hilfe kommen; **4.** (gewaltsame) Befreiung; **III** *adj.* **5.** Rettungs...: ***~ operation*** *a. fig.* Rettungsaktion *f*; ***~ party*** Rettungs-, Bergungsmannschaft *f*; ***~ vessel*** ⚓ Bergungsfahrzeug *f*; **ˈres·cu·er** [-jʊə] *s.* Befreier(in), Retter(in).

re·search [rɪˈsɜːtʃ] **I** *s.* **1.** Forschung(sarbeit) *f*, (wissenschaftliche) Unterˈsuchung (***on*** über *acc.*, auf dem Gebiet *gen.*); **2.** (genaue) Unterˈsuchung, (Nach)Forschung *f* (***after, for*** nach); **II** *v/i.* **3.** forschen, Forschungen anstellen, wissenschaftlich arbeiten (***on*** über *acc.*): ***~ into*** → 4; **III** *v/t.* **4.** erforschen, unterˈsuchen; **IV** *adj.* **5.** Forschungs...: **reˈsearch·er** [-tʃə] *s.* Forscher(in).

re·seat [ˌriːˈsiːt] *v/t.* **1.** *Saal etc.* neu bestuhlen; **2.** *j-n* ˈumsetzen; **3.** ***~ o.s.*** sich wieder setzen; **4.** ⚙ *Ventile* nachschleifen.

re·sect [riːˈsekt] *v/t.* ✂ herˈausschneiden; **reˈsec·tion** [-kʃn] *s.* ✂ Resektiˈon *f*.

re·se·da [ˈresɪdə] *s.* **1.** ⚘ Reˈseda *f*; **2.** Reˈsedagrün *n*.

re·sell [ˌriːˈsel] *v/t.* [*irr.* → ***sell***] wieder verkaufen, weiterverkaufen; **ˌreˈsell·er** [-lə] *s.* ˈWiederverkäufer *m*.

re·sem·blance [rɪˈzembləns] *s.* Ähnlichkeit *f* (***to*** mit, ***between*** zwischen): ***bear*** (*od.* ***have***) ***~ to*** → **re·sem·ble** [rɪˈzembl] *v/t.* (*dat.*) ähnlich sein *od.* sehen, gleichen, ähneln.

re·sent [rɪˈzent] *v/t.* übelnehmen, verübeln, sich ärgern über (*acc.*); **reˈsent·ful** [-fʊl] *adj.* □ **1.** (***against, of***) aufgebracht (gegen), ärgerlich *od.* voller Groll (auf *acc.*); **2.** übelnehmerisch, reizbar; **reˈsent·ment** [-mənt] *s.* **1.** Ressentiˈment *n*, Groll *m* (***against, at*** gegen); **2.** Verstimmung *f*, Unmut *m*, Unwille *m*.

res·er·va·tion [ˌrezəˈveɪʃn] *s.* **1.** Vorbehalt *m*; ⚖ *a.* Vorbehaltsrecht *n od.* -klausel *f*: ***without ~*** ohne Vorbehalt; → ***mental*** 1; **2.** *oft pl. Am.* Vorbestellung *f*, Reservierung *f von Zimmern etc.*; **3.** *Am.* Reserˈvat *n*: a) Naˈturschutzgebiet *n*, b) Indiˈanerreservatiˌon *f*.

re·serve [rɪˈzɜːv] **I** *s.* **1.** *allg.* Reˈserve *f* (*a. fig.*), Vorrat *m*: ***in ~*** in Reserve, vorrätig; ***~ seat*** Notsitz *m*; **2.** ✝ Reserve *f*, Rücklage *f*, -stellung *f*: ***~ account*** Rückstellungskonto *n*: ***~ currency*** Leitwährung *f*; **3.** ⚔ a) Reˈserve *f*: ***~ officer*** Reserveoffizier *m*; b) *pl. taktische* Reˈserven *pl.*; **4.** *sport* Ersatz (-mann) *m*, Reˈservespieler *m*; **5.** Reserˈvat *n*, Schutzgebiet *n*: ***~ game*** geschützter Wildbestand; **6.** Vorbehalt *m* (*a.* ⚖): ***without ~*** vorbehalt-, rückhaltlos; ***with certain ~s*** mit gewissen Einschränkungen; ***~ price*** ✝ Mindestgebot *n* (*bei Versteigerungen*); **7.** *fig.* Zuˈrückhaltung *f*, Reˈserve *f*, zuˈrückhaltendes Wesen: ***receive s.th. with ~*** *e-e Nachricht etc.* mit Zurückhaltung aufnehmen; **II** *v/t.* **8.** (sich) aufsparen *od.* -bewahren, (zuˈrück)behalten, in Reˈserve halten; ⚔ *j-n* zuˈrückstellen; **9.** (sich) zuˈrückhalten mit, warten mit, *et.* verschieben: ***~ judg***(***e***)***ment*** ⚖ die Urteilsverkündung aussetzen; **10.** reservieren (lassen), vorbestellen, vormerken (***to, for*** für); **11.** *bsd.* ⚖ a) vorbehalten (***to s.o.*** j-m), b) sich vorbehalten: ***~ the right to do*** (*od.* ***of doing***) ***s.th.*** sich das Recht vorbehalten, *et.* zu tun; ***all rights ~d*** alle Rechte vorbehalten; **reˈserved** [-vd] *adj.* □ *fig.* zuˈrückhaltend, reserviert; **reˈserv·ist** [-vɪst] *s.* ⚔ Reserˈvist *m*.

res·er·voir [ˈrezəvwɑː] *s.* **1.** Behälter *m* für Wasser *etc.*; Speicher *m*; **2.** (ˈWasser)Reserˌvoir *n*: a) Wasserturm *m*, b) Sammel-, Staubecken *n*, Basˈsin *n*; **3.** *fig.* Reserˈvoir *n* (***of*** an *dat.*).

re·set [ˌriːˈset] *v/t.* [*irr.* → ***set***] **1.** *Edelstein* neu fassen; **2.** *Messer* neu abziehen; **3.** *typ.* neu setzen; **4.** ⚙ nachrichten, -stellen; *Computer*: rücksetzen, nullstellen.

re·set·tle [ˌriːˈsetl] **I** *v/t.* **1.** *Land* wieder besiedeln; **2.** *j-n* wieder ansiedeln, ˈumsiedeln; **3.** wieder in Ordnung bringen; **II** *v/i.* **4.** sich wieder ansiedeln; **5.** *fig.* sich wieder setzen *od.* legen *od.* beruhigen; **ˌreˈset·tle·ment** [-mənt] *s.* **1.** ˈWiederansiedlung *f*, ˈUmsiedlung *f*; **2.** Neuordnung *f*.

re·shape [ˌriːˈʃeɪp] *v/t.* neu formen, ˈumgestalten.

re·ship [ˌriːˈʃɪp] *v/t.* **1.** *Güter* wieder verschiffen; **2.** ˈumladen; **ˌreˈship·ment** [-mənt] *s.* **1.** ˈWiederverladung *f*; **2.**

Rückladung *f*, -fracht *f*.

re·shuf·fle [ˌriːˈʃʌfl] **I** *v/t*. **1.** *Spielkarten* neu mischen; **2.** *bsd. pol.* ˈumgruppieren, -bilden; **II** *s*. **3.** *pol.* ˈUmbildung *f*, ˈUmgruppierung *f*.

re·side [rɪˈzaɪd] *v/i*. **1.** wohnen, ansässig sein, s-n (ständigen) Wohnsitz haben (***in***, ***at*** in *dat.*); **2.** *fig.* (***in***) a) wohnen (in *dat.*), b) innewohnen (*dat.*), c) zustehen (*dat.*), liegen, ruhen (bei *j-m*).

res·i·dence [ˈrezɪdəns] *s*. **1.** Wohnsitz *m*, -ort *m*; Sitz *m e-r Behörde etc.*: ***take up one's ~*** s-n Wohnsitz nehmen *od.* aufschlagen, sich niederlassen; **2.** Aufenthalt *m*: ***~ permit*** Aufenthaltsgenehmigung *f*; ***place of ~*** Wohn-, Aufenthaltsort *m*; **3.** (herrschaftliches) Wohnhaus; **4.** Wohnung *f*: ***official ~*** Dienstwohnung *f*; **5.** Wohnen *n*; **6.** Ortsansässigkeit *f*: ***~ is required*** es besteht Residenzpflicht; ***be in ~*** am Amtsort ansässig sein; ˈ**res·i·dent** [-nt] **I** *adj*. **1.** (orts-) ansässig, (ständig) wohnhaft; **2.** im (*Schul- od. Kranken- etc.*)Haus wohnend: ***~ physician***; **3.** *fig.* innewohnend (***in*** *dat.*); **4.** *zo.* seßhaft: ***~ birds*** Standvögel; **II** *s*. **5.** Ortsansässige(r *m*) *f*, Einwohner(in); *mot.* Anlieger *m*; **6.** ⚕ *Am.* Assisˈtenzarzt *m*, -ärztin *f*; *pol.* *u.* ***minister-~*** Miˈnisterresiˌdent *m* (*Gesandter*); **res·i·den·tial** [ˌrezɪˈdenʃl] *adj*. **1.** a) Wohn...: ***~ allowance*** Ortszulage *f*; ***~ area*** (*a.* vornehme) Wohngegend; ***~ university*** Internatsuniversität *f*, b) herrschaftlich; **2.** Wohnsitz...

re·sid·u·al [rɪˈzɪdjʊəl] **I** *adj*. **1.** ⅍ zuˈrückbleibend, übrig; **2.** übrig(geblieben), Rest... (*a. phys. etc.*): ***~ product*** ⚗, ⚙ Nebenprodukt *n*; ***~ soil*** *geol.* Eluvialboden *m*; **3.** *phys.* remaˈnent: ***~ magnetism***; **II** *s*. **4.** Rückstand *m*, Rest *m*; **5.** ⅍ Rest(wert) *m*, Diffeˈrenz *f*; **reˈsid·u·ar·y** [-ərɪ] *adj*. restlich, übrig(geblieben): ***~ estate*** ⚖ Reinnachlaß *m*; ***~ legatee*** Nachvermächtnisnehmer(in); **res·i·due** [ˈrezɪdjuː] *s*. **1.** Rest *m* (*a.* ⅍, ✝); **2.** ⚗ Rückstand *m*; **3.** ⚖ reiner (Erb)Nachlaß; **reˈsid·u·um** [-jʊəm] *pl*. **-u·a** [-jʊə] (*Lat.*) *s*. **1.** *bsd.* ⚗ Rückstand *m*, (*a.* ⅍) Reˈsiduum *n*; **2.** *fig.* Bodensatz *m*, Hefe *f e-s Volkes etc.*

re·sign [rɪˈzaɪn] **I** *v/t*. **1.** *Besitz, Hoffnung etc.* aufgeben; verzichten auf (*acc.*); *Amt* niederlegen; **2.** überˈlassen (***to*** *dat.*); **3.** ***~ o.s.*** sich anvertrauen *od.* überlassen (***to*** *dat.*); **4.** ***~ o.s.*** (***to***) sich ergeben (in *acc.*), sich abfinden *od.* versöhnen (mit *s-m Schicksal etc.*); **II** *v/i*. **5.** (***to*** in *acc.*) sich ergeben, sich fügen; **6.** (***from***) a) zuˈrücktreten (von *e-m Amt*), abdanken, b) austreten (aus); **res·ig·na·tion** [ˌrezɪgˈneɪʃn] *s*. **1.** Aufgabe *f*, Verzicht *m*; **2.** Rücktritt(sgesuch *n*) *m*, Amtsniederlegung *f*, Abdankung *f*: ***send in*** (*od.* ***tender***) ***one's ~*** s-n Rücktritt einreichen; **3.** Ergebung *f* (***to*** in *acc.*); **reˈsigned** [-nd] *adj*. ☐ ergeben: ***he is ~ to his fate*** er hat sich mit s-m Schicksal abgefunden.

re·sil·i·ence [rɪˈzɪlɪəns] *s*. Elastiziˈtät *f*: a) *phys.* Prallkraft *f*, b) *fig.* Spannkraft *f*; **reˈsil·i·ent** [-nt] *adj*. eˈlastisch: a) federnd, b) *fig.* spannkräftig, unverwüstlich.

res·in [ˈrezɪn] **I** *s*. **1.** Harz *n*; **2.** → ***rosin*** I; **II** *v/t*. **3.** harzen, mit Harz behandeln; ˈ**res·in·ous** [-nəs] *adj*. harzig, Harz...

re·sist [rɪˈzɪst] **I** *v/t*. **1.** widerˈstehen (*dat.*): ***I cannot ~ doing it*** ich muß es einfach tun; **2.** ˈWiderstand leisten (*dat. od.* gegen), sich widerˈsetzen (*dat.*), sich sträuben gegen: ***~ing a public officer in the execution of his duty*** ⚖ Widerstand *m* gegen die Staatsgewalt; **II** *v/i*. **3.** ˈWiderstand leisten, sich widerˈsetzen; **III** *s*. **4.** ⚙ Deckmittel *n*, Schutzlack *m*; **reˈsist·ance** [-təns] *s*. **1.** Widerstand *m* (***to*** gegen): ***air ~*** *phys.* Luftwiderstand; ***~ movement*** *pol.* Widerstandsbewegung *f*; ***offer ~*** Widerstand leisten (***to*** *dat.*); ***take the line of least ~*** den Weg des geringsten Widerstandes einschlagen; **2.** ˈWiderstandskraft *f* (*a.* ⚕); ⚙ (*Hitze-, Kälte- etc.*)Beständigkeit *f*, (*Biegungs-, Säure-, Stoß- etc.*)Festigkeit *f*: ***~ to wear*** Verschleißfestigkeit *f*; **3.** ⚡ Widerstand *m*; **reˈsist·ant** [-tənt] *adj*. **1.** widerˈstehend, -ˈstrebend; **2.** ⚙ ˈwiderstandsfähig (***to*** gegen), beständig; **re·sis·tiv·i·ty** [ˌrɪzɪˈstɪvətɪ] *s*. ⚡ speˈzifischer Widerstand; **reˈsis·tor** [-tə] *s*. ⚡ Widerstand *m* (*Bauteil*).

re·sit **I** *s*. [ˈriːsɪt] *ped.* Wiederˈholungsprüfung *f*; **II** *v/t*. [ˌriːˈsɪt] [*irr.* → ***sit***] *Prüfung* wiederˈholen; **III** *v/i*. [ˌriːˈsɪt] [*irr.* → ***sit***] die Prüfung wiederˈholen.

re·sole [ˌriːˈsəʊl] *v/t*. neu besohlen.

res·o·lu·ble [rɪˈzɒljʊbl] *adj*. **1.** ⚗ auflösbar; **2.** *fig.* lösbar.

res·o·lute [ˈrezəluːt] *adj*. ☐ entschieden, entschlossen, resoˈlut; ˈ**res·o·lute·ness** [-nɪs] *s*. Entschlossenheit *f*; resoˈlute Art.

res·o·lu·tion [ˌrezəˈluːʃn] *s*. **1.** Entschlossenheit *f*, Entschiedenheit *f*; **2.** Entschluß *m*: ***good ~s*** gute Vorsätze; **3.** ✝, *parl.* Beschluß(fassung *f*) *m*, Entschließung *f*, Resolutiˈon *f*; **4.** ⚗, ⅍, ♪, *phys.*, *opt.* (*a. Metrik*) Auflösung *f* (***into*** in *acc.*); **5.** ⚙ Rasterung *f* (*Bild*); **6.** ⚕ a) Lösung *f e-r Entzündung etc.*, b) Zerteilung *f e-s Tumors*; **7.** *fig.* Lösung *f e-r Frage*; Behebung *f von Zweifeln*.

re·solv·a·ble [rɪˈzɒlvəbl] *adj*. (auf)lösbar (***into*** in *acc.*); **reˈsolve** [rɪˈzɒlv] **I** *v/t*. **1.** *a. opt.*, ⚗, ♪, ⅍ auflösen (***into*** in *acc.*): ***be ~d into*** sich auflösen in (*acc.*); ***~d into dust*** in Staub verwandelt; ***resolving power*** *opt., phot.* Auflösungsvermögen *n*; → ***committee***; **2.** analysieren; **3.** *fig.* zuˈrückführen (***into***, ***to*** auf *acc.*); **4.** *fig. Frage etc.* lösen; **5.** *fig. Bedenken, Zweifel* zerstreuen; **6.** a) beschließen, sich entschließen (***to do*** *et.* zu tun), b) entscheiden; **II** *v/i*. **7.** sich auflösen (***into*** in *acc.*, ***to*** zu); **8.** (***on***, ***upon s.th.***) (et.) beschließen, sich entschließen (zu et.); **III** *s*. **9.** Entschluß *m*, Vorsatz *m*; **10.** *Am.* → ***resolution*** 3; **11.** *rhet.* Entschlossenheit *f*; **reˈsolved** [-vd] *p.p. u. adj*. ☐ (fest) entschlossen.

res·o·nance [ˈrezənəns] *s*. Resoˈnanz *f* (*a.* ♪, ⚕, *phys.*), Nach-, ˈWiderhall *m*, Mitschwingen *n*: ***~ box*** Resonanzkasten *m*; ˈ**res·o·nant** [-nt] *adj*. ☐ **1.** ˈwider-, nachhallend (***with*** von); **2.** volltönend (*Stimme*); **3.** *phys.* mitschwingend, Resonanz...; ˈ**res·o·na·tor** [-neɪtə] *s*. **1.** *phys.* Resoˈnator *m*; **2.** ⚡ Resoˈnanzkreis *m*.

re·sorb [rɪˈsɔːb] *v/t*. (wieder) aufsaugen, resorbieren; **reˈsorb·ence** [-bəns], **reˈsorp·tion** [-ɔːpʃn] *s*. Resorptiˈon *f*.

re·sort [rɪˈzɔːt] **I** *s*. **1.** Zuflucht *f* (***to*** zu); Mittel *n*: ***in the*** (*od.* ***as a***) ***last ~*** als letzter Ausweg, ‚wenn alle Stricke reißen'; ***have ~ to*** → 5; ***without ~ to force*** ohne Gewaltanwendung; **2.** Besuch *m*, Zustrom *m*: ***place of ~*** (beliebter) Treffpunkt; **3.** (Aufenthalts-, Erholungs)Ort *m*: ***health ~*** Kurort; ***summer ~*** Sommerurlaubsort; **II** *v/i*. **4.** ***~ to*** a) sich begeben zu *od.* nach, b) *Ort* oft besuchen; **5.** ***~ to*** s-e Zuflucht nehmen zu, zuˈrückgreifen auf (*acc.*), greifen zu, Gebrauch machen von.

re·sound [rɪˈzaʊnd] **I** *v/i*. **1.** ˈwiderhallen (***with***, ***to*** von): ***~ing*** schallend; **2.** erschallen, ertönen (*Klang*); **II** *v/t*. **3.** ˈwiderhallen lassen.

re·source [rɪˈsɔːs] *s*. **1.** (Hilfs)Quelle *f*, (-)Mittel *n*; **2.** *pl.* a) Mittel *pl.*, Reichtümer *pl. e-s Landes*: ***natural ~s*** Bodenschätze, b) Geldmittel *pl.*, c) ✝ *Am.* Akˈtiva *pl.*; **3.** → ***resort*** 1; **4.** Findig-, Wendigkeit *f*; Taˈlent *n*: ***he is full of ~*** er weiß sich immer zu helfen; **5.** Entspannung *f*, Unterˈhaltung *f*; **reˈsource·ful** [-fʊl] *adj*. ☐ **1.** reich an Hilfsquellen; **2.** findig, wendig, einfallsreich.

re·spect [rɪˈspekt] **I** *s*. **1.** Rücksicht *f* (***to***, ***of*** auf *acc.*): ***without ~ to persons*** ohne Ansehen der Person; **2.** Hinsicht *f*, Beziehung *f*: ***in every*** (***some***) ***~*** in jeder (gewisser) Hinsicht; ***in ~ of*** (*od.* ***to***), ***with ~ to*** (*od.* ***of***) hinsichtlich (*gen.*), bezüglich (*gen.*), in Anbetracht (*gen.*); ***have ~ to*** sich beziehen auf (*acc.*); **3.** (Hoch)Achtung *f*, Ehrerbietung *f*, Reˈspekt *m* (***for*** vor *dat.*); **4.** ***one's ~s*** *pl.* s-e Empfehlungen *pl. od.* Grüße *pl.* (***to*** an *acc.*): ***give him my ~s*** grüßen Sie ihn von mir; ***pay one's ~s to*** a) *j-n* bestens grüßen, b) *j-m* s-e Aufwartung machen; **II** *v/t*. **5.** sich beziehen auf (*acc.*), betreffen; **6.** (hoch)achten, ehren; **7.** *Gefühle, Gesetze etc.* respektieren, (be)achten; ***~ o.s.*** etwas auf sich halten; **re·spect·a·bil·i·ty** [rɪˌspektəˈbɪlətɪ] *s*. **1.** Ehrbarkeit *f*, Achtbarkeit *f*; **2.** Ansehen *n*; ✝ Solidiˈtät *f*; **3.** a) *pl.* Reˈspektsperˌsonen *pl.*, Honoratiˈoren *pl.*, b) Reˈspektsperˌson *f*; **4.** *pl.* Anstandsregeln *pl.*; **reˈspect·a·ble** [-təbl] *adj*. ☐ **1.** ansehnlich, (recht) beachtlich; **2.** acht-, ehrbar; anständig, soˈlide; **3.** angesehen, geachtet; **4.** korˈrekt, konventioˈnell; **reˈspect·er** [-tə] *s*.: ***be no ~ of persons*** ohne Ansehen der Person handeln; **reˈspect·ful** [-fʊl] *adj*. ☐ reˈspektvoll (*a. iro. Entfernung*), ehrerbietig, höflich: ***Yours ~ly*** mit vorzüglicher Hochachtung (*Briefschluß*); **reˈspect·ing** [-tɪŋ] *prp*. bezüglich (*gen.*), hinsichtlich (*gen.*), über (*acc.*); **reˈspec·tive** [-tɪv] *adj*. ☐ jeweilig (*jedem einzeln zukommend*), verschieden: ***to our ~ places*** *wir gingen* jeder an s-n Platz; **reˈspec·tive·ly** [-tɪvlɪ] *adv*. a) beziehungsweise, b) in dieser Reihenfolge.

res·pi·ra·tion [ˌrespəˈreɪʃn] *s*. Atmung *f*, Atmen *n*, Atemholen *n*: ***artificial ~*** künstliche Beatmung; **res·pi·ra·tor** [ˈrespəreɪtə] *s*. **1.** *Brit.* Gasmaske *f*; **2.** Atemfilter *m*; **3.** ⚕ Atemgerät *n*, ˈSauerstoffappaˌrat *m*; **re·spir·a·to·ry**

[rɪˈspaɪərətərɪ] *adj. anat.* Atmungs…
re·spire [rɪˈspaɪə] **I** *v/i.* **1.** atmen; **2.** *fig.* aufatmen; **II** *v/t.* **3.** (ein)atmen; *poet.* atmen.
res·pite [ˈrespaɪt] **I** *s.* **1.** Frist *f*, (Zahlungs)Aufschub *m*, Stundung *f*; **2.** ⚖ a) Aussetzung *f* des Vollˈzugs (*der Todesstrafe*), b) Strafaufschub *m*; **3.** *fig.* (Atem-, Ruhe)Pause *f*; **II** *v/t.* **4.** auf-, verschieben; **5.** *j-m* Aufschub gewähren, e-e Frist einräumen; **6.** ⚖ die Vollˈstreckung des Urteils an *j-m* aufschieben; **7.** Erleichterung von *Schmerz etc.* verschaffen.
re·splend·ence [rɪˈsplendəns], **reˈsplend·en·cy** [-sɪ] *s.* Glanz *m* (*a. fig. Pracht*); **reˈsplend·ent** [-nt] *adj.* □ glänzend, strahlend, prangend.
re·spond [rɪˈspɒnd] *v/i.* **1.** (*to*) antworten (auf *acc.*) (*a. eccl.*), *Brief etc.* beantworten; **2.** *fig.* antworten, erˈwidern (*with* mit); **3.** *fig.* (*to*) reagieren *od.* ansprechen (auf *acc.*), empfänglich sein (für), eingehen auf (*acc.*): **~ to a call** e-m Rufe folgen; **4.** ⚙ ansprechen (*Motor*), gehorchen; **reˈspond·ent** [-dənt] **I** *adj.* **1. ~ to** reagierend auf (*acc.*), empfänglich für; **2.** ⚖ beklagt; **II** *s.* **3.** ⚖ a) (Scheidungs)Beklagte(r *m*) *f*, b) Berufungsbeklagte(r *m*) *f*.
re·sponse [rɪˈspɒns] *s.* **1.** Antwort *f*, Erwiderung *f*: **in ~ to** als Antwort auf (*acc.*), in Erwiderung (*gen.*); **2.** *fig.* a) Reaktiˈon *f* (*a. biol.*, *psych.*), Antwort *f*, b) ˈWiderhall *m* (*alle*: **to** auf *acc.*): **meet with a good ~** Widerhall *od.* e-e gute Aufnahme finden; **3.** *eccl.* Antwort(strophe) *f*; **4.** ⚙ Ansprechen *n* (*des Motors etc.*).
re·spon·si·bil·i·ty [rɪˌspɒnsəˈbɪlətɪ] *s.* **1.** Verantwortlichkeit *f*; **2.** Verantwortung *f* (*for*, *of* für): **on one's own ~** auf eigene Verantwortung; **3.** ⚖ a) Zurechnungsfähigkeit *f*, b) Haftbarkeit *f*; **4.** Vertrauenswürdigkeit *f*; ✝ Zahlungsfähigkeit *f*; **5.** *oft pl.* Verbindlichkeit *f*, Verpflichtung *f*; **re·spon·si·ble** [rɪˈspɒnsəbl] *adj.* □ **1.** verantwortlich (*to dat.*, *for* für): **~ partner** ✝ persönlich haftender Gesellschafter; **2.** ⚖ a) zurechnungsfähig, b) geschäftsfähig, c) haftbar; **3.** verantwortungsbewußt, zuverlässig; ✝ soˈlide, zahlungsfähig; **4.** verantwortungsvoll, verantwortlich (*Stellung*): **used to ~ work** an selbständiges Arbeiten gewöhnt; **5.** (*for*) a) schuld (an *dat.*), verantwortlich (für), b) die Ursache (*gen. od.* von); **re·spon·sive** [rɪˈspɒnsɪv] *adj.* □ **1.** Antwort…, antwortend (*to* auf *acc.*); **2.** (*to*) (leicht) reagierend (auf *acc.*), ansprechbar; *weitS.* empfänglich *od.* zugänglich *od.* aufgeschlossen (für): **be ~ to** a) ansprechen *od.* reagieren auf (*acc.*), b) eingehen auf (*j-n*), (*e-m Bedürfnis etc.*) entgegenkommen; **3.** ⚙ eˈlastisch (*Motor*).
rest¹ [rest] **I** *s.* **1.** (*a.* Nacht)Ruhe *f*, Rast *f*; *fig.* a) Ruhe *f* (*Frieden*, *Untätigkeit*), b) Ruhepause *f*, Erholung *f*, c) ewige *od.* letzte Ruhe (*Tod*); *phys.* Ruhe(lage *f*): **at ~** in Ruhe, ruhig; **be at ~** a) ruhen (*Toter*), b) beruhigt sein, c) ⚙ sich in Ruhelage befinden; **give a ~ to** a) *Maschine etc.* ruhen lassen, b) F *et.* auf sich beruhen lassen; **have a good night's ~** gut schlafen; **lay to ~** zur letzten Ruhe betten; **set s.o.'s mind at ~** j-n beruhigen; **set a matter at ~** e-e Sache (endgültig) entscheiden *od.* erledigen; **take a ~** sich ausruhen; **2.** Ruheplatz *m* (*a. Grab*), Raststätte *f*; Aufenthalt *m*; Herberge *f*, Heim *n*; **3.** ⚙ a) Auflage *f*, Stütze *f*, (Arm)Lehne *f*, (Fuß)Raste *f*, *teleph.* Gabel *f*, b) Supˈport *m e-r Drehbank*, c) ⚔ (Gewehr)Auflage *f*; **4.** ♪ Pause *f*; **5.** *Metrik*: Zäˈsur *f*; **II** *v/i.* **6.** ruhen, schlafen (*a. Toter*); **7.** (sich aus-) ruhen, rasten, e-e (Ruhe)Pause einlegen: **let a matter ~** *fig.* e-e Sache auf sich beruhen lassen; **the matter cannot ~ there** damit kann es nicht sein Bewenden haben; **8.** sich stützen: **~ against** sich stützen *od.* lehnen gegen, ⚙ anliegen an (*acc.*); **~ (up)on** a) ruhen auf (*dat.*) (*a. Last*, *Blick*, *Schatten etc.*), b) *fig.* beruhen auf (*dat.*), sich stützen auf (*acc.*), c) *fig.* sich verlassen auf (*acc.*); **9. ~ with** bei *j-m* liegen (*Entscheidung*, *Schuld*), in *j-s* Händen liegen, von *j-m* abhängen, *j-m* überˈlassen bleiben; **10.** ⚖ *Am.* → 16; **III** *v/t.* **11.** (aus)ruhen lassen, *j-m* Ruhe gönnen: **~ o.s.** sich ausruhen; **God ~ his soul** Gott hab' ihn selig; **12.** *Augen*, *Stimme* schonen; **13.** legen, lagern (*on* auf *acc.*); **14.** *Am.* F *Hut etc.* ablegen; **15. ~ one's case** ⚖ *Am.* den Beweisvortrag abschließen.
rest² [rest] **I** *s.* **1.** Rest *m*; (*das*) übrige, (*die*) übrigen: **and all the ~ of it** und alles übrige; **the ~ of us** wir übrigen; **for the ~** im übrigen; **2.** ✝ *Brit.* Reˈserveˌfonds *m*; **3.** ✝ *Brit.* a) Bilanzierung *f*, b) Restsaldo *m*; **II** *v/i.* **4.** *in e-m Zustand* bleiben, weiterhin sein: **~ assured that** seien Sie versichert *od.* verlassen Sie sich darauf, daß; **5. ~ with** → **rest¹** 9.
re·state [ˌriːˈsteɪt] *v/t.* neu (u. besser) formulieren; **ˌreˈstate·ment** [-mənt] *s.* neue Darstellung *od.* Formulierung.
res·tau·rant [ˈrestərɔ̃ːŋ] (*Fr.*) *s.* Restauˈrant *n*, Gaststätte *f*: **~ car** Speisewagen *m.*
rest| cure ⚕ Liegekur *f*; **~ home** *s.* Alten- *od.* Pflegeheim *n.*
rest·ed [ˈrestɪd] *p.p. u. adj.* ausgeruht, erholt; **rest·ful** [ˈrestfʊl] *adj.* □ **1.** ruhig, friedlich; **2.** erholsam, gemütlich; **3.** bequem, angenehm.
rest house *s.* Rasthaus *n.*
rest·ing place [ˈrestɪŋ] *s.* **1.** Ruheplatz *m*; **2.** (letzte) Ruhestätte, Grab *n.*
res·ti·tu·tion [ˌrestɪˈtjuːʃn] *s.* **1.** Restitutiˈon *f*: a) (Zu)ˈRückerstattung *f*, b) Entschädigung *f*, c) Wiederˈgutmachung *f*, d) Wiederˈherstellung *f von Rechten etc.*: **make ~** Ersatz leisten (*of* für); **2.** *phys.* (eˈlastische) Rückstellung; **3.** *phot.* Entzerrung *f.*
res·tive [ˈrestɪv] *adj.* □ **1.** unruhig, nerˈvös; **2.** störrisch, ˈwiderspenstig, bokkig (*a. Pferd*); **ˈres·tive·ness** [-nɪs] *s.* **1.** Unruhe *f*, Ungeduld *f*; **2.** ˈWiderspenstigkeit *f.*
rest·less [ˈrestlɪs] *adj.* □ **1.** ruhe-, rastlos; **2.** unruhig; **3.** schlaflos (*Nacht*); **ˈrest·less·ness** [-nɪs] *s.* **1.** Ruhe-, Rastlosigkeit *f*; **2.** (nerˈvöse) Unruhe, Unrast *f.*
re·stock [ˌriːˈstɒk] **I** *v/t.* **1.** ✝ a) *Lager* wieder auffüllen, b) *Ware* wieder auf Lager nehmen; **2.** *Gewässer* wieder mit Fischen besetzen; **II** *v/i.* **3.** neuen Vorrat einlagern.
res·to·ra·tion [ˌrestəˈreɪʃn] *s.* **1.** Wiederˈherstellung *f* (*e-s Zustandes*, *der Gesundheit etc.*); **2.** Restaurierung *f e-s Kunstwerks etc.*; **3.** Rückerstattung *f*, -gabe *f*; **4.** Wiederˈeinsetzung *f* (*to* in *ein Amt*); **5. the** ♀ *hist.* die Restaurati'on; **re·stor·a·tive** [rɪˈstɒrətɪv] ⚕ **I** *adj.* □ **1.** stärkend; **II** *s.* **2.** Stärkungsmittel *n*; **3.** ˈWiederbelebungsmittel *n.*
re·store [rɪˈstɔː] *v/t.* **1.** *Einrichtung*, *Gesundheit*, *Ordnung etc.* wiederˈherstellen; **2.** a) *Kunstwerk etc.* restaurieren, b) ⚙ inˈstand setzen; **3.** *j-n* wiederˈeinsetzen (*to* in *acc.*); **4.** zuˈrückerstatten, -bringen, -geben: **~ s.th. to its place** et. an s-n Platz zurückstellen; **~ the receiver** *teleph.* den Hörer auflegen *od.* einhängen; **~ s.o.** (*to health*) j-n gesund machen *od.* wiederherstellen; **~ s.o. to liberty** j-m die Freiheit wiedergeben; **~ s.o. to life** j-n ins Leben zurückrufen; **~ a king** (*to the throne*) e-n König wieder auf den Thron setzen; **reˈstor·er** [-ɔːrə] *s.* **1.** Wiederˈhersteller (-in); **2.** Restauˈrator *m*, Restauraˈtorin *f*; **3.** Haarwuchsmittel *n.*
re·strain [rɪˈstreɪn] *v/t.* **1.** zuˈrückhalten: **~ s.o. from doing s.th.** j-n davon abhalten, et. zu tun; **~ing order** ⚖ Unterlassungsurteil *n*; **2.** a) in Schranken halten, Einhalt gebieten (*dat.*), b) *Pferd* im Zaum halten, zügeln (*a. fig.*); **3.** *Gefühl* unterˈdrücken, bezähmen; **4.** a) einsperren, -schließen, b) *Geisteskranken* in e-r Anstalt ˈunterbringen; **5.** *Macht etc.* be-, einschränken; **6.** ✝ *Produktion etc.* drosseln; **reˈstrained** [-nd] *adj.* □ **1.** zuˈrückhaltend, beherrscht, maßvoll; **2.** verhalten, gedämpft; **reˈstraint** [-nt] *s.* **1.** Einschränkung *f*, Beschränkung(en *pl.*) *f*; Hemmnis *n*, Zwang *m*: **~ of** (*od.* **upon**) **liberty** Beschränkung der Freiheit; **~ of trade** a) Beschränkung des Handels, b) Einschränkung des freien Wettbewerbs, Konkurrenzverbot *n*; **~ clause** Konkurrenzklausel *f*; **call for ~** Maßhalteappell *m*; **without ~** frei, ungehemmt, offen; **2.** ⚖ Freiheitsbeschränkung *f*, Haft *f*: **place s.o. under ~** j-n in Gewahrsam nehmen; **3.** a) Zuˈrückhaltung *f*, Beherrschtheit *f*, b) (künstlerische) Zucht.
re·strict [rɪˈstrɪkt] *v/t.* a) einschränken, b) beschränken (*to* auf *acc.*): **be ~ed to doing** sich darauf beschränken müssen, *et.* zu tun; **reˈstrict·ed** [-tɪd] *adj.* □ eingeschränkt, beschränkt, begrenzt: **~!** nur für den Dienstgebrauch!; **~ area** Sperrgebiet *n*; **~ district** Gebiet *n* mit bestimmten Baubeschränkungen; **reˈstric·tion** [-kʃn] *s.* **1.** Ein-, Beschränkung *f* (*of*, *on gen.*): **~s on imports** Einfuhrbeschränkungen; **~s of space** räumliche Beschränktheit; **without ~s** uneingeschränkt; **2.** Vorbehalt *m*; **reˈstric·tive** [-tɪv] **I** *adj.* □ be-, einschränkend (*of acc.*): **~ clause** a) *ling.* einschränkender Relativsatz, b) ✝ einschränkende Bestimmung; **II** *s. ling.* Einschränkung *f.*
rest room *s. Am.* Toiˈlette *f* (*Hotel etc.*).
re·struc·ture [ˌriːˈstrʌktʃə] *v/t.* ˈumstrukturieren.
re·sult [rɪˈzʌlt] **I** *s.* **1.** *a.* ⅍ Ergebnis *n*,

Resul'tat *n*; (*a.* guter) Erfolg: ***without ~*** ergebnislos; **2.** Folge *f*, Aus-, Nachwirkung *f*: ***as a ~*** a) die Folge war, daß, b) folglich; ***get ~s*** Erfolge erzielen, et. erreichen; **II** *v/i.* **3.** sich ergeben, resultieren (***from*** aus): ***~ in*** hinauslaufen auf (*acc.*), zur Folge haben (*acc.*), enden mit (*dat.*); **re'sult·ant** [-tənt] **I** *adj.* **1.** sich ergebend, (dabei *od.* daraus) entstehend, resultierend (***from*** aus); **II** *s.* **2.** *phys.*, ⩘ Resul'tante *f*; **3.** (End)Ergebnis *n*.

re·sume [rɪ'zjuːm] **I** *v/t.* **1.** *Tätigkeit etc.* wieder'aufnehmen, wieder anfangen; fortsetzen: ***he ~d painting*** er begann wieder zu malen, er malte wieder; **2.** 'wiedererlangen; *Platz* wieder einnehmen; *Amt, Kommando* wieder über'nehmen; *Namen* wieder annehmen; **3.** resümieren, zs.-fassen; **II** *v/i.* **4.** s-e Tätigkeit wieder'aufnehmen; **5.** *in s-r Rede* fortfahren; **6.** wieder beginnen.

ré·su·mé ['rezjuːmeɪ] (*Fr.*) *s.* **1.** Resü'mee *n*, Zs.-fassung *f*; **2.** *bsd. Am.* Lebenslauf *m*.

re·sump·tion [rɪ'zʌmpʃn] *s.* **1.** a) Zu'rücknahme *f*, b) ✝ Li'zenzentzug *m*; **2.** Wieder'aufnahme *f e-r Tätigkeit, von Zahlungen etc.*

re·sur·gence [rɪ'sɜːdʒəns] *s.* Wiederem'porkommen *n*, Wieder'aufleben *n*, -'aufstieg *m*, 'Wiedererweckung *f*; **re'sur·gent** [-nt] *adj.* wieder'auflebend, 'wiedererwachend.

res·ur·rect [ˌrezə'rekt] *v/t.* **1.** F wieder zum Leben erwecken; **2.** *fig. Sitte* wieder'aufleben lassen; **3.** *Leiche* ausgraben; **ˌres·ur'rec·tion** [-kʃn] *s.* **1.** (*eccl.* ♀) Auferstehung *f*; **2.** *fig.* Wieder'aufleben *n*, 'Wiedererwachen *n*; **3.** Leichenraub *m*.

re·sus·ci·tate [rɪ'sʌsɪteɪt] **I** *v/t.* **1.** 'wiederbeleben; **2.** *fig.* 'wiedererwecken, wieder'aufleben lassen; **II** *v/i.* **3.** das Bewußtsein 'wiedererlangen; **4.** wieder'aufleben; **re·sus·ci·ta·tion** [rɪˌsʌsɪ'teɪʃn] *s.* **1.** 'Wiederbelebung *f* (*a. fig. Erneuerung*); **2.** Auferstehung *f*.

ret [ret] **I** *v/t. Flachs etc.* rösten, rötten; **II** *v/i.* verfaulen (*Heu*).

re·tail ['riːteɪl] **I** *s.* Einzel-, Kleinhandel *m*, Kleinverkauf *m*, De'tailgeschäft *n*: ***by*** (*Am.* ***at***) ***~*** → III; **II** *adj.* Einzel-, Kleinhandels...: ***~ bookseller*** Sortimentsbuchhändler *m*; ***~ dealer*** Einzelhändler *m*; ***~ price*** Einzelhandels-, Ladenpreis *m*; ***~ trade*** → I; **III** *adv.* im Einzelhandel, einzeln, en de'tail: ***sell ~***; **IV** *v/t.* [riː'teɪl] a) *Waren* im kleinen *od.* en de'tail verkaufen, b) *Klatsch* weitergeben, (haarklein) weitererzählen; **V** *v/i.* [riː'teɪl] im Einzelhandel verkauft werden (***at*** zu *6 Dollar etc.*); **re·tail·er** [riː'teɪlə] *s.* **1.** ✝ Einzel-, Kleinhändler (-in); **2.** Erzähler(in), Verbreiter(in) *von Klatsch etc.*

re·tain [rɪ'teɪn] *v/t.* **1.** zu'rück(be)halten, einbehalten; **2.** *Eigenschaft, Posten etc., a. im Gedächtnis* behalten; *a. Geduld etc.* bewahren; **3.** *Brauch* beibehalten; **4.** *j-n* in s-n Diensten halten: ***~ a lawyer*** e-n Anwalt nehmen; ***~ing fee*** → ***retainer*** 2 a; **5.** ⚙ halten, sichern, stützen; *Wasser* stauen: ***~ing nut*** Befestigungsmutter *f*; ***~ing ring*** Sprengring *m*; ***~ing wall*** Stütz-, Staumauer *f*; **re'tain·er** [-nə] *s.* **1.** *hist.* Gefolgsmann *m*: ***old ~*** F altes Faktotum; **2.** ⚖ a) Verpflichtung *f* e-s Anwalts, b) Hono'rarvorschuß *m*: ***general ~*** Pauschalhonorar *n*, c) Pro'zeßvollmacht *f*; **3.** ⚙ a) Befestigungsteil *n*, b) Käfig *m e-s Kugellagers*.

re·take [ˌriː'teɪk] **I** *v/t.* [*irr.* → ***take***] **1.** wieder (an-, ein-, zu'rück)nehmen; **2.** ⚔ wieder'einnehmen; **3.** *Film*: *Szene etc.* wieder'holen, nochmals (ab)drehen; **II** *s.* ['riːteɪk] **4.** *Film*: Re'take *n*, Wieder'holung *f*.

re·tal·i·ate [rɪ'tælɪeɪt] **I** *v/i.* Vergeltung üben, sich rächen (***upon s.o.*** an j-m); **II** *v/t.* vergelten, sich rächen für, heimzahlen; **re·tal·i·a·tion** [rɪˌtælɪ'eɪʃn] *s.* Vergeltung *f*: ***in ~*** als Vergeltung(smaßnahme); **re'tal·i·a·to·ry** [-ɪətərɪ] *adj.* Vergeltungs...: ***~ duty*** ✝ Kampfzoll *m*.

re·tard [rɪ'tɑːd] *v/t.* **1.** verzögern, -langsamen, aufhalten; **2.** *phys.* retardieren, verzögern; *Elektronen* bremsen: ***be ~ed*** nacheilen; **3.** *biol.* retardieren; **4.** *psych. j-s.* Entwicklung hemmen: ***~ed child*** zurückgebliebenes Kind; ***mentally ~ed*** geistig zurückgeblieben; **5.** *mot. Zündung* nachstellen: ***~ed ignition*** a) Spätzündung *f*, b) verzögerte Zündung; **re·tar·da·tion** [ˌriːtɑː'deɪʃn] *s.* **1.** Verzögerung *f* (*a. phys.*), Verlangsamung *f*, -spätung *f*; Aufschub *m*; **2.** ⩘, *phys.*, *biol.* Retardati'on *f*; *phys.* (*Elektronen-*) Bremsung *f*; **3.** *psych.* a) Entwicklungshemmung *f*, b) 'Unterentwickeltheit *f*; **4.** ♪ a) Verlangsamung *f*, b) aufwärtsgehender Vorhalt.

retch [retʃ] *v/i.* würgen (*beim Erbrechen*).

re·tell [ˌriː'tel] *v/t.* [*irr.* → ***tell***] **1.** nochmals erzählen *od.* sagen, wieder'holen; **2.** *ped.* nacherzählen.

re·ten·tion [rɪ'tenʃn] *s.* **1.** Zu'rückhalten *n*; **2.** Einbehaltung *f*; **3.** Beibehaltung *f* (*a. von Bräuchen etc.*), Bewahrung *f*; **4.** ⚕ Verhalten *n*; **5.** Festhalten *n*, Halt *m*: ***~ pin*** ⚙ Arretierstift *m*; **6.** Merken *n*, Merkfähigkeit *f*; **re'ten·tive** [-ntɪv] *adj.* □ **1.** (zu'rück)haltend (***of*** *acc.*); **2.** erhaltend, bewahrend; gut (*Gedächtnis*); **3.** Wasser speichernd.

re·think [ˌriː'θɪŋk] *v/t.* [*irr.* → ***think***] *et.* nochmals über'denken; **ˌre'think·ing** [-kɪŋ] *s.* 'Umdenken *n*.

ret·i·cence ['retɪsəns] *s.* **1.** Verschwiegenheit *f*, Schweigsamkeit *f*; **2.** Zu'rückhaltung *f*; **'ret·i·cent** [-nt] *adj.* □ verschwiegen (***about***, ***on*** über *acc.*), schweigsam; zu'rückhaltend.

ret·i·cle ['retɪkl] *s. opt.* Fadenkreuz *n*.

re·tic·u·lar [rɪ'tɪkjʊlə] *adj.* □ netzartig, -förmig, Netz...; **re'tic·u·late I** *adj.* □ [-lət] netzartig, -förmig; **II** *v/t.* [-leɪt] netzförmig mustern *od.* bedecken; **III** *v/i.* [-leɪt] sich verästeln; **re'tic·u·lat·ed** [-leɪtɪd] *adj.* netzförmig, maschig, Netz...: ***~ glass*** Filigranglas *n*; **re·tic·u·la·tion** [rɪˌtɪkjʊ'leɪʃn] *s.* Netzwerk *n*; **ret·i·cule** ['retɪkjuːl] *s.* **1.** → ***reticle***; **2.** Damentasche *f*; Arbeitsbeutel *m*; **re·ti·form** ['riːtɪfɔːm] *adj.* netz-, gitterförmig.

ret·i·na ['retɪnə] *s. anat.* Retina *f*, Netzhaut *f*.

ret·i·nue ['retɪnjuː] *s.* Gefolge *n*.

re·tire [rɪ'taɪə] **I** *v/i.* **1.** *allg.* sich zu'rückziehen (*a.* ⚔): ***~ (from business)*** *a.* sich zur Ruhe setzen; ***~ into o.s.*** sich verschließen; ***~ (to rest)*** sich zur Ruhe begeben, schlafen gehen; **2.** ab-, zu'rücktreten; in den Ruhestand treten, in Pensi'on *od.* Rente gehen, s-n Abschied nehmen (*Beamter*); **3.** *fig.* zu'rücktreten (*Hintergrund, Ufer etc.*); **II** *v/t.* **4.** zu'rückziehen (*a.* ⚔); **5.** ✝ *Noten* aus dem Verkehr ziehen; *Wechsel* einlösen; **6.** *bsd.* ⚔ verabschieden, pensionieren; → ***retired*** 1; **re'tired** [-əd] *p.p. u. adj.* □ **1.** pensioniert, im Ruhestand (lebend): ***~ general*** General a.D. *od.* außer Dienst; ***~ pay*** Ruhegeld *n*, Pension *f*; ***be placed on the ~ list*** ⚔ den Abschied erhalten; **2.** im Ruhestand (lebend); **3.** zu'rückgezogen (*Leben*); **4.** abgelegen, einsam (*Ort*): **re'tire·ment** [-mənt] *s.* **1.** (Sich)Zu'rückziehen *n*; **2.** Aus-, Rücktritt *m*, Ausscheiden *n*; **3.** Ruhestand *m*: ***early ~*** vorzeitiger Ruhestand; ***~ pension*** (Alters)Rente *f*, Ruhegeld *n*; ***~ pensioner*** (Alters)Rentner(in), Ruhegeldempfänger(in); ***go into ~*** sich ins Privatleben zurückziehen; **4.** *j-s* Zu'rückgezogenheit *f*; **5.** a) Abgeschiedenheit *f*, b) abgelegener Ort, Zuflucht *f*; **6.** ⚔ (planmäßige) Absetzbewegung, Rückzug *m*; **7.** ✝ Einziehung *f*; **re'tir·ing** [-rɪŋ] *adj.* □ **1.** Ruhestands...: ***~ age*** Renten-, Pensionsalter *n*; ***~ pension*** Ruhegeld *n*; **2.** *fig.* zu'rückhaltend, bescheiden; **3.** unauffällig, de'zent (*Farbe etc.*); **4.** ***~ room*** a) Privatzimmer *n*, b) Toilette *f*.

re·tool [ˌriː'tuːl] *v/t. Fabrik* mit neuen Ma'schinen ausrüsten.

re·tort¹ [rɪ'tɔːt] **I** *s.* **1.** (scharfe *od.* treffende) Entgegnung, (schlagfertige) Antwort; Erwiderung *f*; **II** *v/t.* **2.** (darauf) erwidern; **3.** *Beleidigung etc.* zu'rückgeben (***on s.o.*** j-m); **III** *v/i.* **4.** (scharf *od.* treffend) erwidern, entgegnen.

re·tort² [rɪ'tɔːt] *s.* ⚗, ⚙ Re'torte *f*.

re·tor·tion [rɪ'tɔːʃn] *s.* **1.** (Sich)'Umwenden *n*, Zu'rückströmen *n*, -biegen *n*, -beugen *n*; **2.** *Völkerrecht*: Retorsi'on *f* (*Vergeltungsmaßnahme*).

re·touch [ˌriː'tʌtʃ] **I** *v/t. et.* über'arbeiten; *phot.* retuschieren; **II** *s.* Re'tusche *f*.

re·trace [rɪ'treɪs] **I** *v/t.* (*a. fig. Stammbaum etc.*) zu'rückverfolgen; *fig.* zu'rückführen (***to*** auf *acc.*): ***~ one's steps*** a) (denselben Weg) zurückgehen, b) *fig.* die Sache ungeschehen machen; **II** *s.* ⚡ Rücklauf *m*.

re·tract [rɪ'trækt] **I** *v/t.* **1.** *Behauptung* zu'rücknehmen, (*a.* ⚖ *Aussage*) wider'rufen; **2.** *Haut, Zunge etc., a.* ⚖ *Anklage* zu'rückziehen; **3.** *zo. Klauen etc., a.* ✈ *Fahrgestell* einziehen; **II** *v/i.* **4.** sich zurückziehen; **5.** widerrufen, es zurücknehmen; **6.** zu'rücktreten (***from*** von *e-m Entschluß, e-m Vertrag etc.*); **re'tract·a·ble** [-təbl] *adj.* **1.** einziehbar: ***~ landing gear*** ✈ einziehbares Fahrgestell; **2.** zu'rückziehbar; **3.** zu'rücknehmbar, zu wider'rufen(d); **re·trac·ta·tion** [ˌriːtræk'teɪʃn] → ***retraction*** 1; **re'trac·tile** [-taɪl] *adj.* **1.** einziehbar; **2.** *a. anat.* zu'rückziehbar; **re'trac·tion** [-kʃn] *s.* **1.** Zu'rücknahme *f*, 'Widerruf *m*; **2.** Zu'rück-, Einziehen *n*; **3.** ⚕, *zo.* Retrakti'on *f*; **re'trac·tor** [-tə] *s.* **1.** *anat.* Retrakti'onsmuskel *m*;

2. ⚕ Re'traktor *m*, Wundhaken *m*.

re·train [ˌriː'treɪn] *v/t. j-n* 'umschulen; ˌ**re'train·ing** [-nɪŋ] *s. a.* ***occupational*** ~ 'Umschulung *f*.

re·trans·late [ˌriːtræns'leɪt] *v/t.* (zu-) 'rücküberˌsetzen; ˌ**re·trans'la·tion** [-eɪʃn] *s.* 'Rücküberˌsetzung *f*.

re·tread [ˌriː'tred] **I** *v/t.* ⚙ *Reifen* runderneuern; **II** ['riːtred] *s.* runderneuerter Reifen.

re·treat [rɪ'triːt] **I** *s.* **1.** *bsd.* ⚔ Rückzug *m*: ***beat a ~*** *fig.* das Feld räumen, klein beigeben; ***sound the*** (*od.* ***a***) ~ zum Rückzug blasen; ***there was no ~*** es gab kein Zurück; **2.** Zufluchtsort *m*, Schlupfwinkel *m*; **3.** Anstalt *f für Geisteskranke etc.*; **4.** Zu'rückgezogenheit *f*, Abgeschiedenheit *f*; **5.** ⚔ Zapfenstreich *m*; **II** *v/i.* **6.** *a.* ⚔ sich zu'rückziehen; **7.** zu'rücktreten, -weichen (*z.B. Meer*): ***~ing chin*** fliehendes Kinn; **III** *v/t.* **8.** *bsd. Schachfigur* zu'rückziehen.

re-treat [ˌriː'triːt] *v/t. allg.* erneut behandeln.

re·trench [rɪ'trentʃ] **I** *v/t.* **1.** *Ausgaben etc.* einschränken, *a. Personal* abbauen; **2.** beschneiden, kürzen; **3.** a) *Textstelle* streichen, b) *Buch* zs.-streichen; **4.** *Festungswerk* mit inneren Verschanzungen versehen; **II** *v/i.* **5.** sich einschränken, Sparmaßnahmen 'durchführen, sparen; **re'trench·ment** [-mənt] *s.* **1.** Einschränkung *f*, (*Kosten-*, *Personal-*) Abbau *m*; Sparmaßnahme *f*; (Gehalts-) Kürzung *f*; **2.** Streichung *f*, Kürzung *f*; **3.** ⚔ Verschanzung *f*, innere Verteidigungsstellung.

re·tri·al [ˌriː'traɪəl] *s.* **1.** nochmalige Prüfung; **2.** ⚖ Wieder'aufnahmeverfahren *n*.

ret·ri·bu·tion [ˌretrɪ'bjuːʃn] *s.* Vergeltung *f*, Strafe *f*; **re·trib·u·tive** [rɪ'trɪbjʊtɪv] *adj.* ☐ vergeltend, Vergeltungs…

re·triev·a·ble [rɪ'triːvəbl] *adj.* ☐ **1.** 'wiederzugewinnen(d); **2.** wieder'gutzumachen(d), wettzumachen(d); **re'trieve** [rɪ'triːv] **I** *v/t.* **1.** *hunt.* apportieren; **2.** 'wiederfinden, -bekommen; **3.** (sich *et.*) zu'rückholen; **4.** *et.* her'ausholen, -fischen (***from*** aus); **5.** *fig.* 'wiedergewinnen, -erlangen; *Fehler* wieder'gutmachen; *Verlust* wettmachen; **6.** *j-n* retten (***from*** aus); **7.** *et.* der Vergessenheit entreißen; **II** *s.* **8.** ***beyond*** (*od.* ***past***) ~ unwiederbringlich dahin; **re'triev·er** [-və] *s. hunt.* Re'triever *m*, *allg.* Apportierhund *m*.

retro- [retrəʊ] *in Zssgn* zurück…, rück (-wärts)…, Rück…; entgegengesetzt; hinter…; ˌ**ret·ro'ac·tive** *adj.* ☐ **1.** ⚖ rückwirkend; **2.** zu'rückwirkend; ˌ**ret·ro'ces·sion** *s.* **1.** a) *a.* ⚕ Zu'rückgehen *n*, b) ⚕ Nach'innenschlagen *n*; **2.** ⚖ 'Wieder-, Rückabtretung *f*; ˌ**ret·ro·gra'da·tion** *s.* **1.** → ***retrogression*** 1; **2.** Zu'rückgehen *n*; **3.** *fig.* Rück-, Niedergang *m*; **ret·ro·grade** ['retrəʊgreɪd] **I** *adj.* **1.** ⚕, ♪, *ast.*, *zo.* rückläufig; **2.** *fig.* rückgängig, -läufig, Rückwärts…, rückschrittlich; **II** *v/i.* **3.** a) rückläufig sein, b) zu'rückgehen; **4.** rückwärts gehen; **5.** *bsd. biol.* entarten.

ret·ro·gres·sion [ˌretrəʊ'greʃn] *s.* **1.** *ast.* rückläufige Bewegung; **2.** *bsd. biol.* Rückentwicklung *f*; **3.** *fig.* Rückgang *m*, -schritt *m*; ˌ**ret·ro'gres·sive** [-esɪv] *adj.* ☐ **1.** *bsd. biol.* rückschreitend: ~ ***metamorphosis*** *biol.* Rückbildung *f*; **2.** *fig.* rückschrittlich; **3.** *fig.* nieder-, zu'rückgehend; **ret·ro·rock·et** ['retrəʊˌrɒkɪt] *s.* 'Bremsraˌkete *f*; **ret·ro·spect** ['retrəʊspekt] *s.* Rückblick *m*, -schau *f* (***of***, ***on*** auf *acc.*): ***in*** (***the***) ~ rückschauend, im Rückblick; **ret·ro·spec·tion** [ˌretrəʊ'spekʃn] *s.* Erinnerung *f*; Zu'rückblicken *n*; **ret·ro·spec·tive** [ˌretrəʊ'spektɪv] *adj.* ☐ **1.** zu'rückblickend; **2.** nach rückwärts *od.* hinten (gerichtet); **3.** ⚖ rückwirkend.

ret·rous·sé [rə'truːseɪ] (*Fr.*) *adj.* nach oben gebogen: ~ ***nose*** Stupsnase *f*.

re·try [ˌriː'traɪ] *v/t.* ⚖ a) *Prozeß* wieder'aufnehmen, b) neu verhandeln gegen *j-n*.

re·turn [rɪ'tɜːn] **I** *v/i.* **1.** zu'rückkehren, -kommen (***to*** zu); 'wiederkehren (*a. fig.*); *fig.* wieder auftreten (*Krankheit etc.*): ~ ***to*** *fig.* a) auf *ein Thema* zurückkommen, b) zu *e-m Vorhaben* zurückkommen, c) in *e-e Gewohnheit etc.* zurückfallen, d) in *e-n Zustand* zurückkehren; ~ ***to dust*** zu Staub werden; ~ ***to health*** wieder gesund werden; **2.** zu'rückfallen (*Besitz*) (***to*** an *acc.*); **3.** erwidern, antworten; **II** *v/t.* **4.** *Gruß etc.*, *a. Besuch*, ⚔ *Feuer*, *Liebe*, *Schlag etc.* erwidern: ~ ***thanks*** danken; **5.** zu'rückgeben, *Geld a.* zu'rückzahlen, -erstatten; **6.** zu'rückschicken, -senden: ***~ed empties*** † zurückgesandtes Leergut; ***~ed letter*** unzustellbarer Brief; **7.** (an s-n Platz) zu'rückstellen, -tun; **8.** (ein-) bringen, *Gewinn* abwerfen, *Zinsen* tragen; **9.** *Bericht* erstatten; ⚖ a) Voll'zugsbericht erstatten über (*acc.*), b) *Gerichtsbefehl* mit Vollzugsbericht rückvorlegen; **10.** ⚖ Schuldspruch fällen *od.* aussprechen: ***be ~ed guilty*** schuldig gesprochen werden; **11.** *Votum* abgeben; **12.** amtlich erklären für *od.* als, *j-n arbeitsunfähig etc.* schreiben; **13.** *Einkommen* zur Steuerveranlagung erklären, angeben (***at*** mit); **14.** *amtliche Liste etc.* vorlegen *od.* veröffentlichen; **15.** *parl. Brit. Wahlergebnis* melden; **16.** *parl. Brit.* als Abgeordneten wählen (***to Parliament*** ins Parlament); **17.** *sport Ball* zu'rückschlagen; **18.** *Echo*, *Strahlen* zu'rückwerfen; **19.** ⚙ zu'rückführen, -leiten; **III** *s.* **20.** Rückkehr *f*, -kunft *f*; 'Wiederkehr *f* (*a. fig.*): ~ ***of health*** Genesung *f*; ***by ~ of post*** *Brit.*, ***by ~ mail*** *Am.* postwendend, umgehend; ***many happy ~s of the day!*** herzlichen Glückwunsch zum Geburtstag!; ***on my ~*** bei m-r Rückkehr; **21.** Wieder'auftreten *n* (*Krankheit etc.*): ~ ***of influenza*** Gripperückfall *m*; ~ ***of cold weather*** Kälterückfall *m*; **22.** 🚂 Rückfahrkarte *f*; **23.** Rück-, Her'ausgabe *f*: ***on sale or ~*** † in Kommission; **24.** *oft pl.* † Rücksendung *f* (*a. Ware*): ***~s*** a) Rückgut, b) *Buchhandel*: *a.* ~ ***copies*** Remittenden; **25.** † Rückzahlung *f*, (-)Erstattung *f*; *Versicherung*: ~ (***of premium***) Ri'storno *n*; **26.** Entgelt *n*, Gegenleistung *f*, Entschädigung *f*: ***in ~*** dafür, dagegen; ***in ~ for*** (als Gegenleistung) für; ***without ~*** unentgeltlich; **27.** *oft pl.* † a) (*Kapitaletc.*)'Umsatz *m*: ***quick ~s*** schneller Umsatz, b) Ertrag *m*, Einnahme *f*, Verzinsung *f*, Gewinn *m*: ***yield*** (*od.* ***bring***) ***a ~*** Nutzen abwerfen, sich rentieren; **28.** Erwiderung *f* (*a. fig. e-s Grußes etc.*): ~ ***of affection*** Gegenliebe *f*; **29.** (amtlicher) Bericht, (sta'tistischer) Ausweis, Aufstellung *f*; *pol. Brit.* Wahlbericht *m*, -ergebnis *n*: ***annual ~*** Jahresbericht *m*, -ausweis *m*; ***bank ~*** Bankausweis *m*; ***official ~s*** amtliche Ziffern; **30.** Steuererklärung *f*; **31.** ⚖ a) Rückvorlage *f* (*e-s Vollstreckungsbefehls etc.*) (mit Voll'zugsbericht), b) Voll'zugsbericht *m* (*des Gerichtsvollziehers etc.*); **32.** *a.* ~ ***day*** ⚖ Ver'handlungsterˌmin *m*; **33.** ⚙ a) Rückführung *f*, -leitung *f*, b) Rücklauf *m*, c) ⚡ Rückleitung *f*; **34.** Biegung *f*, Krümmung *f*; **35.** △ a) 'Wiederkehr *f*, b) vorspringender *od.* zu'rückgesetzter Teil, c) (Seiten)Flügel *m*; **36.** *Tennis*: Re'turn *m*, Rückschlag *m* (*a. Ball*); **37.** *sport a.* ~ ***match*** Rückspiel *n*; **38.** (leichter) Feinschnitt (*Tabak*); **IV** *adj.* **39.** Rück…(*-porto*, *-reise*, *-spiel etc.*): ~ ***cable*** ⚡ Rückleitung *f*; ~ ***cargo*** Rückfracht *f*, -ladung *f*; ~ ***current*** ⚡ Rück-, Erdstrom *m*; ~ ***ticket*** a) Rückfahrkarte *f*, b) ✈ Rückflugkarte *f*; ~ ***valve*** ⚙ Rückschlagventil *n*; ~ ***visit*** Gegenbesuch *m*; ~ ***wire*** ⚡ Nullleiter *m*; **re'turn·a·ble** [-nəbl] *adj.* **1.** zu'rückzugeben(d); einzusenden(d); **2.** † rückzahlbar.

re·turn·ing of·fi·cer [rɪ'tɜːnɪŋ] *s. pol. Brit.* 'Wahlkommisˌsar *m*.

re·u·ni·fi·ca·tion [ˌriːjuːnɪfɪ'keɪʃn] *s. pol.* 'Wiedervereinigung *f*.

re·un·ion [ˌriː'juːnjən] *s.* **1.** 'Wiedervereinigung *f*; *fig.* Versöhnung *f*; **2.** (*Familien-*, *Klassen- etc.*)Treffen *n*, Zs.-kunft *f*.

re·u·nite [ˌriːjuː'naɪt] **I** *v/t.* 'wiedervereinigen; **II** *v/i.* sich wieder vereinigen.

rev [rev] *mot.* F **I** *s.* Umdrehung *f*: ***~s per minute*** Dreh-, Tourenzahl *f*; **II** *v/t.* *mst* ~ ***up*** auf Touren bringen; **III** *v/i.* laufen, auf Touren sein (*Motor*): ~ ***up*** a) auf Touren kommen, b) den Motor ‚hochjagen' *od.* auf Touren bringen.

re·vac·ci·nate [ˌriː'væksɪneɪt] *v/t.* ⚕ 'wieder-, nachimpfen.

re·val·or·i·za·tion ['riːˌvælərаɪ'zeɪʃn] *s.* † Aufwertung *f*; **re·val·or·ize** [ˌriː'væləraɪz] *v/t.* aufwerten.

re·val·u·ate [ˌriː'væljʊeɪt] *v/t.* † **1.** neu bewerten; **2.** aufwerten; **re·val·u·a·tion** ['riːˌvæljʊ'eɪʃn] *s.* **1.** Neubewertung *f*; **2.** Aufwertung *f*.

re·val·ue [ˌriː'væljuː] → ***revaluate***.

re·vamp [ˌriː'væmp] *v/t.* F ‚aufpolieren'.

re·vanch·ist [rɪ'væntʃɪst] **I** *adj.* revan'chistisch; **II** *s.* Revan'chist *m*.

re·veal [rɪ'viːl] **I** *v/t.* (***to***) **1.** *eccl.*, *a. fig.* offenbaren (*dat.*); **2.** enthüllen, zeigen (*dat.*) (*a. fig. erkennen lassen*), sehen lassen; **3.** *fig. Geheimnis etc.* enthüllen, verraten, aufdecken (*dat.*); **II** *s.* **4.** ⚙ a) innere Laibung (*Tür etc.*), b) Fensterrahmen *m* (*Auto*); **re'veal·ing** [-lɪŋ] *adj.* **1.** enthüllend, aufschlußreich; **2.** ‚offenherzig' (*Kleid*).

rev·eil·le [rɪ'vælɪ] *s.* ⚔ (Si'gnal *n* zum) Wecken *n*.

rev·el ['revl] **I** *v/i.* **1.** (lärmend) feiern, ausgelassen sein; **2.** (***in***) *fig.* a) schwelgen (in *dat.*), *et.* in vollen Zügen genießen, b) sich weiden *od.* ergötzen (***in*** an *dat.*); **II** *s.* **3.** *oft pl.* → ***revelry.***

rev·e·la·tion [ˌrevə'leɪʃn] *s.* **1.** Enthüllung *f*, Offen'barung *f*: ***it was a ~ to me*** es fiel mir wie Schuppen von den Augen; ***what a ~!*** welch überraschende Entdeckung!, ach so ist das!; **2.** (göttliche) Offenbarung: ***the* ℛ *(of St. John)*** *bibl.* die (Geheime) Offenbarung (des Johannes); **3.** F ‚Offenbarung' *f* (*et. Ausgezeichnetes*).

rev·el·(l)er ['revlə] *s.* **1.** Feiernde(r *m*) *f*; **2.** Zecher *m*; **3.** Nachtschwärmer *m*; **'rev·el·ry** [-lrɪ] *s.* lärmende Festlichkeit, Rummel *m*, Trubel *m*.

re·venge [rɪ'vendʒ] **I** *v/t.* **1.** *et.*, *a. j-n* rächen (**[up]on** an *dat.*): ***~ o.s. for s.th.*** sich für et. rächen; ***be ~d*** a) gerächt sein *od.* werden, b) sich rächen; **2.** sich rächen für, vergelten (***upon, on*** an *dat.*); **II** *s.* **3.** Rache *f*: ***take one's ~*** Rache nehmen, sich rächen; ***in ~ for it*** dafür; **4.** Re'vanche *f* (*beim Spiel*): ***have one's ~*** sich revanchieren; **5.** Rachsucht *f*, -gier *f*; **re'venge·ful** [-fʊl] *adj.* □ rachsüchtig; **re'venge·ful·ness** [-fʊlnɪs] → ***revenge*** 5.

rev·e·nue ['revənju:] *s.* **1.** *a.* ***public ~*** öffentliche Einnahmen *pl.*, Staatseinkünfte *pl.*; **2.** a) Fi'nanzverwaltung *f*, b) Fiskus *m*: ***defraud the ~*** Steuern hinterziehen; ***~ board*** → ***revenue office***; **3.** *pl.* Einnahmen *pl.*, Einkünfte *pl.*; **4.** Ertrag *m*, Nutzung *f*; **5.** Einkommensquelle *f*; **~ cut·ter** *s.* ⚓ Zollkutter *m*; **~ of·fice** *s.* Fi'nanzamt *n*; **~ of·fi·cer** *s.* Zollbeamte(r) *m*; Fi'nanzbeamte(r) *m*; **~ stamp** *s.* ☤ Bande'role *f*, Steuermarke *f*.

re·ver·ber·ate [rɪ'vɜ:bəreɪt] *phys.* **I** *v/i.* **1.** zu'rückstrahlen; **2.** (nach-, 'wider-) hallen; **II** *v/t.* **3.** *Strahlen, Hitze, Klang* zu'rückwerfen; von *e-m Klange* widerhallen; **re·ver·ber·a·tion** [rɪˌvɜ:bə'reɪʃn] *s.* **1.** Zu'rückwerfen *n*, -strahlen *n*; **2.** 'Widerhall(en *n*) *m*; Nachhall *m*; **re'ver·ber·a·tor** [-tə] *s.* ⚙ **1.** Re'flektor *m*; **2.** Scheinwerfer *m*.

re·vere [rɪ'vɪə] *v/t.* (ver)ehren.

rev·er·ence ['revərəns] **I** *s.* **1.** Verehrung *f* (**for** für *od. gen.*); **2.** Ehrfurcht *f* (**for** vor *dat.*); **3.** Ehrerbietung *f*; **4.** Reve'renz *f* (*Verbeugung od. Knicks*); **5.** *dial. od. humor.* ***Your (His) ~*** Euer (Seine) Ehrwürden; **II** *v/t.* **6.** (ver)ehren; **'rev·er·end** [-nd] **I** *adj.* **1.** ehrwürdig; **2.** ℛ *eccl.* hochwürdig (*Geistlicher*): ***Very*** ℛ (*im Titel e-s Dekans*); ***Right*** ℛ (*Bischof*); ***Most*** ℛ (*Erzbischof*): ℛ ***Mother*** Mutter Oberin *f*; **II** *s.* **3.** Geistliche(r) *m*; **'rev·er·ent** [-nt] *adj.* □, **rev·er·en·tial** [ˌrevə'renʃl] *adj.* □ ehrerbietig, ehrfurchtsvoll.

rev·er·ie ['revərɪ] *s.* Träume'rei *f* (*a.* ♪): ***be lost in (a) ~*** in Träumen versunken sein.

re·ver·sal [rɪ'vɜ:sl] *s.* **1.** 'Umkehr(ung) *f*; 'Umschwung *m*, -schlagen *n*: ***~ of opinion*** Meinungsumschwung; ***~ process*** *phot.* Umkehrentwicklung *f*; **2.** ⚖ (Urteils)Aufhebung *f*, 'Umstoßung *f*; **3.** ⚙ 'Umsteuerung *f*; **4.** ⚡ ('Strom)ˌUmkehr *f*; **5.** ☤ Stornierung *f*; **re'verse** [rɪ'vɜ:s] **I** *s.* **1.** Gegenteil *n*, *das* 'Umgekehrte; **2.** Rückschlag *m*: ***~ of fortune*** Schicksalsschlag *m*; **3.** ⚔ Niederlage *f*, Schlappe *f*; **4.** Rückseite *f*, *bsd. fig.* Kehrseite *f*: ***~ of a coin*** Rückseite *od.* Revers *m* e-r Münze; ***~ of the medal*** *fig.* Kehrseite der Medaille; ***on the ~*** umstehend; ***take in ~*** ⚔ im Rücken packen; **5.** *mot.* Rückwärtsgang *m*; **6.** ⚙ 'Umsteuerung *f*; **II** *adj.* □ **7.** 'umgekehrt, verkehrt, entgegengesetzt (**to** *dat.*): ***~-charge call*** *teleph.* R-Gespräch *n*; ***~ current*** ⚡ Gegenstrom *m*; ***~ flying*** ✈ Rückenflug *m*; ***~ order*** umgekehrte Reihenfolge; ***~ side*** a) Rückseite *f*, b) linke (*Stoff*)Seite; **8.** rückläufig, rückwärts...: ***~ gear*** → 5; **III** *v/t.* **9.** 'umkehren (*a.* 𝔄, ⚡), 'umdrehen; *fig. Politik* (ganz) 'umstellen; *Meinung* völlig ändern: ***~ the charge(s)*** *teleph.* ein R-Gespräch führen; ***~ the order of things*** die Weltordnung auf den Kopf stellen; **10.** ⚖ *Urteil* aufheben, 'umstoßen; **11.** ☤ stornieren; **12.** ⚙ im Rückwärtsgang *od.* rückwärts fahren *od.* laufen (lassen); **13.** ⚡ a) 'umpolen, b) 'umsteuern; **IV** *v/i.* **14.** rückwärts fahren; **15.** *beim Walzer* 'linksherˌum tanzen; **re'vers·i·ble** [-səbl] *adj.* **1.** *a.* 𝔄, ⚗, *phys.* 'umkehrbar; **2.** doppelseitig, wendbar (*Stoff, Mantel*); **3.** ⚙ 'umsteuerbar; **4.** ⚖ 'umstoßbar; **re'vers·ing** [-sɪŋ] *adj.* ⚙, *phys.* Umkehr..., Umsteuerungs...: ***~ gear*** a) Umsteuerung *f*, b) Wendegetriebe *n*, c) Rückwärtsgang *m*; ***~ pole*** ⚡ Wendepol *m*; ***~ switch*** ⚡ Wendeschalter *m*; **re'version** [-ɜ:ʃn] *s.* **1.** *a.* 𝔄 'Umkehrung *f*; **2.** ⚖ a) Heim-, Rückfall *m*, b) *a.* ***right of ~*** Heimfallsrecht *n*; **3.** ⚖ a) Anwartschaft *f* (**of** auf *acc.*), b) Anwartschaftsrente *f*; **4.** *biol.* a) Rückartung *f*, b) Ata'vismus *m*; **5.** ⚡ 'Umpolung *f*; **re'ver·sion·ar·y** [-ɜ:ʃnərɪ] *adj.* **1.** ⚖ anwartschaftlich, Anwartschafts...: ***~ annuity*** Rente *f* auf den Überlebensfall; ***~ heir*** Nacherbe *m*; **2.** *biol.* ata'vistisch; **re'ver·sion·er** [-ɜ:ʃnə] *s.* ⚖ **1.** Anwartschaftsberechtigte(r *m*) *f*, Anwärter(in); **2.** Nacherbe *m*, -erbin *f*; **re·vert** [rɪ'vɜ:t] **I** *v/i.* **1.** zu'rückkehren (**to** zu *s-m Glauben etc.*); **2.** zu'rückkommen (**to** auf *e-n Brief, ein Thema etc.*); **3.** wieder zu'rückfallen (**to** in *acc.*): ***~ to barbarism***; **4.** ⚖ zu'rück-, heimfallen (***to s.o.*** an j-n); **5.** *biol.* zu'rückschlagen (**to** zu); **II** *v/t.* **6.** *Blick* (zu'rück)wenden; **re'vert·i·ble** [-ɜ:təbl] *adj.* ⚖ heimfällig (*Besitz*).

re·vet·ment [rɪ'vetmənt] *s.* **1.** ⚙ Verkleidung *f*, Futtermauer *f* (*Ufer etc.*); **2.** ⚔ Splitterschutzwand *f*.

re·view [rɪ'vju:] **I** *s.* **1.** 'Nachprüfung *f*, (Über)'Prüfung *f*, Revisi'on *f*: ***court of ~*** ⚖ Rechtsmittelgericht *n*; ***be under ~*** überprüft werden; **2.** (Buch)Besprechung *f*, Rezensi'on *f*, Kri'tik *f*: ***~ copy*** Rezensionsexemplar *n*; **3.** Rundschau *f*, kritische Zeitschrift; **4.** ⚔ Pa'rade *f*, Truppenschau *f*: ***naval ~*** Flottenparade; ***pass in ~*** a) mustern, b) (vorbei-) defilieren (lassen), c) → **5.** Rückblick *m*, -schau *f* (**of** auf *acc.*): ***pass in ~*** a) Rückschau halten über (*acc.*), b) *im Geiste* Revue passieren lassen; **6.** Bericht *m*, 'Übersicht *f*, -blick *m* (**of** über *acc.*): ***market ~*** ☤ Markt-, Börsenbericht; ***month under ~*** Berichtsmonat *m*; **7.** 'Durchsicht *f*; **8.** → ***revue***; **II** *v/t.* **9.** nachprüfen, (über)'prüfen, e-r Revisi'on unter'ziehen; **10.** ⚔ besichtigen, inspizieren; **11.** *fig.* zu'rückblicken auf (*acc.*); **12.** über'blicken, -'schauen: ***~ the situation***; **13.** e-n 'Überblick geben über (*acc.*); **14.** *Buch* besprechen, rezensieren; **III** *v/i.* **15.** (Buch)Besprechungen schreiben; **re'view·er** [-ju:ə] *s.* Kritiker(in), Rezen'sent(in): ***~'s copy*** Rezensionsexemplar *n*.

re·vile [rɪ'vaɪl] *v/t. u. v/i.*: ***~ (at od. against) s.th.*** et. schmähen *od.* verunglimpfen; **re'vile·ment** [-mənt] *s.* Schmähung *f*, Verunglimpfung *f*.

re·vis·al [rɪ'vaɪzl] *s.* **1.** (Nach)Prüfung *f*; **2.** (nochmalige) 'Durchsicht; **3.** *typ.* zweite Korrek'tur; **re·vise** [rɪ'vaɪz] **I** *v/t.* **1.** revidieren: a) *typ.* in zweiter Korrektur lesen, b) *Buch* über'arbeiten: ***~d edition*** verbesserte Auflage, c) *fig. Ansicht* ändern; **2.** über'prüfen, (wieder)'durchsehen; **II** *s.* **3.** *a.* ***~ proof*** *typ.* Revisi'onsbogen *m*, Korrek'turabzug *m*; **4.** → ***revision***; **re'vis·er** [-zə] *s.* **1.** *typ.* Kor'rektor *m*; **2.** Bearbeiter *m*; **re·vi·sion** [rɪ'vɪʒn] *s.* **1.** Revisi'on *f*: a) 'Durchsicht *f*, b) Über'arbeitung *f*, c) Korrek'tur *f*; **2.** verbesserte Ausgabe *od.* Auflage.

re·vis·it [ˌri:'vɪzɪt] *v/t.* nochmals *od.* wieder besuchen: ***London ~ed*** Wiedersehen *n* mit London.

re·vi·tal·ize [ˌri:'vaɪtəlaɪz] *v/t.* neu beleben, 'wiederbeleben.

re·viv·al [rɪ'vaɪvl] *s.* **1.** 'Wiederbelebung *f* (*a.* ☤; *a.* ⚖ *von Rechten*): ***~ of architecture*** Neugotik *f*; ℛ ***of Learning*** *hist.* Renaissance *f*; **2.** Wieder'aufleben *n*, -'aufblühen *n*, Erneuerung *f*; **3.** *eccl.* a) Erweckung *f*, b) *a.* ***~ meeting*** Erweckungsversammlung *f*; **4.** Wieder'aufgreifen *n e-s veralteten Worts etc.*; *thea.* Wieder'aufnahme *f e-s vergessenen Stücks*; **re'viv·al·ism** [-vəlɪzəm] *s. bsd. U.S.A.* a) (religi'öse) Erweckungsbewegung, ˌEvangelisati'on *f*, b) Erweckungseifer *m*; **re·vive** [rɪ'vaɪv] **I** *v/t.* **1.** 'wiederbeleben (*a. fig.*); **2.** *Anspruch, Gefühl, Hoffnung, Streit etc.* wieder'aufleben lassen; *Gefühle* 'wiedererwecken; *Brauch, Gesetz* wieder'einführen; *Vertrag* erneuern; *Gerechtigkeit, Ruf* wieder'herstellen; *Thema* wieder'aufgreifen; **3.** *thea. Stück* wieder auf die Bühne bringen; **4.** ⚙ *Metall* frischen; **II** *v/i.* **5.** wieder (zum Leben) erwachen; **6.** das Bewußtsein 'wiedererlangen; **7.** *fig.* wieder'aufleben (*a. Rechte*); 'wiedererwachen (*Haß etc.*); wieder'aufblühen; ☤ sich erholen; **8.** wieder'auftreten; wieder'aufkommen (*Brauch etc.*); **re'viv·er** [-və] *s.* **1.** ⚙ Auffrischungs-, Regenerierungsmittel *n*; **2.** *sl.* (*alkoholische*) Stärkung; **re·viv·i·fy** [ri:'vɪvɪfaɪ] *v/t.* **1.** 'wiederbeleben; **2.** *fig.* wieder'aufleben lassen, neu beleben.

rev·o·ca·ble ['revəkəbl] *adj.* □ 'widerruflich; **rev·o·ca·tion** [ˌrevə'keɪʃn] *s.* ⚖ 'Widerruf *m*, Aufhebung *f*; (*Lizenz- etc.*)Entzug *m*.

re·voke [rɪ'vəʊk] **I** *v/t.* wider'rufen, aufheben, rückgängig machen; **II** *v/i. Kartenspiel*: nicht Farbe bekennen, nicht bedienen.

re·volt [rɪ'vəʊlt] **I** *s.* **1.** Re'volte *f*, Aufruhr *m*, Aufstand *m*; **II** *v/i.* **2.** a) (*a. fig.*) revoltieren, sich em'pören, sich auflehnen (***against*** gegen), b) abfallen (***from*** von); **3.** *fig.* 'Widerwillen empfinden (***at*** über *acc.*), sich sträuben *od.* empören (***against, at, from*** gegen); **III** *v/t.* **4.** *fig.* empören, mit Abscheu erfüllen, abstoßen; **re'volt·ing** [-tɪŋ] *adj.* □ em'pörend, abstoßend, widerlich.

rev·o·lu·tion [ˌrevə'luːʃn] *s.* **1.** 'Umwälzung *f*, Um'drehung *f*, Rotati'on *f*: ***~s per minute*** ⚙ Umdrehungen pro Minute, Dreh-, Tourenzahl *f*; ***~ counter*** Drehzahlmesser *m*, Tourenzähler *m*; **2.** *ast.* a) Kreislauf *m* (*a. fig.*), b) Um'drehung *f*, c) 'Umlauf(zeit *f*) *m*; **3.** *fig.* Revoluti'on *f*: a) 'Umwälzung *f*, 'Umschwung *m*, b) *pol.* 'Umsturz *m*; **ˌrev·o'lu·tion·ar·y** [-ʃnərɪ] **I** *adj.* revolutio'när: a) *pol.* Revolutions..., Umsturz..., b) *fig.* 'umwälzend, e'pochemachend; **II** *s. a.* **ˌrev·o'lu·tion·ist** [-ʃnɪst] Revolutio'när(in) (*a. fig.*); **ˌrev·o'lu·tion·ize** [-ʃnaɪz] *v/t.* **1.** aufwiegeln, in Aufruhr bringen; **2.** *Staat* revolutionieren (*a. fig. von Grund auf umgestalten*).

re·volve [rɪ'vɒlv] **I** *v/i.* **1.** *bsd.* ⩚, ⚙, *phys.* sich drehen, kreisen, rotieren (***on, about*** um *e-e Achse*, ***round*** um *e-n Mittelpunkt*); **2.** e-n Kreislauf bilden, da'hinrollen (*Jahre etc.*); **II** *v/t.* **3.** drehen, rotieren lassen; **4.** *fig.* (hin u. her) über'legen, *Gedanken, Problem* wälzen; **re'volv·er** [-və] *s.* Re'volver *m*; **re'volv·ing** [-vɪŋ] *adj.* a) sich drehend, kreisend, drehbar (***about, round*** um), b) Dreh...(*-bleistift, -brücke, -bühne, -tür etc.*): ***~ credit*** ✝ Revolving-Kredit *m*; ***~ shutter*** Rolladen *m*.

re·vue [rɪ'vjuː] *s. thea.* **1.** Re'vue *f*; **2.** (zeitkritisches) Kaba'rett, sa'tirische Kaba'rettvorführung.

re·vul·sion [rɪ'vʌlʃn] *s.* **1.** ⚕ Ableitung *f*; **2.** *fig.* 'Umschwung *m*; **3.** *fig.* Abscheu *m* (***against*** vor *dat.*); **re'vul·sive** [-lsɪv] *adj. u. s.* ableitend(es Mittel).

re·ward [rɪ'wɔːd] **I** *s.* **1.** Entgelt *n*; Belohnung *f*, *a.* Finderlohn *m*; **2.** Vergeltung *f*, (gerechter) Lohn; **II** *v/t.* **3.** *j-n od. et.* belohnen (*a. fig.*); *fig. j-m* vergelten (***for s.th.*** et.); *j-n od. et.* bestrafen; **re'ward·ing** [-dɪŋ] *adj.* □ lohnend (*a. fig.*); *fig. a.* dankbar (*Aufgabe*).

re·wind [ˌriː'waɪnd] **I** *v/t. Film, Tonband etc.* (zu')rückspulen, 'umspulen; *Garn etc.* wieder'aufspulen; *Uhr* wieder aufziehen; **II** *s.* Rückspulung *f etc.*; Rücklauf *m* (*am Tonbandgerät etc.*): ***~ button*** Rücklauftaste *f*.

re·word [ˌriː'wɜːd] *v/t.* neu *od.* anders formulieren.

re·write [ˌriː'raɪt] **I** *v/t. u. v/i.* [*irr.* → ***write***] **1.** nochmals *od.* neu schreiben; **2.** 'umschreiben; *Am. Pressebericht* redigieren, über'arbeiten; **II** *s.* **3.** *Am.* redigierter Bericht: ***~ man*** Überarbeiter *m*.

Rex [reks] (*Lat.*) *s.* ⚖ *Brit. der* König.

rhap·sod·ic, rhap·sod·i·cal [ræp'sɒdɪk(l)] *adj.* □ **1.** rhap'sodisch; **2.** *fig.* begeistert, 'überschwenglich, ek'statisch; **rhap·so·dist** ['ræpsədɪst] *s.* **1.** Rhap'sode *m*; **2.** *fig.* begeisterter Schwärmer; **rhap·so·dize** ['ræpsədaɪz] *v/i. fig.* schwärmen (***about, on*** von); **rhap·so·dy** ['ræpsədɪ] *s.* **1.** Rhapso'die *f* (*a.* ♪); **2.** *fig.* (Wort)Schwall *m*, Schwärme'rei *f*: ***go into rhapsodies over*** in Ekstase geraten über (*acc.*).

rhe·o·stat ['rɪəʊstæt] *s.* ⚡ Rheo'stat *m*, 'Regelˌwiderstand *m*.

rhet·o·ric ['retərɪk] *s.* **1.** Rhe'torik *f*, Redekunst *f*; **2.** *fig. contp.* schöne Reden *pl.*, (leere) Phrasen *pl.*, Schwulst *m*; **rhe·tor·i·cal** [rɪ'tɒrɪkl] *adj.* □ **1.** rhe'torisch, Redner...: ***~ question*** rhetorische Frage; **2.** *contp.* schönrednerisch, phrasenhaft, schwülstig; **rhet·o·ri·cian** [ˌretə'rɪʃn] *s.* **1.** guter Redner, Redekünstler *m*; **2.** *contp.* Schönredner *m*, Phrasendrescher *m*.

rheu·mat·ic [ruː'mætɪk] ⚕ **I** *adj.* (□ ***~ally***) **1.** rheu'matisch: ***~ fever*** Gelenkrheumatismus *m*; **II** *s.* **2.** Rheu'matiker(in); **3.** *pl.* F Rheuma *n*; **rheu·ma·tism** ['ruːmətɪzəm] *s.* Rheuma'tismus *m*, Rheuma *n*: ***articular ~*** Gelenkrheumatismus.

Rhine·land·er ['raɪnlændə] *s.* Rheinländer(in).

rhine·stone ['raɪnstəʊn] *s. min.* Rheinkiesel *m* (*Bergkristall*).

rhi·no¹ ['raɪnəʊ] *s. sl.* ‚Kies' *m* (*Geld*).

rhi·no² ['raɪnəʊ] *pl.* **-nos** *s.* F, **rhi·noc·er·os** [raɪ'nɒsərəs] *pl.* **-os·es**, *coll.* **-os** *s. zo.* Rhi'nozeros *n*, Nashorn *n*.

rhi·zoph·a·gous [raɪ'zɒfəgəs] *adj. zo.* wurzelfressend.

Rho·de·si·an [rəʊ'diːzjən] **I** *adj.* rho'desisch; **II** *s.* Rho'desier(in).

rho·do·cyte ['rəʊdəsaɪt] *s. physiol.* rotes Blutkörperchen.

rho·do·den·dron [ˌrəʊdə'dendrən] *s.* ⚘ Rhodo'dendron *n, m*.

rhomb [rɒm] → ***rhombus***; **rhom·bic** ['rɒmbɪk] *adj.* rhombisch, rautenförmig; **rhom·bo·he·dron** [ˌrɒmbə'hedrən] *pl.* **-he·dra** [-drə], **-he·drons** *s.* ⩚ Rhombo'eder *n*; **rhom·boid** ['rɒmbɔɪd] **I** *s.* **1.** ⩚ Rhombo'id *n*, Parallelo'gramm *n*; **II** *adj.* **2.** rautenförmig; **3.** → ***rhomboidal***; **rhom·boi·dal** [rɒm'bɔɪdl] *adj.* ⩚ rhombo'idförmig, rhombo'idisch; **rhom·bus** ['rɒmbəs] *pl.* **-bus·es, -bi** [-baɪ] *s.* ⩚ Rhombus *m*, Raute *f*.

rhu·barb ['ruːbɑːb] *s.* **1.** ⚘ Rha'barber *m*; **2.** *Am. sl.* ‚Krach' *m*.

rhumb [rʌm] *s.* **1.** Kompaßstrich *m*; **2.** *a.* ***~-line*** a) ⩚ loxo'dromische Linie, b) ⚓ Dwarslinie *f*.

rhyme [raɪm] **I** *s.* **1.** Reim *m* (***to*** auf *acc.*): ***without ~ or reason*** ohne Sinn und Zweck; **2.** *sg. od. pl.* a) Vers *m*, b) Reim *m*, Gedicht *n*, Lied *n*; **II** *v/i.* **3.** reimen, Verse machen; **4.** sich reimen (***with*** mit, ***to*** auf *acc.*); **III** *v/t.* **5.** reimen, in Reime bringen; **6.** *Wort* reimen lassen (***with*** auf *acc.*); **'rhyme·less** [-lɪs] *adj.* reimlos; **'rhym·er** [-mə], **'rhyme·ster** [-stə] *s.* Verseschmied *m*; **rhym·ing dic·tion·ar·y** ['raɪmɪŋ] *s.* Reimwörterbuch *n*.

rhythm ['rɪðəm] *s.* **1.** ♪ Rhythmus *m* (*a. Metrik u. fig.*); Takt *m*: ***three-four ~***; ***dance ~s*** Tanzrhythmen, beschwingte Weisen; ***~ method*** Knaus-Ogino-Methode *f* (*Empfängnisverhütung*); **2.** Versmaß *n*; **3.** ⚕ Pulsschlag *m*; **rhyth·mic, rhyth·mi·cal** ['rɪðmɪk(l)] *adj.* □ rhythmisch: a) taktmäßig, b) *fig.* regelmäßig ('wiederkehrend); **rhyth·mics** ['rɪðmɪks] *s. pl. sg. konstr.* ♪ Rhythmik *f* (*a. Metrik*).

ri·al·to [rɪ'æltəʊ] *s.* **1.** *Am.* The'aterviertel *n*; **2.** Börse *f*, Markt *m*.

rib [rɪb] **I** *s.* **1.** *anat.* Rippe *f*: ***~ cage*** Brustkorb *m*; **2.** *Küche*: a) *a.* ***~ roast*** Rippenstück *n*, b) Rippe(n)speer *m*; **3.** *humor.* ‚Ehehälfte' *f*; **4.** ⚘ (Blatt)Rippe *f*, (-)Ader *f*; **5.** ⚙ Stab *m*, Stange *f*, (*a. Heiz-, Kühl- etc.*)Rippe *f*; **6.** ⚠ (*Gewölbe- etc.*)Rippe *f*, Strebe *f*; **7.** ⚓ a) (Schiffs)Rippe *f*, Spant *n*, b) Spiere *f*; **8.** ♪ Zarge *f*; **9.** (*Stoff*)Rippe *f*: ***~ stitch*** *Stricken*: linke Masche; **II** *v/t.* **10.** mit Rippen versehen; **11.** *Stoff etc.* rippen; **12.** *sl.* ‚aufziehen', hänseln.

rib·ald ['rɪbəld] **I** *adj.* **1.** lästerlich, frech; **2.** zotig, ‚saftig', ob'szön; **II** *s.* **3.** Spötter(in), Lästermaul *n*; **4.** Zotenreißer *m*; **'rib·ald·ry** [-drɪ] *s.* Zoten(reiße'rei *f*) *pl.*, ‚saftige' Späße *pl.*

rib·and ['rɪbənd] *s.* (Zier)Band *n*.

ribbed [rɪbd] *adj.* gerippt, geriffelt, Rippen...: ***~ cooler*** ⚙ Rippenkühler *m*; ***~ glass*** Riffelglas *n*.

rib·bon ['rɪbən] *s.* **1.** Band *n*, Borte *f*; **2.** Ordensband *n*; **3.** (schmaler) Streifen; **4.** Fetzen *m*: ***tear to ~s*** in Fetzen reißen; **5.** Farbband *n* (*Schreibmaschine*); **6.** ⚙ a) (Me'tall)Band *n*, (-)Streifen *m*, b) (Holz)Leiste *f*: ***~ microphone*** Bändchenmikrophon *n*; ***~ saw*** Bandsäge *f*; **7.** *pl.* Zügel *pl.*; ***~ build·ing, ~ de·vel·op·ment*** *s. Brit.* Stadtrandsiedlung *f* entlang e-r Ausfallstraße.

rib·bon·ed ['rɪbənd] *adj.* **1.** bebändert; **2.** gestreift.

ri·bo·fla·vin [raɪbəʊ'fleɪvɪn] *s.* ⚕ Ribofla'vin *n* (*Vitamin* B_2).

rice [raɪs] *s.* ⚘ Reis *m*; ***~ flour*** *s.* Reismehl *n*; ***~ pad·dy*** *s.* Reisfeld *n*; ***~ pa·per*** *s.* 'Reispaˌpier *n*; ***~ pud·ding*** *s.* Milchreis *m*.

ric·er ['raɪsə] *s. Am.* Kar'toffelpresse *f*.

rich [rɪtʃ] **I** *adj* (□ → ***richly***) **1.** reich (***in*** an *dat.*) (*a. fig.*), wohlhabend: ***~ in cattle*** viehreich; ***~ in hydrogen*** wasserstoffreich; ***~ in ideas*** ideenreich; **2.** schwer (*Stoff*), prächtig, kostbar (*Seide, Schmuck etc.*); **3.** reich(lich), reichhaltig, ergiebig (*Ernte etc.*); **4.** fruchtbar, fett (*Boden*); **5.** a) *geol.* (erz)reich, fündig (*Lagerstätte*), b) *min.* reich, fett (*Erz*): ***strike it ~*** *min.* a) auf Öl *etc.* stoßen, b) *fig.* arrivieren, zu Geld kommen, c) *fig.* das große Los ziehen, e-n Volltreffer landen; **6.** ⛏ schwer; *mot.* fett, gasreich (*Luftgemisch*); **7.** schwer, fett (*Speise*); **8.** schwer, kräftig (*Wein, Duft etc.*); **9.** satt, voll (*Farbton*); **10.** voll, satt (*Ton*); voll(tönend), klangvoll (*Stimme*); **11.** inhalt(s)reich; **12.** F ‚köstlich', ‚großartig'; **II** *s.* **13.** *coll.* ***the ~*** die Reichen *pl.*; **rich·es** ['rɪtʃɪz] *s. pl.* Reichtum *m*, -tümer *pl.*; **'rich·ly** [-lɪ] *adv.* reichlich, in reichem Maße; **'rich·ness** [-nɪs] *s.* **1.** Reichtum *m*, Reichhaltigkeit *f*, Fülle *f*; **2.** Pracht *f*; **3.** Ergiebigkeit *f*; **4.** Nahrhaftigkeit *f*; **5.** (Voll)Gehalt *m*, Schwere *f* (*Wein etc.*); **6.** Sattheit *f* (*Farbton*); **7.** Klangfülle *f*.

rick¹ [rɪk] ⚒ *bsd. Brit.* **I** *s.* (Getreide-, Heu)Schober *m*; **II** *v/t.* schobern.

rick² [rɪk] *v/t. bsd. Brit.* verrenken.

rick·ets ['rɪkɪts] *s. sg. od. pl. konstr.* ⚕ Ra'chitis *f*; **'rick·et·y** [-tɪ] *adj.* **1.** ⚕ ra'chitisch; **2.** gebrechlich (*Person*), wack(e)lig (*a. Möbel u. fig.*), klapp(e)rig (*Auto etc.*).

ric·o·chet ['rɪkəʃeɪ] **I** *s.* **1.** Abprallen *n*; **2.** ⚔ a) Rikoschettieren *n*, b) *a.* ***~ shot*** Abpraller *m*, Querschläger *m*; **II** *v/i.* **3.**

abprallen.

rid [rɪd] *v/t.* [*irr.*] befreien, frei machen (***of*** von): ***get ~ of*** *j-n od. et.* loswerden; ***be ~ of*** *j-n od. et.* los sein; **rid·dance** ['rɪdəns] *s.* Befreiung *f*, Erlösung *f*: (***he is a***) ***good ~!*** man ist froh, daß man ihn (wieder) los ist!, den wären wir los!

rid·den ['rɪdn] **I** *p.p. von* ***ride***; **II** *adj. in Zssgn.* bedrückt, geplagt, gepeinigt von: ***fever-~***; ***pest-~*** von der Pest heimgesucht.

rid·dle[1] ['rɪdl] **I** *s.* **1.** Rätsel *n* (*a. fig.*): ***speak in ~s*** → 4; **II** *v/t.* **2.** enträtseln: ***~ me*** rate mal; **3.** *fig. j-n* vor ein Rätsel stellen; **III** *v/i.* **4.** *fig.* in Rätseln sprechen.

rid·dle[2] ['rɪdl] **I** *s.* **1.** Schüttelsieb *n*; **II** *v/t.* **2.** ('durch-, aus)sieben; **3.** *fig.* durch'sieben, durch'löchern: ***~ s.o. with bullets***; **4.** *fig. Argument etc.* zerpflücken; **5.** *fig.* mit Fragen bestürmen.

ride [raɪd] **I** *s.* **1.** a) Ritt *m*, b) Fahrt *f* (*bsd. auf e-m [Motor]Rad od. in e-m öffentlichen Verkehrsmittel*): ***go for a ~***, ***take a ~*** a) ausreiten, b) ausfahren; ***give s.o. a. ~*** j-n reiten *od.* fahren lassen, j-n *im Auto etc.* mitnehmen; ***take s.o. for a ~*** F a) j-n (im Auto entführen und) umbringen, b) j-n ‚reinlegen' (*betrügen*), c) j-n ‚auf den Arm nehmen' (*hänseln*); **2.** Reitweg *m*, Schneise *f*; **II** *v/i.* [*irr.*] **3.** reiten (*a. fig. rittlings sitzen*): ***~ out*** F ausreiten; ***~ for*** zustreben (*dat.*), entgegeneilen (*dat.*); ***~ for a fall*** halsbrecherisch reiten, *fig.* in sein Verderben rennen; ***~ up*** hochrutschen (*Kragen etc.*); ***let it ~!*** F laß die Karre laufen!; ***he let the remark ~*** er ließ die Bemerkung hingehen; ***Nixon ~s again!*** *iro.* N. ist wieder da!; **4.** fahren: ***~ on a bicycle*** radfahren; ***~ in a train*** mit e-m Zug fahren; **5.** sich (fort)bewegen, da'hinziehen (*a. Mond, Wolken etc.*); **6.** (auf dem Wasser) treiben, schwimmen; *fig.* schweben: ***~ at anchor*** ⚓ vor Anker liegen; ***~ on the waves of popularity*** *fig.* von der Woge der Volksgunst getragen werden; ***~ on the wind*** sich vom Wind tragen lassen (*Vogel*); ***be riding on air*** *fig.* selig sein (*vor Glück*); **7.** *fig.* ruhen, liegen, sich drehen (***on*** auf *dat.*); **8.** sich über'lagern (*z.B.* ⚕ *Knochenfragmente*); ⚓ unklar laufen (*Tau*); **9.** ⚙ fahren, laufen, gleiten; **10.** zum Reiten *gut etc.* geeignet sein (*Boden*); **11.** im Reitdreß wiegen; **III** *v/t.* [*irr.*] **12.** reiten: ***~ at*** *sein Pferd* lenken nach *od.* auf (*acc.*); ***~ to death*** zu Tode reiten (*a. fig. Theorie, Witz etc.*); ***~ a race*** an e-m Rennen teilnehmen; **13.** reiten *od.* rittlings sitzen (lassen) auf (*dat.*); *j-n auf den Schultern* tragen; **14.** *Motorrad etc.* fahren, lenken: ***~ over*** a) *j-n* überfahren, b) → 17; c) über *e-e Sache* rücksichtslos hinweggehen; **15.** *fig.* reiten *od.* schwimmen *od.* schweben auf (*dat.*): ***~ the waves*** auf den Wellen reiten; **16.** aufliegen *od.* ruhen auf (*dat.*); **17.** tyrannisieren, beherrschen; *weitS.* heimsuchen, plagen, quälen; *j-m* bös zusetzen (*a. mit Kritik*); *Am.* F *j-n* reizen, hänseln: ***the devil ~s him*** ihn reitet der Teufel; → ***ridden*** II; **18.** *Land* durch'reiten; ***~ down*** *v/t.* **1.** über'holen; **2.** a) niederreiten, b) über'fahren; ***~ out*** *v/t. Sturm etc.* (gut) über'stehen (*a. fig.*).

rid·er ['raɪdə] *s.* **1.** Reiter(in); **2.** (Mit-)Fahrer(in); **3.** ⚙ a) Oberteil *n*, b) Laufgewicht *n* (*Waage*); **4.** △ Strebe *f*; **5.** ⚓ Binnenspant *n*; **6.** ⚖ a) Zusatz (-klausel *f*) *m*, b) Beiblatt *n*, c) ('Wechsel)Al,longe *f*, d) zusätzliche Empfehlung; **7.** Ꝑ Zusatzaufgabe *f*; **8.** ⚒ Salband *n*.

ridge [rɪdʒ] **I** *s.* **1.** a) (Gebirgs)Kamm *m*, Grat *m*, Kammlinie *f*, b) Berg-, Hügelkette *f*, c) Wasserscheide *f*; **2.** Kamm *m e-r Welle*; **3.** Rücken *m der Nase*, *e-s Tiers*; **4.** △ (Dach)First *m*; **5.** ✓ a) (Furchen)Rain *m*, b) erhöhtes Mistbeet; **6.** ⚙ Wulst *m*; **7.** *meteor.* Hochdruckgürtel *m*; **II** *v/t. u. v/i.* **8.** (sich) furchen; ***~ pole*** *s.* **1.** △ Firstbalken *m*; **2.** Firststange *f* (*Zelt*); ***~ tent*** *s.* Hauszelt *n*; ***~ tile*** *s.* △ Firstziegel *m*; **'~·way** *s.* Kammlinien-, Gratweg *m*.

rid·i·cule ['rɪdɪkju:l] **I** *s.* Spott *m*: ***hold up to ~*** → II; ***turn (in)to ~*** *et.* ins Lächerliche ziehen; **II** *v/t.* lächerlich machen, verspotten; **ri·dic·u·lous** [rɪ'dɪkjʊləs] *adj.* □ lächerlich; **ri·dic·u·lous·ness** [rɪ'dɪkjʊləsnɪs] *s.* Lächerlichkeit *f*.

rid·ing ['raɪdɪŋ] **I** *s.* **1.** Reiten *n*; Reitsport *m*; **2.** Fahren *n*; **3.** Reitweg *m*; **4.** *Brit.* Verwaltungsbezirk *m*; **II** *adj.* **5.** Reit...: ***~ horse*** (***school***, ***whip*** *etc.*); ***~ breeches*** *pl.* Reithose *f*; ***~ habit*** Reitkleid *n*.

rife [raɪf] *adj. pred.* **1.** weit verbreitet, häufig: ***be ~*** (vor)herrschen, grassieren; ***grow*** (*od.* ***wax***) ***~*** überhandnehmen; **2.** (***with***) voll (von), angefüllt (mit).

rif·fle ['rɪfl] **I** *s.* **1.** ⚙ Rille *f*, Riefelung *f*; **2.** *Am.* a) seichter Abschnitt (*Fluß*), b) Stromschnelle *f*; **3.** Stechen *n* (*Mischen von Spielkarten*); **II** *v/t.* **4.** ⚙ riffeln; **5.** *Spielkarten* stechen (*mischen*); **6.** 'durchblättern; *Zettel etc.* durchein'anderbringen.

riff-raff ['rɪfræf] *s.* Pöbel *m*, Gesindel *n*, Pack *n*.

ri·fle[1] ['raɪfl] **I** *s.* **1.** Gewehr *n* (*mit gezogenem Lauf*), Büchse *f*; **2.** *pl.* ⚔ Schützen *pl.*; **II** *v/t.* **3.** *Gewehrlauf* ziehen.

ri·fle[2] ['raɪfl] *v/t.* (aus)plündern, *Haus a.* durch'wühlen.

ri·fle| corps *s.* Schützenkorps *n*; ***~ grenade*** *s.* Ge'wehrgranate *f*; **'~·man** [-mən] *s.* [*irr.*] ⚔ Schütze *m*, Jäger *m*; ***~ pit*** *s.* ⚔ Schützenloch *n*; ***~ prac·tice*** *s.* ⚔ Schießübung *f*; ***~ range*** *s.* **1.** Schießstand *m*; **2.** Schußweite *f*; ***~ shot*** *s.* **1.** Gewehrschuß *m*; **2.** Schußweite *f*.

ri·fling ['raɪflɪŋ] *s.* **1.** Ziehen *n e-s Gewehrlaufs etc.*; **2.** Züge *pl.*

rift [rɪft] **I** *s.* **1.** Spalte *f*, Spalt *m*, Ritze *f*; **2.** Sprung *m*, Riß *m*: ***a little ~ within the lute*** *fig.* der Anfang vom Ende; **II** *v/t.* **3.** (zer)spalten; ***~ saw*** *s.* ⚙ Gattersäge *f*; ***~ val·ley*** *s. geol.* Senkungsgraben *m*.

rig[1] [rɪg] **I** *s.* **1.** ⚓ Takelung *f*, Take'lage *f*; ✈ (Auf)Rüstung *f*; **2.** Ausrüstung *f*; Vorrichtung *f*; **3.** F *fig.* Aufmachung *f* (*Kleidung*): ***in full ~*** in voller Montur; **4.** *Am.* a) Fuhrwerk *n*, b) Sattelschlepper *m*; **5.** Bohranlage *f*; **II** *v/t.* **6.** ⚓ a) *Schiff* auftakeln, b) *Segel* anschlagen; **7.** ✈ (auf)rüsten, montieren; **8.** ***~ out***, ***~ up*** a) ⚓ *etc.* ausrüsten, -statten, b) F *fig. j-n* ‚auftakeln', ausstaffieren; **9.** *oft* ***~ up*** (behelfsmäßig) zs.-bauen, zs.-basteln.

rig[2] [rɪg] **I** *v/t.* ✝ *Markt etc.*, *pol. Wahl* manipulieren; **II** *s.* ('Schwindel)Ma,növer *n*, Schiebung *f*.

rig·ger ['rɪgə] *s.* **1.** ⚓ Takler *m*; **2.** ✈ Mon'teur *m*, ('Rüst)Me,chaniker *m*; **3.** ϟ Kabelleger *m*; **4.** △ Schutzgerüst *n*; **5.** ⚙ Schnur-, Riemenscheibe *f*; **6.** ✝ Kurstreiber *m*.

rig·ging ['rɪgɪŋ] *s.* **1.** ⚓ Take'lage *f*, Takelwerk *n*: ***running*** (***standing***) ***~*** laufendes (stehendes) Gut; **2.** ✈ Verspannung *f*; **3.** → ***rig***[2] II; ***~ loft*** *s. thea.* Schnürboden *m*.

right [raɪt] **I** *adj.* □ → ***rightly***; **1.** richtig, recht, angemessen: ***it is only ~*** es ist nicht mehr als recht und billig; ***he is ~ to do so*** er tut recht daran (, so zu handeln); ***the ~ thing*** das Richtige; ***say the ~ thing*** das rechte Wort finden; **2.** richtig: a) kor'rekt, b) wahr(heitsgemäß): ***the solution is ~*** die Lösung stimmt *od.* ist richtig; ***is your watch ~?*** geht Ihre Uhr richtig?; ***be ~*** recht haben; ***get s.th. ~*** et. klarlegen, et. in Ordnung bringen; ***~?*** F klar?; ***all ~!*** a) alles in Ordnung, b) ganz recht!, c) abgemacht!, in Ordnung!, gut!, (na) schön! (→ *a.* 4); ***~ you are!*** F richtig!, jawohl!; ***that's ~!*** ganz recht!, stimmt!; **3.** richtig, geeignet: ***he is the ~ man*** er ist der Richtige; ***he is all ~*** F er ist in Ordnung (→ *a.* 4); ***the ~ man in the ~ place*** der rechte Mann am rechten Platz; **4.** gesund, wohl: ***he is all ~*** a) es geht ihm gut, er fühlt sich wohl, b) ihm ist nichts passiert; ***out of one's ~ mind***, ***not ~ in one's*** (*od.* ***the***) ***head*** F nicht ganz bei Trost; ***in one's ~ mind*** bei klarem Verstand; **5.** richtig, in Ordnung: ***come ~*** in Ordnung kommen; ***put*** (*od.* ***set***) ***~*** a) in Ordnung bringen, b) *j-n* (über e-n Irrtum) aufklären, c) *Irrtum* richtigstellen, d) *j-n* gesund machen; ***put o.s. ~ with s.o.*** a) sich vor j-m rechtfertigen, b) sich mit j-m gut stellen; **6.** recht, Rechts... (*a. pol.*): ***~ arm*** (*od.* ***hand***) *fig.* rechte Hand; ***~ side*** rechte Seite, Oberseite *f* (*a. Münze, Stoff etc.*); ***on*** (*od.* ***to***) ***the ~ side*** rechts, rechter Hand; ***on the ~ side of 40*** noch nicht 40 (Jahre alt); ***~ turn*** Rechtswendung *f* (um 90 Grad); ***~ wing*** a) *sport u. pol.* rechter Flügel, b) *sport* Rechtsaußen *m* (*Spieler*); **7.** Ꝑ a) recht(*er Winkel*), b) rechtwink(e)lig (*Dreieck*), c) gerade (*Linie*), d) senkrecht (*Figur*): ***at ~ angles*** rechtwink(e)lig; **8.** *obs.* rechtmäßig (*Erbe*); echt (*Kognak etc.*); **II** *adv.* **9.** richtig, recht: ***act*** (*od.* ***do***) ***~***; ***guess ~*** richtig (er)raten; **10.** recht, richtig, gut: ***nothing goes ~ with me*** (bei) mir geht alles schief; ***turn out ~*** gut ausgehen; → 5; **11.** rechts (***from*** von); nach rechts; auf der rechten Seite: ***~ and left*** a) rechts und links, b) *fig. a.* ***~, left and centre*** (*Am.* ***center***) überall, von *od.* auf *od.* nach allen Seiten; ***~ about face!*** ⚔ (ganze Abteilung,) kehrt!; **12.** gerade (-wegs), (schnur)stracks, so'fort: ***~ ahead***, ***~ on*** geradeaus; ***~ away*** (*od.* ***off***) *bsd. Am.* sofort, gleich; ***~ now*** *Am.* jetzt (gleich); **13.** völlig, ganz (und gar), di'rekt: ***rotten ~ through*** durch und durch faul; **14.** genau, gerade: ~ ***in the middle***; **15.** F ‚richtig', ‚ordentlich': ***I was ~ glad***; ***he's a big shot all ~*** (***but***) er ist schon ein ‚großes Tier' (, aber); **16.** *obs.* recht, sehr: ***know ~ well*** sehr wohl wissen; **17.** ♀ *in Titeln*: hoch, sehr: ***~ Hono(u)rable*** Sehr Ehrenwert; → ***reverend*** 2; **III** *s.* **18.** Recht *n*: ***of*** (*od.* ***by***) ***~s*** von Rechts wegen, rechtmäßig, eigentlich; ***in the ~*** im Recht; ***~ and wrong*** Recht und Unrecht; ***do s.o. ~*** j-m Gerechtigkeit widerfahren lassen; ***give s.o. his ~s*** j-m sein Recht geben *od.* lassen; **19.** ⚖ (subjek'tives) Recht, Anrecht *n*, (Rechts)Anspruch *m* (***to*** auf *acc.*); Berechtigung *f*: ***~s and duties*** Rechte und Pflichten; ***~ of inheritance*** Erbschaftsanspruch; ***~ of possession*** Eigentumsrecht; ***~ of sale*** Verkaufsrecht; ***~ of way*** → ***right-of-way***; ***industrial ~s*** gewerbliche Schutzrechte; ***by ~ of*** kraft (*gen.*), auf Grund (*gen.*); ***in ~ of his wife*** a) im Namen s-r Frau, b) von seiten s-r Frau; ***in one's own ~*** aus eigenem Recht; ***be within one's ~s*** das Recht auf s-r Seite haben; **20.** *das* Rechte *od.* Richtige: ***do the ~***; **21.** *pl.* (richtige) Ordnung: ***bring*** (*od.* ***put*** *od.* ***set***) ***s.th. to ~s*** et. (wieder) in Ordnung bringen; **22.** wahrer Sachverhalt: ***know the ~s of a case***; **23.** *die* Rechte, rechte Seite (*a. Stoff*): ***on*** (*od.* ***to***) ***the ~*** rechts, zur Rechten; ***on the ~ of*** rechts von; ***keep to the ~*** sich rechts halten, *mot.* rechts fahren; ***turn to the ~*** (sich) nach rechts wenden; **24.** rechte Hand, Rechte *f*; **25.** *Boxen*: Rechte *f* (*Faust od. Schlag*); **26.** ♀ *pol.* a) rechter Flügel, b) 'Rechtspar,tei *f*; **IV** *v/t.* **27.** (⚓ auf)richten, ins Gleichgewicht bringen; ✈ *Maschine* abfangen; **28.** *Fehler*, *Irrtum* berichtigen: ***~ itself*** a) sich wieder ausgleichen, b) (wieder) in Ordnung kommen; **29.** *Unrecht etc.* wieder'gutmachen, in Ordnung bringen; **30.** *Zimmer etc.* in Ordnung bringen; **31.** *j-m* zu s-m Recht verhelfen: ***~ o.s.*** sich rehabilitieren; **V** *v/i.* **32.** sich wieder aufrichten.

'right|·a·bout *s. a.* ***~ face*** (*od.* ***turn***) Kehrtwendung *f* (*a. fig.*): ***send s.o. to the ~*** j-m ‚heimleuchten'; **'~-,an·gled** → ***right*** 7 b; **'~·down** *adj. u. adv.* ‚regelrecht', ausgesprochen.

right·eous ['raɪtʃəs] **I** *adj.* ☐ gerecht (*a. Sache, Zorn*), rechtschaffen; **II** *s. coll.* ***the ~*** die Gerechten *pl.*; **'right·eous·ness** [-nɪs] *s.* Rechtschaffenheit *f*.

'right|·ful [-fʊl] *adj.* ☐ rechtmäßig; **'~-hand** *adj.* **1.** recht: ***~ bend*** Rechtskurve *f*; ***~ man*** a) ⚔ rechter Nebenmann, b) *fig.* rechte Hand; **2.** rechtshändig: ***~ blow*** *Boxen*: Rechte *f*; **3.** ⚙ Rechts…; rechtsgängig (*Schraube*); rechtsläufig (*Motor*): ***~ drive*** Rechtssteuerung *f*; ***~ thread*** Rechtsgewinde *n*; **,~-'hand·ed** *adj.* **1.** rechtshändig: ***~ person*** Rechtshänder(in); **2.** → ***right-hand*** 3; **,~-'hand·er** [-'hændə] *s.* F **1.** Rechtshänder(in); **2.** *Boxen*: Rechte *f* (*Schlag*).

right·ist ['raɪtɪst] **I** *adj. pol.* 'rechtsgerichtet, -stehend; **II** *s.* 'Rechtspar,teiler *m*, Rechte(r *m*) *f*.

right·ly ['raɪtlɪ] *adv.* **1.** richtig; **2.** mit Recht; **3.** F (*nicht*) genau.

,right-'mind·ed *adj.* rechtschaffen.

right·ness ['raɪtnɪs] *s.* **1.** Richtigkeit *f*; **2.** Rechtmäßigkeit *f*; **3.** Geradheit *f* (*Linie*).

right·o [,raɪt'əʊ] *int. Brit.* F gut!, schön!, in Ordnung!

,right|-of-'way *pl.* **,rights-of-'way** *s.* **1.** *Verkehr*: a) Vorfahrt(srecht *n*) *f*, b) Vorrang *m* (*e-r Straße*, *a. fig.*): ***yield the ~*** (die) Vorfahrt gewähren (***to*** *dat.*); **2.** Wegerecht *n*; **3.** öffentlicher Weg; **4.** *Am.* zu öffentlichen Zwecken beanspruchtes (*z.B.* Bahn)Gelände; **,~-'wing** *adj. pol.* Rechts…, dem rechten Flügel angehörend, rechtsstehend; **,~'wing·er** *s.* **1.** → ***rightist*** II; **2.** *sport* Rechtsaußen *m*.

right·oh → ***righto***.

rig·id ['rɪdʒɪd] *adj.* ☐ **1.** starr, steif; **2.** ⚙ a) starr, unbeweglich, b) (stand-, form-) fest, sta'bil: ***~ airship*** Starrluftschiff *n*; **3.** *fig.* a) streng (*Disziplin*, *Glaube*, *Sparsamkeit etc.*), b) starr (*Politik*, ✝ *Preise etc.*), c) streng, hart, unbeugsam (*Person*); **ri·gid·i·ty** [rɪ'dʒɪdətɪ] *s.* **1.** Starr-, Steifheit *f* (*a. fig.*), Starre *f*; **2.** ⚙ a) Starrheit *f*, Unbeweglichkeit *f*, b) (Stand-, Form)Festigkeit *f*, Stabili'tät *f*; **3.** *fig.* Strenge *f*, Härte *f*, Unnachgiebigkeit *f*.

rig·ma·role ['rɪgmərəʊl] *s.* **1.** Geschwätz *n*: ***tell a long ~*** lang u. breit erzählen; **2.** *iro.* Brim'borium *n*.

rig·or[1] ['rɪgə] *Am.* → ***rigour***.

rig·or[2] ['rɪgə] *s.* ⚕ **1.** Schüttel-, Fieberfrost *m*; **2.** Starre *f*; → **ri·gor mor·tis** ['raɪgɔ: 'mɔ:tɪs] *s.* ⚕ Leichenstarre *f*.

rig·or·ous ['rɪgərəs] *adj.* ☐ **1.** streng, hart, rigo'ros: ***~ measures***; **2.** streng (*Winter*); rauh (*Klima etc.*); **3.** (peinlich) genau, strikt, ex'akt.

rig·our ['rɪgə] *s.* **1.** Strenge *f*, Härte *f* (*a. des Winters*); Rauheit *f* (*Klima*): ***~s of the weather*** Unbilden der Witterung; **2.** Ex'aktheit *f*, Schärfe *f*.

rile [raɪl] *v/t.* F ärgern: ***be ~d at*** aufgebracht sein über (*acc.*).

rill [rɪl] *s.* Bächlein *n*, Rinnsal *n*.

rim [rɪm] **I** *s.* **1.** *allg.* Rand *m*; **2.** ⚙ a) Felge *f*, b) (Rad)Kranz *m*: ***~ brake*** Felgenbremse *f*; **3.** (Brillen)Rand *m*, Fassung *f*; **II** *v/t.* **4.** mit e-m Rand versehen; einfassen; **5.** ⚙ *Rad* befelgen.

rime [raɪm] *s. poet.* (Rauh)Reif *m*.

rim·less ['rɪmlɪs] *adj.* randlos.

rim·y ['raɪmɪ] *adj.* bereift, voll Reif.

rind [raɪnd] *s.* **1.** ⚘ (Baum)Rinde *f*, Borke *f*; **2.** (Brot-, Käse)Rinde *f*, Kruste *f*; **3.** (Speck)Schwarte *f*; **4.** (Obst-, Gemüse)Schale *f*; **5.** *fig.* Schale *f*, *das* Äußere.

ring[1] [rɪŋ] **I** *s.* **1.** *allg.* Ring *m* (*a.* ⚘, ⚗): ***form a ~*** *fig.* e-n Kreis bilden (*Personen*); **2.** ⚙ Öse *f*; **3.** *ast.* Hof *m*; **4.** (Zirkus)Ring *m*, Ma'nege *f*; **5.** (Box-) Ring *m*, *weitS.* (*das*) (Berufs)Boxen: ***be in the ~ for*** *fig.* kämpfen um; **6.** *Rennsport*: a) Buchmacherstand *m*, b) *coll. die* Buchmacher *pl.*; **7.** ✝ Ring *m*, Kar'tell *n*; **8.** (*Verbrecher-*, *Spionage- etc.*)Ring *m*, Organisati'on *f*; *weitS.* Clique *f*; **II** *v/t.* **9.** beringen; *e-m Tier* e-n Ring durch die Nase ziehen; **10.** ✓ *Baum* ringeln; **11.** in Ringe schneiden: ***~ onions***; **12.** *mst* ***~ in*** (*od.* ***round*** *od.* ***about***) um'ringen, -'kreisen, einschließen; *Vieh* um'reiten, zs.-treiben.

ring[2] [rɪŋ] **I** *s.* **1.** a) Glockenklang *m*, -läuten *n*, b) Glockenspiel *n*, Läutwerk *n* (*Kirche*); **2.** Läut-, Rufzeichen *n*, Klingeln *n*; **3.** *teleph.* Anruf *m*: ***give me a ~*** rufe mich an; **4.** Klang *m*, Schall *m*: ***the ~ of truth*** der Klang der Wahrheit, der echte Klang; **II** *v/i.* [*irr.*] **5.** läuten (*Glocke*), klingeln (*Glöckchen*): ***~ at the door*** klingeln; ***~ for*** nach *j-m* klingeln; ***~ off*** *teleph.* (den Hörer) auflegen; **6.** klingen (*Münze*, *Stimme*, *Ohr etc.*): ***~ true*** wahr klingen; **7.** *oft* ***~ out*** erklingen, -schallen (***with*** von), ertönen (*a. Schuß*): ***~ again*** widerhallen; **III** *v/t.* [*irr.*] **8.** *Glocke* läuten: ***~ the bell*** a) klingeln, läuten, b) *fig.* → ***bell***[1] 1; ***~ down*** (***up***) ***the curtain*** *thea.* den Vorhang nieder- (hoch)gehen lassen; ***~ in the new year*** das neue Jahr einläuten; ***~ s.o. up*** *teleph. bsd. Brit.* j-n *od.* bei j-m anrufen; **9.** erklingen lassen; *fig. j-s Lob* erschallen lassen.

'ring|-a,round-a-'ros·y *s.* ‚Ringelreihen' *n* (*Kinderspiel*); **~ bind·er** *s.* Ringbuch *n*; **~ com·pound** *s.* ⚗ Ringverbindung *f*; **'~·dove** *s. orn.* **1.** Ringeltaube *f*; **2.** Lachtaube *f*.

ringed [rɪŋd] *adj.* **1.** beringt (*Hand etc.*); *fig.* verheiratet; **2.** *zo.* Ringel…

ring·er ['rɪŋə] *s.* **1.** Glöckner *m*; **2.** *Am. sl.* a) *Pferderennen*: ‚Ringer' *m vertauschtes Pferd*, b) *fig. a.* ***dead ~*** Doppelgänger(in), (genaues) Ebenbild, ‚Zwilling' *m* (***for*** von).

ring·ing ['rɪŋɪŋ] **I** *s.* **1.** (Glocken)Läuten *n*; **2.** Klinge(l)n *n*: ***he has a ~ in his ears*** ihm klingen die Ohren; **II** *adj.* ☐ **3.** klinge(l)nd, schallend: ***~ cheers*** brausende Hochrufe; ***~ laugh*** schallendes Gelächter.

'ring,lead·er *s.* Rädelsführer *m*.

ring·let ['rɪŋlɪt] *s.* **1.** Ringlein *n*; **2.** (Ringel)Löckchen *n*.

'ring|,mas·ter *s.* 'Zirkusdi,rektor *m*; **'~-road** *s. mot. bsd. Brit.* Ring-, Um'gehungsstraße *f*; **'~·side** *s.*: ***at the ~*** *Boxen*: am Ring; ***~ seat*** Ringplatz *m*, *weitS.* guter Platz; ***have a ~ seat*** *fig.* die Sache aus nächster Nähe verfolgen (können); **~ snake** *s. zo.* Ringelnatter *f*.

ring·ster ['rɪŋstə] *s. Am.* F *bsd. pol.* Mitglied *n* e-s Ringes *od.* e-r Clique.

'ring|-wall *s.* Ringmauer *f*; **'~-worm** *s.* ⚕ Ringelflechte *f*.

rink [rɪŋk] *s.* **1.** a) (*bsd.* Kunst)Eisbahn *f*, b) Rollschuhbahn *f*; **2.** a) *Bowls*: Spielfeld *n*, b) *Curling*: Rink *m*, Bahn *f*.

rinse [rɪns] **I** *v/t.* **1.** *oft* ***~ out*** (ab-, aus-, nach)spülen; **2.** *Haare* tönen; **II** *s.* **3.** Spülung *f*: ***give s.th. a good ~*** et. gut (ab- *od.* aus)spülen; **4.** Spülmittel *n*; **5.** Tönung *f* (*Haar*); **'rins·ing** [-sɪŋ] *s.* **1.** (Aus)Spülen *n*, Spülung *f*; **2.** *mst pl.* Spülwasser *n*.

ri·ot ['raɪət] **I** *s.* **1.** *bsd.* ⚖ Aufruhr *m*, Zs.-rottung *f*: ♀ ***Act*** *hist. Brit.* Aufruhrakte *f*; ***read the*** ♀ ***Act to*** *fig. humor. j-n* (ernstlich) warnen, *j-m* die Leviten lesen; ***~ call*** *Am.* Hilfeersuchen *n* (der Polizei bei Aufruhr *etc.*); ***~ gun*** Straßenkampfwaffe *f*; ***~ squad***, ***~ police*** Überfallkommando *n*; ***~ stick*** Schlagstock *m*; **2.** Tu'mult *m*, Aufruhr *m*, (*a. fig. der Gefühle*), Kra'wall *m* (*a.* = Lärm *m*); **3.** *fig.* Ausschweifung *f*, 'Orgie *f* (*a. weitS. in Farben etc.*): ***run ~*** a) (sich aus)toben, b) durchgehen (*Phantasie etc.*), c) *hunt.* e-e falsche Fährte verfolgen (*Hund*), d) ♀ wuchern; ***he*** (***it***) ***is a ~*** F er (es) ist einfach ‚toll' *od.* ‚zum Schreien' (komisch); **II** *v/i.* **4.** a) an e-m Aufruhr teilnehmen, b) e-n Aufruhr anzetteln; **5.** randalieren, toben; **6.** *a. fig.* schwelgen (***in*** in *dat.*); **'ri·ot·er** [-tə] *s.* Aufrührer *m*; Randalierer *m*, Kra'wallmacher *m*; **'ri·ot·ous** [-təs] *adj.* □ **1.** aufrührerisch: ***~ assembly*** ⚖ Zs.-rottung *f*; **2.** tumultu'arisch, tobend; **3.** ausgelassen, wild (*a. Farbe etc.*); **4.** zügellos, toll.

rip [rɪp] **I** *v/t.* **1.** (zer)reißen, (-)schlitzen; *Naht etc.* (auf-, zer)trennen: ***~ off*** los-, wegreißen, *fig. sl.* ***sich*** *et.* ‚unter den Nagel reißen'; *Bank etc.* ausrauben; *j-n* ‚ausnehmen', neppen; ***~ up*** (*od.* ***open***) aufreißen, -schlitzen, -trennen; **II** *v/i.* **2.** reißen, (auf)platzen; **3.** F sausen: ***let her ~!*** gib Gas!; ***~ into*** *fig.* auf *j-n* losgehen; **4.** ***~ out with*** *Fluch etc.* ausstoßen; **III** *s.* **5.** Schlitz *m*, Riß *m*.

ri·par·i·an [raɪ'peərɪən] **I** *adj.* **1.** Ufer...: ***~ owner*** → 3; **II** *s.* **2.** Uferbewohner (-in); **3.** ⚖ Uferanlieger *m*.

'rip·cord *s.* ✈ Reißleine *f*.

ripe [raɪp] *adj.* □ **1.** reif (*Obst, Ernte etc.*); ausgereift (*Käse, Wein*); schlachtreif (*Tier*); *hunt.* abschußreif; ⚕ operati'onsreif (*Abszeß etc.*); ***~ beauty*** *fig.* reife Schönheit; **2.** *körperlich, geistig* reif, voll entwickelt; **3.** *fig.* reif, gereift, (*Alter, Urteil etc.*); voll'endet (*Künstler etc.*); ausgereift (*Plan etc.*); **4.** (*zeitlich*) reif (***for*** für); **5.** reif, bereit, fertig (***for*** für); **6.** F deftig (*Witz etc.*); **'rip·en** [-pən] **I** *v/i.* **1.** *a. fig.* reifen, reif werden; **2.** sich (voll) entwickeln, her'anreifen (***into*** zu); **II** *v/t.* **3.** reifen lassen; **'ripe·ness** [-nɪs] *s.* Reife *f* (*a. fig.*).

'rip-off *s. sl.* **1.** a) Diebstahl *m*, b) Raub *m*; **2.** ‚Nepp' *m*, *allg.* ‚Beschiß' *m*.

ri·poste [rɪ'pɒst] **I** *s.* **1.** *fenc.* Ri'poste *f*, Nachstoß *m*; **2.** *fig.* a) schlagfertige Erwiderung, b) scharfe Antwort; **II** *v/i.* **3.** *fenc.* ripostieren; Gegenstoß machen (*a. fig.*); **4.** *fig.* (schlagfertig *od.* hart) kontern.

rip·per ['rɪpə] *s.* **1.** ⚙ a) Trennmesser *n*, b) 'Trennmaˌschine *f*, c) → ***rip saw***; **2.** *sl.* a) 'Prachtexemˌplar *n*, b) Prachtkerl *m*; **3.** *blutrünstiger Mörder*; **rip·ping** ['rɪpɪŋ] *obs. Brit. sl. adj.* □ prächtig, ‚prima', ‚toll'.

rip·ple[1] ['rɪpl] **I** *s.* **1.** kleine Welle(*n pl.*), Kräuselung *f* (*Wasser, Sand etc.*): ***~ of laughter*** *fig.* leises Lachen; ***cause a ~*** *fig.* ein kleines Aufsehen erregen; **2.** Rieseln *n*, (Da'hin)Plätschern *n* (*a. fig. Gespräch*); **3.** *fig.* Spiel(en) *n* (*der Muskeln etc.*); **II** *v/i.* **4.** kleine Wellen schlagen, sich kräuseln; **5.** rieseln, (da'hin-)plätschern (*a. fig. Gespräch*); **6.** *fig.* spielen (*Muskeln etc.*); **III** *v/t.* **7.** *Wasser etc.* leicht bewegen, kräuseln.

rip·ple[2] ['rɪpl] ⚙ **I** *s.* Riffelkamm *m*; **II** *v/t.* *Flachs* riffeln.

'rip·ple| cloth *s.* Zibe'line *f* (*Wollstoff*); ***~ cur·rent*** *s.* ⚡ Brummstrom *m*; ***~ fin·ish*** *s.* ⚙ Kräusellack *m*.

ˌrip|-'roar·ing *adj.* F ‚toll'; ***~ saw*** *s.* ⚙ Spaltsäge *f*; **'~ˌsnort·er** [-ˌsnɔːtə] *s. sl.* a) ‚tolle Sache', b) ‚toller Kerl'; **'~-'snort·ing** [-'snɔːtɪŋ] *adj. sl.* ‚toll'.

rise [raɪz] **I** *v/i.* [*irr.*] **1.** sich erheben, *vom Bett, Tisch etc.* aufstehen: ***~*** (***from the dead***) *eccl.* (von den Toten) auferstehen; **2.** a) aufbrechen, b) die Sitzung schließen, sich vertagen; **3.** auf-, em'por-, hochsteigen (*Vogel, Rauch etc.*; *a. Geruch*; *a. fig. Gedanke, Zorn etc.*): ***the curtain ~s*** *thea.* der Vorhang geht auf; ***my hair ~s*** die Haare stehen mir zu Berge; ***her colo***(***u***)***r rose*** die Röte stieg ihr ins Gesicht; ***land ~s to view*** Land kommt in Sicht; ***spirits rose*** die Stimmung hob sich; ***the word rose to her lips*** das Wort kam ihr auf die Lippen; **4.** steigen, sich bäumen (*Pferd*): ***~ to a fence*** zum Sprung über ein Hindernis ansetzen; **5.** sich erheben, em'porragen (*Berg etc.*); **6.** aufgehen (*Sonne etc.*; *a. Saat, Teig*); **7.** (an)steigen (*Gelände etc.*; *a. Wasser*; *a. Temperatur etc.*); **8.** (an)steigen, anziehen (*Preise etc.*); **9.** ⚕ sich bilden (*Blasen*); **10.** sich erheben, aufkommen (*Sturm*); **11.** sich erheben *od.* em'pören, revoltieren: ***~ in arms*** zu den Waffen greifen; ***my stomach ~s against*** (*od.* ***at***) ***it*** mein Magen sträubt sich dagegen, (*a. fig.*) es ekelt mich an; **12.** *beruflich od. gesellschaftlich* aufsteigen: ***~ in the world*** vorwärtskommen, es zu et. bringen; **13.** *fig.* sich erheben: a) erhaben sein (***above*** über *acc.*), b) sich em'porschwingen (*Geist*); → ***occasion*** 3; **14.** ♪ (an)steigen, anschwellen; **II** *v/t.* [*irr.*] **15.** aufsteigen lassen; *Fisch* an die Oberfläche locken; **16.** *Schiff* sichten; **III** *s.* **17.** (Auf)Steigen *n*, Aufstieg *m*; **18.** *ast.* Aufgang *m*; **19.** Auferstehung *f von den Toten*; **20.** Steigen *n* (*Fisch*), Schnappen *n* nach dem Köder: ***get*** (*od.* ***take***) ***a ~ out of s.o.*** *sl.* j-n ‚auf die Palme bringen'; **21.** *fig.* Aufstieg *m* (*Person, Nation etc.*): ***a young man on the ~*** ein aufstrebender junger Mann; **22.** (An)Steigen *n*, Erhöhung *f* (*Flut, Temperatur etc.*; ✝ *Preise etc.*); *Börse*: Aufschwung *m*, Hausse *f*; *bsd. Brit.* Aufbesserung *f*, Lohn-, Gehaltserhöhung *f*: ***buy for a ~*** auf Hausse spekulieren; ***on the ~*** im Steigen (begriffen) (*Preise*); **23.** Zuwachs *m*, -nahme *f*: ***~ in population*** Bevölkerungszuwachs; **24.** Ursprung *m* (*a. fig. Entstehung*): ***take*** (*od.* ***have***) ***its ~*** entspringen, entstehen; **25.** Anlaß *m*: ***give ~ to*** verursachen, hervorrufen, erregen; **26.** a) Steigung *f* (*Gelände*), b) Anhöhe *f*, Erhebung *f*; **27.** Höhe *f*; △ Pfeilhöhe *f* (*Bogen*); **ris·en** ['rɪzn] *p.p. von* ***rise***; **'ris·er** [-zə] *s.* **1.** ***early ~*** Frühaufsteher (-in); ***late ~*** Langschläfer(in); **2.** Steigung *f e-r Treppenstufe*; **3.** a) ⚙ Steigrohr *n*, b) ⚡ Steigleitung *f*, c) *Gießerei*: Steiger *m*.

ris·i·bil·i·ty [ˌrɪzɪ'bɪlətɪ] *s.* **1.** *a. pl.* Lachlust *f*; **2.** Gelächter *n*; **ris·i·ble** ['rɪzɪbl] *adj.* **1.** lachlustig; **2.** Lach...: ***~ muscles***; **3.** lachhaft.

ris·ing ['raɪzɪŋ] **I** *adj.* **1.** (an)steigend (*a. fig.*): ***~ ground*** (Boden)Erhebung *f*, Anhöhe *f*; ***~ gust*** Steigbö *f*; ***~ main*** a) ⚙ Steigrohr *n*, b) ⚡ Steigleitung *f*; ***~ rhythm*** *Metrik*: steigender Rhythmus; **2.** her'anwachsend, kommend (*Generation*); **3.** aufstrebend: ***a ~ lawyer***; **II** *prp.* **4.** *Am.* F ***~ of*** a) (etwas) mehr als, b) genau; **III** *s.* **5.** Aufstehen *n*; **6.** (An-)Steigen *n* (*a. fig. Preise, Temperatur etc.*); **7.** Steigung *f*, Anhöhe *f*; **8.** *ast.* Aufgehen *n*; **9.** Aufstand *m*, Erhebung *f*; **10.** Steigerung *f*, Zunahme *f*; **11.** Aufbruch *m e-r Versammlung*; **12.** ⚕ a) Geschwulst *f*, b) Pustel *f*.

risk [rɪsk] **I** *s.* **1.** Wagnis *n*, Gefahr *f*, Risiko *n*: ***at one's own ~*** auf eigene Gefahr; ***at the ~ of one's life*** unter Lebensgefahr; ***at the ~ of*** (*ger.*) auf die Gefahr hin, zu (*inf.*); ***be at ~*** gefährdet sein, auf dem Spiel stehen; ***put at ~*** gefährden; ***run the ~ of doing s.th.*** Gefahr laufen, et. zu tun; ***run*** (*od.* ***take***) ***a ~*** ein Risiko eingehen; **2.** ✝ a) Risiko *n*, Gefahr *f*, b) versichertes Wagnis (*Ware od. Person*): ***security ~*** *pol.* Sicherheitsrisiko; **II** *v/t.* **3.** riskieren, wagen, aufs Spiel setzen: ***~ one's life***; **4.** *Verlust, Verletzung etc.* riskieren; **'risk·y** [-kɪ] *adj.* □ **1.** ris'kant, gewagt, gefährlich; **2.** → ***risqué***.

ris·qué ['riːskeɪ] *adj.* gewagt, schlüpfrig: ***a ~ story***.

ris·sole ['rɪsəʊl] (*Fr.*) *s.* *Küche*: Briso'lett *n*.

rite [raɪt] *s.* **1.** *bsd. eccl.*: Ritus *m*, Zeremo'nie *f*, feierliche Handlung: ***funeral ~s*** Totenfeier *f*, Leichenbegängnis *n*; ***last ~s*** Sterbesakramente; **2.** *oft* ꝰ *eccl.* Ritus *m*: a) Religi'onsform *f*, b) Litur'gie *f*; **3.** Gepflogenheit *f*, Brauch *m*.

rit·u·al ['rɪtʃʊəl] **I** *s.* **1.** *eccl. etc.*, *a. fig.* Ritu'al *n*; **2.** *eccl.* Ritu'albuch *n*; **II** *adj.* □ **3.** ritu'al, Ritual...: ***~ murder*** Ritualmord *m*; **4.** ritu'ell, feierlich: ***~ dance***.

ritz·y ['rɪtsɪ] *adj. sl.* **1.** ‚stinkvornehm', ‚feu'dal'; **2.** angeberisch.

ri·val ['raɪvl] **I** *s.* **1.** Ri'vale *m*, Ri'valin *f*, Nebenbuhler(in), Konkur'rent(in): ***without a ~*** *fig.* ohnegleichen, unerreicht; **II** *adj.* **2.** rivalisierend, wetteifernd: ***~ firm*** ✝ Konkurrenzfirma *f*; **III** *v/t.* **3.** rivalisieren *od.* wetteifern *od.* konkurrieren mit, *j-m* den Rang streitig machen; **4.** *fig.* es aufnehmen mit; gleichkommen (*dat.*); **'ri·val·ry** [-rɪ] *s.* **1.** Rivali'tät *f*, Nebenbuhlerschaft *f*; **2.** Wettstreit *m*, -eifer *m*, Konkur'renz *f*: ***enter into ~ with s.o.*** j-m Konkurrenz machen.

rive [raɪv] **I** *v/t.* [*irr.*] **1.** (zer)spalten; **2.** *poet.* zerreißen; **II** *v/i.* [*irr.*] **3.** sich spalten; *fig.* brechen (*Herz*); **riv·en** ['rɪvən] *p.p. von* ***rive***.

riv·er ['rɪvə] *s.* **1.** Fluß *m*, Strom *m*: ***~ police*** Wasserschutzpolizei *f*; ***the ~ Thames*** die Themse; ***Hudson*** ꝰ der Hudson; ***down the ~*** stromab(wärts); ***sell s.o. down the ~*** F j-n ‚verkaufen'; ***up the ~*** a) stromauf(wärts), b) *Am.* F in den *od.* im ‚Knast'; **2.** *fig.* Strom *m*, Flut *f*.

riv·er·ain ['rɪvəreɪn] **I** *adj.* Ufer..., Fluß...; **II** *s.* Ufer- *od.* Flußbewohner(in).

riv·er| ba·sin *s. geol.* Einzugsgebiet *n*; **'~-bed** *s.* Flußbett *n*; ***~ dam*** *s.* Staudamm *m*, Talsperre *f*; **'~·front** *s.* (Fluß-)Hafenviertel *n*; **'~·head** *s.* (Fluß)Quelle *f*, Quellfluß *m*; ***~ horse*** *s. zo.* Flußpferd *n*.

riv·er·ine ['rɪvəraɪn] *adj.* am Fluß (gelegen *od.* wohnend); Fluß...

riv·er| po·lice *s.* 'Wasserschutzpoliˌzei *f*; **'~·side I** *s.* Flußufer *n*; **II** *adj.* am Ufer (gelegen), Ufer...

riv·et ['rɪvɪt] **I** *s.* ⚙ **1.** Niete *f*, Niet *m*: ***~ joint*** Nietverbindung *f*; **II** *v/t.* **2.** ⚙

(ver)nieten; **3.** befestigen (***to*** an *acc.*); **4.** *fig.* a) *Blick*, *Aufmerksamkeit* heften, richten (***on*** auf *acc.*), b) *Aufmerksamkeit*, *a. j-n* fesseln: ***stand ~ed to the spot*** wie angewurzelt stehenbleiben; **'riv·et·ing** [-tɪŋ] *s.* ⚙ **1.** Nietnaht *f*; **2.** (Ver)Nieten *n*: ***~ hammer*** Niethammer *m*.

riv·u·let ['rɪvjʊlɪt] *s.* Flüßchen *n*.

roach¹ [rəʊtʃ] *s. ichth.* Plötze *f*, Rotauge *n*: ***sound as a ~*** kerngesund.

roach² [rəʊtʃ] *s.* ⚓ Gilling *f*.

roach³ [rəʊtʃ] → ***cockroach***.

road [rəʊd] **I** *s.* **1.** a) (Land)Straße *f*, b) Weg *m* (*a. fig.*), c) Strecke *f*, d) Fahrbahn *f*: ***by ~*** a) auf dem Straßenweg, b) per Achse, mit dem Fahrzeug; ***on the ~*** a) auf der Straße, b) auf Reisen, unterwegs, c) *thea.* auf Tournee; ***hold the ~ well*** *mot.* e-e gute Straßenlage haben; ***take*** (*sl.* ***hit***) ***the ~*** aufbrechen; ***rule of the ~*** Straßenverkehrsordnung *f*; ***the ~ to success*** *fig.* der Weg zum Erfolg; ***be in s.o.'s ~*** *fig.* j-m im Wege stehen; ***~ up!*** Straßenarbeiten!; **2.** *mst pl.* ⚓ Reede *f*; **3.** 🚂 *Am.* Bahn(strecke) *f*; **4.** ⚒ Förderstrecke *f*; **II** *adj.* **5.** Straßen…, Weg…: ***~ conditions*** Straßenzustand *m*; ***~ haulage*** Güterkraftverkehr *m*; ***~ junction*** Straßenknotenpunkt *m*, -einmündung *f*; ***~ sign*** Straßenschild *n*, Wegweiser *m*.

road·a·bil·i·ty [ˌrəʊdə'bɪlətɪ] *s. mot.* Fahreigenschaften *pl.*; *engS.* Straßenlage *f*.

road| ac·ci·dent *s.* Verkehrsunfall *m*; **'~·bed** *s.* a) 🚂 Bahnkörper *m*, b) Straßenbettung *f*; **'~·block** *s.* **1.** Straßensperre *f*; **2.** Verkehrshindernis *n*; **3.** *fig.* Hindernis *n*; **'~·book** *s.* Reisehandbuch *n*; **~ hog** *s.* Verkehrsrowdy *m* (*rücksichtsloser Fahrer*); **'~ˌhold·ing** *s. mot.* Straßenlage *f*; **~ hole** *s.* Schlagloch *n*; **~ house** *s.* Rasthaus *n*; **'~·man** [-mən] *s.* [*irr.*] **1.** Straßenarbeiter *m*; **2.** Straßenhändler *m*; **~ man·a·ger** *s.* Roadmanager *m* (*e-r Rockgruppe*); **~ map** *s.* Straßen-, Autokarte *f*; **~ met·al** *s.* Straßenbeschotterung *f*, -schotter *m*; **~ roll·er** *s.* ⚙ Straßenwalze *f*; **~ sense** *s. mot.* Fahrverstand *m*; **'~·side I** *s.* (***by the ~*** am) Straßenrand *m*; **II** *adj.* an der Landstraße (gelegen): ***~ inn***; **'~·stead** *s.* ⚓ Reede *f*.

road·ster ['rəʊdstə] *s.* **1.** *Am.* Roadster *m*, (offener) Sportzweisitzer; **2.** *sport* (starkes) Tourenrad.

road| tank·er *s. mot.* Tankwagen *m*; **'~ test** *mot.* **I** *s.* Probefahrt *f*; **II** *v/t. ein Auto* probefahren; **~ us·er** *s.* Verkehrsteilnehmer(in); **'~·way** *s.* Fahrdamm *m*, -bahn *f*; **'~·work** *s. sport* Lauftraining *n*; **~ works** *s. pl.* Straßenarbeiten *pl.*, Baustelle *f auf e-r Straße*; **'~ˌwor·thi·ness** *s. mot.* Verkehrssicherheit *f* (*Auto*); **'~ˌwor·thy** *adj. mot.* verkehrssicher (*Auto*).

roam [rəʊm] **I** *v/i. a.* ***~ about*** (um'her-)streifen, (-)wandern; **II** *v/t.* durch'streifen (*a. fig. Blick etc.*); **III** *s.* Wandern *n*, Um'herstreifen *n*.

roan [rəʊn] **I** *adj.* **1.** rötlichgrau; **2.** gefleckt; **II** *s.* **3.** Rotgrau *n*; **4.** *zo.* a) Rotschimmel *m*, b) rotgraue Kuh; **5.** Schafleder *n*.

roar [rɔː] **I** *v/i.* **1.** brüllen: ***~ at*** a) *j-n* anbrüllen, b) über *et.* schallend lachen; ***~ with*** vor *Schmerz*, *Lachen etc.* brüllen; **2.** *fig.* tosen, toben, brausen (*Wind*, *Meer*); krachen, (g)rollen (*Donner*); (er)dröhnen, donnern (*Geschütz*, *Motor etc.*); brausen, donnern (*Fahrzeug*); **3.** *vet.* keuchen (*Pferd*); **II** *v/t.* **4.** *et.* brüllen: ***~ out*** *Freude*, *Schmerz etc.* hinausbrüllen; ***~ s.o. down*** j-n niederschreien; **III** *s.* **5.** Brüllen *n*, Gebrüll *n* (*a. fig.*): ***set the table in a ~*** (***of laughter***) bei der Gesellschaft schallendes Gelächter hervorrufen; **6.** *fig.* Tosen *n*, Toben *n*, Brausen *n* (*Wind*, *Meer*); Krachen *n*, Rollen *n* (*Donner*); Donner *m* (*Geschütze*); Dröhnen *n*, Lärm *m* (*Motor*, *Maschinen etc.*); Getöse *n*; **'roar·ing** [-rɪŋ] **I** *adj.* □ **1.** brüllend (*a. fig.* ***with*** vor *dat.*); **2.** lärmend, laut; **3.** tosend (*etc.* → ***roar*** 2); **4.** brausend, stürmisch (*Nacht*, *Fest*); **5.** a) großartig, ‚phan'tastisch': ***a ~ business*** (*od.* ***trade***) ein schwunghafter Handel, ein ‚Bombengeschäft'; ***in ~ health*** vor Gesundheit strotzend, b) ‚wild', ‚fa'natisch': ***a ~ Christian***; **II** *s.* **6.** → ***roar*** 5 *u.* 6; **7.** *vet.* Keuchen *n* (*Pferd*).

roast [rəʊst] **I** *v/t.* **1.** *Fleisch etc.* braten, rösten; schmoren: ***be ~ed alive*** a) bei lebendigem Leibe verbrannt werden *od.* verbrennen, b) *fig.* vor Hitze fast umkommen; **2.** *Kaffee etc.* rösten; **3.** *metall.* rösten, abschwelen; **4.** F a) ‚durch den Kakao ziehen', b) ‚verreißen' (*kritisieren*); **II** *v/i.* **5.** rösten, braten; schmoren (*a. fig. in der Sonne etc.*): ***I am simply ~ing*** *fig.* mir ist wahnsinnig heiß; **III** *s.* **6.** Braten *m*; → ***rule*** 13; **IV** *adj.* **7.** geröstet, gebraten, Röst…: ***~ beef*** Rinderbraten *m*; ***~ meat*** Braten *m*; ***~ pork*** Schweinebraten *m*; **'roast·er** [-tə] *s.* **1.** Röster *m*, 'Röstappaˌrat *m*; **2.** *metall.* Röstofen *m*; **3.** Spanferkel *n*, Brathähnchen *n etc.*; **'roast·ing** [-tɪŋ] *s.*: ***give s.o. a. ~*** F → ***roast*** 4.

rob [rɒb] *v/t.* **1.** a) *et.* rauben, stehlen, b) *Haus etc.* ausrauben, (-)plündern, c) *fig.* berauben (***of*** *gen.*); **2.** *j-n* berauben: ***~ s.o. of*** a) j-n *e-r Sache* berauben (*a. fig.*), b) *fig.* j-n um *et.* bringen, j-m *et.* nehmen; **rob·ber** ['rɒbə] *s.* Räuber *m*; **rob·ber·y** ['rɒbərɪ] *s.* **1.** *a.* ⚖ Raub *m* (***from*** *an dat.*); 'Raubˌüberfall *m*; **2.** *fig.* ‚Diebstahl' *m*, ‚Beschiß' *m*.

robe [rəʊb] **I** *s.* **1.** (Amts)Robe *f*, Ta'lar *m* (*Geistlicher*, *Richter etc.*): ***~s*** Amtstracht *f*; ***state ~*** Staatskleid *n*; (***the gentlemen of***) ***the*** (***long***) ***~*** *fig.* die Juristen; **2.** Robe *f*: a) wallendes Gewand, b) Festkleid *n*, c) Abendkleid *n*, d) † *einteiliges Damenkleid*, e) Bademantel *m*; **3.** *bsd.* Taufkleid *n* (*Säugling*); **II** *v/t.* **4.** *j-n* (feierlich an)kleiden, *j-m* die Robe anlegen; **5.** *fig.* (ein)hüllen; **III** *v/i.* **6.** die Robe anlegen.

rob·in ['rɒbɪn] *s.* **1.** *a.* ***~ red-breast*** *orn.* a) Rotkehlchen *n*, b) amer. Wanderdrossel *f*; **2.** → ***round robin***.

rob·o·rant ['rɒbərənt] ⚕ **I** *adj.* stärkend; **II** *s.* Stärkungsmittel *n*, Roborans *n*.

ro·bot ['rəʊbɒt] **I** *s.* **1.** Roboter *m* (*a. fig.*), ⚙ *a.* Auto'mat *m*; **2.** *a.* ***~ bomb*** ⚔ V-Geschoß *n*; **II** *adj.* **3.** auto'matisch: ***~ pilot*** ✈ Selbststeuergerät *n*.

ro·bust [rəʊ'bʌst] *adj.* □ **1.** ro'bust: a) kräftig, stark (*Gesundheit*, *Körper*, *Person etc.*), b) kernig, gerade (*Geist*), c) derb (*Humor*); **2.** ⚙ sta'bil, 'widerstandsfähig; **3.** hart, schwer (*Arbeit etc.*); **ro'bust·ness** [-nɪs] *s.* Ro'bustheit *f*.

roc [rɒk] *s. myth.* (Vogel *m*) Rock *m*.

rock¹ [rɒk] *s.* **1.** Fels *m* (*a. fig.*), Felsen *m*; *coll.* Felsen *pl.*, (Fels)Gestein *n*: ***the*** ☊ *geogr.* Gibraltar; ***volcanic ~*** *geol.* vulkanisches Gestein; (***as***) ***firm as a ~*** *fig.* wie ein Fels, zuverlässig; **2.** Klippe *f* (*a. fig.*): ***on the ~s*** a) F ‚pleite', in Geldnot, b) F ‚kaputt', in die Brüche gegangen (*Ehe etc.*), c) on the rocks, mit Eiswürfeln (*Getränk*); ***see ~s ahead*** mit Schwierigkeiten rechnen; **3.** *Am.* Stein *m*: ***throw ~s at s.o.***; **4.** Pfefferminzstange *f*; **5.** *sl.* Stein, *bsd.* Diamant *m*, *pl.* ‚Klunkern' *pl.*; **6.** *Am. sl.* a) Geldstück *n*, *bsd.* Dollar *m*, b) *pl.* ‚Kies' *m* (*Geld*); **7.** *pl.* V ‚Eier' *pl.* (*Hoden*).

rock² [rɒk] **I** *v/t.* **1.** wiegen, schaukeln; *Kind* (in den Schlaf) wiegen: ***~ in security*** *fig. j-n* in Sicherheit wiegen; **2.** ins Wanken bringen, erschüttern: ***~ the boat*** *fig.* die Sache gefährden; **3.** *Sieb*, *Sand etc.* rütteln; **II** *v/i.* **4.** (sich) schaukeln, sich wiegen; **5.** (sch)wanken, wackeln, taumeln (*a. fig.*); **6.** ♪ a) Rock 'n' Roll tanzen, b) ‚rocken' (*spielen*); **III** *s.* **7.** → ***rock 'n' roll***.

rock| and roll [ˌrɒkən'rəʊl] → ***rock 'n' roll***; **~ bed** Felsengrund *m*; **~ bot·tom** *s. fig.* Tief-, Nullpunkt *m*: ***get down to ~*** der Sache auf den Grund gehen; ***his supplies touched ~*** s-e Vorräte waren erschöpft; **ˌ~-'bot·tom** *adj.* F allerniedrigst, äußerst (*Preis etc.*); **'~-bound** *adj.* von Felsen um'schlossen; **~ cake** *s.* hartgebackenes Plätzchen; **~ can·dy** → ***rock¹*** 4; **~ climb·ing** *s.* Felsenklettern *n*; **~ cork** *s. min.* 'Bergasˌbest *m*, -kork *m*; **~ crys·tal** *s. min.* 'Bergkriˌstall *m*; **~ de·bris** *geol.* Felsgeröll *n*; **~ draw·ings** *s. pl.* Felszeichnungen *pl.*; **~ drill** *s.* ⚙ Steinbohrer *m*.

rock·er ['rɒkə] *s.* **1.** Kufe *f* (*Wiege etc.*): ***off one's ~*** *sl.* ‚übergeschnappt', verrückt; **2.** a) Schaukelpferd *n*, b) *Am.* Schaukelstuhl *m*; **3.** ⚙ a) Wippe *f*, b) Wiegemesser *n*, c) Schwing-, Kipphebel *m*; **4.** Schwingtrog *m* (*zur Goldwäsche*); **5.** *Eislauf*: a) Holländer(schlittschuh) *m*, b) Kehre *f*; **6.** *pl. Brit.* Rokker *pl.*, ‚Lederjacken' *pl.* (*Jugendliche*); **~ arm** *s.* ⚙ Kipphebel *m*; **~ switch** *s.* ⚡ Wippschalter *m*.

rock·er·y ['rɒkərɪ] *s.* Steingarten *m*.

rock·et¹ ['rɒkɪt] **I** *s.* **1.** *allg.* Ra'kete *f*; **2.** *fig.* F ‚Zi'garre' *f*, Anpfiff *m*; **II** *adj.* **3.** Raketen…: ***~ bomb***; ***~ aircraft***, ***~-driven airplane*** Raketenflugzeug *n*; ***~-assisted take-off*** ✈ Raketenstart *m*; **III** *v/i.* **4.** (wie e-e Ra'kete) hochschießen; **5.** † hochschnellen (*Preise*); **6.** *fig.* e-n ko'metenhaften Aufstieg nehmen; **IV** *v/t.* **7.** ⚔ mit Raketen beschießen; **8.** mit e-r Ra'kete *in den Weltraum etc.* befördern.

rock·et² ['rɒkɪt] *s.* ⚘ **1.** 'Nachtviˌole *f*; **2.** Rauke *f*; **3.** → ***~ salad***; **4.** *a.* ***~ cress*** (echtes) Barbarakraut.

rock·et·eer [ˌrɒkɪ'tɪə] *s.* ⚔ **1.** Ra'ketenkanoˌnier *m od.* -piˌlot *m*; **2.** Ra'ketenforscher *m*, -fachmann *m*.

rock·et| jet *s.* Ra'ketentriebwerk *n*; **~**

launch·er *s.* ⚔ Ra'ketenwerfer *m*; '**~-**ˌ**launch·ing site** *s.* ⚔ Ra'ketenabschußbasis *f*; '**~-**ˌ**pow·ered** *adj.* mit Ra'ketenantrieb; **~ pro·jec·tor** *s.* ⚔ (Ra'keten)Werfer *m*.

rock·et·ry ['rɒkɪtrɪ] *s.* **1.** Ra'ketentechnik *f od.* -forschung *f*; **2.** *coll.* Ra'keten *pl.*

rock·et sal·ad *s.* ⚘ Senfkohl *m*.

rock| flour *s. min.* Bergmehl *n*; **~ gar·den** *s.* Steingarten *m*.

rock·i·ness ['rɒkɪnɪs] *s.* felsige *od.* steinige Beschaffenheit.

rock·ing| chair ['rɒkɪŋ] *s.* Schaukelstuhl *m*; **~ horse** *s.* Schaukelpferd *n*; **~ le·ver** *s.* Schwinghebel *m*.

rock| leath·er → ***rock cork***; **~ 'n' roll** [ˌrɒkən'rəʊl] *s.* Rock 'n' Roll *m* (*Musik u. Tanz*); **~ oil** *s.* Stein-, Erdöl *n*, Pe'troleum *n*; **~ plant** *s.* ⚘ Felsen-, Alpen-, Steingartenpflanze *f*; '**~·rose** *s.* ⚘ Cistrose *f*; **~ salt** *s.* ⚒ Steinsalz *n*; '**~·slide** *s.* Steinschlag *m*, Felssturz *m*; '**~·wood** *s. min.* 'Holzasˌbest *m*; '**~·work** *s.* **1.** Gesteinsmasse *f*; **2.** a) Steingarten *m*, b) Grottenwerk *n*; **3.** ⚠ Quaderwerk *n*.

rock·y[1] ['rɒkɪ] *adj.* **1.** felsig; **2.** steinhart (*a. fig.*).

rock·y[2] ['rɒkɪ] *adj.* □ F wack(e)lig (*a. fig.*), wankend.

ro·co·co [rəʊ'kəʊkəʊ] **I** *s.* **1.** Rokoko *n*; **II** *adj.* **2.** Rokoko...; **3.** verschnörkelt, über'laden.

rod [rɒd] *s.* **1.** Rute *f*, Gerte *f*; *a. fig. bibl.* Reis *n*; **2.** (Zucht)Rute *f* (*a. fig.*): ***have a ~ in pickle for s.o.*** mit j-m noch ein Hühnchen zu rupfen haben; ***kiss the ~*** sich unter die Rute beugen; ***make a ~ for one's own back*** *fig.* sich die Rute selber flechten; ***spare the ~ and spoil the child*** wer die Rute spart, verzieht das Kind; **3.** a) Zepter *n*, b) Amtsstab *m*, c) *fig.* Amtsgewalt *f*, d) *fig.* Knute *f*, Tyran'nei *f*; → ***Black Rod***; **4.** (Holz)Stab *m*, Stock *m*; **5.** ⚙ (Rund-)Stab *m*, (Treib-, Verbindungs- *etc.*) Stange *f*: **~ *aerial*** ⚡ Stabantenne *f*; *Kernkraft*: Brennstab *m*; **6.** a) Angelrute *f*, b) Angler *m*; **7.** Meßlatte *f*, -stab *m*; **8.** a) Rute *f* (*Längenmaß*), b) Qua'dratrute *f* (*Flächenmaß*); **9.** *Am. sl.* ,Ka'none' *f* (*Pistole*); **10.** *anat.* Stäbchen *n* (*Netzhaut*); **11.** *biol.* 'Stäbchenbakˌterie *f*; **12.** *Am. sl.* → ***hot rod***.

rode [rəʊd] *pret. von* ***ride***.

ro·dent ['rəʊdənt] **I** *adj.* **1.** *zo.* nagend; Nage...: **~ *teeth***; **2.** ⚕ fressend (*Geschwür*); **II** *s.* **3.** Nagetier *n*.

ro·de·o [rəʊ'deɪəʊ] *pl.* **-s** *s. Am.* Ro'deo *m, n*: a) Zs.-treiben *n* von Vieh, b) *Sammelplatz für diesen Zweck*, c) 'Cowboy-Turˌnier *n*, Wildwest-Vorführung *f*, d) 'Motorrad-, 'Autoroˌdeo *m, n*.

roe[1] [rəʊ] *s. zo.* **1.** *a. hard* **~** Rogen *m*, Fischlaich *m*: **~ *corn*** Fischei *n*; **2.** *a. soft* **~** Milch *f*; **3.** Eier *pl.* (*vom Hummer etc.*).

roe[2] [rəʊ] *pl.* **roes**, *coll.* **roe** *s. zo.* **1.** Reh *n*; **2.** a) Ricke *f* (*weibliches Reh*), b) Hirschkuh *f*; '**~·buck** *s.* Rehbock *m*; '**~·deer** *s.* Reh *n*.

roent·gen → ***röntgen***.

ro·ga·tion [rəʊ'geɪʃn] *s. eccl.* a) (Für-)Bitte *f*, ('Bitt)Litaˌnei *f*, b) *mst pl.* Bittgang *m*: **2 *Sunday*** Sonntag *m* Rogate; **2 *week*** Himmelfahrts-, Bittwoche *f*;

rog·a·to·ry ['rɒgətərɪ] *adj.* ⚖ Untersuchungs...: **~ *commission***; ***letters ~*** Amtshilfeersuchen *n*.

rog·er ['rɒdʒə] **1.** *int. Funk*: Roger!, Verstanden!; **2.** F in Ordnung!

rogue [rəʊg] *s.* **1.** Schurke *m*, Gauner *m*: ***~s' gallery*** Verbrecheralbum *n*; **2.** *humor.* Schelm *m*, Schlingel *m*, Spitzbube *m*; **3.** ⚘ a) aus der Art schlagende Pflanze, b) 'Mißbildung *f*; **4.** *zo. a.* **~ *elephant***, **~ *buffalo*** *etc.* bösartiger Einzelgänger; **5.** *Pferderennen*: a) bokkendes Pferd, b) Ausreißer *m* (*Pferd*); '**ro·guer·y** [-gərɪ] *s.* **1.** Schurke'rei *f*, Gaune'rei *f*; **2.** Spitzbübe'rei *f*; '**ro·guish** [-gɪʃ] *adj.* □ **1.** schurkisch; **2.** schelmisch, schalkhaft, spitzbübisch.

roist·er ['rɔɪstə] *v/i.* **1.** kra'keelen; **2.** aufschneiden, prahlen; '**roist·er·er** [-tərə] *s.* **1.** Kra'keeler *m*; **2.** Großmaul *n*.

role, rôle [rəʊl] (*Fr.*) *s. thea. u. fig.* Rolle *f*: ***play a ~*** e-e Rolle spielen.

roll [rəʊl] **I** *s.* **1.** (*Haar-, Kragen-, Papier- etc.*)Rolle *f*; **2.** a) *hist.* Schriftrolle *f*, Perga'ment *n*, b) Urkunde *f*, c) (*bsd.* Namens)Liste *f*, Verzeichnis *n*, d) ⚖ Anwaltsliste *f*: **~ *of hono(u)r*** Ehrenliste, -tafel *f* (*bsd. der Gefallenen*); ***the 2s*** Staatsarchiv *n* (*Gebäude in London*); ***call the ~*** die (Namens- *od.* Anwesenheits)Liste verlesen, Appell abhalten; ***strike s.o. off the ~*** j-n von der Anwaltsliste streichen; → ***master*** 13; **3.** ⚠ a) *a.* **~*-mo(u)lding*** Rundleiste *f*, Wulst *m*, b) *antiq.* Vo'lute *f*; **4.** ⚙ Rolle *f*, Walze *f*; **5.** Brötchen *n*, Semmel *f*; **6.** (*bsd.* 'Fleisch)Rouˌlade *f*; **7.** *sport* Rolle *f* (*a.* ✈ *Kunstflug*); **8.** ⚓ Rollen *n*, Schlingern *n* (*Schiff*); **9.** wiegender Gang, Seemannsgang *m*; **10.** Fließen *n*, Fluß *m* (*des Wassers*; *a. fig. der Rede, von Versen etc.*); **11.** (*Orgel- etc.*)Brausen *n*; (*Donner*)Rollen *n*; (*Trommel-*) Wirbel *m*; Dröhnen *n* (*Stimme etc.*); Rollen *n*, Trillern *n* (*Vogel*); **12.** *Am. sl.* a) Geldscheinbündel *n*, b) *fig.* (*e-e* Masse) Geld *n*; **II** *v/i.* **13.** rollen (*Ball etc.*): ***start ~ing*** ins Rollen kommen; **14.** rollen, fahren (*Fahrzeug*); **15.** *a.* **~ *along*** sich (da'hin)wälzen, da'hinströmen (*Fluten*) (*a. fig.*); **16.** da'hinziehen (*Gestirn, Wolken*); **17.** sich wälzen: ***be ~ing in money*** F im Geld schwimmen; **18.** *sport, a.* ✈ e-e Rolle machen; **19.** ⚓ schlingern; **20.** wiegend gehen: ***~ing gait*** → 9; **21.** (g)rollen (*Donner*); brausen (*Orgel*); dröhnen (*Stimme*); wirbeln (*Trommel*); trillern (*Vogel*); **22.** a) ⚙ sich walzen lassen, b) *typ.* sich verteilen (*Druckfarbe*); **III** *v/t.* **23.** *Faß, Rad etc., a. Augen* rollen; (her'um)wälzen, (-)drehen: **~ *a problem round in one's mind*** *fig.* ein Problem wälzen; *Film*: **~ *film!***, **~ *it*** *Am.* Kamera an!; **24.** *Wagen etc.* rollen, fahren, schieben; **25.** *Wassermassen* wälzen (*Fluß*); **26.** (zs.-, auf-, ein)rollen, (-)wickeln; **27.** *Teig* (aus)rollen; *Zigarette* drehen; *Schneeball etc.* formen: ***~ed ham*** Rollschinken *m*; **28.** ⚙ *Metalle* walzen, strecken; *Rasen, Straße* walzen: ***~ed glass*** gezogenes Glas; ***~ed gold*** Walzgold *n*, Golddublee *n*; ***~ed iron*** (*od.* ***products***) Walzeisen *n*; **~ *on et.*** aufwalzen; **29.** *typ.* a) *Papier* ka'landern, glätten, b) *Druckfarbe* auftragen; **30.** rollen(d sprechen): **~ *one's r's***; ***~ed r*** Zungen-R *n*; **31.** *Trommel* wirbeln; **32.** ⚓ *Schiff* zum Rollen bringen; **33.** *Körper etc. beim Gehen* wiegen; **34.** *Am. sl. Betrunkenen etc.* ausplündern;

Zssgn mit adv.:

roll| back *v/t. fig.* her'unterschrauben, reduzieren; **~ in** *v/i.* **1.** *fig.* her'einströmen, eintreffen (*Angebote, Geld etc.*); **2.** F schlafen gehen; **~ out** *v/t.* **1.** *metall.* auswalzen, strecken; **2.** *Teig* ausrollen; **3.** a) *Lied etc.* (hin'aus)schmettern, b) *Verse* deklamieren; **~ o·ver** *v/t.* (*v/i.* sich) he'rumwälzen, -drehen; **~ up I** *v/i.* **1.** (her)'anrollen, (-)'anfahren; F vorfahren; **2.** F ,aufkreuzen', auftauchen; **3.** sich zs.-rollen; **4.** *fig.* sich ansammeln *od.* (-)häufen; **II** *v/t.* **5.** her'anfahren; **6.** aufrollen, -wickeln; **7.** ⚔ *gegnerische Front* aufrollen; **8.** *sl.* ansammeln: **~ *a fortune***.

'**roll|·back** *s. Am.* **1.** ⚔ Zu'rückwerfen *n* (*des Feinds*); **2.** ✝ Zu'rückschrauben *n* (*der Preise*); '**~·bar** *s. mot.* 'Überrollbügel *m*; **~ call** *s.* **1.** Namensaufruf *m*: **~ (*vote*)** *pol.* namentliche Abstimmung; **2.** ⚔ 'Anwesenheitsapˌpell *m*.

roll·er ['rəʊlə] *s.* **1.** ⚙ a) Walzwerkarbeiter *m*, b) Fördermann *m*; **2.** (Stoff-, Garn *etc.*)Rolle *f*; **3.** ⚙ a) (Gleit-, Lauf-, Führungs)Rolle *f*, b) (Gleit)Rolle *f*, Rädchen *n* (*unter Möbeln, an Rollschuhen etc.*); **4.** a) Walze *f*, b) Zy'linder *m*, Trommel *f*; **5.** *typ.* Druckwalze *f*; **6.** Rollstab *m* (*Landkarte etc.*); **7.** ⚓ Roller *m*, Sturzwelle *f*; **8.** *orn.* a) Flug-, Tümmlertaube *f*, b) *e-e* Racke: ***common ~*** Blauracke, c) Harzer Roller *m*; **~ band·age** *s.* ⚕ Rollbinde *f*; **~ bear·ing** *s.* ⚙ Rollen-, Wälzlager *n*; **~ clutch** *s.* ⚙ Rollen-, Freilaufkupplung *f*; **~ coast·er** *s.* Achterbahn(wagen *m*) *f*; '**~-mill** *s.* ⚙ **1.** Mahl-, Quetschwerk *n*; **2.** → ***rolling mill***; '**~-skate I** *s.* Rollschuh *m*; **II** *v/i.* rollschuhlaufen; **~ skat·ing** *s.* Rollschuhlaufen *n*; **~ tow·el** *s.* Rollhandtuch *n*.

roll| film *s. phot.* Rollfilm *m*; '**~-front cab·i·net** *s.* Rollschrank *m*.

rol·lick ['rɒlɪk] *v/i.* **1.** a) ausgelassen *od.* 'übermütig sein, b) her'umtollen; **2.** das Leben genießen; '**rol·lick·ing** [-kɪŋ] *adj.* ausgelassen, 'übermütig.

roll·ing ['rəʊlɪŋ] **I** *s.* **1.** Rollen *n*; **2.** Da'hinfließen *n* (*Wasser etc.*); **3.** Rollen *n* (*Donner*); Brausen *n* (*Wasser*); **4.** *metall.* Walzen *n*, Strecken *n*; **5.** ⚓ Schlingern *n*; **II** *adj.* **6.** rollend *etc.*; → ***roll*** II; **~ bar·rage** *s.* ⚔ Feuerwalze *f*; **~ cap·i·tal** *s.* ✝ Be'triebskapiˌtal *n*; **~ chair** *s.* ⚕ Rollstuhl *m*; **~ kitch·en** *s.* ⚔ Feldküche *f*; **~ mill** *s.* ⚙ **1.** Walzwerk *n*, Hütte *f*; **2.** 'Walzmaˌschine *f*; **3.** Walz(en)straße *f*; **~ pin** *s.* Nudel-, Wellholz *n*; **~ press** *s.* ⚙ **1.** Walzen-, Rotati'onspresse *f*; **2.** *Papierfabrikation*: Sati'niermaˌschine *f*; **~ stock** *s.* 🚂 rollendes Materi'al, Betriebsmittel *pl.*; **~ stone** *s. fig.* Zugvogel *m*: ***a ~ gathers no moss*** wer rastet, der rostet; **~ ti·tle** *s. Film*: Rolltitel *m*.

roll| lathe *s.* ⚙ Walzendrehbank *f*; '**~·mop** *s.* Rollmops *m*; '**~·neck** *s.* 'Rollkragen(pulˌlover) *m*; '**~-on** *s.* **1.** E'lastikschlüpfer *m*; **2.** Deorollstift *m*; '**~-top desk** *s.* Rollpult *n*; **~ train** *s. metall.* Walzenstrecke *f*.

ro·ly-po·ly [ˌrəʊlɪˈpəʊlɪ] **I** *s.* **1.** *a.* ~ ***pudding*** *Art* Pudding *m*; **2.** Pummelchen *n* (*Person*); **II** *adj.* **3.** mollig, pummelig.

Ro·ma·ic [rəʊˈmeɪɪk] **I** *adj.* roˈmaisch, neugriechisch; **II** *s. ling.* Neugriechisch *n*.

Ro·man [ˈrəʊmən] **I** *adj.* **1.** römisch: ~ ***arch*** ⚠ romanischer Bogen; ~ ***candle*** Leuchtkugel *f* (*Feuerwerk*); ~ ***holiday*** *fig.* a) blutrünstiges Vergnügen, b) Vergnügen *n* auf Kosten anderer, c) Riesenskandal *m*; ~ ***law*** römisches Recht; ~ ***nose*** Römer-, Adlernase *f*; ~ ***numeral*** römische Ziffer; **2.** (römisch-)kaˈtholisch; **3.** *mst* ♀ *typ.* Antiqua…; **II** *s.* **4.** Römer(in); **5.** *mst* ♀ *typ.* Anˈtiqua *f*; **6.** *eccl.* Kathoˈlik(in); **7.** *pl. bibl.* (Brief *m* des Paulus an die) Römer *pl.*

ro·man à clef [rəʊˌmɑːnɑːˈkleɪ] (*Fr.*) *s.* ˈSchlüsselroˌman *m*.

Ro·man Cath·o·lic *eccl.* **I** *adj.* (römisch-) kaˈtholisch; **II** *s.* Kathoˈlik(in); ~ ***Church*** *s.* Römische *od.* (Römisch-) Kaˈtholische Kirche.

ro·mance¹ [rəʊˈmæns] **I** *s.* **1.** *hist.* (ˈRitter-, ˈVers)Roˌman *m*; **2.** Roˈmanze *f*: a) (roˈmantischer) ˈLiebes-, ˈAbenteuerroˌman, b) *fig.* ˈLiebesafˌfäre *f*, c) ♪ *Lied od. lyrisches Instrumentalstück*; **3.** *fig.* Märchen *n*, Phantasteˈrei *f*; **4.** *fig.* Roˈmantik *f*: a) Zauber *m*, b) roˈmantische Iˈdeen *pl.*; **II** *v/i.* **5.** (Roˈmanzen) dichten; **6.** *fig.* a) fabulieren, ‚Roˈmane erzählen', b) ins Schwärmen geraten.

Ro·mance² [rəʊˈmæns] *bsd. ling.* **I** *adj.* roˈmanisch: ~ ***peoples*** Romanen; ~ ***philologist*** Romanist(in); **II** *s.* a) Roˈmanisch *n*, b) *a.* ***the*** ~ ***languages*** die romanischen Sprachen *pl.*

ro·manc·er [rəʊˈmænsə] *s.* **1.** Roˈmanzendichter(in); Verfasser(in) e-s (ˈVers-) Roˌmans; **2.** a) Phanˈtast(in), b) Aufschneider(in).

Rom·a·nes [ˈrɒmənes] *s.* Ziˈgeunersprache *f*.

Ro·man·esque [ˌrəʊməˈnesk] **I** *adj.* **1.** ⚠, *ling.* roˈmanisch; **2.** *ling.* provenˈzalisch; **3.** ♀ *fig.* roˈmantisch; **II** *s.* **4.** *a.* ~ ***style*** romanischer (Bau)Stil; *das* Roˈmanische; **5.** → ***Romance²*** II.

ro·man-fleuve [rəʊˌmɑ̃ːŋˈflɜːv] (*Fr.*) *s.* Faˈmilienroˌman *m*.

Ro·man·ic [rəʊˈmænɪk] *adj.* **1.** → ***Romance²*** I; **2.** römisch (*Kulturform*).

Ro·man·ism [ˈrəʊmənɪzəm] *s.* **1.** a) Romaˈnismus *m*, römisch-kaˈtholische Einstellung, b) Poliˈtik *f od.* Gebräuche *pl.* der römischen Kirche; **2.** *hist.* das Römertum; ˈ**Ro·man·ist** [-ɪst] *s.* **1.** *ling.*, ⚖ Romaˈnist(in); **2.** (ˈRömisch-) Kaˌtholische(r *m*) *f*.

ro·man·tic [rəʊˈmæntɪk] **I** *adj.* (□ ~***ally***) **1.** *allg.* roˈmantisch: a) Kunst *etc.*: *die Romantik betreffend*: ***the*** ~ ***movement*** die Romantik, b) roˈmanhaft, phanˈtastisch (*a. iro.*): ***a*** ~ ***tale***, c) roˈmantisch veranlagt: ***a*** ~ ***girl***, d) malerisch: ***a*** ~ ***town***, e) gefühlvoll: ***a*** ~ ***scene***; **II** *s.* **2.** Roˈmantiker(in) (*a. fig.*); **3.** *das* Roˈmantische; **4.** *pl.* romantische Iˈdeen *pl. od.* Gefühle *pl.*; **roˈman·ti·cism** [-ɪsɪzəm] *s.* **1.** *Kunst*: Roˈmantik *f*; **2.** (Sinn *m* für) Romantik *f*; **roˈman·ti·cist** [-ɪsɪst] *s. Kunst*: Roˈmantiker(in); **roˈman·ti·cize** [-ɪsaɪz] **I** *v/t.* **1.** romantisieren; **2.** in roˈmantischem Licht sehen; **II** *v/i.* **3.** *fig.* schwärmen.

Rom·a·ny [ˈrɒmənɪ] *s.* **1.** Ziˈgeuner(in); **2.** *coll. die* Zigeuner *pl.*; **3.** Romani *n*, Ziˈgeunersprache *f*.

Rome [rəʊm] *npr.* Rom *n* (*a. fig. hist. das Römerreich*; *eccl. die Katholische Kirche*): ~ ***was not built in a day*** Rom ist nicht an einem Tag erbaut worden; ***do in*** ~ ***as the Romans do!*** man sollte sich immer s-r Umgebung anpassen!

romp [rɒmp] **I** *v/i.* **1.** umˈhertollen, sich balgen, toben: ~ ***through*** *fig.* spielend durchkommen; **2.** ‚rasen', flitzen: ~ ***away*** davonziehen (*Rennpferd etc.*); **II** *s.* **3.** *obs.* Wildfang *m*, Range *f*; **4.** Tollen *n*, Balgeˈrei *f*; **5.** F *sport* leichter Sieg; **6.** F ‚(wilde) Schmuseˈrei'; ˈ**romp·ers** [-pəz] *s. pl.* Spielanzug *m* (*für Kinder*); ˈ**romp·y** [-pɪ] *adj.* ausgelassen, wild.

ron·deau [ˈrɒndəʊ] *pl.* **-deaus** [-dəʊz] *s. Metrik*: Ronˈdeau *n*, Ringelgedicht *n*; **ron·del** [ˈrɒndl] *s.* vierzehnzeiliges Rondeau.

ron·do [ˈrɒndəʊ] *s.* ♪ Rondo *n*.

rönt·gen [ˈrɒntjən] **I** *s. phys.* Röntgen *n* (*Maßeinheit*); **II** *adj. mst* ♀ Röntgen…: ~ ***rays***; **III** *v/t.* → ˈ**rönt·gen·ize** [-tgənaɪz] *v/t.* röntgen; **rönt·gen·o·gram** [rɒntˈgenəgræm] *s.* Röntgenaufnahme *f*; **rönt·gen·og·ra·phy** [ˌrɒntgəˈnɒgrəfɪ] *s.* ˈRöntgenphotograˌphie *f* (*Verfahren*); **rönt·gen·ol·o·gist** [ˌrɒntgəˈnɒlədʒɪst] *s.* Röntgenoˈloge *f*; **rönt·gen·os·co·py** [ˌrɒntgəˈnɒskəpɪ] *s.* ˈRöntgendurchˌleuchtung *f*, -unterˌsuchung *f*; **rönt·gen·o·ther·a·py** [ˌrɒntgənəˈθerəpɪ] *s.* ˈRöntgentheraˌpie *f*.

rood [ruːd] **I** *s.* **1.** *eccl.* Kruziˈfix *n*; **2.** Viertelacre *m* (*Flächenmaß*); **3.** Rute *f* (*Längenmaß*); **II** *adj.* **4.** ⚠ Lettner…: ~ ***altar***, ~ ***loft*** Chorbühne *f*; ~ ***screen*** Lettner *m*.

roof [ruːf] **I** *s.* **1.** ⚠ (Haus)Dach *n*: ***under my*** ~ *fig.* unter m-m Dach, in m-m Haus; ***raise the*** ~ F Krach schlagen; **2.** *mot.* Verdeck *n*; **3.** *fig.* (*Blätter-, Zelt- etc.*)Dach *n*, (*Himmels*)Gewölbe *n*, (-)Zelt *n*: ~ ***of the mouth*** *anat.* Gaumen(dach *n*) *m*; ***the*** ~ ***of the world*** das Dach der Welt; **4.** ⚒ Hangende(s) *n*; **II** *v/t.* **5.** bedachen: ~ ***in*** *Haus* (ein)dekken; ~ ***over*** überdachen: ~***ed-in*** überdacht, umbaut; ˈ**roof·age** [-fɪdʒ] → ***roofing*** 2; ˈ**roof·er** [-fə] *s.* Dachdecker *m*; **roof gar·den** *s.* **1.** Dachgarten *m*; **2.** *Am.* ˈDachrestauˌrant *n*; ˈ**roof·ing** [-fɪŋ] **I** *s.* **1.** Bedachen *n*, Dachdeckerarbeit *f*; **2.** a) ˈDeckmateriˌalien *pl.*, b) Dachwerk *n*; **II** *adj.* **3.** Dach…: ~ ***felt*** Dachpappe *f*; ˈ**roof·less** [-lɪs] *adj.* **1.** ohne Dach, unbedeckt; **2.** *fig.* obdachlos; **roof rack** *s. mot.* Dachgepäckträger *m*; **roof tree** *s.* **1.** ⚠ Firstbalken *m*; **2.** *fig.* Dach *n*.

rook¹ [rʊk] **I** *s.* **1.** *orn.* Saatkrähe *f*; **2.** *fig.* Gauner *m*, Bauernfänger *m*; **II** *v/t.* **3.** *j-n* betrügen.

rook² [rʊk] *s. Schachspiel*: Turm *m*.

rook·er·y [ˈrʊkərɪ] *s.* **1.** a) Krähenhorst *m*, b) ˈKrähenkoloˌnie *f*; **2.** *orn.*, *zo.* Brutplatz *m*; **3.** *fig.* a) ˈElendsquarˌtier *n*, -viertel *n*, b) ˈMietskaˌserne *f*.

rook·ie [ˈrʊkɪ] *s. sl.* **1.** ⚔ Reˈkrut *m*; **2.** Neuling *m*, Anfänger(in).

room [ruːm] **I** *s.* **1.** Raum *m*, Platz *m*: ***make*** ~ ***(for)*** *a. fig.* Platz machen (*dat.*); ***no*** ~ ***to swing a cat (in)*** sehr wenig Platz; ***in the*** ~ ***of*** an Stelle von (*od. gen.*); **2.** Raum *m*, Zimmer *n*, Stube *f*: ***next*** ~ Nebenzimmer; ~ ***heating*** Raumheizung *f*; ~ ***temperature*** (*a. normale*) Raum-, Zimmertemperatur *f*; **3.** *pl. Brit.* Wohnung *f*; **4.** *fig.* (Spiel-) Raum *m*; Gelegenheit *f*, Anlaß *m*: ~ ***for complaint*** Anlaß zur Klage; ***there is no*** ~ ***for hope*** es besteht keinerlei Hoffnung; ***there is*** ~ ***for improvement*** es ließe sich noch manches besser machen; **II** *v/i.* **5.** *bsd. Am.* wohnen, logieren (***at*** in *dat.*, ***with*** bei): ~ ***together*** zs.-wohnen; **-roomed** [ruːmd] *adj. in Zssgn.* …zimmerig; **room·er** [ˈruːmə] *s. bsd. Am.* ˈUntermieter(in); ˈ**room·ful** [-fʊl] *pl.* **-fuls** *s.*: ***a*** ~ ***of people*** ein Zimmer voll(er) Leute; **room·i·ness** [ˈruːmɪnɪs] *s.* Geräumigkeit *f*.

room·ing| house [ˈruːmɪŋ] *s. Am.* Fremdenheim *n*, Pensiˈon *f*; ˌ~-ˈ**in** *n* ⚕ Rooming-ˈin *n* (*gemeinsame Unterbringung von Mutter und Kind*).

ˈ**room·mate** *s.* ˈStubenkameˌrad(in).

room·y [ˈruːmɪ] *adj.* □ geräumig.

roost [ruːst] **I** *s.* a) Schlafplatz *m*, -sitz *m* (*Vogel*), b) Hühnerstange *f od.* -stall *m*: ***at*** ~ auf der Stange; ***come home to*** ~ *fig.* auf den Urheber zurückfallen; → ***rule*** 13; **II** *v/i. orn.* a) auf der Stange sitzen, b) sich (zum Schlafen) niederhocken; ˈ**roost·er** [-tə] *s. bsd. Am.* (Haus)Hahn *m*.

root¹ [ruːt] **I** *s.* **1.** ⚘ Wurzel *f* (*a. weitS. Wurzelgemüse, Knolle, Zwiebel*): ~ ***and branch*** *fig.* mit Stumpf u. Stiel; ***pull out by the*** ~ mit der Wurzel herausreißen (*a. fig. ausrotten*); ***put down*** ~***s*** *fig.* Wurzel schlagen, seßhaft werden; ***strike at the*** ~ ***of*** *fig. et.* an der Wurzel treffen; ***strike*** (*od.* ***take***) ~ Wurzel schlagen (*a. fig.*); ~***s of a mountain*** *der* Fuß e-s Berges; **2.** *anat.* (*Haar-, Nagel-, Zahn-, Zungen- etc.*) Wurzel *f*; **3.** ⅍ a) Wurzel *f*, b) eingesetzter *od.* gesuchter Wert (*Gleichung*): ~ ***extraction*** Wurzelziehen *n*; **4.** *ling.* Wurzel(wort *n*) *f*, Stammwort *n*; **5.** ♪ Grundton *m*; **6.** *fig.* a) Quelle *f*, Ursache *f*, Wurzel *f*: ~ ***of all evil*** Wurzel alles Bösen; ***get at the*** ~ ***of*** *e-r Sache* auf den Grund gehen; ***have its*** ~ ***in***, ***take its*** ~ ***from*** → 8, b) *pl.* Wurzeln *pl.*, Ursprung *m*, c) Kern *m*, Wesen *n*, Gehalt *m*: ~ ***of the matter*** Kern der Sache; ~ ***idea*** Grundgedanke *m*; **II** *v/i.* **7.** Wurzel fassen *od.* schlagen, (ein)wurzeln (*a. fig.*): ***deeply*** ~***ed*** *fig.* tief verwurzelt; ***stand*** ~***ed to the ground*** wie angewurzelt dastehen; **8.** ~ ***in*** beruhen auf (*dat.*), s-n Grund *od.* Ursprung haben in (*dat.*); **III** *v/t.* **9.** tief einpflanzen, einwurzeln lassen: ***fear*** ~***ed him to the ground*** *fig.* er stand vor Furcht wie angewurzelt; **10.** ~ ***up***, ~ ***out***, ~ ***away*** a) ausreißen, b) *fig.* ausrotten, vertilgen.

root² [ruːt] **I** *v/i.* **1.** wühlen (***for*** nach) (*Schwein*); **2.** ~ ***about*** *fig.* herˈumwühlen; **II** *v/t.* **3.** *Boden* auf-, ˈumwühlen; **4.** ~ ***out***, ~ ***up*** *a. fig.* ausgraben, aufstöbern.

root³ [ruːt] *v/i.* ~ ***for*** *Am. sl.* a) *sport j-n* anfeuern, b) *fig.* Stimmung machen für *j-n od. et.*

ˌ**root-and-ˈbranch** *adj.* radiˈkal, restlos.

root·ed [ˈruːtɪd] *adj.* □ (fest) eingewurzelt (*a. fig.*); **'root·ed·ly** [-lɪ] *adv.* von Grund auf, zu'tiefst; **'root·ed·ness** [-nɪs] *s.* Verwurzelung *f*, Eingewurzeltsein *n*.

root·er ['ru:tə] *s. sport Am.* F begeisterter Anhänger, ‚Fa'natiker' *m*.

root·less ['ru:tlɪs] *adj.* wurzellos (*a. fig.*); **root·let** ['ru:tlɪt] *s.* ⚘ Wurzelfaser *f*.

ˌroot|-mean-'square *s.* Ⓐ qua'dratischer Mittelwert; **'~-stock** *s.* **1.** ⚘ Wurzelstock *m*; **2.** *fig.* Wurzel *f*; **~ treatment** *s.* ⚕ (Zahn)Wurzelbehandlung *f*.

rope [rəʊp] **I** *s.* **1.** Seil *n*, Tau *n*; Strick *m*, Strang *m* (*beide a. zum Erhängen*); ⚓ (Tau)Ende *n*: ***the ~*** *fig.* der Strick (*Tod durch den Strang*); ***be at the end of one's ~*** mit s-m Latein am Ende sein; ***know the ~s*** sich auskennen, ‚den Bogen raushaben'; ***learn the ~s*** sich einarbeiten; ***show s.o. the ~s*** j-m die Kniffe beibringen; **2.** *mount.* (Kletter)Seil *n*: ***on the ~*** angeseilt; ***~ (team)*** Seilschaft *f*; **3.** (Ar'tisten)Seil *n*: ***on the high ~s*** *fig.* a) hochgestimmt, b) hochmütig; **4.** *Am.* Lasso *n*, *m*; **5.** *pl. Boxen*: (Ring)Seile *pl.*: ***be on the ~s*** a) (angeschlagen) in den Seilen hängen, b) *fig.* am Ende *od.* ‚fertig' sein; ***have s.o. on the ~s*** *sl.* j-n ‚zur Schnecke' gemacht haben; **6.** *fig.* Strang *m Tabak etc.*; Bund *n Zwiebeln etc.*; Schnur *f Perlen etc.*: ***~ of sand*** *fig.* Illusion *f*; **7.** Faden *m* (*Flüssigkeit*); **8.** *fig.* Spielraum *m*, Handlungsfreiheit *f*: ***give s.o. (plenty of) ~***; **II** *v/t.* **9.** (mit e-m Seil) zs.-binden; festbinden; **10.** *mst* ***~ in*** (*od.* ***off*** *od.* ***out***) *Platz* (durch ein Seil) absperren *od.* abgrenzen; **11.** *mount.* anseilen: ***~ down (up)*** *j-n* ab- (auf)seilen; **12.** *Am.* mit dem Lasso einfangen: ***~ in*** *sl. Wähler, Kunden etc.* fangen, *j-n* ‚an Land ziehen', sich *ein Mädchen etc.* ‚anlachen'; **III** *v/i.* **13.** Fäden ziehen (*Flüssigkeit*); **14.** *a.* ***~ up*** *mount.* sich anseilen: ***~ down*** sich abseilen; **~ dancer** *s.* Seiltänzer(in); **~ lad·der** *s.* **1.** Strickleiter *f*; **2.** ⚓ Seefallreep *n*; **~ mo(u)ld·ing** *s.* △ Seilleiste *f*; **~ quoit** *s.* ⚓, *sport* Seilring *m*; **~ rail·way** → ***ropeway***.

rop·er·y ['rəʊpərɪ] *s.* Seile'rei *f*.

'rope's-end ⚓ **I** *s.* Tauende *n*; **II** *v/t.* mit dem Tauende prügeln.

rope| tow *s. Skisport*: Schlepplift *m*; **'~·walk** *s.* Seiler-, Reeperbahn *f*; **'~ˌwalk·er** *s.* Seiltänzer(in); **'~·way** *s.* (Seil)Schwebebahn *f*; **'~·yard** *s.* Seile'rei *f*; **~ yarn** *s.* **1.** ⚙ Kabelgarn *n*; **2.** *fig.* Baga'telle *f*.

rop·i·ness ['rəʊpɪnɪs] *s.* Dickflüssigkeit *f*, Klebrigkeit *f*; **'rop·y** [-pɪ] *adj.* ☐ **1.** klebrig, zäh, fadenziehend: ***~ sirup***; **2.** kahmig: ***~ wine***; **3.** F ‚mies'.

ror·qual ['rɔ:kwəl] *s. zo.* Finnwal *m*.

ro·sace ['rəʊzeɪs] (*Fr.*) *s.* △ **1.** Ro'sette *f*; **2.** → ***rose window***.

ro·sa·ceous [rəʊ'zeɪʃəs] *adj.* **1.** ⚘ a) zu den Rosa'zeen gehörig, b) rosenblütig; **2.** Rosen…

ro·sar·i·an [rəʊ'zeərɪən] *s.* **1.** Rosenzüchter *m*; **2.** *R.C.* Mitglied *n* einer Rosenkranzbruderschaft.

ro·sa·ry ['rəʊzərɪ] *s.* **1.** *R.C.* Rosenkranz *m*: ***say the ♀*** den Rosenkranz beten; **2.** Rosengarten *m*, -beet *n*.

rose¹ [rəʊz] **I** *s.* **1.** ⚘ Rose *f*: ***~ of Jericho*** Jerichorose; ***~ of May*** Weiße Narzisse; ***~ of Sharon*** a) *bibl.* Sharon-Tulpe *f*, b) Großblumiges Johanniskraut; ***the ~ of*** *fig.* die Rose (*das schönste Mädchen*) von; ***gather (life's) ~s*** sein Leben genießen; ***on a bed of ~s*** *fig.* auf Rosen gebettet; ***it is no bed of ~s*** es ist kein Honiglecken; ***it is not all ~s*** es ist nicht so rosig, wie es aussieht; ***under the ~*** im Vertrauen; **2.** → ***rose colo(u)r***; **3.** *her. hist.* Rose *f*: ***Red ♀*** Rote Rose (*Haus Lancaster*); ***White ♀*** Weiße Rose (*Haus York*); ***Wars of the ♀s*** Rosenkriege; **4.** △ Ro'sette *f* (*a. Putz*; *a. Edelstein[schliff]*); **5.** Brause *f* (*Gießkanne etc.*); **6.** *phys.* 'Kreisˌskala *f*; **7.** ⚓ *etc.* Windrose *f*; **8.** ⚕ Wundrose *f*; **II** *adj.* **9.** Rosen…; **10.** rosenfarbig.

rose² [rəʊz] *pret. von* ***rise***.

ro·se·ate ['rəʊzɪət] *adj.* ☐ → ***rosecolo(u)red***.

rose| bit *s.* ⚙ Senkfräser *m*; **'~·bud** *s.* ⚘ Rosenknospe *f* (*a. fig. Mädchen*); **'~·bush** *s.* Rosenstrauch *m*; **~ col·o(u)r** *s.* Rosa-, Rosenrot *n*: ***life is not all ~*** *fig.* das Leben besteht nicht nur aus Annehmlichkeiten; **'~-ˌcol·o(u)red** *adj.* **1.** rosa-, rosenfarbig, rosenrot; **2.** *fig.* rosig, opti'mistisch: ***see things through ~ spectacles*** die Dinge durch e-e rosa (-rote) Brille sehen; **'~·hip** *s.* ⚘ Hagebutte *f*.

rose·mar·y ['rəʊzmərɪ] *s.* ⚘ Rosmarin *m*.

ro·se·o·la [rəʊ'zi:ələ] *s.* ⚕ **1.** Rose'ole *f* (*Ausschlag*); **2.** → ***German measles***.

ˌrose|-'pink I *s.* ⚙ Rosenlack *m*, roter Farbstoff; **II** *adj.* rosa, rosenrot (*a. fig.*); **~ rash** → ***roseola*** 1; **ˌ~-'red** *adj.* rosenrot.

ro·ser·y → ***rosary*** 2.

rose tree *s.* Rosenstock *m*.

ro·sette [rəʊ'zet] *s.* Ro'sette *f* (*a.* △); **ro'set·ted** [-tɪd] *adj.* **1.** mit Rosetten geschmückt; **2.** ro'settenförmig.

'rose|-ˌwa·ter I *s.* **1.** Rosenwasser *n*; **2.** *fig.* a) Schmeichel'leien *pl.*, b) Gefühlsduse'lei *f*; **II** *adj.* **3.** *fig.* a) ('über)fein, (-)zart, b) affek'tiert, c) sentimen'tal; **~ win·dow** *s.* △ ('Fenster)Roˌsette *f*, (-)Rose *f*; **'~·wood** *s.* Rosenholz *n*.

ros·in ['rɒzɪn] **I** *s.* ⚗ (Terpen'tin)Harz *n*, *bsd.* Kolo'phonium *n*, Geigenharz *n*; **II** *v/t.* mit Kolo'phonium einreiben.

ros·i·ness ['rəʊzɪnɪs] *s.* Rosigkeit *f*, rosiges Aussehen.

ros·ter ['rəʊstə] *s.* ⚔ **1.** (Dienst-, Namens)Liste *f*; **2.** Dienstplan *m*.

ros·tral ['rɒstrəl] *adj.* (schiffs)schnabelförmig; **'ros·trate(d)** [-reɪt(ɪd)] *adj.* **1.** ⚘, *zo.* geschnäbelt; **2.** → ***rostral***.

ros·trum ['rɒstrəm] *pl.* **-tra** [-trə] *s.* **1.** a) Rednerbühne *f*, Podium *n*, b) Kanzel *f*, c) *fig.* Plattform *f*; **2.** ⚓ *hist.* Schiffsschnabel *m*; **3.** ⚘, *zo.* Schnabel *m*; **4.** *zo.* a) Kopfspitze *f*, b) Rüssel *m* (*Insekt*).

ros·y ['rəʊzɪ] *adj.* ☐ **1.** rosenrot, -farbig; ***~ red*** Rosenrot *n*; **2.** rosig, blühend (*Wangen etc.*); **3.** *fig.* rosig.

rot [rɒt] **I** *v/i.* **1.** (ver)faulen, (-)modern (*a. fig. im Gefängnis*); verrotten, verwesen; *geol.* verwittern; **2.** *fig.* verkommen, verrotten; **3.** *Brit. sl.* ‚quatschen', Unsinn reden; **II** *v/t.* **4.** faulen lassen; **5.** *bsd. Flachs* rotten; **6.** *Brit. sl. Plan etc.* vermurksen; **7.** *Brit. sl.* j-n ‚anpflaumen' (*hänseln*); **III** *s.* **8.** a) Fäulnis *f*, Verwesung *f*, b) Fäule *f*, c) *et.* Verfaultes; → ***dry-rot***; **9.** ⚘, *zo.* a) Fäule *f*, b) *vet.* Leberfäule *f* (*Schaf*); **10.** *Brit. sl.*, *a. int.* ‚Quatsch' *m*, Blödsinn *m*.

ro·ta ['rəʊtə] *s.* **1.** → ***roster***; **2.** *Brit.* a) 'Dienstˌturnus *m*, b) *a.* ***~ system*** Turnusplan *m*; **3.** *mst ♀ R.C.* Rota *f* (*oberster Gerichtshof der römisch-katholischen Kirche*).

Ro·tar·i·an [rəʊ'teərɪən] **I** *s.* Ro'tarier *m*; **II** *adj.* Rotary…, Rotarier…

ro·ta·ry ['rəʊtərɪ] **I** *adj.* **1.** rotierend, kreisend, sich drehend, 'umlaufend; Rotations…, Dreh…: ***~ crane*** Dreh-, Schwenkkran *m*; ***~ file*** Drehkartei *f*; ***~ pump*** Umlaufpumpe *f*; ***~ switch*** ϟ Drehschalter *m*; ***~ traffic*** Kreisverkehr *m*; **II** *s.* **2.** ⚙ *durch Rotation arbeitende Maschine*, *bsd.* a) → ***rotary engine***, b) → ***rotary machine***, c) → ***rotary press***; **3.** ♀ → ♀ **Club** *s.* Rotary-Club *m*; **~ cur·rent** *s.* ϟ Drehstrom *m*; **~ en·gine** *s.* Drehkolbenmotor *m*; **~ hoe** *s.* ✓ Hackfräse *f*; **♀ In·ter·na·tion·al** *s.* Weltvereinigung *f* der Rotary-Clubs; **~ ma·chine** *s. typ.* Rotati'onsmaˌschine *f*; **~ pis·ton en·gine** *s.* → ***rotary engine***; **~ press** *s. typ.* Rotati'onsdruckpresse *f*.

ro·tate¹ [rəʊ'teɪt] **I** *v/i.* **1.** rotieren, kreisen, sich drehen; **2.** der Reihe nach *od.* turnusmäßig wechseln: ***~ in office***; **II** *v/t.* **3.** rotieren *od.* (um)'kreisen lassen; **4.** *Personal* turnusmäßig *etc.* auswechseln; **5.** ✓ *Frucht* wechseln: ***~ crops*** im Fruchtwechsel anbauen.

ro·tate² ['rəʊteɪt] *adj.* ⚘, *zo.* radförmig.

ro·ta·tion [rəʊ'teɪʃn] *s.* **1.** ⚙, *phys.* Rotati'on *f*, (Achsen-, 'Um)Drehung *f*, 'Um-, Kreislauf *m*, Drehbewegung *f*: ***~ of the earth*** (tägliche) Erdumdrehung (*um die eigene Achse*); **2.** Wechsel *m*, Abwechslung *f*: ***in (od. by) ~*** der Reihe nach, abwechselnd, im Turnus; ***~ in office*** turnusmäßiger Wechsel im Amt; ***~ of crops*** ✓ Fruchtwechsel, -folge *f*; **ro·ta·tive** ['rəʊtətɪv] *adj.* **1.** → ***rotary*** 1; **2.** abwechselnd, regelmäßig 'wiederkehrend; **ro·ta·to·ry** ['rəʊtətərɪ] *adj.* **1.** → ***rotary*** 1; **2.** *fig.* abwechselnd *od.* turnusmäßig (aufein'anderfolgend): ***~ assemblies***; **3.** ***~ muscle*** *anat.* Dreh-, Rollmuskel *m*.

rote [rəʊt] *s.*: ***by ~*** *fig.* a) (rein) mechanisch, b) auswendig.

'rot·gut *s. sl.* Fusel *m*.

ro·ti·fer ['rəʊtɪfə] *s. zo.* Rädertier(chen) *n*; **Ro·tif·er·a** [rəʊ'tɪfərə] *s. pl. zo.* Rädertiere *pl*.

ro·to·gra·vure [ˌrəʊtəʊgrə'vjʊə] *s. typ.* **1.** Kupfer(tief)druck *m*; **2.** → ***roto section***.

ro·tor ['rəʊtə] *s.* **1.** ✈ Rotor *m*, Drehflügel *m*; **2.** ϟ Rotor *m*, Anker *m*; **3.** ⚙ Rotor *m* (*Drehteil e-r Maschine*); **4.** ⚓ (Flettner)Rotor *m*.

ro·to sec·tion ['rəʊtəʊ] *s.* Kupfertiefdruckbeilage *f e-r Zeitung*.

rot·ten ['rɒtn] *adj.* ☐ **1.** faul, verfault: ***~ to the core*** a) kernfaul, b) *fig.* durch u. durch korrupt; **2.** morsch, mürbe; **3.** brandig, stockig (*Holz*); **4.** ⚕ faul(ig) (*Zahn*); **5.** *fig.* a) verderbt, kor'rupt, b) niederträchtig, gemein; **6.** *sl.* (‚'hunds-) miseˌrabel': ***~ luck*** Saupech *n*; ***~ weather*** Sauwetter *n*; **'rot·ten·ness**

[-nɪs] *s.* **1.** Fäule *f*, Fäulnis *f*; **2.** *fig.* Verderbtheit *f*, Kor'ruptheit *f*; **rot·ter** ['rɔtə] *s. Brit. sl.* Schweinehund *m*, ‚Scheißkerl' *m*.

ro·tund [rəʊ'tʌnd] *adj.* □ **1.** *obs.* rund, kreisförmig; **2.** rundlich (*Mensch*); **3.** *fig.* a) voll(tönend) (*Stimme*), b) hochtrabend, blumig, pom'pös (*Ausdruck*); **4.** *fig.* ausgewogen (*Stil*); **ro'tun·da** [-də] *s.* ⚠ Rundbau *m*; **ro'tun·date** [-deɪt] *adj. bsd.* ⚘ abgerundet; **ro'tun·di·ty** [-dətɪ] *s.* **1.** Rundheit *f*; **2.** Rundlichkeit *f*; **3.** Rundung *f*; **4.** *fig.* Ausgewogenheit *f* (*des Stils etc.*).

rou·ble ['ru:bl] *s.* Rubel *m* (*russische Währung*).

rou·é ['ru:eɪ] (*Fr.*) *s. obs.* Rou'é *m*, Lebemann *m*.

rouge [ru:ʒ] **I** *s.* Rouge *n*, (rote) Schminke; ⚙ Polierrot *n*; **II** *adj. her.* rot; **III** *v/i.* Rouge auflegen, sich schminken; **IV** *v/t.* (rot) schminken.

rough [rʌf] **I** *adj.* □ → ***roughly***; **1.** rauh (*Oberfläche, a. Haut, Tuch etc.; a. Stimme*); **2.** rauh, struppig (*Fell, Haar*); **3.** holp(e)rig, uneben (*Gelände, Weg*); **4.** rauh, unwirtlich, zerklüftet (*Landschaft*); **5.** rauh (*Wind etc.*); stürmisch (*See, Überfahrt, Wetter*): ***~ sea*** ⚓ grobe See; **6.** grob, roh (*Mensch, Manieren etc.*); rauhbeinig, ungehobelt (*Person*); heftig (*Temperament etc.*): ***~ play*** rohes *od.* hartes Spiel; ***~ stuff*** F Gewalttätigkeit(en *pl.*) *f*; **7.** rauh, barsch, schroff (*Person od. Redeweise*): ***~ words***; ***have a ~ tongue*** e-e rauhe Sprache sprechen; **8.** F rauh (*Behandlung, Empfang etc.*), hart (*Leben, Tag etc.*), garstig, böse: ***it was ~*** es war e-e böse Sache; ***I had a ~ time*** es ist mir ziemlich ‚mies' ergangen; ***that's ~ luck for him*** da hat er aber Pech (gehabt); **9.** roh, grob: a) ohne Feinheit, b) unbearbeitet, im Rohzustand: ***~ cloth*** ungewalktes Tuch; ***~ food*** grobe Kost; ***~ rice*** unpolierter Reis; ***~ style*** grober *od.* ungeschliffener Stil; ***~ stone*** a) unbehauener Stein, b) ungeschliffener (Edel-)Stein; → ***diamond*** 1, ***rough-and-ready***; **10.** ⚙ Grob...: ***~ carpenter*** Grobtischler *m*; ***~ file*** Schruppfeile *f*; **11.** unfertig, Roh...: ***~ copy*** Konzept *n*; ***~ draft*** (*od.* ***sketch***) Faustskizze *f*, Rohentwurf *m*; ***in a ~ state*** im Rohzustand; **12.** *fig.* grob: a) annähernd (richtig), ungefähr, b) flüchtig, im 'Überschlag: ***~ analysis*** Rohanalyse *f*; ***~ calculation*** Überschlag *m*; ***~ size*** ⚙ Rohmaß *n*; **13.** *typ.* noch nicht beschnitten (*Buchrand*); **14.** herb, sauer (*bsd. Wein*); **15.** stark (wirkend) (*Arznei*); **16.** *Brit. sl.* schlecht, ungenießbar (*Fisch*); **II** *adv.* **17.** rauh, hart, roh: ***play ~***; ***cut up ~*** ‚massiv' werden; **18.** grob, flüchtig; **III** *s.* **19.** Rauheit *f*, *das* Rauhe: ***over ~ and smooth*** über Stock und Stein; ***take the ~ with the smooth*** *fig.* das Leben nehmen, wie es ist; → ***rough-and-tumble*** II; **20.** *bsd. Brit.* ‚Schläger' *m*, Rowdy *m*, Rohling *m*; **21.** Rohzustand *m*: ***from the ~*** aus dem Rohen *arbeiten*; ***in the ~*** im Groben, im Rohzustand; ***take s.o. in the ~*** j-n nehmen, wie er ist; **22.** a) holperiger Boden, b) *Golf*: Rough *n*; **23.** Stollen *m* (*am Pferdehufeisen*); **IV** *v/t.* **24.** an-, aufrauhen; **25.** *j-n* miß'handeln, übel zurichten; **26.** *mst* ***~ out*** *Material* roh *od.* grob bearbeiten, vorbearbeiten; *metall.* vorwalzen; *Linse, Edelstein* grob schleifen; **27.** *Pferd* zureiten; **28.** *Pferd(ehuf)* mit Stollen versehen; **29.** ***~ in, ~ out*** entwerfen, flüchtig skizzieren; **30.** ***~ up*** *Haare etc.* gegen den Strich streichen: ***~ the wrong way*** *fig. j-n* reizen *od.* verstimmen; **31.** *sport Gegner* hart ‚nehmen'; **V** *v/i.* **32.** rauh werden; **33.** *sport* (über'trieben) hart spielen; **34.** ***~ it*** F primi'tiv *od.* anspruchslos leben, ein spar'tanisches Leben führen.

rough·age ['rʌfɪdʒ] *s.* a) ✓ Rauhfutter *n*, b) grobe Nahrung, c) *biol.* Ballaststoffe *pl.*

ˌrough|-and-'read·y *adj.* **1.** grob (gearbeitet), Not..., Behelfs...: ***~ rule*** Faustregel *f*; **2.** rauh *od.* grob, aber zuverlässig (*Person*); **3.** schludrig: ***a ~ worker***; **ˌ~-and-'tum·ble I** *adj.* **1.** wild, heftig, verworren: ***a ~ fight***; **II** *s.* **2.** wildes Handgemenge, wüste Keile'rei; **3.** *fig.* Wirren *pl. des Krieges, des Lebens etc.*; **'~·cast I** *s.* **1.** *fig.* roher Entwurf; **2.** ⚠ Rohputz *m*, Berapp *m*; **II** *adj.* **3.** im Entwurf, unfertig; **4.** roh verputzt, angeworfen; **III** *v/t.* [*irr.* → ***cast***] **5.** im Entwurf anfertigen, roh entwerfen; **6.** ⚠ berappen, (*mit Rohputz*) anwerfen; **'~·dry** *v/t. Wäsche* (nur) trocknen (*ohne sie zu bügeln od. mangeln*).

rough·en ['rʌfən] **I** *v/i.* rauh(er) werden; **II** *v/t. a.* ***~ up*** an-, aufrauhen, rauh machen.

ˌrough|-'grind *v/t.* [*irr.* → ***grind***] **1.** ⚙ vorschleifen; **2.** *Korn* schroten; **~-'han·dle** *v/t.* grob *od.* bru'tal behandeln; **ˌ~-'hew** *v/t.* [*irr.* → ***hew***] **1.** *Holz, Stein etc.* roh behauen, grob bearbeiten; **2.** *fig.* in groben Zügen entwerfen; **ˌ~-'hewn** *adj.* **1.** ⚙ roh behauen; **2.** *fig.* in groben Zügen entworfen *od.* gestaltet; **3.** *fig.* grobschlächtig, ungehobelt; **'~·house** *sl.* **I** *s.* a) Ra'dau *m*, b) wüste Keile'rei; **II** *v/t.* → ***rough*** 25; **III** *v/i.* Ra'dau machen, toben.

rough·ly ['rʌflɪ] *adv.* **1.** rauh, roh, grob; **2.** a) grob, ungefähr, annähernd: ***~ speaking*** etwa, ungefähr, b) ganz allgemein (gesagt).

ˌrough|-ma'chine *v/t.* ⚙ grob bearbeiten; **'~·neck** *s. Am. sl.* **1.** Rauhbein *n*, Grobian *m*; **2.** Rowdy *m*.

rough·ness ['rʌfnɪs] *s.* **1.** Rauheit *f*, Unebenheit *f*; **2.** ⚙ rauhe Stelle; **3.** *fig.* Roheit *f*, Grobheit *f*, Ungeschliffenheit *f*; **4.** Wildheit *f*, Heftigkeit *f*; **5.** Herbheit *f* (*Wein*).

ˌrough|-'plane *v/t.* ⚙ vorhobeln; **'~·rid·er** *s.* **1.** Zureiter *m*; **2.** verwegener Reiter; **3.** *Am.* ⚔ *hist.* a) 'irreguˌlärer Kavalle'rist, b) ♀ *Angehöriger e-s im spanisch-amer. Krieg aufgestellten Kavallerie-Freiwilligenregiments*; **'~·shod** *adj.* scharf beschlagen (*Pferd*): ***ride ~ over*** *fig.* a) *j-n* rücksichtslos behandeln, *j-n* schikanieren, b) rücksichtslos über *et.* hinweggehen.

rou·lade [ru:'lɑ:d] (*Fr.*) *s.* **1.** ♪ Rou'lade *f*, Pas'sage *f*; **2.** *Küche*: Rou'lade *f*.

rou·lette [ru:'let] *s.* **1.** Rou'lett *n* (*Glücksspiel*); **2.** ⚙ Rollrädchen *n*.

Rou·ma·ni·an → ***Rumanian***.

round [raʊnd] **I** *adj.* □ → ***roundly***; **1.** *allg.* rund: a) kugelrund, b) kreisrund, c) zy'lindrisch, d) abgerundet, e) bogenförmig, f) e-n Kreis beschreibend (*Bewegung, Linie etc.*), g) rundlich, dick (*Arme, Wangen etc.*): → ***round angle*** (***hand, robin*** *etc.*); **2.** *ling.* gerundet (*Vokal*); **3.** weich, vollmundig (*Wein*); **4.** ⚖ ganz (*ohne Bruch*): ***in ~ numbers*** a) in ganzen Zahlen, b) auf- *od.* abgerundet; **5.** *fig.* rund, voll: ***a ~ dozen***; **6.** rund, annähernd (richtig); **7.** rund, beträchtlich (*Summe*); **8.** (ab)gerundet, flüssig (*Stil*); **9.** voll(tönend) (*Stimme*); **10.** flott, scharf: ***at a ~ pace***; **11.** offen, unverblümt: ***a ~ answer***; ***~ lie*** freche Lüge; **12.** kräftig, derb, ‚saftig': ***in ~ terms*** in unmißverständlichen Ausdrücken; **II** *s.* **13.** Rund *n*, Kreis *m*, Ring *m*; **14.** Rund (-teil *n*, -bau *m*) *n*, *et.* Rundes; **15.** a) (runde) Stange, b) ⚙ Rundstab *m*, c) (Leiter)Sprosse *f*; **16.** Rundung *f*: ***out of ~*** ⚙ unrund; ***worked on the ~*** über e-n Leisten gearbeitet (*Schuh*); **17.** *Kunst*: Rundplastik *f*: ***in the ~*** a) plastisch, b) *fig.* vollkommen; **18.** *a.* ***~ of beef*** Rindskeule *f*; **19.** *Brit.* Scheibe *f*, Schnitte *f* (*Brot etc.*); **20.** Kreislauf *m*, Runde *f*: ***the ~ of the seasons***; ***the daily ~*** der tägliche Trott; **21.** a) (Dienst)Runde *f*, Rundgang *m* (*Briefträger, Polizist etc.*), b) ⚔ Streife *f*: ***make the ~ of*** e-n Rundgang machen um; **22.** a) (Inspekti'ons)Rundgang *m*, -fahrt *f*, b) Rundreise *f*, Tour *f*; **23.** *fig.* Reihe *f*, Folge *f von Besuchen, Pflichten etc.*: ***a ~ of pleasures***; **24.** a) *Boxen, Golf etc.*: Runde *f*, b) (Verhandlungs- *etc.*)Runde *f*: ***first ~ to him!*** die erste Runde geht an ihn!, *fig. humor. a.* eins zu null für ihn!; **25.** Runde *f*, Lage *f* (*Bier etc.*): ***stand a ~*** (***of drinks***) ‚e-n ausgeben' (*für alle*); **26.** Runde *f*, Kreis *m* (*Personen*): ***go*** (*od.* ***make***) ***the ~*** (***of***) die Runde machen, kursieren (bei, in *dat.*) (*Gerücht, Witz etc.*); **27.** a) ⚔ Salve *f*, b) Schuß *m*: ***20 ~s*** (***of cartridge***) 20 Schuß (Patronen); **28.** *fig.* Lach-, Beifallssalve *f*: ***~ after ~ of applause*** nicht enden wollender Beifall; **29.** ♪ a) Rundgesang *m*, Kanon *m*, b) Rundtanz *m*, Reigen *m*; **III** *adv.* **30.** *a.* ***~ about*** rund-, rings(her)'um; **31.** rund(her)'um, im ganzen 'Umkreis, auf *od.* von allen Seiten: ***all ~*** a) ringsum, überall, b) *fig.* durch die Bank, auf der ganzen Linie; ***for a mile ~*** im Umkreis von e-r Meile; **32.** rundherum, im Kreise: ***~ and ~*** immer rundherum; ***hand s.th. ~*** et. herumreichen; ***look ~*** um sich blicken; ***turn ~*** (sich) umdrehen; ***the wheels go ~*** die Räder drehen sich; **33.** außen her'um: ***a long way ~*** ein weiter Umweg; **34.** *zeitlich*: her'an: ***comes ~ again*** *der Sommer etc.* kehrt wieder; **35.** e-e Zeit lang: ***all the year ~*** das ganze Jahr lang *od.* hindurch; ***the clock ~*** volle 24 Stunden; **36.** a) hin'über, b) her'über: ***ask s.o. ~*** j-n zu sich bitten; ***order one's car ~*** (den Wagen) vorfahren lassen; **IV** *prp.* **37.** (rund) um: ***a tour ~ the world***; **38.** um (... her'um): ***sail ~ the Cape***; ***just ~ the corner*** gleich um die Ecke; **39.** in *od.* auf (*dat.*) ... herum: ***~ all the shops*** in allen Läden herum; **40.** um (... herum), im 'Umkreis von (*od. gen.*); **41.** um (... herum): ***write a book ~ a story***; ***argue ~ and ~ a subject*** um ein

Thema herumreden; **42.** *zeitlich*: durch, während (*gen.*); **V** *v/t.* **43.** rund machen, (*a. fig.* ab)runden: **~ed edge** abgerundete Kante; **~ed number** auf- *od.* abgerundete Zahl; **~ed teaspoon** gehäufter Teelöffel; **~ed vowel** *ling.* gerundeter Vokal; **44.** um'kreisen; **45.** um'geben, -'schließen; **46.** *Ecke, Landspitze etc.* um'fahren, -'segeln, her'umfahren *od.* biegen um; **47.** *mot. Kurve* ausfahren; **VI** *v/i.* **48.** rund werden, sich runden; **49.** *fig.* sich abrunden, voll'kommen werden; **50.** ⚓ drehen, wenden; **51. ~ on** F a) *j-n* ‚anfahren', b) über *j-n* herfallen;

Zssgn mit adv.:

round| off *v/t.* **1.** abrunden (*a. fig.*); **2.** *Fest, Rede etc.* beschließen, krönen; **3.** *Zahlen* auf *od.* abrunden; **4.** *Schiff* wenden; **~ out I** *v/t.* **1.** (*v/i.* sich) runden *od.* ausfüllen; **2.** *fig.* abrunden; **II** *v/i.* **3.** rundlich werden (*Person*); **~ to** *v/i.* ⚓ beidrehen; **~ up** *v/t.* **1.** *Vieh* zs.-treiben; **2.** F a) *Verbrecherbande* ausheben, b) *Leute etc.* zs.-trommeln, *a. et.* auftreiben, c) zs.-klauben; **3.** *Zahl etc.* aufrunden.

'round·a·bout I *adj.* **1.** 'umständlich, weitschweifig (*Erklärung etc.*): **~ way** Umweg *m*; **2.** rundlich (*Person*); **II** *s.* **3.** 'Umweg *m*; **4.** *fig.* 'Umschweife *pl.*; **5.** *bsd. Brit.* Karus'sell *n*; → **swing** 24; **6.** *Brit.* Kreisverkehr *m*.

round| an·gle *s.* ⩘ Vollwinkel *m*; **~ arch** *s.* △ (ro'manischer) Rundbogen; **~ dance** *s.* Rundtanz *m*; Dreher *m*.

roun·del ['raʊndl] *s.* **1.** kleine runde Scheibe; **2.** Medail'lon *n* (*a. her.*), runde Schmuckplatte; **3.** △ a) rundes Feld *od.* Fenster, b) runde Nische; **4.** *Metrik*: → **rondel**.

roun·de·lay ['raʊndɪleɪ] *s.* **1.** ♪ Re'frainliedchen *n*, Rundgesang *m*; **2.** Rundtanz *m*; **3.** (Vogel)Lied *n*.

round·er ['raʊndə] *s.* **1.** *Brit. sport* a) *pl. sg. konstr.* Rounders *n*, Rundball *m* (*Art Baseball*), b) ganzer 'Umlauf; **2.** *Am. sl.* a) liederlicher Kerl, b) Säufer *m*.

'round|-eyed *adj.* mit großen Augen, staunend; **~ hand** *s.* Rundschrift *f*; **'~·head** *s.* **1.** ♀ *hist.* Rundkopf *m* (*Puritaner*); **2.** Rundkopf *m* (*Person*; *a.* ⚙): **~ screw** Rundkopfschraube *f*; **'~·house** *s.* **1.** 🚂 Lokomo'tivschuppen *m*; **2.** ⚓ *hist.* Achterhütte *f*; **3.** *hist.* Turm *m*, Gefängnis *n*; **4.** *Am. sl.* (wilder) Schwinger (*Schlag*).

round·ing ['raʊndɪŋ] *s.* Rundung *f* (*a. ling.*): **~-off** Abrundung *f*; **'round·ish** [-ɪʃ] *adj.* rundlich; **'round·ly** [-dlɪ] *adv.* **1.** rund, ungefähr; **2.** rundweg, rundher'aus; **3.** gründlich, gehörig; **'round·ness** [-dnɪs] *s.* **1.** Rundheit *f* (*a. fig.*); Rundung *f*; **2.** *fig.* Unverblümtheit *f*; **'round·nose(d)** *adj.* ⚙ Rund...: **~ pliers** Rundzange *f*; **round rob·in** *s.* **1.** Petiti'on *f*, Denkschrift *f* (*bsd. mit im Kreis herum geschriebenen Unterschriften*); **2.** *sport Am. Turnier, bei dem jeder gegen jeden antritt*; **round shot** *s.* ⚔ *hist.* Ka'nonenkugel *f*.

rounds·man ['raʊndzmən] *s.* [*irr.*] *Brit.* Austräger *m*, Laufbursche *m*: **milk ~** Milchmann *m*.

round| steak *s. aus der Keule geschnittenes Beefsteak*; **~ ta·ble** *s.* **1.** a) runder Tisch, b) Tafelrunde *f*: **the ♀** die Tafelrunde (des König Artus); **2. round-table conference** Konfe'renz *f* am runden Tisch, 'Round-table-Konfe,renz *f*; **'~-the-clock** *adj.* 24stündig, rund um die Uhr; **'~·top** *s.* ⚓ Krähennest *n*; **~ tow·el** *s.* Rollhandtuch *n*; **~ trip** *s.* *Am.* 'Hin- u. 'Rückfahrt *f od.* -flug *m*; **,~-'trip** *adj.*: **~ ticket** *Am.* a) Rückfahrkarte *f*, b) ✈ Rückflugticket *n*; **~ turn** *s.* ⚓ Rundtörn *m* (*Knoten*): **bring up with a ~** *j-n* jäh unterbrechen; **'~·up** *s.* **1.** Zs.-treiben *n von Vieh*; **2.** *fig.* a) Zs.-treiben *n*, Sammeln *n*, b) Razzia *f*, Aushebung *f* von Verbrechern, c) Zs.-fassung *f*, 'Übersicht *f*: **football ~**; **~ of the news** Nachrichtenüberblick *m*; **'~·worm** *s. zo.*, ✽ Spulwurm *m*.

roup [ru:p] *s. vet.* a) Darre *f der Hühner*, b) Pips *m*.

rouse [raʊz] **I** *v/t.* **1.** *oft* **~ up** wachrütteln, (auf)wecken (**from** aus); **2.** *Wild etc.* aufjagen; **3.** *fig. j-n* auf-, wachrütteln, ermuntern: **~ o.s.** sich aufraffen; **4.** *fig. j-n* in Wut bringen, aufbringen, reizen; **5.** *fig. Gefühle etc.* erwecken, wachrufen, *Haß* entflammen, *Zorn* erregen; **6.** ⚙ *Bier etc.* ('um)rühren; **II** *v/i.* **7.** *mst* **~ up** aufwachen (*a. fig.*); **8.** aufschrecken; **III** *s.* **9.** ⚔ *Brit.* Wecken *n*; **'rous·er** [-zə] *s.* F **1.** Sensati'on *f*; **2.** faustdicke Lüge, Schwindel *m*; **'rous·ing** [-zɪŋ] *adj.* ☐ **1.** *fig.* aufrüttelnd, zündend, mitreißend (*Ansprache, Lied etc.*); **2.** brausend, stürmisch (*Beifall etc.*); **3.** aufregend, spannend; **4.** F ‚toll'.

roust·a·bout ['raʊstəbaʊt] *s.* **1.** *Am.* a) Werft-, Hafenarbeiter *m*, b) *oft contp.* Gelegenheitsarbeiter *m*; **2.** Handlanger *m*, Hilfsarbeiter *m*.

rout¹ [raʊt] **I** *s.* **1.** Rotte *f*, wilder Haufen; **2.** ⚖ Zs.-rottung *f*, Auflauf *m*; **3.** *bsd.* ⚔ a) wilde Flucht, b) Schlappe *f*, Niederlage *f*: **put to ~** → 5; **4.** *obs.* (große) Abendgesellschaft; **II** *v/t.* **5.** ⚔ in die Flucht *od.* vernichtend schlagen.

rout² [raʊt] *v/t.* **1.** → **root²** II; **2. ~ out, ~ up** *j-n aus dem Bett od. e-m Versteck etc.* (her'aus)treiben, (-)jagen; **3.** vertreiben; **4.** ⚙ ausfräsen (*a. typ.*), ausschweifen.

route [ru:t; ⚔ *a.* raʊt] **I** *s.* **1.** (Reise-, Fahrt)Route *f*, (-)Weg *m*: **en ~** (*Fr.*) unterwegs; **2.** (Bahn-, Bus-, Flug-) Strecke *f*, Route *f*; (Verkehrs)Linie *f*; ⚓ Schiffahrtsweg *m*; (Fern)Straße *f*; **3.** ⚡ Leit(ungs)weg *m*; **4.** ⚔ a) Marschroute *f*, b) *Brit.* Marschbefehl *m*: **~ march** *Brit.* Übungsmarsch *m*, *Am.* Marsch *m* mit Marscherleichterungen; **~ step, march!** ohne Tritt(, marsch)!; **5.** ✝ *Am.* Versand(art *f*) *m*; **II** *v/t.* **6.** *Truppen* in Marsch setzen; *Transportgüter etc.* befördern, *a. weitS.* leiten (**via** über *acc.*); **7.** die Route (*od.* ⚙ den Arbeitsgang) festlegen von (*od. gen.*); **8.** *Anträge etc.* (auf dem Dienstweg) weiterleiten; **9.** a) ⚡ legen, führen: **~ lines**, b) *tel.* leiten.

rou·tine [ru:'ti:n] **I** *s.* **1.** a) (Ge'schäfts-, 'Amts- *etc.*)Rou,tine *f*, übliche *od.* gleichbleibende Proze'dur, gewohnter Gang, b) me'chanische Arbeit, (ewiges) Einerlei, c) Rou'tinesache *f*, d) *contp.* Scha'blone *f*, e) *contp.* (alter) Trott; **2.** *Am.* a) (Zirkus- *etc.*)Nummer *f*, b) *contp.* ‚Platte' *f*, Geschwätz *n*; **3.** *Computer etc.*: Rou'tine *f*, (Unter)Pro'gramm *n*; **II** *adj.* **4.** a) all'täglich, immer gleichbleibend, üblich, b) laufend, regel-, rou'tinemäßig: **~ check**; **5.** *contp.* me'chanisch, scha'blonenhaft; **rou'tine·ly** [-lɪ] *adv.* **1.** rou'tinemäßig; **2.** *contp.* mechanisch; **rou'tin·ist** [-nɪst] *s.* Gewohnheitsmensch *m*; **rou'tin·ize** [-naɪz] *v/t.* **1.** e-r Rou'tine *etc.* unter'werfen; **2.** *et.* zur Routine machen.

roux [ru:] *s. pl.* **roux** [ru:z] Mehlschwitze *f*, Einbrenne *f*.

rove¹ [rəʊv] **I** *v/i. a.* **~ about** um'herstreifen, -schweifen, -wandern (*a. fig. Augen etc.*); **II** *v/t.* durch'streifen; **III** *s.* (Um'her)Wandern *n*; Wanderschaft *f*.

rove² [rəʊv] **I** *v/t.* **1.** ⚙ vorspinnen; **2.** *Wolle etc.* ausfasern; *Gestricktes* auftrennen, aufräufeln; **II** *s.* **3.** Vorgespinst *n*; **4.** (*Woll- etc.*)Strähne *f*.

rov·er¹ ['rəʊvə] *s.* ⚙ 'Vorspinnma,schine *f*.

rov·er² ['rəʊvə] *s.* **1.** Wanderer *m*; **2.** Pi'rat(enschiff *n*) *m*; **3.** Wandertier *n*; **4.** *obs. Brit. Pfadfinder über 17.*

rov·ing ['rəʊvɪŋ] *adj.* **1.** um'herziehend, -streifend; **2.** *fig.* ausschweifend: **~ fancy**; **have a ~ eye** gern ein Auge riskieren; **3.** *fig.* ‚fliegend': **~ reporter**; **~ force** (Polizei)Einsatztruppe *f*.

row¹ [rəʊ] *s.* **1.** *allg.* (*a. Häuser-, Sitz-*) Reihe *f*: **in ~s** in Reihen, reihenweise; **a hard ~ to hoe** *fig.* e-e schwierige Sache; **2.** Straße *f*: **Rochester ♀**; **3.** △ Baufluchtlinie *f*.

row² [rəʊ] **I** *v/i.* **1.** rudern; **II** *v/t.* **2.** *Boot, a. Rennen, a. j-n* rudern: **~ down** *j-n* (*beim Rudern*) überholen; **3.** rudern gegen, mit *j-m* (wett)rudern; **III** *s.* **4.** Rudern *n*; 'Ruderpar,tie *f*: **go for a ~** rudern gehen.

row³ [raʊ] F **I** *s.* Krach *m*: a) Kra'wall *m*, Spek'takel *m*, b) Streit *m*, c) Schläge'rei *f*: **get into a ~** a) ‚eins aufs Dach bekommen', b) Krach bekommen (**with** mit); **have a ~ with** Krach haben mit; **kick up a ~** Krach schlagen; **what's the ~?** was ist denn los?; **II** *v/t. j-n* ‚zs.-stauchen'; **III** *v/i.* randalieren.

row·an ['raʊən] *s.* ♀ Eberesche *f*; **'~,ber·ry** *s.* Vogelbeere *f*.

row·di·ness ['raʊdɪnɪs] *s.* Pöbelhaftigkeit *f*, rüpelhaftes Benehmen *od.* Wesen; **row·dy** ['raʊdɪ] **I** *s.* 'Rowdy *m*, Ra'bauke *m*, Schläger *m*; **II** *adj.* rüpel-, rowdyhaft, gewalttätig; **'row·dy·ism** [-ɪɪzəm] *s.* **1.** Rowdytum *n*, rüpelhaftes Benehmen; **2.** Gewalttätigkeit *f*, Rüpe'lei *f*.

row·el ['raʊəl] **I** *s.* Spornrädchen *n*; **II** *v/t.* *e-m Pferd* die Sporen geben.

row·en ['raʊən] *s.* ✓ Grummet *n*.

row·ing ['rəʊɪŋ] **I** *s.* Rudern *n*, Rudersport *m*; **II** *adj.* Ruder...: **~ boat**; **~ machine** Ruderapparat *m*.

row·lock ['rɒlək] *s.* ⚓ Dolle *f*.

roy·al ['rɔɪəl] **I** *adj.* ☐ **1.** königlich, Königs...: **His ♀ Highness** S-e Königliche Hoheit; **~ prince** Prinz *m* von königlichem Geblüt; → **princess** 1; **♀ Academy** Königliche Akademie der Künste (*Großbritanniens*); **~ blue** Königsblau *n*; **♀ Exchange** *die* Londoner Börse (*Gebäude*); **~ flush** *Poker*: Royal Flush *m*; **♀ Navy** (Königlich-Brit.) Marine *f*;

~ paper → 6; *~ road fig.* leichter *od.* bequemer Weg (*to* zu); *~ speech* Thronrede *f*; **2.** fürstlich (*a. fig.*): *the ~ and ancient game* das Golfspiel; **3.** *fig.* (*a.* F) prächtig, großartig: *in ~ spirits* F in glänzender Stimmung; *~ stag hunt.* Kapitalhirsch *m*; *~ tiger zo.* Königstiger *m*; **4.** edel (*a. Gas*); **II** *s.* **5.** F Mitglied *n* des Königshauses; **6.** Roy'alpa,pier *n* (*Format*); **7.** *a. ~ sail* ⚓ Ober-(bram)segel *n*; **roy·al·ist** ['rɔɪəlɪst] **I** *s.* Roya'list(in), Königstreue(r *m*) *f*; **II** *adj.* königstreu; **'roy·al·ty** [-ltɪ] *s.* **1.** Königtum *n*: a) Königswürde *f*, b) Königreich *n*: *insignia of ~* Kroninsignien *pl.*; **2.** königliche Abkunft; **3.** a) fürstliche Per'sönlichkeit, b) *pl.* Fürstlichkeiten *pl.*, c) Königshaus *n*; **4.** Krongut *n*; **5.** Re'gal *n*, königliches Privi'leg; **6.** Abgabe *f* an die Krone, Pachtgeld *n*: *mining ~* Bergwerksabgabe *f*; **7.** mon'archische Regierung; **8.** ⚖ (Au'toren- *etc.*)Tanti,eme *f*, Gewinnanteil *m*; **9.** ⚖ a) Li'zenz *f*, b) Li'zenzgebühr *f*: *~ fees* Pa'tentgebühren; *subject to payment of royalties* lizenzpflichtig.

rub [rʌb] **I** *s.* **1.** (Ab)Reiben *n*, Polieren *n*: *give it a ~* reibe es (doch einmal); *have a ~ with a towel* sich (mit dem Handtuch) abreiben *od.* abtrocknen; **2.** *fig.* Schwierigkeit *f*, Haken *m*: *there's the ~!* F da liegt der Hase im Pfeffer!; *there's a ~ in it* F die Sache hat e-n Haken; **3.** Unannehmlichkeit *f*; **4.** *fig.* Stiche'lei *f*; **5.** rauhe *od.* aufgeriebene Stelle; **6.** Unebenheit *f*; **II** *v/t.* **7.** reiben: *~ one's hands* sich die Hände reiben (*mst fig.*); *~ shoulders with fig.* verkehren mit, (*dat.*) nahe stehen; *~ it in*, *~ s.o.'s nose in it* es j-m ‚unter die Nase reiben'; → *rub up*; **8.** reiben, (reibend) streichen; massieren; **9.** einreiben (*with* mit *e-r Salbe etc.*); **10.** streifen, reiben an (*dat.*); (wund) scheuern; **11.** a) scheuern, schaben, b) *Tafel etc.* abwischen, c) polieren, d) wichsen, bohnern, e) abreiben, frottieren; **12.** ⚙ (ab)schleifen, (ab)feilen: *~ with emery* (*pumice*) abschmirgeln (abbimsen); **13.** *typ.* abklatschen; **III** *v/i.* **14.** reiben, streifen (*against od.* [*up*]*on* an *dat.*, gegen); **15.** *fig.* sich schlagen (*through* durch);

Zssgn mit adv.:

rub| a·long *v/i.* **1.** sich (mühsam) 'durchschlagen; **2.** (gut) auskommen (*with* mit *j-m*); *~* **down** *v/t.* **1.** abreiben, frottieren; *Pferd* striegeln; **2.** her'unter-, wegreiben; *~* **in** *v/t.* **1.** *a. Zeichnung* einreiben; **2.** *sl.* ‚her'umreiten' auf (*dat.*); → *rub* 7; *~* **off I** *v/t.* **1.** ab-, wegreiben; abschleifen; **II** *v/i.* **2.** abgehen (*Lack etc.*); **3.** *fig.* sich abnützen; **4.** *fig.* F abfärben (*onto* auf *acc.*); *~* **out I** *v/t.* **1.** ausradieren; **2.** wegwischen, -reiben; **3.** *Am. sl.* ‚umlegen' (*töten*); **II** *v/i.* **4.** weggehen (*Fleck etc.*); *~* **up** *v/t.* **1.** (auf)polieren; **2.** *fig.* a) *Kenntnisse etc.* auffrischen, b) *Gedächtnis etc.* stärken; **3.** *fig.* F *rub s.o. up the right way* j-n richtig behandeln; *rub s.o. up the wrong way* j-n ‚verschnupfen' *od.* verstimmen; *it rubs me up the wrong way* es geht mir gegen den Strich; **4.** *Farben etc.* verreiben.

rub-a-dub ['rʌbədʌb] *s.* Ta'ramtamtam *n*, Trommelwirbel *m*.

rub·ber¹ ['rʌbə] **I** *s.* **1.** Gummi *n*, *m*, (Na'tur)Kautschuk *m*; **2.** (Radier-) Gummi *m*; **3.** *a. ~ band* Gummiring *m*, -band *n*; **4.** *~ tyre* (*od. bsd. Am. tire*) Gummireifen *m*; **5.** *pl.* a) *Am.* ('Gummi),Überschuhe *pl.*, b) *Brit.* Turnschuhe *pl.*; **6.** *sl.* ‚Gummi' *m*, ‚Pa'riser' *m* (*Kondom*); **7.** Reiber *m*, Polierer *m*; **8.** Mas'seur(in), Mas'seuse *f*; **9.** Reibzeug *n*; **10.** a) Frottier(hand)tuch *n*, -handschuh *m*, b) Wischtuch *n*, c) Polierkissen *n*, d) *Brit.* Geschirrtuch *n*; **11.** Reibfläche *f*; **12.** ⚙ a) Schleifstein *m*, b) Putzfeile *f*; **13.** *typ.* Farbläufer *m*; **14.** 'Schmirgelpa,pier *n*; 'Glaspa,pier *n*; **15.** (weicher) Formziegel; **16.** F *Eishockey*: Puck *m*, Scheibe *f*; **17.** *Baseball*: Platte *f*; **II** *v/t.* **18.** → *rubberize*; **III** *v/i.* **19.** → *rubberneck* 4, 5; **IV** *adj.* **20.** Gummi...: *~ solution* Gummilösung *f*.

rub·ber² ['rʌbə] *s. Kartenspiel*: Robber *m*.

rub·ber| boat *s.* Gummi-, Schlauchboot *n*; *~* **ce·ment** *s.* ⚙ Gummilösung *f*; *~* **check** *s. Am.*, *~* **cheque** *s. Brit.* F geplatzter Scheck; *~* **coat·ing** *s.* Gummierung *f*; *~* **din·ghi** *s.* Schlauchboot *n*.

rub·ber·ize ['rʌbəraɪz] *v/t.* ⚙ mit Gummi imprägnieren, gummieren.

'rub·ber|·neck *Am.* F **I** *s.* **1.** Gaffer(in), Neugierige(r *m*) *f*; **2.** Tou'rist(in); **II** *adj.* **3.** neugierig, schaulustig; **III** *v/i.* **4.** neugierig gaffen, ‚sich den Hals verrenken'; **5.** die Sehenswürdigkeiten (*e-r Stadt etc.*) ansehen; **IV** *v/t.* **6.** neugierig betrachten; *~* **plant** *s.* ⚘ Kautschukpflanze *f*, *bsd.* Gummibaum *m*; *~* **stamp** *s.* **1.** Gummistempel *m*; **2.** F a) sturer Beamter, b) bloßes Werkzeug, c) Nachbeter *m*; **3.** *bsd. Am.* F (abgedroschene) Phrase; **,~-'stamp** *v/t.* **1.** abstempeln; **2.** F (rou'tinemäßig) genehmigen; *~* **tree** *s.* ⚘ a) Gummibaum *m*, b) Kautschukbaum *m*.

rub·bing ['rʌbɪŋ] *s.* **1.** a) *phys.* Reibung *f*, b) ⚙ Abrieb *m*; **2.** *typ.* Reiberdruck *m*; *~* **cloth** *s.* Frottier-, Wisch-, Scheuertuch *n*; *~* **con·tact** *s.* ⚡ 'Reibe-, 'Schleifkon,takt *m*; **'~·stone** *s.* Schleif-, Wetzstein *m*; *~* **var·nish** *s.* ⚙ Schleiflack *m*.

rub·bish ['rʌbɪʃ] **I** *s.* **1.** Abfall *m*, Kehricht *m*, Müll *m*: *~ bin* Abfalleimer *m*; *~ chute* Müllschlucker *m*; **2.** (Gesteins-) Schutt *m* (*a. geol.*); **3.** F Schund *m*, Plunder *m*; **4.** F *a. int.* Blödsinn *m*, Quatsch *m*; **5.** ⚒ a) *über Tage*: Abraum *m*, b) *unter Tage*: taubes Gestein; **'rub·bish·y** [-ʃɪ] *adj.* **1.** schuttbedeckt; **2.** F Schund..., wertlos.

rub·ble ['rʌbl] *s.* **1.** Bruchstein(e *pl.*) *m*, Schotter *m*; **2.** *geol.* (Stein)Schutt *m*, Geröll *n*, Geschiebe *n*; **3.** (rohes) Bruchsteinmauerwerk; **4.** loses Packeis; *~* **ma·son·ry** → *rubble* 3; **'~·stone** *s.* Bruchstein *m*; **'~·work** → *rubble* 3.

'rub·down *s.* Abreibung *f*: *have a ~* sich trockenreiben *od.* frottieren.

rube [ru:b] *s. Am. sl.* ‚Lackel' *m*.

ru·be·fa·cient [,ru:bɪ'feɪʃjənt] ⚕ **I** *adj.* (*bsd.* haut)rötend; **II** *s.* (*bsd.* haut)rötendes Mittel; **,ru·be'fac·tion** [-'fækʃn] *s.* ⚕ Hautröte *f*, -rötung *f*.

ru·bi·cund ['ru:bɪkənd] *adj.* rötlich, rot, rosig (*Person*).

ru·bric ['ru:brɪk] **I** *s.* **1.** *typ.* Ru'brik *f* ([*roter*] *Titelkopf od. Buchstabe*; *Abschnitt*); **2.** *eccl.* Rubrik *f*, li'turgische Anweisung; **II** *adj.* **3.** rot (gedruckt *etc.*), rubriziert; **'ru·bri·cate** [-keɪt] *v/t.* **1.** rot bezeichnen; **2.** rubrizieren.

'rub·stone *s.* Schleifstein *m*.

ru·by ['ru:bɪ] **I** *s.* **1.** *a. true ~*, *Oriental ~ min.* Ru'bin *m*; **2.** (Ru'bin)Rot *n*; **3.** *fig.* Rotwein *m*; **4.** *fig.* roter (Haut)Pikkel; **5.** *Uhrmacherei*: Stein *m*; **6.** *typ.* Pa'riser Schrift *f*, Fünfein'halbpunktschrift *f*; **II** *adj.* **7.** (kar'min-, ru'bin)rot.

ruche [ru:ʃ] *s.* Rüsche *f*; **ruched** [-ʃt] *adj.* mit Rüschen besetzt; **'ruch·ing** [-ʃɪŋ] *s.* **1.** *coll.* Rüschen(besatz *m*) *pl.*; **2.** Rüschenstoff *m*.

ruck¹ [rʌk] *s.* **1.** *sport das* (Haupt)Feld; **2.** *the* (*common*) *~ fig.* die breite Masse: *rise out of the ~ fig.* sich über den Durchschnitt erheben.

ruck² [rʌk] **I** *s.* Falte *f*; **II** *v/t. oft ~ up* hochschieben, zerknüllen, -knittern; **III** *v/i. oft ~ up* Falten werfen, hochrutschen.

ruck·sack ['rʌksæk] (*Ger.*) *s.* Rucksack *m*.

ruck·us ['rʌkəs] → *ruction*.

ruc·tion ['rʌkʃn] *s. oft pl.* F a) Tohuwa'bohu *n*, b) Krach *m*, Kra'wall *m*, c) Schläge'rei *f*.

rud·der ['rʌdə] *s.* **1.** ⚓ (Steuer)Ruder *n*, Steuer *n*; **2.** ✈ Seitenruder *n*, -steuer *n*: *~ controls* Seitensteuerung *f*; **3.** *fig.* Richtschnur *f*; **4.** *Brauerei*: Rührkelle *f*; **'rud·der·less** [-lɪs] *adj.* **1.** ohne Ruder; **2.** *fig.* führer-, steuerlos.

rud·di·ness ['rʌdɪnɪs] *s.* Röte *f*; **rud·dy** ['rʌdɪ] *adj.* ☐ **1.** rot, rötlich, gerötet; gesund (*Gesichtsfarbe*); **2.** *Brit. sl.* verflixt.

rude [ru:d] *adj.* ☐ **1.** grob, unverschämt; rüde, ungehobelt; **2.** roh, unsanft (*a. fig. Erwachen*); **3.** wild, heftig (*Kampf*, *Leidenschaft*); rauh (*Klima etc.*); hart (*Los*, *Zeit etc.*); **4.** wild (*Landschaft*); holp(e)rig (*Weg*); **5.** wirr (*Masse etc.*): *~ chaos* chaotischer Urzustand; **6.** *allg.* primi'tiv: a) unzivilisiert, b) ungebildet, c) kunstlos, d) behelfsmäßig; **7.** ro'bust, unverwüstlich (*Gesundheit*): *be in ~ health* vor Gesundheit strotzen; **8.** roh, unverarbeitet (*Stoff*); **9.** plump, ungeschickt; **10.** a) ungefähr, b) flüchtig, grob: *~ sketch*; *a ~ observer* ein oberflächlicher Beobachter; **'rude·ness** [-nɪs] *s.* **1.** Grobheit *f*; **2.** Roheit *f*; **3.** Heftigkeit *f*; **4.** Wild-, Rauheit *f*; **5.** Primitivi'tät *f*; **6.** Unebenheit *f*.

ru·di·ment ['ru:dɪmənt] *s.* **1.** Rudi'ment *n* (*a. biol. rudimentäres Organ*), Ansatz *m*; **2.** *pl.* Anfangsgründe *pl.*, Grundlagen *pl.*, Rudi'mente *pl.*; **ru·di·men·tal** [,ru:dɪ'mentl], **ru·di·men·ta·ry** [,ru:dɪ'mentərɪ] *adj.* ☐ **1.** elemen'tar, Anfangs...; **2.** rudimen'tär (*a. biol.*).

rue¹ [ru:] *s.* ⚘ Gartenraute *f*.

rue² [ru:] *v/t.* bereuen, bedauern; *Ereignis* verwünschen: *he will live to ~ it* er wird es noch bereuen; **'rue·ful** [-fʊl] *adj.* ☐ **1.** kläglich, jämmerlich: *the Knight of the ♀ Countenance* der Ritter von der traurigen Gestalt (*Don Quichotte*); **2.** wehmütig; **3.** reumütig; **'rue·ful·ness** [-fʊlnɪs] *s.* **1.** Gram *m*, Traurigkeit *f*; **2.** Jammer *m*.

ruff¹ [rʌf] *s.* **1.** Halskrause *f* (*a. zo., orn.*); **2.** (Pa'pier)Krause *f* (*Topf etc.*); **3.** Rüsche *f*; **4.** *orn.* a) Kampfläufer *m*, b) Haustaube *f* mit Halskrause.

ruff² [rʌf] **I** *s. Kartenspiel*: Trumpfen *n*; **II** *v/t. u. v/i.* mit Trumpf stechen.

ruff(e)³ [rʌf] *s. ichth.* Kaulbarsch *m.*

ruf·fi·an ['rʌfjən] *s.* **1.** Rüpel *m*; **2.** Raufbold *m*; **'ruf·fi·an·ism** [-nɪzəm] *s.* Roheit *f*, Brutali'tät *f*; **'ruf·fi·an·ly** [-lɪ] *adj.* **1.** roh, bru'tal; **2.** wild.

ruf·fle ['rʌfl] **I** *v/t.* **1.** *Wasser etc., a. Tuch* kräuseln; *Stirn* kraus ziehen; **2.** *Federn, Haare* sträuben: **~ one's feathers** sich aufplustern (*a. fig.*); **3.** *Papier* zerknittern; **4.** durchein'anderbringen, -werfen; **5.** *fig. j-n* aus der Fassung bringen; *j-n* (ver)ärgern: **~ s.o.'s temper** j-n verstimmen; **II** *v/i.* **6.** sich kräuseln; **7.** zerknüllt *od.* zerzaust werden; **8.** *fig.* die Ruhe verlieren; **9.** *fig.* sich aufspielen, anmaßend auftreten; **III** *s.* **10.** Kräuseln *n*; **11.** Rüsche *f*, Krause *f*; **12.** *orn.* Halskrause *f*; **13.** *fig.* Aufregung *f*, Störung *f*: **without ~ or excitement** in aller Ruhe.

ru·fous ['ru:fəs] *adj.* rotbraun.

rug [rʌg] *s.* **1.** (kleiner) Teppich, (Bett-, Ka'min)Vorleger *m*, Brücke *f*: **pull the ~ from under s.o.** *fig.* j-m den Boden unter den Füßen wegziehen; **2.** *bsd. Brit.* dicke wollene (Reise- *etc.*)Decke.

rug·by (foot·ball) ['rʌgbɪ] *s. sport* Rugby *n.*

rug·ged ['rʌgɪd] *adj.* □ **1.** zerklüftet, wild (*Landschaft etc.*), zackig, schroff (*Fels etc.*), felsig; **2.** durch'furcht (*Gesicht etc.*), uneben (*Boden etc.*), holperig (*Weg etc.*), knorrig (*Gestalt*); **3.** rauh (*Rinde, Tuch, a. fig. Manieren, Sport etc.*): **life is ~** das Leben ist hart; **~ individualism** krasser Individualismus; **4.** ruppig, grob; **5.** *bsd. Am. a.* ⚙ ro'bust, stark, sta'bil; **'rug·ged·ness** [-nɪs] *s.* **1.** Rauheit *f*; **2.** Grobheit *f*; **3.** *Am.* Ro'bustheit *f.*

rug·ger ['rʌgə] *Brit.* F *für* **Rugby**.

ru·in ['rʊɪn] **I** *s.* **1.** Ru'ine *f* (*a. fig. Person etc.*); *pl.* Ruine(n *pl.*) *f*, Trümmer *pl.*: **lay in ~s** in Schutt u. Asche legen; **lie in ~s** in Trümmern liegen; **2.** Verfall *m*: **go to ~** verfallen; **3.** Ru'in *m*, 'Untergang *m*, Zs.-bruch *m*, Verderben *n*: **bring to ~** → 5; **the ~ of my hopes (plans)** das Ende m-r Hoffnungen (Pläne); **it will be the ~ of him** es wird sein Untergang sein; **II** *v/t.* **4.** vernichten, zerstören; **5.** *j-n, a. Sache, Gesundheit etc.* ruinieren, zu'grunde richten; *Hoffnungen, Pläne* zu'nichte machen; *Augen, Aussichten etc.* verderben; *Sprache* verhunzen; **6.** *Mädchen* verführen; **ru·in·a·tion** [rʊɪ'neɪʃn] *s.* **1.** Zerstörung *f*, Verwüstung *f*; **2.** F *j-s* Ru'in *m*, Verderben *n*, 'Untergang *m*; **'ru·in·ous** [-nəs] *adj.* □ **1.** verfallen(d), baufällig, ru'inenhaft; **2.** verderblich, mörderisch, ruinierend, rui'nös: **a ~ price** a) ruinöser *od.* enormer Preis, b) Schleuderpreis *m*; **'ru·in·ous·ness** [-nəsnɪs] *s.* **1.** Baufälligkeit *f*; **2.** Verderblichkeit *f.*

rule [ru:l] **I** *s.* **1.** Regel *f*, Nor'malfall *m*: **as a ~** in der Regel; **as is the ~** wie es allgemein üblich ist; **become the ~** zur Regel werden; **make it a ~ to** (*inf.*) es sich zur Regel machen, zu (*inf.*); **by all the ~s** eigentlich; → **exception** 1; **2.** Regel *f*, Richtschnur *f*, Grundsatz *m*; *sport etc.* Spielregel *f* (*a. fig.*): **against the ~s** regelwidrig; **~s of action** (*od.* **conduct**) Verhaltensmaßregeln, Richtlinien; **~ of thumb** Faustregel, praktische Erfahrung; **by ~ of thumb** über den Daumen gepeilt; **serve as a ~** als Richtschnur *od.* Maßstab dienen; **3.** ⚖ a) Vorschrift *f*, (gesetzliche) Bestimmung, Norm *f*, b) gerichtliche Entscheidung, c) Rechtsgrundsatz *m*: **~s of the air** Luftverkehrsregeln; **work to ~** Dienst nach Vorschrift tun (*als Streikmittel*); → **road** 1; **4.** *pl.* (Geschäfts-, Gerichts- *etc.*)Ordnung *f*: (**standing**) **~s of court** ⚖ Prozeßordnung; **~s of procedure** a) Verfahrensordnung, b) Geschäftsordnung; **5.** *a.* **standing ~** Satzung *f*: **against the ~s** satzungswidrig; **the ~s (and by-laws)** die Satzungen, die Statuten; **6.** *eccl.* Ordensregel *f*; **7.** † U'sance *f*, Handelsbrauch *m*; **8.** A Regel *f*, Rechnungsart *f*: **~ of proportion, ~ of three** Regeldetri *f*, Dreisatz *m*; **9.** Herrschaft *f*, Regierung *f*: **during (under) the ~ of** während (unter) der Regierung (*gen.*); **~ of law** Rechtsstaatlichkeit *f*; **10.** a) Line'al *n*, b) *a.* **folding ~** Zollstock *m*; **11.** a) Richtmaß *n*, b) Winkel(eisen *n*, -maß *n*) *m*; **12.** *typ.* a) (Messing)Linie *f*: **~ case** Linienkasten *m*, b) Ko'lumnenmaß *n* (*Satzspiegel*), c) *Brit.* Strich *m*: **em ~** Gedankenstrich; **en ~** Halbgeviert *n*; **II** *v/t.* **13.** *a.* **~ over** *Land, Gefühl etc.* beherrschen, herrschen über (*acc.*), regieren: **~ the roast** (*od.* **roost**) *fig.* das Regiment führen, Herr im Haus sein; **14.** lenken, leiten: **be ~d by** sich leiten lassen von; **15.** *bsd.* ⚖ anordnen, verfügen, entscheiden: **~ out** a) *j-n od. et.* ausschließen (*a. sport*), b) *et.* ablehnen; **~ s.o. out of order** *parl.* j-m das Wort entziehen; **~ s.th. out of order** et. nicht zulassen; **16.** a) *Papier* linieren, b) *Linie* ziehen: **~ s.th. out** et. durchstreichen; **~d paper** liniertes Papier; **III** *v/i.* **17.** herrschen *od.* regieren (**over** über *acc.*); **18.** entscheiden (**that** daß); **19.** † *hoch etc.* stehen, liegen, notieren (*Preise*): **~ high (low)**; weiterhin hoch notieren; **20.** vorherrschen; **21.** gelten, in Kraft sein (*Recht etc.*); **'rul·er** [-lə] *s.* **1.** Herrscher(in); **2.** Line'al *n*; ⚙ Richtscheit *n*; **3.** ⚙ Li'nierma‚schine *f*; **'rul·ing** [-lɪŋ] **I** *s.* **1.** ⚖ (gerichtliche) Entscheidung, Verfügung *f*; **2.** Linie(n *pl.*) *f*; **3.** Herrschaft *f*; **II** *adj.* **4.** herrschend; *fig.* (vor-) herrschend; **5.** maßgebend, grundlegend: **~ case**; **6.** † bestehend, laufend: **~ price** Tagespreis *m.*

rum¹ [rʌm] *s.* Rum *m*, *Am. a.* Alkohol *m.*

rum² [rʌm] *adj.* □ *bsd. Brit. sl.* **1.** ‚komisch' (*eigenartig*): **~ customer** komischer Kauz; **~ go** dumme Geschichte; **~ start** (tolle) Überraschung; **2.** ulkig, drollig.

Ru·ma·ni·an [ru:'meɪnjən] **I** *adj.* **1.** ru'mänisch; **II** *s.* **2.** Ru'mäne *m*, Ru'mänin *f*; **3.** *ling.* Ru'mänisch *n.*

rum·ba ['rʌmbə] *s.* Rumba *m, f.*

rum·ble¹ ['rʌmbl] **I** *v/i.* **1.** poltern (*a. Stimme*); rattern (*Gefährt, Zug etc.*), rumpeln, rollen (*Donner*), knurren (*Magen*); **II** *v/t.* **2.** *a.* **~ out** *Worte* her'auspoltern, *Lied* grölen; **III** *s.* **3.** Gepolter *n*, Rattern *n*, Rumpeln *n*, Rollen *n* (*Donner*); **4.** ⚙ Poliertrommel *f*; **5.** a) Bedientensitz *m*, b) Gepäckraum *m*, c) → **rumble seat**; **6.** *Am.* (Straßen-) Schlacht *f* (*zwischen jugendlichen Banden*).

rum·ble² ['rʌmbl] *v/t. sl.* **1.** *j-n* durch'schauen; **2.** *et.* ‚spitzkriegen'; **3.** *Am. j-n* argwöhnisch machen.

rum·ble seat *s. Am. mot.* Not-, Klappsitz *m.*

rum·bus·tious [rʌm'bʌstɪəs] *adj.* F **1.** laut, lärmend; **2.** wild, ausgelassen.

ru·men ['ru:men] *pl.* **-mi·na** [-mɪnə] *s. zo.* Pansen *m*; **'ru·mi·nant** [-mɪnənt] **I** *adj.* □ **1.** *zo.* 'wiederkäuend; **2.** *fig.* grübelnd; **II** *s.* **3.** *zo.* 'Wiederkäuer *m*; **'ru·mi·nate** [-mɪneɪt] **I** *v/i.* **1.** 'wiederkäuen; **2.** *fig.* grübeln (**about, over** über *acc.*); **II** *v/t.* **3.** *fig.* grübeln über (*acc., dat.*); **ru·mi·na·tion** [‚ru:mɪ'neɪʃn] *s.* **1.** 'Wiederkäuen *n*; **2.** *fig.* Grübeln *n*; **'ru·mi·na·tive** [-mɪnətɪv] *adj.* □ nachdenklich, grüblerisch.

rum·mage ['rʌmɪdʒ] **I** *v/t.* **1.** durch'stöbern, -'wühlen, wühlen in (*dat.*); **2.** *a.* **~ out, ~ up** aus-, her'vorkramen; **II** *v/i.* **3.** *a.* **~ about** (her'um)stöbern *od.* (-)wühlen (**in** in *dat.*); **III** *s.* **4.** *mst* **~ goods** Ramsch *m*, Ausschuß *m*, Restwaren *pl.*; **~ sale** *s.* **1.** Ramschverkauf *m*; **2.** 'Wohltätigkeitsba‚zar *m.*

rum·mer ['rʌmə] *s.* Römer *m*, ('Wein-) Po‚kal *m.*

rum·my¹ ['rʌmɪ] *s.* Rommé *n* (*Kartenspiel*).

rum·my² ['rʌmɪ] *adj.* □ → **rum²** 1 *u.* 2.

ru·mo(u)r ['ru:mə] **I** *s.* a) Gerücht *n*, b) Gerede *n*: **~ has it, the ~ runs** es geht das Gerücht; **II** *v/t.* (als Gerücht) verbreiten (*mst pass.*): **it is ~ed that** man sagt *od.* es geht das Gerücht, daß; **he is ~ed to be** man munkelt *od.* es heißt, er sei.

rump [rʌmp] *s.* **1.** *zo.* Steiß *m*, 'Hinterteil *n* (*a. des Menschen*); *orn.* Bürzel *m*; **~ steak** *Küche*: Rumpsteak *n*; **2.** *fig.* Rumpf *m*, kümmerlicher Rest: **the** ~ (**Parliament**) *hist.* das Rumpfparlament.

rum·pie ['rʌmpɪ] *s.* Aufsteiger *m*, der auf dem Lande wohnt (= **rural upwardly-mobile professional**).

rum·ple ['rʌmpl] *v/t.* **1.** zerknittern, -knüllen; **2.** *Haar etc.* zerwühlen.

rum·pus ['rʌmpəs] *s.* F **1.** Krach *m*, Kra'wall *m*; **2.** Trubel *m*; **3.** Streit *m*, ‚Krach' *m*; **~ room** *s. Am.* Hobby- *od.* Partyraum *m.*

'rum-‚run·ner *s. Am.* Alkoholschmuggler *m.*

run [rʌn] **I** *s.* **1.** Laufen *n*, Rennen *n*; **2.** Lauf *m* (*a. sport u. fig.*); Lauf-, ⚔ Sturmschritt *m*: **at the ~** im Lauf (-schritt), im Dauerlauf; **in the long ~** *fig.* auf die Dauer, am Ende, schließlich; **in the short ~** fürs nächste; **on the ~** a) auf der Flucht, b) (immer) auf den Beinen (*tätig*); **be in the ~** *bsd. Am. pol. bei e-r Wahl* in Frage kommen *od.* im Rennen liegen, kandidieren; **come down with a ~** schnell *od.* plötzlich fallen (*a. Barometer, Preis*); **go for** (*od.* **take**) **a ~** e-n Lauf machen; **have a ~ for one's money** sich abhetzen müssen; **have s.o. on the ~** j-n herumjagen, -hetzen; **3.** a) Anlauf *m*: ***take a ~*** (e-n) Anlauf nehmen, b) *Baseball*, *Kricket*: erfolgreicher Lauf; **4.** *Reiten*: schneller Ga'lopp; **5.** ⚓, *mot.* Fahrt *f*; **6.** *oft* ***short ~*** Spazierfahrt *f*; **7.** Abstecher *m*, kleine Reise (***to*** nach); **8.** ✈ (Bomben)Zielanflug *m*; **9.** ♪ Lauf *m*; **10.** Zulauf *m*, ✝ Ansturm *m*, Run *m* (***on*** auf *e-e Bank etc.*); ✝ stürmische Nachfrage (***on*** nach *e-r Ware*); **11.** *fig.* Lauf *m*, (Fort)Gang *m*: ***the ~ of events***; **12.** *fig.* Verlauf *m*: ***the ~ of the hills***; **13.** *fig.* a) Ten'denz *f*, b) Mode *f*; **14.** Folge *f*, (*sport* Erfolgs-, Treffer)Serie *f*: ***a ~ of bad*** (***good***) ***luck*** e-e Pechsträhne (e-e Glückssträhne); **15.** *Am.* kleiner Wasserlauf; **16.** *bsd. Am.* Laufmasche *f*; **17.** (Bob-, Rodel)Bahn *f*; **18.** ✈ Rollstrecke *f*; **19.** a) (Vieh-)Trift *f*, Weide *f*, b) (Hühner)Hof *m*, Auslauf *m*; **20.** ⚙ a) Bahn *f*, b) Laufschiene *f*, c) Rinne *f*; **21.** Mühl-, Mahlgang *m*; **22.** ⚙ a) Herstellungsgröße *f*, (Rohr- *etc.*)Länge *f*, b) (Betriebs)Leistung *f*, Ausstoß *m*, c) Gang *m*, 'Arbeitsperi͵ode *f*, d) 'Durchlauf *m* (*von Beschickungsgut*), e) Charge *f*, Menge *f*, f) Bedienung *f*; **23.** Auflage *f* (*Zeitung*); **24.** *Kartenspiel*: Se'quenz *f*; **25.** (Amts-, Gültigkeits-, Zeit)Dauer *f*: ***~ of office***; **26.** *thea.*, *Film*: Laufzeit *f*: ***have a ~ of 20 nights*** 20mal nacheinander gegeben werden; **27.** a) Art *f*, Schlag *m*; Sorte *f* (*a.* ✝), b) *mst* ***common*** (*od.* ***general*** *od.* ***ordinary***) ***~*** 'Durchschnitt *m*, *die* große Masse: ***~ of the mill*** Durchschnitt *m*; **28.** Herde *f*; **29.** Schwarm *m* (*Fische*); **30.** ⚓ (Achter)Piek *f*; **31.** (***of***) a) freie Benutzung (*gen.*), b) freier Zutritt (zu); **II** *v/i.* [*irr.*] **32.** laufen, rennen; eilen, stürzen; **33.** da'vonlaufen, Reiß'aus nehmen; **34.** *sport* a) (um die Wette) laufen, b) (an e-m Lauf *od.* Rennen) teilnehmen, laufen, c) als *Zweiter etc.* einlaufen: ***also ran*** ferner liefen; **35.** *fig.* laufen (*Blick*, *Feuer*, *Finger*, *Schauer etc.*): ***his eyes ran over ...*** sein Blick überflog ...; ***the tune keeps ~ning through my head*** die Melodie geht mir nicht aus dem Kopf; **36.** *pol.* kandidieren (***for*** für); **37.** ⚓ *etc.* fahren; (*in den Hafen*) einlaufen: ***~ before the wind*** vor dem Wind segeln; **38.** wandern (*Fische*); **39.** 🚂 *etc.* verkehren, *auf e-r Strecke* fahren, gehen; **40.** fließen, strömen (*beide a. fig. Blut in den Adern*, *Tränen*, *a. Verse*): ***it ~s in the blood*** (***family***) es liegt im Blut (in der Familie); **41.** lauten (*Schriftstück*); **42.** gehen (*Melodie*); **43.** verfließen, -streichen (*Zeit etc.*); **44.** dauern: ***three days ~ning*** drei Tage hintereinander; **45.** laufen, gegeben werden (*Theaterstück etc.*); **46.** verlaufen (*Straße etc.*, *a. Vorgang*), sich erstrecken; führen, gehen (*Weg etc.*): ***my taste*** (***talent***) ***does not ~ that way*** dafür habe ich keinen Sinn (keine Begabung); **47.** ⚙ laufen, gleiten (*Seil etc.*); **48.** ⚙ laufen: a) in Gang sein, arbeiten, b) gehen (*Uhr etc.*), funktionieren; **49.** in Betrieb sein (*Fabrik*, *Hotel etc.*); **50.** aus-, zerlaufen (*Farbe*); **51.** tropfen, strömen, triefen (***with*** vor *dat.*) (*Gesicht etc.*); laufen (*Nase*, *Augen*); 'übergehen (*Augen*): ***~ with tears*** in Tränen schwimmen; **52.** rinnen, laufen (*Gefäß*); **53.** schmelzen (*Metall*); tauen (*Eis*); **54.** ⚕ eitern, laufen; **55.** fluten, wogen: ***a heavy sea was ~ning*** es ging e-e schwere See; **56.** *Am.* a) laufen, fallen (*Masche*), b) Laufmaschen bekommen (*Strumpf*); **57.** ⚖ laufen, gelten, in Kraft sein *od.* bleiben: ***the period ~s*** die Frist läuft; **58.** ✝ sich stellen (*Preis*, *Ware*); **59.** *mit adj.*: werden, sein: ***~ dry*** a) versiegen, b) keine Milch mehr geben, c) erschöpft sein, d) sich ausgeschrieben haben (*Schriftsteller*); → 80; ***~ low*** (*od.* ***short***) zur Neige gehen, knapp werden; → ***high*** 22, ***riot*** 3, ***wild*** 2; **60.** *im Durchschnitt* sein, *klein etc.* ausfallen (*Früchte etc.*); **III** *v/t.* [*irr.*] **61.** *Weg etc.* laufen; *Strecke* durch'laufen, zu'rücklegen; *Weg* einschlagen; **62.** fahren (*a.* ⚓); *Strecke* be-, durch'fahren: ***~ a car against a tree*** mit e-m Wagen gegen e-n Baum fahren; **63.** *Rennen* austragen, laufen, *Wettlauf* machen; **64.** um die Wette laufen mit: ***~ s.o. close*** dicht an j-n herankommen (*a. fig.*); **65.** *Pferd* treiben; **66.** *hunt.* hetzen, *a. Spur* verfolgen (*a. fig.*); **67.** *Botschaften* über'bringen; *Botengänge od. Besorgungen* machen: ***~ errands***; **68.** *Blokkade* brechen; **69.** a) *Pferd etc.* laufen lassen, b) *pol.* *j-n* als Kandi'daten aufstellen (***for*** für); **70.** a) *Vieh* treiben, b) weiden lassen; **71.** 🚂, ⚓ *etc.* fahren *od.* verkehren lassen; **72.** *Am. Annonce* veröffentlichen; **73.** transportieren; **74.** *Schnaps etc.* schmuggeln; **75.** *Augen*, *Finger etc.* gleiten lassen: ***~ one's hand through one's hair*** (sich) mit den Fingern durchs Haar fahren; **76.** *Film* laufen lassen; **77.** ⚙ *Maschine etc.* laufen lassen, bedienen; **78.** *Betrieb etc.* führen, leiten, verwalten; *Geschäft etc.* betreiben; *Zeitung* her'ausgeben; **79.** hin'eingeraten (lassen) in (*acc.*): ***~ debts*** Schulden machen; ***~ a firm into debt*** e-e Firma in Schulden stürzen; ***~ the danger of*** (*ger.*) Gefahr laufen zu (*inf.*); → ***risk*** 1; **80.** ausströmen, fließen lassen; *Wasser etc.* führen (*Leitung*): ***~ dry*** leerlaufen lassen; → 59; **81.** *Gold etc.* (mit sich) führen (*Fluß*); **82.** *Metall* schmelzen; **83.** *Blei*, *Kugel* gießen; **84.** *Fieber*, *Temperatur* haben; **85.** stoßen, stechen, stecken; **86.** *Graben*, *Linie*, *Schnur etc.* ziehen; *Straße etc.* anlegen; *Brücke* schlagen; *Leitung* legen; **87.** leicht (ver)nähen, heften; **88.** *j-n* belangen (***for*** wegen);

Zssgn mit prp.:

run| a·cross *v/i.* *j-n* zufällig treffen, stoßen auf (*acc.*); **~ aft·er** *v/i.* hinter ... (*dat.*) herlaufen *od.* sein, nachlaufen (*dat.*) (*alle a. fig.*); **~ a·gainst I** *v/i.* **1.** zs.-stoßen mit, laufen *od.* rennen *od.* fahren gegen; **2.** *pol.* kandidieren gegen; **II** *v/t.* **3.** *et.* stoßen gegen: ***run one's head against*** mit dem Kopf gegen *die Wand etc.* stoßen; **~ at** *v/i.* losstürzen auf (*acc.*); **~ for** *v/i.* **1.** auf ... (*acc.*) zulaufen *od.* -rennen; laufen nach; **2.** ***~ it*** Reiß'aus nehmen; **3.** *fig.* sich bemühen *od.* bewerben um; *pol.* → ***run*** 36; **~ in·to I** *v/i.* **1.** (hin'ein)laufen *od.* (-)rennen in (*acc.*); **2.** ⚓ in *den Hafen* einlaufen; **3.** → ***run against*** 1; **4.** → ***run across***; **5.** geraten *od.* sich stürzen in (*acc.*): ***~ debt***; **6.** werden *od.* sich entwickeln zu; **7.** sich belaufen auf (*acc.*): ***~ four editions*** vier Auflagen erleben; ***~ money*** ins Geld laufen; **II** *v/t.* **8.** *Messer etc.* stoßen *od.* rennen in (*acc.*); **~ off** *v/i.* her'unterfahren *od.* -laufen von: ***~ the rails*** entgleisen; **~ on** *v/i.* **1.** sich drehen um, betreffen; **2.** sich beschäftigen mit; **3.** losfahren auf (*acc.*); **4.** → ***run across***; **5.** mit *e-m Treibstoff* fahren, (an)getrieben werden von; **~ o·ver** *v/i.* **1.** laufen *od.* gleiten über (*acc.*); **2.** über'fahren; **3.** 'durchgehen, -lesen, über'fliegen; **~ through** *v/i.* **1.** → ***run over*** 3; **2.** kurz erzählen, streifen; **3.** 'durchmachen, erleben; **4.** sich hin'durchziehen durch; **5.** *Vermögen* 'durchbringen; **~ to** *v/i.* **1.** sich belaufen auf (*acc.*); **2.** (aus)reichen für (*Geldmittel*); **3.** sich entwickeln zu, neigen zu; **4.** F sich *et.* leisten; **5.** allzusehr *Blätter etc.* treiben (*Pflanze*); → ***fat*** 5, ***seed*** 1; **~ up·on** → ***run on***; **~ with** *v/i.* über'einstimmen mit;

Zssgn mit adv.:

run| a·way *v/i.* **1.** da'vonlaufen (***from*** von *od. dat.*): ***~ from a subject*** von einem Thema abschweifen; **2.** 'durchgehen (*Pferd etc.*): ***~ with*** a) durchgehen mit *j-m* (*a. Phantasie*, *Temperament*); ***don't ~ with the idea that*** glauben Sie bloß nicht, daß, b) *et.* ‚mitgehen lassen', c) *viel Geld* kosten *od.* verschlingen, d) *sport Satz etc.* klar gewinnen; **~ down I** *v/i.* **1.** hin'unterlaufen (*a. Träne etc.*); **2.** ablaufen (*Uhr*); **3.** *fig.* her'unterkommen; **II** *v/t.* **4.** über'fahren; **5.** ⚓ in den Grund bohren; **6.** *j-n* einholen; **7.** *Wild*, *Verbrecher* zur Strecke bringen; **8.** aufstöbern, ausfindig machen; **9.** erschöpfen, *Batterie a.* zu stark entladen: ***be ~ fig.*** erschöpft *od.* ab(gearbeitet, -gespannt) sein; **10.** *Betrieb etc.* her'unterwirtschaften; **~ in I** *v/i.* **1.** hin'ein, her'einlaufen; **2.** ***~ with*** *fig.* über'einstimmen mit; **II** *v/t.* **3.** hin'einlaufen lassen; **4.** einfügen (*a. typ.*); **5.** F *Verbrecher* ‚einlochen'; **6.** ⚙ *Maschine* (sich) einlaufen lassen, *Auto etc.* einfahren; **~ off I** *v/i.* **1.** → ***run away***; **2.** ablaufen, -fließen; **II** *v/t.* **3.** *et.* schnell erledigen; *Gedicht etc.* her'unterrasseln; **4.** *typ.* abdrucken, -ziehen; **5.** *Rennen etc.* a) austragen, b) zur Entscheidung bringen; **~ on** *v/i.* **1.** weiterlaufen; **2.** *fig.* fortlaufen, fortgesetzt werden (***to*** bis); **3.** a) (unaufhörlich) reden, fortplappern, b) *in der Rede* fortfahren; **4.** anwachsen (***into*** zu); **5.** *typ.* (ohne Absatz) fortlaufen; **~ out I** *v/i.* **1.** hin'aus-, her'auslaufen; **2.** her'ausfließen, -laufen; **3.** (aus)laufen (*Gefäß*); **4.** *fig.* ablaufen, zu Ende gehen; **5.** ausgehen, knapp werden (*Vorrat*): ***I have ~ of tobacco*** ich habe keinen Tabak mehr; **6.** her'ausragen; sich erstrecken; **II** *v/t.* **7.** hin'ausjagen, -treiben; **8.** erschöpfen: ***run o.s. out*** bis zur Erschöpfung laufen; ***be ~*** a) *vom Laufen* ausgepumpt sein, b) ausverkauft sein; **~ o·ver I** *v/i.* **1.** hin'überlaufen; **2.** 'überlaufen, -fließen; **II** *v/t.* **3.** über'fahren; **~ through** *v/t.* **1.** durch'bohren, -'stoßen; **2.** *Wort* 'durchstreichen; **3.** *Zug* 'durchfahren lassen; **~ up I** *v/i.* **1.** hin'auflaufen, -fahren; **2.** zulaufen (***to*** auf *acc.*); **3.** schnell anwachsen, hochschießen; **4.** einlaufen, -gehen (*Kleider*); **II** *v/t.* **5.** *Vermögen etc.* anwachsen lassen; **6.** *Rechnung* auflaufen lassen; **7.** *Angebot, Preis* in die Höhe treiben; **8.** *Flagge* hissen; **9.** schnell zs.-zählen; **10.** *Haus etc.* schnell hochziehen; **11.** *Kleid etc.* ‚zs.-hauen' (*schnell nähen*).

'run|·a·bout *s.* **1.** Her'umtreiber(in); **2.** *a.* ~ ***car*** *mot.* Kleinwagen *m*, Stadtauto *n*; **3.** leichtes Motorboot; **'~-a·round** *s. Am.* F: ***give s.o. the*** ~ a) j-n von Pontius zu Pilatus schicken, b) j-n hinhalten, c) *j-n* ‚an der Nase herumführen'; **'~·a·way I** *s.* **1.** Ausreißer(in), 'Durchgänger *m* (*a. Pferd*); **2.** 'Durchgehen *n e-s Atomreaktors*; **II** *adj.* **3.** 'durchgebrannt, flüchtig (*Häftling etc.*): ~ ***car*** Wagen, der sich selbständig gemacht hat; ~ ***inflation*** ✝ galoppierende Inflation; ~ ***match*** Heirat *f* e-s durchgebrannten Liebespaares; ~ ***victory*** *sport* Kantersieg *m*; **'~-down I** *adj.* **1.** erschöpft (*a.* ⚡ *Batterie*), abgespannt, ‚erledigt'; **2.** heruntergekommen, baufällig; **3.** abgelaufen (*Uhr*); **II** ['rʌndaʊn] *s.* **4.** F (ausführlicher) Bericht.

rune [ru:n] *s.* Rune *f.*

rung¹ [rʌŋ] *p.p. von* ***ring²***.

rung² [rʌŋ] *s.* **1.** (*bsd.* Leiter)Sprosse *f*; **2.** *fig.* Stufe *f*, Sprosse *f*; **3.** (Rad)Speiche *f*; **4.** Runge *f.*

ru·nic ['ru:nɪk] **I** *adj.* **1.** runisch; Runen...; **II** *s.* **2.** Runeninschrift *f*; **3.** *typ.* Runenschrift *f.*

'run-in *s.* **1.** *sport Brit.* Einlauf *m*; **2.** *typ.* Einschiebung *f*; **3.** ⚙ a) Einfahren *n* (*Auto etc.*), b) Einlaufen *n* (*Maschine*); **4.** *Am.* F ‚Krach' *m*, Zs.-stoß *m* (*Streit*); ~ **groove** *s.* Einlaufrille *f* (*Schallplatte*).

run·let ['rʌnlɪt] *s.* Bach *m.*

run·nel ['rʌnl] *s.* **1.** Rinnsal *n*; **2.** Rinne *f*, Rinnstein *m.*

run·ner ['rʌnə] *s.* **1.** (*a.* Wett)Läufer (-in); **2.** Rennpferd *n*; **3.** a) Bote *m*, b) Laufbursche *m*, c) ⚔ Melder *m*; **4.** ✝ *Am.* a) Unter'nehmer *m*, b) F Vertreter *m*, c) F ‚Renner' *m*, Verkaufsschlager *m*; **5.** *mst in Zssgn* Schmuggler *m*; **6.** Läufer *m* (*Teppich*); **7.** (*Schlitten- etc.*) Kufe *f*; **8.** ⚙ a) Laufschiene *f*, b) Seilring *m*, c) (*Turbinen- etc.*) Laufrad *n*, d) (Gleit-, Lauf)Rolle *f*, e) Rollwalze *f*; **9.** *typ.* Zeilenzähler *m*; **10.** ✓ Drillschar *f*; **11.** ⚓ Drehreep *n*; **12.** ⚘ a) Ausläufer *m*, b) Kletterpflanze *f*, c) Stangenbohne *f*; **13.** *orn.* Ralle *f*; **14.** *ichth.* Goldstöcker *m*; **ˌ~-'up** *s.* (***to*** hinter *dat.*) Zweite(r *m*) *f*, *sport a.* Vizemeister(in).

run·ning ['rʌnɪŋ] **I** *s.* **1.** Laufen *n*, Lauf *m* (*a.* ⚙): ***be still in the*** ~ noch gut im Rennen liegen (*a. fig.* ***for*** um); ***be out of the*** ~ aus dem Rennen sein (*a. fig.* ***for*** um); ***make the*** ~ a) das Tempo machen, b) das Tempo angeben; ***put s.o. out of the*** ~ j-n aus dem Rennen werfen (*a. fig.*); ***take*** (***up***) ***the*** ~ sich an die Spitze setzen (*a. fig.*); **2.** Schmuggel *m*; **3.** Leitung *f*, Aufsicht *f*; Bedienung *f*, Über'wachung *f e-r Maschine*; **4.** Durch'brechen *n e-r Blockade*; **II** *adj.* **5.** laufend (*a.* ⚙): ~ ***fight*** ⚔ a) Rückzugsgefecht *n*, b) laufendes Gefecht (*a. fig.*); ~ ***gear*** ⚙ Laufwerk *n*; ~ ***glance*** *fig.* flüchtiger Blick; ~ ***jump*** Sprung *m* mit Anlauf; ~ ***knot*** laufender Knoten; ~ ***mate*** *pol. Am.* 'Vizepräsiˌdentschaftsbewerber(in); ~ ***shot*** *Film*: Fahraufnahme *f*; ~ ***speed*** Fahr- *od.* Umlaufgeschwindigkeit *f*; ~ ***start*** *sport* fliegender Start; ***in*** ~ ***order*** ⚙ betriebsfähig; **6.** *fig.* laufend (*ständig*), fortlaufend: ~ ***account*** ✝ a) laufende Rechnung, b) Kontokorrent *n*; ~ ***commentary*** a) laufender Kommentar, b) (Funk)Reportage *f*; ~ ***debts*** laufende Schulden; ~ ***hand*** Schreibschrift *f*; ~ ***head***(***line***), ~ ***title*** Kolumnentitel *m*; ~ ***pattern*** fortlaufendes Muster; ~ ***text*** fortlaufender Text; **7.** fließend (*Wasser*); **8.** ⚕ laufend, eiternd (*Wunde*); **9.** aufein'anderfolgend: ***five times*** (***for three days***) ~ fünfmal (drei Tage) hintereinander; ~ ***fire*** ⚔ Lauffeuer *n*; **10.** line'ar gemessen: ***per*** ~ ***metre*** pro laufenden Meter; **11.** ⚘ a) rankend, b) kriechend; **12.** ♪ laufend: ~ ***passages*** Läufe; ~ **board** *s. mot.*, 🚂 *etc.* Tritt-, Laufbrett *n*; **ˌ~-'in test** *s.* ⚙ Probelauf *m.*

'run|-off *s. sport* Entscheidungslauf *m*, -rennen *n*; **'~-off vote** *s. pol.* Stichwahl *f*; **ˌ~-of-the-'mill** *adj.* Durchschnitts..., mittelmäßig; **'~·proof** *adj.* maschenfest; **'~-on** *typ.* **I** *adj.* angehängt, fortlaufend gesetzt; **II** *s.* angehängtes Wort.

runs [rʌnz] *s. pl.* F *bsd. Brit.* Durchfall *m*, ‚Scheißerei' *f.*

runt [rʌnt] *s.* **1.** *zo.* Zwergrind *n*, -ochse *m*; **2.** *fig.* (*contp.* lächerlicher) Zwerg; **3.** *orn. große kräftige Haustaubenrasse.*

'run|·through *s.* **1.** a) Überfliegen *n* (*e-s Briefs etc.*), b) kurze Zs.-fassung; **2.** *thea.* schnelle Probe; **'~-up** *s.* **1.** *sport.* Anlauf *m*: ***in the*** ~ ***to*** *fig.* im Vorfeld *der Wahlen etc.*; **2.** ⚔ (Ziel)Anflug *m*; **3.** ✈ kurzer Probelauf *der Motoren*; **'~·way** *s.* **1.** ✈ Start-, Lande-, Rollbahn *f*; **2.** *sport* Anlaufbahn *f*; **3.** *hunt.* Wildpfad *m*, (-)Wechsel *m*: ~ ***watching*** Ansitzjagd *f*; **4.** *bsd. Am.* Laufsteg *m.*

ru·pee [ru:'pi:] *s.* Rupie *f* (*Geld*).

rup·ture ['rʌptʃə] **I** *s.* **1.** Bruch *m* (*a.* ⚕ *u. fig.*), (*a.* ⚕ *Muskel- etc.*)Riß *m*: ***diplomatic*** ~ Abbruch *m* der diplomatischen Beziehungen; ~ ***support*** ⚕ Bruchband *n*; **2.** Brechen *n* (*a.* ⚙): ~ ***limit*** ⚙ Bruchgrenze *f*; **II** *v/t.* **3.** brechen (*a. fig.*), zersprengen, -reißen (*a.* ⚕): ~ ***o.s.*** → 6; **4.** *fig.* abbrechen, trennen; **III** *v/i.* **5.** zerspringen, (-)reißen; **6.** ⚕ sich e-n Bruch heben.

ru·ral ['rʊərəl] *adj.* ☐ **1.** ländlich, Land...; **2.** landwirtschaftlich; **'ru·ral·ize** [-rəlaɪz] **I** *v/t.* **1.** e-n ländlichen Cha'rakter geben; **2.** auf das Landleben 'umstellen; **II** *v/i.* **3.** auf dem Lande leben; **4.** sich auf das Landleben umstellen; **5.** ländlich werden, verbauern.

Ru·ri·ta·ni·an [ˌrʊərɪ'teɪnjən] *adj. fig.* abenteuerlich.

ruse [ru:z] *s.* List *f*, Trick *m.*

rush¹ [rʌʃ] *s.* ⚘ Binse *f*; *coll.* Binsen *pl.*: ***not worth a*** ~ *fig.* keinen Pfifferling wert.

rush² [rʌʃ] **I** *v/i.* **1.** rasen, stürzen, (da'hin)jagen, stürmen, (he'rum)hetzen: ~ ***at s.o.*** auf j-n losstürzen; ~ ***in*** hereinstürzen, -stürmen; ~ ***into extremes*** *fig.* ins Extrem verfallen: ~ ***through*** a) hasten durch, b) *et.* hastig erledigen *etc.*; ***an idea ~ed into my mind*** ein Gedanke schoß mir durch den Kopf; ***blood ~ed to her face*** das Blut schoß ihr ins Gesicht; **2.** (da'hin)brausen (*Wind*); **3.** *fig.* sich (*vorschnell*) stürzen (***into*** in *od.* auf *acc.*); → ***conclusion*** 3, ***print*** 13; **II** *v/t.* **4.** (an)treiben, drängen, hetzen, jagen: ***I refuse to be ~ed*** ich lasse mich nicht drängen; ~ ***up prices*** *Am.* die Preise in die Höhe treiben; ***be ~ed for time*** F unter Zeitdruck stehen; **5.** schnell *od.* auf dem schnellsten Wege *wohin* bringen *od.* schaffen: ~ ***s.o. to the hospital***; **6.** schnell erledigen, *Arbeit etc.* her'unterhasten, hinhauen: ~ ***a bill*** (***through***) e-e Gesetzesvorlage durchpeitschen; **7.** über'stürzen, -'eilen; **8.** losstürmen auf (*acc.*), angreifen; **9.** im Sturm nehmen (*a. fig.*), stürmen (*a. fig.*): ~ ***s.o. off his feet*** j-n in Trab halten; **10.** über *ein Hindernis* hin'wegsetzen; **11.** *Am. sl.* mit Aufmerksamkeiten über'häufen, um'werben; **12.** *Brit. sl.* ‚neppen', ‚bescheißen' (**£5** um 5 Pfund); **III** *s.* **13.** Vorwärtsstürmen *n*, Da'hinschießen *n*; Brausen *n* (*Wind*): ***on the*** ~ F in aller Eile; ***with a*** ~ plötzlich; **14.** ⚔ a) Sturm *m*, b) Sprung *m*: ***by ~es*** sprungweise; **15.** *American Football*: Vorstoß *m*, 'Durchbruch *m*; **16.** *fig.* a) (An)Sturm *m* (***for*** auf *acc.*), b) (Massen)Andrang *m*, c) *a.* ✝ stürmische Nachfrage (***on*** *od.* ***for*** nach): ***make a*** ~ ***for*** losstürzen auf (*acc.*); **17.** ⚕ a) (Blut)Andrang *m*, b) (Adrena'lin- *etc.*)Stoß *m*; **18.** *fig.* plötzlicher Ausbruch (*von Tränen etc.*); plötzliche Anwandlung, Anfall *m*: ~ ***of pity***; **19.** a) Drang *m der Geschäfte*, ‚Hetze' *f*, b) Hochbetrieb *m*, -druck *m*, c) Über'häufung *f* (***of*** mit *Arbeit*); ~ **hour** *s.* Hauptverkehrs-, Stoßzeit *f*; **'~-ˌhour** *adj.* Hauptverkehrs..., Stoß...: ~ ***traffic*** Stoßverkehr *m*; ~ **job** *s.* eilige Arbeit, dringende Sache; ~ **or·der** *s.* ✝ Eilauftrag *m.*

rusk [rʌsk] *s.* **1.** Zwieback *m*; **2.** Sandkuchengebäck *n.*

rus·set ['rʌsɪt] **I** *adj.* **1.** a) rostbraun, b) rotgelb, -grau; **2.** *obs.* grob; **II** *s.* **3.** a) Rostbraun *n*, b) Rotgelb *n*, -grau *n*; **4.** grobes handgewebtes Tuch; **5.** Boskop *m* (*rötlicher Winterapfel*).

Rus·sia leath·er ['rʌʃə] *s.* Juchten(leder) *n*; **'Rus·sian** [-ʃn] **I** *s.* **1.** Russe *m*, Russin *f*; **2.** *ling.* Russisch *n*; **II** *adj.* **3.** russisch; **'Rus·sian·ize** [-ʃənaɪz] *v/t.* russifizieren.

Russo- [rʌsəʊ] *in Zssgn* a) russisch, b) russisch-...

rust [rʌst] **I** *s.* **1.** Rost *m* (*a. fig.*): ***gather*** ~ Rost ansetzen; **2.** Rost- *od.* Moderfleck *m*; **3.** ⚘ a) Rost *m*, Brand *m*, b) *a.* ***~-fungus*** Rostpilz *m*; **II** *v/i.* **4.** (ver-) rosten, einrosten (*a. fig.*), rostig werden; **5.** moderfleckig werden; **III** *v/t.* **6.** rostig machen; **7.** *fig.* einrosten lassen.

rus·tic ['rʌstɪk] **I** *adj.* ☐ (***~ally***) **1.** ländlich, rusti'kal, Land..., Bauern...; **2.** simpel, schlicht, anspruchslos; **3.** grob, ungehobelt, bäurisch; **4.** rusti'kal, roh (gearbeitet): ~ ***furniture***; **5.** ⚠ a) Rustika..., b) mit Bossenwerk verziert; **6.** *typ.* unregelmäßig geformt; **II** *s.* **7.** (einfacher) Bauer, Landmann *m*; **8.** *fig.* Bauer *m*; **'rus·ti·cate** [-keɪt] **I** *v/i.* **1.** auf dem Lande leben; **2.** a) ein ländliches Leben führen, b) verbauern; **II** *v/t.*

3. aufs Land senden; **4.** *Brit. univ.* relegieren, (zeitweilig) von der Universi'tät verweisen; **5.** ⚠ mit Bossenwerk verzieren; **rus·ti·ca·tion** [ˌrʌstɪ'keɪʃn] *s.* **1.** Landaufenthalt *m*; **2.** Verbauerung *f*; **3.** *Brit. univ.* (zeitweise) Relegati'on; **rus·tic·i·ty** [rʌ'stɪsətɪ] *s.* **1.** ländlicher Cha'rakter; **2.** grobe *od.* bäurische Art; **3.** (ländliche) Einfachheit.

rus·tic| ware *s.* hellbraune Terra'kotta; **~ work** *s.* **1.** ⚠ Bossenwerk *n*, Rustika *f*; **2.** *roh gezimmerte Möbel etc.*

rust·i·ness ['rʌstɪnɪs] *s.* **1.** Rostigkeit *f*; **2.** *fig.* Eingerostetsein *n.*

rus·tle ['rʌsl] **I** *v/i.* **1.** rascheln (*Blätter etc.*), rauschen, knistern (*Seide etc.*); **2.** *Am. sl.* ‚rangehen', (e'nergisch) zupakken; **II** *v/t.* **3.** rascheln mit (*od.* in *dat.*), rascheln machen; **4.** *Am. sl. Vieh* stehlen; **5. ~ up** F a) *et.* ‚organisieren', auftreiben, b) *Essen* ‚zaubern'; **III** *s.* **6.** Rauschen *n*, Rascheln *n*, Knistern *n*; **'rus·tler** [-lə] *s. Am. sl.* **1.** Viehdieb *m*; **2.** Mordsanstrengung *f.*

rust·less ['rʌstlɪs] *adj.* rostfrei, nicht rostend: **~ *steel.***

rust·y ['rʌstɪ] *adj.* □ **1.** rostig, verrostet; **2.** *fig.* eingerostet (*Kenntnisse etc.*); **3.** rostfarben; **4.** ⚘ vom Rost(pilz) befallen; **5.** schäbig (*Kleidung*); **6.** rauh (*Stimme*).

rut¹ [rʌt] **I** *s.* **1.** (Wagen-, Rad)Spur *f*, Furche *f*; **2.** *fig.* altes Geleise, alter Trott: ***be in a ~*** sich in ausgefahrenem Gleis bewegen; ***get into a ~*** in e-n (immer gleichen) Trott verfallen; **II** *v/t.* **3.** furchen.

rut² [rʌt] *zo.* **I** *s.* **1.** a) Brunst *f*, b) Brunft *f* (*Hirsch*); **2.** Brunst-, Brunftzeit *f*; **II** *v/i.* **3.** brunften, brunsten.

ru·ta·ba·ga [ˌru:tə'beɪgə] *s.* ⚘ *Am.* Gelbe Kohlrübe.

Ruth¹ [ru:θ], *a.* **book of ~** *s. bibl.* (das Buch) Ruth *f.*

ruth² [ru:θ] *s. obs.* Mitleid *n.*

ruth·less ['ru:θlɪs] *adj.* □ **1.** unbarmherzig, mitleidlos; **2.** rücksichts-, skrupellos; **'ruth·less·ness** [-nɪs] *s.* **1.** Unbarmherzigkeit *f*; **2.** Rücksichts-, Skrupellosigkeit *f.*

rut·ting ['rʌtɪŋ] *zo.* **I** *s.* Brunst *f*; **II** *adj.* Brunst..., Brunft...: **~ *time***; **rut·tish** ['rʌtɪʃ] *adj. zo.* brunftig, brünstig.

rut·ty ['rʌtɪ] *adj.* durch'furcht, ausgefahren (*Weg*).

rye [raɪ] *s.* **1.** ⚘ Roggen *m*; **2.** *a.* **~-*whisky*** Roggenwhisky *m.*

S

S, **s** [es] *s.* S *n*, s *n* (*Buchstabe*).

's [z] **1.** F *für* ***is***: ***he's here***; **2.** F *für* ***has***: ***she's just come***; **3.** [s] F *für* ***us***: ***let's go***; **4.** [s] F *für* ***does***: ***what's he think about it?***

Sab·bath ['sæbəθ] *s.* Sabbat *m*; *weitS.* ≈ Sonn-, Ruhetag *m*: ***break*** (***keep***) ***the ~*** den Sabbat entheiligen (heiligen); ***witches' ~*** Hexensabbat; **'~ˌbreak·er** *s.* Sabbatschänder(in).

Sab·bat·ic [sə'bætɪk] *adj.* (□ ***~ally***) → ***sabbatical*** I; **sab'bat·i·cal** [-kl] **I** *adj.* □ ≈ Sabbat…; **II** *s. a.* ***~ year*** a) Sabbatjahr *n*, b) *univ.* Ferienjahr *n e-s Professors.*

sa·ber ['seɪbə] *Am.* → ***sabre***.

sa·ble ['seɪbl] **I** *s.* **1.** *zo.* a) Zobel *m*, b) (*bsd.* Fichten)Marder *m*; **2.** Zobelfell *n*, -pelz *m*; **3.** *her.* Schwarz *n*; **4.** *mst pl. poet.* Trauer(kleidung) *f*; **II** *adj.* **5.** Zobel…; **6.** *her.* schwarz; **7.** *poet.* schwarz, finster.

sa·bot ['sæbəʊ] *s.* **1.** Holzschuh *m*; **2.** ⚔ Geschoß-, Führungsring *m*.

sab·o·tage ['sæbətɑːʒ] **I** *s.* Sabo'tage *f*; **II** *v/t.* sabotieren; **III** *v/i.* Sabo'tage treiben; **sa·bo·teur** [ˌsæbə'tɜː] (*Fr.*) *s.* Sabo'teur *m*.

sa·bre ['seɪbə] **I** *s.* **1.** Säbel *m*: ***rattle the ~*** *fig.* mit dem Säbel rasseln; **2.** ⚔ *hist.* Kavalle'rist *m*; **II** *v/t.* **3.** niedersäbeln; **~ rat·tling** *s. fig.* Säbelrasseln *n*.

sab·u·lous ['sæbjʊləs] *adj.* sandig, Sand…: ***~ urine*** ⚕ Harngrieß *m*.

sac [sæk] *s.* **1.** ⚘, *anat.*, *zo.* Sack *m*, Beutel *m*; **2.** ⚙ (Tinten)Sack *m* (*Füllhalter*).

sac·cha·rate ['sækəreɪt] *s.* ⚗ Saccha'rat *n*; **sac·char·ic** [sə'kærɪk] *adj.* ⚗ Zukker…: ***~ acid***; **sac·cha·rif·er·ous** [ˌsækə'rɪfərəs] *adj.* ⚗ zuckerhaltig *od.* -erzeugend; **sac·char·i·fy** [sə'kærɪfaɪ] *v/t.* **1.** verzuckern, saccharifizieren; **2.** süßen; **sac·cha·rim·e·ter** [ˌsækə'rɪmɪtə] *s.* Zuckermesser *m*, Sacchari'meter *n*.

sac·cha·rin(e) ['sækərɪn] *s.* ⚗ Saccha'rin *n*; **'sac·cha·rine** [-raɪn] *adj.* **1.** Zucker…, Süßstoff…: **2.** *fig.* süßlich: ***a ~ smile***; **'sac·cha·roid** [-rɔɪd] *adj.* ⚗, *min.* zuckerartig, körnig; **sac·cha·rom·e·ter** [ˌsækə'rɒmɪtə] → ***saccharimeter***; **'sac·cha·rose** [-rəʊs] *s.* ⚗ Rohrzucker *m*, Saccha'rose *f*.

sac·cule ['sækjuːl] *s. bsd. anat.* Säckchen *n*.

sac·er·do·tal [ˌsæsə'dəʊtl] *adj.* □ priesterlich, Priester…; **ˌsac·er'do·tal·ism** [-təlɪzəm] *s.* **1.** Priestertum *n*; **2.** *contp.* Pfaffentum *n*.

sa·chem ['seɪtʃəm] *s.* **1.** Indi'anerhäuptling *m*; **2.** *Am. humor.* ‚großes Tier', *bsd. pol.* ‚Par'teiboß' *m*.

sa·chet ['sæʃeɪ] *s.* **1.** Säckchen *n*, Tütchen *n*; **2.** Duftkissen *n*.

sack¹ [sæk] **I** *s.* **1.** Sack *m*; **2.** F ‚Laufpaß' *m*: ***get the ~*** a) ‚fliegen', ‚an die Luft gesetzt (*entlassen*) werden', b) *von e-m Mädchen* den Laufpaß bekommen; ***give s.o. the ~*** → 7; **3.** *Am.* a) (Verpackungs)Beutel *m*, Tüte *f*, b) Beutel (-inhalt) *m*; **4.** a) 'Umhang *m*, b) (kurzer) loser Mantel, c) → ***sack coat***, ***sack dress***; **5.** *sl.* ‚Falle' *f*, ‚Klappe' *f* (*Bett*): ***hit the ~*** sich ‚hinhauen'; **II** *v/t.* **6.** einsacken, in Säcke *od.* Beutel abfüllen; **7.** F a) *j-n* ‚rausschmeißen' (*entlassen*), b) *e-m Liebhaber* den Laufpaß geben.

sack² [sæk] **I** *s.* Plünderung *f*: ***put to ~*** → **II** *v/t. Stadt etc.* (aus)plündern.

sack³ [sæk] *s.* heller Südwein.

'sack|·but [-bʌt] *s.* ♪ **1.** *hist.* 'Zugpoˌsaune *f*; **2.** *bibl.* Harfe *f*; **'~·cloth** *s.* Sackleinen *n*: ***in ~ and ashes*** *fig.* in Sack u. Asche *Buße tun od. trauern*; **~ coat** *s. Am.* Sakko *m*, *n*; **~ dress** *s.* Sackkleid *n*; **'~·ful** [-fʊl] *pl.* **-fuls** *s.* Sack(voll) *m*; **~ race** *s.* Sackhüpfen *n*.

sa·cral ['seɪkrəl] **I** *adj.* **1.** *eccl.* sa'kral, Sakral…; **2.** *anat.* Sakral…, Kreuz(bein)…; **II** *s.* **3.** Sa'kralwirbel *m*; **4.** Sa'kralnerv *m*.

sac·ra·ment ['sækrəmənt] *s.* **1.** *eccl.* Sakra'ment *n*: ***the*** (***Blessed*** *od.* ***Holy***) ***~*** a) das (heilige) Abendmahl, b) *R.C.* die heilige Kommunion; ***the last ~s*** die Sterbesakramente; **2.** Sym'bol *n* (***of*** für); **3.** My'sterium *n*; **4.** feierlicher Eid; **sac·ra·men·tal** [ˌsækrə'mentl] **I** *adj.* □ sakramen'tal, Sakraments…; *fig.* heilig, weihevoll; **II** *s. R.C.* heiliger *od.* sakramen'taler Ritus *od.* Gegenstand; *pl.* Sakramen'talien *pl.*

sa·cred ['seɪkrɪd] *adj.* □ **1.** *eccl. u. fig.* heilig (*a. Andenken*, *Pflicht*, *Recht etc.*), geheiligt, geweiht (***to*** *dat.*): ***~ cow*** *fig.* ‚heilige Kuh'; **2.** geistlich, kirchlich, Kirchen… (*Dichtung*, *Musik*); **'sa·cred·ness** [-nɪs] *s.* Heiligkeit *f*.

sac·ri·fice ['sækrɪfaɪs] **I** *s.* **1.** *eccl. u. fig.* a) Opfer *n* (*Handlung u. Sache*), b) *fig.* Aufopferung *f*; Verzicht *m* (***of*** auf *acc.*): ***~ of the Mass*** Meßopfer *n*; ***the great*** (*od.* ***last***) ***~*** das höchste Opfer, *bsd.* der Heldentod; ***make a ~ of*** *et.* opfern; ***make ~s*** → 6; ***at some ~ of accuracy*** unter einigem Verzicht auf Genauigkeit; **2.** ☿ Verlust *m*: ***sell at a ~*** → 4; **II** *v/t.* **3.** *eccl. u. fig.*, *a. Schach*: opfern (***to*** *dat.*): ***~ one's life***; **4.** ☿ mit Verlust verkaufen; **III** *v/i.* **5.** *eccl.* opfern; **6.** *fig.* Opfer bringen; **sac·ri·fi·cial** [ˌsækrɪ'fɪʃl] *adj.* □ **1.** *eccl.* Opfer…; **2.** aufopferungsvoll.

sac·ri·lege ['sækrɪlɪdʒ] *s.* Sakri'leg *n*: a) Kirchenschändung *f*, -raub *m*, b) Entweihung *f*, c) *allg.* Frevel *m*; **sac·ri·le·gious** [ˌsækrɪ'lɪdʒəs] *adj.* □ sakri'legisch, *allg.* frevlerisch.

sa·crist ['seɪkrɪst], **sac·ris·tan** ['sækrɪstən] *s. eccl.* Sakri'stan *m*, Mesner *m*, Küster *m*; **sac·ris·ty** ['sækrɪstɪ] *s. eccl.* Sakri'stei *f*.

sac·ro·sanct ['sækrəʊsæŋkt] *adj.* (*a. iro.*) sakro'sankt, hochheilig.

sa·crum ['seɪkrəm] *s. anat.* Kreuzbein *n*, Sakrum *n*.

sad [sæd] *adj* □ → ***sadly***; **1.** (***at***) traurig (über *acc.*), bekümmert, niedergeschlagen (wegen); melan'cholisch: ***a ~der and a wiser man*** j-d, der durch Schaden klug geworden ist; **2.** traurig (*Pflicht*), tragisch (*Unfall etc.*): ***~ to say*** bedauerlicherweise; **3.** schlimm, arg (*Zustand*); **4.** *contp.* elend, mise'rabel, jämmerlich, F arg, ‚furchtbar': ***a ~ dog*** ein mieser Kerl; **5.** dunkel, matt (*Farbe*); **6.** teigig, klitschig: ***~ bread***; **sad·den** ['sædn] **I** *v/t.* traurig machen, betrüben; **II** *v/i.* traurig werden (***at*** über *acc.*).

sad·dle ['sædl] **I** *s.* **1.** (*Pferde-*, *Fahrrad-etc.*)Sattel *m*: ***in the ~*** im Sattel, *fig.* fest im Sattel, im Amt, an der Macht; ***put the ~ on the wrong*** (***right***) ***horse*** *fig.* die Schuld dem Falschen (Richtigen) geben *od.* zuschreiben; **2.** a) (*Pferde*)Rücken *m*, b) Rücken(stück *n*) *m* (*Schlachtvieh etc.*): ***~ of mutton*** Hammelrücken; **3.** (Berg)Sattel *m*; **4.** Buchrücken *m*; **5.** ⚙ a) Querholz *n*, b) Bettschlitten *m*, Sup'port *m* (*Werkzeugmaschine*), c) Lager *n*, d) Türschwelle *f*; **II** *v/t.* **6.** *Pferd* satteln; **7.** *bsd. fig.* a) belasten, b) *Aufgabe etc.* aufbürden, -halsen (***on***, ***upon*** *dat.*), c) *et.* zur Last legen (***on***, ***upon*** *dat.*); **'~·back** *s.* **1.** Bergsattel *m*; **2.** △ Satteldach *n*; **3.** *zo. Tier mit sattelförmiger Rückenzeichnung*, *bsd.* a) Nebelkrähe *f*, b) männliche Sattelrobbe; **4.** hohlrückiges Pferd; **'~·backed** *adj.* **1.** hohlrückig (*Pferd etc.*); **2.** sattelförmig; **'~·bag** *s.* Satteltasche *f*; **~ blan·ket** *s.* Woilach *m*; **~ horse** *s.* Reitpferd *n*; **'~·nose** *s.* Sattelnase *f*.

sad·dler·y ['sædlərɪ] *s.* **1.** Sattle'rei *f*; **2.** Sattelzeug *n*.

sad·ism ['seɪdɪzəm] *s. psych.* Sa'dismus *m*; **'sad·ist** [-ɪst] **I** *s.* Sa'dist(in); **II** *adj.* → **sa·dis·tic** [sə'dɪstɪk] *adj.* (□ ***~ally***) sa'distisch.

sad·ly ['sædlɪ] *adv.* **1.** traurig, betrübt; **2.** *a.* ***~ enough*** unglücklicherweise, leider; **3.** erbärmlich, arg, schmählich *ver-*

nachlässigt etc.
sad·ness ['sædnɪs] *s.* Traurigkeit *f.*
sa·fa·ri [sə'fɑːrɪ] *s.* (**on ~** auf) Sa'fari *f.*
safe [seɪf] **I** *adj.* □ **1.** sicher (**from** vor *dat.*): **we are ~ now** jetzt sind wir in Sicherheit; **keep s.th. ~** et. sicher aufbewahren; **better to be ~ than sorry!** ‚Vorsicht ist die Mutter der Porzellankiste!'; **2.** sicher, unversehrt, heil; außer Gefahr (*a. Patient*): **~ and sound** heil u. gesund *ankommen etc.*; **3.** sicher, ungefährlich: **~ period** ⚕ unfruchtbare Tage *pl.* (*der Frau*); **~ (to operate)** ⚙ betriebssicher; **~ stress** ⚙ zulässige Beanspruchung; **the rope is ~** das Seil hält; **is it ~ to go there?** ist es ungefährlich, da hinzugehen?; **in ~ custody** → 7; **as ~ as houses** F absolut sicher; **it is ~ to say** man kann (ruhig) sagen; **to be on the ~ side** um ganz sicher zu gehen; → **play** 9; **4.** vorsichtig (*Fahrer*, *Schätzung etc.*); **5.** sicher, zuverlässig: **a ~ leader**, **a ~ method**; **6.** sicher, wahrscheinlich: **a ~ winner**, **he is ~ to be there** er wird sicher *od.* bestimmt da sein; **7.** in sicherem Gewahrsam (*a. Verbrecher*); **II** *s.* **8.** Safe *m*, Tre'sor *m*, Geldschrank *m*; **9.** → **meat-safe**; **'~ˌblow·er**, **'~ˌcrack·er** *s.* F Geldschrankknacker *m*; **~ con·duct** *s.* **1.** Geleitbrief *m*; **2.** freies *od.* sicheres Geleit; **~ de·pos·it** *s.* Stahlkammer *f*, Tre'sor(raum) *m*; **'~-deˌpos·it box** *s.* Tre'sor(fach *n*) *m*, Safe *m*; **'~·guard I** *s.* Sicherung *f*: a) Schutz (**against** gegen, vor *dat.*), Vorsichtsmaßnahme *f* (gegen), b) Sicherheitsklausel *f*, c) ⚙ Schutzvorrichtung *f*; **II** *v/t.* sichern, schützen; *Interessen* wahrnehmen: **~ing duty** Schutzzoll *m*; **~ keep·ing** *s.* sichere Verwahrung, Gewahrsam *m.*
safe·ness ['seɪfnɪs] → **safety** 1–3.
safe·ty ['seɪftɪ] *s.* **1.** Sicherheit *f*: **be in ~**; **jump to ~** sich durch e-n Sprung retten; **2.** Sicherheit *f*, Gefahrlosigkeit *f*: **~ (of operation)** ⚙ Betriebssicherheit; **~ glass** Sicherheitsglas *n*; **~ measure** Sicherheitsmaßnahme *f*, -vorkehrung *f*; **~ in flight** ✈ Flugsicherheit; **~ on the road** Verkehrssicherheit; **there is ~ in numbers** zu mehreren ist man sicherer; **~ first!** Sicherheit über alles!; **~ first scheme** Unfallverhütungsprogramm *n*; **play for ~** sichergehen (wollen), Risiken vermeiden; **3.** Sicherheit *f*, Zuverlässigkeit *f*, Verläßlichkeit *f* (*Mechanismus*, *Verfahren etc.*); **4.** *a.* **~ device** ⚙ Sicherung *f*, Schutz-, Sicherheitsvorrichtung *f*; **5.** Sicherung(sflügel *m*) *f* (*Gewehr etc.*): **at ~** gesichert; **~ belt** *s.* **1.** Rettungsgürtel *m*; **2.** ✈, *mot.* Sicherheitsgurt *m*; **~ bolt** *s.* ⚙, ⚔ Sicherheitsbolzen *m*; **~ buoy** *s.* Rettungsboje *f*; **~ catch** *s.* **1.** ⚙ Sicherung *f* (*Lift etc.*); **2.** Sicherungsflügel *m* (*Gewehr etc.*): **release the ~** entsichern; **~ curtain** *s. thea.* eiserner Vorhang; **~ fuse** *s.* **1.** ⚙ Sicherheitszünder *m*, -zündschnur *f*; **2.** ⚡ a) (Schmelz)Sicherung *f*, b) Sicherheitsausschalter *m*; **~ is·land** *s.* Verkehrsinsel *f*; **~ lamp** *s.* ⚒ Grubenlampe *f*; **~ lock** *s.* **1.** Sicherheitsschloß *n*; **2.** Sicherung *f* (*Gewehr*, *Mine etc.*); **~ match** *s.* Sicherheitszündholz *n*; **~ net** *s. Zirkus etc.* (*a. fig. soziales*) Netz; **~ pin** *s.* Sicherheitsnadel *f*; **~ ra·zor** *s.* Ra'sierappaˌrat *m*; **~ rules** *pl.* ⚙ Sicherheits-, Unfallverhütungsvorschriften *pl.*; **~ sheet** *s.* Sprungtuch *n* (*Feuerwehr*); **~ valve** *s.* **1.** ⚙ 'Überdruck-, 'Sicherheitsvenˌtil *n*; **2.** *fig.* Ven'til *n*: **sit on the ~** Unterdrückungspolitik treiben; **~ zone** *s.* Verkehrsinsel *f.*
saf·fi·an ['sæfjən] *s.* Saffian(leder *n*) *m.*
saf·flow·er ['sæflaʊə] *s.* **1.** ⚘ Sa'flor *m*, Färberdistel *f*; **2.** getrocknete Sa'florblüten *pl.*: **~ oil** Safloröl *n.*
saf·fron ['sæfrən] *s.* **1.** ⚘ echter Safran; **2.** *pharm.*, *Küche*: Safran *m*; **3.** Safrangelb *n.*
sag [sæg] **I** *v/i.* **1.** sich senken, ab-, 'durchsacken; *bsd.* ⚙ 'durchhängen; **2.** (he'rab)hängen (*a. Unterkiefer etc.*): **~ging shoulders** hängende *od.* abfallende Schultern; **3.** schief hängen (*Rocksaum etc.*); **4.** *fig.* sinken, nachlassen, abfallen; ✝ nachgeben (*Markt*, *Preise*): **~ging spirits** sinkender Mut; **5.** ⚓ (*mst* **~ to leeward** nach Lee) (ab-) treiben; **II** *s.* **6.** 'Durch-, Absacken *n*; **7.** Senkung *f*; ⚙ 'Durchhang *m*; **8.** ✝ (Preis)Abschwächung *f.*
sa·ga ['sɑːgə] *s.* **1.** Saga *f* (*Heldenerzählung*); **2.** Sage *f*, Erzählung *f*; **3.** *a.* **~ novel** Fa'milienroˌman *m.*
sa·ga·cious [sə'geɪʃəs] *adj.* □ scharfsinnig, klug (*a. Tier*); **sa·gac·i·ty** [sə'gæsɪtɪ] *s.* Scharfsinn *m.*
sage[1] [seɪdʒ] **I** *s.* Weise(r) *m*; **II** *adj.* □ weise, klug, verständig.
sage[2] [seɪdʒ] *s.* ⚘ Salbei *m*, *f*: **~ tea.**
Sag·it·ta·ri·us [ˌsædʒɪ'teərɪəs] *s. ast.* Schütze *m.*
sa·go ['seɪgəʊ] *s.* Sago *m.*
said [sed; səd] **I** *pret. u. p.p. von* **say**: **he is ~ to have been ill** er soll krank gewesen sein; es heißt, er sei krank gewesen; **II** *adj. bsd.* ⚖ vorerwähnt, besagt.
sail [seɪl] **I** *s.* **1.** ⚓ a) Segel *n*, b) *coll.* Segel(werk *n*) *pl.*: **make ~** a) die Segel (bei)setzen, b) mehr Segel beisetzen, c) *a.* **set ~** unter Segel gehen, auslaufen (**for** nach); **take in ~** a) Segel einholen, b) *fig.* zurückstecken; **under ~** unter Segel, auf der Fahrt; **under full ~** mit vollen Segeln; → **trim** 9; **2.** ⚓ (Segel-) Schiff(e *pl.*) *n*: **a fleet of 20 ~**; **~ ho!** Schiff ho! (*in Sicht*); **3.** ⚓ Fahrt *f*: **have a ~** segeln gehen; **4.** ⚙ a) Segel *n e-s Windmühlenflügels*, b) Flügel *m e-r Windmühle*; **II** *v/i.* **5.** a) *allg.* mit e-m Schiff *od.* zu Schiff fahren *od.* reisen, b) fahren (*Schiff*), c) *bsd. sport* segeln; → **wind**[1] 1; **6.** ⚓ a) auslaufen (*Schiff*), b) abfahren, -segeln (**for** *od.* **to** nach): **ready to ~** seeklar; **7.** a) ✈ fliegen, b) *a.* **~ along** *fig.* da'hinschweben, (-)segeln (*Wolke*, *Vogel*); **8.** *fig.* (*bsd. stolz*) schweben, ‚rauschen', schreiten; **9. ~ in** F ‚sich ranmachen', zupacken; **10. ~ into** F a) *j-n od. et.* attackieren, 'herfallen über (*acc.*), b) ‚rangehen' an (*acc.*), *et.* tüchtig anpacken; **III** *v/t.* **11.** durch'segeln, befahren; **12.** *Segelboot* segeln, *allg. Schiff* steuern; **13.** *poet.* durch *die Luft* schweben; **'~·boat** → **sailing boat.**
sail·er ['seɪlə] *s.* ⚓ Segler *m* (*Schiff*).
sail·ing ['seɪlɪŋ] **I** *s.* **1.** ⚓ (Segel-) Schiffahrt *f*, Navigati'on *f*: **plain** (*od.* **smooth**) **~** *fig.* ‚klare Sache'; **from now on it is all plain ~** von jetzt an geht alles glatt (über die Bühne); **2.** Segelsport *m*, Segeln *n*; **3.** Abfahrt *f* (**for** nach); **II** *adj.* **4.** Segel...; **~ boat** *s.* Segelboot *n*; **~ mas·ter** *s.* Navi'gator *m e-r Jacht*; **~ or·ders** *s. pl.* ⚓ **1.** Fahrtauftrag *m*; **2.** Befehl *m* zum Auslaufen; **~ ship**, **~ ves·sel** *s.* ⚓ Segelschiff *n.*
sail loft *s.* ⚓ Segelmacherwerkstatt *f* (*an Bord*).
sail·or ['seɪlə] *s.* **1.** Ma'trose *m*, Seemann *m*: **~ hat** Matrosenhut *m*; **~s' home** Seemannsheim *n*; **~'s knot** Schifferknoten *m*; **2.** *von Seereisenden*: **be a good ~** seefest sein; **be a bad ~** leicht seekrank werden; **3.** Ma'trosenanzug *m od.* -hut *m für Kinder*; **'sail·or·ly** [-lɪ] *adj.* seemännisch.
'sail·plane I *s.* Segelflugzeug *n*; **II** *v/i.* segelfliegen.
saint [seɪnt] **I** *s.* (*vor Eigennamen* ꙍ, *abbr.* **St** *od.* **S** [snt]) *eccl.* (*a. fig.*, *iro. a.* **~ on wheels**) Heilige(r *m*) *f*: **St Bernard (dog)** Bernhardiner *m* (*Hund*); **St Anthony's fire** ⚕ *die* Wundrose; **St Elmo's fire** *meteor. das* Elmsfeuer; **(the Court of) St James('s)** der brit. Hof; **St-John's-wort** ⚘ *das* Johanniskraut; **St Monday** *Brit.* F ‚blauer Montag'; **St Martin's summer** Altweibersommer *m*; **St Paul's** *die* Paulskathedrale (*in London*); **St Peter's** *die* Peterskirche (*in Rom*); **St Valentine's day** *der* Valentinstag; **St Vitus's dance** ⚕ *der* Veitstanz; **II** *v/t.* heiligsprechen; **III** *v/i. mst* **~ it** a) wie ein Heiliger leben, b) den Heiligen spielen; **'saint·ed** [-tɪd] *p.p. u. adj.* **1.** *eccl.* heilig(gesprochen); **2.** heilig, fromm; **3.** anbetungswürdig; **4.** geheiligt, geweiht (*Ort*); **5.** selig (*Verstorbener*); **'saint·hood** [-hʊd] *s.* (Stand *m* der) Heiligkeit *f.*
'saint·like → **saintly.**
saint·li·ness ['seɪntlɪnɪs] *s.* Heiligkeit *f* (*a. iro.*); **saint·ly** ['seɪntlɪ] *adj.* **1.** heilig; **2.** fromm; **3.** heiligmäßig (*Leben*).
saith [seθ] *obs. od. poet. 3. sg. pres. von* **say.**
sake [seɪk] *s.*: **for the ~ of** um ... (*gen.*) willen, *j-m* zuliebe; wegen (*gen.*), halber (*gen.*): **for heaven's ~** um Himmels willen; **for his ~** ihm zuliebe, seinetwegen; **for my own ~ as well as yours** um meinetwillen ebenso wie um deinetwillen; **for peace(')** **~** um des lieben Friedens willen; **for old times' ~**, **for old ~'s ~** eingedenk alter Zeiten.
sal [sæl] *s.* ⚗, *pharm.* Salz *n*: **~ ammoniac** Salmiak(salz) *n.*
sa·laam [sə'lɑːm] **I** *s.* Selam *m* (*orientalischer Gruß*); **II** *v/t. u. v/i.* mit e-m Selam *od.* e-r tiefen Verbeugung (be-) grüßen.
sal·a·bil·i·ty [ˌseɪlə'bɪlətɪ] *s.* ✝ Verkäuflichkeit *f*, Marktfähigkeit *f*; **sal·a·ble** ['seɪləbl] *adj.* □ ✝ **1.** verkäuflich; **2.** marktfähig, gangbar.
sa·la·cious [sə'leɪʃəs] *adj.* □ **1.** geil, lüstern; **2.** ob'szön, zotig; **sa'la·cious·ness** [-nɪs], **sa·lac·i·ty** [sə'læsətɪ] *s.* **1.** Geilheit *f*, Wollust *f*; **2.** Obszöni'tät *f.*
sal·ad ['sæləd] *s.* **1.** Sa'lat *m* (*a. fig. Durcheinander*); **2.** ⚘ Sa'lat(gewächs *n*, -pflanze *f*) *m*; **~ days** *s. pl.*: **in my ~** in m-n wilden Jugendtagen; **~ dress·ing** *s.* Sa'latsoße *f*; **~ oil** *s.* Sa'latöl *n.*
sal·a·man·der ['sæləˌmændə] *s.* **1.** *zo.* Sala'mander *m*; **2.** Sala'mander *m* (*Feu-*

ergeist); **3.** *j-d der große Hitze ertragen kann*; **4.** a) rotglühendes (Schür)Eisen (*zum Anzünden*), b) *glühende Eisenschaufel, die über Gebäck gehalten wird, um es zu bräunen*; **5.** *metall.* Ofensau *f.*

sa·la·mi [sə'lɑːmɪ] *s.* Sa'lami *f*; **~ tac·tics** *s. pl. pol.* Sa'lamitaktik *f.*

sa·lar·i·at [sə'leərɪæt] *s.* (Klasse *f* der) Gehaltsempfänger *pl.*

sal·a·ried ['sælərɪd] *adj.* **1.** (fest)bezahlt, festangestellt: **~ *employee*** Gehaltsempfänger(in), Angestellte(r *m*) *f*; **2.** bezahlt (*Stellung*); **sal·a·ry** ['sælərɪ] **I** *s.* Gehalt *n*, Besoldung *f*; **II** *v/t.* (mit e-m Gehalt) bezahlen, *j-m* ein Gehalt zahlen.

sale [seɪl] *s.* **1.** Verkauf *m*, -äußerung *f*: ***by private* ~** unter der Hand; ***for* ~** zu verkaufen; ***not for* ~** unverkäuflich; ***be on* ~** angeboten *od.* verkauft werden; ***forced* ~** Zwangsverkauf *m*; **~ *of work*** Basar *m*; **2.** ✝ Verkauf *m*, Vertrieb *m*; → ***return*** 23; **3.** ✝ Ab-, 'Umsatz *m*, Verkaufsziffer *f*: ***slow* ~** schleppender Absatz; ***meet with a ready* ~** schnellen Absatz finden, gut ‚gehen'; **4.** (öffentliche) Versteigerung, Aukti'on *f*: ***put up for* ~** versteigern, meistbietend verkaufen; **5.** ✝ *a. pl.* (Sai'son)Schlußverkauf *m*; **sale·a·bil·i·ty** *etc. bsd. Brit.* → ***salability*** *etc.*; **'sale·room** → ***salesroom***.

sales| ac·count [seɪlz] *s.* ✝ Verkaufskonto *n*; **~ a·gent** *s.* (Handels)Vertreter *m*; **~ ap·peal** *s.* Zugkraft *f e-r Ware*; **'~·clerk** *s.* ✝ *Am.* (Laden)Verkäufer (-in); **~ de·part·ment** *s.* ✝ Verkauf(sabteilung *f*) *m*; **~ drive** *s.* ✝ Ver'kaufskam,pagne *f*; **~ en·gi·neer** *s.* ✝ Ver'kaufsingeni,eur *m*; **~ fi·nance com·pa·ny** *s. Am.* **1.** Absatzfinanzierungsgesellschaft *f*; **2.** 'Teilzahlungskre,ditinsti,tut *n*; **'~·girl** *s.* (Laden)Verkäuferin *f*; **'~,la·dy** *Am.* → ***saleswoman***; **'~·man** [-mən] *s.* [*irr.*] **1.** ✝ a) Verkäufer *m*, b) *Am.* (Handlungs)Reisende(r) *m*, (Handels)Vertreter *m*; **2.** *fig. Am.* Reisende(r) *m* (***of*** in *dat.*); **~ man·ag·er** *s.* ✝ Verkaufsleiter *m.*

sales·man·ship ['seɪlzmənʃɪp] *s.* **1.** a) Verkaufstechnik, b) ✝ Verkaufsgewandtheit *f*, Geschäftstüchtigkeit *f*; **2.** *fig.* Über'zeugungskunst *f*, wirkungsvolle Art, e-e Idee *etc.* zu ‚verkaufen' *od.* ‚an den Mann zu bringen'.

sales| pro·mo·tion *s.* ✝ Verkaufsförderung *f*; **~ re·sist·ance** *s.* ✝ Kaufabneigung *f*, 'Widerstand *m* (des potenti'ellen Kunden); **'~·room** [-rʊm] *s.* Ver'kaufs-, *bsd.* Aukti'onsraum *m*, -lo,kal *n*; **~ slip** *s. Am.* Kassenbeleg *m*; **~ talk** *s.* **1.** ✝ Verkaufsgespräch *n*; **2.** anpreisende Worte *pl.*; **~ tax** *s.* ✝ 'Umsatzsteuer *f*; **'~,wom·an** *s.* [*irr.*] ✝ **1.** Verkäuferin *f*; **2.** *Am.* (Handels)Vertreterin *f.*

Sal·ic[1] ['sælɪk] *adj. hist.* salisch: **~ *law*** Salisches Gesetz.

sal·ic[2] ['sælɪc] *adj. min.* salisch.

sal·i·cyl·ic [,sælɪ'sɪlɪk] *adj.* Salizyl…

sa·li·ence ['seɪljəns], **'sa·li·en·cy** [-sɪ] *s.* **1.** Her'vorspringen *n*, Her'ausragen *n*; **2.** vorspringende Stelle, Vorsprung *m*: ***give* ~ *to*** *fig. e-e Sache* herausstellen; **'sa·li·ent** [-nt] **I** *adj.* **1.** (her)'vorspringend, her'ausragend: **~ *angle*** ausspringender Winkel; **~ *point*** *fig.* springender Punkt; **2.** *fig.* her'vorstechend, ins Auge springend; **3.** *her. u. humor.* springend; **4.** *poet.* (her'vor)sprudelnd; **II** *s.* **5.** ⚔ Frontausbuchtung *f.*

sa·lif·er·ous [sə'lɪfərəs] *adj.* **1.** salzbildend; **2.** *bsd. geol.* salzhaltig.

sa·line I *adj.* ['seɪlaɪn] **1.** salzig, salzhaltig, Salz…; **2.** *pharm.* sa'linisch; **II** *s.* [sə'laɪn] **3.** Salzsee *m od.* -sumpf *m od.* -quelle *f*; **4.** Sa'line *f*, Salzwerk *n*; **5.** ⚗ a) *pl.* Salze *pl.*, b) Salzlösung *f*; **6.** *pharm.* sa'linisches Mittel; **sa·lin·i·ty** [sə'lɪnətɪ] *s.* **1.** Salzigkeit *f*; **2.** Salzhaltigkeit *f*, Salzgehalt *m.*

sa·li·va [sə'laɪvə] *s.* Speichel(flüssigkeit *f*) *m*; **sal·i·var·y** ['sælɪvərɪ] *adj.* Speichel…; **sal·i·vate** ['sælɪveɪt] **I** *v/t.* **1.** (vermehrten) Speichelfluß her'vorrufen bei *j-m*; **II** *v/i.* **2.** Speichelfluß haben; **3.** Speichel absondern; **sal·i·va·tion** [,sælɪ'veɪʃn] *s.* **1.** Speichelabsonderung *f*; **2.** (vermehrter) Speichelfluß.

sal·low[1] ['sæləʊ] *s.* ⚘ (*bsd.* Sal)Weide *f.*

sal·low[2] ['sæləʊ] *adj.* bläßlich, fahl.

sal·ly ['sælɪ] **I** *s.* **1.** ⚔ Ausfall *m*: **~ *port*** *hist.* Ausfallstor *n*; **2.** *fig.* geistreicher Ausspruch *od.* Einfall, Geistesblitz *m*, *a.* (Seiten)Hieb *m*; **3.** (Zornes)Ausbruch *m*; **II** *v/i.* **4.** *oft* **~ *out*** ⚔ e-n Ausfall machen, her'vorbrechen; **5.** *mst* **~ *forth*** (*od.* ***out***) sich aufmachen, aufbrechen.

Sal·ly Lunn [,sælɪ'lʌn] *s. leichter Teekuchen.*

sal·ma·gun·di [,sælmə'gʌndɪ] *s.* **1.** bunter Teller (*Salat, kalter Braten etc.*); **2.** *fig.* Mischmasch *m.*

salm·on ['sæmən] *pl.* **-mons**, *coll.* **-mon I** *s.* **1.** *ichth.* Lachs *m*, Salm *m*: **~ *ladder*** (*od.* ***leap, pass***) Lachsleiter *f*; **~ *peal*, ~ *peel*** junger Lachs; **~ *trout*** Lachsforelle *f*; **2.** *a.* **~ *colo(u)r*, ~ *pink*** Lachs(farbe *f*) *n*; **II** *adj.* **3.** *a.* **~-*colo(u)red*, ~-*pink*** lachsfarben, -rot.

sal·mo·nel·la [,sælmə'nelə] *pl.* **-lae** [-liː] *s. biol.* Salmo'nelle *f.*

sa·lon ['sælɔ̃ːŋ] (*Fr.*) *s.* Sa'lon *m* (*a. Ausstellungsraum, vornehmes Geschäft*; *a. fig. schöngeistiger Treffpunkt*).

sa·loon [sə'luːn] *s.* **1.** Sa'lon *m* (*bsd. in Hotels etc.*), (Gesellschafts)Saal *m*: ***billiard* ~** *Brit.* Billiardzimmer *n*; ***shaving* ~** Rasiersalon; **2.** a) ✈ Sa'lon *m* (*Aufenthaltsraum*), b) ⚓ *a.* **~ *cabin*** Ka'bine *f* erster Klasse, c) → ***saloon car***, d) → ***saloon bar***: ***sleeping* ~** 🚆 (Luxus-)Schlafwagen *m*; **3.** *Am.* Kneipe *f*; **4.** *obs.* Sa'lon *m*, Empfangszimmer *n*; **~ bar** *s. Brit. vornehmerer Teil e-s Lokals*; **~ car** *s.* **1.** *mot. Brit.* a) Limou'sine *f*, b) *sport* Tourenwagen *m*; **2.** → **~ car·riage** *s.* 🚆 Sa'lonwagen *m*; **~ deck** *s.* ⚓ Sa'londeck *n*; **~ pis·tol** *s. Brit.* 'Übungspi,stole *f.*

salt [sɔːlt] **I** *s.* **1.** (Koch)Salz *n*: ***eat s.o.'s* ~** *fig.* a) j-s Gast sein, b) von j-m abhängen; ***with a grain of* ~** *fig.* mit Vorbehalt, cum grano salis; ***not to be worth one's* ~** keinen Schuß Pulver wert sein; ***the* ~ *of the earth*** *bibl. u. fig.* das Salz der Erde; **2.** Salz(fäßchen) *n*: ***above*** (***below***) ***the* ~** am oberen (unteren) Ende der Tafel; **3.** ⚗ Salz *n*; **4.** *oft pl. pharm.* a) (*bsd.* Abführ)Salz *n*, b) *mst* ***smelling* ~*s*** Riechsalz, c) F → ***Epsom salt***; **5.** *fig.* Würze *f*, Salz *n*; **6.** *fig.* Witz *m*, E'sprit *m*; **7.** *bsd.* ***old* ~** F alter Seebär; **II** *v/t.* **8.** salzen, würzen (*beide a. fig.*); **9.** (ein)salzen, *bsd.* pökeln: **~*ed meat*** Pökel-, Salzfleisch *n*; **10.** ✝ F a) *Bücher etc.* ‚frisieren', b) *Bohrloch etc.* (betrügerisch) ‚anreichern'; **11.** *fig.* durch'setzen mit; **12.** **~ *away*** (*od.* ***down***) a) einsalzen, -pökeln, b) F *Geld etc.* ‚auf die hohe Kante legen'; **III** *adj.* **13.** salzig, Salz…: **~ *spring*** Salzquelle *f*; **14.** ⚘ halo'phil, Salz…; **15.** → ***salted*** 1.

sal·tant ['sæltənt] *adj. her.* springend; **sal·ta·tion** [sæl'teɪʃn] *s.* **1.** Springen *n*; **2.** Sprung *m*; **3.** plötzlicher 'Umschwung; **4.** *biol.* Erbsprung *m*; **'sal·ta·to·ry** [-ətərɪ] *adj.* **1.** springend; **2.** Spring…, Sprung…; **3.** Tanz…; **4.** *fig.* sprunghaft.

'salt,cel·lar *s.* **1.** Salzfäßchen *n*; **2.** *Brit.* F ‚Salzfäßchen' *n* (*Vertiefung über dem Schlüsselbein*).

salt·ed ['sɔːltɪd] *adj.* **1.** gesalzen; **2.** (ein-) gesalzen, gepökelt: **~ *herring*** Salzhering *m*; **3.** *sl.* routi'niert, ausgekocht, erfahren; **'salt·ern** [-tən] *s.* ⚙ **1.** Sa'line *f*; **2.** Salzgarten *m* (*Bassins*).

'salt-free *adj.* salzlos.

salt·i·ness ['sɔːltɪnɪs] *s.* Salzigkeit *f.*

salt| lick *s.* Salzlecke *f* (*für Wild*); **~ marsh** *s.* **1.** Salzsumpf *m*; **2.** Butenmarsch *f*; **~ mine** *s.* Salzbergwerk *n.*

salt·ness ['sɔːltnɪs] *s.* Salzigkeit *f.*

'salt·pan *s.* **1.** ⚙ Salzsiedepfanne *f*; **2.** (*geol.* na'türliches) Ver'dunstungsbas,sin.

salt·pe·ter *Am.*, **salt·pe·tre** *Brit.* ['sɔːlt,piːtə] *s.* ⚗ Sal'peter *m.*

salt| pit *s.* Salzgrube *f*; **'~,wa·ter** *adj.* Salzwasser…; **'~·works** *s. pl. oft sg. konstr.* Sa'line *f.*

salt·y ['sɔːltɪ] *adj.* **1.** salzig; **2.** *fig.* gesalzen, gepfeffert: **~ *remarks***.

sa·lu·bri·ous [sə'luːbrɪəs] *adj.* □ heilsam, gesund, zuträglich, bekömmlich; **sa'lu·bri·ty** [-rətɪ] *s.* Heilsamkeit *f*, Zuträglichkeit *f.*

sal·u·tar·i·ness ['sæljʊtərɪnɪs] → ***salubrity***; **sal·u·tar·y** ['sæljʊtərɪ] *adj.* heilsam, gesund (*a. fig.*).

sal·u·ta·tion [,sæljuː'teɪʃn] *s.* **1.** Begrüßung *f*, Gruß *m*: ***in* ~** zum Gruß; **2.** Anrede *f* (*im Brief*); **sa·lu·ta·to·ry** [sə'luːtətərɪ] *adj.* Begrüßungs…: **~ (*oration*)** *bsd. ped. Am.* Begrüßungsrede *f*; **sa·lute** [sə'luːt] **I** *v/t.* **1.** grüßen, begrüßen (*durch e-e Geste etc.*); *weitS.* empfangen, *j-m* begegnen; **~ *with a smile***; **2.** (*dem Auge, dem Ohr*) begegnen, *j-n* begrüßen (*Anblick, Geräusch etc.*); **3.** ⚔, ⚓ salutieren vor (*dat.*), grüßen; **4.** *fig.* grüßen, ehren, feiern; **II** *v/i.* **5.** grüßen (***to*** *acc.*); **6.** ⚔ (***to***) salutieren (vor *dat.*), grüßen (*acc.*); **7.** Sa'lut schießen; **III** *s.* **8.** Gruß *m* (*a. fenc.*), Begrüßung *f*; **9.** ⚔, ⚓ a) Gruß *m*, Ehrenbezeigung *f*, b) Sa'lut *m* (***of six guns*** von 6 Schuß): **~ *of colo(u)rs*** ⚓ Flaggensalut; ***stand at the* ~** salutieren; ***take the* ~** a) den Gruß erwidern, b) die Parade abnehmen, c) die Front (der Ehrenkompanie) abschreiten; **10.** *obs.* (Begrüßungs)Kuß *m*; **11.** *Am.* Frosch *m* (*Feuerwerk*).

sal·vage ['sælvɪdʒ] **I** *s.* **1.** a) Bergung *f*, Rettung *f* (*Schiff, Ladung etc.*), b) Bergungsgut *n*, c) *a.* **~ *money*** Bergegeld *n*: **~ *vessel*** Bergungs-, *a.* Hebeschiff *n*, d) *Versicherung*: Wert *m* der geretteten Güter; **2.** *a.* ~ ***work*** Aufräumungsarbeiten *pl.*; **3.** ⚙ a) verwertbares 'Altmateri͵al, b) 'Wiederverwertung *f*: ~ ***value*** Schrottwert *m*; **4.** *fig.* (Er-) Rettung *f* (***from*** aus); **II** *v/t.* **5.** bergen, retten (*a.* ✝ *u. fig.*); **6.** *Schrott etc.* verwerten.

sal·va·tion [sæl'veɪʃn] *s.* **1.** (Er)Rettung *f*; **2.** a) Heil *n*, Rettung *f*, b) Retter *m*; **3.** *eccl.* a) (Seelen)Heil *n*, b) Erlösung *f*: **2** ***Army*** Heilsarmee *f*; **sal'va·tion·ist** [-nɪst] *s. eccl.* Mitglied *n* der 'Heilsar͵mee.

salve¹ [sælv] **I** *s.* **1.** (Heil)Salbe *f*; **2.** *fig.* Balsam *m*, Pflaster *n*, Trost *m*; **3.** *fig.* Beruhigungsmittel *n fürs Gewissen etc.*; **II** *v/t.* **4.** (ein)salben; **5.** *fig. Gewissen etc.* beschwichtigen; **6.** *fig. Mangel* beschönigen; **7.** *Schaden, Zweifel etc.* beheben.

salve² [sælv] → ***salvage*** 5.

sal·ver ['sælvə] *s.* Ta'blett *n*.

sal·vo¹ ['sælvəʊ] *pl.* **-vos, -voes** *s.* **1.** ⚔ a) Salve *f*, Lage *f*, b) *a.* ~ ***bombing*** ✈ Schüttwurf *m*; ~ ***fire*** a) ⚔ Laufsalve, b) ⚓ Salvenfeuer; **2.** *fig.* (*Beifalls*)Salve *f*.

sal·vo² ['sælvəʊ] *pl.* **-vos** *s.* **1.** Ausrede *f*; **2.** *bsd.* ⚖ Vorbehalt(sklausel *f*) *m*.

sal·vor ['sælvə] *s.* ⚓ **1.** Berger *m*; **2.** Bergungsschiff *n*.

Sa·mar·i·tan [sə'mærɪtən] **I** *s.* Samari'taner(in), Sama'riter(in): ***good*** ~ *bibl. u. fig.* barmherziger Samariter; **II** *adj.* sama'ritisch; *fig.* barmherzig.

same [seɪm] **I** *adj.* **1.** selb, gleich, nämlich: ***at the ~ price as*** zu demselben Preis wie; ***it comes to the ~ thing*** es läuft auf dasselbe hinaus; ***the very*** (*od.* ***just the*** *od.* ***exactly the***) ~ ***thing*** genau dasselbe; ***one and the ~ thing*** ein u. dasselbe; ***he is no longer the ~ man*** er ist nicht mehr der gleiche *od.* der alte; → ***time*** 4; **2.** *ohne Artikel fig.* eintönig; **II** *pron.* **3.** der-, die-, dasselbe, der *od.* die *od.* das gleiche: ***it is much the*** ~ es ist (so) ziemlich das gleiche; ~ ***here*** F so geht es mir auch, ‚ganz meinerseits'; ***it is all the ~ to me*** es ist mir ganz gleich *od.* einerlei; **4.** ***the*** ~ a) *a.* ⚖ der- *od.* dieselbe, die besagte Person, b) ⚖ der- *od.* dieselbe, die erwähnte Person, *a. eccl.* er, sie, es, dieser, diese, dies(es); **5.** *ohne Artikel* ✝ *od.* F der- *od.* die- *od.* dasselbe: ***£5 for alterations to*** ~; **III** *adv.* **6.** ***the*** ~ in derselben Weise, genau so, ebenso (***as*** wie): ***all the*** ~ gleichviel, trotzdem; ***just the*** ~ F a) genau so, b) trotzdem; (***the***) ~ ***to you!*** (*danke*,) gleichfalls!; **'same·ness** [-nɪs] *s.* **1.** Gleichheit *f*, Identi'tät *f*; **2.** Einförmigkeit *f*, -tönigkeit *f*.

sam·let ['sæmlɪt] *s.* junger Lachs.

sam·pan ['sæmpæn] *s.* Sampan *m* (*chinesisches* [*Haus*]*Boot*).

sam·ple ['sɑːmpl] **I** *s.* **1.** ✝ a) (Waren-, Quali'täts)Probe *f*, (Stück-, Typen-) Muster *n*, b) Probepackung *f*, c) (Ausstellungs)Muster *n*, d) Stichprobe(nmuster *n*) *f*: ***by ~ post*** (als) Muster ohne Wert; ***up to*** ~ dem Muster entsprechend; ~***s only*** Muster ohne Wert; **2.** *Statistik*: Sample *n*, Stichprobe *f*; **3.** *fig.* Probe *f*: ***a ~ of his courage***; ***that's a ~ of her behavio(u)r*** das ist typisch für sie; **II** *v/t.* **4.** probieren, e-e Probe nehmen von, *bsd. Küche*: kosten; **5.** e-e Stichprobe machen bei; **6.** e-e Probe zeigen von; ✝ *et.* bemustern; **7.** als Muster dienen für; **8.** *Computer*: a) abfragen, b) abtasten; **III** *v/i.* **9.** ~ ***out*** ausfallen; **IV** *adj.* **10.** Muster…(*-buch, -karte, -koffer etc.*), Probe…; **'sam·pler** [-lə] *s.* **1.** Probierer(in), Prüfer *m*; **2.** *Stickerei*: Sticktuch *n*; **3.** *TV* Farbschalter *m*; **4.** *Computer*: Abtaster *m*; **'sam·pling** [-lɪŋ] *s.* **1.** ✝ a) 'Musterkollekti͵on *f*, b) Bemusterung *f*; **2.** Stichprobenerhebung *f*.

Sam·son ['sæmsn] *s. fig.* Samson *m*, Herkules *m*.

Sam·u·el ['sæmjʊəl] *npr. u. s. bibl.* (das Buch) Samuel *m*.

san·a·tive ['sænətɪv] *adj.* heilend, heilsam, -kräftig; **san·a·to·ri·um** [͵sænə'tɔːrɪəm] *pl.* **-ri·ums, -ri·a** [-rɪə] *s.* ⚕ **1.** Sana'torium *n*, *bsd.* a) Lungenheilstätte *f*, b) Erholungsheim *n*; **2.** (*bsd.* Höhen-) Luftkurort *m*; **3.** *Brit.* (Inter'nats-) Krankenzimmer *n*; **'san·a·to·ry** [-tərɪ] → ***sanative***.

sanc·ti·fi·ca·tion [͵sæŋktɪfɪ'keɪʃn] *s. eccl.* **1.** Heilig(mach)ung *f*; **2.** Weihung *f*, Heiligung *f*; **sanc·ti·fied** ['sæŋktɪfaɪd] *adj.* **1.** geheiligt, geweiht; **2.** heilig u. unverletzlich; **3.** → ***sanctimonious***; **sanc·ti·fy** ['sæŋktɪfaɪ] *v/t.* heiligen: a) weihen, b) (von Sünden) reinigen, c) *fig.* rechtfertigen: ***the end sanctifies the means*** der Zweck heiligt die Mittel.

sanc·ti·mo·ni·ous [͵sæŋktɪ'məʊnjəs] *adj.* □ frömmelnd, scheinheilig; **͵sanc·ti'mo·ni·ous·ness** [-nɪs], **sanc·ti·mo·ny** ['sæŋktɪmənɪ] *s.* Scheinheiligkeit *f*, Frömme'lei *f*.

sanc·tion ['sæŋkʃn] **I** *s.* **1.** Sankti'on *f*, (nachträgliche) Billigung *od.* Zustimmung: ***give one's ~ to*** → 3 a; **2.** ⚖ a) Sanktionierung *f e-s Gesetzes etc.*, b) *pol.* Sankti'on *f*, Zwangsmittel *n*, c) *gesetzliche* Strafe, d) *hist.* De'kret *n*; **II** *v/t.* **3.** sanktionieren: a) billigen, gutheißen, b) dulden, c) *Eid etc.* bindend machen, d) Gesetzeskraft verleihen (*dat.*).

sanc·ti·ty ['sæŋktətɪ] *s.* **1.** Heiligkeit *f* (*a. fig. Unverletzlichkeit*); **2.** *pl.* heilige Ide'ale *pl. od.* Gefühle *pl.*

sanc·tu·ar·y ['sæŋktjʊərɪ] *s.* **1.** Heiligtum *n* (*a. fig.*); **2.** *eccl.* Heiligtum *n*, heilige Stätte; *bsd. bibl.* Aller'heiligste(s) *n*; **3.** Frei- (*fig. a.* Zufluchts)stätte *f*, A'syl *n*: (***rights of***) ~ Asylrecht *n*; ***break the*** ~ das Asylrecht verletzen; **4.** *hunt.* a) Schonzeit *f*, b) Schutzgebiet *n*.

sanc·tum ['sæŋktəm] *s.* Heiligtum *n*: a) heilige Stätte, b) *fig.* Pri'vat-, Studierzimmer *n*, c) innerste Sphäre; ~ ***sanc·to·rum*** [sæŋk'tɔːrəm] *s. eccl.*, *a. humor. das* Aller'heiligste.

sand [sænd] **I** *s.* **1.** Sand *m*: ***built on*** ~ *fig.* auf Sand gebaut; ***rope of*** ~ *fig.* trügerische Sicherheit; **2.** *oft pl.* a) Sandbank *f*, b) Sand(fläche *f*, -wüste *f*) *m*: ***plough the ~(s)*** *fig.* s-e Zeit verschwenden; **3.** *mst pl.* Sand(körner *pl.*) *m*: ***his ~s are running out*** s-e Tage sind gezählt; **4.** *Am. sl.* ‚Mumm' *m*; **II** *v/t.* **5.** mit Sand bestreuen; **6.** (ab-) schmirgeln.

san·dal¹ ['sændl] *s.* San'dale *f*.

san·dal² ['sændl], **'~·wood** *s.* **1.** (rotes) Sandelholz; **2.** Sandelbaum *m*.

'sand|·bag [-ndb-] **I** *s.* **1.** Sandsack *m*; **II** *v/t.* **2.** *bsd.* ⚔ mit Sandsäcken befestigen; **3.** mit e-m Sandsack niederschlagen; **'~·bank** [-ndb-] *s.* Sandbank *f*; **'~·blast** [-ndb-] ⚙ **I** *s.* Sandstrahl(gebläse *n*) *m*; **II** *v/t.* sandstrahlen; **'~·box** [-ndb-] *s.* **1.** *hist.* Streusandbüchse *f*; **2.** *Gießerei*: Sandform *f*; **3.** Sandkasten *m*; **'~·boy** [-ndb-] *s.*: (***as***) ***happy as a*** ~ kreuzfidel; ~ **drift** *s. geol.* Flugsand *m*.

sand·er ['sændə] *s.* ⚙ **1.** Sandstrahlgebläse *n*; **2.** 'Sandpa͵pierˌschleifma͵schine *f*.

'sand|·fly *s.* a) Sandfliege *f*, b) Gnitze *f*, c) Kriebelmücke *f*; **'~·glass** *s.* Sanduhr *f*, Stundenglas *n*; **'~·grouse** *s. orn.* Flughuhn *n*; **'~·lot** *s. Am.* Sandplatz *m* (*Behelfsspielplatz für Baseball etc.*); **'~·man** [-ndmæn] *s.* [*irr.*] Sandmann *m*, -männchen *n*; **'~-͵mar·tin** [-nd͵m-] *s. orn.* Uferschwalbe *f*; **'~͵pa·per** [-nd͵p-] **I** *s.* 'Sandpa͵pier *n*; **II** *v/t.* (ab)schmirgeln; **'~͵pip·er** [-nd͵p-] *s. orn.* Flußuferläufer *m*; **'~·pit** [-ndp-] *s.* **1.** Sandgrube *f*; **2.** Sandkasten *m*; ~ **shoes** *s. pl.* Strandschuhe *pl.*; ~ **spout** *s.* Sandhose *f*; **'~·stone** [-nds-] *s. geol.* Sandstein *m*; **'~·storm** [-nds-] *s.* Sandsturm *m*; ~ **table** *s.* ⚔ Sandkasten *m*; ~ **trap** *s. Golf*: Sandhindernis *n*.

sand·wich ['sænwɪdʒ] **I** *s.* Sandwich *n* (*belegtes Doppelbrot*): ***open*** ~ belegtes Brot; ***sit*** ~ *fig.* eingezwängt sitzen; **II** *v/t. a.* ~ ***in*** *fig.* einlegen, schieben; einklemmen, -zwängen; *sport Gegner* ‚in die Zange nehmen'; ~ **cake** *s.* Schichttorte *f*; ~ **course** *s. ped. Kurs, bei dem sich theoretische u. praktische Ausbildung abwechseln*; ~ **man** [-mæn] *s.* [*irr.*] Sandwichman *m*, Pla'katträger *m*.

sand·y¹ ['sændɪ] *adj.* **1.** sandig, Sand…: ~ ***desert*** Sandwüste *f*; **2.** *fig.* sandfarben; rotblond (*Haare*); **3.** sandartig; **4.** *fig.* a) unsicher, b) *Am. sl.* frech.

Sand·y² ['sændɪ] *s.* **1.** *bsd. Scot. Kurzform für* ***Alexander***; **2.** (*Spitzname für*) Schotte *m*.

sand yacht *s.* Strandsegler *m*.

sane [seɪn] *adj.* □ **1.** geistig gesund *od.* nor'mal; **2.** vernünftig, gescheit.

San·for·ize ['sænfəraɪz] *v/t.* sanforisieren (*Gewebe schrumpffest machen*).

sang [sæŋ] *pret. u. p.p. von* ***sing***.

sang·froid [͵sɑ̃ːŋ'frwɑː] (*Fr.*) *s.* Kaltblütigkeit *f*.

San·grail [sæŋ'greɪl], **San·gre·al** ['sæŋgrɪəl] *s.* der Heilige Gral.

san·gui·nar·y ['sæŋgwɪnərɪ] *adj.* □ **1.** blutig, mörderisch (*Kampf etc.*); **2.** blutdürstig, grausam: ***a ~ person***; ~ ***laws***; **3.** blutig, Blut…; **4.** *Brit.* unflätig; **san·guine** ['sæŋgwɪn] **I** *adj.* □ **1.** heiter, lebhaft, leichtblütig; **2.** 'voll-, heißblütig, hitzig; **3.** zuversichtlich (*a. Bericht, Hoffnung etc.*): ***be ~ of success*** zuversichtlich auf Erfolg rechnen; **4.** rot, blühend, von gesunder Gesichtsfarbe; **5.** ⚕ *hist.* sangu'inisch; **6.** (blut-) rot; **II** *s.* **7.** Rötelstift *m*; **8.** Rötelzeichnung *f*; **san·guin·e·ous** [sæŋ'gwɪnɪəs] *adj.* → ***sanguine*** I.

sa·ni·es ['seɪnɪiːz] *s.* ⚕ pu'trider Eiter, Jauche *f*.

san·i·tar·i·an [͵sænɪ'teərɪən] **I** *adj.* **1.** → ***sanitary*** 1; **II** *s.* **2.** Hygi'eniker *m*; **3.** Ge'sundheitsa͵postel *m*; **͵san·i'tar·i·um** [-rɪəm] *pl.* **-i·ums, -i·a** [-ɪə] *s. bsd. Am. für* ***sanatorium***; **san·i·tar·y** ['sænɪtərɪ]

I *adj.* □ **1.** hygi'enisch, Gesundheits…, (*a.* ⚙) sani'tär: **~ *towel*** (*Am.* ***napkin***) Damenbinde *f*; **2.** hygi'enisch (einwandfrei), gesund; **II** *s.* **3.** *Am.* öffentliche Bedürfnisanstalt; **ˌsan·i'ta·tion** [-'teɪʃn] *s.* **1.** sani'täre Einrichtungen *pl.* (*in Gebäuden*); **2.** Gesundheitspflege *f*, -wesen *n*, Hygi'ene *f*.
san·i·tize ['sænɪtaɪz] *v/t.* **1.** → ***sterilize*** a; **2.** *fig. Image etc.* ‚aufpolieren'.
san·i·ty ['sænətɪ] *s.* **1.** geistige Gesundheit; *bsd.* ⚖ Zurechnungsfähigkeit *f*; **2.** gesunder Verstand.
sank [sæŋk] *pret. von* ***sink***.
san·se·rif [ˌsæn'serɪf] *s. typ.* Gro'tesk *f*.
San·skrit ['sænskrɪt] *s.* Sanskrit *n*.
San·ta Claus [ˌsæntə'klɔːz] *npr.* der Nikolaus, der Weihnachtsmann.
sap[1] [sæp] **I** *s.* **1.** ⚘ Saft *m*; **2.** *fig.* (Lebens)Saft *m*, (-)Kraft *f*, Mark *n*; **3.** *a.* **~*-wood*** Splint(holz *n*) *m*; **II** *v/t.* **4.** entsaften.
sap[2] [sæp] **I** *s.* **1.** ⚔ Sappe *f*, Grabenkopf *m*; **II** *v/t.* **2.** (*a. fig. Gesundheit etc.*) unter'graben, -mi'nieren; **3.** *Kräfte etc.* erschöpfen, schwächen.
sap[3] [sæp] *s.* F Trottel *m*.
sap[4] [sæp] *Am. sl.* **I** *s.* Totschläger *m* (*Waffe*); **II** *v/t. j-n* (mit e-m Totschläger) bewußtlos schlagen.
'sap·head *s.* **1.** ⚔ Sappenkopf *m*; **2.** F Trottel *m*.
sap·id ['sæpɪd] *adj.* **1.** e-n Geschmack habend; **2.** schmackhaft; **3.** *fig.* interes'sant; **sa·pid·i·ty** [sə'pɪdətɪ] *s.* Schmackhaftigkeit *f*.
sa·pi·ence ['seɪpjəns] *s. mst iro.* Weisheit *f*; **'sa·pi·ent** [-nt] *adj.* □ *mst iro.* weise.
sap·less ['sæplɪs] *adj.* saftlos (*a. fig. kraftlos*).
sap·ling ['sæplɪŋ] *s.* **1.** junger Baum, Schößling *m*; **2.** *fig.* Grünschnabel *m*, Jüngling *m*.
sap·o·na·ceous [ˌsæpəʊ'neɪʃəs] *adj.* **1.** seifenartig, seifig; **2.** *fig.* glatt.
sa·pon·i·fi·ca·tion [səˌpɒnɪfɪ'keɪʃn] *s.* ⚗ Verseifung *f*; **sa·pon·i·fy** [sə'pɒnɪfaɪ] *v/t. u. v/i.* verseifen.
sap·per ['sæpə] *s.* ⚔ Pio'nier *m*, Sap'peur *m*.
Sap·phic ['sæfɪk] **I** *adj.* **1.** sapphisch; **2.** ℒ lesbisch; **II** *s.* **3.** sapphischer Vers.
sap·phire ['sæfaɪə] **I** *s.* **1.** *min.* Saphir *m* (*a. am Plattenspieler*); **2.** *a.* **~ *blue*** Saphirblau *n*; **3.** *orn.* Saphirkolibri *m*; **II** *adj.* **4.** saphirblau; **5.** Saphir…
sap·py ['sæpɪ] *adj.* **1.** saftig; **2.** *fig.* kraftvoll, markig; **3.** *sl.* blöd, doof.
Sar·a·cen ['særəsn] **I** *s.* Sara'zene *m*, Sara'zenin *f*; **II** *adj.* sara'zenisch.
sar·casm ['sɑːkæzəm] *s.* Sar'kasmus *m*: a) beißender Spott, b) sar'kastische Bemerkung; **sar·cas·tic** [sɑː'kæstɪk] *adj.* (□ **~*ally***) sarkastisch.
sar·co·ma [sɑː'kəʊmə] *pl.* **-ma·ta** [-mətə] *s.* ⚕ Sar'kom *n* (*Geschwulst*); **sar'coph·a·gous** [-'kɒfəgəs] *adj. zo.* fleischfressend; **sar'coph·a·gus** [-'kɒfəgəs] *pl.* **-gi** [-gaɪ] *s.* Sarko'phag *m* (*Steinsarg*).
sard [sɑːd] *s. min.* Sard(er) *m*.
sar·dine[1] [sɑː'diːn] *pl.* **sar·dines** *od. coll.* **sar·dine** *s. ichth.* Sar'dine *f*: ***packed like ~s*** zs.-gepfercht wie die Heringe.
sar·dine[2] ['sɑːdaɪn] → ***sard***.
sar·don·ic [sɑː'dɒnɪk] *adj.* (□ **~*ally***) ⚕ *u. fig.* sar'donisch.
sa·ri ['sɑːrɪ] *s.* Sari *m*.
sark [sɑːk] *s. Scot. od. dial.* Hemd *n*.
sark·y ['sɑːkɪ] F *für* ***sarcastic***.
sa·rong [sə'rɒŋ] *s.* Sarong *m*.
sar·sen ['sɑːsn] *s. geol.* großer Sandsteinblock.
sar·to·ri·al [sɑː'tɔːrɪəl] *adj.* □ **1.** Schneider…; **2.** Kleidung(s)…: **~ *elegance*** Eleganz der Kleidung; **sar'to·ri·us** [-rɪəs] *s. anat.* Schneidermuskel *m*.
sash[1] [sæʃ] *s.* Schärpe *f*.
sash[2] [sæʃ] *s.* **1.** (schiebbarer) Fensterrahmen; **2.** schiebbarer Teil *e-s Schiebefensters*; **~ *saw*** *s.* ⚙ Schlitzsäge *f*; **~ *win·dow*** *s.* Schiebe-, Fallfenster *n*.
Sas·se·nach ['sæsənæk] *Scot. u. Irish* **I** *s.* ‚Sachse' *m*, Engländer *m*; **II** *adj.* englisch.
sat [sæt] *pret. u. p.p. von* ***sit***.
Sa·tan ['seɪtən] *s.* Satan *m*, Teufel *m* (*fig.* ℒ); **sa·tan·ic** [sə'tænɪk] *adj.* (□ **~*ally***) sa'tanisch, teuflisch.
satch·el ['sætʃəl] *s.* Schultasche *f*, -mappe *f*, *bsd.* Schulranzen *m*.
sate[1] [seɪt] *v/t.* über'sättigen: ***be ~d with*** übersättigt sein von.
sate[2] [sæt; seɪt] *obs. für* ***sat***.
sa·teen [sæ'tiːn] *s.* ('Baum)Wollsaˌtin *m*.
sat·el·lite ['sætəlaɪt] *s.* **1.** *ast.* a) Satel'lit *m*, Tra'bant *m*, b) (*künstlicher*) ('Erd-)Satelˌlit *m*: **~ *picture*** Satellitenbild *n*; **~ *transmission*** *TV etc.* Satellitenübertragung *f*; **2.** Tra'bant *m*, Anhänger *m*; **3.** *fig.* a) *a.* **~ *state*** *od.* ***nation*** *pol.* Satel'lit(enstaat) *m*, b) *a.* **~ *town*** Tra'bantenstadt *f*, c) *a.* **~ *airfield*** Ausweichflugplatz *m*, d) ☿ Zweigfirma *f*.
sa·ti·ate ['seɪʃɪeɪt] *v/t.* **1.** über'sättigen; **2.** vollauf sättigen *od.* befriedigen; **sa·ti·a·tion** [ˌseɪʃɪ'eɪʃn] *s.* (Über)'Sättigung *f*; **sa·ti·e·ty** [sə'taɪətɪ] *s.* **1.** (***of***) Übersättigung *f* (mit), 'Überdruß *m* (an *dat.*): ***to ~*** bis zum Überdruß; **2.** Sattheit *f*.
sat·in ['sætɪn] **I** *s.* ⚙ **1.** Sa'tin *m*, Atlas *m* (*Stoff*); **2.** *a.* ***white ~*** *sl.* Gin *m*; **II** *adj.* **3.** Satin…; **4.** a) seidenglatt, b) glänzend; **III** *v/t.* **5.** ⚙ satinieren, glätten; **sat·i·net(te)** [ˌsætɪ'net] *s.* Halbatlas *m*.
'sat·in|-ˌfin·ished *adj.* ⚙ mattiert; **~ *pap·er*** *s.* satiniertes Pa'pier, 'Atlaspaˌpier *n*.
sat·in·y ['sætɪnɪ] *adj.* seidig.
sat·ire ['sætaɪə] *s.* **1.** Sa'tire *f*, *bsd.* a) Spottgedicht *n*, -schrift *f* ([***up***]***on*** auf *acc.*), b) sa'tirische Litera'tur, c) Spott *m*; **2.** *fig.* Hohn *m* ([***up***]***on*** auf *acc.*); **sa·tir·ic, sa·tir·i·cal** [sə'tɪrɪk(l)] *adj.* □ sa'tirisch; **sat·i·rist** ['sætərɪst] *s.* Sa'tiriker(in); **sat·i·rize** ['sætəraɪz] *v/t.* verspotten, e-e Sa'tire machen auf (*acc.*).
sat·is·fac·tion [ˌsætɪs'fækʃn] *s.* **1.** Befriedigung *f*, Zu'friedenstellung *f*: ***find ~ in*** Befriedigung finden in (*dat.*); ***give ~*** befriedigen; **2.** (***at, with***) Zufriedenheit *f* (mit), Befriedigung *f*, Genugtuung *f* (über *acc.*): ***to the ~ of all*** zur Zufriedenheit aller; **3.** *eccl.* Sühne *f*; **4.** Satisfakti'on *f*, Genugtuung *f* (*Duell etc.*); **5.** ⚖, ☿ Befriedigung *f e-s Anspruchs*; Erfüllung *f e-r Verpflichtung*; (Be)Zahlung *f e-r Schuld*; **6.** Gewißheit *f*: ***show to the court's ~*** ⚖ einwandfrei glaubhaft machen; **ˌsat·is'fac·to·ri·ness** [-ktərɪnɪs] *s. das* Befriedigende; **ˌsat·is'fac·to·ry** [-ktərɪ] *adj.* □ **1.** befriedigend, zu'friedenstellend; **2.** *eccl.* sühnend; **sat·is·fy** ['sætɪsfaɪ] **I** *v/t.* **1.** befriedigen, zu'friedenstellen, genügen (*dat.*): ***be satisfied with s.th.*** mit et. zufrieden sein; **2.** a) *j-n* sättigen, b) *Hunger etc., a. Neugier* stillen, c) *fig. Wunsch* erfüllen, *Bedürfnis, a. Trieb* befriedigen; **3.** ☿ *Anspruch* befriedigen; *Schuld* begleichen, tilgen; *e-r Verpflichtung* nachkommen; *Bedingungen,* ⚖ *a. Urteil* erfüllen; **4.** a) *j-n* entschädigen, b) *Gläubiger* befriedigen; **5.** *den Anforderungen* entsprechen, genügen; **6.** ⊿ *Bedingung, Gleichung* erfüllen; **7.** *j-n* über'zeugen (***of*** von): **~ *o.s. that*** sich überzeugen *od.* vergewissern, daß; ***I am satisfied that*** ich bin davon (*od.* habe mich) überzeugt, daß; **II** *v/i.* **8.** befriedigen; **sat·is·fy·ing** ['sætɪsfaɪɪŋ] *adj.* □ **1.** befriedigend, zu'friedenstellend; **2.** sättigend.
sa·trap ['sætrəp] *s. hist.* Sa'trap *m* (*a. fig.*), Statthalter *m*.
sat·u·rant ['sætʃərənt] **I** *adj.* **1.** *bsd.* ⚗ sättigend; **II** *s.* **2.** neutralisierender Stoff; **3.** ⚕ Mittel *n* gegen Magensäure; **sat·u·rate** ['sætʃəreɪt] *v/t.* **1.** ⚗ *u. fig.* sättigen, saturieren (*a.* ☿ *Markt*), **2.** (durch)'tränken, durch'setzen: ***be ~d with*** *fig.* erfüllt *od.* durchdrungen sein von; **3.** ⚔ mit Bombenteppichen belegen; **sat·u·rat·ed** ['sætʃəreɪtɪd] *adj.* **1.** durch'tränkt, -'setzt; **2.** tropfnaß; **3.** satt (*Farbe*); **4.** ⚗ a) *a. fig.* saturiert, gesättigt, b) reakti'onsträge.
sat·u·ra·tion [ˌsætʃə'reɪʃn] *s.* **1.** *bsd.* ⚗, *phys. u. fig.* Sättigung *f*, Saturierung *f*; **2.** (Durch)'Tränkung *f*, Durch'setzung *f*; **3.** Sattheit *f* (*Farbe*); **~ *bomb·ing*** *s.* ⚔ Bombenteppich(e *pl.*) *m*; **~ *point*** *s.* ⚗ Sättigungspunkt *m*.
Sat·ur·day ['sætədɪ] *s.* Sonnabend *m*, Samstag *m*: ***on ~*** am Sonnabend *od.* Samstag; ***on ~s*** sonnabends, samstags.
Sat·urn ['sætən] *s.* **1.** *antiq.* Sa'turn(us) *m* (*Gott*); **2.** *ast.* Sa'turn *m* (*Planet*); **3.** ⚗ *hist.* Blei *n*; **4.** *her.* Schwarz *n*; **Sat·ur·na·li·a** [ˌsætə'neɪljə] *s. pl. antiq.* Satur'nalien *pl.*; **Sat·ur·na·li·an** [ˌsætə'neɪljən] *adj.* **1.** *antiq.* satur'nalisch; **2.** ℒ *fig.* orgi'astisch; **Sa·tur·ni·an** [sæ'tɜːnjən] *adj.* **1.** *ast.* Saturn…; **2.** *myth, a. fig. poet.* sa'turnisch: **~ *age*** *fig.* goldenes Zeitalter; **'sat·ur·nine** [-naɪn] *adj.* □ **1.** düster, finster (*Person, Gesicht etc.*); **2.** ℒ im Zeichen des Sa'turn geboren; **3.** *min.* Blei…
sat·yr ['sætə] *s.* **1.** *oft* ℒ *myth.* Satyr *m* (*Waldgott*); **2.** *fig.* Satyr *m* (*geiler Mensch*); **3.** ⚕ Satyro'mane *m*; **sat·y·ri·a·sis** [ˌsætə'raɪəsɪs] *s.* ⚕ Saty'riasis *f*; **sa·tyr·ic** [sə'tɪrɪk] *adj.* Satyr…, satyrhaft.
sauce [sɔːs] **I** *s.* **1.** Sauce *f*, Soße *f*, Tunke *f*: ***hunger is the best ~*** Hunger ist der beste Koch; ***what is ~ for the goose is ~ for the gander*** was dem einen recht ist, ist dem andern billig; **2.** *fig.* Würze *f*; **3.** *Am.* Kom'pott *n*; **4.** F Frechheit *f*; **5.** ⚙ a) Beize *f*, b) (Tabak-)Brühe *f*; **II** *v/t.* **6.** mit Soße würzen; **7.** *fig.* würzen; **8.** F frech sein zu; **'~*boat*** *s.* Saucière *f*, Soßenschüssel *f*; **'~*dish*** *s. Am.* Kom'pottschüssel *f*, -schale *f*; **'~*pan*** [-pən] *s.* Kochtopf *m*, Kasse'rol-

le *f.*

sau·cer ['sɔːsə] *s.* 'Untertasse *f*; → ***flying saucer***; ~ **eye** [-əraɪ] *s.* Glotz-, Kullerauge *n*; '**~-eyed** [-əraɪd] *adj.* glotzäugig.

sau·ci·ness ['sɔːsɪnɪs] *s.* **1.** Frechheit *f*; **2.** Keßheit *f*; **sau·cy** ['sɔːsɪ] *adj.* □ **1.** frech, unverschämt; **2.** F keß, flott, fesch: ***a ~ hat.***

sau·na ['sɔːnə] *s.* Sauna *f.*

saun·ter ['sɔːntə] **I** *v/i.* schlendern: ~ ***about*** um'herschlendern, (-)bummeln; **II** *s.* (Um'her)Schlendern *n*, Bummel *m.*

sau·ri·an ['sɔːrɪən] *zo.* **I** *s.* Saurier *m*; **II** *adj.* Saurier…, Echsen…

sau·sage ['sɒsɪdʒ] *s.* **1.** Wurst *f*; **2.** *a.* ~ ***balloon*** ⚔ F 'Fesselbal,lon *m*; **3.** *sl.* Deutsche(r *m*) *f*; ~ **dog** *s. Brit.* F Dakkel *m*; ~ **meat** *s.* Wurstmasse *f*, Brät *n.*

sau·té ['səʊteɪ] *(Fr.)* **I** *adj. Küche:* sau'té, sautiert; **II** *s.* Sau'té *n.*

sav·age ['sævɪdʒ] **I** *adj.* □ **1.** *allg.* wild: a) primi'tiv (*Volk etc.*), b) ungezähmt (*Tier*), c) bru'tal, grausam, d) F wütend, e) wüst (*Landschaft*); **II** *s.* **2.** Wilde(r *m*) *f*; **3.** Rohling *m*; **4.** bösartiges Tier, *bsd.* bissiges Pferd; **III** *v/t.* **5.** *j-n* übel zurichten, *a. fig. j-m* übel mitspielen; **6.** *j-n* anfallen, beißen (*Pferd etc.*); '**sav·age·ness** [-nɪs] *s.* **1.** Wildheit *f*, Roheit *f*, Grausamkeit *f*; **2.** Wut *f*, Bissigkeit *f*; '**sav·age·ry** [-dʒərɪ] *s.* **1.** Unzivilisiertheit *f*, Wildheit *f*; **2.** Roheit *f*, Grausamkeit *f.*

sa·van·na(h) [sə'vænə] *s. geogr.* Sa'vanne *f.*

sa·vant ['sævənt] *s.* großer Gelehrter.

save¹ [seɪv] **I** *v/t.* **1.** (er)retten (***from*** von, vor *dat.*): ~ ***s.o.'s life*** j-m das Leben retten; **2.** ⚓ bergen; **3.** bewahren, schützen (***from*** vor *dat.*): ***God ~ the Queen*** Gott erhalte die Königin; ~ ***the situation*** die Situation retten; → ***appearance*** 3, ***face*** 4, ***harmless*** 2; **4.** *Geld etc.* sparen, einsparen: ~ ***time*** Zeit gewinnen *od.* sparen; **5.** (auf)sparen, aufheben, -bewahren: ~ ***it!*** *sl.* ‚geschenkt'!, halt's Maul!; → ***breath*** 1; **6.** *a. Augen* schonen; schonend *od.* sparsam 'umgehen mit; **7.** *j-m e-e Mühe etc.* ersparen: ***it ~d me the trouble of going there***; **8.** *eccl.* (***from***) retten (aus), erlösen (von); **9.** *Brit.* ausnehmen: ~ ***the mark!*** verzeihen Sie die Bemerkung!; ~ ***your presence*** (*od.* ***reverence***) mit Verlaub; **10.** *a.* ~ ***up*** aufsparen; **11.** *sport:* a) *Schuß* halten, b) *Tor* verhindern; **II** *v/i.* **12.** sparen; **13.** *sport* ‚retten', halten; **III** *s.* **14.** *sport* Pa'rade *f* (*Tormann*).

save² [seɪv] *prp. u. cj.* außer (*dat.*), mit Ausnahme von (*od. gen.*), ausgenommen (*nom.*), abgesehen von: ~ ***for*** bis auf (*acc.*); ~ ***that*** abgesehen davon, daß; nur, daß.

sav·e·loy [,sævə'lɔɪ] *s.* Zerve'latwurst *f.*

sav·er ['seɪvə] *s.* **1.** Retter(in); **2.** Sparer (-in); **3.** sparsames Gerät *etc.*

sav·ing ['seɪvɪŋ] **I** *adj.* □ **1.** sparsam (***of*** mit); **2.** …sparend: ***time-~***; **3.** rettend: ~ ***grace*** *eccl.* seligmachende Gnade; ~ ***humo(u)r*** befreiender Humor; **4.** ⚖ Vorbehalts…: ~ ***clause***; **II** *s.* **5.** (Er-) Rettung *f*; **6.** a) Sparen *n*, b) Ersparnis *f*, Einsparung *f*: ~ ***of time*** Zeitersparnis; **7.** *pl.* Ersparnis(se *pl.*) *f*, Spargeld (-er *pl.*) *n*; **8.** ⚖ Vorbehalt *m*; **III** *prp. u. cj.* **9.** außer (*dat.*), ausgenommen: ~ ***your presence*** (*od.* ***reverence***) mit Verlaub.

sav·ings| ac·count ['seɪvɪŋz] *s.* Sparkonto *n*; ~ **bank** *s.* Sparkasse *f*: ~ (***deposit***) ***book*** Spar(kassen)buch *n*; ~ **de·pos·it** *s.* Spareinlage *f.*

sav·io(u)r ['seɪvjə] *s.* (Er)Retter *m*, Erlöser *m*: ***the ⁓*** *eccl.* der Heiland *od.* Erlöser.

sa·voir| faire [,sævwɑː'feə] *(Fr.)* *s.* Gewandtheit *f*, Takt(gefühl *n*) *m*, Savoir-'faire *n*; ~ **vi·vre** [-'viːvr] *(Fr.)* *s.* feine Lebensart, Savoir-'vivre *n.*

sa·vor·y ['seɪvərɪ] *s.* ⚘ Bohnenkraut *n*, Kölle *f.*

sa·vo(u)r ['seɪvə] **I** *s.* **1.** (Wohl)Geschmack *m*; **2.** *bsd. fig.* Würze *f*, Reiz *m*; **3.** *fig.* Beigeschmack *m*, Anstrich *m*; **II** *v/t.* **4.** *bsd. fig.* genießen, auskosten; **5.** *bsd. fig.* würzen; **6.** *fig.* e-n Beigeschmack *od.* Anstrich haben von, riechen nach; **III** *v/i.* **7.** ~ ***of*** a) *a. fig.* schmecken *od.* riechen nach, b) → 6; '**sa·vo(u)r·i·ness** [-vərɪnɪs] *s.* Wohlgeschmack *m*, -geruch *m*, Schmackhaftigkeit *f*; '**sa·vo(u)r·less** [-lɪs] *adj.* geschmack-, geruchlos, fade; '**sa·vo(u)r·y** [-vərɪ] **I** *adj.* □ **1.** wohlschmeckend, -riechend, schmackhaft; **2.** *a. fig.* appe'titlich, angenehm; **3.** würzig, pi'kant (*a. fig.*); **II** *s.* **4.** *Brit.* pi'kante Vor- *od.* Nachspeise.

sa·voy [sə'vɔɪ] *s.* Wirsing(kohl) *m.*

sav·vy ['sævɪ] *sl.* **I** *v/t.* ‚kapieren', verstehen; **II** *s.* ‚Köpfchen' *n*, ‚'Durchblick' *m*, Verstand *m.*

saw¹ [sɔː] *pret. von **see**¹.*

saw² [sɔː] *s.* Sprichwort *n.*

saw³ [sɔː] **I** *s.* **1.** ⚙ Säge *f*: ***singing*** (*od.* ***musical***) ~ ♪ singende Säge; **II** *v/t.* **2.** [*irr.*] sägen: ~ ***down*** *Baum* umsägen; ~ ***off*** absägen; ~ ***out*** *Bretter* zuschneiden; ~ ***up*** zersägen; ~ ***the air*** (***with one's hands***) (mit den Händen) herumfuchteln; **III** *v/i.* [*irr.*] **3.** sägen; **4.** (auf der Geige) ‚kratzen'.

'**saw|·bones** *s. pl. sg. konstr. sl.* a) ‚Bauchaufschneider' *m* (*Chirurg*), b) ‚Medi'zinmann' *m* (*Arzt*); '**~·buck** *s. Am.* **1.** Sägebock *m*; **2.** *sl.* 10-Dollar-Note *f*; '**~·dust** *s.* Sägemehl *n*: ***let the ~ out of*** *fig.* die Hohlheit zeigen von; '**~·fish** *s. ichth.* Sägefisch *m*; '**~·fly** *s. zo.* Blattwespe *f*; ~ **frame**, ~ **gate** *s.* ⚙ Sägegatter *n*; '**~·horse** *s.* Sägebock *m*; '**~·mill** *s.* Sägewerk *n*, -mühle *f.*

sawn [sɔːn] *p.p. von **saw**³.*

Saw·ney ['sɔːnɪ] *s.* F **1.** (*Spitzname für*) Schotte *m*; **2.** ⁓ Trottel *m.*

saw| set *s.* ⚙ Schränkeisen *n*; '**~·tooth** **I** *s.* **1.** Sägezahn *m*; **II** *adj.* **2.** Sägezahn…: ~ ***roof*** Säge-, Scheddach *n*; **3.** ↯ Sägezahn…, Kipp…(*-spannung etc.*); '**~·wort** *s.* ⚘ Färberdistel *f.*

saw·yer ['sɔːjə] *s.* Säger *m.*

Saxe [sæks] *s.* Sächsischblau *n.*

sax·horn ['sækshɔːn] *s.* ♪ Saxhorn *n.*

sax·i·frage ['sæksɪfrɪdʒ] *s.* ⚘ Steinbrech *m.*

Sax·on ['sæksn] **I** *s.* **1.** Sachse *m*, Sächsin *f*; **2.** *hist.* (Angel)Sachse *m*, (Angel-) Sächsin *f*; **3.** *ling.* Sächsisch *n*; **II** *adj.* **4.** sächsisch; **5.** (alt-, angel)sächsisch, *ling. oft* ger'manisch: ~ ***genitive*** sächsischer Genitiv; ~ **blue** → ***Saxe***; '**Sax·o·ny** [-nɪ] *s.* **1.** *geogr.* Sachsen *n*; **2.** ⁓ feiner, glänzender Wollstoff.

sax·o·phone ['sæksəfəʊn] *s.* ♪ Saxo'phon *n*; **sax·o·phon·ist** [sæk'sɒfənɪst] *s.* Saxopho'nist(in).

say [seɪ] **I** *v/t.* [*irr.*] **1.** *et.* sagen, sprechen; **2.** sagen, äußern, berichten: ***he has nothing to ~ for himself*** a) er ist sehr zurückhaltend, b) *contp.* mit ihm ist nicht viel los; ***have you nothing to ~ for yourself?*** hast du nichts zu deiner Rechtfertigung zu sagen?; ***to ~ nothing of*** ganz zu schweigen von, geschweige; ***the Bible ~s*** die Bibel sagt, in der Bibel heißt es; ***people*** (*od.* ***they***) ***~ he is ill, he is said to be ill*** man sagt *od.* es heißt, er sei krank, er soll krank sein; **3.** sagen, behaupten, versprechen: ***you said you would come***; → ***soon*** 2; **4.** a) *a.* ~ ***over*** *Gedicht etc.* auf-, hersagen, b) *Gebet* sprechen, c) *R.C. Messe* lesen; **5.** (be)sagen, bedeuten: ***that is to ~*** das heißt; ***$500, ~, five hundred dollars*** $500, in Worten: fünfhundert Dollar; ***that is ~ing a great deal*** das will viel heißen; **6.** annehmen: (***let us***) ***~ it happens*** angenommen, es passiert; ***a sum of, ~, $20*** e-e Summe von, sagen wir (mal), *od.* von etwa $20; ***I should ~*** ich dächte, ich würde sagen; **II** *v/i.* [*irr.*] **7.** sagen, meinen: ***you may well ~ so!*** das kann man wohl sagen!; ***it is hard to ~*** es ist schwer zu sagen; ***what do you ~*** (*od.* ***what ~ you***) ***to …?*** was hältst du von …?, wie wäre es mit …?; ***you don't ~*** (***so***)***!*** was Sie nicht sagen!, nicht möglich!; ***it ~s*** es lautet (*Schreiben etc.*); ***it ~s here*** hier steht (*geschrieben*), hier heißt es; **8.** ***I ~!*** *int.* a) hör(en Sie) mal!, sag(en Sie) mal!, b) *erstaunt od. beifällig:* Donnerwetter!; **III** *s.* **9.** ***have one's ~*** (***to*** *od.* ***on***) s-e Meinung äußern (über *acc. od.* zu); **10.** Mitspracherecht *n*: ***have a*** (***no***) ***~ in*** et. (nichts) zu sagen haben bei; ***it is my ~ now!*** jetzt rede ich!; **11.** *a.* ***final ~*** endgültige Entscheidung: ***who has the ~ in this matter?*** wer hat in dieser Sache zu entscheiden *od.* das letzte Wort zu reden?

say·est ['seɪɪst] *obs. 2. sg. pres. von **say**:* ***thou ~*** du sagst.

say·ing ['seɪɪŋ] *s.* **1.** Reden *n*: ***it goes without ~*** es ist selbstverständlich; ***there is no ~*** man kann nicht sagen *od.* wissen (*ob, wann etc.*); **2.** Ausspruch *m*; **3.** Sprichwort *n*, Redensart *f*: ***as the ~ goes*** (*od.* ***is***) wie es (im Sprichwort) heißt, wie man sagt.

says [sez; səz] *3. sg. pres. von **say**:* ***he ~*** er sagt.

'**say-so** *s.* F **1.** (bloße) Behauptung; **2.** → ***say*** 11.

scab [skæb] **I** *s.* **1.** ⚕ a) Grind *m*, (Wund)Schorf *m*, b) Krätze *f*; **2.** *vet.* Räude *f*; **3.** ⚘ Schorf *m*; **4.** *sl.* Ha'lunke *m*; **5.** *sl.* a) Streikbrecher(in), b) Nichtgewerkschaftler *m*: ~ ***work*** Schwarzarbeit *f*, *a.* Arbeit unter Tariflohn; **6.** ⚙ Gußfehler *m*; **II** *v/i.* **7.** verschorfen, sich verkrusten; **8.** *a.* ~ ***it*** *sl.* als Streikbrecher *od.* unter Ta'riflohn arbeiten.

scab·bard ['skæbəd] *s.* (*Schwert- etc.*) Scheide *f.*

scabbed [skæbd] *adj.* **1.** → ***scabby***; **2.** ⚘ schorfig.

scab·by ['skæbɪ] *adj.* □ **1.** ⚕ schorfig, grindig; **2.** *vet.* räudig; **3.** F schäbig, schuftig.

sca·bi·es ['skeɪbiːz] → ***scab*** 1 b *u.* 2.

sca·bi·ous¹ ['skeɪbjəs] *adj.* **1.** ⚕ ska-bi'ös, krätzig; **2.** *vet.* räudig.

sca·bi·ous² ['skeɪbjəs] *s.* ⚘ Skabi'ose *f.*

sca·brous ['skeɪbrəs] *adj.* **1.** rauh, schuppig (*Pflanze etc.*); **2.** heikel, kniff(e)lig: ***a ~ question***; **3.** *fig.* schlüpfrig, anstößig.

scaf·fold ['skæfəld] **I** *s.* **1.** (Bau-, Arbeits)Gerüst *n*; **2.** Blutgerüst *n*, (*a.* Tod *m* auf dem) Scha'fott *n*; **3.** ('Redner-, 'Zuschauer)Tri,büne *f*; **4.** *anat.* a) Knochengerüst *n*, b) Stützgewebe *n*; **5.** ⚙ Ansatz *m* (*im Hochofen*); **II** *v/t.* **6.** ein Gerüst anbringen an (*dat.*); **7.** auf e-m Gestell aufbauen; **'scaf·fold·ing** [-dɪŋ] *s.* **1.** (Bau)Gerüst *n*; **2.** Ge'rüstmateri,al *n*; **3.** Errichtung *f* des Gerüsts.

scal·a·ble ['skeɪləbl] *adj.* ersteigbar.

scal·age ['skeɪlɪdʒ] *s.* **1.** ☤ *Am.* Schwundgeld *n*; **2.** Holzmaß *n.*

sca·lar ['skeɪlə] 𝔸 **I** *adj.* ska'lar, ungerichtet; **II** *s.* Ska'lar *m.*

scal·a·wag ['skæləwæg] *s.* **1.** Kümmerling *m* (*Tier*); **2.** F Lump *m.*

scald¹ [skɔːld] *s.* Skalde *m* (*nordischer Sänger*).

scald² [skɔːld] **I** *v/t.* **1.** verbrühen; **2.** *Milch etc.* abkochen: ***~ing hot*** a) kochendheiß, b) glühendheiß (*Tag etc.*); ***~ing tears*** *fig.* heiße Tränen; **3.** *Obst etc.* dünsten; **4.** *Geflügel, Schwein etc.* abbrühen; **5.** *a.* ***~ out*** *Gefäß, Instrumente* auskochen; **II** *s.* **6.** Verbrühung *f.*

scale¹ [skeɪl] **I** *s.* **1.** *zo.* Schuppe *f*; *coll.* Schuppen *pl.*; **2.** ⚕ Schuppe *f*: ***come off in ~s*** → 11; ***the ~s fell from my eyes*** es fiel mir wie Schuppen von den Augen; **3.** a) ⚘ Schuppenblatt *n*, b) (*Erbsen- etc.*)Hülse *f*, Schale *f*; **4.** (*Messer*)Schale *f*; **5.** Ablagerung *f*, *bsd.* a) Kesselstein *m*, b) ⚕ Zahnstein *m*; **6.** *a. pl. metall.* Zunder *m*: ***iron ~*** Hammerschlag *m*, Glühspan *m*; **II** *v/t.* **7.** *a.* ***~ off*** *Fisch* (ab)schuppen; *Schicht etc.* ablösen, -schälen, -häuten; **8.** a) abklopfen, den Kesselstein entfernen aus, b) *Zähne* vom Zahnstein befreien; **9.** e-e Kruste *od.* Kesselstein ansetzen in (*dat.*) *od.* an (*dat.*); **10.** *metall.* zunderfrei machen, ausglühen; **III** *v/i.* **11.** *a.* ***~ off*** sich abschuppen *od.* -lösen, abblättern; **12.** Kessel- *od.* Zahnstein ansetzen.

scale² [skeɪl] **I** *s.* **1.** Waagschale *f* (*a. fig.*): ***hold the ~s even*** *fig.* gerecht urteilen; ***throw into the ~*** *fig. Argument, Schwert etc.* in die Waagschale werfen; ***turn*** (*od.* ***tip***) ***the ~(s)*** *fig.* den Ausschlag geben; ***turn the ~ at 55 lbs*** 55 Pfund wiegen; → ***weight*** 4; **2.** *mst pl.* Waage *f*: ***a pair of ~s*** eine Waage; ***go to ~*** *sport* gewogen werden (*Jockey, Boxer*); ***go to ~ at 90 lbs*** 90 Pfund auf die Waage bringen; **3.** *2s pl. ast.* Waage *f*; **II** *v/t.* **4.** wiegen; **5.** F (ab-, aus-) wiegen; **III** *v/i.* **6.** ***~ in*** (***out***) vor (nach) dem Rennen gewogen werden (*Jokkey*).

scale³ [skeɪl] **I** *s.* **1.** ⚙, *phys.* Skala *f*: ***~ division*** Gradeinteilung *f*; ***~ disk*** Skalenscheibe *f*; ***~ line*** Teilstrich *m*; **2.** a) Stufenleiter *f*, Staffelung *f*, b) Skala *f*, Ta'rif *m*: ***~ of fees*** Gebührenordnung *f*; ***~ of wages*** Lohnskala, -tabelle *f*; **3.** Stufe *f* (*auf e-r Skala, Tabelle etc.*; *a. fig.*): ***social ~*** Gesellschaftsstufe; **4.** 𝔸, ⚙ a) Maßstab(angabe *f*) *m*, b) loga'rithmischer Rechenstab: ***in*** (*od.* ***to***) ***~*** maßstab(s)gerecht: ***drawn to a ~ of 1:5*** im Maßstab 1:5 gezeichnet; ***~ model*** maßstab(s)getreues Modell; **5.** *fig.* Maßstab *m*, 'Umfang *m*: ***on a large ~*** in großem Umfang, im großen; **6.** 𝔸 (nu'merische) Zahlenreihe: ***decimal ~*** Dezimalreihe *f*; **7.** ♪ a) Tonleiter *f*, b) 'Ton,umfang *m* (*Instrument*): ***learn one's ~s*** Tonleitern üben; **8.** *Am. Börse*: ***on a ~*** zu verschiedenen Kurswerten (*Wertpapiere*); **9.** *fig.* Leiter *f*: ***a ~ to success***; **II** *v/t.* **10.** erklimmen, erklettern (*a. fig.*); **11.** maßstab(s)getreu zeichnen: ***~ down*** (***up***) maßstäblich verkleinern (vergrößern); **12.** einstufen: ***~ down*** *Löhne* herunterschrauben, drücken; ***~ up*** *Preise etc.* hochschrauben; **III** *v/i.* **13.** *auf e-r Skala od. fig.* klettern, steigen: ***~ down*** fallen.

scale| ar·mo(u)r *s.* Schuppenpanzer *m*; **~ beam** *s.* Waagebalken *m*; **~ buy·ing** *s.* ☤ (spekula'tiver) Aufkauf von 'Wertpa,pieren.

scaled [skeɪld] *adj.* **1.** *zo.* schuppig, Schuppen…; **2.** abgeschuppt: ***~ herring***; **3.** mit e-r Skala (versehen).

'scale down *s.* maßstab(s)gerechte Verkleinerung.

scale·less ['skeɪllɪs] *adj.* schuppenlos.

sca·lene ['skeɪliːn] 𝔸 **I** *adj.* ungleichseitig (*Figur*), schief (*Körper*); **II** *s.* schiefwinkliges Dreieck.

scal·ing ['skeɪlɪŋ] *s.* **1.** (Ab)Schuppen *n*; **2.** Kesselstein- *od.* Zahnsteinentfernung *f*; **3.** Erklettern *n*, Aufstieg *m* (*a. fig.*); **4.** ☤ (spekula'tiver) Auf- u. Verkauf *m* von 'Wertpa,pieren.

scall [skɔːl] *s.* ⚕ (Kopf)Grind *m.*

scal·la·wag → ***scalawag***.

scal·lion ['skæljən] *s.* ⚘ Scha'lotte *f.*

scal·lop ['skɒləp] **I** *s.* **1.** *zo.* Kammuschel *f*; **2.** *a.* ***~ shell*** Muschelschale *f* (*a. aus Porzellan zum Servieren von Speisen*); **3.** *Näherei*: Lan'gette *f*; **II** *v/t.* **4.** ⚙ ausbogen, bogenförmig verzieren; **5.** *Näherei*: langettieren; **6.** *Speisen* in der (Muschel)Schale über'backen.

scalp [skælp] **I** *s.* **1.** *anat.* Kopfhaut *f*; **2.** Skalp *m* (*abgezogene Kopfhaut als Siegeszeichen*): ***be out for ~s*** sich auf dem Kriegspfad befinden, *fig.* kampf-, angriffslustig sein; **3.** *fig.* ('Sieges)Tro,phäe *f*; **II** *v/t.* **4.** skalpieren; **5.** ☤ *Am.* F *Wertpapiere* mit kleinem Pro'fit weiterverkaufen; **6.** *Am. sl. Eintrittskarten* auf dem schwarzen Markt verkaufen.

scal·pel ['skælpəl] *s.* ⚕ Skal'pell *n.*

scal·y ['skeɪlɪ] *adj.* **1.** schuppig, geschuppt; **2.** Schuppen…; **3.** schuppenförmig; **4.** sich abschuppend, schilferig.

scamp [skæmp] **I** *s.* Ha'lunke *m*; *humor. a.* Spitzbube *m*; **II** *v/t. Arbeit etc.* schlud(e)rig ausführen, hinschlampen.

scam·per ['skæmpə] **I** *v/i.* **1.** *a.* ***~ about*** (he'rum)tollen, her'umhüpfen; **2.** hasten: ***~ away*** (*od.* ***off***) sich davonmachen; **II** *s.* **3.** (He'rum)Tollen *n.*

scan [skæn] **I** *v/t.* **1.** genau *od.* kritisch prüfen, forschend *od.* scharf ansehen; **2.** *Horizont etc.* absuchen; **3.** über'fliegen: ***~ the headlines***; **4.** *Vers* skandieren; **5.** ϟ *Computer, Radar, TV*: abtasten; **II** *v/i.* **6.** *Metrik*: a) skan'dieren, b) sich *gut etc.* skandieren (lassen).

scan·dal ['skændl] *s.* **1.** Skan'dal *m*: a) skanda'löses Ereignis, b) (öffentliches) Ärgernis: ***cause ~*** Anstoß erregen, c) Schande *f*, Schmach *f* (***to*** für); **2.** Verleumdung *f*, (böswilliger) Klatsch: ***talk ~*** klatschen; ***~ sheet*** Skandal-, Revolverblatt *n*; **3.** ⚖ üble Nachrede (*im Prozeß*); **4.** ‚unmöglicher' Mensch.

scan·dal·ize¹ ['skændəlaɪz] *v/t.* Anstoß erregen bei (*dat.*), *j-n* schockieren: ***be ~d at*** Anstoß nehmen an (*dat.*), empört sein über (*acc.*).

scan·dal·ize² ['skændəlaɪz] *v/t.* ⚓ *Segel* verkleinern, ohne zu reffen.

'scan·dal,mon·ger *s.* Lästermaul *n*, Klatschbase *f.*

scan·dal·ous ['skændələs] *adj.* □ **1.** skanda'lös, anstößig, schockierend; **2.** schändlich, schimpflich; **3.** verleumderisch, Schmäh…: ***~ stories***; **4.** klatschsüchtig (*Person*).

Scan·di·na·vi·an [,skændɪ'neɪvjən] **I** *adj.* **1.** skandi'navisch; **II** *s.* **2.** Skandi'navier(in); **3.** *ling.* a) Skandi'navisch *n*, b) Altnordisch *n.*

scan·ner ['skænə] *s.* **1.** *Computer, Radar*: Abtaster *m*; **2.** → ***scanning disk***.

scan·ning ['skænɪŋ] *s. allg.* Abtastung *f*; **~ disk** *s. TV* Abtastscheibe *f*; **~ lines** *s. pl. TV* Rasterlinien *pl.*

scan·sion ['skænʃn] *s. Metrik*: Skandierung *f*, Skansi'on *f.*

Scan·so·res [skæn'sɔːriːz] *s. pl. orn.* Klettervögel *pl.*; **scan'so·ri·al** [-rɪəl] *adj. orn.* **1.** Kletter…; **2.** zu den Klettervögeln gehörig.

scant [skænt] *adj.* knapp (***of*** an *dat.*), spärlich, dürftig, gering: ***a ~ 2 hours*** knapp 2 Stunden; **'scan·ties** [-tɪz] *s. pl.* Damenslip *m*; **'scant·i·ness** [-tɪnɪs], **'scant·ness** [-nɪs] *s.* **1.** Knappheit *f*, Kargheit *f*; **2.** Unzulänglichkeit *f*; **'scant·y** [-tɪ] *adj.* □ **1.** → ***scant***; **2.** unzureichend; **3.** eng, beengt (*Raum etc.*).

scape [skeɪp] *s.* **1.** ⚘, *zo.* Schaft *m*; **2.** △ (Säulen)Schaft *m.*

'scape·goat *s. fig.* Sündenbock *m.*

'scape·grace *s.* Taugenichts *m.*

scaph·oid ['skæfɔɪd] *anat.* **I** *adj.* scapho'id, Kahn…; **II** *s. a.* ***~ bone*** Kahnbein *n.*

scap·u·la ['skæpjʊlə] *pl.* **-lae** [-liː] *s. anat.* Schulterblatt *n*; **'scap·u·lar** [-lə] **I** *adj.* **1.** *anat.* Schulter(blatt)…; **II** *s.* **2.** → ***scapulary***; **3.** ⚕ Schulterbinde *f*; **'scap·u·lar·y** [-lərɪ] *s. eccl.* Skapu'lier *n.*

scar¹ [skɑː] **I** *s.* **1.** Narbe *f* (*a.* ⚘; *a. fig. u. psych.*); **2.** Schramme *f*, Kratzer *m*; **3.** *fig.* (Schand)Fleck *m*, Makel *m*; **II** *v/t.* **4.** e-e Narbe *od.* Narben hinter'lassen auf (*dat.*); **5.** *fig.* bei *j-m* ein Trauma hinter'lassen; **6.** *fig.* entstellen, verunstalten; **III** *v/i.* **7.** *a.* ***~ over*** vernarben (*a. fig.*).

scar² [skɑː] *s. Brit.* Klippe *f*, steiler (Felsen)Abhang.

scar·ab ['skærəb] *s.* **1.** *zo.* Skara'bäus *m* (*a. Schmuck etc.*); **2.** *zo.* Mistkäfer *m.*

scarce [skeəs] **I** *adj.* □ **1.** knapp, spärlich: ***~ commodities*** ☤ Mangelwaren; **2.** selten, rar: ***make o.s. ~*** F a) sich rar machen, b) ‚sich dünnmachen'; **II** *adv.* **3.** *obs.* → **'scarce·ly** [-lɪ] *adv.* **1.** kaum, gerade erst: ***~ anything*** kaum etwas, fast nichts; ***~ … when*** kaum … als; **2.**

wohl nicht, kaum, schwerlich; '**scarce·ness** [-nɪs], '**scar·ci·ty** [-sətɪ] *s.* **1.** a) Knappheit *f*, Mangel *m* (**of** an *dat.*), b) Verknappung *f*; **2.** (Hungers)Not *f*; **3.** Seltenheit *f*: ~ **value** Seltenheitswert *m*.

scare [skeə] **I** *v/t.* **1.** erschrecken, *j-m* e-n Schrecken einjagen, ängstigen: **be ~d of s.th.** sich vor et. fürchten; **2.** *a.* ~ **away** verscheuchen, -jagen; **3.** ~ **up** a) *Wild etc.* aufscheuchen, b) F *Geld etc.* auftreiben, *et.* ‚organisieren'; **II** *v/i.* **4.** erschrecken: **he does not ~ easily** er läßt sich nicht leicht ins Bockshorn jagen; **III** *s.* **5.** Schreck(en) *m*, Panik *f*: ~ **buying** Angstkäufe *pl.*; ~ **news** Schreckensnachricht(en *pl.*) *f*; **6.** blinder A'larm; '~·**crow** *s.* **1.** Vogelscheuche *f* (*a. fig. Person*); **2.** *fig.* Schreckgespenst *n*; '~·ˌ**head(·ing)** *s.* (riesige) Sensati'onsschlagzeile; '~ˌ**mon·ger** *s.* Panikmacher(in); '~ˌ**mon·ger·ing** *s.* Panikmache *f*.

scarf[1] [skɑːf] *pl.* **scarfs**, **scarves** [-vz] *s.* **1.** Hals-, Kopf-, Schultertuch *n*, Schal *m*; **2.** (breite) Kra'watte (*für Herren*); **3.** ⚔ Schärpe *f*; **4.** *eccl.* Seidenstola *f*; **5.** Tischläufer *m*.

scarf[2] [skɑːf] **I** *s.* **1.** ⚙ Laschung *f*, Blatt *n* (*Hölzer*); ⚓ Lasch *m*; **2.** ⚙ → **scarf joint**; **II** *v/t.* **3.** ⚙ zs.-blatten; ⚓ (ver)laschen; **4.** *e-n Wal* aufschneiden.

scarf| joint *s.* ⚙ Blattfuge *f*, Verlaschung *f*; '~·**pin** *s.* Kra'wattennadel *f*; '~·**skin** *s. anat.* Oberhaut *f*.

scar·i·fi·ca·tion [ˌskeərɪfɪ'keɪʃn] *s.* ⚕ Hautritzung *f*; **scar·i·fi·ca·tor** ['skeərɪfɪkeɪtə], **scar·i·fi·er** ['skeərɪfaɪə] *s.* **1.** ⚕ Stichelmesser *n*; **2.** ✓ Messeregge *f*; **3.** ⚙ Straßenaufreißer *m*; **scar·i·fy** ['skeərɪfaɪ] *v/t.* **1.** *Haut* ritzen, ⚕ skarifizieren; **2.** ✓ a) *Boden* auflockern, b) *Samen* anritzen; **3.** *fig.* a) *Gefühle etc.* verletzen, b) scharf kritisieren.

scar·la·ti·na [ˌskɑːlə'tiːnə] *s.* ⚕ Scharlach(fieber *n*) *m*.

scar·let ['skɑːlət] **I** *s.* **1.** Scharlach(rot *n*) *m*; **2.** Scharlach(tuch *n*, -gewand *n*) *m*; **II** *adj.* **3.** scharlachrot: **flush** (*od.* **turn**) ~ dunkelrot werden; **4.** *fig.* unzüchtig; ~ **fe·ver** *s.* ⚕ Scharlach(fieber *n*) *m*; ~ **hat** *s.* **1.** Kardi'nalshut *m*; **2.** *fig.* Kardi'nalswürde *f*; ~ **run·ner** *s.* ♀ Scharlach-, Feuerbohne *f*; ♀ **Wom·an** *s.* **1.** *bibl. die* (scharlachrot gekleidete) Hure; **2.** *fig. contp.* (*das* heidnische *od.* päpstliche) Rom.

scarp [skɑːp] **I** *s.* **1.** steile Böschung; **2.** ⚔ Es'karpe *f*; **II** *v/t.* **3.** abböschen, abdachen; **scarped** [-pt] *adj.* steil, abschüssig.

scarred [skɑːd] *adj.* narbig.

scarves [skɑːvz] *pl. von* **scarf**[1].

scar·y ['skeərɪ] *adj.* F **1.** a) grus(e)lig, schaurig, b) unheimlich; **2.** schreckhaft, ängstlich.

scat[1] [skæt] F **I** *int.* **1.** ‚hau ab'!; **2.** Tempo!; **II** *v/i.* **3.** ‚verduften'; **4.** flitzen.

scat[2] [skæt] *s. Jazz*: Scat *m* (*Singen zs.-hangloser Silben*).

scathe [skeɪð] **I** *v/t.* **1.** *poet.* versengen; **2.** *obs. od. Scot.* verletzen; **3.** *fig.* vernichtend kritisieren; **II** *s.* **4.** Schaden *m*: **without** ~; **5.** Beleidigung *f*; '**scathe·less** [-lɪs] *adj.* unversehrt; '**scath·ing** [-ðɪŋ] *adj.* □ *fig.* **1.** vernichtend, ätzend (*Kritik etc.*); **2.** verletzend.

sca·tol·o·gy [skə'tɒlədʒɪ] *s.* **1.** ⚕ Skato'logie *f*, Kotstudium *n*; **2.** *fig.* Beschäftigung *f* mit dem Ob'szönen (in der Litera'tur).

scat·ter ['skætə] **I** *v/t.* **1.** *a.* ~ **about** (aus-, um'her-, ver)streuen; **2.** verbreiten, -teilen; **3.** bestreuen (**with** mit); **4.** *Menge etc.* zerstreuen, *a. Vögel etc.* ausein'anderscheuchen: **be ~ed to the four winds** in alle Winde zerstreut werden *od.* sein; **5.** *Geld* verschleudern, verzetteln: ~ **one's strength** *fig.* sich verzetteln; **6.** *phys. Licht etc.* zerstreuen; **II** *v/i.* **7.** sich zerstreuen (*Menge*), ausein'anderstieben (*a. Vögel etc.*), sich zerteilen (*Nebel*); **8.** a) sich verbreiten (**over** über *acc.*), b) verstreut sein; **III** *s.* **9.** *allg., a. phys. etc.* Streuung *f*; '~-**brain** *s.* Wirrkopf *m*; '~·**brained** *adj.* wirr, kon'fus.

scat·tered ['skætəd] *adj.* **1.** ver-, zerstreut (liegend *od.* vorkommend *etc.*); **2.** vereinzelt (auftretend): ~ **rain showers**; **3.** *fig.* wirr; **4.** *phys.* dif'fus, Streu...

'**scat·ter|·gun** *s. Am.* Schrotflinte *f*; ~ **rug** *s. Am.* Brücke *f* (*Teppich*).

scaur [skɔː] *bsd. Scot. für* **scar**[2].

scav·enge ['skævɪndʒ] **I** *v/t.* **1.** *Straßen etc.* reinigen, säubern; **2.** *mot. Zylinder von Gasen* reinigen, spülen: ~ **stroke** Spültakt *m*, Auspuffhub *m*; **3.** *Am.* a) *Abfälle etc.* auflesen, b) *et.* auftreiben, c) *et.* durch'stöbern (**for** nach); **II** *v/i.* **4.** ~ **for** (her'um)suchen nach; '**scav·en·ger** [-dʒə] *s.* **1.** Straßenkehrer *m*; **2.** Müllmann *m*; **3.** a) Trödler *m*, b) Lumpensammler *m*; **4.** ⚗ Reinigungsmittel *n*; **5.** *zo.* Aasfresser *m*: ~ **beetle** aasfressender Käfer.

sce·nar·i·o [sɪ'nɑːrɪəʊ] *pl.* **-ri·os** *s.* **1.** a) *thea.* Sze'nar(io) *n*, b) *Film*: Drehbuch *n*; **2.** *fig.* Sze'nario *n*, Plan *m*; **sce·na·rist** ['siːnərɪst] *s.* Drehbuchautor *m*.

scene [siːn] *s.* **1.** *thea., Film, TV*: a) Szene *f*, Auftritt *m*, b) Ort *m* der Handlung, Schauplatz *m* (*a. Roman etc.*); → **lay** 6, c) Ku'lisse *f*, d) → **scenery** b: **behind the ~s** hinter den Kulissen (*a. fig.*); **change of** ~ Szenenwechsel *m*, *fig.* ‚Tapetenwechsel' *m*; **2.** Szene *f*, Epi'sode *f* (*Roman etc.*); **3.** 'Hintergrund *m e-r Erzählung etc.*; **4.** *fig.* Szene *f*, Schauplatz *m*: ~ **of accident** (**crime**) Unfallort *m* (Tatort *m*); **5.** Szene *f*, Anblick *m*; *paint.* (Landschafts-)Bild *n*: ~ **of destruction** *fig.* Bild der Zerstörung; **6.** Szene *f*: a) Vorgang *m*, b) (heftiger) Auftritt: **make** (**s.o.**) **a.** ~ (j-m) e-e Szene machen; **7.** *fig.* (Welt-)Bühne *f*: **quit the** ~ von der Bühne abtreten, sterben; **8.** *sl.* (Drogen-, Pop-*etc.*)Szene *f*: **that's not my** ~ *fig.* das ist nicht mein Fall; ~ **dock** *s. thea.* Requi'sitenraum *m*; ~ **paint·er** *s.* Bühnenmaler(in).

scen·er·y ['siːnərɪ] *s.* Szene'rie *f*: a) Landschaft *f*, Gegend *f*, b) *thea.* Bühnenbild *n*, -ausstattung *f*.

'**scene**ˌ**shift·er** *s. thea.* Bühnenarbeiter *m*, Ku'lissenschieber *m*.

sce·nic ['siːnɪk] **I** *adj.* (□ **~ally**) **1.** landschaftlich, Landschafts...; **2.** (landschaftlich) schön, malerisch: ~ **railway** (in e-r künstlichen Landschaft angelegte) Liliputbahn; ~ **road** landschaftlich schöne Strecke (*Hinweis auf Autokarte*); **3.** *thea.* a) szenisch, Bühnen...: ~ **designer** Bühnenbildner(in), b) dra'matisch (*a. Gemälde etc.*), c) Ausstattungs...; **II** *s.* **4.** Na'turfilm *m*.

sce·no·graph·ic, **sce·no·graph·i·cal** [ˌsiːnə'græfɪk(l)] *adj.* □ szeno'graphisch, perspek'tivisch.

scent [sent] **I** *s.* **1.** (*bsd.* Wohl)Geruch *m*, Duft *m*; **2.** Par'füm *n*; **3.** *hunt.* a) Witterung *f*, b) Spur *f*, Fährte *f* (*a. fig.*): **blazing** ~ warme Fährte; **on the** (**wrong**) ~ auf der (falschen) Fährte; **put on the** ~ auf die Fährte setzen; **put** (*od.* **throw**) **off the** ~ von der (richtigen) Spur ablenken; **4.** a) Geruchssinn *m*, b) *zo. u. fig.* Spürsinn *m*, *gute etc.* Nase: **have a ~ for s.th.** *fig.* e-e Nase für et. haben; **II** *v/t.* **5.** *et.* riechen; **6.** *a.* ~ **out** *hunt. u. fig.* wittern, (auf)spüren; **7.** mit Wohlgeruch erfüllen; **8.** parfümieren; **scent bag** *s.* **1.** *zo.* Duftdrüse *f*; **2.** *Fuchsjagd*: künstliche Schleppe; **3.** Duftkissen *n*; **scent bot·tle** *s.* Par'fümfläschchen *n*; '**scent·ed** [-tɪd] *adj.* **1.** duftend; **2.** parfümiert; **scent gland** *s. zo.* Duft-, Moschusdrüse *f*; '**scent·less** [-lɪs] *adj.* **1.** geruchlos; **2.** *hunt.* ohne Witterung (*Boden*).

scep·sis ['skepsɪs] *s.* **1.** Skepsis *f*; **2.** *phls.* Skepti'zismus *m*.

scep·ter ['septə] *etc. Am.* → **sceptre** *etc.*

scep·tic ['skeptɪk] *s.* **1.** (*phls. mst* ♀) Skeptiker(in); **2.** *eccl.* Zweifler(in), *allg.* Ungläubige(r *m*) *f*, Athe'ist(in); '**scep·ti·cal** [-kl] *adj.* □ skeptisch (*a. phls.*), mißtrauisch, ungläubig: **be ~ about** (*od.* **of**) **s.th.** e-r Sache skeptisch gegenüberstehen, et. bezweifeln, an et. zweifeln; '**scep·ti·cism** [-ɪzɪzəm] → **scepsis**.

scep·tre ['septə] *s.* Zepter *n*: **wield the** ~ das Zepter führen, herrschen; '**scep·tered** [-əd] *adj.* **1.** zeptertragend, herrschend (*a. fig.*); **2.** *fig.* königlich.

sched·ule [*Brit.* 'ʃedjuːl; *Am.* 'skedʒʊl] **I** *s.* **1.** Liste *f*, Ta'belle *f*, Aufstellung *f*, Verzeichnis *n*; **2.** *bsd.* ⚖ Anhang *m*; **3.** *bsd. Am.* a) (Arbeits-, Lehr-, Stunden-)Plan *m*, b) Fahrplan *m*: **be behind** ~ Verspätung haben, *weitS.* im Verzug sein; **on** ~ (fahr)planmäßig, pünktlich; **4.** Formblatt *n*, Vordruck *m*, Formu'lar *n*; **5.** Einkommensteuerklasse *f*; **II** *v/t.* **6.** *et.* in e-r Liste *etc. od.* tabel'larisch zs.-stellen; **7.** (in e-e Liste *etc.*) eintragen, -fügen: **~d departure** (fahr)planmäßige Abfahrt; **~d flight** ✈ Linienflug *m*; **the train is ~d to leave at 6** der Zug fährt fahrplanmäßig um 6; **8.** *bsd.* ⚖ (als Anhang) beifügen (**to** *dat.*); **9.** a) festlegen, b) planen.

sche·mat·ic [skɪ'mætɪk] *adj.* (□ **~ally**) sche'matisch; **sche·ma·tize** ['skiːmətaɪz] *v/t. u. v/i.* schematisieren.

scheme [skiːm] **I** *s.* **1.** Schema *n*, Sy'stem *n*, Anlage *f*: ~ **of colo**(**u**)**r** Farbenzusammenstellung *f*, -skala *f*; ~ **of philosophy** philosophisches System; **2.** a) Schema *n*, Aufstellung *f*, Ta'belle *f*, b) 'Übersicht *f*, c) sche'matische Darstellung; **3.** Plan *m*, Pro'jekt *n*, Pro'gramm *n*: **irrigation** ~; **4.** (dunkler) Plan, In'trige *f*, Kom'plott *n*; **II** *v/t.* **5.** *a.* ~ **out** planen, entwerfen; **6.** *Böses* planen, aushecken; **7.** in ein Schema *od.* Sy'stem bringen; **III** *v/i.* **8.** Pläne schmieden, *bsd. b.s.* Ränke schmieden,

intrigieren; **'schem·er** [-mə] *s.* **1.** Plänemacher *m*; **2.** Ränkeschmied *m*, Intri'gant *m*; **'schem·ing** [-mɪŋ] *adj.* □ ränkevoll, intri'gant.
scher·zan·do [skeət'sændəʊ] (*Ital.*) *adv.* ♪ scher'zando, heiter; **scher·zo** ['skeətsəʊ] *s.* ♪ Scherzo *n*.
schism ['sɪzəm] *s.* **1.** *eccl.* a) Schisma *n*, Kirchenspaltung *f*, b) Lossagung *f*; **2.** *fig.* Spaltung *f*, Riß *m*; **schis·mat·ic** [sɪz'mætɪk] *bsd. eccl.* **I** *adj.* (□ **~ally**) schis'matisch, abtrünnig; **II** *s.* Schis'matiker *m*, Abtrünnige(r) *m*; **schis'mat·i·cal** [sɪz'mætɪkl] *adj.* □ → **schismatic** I.
schist [ʃɪst] *s. geol.* Schiefer *m*.
schiz·oid ['skɪtsɔɪd] *psych.* **I** *adj.* schizo'id; **II** *s.* Schizo'ide(r *m*) *f*.
schiz·o·my·cete [ˌskɪtsəʊmaɪ'siːt] *s.* ⚘ Spaltpilz *m*, Schizomy'zet *m*.
schiz·o·phrene ['skɪtsəʊfriːn] *s. psych.* Schizo'phrene(r *m*) *f*; **schiz·o·phre·ni·a** [ˌskɪtsəʊ'friːnjə] *s. psych.* Schizophre'nie *f*; **schiz·o·phren·ic** [ˌskɪtsəʊ'frenɪk] *psych.* **I** *s.* Schizophrene(r *m*) *f*; **II** *adj.* schizo'phren.
schle·miel, schle·mihl [ʃle'miːl] *s. Am. sl.* **1.** Pechvogel *m*; **2.** Tolpatsch *m*.
schlep(p) [ʃlep] *Am. sl.* **I** *v/t.* (*v/i.* sich) schleppen; **II** *s.* → **'schlep·per** [-pə] *s. Am. sl.* ‚Blödmann' *m*.
schmaltz [ʃmɔːlts] (*Ger.*) *s. sl.* **1.** ‚Schmalz' *m* (*a. Musik*); **2.** Kitsch *m*; **'schmaltz·y** [-tsɪ] *adj.* ‚schmalzig', sentimen'tal.
schnap(p)s [ʃnæps] (*Ger.*) *s.* Schnaps *m*.
schnit·zel ['ʃnɪtsəl] (*Ger.*) *s. Küche*: Wiener Schnitzel *n*.
schnor·kel ['ʃnɔːkəl] → **snorkel**.
schol·ar ['skɒlə] *s.* **1.** a) Gelehrte(r) *m*, *bsd.* Geisteswissenschaftler *m*, b) Gebildete(r) *m*; **2.** Studierende(r *m*) *f*: **he is an apt ~** er lernt gut; **he is a good French ~** er ist im Französischen gut beschlagen; **he is not much of a ~** F mit s-r Bildung ist es nicht weit her; **3.** *ped. univ.* Stipendi'at *m*; **4.** *obs. od. poet.* Schüler(in), Jünger(in); **'schol·ar·ly** [-lɪ] *adj. u. adv.* **1.** gelehrt; **2.** gelehrtenhaft; **'schol·ar·ship** [-ʃɪp] *s.* **1.** Gelehrsamkeit *f*: **classical ~** humanistische Bildung; **2.** *ped.* Sti'pendium *n*.
scho·las·tic [skə'læstɪk] **I** *adj.* (□ **~ally**) **1.** aka'demisch (*Bildung etc.*); **2.** schulisch, Schul..., Schüler...; **3.** erzieherisch: **~ profession** Lehr(er)beruf *m*; **4.** *phls.* scho'lastisch (*a. fig. contp. spitzfindig, pedantisch*); **II** *s.* **5.** *phls.* Scho'lastiker *m*; **6.** *fig.* Schulmeister *m*, Pe'dant *m*; **scho'las·ti·cism** [-ɪsɪzəm] *s.* **1.** *a.* ♀ Scho'lastik *f*; **2.** *fig.* Pedante'rie *f*.
school¹ [skuːl] **I** *s.* **1.** Schule *f* (*Anstalt*): **at ~** auf der Schule; → **high school** *etc.*; → 4; **2.** (Schul)Stufe *f*: **lower ~** Unterstufe; **senior** (*od.* **upper**) **~** Oberstufe; **3.** Lehrgang *m*, Kurs(us) *m*; **4.** *mst ohne art.* ('Schul)ˌUnterricht *m*, Schule *f*: **at** (*od.* **in**) **~** in der Schule, im Unterricht; **go to ~** zur Schule gehen; **put to ~** einschulen; → **tale** 5; **5.** Schule *f*, Schulhaus *n*, -gebäude *n*; **6.** *univ.* a) Fakul'tät *f*: **the law ~** die juristische Fakultät, b) Fachbereich *m*, (selbständige) Abteilung innerhalb e-r Fakul'tät; **7.** *Am.* Hochschule *f*; **8.** *pl.* 'Schlußexˌamen *n* (*für den Grad e-s* **Bachelor of Arts**; *Oxford*); **9.** *fig. harte etc.* Schule, Lehre *f*: **a severe ~**; **10.** *phls., paint. etc.* Schule *f* (*Richtung u. Anhängerschaft*): **~ of thought** (geistige) Richtung; **the Hegelian ~** *phls.* die hegelianische Schule *od.* Richtung, die Hegelianer *pl.*; **a gentleman of the old ~** ein Kavalier der alten Schule; **11.** ♪ Schule *f*: a) Lehrbuch *n*, b) Lehre *f*, Sy'stem *n*; **II** *v/t.* **12.** einschulen; **13.** schulen, unter'richten, ausbilden, trainieren; **14.** *Temperament, Zunge etc.* zügeln; **15.** **~ o.s.** (**to**) sich erziehen (zu), sich üben (in *dat.*); **~ o.s. to do s.th.** lernen *od.* sich daran gewöhnen et. zu tun; **16.** *Pferd* dressieren; **17.** *obs.* tadeln.
school² [skuːl] *s. ichth.* Schwarm *m* (*a. fig.*), Schule *f*, Zug *m* (*Wale etc.*).
school| age *s.* schulpflichtiges Alter; **'~-age** *adj.* schulpflichtig; **'~·board** *s.* (lo'kale) Schulbehörde; **'~·boy** *s.* Schüler *m*, Schuljunge *m*; **'~·bus** *s.* Schulbus *m*; **~ days** *pl.* (alte) Schulzeit; **'~ˌfel·low** → **schoolmate**; **'~·girl** *s.* Schülerin *f*, Schulmädchen *n*; **'~ˌgirl·ish** *adj.* schulmädchenhaft; **'~·house 1.** (*bsd.* Dorf-) Schulhaus *n*; **2.** *Brit.* (Wohn)Haus *n* des Schulleiters.
school·ing ['skuːlɪŋ] *s.* **1.** ('Schul)ˌUnterricht *m*; **2.** Schulung *f*, Ausbildung *f*; **3.** Schulgeld *n*; **4.** *sport* Schulreiten *n*; **5.** *obs.* Verweis *m*.
school| leav·er ['liːvə] *s.* Schulabgänger (-in); **~ leav·ing cer·tif·i·cate** *s.* Abgangszeugnis *n*; **'~·ma'am** [-mæm] *s. Am. für* **schoolmarm**; **'~·man** [-mən] *s.* [*irr.*] **1.** Päda'goge *m*; **2.** *hist.* Scho'lastiker *m*; **'~·marm** [-mɑːm] F **1.** Lehrerin *f*; **2.** *fig. contp.* Schulmeisterin *f*; **'~ˌmas·ter** *s.* **1.** Schulleiter *m*; **2.** Lehrer *m*; **3.** *fig. contp.* Schulmeister *m*; **'~ˌmas·ter·ly** *adj.* schulmeisterlich; **'~·mate** *s.* 'Schulkameˌrad(in); **'~ˌmis·tress** *s.* **1.** Schulleiterin *f*; **2.** Lehrerin *f*; **~ re·port** *s.* Schulzeugnis *n*; **'~·room** [-rʊm] *s.* Klassenzimmer *n*; **~ ship** *s.* ⚓ Schulschiff *n*; **~ tie** *s.*: **old ~** *Brit.* a) Krawatte *f* mit den Farben e-r **Public School**, b) *Spitzname für e-n ehemaligen Schüler e-r* **Public School**, c) sentimentale Bindung an die alte Schule, d) *der* Einfluß der **Public Schools** auf das öffentliche Leben in England, e) *contp.* Cliquenwirtschaft *f* unter ehemaligen Schülern e-r **Public School**, f) *contp.* arrogantes Gehabe solcher Schüler; **~ u·ni·form** *s.* (einheitliche) Schulkleidung; **'~·work** *s.* (in der Schule zu erledigende) Aufgaben *pl.*; **'~·yard** *s. Am.* Schulhof *m*.
schoon·er ['skuːnə] *s.* **1.** ⚓ Schoner *m*; **2.** *bsd. Am.* → **prairie schooner**; **3.** großes Bierglas.
schorl [ʃɔːl] *s. min.* Schörl *m*, (schwarzer) Turma'lin.
schot·tische [ʃɒ'tiːʃ] *s.* ♪ Schottische(r) *m* (*a. Tanz*).
schuss [ʃʊs] (*Ger.*) *Skisport*: **I** *s.* Schuß (-fahrt *f*) *m*; **II** *v/i.* Schuß fahren.
schwa [ʃwɑː] *s. ling.* Schwa *n*: a) *kurzer Vokal von unbestimmter Klangfarbe*, b) *das phonetische Symbol* ə.
sci·a·gram ['skaɪəgræm], **'sci·a·graph** [-grɑːf] *s.* ⚕ Röntgenbild *n*; **sci·ag·ra·phy** [skaɪ'ægrəfɪ] *s.* **1.** ⚕ Herstellung *f* von Röntgenaufnahmen; **2.** Schattenmale'rei *f*, Schattenriß *m*.
sci·at·ic [saɪ'ætɪk] *adj.* ⚕ **1.** Ischias...; **2.** an Ischias leidend; **sci'at·i·ca** [-kə] *s.* ⚕ Ischias *f*.
sci·ence ['saɪəns] *s.* **1.** Wissenschaft *f*: **man of ~** Wissenschaftler *m*; **2.** *a.* **natural ~** *coll. die* Na'turwissenschaft(en *pl.*); **3.** *fig.* Lehre *f*, Kunde *f*: **~ of gardening** Gartenbaukunst *f*; **4.** *phls., eccl.* Erkenntnis *f* (**of** von); **5.** Kunst (-fertigkeit) *f*, (gute) Technik (*a. sport*); **6.** ♀ → **Christian Science**; **~ fic·tion** *s.* 'Science-'fiction *f*.
sci·en·ter [saɪ'entə] (*Lat.*) ⚖ *adv.* wissentlich.
sci·en·tif·ic [ˌsaɪən'tɪfɪk] *adj.* (□ **~ally**) **1.** (*engS.* na'tur)wissenschaftlich; **2.** wissenschaftlich, ex'akt, syste'matisch; **3.** *fig. sport etc.* kunstgerecht; **sci·en·tist** ['saɪəntɪst] *s.* (Na'tur)Wissenschaftler *m*.
sci-fi [ˌsaɪ'faɪ] F *für* **science fiction**.
scil·i·cet ['saɪlɪset] *adv.* (*abbr.* **scil.** *od.* **sc.**) nämlich, d. h. (das heißt).
scim·i·tar, scim·i·ter ['sɪmɪtə] *s.* (orien'talischer) Krummsäbel.
scin·til·la [sɪn'tɪlə] *s. bsd. fig.* Fünkchen *n*: **not a ~ of truth**; **scin·til·lant** ['sɪntɪlənt] *adj.* funkelnd, schillernd; **scin·til·late** ['sɪntɪleɪt] **I** *v/i.* **1.** Funken sprühen; **2.** funkeln (*a. fig. Augen*), sprühen (*a. fig. Geist, Witz*); **II** *v/t.* **3.** *Funken, fig. Geistesblitze* (ver)sprühen; **scin·til·la·tion** [ˌsɪntɪ'leɪʃn] *s.* **1.** Funkensprühen *n*, Funkeln *n*; **2.** Schillern *n*; **3.** *fig.* Geistesblitz *m*.
sci·o·lism ['saɪəʊlɪzəm] *s.* Halbwissen *n*; **'sci·o·list** [-lɪst] *s.* Halbgebildete(r) *m*, -wisser *m*.
sci·on ['saɪən] *s.* **1.** ⚘ Ableger *m*, Steckling *m*, (Pfropf)Reis *n*; **2.** *fig.* Sproß *m*, Sprößling *m*.
scir·rhous ['sɪrəs] *adj.* ⚕ szir'rhös, hart geschwollen; **'scir·rhus** [-rəs] *pl.* **-rhus·es** *s.* ⚕ Szirrhus *m*, harte Krebsgeschwulst.
scis·sor ['sɪzə] *v/t.* **1.** (*mit der Schere*) (zer-, zu-, aus)schneiden; **2.** scherenartig bewegen *etc.*; **~ kick** *s. Fußball, Schwimmen*: Scherenschlag *m*.
scis·sors ['sɪzəz] *s. pl.* **1.** *a.* **pair of ~** Schere *f*; **2.** *sg. konstr. sport* (*Hochsprung*: *a.* **~ jump**, *Ringen*: *a.* **~ hold**) Schere *f*.
scis·sure ['sɪʒə] *s. bsd.* ⚕ Fis'sur *f*, Riß *m*.
scle·ra ['sklɪərə] *s. anat.* Sklera *f*, Lederhaut *f* des Auges.
scle·ro·ma [ˌsklɪə'rəʊmə] *pl.* **-ma·ta** [-mətə] *s.* ⚕ Skle'rom *n*, Verhärtung *f*; **ˌscle'ro·sis** [-'rəʊsɪs] *pl.* **-ro·ses** [-siːz] *s.* **1.** ⚕ Skle'rose *f*, Verhärtung *f* (*des Zellgewebes*); **2.** ⚘ Verhärtung *f* (*der Zellwand*); **scle'rot·ic** [-'rɒtɪk] **I** *adj.* ⚕, *anat.* skle'rotisch; *fig.* verkalkt; **II** *s. anat.* → **sclera**; **scle·rous** ['sklɪərəs] *adj.* ⚕ skle'rös, verhärtet.
scoff [skɒf] **I** *s.* **1.** Spott *m*, Hohn *m*; **2.** Zielscheibe *f* des Spotts; **II** *v/i.* **3.** spotten (**at** über *acc.*); **'scoff·er** [-fə] *s.* Spötter(in).
scold [skəʊld] **I** *v/t.* *j-n* (aus)schelten, auszanken; **II** *s.* zänkisches Weib, (Haus)Drachen *m*; **'scold·ing** [-dɪŋ] *s.*

1. Schelten *n*; **2.** Schelte *f*: ***get a (good) ~*** (tüchtig) ausgeschimpft werden.

scol·lop ['skɒləp] → ***scallop***.

sconce[1] [skɒns] *s.* **1.** (Wand-, Kla'vier-) Leuchter *m*; **2.** Kerzenhalter *m*.

sconce[2] [skɒns] *s.* ⚔ Schanze *f*.

sconce[3] [skɒns] *univ.* **I** *v/t. zu e-r Strafe* verdonnern; **II** *s.* Strafe *f*.

sconce[4] [skɒns] *s. sl.* ‚Birne' *f*, Schädel *m*.

scone [skɒn] *s.* weiches Teegebäck.

scoop [sku:p] **I** *s.* **1.** a) Schöpfkelle *f*, (*a.* Wasser)Schöpfer *m*, b) (*a. Zucker- etc.*) Schaufel *f*, Schippe *f*, c) ⚙ Baggereimer *m*, -löffel *m*; **2.** *Äpfel-*, *Käse-*Stecher *m*; **3.** ⚕ Spatel *m*; **4.** (Aus)Schöpfen *n*; **5.** Schub *m*: ***in one ~*** mit 'einem Schub; **6.** *sport* Schlenzer *m*; **7.** *sl.* a) ‚Schnitt' *m*, (großer) Fang, b) *Zeitung*: sensatio'nelle Erstmeldung, Exklu'sivbericht *m*, ‚Knüller' *m*; **II** *v/t.* **8.** schöpfen, schaufeln: ***~ out water*** Wasser ausschöpfen; ***~ up*** (auf)schaufeln, *fig. Geld* scheffeln; **9.** *mst* ***~ out*** *Loch* (aus-) graben; **10.** *oft* ***~ in*** *sl. Gewinn* einstekken, *Geld* scheffeln; **11.** *sl. Konkurrenzzeitung* durch e-e Erstmeldung ausstechen, *j-m* zu'vorkommen (***on*** bei, mit).

scoot [sku:t] F *v/t.* **1.** rasen, flitzen; **2.** ‚abhauen'; **'scoot·er** [-tə] *s.* **1.** (Kinder-, *a.* Motor)Roller *m*; **2.** *sport Am.* Eisjacht *f*.

scope [skəʊp] *s.* **1.** Bereich *m*, Gebiet *n*; ⚖ Anwendungsbereich *m*; Reichweite *f*: ***within the ~ of*** im Rahmen (*gen.*); ***come within the ~ of*** unter *ein Gesetz etc.* fallen; ***an undertaking of wide ~*** ein großangelegtes Unternehmen; **2.** Ausmaß *n*, 'Umfang *m*: ***~ of authority*** ⚖ Vollmachtsumfang; **3.** (Spiel)Raum *m*, Bewegungsfreiheit *f*: ***give one's fancy full ~*** s-r Phantasie freien Lauf lassen; ***have free ~*** freie Hand haben (***for*** bei); **4.** (geistiger) Hori'zont, Gesichtskreis *m*.

scor·bu·tic [skɔ:'bju:tɪk] ⚕ **I** *adj.* (□ ***~ally***) **1.** skor'butisch, Skorbut…; **II** *s.* **2.** Skor'butkranke(r *m*) *f*.

scorch [skɔ:tʃ] **I** *v/t.* **1.** versengen, -brennen: ***~ed earth*** ⚔ verbrannte Erde; **2.** (aus)dörren; **3.** ⚡ verschmoren; **4.** *fig.* (durch scharfe Kritik *od.* beißenden Spott) verletzen; **II** *v/i.* **5.** versengt werden; **6.** ausdörren; **7.** F *mot. etc.* rasen; **'scorch·er** [-tʃə] *s.* **1.** F et. sehr Heißes, *bsd.* glühendheißer Tag; **2.** *sl.* ‚Ding' *n*: a) beißende Bemerkung, b) scharfe Kritik, c) böser Brief, d) ‚tolle' Sache; **3.** F *mot.* ‚Raser' *m*; **4.** *sport sl.* a) ‚Bombenschuß' *m*, b) knallharter Schlag; **'scorch·ing** [-tʃɪŋ] *adj.* □ **1.** sengend, brennend (heiß); **2.** vernichtend (*Kritik etc.*).

score [skɔ:] **I** *s.* **1.** Kerbe *f*, Rille *f*; **2.** (Markierungs)Linie *f*; *sport* Start-, Ziellinie *f*: ***get off at full ~*** a) losrasen, b) *fig.* außer sich geraten; **3.** Zeche *f*, Rechnung *f*: ***run up a ~*** Schulden machen; ***settle old ~s*** *fig.* e-e alte Rechnung begleichen; ***on the ~ of*** *fig.* auf Grund von, wegen; ***on that ~*** in dieser Hinsicht; ***on what ~?*** aus welchem Grund?; **4.** *bsd. sport* a) (Spiel)Stand *m*, b) *erzielte* Punkt- *od.* Trefferzahl, (Spiel)Ergebnis *n*, (Be)Wertung *f*, c) Punktliste *f*: ***know the ~*** F Bescheid wissen; ***make a ~ off s.o.*** F *fig.* j-m ‚eins auswischen'; ***what is the ~?*** a) wie steht das Spiel?, b) *fig. Am.* wie ist die Lage?; ***~ one for me!*** *humor.* eins zu null für mich!; **5.** (Satz *m* von) 20, 20 Stück: ***four ~ and seven years*** 87 Jahre; **6.** *pl.* große (An)Zahl *f*, Menge *f*: ***~s of times*** *fig.* hundert-, x-mal; **7.** ♪ Parti'tur *f*; **II** *v/t.* **8.** einkerben; **9.** markieren: ***~ out*** aus-, durchstreichen; **10.** *oft* ***~ up*** *Schulden*, *Zechen* anschreiben, -rechnen: ***~ (up) s.th. against*** (*od.* ***to***) ***s.o.*** *fig.* j-m et. ankreiden; **11.** *ped. psych. j-s Leistung etc.* bewerten; **12.** *sport* a) *Punkte*, *Treffer* erzielen, sammeln, *Tore* schießen, *fig. Erfolge*, *Sieg* verzeichnen, erringen, b) *Punkte*, *Spielstand etc.* aufschreiben: ***~ a hit*** a) e-n Treffer erzielen, b) *fig.* e-n Bombenerfolg haben; ***~ s.o. off*** F *fig.* j-m ‚eins auswischen'; **13.** *sport* zählen: ***a try ~s 6 points***; **14.** ♪ a) in Parti'tur setzen, b) instrumentieren; **15.** *Am. fig.* scharf kritisieren *od.* angreifen; **III** *v/i.* **16.** *sport* a) e-n Punkt *od.* Treffer erzielen, Punkte sammeln, b) die Punkte zählen *od.* aufschreiben; **17.** F Erfolg *od.* Glück haben, e-n Vorteil erzielen: ***~ over*** *j-n*, *et.* übertreffen; **18.** zählen, gezählt werden: ***that ~s for us***; **'~·board** *s.* Anzeigetafel *f im Stadion etc.*; **'~·card** *s. sport* **1.** Spielberichtsbogen *m*; **2.** *Boxen etc.*: Punktzettel *m*; *Golf*: Zählkarte *f*.

score·less ['skɔ:lɪs] *adj. sport* torlos.

scor·er ['skɔ:rə] *s. sport* a) Schreiber *m*, b) Torschütze *m*.

sco·ri·a ['skɔ:rɪə] *pl.* **-ri·ae** [-rɪi:] *s.* (⚙ Me'tall-, *geol.* Gesteins)Schlacke *f*; **sco·ri·a·ceous** [ˌskɔ:rɪ'eɪʃəs] *adj.* schlackig; **'sco·ri·fy** [-ɪfaɪ] *v/t.* verschlacken.

scorn [skɔ:n] **I** *s.* **1.** Verachtung *f*: ***think ~ of*** verachten; **2.** Spott *m*, Hohn *m*: ***laugh to ~*** verlachen; **3.** Zielscheibe *f* des Spottes, *das* Gespött (*der Leute etc.*); **II** *v/t.* **4.** verachten: a) geringschätzen, b) verschmähen; **'scorn·ful** [-fʊl] *adj.* □ **1.** verächtlich; **2.** spöttisch.

Scor·pi·o ['skɔ:pɪəʊ] *s. ast.* Skorpi'on *m*; **'scor·pi·on** [-pjən] *s. zo.* Skorpi'on *m*.

Scot[1] [skɒt] *s.* Schotte *m*, Schottin *f*.

scot[2] [skɒt] *s.* **1.** (Zahlungs)Beitrag *m*: ***pay (for) one's ~s*** s-n Beitrag leisten; **2.** *a.* ***~ and lot*** *hist.* Gemeindeabgabe *f*: ***pay ~ and lot*** *fig.* alles auf Heller u. Pfennig bezahlen.

Scotch[1] [skɒtʃ] **I** *adj.* **1.** schottisch (*bsd. Whisky etc.*): ***~ broth*** *dicke Rindfleischsuppe mit Gemüse u. Graupen*; ***~ mist*** dichter, nasser Nebel; ***~ tape*** durchsichtiger Klebestreifen; ***~ terrier*** Scotchterrier *m*; ***~ woodcock*** *heißer Toast mit Anchovispaste u. Rührei*; **II** *s.* **2.** Scotch *m*, schottischer Whisky; **3.** ***the ~*** *coll.* die Schotten *pl.*; **4.** *ling.* Schottisch *n*.

scotch[2] [skɒtʃ] **I** *v/t.* **1.** (leicht) verwunden, schrammen; **2.** *fig. et.* im Keim ersticken: ***~ s.o.'s plans*** j-m e-n Strich durch die Rechnung machen; **3.** *Rad etc. mit e-m Bremsklotz* blockieren; **II** *s.* **4.** (Ein)Schnitt *m*, Kerbe *f*; **5.** ⚙ Bremsklotz *m*, Hemmschuh *m* (*a. fig.*).

'Scotch·man [-mən] *s.* [*irr.*] → ***Scotsman***.

ˌscot-'free [ˌskɒt-] *adj.*: ***go*** (*od.* ***get off***) ***~*** *fig.* ungeschoren davonkommen.

Scot·land Yard ['skɒtlənd] *s.* Scotland Yard *m* (*die Londoner Kriminalpolizei*).

Scots [skɒts] **I** *s. ling.* Schottisch *n*; **II** *adj.* schottisch: ***~ law***; **'~·man** [-mən] *s.* [*irr.*] *bsd. Scot.* Schotte *m*; **'~ˌwom·an** *s.* [*irr.*] *bsd. Scot.* Schottin *f*.

Scot·ti·cism ['skɒtɪsɪzəm] *s.* schottische (Sprach)Eigenheit.

Scot·tish ['skɒtɪʃ] *adj.* schottisch.

scoun·drel ['skaʊndrəl] *s.* Schurke *m*, Schuft *m*, Ha'lunke *m*; **'scoun·drel·ly** [-rəlɪ] *adj.* schurkisch, niederträchtig, gemein.

scour[1] ['skaʊə] *v/t.* **1.** scheuern, schrubben; *Messer etc.* polieren; **2.** *Kleider etc.* säubern, reinigen; **3.** *Kanal etc.* schlämmen, *Rohr etc.* (aus)spülen; **4.** *Pferd etc.* putzen, striegeln; **5.** ⚙ *Wolle* waschen: ***~ing mill*** Wollwäscherei *f*; **6.** *Darm* entschlacken; **7.** *a.* ***~ away***, ***~ off*** *Flecken etc.* entfernen, *Schmutz* abreiben.

scour[2] ['skaʊə] **I** *v/i.* **1.** *a.* ***~ about*** (um'her)rennen, (-)jagen; **2.** (suchend) um'herstreifen; **II** *v/t.* **3.** durch'suchen, -'stöbern, *Gegend a.* -'kämmen, *Stadt a.* ‚abklappern' (***for*** nach).

scourge [skɜ:dʒ] **I** *s.* **1.** Geißel *f*: a) Peitsche *f*, b) *fig.* Plage *f*; **II** *v/t.* **2.** geißeln, (aus)peitschen; **3.** *fig.* a) *durch Kritik etc.* geißeln, b) züchtigen, c) quälen, peinigen.

scouse[1] [skaʊs] *s.* Labskaus *n*.

scouse[2] [skaʊs] *s. Brit.* F *s.* **1.** Liverpooler(in); **2.** Liverpooler Jar'gon *m*.

scout [skaʊt] **I** *s.* **1.** Kundschafter *m*, Späher *m*; **2.** ⚔ a) Erkundungsfahrzeug *n*: ***~ car*** Spähwagen *m*, b) ⚓ *a.* ***~ vessel*** Aufklärungsfahrzeug *n*, c) ✈ *a.* ***~ (air)plane*** Aufklärer *m*; **3.** Kundschaften *n*; ⚔ Erkundung *f*: ***on the ~*** auf Erkundung; **4.** Pfadfinder *m*, *Am.* Pfadfinderin *f*; **5.** ***a good ~*** F ein feiner Kerl; **6.** *univ. Brit.* Hausdiener *m* e-s College (*Oxford*); **7.** *mot. Brit.* Straßenwachtfahrer *m* (*Automobilklub*); **8.** a) *sport* ‚Späher' *m*, Beobachter *m* (*gegnerischer Mannschaften*), b) *a.* ***talent ~*** Ta'lentsucher *m*; **II** *v/i.* **9.** auf Erkundung sein: ***~ about*** (*od.* ***around***) sich umsehen (***for*** nach); ***~ing party*** ⚔ Spähtrupp *m*; **III** *v/t.* **10.** auskundschaften, erkunden; **'~ˌmas·ter** *s.* Führer *m* (e-r Pfadfindergruppe).

scow [skaʊ] *s.* ⚓ (See)Leichter *m*.

scowl [skaʊl] **I** *v/i.* finster blicken: ***~ at*** finster anblicken; **II** *s.* finsterer Blick *od.* (Gesichts)Ausdruck; **'scowl·ing** [-lɪŋ] *adj.* □ finster.

scrab·ble ['skræbl] **I** *v/i.* **1.** kratzen, scharren: ***~ about*** *bsd. fig.* (herum)suchen (***for*** nach); **2.** *fig.* sich (ab)plagen (***for*** für, um); **3.** krabbeln; **4.** kritzeln; **II** *v/t.* **5.** scharren nach; **6.** bekritzeln.

scrag [skræg] **I** *s.* **1.** *fig.* ‚Gerippe' *n* (*dürrer Mensch etc.*); **2.** *mst* ***~ end (of mutton)*** (Hammel)Hals *m*; **3.** F ‚Kragen' *m*, Hals *m*; **II** *v/t.* **4.** *sl.* a) *j-n* ‚abmurksen', *j-m* den Hals 'umdrehen, b) *j-n* aufhängen; **'scrag·gi·ness** [-gɪnɪs] *s.* Magerkeit *f*; **'scrag·gy** [-gɪ] *adj.* □ **1.** dürr, hager, knorrig; **2.** zerklüftet, rauh.

scram [skræm] *v/i. sl.* ‚abhauen', verduften: **~!** hau ab!, raus!

scram·ble ['scræmbl] **I** *v/i.* **1.** krabbeln, klettern: **~ to one's feet** sich aufrappeln; **2.** *a. fig.* sich raufen *od.* balgen (**for** um): **~ for a living** sich (um s-n Lebensunterhalt) ‚abstrampeln'; **II** *v/t.* **3.** *oft* **~ up**, **~ together** zs.-scharren, -raffen; **4.** ⚡ *Funkspruch etc.* zerhakken; **5.** *Eier* verrühren: **~d eggs** Rührei *n*; **6.** *Karten etc.* durchein'anderwerfen; *Flugplan etc.* durchein'anderbringen; **III** *s.* **7.** Krabbe'lei *f*, Klette'rei *f*; **8.** *a. fig.* (**for**) Balge'rei *f* (um), Jagd *f* (nach *Geld etc.*); **9.** *Brit.* Moto-'Cross-Rennen *n*; **10.** ✈ a) A'larmstart *m*, b) Luftkampf *m*; **'scram·bler** [-lə] *s. tel.* Zerhacker *m*.

scrap[1] [skræp] **I** *s.* **1.** Stück(chen) *n*, Brocken *m*, Fetzen *m*, Schnitzel *n*, *m*: **a ~ of paper** ein Fetzen Papier (*a. fig.*); **not a ~** kein bißchen; **2.** *pl.* Abfall *m*, (*bsd.* Speise)Reste *pl.*; **3.** (Zeitungs-)Ausschnitt *m*; ausgeschnittenes Bild *etc. zum Einkleben*; **4.** *mst pl. fig.* Bruchstück *n*, (Gesprächs- *etc.*)Fetzen *m*: **~s of conversation**; **5.** *mst pl.* (Fett)Grieben *pl.*; **6.** ⚙ a) Schrott *m*, b) Ausschuß *m*, c) Abfall *m*: **~ value** Schrottwert *m*; **II** *v/t.* **7.** (als unbrauchbar) ausrangieren; **8.** *fig.* zum alten Eisen *od.* über Bord werfen: **~ methods**; **9.** ⚙ verschrotten.

scrap[2] [skræp] *sl.* **I** *s.* **1.** Streit *m*, Ausein'andersetzung *f*; **2.** Keile'rei *f*, Prüge'lei *f*; **3.** (Box)Kampf *m*; **II** *v/i.* **4.** streiten; **5.** sich prügeln; kämpfen (**with** mit).

'scrap·book *s.* Sammelalbum *n*, Einklebebuch *n*.

scrape [skreɪp] **I** *s.* **1.** Kratzen *n*, Scharren *n*; **2.** Kratzer *m*, Schramme *f*; **3.** *fig. obs.* Kratzfuß *m*; **4.** *fig.* ‚Klemme' *f*: **be in a ~** in der Klemme sein *od.* sitzen; **5. bread and ~** F dünngeschmiertes Butterbrot; **II** *v/t.* **6.** kratzen, schaben: **~ off** ab-, wegkratzen; **~ together** (*od.* **up**) *a. fig. Geld etc.* zs.-kratzen; **~ (an) acquaintance with** a) oberflächlich bekannt werden mit, b) *contp.* sich bei *j-m* anbiedern; **~ a living** → 11; **7.** kratzen *od.* scharren mit *den Füßen etc.*; **III** *v/i.* **8.** kratzen, schaben, scharren; **9.** scheuern, sich reiben (**against** an *dat.*); **10.** kratzen (**on** auf *e-r Geige etc.*); **11.** *mst* **~ along** *fig.* sich (mühsam) 'durchschlagen: **~ through (an examination)** mit Ach u. Krach durchkommen (durch e-e Prüfung); **'scrap·er** [-pə] *s.* **1.** Fußabstreifer *m*; **2.** ⚙ a) Schaber *m*, Kratzer *m*, Streichmesser *n*, b) △ *etc.* Schrapper *m*, c) Planierpflug *m*.

scrap heap *s.* Abfall-, Schrotthaufen *m*: **fit only for the ~** völlig wertlos; **throw on the ~** *fig. a. j-n* zum alten Eisen werfen.

scrap·ing ['skreɪpɪŋ] *s.* **1.** Kratzen *n etc.*; **2.** *pl.* (Ab)Schabsel *pl.*, Späne *pl.*; **3.** *pl. fig. contp.* Abschaum *m*.

scrap| i·ron *s.*, **~ met·al** *s.* ⚙ (Eisen-)Schrott *m*, Alteisen *n*.

scrap·per ['skræpə] *s. sl.* Raufbold *m*.

scrap·py[1] ['skræpɪ] *adj.* □ *sl.* rauflustig.

scrap·py[2] ['skræpɪ] *adj.* □ **1.** aus (Speise)Resten (hergestellt): **~ dinner**; **2.** bruchstückhaft; **3.** zs.-gestoppelt.

'scrap·yard *s.* Schrottplatz *m*.

scratch [skrætʃ] **I** *s.* **1.** Kratzer *m*, Schramme *f* (*beide a. fig. leichte Verwundung*), Riß *m*; **2.** Kratzen *n* (*a. Geräusch*): **by the ~ of a pen** mit 'einem Federstrich; **3.** *sport* a) Startlinie *f*, b) nor'male Startbedingungen *pl.*: **come up to (the) ~** a) sich stellen, s-n Mann stehen, b) den Erwartungen entsprechen; **keep s.o. up to (the) ~** j-n bei der Stange halten; **start from ~** a) ohne Vorgabe starten, b) *fig.* ganz von vorne anfangen; **up to ~** auf der Höhe, in Form; **4.** *pl. mst sg. konstr. vet.* Mauke *f*; **II** *adj.* **5.** Konzept…, Schmier…: **~ paper**; **~ pad** a) Notizblock *m*, b) *Computer*: Notizblockspeicher *m*; **6.** *sport* a) ohne Vorgabe: **~ race**, b) zs.-gewürfelt: **~ team**; **III** *v/t.* **7.** (zer)kratzen: **~ the surface of** *fig. et.* (nur) oberflächlich behandeln; **8.** kratzen; *Tier* kraulen: **~ one's head** sich (*aus Verlegenheit etc.*) den Kopf kratzen; **~ together** (*od.* **up**) *bsd. fig.* zs.-kratzen, -scharren; **9.** kritzeln; **10.** *a.* **~ out**, **~ through** aus-, 'durchstreichen; **11.** *sport Pferd etc.* vom Rennen, *a. Nennung* zu'rückziehen; **12.** *pol. Kandidaten* streichen; **IV** *v/i.* **13.** kratzen (*a. Schreibfeder etc.*); **14.** sich kratzen *od.* scheuern; **15.** scharren (**for** nach); **16. ~ along**, **~ through** → **scrape** 11; **17.** *sport* s-e Meldung zu'rückziehen, ausscheiden; **'scratch·y** [-tʃɪ] *adj.* □ **1.** kratzend; **2.** zerkratzt; **3.** kritzelig; **4.** *sport* a) → **scratch** 6, b) unausgeglichen; **5.** *vet.* an Mauke erkrankt.

scrawl [skrɔːl] **I** *v/t.* kritzeln, hinschmieren; **II** *v/i.* kritzeln; **III** *s.* Gekritzel *n*; Geschreibsel *n*.

scray [skreɪ] *s. Brit.* Seeschwalbe *f*.

scream [skriːm] **I** *s.* **1.** (gellender) Schrei; **2.** Gekreisch(e) *n*: **~s of laughter** brüllendes Gelächter; **he (it) was a (perfect) ~** *sl.* er (es) war zum Schreien (komisch); **3.** Heulen *n* (*Sirene etc.*); **II** *v/i.* **4.** schreien (*a. fig. Farben etc.*), gellen; kreischen: **~ out** aufschreien; **~ with laughter** vor Lachen brüllen; **5.** heulen (*Wind etc.*), schrill pfeifen; **III** *v/t.* **6.** *oft* **~ out** (her'aus)schreien; **'scream·er** [-mə] *s.* **1.** Schreiende(r *m*) *f*; **2.** *sl.* a) ‚tolle Sache', b) *bsd. Am.* F Riesenschlagzeile *f*; **'scream·ing** [-mɪŋ] *adj.* □ **1.** schrill, gellend; **2.** *fig.* schreiend, grell: **~ colo(u)rs**; **3.** F a) ‚toll', großartig, b) *a.* **~ly funny** zum Schreien (komisch).

scree [skriː] *s. geol. Brit.* **1.** Geröll *n*; **2.** Geröllhalde *f*.

screech [skriːtʃ] **I** *v/i.* (gellend) schreien; kreischen (*a. weitS. Bremsen etc.*); **II** *v/t. et.* kreischen; **III** *s.* ('durchdringender) Schrei; **~ owl** *s. orn.* schreiende Eule.

screed [skriːd] *s.* **1.** lange Liste; **2.** langatmige Rede *etc.*, Ti'rade *f*.

screen [skriːn] **I** *s.* **1.** (Schutz)Schirm *m*, (-)Wand *f*; **2.** △ a) Zwischenwand *f*, b) *eccl.* Lettner *m*; **3.** a) (Film)Leinwand *f*, b) *coll.* **the ~** der Film, das Kino: **~ star** Filmstar *m*; **on the ~** im Film; **4.** a) *TV, Radar, Computer*: Bildschirm *m*, b) ⚕ Röntgenschirm *m*; **5.** Drahtgitter *n*, -netz *n*; **6.** Fliegenfenster *n*; **7.** ⚙ Gittersieb *n für Sand etc.*; **8.** ⚔ a) *taktische* Abschirmung, (⚓ Geleit-)Schutz *m*, b) (Rauch-, Schützen-) Schleier *m*, Nebelwand *f*, c) Tarnung *f*; **9.** *fig.* a) Schutz *m*, Schirm *m*, b) Tarnung *f*, Maske *f*; **10.** *phys.* a) *a.* **optical ~** Filter *m*, Blende *f*, b) *a.* **electric ~** Abschirmung *f*, c) *a.* **ground ~** Erdungsebene *f*; **11.** *phot.*, *typ.* Raster (-platte *f*) *m*; **12.** *mot.* Windschutzscheibe *f*; **II** *v/t.* **13.** *a.* **~ off** abschirmen, verdecken; *Licht* abblenden; **14.** (be-)schirmen (**from** vor *dat.*); **15.** *fig. j-n* decken; **16.** ⚔ a) tarnen (*a. fig.*), b) einnebeln; **17.** ⚙ *Sand etc.* ('durch)sieben: **~ed coal** Würfelkohle *f*; **18.** *phot. Bild* projizieren; **19.** *Film*: a) verfilmen, b) für den Film bearbeiten; **20.** *fig. Personen* (aus)sieben, (über)'prüfen; **III** *v/i.* **21.** sich (ver)filmen lassen; sich für den Film eignen (*a. Person*); **~ grid** *s.* ⚡ Schirmgitter *n*; **'~·land** [-lənd] *s. Am.* Filmwelt *f*; **'~·play** *s. Film*: Drehbuch *n*; **'~·print I** *s.* Siebdruck *m*; **II** *v/t.* im Siebdruckverfahren herstellen; **~ test** *s. Film*: Probeaufnahme *f*; **'~-test** *v/t. Film*: Probeaufnahmen machen von; **~ wash·er** *s. mot.* Scheibenwaschanlage *f*; **~ wire** *s.* ⚙ Maschendraht *m*.

screw [skruː] **I** *s.* **1.** ⚙ Schraube *f* (*ohne Mutter*): **there is a ~ loose (somewhere)** *fig.* da stimmt et. nicht; **he has a ~ loose** F bei ihm ist e-e Schraube locker; **2.** ⚙ Spindel *f* (*Presse*); **3.** (Flugzeug-, Schiffs)Schraube *f*; **4.** ⚓ Schraubendampfer *m*; **5.** F *fig.* Druck *m*: **apply the ~ to, put the ~(s) on** *j-n* unter Druck setzen; **give another turn to the ~** *a. fig.* die Schraube anziehen; **6.** *Brit.* Tütchen *n Tabak etc.*; **7.** *bsd. sport* Ef'fet *m*; **8.** *Brit.* Geizhals *m*; **9.** *Brit.* alter Klepper (*Pferd*); **10.** *Brit. sl.* Lohn *m*, Gehalt *n*; **11.** Korkenzieher *m*; **12.** *sl.* Gefängniswärter *m*; **13.** V ‚Nummer' *f*: **have a ~** ‚bumsen'; **be a good ~** gut ‚bumsen'; **II** *v/t.* **14.** schrauben: **~ down** ein-, festschrauben; **~ on** an-, aufschrauben; **~ up** a) zuschrauben, b) *Papier* zerknüllen; **his head is ~ed on the right way** F er ist nicht auf den Kopf gefallen; **15.** *fig. Augen, Körper etc.* (ver)drehen; *Mund etc.* verziehen; **16. ~ down (up)** ✝ *Preise* her'unter- (hoch)schrauben; **~ s.th. out of** *et.* aus *j-m* herauspressen; **~ up one's courage** Mut fassen; **17.** *sport dem Ball* Ef'fet geben; **18.** F *j-n* ‚reinlegen'; **19. ~ up** F ‚vermasseln'; **20.** V ‚bumsen', ‚vögeln': **~ you!, get ~ed** *bsd. Am.* geh zum Teufel!; **III** *v/i.* **21.** sich (ein)schrauben lassen; **22.** knausern; **23.** V ‚bumsen', ‚vögeln'; **24. ~ around** *Am. sl.* sich he'rumtreiben.

'screw|·ball *Am.* **I** *s.* **1.** *Baseball*: Ef'fetball *m*; **2.** *sl.* ‚Spinner' *m*; **II** *adj.* **3.** *sl.* verrückt; **~ bolt** *s.* ⚙ Schraubenbolzen *m*; **~ cap** *s.* **1.** Schraubdeckel *m*, Verschlußkappe *f*; **2.** 'Überwurfmutter *f*; **~ con·vey·er** *s.* Förderschnecke *f*; **~ die** *s.* Gewindeschneideeisen *n*; **'~ˌdriv·er** *s.* Schraubenzieher *m*.

screw·ed [skruːd] *adj.* **1.** verschraubt; **2.** mit Gewinde; **3.** verdreht, gewunden; **4.** F ‚besoffen'.

screw| gear(·ing) *s.* ⚙ **1.** Schneckenrad *n*; **2.** Schneckengetriebe *n*; **~ jack** *s.* **1.** Hebespindel *f*; **2.** Wagenheber *m*; **~ nut** *s.* Mutterschraube *f*; **~ press** *s.* Spindel- *od.* Schraubenpresse *f*; **~**

steam·er → ***screw*** 4; **~ tap** *s.* ⚙ Gewindebohrer *m*; **~ top** *s.* Schraubverschluß *m*; **~ wrench** *s.* ⚙ Schraubenschlüssel *m.*

screw·y ['skru:ɪ] *adj.* **1.** schraubenartig; **2.** F ‚beschwipst'; **3.** *Am. sl.* verrückt; **4.** knickerig.

scrib·ble ['skrɪbl] **I** *v/t.* **1.** *a.* ***~ down*** (hin)kritzeln, (-)schmieren: ***~ over*** bekritzeln; **2.** ⚙ *Wolle* krempeln; **II** *v/i.* **3.** kritzeln; **III** *s.* **4.** Gekritzel *n*, Geschreibsel *n*; **'scrib·bler** [-lə] *s.* **1.** Kritzler *m*, Schmierer *m*; **2.** Schreiberling *m*; **3.** ⚙ 'Krempelma,schine *f.*

scrib·bling| block, **~ pad** ['skrɪblɪŋ] *s. Brit.* Schmier-, No'tizblock *m.*

scribe [skraɪb] **I** *s.* **1.** Schreiber *m* (*a. hist.*), Ko'pist *m*; **2.** *bibl.* Schriftgelehrte(r) *m*; **3.** *humor.* a) Schriftsteller *m*, b) Journa'list *m*; **4.** ⚙ *a.* ***~ awl*** Reißnadel *f*; **II** *v/t.* **5.** ⚙ anreißen; **'scrib·er** [-bə] → ***scribe*** 4.

scrim [skrɪm] *s.* leichter Leinen- *od.* Baumwollstoff.

scrim·mage ['skrɪmɪdʒ] *s.* **1.** Handgemenge *n*, Getümmel *n*; **2.** a) *American Football*: Scrimmage *n* (*Rückpaß*), b) *Rugby*: Gedränge *n.*

scrimp [skrɪmp] **I** *v/t.* **1.** knausern mit, knapp bemessen; **2.** *j-n* knapp halten (***for*** mit); **II** *v/i.* **3.** *a.* ***~ and save*** knausern (***on*** mit); **III** *adj.* **4.** → **'scrimp·y** [-pɪ] knapp, eng.

'scrim·shank *v/i. bsd.* ⚔ *Brit. sl.* sich drücken.

scrip[1] [skrɪp] *s. hist.* (Pilger-, Schäfer-) Tasche *f*, Ränzel *n.*

scrip[2] [skrɪp] *s.* **1.** ✝ a) Berechtigungsschein *m*, b) Scrip *m*, Interimsschein *m*, -aktie *f*, *coll. die* Scrips *pl. etc.*; **2.** *a.* ***~ money*** a) Er'satzpa,piergeldwährung *f*, b) ⚔ Besatzungsgeld *n.*

script [skrɪpt] *s.* **1.** Handschrift *f*; **2.** Schrift(art) *f*: ***phonetic ~*** Lautschrift; **3.** *typ.* (Schreib)Schrift *f*; **4.** a) Text *m*, b) *thea. etc.* Manu'skript *n*, c) *Film*: Drehbuch *n*; **5.** ⚖ Urschrift *f*; **6.** *ped. Brit.* (schriftliche) Prüfungsarbeit; **~ ed·i·tor** *s. Film, thea., TV*: Drama'turg *m*; **~ girl** *s. Film*: Scriptgirl *n* (*Ateliersekretärin*).

scrip·tur·al ['skrɪptʃərəl] *adj.* **1.** Schrift...; **2.** *a.* 𝔖 biblisch, der Heiligen Schrift; **scrip·ture** ['skrɪptʃə] *s.* **1.** 𝔖, *mst* ***the 𝔖s*** *die* Heilige Schrift, *die* Bibel; **2.** *obs.* 𝔖 Bibelstelle *f*; **3.** heilige (nichtchristliche) Schrift: ***Buddhist ~***; **4.** *a.* ***~ class*** (*od.* ***lesson***) *ped.* Religi'onsstunde *f.*

'script,writ·er *s.* **1.** *Film, TV*: Drehbuchautor(in); **2.** *Radio*: Hörspielautor(in).

scrive·ner ['skrɪvnə] *s. hist.* **1.** (öffentlicher) Schreiber; **2.** No'tar *m.*

scrof·u·la ['skrɒfjʊlə] *s.* ⚕ Skrofu'lose *f*; **'scrof·u·lous** [-ləs] *adj.* ☐ ⚕ skrofu'lös.

scroll [skrəʊl] *s.* **1.** Schriftrolle *f*; **2.** a) △ Vo'lute *f*, b) ♪ Schnecke *f*, c) Schnörkel *m* (*Schrift*); **3.** Liste *f*, Verzeichnis *n*; **4.** ⚙ Triebkranz *m*; **~ chuck** *s.* ⚙ Univer'salspannfutter *n*; **~ gear** *s.* ⚙ Schneckenrad *n*; **~ saw** *s.* ⚙ Laubsäge *f*; **'~·work** *s.* **1.** Schneckenverzierung *f*; **2.** Laubsägearbeit *f.*

scro·tum ['skrəʊtəm] *pl.* **-ta** [-tə] *s. anat.* Hodensack *m*, Skrotum *n.*

scrounge [skraʊndʒ] F **I** *v/t.* **1.** ‚organisieren': a) ‚klauen', b) beschaffen; **2.** schnorren; **II** *v/i.* **3.** ‚klauen'; **4.** schnorren, nassauern; **'scroung·er** [-dʒə] *s.* F **1.** Dieb *m*; **2.** Schnorrer *m*, Nassauer *m.*

scrub[1] [skrʌb] **I** *v/t.* **1.** schrubben, scheuern; **2.** ⚙ *Gas* reinigen; **3.** F *fig.* streichen, ausfallen lassen; **II** *v/i.* **4.** schrubben, scheuern; **III** *s.* **5.** Schrubben *n*: ***that wants a good ~*** das muß tüchtig gescheuert werden; **6.** *sport* a) Re'servespieler *m*, b) *a.* ***~ team*** zweite Mannschaft *od.* ‚Garni'tur', c) *a.* ***~ game*** Spiel *n* der Re'servemannschaften.

scrub[2] [skrʌb] *s.* **1.** Gestrüpp *n*, Buschwerk *n*; **2.** Busch *m* (*Gebiet*); **3.** a) verkümmerter Baum, b) Tier *n* minderwertiger Abstammung, c) Knirps *m*, d) *fig. contp.* ‚Null' *f* (*Person*).

'scrub(·bing) brush ['skrʌbɪŋ] *s.* Scheuerbürste *f.*

scrub·by ['skrʌbɪ] *adj.* **1.** verkümmert, -krüppelt; **2.** gestrüppreich; **3.** armselig, schäbig; **4.** stopp(e)lig.

scruff [skrʌf], **~ of the neck** *s.* Genick *n*: ***take s.o. by the ~ of the neck*** j-n beim Kragen packen.

scruff·y ['skrʌfɪ] *adj.* F schmudd(e)lig, dreckig.

scrum·mage ['skrʌmɪdʒ] → ***scrimmage.***

scrump·tious ['skrʌmpʃəs] *adj.* F ‚toll', ‚prima'.

scrunch [skrʌntʃ] **I** *v/t.* **1.** knirschend (zer)kauen; **2.** zermalmen; **II** *v/i.* **3.** knirschen; **4.** knirschend kauen; **III** *s.* **5.** Knirschen *n.*

scru·ple ['skru:pl] **I** *s.* **1.** Skrupel *m*, Zweifel *m*, Bedenken *n* (*alle mst pl.*): ***have ~s about doing*** Bedenken haben, *et.* zu tun; ***without ~*** skrupellos; **2.** *pharm.* Skrupel *n* (*= 20 Gran od. 1,296 Gramm*); **II** *v/i.* **3.** Skrupel *od.* Bedenken haben; **'scru·pu·lous** [-pjʊləs] *adj.* ☐ **1.** voller Skrupel *od.* Bedenken, (allzu) bedenklich (***about*** in *dat.*); **2.** ('über)gewissenhaft, peinlich (genau); **3.** ängstlich, vorsichtig.

scru·ti·neer [,skru:tɪ'nɪə] *s. pol.* Wahlprüfer *m*; **scru·ti·nize** ['skru:tɪnaɪz] *v/t.* **1.** (genau) prüfen, unter'suchen; **2.** genau ansehen, studieren; **scru·ti·ny** ['skru:tɪnɪ] *s.* **1.** (genaue) Unter'suchung, *pol.* Wahlprüfung *f*; **2.** prüfender *od.* forschender Blick.

scu·ba ['sku:bə] *s.* (Schwimm)Tauchgerät *n*: ***~ diving*** Sporttauchen *n.*

scud [skʌd] **I** *v/i.* **1.** eilen, jagen; **2.** ⚓ lenzen; **II** *s.* **3.** (Da'hin)Jagen *n*; **4.** (tieftreibende) Wolkenfetzen *pl.*; **5.** (Wind)Bö *f.*

scuff [skʌf] **I** *v/i.* **1.** schlurfen(d gehen); **2.** ab-, aufscharren; **II** *v/t.* **3.** *bsd. Am.* abstoßen, abnutzen; **4.** boxen.

scuf·fle ['skʌfl] **I** *v/i.* **1.** sich balgen, raufen; **2.** → ***scuff*** 1; **II** *s.* **3.** Balge'rei *f*, Raufe'rei *f*, Handgemenge *n*; **4.** Schlurfen *n.*

scull [skʌl] ⚓ **I** *s.* **1.** Heck-, Wriggriemen *m*; **2.** Skullboot *n*; **II** *v/i. u. v/t.* **3.** wriggen; **4.** skullen; **'scul·ler** [-lə] *s.* **1.** Skuller *m* (*Ruderer*); **2.** → ***scull*** 2.

scul·ler·y ['skʌlərɪ] *s. Brit.* Spülküche *f*: ***~-maid*** Spül-, Küchenmädchen *n*; **'scul·lion** [-ljən] *s. hist. Brit.* Küchenjunge *m.*

sculp(t) [skʌlp(t)] F *für* ***sculpture*** II *u.* III.

sculp·tor ['skʌlptə] *s.* Bildhauer *m*; **'sculp·tress** [-trɪs] *s.* Bildhauerin *f*; **'sculp·tur·al** [-tʃərəl] *adj.* ☐ bildhauerisch, Skulptur...; **'sculp·ture** [-tʃə] **I** *s.* Plastik *f*: a) Bildhauerkunst *f*, b) Skulp'tur *f*, Bildhauerwerk *n*; **II** *v/t.* formen, (her'aus)meißeln *od.* (-)schnitzen; **III** *v/i.* bildhauern.

scum [skʌm] **I** *s.* (⚙ *u. fig.* Ab)Schaum *m*: ***the ~ of the earth*** *fig.* der Abschaum der Menschheit; **II** *v/t. u. v/i.* abschäumen.

scum·ble ['skʌmbl] *paint.* **I** *v/t.* **1.** *Farben, Umrisse* vertreiben, dämpfen; **II** *s.* **2.** Gedämpftheit *f*; **3.** La'sur *f.*

scum·my ['skʌmɪ] *adj.* **1.** schaumig; **2.** *fig.* gemein, ‚fies'.

scup·per ['skʌpə] **I** *s.* **1.** ⚓ Speigatt *n*; **II** *v/t.* ⚔ *Brit. sl.* **2.** niedermetzeln; **3.** *Schiff* versenken; **4.** *fig.* ka'puttmachen.

scurf [skɜ:f] *s.* **1.** ⚕ a) Schorf *m*, Grind *m*, b) *bsd. Brit.* (Kopf)Schuppen *pl.*; **2.** abblätternde Kruste; **'scurf·y** [-fɪ] *adj.* schorfig, grindig; schuppig.

scur·ril·i·ty [skʌ'rɪlətɪ] *s.* **1.** zotige Scherzhaftigkeit; **2.** Zotigkeit *f*; **3.** Zote *f*; **scur·ril·ous** ['skʌrɪləs] *adj.* ☐ **1.** ordi'när-scherzhaft, ‚frech'; **2.** unflätig, zotig.

scur·ry ['skʌrɪ] **I** *v/i.* **1.** huschen, hasten; **II** *s.* **2.** Hasten *n*; Getrippel *n*; **3.** *sport* a) Sprint *m*, b) *Pferdesport*: Fliegerrennen *n*; **4.** Schneetreiben *n.*

scur·vy ['skɜ:vɪ] **I** *s.* ⚕ Skor'but *m*; **II** *adj.* (hunds)gemein, ‚fies'.

scut [skʌt] *s.* **1.** *hunt.* Blume *f*, kurzer Schwanz (*Hase*), Wedel *m* (*Rotwild*); **2.** Stutzschwanz *m.*

scu·tage ['skju:tɪdʒ] *s.* ⚔ *hist.* Schildpfennig *m*, Rittersteuer *f.*

scutch [skʌtʃ] ⚙ **I** *v/t.* **1.** *Flachs* schwingen; **2.** *Baumwolle od. Seidenfäden* (durch Schlagen) entwirren; **II** *s.* **3.** (Flachs)Schwingmesser *n*, ('Flachs-) ,Schwingma,schine *f.*

scutch·eon ['skʌtʃən] *s.* **1.** → ***escutcheon***; **2.** → ***scute.***

scute [skju:t] *s. zo.* Schuppe *f.*

scu·tel·late(d) ['skju:təleɪt(ɪd)] *adj. zo.* schuppig; **scu'tel·lum** [skju:'teləm] *pl.* **-la** [-lə] *s.* ♀, *zo.* Schildchen *n.*

scut·tle[1] ['skʌtl] *s.* **1.** Kohlenkasten *m*, -eimer *m*; **2.** (flacher) Korb.

scut·tle[2] ['skʌtl] **I** *v/i.* **1.** hasten, flitzen; **2.** ***~ out of*** ⚔ *u. fig.* sich hastig zu'rückziehen aus *od.* von; **II** *s.* **3.** hastiger Rückzug.

scut·tle[3] ['skʌtl] **I** *s.* **1.** (Dach-, Boden-) Luke *f*; **2.** ⚓ (Spring)Luke *f*; **3.** *mot.* Stirnwand *f*, Spritzbrett *n*; **II** *v/t.* **4.** ⚓ a) *Schiff* anbohren *od.* die 'Bodenven,tile öffnen, b) (selbst) versenken; **'~·butt** *s.* **1.** ⚓ Trinkwassertonne *f od.* -anlage *f*; **2.** *Am.* F Gerücht *n.*

scythe [saɪð] **I** *s.* **1.** Sense *f*; **II** *v/t.* **2.** (ab)mähen; **3.** ***~ down*** *Fußball*: ‚umsäbeln'.

sea [si:] *s.* **1.** a) See *f*, Meer *n* (*a. fig.*), b) Ozean *m*, Weltmeer *n*: ***at ~*** auf *od.* zur See; *mst* ***all at ~*** *fig.* ratlos, im dunkeln tappend; ***beyond the ~, over ~(s)*** nach *od.* in Übersee; ***by ~*** auf dem Seeweg; ***on the ~*** a) auf *od.* zur See, b) an der See *od.* Küste (gelegen); ***follow the***

~ zur See fahren; **put** (**out**) **to ~** in See stechen; **the four ~s** die vier (*Großbritannien umgebenden*) Meere; **the high ~s** die hohe See, die Hochsee; **2.** ⚓ See(gang *m*) *f*: **heavy ~**; **long** (**short**) **~** lange (kurze) See; **3.** ⚓ See *f*, hohe Welle; → **ship** 7; **~ an·chor** *s.* **1.** ⚓ Treibanker *m*; **2.** ✈ Wasseranker *m*; **~ bear** *s. zo.* **1.** Eisbär *m*; **2.** Seebär *m*; **'~·board I** *s.* (See)Küste *f*; **II** *adj.* Küsten...; **'~-born** *adj.* **1.** aus dem Meer stammend; **2.** *poet.* meergeboren; **'~·borne** *adj.* auf dem Seewege befördert, See...: **~ goods** Seehandelsgüter; **~ invasion** ⚔ Landungsunternehmen *n* von See aus; **~ trade** Seehandel *m*; **~ calf** → **sea dog** 1a; **~ cap·tain** *s.* ('Schiffs)Kapiˌtän *m*; **~ cock** *s.* ⚓ 'Bordvenˌtil *n*; **~ cow** *s. zo.* **1.** Seekuh *f*, Si'rene *f*; **2.** Walroß *n*; **~ dog** *s.* **1.** *zo.* a) Gemeiner Seehund, Meerkalb *n*, b) → **dogfish**; **2.** *fig.* ⚓ (alter) Seebär; **'~·drome** [-drəʊm] *s.* ✈ Wasserflughafen *m*; **~ el·e·phant** *s. zo.* 'See-Eleˌfant *m*; **'~ˌfar·er** [-ˌfeərə] *s.* Seefahrer *m*, -mann *m*; **'~ˌfar·ing** [-ˌfeərɪŋ] **I** *adj.* seefahrend: **~ man** Seemann *m*; **~ nation** Seefahrernation *f*; **II** *s.* Seefahrt *f*; **~ farm·ing** *s.* 'Aquakulˌtur *f*; **'~·food** *s.* Meeresfrüchte *pl.*; **'~·fowl** *s.* Seevogel *m*; **~ front** *s.* Seeseite *f* (*e-r Stadt etc.*); **~ ga(u)ge** *s.* ⚓ **1.** Tiefgang *m*; **2.** Lotstock *m*; **'~·girt** *adj. poet.* 'meerumˌschlungen; **~ god** *s.* Meeresgott *m*; **'~ˌgo·ing** *adj.* ⚓ seetüchtig, Hochsee...; **~ green** *s.* Meergrün *n*; **~ gull** *s. orn.* Seemöwe *f*; **~ hog** *s. zo.* Schweinswal *m*, *bsd.* Meerschwein *n*; **~ horse** *s.* **1.** *zo.* a) Seepferdchen *n*, b) Walroß *n*; **2.** *myth.* Seepferd *n*; **3.** große Welle.

seal¹ [siːl] **I** *s.* **1.** *pl.* **seals**, *bsd. coll.* **seal** *zo.* Robbe *f*, *engS.* Seehund *m*; **2.** → **sealskin**; **II** *v/i.* **3.** auf Robbenjagd gehen.

seal² [siːl] **I** *s.* **1.** Siegel *n*: **set one's ~ to** sein Siegel auf *et.* drücken, *bsd. fig. et.* besiegeln (*bekräftigen*); **under the ~ of secrecy** *fig.* unter dem Siegel der Verschwiegenheit; **2.** Siegel(prägung *f*) *n*; **3.** Siegel(stempel *m*) *n*, Petschaft *n*; → **Great Seal**; **4.** ⚖ *etc.* Siegel *n*, Verschluß *m*; *Zollverkehr etc.*: Plombe *f*: **under ~** unter Verschluß; **5.** ⚙ a) (wasser-, luftdichter) Verschluß, b) (Ab-)Dichtung *f*, c) Versiegelung *f* (*Kunststoff etc.*); **6.** *fig.* Siegel *n*, Besiegelung *f*, Bekräftigung *f*; **7.** Zeichen *n*, Garan'tie *f*; **8.** *fig.* Stempel *m*, Zeichen *n des Todes etc.*; **II** *v/t.* **9.** *Urkunde* siegeln; **10.** *Rechtsgeschäft etc.* besiegeln (*bekräftigen*); **11.** *fig.* besiegeln: **his fate is ~ed**; **12.** *fig.* zeichnen, s-n Stempel aufdrücken (*dat.*); **13.** versiegeln: **~ed offer** ☤ versiegeltes Angebot; **under ~ed orders** ☤ mit versiegelter Order; **14.** *Verschluß etc.* plombieren; **15.** *oft* **~ up** her'metisch (*od.* ⚙ wasser-, vakuumdicht) abschließen *od.* abdichten, *Holz, Kunststoff etc.* versiegeln, ⚙ *a.* einzementieren, zuschmelzen, *mit Klebestreifen etc.* verschließen: **it is a ~ed book to me** *fig.* es ist mir ein Buch mit sieben Siegeln; **~ a letter** e-n Brief zukleben; **16. ~ off** *fig.* a) ⚔ *etc.* abriegeln, b) dichtmachen: **~ off the border**.

sea lane *s.* See-, Schiffahrtsweg *m*.

seal·ant ['siːlənt] *s.* ⚙ Dichtungsmittel *n*.

sea| law·yer *s.* ⚓ F Queru'lant *m*; **'~-legs** *s. pl.*: **get** *od.* **find one's ~** ⚓ seefest werden.

seal·er¹ ['siːlə] *s.* ⚓ Robbenfänger *m* (*Mann od. Schiff*).

seal·er² ['siːlə] *s.* ⚙ a) Versiegler *m*, b) Verschließvorrichtung *f*, c) Versiegelungsmasse *f*.

'seal·er·y [-ərɪ] *s.* **1.** Robbenfang *m*; **2.** Robbenfangplatz *m*.

sea lev·el *s.* Meeresspiegel *m*, -höhe *f*: **corrected to ~** auf Meereshöhe umgerechnet.

'seal-ˌfish·er·y → **sealery** 1.

seal·ing ['siːlɪŋ] *s.* **1.** (Be)Siegeln *n*; **2.** Versiegeln *n*, ⚙ *a.* (Ab)Dichtung *f*: **~** (**compound**) Dichtungsmasse *f*; **~ machine** → **sealer²** b; **~ ring** Dichtungsring *m*; **~ wax** *s.* Siegellack *m*.

sea| li·on *s. zo.* Seelöwe *m*; **♀ Lord** *s.* ⚓ *Brit.* Seelord *m* (*Amtsleiter in der brit. Admiralität*).

'seal|-ˌrook·er·y *s. zo.* Brutplatz *m* von Robben; **'~·skin** *s.* **1.** Seal(skin) *m*, *n*, Seehundsfell *n*; **2.** Sealmantel *m*, -cape *n*.

seam [siːm] **I** *s.* **1.** Saum *m*, Naht *f* (*a.* ⚕): **burst at the ~s** aus den Nähten platzen (*a. fig.*); **2.** ⚙ a) (Guß-, Schweiß)Naht *f*: **~ welding** Nahtschweißen *n*, b) *bsd.* ⚓ Fuge *f*, c) Sprung *m*, d) Falz *m*; **3.** Runzel *f*; **4.** Narbe *f*; **5.** *geol.* (Nutz)Schicht *f*, Flöz *n*; **II** *v/t.* **6.** *a.* **~ up**, **~ together** zs.-nähen; **7.** säumen; **8.** *bsd. fig.* (durch-)'furchen; **9.** (zer)schrammen; **10.** ⚙ durch e-e (Guß- *od.* Schweiß)Naht verbinden.

sea·man ['siːmən] *s.* [*irr.*] ⚓ **1.** Seemann *m*, Ma'trose *m*; **2.** ⚔ *Am.* (Ma'rine)Obergefreite(r) *m*: **~ recruit** Matrose; **'sea·man·like** *adj. u. adv.* seemännisch; **'sea·man·ship** [-ʃɪp] *s.* Seemannschaft *f*.

sea| mark *s.* Seezeichen *n*; **~ mew** *s. orn.* Sturmmöwe *f*; **~ mile** *s.* Seemeile *f*; **~ mine** *s.* ⚔ Seemine *f*.

seam·less ['siːmlɪs] *adj.* □ **1.** naht-, saumlos: **~-drawn tube** ⚙ nahtlos gezogene Röhre; **2.** fugenlos.

sea mon·ster *s.* Meeresungeheuer *n*.

seam·stress ['semstrɪs] *s.* Näherin *f*.

sea mud *s.* Seeschlamm *m*, Schlick *m*.

seam·y ['siːmɪ] *adj.* gesäumt: **the ~ side** a) die linke Seite, b) *fig.* die Kehr- *od.* Schattenseite.

se·ance, sé·ance ['seɪɑ̃ːns] (*Fr.*) *s.* Sé'ance *f*, (spiri'tistische) Sitzung.

'sea|·piece *s. paint.* Seestück *n*; **'~·plane** *s.* See-, Wasserflugzeug *n*; **'~·port** *s.* Seehafen *m*, Hafenstadt *f*; **~ pow·er** *s.* Seemacht *f*; **'~·quake** *s.* Seebeben *n*.

sear¹ [sɪə] **I** *v/t.* **1.** versengen; **2.** ⚕ (aus-)brennen; **3.** *Fleisch* anbraten; **4.** *bsd. fig.* brandmarken; **5.** *fig.* abstumpfen: **a ~ed conscience**; **6.** verdorren lassen; **II** *v/i.* **7.** verdorren; **III** *adj.* **8.** *poet.* verdorrt, -welkt: **the ~ and yellow leaf** *fig.* der Herbst des Lebens.

sear² [sɪə] *s.* ⚔ Abzugsstollen *m* (*Gewehr*).

search [sɜːtʃ] **I** *v/t.* **1.** durch'suchen, -'stöbern (**for** nach); **2.** ⚖ *Person, Haus etc.* durch'suchen, visitieren; **3.** unter'suchen; **4.** *fig. Gewissen etc.* erforschen, prüfen; **5.** *mst* **~ out** auskundschaften, ausfindig machen; **6.** durch'dringen (*Wind, Geschosse etc.*); **7.** ⚔ mit Tiefenfeuer belegen *od.* bestreichen; **8.** *sl.* **~ me!** keine Ahnung!; **II** *v/i.* **9.** (**for**) suchen, forschen (nach); ⚖ fahnden (nach): **~ into** ergründen, untersuchen; **10. ~ after** streben nach; **III** *s.* **11.** Suchen *n*, Forschen *n* (**for**, **of** nach): **in ~ of** auf der Suche nach; **go in ~ of** auf die Suche gehen nach; **12.** ⚖ a) Fahndung *f*, b) Haussuchung *f*, c) ('Leibes)Visitatiˌon *f*, d) Einsichtnahme *f in öffentliche Bücher*, e) Überprüfung *f*, *Patentwesen*: Re'cherche *f*: **right of** (**visit and**) **~** ⚓ Recht *n* auf Durchsuchung neutraler Schiffe; **'search·er** [-tʃə] *s.* **1.** Sucher *m*, (Er)Forscher *m*; **2.** (*Zoll- etc.*)Prüfer *m*; **3.** ⚕ Sonde *f*; **'search·ing** [-tʃɪŋ] *adj.* □ **1.** gründlich, eingehend, tiefschürfend; **2.** forschend (*Blick*); durch'dringend (*Wind etc.*): **~ fire** ⚔ Tiefen-, Streufeuer *n*.

'search|·light *s.* (Such)Scheinwerfer *m*; **~ par·ty** *s.* Suchtrupp *m*; **~ ra·dar** *s.* ⚔ Ra'dar-Suchgerät *n*; **~ war·rant** *s.* ⚖ Haussuchungsbefehl *m*.

'sea|-ˌres·cue *adj.* Seenot...; **~ risk** *s.* ⚖ Seegefahr *f*; **~ room** *s.* ⚓ Seeräumte *f*; **~ route** *s.* See-, Schiffahrtsweg *m*; **'~·scape** *s.* **1.** *paint.* Seestück *n*; **2.** (Aus)Blick *m* auf das Meer; **~ ser·pent** *s. zo. u. myth.* Seeschlange *f*; **'~·shore** *s.* Seeküste *f*; **'~·sick** *adj.* seekrank; **'~·sick·ness** *s.* Seekrankheit *f*; **'~·side I** *s.* See-, Meeresküste *f*: **go to the ~** an die See fahren; **II** *adj.* an der See gelegen, See...: **~ place**, **~ resort** Seebad *n*.

sea·son ['siːzn] **I** *s.* **1.** (Jahres)Zeit *f*; **2.** a) (Reife- *etc.*)Zeit *f*, rechte Zeit (*für et.*), b) *hunt.* (*Paarungs- etc.*)Zeit *f*: **in ~** a) (gerade) reif, (günstig auf dem Markt) zu haben (*Frucht*), b) zur rechten Zeit, c) *hunt.* jagdbar, d) brünstig (*Tier*); **out of ~** a) nicht (auf dem Markt) zu haben, b) *fig.* unpassend; **in and out of ~** jederzeit; **cherries are now in ~** jetzt ist Kirschenzeit; **a word in ~** ein Rat zur rechten Zeit; **for a ~** e-e Zeitlang; → **close season**; **3.** ☤ Sai'son *f*, Haupt(betriebs-, -geschäfts)zeit *f*: **dull** (*od.* **slack**) **~** stille Saison, tote Jahreszeit; **height of the ~** Hochsaison; **4.** (*Veranstaltungs*)Sai'son *f*: **theatrical ~** Theatersaison, Spielzeit *f*; **5.** (*Bade-, Kur- etc.*)Sai'son *f*: **holiday ~** Ferienzeit *f*; **6.** Festzeit *f*; → **compliment** 3; **7.** F → **season ticket**; **II** *v/t.* **8.** *Speisen* würzen (*a. fig.*): **~ed with wit** geistreich; **9.** *Tabak etc.* (aus)reifen lassen: **~ed wine** abgelagerter *od.* ausgereifter Wein; **10.** *Holz* ablagern; **11.** *Pfeife* einrauchen; **12.** gewöhnen (**to** an *acc.*), abhärten: **be ~ed to** an *ein Klima etc.* gewöhnt sein; **~ed soldiers** fronterfahrene Soldaten; **~ed by battle** kampfgewohnt; **13.** *obs.* mildern; **III** *v/i.* **14.** reifen; **15.** ablagern (*Holz*); **'sea·son·a·ble** [-nəbl] *adj.* □ **1.** rechtzeitig; **2.** jahreszeitlich; **3.** zeitgemäß; **4.** passend, angebracht, oppor'tun, günstig; **'sea·son·al** [-zənl] *adj.* □ **1.** jahreszeitlich; **2.** sai'sonbedingt, -gemäß: **~ closing-out sale** ☤ Saisonschlußverkauf *m*; **~ trade** Saisongewerbe *n*; **~ work**(**er**) Saisonarbeit(er *m*) *f*;

'**sea·son·ing** [-nɪŋ] *s.* **1.** Würze *f* (*a. fig.*), Gewürz *n*; **2.** Reifen *n etc.*; **sea·son tick·et** *s.* **1.** 🚂 *etc. Brit.* Dauer-, Zeitkarte *f*; **2.** *thea. etc.* Abonne'ment(skarte *f*) *n*.

seat [si:t] **I** *s.* **1.** Sitz(gelegenheit *f*, -platz *m*) *m*; Stuhl *m*, Sessel *m*, Bank *f*; **2.** (*Stuhl- etc.*)Sitz *m*; **3.** Platz *m bei Tisch etc.*: ***take a ~*** Platz nehmen; ***take one's ~*** s-n Platz einnehmen; ***take your ~s!*** 🚂 einsteigen!; **4.** *thea. etc.* Platz *m*, Sitz *m*: ***book a ~*** e-e (*Theater- etc.*)Karte kaufen; **5.** (Präsi'denten- *etc.*) Sitz *m* (*a. fig. Amt*); **6.** (Amts-, Regierungs-, ⚚ Geschäfts)Sitz *m*; **7.** *parl. etc.* Sitz *m* (*a. Mitgliedschaft*), *parl. a.* Man'dat *n*: ***a ~ in parliament***; ***have ~ and vote*** Sitz u. Stimme haben; **8.** Wohn-, Fa'milien-, Landsitz *m*; **9.** *fig.* Sitz *m*: a) Stätte *f*, (Schau)Platz *m*: ***~ of war*** Kriegsschauplatz, b) ⚕ Herd *m e-r Krankheit* (*a. fig.*); **10.** Gesäß *n*, Sitzfläche *f*; Hosenboden *m*; **11.** *Reitsport etc.*: Sitz *m* (*Haltung*); **12.** ⚙ Auflager *n*, Funda'ment *n*; **II** *v/t.* **13.** *j-n wohin* setzen, *j-m* e-n Sitz anweisen: ***~ o.s.*** sich setzen; ***be ~ed*** sitzen; **14.** Sitzplätze bieten für: ***the hall ~s 600 persons***; **15.** *Raum* bestuhlen, mit Sitzplätzen versehen; **16.** *Stuhl* mit e-m (neuen) Sitz versehen; **17.** ⚙ a) auflegen, lagern (***on*** auf *dat.*), b) einpassen, *Ventil* einschleifen; **18.** *pass.* sitzen, s-n Sitz haben, liegen (***in*** in *dat.*); **seat belt** *s.* ✈, *mot.* Sicherheitsgurt *m*; '**seat·ed** [-tɪd] *adj.* **1.** sitzend: ***be ~*** → ***seat*** 18; ***be ~!*** nehmen Sie Platz!; ***remain ~*** sitzen bleiben, Platz behalten; **2.** *in Zssgn* ...sitzig: ***two-~***; '**seat·er** [-tə] *s. in Zssgn* ...sitzer *m*: ***two-~***; '**seat·ing** [-tɪŋ] **I** *s.* **1.** a) Anweisen *n* von Sitzplätzen, b) Platznehmen *n*; **2.** Sitzgelegenheit(en *pl.*) *f*, Bestuhlung *f*; **II** *adj.* **3.** Sitz...: ***~ accommodation*** Sitzgelegenheiten; **seat mile** *s.* ⚓ Passa'giermeile *f*.

sea| trout *s.* 'Meer-, 'Lachsfo,relle *f*; **~ ur·chin** *s. zo.* Seeigel *m*; '**~·wall** *s.* Deich *m*; (Hafen)Damm *m*.

sea·ward ['si:wəd] **I** *adj. u. adv.* seewärts; **II** *s.* Seeseite *f*; '**sea·wards** [-dz] *adv.* seewärts.

sea| wa·ter *s.* See-, Meerwasser *n*; '**~·way** *s.* **1.** ⚓ Fahrt *f*; **2.** Seeweg *m*; **3.** Seegang *m*; '**~·weed** *s.* **1.** (See)Tang *m*, Alge *f*; **2.** *allg.* Meerespflanze(n *pl.*) *f*; '**~,wor·thy** *adj.* seetüchtig.

se·ba·ceous [sɪ'beɪʃəs] *adj. physiol.* Talg...

sec [sek] (*Fr.*) *adj.* sec, trocken (*Wein*).

se·cant ['si:kənt] **I** *s.* 𝔄 a) Se'kante *f*, b) Schnittlinie *f*; **II** *adj.* schneidend.

sec·a·teur ['sekətɜ:] (*Fr.*) *s. mst* (***a pair of***) ***~s*** *pl.* (e-e) Baumschere.

se·cede [sɪ'si:d] *v/i. bsd. eccl., pol.* sich trennen *od.* lossagen, abfallen (***from*** von); **se'ced·er** [-də] *s.* Abtrünnige(r *m*) *f*, Separa'tist *m*.

se·ces·sion [sɪ'seʃn] *s.* **1.** Sezessi'on *f* (*USA hist. oft* 𝔖), (Ab-, *eccl.* Kirchen-) Spaltung *f*, Abfall *m*, Lossagung *f*; **2.** 'Übertritt *m* (***to*** zu); **se'ces·sion·al** [-ʃənl] *adj.* Sonderbunds..., Abfall..., Sezessions...; **se'ces·sion·ist** [-nɪst] *s.* Abtrünnige(r *m*) *f*, Sonderbündler *m*, Sezessio'nist *m* (*Am. hist. oft* 𝔖).

se·clude [sɪ'klu:d] *v/t.* (***o.s.*** sich) abschließen, absondern (***from*** von); **se'clud·ed** [-dɪd] *adj.* □ einsam, abgeschieden: a) zu'rückgezogen (*Lebensweise*), b) abgelegen (*Ort*); **se'clu·sion** [-u:ʒn] *s.* **1.** Abschließung *f*; **2.** Zu'rückgezogenheit *f*, Abgeschiedenheit *f*: ***live in ~*** zurückgezogen leben.

sec·ond ['sekənd] **I** *adj.* □ → ***secondly***; **1.** zweit; nächst: ***~ Advent*** (*od.* ***Coming***) *eccl.* 'Wiederkunft *f* (Christi); ***~ ballot*** Stichwahl *f*; ***~ Chamber*** *parl.* Oberhaus *n*; ***~ floor*** a) *Brit.* zweiter Stock, b) *Am.* erster Stock (*über dem Erdgeschoß*); ***~ in height*** zweithöchst; ***at ~ hand*** aus zweiter Hand; ***in the ~ place*** zweitens; ***it has become ~ nature with him*** es ist ihm zur zweiten Natur geworden *od.* in Fleisch u. Blut übergegangen; → ***self*** 1, ***sight*** 1, ***thought*** 3, ***wind***[1] 6; **2.** (***to***) 'untergeordnet (*dat.*), geringer (als): ***~ cabin*** ⚓ Kabine *f* zweiter Klasse; ***~ cousin*** Vetter *m* zweiten Grades; ***~ lieutenant*** ⚔ Leutnant *m*; ***come ~*** *fig.* an zweiter Stelle kommen; ***~ to none*** unerreicht; ***he is ~ to none*** er ist unübertroffen; → ***fiddle*** 1; **II** *s.* **3.** *der* (*die, das*) Zweite: ***~ in command*** ⚔ a) stellvertretender Kommandeur, b) ⚓ erster Offizier; **4.** *sport* Zweite(r *m*) *f*, zweiter Sieger: ***run ~*** den zweiten Platz belegen; ***be a good ~*** nur knapp geschlagen werden; **5.** *univ.* → ***second class*** 2; **6.** F 🚂 *etc.* zweite Klasse; **7.** *Duell, Boxen*: Sekun'dant *m*; *fig.* Beistand *m*; **8.** Se'kunde *f*; *weitS. a.* Augenblick *m*, Mo'ment *m*; **9.** ♪ a) Se'kunde *f*, b) Begleitstimme *f*; **10.** *pl.* ⚚ Ware(n *pl.*) *f* zweiter Quali'tät *od.* Wahl; **11.** ***~ of exchange*** ⚚ Se'kundawechsel *m*; **III** *v/t.* **12.** sekundieren (*dat.*) (*a. fig.*); **13.** *fig.* unter'stützen (*a. parl.*), beistehen (*dat.*); **14.** [sɪ'kɒnd] ⚔ *Brit. Offizier* abstellen, abkommandieren.

sec·ond·ar·i·ness ['sekəndərɪnɪs] *s. das* Sekun'däre, Zweitrangigkeit *f*; **sec·ond·ar·y** ['sekəndərɪ] **I** *adj.* □ **1.** sekun'där, zweitrangig, 'untergeordnet, nebensächlich: ***of ~ importance***; **2.** ⚡, ⚗, *biol., geol., phys.* sekun'där, Sekundär...: ***~ electron***; **3.** Neben...: ***~ colo(u)r***; ***~ effect***; **4.** Neben..., Hilfs...: ***~ line*** 🚂 Nebenbahn; **5.** *ling.* a) sekun'där, abgeleitet, b) Neben...: ***~ accent*** Nebenakzent *m*; ***~ derivative*** Sekundärableitung *f*; ***~ tense*** Nebentempus *n*; **6.** *ped.* Oberschul...: ***~ education*** höhere Schulbildung; ***~ school*** höhere Schule; **II** *s.* **7.** 'Untergeordnete(r *m*) *f*, Stellvertreter(in); **8.** ⚡ a) Sekun'där(strom)kreis *m*, b) Sekun'därwicklung *f*; **9.** *ast. a.* ***~ planet*** Satel'lit *m*; **10.** *orn.* Nebenfeder *f*.

'**sec·ond|-best** *adj.* zweitbest: ***come off ~*** *fig.* den kürzeren ziehen; **~ class** *s.* **1.** 🚂 *etc.* zweite Klasse; **2.** *univ. Brit. akademischer Grad zweiter Klasse*; **,~-'class** [-nd'k-] *adj.* **1.** zweitklassig, -rangig; **2.** 🚂 *etc. Wagen etc.* zweiter Klasse: ***~ mail*** a) *Am.* Zeitungspost *f*, b) *Brit.* gewöhnliche Inlandspost; **,~-de'gree** *adv.* **1.** zweiten Grades: ***~ burns***; **2.** ***~ murder*** ⚖ Totschlag *m*; **,~'guess** *v/t. Am.* **1.** im nachhinein kritisieren; **2.** a) durch'schauen, b) vor'hersehen; '**~·hand** **I** *adj.* **1.** über'nommen, *a. Wissen etc.* aus zweiter Hand; **2.** 'indi,rekt; **3.** gebraucht, alt; anti'quarisch (*Bücher*): ***~ bookshop*** Antiquariat *n*; ***~ car*** Gebrauchtwagen *m*; ***~ dealer*** Altwarenhändler *m*; **II** *adv.* **4.** gebraucht: ***buy s.th. ~***; ***~ hand*** *s.* Se'kundenzeiger *m*.

sec·ond·ly ['sekəndlɪ] *adv.* zweitens.

se·cond·ment [sɪ'kɒndmənt] *s. Brit.* **1.** ⚔ Abkommandierung *f*; **2.** Versetzung *f*.

,sec·ond|-'rate *adj.* zweitrangig, -klassig, mittelmäßig; **,~-'rat·er** *s.* mittelmäßige Per'son *od.* Sache.

se·cre·cy ['si:krəsɪ] *s.* **1.** Verborgenheit *f*; **2.** Heimlichkeit *f*: ***in all ~***, ***with absolute ~*** ganz im geheimen, insgeheim; **3.** Verschwiegenheit *f*; Geheimhaltung(spflicht) *f*; (*Wahl- etc.*)Geheimnis *n*: ***official ~*** Amtsverschwiegenheit *f*; ***professional ~*** Berufsgeheimnis *n*, Schweigepflicht *f*; → ***swear*** 6; **se·cret** ['si:krɪt] **I** *adj.* □ **1.** geheim, heimlich, Geheim...(*-dienst, -diplomatie, -tür etc.*): ***~ ballot*** geheime Wahl; → ***keep*** 13; **2.** a) verschwiegen, b) verstohlen (*Person*); **3.** verschwiegen (*Ort*); **4.** unerforschlich, verborgen; **II** *s.* **5.** Geheimnis *n* (***from*** vor *dat.*): ***the ~ of success*** *fig.* das Geheimnis des Erfolgs, der Schlüssel zum Erfolg; ***in ~*** a) heimlich, im geheimen, b) im Vertrauen; ***be in the ~*** (in das Geheimnis) eingeweiht sein; ***let s.o. into the ~*** j-n (in das Geheimnis) einweihen; ***make no ~ of*** kein Geheimnis *od.* Hehl aus *et.* machen.

se·cre·taire [,sekrə'teə] (*Fr.*) *s.* Sekre'tär *m*, Schreibschrank *m*.

se·cre·tar·i·al [,sekrə'teərɪəl] *adj.* **1.** Sekretärs...: ***~ help*** Schreibkraft *f*; **2.** Schreib..., Büro...; **,sec·re'tar·i·at(e)** [-ɪət] *s.* Sekretari'at *n*.

sec·re·tar·y ['sekrətrɪ] *s.* **1.** Sekre'tär (-in): ***~ of embassy*** Botschaftsrat *m*; **2.** Schriftführer *m*; ⚚ a) Geschäftsführer *m*, b) Syndikus *m*; **3.** *pol. Brit.* a) ***~ (of state)*** Mi'nister *m*, b) 'Staatssekre,tär *m*: ***𝔖 of State for Foreign Affairs***, ***Foreign 𝔖*** Außenminister *m*; ***𝔖 of State for Home Affairs***, ***Home 𝔖*** Innenminister; **4.** *pol. Am.* Mi'nister *m*: ***𝔖 of Defense*** Verteidigungsminister; ***𝔖 of State*** a) Außenminister, b) Staatssekretär *m e-s Bundesstaats*; **5.** → ***secretaire***; **~ bird** *s. orn.* Sekre'tär *m*; **,~-'gen·er·al** *pl.* **,sec·re·tar·ies-'gen·er·al** *s.* Gene'ralsekre,tär *m*.

sec·re·tar·y·ship ['sekrətrɪʃɪp] *s.* **1.** Posten *m od.* Amt *n* e-s Sekre'tärs *etc.*; **2.** Mi'nisteramt *n*.

se·crete [sɪ'kri:t] *v/t.* **1.** *physiol.* absondern, abscheiden; **2.** verbergen (***from*** vor *dat.*); ⚖ *Vermögensstücke* bei'seite schaffen; **se'cre·tion** [-i:ʃn] *s.* **1.** *physiol.* a) Sekreti'on *f*, Absonderung *f*, b) Se'kret *n*; **2.** Verheimlichung *f*; **se'cre·tive** [-tɪv] *adj.* □ heimlich, verschlossen, geheimnistuerisch: ***be ~ about*** mit *et.* geheim tun; **se'cre·tive·ness** [-tɪvnɪs] *s.* Heimlichtue'rei *f*; Verschwiegenheit *f*.

'**se·cret,mon·ger** *s.* Geheimniskrämer(in).

se·cre·to·ry [sɪ'kri:tərɪ] *physiol.* **I** *adj.* sekre'torisch, Sekretions...; **II** *s.* sekretorische Drüse.

sect [sekt] *s.* **1.** Sekte *f*; **2.** Religi'onsgemeinschaft *f*.

sec·tar·i·an [sek'teəriən] **I** *adj.* **1.** sek'tiererisch; **2.** Konfessions...; **II** *s.* **3.** Anhänger(in) e-r Sekte; **4.** Sek'tierer (-in); **sec'tar·i·an·ism** [-nɪzəm] *s.* Sek'tierertum *n*.

sec·tion ['sekʃn] **I** *s.* **1.** a) Durch'schneidung *f*, b) (*a. mikroskopischer*) Schnitt, c) ⚕ Sekti'on *f*, Schnitt *m*; **2.** Ab-, Ausschnitt *m*, Teil *m* (*a. der Bevölkerung etc.*); **3.** Abschnitt *m*, Absatz *m* (*Buch etc.*); ⚖ (*Gesetzes- etc.*)Para'graph *m*; **4.** *a.* ~ **mark** Para'graph(enzeichen *n*) *m*; **5.** ⚙ Teil *m*, *n*; **6.** ⩘, ⚙ Schnitt(bild *n*) *m*, Querschnitt *m*, Pro'fil *n*: ***horizontal*** ~ Horizontalschnitt *m*; **7.** 🚆 *Am.* a) Streckenabschnitt *m*, b) Ab'teil *n e-s Schlafwagens*; **8.** *Am.* Bezirk *m*; **9.** *Am.* 'Landpar,zelle *f* von e-r Qua'dratmeile; **10.** ⚘, *zo.* 'Untergruppe *f*; **11.** Ab'teilung *f*, Refe'rat *n* (*Verwaltung*); **12.** ⚔ a) *Brit.* Gruppe *f*, b) *Am.* Halbzug *m*, c) ✈ Halbstaffel *f*, d) Stabsabteilung *f*; **II** *v/t.* **13.** (ab-, ein-) teilen, unter'teilen; **14.** e-n Schnitt machen von; **'sec·tion·al** [-ʃənl] *adj.* □ **1.** Schnitt...(*-fläche*, *-zeichnung etc.*); **2.** Teil...(*-ansicht*, *-streik etc.*); **3.** zs.-setzbar, montierbar: ~ ***furniture*** Anbaumöbel *pl.*; **4.** ⚙ Profil..., Form... (*-draht*, *-stahl*); **5.** regio'nal, *contp.* partikula'ristisch: ~ ***pride*** Lokalpatriotismus *m*; **'sec·tion·al·ism** [-nəlɪzəm] *s.* Partikula'rismus *m*.

sec·tor ['sektə] *s.* **1.** ⩘ (Kreis- *od.* Kugel)Sektor *m*; **2.** ⩘, *ast.* Sektor *m* (*a. fig. Bereich*); **3.** ⚔ Sektor *m*, Frontabschnitt *m*.

sec·u·lar ['sekjʊlə] **I** *adj.* □ **1.** weltlich: a) diesseitig, b) pro'fan: ~ ***music***, c) nicht kirchlich (*Erziehung etc.*): ~ ***arm*** weltliche Gerichtsbarkeit; **2.** 'freireligi,ös, -denkerisch; **3.** *eccl.* weltgeistlich, Säkular...: ~ ***clergy*** Weltgeistlichkeit *f*; **4.** säku'lar: a) hundertjährlich, b) hundertjährig, c) säku'lar; **5.** jahr'hundertelang; **6.** *ast.*, *phys.* säku'lar; **II** *s.* **7.** *R.C.* Weltgeistliche(r) *m*; **'sec·u·lar·ism** [-ərɪzəm] *s.* **1.** Säkula'rismus *m* (*a. phls.*), Weltlichkeit *f*; **2.** Antiklerika'lismus *m*; **sec·u·lar·i·ty** [,sekjʊ'lærətɪ] *s.* **1.** Weltlichkeit *f*; **2.** *pl.* weltliche Dinge *pl.*; **sec·u·lar·i·za·tion** [,sekjʊləraɪ'zeɪʃn] *s.* **1.** *eccl.* Säkularisierung *f*; **2.** Verweltlichung *f*; **'sec·u·lar·ize** [-əraɪz] *v/t.* **1.** kirchlichem Einfluß entziehen; **2.** *kirchlichen Besitz*, *a. Ordensgeistliche* säkularisieren; **3.** verweltlichen; *Sonntag etc.* entheiligen; **4.** mit freidenkerischen I'deen durch'dringen.

sec·un·dine ['sekəndɪn] *s.* **1.** *mst pl.* ⚕ Nachgeburt *f*; **2.** ⚘ inneres Integu'ment der Samenanlage.

se·cure [sɪ'kjʊə] **I** *adj.* □ **1.** sicher: a) geschützt (***from*** vor *dat.*), b) fest (*Grundlage etc.*), c) gesichert (*Existenz*), d) gewiß (*Hoffnung*, *Sieg etc.*); **2.** ruhig, sorglos: ***a*** ~ ***life***; **II** *v/t.* **3.** sichern, schützen (***from***, ***against*** vor *dat.*); **4.** sichern, garantieren (***s.th. to s.o.*** *od.* ***s.o. s.th.*** j-m et.); **5.** sich *et.* sichern *od.* beschaffen; erreichen, erlangen; *Patent*, *Urteil etc.* erwirken; **6.** ⚙ *etc.* sichern, befestigen; *Türe etc.* (fest) (ver)schließen: ~ ***by bolts*** festschrauben; **7.** *Wertsachen* sicherstellen; **8.** *Verbrecher* festnehmen; **9.** *bsd.* ⚜ sicherstellen: a) *et.* sichern (***on***, ***by*** durch *Hypothek etc.*), b) *j-m* Sicherheit bieten: ~ ***a creditor***; **10.** ⚕ *Ader* abbinden.

se·cu·ri·ty [sɪ'kjʊərətɪ] *s.* **1.** Sicherheit *f* (*Zustand od. Schutz*) (***against***, ***from*** vor *dat.*, gegen): ♀ Sicherheit(sabteilung) *f*; ⚜ *a.* Werkspolizei *f*; ♀ ***Council*** *pol.* Sicherheitsrat *m*; ~ ***check*** Sicherheitsüberprüfung *f*; ~ ***clearance*** Unbedenklichkeitsbescheinigung *f*; ♀ ***Force*** Friedenstruppe *f*; → ***risk*** 2; **2.** (innere) Sicherheit, Sorglosigkeit *f*; **3.** Gewißheit *f*; **4.** ⚖, ⚜ a) Bürge *m*, b) Sicherheit *f*, Bürgschaft *f*, Kauti'on *f*: ~ ***bond*** Bürgschaftswechsel *m*; ***give*** (*od.* ***put up***, ***stand***) ~ Bürgschaft leisten, Kaution stellen; **5.** ⚜ a) Schuldverschreibung *f*, b) Aktie *f*, c) *pl.* 'Wertpa,piere *pl.*: ~ ***market*** Effektenmarkt *m*; ***public securities*** Staatspapiere.

se·dan [sɪ'dæn] *s.* **1.** *mot.* Limou'sine *f*; **2.** *a.* ~ ***chair*** Sänfte *f*.

se·date [sɪ'deɪt] *adj.* □ **1.** ruhig, gelassen; **2.** gesetzt, ernst; **se'date·ness** [-nɪs] *s.* **1.** Gelassenheit *f*; **2.** Gesetztheit *f*; **se'da·tion** [-eɪʃn] *s.*: ***be under*** ~ ⚕ unter dem Einfluß von Beruhigungsmitteln stehen.

sed·a·tive ['sedətɪv] *bsd.* ⚕ **I** *adj.* beruhigend; **II** *s.* Beruhigungsmittel *n*.

sed·en·tar·i·ness ['sedntərɪnɪs] *s.* **1.** sitzende Lebensweise; **2.** Seßhaftigkeit *f*; **sed·en·tar·y** ['sedntərɪ] *adj.* □ **1.** sitzend (*Beschäftigung*, *Statue etc.*): ~ ***life*** sitzende Lebensweise; **2.** seßhaft: ~ ***birds*** Standvögel.

sedge [sedʒ] *s.* ⚘ **1.** Segge *f*; **2.** *allg.* Riedgras *n*.

sed·i·ment ['sedɪmənt] *s.* Sedi'ment *n*: a) (Boden)Satz *m*, Niederschlag *m*, b) *geol.* Schichtgestein *n*; **sed·i·men·ta·ry** [,sedɪ'mentərɪ] *adj.* sedimen'tär, Sediment...; **sed·i·men·ta·tion** [,sedɪmen'teɪʃn] *s.* **1.** Sedimentati'on *f*: a) Ablagerung *f*, b) *geol.* Schichtenbildung *f*; **2.** *a.* ***blood*** ~ ⚕ Blutsenkung *f*: ~ ***rate*** Senkungsgeschwindigkeit *f*.

se·di·tion [sɪ'dɪʃn] *s.* **1.** Aufwiegelung *f*, *a.* ⚖ Volksverhetzung *f*; **2.** Aufruhr *m*; **se'di·tious** [-ʃəs] *adj.* □ aufrührerisch, 'umstürzlerisch, staatsgefährdend.

se·duce [sɪ'djuːs] *v/t.* **1.** *Frau etc.* verführen (*a. fig. verleiten*; ***into***, ***to*** zu; ***into doing s.th.*** dazu, et. zu tun); **2.** ~ ***from*** *j-n* von *s-r Pflicht etc.* abbringen; **se'duc·er** [-sə] *s.* Verführer *m*; **se·duc·tion** [sɪ'dʌkʃn] *s.* **1.** (*a. sexuelle*) Verführung; Verlockung *f*; **2.** *fig.* Versuchung *f*, verführerischer Zauber; **se·duc·tive** [sɪ'dʌktɪv] *adj.* □ verführerisch (*a. fig.*).

se·du·li·ty [sɪ'djuːlətɪ] *s.* Emsigkeit *f*, (emsiger) Fleiß; **sed·u·lous** ['sedjʊləs] *adj.* □ emsig, fleißig.

see[1] [siː] **I** *v/t.* [*irr.*] **1.** sehen: ~ ***page 15*** siehe Seite 15; ***I*** ~ ***him come*** (*od.* ***coming***) ich sehe ihn kommen; ***I cannot*** ~ ***myself doing it*** *fig.* ich kann mir nicht vorstellen, daß ich es tue; ***I*** ~ ***things otherwise*** *fig.* ich sehe *od.* betrachte die Dinge anders; ~ ***o.s. obliged to*** *fig.* sich gezwungen sehen zu; **2.** (ab)sehen, erkennen: ~ ***danger ahead***; **3.** ersehen, entnehmen (***from*** aus *der Zeitung etc.*); **4.** (ein)sehen, verstehen: ***as I*** ~ ***it*** wie ich es sehe, in m-n Augen; ***I do not*** ~ ***the use of it*** ich weiß nicht, wozu es gut sein soll; → ***joke*** 2; **5.** (sich) ansehen, besuchen: ~ ***a play***; **6.** a) *j-n* besuchen: ***go*** (***come***) ***to*** ~ ***s.o.*** j-n besuchen (gehen *od.* kommen), b) *Anwalt etc.* aufsuchen, konsultieren (***about*** wegen), *j-n* sprechen (***on business*** geschäftlich); **7.** *j-n* empfangen: ***he refused to*** ~ ***me***; **8.** nachsehen, her'ausfinden; **9.** dafür sorgen (daß): ~ (***to it***) ***that it is done!*** sorge dafür *od.* sieh zu, daß es geschieht!; ~ ***justice done to s.o.*** dafür sorgen, daß j-m Gerechtigkeit widerfährt; **10.** sehen, erleben: ***live to*** ~ erleben; ~ ***action*** ⚔ im Einsatz sein, Kämpfe mitmachen; ***he has seen better days*** er hat (schon) bessere Tage gesehen; **11.** *j-n* begleiten, geleiten, bringen (***to the station*** zum Bahnhof); → ***see off***, ***see out***; **II** *v/i.* [*irr.*] **12.** sehen; → ***fit***[1] 3; **13.** verstehen, einsehen: ***I*** ~***!*** (ich) verstehe!, aha!, ach so!; (***you***) ~ wissen Sie, weißt du; (***you***) ~***?*** F verstehst du?; **14.** nachsehen; **15.** sehen, sich über'legen: ***let me*** ~***!*** warte mal!, laß mich überlegen!; ***we'll*** ~ wir werden sehen, mal abwarten.

Zssgn mit prp.:

see| a·bout *v/i.* **1.** sich kümmern um; **2.** F sich *et.* überlegen; ~ **aft·er** *v/i.* sehen nach, sich kümmern um; ~ **in·to** *v/i.* e-r Sache auf den Grund gehen; ~ **o·ver** *v/i.* sich ansehen; ~ **through I** *v/i. j-n od. et.* durch'schauen; **II** *v/t. j-m* über *et.* hin'weghelfen; ~ **to** *v/i.* sich kümmern um; → ***see***[1] 9.

Zssgn mit adv.:

see| off *v/t. j-n* fortbegleiten, verabschieden; ~ **out** *v/t.* **1.** *j-n* hin'ausbegleiten; **2.** F *et.* bis zum Ende ansehen *od.* mitmachen; ~ **through I** *v/t.* **1.** *j-m* 'durchhelfen (***with*** in *e-r Sache*); **2.** *et.* (bis zum Ende) 'durchhalten *od.* -fechten; **II** *v/i.* **3.** F durchhalten.

see[2] [siː] *s. eccl.* **1.** (Erz)Bischofssitz *m*; → ***Holy See***; **2.** (Erz)Bistum *n*.

seed [siːd] **I** *s.* **1.** ⚘ a) Same *m*, b) (Obst-) Kern *m*, c) *coll.* Samen *pl.*, d) ✓ Saat (-gut *n*) *f*: ***go*** (*od.* ***run***) ***to*** ~ in Samen schießen, *fig.* herunterkommen; **2.** *zo.* a) Ei *n od.* Eier *pl.* (*des Hummers etc.*), b) Austernbrut *f*; **3.** *physiol.* Samen *m*; *fig.* Nachkommenschaft *f*: ***the*** ~ ***of Abraham*** *bibl.* der Same Abrahams; **4.** *pl. fig.* Saat *f*, Keim *m*: ***sow the*** ~***s of discord*** (die Saat der) Zwietracht säen; **II** *v/t.* **5.** entsamen; *Obst* entkernen; **6.** *Acker* besäen; **7.** *sport Spieler* setzen; **III** *v/i.* **8.** ⚘ a) Samen tragen, b) in Samen schießen, c) sich aussäen; **'**~**·bed** *s.* Treibbeet *n*; *fig.* Pflanz-, *contp.* Brutstätte *f*; **'**~**·cake** *s.* Kümmelkuchen *m*; **'**~**·case** *s.* ⚘ Samenkapsel *f*; ~ **corn** *s.* **1.** Saatkorn *n*; **2.** *Am.* Saatmais *m*; ~ **drill** → ***seeder*** 1.

seed·er ['siːdə] *s.* **1.** ✓ 'Säma,schine *f*; **2.** (Frucht)Entkerner *m*.

seed·i·ness ['siːdɪnɪs] *s.* F **1.** Schäbigkeit *f*, Abgerissenheit *f*; verwahrloster Zustand; **2.** ‚Flauheit' *f des Befindens*.

seed leaf *s.* [*irr.*] ⚘ Keimblatt *n*.

seed·less ['siːdlɪs] *adj.* kernlos; **'seed·ling** [-lɪŋ] *s.* ⚘ Sämling *m*.

seed| oys·ter *s. zo.* **1.** Saatauster *f*; **2.** *pl.* Austernlaich *m*; ~ **pearl** *s.* Staubperle *f*; ~ **plot** *s.* → ***seedbed***; ~ **po·ta·to** *s.* 'Saatkar,toffel *f.*

seed·y ['si:dɪ] *adj.* **1.** ⚘ samentragend, -reich; **2.** F schäbig: a) fadenscheinig, b) her'untergekommen (*Person*); **3.** F ‚flau', ‚mies' (*Befinden*): ***look*** ~ elend aussehen.

see·ing ['si:ɪŋ] **I** *s.* Sehen *n*: ***worth*** ~ sehenswert; **II** *cj. a.* ~ ***that*** da doch; in Anbetracht dessen, daß; **III** *prp.* angesichts (*gen.*), in Anbetracht (*gen.*); '~-**eye dog** *s. Am.* Blindenhund *m.*

seek [si:k] **I** *v/t.* [*irr.*] **1.** suchen; **2.** *Bett, Schatten, j-n* aufsuchen; **3.** (***of***) *Rat, Hilfe etc.* suchen (bei), erbitten (von); **4.** begehren, erstreben, nach *Ruhm etc.* trachten; ⚖ *etc.* beantragen, begehren: ~ ***divorce***; → ***life*** *Redew.*; **5.** (ver)suchen, trachten (*et. zu tun*); **6.** zu ergründen suchen; **7.** ***be to*** ~ *obs.* (noch) fehlen, zu wünschen übrig lassen; **8.** *a.* ~ ***out*** her'ausfinden, aufspüren, *fig.* aufs Korn nehmen; **II** *v/i.* [*irr.*] **9.** suchen, fragen, forschen (***for, after*** nach): ~ ***after*** *a.* begehren; '**seek·er** [-kə] *s.* **1.** Sucher(in): ~ ***after truth*** Wahrheitssucher; **2.** ⚕ Sonde *f.*

seem [si:m] *v/i.* **1.** (zu sein) scheinen, anscheinend sein, erscheinen: ***it*** ~***s impossible to me*** es (er)scheint mir unmöglich; **2.** *mit inf.* scheinen: ***you*** ~ ***to believe it*** du scheinst es zu glauben; ***apples*** ~ ***not to grow here*** Äpfel wachsen hier anscheinend nicht; ***I*** ~ ***to hear voices*** mir ist, als hörte ich Stimmen; **3.** *impers.* ***it*** ~***s that*** es scheint, daß; anscheinend; ***it*** ~***s as if*** (*od.* ***though***) es sieht so aus *od.* es scheint so als ob; ***it*** ~***s to me that it will rain*** mir scheint, es wird regnen; ***it should*** (*od.* ***would***) ~ ***that*** man sollte glauben, daß; ***I can't*** ~ ***to open this door*** ich bringe diese Tür einfach nicht auf; '**seem·ing** [-mɪŋ] *adj.* □ **1.** scheinbar: ***a*** ~ ***friend***; **2.** anscheinend; '**seem·li·ness** [-lɪnɪs] *s.* Anstand *m*, Schicklichkeit *f*; '**seem·ly** [-lɪ] *adj. u. adv.* geziemend, schicklich.

seen [si:n] *p.p. von* **see**[1].

seep [si:p] *v/i.* ('durch)sickern (*a. fig.*), tropfen, lecken: ~ ***away*** versickern; ~ ***in*** *a. fig.* einsickern, -dringen; '**seep·age** [-pɪdʒ] *s.* **1.** ('Durch-, Ver)Sickern *n*; **2.** 'Durchgesickertes *n*; **3.** Leck *n.*

se·er ['si:ə] *s.* Seher(in).

seer·suck·er ['sɪə,sʌkə] *s.* leichtes, kreppartiges Leinen.

see·saw ['si:sɔ] **I** *s.* **1.** Wippen *n*, Schaukeln *n*; **2.** Wippe *f*, Wippschaukel *f*; **3.** *fig.* (ständiges) Auf u. Ab *od.* Hin u. Her; **II** *adj.* **4.** schaukelnd, (*a. fig.*) Schaukel...(*-bewegung, -politik*); **III** *v/i.* **5.** wippen, schaukeln; **6.** sich auf u. ab *od.* hin u. her bewegen; **7.** *fig.* (hin u. her) schwanken.

seethe [si:ð] *v/i.* **1.** kochen, sieden, wallen (*alle a. fig.* ***with*** vor *dat.*); **2.** *fig.* brodeln, gären (***with*** vor *dat.*): ***seething with rage*** vor Wut kochend; **3.** wimmeln (***with*** von).

'**see-through** *adj.* **1.** 'durchsichtig: ~ ***blouse***; **2.** Klarsicht...: ~ ***package.***

seg·ment ['segmənt] **I** *s.* **1.** Abschnitt *m*, Teil *m, n*; **2.** *bsd.* ⚘ (*Kreis- etc.*) Seg'ment *n*; **3.** *biol.* a) *allg.* Glied *n*, Seg'ment *n*, b) 'Körperseg,ment *n*, Ring *m* (*Wurm etc.*); **II** *v/t.* [seg'ment] **4.** (*v/i.* sich) in Segmente teilen; **seg·men·tal** [seg'mentl] *adj.* □, '**seg·men·tar·y** [-tərɪ] *adj.* segmen'tär; **seg·men·ta·tion** [,segmən'teɪʃn] *s.* **1.** Segmentati'on *f*; **2.** *biol.* Zellteilung *f*, (Ei)Furchung *f.*

seg·ment| gear *s.* Seg'ment(zahnrad)-getriebe *n*; ~ **saw** *s.* **1.** Baumsäge *f*; **2.** Bogenschnittsäge *f.*

seg·re·gate ['segrɪgeɪt] **I** *v/t.* **1.** trennen (*a. nach Rassen etc.*), absondern; **2.** ⚙ ausseigern, -scheiden; **II** *v/i.* **3.** sich absondern *od.* abspalten (*a. fig.*); ⚗ sich abscheiden; **4.** *biol.* mendeln; **III** *adj.* [-gɪt] **5.** abgesondert, isoliert; **seg·re·ga·tion** [,segrɪ'geɪʃn] *s.* **1.** Absonderung *f*, -trennung *f*; **2.** Rassentrennung *f*; **3.** ⚗ Ausscheidung *f*; **4.** abgespaltener Teil; **seg·re·ga·tion·ist** [,segrɪ'geɪʃnɪst] **I** *s.* Verfechter(in) der Rassentrennung; **II** *adj.* die Rassentrennung befürwortend; '**seg·re·ga·tive** [-gətɪv] *adj.* sich absondernd, Trennungs...

sei·gneur [se'njɜ:], **sei·gnor** ['seɪnjə] *s.* **1.** *hist.* Lehns-, Feu'dalherr *m*; **2.** Herr *m*; **seign·ior·age** ['seɪnjərɪdʒ] *s.* **1.** Re'gal *n*, Vorrecht *n*; **2.** a) *königliche* Münzgebühr, b) Schlagschatz *m*; **sei'gno·ri·al** [-'njɔ:rɪəl] *adj.* feu'dalherrschaftlich; **seign·ior·y** ['seɪnjərɪ] *s.* **1.** Feu'dalrechte *pl.*; **2.** (feu'dal)herrschaftliche Do'mäne.

seine [seɪn] *s.* ⚓ Schlagnetz *n.*

seise [si:z] → ***seize*** 4; '**sei·sin** [-zɪn] → ***seizin.***

seis·mic ['saɪzmɪk] *adj.* seismisch.

seis·mo·graph ['saɪzməgrɑ:f] *s.* Seismo'graph *m*, Erdbebenmeßgerät *n*; **seis·mol·o·gist** [saɪz'mɒlədʒɪst] *s.* Seismo'loge *m*; **seis·mol·o·gy** [saɪz'mɒlədʒɪ] *s.* Erdbebenkunde *f*, Seismik *f*; **seis·mom·e·ter** [saɪz'mɒmɪtə] *s.* Seismo'meter *n*; '**seis·mo·scope** [-əskəʊp] *s.* Seismo'skop *n.*

seiz·a·ble ['si:zəbl] *adj.* **1.** (er)greifbar; **2.** ⚖ pfändbar; **seize** [si:z] **I** *v/t.* **1.** *et. od. j-n* (er)greifen, packen, fassen (*alle a. fig. Panik etc.*): ~***d with*** ⚕ von *e-r Krankheit* befallen; ~***d with apoplexy*** ⚕ vom Schlag getroffen; **2.** ⚔ (ein-)nehmen, erobern; **3.** sich *e-r Sache* bemächtigen, *Macht etc.* an sich reißen; **4.** ⚖ *j-n* in den Besitz setzen (***of*** von *od. gen.*): ***be*** ~***d with, stand*** ~***d of*** im Besitz *e-r Sache* sein; **5.** *j-n* ergreifen, festnehmen; **6.** beschlagnahmen; **7.** *Gelegenheit* ergreifen, wahrnehmen; **8.** *geistig* erfassen, begreifen; **9.** ⚓ (bei)zeisen, zurren; **II** *v/i.* **10.** ~ (***up***)***on*** *Gelegenheit* ergreifen, *Idee* (begierig) aufgreifen, *a.* einhaken bei; **11.** *oft* ~ ***up*** ⚙ sich festfressen; '**sei·zin** [-zɪn] *s.* ⚖ *Am.* (Grund)Besitz *m*, verbunden mit Eigentumsvermutung; '**seiz·ings** [-zɪŋz] *s. pl.* ⚓ Zurrtau *n*; **sei·zure** ['si:ʒə] *s.* **1.** Ergreifung *f*; **2.** Inbesitznahme *f*; **3.** ⚖ a) Beschlagnahme *f*, b) Festnahme *f*; **4.** ⚕ Anfall *m.*

sel·dom ['seldəm] *adv.* selten.

se·lect [sɪ'lekt] **I** *v/t.* **1.** auswählen, -lesen; **II** *adj.* **2.** ausgewählt: ~ ***committee*** *parl. Brit.* Sonderausschuß *m*; **3.** erlesen (*Buch, Geist, Speise etc.*); exklu'siv (*Gesellschaft etc.*); **4.** wählerisch; **se·lect·ee** [sɪ,lek'ti:] *s.* ⚔ *Am.* Einberufene(r) *m*; **se'lec·tion** [-kʃn] *s.* **1.** Wahl *f*; **2.** Auswahl *f*, -lese *f*; **3.** *biol.* Zuchtwahl *f*: ***natural*** ~ natürliche Auslese; **4.** Auswahl *f* (***of*** an *dat.*); **se'lec·tive** [-tɪv] *adj.* □ **1.** auswählend, Auswahl...: ~ ***service*** ⚔ *Am.* a) Wehrpflicht *f*, -dienst *m*, b) Einberufung; **2.** ⚡ trennscharf, selek'tiv: ~ ***circuit*** Trennkreis *m*; **se·lec·tiv·i·ty** [,sɪlek'tɪvətɪ] *s. Radio, TV*: Trennschärfe *f*; **se'lect·man** [-mən] *s.* [*irr.*] *Am.* Stadtrat *m*; **se'lec·tor** [-tə] *s.* **1.** Auswählende(r *m*) *f*; **2.** Sortierer(in); **3.** ⚙ a) *a.* ⚡ Wähler *m*, b) Schaltgriff *m*, c) *mot.* Gangwähler *m*, d) *Computer*: Se'lektor *m.*

se·le·nic [sɪ'lenɪk] *adj.* ⚗ se'lensauer, Selen...; **se·le·ni·um** [sɪ'li:njəm] *s.* ⚗ Se'len *n.*

sel·e·nog·ra·phy [,selɪ'nɒgrəfɪ] *s.* Mondbeschreibung *f*; ,**sel·e'nol·o·gy** [-ɒlədʒɪ] *s.* Selenolo'gie *f*, Mondkunde *f.*

self [self] **I** *pl.* **selves** [selvz] *s.* **1.** Selbst *n*, Ich *n*: ***my better*** (***second***) ~ mein besseres Selbst (mein zweites Ich); ***my humble*** (*od.* ***poor***) ~ meine Wenigkeit; ***the study of the*** ~ *phls.* das Studium des Ich; → ***former***[2] 1; **2.** Selbstsucht *f*, das eigene *od.* liebe Ich; **3.** *biol.* a) Tier *n od.* Pflanze *f* von einheitlicher Färbung, b) auto'games Lebewesen; **II** *adj.* **4.** einheitlich, *bsd.* ⚘ einfarbig; **III** *pron.* **5.** ✝ *od.* F → ***myself*** *etc.*

,**self|-a'ban·don·ment** *s.* (Selbst)Aufopferung *f*, (bedingungslose) Hingabe; ,~-**a'base·ment** *s.* Selbsterniedrigung *f*; ,~-**ab'sorbed** *adj.* **1.** mit sich selbst beschäftigt; **2.** ego'zentrisch; ,~-**a'buse** *s.* Selbstbefleckung *f*; ,~-**'act·ing** *adj.* ⚙ selbsttätig; ,~-**ad'he·sive** *adj.* selbstklebend; ,~-**ad'just·ing** *adj.* ⚙ selbstregelnd, -einstellend; ,~-**ap'point·ed** *adj.* selbsternannt; ,~-**as'ser·tion** *s.* **1.** Geltendmachung *f* s-r Rechte, s-s Willens, s-r Meinung *etc.*; **2.** anmaßendes Auftreten; ,~-**as'sert·ive** *adj.* **1.** anmaßend, über'heblich; **2.** ~ ***person*** j-d, der sich 'durchzusetzen weiß; ,~-**as'sur·ance** *s.* Selbstsicherheit *f*, -bewußtsein *n*; ,~-**as'sured** *adj.* selbstbewußt; ,~-**'ca·ter·ing** *adj.* für Selbstversorger, mit Selbstverpflegung; ,~-**'cen·t(e)red** *adj.* ichbezogen, ego'zentrisch; ,~-**'col·o(u)red** *adj.* **1.** einfarbig; **2.** na'turfarben; ,~-**com'mand** *s.* Selbstbeherrschung *f*; ,~-**com'pla·cent** *adj.* selbstgefällig, -zufrieden; ,~-**con'ceit** *s.* Eigendünkel *m*; ,~-**con'fessed** *adj.* selbsterklärt: ***a*** ~ ***racist*** j-d, der zugibt, Rassist zu sein; ,~-**'con·fi·dence** *s.* Selbstvertrauen *n*, -bewußtsein *n*; ,~-**'con·scious** *adj.* befangen, gehemmt; ,~-**'con·scious·ness** *s.* Befangenheit *f*; ,~-**con'tained** *adj.* **1.** *a.* ⚙ (in sich) geschlossen, unabhängig, selbständig: ~ ***country*** Selbstversorgerland *n*; ~ ***flat*** abgeschlossene Wohnung; ~ ***house*** Einfamilienhaus *n*; **2.** reserviert, zu'rückhaltend (*Charakter, Person*); **3.** selbstbeherrscht; '~-,**con·tra'dic·tion** *s.* innerer 'Widerspruch; '~-,**con·tra'dic·to·ry** *adj.* 'widersprüchlich; ,~-**con'trol** *s.* Selbstbeherrschung *f*; ,~-**de'ceit**, ,~-**de'cep·tion** *s.* Selbsttäuschung *f*, -betrug *m*; ,~-**de'feat·ing** *adj.* genau das Gegenteil bewirkend, sinn- und zwecklos; ,~-**de'fence** *Brit.*, ,~-**de'fense** *Am. s.* **1.** Selbstverteidigung *f*; **2.** ⚖ Notwehr *f*; ,~-**de'ni·al** *s.*

Selbstverleugnung *f*; ˌ**~-de'ny·ing** *adj.* selbstverleugnend; ˌ**~-de'spair** *s.* Verzweiflung *f* an sich selbst; ˌ**~-de'struc·tion** *s.* **1.** Selbstzerstörung *f*; **2.** Selbstvernichtung *f*, -mord *m*; '**~-deˌter·mi'na·tion** *s.* **1.** *pol. etc.* Selbstbestimmung *f*; **2.** *phls.* freier Wille; ˌ**~-de'vo·tion** → ***self-abandonment***; ˌ**~-dis'trust** *s.* Mangel *m* an Selbstvertrauen; ˌ**~-'doubt** *s.* Selbstzweifel *pl.*; ˌ**~-'ed·u·cat·ed** → ***self-taught*** 1; ˌ**~-em'ployed** *adj.* ✝ selbständig (*Handwerker etc.*); ˌ**~-es'teem** *s.* **1.** Selbstachtung *f*; **2.** Eigendünkel *m*; ˌ**~-'ev·i·dent** *adj.* ☐ selbstverständlich; ˌ**~-ex'plan·a·to·ry** *adj.* ohne Erläuterung verständlich, für sich (selbst) sprechend; ˌ**~-ex'pres·sion** *s.* Ausdruck *m* der eigenen Per'sönlichkeit; ˌ**~-'feed·ing** *adj.* ⚙ auto'matisch (*Material od. Brennstoff*) zuführend; ˌ**~-for'get·ful** *adj.* ☐ selbstvergessen, -los; ˌ**~-ful'fil(l)·ment** *s.* Selbstverwirklichung *f*; ˌ**~-'gov·ern·ing** *adj. pol.* 'selbstverwaltet, auto'nom, unabhängig; ˌ**~-'gov·ern·ment** *s. pol.* Selbstverwaltung *f*, -regierung *f*, Autono'mie *f*; ˌ**~-'help** *s.* Selbsthilfe *f*: **~ *group***; ˌ**~-ig'ni·tion** *s. mot.* Selbstzündung *f*; ˌ**~-'im·age** *s. psych.* Selbstverständnis *n*; ˌ**~-im'por·tance** *s.* 'Selbstüberˌhebung *f*, Wichtigtue'rei *f*; ˌ**~-im'por·tant** *adj.* über'heblich, wichtigtuerisch; ˌ**~-in'duced** *adj.* **1.** ϟ selbstinduziert; **2.** selbstverursacht; ˌ**~-in'dul·gence** *s.* **1.** Sich'gehenlassen *n*; **2.** Zügellosigkeit *f*, Maßlosigkeit *f*; ˌ**~-in'dul·gent** *adj.* **1.** schwach, nachgiebig gegen sich selbst; **2.** zügellos; ˌ**~-in'flict·ed** *adj.* selbstzugefügt: **~ *wounds*** ⚔ Selbstverstümmelung *f*; ˌ**~-in'struc·tion** *s.* 'Selbstˌunterricht *m*; ˌ**~-in'struc·tion·al** *adj.* Selbstlehr…, Selbstunterrichts…: **~ *manual***; ˌ**~-'in·ter·est** *s.* Eigennutz *m*, eigenes Inter'esse.

self·ish ['selfɪʃ] *adj.* ☐ selbstsüchtig, ego'istisch, eigennützig; '**self·ish·ness** [-nɪs] *s.* Selbstsucht *f*, Ego'ismus *m*.

ˌ**self|-'knowl·edge** *s.* Selbst(er)kenntnis *f*; '**~-ˌlac·er'a·tion** *s.* Selbstzerfleischung *f*.

self·less ['selflɪs] *adj.* selbstlos; '**self·less·ness** [-nɪs] *s.* Selbstlosigkeit *f*.

ˌ**self|-'load·ing** *adj.* Selbstlade…; ˌ**~-'love** *s.* Eigenliebe *f*; ˌ**~-'lu·bri·cat·ing** *adj.* ⚙ selbstschmierend; ˌ**~-'made** *adj.* selbstgemacht: **~ *man*** j-d, der durch eigene Kraft hochgekommen ist, Selfmademan *m*; ˌ**~-neg'lect** *s.* **1.** Selbstlosigkeit *f*; **2.** Vernachlässigung *f* s-s Äußeren; ˌ**~-o'pin·ion·at·ed** *adj.* **1.** eingebildet; **2.** rechthaberisch; ˌ**~-'pit·y** *s.* Selbstmitleid *n*; ˌ**~-'por·trait** *s.* 'Selbstporˌträt *n*, -bildnis *n*; ˌ**~-pos'ses·sion** *s.* Selbstbeherrschung *f*; ˌ**~-'praise** *s.* Eigenlob *n*; '**~-ˌpres·er'va·tion** *s.* Selbsterhaltung *f*: ***instinct of* ~** Selbsterhaltungstrieb *m*; ˌ**~-pro'pelled** *adj.* ⚙ Selbstfahr…, mit Eigenantrieb; '**~-ˌre·al·i'za·tion** *s.* Selbstverwirklichung *f*; ˌ**~-re'cord·ing** *adj.* ⚙ selbstschreibend; ˌ**~-re'gard** *s.* **1.** Eigennutz *m*; **2.** Selbstachtung *f*; ˌ**~-re'li·ance** *s.* Selbstvertrauen *n*, -sicherheit *f*; ˌ**~-re'li·ant** *adj.* selbstbewußt, -sicher; ˌ**~-re'proach** *s.* Selbstvorwurf *m*; ˌ**~-re'spect** *s.* Selbstachtung *f*; ˌ**~-re'spect·ing** *adj.*: ***every* ~ *craftsman*** jeder Handwerker, der etwas auf sich hält; ˌ**~-re'straint** *s.* Selbstbeherrschung *f*; ˌ**~-'right·eous** *adj.* selbstgerecht; ˌ**~-'sac·ri·fice** *s.* Selbstaufopferung *f*; ˌ**~-'sac·ri·fic·ing** *adj.* aufopferungsvoll; '**~·same** *adj.* ebenderselbe, -dieselbe, -dasselbe; ˌ**~-'sat·is·fied** *adj.* selbstzufrieden; ˌ**~-'seal·ing** *adj.* **1.** ⚙ selbstdichtend; **2.** selbstklebend (*bsd. Briefumschlag*); **3.** schußsicher; ˌ**~-'seek·er** *s.* Ego'ist(in); ˌ**~-'serv·ice I** *adj.* Selbstbedienungs…: **~ *shop***; **II** *s.* Selbstbedienung *f*; ˌ**~-'start·er** *s. mot.* (Selbst-)Anlasser *m*; ˌ**~-'styled** *adj. iron.* von eigenen Gnaden; ˌ**~-suf'fi·cien·cy** *s.* **1.** Unabhängigkeit *f* (von fremder Hilfe); **2.** ✝ Autar'kie *f*; **3.** Eigendünkel *m*; ˌ**~-suf'fi·cient** *adj.* **1.** unabhängig, Selbstversorger…, ✝ *a.* au'tark; **2.** dünkelhaft; ˌ**~-sug'ges·tion** *s. psych.* ˌAutosuggesti'on *f*; ˌ**~-sup'pli·er** *s.* Selbstversorger *m*; ˌ**~-sup'port·ing** *adj.* **1.** → ***self-sufficient*** 1; **2.** ⚙ freitragend (*Brücke etc.*); ˌ**~-'taught** *adj.* **1.** autodi'daktisch: **~ *person*** Autodidakt *m*; **2.** selbsterlernt; ˌ**~-'tim·er** *s. phot.* Selbstauslöser *m*; ˌ**~-'will** *s.* Eigensinn *m*; ˌ**~-'willed** *adj.* eigensinnig; ˌ**~-'wind·ing** *adj.* auto'matisch (*Uhr*).

sell [sel] **I** *s.* **1.** F a) Reinfall *m*, b) Schwindel *m*; **2.** ✝ F (***hard* ~** aggres'sive) Ver'kaufsmeˌthode; → ***soft*** 1; **II** *v/t.* [*irr.*] **3.** verkaufen, -äußern (***to*** an *acc.*), ✝ *a. Ware* absetzen; → ***life*** *Redew.*; **4.** ✝ *Waren* führen, handeln mit, vertreiben; **5.** *fig.* verkaufen, e-n guten Absatz sichern (*dat.*): ***his name will* ~ *the book***; **6.** *fig.* ‚verkaufen', verraten; **7.** *sl.* ‚anschmieren'; **8.** F *j-m et.* ‚verkaufen', aufschwatzen, schmackhaft machen: **~ *s.o. on*** j-m *et.* andrehen, j-n zu *et.* überreden; ***be sold on*** *fig.* von *et.* überzeugt *od.* begeistert sein; **III** *v/i.* [*irr.*] **9.** verkaufen; **10.** verkauft werden (***at*** für); **11.** sich *gut etc.* verkaufen, *gut etc.* gehen, ‚ziehen'; **~ *off*** *v/t.* ausverkaufen, *Lager* räumen; **~ *out*** *v/t.* **1.** → ***sell off***: ***be sold out*** ausverkauft sein; **2.** *Wertpapiere* realisieren; **3.** *fig.* → ***sell*** 6; **~ *up*** *v/t.* **1.** (*v/i.* sein) *Geschäft etc.* verkaufen; **2.** **~ *s.o. up*** j-n auspfänden.

sell·er ['selə] *s.* **1.** Verkäufer(in); Händler(in): ***~s' market*** ✝ Verkäufermarkt *m*; ***~'s option*** Verkaufsoption *f*, *Börse*: Rückprämie(ngeschäft *n*) *f*; **2.** ***good* ~** ✝ gutgehende Ware, zugkräftiger Ar'tikel.

sell·ing ['selɪŋ] **I** *adj.* **1.** Verkaufs…, Absatz…, Vertriebs…: **~ *area*** *od.* ***space*** Verkaufsfläche *f*; **II** *s.* **2.** Verkauf *m*; **3.** → ***sell*** 2.

'**sell·out** *s.* **1.** Ausverkauf *m* (*a. fig. pol.*); **2.** ausverkaufte Veranstaltung, volles Haus; **3.** *fig.* Verrat *m*.

Selt·zer (wa·ter) ['seltsə] *s.* Selters(-wasser) *n*.

sel·vage ['selvɪdʒ] *s. Weberei*: Salband *n*.

selves [selvz] *pl. von* ***self***.

se·man·tic [sɪ'mæntɪk] *adj. ling.* se'mantisch; **se'man·tics** [-ks] *s. pl. mst sg. konstr.* Se'mantik *f*, (Wort)Bedeutungslehre *f*.

sem·a·phore ['seməfɔː] **I** *s.* **1.** ⚙ Sema'phor *m*: a) 🚂 ('Flügel)Siˌgnalmast *m*, b) optischer Tele'graph; **2.** ⚔, ⚓ (Flaggen)Winken *n*: **~ *message*** Winkspruch *m*; **II** *v/t. u. v/i.* **3.** signalisieren.

sem·blance ['sembləns] *s.* **1.** (äußere) Gestalt, Erscheinung *f*: ***in the* ~ *of*** in Gestalt (*gen.*); **2.** Ähnlichkeit *f* (***to*** mit); **3.** (An)Schein *m*: ***the* ~ *of honesty***; ***under the* ~ *of*** unter dem Deckmantel (*gen.*).

se·mei·ol·o·gy [ˌsemɪ'ɒlədʒɪ] *s.*, ˌ**se·mei'ot·ics** [-'ɒtɪks] *s. pl. sg. konstr.* Semi'otik *f*: a) *Lehre von den Zeichen*, b) ⚕ Symptomatolo'gie *f*.

se·men ['siːmen] *s. physiol.* Samen *m* (*a.* ⚘), Sperma *n*, Samenflüssigkeit *f*.

se·mes·ter [sɪ'mestə] *s. univ. bsd. Am.* Se'mester *n*, Halbjahr *n*.

sem·i ['semɪ] *s.* F *für* a) ***semidetached*** II, b) ***semifinal*** I, c) *Am.* ***semitrailer***.

semi- [semɪ] *in Zssgn* halb…, Halb…; ˌ**~-'an·nu·al** *adj.* ☐ halbjährlich; '**~ˌau·to'mat·ic** *adj.* (☐ **~*ally***) 'halbautoˌmatisch; ˌ**~'bold** *adj. u. s. typ.* halbfett(e Schrift); '**~·breve** *s.* ♪ ganze Note: **~ *rest*** ganze Pause; '**~ˌcir·cle** *s.* **1.** Halbkreis *m*; **2.** ⚒ Winkelmesser *m*; ˌ**~'cir·cu·lar** *adj.* halbkreisförmig; ˌ**~'co·lon** *s.* Semi'kolon *n*, Strichpunkt *m*; ˌ**~·con'duc·tor** *s.* ϟ Halbleiter *m*; ˌ**~'con·scious** *adj.* nicht bei vollem Bewußtsein; ˌ**~·de'tached I** *adj.*: **~ *house*** → **II** *s.* Doppelhaushälfte *f*; ˌ**~'fi·nal** *sport* **I** *s.* **1.** 'Semi-, 'Halbfiˌnale *n*, Vorschlußrunde *f*; **2.** 'Halbfiˌnalspiel *n*; **II** *adj.* **3.** Halbfinal…; ˌ**~'fi·nal·ist** *s. sport* 'Halbfinaˌlist(in); ˌ**~'fin·ished** *adj.* ⚙ halbfertig: **~ *product*** Halbfabrikat *n*; ˌ**~'flu·id**, ˌ**~'liq·uid** *adj.* halb-, zähflüssig; '**~ˌman·u'fac·tured** → ***semifinished***; ˌ**~'month·ly I** *adj. u. adv.* halbmonatlich; **II** *s.* Halbmonatsschrift *f*.

sem·i·nal ['semɪnl] *adj.* ☐ **1.** ⚘, *physiol.* Samen…: **~ *duct*** Samengang *m*, -leiter *m*; **~ *fluid*** Samenflüssigkeit *f*, Sperma *n*; **~ *leaf*** ⚘ Keimblatt *n*; **~ *power*** Zeugungsfähigkeit *f*; **2.** *fig.* a) zukunftsträchtig, fruchtbar, b) folgenreich; **3.** noch unentwickelt: ***in the* ~ *state*** im Entwicklungsstadium.

sem·i·nar ['semɪnɑː] *s. univ.* Semi'nar *n*.

sem·i·nar·y ['semɪnərɪ] *s.* **1.** (*eccl.* 'Priester)Semiˌnar *n*, Bildungsanstalt *f*; **2.** *fig.* Schule *f*, Pflanzstätte *f*, *contp.* Brutstätte *f*.

sem·i·na·tion [ˌsemɪ'neɪʃn] *s.* (Aus)Säen *n*.

ˌ**sem·i·of'fi·cial** *adj.* ☐ halbamtlich, offizi'ös.

se·mi·ol·o·gy [ˌsemɪ'ɒlədʒɪ] *s.*, ˌ**se·mi'ot·ics** [-'ɒtɪks] *s. pl. sg. konstr.* → ***semeiology***.

'**sem·i|ˌpre·cious** *adj.* halbedel: **~ *stone*** Halbedelstein *m*; ˌ**~·pro'fes·sion·al I** *adj.* 'halbprofessioˌnell; **II** *s. sport* ‚Halbprofi' *m*; '**~ˌqua·ver** *s.* ♪ Sechzehntel(note *f*) *n*: **~ *rest*** Sechzehntelpause *f*; ˌ**~'rig·id** *adj.* halbstarr (*Luftschiff*); ˌ**~'skilled** *adj.* angelernt (*Arbeiter*).

Sem·ite ['siːmaɪt] **I** *s.* Se'mit(in); **II** *adj.* se'mitisch; **Se·mit·ic** [sɪ'mɪtɪk] **I** *adj.* se'mitisch; **II** *s. ling.* Se'mitisch *n*.

'**sem·i|·steel** *s.* ⚙ Halb-, *Am.* Puddelstahl *m*; '**~·tone** *s.* ♪ Halbton *m*; '**~ˌtrail·er** *s. mot.* Sattelschlepper(anhänger) *m*; '**~ˌvow·el** *s. ling.* 'Halbvoˌkal *m*; ˌ**~'week·ly I** *adj. u. adv.* halbwöchentlich; **II** *s.* halbwöchentlich er-

scheinende Veröffentlichung.
sem·o·li·na [ˌseməˈliːnə] *s.* Grieß(mehl *n*) *m*.
sem·pi·ter·nal [ˌsempɪˈtɜːnl] *adj. rhet.* immerwährend, ewig.
semp·stress [ˈsempstrɪs] → ***seamstress***.
sen·ate [ˈsenɪt] *s.* **1.** Seˈnat *m* (*a. univ.*); **2.** ≈ *parl. Am.* Seˈnat *m* (*Oberhaus*); **sen·a·tor** [ˈsenətə] *s.* Seˈnator *m*; **sen·a·to·ri·al** [ˌsenəˈtɔːrɪəl] *adj.* □ **1.** senaˈtorisch, Senats…; **2.** *Am.* zur Wahl von Senaˈtoren berechtigt.
send [send] [*irr.*] **I** *v/t.* **1.** *j-n, Brief, Hilfe etc.* senden, schicken (*to dat.*): **~ *s.o. to bed*** (***to a school, to prison***) j-n ins Bett (auf e-e Schule, ins Gefängnis) schicken; → ***word*** 6; **2.** *Ball, Kugel etc. wohin* senden, schießen, jagen; **3.** *mit adj. od. pres.p.* machen: **~ *s.o. mad*; ~ *s.o. flying*** a) j-n verjagen, b) j-n hinschleudern; **~ *s.o. reeling*** j-n taumeln machen *od.* lassen; **4.** *sl. Zuhörer etc.* in Ekˈstase versetzen, ˈhinreißen; **II** *v/i.* **5. ~ *for*** a) nach *j-m* schicken, *j-n* kommen lassen, *j-n* holen *od.* rufen (lassen), b) (sich) *et.* kommen lassen, bestellen; **6.** ⚡, *Radio etc.*: senden; *Zssgn mit adv.*:
send| a·way I *v/t.* **1.** weg-, fortschikken; **2.** *Brief etc.* absenden; **II** *v/i.* **3. ~ *for*** (***to s.o.***) sich (von j-m) *et.* kommen lassen; **~ down** *v/t.* **1.** *fig. Preise, Temperatur* (herˈab)drücken; **2.** *univ.* relegieren; **3.** F *j-n* einsperren; **~ forth** *v/t.* **1.** *j-n, et., a. Licht* aussenden; *Wärme etc.* ausstrahlen; **2.** *Laut etc.* von sich geben; **3.** herˈvorbringen; **4.** *fig.* veröffentlichen, verbreiten; **~ in** *v/t.* **1.** einsenden, -schicken, -reichen; → ***name*** *Redew.*; **2.** *sport Ersatzmann* aufs Feld schicken; **~ off** *v/t.* **1.** → ***send away*** I; **2.** *j-n* (herzlich) verabschieden; **3.** *sport* vom Platz stellen; **~ on** *v/t.* vorˈaus-, nachschicken; **~ out** → ***send forth***; **~ up** *v/t.* **1.** *j-n, a. Ball etc.* hinˈaufsenden; **2.** *Schrei* ausstoßen; **3.** *fig. Preise, Fieber* in die Höhe treiben; **4.** *Brit.* F ‚durch den Kaˈkao' ziehen, parodieren; **5.** F ‚einlochen'.
send·er [ˈsendə] *s.* **1.** Absender(in); **2.** (Über)ˈSender(in); **3.** *tel.* Geber *m* (*Sendegerät*).
ˈsend|-off *s.* F **1.** Abschied *m*, Abschiedsfeier *f*, Geleit(e) *n*; **2.** gute Wünsche *pl.* zum Anfang; **3.** *sport u. fig.* Start *m*; **ˈ~-up** *s. Brit.* F Verulkung *f*, Paroˈdie *f*.
se·nes·cence [sɪˈnesns] *s.* Altern *n*; **seˈnes·cent** [-nt] *adj.* **1.** alternd; **2.** Alters…
sen·es·chal [ˈsenɪʃl] *s. hist.* Seneschall *m*, Majorˈdomus *m*.
se·nile [ˈsiːnaɪl] *adj.* **1.** seˈnil: a) greisenhaft, b) ‚verkalkt', kindisch; **2.** Alters…: **~ *decay*** Altersabbau *m*; **~ *speckle*** ⚕ Altersfleck *m*; **se·nil·i·ty** [sɪˈnɪlətɪ] *s.* Seniliˈtät *f*.
sen·ior [ˈsiːnjə] **I** *adj.* **1.** (*nachgestellt, abbr. in England* **sen.**, *in USA* **Sr.**) senior: ***Mr. John Smith sen.*** (***Sr.***) Herr John Smith sen.; **2.** älter (***to*** als): **~ *citizen*** älterer Mitbürger, Rentner(in); **~ *citizens*** Senioren *pl.*; **~ *partner*** ✝ Seniorchef *m*, Hauptteilhaber; **3.** rang-, dienstälter, ranghöher, Ober…: ***a ~ man*** *Brit.* ein höheres Semester (*Student*); **~ *officer*** a) höherer Offizier, *mein etc.* Vorgesetzter, b) Rangälteste(r); **~ *service*** *Brit. die* Kriegsmarine; **4.** *ped.* Ober…: **~ *classes*** Oberklassen; **5.** *Am.* im letzten Schuljahr (stehend): ***the ~ class*** die oberste Klasse; **~ *high*** (***school***) *Am. die obersten Klassen der High-School*; **~ *college*** *College, an dem das 3. und 4. Jahr eines Studiums absolviert wird*; **II** *s.* **6.** Ältere(r *m*) *f*; Älteste(r *m*) *f*: ***he is my ~ by four years, he is four years my ~*** er ist vier Jahre älter als ich; **7.** Rang-, Dienstälteste(r *m*) *f*; **8.** Vorgesetzte(r *m*) *f*; **9.** *Am.* Stuˈdent *m od.* Schüler *m* im letzten Studienjahr.
sen·ior·i·ty [ˌsiːnɪˈɒrətɪ] *s.* **1.** höheres Alter; **2.** höheres Dienstalter: ***by ~*** *Beförderung* nach dem Dienstalter.
sen·na [ˈsenə] *s. pharm.* Sennesblätter *pl.*
sen·sate [ˈsenseɪt] *adj.* sinnlich (wahrgenommen).
sen·sa·tion [senˈseɪʃn] *s.* **1.** (Sinnes-) Wahrnehmung *f*, (-)Empfindung *f*; **2.** Gefühl *n*: ***pleasant ~***; **~ *of thirst*** Durstgefühl *n*; **3.** Empfindungsvermögen *n*; **4.** Sensatiˈon *f* (*a. Ereignis*), (großer) Eindruck, Aufsehen *n*: ***make*** (*od.* ***create***) ***a ~*** großes Aufsehen erregen; **senˈsa·tion·al** [-ʃənl] *adj.* □ **1.** sensatioˈnell, Sensations…; **2.** sinnlich, Sinnes…; **3.** *phls.* sensuaˈlistisch; **senˈsa·tion·al·ism** [-ʃnəlɪzəm] *s.* **1.** Sensatiˈonsgier *f*, -lust *f*; **2.** ‚Sensatiˈonsmache' *f*; **3.** *phls.* Sensuaˈlismus *m*.
sense [sens] **I** *s.* **1.** Sinn *m*, ˈSinnesorˌgan n: ***the five ~s*** die fünf Sinne; **~ *of smell*** (***touch***) Geruchs- (Tast)sinn; **~ *organ*** Sinnesorgan *n*; → ***sixth*** 1; **2.** *pl.* Sinne *pl.*, (klarer) Verstand: ***in*** (***out of***) ***one's ~s*** bei (von) Sinnen; ***in one's right ~s*** bei Verstand; ***lose one's ~s*** den Verstand verlieren; ***bring s.o. to his ~s*** j-n zur Besinnung bringen; **3.** *fig.* Vernunft *f*, Verstand *m*: ***a man of ~*** ein vernünftiger *od.* kluger Mensch; ***common*** (*od.* ***good***) **~** gesunder Menschenverstand; ***have the ~ to do s.th.*** so klug sein, et. zu tun; ***knock some ~ into s.o.*** j-m den Kopf zurechtsetzen; **4.** Sinne *pl.*, Empfindungsvermögen *n*; **5.** Gefühl *n*, Empfindung *f* (***of*** für): **~ *of pain*** Schmerzgefühl, -empfindung; **~ *of security*** Gefühl der Sicherheit; **6.** Sinn *m*, Gefühl *n* (***of*** für): **~ *of beauty*** Schönheitssinn; **~ *of duty*** Pflichtgefühl; **~ *of humo(u)r*** (Sinn für) Humor *m*; **~ *of justice*** Gerechtigkeitssinn; **~ *of locality*** Ortssinn; **~ *of purpose*** Zielstrebigkeit *f*; **7.** Sinn *m*, Bedeutung *f* (*e-s Wortes etc.*): ***in a ~*** gewissermaßen; **8.** Sinn *m* (*et. Vernünftiges*): ***what is the ~ of doing this?*** was hat es für e-n Sinn, das zu tun?; ***talk ~*** vernünftig reden; ***it does not make ~*** es hat keinen Sinn; **9.** (allgemeine) Ansicht, Meinung *f*: ***take the ~ of*** die Meinung (*gen.*) einholen; **10.** ⚓ Richtung *f*: **~ *of rotation*** Drehsinn *m*; **II** *v/t.* **11.** fühlen, spüren, ahnen; **12.** *Am.* F ‚kapieren', begreifen; **13.** *Computer*: a) abtasten, ⚡ *a.* (ab)fühlen, b) abfragen; **ˈsense·less** [-lɪs] *adj.* □ **1.** a) besinnungslos, b) gefühllos; **2.** unvernünftig, dumm, verrückt (*Mensch*); **3.** sinnlos, unsinnig (*Sache*); **ˈsense·less·ness** [-lɪsnɪs] *s.* **1.** Unempfindlichkeit *f*; **2.** Bewußtlosigkeit *f*; **3.** Unvernunft *f*; **4.** Sinnlosigkeit *f*.
sen·si·bil·i·ty [ˌsensɪˈbɪlətɪ] *s.* **1.** Sensibiliˈtät *f*, Empfindungsvermögen *n*; **2.** *phys. etc.* Empfindlichkeit *f*: **~ *to light*** Lichtempfindlichkeit; **3.** *fig.* Empfänglichkeit *f* (***to*** für); **4.** Sensibiliˈtät *f*, Empfindsamkeit *f*; **5.** *a. pl.* Fein-, Zartgefühl *n*; **sen·si·ble** [ˈsensəbl] *adj.* □ **1.** vernünftig (*Person, Sache*); **2.** fühl-, spürbar; **3.** merklich, wahrnehmbar; **4.** bei Bewußtsein; **5.** bewußt (***of*** *gen.*): ***be ~ of*** a) sich *e-r Sache* bewußt sein, b) *et.* empfinden; **sen·si·ble·ness** [ˈsensəblnɪs] *s.* Vernünftigkeit *f*, Klugheit *f*.
sens·ing| el·e·ment [ˈsensɪŋ] *s.* ⚙ (Meß)Fühler *m*; **~ head** *s. Computer*: Abtastkopf *m*.
sen·si·tive [ˈsensɪtɪv] **I** *adj.* □ **1.** fühlend (*Kreatur etc.*); **2.** Empfindungs…: **~ *nerves***; **3.** sensiˈtiv, (ˈüber)empfindlich (***to*** gegen): ***be ~ to*** empfindlich reagieren auf (*acc.*); **4.** senˈsibel, feinfühlig, empfindsam; **5.** *phys. etc.* (*phot.* licht-) empfindlich: **~ *to heat*** wärmeempfindlich; **~ *plant*** ⚘ Sinnpflanze *f*; **~ *spot*** *fig.* empfindliche Stelle, neuralgischer Punkt; **~ *subject*** *fig.* heikles Thema; **6.** schwankend (*a.* ✝ *Markt*); **7.** ⚔ gefährdet; **II** *s.* **8.** sensiˈtiver Mensch; **ˈsen·si·tive·ness** [-nɪs], **sen·si·tiv·i·ty** [ˌsensɪˈtɪvətɪ] *s.* **1.** → ***sensibility*** 1 *u.* 2: **~ *group*** *psych.* Trainingsgruppe *f*; **~ *training*** *psych.* Sensitivitätstraining *n*; **2.** Sensitiviˈtät *f*, Feingefühl *n*.
sen·si·tize [ˈsensɪtaɪz] *v/t.* sensibilisieren, (*phot.* licht)empfindlich machen.
sen·sor [ˈsensə] *s.* ⚡, ⚙ Sensor *m*.
sen·so·ri·al [senˈsɔːrɪəl] → ***sensory***; **senˈso·ri·um** [-əm] *pl.* **-ri·a** [-rɪə] *s. anat., psych.* **1.** Senˈsorium *n*, ˈSinnesappaˌrat *m*; **2.** Sitz *m* des Empfindungsvermögens, Bewußtsein *n*; **sen·so·ry** [ˈsensərɪ] *adj.* senˈsorisch, Sinnes…: **~ *perception***.
sen·su·al [ˈsensjʊəl] *adj.* □ **1.** sinnlich: a) Sinnes…, b) wollüstig, *bsd. bibl.* fleischlich; **2.** *phls.* sensuaˈlistisch; **ˈsen·su·al·ism** [-lɪzəm] *s.* **1.** Sinnlichkeit *f*, Lüsternheit *f*; **2.** *phls.* Sensuaˈlismus *m*; **ˈsen·su·al·ist** [-lɪst] *s.* **1.** sinnlicher Mensch; **2.** *phls.* Sensuaˈlist *m*; **sen·su·al·i·ty** [ˌsensjʊˈælətɪ] *s.* Sinnlichkeit *f*; **ˈsen·su·al·ize** [-laɪz] *v/t.* **1.** sinnlich machen; **2.** versinnlichen.
sen·su·ous [ˈsensjʊəs] *adj.* □ sinnlich: a) Sinnes…, b) sinnenfroh; **ˈsen·su·ous·ness** [-nɪs] *s.* Sinnlichkeit *f*.
sent [sent] *pret. u. p.p. von* ***send***.
sen·tence [ˈsentəns] **I** *s.* **1.** *ling.* Satz (-verbindung *f*) *m*: ***complex ~*** Satzgefüge *n*; **~ *stress*** Satzbetonung *f*; **2.** ⚖ a) (*bsd.* Straf)Urteil *n*: ***pass ~*** (***up***)***on*** das (*fig.* ein) Urteil fällen über (*acc.*), verurteilen (*a. fig.*), b) Strafe *f*: ***under ~ of death*** zum Tode verurteilt; ***serve a ~ of imprisonment*** e-e Freiheitsstrafe verbüßen; **3.** *obs.* Senˈtenz *f*, Sinnspruch *m*; **II** *v/t.* **4.** ⚖ *u. fig.* verurteilen (***to*** zu).
sen·ten·tious [senˈtenʃəs] *adj.* □ **1.** sententiˈös, präˈgnant, kernig; **2.** spruchreich, lehrhaft; *contp.* aufgeblasen, salbungsvoll; **senˈten·tious·ness** [-nɪs] *s.* **1.** Präˈgnanz *f*; **2.** Spruchreichtum *m*, Lehrhaftigkeit *f*; **3.** Großspreˈcheˈrei *f*.

sen·ti·ence ['senʃəns] *s.* **1.** Empfindungsvermögen *n*; **2.** Empfindung *f*; **'sen·tient** [-nt] *adj.* □ **1.** empfindungsfähig; **2.** fühlend.

sen·ti·ment ['sentɪmənt] *s.* **1.** Empfindung *f*, (Gefühls)Regung *f*, Gefühl *n* (***towards*** *j-m* gegenüber); **2.** *pl.* Gedanken *pl.*, Meinung *f*, (Geistes)Haltung *f*: ***noble ~s*** edle Gesinnung; ***them's my ~s humor.*** (so) denke ich; **3.** (Fein)Gefühl *n*, Innigkeit *f* (*a. Kunst*); **4.** *contp.* Sentimentali'tät *f*.

sen·ti·men·tal [ˌsentɪ'mentl] *adj.* □ **1.** sentimen'tal: a) gefühlvoll, empfindsam, b) *contp.* rührselig; **2.** gefühlsmäßig, Gefühls…, emotio'nal: ***~ value*** ✝ Liebhaberwert *m*; **ˌsen·ti'men·tal·ism** [-təlɪzəm] **1.** Empfindsamkeit *f*; **2.** → ***sentimentality***; **ˌsen·ti'men·tal·ist** [-təlɪst] *s.* Gefühlsmensch *m*; **sen·ti·men·tal·i·ty** [ˌsentɪmen'tælətɪ] *s. contp.* Sentimentali'tät *f*, Rührseligkeit *f*, Gefühlsduse'lei *f*; **ˌsen·ti'men·tal·ize** [-təlaɪz] **I** *v/t.* sentimen'tal gestalten; **II** *v/i.* (***about, over***) in Gefühlen schwelgen (bei), sentimen'tal werden (bei, über *dat.*).

sen·ti·nel ['sentɪnl] *s.* **1.** Wächter *m*: ***stand ~ over*** bewachen; **2.** ⚔ → ***sentry*** 1; **3.** *Computer*: 'Trennsymˌbol *n*.

sen·try ['sentrɪ] ⚔ *s.* **1.** (Wach)Posten *m*, Wache *f*; **2.** Wache *f*, Wachdienst *m*; **'~-box** *s.* Wachhäus-chen *n*; **'~-go** *s.* Wachdienst *m*.

se·pal ['sepəl] *s.* ♀ Kelchblatt *n*.

sep·a·ra·ble ['sepərəbl] *adj.* □ (ab-)trennbar; **'sep·a·rate** ['sepəreɪt] **I** *v/t.* **1.** trennen (***from*** von): a) *Freunde, a. Kämpfende etc.* ausein'anderbringen, ⚖ (ehelich) trennen, b) abtrennen, -schneiden, c) (ab)sondern, (aus)scheiden, d) ausein'anderhalten, unter'scheiden zwischen; **2.** (auf-, zer)teilen (***into*** in *acc.*); **3.** ⚗, ⚙ a) scheiden, (ab)spalten, b) sortieren, c) aufbereiten; **4.** *Milch* zentrifugieren; **5.** ⚔ *Am.* entlassen; **II** *v/i.* **6.** sich (⚖ ehelich) trennen (***from*** von), ausein'andergehen; **7.** ⚗, ⚙ sich absondern; **III** *adj.* ['seprət] □ **8.** getrennt, besonder, sepa'rat, Separat…, Sonder…: ***~ account*** ✝ Sonderkonto *n*; ***~ estate*** ⚖ eingebrachtes Sondergut (*der Ehefrau*); **9.** einzeln, gesondert, getrennt, Einzel…: ***~ questions*** gesondert zu behandelnde Fragen; **10.** einzeln, isoliert; **IV** *s.* ['seprət] **11.** *typ.* Sonder(ab)druck *m*; **sep·a·rate·ness** ['seprətnɪs] *s.* **1.** Getrenntheit *f*; **2.** Besonderheit *f*; **3.** Abgeschiedenheit *f*, Isoliertheit *f*; **sep·a·ra·tion** [ˌsepə'reɪʃn] *s.* **1.** (⚖ eheliche) Trennung, Absonderung *f*: ***judicial ~*** (gerichtliche) Aufhebung der ehelichen Gemeinschaft; ***~ of powers*** *pol.* Gewaltenteilung *f*; ***~ allowance*** Trennungszulage *f*; **2.** ⚙, ⚗ a) Abscheidung *f*, -spaltung *f*, b) Scheidung *f*, Klassierung *f von Erzen*; **3.** ⚔ *Am.* Entlassung *f*; **'sep·a·ra·tism** [-ətɪzəm] *s.* Separa'tismus *m*; **'sep·a·ra·tist** [-ətɪst] **I** *s.* **1.** Separa'tist(in); **2.** *eccl.* Sektierer (-in); **II** *adj.* **3.** separa'tistisch; **'sep·a·ra·tive** [-ətɪv] *adj.* trennend, Trennungs…; **sep·a·ra·tor** ['sepəreɪtə] *s.* **1.** ⚙ a) (Ab)Scheider *m*, b) (*bsd.* 'Milch-)Zentriˌfuge *f*; **2.** *a.* ***~ stage*** ⚡ Trennstufe *f*; **3.** *bsd.* ⚕ Spreizvorrichtung *f*.

Se·phar·dim [se'fɑːdɪm] (*Hebrew*) *s. pl.* Se'phardim *pl.*

se·pi·a ['siːpjə] *s.* **1.** *zo.* Sepia *f*, (Gemeiner) Tintenfisch *m*; **2.** Sepia *f* (*Sekret od. Farbstoff*); **3.** *paint.* a) Sepia *f* (*Farbe*), b) Sepiazeichnung *f*; **4.** *phot.* Sepiadruck *m*.

sep·sis ['sepsɪs] *s.* ⚕ Sepsis *f*.

sept- [sept] *in Zssgn* sieben…

sep·ta ['septə] *pl. von* ***septum***.

sep·tan·gle ['septæŋgl] *s.* ⩓ Siebeneck *n*.

Sep·tem·ber [sep'tembə] *s.* Sep'tember *m*: ***in ~*** im September.

sep·te·mi·a [sep'tiːmɪə] → ***septic(a)emia***.

sep·te·nar·y [sep'tiːnərɪ] **I** *adj.* **1.** aus sieben bestehend, Sieben…; **2.** → ***septennial***; **II** *s.* **3.** Satz *m* von sieben Dingen; **4.** Sieben *f*.

sep·ten·ni·al [sep'tenjəl] *adj.* □ **1.** siebenjährlich; **2.** siebenjährig.

sep·tet(te) [sep'tet] *s.* ♪ Sep'tett *n*.

sep·tic ['septɪc] **I** *adj.* (□ ***~ally***) ⚕ septisch: ***~ sore throat*** septische Angina; **II** *s.* Fäulniserreger *m*.

sep·ti·c(a)e·mi·a [ˌseptɪ'siːmɪə] *s.* ⚕ Blutvergiftung *f*, Sepsis *f*.

sep·tu·a·ge·nar·i·an [ˌseptjʊədʒɪ'neərɪən] **I** *s.* Siebzigjährige(r *m*) *f*, Siebziger(in); **II** *adj.* a) siebzigjährig, b) in den Siebzigern; **Sep·tu·a·ges·i·ma (Sun·day)** [ˌseptjʊə'dʒesɪmə] *s.* Septua'gesima *f* (*9. Sonntag vor Ostern*).

sep·tum ['septəm] *pl.* **-ta** [-tə] *s.* ♀, *anat., zo.* (Scheide)Wand *f*, Septum *n*.

sep·tu·ple ['septjʊpl] **I** *adj.* siebenfach; **II** *s. das* Siebenfache; **III** *v/t.* (*v/i.* sich) versiebenfachen.

sep·tu·plet ['septjʊplɪt] *s.* **1.** Siebenergruppe *f*; **2.** *mst pl.* Siebenling *m* (*Kind*).

sep·ul·cher *Am.* → ***sepulchre***; **se·pul·chral** [sɪ'pʌlkrəl] *adj.* □ **1.** Grab…, Begräbnis…; **2.** *fig.* düster, Grabes… (*-stimme etc.*); **sep·ul·chre** ['sepəlkə] *s.* **1.** Grab(stätte *f*, -mal *n*) *n*; **2.** *a.* ***Easter ~*** *R.C.* Ostergrab *n* (*Schrein*).

sep·ul·ture ['sepəltʃə] *s.* (Toten)Bestattung *f*.

se·quel ['siːkwəl] *s.* **1.** (Aufein'ander-)Folge *f*: ***in the ~*** in der Folge; **2.** Folge (-erscheinung) *f*, (Aus)Wirkung *f*, Konse'quenz *f*; (*gerichtliches etc.*) Nachspiel; **3.** (Ro'man- *etc.*)Fortsetzung *f*, (*a.* Hörspiel- *etc.*)Folge *f*.

se·quence ['siːkwəns] *s.* **1.** (Aufein'ander)Folge *f*: ***~ of operations*** ⚙ Arbeitsablauf *m*; ***~ of tenses*** *ling.* Zeitenfolge; **2.** (Reihen)Folge *f*: ***in ~*** der Reihe nach; **3.** Folge *f*, Reihe *f*, Serie *f*; **4.** → ***sequel*** 2; **5.** ♪, *eccl., a. Kartenspiel*: Se'quenz *f*; **6.** *Film*: Szene *f*; **7.** Folgerichtigkeit *f*; **8.** *fig.* Vorgang *m*; **'se·quent** [-nt] **I** *adj.* **1.** (aufein'ander)folgend; **2.** (logisch) folgend; **II** *s.* **3.** (*zeitliche od. logische*) Folge; **se·quen·tial** [sɪ'kwenʃl] *adj.* □ **1.** (*regelmäßig*) (aufein'ander)folgend; **2.** folgend (***to*** auf *acc.*); **3.** folgerichtig, konse'quent.

se·ques·ter [sɪ'kwestə] *v/t.* **1.** (***o.s.*** sich) absondern (***from*** von); **2.** ⚖ → ***sequestrate***; **se'ques·tered** [-əd] *adj.* einsam, weltabgeschieden; zu'rückgezogen; **se'ques·trate** [-treɪt] *v/t.* ⚖ beschlagnahmen: a) unter Treuhänderschaft stellen, b) konfiszieren; **se·ques·tra·tion** [ˌsiːkwe'streɪʃn] *s.* **1.** Absonderung *f*; Ausschluß *m* (***from*** von, *eccl.* aus *der Kirche*); **2.** ⚖ Beschlagnahme *f*: a) Zwangsverwaltung *f*, b) Einziehung *f*; **3.** Zu'rückgezogenheit *f*.

se·quin ['siːkwɪn] *s.* **1.** *hist.* Ze'chine *f* (*Goldmünze*); **2.** Ziermünze *f*; **3.** Pail'lette *f*.

se·quoi·a [sɪ'kwɔɪə] *s.* ♀ Mammutbaum *m*.

se·ra·glio [se'rɑːlɪəʊ] *s.* Se'rail *n*.

se·rai [se'raɪ] *s.* Karawanse'rei *f*.

ser·aph ['serəf] *pl.* **'ser·aphs, 'ser·a·phim** [-fɪm] *s.* Seraph *m* (*Engel*); **se·raph·ic** [se'ræfɪk] *adj.* (□ ***~ally***) se'raphisch, engelhaft, verzückt.

Serb [sɜːb], **'Ser·bian** [-bjən] **I** *s.* **1.** Serbe *m*, Serbin *f*; **2.** *ling.* Serbisch *n*; **II** *adj.* **3.** serbisch.

sere [sɪə] → ***sear***[1] 7.

ser·e·nade [ˌserə'neɪd] ♪ **I** *s.* **1.** Sere'nade *f*, Ständchen *n*, 'Nachtmuˌsik *f*; **2.** Sere'nade *f* (*vokale od. instrumentale Abendmusik*); **II** *v/i. u. v/t.* **3.** (*j-m*) ein Ständchen bringen; **ˌser·e'nad·er** [-də] *s.* j-d, der ein Ständchen bringt.

se·rene [sɪ'riːn] *adj.* □ **1.** heiter, klar (*Himmel, Wetter etc.*), ruhig (*See*), friedlich (*Natur etc.*): ***all ~*** *sl.* 'alles in Butter'; **2.** heiter, gelassen (*Person, Gemüt etc.*); **3.** 2 durch'lauchtig: ***His 2 Highness*** Seine Durchlaucht; **se·ren·i·ty** [sɪ'renətɪ] *s.* **1.** Heiterkeit *f*, Klarheit *f*; **2.** Gelassenheit *f*, heitere (Gemüts)Ruhe; **3.** (***Your***) 2 (Eure) 'Durchlaucht *f* (*Titel*).

serf [sɜːf] *s.* **1.** *hist.* Leibeigene(r *m*) *f*; **2.** *obs. od. fig.* Sklave *m*; **'serf·age** [-fɪdʒ], **'serf·dom** [-dəm] *s.* **1.** Leibeigenschaft *f*; **2.** *obs. od. fig.* Sklave'rei *f*.

serge [sɜːdʒ] *s.* Serge *f* (*Stoff*).

ser·geant ['sɑːdʒənt] *s.* **1.** ⚔ Feldwebel *m*; *Artillerie, Kavallerie*: Wachtmeister *m*: ***~ first class*** *Am.* Oberfeldwebel; ***first ~*** Hauptfeldwebel; **2.** (Poli'zei-)Wachtmeister *m*; **3.** → ***serjeant***; ***~ major*** *s.* ⚔ Hauptfeldwebel *m*.

se·ri·al ['sɪərɪəl] **I** *s.* **1.** in Fortsetzungen *od.* in regelmäßiger Folge erscheinende Veröffentlichung, *bsd.* 'Fortsetzungsroˌman *m*; **2.** (Veröffentlichungs)Reihe *f*; Lieferungswerk *n*; peri'odische Zeitschrift; **3.** a) Sendereihe *f*, b) (Hörspiel-, Fernseh)Folge *f*, Serie *f*; **II** *adj.* □ **4.** Serien…, Fortsetzungs…: ***~ story***; ***~ rights*** Copyright *n* e-s Fortsetzungsromans; **5.** serienmäßig, Serien…, Reihen…: ***~ manufacture***; ***~ number*** a) laufende Nummer, b) Fabrikationsnummer *f*; ***~ photograph*** Reihenbild *n*; **6.** ♪ Zwölfton…; **'se·ri·al·ize** [-laɪz] *v/t.* **1.** peri'odisch *od.* in Fortsetzungen veröffentlichen; **2.** reihenweise anordnen; **se·ri·a·tim** [ˌsɪərɪ'eɪtɪm] (*Lat.*) *adv.* der Reihe nach.

se·ri·ceous [sɪ'rɪʃəs] *adj.* **1.** Seiden…; **2.** seidig; **3.** ♀, *zo.* seidenhaarig; **ser·i·cul·ture** ['serɪˌkʌltʃə] *s.* Seidenraupenzucht *f*.

se·ries ['sɪəriːz] *pl.* **-ries** *s.* **1.** Serie *f*, Folge *f*, Kette *f*, Reihe *f*: ***in ~*** der Reihe nach (→ 3 *u.* 9); **2.** (Ar'tikel-, Buch- *etc.*)Serie *f*, Reihe *f*, Folge *f*; **3.** ⚙ Serie *f*, Baureihe *f*: ***~ production*** Reihen-, Serienbau *m*; ***in ~*** serienmäßig; **4.** (*Briefmarken- etc.*)Serie *f*; **5.** ⩓ Reihe *f*; **6.** ⚗ homo'loge Reihe; **7.** *geol.* Schichtfolge *f*; **8.** *zo.* Ab'teilung *f*; **9.** *a.* **~ connection** ⚡ Serien-, Reihenschaltung *f*: **~ motor** Reihen(schluß)motor *m*; **connect in ~** hintereinanderschalten.

ser·if ['serɪf] *s. typ.* Se'rife *f.*

ser·in ['serɪn] *s. orn.* wilder Ka'narienvogel.

se·ri·o·com·ic [ˌsɪərɪəʊ'kɒmɪk] *adj.* (□ **~ally**) ernst-komisch.

se·ri·ous ['sɪərɪəs] *adj.* □ **1.** ernst(haft): a) feierlich, b) von ernstem Cha'rakter, seri'ös, c) schwerwiegend, bedeutend: **~ dress** seriöse Kleidung; **~ music** ernste Musik; **~ problem** ernstes Problem; **~ artist** ernsthafter Künstler; **2.** ernstlich, bedenklich, gefährlich: **~ illness**; **~ rival** ernstzunehmender Rivale; **3.** ernst(haft, -lich), ernstgemeint (*Angebot etc.*): **are you ~?** meinst du das im Ernst?; **'se·ri·ous·ly** [-lɪ] *adv.* ernst (-lich); im Ernst: **~ ill** ernstlich krank; **~ wounded** schwerverwundet; **now, ~!** im Ernst!; **'se·ri·ous·ness** [-nɪs] *s.* **1.** Ernst *m*, Ernsthaftigkeit *f*; **2.** Wichtigkeit *f*, Bedeutung *f.*

ser·jeant ['sɑːdʒənt] *s.* ⚖ **1.** Gerichtsdiener *m*; **2. Common** ♀ Stadtsyndikus *m* (*London*); **3.** *a.* **~ at law** höherer Barrister (des Gemeinen Rechts); **~ at arms** *s. parl.* Ordnungsbeamte(r) *m.*

ser·mon ['sɜːmən] *s.* **1.** Predigt *f*: ♀ **on the Mount** *bibl.* Bergpredigt; **2.** *iro.* (Mo'ral-, Straf)Predigt *f*; **'ser·mon·ize** [-naɪz] **I** *v/i.* (*a. iro.*) predigen; **II** *v/t. j-m* e-e (Mo'ral)Predigt halten.

se·rol·o·gist [ˌsɪə'rɒlədʒɪst] *s.* ⚕ Sero'loge *m*; **se'rol·o·gy** [-dʒɪ] *s.* Serolo'gie *f*, Serumkunde *f*; **se'ros·i·ty** [-ɒsətɪ] *s.* ⚕ **1.** se'röser Zustand; **2.** se'röse Flüssigkeit; **se·rous** ['sɪərəs] *adj.* ⚕ se'rös.

ser·pent ['sɜːpənt] *s.* **1.** (*bsd. große*) Schlange; **2.** *fig.* (Gift)Schlange *f* (*Person*); **3.** ♀ *ast.* Schlange *f*; **'ser·pen·tine** [-taɪn] **I** *adj.* **1.** schlangenförmig, Schlangen...; **2.** sich schlängelnd *od.* windend, geschlängelt, Serpentinen...: **~ road**; **3.** *fig.* falsch, tückisch; **II** *s.* **4.** *geol.* Serpen'tin *m*; **5.** *Eislauf*: Schlangenbogen *m*; **6.** ♀ *Teich im Hyde Park.*

ser·pi·go [sɜː'paɪgəʊ] *s.* ⚕ fressende Flechte.

ser·rate ['serɪt], **ser·rat·ed** [se'reɪtɪd] *adj.* (sägeförmig) gezackt; **ˌser·rate-'den·tate** *adj.* ♀ gesägt-gezähnt.

ser·ra·tion [se'reɪʃn] *s.* (sägeförmige) Auszackung.

ser·ried ['serɪd] *adj.* dichtgeschlossen (*Reihen*).

se·rum ['sɪərəm] *s.* **1.** *physiol.* (Blut-) Serum *n*; **2.** ⚕ (Heil-, Schutz)Serum *n.*

ser·val ['sɜːvəl] *s. zo.* Serval *m.*

serv·ant ['sɜːvənt] *s.* **1.** Diener *m* (*a. fig. Gottes, der Kunst etc.*); (**domestic**) **~** Dienstbote *m*, -mädchen *n*, Hausangestellte(r *m*) *f*; **~s' hall** Gesindestube *f*; **your obedient ~** hochachtungsvoll (*Amtsstil*); **2.** *bsd.* **public ~** Beamte(r) *m*, Angestellte(r) *m* (*im öffentlichen Dienst*); → **civil** 2; **3.** ⚖ (Handlungs-) Gehilfe *m*, Angestellte(r) *m* (*Ggs.* **master** 5 b); **~ girl**, **~ maid** *s.* Dienstmädchen *n.*

serve [sɜːv] **I** *v/t.* **1.** *j-m*, *a. Gott, s-m Land etc.* dienen; arbeiten für, im Dienst stehen bei; **2.** *j-m* dienlich sein, helfen (*a. Sache*); **3.** *Dienstzeit* (*a.* ⚔) ableisten; *Lehre* 'durchmachen; ⚖ *Strafe* absitzen, verbüßen; **4.** a) *Amt* ausüben, innehaben, b) Dienst tun in (*dat.*), *Gebiet*, *Personenkreis* betreuen, versorgen; **5.** *e-m Zweck* dienen *od.* entsprechen, *e-n Zweck* erfüllen, *e-r Sache* nützen: **it ~s no purpose** es hat keinen Zweck; **6.** genügen (*dat.*), ausreichen für: **enough to ~ us a month**; **7.** *j-m bei Tisch* aufwarten; *j-n*, ✝ *Kunden* bedienen; **8.** *a.* **~ up** *Essen etc.* servieren, auftragen, reichen: **dinner is ~d!** es ist serviert *od.* angerichtet!; **~ up** F *fig.* ‚auftischen'; **9.** ⚔ *Geschütz* bedienen; **10.** versorgen (**with** mit): **~ the town with gas**; **11.** *oft* **~ out** aus-, verteilen; **12.** *mst* F a) *j-n schändlich etc.* behandeln, b) *j-m et.* zufügen: **~ s.o. a trick** j-m e-n Streich spielen; **~ s.o. out** es j-m heimzahlen; (**it**) **~s him right** (das) geschieht ihm recht; **13.** *Verlangen* befriedigen, frönen (*dat.*); **14.** *Stute etc.* decken; **15.** ⚖ *Vorladung etc.* zustellen (*dat.*): **~ s.o. a writ**, **~ a writ on s.o.**; **16.** ⚙ um'wickeln; **17.** ⚓ *Tau* bekleiden; **II** *v/i.* **18.** dienen, Dienst tun (*beide a.* ⚔); in Dienst stehen, angestellt sein (**with** bei); **19.** servieren, bedienen: **~ at table**; **20.** fungieren, amtieren (**as** als): **~ on a committee** in e-m Ausschuß tätig sein; **21.** dienen, nützen: **it ~s to** *inf.* es dient dazu, zu *inf.*; **it ~s to show his cleverness** daran kann man s-e Klugheit erkennen; **22.** dienen (**as**, **for** als): **a blanket ~d as a curtain**; **23.** genügen, den Zweck erfüllen; **24.** günstig sein, passen: **as occasion ~s** bei passender Gelegenheit; **the tide ~s** ⚓ der Wasserstand ist (*zum Auslaufen etc.*) günstig; **25.** *sport* a) *Tennis etc.*: aufschlagen, b) *Volleyball*: aufgeben: **X to ~!** Aufschlag X; **26.** *R.C.* ministrieren; **III** *s.* **27.** → **service** 20; **'serv·er** [-və] *s.* **1.** *R.C.* Mini'strant *m*; **2.** a) *Tennis*: Aufschläger *m*, b) *Volleyball*: Aufgeber *m*; **3.** a) Tab'lett *n*, b) Warmhalteplatte *f*, c) Serviertischchen *n od.* -wagen *m*, d) Tortenheber *m.*

serv·ice[1] ['sɜːvɪs] *s.* ♀ **1.** Spierbaum *m*; **2.** *a.* **wild ~**(**tree**) Elsbeerbaum *m.*

serv·ice[2] ['sɜːvɪs] **I** *s.* **1.** Dienst *m*, Stellung *f* (*bsd. v. Hausangestellten*): **be in ~** in Stellung sein; **take s.o. into ~** j-n einstellen; **2.** a) Dienstleistung *f* (*a.* ✝, ⚖), Dienst *m* (**to** an *dat.*), b) (guter) Dienst, Gefälligkeit *f*: **do** (*od.* **render**) **s.o. a ~** j-m e-n Dienst erweisen; **at your ~** zu Ihren Diensten; **be** (**place**) **at s.o.'s ~** j-m zur Verfügung stehen (stellen); **3.** ✝ Bedienung *f*: **prompt ~**; **4.** Nutzen *m*: **be of ~ to** *j-m* nützen; **5.** (*Nacht-, Nachrichten-, Presse-, Telefon- etc.*)Dienst *m*; **6.** a) Versorgungsdienst *m*, b) Versorgungsbetrieb *m*: **water ~** Wasserversorgung *f*; **7.** Funkti'on *f*, Amt *n* (*e-s Beamten*); **8.** (öffentlicher) Dienst, Staatsdienst *m*: **diplomatic ~**; **on Her Majesty's** ♀ *Brit.* ✉ Dienstsache *f*; **9.** 🚌 *etc.* Verkehr *m*, Betrieb *m*: **twenty-minute ~** Zwanzig-Minuten-Takt *m*; **10.** ⚙ Betrieb *m*: **in** (**out of**) **~** in (außer) Betrieb; **~ conditions** Betriebsbeanspruchung *f*; **~ life** Lebensdauer *f*; **11.** ⚙ Wartung *f*, Kundendienst *m*, Service *m*; **12.** ⚔ a) (Wehr-) Dienst *m*, b) Waffengattung *f*, c) *pl.* Streitkräfte *pl.*, d) *Brit.* Ma'rine *f*: **be on active ~** aktiv dienen; **~ pistol** Dienstpistole *f*; **13.** ⚔ *Am.* (technische) Versorgungstruppe; **14.** ⚔ Bedienung *f* (*Geschütz*); **15.** *mst pl.* Hilfsdienst *m*: **medical ~**(**s**); **16.** *eccl.* a) *a.* **divine ~** Gottesdienst *m*, b) Litur'gie *f*; **17.** Ser'vice *n*, Tafelgerät *n*; **18.** ⚖ Zustellung *f*; **19.** ⚓ Bekleidung *f* (*Tau*); **20.** *sport* a) *Tennis etc.*: Aufschlag, b) *Volleyball*: Aufgabe *f*; **II** *v/t.* **21.** ⚙ a) warten, pflegen, b) über'holen; **22.** ✝ *bsd. Am.* Kundendienst verrichten für *od.* bei; **23.** *zo. Stute* decken; **'serv·ice·a·ble** [-səbl] *adj.* □ **1.** brauch-, verwendbar, nützlich; betriebs-, leistungsfähig; **2.** zweckdienlich; **3.** haltbar, strapazierfähig.

serv·ice| a·re·a *s.* **1.** *Radio, TV*: Sendebereich *m*; **2.** *Brit.* (Autobahn)Raststätte *f* (mit Tankstelle); **~ book** *s. eccl.* Gebet-, Gesangbuch *n*; **~ box** *s.* ⚡ Anschlußkasten *m*; **~ brake** *s. mot.* Betriebsbremse *f*; **~ charge** *s.* **1.** *econ.* Bedienungszuschlag *m*; **2.** ✝ Bearbeitungsgebühr *f*; **~ court** *s. Tennis etc.*: Aufschlagfeld *n*; **~ dress** → **service uniform**; **~ flat** *s. Brit.* E'tagenwohnung *f* mit Bedienung; **~ hatch** *s. Brit.* 'Durchreiche *f* (*für Speisen*); **~ in·dus·try** *s.* **1.** *mst pl.* Dienstleistungsbetriebe *pl.*, -gewerbe *n*; **2.** 'Zulieferindusˌtrie *f*; **~ life** *s.* ⚙ Lebensdauer *f*; **~ line** *s. Tennis etc.*: Aufschlaglinie *f*; **'~·man** [-mən] *s.* [*irr.*] **1.** Sol'dat *m*, Mili'tärangehörige(r) *m*; **2.** ⚙ a) 'Kundendienstmeˌchaniker *m*, b) 'Wartungsmonˌteur *m*; **~ mod·ule** *s.* Versorgungsteil *m e-s Raumschiffs*; **~ so·ci·e·ty** *s.* Dienstleistungsgesellschaft *f*; **~ sta·tion** *s.* **1.** Kundendienst- *od.* Repara'turwerkstatt *f*; **2.** (Groß)Tankstelle *f*; **~ trade** *s.* Dienstleistungsgewerbe *n*; **~ u·ni·form** *s.* ⚔ Dienstanzug *m.*

ser·vi·ette [sɜːvɪ'et] *s.* Servi'ette *f.*

ser·vile ['sɜːvaɪl] *adj.* □ **1.** ser'vil, unter'würfig, kriecherisch; **2.** *fig.* sklavisch (*Gehorsam, Genauigkeit etc.*); **ser·vil·i·ty** [sɜː'vɪlətɪ] *s.* Unter'würfigkeit *f*; Krieche'rei *f.*

serv·ing ['sɜːvɪŋ] *s.* Porti'on *f.*

ser·vi·tor ['sɜːvɪtə] *s.* **1.** *obs.* Diener(in) (*a. fig.*); **2.** *obs. od. poet.* Gefolgsmann *m*; **3.** *univ. hist.* Stipendi'at *m.*

ser·vi·tude ['sɜːvɪtjuːd] *s.* **1.** Sklave'rei *f*, Knechtschaft *f* (*a. fig.*); **2.** ⚖ Zwangsarbeit *f*: **penal ~** Zuchthausstrafe *f*; **3.** ⚖ Servi'tut *n*, Nutzungsrecht *n.*

'ser·vo|-asˌsist·ed ['sɜːvəʊ-] *adj.* ⚙ Servo...; **~ brake** *s.* Servobremse *f*; **~ steer·ing** *s.* Servolenkung *f.*

ses·a·me ['sesəmɪ] *s.* **1.** ♀ Indischer Sesam; **2.** → **open sesame.**

ses·a·moid ['sesəmɔɪd] *adj. anat.* Sesam...: **~ bones** Sesamknöchelchen.

sesqui- [seskwɪ] *in Zssgn* 'andert'halb; **ˌ~'al·ter** [-'æltə], **ˌ~'al·ter·al** [-'æltərəl] *adj.* im Verhältnis 3:2 *od.* 1:1½ stehend; **ˌ~·cen'ten·ni·al I** *adj.* 150jährig; **II** *s.* 150-Jahr-Feier *f*; **ˌ~·pe'da·li·an** [-pɪ'deɪljən] *adj.* **1.** 'andert'halb Fuß lang; **2.** *fig. humor.* sehr lang, mon'strös: **~ word**; **3.** *fig.* schwülstig; **'~·plane** [-pleɪn] *s.* ✈ Anderthalbdekker *m.*

ses·sile ['sesɪl] *adj.* **1.** ⚘ stiellos; **2.** *zo.* ungestielt.

ses·sion ['seʃn] *s.* **1.** *parl.* ⚖ a) Sitzung *f*, b) 'Sitzungsperi͵ode *f*: ***be in ~*** e-e Sitzung abhalten, tagen; **2.** (*einzelne*) Sitzung (*a.* ⚕ *psych.*), Konfe'renz *f*; **3.** ***2s*** *pl.* → ***magistrates' court, Quarter Sessions***; **4.** a) ***Court of 2*** *oberstes schottisches Zivilgericht*, b) ***Court of 2s*** *Am.* (*einzelstaatliches*) *Gericht für Strafsachen*; **5.** *univ.* a) *Brit.* aka'demisches Jahr, b) *Am.* ('Studien)Se͵mester *n*; **'ses·sion·al** [-ʃənl] *adj.* □ **1.** Sitzungs...; **2.** *univ. Brit.* Jahres...: ***~ course***.

ses·tet [ses'tet] *s.* **1.** ♪ Sex'tett *n*; **2.** *Metrik*: sechszeilige Strophe.

set [set] **I** *s.* **1.** Satz *m Briefmarken, Dokumente, Werkzeuge etc.*; (*Möbel-, Toiletten- etc.*)Garni'tur *f*; (*Speise- etc.*) Ser'vice *n*, Besteck *n*; (*Farben- etc.*) Sorti'ment *n*; **2.** ✝ Kollekti'on *f*; **3.** Sammlung *f*: ***a ~ of Shakespeare's works***; **4.** (Schriften)Reihe *f*, (Ar'tikel-)Serie *f*; **5.** ⚙ (Ma'schinen)Anlage *f*; **6.** (Häuser)Gruppe *f*; **7.** (Zimmer)Flucht *f*; **8.** ⚙ a) (Ma'schinen)Satz *m*, (-)Anlage *f*, Aggre'gat *n*, b) (*Radio- etc.*)Gerät *n*, Appa'rat *m*; **9.** a) *thea.* Bühnenausstattung *f*, b) *Film*: Szenenaufbau *m*; **10.** *Tennis etc.*: Satz *m*; **11.** A a) Zahlenreihe *f*, b) Menge *f*; **12.** ***~ of teeth*** Gebiß *n*; **13.** (Per'sonen)Kreis *m*: a) Gesellschaft(sschicht) *f*, *vornehme, literarische etc.* Welt, b) *contp.* Klüngel *m*, Clique *f*: ***the chic ~*** die ‚Schickeria'; ***the fast ~*** die Lebewelt; **14.** Sitz *m*, Schnitt *m von Kleidern*; **15.** Haltung *f*; **16.** Richtung *f*, (Ver)Lauf *m e-r Strömung etc.*; **17.** Neigung *f*, Ten'denz *f*; **18.** *poet.* 'Untergang *m der Sonne etc.*: ***the ~ of the day*** das Tagesende; **19.** ⚙ → ***setting*** 10; **20.** *hunt.* Vorstehen *n des Hundes*: ***make a dead ~ at*** *fig.* a) über *j-n* herfallen, b) es auf *e-n Mann* abgesehen haben (*Frau*); **21.** *hunt.* (*Dachs- etc.*)Bau *m*; **22.** ⚘ Setzling *m*, Ableger *m*; **II** *adj.* **23.** starr (*Gesicht, Lächeln*); **24.** fest (*Meinung*); **25.** festgesetzt: ***at the ~ day***; **26.** vorgeschrieben, festgelegt: ***~ rules***; ***~ books*** *od.* ***reading*** Pflichtlektüre *f*; **27.** for'mell, konventio'nell: ***~ party***; **28.** 'wohlüber͵legt, einstudiert: ***~ speech***; **29.** a) bereit, b) fest entschlossen (***on doing*** zu tun); **30.** zs.-gebissen (*Zähne*); **31.** eingefaßt (*Edelstein*); **32.** ***~ piece*** *paint. etc.* Gruppenbild *n*; **33.** ***~ fair*** beständig (*Barometer*); **34.** *in Zssgn* ...gebaut; **III** *v/t.* [*irr.*] **35.** setzen, stellen, legen: ***~ the glass to one's lips*** das Glas an die Lippen setzen; ***~ a match to*** ein Streichholz halten an (*acc.*), *et.* in Brand stecken; → ***hand*** 7, ***sail*** 1 *etc.*; **36.** (ein-, her)richten, (an)ordnen, zu'rechtmachen; *thea. Bühne* aufbauen; *Tisch* decken; ⚙ *etc.* (ein)stellen, (-)richten, regulieren; *Uhr, Wecker* stellen; ⚙ *Säge* schränken; *hunt. Falle* (auf-)stellen; ⚕ *Bruch, Knochen* (ein)richten; *Messer* abziehen; *Haar* legen; **37.** ♪ a) vertonen, b) arrangieren; **38.** *typ.* absetzen; **39.** ✓ a) *a.* ***~ out*** *Setzlinge* (aus)pflanzen, b) *Boden* bepflanzen; **40.** a) *Bruthenne* setzen, b) *Eier* 'unterlegen; **41.** a) *Edelstein* fassen, b) *mit Edelsteinen etc.* besetzen; **42.** *Wache* (auf)stellen; **43.** *Aufgabe, Frage* stellen; **44.** *j-n* anweisen (***to do s.th.*** et. zu tun), *j-n* an (*e-e Sache*) setzen: ***~ o.s. to do s.th.*** sich daran machen, et. zu tun; **45.** vorschreiben; **46.** *Zeitpunkt* festlegen; **47.** *Hund etc.* hetzen (***on*** auf *j-n*): ***~ spies on*** *j-n* bespitzeln lassen; **48.** (veran)lassen (***doing*** zu tun): ***~ going*** in Gang setzen; ***~ s.o. laughing*** j-n zum Lachen bringen; ***~ s.o. thinking*** j-m zu denken geben; **49.** *in e-n Zustand* versetzen; → ***ease*** 2; **50.** *Flüssiges* fest werden lassen; *Milch* gerinnen lassen; **51.** *Zähne* zs.-beißen; **52.** *Wert* bemessen, festsetzen; **53.** *Preis* aussetzen (***on*** auf *acc.*); **54.** *Geld, Leben* riskieren; **55.** *Hoffnung, Vertrauen* setzen (***on*** auf *acc.*; ***in*** in *acc.*); **56.** *Grenzen, Schranken etc.* setzen (***to*** *dat.*); **IV** *v/i.* [*irr.*] **57.** 'untergehen (*Sonne etc.*); **58.** a) auswachsen (*Körper*), b) ausreifen (*Charakter*); **59.** fest werden (*Flüssiges*); abbinden (*Zement etc.*); erstarren (*a. Gesicht, Muskel*); gerinnen (*Milch*); ⚕ sich einrenken; **60.** sitzen (*Kleidung*); **61.** fließen, laufen (*Flut etc.*); wehen, kommen (***from*** aus, von) (*Wind*) *fig.* sich neigen *od.* richten (***against*** gegen); **62.** ⚘ Frucht ansetzen (*Blüte, Baum*); **63.** *hunt.* (vor)stehen (*Hund*);

Zssgn mit prp.:

set| a·bout *v/i.* **1.** sich an *et.* machen, *et.* in Angriff nehmen; **2.** F über *j-n* herfallen; ***~ a·gainst*** *v/t.* **1.** entgegen- *od.* gegen'überstellen (*dat.*): ***set o.s.*** (*od.* ***one's face***) ***against*** sich *e-r Sache* widersetzen; **2.** *j-n* aufhetzen gegen; ***~ (up·)on*** *v/i.* herfallen über *j-n*.

Zssgn mit adv.:

set| a·part *v/t.* **1.** *Geld etc.* bei'seite legen; **2.** ***set s.o. apart*** (***from***) j-n unter'scheiden (von); ***~ a·side*** *v/t.* **1.** a) bei'seite legen, b) → ***set apart*** 1; **2.** *Plan etc.* fallenlassen; **3.** außer acht lassen, ausklammern; **4.** verwerfen, *bsd.* ⚖ aufheben; ***~ back*** **I** *v/t.* **1.** *Uhr* zu'rückstellen; **2.** *Haus etc.* zu'rücksetzen; **3.** *fig. j-n, et.* zu'rückwerfen; **4.** *j-n* ärmer machen (um); **II** *v/i.* **5.** zu'rückfließen (*Flut etc.*); ***~ by*** *v/t.* *Geld etc.* zu'rücklegen, sparen; ***~ down*** *v/t.* **1.** *Last, a. Fahrgast, a. das Flugzeug* absetzen; **2.** (schriftlich) niederlegen, aufzeichnen; **3.** *j-m* e-n ‚Dämpfer' aufsetzen; **4.** ***~ as*** *j-n* abtun *od.* betrachten als; **5.** *et.* zuschreiben (***to*** *dat.*); **6.** *et.* festlegen, -setzen; ***~ forth*** **I** *v/t.* **1.** bekanntmachen; **2.** → ***set out*** 1; **3.** zur Schau stellen; **II** *v/i.* **4.** aufbrechen: ***~ on a journey*** e-e Reise antreten; **5.** *fig.* ausgehen (***from*** von); ***~ for·ward*** **I** *v/t.* **1.** *Uhr* vorstellen; **2.** a) *et.* vor'antreiben, b) *j-n od. et.* weiterbringen; **3.** vorbringen, darlegen; **II** *v/i.* **4.** sich auf den Weg machen; ***~ in*** *v/i.* einsetzen (*beginnen*); ***~ off*** **I** *v/t.* **1.** her'vortreten lassen, abheben (***from*** von); **2.** her'vorheben; **3.** a) *Rakete* abschießen, b) *Sprengladung* zur Explosi'on bringen, c) *Feuerwerk* abbrennen; **4.** *Alarm etc.* auslösen (*a. Streik etc.*), führen zu; **5.** ✝ auf-, anrechnen (***against*** gegen); **6.** ⚖ als Ausgleich nehmen (***against*** für); **7.** *Verlust etc.* ausgleichen; **II** *v/i.* **8.** → ***set forth*** 4; **9.** *fig.* anfangen; ***~ on*** *v/t.* **1.** a) *j-n* drängen (***to do*** zu tun), b) *j-n* aufhetzen (***to*** zu); **2.** *Hund etc.* hetzen (***to*** auf *acc.*); ***~ out*** **I** *v/t.* **1.** (ausführlich) darlegen, aufzeigen; **2.** anordnen, arrangieren; **II** *v/i.* **3.** aufbrechen, sich aufmachen, sich auf den Weg machen (***for*** nach); **4.** sich vornehmen, da'rangehen (***to do*** *et.* zu tun); ***~ to*** *v/i.* **1.** sich dar'anmachen, sich ‚da'hinterklemmen', ‚loslegen'; **2.** aufein'ander losgehen; ***~ up*** **I** *v/t.* **1.** errichten: ***~ a monument***; **2.** ⚙ *Maschine etc.* aufstellen, montieren; **3.** *Geschäft etc.* gründen; *Regierung* bilden, einsetzen; **4.** *j-m* zu e-m (guten) Start verhelfen, *j-n* etablieren: ***~ s.o. up in business***; ***~ o.s. up*** (***as***) → 15; **5.** *Behauptung etc., a. Rekord* aufstellen; ⚖ *Anspruch* geltend machen, *a. Verteidigung* vorbringen; **6.** *Kandidaten* aufstellen; **7.** *j-n* erhöhen (***over*** über *acc.*), *a. j-n* auf den Thron setzen; **8.** *Stimme, Geschrei* erheben; **9.** *a. Krankheit* verursachen; **10.** a) *j-n* kräftigen, b) *gesundheitlich* wieder'herstellen; **11.** *j-m* (finanzi'ell) ‚auf die Beine helfen'; **12.** *j-n* versehen, -sorgen (***with*** mit); **13.** F a) *j-m* e-e Falle stellen, b) *j-m* et. ‚anhängen'; **14.** *typ.* (ab-)setzen: ***~ in type***; **II** *v/i.* **15.** sich niederlassen *od.* etablieren (***as*** als): ***~ for o.s.*** sich selbständig machen; **16.** ***~ for*** sich ausgeben für *od.* als, sich aufspielen als.

se·ta·ceous [sɪ'teɪʃəs] *adj.* borstig.

'set|·a͵side *s. Am.* Rücklage *f*; **'~·back** *s.* **1.** *fig.* a) Rückschlag *m*, b) ‚Schlappe' *f*; **2.** △ a) Rücksprung *m e-r Wand*, b) zu'rückgesetzte Fas'sade; **'~·down** *s.* **1.** Dämpfer *m*; **2.** Rüffel *m*; **'~·off** *s.* **1.** Kon'trast *m*; **2.** ⚖ a) Gegenforderung *f*, b) Ausgleich *m* (*a. fig*; ***against*** für); **3.** ✝ Aufrechnung *f*; **'~·out** *s.* **1.** a) Aufbruch *m*, b) Anfang *m*; **2.** Aufmachung *f*; **3.** F a) Vorführung *f*, b) Party *f*; **~ piece** *s.* **1.** *Kunst*: formvollendetes Werk; **2.** ⚔ sorgfältig geplante Operati'on; **3.** → ***set*** 32; **~ point** *s.* **1.** *Tennis etc.*: Satzball *m*; **2.** ⚙ Sollwert *m*; **'~·screw** *s.* ⚙ Stellschraube *f*; **~ square** *s.* Winkel *m*, Zeichendreieck *n*.

sett [set] *s.* Pflasterstein *m*.

set·tee [se'ti:] *s.* **1.** Sitz-, Polsterbank *f*; **2.** kleineres Sofa: ***~ bed*** Bettcouch *f*.

set·ter ['setə] *s.* **1.** *allg.* Setzer(in), Einrichter(in); **2.** *typ.* (Schrift)Setzer *m*; **3.** Setter *m* (*Vorstehhund*); **4.** (Poli'zei-)Spitzel *m*; **͵~-'on** [-ər'ɒn] *pl.* **͵~s-'on** *s.* Aufhetzer(in).

set the·o·ry *s.* A Mengenlehre *f*.

set·ting ['setɪŋ] *s.* **1.** (*typ.* Schrift)Setzen *n*; Einrichten *n*; (Ein)Fassen *n* (*Edelstein*); **2.** Schärfen *n* (*Messer*); **3.** (*Gold- etc.*)Fassung *f*; **4.** Lage *f*, 'Hintergrund *m* (*a. fig. Rahmen*); **5.** Schauplatz *m*, 'Hintergrund *m e-s Romans etc.*; **6.** *thea.* szenischer 'Hintergrund, Bühnenbild *n*; *a. Film*: Ausstattung *f*; **7.** ♪ a) Vertonung *f*, b) Satz *m*; **8.** (*Sonnen- etc.*)'Untergang *m*; **9.** ⚙ Einstellung *f*; **10.** ⚙ Hartwerden *n*, Abbinden *n von Zement etc.*: ***~ point*** Stockpunkt *m*; **11.** ⚙ Schränkung *f* (*Säge*); **12.** Gedeck *n*; ***~ lo·tion*** *s.* (Haar)Festiger *m*; **'~-rule** *s. typ.* Setzlinie *f*; **'~-stick** *s. typ.* Winkelhaken *m*; **'~-up** *s.* **1.** *bsd.* ⚙ Einrichtung *f*, Aufstellung *f*; **2.** ***~ exercises*** *Am.* Gymnastik *f*, Freiübungen *pl.*

set·tle ['setl] **I** *v/i.* **1.** sich niederlassen *od.* setzen (*a. Vogel etc.*); **2.** a) sich ansiedeln, b) **~ in** sich *in e-r Wohnung etc.* einrichten, c) **~ in** sich einleben *od.* eingewöhnen; **3.** a) *a.* **~ down** sich *in e-m Ort* niederlassen, b) sich (häuslich) niederlassen, c) *a.* **marry and ~ down** e-n Hausstand gründen, d) seßhaft werden, zur Ruhe kommen, sich einleben; **4. ~ down to** sich widmen (*dat.*), sich an *e-e Arbeit etc.* machen; **5.** sich legen *od.* beruhigen (*Wut etc.*); **6. ~ on** sich zuwenden (*dat.*), fallen auf (*acc.*) (*Zuneigung etc.*); **7.** ⚕ sich festsetzen (**on**, **in** in *dat.*), sich legen (**on** auf *acc.*) (*Krankheit*); **8.** beständig werden (*Wetter*): **it ~d in for rain** es regnete sich ein; **it is settling for a frost** es wird Frost geben; **the wind has ~d in the west** der Wind steht im Westen; **9.** sich senken (*Mauern etc.*); **10.** langsam absakken (*Schiff*); **11.** sich klären (*Flüssigkeit*); **12.** sich setzen (*Trübstoff*); **13.** sich legen (*Staub*); **14.** (**upon**) sich entscheiden (für), sich entschließen (zu); **15. ~ for** sich begnügen *od.* abfinden mit; **16.** e-e Vereinbarung treffen; **17.** a) **~ up** zahlen *od.* abrechnen (**with** mit), b) **~ with** e-n Vergleich schließen mit, *Gläubiger* abfinden; **II** *v/t.* **18.** *Füße, Hut etc.* (fest) setzen (**on** auf *acc.*): **~ o.s.** sich niederlassen; **~ o.s. to** sich an *e-e Arbeit etc.* machen, sich anschikken zu; **19.** a) *Menschen* ansiedeln, b) *Land* besiedeln; **20.** *j-n beruflich, häuslich etc.* etablieren, 'unterbringen; *Kind etc.* versorgen, ausstatten, *a.* verheiraten; **21.** a) *Flüssigkeit* ablagern lassen, klären, b) *Trübstoff* sich setzen lassen; **22.** *Boden etc., a. fig. Glauben, Ordnung etc.* festigen; **23.** *Institutionen* gründen, aufbauen (**on** auf *dat.*); **24.** *Zimmer etc.* in Ordnung bringen; **25.** *Frage etc.* klären, regeln, erledigen: **that ~s it** a) damit ist der Fall erledigt, b) *iro.* jetzt ist es endgültig aus; **26.** *Streit* schlichten, beilegen; *strittigen Punkt* beseitigen; **27.** *Nachlaß* regeln, *s-e Angelegenheiten* in Ordnung bringen: **~ one's affairs**; **28.** ([**up**]**on**) *Besitz* über'schreiben, -'tragen (auf *acc.*), *letztwillig* vermachen (*dat.*), *Legat, Rente* aussetzen (für); **29.** bestimmen, festlegen, -setzen; **30.** vereinbaren, sich einigen auf (*acc.*); **31.** *a.* **~ up** † erledigen, in Ordnung bringen: a) *Rechnung* begleichen, b) *Konto* ausgleichen, c) *Anspruch* befriedigen, d) *Geschäft* abwickeln; → **account** 5; **32.** ⚖ *Prozeß* durch Vergleich beilegen; **33.** *Magen, Nerven* beruhigen; **34.** *j-n* ‚fertigmachen', zum Schweigen bringen (F *a. töten*); **III** *s.* **35.** Sitzbank *f* (mit hoher Lehne); **'set·tled** [-ld] *adj.* **1.** fest, bestimmt; entschieden; feststehend (*Tatsache*); **2.** fest begründet (*Ordnung*); **3.** fest, ständig (*Wohnsitz, Gewohnheit*); **4.** beständig (*Wetter*); **5.** ruhig, gesetzt (*Person, Leben*).

set·tle·ment ['setlmənt] *s.* **1.** Ansied(e)lung *f*; **2.** Besied(e)lung *f e-s Landes*; **3.** Siedlung *f*, Niederlassung *f*; **4.** 'Unterbringung *f*, Versorgung *f* (*Person*); **5.** Regelung *f*, Klärung *f*, Erledigung *f e-r Frage etc.*; **6.** Schlichtung *f*, Beilegung *f e-s Streits*; **7.** Festsetzung *f*; **8.** (endgültige) Entscheidung; **9.** Über'einkommen *n*, Abmachung *f*; **10.** † a) Begleichung *f von Rechnungen*, b) Ausgleich(ung *f*) *m von Konten*, c) *Börse*: Abrechnung *f*, d) Abwicklung *f e-s Geschäfts*, e) Vergleich *m*, Abfindung *f*: **~ day** Abrechnungstag *m*; **day of ~** *fig.* Tag *m* der Abrechnung; **in ~ of all claims** zum Ausgleich aller Forderungen; **11.** ⚖ a) (*Eigentums*)Über'tragung *f*, b) Vermächtnis *n*, c) Aussetzung *f e-r Rente etc.*, d) Schenkung *f*, Stiftung *f*; **12.** ⚖ Ehevertrag *m*; **13.** a) ständiger Wohnsitz, b) Heimatberechtigung *f*; **14.** sozi'ales Hilfswerk.

set·tler ['setlə] *s.* **1.** (An)Siedler(in), Kolo'nist(in); **2.** F a) entscheidender Schlag, b) *fig.* vernichtendes Argu'ment, c) Abfuhr *f*; **'set·tling** [-lɪŋ] *s.* **1.** Festsetzen *n etc.*; → **settle**; **2.** ⚙ Ablagerung *f*; **3.** *pl.* (Boden)Satz *m*; **4.** † Abrechnung *f*: **~ day** Abrechnungstag *m*; **'set·tlor** [-lə] *s.* ⚖ Verfügende(r *m*) *f*.

set-to [ˌset'tu:] *pl.* **-tos** *s.* F **1.** Schläge'rei *f*; **2.** (kurzer) heftiger Kampf; **3.** heftiger Wortwechsel.

set-up ['setʌp] *s.* **1.** Aufbau *m*; **2.** Anordnung *f* (*a.* ⚙); **3.** ⚙ Mon'tage *f*; **4.** *Film, TV*: a) (Kamera)Einstellung *f*, b) Bauten *pl.*; **5.** *Am.* Konstituti'on *f*; **6.** *Am.* F a) Situati'on *f*, b) Pro'jekt *n*; **7.** *Am.* F ‚Laden' *m* (*Firma etc.*), ‚Bude' *f* (*Wohnung etc.*); **8.** *Am.* F a) Schiebung *f*, b) Gimpel *m*, leichtes Opfer.

sev·en ['sevn] **I** *adj.* sieben: **~-league boots** Siebenmeilenstiefel; **the** 2 **Years' War** der Siebenjährige Krieg; **II** *s.* Sieben *f* (*Zahl, Spielkarte etc.*); **'~·fold** *adj. u. adv.* siebenfach.

sev·en·teen ['sevnti:n] **I** *adj.* siebzehn; **II** *s.* Siebzehn *f*: **sweet ~** ‚göttliche Siebzehn' (*Mädchenalter*); ˌ**sev·en'teenth** [-nθ] **I** *adj.* **1.** siebzehnt; **II** *s.* **2.** *der* (*die, das*) Siebzehnte; **3.** Siebzehntel *n*.

sev·enth ['sevnθ] **I** *adj.* **1.** siebent; **II** *s.* **2.** *der* (*die, das*) Sieb(en)te: **the ~ of May** der 7. Mai; **3.** Sieb(en)tel *n*; **4.** ♪ Sep'time *f*; **'sev·enth·ly** [-lɪ] *adv.* sieb(en)tens.

sev·en·ti·eth ['sevntɪɪθ] **I** *adj.* **1.** siebzigst; **II** *s.* **2.** *der* (*die, das*) Siebzigste; **3.** Siebzigstel *n*; **sev·en·ty** ['sevntɪ] **I** *adj.* siebzig; **II** *s.* Siebzig *f*: **the seventies** a) die siebziger Jahre (*e-s Jahrhunderts*), b) die Siebziger(jahre) (*Alter*).

sev·er ['sevə] **I** *v/t.* **1.** (ab)trennen (**from** von); **2.** ('durch)trennen; **3.** *fig.* *Freundschaft etc.* lösen, *Beziehungen* abbrechen; **4. ~ o.s.** (**from**) sich trennen *od.* lösen (von), (aus *der Kirche etc.*) austreten; **5.** (vonein'ander) trennen; **6.** ⚖ *Besitz etc.* teilen; **II** *v/i.* **7.** (zer)reißen; **8.** sich trennen (**from** von); **9.** sich (vonein'ander) trennen;

sev·er·al ['sevrəl] **I** *adj.* ☐ **1.** mehrere: **~ people**; **2.** verschieden, getrennt: **three ~ occasions**; **3.** einzeln, verschieden: **the ~ reasons**; **4.** besonder, eigen: **we went our ~ ways** wir gingen jeder seinen (eigenen) Weg; → **joint** 6; **II** *s.* **5.** mehrere *pl.*: **~ of you**; **sev·er·al·ly** ['sevrəlɪ] *adv.* **1.** einzeln, getrennt; **2.** beziehungsweise; **'sev·er·ance** [-ərəns] *s.* **1.** (Ab)Trennung *f*; **2.** Lösung *f e-r Freundschaft etc.*, Abbruch *m von Beziehungen*: **~ pay** † Entlassungsabfindung *f*.

se·vere [sɪ'vɪə] *adj.* ☐ **1.** streng: a) hart, scharf (*Kritik, Richter, Strafe etc.*), b) ernst(haft) (*Miene, Person*), c) rauh (*Wetter*), hart (*Winter*), d) herb (*Schönheit, Stil*), schmucklos, e) ex'akt, strikt; **2.** schwer, schlimm (*Krankheit, Verlust etc.*); **3.** heftig (*Schmerz, Sturm etc.*); **4.** scharf (*Bemerkung*); **se'vere·ly** [-lɪ] *adv.* **1.** streng, strikt; **2.** schwer, ernstlich: **~ ill**; **se·ver·i·ty** [sɪ'verətɪ] *s.* **1.** *allg.* Strenge *f*: a) Schärfe *f*, Härte *f*, b) Rauheit *f* (*des Wetters etc.*), c) Ernst *m*, d) (herbe) Schlichtheit *f* (*Stil*), e) Ex'aktheit *f*; **2.** Heftigkeit *f*.

sew [səʊ] *v/t.* [*irr.*] **1.** nähen (*a. v/i.*): **~ on** annähen; **~ up** zu-, vernähen (→ 3); **2.** *Bücher* heften, broschieren; **3. ~ up** F a) *Brit. j-n* ‚restlos fertigmachen', b) *Am.* sich *et. od. j-n* sichern, c) *et.* ‚per'fekt machen': **~ up a deal**.

sew·age ['sju:ɪdʒ] *s.* **1.** Abwasser *n*: **~ farm** Rieselfeld *n*; **~ sludge** Klärschlamm *m*; **~ system** Kanalisation *f*; **~ works** Kläranlage *f*; **2.** → **sewerage**;

sew·er ['sjʊə] **I** *s.* **1.** 'Abwasserkaˌnal *m*, Klo'ake *f*: **~ gas** Faulschlammgas *n*; **~ pipe** Abzugrohr *n*; **~ rat** *zo.* Wanderratte *f*; **2.** Gosse *f*; **II** *v/t.* **3.** kanalisieren; **sew·er·age** ['sjʊərɪdʒ] *s.* **1.** Kanalisati'on *f* (*System u. Vorgang*); **2.** → **sewage** 1.

sew-in ['sju:ɪn] *s.* 'Lachsfoˌrelle *f*.

sew·ing ['səʊɪŋ] *s.* Näharbeit *f*; **~ machine** *s.* 'Nähmaˌschine *f*.

sex [seks] **I** *s.* **1.** *biol.* Geschlecht *n*; **2.** (*männliches od. weibliches*) Geschlecht (*als Gruppe*): **the ~** *humor.* die Frauen; **the gentle** (*od.* **weaker** *od.* **softer**) **~** das zarte *od.* schwache Geschlecht; **of both ~es** beiderlei Geschlechts; **3.** a) Geschlechtstrieb *m*, b) e'rotische Anziehungskraft, 'Sex(-Apˌpeal) *m*, c) Sexu'al-, Geschlechtsleben *n*, d) Sex(uali'tät *f*) *m*, e) Geschlechtsteil(e *pl.*) *n*, f) (Geschlechts)Verkehr *m*, ‚Sex' *m*: **have ~ with** mit *j-m* schlafen; **II** *v/t.* **4.** das Geschlecht bestimmen von; **5. ~ up** F a) *Film etc.* ‚sexy' gestalten, b) *j-n* ‚scharf machen'; **III** *adj.* **6.** a) Sexual…: **~ crime** (**education**, **hygiene** *etc.*); **~ appeal** → 3b; **~ life** → 3c; **~ object** Lustobjekt *n*, b) Geschlechts…: **~ act** (**hormone**, **organ**, *etc.*), c) Sex…: **~ film** (**magazine**, *etc.*).

sex- [seks] *in Zssgn* sechs.

sex·a·ge·nar·i·an [ˌseksədʒɪ'neərɪən] **I** *adj.* a) sechzigjährig, b) in den Sechzigern; **II** *s.* Sechzigjährige(r *m*) *f*; Sechziger(in).

sex·ag·e·nar·y [sek'sædʒənərɪ] **I** *adj.* **1.** sechzigteilig; **2.** → **sexagenarian** I; **II** *s.* **3.** → **sexagenarian** II.

Sex·a·ges·i·ma (**Sun·day**) [ˌseksə'dʒesɪmə] *s.* Sonntag *m* Sexa'gesima (*8. Sonntag vor Ostern*); ˌ**sex·a'ges·i·mal** [-məl] A **I** *adj.* Sexagesimal…; **II** *s.* Sexagesi'malbruch *m*.

sex·an·gu·lar [sek'sæŋgjʊlə] *adj.* ☐ sechseckig.

sex·cen·te·nar·y [ˌsekssen'ti:nərɪ] **I** *adj.* sechshundertjährig; **II** *s.* Sechshundert'jahrfeier *f*.

sex·en·ni·al [sek'senɪəl] *adj.* ☐ **1.** sechsjährig; **2.** sechsjährlich.

sex·i·ness ['seksɪnɪs] *s.* F *für* **sex** 3b.

sex·ism ['seksɪzəm] *s.* Se'xismus *m*; **'sex·ist** [-ɪst] **I** *adj.* se'xistisch; **II** *s.* Se'xist *m*.

sex·less ['sekslɪs] *adj. biol.* geschlechtslos (*a. fig.*), a'gamisch.

sex·ol·o·gy [sek'sɒlədʒɪ] *s. biol.* Sexu'alwissenschaft *f*.

sex·par·tite [seks'pɑːtaɪt] *adj.* sechsteilig.

'sex·pot *s. sl.* a) ‚Sexbombe' *f*, b) ‚Sexbolzen' *m*.

sex·tain ['sekstein] *s. Metrik*: sechszeilige Strophe.

sex·tant ['sekstənt] *s.* **1.** ⚓, *ast.* Sex'tant *m*; **2.** A Kreissechstel *n*.

sex·tet(te) [seks'tet] *s.* ♪ Sex'tett *n*.

sex·to ['sekstəʊ] *pl.* **-tos** *s. typ.* 'Sexto (-for͵mat) *n*; **sex·to·dec·i·mo** [͵sekstəʊ'desɪməʊ] *pl.* **-mos** *s.* **1.** Se'dez(for͵mat) *n*; **2.** Se'dezband *m*.

sex·ton ['sekstən] *s.* Küster *m* (u. Totengräber *m*); **~ bee·tle** *s. zo.* Totengräber *m* (*Käfer*).

sex·tu·ple ['sekstjʊpl] **I** *adj.* sechsfach; **II** *s. das* Sechsfache; **III** *v/t. u. v/i.* (sich) versechsfachen.

sex·u·al ['seksjʊəl] *adj.* □ sexu'ell, geschlechtlich, Geschlechts..., Sexual...: ***~ intercourse*** Geschlechtsverkehr *m*; **sex·u·al·i·ty** [͵seksjʊ'ælətɪ] *s.* **1.** Sexuali'tät *f*; **2.** Sexu'al-, Geschlechtsleben *n*; **'sex·y** [-sɪ] *adj.* ‚sexy', ‚scharf'.

shab·bi·ness ['ʃæbɪnɪs] *s.* Schäbigkeit *f* (*a. fig.*).

shab·by ['ʃæbɪ] *adj.* □ *allg.* schäbig: a) fadenscheinig (*Kleider*), b) abgenutzt (*Sache*), c) ärmlich, her'untergekommen (*Person, Haus, Gegend etc.*), d) niederträchtig, e) geizig; **͵~-gen'teel** *adj.* vornehm, aber arm: ***the ~*** die verarmten Vornehmen.

shab·rack ['ʃæbræk] *s.* ⚔ Scha'bracke *f*, Satteldecke *f*.

shack [ʃæk] **I** *s.* Hütte *f*, Ba'racke *f* (*a. contp.*); **II** *v/i.* ***~ up*** *sl.* zs.-leben (***with*** mit).

shack·le ['ʃækl] **I** *s.* **1.** *pl.* Fesseln *pl.*, Ketten *pl.* (*a. fig.*); **2.** ⚙ Gelenkstück *n e-r Kette*; Bügel *m*, Lasche *f*; ⚓ (Anker-)Schäkel *m*; ⚡ Schäkel *m*; **II** *v/t.* **3.** fesseln (*a. fig. hemmen*); **4.** ⚓, ⚙ laschen.

'shack·town *s. Am.* → ***shantytown***.

shad [ʃæd] *pl.* **shads**, *coll.* **shad** *s. ichth.* Alse *f*.

shade [ʃeɪd] **I** *s.* **1.** Schatten *m* (*a. paint. u. fig.*): ***put*** (*od.* ***throw***) ***into the ~*** *fig.* in den Schatten stellen; (***the***) ***~s of Goethe!*** *iro.* (das) erinnert doch sehr an Goethe!; **2.** schattiges Plätzchen; **3.** *myth.* a) Schatten *m* (*Seele*), b) *pl.* Schatten(reich *n*) *pl.*; **4.** a) Farbton *m*, Schattierung *f* (*a. fig.*), b) dunkle Tönung; **5.** *fig.* Spur *f*, ‚I'dee' *f*: ***a ~ better*** ein kleines bißchen besser; **6.** (*Schutz-, Lampen-, Sonnen- etc.*)Schirm *m*; **7.** *Am.* Rou'leau *n*; **8.** *pl.* F Sonnenbrille *f*; **II** *v/t.* **9.** beschatten, verdunkeln (*a. fig.*); **10.** *Augen etc.* abschirmen, schützen (***from*** gegen); **11.** *paint.* a) schattieren, b) schraffieren, c) dunkel tönen; **12.** *a.* ***~ off*** a) *fig.* abstufen, b) ✝ *Preise* nach u. nach senken, c) *a.* ***~ away*** all'mählich übergehen lassen (***into*** in *acc.*), d) *a.* ***~ away*** all'mählich verschwinden lassen; **III** *v/i.* **13.** *a.* ***~ off*** (*od.* ***away***) a) all'mählich 'übergehen (***into*** in *acc.*), b) nach u. nach verschwinden; **'shade·less** [-lɪs] *adj.* schattenlos; **'shad·i·ness** [-dɪnɪs] *s.* **1.** Schattigkeit *f*; **2.** *fig.* Anrüchigkeit *f*; **'shad·ing** [-dɪŋ] *s. paint. u. fig.* Schattierung *f*.

shad·ow ['ʃædəʊ] **I** *s.* **1.** Schatten *m* (*a. paint. u. fig.*); Schattenbild *n*: ***live in the ~*** im Verborgenen leben; ***worn to a ~*** zum Skelett abgemagert; ***he is but the ~ of his former self*** er ist nur noch ein Schatten s-r selbst; ***coming events cast their ~s before*** kommende Ereignisse werfen ihre Schatten voraus; ***may your ~ never grow less*** *fig.* möge es dir immer gut gehen; **2.** Schemen *m*, Phan'tom *n*: ***catch*** (*od.* ***grasp***) ***at ~s*** Phantomen nachjagen; **3.** *fig.* Spur *f*, Kleinigkeit *f*: ***without a ~ of doubt*** ohne den leisesten Zweifel; **4.** *fig.* Schatten *m*, Trübung *f* (*e-r Freundschaft etc.*); **5.** *fig.* Schatten *m* (*Begleiter od. Verfolger*); **II** *v/t.* **6.** e-n Schatten werfen auf (*acc.*), verdunkeln (*beide a. fig.*); **7.** *j-n* beschatten, verfolgen; **8.** *mst* ***~ forth*** (*od.* ***out***) a) dunkel andeuten, b) versinnbildlichen; **'~͵box·ing** *s. sport* Schattenboxen *n*, *fig. a.* Spiegelfechte'rei *f*; **~ cab·i·net** *s. pol.* 'Schattenkabi͵nett *n*; **~ fac·to·ry** *s.* Schatten-, Ausweichbetrieb *m*.

shad·ow·less ['ʃædəʊlɪs] *adj.* schattenlos; **'shad·ow·y** [-əʊɪ] *adj.* **1.** schattig: a) dämmerig, düster, b) schattenspendend; **2.** *fig.* schattenhaft, vage; **3.** *fig.* unwirklich.

shad·y ['ʃeɪdɪ] *adj.* □ **1.** → ***shadowy*** 1 *u.* 2: ***on the ~ side of forty*** *fig.* über die Vierzig hinaus; **2.** F anrüchig, zwielichtig, fragwürdig.

shaft [ʃɑːft] *s.* **1.** (*Pfeil- etc.*)Schaft *m*; **2.** *poet.* Pfeil *m* (*a. fig. des Spottes*), Speer *m*; **3.** (Licht)Strahl *m*; **4.** ⚘ Stamm *m*; **5.** a) Stiel *m* (*Werkzeug etc.*), b) Deichsel(arm *m*) *f*, c) Welle *f*, Spindel *f*; **6.** (Fahnen)Stange *f*; **7.** Säulenschaft *m*, *a.* Säule *f*; **8.** (*Aufzugs-, Bergwerks- etc.*)Schacht *m*; → ***sink*** 17.

shag [ʃæg] **I** *s.* **1.** Zotte(l) *f*; zottiges Haar; **2.** a) (lange, grobe) Noppe, b) Plüsch(stoff) *m*; **3.** Shag(tabak) *m*; **4.** *orn.* Krähenscharbe *f*; **II** *v/t.* **5.** zottig machen, aufrauhen; **III** *v/i.* **6.** *sl.* ‚bumsen'; **shag·gy** ['ʃægɪ] *adj.* □ **1.** zottig, struppig; rauhhaarig: ***~-dog story*** a) surrealistischer Witz, b) kalauerhafte Geschichte; **2.** verwildert, verwahrlost; **3.** *fig.* verschroben.

sha·green [ʃæ'griːn] *s.* Cha'grin *n*, Körnerleder *n*.

shah [ʃɑː] *s.* Schah *m*.

shake [ʃeɪk] **I** *s.* **1.** Schütteln *n*, Rütteln *n*: ***~ of the hand*** Händeschütteln; ***~ of the head*** Kopfschütteln; ***give s.th. a good ~*** et. tüchtig schütteln; ***give s.o. the ~*** *Am. sl.* j-n ‚abwimmeln'; ***in two ~s*** (***of a lamb's tail***) F im Nu; **2.** (*a.* seelische) Erschütterung; (*Wind- etc.*) Stoß *m*; *Am.* F Erdstoß *m*: ***he*** (***it***) ***is no great ~s*** F mit ihm (damit) ist nicht viel los; **3.** Beben *n*: ***the ~s*** ‚Tatterich' *m*; ***all of a ~*** am ganzen Leibe zitternd; **4.** (*Milch- etc.*)Shake *m*; **5.** ♪ Triller *m*; **6.** Riß *m*, Spalt *m*; **II** *v/i.* [*irr.*] **7.** (sch)wanken; **8.** zittern, beben (*a. Stimme*) (***with*** vor *Furcht etc.*); **9.** ♪ trillern; **III** *v/t.* [*irr.*] **10.** schütteln: ***~ one's head*** den Kopf schütteln; ***~ one's finger at s.o.*** j-m mit dem Finger drohen; ***be shaken before taken!*** vor Gebrauch schütteln!; → ***hand*** *Redew.*, ***side*** 4; **11.** (*a. fig. Entschluß, Gegner, Glauben, Zeugenaussage*) erschüttern; **12.** a) *j-n* (seelisch) erschüttern, b) *j-n* aufrütteln; **13.** rütteln an (*dat.*) (*a. fig.*); **14.** ♪ *Ton* trillern;

Zssgn mit adv.:

shake| down I *v/t.* **1.** *Obst etc.* her'unterschütteln; **2.** *Stroh etc.* (zu e-m Nachtlager) ausbreiten; **3.** *Gefäßinhalt* zu'rechtschütteln; **4.** *Am. sl.* a) *j-n* ausplündern (*a. fig.*), b) erpressen, c) ‚filzen', durch'suchen; **5.** *bsd. Am.* F *Schiff, Flugzeug* testen; **II** *v/i.* **6.** sich setzen (*Masse*); **7.** a) sich ein (Nacht-)Lager zu'rechtmachen, b) ‚sich hinhauen'; **8.** *Am.* F a) sich vor'übergehend niederlassen (*an e-m Ort*), b) sich einleben, -gewöhnen, c) sich ‚einpendeln' (*Sache*), d) sich beschränken (***to*** auf *acc.*); **~ off** *v/t.* **1.** *Staub etc.*, *a. fig. Joch, a. Verfolger etc.* abschütteln; **2.** *fig. j-n od. et.* loswerden; **~ out** *v/t.* **1.** ausschütteln; **2.** *Fahne etc.* ausbreiten; **~ up** *v/t.* **1.** *Bett, Kissen* aufschütteln; **2.** *et.* zs.-, 'umschütteln, mischen; **3.** *fig.* a) *j-n* aufrütteln, b) *j-n* arg mitnehmen; **4.** *Betrieb etc.* 'umkrempeln.

'shake|·down *s.* **1.** (Not)Lager *n*; **2.** *Am. sl.* a) Ausplünderung *f*, b) Erpressung *f*, c) Durch'suchung *f*; **3.** *bsd. Am.* F Testfahrt *f*, -flug *m*; **͵~-'hands** *s.* Händedruck *m*.

shak·en ['ʃeɪkən] **I** *p.p. von* ***shake***; **II** *adj.* **1.** erschüttert, (sch)wankend (*a. fig.*): (***badly***) **~** arg mitgenommen; **2.** → ***shaky*** 5.

'shake-out *s.* ✝ *Am.* F Rezessi'on *f*.

shak·er ['ʃeɪkə] *s.* **1.** Mixbecher *m*, (*Cocktail- etc.*)Shaker *m*; **2.** S *eccl.* Zitterer *m* (*Sektierer*).

Shake·spear·i·an [ʃeɪk'spɪərɪən] **I** *adj.* shakespearisch; **II** *s.* Shakespeareforscher(in).

'shake-up *s.* **1.** F Aufrütt(e)lung *f*; **2.** drastische (*bsd.* perso'nelle) Veränderungen *pl.*, 'Umkrempelung *f*, -gruppierung *f*.

shak·i·ness ['ʃeɪkɪnɪs] *s.* Wack(e)ligkeit *f* (*a. fig.*).

shak·ing ['ʃeɪkɪŋ] **I** *s.* **1.** Schütteln *n*; Erschütterung *f*; **II** *adj.* **2.** Schüttel...; → ***palsy*** 1; **3.** zitternd; **4.** wackelnd.

shak·y ['ʃeɪkɪ] *adj.* □ **1.** wack(e)lig (*a. fig. Person, Gesundheit, Kredit, Kenntnisse*): ***in rather ~ English*** in ziemlich holprigem Englisch; **2.** zitt(e)rig, bebend: ***~ hands***; ***~ voice***; **3.** *fig.* (sch)wankend; **4.** *fig.* unsicher, zweifelhaft; **5.** (kern)rissig (*Holz*).

shale [ʃeɪl] *s. geol.* Schiefer(ton) *m*: ***~ oil*** Schieferöl *n*.

shall [ʃæl; ʃəl] *v/aux.* [*irr.*] **1.** *Futur*: *ich* werde, *wir* werden; **2.** *Befehl, Pflicht*: *ich, er, sie, es* soll, *du* sollst, *ihr* sollt, *wir, Sie, sie* sollen: ***~ I come?***; **3.** ⚖ *Mußbestimmung* (*im Deutschen durch Indikativ wiederzugeben*): ***any person ~ be liable*** jede Person ist verpflichtet ...; **4.** → ***should*** 1.

shal·lop ['ʃæləp] *s.* ⚓ Scha'luppe *f*.

shal·low ['ʃæləʊ] **I** *adj.* □ seicht, flach (*beide a. fig. oberflächlich*); **II** *s.* (*a. pl.*) seichte Stelle, Untiefe *f*; **III** *v/t. u. v/i.* (sich) verflachen; **'shal·low·ness** [-nɪs]

s. Seichtheit *f* (*a. fig.*).
shalt [ʃælt; ʃəlt] *obs. 2. sg. pres. von* ***shall***: ***thou ~*** du sollst.
sham [ʃæm] **I** *s.* **1.** (Vor)Täuschung *f*, (Be)Trug *m*, Heuche'lei *f*; **2.** Schwindler(in), Scharlatan *m*; **3.** Heuchler(in); **II** *adj.* **4.** vorgetäuscht, fingiert, Schein...: ***~ battle*** Scheingefecht *n*; **5.** unecht, falsch: ***~ diamond***; ***~ piety***; **III** *v/t.* **6.** vortäuschen, -spiegeln, fingieren, simulieren; **IV** *v/i.* **7.** sich (ver)stellen, heucheln: ***~ ill*** simulieren, krank spielen.
sha·man ['ʃæmən] *s.* Scha'mane *m.*
sham·a·teur ['ʃæmətə] *s.* F *sport* 'Scheinama,teur *m.*
sham·ble ['ʃæmbl] **I** *v/i.* watscheln; **II** *s.* watschelnder Gang.
sham·bles ['ʃæmblz] *s. pl. sg. konstr.* **1.** a) Schlachthaus *n*, b) Fleischbank *f*; **2.** *fig.* a) Schlachtfeld *n* (*a. iro. wüstes Durcheinander*), b) Trümmerfeld *n*, Bild *n* der Verwüstung, c) Scherbenhaufen *m*: ***his marriage was a ~.***
shame [ʃeɪm] **I** *s.* **1.** Scham(gefühl *n*) *f*: ***for ~!*** pfui, schäm dich!; ***feel ~ at*** sich über *et.* schämen; **2.** Schande *f*, Schmach *f*: ***be a ~ to*** → 5; ***~ on you!*** schäm dich!, pfui!; ***put s.o. to ~*** a) Schande über j-n bringen, b) j-n beschämen (*übertreffen*); ***to cry ~ upon s.o.*** pfui über j-n rufen; **3.** F Schande *f* (*Gemeinheit*): ***what a ~!*** a) es ist e-e Schande!, b) es ist ein Jammer!; **II** *v/t.* **4.** *j-n* beschämen, mit Scham erfüllen: ***~ s.o. into doing s.th.*** j-n so beschämen, daß er et. tut; **5.** *j-m* Schande machen; **6.** Schande bringen über (*acc.*); **'~-faced** [-feɪst] *adj.* □ **1.** verschämt, schamhaft; **2.** schüchtern; **3.** schamrot.
shame·ful ['ʃeɪmfʊl] *adj.* □ **1.** schmachvoll, schändlich; **2.** schimpflich; **3.** unanständig, anstößig; **'shame·ful·ness** [-nɪs] *s.* **1.** Schändlichkeit *f*; **2.** Anstößigkeit *f*; **'shame·less** [-lɪs] *adj.* □ schamlos (*a. fig. unverschämt*); **'shame·less·ness** [-lɪsnɪs] *s.* Schamlosigkeit *f* (*a. fig. Unverschämtheit*).
sham·mer ['ʃæmə] *s.* **1.** Schwindler(in); **2.** Heuchler(in); **3.** Simu'lant(in).
sham·my (**leath·er**) ['ʃæmɪ] *s.* Sämisch-, Wildleder *n.*
sham·poo [ʃæm'puː] **I** *v/t.* **1.** *Kopf, Haare* schamponieren, waschen; **2.** *j-m* den Kopf *od.* das Haar waschen; **II** *s.* **3.** Haar-, Kopfwäsche *f*: ***~ and set*** Waschen u. Legen *n*; **4.** Sham'poo *n*, Schampon *n* (*Haarwaschmittel*).
sham·rock ['ʃæmrɒk] *s.* **1.** ⚘ Weißer Feldklee; **2.** Shamrock *m* (*Kleeblatt als Wahrzeichen Irlands*).
sham·us ['ʃeɪməs] *s. Am. sl.* **1.** ‚Schnüffler' *m* (*Detektiv*); **2.** ‚Bulle' *m* (*Polizist*).
shan·dy ['ʃændɪ] *s. Mischgetränk aus Bier u. Limonade.*
shang·hai [ʃæŋ'haɪ] *v/t.* F **1.** ⚓ schang'haien (*gewaltsam anheuern*); **2.** *fig. j-n* zwingen (***into doing*** *et.* zu tun).
shank [ʃæŋk] *s.* **1.** a) 'Unterschenkel *m*, Schienbein *n*, b) F Bein *n*, c) Hachse *f* (*vom Schlachttier*): ***go on 𝔖's pony*** (*od.* ***mare***) auf Schusters Rappen reiten; **2.** (Anker-, Bolzen-, Säulen- *etc.*) Schaft *m*; **3.** (Schuh)Gelenk *n*; **4.** *typ.* (Schrift)Kegel *m*; **5.** ⚘ Stiel *m*;
shanked [-kt] *adj.* **1.** ...schenk(e)lig; **2.** gestielt.
shan't [ʃɑːnt] F *für* ***shall not.***
shan·ty¹ ['ʃæntɪ] *s.* Shanty *n*, Seemannslied *n.*
shan·ty² ['ʃæntɪ] *s.* Hütte *f*, Ba'racke *f*; **'~·town** *s.* Barackensiedlung *f*, -stadt *f.*
shape [ʃeɪp] **I** *s.* **1.** Gestalt *f*, Form *f* (*a. fig.*): ***in the ~ of*** in Form *e-s Briefes etc.*; ***in human ~*** in Menschengestalt; ***put*** *od.* ***get into ~*** formen, gestalten, *s-e Gedanken* ordnen; ***in no ~*** in keiner Weise; **2.** Fi'gur *f*, Gestalt *f*; **3.** feste Form, Gestalt *f*: ***take ~*** Gestalt annehmen (*a. fig.*); → ***lick*** 1; **4.** *körperliche od. geistige* Verfassung, Form *f*: ***be in*** (***good***) ***~*** in (guter) Form sein; **5.** ⚙ a) Form *f*, Fas'son *f*, Mo'dell *n*, b) Formteil *n*; **6.** *Küche*: a) (Pudding- *etc.*)Form *f*, b) Stürzpudding *m*; **II** *v/t.* **7.** gestalten, formen, bilden (*alle a. fig.*), *Charakter a.* prägen; **8.** anpassen (***to*** *dat.*); **9.** planen, entwerfen: ***~ the course for*** ⚓ *u. fig.* den Kurs setzen auf (*acc.*); **10.** ⚙ formen; **III** *v/i.* **11.** Gestalt *od.* Form annehmen, sich formen; **12.** sich entwickeln, sich gestalten: ***~*** (***up***) ***well*** sich ‚machen' *od.* gut anlassen, vielversprechend sein; ***~ up*** F e-e endgültige Form annehmen, sich (gut) entwickeln; **13.** ***~ up to*** a) Boxstellung einnehmen gegen, b) *fig. j-n* herausfordern; **shaped** [-pt] *adj.* geformt, ...gestaltet, ...förmig; **'shape·less** [-lɪs] *adj.* □ **1.** form-, gestaltlos; **2.** unförmig; **'shape·less·ness** [-lɪsnɪs] *s.* **1.** Fom-, Gestaltlosigkeit *f*; **2.** Unförmigkeit *f*; **'shape·li·ness** [-lɪnɪs] *s.* Wohlgestalt *f*, schöne Form; **'shape·ly** [-lɪ] *adj.* wohlgeformt, schön, hübsch; **'shap·er** [-pə] *s.* **1.** Former(in), Gestalter(in); **2.** ⚙ a) 'Waagrecht-'Stoßma,schine *f*, b) Schnellhobler *m.*
shard [ʃɑːd] *s.* **1.** (Ton)Scherbe *f*; **2.** *zo.* (harte) Flügeldecke (*Insekt*).
share¹ [ʃeə] *s.* (Pflug)Schar *f.*
share² [ʃeə] **I** *s.* **1.** (An)Teil *m* (*a. fig.*): ***fall to s.o.'s ~*** j-m zufallen; ***go ~s with*** mit *j-m* teilen (***in s.th.*** et.); ***~ and ~ alike*** zu gleichen Teilen; **2.** (An)Teil *m*, Beitrag *m*; Kontin'gent *n*: ***do one's ~*** sein(en) Teil leisten; ***take a ~ in*** sich beteiligen an (*dat.*); ***have*** (*od.* ***take***) ***a large ~ in*** e-n großen Anteil haben an (*dat.*); **3.** ✝ Beteiligung *f*; Geschäftsanteil *m*; Kapi'taleinlage *f*: ***~ in a ship*** Schiffspart *m*; **4.** ✝ a) Gewinnanteil *m*, b) Aktie *f*, c) ⚒ Kux *m*: ***hold ~s in*** Aktionär in *e-r Gesellschaft* sein; **II** *v/t.* **5.** (*a. fig sein Bett, e-e Ansicht, den Ruhm etc.*) teilen (***with*** mit); **6.** *mst* ***~ out*** aus-, verteilen; **7.** teilnehmen, -haben an (*dat.*); sich an *den Kosten etc.* beteiligen; **III** *v/i.* **8.** ***~ in*** → 7; **9.** sich teilen (***in*** in *acc.*); **~ cer·tif·i·cate** *s.* ✝ *Brit.* 'Aktienzertifi,kat *n*; **'~,crop·per** *s. Am. kleiner* Farmpächter (*der s-e Pacht mit e-m Teil der Ernte entrichtet*); **'~,hold·er** *s.* ✝ *Brit.* Aktio'när(in); **~ list** *s.* ✝ *Brit.* (Aktien)Kurszettel *m*; **~ mark·et** *s.* ✝ *Brit.* Aktienmarkt *m*; **'~·out** [-əraʊt] *s.* Aus-, Verteilung *f.*
shark [ʃɑːk] *s.* **1.** *ichth.* Hai(fisch) *m*; **2.** *fig.* Gauner *m*, Betrüger *m*; **3.** *fig.* Schma'rotzer *m*; **4.** *Am. sl.* ‚Ka'none' *f* (*Könner*).
sharp [ʃɑːp] **I** *adj.* □ **1.** scharf (*Messer etc., a. Gesichtszüge, Kurve etc.*); **2.** spitz (*Giebel etc.*); **3.** steil; **4.** *fig. allg.* scharf: a) deutlich (*Gegensatz, Umrisse etc.*), b) herb (*Geschmack*), c) schneidend (*Befehl, Stimme*), schrill (*Schrei, Ton*), d) heftig (*Schmerz etc.*), schneidend (*a. Frost, Wind*), e) hart (*Antwort, Kritik*), spitz (*Bemerkung, Zunge*), f) schnell (*Tempo, Spiel etc.*): ***~'s the word*** F mach fix!; **5.** scharf, wachsam (*Auge, Ohr*); angespannt (*Aufmerksamkeit*); **6.** scharfsinnig, gescheit, aufgeweckt, ‚auf Draht': ***~ at figures*** gut im Rechnen; **7.** gerissen, raffiniert: ***~ practice*** Gaunerei *f*; **8.** F ele'gant, schick; **9.** ♪ a) (zu) hoch, b) (*durch Kreuz* um e-n Halbton) erhöht, c) Kreuz...: ***C ~*** Cis *n*; **10.** *ling.* stimmlos (*Konsonant*); **II** *adv.* **11.** scharf; **12.** plötzlich; **13.** pünktlich, genau: ***at 3 o'clock ~*** Punkt 3 Uhr, genau um 3 Uhr; **14.** schnell: ***look ~*** mach schnell!; **15.** ♪ zu hoch; **III** *v/i. u. v/t.* **16.** ♪ zu hoch singen *od.* spielen; **17.** betrügen; **IV** *s.* **18.** *pl.* lange Nähnadeln *pl.*; **19.** *pl.* ✝ *Brit.* grobes Kleienmehl; **20.** ♪ a) Kreuz *n*, b) Erhöhung *f*, Halbton *m*, c) nächsthöhere Taste; **21.** F → ***sharper***; **,~-'cut** *adj.* **1.** scharf (geschnitten); **2.** festum'rissen, deutlich; **,~-'edged** *adj.* scharfkantig.
sharp·en ['ʃɑːpən] **I** *v/t.* **1.** *Messer etc.* schärfen, schleifen, wetzen; *Bleistift etc.* (an)spitzen; **2.** *fig. j-n* ermuntern *od.* anspornen; *Sinn, Verstand* schärfen; *Appetit* anregen; **3.** *Rede etc.* verschärfen; *s-r Stimme etc.* e-n scharfen Klang geben; **II** *v/i.* **4.** scharf *od.* schärfer werden, sich verschärfen (*a. fig.*); **'sharp·en·er** [-pnə] *s.* (*Bleistift- etc.*) Spitzer *m.*
sharp·er ['ʃɑːpə] *s.* **1.** Gauner *m*, Betrüger *m*; **2.** Falschspieler *m.*
,sharp-'eyed → ***sharp-sighted.***
sharp·ness ['ʃɑːpnɪs] *s.* **1.** Schärfe *f*, Spitzigkeit *f*; **2.** *fig.* Schärfe *f* (*Herbheit, Strenge, Heftigkeit*); **3.** (Geistes)Schärfe *f*, Scharfsinn *m*; Gerissenheit *f*; **4.** (*phot.* Rand)Schärfe *f*, Deutlichkeit *f.*
,sharp|-'set *adj.* **1.** (heiß)hungrig; **2.** *fig.* scharf, erpicht (***on*** auf *acc.*); **'~,shoot·er** *s.* Scharfschütze *m*; **,~-'sight·ed** *adj.* **1.** scharfsichtig; **2.** *fig.* scharfsinnig; **,~-'tongued** *adj. fig.* scharfzüngig (*Person*); **,~-'wit·ted** *adj.* scharfsinnig.
shat·ter ['ʃætə] **I** *v/t.* **1.** zerschmettern, -schlagen, -trümmern (*alle a. fig.*); *fig. Hoffnungen* zerstören; **2.** *Gesundheit, Nerven* zerrütten: ***I was*** (***absolutely***) ***~ed*** F ich war ‚am Boden zerstört'; **II** *v/i.* **3.** in Stücke brechen, zerspringen; **'shat·ter·ing** [-ərɪŋ] *adj.* □ **1.** vernichtend (*a. fig.*); **2.** *fig.* a) 'umwerfend, e'norm, b) entsetzlich, verheerend; **'shat·ter-proof** *adj.* ⚙ a) bruchsicher, b) splitterfrei, -sicher (*Glas*).
shave [ʃeɪv] **I** *v/t.* **1.** (***o.s.*** sich) rasieren: ***~*** (***off***) *Bart* abrasieren; ***get ~d*** rasiert werden; **2.** *Rasen etc.* (kurz) scheren; *Holz* (ab)schälen *od.* glatthobeln; *Häute* abschaben; **3.** streifen, *a.* knapp vor'beikommen an (*dat.*); **II** *v/i.* **4.** sich rasieren; **5.** ***~ through*** F (gerade noch) ‚'durchrutschen' (*in e-r Prüfung*); **III** *s.* **6.** Ra'sur *f*, Rasieren *n*: ***have*** (*od.* ***get***) ***a ~*** sich rasieren (lassen); ***have a close***

(*od.* ***narrow***) ~ F *fig.* mit knapper Not davonkommen; ***that was a close*** ~ F ‚das hätte ins Auge gehen können'; ***by a*** ~ F um ein Haar; **7.** (Ab)Schabsel *n*, Span *m*; **8.** ⚙ Schabeisen *n*; **9.** *obs.* F Schwindel *m*, Betrug *m*; **'shave·ling** [-lɪŋ] *s. obs. contp.* **1.** Pfaffe *m*; **2.** Mönch *m*; **'shav·en** [-vn] *adj.* **1.** (***clean-***~ glatt)rasiert; **2.** (kahl)geschoren (*Kopf*); **'shav·er** [-və] *s.* **1.** Bar'bier *m*; **2.** Ra'sierappa,rat *m*; **3.** *mst* ***young*** ~ F Grünschnabel *m*.

Sha·vi·an ['ʃeɪvjən] *adj.* Shawsch, für G. B. Shaw charakte'ristisch: ~ ***humo(u)r*** Shawscher Humor.

shav·ing ['ʃeɪvɪŋ] *s.* **1.** Rasieren *n*: ~ ***brush*** (***cream***, ***mirror***) Rasierpinsel *m* (-creme *f*, -spiegel *m*); ~ ***head*** Scherkopf *m*; ~ ***soap***, ~ ***stick*** Rasierseife *f*; **2.** *mst pl.* Schnitzel *m*, *n*, (Hobel)Span *m*.

shawl [ʃɔːl] *s.* **1.** 'Umhängetuch *n*; **2.** Kopftuch *n*.

shawm [ʃɔːm] *s.* ♪ Schal'mei *f*.

she [ʃiː; ʃɪ] **I** *pron.* **1.** a) sie (*3. sg. für alle weiblichen Lebewesen*), b) (*beim Mond*) er, (*bei Ländern*) es, (*bei Schiffen mit Namen*) sie, (*bei Schiffen ohne Namen*) es, (*bei Motoren u. Maschinen, wenn personifiziert*) er, es; **2.** sie, die (-jenige); **II** *s.* **3.** Sie *f*: a) Mädchen *n*, Frau *f*, b) Weibchen *n* (*Tier*); **III** *adj. in Zssgn* **4.** weiblich: ***~-bear*** Bärin *f*; ***~-dog*** Hündin *f*; **5.** *contp.* Weibs...: ***~-devil*** Weibsteufel *m*.

sheaf [ʃiːf] **I** *pl.* **-ves** [-vz] *s.* **1.** ⚘ Garbe *f*; **2.** (*Papier-*, *Pfeil-*, *phys. Strahlen-*) Bündel *n*: ~ ***of fire*** ⚔ Feuer-, Geschoßgarbe *f*; **II** *v/t.* **3.** → ***sheave***[1].

shear [ʃɪə] **I** *v/t.* [*irr.*] **1.** scheren: ~ ***sheep***; **2.** *a.* ~ ***off*** (ab)scheren, abschneiden; **3.** *fig.* berauben; → ***shorn***; **4.** *fig. j-n* ‚schröpfen'; **5.** *poet. mit dem Schwert* (ab)hauen; **II** *v/i.* [*irr.*] **6.** ⚘ sicheln, mähen; **III** *s.* **7.** *pl.* große Schere; ⚙ Me'tall-, Blechschere *f*; **8.** → ***shearing force***, ***shearing stress***; **'shear·er** [-ərə] *s.* **1.** (Schaf)Scherer *m*; **2.** Schnitter *m*.

shear·ing ['ʃɪərɪŋ] *s.* **1.** Schur *f* (*Schafescheren od. Schurertrag*); **2.** *phys.* (Ab-) Scherung *f*; **3.** *Scot. od. dial.* Mähen *n*, Mahd *f*; ~ **force** *s. phys.* Scher-, Schubkraft *f*; ~ **strength** *s. phys.* Scherfestigkeit *f*; ~ **stress** *s. phys.* Scherbeanspruchung *f*.

shear·ling ['ʃɪəlɪŋ] *s.* erst 'einmal geschorenes Schaf.

shear| pin *s.* ⚙ Scherbolzen *m*; ~ **stress** → ***shearing stress***; **'~,wa·ter** *s. orn.* Sturmtaucher *m*.

sheath [ʃiːθ] *s.* **1.** (*Schwert- etc.*)Scheide *f*; **2.** Futte'ral *n*, Hülle *f*; **3.** ⚘, *zo.* Scheide *f*; **4.** *zo.* Flügeldecke *f* (*Käfer*); **5.** Kon'dom *n*, *m*; **6.** Futte'ralkleid *n*; **sheathe** [ʃiːð] *v/t.* **1.** *das Schwert* in die Scheide stecken; **2.** in e-e Hülle *od.* ein Futte'ral stecken; **3.** *bsd.* ⚙ um'hüllen, -'manteln, über'ziehen; *Kabel* armieren; **sheath·ing** ['ʃiːðɪŋ] *s.* ⚙ Verschalung *f*, -kleidung *f*, Beschlag *m*; 'Überzug *m*, Mantel *m*; (Kabel)Bewehrung *f*.

sheave[1] [ʃiːv] *v/t.* ⚘ in Garben binden.

sheave[2] [ʃiːv] *s.* ⚙ Scheibe *f*, Rolle *f*.

sheaves [ʃiːvz] **1.** *pl. von* ***sheaf***; **2.** *pl. von* ***sheave***[2].

she·bang [ʃə'bæŋ] *s. Am. sl.* **1.** ‚Bude' *f*, ‚Laden' *m*; **2.** ***the whole*** ~ der ganze Plunder *od.* Kram.

shed[1] [ʃed] *s.* **1.** Schuppen *m*; **2.** Stall *m*; **3.** ✈ *kleine* Flugzeughalle; **4.** Hütte *f*.

shed[2] [ʃed] *v/t.* [*irr.*] F **1.** verschütten, *a. Blut*, *Tränen* vergießen; **2.** ausstrahlen, -strömen, *Duft*, *Licht*, *Frieden etc.* verbreiten; → ***light*** 1; **3.** *Wasser* abstoßen (*Stoff*); **4.** *biol. Laub*, *Federn etc.* abwerfen, *Hörner* abstoßen, *Zähne* verlieren: ~ ***one's skin*** sich häuten; **5.** *Winterkleider etc.*, *a. fig. Gewohnheit*, *a. iro. Freunde* ablegen.

she'd [ʃiːd] F *für* a) ***she would***, b) ***she had***.

sheen [ʃiːn] *s.* Glanz *m* (*bsd. von Stoffen*), Schimmer *m*.

sheen·y[1] ['ʃiːnɪ] *adj.* glänzend.

sheen·y[2] ['ʃiːnɪ] *s. sl.* ‚Itzig' *m* (*Jude*).

sheep [ʃiːp] *pl. coll.* **sheep** *s.* **1.** *zo.* Schaf *n*: ***cast ~'s eyes at s.o.*** j-m schmachtende Blicke zuwerfen; ***separate the ~ and the goats*** *bibl.* die Schafe von den Böcken trennen; ***you might as well be hanged for a ~ as (for) a lamb!*** wenn schon, denn schon!; → ***black sheep***; **2.** *fig. contp.* Schaf *n* (*Person*); **3.** *pl. fig.* Schäflein *pl.*, Herde *f* (*Gemeinde e-s Pfarrers etc.*); **4.** Schafleder *n*; **'~-dip** *s.* Desinfekti'onsbad *n* für Schafe; **'~·dog** *s.* Schäferhund *m*; **'~·farm** *s. Brit.* Schaf(zucht)farm *f*; **'~,farm·ing** *s. Brit.* Schafzucht *f*; **'~·fold** *s.* Schafhürde *f*.

sheep·ish ['ʃiːpɪʃ] *adj.* ☐ **1.** schüchtern; **2.** einfältig, blöd(e); **3.** verlegen, ‚belämmert'.

'sheep|·man [-mən] *s.* [*irr.*] *Am.* Schafzüchter *m*; **'~·pen** → ***sheepfold***; ~ **run** → ***sheepwalk***; **'~,shear·ing** *s.* Schafschur *f*; **'~·skin** *s.* **1.** Schaffell *n*; **2.** (*a.* Perga'ment *n* aus) Schafleder *n*; **3.** F a) Urkunde *f*, b) Di'plom *n*; **'~·walk** *s.* Schafweide *f*.

sheer[1] [ʃɪə] **I** *adj.* ☐ **1.** bloß, rein, pur, nichts als: ~ ***nonsense***; ***by ~ force*** mit bloßer *od.* nackter Gewalt; **2.** völlig, glatt: ~ ***impossibility***; **3.** rein, unvermischt, pur: ~ ***ale***; **4.** steil, jäh; **5.** hauchdünn (*Textilien*); **II** *adv.* **6.** völlig; **7.** senkrecht; **8.** di'rekt.

sheer[2] [ʃɪə] **I** *s.* **1.** ⚓ a) Ausscheren *n*, b) Sprung *m* (*Deckerhöhung*); **II** *v/i.* **2.** ⚓ abscheren, (ab)gieren (*Schiff*); **3.** *fig. a.* ~ ***away*** (***from***) a) abweichen (von), b) sich losmachen (von); ~ **off** *v/i.* **1.** → ***sheer***[2] 2; **2.** abhauen; **3.** ~ ***from*** aus dem Wege gehen (*dat.*).

sheet [ʃiːt] **I** *s.* **1.** Bettuch *n*, (Bett)Laken *n*; Leintuch *n*: ***stand in a white ~*** reumütig s-e Sünden bekennen; (***as***) ***white as a ~*** *fig.* kreidebleich; **2.** (*typ.* Druck)Bogen *m*, Blatt *n* (*Papier*): ***a blank ~*** *fig.* ein unbeschriebenes Blatt; ***a clean ~*** *fig.* e-e reine Weste; ***in*** (***the***) ***~s*** (noch) nicht gebunden, ungefalzt (*Buch*); **3.** Bogen *m* (*von Briefmarken*); **4.** a) Blatt *n*, Zeitung *f*, b) (Flug-) Schrift *f*; **5.** ⚙ (dünne) (*Blech-*, *Glas- etc.*)Platte *f*; **6.** *metall.* (Fein)Blech *n*; **7.** weite Fläche (*von Wasser etc.*); (wogende) Masse; (*Feuer-*, *Regen*)Wand *f*; *geol.* Schicht *f*: ***rain came down in ~s*** es regnete in Strömen; **8.** ⚓ Schot(e) *f*, Segelleine *f*: ***have three ~s in the wind*** *sl.* ‚sternhagelvoll' sein; **9.** ⚓ Vorder- (*u.* Achter)Teil *m*, *n* (*Boot*); **II** *v/t.* **10.** *Bett* beziehen; **11.** (in Laken) (ein)hüllen; **12.** ⚙ mit Blech verkleiden; **13.** *a.* ~ ***home*** *Segel* anholen; ~ **an·chor** *s.* ⚓ Notanker *m* (*a. fig.*); ~ **cop·per** *s.* Kupferblech *n*; ~ **glass** *s.* Tafelglas *n*.

sheet·ing ['ʃiːtɪŋ] *s.* **1.** Bettuchstoff *m*; **2.** Blechverkleidung *f*.

sheet| i·ron *s.* Eisenblech *n*; ~ **lightning** *s.* **1.** Wetterleuchten *n*; **2.** Flächenblitz *m*; ~ **met·al** *s.* (Me'tall)Blech *n*; ~ **mu·sic** *s.* Noten(blätter) *pl.*; ~ **steel** *s.* Stahlblech *n*.

sheik(h) [ʃeɪk] *s.* **1.** Scheich *m*; **2.** *fig.* F a) ‚Scheich' *m* (*Freund*), b) *Am.* ‚Schwarm' *m* (*Person*); **'sheik(h)·dom** [-dəm] *s.* Scheichtum *n*.

shek·el ['ʃekl] *s.* **1.** a) S(ch)ekel *m* (*hebräische Gewichts- u. Münzeinheit*), b) Schekel *m* (*Münzeinheit in Israel*); **2.** *pl.* F ‚Zaster' *m* (*Geld*).

shel·drake ['ʃeldreɪk] *s. orn.* Brandente *f*.

shelf [ʃelf] *pl.* **shelves** [-vz] *s.* **1.** (Bücher-, Wand-, Schrank)Brett *n*; ('Bücher-, 'Waren- *etc.*)Re,gal *n*, Bord *n*, Fach *n*, Sims *m*: ***be put*** (*od.* ***laid***) ***on the ~*** *fig.* a) ausrangiert werden (*a. Beamter etc.*), b) auf die lange Bank geschoben werden; ***get on the ~*** ‚sitzen bleiben' (*Mädchen*); **2.** Riff *n*, Felsplatte *f*; **3.** ⚓ a) Schelf *m*, *n*, Küstensockel *m*, b) Sandbank *f*; **4.** *geol.* Festlandssockel *m*, Schelf *m*, *n*; ~ **life** *s.* † Lagerfähigkeit *f*; **'~,warm·er** *s.* ‚Ladenhüter' *m*.

shell [ʃel] **I** *s.* **1.** *allg.* Schale *f*; **2.** *zo.* a) Muschelschale *f*, b) Schneckenhaus *n*, c) Flügeldecke *f* (*Käfer*), d) Rückenschild *m* (*Schildkröte*): ***come out of one's ~*** *fig.* aus sich herausgehen; ***retire into one's ~*** *fig.* sich in sein Schneckenhaus zurückziehen; **3.** (Eier-) Schale *f*: ***in the ~*** a) (noch) unausgebrütet, b) *fig.* noch in der Entwicklung; **4.** a) Muschel *f*, b) Perlmutt *n*, c) Schildpatt *n*; **5.** (Nuß- *etc.*)Schale *f*, Hülse *f*; **6.** ⚓, ✈ Schale *f*, Außenhaut *f*; (Schiffs)Rumpf *m*; **7.** Gerippe *n*, Gerüst *n* (*a. fig.*), ⚠ *a.* Rohbau *m*; **8.** ⚙ Kapsel *f*, (*Scheinwerfer- etc.*)Gehäuse *n*; **9.** ⚔ a) Gra'nate *f*, b) Hülse *f*, c) *Am.* Pa'trone *f*; **10.** ('Feuerwerks)Rakete *f*; **11.** *Küche*: (Pa'steten)Hülle *f*; **12.** *phys.* (Elek'tronen)Schale *f*; **13.** *sport* (leichtes) Renn(ruder)boot; **14.** (*Degen- etc.*)Korb *m*; **15.** *fig. das* (bloße) Äußere; **16.** *ped. Brit.* Mittelstufe *f*; **II** *v/t.* **17.** schälen; *Erbsen etc.* enthülsen; *Nüsse* knacken; *Körner* von der Ähre *od.* vom Kolben entfernen; **18.** ⚔ (mit Gra'naten) beschießen; ~ **out** *v/t. u. v/i. sl.* ‚blechen' (*bezahlen*).

shel·lac [ʃə'læk] **I** *s.* **1.** ⚒ Schellack *m*; **II** *v/t. pret. u. p.p.* **shel'lacked** [-kt] **2.** mit Schellack behandeln; **3.** *fig. Am. sl. j-n* ‚vermöbeln'.

'shell,cra·ter *s.* ⚔ Gra'nattrichter *m*.

shelled [ʃeld] *adj.* ...schalig.

shell| egg *s.* Frischei *n*; **'~·fish** *s. zo.* Schalentier *n*; ~ **game** *s. Am.* Falschspielertrick *m* (*a. fig.*).

shell·ing ['ʃelɪŋ] *s.* ⚔ Beschuß *m*, (Artille'rie)Feuer *n*.

shell shock *s.* ⚔ 'Kriegsneu,rose *f*.

shel·ter ['ʃeltə] **I** *s.* **1.** Schutzhütte *f*, -dach *n*; Schuppen *m*; **2.** Obdach *n*,

Herberge *f*; **3.** Zuflucht *f*; **4.** Schutz *m*: ***take*** (*od.* ***seek***) ~ Schutz suchen (***with*** bei, ***from*** vor *dat.*); **5.** ⚔ a) Bunker *m*, 'Unterstand *m*, b) Deckung *f*; **II** *v/t.* **6.** (be)schützen, beschirmen (***from*** vor): ***a ~ed life*** ein behütetes Leben; **7.** schützen, bedecken, über'dachen; **8.** *j-m* Schutz *od.* Zuflucht gewähren: ***~ o.s.*** *fig.* sich verstecken (***behind*** hinter *j-m etc.*); ***~ed trade*** ✝ *Brit.* (*durch Zölle*) geschützter Handelszweig; ***~ed workshop*** beschützende Werkstatt; **9.** *j-n* beherbergen; **III** *v/i.* **10.** Schutz suchen; sich 'unterstellen; **~ half** *s.* ⚔ *Am.* Zeltbahn *f*.

shelve[1] [ʃelv] *v/t.* **1.** *Bücher* (in ein Re'gal) einstellen, auf ein (Bücher)Brett stellen; **2.** *fig.* a) *et.* zu den Akten legen, bei'seite legen, b) *j-n* ausrangieren; **3.** aufschieben; **4.** mit Fächern *od.* Re'galen versehen.

shelve[2] [ʃelv] *v/i.* (sanft) abfallen.

shelves [ʃelvz] *pl. von **shelf***.

shelv·ing[1] ['ʃelvɪŋ] *s.* (Bretter *pl.* für) Fächer *pl. od.* Re'gale *pl.*

shelv·ing[2] ['ʃelvɪŋ] *adj.* schräg, abfallend.

she·nan·i·gan [ʃɪ'nænɪgən] *s. mst pl.* F **1.** ‚Mumpitz' *m*, ‚fauler Zauber'; **2.** Trick *m*; **3.** ‚Blödsinn' *m*, Streich *m*.

shep·herd ['ʃepəd] **I** *s.* **1.** (Schaf)Hirt *m*, Schäfer *m*; **2.** *fig. eccl.* (Seelen)Hirt *m* (*Geistlicher*): ***the*** (***good***) ♀ *bibl.* der Gute Hirte (*Christus*); **II** *v/t.* **3.** *Schafe etc.* hüten; **4.** *fig. Menschenmenge etc.* treiben, führen, ‚bugsieren'; **'shep·herd·ess** [-dɪs] *s.* (Schaf)Hirtin *f*, Schäferin *f*.

shep·herd's| crook *s.* Hirtenstab *m*; **~ dog** *s.* Schäferhund *m*; **~ pie** *s.* Auflauf *m* aus Hackfleisch u. Kar'toffelbrei; **ˌ~-'purse** *s.* ⚘ Hirtentäschel *n*.

sher·bet ['ʃɜːbət] *s.* **1.** Sor'bett *n*, *m* (*Frucht-, Eisgetränk*); **2.** *bsd. Am.* Fruchteis *n*; **3.** *a.* ***~ powder*** Brausepulver *n*.

sherd [ʃɜːd] → ***shard***.

sher·iff ['ʃerɪf] *s.* ⚖ Sheriff *m*: a) *in England, Wales u. Irland der höchste Verwaltungsbeamte e-r Grafschaft*, b) *in den USA der gewählte höchste Exekutivbeamte e-s Verwaltungsbezirkes*, c) *in Schottland e-e Art Amtsrichter.*

sher·ry ['ʃerɪ] *s.* Sherry *m*.

she's [ʃiːz; ʃɪz] F *für* a) ***she is***, b) ***she has***.

shew [ʃəʊ] *obs. für **show***.

shib·bo·leth ['ʃɪbəleθ] *s. fig.* **1.** Schib'boleth *n*, Erkennungszeichen *n*, -wort *n*; **2.** Kastenbrauch *m*; **3.** Plati'tüde *f*.

shield [ʃiːld] **I** *s.* **1.** Schild *m*; **2.** Schutzschild *m*, -schirm *m*; **3.** *fig.* a) Schutz *m*, Schirm *m*, b) (Be)Schützer(in); **4.** ⚡, ⚙ (Ab)Schirmung *f*; **5.** Arm-, Schweißblatt *n*; **6.** *zo.* (Rücken)Schild *m*, Panzer *m* (*Insekt etc.*); **7.** *her.* (Wappen-)Schild *m*; **II** *v/t.* **8.** (be)schützen, (be-)schirmen (***from*** vor *dat.*); **9.** *bsd. b.s. j-n* decken; **10.** ⚡, ⚙ (ab)schirmen; **'~ˌbear·er** *s.* Schildknappe *m*; **~ fern** *s.* ⚘ Schildfarn *m*; **~ forc·es** *s. pl.* ⚔ Schildstreitkräfte *pl.*

shiel·ing ['ʃiːlɪŋ] *s. Scot.* **1.** (Vieh)Weide *f*; **2.** Hütte *f*.

shift [ʃɪft] **I** *v/i.* **1.** den Platz *od.* die Lage wechseln, sich bewegen; **2.** sich verlagern (*a.* ⚖ *Beweislast*), sich verwandeln (*a. Szene*), sich verschieben (*a. ling.*), wechseln; **3.** ⚓ 'überschießen, sich verlagern (*Ballast, Ladung*); **4.** die Wohnung wechseln; **5.** 'umspringen (*Wind*); **6.** *mot.* schalten: ***~ up*** (***down***) hinaufschalten (herunterschalten); **7.** *Kugelstoßen*: angleiten; **8.** ***~ for o.s.*** a) auf sich selbst gestellt sein, b) sich selbst (weiter)helfen, sich durchschlagen; **9.** Ausflüchte machen; **10.** *mst* ***~ away*** F sich da'vonmachen; **II** *v/t.* **11.** (aus-, 'um)wechseln, (aus)tauschen: → ***ground*** 2; **12.** (*a. fig.*) verschieben, -lagern, (*a. Schauplatz*, ⚔ *das Feuer*) verlegen; *Betrieb* 'umstellen (***to*** auf *acc.*); *thea. Kulissen* schieben; **13.** ⚙ schalten, ausrücken, verstellen, *Hebel* 'umlegen: ***~ gears*** *mot.* schalten; **14.** ⚓ a) *Schiff* verholen, b) *Ladung* 'umstauen; **15.** *Kleidung* wechseln; **16.** *Schuld, Verantwortung* (ab)schieben, abwälzen ([***up***]***on*** auf *acc.*); **17.** *j-n* loswerden; **18.** *Am.* F a) *Essen etc.* ‚wegputzen', b) *Schnaps etc.* ‚kippen'; **III** *s.* **19.** Verschiebung *f*, -änderung *f*, -lagerung *f*, Wechsel *m*; **20.** ✝ (Arbeits)Schicht *f* (*Arbeiter od. Arbeitszeit*); **21.** Ausweg *m*, Hilfsmittel *n*, Notbehelf *m*: ***make*** (***a***) ***~*** a) sich durchschlagen, b) es fertigbringen, es möglich machen (***to do*** zu tun), c) sich behelfen (***with*** mit, ***without*** ohne); **22.** Kniff *m*, List *f*, Ausflucht *f*; **23.** ***~ of crop*** ⸙ *Brit.* Fruchtwechsel *m*; **24.** *geol.* Verwerfung *f*; **25.** ♪ a) Lagenwechsel *m* (*Streichinstrumente*), b) Zugwechsel *m* (*Posaune*), c) Verschiebung *f* (*Klavierpedal etc.*); **26.** *ling.* Lautverschiebung *f*; **27.** *Kugelstoßen*: Angleiten *n*; **28.** *obs.* ('Unter-)Hemd *n der Frau*; **'shift·er** [-tə] *s.* **1.** *thea.* Ku'lissenschieber *m*; **2.** *fig.* schlauer Fuchs; **3.** ⚙ a) Schalter *m*, b) Ausrückvorrichtung *f*; **'shift·i·ness** [-tɪnɪs] *s.* **1.** Gewandtheit *f*; **2.** Verschlagenheit *f*; **3.** Unzuverlässigkeit *f*; **'shift·ing** [-tɪŋ] *adj.* sich verschiebend, veränderlich: ***~ sand*** Treib-, Flugsand *m*.

shift key *s.* 'Umschalter *m* (*Schreibmaschine*).

shift·less ['ʃɪftlɪs] *adj.* □ **1.** hilflos (*a. fig. unfähig*); **2.** unbeholfen, einfallslos; **3.** träge, faul.

shift| work *s.* **1.** Schichtarbeit *f*; **2.** *ped.* 'Schichtˌunterricht *m*; **~ work·er** *s.* Schichtarbeiter(in).

shift·y ['ʃɪftɪ] *adj.* □ **1.** a) wendig, b) schlau, gerissen, c) verschlagen, falsch; **2.** *fig.* unstet.

shil·ling ['ʃɪlɪŋ] *s. Brit. obs.* Schilling *m*: ***a ~ in the pound*** 5 Prozent; ***pay twenty ~s in the pound*** s-e Schulden *etc.* auf Heller u. Pfennig bezahlen; ***cut s.o. off with a ~*** j-n enterben; **~ shock·er** *s.* 'Schundroˌman *m*.

shil·ly-shal·ly ['ʃɪlɪˌʃælɪ] **I** *v/i.* zögern, schwanken; **II** *s.* Schwanken *n*, Zögern *n*; **III** *adj. u. adv.* zögernd, schwankend.

shim [ʃɪm] ⚙ *s.* Keil *m*, Klemmstück *n*, Ausgleichsscheibe *f*.

shim·mer ['ʃɪmə] **I** *v/i.* schimmern; **II** *s.* Schimmer *m*; **'shim·mer·y** [-ərɪ] *adj.* schimmernd.

shim·my ['ʃɪmɪ] **I** *s.* **1.** Shimmy *m* (*Tanz*); **2.** ⚙ Flattern *n* (*der Vorderräder*); **3.** F (Damen)Hemd *n*; **II** *v/i.* **4.** Shimmy tanzen; **5.** ⚙ flattern (*Vorderräder*).

shin [ʃɪn] **I** *s.* **1.** Schienbein *n*; **2.** ***~ of beef*** Rinderhachse *f*; **II** *v/i.* **3.** ***~ up*** *e-n Baum etc.* hin'aufklettern; **4.** *Am.* rennen; **III** *v/t.* **5.** *j-n* ans Schienbein treten; **6.** ***~ o.s.*** sich das Schienbein verletzen; **'~·bone** *s.* Schienbein(knochen *m*) *n*.

shin·dig ['ʃɪndɪg] *s.* **1.** *sl.* ‚Schwof' *m*, Tanz(veranstaltung *f*) *m*; *weitS.* (‚wilde') Party; **2.** → ***shindy***.

shin·dy ['ʃɪndɪ] *s.* F Krach *m*, Ra'dau *m*.

shine [ʃaɪn] **I** *v/i.* [*irr.*] **1.** scheinen; leuchten, strahlen (*a. Augen etc.*; ***with joy*** vor Freude): ***~ out*** hervorleuchten, *fig.* herausragen; ***~*** (***up***)***on*** *et.* beleuchten; ***~ up to*** *Am. sl.* sich bei *j-m* anbiedern; **2.** glänzen (*a. fig. sich hervortun* ***as*** als, ***at*** in *dat.*); **II** *v/t.* **3.** F *Schuhe etc.* polieren; **III** *s.* **4.** (*Sonnen- etc.*) Schein *m*; → ***rain*** 1; **5.** Glanz *m*: ***take the ~ out of*** a) *e-r Sache* den Glanz nehmen, b) *et. od. j-n* in den Schatten stellen; **6.** Glanz *m* (*bsd. auf Schuhen*): ***have a ~?*** Schuhputzen gefällig?; **7.** ***kick up a ~*** F Radau machen; **8.** ***take a ~ to s.o.*** F j-n ins Herz schließen; **'shin·er** [-nə] *s.* **1.** glänzender Gegenstand; **2.** *sl.* a) Goldmünze *f* (*bsd. Sovereign*), b) Dia'mant *m*, c) *pl.* ‚Kies' *m* (*Geld*); **3.** *sl.* ‚Veilchen' *n*, blau(geschlagen)es Auge.

shin·gle[1] ['ʃɪŋgl] **I** *s.* **1.** (Dach)Schindel *f*; **2.** Herrenschnitt *m* (*Damenfrisur*); **3.** *Am.* F (Firmen)Schild *n*: ***hang out one's ~*** sich (als Arzt *etc.*) etablieren, ‚s-n eigenen Laden aufmachen'; **II** *v/t.* **4.** mit Schindeln decken; **5.** *Haar* (sehr) kurz schneiden: ***~d hair*** → 2.

shin·gle[2] ['ʃɪŋgl] *s. Brit.* **1.** grober Strandkies(el) *m*; **2.** Kiesstrand *m*.

shin·gle[3] ['ʃɪŋgl] *v/t. metall.* zängen.

shin·gles ['ʃɪŋglz] *s. pl. sg. konstr.* ⚕ Gürtelrose *f*.

shin·gly ['ʃɪŋglɪ] *adj.* kies(el)ig.

shin·ing ['ʃaɪnɪŋ] *adj.* □ leuchtend (*a. fig. Beispiel*), strahlend; glänzend (*a. fig.*): ***a ~ light*** e-e Leuchte (*Person*).

shin·ny ['ʃɪnɪ] *v/i. Am.* F klettern.

shin·y ['ʃaɪnɪ] *adj. allg.* glänzend: a) leuchtend (*a. fig.*), funkelnd (*a. Auto etc.*), b) strahlend (*Tag etc.*), c) blank (-geputzt), d) abgetragen: ***a ~ jacket***.

ship [ʃɪp] **I** *s.* **1.** ⚓ *allg.* Schiff *n*: ***~'s articles*** → ***shipping articles***; ***~'s company*** Besatzung *f*; ***~'s husband*** Mitreeder *m*; ***~'s papers*** Schiffspapiere; ***~ of the desert*** *fig.* Wüstenschiff (*Kamel*); ***take ~*** sich einschiffen (***for*** nach); ***about ~!*** klar zum Wenden!; ***when my ~ comes home*** *fig.* wenn ich mein Glück mache; **2.** ⚓ Vollschiff *n* (*Segelschiff*); **3.** Boot *n*; **4.** *Am.* a) Luftschiff *n*, b) Flugzeug *n*, c) Raumschiff *n*; **II** *v/t.* **5.** an Bord bringen *od.* (*a. Passagiere*) nehmen, verladen; **6.** ⚓ verschiffen, transportieren; **7.** ✝ a) verladen, b) versenden, -frachten, (aus-)liefern (*a. zu Lande*), c) *Ware zur Verladung* abladen, d) ⚓ *Ladung* über'nehmen: ***~ a sea*** e-e See (*Sturzwelle*) übernehmen; **8.** ⚓ *Ruder* einlegen, *Mast* einsetzen: ***~ the oars*** die Riemen einlegen; **9.** ⚓ *Matrosen* (an)heuern; **10.** F *a.* ***~ off*** fortschicken; **III** *v/i.* **11.** sich einschiffen; **12.** sich anheuern lassen; ~ **bis·cuit** *s.* Schiffszwieback *m*; '~**·board** *s.*: ***on*** ~ an Bord; '~**·borne air·craft** *s.* ✈ Bordflugzeug *n*; '~ˌ**build·er** *s.* ⚓ 'Schiffsarchiˌtekt *m*, -bauer *m*; '~ˌ**build·ing** *s.* ⚓ Schiff(s)bau *m*; ~ **ca·nal** *s.* ⚓ 'Seekaˌnal *m*; ~ **chan·dler** *s.* Schiffsausrüster *m*; '~**·load** *s.* (volle) Schiffsladung (*als Maß*); '~ˌ**mas·ter** *s.* ⚓ ('Handels)Kapiˌtän *m*.

ship·ment ['ʃɪpmənt] *s.* **1.** ⚓ a) Verladung *f*, b) Verschiffung *f*, 'Seetransˌport *m*, c) (Schiffs)Ladung *f*; **2.** ✝ (*a. zu Lande*) a) Versand *m*, b) (Waren)Sendung *f*, Lieferung *f*.

'**shipˌown·er** *s.* Reeder *m*.

ship·per ['ʃɪpə] *s.* ✝ **1.** Verschiffer *m*, Ablader *m*; **2.** Spedi'teur *m*.

ship·ping ['ʃɪpɪŋ] *s.* **1.** Verschiffung *f*; **2.** ✝ a) Abladung *f* (*Anbordnahme*), b) Verfrachtung *f*, Versand *m* (*a. zu Lande etc.*); **3.** ⚓ *coll.* Schiffsbestand *m* (*e-s Landes etc.*); ~ **a·gent** *s.* **1.** 'Schiffsaˌgent *m*; **2.** Schiffsmakler *m*; ~ **ar·ti·cles** *s. pl.* ⚓ 'Schiffsarˌtikel *pl.*, Heuervertrag *m*; ~ **bill** *s. Brit.* Mani'fest *n*; ~ **clerk** *s.* ✝ Leiter *m* der Versandabteilung; ~ **com·pa·ny** *s.* ⚓ Reede'rei *f*; ~ **fore·cast** *s.* Seewetterbericht *m*.

'**ship|·shape** *pred. adj. u. adv.* in tadelloser Ordnung, blitzblank; ˌ~**-to-'ship** *adj.* Bord-Bord-…; ˌ~**-to-'shore** *adj.* Bord-Land-…; '~**·way** *s.* Stapel *m*, Helling *f*; '~**·wreck I** *s.* **1.** ⚓ Wrack *n*; **2.** Schiffbruch *m*, *fig. a.* Scheitern *n von Plänen etc.*: ***make*** ~ ***of*** → 4; **II** *v/t.* **3.** scheitern lassen: ***be*** ~***ed*** schiffbrüchig werden *od.* sein; **4.** *fig.* zum Scheitern bringen, vernichten; **III** *v/i.* **5.** Schiffbruch erleiden, scheitern (*beide a. fig.*); '~**·wright** *s.* **1.** → ***shipbuilder***, **2.** Schiffszimmermann *m*; '~**·yard** *s.* (Schiffs)Werft *f*.

shir [ʃɜː] → ***shirr***.

shire ['ʃaɪə] *s.* **1.** brit. Grafschaft *f*; **2.** au'stralischer Landkreis; **3.** *a.* ~ ***horse*** *ein schweres Zugpferd*.

shirk [ʃɜːk] **I** *v/t.* sich drücken vor (*dat.*); **II** *v/i.* sich drücken (***from*** vor *dat.*); '**shirk·er** [-kə] *s.* Drückeberger *m*.

shirr [ʃɜː] **I** *s.* e'lastisches Gewebe, eingewebte Gummischnur, Zugband *n*; **II** *v/t. Gewebe* kräuseln; **shirred** [ʃɜːd] *adj.* e'lastisch, gekräuselt.

shirt [ʃɜːt] *s.* **1.** (Herren-, Ober-, *a.* 'Unter-, Nacht)Hemd *n*: ***get s.o.'s*** ~ ***out*** j-n ‚auf die Palme bringen'; ***give away the*** ~ ***off one's back*** sein letztes Hemd *für j-n* hergeben; ***keep one's*** ~ ***on*** *sl.* sich nicht aufregen; ***lose one's*** ~ ‚sein letztes Hemd verlieren'; ***put one's*** ~ ***on*** *sl.* alles auf *ein Pferd etc.* setzen; **2.** *a.* ~ ***blouse*** Hemdbluse *f*; ~ **front** *s.* Hemdbrust *f*.

shirt·ing ['ʃɜːtɪŋ] *s.* Hemdenstoff *m*.

'**shirt-sleeve I** *s.* Hemdsärmel *m*: ***in one's*** ~***s*** in Hemdsärmeln; **II** *adj. fig.* ‚hemdsärmelig', ungezwungen, le'ger: ~ ***diplomacy*** offene Diplomatie.

shirt·y ['ʃɜːtɪ] *adj. sl.* unverschämt, ungehobelt.

shit [ʃɪt] V **I** *s.* **1.** Scheiße *f*: ***have a*** ~ scheißen; **2.** *fig.* ‚Scheiße' *f*, ‚Scheiß (-dreck)' *m*; **3.** *fig.* Arschloch *n*; **4.** *pl.* ‚Scheiße'rei' *f*; **5.** *sl.* ‚Shit' *n* (*Haschisch*); **II** *v/i.* [*irr.*] **6.** scheißen: ~ ***on*** a) auf *j-n od. et.* scheißen, b) *fig. j-n* ‚verpfeifen'; **III** *v/t.* **7.** vollscheißen, scheißen in (*acc.*); **shit·ty** ['ʃɪtɪ] *adj.* ‚beschissen'.

shiv·er[1] ['ʃɪvə] **I** *s.* **1.** Splitter *m*, (Bruch-) Stück *n*, Scherbe *f*; **2.** *min.* Dachschiefer *m*; **II** *v/t.* **3.** zersplittern, zerschmettern; **III** *v/i.* **4.** (zer)splittern.

shiv·er[2] ['ʃɪvə] **I** *v/i.* **1.** (***with*** vor *dat.*) zittern, (er)schauern, frösteln; **2.** flattern (*Segel*); **II** *s.* **3.** Schauer *m*, Zittern *n*, Frösteln *n*: ***the*** ~***s*** a) ⚕ der Schüttelfrost, b) F *fig.* das kalte Grausen; '**shiv·er·ing** [-vərɪŋ] *s.* Schauer(n *n*) *m*: ~ ***fit*** Schüttelfrost *m*; '**shiv·er·y** [-ərɪ] *adj.* **1.** fröstelnd; **2.** fiebrig.

shoal[1] [ʃəʊl] **I** *s.* Schwarm *m*, Zug *m von Fischen*; *fig.* Unmenge *f*, Masse *f*; **II** *v/i.* in Schwärmen auftreten.

shoal[2] [ʃəʊl] **I** *s.* **1.** Untiefe *f*, seichte Stelle; Sandbank *f*; **2.** *fig.* Klippe *f*; **II** *adj.* **3.** seicht; **III** *v/i.* **4.** seicht(er) werden; '**shoal·y** [-lɪ] *adj.* seicht.

shock[1] [ʃɒk] **I** *s.* **1.** Stoß *m*, Erschütterung *f* (*a. fig. des Vertrauens etc.*); **2.** Zs.-stoß *m*, Zs.-prall *m*, Anprall *m*; **3.** ⚕ (Nerven)Schock *m*, Schreck *m*, (plötzlicher) Schlag (***to*** für), *seelische* Erschütterung (***to*** *gen.*): ***be in*** (***a state of***) ~ e-n Schock haben; ***get the*** ~ ***of one's life*** a) zu Tode erschrecken, b) sein blaues Wunder erleben; ***with a*** ~ mit Schrecken; **4.** Schock *m*, Ärgernis *n* (***to*** für); **5.** ⚡ Schlag *m*, (*a.* ⚕ E'lektro-) Schock *m*; **II** *v/t.* **6.** erschüttern, erbeben lassen; **7.** *fig.* schockieren, em'pören: ~***ed*** empört *od.* entrüstet (***at*** über *acc.*, ***by*** durch); **8.** *fig. j-m* e-n Schock versetzen, *j-n* erschüttern: ***I was*** ~***ed to hear*** zu m-m Entsetzen hörte ich; **9.** *j-m* e-n e'lektrischen Schlag versetzen; ⚕ *j-n* schocken.

shock[2] [ʃɒk] ⚘ **I** *s.* Mandel *f*, Hocke *f*; **II** *v/t.* in Mandeln aufstellen.

shock[3] [ʃɒk] **I** *s.* (~ ***of hair*** Haar)Schopf *m*; **II** *adj.* zottig: ~ ***head*** Strubbelkopf *m*.

shock| ab·sorb·er *s.* ⚙ **1.** Stoßdämpfer *m*; **2.** 'Schwingmeˌtall *n*; ~ **ab·sorp·tion** *s.* ⚙ Stoßdämpfung *f*.

shock·er ['ʃɒkə] *s.* **1.** *allg.* ‚Schocker' *m*; **2.** Elektri'sierappaˌrat *m*.

'**shock-ˌhead·ed** *adj.* strubb(e)lig: ~ ***Peter*** (der) Struwwelpeter.

shock·ing ['ʃɒkɪŋ] **I** *adj.* ☐ **1.** schockierend, em'pörend, unerhört, anstößig; **2.** entsetzlich, haarsträubend; **3.** F scheußlich, schrecklich, mise'rabel; **II** *adv.* F **4.** schrecklich, unheimlich (*groß etc.*).

'**shock|·proof** *adj.* ⚙ stoß-, erschütterungsfest; ~ **tac·tics** *s. pl. sg. konstr.* ⚔ 'Durchbruchs-, Stoßtaktik *f*; ~ **ther·a·py**, ~ **treat·ment** *s.* ⚕ 'Schocktheraˌpie *f*, -behandlung *f*; ~ **troops** *s. pl.* ⚔ Stoßtruppen *pl.*; ~ **wave** *s.* Druckwelle *f*; *fig.* Erschütterung *f*, Schock *m*; ~ **work·er** *s. DDR etc.*: Stoßarbeiter *m*.

shod [ʃɒd] **I** *pret. u. p.p. von* ***shoe***; **II** *adj.* **1.** beschuht; **2.** beschlagen (*Pferd, Stock etc.*); **3.** bereift.

shod·dy ['ʃɒdɪ] **I** *s.* **1.** Shoddy *n*, (langfaserige) Reißwolle; **2.** Shoddytuch *n*; **3.** *fig.* Schund *m*, Kitsch *m*; **4.** *fig.* Protzentum *n*; **II** *adj.* **5.** Shoddy…; **6.** *fig.* a) unecht, falsch: ~ ***aristocracy*** Talmiaristokratie *f*, b) kitschig, Schund…: ~ ***literature***, c) protzig.

shoe [ʃuː] **I** *s.* **1.** (*bsd. Brit.* Halb)Schuh *m*: ***dead men's*** ~***s*** *fig.* ungeduldig erwartetes Erbe; ***be in s.o.'s*** ~***s*** *fig.* in j-s Haut stecken; ***know where the*** ~ ***pinches*** *fig.* wissen, wo der Schuh drückt; ***shake in one's*** ~***s*** *fig.* vor Angst schlottern; ***step into s.o.'s*** ~***s*** j-s Stelle einnehmen; ***that is another pair of*** ~***s*** *fig.* das sind zwei Paar Stiefel; ***now the*** ~ ***is on the other foot*** F jetzt will er *etc.* (plötzlich) nichts mehr davon wissen; **2.** Hufeisen *n*; **3.** ⚙ Schuh *m*, (Schutz)Beschlag *m*; **4.** ⚙ a) Bremsschuh *m*, -klotz *m*, b) Bremsbacke *f*; **5.** ⚙ (Reifen)Decke *f*; **6.** ⚡ Gleitschuh *m*; **II** *v/t.* [*irr.*] **7.** a) beschuhen, b) *Pferd, a. Stock* beschlagen; '~**·black** *s.* Schuhputzer *m*; '~**·horn** *s.* Schuhlöffel *m*; '~**·lace** *s.* Schnürsenkel *m*; '~ˌ**mak·er** *s.* Schuhmacher *m*: ~***'s thread*** Pechdraht *m*; '~**·shine** *s. Am.* Schuhputzen *n*: ~ ***boy*** Schuhputzer *m*; '~**·string I** *s.* → ***shoelace***: ***on a*** ~ F mit ein paar Groschen, praktisch mit nichts *anfangen etc.*; **II** *adj.* F a) fi'nanzschwach, b) ‚klein', c) armselig.

shone [ʃɒn] *pret. u. p.p. von* ***shine***.

shoo [ʃuː] **I** *int.* **1.** husch!, sch!, fort!; **II** *v/t.* **2.** *a.* ~ ***away*** *Vögel etc.* verscheuchen; **3.** *Am.* F *j-n* ‚scheuchen'; **III** *v/i.* **4.** husch! *od.* sch! rufen.

shook[1] [ʃʊk] *bsd. Am. s.* **1.** Bündel *n* Faßdauben; **2.** Pack *m* Kistenbretter; **3.** → ***shock***[2] I.

shook[2] [ʃʊk] *pret. von* ***shake***.

shoot [ʃuːt] **I** *s.* **1.** a) (*a.* Wett)Schießen *n*, b) Schuß *m*; **2.** *hunt.* a) Jagd *f*, b) 'Jagd(reˌvier *n*) *f*, c) Jagdgesellschaft *f*, d) *Am.* Strecke *f*; **3.** *Am.* Ra'ketenabschuß *m*; **4.** *phot.* (Film)Aufnahme *f*; **5.** (Holz- *etc.*)Rutsche *f*, Rutschbahn *f*; **6.** Stromschnelle *f*; **7.** ⚘ Schößling *m*, Trieb *m*; **II** *v/t.* [*irr.*] **8.** *Pfeil, Kugel etc.* (ab)schießen, (-)feuern: ~ ***questions at s.o.*** j-n mit Fragen bombardieren; → ***shoot off*** I; **9.** a) *Wild* schießen, erlegen, b) *a. j-n* anschießen, c) *a.* ~ ***dead*** *j-n* erschießen (***for*** wegen); **10.** *hunt.* in *e-m Revier* jagen; **11.** *sport Ball, Tor* schießen; **12.** ⚓ *Sonne etc.* schießen (*Höhe messen*); → ***moon*** 1; **13.** *fig. Strahl etc.* schießen, senden: ~ ***a glance at*** e-n schnellen Blick werfen auf (*acc.*); **14.** a) *Film, Szene* drehen, b) ‚schießen', aufnehmen, fotografieren; **15.** *fig.* stoßen, schleudern, werfen; **16.** *fig.* unter *e-r Brücke etc.* hin'durchschießen, über *e-e Stromschnelle etc.* hin'wegschießen; **17.** *Riegel* vorschieben; **18.** *mit Fäden* durch'schießen, -'wirken; **19.** *a.* ~ ***forth*** ⚘ *Knospen etc.* treiben; **20.** *Müll, Karren etc.* abladen, auskippen; **21.** *Faß* schroten; **22.** ⚕ (ein)spritzen; → ***shoot up*** 2; **III** *v/i.* [*irr.*] **23.** *a. sport* schießen, feuern (***at*** nach, auf *acc.*): ~***!*** *Am. sl.* schieß los! (*sprich!*); **24.** *hunt.* jagen, schießen: ***go*** ~***ing*** auf die Jagd gehen; **25.** *fig.* (da'hin-, vor'bei- *etc.*)schießen, (-)jagen, (-)rasen: ~ ***ahead*** nach vorn schießen, voranstürmen; ~ ***ahead of*** vorbeischießen an (*dat.*), überholen; **26.** stechen (*Schmerz, Glied*); **27.** *a.* ~ ***forth*** ⚘ sprossen, keimen; **28.** a) filmen, b) fotografieren; **29.** ⚓ 'überschießen (*Ballast*);

Zssgn mit adv.:

shoot| down *v/t.* **1.** *j-n* niederschießen; **2.** *Flugzeug etc.* abschießen; **3.** F ‚abschmettern'; **~ off I** *v/t. Waffe* abschießen: **~ *one's mouth*** a) ‚blöd daherreden', b) ‚quatschen', ‚(weiter-)tratschen'; **II** *v/i.* stechen (*bei gleicher Trefferzahl*); **~ out I** *v/t.* **1.** *Auge etc.* ausschießen; **2. *shoot it out*** die Sache mit ‚blauen Bohnen' entscheiden; **3.** her'ausschleudern, hin'auswerfen; **4.** *Faust, Fuß* vorschnellen (lassen); *Zunge* her'ausstrecken; **5.** her'ausragen lassen; **II** *v/i.* **6.** ♀ her'vorsprießen; **7.** vor-, her'ausschnellen; **~ up I** *v/t.* **1.** *sl.* zs.-schießen; **2.** *sl. Heroin etc.* ‚drükken'; **II** *v/i.* **3.** in die Höhe schießen, rasch wachsen (*Pflanze, Kind*); **4.** em'porschnellen (*a.* ✝ *Preise*); **5.** (jäh) aufragen (*Klippe etc.*).

shoot·er ['ʃu:tə] *s.* **1.** Schütze *m*, Schützin *f*; **2.** F ‚Schießeisen' *n*.

shoot·ing ['ʃu:tɪŋ] **I** *s.* **1.** a) Schießen *n*, b) Schieße'rei *f*; **2.** Erschießen *n*; **3.** *fig.* Stechen *n* (*Schmerz*); **4.** *hunt.* a) Jagd *f*, b) Jagdrecht *n*, c) 'Jagdreˌvier *n*; **5.** Aufnahme(n *pl.*) *f zu e-m Film*, Dreharbeiten *pl.*; **II** *adj.* **6.** schießend, Schieß...; **7.** *fig.* stechend (*Schmerz*); **8.** Jagd...; **~ box** *s.* Jagdhütte *f*; **~ gal·ler·y** *s.* **1.** ⚔, *sport* Schießstand *m*; **2.** Schießbude *f*; **~ i·ron** *s. sl.* ‚Schießeisen' *n*; **~ li·cense** *s.* Jagdschein *m*; **~ match** *s.* Preis-, Wettschießen *n*: ***the whole ~*** F der ganze ‚Kram'; **~ range** *s.* Schießstand *m*; **~ star** *s. ast.* Sternschnuppe *f*; **~ war** *s.* heißer Krieg, Schießkrieg *m*.

shop [ʃɒp] **I** *s.* **1.** (Kauf)Laden *m*, Geschäft *n*: ***set up ~*** ein Geschäft eröffnen; ***shut up ~*** das Geschäft schließen, den Laden dichtmachen (*a. für immer*); ***come to the wrong ~*** F an die falsche Adresse geraten; ***all over the ~*** *sl.* a) überall verstreut, b) in alle Himmelsrichtungen; **2.** ⚙ Werkstatt *f*; **3.** a) Betrieb *m*, Fa'brik *f*, b) Ab'teilung *f in e-r Fabrik*: ***talk ~*** fachsimpeln; ***sink the ~*** F a) nicht vom Geschäft reden, b) s-n Beruf verheimlichen; → ***closed shop***, ***open shop***; **4.** *bsd. Brit. sl.* a) ‚Laden' *m* (*Institut etc.*), ‚Penne' *f* (*Schule*), ‚Uni' *f* (*Universität*), b) ‚Kittchen' *n* (*Gefängnis*); **II** *v/i.* **5.** einkaufen, Einkäufe machen: ***go ~ping***; ***~ around*** F a) *vor dem Einkauf* die Preise vergleichen, b) *fig.* sich umsehen (***for*** nach); **III** *v/t.* **6.** *bsd. Brit. sl.* a) *j-n* ‚verpfeifen', b) *j-n* ‚ins Kittchen bringen'; **~ as·sist·ant** *s. Brit.* Verkäufer(in); **~ com·mit·tee** *s.* ✝ *Am.* Betriebsrat *m*; **'~ˌfit·ter** *s.* Ladeneinrichter *m*, -ausstatter *m*; **~ floor** *s.* **1.** Produkti'onsstätte *f*; **2.** Arbeiter *pl.*, Belegschaft *f*; **'~·girl** *s.* Ladenmädchen *n*; **'~ˌkeep·er** *s.* Ladenbesitzer(in): ***nation of ~s*** *fig. contp.* Krämervolk *n*; **'~ˌkeep·ing** *s.* **1.** Kleinhandel *m*; **2.** Betrieb *m e-s* (Laden)Geschäfts; **'~ˌlift·er** *s.* Ladendieb(in); **'~ˌlift·ing** *s.* Ladendiebstahl *m*.

shop·per ['ʃɒpə] *s.* (Ein)Käufer(in); **shop·ping** ['ʃɒpɪŋ] *s.* **1.** Einkauf *m*, Einkaufen *n* (*in Läden*): ***~ centre*** *Brit.*, ***~ center*** *Am.* Einkaufszentrum *n*; ***~ list*** Einkaufsliste *f*; ***do one's ~*** (seine) Einkäufe machen; **2.** Einkäufe *pl.* (*Ware*).

ˌshop|-'soiled *adj.* **1.** ✝ angestaubt, beschädigt; **2.** *fig.* abgenutzt; **~ stew·ard** *s.* ✝ (gewerkschaftlicher) Vertrauensmann; **'~·talk** *s.* Fachsimpe'lei *f*; **'~ˌwalk·er** *s. Brit.* (aufsichtführender) Ab'teilungsleiter (*im Kaufhaus*); **ˌ~'win·dow** *s.* Schaufenster *n*, Auslage *f*: ***put all one's goods in the ~*** *fig.* ‚ganz auf Wirkung machen'; **'~·worn** → ***shop-soiled.***

shore¹ [ʃɔ:] **I** *s.* **1.** Stütz-, Strebebalken *m*, Strebe *f*; **2.** ⚓ Schore *f* (*Spreizholz*); **II** *v/t.* **3.** *mst* **~ *up*** a) abstützen, b) *fig.* (unter)'stützen.

shore² [ʃɔ:] **I** *s.* **1.** Küste *f*, Strand *m*, Ufer *n*, Gestade *n*: ***my native ~*** *fig.* mein Heimatland; **2.** ⚓ Land *n*: ***on ~*** an(s) Land; ***in ~*** in Küstennähe; **II** *adj.* **3.** Küsten..., Strand..., Land...: **~ *battery*** ⚔ Küstenbatterie *f*; **~ *leave*** ⚓ Landurlaub *m*; **'shore·less** [-lɪs] *adj.* ohne Ufer, uferlos (*a. poet. fig.*); **'shore·ward** [-wəd] **I** *adj.* küstenwärts gelegen *od.* gerichtet *etc.*; **II** *adv. a.* **~s** küstenwärts, (nach) der Küste zu.

shorn [ʃɔ:n] *p.p. von* ***shear***: **~ *of*** *fig. e-r Sache* beraubt.

short [ʃɔ:t] **I** *adj.* □ → ***shortly***; **1.** *räumlich u. zeitlich* kurz: ***a ~ life***; ***a ~ memory***; ***a ~ street***; ***a ~ time ago*** vor kurzer Zeit, vor kurzem; ***~ sight*** Kurzsichtigkeit *f* (*a. fig.*); ***get the ~ end of the stick*** *Am.* F schlecht wegkommen (*bei e-r Sache*); ***have by the ~ hairs*** *Am.* F *j-n od. et.* ‚in der Tasche' haben; **2.** kurz, gedrungen, klein; **3.** zu kurz (***for*** für): ***fall*** (*od.* ***come***) ***~ of*** *fig. et.* nicht erreichen, *den Erwartungen etc.* nicht entsprechen, hinter (*dat.*) zurückbleiben; **4.** *fig.* kurz, knapp: ***a ~ speech***; ***be ~ for*** die Kurzform sein von; **5.** kurz angebunden, barsch (***with*** gegen); **6.** knapp, unzureichend: ***~ rations***; ***~ weight*** Fehlgewicht *n*; ***run ~*** knapp werden; **7.** knapp (***of*** an *dat.*): ***~ of breath*** kurzatmig; ***~ of cash*** knapp bei Kasse; ***they ran ~ of bread*** das Brot ging ihnen aus; **8.** knapp, nicht ganz: ***a ~ hour*** (***mile***); **9.** geringer, weniger (***of*** als): ***nothing ~ of*** nichts weniger als, geradezu (→ *a.* 17); **10.** mürbe (*Gebäck etc.*): ***~ pastry*** Mürbeteig *m*; **11.** *metall.* brüchig; **12.** *bsd.* ✝ kurzfristig, *Wechsel etc.* auf kurze Sicht: ***at ~ date*** kurzfristig; ***at ~ notice*** a) kurzfristig (kündbar), b) schnell, prompt; **13.** ✝ *Börse*: a) Baisse..., b) ungedeckt, dekkungslos: ***sell ~***; **14.** a) klein, in e-m Gläs-chen serviert, b) stark (*Getränk*); **II** *adv.* **15.** kurz(erhand), plötzlich, ab'rupt: ***cut s.o. ~***, ***take s.o. up ~*** j-n (jäh) unterbrechen; ***be taken ~*** F ‚dringend (austreten) müssen'; ***stop ~*** plötzlich innehalten (→ *a.* 17); **16.** zu kurz; **17. *~ of*** a) knapp *od.* kurz vor (*dat.*), b) *fig.* abgesehen von, außer (*dat.*): ***anything ~ of murder***; ***~ of lying*** ehe ich lüge; ***stop ~ of*** zurückschrecken vor (*dat.*); **III** *s.* **18.** *et.* Kurzes, *z.B.* Kurzfilm *m*; **19. *in ~*** kurzum; ***called Bill for ~*** kurz *od.* der Kürze halber Bill genannt; **20.** ↯ F ‚Kurze(r)' *m* (*Kurzschluß*); **21.** ✝ a) 'Baissespekuˌlant *m*, b) *pl.* ohne Deckung verkaufte 'Wertpaˌpiere *pl. od.* Waren *pl.*; **22.** *ling.* a) kurzer Vo'kal, b) kurze Silbe; **23.** *pl.* a) Shorts *pl.*, kurze Hose, b) *Am.* kurze 'Unterhose; **IV** *v/t.* **24.** F → ***short-circuit*** 1, 2; **'short·age** [-tɪdʒ] *s.* **1.** Knappheit *f*, Mangel *m* (***of*** an *dat.*); **2.** Fehlbetrag *m*, Defizit *n*.

'short|·bread, **'~·cake** *s.* Mürbe-, Teekuchen *m*; **ˌ~'change** *v/t.* F *j-m* zu'wenig (Wechselgeld) her'ausgeben; *fig. j-n* ‚übers Ohr hauen'; **~ cir·cuit** *s.* ↯ Kurzschluß *m*; **ˌ~-'cir·cuit** *v/t.* **1.** ↯ e-n Kurzschluß verursachen in (*dat.*); **2.** ↯ kurzschließen; **3.** *fig.* F a) *et.* ‚torpedieren', b) *et.* um'gehen; **ˌ~'com·ing** *s.* **1.** Unzulänglichkeit *f*; **2.** Fehler *m*, Mangel *m*; **3.** Pflichtversäumnis *n*; **4.** Fehlbetrag *m*; **~ cut** *s.* Abkürzung *f* (*Weg*); *fig.* abgekürztes Verfahren: ***take a ~*** (den Weg) abkürzen; **ˌ~'dat·ed** *adj.* ✝ kurzfristig: **~ *bond***; **ˌ~'dis·tance** *adj.* Nah...

short·en ['ʃɔ:tn] **I** *v/t.* **1.** (ab-, ver)kürzen, kürzer machen; *Bäume etc.* stutzen; *fig.* vermindern; **2.** ⚓ *Segel* reffen; **3.** *Teig* mürbe machen; **II** *v/i.* **4.** kürzer werden; **5.** fallen (*Preise*); **'short·en·ing** [-nɪŋ] *s.* **1.** (Ab-, Ver)Kürzung *f*; **2.** (Ver)Minderung *f*; **3.** Backfett *n*.

'short|·fall *s.* Fehlbetrag *m*; **'~·hand I** *s.* **1.** Kurzschrift *f*; **II** *adj.* **2.** in Kurzschrift (geschrieben), stenographiert; **3.** Kurzschrift...: **~ *typist*** Stenotypistin *f*; **~ *writer*** Stenograph(in); **ˌ~-'hand·ed** *adj.* knapp an Arbeitskräften; **~ haul** *s.* Nahverkehr *m*; **'~·horn** *s. zo.* Shorthorn *n*, Kurzhornrind *n*.

short·ie ['ʃɔ:tɪ] → ***shorty***.

short·ish ['ʃɔ:tɪʃ] *adj.* etwas *od.* ziemlich kurz (geraten).

short| list *s.*: ***be on the ~*** in der engeren Wahl sein; **'~-list** *v/t. j-n* in die engere Wahl ziehen; **ˌ~'lived** [-'lɪvd] *adj.* kurzlebig, *fig. a.* von kurzer Dauer.

short·ly ['ʃɔ:tlɪ] *adv.* **1.** in Kürze, bald: ***~ after*** kurz (da)nach; **2.** in kurzen Worten; **3.** kurz (angebunden), schroff; **short·ness** ['ʃɔ:tnɪs] *s.* **1.** Kürze *f*; **2.** Schroffheit *f*; **3.** Knappheit *f*, Mangel *m* (***of*** an *dat.*): ***~ of breath*** Kurzatmigkeit *f*; **4.** Mürbe *f* (*Gebäck etc.*).

'short|-range *adj.* **1.** Kurzstrecken..., Nah..., ⚔ *a.* Nahkampf...; **2.** *fig.* kurzfristig; **~ rib** *s. anat.* falsche Rippe; **~ sale** *s.* ✝ Leerverkauf *m*; **ˌ~-'sight·ed** [-'saɪtɪd] *adj.* □ kurzsichtig (*a. fig.*); **ˌ~-'sight·ed·ness** [-'saɪtɪdnɪs] *s.* Kurzsichtigkeit *f* (*a. fig.*); **ˌ~-'spo·ken** *adj.* kurz angebunden, schroff; **~ sto·ry** *s.* Kurzgeschichte *f*; **~ tem·per** *s.* Reizbarkeit *f*, Heftigkeit *f*; **ˌ~-'tem·pered** *adj.* reizbar, aufbrausend; **'~-term** *adj. bsd.* ✝ kurzfristig: **~ *credit***; **~ time** *s.* ✝ Kurzarbeit *f*: ***work*** (*od.* ***be on***) ***~*** kurzarbeiten; **~ ton** *s. bsd. Am.* Tonne *f* (*2000 lbs.*); **~ wave** *s.* ↯ Kurzwelle *f*; **ˌ~-'wave** *adj.* ↯ **1.** kurzwellig; **2.** Kurzwellen...; **~ wind** *s.* Kurzatmigkeit *f* (*a. fig.*); **ˌ~-'wind·ed** *adj.* kurzatmig (*a. fig.*).

short·y ['ʃɔ:tɪ] *s.* F **1.** ‚Knirps' *m*; **2.** a) kleines Ding, b) kurze Sache.

shot¹ [ʃɒt] **I** *pret. u. p.p. von* ***shoot***; **II** *adj.* **1.** *a.* **~ *through*** durch'schossen, gesprenkelt (*Seide etc.*); **2.** changierend, schillernd (*Stoff, Farbe*); **3.** *sl.* ‚ka'putt', erschöpft.

shot² [ʃɒt] *s.* **1.** Schuß *m* (*a. Knall*): ***a long ~*** *fig.* ein kühner Versuch; ***by a long ~*** *sl.* weitaus; ***not by a long ~*** längst nicht, kein bißchen; ***call the ~s***

fig. ‚am Drücker sein', das Sagen haben; ***like a ~*** F wie der Blitz, sofort; ***take a ~ at*** schießen auf (*acc.*); **2.** Schußweite *f*: ***out of ~*** außer Schußweite; **3.** *a.* ***small ~*** a) Schrotkugel *f*, -korn *n*, b) *coll.* Schrot(kugeln *pl.*) *m*; **4.** (Ka'nonen)Kugel *f*, Geschoß *n*: ***a ~ in the locker*** F Geld in der Tasche; **5.** *guter etc.* Schütze: ***big ~*** F ‚großes *od.* hohes Tier'; **6.** *sport* Schuß *m*, Wurf *m*, Stoß *m*, Schlag *m*; **7.** *sport* Kugel *f*: → ***shot put***; **8.** a) (Film)Aufnahme *f*, (-)Szene *f*, b) *phot.* F Aufnahme *f*, Schnappschuß *m*; **9.** *fig.* Versuch *m*: ***at the third ~*** beim dritten Versuch; ***have a ~ at*** es (einmal) mit *et.* versuchen; **10.** *fig.* (Seiten)Hieb *m*; **11.** 💉 Spritze *f* (*Injektion*): ***~ in the arm*** F *fig.* ‚Spritze' *f* (*bsd.* ✝ *finanzielle Hilfe*); **12.** F Schuß *m Rum etc.*; ‚Gläs-chen' *n Schnaps*: ***stand ~*** die Zeche (für alle) bezahlen; **13.** ⚙ a) Sprengladung *f*, b) Sprengung *f*; **14.** *Am. sl.* Chance *f*; **'~·gun** *s.* Schrotflinte *f*: ***~ wedding*** F ‚Mußheirat' *f*; **~ put** *s. sport* a) Kugelstoßen *n*, b) Stoß *m*; **'~-ˌput·ter** *s. sport* Kugelstoßer(in).

shot·ten ['ʃɒtn] *adj. ichth.* gelaicht habend: ***~ herring*** Laichhering *m*.

shot weld·ing *s.* ⚙ Schußschweißen *n*.

should [ʃʊd; ʃəd] **1.** *pret. von* ***shall***, *a. konditional futurisch*: *ich, er, sie, es* sollte, *du* solltest, *wir, Ihr, Sie, sie* sollten: ***I ~ have gone*** ich hätte gehen sollen; ***if he ~ come*** falls er kommen sollte; ***~ it prove false*** sollte es sich als falsch erweisen; **2.** *konditional*: *ich* würde, *wir* würden: ***I ~ go if ...***; ***I ~ not have come if*** ich wäre nicht gekommen, wenn; ***I ~ like to*** ich würde *od.* möchte gern; **3.** *nach Ausdrücken des Erstaunens*: ***it is incredible that he ~ have failed*** es ist unglaublich, daß er versagt hat.

shoul·der ['ʃəʊldə] **I** *s.* **1.** Schulter *f*, Achsel *f*: ***~ to ~*** *bsd. fig.* Schulter an Schulter; ***put one's ~ to the wheel*** *fig.* sich tüchtig ins Zeug legen; (***straight***) ***from the ~*** *fig.* unverblümt, geradeheraus; ***give s.o. the cold ~*** *fig.* j-m die kalte Schulter zeigen; → ***rub*** 7; ***he has broad ~s*** *fig.* er hat e-n breiten Rükken; **2.** Bug *m*, Schulterstück *n* (*von Tieren*): ***~ of mutton*** Hammelkeule *f*; **3.** *fig.* Schulter *f*, Vorsprung *m*; **4.** *a.* ***hard ~*** a) Ban'kett *n*, Seitenstreifen *m*, b) *mot.* Standspur *f*; **5.** ✈ 'Übergangsstreifen *m* (*Flugplatz*); **II** *v/t.* **6.** (mit der Schulter) stoßen *od.* drängen: ***~ one's way through the crowd*** sich e-n Weg durch die Menge bahnen; **7.** *et.* schultern, auf die Schulter nehmen; ⚔ *Gewehr* 'übernehmen; *Aufgabe, Verantwortung etc.* auf sich nehmen; **~ bag** *s.* 'Umhängetasche *f*; **~ belt** *s.* **1.** ⚔ Schulterriemen *m*; **2.** *mot.* Schultergurt *m*; **~ blade** *s. anat.* Schulterblatt *n*; **~ strap** *s.* **1.** Träger *m* (*bsd. an Damenunterwäsche*); **2.** ⚔ Schulterstück *n*.

should·n't ['ʃʊdnt] F *für* ***should not***.

shout [ʃaʊt] **I** *v/i.* **1.** (laut) rufen, schreien (***for*** nach): ***~ to s.o.*** j-m zurufen; **2.** schreien, brüllen (***with*** vor *Schmerz, Lachen*): ***~ at s.o.*** j-n anschreien; **3.** jauchzen (***for, with*** vor *dat.*); **II** *v/t.* **4.** (laut) rufen, schreien: ***~ disapproval*** laut sein Mißfallen äußern; ***~ s.o. down*** j-n niederbrüllen; ***~ out*** a) herausschreien, b) *Namen etc.* ausrufen; **III** *s.* **5.** Schrei *m*, Ruf *m*; **6.** Geschrei *n*, Gebrüll *n*: ***a ~ of laughter*** brüllendes Lachen; **7.** ***my ~!*** F jetzt bin ich dran! (*zum Stiften von Getränken*); **'shout·ing** [-tɪŋ] *s.* Schreien *n*, Geschrei *n*: ***all is over but*** *od.* ***bar the ~*** es ist so gut wie gelaufen.

shove [ʃʌv] **I** *v/t.* **1.** *beiseite etc.* schieben, stoßen: ***~ s.o. around*** *bsd. fig.* F j-n ‚herumschubsen'; **2.** (achtlos *od.* rasch) *wohin* schieben, stecken; **II** *v/i.* **3.** schieben, stoßen; **4.** (sich) drängge(l)n; **5.** ***~ off*** a) vom Ufer abstoßen, b) *sl.* ‚abschieben', sich da'vonmachen; **III** *s.* **6.** Stoß *m*, Schubs *m*.

shov·el ['ʃʌvl] **I** *s.* **1.** Schaufel *f*; **2.** ⚙ a) Löffel *m* (*e-s Löffelbaggers*), b) Löffelbagger *m*; **II** *v/t.* **3.** schaufeln: ***~ up*** (*od.* ***in***) ***money*** Geld scheffeln; **'shov·el·ful** [-fʊl] *pl.* **-fuls** *s. e-e* Schaufel(voll).

show [ʃəʊ] **I** *s.* **1.** (Her)Zeigen *n*: ***vote by ~ of hands*** durch Handzeichen wählen; **2.** Schau *f*, Zur'schaustellung *f*: ***a ~ of force*** *fig.* e-e Demonstration der Macht; **3.** *künstlerische etc.* Darbietung, Vorführung *f*, -stellung *f*, Show *f*: ***put on a ~*** F *fig.* ‚e-e Schau abziehen'; ***steal s.o. the ~*** F *fig.* j-m ‚die Schau stehlen'; **4.** F (The'ater-, Film)Vorstellung *f*; **5.** Schau *f*, Ausstellung *f*: ***flower ~***; ***on ~*** ausgestellt, zu besichtigen(d); **6.** *prunkvoller* 'Umzug; **7.** Schaubude *f auf Jahrmärkten*; **8.** Anblick *m*: ***make a sorry ~*** e-n traurigen Eindruck hinterlassen; ***make a good ~*** (e-e) ‚gute Figur' machen; **9.** F *gute etc.* Leistung: ***good ~!*** gut gemacht!, bravo!; **10.** Protze'rei *f*, Angebe'rei *f*: ***for ~*** um Eindruck zu machen, (nur) fürs Auge; ***be fond of ~*** gern großtun; ***make a ~ of*** mit *et.* protzen (→ *a.* 11); **11.** (leerer) Schein: ***in outward ~*** nach außen hin; ***make a ~ of rage*** sich wütend stellen; **12.** Spur *f*: ***no ~ of*** keine Spur von; **13.** F Chance *f*: ***give s.o. a ~***; **14.** F ‚Laden' *m*, ‚Kiste' *f*, ‚Kram' *m*: ***run the ~*** *sl.* ‚den Laden schmeißen'; ***give the*** (***whole***) ***~ away*** F den ganzen Schwindel verraten; ***a dull*** (***poor***) ***~*** e-e langweilige (armselige) Sache; **II** *v/t.* [*irr.*] **15.** zeigen (***s.o. s.th., s.th. to s.o.*** j-m et.), sehen lassen, *Fahrkarten etc. a.* vorzeigen, -weisen: ***~ o.s.*** *od.* ***one's face*** sich zeigen *od.* blicken lassen, *fig.* sich *grausam etc.* zeigen, sich erweisen als; ***~ s.o. the door*** j-m die Tür weisen; ***we had nothing to ~ for it*** wir hatten nichts vorzuweisen; **16.** ausstellen, (auf e-r Ausstellung) zeigen; **17.** *thea. etc.* zeigen, vorführen; **18.** *j-n ins Zimmer etc.* geleiten, führen: ***~ s.o. over the house*** j-n durch das Haus führen; **19.** *Absicht etc.* (auf)zeigen, kundtun, darlegen; **20.** zeigen, beweisen, nachweisen; ⚖ *a.* glaubhaft machen: ***~ proof*** den Beweis erbringen; ***that goes to ~ that*** das zeigt *od.* beweist, daß; **21.** zeigen, erkennen lassen, verraten: ***~ bad taste***; **22.** *Gunst etc.* erweisen; **23.** *j-m* zeigen *od.* erklären (*wie et. gemacht wird*): ***~ s.o. how to write*** j-m das Schreiben beibringen; **III** *v/i.* [*irr.*] **24.** sich zeigen, sichtbar werden *od.* sein: ***it ~s*** man sieht es; **25.** F sich *in Gesellschaft* zeigen, erscheinen;

Zssgn mit adv.:

show| forth *v/t.* darlegen, kundtun; **~ in** *v/t. j-n* her'einführen; **~ off I** *v/t.* **1.** protzen mit; **2.** *a.* ***~ to advantage*** vorteilhaft zur Geltung bringen; **II** *v/i.* **3.** angeben; **~ out** *v/t.* hin'ausgeleiten, -bringen; **~ up I** *v/t.* **1.** her'auf-, hin'aufführen; **2.** F a) *j-n* bloßstellen, entlarven, b) *et.* aufdecken; **II** *v/i.* **3.** F ‚aufkreuzen', -tauchen, erscheinen; **4.** sich abheben (***against*** gegen).

show| biz F → ***show business***; **'~·boat** *s.* The'aterschiff *n*; **~ busi·ness** *s.* Showbusineß *n*, Show-, Schaugeschäft *n*; **~ card** *s.* ✝ **1.** Musterkarte *f*; **2.** 'Werbeplaˌkat *n* (*im Schaufenster*); **'~·case** *s.* Schaukasten *m*; **'~·down** *s.* **1.** Aufdecken *n* der Karten (*a. fig.*); **2.** entscheidende Kraftprobe, endgültige Ausein'andersetzung, ‚Showdown' *m*.

show·er ['ʃaʊə] **I** *s.* **1.** (*Regen-, Hagel- etc.*)Schauer *m*; **2.** Guß *m*; **3.** *fig.* a) (*Funken-, Kugel- etc.*)Regen *m*, (*Geschoß-, Stein*)Hagel *m*, b) Schwall *m*, Unmenge *f*; **4.** *Am.* a) Brautgeschenke *pl.*, b) *a.* ***~ party*** Party *f* zur Über'reichung der Brautgeschenke; **5.** → ***shower bath***; **II** *v/t.* **6.** über'schütten, begießen: ***~ gifts*** *etc.* ***upon s.o.*** j-n mit Geschenken *etc.* überhäufen; **7.** *j-n* duschen; **8.** niederprasseln lassen; **III** *v/i.* **9.** (***~ down*** nieder)prasseln; **10.** (sich) duschen; **show·er bath** *s.* **1.** Dusche *f*: a) Brausebad *n*, b) Brause *f* (*Vorrichtung*); **2.** Duschraum *m*; **show·er·y** ['ʃaʊərɪ] *adj.* **1.** mit einzelnen (Regen-)Schauern; **2.** schauerartig.

show| girl *s.* Re'vuegirl *n*; **~ glass** → ***showcase***.

show·i·ness ['ʃəʊɪnɪs] *s.* **1.** Prunkhaftigkeit *f*, Gepränge *n*; **2.** Protzigkeit *f*, Auffälligkeit *f*; **3.** pom'pöses Auftreten.

show·ing ['ʃəʊɪŋ] *s.* **1.** Zur'schaustellung *f*; **2.** Ausstellung *f*; **3.** Vorführung *f* (*e-s Films etc.*); **4.** Darlegung *f*, Erklärung *f*, Beweis(e *pl.*) *m*: ***on*** (*od.* ***by***) ***your own ~*** nach Ihrer eigenen Darstellung; ***upon proper ~*** ⚖ nach erfolgter Glaubhaftmachung; **5.** *gute etc.* Leistung; **6.** Stand *m* der Dinge: ***on present ~*** so wie es derzeit aussieht; **ˌ~-'off** *s.* Angebe'rei *f*.

show| jump·er *s. sport* **1.** Springreiter (-in); **2.** Springpferd *n*; **~ jump·ing** *s.* Springreiten *n*.

'show·man [-mən] *s.* [*irr.*] **1.** Schausteller *m*; **2.** ‚Showman' *m*: a) *j-d der im Showgeschäft tätig ist*, b) *fig.* geschickter Propagan'dist, wirkungsvoller Redner *etc.*, j-d, der sich gut ‚zu verkaufen' versteht, *contp.* ‚Schauspieler' *m*; **'show·man·ship** [-ʃɪp] *s.* ‚Showmanship' *f*: a) ef'fektvolle Darbietung, b) *die* Kunst, sich in Szene zu setzen, Publikumswirksamkeit *f*.

shown [ʃəʊn] *p.p. von* ***show***.

'show|-off *s.* F **1.** ‚Angabe' *f*, Protze'rei *f*; **2.** ‚Angeber(in)' *m*; **'~·piece** *s.* Schau-, Pa'radestück *n*; **'~·place** *s.* Ort *m* mit vielen Sehenswürdigkeiten; **'~·room** *s.* **1.** Ausstellungsraum *m*; **2.** Vorführungssaal *m*; **~ tri·al** *s.* ⚖ 'Schauproˌzeß *m*; **~ win·dow** *s.* Schaufenster *n*.

show·y ['ʃəʊɪ] *adj.* □ **1.** a) prächtig, b) protzig; **2.** auffällig, grell.

shrank [ʃræŋk] *pret. von* ***shrink***.

shrap·nel [ˈʃræpnl] *s.* ⚔ **1.** Schrapˈnell *n*; **2.** Schrapˈnelladung *f*.

shred [ʃred] **I** *s.* **1.** Fetzen *m* (*a. fig.*), Lappen *m*: ***in ~s*** in Fetzen; ***tear to ~s*** a) → 4, b) *fig. Argument etc.* zerpflükken, -reißen; **2.** Schnitzel *m*, *n*; **3.** *fig.* Spur *f*, Aˈtom *n*: ***not a ~ of doubt*** nicht der leiseste Zweifel; **II** *v/t.* [*irr.*] **4.** zerfetzen, in Fetzen reißen; **5.** in Streifen schneiden, *Küche*: *a.* schnetzeln; **III** *v/i.* [*irr.*] **6.** zerreißen, in Fetzen gehen; ˈ**shred·der** [-də] *s.* **1.** ⚙ Reißwolf *m*; **2.** *Küche*: a) ˈSchnitzelmaˌschine *f*, -einsatz *m*, b) Reibeisen *n*.

shrew[1] [ʃruː] *s.* Xanˈthippe *f*, zänkisches Weib.

shrew[2] [ʃruː] *s. zo.* Spitzmaus *f*.

shrewd [ʃruːd] *adj.* □ **1.** schlau, gerieben; **2.** scharfsinnig, klug, gescheit: ***this was a ~ guess*** das war gut geraten; **3.** *obs.* scharf; ˈ**shrewd·ness** [-nɪs] *s.* **1.** Schlauheit *f*; **2.** Scharfsinn *m*, Klugheit *f*.

shrew·ish [ˈʃruːɪʃ] *adj.* □ zänkisch.

shriek [ʃriːk] **I** *s.* **1.** schriller *od.* spitzer Schrei; **2.** Kreischen *n* (*a. von Bremsen etc.*): ***~s of laughter*** kreischendes Lachen; **II** *v/i.* **3.** schreien, schrille Schreie ausstoßen; **4.** (gellend) aufschreien (***with*** vor *Schmerz etc.*): ***~ with laughter*** kreischen vor Lachen; **5.** schrill klingen; kreischen (*Bremsen etc.*); **III** *v/t.* **6.** ***~ out*** *et.* kreischen *od.* gellend schreien.

shriev·al·ty [ˈʃriːvltɪ] *s.* Amt *n* des Sheriffs.

shrift [ʃrɪft] *s.* **1.** *obs. eccl.* Beichte *f* (u. Absolutiˈon *f*); **2.** ***give s.o. short ~*** *fig.* mit j-m kurzen Prozeß machen, j-n kurz abfertigen.

shrike [ʃraɪk] *s. orn.* Würger *m*.

shrill [ʃrɪl] **I** *adj.* □ **1.** schrill, gellend; **2.** *fig.* grell (*Farbe etc.*); **3.** *fig.* heftig; **II** *v/t.* **4.** *et.* kreischen *od.* gellend schreien; **III** *v/i.* **5.** schrillen; ˈ**shrill·ness** [-nɪs] *s.* schriller Klang.

shrimp [ʃrɪmp] **I** *s.* **1.** *pl. coll.* **shrimp** *zo.* Garˈnele *f*; **2.** *fig. contp.* Knirps *m*, ‚Gartenzwerg' *m*; **II** *v/i.* **3.** Garˈnelen fangen.

shrine [ʃraɪn] *s.* **1.** *eccl.* a) (Reˈliquien-) Schrein *m*, b) Heiligengrab *n*, c) Alˈtar *m*; **2.** *fig.* Heiligtum *n*.

shrink [ʃrɪŋk] **I** *v/i.* [*irr.*] **1.** sich zs.-ziehen, (zs.-, ein)schrumpfen; **2.** einlaufen, -gehen (*Stoff*); **3.** abnehmen, schwinden; **4.** *fig.* zuˈrückweichen (***from*** vor *dat.*): ***~ from doing s.th.*** et. höchst widerwillig tun; **5.** *a.* ***~ back*** zuˈrückschrecken, -schaudern, -beben (***from***, ***at*** vor *dat.*); **6.** sich scheuen *od.* fürchten (***from*** vor *dat.*); **7.** ***~ away*** sich daˈvonschleichen; **II** *v/t.* [*irr.*] **8.** (ein-, zs.-)schrumpfen lassen; **9.** *Stoffe* einlaufen lassen, krump(f)en; **10.** *fig.* zum Schwinden bringen; **11.** ***~ on*** ⚙ aufschrumpfen: ***~ fit*** Schrumpfsitz *m*; **III** *s.* **12.** *sl.* Psychiˈater *m*; ˈ**shrink·age** [-kɪdʒ] *s.* **1.** (Zs.-, Ein)Schrumpfen *n*; **2.** Schrumpfung *f*; **3.** Verminderung *f*; Schwund *m* (*a.* ✝, ⚙); **4.** Einlaufen *n* (*Textilien*); ˈ**shrink·ing** [-kɪŋ] *adj.* □ **1.** schrumpfend; **2.** abnehmend; **3.** ˈwiderwillig; **4.** scheu; ˈ**shrink·proof** *adj.* nicht einlaufend (*Gewebe*); ˈ**shrink-wrap** *v/t. Bücher etc.* einschweißen.

shriv·el [ˈʃrɪvl] **I** *v/t.* **1.** *a.* ***~ up*** (ein-, zs.-) schrumpfen lassen; **2.** (ver)welken lassen, ausdörren; **3.** runzeln; **II** *v/i.* **4.** *oft* ***~ up*** (zs.-, ein)schrumpfen, schrumpeln; **5.** runz(e)lig werden; **6.** (ver)welken; **7.** *fig.* verkümmern.

shroud [ʃraʊd] **I** *s.* **1.** Leichentuch *n*, Totenhemd *n*; **2.** *fig.* Hülle *f*, Schleier *m*; **3.** *pl.* ⚓ Wanten *pl.*; **4.** *a.* ***~ line*** Fangleine *f* (*am Fallschirm*); **II** *v/t.* **5.** in ein Leichentuch (ein)hüllen; **6.** *fig.* *in Nebel*, *Geheimnis* hüllen; **7.** *fig. et.* verschleiern.

Shrove| Mon·day [ʃrəʊv] *s.* Rosenˈmontag *m*; ˈ**~·tide** *s.* Faschings-, Fastnachtszeit *f*; **~ Tues·day** *s.* Faschings-, Fastnachtsˈdienstag *m*.

shrub[1] [ʃrʌb] *s.* Strauch *m*, Busch *m*.

shrub[2] [ʃrʌb] *s. Art* Punsch *m*.

shrub·ber·y [ˈʃrʌbərɪ] *s.* ⚘ Strauchwerk *n*, Sträucher *pl.*, Gebüsch *n*; ˈ**shrub·by** [-bɪ] *adj.* ⚘ strauchig, buschig, Strauch…, Busch…

shrug [ʃrʌg] **I** *v/t.* **1.** *die Achseln* zucken: ***she ~ged her shoulders***; **2.** ***~ s.th. off*** *fig.* et. mit e-m Achselzucken abtun; **II** *v/i.* **3.** die Achseln zucken; **III** *s.* **4.** *a.* ***~ of the shoulders*** Achselzucken *n*.

shrunk [ʃrʌŋk] **I** *p.p. von* ***shrink***; **II** *adj.* **1.** (ein-, zs.-)geschrumpft; **2.** eingelaufen, dekatiert (*Stoff*); ˈ**shrunk·en** [-kən] **I** → ***shrunk*** 1; **II** *adj.* abgemagert, -gezehrt; eingefallen (*Wangen*).

shuck [ʃʌk] *bsd. Am.* **I** *s.* **1.** Hülse *f*, Schote *f* (*von Bohnen etc.*); **2.** grüne Schale (*von Nüssen etc.*), *a.* Austernschale *f*; **3.** ***I don't care ~s!*** F das ist mir völlig ‚schnurz'!; ***~s!*** F Quatsch!; **II** *v/t.* **4.** enthülsen, -schoten; schälen.

shud·der [ˈʃʌdə] **I** *v/i.* schaudern, (er-) zittern (***at*** bei, ***with*** vor *dat.*): ***I ~ at the thought***, ***I ~ to think of it*** es schaudert mich bei dem Gedanken; **II** *s.* Schauder(n *n*) *m*.

shuf·fle [ˈʃʌfl] **I** *s.* **1.** Schlurfen *n*, schlurfender Gang; **2.** *Tanz*: a) Schleifschritt *m*, b) Schleifer *m* (*Tanz*); **3.** (Karten-) Mischen *n*; **4.** Ausflucht *f*; Trick *m*; **II** *v/i.* **5.** schlurfen; (mit den Füßen) scharren: ***~ through s.th.*** *fig.* et. flüchtig erledigen; **6.** *fig.* a) Ausflüchte machen, sich herˈauszureden suchen, b) sich herˈauswinden (***out of*** aus); **7.** (die Karten) mischen; **III** *v/t.* **8.** hin- u. herschieben, *fig. a.* ‚jonglieren' mit: ***~ one's feet*** → 5; **9.** schmuggeln: ***~ away*** wegpraktizieren; **10.** ***~ off*** a) *Kleider* abstreifen, b) *fig.* abschütteln, sich befreien von, sich *e-r Verpflichtung* entziehen, *Schuld etc.* abwälzen (***on***[***to***] auf *acc.*); **11.** ***~ on*** *Kleider* mühsam anziehen; **12.** *Karten* mischen: ***~ together*** *et.* zs.-werfen, -raffen; ˈ**shuffle·board** *s.* a) Beilkespiel *n*, b) ⚓ *ein ähnliches Bordspiel*; ˈ**shuf·fler** [-lə] *s.* **1.** Schlurfende(r *m*) *f*; **2.** Ausflüchtemacher *m*; Schwindler(in); ˈ**shuf·fling** [-lɪŋ] *adj.* □ **1.** schlurfend, schleppend; **2.** unaufrichtig, unredlich; **3.** ausweichend: ***a ~ answer***.

shun [ʃʌn] *v/t.* (ver)meiden, ausweichen (*dat.*), sich fernhalten von.

shunt [ʃʌnt] **I** *v/t.* **1.** beiˈseite schieben; **2.** 🚂 *Zug etc.* rangieren, auf ein anderes Gleis fahren; **3.** ⚡ nebenschließen, shunten; **4.** *fig. et.* aufschieben; **5.** *fig. j-n* beiseite schieben, *j-n* kaltstellen; **6.** abzweigen; **II** *v/i.* **7.** 🚂 rangieren; **8.** *fig. von e-m Thema*, *Vorhaben etc.* abkommen, -springen; **III** *s.* **9.** 🚂 a) Rangieren *n*, b) Weiche *f*; **10.** ⚡ a) Nebenschluß *m*, b) ˈNebenˌwiderstand *m*; ˈ**shunt·er** [-tə] *s.* 🚂 a) Weichensteller *m*, b) Rangierer *m*; ˈ**shunt·ing** [-tɪŋ] 🚂 **I** *s.* Rangieren *n*; Weichenstellen *n*; **II** *adj.* Rangier…, Verschiebe…: ***~ engine***.

shush [ʃʌʃ] **I** *int.* sch!, pst!; **II** *v/i.* ‚sch' *od.* ‚pst' machen; **III** *v/t.* *j-n* zum Schweigen bringen.

shut [ʃʌt] **I** *v/t.* [*irr.*] **1.** (ver)schließen, zumachen: ***~ one's mind*** (*od.* ***heart***) ***to s.th.*** *fig.* sich gegen et. verschließen; → *Verbindungen mit anderen Substantiven*; **2.** einschließen, -sperren (***into***, ***in*** in *dat.*, *acc.*); **3.** ausschließen, -sperren (***out of*** aus); **4.** *Finger etc.* (ein)klemmen; **5.** *Taschenmesser*, *Buch etc.* schließen, zs.-, zuklappen; **II** *v/i.* [*irr.*] **6.** sich schließen, zugehen; **7.** schließen (*Fenster etc.*); **III** *p.p. u. adj.* **8.** ge-, verschlossen, zu: ***the shops are ~*** die Geschäfte sind geschlossen *od.* zu; *Zssgn mit adv.*:

shut| down I *v/t.* **1.** *Fenster etc.* schließen; **2.** *Fabrik etc.* schließen, stillegen; **II** *v/i.* **3.** die Arbeit *od.* den Betrieb einstellen, ‚zumachen'; **4.** ***~ (up)on*** F ein Ende machen mit; **~ in** *v/t.* **1.** einschließen (*a. fig.*); **2.** *Aussicht* versperren; **~ off** *v/t.* **1.** *Wasser*, *Motor etc.* abstellen; **2.** abschließen (***from*** von); **~ out** *v/t.* **1.** *j-n*, *a. Licht*, *Luft etc.* ausschließen, -sperren; **2.** *Landschaft* den Blicken entziehen; **3.** *sport Am. Gegner* (ohne Gegentor *etc.*) besiegen; **~ to I** *v/t.* → ***shut*** 1; **II** *v/i.* → ***shut*** 6; **~ up I** *v/t.* **1.** *Haus etc.* (fest) verschließen, -riegeln; → ***shop*** 1; **2.** *j-n* einsperren, -schließen; **3.** F *j-m* den Mund stopfen; **II** *v/i.* **4.** F die ‚Klappe' halten: ***~!*** halt's Maul!

ˈ**shut|·down** *s.* **1.** Arbeitsniederlegung *f*; **2.** Schließung *f*, (Betriebs)Stillegung *f*; **3.** *Radio*, *TV*: Sendeschluß *m*; ˈ**~·eye** *s.*: ***catch some ~*** *sl.* ein Schläfchen machen; ˈ**~·off** *s.* **1.** ⚙ Abstell-, Absperrvorrichtung *f*; **2.** *hunt.* Schonzeit *f*; ˈ**~·out** *s.* **1.** Ausschließung *f*; **2.** *sport* Zu-ˈNull-Niederlage *f od.* -Sieg *m*.

shut·ter [ˈʃʌtə] **I** *s.* **1.** Fensterladen *m*, Rolladen *m*: ***put up the ~s*** *fig.* das Geschäft (*am Abend od. für immer*) schließen; **2.** Klappe *f*; Verschluß *m* (*a. phot.*); **3.** △ Schalung *f*; **4.** *Wasserbau*: Schütz(e *f*) *n*; **5.** ♪ Jalouˈsie *f* (*Orgel*); **II** *v/t.* **6.** mit Fensterläden versehen *od.* verschließen; ˈ**~·bug** *s.* F ‚Fotonarr' *m*; **~ speed** *s. phot.* Belichtung(szeit) *f*.

shut·tle [ˈʃʌtl] **I** *s.* **1.** ⚙ a) Weberschiff (-chen) *n*, (Web)Schütze(n) *m*, b) Schiffchen *n* (*Nähmaschine*); **2.** Schütz (-entor) *n* (*Schleuse*); **3.** Pendelroute *f*, → *a.* ***shuttle service***, ***shuttle train***; **4.** (Raum)Fähre *f*; **II** *v/t.* **5.** (schnell) hin- u. herbewegen *od.* -befördern; **III** *v/i.* **6.** sich (schnell) hin- u. herbewegen; **7.** 🚂 *etc.* pendeln (***between*** zwischen); ˈ**~·cock I** *s. sport* Federball(spiel *n*) *m*; **II** *v/t. fig.* ˈhin- u. ˈherjagen; **~ di·plo·ma·cy** *s.* ˈReisediplomaˌtie *f*; **~ race** *s. sport* Pendelstaffel(lauf *m*) *f*; **~ service** *s.* Pendelverkehr *m*; **~ train** *s.* Pendel-, Vorortzug *m*.

shy[1] [ʃaɪ] **I** *adj.* □ **1.** scheu (*Tier*); **2.** scheu, schüchtern; **3.** zu'rückhaltend: ***be** (od. **fight**) **~ of s.o.*** j-m aus dem Weg gehen; **4.** argwöhnisch; **5.** zaghaft: ***be ~ of doing s.th.*** Hemmungen haben, et. zu tun; **6.** *sl.* knapp (***of*** an *dat.*); **7.** ***I'm ~ of one dollar*** *sl.* mir fehlt (noch) ein Dollar; **II** *v/i.* **8.** scheuen (*Pferd etc.*); **9.** *fig.* zu'rückscheuen, -schrecken (***at*** vor *dat.*); **III** *s.* **10.** Scheuen *n* (*Pferd etc.*).

shy[2] [ʃaɪ] **I** *v/t. u. v/i.* **1.** werfen; **II** *s.* **2.** Wurf *m*; **3.** *fig.* Hieb *m*, Stiche'lei *f*; **4.** ***have a ~ at (doing) s.th.*** F es (mal) mit et. versuchen.

shy·ness ['ʃaɪnɪs] *s.* **1.** Scheu *f*; **2.** Schüchternheit *f*; **3.** Zu'rückhaltung *f*; **4.** 'Mißtrauen *n*.

shy·ster ['ʃaɪstə] *s. Am. sl.* **1.** 'Winkeladvo,kat *m*; **2.** *fig.* Gauner *m*.

Si·a·mese [ˌsaɪə'mi:z] **I** *adj.* **1.** sia'mesisch; **II** *pl.* ˌ**Si·a'mese** *s.* **2.** Sia'mese *m*, Sia'mesin *f*; **3.** *ling.* Sia'mesisch *n*; **~ cat** *s. zo.* Siamkatze *f*; **~ twins** *s. pl.* Sia'mesische Zwillinge *pl.* (*a. fig.*).

Si·be·ri·an [saɪ'bɪərɪən] **I** *adj.* si'birisch; **II** *s.* Si'birier(in).

sib·i·lance ['sɪbɪləns] *s.* **1.** Zischen *n*; **2.** *ling.* Zischlaut *m*; '**sib·i·lant** [-nt] **I** *adj.* **1.** zischend; **2.** *ling.* Zisch[illegible]; **~ sound**; **II** *s.* **3.** *ling.* Zischlaut *m*; '**sib·i·late** [-leɪt] *v/t. u. v/i.* zischen; **sib·i·la·tion** [ˌsɪbɪ'leɪʃn] *s.* **1.** Zischen *n*; **2.** *ling.* Zischlaut *m*.

sib·ling ['sɪblɪŋ] *s. biol.* Bruder *m*, Schwester *f*; *pl.* Geschwister *pl.*

sib·yl ['sɪbɪl] *s.* **1.** *myth.* Si'bylle *f*; **2.** *fig.* a) Seherin *f*, b) Hexe *f*; **sib·yl·line** [sɪ'bɪlaɪn] *adj.* **1.** sibyl'linisch; **2.** pro'phetisch; geheimnisvoll, dunkel.

sic·ca·tive ['sɪkətɪv] **I** *adj.* trocknend; **II** *s.* Trockenmittel *n*.

Si·cil·ian [sɪ'sɪljən] **I** *adj.* si'zilisch, sizili'anisch; **II** *s.* Si'zilier(in), Sizili'aner(in).

sick[1] [sɪk] **I** *adj.* **1.** (*Brit. nur attr.*) krank (***of*** an *dat.*): ***fall ~*** krank werden, erkranken; ***go ~*** *bsd.* ⚔ sich krank melden; **2.** Brechreiz verspürend: ***be ~*** sich erbrechen *od.* übergeben; ***I feel ~*** mir ist schlecht *od.* übel; ***she turned ~*** ihr wurde übel, sie mußte (sich er)brechen; ***it makes me ~*** mir wird übel davon, *fig. a.* es widert *od.* ekelt mich an; **3.** *fig.* krank (***of*** vor *dat.*; ***for*** nach); **4.** *fig.* enttäuscht, ärgerlich (***with*** über *j-n*; ***at*** über *et.*): ***~ at heart*** a) todunglücklich, b) angsterfüllt; **5.** F *fig.* (***of***) 'überdrüssig (*gen.*), angewidert (von): ***I am ~ (and tired) of it*** ich habe es satt, es hängt mir zum Hals heraus; **6.** fahl (*Farbe*, *Licht*); **7.** F matt (*Lächeln*); **8.** schlecht (*Nahrungsmittel*, *Luft*); trüb (*Wein*); **9.** F grausig, ma'kaber: ***~ jokes***; ***~ humo(u)r*** ‚schwarzer' Humor; **II** *s.* **10.** ***the ~*** *pl.* die Kranken *pl.*

sick[2] [sɪk] *v/t. Hund*, *Polizei etc.* hetzen (***on*** auf *acc.*): ***~ him!*** faß!

sick| bay *s.* ⚓ ('Schiffs)Laza,rett *n*; '**~·bed** *s.* Krankenbett *n*; **~ ben·e·fit** *s. Brit.* Krankengeld *n*; **~ call** *s.* ⚔ Re'vierstunde *f*: ***go on ~*** sich krank melden; **~ cer·tif·i·cate** *s.* 'Krankheitsat,test *n*.

sick·en ['sɪkn] **I** *v/i.* **1.** erkranken, krank werden: ***be ~ing for*** *e-e Krankheit* ‚ausbrüten'; **2.** kränkeln; **3.** sich ekeln (***at*** vor *dat.*); **4.** 'überdrüssig *od.* müde sein *od.* werden (***of*** *gen.*): ***be ~ed with*** *e-r Sache* überdrüssig sein; **II** *v/t.* **5.** *j-m* Übelkeit verursachen, *j-n* zum Erbrechen reizen; **6.** anekeln, anwidern; '**sick·en·er** [-nə] *s. fig.* Brechmittel *n*; '**sick·en·ing** [-nɪŋ] *adj.* □ **1.** Übelkeit erregend: ***this is ~*** dabei kann einem (ja) übel werden; **2.** *fig.* ekelhaft, widerlich.

sick| head·ache *s.* **1.** Kopfschmerz(en *pl.*) *m* mit Übelkeit; **2.** Mi'gräne *f*; **~ in·sur·ance** *s.* Krankenversicherung *f*, -kasse *f*.

sick·ish ['sɪkɪʃ] *adj.* □ **1.** kränklich, unpäßlich, unwohl; **2.** → ***sickening***.

sick·le ['sɪkl] *s.* ✓ *u. fig.* Sichel *f*.

sick leave *s.* Fehlen *n* wegen Krankheit: ***be on ~*** wegen Krankheit fehlen; ***request ~*** sich krank melden.

sick·li·ness ['sɪklɪnɪs] *s.* **1.** Kränklichkeit *f*; **2.** kränkliches Aussehen; **3.** Unzuträglichkeit *f*.

sick list *s.* ⚓, ⚔ Krankenliste *f*: ***be on the ~*** krank (gemeldet) sein.

sick·ly ['sɪklɪ] *adj. u. adv.* **1.** kränklich, schwächlich; **2.** kränklich, blaß (*Aussehen etc.*); matt (*Lächeln*); **3.** ungesund (*Gebiet*, *Klima*); **4.** 'widerwärtig (*Geruch etc.*); **5.** *fig.* wehleidig, süßlich: ***~ sentimentality***.

sick·ness ['sɪknɪs] *s.* **1.** Krankheit *f*: ***~ insurance*** → ***sick insurance***; **2.** Übelkeit *f*, Erbrechen *n*.

sick| nurse *s.* Krankenschwester *f*; **~ pay** *s.* Krankengeld *n*; **~ re·port** *s.* ⚔ **1.** Krankenbericht *m*, -liste *f*; **2.** Krankmeldung *f*; '**~·room** *s.* Krankenzimmer *n*, -stube *f*.

side [saɪd] **I** *s.* **1.** *allg.* Seite *f*: ***~ by ~*** Seite an Seite (***with*** mit); ***at*** (*od.* ***by***) ***the ~ of*** an der Seite von (*od. gen.*); ***by the ~ of*** *fig.* neben (*dat.*), verglichen mit; ***stand by s.o.'s ~*** *fig.* j-m zur Seite stehen; ***on all ~s*** überall; ***on the ~*** *sl.* nebenbei *verdienen etc.*; ***on the ~ of*** a) auf der Seite von, b) seitens (*gen.*); ***on this*** (***the other***) ***~ of*** diesseits (jenseits) (*gen.*); ***this ~ up!*** Vorsicht, nicht stürzen!; ***be on the small ~*** ziemlich klein sein; ***keep on the right ~ of*** sich mit *j-m* gut stellen; ***put on one ~*** *Frage etc.* zurückstellen, ausklammern; → ***dark*** 5, ***right*** 6, ***sunny***, ***wrong*** 2; **2.** ⊿ Seite *f* (*a. Gleichung*); Seitenlinie *f*, -fläche *f*; **3.** (Seiten)Rand *m*; **4.** (Körper)Seite *f*: ***shake*** (*od.* ***split***) ***one's ~s with laughter*** sich schütteln vor Lachen; **5.** (Speck-, Hammel- *etc.*)Seite *f*; **6.** Seite *f*: a) Hang *m*, Flanke *f*, *a.* Wand *f e-s Berges*, b) Ufer(seite *f*) *n*; **7.** Seite *f*, (Abstammungs)Linie *f*: ***on one's father's ~***, ***on the paternal ~*** väterlicherseits; **8.** *fig.* Seite *f*, (Cha'rakter)Zug *m*; **9.** Seite *f*: a) Par'tei *f* (*a.* ⚖ *u. sport*), b) *sport* Spielfeld(hälfte *f*) *n*: ***be on s.o.'s ~*** auf j-s Seite stehen; ***change ~s*** a) ins andere Lager überwechseln, b) *sport* die Seiten wechseln; ***take ~s*** → 16; ***win s.o. over to one's ~*** j-n auf s-e Seite ziehen; **10.** *sport Brit.* Mannschaft *f*; **11.** *ped. Brit.* Ab'teilung *f*: ***classical ~*** humanistische Abteilung; **12.** *Billiard*: Ef'fet *n*; **13.** ***put on ~*** *sl.* ‚angeben'; **II** *adj.* **14.** seitlich (liegend, stehend *etc.*), Seiten...; **15.** Seiten..., Neben...: ***~ door***; **III** *v/i.* **16.** (***with***) Par'tei ergreifen (*gen. od.* für), es halten (mit); **~ aisle** *s.* ⛪ Seitenschiff *n* (*Kirche*); **~ arms** *s. pl.* ⚔ Seitenwaffen *pl.*; **~ band** *s.* ⚡, *Radio*: 'Seiten(fre,quenz)band *n*; '**~·board** *s.* **1.** Anrichtetisch *m*; **2.** Sideboard *n*: a) Bü'fett *n*, b) Anrichte *f*; **3.** *pl.* → '**~·burns** *s. pl.* Kote'letten *pl.* (*Backenbart*); '**~·car** *s.* **1.** Beiwagen *m*: ***~ motorcycle*** Seitenwagenmaschine *f*; **2.** → ***jaunting-car***; **3.** *ein Cocktail*.

sid·ed ['saɪdɪd] *adj. in Zssgn* ...seitig: ***four-~***.

side| dish *s.* **1.** Zwischengang *m*; **2.** Beilage *f*; **~ ef·fect** *s.* Nebenwirkung *f*; **~ face** *s.* Pro'fil *n*; **~ glance** *s.* Seitenblick *m* (*a. fig.*); **~ is·sue** *s.* Nebenfrage *f*, -sache *f*, 'Randpro,blem *n*; '**~·kick** *s. Am. sl.* Kum'pan *m*, Kumpel *m*, ‚Spezi' *m*; '**~·light** *s.* **1.** Seitenleuchte *f*; ⚓ Seitenlampe *f*; ✈ Positi'onslicht *n*; *mot.* Begrenzungslicht *n*; **2.** Seitenfenster *n*; **3.** *fig.* Streiflicht *n*: ***~s*** interessante Aufschlüsse (***on*** über *acc.*); '**~·line** *s.* **1.** Seitenlinie *f* (*a. sport*): ***on the ~s*** am Spielfeldrand; ***keep on the ~s*** *fig.* sich im Hintergrund halten; **2.** 🚂 Nebenstrecke *f*; **3.** Nebenbeschäftigung *f*, -verdienst *m*; **4.** ✝ a) Nebenzweig *m e-s Gewerbes*, b) 'Nebenar,tikel *m*; '**~·long** *adj. u. adv.* seitlich, seitwärts, schräg: ***~ glance*** Seitenblick *m*.

si·de·re·al [saɪ'dɪərɪəl] *adj. ast.* si'derisch, Stern(en)...: ***~ day*** Sterntag *m*.

sid·er·ite ['saɪdəraɪt] *s.* ⚒, *min.* **1.** Side'rit *m*; **2.** Mete'orgestein *n*.

'**side|,sad·dle** *s.* Damensattel *m*; '**~·show** *s.* **1.** a) Nebenvorstellung *f*, -ausstellung *f*, b) kleine Schaubude; **2.** *fig.* a) Nebensache *f*, b) Epi'sode *f* (am Rande); '**~·slip** *v/i.* **1.** seitwärts rutschen; **2.** ✈ seitlich abrutschen; **3.** *mot.* (seitlich) ausbrechen.

sides·man ['saɪdzmən] *s.* [*irr.*] Kirchenrat *m*.

'**side|,split·ting** *adj.* zwerchfellerschütternd; '**~·step I** *s.* **1.** Seit(en)schritt *m*; **II** *v/t.* **2.** *Boxen*: *e-m Schlag* (durch Seitschritt) ausweichen; **3.** ausweichen (*dat.*) (*a. fig.*): ***~ a decision***; **III** *v/i.* **4.** e-n Seit(en)schritt machen; **5.** ausweichen (*a. fig.*); '**~·stroke** *s.* Seitenschwimmen *n*; '**~·swipe I** *v/t. Am.* F **1.** *j-m* e-n ‚Wischer' verpassen; **2.** *mot. Fahrzeug* streifen, *a.* seitlich abdrängen (*beim Überholen*); **II** *s.* **3.** ‚Wischer' *m* (*Streifschlag*); **4.** *fig.* Seitenhieb *m*; '**~·track I** *s.* **1.** → ***siding*** 1; **II** *v/t.* **2.** 🚂 *Waggon* auf ein Nebengleis schieben; **3.** *fig.* a) *et.* aufschieben, abbiegen, b) *j-n* ablenken (*a. v/i.*), c) *j-n* kaltstellen; **~ view** *s.* Seitenansicht *f*; '**~·walk** *s. bsd. Am.* Bürgersteig *m*: ***~ artist*** Pflastermaler *m*; ***~ superintendent*** *humor.* (besserwisserischer) Zuschauer *bei Bauarbeiten*.

side·ward ['saɪdwəd] **I** *adj.* seitlich; **II** *adv.* seitwärts; '**side·wards** [-dz] → ***sideward*** II; '**side·ways** → ***sideward***.

side| whis·kers *pl.* → ***sideburns***; '**~,wind·er** [-,waɪndə] *s. Am. sl.* **1.** (harter) Haken (*Schlag*); **2.** *Art* Klapperschlange *f*.

side·wise ['saɪdwaɪz] → ***sideward***.

sid·ing ['saɪdɪŋ] *s.* **1.** 🚂 Neben-, Anschluß-, Rangiergleis *n*; **2.** *fig.* Par'teinahme *f*.

si·dle ['saɪdl] *v/i.* sich schlängeln: **~ *away*** sich davonschleichen; **~ *up to*** sich an *j-n* heranmachen.

siege [si:dʒ] *s.* **1.** ⚔ Belagerung *f*: ***state of*** **~** Belagerungszustand *m*; ***lay*** **~ *to*** a) *Stadt etc.* belagern, b) *fig. j-n* bestürmen; **2.** *fig.* a) heftiges Zusetzen, Bestürmen *n*, b) Zermürbung *f*; **3.** ⚙ a) Werktisch *m*, b) Glasschmelzofenbank *f*.

si·es·ta [sɪ'estə] *s.* Si'esta *f*, Mittagsruhe *f*, -schlaf *m*.

sieve [sɪv] **I** *s.* **1.** Sieb *n*: ***have a memory like a*** **~** ein Gedächtnis wie ein Sieb haben; **2.** *fig.* Klatschmaul *n*; **3.** Weidenkorb *m* (*a. Maß*); **II** *v/t. u. v/i.* **4.** ('durch-, aus)sieben.

sift [sɪft] **I** *v/t.* **1.** ('durch)sieben: **~ *out*** a) aussieben, b) erforschen, ausfindig machen; **2.** *Zucker etc.* streuen; **3.** *fig.* sichten, sorgfältig (über)'prüfen; **II** *v/i.* **4.** 'durchrieseln, -dringen (*a. Licht etc.*); **'sift·er** [-tə] *s.* Sieb(vorrichtung *f*) *n*; **'sift·ing** [-tɪŋ] *s.* **1.** ('Durch)Sieben *n*; **2.** Sichten *n*, (sorgfältige) Unter'suchung; **3.** *pl.* a) *das* 'Durchgesiebte, b) Siebabfälle *pl.*

sigh [saɪ] **I** *v/i.* **1.** (auf)seufzen; tief (auf-) atmen; **2.** schmachten, seufzen (***for*** nach): **~*ed-for*** heißbegehrt; **3.** *fig.* seufzen, ächzen (*Wind*); **II** *v/t.* **4.** *oft* **~ *out*** seufzen(d äußern); **III** *s.* **5.** Seufzer *m*: ***a*** **~ *of relief*** ein Seufzer der Erleichterung, ein erleichtertes Aufatmen.

sight [saɪt] **I** *s.* **1.** Sehvermögen *n*, -kraft *f*, Auge(nlicht) *n*: ***good*** **~** gute Augen; ***long*** (***near***) **~** Weit- (Kurz)Sichtigkeit *f*; ***second*** **~** Zweites Gesicht; ***lose one's*** **~** das Augenlicht verlieren, erblinden; **2.** *fig.* Auge *n*: ***in my*** **~** in m-n Augen; ***in the*** **~ *of God*** vor Gott; ***find favo(u)r in s.o.'s*** **~** Gnade vor j-s Augen finden; **3.** (An)Blick *m*, Sicht *f*: ***at*** (*od.* ***on***) **~** beim ersten Anblick, auf Anhieb; sofort (*er*)*schießen etc.*; ***at*** **~** vom Blatt *singen, spielen, übersetzen*; ***at first*** **~** auf den ersten Blick; ***by*** **~** vom Sehen *kennen*; ***catch*** (*od.* ***get***) **~ *of*** zu Gesicht bekommen, erblicken; ***lose*** **~ *of*** a) aus den Augen verlieren (*a. fig.*), b) *et.* übersehen; **4.** Sicht(weite) *f*: (***with***)***in*** **~** a) in Sicht(weite), b) *fig.* in Sicht; ***within*** **~ *of*** kurz vor *dem Sieg etc.*; ***out of*** **~** außer Sicht; ***out of*** **~, *out of mind*** aus den Augen, aus dem Sinn; (***get***) ***out of my*** **~!** geh mir aus den Augen!; ***come in*** **~** in Sicht kommen; ***put out of*** **~** wegtun; **5.** ✝ Sicht *f*: ***payable at*** **~** bei Sicht fällig; ***30 days*** (***after***) **~** 30 Tage (nach) Sicht; **~ *unseen*** unbesehen *kaufen*; **~ *bill*** (*od.* ***draft***) Sichtwechsel *m*, -tratte *f*; **6.** Anblick *m*: ***a sorry*** **~**; ***a*** **~ *for sore eyes*** ein erfreulicher Anblick, eine Augenweide; ***be*** (*od.* ***look***) ***a*** **~** F gräßlich *od.* ‚verboten' aussehen; ***I did look a*** **~!** F ich sah vielleicht aus!; ***what a*** **~ *you are!*** F wie siehst denn du aus!; → ***god*** 1; **7.** Sehenswürdigkeit *f*: ***the*** **~*s of a town***; **8.** F Menge *f*, Masse *f Geld etc.*: ***a long*** **~ *better*** zehnmal besser; ***not by a long*** **~** bei weitem nicht; **9.** ⚔ *etc.* Visier *n*; Zielvorrichtung *f*: ***take*** **~** (an)visieren, zielen; ***have in one's*** **~*s*** im Visier haben (*a. fig.*); ***lower one's*** **~*s*** *fig.* zurückstecken; ***raise one's*** **~*s*** höhere Ziele anstreben; **10.** *Am. sl.* Aussicht *f*, Chance *f*; **II** *v/t.* **11.** sichten, zu Gesicht bekommen; **12.** ⚔ a) anvisieren (*a.* ⚓, *ast.*), b) *Geschütz* richten; **13.** ✝ *Wechsel* präsentieren; **'sight·ed** [-tɪd] *adj. in Zssgn* …sichtig; **'sight·ing** [-tɪŋ] *adj.* ⚔ Ziel…, Visier…: **~ *mechanism*** Zieleinrichtung *f*, -gerät *n*; **~ *shot*** Anschuß *m* (*Probeschuß*); **~ *telescope*** Zielfernrohr *n*; **'sight·less** [-lɪs] *adj.* ☐ blind; **'sight·li·ness** [-lɪnɪs] *s.* Ansehnlichkeit *f*, Stattlichkeit *f*; **'sight·ly** [-lɪ] *adj.* gutaussehend, stattlich.

'sight|-read *v/t. u. v/i.* [*irr.* → ***read***] **1.** ♪ vom Blatt singen *od.* spielen; **2.** *ling.* vom Blatt über'setzen; **'~,see·ing I** *s.* Besichtigung *f* von Sehenswürdigkeiten; **II** *adj.* Besichtigungs…: **~ *bus*** Rundfahrtautobus *m*; **~ *tour*** Stadtrundfahrt *f*, Besichtigungstour *f*; **'~,se·er** [-,si:ə] *s.* Tou'rist(in).

sign [saɪn] **I** *s.* **1.** (*a.* Schrift)Zeichen *n*, Sym'bol *n* (*a. fig.*): **~ (*of the cross*)** *eccl.* Kreuzzeichen; ***in*** **~ *of*** *fig.* zum Zeichen (*gen.*); **2.** ⚕, ♪ (Vor)Zeichen *n*; **3.** Zeichen *n*, Wink *m*: ***give s.o. a*** **~**, ***make a*** **~ *to s.o.*** j-m ein Zeichen geben; **4.** (An)Zeichen *n*, Sym'ptom *n* (*a.* ⚕): ***no*** **~ *of life*** kein Lebenszeichen; ***the*** **~*s of the times*** die Zeichen der Zeit; ***make no*** **~** sich nicht rühren; **5.** Kennzeichen *n*; **6.** *ast.* (Tierkreis)Zeichen *n*; **7.** (Aushänge-, Wirtshaus-) Schild *n*: ***at the*** **~ *of*** im Wirtshaus zum *Hirsch etc.*; **8.** (Wunder)Zeichen *n*: **~*s and wonders*** Zeichen u. Wunder; **9.** *hunt. etc.* Spur *f*; **II** *v/t.* **10.** unter'zeichnen, -'schreiben, (*a. typ. u. paint.*) signieren; **11.** mit *s-m Namen* unter'zeichnen: **~ *one's name*** unterschreiben; **12.** **~ *away*** *Vermögen etc.* über'tragen, -'schreiben; **13.** **~ *on*** (*od.* ***up***) (vertraglich) verpflichten, anstellen, -mustern, ⚓ anheuern; **14.** *eccl.* das Kreuzzeichen machen über (*acc. od. dat.*); *Täufling* segnen; **15.** *j-m* bedeuten (***to do*** zu tun), *j-m et.* (durch Gebärden) zu verstehen geben: **~ *one's assent***; **III** *v/i.* **16.** unter'zeichnen, -'schreiben: **~ *in*** a) sich eintragen, b) *bei Arbeitsbeginn* einstempeln; **~ *out*** a) sich austragen, b) ausstempeln; **17.** **~ *on*** (***off***) *Radio, TV*: sein Pro'gramm beginnen (beenden); **~ *off*** *fig.* F *a.* Schluß machen; **~ *on*** (*od.* ***up***) a) sich (vertraglich) verpflichten (***for*** zu), e-e Arbeit annehmen, b) ⚓ anheuern, ⚔ sich verpflichten (***for*** auf *3 Jahre etc.*).

sig·nal ['sɪgnl] **I** *s.* **1.** *a.* ⚔ *etc.* Si'gnal *n*, (*a.* verabredetes) Zeichen: **~ *of distress*** Notzeichen *n*; **2.** (Funk)Spruch *m*: ***the*** **ℒ*s*** *Brit.* Fernmeldetruppe *f*; **3.** *fig.* Si'gnal *n*, (*auslösendes*) Zeichen (***for*** für, zu); **4.** *Kartenspiel*: Si'gnal *n*; **II** *adj.* ☐ **5.** Signal…: **~ *beacon***; **ℒ *Corps*** *Am.* Fernmeldetruppe *f*; **~ *communications*** ⚔ Fernmeldewesen *n*; **6.** *fig.* beachtlich, außerordentlich; **III** *v/t.* **7.** *j-m* Zeichen geben, winken; **8.** *Nachricht* signalisieren (*a. fig.*); *et.* melden; **IV** *v/i.* **9.** signalisieren; **~ *book*** *s.* ⚓ Si'gnalbuch *n*; **~ *box*** *s.* 🚂 Stellwerk *n*; **~ *check*** *s.* Sprechprobe *f* (*Mikrophon*); **~ *code*** *s.* Zeichenschlüssel *m*.

sig·nal·er *Am.* → ***signaller***.

sig·nal·ize ['sɪgnəlaɪz] *v/t.* **1.** aus-, kennzeichnen: **~ *o.s. by*** sich hervortun durch; **2.** her'vorheben; **3.** *a. fig.* ankündigen, signalisieren.

sig·nal·ler ['sɪgnələ] *s.* Si'gnalgeber *m*, *bsd.* a) ⚔ Blinker *m*, Melder *m*, b) ⚓ Si'gnalgast *m*.

'sig·nal|·man [-mən] *s.* [*irr.*] **1.** 🚂 Stellwärter *m*; **2.** ⚓ Si'gnalgast *m*; **~ *of·fi·cer*** *s.* ⚔ *Am.* **1.** 'Fernmeldeoffi,zier *m*; **2.** Leiter *m* des Fernmeldedienstes; **~ *rock·et*** *s.* ⚔ Leuchtkugel *f*; **~ *tow·er*** *s.* **1.** ⚙ Si'gnalturm *m*; **2.** 🚂 *Am.* Stellwerk *n*.

sig·na·ry ['sɪgnərɪ] *s.* ('Schrift)Zeichensy,stem *n*.

sig·na·to·ry ['sɪgnətərɪ] **I** *adj.* **1.** unter'zeichnend, vertragschließend, Signatar…: **~ *powers*** → 3c; **2.** ✝ Zeichnungs…: **~ *power*** Unterschriftsvollmacht *f*; **II** *s.* **3.** a) ('Mit)Unter,zeichner (-in), b) *pol.* Signa'tar *m* (*Unterzeichnerstaat*), c) *pl. pol.* Signa'tarmächte *pl.* (***to a treaty*** e-s Vertrags).

sig·na·ture ['sɪgnɪtʃə] *s.* **1.** 'Unterschrift(sleistung) *f*, Namenszug *m*; **2.** Signa'tur *f* (*e-s Buchs etc., a. pharm. Aufschrift*); **3.** ♪ Signa'tur *f*, Vorzeichnung *f*; **4.** *a.* **~ *tune*** *Radio*: 'Kennmelo,die *f*; **5.** *typ.* a) *a.* **~ *mark*** Signa'tur *f*, Bogenzeichen *n*, b) signierter Druckbogen.

'sign·board *s.* (*bsd.* Firmen-, Aushänge)Schild *n*.

sign·er ['saɪnə] *s.* Unter'zeichner(in).

sig·net ['sɪgnɪt] *s.* Siegel *n*, Petschaft *n*: ***privy*** **~** Privatsiegel des Königs; **~ *ring*** *s.* Siegelring *m*.

sig·nif·i·cance [sɪg'nɪfɪkəns], *a.* **sig'nif·i·can·cy** [-sɪ] *s.* **1.** Bedeutung *f*, (tieferer) Sinn; **2.** Bedeutung *f*, Wichtigkeit *f*: ***of no*** **~** nicht von Belang; **sig'nif·i·cant** [-nt] *adj.* ☐ **1.** bedeutsam, wichtig, von Bedeutung; **2.** merklich; **3.** bezeichnend (***of*** für); **4.** *fig.* vielsagend: ***a*** **~ *gesture***; **5.** ⚕ geltend; **sig·ni·fi·ca·tion** [,sɪgnɪfɪ'keɪʃn] *s.* **1.** (*bestimmte*) Bedeutung, Sinn *m*; **2.** Bezeichnung *f*, Bekundung *f*; **sig'nif·i·ca·tive** [-ətɪv] *adj.* ☐ **1.** Bedeutungs…, bedeutsam; **2.** bezeichnend, kennzeichnend (***of*** für).

sig·ni·fy ['sɪgnɪfaɪ] **I** *v/t.* **1.** an-, bedeuten, kundtun, zu verstehen geben; **2.** bedeuten, ankündigen; **3.** bedeuten; **II** *v/i.* **4.** F wichtig sein: ***it does not*** **~** es hat nichts auf sich.

sign| lan·guage *s.* Zeichen-, *bsd.* Fingersprache *f*; **~ *man·u·al*** *s.* **1.** (eigenhändige) 'Unterschrift; **2.** Handzeichen *n*; **~ *paint·er*** *s.* Schilder-, Pla'katmaler *m*; **'~·post I** *s.* **1.** Wegweiser *m*; **2.** (Straßen)Schild *n*, (Verkehrs)Zeichen *n*; **II** *v/t.* **3.** *Straße etc.* aus-, beschildern.

si·lage ['saɪlɪdʒ] ✓ **I** *s.* Silofutter *n*; **II** *v/t. Gärfutter* silieren.

si·lence ['saɪləns] **I** *s.* **1.** (Still)Schweigen *n* (*a. fig.*), Ruhe *f*, Stille *f*: ***keep*** **~** a) schweigen, still sein, b) Stillschweigen wahren (***on*** über *acc.*); ***in*** **~** (still-) schweigend; **~ *gives consent*** wer schweigt, scheint zuzustimmen; **~ *is golden*** Schweigen ist Gold; **~!** Ruhe!; → ***pass over*** 4; **2.** Schweigsamkeit *f*; **3.** Verschwiegenheit *f*; **4.** Vergessenheit *f*; **5.** *a.* ⚙ Geräuschlosigkeit *f*; **II** *v/t.* **6.** zum Schweigen bringen (*a.* ⚔ *u. fig.*); **'si·lenc·er** [-sə] *s.* **1.** ⚔, ⚙ Schalldämpfer *m*; **2.** *mot.* Auspufftopf *m*; **'si-**

lent [-nt] *adj.* □ **1.** still, ruhig, schweigsam: ***be ~*** (sich aus)schweigen (***on*** über *acc.*) (*a. fig.*); **2.** still (*Gebet etc.*), stumm (*Schmerz etc.*; *a. ling. Buchstabe*): ***~ film*** Stummfilm *m*; ***~ partner*** † stiller Teilhaber (mit unbeschränkter Haftung); **3.** *fig.* stillschweigend: ***~ consent***; ***~ majority*** *die* schweigende Mehrheit; **4.** *a.* ⚙ geräuschlos, leise.

Si·le·sian [saɪˈliːzjən] **I** *adj.* schlesisch; **II** *s.* Schlesier(in).

sil·hou·ette [ˌsɪluːˈet] **I** *s.* **1.** Silhouˈette *f*: a) Schattenbild *n*, -riß *m*, b) ˈUmriß *m* (*a. fig.*): ***~ (target)*** ⚔ Kopfscheibe *f*; ***stand out in ~ against*** → 4; **2.** Scherenschnitt *m*; **II** *v/t.* **3.** silhouettieren; **4.** ***be ~d*** sich abheben (***against*** gegen).

sil·i·ca [ˈsɪlɪkə] *s.* ⚗ **1.** Kieselerde *f*; **2.** Quarz(glas *n*) *m*; **ˈsil·i·cate** [-kɪt] *s.* ⚗ Siliˈkat *n*; **ˈsil·i·cat·ed** [-keɪtɪd] *adj.* siliziert; **si·li·ceous** [sɪˈlɪʃəs] *adj.* kiesel(erde-, -säure)haltig, -artig, Kiesel...; **siˈlic·ic** [sɪˈlɪsɪk] *adj.* Kiesel(erde)...; **si·lic·i·fy** [sɪˈlɪsɪfaɪ] *v/t. u. v/i.* verkieseln; **si·li·cious** → ***siliceous***; **ˈsil·i·con** [-kən] *s.* ⚗ Siˈlizium *n*; **sil·i·co·sis** [ˌsɪlɪˈkəʊsɪs] *s.* ⚕ Siliˈkose *f*, Staublunge *f*.

silk [sɪlk] **I** *s.* **1.** Seide *f*: a) Seidenfaser *f*, b) Seidenfaden *m*, c) Seidenstoff *m*, -gewebe *n*; **2.** Seide(nkleid *n*) *f*: ***in ~s and satins*** in Samt u. Seide; **3.** ⚖ *Brit.* a) → ***silk gown***, b) F Kronanwalt *m*: ***take ~*** Kronanwalt werden; **4.** *fig.* Seide *f*, *zo. bsd.* Spinnfäden *pl.*; **5.** Seidenglanz *m* (*von Edelsteinen*); **II** *adj.* **6.** seiden, Seiden...: ***make a ~ purse out of a sow's ear*** *fig.* aus e-m Kieselstein e-n Diamanten schleifen; ***~ culture*** Seidenraupenzucht *f*; **ˈsilk·en** [-kən] *adj.* **1.** *poet.* seiden, Seiden...; **2.** → ***silky*** 1 *u.* 2.

silk| gown *s. Brit.* ˈSeidentaˌlar *m* (*e-s* ***King's*** *od.* ***Queen's Counsel***); **~ hat** *s.* Zyˈlinder(hut) *m*.

silk·i·ness [ˈsɪlkɪnɪs] *s.* **1.** *das* Seidige, seidenartige Weichheit; **2.** *fig.* Sanftheit *f*.

silk| moth *s. zo.* Seidenspinner *m*; **ˈ~-screen print·ing** *s. typ.* Seidensiebdruck *m*; **~ stock·ing** *s.* **1.** Seidenstrumpf *m*; **2.** *fig. Am.* eleˈgante *od.* vornehme Perˈson; **ˈ~·worm** *s. zo.* Seidenraupe *f*.

silk·y [ˈsɪlkɪ] *adj.* □ **1.** seidig (glänzend), seidenweich: ***~ hair***; **2.** *fig.* sanft, einschmeichelnd, zärtlich (*Person*, *Stimme etc.*), *contp.* ölig, (aal)glatt; **3.** lieblich (*Wein*).

sill [sɪl] *s.* **1.** (Tür)Schwelle *f*; **2.** Fensterbrett *n*; **3.** ⚙ Schwellbalken *m*; **4.** *geol.* Lagergang *m*.

sil·la·bub [ˈsɪləbʌb] *s. Getränk aus Wein, Sahne u. Gewürzen.*

sil·li·ness [ˈsɪlɪnɪs] *s.* **1.** Dummheit *f*, Albernheit *f*; **2.** Verrücktheit *f*.

sil·ly [ˈsɪlɪ] **I** *adj.* □ **1.** dumm, albern, blöd(e), verrückt (*Person u. Sache*); **2.** dumm, unklug (*Handlungsweise*); **3.** benommen, betäubt; **II** *s.* **4.** Dummkopf *m*, Dummerchen *n*; **~ sea·son** *s.* ‚Saureˈgurkenzeit' *f*.

si·lo [ˈsaɪləʊ] **I** *pl.* **-los** *s.* **1.** ✓, ⚙ Silo *m*; **2.** ⚔ ˈunterirdische Raˈketenabschußrampe; **II** *v/t.* **3.** ✓ *Futter* a) in e-m Silo aufbewahren, b) einmieten.

silt [sɪlt] **I** *s.* Treibsand *m*, Schlamm *m*, Schlick *m*; **II** *v/i. u. v/t. mst* ***~ up*** verschlammen.

sil·van [ˈsɪlvən] → ***sylvan***.

sil·ver [ˈsɪlvə] **I** *s.* **1.** ⚗, *min.* Silber *n*; **2.** a) Silber(geld) *n*, b) *allg.* Geld *n*; **3.** Silber(geschirr *n*, -zeug *n*) *n*; **4.** Silber(-farbe *f*, -glanz *m*) *n*; **5.** *phot.* ˈSilbersalz *n*, -niˌtrat *n*; **II** *adj.* **6.** silbern, Silber...: ***~ paper*** *phot.* Silberpapier *n*; **7.** silb(e)rig, silberglänzend; **8.** *fig.* silberhell (*Stimme etc.*); **III** *v/t.* **9.** versilbern; *Spiegel* belegen; **10.** silbern färben; **IV** *v/i.* **11.** silberweiß werden (*Haar etc.*); **~ fir** *s.* ⚘ Edel-, Weißtanne *f*; **~ foil** *s.* **1.** Silberfolie *f*; **2.** ˈSilberpaˌpier *n*; **~ fox** *s. zo.* Silberfuchs *m*; **~ gilt** *s.* vergoldetes Silber; **~ glance** *s.* Schwefelsilber *n*; **ˌ~-ˈgray** *bsd. Am.*, **ˌ~-ˈgrey** *adj.* silbergrau; **~ leaf** *s.* ⚙ Blattsilber *n*; **~ lin·ing** *s. fig.* Silberstreifen *m* am Horiˈzont, Lichtblick *m*: ***every cloud has its ~*** jedes Unglück hat auch sein Gutes; **~ med·al** *s.* ˈSilbermeˌdaille *f*; **~ med·al·(l)ist** *s.* ˈSilbermeˌdaillengewinner(in); **~ ni·trate** *s.* ⚗, *phot.* ˈSilberniˌtrat *n*; *bsd.* ⚕ Höllenstein *m*; **~ plate** *s.* **1.** Silberauflage *f*; **2.** Silber(geschirr *n*, -zeug *n*) *n*, Tafelsilber *n*; **ˈ~-plate** *v/t.* versilbern; **~ point** *s. paint.* Silberstiftzeichnung *f*; **~ screen** *s.* **1.** (Film)Leinwand *f*; **2.** *coll. der* Film; **ˈ~-side** *s.* bester Teil der Rindskeule; **ˈ~·smith** *s.* Silberschmied *m*; **~ spoon** *s.* Silberlöffel *m*: ***be born with a ~ in one's mouth*** *fig.* ein Glückskind *od.* das Kind reicher Eltern sein; **ˌ~-ˈtongued** *adj.* redegewandt; **ˈ~·ware** → ***silver plate*** 2; **~ wed·ding** *s.* silberne Hochzeit.

sil·ver·y [ˈsɪlvərɪ] → ***silver*** 7 *u.* 8.

sil·vi·cul·ture [ˈsɪlvɪkʌltʃə] *s.* Waldbau *m*, ˈForstkulˌtur *f*.

sim·i·an [ˈsɪmɪən] **I** *adj. zo.* affenartig, Affen...; **II** *s.* (*bsd.* Menschen)Affe *m*.

sim·i·lar [ˈsɪmɪlə] **I** *adj.* □ → ***similarly***; **1.** ähnlich (*a.* ⩘), (annähernd) gleich (***to*** *dat.*); **2.** gleichartig, entsprechend; **3.** *phys.*, ϟ gleichnamig; **II** *s.* **4.** *das* Ähnliche *od.* Gleichartige; **5.** *pl.* ähnliche *od.* gleichartige Dinge *pl.*; **sim·i·lar·i·ty** [ˌsɪmɪˈlærətɪ] *s.* **1.** Ähnlichkeit *f* (***to*** mit), Gleichartigkeit *f*; **2.** *pl.* Ähnlichkeiten *pl.*; **ˈsim·i·lar·ly** [-lɪ] *adv.* ähnlich, entsprechend.

sim·i·le [ˈsɪmɪlɪ] *s.* Gleichnis *n*, Vergleich *m*; **si·mil·i·tude** [sɪˈmɪlɪtjuːd] *s.* **1.** Ähnlichkeit *f* (*a.* ⩘); **2.** Gleichnis *n*; **3.** (Eben)Bild *n*.

sim·mer [ˈsɪmə] **I** *v/i.* **1.** sieden, wallen, brodeln; **2.** *fig.* kochen (***with*** vor *dat.*), gären (*Gefühl, Aufstand*): ***~ down*** sich ‚abregen' *od.* beruhigen; **II** *v/t.* **3.** zum Brodeln *od.* Wallen bringen; **III** *s.* **4.** ***keep at a*** (*od.* ***on the***) ***~*** sieden lassen.

Si·mon [ˈsaɪmən] *npr.* Simon *m*: ***Simple ~*** *fig.* F Einfaltspinsel *m*.

si·mo·ny [ˈsaɪmənɪ] *s.* Simoˈnie *f*, Ämterkauf *m*.

simp [sɪmp] *s. Am. sl.* Simpel *m*.

sim·per [ˈsɪmpə] **I** *v/i.* albern *od.* geziert lächeln; **II** *s.* einfältiges *od.* geziertes Lächeln.

sim·ple [ˈsɪmpl] **I** *adj.* □ → ***simply***; **1.** *allg.* einfach: a) simpel, leicht: ***a ~ explanation***; ***a ~ task***, b) schlicht (*Person, Lebensweise, Stil etc.*): ***~ beauty***, c) unkompliziert: ***a ~ design***; ***~ fracture*** ⚕ einfacher (Knochen)Bruch, d) nicht zs.-gesetzt, unzerlegbar: ***~ equation*** ⩘ einfache Gleichung; ***~ fraction*** ⩘ einfacher *od.* gemeiner Bruch; ***~ fruit*** ⚘ einfache Frucht; ***~ interest*** † Kapitalzinsen *pl.*; ***~ larceny*** einfacher Diebstahl; ***~ sentence*** *ling.* einfacher Satz, e) niedrig: ***of ~ birth***; **2.** ♪ einfach; **3.** a) einfältig, simpel, b) naˈiv, leichtgläubig; **4.** gering(fügig): ***~ efforts***; **5.** rein, glatt: ***~ madness***; **II** *s.* **6.** *pharm.* Heilkraut *n*, -pflanze *f*; **ˌ~-ˈheart·ed**, **ˌ~-ˈmind·ed** *adj.* **1.** schlicht, einfach; **2.** → ***simple*** 3; **ˌ~-ˈmind·ed·ness** *s.* **1.** Schlichtheit *f*; **2.** Einfalt *f*; **3.** Arglosigkeit *f*.

sim·ple·ton [ˈsɪmpltən] *s.* Einfaltspinsel *m*.

sim·plex [ˈsɪmpleks] **I** *adj.* **1.** ⚙, ϟ Simplex...; **II** *s.* **2.** *ling.* Simplex *n*; **3.** ϟ, *teleph. etc.* Simplex-, Einfachbetrieb *m*.

sim·plic·i·ty [sɪmˈplɪsətɪ] *s.* **1.** Einfachheit *f*; **2.** Einfalt *f*.

sim·pli·fi·ca·tion [ˌsɪmplɪfɪˈkeɪʃn] *s.* Vereinfachung *f*; **sim·pli·fi·ca·tive** [ˈsɪmplɪfɪkətɪv] *adj.* vereinfachend; **sim·pli·fy** [ˈsɪmplɪfaɪ] *v/t.* **1.** vereinfachen (*a. erleichtern*, *a. als einfach hinstellen*); **2.** ⚙, † *Am.* normieren.

sim·plis·tic [sɪmˈplɪstɪk] *adj.* (zu) stark vereinfachend.

sim·ply [ˈsɪmplɪ] *adv.* **1.** einfach (*etc.* → ***simple***); **2.** bloß, nur; **3.** F einfach (*großartig etc.*).

sim·u·la·crum [ˌsɪmjʊˈleɪkrəm] *pl.* **-cra** [-krə] *s.* **1.** (Ab)Bild *n*; **2.** Scheinbild *n*, Abklatsch *m*; **3.** leerer Schein.

sim·u·lant [ˈsɪmjʊlənt] *adj. bsd. biol.* ähnlich (***of*** *dat.*); **sim·u·late** [ˈsɪmjʊleɪt] *v/t.* **1.** vortäuschen, (-)heucheln, *bsd. Krankheit* simulieren: ***~d account*** † fingierte Rechnung; **2.** *j-n od. et.* nachahmen; **3.** sich tarnen als; **4.** ähneln (*dat.*); **5.** *ling.* sich angleichen an (*acc.*); **6.** ⚙ simulieren; **sim·u·la·tion** [ˌsɪmjʊˈleɪʃn] *s.* **1.** Vorspiegelung *f*, -täuschung *f*; **2.** Heucheˈlei *f*, Verstellung *f*; **3.** Nachahmung *f*; **4.** Simulieren *n*, Krankspielen *n*; **5.** ⚙ Simulierung *f*; **sim·u·la·tor** [ˈsɪmjʊleɪtə] *s.* **1.** Heuchler(in); **2.** Simuˈlant(in); **3.** ⚙ *allg.* Simuˈlator *m*.

si·mul·ta·ne·i·ty [ˌsɪməltəˈnɪətɪ] *s.* Gleichzeitigkeit *f*; **si·mul·ta·ne·ous** [ˌsɪməlˈteɪnjəs] *adj.* □ gleichzeitig, simulˈtan (***with*** mit): ***~ translation*** Simultandolmetschen *n*.

sin [sɪn] **I** *s.* **1.** *eccl.* Sünde *f*: ***cardinal ~*** Hauptsünde; ***deadly*** (*od.* ***mortal***) ***~*** Todsünde; ***original ~*** Erbsünde; ***like ~*** F wie der Teufel; ***live in ~*** *obs. od. humor.* in Sünde leben; **2.** *fig.* (***against***) Sünde *f* (*Verstoß*) (gegen), Versündigung *f* (an *dat.*); **II** *v/i.* **3.** sündigen; **4.** *fig.* (***against***) sündigen, verstoßen (gegen *et.*), sich versündigen (an *j-m*).

sin·a·pism [ˈsɪnəpɪzəm] *s.* ⚕ Senfpflaster *n*.

since [sɪns] **I** *adv.* **1.** seitˈdem, -ˈher: ***ever ~*** seit der Zeit, seitdem: ***long ~*** seit langem, schon lange; ***how long ~?*** seit wie langer Zeit?; ***a short time ~*** vor kurzem; **2.** inˈzwischen, mittlerˈweile; **II** *prp.* **3.** seit: ***~ 1945***; ***~ Friday***; ***~ seeing you*** seitdem ich dich sah; **III** *cj.* **4.** seit(dem): ***how long is it ~ it hap-***

pened? wie lange ist es her, daß das geschah?; **5.** da (ja), weil.

sin·cere [sɪnˈsɪə] *adj.* □ **1.** aufrichtig, ehrlich, offen: ***a ~ friend*** ein wahrer Freund; **2.** aufrichtig, echt (*Gefühl etc.*); **3.** rein, lauter; **sinˈcere·ly** [-lɪ] *adv.* aufrichtig: ***Yours ~*** Mit freundlichen Grüßen (*Briefschluß*); **sinˈcere·ness** [-nɪs], **sin·cer·i·ty** [sɪnˈserətɪ] *s.* **1.** Aufrichtigkeit *f*; **2.** Lauterkeit *f*, Echtheit *f*.

sin·ci·put [ˈsɪnsɪpʌt] *s. anat.* Schädeldach *n*, *bsd.* Vorderhaupt *n*.

sine¹ [saɪn] *s.* ⩘ Sinus *m*: ***~ of angle*** Winkelsinus; ***~ curve*** Sinuskurve *f*; ***~ wave*** *phys.* Sinuswelle *f*.

si·ne² [ˈsaɪnɪ] (*Lat.*) *prp.* ohne.

si·ne·cure [ˈsaɪnɪkjʊə] *s.* Sineˈkure *f*: a) *eccl. hist.* Pfründe *f* ohne Seelsorge, b) einträglicher Ruheposten.

si·ne di·e [ˌsaɪnɪˈdaɪiː] (*Lat.*) *adv.* ⚖ auf unbestimmte Zeit; **si·ne qua non** [ˌsaɪnɪkweɪˈnɒn] (*Lat.*) *s.* unerläßliche Bedingung, Conˈditio *f* sine qua non.

sin·ew [ˈsɪnjuː] *s.* **1.** *anat.* Sehne *f*, Flechse *f*; **2.** *pl.* Muskeln *pl.*, (Muskel-)Kraft *f*: ***the ~s of war*** *fig.* das Geld *od.* die Mittel (zur Kriegführung *etc.*); **ˈsin·ewed** [-juːd] → ***sinewy***; **ˈsin·ew·less** [-lɪs] *adj. fig.* kraftlos, schwach; **ˈsin·ew·y** [-juːɪ] *adj.* **1.** sehnig; **2.** zäh (*Fleisch*); **3.** *fig.* a) stark, zäh, b) kräftig, kraftvoll (*a. Stil*).

sin·ful [ˈsɪnfʊl] *adj.* □ sündig, sündhaft.

sing [sɪŋ] **I** *v/i.* [*irr.*] **1.** singen (*a. fig. dichten*): ***~ of*** → 9; ***~ to s.o.*** j-m vorsingen; ***~ small*** *fig.* F kleinlaut werden, klein beigeben; **2.** summen (*Biene, Wasserkessel etc.*); **3.** krähen (*Hahn*); **4.** *fig.* pfeifen, sausen (*Geschoß*); heulen (*Wind*); **5. *~ out*** F (laut) rufen, schreien; **6.** *a.* ***~ out*** *sl.* gestehen, alle(s) verraten, ‚singen' (*Verbrecher*); **7.** sich *gut etc.* singen lassen; **II** *v/t.* [*irr.*] **8.** *Lied* singen: ***~ a child to sleep*** ein Kind in den Schlaf singen; ***~ out*** ausrufen, schreien; **9.** *poet.* (be)singen; **III** *s.* **10.** *Am.* F (Gemeinschafts)Singen *n*.

singe [sɪndʒ] **I** *v/t.* **1.** ver-, ansengen; → ***wing*** 1; **2.** *Geflügel, Schwein* sengen; **3.** *a.* ***~ off*** *Borsten etc.* absengen; **4.** *Haar* sengen (*Friseur*); **II** *v/i.* **5.** versengen; **III** *s.* **6.** Versengung *f*; **7.** versengte Stelle.

sing·er [ˈsɪŋə] *s.* **1.** Sänger(in); **2.** *poet.* Sänger *m* (*Dichter*).

sing·ing [ˈsɪŋɪŋ] **I** *adj.* **1.** singend *etc.*; **2.** Sing..., Gesangs...: ***~ lesson***; **II** *s.* **3.** Singen *n*, Gesang *m*; **4.** *fig.* Klingen *n*, Summen *n*, Pfeifen *n*, Sausen *n*: ***a ~ in the ears*** (ein) Ohrensausen; ***~ bird*** *s.* Singvogel *m*; ***~ voice*** *s.* Singstimme *f*.

sin·gle [ˈsɪŋgl] **I** *adj.* □ → ***singly***; **1.** einzig: ***not a ~ one*** kein *od.* nicht ein einziger; **2.** einzeln, einfach, Einzel..., Ein(fach)...: ***~-decker*** ✈ Eindecker *m* (*a. Bus*); ***~-stage*** einstufig; (***bookkeeping by***) ***~ entry*** ✝ einfache Buchführung; ***~(-trip) ticket*** → 10; **3.** einzeln, alˈlein, Einzel...: ***~ bed*** Einzelbett *n*; ***~ bill*** ✝ Solawechsel *m*; ***~ combat*** ⚔ Einzel-, Zweikampf *m*; ***~ game*** *sport* Einzel(spiel) *n*; ***~ house*** Einfamilienhaus *n*; **4.** a) allein, einsam, für sich (lebend), b) alˈleinstehend, ledig, unverheiratet; → *a.* 14; **5.** einmalig: ***~ payment***; **6.** ⚘ einfach; **7.** *fig.* ungeteilt, einzig: ***~ purpose***; ***have a ~ eye for*** nur Sinn haben für, nur denken an (*acc.*); ***with a ~ voice*** wie aus ˈeinem Munde; **8.** *fig.* aufrichtig: ***~ mind***; **II** *s.* **9.** *der* (*die, das*) Einzelne *od.* Einzige; Einzelstück *n*; **10.** *Brit.* a) 🚂 einfache Fahrkarte, b) ✈ einfaches (Flug)Ticket *n*; **11.** *pl. sg. konstr. sport* Einzel *n*: ***play a ~s***; ***men's ~s*** Herreneinzel; **12.** Single *f* (*Schallplatte*); **13.** Einbettzimmer *n*; **14.** Single *m*, alˈleinstehende Perˈson; **III** *v/t.* **15. *~ out*** a) auslesen, -suchen, -wählen (***from*** aus), b) bestimmen (***for*** für *e-n Zweck*), c) herˈausheben; **ˌ~-ˈact·ing** *adj.* ⚙ einfach wirkend; **ˌ~-ˈbreast·ed** *adj.*: ***~ suit*** Einreiher *m*; **ˌ~-ˈen·gined** *adj.* ˈeinmoˌtorig (*Flugzeug*); **ˌ~-ˈeyed** → ***single-minded***; **ˌ~-ˈhand·ed** *adj. u. adv.* **1.** einhändig; mit ˈeiner Hand; **2.** *fig.* eigenhändig, alˈlein, ohne (fremde) Hilfe; auf eigene Faust; **ˌ~-ˈheart·ed** *adj.* □ → ***single-minded***; **ˌ~-ˈline** *adj.* 🚂 eingleisig; **ˌ~-ˈmind·ed** *adj.* **1.** aufrichtig, redlich; **2.** zielbewußt, -strebig.

sin·gle·ness [ˈsɪŋglnɪs] *s.* **1.** Einmaligkeit *f*; **2.** Ehelosigkeit *f*; **3.** *a.* ***~ of purpose*** Zielstrebigkeit *f*; **4.** *fig.* Aufrichtigkeit *f*.

ˌsin·gle|-ˈphase *adj.* ⚡ einphasig, Einphasen...; **ˌ~-ˈseat·er** *bsd.* ✈ **I** *s.* Einsitzer *m*; **II** *adj.* Einsitzer..., einsitzig; **ˈ~·stick** *s. sport* ˈStockraˌpier(fechten) *n*.

sin·glet [ˈsɪŋglɪt] *s.* ärmelloses ˈUnter- *od.* Triˈkothemd *n*.

sin·gle·ton [ˈsɪŋgltən] *s.* **1.** *Kartenspiel*: Singleton *m* (*einzige Karte e-r Farbe*); **2.** einziges Kind; **3.** Indiˈviduum *n*; **4.** Einzelgegenstand *m*.

ˌsin·gle-ˈtrack *adj.* **1.** einspurig (*Straße*); **2.** 🚂 eingleisig (*a. fig.* F *einseitig*).

sin·gly [ˈsɪŋglɪ] *adv.* **1.** einzeln, alˈlein; **2.** → ***single-handed*** 2.

ˈsing·song I *s.* **1.** Singsang *m*; **2.** *Brit.* Gemeinschaftssingen *n*; **II** *adj.* **3.** eintönig; **III** *v/t. u. v/i.* **4.** eintönig sprechen *od.* singen.

sin·gu·lar [ˈsɪŋgjʊlə] **I** *adj.* □ **1.** *ling.* singuˈlarisch: ***~ number*** → 6; **2.** ⩘, *phls.* singuˈlär; **3.** *bsd.* ⚖ einzeln: ***all and ~*** jeder (jede, jedes) einzelne; **4.** *fig.* einzigartig, außer-, ungewöhnlich, einmalig; **5.** *fig.* eigentümlich, seltsam; **II** *s.* **6.** *ling.* Singular *m*, Einzahl *f*; **sin·gu·lar·i·ty** [ˌsɪŋgjʊˈlærətɪ] *s.* **1.** Eigentümlichkeit *f*, Seltsamkeit *f*; **2.** Einzigartigkeit *f*; **ˈsin·gu·lar·ize** [-əraɪz] *v/t.* **1.** herˈausstellen; **2.** *ling.* in die Einzahl setzen.

sin·is·ter [ˈsɪnɪstə] *adj.* □ **1.** böse, drohend, unheilvoll, schlimm; **2.** finster, unheimlich; **3.** *her.* link.

sink [sɪŋk] **I** *v/i.* [*irr.*] **1.** sinken, ˈuntergehen (*Schiff, Gestirn etc.*); **2.** (herˈab-, nieder)sinken (*Arm, Kopf, Person etc.*): ***~ into a chair***; ***~ into the grave*** ins Grab sinken; **3.** *im Wasser, Schnee etc.* versinken, ein-, ˈuntersinken: ***~ or swim*** *fig.* egal, was passiert; **4.** sich senken: a) herˈabsinken (*Dunkelheit, Wolken etc.*), b) abfallen (*Gelände*), c) einsinken (*Haus, Grund*), d) sinken (*Preise, Wasserspiegel, Zahl etc.*); **5.** ˈumsinken; **6. *~ under*** erliegen (*dat.*); **7.** (***into***) a) (ein)dringen, (ein)sickern (in *acc.*), b) *fig.* (in *j-s Geist*) eindringen, sich einprägen (*dat.*): ***he allowed his words to ~ in*** er ließ s-e Worte wirken; **8. *~ into*** in *Ohnmacht* fallen *od.* sinken, in *Schlaf, Schweigen etc.* versinken; **9.** nachlassen, schwächer werden; **10.** sich dem Ende nähern (*Kranker*): ***he is ~ing fast*** er verfällt zusehends; **11.** *im Wert, in j-s Achtung etc.* sinken; **12.** *b.s.* (ver)sinken (***into*** in *acc.*), *in Armut, Vergessenheit* geraten, *dem Laster etc.* verfallen; **13.** sich senken (*Blick, Stimme*); **14.** sinken (*Mut*): ***his heart sank*** ihn verließ der Mut; **II** *v/t.* [*irr.*] **15.** *Schiff etc.* versenken; **16.** *bsd. in den Boden* ver-, einsenken; **17.** *Grube etc.* ausheben; *Brunnen, Loch* bohren: ***~ a shaft*** ⚒ e-n Schacht abteufen; **18.** ⚙ a) einlassen, -betten, b) eingravieren, c) *Stempel* schneiden; **19.** *Wasserspiegel etc., a. Preis, Wert* senken; **20.** *Blick, Kopf, Stimme* senken; **21.** *fig. Niveau, Stand* herˈabdrücken; **22.** zuˈgrunde richten: ***we are sunk*** *sl.* wir sind ‚erledigt'; **23.** *Tatsache* unterˈdrücken, vertuschen; **24.** *et.* ignorieren; *Streit* beilegen; *Ansprüche, Namen etc.* aufgeben; **25.** a) ✝ *Kapital* fest (*bsd.* ungünstig) anlegen, ‚stecken' (***into*** in *acc.*), b) (*bsd.* durch ˈFehlinvestiˌtiˌon) verlieren; **26.** ✝ *Schuld* tilgen; **III** *s.* **27.** Ausguß(becken *n*, -loch *n*) *m*, Spülstein *m* (*Küche*); **28.** a) Abfluß *m* (*Rohr*), b) Senkgrube *f*, c) *fig.* Pfuhl *m*: ***~ of iniquity*** *fig.* Sündenpfuhl, Lasterhöhle *f*; **29.** *thea.* Versenkung *f*; **ˈsink·a·ble** [-kəbl] *adj.* zu versenken(d), versenkbar (*bsd. Schiff*); **ˈsink·er** [-kə] *s.* **1.** ⚒ Abteufer *m*; **2.** ⚙ Stempelschneider *m*; **3.** *Weberei*: Plaˈtine *f*; **4.** ⚓ a) Senkblei *n* (*Lot*), b) Senkgewicht *n* (*Angelleine, Fischnetz*); **5.** *Am. sl.* Krapfen *m*; **ˈsink·ing** [-kɪŋ] **I** *s.* **1.** (Ver)Sinken *n*; **2.** Versenken *n*; **3.** ⚕ a) Schwächegefühl *n*, b) Senkung *f e-s Organs*; **4.** ✝ Tilgung *f*; **II** *adj.* **5.** sinkend (*a. Mut etc.*): ***a ~ feeling*** Beklommenheit *f*, flaues Gefühl (im Magen); **6.** ✝ Tilgungs...: ***~ fund*** Amortisationsfonds *m*.

sin·less [ˈsɪnlɪs] *adj.* □ sünd(en)los, unschuldig, schuldlos.

sin·ner [ˈsɪnə] *s. eccl.* Sünder(in) (*a. fig. Übeltäter*; *a. humor. Halunke*).

Sinn Fein [ˌʃɪnˈfeɪn] *s. pol.* Sinn Fein *m* (*nationalistische Bewegung u. Partei in Irland*).

Sino- [sɪnəʊ] *in Zssgn* chiˈnesisch, Chinesen..., China...; **si·nol·o·gy** [sɪˈnɒlədʒɪ] *s.* Sinoloˈgie *f* (*Erforschung der chinesischen Sprache, Kultur etc.*).

sin·ter [ˈsɪntə] **I** *s. geol. u. metall.* Sinter *m*; **II** *v/t. Erz* sintern.

sin·u·ate [ˈsɪnjʊət] *adj.* □ ⚘ gebuchtet (*Blatt*); **sin·u·os·i·ty** [ˌsɪnjʊˈɒsətɪ] *s.* **1.** Biegung *f*, Krümmung *f*; **2.** Gewundenheit *f* (*a. fig.*); **ˈsin·u·ous** [-jʊəs] *adj.* □ **1.** gewunden, sich schlängelnd: ***~ line*** Wellen-, Schlangenlinie *f*; **2.** ⩘ sinusförmig gekrümmt; **3.** *fig.* a) verwickelt, b) winkelzügig; **4.** geschmeidig.

si·nus [ˈsaɪnəs] *s.* **1.** Krümmung *f*, Kurve *f*; **2.** Ausbuchtung *f* (*a.* ⚘, ⚕); **3.** *anat.* Sinus *m*, (Knochen-, Neben)Höhle *f*; **4.** ⚕ Fistelgang *m*; **si·nus·i·tis** [ˌsaɪnəˈsaɪtɪs] *s.* ⚕ Sinuˈsitis *f*, Nebenhöhlenentzündung *f*: ***frontal ~*** Stirnhöhlenkatarrh *m*; **si·nus·oi·dal** [ˌsaɪnəˈsɔɪdl] *adj.*

⚡, ⚡, *phys.* sinusförmig: ~ ***wave*** Sinuswelle *f.*

Sioux [suː] *pl.* **Sioux** [suː; suːz] *s.* **1.** 'Sioux(indiˌaner[in]) *m, f;* **2.** *pl. die* 'Sioux(indiˌaner) *pl.*

sip [sɪp] **I** *v/t.* **1.** nippen an (*acc.*) *od.* von, schlürfen (*a. fig.*); **II** *v/i.* **2.** (***of***) nippen (an *dat. od.* von), schlückchenweise trinken (von); **III** *s.* **3.** Nippen *n;* **4.** Schlückchen *n.*

si·phon ['saɪfn] **I** *s.* **1.** (Saug)Heber *m;* Siphon *m;* **2.** *a.* ~ ***bottle*** Siphonflasche *f;* **3.** *zo.* Sipho *m;* **II** *v/t.* **4.** ~ ***out*** (*a.* ⚕ *Magen*) aushebe(r)n; **5.** ~ ***off*** a) absaugen, b) *fig.* abziehen, *Gewinne etc.* abschöpfen; **6.** *fig.* (weiter)leiten; **III** *v/i.* **7.** ablaufen.

sip·pet ['sɪpɪt] *s.* **1.** (Brot-, Toast)Brokken *m* (*zum Eintunken*); **2.** geröstete Brotschnitte.

sir [sɜː] *s.* **1.** (mein) Herr! (*respektvolle Anrede*): ***yes, ~!*** ja(wohl)!; *2(s) Anrede in (Leser)Briefen (unübersetzt)*; ***Dear 2s*** Sehr geehrte Herren! (*Anrede in Briefen*); ***my dear ~!*** *iro.* mein Verehrtester!; **2.** 2 *Brit.* Sir *m* (*Titel e-s* ***baronet*** *od.* ***knight***); **3.** *Brit. Anrede für den* ***Speaker*** *im Unterhaus.*

sire ['saɪə] **I** *s.* **1.** *poet.* a) Vater *m,* Erzeuger *m,* b) Vorfahr *m;* **2.** *zo.* Vater (-tier *n*) *m, bsd.* Zuchthengst *m;* **3.** *2!* Sire!, Eure Maje'stät!; **II** *v/t.* **4.** zeugen: ***be ~d by*** abstammen von (*bsd. Zuchtpferd*).

si·ren ['saɪərən] *s.* **1.** *myth.* Si'rene *f* (*a. fig. verführerische Frau, bezaubernde Sängerin*); **2.** ⚙ Si'rene *f;* **3.** *zo.* a) Armmolch *m,* b) → **si·re·ni·an** [saɪ'rɪnjən] *s. zo.* Seekuh *f,* Si'rene *f.*

sir·loin ['sɜːlɔɪn] *s.* Lendenstück *n.*

si·roc·co [sɪ'rɒkəʊ] *pl.* **-cos** *s.* Schi'rokko *m* (*Wind*).

sir·up ['sɪrəp] → ***syrup.***

sis [sɪs] *s.* F Schwester *f.*

si·sal (hemp) ['saɪsl] *s.* ⚘ Sisal(hanf) *m.*

sis·sy ['sɪsɪ] *s.* F **1.** Weichling *m,* ‚Heulsuse' *f;* **2.** ‚Waschlappen' *m,* Feigling *m.*

sis·ter ['sɪstə] **I** *s.* **1.** Schwester *f* (*a. fig. Genossin*): ***the three 2s*** *myth.* die drei Schicksalsschwestern; ***Hey, ~!*** *Am. sl.* He, Kleine!; **2.** *fig.* Schwester *f* (*Gleichartiges*); **3.** *eccl.* (Ordens)Schwester *f:* ***2s of Mercy*** Barmherzige Schwestern; **4.** ⚕ *bsd. Brit.* a) Oberschwester *f,* b) (Kranken)Schwester *f;* **5.** *a.* ~ ***company*** ✝ Schwester(gesellschaft) *f;* **II** *adj.* **6.** Schwester… (*a. fig.*); **'sis·ter·hood** [-hʊd] *s.* **1.** schwesterliches Verhältnis; **2.** *eccl.* Schwesternschaft *f;* **'sis·ter-in-law** [-ərɪn-] *pl.* **'sis·ters-in-law** *s.* Schwägerin *f;* **'sis·ter·ly** [-lɪ] *adj.* schwesterlich.

Sis·tine ['sɪstaɪn] *adj.* six'tinisch: ~ ***Chapel;*** ~ ***Madonna.***

Sis·y·phe·an [ˌsɪsɪ'fiːən] *adj.:* ~ ***task*** (*od.* ***labo[u]r***) Sisyphusarbeit *f.*

sit [sɪt] [*irr.*] **I** *v/i.* **1.** sitzen; **2.** sich setzen; **3.** (***to*** *j-m*) (Por'trät *od.* Mo'dell) sitzen; **4.** sitzen, brüten (*Henne*); **5.** sitzen (*Sache, a. Wind*); **6.** Sitzung (ab-) halten, tagen; **7.** (***on***) beraten (über *acc.*), (*e-n Fall etc.*) unter'suchen; **8.** sitzen, e-n Sitz (inne)haben (***in Parliament*** im Parlament): ~ ***on a committee*** e-m Ausschuß angehören; ~ ***on the bench*** Richter sein; ~ ***on a jury*** Geschworener sein; **9.** (***on***) sitzen, passen (*dat.*) (*Kleidung*); *fig.* (*j-m*) *gut etc.* zu Gesicht stehen; **II** *v/t.* **10.** ~ ***o.s.*** sich setzen; **11.** sitzen auf (*dat.*): ~ ***a horse well*** gut zu Pferde sitzen;

Zssgn mit adv.:

sit| back *v/i.* **1.** sich zu'rücklehnen; **2.** *fig.* die Hände in den Schoß legen; ~ **by** *v/i.* untätig zusehen; ~ **down I** *v/i.* **1.** sich (hin)setzen, sich niederlassen, Platz nehmen: ~ ***to work*** sich an die Arbeit machen; **2.** ~ ***under*** *e-e Beleidigung etc.* hinnehmen; **3.** ✈ aufsetzen; **II** *v/t.* **4.** *j-n* (hin)setzen; ~ **in** *v/i.* F **1.** babysitten; **2.** F mitmachen (***at, on*** bei); **3.** ~ ***for*** für *j-n* einspringen; **4.** a) ein Sit-'in veranstalten, b) an e-m Sit-'in teilnehmen; ~ **out I** *v/t.* **1.** *e-r Vorstellung etc.* bis zu Ende beiwohnen; **2.** länger bleiben *od.* aushalten als; **3.** *Spiel, Tanz* auslassen; **II** *v/i.* **4.** aussetzen, nicht mitmachen (*bei e-m Spiel etc.*); **5.** im Freien sitzen; ~ **up** *v/i.* **1.** aufrecht sitzen; **2.** sich aufsetzen: ~ (***and beg***) ‚schönmachen' (*Hund*); ***make s.o.*** ~ a) j-n aufrütteln, b) j-n aufhorchen lassen; ~ (***and take notice***) F aufhorchen; **3.** sich *im Bett etc.* aufrichten; **4.** aufsitzen, -bleiben; wachen (***with*** *bei e-m Kranken*);

Zssgn mit prp.:

sit| for *v/i.* **1.** *e-e Prüfung* machen; **2.** *parl. e-n Wahlkreis* vertreten; **3.** ~ ***one's portrait*** sich porträtieren lassen; ~ **on** → ***sit*** 7, 8, 9, ***sit upon;*** ~ **through** → ***sit out*** 1 (*Zssgn mit adv.*); ~ **un·der** *v/i.* **1.** *eccl.* zu *j-s* Gemeinde gehören; **2.** *j-s* Schüler sein; ~ **up·on** *v/i.* **1.** lasten auf *j-m;* im *Magen* liegen; **2.** *sl. j-m* ‚aufs Dach steigen'; **3.** F *Nachricht etc.* zu'rückhalten; auf *e-m Antrag* ‚sitzen'.

sit|·com ['sɪtkɒm] *s. thea.* F Situati'onskoˌmödie *f;* **'~-down** *s.* **1.** Verschnaufpause *f;* **2.** a) *a.* ~ ***strike*** ✝ Sitzstreik *m,* b) 'Sitzdemonstratiˌon *f.*

site [saɪt] **I** *s.* **1.** Lage *f* (*e-s Gebäudes, e-r Stadt etc.*): ~ ***plan*** Lageplan *m;* **2.** Stelle *f* (*a.* ⚕), Örtlichkeit *f;* **3.** Bauplatz *m,* Grundstück *n;* **4.** ✝ a) (Ausstellungs)Gelände *n,* b) Sitz *m* (*e-r Industrie*); **5.** Stätte *f,* Schauplatz *m;* **II** *v/t.* **6.** plazieren, legen, 'unterbringen: ***well-~d*** gutgelegen, in guter Lage (*Haus*).

'sit-in *s.* Sit-'in *n.*

sit·ter ['sɪtə] *s.* **1.** Sitzende(r *m*) *f;* **2.** a) Glucke *f:* ***a good ~*** e-e gute Brüterin, b) brütender Vogel; **3.** *paint.* Mo'dell *n;* **4.** *a.* ***~-in*** Babysitter *m;* **5.** *sl.* a) *hunt.* leichter Schuß, b) *fig.* leichte Beute, c) ‚todsichere Sache'.

sit·ting ['sɪtɪŋ] **I** *s.* **1.** Sitzen *n;* **2.** *bsd.* ⚖, *parl.* Sitzung *f,* Tagung *f;* **3.** *paint., phot. etc.* Sitzung *f:* ***at a ~*** *fig.* in 'einem Zug; **4.** a) Brutzeit *f,* b) Gelege *n;* **5.** *eccl., thea.* Sitz(platz) *m;* **II** *adj.* **6.** sitzend, Sitz…: ~ ***duck*** *fig.* leichtes Opfer; **7.** brütend; ~ **room** *s.* **1.** Platz *m* zum Sitzen; **2.** Wohnzimmer *n.*

sit·u·ate ['sɪtjʊeɪt] **I** *v/t.* **1.** aufstellen, *e-r Sache* e-n Platz geben, den Platz festlegen (*gen.*); **2.** in e-e Lage bringen; **II** *adj.* **3.** ⚖ *od. obs.* → ***situated*** 1; **'sit·u·at·ed** [-tɪd] *adj.* **1.** gelegen: ***be ~*** liegen *od.* sein (*Haus etc.*); **2.** in e-r *schwierigen etc.* Lage: ***thus ~*** in dieser Lage; ***well ~*** gutsituiert, wohlhabend.

sit·u·a·tion [ˌsɪtjʊ'eɪʃn] *s.* **1.** Lage *f e-s Hauses etc.;* **2.** Situati'on *f:* a) Lage *f,* Zustand *m,* b) Sachlage *f,* 'Umstände *pl.:* ***difficult ~;*** **3.** *thea.* dra'matische Situati'on, Höhepunkt *m:* ~ ***comedy*** Situationskomödie *f;* **4.** Stellung *f,* Stelle *f,* Posten *m:* ***~s offered*** Stellenangebote; ***~s wanted*** Stellengesuche.

si·tus ['saɪtəs] (*Lat.*) *s.* **1.** ⚕ Situs *m,* Lage *f* (*e-s Organs*); **2.** Sitz *m,* Lage *f:* ***in situ*** an Ort u. Stelle.

six [sɪks] **I** *adj.* **1.** sechs: ***it is ~ of one and half a dozen of the other*** *fig.* das ist gehupft wie gesprungen; **2.** *in Zssgn* sechs…: ***~-cylinder(ed)*** sechszylindrig, Sechszylinder… (*Motor*); **II** *s.* **3.** Sechs *f* (*Zahl, Spielkarte etc.*): ***at ~es and sevens*** a) ganz durcheinander, b) uneins; **4.** *Kricket: a.* **six·er** ['sɪksə] *s.* F Sechserschlag *m;* **'six·fold** [-fəʊld] *adj. u. adv.* sechsfach.

ˌsix|-'foot·er *s.* F sechs Fuß langer *od.* ‚baumlanger' Mensch; **'~·pence** *s. Brit. obs.* Sixpencestück *n,* ½ Schilling *m:* ***it does not matter (a) ~*** das ist ganz egal; **ˌ~-'shoot·er** *s.* F sechsschüssiger Re'volver.

six·teen [ˌsɪks'tiːn] **I** *s.* Sechzehn *f;* **II** *adj.* sechzehn; **ˌsix'teenth** [-nθ] **I** *adj.* **1.** sechzehnt; **2.** sechzehntel; **II** *s.* **3.** *der* (*die, das*) Sechzehnte; **4.** Sechzehntel *n;* **5.** *a.* ~ ***note*** ♪ Sechzehntel(note *f*) *n.*

sixth [sɪksθ] **I** *adj.* **1.** sechst: ~ ***sense*** *fig.* sechster Sinn; **II** *s.* **2.** *der* (*die, das*) Sechste; **3.** Sechstel *n;* **4.** ♪ Sext *f;* **5.** *a.* ~ ***form*** *ped. Brit.* Abschlußklasse *f;* **'sixth·ly** [-lɪ] *adv.* sechstens.

six·ti·eth ['sɪkstɪɪθ] **I** *adj.* **1.** sechzigst; **2.** sechzigstel; **II** *s.* **3.** *der* (*die, das*) Sechzigste; **4.** Sechzigstel *n.*

Six·tine ['sɪkstaɪn] → ***Sistine.***

six·ty ['sɪkstɪ] **I** *adj.* **1.** sechzig; **II** *s.* **2.** Sechzig *f;* **3.** *pl.* a) *die* sechziger Jahre *pl.* (*e-s Jahrhunderts*), b) *die* Sechziger (-jahre) *pl.* (*Alter*).

'six-ˌwheel·er *s. mot.* Dreiachser *m.*

siz·a·ble ['saɪzəbl] *adj.* (ziemlich) groß, ansehnlich, beträchtlich.

siz·ar ['saɪzə] *s. univ.* Stipendi'at *m* (*in Cambridge od. Dublin*).

size¹ [saɪz] **I** *s.* **1.** Größe *f,* Maß *n,* For'mat *n,* 'Umfang *m:* ***all of a ~*** (alle) gleich groß; ***of all ~s*** in allen Größen; ***the ~ of*** so groß wie; ***that's about the ~ of it*** F (genau) so ist es; ***cut s.o. down to ~*** *fig.* j-n in die Schranken verweisen; **2.** (Schuh-, Kleider- *etc.*) Größe *f,* Nummer *f:* ***two ~s too big*** zwei Nummern zu groß; ***what ~ do you take?*** welche Größe haben Sie?; **3.** *fig.* a) Größe *f,* Ausmaß *n,* b) *geistiges etc.* For'mat *e-r Person;* **II** *v/t.* **4.** nach Größen ordnen; **5.** ~ ***up*** F ab-, einschätzen, taxieren (*alle a. fig.*); **III** *v/i.* **6.** ~ ***up*** F gleichkommen (***to, with*** *dat.*).

size² [saɪz] **I** *s.* **1.** (*paint.* Grundier)Leim *m,* Kleister *m;* **2.** a) *Weberei:* Appre'tur *f,* b) *Hutmacherei:* Steife *f;* **II** *v/t.* **3.** leimen; **4.** *paint.* grundieren; **5.** *Stoff* appretieren; **6.** *Hutfilz* steifen.

-size [saɪz] → ***-sized.***

size·a·ble ['saɪzəbl] → ***sizable.***

-sized [saɪzd] *adj. in Zssgn* …groß, von *od.* in … Größe.

siz·er¹ ['saɪzə] *s.* **1.** Sortierer(in); **2.** ⚙

a) (ˈGrößen)Sorˌtiermaˌschine *f*, b) (ˈHolz)ˌZuschneidemaˌschine *f*.
siz·er² [ˈsaɪzə] *s*. ⚙ **1.** Leimer *m*; **2.** *Textilindustrie*: Schlichter *m*.
siz·zle [ˈsɪzl] **I** *v/i*. zischen; *Radio etc*.: knistern; **II** *s*. Zischen *n*; **ˈsiz·zling** [-lɪŋ] *adj*. **1.** zischend, brutzelnd; **2.** glühend heiß.
skald [skɔːld] → ***scald¹***.
skat [skæt] *s*. Skat(spiel *n*) *m*.
skate¹ [skeɪt] *pl*. **skates**, *bsd. coll*. **skate** *s. ichth*. (Glatt)Rochen *m*.
skate² [skeɪt] **I** *s*. **1.** a) Schlittschuh *m*, b) Kufe *f*; **2.** Rollschuh *m*; **II** *v/i*. **3.** Schlittschuh *od*. Rollschuh laufen: **~ *over*** *fig. Schwierigkeiten etc*. überspielen; → ***ice*** 1; **ˈskate·board** *s*. Skateboard *n*; **ˈskat·er** [-tə] *s*. **1.** Schlittschuh-, Eisläufer(in); **2.** Rollschuhläufer(in); **skate sail·ing** *s*. Eissegeln *n*.
skat·ing [ˈskeɪtɪŋ] *s*. **1.** Schlittschuhlauf(en *n*) *m*, Eislauf(en *n*) *m*; **2.** Rollschuhlauf((en *n*) *m*; **~ rink** *s*. **1.** Eisbahn *f*; **2.** Rollschuhbahn *f*.
ske·dad·dle [skɪˈdædl] F **I** *v/i*. ‚türmen', ‚abhauen'; **II** *s*. ‚Türmen' *n*.
skeet (shoot·ing) [skiːt] *s. sport* Skeetschießen *n*.
skein [skeɪn] *s*. **1.** Strang *m*, Docke *f* (*Wolle etc*.); **2.** Skein *n*, Warp *n* (*Baumwollmaß*); **3.** Kette *f*, Schwarm *m* (*Wildenten etc*.); **4.** *fig*. Gewirr *n*.
skel·e·tal [ˈskelɪtl] *adj*. **1.** ⚕ Skelett...; **2.** skeˈlettartig; **skel·e·tol·o·gy** [ˌskelɪˈtɒlədʒɪ] *s*. Knochenlehre *f*.
skel·e·ton [ˈskelɪtn] **I** *s*. **1.** Skeˈlett *n*, Knochengerüst *n*, Gerippe *n* (*alle a. fig*.): **~ *in the cupboard*** (*Am*. ***closet***), ***family*** **~** *fig*. dunkler Punkt, (düsteres) Familiengeheimnis; **~ *at the feast*** Gespenst *n* der Vergangenheit; **2.** ⚘ Rippenwerk *n* (*Blatt*); **3.** ⚠, ⚙ (*Stahl- etc*.)Skeˈlett *n*, (*a. Schiffs-, Flugzeug-*) Gerippe *n*; (*a. Schirm*)Gestell *n*; **4.** *fig*. a) Entwurf *m*, Rohbau *m*, b) Rahmen *m*; **5.** a) ˈStamm(persoˌnal *n*) *m*, b) ⚔ Kader *m*, Stammtruppe *f*; **6.** *sport* Skeleton *m* (*Schlitten*); **II** *adj*. **7.** Skelett...: **~ *construction*** ⚠ Skelettbauweise *f*; **~*-face type*** *typ*. Skelettschrift *f*; **8.** ✝, ⚖ Rahmen...: **~ *agreement***; **~ *law***; **~ *bill*** Wechselblankett *n*; **~ *wage agreement*** Manteltarif(vertrag) *m*; **9.** ⚔ Stamm...: **~ *crew*** Stamm-, Restmannschaft *f*, *weitS*. Notbelegschaft *f*; **ˈskel·e·ton·ize** [-tənaɪz] *v/t*. **1.** skelettieren; **2.** *fig*. skizzieren, in großen ˈUmrissen darstellen; **3.** *fig*. zahlenmäßig reduzieren.
skel·e·ton| key *s*. Dietrich *m*, Nachschlüssel *m*; **~ ser·vice** *s*. Bereitschaftsdienst *m*.
skep [skep] *s*. **1.** (Weiden)Korb *m*; **2.** Bienenkorb *m*.
skep·tic [ˈskeptɪk] *etc. Am*. → ***sceptic*** *etc*.
sker·ry [ˈskerɪ] *s. bsd. Scot*. kleine Felseninsel.
sketch [sketʃ] **I** *s*. **1.** *paint. etc*. Skizze *f*, Studie *f*: **~ *block***; **2.** Grundriß *m*, Schema *n*, Entwurf *m*; **3.** *fig*. (*a. literarische*) Skizze; **4.** *thea*. Sketch *m*; **II** *v/t*. **5.** *oft* **~ *in*** (*od*. ***out***) skizzieren; **6.** *fig*. skizzieren, in großen Zügen darstellen; **III** *v/i*. **7.** e-e Skizze *od*. Skizzen machen; **ˈsketch·i·ness** [-tʃɪnɪs] *s*. Skizzenhaftigkeit *f*, *fig. a*. Oberflächlichkeit *f*; **ˈsketch·y** [-tʃɪ] *adj*. ☐ **1.** skizzenhaft, flüchtig; **2.** *fig*. a) oberflächlich, b) unzureichend: ***a*** **~ *meal***; **3.** *fig*. unklar, vage.
skew [skjuː] **I** *adj*. **1.** schief, schräg: **~ *bridge***; **2.** abschüssig; **3.** ⩓ ˈasymˌmetrisch; **II** *s*. **4.** Schiefe *f*; **5.** ⩓ Asymmeˈtrie *f*; **6.** ⚠ a) schräger Kopf (*Strebepfeiler*), b) ˈUntersatzstein *m*; **ˈ~·back** *s*. ⚠ schräges ˈWiderlager; **ˈ~·bald I** *adj*. scheckig (*bsd. Pferd*); **II** *s*. Schecke *m*.
skewed [skjuːd] *adj*. schief, abgeschrägt, verdreht; **skew·er** [ˈskjuːə] **I** *s*. **1.** Fleischspieß *m*; **2.** *humor*. Schwert *n*, Dolch *m*; **II** *v/t*. **3.** *Fleisch* spießen, *Wurst* speilen; **4.** *fig*. aufspießen.
ˈskew|-eyed *adj. Brit*. schielend; **~ gear·ing** *s*. ⚙ Stirnradgetriebe *n*.
ski [skiː] **I** *pl*. **ski**, **skis** *s*. **1.** *sport* Ski *m*; **2.** ✈ (Schnee)Kufe *f*; **II** *v/i*. *pret. u. p.p. Brit*. **ski'd**, *Am*. **skied 3.** *sport* Ski laufen *od*. fahren; **ˈ~·bob** *s*. Skibob *m*.
skid [skɪd] **I** *s*. **1.** Stützbalken *m*; **2.** Ladebalken *m*, (Lasten)Rolle *f*: ***put the ~s under*** *od*. ***on s.o.*** *fig*. F j-n ‚fertigmachen' *od*. ‚abschießen'; ***he is on the ~s*** *sl*. mit ihm geht's abwärts; **3.** Hemmschuh *m*, Bremsklotz *m*; **4.** ✈ (Gleit)Kufe *f*, Sporn(rad *n*) *m*; **5.** *a. mot*. Rutschen *n*, Schleudern *n*: ***go into a*** **~** ins Schleudern geraten (*a. fig*. F); **~ *chain*** Schneekette *f*; **~ *mark*** Bremsspur *f*; **II** *v/t*. **6.** *Rad* bremsen, hemmen; **III** *v/i*. **7.** *a. mot. etc*. a) rutschen, b) schleudern; **ˈ~·lid** *s. sl*. Sturzhelm *m*; **ˈ~·proof** *adj*. rutschfest; **~ row** [rəʊ] *s*. *Am*. F a) billiges Vergnügungsviertel, b) ‚Pennergegend' *f*.
ski·er [ˈskiːə] *s. sport* Skiläufer(in), -fahrer(in).
skies [skaɪz] *pl. von* ***sky***.
skiff [skɪf] *s*. Skiff *n* (*Ruderboot*).
ski·ing [ˈskiːɪŋ] *s*. Skilaufen *n*, -fahren *n*, -sport *m*.
ski|-jor·ing [ˈskiːˌdʒɔːrɪŋ] *s. sport* Ski-(k)jöring *n*; **~ jump** *s*. **1.** Skisprung *m*; **2.** Sprungschanze *f*; **~ jump·ing** *s*. Skispringen *n*, Sprunglauf *m*.
skil·ful [ˈskɪlfʊl] *adj*. ☐ geschickt: a) gewandt, b) kunstgerecht (*Arbeit*, *Operation etc*.), c) geübt, (sach)kundig (***at***, ***in*** in *dat*.): ***be*** **~ *at*** sich verstehen auf (*acc*.); **ˈskil·ful·ness** [-nɪs] → ***skill***.
skill [skɪl] *s*. **1.** Geschick(lichkeit *f*) *n*: a) (Kunst)Fertigkeit *f*, Können *n*, b) Gewandtheit *f*; **2.** (Fach-, Sach)Kenntnis *f* (***at***, ***in*** in *dat*.); **skilled** [-ld] *adj*. **1.** geschickt, gewandt, erfahren (***in*** in *dat*.); **2.** Fach...: **~ *labo(u)r*** Facharbeiter *pl*.; **~ *trades*** Fachberufe; **~ *workman*** gelernter Arbeiter, Facharbeiter *m*.
skil·let [ˈskɪlɪt] *s*. **1.** a) Tiegel *m*, b) Kasseˈrolle *f*; **2.** *Am*. Bratpfanne *f*.
skill·ful(·ness) *Am*. → ***skilful(ness)***.
skil·ly [ˈskɪlɪ] *s. Brit*. dünne Hafergrütze.
skim [skɪm] **I** *v/t*. **1.** (*a. fig*. ✝*Gewinne*) abschöpfen: **~ *the cream off*** den Rahm abschöpfen (*oft fig*.); **2.** abschäumen; **3.** *Milch* entrahmen: **~*med milk*** → ***skim milk***; **4.** *fig*. (hin)gleiten über (*acc*.); **5.** *fig*. *Buch etc*. überˈfliegen, flüchtig lesen; **II** *v/i*. **6.** gleiten, streichen (***over*** über *acc*., ***along*** entlang); **7.** **~ *over*** → 5; **ˈskim·mer** [-mə] *s*. **1.** Schaum-, Rahmkelle *f*; **2.** ⚙ Abstreicheisen *n*; **3.** ⚓ *Brit*. leichtes Rennboot; **skim milk** *s*. entrahmte Milch, Magermilch *f*; **ˈskim·ming** [-mɪŋ] *s*. **1.** *mst pl*. *das* Abgeschöpfte; **2.** *pl*. Schaum *m* (*auf Kochgut etc*.); **3.** *pl*. ⚙ Schlacken *pl*.; **4.** Abschöpfen *n*, -schäumen *n*: **~ *of excess profit*** ✝ Gewinnabschöpfung *f*.
skimp [skɪmp] *etc*. → ***scrimp*** *etc*.
skin [skɪn] **I** *s*. **1.** Haut *f* (*a. biol*.): ***dark*** (***fair***) **~** dunkle (helle) Haut(farbe); ***he is mere ~ and bone*** er ist nur noch Haut u. Knochen; ***be in s.o.'s ~*** *fig*. in j-s Haut stecken; ***get under s.o.'s ~*** F a) j-m ‚unter die Haut' gehen, b) j-n ärgern; ***have a thick*** (***thin***) **~** dickfellig (zartbesaitet) sein; ***save one's ~*** mit heiler Haut davonkommen; ***by the ~ of one's teeth*** mit knapper Not; ***that's no ~ off my nose*** F das ‚juckt' mich nicht; → ***jump*** 12; **2.** Fell *n*, Pelz *m*, Balg *m* (*von Tieren*); **3.** (*Obst- etc*.) Schale *f*, Haut *f*, Hülse *f*, Rinde *f*; **4.** ⚙ *etc*. dünne Schicht, Haut *f* (*auf der Milch etc*.); **5.** Oberfläche *f*, *bsd*. a) ⚓ Außenhaut *f*, b) ✈ Bespannung *f*, c) (*Ballon*)Hülle *f*; **6.** (*Wein- etc*.) Schlauch *m*; **7.** *sl*. Klepper *m* (*Pferd*); **II** *v/t*. **8.** enthäuten, (ab)häuten, schälen: ***keep one's eyes ~ned*** F die Augen offenhalten; **9.** *a*. **~ *out*** *Tier* abbalgen, -ziehen; **10.** *Knie etc*. aufschürfen; **11.** *sl*. *j-m* das Fell über die Ohren ziehen, *j-n* ‚rupfen' (*beim Spiel etc*.); **12.** F *Strumpf etc*. abstreifen; **III** *v/i*. **13.** **~ *over*** (zu)heilen (*Wunde*); **14.** **~ *out*** *Am. sl*. ‚abhauen'; **ˌ~-ˈdeep** *adj. u. adv*. (nur) oberflächlich; **~ dis·ease** *s*. Hautkrankheit *f*; **~ div·ing** *s*. Sporttauchen *n*; **ˈ~·flicks** *s*. F Sexfilm *m*; **ˈ~·flint** *s*. Knicker *m*, Geizhals *m*; **~ food** *s*. Nährcreme *f*; **~ fric·tion** *s. phys*. Oberflächenreibung *f*; **~ game** *s*. F Schwindel *m*, Bauernfängeˈrei *f*; **~ graft** *s*. ⚕ ˈHauttransplanˌtat *n*; **ˈ~-ˌgraft·ing** *s*. ⚕ ˈHauttransplantatiˌon *f*.
skinned [skɪnd] *adj*. **1.** häutig; **2.** ent-, gehäutet; **3.** *in Zssgn* ...häutig, ...fellig;
ˈskin·ner [-nə] *s*. **1.** Pelzhändler *m*, Kürschner *m*; **2.** Abdecker *m*; **ˈskin·ny** [-nɪ] *adj*. **1.** häutig; **2.** mager, abgemagert, dünn; **3.** *fig*. knauserig.
ˌskin|ˈtight *adj*. hauteng (*Kleidung*); **~ wool** *s*. Schlachtwolle *f*.
skip¹ [skɪp] **I** *v/i*. **1.** hüpfen, hopsen, springen; **2.** seilhüpfen; **3.** *fig*. Sprünge machen, *von e-m Thema zum andern* springen; *ped. Am*. e-e Klasse überˈspringen; Seiten überˈschlagen (*in e-m Buch*): **~ *off*** abschweifen; **~ *over*** *et*. übergehen; **4.** aussetzen, e-n Sprung tun (*Herz etc*., *a*. ⚙); **5.** *oft* **~ *out*** F ‚abhauen'; **~ (*over*) *to*** e-n Abstecher nach *e-m Ort* machen; **II** *v/t*. **6.** springen über (*acc*.): **~ (*a*) *rope*** seilhüpfen; **7.** *fig*. (*ped. Am. a. e-e Klasse*) überˈspringen, auslassen, *Buchseite* überˈschlagen: **~ *it!*** ‚geschenkt'!; **8.** F a) verschwinden aus *e-r Stadt etc*., b) sich vor *e-r Verabredung etc*. drücken, *Schule etc*. schwänzen; **9.** F **~ *it*** ‚abhauen'; **III** *s*. **10.** Hopser *m*; *Tanzen*: Hüpfschritt *m*.
skip² [skɪp] → ***skipper*** 2.
skip³ [skɪp] *s*. (Stuˈdenten)Diener *m*.
skip⁴ [skɪp] *s*. ⚙ Förderkorb *m*.
ˈskip·jack *s*. **1.** *coll. pl. ichth*. a) *ein*

Thunfisch *m*, b) Blaufisch *m*; **2.** *zo.* Springkäfer *m*; **3.** Stehaufmännchen *n* (*Spielzeug*).

ski plane *s.* Flugzeug *n* mit Schneekufen.

skip·per ['skɪpə] *s.* **1.** ⚓, ✈ Kapi'tän *m*, ⚓ *a.* Schiffer *m*; **2.** *sport* a) 'Mannschaftskapiˌtän *m*, b) *Am.* Manager *m od.* Trainer *m*.

skip·ping ['skɪpɪŋ] *s.* Hüpfen *n*, (*bsd.* Seil)Springen *n*; **~ rope** *s.* Springseil *n*.

skirl [skɜːl] *dial.* **I** *v/i.* **1.** pfeifen (*bsd. Dudelsack*); **2.** Dudelsack spielen; **II** *s.* **3.** Pfeifen *n* (*des Dudelsacks*).

skir·mish ['skɜːmɪʃ] **I** *s.* ⚔ *u. fig.* Geplänkel *n*: **~ *line*** Schützenlinie *f*; **II** *v/i.* plänkeln; **'skir·mish·er** [-ʃə] *s.* ⚔ Plänkler *m* (*a. fig.*).

skirt [skɜːt] **I** *s.* **1.** (Frauen)Rock *m*; **2.** *sl.* ‚Weibsbild' *n*, ‚Schürze' *f*; **3.** (Rock-, Hemd-, *etc.*)Schoß *m*; **4.** Saum *m*, Rand *m* (*fig. oft pl.*); **5.** *pl.* Außenbezirk *m*, Randgebiet *n*; **6.** Kutteln *pl.*: ***~ of beef***; **II** *v/t.* **7.** a) (um)'säumen, b) sich entlangziehen an (*dat.*); **8.** entlang- *od.* her'umgehen *od.* -fahren um; **9.** *fig.* um'gehen; **III** *v/i.* **10.** **~ *along*** am Rande entlanggehen *od.* -fahren, sich entlangziehen; **'skirt·ed** [-tɪd] *adj.* **1.** e-n Rock tragend; **2.** *in Zssgn* a) mit e-m *langen etc.* Rock: ***long-~***, b) *fig.* eingesäumt; **'skirt·ing** [-tɪŋ] *s.* **1.** Rand *m*, Saum *m*; **2.** Rockstoff *m*; **3.** *mst* **~ *board*** △ (*bsd.* Fuß-, Scheuer)Leiste *f*.

'ski-run *s.* Skipiste *f*.

skit [skɪt] *s.* **1.** Stiche'lei *f*, Seitenhieb *m*; **2.** Paro'die *f*, Sa'tire *f* (***on*** über, auf *acc.*).

ski tow *s.* Schlepplift *m*.

skit·ter ['skɪtə] *v/i.* **1.** jagen, rennen; **2.** rutschen; **3.** hopsen; **4.** den Angelhaken an der Wasseroberfläche hinziehen.

skit·tish ['skɪtɪʃ] *adj.* □ **1.** ungebärdig, scheu (*Pferd*); **2.** ner'vös, ängstlich; **3.** *fig.* a) lebhaft, wild, b) (kindisch) ausgelassen (*bsd. Frau*), c) fri'vol, d) sprunghaft, kaprizi'ös.

skit·tle ['skɪtl] **I** *s.* **1.** *bsd. Brit.* Kegel *m*; **2.** *pl. sg. konstr.* Kegeln *n*, Kegelspiel *n*: ***play*** (***at***) ***~s*** kegeln; **II** *int.* **3.** ***~s!*** F Quatsch!, Unsinn!; **III** *v/t.* **4.** **~ *out*** *Kricket*: *Schläger od. Mannschaft* (rasch) ‚erledigen'; **~ *al·ley*** *s.* Kegelbahn *f*.

skive¹ [skaɪv] **I** *v/t.* **1.** *Leder, Fell* spalten; **2.** *Edelstein* abschleifen; **II** *s.* **3.** Dia'mantenschleifscheibe *f*.

skive² [skaɪv] *Brit. sl.* **I** *v/t.* ‚sich drükken' vor (*dat.*); **II** *v/i. a.* **~ *off*** sich drücken.

skiv·vy ['skɪvɪ] *s. Brit. contp.* Dienstmagd *f*.

sku·a ['skjuːə] *s. orn.* (***great ~*** Riesen-) Raubmöwe *f*.

skul·dug·ger·y [skʌl'dʌgərɪ] *s.* F Gaune'rei *f*, Schwindel *m*.

skulk [skʌlk] *v/i.* **1.** lauern; **2.** (um'her-) schleichen: **~ *after s.o.*** j-m nachschleichen; **3.** *fig.* sich drücken; **'skulk·er** [-kə] *s.* **1.** Schleicher(in); **2.** Drückeberger(in).

skull [skʌl] *s.* **1.** *anat.* Schädel *m*, Hirnschale *f*: ***fractured ~*** ⚕ Schädelbruch *m*; **2.** Totenschädel *m*: **~ *and crossbones*** a) Totenkopf *m* (*Giftzeichen etc.*), b) *hist.* Totenkopf-, Piratenflagge *f*; **3.** *fig.* Schädel *m* (*Verstand*): ***have a thick ~*** ein Brett vor dem Kopf haben; **'~·cap** *s.* **1.** *anat.* Schädeldach *n*; **2.** Käppchen *n*.

skunk [skʌŋk] **I** *s.* **1.** *zo.* Skunk *m*, Stinktier *n*; **2.** Skunk(s)pelz *m*; **3.** *fig. sl.* ‚Scheißkerl' *m*, ‚Schwein' *n*; **II** *v/t.* **4.** *Am.* F a) ‚vermöbeln' (*a. sport*), b) ‚bescheißen'.

sky [skaɪ] **I** *s.* **1.** *oft pl.* (*Wolken*)Himmel *m*: ***in the ~*** am Himmel; ***out of a clear ~*** *bsd. fig.* aus heiterem Himmel; **2.** *oft pl.* Himmel *m* (*a. fig.*), Himmelszelt *n*: ***under the open ~*** unter freiem Himmel; ***praise to the skies*** *fig.* in den Himmel heben; ***the ~ is the limit*** F nach oben sind keine Grenzen gesetzt; **3.** a) Klima *n*, b) Himmelsstrich *m*, Gegend *f*, c) ⚔, ✈ Luftraum *m*; **II** *v/t.* **4.** *Ball etc.* hoch in die Luft schlagen *od.* werfen; **5.** F *Bild* (zu) hoch aufhängen (*in e-r Ausstellung*); **~ *ad·ver·tis·ing*** *s.* ✝ Luftwerbung *f*; **ˌ~-'blue** *adj.* himmelblau; **'~·coach** *s.* ✈ *Am. Passagierflugzeug ohne Service*; **'~ˌdiv·er** *s. sport* Fallschirmspringer(in); **'~ˌdiv·ing** *s. sport* Fallschirmspringen *n*; **ˌ~-'high** *adj. u. adv.* himmelhoch (*a. fig.*): ***blow ~*** a) sprengen, b) *fig. Theorie etc.* über den Haufen werfen; **'~·jack I** *v/t. Flugzeug* entführen; **II** *s.* Flugzeugentführung *f*; **'~ˌjack·er** *s.* Flugzeugentführer (-in); **'~ˌjack·ing** *s.* → ***skyjack*** II; **'~·lab** *s.* 'Raumlaˌbor *n*; **'~·lark I** *s.* **1.** *orn.* (Feld)Lerche *f*; **2.** Spaß *m*, Ulk *m*; **II** *v/i.* **3.** he'rumtollen, ‚Blödsinn' treiben; um'hertollen; **'~·light** *s.* Oberlicht *n*, Dachfenster *n*; **'~·line** *s.* Hori'zont (-linie *f*) *m*, (*Stadt- etc.*)Silhou'ette *f*; **'~ˌlin·er** → ***airliner***; **~ *mar·shal*** *s. Am. Bundespolizist, der zur Verhinderung von Flugzeugentführungen eingesetzt wird*; **~ *pi·lot*** *s. sl.* ‚Schwarzrock' *m* (*Geistlicher*); **'~ˌrock·et I** *s. Feuerwerk*: Ra'kete *f*; **II** *v/i.* in die Höhe schießen (*Preise etc.*), sprunghaft ansteigen; **III** *v/t.* sprunghaft ansteigen lassen; **'~·scape** [-skeɪp] *s. paint.* Wolkenlandschaft *f* (*Bild*); **'~ˌscrap·er** *s.* Wolkenkratzer *m*; **~ *sign*** *s.* ✝ 'Leuchtreˌklame *f* (*auf Häusern etc.*).

sky·ward ['skaɪwəd] **I** *adv.* himmel'an, -wärts; **II** *adj.* himmelwärts gerichtet; **'sky·wards** [-dz] → ***skyward*** I.

'sky|·way *s. bsd. Am.* **1.** ✈ Luftroute *f*; **2.** Hochstraße *f*; **'~ˌwrit·er** *s.* Himmelsschreiber *m*; **'~ˌwrit·ing** *s.* Himmelsschrift *f*.

slab [slæb] **I** *s.* **1.** (Me'tall-, Stein-, Holz- *etc.*)Platte *f*, Tafel *f*, Fliese *f*: ***on the ~*** F a) auf dem Operationstisch, b) im Leichenschauhaus; **2.** (dicke) Scheibe (*Brot, Fleisch etc.*); **3.** ⚙ Schwarten-, Schalbrett *n*; **4.** *metall.* Bramme *f* (*Roheisenblock*); **5.** *Am. sl. Baseball*: Schlagmal *n*; **6.** (*westliche USA*) Be'tonstraße *f*; **II** *v/t.* **7.** ⚙ a) *Stamm* abschwarten, b) in Platten *od.* Bretter zersägen.

slack¹ [slæk] **I** *adj.* □ **1.** schlaff, locker, lose (*alle a. fig.*): ***keep a ~ rein*** (*od.* ***hand***) die Zügel locker lassen (*a. fig.*); **2.** a) langsam, träge (*Strömung etc.*), b) flau (*Brise*); **3.** ✝ flau, lustlos; → ***season*** 3; **4.** (nach)lässig, lasch, schlaff: ***be ~ in one's duties*** s-e Pflichten vernachlässigen; **~ *performance*** schlappe Leistung; **5.** *ling.* locker: **~ *vowel*** offener Vokal; **II** *s.* **6.** ⚓ Lose *n* (*loses Tauende*); **7.** ⚙ Spiel *n*: ***take up the ~*** Druckpunkt nehmen (*beim Schießen*); **8.** ⚓ Stillwasser *n*; **9.** Flaute *f* (*a.* ✝); **10.** F (Ruhe)Pause *f*; **11.** *pl.* Freizeithose *f*; **III** *v/t.* **12.** *a.* **~ *off*** → ***slacken*** 1; **13.** *a.* **~ *up*** → ***slacken*** 2 u. 3; **14.** → ***slake*** 2; **IV** *v/i.* **15.** → ***slacken*** 5; **16.** *oft* **~ *off*** a) nachlassen, b) F trödeln; **17.** **~ *up*** langsamer werden *od.* fahren.

slack² [slæk] *s.* ⚒ Kohlengrus *m*.

slack·en ['slækən] **I** *v/t.* **1.** *Seil, Muskel etc.* lockern, locker machen, entspannen; **2.** lösen; ⚓ *Segel* lose machen; (*Tau*)*Ende* fieren; **3.** *Tempo* verlangsamen, her'absetzen; **4.** nachlassen *od.* nachlässig werden in (*dat.*); **II** *v/i.* **5.** sich lockern, schlaff werden; **6.** *fig.* erlahmen, nachlassen, nachlässig werden; **7.** langsamer werden; **8.** ✝ stocken; **'slack·er** [-kə] *s.* Bumme'lant *m*, Faulpelz *m*; **'slack·ness** [-knɪs] *s.* **1.** Schlaffheit *f*, Lockerheit *f*; **2.** Flaute *f*, Stille *f* (*a. fig.*); **3.** ✝ Flaute *f*, (Geschäfts)Stockung *f*; Unlust *f*; **4.** *fig.* Schlaffheit *f*, (Nach)Lässigkeit *f*, Trägheit *f*; **5.** ⚙ Spiel *n*, toter Gang.

slack| suit *s. Am.* Freizeitanzug *m*; **~ *wa·ter*** → ***slack¹*** 8.

slag [slæg] **I** *s.* **1.** ⚙ (*geol.* vul'kanische) Schlacke: **~ *concrete*** Schlackenbeton *m*; **2.** *Brit. sl.* Schlampe *f*; **II** *v/t. u. v/i.* **3.** verschlacken; **'slag·gy** [-gɪ] *adj.* schlackig.

slain [sleɪn] *p.p. von* ***slay***.

slake [sleɪk] *v/t.* **1.** *Durst, a. fig. Begierde etc.* stillen; **2.** ⚙ *Kalk* löschen: ***~d lime*** ⚗ Löschkalk *m*.

sla·lom ['slɑːləm] *s. sport* Slalom *m*, Torlauf *m*.

slam¹ [slæm] **I** *v/t.* **1.** *a.* **~ *to*** *Tür, Deckel* zuschlagen, zuknallen; **2.** *et. auf den Tisch etc.* knallen: **~ *down*** *et.* hinknallen; **3.** *j-n* schlagen; **4.** *sl. sport* ‚über'fahren' (*besiegen*); **5.** F *j-n od. et.* ‚in die Pfanne hauen'; **II** *v/i.* **6.** *a.* **~ *to*** zuschlagen (*Tür*); **III** *s.* **7.** Knall *m*; **IV** *adv.* **8.** *a. int.* bums(!), peng(!).

slam² [slæm] *s. Kartenspiel*: Schlemm *m*: ***grand ~*** Groß-Schlemm.

slan·der ['slɑːndə] **I** *s.* **1.** ⚖ *mündliche* Verleumdung, üble Nachrede; **2.** *allg.* Verleumdung *f*, Klatsch *m*; **II** *v/t.* **3.** verleumden; **'slan·der·er** [-dərə] *s.* Verleumder(in); **'slan·der·ous** [-dərəs] *adj.* □ verleumderisch.

slang [slæŋ] **I** *s.* Slang *m*, Jar'gon *m*: a) Sonder-, Berufssprache *f*: ***schoolboy ~*** Schülersprache; ***thieves' ~*** Gaunersprache, *das* Rotwelsch, b) sa'loppe 'Umgangssprache; **II** *v/t. j-n* (wüst) beschimpfen: ***~ing match*** wüste gegenseitige Beschimpfungen *pl.*; **'slang·y** [-ɪ] *adj.* sa'lopp, Slang…

slant [slɑːnt] **I** *s.* **1.** Schräge *f*, schräge Fläche *od.* Richtung *od.* Linie: ***on the*** (*od.* ***on a***) **~** schräg, schief; **2.** Abhang *m*; **3.** *fig.* a) Ten'denz *f*, ‚Färbung' *f*, b) Einstellung *f*, Gesichtspunkt *m*: ***take a ~ at*** *Am.* F e-n (Seiten)Blick werfen auf (*acc.*); **II** *adj.* □ **4.** schräg; **III** *v/i.* **5.** schräg liegen; sich neigen, kippen; **6.** *fig.* tendieren (***towards*** zu *et.* hin); **IV** *v/t.* **7.** schräg legen, kippen, e-e schräge Richtung geben (*dat.*): ***~ed*** schräg; **8.** *fig.* e-e Ten'denz geben, ‚färben'; **'~-**

eye *s.* Schlitzauge *n* (*Asiate etc.*); **'slant-eyed** *adj.* schlitzäugig; **'slant·ing** [-tɪŋ] *adj.* □ schräg; **'slant·wise** *adj. u. adv.* schräg, schief.

slap [slæp] **I** *s.* **1.** Schlag *m*, Klaps *m*: ***give s.o. a ~ on the back*** j-m anerkennend auf den Rücken klopfen; ***a ~ in the face*** e-e Ohrfeige, ein Schlag ins Gesicht (*a. fig.*); ***have a (bit of) ~ and tickle*** F ‚knutschen'; **II** *v/t.* **2.** schlagen, e-n Klaps geben (*dat.*): ***~ s.o.'s face*** j-n ohrfeigen; **3.** → ***slam***[1] 2; **4.** scharf tadeln; **5. *~ on*** F a) *et.* draufklatschen, b) *Zuschlag etc.* ‚draufhauen'; **III** *v/i.* **6.** schlagen, klatschen (*a. Regen etc.*); **IV** *adv.* **7.** F genau, bums, ‚zack': ***I ran ~ into him***; **ˌ~-'bang** *adv.* **1.** → ***slap*** 7; **2.** Knall u. Fall; **'~·dash I** *adv.* **1.** blindlings, Hals über Kopf; **2.** hoppla'hopp, ‚auf die Schnelle'; **3.** aufs Gerate'wohl; **II** *adj.* **4.** heftig, ungestüm; **5.** schlampig, schlud(e)rig: ***~ work***; **'~ˌhap·py** *adj.* unbekümmert; **'~·jack** *s. Am.* **1.** Pfannkuchen *m*; **2.** *ein Kinderkartenspiel*; **'~·stick I** *s.* **1.** (Narren)Pritsche *f*; **2.** *thea.* a) Slapstick *m*, Kla'mauk *m*, b) 'Slapstickkoˌmödie *f*; **II** *adj.* **3.** Slapstick…, Klamauk…: ***~ comedy*** → 2 b; **'~-up** *adj. sl.* ‚todschick', prima, ‚toll'.

slash [slæʃ] **I** *v/t.* **1.** (auf)schlitzen; zerfetzen; **2.** *Kleid etc.* schlitzen: ***~ed sleeve*** Schlitzärmel *m*; **3.** a) peitschen, b) *Peitsche* knallen lassen; **4.** *Ball etc.* ‚dreschen'; **5.** *fig.* geißeln, scharf kritisieren; **6.** *fig.* drastisch kürzen *od.* her'absetzen, zs.-streichen; **II** *v/i.* **7.** hauen (***at*** nach): ***~ out*** um sich hauen (*a. fig.*); **III** *s.* **8.** Hieb *m*, Streich *m*; **9.** Schnitt (-wunde *f*) *m*; **10.** Schlitz *m*; **11.** Holzschlag *m*; **12.** a) drastische Kürzung, b) drastischer Preisnachlaß; **'slash·ing** [-ʃɪŋ] **I** *s.* **1.** ⚔ Verhau *m*; **II** *adj.* **2.** schneidend, schlitzend: ***~ weapon*** ⚔ Hiebwaffe *f*; **3.** *fig.* vernichtend, beißend (*Kritik etc.*); **4.** F ‚toll'.

slat [slæt] *s.* **1.** Leiste *f*, (*a.* Jalou'sie-) Stab *m*; **2.** *pl. sl.* a) Rippen *pl.*, b) ‚Arschbacken' *pl.*

slate[1] [sleɪt] **I** *s.* **1.** *geol.* Schiefer *m*; **2.** (Dach)Schiefer *m*, Schieferplatte *f*; **3.** Schiefertafel *f* (*zum Schreiben*): ***have a clean ~*** *fig.* e-e reine Weste haben; ***clean the ~*** *fig.* reinen Tisch machen; → ***wipe off*** 2; **4.** *Film:* Klappe *f*; **5.** *pol. etc. Am.* Kandi'datenliste *f*; **6.** Schiefergrau *n* (*Farbe*); **II** *v/t.* **7.** *Dach* mit Schiefer decken; **8.** *Am.* a) *Kandidaten* (vorläufig) aufstellen, vorschlagen: ***be ~d for*** für *e-n Posten* vorgesehen sein, b) *zeitlich* ansetzen; **III** *adj.* **9.** schieferartig, -farbig; Schiefer…

slate[2] [sleɪt] *v/t. sl.* **1.** ‚vermöbeln'; **2.** *fig.* a) *et.* ‚verreißen' (*kritisieren*), b) *j-n* abkanzeln.

ˌslate|-'blue *adj.* schieferblau; **'~-club** *s. Brit.* Sparverein *m*; **ˌ~-'gray, ˌ~-'grey** *adj.* schiefergrau; **~ pen·cil** *s.* Griffel *m*.

slath·er ['slæðə] *Am.* F **I** *v/t.* **1.** dick schmieren *od.* auftragen; **2.** verschwenden; **II** *s.* **3.** *mst pl.* große Menge.

slat·ing ['sleɪtɪŋ] *s. sl.* **1.** ‚Verriß' *m*, beißende Kri'tik; **2.** Standpauke *f*.

slat·tern ['slætɜːn] *s.* **1.** Schlampe *f*; **2.** *Am.* ‚Nutte' *f*; **'slat·tern·ly** [-lɪ] *adj. u. adv.* schlampig, schmudd(e)lig.

slat·y ['sleɪtɪ] *adj.* schief(e)rig.

slaugh·ter ['slɔːtə] **I** *s.* **1.** Schlachten *n*; **2.** *fig.* a) Abschlachten *n*, Niedermetzeln *n*, b) Gemetzel *n*, Blutbad *n*; → ***innocent*** 7; **II** *v/t.* **3.** *Vieh* schlachten; **4.** *fig.* a) (ab)schlachten, niedermetzeln, b) F *j-n* ‚auseinandernehmen' (*a. sport*); **'slaugh·ter·er** [-ərə] *s.* Schlächter *m*; **'slaugh·ter·house** *s.* **1.** Schlachthaus *n*; **2.** *fig.* Schlachtbank *f*.

Slav [slɑːv] **I** *s.* Slawe *m*, Slawin *f*; **II** *adj.* slawisch, Slawen…

slave [sleɪv] **I** *s.* **1.** Sklave *m*, Sklavin *f*; **2.** *fig.* Sklave *m*, Arbeitstier *n*, Kuli *m*: ***work like a ~*** → 4; **3.** *fig.* Sklave *m* (***to***, ***of*** *gen.*): ***a ~ to one's passions***; ***a ~ to drink*** alkoholsüchtig; **II** *v/i.* **4.** schuften, wie ein Kuli arbeiten; **~ driv·er** *s.* **1.** Sklavenaufseher *m*; **2.** *fig.* Leuteschinder *m*.

slav·er[1] ['sleɪvə] *s.* **1.** Sklavenschiff *n*; **2.** Sklavenhändler *m*.

slav·er[2] ['slævə] **I** *v/i.* **1.** geifern, sabbern (*a. fig.*): ***~ for*** *fig.* lechzen nach; **2.** *fig.* katzbuckeln; **II** *v/t.* **3.** *obs.* besabbern; **III** *s.* **4.** Geifer *m*.

slav·er·y ['sleɪvərɪ] *s.* **1.** Sklave'rei *f* (*a. fig.*): ***~ to*** *fig.* sklavische Abhängigkeit von; **2.** Sklavenarbeit *f*; *fig.* Placke'rei *f*, Schinde'rei *f*.

slave| ship *s.* Sklavenschiff *n*; **~ trade** *s.* Sklavenhandel *m*; **~ trad·er** *s.* Sklavenhändler *m*.

slav·ey ['sleɪvɪ] *s. Brit.* F ‚dienstbarer Geist'.

Slav·ic ['slɑːvɪk] **I** *adj.* slawisch; **II** *s. ling.* Slawisch *n*.

slav·ish ['sleɪvɪʃ] *adj.* **1.** □ sklavisch, Sklaven…; **2.** *fig.* knechtisch, kriecherisch, unter'würfig; **3.** *fig.* sklavisch: ***~ imitation***; **'slav·ish·ness** [-nɪs] *s. das* Sklavische, sklavische Gesinnung.

slaw [slɔː] *s. Am.* 'Krautsaˌlat *m*.

slay [sleɪ] [*irr.*] **I** *v/t.* töten, erschlagen, ermorden; **II** *v/i.* morden; **slay·er** ['sleɪə] *s.* Mörder(in).

slea·zy ['sliːzɪ] *adj.* **1.** dünn (*a. fig.*), verschlissen (*Gewebe*); **2.** → ***shabby***.

sled [sled] → ***sledge***[1] 1; **'sled·ding** [-dɪŋ] *s. bsd. Am.* 'Schlittenfahren *n*, -transˌport *m*: ***hard*** (***smooth***) ***~*** *fig.* schweres (glattes) Vorankommen.

sledge[1] [sledʒ] **I** *s.* **1.** a) *a.* ⚙ Schlitten *m*, b) (Rodel)Schlitten *m*; **2.** *bsd. Brit.* (leichterer) Pferdeschlitten; **II** *v/t.* **3.** mit e-m Schlitten befördern *od.* fahren; **III** *v/i.* **4.** Schlitten fahren, rodeln.

sledge[2] [sledʒ] ⚙ *s.* **1.** Vorschlag-, Schmiedehammer *m*; **2.** schwerer Treibfäustel; **3.** ⚒ Schlägel *m*; **'~ˌham·mer I** *s.* → ***sledge***[2] 1; **II** *adj. fig.* a) Holzhammer…(*-argumente etc.*), b) wuchtig, vernichtend (*Schlag*), c) ungeschlacht (*Stil*).

sleek [sliːk] **I** *adj.* □ **1.** glatt, glänzend (*Haar*); **2.** geschmeidig, glatt (*Körper*; *a. fig. Wesen*); **3.** *fig.* a) gepflegt, ele'gant, schick, b) schnittig (*Form*); **4.** *fig. b.s.* aalglatt, ölig; **II** *v/t.* **5.** *a.* ⚙ glätten; *Haar* glatt kämmen *od.* bürsten; ⚙ *Leder* schlichten; **'sleek·ness** [-nɪs] *s.* Glätte *f*, Geschmeidigkeit *f* (*a. fig.*).

sleep [sliːp] **I** *v/i.* [*irr.*] **1.** schlafen, ruhen (*beide a. fig. Dorf, Streit, Toter etc.*): ***~ late*** lange schlafen; ***~ like a log*** (*od.* ***top*** *od.* ***dormouse***) schlafen wie ein Murmeltier; ***~ [up]on*** (*od.* ***over***) ***s.th.*** *fig.* et. überschlafen; **2.** schlafen, über'nachten: ***~ in*** (***out***) im (außer) Haus schlafen; **3.** stehen (*Kreisel*); **4. *~ with*** mit *j-m* schlafen; ***~ around*** mit vielen Männern ins Bett gehen; **II** *v/t.* [*irr.*] **5.** schlafen: ***~ the ~ of the just*** den Schlaf des Gerechten schlafen; **6. *~ away*** *Zeit* verschlafen; **7. *~ off*** *Kopfweh etc.* ausschlafen: ***~ it off*** s-n Rausch *etc.* ausschlafen; **8.** Schlafgelegenheit bieten für; *j-n* 'unterbringen; **III** *s.* **9.** Schlaf *m*, Ruhe *f* (*a. fig.*): ***in one's ~*** im Schlaf; ***the last ~*** *fig.* die letzte Ruhe, der Tod(esschlaf); ***get some ~*** ein wenig schlafen; ***go to ~*** a) schlafen gehen, b) einschlafen (*a. fig. sterben*); ***put to ~*** *allg.*, *a.* ✱ einschläfern; **10.** *zo.* (Winter)Schlaf *m*; **11.** ✿ Schlafbewegung *f*; **'sleep·er** [-pə] *s.* **1.** Schläfer(in): ***be a light*** (***sound***) ***~*** e-n leichten (festen) Schlaf haben; **2.** 🚂 a) Schlafwagen *m*, b) *Brit.* Schwelle *f*; **3.** *Am.* Lastwagen *m* mit Schlafkoje; **4.** *Am.* a) ('Kinder-) Pyˌjama *m*, b) (Baby)Schlafsack *m*; **5.** *Am.* F über'raschender Erfolg; **6.** ✝ *Am.* Ladenhüter *m*; **'sleep-in** *s.* Sleep-in *n*, 'Schlafdemonstratiˌon *f*; **'sleep·i·ness** [-pɪnɪs] *s.* **1.** Schläfrigkeit *f*; **2.** *a. fig.* Verschlafenheit *f*.

sleep·ing ['sliːpɪŋ] *adj.* **1.** schlafend; **2.** Schlaf…: ***~ accommodation*** Schlafgelegenheit *f*; **~ bag** *s.* Schlafsack *m*; ♀ **Beau·ty** *s.* Dorn'rös-chen *n*; **~ car** *s.* 🚂 Schlafwagen *m*; **~ draught** *s.* Schlaftrunk *m*, -mittel *n*; **~ part·ner** *s.* ✝ *Brit.* stiller Teilhaber (mit unbeschränkter Haftung); **~ sick·ness** *s.* ✱ Schlafkrankheit *f*; **~ suit** *s.* → ***sleeper*** 4 a; **~ tab·let** *s.* ✱ 'Schlaftaˌblette *f*.

sleep·less ['sliːplɪs] *adj.* □ **1.** schlaflos; **2.** *fig.* a) rast-, ruhelos, b) wachsam; **'sleep·less·ness** [-nɪs] *s.* **1.** Schlaflosigkeit *f*; **2.** *fig.* Rast-, Ruhelosigkeit *f*; **3.** Wachsamkeit *f*.

'sleep|ˌwalk·er *s.* Nachtwandler(in); **'~ˌwalk·ing I** *s.* Nacht-, Schlafwandeln *n*; **II** *adj.* schlafwandelnd; nachtwandlerisch.

sleep·y ['sliːpɪ] *adj.* □ **1.** schläfrig, müde; **2.** *fig.* schläfrig, schlafmützig, träge; **3.** *fig.* verschlafen, verträumt (*Dorf etc.*); **4.** teigig (*Obst*); **'~·head** *s. fig.* Schlafmütze *f*.

sleet [sliːt] *meteor.* **I** *s.* **1.** Graupel(n *pl.*) *f*, Schloße(n *pl.*) *f*; **2.** a) *Brit.* Schneeregen *m*, b) *Am.* Graupelschauer *m*; **3.** F 'Eisˌüberzug *m auf Bäumen etc.*; **II** *v/i.* **4.** graupeln; **'sleet·y** [-tɪ] *adj.* graupelig.

sleeve [sliːv] *s.* **1.** Ärmel *m*: ***have s.th. up*** (*od.* ***in***) ***one's ~*** a) et. auf Lager *od.* in petto haben, b) et. im Schild führen; ***laugh in one's ~*** sich ins Fäustchen lachen; ***roll up one's ~s*** die Ärmel hochkrempeln (*a. fig.*); **2.** ⚙ Muffe *f*, Buchse *f*, Man'schette *f*; **3.** (Schutz-) Hülle *f*; **sleeved** [-vd] *adj.* **1.** mit Ärmeln; **2.** *in Zssgn* …ärmelig; **'sleeve·less** [-lɪs] *adj.* ärmellos.

sleeve| link *s.* Man'schettenknopf *m*; **~ tar·get** *s.* ⚔ Schleppsack *m*; **~ valve** *s.* ⚙ 'Muffenvenˌtil *n*.

sleigh [sleɪ] **I** *s.* (Pferde- *od.* Last)Schlitten *m*; **II** *v/i.* (im) Schlitten fahren; **~ bell** *s.* Schlittenschelle *f*.

sleight [slaɪt] *s.* **1.** Geschicklichkeit *f*; **2.** Trick *m*; **ˌ~-of-'hand** *s.* **1.** (Taschenspieler)Kunststück *n*, (-)Trick *m* (*a. fig.*); **2.** (Finger)Fertigkeit *f*.

slen·der ['slendə] *adj.* □ **1.** schlank; **2.** schmal, schmächtig; **3.** *fig.* a) schmal, dürftig: *~ **income***, b) gering, schwach: *a ~ **hope***; **4.** mager, karg (*Essen*); **'slen·der·ize** [-əraɪz] *v/t. u. v/i.* schlank (-er) machen *od.* werden; **'slen·der·ness** [-nɪs] *s.* **1.** Schlankheit *f*, Schmalheit *f*; **2.** *fig.* Dürftigkeit *f*; **3.** Kargheit *f* (*des Essens*).

slept [slept] *pret. u. p.p. von **sleep***.

sleuth [slu:θ] **I** *s. a.* ***~hound*** Spürhund *m* (*a. fig. Detektiv*); **II** *v/i.* ‚(he'rum-) schnüffeln'; **III** *v/t. j-s* Spur verfolgen.

slew¹ [slu:] *pret. von **slay***.

slew² [slu:] *s. Am. od. Canad.* Sumpf (-land *n*, -stelle *f*) *m*.

slew³ [slu:] **I** *v/t. a.* ***~ round*** her'umdrehen, (-)schwenken; **II** *v/i.* sich her'umdrehen.

slew⁴ [slu:] *s. Am.* F (große) Menge, Haufe(n) *m*: ***a ~ of people***.

slice [slaɪs] **I** *s.* **1.** Scheibe *f*, Schnitte *f*, Stück *n*: ***a ~ of bread***; **2.** *fig.* Stück *n Land etc.*; (An)Teil *m*: ***a ~ of the profits*** ein Anteil am Gewinn; ***a ~ of luck*** *fig.* e-e Portion Glück; **3.** (*bsd.* Fisch-) Kelle *f*; **4.** ⚙ Spa(ch)tel *m*; **5.** *Golf, Tennis*: Slice *m* (*Schlag u. Ball*); **II** *v/t.* **6.** in Scheiben schneiden, aufschneiden: ***~ off*** *Stück* abschneiden; **7.** *a. Luft, Wellen* durch'schneiden; **8.** *fig.* aufteilen; **9.** *Golf, Tennis*: *den Ball* slicen; **III** *v/i.* **10.** Scheiben schneiden; **11.** *Golf, Tennis*: slicen; **'slic·er** [-sə] *s.* (*Brot-, Gemüse- etc.*)'Schneidema,schine *f*; (*Gurken-, Kraut- etc.*)Hobel *m*.

slick [slɪk] F **I** *adj.* □ **1.** glatt, glitschig; **2.** *Am.* Hochglanz…; → *a.* 8; **3.** F a) geschickt, raffiniert, b) ‚schick', ‚flott'; **II** *adv.* **4.** geschickt; **5.** flugs; **6.** genau, ‚peng': ***~ in the eye***; **III** *v/t.* **7.** glätten; **8.** ‚auf Hochglanz bringen'; **IV** *s.* **9.** Ölfläche *f*; **10.** F *a.* ***~ paper*** *Am.* F ele'gante Zeitschrift; **'slick·er** [-kə] *s. Am.* **1.** Regenmantel *m*; **2.** F a) raffinierter Kerl, Schwindler *m*, b) ‚Großstadtpinkel' *m*.

slid [slɪd] *pret. u. p.p. von **slide***.

slide [slaɪd] **I** *v/i.* [*irr.*] **1.** gleiten (*a. Riegel etc.*): ***~ down*** hinunterrutschen, -gleiten; ***~ from*** entgleiten (*dat.*); ***let things ~*** *fig.* die Dinge laufen lassen; **2.** *auf Eis* schlittern; **3.** (aus)rutschen; **4.** ***~ over*** *fig.* leicht über *ein Thema* hin'weggehen; **5.** ***~ into*** *fig.* in *et.* hin'einschlittern; **II** *v/t.* [*irr.*] **6.** *Gegenstand, s-e Hände etc. wohin* gleiten lassen, schieben: ***~ in*** *fig. Wort* einfließen lassen; **III** *s.* **7.** Gleiten *n*; **8.** Schlittern *n auf Eis*; **9.** a) Schlitterbahn *f*, b) Rodelbahn *f*, c) (*a.* Wasser)Rutschbahn *f*; **10.** *geol.* Erd-, Fels-, Schneerutsch *m*; **11.** ⚙ a) Rutsche *f*, b) Schieber *m*, c) Schlitten *m* (*Drehbank etc.*), Führung *f*; **12.** ♪ Zug *m*; **13.** Spange *f*; **14.** *phot.* Dia(posi'tiv) *n*: ***~ lecture*** Lichtbildervortrag *m*; **15.** *Mikroskop*: Ob'jektträger *m*; **16.** (*Haar- etc.*)Spange *f*; **~ cal·i·per** *s.* ⚙ Schieb-, Schublehre *f*; **~ rest** *s.* ⚙ Sup'port *m*; **~ rule** *s.* ⚙ Rechenschieber *m*; **~ valve** *s.* ⚙ 'Schieber(ven,til *n*) *m*.

slid·ing ['slaɪdɪŋ] *adj.* □ **1.** gleitend; **2.** Schiebe…: ***~ door***, ***~ fit*** *s.* ⚙ Gleitsitz *m*; **~ roof** *s. mot.* Schiebedach *n*; **~ rule** → ***slide rule***; **~ scale** *s.* ✝ **1.** gleitende (Lohn- *od.* Preis)Skala; **2.** 'Staffelta,rif *m*; **~ seat** *s. Rudern*: Gleit-, Rollsitz *m*; **~ ta·ble** *s.* Ausziehtisch *m*; **~ time** *s.* ✝ *Am.* Gleitzeit *f*.

slight [slaɪt] **I** *adj.* □ → ***slightly***; **1.** schmächtig, dünn; **2.** schwach (*Konstruktion*); **3.** leicht, schwach (*Geruch etc.*); **4.** leicht, gering(fügig), unbedeutend: ***a ~ increase***; ***not the ~est doubt*** nicht der geringste Zweifel; **5.** schwach, gering (*Intelligenz etc.*); **6.** flüchtig, oberflächlich (*Bekanntschaft etc.*); **II** *v/t.* **7.** *j-n* kränken; **8.** *et.* auf die leichte Schulter nehmen; **III** *s.* **9.** Kränkung *f*; **'slight·ing** [-tɪŋ] *adj.* □ abschätzig, kränkend; **'slight·ly** [-lɪ] *adv.* leicht, schwach, etwas, ein bißchen; **'slight·ness** [-nɪs] *s.* **1.** Geringfügigkeit *f*; **2.** Schmächtigkeit *f*; **3.** Schwäche *f*.

sli·ly ['slaɪlɪ] *adv. von **sly***.

slim [slɪm] **I** *adj.* □ **1.** schlank, dünn; **2.** *fig.* gering, dürftig, schwach: ***a ~ chance***; **3.** schlau, gerieben; **II** *v/t.* **4.** schlank(er) machen; **5.** ***~ down*** F *fig.* ‚abspecken', *a.* gesundschrumpfen; **III** *v/i.* **6.** schlank(er) werden; **7.** e-e Schlankheitskur machen; **'slim·down** *s. fig.* ‚Schlankheitskur' *f*, Gesundschrumpfung *f*.

slime [slaɪm] **I** *s.* **1.** *bsd.* ⚘, *zo.* Schleim *m*; **2.** Schlamm *m*; *fig.* Schmutz *m*; **II** *v/t.* **3.** mit Schlamm *od.* Schleim über'ziehen *od.* bedecken; **'slim·i·ness** [-mɪnɪs] *s.* **1.** Schleimigkeit *f*, *das* Schleimige; **2.** Schlammigkeit *f*.

'slim·line *v/t.* (*v/i.* sich) gesundschrumpfen.

slim·ming ['slɪmɪŋ] **I** *s.* Abnehmen *n*; Schlankheitskur *f*; **II** *adj.* Schlankheits…: ***~ cure***; ***~ diet***; **'slim·ness** [-mnɪs] *s.* **1.** Schlankheit *f*; **2.** *fig.* Dürftigkeit *f*.

slim·y ['slaɪmɪ] *adj.* □ **1.** schleimig, glitschig; **2.** schlammig; **3.** *fig.* a) ‚schleimig', kriecherisch, b) schmierig, schmutzig, c) widerlich, ‚fies'.

sling¹ [slɪŋ] **I** *s.* **1.** Schleuder *f*; **2.** (Schleuder)Wurf *m*; **II** *v/t.* [*irr.*] **3.** schleudern: ***~ ink*** F schriftstellern.

sling² [slɪŋ] **I** *s.* **1.** Schlinge *f zum Heben von Lasten*; **2.** ⚕ (Arm)Schlinge *f*, Binde *f*; **3.** Tragriemen *m*; **4.** *mst pl.* ⚓ Stropp *m*, Tauschlinge *f*; **II** *v/t.* [*irr.*] **5.** a) e-e Schlinge legen um *e-e Last*, b) *Last* hochziehen; **6.** aufhängen: ***be slung from*** hängen *od.* baumeln von; **7.** ⚔ *Gewehr* 'umhängen; **8.** ⚕ *Arm* in die Schlinge legen.

sling³ [slɪŋ] *s. Art* Punsch *m*.

'sling·shot *s.* **1.** (Stein)Schleuder *f*; **2.** *Am.* Kata'pult *n*, *m*.

slink [slɪŋk] **I** *v/i.* [*irr.*] **1.** schleichen, sich *wohin* stehlen: ***~ off*** wegschleichen, sich fortstehlen; **2.** *zo.* fehlgebären, *bsd.* verkalben (*Kuh*); **II** *v/t.* [*irr.*] **3.** *Junges* vor der Zeit werfen, zu früh zur Welt bringen; **'slink·y** [-kɪ] *adj.* **1.** aufreizend; **2.** geschmeidig; **3.** hauteng (*Kleid*).

slip [slɪp] **I** *s.* **1.** (Aus)Gleiten *n*, (-)Rutschen *n*; Fehltritt *m* (*a. fig.*); **2.** *fig.* (Flüchtigkeits)Fehler *m*, Schnitzer *m*, Lapsus *m*: ***~ of the pen*** Schreibfehler *m*; ***~ of the tongue*** ‚Versprecher' *m*; ***it was a ~ of the tongue*** ich habe mich (er hat sich *etc.*) versprochen; **3.** *fig.* ‚Panne' *f*: a) Mißgeschick *n*, b) Fehler *m*, Fehlleistung *f*; **4.** 'Unterkleid *n*, -rock *m*; **5.** (Kissen)Bezug *m*; **6.** (Hunde)Leine *f*, Koppel *f*: ***give s.o. the ~*** *fig.* j-m entwischen; **7.** ⚓ (Schlipp)Helling *f*; **8.** ⚙ Schlupf *m* (*Nachbleiben der Drehzahl*); **9.** *geol.* Erdrutsch *m*; **10.** ⚘ Pfropfreis *n*, Setzling *m*; **11.** *fig.* Sprößling *m*; **12.** Streifen *m*, Stück *n Holz od. Papier*, Zettel *m*: ***a ~ of a boy*** *fig.* ein schmächtiges Bürschchen; ***a ~ of a room*** ein winziges Zimmer; **13.** (Kon'troll- *etc.*)Abschnitt *m*; **14.** *typ.* Fahne *f*; **15.** *Kricket*: Eckmann *m*; **II** *v/i.* **16.** gleiten, rutschen: ***~ from*** *der Hand*, *a. dem Gedächtnis* entgleiten; **17.** sich (hoch- *etc.*)schieben, (ver)rutschen; **18.** sich lösen (*Knoten*); **19.** *wohin* schlüpfen: ***~ away*** a) *a.* ***~ off*** entschlüpfen, -wischen, sich davonstehlen, b) *a.* ***~ by*** verstreichen (*Tage, Zeit*); ***~ in*** sich einschleichen (*a. fig. Fehler etc.*), hineinschlüpfen; ***~ into*** in *ein Kleid, Zimmer etc.* schlüpfen *od.* gleiten; ***let an opportunity ~*** sich e-e Gelegenheit entgehen lassen; **20.** *a.* F ***~ up*** e-n Fehler machen, sich vertun: ***he is ~ping*** F er läßt nach; **III** *v/t.* **21.** *Gegenstand, s-e Hand etc. wohin* gleiten lassen, (*bsd.* heimlich) *wohin* stecken *od.* schieben: ***~ s.o. s.th.*** j-m et. zustecken; ***~ in*** a) *et.* hineingleiten lassen, b) *Bemerkung* einfließen lassen; **22.** *Ring, Kleid etc.* 'über- *od.* abstreifen: ***~ on (off)***; **23.** *j-m* entwischen; **24.** *j-s Aufmerksamkeit* entgehen: ***have ~ped s.o.'s memory*** (*od.* ***mind***) j-m entfallen sein; **25.** *et.* fahrenlassen; **26.** a) *Hundehalsband*, *a. Fessel etc.* abstreifen, b) *Hund etc.* loslassen; **27.** *Knoten* lösen; **28.** → ***slink*** 3; **'~·case** *s.* **1.** ('Bücher)Kas,sette *f*; **2.** → **'~,cov·er** *s.* Schutzhülle *f* (*für Bücher*); Schonbezug *m* (*für Möbel*); **'~·knot** *s.* Laufknoten *m*; **'~-on I** *s.* Kleidungsstück *n* zum 'Überstreifen, *bsd.* a) Slipon *m* (*Mantel*), b) Pull'over *m*, c) Slipper *m*; **II** *adj.* a) Umhänge…, Überzieh…, b) ⚙ Aufsteck…

slip·per ['slɪpə] **I** *s.* **1.** a) Pan'toffel *m*, b) Slipper *m* (*leichter Haus- od. Straßenschuh*); **2.** ⚙ Hemmschuh *m*; **II** *v/t.* **3.** mit e-m Pantoffel schlagen.

slip·per·i·ness ['slɪpərɪnɪs] *s.* **1.** Schlüpfrigkeit *f*; **2.** *fig.* Gerissenheit *f*; **slip·per·y** ['slɪpərɪ] *adj.* □ **1.** schlüpfrig, glatt, glitschig; **2.** *fig.* gerissen (*Person*); **3.** *fig.* zweifelhaft, unsicher; **4.** *fig.* heikel (*Thema*); **slip·py** ['slɪpɪ] *adj.* F **1.** → ***slippery*** 1; **2.** fix, flink: ***look ~!*** mach fix!

slip| ring *s.* ⚡ Schleifring *m*; **~ road** *s. Brit.* (Autobahn)Zubringerstraße *f*; **'~·shod** *adj.* schlampig, schludrig; **'~·slop** *s.* F labberiges Zeug (*Getränk*; *a. fig. leeres Gewäsch*); **~ sole** *s.* Einlegesohle *f*; **'~·stick** *s. Am.* Rechenschieber *m*; **'~·stream** *s.* **1.** ✈ Luftschraubenstrahl *m*; **2.** *sport* Windschatten *m*; **'~-up** *s.* → ***slip*** 2, 3; **'~·way** *s.* ⚓ Helling *f*.

slit [slɪt] **I** *v/t.* [*irr.*] **1.** aufschlitzen, -schneiden; **2.** zerschlitzen; **3.** spalten; **4.** ritzen; **II** *v/i.* [*irr.*] **5.** reißen, schlitzen, e-n Riß bekommen; **III** *s.* **6.** Schlitz *m*; **'~-eyed** *adj.* schlitzäugig.

slith·er ['slɪðə] *v/i.* **1.** schlittern, rutschen, gleiten; **2.** (schlangenartig) gleiten; **'slith·er·y** [-ðərı] *adj.* schlüpfrig.

sliv·er ['slıvə] **I** *s.* **1.** Splitter *m*, Span *m*; **2.** *Spinnerei:* a) Kammzug *m*, b) Florband *n*; **II** *v/t.* **3.** *Span etc.* abspalten; **4.** zersplittern; **III** *v/i.* **5.** zersplittern.

slob [slɒb] *s.* **1.** *bsd. Ir.* Schlamm *m*; **2.** *sl.* a) ‚fieser Typ', b) ordi'närer Kerl, c) ‚Blödmann' *m*.

slob·ber ['slɒbə] **I** *v/i.* **1.** geifern, sabbern; **2.** ~ *over fig.* kindisch schwärmen von; **II** *v/t.* **3.** begeifern, -sabbern; **4.** *j-n* abküssen; **III** *s.* **5.** Geifer *m*; **6.** *fig.* sentimen'tales Gewäsch; **'slob·ber·y** [-ərı] *adj.* **1.** sabbernd; **2.** besabbert; **3.** *fig.* gefühlsduselig; **4.** schlampig.

sloe [sləʊ] *s.* ⚘ **1.** Schlehe *f*; **2.** *a.* ~ ***bush***, ~ ***tree*** Schleh-, Schwarzdorn *m*; **'~·worm** → ***slowworm***.

slog [slɒg] F **I** *v/t.* **1.** hart schlagen; **2.** (ver)prügeln; **II** *v/i.* **3.** ~ ***on***, ~ ***away*** a) sich da'hinschleppen, b) sich ‚'durchbeißen'; **4.** *a.* ~ ***away*** sich plagen, schuften; **III** *s.* **5.** harter Schlag; **6.** *fig.* Schinde'rei *f*: ***a long*** ~ e-e ‚Durststrecke'.

slo·gan ['sləʊgən] *s.* **1.** *Scot.* Schlachtruf *m*; **2.** Slogan *m*: a) Schlagwort *n*, b) ✝ Werbespruch *m*.

slog·ger ['slɒgə] *s.* **1.** *sport* harter Schläger; **2.** *fig.* ‚Arbeitstier' *n*.

sloop [slu:p] *s.* ⚓ Scha'luppe *f*.

slop[1] [slɒp] **I** *s.* **1.** Pfütze *f*; **2.** *pl.* a) Spülwasser *n*, b) Schmutzwasser *n*; **3.** Schweinetrank *m*; **4.** *pl.* a) Krankensüppchen *n*, b) ‚labberiges Zeug', ‚Spülwasser' *n*; **5.** F rührseliges Zeug; **II** *v/t.* **6.** (ver)schütten; **7.** *a.* ~ ***up*** geräuschvoll essen *od.* trinken; **III** *v/i.* **8.** ~ ***over*** 'überschwappen; **9.** ~ ***over*** F kindisch schwärmen; **10.** patschen, waten; **11.** *a.* ~ ***around*** ‚her'umhängen, -schlurfen'.

slop[2] [slɒp] *s.* **1.** Kittel *m*, lose Jacke; **2.** *pl.* (billige) Konfekti'onskleider *pl.*; **3.** ⚓ ‚Kla'motten' *pl.* (*Kleidung u. Bettzeug*).

slop ba·sin *s.* Schale *f* für Tee- *od.* Kaffeereste.

slope [sləʊp] **I** *s.* **1.** (Ab)Hang *m*; **2.** Böschung *f*; **3.** a) Neigung *f*, Gefälle *n*, b) Schräge *f*, geneigte Ebene: ***on the*** ~ schräg, abfallend; **4.** *geol.* Senke *f*; **5.** ***at the*** ~ ⚔ mit Gewehr über; **II** *v/i.* **6.** sich neigen; (schräg) abfallen; **III** *v/t.* **7.** neigen, senken; **8.** abschrägen (*a.* ⚙); **9.** schräg legen; **10.** (ab)böschen; **11.** ⚔ *Gewehr* 'übernehmen; **12.** F a) *a.* ~ ***off*** ‚abhauen', b) ~ ***around*** her'umschlendern; **'slop·ing** [-pıŋ] *adj.* ☐ schräg, abfallend; ansteigend.

'slop-pail *s.* Toi'letteneimer *m*.

slop·pi·ness ['slɒpınıs] *s.* **1.** Matschigkeit *f*; **2.** Matsch *m*; **3.** Schlampigkeit *f*; **4.** F Rührseligkeit *f*; **slop·py** ['slɒpı] *adj.* ☐ **1.** matschig (*Boden etc.*); **2.** naß, bespritzt (*Tisch etc.*); **3.** *fig.* labberig (*Speisen*); **4.** schlampig, nachlässig (*Arbeit etc.*), sa'lopp (*Sprache*); **5.** rührselig.

'slop·shop *s. Laden mit billiger Konfektionsware.*

slosh [slɒʃ] **I** *s.* **1.** → ***slush*** 1 *u.* 2; **II** *v/i.* **2.** im (Schmutz)Wasser her'umpatschen; **3.** schwappen; **III** *v/t.* **4.** bespritzen: ~ ***on*** *Farbe etc.* a) draufklatschen, b) klatschen auf (*acc.*); **5.** *Bier im Glas etc.* schwenken; **6.** *a.* ~ ***down*** F *Bier etc.* ‚hin'unterschütten'; **'sloshed** [-ʃt] *adj. sl.* ‚besoffen'.

slot[1] [slɒt] **I** *s.* **1.** Schlitz(einwurf) *m*; Spalte *f*; **2.** ⚙ Nut *f*: ~ ***and key*** Nut u. Feder (*Metall*); **3.** F (freie) Stelle, Platz *m*: ***find a*** ~ ***for*** (***in***) → 5; **II** *v/t.* **4.** ⚙ nuten, schlitzen: ~***ting-machine*** Nutenstoßmaschine *f*; **5.** F *j-n od. et.* 'unterbringen (***into*** in *dat.*); **III** *v/i.* **6.** ~ ***into*** F *a. fig.* (hin'ein)passen in (*acc.*).

slot[2] [slɒt] *s. hunt.* Spur *f*.

sloth [sləʊθ] *s.* **1.** Faulheit *f*; **2.** *zo.* Faultier *n*; **'sloth·ful** [-fʊl] *adj.* ☐ faul, träge.

slot ma·chine *s.* ('Waren-, 'Spiel)Auto,mat *m*.

slouch [slaʊtʃ] **I** *s.* **1.** krumme, nachlässige Haltung; **2.** latschiger Gang; **3.** a) her'abhängende Hutkrempe, b) → ***slouch hat***; **4.** F ‚Flasche' *f*, ‚Niete' *f* (*Nichtskönner*): ***he is no*** ~ ‚er ist auf Draht'; ***the show is no*** ~ das Stück ist nicht ohne; **II** *v/i.* **5.** krumm dasitzen *od.* -stehen; **6.** *a.* ~ ***along*** latschen, latschig gehen; **7.** her'abhängen (*Krempe*); **III** *v/t.* **8.** *Schultern* hängen lassen; **9.** *Krempe* her'unterbiegen; **slouch hat** *s.* Schlapphut *m*; **'slouch·ing** [-tʃıŋ] *adj.* ☐, **'slouch·y** [-tʃı] *adj.* **1.** krumm (*Haltung*); latschig (*Gang, Haltung, Person*); **2.** her'abhängend (*Krempe*); **3.** lax, faul.

slough[1] [slaʊ] *s.* **1.** Sumpf-, Schmutzloch *n*; **2.** Mo'rast *m* (*a. fig.*): ***℞ of Despond*** Sumpf *m* der Verzweiflung.

slough[2] [slʌf] **I** *s.* **1.** abgestreifte Haut (*bsd. Schlange*); **2.** ⚕ Schorf *m*; **II** *v/i.* **3.** *oft* ~ ***away*** (*od.* ***off***) sich häuten; **4.** sich ablösen (*Schorf etc.*); **III** *v/t.* **5.** *a.* ~ ***off*** *Haut etc.* abstreifen, -werfen; *fig. Gewohnheit etc.* ablegen; **'slough·y** [-fı] *adj.* ⚕ schorfig.

slov·en ['slʌvn] *s.* a) Schlamper *m*, b) Schlampe *f*; **'slov·en·ly** [-lı] *adj. u. adv.* schlampig, schlud(e)rig.

slow [sləʊ] **I** *adj.* ☐ **1.** *allg.* langsam: ~ ***and sure*** langsam, aber sicher; ~ ***train*** 🚂 Personenzug *m*; ***be*** ~ ***in arriving*** lange ausbleiben, auf sich warten lassen; ***be*** ~ ***to write*** sich mit dem Schreiben Zeit lassen; ***be*** ~ ***to take offence*** nicht leicht et. übelnehmen; ***not to be*** ~ ***to do s.th.*** et. prompt tun, nicht lange mit et. fackeln; ***the clock is 20 minutes*** ~ die Uhr geht 20 Minuten nach; **2.** all'mählich, langsam: ~ ***growth***; **3.** säumig (*a. Zahler*); unpünktlich; **4.** schwach (*Feuer*); **5.** schleichend (*Fieber, Gift*); **6.** ✝ schleppend, schlecht (*Geschäft*); **7.** schwerfällig, schwer von Begriff, begriffsstutzig: ***be*** ~ ***in learning s.th.*** et. nur schwer lernen; ***be*** ~ ***of speech*** e-e schwere Zunge haben; **8.** langweilig, fad(e), ‚müde'; **9.** langsam (*Rennbahn*); schwer (*Boden*); **10.** *mot.* Leerlauf...; **II** *adv.* **11.** langsam: ***go*** ~ *fig.* a) ‚langsam treten', b) ✝ e-n Bummelstreik machen; **III** *v/t.* **12.** *mst* ~ ***down*** (*od.* ***off***, ***up***) a) *Geschwindigkeit* verlangsamen, verringern, b) *et.* verzögern; **IV** *v/i.* **13.** ~ ***down*** *od.* ***up*** sich verlangsamen, langsamer werden, *fig.* ‚langsamer tun'; **'~,burn·ing stove** *s.* Dauerbrandofen *m*; **'~·coach** *s. contp.* ‚Schlafmütze' *f*; **'~·down** *s.* **1.** Verlangsamung *f*; **2.** *Am.* Bummelstreik *m*; ~ **lane** *s. mot.* Kriechspur *f*; ~ **march** *s.* ♪ Trauermarsch *m*; ~ **match** *s.* ⚔ Zündschnur *f*, Lunte *f*; ~ **mo·tion** *s.* Zeitlupentempo *n*; **,~-'mo·tion** *adj.* Zeitlupen...: ~ ***picture*** Zeitlupe(naufnahme) *f*.

slow·ness ['sləʊnıs] *s.* **1.** Langsamkeit *f*; **2.** Schwerfälligkeit *f*, Begriffsstutzigkeit *f*; **3.** Langweiligkeit *f*, ‚Lahmheit' *f*.

'slow|·poke *Am.* F Langweiler *m*; **,~'speed** *adj.* ⚙ langsam(laufend); ~ **train** *s.* Bummel-, Per'sonenzug *m*; **,~-'wit·ted** → ***slow*** 7; **'~·worm** *s. zo.* Blindschleiche *f*.

sloyd [slɔıd] *s. ped.* 'Werk,unterricht *m* (*bsd. Schnitzen*).

sludge [slʌdʒ] *s.* **1.** Schlamm *m*, (*a.* Schnee)Matsch *m*; **2.** ⚙ Schlamm *m*, Bodensatz *m*; **3.** Klärschlamm *m*; **4.** Treibeis *n*; **'sludg·y** [-dʒı] *adj.* schlammig, matschig.

slue [slu:] → ***slew***[3] *u.* ***slew***[4].

slug[1] [slʌg] **I** *s. zo.* **1.** (Weg)Schnecke *f*; **2.** F Faulpelz *m*; **II** *v/i.* **3.** faulenzen.

slug[2] [slʌg] *s.* **1.** Stück *n* 'Rohme,tall; **2.** a) *hist.* Mus'ketenkugel *f*, b) grobes Schrot, c) (Luftgewehr-, *Am.* Pi'stolen-) Kugel *f*; **3.** *Am.* a) falsche Münze, b) Gläs-chen *n Schnaps etc.*; **4.** *typ.* a) Re'glette *f*, b) 'Setzma,schinenzeile *f*, c) Zeilenguß *m*; **5.** *phys.* Masseneinheit *f*.

slug[3] [slʌg] **I** *bsd. Am.* harter Schlag; **II** *v/t. j-m* ‚ein Ding verpassen'.

slug·a·bed ['slʌgəbed] *s.* Langschläfer(in).

slug·gard ['slʌgəd] **I** *s.* Faulpelz *m*; **II** *adj.* ☐ faul.

slug·ger ['slʌgə] *s. Am.* F *Baseball, Boxen:* harter Schläger.

slug·gish ['slʌgıʃ] *adj.* ☐ **1.** träge (*a.* ⚕ *Organ*), langsam, schwerfällig; **2.** ✝ *etc.* schleppend; **3.** träge fließend (*Fluß etc.*); **'slug·gish·ness** [-nıs] *s.* Trägheit *f*, Langsamkeit *f*, Schwerfälligkeit *f*.

sluice [slu:s] **I** *s.* ⚙ **1.** Schleuse *f* (*a. fig.*); **2.** Stauwasser *n*; **3.** 'Schleusenka,nal *m*; **4.** *min.* (Erz-, Gold)Waschrinne *f*; **II** *v/t.* **5.** *Wasser* ablassen; **6.** *min. Erz etc.* waschen; **7.** (aus)spülen; **III** *v/i.* **8.** (aus)strömen; ~ **gate** *s.* Schleusentor *n*; **'~·way** → ***sluice*** 3.

slum [slʌm] **I** *s.* **1.** schmutzige Gasse; **2.** *mst pl.* Slums *pl.*, Elendsviertel *n*; **II** *v/i.* **3.** *mst* ***go*** ~***ming*** die Slums aufsuchen (*bsd. aus Neugierde*); **4.** in primi'tiven Verhältnissen leben; **III** *v/t.* **5.** ~ ***it*** → 4.

slum·ber ['slʌmbə] **I** *v/i.* **1.** *bsd. poet.* schlummern (*a. fig.*); **2.** da'hindösen; **II** *v/t.* **3.** ~ ***away*** *Zeit* verschlafen; **III** *s. mst pl.* **4.** (*fig.* tiefer) Schlummer; **'slum·ber·ous** [-bərəs] *adj.* ☐ **1.** schläfrig; **2.** einschläfernd.

slump [slʌmp] **I** *v/i.* **1.** (hin'ein)plumpsen; **2.** *mst* ~ ***down*** (in sich) zs.-sacken (*Person*); **3.** ✝ stürzen (*Preise*); **4.** völlig versagen; **II** *s.* **5.** ✝ a) (Börsen-, Preis)Sturz *m*, Baisse *f*, b) starker Konjunk'turrückgang, Wirtschaftskrise *f*; **6.** *allg.* plötzlicher Rückgang.

slung [slʌŋ] *pret. u. p.p. von* ***sling***.

slung shot *s. Am.* Schleudergeschoß *n*.

slunk [slʌŋk] *pret. u. p.p. von* ***slink***.

slur[1] [slɜ:] **I** *v/t.* **1.** verunglimpfen, verleumden; **II** *s.* **2.** Makel *m* (Schand-) Fleck *m*: ***put*** *od.* ***cast a*** ~ (***up***)***on*** a) → 1, b) *j-s Ruf etc.* schädigen; **3.** Verunglimpfung *f*.

slur² [slɜː] **I** *v/t.* **1.** a) undeutlich schreiben, b) *typ.* schmitzen, verwischen; **2.** undeutlich aussprechen; *Silbe etc.* verschleifen, -schlucken; **3.** ♪ a) *Töne* binden, b) *Noten* mit Bindebogen bezeichnen; **4.** *oft* **~ over** (leicht) über *ein Thema* hin'weggehen; **II** *v/i.* **5.** undeutlich schreiben *od.* sprechen; **6.** ♪ le'gato singen *od.* spielen; **III** *s.* **7.** Undeutlichkeit *f*, ‚Genuschel' *n*; **8.** ♪ a) Bindung *f*, b) Bindebogen *m*; **9.** *typ.* Schmitz *m*.

slurp [slɜːp] *v/t. u. v/i.* schlürfen.

slush [slʌʃ] **I** *s.* **1.** Schneematsch *m*; **2.** Schlamm *m*, Matsch *m*; **3.** ⚙ Schmiere *f*, Rostschutzmittel *n*; **4.** ⚙ Pa'pierbrei *m*; **5.** *fig.* Gefühlsduse'lei *f*; **6.** *fig.* Kitsch *m*, Schund *m*; **II** *v/t.* **7.** bespritzen; **8.** ⚙ schmieren; **III** *v/i.* **9.** → ***slosh*** 2 *u.* 3; **slush fund** *s. pol. Am.* Schmiergelderfonds *m*; **'slush·y** [-ʃɪ] *adj.* **1.** matschig, schlammig; **2.** rührselig, kitschig.

slut [slʌt] *s.* **1.** Schlampe *f*; **2.** Hure *f*, ‚Nutte' *f*; **3.** *humor.* ‚kleines Luder' (*Mädchen*); **4.** *Am.* Hündin *f*; **'slut·tish** [-tɪʃ] *adj.* □ schlampig, liederlich.

sly [slaɪ] *adj.* □ **1.** schlau, verschlagen, listig; **2.** verstohlen, heimlich, 'hinterhältig: ***a ~ dog*** ein ganz Schlauer; ***on the ~*** ‚klammheimlich'; **3.** durch'trieben, pfiffig; **'sly·boots** *s. humor.* Pfiffikus *m*, Schlauberger *m*; **'sly·ness** [-nɪs] *s.* Schlauheit *f etc.*

smack¹ [smæk] **I** *s.* **1.** (Bei)Geschmack *m* (**of** von); **2.** Prise *f Salz etc.*; **3.** *fig.* Beigeschmack *m*, Anflug *m* (**of** von); **II** *v/i.* **4.** schmecken (**of** nach); **5.** *fig.* schmecken *od.* riechen (**of** nach).

smack² [smæk] **I** *s.* **1.** Klatsch *m*, Klaps *m*: ***a ~ in the eye*** *fig.* a) ein Schlag ins Gesicht, b) ein Schlag ins Kontor; **2.** Schmatzen *n*; **3.** (*Peitschen- etc.*)Knall *m*; **4.** Schmatz *m* (*Kuß*); **II** *v/t.* **5.** *et.* schmatzend genießen; **6. *~ one's lips*** a) (mit den Lippen) schmatzen, b) sich die Lippen lecken; **7.** *Hände etc.* zs.-schlagen; **8.** mit *der Peitsche* knallen; **9.** *j-m* e-n Klaps geben; **10.** *et.* hinklatschen; **III** *v/i.* **11.** schmatzen; **12.** knallen (*Peitsche etc.*); **13.** (hin)klatschen (**on** auf *acc.*); **IV** *adv. u. int.* **14.** F a) klatsch(!), platsch(!), b) ‚zack', di'rekt: ***run ~ into s.th.***

smack³ [smæk] *s.* ⚓ Schmack(e) *f*.

smack·er ['smækə] *s.* **1.** F Schmatz *m* (*Kuß*); **2.** *sl.* a) *Brit.* Pfund *n*, b) *Am.* Dollar *m*; **'smack·ing** [-kɪŋ] *s.* Tracht *f* Prügel.

small [smɔːl] **I** *adj.* **1.** *allg.* klein; **2.** klein, schmächtig; **3.** klein, gering (*Anzahl, Ausdehnung, Grad etc.*): ***they came in ~ numbers*** es kamen nur wenige; **4.** klein, armselig, dürftig; **5.** wenig: ***~ blame to him*** das macht ihm kaum Schande; ***~ wonder*** kein Wunder; ***have ~ cause for*** kaum Anlaß zu *Dankbarkeit etc.* haben; **6.** klein, mit wenig Besitz: ***~ farmer*** Kleinbauer *m*; **7.** klein, (sozi'al) niedrig: ***~ people*** kleine Leute; **8.** klein, unbedeutend: ***a ~ man***; ***a ~ poet***; **9.** trivi'al, klein: ***the ~ worries*** die kleinen Sorgen: ***a ~ matter*** e-e Kleinigkeit; **10.** klein, bescheiden: ***a ~ beginning***; ***in a ~ way*** a) bescheiden *leben etc.*, b) im Kleinen handeln *etc.*; **11.** *contp.* kleinlich; **12.** *b.s.* niedrig (*Gesinnung etc.*): ***feel ~*** sich schämen; ***make s.o. feel ~*** j-n beschämen; **13.** dünn (*Bier*); **14.** schwach (*Stimme, Puls*); **II** *s.* **15.** schmal(st)er *od.* verjüngter Teil: ***~ of the back*** *anat.* das Kreuz; **16.** *pl. Brit.* F 'Unterwäsche *f*, Taschentücher *pl. etc.*; **~ arms** *s. pl.* ⚔ Hand(feuer)waffen *pl.*; **~ beer** *s.* **1.** *obs.* Dünnbier *n*; **2.** *bsd. Brit.* F a) Lap'palie *f*, b) ‚Null' *f*, unbedeutende Per'son: ***think no ~ of o.s.*** F e-e hohe Meinung von sich haben; **~ cap·i·tals** *s. pl. typ.* Kapi'tälchen *pl.*; **~ change** *s.* **1.** Kleingeld *n*; **2.** → ***small beer*** 2; **'~-clothes** *s.* **1.** *pl. hist.* Kniehosen *pl.*; **2.** 'Unterwäsche *f*; **3.** Kinderkleidung *f*; **~ coal** *s.* Feinkohle *f*, Grus *m*; **~ fry** *s.* **1.** junge, kleine Fische *pl.*; **2.** ‚junges Gemüse', *die* Kleinen *pl.*; **3.** → ***small beer*** 2; **'~ˌhold·er** *s. Brit.* Kleinbauer *m*; **'~ˌhold·ing** *s. Brit.* Kleinlandbesitz *m*; **~ hours** *s. pl. die* frühen Morgenstunden *pl.*

small·ish ['smɔːlɪʃ] *adj.* ziemlich klein.

small| let·ter *s.* Kleinbuchstabe *m*; **ˌ~-'mind·ed** *adj.* engstirnig, kleinlich, ‚kleinkariert'.

small·ness ['smɔːlnɪs] *s.* **1.** Kleinheit *f*; **2.** geringe Anzahl; **3.** Geringfügigkeit *f*; **4.** Kleinlichkeit *f*; **5.** niedrige Gesinnung.

small| pi·ca *s. typ.* kleine Cicero (-schrift); **'~·pox** [-pɒks] *s.* ⚕ Pocken *pl.*, Blattern *pl.*; **~ print** *s. das* Kleingedruckte *e-s Vertrags*; **~ shot** *s.* Schrot *m*, *n*; **'~·sword** *s. fenc.* Flo'rett *n*; **~ talk** *s.* oberflächliche Konversati'on, Geplauder *n*: ***he has no ~*** er kann nicht (unverbindlich) plaudern; **'~·time** *adj. Am. sl.* unbedeutend, klein, ‚Schmalspur…'; **'~·ware** *s.* Kurzwaren *pl.*

smalt [smɔːlt] *s.* **1.** ⚒ S(ch)malte *f*, Kobaltblau *n*; **2.** Kobaltglas *n*.

smar·agd ['smærægd] *s. min.* Sma'ragd *m*.

smarm·y ['smɑːmɪ] *adj.* □ *Brit.* F **1.** ölig; **2.** kriecherisch; **3.** kitschig.

smart [smɑːt] **I** *adj.* □ **1.** klug, gescheit, intelli'gent, pa'tent; **2.** geschickt, gewandt; **3.** geschäftstüchtig; **4.** *b.s.* gerissen, raffiniert; **5.** witzig, geistreich; **6.** *contp.* ‚superklug', ‚klugscheißerisch'; **7.** flink, fix; **8.** schmuck, gepflegt; **9.** a) ele'gant, fesch, schick, b) modisch (*Person, Kleidung, Wort etc.*): ***the ~ set*** die elegante Welt, die ‚Schickeria'; **10.** forsch, schneidig: ***~ pace***; ***salute ~ly*** zackig grüßen; **11.** hart, empfindlich (*Schlag, Strafe*); **12.** scharf (*Schmerz, Kritik etc.*); **13.** F beträchtlich; **II** *v/i.* **14.** schmerzen, brennen; **15.** leiden (**from**, **under** unter *dat.*): ***he ~ed under the insult*** die Kränkung nagte an s-m Herzen; **III** *s.* **16.** Schmerz *m*; **smart al·eck** ['ælɪk] *s.* F ‚Klugscheißer' *m*; **'smart-ˌal·eck·y** [-kɪ] → ***smart*** 6; **'smart·en** [-tn] **I** *v/t.* **1.** *a.* **~ up** her'ausputzen; **2.** *fig. j-n* ‚auf Zack' bringen; **II** *v/i. mst* **~ up** **3.** sich schönmachen, sich ‚in Schale werfen'; **4.** *fig.* aufwachen; **'smart-ˌmon·ey** *s.* Schmerzensgeld *n*; **'smart·ness** [-nɪs] *s.* **1.** Klugheit *f*, Gescheitheit *f*; **2.** Gewandtheit *f*; **3.** *b.s.* Gerissenheit *f*; **4.** flotte Ele'ganz, Schick *m*; **5.** Forschheit *f*; **6.** Schärfe *f*, Heftigkeit *f*; **'smart·y** [-tɪ] → ***smart aleck***.

smash [smæʃ] **I** *v/t.* **1.** *oft* **~ up** zertrümmern, -schmettern, -schlagen: ***~ in*** einschlagen; **2.** *j-n* (zs.-)schlagen; *Feind* vernichtend schlagen; *fig. Argument* restlos wider'legen, *Gegner* ‚fertigmachen'; **3.** *j-n* (finanzi'ell) ruinieren; **4.** *Faust, Stein etc. wohin* schmettern; **5.** *Tennis*: *Ball* schmettern; **II** *v/i.* **6.** zersplittern, in Stücke springen; **7.** krachen, knallen (**against** gegen, **through** durch); **8.** zs.-stoßen, -krachen (*Autos etc.*); ✈ Bruch machen; **9.** a) *oft* **~ up** ‚zs.-krachen', bank'rott gehen, b) zu'schanden werden, c) (gesundheitlich) ka'puttgehen; **III** *adv.* (*a. int.*) **10.** krachend, krach(!); **IV** *s.* **11.** Zerkrachen *n*; **12.** Krach *m*; **13.** (*a.* finanzi'eller) Zs.-bruch, Ru'in *m*: ***go ~*** a) völlig zs.-brechen, ‚kaputtgehen', b) → 9; **14.** F voller Erfolg; **15.** *Tennis*: Schmetterball *m*; **16.** *kaltes Branntwein-Mischgetränk*; **ˌsmash-and-'grab raid** [-ʃn'g-] *s.* Schaufenstereinbruch *m*; **smashed** [-ʃt] *adj. sl.* **1.** ‚blau', besoffen; **2.** ‚high' (*unter Drogeneinfluß*); **'smash·er** [-ʃə] *s. sl.* **1.** schwerer Schlag (*a. fig.*); **2.** vernichtendes Argu'ment; **3.** ‚Wucht' *f*: a) ‚tolle Sache', b) ‚tolle Per'son': ***a ~ (of a girl)*** ein tolles Mädchen; **smash hit** *s.* F Schlager *m*, Bombenerfolg *m*; **'smash·ing** [-ʃɪŋ] *adj.* **1.** F ‚toll', sagenhaft; **2.** vernichtend (*Schlag, Niederlage*); **'smash-up** *s.* **1.** völliger Zs.-bruch; **2.** Bank'rott *m*; **3.** *mot. etc.* Zs.-stoß *m*; **4.** ✈ Bruch(landung *f*) *m*.

smat·ter·er ['smætərə] *s.* Stümper *m*, Halbwisser *m*; Dilet'tant *m*; **'smat·ter·ing** [-tərɪŋ] *s.* oberflächliche Kenntnis: ***he has a ~ of French*** er kann ein bißchen Französisch.

smear [smɪə] **I** *v/t.* **1.** *Fett etc.* schmieren (**on** auf *acc.*); **2.** *et.* beschmieren, bestreichen (**with** mit); **3.** (ein)schmieren; **4.** *Schrift* verschmieren; **5.** beschmieren, besudeln; **6.** *fig.* a) *j-s Ruf etc.* besudeln, b) *j-n* verleumden, ‚durch den Dreck ziehen'; **7.** *sport Am.* F ‚über'fahren'; **II** *v/i.* **8.** schmieren; **9.** sich verwischen; **III** *s.* **10.** Schmiere *f*; **11.** (Fett-, Schmutz)Fleck *m*; **12.** *fig.* Besudelung *f*; **13.** ⚕ Abstrich *m*; **~ cam·paign** *s. pol.* Ver'leumdungskamˌpagne *f*; **'~·case** *s. Am.* Quark *m*; **~ sheet** *s.* Skan'dalblatt *n*; **~ test** *s.* ⚕ Abstrich *m*.

smear·y ['smɪərɪ] *adj.* □ **1.** schmierig; **2.** verschmiert.

smell [smel] **I** *v/t.* [*irr.*] **1.** *et.* riechen; **2.** *et.* beriechen, riechen an (*dat.*); **3.** *fig. Verrat etc.* wittern; → ***rat*** 1; **4.** *fig.* sich *et.* genauer besehen; **5. ~ out** *hunt.* aufspüren (*a. fig. entdecken, ausschnüffeln*); **II** *v/i.* [*irr.*] **6.** riechen (**at** an *dat.*): **~ about** (*od.* **round**) *fig.* herumschnüffeln; **7.** *gut etc.* riechen: ***his breath ~s*** er riecht aus dem Mund; **8. ~ of** riechen nach (*a. fig.*); **III** *s.* **9.** Geruch(ssinn) *m*; **10.** Geruch *m*: a) Duft *m*, b) Gestank *m*; **11.** *fig.* Anflug *m*, -strich *m* (**of** von); **12. *take a ~ at s.th.*** et. beriechen (*a. fig.*); **'smell·er** [-lə] *s. sl.* **1.** ‚Riechkolben' *m* (*Nase*); **2.** Schlag *m* auf die Nase; Sturz *m*; **'smell·y** [-lɪ] *adj.* F übelriechend, muffig: ***~ feet*** Schweißfüße.

smelt¹ [smelt] *pl.* **smelts** *coll. a.* **smelt** *s. ichth.* Stint *m*.

smelt² [smelt] *v/t.* **1.** *Erz* (ein)schmelzen, verhütten; **2.** *Kupfer etc.* ausschmelzen.
smelt³ [smelt] *pret. u. p.p. von smell.*
smelt·er ['smeltə] *s.* Schmelzer *m*; **'smelt·er·y** [-ərı] *s.* Schmelzhütte *f*; **'smelt·ing** [-tıŋ] *s.* ⚙ Verhüttung *f*: **~ *furnace*** Schmelzofen *m*.
smile [smaıl] **I** *v/i.* **1.** lächeln (*a. fig. Sonne etc.*): **~ *at*** a) *j-m* zulächeln, b) *et.* belächeln, lächeln über (*acc.*); ***come up smiling*** *fig.* die Sache leicht überstehen; **2. ~ (*up*)*on*** *fig. j-m* lächeln, hold sein: ***fortune ~d on him***; **II** *v/t.* **3. ~ *away*** *Tränen etc.* hin'weglächeln; **4. ~ *approval* (*consent*)** beifällig (zustimmend) lächeln; **III** *s.* **5.** Lächeln *n*: ***be all ~s*** (über das ganze Gesicht) strahlen; **6.** *mst pl.* Gunst *f*; **'smil·ing** [-lıŋ] *adj.* □ **1.** lächelnd (*a. fig. heiter*); **2.** *fig.* huldvoll.
smirch [smɜ:tʃ] **I** *v/t.* besudeln (*a. fig.*); **II** *s.* Schmutzfleck *m*; *fig.* Schandfleck *m*.
smirk [smɜ:k] **I** *v/i.* affektiert *od.* blöd lächeln, grinsen; **II** *s.* einfältiges Lächeln, Grinsen *n*.
smite [smaıt] [*irr.*] **I** *v/t.* **1.** *bibl., rhet., a. humor.* schlagen (*a. erschlagen, heimsuchen*): ***smitten with the plague*** von der Pest befallen; **2.** *j-n* quälen, peinigen (*Gewissen*); **3.** *fig.* packen: ***smitten with*** von *Begierde etc.* gepackt; **4.** *fig.* hinreißen: ***he was smitten with* (*od.* *by*) *her charms*** er war hingerissen von ihrem Charme; ***be smitten by*** (sinnlos) verliebt sein in (*acc.*); **II** *v/i.* **5. ~ *upon*** *bsd. fig.* an *das Ohr etc.* schlagen.
smith [smıθ] *s.* Schmied *m*.
smith·er·eens [ˌsmıðə'ri:nz] *s. pl.* F Fetzen *pl.*, Splitter *pl.*: ***smash to ~*** in (tausend) Stücke schlagen.
smith·er·y ['smıðərı] *s.* **1.** Schmiedearbeit *f*; **2.** Schmiedekunst *f*.
smith·y ['smıðı] *s.* Schmiede *f*.
smit·ten ['smıtn] **I** *p.p. von* ***smite***; **II** *adj.* **1.** betroffen, befallen; **2.** (***by***) hingerissen (von), ‚verknallt', verliebt (in *acc.*); → ***smite*** 4.
smock [smɒk] **I** *s.* **1.** (Arbeits)Kittel *m*: **~ *frock*** *Art* Fuhrmannskittel *m*; **2.** Kinderkittel *m*; **II** *v/t.* **3.** *Bluse etc.* smoken, mit Smokarbeit verzieren; **'smock·ing** [-kıŋ] *s.* Smokarbeit *f* (*Vorgang u. Verzierung*).
smog [smɒg] *s.* (*aus* ***smoke*** *u.* ***fog***) Smog *m*, Dunstglocke *f*; **'~-bound** *adj.* von Smog eingehüllt.
smok·a·ble ['sməʊkəbl] *adj.* rauchbar; **smoke** [sməʊk] **I** *s.* **1.** Rauch *m* (*a.* ⚗, *phys.*): ***like ~*** *sl.* wie der Teufel; ***no ~ without a fire*** *fig.* irgend etwas ist immer dran (*an e-m Gerücht*); **2.** Qualm *m*, Dunst *m*: ***end* (*od.* *go up*) *in ~*** *fig.* in nichts zerrinnen, zu Wasser werden; **3.** ⚔ (Tarn)Nebel *m*; **4.** Rauchen *n e-r Zigarre etc.*: ***have a ~*** ‚eine' rauchen; **5.** F ‚Glimmstengel' *m*, Zi'garre *f*, Ziga'rette *f*; **6.** *sl.* a) ‚Hasch' *n*, b) Marihu'ana *n*; **II** *v/i.* **7.** rauchen, qualmen (*Schornstein, Ofen etc.*); **8.** dampfen (*a. Pferd*); **9.** rauchen: ***do you ~?***; **III** *v/t.* **10.** *Pfeife etc.* rauchen; **11. ~ *out*** a) ausräuchern (*a. fig.*), b) *fig.* ans Licht bringen; **12.** *Fisch etc.* räuchern; **13.** *Glas etc.* schwärzen; **~ ball, ~ bomb** *s.* Nebel-, Rauchbombe *f*; **~ con·sum·er** *s.* Rauchverzehrer *m*; **'~-dried** *adj.* geräuchert; **~ hel·met** *s.* Rauchmaske *f* (*Feuerwehr*).
smoke·less ['sməʊklıs] *adj.* □ *a.* ⚔ rauchlos.
smok·er ['sməʊkə] *s.* **1.** Raucher(in): **~'s *cough*** Raucherhusten *m*; **~'s *heart*** ⚕ Nikotinherz *n*; **2.** 🚃 Raucher(abteil *n*) *m*.
smoke| room [rʊm] *s.* Herren-, Rauchzimmer *n*; **~ screen** *s.* ⚔ Rauch-, Nebelvorhang *m*; *fig.* Tarnung *f*, Nebel *m*; **'~·stack** *s.* ⚓, 🚃, ⚙ Schornstein *m*.
smok·ing ['sməʊkıŋ] **I** *s.* **1.** Rauchen *n*; **II** *adj.* **2.** Rauch...; **3.** Raucher...; **~ car, ~ com·part·ment** *s.* 🚃 'Raucherabˌteil *n*.
smok·y ['sməʊkı] *adj.* □ **1.** qualmend; **2.** dunstig, verräuchert; **3.** rauchig (*a. Stimme*); rauchgrau.
smol·der ['sməʊldə] *Am.* → ***smoulder***.
smooch [smu:tʃ] *v/i. sl.* **1.** schmusen, knutschen; **2.** *Brit.* engum'schlungen tanzen.
smooth [smu:ð] **I** *adj.* □ **1.** *allg.* glatt; **2.** glatt, ruhig (*See*): ***I am in ~ water now*** *fig.* jetzt habe ich es geschafft; **3.** ⚙ ruhig (*Gang*); *mot. a.* zügig (*Fahren, Schalten*); ✈ glatt (*Landung*); **4.** *fig.* glatt, reibungslos: ***make things ~ for*** *j-m* den Weg ebnen; **5.** fließend, geschliffen (*Rede etc.*); schwungvoll (*Melodie, Stil*); **6.** *fig.* sanft, weich (*Stimme, Ton*); **7.** glatt, gewandt (*Manieren, Person*); *b.s.* aalglatt: ***a ~ tongue*** e-e glatte Zunge; **8.** *Am. sl.* a) fesch, schick, b) ‚sauber', prima; **9.** geschmeidig, nicht klumpig (*Teig etc.*); **10.** lieblich (*Wein*); **II** *adv.* **11.** glatt, ruhig: ***things have gone ~ with me*** bei mir ging alles glatt; **III** *v/t.* **12.** glätten (*a. fig.*): **~ *the way for*** *fig. j-m od. e-r Sache* den Weg ebnen; **13.** besänftigen; **IV** *v/i.* **14.** → ***smooth down*** 1;
Zssgn mit adv.:
smooth| a·way *v/t.* *Schwierigkeiten etc.* wegräumen, ‚ausbügeln'; **~ down I** *v/i.* **1.** sich glätten *od.* beruhigen (*Meer etc.*) (*a. fig.*); **II** *v/t.* **2.** glattstreichen, glätten; **3.** *fig.* besänftigen; **4.** *Streit* schlichten; **~ out** *v/t.* **1.** *Falte* ausplätten (***from*** aus); **2.** → ***smooth away***; **~ o·ver** *v/t.* **1.** *Fehler etc.* bemänteln; **2.** *Streit* schlichten.
'smooth|·bore *adj. u. s.* (Gewehr *n*) mit glattem Lauf; **'~-faced** *adj.* **1.** a) bartlos, b) glattrasiert; **2.** *fig.* glatt, schmeichlerisch; **~ file** *s.* ⚙ Schlichtfeile *f*.
smooth·ie ['smu:ðı] *s.* F **1.** ‚dufter Typ'; **2.** aalglatter Bursche.
smooth·ing| i·ron ['smu:ðıŋ] *s.* Plätt-, Bügeleisen *n*; **~ plane** *s.* ⚙ Schlichthobel *m*.
smooth·ness ['smu:ðnıs] *s.* **1.** Glätte *f* (*a. fig.*); **2.** Reibungslosigkeit *f* (*a. fig.*); **3.** *fig.* glatter Fluß, Ele'ganz *f e-r Rede etc.*; **4.** Glätte *f*, Gewandtheit *f*; **5.** Sanftheit *f*.
'smooth-tongued *adj.* glattzüngig, schmeichlerisch, aalglatt.
smote [sməʊt] *pret. von* ***smite***.
smoth·er ['smʌðə] **I** *v/t.* **1.** *j-n, a. Feuer, Rebellion, Ton* ersticken; **2.** *bsd. fig.* über'häufen (***with*** mit *Arbeit etc.*): **~ *s.o. with kisses*** j-n abküssen; **3. ~ *in*** (*od.* ***with***) völlig bedecken mit, einhüllen in (*dat.*), begraben unter (*Blumen, Decken etc.*); **4.** *oft* **~ *up*** *Gähnen, Wut etc., a. Geheimnis etc.* unter'drücken, *Skandal* vertuschen; **II** *v/i.* **5.** ersticken; **6.** *sport* F ‚über'fahren'; **III** *s.* **7.** dicker Qualm; **8.** Dampf-, Dunst-, Staubwolke *f*; **9.** (erdrückende) Masse.
smoul·der ['sməʊldə] **I** *v/i.* **1.** glimmen, schwelen (*a. fig. Feindschaft, Rebellion etc.*); **2.** glühen (*a. fig. Augen*); **II** *s.* **3.** schwelendes Feuer.
smudge [smʌdʒ] **I** *s.* **1.** Schmutzfleck *m*, Klecks *m*; **2.** qualmendes Feuer (*gegen Mücken, Frost etc.*); **II** *v/t.* **3.** beschmutzen; **4.** be-, verschmieren, 'vollklecksen; **5.** *fig. Ruf etc.* besudeln; **III** *v/i.* **6.** schmieren (*Tinte, Papier etc.*); **7.** schmutzig werden; **'smudg·y** [-dʒı] *adj.* □ verschmiert, schmierig, schmutzig.
smug [smʌg] *adj.* □ **1.** *obs.* schmuck; **2.** geschniegelt u. gebügelt; **3.** selbstgefällig, blasiert.
smug·gle ['smʌgl] **I** *v/t.* *Waren, a. weitS. Brief, j-n etc.* schmuggeln: **~ *in*** einschmuggeln; **II** *v/i.* schmuggeln; **'smug·gler** [-lə] *s.* **1.** Schmuggler *m*; **2.** Schmuggelschiff *n*; **'smug·gling** [-lıŋ] *s.* Schmuggel *m*.
smut [smʌt] **I** *s.* **1.** Ruß-, Schmutzflocke *f od.* -fleck *m*; **2.** *fig.* Zote(n *pl.*) *f*, Schmutz *m*, Schweine'rei(en *pl.*) *f*: ***talk ~*** Zoten reißen, ‚schweinigeln'; **3.** ⚘ (*bsd.* Getreide)Brand *m*; **II** *v/t.* **4.** beschmutzen; **5.** ⚘ brandig machen.
smutch [smʌtʃ] **I** *v/t.* beschmutzen; **II** *s.* schwarzer Fleck.
smut·ty ['smʌtı] *adj.* □ **1.** schmutzig, rußig; **2.** *fig.* zotig, ob'szön: **~ *joke*** Zote *f*; **3.** ⚘ brandig.
snack [snæk] *s.* **1.** a) Imbiß *m*, b) Happen *m*, Bissen *m*; **2.** Anteil *m*: ***go ~s*** teilen; **~ bar** *s.* Imbißstube *f*.
snaf·fle ['snæfl] **I** *s.* **1.** *a.* **~ *bit*** Trense(ngebiß *n*) *f*; **II** *v/t.* **2.** *e-m Pferd* die Trense anlegen; **3.** mit der Trense lenken; **4.** *Brit. sl.* ‚klauen'.
sna·fu [snæ'fu:] *Am. sl.* **I** *adj.* in heillosem Durchein'ander, ‚beschissen'; **II** *s.* ‚beschissene Lage'; **III** *v/t.* ‚versauen'.
snag [snæg] **I** *s.* **1.** Aststumpf *m*; **2.** Baumstumpf *m* (*in Flüssen*); *fig.* ‚Haken' *m*: ***strike a ~*** auf Schwierigkeiten stoßen; **3.** a) Zahnstumpf *m*, b) *Am.* Raffzahn *m*; **II** *v/t.* **4.** *Boot* gegen e-n Stumpf fahren lassen; **5.** *Fluß* von Baumstümpfen befreien; **snagged** [-gd], **'snag·gy** [-gı] *adj.* **1.** ästig, knorrig; **2.** voller Baumstümpfe (*Fluß*).
snail [sneıl] *s.* **1.** *zo.* Schnecke *f* (*a. fig. lahmer Kerl*): ***at a ~'s pace*** im Schneckentempo; **2.** → ***snail wheel***; **~ shell** *s.* Schneckenhaus *n*; **~ wheel** *s.* Schnecke(nrad *n*) *f* (*Uhr*).
snake [sneık] **I** *s.* **1.** Schlange *f* (*a. fig.*): **~ *in the grass*** a) verborgene Gefahr, b) (falsche) Schlange; ***see ~s*** F weiße Mäuse sehen; **2.** ✝ Währungsschlange *f*; **II** *v/i.* **3.** sich schlängeln (*a. Weg*); **snake charm·er** *s.* Schlangenbeschwörer *m*; **snake pit** *s.* **1.** Schlangengrube *f*; **2.** Irrenanstalt *f*; **3.** *fig.* Hölle *f*; **'snake·skin** *s.* **1.** Schlangenhaut *f*; **2.** Schlangenleder *n*; **snak·y** ['sneıkı] *adj.* □ **1.** Schlangen...; **2.** schlangenartig, gewunden; **3.** *fig.* 'hinterhältig.
snap [snæp] **I** *s.* **1.** Schnappen *n*, Biß *m*;

2. Knacken *n*, Knacks *m*, Klicken *n*; **3.** (*Peitschen- etc.*)Knall *m*; **4.** Reißen *n*; **5.** Schnappschloß *n*, Schnapper *m*; **6.** *phot.* Schnappschuß *m*; **7.** *etwa*: Schnipp-Schnapp *n* (*Kartenspiel*); **8.** *fig.* Schwung *m*, Schmiß *m*; **9.** kurze Zeit: ***in a ~*** im Nu; ***cold ~*** Kältewelle *f*; **10.** (knuspriges) Plätzchen; **11.** *Am.* F Kleinigkeit *f*, ‚Kinderspiel' *n*; **II** *adj.* **12.** Schnapp…; **13.** spontan, Schnell…: ***~ decision*** rasche Entscheidung; ***~ judgement*** (vor)schnelles Urteil; ***~ vote*** Blitzabstimmung *f*; **III** *adv. u. int.* **14.** knack(s)(!), krach(!), schnapp(!); **IV** *v/i.* **15.** schnappen (***at*** nach *a. fig. e-m Angebot etc.*), zuschnappen: ***~ at the chance*** zugreifen, die Gelegenheit beim Schopfe fassen; ***~ at s.o.*** j-n anschnauzen; **16.** *a.* ***~ to*** zuschnappen, zuknallen (*Schloß, Tür*); **17.** knacken, klicken; **18.** knallen (*Peitsche etc.*); **19.** (zer)springen, (-)reißen, entzweigehen: ***there something ~ped in me*** da ‚drehte ich durch'; **20.** schnellen: ***~ to attention*** ⚔ ‚Männchen bauen'; ***~ to it!*** F mach Tempo!; ***~ out of it!*** F komm, komm!, laß das (sein)!; **V** *v/t.* **21.** (er)schnappen; beißen: ***~ off*** abbeißen; ***~ s.o.'s head*** (*od.* ***nose***) ***off*** → ***snap up*** 4; **22.** (zu)schnappen lassen; **23.** *phot.* knipsen; **24.** zerknicken, -knacken, -brechen, -reißen: ***~ off*** abbrechen; **25.** mit *der Peitsche* knallen; mit *den Fingern* schnalzen: ***~ one's fingers at*** *fig.* auslachen, verhöhnen; **26.** *a.* ***~ out*** *Wort* her'vorstoßen, bellen; ***~ up*** *v/t.* **1.** auf-, wegschnappen; **2.** (gierig) an sich reißen, *Angebot* schnell annehmen: ***snap it up!*** F mach fix!; **3.** *Häuser etc.* aufkaufen; **4.** a) *j-n* anschnauzen, b) *j-m* das Wort abschneiden.

snap| catch *s.* ⚙ Schnapper *m*; **'~,dragon** *s.* **1.** ⚘ Löwenmaul *n*; **2.** Ro'sinenfischen *n aus brennendem Branntwein* (*Spiel*); **~ fas·ten·er** *s.* Druckknopf *m*; **~ hook** *s.* Kara'binerhaken *m*; **~ lock** *s.* Schnappschloß *n*.

snap·pish ['snæpɪʃ] *adj.* ☐ **1.** bissig (*Hund, a. Person*); **2.** schnippisch.

snap·py ['snæpɪ] *adj.* ☐ **1.** → ***snappish***; **2.** F a) schnell, fix, b) ‚zackig', forsch, c) schwungvoll, schmissig, d) schick: ***make it ~!, look ~!*** mach mal fix!

snap| shot *s.* ⚔ Schnellschuß *m*; **'~·shot** *phot.* **I** *s.* Schnappschuß *m*; **II** *v/t.* e-n Schnappschuß machen von, *et.* knipsen.

snare [sneə] **I** *s.* **1.** Schlinge (*a.* ✈), Fallstrick *m*, *fig. a.* Fußangel *f*: ***set a ~ for s.o.*** j-m e-e Falle stellen; **2.** ♪ Schnarrsaite *f*; **II** *v/t.* **3.** mit e-r Schlinge fangen; **4.** *fig.* um'stricken, fangen, *j-m* e-e Falle stellen; **5.** sich *et.* ‚angeln' *od.* unter den Nagel reißen; **~ drum** *s.* ♪ kleine Trommel, Schnarrtrommel *f*.

snarl[1] [snɑ:l] *bsd. Am.* **I** *s.* **1.** Knoten *m*, ‚Fitz' *m*; **2.** *fig.* wirres Durchein'ander, Gewirr *n*, *a.* Verwicklung *f*: (***traffic***) **~** Verkehrschaos *n*; **II** *v/t.* **3.** *a.* ***~ up*** verwirren, durchein'anderbringen; **III** *v/i.* **4.** *a.* ***~ up*** sich verwirren; (völlig) durchein'andergeraten.

snarl[2] [snɑ:l] **I** *v/i.* wütend knurren, die Zähne fletschen (*Hund, a. Person*): ***~ at*** *j-n* anfauchen; **II** *v/t. et.* knurren, wütend her'vorstoßen; **III** *s.* Knurren *n*, Zähnefletschen *n*.

'snarl-up *s.* F → ***snarl***[1] 2.

snatch [snætʃ] **I** *v/t.* **1.** *et.* schnappen, packen, (er)haschen, fangen: ***~ up*** aufraffen; **2.** *fig. Gelegenheit etc.* ergreifen; *et., a. Schlaf* ergattern: ***~ a hurried meal*** rasch et. zu sich nehmen; **3.** *et.* an sich reißen; *a. Kuß* rauben; **4.** ***~*** (***away***) ***from*** *j-m et., a. j-n dem Meer, dem Tod, durch den Tod* entreißen: ***he was ~ed away from us*** er wurde uns *durch e-n frühen Tod etc.* entrissen; **5.** ***~ off*** weg-, her'unterreißen; **6.** *Am. sl. Kind* rauben; **7.** *Gewichtheben*: reißen; **II** *v/i.* **8.** ***~ at*** schnappen *od.* greifen *od.* haschen nach: ***~ at the offer*** *fig.* mit beiden Händen zugreifen; **III** *s.* **9.** Schnappen *n*, schneller Griff: ***make a ~ at*** → 8; **10.** *fig.* (kurzer) Augenblick: ***~es of sleep***; **11.** *pl.* Bruchstücke *pl.*, ‚Brokken' *pl.*, Aufgeschnappte(s) *n*: ***~es of conversation*** Gesprächsfetzen *pl.*; ***by*** (*od.* ***in***) ***~es*** a) hastig, ruckweise, b) ab und zu; **12.** *Am.* V a) ‚Möse' *f*, b) ‚Nummer' *f* (*Koitus*); **'snatch·y** [-tʃɪ] *adj.* ☐ abgehackt, ruckweise, spo'radisch.

snaz·zy ['snæzɪ] *adj.* F ‚todschick'.

sneak [sni:k] **I** *v/i.* **1.** (sich *wohin*) schleichen: ***~ about*** herumschleichen, -schnüffeln; ***~ out of*** *fig.* sich von *et.* drücken, sich aus *e-r Sache* herauswinden; **2.** *ped. Brit. sl.* ‚petzen': ***~ on s.o.*** j-n verpetzen; **II** *v/t.* **3.** *et.* (heimlich) *wohin* schmuggeln; **4.** *sl.* ‚sti'bitzen'; **III** *s.* **5.** *contp.* ‚Leisetreter' *m*, Kriecher *m*; **6.** *Brit.* F ‚Petze' *f*; ***~ at·tack*** *s.* ⚔ Über'raschungsangriff *m*.

sneak·ers ['sni:kəz] *s. pl. bsd. Am.* leichte Turnschuhe *pl.*; **'sneak·ing** [-kɪŋ] *adj.* ☐ **1.** verstohlen; **2.** 'hinterlistig, gemein; **3.** *fig.* heimlich, leise (*Verdacht etc.*).

sneak| pre·view *s. Am.* F *inoffizielle erste Vorführung e-s neuen Films*; **~ thief** *s.* Einsteig- *od.* Gelegenheitsdieb *m*.

sneak·y ['sni:kɪ] → ***sneaking***.

sneer [snɪə] **I** *v/i.* **1.** höhnisch grinsen, ‚feixen' (***at*** über *acc.*); **2.** spötteln (***at*** über *acc.*); **II** *v/t.* **3.** *et.* höhnen(d äußern); **III** *s.* **4.** Hohnlächeln *n*; **5.** Hohn *m*, Spott *m*, höhnische Bemerkung; **'sneer·er** [-ərə] *s.* Spötter *m*, ‚Feixer' *m*; **'sneer·ing** [-ərɪŋ] *adj.* ☐ höhnisch, spöttisch, ‚feixend'.

sneeze [sni:z] **I** *v/i.* niesen: ***not to be ~d at*** F nicht zu verachten; **II** *s.* Niesen *n*; **'~·wort** *s.* ⚘ Sumpfgarbe *f*.

snick [snɪk] **I** *v/t.* (ein)kerben; **II** *s.* Kerbe *f*.

snick·er ['snɪkə] **I** *v/i.* **1.** kichern; **2.** wiehern; **II** *v/t.* **3.** F *et.* kichern; **III** *s.* **4.** Kichern *n*; **,~'snee** [-'sni:] *s. humor.* ‚Dolch' *m* (*Messer*).

snide [snaɪd] *adj.* abfällig, höhnisch.

sniff [snɪf] **I** *v/i.* **1.** schniefen; **2.** schnüffeln (***at*** an *dat.*); **3.** *fig.* die Nase rümpfen (***at*** über *acc.*); **II** *v/t.* **4.** *a.* ***~ in*** (*od.* ***up***) durch die Nase einziehen; **5.** schnuppern an (*dat.*); **6.** riechen (*a. fig. wittern*); **III** *s.* **7.** Schnüffeln *n*; **8.** kurzer Atemzug; **9.** Naserümpfen *n*.

snif·fle ['snɪfl] *Am.* **I** *v/i.* **1.** schniefen; **2.** greinen, heulen; **II** *s.* **3.** Schnüffeln *n*; **4.** ***the ~s*** *pl.* F Schnupfen *m*.

sniff·y ['snɪfɪ] *adj.* ☐ F **1.** naserümpfend, hochnäsig, verächtlich; **2.** muffig.

snif·ter ['snɪftə] *s.* **1.** Schnäps-chen *n*, ‚Gläs-chen' *n*; **2.** *Am.* Kognakschwenker *m*.

snift·ing valve ['snɪftɪŋ] *s.* ⚙ 'Schnüffelven,til *n*.

snig·ger ['snɪgə] → ***snicker***.

snip [snɪp] **I** *v/t.* **1.** schnippeln, schnipseln, schneiden; **2.** *Fahrkarte* knipsen; **II** *s.* **3.** Schnitt *m*; **4.** Schnippel *m*, Schnipsel *m, n*; **5.** *sl.* a) todsichere Sache, b) günstige (Kauf)Gelegenheit: ***it's a ~!***; **6.** *Am.* F (frecher) Knirps.

snipe [snaɪp] **I** *s.* **1.** *orn.* (Sumpf-)Schnepfe *f*; **II** *v/i.* **2.** *hunt.* Schnepfen jagen *od.* schießen; **3.** ⚔ aus dem 'Hinterhalt schießen (***at*** auf *acc.*); **III** *v/t.* **4.** ⚔ abschießen, ‚wegputzen'; **'snip·er** [-pə] *s.* **1.** ⚔ Scharf-, Heckenschütze *m*: ***~scope*** ⚔ 'Infrarotvi,sier *n*; **2.** Todesschütze *m*, Killer *m*.

snip·pet ['snɪpɪt] *s.* **1.** (Pa'pier)Schnipsel *m, n*; **2.** *pl. fig.* Bruchstücke *pl.*, ‚Brokken' *pl.*

snitch [snɪtʃ] *sl.* **I** *v/t.* ‚klauen', sti'bitzen; **II** *v/i.* ***~ on*** *j-n* ‚verpfeifen'.

sniv·el ['snɪvl] **I** *v/i.* **1.** schniefen; **2.** greinen, plärren; **3.** wehleidig tun; **II** *v/t.* **4.** *et.* (her'aus)schluchzen; **III** *s.* **5.** Greinen *n*, Plärren *n*; **6.** wehleidiges Getue; **'sniv·el·(l)er** [-lə] *s.* ‚Heulsuse' *f*; **'sniv·el·(l)ing** [-lɪŋ] **I** *adj.* **1.** triefnasig; **2.** wehleidig; **II** *s.* **3.** → ***snivel*** 5 *u.* 6.

snob [snɒb] *s.* Snob *m*: ***~ appeal*** Snob-Appeal *m*; **'snob·ber·y** [-bərɪ] *s.* Sno'bismus *m*; **'snob·bish** [-bɪʃ] *adj.* ☐ sno'bistisch, versnobt.

snog [snɒg] *v/i.* F knutschen.

snook [snu:k] *s.*: ***cock a ~ at*** *j-m* e-e lange Nase machen, *fig. j-n* auslachen.

snook·er ['snu:kə] *s. a.* ***~ pool*** *Billard*: Snooker Pool *m*; **'snook·ered** [-əd] *adj.* F ‚to'tal erledigt'.

snoop [snu:p] *bsd. Am.* F **I** *v/i.* **1.** *a.* ***~ around*** her'umschnüffeln; **II** *s.* **2.** Schnüffe'lei *f*; **3.** → **'snoop·er** [-pə] ‚Schnüffler' *m*; **'snoop·y** [-pɪ] *adj.* F schnüffelnd, neugierig.

snoot [snu:t] *s. Am.* F **1.** ‚Schnauze' *f* (*Nase, Gesicht*); **2.** Gri'masse *f*, ‚Schnute' *f*; **'snoot·y** [-tɪ] *adj. Am.* F ‚großkotzig', hochnäsig, patzig.

snooze [snu:z] **I** *v/i.* **1.** ein Nickerchen machen; **2.** dösen; **II** *v/t.* **3.** ***~ away*** *Zeit* vertrödeln; **III** *s.* **4.** Nickerchen *n*: ***have a ~*** → 1.

snore [snɔ:] **I** *v/i.* schnarchen; **II** *s.* Schnarchen *n*; **snor·er** ['snɔ:rə] *s.* Schnarcher *m*.

snor·kel ['snɔ:kl] **I** *s.* ⚓, ⚔ *etc.* Schnorchel *m*; **II** *v/i.* schnorcheln.

snort [snɔ:t] **I** *v/i.* (*a.* wütend *od.* verächtlich) schnauben; prusten; **II** *v/t. a.* ***~ out*** *Worte* (wütend) schnauben; **III** *s.* Schnauben *n*; Prusten *n*; **'snort·er** [-tə] *s.* F **1.** heftiger Sturm; **2.** Mordsding *n*; **3.** Mordskerl *m*.

snot [snɒt] *s.* **1.** Rotz *m*; **2.** ‚Schwein' *n*; **'snot·ty** [-tɪ] *adj.* ☐ **1.** V rotzig, Rotz…; **2.** F ‚dreckig', gemein; **3.** *Am. sl.* patzig.

snout [snaʊt] *s.* **1.** *zo.* Schnauze *f* (*a.* F *fig. Nase, Gesicht*); **2.** ‚Schnauze' *f*, Vorderteil *n* (*Auto etc.*); **3.** ⚙ Schnabel *m*, Tülle *f*.

snow [snəʊ] **I** *s.* **1.** Schnee *m* (*a.* 🍳 *u. Küche*; *a. TV*); **2.** Schneefall *m*; **3.** *pl.*

Schneemassen *pl.*; **4.** *sl.* ‚Snow' *m*, ‚Schnee' *m* (*Kokain, Heroin*); **II** *v/i.* **5.** schneien: **~ *in*** hereinschneien (*a. fig.*); ***~ed in*** (*od.* ***up***, ***under***) eingeschneit; ***be ~ed under*** *fig.* a) *mit Arbeit etc.* überhäuft sein, *von Sorgen etc.* erdrückt werden, b) *pol. Am. in e-r Wahl* vernichtend geschlagen werden; **6.** *fig.* regnen, hageln; **III** *v/t.* **7.** her'unterrieseln lassen; **'~·ball I** *s.* **1.** Schneeball *m* (*a.* ⚘): **~ *fight*** Schneeballschlacht *f*; **2.** *fig.* La'wine *f*: **~ *system*** Schneeballsystem *n*; **3.** *Getränk aus Eierlikör u. Zitronenlimonade*; **II** *v/t.* **4.** Schneebälle werfen auf; **III** *v/i.* **5.** sich mit Schneebällen bewerfen; **6.** *fig.* la'winenartig anwachsen; **'~·bank** *s.* Schneewehe *f*; **'~·bird** *s.* **1.** → ***snow bunting***; **2.** *sl.* ‚Kokser' *m*, Koka'inschnupfer *m*; **'~-blind** *adj.* schneeblind; **'~·bound** *adj.* eingeschneit, durch Schnee(massen) abgeschnitten; **~ bun·ny** *s.* F ‚Skihaserl' *n*; **~ bun·ting** *s. orn.* Schneeammer *f*; **'~·cap** *s. orn. ein* Kolibri *m*; **'~-capped** *adj.* schneebedeckt; **'~·drift** *s.* Schneewehe *f*; **'~·drop** *s.* ⚘ Schneeglöckchen *n*; **'~·fall** *s.* Schneefall *m*, -menge *f*; **'~·field** *s.* Schneefeld *n*; **'~·flake** *s.* Schneeflocke *f*; **~ gog·gles** *s. pl.* Schneebrille *f*; **~ line** *s.* Schneegrenze *f*; **'~·man** *s.* [*irr.*] Schneemann *m*: ***Abominable*** ♀ Schneemensch *m*, *der* Jeti; **'~·mo,bile** [-məʊˌbiːl] *s.* Motorschlitten *m*; **'~·plough**, *Am.* **'~·plow** *s.* Schneepflug *m* (*a. beim Skifahren*); **'~·shoe I** *s.* Schneeschuh *m*; **II** *v/i.* auf Schneeschuhen gehen; **'~·slide**, **'~·slip** *s.* Schneerutsch *m*; **'~·storm** *s.* Schneesturm *m*; **~ tire** (*Brit.* **tyre**) *s. mot.* Winterreifen *m*; **,~-'white** *adj.* schneeweiß; ♀ **White** *npr.* Schnee'wittchen *n*.

snow·y ['snəʊɪ] *adj.* □ **1.** schneeig, Schnee...: **~ *weather***; **2.** schneebedeckt, Schnee...; **3.** schneeweiß.

snub¹ [snʌb] **I** *v/t.* **1.** *j-n* brüskieren, vor den Kopf stoßen; **2.** *j-n* kurz abfertigen; **3.** *j-m* über den Mund fahren; **II** *s.* **4.** Brüskierung *f*.

snub² [snʌb] *adj.* stumpf: **~ *nose*** Stupsnase *f*; **'~-nosed** *adj.* stupsnasig.

snuff¹ [snʌf] **I** *v/t.* **1.** *a.* **~ *up*** durch die Nase einziehen; **2.** beschnüffeln; **II** *v/i.* **3.** schnüffeln (***at*** an *dat.*); **4.** (Schnupftabak) schnupfen; **III** *s.* **5.** Atemzug *m*, Einziehen *n*; **6.** Schnupftabak *m*, Prise *f*: ***take ~*** schnupfen; ***be up to ~*** F a) ‚schwer auf Draht sein', b) (toll) in Form sein; ***give s.o. ~*** F j-m ‚Saures geben'.

snuff² [snʌf] **I** *s.* **1.** Schnuppe *f e-r Kerze*; **II** *v/t.* **2.** *Kerze* putzen; **3. ~ *out*** auslöschen (*a. fig.*); *fig.* ersticken, vernichten; **4. ~ *it*** *Brit.* F ‚abkratzen' (*sterben*).

'snuff|·box *s.* Schnupftabaksdose *f*; **'~-,col·o(u)red** *adj.* gelbbraun, tabakfarben.

snuf·fle ['snʌfl] **I** *v/i.* **1.** schnüffeln, schnuppern; **2.** schniefen; **3.** näseln; **II** *v/t.* **4.** *mst* **~ *out*** *et.* näseln; **III** *s.* **5.** Schnüffeln *n*; **6.** Näseln; **7. *the ~s*** *pl.* Schnupfen *m*.

'snuff|-,tak·er *s.* Schnupfer(in); **'~-,tak·ing** *s.* (Tabak)Schnupfen *n*.

snug [snʌg] **I** *adj.* □ **1.** gemütlich, behaglich, traulich; **2.** geborgen, gut versorgt: ***as ~ as a bug in a rug*** F wie die Made im Speck; **3.** angenehm; **4.** auskömmlich, ‚hübsch' (*Einkommen etc.*); **5.** kom'pakt; **6.** ordentlich; **7.** eng anliegend (*Kleid*): **~ *fit*** a) guter Sitz, b) ⚙ Paßsitz *m*; **8.** ⚓ schmuck, seetüchtig (*Schiff*); **9.** verborgen: ***keep s.th. ~*** et. geheimhalten; ***lie ~*** sich verborgen halten; **II** *v/i.* **10.** → ***snuggle*** I; **III** *v/t.* **11.** *oft* **~ *down*** gemütlich *od.* bequem machen; **12.** *mst* **~ *down*** ⚓ *Schiff* auf Sturm vorbereiten; **'snug·ger·y** [-gərɪ] *s.* **1.** behagliche Bude, warmes Nest (*Zimmer etc.*); **2.** kleines Nebenzimmer; **'snug·gle** [-gl] **I** *v/i.* sich schmiegen *od.* kuscheln ([***up***] ***in*** in *e-e Decke*, ***up to*** an *acc.*): **~ *down*** (***in bed***) sich ins Bett kuscheln; **II** *v/t.* an sich schmiegen, (lieb)'kosen.

so [səʊ] **I** *adv.* **1.** (*mst vor adj. u. adv.*) so, dermaßen: ***I was ~ surprised***; ***not ~ ... as*** nicht so ... wie; **~ *great a man*** ein so großer Mann; → ***far*** 3, ***much Redew.***; **2.** (*mst exklamatorisch*) (ja) so, 'überaus: ***I am ~ glad!***; **3.** so, in dieser Weise: ***and ~ on*** (*od.* ***forth***) und so weiter; ***is that ~?*** wirklich?; **~ *as to*** so daß, um zu; **~ *that*** so daß; ***or ~*** etwa, oder so; **~ *saying*** mit *od.* bei diesen Worten; → ***if*** 1; **4.** (*als Ersatz für ein Prädikativum od. e-n Satz*) a) es, das: ***I hope ~*** ich hoffe (es); ***I have never said ~*** das habe ich nie behauptet, b) auch: ***you are tired, ~ am I*** du bist müde, ich (bin es) auch, c) allerdings, ja: ***are you tired? ~ I am*** bist du müde? ja *od.* allerdings; ***I am stupid! ~ you are*** ich bin dumm! allerdings (das bist du); **~ *what?*** F na und?; **5.** so ... daß: ***it was ~ hot I took my coat off***; **II** *cj.* **6.** daher, folglich, also, und so: ***it was necessary ~ we did it*** es war nötig, und so taten wir es (denn); **~ *you came after all!*** du bist also doch (noch) gekommen!

soak [səʊk] **I** *v/i.* **1.** sich vollsaugen, durch'tränkt werden: ***~ing wet*** tropfnaß; **2.** ('durch)sickern; **3.** *fig.* langsam *ins Bewußtsein* einsickern *od.* -dringen; **4.** *sl.* ‚saufen'; **II** *v/t.* **5.** *et.* einweichen; **6.** durch'tränken, -'nässen, -'feuchten; ⚙ *a.* imprägnieren (***in*** mit); **7. ~ *o.s. in*** *fig.* sich ganz versenken in; **8. ~ *in*** einsaugen: **~ *up*** a) aufsaugen, b) *fig. Wissen etc.* in sich aufnehmen; **9.** *sl. et.* ‚saufen'; **10.** *sl. j-n* ‚schröpfen'; **11.** *sl. j-n* verdreschen; **III** *s.* **12.** Einweichen *n*, Durch'tränken *n*; ⚙ Imprägnieren *n*; **13.** *sl.* a) Säufer *m*, b) Saufe'rei *f*; **14.** F Regenguß *m*, ‚Dusche' *f*; **'soak·age** [-kɪdʒ] *s.* **1.** 'Durchsickern *n*; **2.** 'durchgesickerte Flüssigkeit, Sickerwasser *n*; **'soak·er** [-kə] → ***soak*** 14.

'so-and-so ['səʊənsəʊ] *pl.* **-sos** *s.* **1.** (Herr *etc.*) Soundso: ***Mr. ~***; **2.** F ‚(blöder) Hund'.

soap [səʊp] **I** *s.* Seife *f* (*a.* ⚗): ***no ~!*** *Am.* F nichts zu machen!; **II** *v/t.* *a.* **~ *down*** a) (ein-, ab)seifen, b) → ***softsoap***; **'~·box I** *s.* **1.** 'Seifenkiste *f*, -kar,ton *m*; **2.** ‚Seifenkiste' *f* (*improvisierte Rednerbühne od. Fahrzeug*); **II** *adj.* **3.** Seifenkisten...: **~ *derby*** Seifenkistenrennen *n*; **~ *orator*** Straßenredner *m*; **~ bub·ble** *s.* Seifenblase *f* (*a. fig.*); **~ dish** *s.* Seifenschale *f*; **~ op·er·a** *s. Radio, TV*: ‚Seifenoper' *f* (*rührselige Serie*); **'~·stone** *s. min.* Seifen-, Speckstein *m*; **'~·suds** *s. pl.* Seifenlauge *f*, -wasser *n*; **'~·works** *s. pl. oft sg. konstr.* Seifensiede'rei *f*.

soap·y ['səʊpɪ] *adj.* □ **1.** seifig, Seifen...; **2.** *fig.* ölig, schmeichlerisch.

soar [sɔː] *v/i.* **1.** (hoch) aufsteigen, sich erheben (*Vogel, Berge etc.*); **2.** in großer Höhe schweben; **3.** ✈ segelfliegen, segeln; **4.** *fig.* sich em'porschwingen (*Geist*): ***~ing thoughts*** hochfliegende Gedanken; **5.** † in die Höhe schnellen (*Preise*); **soar·ing** ['sɔːrɪŋ] **I** *adj.* □ **1.** hochfliegend (*a. fig.*); **2.** *fig.* em'porstrebend; **II** *s.* **3.** ✈ Segeln *n*.

sob [sɒb] **I** *v/i.* schluchzen; **II** *v/t.* ***a ~ out*** *Worte* (her'aus)schluchzen; **III** *s.* Schluchzen *n*; schluchzender Laut: **~ *sister*** *sl.* a) Briefkastenonkel *m*, -tante *f* (*Frauenzeitschrift*), b) Verfasser(in) rührseliger Romane *etc.*; **~ *stuff*** *sl.* rührseliges Zeug, Schnulze(*n pl.*) *f*.

so·ber ['səʊbə] **I** *adj.* □ **1.** nüchtern: a) nicht betrunken, b) *fig.* sachlich: **~ *facts*** nüchterne Tatsachen; ***in ~ fact*** nüchtern betrachtet, c) unauffällig, gedeckt (*Farbe etc.*); **2.** mäßig; **II** *v/t.* **3.** *oft* **~ *up*** ernüchtern; **III** *v/i.* **4.** *oft* **~ *down*** *od.* ***up*** a) (wieder) nüchtern werden, b) *fig.* vernünftig werden; **,~-'mind·ed** *adj.* besonnen, nüchtern; **'~·sides** *s.* fader Kerl, ‚Trauerkloß' *m*, Spießer *m*.

so·bri·e·ty [səʊ'braɪətɪ] *s.* **1.** Nüchternheit *f* (*a. fig.*); **2.** Mäßigkeit *f*; **3.** Ernst (-haftigkeit *f*) *m*.

so·bri·quet ['səʊbrɪkeɪ] (*Fr.*) *s.* Spitzname *m*.

soc·age ['sɒkɪdʒ] *s.* ⚖ *hist.* **1.** Lehensleistung *f* (*ohne Ritter- u. Heeresdienst*); **2.** Frongut *n*.

,so-'called [ˌsəʊ-] *adj.* sogenannt (*a. angeblich*).

soc·cage ['sɒkɪdʒ] → ***socage***.

soc·cer ['sɒkə] **I** *s. sport* Fußball *m* (*Spiel*); **II** *adj.* Fußball...: **~ *team***; **~ *ball*** Fußball *m*.

so·cia·bil·i·ty [ˌsəʊʃə'bɪlətɪ] *s.* Geselligkeit *f*, 'Umgänglichkeit *f*; **so·cia·ble** ['səʊʃəbl] **I** *adj.* □ **1.** gesellig (*a. zo. etc.*), 'umgänglich, freundlich; **2.** gesellig, gemütlich, ungezwungen: **~ *evening***; **II** *s.* **3.** Kremser *m* (*Kutschwagen*); **4.** Zweisitzer *m* (*Dreirad etc.*); **5.** Plaudersofa *n*; **6.** *bsd. Am.* → ***social*** 7.

so·cial ['səʊʃl] **I** *adj.* □ **1.** *zo. etc.* gesellig; **2.** gesellschaftlich, Gesellschafts..., sozi'al, Sozial...: **~ *action*** Bürgerinitiative *f*; **~ *climber*** *contp.* gesellschaftlicher ‚Aufsteiger'; **~ *contract*** *hist.* Gesellschaftsvertrag *m*; **~ *criticism*** Sozialkritik *f*; **~ *engineering*** angewandte Sozialwissenschaft; **~ *evil*** *die* Prostitution; **~ *order*** Gesellschaftsordnung *f*; **~ *rank*** gesellschaftlicher Rang, soziale Stellung; **~ *register*** Prominentenliste *f*; **~ *science*** Sozialwissenschaft *f*; **3.** sozi'al, Sozial...: **~ *insurance*** Sozialversicherung *f*; **~ *insurance contribution*** Sozialversicherungsbeitrag *m*; **~ *policy*** Sozialpolitik *f*; **~ *security*** a) soziale Sicherheit, b) Sozialversicherung *f*, c) Sozialhilfe *f*; ***be on ~ security*** Sozialhilfe beziehen; **~ *services*** a) Sozialeinrichtungen, b) staatliche Sozialleistungen; **~ *studies*** Gemeinschaftskunde *f*; **~ *work*** Sozialarbeit *f*; **~ *worker*** Sozialarbeiter(in); **4.** *pol.* Sozial...: ² **Democrat** Sozialdemokrat(in); **5.** gesellschaftlich, gesellig: ~ **activities** gesellschaftliche Veranstaltungen; **6.** → **sociable** 1; **II** *s.* **7.** geselliges Bei'sammensein; '**so·cial·ism** [-ʃəlɪzəm] *s. pol.* Sozia'lismus *m*; '**so·cial·ist** [-ʃəlɪst] **I** *s.* Sozia'list(in); **II** *adj. a.* **so·cial·is·tic** [ˌsəʊʃə'lɪstɪk] *adj.* (□ ~**ally**) sozia'listisch; '**so·cial·ite** [-ʃəlaɪt] *s. Am.* F Angehörige(r *m*) *f* der oberen Zehn'tausend, Promi'nente(r *m*) *f*.

so·cial·i·za·tion [ˌsəʊʃəlaɪ'zeɪʃn] *s. pol.*, ✝ Sozialisierung *f*; **so·cial·ize** ['səʊʃəlaɪz] *v/t. pol.*, ✝ sozialisieren, verstaatlichen, vergesellschaften.

so·ci·e·ty [sə'saɪətɪ] *s. allg.* Gesellschaft *f*: a) Gemeinschaft *f*: **human** ~, b) Kul'turkreis *m*, c) (*die* große *od.* ele'gante) Welt: ~ **lady** Dame *f* der großen Gesellschaft; **not fit for good** ~ nicht salon- *od.* gesellschaftsfähig, d) (gesellschaftlicher) 'Umgang, e) Anwesenheit *f*, f) Verein(igung *f*) *m*: ² **of Friends** Gesellschaft der Freunde (*die Quäker*); ² **of Jesus** Gesellschaft Jesu.

socio- [səʊsjəʊ] *in Zssgn* a) Sozial..., b) sozio'logisch: ~**biology** Soziobiologie *f*; ~**critical** sozialkritisch; ~**political** sozialpolitisch; ~**psychology** Sozialpsychologie *f*.

so·ci·og·e·ny [ˌsəʊsɪ'ɒdʒənɪ] *s.* Wissenschaft *f* vom Ursprung der menschlichen Gesellschaft; **so·ci·o·gram** ['səʊsjəgræm] *s.* Sozio'gramm *n*; **so·ci·o·log·ic, so·ci·o·log·i·cal** [ˌsəʊsjə'lɒdʒɪk(l)] *adj.* □ sozio'logisch; **so·ci·ol·o·gist** [ˌsəʊsɪ'ɒlədʒɪst] *s.* Sozio'loge *m*; **so·ci·ol·o·gy** [ˌsəʊsɪ'ɒlədʒɪ] *s.* Soziolo'gie *f*.

sock[1] [sɒk] *s.* **1.** Socke *f*: **pull up one's** ~**s** *Brit.* F ‚sich am Riemen reißen', sich anstrengen; **put a** ~ **in it!** *Brit. sl.* hör auf!, halt's Maul!; **2.** *Brit.* Einlegesohle *f*.

sock[2] [sɒk] *sl.* **I** *v/t. j-m* ‚eine knallen *od.* reinhauen': ~ **it to s.o.** j-m ‚Bescheid stoßen', j-m ‚Saures geben'; **II** *s.* (Faust)Schlag *m*; **III** *adj. Am.* ‚toll'.

sock·et ['sɒkɪt] *s.* **1.** *anat.* a) (Augen-, Zahn)Höhle *f*, b) (Gelenk)Pfanne *f*; **2.** ⚙ Muffe *f*, Rohransatz *m*; **3.** ⚡ a) Steckdose *f*, b) Fassung *f*, c) Sockel *m* (*für Röhren etc.*), d) Anschluß *m*; ~ **joint** *s.* ⚙, *anat.* Kugelgelenk *n*; ~ **wrench** *s.* ⚙ Steckschlüssel *m*.

so·cle ['sɒkl] *s.* ⚠ Sockel *m*.

sod[1] [sɒd] **I** *s.* **1.** Grasnarbe *f*: **under the** ~ unterm Rasen (*tot*); **2.** Rasenstück *n*; **II** *v/t.* **3.** mit Rasen bedecken.

sod[2] [sɒd] *sl.* **I** *s.* **1.** ‚Heini' *m*, Blödmann *m*; **2.** Kerl *m*: **the poor** ~; **II** *v/t.* **3.** ~ **it!** ‚Mist!'

so·da ['səʊdə] *s.* ⚗ **1.** Soda *f*, *n*, kohlensaures Natrium: (**bicarbonate of**) ~ → **sodium bicarbonate**; **2.** → **sodium hydroxide**; **3.** 'Natriumoˌxyd *n*; **4.** Soda(wasser *n*) *f*, *n*: **whisky and** ~; **5.** → **soda water** 2; ~ **foun·tain** *s.* **1.** Siphon *m*; **2.** *Am.* Erfrischungshalle *f*, Eisbar *f*; ~ **jerk(·er)** *s. Am.* F Verkäufer *m* in e-r Erfrischungshalle *od.* Eisbar; ~ **lye** *s.* Natronlauge *f*; ~ **pop** *s. Am.* ‚Limo' *f*; ~ **wa·ter** *s.* **1.** Sodawasser *n*; **2.** Selters (-wasser) *n*, Sprudel *m*.

sod·den ['sɒdn] *adj.* **1.** durch'weicht, -'näßt; **2.** teigig, klitschig (*Brot etc.*); **3.** *fig.* a) ‚voll', ‚besoffen', b) blöd(e) (*vom Trinken*); **4.** aufgedunsen; **5.** *sl.* a) ‚blöd', ‚doof', b) fad.

so·di·um ['səʊdjəm] *s.* ⚗ Natrium *n*; ~ **bi·car·bon·ate** *s.* 'Natriumbikarboˌnat *n*, doppeltkohlensaures Natrium; ~ **car·bon·ate** *s.* Soda *f*, *n*, 'Natriumkarboˌnat *n*; ~ **chlor·ide** *s.* 'Natriumchloˌrid *n*, Kochsalz *n*; ~ **hy·drox·ide** *s.* 'Natriumhydroˌxyd *n*, Ätznatron *n*; ~ **ni·trate** *s.* 'Natriumniˌtrat *n*.

sod·o·my ['sɒdəmɪ] *s.* **1.** Sodo'mie *f*; **2.** *allg.* 'widernaˌtürliche Unzucht.

so·ev·er [səʊ'evə] *adv.* (*mst in Zssgn wer etc.*) auch immer.

so·fa ['səʊfə] *s.* Sofa *n*; ~ **bed** *s.* Bettcouch *f*.

sof·fit ['sɒfɪt] *s.* ⚠ Laibung *f*.

soft [sɒft] **I** *adj.* □ **1.** *allg.* weich (*a. fig. Person, Charakter etc.*): **as** ~ **as silk** seidenweich; ~ **currency** ✝ weiche Währung; ~ **prices** ✝ nachgiebige Preise; ~ **sell** ✝ weiche Verkaufstaktik; **2.** ⚙ weich, *bsd.* a) ungehärtet (*Eisen*), b) schmiedbar (*Metall*), c) enthärtet (*Wasser*): ~ **coal** ⚒ Weichkohle *f*; ~ **solder** Weichlot *n*; **3.** *fig.* weich, sanft (*Augen, Worte etc.*); → **spot** 5; **4.** mild, sanft (*Klima, Regen, Schlaf, Wind, a. Strafe etc.*): **be** ~ **with** sanft umgehen mit *j-m*; **5.** leise, sacht (*Bewegung, Geräusch, Rede*); **6.** sanft, gedämpft (*Licht, Farbe, Musik*); **7.** schwach, verschwommen: ~ **outlines**; ~ **negative** *phot.* weiches Negativ; **8.** mild, lieblich (*Wein*); **9.** *Brit.* schwül, feucht, regnerisch; **10.** höflich, ruhig, gewinnend; **11.** zart, zärtlich, verliebt: ~ **nothings** zärtliche Worte; → **sex** 2; **12.** schlaff (*Muskeln*); **13.** *fig.* verweichlicht, schlapp; **14.** angenehm, leicht, ‚gemütlich': ~ **job**; **a** ~ **thing** e-e ruhige Sache, e-e ‚Masche' (*einträgliches Geschäft*); **15.** *a.* ~ **in the head** F ‚leicht bescheuert', ‚doof'; **16.** a) alkoholfrei: ~ **drinks**, b) weich: ~ **drug** Soft drug *f*, weiche Droge; **II** *adv.* **17.** sanft, leise; **III** *s.* **18.** F Trottel *m*; '~**·ball** *s. Am. sport Form des Baseball mit weicherem Ball u. kleinerem Feld*; '~**-boiled** *adj.* **1.** weich(gekocht) (*Ei*); **2.** F weichherzig; '~**-ˌcen·tred** *adj. Brit.* mit Cremefüllung.

sof·ten ['sɒfn] **I** *v/t.* **1.** weich machen; ⚙ *Wasser* enthärten; **2.** *Ton, Farbe* dämpfen; **3.** *a.* ~ **up** ⚔ a) *Gegner* zermürben, b) *Festung etc.* sturmreif schießen; **4.** *fig.* mildern; *j-n* erweichen; *j-s Herz* rühren; *contp. j-n* ‚kleinkriegen'; **5.** *fig.* verweichlichen; **II** *v/i.* **6.** weich(er) werden, sich erweichen; '**sof·ten·er** [-nə] *s.* ⚙ **1.** Enthärtungsmittel *n*; **2.** Weichmacher *m* (*bei Kunststoff, Öl etc.*); '**sof·ten·ing** [-nɪŋ] *s.* **1.** Erweichen *n*: ~ **of the brain** ⚕ Gehirnerweichung *f*; ~ **point** ⚙ Erweichungspunkt *m*; **2.** *fig.* Besänftigung *f*.

soft| goods *s. pl.* Tex'tilien *pl.*; ~ **hail** *s.* Eisregen *m*; '~**·head** *s.* Schwachkopf *m*; ˌ~**'heart·ed** *adj.* weichherzig; ˌ~**-'land** *v/t. u. v/i.* weich landen.

soft·ness ['sɒftnɪs] *s.* **1.** Weichheit *f*; **2.** Sanftheit *f*; **3.** Milde *f*; **4.** Zartheit *f*; **5.** *contp.* Weichlichkeit *f*.

soft| ped·al *s.* ♪ (Pi'ano)Peˌdal *n*; ˌ~**-'ped·al** *v/t.* **1.** (*a. v/i.*) mit dem Pi'anopeˌdal spielen; **2.** F *et.* ‚her'unterspielen'; ~ **sci·ence** *s. Ggs. exakte Wissenschaft, z.B. Soziologie, Psychologie etc.*; ~ **soap** *s.* **1.** Schmierseife *f*; **2.** *sl.* ‚Schmus' *m*, Schmeiche'lei(en *pl.*) *f*; ˌ~**-'soap** *v/t. sl. j-m* ‚um den Bart gehen', *j-m* Honig ums Maul schmieren; ˌ~**-'sol·der** *v/t.* ⚙ weichlöten; '~**-ˌspo·ken** *adj.* **1.** leise sprechend; **2.** *fig.* gewinnend, freundlich; '~**·ware** *s. Computer*: Software *f*; '~**·wood** *s.* **1.** Weichholz *n*; **2.** Nadelbaumholz *n*; **3.** Baum *m* mit weichem Holz.

soft·y ['sɒftɪ] *s.* F **1.** ‚Softie' *m*; **2.** ‚Schlappschwanz' *m*.

sog·gy ['sɒgɪ] *adj.* **1.** feucht, sumpfig (*Land*); **2.** durch'näßt, -'weicht; **3.** klitschig (*Brot etc.*); **4.** F ‚doof'.

soi-di·sant [ˌswɑːdiː'zɑ̃ːŋ] (*Fr.*) *adj.* angeblich, sogenannt.

soil[1] [sɔɪl] **I** *v/t.* **1.** a) schmutzig machen, verunreinigen, b) *bsd. fig.* besudeln, beflecken, beschmutzen; **II** *v/i.* **2.** schmutzig werden, *leicht etc.* schmutzen; **III** *s.* **3.** Verschmutzung *f*; **4.** Schmutzfleck *m*; **5.** Schmutz *m*; **6.** Dung *m*.

soil[2] [sɔɪl] *s.* **1.** (Erd)Boden *m*, Erde *f*, (Acker)Krume *f*, Grund *m*; **2.** *fig.* (Heimat)Erde *f*, Land *n*: **on British** ~ auf britischem Boden; **one's native** ~ die heimatliche Erde.

soil[3] [sɔɪl] *v/t.* ✔ mit Grünfutter füttern; '**soil·age** [-lɪdʒ] *s.* ✔ Grünfutter *n*.

soil pipe *s.* ⚙ Abflußrohr *n*.

soi·rée ['swɑːreɪ] (*Fr.*) *s.* Soi'ree *f*, Abendgesellschaft *f*.

so·journ ['sɒdʒɜːn] **I** *v/i.* sich (vor'übergehend) aufhalten, (ver)weilen (**in** in *od.* an *dat.*, **with** bei); **II** *s.* (vor'übergehender) Aufenthalt; '**so·journ·er** [-nə] *s.* Gast *m*, Besucher(in).

soke [səʊk] *s.* ⚖ *hist. Brit.* Gerichtsbarkeit(sbezirk *m*) *f*.

sol·ace ['sɒləs] **I** *s.* Trost *m*: **she found** ~ **in religion**; **II** *v/t.* trösten.

so·la·num [səʊ'leɪnəm] *s.* ⚘ Nachtschatten *m*.

so·lar ['səʊlə] *adj.* **1.** *ast.* Sonnen...(*-system, -tag, -zeit etc.*), Solar...: ~ **eclipse** Sonnenfinsternis *f*; ~ **plexus** *anat.* Solarplexus *m*, F Magengrube *f*; **2.** ⚙ a) Sonnen...: ~ **cell** (**energy** *etc.*); ~ **collector** *od.* **panel** Sonnenkollektor *m*, b) durch 'Sonnenenerˌgie angetrieben: ~ **power station** Sonnen-, Solarkraftwerk *n*.

so·lar·i·um [səʊ'leərɪəm] *pl.* **-i·a** [-ɪə], **-i·ums** *s. allg.* So'larium *n*, ⚕ *a.* Sonnenliegehalle *f*.

so·lar·ize ['səʊləraɪz] *v/t.* **1.** ⚕ *j-n* mit Lichtbädern behandeln; **2.** ⚙ *Haus* auf 'Sonnenenerˌgie 'umstellen; **3.** *phot.* solarisieren (*a. v/i.*).

sold [səʊld] *pret. u. p.p. von* **sell**.

sol·der ['sɒldə] **I** *s.* **1.** ⚙ Lot *n*, 'Lötmeˌtall *n*; **II** *v/t.* **2.** (ver)löten: ~**ed joint** Lötstelle *f*; ~**ing iron** Lötkolben *m*; **3.** *fig.* zs.-schweißen; **III** *v/i.* **4.** löten.

sol·dier ['səʊldʒə] **I** *s.* **1.** Sol'dat *m* (*a. engS.* Feldherr): ~ **of Christ** Streiter *m* Christi; ~ **of fortune** Glücksritter *m*; **old** ~ a) F ‚alter Hase', b) *sl.* leere Flasche; **2.** ⚔ (einfacher) Sol'dat, Schütze *m*, Mann *m*; **3.** *fig.* Kämpfer *m*; **4.** *zo.* Krieger *m*, Sol'dat *m* (*bei Ameisen etc.*); **II** *v/i.* **5.** (als Sol'dat) dienen: **go** ~**ing** Soldat werden; **6.** ~ **on** *fig.* (unbeirrt) weitermachen; '**sol·dier·ly** [-lɪ] *adj.* **1.** sol'datisch; **2.** Soldaten…; **'sol·dier·y** [-ərɪ] *s.* **1.** Mili'tär *n*; **2.** Sol'daten *pl.*, *contp.* Solda'teska *f.*

sole¹ [səʊl] **I** *s.* **1.** (Fuß- *od.* Schuh)Sohle *f*: **~ leather** Sohlleder *n*; **2.** Bodenfläche *f*, Sohle *f*; **II** *v/t.* **3.** besohlen.

sole² [səʊl] *adj.* □ → **solely**; **1.** einzig, al'leinig, Allein…: **~ agency** Alleinvertretung *f*; **~ bill** ✝ Solawechsel *m*; **~ heir** Allein-, Universalerbe *m*; **2.** ⚖ unverheiratet.

sole³ [səʊl] *pl.* **soles**, *coll.* **sole** *s. ichth.* Seezunge *f.*

sol·e·cism ['sɒlɪsɪzəm] *s.* Schnitzer *m*, Verstoß *m*, ‚Sünde' *f*: a) *ling.* Sprachsünde, b) Faux'pas *m*; **sol·e·cis·tic** [ˌsɒlɪ'sɪstɪk] *adj.* **1.** *ling.* 'unkorˌrekt; **2.** ungehörig.

sole·ly ['səʊllɪ] *adv.* (einzig u.) al'lein, ausschließlich, nur.

sol·emn ['sɒləm] *adj.* □ **1.** *allg.* feierlich, ernst, so'lenn; **2.** feierlich (*Eid etc.*); ⚖ for'mell (*Vertrag*); **3.** gewichtig, ernst: **a ~ warning**; **4.** hehr, erhaben: **~ building**; **5.** düster; **so·lem·ni·ty** [sə'lemnətɪ] *s.* **1.** Feierlichkeit *f*, (feierlicher *od.* würdevoller) Ernst; **2.** *oft pl.* feierliches Zeremoni'ell; **3.** *bsd. eccl.* Festlich-, Feierlichkeit *f*; **'sol·em·nize** [-mnaɪz] *v/t.* **1.** feierlich begehen; **2.** *Trauung* (feierlich) voll'ziehen.

so·le·noid ['səʊlənɔɪd] *s.* ⚡, ⚙ Soleno'id *n*, Zy'linderspule *f*: **~ brake** Solenoidbremse *f.*

sol-fa [ˌsɒl'fɑː] ♪ **I** *s.* **1.** *a.* **~ syllables** Solmisati'onssilben *pl.*; **2.** Tonleiter *f*; **3.** Solmisati'on(sübung) *f*; **II** *v/t.* **4.** auf Solmisati'onssilben singen; **III** *v/i.* **5.** solmisieren.

so·lic·it [sə'lɪsɪt] **I** *v/t.* **1.** (dringend) bitten, angehen (**s.o.** j-n; **s.th.** um et.; **s.o. for s.th.** *od.* **s.th. of s.o.** j-n um et.); **2.** sich um *ein Amt etc.* bemühen; ✝ um *Aufträge*, *Kundschaft* werben; **3.** *j-n* ansprechen (*Prostituierte*); **4.** ⚖ anstiften; **II** *v/i.* **5.** dringend bitten (**for** um); **6.** ✝ Aufträge sammeln; **7.** sich anbieten (*Prostituierte*); **so·lic·i·ta·tion** [səˌlɪsɪ'teɪʃn] *s.* **1.** dringende Bitte; **2.** ✝ (Auftrags-, Kunden)Werbung *f*; **3.** Ansprechen *n* (*durch Prostituierte*); **4.** ⚖ Anstiftung *f* (**of** zu).

so·lic·i·tor [sə'lɪsɪtə] *s.* **1.** ⚖ *Brit.* So'licitor *m*, Anwalt *m* (*der nur vor niederen Gerichten plädieren darf*); **2.** *Am.* 'Rechtsrefeˌrent *m e-r Stadt etc.*; **3.** *Am.* ✝ A'gent *m*, Werber *m*; **~ gen·er·al** *pl.* **so·lic·i·tors gen·er·al** *s.* **1.** ⚖ zweiter Kronanwalt (*in England*); **2.** *USA* a) stellvertretender Ju'stizmiˌnister, b) oberster Ju'stizbeamter (*in einigen Staaten*).

so·lic·it·ous [sə'lɪsɪtəs] *adj.* □ **1.** besorgt (**about** um, **for** um, wegen); **2.** fürsorglich; **3.** (**of**) eifrig bedacht (auf *acc.*), begierig (nach); **4.** bestrebt *od.* eifrig bemüht (**to do** zu tun); **so'lic·i·tude** [-tjuːd] *s.* **1.** Besorgtheit *f*, Sorge *f*; **2.** (über'triebener) Eifer; **3.** *pl.* Sorgen *pl.*

sol·id ['sɒlɪd] **I** *adj.* □ **1.** *allg.* fest (*Eis, Kraftstoff, Speise, Wand etc.*): **~ body** Festkörper *m*; **~ lubricant** ⚙ Starrschmiere *f*; **~ state** *phys.* fester (Aggregat)Zustand; **~ waste** Festmüll *m*; **on ~ ground** auf festem Boden (*a. fig.*); **2.** kräftig, sta'bil, derb, fest: **~ build** kräftiger Körperbau; **~ leather** Kernleder *n*; **a ~ meal** ein kräftiges Essen; **a ~ blow** ein harter Schlag; **3.** mas'siv (*Ggs. hohl*), Voll…(*-gummi*, *-reifen*); **4.** mas'siv, gediegen: **~ gold**; **5.** *fig.* so'lid(e), gründlich: **~ learning**; **6.** *fig.* gewichtig, triftig (*Grund etc.*), stichhaltig, handfest (*Argument etc.*); **7.** so'lid(e), gediegen, zuverlässig (*Person*); **8.** ✝ so'lid(e), gutfundiert; **9.** a) soli'darisch, b) einmütig, geschlossen (**for** für *j-n od. et.*): **be ~ for s.o.**; **be ~ly behind s.o.** geschlossen hinter j-m stehen; **a ~ vote** e-e einstimmige Wahl; **10. be ~** (**with s.o.**) *Am.* F (mit j-m) auf gutem Fuß stehen; **11.** *Am. sl.* ‚prima', erstklassig; **12.** ⩚ a) körperlich, räumlich, b) Kubik…, Raum…: **~ capacity**; **~ geometry** Stereometrie *f*; **~ measure** Raummaß *n*; **13.** geschlossen: **a ~ row of buildings**; **14.** F voll, ‚geschlagen': **a ~ hour**; **15.** F to'tal: **booked ~** total ausgebucht; **II** *s.* **16.** ⩚ Körper *m*; **17.** *phys.* Festkörper *m*; **18.** *pl.* feste Bestandteile *pl.*: **the ~s of milk.**

sol·i·dar·i·ty [ˌsɒlɪ'dærətɪ] *s.* Solidari'tät *f*, Zs.-halt *m*, Zs.-gehörigkeitsgefühl *n*; **sol·i·dar·y** ['sɒlɪdərɪ] *adj.* soli'darisch.

'sol·id|-drawn *adj.* ⚙ gezogen: **~ axle**; **~ tube** nahtlos gezogenes Rohr; **'~-hoofed** *adj. zo.* einhufig.

so·lid·i·fi·ca·tion [səˌlɪdɪfɪ'keɪʃn] *s. phys. etc.* Erstarrung *f*, Festwerden *n*; **so·lid·i·fy** [sə'lɪdɪfaɪ] **I** *v/t.* **1.** fest werden lassen; **2.** verdichten; **3.** *fig. Partei* festigen, konsolidieren; **II** *v/i.* **4.** fest werden, erstarren.

so·lid·i·ty [sə'lɪdətɪ] *s.* **1.** Festigkeit *f* (*a. fig.*); kom'pakte *od.* mas'sive Struk'tur; Dichtigkeit *f*; **2.** *fig.* Gediegenheit *f*, Zuverlässigkeit *f*, Solidi'tät *f*; ✝ Kre'ditfähigkeit *f.*

'sol·id-state chem·is·try *s.* 'Festkörperche,mie *f.*

sol·id·un·gu·late [ˌsɒlɪd'ʌŋgjʊleɪt] *adj. zo.* einhufig.

so·lil·o·quize [sə'lɪləkwaɪz] **I** *v/i.* Selbstgespräche führen, *bsd. thea.* monologisieren; **II** *v/t. et.* zu sich selbst sagen; **so'lil·o·quy** [-kwɪ] *s.* Selbstgespräch *n*, *bsd. thea.* Mono'log *m.*

sol·i·ped ['sɒlɪped] *zo.* **I** *s.* Einhufer *m*; **II** *adj.* einhufig.

sol·i·taire ['sɒlɪteə] *s.* **1.** Soli'tär(spiel) *n*; **2.** Pa'tience *f*; **3.** Soli'tär *m* (*einzeln gefaßter Edelstein*).

sol·i·tar·y ['sɒlɪtərɪ] *adj.* □ **1.** einsam (*Leben, Spaziergang etc.*); → **confinement** 2; **2.** einsam, abgelegen (*Ort*); **3.** einsam, einzeln (*Baum, Reiter etc.*); **4.** ⚘, *zo.* soli'tär; **5.** *fig.* einzig: **~ exception**; **'sol·i·tude** [-tjuːd] *s.* **1.** Einsamkeit *f*; **2.** (Ein)Öde *f.*

sol·mi·za·tion [ˌsɒlmɪ'zeɪʃn] *s.* ♪ a) Solmisati'on *f*, b) Solmisati'onsübung *f.*

so·lo ['səʊləʊ] *pl.* **-los I** *s.* **1.** *bsd.* ♪ Solo(gesang *m*, -spiel *n*, -tanz *m etc.*) *n*; **2.** *Kartenspiele*: Solo *n*; **3.** ✈ Al'leinflug *m*; **II** *adj.* **4.** *bsd.* ♪ Solo…; **5.** Allein…: **~ flight** → 3; **~ run** *sport* Alleingang *m*; **III** *adv.* **6.** al'lein, ‚solo': **fly ~** e-n Alleinflug machen; **'so·lo·ist** [-əʊɪst] *s.* So'list(in).

sol·stice ['sɒlstɪs] *s. ast.* Sonnenwende *f*: **summer ~**; **sol·sti·tial** [sɒl'stɪʃl] *adj.* Sonnenwende…: **~ point** Umkehrpunkt *m.*

sol·u·bil·i·ty [ˌsɒljʊ'bɪlətɪ] *s.* **1.** ⚗ Löslichkeit *f*; **2.** *fig.* Lösbarkeit *f*; **sol·u·ble** ['sɒljʊbl] *adj.* **1.** ⚗ löslich; **2.** *fig.* (auf-)lösbar.

so·lu·tion [sə'luːʃn] *s.* **1.** ⚗ a) Auflösung *f*, b) Lösung *f*: **aqueous ~** wässerige Lösung; (**rubber**) **~** Gummilösung *f*; **2.** ⩚ *etc.* (Auf)Lösung *f*; **3.** *fig.* Lösung *f* (*e-s Problems etc.*); (Er)Klärung *f.*

solv·a·ble ['sɒlvəbl] → **soluble.**

solve [sɒlv] *v/t.* **1.** *Aufgabe, Problem* lösen; **2.** lösen, (er)klären: **~ a mystery**; **~ a crime** ein Verbrechen aufklären; **'sol·ven·cy** [-vənsɪ] *s.* ✝ Zahlungsfähigkeit *f*; **'sol·vent** [-vənt] **I** *adj.* **1.** ⚗ (auf)lösend; **2.** *fig.* zersetzend; **3.** *fig.* erlösend: **the ~ power of laughter**; **4.** ✝ zahlungsfähig, sol'vent, li'quid; **II** *s.* **5.** ⚗ Lösungsmittel *n*; **6.** *fig.* zersetzendes Ele'ment.

so·mat·ic [səʊ'mætɪk] *adj. biol.*, ⚕ **1.** körperlich, physisch; **2.** so'matisch: **~ cell** Somazelle *f.*

so·ma·tol·o·gy [ˌsəʊmə'tɒlədʒɪ] *s.* ⚕ Somatolo'gie *f*, Körperlehre *f*; **so·ma·to·psy·chic** [ˌsəʊmətəʊ'saɪkɪk] *adj.* ⚕, *psych.* psychoso'matisch.

som·ber *Am.*, **som·bre** *Brit.* ['sɒmbə] *adj.* □ **1.** düster, trübe (*a. fig.*); **2.** dunkel(farbig); **3.** *fig.* melan'cholisch; **'som·ber·ness** *Am.*, **'som·bre·ness** *Brit.* [-nɪs] *s.* **1.** Düsterkeit *f*, Trübheit *f* (*a. fig.*); **2.** *fig.* Trübsinnigkeit *f.*

some [sʌm; səm] **I** *adj.* **1.** (*vor Substantiven*) (irgend)ein: **~ day** eines Tages; **~ day** (**or other**), **~ time** irgendwann (einmal), mal; **2.** (*vor pl.*) einige, ein paar: **~ few** einige wenige; **3.** manche; **4.** ziemlich (viel), beträchtlich, e-e ganze Menge; **5.** gewiß: **to ~ extent** in gewissem Grade, einigermaßen; **6.** etwas, ein (klein) wenig: **~ bread** (etwas) Brot; **take ~ more!** nimm noch etwas!; **7.** ungefähr, gegen: **a village of ~ 60 houses** ein Dorf von etwa 60 Häusern; **8.** *sl.* beachtlich, ‚ganz hübsch': **~ race!** das war vielleicht ein Rennen!; **~ teacher!** *contp.* ein ‚schöner' Lehrer (ist das)!; **II** *adv.* **9.** *bsd. Am.* etwas, ziemlich; **10.** F ‚e'norm', ‚toll'; **III** *pron.* **11.** (irgend)ein: **~ of these days** dieser Tage, demnächst; **12.** etwas: **~ of it** etwas davon; **~ of these people** einige dieser Leute; **13.** welche: **will you have ~?**; **14.** *Am. sl.* dar'über hin'aus, noch mehr; **15. some … some** die einen … die anderen.

some|·bod·y ['sʌmbədɪ] **I** *pron.* jemand, (irgend)einer; **II** *s.* e-e bedeutende Per'sönlichkeit: **he thinks he is ~** er bildet sich ein, er sei jemand; **'~·how** *adv. oft* **~ or other 1.** irgend'wie, auf irgendeine Weise; **2.** aus irgendeinem Grund(e), ‚irgendwie': **~ (or other) I don't trust him**; **'~·one I** *pron.* jemand, (irgend)einer: **~ or other** irgendeiner; **II** *s.* → **somebody** II; **'~·place** *adv. Am.* irgendwo('hin).

som·er·sault ['sʌməsɔːlt] **I** *s.* a) Salto *m*, b) Purzelbaum *m* (*a. fig.*): **turn** *od.* **do a ~** → **II** *v/i.* e-n Salto machen *od.* e-n Purzelbaum schlagen.

Som·er·set House ['sʌməsɪt] *s. Verwaltungsgebäude in London mit Personenstandsregister, Notariats- u. Inlandssteuerbehörden etc.*

'some|·thing ['sʌm-] **I** *s.* **1.** (irgend) etwas, was: ~ ***or other*** irgend etwas; ***a certain*** ~ ein gewisses Etwas; **2.** ~ ***of*** so etwas wie: ***he is ~ of a mechanic***; **3.** ***or*** ~ oder so (etwas Ähnliches); **II** *adv.* **4.** ~ ***like*** a) so etwas wie, so ungefähr, b) F wirklich, mal: ***that's ~ like a pudding!***; ***that's ~ like!*** das lasse ich mir gefallen!; **'~·time I** *adv.* **1.** irgend (-wann) einmal (*bsd. in der Zukunft*): ***write ~!*** schreib (ein)mal!; **2.** früher, ehemals; **II** *adj.* **3.** ehemalig, weiland (*Professor etc.*); **'~·times** *adv.* manchmal, hie und da, gelegentlich, zu'weilen; **'~·what** *adv. u. s.* etwas, ein wenig, ein bißchen: ***she was ~ puzzled***; ~ ***of a shock*** ein ziemlicher Schock; **'~·where** *adv.* **1.** irgend'wo; **2.** irgendwo'hin: ~ ***else*** sonstwohin, woandershin; **3.** ~ ***about*** so etwa, um … her'um.

som·nam·bu·late [sɒm'næmbjʊleɪt] *v/i.* schlaf-, nachtwandeln; **som'nam·bu·lism** [-lɪzəm] *s.* Schlaf-, Nachtwandeln *n*; **som'nam·bu·list** [-lɪst] *s.* Schlaf-, Nachtwandler(in); **som·nam·bu·lis·tic** [sɒmˌnæmbjʊ'lɪstɪk] *adj.* schlaf-, nachtwandlerisch.

som·nif·er·ous [sɒm'nɪfərəs] *adj.* einschläfernd.

som·no·lence ['sɒmnələns] *s.* **1.** Schläfrigkeit *f*; **2.** ⚕ Schlafsucht *f*; **'som·no·lent** [-nt] *adj.* ☐ **1.** schläfrig; **2.** einschläfernd.

son [sʌn] *s.* **1.** Sohn *m*: ~ ***and heir*** Stammhalter *m*; ~ ***of God*** (*od.* ***man***), ***the*** ☡ *eccl.* Gottes-, Menschensohn (*Christus*); **2.** *fig.* Sohn *m*, Abkomme *m*: ~ ***of a bitch*** *Am. sl.* a) ‚Scheißkerl' *m*, b) ‚Scheißding' *n*; ~ ***of a gun*** *Am. sl.* a) ‚toller Hecht', b) ‚(alter) Gauner'; **3.** *fig. pl. coll.* Schüler *pl.*, Jünger *pl.*; Söhne *pl.* (*e-s Volks, e-r Gemeinschaft etc.*); **4.** → ***sonny***.

so·nance ['səʊnəns] *s.* **1.** Stimmhaftigkeit *f*; **2.** Laut *m*; **'so·nant** [-nt] *ling.* **I** *adj.* stimmhaft; **II** *s.* a) So'nant *m*, b) stimmhafter Laut.

so·nar ['səʊnɑ:] *s.* ⚓ Sonar *n*, S-Gerät *n* (*aus* ***sound navigation and ranging***).

so·na·ta [sə'nɑ:tə] *s.* ♪ So'nate *f*; **so·na·ti·na** [ˌsɒnə'ti:nə] *s.* ♪ Sona'tine *f*.

song [sɒŋ] *s.* **1.** ♪ Lied *n*, Gesang *m*: ~ (***and dance***) F *fig.* Getue *n*, ‚The'ater' *n* (***about*** wegen); ***for a*** ~ *fig.* für ein Butterbrot; **2.** Song *m*; **3.** *poet.* a) Lied *n*, Gedicht *n*, b) Dichtung *f*: ☡ ***of Solomon***, ☡ ***of Songs*** *bibl. das* Hohelied (Salomonis); ☡ ***of the Three Children*** *bibl. der* Gesang der drei Männer *od.* Jünglinge im Feuerofen; **4.** Singen *n*, Gesang *m*: ***break*** (*od.* ***burst***) ***into*** ~ zu singen anfangen; **'~·bird** *s.* **1.** Singvogel *m*; **2.** ‚Nachtigall' *f* (*Sängerin*); **'~·book** *s.* Liederbuch *n*.

song·ster ['sɒŋstə] *s.* **1.** ♪ Sänger *m*; **2.** Singvogel *m*; **3.** *Am.* (*bsd.* volkstümliches) Liederbuch; **'song·stress** [-trɪs] *s.* Sängerin *f*.

'song-thrush *s. orn.* Singdrossel *f*.

son·ic ['sɒnɪk] *adj.* ⚙ Schall…; ~ **bang** → ***sonic boom***; ~ **bar·ri·er** → ***sound barrier***; ~ **boom** *s.* ✈ Düsen-, 'Überschallknall *m*; ~ **depth find·er** *s.* ⚓ Echolot *n*.

'son-in-law *pl.* **'sons-in-law** *s.* Schwiegersohn *m*.

son·net ['sɒnɪt] *s.* So'nett *n*.

son·ny ['sʌnɪ] *s.* Junge *m*, Kleiner *m* (*Anrede*).

so·no·buoy ['səʊnəbɔɪ] *s.* ⚓ Schallboje *f*.

so·nom·e·ter [səʊ'nɒmɪtə] *s.* Schallmesser *m*.

so·nor·i·ty [sə'nɒrətɪ] *s.* **1.** Klangfülle *f*, (Wohl)Klang *m*; **2.** *ling.* (Ton)Stärke *f* (*e-s Lauts*); **so·no·rous** [sə'nɔ:rəs] *adj.* ☐ **1.** tönend, reso'nant (*Holz etc.*); **2.** volltönend (*a. ling.*), klangvoll, so'nor (*Stimme, Sprache*); **3.** *phys.* Schall…, Klang…

son·sy ['sɒnsɪ] *adj. Scot.* **1.** drall (*Mädchen*); **2.** gutmütig.

soon [su:n] *adv.* **1.** bald, unverzüglich; **2.** (sehr) bald, (sehr) schnell: ***no ~er … than*** kaum … als; ***no ~er said than done*** gesagt, getan; **3.** bald, früh: ***as ~ as*** sobald als *od.* wie; ***~er or later*** früher oder später; ***the ~er the better*** je früher desto besser; **4.** gern: (***just***) ***as*** ~ ebenso gern; ***I would ~er … than*** ich möchte lieber … als; **'soon·er** [-nə] *comp. adv.* **1.** früher, eher; **2.** schneller; **3.** lieber; → ***soon*** 2, 3, 4; **'soon·est** [-nɪst] *sup. adv.* frühestens.

soot [sʊt] **I** *s.* Ruß *m*; **II** *v/t.* mit Ruß bedecken, be-, verrußen.

sooth [su:θ] *s. Brit. obs.*: ***in*** ~, ~ ***to say*** fürwahr, wahrlich.

soothe [su:ð] *v/t.* **1.** besänftigen, beruhigen, beschwichtigen; **2.** *Schmerz etc.* mildern, lindern; **'sooth·ing** [-ðɪŋ] *adj.* ☐ **1.** besänftigend; **2.** lindernd; **3.** wohltuend, sanft: ~ ***light***; ~ ***music***.

sooth·say·er ['su:θˌseɪə] *s.* Wahrsager(in).

soot·y ['sʊtɪ] *adj.* ☐ **1.** rußig; **2.** geschwärzt; **3.** schwarz.

sop [sɒp] **I** *s.* **1.** eingetunkter Bissen (*Brot etc.*); **2.** *fig.* Beschwichtigungsmittel *n*, ‚Schmiergeld' *n*, ‚Brocken' *m*; → ***Cerberus***; **3.** *fig.* Weichling *m*; **II** *v/t.* **4.** *Brot etc.* eintunken; **5.** durch'nässen, -'weichen; **6.** ~ ***up*** *Wasser* aufwischen.

soph [sɒf] F *für* ***sophomore***.

soph·ism ['sɒfɪzəm] *s.* **1.** So'phismus *m*, Spitzfindigkeit *f*, 'Scheinarguˌment *n*; **2.** Trugschluß *m*; **'Soph·ist** [-ɪst] *s. phls.* So'phist *m* (*a. fig. spitzfindiger Mensch*); **'soph·ist·er** [-ɪstə] *s. univ. hist. Student im 2. od. 3. Jahr* (*in Cambridge, Dublin*).

so·phis·tic, **so·phis·ti·cal** [sə'fɪstɪk(l)] *adj.* ☐ so'phistisch; **so'phis·ti·cate** [-keɪt] **I** *v/t.* **1.** verfälschen; **2.** *j-n* verbilden; **3.** *j-n* verfeinern; **II** *v/i.* **4.** So'phismen gebrauchen; **III** *s.* **5.** weltkluge (*etc.*) Per'son (→ ***sophisticated*** 1 *u.* 2); **so'phis·ti·cat·ed** [-keɪtɪd] *adj.* **1.** weltklug, intellektu'ell, (geistig) anspruchsvoll; **2.** *contp.* blasiert, ‚auf mo'dern *od.* intellektuell machend', ‚hochgestochen'; **3.** verfeinert, kultiviert, raffiniert (*Stil etc.*); hochentwickelt (*a.* ⚙ *Maschinen*); **4.** anspruchsvoll, exqui'sit (*Roman etc.*); **5.** unecht, verfälscht; **so·phis·ti·ca·tion** [səˌfɪstɪ'keɪʃn] *s.* **1.** Intellektua'lismus *m*, Kultiviertheit *f*; **2.** Blasiertheit *f*, hochgestochene Art; **3.** *das* (geistig) Anspruchsvolle; **4.** ⚙ Ausgereiftheit, (technisches) Raffine'ment; **5.** (Ver)Fälschung *f*; **6.** → ***sophistry***; **soph·ist·ry** ['sɒfɪstrɪ] *s.* **1.** Spitzfindigkeit *f*, Sophiste'rei *f*; **2.** So'phismus *m*, Trugschluß *m*.

soph·o·more ['sɒfəmɔ:] *s. ped. Am.* 'College-Stuˌdent(in) *od.* Schüler(in) e-r ***High School*** im 2. Jahr.

so·po·rif·ic [ˌsɒpə'rɪfɪk] **I** *adj.* einschläfernd, schlaffördernd; **II** *s. bsd. pharm.* Schlafmittel *n*.

sop·ping ['sɒpɪŋ] *adj. a.* ~ ***wet*** patschnaß, triefend (naß); **'sop·py** [-pɪ] *adj.* ☐ **1.** durch'weicht (*Boden etc.*); **2.** regnerisch; **3.** F saftlos, fad(e); **4.** F rührselig, ‚schmalzig'; **5.** F ‚verknallt' (***on s.o.*** in j-n).

so·pran·o [sə'prɑ:nəʊ] *pl.* **-nos I** *s.* **1.** So'pran *m* (*Singstimme*); **2.** So'pranstimme *f*, -parˌtie *f* (*e-r Komposition*); **3.** Sopra'nist(in); **II** *adj.* **4.** Sopran…

sorb [sɔ:b] *s.* ⚘ **1.** Eberesche *f*; **2.** *a.* ~ ***apple*** Elsbeere *f*.

sor·be·fa·cient [ˌsɔ:bɪ'feɪʃənt] **I** *adj.* absorbierend, absorpti'onsfördernd; **II** *s.* ⚕ Ab'sorbens *n*.

sor·bet ['sɔ:bɪt] *s.* Fruchteis *n*.

sor·cer·er ['sɔ:sərə] *s.* Zauberer *m*; **'sor·cer·ess** [-rɪs] *s.* Zauberin *f*, Hexe *f*; **'sor·cer·ous** [-rəs] *adj.* Zauber…, Hexen…; **'sor·cer·y** [-rɪ] *s.* Zaube'rei *f*, Hexe'rei *f*.

sor·did ['sɔ:dɪd] *adj.* ☐ *bsd. fig.* schmutzig, schäbig; **'sor·did·ness** [-nɪs] *s.* Schmutzigkeit *f* (*a. fig.*).

sor·dine ['sɔ:di:n], **sor·di·no** [sɔ:'di:nəʊ] *pl.* **-ni** [-ni:] ♪ Dämpfer *m*, Sor'dine *f*.

sore [sɔ:] **I** *adj.* ☐ → ***sorely***; **1.** weh(e), wund: ~ ***feet***; ~ ***heart*** *fig.* wundes Herz, Leid *n*; ***like a bear with a ~ head*** *fig.* brummig, bärbeißig; → ***spot*** 5; **2.** entzündet, schlimm, ‚böse': ~ ***finger***; ~ ***throat*** Halsentzündung *f*; → ***sight*** 6; **3.** *fig.* schlimm, arg: ~ ***calamity***; **4.** F verärgert, beleidigt, böse (***about*** über *acc.*, wegen); **5.** heikel (*Thema*); **II** *s.* **6.** Wunde *f*, wunde Stelle, Entzündung *f*: ***an open*** ~ a) e-e offene Wunde (*a. fig.*), b) *fig.* ein altes Übel, ein ständiges Ärgernis; **III** *adv.* **7.** → ***sorely*** 1; **'sore·head** *s. Am.* F mürrischer Mensch; **'sore·ly** [-lɪ] *adv.* **1.** arg, ‚bös': a) sehr, bitter, b) schlimm; **2.** dringend; **3.** bitterlich *weinen etc.*

so·ror·i·ty [sə'rɒrətɪ] *s.* **1.** *Am.* Verbindung *f* von Stu'dentinnen; **2.** *eccl.* Schwesternschaft *f*.

sorp·tion ['sɔ:pʃn] *s.* ⚗, *phys.* (Ab-) Sorpti'on *f*.

sor·rel[1] ['sɒrəl] **I** *s.* **1.** Rotbraun *n*; **2.** (Rot)Fuchs *m* (*Pferd*); **II** *adj.* **3.** rotbraun.

sor·rel[2] ['sɒrəl] *s.* ⚘ **1.** Sauerampfer *m*; **2.** Sauerklee *m*.

sor·row ['sɒrəʊ] **I** *s.* **1.** Kummer *m*, Leid *n*, Gram *m* (***at*** über *acc.*, ***for*** um): ***to my*** ~ zu m-m Kummer *od.* Leidwesen; **2.** Leid *n*, Unglück *n*; *pl.* Leid(en *pl.*) *n*; **3.** Reue *f* (***for*** über *acc.*); **4.** *bsd. iro.* Bedauern *n*: ***without much*** ~; **5.** Klage *f*, Jammer *m*; **II** *v/i.* **6.** sich grämen *od.* härmen (***at***, ***over***, ***for*** über *acc.*, wegen, um); **7.** klagen, trauern (***after***, ***for*** um, über *acc.*); **sor·row·ful** ['sɒrəʊfʊl] *adj.* ☐ **1.** sorgen-, kummervoll, bekümmert; **2.** klagend, traurig: ***a ~ song***; **3.** traurig, beklagenswert: ***a ~ accident***.

sor·ry ['sɒrɪ] *adj.* ☐ **1.** betrübt: ***I am*** (*od.* ***feel***) ~ ***for him*** er tut mir leid; ***be ~ for o.s.*** sich selbst bedauern; (***I am***) (***so***) ***~!*** (es) tut mir (sehr) leid!, (ich) bedaure!, Verzeihung!; ***we are ~ to say*** wir müssen leider sagen; **2.** reuevoll: ***be ~ about*** et. bereuen *od.* bedauern; **3.** *contp.* traurig, erbärmlich (*Anblick*, *Zustand etc.*): ***a ~ excuse*** ,e-e faule Ausrede'.

sort [sɔːt] **I** *s.* **1.** Sorte *f*, Art *f*, Klasse *f*, Gattung *f*; ✝ *a.* Marke *f*, Quali'tät *f*: ***all ~s of people*** allerhand *od.* alle möglichen Leute; ***all ~s of things*** alles mögliche; **2.** Art *f*: ***after a ~*** gewissermaßen; ***nothing of the ~*** nichts dergleichen; ***something of the ~*** so etwas, et. Derartiges; ***he is not my ~*** er ist nicht mein Fall *od.* Typ; ***he is not the ~ of man who ...*** er ist nicht der Mann, der *so et. tut*; ***what ~ of a ...?*** was für ein ...?; ***he is a good ~*** er ist ein guter *od.* anständiger Kerl; (***a***) ***~ of a peace*** so etwas wie ein Frieden; ***I ~ of expected it*** F ich habe es irgendwie *od.* halb erwartet; ***he ~ of hinted*** F er machte so eine *od.* e-e vage Andeutung; **3.** ***of a ~***, ***of ~s*** *contp.* so was wie: ***a politician of ~s***; **4.** ***out of ~s*** a) unwohl, nicht auf der Höhe, b) verstimmt; → 5; **5.** *typ.* 'Schriftgarni,tur *f*: ***out of ~*** ausgegangen; **II** *v/t.* **6.** sortieren, (ein)ordnen, sichten; **7.** sondern, trennen (***from*** von); **8.** *oft* ***~ out*** auslesen, -suchen, -sortieren; **9.** ***~ s.th. out*** *fig.* a) et. ,auseinanderklauben', sich Klarheit verschaffen über et., b) e-e Lösung finden für et.; ***~ itself out*** sich von selbst erledigen; **10.** ***~ s.o. out*** F a) j-m den Kopf zurechtsetzen, b) j-n ,zur Schnecke machen'; ***~ o.s. out*** zur Ruhe kommen, mit sich ins reine kommen; **11.** *a.* ***~ together*** zs.-stellen, -tun (***with*** mit); **'sort·er** [-tə] *s.* Sortierer(in).

sor·tie ['sɔːtiː] **I** *s.* ⚔ a) Ausfall *m*, b) ✈ (Einzel)Einsatz *m*, Feindflug *m*; **II** *v/i.* ⚔ a) e-n Ausfall machen, b) ✈ e-n Einsatz fliegen, c) ⚓ auslaufen.

sor·ti·lege ['sɔːtɪlɪdʒ] *s.* Wahrsagen *n* (aus Losen).

so-so, so so ['səʊsəʊ] *adj. u. adv.* F so la'la (*leidlich*, *mäßig*).

sot [sɒt] **I** *s.* Säufer *m*; **II** *v/i.* (sich be-) saufen; **sot·tish** ['sɒtɪʃ] *adj.* ☐ **1.** ,versoffen'; **2.** ,besoffen'; **3.** ,blöd' (*albern*).

sot·to vo·ce [,sɒtəʊ'vəʊtʃɪ] (*Ital.*) *adv.* ♪ *u. fig.* leise, gedämpft.

sou·brette [suː'bret] (*Fr.*) *s. thea.* Sou'brette *f*.

sou·bri·quet ['suːbrɪkeɪ] → ***sobriquet***.

souf·fle ['suːfl] *s.* 🩺 Geräusch *n*.

souf·flé ['suːfleɪ] (*Fr.*) *s.* Auflauf *m*, Souf'flé *n*.

sough [saʊ] **I** *s.* Rauschen *n* (*des Windes*); **II** *v/i.* rauschen.

sought [sɔːt] *pret. u. p.p. von* ***seek***.

soul [səʊl] *s.* **1.** *eccl.*, *phls.* Seele *f*: ***upon my ~!*** ganz bestimmt!; **2.** Seele *f*, Herz *n*, *das* Innere: ***he has a ~ above mere money-grubbing*** er hat auch noch Sinn für andere Dinge als Geldraffen; **3.** *fig.* Seele *f* (*Triebfeder*): ***he was the ~ of the enterprise***; **4.** *fig.* Geist *m* (*Person*): ***the greatest ~s of the past***; **5.** Seele *f*, Mensch *m*: ***the ship went down with 300 ~s***; ***a good ~*** e-e gute Seele, e-e Seele von e-m Menschen; ***poor ~*** armer Kerl; ***not a ~*** keine Menschenseele, niemand; **6.** Inbegriff *m*, *ein* Muster (***of*** an *dat.*): ***the ~ of generosity*** *er ist* die Großzügigkeit selbst; **7.** Inbrunst *f*, Kraft *f*, *künstlerischer* Ausdruck; **8.** *a.* ***~ music*** ♪ Soul *m*; **9.** ***~ brother***, ***~ sister*** *Am.* Schwarze(r *m*) *f*; **'soul-de,stroy·ing** *adj.* geisttötend (*Arbeit etc.*); **'soul·ful** [-fʊl] *adj.* ☐ seelenvoll (*a. fig. u. iro.*); **'soul·less** [-lɪs] *adj.* ☐ seelenlos (*a. fig. gefühllos*, *egoistisch*, *ausdruckslos*); **'soul-,stir·ring** *adj.* ergreifend.

sound[1] [saʊnd] **I** *adj.* ☐ **1.** gesund: ***as ~ as a bell*** kerngesund; ***~ in mind and body*** körperlich u. geistig gesund; ***of ~ mind*** ⚖ voll zurechnungs- *od.* handlungsfähig; **2.** fehlerfrei (*Holz etc.*), tadellos, in'takt: ***~ fruit*** unverdorbenes Obst; **3.** gesund, fest (*Schlaf*); **4.** ✝ gesund, so'lide (*Firma*, *Währung*); sicher (*Kredit*); **5.** gesund, vernünftig (*Urteil etc.*); gut, brauchbar (*Rat*, *Vorschlag*); kor'rekt, folgerichtig (*Denken etc.*); ⚖ begründet, gültig; **6.** zuverlässig (*Freund etc.*); **7.** gut, tüchtig (*Denker*, *Schläfer*, *Stratege etc.*); **8.** tüchtig, kräftig, gehörig: ***a ~ slap*** e-e saftige Ohrfeige; **II** *adv.* **9.** fest, tief *schlafen*.

sound[2] [saʊnd] *s.* **1.** Sund *m*, Meerenge *f*; **2.** *ichth.* Fischblase *f*.

sound[3] [saʊnd] **I** *v/t.* **1.** ⚓ (aus)loten, peilen; **2.** *Meeresboden etc.* erforschen (*a. fig.*); **3.** 🩺 a) sondieren, b) → ***sound***[4] 14; **4.** *fig.* a) sondieren, erkunden, b) *j-n* ausholen, *j-m* auf den Zahn fühlen; **II** *v/i.* **5.** ⚓ loten; **6.** (weg)tauchen (*Wal*); **7.** *fig.* sondieren; **III** *s.* **8.** 🩺 Sonde *f*.

sound[4] [saʊnd] **I** *s.* **1.** Schall *m*, Laut *m*, Ton *m*: ***~ amplifier*** Lautverstärker *m*; ***faster than ~*** mit Überschallgeschwindigkeit; ***~ and fury*** *fig.* a) Schall und Rauch, b) hohles Getöse; ♀ ***Peter Brown*** *Film*, *TV*: Ton: Peter Brown; ***within ~*** in Hörweite; **2.** Geräusch *n*, Laut *m*: ***without a ~*** geräusch-, lautlos; **3.** Ton *m*, Klang *m*, *a. fig.* Tenor *m* (*e-s Briefes*, *e-r Rede etc.*); **4.** ♪ Klang *m*, *Jazz etc.*: Sound *m*; **5.** *ling.* Laut *m*; **II** *v/i.* **6.** (er)schallen, (-)tönen, (-)klingen; **7.** (*a. fig. gut*, *unwahrscheinlich etc.*) klingen; **8.** ***~ off*** F ,tönen' (***about***, ***on*** von): ***~ off against*** ,herziehen' über (*acc.*); **9.** ***~ in*** ⚖ auf *Schadenersatz etc.* gehen *od.* lauten (*Klage*); **III** *v/t.* **10.** *Trompete etc.* erschallen *od.* ertönen *od.* erklingen lassen: ***~ s.o.'s praises*** *fig.* j-s Lob singen; **11.** *durch ein Signal* verkünden; → ***alarm*** 1; ***retreat*** 1; **12.** äußern, von sich geben: ***~ a note of fear***; **13.** *ling.* aussprechen; **14.** 🩺 abhorchen, -klopfen; ***~ bar·rier*** *s.* ✈, *phys.* Schallgrenze *f*, -mauer *f*; ***~ board*** *s.* ♪ Reso'nanzboden *m*, Schallbrett *n*; ***~ box*** *s.* **1.** ♪ Reso'nanzkasten *m*; **2.** *Film etc.*: 'Tonka,bine *f*; ***~ broad·cast·ing*** *s.* Hörfunk *m*; ***~ ef·fects*** *s. pl.* *Film*, *TV*: 'Tonef,fekte *pl.*, Geräusche *pl.*; ***~ en·gi·neer*** *s.* *Film*: Tonmeister *m*.

sound·er ['saʊndə] *s.* **1.** ⚓ a) Lot *n*, b) ⚔ Lotgast *m*; **2.** *tel.* Klopfer *m*.

sound film *s.* Tonfilm *m*.

sound·ing[1] ['saʊndɪŋ] *adj.* ☐ **1.** tönend, schallend; **2.** wohlklingend; **3.** *contp.* lautstark, bom'bastisch.

sound·ing[2] ['saʊndɪŋ] *s.* **1.** Loten *n*; **2.** *pl.* (ausgelotete *od.* auslotbare) Wassertiefe: ***take a ~*** loten, *fig.* sondieren.

sound·ing| bal·loon *s.* Ver'suchsbal,lon *m*, Bal'lonsonde *f*; ***~ board*** *s.* ♪ **1.** → ***sound board***; **2.** Schallmuschel *f* (*für Orchester etc. im Freien*); **3.** Schalldämpfungsbrett *n*; **4.** *fig.* Podium *n*.

sound·less ['saʊndlɪs] *adj.* ☐ laut-, geräuschlos.

sound mix·er *s.* *Film etc.*: Tonmeister *m*.

sound·ness ['saʊndnɪs] **1.** Gesundheit *f* (*a. fig.*); **2.** Vernünftigkeit *f*; **3.** Brauchbarkeit *f*; **4.** Folgerichtigkeit *f*; **5.** Zuverlässigkeit *f*; **6.** Tüchtigkeit *f*; **7.** ⚖ Rechtmäßigkeit *f*, Gültigkeit *f*.

'sound|-on-film *s.* Tonfilm *m*; **'~-proof** [-nd p-] **I** *adj.* schalldicht; **II** *v/t.* schalldicht machen, isolieren; **'~,proof·ing** [-nd p-] *s.* ⚙ Schalldämpfung *f*, Schallisolierung *f*; ***~ rang·ing*** **I** *s.* ⚔ Schallmessen *n*; **II** *adj.* Schallmeß...; ***~ re·cord·er*** *s.* Tonaufnahmegerät *n*; ***~ shift*** *s. ling.* Lautverschiebung *f*; ***~ track*** *s. Film*: Tonstreifen *m*, -spur *f*; ***~ truck*** *s. Am.* Lautsprecherwagen *m*; ***~ wave*** *s. phys.* Schallwelle *f*.

soup [suːp] **I** *s.* **1.** Suppe *f*, Brühe *f*: ***be in the ~*** F ,in der Tinte sitzen'; ***from ~ to nuts*** F von A bis Z; **2.** *fig.* dicker Nebel, ,Waschküche' *f*; **3.** *phot.* F Entwickler *m*; **4.** *mot. sl.* P'S *f*; **II** *v/t.* **5.** *Am. sl.* ***~ up*** a) *Motor* ,frisieren', b) *fig. et.* ,aufmöbeln', c) *fig.* Dampf hinter *e-e Sache* machen.

soup·çon ['suːpsɔ̃ːŋ] *s.* Spur *f* (***of*** *Knoblauch*, *a. Ironie etc.*).

soup| kitch·en *s.* **1.** Armenküche *f*; **2.** ⚔ Feldküche *f*; **'~·mix** *s.* 'Suppenprä-pa,rat *n*.

sour ['saʊə] **I** *adj.* ☐ **1.** sauer (*a. Geruch*, *Milch*); herb, bitter: ***~ grapes*** *fig.* saure Trauben; ***turn*** *od.* ***go ~*** → 8 *u.* 9; **2.** *fig.* sauer (*Gesicht etc.*); **3.** *fig.* sauertöpfisch, mürrisch, bitter; **4.** naßkalt (*Wetter*); **5.** ⚒ sauer (*kalkarm*, *naß*) (*Boden*); **II** *s.* **6.** Säure *f*; **7.** *fig.* Bitternis *f*: ***take the sweet with the ~*** das Leben nehmen, wie es (eben) ist; **III** *v/i.* **8.** sauer werden; **9.** *fig.* a) verbittert *od.* ,sauer' werden, b) die Lust verlieren (***on*** an *dat.*), c) ,mies' werden, d) ,ka'puttgehen'; **IV** *v/t.* **10.** sauer machen, säuern; **11.** *fig.* verbittern.

source [sɔːs] *s.* **1.** Quelle *f*, *poet.* Quell *m*; **2.** Quellfluß *m*; **3.** *poet.* Strom *m*; **4.** *fig.* (*Licht-*, *Strom- etc.*)Quelle *f*: ***~ impedance*** ↯ Quellwiderstand *m*; ***~ material*** Ausgangsstoff *m* (→ *a.* 6); **5.** *fig.* Quelle *f*, Ursprung *m*: ***~ of information*** Nachrichtenquelle *f*; ***from a reliable ~*** aus zuverlässiger Quelle; ***have its ~ in*** s-n Ursprung haben in (*dat.*); ***take its ~ from*** entspringen (*dat.*); **6.** *fig. literarische* Quelle: ***~ material*** Quellenmaterial *n*; **7.** ✝ (*Einnahme-*, *Kapital-etc.*)Quelle *f*: ***~ of supply*** Bezugsquelle; ***levy a tax at the ~*** e-e Steuer an der Quelle erheben; ***~ lan·guage*** *s. ling.* Ausgangssprache *f* (*Übersetzung etc.*).

sour| cream *s. Brit.* Sauerrahm *m*; **'~-dough** *s. Am.* **1.** Sauerteig *m*; **2.** A'laska-Schürfer *m*.

sour·ing ['saʊərɪŋ] *s.* ⚗ Säuerung *f*; **'sour·ish** [-ərɪʃ] *adj.* säuerlich, angesäuert; **'sour·ness** [-ənɪs] *s.* **1.** Herbheit *f*; **2.** Säure *f* (*als Eigenschaft*); **3.** *fig.* Bitterkeit *f*.

'sour·puss *s.* F ‚Sauertopf' *m.*
souse [saʊs] **I** *s.* **1.** Pökelfleisch *n*; **2.** Pökelbrühe *f*, Lake *f*; **3.** Eintauchen *n*; **4.** Sturz *m* ins Wasser; **5.** ‚Dusche' *f*, (Regen)Guß *m*; **6.** *sl.* a) Saufe'rei *f*, b) *Am.* Säufer *m*, c) *Am.* ‚Suff' *m*; **II** *v/t.* **7.** eintauchen; **8.** durch'tränken, einweichen; **9.** *Wasser etc.* ausgießen (***over*** über *acc.*); **10.** (ein)pökeln; **11.** **~d** *sl.* ‚voll', besoffen.
sou·tane [su:'tɑ:n] *s. R.C.* Sou'tane *f.*
sou·ten·eur [ˌsu:tə'nɜ:] (*Fr.*) *s.* Zuhälter *m.*
south [saʊθ] **I** *s.* **1.** Süden *m*: ***in the ~ of*** im Süden von; ***to the ~ of*** → 6; **2.** *a.* ♀ Süden *m* (*Landesteil*): ***from the*** ♀ aus dem Süden (*Person, Wind*); ***the*** ♀ der Süden, die Südstaaten (*der USA*); **3.** *poet.* Südwind *m*; **II** *adj.* **4.** südlich, Süd...: ♀ ***Pole*** Südpol *m*; ♀ ***Sea*** Südsee *f*; **III** *adv.* **5.** nach Süden, südwärts; **6.** ***~ of*** südlich von; **7.** aus dem Süden (*Wind*); ♀ **Af·ri·can I** *adj.* 'südafri'kanisch; **II** *s.* 'Südafri'kaner(in): ***~ Dutch*** Afrikaander(in); **~ by east** *s.* Südsüd'ost *m*; **~·east** [ˌsaʊθ'i:st, ⚓ saʊ'i:st] **I** *s.* Süd'osten *m*; **II** *adj.* süd'östlich, Südost...; **III** *adv.* süd'östlich; nach Süd'osten.
south|·east·er [ˌsaʊθ'i:stə] *s.* Süd'ostwind *m*, -'oststurm *m*; **ˌ~·'east·er·ly** [-lɪ] **I** *adj.* → ***southeast*** II; **II** *adv.* von *od.* nach Süd'osten; **ˌ~·'east·ern** [-ən] → ***southeast*** II; **ˌ~·'east·ward** [-stwəd] **I** *adj. u. adv.* nach Süd'osten, süd'östlich; **II** *s.* süd'östliche Richtung; **ˌ~·'east·wards** [-stwədz] *adv.* nach Süd'osten.
south·er·ly ['sʌðəlɪ] **I** *adj.* südlich, Süd...; **II** *adv.* von *od.* nach Süden.
south·ern ['sʌðən] **I** *adj.* **1.** südlich, Süd...: ♀ ***Cross*** *ast. das* Kreuz des Südens; ***~ lights*** *ast. das* Südlicht; **2.** ♀ südstaatlich, ... der Südstaaten (*der USA*); **II** *s.* **3.** → ***southerner***; **'south·ern·er** [-nə] *s.* **1.** Bewohner(in) des Südens (*e-s Landes*); **2.** ♀ Südstaatler(in) (*in den USA*); **'south·ern·ly** [-lɪ] → ***southerly***; **'south·ern·most** *adj.* südlichst.
south·ing ['saʊθɪŋ] *s.* **1.** ⚓ a) Südrichtung *f*, südliche Fahrt, b) 'Breitenˌunterschied *m* bei südlicher Fahrt; **2.** *ast.* a) Kulminati'on *f* (*des Mondes etc.*), b) südliche Deklinati'on (*e-s Gestirns*).
'south|·most *adj.* südlichst; **'~·paw** *sport* **I** *adj.* linkshändig; **II** *s.* Linkshänder *m*; *Boxen:* Rechtsausleger *m*; **ˌ~·south'east** [⚓ ˌsaʊsaʊ'i:st] **I** *adj.* südsüd'östlich, Südsüdost...; **II** *adv.* nach *od.* aus Südsüd'osten; **III** *s.* Südsüd'osten *m*; **'~·ward** [-wəd] *adj. u. adv.* nach Süden, südwärts.
south|-west [ˌsaʊθ'west; ⚓ saʊ'west] **I** *adj.* süd'westlich, Südwest...; **II** *adv.* nach *od.* aus Süd'westen; **III** *s.* Süd'westen *m*; **ˌ~'west·er** [-tə] *s.* **1.** Süd'westwind *m*; **2.** → ***sou'wester*** 1; **ˌ~'west·er·ly** [-təlɪ] *adj.* nach *od.* aus Süd'westen; **ˌ~'west·ern** [-tən] *adj.* süd'westlich, Südwest...; **ˌ~-'west·ward** [-wəd] *adj. u. adv.* nach Süd'westen.
sou·ve·nir [ˌsu:və'nɪə] *s.* Andenken *n*, Souve'nir *n*: ***~ shop.***
sou'·west·er [saʊ'westə] *s.* **1.** Süd'wester *m* (*wasserdichter Hut*); **2.** → ***southwester*** 1.
sov·er·eign ['sɒvrɪn] **I** *s.* **1.** Souve'rän *m*, Mon'arch(in); **2.** *die* Macht im Staate (*Person od. Gruppe*); **3.** souve'räner Staat; **4.** ✝ *Brit.* Sovereign *m* (*alte 20-Schilling-Münze aus Gold*); **II** *adj.* **5.** höchst, oberst; **6.** 'unumˌschränkt, souve'rän, königlich: ***~ power***; **7.** souve'rän (*Staat*); **8.** äußerst, größt: ***~ contempt*** tiefste Verachtung; **9.** 'unübertˌrefflich; **'sov·er·eign·ty** [-rəntɪ] *s.* **1.** höchste (Staats)Gewalt; **2.** Landeshoheit *f*, Souveräni'tät *f*; **3.** Oberherrschaft *f.*
so·vi·et ['səʊvɪət] **I** *s. oft* ♀ **1.** So'wjet *m*: ***Supreme*** ♀ Oberster Sowjet; **2.** ♀ So'wjetsyˌstem *n*; **3.** *pl. die* So'wjets; **II** *adj.* **4.** ♀ so'wjetisch, Sowjet...; **'so·vi·et·ize** [-taɪz] *v/t.* sowjetisieren.
sow¹ [saʊ] *s.* **1.** Sau *f*, (Mutter)Schwein *n*: ***get the wrong ~ by the ear*** a) den Falschen erwischen, b) sich gewaltig irren; **2.** *metall.* a) (Ofen)Sau *f*, b) Massel *f* (*Barren*).
sow² [səʊ] [*irr.*] **I** *v/t.* **1.** säen; **2.** *Land* besäen; **3.** *fig.* säen, ausstreuen; → ***seed*** 4, ***wind¹*** 1; **4.** *et.* verstreuen; **II** *v/i.* **5.** säen.
sown [səʊn] *p.p. von* ***sow²***.
soy [sɔɪ] *s.* **1.** Sojabohnenöl *n*; **2.** → **'so·ya (bean)** ['sɔɪə], **'soy·bean** *s.* Sojabohne *f.*
soz·zled ['sɒzld] *adj. Brit. sl.* ‚blau'.
spa [spɑ:] *s.* a) Mine'ralquelle *f*, b) Badekurort *m*, Bad *n.*
space [speɪs] **I** *s.* **1.** Raum *m* (*Ggs. Zeit*): ***disappear into ~*** ins Nichts verschwinden; ***look into ~*** ins Leere starren; **2.** Raum *m*, Platz *m*: ***require much ~***; ***for ~ reasons*** aus Platzgründen; **3.** (Welt)Raum *m*; **4.** (Zwischen-) Raum *m*, Stelle *f*, Lücke *f*; **5.** Zwischenraum *m*, Abstand *m*; **6.** Zeitraum *m*: ***a ~ of three hours***; ***after a ~*** nach e-r Weile; ***for a ~*** e-e Zeitlang; **7.** *typ.* Spatium *n*, Ausschlußstück *n*; **8.** *tel.* Abstand *m*, Pause *f*; **9.** *Am.* a) Raum *m* für Re'klame (*Zeitung*), b) *Radio, TV:* (Werbe)Zeit *f*; **II** *v/t.* **10.** räumlich *od.* zeitlich einteilen: ***~d out over 10 years*** auf 10 Jahre verteilt; **11.** in Zwischenräumen anordnen; **12.** *mst* ***~ out*** *typ.* a) ausschließen, b) gesperrt setzen, sperren: ***~d type*** Sperrdruck *m*; **13.** gesperrt schreiben (*auf der Schreibmaschine*); **~ age** *s.* Weltraumzeitalter *n*; **~ bar** *s.* Leertaste *f*; **'~·borne** *adj.* **1.** Weltraum...: ***~ satellite***; **2.** über Satel'lit, Satelliten...: ***~ television***; **~ capsule** *s.* Raumkapsel *f*; **'~·craft** *s.* Raumfahrzeug *n*, -schiff *n*; **~ flight** *s.* Raumflug *m*; **~ heat·er** *s.* Raumerhitzer *m*, -strahler *m*; **'~·lab** *s.* 'Raumlaˌbor *n*; **'~·man** *s.* [*irr.*] **1.** Raumfahrer *m*, Astro'naut *m*; **2.** Außerirdische(r) *m*; **~ med·i·cine** *s.* ⚕ 'Raumfahrtmediˌzin *f*; **~ probe** *s.* Raumsonde *f.*
spac·er ['speɪsə] *s.* ⚙ **1.** Di'stanzstück *n*; **2.** → ***space bar.***
space| race *s.* Wettlauf *m* um die Eroberung des Weltraums; **~ re·search** *s.* (Welt)Raumforschung *f*; **'~ˌsav·ing** *adj.* raumsparend; **'~·ship** *s.* Raumschiff *n*; **~ shut·tle** *s.* Raumfähre *f*; **~ sta·tion** *s.* 'Raumstatiˌon *f*; **'~·suit** *s.* Raumanzug *m*; **ˌ~-'time I** *s.* ⩓, *phls.* Zeit-Raum *m*; **II** *adj.* Raum-Zeit-...; **~ trav·el** *s.* (Welt)Raumfahrt *f*; **'~·walk** *s.* Weltraumspaziergang *m*; **'~ˌwom·an** *s.* [*irr.*] **1.** Raumfahrerin *f*, Astro'nautin *f*; **2.** Außerirdische *f*; **~ writ·er** *s.* (Zeitungs- *etc.*)Schreiber, der nach dem 'Umfang s-s Beitrags bezahlt wird.
spa·cious ['speɪʃəs] *adj.* □ **1.** geräumig, weit, ausgedehnt; **2.** *fig.* weit, 'umfangreich, um'fassend; **'spa·cious·ness** [-nɪs] *s.* **1.** Geräumigkeit *f*; **2.** *fig.* Weite *f*, 'Umfang *m*, Ausmaß *n.*
spade¹ [speɪd] **I** *s.* **1.** Spaten *m*: ***call a ~ a ~*** *fig.* das Kind beim (rechten) Namen nennen; ***dig the first ~*** den ersten Spatenstich tun; **2.** ⚔ La'fettensporn *m*; **II** *v/t.* **3.** 'umgraben, mit e-m Spaten bearbeiten; **III** *v/i.* **4.** graben.
spade² [speɪd] *s.* **1.** Pik(karte *f*) *n*, Schippe *f* (*französisches Blatt*), Grün *n* (*deutsches Blatt*): ***seven of ~s*** Piksieben *f*; ***in ~s*** *Am.* F mit Zins u. Zinseszinsen; **2.** *mst pl.* Pik(farbe *f*) *n.*
spade·ful ['speɪdfʊl] *pl.* **-fuls** *s. ein* Spaten(voll) *m.*
'spade·work *s. fig.* (mühevolle) Vorarbeit, Kleinarbeit *f.*
spa·dix ['speɪdɪks] *pl.* **spa·di·ces** [speɪ'daɪsi:z] *s.* ⚘ (Blüten)Kolben *m.*
spa·do ['speɪdəʊ] *pl.* **spa·do·nes** [spɑ:'dəʊni:z] (*Lat.*) *s.* **1.** Ka'strat *m*; **2.** kastriertes Tier.
spa·ghet·ti [spə'getɪ] (*Ital.*) *s.* **1.** Spa'ghetti *pl.*; **2.** *sl.* 'Filmsaˌlat *m.*
spake [speɪk] *obs. pret. von* ***speak.***
spall [spɔ:l] **I** *s.* (Stein-, Erz)Splitter *m*; **II** *v/t.* ⚙ *Erz* zerstückeln; **III** *v/i.* zerbröckeln, absplittern.
span [spæn] **I** *s.* **1.** Spanne *f*: a) *gespreizte Hand*, b) *engl. Maß = 9 inches*; **2.** ⩓ a) Spannweite *f* (*Brückenbogen*), b) Stützweite *f* (*e-r Brücke*), c) (einzelner) Brückenbogen; **3.** ✈ Spannweite *f*; **4.** ⚓ Spann *n*, *m* (*Haltetau, -kette*); **5.** *fig.* Spanne *f*, 'Umfang *m*; **6.** *fig.* (kurze) Zeitspanne; **7.** Lebensspanne *f*, -zeit *f*; **8.** ⚕, *psych.* (*Gedächtnis-, Seh- etc.*) Spanne *f*; **9.** Gewächshaus *n*; **10.** *Am.* Gespann *n*; **II** *v/t.* **11.** abmessen; **12.** um'spannen (*a. fig.*); **13.** sich erstrekken über (*acc.*) (*a. fig.*), über'spannen; **14.** *Fluß* über'brücken; **15.** *fig.* überspannen, bedecken.
span·drel ['spændrəl] *s.* **1.** ⩓ Span'drille *f*, (Gewölbe-, Bogen)Zwickel *m*; **2.** ⚙ Hohlkehle *f.*
span·gle ['spæŋgl] **I** *s.* **1.** Flitter(plättchen *n*) *m*, Pail'lette *f*; **2.** ⚘ Gallapfel *m*; **II** *v/t.* **3.** mit Flitter besetzen; **4.** *fig.* schmücken, über'säen (***with*** mit): ***the ~d heavens*** der gestirnte Himmel.
Span·iard ['spænjəd] *s.* Spanier(in).
span·iel ['spænjəl] *s. zo.* Spaniel *m*, Wachtelhund *m*: ***a (tame) ~*** *fig.* ein Kriecher.
Span·ish ['spænɪʃ] **I** *adj.* **1.** spanisch; **II** *s.* **2.** *coll. die* Spanier; **3.** *ling.* Spanisch *n*; **~ A·mer·i·can I** *adj.* la'teinameriˌkanisch; **II** *s.* La'teinameriˌkaner(in); **~ chest·nut** *s.* ⚘ 'Eßkaˌstanie *f*; **~ pa·pri·ka** *s.* ⚘ Spanischer Pfeffer, Paprika *m.*
spank [spæŋk] F **I** *v/t.* **1.** verhauen, *j-m* ‚den Hintern versohlen'; **2.** *Pferde etc.* antreiben; **II** *v/i.* **3.** ***~ along*** da'hinflitzen; **III** *s.* **4.** Schlag *m*, Klaps *m*; **'spank·er** [-kə] *s.* **1.** F Renner *m* (*Pferd*); **2.** ⚓ Be'san *m*; **3.** *sl.* a) Prachtkerl *m*, b) 'Prachtexemˌplar *n*;

'spank·ing [-kɪŋ] F **I** *adj.* ☐ **1.** schnell, tüchtig; **2.** scharf, stark: ~ ***breeze*** steife Brise; **3.** prächtig, ‚toll'; **II** *adv.* **4.** prächtig; **III** *s.* **5.** ‚Haue' *f*, Schläge *pl.*

span·ner ['spænə] *s.* ⚙ Schraubenschlüssel *m*: ***throw a ~ in(to) the works*** F ‚querschießen'.

spar¹ [spɑː] *s. min.* Spat *m.*

spar² [spɑː] *s.* **1.** ⚓ Rundholz *n*, Spiere *f*; **2.** ✈ Holm *m.*

spar³ [spɑː] **I** *v/i.* **1.** *Boxen*: sparren: ~ ***for time*** *fig.* Zeit schinden; **2.** (mit Sporen) kämpfen (*Hähne*); **3.** sich streiten (***with*** mit), sich in den Haaren liegen; **II** *s.* **4.** *Boxen*: Sparringskampf *m*; **5.** Hahnenkampf *m*; **6.** (Wort)Geplänkel *n.*

spare [speə] **I** *v/t.* **1.** *j-n od. et.* verschonen; *Gegner, j-s Gefühle, j-s Leben etc.* schonen: ***if we are ~d*** wenn wir verschont *od.* am Leben bleiben; ~ ***his blushes!*** bring ihn doch nicht in Verlegenheit!; **2.** sparsam 'umgehen mit, schonen; kargen mit: ~ ***neither trouble nor expense*** weder Mühe noch Kosten scheuen; (***not to***) ~ ***o.s.*** sich (nicht) schonen; **3.** *j-m et.* ersparen, *j-n* verschonen mit; **4.** entbehren: ***we cannot ~ him just now***; **5.** *et.* erübrigen, übrig haben: ***can you ~ me a cigarette*** (***a moment***)***?*** hast du e-e Zigarette (e-n Augenblick Zeit) für mich (übrig)?; ***no time to ~*** keine Zeit (zu verlieren); → ***enough*** II; **II** *v/i.* **6.** sparen; **7.** Gnade walten lassen; **III** *adj.* ☐ **8.** Ersatz…, Reserve…: ~ ***part*** → 14; ~ ***tyre*** (*od.* ***tire***) a) Ersatzreifen *m*, b) *humor.* ‚Rettungsring' *m* (*Fettwulst*); **9.** 'überflüssig, übrig: ~ ***hours*** (*od.* ***time***) Freizeit *f*, Mußestunden *pl.*; ~ ***moment*** freier Augenblick; ~ ***room*** Gästezimmer *n*; ~ ***money*** übriges Geld; **10.** sparsam, kärglich; **11.** → ***sparing*** 2; **12.** sparsam (*Person*); **13.** hager, dürr (*Person*); **IV** *s.* **14.** ⚙ Ersatzteil *n*; **15.** *Bowling*: Spare *m*; **'spare·ness** [-nɪs] *s.* **1.** Magerkeit *f*; **2.** Kärglichkeit *f.*

'spare|-part sur·ger·y *s.* ⚕ Er'satzteilchirur,gie *f*; **'~-rib** *s.* Rippe(n)speer *m.*

spar·ing ['speərɪŋ] *adj.* ☐ **1.** sparsam (***in, of*** mit), karg; mäßig: ***be ~ of*** sparsam umgehen mit, mit *et., a. Lob* kargen; **2.** spärlich, dürftig, knapp, gering; **'spar·ing·ness** [-nɪs] *s.* **1.** Sparsamkeit *f*; **2.** Spärlichkeit *f*, Dürftigkeit *f.*

spark¹ [spɑːk] **I** *s.* **1.** Funke(n) *m* (*a. fig.*): ***the vital ~*** der Lebensfunke; ***strike ~s out of s.o.*** j-n in Fahrt bringen; **2.** *fig.* Funke(n) *m*, Spur *f* (***of*** von *Intelligenz, Leben etc.*); **3.** ϟ a) (e'lektrischer) Funke, b) Entladung *f*, c) (Licht-) Bogen *m*; **4.** *mot.* (Zünd)Funke *m*: ***advance*** (***retard***) ***the ~*** die Zündung vor(zurück)stellen; **5.** → ***sparks***; **II** *v/i.* **6.** Funken sprühen, funke(l)n; **7.** ⚙ zünden; **III** *v/t.* **8.** *fig. j-n* befeuern; **9.** *fig. et.* auslösen.

spark² [spɑːk] **I** *s.* **1.** flotter Kerl; **2.** ***bright ~*** *Brit. iro.* ‚Intelli'genzbolzen' *m*; **II** *v/t.* **3.** *j-m* den Hof machen.

spark| ad·vance *s. mot.* Vor-, Frühzündung *f*; ~ **ar·rest·er** *s.* ϟ Funkenlöscher *m*; ~ **dis·charge** *s.* ϟ Funkenentladung *f*; ~ **gap** *s.* ϟ (Meß)Funkenstrecke *f.*

spark·ing plug ['spɑːkɪŋ] *s. mot.* Zündkerze *f.*

spar·kle ['spɑːkl] **I** *v/i.* **1.** funkeln (*a. fig. Augen etc.*; ***with*** vor *Zorn etc.*); **2.** *fig.* a) funkeln, sprühen (*Geist, Witz*), b) brillieren, glänzen (*Person*): ***his conversation ~d with wit*** s-e Unterhaltung sprühte vor Witz; **3.** Funken sprühen; **4.** perlen (*Wein*); **II** *v/t.* **5.** *Licht* sprühen; **III** *s.* **6.** Funkeln *n*, Glanz *m*; **7.** Funke(n) *m*; **8.** *fig.* Bril'lanz *f*; **'spar·kler** [-lə] *s.* **1.** *sl.* Dia'mant *m*; **2.** Wunderkerze *f* (*Feuerwerk*); **'spark·let** [-lɪt] *s.* **1.** Fünkchen *n* (*a. fig.*); **2.** Kohlen'dioxydkapsel *f* (*für Siphonflaschen*); **'spar·kling** [-lɪŋ] *adj.* ☐ **1.** funkelnd, sprühend (*beide a. fig. Witz etc.*); **2.** *fig.* geistsprühend (*Person*); **3.** schäumend, moussierend: ~ ***wine*** Schaumwein *m*, Sekt *m.*

'spark|,o·ver *s.* ϟ ('Funken),Überschlag *m*; ~ **plug** *s.* **1.** *mot.* Zündkerze *f*; **2.** F ‚Motor' *m*, treibende Kraft.

sparks [spɑːks] *s.* F **1.** ⚓ Funker *m*; **2.** E'lektriker *m.*

spar·ring ['spɑːrɪŋ] *s.* **1.** *Boxen*: Sparring *n*: ~ ***partner*** Sparringspartner *m*; **2.** *fig.* Wortgefecht *n.*

spar·row ['spærəʊ] *s. orn.* Spatz *m*, Sperling *m*; **'~-grass** *s.* F Spargel *m*; ~ **hawk** *s. orn.* Sperber *m.*

sparse [spɑːs] *adj.* ☐ spärlich, dünn(gesät); **'sparse·ness** [-nɪs], **'spar·si·ty** [-sətɪ] *s.* Spärlichkeit *f.*

Spar·tan ['spɑːtən] **I** *adj. antiq. u. fig.* spar'tanisch; **II** *s.* Spar'taner(in).

spasm ['spæzəm] *s.* **1.** ⚕ Krampf *m*, Spasmus *m*, Zuckung *f*; **2.** *a. fig.* Anfall *m*; **spas·mod·ic** [spæz'mɒdɪk] *adj.* (☐ ~***ally***) **1.** ⚕ krampfhaft, -artig, spas'modisch; **2.** *fig.* sprunghaft, vereinzelt; **spas·tic** ['spæstɪk] ⚕ **I** *adj.* (☐ ~***ally***) spastisch, Krampf…; **II** *s.* Spastiker(in).

spat¹ [spæt] *zo.* **I** *s.* **1.** Muschel-, Austernlaich *m*; **2.** a) *coll.* junge Schaltiere *pl.*, b) junge Auster; **II** *v/i.* **3.** laichen (*bsd. Muscheln*).

spat² [spæt] *s.* Ga'masche *f.*

spat³ [spæt] F **I** *s.* **1.** Klaps *m*; **2.** *Am.* Kabbe'lei *f*; **II** *v/i.* **3.** *Am.* sich kabbeln.

spat⁴ [spæt] *pret. u. p.p. von* ***spit.***

spatch·cock ['spætʃkɒk] **I** *s.* sofort nach dem Schlachten gegrilltes Huhn *etc.*; **II** *v/t.* F *Worte etc.* einflicken.

spate [speɪt] *s.* **1.** Über'schwemmung *f*, Hochwasser *n*; **2.** *fig.* Flut *f*, (Wort-) Schwall *m.*

spathe [speɪð] *s.* ⚘ Blütenscheide *f.*

spa·tial ['speɪʃl] *adj.* ☐ räumlich, Raum…

spat·ter ['spætə] **I** *v/t.* **1.** bespritzen (***with*** mit); **2.** (ver)spritzen; **3.** *fig. j-s Namen* besudeln, *j-n* ‚mit Dreck bewerfen'; **II** *v/i.* **4.** spritzen; **5.** prasseln, klatschen; **III** *s.* **6.** Spritzen *n*; **7.** Klatschen *n*, Prasseln *n*; **8.** Spritzer *m*, Spritzfleck *m*; **'~-dash** → ***spat²***.

spat·u·la ['spætjʊlə] *s.* ⚙, ⚕ Spatel *m*, Spachtel *m, f*; **'spat·u·late** [-lɪt] *adj.* spatelförmig.

spav·in ['spævɪn] *s. vet.* Spat *m*; **'spav·ined** [-nd] *adj.* spatig, lahm.

spawn [spɔːn] **I** *s.* **1.** *ichth.* Laich *m*; **2.** ⚘ My'zel(fäden *pl.*) *n*; **3.** *fig. contp.* Brut *f*; **II** *v/i.* **4.** *ichth.* laichen; **5.** *fig. contp.* a) sich wie Ka'ninchen vermehren, b) wie Pilze aus dem Boden schießen; **III** *v/t.* **6.** *ichth. Laich* ablegen; **7.** *fig. contp. Kinder* massenweise in die Welt setzen; **8.** *fig.* ausbrüten, her'vorbringen; **'spawn·er** [-nə] *s. ichth.* Rogener *m*, Fischweibchen *n* zur Laichzeit; **'spawn·ing** [-nɪŋ] **I** *s.* **1.** Laichen *n*; **II** *adj.* **2.** Laich…; **3.** *fig.* sich stark vermehrend.

spay [speɪ] *v/t. vet.* die Eierstöcke (*gen.*) entfernen, kastrieren.

speak [spiːk] [*irr.*] **I** *v/i.* **1.** reden, sprechen (***to*** mit, zu, ***about, of, on*** über *acc.*): ***spoken*** *thea.* gesprochen (*Regieanweisung*); ***so to ~*** sozusagen; ***the portrait ~s*** *fig.* das Bild ist sprechend ähnlich; → ***speak of*** *u.* ***to, speaking*** I; **2.** (öffentlich) sprechen *od.* reden; **3.** *fig.* ertönen (*Trompete etc.*); **4.** ⚓ signalisieren; **II** *v/t.* **5.** sprechen, sagen; **6.** *Gedanken, s-e Meinung etc.* aussprechen, äußern, *die Wahrheit etc.* sagen; **7.** verkünden (*Trompete etc.*); **8.** *Sprache* sprechen (können): ***he ~s French*** er spricht Französisch; **9.** *fig. Eigenschaft etc.* verraten; **10.** ⚓ *Schiff* ansprechen;

Zssgn mit prp.:

speak| for *v/i.* **1.** sprechen *od.* eintreten für: ***that speaks well for him*** das spricht für ihn; ~ ***o.s.*** a) selbst sprechen, b) s-e eigene Meinung äußern; ***that speaks for itself*** das spricht für sich selbst; **2.** zeugen von; ~ **of** *v/i.* **1.** sprechen von *od.* über (*acc.*): ***nothing to ~*** nicht der Rede wert; ***not to ~*** ganz zu schweigen von; **2.** *et.* verraten, zeugen von; ~ **to** *v/i.* **1.** *j-n* ansprechen; mit *j-m* reden (*a. mahnend etc.*); **2.** *et.* bestätigen, bezeugen; **3.** zu sprechen kommen auf (*acc.*);

Zssgn mit adv.:

speak| out I *v/i.* → ***speak up*** 1 *u.* 2; **II** *v/t.* aussprechen; ~ **up** *v/i.* **1.** laut u. deutlich sprechen: ~***!*** (sprich) lauter!; **2.** kein Blatt vor den Mund nehmen, frei her'aussprechen: ~***!*** heraus mit der Sprache!; **3.** sich einsetzen (***for*** für).

'speak,eas·y *pl.* **-,eas·ies** *s. Am. sl.* Flüsterkneipe *f* (*ohne Konzession*).

speak·er ['spiːkə] *s.* **1.** Sprecher(in), Redner(in); **2.** ♀ *parl.* Sprecher *m*, Prä'sident *m*: ***the ♀ of the House of Commons***; ***Mr ♀!*** Herr Vorsitzender!; **3.** ϟ Lautsprecher *m.*

speak·ing ['spiːkɪŋ] **I** *adj.* ☐ **1.** sprechend (*a. fig. Ähnlichkeit*): ~***!*** *teleph.* am Apparat!; ***Brown ~!*** *teleph.* (hier) Brown!; ***have a ~ knowledge of*** *e-e Sprache* (*nur*) sprechen können; ~ ***acquaintance*** flüchtige(r) Bekannte(r); → ***term*** 9; **2.** Sprech…, Sprach…: ***a ~ voice*** e-e (gute) Sprechstimme; **II** *s.* **3.** Sprechen *n*, Reden *n*; **III** (*adverbial*) **4.** ***generally ~*** allgemein; ***legally ~*** vom rechtlichen Standpunkt aus (gesehen); ***strictly ~*** strenggenommen; ~ **clock** *s. teleph.* Zeitansage *f*; ~ **trum·pet** *s.* Sprachrohr *n*; ~ **tube** *s.* **1.** Sprechverbindung *f* zwischen zwei Räumen *etc.*; **2.** Sprachrohr *n.*

spear [spɪə] **I** *s.* **1.** (Wurf)Speer *m*, Lanze *f*; Spieß *m*: ~ ***side*** männliche Linie *e-r Familie*; **2.** *poet.* Speerträger *m*; **3.** ⚘ Halm *m*, Sproß *m*; **II** *v/t.* **4.** durch'bohren, aufspießen; **III** *v/i.* **5.** ⚘ (auf-) sprießen; ~ **gun** *s.* Har'punenbüchse *f*; **'~·head I** *s.* **1.** Lanzenspitze *f*; **2.** ⚔ a) Angriffsspitze *f*, b) Stoßkeil *m*; **3.** *fig.*

a) Anführer *m*, Vorkämpfer *m*, b) Spitze *f*; **II** *v/t.* **4.** *fig.* an der Spitze (*gen.*) stehen, die Spitze (*gen.*) bilden; **'~·mint** *s.* ♀ Grüne Minze.

spec [spek] *s.* F Spekulati'on *f*: ***on ~*** auf ‚Verdacht', auf gut Glück.

spe·cial ['speʃl] **I** *adj.* □ → ***specially***; **1.** spezi'ell: a) (ganz) besonder: ***a ~ occasion***; ***his ~ charm***; ***my ~ friend***; ***on ~ days*** an bestimmten Tagen, b) spezialisiert, Spezial..., Fach...: ***~ knowledge*** Fachkenntnis(se *pl.*) *f*; **2.** Sonder...(*-erlaubnis*, *-fall*, *-schule*, *-steuer*, *-zug etc.*), Extra..., Ausnahme...: ***~ area*** *Brit.* Notstandsgebiet *n*; ***2 Branch*** *Brit.* Staatssicherheitspolizei *f*; ***~ constable*** → 3a; ***~ correspondent*** → 3b; ***~ delivery*** ✉ *Am.* Eilzustellung *f*, ‚durch Eilboten'; ***~ edition*** → 3c; ***~ offer*** ✝ Sonderangebot *n*; **II** *s.* **3.** a) 'Hilfspoli,zist *m*, b) Sonderberichterstatter *m*, c) Sonderausgabe *f*, d) Sonderzug *m*, e) Sonderprüfung *f*, f) ✝ *Am.* Sonderangebot *n*, g) *Radio*, *TV*: Sondersendung *f*, h) *Am.* Tagesgericht (*im Restaurant*); **'spe·cial·ist** [-ʃəlɪst] **I** *s.* **1.** Spezia'list *m*: a) Fachmann *m*, b) ⚕ Facharzt *m* (***in*** für); **2.** *Am. Börse*: Jobber *m* (*der sich auf e-e bestimmte Kategorie von Wertpapieren beschränkt*); **II** *adj.* **3.** → **spe·cial·ist·ic** [ˌspeʃə'lɪstɪk] *adj.* spezialisiert, Fach..., Spezial...; **spe·ci·al·i·ty** [ˌspeʃɪ'ælətɪ] *s. bsd. Brit.* **1.** Besonderheit *f*; **2.** besonderes Merkmal; **3.** Spezi'alfach *n*, -gebiet *n*; **4.** Speziali'tät *f* (*a.* ✝); **5.** ✝ a) Spezi'alar,tikel *m*, b) Neuheit *f*; **spe·cial·i·za·tion** [ˌspeʃəlaɪ'zeɪʃn] *s.* Spezialisierung *f*; **'spe·cial·ize** [-ʃəlaɪz] **I** *v/i.* **1.** sich spezialisieren (***in*** auf *acc.*); **II** *v/t.* **2.** spezialisieren: ***~d*** spezialisiert, Spezial..., Fach...; **3.** näher bezeichnen; **4.** *biol. Organe* besonders entwikkeln; **'spe·cial·ly** [-ʃəlɪ] *adv.* **1.** besonders, im besonderen; **2.** eigens, extra, ausdrücklich; **'spe·cial·ty** [-tɪ] *s.* **1.** *bsd. Am.* → ***speciality***; **2.** ⚖ a) besiegelte Urkunde, b) formgebundener Vertrag.

spe·cie ['spiːʃɪ] *s.* **1.** Hartgeld *n*, Münze *f*; **2.** Bargeld *n*: ***~ payments*** Barzahlung *f*; ***in ~*** a) in bar, b) in natura, c) *fig.* in gleicher Münze.

spe·cies ['spiːʃiːz] *s. sg. u. pl.* **1.** *allg.* Art *f*, Sorte *f*; **2.** *biol.* Art *f*, Spezies *f*: ***our*** (*od.* ***the***) ***~*** die Menschheit; **3.** *Logik*: Art *f*, Klasse *f*; **4.** *eccl.* (sichtbare) Gestalt (von Brot u. Wein).

spe·cif·ic [spɪ'sɪfɪk] **I** *adj.* (□ ***~ally***) **1.** spe'zifisch, spezi'ell, bestimmt; **2.** eigen(tümlich); **3.** typisch, kennzeichnend, besonder; **4.** wesentlich; **5.** genau, defini'tiv, prä'zis(e), kon'kret: ***a ~ statement***; **6.** *biol.* Art...: ***~ name***; **7.** ⚕ spe'zifisch (*Heilmittel*, *Krankheit*); **8.** *phys.* spe'zifisch: ***~ gravity*** spezifisches Gewicht, *die* Wichte; **II** *s.* **9.** ⚕ Spe'zifikum *n*.

spec·i·fi·ca·tion [ˌspesɪfɪ'keɪʃn] *s.* **1.** Spezifizierung *f*; **2.** genaue Aufzählung, Einzelaufstellung *f*; **3.** *mst pl.* Einzelangaben *pl.*, -vorschriften *pl.*, *bsd.* a) △ Baubeschrieb *m*, b) ⚙ (technische) Beschreibung; **4.** ⚖ Pa'tentbeschreibung *f*, -schrift *f*; **5.** ⚖ Spezifikati'on *f* (*Eigentumserwerb durch Verarbeitung*); **spec·i·fy** ['spesɪfaɪ] **I** *v/t.* **1.** (einzeln) angeben *od.* aufführen, (be)nennen, spezifizieren; **2.** bestimmen, (im einzelnen) festsetzen; **3.** in e-r Aufstellung besonders anführen; **II** *v/i.* **4.** genaue Angaben machen.

spec·i·men ['spesɪmɪn] *s.* **1.** Exem'plar *n*: ***a fine ~***; **2.** Muster *n* (*a. typ.*), Probe(stück *n*) *f*, ⚙ Prüfstück *n*: ***~ of s.o.'s handwriting*** Handschriftenprobe; **3.** *fig.* Probe *f*, Beispiel *n* (***of*** *gen.*); **4.** *fig. contp.* a) ‚Exem'plar' *n*, ‚Muster' *n* (***of*** an), b) ‚Type' *f*, komischer Kauz; ***~ cop·y*** *s.* 'Probeexem,plar *n*; ***~ sig·na·ture*** *s.* 'Unterschriftsprobe *f*.

spe·cious ['spiːʃəs] *adj.* □ *äußerlich* blendend, bestechend, trügerisch, Schein...(*Argument etc.*): ***~ prosperity*** scheinbarer Wohlstand; **'spe·cious·ness** [-nɪs] *s.* **1.** *das* Bestechende; **2.** trügerischer Schein.

speck [spek] **I** *s.* **1.** Fleck(en) *m*, Fleckchen *n*; **2.** Stückchen *n*, *das* bißchen: ***a ~ of dust*** ein Stäubchen; **3.** faule Stelle (*im Obst*); **4.** *fig.* Pünktchen *n*; **II** *v/t.* **5.** sprenkeln; **'speck·le** [-kl] **I** *s.* Fleck (-en) *m*, Sprenkel *m*, Tupfen *m*, Punkt *m*; **II** *v/t.* → ***speck*** 5; **'speck·led** [-ld] *adj.* **1.** gefleckt, gesprenkelt, getüpfelt; **2.** (bunt)scheckig; **'speck·less** [-lɪs] *adj.* □ fleckenlos, sauber, rein (*a. fig.*).

specs [speks] *s. pl.* F Brille *f*.

spec·ta·cle ['spektəkl] *s.* **1.** Schauspiel *n* (*a. fig.*); **2.** Schaustück *n*: ***make a ~ of o.s.*** sich zur Schau stellen, (unangenehm) auffallen; **3.** *trauriger etc.* Anblick; **4.** *pl. a.* ***a pair of ~s*** e-e Brille; **'spec·ta·cled** [-ld] *adj.* **1.** bebrillt; **2.** *zo.* Brillen...(*-bär etc.*): ***~ cobra*** Brillenschlange *f*; **spec·tac·u·lar** [spek'tækjʊlə] **I** *adj.* □ **1.** Schau..., schauspielartig; **2.** spektaku'lär, aufsehenerregend, sensatio'nell; **II** *s.* **3.** *Am.* große (Fernseh)Schau, 'Galare,vue *f*; **spec·ta·tor** [spek'teɪtə] *s.* Zuschauer(in): ***~ sport*** Zuschauersport *m*.

spec·ter ['spektə] *Am.* → ***spectre***.

spec·tra ['spektrə] *pl. von* ***spectrum***; **'spec·tral** [-trəl] *adj.* □ **1.** geisterhaft, gespenstisch; **2.** *phys.* Spektral...: ***~ colo(u)r*** Spektral-, Regenbogenfarbe *f*; **'spec·tre** [-tə] *s.* **1.** Geist *m*, Gespenst *n*; **2.** *fig.* a) (Schreck)Gespenst *n*, b) *fig.* Hirngespinst *n*.

spec·tro·gram ['spektrəʊgræm] *s. phys.* Spektro'gramm *n*; **'spec·tro·graph** [-grɑːf] *s. phys.* **1.** Spektro'graph *m*; **2.** Spektro'gramm *n*; **spec·tro·scope** ['spektrəskəʊp] *s. phys.* Spektro'skop *n*.

spec·trum ['spektrəm] *pl.* **-tra** [-trə] *s.* **1.** *phys.* Spektrum *n*: ***~ analysis*** Spektralanalyse *f*; **2.** *a.* ***radio ~*** ⚡ (Fre'quenz)Spektrum *n*; **3.** *a.* ***ocular ~*** *opt.* Nachbild *n*; **4.** *fig.* Spektrum *n*, Skala *f*: ***all across the ~*** auf der ganzen Linie.

spec·u·la ['spekjʊlə] *pl. von* ***speculum***; **'spec·u·lar** [-lə] *adj.* **1.** spiegelnd, Spiegel...: ***~ iron*** *min.* Eisenglanz *m*; **2.** ⚕ Spekulum...

spec·u·late ['spekjʊleɪt] *v/i.* **1.** nachsinnen, -denken, theoretisieren, Vermutungen anstellen, ‚spekulieren' (***on***, ***upon***, ***about*** über *acc.*); **2.** ✝ spekulieren (***for***, ***on*** auf *Baisse etc.*, ***in*** in *Kupfer etc.*); **spec·u·la·tion** [ˌspekjʊ'leɪʃn] *s.* **1.** Nachdenken *n*, Grübeln *n*; **2.** Betrachtung *f*, Theo'rie *f*, Spekulati'on *f* (*a. phls.*); **3.** Vermutung *f*, Mutmaßung *f*, Rätselraten *n*, Spekulati'on *f*: ***mere ~***; **4.** ✝ Spekulati'on *f*; **'spec·u·la·tive** [-lətɪv] *adj.* □ **1.** *phls.* spekula'tiv; **2.** theo'retisch; **3.** nachdenkend, grüblerisch; **4.** forschend, abwägend (*Blick etc.*); **5.** ✝ spekula'tiv, Spekulations...; **'spec·u·la·tor** [-leɪtə] *s.* ✝ Speku'lant *m*.

spec·u·lum ['spekjʊləm] *pl.* **-la** [-lə] *s.* **1.** (Me'tall)Spiegel *m* (*bsd. für Teleskope*); **2.** ⚕ Spekulum *n*, Spiegel *m*.

sped [sped] *pret. u. p.p. von* ***speed***.

speech [spiːtʃ] **I** *s.* **1.** Sprache *f*, Sprechvermögen *n*: ***recover one's ~*** die Sprache wiedergewinnen; **2.** Reden *n*, Sprechen *n*: ***freedom of ~*** Redefreiheit *f*; **3.** Rede *f*, Äußerung *f*: ***direct one's ~ to*** das Wort an *j-n* richten; **4.** Gespräch *n*: ***have ~ with*** mit *j-m* reden; **5.** Rede *f*, Ansprache *f*, Vortrag *m*; ⚖ Plädoy'er *n*; **6.** a) (Landes)Sprache *f*, b) Dia'lekt *m*: ***in common ~*** in der Umgangssprache, landläufig; **7.** Sprech-, Ausdrucksweise *f*, Sprache *f* (*e-r Person*); **8.** ♪ Klang *m e-r Orgel etc.*; **II** *adj.* **9.** Sprach..., Sprech...: ***~ area*** *ling.* Sprachraum *m*; ***~ centre*** (*Am.* ***center***) *anat.* Sprechzentrum *n*; ***~ clinic*** ⚕ Sprachklinik *f*; ***~ day*** *ped.* (Jahres-) Schlußfeier *f*; ***~ defect*** Sprachfehler *m*; ***~ island*** Sprachinsel *f*; ***~ map*** Sprachenkarte *f*; ***~ record*** Sprechplatte *f*; ***~ therapist*** Logopäde *m*; ***~ therapy*** Logopädie *f*.

speech·i·fi·ca·tion [ˌspiːtʃɪfɪ'keɪʃn] *s. contp.* Redenschwingen *n*; **speech·i·fi·er** ['spiːtʃɪfaɪə] *s.* Viel-, Volksredner *m*; **speech·i·fy** ['spiːtʃɪfaɪ] *v/i.* Reden schwingen.

speech·less ['spiːtʃlɪs] *adj.* □ **1.** *fig.* sprachlos (***with*** vor *Empörung etc.*): ***that left him ~*** das verschlug ihm die Sprache; **2.** stumm, wortkarg; **3.** *fig.* unsäglich: ***~ grief***; **'speech·less·ness** [-nɪs] *s.* Sprachlosigkeit *f*.

speed [spiːd] **I** *s.* **1.** Geschwindigkeit *f*, Schnelligkeit *f*, Eile *f*, Tempo *n*: ***at a ~ of*** mit e-r Geschwindigkeit von; ***at full ~*** mit Höchstgeschwindigkeit; ***at the ~ of light*** mit Lichtgeschwindigkeit; ***full ~ ahead*** ⚓ volle Kraft voraus; ***that's not my ~!*** *sl.* das ist nicht mein Fall!; **2.** ⚙ a) Drehzahl *f*, b) *mot. etc.* Gang *m*: ***three-~ bicycle*** Fahrrad mit Dreigangschaltung; **3.** *phot.* a) Lichtempfindlichkeit *f*, b) Verschlußgeschwindigkeit *f*; **4.** *obs.*: ***good ~!*** viel Erfolg!, viel Glück!; **5.** *sl.* ‚Speed' *m* (*Aufputschmittel*); **II** *adj.* **6.** Schnell..., Geschwindigkeits...; **III** *v/t.* [*irr.*] **7.** *Gast* (rasch) verabschieden, *j-m* Lebe'wohl sagen; **8.** *j-m* beistehen: ***God ~ you!*** Gott sei mit dir!; **9.** rasch befördern; **10.** *Lauf etc.* beschleunigen; **11.** *mst* ***~ up*** (*pret. u. p.p.* ***speeded***) *Maschine* beschleunigen, *fig. Sache* vo'rantreiben; *Produktion* erhöhen; **IV** *v/i.* [*irr.*] **12.** (da'hin-) eilen, rasen; **13.** *mot.* (zu) schnell fahren; → ***speeding***; **14.** ***~ up*** (*pret. u. p.p.* ***speeded***) die Geschwindigkeit erhöhen; **15.** *obs.* gedeihen, Glück haben; **'~·boat** *s.* **1.** ⚓ Schnellboot *n*; **2.** *sport* Rennboot *n*; ***~ cop*** *s.* F motorisierter Ver'kehrspoli,zist; ***~ count·er*** *s.* ⚙ Drehzahlmesser *m*, Tourenzähler *m*.

speed·er ['spiːdə] *s.* **1.** ⚙ Geschwindig-

keitsregler *m*; **2.** *mot.* ‚Raser' *m.*
speed in·di·ca·tor *s.* **1.** → ***speedometer***; **2.** → ***speed counter.***
speed·i·ness ['spi:dɪnɪs] *s.* Schnelligkeit *f*, Zügigkeit *f.*
speed·ing ['spi:dɪŋ] *s. mot.* zu schnelles Fahren, Ge'schwindigkeitsüber,tretung *f*: ***no ~!*** Schnellfahren verboten!
speed| lathe *s.* ⚙ Schnelldrehbank *f*; **~ lim·it** *s. mot.* Geschwindigkeitsbegrenzung *f*, Tempolimit *n*; **~ mer·chant** *s. mot. Brit. sl.* ‚Raser' *m.*
speed·o ['spi:dəʊ] *s. mot.* F ‚Tacho' *m.*
speed·om·e·ter [spɪ'dɒmɪtə] *s. mot.* Tacho'meter *m, n.*
'speed|-,read·ing *s.* 'Schnelleseme,thode *f*; **~ skat·er** *s. sport* Eisschnelläufer(in); **~ skat·ing** *s.* Eisschnellauf *m.*
speed·ster ['spi:dstə] *s.* **1.** → ***speeder*** 2; **2.** ‚Flitzer' *m* (*Sportwagen*).
speed| trap *s.* Ra'darfalle *f*; **'~-up** *s.* **1.** Beschleunigung *f*; **2.** Produkti'onserhöhung *f*; **'~·way** *s.* **1.** *sport* a) Speedwayrennen *pl.*, b) *a.* **~ *track*** Speedwaybahn *f*; **2.** *Am.* a) Schnellstraße *f*, b) Autorennstrecke *f.*
speed·well ['spi:dwel] *s.* ⚘ Ehrenpreis *n, m.*
speed·y ['spi:dɪ] *adj.* □ schnell, zügig, rasch, prompt: ***wish s.o. a ~ recovery*** j-m gute Besserung wünschen.
speiss [spaɪs] *s.* ⚒, *metall.* Speise *f.*
spe·le·ol·o·gist [,spelɪ'ɒlədʒɪst] *s.* Höhlenforscher *m*; **,spe·le'ol·o·gy** [-dʒɪ] *s.* Speläolo'gie *f*, Höhlenforschung *f.*
spell¹ [spel] **I** *v/t.* [*a. irr.*] **1.** buchstabieren: **~ *backward*** a) rückwärts buchstabieren, b) *fig.* völlig verdrehen; **2.** (ortho'graphisch richtig) schreiben; **3.** *Wort* bilden, ergeben: ***l-e-d ~s led***; **4.** *fig.* bedeuten: ***it ~s trouble***; **5.** **~ *out*** (*od.* ***over***) (mühsam) entziffern; **6.** *oft* **~ *out*** *fig.* a) darlegen, b) (***for s.o.*** j-m) *et.* ‚ausein'anderklauben'; **II** *v/i.* [*a. irr.*] **7.** (richtig) schreiben; **8.** geschrieben werden, sich schreiben.
spell² [spel] **I** *s.* **1.** Arbeit(szeit) *f*: ***have a ~ at*** sich e-e Zeitlang mit *et.* beschäftigen; **2.** (Arbeits)Schicht *f*: ***give s.o. a ~*** → 7; **3.** *Am.* (*Husten- etc.*)Anfall *m*, (ner'vöser) Zustand; **4.** a) Zeit(abschnitt *m*) *f*, b) *ein* Weilchen *n*: ***for a ~***; **5.** *Am.* F Katzensprung *m* (*kurze Strekke*); **6.** *meteor.* Peri'ode *f*: ***a ~ of fine weather*** e-e Schönwetterperiode; ***hot ~*** Hitzewelle *f*; **II** *v/t.* **7.** *Am. j-n* (bei der Arbeit) ablösen.
spell³ [spel] **I** *s.* **1.** Zauber(wort *n*) *m*; **2.** *fig.* Zauber *m*, Bann *m*, Faszinati'on *f*: ***be under a ~*** a) verzaubert sein, b) *fig.* gebannt *od.* fasziniert sein; ***break the ~*** den Zauberbann (*fig.* das Eis) brechen; ***cast a ~ on*** → 3; **II** *v/t.* **3.** *j-n* a) verzaubern, b) *fig.* bezaubern, fesseln, faszinieren; **'~·bind** *v/t.* [*irr.* → ***bind***] → ***spell³*** 3; **'~,bind·er** *s.* faszinierender Redner, fesselnder Ro'man *etc.*; **'~·bound** *adj. u. adv.* (wie) gebannt, fasziniert.
spell·er ['spelə] *s.* **1.** ***he is a good ~*** er ist in der Orthographie gut beschlagen; **2.** Fibel *f*; **'spell·ing** [-lɪŋ] *s.* **1.** Buchstabieren *n*; **2.** Rechtschreibung *f*, Orthogra'phie *f*: **~ *bee*** Rechtschreibewettbewerb *m.*
spelt¹ [spelt] *s.* ⚘ Spelz *m*, Dinkel *m.*
spelt² [spelt] *pret. u. p.p. von* ***spell¹***.
spel·ter ['speltə] *s.* **1.** ⚒ (Handels-, Roh)Zink *n*; **2.** *a.* **~ *solder*** ⚙ Messingschlaglot *n.*
spe·lunk [spɪ'lʌŋk] *v/i. Am.* Höhlen erforschen (*als Hobby*).
spen·cer¹ ['spensə] *s. hist. u. Damenmode*: Spenzer *m* (*kurze Überjacke*).
spen·cer² ['spensə] *s.* ⚓ *hist.* Gaffelsegel *n.*
spend [spend] [*irr.*] **I** *v/t.* **1.** verbrauchen, aufwenden, ausgeben (***on*** für): **~ *money***; → ***penny*** 1; **2.** *Geld, Zeit etc.* verwenden, anlegen (***on*** für): **~ *time on s.th.*** Zeit für et. verwenden; **3.** verschwenden, -geuden, 'durchbringen; **4.** *Zeit* zu-, verbringen; **5.** (***o.s.*** sich) erschöpfen, verausgaben: ***the storm is spent*** der Sturm hat sich gelegt *od.* ausgetobt; **II** *v/i.* **6.** Geld ausgeben, Ausgaben machen; **7.** laichen (*Fische*).
spend·ing ['spendɪŋ] *s.* **1.** (*das*) Geldausgeben; **2.** Ausgabe(n *pl.*) *f*; **~ mon·ey** *s.* Taschengeld *n*; **~ pow·er** *s.* Kaufkraft *f.*
spend·thrift ['spendθrɪft] **I** *s.* Verschwender(in); **II** *adj.* verschwenderisch.
Spen·se·ri·an [spen'sɪərɪən] *adj.* (Edmund) Spenser betreffend: **~ *stanza*** Spenserstanze *f.*
spent [spent] **I** *pret. u. p.p. von* ***spend***; **II** *adj.* **1.** matt, verausgabt, erschöpft, entkräftet: **~ *bullet*** matte Kugel; **~ *liquor*** ⚙ Ablauge *f*; **2.** verbraucht; **3.** *zo.* (*von Eiern od. Samen*) entleert (*Insekten, Fische*): **~ *herring*** Hering *m* nach dem Laichen.
sperm¹ [spɜ:m] *s. physiol.* **1.** Sperma *n*, Samenflüssigkeit *f*; **2.** Samenzelle *f.*
sperm² [spɜ:m] *s.* **1.** Walrat *m, n*; **2.** → ***sperm whale***; **3.** → ***sperm oil.***
sper·ma·ce·ti [,spɜ:mə'setɪ] *s.* Walrat *m, n.*
sper·ma·ry ['spɜ:mərɪ] *s. physiol.* Keimdrüse *f*; **sper·mat·ic** [spɜ:'mætɪk] *adj. physiol.* sper'matisch, Samen...: **~ *cord*** Samenstrang *m*; **~ *filament*** Samenfaden *m*; **~ *fluid*** → ***sperm¹*** 1.
sper·ma·to·blast ['spɜ:mətəʊblæst] *s. biol.* Ursamenzelle *f*; **,sper·ma·to'gen·e·sis** [-əʊ'dʒenɪsɪs] *s. biol.* Samenbildung *f*; **,sper·ma·to'zo·on** [-əʊ'zəʊɒn] *pl.* **-'zo·a** [-'zəʊə] *s. biol.* Spermato'zoon *n*, Spermium *n.*
spermo- [spɜ:məʊ] *in Zssgn* Samen...
sperm oil *s.* Walratöl *n.*
sper·mo·log·i·cal [,spɜ:mə'lɒdʒɪkl] *adj.* **1.** ⚕ spermato'logisch; **2.** ⚘ samenkundlich.
sperm whale *s. zo.* Pottwal *m.*
spew [spju:] **I** *v/i.* sich erbrechen, ‚spukken', ‚speien'; **II** *v/t.* (er)brechen: **~ *forth*** (*od.* ***out, up***) (aus)speien, (-)spucken, (-)werfen; **III** *s. das* Erbrochene.
sphac·e·la·tion [,sfæsɪ'leɪʃn] *s.* ⚕ Brandbildung *f*; **sphac·e·lous** ['sfæsɪləs] *adj.* ⚕ gangrä'nös, ne'krotisch.
sphaero- [sfɪərəʊ] *in Zssgn* Kugel..., Sphaero...
sphe·nog·ra·phy [sfɪ'nɒgrəfɪ] *s.* Keilschriftkunde *f*; **sphe·noid** ['sfi:nɔɪd] **I** *adj.* **1.** keilförmig; **2.** *anat.* Keilbein...; **II** *s.* **3.** *min.* Spheno'id *n* (*Kristallform*).
sphere [sfɪə] *s.* **1.** Kugel *f* (*a.* ⩚; *a. sport Ball*), kugelförmiger Körper; Erd-, Himmelskugel *f*; Himmelskörper *m*: ***doctrine of the ~*** ⩚ Sphärik *f*; **2.** *antiq. ast.* Sphäre *f*: ***music of the ~s*** Sphärenmusik *f*; **3.** *poet.* Himmel *m*, Sphäre *f*; **4.** *fig.* (*Einfluß-, Interessen- etc.*)Sphäre *f*, Gebiet *n*, Bereich *m*, Kreis *m*: **~ *of influence***; **~** (***of activity***) Wirkungskreis; **5.** Mili'eu *n*, (gesellschaftliche) Um'gebung; **spher·ic** ['sferɪk] **I** *adj.* **1.** *poet.* himmlisch; **2.** kugelförmig; **3.** sphärisch; **II** *s. pl.* **4.** → ***spherics¹***; **spher·i·cal** ['sferɪkl] *adj.* □ **1.** kugelförmig; **2.** ⩚ Kugel...(*-ausschnitt, -vieleck etc.*), sphärisch: **~ *astronomy***; **~ *trigonometry***; **sphe·ric·i·ty** [sfɪ'rɪsətɪ] *s.* Kugelgestalt *f*, sphärische Gestalt.
spher·ics¹ ['sferɪks] *s. pl. sg. konstr.* ⩚ Sphärik *f*, Kugellehre *f.*
spher·ics² ['sferɪks] *s. pl. sg. konstr.* Wetterbeobachtung *f* mit elek'tronischen Geräten.
sphero- → ***sphaero-.***
sphe·roid ['sfɪərɔɪd] **I** *s.* ⩚ Sphäro'id *n*; **II** *adj.* → **sphe·roi·dal** [,sfɪə'rɔɪdl] *adj.* □ sphäro'idisch, kugelig; **sphe·roi·dic, sphe·roi·di·cal** [,sfɪə'rɔɪdɪk(l)] *adj.* □ → ***spheroidal.***
spher·ule ['sferju:l] *s.* Kügelchen *n.*
sphinc·ter ['sfɪŋktə] *s. a.* **~ *muscle*** *anat.* Schließmuskel *m.*
sphinx [sfɪŋks] *pl.* **'sphinx·es** *s.* **1.** *mst* ☊ *myth. u.* ⚠ Sphinx *f* (*a. fig. rätselhafter Mensch*); **2.** a) *a.* **~ *moth*** Sphinx *f* (*Nachtfalter*), b) *a.* **~ *baboon*** Sphinxpavian *m*; **'~·like** *adj.* sphinxartig (*a. fig. rätselhaft*).
spi·ca ['spaɪkə] *pl.* **-cae** [-si:] *s.* **1.** ⚘ Ähre *f*; **2.** ⚕ Kornährenverband *m*; **'spi·cate** [-keɪt] *adj.* ⚘ a) ährentragend (*Pflanze*), b) ährenförmig (angeordnet) (*Blüte*).
spice [spaɪs] **I** *s.* **1.** a) Gewürz *n*, Würze *f*, b) *coll.* Gewürze *pl.*; **2.** *fig.* Würze *f*; **3.** *fig.* Beigeschmack *m*, Anflug *m*; **II** *v/t.* **4.** würzen (*a. fig.*); **spiced** [-st] → ***spicy*** 1 *u.* 2; **'spic·er·y** [-sərɪ] *s. coll.* Gewürze *pl.*; **'spic·i·ness** [-sɪnɪs] *s. fig. das* Würzige, *das* Pi'kante.
spick-and-span [,spɪkən'spæn] *adj.* **1.** funkelnagelneu; **2.** a) blitzsauber, b) ‚wie aus dem Ei gepellt' (*Person*).
spic·u·lar ['spaɪkjʊlə] *adj.* **1.** *zo.* nadelförmig; **2.** ⚘ ährchenförmig; **spic·ule** ['spaɪkju:l] *s.* **1.** (Eis- *etc.*)Nadel *f*; **2.** *zo.* nadelartiger Fortsatz, *bsd.* Ske'lettnadel *f* (*e-s Schwammes etc.*); **3.** ⚘ Ährchen *n.*
spic·y ['spaɪsɪ] *adj.* □ **1.** gewürzt; **2.** würzig, aro'matisch (*Duft etc.*); **3.** Gewürz...; **4.** *fig.* a) gewürzt, witzig, b) pi'kant, gepfeffert, schlüpfrig; **5.** *sl.* a) ‚gewieft', geschickt, b) schick.
spi·der ['spaɪdə] *s.* **1.** *zo.* Spinne *f*; **2.** ⚙ a) Armkreuz *n*, b) Drehkreuz *n*, c) Armstern *m* (*Rad*); **3.** ⚡ Ständerkörper *m*; **4.** *Am.* Dreifuß *m* (*Untersatz*); **~ catch·er** *s. orn.* **1.** Spinnenfresser *m*; **2.** Mauerspecht *m*; **~ line** *s. mst pl.* ⚙, *opt.* Faden(kreuz *n*) *m*, Ableselinie *f*; **~ web**, *a.* **~'s web** *s.* Spinn(en)gewebe *n* (*a. fig.*).
spi·der·y ['spaɪdərɪ] *adj.* **1.** spinnenartig; **2.** spinnwebartig; **3.** voll von Spinnen.
spiel [spi:l] *s. Am. sl.* **1.** Werbesprüche *pl.*; **2.** ‚Platte' *f*, Gequassel *n.*
spiff·ing ['spɪfɪŋ] *adj. sl.* ‚toll', ‚(tod-)schick'.
spif·(f)li·cate ['spɪflɪkeɪt] *v/t. sl.* ‚es *j-m*

besorgen'.

spig·ot ['spɪgət] *s.* ⚙ **1.** (Faß)Zapfen *m*; **2.** Zapfen *m* (*e-s Hahns*); **3.** (Faß-, Leitungs)Hahn *m*; **4.** Muffenverbindung *f* (*bei Röhren*).

spike¹ [spaɪk] *s.* ⚘ **1.** (Gras-, Korn)Ähre *f*; **2.** (Blüten)Ähre *f*.

spike² [spaɪk] **I** *s.* **1.** Stift *m*, Spitze *f*, Dorn *m*, Stachel *m*; **2.** ⚙ (Haken-, Schienen)Nagel *m*, Bolzen *m*; **3.** (Zaun)Eisenspitze *f*; **4.** a) *mst pl.* Spike *m* (*am Rennschuh etc.*), b) *pl. mot.* Spikes *pl.* (*am Reifen*); **5.** *hunt.* Spieß *m* (*e-s Junghirsches*); **6.** *ichth.* junge Ma'krele; **II** *v/t.* **7.** festnageln; **8.** mit (Eisen)Spitzen versehen; **9.** aufspießen; **10.** *sport* mit den Spikes verletzen; **11.** ⚔ *Geschütz* vernageln: ~ ***s.o.'s guns*** *fig.* j-m e-n Strich durch die Rechnung machen; **12.** a) e-n Schuß Alkohol geben in *ein Getränk*, b) *fig.* ‚pfeffern'.

spiked¹ [spaɪkt] *adj.* ⚘ ährentragend.

spiked² [spaɪkt] *adj.* **1.** mit Nägeln *od.* (Eisen)Spitzen (versehen): ~ ***shoes***; ~ ***helmet*** Pickelhaube *f*; **2.** mit ‚Schuß' (*Getränk*).

spike·nard ['spaɪknɑːd] *s.* **1.** La'vendelöl *n*; **2.** ⚘ Indische Narde; **3.** ⚘ Traubige A'ralie.

spike oil → ***spikenard*** 1.

spik·y ['spaɪkɪ] *adj.* **1.** spitz, dornenartig, stachelig; **2.** *Brit.* F a) eigensinnig, b) empfindlich.

spile [spaɪl] **I** *s.* **1.** (Faß)Zapfen *m*, Spund *m*; **2.** Pflock *m*, Pfahl *m*; **II** *v/t.* **3.** verspunden; **4.** anzapfen; '~**·hole** *s.* Spundloch *n*.

spill¹ [spɪl] *s.* **1.** (Holz)Splitter *m*; **2.** Fidibus *m*.

spill² [spɪl] **I** *v/t.* [*irr.*] **1.** aus-, verschütten, 'überlaufen lassen; **2.** *Blut* vergießen; **3.** um'her-, verstreuen; **4.** ⚓ *Segel* killen lassen; **5.** a) *Reiter* abwerfen, b) *j-n* schleudern; **6.** *sl.* ausplaudern, verraten; → ***bean*** 1; **II** *v/i.* [*irr.*] **7.** 'überlaufen, verschüttet werden; **8.** *a.* ~ ***over*** sich ergießen (*a. fig.*); **9.** ~ ***over with*** *fig.* wimmeln von; **10.** *sl.* ‚auspacken', ‚singen'; **III** *s.* **11.** F Sturz *m* (*vom Pferd etc.*); **12.** ✝ Preissturz *m*.

spil·li·kin ['spɪlɪkɪn] *s.* **1.** (*bsd.* Mi'kado-)Stäbchen *n*; **2.** *pl. sg. konstr.* Mi'kado *n*.

'spill·way *s.* ⚙ 'Überlauf(rinne *f*) *m*, 'Abflußkaˌnal *m*.

spilt [spɪlt] *pret. u. p.p. von* ***spill²***; → ***milk*** 1.

spin [spɪn] **I** *v/t.* [*irr.*] **1.** *Wolle, Flachs etc.* (zu Fäden) spinnen; **2.** *Fäden, Garn* spinnen; **3.** schnell drehen, (her'um)wirbeln; *Kreisel* treiben; ✈ *Flugzeug* trudeln lassen; *Münze* hochwerfen; *Wäsche* schleudern; *Schallplatte* ‚laufen lassen'; **4.** a) sich *et.* ausdenken, *Pläne* aushecken, b) erzählen; → ***yarn*** 3; **5.** ~ ***out*** in die Länge ziehen, *Geschichte* ausspinnen, *a. Suppe etc.* ‚strecken'; **6.** *sport Ball* mit Ef'fet schlagen; **7.** *sl. Kandidaten* ‚'durchrasseln' lassen; **II** *v/i.* [*irr.*] **8.** spinnen; **9.** *a.* ~ ***round*** sich (im Kreis um die eigene Achse) drehen, her'umwirbeln: ***send s.o.*** ~***ning*** j-n hinschleudern; ***my head*** ~***s*** mir dreht sich alles; **10.** ~ ***along*** da'hinsausen (*fahren*); **11.** ✈ trudeln; **12.** *mot.* 'durchdrehen (*Räder*); **13.** *sl.* ‚durchrasseln' (*Prüfungskandidat*); **III** *s.* **14.** *das* Her'umwirbeln; **15.** schnelle Drehung, Drall *m*; **16.** *phys.* Spin *m*, Drall *m* (*des Elektrons*); **17.** ***go for a*** ~ F e-e Spritztour machen; **18.** ✈ a) (Ab)Trudeln *n*, b) 'Sturzspiˌrale *f*; **19.** *sport* Ef'fet *m*.

spin·ach ['spɪnɪdʒ] *s.* **1.** ⚘ Spi'nat *m*; **2.** *Am. sl.* ‚Mist' *m*.

spi·nal ['spaɪnl] *adj. anat.* spi'nal, Rückgrat..., Rückenmarks...; ~ ***col·umn*** *s.* Wirbelsäule *f*, Rückgrat *n*; ~ ***cord***, ~ ***mar·row*** *s.* Rückenmark *n*; ~ ***nerve*** *s.* Spi'nalnerv *m*.

spin·dle ['spɪndl] **I** *s.* **1.** ⚙ a) (Hand-, *a.* Drehbank)Spindel *f*, b) Welle *f*, Achszapfen *m*, c) Triebstock *m*, d) Hydro'meter *n*; **2.** *ein Garnmaß*; **3.** *biol.* Kernspindel *f*; **4.** ⚘ Spindel *f*; **II** *v/i.* **5.** (auf)schießen (*Pflanze*); **6.** in die Höhe schießen (*Person*); '~**-legged** *adj.* storchbeinig; '~**-legs**, '~**-shanks** *s. pl.* **1.** ‚Storchbeine' *pl.*; **2.** *sg. konstr.* ‚Storchbein' *n* (*Person*).

spin·dling ['spɪndlɪŋ], **'spin·dly** [-lɪ] *adj.* lang u. dünn, spindeldürr.

ˌspin|-'dry *v/t. Wäsche* schleudern; **ˌ~-'dry·er**, *a.* **ˌ~-'dri·er** *s.* Wäscheschleuder *f*.

spine [spaɪn] *s.* **1.** ⚘, *zo.* Stachel *m*; **2.** *anat.* Rückgrat *n* (*a. fig. fester Charakter*), Wirbelsäule *f*; **3.** (Gebirgs)Grat *m*; **4.** Buchrücken *m*; **spined** [-nd] *adj.* **1.** *bot., zo.* stachelig, Stachel...; **2.** Rückgrat..., Wirbel...; **'spine·less** [-lɪs] *adj.* **1.** stachellos; **2.** rückgratlos (*a. fig.*).

spin·et [spɪ'net] *s.* ♪ Spi'nett *n*.

spin·na·ker ['spɪnəkə] *s.* ⚓ Spinnaker *m* (*großes Dreiecksegel*).

spin·ner ['spɪnə] *s.* **1.** *poet. od. dial.* Spinne *f*; **2.** Spinner(in); **3.** ⚙ 'Spinnmaˌschine *f*; **4.** Kreisel *m*; **5.** (Polier-)Scheibe *f*; **6.** → **'spin·ner·et** [-əret] *s. zo.* Spinndrüse *f*.

spin·ney ['spɪnɪ] *pl.* **-neys** *s. Brit.* Dickicht *n*.

spin·ning| jen·ny ['spɪnɪŋ] *s.* 'Feinspinnmaˌschine *f*; ~ **mill** *s.* Spinne'rei *f*; ~ **wheel** *s.* Spinnrad *n*.

'spin-off *s.* ⚙ 'Nebenproˌdukt *n* (*a. fig.*).

spi·nose ['spaɪnəʊs], **'spi·nous** [-nəs] *adj.* stach(e)lig.

spin·ster ['spɪnstə] *s.* **1.** älteres Fräulein, alte Jungfer; **2.** *Brit.* ⚖ a) unverheiratete Frau, b) *nach dem Namen*: ledig: ~ ***aunt*** unverheiratete Tante; **'spin·ster·hood** [-hʊd] *s.* **1.** Alt'jüngferlichkeit *f*; **2.** Alt'jungfernstand *m*; **3.** lediger Stand; **'spin·ster·ish** [-ərɪʃ], **'spin·ster·ly** [-lɪ] *adj.* alt'jüngferlich.

spin·y ['spaɪnɪ] *adj.* **1.** ⚘, *zo.* stach(e)lig; **2.** *fig.* heikel (*Thema etc.*).

spi·ra·cle ['spaɪərəkl] *s.* **1.** Atem-, Luftloch *n*, *bsd. zo.* Tra'chee *f*; **2.** *zo.* Spritzloch *n* (*bei Walen etc.*).

spi·ral ['spaɪərəl] **I** *adj.* □ **1.** gewunden, schrauben-, schneckenförmig, spi'ral, Spiral...: ~ ***balance*** ⚙ (Spiral)Federwaage *f*; ~ ***staircase*** Wendeltreppe *f*; **2.** ⩓ spi'ralig, Spiral...; **II** *s.* **3.** ⩓ *etc.* Spi'rale *f*; **4.** Windung *f e-r Spirale*; **5.** ⚙ a) *a.* ~ ***conveyer*** Förderschnecke *f*, b) *a.* ~ ***spring*** Spi'ralfeder *f*; **6.** ⚡ a) Spule *f*, b) Wendel *f* (*Glühlampe*); **7.** *a.* ~ ***nebula*** *ast.* Spi'ralnebel *m*; **8.** ✈ Spi'ralflug *m*, Spi'rale *f*; **9.** ✝ (*Preis-, Lohn- etc.*)Spi'rale *f*: ***wage-price*** ~ Lohn-Preis-Spirale; **III** *v/t.* **10.** spi'ralig machen; **11.** ~ ***up*** (***down***) *Preise etc.* hin'auf- (her'unter)schrauben; **IV** *v/i.* **12.** sich spi'ralförmig nach oben *od.* unten bewegen, *a.* ✈, ✝ sich hoch- *od.* niederschrauben.

spi·rant ['spaɪərənt] *ling.* **I** *s.* Spirans *f*, Reibelaut *m*; **II** *adj.* spi'rantisch.

spire¹ ['spaɪə] *s.* **1.** → ***spiral*** 4; **2.** Spi'rale *f*; **3.** *zo.* Gewinde *n*.

spire² ['spaɪə] **I** *s.* **1.** (*Dach-, Turm-, a. Baum-, Berg- etc.*)Spitze *f*; **2.** Spitzturm *m*; **3.** Kirchturm(spitze *f*) *m*; **4.** spitz zulaufender Körper *od.* Teil, *z.B.* (Blüten)Ähre *f*, Grashalm *m*, (Geweih)Gabel *f*; **II** *v/i. u. v/t.* **5.** spitz zulaufen (lassen).

spired¹ ['spaɪəd] *adj.* spi'ralförmig.

spired² ['spaɪəd] *adj.* **1.** spitz (zulaufend); **2.** spitztürmig.

spir·it ['spɪrɪt] **I** *s.* **1.** *allg.* Geist *m*: a) Odem *m*, Lebenshauch *m*, b) innere Vorstellung: ***in*** (***the***) ~ im Geiste, c) Seele *f* (*a. e-s Toten*), d) Gespenst *n*, e) Gesinnung *f*, (*Gemein- etc.*)Sinn *m*, f) Cha'rakter *m*, g) Sinn *m*: ***the*** ~ ***of the law***; → ***enter into*** 4; **2.** Stimmung *f*, Gemütsverfassung *f*, *pl. a.* Lebensgeister *pl.*: ***in high*** (***low***) ~***s*** gehobener (in gedrückter) Stimmung; **3.** Feuer *n*, Schwung *m*, E'lan *m*; Ener'gie *f*, Mut *m*; **4.** (Mann *m* von) Geist *m*, Kopf *m*, Ge'nie *n*; **5.** Seele *f e-s Unternehmens*; **6.** (Zeit)Geist *m*: ~ ***of the age***; **7.** ⚗ Destil'lat *n*, Geist *m*, Spiritus *m*: ~***(s) of hartshorn*** Hirschhornspiritus, -geist; ~***(s) of turpentine*** Terpentinöl *n*; ~***(s) of wine*** Weingeist; **8.** *pl.* alko'holische *od.* geistige Getränke *pl.*, Spiritu'osen *pl.*; **9.** *a. pl.* ⚗ *Am.* Alkohol *m*; **II** *v/t.* **10.** *a.* ~ ***up*** aufmuntern, anstacheln; **11.** ~ ***away***, ~ ***off*** wegschaffen, -zaubern, verschwinden lassen; **'spir·it·ed** [-tɪd] *adj.* □ **1.** le'bendig, lebhaft, schwungvoll, tempera'mentvoll; **2.** e'nergisch, beherzt; **3.** feurig (*Pferd etc.*); **4.** (geist)sprühend, le'bendig (*Rede, Buch etc.*).

-spir·it·ed [spɪrɪtɪd] *adj. in Zssgn* **1.** ...gesinnt: → ***public-***~; **2.** ...gestimmt: → ***low-***~.

spir·it·ed·ness ['spɪrɪtɪdnɪs] *s.* **1.** Lebhaftigkeit *f*, Le'bendigkeit *f*; **2.** Ener'gie *f*, Beherztheit *f*; **3.** *in Zssgn*: ***low-***~ Niedergeschlagenheit *f*; ***public-***~ Gemeinsinn *m*.

spir·it·ism ['spɪrɪtɪzəm] *s.* Spiri'tismus *m*; **'spir·it·ist** [-ɪst] *s.* Spiri'tist(in); **spir·it·is·tic** [ˌspɪrɪ'tɪstɪk] *adj.* (□ ~***al·ly***) spiri'tistisch.

spir·it·less ['spɪrɪtlɪs] *adj.* □ **1.** geistlos; **2.** leb-, lust-, schwunglos, schlapp; **3.** niedergeschlagen, mutlos; **'spir·it·less·ness** [-nɪs] *s.* **1.** Geistlosigkeit *f*; **2.** Lust-, Schwunglosigkeit *f*; **3.** Kleinmut *m*.

spir·it| lev·el *s.* ⚙ Nivellier-, Wasserwaage *f*; ~ **rap·ping** *s.* Geisterklopfen *n*.

spir·it·u·al ['spɪrɪtjʊəl] **I** *adj.* □ **1.** geistig, unkörperlich; **2.** geistig, innerlich, seelisch: ~ ***life*** Seelenleben *n*; **3.** vergeistigt (*Person, Gesicht etc.*); **4.** göttlich (inspiriert); **5.** a) religi'ös, b) kirchlich, c) geistlich (*Gericht, Lied etc.*); **6.** geistig, intellektu'ell; **7.** geistreich, -voll; **II** *s.* **8.** ♪ (Neger)Spiritual *n*; **'spir·it·u·al-**

ism [-ɪzəm] *s.* **1.** Geisterglaube *m*, Spiri'tismus *m*; **2.** *phls.* a) Spiritua'lismus *m*, b) meta'physischer Idea'lismus; **3.** *das* Geistige; '**spir·it·u·al·ist** [-lɪst] *s.* **1.** Spiritua'list *m*, Idea'list *m*; **2.** Spiri'tist *m*; **spir·it·u·al·i·ty** [ˌspɪrɪtjʊ'ælətɪ] *s.* **1.** *das* Geistige; **2.** *das* Geistliche; **3.** Unkörperlichkeit *f*, geistige Na'tur; **4.** *oft pl. hist.* geistliche Rechte *pl. od.* Einkünfte *pl.*; '**spir·it·u·al·ize** [-laɪz] *v/t.* **1.** vergeistigen; **2.** im über'tragenen Sinne deuten.

spir·it·u·ous ['spɪrɪtjʊəs] *adj.* **1.** alko'holisch: ~ ***liquors*** Spirituosen; **2.** destilliert.

spir·y[1] ['spaɪərɪ] → ***spired***[1].

spir·y[2] ['spaɪərɪ] *adj.* **1.** spitz zulaufend; **2.** vieltürmig.

spit[1] [spɪt] **I** *v/i.* [*irr.*] **1.** spucken: ~ ***on*** *fig.* auf *et.* spucken; ~ ***on*** (*od.* ***at***) ***s.o.*** j-n anspucken; ~ ***s.o. in the eye*** j-m ins Gesicht spucken (*a. fig.*); **2.** spritzen, klecksen (*Federhalter*); **3.** sprühen (*Regen*); **4.** fauchen, zischen (*Katze etc.*): ~ ***at s.o.*** j-n anfauchen; **5.** (her'aus)sprudeln, (-)spritzen (*kochendes Wasser etc.*); **II** *v/t.* [*irr.*] **6.** *a.* ~ ***out*** (aus)spukken; **7.** *Feuer etc.* speien; **8.** *a.* ~ ***out*** *fig. Worte* (heftig) her'vorstoßen, zischen: ~ ***it out!*** F nun sag's schon!; **III** *s.* **9.** Spucke *f*, Speichel *m*: ~ ***and polish*** ⚓, ⚔ *sl.* a) Putz- u. Flickstunde *f*, b) peinliche Sauberkeit, c) Leuteschinderei *f*; ~***-and-polish*** F *attr.* ‚wie aus dem Ei gepellt'; **10.** Fauchen *n* (*e-r Katze*); **11.** Sprühregen *m*; **12.** F Eben-, Abbild *n*: ***she is the*** ~ (***and image***) ***of her mother*** sie ist ihrer Mutter wie aus dem Gesicht geschnitten.

spit[2] [spɪt] **I** *s.* **1.** (Brat)Spieß *m*; **2.** *geogr.* Landzunge *f*; **3.** spitz zulaufende Sandbank; **II** *v/t.* **4.** an e-n Bratspieß stecken; **5.** aufspießen.

spit[3] [spɪt] *s.* Spatenstich *m*.

spite [spaɪt] **I** *s.* **1.** Boshaftigkeit *f*, Gehässigkeit *f*: ***from pure*** (*od.* ***in*** *od.* ***out of***) ~ aus reiner Bosheit; **2.** Groll *m*: ***have a*** ~ ***against*** *j-m* grollen; ~ ***vote*** *pol.* Protest-, Trotzwahl *f*; **3.** (***in***) ~ ***of*** trotz, ungeachtet (*gen.*): ***in*** ~ ***of that*** dessenungeachtet; ***in*** ~ ***of o.s.*** unwillkürlich; **II** *v/t.* **4.** *j-m* ‚eins auswischen'; → ***nose*** *Redew.*; '**spite·ful** [-fʊl] *adj.* □ boshaft, gehässig; '**spite·ful·ness** [-fʊlnɪs] → ***spite*** 1.

'**spitˌfire** *s.* **1.** Feuer-, Hitzkopf *m*, *bsd.* ‚Drachen' *m* (*Frau*); **2.** feuerspeiender Vul'kan.

spit·tle ['spɪtl] *s.* Spucke *f*, Speichel *m*.

spit·toon [spɪ'tu:n] *s.* Spucknapf *m*.

spitz (**dog**) [spɪts] *s. zo.* Spitz *m* (*Hund*).

spiv [spɪv] *s. Brit. sl.* Schieber *m*, Schwarzhändler *m*.

splanch·nic ['splæŋknɪk] *adj. anat.* Eingeweide…

splash [splæʃ] **I** *v/t.* **1.** (mit Wasser *od.* Schmutz *etc.*) bespritzen; **2.** *Wasser etc.* spritzen, gießen, *Farbe etc.* klatschen (***on, over*** über *acc. od.* auf *acc.*); **3.** *s-n Weg* patschend bahnen; **4.** *Plakate* anbringen; **5.** F *in der Zeitung* in großer Aufmachung bringen; **II** *v/i.* **6.** spritzen; **7.** platschen: a) planschen, b) klatschen (*Regen etc.*), c) plumpsen: ~ ***down*** wassern (*Raumkapsel*); **III** *adv. u. int.* **8.** p(l)atsch(!), klatsch(!); **IV** *s.* **9.** a) Spritzen *n*, b) Platschen *n*, Klatschen *n*, c) Schwapp *m*, Guß *m*; **10.** Spritzer *m*, (Spritz)Fleck *m*; **11.** (Farb-, Licht)Fleck *m*; **12.** F a) Aufsehen *n*, Sensati'on *f*, b) große Aufmachung, c) großer Aufwand: ***get a*** ~ groß herausgestellt werden; ***make a*** ~ Aufsehen erregen, Furore machen; **13.** *Brit.* F Schuß *m* (Soda)Wasser (*zum Whisky etc.*); '~**·board** *s.* ⚙ Schutzblech *n*; '~**·down** *s.* Wasserung *f*, Eintauchen *n* (*e-r Raumkapsel*).

splash·er ['splæʃə] *s.* **1.** Schutzblech *n*; **2.** Wandschoner *m*.

splash| guard *s.* ⚙ Spritzschutz *m*; '~**·proof** *adj.* ⚙ spritzwassergeschützt.

splash·y ['splæʃɪ] *adj.* **1.** spritzend; **2.** klatschend, platschend; **3.** bespritzt, beschmutzt; **4.** matschig; **5.** F sensatio'nell, ‚toll'.

splat·ter ['splætə] → ***splash*** 1, 2, 6, 7.

splay [spleɪ] **I** *v/t.* **1.** ausbreiten, -dehnen; **2.** △ ausschrägen; **3.** (ab)schrägen; **4.** *bsd. vet. Schulterknochen* ausrenken (*bei Pferden*); **II** *v/i.* **5.** ausgeschrägt sein; **III** *adj.* **6.** breit u. flach; **7.** gespreizt, auswärts gebogen (*Fuß*); **8.** schief, schräg; **9.** *fig.* linkisch; **IV** *s.* **10.** △ Ausschrägung *f*; **splayed** [-eɪd] → ***splay*** 7.

'**splay|·foot** **I** *s.* ⚕ Spreiz-, Plattfuß *m*; **II** *adj. a.* ˌ~'**foot·ed** spreiz- *od.* plattfüßig.

spleen [spli:n] *s.* **1.** *anat.* Milz *f*; **2.** *fig.* schlechte Laune; **3.** *obs.* Hypochon'drie *f*, Melancho'lie *f*; **4.** *obs.* Spleen *m*, ‚Tick' *m*; '**spleen·ful** [-fʊl], '**spleen·ish** [-nɪʃ] *adj.* □ **1.** mürrisch, übelgelaunt; **2.** hypo'chondrisch.

splen·dent ['splendənt] *adj. min. u. fig.* glänzend, leuchtend.

splen·did ['splendɪd] *adj.* □ **1.** *alle a.* F glänzend, großartig, herrlich, prächtig: ~ ***isolation*** *pol. hist.* Splendid isolation *f*; **2.** glorreich; **3.** wunderbar, her'vorragend: ~ ***talents***; '**splen·did·ness** [-nɪs] *s.* **1.** Glanz *m*, Pracht *f*; **2.** Großartigkeit *f*.

splen·dif·er·ous [splen'dɪfərəs] *adj.* F *od. humor.* herrlich, prächtig.

splen·do(u)r ['splendə] *s.* **1.** heller Glanz; **2.** Pracht *f*; **3.** Großartigkeit *f*, Bril'lanz *f*, Größe *f*.

sple·net·ic [splɪ'netɪk] **I** *adj.* (□ ~***ally***) **1.** ⚕ Milz…; **2.** milzkrank; **3.** → ***spleenish***; **II** *s.* **4.** ⚕ Milzkranke(r *m*) *f*; **5.** Hypo'chonder *m*.

splen·ic ['splenɪk] *adj.* ⚕ Milz…: ~ ***fever*** Milzbrand *m*.

splice [splaɪs] **I** *v/t.* **1.** spleißen, zs.-splissen; **2.** (ein)falzen; **3.** verbinden, zs.-fügen, *bsd. Filmstreifen, Tonband* (zs.-)kleben; **4.** F verheiraten: ***get*** ~***d*** getraut werden; **II** *s.* **5.** ⚓ Spleiß *m*, Splissung *f*; **6.** ⚙ (Ein)Falzung *f*; **7.** Klebestelle *f* (*an Filmen etc.*).

spline [splaɪn] *s.* **1.** längliches, dünnes Stück Holz *od.* Me'tall; **2.** *Art* 'Kurvenlineˌal *n*; **3.** ⚙ a) Keil *m*, Splint *m*, b) (Längs)Nut *f*.

splint [splɪnt] **I** *s.* **1.** ⚕ Schiene *f*: ***in*** ~***s*** geschient; **2.** ⚙ Span *m*; **3.** → ***splint bone*** 1; **4.** *vet.* a) → ***splint bone*** 2, b) Knochenauswuchs *m*, Tumor *m* (*Pferdefuß*); **5.** *a.* ~ ***coal*** Schieferkohle *f*; **II** *v/t.* **6.** ⚕ schienen; ~ **bone** *s.* **1.** *anat.* Wadenbein *n*; **2.** *vet. Knochen des Pferdefußes hinter dem Schienbein.*

splin·ter ['splɪntə] **I** *s.* **1.** (*a. Bomben-, Knochen- etc.*)Splitter *m*, Span *m*: ***go*** (***in***)***to*** ~***s*** → 4; **2.** *fig.* Splitter *m*, Bruchstück *n*; **II** *v/t.* **3.** zersplittern (*a. fig.*); **III** *v/i.* **4.** zersplittern (*a. fig.*): ~ ***off*** (*fig.* sich) absplittern; ~ **group** *s.* Splittergruppe *f*; ~ **par·ty** *s. pol.* 'Splitterparˌtei *f*; '~**·proof** *adj.* splittersicher.

splin·ter·y ['splɪntərɪ] *adj.* **1.** *bsd. min.* splitterig, schieferig; **2.** leicht splitternd; **3.** Splitter…

split [splɪt] **I** *v/t.* [*irr.*] **1.** (zer)spalten, zerteilen, schlitzen; *Holz, fig. Haare* spalten; **2.** zerreißen; → ***side*** 4; **3.** *fig.* zerstören; **4.** *Gewinn, Flasche Wein etc.* (unterein'ander) teilen, sich in *et.* teilen; † *Aktien* splitten: ~ ***the difference*** a) † sich in die Differenz teilen, b) sich auf halbem Wege entgegenkommen *od.* einigen; → ***ticket*** 7; **5.** trennen, entzweien, *Partei etc.* spalten; **6.** *sl. Plan etc.* verraten; **7.** *Am.* F *Whisky etc.* ‚spritzen' (*mit Wasser verdünnen*); **8.** ⚗, *phys. Atome etc.* (auf)spalten: ~ ***off*** abspalten; **II** *v/i.* [*irr.*] **9.** sich aufspalten, reißen; platzen, bersten, zerspringen: ***my head is*** ~***ing*** *fig.* ich habe rasende Kopfschmerzen; **10.** zerschellen (*Schiff*); **11.** sich spalten (***into*** in *acc.*): ~ ***off*** sich abspalten; **12.** sich entzweien *od.* trennen (***over*** wegen *e-r Sache*); **13.** sich teilen (***on*** in *acc.*); **14.** ~ ***on*** *j-n* ‚verpfeifen'; **15.** a) F sich schütteln vor Lachen, b) *sl.* ‚abhauen'; **16.** *pol. Am.* panaschieren; **III** *s.* **17.** Spalt *m*, Riß *m*, Sprung *m*; **18.** *fig.* Spaltung *f*, Zersplitterung *f* (*e-r Partei etc.*); **19.** *fig.* Entzweiung *f*, Bruch *m*; **20.** *pol.* Splittergruppe *f*; **21.** ⚙ Schicht *f von Spaltleder*; **22.** (*bsd.* Ba'nanen)Split *m*; **23.** F a) halbe Flasche (*Mineralwasser etc.*), b) halbgefülltes (Schnaps- *etc.*) Glas; **24.** *pl.* a) *Akrobatik*: Spa'gat *m*: ***do the*** ~***s*** e-n Spagat machen, b) *sport* Grätsche *f*; **25.** *sl.* Spitzel *m*; **IV** *adj.* **26.** zer-, gespalten, Spalt…: ~ ***infinitive*** *ling.* gespaltener Infinitiv; ~***-level house*** Halbgeschoßhaus *n*; ~ ***peas***(***e***) getrocknete halbe Erbsen (*für Püree etc.*); ~ ***personality*** *psych.* gespaltene Persönlichkeit; ~ ***second*** Bruchteil *m* e-r Sekunde; ~***-second watch*** *sport* Stoppuhr *f*; ~ ***ticket*** *Am.* Wahlzettel *m* mit Stimmen für Kandidaten mehrerer Parteien; '**split·ting** [-tɪŋ] **I** *adj.* **1.** (*ohren- etc.*)zerreißend; **2.** rasend, heftig (*Kopfschmerzen*); **3.** blitzschnell; **4.** zwerchfellerschütternd: ***a*** ~ ***farce***; **II** *s.* **5.** Spaltung *f*; **6.** † Splitting *n*: a) Aktienteilung *f*, b) *Besteuerung e-s Ehepartners zur Hälfte des gemeinsamen Einkommens*; '**split-up** *s.* **1.** → ***split*** 17–19; **2.** † (Aktien)Split *m*.

splodge [splɒdʒ], **splotch** [splɒtʃ] **I** *s.* Fleck *m*, Klecks *m*; **II** *v/t.* beklecksen; **splotch·y** ['splɒtʃɪ] *adj.* fleckig, schmutzig.

splurge [splɜ:dʒ] F **I** *s.* **1.** ‚Angabe' *f*, protziges Getue; **2.** verschwenderischer Aufwand; **II** *v/i.* **3.** protzen, angeben; **4.** prassen.

splut·ter ['splʌtə] **I** *v/i.* **1.** stottern; **2.** ‚stottern', ‚kotzen' (*Motor*); **3.** zischen (*Braten etc.*); **4.** klecksen (*Schreibfeder*); **5.** spritzen, platschen (*Wasser etc.*); **II** *v/t.* **6.** *Worte* her'aussprudeln, -stottern; **7.** verspritzen; **8.** bespritzen;

9. *j-n* (*beim Sprechen*) bespucken; **III** *s.* **10.** Geplapper *m*; **11.** Spritzen *n*; Sprudeln *n*; Zischen *n*.

spoil [spɔɪl] **I** *v/t.* [*irr.*] **1.** *et., a. Appetit, Spaß* verderben, ruinieren, vernichten; *Plan* vereiteln; **2.** *Charakter etc.* verderben, *Kind* verziehen, -wöhnen: ***a ~ed brat*** ein verzogener Fratz; **3.** (*pret. u. p.p. nur* ***~ed***) berauben, entblößen (***of*** *gen.*); **4.** (*pret. u. p.p. nur* ***~ed***) *obs.* (aus)plündern; **II** *v/i.* [*irr.*] **5.** verderben, ‚ka'puttgehen', schlecht werden (*Obst etc.*); **6.** ***be ~ing for*** brennen auf (*acc.*); ***~ing for a fight*** streitlustig; **III** *s.* **7.** *mst pl.* (Sieges)Beute *f*, Raub *m*; **8.** Beute(stück *n*) *f*; **9.** *mst pl. bsd. Am.* a) Ausbeute *f*, b) *pol.* Gewinn *m*, Einkünfte *pl.* (*e-r Partei nach dem Wahlsieg*); **10.** Errungenschaft *f*, Gewinn *m*; **11.** *pl.* 'Überreste *pl.*, -bleibsel *pl.* (*von Mahlzeiten*); **'spoil·age** [-lɪdʒ] *s.* **1.** *typ.* Makula'tur *f*; **2.** ✝ Verderb *m von Waren*; **'spoil·er** [-lə] *s.* **1.** *mot.* Spoiler *m*; **2.** ✈ Störklappe *f*.

spoils·man ['spɔɪlzmən] *s.* [*irr.*] *pol. Am.* j-d, der nach der ‚Futterkrippe' strebt.

'spoil·sport *s.* Spielverderber(in).

spoils sys·tem *s. pol. Am.* 'Futterkrippensy͵stem *n*.

spoilt [spɔɪlt] *pret. u. p.p. von* ***spoil***.

spoke¹ [spəʊk] **I** *s.* **1.** (Rad)Speiche *f*; **2.** (Leiter)Sprosse *f*; **3.** ⚓ Spake *f* (*des Steuerrads*); **4.** Bremsvorrichtung *f*: ***put a ~ in s.o.'s wheel*** *fig.* j-m e-n Knüppel zwischen die Beine werfen; **II** *v/t.* **5.** *Rad* a) verspeichen, b) (ab)bremsen.

spoke² [spəʊk] *pret. u. obs. p.p. von* ***speak***.

spoke bone *s. anat.* Speiche *f*.

spo·ken ['spəʊkən] **I** *p.p. von* ***speak***; **II** *adj.* **1.** gesprochen, mündlich: ***~ English*** gesprochenes Englisch; **2.** *in Zssgn* …sprechend.

spokes·man ['spəʊksmən] *s.* [*irr.*] Wortführer *m*, Sprecher *m*: ***government ~*** *pol.* Regierungssprecher.

spo·li·ate ['spəʊlɪeɪt] *v/t. u. v/i.* plündern; **spo·li·a·tion** [͵spəʊlɪ'eɪʃn] *s.* **1.** Plünderung *f*, Beraubung *f*; **2.** ⚓, ⚔ *kriegsrechtliche Plünderung neutraler Schiffe*; **3.** ⚖ unberechtigte Änderung *e-s Dokuments*.

spon·da·ic [spɒn'deɪɪk] *adj. Metrik*: spon'deisch; **spon·dee** ['spɒndiː] *s.* Spon'deus *m*.

spon·dyl(e) ['spɒndɪl] *s. anat., zo.* Wirbelknochen *m*.

sponge [spʌndʒ] **I** *s.* **1.** *zo. u. weitS.* Schwamm *m*: ***pass the ~ over*** *fig.* aus dem Gedächtnis löschen, vergessen; ***throw up the ~*** *Boxen*: das Handtuch werfen (*a. fig. sich geschlagen geben*); **2.** ⚔ Wischer *m*; **3.** *fig.* Schma'rotzer *m*, ‚Nassauer' *m* (*Person*); **4.** *Küche*: a) aufgegangener Teig, b) *lockerer, gekochter Pudding*; **II** *v/t.* **5.** *a.* ***~ down*** (mit e-m Schwamm) reinigen, abwaschen: ***~ off***, ***~ away*** weg-, abwischen; ***~ out*** auslöschen (*a. fig.*); **6.** ***~ up*** *Wasser etc.* (mit e-m Schwamm) aufsaugen, -nehmen; **7.** (kostenlos) ergattern, ‚schnorren'; **III** *v/i.* **8.** Schwämme sammeln; **9.** F schma'rotzen, ‚nassauern': ***~ on s.o.*** auf j-s Kosten leben; ***~ bag*** *s.* Kul'turbeutel *m*; ***~ cake*** *s.* Bis'kuitkuchen *m*; ***~ cloth*** *s.* ✝ *Art* Frot'tee *n*; **'~-down** *s.* Abreibung *f* (mit e-m Schwamm).

spong·er ['spʌndʒə] *s.* **1.** ⚙ Dekatierer *m*; **2.** ⚙ Deka'tierma͵schine *f*; **3.** Schwammtaucher *m*; **4.** → ***sponge*** 3.

sponge rub·ber *s.* Schaumgummi *m*.

spon·gi·ness ['spʌndʒɪnɪs] *s.* Schwammigkeit *f*; **spon·gy** ['spʌndʒɪ] *adj.* **1.** schwammig, po'rös, Schwamm…; **2.** *metall.* locker, porös; **3.** sumpfig, matschig.

spon·sal ['spɒnsəl] *adj.* Hochzeits…

spon·sion ['spɒnʃn] *s.* **1.** ('Übernahme *f* e-r) Bürgschaft *f*; **2.** ⚖, *pol.* (*von e-m nicht bsd. bevollmächtigten Vertreter*) *für e-n Staat übernommene Verpflichtung*.

spon·sor ['spɒnsə] **I** *s.* **1.** Bürge *m*, Bürgin *f*; **2.** (Tauf)Pate *m*, (-)Patin *f*: ***stand ~ to*** (*od.* ***for***) Pate stehen bei; **3.** Förderer *m*, Gönner(in); **4.** Schirmherr(in); **5.** Sponsor *m*, Geldgeber *m*; **II** *v/t.* **6.** bürgen für; **7.** fördern; **8.** die Schirmherrschaft (*gen.*) über'nehmen; **9.** *Radio, TV, sport etc.* sponsern, (als Sponsor) finanzieren; **spon·so·ri·al** [spɒn'sɔːrɪəl] *adj.* Paten…; **'spon·sor·ship** [-ʃɪp] *s.* **1.** Bürgschaft *f*; **2.** Gönnerschaft *f*, Schirmherrschaft *f*; **3.** Patenschaft *f*.

spon·ta·ne·i·ty [͵spɒntə'neɪətɪ] *s.* **1.** Spontanei'tät *f*, Freiwilligkeit *f*, eigener *od.* freier Antrieb; **2.** *das* Impul'sive, impul'sives *od.* spon'tanes Handeln; **3.** Ungezwungenheit *f*, Na'türlichkeit *f*; **spon·ta·ne·ous** [spɒn'teɪnjəs] ☐ *adj.* **1.** spon'tan: a) plötzlich, impul'siv, b) freiwillig, von innen her'aus (erfolgend), c) ungekünstelt, ungezwungen (*Stil etc.*); **2.** auto'matisch, 'unwill͵kürlich; **3.** ⚘ wildwachsend; **4.** selbsttätig, von selbst (entstanden): ***~ combustion*** *phys.* Selbstverbrennung *f*; ***~ generation*** *biol.* Urzeugung *f*; ***~ ignition*** ⚙ Selbstentzündung *f*; **spon·ta·ne·ous·ness** [spɒn'teɪnjəsnɪs] → ***spontaneity***.

spoof [spuːf] F **I** *s.* **1.** Humbug *m*, Schwindel *m*; **2.** Ulk *m*; **II** *v/t.* **3.** beschwindeln; **4.** verulken.

spook [spuːk] **I** *s.* F **1.** Spuk *m*, Gespenst *n*; **2.** *Am. sl.* Ghostwriter *m*; **II** *v/i.* **3.** (her'um)geistern, spuken; **'spook·ish** [-kɪʃ], **'spook·y** [-kɪ] *adj.* **1.** gespenstisch, spukhaft, schaurig; **2.** *Am.* schreckhaft.

spool [spuːl] **I** *s.* Rolle *f*, Spule *f*, Haspel *f*; **II** *v/t.* (auf)spulen.

spoon [spuːn] **I** *s.* **1.** Löffel *m*; **2.** ⚓ Löffelruder(blatt) *n*; **3.** ⚓, ⚔ Führungsschaufel *f* (*Torpedorohr*); **4.** → ***spoon bait***; **5.** *sport* Spoon *m* (*Golfschläger*); **6.** F Einfaltspinsel *m*; **II** *v/t.* **7.** *mst* ***~ up***, ***~ out*** auslöffeln: ***~ out*** *a.* (löffelweise) austeilen; **8.** *sport Ball* schlenzen; **III** *v/i.* **9.** mit e-m Blinker angeln; **10.** *sl. obs.* ‚schmusen'; ***~ bait*** *s. Angeln*: Blinker *m*; **'~·bill** *s. orn.* **1.** Löffelreiher *m*; **2.** Löffelente *f*.

spoon·er·ism ['spuːnərɪzəm] *s.* (*un*)*beabsichtigtes Vertauschen von Buchstaben od. Silben* (*z.B.* ***queer old dean*** *statt* ***dear old queen***).

'spoon|·feed *v/t.* [*irr.* → ***feed***] **1.** mit dem Löffel füttern; **2.** *fig. j-n* auf-, hochpäppeln, *a.* verwöhnen; **3.** ***~ s.th. to s.o.*** *fig.* a) j-m et. ‚vorkauen', b) j-m et. eintrichtern; **4.** ***~ s.o.*** *fig.* j-n (geistig) bevormunden; **'~·ful** [-fʊl] *pl.* **-fuls** *s. ein* Löffel(voll) *m*; ***~ meat*** *s.* (Kinder-, Kranken)Brei *m*, ‚Papp' *m*.

spoor [spʊə] *hunt.* **I** *s.* Spur *f*, Fährte *f*; **II** *v/t.* aufspüren; **III** *v/i.* e-e Spur verfolgen.

spo·rad·ic [spə'rædɪk] *adj.* (☐ ***~ally***) spo'radisch, vereinzelt (auftretend).

spore [spɔː] *s.* **1.** *biol.* Spore *f*, Keimkorn *n*; **2.** *fig.* Keim(zelle *f*) *m*.

spo·rif·er·ous [spɔː'rɪfərəs] *adj.* sporentragend, -bildend.

spo·ro·zo·a [͵spɔːrə'zəʊə] *s. pl. zo.* Sporentierchen *pl.*, Sporo'zoen *pl.*

spor·ran ['spɒrən] *s.* beschlagene Felltasche (*Schottentracht*).

sport [spɔːt] **I** *s.* **1.** *oft pl.* Sport *m*: ***go in for ~s*** Sport treiben; **2.** 'Sport(art *f*, -diszi͵plin *f*) *m*, *engS.* Jagd-, Angelsport *m*; **3.** Kurzweil *f*, Zeitvertreib *m*; **4.** Spaß *m*, Scherz *m*: ***in ~*** im Spaß, zum Scherz; ***make ~ of*** sich lustig machen über (*acc.*); **5.** Zielscheibe *f* des Spottes; **6.** *fig.* Spielball *m* (*des Schicksals, der Wellen etc.*); **7.** feiner *od.* anständiger Kerl: ***be a*** (***good***) ***~*** a) sei kein Spielverderber, b) sei ein guter Kerl, nimm es nicht übel; **8.** *Am.* F a) Sportbegeisterte(r *m*) *f*, *bsd.* Spieler *m*, b) Genießer *m*; **9.** *biol.* Spiel-, Abart *f*; **II** *adj.* **10.** sportlich, Sport…; **III** *v/i.* **11.** sich belustigen; **12.** sich tummeln, her'umtollen; **13.** sich lustig machen (***at***, ***over***, ***upon*** über *acc.*); **IV** *v/t.* **14.** stolz (zur Schau) tragen, protzen mit; **'sport·ing** [-tɪŋ] *adj.* ☐ **1.** a) Sport…: ***~ editor***, b) Jagd…: ***~ gun***; **2.** sportlich (*a. fig. fair, anständig*): ***a ~ chance*** e-e faire Chance; **3.** unter'nehmungslustig, mutig; **'spor·tive** [-tɪv] *adj.* ☐ **1.** a) mutwillig, b) verspielt; **2.** spaßhaft.

sports [spɔːts] *adj.* Sport…: ***~ car*** Sportwagen *m*; ***~ coat***, ***~ jacket*** Sportsakko *m, n*; **'~·cast** *s. Radio, TV*: *Am.* Sportsendung *f*; **'~·cast·er** *s. Am.* 'Sportre͵porter *m*; **'~·man** [-mən] *s.* [*irr.*] **1.** Sportsmann *m*, Sportler *m*; **2.** *fig.* fairer, anständiger Kerl; **'~·man·like** [-mənlaɪk] *adj.* sportlich, fair; **'~·man·ship** [-mənʃɪp] *s.* sportliches Benehmen, Fairneß *f*; **'~·wear** *s.* Sport- *od.* Freizeitkleidung *f*; **'~͵wom·an** *s.* [*irr.*] Sportlerin *f*.

sport·y ['spɔːtɪ] *adj.* F **1.** angeberisch, auffallend; **2.** sportlich: a) sporttreibend, b) fair, c) schick.

spor·ule ['spɒrjuːl] *s. biol.* (kleine) Spore.

spot [spɒt] **I** *s.* **1.** (Schmutz-, Rost- *etc.*) Fleck(en) *m*; **2.** *fig.* Schandfleck *m*, Makel *m*; **3.** (Farb)Fleck *m*, Tupfen *m* (*a. zo.*); **4.** ⚕ a) Leberfleck *m*, Hautmal *n*, b) Pustel *f*, Pickel *m*; **5.** Stelle *f*, Ort *m*, Platz *m*: ***on the ~*** a) zur Stelle, da, b) an Ort u. Stelle, ‚vor Ort', c) auf der Stelle, sofort, d) ‚auf Draht', e) *sl.* in der ‚Tinte' *od.* Klemme; ***put on the ~*** F a) *j-n* in Verlegenheit bringen, b) *j-n* ‚umlegen' (*töten*); ***on the ~ of four*** Punkt 4 Uhr; ***in ~s*** stellenweise; ***soft ~*** *fig.* Schwäche (***for*** für); ***sore*** (*od.* ***tender***) ***~*** *fig.* wunder Punkt, empfindliche Stelle; **6.** Fleckchen *n*, Stückchen *n* (*Erde*); **7.** *bsd. Brit.* F a) Bissen *m*, Häppchen *n* (*Essen*), b) Tropfen *m*, Schluck *m* (*Whisky etc.*); **8.** *Billard*: Point *m*; **9.** *Am.* Auge *n* (*Würfel etc.*);

10. *pl.* ✝ Lokowaren *pl.*; **11.** ✝, *Radio*, *TV*: (Werbe)Spot *m*; **12.** *Am.* F Nachtklub *m*; **13.** → ***spotlight*** I; **II** *adj.* **14.** ✝ a) so'fort lieferbar, b) so'fort zahlbar (*bei Lieferung*), c) bar, Bar...: ~ ***business*** Lokogeschäft *n*; ~ ***goods*** → 10; → ***spot cash***; **III** *v/t.* **15.** beflekken (*a. fig.*); **16.** tüpfeln, sprenkeln; **17.** F entdecken, erspähen, her'ausfinden; **18.** placieren: ~ ***a billiard ball***; **19.** ⚔, ✈ (genau) ausmachen; **IV** *v/i.* **20.** e-n Fleck *od.* Flecke machen; **21.** flecken, fleckig werden.

spot| an·nounce·ment → ***spot*** 11; ~ **ball** *s. Billard*: auf dem Point stehender Ball; ~ **cash** *s.* ✝ Barzahlung *f*, so'fortige Kasse; ~ **check** *s.* Stichprobe *f*; '~-**check** *v/t.* stichprobenweise über'prüfen.

spot·less ['spɒtlɪs] *adj.* □ fleckenlos (*a. fig.*); '**spot·less·ness** [-nɪs] *s.* Flekken-, Makellosigkeit *f* (*a. fig.*).

'**spot|·light I** *s.* **1.** *thea.* (Punkt)Scheinwerfer(licht *n*) *m*; **2.** *fig.* Rampenlicht *n* (der Öffentlichkeit): ***in the*** ~ im Brennpunkt des Interesses; **3.** *mot.* Suchscheinwerfer *m*; **II** *v/t.* **4.** anstrahlen; **5.** *fig.* die Aufmerksamkeit lenken auf (*acc.*); ~ **news** *s. pl.* Kurznachrichten *pl.*; ,~-'**on** *adj. Brit.* F haargenau; ~ **price** *s.* ✝ Kassapreis *m*; ~ **re·mov·er** *s.* Fleckentferner *m*.

spot·ted ['spɒtɪd] *adj.* **1.** fleckig, gefleckt, getüpfelt, gesprenkelt; **2.** *fig.* besudelt, befleckt; **3.** ⚕ Fleck...: ~ ***fever*** a) Fleckfieber *n*, b) Genickstarre *f*; '**spot·ter** [-tə] *s.* **1.** *Am.* F Detek'tiv *m*; **2.** ⚔ a) (Luft)Aufklärer *m*, Artille'riebeobachter *m*, b) *Luftschutz*: Flugmelder *m*.

spot test → ***spot check***.

spot·ty ['spɒtɪ] *adj.* □ **1.** → ***spotted*** 1; **2.** uneinheitlich; **3.** pickelig.

'**spot-weld** *v/t.* ⚙ punktschweißen.

spous·al ['spaʊzl] **I** *adj.* **1.** a) Hochzeits..., b) ehelich; **II** *s.* **2.** *mst pl.* Hochzeit *f*; **3.** *obs.* Ehe(stand *m*) *f*; **spouse** [spaʊz] *s.* (*a.* ⚖ Ehe)Gatte *m*, Gattin *f*, Gemahl(in).

spout [spaʊt] **I** *v/t.* **1.** *Wasser etc.* (aus-) speien, (her'aus)spritzen; **2.** a) *Gedicht etc.* deklamieren, b) ‚her'unterrasseln', c) *Fragen etc.* her'aussprudeln; **3.** *sl.* versetzen, -pfänden; **II** *v/i.* **4.** Wasser speien, spritzen (*a. Wal*); **5.** her'vorsprudeln, her'ausschießen, -spritzen (*Blut*, *Wasser etc.*); **6.** a) deklamieren, b) *contp.* sal'badern; **III** *s.* **7.** Tülle *f*, Schnauze *f e-r Kanne*; **8.** Abfluß-, Speirohr *n*; **9.** (kräftiger) Wasserstrahl; **10.** *zo.* a) Fon'täne *f* (*e-s Wals*); b) → ***spout hole***; **11.** ***up the*** ~ *fig.* F a) versetzt, verpfändet, b) ‚im Eimer', futsch, c) ‚in Schwulitäten' (*Person*); ***she's up the*** ~ bei ihr ist was ‚unterwegs'; '**spout·er** [-tə] *s.* **1.** (spritzender) Wal; **2.** Ölquelle *f*; **3.** ‚Redenschwinger' *m*.

spout hole *s. zo.* Spritzloch *m* (*Wal*).

sprag¹ [spræg] *s.* **1.** Bremsklotz *m*; **2.** ⚙ Spreizholz *n*.

sprag² [spræg] *s. ichth.* Dorsch *m*.

sprain [spreɪn] **I** *v/t.* verstauchen; **II** *s.* ⚕ Verstauchung *f*.

sprang [spræŋ] *pret. von* ***spring***.

sprat [spræt] *s. ichth.* Sprotte *f*: ***throw a*** ~ ***to catch a whale*** (*od.* ***mackerel***) *fig.* mit der Wurst nach der Speckseite werfen.

sprawl [sprɔːl] **I** *v/i.* **1.** ausgestreckt daliegen: ***send s.o.*** ~***ing*** j-n zu Boden strecken; **2.** sich spreizen; **3.** sich (hin-) rekeln *od.* (-)lümmeln; **4.** sich ausbreiten: ~***ing town***; ~ ***ing hand*** ausladende Handschrift; **5.** ⚘ wuchern; **II** *v/t.* **6.** *mst* ~ ***out*** ausstrecken, -spreizen; **III** *s.* **7.** Rekeln *n*, Sich'breitmachen *n*; **8.** Ausbreitung *f des Stadtgebiets etc.*: ***urban*** ~.

spray¹ [spreɪ] *s.* **1.** Zweig(chen *n*) *m*, Reis *n*; **2.** *coll.* a) Gezweig *n*, b) Reisig *n*; **3.** Zweigverzierung *f*.

spray² [spreɪ] **I** *s.* **1.** Gischt *m*, *f*, Schaum *m*; Sprühnebel *m*, -regen *m*, -wasser *n*; **2.** ⚙, *pharm.* a) Spray *m*, *n*, b) Zerstäuber *m*, Sprüh-, Spraydose *f*; **II** *v/t.* **3.** zerstäuben, (ver)sprühen; *vom Flugzeug* abregnen; **4.** *a.* ~ ***on*** ⚙ aufsprühen, -spritzen; **5.** *et.* besprühen, -spritzen, *Haar* sprayen; *mot. etc.* spritzlackieren; '**spray·er** [-eɪə] → ***spray²*** 2b.

spray| gun *s.* ⚙ 'Spritzpiˌstole *f*; ~ **noz·zle** *s.* **1.** (Gießkannen)Brause *f*; **2.** Brause *f*; **3.** *mot.* Spritzdüse *f*; '~-**paint** *v/t. Parolen etc.* sprühen (***on*** auf *acc.*).

spread [spred] **I** *v/t.* [*irr.*] **1.** *oft* ~ ***out*** *Hände*, *Flügel*, *Teppich etc.* ausbreiten, *Arme etc. a.* ausstrecken: ~ ***the table*** den Tisch decken; ***the peacock*** ~***s its tail*** der Pfau schlägt ein Rad; **2.** *oft* ~ ***out*** ausdehnen; *Beine etc.* spreizen (*a.* ⚙); **3.** bedecken, über'ziehen, -'säen (***with*** mit); **4.** *Heu etc.* ausbreiten; **5.** *Butter etc.* aufstreichen, *Farbe*, *Mörtel etc.* auftragen; **6.** *Brot* streichen, schmieren; **7.** breitschlagen; **8.** *Krankheit*, *Geruch etc.*, *a. Furcht* verbreiten; **9.** *a.* ~ ***abroad*** *Gerücht*, *Nachricht* verbreiten, aussprengen, -streuen; **10.** *zeitlich* verteilen; **11.** ~ ***o.s.*** *sl.* a) sich *als Gastgeber etc.* mächtig anstrengen, b) ‚angeben'; **II** *v/i.* [*irr.*] **12.** *a.* ~ ***out*** sich ausbreiten *od.* verteilen; **13.** sich ausbreiten (*Fahne etc.*; *a. Lächeln etc.*); sich spreizen (*Beine etc.*); **14.** sich *vor den Augen* ausbreiten *od.* -dehnen, sich erstrecken (*Landschaft*); **15.** ⚙ sich strecken *od.* dehnen (lassen) (*Werkstoff*); **16.** sich streichen *od.* auftragen lassen (*Butter*, *Farbe*); **17.** sich ver- *od.* ausbreiten (*Geruch*, *Pflanze*, *Krankheit*, *Gerücht etc.*), 'übergreifen (***to*** auf *acc.*) (*Feuer*, *Epidemie etc.*); **III** *s.* **18.** Ausbreitung *f*, -dehnung *f*; **19.** Aus-, Verbreitung *f* (*e-r Krankheit*, *von Wissen etc.*); **20.** Ausdehnung *f*, Weite *f*, 'Umfang *m*; **21.** (weite) Fläche; **22.** *orn.*, ✈ (Flügel)Spanne *f*; **23.** ⚗, *phys.*, *a. Ballistik*: Streuung *f*; **24.** (Zwischen)Raum *m*, Abstand *m*, Lücke *f* (*a. fig.*); (*a.* Zeit)Spanne *f*; **25.** Dehnweite *f*; **26.** Körperfülle *f*; **27.** (Bett- *etc.*)Decke *f*; **28.** Brotaufstrich *m*; **29.** F fürstliches Mahl; **30.** *typ.* Doppelseite *f*; **31.** ✝ Stel'lagegeschäft *n*; **32.** ✝ *Am.* Marge *f*, (Verdienst-) Spanne *f*, Differ'enz *f*; **IV** *adj.* **33.** verbreitet; ausgebreitet; **34.** gespreizt; **35.** Streich...: ~ ***cheese***.

spread| ea·gle *s.* **1.** *her.* Adler *m*; **2.** *Am.* F Chauvi'nismus *m*; **3.** *Eiskunstlauf*: Mond *m*; ,~-'**ea·gle I** *adj.* **1.** F angeberisch, bom'bastisch; **2.** F chauvi'nistisch; **II** *v/t.* **3.** ausbreiten, spreizen.

spread·er ['spredə] *s.* Streu- *od.* Spritzgerät *n*, *bsd.* a) ('Dünger)Streumaˌschine *f*, b) Abstandsstütze *f*, c) Zerstäuber *m*, d) Spritzdüse *f*, e) Buttermesser *n*.

spree [spriː] F *s.* (*Kauf- etc.*)Orgie *f*: ***go on a*** ~ a) ‚einen draufmachen', b) e-e ‚Sauftour' machen; ***go on a buying*** (*od.* ***shopping***, ***spending***) ~ wie verrückt einkaufen.

sprig [sprɪg] **I** *s.* **1.** Zweigchen *n*, Schößling *m*, Reis *n*; **2.** F Sprößling *m*, ‚Ableger' *m*; **3.** Bürschchen *n*; **4.** → ***spray¹*** 3; **5.** ⚙ Zwecke *f*, Stift *m*; **II** *v/t.* **6.** mit e-m Zweigmuster verzieren; **7.** anheften.

spright·li·ness ['spraɪtlɪnɪs] *s.* Lebhaftigkeit *f*, Munterkeit *f*; **spright·ly** ['spraɪtlɪ] *adj. u. adv.* lebhaft, munter, ‚spritzig'.

spring [sprɪŋ] **I** *v/i.* [*irr.*] **1.** springen: ~ ***at*** (*od.* [***up***]***on***) auf *j-n* losspringen, *j-n* anfallen; **2.** aufspringen; **3.** springen, schnellen, hüpfen: ~ ***open*** aufspringen (*Tür*); ***the trap sprang*** die Falle schnappte zu; **4.** *oft* ~ ***forth*** (*od.* ***out***) a) her'ausschießen, (-)sprudeln (*Wasser*, *Blut etc.*), b) (her'aus)sprühen, springen (*Funken etc.*); **5.** (***from***) entspringen (*dat.*): a) quellen (aus), b) *fig.* herkommen, abstammen (von): ***be sprung from*** entstanden sein aus; **6.** *mst* ~ ***up*** a) aufkommen (*Wind*), b) *fig.* plötzlich entstehen *od.* aufkommen (*Ideen*, *Industrie etc.*): ~ ***into existence***; ~ ***into fame*** plötzlich berühmt werden; **7.** aufschießen (*Pflanzen etc.*); **8.** (hoch) aufragen; **9.** auffliegen (*Rebhühner etc.*); **10.** ⚙ a) sich werfen, b) springen, platzen (*Holz*); **11.** ⚔ explodieren (*Mine*); **II** *v/t.* [*irr.*] **12.** *Falle* zuschnappen lassen, *et.* zu'rückschnellen lassen; **13.** *Riß etc.*, ⚓ *Leck* bekommen; **14.** explodieren lassen; → ***mine²*** 8; **15.** mit *e-r Neuigkeit etc.* ‚her'ausplatzen': ~ ***s.th. on s.o.*** j-m et. plötzlich eröffnen; **16.** ⚠ *Bogen* wölben; **17.** ⚙ (ab)federn; **18.** *Brit.* F *Geld etc.* springen lassen; **19.** *Brit.* F *j-n* erleichtern (***for*** um *Geld etc.*); **20.** *sl.* *j-n* ‚rausholen' (*befreien*); **III** *s.* **21.** Sprung *m*, Satz *m*; **22.** Frühling *m*, Lenz *m* (*beide a. fig.*); **23.** Elastizi'tät *f*, Sprung-, Schnellkraft *f*; **24.** *fig.* (geistige) Spannkraft; **25.** Sprung *m*, Riß *m* *im Holz etc.*; Krümmung *f e-s Bretts*; **26.** (*a. Mineral-*, *Öl*)Quelle *f*, Brunnen *m*: ***hot*** ~***s*** heiße Quellen; **27.** *fig.* Quelle *f*, Ursprung *m*; **28.** *fig.* Triebfeder *f*, Beweggrund *m*; **29.** ⚠ a) (Bogen)Wölbung *f*, b) Gewölbeanfang *m*; **30.** ⚙ (*bsd.* Sprung)Feder *f*, Federung *f*; **IV** *adj.* **31.** Sprung..., Schwung...; **32.** Feder...; **33.** Frühlings...; ~ **bal·ance** *s.* ⚙ Federwaage *f*; ~ **bed** *s.* 'Sprungfedermaˌtratze *f*; '~·**board** *s. sport* Sprungbrett *n* (*a. fig.*): ~ ***diving*** Kunstspringen *n*; '~·**bok** [-bɒk] *pl.* **-boks**, *bsd. coll.* **-bok** *s. zo.* Springbock *m*; ~ **bows** [bəʊz] *s. pl.* ⚙ Federzirkel *m*; ~ **chick·en** *s.* Brathühnchen *n*: ***she is no*** ~ *fig.* F a) sie ist nicht mehr die jüngste, b) sie ist nicht von gestern; ,~-'**clean·ing** *s.* Frühjahrsputz *m*.

springe [sprɪndʒ] **I** *s.* **1.** *hunt.* Schlinge *f*; **2.** *fig.* Falle *f*; **II** *v/t.* **3.** *Tier* mit e-r Schlinge fangen.

spring·er ['sprɪŋə] *s.* **1.** *a.* **~ spaniel** *hunt.* Springerspaniel *m*; **2.** ⚠ (Bogen-) Kämpfer *m*.

spring| fe·ver *s.* **1.** Frühjahrsmüdigkeit *f*; **2.** (*rastlose*) Frühlingsgefühle *pl.*; **~ gun** *s.* Selbstschuß *m*.

spring·i·ness ['sprɪŋɪnɪs] → **spring** 23.

spring·ing ['sprɪŋɪŋ] *s.* **1.** ⚙ Federung *f*; **2.** ⚠ Kämpferlinie *f*.

spring| leaf *s.* ⚙ Federblatt *n*; **~ lock** *s.* ⚙ Schnappschloß *n*; **~ mat·tress** → **spring bed**; **~ sus·pen·sion** *s.* ⚙ federnde Aufhängung, Federung *f*; '**~·tide** → **spring** 22; **~ tide** *s.* ⚓ Springflut *f*; *fig.* Flut *f*, Über'schwemmung *f*; '**~·time** → **spring** 22; **~ wheat** *s.* ✓ Sommerweizen *m*.

spring·y ['sprɪŋɪ] *adj.* □ **1.** federnd, e'lastisch; **2.** *fig.* schwungvoll.

sprin·kle ['sprɪŋkl] **I** *v/t.* **1.** *Wasser etc.* sprenkeln, (ver)sprengen (**on** auf *acc.*); **2.** *Salz, Pulver etc.* sprenkeln, streuen; **3.** (ver-, zer)streuen, verteilen; **4.** *et.* besprenkeln, besprengen, bestreuen, (be)netzen (**with** mit); **5.** *Stoff etc.* sprenkeln; **II** *v/i.* **6.** sprenkeln; **7.** (nieder)sprühen; **III** *s.* **8.** Sprühregen *m*; **9.** leichter Schneefall; **10.** Prise *f Salz etc.*; **11.** → **sprinkling** 2; '**sprin·kler** [-lə] *s.* **1.** a) 'Spreng-, Be'rieselungsappa,rat *m*: **~ system** Sprinkler-, Beregnungsanlage *f*, b) Sprinkler *m*, Rasensprenger *m*, c) Brause *f*, Gießkannenkopf *m*, d) Sprinkler *m* (*e-r Feuerlöschanlage*), e) Sprengwagen *m*, f) Streuer *m*, Streudose *f*; **2.** *R.C.* Weihwasserwedel *m*; '**sprin·kling** [-lɪŋ] *s.* **1.** → **sprinkle** 8–10; **2.** *a.* **~ of** *fig.* ein bißchen, etwas, e-e Spur, ein paar *Leute etc.*, ein wenig *Salz etc.*

sprint [sprɪnt] **I** *v/i.* **1.** rennen; **2.** *sport* sprinten (*Läufer*), *allg.* spurten; **II** *s.* **3.** *sport* a) Sprint *m*, Kurzstreckenlauf *m*, b) *allg.* Spurt *m* (*a. fig.*); c) *Pferde-, Radsport*: Fliegerrennen *n*; '**sprint·er** [-tə] *s.* *sport* **1.** Sprinter(in), *a. allg.* Spurter(in); **2.** *Radsport*: Flieger *m*.

sprit [sprɪt] *s.* ⚓ Spriet *n*.

sprite [spraɪt] *s.* **1.** Elfe *f*, Fee *f*; Kobold *m*; **2.** Geist *m*, Schemen *n*.

sprit·sail ['sprɪtsl] *s.* ⚓ Sprietsegel *n*.

sprock·et ['sprɒkɪt] *s.* ⚙ **1.** Zahn *m* e-s (Ketten)Rades; **2.** *a.* **~ wheel** (Ketten-) Zahnrad *n*, Kettenrad *n*; **3.** 'Filmtrans,porttrommel *f*.

sprout [spraʊt] **I** *v/i.* **1.** *a.* **~ up** sprießen, (auf)schießen, aufgehen; **2.** keimen; **3.** schnell wachsen, sich schnell entwikkeln; in die Höhe schießen (*Person*); wie Pilze aus dem Boden schießen (*Gebäude etc.*); **II** *v/t.* **4.** (her'vor)treiben, wachsen *od.* keimen lassen, entwikkeln; **III** *s.* **5.** Sproß *m*, Sprößling *m* (*a. fig.*), Schößling *m*; **6.** *pl.* → **Brussels sprouts**.

spruce¹ [spru:s] *s.* ⚘ **1.** *a.* **~ fir** Fichte *f*, Rottanne *f*; **2.** Fichte(nholz *n*) *f*.

spruce² [spru:s] **I** *adj.* □ **1.** schmuck, (blitz)sauber, a'drett; **2.** geschniegelt; **II** *v/t.* **3.** *oft* **~ up** *j-n* feinmachen, (her'aus)putzen: **~ o.s. up** → 4; **III** *v/i.* **4.** *oft* **~ up** sich feinmachen, sich ‚in Schale werfen'; '**spruce·ness** [-nɪs] *s.* A'drettheit *f*; *contp.* Affigkeit *f*.

sprung [sprʌŋ] **I** *pret. u. p.p. von* **spring**; **II** *adj.* **1.** ⚙ gefedert; **2.** rissig (*Holz*).

spry [spraɪ] *adj.* **1.** flink, hurtig; **2.** lebhaft, munter.

spud [spʌd] **I** *s.* **1.** ✓ a) Jätmesser *n*, Reutspaten *m*, b) Stoßeisen *n*; **2.** Spachtel *m, f*; **3.** F Kar'toffel *f*; **II** *v/t.* **4.** *mst* **~ up**, **~ out** ausgraben, -jäten; **5.** *Ölquelle* anbohren.

spue [spju:] → **spew**.

spume [spju:m] *s.* Schaum *m*, Gischt *m, f*; '**spu·mous** [-məs], '**spu·my** [-mɪ] *adj.* schäumend.

spun [spʌn] **I** *pret. u. p.p. von* **spin**; **II** *adj.* gesponnen: **~ glass** Glasgespinst *n*; **~ gold** Goldgespinst *n*; **~ silk** Schappseide *f*.

spunk [spʌŋk] *s.* **1.** Zunderholz *n*; **2.** Zunder *m*, Lunte *f*; **3.** F a) Feuer *n*, Schwung *m*, b) ‚Mumm' *m*, Mut *m*; '**spunk·y** [-kɪ] *adj.* **1.** schwungvoll; **2.** mutig, draufgängerisch; **3.** *Am.* reizbar.

spur [spɜ:] **I** *s.* **1.** (Reit)Sporn *m*: **~s** Sporen *pl.*; **put** (*od.* **set**) **~s to** → 8; **win one's ~s** *fig.* sich die Sporen verdienen; **2.** *fig.* Ansporn *m*, -reiz *m*: **on the ~ of the moment** der Eingebung des Augenblicks folgend, ohne Überlegung, spontan; **3.** ⚘ a) Dorn *m*, Stachel *m* (*kurzer Zweig etc.*), b) Sporn *m* (*Nektarbehälter*); **4.** *zo.* Sporn *m*, Stachel *m* (*des Hahns*); **5.** *geogr.* Ausläufer *m*, (Gebirgs)Vorsprung *m*; **6.** ⚠ a) Strebe *f*, Stütze *f*, b) Strebebalken *m*, c) (Mauer)Vorsprung *m*; **7.** ⚔ *hist.* Außen-, Vorwerk *n*; **II** *v/t.* **8.** *Pferd* spornen, die Sporen geben (*dat.*); **9.** *oft* **~ on** *fig.* *j-n* anspornen, -stacheln: **~ s.o. into action**; **10.** mit Sporen versehen, Sporen (an)schnallen an (*acc.*); **III** *v/i.* **11.** (das Pferd) spornen; **12.** a) sprengen, eilen, b) *fig.* (vorwärts)drängen.

spurge [spɜ:dʒ] *s.* ⚘ Wolfsmilch *f*.

spur| gear *s.* ⚙ **1.** Geradstirnrad *n*; **2.** → **~ gear·ing** *s.* Geradstirnradgetriebe *n*.

spu·ri·ous ['spjʊərɪəs] *adj.* □ **1.** falsch, unecht, Pseudo..., *a.* ⚘, *zo.* Schein...: **~ fruit**; **2.** nachgemacht, gefälscht; **3.** unehelich; '**spu·ri·ous·ness** [-nɪs] *s.* Unechtheit *f*.

spurn [spɜ:n] *v/t.* **1.** *obs.* mit dem Fuß (weg)stoßen; **2.** verschmähen, verächtlich zu'rückweisen, *j-n a.* abweisen.

spurred [spɜ:d] *adj.* gespornt; *a.* ⚘, *zo.* sporentragend.

spurt¹ [spɜ:t] **I** *s.* **1.** *sport* (*a.* Zwischen-) Spurt *m*; **2.** plötzliche Aktivi'tät, ruckartige Anstrengung; **3.** † plötzliches Anziehen (*von Preisen etc.*); **II** *v/i.* **4.** *sport* spurten; **5.** plötzlich ak'tiv werden.

spurt² [spɜ:t] **I** *v/t. u. v/i.* (her'aus)spritzen; **II** *s.* (*Wasser- etc.*)Strahl *m*.

spur| track *s.* 🚂 Neben-, Seitengleis *n*; **~ wheel** → **spur gear** 1.

sput·ter ['spʌtə] → **splutter**.

spu·tum ['spju:təm] *pl.* **-ta** [-tə] *s.* ⚕ Sputum *n*, Auswurf *m*.

spy [spaɪ] **I** *v/t.* **1.** *a.* **~ out** ausspionieren, -spähen, -kundschaften: **~ out** *a.* herausfinden; **~ the land** *fig.* ‚die Lage peilen'; **2.** erspähen, entdecken; **II** *v/i.* **3.** ⚔ *etc.* spionieren, Spio'nage treiben: **~ (up)on** *j-m* nachspionieren, *j-n* bespitzeln, *Gespräch etc.* abhören; **4.** her'umspionieren; **III** *s.* **5.** Späher(in), Kundschafter(in); **6.** ⚔, *pol.* Spi'on(in) (*a. fig. Spitzel*); '**~·glass** *s.* Fernglas *n*; '**~·hole** *s.* Guckloch *n*; **~ ring** *s.* Spio'nagering *m*; **~ sat·el·lite** *s.* ⚔ ‚Himmelsspi,on' *m*.

squab·ble ['skwɒbl] **I** *v/i.* sich zanken *od.* kabbeln; **II** *v/t. typ.* verquirlen; **III** *s.* Zank *m*, Kabbe'lei *f*; '**squab·bler** [-lə] *s.* ‚Streithammel' *m*.

squab·by ['skwɒbɪ] *adj.* unter'setzt, feist, plump.

squad [skwɒd] *s.* **1.** ⚔ Gruppe *f*, Korpo'ralschaft *f*: **awkward ~** a) ‚patschnasse' Re'kruten, b) *fig.* ‚Flaschenverein' *m*; **2.** (Arbeits- *etc.*)Trupp *m*; **3.** *Polizei*: a) ('Überfall- *etc.*)Kom,mando *n*, b) ('Raub- *etc.*)Dezer,nat *n*; → **murder squad** *etc.*; **~ car** *Am.* (Funk)Streifenwagen *m*; **4.** *sport* Riege *f*, Kader *m*.

squad·ron ['skwɒdrən] *s.* **1.** ⚔ a) ('Reiter)Schwa,dron *f*, b) ('Panzer)Batail,lon *n*; **2.** ⚓, ⚔ (Flotten)Geschwader *n*; **3.** ✈ Staffel *f*; **4.** *allg.* Gruppe *f*, Ab'teilung *f*, Mannschaft *f*; **~ lead·er** *s.* ('Flieger)Ma,jor *m*.

squail [skweɪl] *s.* **1.** *pl. sg. konstr.* Flohhüpfen *n*; **2.** Spielplättchen *n*.

squal·id ['skwɒlɪd] *adj.* □ schmutzig, verkommen (*beide a. fig.*), verwahrlost; **squa·lid·i·ty** [skwɒ'lɪdətɪ], '**squal·id·ness** [-nɪs] *s.* Schmutz *m*, Verkommenheit *f* (*beide a. fig.*), Verwahrlosung *f*.

squall¹ [skwɔ:l] **I** *s.* **1.** *meteor.* Bö *f*, heftiger Windstoß: **white ~** Sturmbö aus heiterem Himmel; **2.** F ‚Sturm' *m*, ‚Gewitter' *n*: **look out for ~s** die Augen offen halten, auf der Hut sein; **II** *v/i.* **3.** stürmen.

squall² [skwɔ:l] **I** *v/i.* kreischen, schreien (*a. Kind*); **II** *v/t.* *oft* **~ out** *et.* kreischen; **III** *s.* schriller Schrei: **~s** Geschrei *n*; '**squall·er** [-lə] *s.* Schreihals *m*.

squall·y ['skwɔ:lɪ] *adj.* böig, stürmisch (*a.* F *fig.*).

squal·or ['skwɒlə] → **squalidity**.

squa·ma ['skweɪmə] *pl.* **-mae** [-mi:] *s.* ⚘, *anat.*, *zo.* Schuppe *f*, schuppenartige Or'ganbildung; '**squa·mate** [-meɪt], '**squa·mous** [-məs] *adj.* schuppig.

squan·der ['skwɒndə] *v/t.* *oft* **~ away** *Geld, Zeit etc.* verschwenden, -geuden: **~ o.s.** *od.* **one's energies** sich verzetteln *od.* ‚verplempern'; '**squan·der·er** [-dərə] *s.* Verschwender(in); '**squan·der·ing** [-dərɪŋ] **I** *adj.* □ verschwenderisch; **II** *s.* Verschwendung *f*, -geudung *f*.

squan·der·ma·ni·a [,skwɒndə'meɪnjə] *s.* Verschwendungssucht *f*.

square [skweə] **I** *s.* **1.** Ⓐ Qua'drat *n* (*Figur*); **2.** Qua'drat *n*, Viereck *n*, qua'dratisches Stück (*Glas, Stoff etc.*), Karo *n*; **3.** Feld *n* (*Schachbrett etc.*): **be back to ~ one** *fig.* wieder da sein, wo man angefangen hat; **4.** Häuserblock *m*; **5.** (öffentlicher) Platz; **6.** ⚙ a) Winkel(maß *n*) *m*, b) *bsd. Zimmerei*: Geviert *n*: **on the ~** a) rechtwink(e)lig, b) F ehrlich, anständig, in Ordnung; **out of ~** a) nicht rechtwink(e)lig, b) *fig.* nicht in Ordnung; **7.** Ⓐ Qua'drat(zahl *f*) *n*: **in the ~** im Quadrat; **8.** ⚔ *hist.* Kar'ree *n*; **9.** ('Wort-, 'Zahlen)Qua,drat *n*; **10.** ⚠ Säulenplatte *f*; **11.** *sl.* Spießer *m*; **II** *v/t.* **12.** rechtwink(e)lig *od.* qua'dratisch machen; **13.** *a.* **~ off** in Qua'drate einteilen, *Papier etc.* karieren:

~d paper Millimeterpapier *n*; **14.** auf s-e Abweichung vom rechten Winkel prüfen; **15.** ⩚ a) den Flächeninhalt berechnen von (*od. gen.*), b) *Zahl* quadrieren, ins Qua'drat erheben, c) *Figur* quadrieren; → ***circle*** 1; **16.** ⚙ vierkantig behauen; **17.** *Schultern* straffen; **18.** *fig.* in Einklang bringen (***with*** mit), anpassen (***to*** an *acc.*); **19.** (*a.* ✝ *Konten*) ausgleichen; → ***account*** 5; **20.** *Schuld* begleichen; **21.** *Gläubiger* befriedigen; **22.** *sl. j-n* ‚schmieren', bestechen; **23.** *sport Kampf* unentschieden beenden; **III** *v/i.* **24.** *~ up* (*Am. a. off*) in Boxerstellung *od.* in Auslage gehen: *~ up to* sich vor *j-m* aufpflanzen, *fig. Problem* anpacken; **25.** (***with***) über'einstimmen (mit), passen (zu); **26.** *~ up* ✝ *u. fig.* abrechnen (***with*** mit); **IV** *adj.* □ **27.** ⩚ qua'dratisch, Quadrat...(*-meile, -wurzel, -zahl etc.*); **28.** im Qua'drat: ***2 feet ~***; **29.** rechtwink(e)lig, im rechten Winkel (stehend) (***to*** zu); **30.** (vier)eckig; **31.** ⚙ Vierkant...; **32.** gerade, gleichmäßig; **33.** breit(schulterig), stämmig, vierschrötig; **34.** *fig.* in Einklang (stehend) (***with*** mit), stimmend, in Ordnung: ***get things ~*** die Sache in Ordnung bringen; **35.** ✝ abgeglichen (*Konten*): ***get ~ with*** mit *j-m* quitt werden (*a. fig.*); **36.** F a) re'ell, anständig, b) offen, ehrlich: ***~ deal*** a) reeller Handel, b) anständige Behandlung; **37.** klar, deutlich: ***a ~ refusal***; **38.** F ordentlich, reichlich: ***a ~ meal***; **39.** *sl.* ‚spießig'; **40.** zu viert: ***~ game***; **V** *adv.* **41.** qua'dratisch, viereckig; rechtwink(e)lig; **42.** F anständig, ehrlich; **43.** *Am.* di'rekt, gerade; ˌ**~-'built** → ***square*** 33; **~ dance** *s. Am.* Square dance *m*; '**~·head** *s. contp.* ‚Qua'dratschädel' *m* (*Skandinavier od. Deutscher in U.S.A. od. Kanada*); **~ meas·ure** *s.* Flächenmaß *n.*

square·ness ['skweənɪs] *s.* **1.** *das* Qua'dratische *od.* Viereckige; **2.** Vierschrötigkeit *f*; **3.** F Ehrlichkeit *f*; **4.** *sl.* ‚Spießigkeit' *f.*

ˌ**square|-'rigged** *adj.* ⚓ mit Rahen getakelt; '**~-ˌrig·ger** *s.* ⚓ Rahsegler *m*; **~ root** *s.* ⩚ (Qua'drat)Wurzel *f*; **~ sail** *s.* ⚓ Rahsegel *n*; **~ shoot·er** *s. Am.* F ehrlicher *od.* anständiger Kerl; ˌ**~-'shoul·dered** *adj.* breitschultrig; ˌ**~-'toed** *adj. fig.* a) altmodisch, b) steif.

squash [skwɒʃ] **I** *v/t.* **1.** (zu Brei) zerquetschen, zs.-drücken; breitschlagen; **2.** *fig. Aufruhr etc.* niederschlagen, im Keim ersticken; **3.** F *j-n* ‚fertigmachen'; **II** *v/i.* **4.** zerquetscht werden; **5.** glucksen (*Schuhe im Morast etc.*); **III** *s.* **6.** Matsch *m*, Brei *m*; **7.** Gedränge *n*; **8.** ⚘ Kürbis *m*; **9.** (Zi'tronen- *etc.*)Saft *m*; **10.** Glucksen *n*, Platsch(en *n*) *m*; **11.** *sport* a) *a.* ***~ tennis*** Squash *n*, b) *a.* ***~ rackets*** *ein dem Squash ähnliches Spiel*; '**squash·y** [-ʃɪ] *adj.* □ **1.** weich, breiig; **2.** matschig (*Boden*).

squat [skwɒt] **I** *v/t.* **1.** hocken, kauern: ***~ down*** sich hinhocken; **2.** sich ducken (*Tier*); **3.** F ‚hocken' (*sitzen*); **4.** sich ohne Rechtstitel ansiedeln; **II** *v/t.* **5.** *leerstehendes Haus* besetzen; **III** *adj.* **6.** unter'setzt, vierschrötig (*Person*); **7.** flach, platt; **IV** *s.* **8.** Hockstellung *f*, Hocke *f* (*a. sport*); **9.** Sitz *m*, Platz *m*; '**squat·ter** [-tə] *s.* **1.** Hockende(r *m*) *f*; **2.** Hausbesetzer *m*; **3.** Squatter *m*, Ansiedler *m* ohne Rechtstitel; **4.** Siedler *m* auf regierungseigenem Land; **5.** *Austral.* Schafzüchter *m.*

squaw [skwɔː] *s.* **1.** Squaw *f*, Indi'anerfrau *f*; **2.** *Am.* F (Ehe)Frau *f.*

squawk [skwɔːk] **I** *v/i.* **1.** *bsd. orn.* kreischen; **2.** *fig.* F zetern, aufbegehren; **II** *s.* **3.** *bsd. orn.* Kreischen *n*; **4.** F Gezeter *n.*

squeak [skwiːk] **I** *v/i.* **1.** quiek(s)en, piep(s)en; **2.** quietschen (*Bremsen, Türangel etc.*); **3.** *sl.* → ***squeal*** 5; **II** *v/t.* **4.** *et.* quiek(s)en; **III** *s.* **5.** Gequiek(s)e *n*, Piep(s)en *n*; **6.** Quietschen *n*; **7.** ***have a narrow*** (*od.* ***close***) **~** F mit knapper Not davonkommen; '**squeak·y** [-kɪ] *adj.* □ **1.** quiek(s)end; **2.** quietschend.

squeal [skwiːl] **I** *v/i.* **1.** kreischen, (auf-) schreien; **2.** quietschen (*Bremsen etc.*); **3.** quieken, piepsen; **4.** F zetern, schimpfen (***about, against*** gegen); **5.** *sl.* ‚pfeifen', ‚singen' (*verraten*): ***~ on s.o.*** j-n verpetzen *od.* ‚verpfeifen' (***to*** bei); **II** *v/t.* **6.** *et.* schreien, kreischen; **III** *s.* **7.** schriller Schrei; **8.** Kreischen *n*, Quieken *n*; **9.** F *fig.* Aufschrei *m*; '**squeal·er** [-lə] *s.* **1.** Schreier *m*; **2.** Täubchen *n*, *allg.* junger Vogel; **3.** *sl.* Verräter *m.*

squeam·ish ['skwiːmɪʃ] *adj.* □ **1.** ('über)empfindlich, zimperlich; **2.** a) heikel (*im Essen*), b) (leicht) Ekel empfindend; **3.** 'übergewissenhaft, pe'nibel; '**squeam·ish·ness** [-nɪs] **1.** 'Überempfindlichkeit *f*, Zimperlichkeit *f*; **2.** 'Übergewissenhaftigkeit *f*; **3.** a) heikle Art, b) Ekel *m*, Übelkeit *f.*

squee·gee [ˌskwiː'dʒiː] *s.* **1.** Gummischrubber *m*; **2.** *phot. etc.* (Gummi-) Quetschwalze *f.*

squeez·a·ble ['skwiːzəbl] *adj.* **1.** zs.-drückbar; **2.** *fig.* gefügig; '**squeeze** [skwiːz] **I** *v/t.* **1.** (zs.-)drücken; **2.** a) *Frucht* auspressen, -quetschen, *Schwamm* ausdrücken, b) F *j-n* ‚ausnehmen', ‚schröpfen'; **3.** *oft* ***~ out*** *Saft etc.* (her)'auspressen, -quetschen (***from*** aus): ***~ a tear*** *fig.* e-e Träne zerdrükken, ein paar Krokodilstränen weinen; **4.** drücken, quetschen, zwängen (***into*** in *acc.*); eng (zs.-)packen: ***~ o.s.*** (*od.* ***one's way***) ***into*** (***through***) sich hinein- (hindurch)zwängen; **5.** F fest *od.* innig an sich drücken; **6.** F a) unter Druck setzen, erpressen, b) *Geld etc.* her'auspressen, *Vorteil etc.* her'ausschinden (***out of*** aus); **7.** e-n Abdruck machen von (*e-r Münze etc.*); **II** *v/i.* **8.** quetschen, drücken, pressen; **9.** sich zwängen: ***~ through*** (***in***) sich durch- (hinein)zwängen; **III** *s.* **10.** Druck *m*, Pressen *n*, Quetschen *n*; **11.** Händedruck *m*; **12.** (innige) Um'armung; **13.** Gedränge *n*; **14.** F a) Klemme *f*, *bsd.* Geldverlegenheit *f*, b) ‚Druck' *m*, Erpressung *f*: ***put the ~ on s.o.*** j-n unter Druck setzen; **15.** ✝ wirtschaftlicher Engpaß, (*a.* Geld)Knappheit *f*; **16.** (*bsd.* Wachs)Abdruck *m*; **squeeze bot·tle** *s.* (Plastik)Spritzflasche *f*; **squeeze box** *s.* ♪ F ‚Quetschkomˌmode' *f*; '**squeez·er** [-zə] *s.* **1.** (Frucht-) Presse *f*; **2.** ⚙ a) ('Aus)Preßmaˌschine *f*, b) Quetschwerk *n*, c) 'Preßformmaˌschine *f.*

squelch [skweltʃ] **I** *v/t.* **1.** zermalmen; **2.** *fig.* F *j-n* ‚kurz fertigmachen', *j-m* den Mund stopfen, *Kritik etc.* abwürgen; **II** *v/i.* **3.** p(l)atschen; **4.** glucksen (*nasser Schuh etc.*); **III** *s.* **5.** Matsch *m*; **6.** P(l)atschen *n*, Glucksen *n*; **7.** → '**squelch·er** [-tʃə] *s.* F **1.** vernichtender Schlag; **2.** vernichtende Antwort.

squib [skwɪb] *s.* **1.** a) Frosch *m*, (Feuerwerks)Schwärmer *m*, b) *Brit. allg.* (Hand)Feuerwerkskörper *m*: ***damp ~*** *fig.* ‚Flop' *m*, Schlag *m* ins Wasser; **2.** ⚒, *a.* ⚔ *hist.* Zündladung *f*; **3.** Spottgedicht *n*, Sa'tire *f.*

squid [skwɪd] *pl.* **squids**, *bsd. coll.* **squid** *s.* **1.** *zo. ein* zehnarmiger Tintenfisch; **2.** *künstlicher Köder in Tintenfischform.*

squif·fy ['skwɪfɪ] *adj. sl.* beschwipst.

squig·gle ['skwɪgl] **I** *s.* **1.** Schnörkel *m*; **II** *v/i.* **2.** kritzeln; **3.** sich winden.

squill [skwɪl] *s.* **1.** ⚘ a) Meerzwiebel *f*, b) Blaustern *m*; **2.** *zo.* Heuschreckenkrebs *m.*

squint [skwɪnt] **I** *v/i.* **1.** schielen (*a. weitS.*); **2.** ***~ at*** a) schielen nach, b) e-n Blick werfen auf (*acc.*), c) scheel *od.* argwöhnisch blicken auf (*acc.*); **3.** blinzeln, zwinkern; **II** *v/t.* **4.** *Augen* a) verdrehen, b) zs.-kneifen; **III** *s.* **5.** Schielen *n* (*a. fig.*): ***have a ~*** schielen; **6.** F (rascher *od.* verstohlener) Blick: ***have a ~ at*** → 2b; **IV** *adj.* **7.** schielend; **8.** schief, schräg; '**~-eyed** *adj.* **1.** schielend; **2.** *fig.* scheel, böse.

squir·arch·y ['skwaɪərɑːkɪ] *s.* → ***squirearchy.***

squire ['skwaɪə] **I** *s.* **1.** *englischer* Landjunker, *a.* Gutsherr *m*, Großgrundbesitzer *m*; **2.** *bsd.* F (*a. Am.*) a) (Friedens)Richter *m*, b) *andere Person mit lokaler Obrigkeitswürde*; **3.** *hist.* Edelknabe *m*, (Schild)Knappe *m*; **4.** Kava'lier *m*: a) Begleiter *m* (*e-r Dame*), b) Ga'lan *m*: ***~ of dames*** Frauenheld *m*; **II** *v/t. u. v/i.* **5.** *obs.* a) (e-e Dame) begleiten, b) (e-r Dame) Ritterdienste leisten *od.* den Hof machen; '**squire·arch·y** [-ərɑːkɪ] *s.* Junkertum *n*: a) *coll. die* (Land)Junker *pl.*, b) (Land-) Junkerherrschaft *f*; '**squire·ling** [-lɪŋ] *s. contp.* Krautjunker *m.*

squirm [skwɜːm] **I** *v/i.* **1.** sich krümmen, sich winden (*a. fig.* ***with*** vor *Scham etc.*): ***~ out of*** a) sich (mühsam) aus *e-m Kleid* ‚herausschälen', b) *fig.* sich aus *e-r Notlage etc.* (heraus)winden; **II** *s.* **2.** Krümmen *n*, Sich'winden *n*; **3.** ⚓ Kink *m im Tau*; '**squirm·y** [-mɪ] *adj.* **1.** sich windend; **2.** *fig.* eklig.

squir·rel ['skwɪrəl] *s.* **1.** *zo.* Eichhörnchen *n*: ***flying ~*** Flughörnchen *n*; **2.** Feh *n* (*Pelzwerk*); **~ cage** *s.* **1.** a) Laufradkäfig *m*, b) *fig.* ‚Tretmühle' *f*; **2.** ϟ Käfiganker *m*; '**~-cage** *adj.* ϟ Käfig..., Kurzschluß...

squirt [skwɜːt] **I** *v/i.* **1.** spritzen; **2.** her'vorspritzen, -sprudeln; **II** *v/t.* **3.** *Flüssigkeit etc.* her'vor-, her'ausspritzen; **4.** bespritzen; **III** *s.* **5.** (Wasser- *etc.*)Strahl *m*; **6.** Spritze *f*: ***~ can*** ⚙ Spritzkanne *f*; **7.** *a.* ***~ gun*** 'Wasserpiˌstole *f*; **8.** F ‚kleiner Scheißer'.

squish [skwɪʃ] F **I** *v/t.* zermatschen; **II** *v/i.* → ***squelch*** 4.

stab [stæb] **I** *v/t.* **1.** *j-n* a) (nieder)stechen, b) erstechen, erdolchen; **2.** *Mes-*

ser etc. bohren, stoßen (**into** in *acc.*); **3.** *fig.* verletzen: **~ s.o. in the back** j-m in den Rücken fallen; **~ s.o.'s reputation** an j-m Rufmord begehen; **4.** ⚙ *Mauer* rauh hauen; **II** *v/i.* **5.** stechen (**at** nach); **6.** *mit den Fingern etc.* stoßen (**at** nach, auf *acc.*); **7.** stechen (*Schmerz*); **III** *s.* **8.** (Dolch- *etc.*)Stoß *m*, Stich *m*: **~ in the back** *fig.* Dolchstoß; **have** (*od.* **make**) **a ~ at** F *et.* probieren; **9.** Stich (-wunde *f*) *m*; **10.** *fig.* Stich *m* (*Schmerz, jähes Gefühl*); **~ cell** *s. biol.* Stabzelle *f*.

sta·bil·i·ty [stəˈbɪlətɪ] *s.* **1.** Stabiliˈtät *f*: a) Standfestigkeit *f*, b) (Wert)Beständigkeit *f*, Festigkeit *f*, Haltbarkeit *f*, c) Unveränderlichkeit *f* (*a.* ⚗), d) ⚕ Resiˈstenz *f*: **monetary ~** † Währungsstabilität; **2.** *fig.* Beständigkeit *f*, Standhaftigkeit *f*, (Chaˈrakter)Festigkeit *f*; **3.** a) ⚙ Kippsicherheit *f*, b) ✈ dyˈnamisches Gleichgewicht, c) **~ on curves** *mot.* Kurvenstabilität *f*.

sta·bi·li·za·tion [ˌsteɪbɪlaɪˈzeɪʃn] *s. allg., bsd.* ⚙, † Stabilisierung *f*; **sta·bi·lize** [ˈsteɪbɪlaɪz] *v/t.* stabilisieren (*a.* ⚙, ⚓, ✈): a) festigen, stützen, b) konˈstant halten: **~d warfare** ⚔ Stellungskrieg *m*; **sta·bi·liz·er** [ˈsteɪbɪlaɪzə] *s.* ⚙, ✈, ⚓, ⚕ Stabiliˈsator *m*.

sta·ble¹ [ˈsteɪbl] *adj.* □ **1.** staˈbil (*a.* †): a) standfest, -sicher (*a.* ⚙), b) (wert-) beständig, fest, dauerhaft, haltbar, c) unveränderlich (*a.* ⚗), d) ⚕ resiˈstent; **2.** †, *pol.* staˈbil: **~ currency**; **3.** *fig.* beständig, (*a.* chaˈrakterlich) gefestigt.

sta·ble² [ˈsteɪbl] **I** *s.* **1.** (Pferde-, Kuh-) Stall *m*; **2.** Stall(bestand) *m*; **3.** Rennstall *m* (*bsd. coll. Pferde, a. Rennfahrer*); **4.** *fig.* ‚Stall' *m* (*Mannschaft etc., a. Familie*); **5.** *pl.* ⚔ *Brit.* a) Stalldienst *m*, b) → **stable call**; **II** *v/t.* **6.** *Pferd* einstallen; **III** *v/i.* **7.** im Stall stehen (*Pferd*); **8.** *fig.* hausen; **ˈ~·boy** *s.* Stalljunge *m*; **~ call** *s.* ⚔ Siˈgnal *n* zum Stalldienst; **~ com·pan·ion** → **stablemate**; **ˈ~·man** [-mən] *s.* [*irr.*] Stallknecht *m*; **ˈ~·mate** *s.* Stallgefährte *m* (*a. fig. Radsport etc.*).

sta·ble·ness [ˈsteɪblnɪs] → **stability**.

sta·bling [ˈsteɪblɪŋ] *s.* **1.** Einstallung *f*; **2.** Stallung(en *pl.*) *f*, Ställe *pl.*

stac·ca·to [stəˈkɑːtəʊ] (*Ital.*) *adv.* **1.** ♪ stakˈkato; **2.** *fig.* abgehackt.

stack [stæk] **I** *s.* **1.** Schober *m*, Feim *m*; **2.** Stoß *m*, Stapel *m* (*Holz, Bücher etc.*); **3.** *Brit. Maßeinheit für Holz u. Kohlen* (*3,05814 m³*); **4.** *Am.* (ˈBücher-) Reˌgal *n*; *pl.* ˈHauptmagaˌzin *n e-r Bibliothek*; **5.** ⚔ (Geˈwehr)Pyraˌmide *f*; **6.** a) *bsd.* 🚂, ⚓ Schornstein *m*, Kaˈmin *m*, b) (Schmiede)Esse *f*, c) *mot.* Auspuffrohr *n*, d) Aggreˈgat *n*, Satz *m*, e) (gestockte) Anˈtennenkombinatiˌon, f) *Computer*: Stapelspeicher *m*: **blow one's ~** F ‚in die Luft gehen'; **7.** Felssäule *f*; **II** *v/t.* **8.** *Heu etc.* aufschobern; **9.** aufschichten, -stapeln; **10.** *et.* ˈvollstapeln; **11.** ⚔ *Gewehre* zs.-setzen: **~ arms**; **12. ~ the cards** die Karten ‚packen' (*um zu betrügen*): **the cards are ~ed against him** *fig.* er hat kaum e-e Chance; **ˈstack·er** [-kə] *s.* Stapler *m* (*Person u. Gerät*).

sta·di·a¹ [ˈsteɪdjə] *pl. von* **stadium**.

sta·di·a² [ˈsteɪdjə] *s. a.* **~ rod** *surv.* Meßlatte *f*.

sta·di·um [ˈsteɪdjəm] *pl.* **-di·a** [-djə] *s.* **1.** *antiq.* Stadion *n* (*Kampfbahn u. Längenmaß*); **2.** *pl. mst* **ˈsta·di·ums** *sport* Stadion *n*; **3.** *bsd.* ⚕, *biol.* Stadium *n*.

staff¹ [stɑːf] **I** *s.* **1.** Stock *m*, Stecken *m*; **2.** (*a.* Amts-, Bischofs-, Komˈmando-, Meß-, Wander)Stab *m*; **3.** (Fahnen-) Stange *f*, ⚓ Flaggenstock *m*; **4.** *fig.* a) Stütze *f des Alters etc.*, b) *das* Nötige *od.* Wichtigste: **~ of life** Brot *n*, Nahrung *f*; **5.** Unruhewelle *f* (*Uhr*); **6.** a) (Assiˈstenten-, Mitarbeiter)Stab *m*, b) Beamtenkörper *m*, -stab *m*, c) Lehrkörper *m*, ˈLehrerkolˌlegium *n*, d) Persoˈnal *n*, Belegschaft *f*: **editorial ~** Redaktion(sstab *m*) *f*; **nursing ~** ⚕ Pflegepersonal; **the senior ~** † die leitenden Angestellten; **be on the ~** (**of**) zum Stab *od.* Lehrkörper *od.* Personal gehören (*gen.*), Mitarbeiter sein (bei), fest angestellt sein (bei); **7.** ⚔ Stab *m*: **~ order** Stabsbefehl *m*; **8.** *pl.* **staves** [steɪvz] ♪ ˈNoten(linien)syˌstem *n*; **II** *adj.* **9.** *bsd.* ⚔ Stabs…; **10.** Personal…; **III** *v/t.* **11.** (mit Persoˈnal) besetzen: **well ~ed** gut besetzt; **12.** mit e-m Stab *od.* Lehrkörper *etc.* versehen; **13.** den Lehrkörper *e-r Schule* bilden.

staff² [stɑːf] *s.* ⚙ *Baustoff aus Gips u.* (*Hanf*)*Fasern*.

staff| car *s.* ⚔ Befehlsfahrzeug *n*; **~ col·lege** *s.* ⚔ Geneˈralstabsakadeˌmie *f*; **~ man·a·ger** *s.* † Persoˈnalchef *m*; **~ mem·ber** *s.* Mitarbeiter(in); **~ no·ta·tion** *s.* ♪ Liniennotenschrift *f*; **~ of·fi·cer** *s.* ⚔ ˈStabsoffiˌzier *m*; **~ re·duc·tions** *pl.* † Persoˈnalabbau *m*; **~ room** *s. ped.* Lehrerzimmer *n*; **~ ser·geant** *s.* ⚔ (*Brit.* Ober)Feldwebel *m*.

stag [stæg] **I** *s.* **1.** *hunt., zo.* a) Rothirsch *m*, b) Hirsch *m*; **2.** *zo. bsd. dial.* Männchen *n*; **3.** *nach der Reife kastriertes männliches Tier*; **4.** F a) ‚Unbeweibte(r)' *m*, Herr *m* ohne Damenbegleitung, b) *bsd. Am.* → **stag party**; **5.** † *Brit.* Konˈzertzeichner *m*; **II** *adj.* **6.** F a) Herren…: **~ dinner**, b) Sex…: **~ film**; **III** *v/i.* **7.** † *Brit. sl.* in neu ausgegebenen Aktien spekulieren; **8.** *a.* **go ~** F ohne Damenbegleitung *od.* ‚solo' gehen; **~ bee·tle** *s. zo.* Hirschkäfer *m*.

stage [steɪdʒ] **I** *s.* **1.** Bühne *f*, Gerüst *n*; ⚓ Landungsbrücke *f*; **2.** *thea.* Bühne *f* (*a. fig. Theaterwelt, Bühnenlaufbahn*): **the ~** *fig.* die Bühne, das Theater; **be on the ~** Schauspieler(in) *od.* beim Theater sein; **bring on the ~** → 11a; **go on the ~** zur Bühne gehen; **hold the ~** sich auf der Bühne halten; **set the ~ for** *fig.* alles vorbereiten für; **3.** *hist.* a) (ˈPost)Statiˌon *f*, b) Postkutsche *f*; **4.** a) *Brit.* Teilstrecke *f*, Fahrzone *f* (*Bus etc.*), b) (Reise)Abschnitt *m*, Eˈtappe *f* (*a. fig. u. Radsport*): **by** (*od.* **in**) (**easy**) **~s** etappenweise; **5.** ⚕, †, *biol. etc.* Stadium *n*, (Entwicklungs)Stufe *f*, Phase *f*: **at this ~** zum gegenwärtigen Zeitpunkt; **critical** (**experimental**, **initial**) **~** kritisches (Versuchs-, Anfangs-) Stadium; **~s of appeal** ⚖ Instanzenweg *m*; **6.** ⚙ (Schalt- *etc.*, ⚡ Verstärker-, *a.* Raˈketen)Stufe *f*; **7.** *geol.* Stufe *f e-r Formation*; **8.** Obˈjektträger *m* (*am Mikroskop*); **9.** ⚙ Farbläufer *m*; **10.** *Am.* Höhe *f* des Spiegels (*e-s Flusses*); **II** *v/t.* **11.** *Theaterstück* a) auf die Bühne bringen, inszenieren, b) für die Bühne bearbeiten; **12.** *fig.* a) *allg.* veranstalten, b) inszenieren, aufziehen: **~ a demonstration**; **13.** ⚙ berüsten; **14.** ⚔ *Am. Personen* ˈdurchschleusen; **~ box** *s. thea.* Proˈsceniumsloge *f*; **ˈ~·coach** *s. hist.* Postkutsche *f*; **ˈ~·craft** *s.* dramaˈturgisches *od.* schauspielerisches Können; **~ de·sign·er** *s.* Bühnenbildner(in); **~ di·rec·tion** *s.* Bühnen-, Reˈgieanweisung *f*; **~ di·rec·tor** *s.* Regisˈseur *m*; **~ door** *s.* Bühneneingang *m*; **~ ef·fect** *s.* **1.** ˈBühnenwirkung *f*, -efˌfekt *m*; **2.** *fig.* Theaˈtralik *f*; **~ fe·ver** *s.* Theˈaterbesessenheit *f*; **~ fright** *s.* Lampenfieber *n*; **ˈ~·hand** *s.* Bühnenarbeiter *m*; **ˌ~-ˈman·age** → **stage** 12; **~ man·ag·er** *s.* Inspiziˈent *m*; **~ name** *s.* Bühnen-, Künstlername *m*; **~ play** *s.* Bühnenstück *n*.

stag·er [ˈsteɪdʒə] *s. mst* **old ~** ‚alter Hase'.

stage| race *s. Radsport*: Eˈtappenrennen *n*; **~ rights** *s. pl.* ⚖ Aufführungs-, Bühnenrechte *pl.*; **ˈ~-struck** *adj.* theˈaterbesessen; **~ ver·sion** *s. thea.* Bühnenfassung *f*; **~ whis·per** *s.* **1.** *thea.* nur für das Publikum bestimmtes Flüstern; **2.** *fig.* weithin hörbares Geflüster; **ˈ~ˌworth·y** *adj.* bühnenfähig, -gerecht (*Schauspiel*).

stage·y [ˈsteɪdʒɪ] *adj. Am. für* **stagy**.

stag·fla·tion [stægˈfleɪʃn] *s.* † Stagflatiˈon *f*.

stag·ger [ˈstægə] **I** *v/i.* **1.** (sch)wanken, taumeln, torkeln; **2.** *fig.* wanken(d werden); **II** *v/t.* **3.** ins Wanken bringen, erschüttern (*a. fig.*); **4.** *fig.* verblüffen, *stärker*: ˈumwerfen, überˈwältigen; **5.** ⚙ gestaffelt *od.* versetzt anordnen; (*a. fig. Arbeitszeit*) staffeln; **III** *s.* **6.** Schwanken *n*, Taumeln *n*; **7.** *pl. sg. konstr.*: a) Schwindel *m*, b) *vet.* Schwindel *m* (*von Rindern*), Koller *m* (*von Pferden*), Drehkrankheit *f* (*von Schafen*); **8.** ⚙, ✈ *u. fig.* Staffelung *f*; **9.** *Leichtathletik*: Kurvenvorgabe *f*; **ˈstag·gered** [-əd] *adj.* **1.** ⚙ versetzt (angeordnet), gestaffelt; **2.** gestaffelt (*Arbeitszeit etc.*); **ˈstag·ger·ing** [-ərɪŋ] *adj.* □ **1.** (sch)wankend, taumelnd; **2.** wuchtig, heftig (*Schlag*); **3.** *fig.* a) ˈumwerfend, phanˈtastisch, b) schwindelerregend (*Preise etc.*).

stag·i·ness [ˈsteɪdʒɪnɪs] *s.* Theaˈtralik *f*, Effekthascheˈrei *f*.

stag·ing [ˈsteɪdʒɪŋ] *s.* **1.** *thea.* a) Inszenierung *f* (*a. fig.*), b) Bühnenbearbeitung *f*; **2.** (Bau)Gerüst *n*; **3.** ⚓ Hellinggerüst *n* (*e-r Werft*); **~ a·re·a** *s.* ⚔ **1.** Bereitstellungsraum *m*; **2.** Auffangraum *m*.

stag·nan·cy [ˈstægnənsɪ] *s.* Stagnatiˈon *f*: a) Stockung *f*, Stillstand *m*, b) *bsd.* † Flauheit *f*, c) *fig.* Trägheit *f*; **ˈstag·nant** [-nt] *adj.* □ stagnierend: a) stockend (*a.* †), stillstehend, b) abgestanden (*Wasser*), c) *fig.* träge; **ˈstag·nate** [-neɪt] *v/i.* stagnieren, stocken; **stag·na·tion** [stægˈneɪʃn] → **stagnancy**.

stag par·ty *s.* F (*bsd.* feuchtfröhlicher) Herrenabend *m*.

stag·y [ˈsteɪdʒɪ] *adj.* □ **1.** bühnenmäßig, Bühnen…; **2.** *fig.* theaˈtralisch.

staid [steɪd] *adj.* □ gesetzt, seriˈös; ruhig (*a. Farbe*), gelassen; **ˈstaid·ness** [-nɪs] *s.* Gesetztheit *f*.

stain [steɪn] **I** *s.* **1.** (Schmutz-, *a.* Farb-) Fleck *m*: **~-resistant** schmutzabweisend; **2.** *fig.* Schandfleck *m*, Makel *m*; **3.** Färbung *f*; **4.** ⚙ Farbe *f*, Färbemittel *n* (*a. beim Mikroskopieren*); **5.** (Holz-)Beize *f*; **II** *v/t.* **6.** beschmutzen, beflekken, besudeln (*alle a. fig.*); **7.** färben; *Holz* beizen; *Glas etc.* bemalen; *Stoff etc.* bedrucken: ***~ed glass*** buntes (Fenster)Glas; **III** *v/i.* **8.** Flecken verursachen; **9.** Flecken bekommen, schmutzen; **'stain·ing** [-nɪŋ] **I** *s.* **1.** (Ver)Färbung *f*; **2.** Verschmutzung *f*; **3.** ⚙ Färben *n*, Beizen *n*: ***~ of glass*** Glasmalerei *f*; **II** *adj.* **4.** Färbe...; **'stain·less** [-lɪs] *adj.* □ **1.** *bsd. fig.* fleckenlos, unbefleckt; **2.** rostfrei, nichtrostend (*Stahl*).

stair [steə] *s.* **1.** Treppe *f*, Stiege *f*; **2.** (Treppen)Stufe *f*; **3.** *pl.* Treppe(nhaus *n*) *f*: ***below ~s*** a) unten, b) *Br. obs.* beim Hauspersonal; **'~·case** → ***stair*** 3; **'~·head** *s.* oberster Treppenabsatz; **'~·way** → ***stair*** 3.

stake¹ [steɪk] **I** *s.* **1.** (*a.* Grenz)Pfahl *m*, Pfosten *m*: ***pull up ~s*** *Am.* F *fig.* s-e Zelte abbrechen; **2.** Marter-, Brandpfahl *m*: ***the ~*** *fig.* der (Tod auf dem) Scheiterhaufen; **3.** Pflock *m* (*zum Anbinden von Tieren*); **4.** (Wagen)Runge *f*; **5.** Absteckpfahl *m*, -pflock *m*; **6.** kleiner (Hand)Amboß; **II** *v/t.* **7.** *oft* ***~ off, ~ out*** abstecken (*a. fig.*): ***~ out a claim*** *fig.* s-e Ansprüche anmelden (***to*** auf *acc.*); ***~ in*** (*od.* ***out***) mit Pfählen einzäunen; **8.** *Pflanze* mit e-m Pfahl stützen; **9.** *Tier* anpflocken; **10.** a) mit e-m Pfahl durch'bohren, aufspießen, b) pfählen (*als Strafe*).

stake² [steɪk] **I** *s.* **1.** (Wett-, Spiel)Einsatz *m*: ***place one's ~s on*** setzen auf (*acc.*); ***be at ~*** *fig.* auf dem Spiel stehen; ***play for high ~s*** a) um hohe Einsätze spielen, b) *fig.* ein hohes Spiel spielen, allerhand riskieren; ***sweep the ~s*** den ganzen Gewinn kassieren; **2.** *fig.* Inter'esse *n*, Anteil *m* (*a.* ✝): ***have a ~ in*** interessiert *od.* beteiligt sein an (*dat.*); **3.** *pl. Pferderennen*: a) Dotierung *f*, b) Rennen *n*; **II** *v/t.* **4.** *Geld* setzen (***on*** auf *acc.*); **5.** *fig.* (ein)setzen, aufs Spiel setzen, riskieren: ***I'd ~ my life on that*** darauf gehe ich jede Wette ein; **6.** *Am.* F Geld in *j-n od. et.* investieren.

'stake|,hold·er *s.* 'Unpar,teiische(r), der die Wetteinsätze verwahrt; **~ net** *s.* ⚓ Staknetz *n*; **'~·out** *s.* F (poli'zeiliche) Über'wachung (***on*** *gen.*).

Sta·kha·no·vism [stæ'kænəvɪzəm] *s.* Sta'chanow-Sy,stem *n*.

sta·lac·tic, sta·lac·ti·cal [stə'læktɪk(l)] *adj.* → ***stalactitic***; **sta·lac·tite** ['stæləktaɪt] *s.* Stalak'tit *m*, hängender Tropfstein; **stal·ac·tit·ic** [,stælək'tɪtɪk] *adj.* (□ ***~ally***) stalak'titisch, Stalaktiten...

sta·lag·mite ['stæləgmaɪt] *s. min.* Stalag'mit *m*, stehender Tropfstein; **stal·ag·mit·ic** [,stæləg'mɪtɪk] *adj.* (□ ***~ally***) stalag'mitisch.

stale¹ [steɪl] **I** *adj.* □ **1.** *allg.* alt (*Ggs. frisch*), *bsd.* a) schal, abgestanden (*Wasser, Wein*), b) alt(backen) (*Brot*), c) schlecht, verdorben (*Lebensmittel*); **2.** verbraucht (*Luft*); **3.** schal (*Geruch, Geschmack, fig. Vergnügen*); **4.** fad, abgedroschen, (ur)alt (*Witz*); **5.** a) verbraucht (*Person, Geist*), über'anstrengt, b) ‚eingerostet', aus der Übung (gekommen); **6.** ⚖ verjährt (*Scheck, Schuld etc.*), gegenstandslos (geworden); **II** *v/i.* **7.** schal *etc.* werden.

stale² [steɪl] **I** *v/i.* stallen, harnen (*Vieh*); **II** *s.* Harn *m*.

stale·mate ['steɪlmeɪt] **I** *s.* **1.** *Schach*: Patt *n*; **2.** *fig.* 'Patt(situati,on *f*) *n*, Sackgasse *f*; **II** *v/t.* **3.** patt setzen; **4.** *fig.* a) in e-e Sackgasse führen, b) matt setzen.

stale·ness ['steɪlnɪs] *s.* **1.** Schalheit *f* (*a. fig.*); **2.** a) Verbrauchtheit *f*, b) Abgedroschenheit *f*.

Sta·lin·ism ['stɑːlɪnɪzəm] *s. pol.* Stali'nismus *m*; **'Sta·lin·ist** [-nɪst] **I** *s.* Stali'nist(in); **II** *adj.* stali'nistisch.

stalk¹ [stɔːk] *s.* **1.** ⚘ Stengel *m*, Stiel *m*, Halm *m*; **2.** *biol., zo.* Stiel *m* (*Träger e-s Organs*); **3.** *zo.* Federkiel *m*; **4.** Stiel *m* (*e-s Weinglases etc.*); **5.** (Fa'brik-)Schlot *m*.

stalk² [stɔːk] **I** *v/i.* **1.** *hunt.* (sich an)pirschen; **2.** (ein'her)schreiten, (-)stolzieren; **3.** *fig.* 'umgehen (*Krankheit, Gespenst etc.*); **4.** staken, steifbeinig gehen; **II** *v/t.* **5.** *hunt. u. fig.* sich her'anpirschen an (*acc.*); **6.** *hunt.* durch'jagen; **7.** *j-n* verfolgen; **8.** 'umgehen in (*dat.*) (*Gespenst etc.*); **III** *s.* **9.** Pirsch (-jagd) *f*.

stalked [stɔːkt] *adj.* ⚘, *zo.* gestielt, ...stielig.

stalk·er ['stɔːkə] *s.* Pirschjäger *m*.

'stalk·ing-horse ['stɔːkɪŋ] *s.* **1.** *hunt., hist.* Versteckpferd *n*; **2.** *fig.* Deckmantel *m*; **3.** *pol.* Strohmann *m*.

stalk·less ['stɔːklɪs] *adj.* **1.** ungestielt; **2.** ⚘ stengellos, sitzend.

stalk·y ['stɔːkɪ] *adj.* **1.** stengel-, stielartig; **2.** hochaufgeschossen.

stall¹ [stɔːl] **I** *s.* **1.** Box *f* (*im Stall*); **2.** (Verkaufs)Stand *m*, (Markt)Bude *f*: ***~ money*** Standgeld *n*; **3.** Chor-, Kirchenstuhl *m*; **4.** *pl. thea. Brit.* Sperrsitz *m*; **5.** Hülle *f*, Schutz *m*; **6.** ⚒ Arbeitsstand *m*; **7.** ✈ Sackflug *m*; **8.** (markierter) Parkplatz; **II** *v/t.* **9.** *Tiere* in Boxen 'unterbringen; **10.** im Stall füttern *od.* mästen; **11.** a) *Wagen* durch ‚Abwürgen' des Motors zum Stehen bringen, b) *Motor* abwürgen, c) ✈ über'ziehen: ***~ing speed*** kritische Geschwindigkeit; **III** *v/i.* **12.** steckenbleiben (*Wagen*); **13.** absterben (*Motor*); **14.** ✈ abrutschen.

stall² [stɔːl] **I** *s.* **1.** Ausflucht *f*, 'Hinhaltema,növer *n*; **2.** *Am.* Kom'plize *m*; **II** *v/i.* **3.** a) Ausflüchte machen, ausweichen, b) *a.* ***~ for time*** Zeit schinden; **4.** *sport* a) auf Zeit spielen, b) ‚kurztreten'; **III** *v/t.* **5.** *a.* ***~ off*** a) *j-n* hinhalten, b) *et.* hin'auszögern.

stall·age ['stɔːlɪdʒ] *s. Brit.* Standgeld *n*.

stal·lion ['stæljən] *s. zo.* (Zucht)Hengst *m*.

stal·wart ['stɔːlwət] **I** *adj.* □ **1.** ro'bust, stramm, (hand)fest; **2.** *bsd. pol.* unentwegt, treu; **II** *s.* **3.** strammer Kerl; **4.** *bsd. pol.* treuer Anhänger, Unentwegte(r *m*) *f*.

sta·men ['steɪmən] *s.* ⚘ Staubblatt *n*, -gefäß *n*, -faden *m*.

stam·i·na ['stæmɪnə] *s.* **1.** a) Lebenskraft *f* (*a. fig.*), b) Vitali'tät *f*; **2.** Zähigkeit *f*, Ausdauer *f*, 'Durchhalte-, Stehvermögen *n*; **3.** *a.* ⚔ 'Widerstandskraft *f*; **'stam·i·nal** [-nl] *adj.* **1.** Lebens..., vi'tal; **2.** Widerstands..., Konditions...; **3.** ⚘ Staubblatt...

stam·mer ['stæmə] **I** *v/i.* (*v/t. a.* ***~ out***) stottern, stammeln; **II** *s.* Stottern *n* (*a.* ⚕), Gestammel *n*; **'stam·mer·er** [-ərə] *s.* Stotterer *m*, Stotterin *f*; **'stam·mer·ing** [-ərɪŋ] **I** *adj.* □ stotternd; **II** *s.* → ***stammer*** II.

stamp [stæmp] **I** *v/t.* **1.** stampfen (auf *acc.*): ***~ one's foot*** → 12; ***~ down*** a) feststampfen, b) niedertrampeln; ***~ out*** a) *Feuer* austreten, b) zertrampeln, c) ausmerzen, d) *Aufstand* niederschlagen; **2.** *Geld* prägen; **3.** aufprägen (***on*** auf *acc.*); **4.** *Namen etc.* aufstempeln; **5.** *Urkunde etc.* stempeln; **6.** *Gewichte* eichen; **7.** *Brief etc.* frankieren, e-e Brief- *od.* Gebührenmarke (auf)kleben auf (*acc.*): ***~ed envelope*** Freiumschlag *m*; **8.** kennzeichnen; **9.** *fig.* stempeln, kennzeichnen, charakterisieren (***as*** als); **10.** *fig.* (fest) einprägen: ***~ed on s.o.'s memory*** j-s Gedächtnis eingeprägt, unverrückbar in j-s Erinnerung; **11.** ⚙ a) *a.* ***~ out*** (aus)stanzen, b) pressen, c) *Erz* pochen, d) *Lumpen etc.* einstampfen; **II** *v/i.* **12.** (auf)stampfen; **13.** stampfen, trampeln (***upon*** auf *acc.*); **III** *s.* **14.** Stempel *m*, (*Dienst-etc.*)Siegel *n*; **15.** *fig.* Stempel *m* (*der Wahrheit etc.*), Gepräge *n*: ***bear the ~ of*** den Stempel *des Genies etc.* tragen, das Gepräge *j-s od. e-r Sache* haben; **16.** (Brief)Marke *f*, (Post)Wertzeichen *n*; **17.** (Stempel-, Steuer-, Gebühren-)Marke *f*; **18.** ✝ Ra'battmarke *f*; **19.** ✝ (Firmen)Zeichen *n*, Eti'kett *n*; **20.** *fig.* Art *f*, Schlag *m*: ***a man of his ~*** ein Mann s-s Schlages; ***of a different ~*** aus e-m andern Holz geschnitzt; **21.** ⚙ a) Prägestempel *m*, b) Stanze *f*, c) Stampfe *f*, d) Presse *f*, e) Pochstempel *m*, f) Pa'trize *f*; **22.** Prägung *f*; **23.** Aufdruck *m*; **24.** Eindruck *m*, Spur *f*; ♀ **Act** *s. hist.* Stempelakte *f*; **~ col·lec·tor** *s.* Briefmarkensammler *m*; **~ du·ty** *s.* Stempelgebühr *f*.

stam·pede [stæm'piːd] **I** *s.* **1.** a) wilde, panische Flucht, Panik *f*, b) wilder Ansturm; **2.** (Massen)Ansturm *m* (*von Käufern etc.*); **3.** *Am. pol.* a) (krasser) 'Meinungs,umschwung, b) ‚Erdrutsch' *m*; **II** *v/i.* **4.** (in wilder Flucht) da'vonstürmen, 'durchgehen; **5.** (in Massen) losstürmen; **III** *v/t.* **6.** in wilde Flucht jagen; **7.** a) in Panik versetzen, b) *j-n* treiben (***into doing*** dazu, *et.* zu tun), c) über'rumpeln, d) *Am. pol.* e-n Erdrutsch her'vorrufen bei.

stamp·ing ['stæmpɪŋ] *s.* ⚙ **1.** Ausstanzen *n etc.*; **2.** Stanzstück *n*; **3.** Preßstück *n*; **4.** Prägung *f*; **~ die** *s.* ⚙ 'Schlagma'trize *f*; **~ ground** *s. zo. u. fig.* Tummelplatz *m*, Re'vier *n*.

stamp(·ing) mill *s.* ⚙ a) Stampfwerk *n*, b) Pochwerk *n*.

stance [stæns] *s.* Stellung *f*, Haltung *f* (*a. sport*).

stanch¹ [stɑːntʃ] *v/t. Blutung* stillen.

stanch² [stɑːntʃ] → ***staunch²***.

stan·chion ['stɑːnʃn] **I** *s.* Pfosten *m*, Stütze *f* (*a.* ⚓); **II** *v/t.* (ab)stützen, verstärken.

stand [stænd] **I** *s.* **1.** Stillstand *m*, Halt *m*; **2.** Standort *m*, Platz *m*, *fig.* Standpunkt *m*: ***take one's ~*** a) sich (auf)stellen (***at*** bei, auf *dat.*), b) Stellung bezie-

hen; **3.** *fig.* Eintreten *n*: ***make a ~ for*** sich einsetzen für; ***make a ~ against*** sich entgegenstellen *od.* -stemmen (*dat.*); **4.** (Verkaufs-, Messe)Stand *m*; **5.** Stand(platz) *m für Taxis*; **6.** ('Zuschauer)Tri,büne *f*; **7.** Podium *n*; **8.** *Am.* ⚖ Zeugenstand *m*: ***take the ~*** a) den Zeugenstand betreten, b) als Zeuge aussagen; **9.** (Kleider-, Noten- *etc.*) Ständer *m*; **10.** Gestell *n*; **11.** *phot.* Sta'tiv *n*; **12.** (Baum)Bestand *m*; **13.** ♣ Stand *m des Getreides etc.*, (zu erwartende) Ernte: ***~ of wheat*** stehender Weizen; **14.** ***~ of arms*** ⚔ ('vollständige) Ausrüstung *e-s Soldaten*; **II** *v/i.* [*irr.*] **15.** *allg.* stehen: ***~ alone*** a) allein (da)stehen *mit e-r Ansicht etc.*, b) unerreicht dastehen *od.* sein; ***~ fast*** (*od.* ***firm***) hart bleiben (***on*** in *e-r Sache*); ***~ or fall*** siegen oder untergehen; ***~s at 78*** *das Thermometer* steht auf 78 Grad (Fahrenheit); ***the wind ~s in the west*** der Wind weht von Westen; ***~ well with s.o.*** mit j-m gut stehen; ***~ to lose*** (***win***) (mit Sicherheit) verlieren (gewinnen); ***as matters ~*** (so) wie die Dinge (jetzt) liegen, nach Lage der Dinge; ***I want to know where I ~*** ich will wissen, woran ich bin; **16.** aufstehen, sich erheben; **17.** sich *wohin* stellen, treten: ***~ back*** (*od.* ***clear***) zurücktreten; **18.** sich *wo* befinden, stehen, liegen (*Sache*); **19.** *a.* ***~ still*** stehenbleiben, stillstehen: ***~!*** halt!; ***~ fast!*** ⚔ *Brit.* stillgestanden!, *Am.* Abteilung halt!; **20.** *bestürzt etc.* sein: ***~ aghast***; ***~ convicted*** überführt sein; ***~ corrected*** s-n Irrtum *od.* sein Unrecht zugeben; ***~ in need of*** benötigen; **21.** groß sein, messen: ***he ~s six feet*** (***tall***); **22.** *neutral etc.* bleiben: ***~ unchallenged*** unbeanstandet bleiben; ***and so it ~s*** und dabei bleibt es; **23.** *a.* ***~ good*** gültig bleiben, (weiterhin) gelten: ***my offer ~s*** mein Angebot bleibt bestehen; **24.** bestehen, sich behaupten: ***~ through*** *et.* überstehen, -dauern; **25.** ⚓ *auf e-m Kurs* liegen, steuern; **26.** zu'statten kommen (***to*** *dat.*); **27.** *hunt.* vorstehen (***upon*** *dat.*) (*Hund*); **III** *v/t.* [*irr.*] **28.** *wohin* stellen; **29.** *e-m Angriff etc.* standhalten; **30.** *Beanspruchung*, *Kälte etc.* aushalten; *Klima*, *Person* (v)ertragen: ***I cannot ~ him*** ich kann ihn nicht ausstehen; **31.** sich *et.* gefallen lassen, dulden: ***I won't ~ it any longer***; **32.** sich *e-r Sache* unter'ziehen; *Pate* stehen; → ***trial*** 2; **33.** a) aufkommen für *et.*; *Bürgschaft* leisten, b) *j-m ein Essen etc.* spendieren: ***~ a drink*** ‚einen ausgeben'; → ***treat*** 11; **34.** *e-e Chance* haben;
Zssgn mit prp.:
stand| by *v/i.* **1.** *fig. j-m* zur Seite stehen, zu *j-m* halten *od.* stehen; **2.** *s-m Wort, s-n Prinzipien etc.* treu bleiben, stehen zu; **~ for** *v/i.* **1.** stehen für, bedeuten; **2.** eintreten für, vertreten; **3.** *bsd. Brit.* sich um *ein Amt* bewerben; **4.** *pol. Brit.* kandidieren für *e-n Sitz im Parlament*: ***~ election*** kandidieren, sich zur Wahl stellen; **5.** → ***stand*** 31; **~ on** *v/i.* **1.** bestehen *od.* halten auf (*acc.*); → ***ceremony*** 2; **2.** auf *sein Recht etc.* pochen; **3.** ⚓ *Kurs* beibehalten; **~ o·ver** *v/i. j-m* auf die Finger sehen; **~ to** *v/i.* **1.** → ***stand by*** 1; **2.** zu *s-m Versprechen etc.* stehen, bei *s-m Wort* bleiben: ***~ it that*** dabei bleiben *od.* darauf beharren, daß; ***~ one's duty*** (treu) s-e Pflicht tun; **~ up·on** → ***stand on***;
Zssgn mit adv.:
stand| a·loof, **~ a·part** *v/i.* **1.** a) abseits *od.* für sich stehen, b) sich ausschließen, nicht mitmachen; **2.** *fig.* sich distanzieren (***from*** von); **~ a·side** *v/i.* **1.** bei'seite treten; **2.** *fig. zu j-s Gunsten* verzichten, zu'rücktreten; **3.** tatenlos her'umstehen; **~ by** *v/i.* **1.** da'bei sein u. zusehen (müssen), (ruhig) zusehen; **2.** a) *bsd.* ⚔ bereitstehen, sich in Bereitschaft halten, b) ***~!*** Achtung!, ⚓ klar zum Manöver!; **3.** *Funk*: a) auf Empfang bleiben, b) sendebereit sein; **~ down** *v/i.* **1.** ⚖ den Zeugenstand verlassen; **2.** → ***stand aside*** 2; **~ in** *v/i.* **1.** einspringen (***for*** für *j-n*): ***~ for s.o.*** *Film*: j-n doubeln; **2.** ***~ with*** ‚unter e-r Decke stecken' mit *j-m*; **3.** ⚓ landwärts anliegen; **~ off I** *v/i.* **1.** sich entfernt halten (***from*** von); **2.** *fig.* Abstand halten (*im Umgang*); **3.** ⚓ seewärts anliegen; **II** *v/t.* **4.** † *j-n* (vor'übergehend) entlassen; **5.** sich *j-n* vom Leibe halten; **~ out** *v/i.* **1.** (*a. fig.* deutlich) her'vortreten: ***~ against*** sich gut abheben von; → 4; **2.** abstehen (*Ohren*); **3.** *fig.* her'ausragen, her'vorstechen; **4.** aus-, 'durchhalten: ***~ against*** sich hartnäckig wehren gegen; **5.** ***~ for*** bestehen auf (*dat.*); **6.** ***~ to sea*** ⚓ in See stechen; **~ o·ver I** *v/i.* **1.** (***to*** auf *acc.*) a) sich vertagen, b) verschoben werden; **2.** *für später* liegenbleiben, warten; **II** *v/t.* **3.** vertagen, verschieben (***to*** auf *acc.*); **~ to** ⚔ **I** *v/t.* in Bereitschaft versetzen; **II** *v/i.* in Bereitschaft stehen; **~ up I** *v/i.* **1.** aufstehen, sich erheben (*beide a. fig.*); **2.** sich aufrichten (*Stachel etc.*); **3.** eintreten *od.* sich einsetzen (***for*** für); **4.** ***~ to*** (mutig) gegen'übertreten (*dat.*); **5.** (***under***, ***to***) sich (gut) halten (unter, gegen), standhalten (*dat.*); **II** *v/t.* **6.** F *j-n* ‚versetzen'.

stand·ard[1] ['stændəd] **I** *s.* **1.** Standard *m*, Norm *f*; **2.** Muster *n*, Vorbild *n*; **3.** Maßstab *m*: ***apply another ~*** e-n anderen Maßstab anlegen; ***~ of value*** Wertmaßstab; ***by present-day ~s*** nach heutigen Begriffen; ***double ~*** doppelte Moral; **4.** Richt-, Eichmaß *n*; **5.** Richtlinie *f*; **6.** (Mindest)Anforderungen *pl.*: ***be up to*** (***below***) ***~*** den Anforderungen (nicht) genügen *od.* entsprechen; ***set a high ~*** hohe Anforderungen stellen, viel verlangen; ***~ of living*** Lebensstandard *m*; **7.** † 'Standard(quali,tät *f od.* -ausführung *f*) *m*; **8.** (*Gold- etc.*) Währung *f*, (-)Standard *m*; **9.** Standard *m*: a) (gesetzlich vorgeschriebener) Feingehalt (*der Edelmetalle*), b) Münzfuß *m*; **10.** Ni'veau *n*, Grad *m*: ***be of a high ~*** ein hohes Niveau haben; ***~ of knowledge*** Bildungsgrad, -stand *m*; ***~ of prices*** Preisniveau; **11.** *ped. bsd. Brit.* Stufe *f*, Klasse *f*; **II** *adj.* **12.** nor'mal, Normal...(*-film*, *-wert*, *-zeit etc.*); Standard..., Einheits...(*-modell etc.*); Durchschnitts...(*-wert etc.*): ***~ ga(u)ge*** 🚂 Normalspur *f*; ***~ set*** Seriengerät *n*; ***~ size*** gängige Größe (*Schuhe etc.*); **13.** gültig, maßgebend, Standard...(*-muster*, *-werk*), *ling.* hochsprachlich: ***~ German*** Hochdeutsch *n*; **14.** klassisch: ***~ novel***; ***~ author*** Klassiker *m*.

stand·ard[2] ['stændəd] **I** *s.* **1.** a) *pol. u.* ⚔ Stan'darte *f*, b) Fahne *f*, Flagge *f*, c) Wimpel *m*, d) *fig.* Banner *n*: ***~-bearer*** Fahnen-, *a. fig.* Bannerträger *m*; **2.** ⚙ a) Ständer *m*, b) Pfosten *m*, Pfeiler *m*, Stütze *f*; **3.** ♣ Hochstämmchen *n*, Bäumchen *n*; **II** *adj.* **4.** Steh...: ***~ lamp***; **5.** ♣ hochstämmig: ***~ rose***.

stand·ard·i·za·tion [,stændədaɪ'zeɪʃn] *s.* **1.** Normung *f*, Standardisierung *f*: ***~ committee*** Normenausschuß *m*; **2.** ⚗ Titrierung *f*; **3.** Eichung *f*; **stand·ard·ize** ['stændədaɪz] *v/t.* **1.** normen, normieren, standardisieren; **2.** ⚗ einstellen, titrieren; **3.** eichen.

'stand|-by [-ndb-] **I** *pl.* **-bys** *s.* **1.** Stütze *f*, Beistand *m*, Hilfe *f*: (***old***) ***~*** altbewährte Sache; (***on ~*** in) (A'larm- *etc.*) Bereitschaft *f*; **2.** ⚙ Hilfs-, Re'servegerät *n*; **II** *adj.* **3.** Hilfs..., Ersatz..., Reserve...: ***~ unit*** ⚡ Notaggregat *n*; ***~ credit*** † Beistandskredit *m*; **4.** *bsd.* ⚔ Bereitschafts...(*-dienst etc.*); **'~-down** *s.* Pause *f*.

stand·ee [stæn'di:] *s. Am.* F Stehplatzinhaber(in).

'stand-in *s.* **1.** *Film*: Double *n*; **2.** Vertreter(in), Ersatzmann *m*.

stand·ing ['stændɪŋ] **I** *s.* **1.** Stehen *n*: ***no ~*** keine Stehplätze; **2.** a) Stand *m*, Rang *m*, Stellung *f*, b) Ruf *m*, Ansehen *n*: ***of high ~*** hochangesehen, -stehend; **3.** Dauer *f*: ***of long ~*** alt (*Brauch*, *Freundschaft etc.*); **II** *adj.* **4.** stehend, Steh...: ***~ army*** stehendes Heer; ***~ corn*** Getreide *n* auf dem Halm; ***~ jump*** Sprung *m* aus dem Stand; ***~ ovation*** stürmischer Beifall; ***~ rule*** stehende Regel; ***~ start*** stehender Start; **5.** *fig.* ständig (*a. Ausschuß etc.*); **6.** † laufend (*Unkosten etc.*); **7.** üblich, gewohnt: ***a ~ dish***; **8.** bewährt, alt (*Witz etc.*); **~ order** *s.* **1.** † Dauerauftrag *m*; **2.** *pl. parl. etc.* Geschäftsordnung *f*; **3.** ⚔ Dauerbefehl *m*; **~ room** *s.* Platz *m* zum Stehen: ***~ only!*** nur Stehplätze!

'stand|-off *s.* **1.** *Am.* Distanzierung *f*; **2.** *fig.* Sackgasse *f*; **,~'off·ish** [-'ɒfɪʃ] *adj.* □ reserviert, (sehr) ablehnend, unnahbar; **,~'pat(·ter)** [-nd'pæt(ə)] *s. pol. Am.* F sturer Konserva'tiver; **'~·pipe** [-ndp-] *s.* ⚙ Standrohr *n*; **'~·point** [-ndp-] *s.* Standpunkt *m* (*a. fig.*); **'~·still** [-nds-] **I** *s.* Stillstand *m*: ***be at a ~*** stillstehen, stocken, ruhen; ***to a ~*** zum Stillstand *kommen*, *bringen*; **II** *adj.* stillstehend: ***~ agreement*** *pol.* Stillhalteabkommen *n*; **'~-up** *adj.* **1.** stehend: ***~ collar*** Stehkragen *m*; **2.** F im Stehen eingenommen: ***~ meal***; **3.** wild, wüst (*Schlägerei*).

stank [stæŋk] *pret. von* ***stink***.

stan·na·ry ['stænərɪ] *Brit.* **I** *s.* **1.** Zinngrubengebiet *n*; **2.** Zinngrube *f*; **II** *adj.* **3.** Zinn(gruben)...; **'stan·nate** [-nət] *s.* ⚗ Stan'nat *n*; **'stannic** [-nɪk] *adj.* ⚗ Zinn...; **'stan·nite** [-naɪt] *s.* **1.** *min.* Zinnkies *m*, Stan'nin *n*; **2.** ⚗ Stan'nit *n*; **'stan·nous** [-nəs] *adj.* ⚗ Zinn...

stan·za ['stænzə] *pl.* **-zas** *s.* **1.** Strophe *f*; **2.** Stanze *f*.

sta·ple[1] [steɪpl] **I** *s.* **1.** † Haupterzeugnis *n e- Landes etc.*; **2.** † Stapelware *f*: a) 'Hauptar,tikel *m*, b) Massenware *f*; **3.** † Rohstoff *m*; **4.** ⚙ Stapel *m*: a) *Fadenlänge od. -qualität*: ***of short ~***

kurzstapelig, b) *Büschel Schafwolle*; **5.** ⚙ a) Rohwolle *f*, b) Faser *f*: **~ *fibre*** (*Am.* ***fiber***) Zellwolle *f*; **6.** *fig.* Hauptgegenstand *m*, -thema *n*; **7.** ✝ a) Stapelplatz *m*, b) Handelszentrum *n*, c) *hist.* Markt *m* (mit Stapelrecht); **II** *adj.* **8.** Stapel...: **~ *goods***; **9.** Haupt...: **~ *food***; **~ *industry***; **~ *topic*** Hauptthema *n*; **10.** ✝ a) Haupthandels..., b) gängig, c) Massen...; **III** *v/t.* **11.** *Wolle* (nach Stapel) sortieren.

sta·ple² [steɪpl] ⚙ **I** *s.* **1.** (Draht)Öse *f*; **2.** Krampe *f*; **3.** Heftdraht *m*, -klammer *f*; **II** *v/t.* **4.** (mit Draht) heften; klammern (***to*** an *acc.*): ***stapling machine*** → ***stapler¹***.

sta·pler¹ ['steɪplə] *s.* ⚙ 'Heftmaˌschine *f*.

sta·pler² ['steɪplə] *s.* ✝ **1.** (Baumwoll-)Sortierer *m*; **2.** Stapelkaufmann *m*.

star [stɑː] **I** *s.* **1.** *ast.* a) Stern *m*, b) *mst* ***fixed ~*** Fixstern *m*; **2.** Stern *m*: a) sternähnliche Figur, b) *fig.* Größe *f*, Berühmtheit *f* (*Person*), c) Orden *m*, d) *typ.* Sternchen *n*, e) *weißer Stirnfleck*, *bsd. e-s Pferdes*: ***2s and Stripes*** das Sternenbanner (*Nationalflagge der USA*); ***see ~s*** F Sterne sehen (*nach e-m Schlag*); **3.** a) Stern *m* (*Schicksal*), b) *a.* ***lucky ~*** Glücksstern *m*: ***unlucky ~*** Unstern *m*; ***his ~ is in the ascendant*** (***is*** *od.* ***has set***) sein Stern ist im Aufgehen (ist untergegangen); ***my good ~*** mein guter Stern; ***you may thank your ~s*** Sie können von Glück sagen (, daß); **4.** *thea.* (Bühnen-, *bsd.* Film)Star *m*; **5.** *sport* Star *m*; **II** *adj.* **6.** Stern...; **7.** Haupt...: **~ *prosecution witness*** ⚖ Hauptbelastungszeuge *m*; **8.** *thea.*, *sport* Star...: **~ *performance*** Elitevorstellung *f*; **~ *turn*** Hauptattraktion *f*; **9.** *Segeln*: Star *m* (*Boot*); **III** *v/t.* **10.** mit Sternen schmücken, besternen; **11.** *j-n* in der Hauptrolle zeigen: ***~ring X.*** mit X. in der Hauptrolle; **12.** *typ. Wort* mit Sternchen versehen; **IV** *v/i.* **13.** die *od.* e-e Hauptrolle spielen: **~ *in a film***.

star·board ['stɑːbəd] ⚓ **I** *s.* Steuerbord *n*; **II** *adj.* Steuerbord...; **III** *adv.* a) nach Steuerbord, b) steuerbord(s).

starch [stɑːtʃ] **I** *s.* **1.** Stärke *f*: a) Stärkemehl *n*, b) Wäschestärke *f*, c) Stärkekleister *m*, d) ⚗ A'mylum *n*; **2.** *pl.* stärkereiche Nahrungsmittel *pl.*, 'Kohle(n)hyˌdrate *pl.*; **3.** *fig.* Steifheit *f*, Förmlichkeit *f*; **4.** *Am.* F ‚Mumm' *m*: ***take the ~ out of s.o.*** j-m ‚die Gräten ziehen'; **II** *v/t.* **5.** *Wäsche* stärken.

Star Cham·ber *s.* ⚖ *hist.* Sternkammer *f* (*nur dem König verantwortliches Willkürgericht bis 1641*).

starched [stɑːtʃt] *adj.* □ **1.** gestärkt, gesteift; **2.** → ***starchy*** 4; **'starch·i·ness** [-tʃɪnɪs] *s. fig.* F Steifheit *f*, Förmlichkeit *f*; **'starch·y** [-tʃɪ] *adj.* □ **1.** stärkehaltig: **~ *food***; **2.** Stärke...; **3.** gestärkt; **4.** *fig.* F steif, förmlich.

'star-crossed *adj. poet.* von e-m Unstern verfolgt, unglückselig.

star·dom ['stɑːdəm] *s.* **1.** Welt *f* der Stars; **2.** *coll.* Stars *pl.*; **3.** Berühmtheit *f*: ***rise to ~*** ein Star werden.

star dust *s. ast.* **1.** Sternennebel *m*; **2.** kosmischer Staub.

stare [steə] **I** *v/i.* **1.** (**~ *at*** an)starren, (-)stieren; **2.** große Augen machen, erstaunt blicken: **~ *at*** anstaunen, angaffen; ***make s.o. ~*** j-n in Erstaunen versetzen; **II** *v/t.* **3.** **~ *s.o. out*** (*od.* ***down***) j-n durch Anstarren aus der Fassung bringen; **4.** **~ *s.o. in the face*** *fig.* a) j-m in die Augen springen, b) j-m deutlich *od.* drohend vor Augen stehen; **III** *s.* **5.** (starrer *od.* erstaunter) Blick, Starrblick *m*, Starren *n*.

'star|·finch *s. orn.* Rotschwänzchen *n*; **'~ˌgaz·er** *s. humor.* **1.** Sterngucker *m*; **2.** Träumer(in); **3.** ‚Anbeter(in)' (*von Idolen*).

star·ing ['steərɪŋ] **I** *adj.* □ **1.** stier, starrend: **~ *eyes***; **2.** auffallend: ***a ~ tie***; **3.** grell (*Farbe*); **II** *adv.* **4.** to'tal.

stark [stɑːk] **I** *adj.* □ **1.** steif, starr; **2.** rein, völlig: **~ *folly***; **~ *nonsense*** barer Unsinn; **3.** *fig.* rein sachlich (*Bericht*); **4.** kahl, öde (*Landschaft*); **II** *adv.* **5.** ganz, völlig: **~ (*staring*) *mad*** ‚total' verrückt; **~ *naked*** → **stark·ers** ['stɑːkəz] *adj.* F splitternackt.

star·less ['stɑːlɪs] *adj.* sternlos.

star·let ['stɑːlɪt] *s.* **1.** Sternchen *n*; **2.** *fig.* Starlet(t) *n*, Filmsternchen *n*.

'star·light **I** *s.* Sternenlicht *n*; **II** *adj.* → ***starlit***.

star·ling¹ ['stɑːlɪŋ] *s. orn.* Star *m*.

star·ling² ['stɑːlɪŋ] *s.* ⚙ Pfeilerkopf *m* (*Eisbrecher e-r Brücke*).

'star·lit *adj.* sternhell, -klar.

star map *s. ast.* Sternkarte *f*, -tafel *f*.

starred [stɑːd] *p.p. u. adj.* **1.** gestirnt (*Himmel*); **2.** sternengeschmückt; **3.** *typ. etc.* mit (e-m) Sternchen bezeichnet.

star·ry ['stɑːrɪ] *adj.* **1.** Sternen..., Stern...; **2.** → a) ***starlit***, b) ***starred*** 2; **3.** strahlend: **~ *eyes***; **4.** sternförmig; **ˌ~-'eyed** *adj.* **1.** mit strahlenden Augen; **2.** *fig.* a) ‚blauäugig', na'iv, b) ro'mantisch.

star| shell *s.* ⚔ Leuchtgeschoß *n*; **'~-ˌspan·gled** *adj.* sternenbesät: ***Star-Spangled Banner*** *Am.* das Sternenbanner (*Nationalflagge od. -hymne der USA*).

start [stɑːt] **I** *s.* **1.** *sport* Start *m* (*a. fig.*): ***good ~***; **~*-and-finish line*** Start u. Ziel; ***give s.o. a ~ (in life)*** j-m zu e-m Start ins Leben verhelfen; **2.** Startzeichen *n* (*a. fig.*): ***give the ~***; **3.** a) Aufbruch *m*, b) Abreise *f*, c) Abfahrt *f*, d) ✈ Abflug *m*, Start *m*, e) Abmarsch *m*; **4.** Beginn *m*, Anfang *m*: ***at the ~*** am Anfang; ***from the ~*** von Anfang an; ***from ~ to finish*** von Anfang bis Ende; ***make a fresh ~*** e-n neuen Anfang machen, noch einmal von vorn anfangen; **5.** *sport* a) Vorgabe *f*, b) Vorsprung *m* (*a. fig.*): ***get*** (*od.* ***have***) ***the ~ of one's rivals*** s-n Rivalen zuvorkommen; **6.** Auf-, Zs.-fahren *n*, -schrecken *n*; Schreck *m*: ***give a ~*** → 12; ***give s.o. a ~*** j-n erschrecken; ***with a ~*** jäh, erschrocken; **II** *v/i.* **7.** aufbrechen, sich aufmachen (***for*** nach): **~ *on a journey*** e-e Reise antreten; **8.** a) abfahren, abgehen (*Zug etc.*), b) auslaufen (*Schiff*), ✈ abfliegen, starten (***for*** nach); **9.** anfangen, beginnen (***on*** mit *e-r Arbeit etc.*, ***doing*** zu tun): **~ *in business*** ein Geschäft anfangen *od.* eröffnen; ***to ~ with*** (*Redew.*) a) erstens, als erstes, b) zunächst, c) um es gleich zu sagen, d) ... als Vorspeise; **10.** *fig.* ausgehen (***from*** von *e-m Gedanken*); **11.** entstehen, aufkommen; **12.** a) auffahren, -schrekken, b) zs.-fahren, -zucken (***at*** vor *dat.*, bei *e-m Laut etc.*); **13.** a) aufspringen, b) losstürzen; **14.** stutzen (***at*** bei); **15.** aus den Höhlen treten (*Augen*); **16.** sich lockern *od.* lösen; **17.** ⚙, *mot.* anspringen, anlaufen; **III** *v/t.* **18.** in Gang *od.* in Bewegung setzen; ⚙ *a.* anlassen; *Feuer* anzünden, in Gang bringen; **19.** *Brief*, *Streit etc.* anfangen; *Aktion* starten; *Geschäft*, *Zeitung* gründen, aufmachen; **20.** *Frage* aufwerfen, *Thema* anschneiden; **21.** *Gerücht* in 'Umlauf setzen; **22.** *sport* starten (lassen); **23.** *Läufer*, *Pferd* aufstellen, an den Start bringen; **24.** 🚂 *Zug* abfahren lassen; **25.** *fig. j-m* zu e-m Start verhelfen: **~ *s.o. in business***; **26.** *j-n* (veran)lassen (***doing*** zu tun); **27.** lockern, lösen; **28.** aufscheuchen; **~ *in*** (*Am. a.* ***out***) *v/i.* F anfangen (***to do*** zu tun); **~ *off*** → ***start*** 9, 18; **~ *up*** → ***start*** 12 a, 13 a, 17, 18.

start·er ['stɑːtə] *s.* **1.** *sport* a) Starter *m* (*Kampfrichter u. Wettkampfteilnehmer* [*-in*]); **2.** *mot.* Starter *m*, Anlasser *m*; **3.** *fig.* Initi'ator *m*; **4.** F *bsd. Brit.* Vorspeise *f*; **5.** ***for ~s*** F a) als erstes, b) zunächst, c) um es gleich zu sagen.

start·ing ['stɑːtɪŋ] **I** *s.* **1.** Starten *n*, Ablauf *m*; **2.** ⚙ Anlassen *n*, In'gangsetzen *n*, Starten *n*: ***cold ~*** *mot.* Kaltstart *m*; **II** *adj.* **3.** Start...(*-block*, *-geld*, *-linie*, *-schuß etc.*); *mot. etc.* Anlaß...(*-kurbel*, *-motor*, *-schalter*); **~ *gate*** *s. Pferderennen*: 'Startmaˌschine *f*; **~ *point*** *s.* Ausgangspunkt *m* (*a. fig.*); **~ *price*** *s.* **1.** *Pferderennen*: Eventu'alquote *f*; **2.** *Auktion*: Mindestgebot *n*; **~ *sal·a·ry*** *s.* Anfangsgehalt *n*.

star·tle ['stɑːtl] **I** *v/t.* **1.** erschrecken; **2.** aufschrecken; **3.** über'raschen: a) bestürzen, b) verblüffen; **II** *v/i.* **4.** auf-, erschrecken: **~ *easily*** sehr schreckhaft sein; **'star·tling** [-lɪŋ] *adj.* □ **1.** erschreckend, bestürzend; **2.** verblüffend, aufsehenerregend.

star·va·tion [stɑː'veɪʃn] *s.* **1.** Hungern *n*: **~ *diet*** Hungerkur *f*; **~ *wages*** Hungerlohn *m*, -löhne *pl.*; **2.** Hungertod *m*, Verhungern *n*.

starve [stɑːv] **I** *v/i.* **1.** *a.* **~ *to death*** verhungern: ***I am simply starving*** F ich komme fast um vor Hunger; **2.** hungern (*a. fig.* ***for*** nach), Hunger (*fig.* Not) leiden; **3.** fasten; **4.** *fig.* verkümmern; **II** *v/t.* **5.** *a.* **~ *to death*** verhungern lassen; **6.** aushungern; **7.** hungern lassen: ***be ~d*** Hunger leiden, ausgehungert sein (*a. fig.* ***for*** nach); **8.** darben lassen (*a. fig.*): ***be ~d of*** *od.* ***for*** knapp sein an (*dat.*); **'starve·ling** [-lɪŋ] *obs.* **I** *s.* **1.** Hungerleider *m*; **2.** Kümmerling *m*; **II** *adj.* **3.** hungrig; **4.** abgemagert; **5.** kümmerlich.

star wheel *s.* ⚙ Sternrad *n*.

stash [stæʃ] *v/t. sl.* **1.** *mst* **~ *away*** verstecken, bei'seite tun; **2.** aufhören mit.

sta·sis ['steɪsɪs] *pl.* **-ses** [-siːz] *s.* ⚕ Stase *f*, (*Blut- etc.*)Stauung *f*.

state [steɪt] **I** *s.* **1.** *mst* **2** *pol.*, *a. zo.* Staat *m*: ***affairs of ~*** Staatsgeschäfte; **2.** *pol. Am.* (Bundes-, Einzel)Staat *m*: ***the 2s*** die (Vereinigten) Staaten; **~ *law*** Rechtsordnung *f* des Einzelstaates; ***2's attorney*** ⚖ Staatsanwalt *m*; ***turn ~'s evidence*** ⚖ als Kronzeuge auftreten, gegen s-e Komplizen aussagen; **3.** (*Gesundheits-*, *Geistes- etc.*)Zustand *m*: **~**

of health; ~ ***of aggregation*** *phys.* Aggregatzustand; ~ ***of war*** Kriegszustand; ***in a*** ~ F a) in e-m schrecklichen Zustand, b) ‚ganz aus dem Häuschen'; → ***emergency*** I; **4.** Stand *m*, Lage *f* (***of affairs*** der Dinge): ~ ***of the art*** neuester Stand der Technik; **5.** (Fa'milien-)Stand *m*: ***married*** ~ Ehestand; **6.** ⚕, *zo.* Stadium *n*; **7.** (gesellschaftliche) Stellung, Stand *m*: ***in a style befitting one's*** ~ standesgemäß; **8.** Pracht *f*, Staat *m*: ***in*** ~ feierlich, mit großem Zeremoniell *od.* Pomp; ***lie in*** ~ feierlich aufgebahrt liegen; ***live in*** ~ großen Aufwand treiben; **9.** *pl. pol. hist.* (Land-*etc.*)Stände *pl.*; **10.** *Kupferstecherei*: (Ab)Druck *m*; **II** *adj.* **11.** Staats…, staatlich, po'litisch: ~ ***capitalism*** Staatskapitalismus *m*; ~ ***funeral*** Staatsbegräbnis *n*; ~ ***mourning*** Staatstrauer *f*; ~ ***prison*** staatliche Strafanstalt (*in U.S.A. e-s Bundesstaates*); ~ ***prisoner*** politischer Häftling *od.* Gefangener; **12.** Staats…, Prunk…, Parade…, feierlich: ~ ***apartment*** → ***stateroom*** 1; ~ ***carriage*** Prunk-, Staatskarosse *f*; **III** *v/t.* **13.** festsetzen, -legen; *e-e Regel* aufstellen; → ***stated*** 1; **14.** erklären: a) darlegen, b) *a.* ⚖ (aus)sagen, *Gründe, Klage etc.* vorbringen, *Tatsachen etc.* anführen; → ***case***[1] 1, c) *Einzelheiten etc.* angeben; **15.** feststellen, konstatieren; **16.** behaupten; **17.** erwähnen, bemerken; **18.** *Problem etc.* stellen; **19.** ℞ (mathe'matisch) ausdrücken.

ˌ**state|-con'trolled** *adj.* staatlich gelenkt, unter staatlicher Aufsicht: ~ ***economy*** Zwangswirtschaft *f*; '~**-craft** *s. pol.* Staatskunst *f*.

stat·ed ['steɪtɪd] *p.p. u. adj.* **1.** festgesetzt: ***at the*** ~ ***time***; ***at*** ~ ***intervals*** in regelmäßigen Abständen; ~ ***meeting*** *bsd. Am.* ordentliche Versammlung; **2.** festgestellt; **3.** bezeichnet, (*a.* amtlich) anerkannt; **4.** angegeben: ***as*** ~ ***above***; ~ ***case*** ⚖ Sachdarstellung *f*.

State| De·part·ment *s. pol. Am.* 'Außenminiˌsterium *n*; ♀**·hood** ['steɪthʊd] *s. pol. bsd. Am.* Eigenstaatlichkeit *f*, Souveräni'tät *f*; '~**·house** *s. pol. Am.* Parla'mentsgebäude *n od.* Kapi'tol *n* (*e-s Bundesstaats*).

state·less ['steɪtlɪs] *adj. pol.* staatenlos: ~ ***person*** Staatenlose(r *m*) *f*.

state·li·ness ['steɪtlɪnɪs] *s.* **1.** Stattlichkeit *f*; Vornehmheit *f*; **2.** Würde *f*; **3.** Pracht *f*; '**state·ly** [-lɪ] *adj.* **1.** stattlich, impo'sant; prächtig; **2.** würdevoll; **3.** erhaben, vornehm.

state·ment ['steɪtmənt] *s.* **1.** (*a.* amtliche *etc.*) Erklärung: ***make a*** ~ e-e Erklärung abgeben; **2.** a) (Zeugen- *etc.*) Aussage *f*, b) Angabe(n *pl.*) *f*: ***false*** ~; ~ ***of facts*** Sachdarstellung *f*, Tatbestand *m*; ~ ***of contents*** Inhaltsangabe; **3.** Behauptung *f*; **4.** *bsd.* ⚖ (schriftliche) Darlegung, (Par'tei)Vorbringen *n*: ~ ***of claim*** Klageschrift *f*; ~ ***of defence*** (*Am.* ***defense***) a) Klagebeantwortung *f*, b) Verteidigungsschrift *f*; **5.** *bsd.* ✝ (*Geschäfts-, Monats-, Rechenschafts- etc.*)Bericht *m*, (*Bank-, Gewinn-, Jahres- etc.*)Ausweis *m*, (*statistische etc.*) Aufstellung: ~ ***of affairs*** Situationsbericht, Status *m e-r Firma*; ~ ***of account*** Kontoauszug *m*; ***financial*** ~ Gewinn- und Verlustrechnung *f*; **6.** *Am.* ✝ Bi'lanz *f*: ~ ***of assets and liabilities***; **7.** Darstellung *f*, Darlegung *f e-s Sachverhalts*; **8.** ✝ Lohn *m*, Ta'rif *m*; **9.** *fig.* Aussage *f*, Statement *n e-s Autors etc.*

'**state·room** *s.* **1.** Staats-, Prunkzimmer *n*; **2.** ⚓ ('Einzel)Kaˌbine *f*; **3.** 🚂 *Am.* Pri'vatabteil *n* (*mit Betten*).

'**state·side** *oft* ♀ *Am.* **I** *adj.* ameri'kanisch, Heimat…; ~ ***duty*** *bsd.* ⚔ Dienst *m* in der Heimat; **II** *adv.* in den *od.* in die Staaten (zurück).

states·man ['steɪtsmən] *s.* [*irr.*] **1.** *pol.* Staatsmann *m*; **2.** (bedeutender) Po'litiker; '**states·man·like** [-laɪk], '**states·man·ly** [-lɪ] *adj.* staatsmännisch; '**states·man·ship** [-ʃɪp] *s.* Staatskunst *f*.

States' rights *s. pl.* Staatsrechte *pl.* (*der Einzelstaaten der USA*).

stat·ic ['stætɪk] **I** *adj.* (□ ~***ally***) **1.** *phys. u. fig.* statisch: ~ ***sense*** ⚕ Gleichgewichtssinn *m*; **2.** ⚡ (elektro)'statisch; **3.** *Funk*: a) atmo'sphärisch (*Störung*), b) Störungs…; **II** *s.* **4.** ⚡ statische *od.* atmo'sphärische Elektrizi'tät; **5.** *pl. sg. konstr. phys.* Statik *f*; **6.** *pl. Funk*: atmo'sphärische Störung(en *pl.*).

sta·tion ['steɪʃn] **I** *s.* **1.** Platz *m*, Posten *m* (*a. sport*); **2.** (*Rettungs-, Unfall- etc.*) Stati'on *f*, (*Beratungs-, Dienst-, Tank- etc.*)Stelle *f*; (Tele'grafen)Amt *n*; (Tele'fon)Sprechstelle *f*; ('Wahl)Loˌkal *n*; (Handels)Niederlassung *f*; (Feuer)Wache *f*; **3.** (Poli'zei)Wache *f*; **4.** 🚂 a) Bahnhof *m*, b) ('Bahn)Statiˌon *f*; **5.** *Am.* (Bus- *etc.*)Haltestelle *f*; **6.** (Zweig-)Postamt *n*; **7.** ('Forschungs)Statiˌon *f*; (Erdbeben)Warte *f*; **8.** (Rundfunk-)Sender *m*, Stati'on *f*; **9.** Kraftwerk *n*; **10.** ⚔ a) Posten *m*, (⚓ Flotten)Stützpunkt *m*, b) Standort *m*, c) ✈ *Brit.* Fliegerhorst *m*; **11.** *biol.* Standort *m*; **12.** ⚓, ⚔ Positi'on *f*; **13.** Stati'on *f* (*Rastort*); **14.** *R.C.* a) *a.* ~ ***of the cross*** ('Kreuzweg)Statiˌon *f*, b) Stati'onskirche *f*; **15.** *eccl. a.* ~ ***day*** Wochen-Fasttag *m*; **16.** *surv.* a) Stati'on *f* (*Ausgangspunkt*), b) Basismeßstrecke *f*; **17.** *Austral.* (Rinder-, Schafs)Zuchtfarm *f*; **18.** *fig.* a) *gesellschaftliche etc.* Stellung: ~ ***in life***, b) Stand *m*, Rang *m*: ***below one's*** ~ nicht standesgemäß *heiraten etc.*; ***men of*** ~ Leute von Rang; **II** *v/t.* **19.** aufstellen, postieren; **20.** ⚔, ⚓ stationieren: ***be*** ~***ed*** stehen.

sta·tion·ar·y ['steɪʃnərɪ] *adj.* **1.** ⚙ *etc.* statio'när (*a. ast.*, ⚕), ortsfest, fest(stehend): ~ ***treatment*** ⚕ stationäre Behandlung; ~ ***warfare*** Stellungskrieg *m*; **2.** seßhaft; **3.** gleichbleibend, stationär, unveränderlich: ***remain*** ~ unverändert sein *od.* bleiben; **4.** (still)stehend: ***be*** ~ stehen; ~ ***dis·ease*** *s.* ⚕ lo'kal auftretende u. jahreszeitlich bedingte Krankheit.

sta·tion·er ['steɪʃnə] *s.* Pa'pier-, Schreibwarenhändler *m*; '**sta·tion·er·y** [-ərɪ] *s.* **1.** Schreib-, Pa'pierwaren *pl.*: ***office*** ~ Büromaterial *n*, -bedarf *m*; **2.** 'Brief-, 'Schreibpaˌpier *n*.

sta·tion| hos·pi·tal *s.* ⚔ 'Standortlazaˌrett *n*; ~ **house** *s.* **1.** a) Poli'zeiwache *f*, b) Feuerwache *f*; **2.** 🚂 'Bahnstatiˌon *f*; '~ˌ**mas·ter** *s.* 🚂 Stati'onsvorsteher *m*; ~ **se·lec·tor** *s.* ⚡ Stati'onswähler *m*, Sendereinstellung *f*; ~ **wag·on** *s. mot. Am.* Kombiwagen *m*.

stat·ism ['steɪtɪzəm] *s.* ✝, *pol.* Diri'gismus *m*, Planwirtschaft *f*; '**stat·ist** [-tɪst] **I** *s.* **1.** Sta'tistiker *m*; **2.** Anhänger(in) der Planwirtschaft; **II** *adj.* **3.** *pol.* diri'gistisch.

sta·tis·tic, **sta·tis·ti·cal** [stə'tɪstɪk(l)] *adj.* □ sta'tistisch; **stat·is·ti·ci·an** [ˌstætɪ'stɪʃn] *s.* Sta'tistiker *m*; **sta'tis·tics** [-ks] *s. pl.* **1.** *sg. konstr. allg.* Sta'tistik *f*; **2.** Sta'tistik(en *pl.*) *f*.

sta·tor ['steɪtə] *s.* ⚙, ⚡ Stator *m*.

stat·u·ar·y ['stætjʊərɪ] **I** *s.* **1.** Bildhauerkunst *f*; **2.** (Rund)Plastiken *pl.*, Statuen *pl.*, Skulp'turen *pl.*; **3.** Bildhauer *m*; **II** *adj.* **4.** Bildhauer…; **5.** (rund)plastisch; **6.** Statuen…: ~ ***marble***; **stat·ue** ['stætʃuː] Statue *f*, Standbild *n*, Plastik *f*; **stat·u·esque** [ˌstætjʊ'esk] *adj.* □ statuenhaft (*a. fig.*); **stat·u·ette** [ˌstætjʊ'et] *s.* Statu'ette *f*.

stat·ure ['stætʃə] *s.* **1.** Sta'tur *f*, Wuchs *m*, Gestalt *f*; **2.** Größe *f*; **3.** *fig.* (geistige *etc.*) Größe, For'mat *n*, Ka'liber *n*.

sta·tus ['steɪtəs] *pl.* **-es** [-ɪz] *s.* **1.** ⚖ a) Status *m*, Rechtsstellung *f*, b) *a.* ***legal*** ~ Rechtsfähigkeit *f*, c) Ak'tivlegitimatiˌon *f*: ~ ***of ownership*** Eigentumsverhältnisse *pl.*; ***equality of*** ~ (politische) Gleichberechtigung; ***national*** ~ Staatsangehörigkeit *f*; **2.** (Fa'milien-, Per'sonen)Stand *m*; **3.** *a.* ***military*** ~ (Wehr-)Dienstverhältnis *n*; **4.** (gesellschaftliche *etc.*) Stellung *f*, (Sozi'al)Preˌstige *n*, Status *m*: ~ ***symbol*** Statussymbol *n*; **5.** ✝ (geschäftliche) Lage: ***financial*** ~ Vermögenslage; **6.** *a.* ⚕ Zustand *m*, Status *m*; ~ **quo** [kwəʊ] (*Lat.*) *s. der* Status quo (*der jetzige Zustand*); ~ **quo an·te** [kwəʊ'æntɪ] (*Lat.*) *s. der* Status quo ante (*der vorherige Zustand*).

stat·ute ['stætjuːt] *s.* **1.** ⚖ a) Gesetz *n* (*vom Parlament erlassene Rechtsvorschrift*), b) Gesetzesvorschrift *f*, c) *parl.* Parla'mentsakte *f*: ~ ***of bankruptcy*** Konkursordnung *f*; **2.** ~ (***of limitations***) ⚖ (Gesetz *n* über) Verjährung *f*: ***not subject to the*** ~ unverjährbar; **3.** Sta'tut *n*, Satzung *f*; '~**-barred** *adj.* ⚖ verjährt; ~ **book** *s.* Gesetzessammlung *f*; ~ **law** *s.* Gesetzesrecht *n* (*Ggs.* ***common law***); ~ **mile** *s.* (gesetzliche) Meile (*1,60933 km*).

stat·u·to·ry ['stætjʊtərɪ] *adj.* □ **1.** ⚖ gesetzlich (*Erbe, Feiertag, Rücklage etc.*): ~ ***corporation*** Körperschaft *f* des öffentlichen Rechts; ~ ***declaration*** eidesstattliche Erklärung; **2.** Gesetzes…; **3.** ⚖ (dem Gesetz nach) strafbar; → ***rape***[1] 1; **4.** ⚖ Verjährungs…; **5.** satzungsgemäß.

staunch[1] [stɔːntʃ] → ***stanch***[1].

staunch[2] [stɔːntʃ] *adj.* □ **1.** (ge)treu, zuverlässig; **2.** standhaft, fest, eisern; '**staunch·ness** [-ʃnɪs] *s.* Festigkeit *f*, Zuverlässigkeit *f*.

stave [steɪv] **I** *s.* **1.** (Faß)Daube *f*; **2.** (Leiter)Sprosse *f*; **3.** Stock *m*; **4.** Strophe *f*, Vers *m*; **5.** ♪ 'Noten(linien)syˌstem *n*; **II** *v/t.* [*irr.*] **6.** *mst* ~ ***in*** a) einschlagen, b) *Loch* schlagen; **7.** ~ ***off*** a) *j-n* hinhalten *od.* abweisen, b) *Unheil etc.* abwenden, abwehren, c) *et.* aufschieben; **8.** mit Dauben *od.* Sprossen versehen; ~ **rhyme** *s.* Stabreim *m*.

staves [steɪvz] *pl. von* ***staff***[1] 8.

stay [steɪ] **I** *v/i.* **1.** bleiben (***with*** bei *j-m*): ~ ***away*** fernbleiben (***from*** *dat.*); ~

behind zurückbleiben; **~ *clean*** rein bleiben; ***come to*** **~** (für immer) bleiben; **~ *in*** zu Hause *od.* drinnen bleiben; **~ *on*** (noch länger) bleiben; **~ *for*** (*od.* ***to***) ***dinner*** zum Essen bleiben; **2.** sich (vor'übergehend) aufhalten, wohnen, weilen (***at, in*** in *dat.*, ***with*** bei *j-m*); **3.** stehenbleiben; **4.** (sich) verweilen; **5.** warten (***for s.o.*** auf j-n); **6.** *bsd. sport* F a) 'durchhalten, b) **~ *with*** *Am.* mithalten (können) mit; **II** *v/t.* **7.** a) aufhalten, hemmen, Halt gebieten (*dat.*), b) zu'rückhalten (***from*** von): **~ *one's hand*** sich zurückhalten; **8.** ⚖ *Urteilsvollstreckung, Verfahren* aussetzen; *Verfahren, Zwangsvollstreckung* einstellen; **9.** *Hunger etc.* stillen; **10.** *a.* **~ *up*** stützen (*a. fig.*); **11.** ⚙ a) absteifen, b) ab-, verspannen, c) verankern; **III** *s.* **12.** (vor'übergehender) Aufenthalt; **13.** a) Halt *m*, Stockung *f*, b) Hemmnis *n* (***upon*** für): ***put a*** **~ *on*** *s-e Gedanken etc.* zügeln; **14.** ⚖ Aussetzung *f*, Einstellung *f*, (Voll'streckungs)Aufschub *m*; **15.** F Ausdauer *f*; **16.** ⚙ a) Stütze *f*, b) Strebe *f*, c) Verspannung *f*, d) Anker *m*; **17.** ⚓ Stag *n*, Stütztau *n*; **18.** *pl.* Kor'sett *n*; **19.** *fig.* Stütze *f des Alters etc.*

stay|-at-home ['steɪəthəʊm] **I** *s.* Stubenhocker(in); **II** *adj.* stubenhockerisch; '**~-down (strike)** *s.* ⚒ *Brit.* Sitzstreik *m.*

stay·er ['steɪə] *s.* **1.** ausdauernder Mensch; **2.** *Pferdesport*: Steher *m.*

stay·ing pow·er ['steɪɪŋ] *s.* Stehvermögen *n*, Ausdauer *f.*

'**stay-in strike** *s.* Sitzstreik *m.*

stead [sted] *s.* **1.** Stelle *f*: ***in his*** **~** an s-r Statt, statt seiner; **2.** Nutzen *m*: ***stand s.o. in good*** **~** j-m (gut) zustatten kommen (*Kenntnisse etc.*).

stead·fast ['stedfəst] *adj.* □ fest: a) unverwandt (*Blick*), b) standhaft, unentwegt, treu (*Person*), c) unerschütterlich (*Person, a. Entschluß, Glaube etc.*); '**stead·fast·ness** [-nɪs] *s.* Standhaftigkeit *f*, Festigkeit *f.*

stead·i·ness ['stedɪnɪs] *s.* **1.** Festigkeit *f*; **2.** Beständigkeit *f*, Stetigkeit *f*; **3.** so'lide Art; **stead·y** ['stedɪ] **I** *adj.* □ **1.** (stand)fest, sta'bil: ***a*** **~ *ladder*; *not*** **~ *on one's legs*** nicht fest auf den Beinen; **2.** gleichbleibend, -mäßig, unveränderlich; ausgeglichen (*Klima*); ✝ fest, sta'bil (*Preise*); **3.** stetig, ständig: **~ *progress*; ~ *work*; 4.** regelmäßig: **~ *customer*** Stammkunde *m*; ***go*** **~ *with*** F mit *e-m Mädchen* (fest) ‚gehen'; **5.** ruhig (*Augen, Nerven*), sicher (*Hand*); **6.** → ***steadfast***; **7.** so'lide, ordentlich, zuverlässig (*Person, Lebensweise*); **II** *int.* **8.** sachte!, ruhig Blut!; **9.** **~ *on!*** halt!; **III** *v/t.* **10.** festigen, fest *od.* sicher *etc.* machen: **~ *o.s.*** sich stützen; **11.** *Pferd* zügeln; **12.** *j-n* zur Vernunft bringen; **IV** *v/i.* **13.** fest *od.* ruhig *od.* sicher *etc.* werden; sich festigen (*a.* ✝ *Kurse*); **V** *s.* **14.** Stütze *f* (*für Hand od. Werkzeug*); **15.** F fester Freund *od.* feste Freundin; **~ *state*** *s. phys.* Fließgleichgewicht *n.*

steak [steɪk] *s.* **1.** (*bsd.* Beef)Steak *n*; **2.** ('Fisch)Kote,lett *n*, (-)Fi,let *n*; **~ *hammer*** *s.* Fleischklopfer *m.*

steal [sti:l] **I** *v/t.* [*irr.*] **1.** (***from s.o.*** j-m) stehlen (*a. fig. plagiieren*); **2.** *fig.* stehlen, erhaschen, ergattern: **~ *a kiss*** e-n Kuß rauben; **~ *a look*** e-n verstohlenen Blick werfen; → ***march***[1] 10, ***show*** 3, ***thunder*** 1; **3.** *fig. wohin* schmuggeln; **II** *v/i.* [*irr.*] **4.** stehlen; **5.** schleichen: **~ *away*** sich davonstehlen; **~ *into*** sich einschleichen *od.* sich stehlen in (*acc.*); **6.** **~ *over*** *od.* (***up***)***on*** *fig. j-n* beschleichen, über'kommen (*Gefühl*); **III** *s.* **7.** F a) Diebstahl *m*, b) *Am.* Schiebung *f.*

stealth [stelθ] *s.* Heimlichkeit *f*: ***by*** **~** heimlich; '**stealth·i·ness** [-θɪnɪs] *s.* Heimlichkeit *f*; '**stealth·y** [-θɪ] *adj.* □ verstohlen, heimlich.

steam [sti:m] **I** *s.* **1.** (Wasser)Dampf *m*: ***at full*** **~** mit Volldampf (*a. fig.*); ***get up*** **~** Dampf aufmachen (*a. fig.*); ***let*** (*od.* ***blow***) ***off*** **~** Dampf ablassen, *fig. a.* sich *od.* s-m Zorn Luft machen; ***put on*** **~** a) Dampf anlassen, b) *fig.* Dampf dahinter machen; ***he ran out of*** **~** ihm ging die Puste aus; ***under one's own*** **~** mit eigener Kraft (*a. fig.*); **2.** Dunst *m*, Dampf *m*, Schwaden *pl.*; **3.** *fig.* Kraft *f*, Wucht *f*; **II** *v/i.* **4.** dampfen (*a. Pferd etc.*); **5.** verdampfen; **6.** ⚓, 🚂 dampfen (*fahren*): **~ *ahead*** F *fig.* a) sich (mächtig) ins Zeug legen, b) gut vorankommen; **7.** **~ *over*** *od.* ***up*** (sich) beschlagen (*Glas*); **8.** F vor Wut kochen (***about*** wegen); **III** *v/t.* **9.** a) *Speisen etc.* dämpfen, dünsten, b) *Holz etc.* mit Dampf behandeln, dämpfen, *Stoff* dekatieren; **10.** **~ *up*** *Glas* beschlagen; **11.** **~ *up*** F a) ankurbeln, b) *j-n* in Rage bringen: ***be*** **~*ed up*** → 8; **~ *bath*** *s.* Dampfbad *n*; '**~·boat** *s.* Dampfboot *n*; **~ *boil·er*** *s.* Dampfkessel *m*; **~ *en·gine*** *s.* 'Dampfma,schine *f od.* -lokomo,tive *f.*

steam·er ['sti:mə] *s.* **1.** Dampfer *m*, Dampfschiff *n*; **2.** a) Dampfkochtopf *m*, b) 'Dämpfappa,rat *m.*

steam| fit·ter *s.* ('Heizungs)Installa,teur *m*; **~ *ga(u)ge*** *s.* Mano'meter *n*; **~ *hammer*** *s.* Dampfhammer *m*; **~ *heat*** *s.* **1.** durch Dampf erzeugte Hitze; **2.** *phys.* spe'zifische Verdampfungswärme; **~ *nav·vy*** *Brit.* → ***steam-shovel***; '**~,roll·er** **I** *s.* **1.** Dampfwalze *f* (*a. fig.*); **II** *v/t.* **2.** glattwalzen; **3.** *fig.* a) *Opposition etc.* niederwalzen, ‚über'fahren', b) *Antrag etc.* 'durchpeitschen; '**~·ship** → ***steamer*** 1; '**~-,shov·el** *s.* ⚙ (Dampf)Löffelbagger *m*; **~ *tug*** *s.* Schleppdampfer *m.*

steam·y ['sti:mɪ] *adj.* □ dampfig, dunstig, dampfend, Dampf…

ste·a·rate ['stɪəreɪt] *s.* ⚗ Stea'rat *n.*

ste·ar·ic [stɪ'ærɪk] *adj.* ⚗ Stearin…; **ste·a·rin** ['stɪərɪn] *s.* **1.** Stea'rin *n*; **2.** *der feste Bestandteil e-s Fettes.*

ste·a·tite ['stɪətaɪt] *s. min.* Stea'tit *m.*

steed [sti:d] *s. rhet.* (Streit)Roß *n.*

steel [sti:l] **I** *s.* **1.** Stahl *m*: **~*s*** ✝ Stahlaktien *pl.*; ***of*** **~** → 3; **2.** Stahl *m*: a) *oft* ***cold*** **~** kalter Stahl, Schwert *n*, Dolch *m*, b) Wetzstahl *m*, c) Feuerstahl *m*, d) Korsettstäbchen *n*; **II** *adj.* **3.** stählern (*a. fig.*), aus Stahl, Stahl…; **III** *v/t.* **4.** ⚙ (ver)stählen; **5.** *fig.* stählen, (ver)härten, wappnen: **~ *o.s. for*** (***against***) ***s.th.*** sich für (gegen) et. wappnen; '**~-clad** *adj.* stahlgepanzert; **~ *en·grav·ing*** *s.* Stahlstich *m*; **~ *mill*** *s.* Stahl(walz)werk *n*; **~ *wool*** *s.* Stahlspäne *pl.*, -wolle *f*; '**~·works** *s. pl. mst sg. konstr.* Stahlwerk(e *pl.*) *n.*

steel·y ['sti:lɪ] *adj.* → ***steel*** 3.

steel·yard ['sti:ljɑ:d] *s.* Laufgewichtswaage *f.*

steep[1] [sti:p] **I** *adj.* □ **1.** steil, jäh; **2.** F *fig.* a) ‚happig', ‚gepfeffert', unverschämt (*Preis etc.*), b) ‚toll', unglaublich; **II** *s.* **3.** steiler Abhang.

steep[2] [sti:p] **I** *v/t.* **1.** eintauchen, -weichen; **2.** (***in, with***) (durch)'tränken (mit); imprägnieren (mit); **3.** (***in***) *fig.* durch'dringen (mit), versenken (in *acc.*), erfüllen (von): **~ *o.s. in*** sich in *ein Thema etc.* versenken; **~*ed in*** versunken in (*dat.*), *b.s.* tief in *et.* verstrickt; **II** *s.* **4.** Einweichen *n*, -tauchen *n*; **5.** (Wasch)Lauge *f.*

steep·en ['sti:pən] *v/t. u. v/i.* steil(er) machen (werden); *fig.* (sich) erhöhen.

stee·ple ['sti:pl] *s.* **1.** Kirchturm(spitze *f*) *m*; **2.** Spitzturm *m*; '**~·chase** *sport s.* **1.** *Pferdesport*: Steeplechase *f*, Hindernis-, Jagdrennen *n*; **2.** Hindernislauf *m.*

stee·pled ['sti:pld] *adj.* **1.** betürmt (*Gebäude*); **2.** vieltürmig (*Stadt*).

'**stee·ple·jack** *s.* Schornstein- *od.* Turmarbeiter *m.*

steep·ness ['sti:pnɪs] *s.* **1.** Steilheit *f*, Steile *f*; **2.** steile Stelle.

steer[1] [stɪə] *s.* (*bsd.* junger) Ochse.

steer[2] [stɪə] **I** *v/t.* **1.** *Schiff, Fahrzeug, a. fig. Staat etc.* steuern, lenken; **2.** *Weg, Kurs* verfolgen, einhalten; **3.** *j-n wohin* lotsen, dirigieren; **II** *v/i.* **4.** steuern: **~ *clear of*** *fig.* vermeiden, aus dem Wege gehen (*dat.*); **~ *for*** lossteuern auf (*acc.*) (*a. fig.*); '**steer·a·ble** [-ərəbl] *adj.* lenkbar; '**steer·age** [-ərɪdʒ] *s. mst* ⚓ **1.** Steuerung *f*; **2.** Steuerwirkung *f*: **~*way*** ⚓ Steuerfahrt *f*; **3.** Zwischendeck *n.*

steer·ing ['stɪərɪŋ] **I** *s.* **1.** Steuern *n*; **2.** Steuerung *f*; **II** *adj.* **3.** Steuer…; **~ *col·umn*** *s. mot.* Lenksäule *f*: **~ *lock*** Lenk(-rad)schloß *n*; **~ *com·mit·tee*** *s.* Lenkungsausschuß *m*; (Kon'greß- *etc.*)Leitung *f*; **~ *gear*** *s.* **1.** *mot.*, ✈ Steuerung *f*, Lenkung *f*; **2.** ⚓ Steuergerät *n*, Ruderanlage *f*; **~ *lock*** *s. mot.* Lenkungseinschlag *m*; **~ *wheel*** *s.* ⚓ Steuer-, *mot. a.* Lenkrad *n.*

steeve[1] [sti:v] ⚓ *v/t.* traven, *Ballenladung* zs.-pressen.

steeve[2] [sti:v] *s.* ⚓ Steigung *f* (*des Bugspriets*).

stein [staɪn] (*Ger.*) *s.* Bier-, Maßkrug *m.*

stel·lar ['stelə] *adj.* stel'lar, Stern(en)…

stel·late ['stelət] *adj.* sternförmig: **~ *leaves*** ⚘ quirlständige Blätter.

stem[1] [stem] **I** *s.* **1.** (Baum)Stamm *m*; **2.** a) Stengel *m*, b) (Blüten-, Blatt-, Frucht)Stiel *m*, c) Halm *m*; **3.** Bündel *n* Bananen; **4.** (*Pfeifen-, Weinglas- etc.*) Stiel *m*; (Lampen)Fuß *m*; (Ven'til-) Schaft *m*; (Thermo'meter)Röhre *f*; **5.** (Aufzieh)Welle *f* (*Uhr*); **6.** Geschlecht *n*, Stamm *m*; **7.** *ling.* (Wort)Stamm *m*; **8.** ♪ (Noten)Hals *m*; **9.** *typ.* Grundstrich *m*; **10.** ⚓ (Vorder)Steven *m*: ***from*** **~ *to stern*** von vorn bis achtern; **II** *v/t.* **11.** entstielen; **III** *v/i.* **12.** stammen (***from*** von).

stem[2] [stem] **I** *v/t.* **1.** *Fluß etc.* eindämmen (*a. fig.*); **2.** *Blutung* stillen; **3.** ⚓ ankämpfen gegen *die Strömung etc.*; **4.** *fig.* a) aufhalten, Einhalt gebieten (*dat.*), b) ankämpfen gegen, sich entgegenstemmen (*dat.*); **II** *v/i.* **5.** *Skisport*: stemmen.

stem·less ['stemlɪs] *adj.* stengellos, ungestielt.

stem| turn *s. Skisport*: Stemmbogen *m*; '**~,wind·er** *s.* Remon'toiruhr *f*.

stench [stentʃ] *s.* Gestank *m*.

sten·cil ['stensl] **I** *s.* **1.** *a.* **~ plate** ('Maler)Scha,blone *f*, Pa'trone *f*; **2.** *typ.* ('Wachs)Ma,trize *f*; **3.** Scha'blonenzeichnung *f*, -muster *n*; **4.** Ma'trizenabzug *m*; **II** *v/t.* **5.** *Oberfläche*, *Buchstaben* schablonieren; **6.** auf Matrize(n) schreiben.

Sten gun [sten] *s.* ⚔ leichtes Ma'schinengewehr, LMG *n*.

sten·o ['stenəʊ] F → a) ***stenograph*** 4, b) *Am.* ***stenographer***.

sten·o·graph ['stenəgrɑ:f] **I** *s.* **1.** Steno'gramm *n*; **2.** Kurzschriftzeichen *n*; **3.** Stenogra'phierma,schine *f*; **II** *v/t.* **4.** stenographieren; **ste·no·gra·pher** [ste'nɒgrəfə] *s.* **1.** Steno'graph(in); **2.** *Am.* Stenoty'pistin *f*; **sten·o·graph·ic** [,stenə'græfɪk] *adj.* (□ **~ally**) steno'graphisch; **ste·nog·ra·phy** [ste'nɒgrəfɪ] *s.* Stenogra'phie *f*, Kurzschrift *f*.

sten·o·type ['stenəʊtaɪp] → ***stenograph*** 2 *u.* 3.

sten·to·ri·an [sten'tɔ:rɪən] *adj.* 'überlaut: **~ *voice*** Stentorstimme *f*.

step [step] **I** *s.* **1.** Schritt *m* (*a. Geräusch*, *Maß*): **~ *by* ~** Schritt für Schritt (*a. fig.*); ***take a* ~** e-n Schritt machen; **2.** Fußstapfen *m*: ***tread in s.o.'s* ~*s*** *fig.* in j-s Fußstapfen treten; **3.** *eiliger etc.* Schritt, Gang *m*; **4.** (Tanz)Schritt *m*; **5.** (Gleich)Schritt *m*: ***in* ~** im Gleichschritt; ***out of* ~** außer Tritt; ***out of* ~ *with*** *fig.* nicht im Einklang mit; ***fall in* ~** Tritt fassen; ***keep* ~ (*with*)** Schritt halten (mit); **6.** ein paar Schritte *pl.*, *ein* ,Katzensprung' *m*: ***it is only a* ~ *to the inn***; **7.** *fig.* Schritt *m*, Maßnahme *f*: ***take* ~*s*** Schritte unternehmen; ***take legal* ~*s against*** gegen *j-n* gerichtlich vorgehen; ***a false* ~** ein Fehler, e-e Dummheit; → ***watch*** 17; **8.** *fig.* Schritt *m*, Stufe *f*: ***a great* ~ *forward*** ein großer Schritt vorwärts; **9.** Stufe *f* (*e-r Treppe etc.*; *a.* ⚡ *e-s Verstärkers etc.*); (Leiter)Sprosse *f*; ⚙, ⚡ Schaltschritt *m*; **10.** (***pair of***) **~*s*** *pl.* Trittleiter *f*; **11.** Tritt(brett *n*) *m*; **12.** *geogr.* Stufe *f*, Ter'rasse *f*; Pla'teau *n*; **13.** ♪ a) (Ton-, Inter'vall)Schritt *m*, b) Inter'vall *n*, c) (Tonleiter)Stufe *f*; **14.** *fig.* a) (Rang-)Stufe *f*, Grad *m*, b) *bsd.* ⚔ Beförderung *f*; **II** *v/i.* **15.** schreiten, treten: **~ *into a fortune*** *fig.* unverhofft zu e-m Vermögen kommen; **16.** *wohin* gehen, treten: **~ *in!*** herein!; **17.** → ***step out*** 2; **18.** treten ([***up***]***on*** auf *acc.*): **~ *on the gas*** (*od.* **~ *on it***) (F *a. fig.*) Gas geben; **~ *on it!*** F Tempo!; **III** *v/t.* **19.** *Schritt* machen: **~ *it*** zu Fuß gehen; **20.** *Tanz* tanzen; **21.** *a.* **~ *off*** (*od.* ***out***) *Entfernung etc.* a) abschreiten, b) abstecken; **22.** abstufen;

Zssgn mit adv.:

step| a·side *v/i.* **1.** zur Seite treten; **2.** → ***step down*** 2; **~ back I** *v/i. a. fig.* zu'rücktreten; **II** *v/t.* abstufen; **~ down I** *v/i.* **1.** her'unter-, hin'unterschreiten; **2.** *fig.* zu'rücktreten (***in favo[u]r of*** zu'gunsten); **II** *v/t.* **3.** verringern, verzögern; **4.** ⚡ her'untertransformieren; **~ in** *v/i.* **1.** eintreten, -steigen; **2.** *fig.* einschreiten, -greifen; **~ out I** *v/i.* **1.** her'austreten, aussteigen; **2.** (forsch) ausschreiten; **3.** F (viel) ausgehen; **II** *v/t.* **4.** → ***step*** 21a; **~ up I** *v/i.* **1.** hin'auf-, her'aufsteigen; **2.** zugehen (***to*** auf *acc.*); **II** *v/t.* **3.** *Produktion etc.* steigern, ankurbeln; **4.** ⚡ hochtransformieren.

step- [step] *in Zssgn* Stief...: **~*child*** Stiefkind *n*; **~*father*** Stiefvater *m*.

step| dance *s.* Step(tanz) *m*; '**~-down** *adj.* ⚡ Umspann...: **~ *transformer*** Abwärtstransformator *m*; '**~-in I** *adj.* **1.** zum Hin'einschlüpfen, Schlupf...; **II** *s.* **2.** *mst pl.* Schlüpfer *m*; **3.** *pl. a.* **~ *shoes*** Slipper *pl.*; '**~,lad·der** *s.* Trittleiter *f*; '**~,moth·er·ly** *adj. a. fig.* stiefmütterlich.

steppe [step] *s. geogr.* Steppe *f*.

step·ping stone ['stepɪŋ] *s.* **1.** (Tritt-)Stein *m im Wasserlauf etc.*; **2.** *fig.* Sprungbrett *n* (***to*** zu).

'**step-up I** *adj.* stufenweise erhöhend: **~ *transformer*** ⚡ Aufwärtstransformator *m*; **II** *s.* Steigerung *f*.

'**step·wise** *adv.* schritt-, stufenweise.

ster·e·o ['sterɪəʊ] F **I** *s.* **1.** a) → ***stereotype*** 1, b) → ***stereoscope***; **2.** a) Stereogerät *n*, b) Stereo(schall)platte *f*; **II** *adj.* **3.** → ***stereoscopic***; **4.** stereo, Stereo...: **~ *record*** → 2b.

stereo- [sterɪəʊ] *in Zssgn* a) starr, fest, b) 'dreidimensio,nal, stereo..., Stereo..., Raum...; **ster·e·o·chem·is·try** [,sterɪəʊ'kemɪstrɪ] *s.* 'Stereo-, 'Raumche,mie *f*; **ster·e·og·ra·phy** [,sterɪ'ɒgrəfɪ] *s.* A Stereogra'phie *f*, Körperzeichnung *f*; **ster·e·om·e·try** [,sterɪ'ɒmɪtrɪ] *s.* **1.** *phys.* Stereome'trie *f*; **2.** A Geome'trie *f* des Raumes.

ster·e·o·phon·ic [,sterɪəʊ'fɒnɪk] *adj.* (□ **~ally**) stereo'phonisch, Stereoton...: **~ *sound*** Raumton *m*.

ster·e·o·plate ['sterɪəpleɪt] *s. typ.* Stereo'typplatte *f*, Stereo *n*.

ster·e·o·scope ['sterɪəskəʊp] *s.* Stereo'skop *n*; **ster·e·o·scop·ic** [,sterɪə'skɒpɪk] *adj.* (□ **~ally**) stereo'skopisch, Stereo...; **ster·e·os·co·py** [,sterɪ'ɒskəpɪ] *s.* Stereosko'pie *f*.

ster·e·o·type ['stɪərɪətaɪp] **I** *s.* **1.** *typ.* a) Steroty'pie *f*, Plattendruck *m*, b) Stereo'type *f*, Druckplatte *f*; **2.** *fig.* Kli'schee *n*, Scha'blone *f*; **II** *v/t.* **3.** *typ.* stereotypieren; **4.** *fig. Redensart etc.* stereo'typ wieder'holen; **5.** e-e feste Form geben (*dat.*); '**ster·e·o·typed** [-pt] *adj.* **1.** *typ.* stereotypiert; **2.** *fig.* stereo'typ, scha'blonenhaft; **ster·e·o·ty·pog·ra·phy** [,stɪərɪəʊtaɪ'pɒgrəfɪ] *s. typ.* Stereo'typdruck(verfahren *n*) *m*; '**ster·e·o·,typ·y** [-pɪ] *s. typ.* Stereoty'pie *f*.

ster·ile ['steraɪl] *adj.* **1.** ste'ril: a) ⚕ keimfrei, b) ⚘, *physiol.* unfruchtbar (*a. fig. Geist etc.*); **2.** *fig.* fruchtlos (*Arbeit*, *Diskussion etc.*); leer, gedankenarm (*Stil*); **ste·ril·i·ty** [ste'rɪlətɪ] *s.* Sterili'tät *f* (*a. fig.*).

ster·i·li·za·tion [,sterəlaɪ'zeɪʃn] *s.* **1.** Sterilisati'on *f*: a) Entkeimung *f*, b) Unfruchtbarmachung *f*; **2.** Sterili'tät *f*; **ster·i·lize** ['sterəlaɪz] *v/t.* sterilisieren: a) keimfrei machen, b) unfruchtbar machen; '**ster·i·liz·er** ['sterəlaɪzə] *s.* Sterili'sator *m* (*Apparat*).

ster·ling ['stɜ:lɪŋ] **I** *adj.* **1.** ✝ Sterling(...): ***ten pounds* ~** 10 Pfund Sterling; **~ *area*** Sterlinggebiet *n*, -block *m*; **2.** von Standardwert (*Gold*, *Silber*); **3.** *fig.* echt, gediegen, bewährt; **II** *s.* **4.** ✝ Sterling *m*.

stern¹ [stɜ:n] *adj.* □ **1.** streng, hart: **~ *discipline***; **~ *penalty***; **2.** unnachgiebig; **3.** streng, finster: ***a* ~ *face***.

stern² [stɜ:n] **I** *s.* **1.** ⚓ Heck *n*, Achterschiff *n*: (***down***) ***by the* ~** hecklastig; **2.** *zo.* a) 'Hinterteil *n*, b) Schwanz *m*; **3.** *allg.* hinterer Teil; **II** *adj.* **4.** ⚓ Heck...

ster·nal ['stɜ:nl] *adj. anat.* Brustbein...

'**stern|-,chas·er** *s.* ⚓ *hist.* Heckgeschütz *n*; '**~-fast** *s.* ⚓ Achtertau *n*.

stern·ness ['stɜ:nnɪs] *s.* Strenge *f*, Härte *f*, Düsterkeit *f*.

'**stern·post** *s.* ⚓ Achtersteven *m*.

ster·num ['stɜ:nəm] *pl.* **-na** [-nə] *s. anat.* Brustbein *n*.

ster·to·rous ['stɜ:tərəs] *adj.* □ röchelnd.

stet [stet] (*Lat.*) *typ.* **I** *imp.* stehenlassen!, bleibt!; **II** *v/t.* mit ,stet' markieren.

steth·o·scope ['steθəskəʊp] ⚕ **I** *s.* Stetho'skop *n*, Hörrohr *n*; **II** *v/t.* abhorchen; **steth·o·scop·ic** [,steθə'skɒpɪk] *adj.* (□ **~ally**) stetho'skopisch.

ste·ve·dore ['sti:vədɔ:] *s.* ⚓ **1.** Stauer *m*, Schauermann *m*; **2.** Stauer *m* (*Unternehmer*).

stew¹ [stju:] **I** *v/t.* **1.** schmoren, dämpfen, langsam kochen; → ***stewed*** 1; **II** *v/i.* **2.** schmoren; → ***juice*** 1; **3.** *fig.* ,schmoren', vor Hitze (fast) 'umkommen; **4.** F sich aufregen; **III** *s.* **5.** Schmor-, Eintopfgericht *n*; **6.** F Aufregung *f*.

stew² [stju:] *s. Brit.* a) Fischteich *m*, b) Fischbehälter *m*.

stew·ard ['stjʊəd] *s.* **1.** Verwalter *m*; **2.** Haushalter *m*, Haushofmeister *m*; **3.** Tafelmeister *m*, Kämmerer *m* (*e-s College*, *Klubs etc.*); **4.** ⚓, ✈ Steward *m*; **5.** (Fest- *etc.*)Ordner *m*; *mot.* 'Rennkommis,sar *m*; → ***shop steward***; '**stew·ard·ess** [-dɪs] *s.* ⚓, ✈ Stewardeß *f*; '**stew·ard·ship** [-ʃɪp] *s.* Verwalteramt *n*.

stewed [stju:d] *adj.* **1.** geschmort, gedämpft, gedünstet; **2.** *sl.* ,besoffen'.

'**stew|·pan** *s.* Schmorpfanne *f*; '**~·pot** *s.* Schmortopf *m*.

stick¹ [stɪk] **I** *s.* **1.** Stecken *m*, Stock *m*, (trockener) Zweig; *pl.* Klein-, Brennholz *n*: ***dry* ~*s*** (dürres) Reisig; **2.** Scheit *n*, Stück *n* Holz; **3.** Gerte *f*, Rute *f*; **4.** Stengel *m*, Stiel *m* (*Rhabarber*, *Sellerie*); **5.** Stock *m* (*a. fig. Schläge*), Stab *m*: ***get*** (***give***) ***the* ~** e-e Tracht Prügel bekommen (verabreichen); ***get hold of the wrong end of the* ~** *fig.* die Sache falsch verstehen; **6.** (Besen- *etc.*)Stiel *m*; **7.** (Spazier)Stock *m*; **8.** (Zucker-, Siegellack)Stange *f*; **9.** a) (Stück *n*) Rasierseife *f*, b) (Lippen- *etc.*)Stift *m*; **10.** ♪ a) Taktstock *m*, b) (Trommel)Schlegel *m*, c) (Geigen)Bogen *m*; **11.** *sport* a) Schläger *m*, *Hockey etc.*: Stock *m*, b) *Pferdesport*: Hürde *f*; **12.** a) ✈ Steuerknüppel *m*, b) *mot.* Schalthebel *m*; **13.** ⚔ Bombenreihe *f*; **14.** *typ.* Winkelhaken *m*; **15.** F *a.* ***dry*** (*od.* ***dull***) **~** Stockfisch *m*, *allg.* Kerl *m*; **16.** *pl. Am.* F finsterste Pro'vinz; **II** *v/t.* **17.** *Pflanze* mit e-m Stock stützen; **18.** *typ.* a) setzen, b) in e-m Winkelhaken anein'anderreihen.

stick² [stɪk] **I** *v/t.* [*irr.*] **1.** durch'stechen, -'bohren; *Schweine* (ab)stechen; **2.** stechen mit *e-r Nadel etc.* (**in**, **into** in *acc.*); *et.* stecken, stoßen; **3.** *auf e-e Gabel etc.* stecken, aufspießen; **4.** *Kopf, Hand etc. wohin* stecken *od.* strecken; **5.** F legen, setzen, *in die Tasche etc.* stecken; **6.** (an)stecken, anheften; **7.** ˈvollstecken (**with** mit); **8.** *Briefmarke, Plakat etc.* ankleben, *Fotos etc.* (ein)kleben: ***~ together*** *et.* zs.-kleben; **9.** bekleben; **10.** zum Stecken bringen, festfahren: ***be stuck*** *im Schlamm etc.* stecken(bleiben *a. fig.*), festsitzen (*a. fig.*); ***be stuck on*** F vernarrt sein in (*acc.*); ***be stuck with s.th.*** et. ‚am Hals haben'; ***be stuck for s.th.*** um et. verlegen sein; **11.** *j-n* verwirren; **12.** F *j-n* ‚blechen' lassen (**for** für); **13.** *sl. j-n* ‚leimen' (*betrügen*); **14.** *sl. et. od. j-n* aushalten, -stehen, (v)ertragen: ***I can't ~ him***; **15.** ***~ it*** (**out**) F ˈdurchhalten, es aushalten; **16.** ***~ it on*** F a) e-n unverschämten Preis verlangen, b) ‚dick auftragen', überˈtreiben; **II** *v/i.* [*irr.*] **17.** stecken; **18.** (fest)kleben, haften: ***~ together*** zs.-kleben; **19.** sich festklammern *od.* heften (**to** an *acc.*); **20.** haften, hängenbleiben (*a. fig. Spitzname etc.*): ***some of it will ~*** et. (*von e-r Verleumdung*) bleibt immer hängen; ***~ in the mind*** im Gedächtnis haftenbleiben; ***make s.th. ~*** *fig.* dafür sorgen, daß et. ‚sitzt'; **21.** ***~ to*** bei *j-m od. e-r Sache* bleiben, *j-m* nicht von der Seite weichen: ***~ to the point*** *fig.* bei der Sache bleiben; ***~ to it*** dranbleiben; → ***gun*** 1; **22.** ***~ to*** treu bleiben (*dat.*), zu *j-m, s-m Wort etc.* stehen, bei *s-r Ansicht etc.* bleiben, sich an *e-e Regel etc.* halten; ***~ together*** zs.-halten (*Freunde*); **23.** *im Hals, im Schmutz, a. fig. beim Lesen etc.* steckenbleiben; → ***mud*** 2; **24.** ***~ at nothing*** vor nichts zurückschrecken; **25.** herˈvorstehen (***from, out of*** aus); *Zssgn mit adv.*:

stick| a·round *v/i.* F in der Nähe bleiben; **~ out I** *v/i.* **1.** ab-, herˈvor-, herˈausstehen; **2.** *fig.* auffallen; **3.** bestehen (**for** auf *dat.*); **II** *v/t.* **4.** *Arm, Brust, a. Kopf, Zunge* herˈausstrecken; **5.** → ***stick²*** 15; **~ up I** *v/t.* **1.** *sl.* überˈfallen, ausrauben; **2.** ***~ 'em up!*** *sl.* Hände hoch!; **II** *v/i.* **3.** in die Höhe stehen; **4.** ***~ for*** sich für *j-n* einsetzen; **5.** ***~ to*** mutig gegenˈübertreten (*dat.*), Paˈroli bieten (*dat.*).

stick·er [ˈstɪkə] *s.* **1.** a) (Schweine-)Schlächter *m*, b) Schlachtmesser *n*; **2.** Klebezettel *m*, Aufkleber *m*; **3.** *Am.* (*angeklebter*) Strafzettel; **4.** *fig.* zäher Kerl; **5.** F ‚Hocker' *m*, (zu) lange bleibender Gast; **6.** F ‚Ladenhüter' *m*; **7.** ‚harte Nuß'.

stick·i·ness [ˈstɪkɪnɪs] *s.* **1.** Klebrigkeit *f*; **2.** Schwüle *f*; **3.** F Schwierigkeit *f*.

stick·ing plas·ter [ˈstɪkɪŋ] *s.* Heftpflaster *n*.

stick-in-the-mud [ˈstɪkɪnðəmʌd] F **I** *adj.* rückständig, -schrittlich; **II** *s.* Rückschrittler *m*, *bsd. pol.* Reaktioˈnär *m*.

ˈstick·jaw *s.* F ‚Plombenzieher' *m* (*zäher Bonbon etc.*).

stick·le [ˈstɪkl] *v/i.* **1.** harnäckig zanken *od.* streiten: ***~ for s.th.*** et. hartnäckig verfechten; **2.** Bedenken äußern, Skrupel haben.

stick·le·back [ˈstɪklbæk] *s. ichth.* Stichling *m*.

stick·ler [ˈstɪklə] *s.* **1.** Eiferer *m*; **2.** Verfechter *m* (**for** *gen.*); **3.** Kleinigkeitskrämer *m*, Peˈdant *m*, j-d, der es ganz genau nimmt (**for** mit).

stick-to-it·ive [ˌstɪkˈtuːətɪv] *adj. Am.* F hartnäckig, zäh.

ˈstick-up I *adj.* **1.** ***~ collar*** → 2; **II** *s.* **2.** F Stehkragen *m*; **3.** *sl.* (ˈRaub)ˌÜberfall *m*.

stick·y [ˈstɪkɪ] *adj.* □ **1.** klebrig, zäh: ***~ charge*** ⚔ Haftladung *f*; ***~ label*** *Brit.* Klebezettel *m*; **2.** schwül, stickig (*Wetter etc.*); **3.** F *fig.* a) klebrig, b) eklig, c) schwierig, heikel (*Sache*), d) kritisch, e) kitschig: ***be ~ about doing s.th.*** et. nur ungern tun.

stiff [stɪf] **I** *adj.* □ **1.** *allg.* steif, starr (*a. Gesicht, Person*): ***~ collar*** steifer Kragen; ***~ neck*** steifer Hals; → ***lip*** 1; **2.** zäh, dick, steif (*Teig etc.*); **3.** steif (*Brise*), stark (*Wind, Strömung*); **4.** stark (*Dosis, Getränk*), steif (*Grog*); **5.** *fig.* starrköpfig; **6.** *fig.* hart (*Gegner, Kampf etc.*), scharf (*Konkurrenz, Opposition*); **7.** schwierig (*Aufstieg, Prüfung etc.*); **8.** hart (*Strafe*); **9.** steif, forˈmell, gezwungen (*Benehmen, Person etc.*); **10.** steif, linkisch (*Stil*); **11.** F unglaublich: ***a bit ~*** ziemlich stark, allerhand; **12.** F ‚zu Tode' *gelangweilt, erschrocken*; **13.** ✝ a) staˈbil, fest (*Preis, Markt*), b) hoch, unverschämt (*Forderung, Preis*); **II** *s. sl.* **14.** a) Leiche *f*, b) Besoffene(r) *m*; **15.** a) Langweiler *m*, b) Blödmann *m*; **16.** *Am.* a) ‚Lappen' *m* (*Banknote*), b) ‚Blüte' *f* (*Falschgeld*), c) ‚Kasˈsiber' *m* (*im Gefängnis*); **ˈstiff·en** [-fn] **I** *v/t.* **1.** (ver)steifen, (ver)stärken; *Stoff etc.* stärken, steifen; **2.** steif *od.* starr machen (*Flüssigkeit, Glieder etc.*), verdicken (*Flüssiges*); **3.** *fig.* a) *et.* verschärfen, b) (be)stärken, *j-m* den Nacken steifen; **II** *v/i.* **4.** sich versteifen, -stärken; starr werden; **5.** *fig.* hart werden, sich versteifen; **6.** steif *od.* förmlich werden; **7.** ✝ sich festigen (*Preise etc.*); **ˈstiff·en·er** [-fnə] *s.* **1.** Versteifung *f*; **2.** F ‚Seelenwärmer' *m*, Stärkung *f* (*Getränk*); **ˈstiff·en·ing** [-fnɪŋ] *s.* Versteifung *f*: a) Steifwerden *n*, b) ˈSteifmateriˌal *n*.

ˌstiff-ˈnecked *adj. fig.* halsstarrig.

stiff·ness [ˈstɪfnɪs] *s.* **1.** Steifheit *f* (*a. fig. Förmlichkeit*), Steife *f*, Starrheit *f*; **2.** Zähigkeit *f*, Dickflüssigkeit *f*; **3.** *fig.* Härte *f*, Schärfe *f*.

sti·fle¹ [ˈstaɪfl] **I** *v/t.* **1.** *j-n* ersticken; **2.** *Fluch etc., a. Gefühl, a. Aufstand etc.* ersticken, unterˈdrücken, *Diskussion etc.* abwürgen; **II** *v/i.* **3.** (*weitS.* schier) ersticken.

sti·fle² [ˈstaɪfl] *s. zo.* **1.** *a.* ***~ joint*** Kniegelenk *n* (*Pferd, Hund*); **2.** *vet.* Kniegelenkgalle *f* (*Pferd*); **~ bone** *s.* Kniescheibe *f* (*Pferd*).

sti·fling [ˈstaɪflɪŋ] *adj.* □ erstickend (*a. fig.*), stickig.

stig·ma [ˈstɪgmə] *pl.* **-mas**, **-ma·ta** [-mətə] *s.* **1.** *fig.* Brand-, Schandmal *n*, Stigma *n*; **2.** ⚕ Symˈptom *n*; **3.** ⚕ (*pl.* ***-mata***) Mal *n*, roter Hautfleck; **4.** ***stigmata*** *pl. eccl.* Wundmale *pl.*, Stigmata *pl.*; **5.** ⚘ Narbe *f* (*Blüte*); **6.** *zo.* Luftloch *n* (*Insekt*); **stig·mat·ic** [stɪgˈmætɪk] *adj.* (□ ***~ally***) **1.** stigˈmatisch (*a. opt.*); **2.** ⚘ narbenartig; **3.** *opt.* (ana-)stigˈmatisch; **ˈstig·ma·tize** [-ətaɪz] *v/t.* **1.** ⚕, *eccl.* stigmatisieren; **2.** *bsd. fig.* brandmarken.

stile¹ [staɪl] *s.* Zauntritt *m*.

stile² [staɪl] *s.* Seitenstück *n* (*e-r Täfelung*), Höhenfries *m* (*e-r Tür*).

sti·let·to [stɪˈletəʊ] *pl.* **-tos** [-z] *s.* Stiˈlett *n*: ***~*** (***heel***) Pfennigabsatz *m*.

still¹ [stɪl] **I** *adj.* □ **1.** *allg.* still: a) reglos, unbeweglich, b) ruhig, lautlos, c) leise, gedämpft, d) friedlich, ruhig: ***keep ~!*** sei ruhig!; → ***water*** 11; **2.** nicht moussierend: ***~ wine*** Stillwein *m*; **3.** *phot.* Stand..., Steh..., Einzel(aufnahme)...; **II** *s.* **4.** *poet.* Stille *f*; **5.** *phot.* Standfoto *n*, Einzelaufnahme *f*; **III** *v/t.* **6.** *Geräusche etc.* zum Schweigen bringen; **7.** *j-n* beruhigen, *Verlangen etc.* stillen; **IV** *v/i.* **8.** still werden.

still² [stɪl] **I** *adv.* **1.** (immer) noch, noch immer, bis jetzt; **2.** (*beim comp.*) noch, immer: ***~ higher, higher ~*** noch höher; ***~ more so because*** um so mehr als; **3.** dennoch, doch; **II** *cj.* **4.** (und) dennoch, und doch, inˈdes(sen).

still³ [stɪl] *s.* a) Destillierkolben *m*, b) Destilˈlierappaˌrat *m*.

stil·lage [ˈstɪlɪdʒ] *s.* Gestell *n*.

ˈstill|·birth *s.* Totgeburt *f*; **ˈ~-born** *adj.* totgeboren (*a. fig.*); **ˈ~-fish** *v/i.* vom verankerten Boot aus angeln; **~ hunt** *s.* Pirsch(jagd) *f*; **ˈ~-hunt** *v/i.* (*v/t.* an)pirschen; **~ life** *s. paint.* Stilleben *n*.

still·ness [ˈstɪlnɪs] *s.* Stille *f*.

still room *s. bsd. Brit.* **1.** *hist.* Destillatiˈonsraum *m*; **2.** a) Vorratskammer *f*, b) Servierraum *m*.

stilt [stɪlt] *s.* **1.** Stelze *f*; **2.** ⚠ Pfahl *m*, Pfeiler *m*; **3.** *a.* ***~ bird*** *orn.* Stelzenläufer *m*; **ˈstilt·ed** [-tɪd] *adj.* □ **1.** gestelzt, gespreizt, geschraubt (*Rede, Stil etc.*); **2.** ⚠ erhöht; **ˈstilt·ed·ness** [-tɪdnɪs] *s.* Gespreiztheit *f*.

stim·u·lant [ˈstɪmjʊlənt] **I** *s.* **1.** ⚕ Stimulans *n*, Anregungs-, Weckmittel *n*; **2.** Genußmittel *n*, *bsd.* Alkohol *m*; **3.** Anreiz *m* (**of** für); **II** *adj.* **4.** → ***stimulating*** 1; **stim·u·late** [ˈstɪmjʊleɪt] *v/t.* **1.** ⚕ *etc., a. fig.* stimulieren, anregen (***s.o. into*** j-n zu *et.*); *fig. a.* anspornen, anstacheln; beleben, ankurbeln; **2.** *Nerv* reizen; **ˈstim·u·lat·ing** [-leɪtɪŋ] *adj.* **1.** *a. fig.* stimulierend, anregend, belebend; **2.** *fig.* anspornend; **stim·u·la·tion** [ˌstɪmjʊˈleɪʃn] *s.* **1.** Anreiz *m*, Antrieb *m*, Anregung *f*, Belebung *f*; **2.** ⚕ Reizung *f*, Reiz *m*; **ˈstim·u·la·tive** [-lətɪv] → ***stimulating***; **ˈstim·u·lus** [-ləs] *pl.* **-li** [-laɪ] *s.* **1.** Stimulus *m*: a) (An)Reiz *m*, Antrieb *m*, Ansporn *m* (**to** zu), b) ⚕ Reiz *m*: ***~ threshold*** Reizschwelle *f*; **2.** → ***stimulant*** 1; **3.** ⚘ Nesselhaar *n*.

sti·my [ˈstaɪmɪ] → ***stymie***.

sting [stɪŋ] **I** *v/t.* [*irr.*] **1.** stechen (*Insekt, Nessel etc.*); **2.** brennen, beißen in *od.* auf (*dat.*); **3.** schmerzen, weh tun (*Schlag etc.*): ***stung by remorse*** *fig.* von Reue geplagt; **4.** *fig. j-n* verletzen, kränken; **5.** anstacheln, reizen (**into** zu); **6.** *sl.* ‚neppen' (**for** um *Geld*); **II** *v/i.* [*irr.*] **7.** stechen; **8.** brennen, beißen (*Pfeffer etc.*); **9.** *a. fig.* schmerzen, weh tun; **III** *s.* **10.** Stachel *m* (*Insekt*; *a. fig. des Todes, der Eifersucht etc.*); **11.** ⚘ Brennborste *f*; **12.** Stich *m*, Biß *m*: ***~ of conscience*** *fig.* Gewissensbisse *pl.*; **13.** Schärfe *f*; **14.** Pointe *f*, Spitze *f* (*e-s*

Witzes); **15.** Schwung *m*, Wucht *f*; **ˈsting·er** [-ŋə] *s.* **1.** a) stechendes Inˈsekt, b) stechende Pflanze; **2.** F a) schmerzhafter Schlag, b) beißende Bemerkung.

sting·i·ness [ˈstɪndʒɪnɪs] *s.* Geiz *m*.

sting·ing [ˈstɪŋɪŋ] *adj.* □ **1.** ⚘, *zo.* stechend; **2.** *fig.* schmerzhaft (*Schlag etc.*); schneidend (*Kälte, Wind*); scharf, beißend, verletzend (*Worte, Tadel*); **~ net·tle** *s.* ⚘ Brennessel *f*.

stin·gy [ˈstɪndʒɪ] *adj.* □ **1.** geizig, knikkerig: **be ~ of s.th.** mit et. knausern; **2.** dürftig, kärglich.

stink [stɪŋk] **I** *v/i.* [*irr.*] **1.** stinken, übel riechen (**of** nach): **~ of money** *fig.* F vor Geld stinken; **2.** *fig.* verrufen sein, ‚stinken': **~ to high heaven** zum Himmel stinken; → **nostril**; **3.** *fig.* F (ˈhunds)miseˌrabel sein; **II** *v/t.* [*irr.*] **4.** *a.* **~ out, up** verstänkern; **5. ~ out** a) *Höhle, Tiere* ausräuchern, b) *j-n* durch Gestank vertreiben; **6.** *sl.* (den Gestank *gen.*) riechen: **you can ~ it a mile off**; **III** *s.* **7.** Gestank *m*; **8.** Stunk *m*, Krach *m*: **raise** (*od.* **kick up**) **a ~** Stunk machen (**about** wegen); **9.** *pl. Brit. sl.* Cheˈmie *f*; **10.** *Am.* F (billiges) Parˈfüm; **ˈstink·ard** [-kəd] *s.* **1.** *zo.* Stinktier *n*; **2.** → **stinker** 1; **ˈstink·er** [-kə] *s.* **1.** a) ‚Stinker' *m*, b) *sl.* Dreckskerl *m*; **2.** a) ‚Stinkaˈdores' *m* (*Käse*), b) ‚Stinkaˈdores' *f* (*Zigarre*); **3.** *sl.* a) gemeiner Brief, b) böse Bemerkung *od.* Kriˈtik, c) ‚böse' (*schwierige etc.*) Sache, d) ‚Mist' *m*; **ˈstink·ing** [-kɪŋ] **I** *adj.* □ **1.** stinkend; **2.** *sl.* a) widerlich, b) miseˈrabel; **3.** → **stinko**; **II** *adv.* **4. ~ rich** *sl.* ‚stinkreich'.

stinko [ˈstɪŋkəʊ] *adj. Am. sl.* ‚(stink)besoffen', (toˈtal) ‚blau'.

ˈstink·pot *s.* **1.** ⚓ *hist.* Stinktopf *m*; **2.** F → **stinker** 1.

stint [stɪnt] **I** *v/t.* **1.** *j-n od. et.* einschränken, *j-n* kurz *od.* knapp halten (**in, of** mit): **~ o.s. of** sich einschränken mit, sich *et.* versagen; **2.** knausern *od.* kargen mit (*Geld, Lob etc.*); **II** *s.* **3.** Be-, Einschränkung *f*: **without ~** ohne Einschränkung, rückhaltlos; **4.** a) (zugewiesene) Arbeit, Pensum *n*, b) (vorgeschriebenes) Maß; **5.** ⚒ Schicht *f*; **ˈstint·ed** [-tɪd] *adj.* □ knapp, karg.

stipe [staɪp] *s.* ⚘, *zo.* Stiel *m*.

sti·pend [ˈstaɪpend] *s.* Gehalt *n* (*bsd. e-s Geistlichen*); **sti·pen·di·ar·y** [staɪˈpendjərɪ] **I** *adj.* besoldet: **~ magistrate** → **II** *s. Brit.* Richter *m an e-m* **magistrates' court**.

stip·ple [ˈstɪpl] **I** *v/t.* **1.** *paint.* tüpfeln, punktieren; **II** *s.* **2.** Punkˈtiermaˌnier *f*, Pointilˈlismus *m*; **3.** Punktierung *f*.

stip·u·late [ˈstɪpjʊleɪt] *bsd.* ⚖, ☤ **I** *v/i.* **1.** (**for**) a) e-e Vereinbarung treffen (über *acc.*), b) *et.* zur Bedingung machen; **II** *v/t.* **2.** festsetzen, vereinbaren, ausbedingen; **3.** ⚖ *Tatbestand* einverständlich feststellen, außer Streit stellen; **stip·u·la·tion** [ˌstɪpjʊˈleɪʃn] *s.* **1.** ☤, ⚖ (vertragliche) Abmachung, Überˈeinkunft *f*; **2.** Klausel *f*, Bedingung *f*; **3.** ⚖ Parˈteienüberˌeinkunft *f*.

stip·ule [ˈstɪpjuːl] *s.* ⚘ Nebenblatt *n*.

stir¹ [stɜː] **I** *v/t.* **1.** *Kaffee, Teig etc.* rühren: **~ up** a) (gut) umrühren, b) *Schlamm* aufwühlen; **2.** *Feuer* (an-)schüren; **3.** *Glied etc.* rühren, bewegen: **not to ~ a finger** keinen Finger krumm machen; **4.** *Blätter, See etc.* bewegen (*Wind*); **5. ~ up** *a. fig. j-n* auf-, wachrütteln; **6. ~ up** *fig.* a) *j-n* aufreizen, -hetzen, b) *Neugier etc.* erregen, c) *Streit etc.* entfachen; **7.** *fig.* aufwühlen, bewegen, erregen; *j-s Blut* in Wallung bringen; **II** *v/i.* **8.** sich rühren *od.* regen (*a. fig. geschäftig sein*): **not to ~ from the spot** sich nicht von der Stelle rühren; **he never ~red abroad** er ging nie aus; **he is not ~ring yet** er ist noch nicht auf(gestanden); **9.** a) im Gange *od.* ˈUmlauf sein, b) geschehen, sich ereignen; **III** *s.* **10.** Rühren *n*; **11.** Bewegung *f*; **12.** Aufregung *f*; **13.** Aufsehen *n*, Sensatiˈon *f*: **create** *od.* **make a ~** Aufsehen erregen.

stir² [stɜː] *s. sl.* ‚Kittchen' *n*, ‚Knast' *m* (*Gefängnis*): **in ~** im Knast.

stirps [stɜːps] *pl.* **stir·pes** [ˈstɜːpiːz] *s.* **1.** Faˈmilie(nzweig *m*) *f*; **2.** ⚖ a) Stammvater *m*, b) Stamm *m*: **by stirpes** *Erbfolge* nach Stämmen.

stir·rer [ˈstɜːrə] *s.* a) Rührlöffel *m*, b) Rührwerk *n*.

stir·ring [ˈstɜːrɪŋ] *adj.* □ **1.** bewegt; **2.** *fig.* rührig; **3.** erregend, aufwühlend; zündend (*Rede*); bewegt (*Zeiten*).

stir·rup [ˈstɪrəp] *s.* **1.** Steigbügel *m*; **2.** ⚙ Bügel *m*; **3.** ⚓ Springpferd *n* (*Haltetau*); **~ bone** *s. anat.* Steigbügel *m* (*im Ohr*); **~ i·ron** *s.* Steigbügel *m* (*ohne Steigriemen*); **~ leath·er** *s.* Steig(bügel)riemen *m*.

stitch [stɪtʃ] **I** *s.* **1.** *Nähen etc.*: Stich *m*: **a ~ in time saves nine** gleich getan ist viel gespart; **put ~es in** → 7; **2.** *Strikken, Häkeln etc.*: Masche *f*; → **take up** 14; **3.** Stich(art *f*) *m*, Strick-, Häkelart *f*; **4.** F Faden *m*: **not to have a dry ~ on one** keinen trockenen Faden am Leibe haben; **without a ~ on** splitternackt; **5.** a) Stich *m*, Stechen *n* (*Schmerz*), b) *a.* **~es in the side** Seitenstechen *n*: **be in ~es** F sich kaputtlachen; **II** *v/t.* **6.** nähen, steppen, (be)sticken; **7. ~ up** vernähen (*a.* ⚕), (zs.-)flicken; **8.** *Buchbinderei*: (zs.-)heften, broschieren.

sto·a [ˈstəʊə] *pl.* **-ae** [-iː] *s. antiq.* Stoa *f*: a) △ Säulenhalle *f*, b) ♎ stoische Philosoˈphie.

stoat [stəʊt] *s. zo.* **1.** Hermeˈlin *n*; **2.** Wiesel *n*.

stock [stɒk] **I** *s.* **1.** (*Baum-, Pflanzen-*) Strunk *m*; **2.** *fig.* ‚Klotz' *m* (*steifer Mensch*); **3.** ⚘ Levˈkoje *f*; **4.** ✓ (ˈPfropf)ˌUnterlage *f*; **5.** (*Peitschen-, Werkzeug*)Griff *m*; **6.** ⚔ a) (Gewehr-) Schaft *m*, b) Schulterstütze *f* (*MG*); **7.** ⚙ ˈUnterlage *f*, Block *m*; (Amboß-) Klotz *m*; **8.** ⚓ Stapel *m*: **on the ~s** im Bau, im Werden (*a. fig.*); **9.** *hist.* Stock *m* (*Strafmittel*); **10.** ⚙ (Grund-, Werk)Stoff *m*: **paper ~** Papierstoff; **11.** a) ⚙ (*Füll- etc.*)Gut *n*, Materiˈal *n*, b) (Fleisch-, Gemüse)Brühe *f* (*als Suppengrundlage*); **12.** steifer Kragen; *bsd.* ⚔ Halsbinde *f*; **13.** Stamm *m*, Rasse *f*, Her-, Abkunft *f*; **14.** *allg.* Vorrat *m*; ☤ (Waren)Lager *n*, Invenˈtar *n*: **~ (on hand)** Warenbestand *m*; **in (out of) ~** (nicht) vorrätig; **take ~** Inventur machen, *a. fig.* (e-e) Bestandsaufnahme machen; **take ~ of** *fig.* sich klarwerden über (*acc.*), *j-n od. et.* abschätzen; **15.** ☤ Ware(n *pl.*) *f*; **16.** *fig.* (*Wissens- etc.*) Schatz *m*: **a ~ of information**; **17.** a) *a.* **live ~** lebendes Invenˈtar, Vieh(bestand *m*) *n*, b) *a.* **dead ~** totes Inventar, Materiˈal *n*: **fat ~** Schlachtvieh *n*; **18.** a) ☤ ˈAnleihekapiˌtal *n*, b) ˈGrundkapiˌtal *n*, c) ˈAktienkapiˌtal *n*, d) Geschäftsanteil *m*; **19.** ☤ a) *Am.* Aktie(n *pl.*) *f*: **issue ~** Aktien ausgeben, b) *pl.* Aktien *pl.*, c) *pl.* Efˈfekten *pl.*, ˈWertpaˌpiere *pl.*: **his ~ has gone up** s-e Aktien sind gestiegen (*a. fig.* F); **20.** ☤ a) Schuldverschreibung *f*, b) *pl. Brit.* ˈStaatspaˌpiere *pl.*; **21.** *thea.* Reperˈtoire(theˌater) *n*; **II** *adj.* **22.** (stets) vorrätig, Lager…, Serien…: **~ size** Standardgröße *f*; **23.** *fig.* stehend, stereoˈtyp: **~ phrase**; **24.** ✓ Vieh…, Zucht…; **25.** ☤ *bsd. Am.* Aktien…; **26.** *thea.* Repertoire…; **III** *v/t.* **27.** versehen, -sorgen, ausstatten, füllen (**with** mit); **28.** *a.* **~ up** auf Lager legen, (auf)speichern; **29.** ☤ *Ware* vorrätig haben, führen; **30.** ✓ anpflanzen; **31.** *Gewehr, Werkzeug* schäften; **IV** *v/i.* **32.** *a.* **~ up** sich eindecken; **~ account** *s.* ☤ *Brit.* Kapiˈtal-, Efˈfektenkonto *n*, -rechnung *f*.

stock·ade [stɒˈkeɪd] **I** *s.* **1.** Staˈket *n*, Einpfählung *f*; **2.** ⚔ a) Paliˈsade *f*, b) *Am.* Miliˈtärgefängnis *n*; **II** *v/t.* **3.** einpfählen, mit Staˈket umˈgeben.

stock| book *s.* ☤ **1.** Lagerbuch *n*; **2.** *Am.* Aktienbuch *n*; **ˈ~ˌbreed·er** *s.* Viehzüchter *m*; **ˈ~ˌbro·ker** *s.* Efˈfekten-, Börsenmakler *m*; **ˈ~·car** *s.* 🚃 *Am.* Viehwagen *m*; **~ car** *s. mot.* Serienwagen *m*, *sport* Stock-Car *m*; **~ cer·tif·i·cate** *s.* ˈAktienzertifiˌkat *n*; **~ com·pa·ny** *s.* **1.** ☤ *Am.* Aktiengesellschaft *f*; **2.** *thea.* Reperˈtoiregruppe *f*, Enˈsemble *n*; **~ cor·po·ra·tion** *s.* ☤ *Am.* **1.** Kapiˈtalgesellschaft *f*; **2.** Aktiengesellschaft *f*; **~ div·i·dend** *s.* ☤ *Am.* Diviˈdende *f* in Form von Gratisaktien *pl.*; **~ exchange** *s.* ☤ (Efˈfekten-, Aktien-) Börse *f*; **~ farm·er** *s.* Viehzüchter *m*; **~ farm·ing** *s.* Viehzucht *f*; **ˈ~·fish** *s.* Stockfisch *m*; **ˈ~ˌhold·er** *s.* ☤ *bsd. Am.* Aktioˈnär *m*; **ˈ~ˌhold·ing** *s.* ☤ *Am.* Aktienbesitz *m*.

stock·i·net [ˌstɒkɪˈnet] *s.* Stockiˈnett *n*, Triˈkot *m*, *n*.

stock·ing [ˈstɒkɪŋ] *s.* **1.** Strumpf *m*; **2.** *zo.* Färbung *f* am Fuß; **~ mask** *s.* Strumpfmaske *f*; **ˈ~ˌweav·er** *s.* Strumpfwirker *m*.

ˌstock|-in-ˈtrade *s.* **1.** ☤ a) Warenbestand *m*, b) Betriebsmittel *pl.*, c) ˈArbeitsmateriˌal *n*; **2.** *fig.* a) Rüstzeug *n*, b) ‚Reperˈtoire' *n*; **ˈ~ˌjob·ber** → **jobber** 3, 4; **~ ledg·er** *s.* ☤ *Am.* Aktienbuch *n*; **ˈ~·list** *s.* (Aktien- *od.* Börsen)Kurszettel *m*; **~ mar·ket** *s.* ☤ **1.** → **stock exchange**; **2.** Börsenkurse *pl.*; **ˈ~·pile** **I** *s.* Vorrat *m* (**of** an *dat.*); **II** *v/t.* e-n Vorrat anlegen von, aufstapeln; **ˈ~·pot** *s.* Suppentopf *m*; **~ room** *s.* Lager(-raum *m*) *n*; **~ shot** *s. phot.* Arˈchivaufnahme *f*; **ˌ~-ˈstill** *adj.* stockstill, -steif; **ˈ~ˌtak·ing** *s.* ☤ Bestandsaufnahme *f* (*a. fig.*), Invenˈtur *f*.

stock·y [ˈstɒkɪ] *adj.* □ stämmig, unterˈsetzt.

ˈstock·yard *s.* Viehhof *m*.

stodge [stɒdʒ] *sl.* **I** *v/i. u. v/t.* sich (*den Magen*) vollstopfen; **II** *s.* a) dicker Brei, b) schwerverdauliches Zeug (*a. fig.*); **ˈstodg·y** [-dʒɪ] *adj.* □ **1.** schwerverdaulich (*a. fig. Stil etc.*), *fig. a.* schwerfällig (*a. Person*); langweilig; **2.** *fig.* ‚spießig'.

sto·gie, sto·gy ['stəʊgɪ] *s. Am.* billige Zi'garre.

Sto·ic ['stəʊɪk] **I** *s. phls.* Stoiker *m* (*a. fig.* ♀); **II** *adj.*, *a.* '**Sto·i·cal** [-kl] □ *phls.* stoisch (*a. fig.* ♀ *unerschütterlich, gleichmütig*); '**Sto·i·cism** [-ɪsɪzəm] *s.* Stoi'zismus *m*: a) *phls.* Stoa *f*, b) ♀ *fig.* Gleichmut *m*.

stoke [stəʊk] **I** *v/t.* **1.** *Feuer etc.* schüren (*a. fig.*); **2.** *Ofen etc.* (an)heizen, beschicken; **3.** F a) 'vollstopfen, b) *Essen etc.* hin'einstopfen; **II** *v/i.* **4.** schüren, stochern; **5.** heizen, feuern; '**~·hold** *s.* ⚓ Heizraum *m*; '**~·hole 1.** → ***stokehold***; **2.** Schürloch *n*.

stok·er ['stəʊkə] *s.* **1.** Heizer *m*; **2.** (auto'matische) Brennstoffzuführung.

stole[1] [stəʊl] *s. eccl. u. Damenkleidung*: Stola *f*.

stole[2] [stəʊl] *pret.*, '**sto·len** [-lən] *p.p. von* ***steal***.

stol·id ['stɒlɪd] *adj.* □ **1.** stur, stumpf; **2.** gleichmütig, unerschütterlich; **sto·lid·i·ty** [stɒ'lɪdətɪ] *s.* **1.** Gleichmut *m*, Unerschütterlichkeit *f*; **2.** Stur-, Stumpfheit *f*.

sto·ma ['stəʊmə] *pl.* **-ma·ta** ['stɒmətə] *s.* **1.** ♀ Stoma *n*, Spaltöffnung *f*; **2.** *zo.* Atmungsloch *n*.

stom·ach ['stʌmək] **I** *s.* **1.** Magen *m*: ***on an empty ~*** auf leeren Magen, nüchtern; **2.** Bauch *m*, Leib *m*; **3.** Appe'tit *m* (***for*** auf *acc.*); **4.** Lust *f* (***for*** zu); **II** *v/t.* **5.** verdauen (*a. fig.*); **6.** *fig.* a) (v)ertragen, b) ‚einstecken', hinnehmen; '**~·ache** *s.* Magenschmerz(en *pl.*) *m*.

stom·ach·er ['stʌməkə] *s. hist.* Mieder *n*, Brusttuch *n*.

sto·mach·ic [stəʊ'mækɪk] **I** *adj.* **1.** Magen...; **2.** magenstärkend; **II** *s.* **3.** ⚕ Magenmittel *n*.

sto·ma·ti·tis [ˌstəʊmə'taɪtɪs] *s.* ⚕ Mundschleimhautentzündung *f*, Stoma'titis *f*.

stomp [stɒmp] → ***stamp*** 1, 12, 13.

stone [stəʊn] **I** *s.* **1.** *allg.* (*a. Grab-, Schleif- etc.*)Stein *m*: ***a ~'s throw*** ein Steinwurf (weit), (nur) ein ‚Katzensprung'; ***leave no ~ unturned*** nichts unversucht lassen; ***throw ~s at*** *fig.* mit Steinen nach *j-m* werfen; → ***rolling stone***; **2.** *a.* ***precious ~*** (Edel)Stein *m*; **3.** (*Obst*)Kern *m*, Stein *m*; **4.** ⚕ a) (Gallen- *etc.*)Stein *m*, b) Steinleiden *n*; **5.** (Hagel)Korn *n*; **6.** *brit. Gewichtseinheit* (= 6,35 kg); **II** *adj.* **7.** steinern, Stein...; **III** *v/t.* **8.** mit Steinen bewerfen; **9.** *a.* ***~ to death*** steinigen; **10.** *Obst* entkernen, -steinen; **11.** ⚙ schleifen, glätten; ♀ **Age** *s.* Steinzeit *f*; '**~-blind** *adj.* stockblind; ˌ**~-'broke** *adj.* ‚pleite', völlig ‚abgebrannt'; **~ coal** *s.* Steinkohle *f*, *bsd.* Anthra'zit *m*; '**~·crop** *s.* ♀ Steinkraut *n*; '**~ˌcut·ter** *s.* **1.** Steinmetz *m*, -schleifer *m*; **2.** 'Steinschneidemaˌschine *f*.

stoned [stəʊnd] *adj.* **1.** entsteint, -kernt; **2.** *sl.* a) ‚(stink)besoffen', b) ‚high' (*im Drogenrausch*).

ˌ**stone|-'dead** *adj.* mausetot; ˌ**~-'deaf** *adj.* stocktaub; **~ fruit** *s.* Steinfrucht *f*; *coll.* Steinobst *n*.

stone·less ['stəʊnlɪs] *adj.* steinlos (*Obst*).

stone| mar·ten *s. zo.* Steinmarder *m*; '**~ma·son** *s.* Steinmetz *m*; **~ pit** *s.* Steinbruch *m*; ˌ**~'wall I** *v/i.* **1.** *sport* mauern (*defensiv spielen*); **2.** *pol.* Obstrukti'on treiben (***on*** gegen); **II** *v/t.* **3.** *pol. Antrag* durch Obstrukti'on zu Fall bringen; ˌ**~'wall·ing** *s.* **1.** *sport* Mauern *n*; **2.** *pol.* Obstrukti'on *f*; '**~·ware** *s.* Steinzeug *n*.

ston·i·ness ['stəʊnɪnɪs] *s.* **1.** steinige Beschaffenheit; **2.** *fig.* Härte *f*; **ston·y** ['stəʊnɪ] *adj.* □ **1.** steinig; **2.** steinern (*a. fig. Herz*), Stein...; **3.** starr (*Blick*); **4.** *a.* ***~-broke*** → ***stone-broke***.

stood [stʊd] *pret. u. p.p. von* ***stand***.

stooge [stu:dʒ] *s.* **1.** *thea.* Stichwortgeber *m*; **2.** *sl.* Handlanger *m*, Krea'tur *f*; **3.** *Am. sl.* (Lock)Spitzel *m*; **4.** *Brit. sl.* ‚Heini' *m*.

stool [stu:l] *s.* **1.** Hocker *m*; (Bü'ro-, Kla'vier)Stuhl *m*: ***fall between two ~s*** sich zwischen zwei Stühle setzen; **2.** Schemel *m*; **3.** Nachtstuhl *m*; **4.** ⚕ Stuhl *m*: a) Kot *m*, b) Stuhlgang *m*: ***go to ~*** Stuhlgang haben; **5.** ♀ a) Wurzelschößling *m*, b) Wurzelstock *m*, c) Baumstumpf *m*; **~ pi·geon** *s.* **1.** Lockvogel *m* (*a. fig.*); **2.** *bsd. Am. sl.* (Lock-)Spitzel *m*.

stoop[1] [stu:p] **I** *v/i.* **1.** sich bücken, sich (vorn'über)beugen; **2.** sich krumm halten, gebeugt gehen; **3.** *fig. contp.* a) sich her'ablassen, b) sich erniedrigen, die Hand reichen (***to*** zu *et.*, ***to do*** zu tun); **4.** her'abstoßen (*Vogel*); **II** *v/t.* **5.** neigen, beugen; *Schultern* hängen lassen; **III** *s.* **6.** (Sich)Beugen *n*; **7.** gebeugte *od.* krumme Haltung; krummer Rücken; **8.** Niederstoßen *n* (*Vogel*).

stoop[2] [stu:p] *s. Am.* kleine Ve'randa (*vor dem Haus*).

stop [stɒp] **I** *v/t.* **1.** aufhören (***doing*** zu tun): ***~ it!*** hör auf (damit)!; **2.** aufhören mit, *Besuche*, ✝ *Lieferung*, *Zahlung*, *Tätigkeit*, ⚖ *Verfahren* einstellen; *Kampf*, *Verhandlungen etc.* abbrechen; **3.** ein Ende machen *od.* bereiten (*dat.*), Einhalt gebieten (*dat.*); **4.** *Angriff*, *Fortschritt*, *Gegner*, *Verkehr etc.* aufhalten, zum Stehen bringen, *Ball* stoppen; *Wagen*, *Zug*, *a. Uhr* anhalten, stoppen; *Maschine*, *a. Gas*, *Wasser* abstellen; *Fabrik* stillegen; *Lohn*, *Scheck etc.* sperren; *Redner etc.* unter'brechen; *Lärm etc.* unter'binden; **5.** verhindern; hindern (***from*** an *dat.*, ***from doing*** zu tun); **6.** *Boxen etc.*: a) *Schlag* parieren, b) *Gegner* besiegen, stoppen: ***~ a bullet*** e-e (Kugel) ‚verpaßt' kriegen; **7.** *a.* ***~ up*** *Ohren etc.* verstopfen: ***~ s.o.'s mouth*** *fig.* j-m den Mund stopfen; → ***gap*** 4; **8.** *Weg* versperren; **9.** *Blut*, *Wunde* stillen; **10.** *Zahn* plombieren, füllen; **11.** ♪ a) *Saite*, *Ton* greifen, b) *Griffloch* zuhalten, c) *Instrument*, *Ton* stopfen; **12.** *ling.* interpunktieren; **13.** ***~ down*** *phot. Objektiv* abblenden; **14.** ***~ out*** *Ätzkunst*: abdecken; **II** *v/i.* **15.** (an)halten, haltmachen, stehenbleiben, stoppen; **16.** aufhören, an-, innehalten, e-e Pause machen: ***~ dead*** (*od.* ***short***) jäh aufhören; ***~ at nothing*** *fig.* vor nichts zurückschrecken; **17.** aufhören (*Vorgang*, *Lärm etc.*); **18.** ***~ for*** warten auf (*acc.*); **19.** F *im Bett etc.* bleiben: ***~ away*** (***from***) fernbleiben (*dat.*); ***~ by*** *Am.* (rasch) bei *j-m* ‚reinschauen'; ***~ in*** zu Hause bleiben; ***~ off*** *od.* ***over*** Zwischenstation machen; ***~ out*** a) wegbleiben, nicht heimkommen, b) ✝ weiterstreiken; **III** *s.* **20.** Halt *m*, Stillstand *m*: ***come to a ~*** anhalten; ***come to a full ~*** aufhören, zu e-m Ende kommen; ***put a ~ to*** → 3; **21.** Pause *f*; **22.** 🚂 *etc.* Aufenthalt *m*, Halt *m*; **23.** a) Stati'on *f* (*Zug*), b) Haltestelle *f* (*Autobus*), c) Anlegestelle *f* (*Schiff*); **24.** 'Absteigequarˌtier *n*; **25.** ⚙ Anschlag *m*, Sperre *f*, Hemmung *f*; **26.** ✝ Sperrung *f*, Sperrauftrag *m* (*für Scheck etc.*); → *a.* ***stop order***; **27.** ♪ a) Griff *m*, Greifen *n* (*e-r Saite etc.*), b) Griffloch *n*, c) Klappe *f*, d) Ven'til *n*, e) Re'gister *n* (*Orgel etc.*), f) *a.* ***~ knob*** Re'gisterzug *m*: ***pull out all the ~s*** *fig.* alle Register ziehen; ***pull out the pathetic ~*** *fig.* pathetisch werden; **28.** *phot.* f-stop Blende *f* (*Einstellmarke*); **29.** *ling.* a) Knacklaut *m*, b) Verschlußlaut *m*; **30.** a) Satzzeichen *n*, b) Punkt *m*; ˌ**~-and-'go** *adj.* durch Verkehrsampeln geregelt: ***~ traffic*** Stop-and-go-Verkehr *m*; '**~·cock** *s.* ⚙ Absperrhahn *m*; '**~·gap I** *s.* Lückenbüßer *m*, Notbehelf *m*; ✝ Über'brückung *f*; **II** *adj.* Not...; Behelfs...; ✝ Überbrückungs...(*-hilfe, -kredit*); '**~·light** *s.* **1.** *mot.* Bremslicht *n*; **2.** rotes (Verkehrs)Licht; '**~-loss** *adj.* ✝ zur Vermeidung weiterer Verluste: ***~ order*** → ***~ or·der*** *s.* ✝ Stopp-loss-Auftrag *m*; '**~ˌo·ver** *s.* **1.** 'Reise-, 'Fahrtunterˌbrechung *f*, (kurzer) Aufenthalt; **2.** 'Zwischenstatiˌon *f*.

stop·page ['stɒpɪdʒ] *s.* **1.** a) (An)Halten *n*, b) Stillstand *m*, c) Aufenthalt *m*; **2.** (Verkehrs- *etc.*)Stockung *f*; **3.** ⚙ a) (Betriebs)Störung *f*, Hemmung *f*, b) *a.* ⚕ Verstopfung *f*; **4.** Sperrung *f*, (✝ *Kredit- etc.*, ⚡ *Strom*)Sperre *f*; **5.** (Arbeits-, Betriebs-, Zahlungs)Einstellung *f*; **6.** (Gehalts)Abzug *m*.

stop pay·ment *s.* ✝ Zahlungssperre *f* (*für Schecks etc.*).

stop·per ['stɒpə] **I** *s.* **1.** a) Stöpsel *m*, Pfropf(en) *m*, b) Stopfer *m*: ***put a ~ on*** *fig. e-r Sache* ein Ende setzen; **2.** ⚙ Absperrvorrichtung *f*; Hemmer *m*: ***~ circuit*** ⚡ Sperrkreis *m*; **3.** *Werbung*: F Blickfang *m*; **II** *v/t.* **4.** zustöpseln.

stop·ping ['stɒpɪŋ] *s.* ⚕ (Zahn)Füllung *f*, Plombe *f*; **~ dis·tance** *s. mot.* Anhalteweg *m*; **~ place** *s.* Haltestelle *f*; **~ train** *s.* 🚂 Bummelzug *m*.

stop·ple ['stɒpl] **I** *s.* Stöpsel *m*; **II** *v/t.* zustöpseln.

stop| press *s.* (Spalte *f* für) letzte (nach Redakti'onsschluß eingelaufene) Meldungen *pl.*; **~ screw** *s.* ⚙ Anschlagschraube *f*; **~ sign** *s. mot.* Stoppschild *n*; **~ valve** *s.* ⚙ 'Absperrvenˌtil *n*; **~ vol·ley** *s. Tennis*: Stoppflugball *m*; '**~·watch** *s.* Stoppuhr *f*.

stor·a·ble ['stɔ:rəbl] **I** *adj.* lagerfähig, Lager...; **II** *s.* lagerfähige Ware.

stor·age ['stɔ:rɪdʒ] *s.* **1.** (Ein)Lagerung *f*, Lagern *n*; *a.* ⚡ *u. Computer*: Speicherung *f*; → ***cold storage***; **2.** Lager(raum *m*) *n*, De'pot *n*; **3.** Lagergeld *n*; **~ bat·ter·y** *s.* ⚡ Akku(mu'lator) *m*; **~ cam·er·a** *s.* Speicherkamera *f*; **~ heat·er** *s.* Speicherofen *m*.

store [stɔ:] **I** *s.* **1.** (Vorrats)Lager *n*, Vorrat *m*: ***in ~*** vorrätig, auf Lager; ***be in ~ for s.o.*** *fig.* j-m bevorstehen, auf j-n warten; ***have*** (*od.* ***hold***) ***in ~ for*** *fig.*

Überraschung etc. bereithalten für *j-n*, *j-m e-e Enttäuschung etc.* bringen; **2.** *pl.* a) Vorräte *pl.*, Ausrüstung *f* (u. Verpflegung *f*), Provi'ant *m*, b) *a.* ***military ~s*** Mili'tärbedarf *m*, Versorgungsgüter *pl.*, c) *a.* ***naval*** (*od.* ***ship's***) ***~s*** Schiffsbedarf *m*; **3.** *a. pl. bsd. Brit.* Kauf-, Warenhaus *n*; **4.** *Am.* (Kauf)Laden *m*, Geschäft *n*; **5.** *bsd. Brit.* Lagerhaus *n*, Speicher *m* (*a. Computer*); **6.** *a. pl. fig.* (große) Menge, Fülle *f*, Reichtum *m* (***of*** an *dat.*): ***a great ~ of knowledge*** ein großer Wissensschatz; **7.** ***set great*** (***little***) ***~ by*** *fig.* a) hoch (gering) einschätzen, b) großen (wenig) Wert legen auf (*acc.*); **II** *v/t.* **8.** versorgen, -sehen, eindecken (***with*** mit); *Schiff* verproviantieren; *fig. s-n Kopf mit Wissen etc.* anfüllen; **9.** *a.* ***~ up*** einlagern, (auf-) speichern; *fig. im Gedächtnis* bewahren; **10.** *Möbel etc.* einstellen, -lagern; **11.** fassen, aufnehmen, 'unterbringen; **12.** ϟ, *phys.*, *a. Computer*: speichern; **~ cat·tle** *s.* Mastvieh *n*; **'~·house** *s.* **1.** Lagerhaus *n*; **2.** *fig.* Fundgrube *f*; **'~-ˌkeep·er** *s.* **1.** Lagerverwalter *m*; ⚔ Kammer-, Geräteverwalter *m*; **2.** *Am.* Ladenbesitzer(in); **'~·room** *s.* **1.** Lagerraum *m*; **2.** Verkaufsraum *m*.

sto·rey ['stɔːrɪ] → ***story²***; **'sto·reyed** [-ɪd] → ***storied²***.

sto·ried¹ ['stɔːrɪd] *adj.* **1.** geschichtlich, berühmt; **2.** 'sagenumˌwoben; **3.** mit Bildern aus der Geschichte geschmückt: ***a ~ frieze***.

sto·ried² ['stɔːrɪd] *adj.* mit Stockwerken: ***two-~*** zweistöckig (*Haus*).

stork [stɔːk] *s. orn.* Storch *m*; **'~s·bill** *s.* ⚘ Storchschnabel *m*.

storm [stɔːm] **I** *s.* **1.** Sturm *m* (*a.* ⚔ *u. fig.*), Unwetter *n*: ***~ of applause*** Beifallssturm *m*; ***~ and stress*** *hist.* Sturm u. Drang; ***~ in a teacup*** *fig.* Sturm im Wasserglas; ***take by ~*** im Sturm erobern (*a. fig.*); **2.** (Hagel-, Schnee-) Sturm *m*, Gewitter *n*; **II** *v/i.* **3.** stürmen, wüten, toben (*Wind etc.*) (*a. fig.* ***at*** gegen, über *acc.*); **4.** ⚔ stürmen; **5.** *wohin* stürmen, stürzen; **III** *v/t.* **6.** ⚔ (er-) stürmen; **7.** *fig.* bestürmen; **8.** *et.* wütend ausstoßen; **~ an·chor** *s. bsd. fig.* Notanker *m*; **'~-ˌbeat·en** *adj.* sturmgepeitscht; **'~·bird** → ***stormy petrel*** 1; **'~·bound** *adj.* vom Sturm aufgehalten; **~ cen·ter** *Am.*, **~ cen·tre** *Brit. s.* **1.** *meteor.* Sturmzentrum *n*; **2.** *fig.* Unruheherd *m*; **~ cloud** *s.* Gewitterwolke *f* (*a. fig.*); **'~-tossed** *adj.* sturmgepeitscht; **'~-troops** *s. pl.* **1.** ⚔ Schock-, Sturmtruppe(n *pl.*) *f*; **2.** *hist.* (*Nazi-*)'Sturmabˌteilung *f*, S'A *f*.

storm·y ['stɔːmɪ] *adj.* □ stürmisch (*a. fig.*); **~ pet·rel** *s.* **1.** *orn.* Sturmschwalbe *f*; **2.** *fig.* a) Unruhestifter *m*, b) Unglücksbote *m*.

sto·ry¹ ['stɔːrɪ] *s.* **1.** (*a.* amü'sante) Geschichte, Erzählung *f*: ***the same old ~*** *fig.* das alte Lied; **2.** Fabel *f*, Handlung *f*, Story *f e-s Dramas etc.*; **3.** Bericht *m*, Geschichte *f*: ***the ~ goes*** man erzählt sich; ***to cut*** (*od.* ***make***) ***a long ~ short*** (*Redewendung*) um es kurz zu machen, kurz u. gut; ***tell the full ~*** *fig.* ‚auspakken'; ***that's quite another ~*** das ist et. ganz anderes; **4.** (Lebens)Geschichte *f*, Story *f*: ***the Glenn Miller ~***; **5.** *bsd. Am.* ('Zeitungs)Arˌtikel *m*; **6.** F (Lügen-, Ammen)Märchen *n*.

sto·ry² ['stɔːrɪ] *s.* Stock(werk *n*) *m*, Geschoß *n*, E'tage *f*; → ***upper*** I.

'sto·ry|·book I *s.* Geschichten-, Märchenbuch *n*; **II** *adj. fig.* ‚Bilderbuch...', märchenhaft; **'~ˌtell·er** *s.* **1.** (Märchen-, Geschichten)Erzähler(in); **2.** F Lügenbold *m*.

stoup [stuːp] *s.* **1.** *R.C.* Weihwasserbekken *n*; **2.** *Scot.* Eimer *m*; **3.** *dial.* a) Becher *m*, b) Krug *m*.

stout [staʊt] **I** *adj.* □ **1.** dick, beleibt; **2.** stämmig, kräftig; **3.** ausdauernd, zäh; **4.** mannhaft, beherzt, tapfer; **5.** heftig (*Angriff*, *Wind*); **6.** kräftig, ro'bust (*Material etc.*); **II** *s.* **7.** Stout *m* (*dunkles Bier*); **ˌstout'heart·ed** *adj.* □ → ***stout*** 4; **'stout·ness** [-nɪs] *s.* **1.** Stämmigkeit *f*; **2.** Beleibtheit *f*, Korpu'lenz *f*; **3.** Tapferkeit *f*, Mannhaftigkeit *f*; **4.** Ausdauer *f*.

stove¹ [stəʊv] **I** *s.* **1.** Ofen *m*; **2.** (Koch-) Herd *m*; **3.** ⚙ a) Brennofen *m*, b) Trokkenraum *m*; **4.** ⚒ Treibhaus *n*; **II** *v/t.* **5.** trocknen, erhitzen; **6.** ⚘ im Treibhaus ziehen.

stove² [stəʊv] *pret. u. p.p. von* ***stave***.

stove| en·am·el *s.* ⚙ Einbrennlack *m*; **'~·pipe** *s.* **1.** Ofenrohr *n*; **2.** *a.* ***~ hat*** *bsd. Am.* F Zy'linder *m*, ‚Angströhre' *f*; **3.** *pl.* F Röhrenhose *f*.

stow [stəʊ] **I** *v/t.* **1.** ⚓ (ver)stauen; **2.** verstauen, packen: ***~ away*** a) wegräumen, -stecken, b) F *Essen* ‚verdrücken'; **3.** *sl.* aufhören mit: ***~ it!*** hör auf (damit)!, halt's Maul!; **II** *v/i.* **4.** *a.* ***~ away*** sich an Bord schmuggeln; **stow·age** ['stəʊɪdʒ] *s. bsd.* ⚓ **1.** Stauen *n*; **2.** Laderaum *m*; **3.** Ladung *f*; **4.** Staugeld *n*; **'stow·a·way** [-əʊə-] *s.* blinder Passa'gier.

stra·bis·mus [strə'bɪzməs] *s.* ✱ Schielen *n*; **stra'bot·o·my** [-'bɒtəmɪ] *s.* ✱ 'Schieloperatiˌon *f*.

strad·dle ['strædl] **I** *v/i.* **1.** a) die Beine spreizen, grätschen, b) breitbeinig *od.* mit gespreizten Beinen gehen *od.* stehen *od.* sitzen, c) rittlings sitzen; **2.** sich spreizen; **3.** sich (aus)strecken; **4.** *Am. fig.* schwanken, es mit beiden Par'teien halten; **II** *v/t.* **5.** rittlings sitzen auf (*dat.*); **6.** mit gespreizten Beinen stehen über (*dat.*); **7.** *die Beine* spreizen; **8.** *fig.* sich nicht festlegen wollen bei *e-r Streitfrage etc.*; **9.** ⚔ *Ziel* eingabeln; **10.** *Poker*: *den Einsatz* blind verdoppeln; **III** *s.* **11.** a) (Beine)Spreizen *n*, b) breitbeiniges *od.* ausgreifendes Gehen, c) breitbeiniges (Da)Stehen, d) Rittlingssitzen *n*; **12.** a) *Turnen*: Grätsche *f*, b) *Hochsprung*: Straddle *m*; **13.** ✝ Stel'lage(geschäft *n*) *f*.

strafe [*Brit.* strɑːf; *Am.* streɪf] **I** *v/t.* **1.** ⚔, ✈ im Tiefflug mit Bordwaffen angreifen; **2.** *fig.* F *j-n* anschnauzen; **II** *s.* **3.** → **'straf·ing** [-fɪŋ] *s.* **1.** (Bordwaffen)Beschuß *m*; **2.** *fig.* ‚Anpfiff' *m*.

strag·gle ['strægl] *v/i.* **1.** um'herstreifen; **2.** (hinter'drein- *etc.*)bummeln, (-)zotteln; **3.** ⚘ wuchern; **4.** zerstreut liegen *od.* stehen (*Häuser etc.*); sich hinziehen (*Vorstadt etc.*); **5.** *fig.* abschweifen; **'strag·gler** [-lə] *s.* **1.** Bummler(in); **2.** Nachzügler *m* (*a.* ⚓); **3.** ⚔ Versprengte(r) *m*; **4.** ⚘ wilder Schößling; **'strag·gling** [-lɪŋ] *adj.* □, **'strag·gly** [-lɪ] *adj.* **1.** *beim Marsch etc.* zu'rückgeblieben; **2.** ausein'andergezogen (*Kolonne*); **3.** zerstreut (liegend); **4.** weitläufig; **5.** ⚘ wuchernd; **6.** lose, 'widerspenstig (*Haar etc.*).

straight [streɪt] **I** *adj.* □ **1.** gerade: ***~ angle*** ⊿ gestreckter Winkel; ***~ hair*** glattes Haar; ***~ left*** *Boxen*: linke Gerade; ***~ line*** gerade Linie, ⊿ Gerade *f*; ***keep a ~ face*** das Gesicht nicht verziehen; **2.** ordentlich: ***put ~*** in Ordnung bringen; ***put things ~*** Ordnung schaffen; ***set s.o. ~ on*** j-n berichtigen hinsichtlich (*gen.*); → ***record¹*** 4; **3.** gerade, di'rekt; **4.** *fig.* gerade, offen, ehrlich, re'ell: ***as ~ as a die*** a) grundehrlich, b) kerzengerade; **5.** anständig; **6.** F zuverlässig: ***a ~ tip***; **7.** pur: ***~ whisk(e)y***; **8.** *pol. Am.* 'hundertproˌzentig: ***a ~ Republican***; → ***ticket*** 7; **9.** ✝ *Am. sl.* ohne ('Mengen)Raˌbatt; **10.** *thea.* a) konventio'nell (*Stück*), b) ef'fektlos (*Spiel*); **11.** nor'mal, konventio'nell (*Roman etc.*); **II** *adv.* **12.** gerade('aus); **13.** di'rekt, gerade(s)wegs: ***~ from London***; **14.** anständig, ordentlich: ***live ~***; **15.** richtig: ***get s.o. ~*** j-n richtig verstehen; ***I can't think ~*** ich kann nicht (richtig) denken; **16.** ***~ away***, ***~ off*** so'fort, auf der Stelle; **17.** ***~ out*** 'rundherˌaus; **III** *s.* **18.** Geradheit *f*: ***out of the ~*** krumm, schief; **19.** *sport* a) Gerade *f*: ***back ~*** Gegengerade; ***home ~*** Zielgerade, b) (Erfolgs-, Treffer- *etc.*) Serie *f*; **20.** *Poker*: Straight *m*; **21.** ***be on the ~ and narrow*** auf dem Pfad der Tugend wandeln; **22.** ***the ~ of it*** *Am.* F die (reine) Wahrheit; **23.** *sl.* ‚Spießer' *m*; **ˌ~·a'way I** *adv.* → ***straight*** 16; **II** *s. Am.* → ***straight*** 19a; **'~·edge** *s.* ⚙ Line'al *n*, Richtscheit *n*.

straight·en ['streɪtn] **I** *v/t.* **1.** gerade machen, -biegen, (gerade-, aus)richten; ⚔ *Front* begradigen: ***~ one's face*** e-e ernste Miene aufsetzen; ***~ o.s. up*** sich aufrichten; **2.** *oft* ***~ out*** in Ordnung bringen: ***~ one's affairs***; ***things will ~ themselves out*** das wird von allein (wieder) in Ordnung kommen; **3.** *oft* ***~ out*** entwirren, klarstellen; **4.** ***~ s.o. out*** j-m den Kopf zurechtsetzen; **II** *v/i.* **5.** geade werden; **6.** ***~ up*** *Am.* a) sich aufrichten, b) F ein anständiges Leben beginnen.

'straight|-faced *adj.* mit unbewegtem Gesicht; **~ flush** *s. Poker*: Straightflush *m*; **ˌ~'for·ward** [-'fɔːwəd] **I** *adj.* □ **1.** di'rekt, offen, freimütig; **2.** ehrlich, redlich, aufrichtig; **3.** einfach, ganz nor'mal, unkompliziert (*Aufgabe etc.*); **II** *adv.* **4.** → I; **ˌ~'for·ward·ness** [-'fɔːwədnɪs] *s.* Geradheit *f*, Offenheit *f*, Ehrlichkeit *f*, Aufrichtigkeit *f*; **ˌ~-from-the-'shoul·der** *adj.* unverblümt; **'~-line** *adj.* ⊿, ⚙ geradlinig, line'ar (*a.* ✝).

straight·ness ['streɪtnɪs] *s.* Geradheit *f*: a) Geradlinigkeit *f*, b) *fig.* Offenheit *f*, Aufrichtigkeit *f*.

'straight-out *adj. Am.* F **1.** rückhaltlos; **2.** offen, aufrichtig.

strain¹ [streɪn] **I** *s.* **1.** Beanspruchung *f*, Spannung *f*, Zug *m*; **2.** ⚙ (verformende) Spannung, Verdehnung *f*; **3.** ✱ a) Zerrung *f*, b) Über'anstrengung *f* (***on*** *gen.*); **4.** Anstrengung *f*, -spannung *f*, Kraftaufwand *m*; **5.** (***on***) Anstrengung *f*, Stra'paze *f* (für); starke In'anspruchnahme (*gen.*); *nervliche*, *finanzielle etc.* Belastung (für); Druck *m* (auf *acc.*); Last *f der Verantwortung etc.*: ***be a ~ on***, ***put a*** (***great***) ***~ on*** stark beanspruchen *od.* belasten, strapazieren; **6.** *mst pl.* ♪ Weise *f*, Melo'die *f*: ***to the ~s of*** unter den Klängen (*gen.*); **7.** *fig.* Ton *m*, Ma'nier *f*: ***a humorous ~***; **8.** Laune *f*; **II** *v/t.* **9.** (an)spannen; **10.** ⚙ verformen, -dehnen; **11.** ⚕ *Muskel etc.* zerren; *Handgelenk etc.* verstauchen; *s-e Augen*, *das Herz etc.* über'anstrengen; → ***nerve*** 1; **12.** *fig.* über'spannen, strapazieren, *j-s Geduld*, *Kräfte etc.* über'fordern; *Befugnisse* über'schreiten; *Recht*, *Sinn* vergewaltigen, strapazieren: ***~ a point*** zu weit gehen; **13.** ('durch)seihen, filtrieren: ***~ off*** (*od.* ***out***) abseihen; **14.** ***~ s.o. to one's breast*** j-n ans Herz drücken; **III** *v/i.* **15.** sich (an)spannen; **16.** ⚙ sich verdehnen, -formen; **17.** ***~ at*** zerren an (*dat.*); → ***gnat*** 1; **18.** sich anstrengen: ***~ after*** sich abmühen um, streben nach; → ***effect*** 3; **19.** drücken, pressen.

strain² [streɪn] *s.* **1.** Abstammung *f*; **2.** Linie *f*, Geschlecht *n*; **3.** *biol.* a) Rasse *f*, b) (Spiel)Art *f*; **4.** (Rassen)Merkmal *n*, Zug *m*, Schuß *m* (*indischen Bluts etc.*); **5.** (Erb)Anlage *f*, (Cha'rakter-)Zug *m*; **6.** Anflug *m* (***of*** von).

strained [streɪnd] *adj.* □ **1.** gezwungen: ***~ smile***; **2.** gespannt: ***~ relations***; **'strain·er** [-nə] *s.* Sieb *n*, Filter *m*, *n*.

strait [streɪt] **I** *s.* **1.** *oft pl.* Straße *f*, Meerenge *f*: ***the 2s of Dover*** die Straße von Dover; ***2s Settlements*** *ehemalige brit. Kronkolonie* (*Malakka*, *Penang*, *Singapur*); ***the 2s*** a) (*früher*) die Meerenge von Gibraltar, b) (*heute*) die Malakkastraße; **2.** *oft pl.* Not *f*, *bsd. finanzielle* Verlegenheit, Engpaß *m*: ***in dire ~s*** in e-r ernsten Notlage; **II** *adj.* □ **3.** *obs.* eng, schmal; **4.** streng, hart; **'strait·en** [-tn] *v/t.* beschränken, beengen: ***in ~ed circumstances*** in beschränkten Verhältnissen; ***~ed for*** verlegen um.

'strait|ˌjack·et **I** *s.* Zwangsjacke *f* (*a. fig.*); **II** *v/t.* in e-e Zwangsjacke stecken (*a. fig.*); **'~-laced** *adj.* sittenstreng, puri'tanisch, prüde.

strand¹ [strænd] **I** *s.* **1.** *poet.* Gestade *n*, Ufer *n*; **II** *v/t.* **2.** ⚓ auf den Strand setzen, auf Grund treiben; **3.** *fig.* stranden *od.* scheitern lassen: ***~ed*** a) gestrandet (*a. fig.*), b) *mot.* steckengeblieben, c) *fig.* arbeits-, mittellos; ***be*** (***left***) ***~ed*** a) auf dem trockenen sitzen, b) ‚aufgeschmissen' sein; **III** *v/i.* **4.** stranden.

strand² [strænd] **I** *s.* **1.** Strang *m* (*e-s Taus od. Seils*); **2.** (*Draht-*, *Seil*)Litze *f*; **3.** *biol.* (Gewebe)Faser *f*; **4.** (Haar-)Strähne *f*; **5.** (Perlen)Schnur *f*; **6.** *fig.* Faden *m*, Zug *m* (*e-s Ganzen*); **II** *v/t.* **7.** ⚙ *Seil* drehen; *Kabel* verseilen: ***~ed wire*** Litzendraht *m*, Drahtseil *n*; **8.** *Tau etc.* brechen.

strange [streɪndʒ] *adj.* □ **1.** fremd, neu, unbekannt, ungewohnt (***to*** *j-m*); **2.** seltsam, sonderbar, merkwürdig: ***~ to say*** seltsamerweise; **3.** (***to***) nicht gewöhnt (an *acc.*), nicht vertraut (mit); **'strange·ness** [-nɪs] *s.* **1.** Fremdheit *f*; Fremdartigkeit *f*; **2.** Seltsamkeit *f*, *das* Merkwürdige; **'stran·ger** [-dʒə] *s.* **1.** Fremde(r *m*) *f*, Unbekannte(r *m*) *f*, Fremdling *m*: ***I am a ~ here*** ich bin hier fremd; ***you are quite a ~*** Sie sind ein seltener Gast; ***he is no ~ to me*** er ist mir kein Fremder; ***I spy*** (*od.* ***see***) ***~s*** *parl. Brit.* ich beantrage die Räumung der Zuschauertribüne; ***the little ~*** der kleine Neuankömmling (*Kind*); **2.** Neuling *m* (***to*** in *dat.*): ***be a ~ to*** nicht vertraut sein mit; ***he is no ~ to poverty*** die Armut ist ihm nicht unbekannt.

stran·gle ['stræŋgl] **I** *v/t.* **1.** erwürgen, erdrosseln; **2.** *j-n* würgen, *den Hals* einschnüren (*Kragen etc.*); **3.** *fig.* a) *Seufzer etc.* ersticken, b) *et.* abwürgen; **II** *v/i.* **4.** ersticken; **'~·hold** *s.* Würgegriff *m*, *fig. a.* to'tale Gewalt (***on*** über *acc.*).

stran·gu·late ['stræŋgjʊleɪt] *v/t.* **1.** ⚕ abschnüren, abbinden; **2.** → ***strangle*** 1; **stran·gu·la·tion** [ˌstræŋgjʊ'leɪʃn] *s.* **1.** Erdrosselung *f*, Strangulierung *f*; **2.** ⚕ Abschnürung *f*.

stran·gu·ry ['stræŋgjʊrɪ] *s.* ⚕ Harnzwang *m*.

strap [stræp] **I** *s.* **1.** (Leder-, *a.* Trag-, ⚙ Treib)Riemen *m*, Gurt *m*, Band *n*; **2.** a) Halteriemen *m im Bus etc.*, b) (Stiefel)Schlaufe *f*; **3.** a) Träger *m am Kleid*, b) Steg *m an der Hose*; **4.** Achselklappe *f*; **5.** Streichriemen *m*; **6.** ⚙ a) (Me'tall-)Band *n*, b) Bügel *m* (*a. am Kopfhörer*); **7.** ⚓ Stropp *m*; **8.** ⚘ Blatthäutchen *n*; **II** *v/t.* **9.** festschnallen (***to*** an *dat.*): ***~ o.s. in*** sich anschnallen; **10.** *Messer* abziehen; **11.** mit e-m Riemen schlagen; **12.** ⚕ ein (Heft)Pflaster kleben auf *e-e Wunde*; **'~ˌhang·er** *s.* F Stehplatzinhaber(in) *im Omnibus etc.*; **~ i·ron** *s.* ⚙ *Am.* Bandeisen *n*.

strap·less ['stræplɪs] *adj.* trägerlos (*Kleid*); **'strap·per** [-pə] *s.* a) strammer Bursche, b) strammes *od.* dralles Mädchen; **'strap·ping** [-pɪŋ] **I** *adj.* **1.** stramm (*Bursche*, *Mädchen*), drall (*Mädchen*); **II** *s.* **2.** Riemen *pl.*; **3.** Tracht *f* Prügel; **4.** ⚕ Heftpflaster(verband *m*) *n*.

stra·ta ['strɑːtə] *pl. von* ***stratum***.

strat·a·gem ['strætɪdʒəm] *s.* **1.** Kriegslist *f*; **2.** List *f*, Kunstgriff *m*.

stra·te·gic [strə'tiːdʒɪk] *adj.* (□ ***~ally***) *allg.* stra'tegisch, *a.* stra'tegisch wichtig, *a.* kriegswichtig, *a.* Kriegs…(*-lage*, *-plan*): ***~ arms*** strategische Waffen; **strat·e·gist** ['strætɪdʒɪst] *s.* Stra'tege *m*; **strat·e·gy** ['strætɪdʒɪ] *s.* Strate'gie *f*: a) Kriegskunst *f*, b) (Art *f* der) Kriegsführung *f*, c) *fig.* Taktik *f* (*a. sport*), d) *fig.* List *f*.

strat·i·fi·ca·tion [ˌstrætɪfɪ'keɪʃn] *s.* Schichtung *f* (*a. fig. Gliederung*); **strat·i·fied** ['strætɪfaɪd] *adj.* geschichtet, schichtenförmig: ***~ rock*** *geol.* Schichtgestein *n*; **strat·i·form** ['strætɪfɔːm] *adj.* schichtenförmig; **strat·i·fy** ['strætɪfaɪ] **I** *v/t.* schichten, *fig. a.* gliedern; **II** *v/i.* (*a. fig.* gesellschaftliche) Schichten bilden, *fig. a.* sich gliedern.

stra·tig·ra·phy [strə'tɪgrəfɪ] *s. geol.* Formati'onskunde *f*.

strat·o·cruis·er ['strætəʊˌkruːzə] *s.* ✈ Strato'sphärenflugzeug *n*.

strat·o·sphere ['strætəʊˌsfɪə] *s.* Strato'sphäre *f*; **strat·o·spher·ic** [ˌstrætəʊ'sferɪk] *adj.* **1.** strato'sphärisch; **2.** *Am.* F ‚astro'nomisch', e'norm.

stra·tum ['strɑːtəm] *pl.* **-ta** [-tə] *s.* **1.** *allg.* (*a.* Gewebe-, Luft)Schicht *f*, Lage *f*; **2.** *geol.* (Gesteins- *etc.*)Schicht *f*, Formati'on *f*; **3.** *fig.* (gesellschaftliche *etc.*) Schicht.

stra·tus ['streɪtəs] *pl.* **-ti** [-taɪ] *s.* Stratus *m*, Schichtwolke *f*.

straw [strɔː] **I** *s.* **1.** Strohhalm *m*: ***draw ~s*** Strohhalme ziehen (*als Lose*); ***catch*** (*od.* ***grasp***) ***at a ~*** sich an e-n Strohhalm klammern; ***the last ~ that breaks the camel's back*** der Tropfen, der das Faß zum Überlaufen bringt; ***that's the last ~!*** das hat gerade noch gefehlt!, jetzt reicht es mir aber!; ***he doesn't care a ~*** es ist ihm völlig ‚schnurz'; **2.** Stroh *n*; → ***man*** 3; **3.** Trinkhalm *m*; **4.** Strohhut *m*; **II** *adj.* **5.** Stroh…

straw·ber·ry ['strɔːbərɪ] *s.* **1.** ⚘ Erdbeere *f*; **2.** F ‚Knutschfleck' *m*; **~ mark** *s.* ⚕ rotes Muttermal; **~ tongue** *s.* ⚕ Himbeerzunge *f* (*bei Scharlach*).

straw| bid *s.* † *Am.* Scheingebot *n*; **'~ˌcol·o(u)red** *adj.* strohfarbig, -farben; **~ hat** *s.* Strohhut *m*; **~ mat·tress** *s.* Strohsack *m*; **~ vote** *s. bsd. Am.* Probeabstimmung *f*.

straw·y ['strɔːɪ] *adj.* **1.** strohern; **2.** mit Stroh bestreut.

stray [streɪ] **I** *v/i.* **1.** (um'her)streunen (*a. Tier*): ***~ to*** *j-m* zulaufen; **2.** weglaufen (***from*** von); **3.** a) abirren (***from*** von), sich verlaufen, b) her'umirren, c) *fig.* in die Irre gehen, vom rechten Weg abkommen; **4.** *fig.* abirren, -schweifen (*Gedanken etc.*); **5.** ϟ streuen, vagabundieren; **II** *s.* **6.** verirrtes *od.* streunendes Tier; **7.** Her'umirrende(r *m*) *f*, Heimatlose(r *m*) *f*; **8.** *pl.* ϟ atmo'sphärische Störungen *pl.*; **III** *adj.* **9.** *a.* ***strayed*** verirrt (*a. Kugel*), verlaufen, streunend (*Hund*, *Kind*); **10.** vereinzelt: ***~ customers***; **11.** beiläufig: ***a ~ remark***; **12.** ϟ Streu…, vagabundierend (*Strom*).

streak [striːk] **I** *s.* **1.** Streif(en) *m*, Strich *m*; (Licht)Streifen *m*, (-)Strahl *m*: ***~ of lightning*** Blitzstrahl; ***like a ~*** (***of lightning***) F blitzschnell; **2.** Maser *f*, Ader *f* (*im Holz*); **3.** *fig.* Spur *f*, Anflug *m*; **4.** Anlage *f*, *humoristische etc.* Ader; **5.** ***~ of*** (***bad***) ***luck*** (Pech-)Glückssträhne *f*; **6.** ⚗ Schliere *f*; **7.** ⚕ Aufstreichimpfung *f*: ***~ culture*** Strichkultur *f*; **II** *v/t.* **8.** streifen; **9.** adern; **III** *v/i.* **10.** F flitzen; **streaked** [-kt] *adj.*, **'streak·y** [-kɪ] *adj.* □ **1.** gestreift; **2.** gemasert (*Holz*); **3.** durch'wachsen (*Speck*; *a. Am. fig.* F).

stream [striːm] **I** *s.* **1.** Wasserlauf *m*, Flüßchen *n*, Bach *m*; **2.** Strom *m*, Strömung *f*: ***against*** (***with***) ***the ~*** gegen den (mit dem) Strom *schwimmen* (*a. fig.*); **3.** (*a. Blut-*, *Gas-*, *Menschen- etc.*) Strom *m*, (*Licht-*, *Tränen- etc.*)Flut *f*: ***~ of words*** Wortschwall *m*; ***~ of consciousness*** *psych.* Bewußtseinsstrom; **4.** *ped.* Leistungsgruppe *f*; **5.** *fig.* a) Strömung *f*, Richtung *f*, b) Strom *m*, Lauf *m der Zeit etc.*; **II** *v/i.* **6.** strömen, fluten (*a. Licht*, *Menschen etc.*); **7.** strömen (*Tränen*), tränen (*Augen*): ***~ with*** triefen vor (*dat.*); **8.** *im Wind* flattern; **9.** fließen (*langes Haar*); **III** *v/t.* **10.** aus-, verströmen; **'stream·er** [-mə] *s.* **1.** Wimpel *m*; flatternde Fahne; **2.** (langes, flatterndes) Band; Pa'pierschlange *f*; **3.** Lichtstreifen *m* (*bsd. des Nordlichts*); **4.** *a.* ~ ***headline*** *Zeitung*: breite Schlagzeile; **ˈstream·ing** [-mɪŋ] *s. ped.* Einteilung *f e-r Klasse* in Leistungsgruppen; **ˈstream·let** [-lɪt] *s.* Bächlein *n.*

ˈstream|·line I *s.* **1.** *phys.* Stromlinie *f*; **2.** *a.* ~ ***shape*** Stromlinienform *f*, *weitS.* schnittige Form; **II** *adj.* **3.** → ***streamlined*** 1; **III** *v/t.* **4.** ⚙ stromlinienförmig konstruieren; windschnittig gestalten *od.* verkleiden; **5.** *fig.* a) modernisieren, b) rationalisieren, ˈdurchorganisieren, c) *pol.* ‚gleichschalten'; **ˈ~·lined** *adj.* **1.** ⚙ stromlinienförmig, windschnittig, Stromlinien…; **2.** schnittig, formschön; **3.** *fig.* a) modernisiert, fortschrittlich, b) ratioˈnell, c) *pol.* ‚gleichgeschaltet'; **ˈ~ˌlin·er** *s. Am.* Stromlinienzug *m.*

street [striːt] *s.* **1.** Straße *f*: ***in the*** ~ auf der Straße; ~***s ahead*** F haushoch überlegen (***of*** *dat.*); ~***s apart*** F völlig verschieden; ***not in the same*** ~ ***as*** F nicht zu vergleichen mit; ***walk the*** ~***s*** ‚auf den Strich' gehen (*Prostituierte*); ***that's*** (***right***) ***up my*** ~ das ist genau mein Fall; → ***man*** 3; **2.** ***the*** ~ a) Hauptgeschäfts- *od.* Börsenviertel *n*, b) *Brit.* → ***Fleet Street***, c) *Am.* → ***Wall Street***, d) Finanzwelt *f*; ~ **Ar·ab** *s.* Gassenjunge *m*; **ˈ~·car** *s. Am.* Straßenbahn(wagen *m*) *f*; **ˈ~ˌclean·er** → ***streetsweeper***; ~ **map** *s.* Stadtplan *m*; ~ **mar·ket** *s.* † **1.** Freiverkehrsmarkt *m*; **2.** *Brit.* Nachbörse *f*; **ˈ~ˌsweep·er** *s. bsd. Brit.* **1.** Straßenkehrer *m*; **2.** Kehrfahrzeug *n*; ~ **the·a·ter** *Am.*, ~ **the·a·tre** *Brit. s.* ˈStraßentheˌater *n*; **ˈ~ˌwalk·er** *s.* Straßen-, Strichmädchen *n*, Prostituierte *f*.

strength [streŋθ] *s.* **1.** Kraft *f*, Kräfte *pl.*, Stärke *f*: ~ ***of body*** (***mind***, ***will***) Körper- (Geistes-, Willens)kraft, -stärke: ***go from*** ~ ***to*** ~ immer stärker werden; **2.** *fig.* Stärke *f*: ***his*** ~ ***is*** (*od.* ***lies***) ***in endurance*** s-e Stärke ist die Ausdauer; **3.** ⚔ (Truppen)Stärke *f*, Bestand *m*: ***actual*** ~ Iststärke; ***in full*** ~ in voller Stärke, vollzählig; ***in*** (***great***) ~ in großer Zahl; **4.** ⚔ Stärke *f*, (Heeres- *etc.*)Macht *f*, Schlagkraft *f*; **5.** ⚙ (⚡ *Strom-*, *Feld- etc.*)Stärke *f*, (*Bruch-*, *Zerreiß- etc.*)Festigkeit *f*; ⚗, *phys.* Stärke *f* (*a. e-s Getränks*), Wirkungsgrad *m*; **6.** Stärke *f*, Intensiˈtät *f* (*Farbe*, *Gefühl etc.*); **7.** (Beweis-, Überˈzeugungs)Kraft *f*: ***on the*** ~ ***of*** auf Grund (*gen.*), kraft (*gen.*), auf (*acc.*) … hin; **ˈstrength·en** [-θn] **I** *v/t.* **1.** stärken: ~ ***s.o.'s hand*** *fig.* j-m Mut machen; **2.** *fig.* bestärken; **3.** (*zahlenmäßig*, *a.* ⚙, ⚡) verstärken; **II** *v/i.* **4.** stark *od.* stärker werden, sich verstärken; **ˈstrength·en·er** [-θənə] *s.* **1.** ⚙ Verstärkung *f*; **2.** ⚕ Stärkungsmittel *n*; **3.** *fig.* Stärkung *f*; **ˈstrength·en·ing** [-θənɪŋ] **I** *s.* **1.** Stärkung *f*; **2.** Verstärkung *f* (*a.* ⚙, ⚡); **II** *adj.* **3.** stärkend; **4.** verstärkend; **ˈstrength·less** [-lɪs] *adj.* kraftlos.

stren·u·ous [ˈstrenjʊəs] *adj.* □ **1.** emsig, rührig; **2.** eifrig, tatkräftig; **3.** eˈnergisch: ~ ***opposition***; **4.** anstrengend, mühsam; **ˈstren·u·ous·ness** [-nɪs] *s.* **1.** Emsigkeit *f*; **2.** Eifer *m*, Tatkraft *f*; **3.** Enerˈgie *f*; **4.** *das* Anstrengende.

stress [stres] **I** *s.* **1.** ♪, *ling.* a) Ton *m*, (ˈWort-, ˈSatz)Akˌzent *m*, b) Betonung *f*: ***the*** ~ ***is on*** … der Ton liegt auf *der zweiten Silbe*; **2.** *fig.* Nachdruck *m*: ***lay*** ~ (***up***)***on*** → 7; **3.** ⚙, *phys.* a) Beanspruchung *f*, Druck *m*, b) Spannung *f*, Dehnung *f*: ~ ***analyst*** Statiker *m*; **4.** *seelische etc.* Belastung, Druck *m*, Streß *m*: ~ ***disease*** ⚕ Streß-, Managerkrankheit *f*; **5.** Zwang *m*, Druck *m*: ***under*** (***the***) ~ ***of circumstances*** unter dem Druck der Umstände; **6.** Ungestüm *n*; Unbilden *pl. der Witterung*; **II** *v/t.* **7.** ♪, *ling.*, *a. fig.* betonen, den Akˈzent legen auf (*acc.*); *fig.* Nachdruck *od.* Gewicht legen auf (*acc.*), herˈvorheben; **8.** ⚙, *phys. u. fig.* beanspruchen, belasten; **ˈstress·ful** [-fʊl] *adj.* anstrengend, ‚stressig', Streß…

stretch [stretʃ] **I** *v/t.* **1.** *oft* ~ ***out*** (aus-)strecken, *bsd. Kopf*, *Hals* recken: ~ ***o.s.*** (***out***) → 11; ~ ***one's legs*** sich die Beine vertreten; **2.** ~ ***out*** *Hand etc.* aus-, hinstrecken; **3.** *j-n* niederstrekken; **4.** *Seil*, *Saite*, *Tuch etc.* spannen (***over*** über *dat. od. acc.*), straff ziehen; *Teppich etc.* ausbreiten; **5.** strecken; *Handschuhe etc.* ausweiten; *Hosen* spannen; **6.** ⚙ spannen, dehnen; **7.** *Nerven*, *Muskel* anspannen; **8.** *fig.* überˈspannen, -ˈtreiben: ~ ***a principle***; **9.** ˈüberbeanspruchen, *Befugnisse*, *Kredit etc.* überˈschreiten; **10.** *fig.* es mit *der Wahrheit*, *e-r Vorschrift etc.* nicht allzu genau nehmen: ~ ***a point*** fünf gerade sein lassen, ein Auge zudrücken; **II** *v/i.* **11.** sich (aus)strecken; sich dehnen *od.* rekeln; **12.** langen (***for*** nach); **13.** sich erstrecken *od.* hinziehen (***to*** [bis] zu) (*Gebirge etc.*, *a. Zeit*): ~ ***down to*** zurückreichen *od.* -gehen (bis) zu *od.* in (*acc.*) (*Zeitalter*, *Erinnerung etc.*); **14.** sich *vor dem Blick* ausbreiten; **15.** sich dehnen (lassen); **16.** *mst* ~ ***out*** a) *sport* im gestreckten Galopp reiten, b) F sich ins Zeug legen, c) reichen (*Vorrat*); **III** *s.* **17.** ***have a*** ~, ***give o.s. a*** ~ sich strecken; **18.** Strecken *n*, (Aus-)Dehnen *n*; **19.** Spannen *n*; **20.** (An-)Spannung *f*, (Über)ˈAnstrengung *f*: ***by every*** ~ ***of the imagination*** unter Aufbietung aller Phantasie; ***on the*** ~ (an-)gespannt (*Nerven etc.*); **21.** Überˈtreiben *n*; **22.** Überˈschreiten *n von Befugnissen*, *Mitteln etc.*; **23.** (Weg)Strecke *f*; Fläche *f*, Ausdehnung *f*; **24.** *sport*: Gerade *f*; **25.** Zeit(spanne) *f*: ***a*** ~ ***of 10 years***; ***at a*** ~ ununterbrochen, hintereinander, auf ˈeinen Sitz; **26.** ***do a*** ~ *sl.* ‚Knast schieben', ‚sitzen'; **ˈstretch·er** [-tʃə] *s.* **1.** ⚕ (Kranken)Trage *f*: ~-***bearer*** Krankenträger *m*; **2.** (*Schuh- etc.*) Spanner *m*; **3.** ⚙ Streckvorrichtung *f*; **4.** *paint.* Keilrahmen *m*; **5.** Fußleiste *f im Boot*; **6.** △ Läufer(stein) *m*; **ˈstretch·y** [-tʃɪ] *adj.* dehnbar.

strew [struː] *v/t.* [*irr.*] **1.** (aus)streuen; **2.** bestreuen; **strewn** [struːn] *p.p. von* ***strew***.

stri·a [ˈstraɪə] *pl.* **stri·ae** [ˈstraɪiː] *s.* **1.** Streifen *m*, Furche *f*, Riefe *f*; **2.** *pl.* ⚕ Striemen *pl.*, Streifen *pl.*, Striae *pl.*; **3.** *zo.* Stria *f*; **4.** *pl. geol.* (Gletscher-)Schrammen *pl.*; **5.** △ Riffel *m* (*an Säulen*); **stri·ate I** *v/t.* [straɪˈeɪt] **1.** streifen, furchen, riefeln; **2.** *geol.* kritzen; **II** *adj.* [ˈstraɪɪt] **3.** → **stri·at·ed** [straɪˈeɪtɪd] *adj.* **1.** gestreift, geriefelt; **2.** *geol.* gekritzt; **stri·a·tion** [straɪˈeɪʃn] *s.* **1.** Streifenbildung *f*, Riefung *f*; **2.** Streifen *m*, *pl.*, Riefe(n *pl.*) *f*; **3.** *geol.* Schramme(n *pl.*) *f*.

strick·en [ˈstrɪkən] **I** *p.p. von* ***strike***; **II** *adj.* **1.** *obs.* verwundet; **2.** (***with***) heimgesucht, schwer betroffen (von *Unglück etc.*), befallen (von *Krankheit*), ergriffen (von *Schrecken*, *Schmerz etc.*); schwergeprüft (*Person*): ~ ***in years*** hochbetagt, vom Alter gebeugt; ~ ***area*** Katastrophengebiet *n*; **3.** *fig.* (nieder)geschlagen, (gram)gebeugt; verzweifelt (*Blick*); **4.** *allg.* angeschlagen: ***a*** ~ ***ship***; **5.** gestrichen (voll).

strick·le [ˈstrɪkl] ⚙ **I** *s.* **1.** Abstreichlatte *f*; **2.** Streichmodel *m*; **II** *v/t.* **3.** ab-, glattstreichen.

strict [strɪkt] *adj.* □ → ***strictly***; **1.** strikt, streng (*Person*; *Befehl*, *Befolgung*, *Disziplin*; *Wahrheit etc.*); streng (*Gesetz*, *Moral*, *Untersuchung*): ***be*** ~ ***with*** mit *j-m* streng sein; ***in*** ~ ***confidence*** streng vertraulich; **2.** streng, genau: ***in the*** ~ ***sense*** im strengen Sinne; **ˈstrict·ly** [-lɪ] *adv.* **1.** streng *etc.*; **2.** *a.* ~ ***speaking*** genaugenommen; **3.** völlig, ausgesprochen; **4.** ausschließlich, rein; **ˈstrict·ness** [-nɪs] *s.* Strenge *f*: a) Härte *f*, b) Genauigkeit *f*.

stric·ture [ˈstrɪktʃə] *s.* **1.** *oft pl.* (***on***, ***upon***) scharfe Kriˈtik (an *dat.*), kritische Bemerkung (über *acc.*); **2.** ⚕ Strikˈtur *f*, Verengung *f*.

strid·den [ˈstrɪdn] *p.p. von* ***stride***.

stride [straɪd] **I** *v/i.* [*irr.*] **1.** schreiten; **2.** *a.* ~ ***out*** ausschreiten; **II** *v/t.* [*irr.*] **3.** *et.* entlang-, abschreiten; **4.** über-, durchˈschreiten; **5.** mit gespreizten Beinen stehen über (*dat.*) *od.* gehen über (*acc.*); **6.** rittlings sitzen auf (*dat.*); **III** *s.* **7.** (langer *od.* großer) Schritt: ***get into one's*** ~ *fig.* (richtig) in Schwung kommen; ***take s.th. into*** (*od.* ***hit***) ***one's*** ~ *fig.* et. spielend (leicht) schaffen; **8.** Schritt(weite *f*) *m*; **9.** *mst pl. fig.* Fortschritt(e *pl.*) *m*: ***with rapid*** ~***s*** mit Riesenschritten.

stri·dent [ˈstraɪdnt] *adj.* □ **1.** ˈdurchdringend, schneidend, grell (*Stimme*, *Laut*); **2.** knirschend; **3.** *fig.* scharf, heftig.

strife [straɪf] *s.* Streit *m*: a) Hader *m*, b) Kampf *m*: ***be at*** ~ sich streiten, uneins sein.

stri·gose [ˈstraɪgəʊs] *adj.* **1.** ⚘ Borsten…; **2.** *zo.* fein gestreift.

strike [straɪk] **I** *s.* **1.** (*a. Glocken*)Schlag *m*, Hieb *m*, Stoß *m*; **2.** a) *Bowling*: Strike *m* (*Abräumen beim 1. Wurf*), b) *Am. Baseball*: (Verlustpunkt *m* bei) Schlagfehler *m*; **3.** *fig.* ‚Treffer' *m*, Glücksfall *m*; **4.** † Streik *m*, Ausstand *m*: ***be on*** ~ streiken; ***go on*** ~ in (den) Streik *od.* in den Ausstand treten; ***on*** ~ streikend; **5.** ⚔ a) (*bsd.* Luft)Angriff *m*, b) Aˈtomschlag *m*; **II** *v/t.* [*irr.*] **6.** schlagen, Schläge *od.* e-n Schlag versetzen (*dat.*); *allg.* treffen: ~ ***off*** abschlagen, -hauen; ***struck by a stone*** von e-m Stein getroffen; **7.** *Waffe* stoßen (***into*** in *acc.*); **8.** *Schlag* führen; → ***blow***[2] 1; **9.** ♪ *Ton*, *a. Glocke*, *Saite*, *Taste* anschlagen; → ***note*** 8; **10.** *Zündholz* anzünden, *Feuer* machen, *Funken* schlagen; **11.** *Kopf*, *Fuß etc.* (an)stoßen, schlagen (***against*** gegen); **12.** stoßen *od.* schlagen gegen *od.* auf (*acc.*);

zs.-stoßen mit; ⚓ auflaufen auf; einschlagen in (*acc.*) (*Geschoß*, *Blitz*); fallen auf (*acc.*) (*Strahl*); *Auge*, *Ohr* treffen (*Lichtstrahl*, *Laut*): ***~ s.o.'s eye*** j-m ins Auge fallen; **13.** *j-m* einfallen, in den Sinn kommen; **14.** *j-m* auffallen; **15.** *j-n* beeindrucken, Eindruck machen auf (*acc.*); **16.** *j-m wie* vorkommen: ***how does it ~ you?*** was hältst du davon?; ***it ~s me as ridiculous*** es kommt mir lächerlich vor; **17.** stoßen auf (*acc.*): a) (zufällig) treffen *od.* entdecken, b) *Gold etc.* finden; → ***oil*** 2, ***rich*** 5; **18.** *Wurzeln* schlagen; **19.** *Lager*, *Zelt* abbrechen; **20.** ⚓ *Flagge*, *Segel* streichen; **21.** *Angeln*: *Fisch* mit e-m Ruck auf den Haken spießen; **22.** *Giftzähne* schlagen in (*acc.*) (*Schlange*); **23.** ⚙ glattstreichen; **24.** a) ⅍ *Durchschnitt*, *Mittel* nehmen, b) † *Bilanz*: *den Saldo* ziehen; → ***balance*** 6; **25.** (***off*** von *e-r Liste etc.*) streichen; **26.** *Münze* schlagen, prägen; **27.** *Stunde* schlagen (*Uhr*); **28.** *fig. j-n* schlagen, treffen (*Unglück etc.*), befallen (*Krankheit*); **29.** (***with*** mit *Schrecken*, *Schmerz etc.*) erfüllen; **30.** *blind etc.* machen; → ***blind*** 1, ***dumb*** 1; **31.** *Haltung*, *Pose* einnehmen; **32.** *Handel* abschließen; → ***bargain*** 2; **33.** ***~ work*** die Arbeit niederlegen: a) Feierabend machen, b) in Streik treten; **III** *v/i.* [*irr.*] **34.** (zu)schlagen, (-)stoßen; **35.** schlagen, treffen: ***~ at*** a) *j-n od.* nach *j-m* schlagen, b) *fig.* zielen auf (*acc.*); **36.** ([***up***]***on***) a) (an)schlagen, stoßen (an *acc.*, gegen), b) ⚓ auflaufen (auf *acc.*), auf Grund stoßen; **37.** fallen (*Licht*), auftreffen (*Lichtstrahl*, *Schall etc.*) ([***up***]***on*** auf *acc.*); **38.** *fig.* stoßen ([***up***]***on*** auf *acc.*); **39.** schlagen (*Uhrzeit*): ***the hour has struck*** die Stunde hat geschlagen (*a. fig.*); **40.** sich entzünden, angehen (*Streichholz*); **41.** einschlagen (*Geschoß*, *Blitz*); **42.** Wurzel schlagen; **43.** den Weg einschlagen, sich (plötzlich) *nach links etc.* wenden: ***~ for home*** F heimzu gehen; ***~ into*** a) einbiegen in (*acc.*), *Weg* einschlagen, b) *fig.* plötzlich verfallen in (*acc.*), *et.* beginnen, *a.* sich *e-m Thema* zuwenden; **44.** † streiken (***for*** für); **45.** ⚓ die Flagge streichen (***to*** vor *dat.*) (*a. fig.*); **46.** (zu)beißen (*Schlange*); **47.** *fig.* zuschlagen (*Feind etc.*);

Zssgn mit adv.:

strike| back *v/i.* zu'rückschlagen (*a. fig.*); **~ down** *v/t.* niederschlagen, -strecken (*a. fig.*); **~ in** *v/i.* **1.** beginnen, einfallen (*a.* ♪); **2.** ⚕ (sich) nach innen schlagen; **3.** einfallen, unter'brechen (***with*** mit *e-r Frage etc.*); **4.** sich einmischen, -schalten, *a.* mitmachen: ***~ with*** a) sich richten nach, b) mitmachen bei; **~ in·wards** → ***strike in*** 2; **~ off** *v/t.* **1.** → ***strike*** 6; **2.** a) *Wort etc.* ausstreichen, *Eintragung* löschen, b) *j-n von e-r Liste etc.* streichen, *j-m die Berufserlaubnis etc.* entziehen; **3.** *typ.* abziehen; **~ out I** *v/t.* **1.** → ***strike off*** 2 a; **2.** *fig. et.* ersinnen; **3.** *mst fig. e-n Weg* einschlagen; **II** *v/i.* **4.** a) (los-, zu)schlagen, b) (zum Schlag) ausholen; **5.** (forsch) ausschreiten, *a.* (los)schwimmen (***for*** nach, auf *e-n Ort* zu); **6.** *fig.* loslegen; **7.** *mit den Armen beim Schwimmen* ausgreifen; **~ through** *v/t.* *Wort etc.* 'durchstreichen; **~ up I** *v/i.* **1.** ♪ einsetzen (*Spieler*, *Melodie*); **II** *v/t.* **2.** ♪ a) *Lied etc.* anstimmen, b) *Kapelle* einsetzen lassen; **3.** *Bekanntschaft*, *Freundschaft* schließen, *a. Gespräch* anknüpfen (***with*** mit).

strike| bal·lot *s.* Urabstimmung *f*; **'~·bound** *adj.* bestreikt (*Fabrik etc.*); **'~,break·er** *s.* Streikbrecher *m*; **~ call** *s.* Streikaufruf *m*; **~ pay** *s.* Streikgeld *n*; **'~-prone** *adj.* streikanfällig.

strik·er ['straɪkə] *s.* **1.** Schläger(in); **2.** Streikende(r *m*) *f*, Ausständige(r *m*) *f*; **3.** Hammer *m*, Klöppel *m* (*Uhr*); **4.** ⚔ Schlagbolzen *m*; **5.** ϟ Zünder *m*; **6.** *bsd. Fußball*: Stürmer *m*, ‚Spitze' *f*: ***be ~*** Spitze spielen.

strike vote → ***strike ballot***.

strik·ing ['straɪkɪŋ] *adj.* □ **1.** schlagend, Schlag…; **2.** *fig.* a) bemerkenswert, auffallend, eindrucksvoll, b) über'raschend, verblüffend, c) treffend: ***~ example***; **3.** streikend.

string [strɪŋ] **I** *s.* **1.** Schnur *f*, Bindfaden *m*; **2.** (*Schürzen-*, *Schuh- etc.*)Band *n*, Kordel *f*: ***have s.o. on a ~*** j-n am Gängelband *od.* in s-r Gewalt haben; **3.** (Puppen)Draht *m*: ***pull ~s*** *fig.* s-e Beziehungen spielen lassen; ***pull the ~s*** *fig.* der Drahtzieher sein; **4.** (Bogen-)Sehne *f*: ***have two ~s to one's bow*** *fig.* zwei Eisen im Feuer haben; ***be a second ~*** das zweite Eisen im Feuer sein (→ 5); **5.** ♪ a) Saite *f*, b) *pl.* 'Streichinstru,mente *pl.*, *die* Streicher *pl.*; ***first*** (***second*** *etc.*) ***~*** *sport etc.* erste (zweite *etc.*) ‚Garnitur'; ***be a second ~*** zur zweiten Garnitur gehören; ***harp on one ~*** *fig.* immer auf derselben Sache herumreiten; **6.** Schnur *f* (*Perlen etc.*); **7.** *fig.* Reihe *f*, Kette *f* (*von Fragen*, *Fahrzeugen etc.*); **8.** Koppel *f* (*Pferde etc.*); **9.** ⚘ a) Faser *f*, Fiber *f*, b) Faden *m von Bohnen*; **10.** *zo. obs.* Flechse *f*; **11.** ⚠ Fries *m*, Sims *m*; **12.** F Bedingung *f*, ‚Haken' *m*: ***no ~s attached*** ohne Bedingungen; **II** *v/t.* [*irr.*] **13.** *Schnur etc.* spannen; **14.** (zu-, ver-)schnüren, zubinden; **15.** *Perlen etc.* aufreihen; **16.** *fig.* anein'anderreihen: ***~ s.th. out*** et. ‚strecken', et. ‚ausspinnen'; **17.** *Bogen* spannen; **18.** ♪ a) besaiten, bespannen (*a. Tennisschläger*), b) *Instrument* stimmen; **19.** *mit Girlanden etc.* behängen; **20.** *Bohnen* abziehen; **21.** ***~ up*** *sl.* ‚aufknüpfen', -hängen; **22.** ***~ up*** *Nerven* anspannen: ***~ o.s. up to*** a) sich in *e-e Erregung etc.* hineinsteigern, b) sich aufraffen (***to do*** *et.* zu tun); → ***high-strung***; **23.** *Am. sl. j-n* ‚verkohlen', aufziehen; **24.** ***~ along*** F a) *j-n* hinhalten, b) *j-n* ‚einwickeln'; **III** *v/i.* [*irr.*] **25.** Fäden ziehen (*Flüssigkeit*); **26.** ***~ along*** mitmachen (***with*** mit, bei); **~ bag** *s.* Einkaufsnetz *n*; **~ band** *s.* ♪ 'Streichor,chester *n*; **~ bean** *s.* ⚘ Gartenbohne *f*; **'~·course** → ***string*** 11.

stringed [strɪŋd] *adj.* **1.** ♪ Saiten…, Streich…: ***~ instruments***; ***~ music*** Streichmusik *f*; **2.** ♪ *in Zssgn* …saitig; **3.** aufgereiht (*Perlen etc.*).

strin·gen·cy ['strɪndʒənsɪ] *s.* **1.** Strenge *f*, Schärfe *f*; **2.** Bündigkeit *f*, zwingende Kraft: ***the ~ of an argument***; **3.** † (Geld-, Kre'dit)Verknappung *f*, Knappheit *f*; **'strin·gent** [-nt] *adj.* □ **1.** streng, scharf; **2.** zwingend: ***~ necessity***; **3.** zwingend, über'zeugend, bündig: ***~ arguments***; **4.** † knapp (*Geld*), gedrückt (*Geldmarkt*).

string·er ['strɪŋə] *s.* **1.** ♪ Saitenaufzieher *m*; **2.** ⚙ Längs-, Streckbalken *m*; ⚠ (Treppen)Wange *f*; 🚂 Langschwelle *f*; ✈ Längsversteifung *f*; ⚓ Stringer *m*.

string·i·ness ['strɪŋɪnɪs] *s.* **1.** Faserigkeit *f*; **2.** Zähigkeit *f*.

string| or·ches·tra *s.* ♪ 'Streichor,chester *n*; **~ quar·tet(te)** *s.* ♪ 'Streichquar,tett *n*.

string·y ['strɪŋɪ] *adj.* **1.** faserig, zäh, sehnig; **2.** zäh(flüssig), klebrig, Fäden ziehend.

strip [strɪp] **I** *v/t.* **1.** *Haut etc.* abziehen, (-)schälen; *Baum* abrinden; **2.** *Bett* abziehen; **3.** *a.* ***~ off*** *Kleid etc.* ausziehen, abstreifen; **4.** *j-n* entkleiden, ausziehen (***to the skin*** bis auf die Haut): ***~ped*** a) nackt, entblößt, b) *mot.* ‚nackt' (*ohne Extras*); **5.** *fig.* entblößen, berauben (***of*** *gen.*), (aus)plündern: ***~ s.o. of his office*** j-n s-s Amtes entkleiden; **6.** *Haus etc.* ausräumen; *Fabrik* demontieren; **7.** ⚓ abtakeln; **8.** ⚙ zerlegen; **9.** ⚙ *Gewinde* über'drehen; **10.** *Kuh* ausmelken; **11.** *Kohlenlager etc.* freilegen; **II** *v/i.* **12.** a) sich ausziehen, b) ‚strippen': ***~ to the waist*** den Oberkörper frei machen; **III** *s.* **13.** a) (Sich)Ausziehen *n*, b) → ***striptease***; **14.** ✈ Start- u. Landestreifen *m*; **15.** *sport* F Dreß *m*; **16.** Streifen *m* (*Papier etc.*, *a. Land*); **17.** ⚙ a) Walzrohling *m*, b) Bandeisen *n*, -stahl *m*; **18.** → ***~ car·toon*** *s.* Comic strip *m*.

stripe [straɪp] **I** *s.* **1.** *mst andersfarbiger* Streifen (*a. zo.*), Strich *m*; **2.** ⚔ Tresse *f*, (Ärmel)Streifen *m*: ***get one's ~s*** (zum Unteroffizier) befördert werden; ***lose one's ~s*** degradiert werden; **3.** Striemen *m*; **4.** (Peitschen- *etc.*)Hieb *m*; **5.** *fig. Am.* Sorte *f*, Schlag *m*; **II** *v/t.* **6.** streifen: ***~d*** gestreift, streifig.

strip light·ing *s.* Sof'fittenbeleuchtung *f*.

strip·ling ['strɪplɪŋ] *s.* Bürschchen *n*.

strip| min·ing *s.* ⚒ Tagebau *m*; **'~·tease** *s.* Striptease *m*, *n*; **'~,teas·er** *s.* Stripteasetänzerin *f*, ‚Stripperin' *f*.

strive [straɪv] *v/i.* [*irr.*] **1.** sich (be)mühen, bestrebt sein (***to do*** zu tun); **2.** (***for***, ***after***) streben (nach), ringen, sich mühen (um); **3.** (erbittert) kämpfen (***against*** gegen, ***with*** mit), ringen (***with*** mit); **striv·en** ['strɪvn] *p.p. von* ***strive***.

strobe [strəʊb] *s.* **1.** *phot.* Röhrenblitz *m*; **2.** *Radar*: Schwelle *f*.

strode [strəʊd] *pret. von* ***stride***.

stroke [strəʊk] **I** *s.* **1.** (*a. Blitz-*, *Flügel-*, *Schicksals*)Schlag *m*; Hieb *m*, Streich *m*, Stoß *m*: ***at a*** (*od.* ***one***) ***~*** *a. fig.* mit 'einem Schlag, auf 'einen Streich; ***a good ~ of business*** ein gutes Geschäft; ***~ of luck*** Glückstreffer *m*, -fall *m*; ***not to do a ~ of work*** keinen Finger rühren; **2.** (Glocken-, Hammer-, Herz- *etc.*)Schlag *m*: ***on the ~*** pünktlich; ***on the ~ of nine*** Punkt neun; **3.** ⚕ Anfall *m*, *bsd.* Schlag(anfall) *m*; **4.** *mot.* a) (Kolben)Hub *m*, b) Hubhöhe *f*, c) Takt *m*; **5.** *sport* a) *Schwimmen*: Stoß *m*, (Bein)Schlag *m*, (Arm)Zug *m*, b) *Golf*, *Rudern*, *Tennis etc.*: Schlag *m*, c) *Ru-*

dern: Schlagzahl *f*; **6.** *Rudern*: Schlagmann *m*: ***row ~*** → 11; **7.** (Pinsel-, Feder)Strich *m* (*a. typ.*), (Feder)Zug *m*: ***with a ~ of the pen*** mit einem Federstrich (*a. fig.*); **8.** *fig.* (glänzender) Einfall, Leistung *f*: ***a clever ~*** ein geschickter Schachzug; ***a ~ of genius*** ein Geniestreich; **9.** ♪ a) Bogenstrich *m*, b) Anschlag *m*, c) (Noten)Balken *m*; **10.** Streicheln *n*; **II** *v/t.* **11.** ***~ a boat*** *Rudern*: am Schlag (e-s Bootes) sitzen; **12.** streichen über (*acc.*); glattstreichen; **13.** streicheln.

stroll [strəʊl] **I** *v/i.* **1.** schlendern, (um'her)bummeln, spazieren(gehen); **2.** um'herziehen: ***~ing actor*** (*od.* ***player***) → ***stroller*** 2; **II** *s.* **3.** Spaziergang *m*, Bummel *m*: ***go for a ~***, ***take a ~*** e-n Bummel machen; **'stroll·er** [-lə] *s.* **1.** Bummler(in), Spaziergänger(in); **2.** Wanderschauspieler(in); **3.** (Kinder-) Sportwagen *m*.

stro·ma ['strəʊmə] *pl.* **-ma·ta** [-mətə] *s. biol.* Stroma *n* (*a.* ⚘).

strong [strɒŋ] **I** *adj.* □ → ***strongly***; **1.** *allg.* stark (*a. Gift*, *Kandidat*, *Licht*, *Nerven*, *Schlag*, *Verdacht*, *Gefühl etc.*); kräftig (*a. Farbe*, *Gesundheit*, *Stimme*, *Wort*): ***~ face*** energisches *od.* markantes Gesicht; ***~ man*** *pol.* starker Mann; ***have ~ feelings about*** sich erregen über (*acc.*); ***use ~ language*** Kraftausdrücke gebrauchen; → ***point*** 24; **2.** stark (an Zahl *od.* Einfluß), mächtig: ***a company 200 ~*** e-e 200 Mann starke Kompanie; **3.** *fig.* scharf (*Verstand*), klug (*Kopf*): ***~ in*** tüchtig in (*dat.*); **4.** fest (*Glaube*, *Überzeugung*); **5.** eifrig, über'zeugt: ***a ~ Tory***; **6.** gewichtig, zwingend: ***~ arguments***; **7.** stark, gewaltsam, e'nergisch (*Anstrengung*, *Maßnahmen*): ***with a ~ hand*** mit starker Hand; **8.** stark, schwer (*Getränk*, *Speise*, *Zigarre*); **9.** a) stark (*Geruch*, *Geschmack*, *Parfüm*), b) übelriechend *od.* -schmeckend, *a.* ranzig; **10.** *ling.* stark: ***~ declination***; ***~ verb***; **11.** ✝ a) anziehend (*Preis*), b) fest (*Markt*), c) lebhaft (*Nachfrage*); **II** *adv.* **12.** stark, e'nergisch, nachdrücklich; **13.** F tüchtig, mächtig: ***be going ~*** gut in Schuß *od.* Form sein; ***come*** (*od.* ***go***) ***it ~*** mächtig ‚rangehen', auftrumpfen; **'~·arm** F **I** *adj.* Gewalt...: ***~ methods***; ***~ man*** Schläger *m*; **II** *v/t.* a) *j-n* einschüchtern, b) über'fallen, c) zs.-schlagen; **'~·box** *s.* ('Geld-, 'Stahl)Kas͵sette *f*; Tre'sorfach *n*; **͵~'head·ed** *adj.* starrköpfig; **'~·hold** *s.* **1.** ⚔ Feste *f*; **2.** *fig.* Bollwerk *n*; **3.** *fig.* Hochburg *f*.

strong·ly ['strɒŋlɪ] *adv.* **1.** kräftig, stark; heftig: ***feel ~ about*** sich erregen über (*acc.*); **2.** nachdrücklich, sehr.

͵strong|-'mind·ed *adj.* willensstark, e'nergisch; **~ point** *s.* **1.** ⚔ Stützpunkt *m*; **2.** *fig.* → ***point*** 24; **~ room** *s.* Tre'sor(raum) *m*; **͵~-'willed** *adj.* **1.** willensstark; **2.** eigenwillig, -sinnig.

stron·ti·um ['strɒntɪəm] *s.* ⚗ Strontium *n*.

strop [strɒp] **I** *s.* **1.** Streichriemen *m* (*für Rasiermesser*); **2.** ⚓ Stropp *m*; **II** *v/t.* **3.** *Rasiermesser etc.* abziehen.

stro·phe ['strəʊfɪ] *s.* Strophe *f*; **stroph·ic** ['strɒfɪk] *adj.* strophisch.

strop·py ['strɒpɪ] *adj.* F 'widerspenstig, -borstig.

strove [strəʊv] *pret. von* ***strive***.

struck [strʌk] **I** *pret. u. p.p. von* ***strike***; **II** *adj.* ✝ *Am.* bestreikt.

struc·tur·al ['strʌktʃərəl] *adj.* □ **1.** struktu'rell (bedingt), Struktur... (*a. fig.*): ***~ unemployment*** strukturelle Arbeitslosigkeit; **2.** ⚙ baulich, Bau... (*-stahl*, *-teil*, *-technik etc.*), Konstruktions...; **3.** *biol.* a) morpho'logisch, Struktur..., b) or'ganisch (*Krankheit etc.*); **4.** *geol.* tek'tonisch; **5.** ⚗ Struktur...; **'struc·tur·al·ism** [-lɪzəm] *s. ling.*, *phls.* Struktura'lismus *m*.

struc·ture ['strʌktʃə] **I** *s.* **1.** Struk'tur *f* (*a.* ⚗, *biol.*, *phys.*, *psych.*, *sociol.*), Gefüge *n*, (Auf)Bau *m*, Gliederung *f* (*alle a. fig.*): ***~ of a sentence*** Satzbau *m*; ***price ~*** ✝ Preisstruktur, -gefüge; **2.** ⚙, ⚠ Bau(art *f*) *m*, Konstrukti'on *f*; **3.** Bau(werk *n*) *m*, Gebäude *n* (*a. fig.*); *pl.* Bauten *pl.*; **4.** *fig.* Gebilde *n*; **II** *v/t.* **5.** strukturieren; **'struc·ture·less** [-tʃəlɪs] *adj.* struk'turlos; **'struc·tur·ize** [-raɪz] *v/t.* strukturieren.

strug·gle ['strʌgl] **I** *v/i.* **1.** (***against***, ***with***) kämpfen (gegen, mit), ringen (mit) (***for*** um *Atem*, *Macht etc.*); **2.** sich winden, zappeln, sich sträuben (***against*** gegen); **3.** sich (ab)mühen (***with*** mit, ***to do*** *et.* zu tun), sich anstrengen *od.* quälen: ***~ through*** sich durchkämpfen; ***~ to one's feet*** mühsam aufstehen, sich ‚hochrappeln'; **II** *s.* **4.** Kampf *m*, Ringen *n*, Streit *m* (***for*** um, ***with*** mit): ***~ for existence*** a) *biol.* Kampf ums Dasein, b) Existenzkampf; **5.** Anstrengung(en *pl.*) *f*, Streben *n*; **6.** Zappeln *n*, Sich'aufbäumen *n*; **'strug·gler** [-lə] *s.* Kämpfer *m*.

strum [strʌm] **I** *v/t.* **1.** klimpern auf (*dat.*): ***~ a piano***; **2.** *Melodie* (her'unter)klimpern *od.* (-)hämmern; **II** *v/i.* **3.** klimpern (***on*** auf *dat.*); **III** *s.* **4.** Geklimper *n*.

stru·ma ['stru:mə] *pl.* **-mae** [-mi:] *s.* ⚕ **1.** Struma *f*, Kropf *m*; **2.** Skrofu'lose *f*; **'stru·mose** [-məʊs], **'stru·mous** [-məs] *adj.* **1.** ⚕ stru'mös; **2.** ⚕ skrofu'lös; **3.** ⚘ kropfig.

strum·pet ['strʌmpɪt] *s. obs.* Metze *f*, Dirne *f*, Hure *f*.

strung [strʌŋ] *pret. u. p.p. von* ***string***.

strut¹ [strʌt] **I** *v/i.* **1.** (ein'her)stolzieren; **2.** *fig.* großspurig auftreten, sich spreizen; **II** *s.* **3.** Stolzieren *n*, stolzer Gang; **4.** *fig.* großspuriges Auftreten.

strut² [strʌt] ⚠, ⚙ **I** *s.* Strebe *f*, Stütze *f*, Spreize *f*; **II** *v/t.* verstreben, abspreizen, -stützen.

strut·ting¹ ['strʌtɪŋ] **I** *adj.* □ großspurig, -tuerisch; **II** *s.* → ***strut¹*** II.

strut·ting² ['strʌtɪŋ] *s.* ⚙, ⚠ Verstrebung *f*, Abstützung *f*.

strych·nic ['strɪknɪk] *adj.* ⚗ Strychnin...; **'strych·nin(e)** [-ni:n] *s.* ⚗ Strych'nin *n*.

stub [stʌb] **I** *s.* **1.** (Baum)Stumpf *m*; **2.** (Kerzen-, Bleistift- *etc.*)Stummel *m*, Stumpf *m*; **3.** Ziga'retten-, Zi'garrenstummel *m*, ‚Kippe' *f*; **4.** kurzer stumpfer Gegenstand, *z. B.* Kuppnagel *m*; **5.** *Am.* Kon'trollabschnitt *m*; **II** *v/t.* **6.** *Land* roden; **7.** *mst* ***~ up*** *Bäume etc.* ausroden; **8.** mit *der Zehe etc.* (an)stoßen; **9.** *mst* ***~ out*** *Zigarette* ausdrücken.

stub·ble ['stʌbl] *s.* **1.** Stoppel *f*; **2.** *coll.* (Getreide-, Bart- *etc.*)Stoppeln *pl.*; **3.** *a.* ***~ field*** Stoppelfeld *n*; **'stub·bly** [-lɪ] *adj.* stopp(e)lig, Stoppel...

stub·born ['stʌbən] *adj.* □ **1.** eigensinnig, halsstarrig, störrisch, stur; 'widerspenstig (*a. Sache*); **2.** hartnäckig (*a. Widerstand etc.*); **3.** standhaft, unbeugsam; **4.** spröde, hart; *metall.* strengflüssig; **'stub·born·ness** [-nɪs] *s.* **1.** Eigen-, Starrsinn *m*, Halsstarrigkeit *f*; **2.** Hartnäckigkeit *f*; **3.** Standhaftigkeit *f*.

stub·by ['stʌbɪ] *adj.* **1.** stummelartig, kurz; **2.** unter'setzt, kurz und dick; **3.** stopp(e)lig.

stuc·co ['stʌkəʊ] ⚠ **I** *pl.* **-coes** *s.* **1.** Stuck *m* (*Gipsmörtel*); **2.** Stuck(arbeit *f*, -verzierung *f*) *m*, Stucka'tur *f*; **II** *v/t.* **3.** mit Stuck verzieren, stuckieren; **'~·work** → ***stucco*** 2.

stuck [stʌk] *pret. u. p.p. von* ***stick***.

͵stuck-'up *adj.* F hochnäsig.

stud¹ [stʌd] **I** *s.* **1.** Beschlagnagel *m*, Knopf *m*, Knauf *m*, Buckel *m*; **2.** ⚠ (Wand)Pfosten *m*, Ständer *m*; **3.** ⚙ a) Kettensteg *m*, b) Stift *m*, Zapfen *m*, c) Stiftschraube *f*, d) Stehbolzen *m*; **4.** ⚔ (Führungs)Warze *f* (*e-s Geschosses*); **5.** Kragen- *od.* Man'schettenknopf *m*; **6.** ⚡ a) Kon'taktbolzen *m*, b) Brücke *f*; **7.** Stollen *m* (*am Fußballschuh etc.*); **II** *v/t.* **8.** (mit Beschlagnägeln *etc.*) beschlagen *od.* verzieren; **9.** *a. fig.* besetzen, über'säen; **10.** verstreut sein über (*acc.*).

stud² [stʌd] **I** *s.* **1.** Gestüt *n*; **2.** *coll.* a) Zucht *f* (*Tiere*), b) Stall *m* (*Pferde*); **3.** a) (Zucht)Hengst *m*, b) *allg.* männliches Zuchttier, c) *sl.* ‚Zuchtbulle' *m*, ‚Aufreißer' *m*; **II** *adj.* **4.** Zucht...; **5.** Stall...; **'~·book** *s.* **1.** Gestütbuch *n für Pferde*; **2.** *allg.* Zuchtstammbuch *n*.

stu·dent ['stju:dnt] *s.* **1.** a) *univ.* Stu'dent(in), b) *ped. bsd. Am. u. allg.* Schüler(in), c) Lehrgangs-, Kursteilnehmer(in): ***~ adviser*** Studienberater (-in); ***~ driver*** *Am.* Fahrschüler(in); ***~ hostel*** Studentenwohnheim *n*; ***~ teacher*** *ped.* Praktikant(in); **2.** Gelehrte(r *m*) *f*, Forscher(in); Büchermensch *m*; **3.** Beobachter(in), Erforscher(in) *des Lebens etc.*; **'stu·dent·ship** [-ʃɪp] *s.* **1.** Stu'dentenzeit *f*; **2.** *Brit.* Sti'pendium *n*.

stud| farm *s.* Gestüt *n*; **~ horse** *s.* Zuchthengst *m*.

stud·ied ['stʌdɪd] *adj.* □ **1.** gewollt, gesucht, gekünstelt; **2.** absichtlich, geflissentlich; **3.** wohlüberlegt.

stu·di·o ['stju:dɪəʊ] *s.* **1.** *paint.*, *phot. etc.* Ateli'er *n*, *a. thea. etc.* Studio *n*; **2.** ('Film)Ateli͵er *n*: ***~ shot*** Atelieraufnahme *f*; **3.** (Fernseh-, Rundfunk)Studio *n*, Aufnahme-, Senderaum *m*; ***~ couch*** *s.* Schlafcouch *f*.

stu·di·ous ['stju:dɪəs] *adj.* □ **1.** gelehrtenhaft; **2.** fleißig, beflissen, lernbegierig; **3.** (eifrig) bedacht (***of*** auf *acc.*), bemüht (***to do*** zu tun); **4.** sorgfältig, peinlich (gewissenhaft); **5.** → ***studied***; **'stu·di·ous·ness** [-nɪs] *s.* **1.** Fleiß *m*, (Studier)Eifer *m*, Beflissenheit *f*; **2.** Sorgfalt *f*.

stud·y ['stʌdɪ] **I** *s.* **1.** Studieren *n*; **2.** Studium *n*: ***studies*** Studien *pl.*, Studium *n*; ***make a ~ of*** *et.* sorgfältig studieren; ***make a ~ of doing s.th.*** *fig.* bestrebt sein, et. zu tun; ***in a*** (***brown***) ***~*** *fig.* in Gedanken versunken, geistesabwesend; **3.** Studie *f*, Unter'suchung *f* (***of, in*** über *acc.*, zu); **4.** 'Studienfach *n*, -zweig *m*, -ob͵jekt *n*, Studium *n*: ***his face was a perfect ~*** *fig.* sein Gesicht war sehenswert; **5.** Studier-, Arbeitszimmer *n*; **6.** *Kunst, Literatur*: Studie *f*, Entwurf *m*; **7.** ♪ E'tüde *f*; **8.** ***be a good*** (***slow***) ***~*** *thea.* s-e Rolle leicht (schwer) lernen; **II** *v/t.* **9.** *allg.* studieren: a) *Fach etc.* erlernen, b) unter'suchen, erforschen, genau lesen: ***~ out*** *sl.* ausknobeln, c) mustern, prüfen(d ansehen), d) *sport etc. Gegner* abschätzen; **10.** *thea. Rolle* einstudieren; **11.** *Brit. j-m* gegenüber aufmerksam *od.* rücksichtsvoll sein; **12.** sich bemühen um *et.* (*od.* ***to do*** zu tun), bedacht sein auf (*acc.*): ***~ one's own interests***; **III** *v/i.* **13.** studieren; ***~ group*** *s.* Arbeitsgruppe *f*, -gemeinschaft *f*.

stuff [stʌf] **I** *s.* **1.** (*a.* Roh)Stoff *m*, Materi'al *n*; **2.** a) (Woll)Stoff *m*, Zeug *n*, b) *Brit.* (*bsd.* Kamm)Wollstoff *m*; **3.** ⚙ Bauholz *n*; **4.** ⚙ Ganzzeug *n* (*Papier*); **5.** Lederschmiere *f*; **6.** *coll.* Zeug *n*, Sachen *pl.* (*Gepäck, Ware etc.*): ***green ~*** Grünzeug, Gemüse *n*; **7.** *contp.* (wertloses) Zeug, Kram *m* (*a. fig.*): ***~ (and nonsense)*** dummes Zeug; **8.** *fig.* Zeug *n*, Stoff *m*: ***the ~ that heroes are made of*** das Zeug, aus dem Helden gemacht sind; ***he is made of sterner ~*** er ist aus härterem Holz geschnitzt; ***do your ~!*** F zeig mal, was du kannst!; ***he knows his ~*** F er kennt sich aus (*ist gut bewandert*); ***good ~!*** bravo!, prima!; ***that's the ~ (to give them)!*** F so ist's richtig!; → ***rough*** 6; **9.** F a) ‚Zeug' *n*, ‚Stoff' *m* (*Schnaps etc.*), b) ‚Stoff' *m* (*Drogen*); **II** *v/t.* **10.** (*a. fig. sich den Kopf mit Tatsachen etc.*) vollstopfen; *e-e Pfeife* stopfen: ***~ o.s.*** (***on***) sich vollstopfen (mit *Essen*); ***~ s.o.*** (***with lies***) F j-m die Hucke voll lügen; ***~ed shirt*** *sl.* Fatzke *m*, Wichtigtuer *m*, ‚lackierter Affe'; **11.** *a.* ***~ up*** ver-, zustopfen; **12.** *Sofa etc.* polstern; **13.** *Geflügel* a) stopfen, nudeln, b) *Küche*: füllen; **14.** *Tiere* ausstopfen; **15.** *Am. Wahlurne* mit gefälschten Stimmzetteln füllen; **16.** *Leder* mit Fett imprägnieren; **17.** *et. wohin* stopfen; **18.** V *Frau* ‚bumsen': ***get ~ed!*** leck mich (am Arsch)!; **III** *v/i.* **19.** sich (den Magen) vollstopfen; **'stuff·i·ness** [-fɪnɪs] *s.* **1.** Dumpfheit *f*, Schwüle *f*, Stickigkeit *f*; **2.** Langweiligkeit *f*; **3.** F a) Spießigkeit *f*, b) Steifheit *f*, c) Verstaubtheit *f*, d) ‚Muffigkeit' *f*.

stuff·ing ['stʌfɪŋ] *s.* **1.** Füllung *f*, 'Füllmateri͵al *n*; Füllhaar *n*, 'Polstermateri͵al *n*: ***knock the ~ out of*** *fig.* a) *j-n* ‚zur Schnecke machen', b) *j-n* fix u. fertig machen, c) *j-n gesundheitlich* kaputtmachen; **2.** *Küche*: Füllung *f*, Farce *f*; **3.** *fig.* Füllsel *n*; **4.** Lederschmiere *f*; ***~ box*** *s.* ⚙ Stopfbüchse *f*.

stuff·y ['stʌfɪ] *adj.* □ **1.** stickig, dumpf, schwül; **2.** *fig.* langweilig, fad; **3.** F a) beschränkt, spießig, b) pe'dantisch, c) verknöchert, d) F ‚muffig', e) prüde.

stul·ti·fi·ca·tion [͵stʌltɪfɪ'keɪʃn] *s.* Verdummung *f*; **stul·ti·fy** ['stʌltɪfaɪ] *v/t.* **1.** *a.* ***~ the mind*** verdummen; **2.** *j-n* veralbern; **3.** wirkungslos *od.* zu'nichte machen.

stum·ble ['stʌmbl] **I** *v/i.* **1.** stolpern, straucheln (***at*** *od.* ***over*** über *acc.*) (*a. fig.*): ***~ in(to)*** *fig.* in *e-e Sache* (hinein-) stolpern, (-)schlittern; ***~ (up)on*** (*od.* ***across***) *fig.* zufällig stoßen auf (*acc.*); **2.** stolpern, wanken; **3.** *fig.* e-n Fehltritt tun, straucheln; **4.** stottern, stokken: ***~ through*** *Rede etc.* herunterstottern; **II** *s.* **5.** Stolpern *n*, Straucheln *n*; *fig. a.* Fehltritt *m*; **6.** *fig.* ‚Schnitzer' *m*, Fehler *m*; **stum·bling block** ['stʌmblɪŋ] *s. fig.* **1.** Hindernis *n* (***to*** für); **2.** Stolperstein *m*.

stu·mer ['stju:mə] *s. Brit. sl.* **1.** Fälschung *f*; **2.** gefälschter *od.* ungedeckter Scheck.

stump [stʌmp] **I** *s.* **1.** (*Baum-, Kerzen-, Zahn- etc.*)Stumpf *m*, Stummel *m*; (*Ast*)Strunk *m*: ***~ foot*** ⚕ Klumpfuß *m*; ***up a ~*** *Am. sl.* in der Klemme; **2.** ***go on*** (*od.* ***take***) ***the ~*** *bsd. Am. pol.* e-e Propagandareise machen, öffentliche Reden halten; **3.** *Kricket*: Torstab *m*: ***draw (the) ~s*** das Spiel beenden; **4.** *sl.* ‚Stelzen' *pl.* (*Beine*): ***stir one's ~s*** ‚Tempo machen', sich beeilen; **5.** *Zeichnen*: Wischer *m*; **II** *v/t.* **6.** *a.* ***~ out*** *Kricket*: *den Schläger* ‚aus' machen; **7.** F *j-n durch e-e Frage etc.* verblüffen: ***he was ~ed*** er war verblüfft *od.* aufgeschmissen; ***~ed for*** verlegen um *e-e Antwort etc.*; **8.** *bsd. Am.* F *Gegend* als Wahlredner bereisen; ***~ it*** F → 2; **9.** F sta(m)pfen über (*acc.*); **10.** *Zeichnung* abtönen; **11.** *Am.* F *j-n* her'ausfordern (***to do*** zu tun); **12.** ***~ up*** *Brit.* F ‚berappen', ‚blechen'; **III** *v/i.* **13.** (da'her-) sta(m)pfen; **14.** → 12; **15.** → 2; **'stump·er** [-pə] *s.* **1.** *Kricket*: Torwächter *m*; **2.** F harte Nuß; **3.** *Am.* F a) Wahlredner *m*, b) Agi'tator *m*; **stump speech** *s. Am.* Wahlrede *f*; **'stump·y** [-pɪ] *adj.* □ **1.** stumpfartig; **2.** gedrungen, unter'setzt; **3.** plump.

stun [stʌn] *v/t.* **1.** *durch Schlag etc., a. durch Lärm etc.* betäuben; **2.** *fig.* betäuben: a) verblüffen, b) niederschmettern, c) über'wältigen: ***~ned*** wie betäubt *od.* gelähmt.

stung [stʌŋ] *pret. u. p.p. von sting.*

stunk [stʌŋk] *pret. u. p.p. von* ***stink***.

stun·ner ['stʌnə] *s.* F a) ‚toller Kerl', b) ‚tolle Frau', c) ‚tolle Sache'; **'stun·ning** [-nɪŋ] *adj.* □ **1.** betäubend (*a. fig. niederschmetternd*); **2.** *sl.* ‚toll', phänome'nal.

stunt¹ [stʌnt] *v/t.* **1.** (im Wachstum, in der Entwicklung *etc.*) hemmen; **2.** verkümmern lassen, verkrüppeln: ***~ed*** verkümmert, verkrüppelt.

stunt² [stʌnt] **I** *s.* **1.** Kunst-, Glanzstück *n*; Kraftakt *m*; **2.** Sensati'on *f*: a) Schaunummer *f*, b) Bra'vourstück *n*, c) Schlager *m*; **3.** ✈ Flugkunststück *n*; *pl. a.* Kunstflug *m*; **4.** (Re'klame- *etc.*)Trick *m*, ‚tolle I'dee', *weitS.* ‚tolles Ding'; **II** *v/i.* **5.** (Flug)Kunststücke machen, kunstfliegen; **'stunt·er** [-tə] *s.* F **1.** Kunstflieger(in); **2.** Akro'bat(in).

stunt| fly·ing *s.* ✈ Kunstflug *m*; ***~ man*** *s.* [*irr.*] *Film*: Stuntman *m*, Double *n* (*für gefährliche Szenen*).

stupe [stju:p] ⚕ **I** *s.* heißer 'Umschlag *od.* Wickel; **II** *v/t.* heiße 'Umschläge legen auf (*acc.*), *j-m* heiße 'Umschläge machen.

stu·pe·fa·cient [͵stju:pɪ'feɪʃnt] **I** *adj.* betäubend, abstumpfend; **II** *s.* ⚕ Betäubungsmittel *n*; **͵stu·pe'fac·tion** [-'fækʃn] *s.* **1.** Betäubung *f*; **2.** Abstumpfung *f*; **3.** Abgestumpftheit *f*; **4.** Bestürzung *f*, Verblüffung *f*; **stu·pe·fy** ['stju:pɪfaɪ] *v/t.* **1.** betäuben; **2.** verdummen; **3.** abstumpfen; **4.** verblüffen, bestürzen.

stu·pen·dous [stju:'pendəs] *adj.* □ erstaunlich; riesig, gewaltig, e'norm.

stu·pid ['stju:pɪd] **I** *adj.* □ **1.** dumm; **2.** stumpfsinnig, blöd, fad; **3.** betäubt, benommen; **II** *s.* **4.** Dummkopf *m*; **stu·pid·i·ty** [stju:'pɪdətɪ] *s.* **1.** Dummheit *f* (*a. Handlung, Idee*); **2.** Stumpfsinn *m*; **stu·por** ['stju:pə] *s.* **1.** Erstarrung *f*, Betäubung *f*; **2.** Stumpfheit *f*; **3.** ⚕, *psych.* Stupor *m*: a) Benommenheit *f*, b) Stumpfsinn *m*.

stur·di·ness ['stɜ:dɪnɪs] *s.* **1.** Ro'bustheit *f*, Kräftigkeit *f*; **2.** Standhaftigkeit *f*; **stur·dy** ['stɜ:dɪ] *adj.* □ **1.** ro'bust, kräftig, sta'bil (*a. Material etc.*); **2.** *fig.* standhaft, fest.

stur·geon ['stɜ:dʒən] *pl.* **'stur·geons**, *coll.* **'stur·geon** *s. ichth.* Stör *m*.

stut·ter ['stʌtə] **I** *v/i.* **1.** stottern (*a. Motor*); **2.** keckern (*MG etc.*); **II** *v/t.* **3.** *a.* ***~ out*** (her'vor)stottern; **III** *s.* **4.** Stottern *n*: ***have a ~*** stottern; **'stut·ter·er** [-ərə] *s.* Stotterer *m*.

sty¹ [staɪ] *s.* Schweinestall *m* (*a. fig.*).

sty², **stye** [staɪ] *s.* ⚕ Gerstenkorn *n*.

Styg·i·an ['stɪdʒɪən] *adj.* **1.** stygisch; **2.** finster; **3.** höllisch.

style [staɪl] **I** *s.* **1.** *allg.* Stil *m*: a) Art *f*, Typ *m*, b) Manier *f*, Art *f* u. Weise *f*, *sport* Technik *f*: ***~ of singing*** Gesangsstil; ***in superior ~*** in überlegener Manier, souverän; ***it cramps my ~*** dabei kann ich mich nicht recht entfalten, c) guter Stil: ***in ~*** stilvoll (→ e, f), d) Lebensart *f*, -stil: ***in good*** (***bad***) ***~*** stil-, geschmackvoll (-los), e) vornehme Lebensart, Ele'ganz *f*: ***in ~*** vornehm; ***put on ~*** *Am.* F vornehm tun, f) Mode *f*: ***in ~*** modisch, g) *literarische etc.* Ausdrucksweise *od.* -kraft: ***commercial ~*** Geschäftsstil, h) Kunst-, Baustil: ***in proper ~*** stilecht; **2.** (Mach)Art *f*, Ausführung *f*, Fas'son *f*; **3.** a) Titel *m*, Anrede *f*, b) ☨ (Firmen)Bezeichnung *f*, Firma *f*: ***under the ~ of*** unter dem Namen …, ☨ unter der Firma …; **4.** a) *antiq.* (Schreib)Griffel *m*, b) (Schreib-, Ritz)Stift *m*, c) Radiernadel *f*, d) Feder *f e-s Dichters*, e) Nadel *f* (*Plattenspieler*); **5.** ⚕ Sonde *f*; **6.** Zeiger *m* der Sonnenuhr; **7.** Zeitrechnung *f*, Stil *m*: ***Old*** (***New***) ~; **8.** ⚘ Griffel *m*; **9.** *anat.* Griffelfortsatz *m*; **II** *v/t.* **10.** betiteln, benennen, bezeichnen, anreden (mit *od.* als); **11.** a) ⚙, ☨ entwerfen, gestalten, b) modisch zuschneiden; **'styl·er** [-lə] *s.* **1.** Modezeichner(in), -schöpfer (-in); **2.** ⚙ (Form)Gestalter *m*, Designer *m*.

sty·let ['staɪlɪt] *s.* **1.** Sti'lett *n* (*Dolch*); **2.** ⚕ Man'drin *m*, Sondenführer *m*.

styl·ing ['staɪlɪŋ] *s.* **1.** Stilisierung *f*; **2.** ☨, ⚙ Styling *n*, (Form)Gestaltung *f*.

styl·ish ['staɪlɪʃ] *adj.* □ **1.** stilvoll; **2.** modisch, ele'gant, flott; **'styl·ish·ness** [-nɪs] *s.* Ele'ganz *f*.

styl·ist ['staɪlɪst] *s.* **1.** Sti'list(in); **2.** → ***styler***; **sty·lis·tic** [staɪ'lɪstɪk] *adj.* (□ ***~ally***) sti'listisch, Stil…

sty·lite ['staɪlaɪt] *s. eccl.* Sty'lit *m*, Säulenheilige(r) *m*.

styl·ize ['staɪlaɪz] *v/t.* **1.** *allg.* stilisieren;

2. der Konventi'on unter'werfen.

sty·lo ['staıləʊ] *pl.* **-los** F, **'sty·lo·graph** [-ləgrɑ:f], **sty·lo·graph·ic pen** [ˌstaıləʊ'græfık] *s.* **1.** Tintenkuli *m*; **2.** Füll(feder)halter *m*.

sty·lus ['staıləs] *s.* **1.** → ***style*** 4 a *u.* e, 6, 8, 9; **2.** Kopierstift *m*; **3.** Schreibstift *m e-s Registriergeräts.*

sty·mie, *a.* **sty·my** ['staımı] **I** *s. Golf*: **1.** a) *Situation, wenn der gegnerische Ball zwischen dem Ball des Spielers u. dem Loch liegt, auf das er spielt,* b) *Lage des gegnerischen Balles wie in 1a*; **2.** *den Gegner* (*durch die Ballage von 1*) hindern; **3.** *fig.* a) *Gegner* matt setzen, b) *Plan etc.* vereiteln: ***be stymied*** ‚aufgeschmissen' sein.

styp·tic ['stıptık] *adj. u. s.* ⚕ blutstillend (-es Mittel).

Styr·i·an ['stırıən] **I** *adj.* stei(e)risch, steiermärkisch; **II** *s.* Steiermärker(in).

Sua·bi·an ['sweıbjən] → ***Swabian***.

su·a·ble ['sju:əbl] *adj.* ⚖ **1.** (ein)klagbar (*Sache*); **2.** (passiv) pro'zeßfähig (*Person*).

sua·sion ['sweıʒn] *s.* **1.** (***moral ~*** gütliches) Zureden; **2.** Über'redung(sversuch *m*) *f*; **sua·sive** ['sweısıv] *adj.* □ **1.** über'redend, zuredend; **2.** über'zeugend.

suave [swɑ:v] *adj.* □ **1.** verbindlich, höflich, zu'vorkommend, sanft; *contp.* ölig; **2.** lieblich, mild (*Wein etc.*); **suav·i·ty** ['swɑ:vətı] *s.* **1.** Höflichkeit *f*, Verbindlichkeit *f*; **2.** Lieblichkeit *f*, Milde *f*; **3.** *pl.* a) Artigkeiten *pl.*, b) Annehmlichkeiten *pl.*

sub[1] [sʌb] **I** *s.* F *abbr. für* ***submarine***, ***subordinate***, ***subway***, ***subaltern***, ***sublieutenant*** *etc.*; **II** *adj.* Aushilfs..., Not...; **III** *v/i.* F (***for***) einspringen (für), vertreten (*acc.*).

sub[2] [sʌb] (*Lat.*) *prp.* unter: ***~ finem*** am Ende (*e-s zitierten Kapitels*); ***~ judice*** (noch) anhängig, (noch) nicht entschieden (*Rechtsfall*); ***~ rosa*** unter dem Siegel der Verschwiegenheit, vertraulich; ***~ voce*** unter dem angegebenen Wort (*in e-m Wörterbuch etc.*).

sub- [sʌb; səb] *in Zssgn* a) Unter..., Grund..., Sub..., b) 'untergeordnet, Neben..., Unter..., c) annähernd, d) ⚗ basisch, e) ⚘ 'umgekehrt.

ˌsub'ac·e·tate [ˌsʌb-] *s.* ⚗ basisch essigsaures Salz.

ˌsub'ac·id [ˌsʌb-] *adj.* **1.** säuerlich; **2.** *fig.* bissig, säuerlich.

ˌsub'a·gent [ˌsʌb-] *s.* **1.** ✝ a) 'Untervertreter *m*, b) 'Zwischenspediˌteur *m*; **2.** ⚖ 'Unterbevollmächtigte(r *m*) *f*.

ˌsub'al·pine [ˌsʌb-] ⚘, *zo.* **I** *adj.* subal'pin(isch); **II** *s.* a) subal'pines Tier, b) subal'pine Pflanze.

sub·al·tern ['sʌbltən] **I** *adj.* **1.** subal'tern, 'untergeordnet, Unter...; **II** *s.* **2.** Subal'terne(r *m*) *f*, Unter'gebene(r *m*) *f*; **3.** ⚔ *bsd. Brit.* Subal'ternoffiˌzier *m*.

sub·a·qua [səb'ækwə] *adj.* **1.** Unterwasser...; **2.** (Sport)Taucher...

ˌsub'arc·tic [ˌsʌb-] *adj. geogr.* sub'arktisch.

sub'au·di·ble [səb-] *adj.* **1.** *phys.* unter der Hörbarkeitsgrenze; **2.** kaum hörbar.

sub'cal·i·ber *Am.*, **sub'cal·i·bre** *Brit.* [səb-] *adj.* **1.** Kleinkaliber...; **2.** ⚔ *Artillerie*: Abkommkaliber...

'sub·comˌmit·tee ['sʌb-] *s.* 'Unterausschuß *m*.

ˌsub'com·pact (car) [ˌsʌb-] *s. mot.* Kleinwagen *m*.

ˌsub'con·scious [ˌsʌb-] ⚕, *psych.* **I** *adj.* □ 'unterbewußt; **II** *s.* 'Unterbewußtsein *n*, *das* 'Unterbewußte.

ˌsub'con·ti·nent [ˌsʌb-] *s. geogr.* 'Subkontiˌnent *m*.

sub'con·tract [səb-] *s.* Nebenvertrag *m*; **ˌsub·con'trac·tor** [ˌsʌb-] *s.* ✝ 'Subunterˌnehmer(in), *a.* Zulieferer *m*.

ˌsub'cul·ture [ˌsʌb-] *s. sociol.* 'Subkulˌtur *f*.

sub·cu·ta·ne·ous [ˌsʌbkju:'teınjəs] *adj.* □ *anat.* subku'tan, unter *od.* die Haut.

sub·deb [ˌsʌb'deb] *s. Am.* F **1.** → ***subdebutante***; **2.** Teenager *m*; **ˌsub'deb·u·tante** [ˌsʌb-] *s. Am.* noch nicht in die Gesellschaft eingeführtes junges Mädchen.

ˌsub·di'vide [ˌsʌb-] *v/t.* (*v/i.* sich) unter'teilen; **'sub·diˌvi·sion** *s.* **1.** Unter'teilung *f*; **2.** 'Unterabˌteilung *f*.

sub·due [səb'dju:] *v/t.* **1.** unter'werfen (***to*** *dat.*), unter'jochen; **2.** über'winden, -'wältigen, **3.** *fig.* besiegen, bändigen, zähmen: ***~ one's passions***; **4.** *Farbe, Licht, Stimme, Wirkung etc., a. Begeisterung, Stimmung etc.* dämpfen; **5.** *fig. j-m* e-n Dämpfer aufsetzen; **sub'dued** [-ju:d] *adj.* **1.** unter'worfen, -'jocht; **2.** gebändigt; **3.** gedämpft (*a. fig.*).

ˌsub'ed·it [ˌsʌb-] *v/t. Zeitung etc.* redigieren; **ˌsub'ed·i·tor** *s.* Redak'teur *m*.

'subˌhead(·ing) ['sʌb-] *s.* **1.** 'Unter-, Zwischentitel *m*; **2.** 'Unterabˌteilung *f e-s Buches etc.*

ˌsub'hu·man [ˌsʌb-] *adj.* **1.** halbtierisch; **2.** unmenschlich.

sub·ja·cent [sʌb'dʒeısənt] *adj.* **1.** dar'unter *od.* tiefer liegend; **2.** *fig.* zu'grunde liegend.

sub·ject ['sʌbdʒıkt] **I** *s.* **1.** (*Gesprächs-etc.*)Gegenstand *m*, Thema *n*, Stoff *m*: ***~ of conversation***; ***on the ~ of*** über (*acc.*), bezüglich (*gen.*); **2.** *ped.* (Lehr-, Schul-, Studien)Fach *n*, Fachgebiet *n*: ***compulsory ~*** Pflichtfach; **3.** Grund *m*, Anlaß *m* (***for complaint*** zur Beschwerde); **4.** Ob'jekt *n*, Gegenstand *m* (***of ridicule*** des Spotts); **5.** *paint. etc.* Thema *n* (*a.* ♪), Su'jet *n*, Vorwurf *m*; **6.** *ling.* Sub'jekt *n*, Satzgegenstand *m*; **7.** 'Untertan(in), *a.* Staatsbürger(in), -angehörige(r *m*) *f*: ***a British ~***; **8.** *bsd.* ⚕ a) Ver'suchsperˌson *f*, -tier *n*, b) Leichnam *m für Sektionszwecke*, c) Pati'ent (-in), *hysterische etc.* Per'son; **9.** *ohne Artikel* die betreffende Person *etc.* (*in Informationen*); **10.** *phls.* a) Sub'jekt *n*, Ich *n*, b) Sub'stanz *f*; **II** *adj. pred.* **11.** 'untertan, unter'geben (***to*** *dat.*); **12.** abhängig (***to*** von); **13.** ausgesetzt (***to*** *dem Gespött etc.*); **14.** (***to***) unter'worfen, -'liegend (*dat.*), abhängig (von), vorbehaltlich (*gen.*): ***~ to approval*** genehmigungspflichtig; ***~ to your consent*** vorbehaltlich Ihrer Zustimmung; ***~ to change without notice*** Änderungen vorbehalten; ***~ to being unsold***, ***~ to (prior) sale*** ✝ freibleibend, Zwischenverkauf vorbehalten; **15.** (***to***) neigend (zu), anfällig (für): ***~ to headaches***; **III** *v/t.* [səb'dʒekt] **16.** (***to***) a) unter'werfen (*dat.*), abhängig machen (von), b) *e-r Behandlung, Prüfung etc.* unter'ziehen, c) *dem Gespött, der Hitze etc.* aussetzen; ***~ cat·a·logue*** *s.* 'Schlagwortkataˌlog *m*; ***~ head·ing*** *s.* Ru'brik *f* in e-m 'Sachreˌgister; ***~ in·dex*** *s.* 'Sachreˌgister *n*.

sub·jec·tion [səb'dʒekʃn] *s.* **1.** Unter'werfung *f*; **2.** Unter'worfensein *n*; **3.** Abhängigkeit *f*: ***be in ~ to s.o.*** von j-m abhängig sein.

sub·jec·tive [səb'dʒektıv] **I** *adj.* □ **1.** *allg., a.* ⚕, *phls.* subjek'tiv; **2.** *ling.* Subjekts...; **II** *s.* **3.** *a.* ***~ case*** *ling.* Nominativ *m*; **sub'jec·tive·ness** [-nıs] *s.* Subjektivi'tät *f*; **sub'jec·tiv·ism** [-vızəm] *s. bsd. phls.* Subjekti'vismus *m*.

sub·jec·tiv·i·ty [ˌsʌbdʒek'tıvətı] *s.* Subjektivi'tät *f*.

sub·ject| mat·ter *s.* **1.** Gegenstand *m* (*e-r Abhandlung etc., a.* ⚖); **2.** Stoff *m*, Inhalt *m* (*Ggs. Form*); ***~ ref·er·ence*** *s.* Sachverweis *m*.

ˌsub'join [ˌsʌb-] *v/t.* **1.** hin'zufügen, -setzen; **2.** beilegen, -fügen.

sub·ju·gate ['sʌbdʒʊgeıt] *v/t.* **1.** unter'jochen, -'werfen (***to*** *dat.*); **2.** *bsd. fig.* bezwingen, bändigen; **sub·ju·ga·tion** [ˌsʌbdʒʊ'geıʃn] *s.* Unter'werfung *f*, -'jochung *f*.

sub·junc·tive [səb'dʒʌŋktıv] *ling.* **I** *adj.* □ **1.** konjunktiv(isch); **II** *s.* **2.** *a.* ***~ mood*** Konjunktiv *m*; **3.** Konjunktivform *f*.

ˌsub'lease [ˌsʌb-] **I** *s.* 'Untermiete *f*, -pacht *f*, -vermietung *f*, -verpachtung *f*; **II** *v/t.* 'untervermieten, -verpachten; **ˌsub·les'see** *s.* 'Untermieter(in), -pächter(in); **ˌsub·les'sor** [-'sɔ:] *s.* 'Untervermieter(in), -verpächter(in).

sub·let [ˌsʌb'let] *v/t.* [*irr.* → ***let***[1]] 'unter-, weitervermieten.

sub·lieu·ten·ant [ˌsʌblef'tenənt] *s.* ⚓ *Brit.* Oberleutnant *m* zur See.

sub·li·mate ['sʌblımeıt] **I** *v/t.* **1.** ⚗ sublimieren; **2.** *fig.* sublimieren (*a. psych.*), veredeln, vergeistigen; **II** *s.* [-mıt] **3.** ⚗ Subli'mat *n*; **sub·li·ma·tion** [ˌsʌblı'meıʃn] *s.* **1.** ⚗ Sublimati'on *f*; **2.** *fig.* Sublimierung *f* (*a. psych.*).

sub·lime [sə'blaım] **I** *adj.* □ **1.** erhaben, hehr, su'blim; **2.** a) großartig (*a. iro.*): ***~ ignorance***, b) *iro.* kom'plett: ***a ~ idiot***, c) kraß: ***~ indifference***; **II** *s.* **3.** ***the ~*** das Erhabene; **III** *v/t.* **4.** → ***sublimate*** 1 *u.* 2; **IV** *v/i.* **5.** ⚗ sublimiert werden; **6.** *fig.* sich läutern.

sub·lim·i·nal [ˌsʌb'lımınl] *psych.* **I** *adj.* **1.** 'unterbewußt: ***~ self*** → 3; **2.** 'unterschwellig (*Reiz etc.*, ✝ *Werbung*); **II** *s.* **3.** *das* 'Unterbewußte.

ˌsub·ma'chine-gun [ˌsʌb-] *s.* ⚔ Ma'schinenpiˌstole *f*.

sub·man ['sʌbmæn] *s.* [*irr.*] **1.** tierischer Kerl; **2.** Idi'ot *m*.

ˌsub·ma'rine [ˌsʌb-] **I** *s.* **1.** ⚓, ⚔ 'Unterseeboot *n*, U-Boot *n*; **II** *adj.* **2.** 'unterseeisch, Untersee..., subma'rin; **3.** ⚓, ⚔ Unterseeboot..., U-Boot-...: ***~ warfare***; ***~ chaser*** U-Boot-Jäger *m*; ***~ pen*** U-Boot-Bunker *m*.

sub·merge [səb'mɜ:dʒ] **I** *v/t.* **1.** ein-, 'untertauchen; **2.** über'schwemmen, unter Wasser setzen; **3.** *fig.* a) unter'drücken, b) über'tönen; **II** *v/i.* **4.** 'untertauchen, -sinken; **5.** ⚓ tauchen (*U-Boot*); **sub'merged** [-dʒd] *adj.* **1.** 'untergetaucht; ⚓, ⚔ *Angriff etc.* unter

Wasser; **2.** über'schwemmt; **3.** *fig.* verelendet, verarmt.

sub·mersed [səb'mɜːst] *adj.* **1.** → ***submerged*** 1 *u.* 2; **2.** *bsd.* ⚘ Unterwasser…: ***~ plants***; **sub'mers·i·ble** [-səbl] **I** *adj.* **1.** 'untertauch-, versenkbar; **2.** über'schwemmbar; **3.** ⚓ tauchfähig; **II** *s.* **4.** ⚓ 'Unterseeboot *n*; **sub'mer·sion** [-ɜːʃn] *s.* **1.** Ein-, 'Untertauchen *n*; **2.** Über'schwemmung *f.*

sub·mis·sion [səb'mɪʃn] *s.* **1.** (***to***) Unter'werfung *f* (unter *acc.*), Ergebenheit *f* (in *acc.*), Gehorsam *m* (gegen); **2.** Unter'würfigkeit *f*: ***with all due ~*** mit allem schuldigen Respekt; **3.** *bsd.* ⚖ Vorlage *f e-s Dokuments etc.*, Unter'breitung *f e-r Frage etc.*; **4.** ⚖ a) Sachvorlage *f*, Behauptung *f*, b) Kompro'miß *m, n*; **sub'mis·sive** [-ɪsɪv] *adj.* □ **1.** ergeben, gehorsam; **2.** unter'würfig; **sub'mis·sive·ness** [-ɪsɪvnɪs] *s.* **1.** Ergebenheit *f*; **2.** Unter'würfigkeit *f*; **sub'mit** [-'mɪt] **I** *v/t.* **1.** unter'werfen, -'ziehen, aussetzen (***to*** *dat.*): ***~ o.s.*** (***to***) → 4; **2.** *bsd.* ⚖ unter'breiten, vortragen, -legen (***to*** *dat.*); **3.** *bsd.* ⚖ beantragen, behaupten, zu bedenken geben, an'heimstellen (***to*** *dat.*); *bsd. parl.* ergebenst bemerken; **II** *v/i.* **4.** (***to***) gehorchen (*dat.*), sich fügen (*dat. od.* in *acc.*); sich *j-m, e-m Urteil etc.* unter'werfen, sich *e-r Operation etc.* unter'ziehen; **sub'mit·tal** [-'mɪtl] *s.* Vorlage *f*, Unter'breitung *f.*

ˌsub'nor·mal [ˌsʌb-] *adj.* □ **1.** a) 'unterˌdurchschnittlich, b) minderbegabt, c) schwachsinnig; **2.** ⩘ 'subnorˌmal.

'subˌor·der ['sʌb-] *s. biol.* 'Unterordnung *f.*

sub·or·di·nate [sə'bɔːdnɪt] **I** *adj.* □ **1.** 'untergeordnet: a) unter'stellt (***to*** *dat.*): ***~ position*** untergeordnete Stellung, b) zweitrangig, nebensächlich: ***~ clause*** *ling.* Nebensatz *m*; ***be ~ to*** *e-r Sache* an Bedeutung nachstehen; **II** *s.* **2.** Unter'gebene(r *m*) *f*; **III** [-dɪneɪt] *v/t.* **3.** *a. ling.* 'unterordnen (***to*** *dat.*); **4.** zu'rückstellen (***to*** hinter *acc.*); **sub·or·di·na·tion** [səˌbɔːdɪ'neɪʃn] *s.* 'Unterordnung *f* (***to*** unter *acc.*); **sub'or·di·na·tive** [-dɪnətɪv] *adj. ling.* 'unterordnend: ***~ conjunction.***

sub·orn [sʌ'bɔːn] *v/t.* ⚖ (*bsd.* zum Meineid) anstiften; *Zeugen* bestechen; **sub·or·na·tion** [ˌsʌbɔː'neɪʃn] *s.* ⚖ Anstiftung *f*, Verleitung *f* (***of*** zum *Meineid*, zu *falscher Zeugenaussage*), (Zeugen)Bestechung *f.*

sub·pe·na *Am.* → ***subpoena.***

'sub·plot ['sʌb-] *s.* Nebenhandlung *f.*

sub·poe·na [səb'piːnə] ⚖ **I** *s.* (Vor)Ladung *f* (unter Strafandrohung); **II** *v/t.* vorladen.

sub·ro·gate ['sʌbrəʊgeɪt] *v/t.* ⚖ einsetzen (***for s.o.*** an j-s Stelle; ***to the rights of*** in *j-s* Rechte); **sub·ro·ga·tion** [ˌsʌbrəʊ'geɪʃn] *s.* ⚖ 'Forderungsˌübergang *m* (kraft Gesetzes); Ersetzung *f e-s Gläubigers durch e-n anderen*: ***~ of rights*** Rechtseintritt *m.*

sub·scribe [səb'skraɪb] **I** *v/t.* **1.** *Vertrag etc.* unter'zeichnen, ('unterschriftlich) anerkennen; **2.** *et.* mit *s-m Namen etc.* (unter)'zeichnen; **3.** *Geldbetrag* zeichnen (***for*** für *Aktien*, ***to*** für *e-n Fonds*); **II** *v/i.* **4.** e-n Geldbetrag zeichnen (***to*** für *e-n Fonds*, ***for*** für *e-e Anleihe etc.*); **5.** ***~ for*** *Buch* vorbestellen; **6.** ***~ to*** *Zeitung etc.* abonnieren; **7.** unter'schreiben, -'zeichnen (***to*** *acc.*); **8.** ***~ to*** *fig. et.* unter'schreiben, gutheißen, billigen; **sub'scrib·er** [-bə] *s.* **1.** Unter'zeichner (-in), -'zeichnete(r *m*) *f* (***to*** *gen.*); **2.** Befürworter(in) (***to*** *gen.*); **3.** Subskri'bent(in), Abon'nent(in); *teleph.* Teilnehmer(in); **4.** Zeichner *m*, Spender *m* (***to*** *e-s Geldbetrages*).

sub·scrip·tion [səb'skrɪpʃn] *s.* **1.** a) Unter'zeichnung *f*, b) 'Unterschrift *f*; **2.** (***to***) ('unterschriftliche) Einwilligung (in *acc.*), Zustimmung *f* (zu); **3.** (***to***) Beitrag *m* (zu, für), Spende *f* (für), (gezeichneter) Betrag; (*teleph.* Grund)Gebühr *f*; **4.** *Brit.* (Mitglieds)Beitrag *m*; **5.** Abonne'ment *n*, Bezugsrecht *n*, Subskripti'on *f* (***to*** auf *acc.*): ***by ~*** im Abonnement; ***take out a ~ to*** *Zeitung etc.* abonnieren; **6.** ✝ Zeichnung *f* (***of*** *e-r Summe, Anleihe etc.*): ***~ for shares*** Aktienzeichnung; ***open for ~*** zur Zeichnung aufgelegt; ***invite ~s for a loan*** e-e Anleihe (zur Zeichnung) auflegen; ***~ list*** *s.* **1.** ✝ Subskripti'onsliste *f*; **2.** *Zeitung*: Zeichnungsliste *f*; ***~ price*** *s.* Bezugspreis *m.*

'subˌsec·tion ['sʌb-] *s.* 'Unterabˌteilung *f*, -abschnitt *m.*

sub·se·quence ['sʌbsɪkwəns] *s.* **1.** späteres Eintreten; **2.** ⩘ Teilfolge *f*; **'sub·se·quent** [-nt] *adj.* □ (nach)folgend, später, nachträglich, Nach…: ***~ to*** a) später als, b) nach, im Anschluß an (*acc.*), folgend (*dat.*); ***~ upon*** a) infolge (*gen.*), b) *nachgestellt*: (daraus) entstehend, (daraufhin) erfolgend; **'sub·se·quent·ly** [-ntlɪ] *adv.* **1.** 'hinterher, nachher; **2.** anschließend; **3.** später.

sub·serve [səb'sɜːv] *v/t.* dienlich *od.* förderlich sein (*dat.*); **sub'ser·vi·ence** [-vjəns] *s.* **1.** Dienlich-, Nützlichkeit *f* (***to*** für); **2.** Abhängigkeit *f* (***to*** von); **3.** Unter'würfigkeit *f*; **sub'ser·vi·ent** [-vjənt] *adj.* □ **1.** dienstbar, 'untergeordnet (***to*** *dat.*); **2.** unter'würfig (***to*** gegenüber); **3.** dienlich, förderlich (***to*** *dat.*).

sub·side [səb'saɪd] *v/i.* **1.** sich senken: a) sinken (*Flut etc.*), b) (ein)sinken, absacken (*Boden etc.*), sich setzen (*Haus*); **2.** ⚗ sich niederschlagen; **3.** *fig.* abklingen, abflauen, sich legen: ***~ into*** verfallen in (*acc.*); **4.** *in e-n Stuhl etc.* sinken.

sub·sid·i·ar·y [səb'sɪdjərɪ] **I** *adj.* □ **1.** Hilfs…, Unterstützungs…, Subsidien…: ***be ~ to*** ergänzen, unterstützen; **2.** 'untergeordnet (***to*** *dat.*), Neben…: ***~ company*** → 4; ***~ stream*** Nebenfluß *m*; **II** *s.* **3.** *oft pl.* Hilfe *f*, Stütze *f*; **4.** ✝ Tochtergesellschaft *f.*

sub·si·dize ['sʌbsɪdaɪz] *v/t.* subventionieren; **'sub·si·dy** [-dɪ] *s.* **1.** Beihilfe *f* (aus öffentlichen Mitteln), Subventi'on *f*; **2.** *oft pl. pol.* Sub'sidien *pl.*, Hilfsgelder *pl.*

sub·sist [səb'sɪst] **I** *v/i.* **1.** existieren, bestehen; **2.** weiterbestehen, fortdauern; **3.** sich ernähren *od.* erhalten, leben ([***up***]***on*** von *e-r Nahrung*, ***by*** von *e-m Beruf*); **II** *v/t.* **4.** *j-n* er-, unter'halten; **sub'sist·ence** [-təns] *s.* **1.** Dasein *n*, Exi'stenz *f*; **2.** ('Lebens)ˌUnterhalt *m*, Auskommen *n*, Exi'stenz(möglichkeit) *f*: ***~ level*** Existenzminimum *n*; **3.** *bsd.* ⚔ Verpflegung *f*, -sorgung *f*; **4.** *a.* ***~ money*** a) (Lohn)Vorschuß *m*, b) 'Unterhaltsbeihilfe *f*, -zuschuß *m.*

'sub·soil ['sʌb-] *s.* 'Untergrund *m.*

ˌsub'son·ic [ˌsʌb-] **I** *adj.* Unterschall…; **II** *s.* 'Unterschallflug(zeug *n*) *m.*

'subˌspe·cies ['sʌb-] *s. biol.* 'Unterart *f*, Sub'spezies *f.*

sub·stance ['sʌbstəns] *s.* **1.** Sub'stanz *f*, Ma'terie *f*, Stoff *m*, Masse *f*; **2.** feste Konsi'stenz, Körper *m* (*Tuch etc.*); **3.** *fig.* Sub'stanz *f*: a) Wesen *n*, b) *das* Wesentliche, wesentlicher Inhalt *od.* Bestandteil, Kern *m*: ***this essay lacks ~***; ***in ~*** im wesentlichen *übereinstimmen etc.*, c) Gehalt *m*: ***arguments of little ~*** wenig stichhaltige Argumente; **4.** *phls.* a) Sub'stanz *f*, b) Wesen *n*, Ding *n*; **5.** Vermögen *n*, Kapi'tal *n*: ***a man of ~*** ein vermögender Mann.

sub'stand·ard [səb-] *adj.* **1.** unter der Norm, klein…, Klein…; **2.** *ling.* 'umgangssprachlich.

sub·stan·tial [səb'stænʃl] *adj.* □ → ***substantially***; **1.** materi'ell, stofflich, wirklich; **2.** fest, kräftig; **3.** nahrhaft, kräftig: ***a ~ meal***; **4.** beträchtlich, wesentlich (*Fortschritt, Unterschied etc.*), namhaft (*Summe*); **5.** wesentlich: ***in ~ agreement*** im wesentlichen übereinstimmend; **6.** vermögend, kapi'talkräftig; **7.** *phls.* substanti'ell, wesentlich; **sub·stan·ti·al·i·ty** [səbˌstænʃɪ'ælətɪ] *s.* **1.** Wirklichkeit *f*, Stofflichkeit *f*; **2.** Festigkeit *f*; **3.** Nahrhaftigkeit *f*; **4.** Gediegenheit *f*; **5.** Stichhaltigkeit *f*; **6.** *phls.* Substantiali'tät *f*; **sub'stan·tial·ly** [-ʃəlɪ] *adv.* **1.** dem Wesen nach; **2.** im wesentlichen, wesentlich; **3.** beträchtlich, wesentlich, in hohem Maße; **4.** wirklich; **sub'stan·ti·ate** [-ʃɪeɪt] *v/t.* **1.** a) begründen, b) erhärten, beweisen, c) glaubhaft machen; **2.** Gestalt *od.* Wirklichkeit verleihen (*dat.*), konkretisieren; **3.** stärken, festigen; **sub·stan·ti·a·tion** [səbˌstænʃɪ'eɪʃn] *s.* **1.** a) Begründung *f*, b) Erhärtung *f*, Beweis *m*, c) Glaubhaftmachung *f*: ***in ~ of*** zur Erhärtung *od.* zum Beweis von (*od. gen.*); **2.** Verwirklichung *f.*

sub·stan·ti·val [ˌsʌbstən'taɪvl] *adj.* □ *ling.* substantivisch, Substantiv…; **sub·stan·tive** ['sʌbstəntɪv] **I** *s.* **1.** *ling.* a) Substantiv *n*, Hauptwort *n*, b) substantivisch gebrauchte Form; **II** *adj.* □ **2.** *ling.* substantivisch (gebraucht); **3.** selbständig; **4.** wesentlich; **5.** wirklich, re'al; **6.** fest; **7.** ⚖ materi'ell: ***~ law.***

'subˌsta·tion ['sʌb-] *s.* **1.** Neben-, Außenstelle *f*: ***post office ~*** Zweigpostamt *n*; **2.** ϟ 'Unterwerk *n*; **3.** *teleph.* (Teilnehmer)Sprechstelle *f.*

sub·sti·tute ['sʌbstɪtjuːt] **I** *s.* **1.** Ersatz (-mann) *m*: a) (Stell)Vertreter(in), b) *sport* Auswechselspieler(in): ***act as a ~ for*** *j-n* vertreten; **2.** Ersatz(stoff) *m*, Surro'gat *n* (***for*** für); **3.** *ling.* Ersatzwort *n*; **II** *adj.* **4.** Ersatz…: ***~ driver***; ***~ material*** ⚙ Austausch(werk)stoff *m*; ***~ power of attorney*** ⚖ Untervollmacht *f*; **III** *v/t.* **5.** (***for***) einsetzen (für, an Stelle von), an die Stelle setzen (von *od. gen.*): ***~ A for B*** B durch A ersetzen, B gegen A austauschen *od.* auswechseln (*alle a. sport*); **6.** ersetzen, an *j-s* Stelle treten; **IV** *v/i.* **7.** (***for***) als Ersatz dienen, als Stellvertreter fungieren (für), vertreten (*acc.*), an die Stelle treten (von *od. gen.*); **sub·sti·tu·tion** [ˌsʌbstɪ'tjuːʃn] *s.* **1.** Einsetzung *f* (⚖ *e-s Ersatzerben, Unterbevollmächtigten*); *bsd. b.s.* (*Kindes- etc.*)'Unterschiebung *f*; **2.** Ersatz *m*, Ersetzung *f*; (ersatzweise) Verwendung; **3.** Stellvertretung *f*; **4.** 𝔄, ⚗, *ling.* Substituti'on *f*; **sub·sti·tu·tion·al** [ˌsʌbstɪ'tjuːʃənl] *adj.* □ **1.** stellvertretend, Stellvertretungs...; **2.** Ersatz...

ˌ**sub'stra·tum** [ˌsʌb-] *s.* [*irr.*] **1.** 'Unter-, Grundlage *f* (*a. fig.*); **2.** *geol.* 'Unterschicht *f*; **3.** *biol.* a) Sub'strat *n*, Nähr-, Keimboden *m*, b) *a.* ⚗ Träger *m*, Medium *n*; **4.** *phot.* Grundschicht *f*; **5.** *ling.* Sub'strat *n*; **6.** *phls.* Sub'stanz *f*.

'**subˌstruc·ture** ['sʌb-] *s.* **1.** △ Funda'ment *n*, 'Unterbau *m* (*a.* ⚒); **2.** *fig.* Grundlage *f*.

sub·sume [səb'sjuːm] *v/t.* **1.** zs.-fassen, 'unterordnen (***under*** unter *dat. od. acc.*); **2.** einordnen, -reihen, -schließen (***in*** in *acc.*); **3.** *phls. als Prämisse* vor'ausschicken; **sub'sump·tion** [-'sʌmpʃn] *s.* **1.** Zs.-fassung *f* (***under*** unter *dat. od. acc.*); **2.** Einordnung *f*.

ˌ**sub'ten·ant** [ˌsʌb-] *s.* 'Untermieter *m*, -pächter *m*.

sub·ter·fuge ['sʌbtəfjuːdʒ] *s.* **1.** Vorwand *m*, Ausflucht *f*; **2.** List *f*.

sub·ter·ra·ne·an [ˌsʌbtə'reɪnjən] *adj.*, ˌ**sub·ter'ra·ne·ous** [-njəs] *adj.* □ **1.** 'unterirdisch (*a. fig.*); **2.** *fig.* verborgen, heimlich.

sub·tile ['sʌtl], **sub·til·i·ty** [sʌb'tɪlətɪ] → ***subtle, subtlety***; **sub·til·i·za·tion** [ˌsʌtɪlaɪ'zeɪʃn] *s.* **1.** Verfeinerung *f*; **2.** Spitzfindigkeit *f*; **3.** ⚗ Verflüchtigung *f*; **sub·til·ize** ['sʌtɪlaɪz] **I** *v/t.* **1.** verfeinern; **2.** spitzfindig diskutieren *od.* erklären; ausklügeln; **3.** ⚗ verflüchtigen, -dünnen; **II** *v/i.* **4.** spitzfindig argumentieren.

'**subˌti·tle** ['sʌb-] **I** *s.* 'Untertitel *m* (*Buch, Film*); **II** *v/t. Film* unter'titeln.

sub·tle ['sʌtl] *adj.* □ **1.** *allg.* fein: ***~ delight***; ***~ odo(u)r***; ***~ smile***; **2.** fein(sinnig), sub'til: ***~ distinction***; ***~ irony***; **3.** scharf(sinnig), spitzfindig; **4.** heikel, schwierig: ***a ~ point***; **5.** raffiniert; **6.** schleichend (*Gift*); '**sub·tle·ty** [-tɪ] *s.* **1.** Feinheit *f*; sub'tile Art; **2.** Spitzfindigkeit *f*; **3.** Scharfsinn(igkeit *f*) *m*; **4.** Gerissenheit *f*, Raffi'nesse *f*; **5.** schlauer Einfall, Fi'nesse *f*.

sub·to·pi·a [sʌb'təʊpɪə] *s. Brit.* zersiedelte Landschaft.

sub'to·tal [səb-] *s.* 𝔄 Zwischen-, Teilsumme *f*.

sub·tract [səb'trækt] **I** *v/t.* 𝔄 abziehen, subtrahieren; **II** *v/i. fig.* (***from***) Abstriche machen (von), schmälern (*acc.*); **sub'trac·tion** [-kʃn] *s.* **1.** 𝔄 Subtrakti'on *f*, Abziehen *n*; **2.** *fig.* Abzug *m*.

sub·tra·hend ['sʌbtrəhənd] *s.* 𝔄 Subtra'hend *m*.

sub·trop·i·cal [ˌsʌb'trɒpɪkl] *adj. geogr.* subtropisch; ˌ**sub'trop·ics** [-ks] *s. pl. geogr.* Subtropen *pl.*

sub·urb ['sʌbɜːb] *s.* Vorstadt *f*, -ort *m*; **sub·ur·ban** [sə'bɜːbən] **I** *adj.* **1.** vorstädtisch, Vorstadt..., Vororts...; **2.** *contp.* kleinstädtisch, spießig; **II** *s.* **3.** → ***suburbanite***; **sub·ur·ban·ite** [sə'bɜːbənaɪt] *s.* Vorstadtbewohner(in); **sub·ur·bi·a** [sə'bɜːbɪə] *s. oft contp.* **1.** Vorstadt *f*; **2.** *coll. die* Vorstädter *pl.*

'**sub·vaˌri·e·ty** ['sʌb-] *s.* ⚘, *zo.* 'untergeordnete Abart.

sub·ven·tion [səb'venʃn] *s.* (staatliche) Subventi'on, (geldliche) Beihilfe, Unter'stützung *f*; **sub'ven·tioned** [-nd] *adj.* subventioniert.

sub·ver·sion [səb'vɜːʃn] *s.* **1.** *pol.* a) 'Umsturz *m*, Sturz *m e-r Regierung*, b) Staatsgefährdung *f*, Verfassungsverrat *m*; **2.** Unter'grabung *f*, Zerrüttung *f*; **sub'ver·sive** [-ɜːsɪv] *adj.* **1.** *pol.* 'umstürzlerisch, staatsgefährdend, Wühl..., subver'siv; **2.** zerstörerisch; **3.** zerrüttend; **sub'vert** [-ɜːt] *v/t.* **1.** *Regierung* stürzen; *Gesetz* 'umstoßen; *Verfassung* gewaltsam ändern; **2.** *Glauben, Moral, Ordnung etc.* unter'graben, zerrütten.

'**sub·way** ['sʌb-] *s.* **1.** ('Straßen-, 'Fußgänger)UnterˌFührung *f*; **2.** *Am.* U-Bahn *f*.

ˌ**sub'ze·ro** [ˌsʌb-] *adj.* unter dem Gefrierpunkt.

suc·ceed [sək'siːd] **I** *v/i.* **1.** glücken, gelingen, erfolgreich sein *od.* verlaufen, Erfolg haben (*Sache*); **2.** Erfolg haben, erfolgreich sein, sein Ziel erreichen (*Person*) (***as*** als, ***in*** mit *et.*, ***with*** bei *j-m*): ***he ~ed in doing s.th.*** es gelang ihm, et. zu tun; ***~ in an action*** ⚖ obsiegen; **3.** (***to***) a) Nachfolger werden (in *e-m Amt etc.*), b) erben (*acc.*): ***~ to the throne*** auf den Thron folgen; ***~ to s.o.'s rights*** in j-s Rechte eintreten; **4.** (***to***) *unmittelbar* folgen (*dat. od.* auf *acc.*), nachfolgen (*dat.*); **II** *v/t.* **5.** nachfolgen (*dat.*), folgen (*dat. od.* auf *acc.*); *j-s* (Amts-, Rechts)Nachfolger werden, an *j-s* Stelle treten; *j-n* beerben: ***~ s.o. in office*** j-s Amt übernehmen.

suc·cès d'es·time [sʊkˌseɪdes'tiːm] (*Fr.*) *s.* Achtungserfolg *m*.

suc·cess [sək'ses] *s.* **1.** (guter) Erfolg, Gelingen *n*: ***with ~*** erfolgreich; ***without ~*** erfolglos; ***be a*** (***great***) ***~*** ein (großer) Erfolg sein (*Sache u. Person*), (gut) einschlagen; ***crowned with ~*** von Erfolg gekrönt (*Bemühung*); ***~ rate*** Erfolgsquote *f*; **2.** Erfolg *m*, Glanzleistung *f*; **3.** *beruflicher etc.* Erfolg; **suc'cess·ful** [-fʊl] *adj.* □ **1.** erfolgreich: ***be ~ in doing s.th.*** et. mit Erfolg tun, Erfolg haben bei *od.* mit et.; **2.** erfolgreich, glücklich (*Sache*): ***be ~*** → ***succeed*** 1.

suc·ces·sion [sək'seʃn] *s.* **1.** (Aufein'ander-, Reihen)Folge *f*: ***in ~*** nach-, auf-, hintereinander; ***in rapid ~*** in rascher Folge; **2.** Reihe *f*, Kette *f*, ('ununterˌbrochene) Folge (***of*** *gen. od.* von); **3.** Nach-, Erbfolge *f*, Sukzessi'on *f*: ***~ to the throne*** Thronfolge; ***in ~ to*** als Nachfolger von; ***be next in ~ to s.o.*** als nächster auf j-n folgen; ***~ to an office*** Übernahme *f* e-s Amtes, Amtsnachfolge; ***Apostolic ~*** *eccl.* Apostolische Sukzession; ***the War of the Spanish ~*** *hist.* der Spanische Erbfolgekrieg; **4.** ⚖ a) Rechtsnachfolge *f*, b) Erbfolge *f*, c) *a.* ***order of ~*** Erbfolgeordnung *f*, d) *a.* ***law of ~*** *objektives* Erb(folge)recht, e) ***~ to*** 'Übernahme *f e-s Erbes*: ***~ duties*** Erbschaftssteuer *f* (*für unbewegliches Vermögen*); ***~ rights*** *subjektive* Erbrechte; **5.** *coll.* Nachkommenschaft *f*, Erben *pl.*; **suc'ces·sive** [-esɪv] *adj.* □ (aufein'ander)folgend, sukzes'siv: ***3 ~ days*** 3 Tage hintereinander; **suc'ces·sive·ly** [-esɪvlɪ] *adv.* nach-, hinterein'ander, der Reihe nach; **suc'ces·sor** [-esə] *s.* **1.** Nachfolger(in), (***to, of*** *j-s*, für *j-n*): ***~ in office*** Amtsnachfolger; ***~ to the throne*** Thronfolger *m*; **2.** *a.* ***~ in interest*** (*od.* ***title***) ⚖ Rechtsnachfolger(in).

suc·cinct [sək'sɪŋkt] *adj.* □ kurz (und bündig), knapp, la'konisch, prä'gnant; **suc'cinct·ness** [-nɪs] *s.* Kürze *f*, Bündigkeit *f*, Prä'gnanz *f*.

suc·cor ['sʌkə] *Am.* → ***succour***.

suc·co·ry ['sʌkərɪ] *s.* ⚘ Zi'chorie *f*.

suc·cour ['sʌkə] **I** *s.* Hilfe *f*, Beistand *m*; ⚔ Entsatz *m*; **II** *v/t.* beistehen (*dat.*), zu Hilfe kommen (*dat.*); ⚔ entsetzen.

suc·cu·lence ['sʌkjʊləns], '**suc·cu·len·cy** [-sɪ] *s.* Saftigkeit *f*; '**suc·cu·lent** [-nt] *adj.* □ **1.** saftig, fleischig, sukku'lent (*Frucht etc.*); **2.** *fig.* kraftvoll, saftig.

suc·cumb [sə'kʌm] *v/i.* **1.** zs.-brechen (***to*** unter *dat.*); **2.** (***to***) (*j-m*) unter'liegen, (*e-r Krankheit, s-n Verletzungen etc., a. der Versuchung*) erliegen; **3.** (***to, under, before***) nachgeben (*dat.*).

such [sʌtʃ; sətʃ] **I** *adj.* **1.** solch, derartig: ***no ~ thing*** nichts dergleichen; ***there are ~ things*** so etwas gibt es *od.* kommt vor; ***~ people as you see here*** die(jenigen) *od.* alle Leute, die man hier sieht; ***a system ~ as this*** ein derartiges System; ***~ a one*** ein solcher, eine solche, ein solches; ***~ and ~ persons*** die u. die Personen; **2.** ähnlich, derartig: ***silk and ~ luxuries***; ***poets ~ as Spenser*** Dichter wie Spenser; **3.** *pred.* so (beschaffen), derart(ig) (***as to*** daß): ***~ is life*** so ist das Leben; ***~ as it is*** wie es nun einmal ist; ***~ being the case*** da es sich so verhält; **4.** solch, so (groß *od.* klein *etc.*), dermaßen: ***~ a fright that*** e-n derartigen Schrecken, daß...; ***~ was the force of the explosion*** so groß war die Gewalt der Explosion; **5.** F so (gewaltig), solch: ***we had ~ fun*** wir hatten e-n Riesenspaß; **II** *adv.* **6.** so, derart: ***~ a nice day*** so ein schöner Tag; ***~ a long time*** e-e so lange Zeit; **III** *pron.* **7.** solch, der, die, das, die *pl.*: ***~ as*** a) diejenigen welche, alle die, b) wie (zum Beispiel); ***~ was not my intention*** das war nicht meine Absicht; ***man as ~*** der Mensch als solcher; ***and ~*** (***like***) u. dergleichen; **8.** F *u.* ✝ der-, die-, das'selbe, die'selben *pl.*; '**~·like** *adj. u. pron.* dergleichen.

suck [sʌk] **I** *v/t.* **1.** saugen (***from, out of*** aus *dat.*); **2.** saugen an (*dat.*), aussaugen; **3.** *a.* ***~ in, ~ up*** ein-, aufsaugen, absorbieren (*a. fig.*); **4.** ***~ in*** einsaugen, verschlingen; **5.** lutschen (an *dat.*): ***~ one's thumb*** (am) Daumen lutschen; **6.** schlürfen: ***~ soup***; **7.** *fig.* holen, gewinnen, ziehen: ***~ advantage out of*** Vorteil ziehen aus; **8.** *fig.* aussaugen: ***~ s.o.'s brain*** j-n ausholen, j-m s-e Ideen stehlen; **II** *v/i.* **9.** saugen, lutschen (***at*** an *dat.*); **10.** Luft saugen *od.* ziehen (*Pumpe*); **11.** ***~ up to*** *sl. j-m* ‚in den Arsch kriechen'; **III** *s.* **12.** Saugen *n*, Lutschen *n*: ***give ~ to*** → ***suckle*** 1; **13.** Sog *m*, Saugkraft *f*; **14.** saugendes Geräusch; **15.** Strudel *m*; **16.** F kleiner Schluck; **17.** *sl.* ‚Arschkriecher' *m*; '**suck·er** [-kə] *s.* **1.** *zo.* saugendes Jungtier, *bsd.* Spanferkel *n*; **2.** *zo.* a) Saugrüssel *m*, b) Saugnapf *m*; **3.** *ichth.* a) *ein* Karpfenfisch *m*, b) Neunauge *n*, c) Lumpenfisch *m*, d) Schildfisch *m*; **4.** ⚙ 'Saugven,til *n od.* -kolben *m od.* -rohr *n*; **5.** Lutscher *m* (*Bonbon*); **6.** ⚘ (*a. Wurzel*)Schößling *m*; **7.** *sl.* Dumme(r) *m*, Gimpel *m*: ***be a ~ for*** a) stets hereinfallen auf (*acc.*), b) scharf sein auf (*acc.*); ***play s.o. for a ~*** j-n ‚anschmieren'; ***there's a ~ born every minute*** die Dummen werden nicht alle.

suck·ing ['sʌkɪŋ] *adj.* **1.** saugend; Saug…; **2.** *fig.* angehend, ‚grün', Anfänger…; **~ coil** *s.* ⚙ Tauchkernspule *f*; **~ disk** *s. zo.* Saugnapf *m*; **~ pig** *s. zo.* (Span)Ferkel *n*.

suck·le ['sʌkl] *v/t.* **1.** *Kind, a. Jungtier* säugen, *Kind* stillen; **2.** *fig.* nähren, pflegen; **'suck·ling** [-lɪŋ] *s.* **1.** Säugling *m*; **2.** *zo.* (noch nicht entwöhntes) Jungtier.

su·crose ['sju:krəʊs] *s.* Rohr-, Rübenzucker *m*, Su'crose *f*.

suc·tion ['sʌkʃn] **I** *s.* **1.** (An)Saugen *n*; ⚙ *a.* Saugwirkung *f*; *phys.* Saugfähigkeit *f*; **2.** ⚙, *phys.* Sog *m*; **3.** *mot.* Hub (-höhe *f*, -kraft *f*) *m*; **II** *adj.* **4.** Saug… (*-leistung, -pumpe etc.*): ***~ cleaner*** (*od.* ***sweeper***) Staubsauger *m*; **~ cup** *s.* ⚙ Saugnapf *m*; **~ pipe** *s.* ⚙ Ansaugrohr *n*; **~ plate** *s.* ⚕ Saugplatte *f* (*für Zahnprothese*); **~ stroke** *s. mot.* (An)Saughub *m*.

Su·da·nese [ˌsu:də'ni:z] **I** *adj.* suda'nesisch; **II** *s.* Suda'nese *m*, Suda'nesin *f*; *pl.* Suda'nesen *pl*.

su·dar·i·um [sju:'deərɪəm] *s. eccl.* Schweißtuch *n* (der Heiligen Ve'ronika); **su·da·to·ri·um** [ˌsju:də'tɔ:rɪəm] *pl.* **ri·a** [-rɪə] → ***sudatory*** 3; **su·da·to·ry** ['sju:dətərɪ] **I** *adj.* **1.** Schwitz(bad)…; **2.** ⚕ schweißtreibend; **II** *s.* **3.** Schwitzbad *n*; **4.** ⚕ schweißtreibendes Mittel.

sud·den ['sʌdn] **I** *adj.* □ plötzlich, jäh, unvermutet, ab'rupt, über'stürzt; **II** *s.*: ***on a ~***, (***all***) ***of a ~*** (ganz) plötzlich; **'sud·den·ness** [-nɪs] *s.* Plötzlichkeit *f*.

su·dor·if·er·ous [ˌsju:də'rɪfərəs] *adj.* Schweiß absondernd: **~ *glands*** Schweißdrüsen; **ˌsu·dor'if·ic** [-fɪk] *adj. u. s.* schweißtreibend(es Mittel).

suds [sʌdz] *s. pl.* **1.** Seifenwasser *n*, -lauge *f*; **2.** *Am.* F Bier *n*; **'suds·y** [-zɪ] *adj. Am.* schaumig, seifig.

sue [sju:] **I** *v/t.* **1.** ⚖ *j-n* (gerichtlich) belangen, verklagen (***for*** auf *acc.*, wegen); **2. ~ *out*** *Gerichtsbeschluß etc.* erwirken; **3.** *j-n* bitten (***for*** um); **4.** *obs.* werben *od.* anhalten um *j-n*; **II** *v/i.* **5.** (***for***) klagen (auf *acc.*), Klage einreichen (wegen); (*e-e Schuld*) einklagen: ***~ for a divorce*** auf Scheidung klagen; **6.** nachsuchen (***to s.o.*** bei j-m, ***for s.th.*** um et.).

suede, suède [sweɪd] *s.* Wildleder *n*, Ve'lours(leder) *n*.

su·et ['sjʊɪt] *s.* Nierenfett *n*, Talg *m*.

suf·fer ['sʌfə] **I** *v/i.* **1.** leiden (***from*** an *e-r Krankheit etc.*); **2.** leiden (***under*** [*od.* ***from***] unter *dat.*) (*Handel, Ruf, Maschine etc.*), Schaden leiden, zu Schaden kommen (*a. Person*); **3.** ⚔ Verluste erleiden; **4.** büßen, bezahlen müssen (***for*** für); **5.** hingerichtet werden; **II** *v/t.* **6.** *Strafe, Tod, Verlust etc.* erleiden, *Durst etc.* leiden, erdulden; **7.** *et. od. j-n* ertragen *od.* aushalten; **8.** a) dulden, (zu)lassen, b) erlauben, gestatten: ***he ~ed himself to be cheated*** er ließ sich betrügen; **'suf·fer·a·ble** [-fərəbl] *adj.* □ erträglich; **'suf·fer·ance** [-fərəns] *s.* **1.** Duldung *f*, Einwilligung *f*: ***on ~*** unter stillschweigender Duldung, nur geduldet(erweise); **2.** *obs.* a) Ergebung *f*, (Er)Dulden *n*, b) Leiden *n*, Not *f*: ***remain in ~*** ✝ weiter Not leiden (*Wechsel*); **'suf·fer·er** [-fərə] *s.* **1.** Leidende(r *m*) *f*, Dulder(in): ***be a ~ by*** (***from***) leiden durch (an *dat.*); **2.** Geschädigte(r *m*) *f*; **3.** Märtyrer(in); **'suf·fer·ing** [-fərɪŋ] **I** *s.* Leiden *n*, Dulden *n*; **II** *adj.* leidend.

suf·fice [sə'faɪs] **I** *v/i.* genügen, (aus)reichen: ***~ it to say*** es genüge zu sagen; **II** *v/t.* *j-m* genügen.

suf·fi·cien·cy [sə'fɪʃnsɪ] *s.* **1.** Hinlänglichkeit *f*, Angemessenheit *f*; **2.** hinreichende Menge *od.* Zahl: ***a ~ of money*** genug Geld; **3.** hinreichendes Auskommen, auskömmliches Vermögen; **suf'fi·cient** [-nt] **I** *adj.* □ **1.** genügend, genug, aus-, hin-, zureichend (***for*** für): ***be ~*** genügen, (aus)reichen; ***~ reason*** zureichender Grund; ***I am not ~ of a scientist*** ich bin in den Naturwissenschaften nicht bewandert genug; **2.** *obs.* tauglich, fähig; **II** *s.* **3.** F genügende Menge, genug; **suf'fi·cient·ly** [-ntlɪ] *adv.* genügend, genug, hinlänglich.

suf·fix ['sʌfɪks] **I** *s.* **1.** *ling.* Suf'fix *n*, Nachsilbe *f*; **II** *v/t.* **2.** *ling.* als Nachsilbe anfügen; **3.** anfügen, -hängen.

suf·fo·cate ['sʌfəkeɪt] **I** *v/t.* ersticken (*a. fig.*); **II** *v/i.* (***with***) ersticken (an *dat.*), (fast) 'umkommen (vor *dat.*); **'suf·fo·cat·ing** [-tɪŋ] *adj.* □ erstickend, stickig; **suf·fo·ca·tion** [ˌsʌfə'keɪʃn] *s.* Ersticken *n*, Erstickung *f*.

suf·fra·gan ['sʌfrəgən] *eccl.* **I** *adj.* Hilfs…, Suffragan…; **II** *s. a.* ***~ bishop*** Weihbischof *m*.

suf·frage ['sʌfrɪdʒ] *s.* **1.** *pol.* Wahl-, Stimmrecht *n*: ***female ~*** Frauenstimmrecht; ***universal ~*** allgemeines Wahlrecht; **2.** (Wahl)Stimme *f*; **3.** Abstimmung *f*, Wahl *f*; **4.** Zustimmung *f*; **suf·fra·gette** [ˌsʌfrə'dʒet] *s.* Suffra'gette *f*, Stimmrechtlerin *f*.

suf·fuse [sə'fju:z] *v/t.* **1.** über'strömen, benetzen; über'gießen, -'ziehen, bedecken (***with*** mit *e-r Farbe*); durch'fluten (*Licht*): ***a face ~d with blushes*** ein von Schamröte übergossenes Gesicht; **2.** *fig.* (er)füllen; **suf'fu·sion** [-ju:ʒn] *s.* **1.** Über'gießen *n*, -'flutung *f*; **2.** 'Überzug *m*; **3.** ⚕ 'Blutunterˌlaufung *f*; **4.** *fig.* Schamröte *f*.

sug·ar ['ʃʊgə] **I** *s.* **1.** Zucker *m* (*a.* ⚗, *physiol.*); **2.** ⚗ 'Kohlehyˌdrat *n*; **3.** *fig.* honigsüße Worte *pl.*; **4.** *sl.* ‚Zaster' *m* (*Geld*); **5.** F ‚Schätzchen' *n*; **II** *v/t.* **6.** zuckern, süßen; (über)'zuckern; **7.** *a.* ***~ over*** *fig.* a) versüßen, b) über'tünchen; **~ ba·sin** *s. Brit.* Zuckerdose *f*; **~ beet** *s.* ⚘ Zuckerrübe *f*; **~ bowl** *s. Am.* Zuckerdose *f*; **~ can·dy** *s.* Kandis(zucker) *m*; **~ cane** *s.* ⚘ Zuckerrohr *n*; **'~-coat** *v/t.* mit Zuckerguß über'ziehen; verzuckern (*a. fig.*): ***~ed pill*** Dragée *n*, verzuckerte Pille (*a. fig.*); **'~-ˌcoat·ing** *s.* **1.** Über'zuckerung *f*, Zuckerguß *m*; **2.** *fig.* Versüßen *n*; Beschönigung *f*; **~ dad·dy** *s.* alter ‚Knacker', der ein junges Mädchen aushält.

sug·ared ['ʃʊgəd] *adj.* **1.** gezuckert, gesüßt; **2.** mit Zuckerguß; **3.** *fig.* (honig)süß.

sug·ar| loaf *s.* Zuckerhut *m*; **~ ma·ple** *s.* ⚘ Zuckerahorn *m*; **'~·plum** *s.* **1.** Bon'bon *m, n*, Süßigkeit *f*; **2.** *fig.* Lockspeise *f*, Schmeiche'lei *f*; **~ re·fin·er·y** *s.* 'Zuckerraffineˌrie *f*; **~ tongs** *s. pl.* Zuckerzange *f*.

sug·ar·y ['ʃʊgərɪ] *adj.* **1.** zuckerhaltig, zuck(e)rig, süß; **2.** süßlich (*a. fig.*); **3.** *fig.* zuckersüß.

sug·gest [sə'dʒest] *v/t.* **1.** *et. od. j-n* vorschlagen, empfehlen; *et.* anregen; *et.* nahelegen (***to*** *dat.*); **2.** *Idee etc.* eingeben, -flüstern, suggerieren: ***the idea ~s itself*** der Gedanke drängt sich auf (***to*** *dat.*); **3.** hindeuten, -weisen, schließen lassen auf (*acc.*); **4.** denken lassen *od.* erinnern *od.* gemahnen an (*acc.*); **5.** *et.* andeuten, anspielen auf (*acc.*); zu verstehen geben (***that*** daß); **6.** behaupten, meinen (***that*** daß); **sug'gest·i·ble** [-təbl] *adj.* **1.** beeinflußbar, sugge'stibel; **2.** suggerierbar; **sug'ges·tion** [-tʃn] *s.* **1.** Vorschlag *m*, Anregung *f*: ***at the ~ of*** auf Vorschlag von (*od. gen.*); **2.** Wink *m*, Hinweis *m*; **3.** Spur *f*, I'dee *f*: ***not even a ~ of fatigue*** nicht die leiseste Spur von Müdigkeit; **4.** Vermutung *f*: ***a mere ~***; **5.** Erinnerung *f* (***of*** an *acc.*); **6.** Andeutung *f*, Anspielung *f* (***of*** auf *acc.*); **7.** Suggesti'on *f*, Beeinflussung *f*; **8.** Eingebung *f*, -flüsterung *f*; **sug'ges·tive** [-tɪv] *adj.* □ **1.** anregend, gehaltvoll; **2.** (***of***) andeutend (*acc.*), erinnernd (an *acc.*): ***be ~ of*** → ***suggest*** 3, 4; **3.** vielsagend; *b.s.* zweideutig, schlüpfrig; **4.** *psych.* sugge'stiv; **sug'ges·tive·ness** [-tɪvnɪs] *s.* **1.** *das* Anregende *od.* Vielsagende, Gedanken-, Beziehungsreichtum *m*; **2.** Schlüpfrigkeit *f*, Zweideutigkeit *f*.

su·i·cid·al [sjʊɪ'saɪdl] *adj.* □ selbstmörderisch (*a. fig.*), Selbstmord…; **su·i·cide** ['sjʊɪsaɪd] **I** *s.* **1.** Selbstmord *m* (*a. fig.*), Freitod *m*: ***commit ~*** Selbstmord begehen; **2.** Selbstmörder(in); **II** *adj.* **3.** Selbstmord…

su·int [swɪnt] *s.* Wollfett *n*.

suit [su:t] **I** *s.* **1.** Satz *m*, Garni'tur *f*: ***~ of armo(u)r*** Rüstung *f*; **2.** a) *a.* ***~ of clothes*** (Herren)Anzug *m*, b) ('Damen)Koˌstüm *n*: ***cut one's ~ according to one's cloth*** *fig.* sich nach der Decke strecken; **3.** *Kartenspiel*: Farbe *f*: ***long ~*** lange Hand; ***follow ~*** a) Farbe bekennen, b) *fig.* ‚nachziehen', dasselbe tun, j-s Beispiel folgen; **4.** ⚖ Rechtsstreit *m*, Pro'zeß *m*, Klage(sache) *f*; **5.** Werbung *f*, (Heirats)Antrag *m*; **6.** Anliegen *n*, Bitte *f*; **II** *v/t.* **7.** (***to***) anpassen (*dat. od.* an *acc.*), einrichten (nach): ***~ the action to the word*** das Wort in die Tat umsetzen; ***~ one's style to*** sich im Stil nach *dem Publikum* richten; ***a task ~ed to his powers*** e-e s-n Kräften angemessene Aufgabe; **8.** entsprechen (*dat.*): ***~ s.o.'s purpose***; **9.** passen zu; *j-m* stehen, *j-n* kleiden; **10.** passen für, sich eignen zu *od.* für; → ***suited*** 1; **11.** sich schicken *od.* ziemen für *j-n*; **12.** *j-m* bekommen, zusagen (*Klima, Speise etc.*); **13.** *j-m* gefallen, *j-n* zufriedenstellen: ***try to ~ everybody*** es allen Leuten recht machen wollen; *~ o.s.* nach Belieben handeln; *~ yourself* mach, was du willst; ***are you ~ed?*** haben Sie et. Passendes gefunden?; **14.** *j-m* recht sein *od.* passen; **III** *v/i.* **15.** passen, (an)genehm sein; **16.** (***with, to***) passen (zu), über'einstimmen (mit); **suit·a·bil·i·ty** [ˌsuːtəˈbɪlətɪ] *s.* **1.** Eignung *f*; **2.** Angemessenheit *f*; **3.** Schicklichkeit *f*; **'suit·a·ble** [-təbl] *adj.* □ passend, geeignet; angemessen (***to, for*** für, zu): ***be ~*** a) passen, sich eignen, b) sich schicken; **'suit·a·ble·ness** [-təblnɪs] → ***suitability***.

'suit·case *s.* Handkoffer *m*.

suite [swiːt] *s.* **1.** Gefolge *n*; **2.** Folge *f*, Reihe *f*, Serie *f*; **3.** *a.* ***~ of rooms*** a) Suite *f*, Zimmerflucht *f*, b) Apparte'ment *n*; **4.** ('Möbel)Garniˌtur *f*, (Zimmer)Einrichtung *f*; **5.** Fortsetzung *f* (*Roman etc.*); **6.** ♪ Suite *f*.

suit·ed ['suːtɪd] *adj.* **1.** passend, geeignet (***to, for*** für): ***he is not ~ for*** (*od.* ***to be***) ***a teacher*** er eignet sich nicht zum Lehrer; **2.** *in Zssgn*: gekleidet; **'suit·ing** [-ɪŋ] *s.* Anzugstoff *m*.

suit·or ['suːtə] *s.* **1.** Freier *m*; **2.** ⚖ Kläger *m*, (Pro'zeß)Parˌtei *f*; **3.** Bittsteller *m*.

sulfa drugs, sul·fate *etc.* → ***sulpha drugs, sulphate*** *etc.*

sulk [sʌlk] **I** *v/i.* schmollen (***with*** mit), trotzen, schlechter Laune *od.* ‚eingeschnappt' sein; **II** *s. mst pl.* Schmollen *n*, (Anfall *m* von) Trotz *m*, schlechte Laune: ***be in the ~s*** → I; **'sulk·i·ness** [-kɪnɪs] *s.* Schmollen *n*, Trotzen *n*, schlechte Laune, mürrisches Wesen; **'sulk·y** [-kɪ] **I** *adj.* □ **1.** mürrisch, launisch; **2.** schmollend, trotzend; **3.** *Am.* für 'eine Per'son (bestimmt): ***a ~ set of China***; **4.** 🌾, ⚙ *Am. Pflug* mit Fahrersitz; **II** *s.* **5.** a) zweirädriger, einsitziger Einspänner, b) *sport* Sulky *n*, Traberwagen *m*.

sul·len ['sʌlən] *adj.* □ **1.** mürrisch, grämlich, verdrossen; **2.** düster (*Miene, Landschaft etc.*); **3.** 'widerspenstig, störrisch (*bsd. Tiere u. Dinge*); **4.** langsam, träge (*Schritt etc.*); **'sul·len·ness** [-nɪs] *s.* **1.** mürrisches Wesen, Verdrossenheit *f*; **2.** Düsterkeit *f*; **3.** 'Widerspenstigkeit *f*; **4.** Trägheit *f*.

sul·ly ['sʌlɪ] *v/t. mst fig.* besudeln, beflecken.

sul·pha drugs ['sʌlfə] *s. pl. pharm.* Sulfona'mide *pl*.

sul·phate ['sʌlfeɪt] ⚗ **I** *s.* schwefelsaures Salz, Sul'fat *n*: ***~ of copper*** Kupfervitriol *n*, -sulfat; **II** *v/t.* sulfatieren; **'sul·phide** [-faɪd] *s.* ⚗ Sul'fid *n*; **'sul·phite** [-faɪt] *s.* ⚗ schwefeligsaures Salz, Sul'fit *n*.

sul·phur ['sʌlfə] *s.* **1.** ⚗ Schwefel *m*; **2.** *a.* ***~ yellow*** Schwefelgelb *n* (*Farbe*); **3.** *zo. ein* Weißling *m* (*Falter*); **'sul·phu·rate** [-fjʊreɪt] → ***sulphurize***; **sul·phu·re·ous** [sʌl'fjʊərɪəs] *adj.* **1.** schwef(e)lig, schwefelhaltig, Schwefel…; **2.** schwefelfarben; **'sul·phu·ret** [-fjʊret] ⚗ **I** *s.* Sul'fid *n*; **II** *v/t.* schwefeln: ***~ted*** geschwefelt; ***~ted hydrogen*** Schwefelwasserstoff *m*; **sul·phu·ric** [sʌl'fjʊərɪk] *adj.* ⚗ Schwefel…; **'sul·phu·rize** [-jʊəraɪz] ⚗, ⚙ *v/t.* **1.** schwefeln; **2.** vulkanisieren; **'sul·phu·rous** [-fərəs] *adj.* **1.** ⚗ → ***sulphureous***; **2.** *fig.* hitzig, heftig.

sul·tan ['sʌltən] *s.* Sultan *m*; **sul·tan·a** [sʌl'tɑːnə] *s.* **1.** Sultanin *f*; **2.** [səl'tɑːnə] *a.* ***~ raisin*** ⚘ Sulta'nine *f*; **'sul·tan·ate** [-tənɪt] *s.* Sulta'nat *n*.

sul·tri·ness ['sʌltrɪnɪs] *s.* Schwüle *f*; **sul·try** ['sʌltrɪ] *adj.* □ **1.** schwül (*a. fig. erotisch*); **2.** *fig.* heftig, heiß, hitzig (*Temperament etc.*).

sum [sʌm] **I** *s.* **1.** *allg.* Summe *f*: a) *a.* ***~ total*** (Gesamt-, End)Betrag *m*, b) (Geld)Betrag *m*, c) *fig.* Ergebnis *n*, d) *fig.* Gesamtheit *f*: ***in ~*** insgesamt, *fig.* mit 'einem Wort; **2.** F a) Rechenaufgabe *f*, b) *pl.* Rechnen *n*: ***do ~s*** rechnen; ***he is good at ~s*** er kann gut rechnen; **3.** *fig.* Inbegriff *m*, Kern *m*, Sub'stanz *f*; **4.** Zs.-fassung *f*; **II** *v/t.* **5.** *a.* ***~ up*** summieren, zs.-zählen; **6.** ***~ up*** *Ergebnis* ausmachen; **7.** ***~ up*** *fig.* (kurz) zs.-fassen, rekapitulieren; **8.** ***~ up*** (kurz) einabschätzen, (mit Blicken) messen; **III** *v/i.* **9.** ***~ up*** (das Gesagte) zs.-fassen, resümieren.

sum·ma·ri·ness ['sʌmərɪnɪs] *s.* *das* Sum'marische, Kürze *f*; **'sum·ma·rize** [-raɪz] *v/t. u. v/i.* (kurz) zs.-fassen; **'sum·ma·ry** [-rɪ] **I** *s.* Zs.-fassung *f*, (gedrängte) 'Übersicht, Abriß *m*, (kurze) Inhaltsangabe; **II** *adj.* sum'marisch: a) knapp, gedrängt, b) ⚖ abgekürzt, Schnell…: ***~ procedure***; ***~ offence*** Übertretung *f*; ***~ dismissal*** fristlose Entlassung; **sum·ma·tion** [sʌ'meɪʃn] *s.* **1.** a) Zs.-zählen *n*, b) Summierung *f*, c) (Gesamt)Summe *f*; **2.** ⚖ Resü'mee *n*.

sum·mer¹ ['sʌmə] **I** *s.* **1.** Sommer *m*: ***in*** (***the***) ***~*** im Sommer; **2.** Lenz *m* (*Lebensjahr*): ***a lady of 20 ~s***; **II** *v/t.* **3.** *Vieh etc.* über'sommern lassen; **III** *v/i.* **4.** den Sommer verbringen; **IV** *adj.* **5.** Sommer…

sum·mer² ['sʌmə] *s.* 🏛 **1.** Oberschwelle *f*; **2.** Trägerbalken *m*; **3.** Tragstein *m auf Pfeilern*.

'sum·mer|·house *s.* **1.** Gartenhaus *n*, (-)Laube *f*; **2.** Landhaus *n*; ***~*** **light·ning** *s.* Wetterleuchten *n*.

'sum·mer·like [-laɪk], **sum·mer·ly** ['sʌməlɪ] *adj.* sommerlich.

sum·mer| re·sort *s.* Sommerfrische *f*, -kurort *m*; ***~*** **school** *s. bsd. univ.* Ferien-, Sommerkurs *m*; ***~*** **term** *s. univ.* 'Sommeresemester *n*; **'~·time** *s.* Sommer *m*, Sommerzeit *f*; ***~*** **time** *s.* Sommerzeit *f* (*Uhrzeit*).

sum·mer·y ['sʌmərɪ] *adj.* sommerlich.

ˌsum·ming-'up [ˌsʌmɪŋ-] (kurze) Zs.-fassung, Resü'mee *n* (*a.* ⚖).

sum·mit ['sʌmɪt] *s.* **1.** Gipfel *m* (*a. fig. pol.*), Kuppe *f e-s Berges*: ***~ conference*** *pol.* Gipfelkonferenz *f*; **2.** Scheitel *m e-r Kurve etc.*; Kappe *f*, Krone *f e-s Dammes etc.*; **3.** *fig.* Gipfel *m*, Höhepunkt *m*: ***at the ~ of power*** auf dem Gipfel der Macht; **4.** höchstes Ziel; **'sum·mit·ry** [-trɪ] *s. pol.* 'Gipfelpoliˌtik *f*.

sum·mon ['sʌmən] *v/t.* **1.** auffordern, -rufen (***to do*** *et.* zu tun); **2.** rufen, kommen lassen, (her)zitieren; **3.** ⚖ vorladen; **4.** *Konferenz etc.* zs.-rufen, einberufen; **5.** *oft* ***~ up*** *Kräfte, Mut etc.* zs.-nehmen, zs.-raffen, aufbieten; **'sum·mon·er** [-nə] *s.* (*hist.* Gerichts)Bote *m*; **'sum·mons** [-nz] *s.* **1.** Ruf *m*, Berufung *f*; **2.** Aufforderung *f*, Aufruf *m*; **3.** ⚖ (Vor)Ladung *f*: ***take out a ~ against s.o.*** j-n (vor)laden lassen; **4.** Einberufung *f*.

sump [sʌmp] *s.* **1.** Sammelbehälter *m*, Senkgrube *f*; **2.** ⚙, *mot.* Ölwanne *f*; **3.** ⚒ (Schacht)Sumpf *m*.

sump·ter ['sʌmptə] **I** *s.* Saumtier *n*; **II** *adj.* Pack…: ***~ horse***; ***~ saddle***.

sump·tion ['sʌmpʃn] *s. phls.* **1.** Prä'misse *f*; **2.** Obersatz *m*.

sump·tu·ar·y ['sʌmptjʊərɪ] *adj.* Aufwands…, Luxus…; **'sump·tu·ous** [-əs] *adj.* □ **1.** kostspielig; **2.** kostbar, prächtig, herrlich; **3.** üppig; **'sump·tu·ous·ness** [-əsnɪs] *s.* **1.** Kostspieligkeit *f*; **2.** Pracht *f*; Aufwand *m*, Luxus *m*.

sun [sʌn] **I** *s.* **1.** Sonne *f*: ***a place in the ~*** *fig.* ein Platz an der Sonne; ***under the ~*** *fig.* unter der Sonne, auf Erden; ***with the ~*** bei Tagesanbruch; ***his ~ is set*** *fig.* sein Stern ist erloschen; **2.** Sonne *f*, Sonnenwärme *f*, -licht *n*, -schein *m*: ***have the ~ in one's eyes*** die Sonne genau im Gesicht haben; **3.** *poet.* a) Jahr *n*, b) Tag *m*; **II** *v/t. u. v/i.* **4.** (sich) sonnen; **ˌ~-and-'plan·et** (**gear**) *s.* ⚙ Pla'netengetriebe *n*; **'~·baked** *adj.* von der Sonne ausgedörrt *od.* getrocknet; **~ bath** *s.* Sonnenbad *n*; **'~·bathe** *v/i.* Sonnenbäder *od.* ein Sonnenbad nehmen; **'~·beam** *s.* Sonnenstrahl *m*; **~ blind** *s. Brit.* Mar'kise *f*; **'~·burn** *s.* **1.** Sonnenbrand *m*; **2.** Sonnenbräune *f*; **'~·burned, '~·burnt** *adj.* **1.** sonn(en)verbrannt: ***be ~*** *a.* e-n Sonnenbrand haben; **2.** sonnengebräunt; **'~·burst** *s.* **1.** plötzlicher 'Durchbruch der Sonne; **2.** Sonnenbanner *n* (*Japans*).

sun·dae ['sʌndeɪ] *s.* Eisbecher *m*.

Sun·day ['sʌndɪ] **I** *s.* **1.** Sonntag *m*: ***on ~*** (am) Sonntag; ***on ~(s)*** sonntags; ***~ evening***, ***~ night*** Sonntagabend *m*; **II** *adj.* **2.** sonntäglich, Sonntags…: ***~ best*** F Sonntagsstaat *m*, -kleider *pl.*; ***~ school*** *eccl.* Sonntagsschule *f*; **3.** F Sonntags…: ***~ driver***, ***~ painter***.

sun·der ['sʌndə] *poet.* **I** *v/t.* **1.** trennen, sondern (***from*** von); **2.** *fig.* entzweien; **II** *v/i.* **3.** sich trennen; **III** *s.* **4.** ***in ~*** entzwei, auseinander.

'sun|·di·al *s.* Sonnenuhr *f*; **'~·down** → ***sunset***; **'~ˌdown·er** *s.* F **1.** *Austral.* Landstreicher *m*; **2.** Dämmerschoppen *m*.

sun·dries ['sʌndrɪz] *s. pl.* Di'verses *n*, Verschiedenes *n*, allerlei Dinge; di'verse Unkosten; **sun·dry** ['sʌndrɪ] *adj.* verschiedene, di'verse, allerlei, -hand: ***all and ~*** all u. jeder, alle miteinander.

'sun|·fast *adj. Am.* lichtecht; **'~ˌflow·er** *s.* Sonnenblume *f*.

sung [sʌŋ] *pret. u. p.p. von* ***sing***.

'sun|ˌglass·es *s. pl. a.* ***pair of ~*** Sonnenbrille *f*; **'~·glow** *s.* **1.** Morgen- *od.* Abendröte *f*; **2.** Sonnenhof *m*; ***~*** **god** *s.* Sonnengott *m*; ***~*** **hel·met** *s.* Tropenhelm *m*.

sunk [sʌŋk] **I** *pret. u. p.p. von* ***sink***; **II** *adj.* **1.** vertieft; **2.** *bsd.* ⚙ eingelassen, versenkt: ***~ screw***; **'sunk·en** [-kn] **I** *obs. p.p. von* ***sink***; **II** *adj.* **1.** versunken; **2.** eingesunken: ***~ rock*** blinde Klippe; **3.** tiefliegend, vertieft (angelegt); **4.** ⚙ → ***sunk*** 2; **5.** *fig.* hohl (*Augen, Wangen*), eingefallen (*Gesicht*).

sun| lamp *s.* **1.** ⚕ Ultravio'lettlampe *f*; **2.** *Film*: Jupiterlampe *f*; **'~·light** *s.* Sonnenschein *m*, -licht *n*; **'~·lit** *adj.* sonnenbeschienen.

sun·ni·ness ['sʌnɪnɪs] *fig. das* Sonnige; **sun·ny** ['sʌnɪ] *adj.* □ sonnig (*a. fig. Gemüt, Lächeln etc.*), Sonnen...: **~ side** Sonnenseite *f* (*a. fig. des Lebens*), *fig. a. die* heitere Seite; **be on the ~ side of forty** noch nicht 40 (Jahre alt) sein.

sun| par·lor, ~ porch *s. Am.* 'Glasveˌranda *f*; **~ pow·er** *s. phys.* 'Sonnenenerˌgie *f*; '**~·proof** *adj.* **1.** für Sonnenstrahlen 'unˌdurchlässig; **2.** lichtfest; '**~·rise** *s.* (**at ~** bei) Sonnenaufgang *m*; '**~·roof** *s.* **1.** 'Dachterˌrasse *f*; **2.** *mot.* Schiebedach *n*; '**~·set** *s.* (**at ~** bei) 'Sonnenˌuntergang *m*: **~ of life** *fig.* Lebensabend *m*; '**~·shade** *s.* **1.** Sonnenschirm *m*; **2.** Mar'kise *f*; **3.** *phot.* Gegenlichtblende *f*; **4.** *pl.* Sonnenbrille *f*; '**~·shine** *s.* Sonnenschein *m* (*a. fig.*); sonniges Wetter: **~ roof** *mot.* Schiebedach *n*; **~ show·er** *s.* F leichter Schauer bei Sonnenschein; **~ spot** *s.* **1.** *ast.* Sonnenfleck *m*; **2.** Sommersprosse *f*; **3.** *Brit.* F sonnige Gegend; '**~·stroke** *s.* ⚕ Sonnenstich *m*; '**~·struck** *adj.*: **be ~** e-n Sonnenstich haben; '**~·tan** *s.* (Sonnen-)Bräune *f*: **~ lotion** Sonnenöl *n*; '**~·trap** *s.* sonniges Plätzchen; '**~·up** *s. dial.* Sonnenaufgang *m*; **~ vi·sor** *s. mot.* Sonnenblende *f*; **~ wor·ship·(p)er** *s.* Sonnenanbeter *m.*

sup¹ [sʌp] *v/i. obs.* zu Abend essen (**off** *od.* **on s.th.** et).

sup² [sʌp] **I** *v/t. a.* **~ off, ~ out** löffeln, schlürfen: **~ sorrow** *fig.* leiden; **II** *v/i.* nippen, löffeln; **III** *s.* Mundvoll *m*, kleiner Schluck: **a bite and a ~** et. zu essen u. zu trinken; **neither bit** (*od.* **bite**) **nor ~** nichts zu nagen u. zu beißen.

super- [su:pə] *in Zssgn* a) 'übermäßig, Über..., über..., b) oberhalb (von *od. gen.*) *od.* über (*dat.*) befindlich, c) Super... (*bsd. in wissenschaftlichen Ausdrücken*), d) 'übergeordnet, Ober...

su·per ['su:pə] **I** *s.* **1.** F *für* a) **superintendent**, b) **supernumerary**, c) **superhet**(**erodyne**); **2.** ✝ F a) Spitzenklasse *f*, b) Quali'tätsware *f*; **II** *adj.* **3.** *a. iro.* Super...; **4.** F ‚super', ‚toll'; **III** *v/i. thea.* als Sta'tist(in) mitspielen.

su·per·a·ble ['su:pərəbl] *adj.* über'windbar, besiegbar.

ˌsu·per|·a'bound [-ərə-] *v/i.* **1.** im 'Überfluß vor'handen sein; **2.** Überfluß *od.* e-e 'Überfülle haben (**in, with** an *dat.*); **ˌ~·a'bun·dance** [-ərə-] *s.* 'Überfülle *f*, -fluß *m* (**of** an *dat.*); **ˌ~·a'bun·dant** [-ərə-] *adj.* □ **1.** 'überreichlich; **2.** 'überschwenglich; **ˌ~'add** [-ər'æd] *v/t.* noch hin'zufügen (**to** zu): **be ~ed** (**to**) noch dazukommen (zu *et.*).

su·per|·an·nu·ate [ˌsu:pə'rænjʊeɪt] *v/t.* **1.** pensionieren, in den Ruhestand versetzen; **2.** (als zu alt *od.* als veraltet) ausscheiden *od.* zurückweisen; **ˌ~'an·nu·at·ed** [-tɪd] *adj.* **1.** a) pensioniert, b) über'altert (*Person*); **2.** veraltet, über'holt; **3.** ausgedient (*Sache*); **~·an·nu·a·tion** ['su:pəˌrænjʊ'eɪʃn] *s.* **1.** Pensionierung *f*; **2.** Ruhestand *m*; **3.** (Alters)Rente *f*, Ruhegeld *n*, Pensi'on *f*: **~ fund** Pensionskasse *f.*

su·perb [sju:'pɜ:b] *adj.* □ **1.** herrlich, prächtig; **2.** vor'züglich.

ˌsu·per|'cal·en·der ⚙ **I** *s.* 'Hochkaˌlander *m*; **II** *v/t. Papier* hochsatinieren; '**~ˌcar·go** *s.* Frachtaufseher *m*, Super'kargo *m*; '**~·charge** *v/t.* **1.** über'laden; **2.** ⚙, *mot.* vor-, 'überverdichten: **~d engine** Lader-, Kompressormotor *m*; '**~ˌcharg·er** *s.* ⚙ Kom'pressor *m*, Gebläse *n.*

su·per·cil·i·ous [ˌsu:pə'sɪlɪəs] *adj.* □ hochmütig, her'ablassend; **ˌsu·per'cil·i·ous·ness** [-nɪs] *s.* Hochmut *m*, Hochnäsigkeit *f.*

ˌsu·per|·con'duc·tive *adj. phys.* supraleitend; **ˌ~·con'duc·tor** *s. phys.* Supraleiter *m*; **ˌ~-'du·ty** *adj.* ⚙ Höchstleistungs...; **ˌ~·el·e'va·tion** [-əre-] *s.* ⚙ Über'höhung *f*; **ˌ~'em·i·nence** [-ər'e-] *s.* **1.** Vorrang(stellung *f*) *m*; **2.** über'ragende Bedeutung *od.* Quali'tät, Vortrefflichkeit *f.*

su·per·er·o·ga·tion ['su:pərˌerə'geɪʃn] *s.* Mehrleistung *f*: **works of ~** *eccl.* überschüssige (gute) Werke; **work of ~** *fig.* Arbeit über die Pflicht hinaus; **su·per·e·rog·a·to·ry** [ˌsu:pəre'rɒgətərɪ] *adj.* **1.** über das Pflichtmaß hin'ausgehend, 'übergebührlich; **2.** 'überflüssig.

su·per·fi·ci·al [ˌsu:pə'fɪʃl] *adj.* □ **1.** oberflächlich, Oberflächen...; **2.** Flächen..., Quadrat...: **~ measurement** Flächenmaß *n*; **3.** äußerlich, äußer: **~ characteristics**; **4.** *fig.* oberflächlich: a) flüchtig, b) *contp.* seicht; **su·per·fi·ci·al·i·ty** ['su:pəˌfɪʃɪ'ælətɪ] *s.* **1.** Oberflächenlage *f*; **2.** *fig.* Oberflächlichkeit *f*; **su·per·fi·ci·es** [ˌsu:pə'fɪʃi:z] *s.* **1.** (Ober)Fläche *f*; **2.** *fig.* Oberfläche *f*, äußerer Anschein.

'su·per|-film *s.* Monumen'talfilm *m*; **ˌ~'fine** *adj.* **1.** *bsd.* ✝ extra-, hochfein; **2.** über'feinert.

su·per·flu·i·ty [ˌsu:pə'flʊətɪ] *s.* **1.** 'Überfluß *m*, Zu'viel *n* (**of** an *dat.*); **2.** *mst pl.* Entbehrlichkeit *f*, 'Überflüssigkeit *f*; **su·per·flu·ous** [su:'pɜ:flʊəs] *adj.* □ 'überflüssig.

ˌsu·per|'heat *v/t.* ⚙ über'hitzen; '**~ˌhe·ro** *s.* Superheld *m*; '**~·het** [-het], **ˌ~'het·er·o·dyne** [-'hetərədaɪn] **I** *adj.* Überlagerungs..., Superhet...; **II** *s.* Über'lagerungsempfänger *m*, Super(het) *m*; '**~·high fre·quen·cy** *s.* ⚡ 'Höchstfreˌquenz(bereich *m*) *f*; **ˌ~'high·way** *s. Am.* Autobahn *f*; **ˌ~'hu·man** *adj.* 'übermenschlich: **~ beings**; **~ efforts**; **ˌ~·im'pose** [-ərɪ-] *v/t.* **1.** dar'auf-, dar'übersetzen *od.* -legen; **2.** setzen, legen, lagern (**on** auf, über *acc.*): **one ~d on the other** übereinandergelagert; **3.** (**on**) hin'zufügen (zu), folgen lassen (*dat.*); **4.** ⚡, *phys.* über'lagern; **5.** *Film etc.*: 'durch-, einblenden, einkopieren.

su·per·in·tend [ˌsu:pərɪn'tend] *v/t.* die (Ober)Aufsicht haben über (*acc.*), beaufsichtigen, über'wachen, leiten; **ˌsu·per·in'tend·ence** [-dəns] *s.* (Ober-)Aufsicht *f* (**over** über *acc.*), Leitung *f* (**of** *gen.*); **ˌsu·per·in'ten·dent** [-dənt] **I** *s.* **1.** Leiter *m*, Vorsteher *m*, Di'rektor *m*: **~ of public works**; **2.** Oberaufseher *m*, Aufsichtsbeamte(r) *m*, In'spektor *m*: **~ of schools**; **3.** a) *Brit. etwa* 'Hauptkommisˌsar *m*, b) *Am.* Poli'zeichef *m*; **4.** *eccl.* Superinten'dent *m*; **5.** Hausverwalter *m*; **II** *adj.* **6.** aufsichtführend, leitend, Aufsichts...

su·pe·ri·or [su:'pɪərɪə] **I** *adj.* □ **1.** höherliegend, ober: **~ planets** *ast.* äußere Planeten; **~ wings** *zo.* Flügeldecken; **2.** höher(stehend), Ober..., vorgesetzt: **~ court** ⚖ höhere Instanz; **~ officer** vorgesetzter *od.* höherer Beamter *od.* Offizier, Vorgesetzte(r) *m*; **3.** über'legen, -'ragend: **~ man**; **~ skill**; → **style** 1b; **4.** besser (**to** als), her'vorragend, erlesen: **~ quality**; **5.** (**to**) größer, stärker (als), über'legen (*dat.*): **~ forces** ⚔ Übermacht *f*; **~ in number** zahlenmäßig überlegen, in der Überzahl; **6.** *fig.* erhaben (**to** über *acc.*): **~ to prejudice**; **rise ~ to** sich über *et.* erhaben zeigen; **7.** *fig.* über'legen, -'heblich: **~ smile**; **8.** *iro.* vornehm: **~ persons** bessere *od.* feine Leute; **9.** *typ.* hochgestellt; **II** *s.* **10. be s.o.'s ~** j-m überlegen sein (**in** im *Denken etc.*, an *Mut etc.*); **11.** Vorgesetzte(r *m*) *f*; **12.** *eccl.* a) Su'perior *m*, b) *mst* **lady ~** Oberin *f*; **su·pe·ri·or·i·ty** [su:ˌpɪərɪ'ɒrətɪ] *s.* **1.** Erhabenheit *f* (**to, over** über *acc.*); **2.** Über'legenheit *f*, 'Übermacht *f* (**to, over** über *acc.*, **in** in *od.* an *dat.*); **3.** Vorrecht *n*, -rang *m*, -zug *m*; **4.** Über'heblichkeit *f*: **~ complex** *psych.* Superioritätskomplex *m.*

su·per·la·tive [su:'pɜ:lətɪv] **I** *adj.* □ **1.** höchst; **2.** über'ragend, 'unüberˌtrefflich; **3.** *ling.* superlativisch, Superlativ...: **~ degree** → 5; **II** *s.* **4.** höchster Grad, Gipfel *m*; *contp.* Ausbund *m* (**of** von *od.* an *dat.*); **5.** *ling.* Superlativ *m*: **talk in ~s** *fig.* in Superlativen reden.

'su·per|·man [-mæn] *s.* [*irr.*] **1.** 'Übermensch *m*; **2.** a) ♀ *ein Comics-Held*, b) *iro.* Supermann *m*; '**~ˌmar·ket** *s.* Supermarkt *m*; **ˌ~'nat·u·ral** **I** *adj.* □ 'übernaˌtürlich; **II** *s. das* 'Übernaˌtürliche; **ˌ~'nor·mal** *adj.* □ **1.** 'überˌdurchschnittlich; **2.** außer-, ungewöhnlich; **ˌ~'nu·mer·ar·y** [-'nju:mərərɪ] **I** *adj.* **1.** 'überzählig, außerplanmäßig, extra; **2.** 'überflüssig; **II** *s.* **3.** 'überzählige Per'son *od.* Sache; **4.** außerplanmäßiger Beamter *od.* Offi'zier; **5.** Hilfskraft *f*, -arbeiter(in); **6.** *thea. etc.* Sta'tist(in); **ˌ~'ox·ide** [-ər'ɒ-] *s.* ⚗ 'Super-, 'Peroˌxyd *n*; **ˌ~'phos·phate** *s.* ⚗ 'Superphosˌphat *n.*

su·per·pose [ˌsu:pə'pəʊz] *v/t.* **1.** (auf)legen, lagern, schichten (**on** über, auf *acc.*); **2.** übereinan'derlegen, -lagern (*a.* ⩚); **3.** ⚡ über'lagern; **ˌsu·per·po'si·tion** *s.* **1.** Aufschichtung *f*, -lagerung *f*; **2.** Überein'andersetzen *n*; **3.** *geol.* Schichtung *f*; **4.** ⚘, ⩚ Superpositi'on *f*; **5.** ⚡ Über'lagerung.

'su·per|ˌpow·er **I** *s. pol.* Supermacht *f*; **II** *adj.* ⚡ Groß...: **~ station** Großkraftwerk *n*; '**~·race** *s.* Herrenvolk *n.*

su·per·sede [ˌsu:pə'si:d] *v/t.* **1.** *j-n od. et.* ersetzen (**by** durch); **2.** *et.* abschaffen, beseitigen, *Gesetz etc.* aufheben; **3.** *j-n* absetzen, s-s Amtes entheben; **4.** *j-n in der Beförderung etc.* über'gehen; **5.** *et.* verdrängen, ersetzen, 'überflüssig machen; **6.** an die Stelle treten von (*od. gen.*), *j-n od. et.* ablösen: **be ~d by** abgelöst werden von; **ˌsu·per'se·de·as** [-dɪæs] *s.* **1.** ⚖ Sistierungsbefehl *m*, 'Widerruf *m e-r Anordnung*; **2.** *fig.* aufschiebende Wirkung, Hemmnis *n*; **ˌsu·per'sed·ence** [ˌsu:pə'si:dəns] → **supersession.**

ˌsu·per'sen·si·tive *adj.* 'überempfindlich.

ˌsu·per'ses·sion *s.* **1.** Ersetzung *f* (**by** durch); **2.** Abschaffung *f*, Aufhebung *f*;

3. Absetzung *f*; 4. Verdrängung *f*.

ˌsu·per|ˈson·ic I *adj.* 1. *phys.* Ultraschall…; 2. ✈ Überschall…: ~ **boom**, ~ **bang** → **sonic bang**; **at ~ speed** mit Überschallgeschwindigkeit; **II** *s.* 3. ✈, *phys.* ˈÜberschallflug(zeug *n*) *m*; ˌ~ˈ**son·ics** *pl. phys.* a) Ultraschallwellen *pl.*, b) *mst sg. konstr.* Fachgebiet *n* des Ultraschalls; ˈ~**·star** *s.* Superstar *m*; ˈ~**·state** *s. pol.* Supermacht *f*.

su·per·sti·tion [ˌsu:pəˈstɪʃn] *s.* Aberglaube(n) *m*; ˌ**su·perˈsti·tious** [-ʃəs] *adj.* □ abergläubisch; ˌ**su·perˈsti·tious·ness** [-ʃəsnɪs] *s.* *das* Abergläubische, Aberglaube(n) *m*.

ˌ**su·per|ˈstra·tum** *s.* [*irr.*] 1. *geol.* obere Schicht; 2. *ling.* Superˈstrat *n*; ˈ~ˌ**struc·ture** *s.* 1. Ober-, Aufbau *m*: ~ **work** Hochbau *m*; 2. ⚓ (Decks)Aufbauten *pl.*; 3. *fig.* Oberbau *m*; ˈ~**·tax** *s.* 1. → **surtax** I; 2. *Brit.* Einkommensteuerzuschlag *m*.

su·per·vene [ˌsu:pəˈvi:n] *v/i.* 1. (noch) hinˈzukommen ([**up**]**on** zu); 2. (unvermutet) eintreten, daˈzwischenkommen; 3. (unmittelbar) folgen, sich ergeben; ˌ**su·perˈven·tion** [-ˈvenʃn] *s.* 1. Hinˈzukommen *n* (**on** zu); 2. Daˈzwischenkommen *n*.

su·per·vise [ˈsu:pəvaɪz] *v/t.* beaufsichtigen, überˈwachen, die Aufsicht haben *od.* führen über (*acc.*), kontrollieren; ˌ**su·perˈvi·sion** [-ˈvɪʒn] *s.* 1. Beaufsichtigung *f*; 2. (Ober)Aufsicht *f*, Leitung *f*, Konˈtrolle *f* (**of** über *acc.*): **police** ~ Polizeiaufsicht; 3. *ped.* ˈSchulinspektiˈon *f*; ˈ**su·per·vi·sor** [-zə] *s.* 1. Aufseher *m*, Aufsichtführende(r) *m*, Inˈspektor *m*, Kontrolˈleur *m*; 2. *Am.* (leitender) Beamter e-s Stadt- *od.* Kreisverwaltungsvorstandes; 3. *univ.* Doktorvater *m*; ˈ**su·per·vi·so·ry** [-zərɪ] *adj.* Aufsichts…: **in a ~ capacity** aufsichtführend.

su·pine¹ [ˈsju:paɪn] *s. ling.* Suˈpinum *n*.

su·pine² [sju:ˈpaɪn] *adj.* □ 1. auf dem Rücken liegend, aus-, hingestreckt: ~ **position** Rückenlage *f*; 2. *poet.* zuˈrückgelehnt; 3. *fig.* (nach)lässig, untätig, träge.

sup·per [ˈsʌpə] *s.* 1. Abendessen *n*: **have** ~ zu Abend essen; ~ **club** *Am.* exklusiver Nachtklub; 2. **the** ℒ *eccl.* a) *a.* **the Last** ℒ das letzte Abendmahl, b) *a.* **the Lord's** ℒ das heilige Abendmahl, *R.C.* die heilige Kommunion.

sup·plant [səˈplɑ:nt] *v/t.* *j-n od. et.* verdrängen, *Rivalen etc.* ausstechen.

sup·ple [ˈsʌpl] **I** *adj.* □ 1. geschmeidig: a) biegsam, b) *fig.* beweglich (*Geist etc.*); 2. unterˈwürfig; **II** *v/t.* 3. geschmeidig machen.

sup·ple·ment I *s.* [ˈsʌplɪmənt] 1. (**to**) Ergänzung *f* (*gen. od.* zu), Zusatz *m* (zu); 2. Nachtrag *m*, Anhang *m* (*zu e-m Buch*), Ergänzungsband *m*; 3. (*Zeitungs- etc.*)Beilage *f*; 4. ⩓ Ergänzung (*auf 180 Grad*); **II** *v/t.* [ˈsʌplɪment] 5. ergänzen; **sup·ple·ment·al** [ˌsʌplɪˈmentl] *adj.* □, **sup·ple·men·ta·ry** [ˌsʌplɪˈmentərɪ] *adj.* □ 1. ergänzend, Ergänzungs…, Zusatz…, Nach(trags)…: **be ~ to** *et.* ergänzen; ~ **agreement** *pol.* Zusatzabkommen *n*; ~ **budget**, ~ **estimates** Nachtragshaushalt *m*, -etat *m*; ~ **order** Nachbestellung *f*; ~ **question** Zusatzfrage *f*; ~ **proceedings** ⚖ (Zwangs)Vollstreckungsverfahren *n*; **take a ~ ticket** (e-e Fahrkarte) nachlösen; 2. ⩓ supplemenˈtär; 3. Hilfs…, Ersatz…, Zusatz…; **sup·ple·men·ta·tion** [ˌsʌplɪmenˈteɪʃn] *s.* Ergänzung *f*: a) Nachtragen *n*, b) Nachtrag *m*, Zusatz *m*.

sup·ple·ness [ˈsʌplnɪs] *s.* Geschmeidigkeit *f* (*a. fig.*).

sup·pli·ant [ˈsʌplɪənt] **I** *s.* (demütiger) Bittsteller; **II** *adj.* □ flehend, demütig (bittend).

sup·pli·cant [ˈsʌplɪkənt] → **suppliant**; **sup·pli·cate** [ˈsʌplɪkeɪt] **I** *v/i.* 1. demütig *od.* dringlich bitten, flehen (**for** um); **II** *v/t.* 2. anflehen, demütig bitten (**s.o. for s.th.** j-n um et.); 3. erbitten, erflehen, bitten um; **sup·pli·ca·tion** [ˌsʌplɪˈkeɪʃn] *s.* 1. demütige Bitte (**for** um), Flehen *n*; 2. (Bitt)Gebet *n*; 3. Bittschrift *f*, Gesuch *n*; ˈ**sup·pli·ca·to·ry** [-ətərɪ] *adj.* flehend, Bitt…

sup·pli·er [səˈplaɪə] *s.* Liefeˈrant(in), *a. pl.* Lieferfirma *f*.

sup·ply¹ [səˈplaɪ] **I** *v/t.* 1. *Ware*, ⚡ *Strom etc.*, *a. fig. Beweis etc.* liefern; beschaffen, bereitstellen, zuführen; 2. *j-n* beliefern, versorgen, -sehen, ausstatten; ⚙, ⚡ speisen (**with** mit); 3. *Fehlendes* ergänzen; *Verlust* ausgleichen, ersetzen; *Defizit* decken; 4. *Bedürfnis* befriedigen; *Nachfrage* decken: ~ **a want** e-m Mangel abhelfen; 5. *e-e Stelle* ausfüllen, einnehmen; *Amt* vorˈübergehend versehen: ~ **the place of** *j-n* vertreten; **II** *s.* 6. Lieferung *f* (**to** an *acc.*); Beschaffung *f*, Bereitstellung *f*; An-, Zufuhr *f*; 7. Belieferung *f*, Versorgung *f* (**of** mit): ~ **of power** Energie-, Stromversorgung; 8. ⚙, ⚡ (Netz)Anschluß *m*; 9. Ergänzung *f*; Beitrag *m*, Zuschuß *m*; 10. ✝ Angebot *n*: ~ **and demand** Angebot und Nachfrage; **be in short** ~ knapp sein; 11. *pl.* ✝ Arˈtikel *pl.*, Bedarf *m*: **office supplies** Bürobedarf; 12. *mst pl.* Vorrat *m*, Lager *n*, Bestand *m*; 13. *mst pl.* ⚔ Nachschub *m*, Verˈsorgung(smateriˌal *n*) *f*, Proviˈant *m*; 14. *mst pl. parl.* bewilligter Eˈtat, (ˈAusgabe)Buˌdget *n*: **Committee of** ℒ Haushaltsausschuß *m*; 15. (Amts-, Stell)Vertretung *f*: **on** ~ in Vertretung, als Ersatz; 16. (Stell)Vertreter *m* (*Lehrer etc.*); **III** *adj.* 17. Versorgungs…, Liefer(ungs)…: ~ **house** Lieferfirma *f*; ~**-side economics** *pl.* angebotsorientierte Wirtschaftspolitik *sg.*; 18. ⚔ Versorgungs…(*-bombe*, *-gebiet*, *-offizier*, *-schiff*), Nachschub…: ~ **base** Versorgungs-, Nachschubbasis *f*; ~ **depot** Nachschublager *n*; ~ **lines** Nachschubverbindungen; ~ **sergeant** Kammerunteroffizier *m*; 19. ⚙, ⚡ Speise… (*-leitung*, *-stromkreis etc.*): ~ **pipe** Zuleitung(srohr *n*) *f*; 20. Hilfs…, Ersatz…: ~ **teacher** Hilfslehrer *m*.

sup·ply² [ˈsʌplɪ] *adv.* → **supple**.

sup·port [səˈpɔ:t] **I** *v/t.* 1. *Gewicht, Wand etc.* tragen, (ab)stützen, (aus-) halten; 2. ertragen, (er)dulden, aushalten; 3. *j-n* unterˈstützen, stärken, *j-m* beistehen, *j-m* Rückendeckung geben; 4. *sich*, *e-e Familie etc.* er-, unterˈhalten, sorgen für, ernähren (**on** von): ~ **o.s.** für s-n Lebensunterhalt sorgen; 5. *et.* finanzieren; 6. *Debatte etc.* in Gang halten; 7. eintreten für, unterˈstützen, fördern, befürworten; 8. *Theorie etc.* vertreten; 9. *Anklage, Anspruch etc.* beweisen, erhärten, begründen, rechtfertigen; 10. ✝ *Währung* decken; 11. a) *thea. Rolle* spielen, b) als Nebendarsteller auftreten mit *e-m Star etc.*; **II** *s.* 12. *allg.* Stütze *f*: **walk without** ~; 13. *bsd.* ⚙ Stütze *f*, Träger *m*, Ständer *m*, Strebe *f*, Absteifung *f*, Bettung *f*; Staˈtiv *n*; ⚠ ˈDurchzug *m*; ⚔ (Gewehr-) Auflage *f*; 14. *fig.* (*a.* ⚔ taktische) Unterˈstützung, Beistand *m*: ~ **buying** ✝ Stützungskäufe *pl.*; **give ~ to** → 3; **in ~ of s.o.** zur Unterstützung von j-m; 15. (ˈLebens)ˌUnterhalt *m*; 16. Unterˈhaltung *f e-r Einrichtung*; 17. *fig.* Stütze *f*, (Rück)Halt *m*; 18. Beweis *m*, Erhärtung *f*: **in ~ of** zur Bestätigung (*gen.*); 19. ⚔ Reˈserve *f*, Verstärkung *f*; 20. *thea.* a) Partner(in) *e-s Stars*, b) Unterˈstützung *f e-s Stars durch das Ensemble*, c) Enˈsemble *n*; **supˈport·a·ble** [-təbl] *adj.* □ 1. haltbar, vertretbar (*Ansicht etc.*); 2. erträglich, zu ertragen(d); **supˈport·er** [-tə] *s.* 1. ⚙, ⚠ Stütze *f*, Träger *m*; 2. Stütze *f*, Beistand *m*, Helfer(in), Unterˈstützer(in); 3. Erhalter(in); 4. Anhänger(in), Verfechter (-in), Vertreter(in); 5. ⚕ Tragbinde *f*, Stütze *f*; **supˈport·ing** [-tɪŋ] *adj.* 1. tragend, stützend, Stütz…, Trag…, *fig. a.* Unterstützungs…: ~ **actor** *thea.* Nebendarsteller *m*; ~ **cast** *thea. etc.* Ensemble *n*; ~ **bout** *Boxen*: Rahmenkampf *m*; ~ **fire** ⚔ Unterstützungsfeuer *n*; ~ **measures** flankierende Maßnahmen; ~ **part** Nebenrolle *f*; ~ **program(me)** *Film*: Beiprogramm *n*; ~ **purchases** ✝ Stützungskäufe; ~ **surfaces** ✈ Tragwerk *n*; 2. erhärtend: ~ **document** Beleg *m*, Unterlage *f*; ~ **evidence** ⚖ zusätzliche Beweise *pl.*

sup·pose [səˈpəʊz] **I** *v/t.* 1. (als möglich *od.* gegeben) annehmen, sich vorstellen: ~ (*od.* **supposing** *od.* **let us** ~) angenommen, gesetzt den Fall; **it is to be ~d that** es ist anzunehmen, daß; 2. *imp.* (*e-n Vorschlag einleitend*) wie wäre es, wenn *wir e-n Spaziergang machten!*: ~ **we went for a walk!**; ~ **you meet me at 10 o'clock** ich schlage vor, du triffst mich um 10 Uhr; 3. vermuten, glauben, meinen: **I don't ~ we shall be back** ich glaube nicht, daß wir zurück sein werden; **they are British, I** ~ es sind wohl *od.* vermutlich Engländer; **I ~ so** ich nehme an, wahrscheinlich, vermutlich; 4. (*mit acc. u. inf.*) halten für: **I ~ him to be a painter**; **he is ~d to be rich** er soll reich sein; 5. (mit Notwendigkeit) vorˈaussetzen: **creation ~s a creator**; 6. (*pass. mit inf.*) sollen: **isn't he ~d to be at home?** sollte er nicht eigentlich zu Hause sein?; **he is ~d to do** man erwartet *od.* verlangt von ihm, daß er *et.* tut; **what is that ~d to be** (*od.* **mean**) was soll das sein (*od.* heißen)?; **II** *v/i.* 7. denken, glauben, vermuten; **supˈposed** [-zd] *adj.* □ 1. angenommen: **a ~ case**; 2. vermutlich; 3. vermeintlich, angeblich.

sup·po·si·tion [ˌsʌpəˈzɪʃn] *s.* 1. Vorˈaussetzung *f*, Annahme *f*: **on the ~ that** unter der Voraussetzung, daß; 2. Vermutung *f*, Mutmaßung *f*, Annahme *f*; ˌ**sup·poˈsi·tion·al** [-ʃənl] *adj.* □ angenommen, hypoˈthetisch; **sup·pos·i-**

ti·tious [səˌpɒzɪˈtɪʃəs] *adj.* □ **1.** unecht, gefälscht; **2.** ˈuntergeschoben (*Kind, Absicht etc.*), erdichtet; **3.** → ***suppositional.***

sup·pos·i·to·ry [səˈpɒzɪtərɪ] *s.* ⚕ Zäpfchen *n*, Suppoˈsitorium *n*.

sup·press [səˈpres] *v/t.* **1.** *Aufstand etc., a. Gefühl, Lachen etc., a.* ⚡ unterˈdrükken; **2.** *et.* abstellen, abschaffen; **3.** *Buch* verbieten *od.* unterˈdrücken; **4.** *Textstelle* streichen; **5.** *Skandal, Wahrheit etc.* verheimlichen, vertuschen, unterˈschlagen; **6.** ⚕ *Blutung* stillen, *Durchfall* stopfen; **7.** *psych.* verdrängen; **supˈpres·sant** [-sənt] *s. pharm.* Dämpfungsmittel *n*, (Appeˈtit- *etc.*) Zügler *m*; **supˈpres·sion** [-eʃn] *s.* **1.** Unterˈdrückung *f* (*a. fig. u.* ⚡); **2.** Aufhebung *f*, Abschaffung *f*; **3.** Verheimlichung *f*, Vertuschung *f*; **4.** ⚕ (Blut)Stillung *f*; Stopfung *f*, (Harn)Verhaltung *f*; **5.** *psych.* Verdrängung *f*; **supˈpres·sive** [-sɪv] *adj.* unterˈdrückend, Unterdrückungs…; **supˈpres·sor** [-sə] *s.* ⚡ a) Sperrgerät *n*, b) Entstörer *m*: ~ ***grid*** Bremsgitter *n*.

sup·pu·rate [ˈsʌpjʊəreɪt] *v/i.* ⚕ eitern; **sup·pu·ra·tion** [ˌsʌpjʊəˈreɪʃn] *s.* Eiterung *f*; **ˈsup·pu·ra·tive** [-rətɪv] *adj.* eiternd, eitrig, Eiter…

su·pra [ˈsuːprə] (*Lat.*) *adv.* oben (*bei Verweisen in e-m Buch etc.*).

supra- [suːprə] *in Zssgn* über, supra…, Supra…

ˌsupra|·conˈduc·tor *s. phys.* Supraleiter *m*; **ˌ~ˈmun·dane** *adj.* ˈüberweltlich; **ˌ~ˈnas·al** *adj. anat.* über der Nase (befindlich); **ˌ~ˈre·nal** *s. anat.* Nebenniere(ndrüse) *f*.

su·prem·a·cy [sʊˈpreməsɪ] *s.* **1.** Oberhoheit *f*: a) *pol.* höchste Gewalt, Souveräniˈtät *f*, b) Supreˈmat *m, n* (*in Kirchensachen*); **2.** *fig.* Vorherrschaft *f*, Überˈlegenheit *f*: ***air*** ~ ⚔ Luftherrschaft *f*; **3.** Vorrang *m*; **su·preme** [sʊˈpriːm] **I** *adj.* □ **1.** höchst, oberst, Ober…: ~ ***authority*** höchste (Regierungs)Gewalt; ~ ***command*** ⚔ Oberbefehl *m*, -kommando *n*; ~ ***commander*** ⚔ Oberbefehlshaber *m*; ***ℒ Court*** *Am.* a) oberstes Bundesgericht, b) oberstes Gericht (*e-s Bundesstaates*); ***ℒ Court (of Judicature)*** *Brit.* Oberster Gerichtshof; ***reign*** ~ herrschen (*a. fig.*); **2.** höchst, größt, äußerst, überˈragend: ~ ***courage***; ***ℒ Being*** → 6; ***the*** ~ ***good*** *phls.* das höchste Gut; ***the*** ~ ***punishment*** die Todesstrafe; ***stand*** ~ ***among*** den höchsten Rang einnehmen unter (*dat.*); **3.** letzt: ~ ***moment*** Augenblick *m* des Todes; ~ ***sacrifice*** Hingabe *f* des Lebens; **4.** entscheidend, kritisch: ***the*** ~ ***hour in the history of a nation***; **II** *s.* **5.** ***the*** ~ der *od.* die *od.* das Höchste; **6.** ***the ℒ*** der Allerhöchste, Gott *m*; **su·preme·ly** [sʊˈpriːmlɪ] *adv.* höchst, aufs äußerste, ˈüberaus.

su·pre·mo [sʊˈpriːməʊ] *s. Brit.* F Oberboß *m*.

sur-¹ [sɜː] *in Zssgn* über, auf.

sur-² [sə] → ***sub-***.

sur·cease [sɜːˈsiːs] *obs.* **I** *v/i.* **1.** ablassen (***from*** von); **2.** aufhören; **II** *s.* **3.** Ende *n*, Aufhören *n*; **4.** Pause *f*.

sur·charge I *s.* [ˈsɜːtʃɑːdʒ] **1.** *bsd. fig.* Überˈlastung *f*; **2.** ✝ a) Überˈforderung *f* (*a. fig.*), b) ˈÜberpreis *m*, (*a.* Steuer-) Zuschlag *m*, c) Strafporto *n*; **3.** ˈÜber-, Aufdruck *m* (*Briefmarke etc.*); **II** *v/t.* [sɜːˈtʃɑːdʒ] **4.** überˈlasten, -ˈfordern; **5.** ✝ a) e-n Zuschlag *od.* ein Nachporto erheben auf (*acc.*), b) *Konto* zusätzlich belasten; **6.** *Briefmarken etc.* (*mit neuer Wertangabe*) überˈdrucken; **7.** überˈfüllen, -ˈsättigen.

sur·cingle [ˈsɜːˌsɪŋgl] *s.* Sattel-, Packgurt *m*.

sur·coat [ˈsɜːkəʊt] *s.* **1.** *hist.* a) Wappenrock *m*, b) ˈÜberrock *m* (*der Frauen*); **2.** Freizeitjacke *f*.

surd [sɜːd] **I** *adj.* **1.** Å ˈirratioˌnal (*Zahl*); **2.** *ling.* stimmlos; **II** *s.* **3.** Å ˈirratioˌnale Größe, *a.* Wurzelausdruck *m*; **4.** *ling.* stimmloser Laut.

sure [ʃʊə] **I** *adj.* □ → ***surely***; **1.** *pred.* (***of***) sicher, gewiß (*gen.*), überˈzeugt (von): ***I am*** ~ ***he is there***; ***are you*** ~ (***about it***)? bist du (dessen) sicher?; ***he is*** (*od.* ***feels***) ~ ***of success*** er ist sich s-s Erfolges sicher; ***I'm*** ~ ***I didn't mean to hurt you*** ich wollte Sie ganz gewiß nicht verletzen; ***are you*** ~ ***you won't come?*** wollen Sie wirklich nicht kommen?; **2.** *pred.* sicher, gewiß, (ganz) bestimmt, zweifellos (*objektiver Sachverhalt*): ***he is*** ~ ***to come*** er kommt sicher *od.* bestimmt; ***man is*** ~ ***of death*** dem Menschen ist der Tod gewiß *od.* sicher; ***make*** ~ ***that …*** sich (davon) überzeugen, daß …; ***make*** ~ ***of s.th.*** a) sich von et. überzeugen, sich e-r Sache vergewissern, b) sich et. sichern; ***to make*** ~ (*Redewendung*) um sicher zu gehen; ***be*** ~ ***to*** (*od.* ***and***) ***shut the window!*** vergiß nicht, das Fenster zu schließen!; ***to be*** ~ (*Redewendung*) sicher(lich), natürlich (*a. einschränkend = freilich, allerdings*); ~ ***thing*** *Am.* F (tod)sicher, klar; **3.** sicher, fest: ***a*** ~ ***footing***; ~ ***faith*** *fig.* fester Glaube; **4.** sicher, untrüglich: ***a*** ~ ***proof***; **5.** verläßlich, zuverlässig; **6.** sicher, unfehlbar: ***a*** ~ ***cure*** (***method, shot***); **II** *adv.* **7.** *obs. od.* F sicher(lich): (***as***) ~ ***as eggs*** ‚bombensicher'; ~ ***enough*** a) ganz bestimmt, sicher(lich), b) tatsächlich; **8.** F wirklich, ‚echt': ***it*** ~ ***was cold***; **9.** ~***!*** *bsd. Am.* F sicher!, klar!; **ˈ~-ˌfire** *adj.* F (tod)sicher, zuverlässig; **ˌ~-ˈfoot·ed** *adj.* **1.** sicher (auf den Füßen *od.* Beinen; **2.** *fig.* sicher.

sure·ly [ˈʃʊəlɪ] *adv.* **1.** sicher(lich), zweifellos; **2.** (ganz) bestimmt *od.* gewiß, doch (wohl): ~ ***something can be done to help him***; **3.** sicher: ***slowly but*** ~; **sure·ness** [ˈʃʊənɪs] *s.* Sicherheit *f*: a) Gewißheit *f*, b) feste Überˈzeugung, c) Zuverlässigkeit *f*; **sure·ty** [ˈʃʊərətɪ] *s.* **1.** *bsd.* ⚖ a) Bürge *m*, b) Bürgschaft *f*, Sicherheit *f*: ***stand*** ~ ***for*** bürgen *od.* Bürgschaft leisten (***for*** für *j-n*); **2.** Gewähr(leistung) *f*, Garanˈtie *f*; **3.** *obs.* Sicherheit *f*: ***of a*** ~ sicher(lich), ohne Zweifel; **sure·ty·ship** [ˈʃʊərətɪʃɪp] *s. bsd.* ⚖ Bürgschaft(sleistung) *f*.

surf [sɜːf] **I** *s.* Brandung *f*; **II** *v/i. sport* surfen.

sur·face [ˈsɜːfɪs] **I** *s.* **1.** *allg.* Oberfläche *f*: ~ ***of water*** Wasseroberfläche *f*; ***come*** (*od.* ***rise***) ***to the*** → 13; **2.** *fig.* Oberfläche *f*, *das* Äußere: ***on the*** ~ a) äußerlich, b) vordergründig, c) oberflächlich betrachtet; → ***scratch*** 7; **3.** Å a) (Ober)Fläche *f*, b) Flächeninhalt *m*: ***lateral*** ~ Seitenfläche; **4.** (Straßen)Belag *m*, (-)Decke *f*; **5.** ✈ (Trag)Fläche *f*; **6.** ⚒ Tag *m*: ***on the*** ~ über Tag, im Tagebau; **II** *adj.* **7.** Oberflächen… (*a.* ⚙ *-härtung etc.*); **8.** *fig.* oberflächlich: a) flüchtig, b) vordergründig, äußerlich, Schein…; **III** *v/t.* **9.** ⚙ *allg.* die Oberfläche behandeln von; glätten; *Lackierung* spachteln; *Straße* mit e-m Belag versehen; **10.** ⚙ flach-, plandrehen; **11.** ⚓ *U-Boot* auftauchen lassen; **IV** *v/i.* **12.** ⚓ auftauchen (*U-Boot*); **13.** an die Oberfläche (*fig.* ans Tageslicht) kommen, sich zeigen; ~ **mail** *s. Brit.* gewöhnliche Post (*Ggs. Luftpost*); **ˈ~·man** [-mən] *s.* [*irr.*] 🚂 Streckenarbeiter *m*; ~ **noise** *s.* Rauschen *n* (*e-r Schallplatte*); ~ **print·ing** *s. typ.* Reliˈef-, Hochdruck *m*.

sur·fac·er [ˈsɜːfɪsə] *s.* ⚙ **1.** Spachtelmasse *f*; **2.** ˈPlandreh- *od.* -hobelmaˌschine *f*.

ˌsur·face|-to-ˈair mis·sile *s.* ⚔ ˈBoden-ˈLuft-Raˌkete *f*; ~ **work** *s.* ⚒ Überˈtagearbeit *f*.

ˈsurf|·board *sport* **I** *s.* Surfbrett *n*; **II** *v/i.* surfen; **ˈ~·boat** *s.* ⚓ Brandungsboot *n*.

sur·feit [ˈsɜːfɪt] **I** *s.* **1.** ˈÜbermaß *n* (***of*** an *dat.*); **2.** *a. fig.* Überˈsättigung *f* (***of*** mit); **3.** ˈÜberdruß *m*: ***to*** (***a***) ~ bis zum Überdruß; **II** *v/t.* **4.** überˈsättigen, -ˈfüttern (***with*** mit); **5.** überˈfüllen, -ˈladen; **III** *v/i.* **6.** sich überˈsättigen (***of, with*** mit).

surf·er [ˈsɜːfə] *s. sport* Surfer(in); **surf·ing** [ˈsɜːfɪŋ] *s. sport* Surfen *n*.

surge [sɜːdʒ] **I** *s.* **1.** Woge *f*, Welle *f* (*beide a. fig.*); **2.** Brandung *f*; **3.** *a. fig.* Wogen *n*, (An)Branden *n*; Aufwallung *f der Gefühle*; **4.** ⚡ Spannungsstoß *m*; **II** *v/i.* **5.** wogen: a) (hoch)branden (*a. fig.*), b) *fig.* (vorwärts)drängen (*Menge*), c) brausen (*Orgel, Verkehr etc.*); **6.** *fig.* (auf)wallen (*Blut, Gefühl etc.*); **7.** ⚡ plötzlich ansteigen, heftig schwanken (*Spannung etc.*).

sur·geon [ˈsɜːdʒən] *s.* **1.** Chirˈurg *m*; **2.** ⚔ leitender Saniˈtätsoffiˌzier: ~ ***general*** *Brit.* Stabsarzt *m*; ***ℒ General*** *Am.* a) General(stabs)arzt *m*, b) ⚓ Marineadmiralarzt *m*; ~ ***major*** *Brit.* Oberstabsarzt *m*; **3.** Schiffsarzt *m*; **4.** *hist.* Bader *m*; **ˈsur·ger·y** [-dʒərɪ] *s.* ⚕ **1.** Chirurˈgie *f*; **2.** chirˈurgische Behandlung, operaˈtiver Eingriff; **3.** Operatiˈonssaal *m*; **4.** *Brit.* Sprechzimmer *n*: ~ ***hours*** Sprechstunden; **ˈsur·gi·cal** [-dʒɪkl] *adj.* □ ⚕ **1.** chirˈurgisch: ~ ***cotton*** (Verband)Watte *f*; **2.** Operations…: ~ ***wound***; ~ ***fever*** septisches Fieber; **3.** mediˈzinisch: ~ ***boot*** orthopädischer Schuh; ~ ***stocking*** Stützstrumpf *m*; ~ ***spirit*** Wundbenzin *n*.

surg·ing [ˈsɜːdʒɪŋ] **I** *s.* **1.** *a. fig.* Wogen *n*, Branden *n*; **2.** ⚡ Pendeln *n* (*der Spannung etc.*); **II** *adj.* **3.** *a.* **ˈsurg·y** [-dʒɪ] *adj.* wogend, brandend (*a. fig.*).

sur·li·ness [ˈsɜːlɪnɪs] *s.* Verdrießlichkeit *f*, mürrisches Wesen; Bärbeißigkeit *f*; **sur·ly** [ˈsɜːlɪ] *adj.* □ **1.** verdrießlich, mürrisch; **2.** grob, bärbeißig; **3.** zäh (*Boden*).

sur·mise I *s.* [ˈsɜːmaɪz] Vermutung *f*, Mutmaßung *f*, Einbildung *f*; **II** *v/t.* [sɜːˈmaɪz] mutmaßen, vermuten, sich *et.* einbilden.

sur·mount [sɜːˈmaʊnt] *v/t.* **1.** überˈsteigen; **2.** *fig.* über'winden; **3.** bedecken, krönen: **~ed by** gekrönt *od.* überdeckt *od.* überragt von; **sur'mount·a·ble** [-təbl] *adj.* **1.** über'steigbar, ersteigbar; **2.** *fig.* über'windbar.

sur·name ['sɜːneɪm] **I** *s.* **1.** Fa'milien-, Nach-, Zuname *m*; **2.** *obs.* Beiname *m*; **II** *v/t.* **3.** *j-m* den Zu- *od.* *obs.* Beinamen ... geben: **~d** mit Zunamen.

sur·pass [sə'pɑːs] *v/t.* **1.** *j-n od. et.* über'treffen (**in** an *dat.*): **~ o.s.** sich selbst übertreffen; **2.** *et.*, *j-s Kräfte etc.* über'steigen; **sur'pass·ing** [-sɪŋ] *adj.* □ her'vorragend, 'unüber,trefflich, unerreicht.

sur·plice ['sɜːplɪs] *s. eccl.* Chorhemd *n*, -rock *m*.

sur·plus ['sɜːpləs] **I** *s.* **1.** 'Überschuß *m*, Rest *m*; **2.** ✝ a) 'Überschuß *m*, Mehr(-betrag *m*) *n*, b) Mehrertrag *m*, 'überschüssiger Gewinn, c) (unverteilter) Reingewinn, d) Mehrwert *m*; **II** *adj.* **3.** 'überschüssig, Über(schuß)..., Mehr...: **~ population** Bevölkerungsüberschuß *m*; **~ weight** Mehr-, Übergewicht *n*; **'sur·plus·age** [-sɪdʒ] *s.* **1.** 'Überschuß *m*, -fülle *f* (**of** an *dat.*); **2.** *et.* 'Überflüssiges; **3.** ⚖ unerhebliches Vorbringen.

sur·prise [sə'praɪz] **I** *v/t.* **1.** über'raschen: a) ertappen, b) verblüffen, in Erstaunen (ver)setzen: **be ~d at s.th.** über et. erstaunt sein, sich über et. wundern, c) *bsd.* ⚔ über'rumpeln; **2.** befremden, empören; **3. ~ s.o. into (doing) s.th.** j-n zu et. verleiten, j-n dazu verleiten, et. zu tun; **II** *s.* **4.** Über'raschung *f*: a) Über'rump(e)lung *f*: **take by ~** *j-n*, *feindliche Stellung etc.* überrumpeln, *Festung etc.* im Handstreich nehmen, b) *et.* Über'raschendes: **it came as a great ~ (to him)** es kam (ihm) sehr überraschend, c) Verblüffung *f*, Erstaunen *n*, Verwunderung *f*, Bestürzung *f* (**at** über *acc.*): **to my ~** zu m-r Überraschung; **stare in ~** große Augen machen; **III** *adj.* **5.** über'raschend, Überraschungs...: **~ attack**; **~ visit**; **sur'pris·ed·ly** [-zɪdlɪ] *adv.* über'rascht; **sur'pris·ing** [-zɪŋ] *adj.* □ über'raschend, erstaunlich; **sur'pris·ing·ly** [-zɪŋlɪ] *adv.* über'raschend(erweise), erstaunlich(erweise).

sur·re·al·ism [sə'rɪəlɪzəm] *s.* Surrea'lismus *m*; **sur're·al·ist** [-ɪst] **I** *s.* Surrea'list(in); **II** *adj.* → **sur·re·al·is·tic** [sə,rɪə'lɪstɪk] *adj.* (□ **~ally**) surrea'listisch.

sur·re·but [,sʌrɪ'bʌt] *v/i.* ⚖ e-e Quintu'plik vorbringen; **,sur·re'but·ter** [-tə] *s.* ⚖ Quintu'plik *f*.

sur·re·join·der [,sʌrɪ'dʒɔɪndə] *s.* ⚖ Tri'plik *f*.

sur·ren·der [sə'rendə] **I** *v/t.* **1.** *et.* über'geben, ausliefern, -händigen (**to** *dat.*): **~ o.s. (to)** → 5, 6, 7; **2.** *Amt, Vorrecht, Hoffnung etc.* aufgeben; *et.* abtreten, verzichten auf (*acc.*); **3.** ⚖ a) *Sache, Urkunde* her'ausgeben, b) *Verbrecher* ausliefern; **4.** ✝ *Versicherungspolice* zum Rückkauf bringen; **II** *v/i.* **5.** ⚔ *u. fig.* sich ergeben (**to** *dat.*), kapitulieren; **6.** sich *der Verzweiflung etc.* hingeben *od.* über'lassen; **7.** ⚖ sich *der Polizei etc.* stellen; **III** *s.* **8.** 'Übergabe *f*, Auslieferung *f*, -händigung *f*; **9.** ⚔ 'Übergabe *f*, Kapitulati'on *f*; **10.** (**of**) Auf-, Preisgabe *f*, Abtretung *f* (*gen.*), Verzicht *m* (auf *acc.*); **11.** Hingabe *f*, Sichüber'lassen *n*; **12.** ⚖ Aufgabe *f* e-r Versicherung: **~ value** Rückkaufswert *m*; **13.** ⚖ a) Aufgabe *f e-s Rechts etc.*, b) Her'ausgabe *f*, c) Auslieferung *f e-s Verbrechers*.

sur·rep·ti·tious [,sʌrep'tɪʃəs] *adj.* □ **1.** erschlichen, betrügerisch; **2.** heimlich, verstohlen: **a ~ glance**; **~ edition** unerlaubter Nachdruck.

sur·ro·gate ['sʌrəgɪt] *s.* **1.** Stellvertreter *m* (*bsd. e-s Bischofs*); **2.** ⚖ *Am.* Nachlaß- u. Vormundschaftsrichter *m*; **3.** Ersatz *m*, Surro'gat *n* (**of, for** für).

sur·round [sə'raʊnd] **I** *v/t.* **1.** um'geben, -'ringen (*a. fig.*): **~ed by danger (luxury)** von Gefahr umringt *od.* mit Gefahr verbunden (von Luxus umgeben); **circumstances ~ing s.th.** (Begleit)Umstände e-r Sache; **2.** ⚔ *etc.* um'zingeln, -'stellen, einkreisen, -schließen; **II** *s.* **3.** Einfassung *f*, *bsd.* Boden(schutz)belag *m* zwischen Wand u. Teppich; **4.** *hunt. Am.* Treibjagd *f*; **sur'round·ing** [-dɪŋ] **I** *adj.* um'gebend, 'umliegend; **II** *s. pl.* Um'gebung *f*: a) 'Umgegend *f*, b) 'Umwelt *f*, c) 'Umfeld *n*.

sur·tax ['sɜːtæks] **I** *s.* (*a.* Einkommen-)Steuerzuschlag *m*; **II** *v/t.* mit e-m Steuerzuschlag belegen.

sur·veil·lance [sɜː'veɪləns] *s.* Über'wachung *f*, (*a.* Poli'zei)Aufsicht *f*: **be under ~** unter Polizeiaufsicht stehen; **keep under ~** überwachen.

sur·vey I *v/t.* [sə'veɪ] **1.** über'blicken, -'schauen; **2.** genau betrachten, (sorgfältig) prüfen, mustern; **3.** abschätzen, begutachten; **4.** besichtigen, inspizieren; **5.** *Land etc.* vermessen, aufnehmen; **6.** *fig.* e-n 'Überblick geben über (*acc.*); **II** *s.* ['sɜːveɪ] **7.** *bsd. fig.* 'Überblick *m*, -sicht *f* (**of** über *acc.*); **8.** Besichtigung *f*, Prüfung *f*; **9.** Schätzung *f*, Begutachtung *f*; **10.** Gutachten *n*, (Prüfungs)Bericht *m*; **11.** (Land)Vermessung *f*, Aufnahme *f*; **12.** (Lage)Plan *m*; **13.** (sta'tistische) Erhebung, 'Umfrage *f*; **14.** ⚕ 'Reihenunter,suchung *f*; **sur'vey·ing** [-eɪɪŋ] *s.* **1.** (Land-, Feld)Vermessung *f*, Vermessungsurkunde *f*, -wesen *n*; **2.** Vermessen *n*, Aufnehmen *n* (*von Land etc.*); **sur'vey·or** [-eɪə] *s.* **1.** Landmesser *m*, Geo'meter *m*: **~'s chain** Meßkette *f*; **2.** (amtlicher) In'spektor *od.* Verwalter *od.* Aufseher: **~ of highways** Straßenmeister *m*; **Board of ≈s** Baubehörde *f*; **3.** *Brit.* (ausführender) Archi'tekt; **4.** Sachverständige(r) *m*, Gutachter *m*.

sur·viv·al [sə'vaɪvl] *s.* **1.** Über'leben *n*: **~ of the fittest** *biol.* Überleben der Tüchtigsten; **~ kit** Überlebensausrüstung *f*; **~ rate** Überlebensquote *f*; **~ shelter** atomsicherer Bunker; **~ time** ⚔ Überlebenszeit *f*; **2.** Weiterleben *n*; **3.** Fortbestand *m*; **4.** 'Überbleibsel *n alten Brauchtums etc.*; **sur·vive** [sə'vaɪv] **I** *v/t.* **1.** *j-n od. et.* über'leben (*a. fig.* F *ertragen*), über'dauern, länger leben als; **2.** *Unglück etc.* über'leben, -'stehen; **II** *v/i.* **3.** am Leben bleiben, übrigbleiben, über'leben; **4.** noch leben *od.* bestehen; übriggeblieben sein; **5.** weiter-, fortleben *od.* -bestehen; **sur'viv·ing** [-vɪŋ] *adj.* **1.** über'lebend: **~ wife**; **2.** hinter'blieben: **~ dependents** Hinterbliebene; **3.** übrigbleibend: **~ debts** ✝ Restschulden; **sur'vi·vor** [-və] *s.* **1.** Über'lebende(r *m*) *f*; **2.** ⚖ Über'lebender, auf den nach dem Ableben der Miteigentümer das Eigentumsrecht 'übergeht.

sus·cep·ti·bil·i·ty [sə,septə'bɪlətɪ] *s.* **1.** Empfänglichkeit *f*, Anfälligkeit *f* (**to** für); **2.** Empfindlichkeit *f*; **3.** *pl.* (leicht verletzbare) Gefühle *pl.*, Feingefühl *n*; **sus·cep·ti·ble** [sə'septəbl] *adj.* □ **1.** anfällig (**to** für); **2.** empfindlich (**to** gegen); **3.** (**to**) empfänglich (für *Reize, Schmeicheleien etc.*), zugänglich (*dat.*); **4.** (leicht) zu beeindrucken(d); **5. be ~ of** (*od.* **to**) *et.* zulassen.

sus·cep·tive [sə'septɪv] *adj.* **1.** aufnehmend, aufnahmefähig, rezep'tiv; **2.** → **susceptible**.

sus·pect [sə'spekt] **I** *v/t.* **1.** *j-n* verdächtigen (**of** *gen.*), im Verdacht haben (**of doing** *et.* getan zu haben *od.* daß *j-d et.* tut): **be ~ed of doing s.th.** im Verdacht stehen *od.* verdächtigt werden, et. getan zu haben; **2.** argwöhnen, befürchten; **3.** für möglich halten, halb glauben; **4.** vermuten, glauben (**that** daß); **5.** *Echtheit, Wahrheit etc.* anzweifeln, miß'trauen (*dat.*); **II** *v/i.* **6.** (e-n) Verdacht hegen, argwöhnisch sein; **III** *s.* ['sʌspekt] **7.** Verdächtige(r *m*) *f*, verdächtige Per'son, Ver'dachtsper,son *f*: **smallpox ~** ⚕ Pockenverdächtige(r); **IV** *adj.* ['sʌspekt] **8.** verdächtig, su'spekt (*a. fig. fragwürdig*).

sus·pend [sə'spend] *v/t.* **1.** *a.* ⚙ aufhängen (**from** an *dat.*); **2.** *bsd.* ⚗ suspendieren, (*in Flüssigkeiten etc.*) schwebend halten; **3.** *Frage etc.* in der Schwebe *od.* unentschieden lassen; **4.** *einstweilen* auf-, verschieben; ⚖ *Verfahren, Vollstreckung* aussetzen: **~ a sentence** ⚖ e-e Strafe zur Bewährung aussetzen; **5.** *Verordnung etc.* zeitweilig aufheben *od.* außer Kraft setzen; **6.** *die Arbeit*, ⚔ *die Feindseligkeiten*, ✝ *Zahlungen etc.* (zeitweilig) einstellen; **7.** *j-n* (zeitweilig) des Amtes entheben, suspendieren; **8.** *Mitglied* zeitweilig ausschließen; **9.** *Sportler* sperren; **10.** mit *s-r Meinung etc.* zu'rückhalten; **11.** ♪ *Ton* vorhalten; **sus'pend·ed** [-dɪd] *adj.* **1.** hängend, Hänge...(*-decke, -lampe etc.*): **be ~** hängen (**by** an *dat.*, **from** von); **2.** schwebend; **3.** unter'brochen, ausgesetzt, zeitweilig eingestellt: **~ animation** ⚕ Scheintod *m*; **4.** ⚖ zur Bewährung ausgesetzt (*Strafe*): **~ sentence of two years** zwei Jahre mit Bewährung; **5.** suspendiert (*Beamter*); **sus'pend·er** [-də] *s.* **1.** *pl. bsd. Am.* Hosenträger *pl.*; **2.** *Brit.* Strumpf- *od.* Sockenhalter *m*: **~ belt** Hüftgürtel *m*, Straps *m*; **3.** Aufhängevorrichtung *f*.

sus·pense [sə'spens] *s.* **1.** Spannung *f*, Ungewißheit *f*: **anxious ~** Hangen u. Bangen *n*; **in ~** gespannt, voller Spannung; **be in ~** in der Schwebe sein; **keep in ~** a) *j-n* in Spannung halten, im ungewissen lassen, b) *et.* in der Schwebe lassen; **~ account** ✝ Interimskonto *n*; **~ entry** ✝ transitorische Buchung; **2.** → **suspension** 6; **sus'pense·ful** [-fʊl] *adj.* spannend; **su'spen·sion** [-nʃn] *s.* **1.** Aufhängen *n*; **2.** *bsd.* ⚙ Aufhängung *f*: **front-wheel ~**; **~ bridge** Hängebrükke *f*; **~ railway** Schwebebahn *f*; **3.** ⚙ Federung *f*: **~ spring** Tragfeder *f*; **4.** ⚗, *phys.* Suspensi'on *f*; *pl.* Aufschlämmungen *pl.*; **5.** (einstweilige) Einstellung (*der Feindseligkeiten etc.*): *~ **of payment(s)*** ✝ Zahlungseinstellung; **6.** ⚖ Aufschub *m*, Aussetzung *f*; vor'übergehende Aufhebung *e-s Rechts*; Hemmung *f der Verjährung*; **7.** Aufschub *m*, Verschiebung *f*; **8.** Suspendierung *f* (***from*** von), (Dienst-, Amts)Enthebung *f*; **9.** zeitweiliger Ausschluß; **10.** *sport* Sperre *f*; **11.** ♪ Vorhalt *m*;

sus'pen·sive [-sɪv] *adj.* ☐ **1.** aufschiebend, suspen'siv: ***~ condition***; ***~ veto***; **2.** unter'brechend, hemmend; **3.** unschlüssig; **4.** unbestimmt; **sus'pen·so·ry** [-sərɪ] **I** *adj.* **1.** hängend, Schwebe..., Hänge...; **2.** *anat.* Aufhänge...; **3.** ⚖ → ***suspensive*** 1; **II** *s.* **4.** *anat.* a) *a.* ***~ ligament*** Aufhängeband *n*, b) *a.* ***~ muscle*** Aufhängemuskel *m*; **5.** ⚕ a) *a.* ***~ bandage*** Suspen'sorium *n*, b) Bruchband *n*.

sus·pi·cion [sə'spɪʃn] *s.* **1.** Argwohn *m*, 'Mißtrauen *n* (***of*** gegen); **2.** (***of***) Verdacht *m* (gegen *j-n*), Verdächtigung *f* (*gen.*): ***above ~*** über jeden Verdacht erhaben; ***on ~ of murder*** unter Mordverdacht *festgenommen werden*; ***be under ~*** unter Verdacht stehen; ***cast a ~ on*** e-n Verdacht auf *j-n* werfen; ***have a ~ that*** e-n Verdacht haben *od.* hegen, daß; **3.** Vermutung *f*: ***no ~*** keine Ahnung; **4.** *fig.* Spur *f*: ***a ~ of brandy*** (***arrogance***); ***a ~ of a smile*** der Anflug e-s Lächelns; **sus'pi·cious** [-ʃəs] *adj.* ☐ **1.** 'mißtrauisch, argwöhnisch (***of*** gegen): ***be ~ of s.th.*** et. befürchten; **2.** verdächtig, verdachterregend; **sus'pi·cious·ness** [-ʃəsnɪs] *s.* **1.** Mißtrauen *n*, Argwohn *m* (***of*** gegen); 'mißtrauisches Wesen; **2.** *das* Verdächtige.

sus·tain [sə'steɪn] *v/t.* **1.** stützen, tragen: ***~ing wall*** Stützmauer *f*; **2.** *Last*, *Druck*, *fig. den Vergleich etc.* aushalten; *e-m Angriff etc.* standhalten; **3.** *Niederlage*, *Schaden*, *Verletzungen*, *Verlust etc.* erleiden, da'vontragen; **4.** *et.* (aufrecht-) erhalten, in Gang halten; *Interesse* wachhalten: ***~ing program*** *Am. Radio*, *TV*: Programm *n* ohne Reklameeinblendungen; **5.** *j-n* er-, unter'halten, *Familie etc.* ernähren; *Heer* verpflegen; **6.** *Institution* unter'halten, -'stützen; **7.** *j-n*, *j-s Forderung* unter'stützen; **8.** ⚖ als rechtsgültig anerkennen, *e-m Antrag*, *Einwand etc.* stattgeben; **9.** *Behauptungen etc.* bestätigen, rechtfertigen, erhärten; **10.** *j-n* aufrecht halten; *j-m* Kraft geben; **11.** ♪ *Ton* (aus)halten; **12.** *Rolle* (gut) spielen; **sus'tained** [-nd] *adj.* **1.** anhaltend (*a. Interesse etc.*), Dauer...(*-feuer*, *-geschwindigkeit etc.*); **2.** ♪ a) (aus)gehalten (*Ton*), b) getragen; **3.** *phys.* ungedämpft.

sus·te·nance ['sʌstɪnəns] *s.* **1.** ('Lebens-) ˌUnterhalt *m*, Auskommen *n*; **2.** Nahrung *f*; **3.** Nährwert *m*; **4.** Erhaltung *f*, Ernährung *f*; **5.** *fig.* Beistand *m*, Stütze *f*; **sus·ten·ta·tion** [ˌsʌsten'teɪʃn] *s.* **1.** → ***sustenance*** 1, 2, 4; **2.** Unter'haltung *f e-s Instituts etc.*; **3.** (Aufrecht-) Erhaltung *f*; **4.** Unter'stützung *f*.

su·sur·rant [sjʊ'sʌrənt] *adj.* **1.** flüsternd, säuselnd; **2.** raschelnd.

sut·ler ['sʌtlə] *s.* ⚔ *hist.* Marke'tender(in).

su·ture ['sjuːtʃə] **I** *s.* **1.** ⚕, ♀, *anat.* Naht *f*; **2.** ⚕ (Zs.-)Nähen *n*; **3.** ⚕ 'Nahtmateriˌal *n*, Faden *m*; **II** *v/t.* **4.** *bsd.* ⚕ (zu-, ver)nähen.

su·ze·rain ['suːzəreɪn] **I** *s.* **1.** Oberherr *m*, Suze'rän *m*; **2.** *pol.* Pro'tektorstaat *m*; **3.** *hist.* Oberlehensherr *m*; **II** *adj.* **4.** oberhoheitlich; **5.** *hist.* oberlehensherrlich; **'su·ze·rain·ty** [-tɪ] *s.* **1.** Oberhoheit *f*; **2.** *hist.* Oberlehensherrlichkeit *f*.

svelte [svelt] *adj.* schlank, gra'zil.

swab [swɒb] **I** *s.* **1.** a) Scheuerlappen *m*, b) Schrubber *m*, c) Mop *m*, d) Handfeger *m*, e) ⚓ Schwabber *m*; **2.** ⚕ a) Tupfer *m*, b) Abstrich *m*; **II** *v/t.* **3.** *a.* ***~ down*** aufwischen, ⚓ *Deck* schrubben; **4.** ⚕ a) *Blut etc.* abtupfen, b) *Wunde* betupfen.

Swa·bi·an ['sweɪbjən] **I** *s.* Schwabe *m*, Schwäbin *f*; **II** *adj.* schwäbisch.

swad·dle ['swɒdl] **I** *adj.* **1.** *Säugling* wikkeln, in Windeln legen; **2.** um'wickeln, einwickeln; **II** *s.* **3.** *Am.* Windel *f*.

swad·dling ['swɒdlɪŋ] *s.* Wickeln *n e-s Babys*; ***~ clothes*** [kləʊðz] *s. pl.* Windeln *pl.*: ***be still in one's ~*** *fig.* ‚noch in den Windeln liegen'.

swag [swæg] *s.* **1.** Gir'lande *f* (*Zierat*); **2.** *sl.* Beute *f*, Raub *m*.

swage [sweɪdʒ] **I** *s.* ⚙ **1.** Gesenk *n*; **2.** Präge *f*, Stanze *f*; **II** *v/t.* **3.** im Gesenk bearbeiten.

swag·ger ['swægə] **I** *v/i.* **1.** (ein'her)stolzieren; **2.** prahlen, aufschneiden, renommieren (***about*** mit); **II** *s.* **3.** stolzer Gang, Stolzieren *n*; **4.** Großtue'rei *f*, Prahle'rei *f*; **III** *adj.* **5.** F (tod)schick: ***~ stick*** ⚔ Offi'ziersstöckchen *n*; **'swag·ger·er** [-ərə] *s.* Großtuer *m*, Aufschneider *m*; **'swag·ger·ing** [-ərɪŋ] *adj.* ☐ **1.** stolzierend; **2.** schwadronierend.

swain [sweɪn] *s.* **1.** *mst poet.* Bauernbursche *m*, Schäfer *m*; **2.** *poet. od. humor.* Liebhaber *m*, Verehrer *m*.

swal·low[1] ['swɒləʊ] **I** *v/t.* **1.** (ver)schlukken, verschlingen: ***~ down*** hinunterschlucken; **2.** *fig. Buch etc.* verschlingen, *Ansicht etc.* begierig in sich aufnehmen; **3.** *Gebiet etc.* ‚schlucken', sich einverleiben; **4.** *mst* ***~ up*** *fig. j-n*, *Schiff*, *Geld*, *Zeit etc.* verschlingen; **5.** ‚schlucken', für bare Münze nehmen; **6.** *Beleidigung etc.* schlucken, einstekken; **7.** *Tränen*, *Ärger* hin'unterschlukken; **8.** *Behauptung* zu'rücknehmen: ***~ one's words***; **II** *v/i.* **9.** schlucken (*a. vor Erregung*): ***~ hard*** *fig.* kräftig schlucken; ***~ the wrong way*** sich verschlucken; **III** *s.* **10.** Schlund *m*, Kehle *f*; **11.** Schluck *m*.

swal·low[2] ['swɒləʊ] *s. orn.* Schwalbe *f*: ***one ~ does not make a summer*** eine Schwalbe macht noch keinen Sommer; **'~-tail** *s.* **1.** *orn.* Schwalbenschwanz-Kolibri *m*; **2.** *zo.* Schwalbenschwanz *m* (*Schmetterling*); **3.** ⚙ Schwalbenschwanz *m*; **4.** *a. pl.* Frack *m*; **'~-tailed** *adj.* Schwalbenschwanz...: ***~ coat*** Frack *m*.

swam [swæm] *pret. von* ***swim***.

swa·mi ['swɑːmɪ] *s.* **1.** Meister *m* (*bsd. Brahmane*); **2.** → ***pundit*** 2.

swamp [swɒmp] **I** *s.* **1.** Sumpf *m*; **2.** (Flach)Moor *n*; **II** *v/t.* **3.** über'schwemmen (*a. fig.*): ***be ~ed with*** mit *Arbeit*, *Einladungen etc.* überhäuft werden *od.* sein, sich nicht mehr retten können vor (*dat.*); **4.** ⚓ *Boot* vollaufen lassen, zum Sinken bringen; **5.** *Am. pol. Gesetz* zu Fall bringen; **6.** *sport* ‚über'fahren'; **'swamp·y** [-pɪ] *adj.* sumpfig, mo'rastig, Sumpf...

swan [swɒn] *s.* **1.** *zo.* Schwan *m*: ***𝔖 of Avon*** *fig.* der Schwan vom Avon (*Shakespeare*); **2.** 𝔖 *ast.* Schwan *m* (*Sternbild*).

swank [swæŋk] F **I** *s.* **1.** Protze'rei *f*, ‚Angabe' *f*; **2.** ‚Angeber' *m*; **II** *v/i.* **3.** protzen, ‚angeben'; **III** *adj.* **4.** → **'swank·y** [-kɪ] *adj.* F **1.** protzig; **2.** (tod)schick.

'swan|·like *adj. u. adv.* schwanengleich; ***~ maid·en*** *s. myth.* Schwan(en)jungfrau *f*; **'~·neck** *s.* ⚙ Schwanenhals *m*.

swan·ner·y ['swɒnərɪ] *s.* Schwanenteich *m*.

swan| song *s. bsd. fig.* Schwanengesang *m*; **'~-ˌup·ping** *s. Brit. Einfangen u. Kennzeichnen der jungen Schwäne* (*bsd. auf der Themse*).

swap [swɒp] F **I** *v/t.* (aus-, ein)tauschen (***s.th. for*** et. für); *Pferde etc.* tauschen, wechseln: ***to ~ stories*** *fig.* Geschichten austauschen; **II** *v/i.* tauschen; **III** *s.* Tausch(handel) *m*; ✝ Swap(geschäft *n*) *m*.

sward [swɔːd] *s.* Rasen *m*, Grasnarbe *f*; **'sward·ed** [-dɪd] *adj.* mit Rasen bedeckt.

swarm[1] [swɔːm] **I** *s.* **1.** (Bienen- *etc.*) Schwarm *m*; **2.** Schwarm *m* (*Kinder*, *Soldaten etc.*); **3.** *fig.* Haufen *m*, Masse *f* (*Briefe etc.*); **II** *v/i.* **4.** schwärmen (*Bienen*); **5.** (um'her)schwärmen, (zs.-) strömen: ***~ out*** a) ausschwärmen, b) hinausströmen; ***~ to a place*** zu e-m Ort (hin)strömen; ***beggars ~ in that town*** in dieser Stadt wimmelt es von Bettlern; **6.** (***with***) wimmeln (von); **III** *v/t.* **7.** um'schwärmen, -'drängen; **8.** *Örtlichkeit* in Schwärmen über'fallen; **9.** *Bienen* ausschwärmen lassen.

swarm[2] [swɔːm] **I** *v/t.* a) hochklettern an (*dat.*), b) hin'aufklettern auf (*acc.*); **II** *v/i.* klettern.

swarth·i·ness ['swɔːðɪnɪs] *s.* dunkle Gesichtsfarbe, Schwärze *f*, Dunkelbraun *n*; **swarth·y** ['swɔːðɪ] *adj.* ☐ dunkel (-häutig), schwärzlich.

swash [swɒʃ] **I** *v/i.* **1.** klatschen, schwappen (*Wasser etc.*); **2.** planschen (*im Wasser*); **II** *v/t.* **3.** *Wasser etc.* a) spritzen lassen, b) klatschen; **III** *s.* **4.** Platschen *n*, Schwappen *n*; **5.** Platsch *m*, Klatsch *m* (*Geräusch*); **'~ˌbuck·ler** [-ˌbʌklə] *s.* **1.** Schwadro'neur *m*, Bra'marbas *m*; **2.** verwegener Kerl; **3.** hi'storischer 'Abenteuerfilm *m od.* -roˌman *m*; **'~ˌbuck·ling** [-ˌbʌklɪŋ] **I** *s.* Bramarbasieren *n*, Prahlen *n*; **II** *adj.* schwadronierend, prahlerisch; ***~ plate*** *s.* ⚙ Taumelscheibe *f*.

swas·ti·ka ['swɒstɪkə] *s.* Hakenkreuz *n*.

swat [swɒt] F **I** *v/t.* **1.** schlagen; **2.** *Fliege etc.* totschlagen; **II** *s.* **3.** (wuchtiger) Schlag; **4.** → ***swatter***.

swath [swɔːθ] *s.* ↗ Grasnarbe *f*.

swathe[1] [sweɪð] **I** *v/t.* **1.** (um)'wickeln (***with*** mit), einwickeln; **2.** (*wie e-n Verband*) her'umwickeln; **3.** einhüllen; **II** *s.* **4.** Binde *f*, Verband *m*; **5.** (Wickel-) Band *n*; **6.** ⚕ 'Umschlag *m*.

swathe[2] [sweɪð] → ***swath***.

swat·ter ['swɒtə] *s.* Fliegenklatsche *f*.

sway [sweɪ] **I** *v/i.* **1.** schwanken, schaukeln, sich wiegen; **2.** sich neigen; **3.** (**to**) *fig.* sich zuneigen (*dat.*) (*öffentliche Meinung etc.*); **4.** herrschen; **II** *v/t.* **5.** *et.* schwenken, schaukeln, wiegen; **6.** neigen; **7.** ⚓ *mst* ~ **up** *Masten etc.* aufheißen; **8.** *fig.* beeinflussen, lenken; **9.** beherrschen, herrschen über (*acc.*); *Publikum* mitreißen; **10.** *rhet. Zepter etc.* schwingen; **III** *s.* **11.** Schwanken *n*, Schaukeln *n*, Wiegen *n*; **12.** Schwung *m*, Wucht *f*; **13.** 'Übergewicht *n*; **14.** Einfluß *m*: **under the ~ of** unter dem Einfluß *od.* im Banne (*gen.*) (→ 15); **15.** Herrschaft *f*, Gewalt *f*, Macht *f*: **hold ~ over** beherrschen, herrschen über (*acc.*); **under the ~ of** in der Gewalt *od.* unter der Herrschaft (*gen.*).

swear [sweə] **I** *v/i.* [*irr.*] **1.** schwören, e-n Eid leisten (**on the Bible** auf die Bibel): **~ by** a) bei *Gott etc.* schwören, b) F schwören auf (*acc.*), felsenfest glauben an (*acc.*); **~ by all that's holy** Stein u. Bein schwören; **~ off** F *e-m Laster* abschwören; **~ to** a) *et.* beschwören, b) *et.* geloben; **2.** fluchen (**at** auf *acc.*); **II** *v/t.* [*irr.*] **3.** *Eid* schwören, leisten; **4.** *et.* beschwören, eidlich bekräftigen; **~ out** ⚖ *Am. Haftbefehl* durch eidliche Strafanzeige erwirken; **5.** *Rache, Treue etc.* schwören; **6.** *a.* **~ in** *j-n* vereidigen: **~ s.o. into an office** j-n in ein Amt einschwören; **~ s.o. to secrecy** j-n eidlich zur Verschwiegenheit verpflichten; **III** *s.* **7.** F Fluch *m*; **'swear·ing** [-ərɪŋ] *s.* **1.** Schwören *n*: **~-in** ⚖ Vereidigung *f*; **2.** Fluchen *n*; **'swear-word** *s.* Fluch(wort *n*) *m*.

sweat [swet] **I** *s.* **1.** Schweiß *m*: **cold ~** kalter Schweiß, Angstschweiß; **by the ~ of one's brow** im Schweiße s-s Angesichts; **be in a ~** a) in Schweiß gebadet sein, b) F (vor Angst, Erregung *etc.*) schwitzen; **get into a ~** in Schweiß geraten; **no ~!** F kein Problem!; **2.** Schwitzen *n*, Schweißausbruch *m*; **3.** ⚙ Ausschwitzung *f*, Feuchtigkeit *f*; **4.** F Plake'rei *f*; **5. old ~** ⚔ *sl.* alter Haudegen *m*; **II** *v/i.* [*Am. irr.*] **6.** schwitzen (**with** vor *dat.*); **7.** ⚙, *phys. etc.* schwitzen, anlaufen; gären (*Tabak*); **8.** F schwitzen, sich schinden; **9.** ✝ für e-n Hungerlohn arbeiten; **III** *v/t.* [*Am. irr.*] **10.** schwitzen: **~ blood** Blut schwitzen; **~ out** a) *Krankheit etc.* (her)ausschwitzen, b) *fig. et.* mühsam hervorbringen; **~ it out** F durchhalten, es durchstehen; **11.** *Kleidung* 'durchschwitzen; **12.** *j-n* schwitzen lassen (*a.* F *fig. im Verhör etc.*); *fig.* schuften lassen, *Arbeiter* ausbeuten; F *j-n* ,bluten lassen'; **13.** ⚙ schwitzen *od.* gären lassen; *metall.* (**~ out** aus)seigern; (heiß-, weich)löten; *Kabel* schweißen; **'~·band** *s.* Schweißleder *n* (*im Hut*); *bsd. sport* Schweißband *n*.

sweat·ed ['swetɪd] *adj.* ✝ **1.** für Hungerlöhne hergestellt; **2.** ausgebeutet, 'unterbezahlt; **'sweat·er** [-tə] *s.* **1.** Sweater *m*, Pull'over *m*; **2.** ✝ Ausbeuter *m*.

sweat gland *s. physiol.* Schweißdrüse *f*.

sweat·i·ness ['swetɪnɪs] *s.* Verschwitztheit *f*, Schweißigkeit *f*.

sweat·ing ['swetɪŋ] *s.* **1.** Schwitzen *n*; **2.** ✝ Ausbeutung *f*; **~ bath** *s.* ⚕ Schwitzbad *n*; **~ sys·tem** *s.* ✝ 'Ausbeutungssy,stem *n*.

'sweat|·shirt *s.* Sweatshirt *n*; **'~·shop** *s.* ✝ Ausbeutungsbetrieb *m*; **'~·suit** *s.* Trainingsanzug *m*.

sweat·y ['swetɪ] *adj.* □ **1.** schweißig, verschwitzt; **2.** anstrengend.

Swede [swi:d] *s.* **1.** Schwede *m*, Schwedin *f*; **2.** ⚘ *Brit.* → **Swedish turnip**.

Swed·ish ['swi:dɪʃ] **I** *adj.* **1.** schwedisch; **II** *s.* **2.** *ling.* Schwedisch *n*; **3. the ~** *coll.* die Schweden *pl.*; **~ tur·nip** *s.* ⚘ *Brit.* Schwedische Rübe, Gelbe Kohlrübe.

sweep [swi:p] **I** *v/t.* [*irr.*] **1.** kehren, fegen: **~ away** (**off**, **up**) weg-(fort-, auf-) kehren; **2.** freimachen, säubern (**of** von; *a. fig.*); **3.** hin'wegstreichen über (*acc.*) (*Wind etc.*); **4.** *Flut etc.* jagen, treiben: **~ before one** *Feind* vor sich her treiben; **~ all before one** *fig.* auf der ganzen Linie siegen; **5.** *a.* **~ away** (*od.* **off**) *fig.* fort-, mitreißen (*Flut etc.*): **~ along with one** *Zuhörer* mitreißen; **~ s.o. off his feet** j-s Herz im Sturm erobern; **6.** *a.* **~ away** *Hindernis etc.* (aus dem Weg) räumen, *e-m Übelstand etc.* abhelfen, aufräumen mit: **~ aside** *et.* abtun, beiseite schieben; **~ off** *j-n* hinwegraffen (*Tod*, *Krankheit*); **7.** *mit der Hand* streichen über (*acc.*); **8.** *Geld* einstreichen: **~ the board** *Kartenspiel u. fig.* alles gewinnen; **9.** a) *Gebiet* durch'streifen, b) *Horizont etc.* absuchen (*a.* ⚔ *mit Scheinwerfern*, *Radar*) (**for** nach), c) hingleiten über (*acc.*) (*Blick etc.*); **10.** ⚔ *mit MG-Feuer* bestreichen; **11.** ♪ *Saiten*, *Tasten* (be)rühren, schlagen, (hin)gleiten über (*acc.*); **II** *v/i.* [*irr.*] **12.** kehren, fegen; **13.** fegen, stürmen, jagen (*Wind*, *Regen etc.*, *a. Krieg*, *Heer*), fluten (*Wasser*, *Truppen etc.*); *durchs Land* gehen (*Epidemie etc.*): **~ along** (**down**, **over**) entlang- *od.* einher- (hernieder-, darüber hin)fegen *etc.*; **~ down on** sich (herab-) stürzen auf (*acc.*); **fear swept over him** Furcht überkam ihn; **14.** maje'stätisch ein'herschreiten: **she swept from the room** sie rauschte aus dem Zimmer; **15.** in weitem Bogen gleiten; **16.** sich da'hinziehen (*Küste*, *Straße etc.*); **17.** (**for**) ⚓ (nach *et.*) dreggen; ⚔ *Minen* suchen, räumen; **III** *s.* **18.** Kehren *n*, Fegen *n*: **give s.th. a ~** et. kehren; **make a clean ~** (**of**) *fig.* gründlich aufräumen (mit); **19.** *mst pl.* Müll *m*; **20.** *bsd. Brit.* Schornsteinfeger *m*; **21.** Da'hinfegen *n*, (Da'hin)Stürmen *n* (*des Windes etc.*); **22.** schwungvolle (Hand-*etc.*)Bewegung; Schwung *m* (*e-r Sense*, *Waffe etc.*); (Ruder)Schlag *m*; **23.** *fig.* Reichweite *f*, Bereich *m*, Spielraum *m*; weiter (geistiger) Hori'zont; **24.** Schwung *m*, Bogen *m* (*Straße etc.*); **25.** ausgedehnte Strecke, weite Fläche; **26.** Auffahrt *f zu e-m Haus*; **27.** Ziehstange *f*, Schwengel *m* (*Brunnen*); **28.** ⚓ langes Ruder; **29.** ♪ Tusch *m*; **30.** *Radar*: Abtaststrahl *m*; **31.** *Kartenspiel*: Gewinn *m* aller Stiche *od.* Karten; **IV** *adj.* **32.** ⚡ Kipp...

'sweep·back ✈ **I** *s.* Pfeilform *f*; **II** *adj.* pfeilförmig, Pfeil...

sweep·er ['swi:pə] *s.* **1.** (Straßen-) Kehrer *m*, Feger(in); **2.** 'Kehrma,schine *f*; **3.** ⚓ Such-, Räumboot *n*; **4.** *Fußball*: Ausputzer *m*; **'sweep·ing** [-pɪŋ] **I** *adj.* □ **1.** kehrend, Kehr...; **2.** sausend, stürmisch (*Wind etc.*); **3.** ausgedehnt; **4.** schwungvoll (*a. fig. mitreißend*); **5.** 'durchschlagend, über'wältigend (*Sieg*, *Erfolg*); **6.** 'durchgreifend, radi'kal: **~ changes**; **7.** um'fassend, weitreichend, *a.* (zu) stark verallgemeinernd, sum'marisch: **~ statement**; **II** *s.* **8.** *pl.* a) → **sweep** 19, b) *fig. contp.* Abschaum *m*.

sweep| net *s.* **1.** ⚓ Schleppnetz *n*; **2.** Schmetterlingsnetz *n*; **'~·stake** *s. sport* **1.** *sg. od. pl.* a) *Pferderennen*, *dessen Dotierung rein aus Nenngeldern besteht*, b) *aus den Nenngeldern gebildete Dotierung*; **2.** *Lotterie*, *deren Gewinne sich ausschließlich aus den Einsätzen zs.-setzen*; **3.** *fig.* Rennen *n*, Kampf *m*.

sweet [swi:t] **I** *adj.* □ **1.** süß (*im Geschmack*); **2.** süß, lieblich (duftend): **be ~ with** duften nach; **3.** frisch (*Butter*, *Fleisch*, *Milch*); **4.** Frisch..., Süß...: **~ water**; **5.** süß, lieblich (*Musik*, *Stimme*), **6.** süß, angenehm: **~ dreams**; **~ sleep**; **7.** süß, lieb: **~ face**; **at her own ~ will** (ganz) nach ihrem Köpfchen; → **seventeen** II; **8.** (**to** zu *od.* gegenüber *j-m*) lieb, nett, freundlich, sanft: **~ nature** *od.* **temper**; **be ~ on s.o.** in j-n verliebt sein; **9.** F ,süß', reizend, goldig (*alle a. iro.*): **what a ~ dress!**; **10.** leicht, bequem; glatt, ruhig; **11.** ⚗ a) säurefrei (*Mineralien*), b) schwefelfrei, süß (*bsd. Benzin*, *Rohöl*); **12.** ⚘ nicht sauer (*Boden*); **13.** *Jazz*: ,sweet', melodi'ös; **II** *s.* **14.** Süße *f*; **15.** *Brit.* a) Bon'bon *m*, *n*, Süßigkeit *f*, b) *oft pl.* Nachtisch *m*, Süßspeise *f*; **16.** *mst pl. fig.* Freude *f*, Annehmlichkeit *f*: **the ~(s) of life**; → **sour** 7; **17.** *mst in der Anrede*: Liebling *m*, Süße(r *m*) *f*; **,~-and-'sour** *adj.* süß-sauer (*Soße etc.*); **'~·bread** *s.* Bries n; **~ chest·nut** *s.* 'Edelka,stanie *f*; **~ corn** *s.* **1.** ⚘ Zuckermais *m*; **2.** grüne Maiskolben *pl.*

sweet·en ['swi:tn] **I** *v/t.* **1.** süßen; **2.** *fig.* versüßen, angenehm(er) machen; **II** *v/i.* **3.** süß(er) werden; **4.** milder *od.* sanfter werden; **'sweet·en·er** [-nə] *s.* Süßstoff *m*.

'sweet|·heart *s.* Liebste(r *m*) *f*, Schatz *m*; **~ herbs** *s. pl.* Küchen-, Gewürzkräuter *pl.*

sweet·ie ['swi:tɪ] *s.* **1.** F Schätzchen *n*, ,Süße' *f*; **2.** *Brit.* Bon'bon *m*, *n*, *pl. a.* Süßigkeiten *pl.*

sweet·ing ['swi:tɪŋ] *s.* ⚘ Jo'hannisapfel *m*, Süßling *m*.

sweet·ish ['swi:tɪʃ] *adj.* süßlich.

'sweet|·meat *s.* Bon'bon *m*, *n*; **,~-'na·tured** → **sweet** 8.

sweet·ness ['swi:tnɪs] *s.* **1.** Süße *f*, Süßigkeit *f*; **2.** süßer Duft; **3.** Frische *f*; **4.** *fig. et.* Angenehmes, Annehmlichkeit *f*, *das* Süße; **5.** Freundlichkeit *f*, Liebenswürdigkeit *f*.

sweet| oil *s.* O'livenöl *n*; **~ pea** *s.* ⚘ Gartenwicke *f*; **~ po·ta·to** *s.* ⚘ 'Süßkar,toffel *f*, Ba'tate *f*; **,~-'scent·ed** *adj. bsd.* ⚘ wohlriechend, duftend; **'~·shop** *s. bsd. Brit.* Süßwarengeschäft *n*; **'~-talk** *v/t. Am.* F *j-m* schmeicheln; **,~-'tem·pered** *adj.* sanft-, gutmütig; **~ tooth** *s.* F: **she has a ~** sie ißt gern Süßigkeiten; **~ wil·liam** *s.* ⚘ Stu'dentennelke *f*.

sweet·y ['swi:tɪ] → **sweetie**.

swell [swel] **I** *v/i.* [*irr.*] **1.** *a.* **~ up**, **~ out** (an-, auf)schwellen (**into**, **to** zu), dick werden; **2.** sich aufblasen *od.* -blähen (*a. fig.*); **3.** anschwellen, (an)steigen

(*Wasser etc., a. fig. Preise, Anzahl etc.*); **4.** sich wölben: a) ansteigen (*Land etc.*), b) sich ausbauchen *od.* bauschen (*Mauerwerk, Möbel etc.*), c) ⚓ sich blähen (*Segel*); **5.** her'vorbrechen (*Quelle, Tränen*); **6.** *bsd.* ♪ a) anschwellen (***into*** zu), b) (an- u. ab-) schwellen (*Ton, Orgel etc.*); **7.** *fig.* bersten (wollen) (***with*** vor): ***his heart ~s with indignation***; **8.** aufwallen, sich steigern (***into*** zu) (*Gefühl*); **II** *v/t.* [*irr.*] **9.** *~* ***up***, *~* ***out*** *a.* ♪ *u. fig. Buch etc.* anschwellen lassen; **10.** aufblasen, -blähen, -treiben; **11.** *fig.* aufblähen (***with*** vor): ***~ed*** (***with pride***) stolzgeschwellt; **III** *s.* **12.** (An)Schwellen *n*; **13.** Schwellung *f*; **14.** ⚓ Dünung *f*; **15.** Wölbung *f*, Ausbauchung *f*; **16.** kleine Anhöhe, sanfte Steigung; **17.** *fig.* Anschwellen *n*, -wachsen *n*, (An)Steigen *n*; **18.** ♪ a) An- (u. Ab)Schwellen *n*, b) Schwellzeichen *n*, c) Schwellwerk *n* (*Orgel etc.*); **19.** F a) ‚hohes Tier', ‚Größe' *f*, b) ‚feiner Pinkel', c) ‚Ka'none' *f*, ‚Mordskerl' *m* (***at*** in *dat.*); **IV** *adj.* **20.** (*a. int.*) F ‚prima', ‚bombig'; **21.** F (tod)schick, ‚piekfein', feu'dal; **swelled** [-ld] *adj.* **1.** (an)geschwollen, aufgebläht: *~* ***head*** F *fig.* Aufgeblasenheit *f*; **2.** geschweift (*Möbel*); **'swell·ing** [-lɪŋ] **I** *s.* **1.** (*a. fig. u.* ♪ An)Schwellen *n*; **2.** ⚕ Schwellung *f*, Geschwulst *f*, *a.* Beule *f*: ***hunger ~*** Hungerödem *n*; **3.** Wölbung *f*: a) Erhöhung *f*, b) ⚠ Ausbauchung *f*, ⚙ Schweifung *f*; **II** *adj.* □ **4.** (an)schwellend; **5.** ‚geschwollen' (*Stil etc.*).

swell| man·u·al *s.* ♪ 'Schwellmanu,al *n* (*Orgel*); *~* **mob** *s. sl. die* Hochstapler *pl.*; *~* **or·gan** *s.* ♪ Schwellwerk *n.*

swel·ter ['sweltə] **I** *v/i.* **1.** vor Hitze (fast) 'umkommen *od.* verschmachten; **2.** in Schweiß gebadet sein; **3.** (vor Hitze) kochen (*Stadt etc.*); **II** *s.* **4.** drückende Hitze, Schwüle *f*; **5.** F *fig.* Hexenkessel *m*; **'swel·ter·ing** [-tərɪŋ], **'swel·try** [-trɪ] *adj.* **1.** vor Hitze vergehend, verschmachtend; **2.** in Schweiß gebadet; **3.** drückend, schwül.

swept [swept] *pret. u. p.p. von* ***sweep***; **'~-back wing** → ***swept wing***; *~* **vol·ume** *s. mot.* Hubraum *m*; *~* **wing** *s.* ✈ Pfeilflügel *m.*

swerve [swɜːv] **I** *v/i.* **1.** ausbrechen (*Auto, Pferd*); **2.** *mot.* das Steuer her'umreißen; **3.** ausweichen; **4.** schwenken (*Straße*); **5.** *fig.* abweichen (***from*** von); **II** *v/t.* **6.** *sport Ball* anschneiden; **7.** *fig. j-n* abbringen (***from*** von); **III** *s.* **8.** Ausweichbewegung *f*, *mot.* Schlenker *m.*

swift [swɪft] **I** *adj.* □ **1.** *allg.* schnell, rasch; **2.** flüchtig (*Zeit, Stunde etc.*); **3.** geschwind, eilig; **4.** flink, hurtig, *a.* geschickt: ***a ~ worker***; *~* ***wit*** rasche Auffassungsgabe; **5.** rasch, schnell bereit: *~* ***to anger*** jähzornig; *~* ***to take offence*** leicht beleidigt; **II** *adv.* **6.** *mst poet. od. in Zssgn* schnell, geschwind, rasch; **III** *s.* **7.** *orn.* (*bsd.* Mauer)Segler *m*; **8.** *e-e brit. Taubenrasse*; **9.** *zo.* → ***newt***; **10.** ⚙ Haspel *f*; **,swift'foot·ed** *adj.* schnellfüßig, flink; **'swift·ness** [-nɪs] *s.* Schnelligkeit *f.*

swig [swɪg] F **I** *v/t. Getränk* ‚hin'unterkippen'; **II** *v/i.* e-n kräftigen Schluck nehmen (***at*** aus); **III** *s.* (kräftiger) Schluck.

swill [swɪl] **I** *v/t.* **1.** *bsd. Brit.* (ab)spülen: *~* ***out*** ausspülen; **2.** *Bier etc.* ‚saufen'; **II** *v/i.* **3.** ‚saufen'; **III** *s.* **4.** (Ab)Spülen *n*; **5.** Schweinetrank *m*, -futter *n*; **6.** Spülicht *n* (*a. fig. contp.*); **7.** *fig. contp.* a) ‚Gesöff' *n*, b) ‚Saufraß' *m.*

swim [swɪm] **I** *v/i.* [*irr.*] **1.** schwimmen; **2.** schwimmen (*Gegenstand*), treiben; **3.** schweben, (sanft) gleiten; **4.** a) schwimmen (***in*** in *dat.*), b) über'schwemmt sein, 'überfließen (***with*** von): ***his eyes were ~ming with tears*** s-e Augen schwammen in Tränen; *~* ***in*** *fig.* schwimmen in (*Geld etc.*); **5.** (ver-) schwimmen (***before one's eyes*** vor den Augen): ***my head ~s*** mir ist schwind(e)lig; **II** *v/t.* [*irr.*] **6.** *Strecke etc.* schwimmen, *Gewässer* durch'schwimmen; **7.** *Person, Pferd etc.* schwimmen lassen; **8.** F mit *j-m* um die Wette schwimmen; **III** *s.* **9.** Schwimmen *n*, Bad *n*: ***go for a ~*** schwimmen gehen; ***be in*** (***out of***) ***the ~*** F *fig.* a) (nicht) auf dem laufenden sein, b) (nicht) mithalten können; **10.** *Angelsport*: tiefe u. fischreiche Stelle (*e-s Flusses*); **11.** Schwindel(anfall) *m*; **'swim·mer** [-mə] *s.* **1.** Schwimmer(in); **2.** *zo.* 'Schwimmor,gan *n.*

swim·mer·et ['swɪmərət] *s. zo.* Schwimmfuß *m* (*Krebs*).

swim·ming ['swɪmɪŋ] **I** *s.* **1.** Schwimmen *n*; **2.** *~* ***of the head*** Schwindelgefühl *n*; **II** *adj.* □ → ***swimmingly***; **3.** Schwimm…; *~* **bath** *s.* Schwimmbad *n*; *~* **blad·der** *s. zo.* Schwimmblase *f.*

swim·ming·ly ['swɪmɪŋlɪ] *adv. fig.* glatt, reibungslos.

swim·ming| pool *s.* **1.** Schwimmbecken *n*, Swimmingpool *m*; **2.** Schwimmbad *n*: a) Freibad *n*, b) *mst* ***indoor ~*** Hallenbad *n*; *~* **trunks** *s. pl.* Badehose *f.*

swin·dle ['swɪndl] **I** *v/i.* **1.** betrügen, mogeln; **II** *v/t.* **2.** *j-n* beschwindeln, betrügen (***out of s.th.*** um et.); **3.** *et.* erschwindeln (***out of s.o.*** von j-m); **III** *s.* **4.** Schwindel *m*, Betrug *m*; **'swin·dler** [-lə] *s.* Schwindler(in), Betrüger(in).

swine [swaɪn] *pl.* **swine** *s. zo., mst* 🌾, *poet. od. obs.* Schwein *n* (*a. fig. contp.*); *~* **fe·ver** *s. vet.* Schweinepest *f*; **'~-herd** *s. poet.* Schweinehirt *m*; **'~·pox** *s.* **1.** ⚕ *hist.* Wasserpocken *pl.*; **2.** *vet.* Schweinepocken *pl.*

swing [swɪŋ] **I** *v/t.* [*irr.*] **1.** *Stock, Keule, Lasso etc.* schwingen; **2.** *Glocke etc.* schwingen, (hin- u. her)schwenken: *~* ***one's arms*** mit den Armen schlenkern; *~* ***s.th. about*** et. (im Kreis) herumschwenken; **3.** *Beine etc.* baumeln lassen, *a. Tür etc.* pendeln lassen; *Hängematte etc.* aufhängen (***from*** an *dat.*): *~* ***open*** (***to***) *Tor* auf-(zu)stoßen; **4.** *j-n in e-r Schaukel* schaukeln; **5.** *auf die Schulter etc.* (hoch)schwingen; **6.** ⚔ (*~* ***in*** *od.* ***out*** ein- *od.* aus)schwenken lassen; **7.** ⚓ (rund)schwojen; **8.** *bsd. Am.* F a) *et.* ‚schaukeln', ‚hinkriegen', b) *Wähler* her'umkriegen; **II** *v/i.* [*irr.*] **9.** (hin- u. her)schwingen, pendeln, ausschlagen (*Pendel, Zeiger*): *~* ***into motion*** in Schwung *od.* Gang kommen; **10.** schweben, baumeln (***from*** an *dat.*) (*Glocke etc.*); **11.** (sich) schaukeln; **12.** F ‚baumeln' (*gehängt werden*): ***he must ~ for it***; **13.** sich (*in den Angeln*) drehen (*Tür etc.*): *~* ***open*** (***to***) auffliegen (zuschlagen); *~* ***round*** a) sich ruckartig umdrehen, b) sich drehen (*Wind etc.*), c) *fig.* umschlagen (*öffentliche Meinung etc.*); **14.** ⚓ schwojen; **15.** schwenken, mit schwungvollen Bewegungen gehen, (flott) marschieren: *~* ***into line*** ⚔ einschwenken; **16.** *a.* *~* ***it*** *sl.* a) ‚toll leben', b) ‚auf den Putz hauen'; **17.** schwanken; **18.** (zum Schlag) ausholen: *~* ***at*** nach *j-m* schlagen; **19.** ♪ swingen; **III** *s.* **20.** (Hin- u. Her)Schwingen *n*, Pendeln *n*, Schwingung *f*; ⚙ Schwungweite *f*, Ausschlag *m* (*e-s Pendels od. Zeigers*): ***the ~ of the pendulum*** der Pendelschlag (*a. fig. od. pol.*); ***free ~*** Bewegungsfreiheit *f*, Spielraum *m* (*a. fig.*); ***in full ~*** in vollem Gange, im Schwung; ***give full ~ to*** a) *e-r Sache* freien Lauf lassen, b) *j-m* freie Hand lassen; **21.** Schaukeln *n*; **22.** a) Schwung *m beim Gehen, Skilauf etc.*, schwingender Gang, Schlenkern *n*, b) ♪ *etc.* Schwung *m*, (schwingender) Rhythmus: ***go with a ~*** a) Schwung haben, b) *fig.* wie am Schnürchen gehen; **23.** ♪ Swing *m* (*Jazz*); **24.** Schaukel *f*: ***lose on the ~s what you make on the roundabouts*** *fig.* genau so weit sein wie am Anfang; ***you make up on the ~s what you lose on the roundabouts*** was man hier verliert, macht man dort wieder wett; **25.** ✝ a) Swing *m*, Spielraum *m* für Kre'ditgewährung, b) *Am.* F Konjunk'turperi,ode *f*; **26.** *Boxen*: Schwinger *m*; **27.** Schwenkung *f*; **'~·back** *s.* **1.** *phot.* Einstellscheibe *f*; **2.** *fig.* (***to***) Rückkehr *f* (zu), Rückfall *m* (in *acc.*); **'~·boat** *s.* Schiffsschaukel *f*; *~* **bridge** *s.* Drehbrücke *f*; *~* **cred·it** *s.* ✝ 'Swingkre,dit *m*; *~* **door** *s.* Pendeltür *f.*

swinge [swɪndʒ] *v/t. obs.* 'durchprügeln, (aus)peitschen; **'swinge·ing** [-dʒɪŋ] *adj. fig.* drastisch, ex'trem.

swing·er ['swɪŋə] *s. sl.* lebenslustige Per'son.

swing·ing ['swɪŋɪŋ] *adj.* □ **1.** schwingend, schaukelnd, pendelnd, Schwing…; **2.** Schwenk…; **3.** rhythmisch, schwungvoll; **4.** lebenslustig; **5.** schwankend: *~* ***temperature*** ⚕ Temperaturschwankungen *pl.*

swin·gle [swɪŋgl] **I** *s.* ⚙ (Flachs-, Hanf-) Schwinge *f*; **II** *Flachs, Hanf* schwingeln; **'~-tree** *s.* Ortscheit *n*, Wagenschwengel *m.*

'swing|-out *adj.* ⚙ ausschwenkbar; *~* **seat** *s.* Hollywoodschaukel *f*; *~* **shift** *s. Am.* ✝ Spätschicht *f*; **'~-wing** *s.* ✈ **1.** Schwenkflügel *m*; **2.** Schwenkflügler *m.*

swin·ish ['swaɪnɪʃ] *adj.* □ schweinisch, säuisch.

swipe [swaɪp] **I** *v/i.* **1.** dreinschlagen, hauen; *sport* aus vollem Arm schlagen; **II** *v/t.* **2.** (hart) schlagen; **3.** *sl.* ‚klauen', stehlen; **III** *s.* **4.** *bsd. sport* harter Schlag, Hieb *m*; **5.** *pl. sl.* Dünnbier *n.*

swirl [swɜːl] **I** *v/i.* **1.** wirbeln (*Wasser, a. fig. Kopf*), e-n Strudel bilden; **2.** (her'um)wirbeln; **II** *v/t.* **3.** *et.* her'umwirbeln; **III** *s.* **4.** Wirbel *m*, Strudel *m*; **5.** *Am.* (Haar)Wirbel *m*; **6.** Wirbel(n *n*) *m* (*Drehbewegung*).

swish [swɪʃ] **I** *v/i.* **1.** schwirren, zischen, sausen; **2.** rascheln (*Seide*); **II** *v/t.* **3.** sausen *od.* schwirren lassen; **4.** *Brit.* 'durchprügeln; **III** *s.* **5.** Sausen *n*, Zischen *n*; **6.** Rascheln *n*; **7.** *Brit.* (Ruten-) Streich *m*, Peitschenhieb *m*; **IV** *adj.* **8.**

Brit. sl. ‚(tod)schick'.

Swiss [swɪs] **I** *pl.* **Swiss** *s.* **1.** Schweizer (-in); **2.** ⚙ ♀, *a.* **~ *muslin*** 'Schweizermusse,lin *m* (*Stoff*); **II** *adj.* **3.** schweizerisch, Schweizer: **~ *German*** Schweizerdeutsch *n*; **~ *Guard*** *R.C.* a) Schweizergarde *f*, b) Schweizer *m*; **~ *roll*** Biskuitrolle *f*.

switch [swɪtʃ] **I** *s.* **1.** Gerte *f*, Rute *f*; **2.** (Ruten)Streich *m*; **3.** falscher Zopf; **4.** ⚡, ⚙ Schalter *m*; **5.** 🚂 Weiche *f*; **6.** (***to***) *fig.* a) 'Umstellung *f* (auf *acc.*), Wechsel *m* (zu), b) Verwandlung *f* (in *acc.*), c) Vertauschung *f*; **II** *v/t.* **7.** peitschen; **8.** zucken mit; **9.** ⚡, ⚙ ('um)schalten: **~ *on*** einschalten, *Licht* anschalten, *teleph. j-n* verbinden; **~ *off*** *Gerät etc.* ab-, ausschalten, abstellen, *teleph. j-n* trennen; **~ *to*** anschließen an (*acc.*); **10.** 🚂 a) *Zug* rangieren, b) *Waggons* 'umstellen; **11.** *fig. Produktion etc.* 'umstellen, *Methode*, *Thema etc.* wechseln, *Gedanken*, *Gespräch* 'überleiten (***to*** auf *acc.*); **III** *v/i.* **12.** 🚂 rangieren; **13.** ⚡, ⚙ (*a.* **~ *over*** 'um)schalten; **~ *off*** abschalten, *teleph.* trennen; **14.** *fig.* 'umstellen: **~** (***off*** *od.* ***over***) ***to*** übergehen zu, sich umstellen auf (*acc.*), *univ. etc.* umsatteln auf (*acc.*); **'~·back** *s. Brit.* **1.** *a.* **~ *road*** Serpen'tinenstraße *f*; **2.** Achterbahn *f*; **'~·blade knife** *s.* Schnappmesser *n*; **'~·board** *s.* ⚡ **1.** Schaltbrett *n*, -tafel *f*; **2.** (Tele'fon)Zen,trale *f*, Vermittlung *f*: **~ *operator*** Telefonist(in); **~ box** *s.* **1.** ⚡ Schaltkasten *m*; **2.** 🚂 Stellwerk *n*.

switch·er·oo [,swɪtʃə'ru:] *s. Am. sl.* **1.** unerwartete Wendung; **2.** → ***switch*** 6 b u. c.

switch·ing ['swɪtʃɪŋ] **I** *s.* **1.** ⚡, ⚙ ('Um-)Schalten *n*; **~*-on*** Einschalten; **~*-off*** Ab-, Ausschalten; **2.** 🚂 Rangieren *n*; **II** *adj.* **3.** ⚡, ⚙ (Um)Schalt…; **4.** 🚂 Rangier…

switch| plug *s.* ⚡, ⚙ Schaltstöpsel *m*; **'~·yard** *s.* 🚂 *Am.* Rangier-, Verschiebebahnhof *m*.

swiv·el ['swɪvl] **I** *s.* Drehzapfen *m*, -ring *m*, -gelenk *n*, (⚓ Ketten)Wirbel *m*; **II** *v/t.* (*auf e-m Zapfen etc.*) drehen *od.* schwenken; **III** *v/i.* sich drehen; **IV** *adj.* dreh-, schwenkbar, Dreh…, Schwenk…; **~ bridge** *s.* ⚙ Drehbrücke *f*; **~ chair** *s.* Drehstuhl *m*; **~ joint** *s.* ⚙ Drehgelenk *n*.

swiz·zle stick ['swɪzl] *s.* Sektquirl *m*.

swol·len ['swəʊlən] **I** *p.p. von* ***swell***; **II** *adj.* ⚕ geschwollen (*a. fig.*): **~*-headed*** aufgeblasen.

swoon [swu:n] **I** *v/i. oft* **~ *away*** in Ohnmacht fallen (***with*** vor *dat.*); **II** *s.* Ohnmacht(sanfall *m*) *f*.

swoop [swu:p] **I** *v/i.* **1.** *oft* **~ *down*** ([***up***]***on***, ***at***) her'abstoßen, sich stürzen (auf *acc.*), *fig.* zuschlagen, herfallen (über *acc.*); **II** *v/t.* **2.** *mst* **~ *up*** F packen, ‚schnappen'; **III** *s.* **3.** Her'abstoßen *n* (*Raubvogel*); **4.** *fig.* a) 'Überfall *m*, b) Razzia *f*; **5. *at one*** (***fell***) **~** mit 'einem Schlag.

swop [swɒp] → ***swap***.

sword [sɔ:d] *s.* Schwert *n* (*a. fig.*); Säbel *m*, Degen *m*; *allg.* Waffe *f*: ***draw*** (***sheathe***) ***the* ~** das Schwert ziehen (in die Scheide stecken), *fig.* den Kampf beginnen (beenden); ***put to the* ~** über die Klinge springen lassen; → ***cross*** 11, ***measure*** 16; **~ belt** *s.* **1.** Schwertgehenk *n*; **2.** ⚔ Degenkoppel *n*; **~ cane** *s.* Stockdegen *m*; **~ dance** *s.* Schwert(er)tanz *m*; **'~·fish** *s.* Schwertfisch *m*; **~ knot** *s.* ⚔ Degen-, Säbelquaste *f*; **~ lil·y** *s.* ✿ Schwertel *m*, Siegwurz *f*; **'~·play** *s.* **1.** (Degen-, Säbel)Kampf *m*; **2.** Fechtkunst *f*; **3.** *fig.* Gefecht *n*, Du'ell *n*.

swords·man ['sɔ:dzmən] *s.* [*irr.*] Fechter *m*; Kämpfer *m*; **'swords·man·ship** [-ʃɪp] *s.* Fechtkunst *f*.

'sword·stick → ***sword cane***.

swore [swɔ:] *pret. von* ***swear***; **sworn** [swɔ:n] **I** *p.p. von* ***swear***; **II** *adj.* **1.** ⚖ (gerichtlich) vereidigt, beeidigt: **~ *expert***; **2.** eidlich: **~ *statement***; **3.** geschworen (*Gegner*): **~ *enemies*** Todfeinde; **4.** verschworen (*Freunde*).

swot [swɒt] *ped. Brit.* F **I** *v/i.* **1.** büffeln, pauken; **II** *v/t.* **2.** *mst* **~ *up*** *Lehrstoff* pauken, büffeln; **III** *s.* **3.** Büffler(in), Streber(in); **4.** Büffe'lei *f*, Pauke'rei *f*; *weitS.* hartes Stück Arbeit.

swung [swʌŋ] *pret. u. p.p. von* ***swing***.

syb·a·rite ['sɪbəraɪt] *s. fig.* Syba'rit *m*, Genußmensch *m*; **syb·a·rit·ic** [,sɪbə'rɪtɪk] *adj.* (□ ***~ally***) syba'ritisch, genußsüchtig; **'syb·a·rit·ism** [-rɪtɪzəm] *s.* Genußsucht *f*.

syc·a·more ['sɪkəmɔ:] *s.* ✿ **1.** *Am.* Pla'tane *f*; **2.** *a.* **~ *maple*** *Brit.* Bergahorn *m*; **3.** Syko'more *f*, Maulbeerfeigenbaum *m*.

syc·o·phan·cy ['sɪkəfənsɪ] *s.* Krieche'rei *f*, Speichellecke'rei *f*; **'syc·o·phant** [-nt] *s.* Schmeichler *m*, Kriecher *m*, Speichellecker *m*; **syc·o·phan·tic** [,sɪkəʊ'fæntɪk] *adj.* (□ ***~ally***) schmeichlerisch, kriecherisch.

syl·la·bar·y ['sɪləbərɪ] *s.* 'Silbenta,belle *f*; **'syl·la·bi** [-baɪ] *pl. von* ***syllabus***.

syl·lab·ic [sɪ'læbɪk] *adj.* (□ ***~ally***) **1.** syl'labisch (*a.* ♪), Silben…: **~ *accent***; **2.** silbenbildend, silbisch; **3.** *in Zssgn* …silbig; **syl'lab·i·cate** [-keɪt], **syl'lab·i·fy** [-ɪfaɪ], **syl·la·bize** ['sɪləbaɪz] *v/t. ling.* syllabieren, in Silben teilen, Silbe für Silbe (aus)sprechen.

syl·la·ble ['sɪləbl] **I** *s.* **1.** *ling.* Silbe *f*: ***not a* ~** *fig.* keine Silbe *od.* kein Sterbenswörtchen *sagen*; **2.** ♪ Tonsilbe *f*; **II** *v/t.* **3.** → ***syllabicate***; **'syl·la·bled** [-ld] *adj.* …silbig.

syl·la·bus ['sɪləbəs] *pl.* **-bi** [-baɪ] *s.* **1.** Auszug *m*, Abriß *m*; zs.-fassende Inhaltsangabe; **2.** (*bsd.* Vorlesungs)Verzeichnis *n*; Lehr-, 'Unterrichtsplan *m*; **3.** ⚖ Kom'pendium *n von richtungweisenden Entscheidungen*; **4.** *R.C.* Syllabus *m*.

syl·lep·sis [sɪ'lepsɪs] *s. ling.* Syl'lepsis, Syl'lepse *f*.

syl·lo·gism ['sɪlədʒɪzəm] *s. phls.* Syllo'gismus *m*, (Vernunft)Schluß *m*; **'syl·lo·gize** [-dʒaɪz] *v/i.* syllogisieren, folgerichtig denken.

sylph [sɪlf] *s.* **1.** *myth.* Sylphe *m*, Luftgeist *m*; **2.** *fig.* Syl'phide *f*, gra'ziles Mädchen; **'sylph·ish** [-fɪʃ], **'sylph·like** [-laɪk], **'sylph·y** [-fɪ] *adj.* sylphenhaft, gra'zil.

syl·van ['sɪlvən] *adj. poet.* waldig, Wald…

sym·bi·o·sis [,sɪmbɪ'əʊsɪs] *s. biol. u. fig.* Symbi'ose *f*; **,sym·bi'ot·ic** [-ɪ'ɒtɪk] *adj.* (□ ***~ally***) *biol.* symbi'o(n)tisch.

sym·bol ['sɪmbl] *s.* Sym'bol *n*, Sinnbild *n*, Zeichen *n*; **sym·bol·ic**, **sym·bol·i·cal** [sɪm'bɒlɪk(l)] *adj.* □ sym'bolisch, sinnbildlich (***of*** für): ***be* ~ *of s.th.*** et. versinnbildlichen; **sym·bol·ics** [sɪm'bɒlɪks] *s. pl. mst sg. konstr.* **1.** Studium *n* alter Sym'bole; **2.** *eccl.* Sym'bolik *f*; **'sym·bol·ism** [-bəlɪzəm] *s.* **1.** Sym'bolik *f* (*a. eccl.*), sym'bolische Darstellung; 𝔄 Forma'lismus *m*; **2.** sym'bolische Bedeutung; **3.** *coll.* Sym'bole *pl.*; **4.** *paint. etc.* Symbo'lismus *m*; **'sym·bol·ize** [-bəlaɪz] *v/t.* **1.** symbolisieren: a) versinnbildlichen, b) sinnbildlich darstellen; **2.** sym'bolisch auffassen.

sym·met·ric, **sym·met·ri·cal** [sɪ'metrɪk(l)] *adj.* □ sym'metrisch, eben-, gleichmäßig: **~ *axis*** 𝔄 Symmetrieachse *f*; **sym·me·trize** ['sɪmɪtraɪz] *v/t.* sym'metrisch machen; **sym·me·try** ['sɪmɪtrɪ] *s.* Symme'trie *f* (*a. fig. Ebenmaß*).

sym·pa·thet·ic [,sɪmpə'θetɪk] **I** *adj.* (□ ***~ally***) **1.** mitfühlend, teilnehmend: **~ *strike*** Sympathiestreik *m*; **2.** einfühlend, verständnisvoll; **3.** gleichgesinnt, geistesverwandt, kongeni'al; **4.** sym'pathisch; **5.** F wohlwollend (***to***[***ward***] gegen['über]); **6.** sympa'thetisch (*Kur*, *Tinte etc.*); **7.** ⚕, *physiol.* sym'pathisch (*Nervensystem etc.*); → 9a; **8.** ♪, *phys.* mitschwingend: **~ *vibration*** Sympathieschwingung *f*; **II** *s.* **9.** a) *a.* **~ *nerve*** *physiol.* Sym'pathikus(nerv) *m*, b) Sym'pathikussys,tem *n*.

sym·pa·thize ['sɪmpəθaɪz] *v/i.* **1.** (***with***) a) sympathisieren (mit), gleichgesinnt sein (*dat.*), b) über'einstimmen (mit), wohlwollend gegen'überstehen (*dat.*), c) mitfühlen (mit); **2.** sein Mitgefühl *od.* Beileid ausdrücken (***with*** *dat.*); **3.** ⚕ in Mitleidenschaft gezogen werden (***with*** von); **'sym·pa·thiz·er** [-zə] *s.* j-d, der mit *j-m od. e-r Sache* sympathisiert, Anhänger(in), *bsd. pol.* Sympathi'sant(in); **'sym·pa·thy** [-θɪ] *s.* **1.** Sympa'thie *f*, Zuneigung *f* (***for*** für): **~ *strike*** Sympathiestreik *m*; **2.** Gleichgestimmtheit *f*; **3.** Mitleid *n*, -gefühl *n* (***with*** mit, ***for*** für): ***feel* ~ *for*** (*od.* ***with***) Mitleid haben mit *j-m*, Anteil nehmen an *e-r Sache*; **4.** *pl.* (An)Teilnahme *f*, Beileid *n*: ***letter of* ~** Beileidschreiben *n*; ***offer one's sympathies to s.o.*** j-m sein Beileid bezeigen, j-m kondolieren; **5.** ⚕ Mitleidenschaft *f*; **6.** Wohlwollen *n*, Zustimmung *f*; **7.** Über'einstimmung *f*, Einklang *m*; **8.** *biol.*, *psych.* Sympa'thie *f*, Wechselwirkung *f*.

sym·phon·ic [sɪm'fɒnɪk] *adj.* (□ ***~ally***) sin'fonisch, sym'phonisch, Sinfonie…, Symphonie…: **~ *poem*** ♪ symphonische Dichtung; **sym'pho·ni·ous** [-'fəʊnjəs] *adj.* har'monisch (*a. fig.*); **sym·pho·nist** ['sɪmfənɪst] *s.* ♪ Sin'foniker *m*, Sym'phoniker *m*; **sym·pho·ny** ['sɪmfənɪ] **I** *s.* **1.** ♪ Sinfo'nie *f*, Sympho'nie *f*; **2.** *fig.* (*Farben- etc.*)Sympho'nie *f*, (*a. häusliche etc.*) Harmo'nie, Zs.-klang *m*; **II** *adj.* **3.** Sinfonie…, Symphonie…: **~ *orchestra***.

sym·po·si·um [sɪm'pəʊzjəm] *pl.* **-si·a** [-zjə] *s.* **1.** *antiq.* Sym'posion *n*: a) Gastmahl *n*, b) *Titel philosophischer Dialoge*; **2.** *fig.* Sammlung *f* von Beiträgen (*über e-e Streitfrage*); **3.** Sym'posium *n*, (Fach)Tagung *f*.

symp·tom ['sɪmptəm] *s.* ⚕ *u. fig.* Sym-

'ptom *n* (***of*** für, von), (An)Zeichen *n*; **symp·to·mat·ic, symp·to·mat·i·cal** [ˌsɪmptəˈmætɪk(l)] *adj.* □ *bsd.* ⚕ sympto'matisch (*a. fig. bezeichnend*) (***of*** für); **symp·tom·a·tol·o·gy** [ˌsɪmptəmə-ˈtɒlədʒɪ] *s.* ⚕ Symptomatolo'gie *f.*

syn- [sɪn] *in Zssgn* mit, zusammen.

syn·a·gogue [ˈsɪnəgɒg] *s. eccl.* Syna'goge *f.*

syn·a·l(o)e·pha [ˌsɪnəˈliːfə] *s. ling.* Syna'loiphe *f*, Verschleifung *f.*

syn·an·ther·ous [sɪˈnænθərəs] *adj.* ⚘ syn'andrisch: ~ ***plant*** Korbblüt(l)er *m*, Komposite *f.*

sync [sɪŋk] F *für* a) ***synchronization*** 1: ***in*** (***out of***) ~ (nicht) synchron, *fig.* (nicht) in Einklang, b) ***synchronize*** 5.

syn·carp [ˈsɪnkɑːp] *s.* ⚘ Sammelfrucht *f.*

ˌ**syn·chro**|ˈ**flash** [ˌsɪŋkrəʊ-] *s. phot.* Syn'chronblitz(licht *n*) *m*; ˌ~ˈ**mesh** [-ˈmeʃ] ⚙ **I** *adj.* Synchron…; **II** *s. a.* ~ ***gear*** Syn'chrongetriebe *n.*

syn·chro·nism [ˈsɪŋkrənɪzəm] *s.* **1.** Synchro'nismus *m*, Gleichzeitigkeit *f*; **2.** Synchronisati'on *f*; **3.** synchro'nistische (Ge'schichts)Taˌbelle; **4.** *phys.* Gleichlauf *m*; **syn·chro·ni·za·tion** [ˌsɪŋkrənaɪˈzeɪʃn] *s.* **1.** *bsd. Film, TV*: Synchronisati'on *f*; **2.** Gleichzeitigkeit *f*, zeitliches Zs.-fallen; **syn·chro·nize** [ˈsɪŋkrənaɪz] **I** *v/i.* **1.** gleichzeitig sein, zeitlich zs.-fallen *od.* über'einstimmen; **2.** syn'chron gehen (*Uhr*) *od.* laufen (*Maschine*); **3.** synchronisiert sein (*Bild u. Ton e-s Films*); **II** *v/t.* **4.** *Uhren, Maschinen* synchronisieren: ~***d shifting*** *mot.* Synchron(gang)schaltung *f*; **5.** *Film, TV*: synchronisieren; **6.** *Ereignisse* synchro'nistisch darstellen, *Gleichzeitiges* zs.-stellen; **7.** *Geschehnisse* (zeitlich) zs.-fallen lassen *od.* aufein'ander abstimmen: ~***d swimming*** Synchronschwimmen *n*; **8.** ♪ a) *Ausführende* zum (genauen) Zs.-spiel bringen, b) *Stelle, Bogenstrich etc.* genau zu'sammen ausführen (lassen); ˈ**syn·chro·nous** [-nəs] *adj.* □ **1.** gleichzeitig: ***be*** ~ (zeitlich) zs.-fallen; **2.** syn'chron: a) ⚙, ⚡ gleichlaufend (*Maschine etc.*), gleichgehend (*Uhr*), b) ⚡, ⚙ von gleicher Phase u. Schwingungsdauer: ~ ***motor*** Synchronmotor *m.*

syn·co·pal [ˈsɪŋkəpl] *adj.* **1.** syn'kopisch; **2.** ⚕ Ohnmachts…; ˈ**syn·co·pate** [-peɪt] *v/t.* **1.** *ling. Wort* synkopieren, zs.-ziehen; **2.** ♪ synkopieren; **syn·co·pa·tion** [ˌsɪŋkəˈpeɪʃn] *s.* **1.** → ***syncope*** 1; **2.** ♪ a) Synkopierung *f*, b) Syn'kope(n *pl.*) *f*, c) syn'kopische Mu'sik; **syn·co·pe** [ˈsɪŋkəpɪ] *s.* **1.** *ling.* a) Syn'kope *f*, kontrahiertes Wort, b) Kontrakti'on *f*; **2.** ♪ Syn'kope *f*; **3.** ⚕ Syn'kope *f*, tiefe Ohnmacht.

syn·dic [ˈsɪndɪk] *s.* **1.** ⚖, ✝ Syndikus *m*, Rechtsberater *m*; **2.** *univ. Brit.* Se'natsmitglied *n*; ˈ**syn·di·cal·ism** [-kəlɪzəm] *s.* Syndika'lismus *m* (*radikaler Gewerkschaftssozialismus*); ˈ**syn·di·cate** **I** *s.* [-kɪt] **1.** ✝, ⚖ Syndi'kat *n*, Kon'sortium *n*; **2.** ✝ a) Ring *m*, Verband *m*, 'Absatzkarˌtell *n*, b) 'Zeitungssyndiˌkat *n* *od.* -gruppe *f*; **3.** 'Pressezenˌtrale *f*; **4.** ‚Syndi'kat' *n*, Verbrecherring *m*; **II** *v/t.* [-keɪt] **5.** ✝ zu e-m Syndi'kat vereinigen; **6.** a) *Artikel etc.* in mehreren Zeitungen zu'gleich veröffentlichen, b) über ein Syndi'kat verkaufen, c) *Zeitungen* zu e-m Syndi'kat zs.-schließen; **III** *v/i.* [-keɪt] **7.** ✝ sich zu e-m Syndi'kat zs.-schließen; **IV** *adj.* [-kɪt] **8.** ✝ Konsortial…; **syn·di·ca·tion** [ˌsɪndɪˈkeɪʃn] *s.* ✝ Syndi'katsbildung *f.*

syn·drome [ˈsɪndrəʊm] *s.* ⚕ Syn'drom *n* (*a. sociol. etc.*).

syn·od [ˈsɪnəd] *s. eccl.* Syn'ode *f*; ˈ**syn·od·al** [-dl], **syn·od·ic, syn·od·i·cal** [sɪˈnɒdɪk(l)] *adj.* □ syn'odisch (*a. ast.*), Synoden…

syn·o·nym [ˈsɪnənɪm] *s. ling.* Syno'nym *n*, bedeutungsgleiches *od.* -ähnliches Wort: ***be a*** ~ ***for*** *fig.* gleichbedeutend sein mit; **syn·on·y·mous** [sɪˈnɒnɪməs] *adj.* □ **1.** *ling.* syno'nym(isch), bedeutungsgleich *od.* -ähnlich; **2.** *allg.* gleichbedeutend (***with*** mit).

syn·op·sis [sɪˈnɒpsɪs] *pl.* **-ses** [-siːz] *s.* **1.** Syn'opse *f*: a) Zs.-fassung *f*, 'Übersicht *f*, Abriß *m*, b) *eccl.* (vergleichende) Zs.-schau; **syn'op·tic** [-ptɪk] *adj.* (□ ~***ally***) **1.** syn'optisch, 'übersichtlich, zs.-fassend: ~ ***chart*** *meteor.* synoptische Karte; **2.** um'fassend (*Genie*); **3.** *oft* ♀ *eccl.* syn'optisch; **Syn'op·tist**, *a.* ♀ [-ptɪst] *s. eccl.* Syn'optiker *m* (*Matthäus, Markus u. Lukas*).

syn·o·vi·a [sɪˈnəʊvɪə] *s. physiol.* Gelenkschmiere *f*; **syn'o·vi·al** [-əl] *adj.* Synovial…: ~ ***fluid*** → ***synovia***; **syn·o·vi·tis** [ˌsɪnəˈvaɪtɪs] *s.* ⚕ Gelenkentzündung *f.*

syn·tac·tic, syn·tac·ti·cal [sɪnˈtæktɪk(l)] *adj.* □ *ling.* syn'taktisch, Syntax…; **syn'tac·ti·cals** [-ɪklz] *s. pl. sg. konstr.* Syn'taktik *f*; **syn·tax** [ˈsɪntæks] *s.* **1.** *ling.* Syntax *f*: a) Satzbau *m*, b) Satzlehre *f*; **2.** ⚹, *phls.* Syntax *f*, Be'weistheoˌrie *f.*

syn·the·sis [ˈsɪnθɪsɪs] *pl.* **-ses** [-siːz] *s.* *allg.* Syn'these *f*; ˈ**syn·the·size** [-saɪz] *v/t.* **1.** zs.-fügen, (durch Syn'these) aufbauen; **2.** ⚗, ⚙ syn'thetisch *od.* künstlich herstellen; **syn·thet·ic** [sɪnˈθetɪk] **I** *adj.* (□ ~***ally***) syn'thetisch: a) *bsd. ling., phls.* zs.-fügend: ~ ***language***, b) ⚗ künstlich (*a. fig. unecht*), Kunst…: ~ ***rubber***, ~ ***trainer*** ✈ (Flug)Simulator *m*; **II** *s.* Kunststoff *m*; **syn·thet·i·cal** [sɪnˈθetɪkl] *adj.* □ → ***synthetic*** I; ˈ**syn·the·tize** [-ɪtaɪz] → ***synthesize***.

syn·ton·ic [sɪnˈtɒnɪk] *adj.* (□ ~***ally***) **1.** ⚡ (auf gleiche Fre'quenz) abgestimmt; **2.** *psych.* extravertiert; **syn·to·nize** [ˈsɪntənaɪz] *v/t.* ⚡ (***to*** auf *e-e bestimmte Frequenz*) abstimmen *od.* einstellen; **syn·to·ny** [ˈsɪntənɪ] *s.* **1.** ⚡ (Fre'quenz-)Abstimmung *f*, Reso'nanz *f*; **2.** *psych.* Extraversi'on *f.*

syph·i·lis [ˈsɪfɪlɪs] *s.* ⚕ Syphilis *f*; **syph·i·lit·ic** [sɪfɪˈlɪtɪk] **I** *adj.* syphi'litisch; **II** *s.* Syphi'litiker(in).

sy·phon [ˈsaɪfn] → ***siphon***.

Syr·i·an [ˈsɪrɪən] **I** *adj.* syrisch; **II** *s.* Syr(i)er(in).

sy·rin·ga [sɪˈrɪŋgə] *s.* ⚘ Sy'ringe *f*, Flieder *m.*

syr·inge [ˈsɪrɪndʒ] **I** *s.* **1.** ⚕, ⚙ Spritze *f*; **II** *v/t.* **2.** *Flüssigkeit etc.* (ein)spritzen; **3.** *Ohr* ausspritzen; **4.** *Pflanze etc.* ab-, bespritzen.

syr·inx [ˈsɪrɪŋks] *s.* **1.** *antiq.* Pan-, Hirtenflöte *f*; **2.** a) *anat.* Eu'stachische Röhre, b) ⚕ Fistel *f*; **3.** *orn.* Syrinx *f*, unterer Kehlkopf.

Syro- [saɪərəʊ] *in Zssgn* Syro…, syrisch.

syr·up [ˈsɪrəp] *s.* **1.** Sirup *m*, Zuckersaft *m*; **2.** *fig.* ‚süßliches Zeug', Kitsch *m*; ˈ**syr·up·y** [-pɪ] *adj.* **1.** sirupartig, dickflüssig, klebrig; **2.** *fig.* süßlich, senti-men'tal.

sys·tem [ˈsɪstəm] *s.* **1.** *allg.* Sy'stem *n* (*a.* ⚹, ♪, ⚗, ⚘, *zo.*): a) Gefüge *n*, Aufbau *m*, Anordnung *f*, b) Einheit *f*, geordnetes Ganzes, c) *phls., eccl.* Lehrgebäude *n*, d) ⚙ Anlage *f*, e) Verfahren *n*: ~ ***of government*** Regierungssystem; ~ ***of logarithms*** ⚹ Logarithmensystem; ***electoral*** ~ *pol.* Wahlsystem, -verfahren; ***mountain*** ~ Gebirgssystem; ***savings-bank*** ~ Sparkassenwesen *n*; ***lack*** ~ kein System haben; **2.** *ast.* Sy'stem *n*: ***solar*** ~; ***the*** ~ das Weltall; **3.** *geol.* Formati'on *f*; **4.** *pysiol.* a) (Or'gan)Syˌstem *n*, b) ***the*** ~ der Organismus: ***digestive*** ~ Verdauungssystem; ***get s.th. out of one's*** ~ F et. loswerden; **5.** (*Eisenbahn-, Straßen-, Verkehrs- etc.*)Netz *n*: ~ ***of roads***; **sys·tem·at·ic, sys·tem·at·i·cal** [ˌsɪstɪˈmætɪk(l)] *adj.* □ syste'matisch: a) plan-, zweckmäßig, -voll, b) me'thodisch (*vorgehend od. geordnet*); ˈ**sys·tem·a·tist** [-mətɪst] *s.* Syste'matiker *m*; **sys·tem·a·ti·za·tion** [ˌsɪstɪmətaɪˈzeɪʃn] *s.* Systematisierung *f*; ˈ**sys·tem·a·tize** [-tɪmətaɪz] *v/t.* systematisieren, in ein Sy'stem bringen.

sys·tem·ic [sɪsˈtemɪk] *adj.* (□ ~***ally***) *physiol.* Körper…, Organ…: ~ ***circulation*** großer Blutkreislauf; ~ ***disease*** Systemerkrankung *f.*

sys·tems| **a·nal·y·sis** *s. Computer*: Sy'stemanaˌlyse *f*; ~ **an·a·lyst** *s.* Sy'stemanaˌlytiker *m.*

sys·to·le [ˈsɪstəlɪ] *s.* Sy'stole *f*: a) ⚕ *Zs.-ziehung des Herzmuskels*, b) *Metrik*: *Verkürzung e-r langen Silbe.*

T

T, t [ti:] *pl.* **T's, Ts, t's, ts** *s.* **1.** T *n*, t *n* (*Buchstabe*): ***to a T*** haargenau; ***it suits me to a T*** das paßt mir ausgezeichnet; ***cross the T's*** a) peinlich genau sein, b) es klar u. deutlich sagen; **2.** *a.* ***flanged T*** ⚙ T-Stück *n*.

ta [tɑ:] *int. Brit.* F danke.

Taal [tɑ:l] *s. ling.* Afri'kaans *n*.

tab [tæb] *s.* **1.** Streifen *m*, *bsd.* a) Schlaufe *f*, (Mantel)Aufhänger *m*, b) Lappen *m*, Zipfel *m*, c) (Schuh)Lasche *f*, (Stiefel)Strippe *f*, d) Dorn *m am Schnürsenkel*, e) Ohrklappe *f* (*Mütze*); **2.** ⚔ (Kragen)Spiegel *m*; **3.** Schildchen *n*, Anhänger *m*, Eti'kett *n*; (Kar'tei)Reiter *m*; **4.** F a) Rechnung *f*, b) Kon'trolle *f*: ***keep ~(s) on*** *fig.* kontrollieren, beobachten, sich auf dem laufenden halten über (*acc.*); ***pick up the ~*** *Am.* (die Rechnung) bezahlen; **5.** ⚙ Nase *f*; **6.** ✈ Trimmruder *n*.

tab·by ['tæbɪ] **I** *s.* **1.** *obs.* Moi'ré *m*, *n* (*Stoff*); **2.** *mst* ***~ cat*** a) getigerte *od.* gescheckte Katze, b) (weibliche) Katze; **3.** F a) alte Jungfer, b) Klatschbase *f*; **II** *adj.* **4.** *obs.* Moiré...; **5.** gestreift; scheckig; **III** *v/t.* **6.** *Seide* moirieren.

tab·er·nac·le ['tæbənækl] *s.* **1.** *bibl.* Zelt *n*, Hütte *f*; **2.** ♀ *eccl.* Stiftshütte *f der Juden*: ***Feast of ♀s*** Laubhüttenfest *n*; **3.** *eccl.* a) (jüdischer) Tempel, b) ♀ Mor'monentempel *m*, c) Bethaus *n der Dissenter*; **4.** Taber'nakel *n*: a) *R.C.* Sakra'mentshäuschen *n*, b) △ Statuennische *f*; **5.** *fig.* Leib *m* (*als Wohnsitz der Seele*); **6.** ⚓ Mastbock *m*.

tab·la·ture ['tæblətʃə] *s.* **1.** Bild *n*: a) Tafelgemälde *n*, b) bildliche Darstellung (*a. fig.*); **2.** ♪ *hist.* Tabula'tur *f*.

ta·ble ['teɪbl] **I** *s.* **1.** *allg.* Tisch *m*: ***lay*** (*od.* ***put***) ***s.th. on the ~*** → 14 u. 15a; ***set*** (*od.* ***lay, spread***) ***the ~*** den Tisch decken; ***lay s.th. on the ~*** → 15a; ***turn the ~s*** (***on s.o.***) den Spieß umdrehen (gegenüber j-m); ***the ~s are turned*** das Blatt hat sich gewendet; **2.** Tafel *f*, Tisch *m*: a) gedeckter Tisch, b) Kost *f*, Essen *n*: ***at ~*** bei Tisch, beim Essen; ***keep*** (*od.* ***set***) ***a good ~*** e-e gute Küche führen; ***the Lord's ~*** der Tisch des Herrn, das Heilige Abendmahl; **3.** (Tisch-, Tafel)Runde *f*; → ***round table***; **4.** Komi'tee *n*, Ausschuß *m*; **5.** *geol.* Tafel(land *n*) *f*, Pla'teau *n*: ***~ mountain*** Tafelberg *m*; **6.** △ a) Tafel *f*, Platte *f*, b) Sims *m*, *n*, Fries *m*; **7.** (Holz-, Stein-, *a.* Gedenk- *etc.*)Tafel *f*: ***the*** (***two***) ***~s of the law*** die Gesetzestafeln, die Zehn Gebote Gottes; **8.** Ta'belle *f*, Verzeichnis *n*: ***~ of contents*** Inhaltsverzeichnis; ***~ of wages*** Lohntabelle; **9.** 𝔄 Tabelle *f*: ***~ of logarithms*** Logarithmentafel *f*; ***learn one's ~s*** rechnen lernen; **10.** *anat.* Tafel *f*, Tabula *f* (ex'terna *od.* in'terna) (*Schädeldach*); **11.** ⚙ (Auflage)Tisch *m*; **12.** *opt.* Bildebene *f*; **13.** *Chiromantie*: Handteller *m*; **II** *v/t.* **14.** auf den Tisch legen (*a. fig. vorlegen*); **15.** *bsd. parl.* a) *Brit. Antrag etc.* einbringen, b) *Am.* zu'rückstellen, *bsd. Gesetzesvorlage* ruhen lassen; **16.** in e-e Tabelle eintragen, tabel'larisch verzeichnen.

ta·bleau ['tæbləʊ] *pl.* **'ta·bleaux** [-əʊz] *s.* **1.** Bild *n*: a) Gemälde *n*, b) anschauliche Darstellung; **2.** *Brit.* dra'matische Situati'on, über'raschende Szene: ***~!*** Tableau!, man stelle sich die Situation vor!; **3.** → ***~ vi·vant*** [vi:'vɑ̃:ŋ] (*Fr.*) *s.* a) lebendes Bild, b) *fig.* malerische Szene.

'ta·ble|·cloth *s.* Tischtuch *n*, -decke *f*; **'~-cut** *adj.* mit Tafelschnitt (versehen) (*Edelstein*).

ta·ble d'hôte [ˌtɑ:bl'dəʊt] (*Fr.*) *s. a.* ***~ meal*** Me'nü *n*.

ta·ble| knife *s.* [*irr.*] *Brit.* Tafel-, Tischmesser *n*; **'~·land** *s. geogr., geol.* Tafelland *n*, Hochebene *f*; **'~-ˌlift·ing** → ***table-turning***; **~ light·er** *s.* Tischfeuerzeug *n*; **~ lin·en** *s.* Tischwäsche *f*; **~ mat** *s.* Set *n*, *m*; **~ nap·kin** *s.* Servi'ette *f*; **'~-ˌrap·ping** *s. Spiritismus*: Tischklopfen *n*; **~ salt** *s.* Tafelsalz *n*; **~ set** *s. Radio, TV*: Tischgerät *n*; **'~·spoon** *s.* Eßlöffel *m*; **'~ˌspoon·ful** *s. ein* Eßlöffel(voll) *m*.

tab·let ['tæblɪt] *s.* **1.** Täfelchen *n*; **2.** (Gedenk-, Wand- *etc.*)Tafel *f*; **3.** *hist.* Schreibtafel *f*; **4.** (No'tiz-, Schreib-, Zeichen)Block *m*; **5.** a) Stück *n Seife*, b) Tafel *f Schokolade*; **6.** *pharm.* Ta'blette *f*; **7.** △ Kappenstein *m*.

ta·ble| talk *s.* Tischgespräch *n*; **~ ten·nis** *s.* Tischtennis *n*; **~ top** *s.* Tischplatte *f*; **'~-ˌturn·ing** *s. Spiritismus*: Tischrücken *n*; **'~·ware** *s.* Tischgeschirr *n*; **~ wa·ter** *s.* Tafel-, Mine'ralwasser *n*.

tab·loid ['tæblɔɪd] **I** *s.* **1.** Bildzeitung *f*, Boule'vard-, Sensati'onsblatt *n*; *pl. a.* Boule'vardpresse *f*; **2.** *Am.* Informati'onsblatt *n*; **3.** *fig.* Kurzfassung *f*; **II** *adj.* **4.** konzentriert: ***in ~ form***.

ta·boo [tə'bu:] **I** *adj.* ta'bu: a) unantastbar, b) verboten, c) verpönt; **II** *s.* Ta'bu *n*: ***put s.th. under*** (***a***) ***~*** → **III** *v/t.* für tabu erklären, tabuisieren.

tab·o(u)·ret ['tæbərɪt] *s.* **1.** Hocker *m*, Tabu'rett *n*; **2.** Stickrahmen *m*.

tab·u·lar ['tæbjʊlə] *adj.* □ **1.** tafelförmig, Tafel..., flach; **2.** dünn; **3.** blättrig; **4.** tabel'larisch, Tabellen...: ***~ standard*** ✝ Preisindexwährung *f*.

ta·bu·la ra·sa [ˌtæbjʊlə'rɑ:sə] (*Lat.*) *s.* Tabula *f* rasa: a) unbeschriebenes Blatt, völlige Leere, b) reiner Tisch.

tab·u·late ['tæbjʊleɪt] **I** *v/t.* tabellarisieren, tabel'larisch (an)ordnen; **II** *adj.* → ***tabular***; **tab·u·la·tion** [ˌtæbjʊ'leɪʃn] *s.* **1.** Tabellarisierung *f*; **2.** Ta'belle *f*; **'tab·u·la·tor** [-tə] *s.* **1.** Tabellarisierer *m*; **2.** ⚙ Tabu'lator *m* (*Schreibmaschine*).

tach [tæk] F *für* ***tachometer***.

tach·o·graph ['tækəʊgrɑ:f] *s.* ⚙ Tacho'graph *m*, Fahrtenschreiber *m*.

ta·chom·e·ter [tæ'kɒmɪtə] *s.* ⚙ Tacho'meter *n*, Geschwindigkeitsmesser *m*.

tac·it ['tæsɪt] *adj.* □ *bsd.* ⚖ stillschweigend: ***~ approval***.

tac·i·turn ['tæsɪtɜ:n] *adj.* □ schweigsam, wortkarg; **tac·i·tur·ni·ty** [ˌtæsɪ'tɜ:nətɪ] *s.* Schweigsamkeit *f*, Verschlossenheit *f*.

tack¹ [tæk] **I** *s.* **1.** (Nagel)Stift *m*, Reißnagel *m*, Zwecke *f*; **2.** *Näherei*: Heftstich *m*; **3.** ⚓ a) Halse *f*, b) Haltetau *n*; **4.** ⚓ Schlag *m*, Gang *m* (*beim Lavieren od. Kreuzen*): ***be on the port ~*** auf Backbordhalsen liegen; **5.** ⚓ Lavieren *n* (*a. fig.*); **6.** *fig.* Kurs *m*, Weg *m*, Richtung *f*: ***on the wrong ~*** auf dem Holzwege; ***try another ~*** es anders versuchen; **7.** *parl. Brit.* 'Zusatzantrag *m*, -arˌtikel *m*; **8.** ⚙ Klebrigkeit *f*; **II** *v/t.* **9.** heften (***to*** an *acc.*); **10.** *a.* ***~ down*** festmachen; **11.** *a.* ***~ together*** anein'anderfügen (*a. fig.*); **12.** (***on, to***) anfügen (an *acc.*): ***~ mortgages*** *Brit.* Hypotheken (verschiedenen Ranges) zs.-schreiben; ***~ securities*** ⚖ *Brit.* Sicherheiten zs.-fassen; ***~ a rider to a bill*** *parl. Brit.* e-e Vorlage mit e-m Zusatzantrag koppeln; **13.** ⚙ heftschweißen; **III** *v/i.* **14.** ⚓ a) wenden, b) lavieren (*a. fig.*).

tack² [tæk] *s.* F Nahrung *f*, ‚Fraß' *m*.

tack·le ['tækl] **I** *s.* **1.** Gerät *n*, (Werk-)Zeug *n*, Ausrüstung *f*; **2.** (Pferde)Geschirr *n*; **3.** *a.* ***block and ~*** ⚙ Flaschenzug *m*; **4.** ⚓ Talje *f*; **5.** ⚓ Takel-, Tauwerk *n*; **6.** *Fußball etc.*: Angreifen *n* (*e-s Gegners im Ballbesitz*); **7.** *amer. Fußball*: Halbstürmer *m*; **II** *v/t.* **8.** *et. od. j-n* packen; **9.** *Fußball etc.*: *Gegner im Ballbesitz* angreifen, stoppen; **10.** *j-n* angreifen, anein'andergeraten mit; **11.** *fig. j-n* (*mit Fragen etc.*) angehen (***on*** wegen); **12.** *fig.* a) *Problem etc.* anpacken, angehen, in Angriff nehmen, b) *Aufgabe etc.* lösen, fertig werden mit.

'tack-weld *v/t.* ⚙ heftschweißen.

tack·y ['tækɪ] *adj.* **1.** klebrig, zäh; **2.** *Am.* F a) schäbig, her'untergekommen, b) 'unmoˌdern, c) protzig.

tact [tækt] *s.* **1.** Takt *m*, Takt-, Zartgefühl *n*; **2.** Feingefühl *n* (**of** für); **3.** ♪ Takt(schlag) *m*; **'tact·ful** [-fʊl] *adj.* □ taktvoll; **'tact·ful·ness** [-fʊlnɪs] → **tact** 1.

tac·ti·cal ['tæktɪkl] *adj.* □ ⚔ taktisch (*a. fig. planvoll, klug*); **tac·ti·cian** [tæk'tɪʃn] *s.* ⚔ Taktiker *m* (*a. fig.*); **'tac·tics** [-ks] *s.* **1.** *sg. od. pl. konstr.* ⚔ Taktik *f*; **2.** *nur pl. konstr. fig.* Taktik *f*, planvolles Vorgehen.

tac·tile ['tæktaɪl] *adj.* **1.** tak'til, Tast…: **~ sense** Tastsinn *m*; **~ hair** *zo.*, ⚘ Tasthaar *n*; **2.** tast-, greifbar; **tac·til·i·ty** [tæk'tɪlətɪ] *s.* Greif-, Tastbarkeit *f*.

tact·less ['tæktlɪs] *adj.* □ taktlos; **'tact·less·ness** [-nɪs] *s.* Taktlosigkeit *f*.

tac·tu·al ['tæktjʊəl] *adj.* □ tastbar, Tast…: **~ sense** Tastsinn *m*.

tad·pole ['tædpəʊl] *s. zo.* Kaulquappe *f*.

taf·fe·ta ['tæfɪtə] *s.* Taft *m*.

taf·fy[1] ['tæfɪ] *s.* **1.** *Am.* → **toffee**; **2.** F ‚Schmus' *m*, Schmeiche'lei *f*.

Taf·fy[2] ['tæfɪ] *s. sl.* Wa'liser *m*.

tag[1] [tæg] **I** *s.* **1.** (loses) Ende, Anhängsel *n*, Zipfel *m*, Fetzen *m*, Lappen *m*; **2.** Eti'kett *n*, Anhänger *m*, Schildchen *n*; Abzeichen *n*, Pla'kette *f*: **~ day** *Am.* Sammeltag *m*; **3.** a) Schlaufe *f am Stiefel*, b) (Schnürsenkel)Stift *m*; **4.** ⚙ a) Lötklemme *f*, b) Lötfahne *f*; **5.** a) Schwanzspitze *f* (*bsd. e-s Fuchses*), b) Wollklunker *f*, *m* (*Schaf*); **6.** (Schrift-) Schnörkel *m*; **7.** *ling.* Frageanhängsel *n*; **8.** Re'frain *m*, Kehrreim *m*; **9.** Schlußwort *n*, Po'inte *f*, Mo'ral *f*; **10.** stehende Redensart, bekanntes Zi'tat; **11.** Bezeichnung *f*, Beiname *m*; **12.** *Computer*: Identifizierungskennzeichen *n*; **13.** *Am.* Strafzettel *m*; **14.** → **rag-tag**; **II** *v/t.* **15.** mit e-m Etikett *etc.* versehen, etikettieren; *Waren* auszeichnen; *et.* markieren; **16.** mit e-m Schlußwort *od.* e-r Moral versehen; **17.** *Rede etc.* verbrämen; **18.** *et.* anhängen (**to** an *acc.*); **19.** *Schafen* Klunkerwolle abscheren; **20.** F hinter *j-m* ‚herlatschen'; **III** *v/i.* **21.** **~ along** F hinter'herlaufen: **~ after** → 20.

tag[2] [tæg] **I** *s.* Fangen *n*, Haschen *n* (*Kinderspiel*); **II** *v/t.* haschen.

tag end *s.* F **1.** ‚Schwanz' *m*, Schluß *m*; **2.** *Am.* a) (letzter) Rest, b) Fetzen *m* (*a. fig.*).

Ta·hi·ti·an [tɑː'hiːʃn] **I** *s.* **1.** Tahiti'aner (-in); **2.** *ling.* Ta'hitisch *n*; **II** *adj.* **3.** ta'hitisch.

tail[1] [teɪl] **I** *s.* **1.** *zo.* Schwanz *m*, (Pferde-) Schweif *m*: **turn ~** *fig.* ausreißen, davonlaufen; **twist s.o.'s ~** j-n piesacken; **close on s.o.'s ~** j-m dicht auf den Fersen; **~s up** fidel, hochgestimmt; **keep your ~ up!** laß dich nicht unterkriegen!; **with one's ~ between one's legs** *fig.* mit eingezogenem Schwanz; **the ~ wags the dog** *fig.* der Kleinste hat das Sagen; **2.** F Hinterteil *m*, Steiß *m*; **3.** *fig.* Schwanz *m*, Ende *n*, Schluß *m* (*e-r Marschkolonne, e-s Briefes etc.*): **~ of a comet** *ast.* Kometenschweif *m*; **the ~ of the class** *ped.* der ‚Schwanz' *od.* die Schlechtesten der Klasse; **~ of a note** ♪ Notenhals *m*; **~ of a storm** (ruhigeres) Ende e-s Sturms; **out of the ~ of one's eye** aus den Augenwinkeln; **4.** Haarzopf *m*, -schwanz *m*; **5.** a) Schleppe *f e-s Kleides*, b) (Rock-, Hemd)Schoß *m*, c) *pl.* Gesellschaftsanzug *m*, *bsd.* Frack *m*; **6.** ✈ Schwanz *m*, Heck *n*; **7.** *mst pl.* Rück-, Kehrseite *f e-r Münze*; **8.** a) Gefolge *n*, b) Anhang *m e-r Partei*, große Masse *e-r Gemeinschaft*; **9.** F ‚Beschatter' *m* (*Detektiv etc.*): **put a ~ on s.o.** j-n beschatten lassen; **10.** ✈ a) Leitwerk *n*, b) Heck *n*, Schwanz *m*; **II** *v/t.* **11.** mit e-m Schwanz versehen; **12.** *Marschkolonne etc.* beschließen; **13.** *a.* **~ on** befestigen, anhängen (**to** an *acc.*); **14.** *Tier* stutzen; **15.** *Beeren* zupfen, entstielen; **16.** F *j-n* ‚beschatten', verfolgen; **III** *v/i.* **17.** sich hinziehen: **~ away** (*od.* **off**) a) abflauen, -nehmen, sich verlieren, b) zurückbleiben, -fallen, c) sich auseinanderziehen (*Marschkolonne etc.*); **18.** F hinter'herlaufen (**after s.o.** j-m); **19.** **~ back** *mot. Brit.* e-n Rückstau bilden; **20.** △ eingelassen sein (**in**[**to**] in *acc. od. dat.*).

tail[2] [teɪl] ⚖ **I** *s.* Beschränkung *f* (*der Erbfolge*), beschränktes Erb- *od.* Eigentumsrecht: **heir in ~** Vorerbe *m*; **estate in ~ male** Fideikommiß *m*; **II** *adj.* beschränkt: **estate ~**.

'tail|·back *s. mot. Brit.* Rückstau *m*; **'~·board** *s.* Ladeklappe *f* (*a. mot.*); **~ coat** *s.* Frack *m*; **~ comb** *s.* Stielkamm *m*.

tailed [teɪld] *adj.* **1.** geschwänzt; **2.** *in Zssgn* …schwänzig.

tail| end *s.* **1.** Schluß *m*, Ende *n*; **2.** → **tail**[1] 2; **ˌ~'end·er** *s. sport* ‚Schlußlicht' *n*; **~ fin** *s.* **1.** *ichth.* Schwanzflosse *f*; **2.** ✈ Seitenflosse *f*; **~ fly** *s. Am.* (Angel-) Fliege *f*; **'~·gate I** *s.* **1.** a) → **tailboard**, b) *mot.* Hecktür *f*; **2.** Niedertor *n* (*e-r Schleuse*); **II** *v/t. u. v/i. mot.* (zu) dicht auffahren (auf *acc.*); **'~-gun** *s.* ✈ Heckwaffe *f*; **'~-ˌheav·y** *adj.* ✈ schwanzlastig.

tail·ing ['teɪlɪŋ] *s.* **1.** △ eingelassenes Ende; **2.** *pl.* a) (*bsd.* Erz)Abfälle *pl.*, b) Ausschußmehl *n*.

tail lamp *s. mot. etc.* Rück-, Schlußlicht *n*.

tail·less ['teɪllɪs] *adj.* schwanzlos.

'tail-light → **tail-lamp**.

tai·lor ['teɪlə] **I** *s.* **1.** Schneider *m*: **the ~ makes the man** Kleider machen Leute; **II** *v/t.* **2.** schneidern; **3.** schneidern für *j-n*; **4.** *j-n* kleiden; **5.** nach Maß arbeiten; **6.** *fig.* zuschneiden (**to** für *j-n*, auf *et.*); **'tai·lored** [-ləd] *adj.* maßgeschneidert, gut sitzend, tadellos gearbeitet: **~ suit** Maßanzug *m*; **~ costume** Schneiderkostüm *n*; **ˌtai·lor'ess** [-ə'res] *s.* Schneiderin *f*.

'tai·lor·made I *adj.* **1.** → **tailored** 1; **2.** ele'gant gekleidet (*Dame*); **3.** auf Bestellung angefertigt; **4.** *fig.* (genau) zugeschnitten (**for** auf *acc.*); **II** *s.* **5.** 'Schneiderkoˌstüm *n*.

'tail|·piece *s.* **1.** ♪ Saitenhalter *m*; **2.** *typ.* 'Schlußviˌgnette *f*; **~ pipe** *s. mot.* Auspuffrohr(ende) *n*; **~ plane** *s.* ✈ Höhenflosse *f*; **~ skid** *s.* ✈ Schwanzsporn *m*; **'~·spin** *s.* **1.** ✈ (Ab)Trudeln *n*; **2.** *fig.* Panik *f*; **'~·stock** *s.* ⚙ Reitstock *m* (*Drehbank*); **~ u·nit** *s.* ✈ (Schwanz)Leitwerk *n*; **~ wind** *s.* ✈ Rückenwind *m*.

taint [teɪnt] **I** *s.* **1.** *bsd. fig.* Fleck *m*, Makel *m*; *fig.* a) *krankhafter etc.* Zug, b) Spur *f*: **a ~ of suspicion** ein Anflug von Mißtrauen; **2.** ⚕ a) (verborgene) Ansteckung, b) (verborgene) Anlage (**of** zu *e-r Krankheit*): **hereditary ~** erbliche Belastung; **3.** *fig.* verderblicher Einfluß, Gift *n*; **II** *v/t.* **4.** *a. fig.* verderben, -giften; **5.** anstecken; **6.** *fig.* verderben: **be ~ed with** behaftet sein mit; **7.** *bsd. fig.* beflecken, besudeln; **III** *v/i.* **8.** verderben, schlecht werden; **'taint·less** [-lɪs] *adj.* □ makellos.

take [teɪk] **I** *s.* **1.** a) *Fischerei*: Fang *m*, b) *hunt.* Beute *f* (*beide a.* F *fig.*); **2.** F Einnahme(n *pl.*) *f*; **3.** F Anteil *m* (**of** an *dat.*); **4.** *Film etc.*: Aufnahme *f*; **5.** *typ.* Porti'on *f* (*Manuskript*); **6.** ⚕ a) Reakti'on *f* (*a. fig.*), b) Anwachsen *n* (*e-s Transplantats*); **7.** *Schach etc.*: Schlagen *n* (*e-r Figur*); **II** *v/t.* [*irr.*] **8.** *allg.*, *a. Abschied, Partner, Unterricht etc.* nehmen: **~ it or leave it** *sl.* mach, was du willst; **~n all in all** im großen ganzen; **taking one thing with another** eins zum anderen gerechnet; → **account** 9, **action** 8, **aim** 6, **care** 4, **consideration** 1, **effect** 1 *etc.*; **9.** (weg)nehmen; **10.** nehmen, fassen, packen, ergreifen; **11.** *Fische etc.* fangen; **12.** *Verbrecher etc.* fangen, ergreifen; **13.** ⚔ gefangennehmen, *Gefangene* machen; **14.** ⚔ *Stadt, Stellung etc.* (ein)nehmen, *a. Land* erobern; *Schiff* kapern; **15.** *j-n* erwischen, ertappen (**stealing** beim Stehlen, **in a lie** bei e-r Lüge); **16.** nehmen, sich aneignen, Besitz ergreifen von, sich bemächtigen (*gen.*); **17.** *Gabe etc.* (an-, entgegen)nehmen, empfangen; **18.** bekommen, erhalten; *Geld, Steuer etc.* einnehmen; *Preis etc.* gewinnen; **19.** (her'aus)nehmen (**from, out of** aus); *a. fig. Zitat etc.* entnehmen (**from** *dat.*): **I ~ it from s.o. who knows** ich habe (*weiß*) es von j-m, der es genau weiß; **20.** *Speise etc.* zu sich nehmen; *Mahlzeit* einnehmen; *Gift, Medizin etc.* nehmen; **21.** sich *e-e Krankheit* holen *od.* zuziehen: **be ~n ill** krank werden; **22.** nehmen: a) auswählen: **I am not taking any** *sl.* ‚ohne mich'!, b) kaufen, c) mieten, d) *Eintritts-, Fahrkarte* lösen, e) *Frau* heiraten, f) *e-r Frau* beischlafen, g) *Weg* wählen; **23.** mitnehmen: **~ me with you** nimm mich mit; **you can't ~ it with you** *fig.* im Grabe nützt (dir) aller Reichtum nichts mehr; **24.** (hin- *od.* weg)bringen; *j-n wohin* führen: **business took him to London**; **he was ~n to the hospital** er wurde in die Klinik gebracht; **25.** *j-n durch den Tod* nehmen, wegraffen; **26.** ♯ abziehen (**from** von); **27.** *j-n* treffen, erwischen (*Schlag*); **28.** *Hindernis* nehmen; **29.** *j-n* befallen, packen (*Empfindung, Krankheit*): **be ~n with** *e-e Krankheit* bekommen (→ 42); **~n with fear** von Furcht gepackt; **30.** *Gefühl* haben, bekommen, *Mitleid etc.* empfinden, *Mut* fassen, *Anstoß* nehmen; *Ab-, Zuneigung* fassen (**to** gegen, für): **~ alarm** beunruhigt sein (**at** über *acc.*); **~ comfort** sich trösten; → **fancy** 5, **pride** 1; **31.** *Feuer* fangen; **32.** *Bedeutung, Sinn, Eigenschaft, Gestalt* annehmen, bekommen: **~ a new meaning**; **33.** *Farbe, Geruch, Geschmack* annehmen; **34.** *sport u. Spiele*: a) *Ball, Punkt, Figur, Stein* abnehmen (**from** *dat.*), b) *Stein* schlagen, c) *Karte* stechen, d)

Spiel gewinnen; **35.** ⚖ *etc.* erwerben, *bsd.* erben; **36.** *Ware*, *Zeitung* beziehen; ✝ *Auftrag* her'einnehmen; **37.** nehmen, verwenden: **~ *4 eggs*** *Küche*: man nehme 4 Eier; **38.** *Zug*, *Taxi etc.* nehmen, benutzen; **39.** *Gelegenheit*, *Vorteil* ergreifen, wahrnehmen; → ***chance*** 2; **40.** (als Beispiel) nehmen; **41.** *Platz* einnehmen: **~*n*** besetzt; **42.** *fig. j-n*, *das Auge*, *den Sinn* gefangennehmen, fesseln, (für sich) einnehmen: ***be ~n with*** (*od.* ***by***) begeistert *od.* entzückt sein von (→ 29); **43.** *Befehl*, *Führung*, *Rolle*, *Stellung*, *Vorsitz* über'nehmen; **44.** *Mühe*, *Verantwortung* auf sich nehmen; **45.** leisten: a) *Arbeit*, *Dienst* verrichten, b) *Eid*, *Gelübde* ablegen, c) *Versprechen* (ab)geben; **46.** *Notiz*, *Aufzeichnung* machen, niederschreiben, *Diktat*, *Protokoll* aufnehmen; **47.** *phot. et. od. j-n* aufnehmen, *Bild* machen; **48.** *Messung*, *Zählung etc.* vornehmen, 'durchführen; **49.** *wissenschaftlich* ermitteln, *Größe*, *Temperatur etc.* messen; *Maß* nehmen; **50.** machen, tun: **~ *a look*** e-n Blick tun *od.* werfen; **~ *a swing*** schaukeln; **51.** *Maßnahme* ergreifen, treffen; **52.** *Auswahl* treffen; **53.** *Entschluß* fassen; **54.** *Fahrt*, *Spaziergang*, *a. Sprung*, *Verbeugung*, *Wendung etc.* machen; *Anlauf* nehmen; **55.** *Ansicht* vertreten; → ***stand*** 2, ***view*** 11; **56.** a) verstehen, b) auffassen, auslegen, c) *et. gut etc.* aufnehmen: ***do you ~ me?*** verstehen Sie(, was ich meine)?; ***I ~ it that*** ich nehme an, daß; **~ *s.th. ill of s.o.*** j-m et. übelnehmen; **~ *it seriously*** es ernst nehmen; **57.** ansehen *od.* betrachten (***as*** als); halten (***for*** für): ***I took him for an honest man***; **58.** sich *Rechte*, *Freiheiten* (her'aus)nehmen; **59.** a) *Rat*, *Auskunft* einholen, b) *Rat* annehmen, befolgen; **60.** *Wette*, *Angebot* annehmen; **61.** glauben: ***you may ~ it from me*** verlaß dich drauf!; **62.** *Beleidigung*, *Verlust etc.*, *a. j-n* hinnehmen, *Strafe*, *Folgen* auf sich nehmen, sich *et.* gefallen lassen: **~ *people as they are*** die Leute nehmen, wie sie (eben) sind; **63.** *et.* ertragen, aushalten: ***can you ~ it?*** kannst du das aushalten?; **~ *it*** F es ‚kriegen', es ausbaden (müssen); **64.** ⚕ sich *e-r Behandlung etc.* unter'ziehen; **65.** *ped. Prüfung* machen, ablegen: **~ *French*** Examen im Französischen machen; → ***degree*** 3; **66.** *Rast*, *Ferien etc.* machen, *Urlaub*, *a. Bad* nehmen; **67.** *Platz*, *Raum* ein-, wegnehmen, beanspruchen; **68.** a) *Zeit*, *Material etc.*, *a. fig. Geduld*, *Mut etc.* brauchen, erfordern, kosten, *gewisse Zeit* dauern: ***it took a long time*** es dauerte *od.* brauchte lange; ***it ~s brains and courage*** es erfordert Verstand u. Mut; ***it ~s a man to do that*** das kann nur ein Mann (fertigbringen), b) *j-n et.* kosten, *j-m et.* abverlangen: ***it took him*** (*od.* ***he took***) ***3 hours*** es kostete *od.* er brauchte 3 Stunden; → ***time*** 9; **69.** *Kleidergröße*, *Nummer* haben: ***which size in hats do you ~?***; **70.** *ling.* a) *grammatische Form* annehmen, im *Konjunktiv etc.* stehen, b) *Akzent*, *Endung*, *Objekt etc.* bekommen; **71.** aufnehmen, fassen, Platz bieten für; **III** *v/i.* [*irr.*] **72.** ♀ *Wurzel* schlagen; **73.** ♀, ⚕ anwachsen (*Pfropfreis*, *Steckling*, *Transplantat*); **74.** ⚕ wirken, anschlagen (*Droge etc.*); **75.** F ‚ankommen', ‚ziehen', ‚einschlagen', Anklang finden (*Buch*, *Theaterstück etc.*); **76.** ⚖ das Eigentumsrecht erlangen, *bsd.* erben, (als Erbe) zum Zuge kommen; **77.** sich *gut etc.* fotografieren (lassen); **78.** Feuer fangen; **79.** anbeißen (*Fisch*); **80.** ⚙ an-, eingreifen;

Zssgn mit prp.:

take| aft·er *v/i. j-m* nachschlagen, -geraten, ähneln (*dat.*); **~ for** *v/t.* **1.** halten für; **2.** auf *e-n Spaziergang etc.* mitnehmen; **~ from I** *v/t.* **1.** *j-m* wegnehmen; **2.** ℞ abziehen von; **II** *v/i.* **3.** Abbruch tun (*dat.*), schmälern (*acc.*), her'absetzen (*acc.*); **4.** beeinträchtigen, mindern, (ab)schwächen; **~ in·to** *v/t.* **1.** (hin)'einführen in (*acc.*); **2.** bringen in (*acc.*); **~ to** *v/i.* **1.** a) sich begeben in (*acc.*) *od.* nach *od.* zu, b) sich flüchten in (*acc.*) *od.* zu, c) *fig.* Zuflucht nehmen zu: **~ *the stage*** zur Bühne gehen; → ***bed*** 1, ***heel***[1] *Redew.*, ***road*** 1; **2.** a) (her'an)gehen *od.* sich begeben an *e-e Arbeit etc.*, b) sich *e-r Sache* widmen, sich abgeben mit: **~ *doing s.th.*** dazu übergehen, et. zu tun; **3.** *et.* anfangen, sich ergeben (*dat.*), sich verlegen auf (*acc.*); *schlechte Gewohnheiten* annehmen: **~ *drink*(*ing*)** sich aufs Trinken verlegen, das Trinken anfangen; **4.** sich hingezogen fühlen zu, Gefallen finden an *j-m*; **~ up·on** *v/t.*: **~ *o.s.*** *et.* auf sich nehmen: ***take it upon o.s. to do s.th.*** a) es auf sich nehmen, et. zu tun, b) sich berufen fühlen, et. zu tun; **~ with** *v/i.* verfangen bei *j-m*: ***that won't ~ me*** das ‚zieht' bei mir nicht;

Zssgn mit adv.:

take| a·back *v/t.* verblüffen, über'raschen; → ***aback*** 3; **~ a·long** *v/t.* mitnehmen; **~ a·part** *v/t.* (*a.* F *fig. Gegner etc.*) ausein'andernehmen; **~ a·side** *v/t. j-n* bei'seite nehmen; **~ a·way** *v/t.* wegnehmen (***from s.o.*** j-m, ***from s.th.*** von et.): ***pizzas to ~*** (*Schild*) Pizzas zum Mitnehmen; **~ back** *v/t.* **1.** zu'rücknehmen (*a. fig. sein Wort*); **2.** *j-n im Geist* zu'rückversetzen (***to*** in *e-e Zeit*); **~ down** *v/t.* **1.** her'unter-, abnehmen; **2.** *Gebäude* abreißen, abtragen, *Gerüst* abnehmen; **3.** ⚙ *Motor etc.* zerlegen; **4.** *Baum* fällen; **5.** *Arznei etc.* (hin'unter-)schlucken; **6.** *j-n* demütigen, ‚ducken'; **7.** nieder-, aufschreiben, notieren; **~ for·ward** *v/t.* weiterführen, -bringen; **~ in** *v/t.* **1.** *Wasser etc.* (her)'einlassen; **2.** *Gast etc.* einlassen, aufnehmen; **3.** *Heimarbeit* annehmen; **4.** *Geld* einnehmen; **5.** ✝ *Waren* her'einnehmen; **6.** *Zeitung* halten; **7.** *fig.* in sich aufnehmen; *Lage* über'schauen; **8.** für bare Münze nehmen, glauben; **9.** her'einnehmen, einziehen, ⚓ *Segel* einholen; **10.** *Kleider* kürzer *od.* enger machen; **11.** einschließen (*a. fig. umfassen*); **12.** F *j-n* reinlegen: ***be taken in*** a) reinfallen, b) reingefallen sein; **~ off I** *v/t.* **1.** wegnehmen, -bringen, -schaffen; fortführen: ***take o.s. off*** sich fortmachen; **2.** *durch den Tod* hinraffen; **3.** *Verkehrsmittel* einstellen; **4.** *Hut etc.* abnehmen, *Kleidungsstück* ablegen, ausziehen; **5.** ⚕ abnehmen, amputieren; **6.** a) *Rabatt* abziehen, b) *Steuer etc.* senken; **7.** hin'unter-, austrinken; **8.** *thea. Stück* absetzen; **9.** ***take a day off*** sich e-n Tag freinehmen; **10.** *j-n* nachmachen, -äffen, imitieren; **II** *v/i.* **11.** *sport* abspringen; **12.** ✈ aufsteigen, starten; **13.** fortgehen, sich entfernen; **~ on I** *v/t.* **1.** *Arbeit* annehmen, über'nehmen; **2.** *Arbeiter* ein-, anstellen; *Mitglied* aufnehmen; **3.** a) *j-n* (als Gegner) annehmen, b) es aufnehmen mit *od.* gegen; **4.** *Wette* eingehen; **5.** *Eigenschaft*, *Gestalt*, *Farbe* annehmen; **II** *v/i.* **6.** F ‚sich haben', großes The'ater machen: ***don't ~ so!***; **~ out** *v/t.* **1.** a) her'ausnehmen, *a. Geld* abheben, b) wegnehmen, entfernen (***of*** von, aus); **2.** *Fleck* entfernen (***of*** aus); **3.** ✝, ⚖ *Patent*, *Vorladung etc.* erwirken; *Versicherung* abschließen; **4.** ***take it out*** sich schadlos halten (***in*** an *e-r Sache*); ***take it out of*** a) sich rächen *od.* schadlos halten für (*Beleidigung etc.*), b) *j-n* ‚kaputtmachen', erschöpfen, c) *sl. j-n* ‚wegputzen', liquidieren: ***take it out on s.o.*** s-n Zorn an j-m auslassen; **5.** (***of s.o.*** j-m) *den Unsinn etc.* austreiben; **6.** *j-n zum Abendessen etc.* ausführen; *Kinder* spazierenführen; **~ o·ver I** *v/t.* **1.** *Amt*, *Aufgabe*, *die Macht etc.*, *a. Idee etc.* über'nehmen; **II** *v/i.* **2.** die Amtsgewalt, Leitung *etc.* über'nehmen; die Sache in die Hand nehmen: **~ *for s.o.*** j-s Stelle einnehmen; **3.** *fig.* in den Vordergrund treten; **~ up I** *v/t.* **1.** aufheben, -nehmen; **2.** *Pflaster* aufreißen; **3.** *Gerät*, *Waffe* erheben, ergreifen (***against*** gegen); **4.** *Reisende* mitnehmen; **5.** *Flüssigkeit* aufsaugen, -nehmen; **6.** *Tätigkeit* aufnehmen; sich befassen mit, sich verlegen auf (*acc.*); *Beruf* ergreifen; **7.** *Fall*, *Idee etc.* aufgreifen: ***take s.o. up on s.th.*** bei j-m wegen e-r Sache einhaken (→ 17); **8.** *Erzählung etc.* fortführen; **9.** *Platz*, *Zeit*, *Gedanken etc.* ausfüllen, beanspruchen, in Anspruch nehmen: ***taken up with*** in Anspruch genommen von; **10.** *Wohnsitz* aufschlagen; **11.** *Stelle* antreten; **12.** *Posten* einnehmen; **13.** *Verbrecher* aufgreifen, verhaften; **14.** *Masche* aufnehmen; **15.** ⚕ *Gefäß* abbinden; **16.** ✝ a) *Anleihe*, *Kapital* aufnehmen, b) *Aktien* zeichnen, c) *Wechsel* einlösen; **17.** *Wette*, *Herausforderung* annehmen: ***take s.o. up on it*** die Herausforderung annehmen; **18.** a) *e-m Redner* ins Wort fallen, b) *j-n* zu'rechtweisen, korrigieren; **II** *v/i.* **19.** **~ *with*** anbändeln *od.* sich einlassen mit.

'take|·a·way *Brit.* **I** *adj.* zum Mitnehmen: **~ *meals***; **II** *s.* Restau'rant *n* mit Straßenverkauf; **'~·down I** *adj.* zerlegbar; **II** *s.* Zerlegen *n*; **'~-home pay** *s.* Nettolohn *m*, -gehalt *n*; **'~-in** *s.* F **1.** Schwindel *m*, Betrug *m*; **2.** ‚Reinfall' *m*.

tak·en ['teɪkən] *p.p. von* ***take***.

'take|-off *s.* **1.** ✈ Start *m* (*a. mot.*), Abflug *m*; → ***assist*** 1; **2.** *sport* a) Absprung *m*, b) Absprungstelle *f*: **~ *board*** Absprungbalken *m*; **3.** *a.* **~ *point*** *fig.* Ausgangspunkt *m*; **4.** Nachahmung *f*, -äffung *f*, Karika'tur *f*; **'~·out** *Am.* **I** *adj.* **1.** → ***takeaway*** I; **II** *s.* **2.** → ***takeaway*** II; **3.** *sl.* Liquidierung *f*; **'~ˌo·ver** *s.* **1.** ✝ 'Übernahme *f e-r Firma*: **~ *bid*** Übernahmeangebot *n*; **2.** *pol.* 'MachtˌÜbernahme *f*.

tak·er ['teɪkə] *s.* **1.** Nehmer(in); **2.** ✝ Käufer(in); **3.** Wettende(r *m*) *f*.

tak·ing ['teɪkɪŋ] **I** *s.* **1.** (An-, Ab-, Auf-, Ein-, Ent-, Hin-, Weg- *etc.*)Nehmen *n* (*etc.* → ***take*** II); ⚖ Wegnahme *f*; **2.** Inbe'sitznahme *f*; **3.** ⚔ Einnahme *f*, Eroberung *f*; **4.** *pl.* ✝ Einnahmen *pl.*; **5.** F Aufregung *f*; **II** *adj.* □ **6.** fesselnd; **7.** anziehend, einnehmend, gewinnend; **8.** F ansteckend.

talc [tælk] *s.* Talk *m.*

tal·cum ['tælkəm] *s.* Talk *m*; ~ **pow·der** *s.* **1.** Talkum(puder *m*) *n*; **2.** Körperpuder *m.*

tale [teɪl] *s.* **1.** Erzählung *f*, Bericht *m*: ***it tells its own*** ~ es spricht für sich selbst; **2.** Erzählung *f*, Geschichte *f*: ***old wives'*** ~ Ammenmärchen *n*; ***thereby hangs a*** ~ damit ist e-e Geschichte verknüpft; **3.** Sage *f*, Märchen *n*; **4.** Lüge(ngeschichte) *f*, Unwahrheit *f*; **5.** Klatschgeschichte *f*: ***tell*** (*od.* ***carry***, ***bear***) ~***s*** klatschen; ***tell*** ~***s*** (***out of school***) *fig.* aus der Schule plaudern; '~,**bear·er** *s.* Klatschmaul *n*; '~,**bear·ing** *s.* Zuträge'rei *f*, Klatsch(e'rei *f*) *m.*

tal·ent ['tælənt] *s.* **1.** Ta'lent *n*, Begabung *f* (*beide a. Person*): ~ ***for languages*** Sprachtalent; **2.** *coll.* Ta'lente *pl.* (*Personen*): ***engage the best*** ~ die besten Kräfte verpflichten; ~ ***scout*** Talentsucher *m*; ~ ***show*** ,Talentschuppen' *m*; **3.** *bibl.* Pfund *n*; '**tal·ent·ed** [-tɪd] *adj.* talen'tiert, ta'lentvoll, begabt; '**tal·ent·less** [-lɪs] *adj.* 'untalen,tiert, ta'lentlos.

ta·les·man ['teɪli:zmən] *s.* [*irr.*] Ersatzgeschworene(r) *m.*

'**tale,tell·er** *s.* **1.** Märchen-, Geschichtenerzähler(in); **2.** Flunkerer *m*; **3.** Klatschmaul *n.*

tal·is·man ['tælɪzmən] *pl.* **-mans** *s.* 'Talisman *m.*

talk [tɔ:k] **I** *s.* **1.** Reden *n*; **2.** Gespräch *n*: a) Unter'haltung *f*, Plaude'rei *f*, b) *a. pol.* Unter'redung *f*: ***have a*** ~ ***with s.o.*** mit j-m reden *od.* plaudern, sich mit j-m unterhalten; **3.** Ansprache *f*; **4.** *bsd. Radio*: a) Plaude'rei *f*, b) Vortrag *m*; **5.** Gerede *n*, Geschwätz *n*: ***he is all*** ~ er ist ein großer Schwätzer; ***end in*** ~ im Sand verlaufen; ***there is*** ~ ***of his being bankrupt*** es heißt, daß er bank(e)rott ist; → ***small talk***; **6.** Gesprächsgegenstand *m*: ***be the*** ~ ***of the town*** Stadtgespräch sein; **7.** Sprache *f*, Art *f* zu reden; → ***baby talk***; **II** *v/i.* **8.** reden, sprechen: ~ ***big*** große Reden führen, ,angeben'; ~ ***round s.th.*** um et. herumreden; **9.** reden, sprechen, plaudern, sich unter'halten (***about***, ***on*** über *acc.*, ***of*** von): ~ ***at*** *j-n* indirekt ansprechen, meinen; ~ ***to s.o.*** a) mit j-m sprechen *od.* reden, b) F j-m die Meinung sagen; ~ ***to o.s.*** Selbstgespräche führen; ~***ing of*** da wir gerade von ... sprechen; ***you can*** ~***!*** F du hast gut reden!; ***now you are*** ~***ing!*** *sl.* das läßt sich eher hören!; **10.** *contp.* reden, schwatzen; **11.** *b.s.* reden, klatschen (***about*** über *acc.*); **III** *v/t.* **12.** *et.* reden: ~ ***nonsense***; ~ ***sense*** vernünftig reden; **13.** reden *od.* sprechen über (*acc.*): ~ ***business*** (***politics***); **14.** *Sprache* sprechen: ~ ***French***; **15.** reden: ~ ***o.s. hoarse*** sich heiser reden; ~ ***s.o. into believing s.th.*** j-n et. glauben machen; ~ ***s.o. into*** (***out of***) ***s.th.*** j-m et. ein- (aus-) reden;

Zssgn mit adv.:

talk| a·way *v/t.* *Zeit* verplaudern; ~ **back** *v/i.* e-e freche Antwort geben; ~ **down I** *v/t.* **1.** a) *j-n* unter den Tisch reden, b) niederschreien; **2.** *Flugzeug* ,her'untersprechen'; **II** *v/i.* **3.** (***to***) sich dem (*niedrigen*) Ni'veau (*e-r Zuhörerschaft*) anpassen; ~ **o·ver** *v/t.* **1.** *j-n* über'reden; **2.** *et.* besprechen, 'durchsprechen; ~ **round** → ***talk over*** 1; ~ **up I** *v/i.* **1.** laut u. deutlich reden; **II** *v/t.* *Am.* F **2.** *et.* rühmen, anpreisen; **3.** *et.* frei her'aussagen.

talk·a·thon ['tɔ:kəθɒn] *s.* *Am.* F Marathonsitzung *f*.

talk·a·tive ['tɔ:kətɪv] *adj.* □ geschwätzig, gesprächig, redselig; '**talk·a·tive·ness** [-nɪs] *s.* Geschwätzigkeit *f etc.*

talk·ee-talk·ee [,tɔ:kɪ'tɔ:kɪ] *s.* F *contp.* Geschwätz *n.*

talk·er ['tɔ:kə] *s.* **1.** Schwätzer(in); **2.** Sprecher *m*, Sprechende(r *m*) *f*: ***he is a good*** ~ er kann (gut) reden.

talk·ie ['tɔ:kɪ] *s.* F Tonfilm *m.*

talk·ing ['tɔ:kɪŋ] **I** *s.* **1.** Sprechen *n*, Reden *n*: ***he did all the*** ~ er führte allein das Wort; ***let him do the*** ~ laß(t) ihn (für uns alle) sprechen; **II** *adj.* **2.** sprechend: ~ ***doll***; ~ ***parrot***; **3.** *teleph.* Sprech...: ~ ***current***; **4.** *fig.* sprechend: ~ ***eyes***; ~ **film**, ~ (**mo·tion**) **pic·ture** *s.* Tonfilm *m*; '~**-to** *s.* F: ***give s.o. a*** ~ j-m e-e Standpauke halten.

'**talk-show** *s.* *bsd. Am. TV*: Talk-Show *f*.

talk·y ['tɔ:kɪ] *adj.* F geschwätzig (*a. fig.*); '~**-talk** *s.* F Geschwätz *n.*

tall [tɔ:l] **I** *adj.* **1.** groß, hochgewachsen: ***he is six feet*** ~ er ist sechs Fuß groß; **2.** hoch: ~ ***house*** hohes Haus; **3.** F a) großsprecherisch, b) über'trieben, unglaublich (*Geschichte*): ***that's a*** ~ ***order*** das ist ein bißchen viel verlangt; **II** *adv.* **4.** F prahlerisch: ***talk*** ~ prahlen; '**tall·boy** *s.* hohe Kom'mode; '**tall·ish** [-lɪʃ] *adj.* ziemlich groß; '**tall·ness** [-nɪs] *s.* Größe *f*, Höhe *f*, Länge *f*.

tal·low ['tæləʊ] **I** *s.* **1.** *ausgelassener* Talg: ***vegetable*** ~ Pflanzenfett *n*; **2.** ⚙ Schmiere *f*; **3.** Talg-, Unschlittkerze *f*; **II** *v/t.* **4.** (ein)talgen, schmieren; **5.** *Tiere* mästen; '~**-faced** *adj.* bleich, käsig.

tal·low·y ['tæləʊɪ] *adj.* talgig.

tal·ly[1] ['tælɪ] **I** *s.* **1.** *hist.* Kerbholz *n*, -stock *m*; **2.** ✝ (Ab)Rechnung *f*; **3.** (Gegen)Rechnung *f*; **4.** ✝ Kontogegenbuch *n* (*e-s Kunden*); **5.** Seiten-, Gegenstück *n* (***of*** zu); **6.** Zählstrich *m*: ***by the*** ~ ✝ nach dem Stück *kaufen*; **7.** Eti'kett *n*, Marke *f*, Kennzeichen *n* (*auf Kisten etc.*); **8.** Ku'pon *m*; **II** *v/t.* **9.** (stückweise) nachzählen, buchen, kontrollieren; **10.** *oft* ~ ***up*** berechnen; **III** *v/i.* **11.** (***with***) über'einstimmen (mit), entsprechen (*dat.*); **12.** stimmen.

tal·ly[2] ['tælɪ] *v/t.* ⚓ *Schoten* beiholen.

tal·ly-ho [,tælɪ'həʊ] *hunt.* **I** *int.* hal'lo!, ho! (*Jagdruf*); **II** *pl.* **-hos** *s.* Hallo *n*; **III** *v/i.* ,hallo' rufen.

'**tal·ly|-sheet** *s.* ✝ Kon'trolliste *f*; '~**-shop** *s.* ✝ *bsd. Brit.* Abzahlungsgeschäft *n*; ~ **sys·tem**, ~ **trade** *s.* ✝ *bsd. Brit.* 'Abzahlungsgeschäft *n*, -sy,stem *n.*

tal·mi gold ['tælmɪ] *s.* Talmigold *n.*

Tal·mud ['tælmʊd] *s.* Talmud *m*; **Tal·mud·ic** [tæl'mʊdɪk] *adj.* tal'mudisch; '**Tal·mud·ist** [-dɪst] *s.* Talmu'dist *m.*

tal·on ['tælən] *s.* **1.** *orn.* Klaue *f*, Kralle *f*; **2.** Δ Kehlleiste *f*; **3.** *Kartenspiel*: Ta'lon *m*; **4.** ✝ Ta'lon *m*, 'Zinsku,pon *m.*

ta·lus[1] ['teɪləs] *pl.* **-li** [-laɪ] *s.* **1.** *anat.* Talus *m*, Sprungbein *n*; **2.** Fußgelenk *n*; **3.** ⚕ Klumpfuß *m.*

ta·lus[2] ['teɪləs] *s.* **1.** Böschung *f*; **2.** *geol.* Geröll-, Schutthalde *f*.

tam [tæm] → ***tam-o'-shanter***.

tam·a·ble ['teɪməbl] *adj.* (be)zähmbar.

tam·a·rack ['tæməræk] *s.* ♀ **1.** Nordamer. Lärche *f*; **2.** Tamarakholz *n*; **tam·a·rind** ['tæmərɪnd] *s.* ♀ Tama'rinde *f*; **tam·a·risk** ['tæmərɪsk] *s.* ♀ Tama'riske *f*.

tam·bour ['tæm,bʊə] **I** *s.* **1.** (große) Trommel; **2.** *a.* ~ ***frame*** Stickrahmen *m*; **3.** Tambu'riersticke,rei *f*; **4.** Δ a) Säulentrommel *f*, b) Tambour *m* (*Unterbau e-r Kuppel*); **5.** *Festungsbau*: Tambour *m*; **II** *v/t.* **6.** *Stoff* tamburieren.

tam·bou·rine [,tæmbə'ri:n] *s.* ♪ (flaches) Tamb(o)u'rin.

tame [teɪm] **I** *adj.* □ **1.** *allg.* zahm: a) gezähmt (*Tier*), b) friedlich, c) folgsam, d) harmlos (*Witz*), e) lahm, fad(e): ***a*** ~ ***affair***; **II** *v/t.* **2.** zähmen, bändigen (*a. fig.*); **3.** *Land* urbar machen; '**tame·ness** [-nɪs] *s.* **1.** Zahmheit *f* (*a. fig.*); **2.** Unter'würfigkeit *f*; **3.** Harmlosigkeit *f*; **4.** Lahmheit *f*, Langweiligkeit *f*; '**tam·er** [-mə] *s.* (Be)Zähmer(in), Bändiger(in).

Tam·ma·ny ['tæmənɪ] *s.* *pol. Am.* **1.** → a) ***Tammany Hall***, b) ***Tammany Society***; **2.** *fig.* po'litische Korrupti'on, ,Filz' *m*; ~ **Hall** *s.* *pol. Am.* **1.** *Zentrale der* ***Tammany Society*** *in New York*; **2.** *fig. a.* ~ **So·ci·e·ty** *s.* *pol. Am. organisierte demokratische Partei in New York.*

tam-o'-shan·ter [,tæmə'ʃæntə] *s.* Schottenmütze *f*.

tamp [tæmp] *v/t.* ⚙ **1.** *Bohrloch* besetzen; zustopfen; **2.** *Sprengladung* verdämmen; **3.** *Lehm etc.* feststampfen; *Beton* rammen.

tamp·er[1] ['tæmpə] *s.* ⚙ Stampfer *m.*

tam·per[2] ['tæmpə] *v/i.* ~ ***with*** **1.** sich (unbefugt) zu schaffen machen mit, her'umbasteln *od.* -pfuschen an (*dat.*), *bsd. Urkunde etc.* verfälschen, ,frisieren'; **2.** a) sich (ein)mischen in (*acc.*), b) hin'einpfuschen in (*acc.*); **3.** a) mit *j-m* intrigieren, b) *bsd. Zeugen* (zu) bestechen (suchen).

tam·pon ['tæmpən] **I** *s.* **1.** ⚕, *a. typ.* Tam'pon *m*; **2.** *allg.* Pfropfen *m*; **II** *v/t.* **3.** ⚕, *typ.* tamponieren.

tan [tæn] **I** *s.* **1.** ⚙ Lohe *f*; **2.** ⚗ Gerbstoff *m*; **3.** Lohfarbe *f*; **4.** (gelb)braunes Kleidungsstück (*bsd. Schuh*); **5.** (Sonnen)Bräune *f*; **II** *v/t.* **6.** ⚙ a) *Leder* gerben (*a. phot.*), b) beizen; **7.** *Haut* bräunen; **8.** F versohlen, *j-m* das Fell gerben; **III** *v/i.* **9.** a) sich bräunen (*Haut*), b) braun werden; **IV** *adj.* **10.** lohfarben, gelbbraun; **11.** Gerb...

tan·dem ['tændəm] **I** *adv.* **1.** hintereinander (angeordnet) (*bsd. Pferde, Maschinen etc.*); **II** *s.* **2.** Tandem *n* (*Gespann, Wagen, Fahrrad*): ***work in*** ~ ***with*** *fig.* zs.-arbeiten mit; **3.** ⚙ Reihe *f*,

Tandem *n*; **4.** ⚡ Kas'kade *f*; **III** *adj.* **5.** Tandem…, hinterein'ander angeordnet; ~ ***bicycle*** Tandem *n*; ~ ***connection*** ⚡ Kaskadenschaltung *f* ~ ***compound*** (***engine***) Reihenverbundmaschine *f*.

tang¹ [tæŋ] *s.* **1.** ⚙ a) Griffzapfen *m* (*Messer etc.*), b) Angel *f*, c) Dorn *m*; **2.** scharfer Geruch *od.* Geschmack; Beigeschmack *m* (***of*** von) (*a. fig.*).

tang² [tæŋ] **I** *s.* (scharfer) Klang; **II** *v/i. u. v/t.* (laut u. scharf) ertönen (lassen).

tang³ [tæŋ] *s.* ⚘ Seetang *m*.

tan·gent ['tændʒənt] **I** *s.* ⊿ Tan'gente *f*: ***fly*** (*od.* ***go***) ***off at a*** ~ *fig.* plötzlich (vom Thema) abspringen; **II** *adj.* → ***tangential*** 1; **tan·gen·tial** [tæn'dʒenʃl] *adj.* □ **1.** ⊿ berührend, tangenti'al, Berührungs…, Tangential…: ~ ***force*** Tangentialkraft *f*; ~ ***plane*** Berührungsebene *f*; ***be*** ~ ***to*** *et.* berühren; **2.** *fig.* a) sprunghaft, flüchtig, b) ziellos, c) 'untergeordnet, Neben…

tan·ge·rine [ˌtændʒə'ri:n] *s.* ⚘ Manda'rine *f*.

tan·gi·ble ['tændʒəbl] *adj.* □ greifbar: a) fühlbar, b) *fig.* handgreiflich, c) ✝ re'al: ~ ***assets*** materielle Vermögenswerte; ~ ***property*** Sachvermögen *n*.

tan·gle ['tæŋgl] **I** *v/t.* **1.** verwirren, -wikkeln, durchein'anderbringen (*alle a. fig.*); **2.** verstricken (*a. fig.*); **II** *v/i.* **3.** sich verheddern; **4.** ~ ***with*** sich mit *j-m* (in e-n Kampf *etc.*) einlassen; **III** *s.* **5.** Gewirr *n*, wirrer Knäuel; **6.** Verwirrung *f*, -wicklung *f*, Durchein'ander *n*.

tan·go ['tæŋgəʊ] **I** *pl.* **-gos** *s.* Tango *m* (*Tanz*); **II** *v/i. pret. u. p.p.* **-goed** Tango tanzen.

tank [tæŋk] **I** *s.* **1.** *mot. etc.* Tank *m*; **2.** (Wasser)Becken *n*, Zi'sterne *f*; **3.** 🚂 a) Wasserkasten *m*, b) 'Tenderlokomoˌtive *f*; **4.** *phot.* Bad *n*; **5.** ⚔ Panzer(wagen) *m*, Tank *m*; **6.** *Am. sl.* a) ‚Kittchen' *n*, b) (Haft)Zelle *f*; **II** *v/t. u. v/i.* **7.** tanken; **8.** ~ ***up*** a) auf-, volltanken, b) *sl.* sich ‚vollaufen' lassen: ~***ed*** besoffen; '**tank·age** [-kɪdʒ] *s.* **1.** Fassungsvermögen *n* e-s Tanks; **2.** (Gebühr *f* für) Aufbewahrung *f* in Tanks; **3.** ⚘ Fleischmehl *n* (*Düngemittel*); '**tank·ard** [-kəd] *s.* (*bsd.* Bier)Krug *m*, Humpen *m*.

'**tank**|**-ˌbust·er** *s.* ⚔ *sl.* **1.** Panzerknakker *m*; **2.** Jagdbomber *m* zur Panzerbekämpfung; ~ **car** *s.* 🚂 Kesselwagen *m*; ~ **de·stroy·er** *s.* ⚔ Sturmgeschütz *n*; ~ **dra·ma** *s. thea. Am.* F Sensati'onsstück *n*.

tank·er ['tæŋkə] *s.* **1.** ⚓ Tanker *m*, Tankschiff *n*; **2.** *a.* ~ ***aircraft*** ✈ Tankflugzeug *n*; **3.** *mot.* Tankwagen *m*; ~ **farm·ing** *s.* 'Hydrokulˌtur *f*.

tank top *s.* Pull'under *m*.

tan liq·uor *s.* ⚙ Beizbrühe *f*.

tanned [tænd] *adj.* braungebrannt.

tan·ner¹ ['tænə] *s. Brit. obs. sl.* Sixpencestück *n*.

tan·ner² ['tænə] *s.* ⚙ (Loh)Gerber *m*; '**tan·ner·y** [-ərɪ] *s.* Gerbe'rei *f*; '**tan·nic** [-nɪk] *adj.* Gerb…: ~ ***acid***; '**tan·nin** [-nɪn] *s.* ⚗ Tan'nin *n*.

tan·ning ['tænɪŋ] *s.* **1.** Gerben *n*; **2.** (Tracht *f*) Prügel *pl.*

tan| **ooze**, ~ **pick·le** → ***tan liquor***; '~**pit** *s. Gerberei*: Lohgrube *f*.

tan·ta·li·za·tion [ˌtæntəlaɪ'zeɪʃn] *s.* **1.** Quälen *n*, Zappelnlassen *n*; **2.** (Tantalus)Qual *f*; **tan·ta·lize** ['tæntəlaɪz] *v/t. fig.* peinigen, quälen, zappeln lassen; **tan·ta·liz·ing** ['tæntəlaɪzɪŋ] *adj.* □ quälend, aufreizend, verlockend.

tan·ta·mount ['tæntəmaʊnt] *adj.* gleichbedeutend (***to*** mit): ***be*** ~ ***to*** *a.* gleichkommen (*dat.*).

tan·tiv·y [tæn'tɪvɪ] **I** *s.* **1.** schneller Ga'lopp; **2.** Hussa *n* (*Jagdruf*); **II** *adv.* **3.** eiligst, spornstreichs.

tan·trum ['tæntrəm] *s.* F **1.** schlechte Laune; **2.** Wut(anfall *m*) *f*, Koller *m*: ***fly into a*** ~ e-n Koller kriegen.

tap¹ [tæp] **I** *s.* **1.** Zapfen *m*, Spund *m* (Faß)Hahn *m*: ***on*** ~ a) angestochen, angezapft (*Faß*), b) vom Faß (*Bier etc.*), c) *fig.* (sofort) verfügbar; **2.** *Brit.* a) (Wasser-, Gas)Hahn *m*, b) Wasserleitung *f*: ***turn on the*** ~ F ‚losflennen'; **3.** F (Getränke)Sorte *f*; **4.** *Brit.* → ***taproom***; **5.** ⚙ a) Gewindebohrer *m*, b) (Ab)Stich *m*, c) Abzweigung *f*; **6.** ⚡ a) Stromabnehmer *m*, b) Zapfstelle *f*; **7.** ⚕ Punkti'on *f*; **II** *v/t.* **8.** mit e-m Zapfen *od.* Hahn versehen; **9.** *Flüssigkeit* abzapfen; **10.** *Faß* anstechen; **11.** ⚕ punktieren; **12.** ⚡ *Telefonleitung etc.* anzapfen: ~ ***the wire***(***s***) a) Strom abzapfen, b) Telefongespräche *etc.* abhören; **13.** ⚡ a) *Spannung* abgreifen, b) anschließen; **14.** ⚙ mit (e-m) Gewinde versehen; **15.** *metall. Schlacke* abstechen; **16.** *fig. Hilfsquellen etc.* erschließen; **17.** *fig. Vorräte etc.* angreifen, anbrechen; **18.** *sl. j-n* ‚anpumpen' (***for*** um).

tap² [tæp] **I** *v/t.* **1.** (leicht) klopfen *od.* pochen an (*acc.*) *od.* auf (*acc.*) *od.* gegen, *et.* beklopfen; **2.** klopfen mit; **3.** *Schuh* flicken; **II** *v/i.* **4.** klopfen (***on, at*** gegen, an *acc.*); **III** *s.* **5.** Klaps *m*, leichter Schlag; **6.** *pl.* ⚔ *Am.* Zapfenstreich *m*; **7.** Stück *n* Leder *m*, Flicken *m*.

tap| **dance** *s.* Steptanz *m*; '~**-dance** *v/i.* steppen; ~ **danc·er** *s.* Steptänzer(in); ~ **danc·ing** *s.* Steptanz *m*.

tape [teɪp] **I** *s.* **1.** schmales (Leinen-) Band, Zwirnband *n*; **2.** (Isolier-, Meß-, Me'tall- *etc.*)Band *n*, (Pa'pier-, Klebe*tc.*)Streifen *m*; ⚕ Heftpflaster *n*; **3.** a) *Telegrafie*: Papierstreifen *m*, b) *Fernschreiber*, *Computer*: Lochstreifen *m*; **4.** ⚡ (Video-, Ton)Band *n*; **5.** *sport* Zielband *n*: ***breast the*** ~ das Zielband durchreißen; **II** *v/t.* **6.** mit Band versehen; (mit Band) um'wickeln *od.* binden; **7.** mit Heftpflaster verkleben; **8.** *Buchteile* heften; **9.** mit dem Bandmaß messen: ***I've got him*** ~***d*** *sl.* ich habe ihn durchschaut, ich weiß genau Bescheid über ihn; **10.** mitschneiden: a) auf (Ton)Band aufnehmen, b) *TV* aufzeichnen; ~ **deck** *s.* ⚡ Tapedeck *n*; ~ **li·brar·y** *s.* 'Bandarˌchiv *n*; ~ **line**, ~ **meas·ure** *s.* Meßband *n*, Bandmaß *n*; ~ **play·er** *s.* ⚡ 'Bandˌwiedergabegerät *n*.

ta·per ['teɪpə] **I** *s.* **1.** (dünne) Wachskerze; **2.** ⚙ Verjüngung *f*; **3.** ⚡ 'Widerstandsverteilung *f*; **II** *adj.* **4.** spitz zulaufend, verjüngt; **III** *v/t.* **5.** zuspitzen, verjüngen; **6.** ~ ***off*** *fig.* F *Produktion*, *a. den Tag etc.* auslaufen lassen; **IV** *v/i.* **7.** *oft* ~ ***off*** spitz zulaufen, sich verjüngen; all'mählich dünn werden; **8.** ~ ***off*** F allmählich aufhören, auslaufen.

'**tape**|**-reˌcord** *v/t.* → ***tape*** 10; ~ **record·er** *s.* ⚡ Tonbandgerät *n*; ~ **record·ing** *s.* **1.** (Ton)Bandaufnahme *f*; **2.** *TV*: Aufzeichnung *f*.

ta·pered ['teɪpəd] *adj.*, '**ta·per·ing** [-ərɪŋ] → ***taper*** 4.

tap·es·tried ['tæpɪstrɪd] *adj.* gobe'lingeschmückt; **tap·es·try** ['tæpɪstrɪ] *s.* **1.** a) Gobe'lin *m*, Wandteppich *m*, gewirkte Ta'pete, b) Dekorati'onsstoff *m*; **2.** Tapisse'rie *f*.

'**tape·worm** *s. zo.* Bandwurm *m*.

tap·pet ['tæpɪt] *s.* ⚙ **1.** Daumen *m*, Mitnehmer *m*; **2.** (Ven'til- *etc.*)Stößel *m*; **3.** (Wellen)Nocke *f*; **4.** (Steuer)Knagge *f*.

'**tap**|**·room** [-rʊm] *s.* Schankstube *f*; '~**root** *s.* ⚘ Pfahlwurzel *f*.

tar [tɑ:] **I** *s.* **1.** Teer *m*; **2.** F ‚Teerjacke' *f* (*Matrose*); **II** *v/t.* **3.** teeren: ~ ***and feather*** *j-n* teeren u. federn; ~***red with the same brush*** (*od.* ***stick***) kein Haar besser.

tar·a·did·dle ['tærədɪdl] *s.* F **1.** Flunke'rei *f*; **2.** Quatsch *m*.

ta·ran·tu·la [tə'ræntjʊlə] *s. zo.* Ta'rantel *f*.

'**tar**|**·board** *s.* Dach-, Teerpappe *f*; '~**brush** *s.* Teerpinsel *m*: ***he has a touch of the*** ~ F er hat Neger- *od.* Indianerblut in den Adern.

tar·di·ness ['tɑ:dɪnɪs] *s.* **1.** Langsamkeit *f*; **2.** Unpünktlichkeit *f*; **3.** Verspätung *f*; **tar·dy** ['tɑ:dɪ] *adj.* □ **1.** langsam, träge; **2.** säumig, unpünktlich; **3.** spät, verspätet: ***be*** ~ (zu) spät kommen.

tare¹ [teə] *s.* **1.** ⚘ (*bsd.* Futter)Wicke *f*; **2.** *bibl.* Unkraut *n*.

tare² [teə] ✝ **I** *s.* Tara *f*: ~ ***and tret*** Tara u. Gutgewicht *n*; **II** *v/t.* tarieren.

tar·get ['tɑ:gɪt] **I** *s.* **1.** (Schieß-, Ziel-) Scheibe *f*; **2.** ⚔, *Radar etc.*: Ziel *n* (*a. fig.*): ***be off*** ~ das Ziel verfehlen, danebenschießen, *fig.* ‚danebenhauen'; ***be on*** ~ a) das Ziel erfaßt haben, *a.* sich eingeschossen haben, *sport* aufs Tor gehen (*Schuß*), b) treffen, sitzen (*Schuß etc.*), c) *fig.* richtig geraten haben; **3.** *fig.* Zielscheibe *f des Spottes etc.*; **4.** *fig.* (Leistungs-, Produkti'ons- *etc.*)Ziel *n*, Soll *n*; **5.** 🚂 'Weichensiˌgnal *n*; **6.** ⚡ a) 'Fangelekˌtrode *f*, b) 'Antikaˌthode *f von Röntgenröhren*, c) *Kernphysik*: Target *n*; **7.** *her.* runder Schild; **II** *adj.* **8.** Ziel…: ~ ***area*** ⚔ Zielbereich *m*, -raum *m*; ~ ***bombing*** gezielter Bombenwurf; ~ ***date*** Stichtag *m*, Termin *m*; ~ ***electrode*** → 6a; ~ ***group*** ✝ Zielgruppe *f*; ~ ***language*** Zielsprache *f*; ~ ***pistol*** Übungspistole *f*; ~ ***practice*** Übungs-, Scheibenschießen *n*; ~***-seeking*** zielsuchend (*Rakete etc.*).

tar·iff ['tærɪf] **I** *s.* **1.** 'Zolltaˌrif *m*; **2.** Zoll (-gebühr *f*) *m*; **3.** (Ge'bühren-, 'Kosten- *etc.*)Taˌrif *m*; **4.** Preisverzeichnis *n* (*in e-m Hotel etc.*); **II** *v/t.* **5.** e-n Ta'rif aufstellen für; **6.** *Ware* mit Zoll belegen; ~ **rate** *s.* **1.** Ta'rifsatz *m*; **2.** Zollsatz *m*; ~ **wall** *s.* Zollschranke *f e-s Staates*.

tar·mac ['tɑ:mæk] *s. Brit.* 'Teermakaˌdam(straße *f*, ✈ -rollfeld *n*) *m*, ✈ *a.* Hallenvorfeld *n*.

tar·nish ['tɑ:nɪʃ] **I** *v/t.* **1.** trüben, matt *od.* blind machen, *e-r Sache* den Glanz nehmen; **2.** *fig.* besudeln, beflecken; **3.** ⚙ mattieren; **II** *v/i.* **4.** matt *od.* trübe werden; **5.** anlaufen (*Metall*); **III** *s.* **6.**

Trübung *f*; Beschlag *m*, Anlaufen *n* (*von Metall*); **7.** *fig.* Fleck *m*, Makel *m*.

tarp [tɑːp] *abbr.* → **tar·pau·lin** [tɑːˈpɔːlɪn] *s.* **1.** ⚓ a) Perˈsenning *f* (*geteertes Segeltuch*), b) Ölzeug *n* (*Hose, Mantel*); **2.** Plane *f*, Wagendecke *f*; **3.** Zeltbahn *f*.

tar·ra·did·dle → ***taradiddle***.

tar·ry¹ [ˈtɑːrɪ] *adj.* teerig.

tar·ry² [ˈtærɪ] **I** *v/i.* **1.** zögern, zaudern, säumen; **2.** (ver)weilen, bleiben; **II** *v/t.* **3.** *obs. et.* abwarten.

tar·sal [ˈtɑːsl] *anat.* **I** *adj.* **1.** Fußwurzel…; **2.** (Augen)Lidknorpel…; **II** *s.* **3.** *a.* ~ ***bone*** Fußwurzelknochen *m*; **4.** (Augen)Lidknorpel *m*.

tar·si·a [ˈtɑːsɪə] *s.* Inˈtarsia *f*, Einlegearbeit *f* in Holz.

tar·sus [ˈtɑːsəs] *pl.* **-si** [-saɪ] *s.* **1.** → ***tarsal*** 3 *u.* 4; **2.** *orn.* Laufknochen *m*; **3.** *zo.* Fußglied *n*.

tart¹ [tɑːt] *adj.* □ **1.** sauer, herb, scharf; **2.** *fig.* scharf, beißend: ~ ***reply***.

tart² [tɑːt] **I** *s.* **1.** a) (Obst)Torte *f*, Obstkuchen *m*, b) *bsd. Am.* (*Creme-*, Obst-) Törtchen *n*; **2.** *sl.* ‚Nutte' *f*; **II** *v/t.* ~ ***up*** *sl.* ‚aufputzen', ‚aufmotzen'.

tar·tan¹ [ˈtɑːtən] *s.* Tartan *m*: a) Schottentuch *n*, b) Schottenmuster *n*: ~ ***plaid*** Schottenplaid *n*.

tar·tan² [ˈtɑːtən] *s. sport* Tartan *n* (*Bahnbelag*).

Tar·tar¹ [ˈtɑːtə] **I** *s.* **1.** Taˈtar(in); **2.** *a.* ♀ Wüterich *m*, böser Kerl: ***catch a*** ~ an den Unrechten kommen; **II** *adj.* **3.** taˈtarisch.

tar·tar² [ˈtɑːtə] *s.* **1.** Weinstein *m*: ~ ***emetic*** ⚕ Brechweinstein; **2.** Zahnstein *m*; **tar·tar·ic** [tɑːˈtærɪk] *adj.*: ~ ***acid*** ⚗ Weinsäure *f*.

tart·ness [ˈtɑːtnɪs] *s.* Schärfe *f*: a) Säure *f*, Herbheit *f*, b) *fig.* Schroffheit *f*, Bissigkeit *f*.

task [tɑːsk] **I** *s.* **1.** Aufgabe *f*: ***take to*** ~ *fig. j-n* ins Gebet nehmen (***for*** wegen); **2.** Pflicht *f*, (auferlegte) Arbeit; **3.** *ped.* (Prüfungs)Aufgabe *f*; **II** *v/t.* **4.** *j-m* Arbeit zuweisen *od.* aufbürden, *j-n* beschäftigen; **5.** *fig. Kräfte etc.* stark beanspruchen, *sein Gedächtnis etc.* anstrengen; ~ **force** *s.* **1.** ⚔ *gemischter* Kampfverband (*für Sonderunternehmen*), Task force *f*; **2.** *Polizei*: a) Speziˈaleinheit *f*, Einsatzgruppe *f*, b) ˈSonderdezerˌnat *n*; **3.** ✝ Proˈjektgruppe *f*; ˈ~ˌ**mas·ter** *s.* **1.** (*bsd.* strenger) Arbeitgeber: ***severe*** ~ *fig.* strenger Zuchtmeister; **2.** ⚙ (Arbeit)Anweiser *m*; ~ **wag·es** *s. pl.* ✝ Akˈkord-, Stücklohn *m*; ˈ~·**work** *s.* **1.** ✝ Akˈkordarbeit *f*; **2.** harte Arbeit.

tas·sel [ˈtæsl] **I** *s.* Quaste *f*, Troddel *f*; **II** *v/t.* mit Quasten schmücken.

taste [teɪst] **I** *v/t.* **1.** *Speisen etc.* kosten, (ab)schmecken, probieren, versuchen (*a. fig.*); **2.** kosten, *Essen* anrühren: ***he had not*** ~***d food for days***; **3.** *et.* (herˈaus)schmecken; **4.** *fig.* kosten, kennenlernen, erleben; **5.** *fig.* genießen; **II** *v/i.* **6.** schmecken (***of*** nach); **7.** kosten, versuchen (***of*** von *od. acc.*); **8.** ~ ***of*** → 4; **III** *s.* **9.** Geschmack *m*: ***a*** ~ ***of garlic*** ein Knoblauchgeschmack; ***leave a bad*** ~ ***in one's mouth*** *bsd. fig.* e-n üblen Nachgeschmack haben; **10.** Geschmackssinn *m*; **11.** (Kost)Probe *f* (***of*** von *od. gen.*): a) kleiner Bissen, b) Schlückchen *n*; **12.** *fig.* (Kost)Probe *f*, Vorgeschmack *m* (***of*** *gen.*); **13.** *fig.* Beigeschmack *m*, Anflug *m* (***of*** von); **14.** *fig.* (künstlerischer *od.* guter) Geschmack: ***in bad*** ~ geschmacklos (*a. weitS. unfein, taktlos*); ***in good*** ~ a) geschmackvoll, b) taktvoll; ***each to his*** (***own***) ~ jeder nach s-m Geschmack; **15.** Geschmacksrichtung *f*, Mode *f*; **16.** a) Neigung *f*, Sinn *m* (***for*** für), b) Geschmack *m*, Gefallen *n* (***for*** an *dat.*): ***not to my*** ~ nicht nach m-m Geschmack; **taste bud** *s. anat.* Geschmacksbecher *m*; ˈ**taste·ful** [-fʊl] *adj.* □ *fig.* geschmackvoll; ˈ**taste·ful·ness** [-fʊlnɪs] *s. fig.* guter Geschmack *e-r Sache, das* Geschmackvolle; ˈ**taste·less** [-lɪs] *adj.* □ **1.** unschmackhaft, fade; **2.** *fig.* geschmacklos; ˈ**taste·less·ness** [-lɪsnɪs] *s.* **1.** Unschmackhaftigkeit *f*; **2.** *fig.* Geschmack-, Taktlosigkeit *f*; ˈ**tast·er** [-tə] *s.* **1.** (berufsmäßiger Tee-, Wein- *etc.*)Koster *m*; **2.** *hist.* Vorkoster *m*; **3.** Proˈbiergläs-chen *n* (*für Wein*); **4.** (Käse)Stecher *m*; ˈ**tast·i·ness** [-tɪnɪs] *s.* **1.** Schmackhaftigkeit *f* (*Speise etc.*); **2.** *fig.* → ***tastefulness***; ˈ**tast·y** [-tɪ] *adj.* □ F **1.** schmackhaft; **2.** *fig.* geschmack-, stilvoll.

ta-ta [ˌtæˈtɑː] *int. Brit.* F ‚Tschüs'!, auf ˈWiedersehen!

Ta·tar [ˈtɑːtə] **I** *s.* Taˈtar(in); **II** *adj.* taˈtarisch; **Ta·tar·i·an** [tɑːˈteərɪən], **Ta·tar·ic** [tɑːˈtærɪk] *adj.* tatarisch.

tat·ter [ˈtætə] *s.* Lumpen *m*, Fetzen *m*: ***in*** ~***s*** zerfetzt; ***tear to*** ~***s*** (*a. fig. Argument etc.*) zerfetzen, -reißen; ˈ**tat·tered** [-təd] *adj.* **1.** zerlumpt, abgerissen; **2.** zerrissen, zerfetzt; **3.** ramponiert (*Ruf etc.*).

tat·tle [ˈtætl] **I** *v/i.* klatschen, ‚tratschen'; **II** *v/t.* ausplaudern; **III** *s.* Klatsch *m*, ‚Tratsch' *m*; ˈ**tat·tler** [-lə] *s.* Klatschbase *f*, -maul *n*.

tat·too¹ [təˈtuː] **I** *s.* **1.** ⚔ a) Zapfenstreich *m* (*Signal*), b) ˈAbendpaˌrade *f* mit Muˈsik; **2.** Trommeln *n*, Klopfen *n*: ***beat a*** (*od.* ***the devil's***) ~ ungeduldig mit den Fingern trommeln; **II** *v/i.* **3.** den Zapfenstreich blasen *od.* trommeln; **4.** trommeln, klopfen.

tat·too² [təˈtuː] **I** *v/t. pret. u. p.p.* **tat·ˈtooed** [-uːd] **1.** *Haut* tätowieren; **2.** *Muster* eintätowieren (***on*** in *acc.*); **II** *s.* **3.** Tätowierung *f*.

tat·ty [ˈtætɪ] *adj.* schäbig, schmuddelig, ‚billig'.

taught [tɔːt] *pret. u. p.p. von* ***teach***.

taunt [tɔːnt] **I** *v/t.* verhöhnen, -spotten: ~ ***s.o. with*** j-m *et.* (höhnisch) vorwerfen; **II** *v/i.* höhnen, spotten; **III** *s.* Spott *m*, Hohn *m*; ˈ**taunt·ing** [-tɪŋ] *adj.* □ spöttisch, höhnisch.

tau·rine [ˈtɔːraɪn] *adj.* **1.** *zo.* a) rinderartig, b) Rinder…, Stier…; **2.** *ast.* Stier…; **Tau·rus** [ˈtɔːrəs] *s. ast.* Stier *m* (*Sternbild u. Tierkreiszeichen*).

taut [tɔːt] *adj.* □ **1.** straff, stramm (*Seil etc.*), angespannt (*a. Nerven, Gesicht, Person*); **2.** schmuck (*Schiff etc.*); ˈ**taut·en** [-tən] **I** *v/t.* stramm ziehen, straff anspannen; **II** *v/i.* sich straffen *od.* spannen.

tau·to·log·ic, tau·to·log·i·cal [ˌtɔːtəˈlɒdʒɪk(l)] *adj.* □ tautoˈlogisch, unnötig dasˈselbe wiederˈholend; **tau·tol·o·gy** [tɔːˈtɒlədʒɪ] *s.* Tautoloˈgie *f*, Doppelaussage *f*.

tav·ern [ˈtævən] *s.* **1.** *obs.* Taˈverne *f*, Schenke *f*; **2.** *Am.* Gasthaus *n*.

taw¹ [tɔː] *v/t.* weißgerben.

taw² [tɔː] *s.* **1.** Murmel *f*; **2.** Murmelspiel *n*; **3.** Ausgangslinie *f*.

taw·dri·ness [ˈtɔːdrɪnɪs] *s.* **1.** Flitterhaftigkeit *f*, grelle Buntheit, Kitsch *m*; **2.** Wertlosigkeit *f*, Billigkeit *f*; **taw·dry** [ˈtɔːdrɪ] *adj.* □ **1.** flitterhaft, Flitter…; **2.** geschmacklos aufgemacht; **3.** grell, knallig; **4.** kitschig, billig.

tawed [tɔːd] *adj. Gerberei*: aˈlaungar (*Leder*); **taw·er** [ˈtɔːə] *s.* Weißgerber *m*; **taw·er·y** [ˈtɔːərɪ] *s.* Weißgerbeˈrei *f*.

taw·ny [ˈtɔːnɪ] *adj.* lohfarben, gelbbraun: ~ ***owl*** *orn.* Waldkauz *m*.

taws(**e**) [tɔːz] *s. Brit.* Peitsche *f*.

tax [tæks] **I** *s.* **1.** (Staats)Steuer *f* (***on*** auf *acc.*), Abgabe *f*: ~ ***on land*** Grundsteuer; **2.** Besteuerung *f* (***on*** *gen.*); ***after*** (***before***) ~ nach (vor) Abzug der Steuern, *a.* netto (brutto); **3.** Taxe *f*, Gebühr *f*; **4.** *fig.* a) Bürde *f*, Last *f*, b) Belastung *f*, Beanspruchung *f* (***on*** *gen. od.* von): ***a heavy*** ~ ***on his time*** e-e starke Inanspruchnahme s-r Zeit; **II** *v/t.* **5.** *j-n od. et.* besteuern, *j-m* e-e Steuer auferlegen; **6.** ⚖ *Kosten etc.* schätzen, taxieren, ansetzen (***at*** auf *acc.*); **7.** *fig.* belasten; **8.** *fig.* stark in Anspruch nehmen, anstrengen, strapazieren; **9.** auf e-e harte Probe stellen; **10.** *j-n* zuˈrechtweisen: ~ ***s.o. with*** j-n *e-r Sache* beschuldigen *od.* bezichtigen; **tax·a·ble** [ˈtæksəbl] **I** *adj.* □ **1.** besteuerbar; **2.** steuerpflichtig: ~ ***income***; **3.** Steuer…: ~ ***value***; **4.** ⚖ gebührenpflichtig; **II** *s. Am.* **5.** steuerpflichtiges Einkommen; **6.** Steuerpflichtige(r *m*) *f*; **tax·a·tion** [tækˈseɪʃn] *s.* **1.** Besteuerung *f*; **2.** *coll.* Steuern *pl.*; **3.** ⚖ Schätzung *f*, Taxierung *f*.

tax| **al·low·ance** *s.* Steuerfreibetrag *m*; ~ **a·void·ance** (leˈgale) ˈSteuerumˌgehung; ~ **brack·et** *s.* Steuerklasse *f*, -gruppe *f*; ~ **col·lec·tor** *s.* Steuereinnehmer *m*; ˈ~-**deˌduct·i·ble** *adj.* steuerabzugsfähig; ~ **dodg·er**, ~ **e·vad·er** *s.* ˈSteuerhinterˌzieher *m*; ~ **e·va·sion** *s.* ˈSteuerhinterˌziehung *f*; ˌ~-**ex·ˈempt**, ˌ~-ˈ**free** *adj.* steuerfrei; ~ **ha·ven** *s.* ˈSteueroˌase *f*.

tax·i [ˈtæksɪ] **I** *pl.* ˈ**tax·is** *s.* **1.** → ***taxicab***; **II** *v/i.* **2.** mit e-m Taxi fahren; **3.** ✈ rollen; ˈ~·**cab** *s.* Taxi *n*; ~ **danc·er** *s. Am.* Taxigirl *n*.

tax·i·der·mal [ˌtæksɪˈdɜːml], **tax·iˈder·mic** [-mɪk] *adj.* taxiˈdermisch; **tax·i·der·mist** [ˈtæksɪdɜːmɪst] *s.* Präpaˈrator *m*, Ausstopfer *m* (*von Tieren*); **tax·i·der·my** [ˈtæksɪdɜːmɪ] *s.* Taxiderˈmie *f*.

ˈ**tax·i**|-ˌ**driv·er** *s.*, ˈ~-**man** [-mæn] *s.* [*irr.*] ˈTaxichaufˌfeur *m*, -fahrer *m*; ˈ~ˌ**me·ter** *s.* Taxaˈmeter *m*, Zähler *m*, Fahrpreisanzeiger *m*; ˈ~·**plane** *s.* Lufttaxi *n*; ~ **rank** *s.* Taxistand *m*; ~ **strip**, ˈ~·**way** *s.* ✈ Rollbahn *f*.

ˈ**tax**|ˌ**pay·er** *s.* Steuerzahler *m*; ~ **rate** *s.* Steuersatz *m*; ~ **re·fund** *s.* Steuerrückzahlung *f*; ~ **re·lief** *s.* Steuererleichterung(en *pl.*) *f*; ~ **re·turn** *s.* Steuererklärung *f*.

ˈ**T-bone steak** *s.* T-bone-Steak *n* (*Steak aus dem Rippenstück des Rinds*).

tea [tiː] *s.* **1.** Tee *m*; **2.** Tee(mahlzeit *f*) *m*: ***five-o'clock*** ~ Fünfuhrtee; **3.** *Am.*

sl. ‚Grass' *n* (*Marihuana*); **~ bag** *s.* Teebeutel *m*; **~ ball** *s. Am.* Tee-Ei *n*; **~ bread** *s. ein* Teekuchen *m*; **~ cad·dy** *s.* Teebüchse *f*; **~ cake** *s.* Teekuchen *m*; **'~-cart** *s.* Teewagen *m*.

teach [ti:tʃ] *pret. u. p.p.* **taught** [tɔ:t] **I** *v/t.* **1.** *Fach* lehren, 'Unterricht geben in (*dat.*); **2.** *j-n et.* lehren, *j-n* unter'richten, -'weisen in (*dat.*), *j-m* 'Unterricht geben in (*dat.*); **3.** *j-m et.* zeigen, beibringen: ***~ s.o. to whistle*** j-m das Pfeifen beibringen; ***~ s.o. better*** j-n e-s Besser(e)n belehren; ***I will ~ you to steal*** F dich werd' ich das Stehlen lehren!; ***that'll ~ you!*** F a) das wird dir e-e Lehre sein!, b) das kommt davon!; **4.** *Tier* dressieren, abrichten; **II** *v/i.* **5.** unter'richten, 'Unterricht geben, **'teach·a·ble** [-tʃəbl] *adj.* **1.** lehrbar (*Fach etc.*); **2.** gelehrig (*Person*); **'teach·er** [-tʃə] *s.* Lehrer(in): ***~s college*** *Am.* Pädagogische Hochschule.

'teach-in *s.* Teach-in *n*.

teach·ing ['ti:tʃɪŋ] **I** *s.* **1.** Unter'richten *n*, Lehren *n*; **2.** *oft pl.* Lehre *f*, Lehren *pl.*; **3.** Lehrberuf *m*; **II** *adj.* **4.** lehrend, unter'richtend: ***~ aid*** Lehrmittel *n*; ***~ machine*** Lehr-, Lernmaschine *f*; ***~ profession*** Lehrberuf *m*; ***~ staff*** Lehrkörper *m*.

tea| cloth *s.* **1.** kleine Tischdecke; **2.** *Am.* Geschirrtuch *n*; **~ co·sy** *s.*, *Am.* **~ co·zy** *s.* Teewärmer *m*; **'~-cup** *s.* Teetasse *f*; → ***storm*** 1; **'~-cup,ful** [-ˌfʊl] *pl.* **-fuls** *s. e-e* Teetasse(voll); **~ dance** *s.* Tanztee *m*; **~ egg** *s.* Tee-Ei *n*; **~ gar·den** *s.* 'Gartenrestauˌrant *n*; **~ gown** *s.* Nachmittagskleid *n*; **'~-house** *s.* Teehaus *n* (*in China u. Japan*).

teak [ti:k] *s.* **1.** ⚘ Teakholzbaum *m*; **2.** Teak(holz) *n*.

teal [ti:l] *pl.* **teal** *s. orn.* Krickente *f*.

team [ti:m] **I** *s.* **1.** Gespann *n*; **2.** *bsd. sport u. fig.* Mannschaft *f*, Team *n*; **3.** (*Arbeits- etc.*)Gruppe *f*, Team *n*: ***by a ~ effort*** mit vereinten Kräften; **4.** Ab'teilung *f*, Ko'lonne *f von Arbeitern*; **5.** *orn.* Flug *m*, Zug *m*; **II** *v/t.* **6.** *Zugtiere* zs.-spannen; **7.** F *Arbeit* (an Unter'nehmer) vergeben; **III** *v/i.* **8.** ***~ up*** *bsd. Am.* sich zs.-tun (***with*** mit); **~ e·vent** *s. sport* Mannschaftswettbewerb *m*; **'~-mate** *s.* 'Mannschaftskameˌrad *m*; **~ spir·it** *s.* **1.** *sport* Mannschaftsgeist *m*; **2.** *fig.* Gemeinschafts-, 'Korpsgeist *m*.

team·ster ['ti:mstə] *s.* **1.** Fuhrmann *m*; **2.** *Am.* Lastwagenfahrer *m*.

team| teach·ing *s. Am.* gemeinsamer 'Unterricht (*Fachlehrer*); **'~-work** *s.* **1.** *sport*, *thea.* Zs.-spiel *n*; **2.** *fig.* (gute) Zs.-arbeit, Teamwork *n*.

tea| par·ty *s.* Teegesellschaft *f*: ***the Boston ~ ~*** *hist.* der Teesturm von Boston (*1773*); **'~-pot** *s.* Teekanne *f*; → ***tempest*** 1.

tear¹ [tɪə] *s.* **1.** Träne *f*: ***in ~s*** in Tränen (aufgelöst), unter Tränen; → ***fetch*** 3, ***squeeze*** 3; **2.** ⚙ (Harz- *etc.*)Tropfen *m*; (Glas)Träne *f*.

tear² [teə] **I** *s.* **1.** Riß *m*; **2.** ***at full ~*** in vollem Schwung; ***in a ~*** in wilder Hast; **II** *v/t.* [*irr.*] **3.** zerreißen: ***~ in*** (*od.* ***to***) ***pieces*** in Stücke reißen; ***~ open*** aufreißen; ***~ out*** herausreißen; ***torn between hope and despair*** *fig.* zwischen Hoffnung u. Verzweiflung hin- u. hergerissen;: ***a country torn by civil war*** ein vom Bürgerkrieg zerrissenes Land; ***that's torn it!*** *sl.* jetzt ist es passiert!, damit ist alles ‚im Eimer'!; **4.** *Haut etc.* aufreißen; **5.** *Loch* reißen; **6.** zerren, (aus)reißen: ***~ one's hair*** sich die Haare (aus)raufen; **7.** *a.* ***~ away***, ***~ off*** ab-, wegreißen (***from*** von): ***~ o.s. away*** sich losreißen (*a. fig.*); ***~ s.th. from s.o.*** j-m et. entreißen; **III** *v/i.* [*irr.*] **8.** (zer-)reißen; **9.** reißen, zerren (***at*** an *dat.*); **10.** F rasen, sausen, ‚fegen': ***~ about*** herumsausen; **~ up** *v/t.* **1.** aufreißen; **2.** *Baum etc.* ausreißen; **3.** zerreißen, in Stücke reißen; **4.** *fig.* unter'graben, zerstören.

tear·a·way ['teərəweɪ] **I** *adj.* ‚wild'; **II** *s.* ‚wilder' Kerl, Ra'bauke *m*.

tear| bomb [tɪə] Tränengasbombe *f*; **'~-drop** *s.* **1.** Träne *f*; **2.** Anhänger *m* (*Ohrring*).

tear·ful ['tɪəfʊl] *adj.* □ **1.** tränenreich; **2.** weinend, in Tränen; **3.** weinerlich; **4.** schmerzlich.

tear| gas [tɪə] *s.* ⚗ Tränengas *n*; **~ gland** *s. anat.* Tränendrüse *f*.

tear·ing ['teərɪŋ] *adj. fig.* F **1.** rasend, toll (*Tempo*, *Wut etc.*); **2.** ‚toll'; **~ strength** *s.* ⚙ Zerreißfestigkeit *f*.

'tear|ˌjerk·er [tɪə] *s. Am.* F ‚Schnulze' *f*, ‚Schmachtfetzen' *m*.

'tear-off ['teərɒf] *adj.* Abreiß...: ***~ calendar***.

'tea|-room [-rʊm] *s.* Teestube *f*, Ca'fé *n*; **~ rose** *s.* ⚘ Teerose *f*.

tear sheet [teə] *s. Am.* Belegbogen *m*.

'tear-stained ['tɪə-] *adj.* **1.** tränennaß; **2.** verweint (*Augen*).

tease [ti:z] **I** *v/t.* **1.** ⚙ a) *Wolle* kämmen, krempeln, b) *Flachs* hecheln, c) *Werg* auszupfen; **2.** ⚙ *Tuch* krempeln, karden; **3.** *fig.* quälen: a) hänseln, aufziehen, b) ärgern, c) bestürmen, belästigen (***for*** wegen); **4.** (auf)reizen; **II** *s.* **5.** F a) → ***teaser*** 1, 2, b) Plage *f*, lästige Sache.

tea·sel ['ti:zl] **I** *s.* **1.** ⚘ Karde(ndistel) *f*; **2.** *Weberei*: Karde *f*; **II** *v/t.* **3.** → ***tease*** 2.

teas·er ['ti:zə] *s.* **1.** Necker *m*; **2.** Quäl-, Plagegeist *m*; **3.** *sl.* Frau, die ‚alles verspricht und nichts hält'; **4.** F ‚harte Nuß', schwierige Sache; **5.** F et. Verlockendes.

tea| serv·ice, **~ set** *s.* 'Teeserˌvice *n*; **'~-shop** → ***tearoom***; **'~-spoon** *s.* Teelöffel *m*; **'~-spoonˌful** [-ˌfʊl] *pl.* **-fuls** *s. ein* Teelöffel(voll) *m*.

teat [ti:t] *s.* **1.** *zo.* Zitze *f*; **2.** *anat.* Brustwarze *f*; **3.** (Gummi)Sauger *m*; **4.** ⚙ Warze *f*.

'tea|-things *s. pl.* Teegeschirr *n*; **'~-time** *s.* Teestunde *f*; **~ tow·el** *s.* Geschirrtuch *n*; **'~-urn** *s.* **1.** 'Teemaˌschine *f*; **2.** Gefäß *n* zum Heißhalten des Teewassers.

tea·zel, **tea·zle** → ***teasel***.

tec [tek] *s. sl.* Detek'tiv *m*.

tech·nic ['teknɪk] **I** *adj.* → ***technical***; **II** *s. mst pl.* → a) ***technics***, b) ***technology***, c) ***technique***; **'tech·ni·cal** [-kl] *adj.* □ → ***technically***; **1.** ⚙ 'technisch: ***~ bureau*** Konstruktionsbüro *n*; **2.** technisch (*a. sport*), fachlich, fachmännisch, Fach..., Spezial...: ***~ book*** (technisches) Fachbuch; ***~ dictionary*** Fachwörterbuch *n*; ***~ school*** Fachhochschule *f*; ***~ skill*** a) (technisches) Geschick, b) ♪ Technik *f*; ***~ staff*** technisches Personal; ***~ term*** Fachausdruck *m*; **3.** *fig.* technisch: a) sachlich, b) (rein) for'mal, c) theo'retisch: ***~ knockout*** *Boxen*: technischer K. o.; ***on ~ grounds*** ⚖ aus formaljuristischen *od.* verfahrenstechnischen Gründen; **tech·ni·cal·i·ty** [ˌteknɪ'kælətɪ] *s.* **1.** *das* Technische; **2.** technische Besonderheit *od.* Einzelheit; **3.** Fachausdruck *m*; **4.** *bsd.* ⚖ (reine) Formsache, (for'male) Spitzfindigkeit; **'tech·ni·cal·ly** [-kəlɪ] *adv.* **1.** technisch *etc.*; **2.** genaugenommen, eigentlich; **tech·ni·cian** [tek'nɪʃn] *s.* **1.** Techniker(in) (*a. weitS. Virtuose etc.*), (technischer) Fachmann; **2.** ⚔ *Am.* Techniker *m* (*Dienstrang für Spezialisten*).

tech·nics ['teknɪks] *s. pl.* **1.** *mst sg. konstr.* Technik *f*, *bsd.* Ingeni'eurwissenschaft *f*; **2.** technische Einzelheiten *pl.*; **3.** Fachausdrücke *pl.*; **4.** → **technique** [tek'ni:k] *s.* **1.** ⚙ (Arbeits)Verfahren *n*, (*Schweiß- etc.*)Technik *f*; **2.** ♪, *paint.*, *sport etc.* Technik *f*: a) Me'thode *f*, b) Art *f* der Ausführung, c) Geschicklichkeit *f*; **tech·noc·ra·cy** [tek'nɒkrəsɪ] *s.* Technokra'tie *f*; **tech·no·crat** ['teknəʊkræt] *s.* Techno'krat *m*.

tech·no·log·ic, **tech·no·log·i·cal** [ˌteknə'lɒdʒɪk(l)] *adj.* □ **1.** techno'logisch, technisch; **2.** ✝ techno'logisch (bedingt): ***~ unemployment***; **tech·nol·o·gist** [tek'nɒlədʒɪst] *s.* Techno'loge *m*; **tech·nol·o·gy** [tek'nɒlədʒɪ] *s.* **1.** Technolo'gie *f*: ***~ transfer*** Technologietransfer *m*; ***school of ~*** technische Universität; **2.** technische 'Fachterminoloˌgie.

tech·y ['tetʃɪ] → ***testy***.

tec·tol·o·gy [tek'tɒlədʒɪ] *s. biol.* Struk'turlehre *f*.

tec·ton·ic [tek'tɒnɪk] *adj.* (□ ***~ally***) **1.** ⚠, *geol.* tek'tonisch; **2.** *biol.* struktu'rell; **tec'ton·ics** [-ks] *s. pl. mst sg. konstr.* **1.** ⚠ *etc.* Tek'tonik *f*; **2.** *geol.* ('Geo)Tekˌtonik *f*.

tec·to·ri·al [tek'tɔ:rɪəl] *adj. physiol.* Schutz..., Deck...: ***~ membrane***.

tec·tri·ces [tek'traɪsi:z] *s. pl. zo.* Deckfedern *pl.*

ted·der ['tedə] *s.* ⚒ Heuwender *m*.

Ted·dy bear ['tedɪ] *s.* Teddybär *m*.

te·di·ous ['ti:djəs] *adj.* □ **1.** langweilig, öde, ermüdend; **2.** weitschweifig; **'te·di·ous·ness** [-nɪs] *s.* **1.** Langweiligkeit *f*; **2.** Weitschweifigkeit *f*; **'te·di·um** [-jəm] *s.* **1.** Lang(e)weile *f*; **2.** Langweiligkeit *f*.

tee¹ [ti:] **I** *s.* ⚙ T-Stück *n*; **II** *adj.* T-...: ***~ iron***; **III** *v/t.* ⚡ abzweigen: ***~ across*** (***together***) in Brücke (parallel)schalten.

tee² [ti:] **I** *s. sport* Tee *n*: a) *Curling*: Mittelpunkt *m* des Zielkreises, b) *Golf*: Abschlag(stelle *f*) *m*: ***to a ~*** *fig.* aufs Haar; **II** *v/t. Golf*: *Ball* auf die Abschlagstelle legen; **III** *v/i.* ***~ off*** a) *Golf*: abschlagen, b) *fig.* anfangen.

teem¹ [ti:m] *v/i.* **1.** wimmeln, voll sein (***with*** von): ***the roads are ~ing with people***; ***this page ~s with mistakes*** diese Seite strotzt von Fehlern; **2.** reichlich vor'handen sein: ***fish ~ in that river*** in dem Fluß wimmelt es von Fischen; **3.** *obs.* a) schwanger sein, b) ⚘ Früchte tragen, c) *zo.* Junge gebären.

teem² [ti:m] **I** *v/t. bsd.* ⚙ *flüssiges Metall* (aus)gießen; **II** *v/i.* gießen (*a. fig. Regen*).
teen [ti:n] *Am.* → **teenage(r)**; **ˈteen·age** [-eɪdʒ] **I** *adj. a.* **teenaged 1.** im Teenageralter; **2.** Teenager…; **II** *s.* **3.** → **teens** 1; **ˈteenˌag·er** [-ˌeɪdʒə] *s.* Teenager *m.*
teens [ti:nz] *s. pl.* **1.** Teenageralter *n*: **be in one's ~** ein Teenager sein; **2.** Teenager *pl.*
tee·ny¹ [ˈti:nɪ], *a.* **ˌ~-ˈwee·ny** [-ˈwi:nɪ] *adj.* F klitzeklein.
teen·y² [ˈti:nɪ] *s.* F ‚Teeny' *m* (*jüngerer Teenager*).
ˈtee-shirt [ˈti:-] *s.* ˈT-Shirt *n.*
tee·ter [ˈti:tə] *v/i. Am.* F **1.** (*a. v/t.*) schaukeln, wippen; **2.** (sch)wanken.
teeth [ti:θ] *pl. von* **tooth**.
teethe [ti:ð] *v/i.* zahnen, (die) Zähne bekommen: **teething troubles** a) Beschwerden beim Zahnen, b) *fig.* Kinderkrankheiten.
tee·to·tal [ti:ˈtəʊtl] *adj.* abstiˈnent, Abstinenzler…; **teeˈto·tal·(l)er** [-tlə] *s.* Abstiˈnenzler(in), ˌAntialkoˈholiker (-in); **teeˈto·tal·ism** [-tlɪzəm] *s.* **1.** Abstiˈnenz *f*; **2.** Abstiˈnenzprinˌzip *n.*
tee·to·tum [ˌti:təʊˈtʌm] *s.* Drehwürfel *m.*
teg·u·ment [ˈtegjʊmənt] *etc.* → **integument** *etc.*
tele-¹ [telɪ] *in Zssgn* a) Fern…, b) Fernseh…
tele-² [telɪ] *in Zssgn* a) Ziel, b) Ende.
ˈtel·eˌcam·er·a *s. TV* Fernsehkamera *f.*
ˈtel·e·cast I *v/t.* [*irr.* → **cast**] im Fernsehen überˈtragen *od.* bringen; **II** *s.* Fernsehsendung *f*; **ˈtel·e·cast·er** *s.* (Fernseh)Ansager(in).
ˈtel·e·comˌmu·niˈca·tion I *s.* **1.** Fernmeldeverbindung *f*, -verkehr *m*, ˈTelekommunikatiˌon *f*; **2.** *pl.* Fernmeldewesen *n*, -technik *f*; **II** *adj.* **3.** Fernmelde…
tel·e·con·fer·ence [ˈtelɪˌkɒnfərəns] *s.* Teleˈfonkonfeˌrenz *f.*
ˈtel·e·course *s.* Fernsehlehrgang *m*, -kurs *m.*
tel·e·di·ag·no·sis [ˈtelɪˌdaɪəgˈnəʊsɪs] *s.* [*irr.*] ⚕ ˈFerndiagˌnose *f.*
ˈtel·e·film *s.* Fernsehfilm *m.*
tel·e·gen·ic [ˌtelɪˈdʒenɪk] *adj. TV* teleˈgen.
tel·e·gram [ˈtelɪgræm] *s.* Teleˈgramm *n*: **by ~** telegrafisch.
tel·e·graph [ˈtelɪgrɑ:f; -græf] **I** *s.* **1.** Teleˈgraf *m*; **2.** Teleˈgramm *n*; **3.** → **telegraph board**; **II** *v/t.* **4.** telegrafieren; **5.** *j-n* teleˈgrafisch benachrichtigen; **6.** (*durch Zeichen*) zu verstehen geben, signalisieren; **7.** *sport Spielstand etc.* auf e-r Tafel anzeigen; **8.** *sl. Boxen: Schlag* ‚telegrafieren' (*erkennbar ansetzen*); **III** *v/i.* **9.** telegrafieren (**to** *dat. od.* an *acc.*); **~ board** *s. bsd. sport* Anzeigetafel *f*; **~ code** *s.* Teleˈgrammschlüssel *m.*
te·leg·ra·pher [tɪˈlegrəfə] *s.* Telegraˈfist(in).
tel·e·graph·ese [ˌtelɪgrɑ:ˈfi:z] *s.* Teleˈgrammstil *m*; **tel·e·graph·ic** [ˌtelɪˈgræfɪk] *adj.* (□ **~ally**) **1.** teleˈgrafisch: **~ address** Teleˈgrammadresse *f*, Drahtanschrift *f*; **2.** teleˈgrammartig (*Kürze, Stil*); **te·leg·ra·phist** [tɪˈlegrəfɪst] *s.* Telegraˈfist(in).
tel·e·graph| line *s.* Teleˈgrafenleitung *f*; **~ pole, ~ post** *s.* Teleˈgrafenstange *f*, -mast *m.*
te·leg·ra·phy [tɪˈlegrəfɪ] *s.* Telegraˈfie *f.*
tel·e·ki·ne·sis [ˌtelɪkɪˈni:sɪs] *s. psych.* Telekiˈnese *f.*
tel·e·lens [ˈtelɪlens] *s. phot.* ˈTeleobjekˌtiv *n.*
te·lem·e·ter [ˈtelɪmi:tə] *s.* Teleˈmeter *n*: a) ⚙ Entfernungsmesser *m*, b) ⚡ Fernmeßgerät *n.*
tel·e·o·log·ic, tel·e·o·log·i·cal [ˌtelɪəˈlɒdʒɪk(l)] *adj.* □ *phls.* teleoˈlogisch: **~ argument** teleologischer Gottesbeweis; **tel·e·ol·o·gy** [ˌtelɪˈɒlədʒɪ] *s.* Teleoloˈgie *f.*
tel·e·path·ic [ˌtelɪˈpæθɪk] *adj.* (□ **~ally**) teleˈpathisch; **te·lep·a·thy** [tɪˈlepəθɪ] *s.* Telepaˈthie *f*, Geˈdankenüberˌtragung *f.*
tel·e·phone [ˈtelɪfəʊn] **I** *s.* **1.** Teleˈfon *n*, Fernsprecher *m*: **at the ~** am Apparat; **by ~** telefonisch; **on the ~** telefonisch, durch das *od.* am Telefon; **be on the ~** a) Telefonanschluß haben, b) am Telefon sein; **over the ~** durch das *od.* per Telefon; **II** *v/t.* **2.** *j-n* anrufen, antelefonieren; **3.** *Nachricht etc.* telefonieren, teleˈfonisch überˈmitteln (**s.th. to s.o., s.o. s.th.** j-m et.); **III** *v/i.* **4.** telefonieren; **~ booth,** *Brit.* **~ box** *s.* Teleˈfon-, Fernsprechzelle *f*; **~ call** *s.* Teleˈfongespräch *n*, (Teleˈfon)Anruf *m*; **~ con·nec·tion** *s.* Teleˈfonanschluß *m*; **~ di·rec·to·ry** *s.* Teleˈfon-, Fernsprechbuch *n*; **~ ex·change** *s.* Fernsprechamt *n*, Teleˈfonzenˌtrale *f*; **~ op·er·a·tor** *s.* Telefoˈnist(in); **~ re·ceiv·er** *s.* (Teleˈfon-)Hörer *m*; **~ sub·scrib·er** *s.* Fernsprechteilnehmer(in).
tel·e·phon·ic [ˌtelɪˈfɒnɪk] *adj.* (□ **~ally**) teleˈfonisch, fernmündlich, Telefon…; **tel·e·pho·nist** [tɪˈlefənɪst] *s.* Telefoˈnist(in); **te·leph·o·ny** [tɪˈlefənɪ] *s.* Telefoˈnie *f*, Fernsprechwesen *n.*
ˌtel·eˈpho·to *phot.* **I** *adj.* **1.** Telefoto(grafie)…, Fernaufnahme…: **~ lens** → **telelens**; **II** *s.* **2.** ˈTelefoto(graˌfie *f*) *n*, Fernbild *n*; **3.** ˈBildteleˌgramm *n*; **4.** Funkbild *n*; **ˌtel·eˈpho·to·graph** → **telephoto** II; **ˈtel·eˌpho·toˈgraph·ic** *adj.* (□ **~ally**) **1.** ˈfernfotoˌgrafisch; **2.** ˈbildteleˌgrafisch; **ˌtel·e·phoˈtog·ra·phy** *s.* **1.** ˈTele-, ˈFernfotograˌfie *f*; **2.** ˈBildtelegraˌfie *f.*
tel·e·play [ˈtelɪpleɪ] *s.* Fernsehspiel *n.*
ˈtel·eˌprint·er *s.* Fernschreiber *m* (*Gerät*): **~ message** Fernschreiben *n*; **~ operator** Fernschreiber(in).
tel·e·prompt·er [ˈtelɪˌprɒmptə] *s. TV* Teleprompter *m* (*optisches Souffliergerät, Textband*).
ˈtel·e·reˌcord·ing *s.* (Fernseh)Aufzeichnung *f.*
tel·e·scope [ˈtelɪskəʊp] **I** *s.* Teleˈskop *n*, Fernrohr *n*; **II** *v/t. u. v/i.* a) (sich) ineinˈanderschieben, b) (sich) verkürzen; **III** *adj.* → **telescopic**.
tel·e·scop·ic [ˌtelɪˈskɒpɪk] *adj.* (□ **~ally**) **1.** teleˈskopisch, Fernrohr…: **~ sight** ⚔ Zielfernrohr *n*; **2.** ineinˈanderschiebbar, ausziehbar, Auszieh…, Teleskop…
ˈtel·e·screen *s. TV* Bildschirm *m.*
tel·e·text [ˈtelɪtekst] *s. TV* Videotext *m.*
ˌtel·e·therˈmom·e·ter *s. phys.* ˈFern-, ˈTelethermoˌmeter *n.*
ˈtel·e·type, ˌtel·eˈtypeˌwrit·er *Am.* → **teleprinter**.
ˈtel·e·view I *v/t.* sich (im Fernsehen) ansehen; **II** *v/i.* fernsehen; **ˈtel·eˌview·er** *s.* Fernsehzuschauer(in).
tel·e·vise [ˈtelɪvaɪz] → **telecast** I; **ˈtel·eˌvi·sion I** *s.* **1.** Fernsehen *n*: **watch ~** fernsehen; **on ~** im Fernsehen; **2.** *a.* **~ set** Fernsehgerät *n*, Fernseher *m*; **II** *adj.* Fernseh…; **ˈtel·e·vi·sor** *s.* **1.** → **television** 2; **2.** → **telecaster**, **3.** → **televiewer**.
tel·ex [ˈteleks] **I** *s.* **1.** Telex *n*, Fernschreibernetz *n*: **be on the ~** Telex- *od.* Fernschreibanschluß haben; **2.** Fernschreiber *m* (*Gerät*): **~ operator** Fernschreiber(in); **3.** Fernschreiben *n*: **by ~** per Telex *od.* Fernschreiben; **~ operator** Fernschreiber(in); **II** *v/t.* **4.** *j-m et.* telexen *od.* per Fernschreiben mitteilen.
tell [tel] [*irr.*] **I** *v/t.* **1.** sagen, erzählen (**s.o. s.th., s.th. to s.o.** j-m et): **I can ~ you that ...** ich kann Sie *od.* Ihnen versichern, daß; **I have been told** mir ist gesagt worden; **I told you so!** ich habe es (dir) ja gleich gesagt!, ‚siehste'!; **you are ~ing me!** *sl.* wem sagen Sie das!; **~ the world** F (es) hinausposaunen; **2.** mitteilen, berichten, *a. die Wahrheit* sagen; *Neuigkeit* verkünden: **~ a lie** lügen; **3.** *Geheimnis* verraten; **4.** erkennen (**by, from** an *dat.*), feststellen, sagen: **~ by ear** mit dem Gehör feststellen, hören; **5.** (mit Bestimmtheit) sagen: **I cannot ~ what it is**; **it is difficult to ~** es ist schwer zu sagen; **6.** unterˈscheiden (**one from the other** eines vom andern): **~ apart** auseinanderhalten; **7.** sagen, befehlen: **~ s.o. to do s.th.** j-m sagen, er solle et. tun; j-n et. tun heißen; **do as you are told** tu wie dir geheißen; **8.** *bsd. pol. Stimmen* zählen: **all told** alles in allem; **9. ~ off** a) abzählen, b) ⚔ abkommandieren, c) F *j-m* ‚Bescheid stoßen'; **II** *v/i.* **10.** berichten, erzählen (**of** von, **about** über *acc.*); **11.** *fig.* ein Zeichen *od.* Beweis sein (**of** für, von); **12.** *et.* sagen können, wissen: **how can you ~?, you never can ~** man kann nie wissen; **13.** ‚petzen': **~ on s.o.** j-n verpetzen *od.* verraten; **don't ~!** nicht verraten!; **14.** sich auswirken (**on** bei, auf *acc.*): **the hard work began to ~ on him**; **his troubles have told on him** s-e Sorgen haben ihn sichtlich mitgenommen; **every blow (word) ~s** jeder Schlag (jedes Wort) sitzt; **that ~s against you** das spricht gegen Sie; **15.** sich (deutlich) abheben (**against** gegen, von); zur Geltung kommen (*Farbe etc.*); **ˈtell·er** [-lə] *s.* **1.** Erzähler(in); **2.** Zähler (-in); *bsd. parl.* Stimmenzähler *m*; **3.** Kassierer(in), Schalterbeamte(r) *m* (*Bank*): **~'s department** Hauptkasse *f*; **automatic ~** Geldautomat *m*; **ˈtell·ing** [-lɪŋ] *adj.* □ **1.** wirkungsvoll (*a. Schlag*), wirksam, eindrucksvoll; ˈdurchschlagend (*Erfolg, Wirkung*); **2.** *fig.* aufschlußreich; **ˌtell·ing-ˈoff** *s.*: **give s.o. a ~** j-m ‚Bescheid stoßen'.
ˈtell·tale I *s.* **1.** Klatschbase *f*, Zuträger (-in), ‚Petze' *f*; **2.** verräterisches (Kenn-)Zeichen; **3.** ⚙ (selbsttätige) Anzeigevorrichtung; **II** *adj.* **4.** *fig.* verräterisch: **a ~ tear**; **5.** sprechend (*Ähnlichkeit*); **6.** ⚙ a) Anzeige…, b) Warnungs…: **~ clock** Kontrolluhr *f.*

tel·ly ['telı] *s. Brit.* F Fernseher *m* (*Gerät*): ***on the ~*** im Fernsehen.

tel·o·type ['teləʊtaıp] *s.* **1.** e'lektrischer 'Schreib- *od.* 'Drucktele,graph; **2.** auto'matisch gedrucktes Tele'gramm.

tel·pher ['telfə] **I** *s.* Wagen *m* e-r Hängebahn; **II** *adj.* (Elektro)Hängebahn…; **'tel·pher·age** [-ərıdʒ] *s.* e'lektrische Lastenbeförderung; **'tel·pher·way** *s.* Telpherbahn *f*, E'lektrohängebahn *f*.

te·mer·i·ty [tı'merətı] *s.* **1.** (Toll)Kühnheit *f*, Verwegenheit *f*; *b.s.* Frechheit *f*.

temp [temp] *s. Brit.* F 'Zeitsekre,tärin *f*.

tem·per ['tempə] **I** *s.* **1.** Tempera'ment *n*, Natu'rell *n*, Gemüt(sart *f*) *n*, Cha'rakter *m*, Veranlagung *f*: ***even ~*** Gleichmut *m*; ***have a quick ~*** ein hitziges Temperament haben; **2.** Stimmung *f*, Laune *f*: ***in a bad ~*** (in) schlechter Laune, schlecht gelaunt; **3.** Gereiztheit *f*, Zorn *m*, Wut *f*: ***be in a ~*** gereizt *od.* wütend sein; ***fly*** (*od.* ***get***) ***into a ~*** in Wut geraten; **4.** Gemütsruhe *f* (*obs. außer in den Redew.*): ***keep one's ~*** ruhig bleiben; ***lose one's ~*** in Wut geraten, die Geduld verlieren; ***out of ~*** übelgelaunt; ***put s.o. out of ~*** j-n wütend machen *od.* erzürnen; **5.** Zusatz *m*, Beimischung *f*, *metall.* Härtemittel *n*; **6.** *bsd.* ⚙ richtige Mischung; **7.** *metall.* Härte(grad *m*) *f*; **II** *v/t.* **8.** mildern (***with*** durch); **9.** *Farbe, Kalk, Mörtel* mischen, anmachen; **10.** ⚙ a) *Stahl* härten, anlassen, b) *Eisen* ablöschen, c) *Gußeisen* adouzieren, d) *Glas* rasch abkühlen; **11.** ♪ *Klavier etc.* temperieren; **III** *v/i.* **12.** ⚙ den richtigen Härtegrad erreichen *od.* haben.

tem·per·a ['tempərə] *s.* 'Tempera(male,rei) *f*.

tem·per·a·ment ['tempərəmənt] *s.* **1.** → ***temper*** 1; **2.** Tempera'ment *n*, Lebhaftigkeit *f*; **3.** ♪ Tempera'tur *f*; **tem·per·a·men·tal** [,tempərə'mentl] *adj.* □ **1.** tempera'mentvoll, veranlagungsmäßig, Temperaments…; **2.** a) reizbar, launisch, b) leicht erregbar; **3.** eigenwillig; **4.** ***be ~*** F (s-e) ‚Mucken' haben (*Gerät etc.*).

tem·per·ance ['tempərəns] *s.* **1.** Mäßigkeit *f*, Enthaltsamkeit *f*; **2.** Mäßigkeit *f* im *od.* Absti'nenz *f* vom Alkoholgenuß; **~ ho·tel** *s.* alkoholfreies Hotel; **~ move·ment** *s.* Absti'nenzbewegung *f*.

tem·per·ate ['tempərət] *adj.* □ **1.** gemäßigt, maßvoll: ***~ language***; **2.** zu'rückhaltend; **3.** mäßig: ***~ enthusiasm***; **4.** a) mäßig, enthaltsam (*bsd. im Essen u. Trinken*), b) absti'nent (*alkoholische Getränke meidend*); **5.** gemäßigt, mild (*Klima etc.*); **'tem·per·ate·ness** [-nıs] *s.* **1.** Gemäßigtheit *f*; **2.** Beherrschtheit *f*, Zu'rückhaltung *f*; **3.** geringes Ausmaß; **4.** a) Mäßigkeit *f*, Enthaltsamkeit *f*, Mäßigung *f* (*bsd. im Essen u. Trinken*), b) Absti'nenz *f* (*von alkoholischen Getränken*); **5.** Milde *f* (*des Klimas etc.*).

tem·per·a·ture ['temprətʃə] *s.* **1.** *phys.* Tempera'tur *f*: ***at a ~ of*** bei e-r Temperatur von; **2.** *physiol.* ('Körper)Tempera,tur *f*: ***to take s.o.'s ~*** j-s Temperatur messen; ***to have*** (*od.* ***run***) ***a ~*** ⚕ F Fieber *od.* (erhöhte) Temperatur haben.

tem·pest ['tempıst] *s.* **1.** (wilder) Sturm: ***~ in a teapot*** *fig.* ‚Sturm im Wasserglas'; **2.** *fig.* Sturm *m*, Ausbruch *m*; **3.** Gewitter *n*; **tem·pes·tu·ous** [tem'pestjʊəs] *adj.* □ *a. fig.* stürmisch, ungestüm, heftig; **tem·pes·tu·ous·ness** [tem'pestjʊəsnıs] *s.* Ungestüm *n*, Heftigkeit *f*.

Tem·plar ['templə] *s.* **1.** *hist.* Templer *m*, Tempelherr *m*, -ritter *m*; **2.** Tempelritter *m* (*Freimaurer*); **3.** *oft* ***Good*** 2 Guttempler *m* (*ein Temperenzler*).

tem·plate ['templıt] *s.* **1.** ⚙ Scha'blone *f*; **2.** ▲ a) 'Unterleger *m* (*Balken*), b) (Dach)Pfette *f*, c) Kragholz *n*; **3.** ⚓ Mallbrett *n*.

tem·ple¹ ['templ] *s.* **1.** *eccl.* Tempel *m* (*a. fig.*); **2.** *Am.* Syna'goge *f*; **3.** 2 ⚖ Temple *m* (*in London, Sitz zweier Rechtskollegien*: ***the Inner*** 2 *u.* ***the Middle*** 2).

tem·ple² ['templ] *s. anat.* Schläfe *f*.

tem·ple³ ['templ] *s. Weberei*: Tömpel *m*.

tem·plet ['templıt] → ***template***.

tem·po ['tempəʊ] *pl.* **-pi** *s.* ♪ Tempo *n* (*a. fig. Geschwindigkeit*): ***~ turn*** *Skisport*: Temposchwung *m*.

tem·po·ral¹ ['tempərəl] *adj.* □ **1.** zeitlich: a) Zeit… (*Ggs. räumlich*), b) irdisch; **2.** weltlich (*Ggs. geistlich*): ***~ courts***; **3.** *ling.* tempo'ral, Zeit…: ***~ adverb*** Umstandswort *n* der Zeit; ***~ clause*** Temporalsatz *m*.

tem·po·ral² ['tempərəl] *anat.* **I** *adj.* a) Schläfen…, b) Schläfenbein…; **II** *s.* Schläfenbein *n*.

tem·po·rar·i·ness ['tempərərınıs] *s.* Einst-, Zeitweiligkeit *f*; **tem·po·rar·y** ['tempərərı] *adj.* □ provi'sorisch: a) vorläufig, einst-, zeitweilig, vor'übergehend, tempo'rär, b) behelfsmäßig, Not…, Hilfs…, Interims…: ***~ arrangement*** Übergangsregelung *f*; ***~ bridge*** Behelfs-, Notbrücke *f*; ***~ credit*** ☤ Zwischenkredit *m*.

tem·po·rize ['tempəraız] *v/i.* **1.** Zeit zu gewinnen suchen, abwarten, sich nicht festlegen, lavieren: ***~ with s.o.*** j-n hinhalten; **2.** mit dem Strom schwimmen, s-n Mantel nach dem Wind hängen; **'tem·po·riz·er** [-zə] *s.* **1.** j-d, der Zeit zu gewinnen sucht *od.* sich nicht festlegt; **2.** Opportu'nist(in); **'tem·po·riz·ing** [-zıŋ] *adj.* □ **1.** hinhaltend, abwartend; **2.** opportu'nistisch.

tempt [tem*p*t] *v/t.* **1.** *eccl., a. allg. j-n* versuchen, in Versuchung führen; **2.** *j-n* verlocken, -leiten, da'zu bringen (***to do*** zu tun): ***be ~ed to do*** versucht *od.* geneigt sein, zu tun; **3.** reizen, locken (*Angebot, Sache*); **4.** *Gott, sein Schicksal* versuchen, her'ausfordern; **temp·ta·tion** [tem*p*'teıʃn] *s.* Versuchung *f*, -führung *f*, -lockung *f*: ***lead into ~*** in Versuchung führen; **'tempt·er** [-tə] *s.* Versucher *m*, -führer *m*: ***the*** 2 *eccl.* der Versucher; **'tempt·ing** [-tıŋ] *adj.* □ verführerisch, -lockend; **'tempt·ing·ness** [-tıŋnıs] *s. das* Verführerische; **'tempt·ress** [-trıs] *s.* Versucherin *f*, Verführerin *f*.

ten [ten] **I** *adj.* **1.** zehn; **II** *s.* **2.** Zehn *f* (*Zahl, Spielkarte*): ***the upper ~*** *fig.* die oberen Zehntausend; **3.** F Zehner *m* (*Geldschein etc.*); **4.** zehn (Uhr).

ten·a·ble ['tenəbl] *adj.* **1.** haltbar (⚔ *Stellung, fig. Behauptung etc.*); **2.** verliehen (***for*** für, auf *acc.*): ***an office ~ for two years***; **'ten·a·ble·ness** [-nıs] *s.* Haltbarkeit *f* (*a. fig.*).

te·na·cious [tı'neıʃəs] *adj.* □ **1.** zäh(e), klebrig; **2.** *fig.* zäh(e), hartnäckig: ***be ~ of*** zäh an *et.* festhalten; ***~ of life*** zählebig; ***~ ideas*** zählebige Ideen; **3.** verläßlich, gut (*Gedächtnis*); **te'na·cious·ness** [-nıs], **te·nac·i·ty** [tı'næsıtı] *s.* **1.** *allg.* Zähigkeit *f*: a) Klebrigkeit *f*, b) *phys.* Zug-, Zähfestigkeit *f*, c) *fig.* Hartnäckigkeit *f*: ***~ of life*** zähes Leben; ***~ of purpose*** Zielstrebigkeit *f*; **2.** Verläßlichkeit *f* (*des Gedächtnisses*).

ten·an·cy ['tenənsı] *s.* ⚖ **1.** Pacht-, Mietverhältnis *n*: ***~ at will*** jederzeit beiderseits kündbares Pachtverhältnis; **2.** a) Pacht-, Mietbesitz *m*, b) Eigentum *n*: ***~ in common*** Miteigentum *n*; **3.** Pacht-, Mietdauer *f*; **'ten·ant** [-nt] **I** *s.* **1.** ⚖ Pächter(in), Mieter(in): ***~ farmer*** Gutspächter *m*; **2.** ⚖ Inhaber(in) (*von Realbesitz, Renten etc.*); **3.** Bewohner (-in); **4.** *hist.* Lehnsmann *m*; **II** *v/t.* **5.** bewohnen; **6.** *als Mieter etc.* beherbergen; **'ten·ant·a·ble** [-ntəbl] *adj.* **1.** ⚖ pacht-, mietbar; **2.** bewohnbar; **'ten·ant·less** *adj.* **1.** unverpachtet; **2.** unvermietet, leer(stehend); **'ten·ant·ry** [-trı] *s. coll.* Pächter *pl.*, Mieter *pl.*

tench [tenʃ] *pl.* **'tench·es**, *bsd. coll.* **tench** *s. ichth.* Schleie *f*.

tend¹ [tend] *v/i.* **1.** sich *in e-r bestimmten Richtung* bewegen; (hin)streben (***to*** [***-ward***] nach): ***~ from*** wegstreben von; **2.** *fig.* a) tendieren, neigen (***to***[***wards***] zu), b) da'zu neigen (***to do*** zu tun); **3.** abzielen, gerichtet sein (***to*** auf *acc.*); **4.** (da'zu) führen *od.* beitragen (***to*** [***do***] zu [tun]); hin'auslaufen (***to*** auf *acc.*); **5.** ⚓ schwoien.

tend² [tend] *v/t.* **1.** ⚙ *Maschine* bedienen; **2.** sich kümmern um, sorgen für, *Kranke* pflegen, *Vieh* hüten.

ten·den·cious → ***tendentious***.

tend·en·cy ['tendənsı] *s.* **1.** Ten'denz *f*: a) Richtung *f*, Strömung *f*, Hinstreben *n*, b) (bestimmte) Absicht, Zweck *m*, c) Hang *m* (***to, toward*** zu), Neigung *f* (***to*** für); **2.** Gang *m*, Lauf *m*: ***the ~ of events***.

ten·den·tious [ten'denʃəs] *adj.* □ tendenzi'ös, Tendenz…; **ten'den·tious·ness** [-nıs] *s.* tendenzi'öser Cha'rakter.

ten·der¹ ['tendə] *adj.* □ **1.** zart, weich, mürbe (*Fleisch etc.*); **2.** *allg.* zart (*a. Alter, Farbe, Gesundheit*): ***~ passion*** Liebe *f*; **3.** zart, zärtlich, sanft; **4.** zart, empfindlich (*Körperteil, a. Gewissen*): ***~ spot*** *fig.* wunder Punkt; **5.** heikel, kitzlig (*Thema*); **6.** bedacht (***of*** auf *acc.*).

ten·der² ['tendə] **I** *v/t.* **1.** (for'mell) anbieten; → ***oath*** 1, ***resignation*** 2; **2.** *s-e Dienste etc.* anbieten, zur Verfügung stellen; **3.** *s-n Dank, s-e Entschuldigung* zum Ausdruck bringen; **4.** ☤, ⚖ als Zahlung (*e-r Verpflichtung*) anbieten; **II** *v/i.* **5.** sich an e-r Ausschreibung beteiligen, ein Angebot machen: ***~ and contract for a supply*** e-n Lieferungsvertrag abschließen; **III** *s.* **6.** Anerbieten *n*, Angebot *n*: ***make a ~ of*** → 2; **7.** ☤ (***legal*** gesetzliches) Zahlungsmittel; **8.** ☤ Angebot *n*, Of'ferte *f bei Ausschreibung*: ***invite ~s for*** *ein Projekt* ausschreiben; ***put to ~*** in freier Ausschreibung vergeben; ***by ~*** in Submission; **9.** ☤ Kosten(vor)anschlag *m*; **10.**

⚖ Zahlungsangebot *n*; **11.** ~ ***of resignation*** Rücktrittsgesuch *n*.

tend·er[3] ['tendə] *s.* **1.** Pfleger(in); **2.** 🚂 Tender *m*, Kohlewagen *m*; **3.** ⚓ Tender *m*, Begleitschiff *n*.

'ten·der|·foot *pl.* **-feet** *od.* **-foots** *s. Am.* F **1.** Anfänger(in), Greenhorn *n*; **2.** neuaufgenommener Pfadfinder; **,~-'heart·ed** *adj.* ☐ weichherzig; **'~·loin** *s.* zartes Lendenstück, Fi'let *n*.

ten·der·ness ['tendənɪs] *s.* **1.** Zartheit *f*, Weichheit *f* (*a. fig.*); **2.** Empfindlichkeit *f* (*a. fig. des Gewissens etc.*); **3.** Zärtlichkeit *f*.

ten·di·nous ['tendɪnəs] *adj.* **1.** sehnig, flechsig; **2.** *anat.* Sehnen...; **ten·don** ['tendən] *s. anat.* Sehne *f*, Flechse *f*; **ten·do·vag·i·ni·tis** ['tendəʊˌvædʒɪ'naɪtɪs] *s.* ⚕ Sehnenscheidenentzündung *f*.

ten·dril ['tendrɪl] *s.* ⚘ Ranke *f*.

ten·e·brous ['tenɪbrəs] *adj.* dunkel, finster, düster.

ten·e·ment ['tenɪmənt] *s.* **1.** Wohnhaus *n*; **2.** *a.* ~ ***house*** Miet(s)haus *n*, *bsd.* 'Mietskaˌserne *f*; **3.** Mietwohnung *f*; **4.** Wohnung *f*; **5.** ⚖ a) (Pacht)Besitz *m*, b) beständiger Besitz, beständiges Privi'legium.

te·nes·mus [tɪ'nezməs] *s.* ⚕ Te'nesmus *m*: ***rectal*** ~ Stuhldrang *m*; ***vesical*** ~ Harndrang *m*.

ten·et ['ti:net] *s.* (Grund-, Lehr)Satz *m*, Lehre *f*.

'ten·fold I *adj. u. adv.* zehnfach; **II** *s. das* Zehnfache.

ˌten-'gal·lon hat *s. Am.* breitrandiger Cowboyhut.

ten·ner ['tenə] *s.* F ‚Zehner' *m*: a) *Brit.* Zehn'pfundnote *f*, b) *Am.* Zehn'dollarnote *f*.

ten·nis ['tenɪs] *s. sport* Tennis *n*; ~ **arm** *s.* ⚕ Tennisarm *m*; ~ **ball** *s.* Tennisball *m*; ~ **court** *s.* Tennisplatz *m*; ~ **rack·et** *s.* Tennisschläger *m*.

ten·on ['tenən] ⚙ **I** *s.* Zapfen *m*; **II** *v/t.* verzapfen; ~ **saw** *s.* ⚙ Ansatzsäge *f*, Fuchsschwanz *m*.

ten·or ['tenə] **I** *s.* **1.** Verlauf *m*; **2.** 'Tenor *m*, (wesentlicher) Inhalt, Sinn *m*; **3.** Absicht *f*; **4.** ✝ Laufzeit *f* (*Wechsel etc.*); **5.** ♪ Te'nor(stimme *f*, -parˌtie *f*, -sänger *m*, -instruˌment *n*) *m*; **II** *adj.* **6.** ♪ Tenor...

'ten·pin *s. Am.* **1.** Kegel *m*; **2.** *pl. sg. konstr. Am.* Bowling *n*.

tense[1] [tens] *s. ling.* Zeit(form) *f*, Tempus *n*: ***simple*** (***compound***) **~s** einfache (zs.-gesetzte) Zeiten.

tense[2] [tens] **I** *adj.* ☐ **1.** gespannt (*a. ling. Laut*); **2.** *fig.* a) (an)gespannt (*Person, Nerven*), b) spannungsgeladen: ***a ~ moment***; **II** *v/t.* **3.** straffen, (an)spannen; **III** *v/i.* **4.** sich straffen *od.* (an)spannen; **5.** *fig.* (vor Nervosi'tät *etc.*) starr werden; **'tense·ness** [-nɪs] *s.* **1.** Straffheit *f*; **2.** *fig.* (ner'vöse) Spannung; **'ten·si·ble** [-səbl] *adj.* dehnbar; **'ten·sile** [-saɪl] *adj.* dehn-, streckbar; *phys.* Dehn(ungs)..., Zug...: ~ ***strength*** (***stress***) Zugfestigkeit *f* (-beanspruchung *f*); **ten·sim·e·ter** [ten'sɪmɪtə] *s.* ⚙ Gas-, Dampfdruckmesser *m*; **ten·si·om·e·ter** [tensɪ'ɒmɪtə] *s.* ⚙ Zugmesser *m*.

ten·sion ['tenʃn] *s.* **1.** Spannung *f* (*a.* ⚡); **2.** ⚕, *phys.* Druck *m*; **3.** *phys.* a) Dehnung *f*, b) Zug-, Spannkraft *f*: ~ ***spring*** ⚙ Zug-, Spannfeder *f*; **4.** (ner'vöse) Spannung; **5.** *fig.* Spannung *f*, gespanntes Verhältnis: ***political*** ~; **'ten·sion·al** [-ʃənl] *adj.* Dehn..., Spann(ungs)...; **ten·sor** ['tensə] *s. anat.* Tensor *m* (*a.* ⅍), Streck-, Spannmuskel *m*.

'ten|-spot *s. Am. sl.* **1.** *Kartenspiel*: Zehn *f*; **2.** → ***tenner*** b; **'~-strike** *s.* **1.** → ***strike*** 2 a; **2.** F *fig.* ‚Volltreffer' *m*.

tent[1] [tent] *s.* Zelt *n* (*a.* ⚕): ***pitch one's ~s*** s-e Zelte aufschlagen (*a. fig.*).

tent[2] [tent] ⚕ **I** *s.* Tam'pon *m*; **II** *v/t.* durch e-n Tampon offenhalten.

tent[3] [tent] *s. obs.* Tintowein *m*.

ten·ta·cle ['tentəkl] *s. zo.* **1.** Ten'takel *m, n* (*a.* ⚘), Fühler *m* (*a. fig.*); **2.** Fangarm *m e-s Polypen*; **'ten·ta·cled** [-ld] *adj.* ⚘, *zo.* mit Ten'takeln versehen; **ten·tac·u·lar** [ten'tækjʊlə] *adj.* Fühler..., Tentakel...

ten·ta·tive ['tentətɪv] **I** *adj.* ☐ **1.** versuchsweise, Versuchs...; **2.** provi'sorisch; **3.** vorsichtig; **II** *s.* **4.** Versuch *m*; **'ten·ta·tive·ly** [-lɪ] *adv.* versuchsweise.

ten·ter ['tentə] *s.* ⚙ Spannrahmen *m für Tuch*; **'~·hook** *s.* ⚙ Spannhaken *m*: ***be on ~s*** *fig.* auf die Folter gespannt sein, wie auf glühenden Kohlen sitzen; ***keep s.o. on ~s*** *fig.* j-n auf die Folter spannen.

tenth [tenθ] **I** *adj.* ☐ **1.** zehnt; **2.** zehntel; **II** *s.* **3.** *der* (*die, das*) Zehnte; **4.** Zehntel *n*: ***a ~ of a second*** e-e Zehntelsekunde; **5.** ♪ De'zime *f*; **'tenth·ly** [-lɪ] *adv.* zehntens.

tent| peg *s.* Zeltpflock *m*, Hering *m*; ~ **pole** *s.* Zeltstange *f*; ~ **stitch** *s. Stickerei*: Perlstich *m*.

ten·u·is ['tenjʊɪs] *pl.* **'ten·u·es** [-i:z] *s. ling.* Tenuis *f* (*stimmloser, nicht aspirierter Verschlußlaut*).

te·nu·ous ['tenjʊəs] *adj.* **1.** dünn; **2.** zart, fein; **3.** *fig.* dürftig.

ten·ure ['teˌnjʊə] *s.* **1.** (Grund-, *hist.* Lehens)Besitz *m*; **2.** ⚖ a) Besitzart *f*, b) Besitztitel *m*: ~ ***by lease*** Pachtbesitz *m*; **3.** Besitzdauer *f*; **4.** (feste) Anstellung; **5.** Innehaben *n*, Bekleidung *f* (e-s Amtes): ~ ***of office*** Amtsdauer *f*; **6.** *fig.* Genuß *m e-r Sache*.

te·pee ['ti:pi:] *s.* Indi'anerzelt *n*, Tipi *n*.

tep·id ['tepɪd] *adj.* ☐ lauwarm, lau (*a. fig.*); **te·pid·i·ty** [te'pɪdətɪ], **'tep·id·ness** [-nɪs] *s.* Lauheit *f* (*a. fig.*).

ter·cen·te·nar·y [ˌtɜ:sen'ti:nərɪ], **ˌter·cen'ten·ni·al** [-'tenjəl] **I** *adj.* **1.** dreihundertjährig; **II** *s.* **2.** dreihundertster Jahrestag; **3.** Dreihundert'jahrfeier *f*.

ter·cet ['tɜ:sɪt] *s.* **1.** *Metrik*: Ter'zine *f*; **2.** ♪ Tri'ole *f*.

ter·gi·ver·sate ['tɜ:dʒɪvɜ:seɪt] *v/i.* Ausflüchte machen; sich drehen und wenden; sich wider'sprechen; **ter·gi·ver·sa·tion** [ˌtɜ:dʒɪvɜ:'seɪʃn] *s.* **1.** Ausflucht *f*, Winkelzug *m*; **2.** Wankelmut *m*.

term [tɜ:m] **I** *s.* **1.** *bsd. fachlicher* Ausdruck, Bezeichnung *f*, Wort *n*: ***botanical ~s***; **2.** *pl.* a) Ausdrucksweise *f*, b) ('Denk)Kategoˌrien *pl.*: ***in ~s of*** a) in Form von (*od. gen.*), b) im Sinne (*gen.*), als, c) hinsichtlich (*gen.*), d) von ... her, vom Standpunkt (*gen.*), e) im Vergleich zu; ***in ~s of approval*** beifällig; ***in ~s of literature*** literarisch (betrachtet), vom Literarischen her; ***in plain ~s*** rundheraus (gesagt); ***in the strongest ~s*** schärfstens; ***think in ~s of money*** (nur) in Mark u. Pfennig denken; ***think in military ~s*** in militärischen Kategorien denken; **3.** Wortlaut *m*; **4.** a) Zeit *f*, Dauer *f*: ~ ***of imprisonment*** Freiheitsstrafe *f*; ~ ***of office*** Amtsdauer *f*, -periode *f*; ***on*** (*od.* ***in***) ***the long*** ~ auf lange Sicht, langfristig (betrachtet); ***for a ~ of four years*** für die Dauer von vier Jahren, b) (*Zahlungs- etc.*)Frist *f*: ~ ***deposit*** Termingeld *n*; **5.** ✝, ⚖ a) Laufzeit *f* (*Vertrag, Wechsel*), b) Ter'min *m*, c) *Brit.* Quar'talsterˌmin *m* (*vierteljährlicher Zahltag für Miete etc.*), d) *Brit. hist. halbjährlicher* Lohn-, Zahltag (*für Dienstboten*), e) ⚖ 'Sitzungsperiˌode *f*; **6.** *ped., univ.* Quar'tal *n*, Tri'mester *n*, Se'mester *n*: ***end of ~*** Schul- *od.* Semesterschluß *m*; ***keep ~s*** *Brit.* Jura studieren; **7.** *pl.* ✝, ⚖ (*Vertrags- etc.*)Bedingungen *pl.*: ***~s of delivery*** Lieferungsbedingungen; ***~s of trade*** Austauschverhältnis *n im* Außenhandel; ***on easy ~s*** zu günstigen Bedingungen; ***on equal ~s*** unter gleichen Bedingungen; ***come to ~s*** *a. fig.* handelseinig werden, sich einigen, *fig. a.* sich abfinden (***with*** mit); ***come to ~s with the past*** die Vergangenheit bewältigen; **8.** *pl.* Preise *pl.*, Hono'rar *n*: ***cash ~s*** Barpreis *m*; ***inclusive ~s*** Pauschalpreis *m*; **9.** *pl.* Beziehungen *pl.*: ***be on good*** (***bad***) ***~s with*** auf gutem (schlechtem) Fuße stehen mit; ***they are not on speaking ~s*** sie sprechen nicht (mehr) miteinander; **10.** *Logik*: Begriff *m*; → ***contradiction*** 2; **11.** ⅍ a) Glied *n*: ~ ***of a sum*** Summand *m*, b) *Geometrie*: Grenze *f*; **12.** ⚠ Terme *m*, Grenzstein *m*; **13.** *physiol.* a) Menstruati'on *f*, b) (nor'male) Schwangerschaftszeit: ***carry to*** (***full***) ~ *ein Kind* austragen; ***she is near her*** ~ ihre Niederkunft steht dicht bevor; **II** *v/t.* **14.** (be)nennen, bezeichnen als.

ter·ma·gant ['tɜ:məgənt] **I** *s.* Zankteufel *m*, (Haus)Drachen *m* (*Weib*); **II** *adj.* zänkisch, keifend.

ter·mi·na·ble ['tɜ:mɪnəbl] *adj.* ☐ **1.** begrenzbar; **2.** befristet, (zeitlich) begrenzt, kündbar (*Vertrag etc.*).

ter·mi·nal ['tɜ:mɪnl] **I** *adj.* ☐ → ***terminally***; **1.** letzt, Grenz..., End..., (Ab-)Schluß...: ~ ***amplifier*** ⚡ Endverstärker *m*; ~ ***station*** → ~ ***value*** ⅍ Endwert *m*; ~ ***voltage*** ⚡ Klemmenspannung *f*; **2.** *univ.* Semester... *od.* Trimester...; **3.** ⚕ a) unheilbar (*a. fig.*), b) im Endstadium: ~ ***case***, c) Sterbe...: ~ ***clinic***, d) *fig.* verhängnisvoll (***to*** für); **4.** ⚘ gipfelständig; **II** *s.* **5.** Endstück *n*, -glied *n*, Spitze *f*; **6.** *ling.* Endsilbe *f od.* -buchstabe *m od.* -wort *n*; **7.** ⚡ a) (Anschluß-)Klemme *f*, (*Plus-, Minus*)Pol *m*, b) Klemmschraube *f*, c) Endstecker *m*; **8.** a) 🚂 'Endstatiˌon *f*, Kopfbahnhof *m*, b) ✈ Bestimmungsflughafen *m* (→ *a.* ***air terminal***), c) (zen'traler) 'Umschlagplatz, d) End- *od.* Ausgangspunkt *m*; **9.** *Computer*: Terminal *n*; **10.** *univ.* Se'mesterprüfung *f*; **'ter·mi·nal·ly** [-nəlɪ] *adv.* **1.** zum Schluß; **2.** ter'minweise; **3.** ~ ***ill*** ⚕ unheilbar krank; **4.** *univ.* se'mesterweise; **'ter·mi·nate** [-neɪt] **I** *v/t.* **1.** *räumlich* begrenzen; **2.** beendigen, *Vertrag a.* aufheben, kündigen; **II** *v/i.* **3.** endigen (***in*** in *dat.*); **4.** *ling.* enden (***in***

auf *acc.*); **III** *adj.* [-nət] **5.** begrenzt; **6.** Ꭺ endlich; **ter·mi·na·tion** [ˌtɜːmɪ'neɪʃn] *s.* **1.** Aufhören *n*; **2.** Ende *n*, (Ab)Schluß *m*; **3.** Beendigung *f*: ***~ of pregnancy*** ⚕ Schwangerschaftsunterbrechung *f*; **4.** ⚖ Beendigung *f e-s Vertrags etc.*: a) Ablauf *m*, Erlöschen *n*, b) Aufhebung *f*, Kündigung *f*; **5.** *ling.* Endung *f*.

ter·mi·no·log·i·cal [ˌtɜːmɪnə'lɒdʒɪkl] *adj.* □ termino'logisch: ***~ inexactitude*** *humor.* Schwindelei *f*; **ter·mi·nol·o·gy** [ˌtɜːmɪ'nɒlədʒɪ] *s.* Terminolo'gie *f*, Fachsprache *f*, -ausdrücke *pl.*

ter·mi·nus ['tɜːmɪnəs] *pl.* **-ni** [-naɪ], **-nus·es** *s.* **1.** Endpunkt *m*, Ziel *n*, Ende *n*; **2.** → ***terminal*** 8 a.

ter·mite ['tɜːmaɪt] *s. zo.* Ter'mite *f*.

'term·time *s.* Schul- *od.* Se'mesterzeit *f* (*Ggs. Ferien*).

tern[1] [tɜːn] *s. orn.* Seeschwalbe *f*.

tern[2] [tɜːn] *s.* Dreiergruppe *f*, -satz *m*; **'ter·na·ry** [-nərɪ] *adj.* **1.** aus (je) drei bestehend, dreifältig; **2.** ⚘ dreizählig; **3.** *metall.* dreistoffig; **4.** Ꭺ ter'när; **5.** aus drei A'tomen bestehend; **'ter·nate** [-nɪt] *adj.* → ***ternary*** 1 *u.* 2.

ter·ra ['terə] (*Lat. u. Ital.*) *s.* Land *n*, Erde *f*.

ter·race ['terəs] **I** *s.* **1.** Ter'rasse *f* (*a.* △ *u. geol.*); **2.** *bsd. Brit.* Häuserreihe *f* an erhöht gelegener Straße; **3.** *Am.* Grünstreifen *m*, -anlage *f in der Straßenmitte*; **4.** *sport Brit.* (Zuschauer)Rang *m*: ***the ~s*** die Ränge (*a. die Zuschauer*); **II** *v/t.* **5.** ter'rassenförmig anlegen, terrassieren; **'ter·raced** [-st] *adj.* **1.** terrassenförmig (angelegt); **2.** flach (*Dach*); **3.** ***~ house*** *Brit.* Reihenhaus *n*.

ter·ra|-cot·ta [ˌterə'kɒtə] **I** *s.* **1.** Terra'kotta *f*; **2.** Terra'kottafiˌgur *f*; **II** *adj.* **3.** Terrakotta...; **~ fir·ma** ['fɜːmə] (*Lat.*) *s.* festes Land.

ter·rain [te'reɪn] *bsd.* ⚔ **I** *s.* Ter'rain *n*, Gelände *n*; **II** *adj.* Gelände...

ter·ra in·cog·ni·ta [ɪŋ'kɒgnɪtə] (*Lat.*) *s.* unerforschtes Land; *fig.* (völliges) Neuland.

ter·ra·ne·ous [tə'reɪnjəs] *adj.* ⚘ Land...

ter·ra·pin ['terəpɪn] *s. zo.* Dosenschildkröte *f*.

ter·raz·zo [te'rætsəʊ] (*Ital.*) *s.* Ter'razzo *m*, Ze'mentmosaˌik *n*.

ter·rene [te'riːn] *adj.* **1.** irdisch, Erd...; **2.** erdig, Erd...

ter·res·tri·al [tɪ'restrɪəl] **I** *adj.* □ **1.** irdisch; **2.** Erd...: ***~ globe*** Erdball *m*; **3.** ⚘, *zo.*, *geol.* Land...; **II** *s.* **4.** Erdenbewohner(in).

ter·ri·ble ['terəbl] *adj.* □ schrecklich, furchtbar, fürchterlich (*alle a.* F *außerordentlich*); **'ter·ri·ble·ness** [-nɪs] *s.* Schrecklichkeit *f etc.*

ter·ri·er[1] ['terɪə] *s.* **1.** *zo.* Terrier *m* (*Hunderasse*); **2.** F → ***territorial*** 4 a.

ter·ri·er[2] ['terɪə] *s.* ⚖ Flurbuch *n*.

ter·rif·ic [tə'rɪfɪk] *adj.* (□ ***~ally***) **1.** furchtbar, fürchterlich, schrecklich (*alle a.* F *fig.*); **2.** F ‚toll', phan'tastisch.

ter·ri·fied ['terɪfaɪd] *adj.* erschrocken, verängstigt, entsetzt: ***be ~ of*** schreckliche Angst haben vor (*dat.*); **ter·ri·fy** ['terɪfaɪ] *v/t.* erschrecken, *j-m* Angst und Schreck einjagen; **'ter·ri·fy·ing** [-aɪɪŋ] *adj.* furchterregend, erschreckend, fürchterlich.

ter·ri·to·ri·al [ˌterɪ'tɔːrɪəl] **I** *adj.* □ **1.** Grund..., Land...: ***~ property***; **2.** territori'al, Landes..., Gebiets...: ***2 Army***, ***2 Force*** ⚔ Territorialarmee *f*, Landwehr *f*; ***~ waters*** *pol.* Hoheitsgewässer *pl.*; **3.** *2 pol.* Territorial..., ein Terri'torium (*der USA*) betreffend; **II** *s.* **4.** *2* ⚔ a) Landwehrmann *m*, b) *pl.* Territori'altruppen *pl.*; **ter·ri·to·ry** ['terɪtərɪ] *s.* **1.** (*a. fig.*) Gebiet *n*, Terri'torium *n*; **2.** *pol.* Hoheits-, Staatsgebiet *n*: ***Federal ~*** Bundesgebiet; ***on British ~*** auf britischem Gebiet; **3.** *pol.* Terri'torium *n* (*Schutzgebiet*); **4.** ✝ (Vertrags-, Vertreter)Gebiet *n*, (-)Bezirk *m*; **5.** *sport* F (Spielfeld)Hälfte *f*.

ter·ror ['terə] *s.* **1.** Schrecken *m*, Entsetzen *n*, schreckliche Furcht (***of*** vor *dat.*); **2.** Schrecken *m* (***of*** *od.* ***to*** *gen.*) (*schreckeneinflößende Person od. Sache*); **3.** Terror *m*: a) Gewalt-, Schreckensherrschaft *f*, b) Terrorakte *pl.*: ***political ~*** Politterror; ***~ bombing*** Bombenterror; **4.** F a) Ekel *n*, ‚Landplage' *f*, b) (schreckliche) Plage (***to*** für), c) Alptraum *m*; **'ter·ror·ism** [-ərɪzəm] *s.* **1.** → ***terror*** 3; **2.** Terro'rismus *m*; **3.** Terrorisierung *f*; **'ter·ror·ist** [-ərɪst] *s.* Terro'rist(in); **'ter·ror·ize** [-əraɪz] *v/t.* **1.** terrorisieren; **2.** einschüchtern.

'ter·ror|-ˌstrick·en, **'~-struck** *adj.* schreckerfüllt, starr vor Schreck.

ter·ry ['terɪ] *s.* **1.** ungeschnittener Samt *od.* Plüsch; **2.** Frot'tiertuch *n*, Frot'tee (-gewebe) *n*; **3.** Schlinge *f* (*des ungeschnittenen Samtes etc.*).

terse [tɜːs] *adj.* □ knapp, kurz u. bündig, markig; **'terse·ness** [-nɪs] *s.* Knappheit *f*, Kürze *f*, Bündigkeit *f*, Prä'gnanz *f*.

ter·tian ['tɜːʃn] ⚕ **I** *adj.* am dritten Tag wiederkehrend, Tertian...: ***~ ague***, ***~ fever***, ***~ malaria*** → **II** *s.* Terti'anfieber *n*.

ter·ti·ar·y ['tɜːʃərɪ] **I** *adj. allg.* terti'är, Tertiär...; **II** *s.* *2 geol.* Terti'är *n*.

ter·zet·to [tɜːt'setəʊ] *pl.* **-tos**, **-ti** [-tɪ] (*Ital.*) *s.* ♪ Ter'zett *n*, Trio *n*.

tes·sel·late ['tesɪleɪt] *v/t.* tessellieren, mit Mosa'iksteinen auslegen: ***~d pavement*** Mosaik(fuß)boden *m*; **tes·sel·la·tion** [ˌtesɪ'leɪʃn] *s.* Mosa'ik(arbeit *f*) *n*.

test [test] **I** *s.* **1.** *allg.*, *a.* ⚙ Test *m*, Probe *f*, Versuch *m*; **2.** a) Prüfung *f*, Unter'suchung *f*, Stichprobe *f*, b) *fig.* Probe *f*, Prüfung *f*: ***put to the ~*** auf die Probe stellen; ***stand the ~*** die Probe bestehen, sich bewähren; ***~ of strength*** Kraftprobe *f*; → ***acid test***, ***crucial*** 1; **3.** *fig.* Prüfstein *m*, Kri'terium *n*: ***success is not a fair ~***; **4.** *ped.*, *psych.* (Eignungs-, Leistungs)Prüfung *f*, Test *m*; **5.** *ped.* Klassenarbeit *f*; **6.** ⚕ (Blut- *etc.*)Probe *f*, (Haut- *etc.*)Test *m*; **7.** ⚗ a) Ana'lyse *f*, b) Rea'gens *n*; **8.** *metall.* a) Versuchstiegel *m*, Ka'pelle *f*, b) Treibherd *m*; **9.** F → ***test match***; **10.** *hist. Brit.* Testeid *m*; **II** *v/t.* **11.** (***for s.th.*** auf et. [hin]) prüfen (*a. ped.*) *od.* unter'suchen, erproben, e-r Prüfung unter'ziehen, testen (*alle a.* ⚙): ***~ out*** ausprobieren; **12.** *fig. j-s Geduld etc.* auf die Probe stellen; **13.** *ped.*, *psych.* *j-n* testen; **14.** ⚗ analysieren; **15.** ⚡ *Leitung* prüfen *od.* abfragen; **16.** ⚔ *Waffe* anschießen; **III** *adj.* **17.** Probe..., Versuchs..., Prüf(ungs)..., Test...; → ***test case***, ***test flight*** *etc.*

tes·ta·cean [te'steɪʃn] *zo.* **I** *adj.* hartschalig, Schal(tier)...; **II** *s.* Schaltier *n*; **tes'ta·ceous** [-ʃəs] *adj. zo.* hartschalig, Schalen...

tes·ta·ment ['testəmənt] *s.* **1.** ⚖ Testa'ment *n*, letzter Wille; **2.** *2 bibl.* (*Altes od. Neues*) Testa'ment; **3.** *fig.* Zeugnis *n*, Beweis *m* (***to*** *gen. od.* für); **tes·ta·men·ta·ry** [ˌtestə'mentərɪ] *adj.* □ ⚖ testamen'tarisch: a) letztwillig, b) durch Testa'ment (vermacht, bestimmt): ***~ disposition*** letztwillige Verfügung; ***~ capacity*** Testierfähigkeit *f*.

tes·tate ['testeɪt] *adj.*: ***die ~*** ⚖ unter Hinterlassung e-s Testaments sterben, ein Testament hinterlassen; **tes·ta·tor** [te'steɪtə] *s.* ⚖ Erblasser *m*; **tes·ta·trix** [te'steɪtrɪks] *pl.* **-tri·ces** [-siːz] *s.* Erblasserin *f*.

'test|-bed *s.* ⚙ Prüfstand *m*; **~ card** *s.* *TV* Testbild *n*; **~ case** *s.* **1.** ⚖ a) 'Musterproˌzeß *m*, b) Präze'denzfall *m*; **2.** *fig.* Muster-, Schulbeispiel *n*; **~ cir·cuit** *s.* ⚡ Meßkreis *m*; **~ drive** *s. mot.* Probefahrt *f*; **'~-drive** *v/t.* [*irr.*] *Auto* probefahren.

test·ed ['testɪd] *adj.* geprüft; erprobt (*a. weitS. bewährt*).

test·er[1] ['testə] *s.* **1.** Prüfer *m*; **2.** Prüfgerät *n*.

tes·ter[2] ['testə] *s.* **1.** △ Baldachin *m*; **2.** (Bett)Himmel *m*.

tes·tes ['testiːz] *pl. von* ***testis***.

test| flight *s.* ✈ Probeflug *m*; **'~-glass** → ***test tube***.

tes·ti·cle ['testɪkl] *s. anat.* Hode *m*, *f*, Hoden *m*; **tes'tic·u·lar** *adj.* Hoden...

tes·ti·fy ['testɪfaɪ] **I** *v/t.* **1.** ⚖ aussagen, bezeugen; **2.** *fig.* bezeugen: a) zeugen von, b) kundtun; **II** *v/i.* **3.** ⚖ (als Zeuge) aussagen: ***~ to*** → 2; ***refuse to ~*** die Aussage verweigern; **tes·ti·mo·ni·al** [ˌtestɪ'məʊnjəl] *s.* **1.** (Führungs- *etc.*) Zeugnis *n*; **2.** Empfehlungsschreiben *n*; **3.** Zeichen *n* der Anerkennung, *bsd.* Ehrengabe *f*; **'tes·ti·mo·ny** [-ɪmənɪ] *s.* **1.** Zeugnis *n*: a) ⚖ (Zeugen)Aussage *f*, b) Beweis *m*: ***in ~ whereof*** ⚖ zu Urkund dessen; ***bear ~ to*** *et.* bezeugen (*a. fig.*); ***call s.o. in ~*** ⚖ j-n als Zeugen aufrufen, *fig.* j-n zum Zeugen anrufen; ***have s.o.'s ~ for*** j-n zum Zeugen haben für; **2.** *coll. od. pl.* Zeugnis(se *pl.*) *n*: ***the ~ of history***; **3.** *bibl.* Zeugnis *n*: a) Gesetzestafeln *pl.*, b) *mst pl.* göttliche Offenbarung, *a.* Heilige Schrift.

tes·ti·ness ['testɪnɪs] *s.* Gereiztheit *f*.

test·ing ['testɪŋ] *adj. bsd.* ⚙ Probe..., Prüf..., Versuchs...: ***~ engineer*** ⚙ Prüfingenieur *m*; ***~ ground*** ⚙ a) Prüffeld *n*, b) Versuchsgelände *n*; ***~ method*** *psych.* Testmethode *f*.

tes·tis ['testɪs] *pl.* **-tes** [-tiːz] (*Lat.*) → ***testicle***.

test| match *s. Kricket*: internatio'naler Vergleichskampf; **~ pa·per** *s.* **1.** *ped.* a) schriftliche (Klassen)Arbeit, b) Prüfungsbogen *m*; **2.** ⚗ Rea'genzpaˌpier *n*; **~ pi·lot** *s.* 'Testpiˌlot *m*; **~ print** *s. phot.* Probeabzug *m*; **~ run** *s.* ⚙ Probelauf *m*; **~ stand** *s.* ⚙ Prüfstand *m*; **~ tube** [-stt-] *s.* ⚗ Rea'genzglas *n*; **'~-tube** *adj.*: ***~ baby*** ⚕ Retortenbaby *n*.

tes·ty ['testɪ] *adj.* □ gereizt, reizbar.

tet·a·nus ['tetənəs] *s.* ⚕ Tetanus *m*, (*bsd.* Wund)Starrkrampf *m*.

tetch·y ['tetʃɪ] *adj.* □ reizbar.

tête-à-tête [ˌteɪtɑː'teɪt] (*Fr.*) **I** *adv.* **1.** vertraulich, unter vier Augen; **2.** ganz al'lein (***with*** mit); **II** *s.* **3.** Tête-à-tête *n.*

teth·er ['teðə] **I** *s.* Haltestrick *m*, -seil *n*: ***be at the end of one's ~*** *fig.* am Ende s-r (*a. finanziellen*) Kräfte sein, sich nicht mehr zu helfen wissen; **II** *v/t.* anbinden (***to*** an *acc.*).

tetra- [tetrə] *in Zssgn* vier.

tet·rad ['tetræd] *s.* **1.** Vierzahl *f*; **2.** ⚗ vierwertiges A'tom *od.* Ele'ment; **3.** *biol.* ('Sporen)Teˌtrade *f.*

tet·ra·gon ['tetrəgən] *s.* A Tetra'gon *n*, Viereck *n*; **te·trag·o·nal** [te'trægənl] *adj.* A tetrago'nal.

tet·ra·he·dral [ˌtetrə'hedrəl] *adj.* A vierflächig, tetra'edrisch; ˌ**tet·ra'he·dron** [-drən] *pl.* **-'he·drons**, **-'he·dra** [-drə] *s.* A Tetra'eder *n.*

tet·ter ['tetə] *s.* ⚕ (Haut)Flechte *f.*

Teu·ton ['tjuːtən] **I** *s.* **1.** Ger'mane *m*, Ger'manin *f*; **2.** Teu'tone *m*, Teu'tonin *f*; **3.** F Deutsche(r *m*) *f*; **II** *adj.* **4.** → ***Teutonic*** I; **Teu·ton·ic** [tjuː'tɒnɪk] **I** *adj.* **1.** ger'manisch; **2.** teu'tonisch; **3.** Deutschordens...: ***~ Order*** *hist.* Deutschritterorden *m*; **4.** F (typisch) deutsch; **II** *s.* **5.** *ling.* Ger'manisch *n*; '**Teu·ton·ism** [-tənɪzəm] *s.* **1.** Ger'manentum *n*, ger'manisches Wesen; **2.** *ling.* Germa'nismus *m.*

Tex·an ['teksən] **I** *adj.* te'xanisch, aus Texas; **II** *s.* Te'xaner(in).

text [tekst] *s.* **1.** (Ur)Text *m*, (genauer) Wortlaut; **2.** *typ.* a) Text(abdruck, -teil) *m* (*Ggs. Illustrationen, Vorwort etc.*), b) Text *m* (*Schriftgrad*), c) Frak'turschrift *f*; **3.** (Lied- *etc.*)Text *m*; **4.** a) Bibelspruch *m*, -stelle *f*, b) Bibeltext *m*; **5.** Thema *n*: ***stick to one's ~*** bei der Sache bleiben; **6.** → ***text hand***; '**~·book** *s.* Lehrbuch *n*, Leitfaden *m*: ***~ example*** *fig.* Paradebeispiel *n*; ***~ hand*** *s.* große Schreibschrift.

tex·tile ['tekstaɪl] **I** *s.* a) Gewebe *n*, Web-, Faserstoff *m*, b) *pl.* Web-, Tex'tilwaren *pl.*, Tex'tilien *pl.*; **II** *adj.* gewebt; Textil..., Stoff..., Gewebe...: ***~ goods*** → I b; ***~ industry*** Textilindustrie *f.*

tex·tu·al ['tekstjʊəl] *adj.* □ **1.** textlich, Text...; **2.** wortgetreu.

tex·tur·al ['tekstʃərəl] *adj.* □ **1.** Gewebe...; **2.** struktu'rell, Struktur...: ***~ changes***; **tex·ture** ['tekstʃə] *s.* **1.** Gewebe *n*; **2.** *biol.* Tex'tur *f* (*Gewebezustand*); **3.** Maserung *f* (*Holz*); **4.** Struk'tur *f*, Beschaffenheit *f*; **5.** *geol.*, *a. fig.* Struk'tur *f*, Gefüge *n.*

'**T-ˌgird·er** *s.* ⚙ T-Träger *m.*

Thai [taɪ] **I** *pl.* **Thais**, **Thai** *s.* **1.** Thai *m*, *f*, Thailänder(in); **2.** *ling.* a) Thai *n*, b) Thaisprachen *pl.*; **II** *adj.* **3.** Thai..., thailändisch.

thal·a·mus ['θæləməs] *pl.* **-mi** [-maɪ] *s.* *anat.* Sehhügel *m.*

thali·dom·i·de [θə'lɪdəmaɪd] *s.* *pharm.* Thalido'mid *n*: ***~ child*** Contergankind *n.*

Thames [temz] *npr.* Themse *f*: ***he won't set the ~ on fire*** *fig.* er hat das Pulver auch nicht erfunden.

than [ðæn; ðən] *cj.* (*nach e-m Komparativ*) als: ***more ~ was necessary*** mehr als nötig.

thane [θeɪn] *s.* **1.** *hist.* a) Gefolgsadlige(r) *m*, b) Than *m*, Lehensmann *m* (*der schottischen Könige*); **2.** *allg.* schottischer Adliger.

thank [θæŋk] **I** *v/t.* *j-m* danken, sich bedanken bei: (***I***) ***~ you*** danke; ***~ you*** bitte (*beim Servieren etc.*); (***yes,***) ***~ you*** ja, bitte; ***no, ~ you*** nein, danke; ***I will ~ you*** *oft iro.* ich wäre Ihnen sehr dankbar (***to do, for doing*** wenn sie täten); ***~ you for nothing*** *iro.* ich danke (bestens); ***he has only himself to ~ for that*** das hat er sich selbst zuzuschreiben; **II** *s. pl.* a) Dank *m*, b) Dankesbezeigung(en *pl.*) *f*, Danksagung(en *pl.*) *f*: ***letter of ~s*** Dankesbrief *m*; ***in ~s for*** zum Dank für; ***with ~s*** dankend, mit Dank; ***~s to*** *a. fig. u. iro.* dank (*gen.*); ***small ~s to her*** sie hat sich nicht gerade über'anstrengt; (***many***) ***~s!*** vielen Dank!, danke!; ***no, ~s!*** nein, danke!; ***small ~s I got*** schlecht hat man es mir gedankt; '**thank·ful** [-fʊl] *adj.* □ dankbar (***to s.o.*** j-m): ***I am ~ that*** ich bin (heil)froh, daß; '**thank·less** [-lɪs] *adj.* □ undankbar (*a. fig. Aufgabe etc.*); '**thank·less·ness** [-lɪsnɪs] *s.* Undankbarkeit *f.*

thank of·fer·ing *s.* *bibl.* Sühneopfer *n der Juden.*

thanks·giv·ing ['θæŋksˌgɪvɪŋ] *s.* **1.** Danksagung *f*, *bsd.* Dankgebet *n*; **2.** ♀ (***Day***) (Ernte)Dankfest *n* (*4. Donnerstag im November*).

'**thank**|ˌ**wor·thy** *adj.* dankenswert; '**~-you** [-jʊ] *s.* F Dankeschön *n.*

that[1] [ðæt] **I** *pron. u. adj.* (*hinweisend*) *pl.* **those** [ðəʊz] **1.** (*ohne pl.*) das: ***~'s all*** das ist alles; ***~'s it!*** a) das ist es ja (gerade)!, b) so ist's recht!; ***~'s what it is*** das ist es ja gerade; ***~'s that*** F das wäre erledigt, damit basta, das wär's; ***~ was ~!*** F das war's dann wohl!, aus der Traum!; ***~ is*** (***to say***) das heißt; ***and ~*** und zwar; ***at ~*** a) zudem, obendrein, b) F dabei; ***for all ~*** trotz alledem; ***like ~*** so; **2.** jener, jene, jenes, der, die, das, der-, die-, dasjenige: ***~ car over there*** das Auto da drüben; ***~ there man*** V der Mann da; ***those who*** diejenigen welche; ***~ which*** das, was; ***those are his friends*** das sind seine Freunde; **3.** solch: ***to ~ degree that*** in solchem Ausmaße *od.* so sehr, daß; **II** *adv.* **4.** F so (sehr), dermaßen: ***~ big***; ***not all ~ good*** (***much***) so gut (viel) auch wieder nicht.

that[2] [ðæt; ðət] *pl.* **that** *rel. pron.* **1.** (*bsd. in einschränkenden Sätzen*) der, die, das, welch: ***the book ~ he wanted*** das Buch, das er wünschte; ***any house ~*** jedes Haus, das; ***no one ~*** keiner, der; ***Mrs. Jones, Miss Black ~ was*** F Frau J., geborene B.; ***Mrs. Quilp ~ is*** die jetzige Frau Q.; **2.** (*nach* ***all, everything, nothing*** *etc.*) was: ***the best ~*** das Beste, was.

that[3] [ðæt; ðət] *cj.* **1.** (*in Subjekts- u. Objektssätzen*) daß: ***it is a pity ~ he is not here*** es ist schade, daß er nicht hier ist; ***it is 4 years ~ he went away*** es sind nun 4 Jahre her, daß *od.* seitdem er fortging; **2.** (*in Konsekutivsätzen*) daß: ***so ~*** so daß; **3.** (*in Finalsätzen*) da'mit, daß; **4.** (*in Kausalsätzen*) weil, da (ja), daß: ***not ~ I have any objection*** nicht, daß ich etwas dagegen hätte; ***it is rather ~*** es ist eher deshalb, weil; ***in ~*** a) darum, weil, b) insofern als; **5.** (*nach Adverbien der Zeit*) als, da.

thatch [θætʃ] **I** *s.* **1.** Dachstroh *n*; **2.** Strohdach *n*; **3.** F Haarwald *m*; **II** *v/t.* **4.** mit Stroh *od.* Binsen *etc.* decken: ***~ed roof*** → 2.

thaw [θɔː] **I** *v/i.* **1.** (auf)tauen, schmelzen; **2.** tauen (*Wetter*): ***it is ~ing*** es taut; **3.** *fig.* auftauen (*Person*); **II** *v/t.* **4.** schmelzen, auftauen; **5.** *a.* ***~ out*** *fig.* *j-n* zum Auftauen bringen; **III** *s.* **6.** (Auf-)Tauen *n*; **7.** Tauwetter *n* (*a. fig. pol.*); **8.** *fig.* ‚Auftauen' *n.*

the [*unbetont vor Konsonanten*: ðə; *unbetont vor Vokalen*: ðɪ; *betont od. alleinstehend*: ðiː] **I** *bestimmter Artikel* **1.** der, die, das, *pl.* die (*u. die entsprechenden Formen im acc. u. dat.*): ***~ book on ~ table*** das Buch auf dem Tisch; ***~ England of today*** das England von heute; ***~ Browns*** die Browns, die Familie Brown; **2.** *vor Maßangaben*: ***one dollar ~ pound*** einen Dollar das Pfund; ***wine at 2 pounds ~ bottle*** Wein zu 2 Pfund die Flasche; **3.** [ðiː] 'der, 'die, 'das (*hervorragende od. geeignete etc.*): ***he is ~ painter of the century*** er ist 'der Maler des Jahrhunderts; **II** *adv.* **4.** (*vor comp.*) desto, um so: ***~ ... ~*** je ... desto; ***~ sooner ~ better*** je eher, desto besser; ***so much ~ better*** um so besser.

the·a·ter *Am.*, **the·a·tre** *Brit.* ['θɪətə] *s.* **1.** The'ater *n* (*Gebäude u. Kunstgattung*); **2.** *coll.* Bühnenwerke *pl*; **3.** Hörsaal *m*: ***lecture ~***; (***operating***) ***~*** ⚕ Operationssaal *m*; ***~ nurse*** Operationsschwester *f*; **4.** *fig.* (***of war*** Kriegs-) Schauplatz *m*; '**~·go·er** *s.* The'aterbesucher(in).

the·at·ri·cal [θɪ'ætrɪkl] **I** *adj.* □ **1.** Theater..., Bühnen..., bühnenmäßig; **2.** thea'tralisch: ***~ gestures***; **II** *s.* **3.** *pl.* The'ater-, *bsd.* Liebhaberaufführungen *pl.*; **the'at·rics** *s. pl.* **1.** *sg. konstr.* The'ater(reˌgie)kunst *f*; **2.** *fig.* Thea'tralik *f.*

thee [ðiː] *pron.* **1.** *obs. od. poet. od. bibl.* a) dich, b) dir: ***of ~*** dein; **2.** *dial.* (*u. in der Sprache der Quäker*) du.

theft [θeft] *s.* Diebstahl *m* (***from*** aus, ***from s.o.*** an j-m); '**~·proof** *adj.* diebstahlsicher.

the·in(e) ['θiːiːn; -ɪn] *s.* ⚗ The'in *n.*

their [ðeə; *vor Vokal* ðer] *pron.* (*besitzanzeigendes Fürwort der 3. pl.*) ihr, ihre: ***~ books*** ihre Bücher.

theirs [ðeəz] *pron.* der *od.* die *od.* das ihrige *od.* ihre: ***this book is ~*** dieses Buch gehört ihnen; ***a friend of ~*** ein Freund von ihnen.

the·ism[1] ['θiːɪzəm] *s.* ⚕ Teevergiftung *f.*

the·ism[2] ['θiːɪzəm] *s.* *eccl.* The'ismus *m*; **the·is·tic** [θiː'ɪstɪk] *adj.* the'istisch.

them [ðem; ðəm] *pron.* **1.** (*acc. u. dat. von* ***they***) a) sie (*acc.*), b) ihnen: ***they looked behind ~*** sie blickten hinter sich; **2.** F *od. dial.* sie (*nom.*): ***~ as*** diejenigen, die; **3.** *dial. od.* V diese: ***~ guys***; ***~ were the days!*** das waren (halt) noch Zeiten!

the·mat·ic [θɪ'mætɪk] *adj.* (□ ***~ally***) **1.** *bsd.* ♪ the'matisch; **2.** *ling.* Stamm..., Thema...: ***~ vowel.***

theme [θiːm] *s.* **1.** Thema *n* (*a.* ♪): ***have s.th. for*** (***a***) ***~*** et. zum Thema haben; **2.** *bsd. Am.* (Schul)Aufsatz *m*, (-)Arbeit *f*; **3.** *ling.* (Wort)Stamm *m*; **4.** *Radio, TV*: ˈKennmeloˌdie *f*; **~ song** *s.* **1.** ˈTitelmeloˌdie *f* (*Film etc.*); **2.** → ***theme*** 4.

them·selves [ðəmˈselvz] *pron.* **1.** (*emphatisch*) (sie) selbst: ***they ~ said it***; **2.** *refl.* sich (selbst): ***the ideas in ~*** die Ideen an sich.

then [ðen] **I** *adv.* **1.** damals: ***long before ~*** lange vorher; **2.** dann: ***~ and there*** auf der Stelle, sofort; ***by ~*** bis dahin, inzwischen; ***from ~*** von da an; ***till ~*** bis dahin; **3.** dann, ˈdarauf, ˈhierauf: ***what ~?*** was dann?; **4.** dann, außerdem: ***but ~*** aber andererseits *od.* freilich; **5.** dann, in dem Falle: ***if … ~*** wenn … dann; **6.** denn: ***well ~*** nun gut (denn); ***how ~ did he do it?*** wie hat er es denn (dann) getan?; **7.** also, folglich, dann: ***~ you did not expect me?*** du hast mich also nicht erwartet?; **II** *adj.* **8.** damalig: ***the ~ president***.

the·nar [ˈθiːnɑː] *s. anat.* **1.** Handfläche *f*; **2.** Daumenballen *m*; **3.** Fußsohle *f*.

thence [ðens] *adv.* **1.** von da, von dort; **2.** (*zeitlich*) von da an, seit jener Zeit: ***a week ~*** e-e Woche darauf; **3.** ˈdaher, deshalb; **4.** ˈdaraus, aus dieser Tatsache: ***~ it follows***; **ˌ~ˈforth**, **ˌ~ˈforward(s)** *adv.* von da an, seit der Zeit, seitˈdem.

the·oc·ra·cy [θɪˈɒkrəsɪ] *s.* Theokraˈtie *f*.

the·o·lo·gi·an [θɪəˈləudʒjən] *s.* Theoˈloge *m*; **the·oˈlog·i·cal** [-ˈlɒdʒɪkl] *adj.* □ theoˈlogisch; **the·ol·o·gy** [θɪˈɒlədʒɪ] *s.* Theoloˈgie *f*.

the·oph·a·ny [θɪˈɒfənɪ] *s.* Theophaˈnie *f*, Erscheinung *f* (*e-s*) Gottes.

the·o·rem [ˈθɪərəm] *s.* ⩕, *phls.* Theoˈrem *n*, (Grund-, Lehr)Satz *m*: ***~ of the cosine*** Kosinussatz.

the·o·ret·ic, **the·o·ret·i·cal** [θɪəˈretɪk(l)] *adj.* □ **1.** theoˈretisch; **2.** spekuˈlativ; **the·o·rist** [ˈθɪərɪst] *s.* Theoˈretiker(in); **the·o·rize** [ˈθɪəraɪz] *v/i.* **1.** theoretisieren, Theoˈrien aufstellen; **2.** ***~ that*** die Theorie aufstellen, daß; annehmen, daß; **the·o·ry** [ˈθɪərɪ] *s.* Theoˈrie *f*: a) Lehre *f*: ***~ of chances*** Wahrscheinlichkeitsrechnung *f*; ***~ of relativity*** Relativitätstheorie, b) theoˈretischer Teil (*e-r Wissenschaft*): ***~ of music*** Musiktheorie, c) *Ggs. Praxis*: ***in ~*** theoretisch, d) Anschauung *f*: ***it is his pet ~*** es ist s-e Lieblingsidee.

the·o·soph·ic, **the·o·soph·i·cal** [θɪəˈsɒfɪk(l)] *adj.* □ *eccl.* theoˈsophisch; **the·os·o·phist** [θɪˈɒsəfɪst] *s.* Theoˈsoph(in); **the·os·o·phy** [θɪˈɒsəfɪ] *s.* Theosoˈphie *f*.

ther·a·peu·tic, **ther·a·peu·ti·cal** [ˌθerəˈpjuːtɪk(l)] *adj.* □ theraˈpeutisch: ***~ exercises*** Bewegungstherapie *f*; **ˌther·aˈpeu·tics** [-ks] *s. pl. mst sg. konstr.* Theraˈpeutik *f*, Theraˈpie(lehre) *f*; **ther·a·pist** [ˈθerəpɪst] *s.* Theraˈpeut (-in): ***mental ~*** Psychotherapeut(in); **ther·a·py** [ˈθerəpɪ] *s.* Theraˈpie *f*: a) Behandlung *f*, b) Heilverfahren *n*.

there [ðeə; ðə] **I** *adj.* **1.** da, dort: ***down*** (***up***, ***over***, ***in***) ***~*** da *od.* dort unten (oben, drüben, drinnen); ***have been ~*** *sl.* ‚dabeigewesen sein', genau Bescheid wissen; ***be not all ~*** *sl.* ‚nicht ganz richtig (im Oberstübchen) sein'; ***~ and then*** a) (gerade) hier u. jetzt, b) auf der Stelle, sofort; ***~ it is!*** a) da ist es!, b) *fig.* so steht es!; ***~ you are*** (*od.* ***go***)***!*** siehst du!, da hast du's; ***you ~!*** (*Anruf*) du da!, he!; **2.** (ˈda-, ˈdort)hin: ***down*** (***up***, ***over***, ***in***) ***~*** (da- *od.* dort)hinunter (-hinauf, -hinüber, -hinein); ***~ and back*** hin u. zurück; ***get ~*** a) hingelangen, -kommen, b) *sl.* ‚es schaffen'; **3.** ˈdarin, in dieser Sache *od.* Hinsicht: ***~ I agree with you***; **4.** *fig.* da, an dieser Stelle (*in e-r Rede etc.*); **5.** es: ***~ is***, *pl.* ***~ are*** es gibt, ist, sind; ***~ was once a king*** es war einmal ein König; ***~ is no saying*** es läßt sich nicht sagen; ***~ was dancing*** es wurde getanzt; ***~'s a good boy*** (***girl***, ***fellow***)***!*** a) sei doch (so) lieb!, b) so bist du lieb!, brav!; **II** *int.* **6.** da!, schau (her)!, na!: ***~, ~!*** *tröstend*: (ganz) ruhig!; ***~ now*** na, bitte; **ˈ~·a·bout**, *a.* **ˈ~·bouts** [ˈðeərə-] *adv.* **1.** da herˈum, etwa da: ***somewhere ~*** da irgendwo; **2.** *fig.* so ungefähr, so etwa: ***500 people or ~s***; **ˌ~ˈaft·er** [ðeərˈɑː-] *adv.* **1.** daˈnach, später; **2.** seitˈher; **~·at** [ˌðeərˈæt] *adv. obs. od.* ⚖ **1.** daˈselbst, dort; **2.** bei der Gelegenheit, ˈdabei; **ˌ~ˈby** *adv.* **1.** ˈdadurch, auf diese Weise; **2.** daˈbei, darˈan, daˈvon; **3.** nahe daˈbei; **ˌ~ˈfor** *adv.* ˈdafür; **ˈ~·fore** *adv. u. cj.* **1.** deshalb, -wegen, ˈdaher, ˈdarum; **2.** demgemäß, folglich; **ˌ~ˈfrom** *adv.* daˈvon, darˈaus, daˈher; **~·in** [ˌðeərˈɪn] *adv.* **1.** darˈin, da drinnen; **2.** *fig.* ˈdarin, in dieser Hinsicht; **ˌ~·inˈaft·er** [ˌðeərɪn-] *adv. bsd.* ⚖ (*weiter*) unten, später (*in e-r Urkunde etc.*); **~·of** [ˌðeərˈɒv] *adv. obs. od.* ⚖ **1.** daˈvon; **2.** dessen, deren; **~·on** [ˌðeərˈɒn] *adv.* ˈdarauf, -über; **ˌ~ˈto** *adv. obs.* **1.** daˈzu, darˈan, daˈfür; **2.** außerdem, noch daˈzu; **~·un·der** [ˌðeərˈʌndə] *adv.* darˈunter; **~·up·on** [ˌðeərəˈpɒn] *adv.* **1.** darˈauf, ˈhierˈauf, daˈnach; **2.** daraufˈhin, demzufolge, ˈdarum; **ˌ~ˈwith** *adv.* **1.** ˈdamit; **2.** → ***thereupon***; **ˌ~·withˈal** *adv. obs.* **1.** überˈdies, außerdem; **2.** ˈdamit.

therm [θɜːm] *s. phys.* **1.** *unbestimmte Wärmeeinheit*; **2.** *Brit.* 100,000 Wärmeeinheiten *pl.* (*zur Messung des Gasverbrauchs*); **ˈther·mae** [-miː] (*Lat.*) *s. pl.* **1.** *antiq.* Thermen *pl.*; **2.** ✱ Therˈmalquellen *pl.*

ther·mal [ˈθɜːml] **I** *adj.* □ **1.** *phys.* thermisch, Wärme…: ***~ barrier*** ✈ Hitzemauer *f*; ***~ breeder*** thermischer Brüter; ***~ efficiency*** Wärmewirkungsgrad *m*; ***~ power-station*** Wärmekraftwerk *n*; ***~ reactor*** thermischer Reaktor; ***~ value*** Heizwert *m*; **2.** warm, heiß: ***~ water*** heiße Quelle; **3.** ✱ therˈmal, Thermal…; **II** *s.* **4.** *pl.* ✈, *phys.* Thermik *f*; **ˈther·mic** [-mɪk] *adj.* (□ ***~ally***) thermisch, Wärme…, Hitze…; **therm·i·on·ic** [ˌθɜːmɪˈɒnɪk] **I** *adj.* thermiˈonisch: ***~ valve*** (*Am.* ***tube***) Elektronenröhre *f*; **II** *s. pl. mst sg. konstr.* Therˈmiˈonik *f*, Lehre *f* von den Elektronenröhren.

thermo- [θɜːməu] *in Zssgn* a) Wärme, Hitze, Thermo…, b) thermoeˈlektrisch; **ˌther·moˈchem·is·try** *s.* ⚗ Thermocheˈmie *f*; **ˈther·moˌcou·ple** *s.* ϟ Thermoeleˈment *n*; **ˌther·mo·dyˈnam·ics** *s. sg. u. pl. konstr. phys.* Thermodyˈnamik *f*; **ˌther·mo·eˈlec·tric** *adj.* thermoeˈlektrisch, ˈwärmeeˌlektrisch: ***~ couple*** → ***thermocouple***.

ther·mom·e·ter [θəˈmɒmɪtə] *s. phys.* Thermoˈmeter *n*: ***clinical ~*** ✱ Fieberthermometer; ***~ reading*** Thermometerablesung *f*, -stand *m*; **ther·mo·met·ric**, **ther·mo·met·ri·cal** [ˌθɜːməuˈmetrɪk(l)] *adj.* □ *phys.* thermoˈmetrisch, Thermometer…; **ˌther·moˈnu·cle·ar** *adj. phys.* thermonukleˈar: ***~ bomb*** *a.* Fusionsbombe *f*; **ˈther·mo·pile** *s. phys.* Thermosäule *f*; **ˌther·moˈplas·tic** ⚗ **I** *adj.* thermoˈplastisch; **II** *s.* Thermoˈplast *m*.

Ther·mos (**bot·tle** *od.* **flask**) [ˈθɜːmɒs] *s.* Thermosflasche *f*.

ˌther·moˈset·ting *adj.* ⚗ ˌthermostatoˈplastisch, hitzehärtbar.

ther·mo·stat [ˈθɜːməustæt] *s.* ϟ, ⚙ Thermoˈstat *m*; **ther·mo·stat·ic** [ˌθɜːməuˈstætɪk] *adj.* (□ ***~ally***) thermoˈstatisch.

the·sau·rus [θɪˈsɔːrəs] *pl.* **-ri** [-raɪ] (*Lat.*) *s.* Theˈsaurus *m*: a) Wörterbuch *n*, b) (Wort-, Wissens-, Sprach)Schatz *m*.

these [ðiːz] *pl. von* ***this***.

the·sis [ˈθiːsɪs] *pl.* **-ses** [-siːz] *s.* **1.** These *f*: a) Behauptung *f*, b) (Streit)Satz *m*, Postuˈlat *n*; **2.** *univ.* Dissertatiˈon *f*; **3.** [ˈθesɪs] *Metrik*: unbetonte Silbe; ***~ nov·el*** *s.* Tenˈdenzroˌman *m*; ***~ play*** *s. thea.* Proˈblemstück *n*.

Thes·pi·an [ˈθespɪən] **I** *adj. fig.* draˈmatisch, Schauspiel…; **II** *s. oft humor.* Thespisjünger(in).

Thes·sa·lo·ni·ans [ˌθesəˈləunjənz] *s. pl. sg. konstr. bibl.* (Brief *m* des Paulus an die) Thessaˈlonicher *pl.*

thews [θjuːz] *s. pl.* **1.** Muskeln *pl.*, Sehnen *pl.*; **2.** *fig.* Kraft *f*.

they [ðeɪ; ðe] *pron.* **1.** (*pl. zu* ***he***, ***she***, ***it***) sie; **2.** man: ***~ say*** man sagt; **3.** es: ***who are ~? – ~ are Americans*** Wer sind sie? – Es (*od.* sie) sind Amerikaner; **4.** (*auf Kollektiva bezogen*) er, sie, es: ***the police …, ~ …*** die Polizei …, sie (*sg.*); **5.** ***~ who*** diejenigen, welche.

they'd [ðeɪd] F *für* a) ***they would***, b) ***they had***.

thick [θɪk] **I** *adj.* □ **1.** *allg.* dick: ***a ~ neck***; ***a board 2 inches ~*** ein 2 Zoll starkes Brett; **2.** dicht (*Wald, Haar, Menschenmenge, a. Nebel etc.*); **3.** ***~ with*** über u. über bedeckt von; **4.** ***~ with*** voll von, voller, reich an (*dat.*): ***a tree ~ with leaves***; ***the air is ~ with snow*** die Luft ist voll(er) Schnee; **5.** dick(flüssig); **6.** neblig, trüb(e) (*Wetter*); **7.** schlammig, trübe; **8.** dumpf, belegt (*Stimme*); **9.** dumm; **10.** dicht (aufeinˈanderfolgend); **11.** F dick (befreundet): ***they are as ~ as thieves*** sie sind dicke Freunde, sie halten zusammen wie Pech u. Schwefel; **12.** *sl.* ‚stark', frech: ***that's a bit ~!*** das ist ein starkes Stück!; **II** *s.* **13.** dickster *od.* dichtester Teil; **14.** *fig.* Brennpunkt *m*: ***in the ~ of*** mitten in (*dat.*); ***in the ~ of it*** mittendrin; ***in the ~ of the fight*** im dichtesten Kampfgetümmel; ***the ~ of the crowd*** das dichteste Menschengewühl; ***through ~ and thin*** durch dick u. dünn; **15.** F Dummkopf *m*; **III** *adv.* **16.** dick: ***spread ~*** *Butter etc.* dick aufstreichen; ***lay it on ~*** F ‚dick auftragen'; **17.** dicht *od.* rasch (aufeinˈander); *a.* ***fast and ~*** hageldicht (*Schläge*); **thick·en** [ˈθɪkən] **I** *v/t.* **1.** dick(er) machen, verdicken; **2.** *Sauce*, *Flüssigkeit* eindicken,

Suppe legieren; **3.** dicht(er) machen, verdichten; **4.** verstärken, -mehren; **5.** trüben; **II** *v/i.* **6.** dick(er) werden; **7.** dick(flüssig) werden; **8.** sich verdichten; **9.** sich trüben; **10.** sich verwirren: ***the plot ~s*** der Knoten (*im Drama etc.*) schürzt sich; **11.** zunehmen; **thick·en·er** ['θɪknə] *s.* ⚗ **1.** Eindicker *m*; **2.** Verdicker *m*, Absetzbehälter *m*; **3.** Verdickungsmittel *n*; **thick·en·ing** ['θɪknɪŋ] *s.* **1.** Verdickung *f*; **2.** Eindikkung *f*; **3.** Eindickmittel *n*; **4.** Verdichtung *f*; **5.** ✱ Anschwellung *f*, Schwarte *f*.

thick·et ['θɪkɪt] *s.* Dickicht *n*; '**thick·et·ed** [-tɪd] *adj.* voller Dickicht(e).

'**thick|·head** *s.* Dummkopf *m*; ˌ**~-'head·ed** *adj.* **1.** dickköpfig; **2.** *fig.* dumm.

thick·ness ['θɪknɪs] *s.* **1.** Dicke *f*, Stärke *f*; **2.** Dichte *f*; **3.** Verdickung *f*; **4.** ✝ Lage *f* (*Seide etc.*), Schicht *f*; **5.** Dickflüssigkeit *f*; **6.** Trübheit *f*: ***misty ~*** undurchdringlicher Nebel; **7.** Heiserkeit *f*, Undeutlichkeit *f*: ***~ of speech*** schwere Zunge.

ˌ**thick|'set** *adj.* **1.** dicht (gepflanzt): ***a ~ hedge***; **2.** unter'setzt (*Person*); ˌ**~-'skinned** *adj.* **1.** dickhäutig; **2.** dickschalig; **3.** *zo.* Dickhäuter…; **4.** *fig.* dickfellig; ˌ**~-'skulled** [-'skʌld] *adj.* **1.** dickköpfig; **2.** → ***thick-witted***; ˌ**~-'wit·ted** *adj.* dumm, begriffsstutzig, schwer von Begriff.

thief [θiːf] *pl.* **thieves** [θiːvz] *s.* Dieb (-in): ***thieves' Latin*** Gaunersprache *f*; ***stop ~!*** haltet den Dieb!; ***one ought to set a ~ to catch a ~*** wenn man e-n Schlauen fangen will, muß man e-n Schlauen schicken; **thieve** [θiːv] *v/t. u. v/i.* stehlen; **thiev·er·y** ['θiːvərɪ] *s.* **1.** Diebe'rei *f*, Diebstahl *m*; **2.** Diebesgut *n*; **thiev·ish** ['θiːvɪʃ] *adj.* ☐ **1.** diebisch, Dieb(e)s…; **2.** heimlich, verstohlen; '**thiev·ish·ness** [-nɪs] *s.* diebisches Wesen.

thigh [θaɪ] *s. anat.* (Ober)Schenkel *m*; '**~·bone** *s. anat.* (Ober)Schenkelknochen *m*.

thill [θɪl] *s.* (Gabel)Deichsel *f*; **thill·er** ['θɪlə], *a.* **thill horse** *s.* Deichselpferd *n*.

thim·ble ['θɪmbl] *s.* **1.** *Näherei*: a) Fingerhut *m*, b) Nähring *m*; **2.** ⚙ a) Me'tallring *m*, b) (Stock)Zwinge *f*; '**thim·ble·ful** [-fʊl] *pl.* **-fuls** *s.* **1.** Fingerhutvoll *m*, Schlückchen *n*; **2.** *fig.* Kleinigkeit *f*.

'**thim·ble|·rig I** *s.* Fingerhutspiel *n* (*Bauernfängerspiel*); **II** *v/t. a. allg.* betrügen; '**~·rig·ger** *s.* **1.** Fingerhutspieler *m*; **2.** *allg.* Bauernfänger *m*.

thin [θɪn] **I** *adj.* ☐ **1.** *allg.* dünn: ***~ air***, ***~ blood***; ***~ clothes***; ***a ~ line*** e-e dünne *od.* schmale *od.* feine Linie; **2.** dünn, mager, schmächtig: ***as ~ as a lath*** spindeldürr; **3.** dünn, licht (*Wald, Haar etc.*): ***~ rain*** feiner Regen; **4.** dünn, schwach (*Getränk etc., a. Stimme, Ton*); **5.** ✂ mager (*Boden*); **6.** *fig.* mager, spärlich, dürftig: ***a ~ house*** *thea.* e-e schwachbesuchte Vorstellung; ***he had a ~ time of it*** *sl.* es ging ihm ‚mies'; **7.** *fig.* fadenscheinig: ***a ~ excuse***; **8.** seicht, sub'stanzlos (*Buch etc.*); **II** *v/t.* **9.** *oft* ***~ down***, ***~ off***, ***~ out*** a) dünn(er) machen, b) *Flüssigkeit* verdünnen, c) *fig.* verringern, *Bevölkerung* dezimieren, *Schlachtreihe*, *Wald etc.* lichten; **III** *v/i.* **10.** *oft* ***~ down***, ***~ off***, ***~ out*** a) dünn(er) werden, b) sich verringern, c) sich lichten (*a. Haar*), d) *fig.* spärlicher werden, abnehmen: ***his hair is ~ning*** sein Haar lichtet sich.

thine [ðaɪn] *pron. obs. od. bibl. od. poet.* **1.** (*substantivisch*) der *od.* die *od.* das dein(ig)e, dein(e, er); **2.** (*adjektivisch vor Vokalen od. stummem h für* ***thy***) dein(e): ***~ eyes*** deine Augen.

thing [θɪŋ] *s.* **1.** *konkretes* Ding, Sache *f*, Gegenstand *m*: ***the law of ~s*** ⚖ das Sachenrecht; ***just the ~ I wanted*** genau (das), was ich wollte; **2.** *fig.* Ding *n*, Sache *f*, Angelegenheit *f*: ***~s political*** politische Dinge, alles Politische; ***above all ~s*** vor allen Dingen, vor allem; ***another ~*** etwas anderes; ***the best ~ to do*** das Beste(, was man tun kann); ***a foolish ~ to do*** e-e Torheit; ***for one ~*** (erstens) einmal; ***in all ~s*** in jeder Hinsicht; ***no small ~*** keine Kleinigkeit; ***no such ~*** nichts dergleichen; ***not a ~*** (rein) gar nichts; ***of all ~s*** ausgerechnet (*dieses etc.*); ***a pretty ~*** *iro.* e-e schöne Geschichte; ***taking one ~ with the other*** im großen (u.) ganzen; ***do great ~s*** große Dinge tun, Großes vollbringen; ***get ~s done*** et. zuwege bringen; ***do one's own ~*** F tun, was man will; ***know a ~ or two*** Bescheid wissen (***about*** über *acc.*); ***it's one of those ~s*** da kann man (halt) nichts machen; → ***first*** 1; **3.** *pl.* Sachen *pl.*, Zeug *n* (*Gepäck, Gerät, Kleider etc.*): ***swimming ~s*** Badesachen, -zeug; ***put on one's ~s*** sich anziehen; **4.** *pl.* Dinge *pl.*, 'Umstände *pl.*, (Sach)Lage *f*: ***~s are improving*** die Dinge *od.* Verhältnisse bessern sich; ***~s look black for me*** es sieht schwarz aus für mich; **5.** Geschöpf *n*, Wesen *n*: ***dumb ~s***; **6.** a) Ding *n* (*Mädchen etc.*), b) Kerl *m*: (***the***) ***poor ~*** das arme Ding, der *od.* die Ärmste; ***poor ~!*** du *od.* Sie Ärmste(r)!; ***the dear old ~*** die gute alte Haut; **7.** ***the ~*** F a) die Hauptsache, b) das Richtige, richtig, c) das Schickliche, schicklich: ***the ~ was to*** das Wichtigste war zu; ***this is not the ~*** das ist nicht das Richtige; ***not to be*** (*od.* ***feel***) ***quite the ~*** nicht ganz auf dem Posten sein; ***that's not all the ~ to do*** so etwas tut man nicht; ˌ**~-in-it'self** *s. phls. das* Ding an sich.

thing·um·a·bob ['θɪŋəmɪbɒb], **thing·um·a·jig** ['θɪŋəmɪdʒɪg], **thing·um·my** ['θɪŋəmɪ] *s.* F *der* (*die, das*) ‚Dings(da)' *od.* ‚Dingsbums'.

think [θɪŋk] [*irr.*] **I** *v/i.* **1.** denken (***of*** an *acc.*): ***~ ahead*** vorausdenken, a. vorsichtig sein; ***~ aloud*** laut denken; **2.** (***about, over***) nachdenken (über *acc.*), sich (*e-e Sache*) über'legen; **3.** ***~ of*** a) sich besinnen auf (*acc.*), sich erinnern an (*acc.*): (***now that I***) ***come to ~ of it*** dabei fällt mir ein; b) *et.* bedenken: ***~ of it!*** denke daran!, c) sich *et.* denken *od.* vorstellen, d) *Plan etc.* ersinnen, ausdenken, e) halten von: ***~ much*** (*od.* ***highly***) ***of*** viel halten von, e-e hohe Meinung haben von; ***~ nothing of*** a) wenig halten von, b) nichts dabei finden (***to do s.th.*** et. zu tun); → ***better***[1] 4; **4.** meinen, denken: ***I ~ so*** ich glaube (schon), ich denke; ***I should ~ so*** ich denke doch, das will ich meinen; **5.** gedenken, vorhaben, beabsichtigen (***of doing***, ***to do*** zu tun); **II** *v/t.* **6.** *et.* denken: ***~ away*** *et.* wegdenken; ***~ out*** a) sich *et.* ausdenken, b) *Am. a.* ***~ through*** *Problem* zu Ende denken; ***~ s.th. over*** sich et. überlegen *od.* durch den Kopf gehen lassen; ***~ up*** F *Plan etc.* aushecken, sich ausdenken, sich *et.* einfallen lassen; **7.** sich *et.* denken *od.* vorstellen; **8.** halten für: ***~ o.s. clever***; ***~ it advisable*** es für ratsam halten *od.* erachten; ***I ~ it best to do*** ich halte es für das beste, *et.* zu tun; **9.** über'legen, nachdenken über (*acc.*); **10.** denken, vermuten: ***~ no harm*** nichts Böses denken; **III** *s.* F **11.** ***have a*** (***fresh***) ***~ about s.th.*** et. (noch einmal) überdenken; ***he has another ~ coming!*** da hat er sich aber schwer getäuscht!; '**think·a·ble** [-kəbl] *adj.* denkbar: a) begreifbar, b) möglich; '**think·er** [-kə] *s.* Denker(in); '**think-in** *s.* F Konfe'renz *f*; '**think·ing** [-kɪŋ] **I** *adj.* ☐ **1.** denkend, vernünftig: ***a ~ being*** ein denkendes Wesen; ***all ~ men*** jeder vernünftig Denkende; ***put on one's ~ cap*** F (mal) nachdenken; **2.** Denk…; **II** *s.* **3.** Denken *n*: ***way of ~*** Denkart *f*; ***do some hard*** (***quick***) ***~*** scharf nachdenken (schnell ‚schalten'); **4.** Meinung *f*: ***in*** (*od.* ***to***) ***my*** (***way of***) ***~*** m-r Meinung nach; '**think-so** *s.*: ***on his*** (*etc.*) ***mere ~*** auf eine bloße Vermutung hin; **~ tank** *s.* F ‚'Denkfaˌbrik' *f*.

thin·ner[1] ['θɪnə] *s.* **1.** Verdünner *m* (*Arbeiter od. Gerät*); **2.** (*bsd.* Farben)Verdünnungsmittel *n*.

thin·ner[2] ['θɪnə] *comp. von* ***thin***.

thin·ness ['θɪnnɪs] *s.* **1.** Dünne *f*, Dünnheit *f*; **2.** Magerkeit *f*; **3.** Spärlichkeit *f*; **4.** *fig.* Dürftigkeit *f*, Seichtheit *f*.

ˌ**thin-'skinned** *adj.* **1.** dünnhäutig; **2.** *fig.* ('über)empfindlich.

third [θɜːd] **I** *adj.* ☐ → ***thirdly***; **1.** dritt: ***~ best*** *der* (*die, das*) Drittbeste; ***~ cousin*** Vetter *m* dritten Grades; ***~ degree*** dritter Grad; ***~ estate*** *pol. hist.* dritter Stand, Bürgertum *n*; ***~ party*** ⚖ Dritte(r *m*) *f*; **II** *s.* **2.** *der* (*die, das*) Dritte; **3.** ♪ Terz *f*; **4.** *mot.* F dritter Gang; **5.** Drittel *n*; **6.** *pl.* ✝ Waren *pl.* dritter Quali'tät, dritte Wahl; **~ class** *s.* 🚂 *etc.* dritte Klasse; ˌ**~-'class** *adj. u. adv.* **1.** *allg.* drittklassig; **2.** 🚂 *etc.* *Abteil etc.* dritter Klasse: ***travel ~*** dritter Klasse reisen.

third·ly ['θɜːdlɪ] *adv.* drittens.

ˌ**third|-'par·ty** *adj.* ⚖ Dritt…: ***~ debtor***, ***~ insurance*** Haftpflichtversicherung *f*; ***insured against ~ risks*** haftpflichtversichert; ˌ**~-'rate** *adj.* **1.** drittrangig; **2.** *fig.* minderwertig; ♎ **World** *s. pol. die* dritte Welt.

thirst [θɜːst] **I** *s.* **1.** Durst *m*; **2.** *fig.* Durst *m*, Gier *f*, Verlangen *n*, Sucht *f* (***for, of, after*** nach): ***~ for blood*** Blutdurst; ***~ for knowledge*** Wissensdurst; ***~ for power*** Machtgier; **II** *v/i.* **3.** *bsd. fig.* dürsten, lechzen (***for, after*** nach *Rache etc.*); '**thirst·i·ness** [-tɪnɪs] *s.* Durst(igkeit *f*) *m*; '**thirst·y** [-tɪ] *adj.* ☐ **1.** durstig: ***be ~*** Durst haben, durstig sein; **2.** dürr, trocken (*Boden, Jahreszeit*); **3.** F ‚durstig', Durst verursachend: ***~ work***; **4.** *fig.* begierig, lechzend: ***be ~ for*** (*od.* ***after***) ***s.th.*** nach et. lechzen.

thir·teen [ˌθɜːˈtiːn] **I** *adj.* dreizehn; **II** *s.* Dreizehn *f*; ˌ**thirˈteenth** [-nθ] **I** *adj.* **1.** dreizehnt; **II** *s.* **2.** *der* (*die, das*) Dreizehnte; **3.** Dreizehntel *n*.

thir·ti·eth [ˈθɜːtɪɪθ] **I** *adj.* **1.** dreißigst; **II** *s.* **2.** *der* (*die, das*) Dreißigste; **3.** Dreißigstel *n*; **thir·ty** [ˈθɜːtɪ] **I** *adj.* **1.** dreißig: ***~ all***, F ***~ up*** *Tennis*: dreißig beide; **II** *s.* **2.** Dreißig *f*: ***the thirties*** a) die Dreißiger(jahre) (*des Lebens*): ***he is in his thirties*** er ist in den Dreißigern, b) die dreißiger Jahre (*e-s Jahrhunderts*); **3.** *Am. sl.* Ende *n* (*e-s Zeitungsartikels etc.*).

this [ðɪs] *pl.* **these** [ðiːz] **I** *pron.* **1.** a) dieser, diese, dieses, b) dies, das: ***all ~*** dies alles, all das; ***for all ~*** deswegen, darum; ***like ~*** so; ***~ is what I expected*** (genau) das habe ich erwartet; ***~ is what happened*** Folgendes geschah; **2.** dieses, dieser Zeitpunkt, dieses Ereignis: ***after ~*** danach; ***before ~*** zuvor; ***by ~*** bis dahin, mittlerweile; **II** *adj.* **3.** dieser, diese, dieses, ✝ *a.* laufend (*Monat, Jahr*): ***~ day week*** heute in e-r Woche; ***in ~ country*** hierzulande; ***~ morning*** heute morgen; ***~ time*** diesmal; ***these 3 weeks*** die letzten 3 Wochen, seit 3 Wochen; **III** *adv.* **4.** so: ***~ much*** so viel.

this·tle [ˈθɪsl] *s.* ⚘ Distel *f*; ˈ**~·down** *s.* ⚘ Distelwolle *f*.

this·tly [ˈθɪslɪ] *adj.* **1.** distelig; **2.** distelähnlich, stach(e)lig.

thith·er [ˈðɪðə] *obs. od. poet.* **I** *adv.* dort-, dahin; **II** *adj.* jenseitig.

ˈ**thole(-pin)** [θəʊl] *s.* ⚓ Dolle *f*.

thong [θɒŋ] **I** *s.* **1.** (Leder)Riemen *m* (*Halfter, Zügel, Peitschenschnur etc.*); **II** *v/t.* **2.** mit Riemen versehen *od.* befestigen; **3.** (mit e-m Riemen) peitschen.

tho·rac·ic [θɔːˈræsɪk] *adj. anat.* Brust…; **tho·rax** [ˈθɔːræks] *pl.* **-rax·es** [-ræksɪz] *s.* **1.** *anat.* Brust(korb *m*, -kasten *m*) *f*, Thorax *m*; **2.** *zo.* Mittelleib *m bei Gliederfüßlern*.

thorn [θɔːn] *s.* **1.** Dorn *m*: ***a ~ in the flesh*** (*od.* ***side***) *fig.* ein Pfahl im Fleische, ein Dorn im Auge; ***be*** (*od.* ***sit***) ***on ~s*** *fig.* (wie) auf glühenden Kohlen sitzen; **2.** *ling.* Dorn *m* (*altenglischer Buchstabe*); **~ ap·ple** *s.* ⚘ Stechapfel *m*.

thorn·y [ˈθɔːnɪ] *adj.* **1.** dornig, stach(e)lig; **2.** *fig.* dornenvoll, mühselig; **3.** *fig.* heikel: ***a ~ subject***.

thor·ough [ˈθʌrə] *adj.* □ → ***thoroughly***; **1.** gründlich: a) sorgfältig (*Person u. Sache*), b) genau, eingehend: ***a ~ inquiry***; ***a ~ knowledge***, c) ˈdurchgreifend: ***a ~ reform***; **2.** vollˈendet: a) vollˈkommen, meisterhaft, b) völlig, echt, durch u. durch: ***a ~ politician***, c) *contp.* ausgemacht: ***a ~ rascal***; ˌ**~-ˈbass** [-ˈbeɪs] *s.* ♪ Geneˈralbaß *m*; ˈ**~·bred I** *adj.* **1.** reinrassig, Vollblut…; **2.** *fig.* a) rassig, b) eleˈgant, c) kultiviert, d) schnittig (*Auto*); **II** *s.* **3.** Vollblut(pferd) *n*; **4.** rassiger *od.* kultivierter Mensch; **5.** *mot.* rassiger *od.* schnittiger Wagen; ˈ**~·fare** *s.* **1.** Hauptverkehrs-, ˈDurchgangsstraße *f*; **2.** ˈDurchfahrt *f*: ***no ~!***; **3.** Wasserstraße *f*; ˈ**~ˌgo·ing** *adj.* **1.** → ***thorough*** 1; **2.** exˈtrem, komproˈmißlos, durch u. durch.

thor·ough·ly [ˈθʌrəlɪ] *adv.* **1.** gründlich *etc.*; **2.** völlig, gänzlich, absoˈlut; ˈ**thor·ough·ness** [-ənɪs] *s.* **1.** Gründlichkeit *f*; **2.** Vollˈendung *f*, Vollˈkommenheit *f*.

ˈ**thor·ough·paced** *adj.* **1.** in allen Gangarten geübt (*Pferd*); **2.** *fig.* → ***thorough*** 2 b.

those [ðəʊz] *pron. pl. von* ***that***[1].

thou [ðaʊ] **I** *pron. poet. od. dial. od. bibl.* du; **II** *v/t.* mit ‚thou' anreden.

though [ðəʊ] **I** *cj.* **1.** obˈwohl, obˈgleich, obˈschon; **2.** *a.* ***even ~*** wenn auch, wennˈgleich, selbst wenn, zwar: ***important ~ it is*** so wichtig es auch ist; ***what ~ the way is long*** was macht es schon aus, wenn der Weg (auch) lang ist; **3.** jeˈdoch, doch; **4.** ***as ~*** als ob, wie wenn; **II** *adv.* **5.** F (*am Satzende*) aber, allerˈdings, dennoch, immerˈhin: ***I wish you had told me, ~.***

thought [θɔːt] **I** *pret. u. p.p. von* ***think***; **II** *s.* **1.** a) Gedanke *m*, Einfall *m*: ***a happy ~***, b) Gedankengang *m*, c) Gedanken *pl.*, Denken *n*: ***lost in ~*** in Gedanken (verloren); ***his one ~ was how to*** er dachte nur daran, wie er *es tun könnte*; ***it never entered my ~s*** es kam mir nie in den Sinn; **2.** *nur sg.* Denken *n*, Denkvermögen *n*; **3.** Überˈlegung *f*: ***give ~ to*** sich Gedanken machen über (*acc.*); ***take ~ how*** sich überlegen, wie *man es tun könnte*; ***after serious ~*** nach ernsthafter Erwägung; ***on second ~s*** a) nach reiflicher Überlegung, b) wenn ich es mir recht überlege; ***have second ~s about it*** (so seine) Zweifel darüber haben; ***without ~*** ohne zu überlegen; **4.** Absicht *f*: ***he had no ~ of coming***; ***we had*** (***some***) ***~s of going*** wir trugen uns mit dem Gedanken zu gehen; **5.** *mst pl.* Gedanke *m*, Meinung *f*, Ansicht *f*; **6.** (Für)Sorge *f*, Rücksicht *f*: ***give*** (*od.* ***have***) ***some ~ to*** Rücksicht nehmen auf (*acc.*); ***take ~ for*** Sorge tragen für *od.* um (*acc.*); ***take no ~ to*** nicht achten auf (*acc.*); **7.** *nur sg.* Denken *n*: a) Denkweise *f*: ***scientific ~***, b) Gedankenwelt *f*: ***Greek ~***; **8.** *fig.* Spur *f*: ***a ~ smaller*** e-e ‚Idee' kleiner; ***a ~ hesitant*** etwas zögernd; ˈ**thought·ful** [-fʊl] *adj.* □ **1.** gedankenvoll, nachdenklich, besinnlich (*a. Buch etc.*); **2.** achtsam (***of*** auf *acc.*); **3.** rücksichtsvoll, aufmerksam, zuˈvorkommend; ˈ**thought·ful·ness** [-fʊlnɪs] *s.* **1.** Nachdenklichkeit *f*, Besinnlichkeit *f*; **2.** Achtsamkeit *f*; **3.** Rücksichtnahme *f*, Aufmerksamkeit *f*; ˈ**thought·less** [-lɪs] *adj.* □ **1.** gedankenlos, unbesonnen, unbekümmert; **2.** rücksichtslos, unaufmerksam; ˈ**thought·less·ness** [-lɪsnɪs] *s.* **1.** Gedankenlosigkeit *f*, Unbekümmertheit *f*; **2.** Rücksichtslosigkeit *f*, Unaufmerksamkeit *f*.

ˌ**thought|-ˈout** *adj.* (***well ~*** wohl)durchdacht; **~ read·er** *s.* Gedankenleser (-in); **~ read·ing** *s.* Gedankenlesen *n*; **~ trans·fer·ence** *s.* Geˈdankenüberˌtragung *f*.

thou·sand [ˈθaʊznd] **I** *adj.* **1.** tausend (*a. fig. unzählige*): ***~ and one*** *fig.* zahllos, unzählig; ***The 2 and One Nights*** Tausendundeine Nacht; ***a ~ times*** tausendmal; ***a ~ thanks*** tausend Dank; **II** *s.* **2.** Tausend *n*, *pl.* Tausende *pl.*: ***many ~s of times*** vieltausendmal; ***in their ~s, by the ~*** zu Tausenden; **3.** Tausend *f* (*Zahlzeichen*): ***one in a ~*** eine(r, s) unter tausend, ˈeine Ausnahme; ˈ**thou·sand·fold** [-ndf-] **I** *adj.* tausendfach, -fältig; **II** *adv. mst* ***a ~*** tausendfach, -mal; ˈ**thou·sandth** [-ntθ] **I** *s.* **1.** *der* (*die, das*) Tausendste; **2.** Tausendstel *n*; **II** *adj.* **3.** tausendst.

thral·dom [ˈθrɔːldəm] *s.* **1.** Leibeigenschaft *f*; **2.** *fig.* Knechtschaft *f*, Sklaveˈrei *f*; **thrall** [θrɔːl] *s.* **1.** *hist.* Leibeigene(r *m*) *f*, Hörige(r *m*) *f*; **2.** *fig.* Sklave *m*, Knecht *m*; **3.** → ***thraldom***; **thralldom** *Am.* → ***thraldom***.

thrash [θræʃ] **I** *v/t.* **1.** → ***thresh***; **2.** verdreschen, -prügeln; *fig.* (vernichtend) schlagen, ‚vermöbeln'; **II** *v/i.* **3.** *a.* ***~ about*** a) sich *im Bett etc.* ˈhin- u. ˈherwerfen, b) um sich schlagen, c) zappeln; **4.** ⚓ sich vorwärtsarbeiten; ˈ**thrash·er** [-ʃə] → ***thresher***; ˈ**thrash·ing** [-ʃɪŋ] *s.* Dresche *f*, Prügel *pl.*: ***give s.o. a ~*** → ***thrash*** 2.

thread [θred] **I** *s.* **1.** Faden *m*: a) Zwirn *m*, Garn *n*: ***hang by a ~*** *fig.* an e-m Faden hängen, b) *weitS.* Faser *f*, Fiber *f*, c) *fig.* (dünner) Strahl, Strich *m*, d) *fig.* Zs.-hang *m*: ***lose the ~*** (***of one's story***) den Faden verlieren; ***resume*** (*od.* ***take up***) ***the ~*** den Faden wieder aufnehmen; **2.** ⚙ Gewinde(gang *m*) *n*; **II** *v/t.* **3.** *Nadel* einfädeln; **4.** *Perlen etc.* aufreihen; **5.** mit Fäden durchˈziehen; **6.** *fig.* durchˈziehen, -ˈdringen; **7.** sich winden durch: ***~ one's way*** (***through***) sich (hindurch)schlängeln (durch); **8.** ⚙ Gewinde schneiden in (*acc.*): ***~ on*** anschrauben; ˈ**~·bare** *adj.* **1.** fadenscheinig, abgetragen; **2.** schäbig (gekleidet); **3.** *fig.* abgedroschen.

thread·ed [ˈθredɪd] *adj.* ⚙ Gewinde…: ***~ flange***; ˈ**thread·er** [-də] *s.* **1.** ˈEinfädelmaˌschine *f*; **2.** ⚙ Gewindeschneider *m*.

thread·ing lathe [ˈθredɪŋ] *s.* ⚙ Gewindeschneidbank *f*.

thread·y [ˈθredɪ] *adj.* **1.** fadenartig, faserig; **2.** Fäden ziehend; **3.** *fig.* schwach, dünn.

threat [θret] *s.* **1.** Drohung *f* (***of*** mit, ***to*** gegen); **2.** (***to***) Bedrohung *f* (*gen.*), Gefahr *f* (für): ***a ~ to peace***; ***there was a ~ of rain*** es drohte zu regnen; ˈ**threat·en** [-tn] **I** *v/t.* **1.** (***with***) *j-m* drohen (mit), *j-m* androhen (*acc.*), *j-n* bedrohen (mit); **2.** drohend ankündigen: ***the sky ~s a storm***; **3.** (damit) drohen (***to do*** zu tun); **4.** bedrohen, gefährden; **II** *v/i.* **5.** drohen; **6.** *fig.* drohen: a) drohend bevorstehen, b) Gefahr laufen (***to do*** zu tun); ˈ**threat·en·ing** [-tnɪŋ] *adj.* □ **1.** drohend, Droh…: ***~ letter*** Drohbrief *m*; **2.** *fig.* bedrohlich.

three [θriː] **I** *adj.* drei; **II** *s.* Drei *f* (*Zahl, Spielkarte etc.*); ˌ**~-ˈcol·o(u)r** *adj.* dreifarbig, Dreifarben…: ***~ process*** Dreifarbendruck(verfahren *n*) *m*; ˌ**~-ˈcor·nered** *adj.* **1.** dreieckig: ***~ hat*** Dreispitz *m*; **2.** zu dreien, Dreier…: ***a ~ discussion***; ˌ**~-ˈD** *adj.* ˈdreidimensioˌnal, 3-ˈD-…; ˈ**~-day e·vent** *s. Reitsport*: Military *f*; ˈ**~-day e·vent·er** *s.* Military-Reiter *m*; ˌ**~-ˈdeck·er** *s.* **1.** ⚓ *hist.* Dreidecker *m*; **2.** *et.* Dreiteiliges, *z.B.* F dreibändiger Roˈman; ˌ**~-diˈmen·sion·al** *adj.* ˈdreidimensioˌnal.

ˈ**three·fold I** *adj. u. adv.* dreifach; **II** *s.* *das* Dreifache.

ˈ**three|-lane** *adj.* dreispurig (*Autobahn etc.*); ˌ**~-ˈmast·er** *s.* ⚓ Dreimaster *m*;

'~**-mile** *adj.* Dreimeilen...: ~ ***zone***.

three|·pence ['θrepəns] *s. Brit.* **1.** drei Pence *pl.*; **2.** *obs.* Drei'pencestück *n*; ~**·pen·ny** ['θrepənɪ] *adj.* **1.** drei Pence wert, Dreipence...; **2.** *fig.* billig, wertlos.

'**three|-phase** *adj.* ↯ dreiphasig, Dreiphasen...: ~ ***current*** Drehstrom *m*, Dreiphasenstrom *m*; '~**-piece** *adj.* dreiteilig (*Anzug etc.*); '~**-ply I** *adj.* **1.** dreifach (*Garn, Seil etc.*); **2.** dreischichtig (*Holz etc.*); **II** *s.* **3.** dreischichtiges Sperrholz; '~**-point land·ing** *s.* ✈ Dreipunktlandung *f*; ˌ~-'**quar·ter I** *adj.* dreiviertel; **II** *s. a.* ~ ***back*** *Rugby*: Drei'viertelspieler *m*; ˌ~'**score** *adj. obs.* sechzig.

three·some ['θriːsəm] **I** *adj.* **1.** zu dreien, Dreier...; **II** *s.* **2.** Dreiergruppe *f*, ‚Trio' *n*; **3.** *Golf etc.*: Dreier(spiel *n*) *m*.

'**three|-speed gear** *s.* ⚙ Dreiganggetriebe *n*; '~**-stage** *adj.* ⚙ dreistufig (*Rakete, Verstärker etc.*); '~**-way** *adj.* ⚙ Dreiwege...

thresh [θreʃ] *v/t. u. v/i.* dreschen: ~ (***over old***) ***straw*** *fig.* leeres Stroh dreschen; ~ ***out*** *fig. et.* gründlich erörtern, klären; '**thresh·er** [-ʃə] *s.* **1.** Drescher *m*; **2.** 'Dreschmaˌschine *f*; '**thresh·ing** [-ʃɪŋ] **I** *s.* Dreschen *n*; **II** *adj.* Dresch...: ~ ***floor*** Dreschboden *m*, Tenne *f*.

thresh·old ['θreʃhəʊld] **I** *s.* **1.** (Tür-) Schwelle *f*; **2.** *fig.* Schwelle *f*, Beginn *m*; **3.** *psych.* (*Bewußtseins- etc.*)Schwelle *f*; **II** *adj.* **4.** *bsd.* ⚙ Schwellen...: ~ ***frequency***; ~ ***value*** Grenzwert *m*.

threw [θruː] *pret von* ***throw***.

thrice [θraɪs] *adv. obs.* **1.** dreimal; **2.** *fig.* sehr, 'überaus, höchst.

thrift [θrɪft] *s.* **1.** Sparsamkeit *f*: a) Sparsinn *m*, b) Wirtschaftlichkeit *f*; **2.** ⚘ Grasnelke *f*; '**thrift·i·ness** [-tɪnɪs] → ***thrift*** 1; '**thrift·less** [-lɪs] *adj.* □ verschwenderisch; '**thrift·less·ness** [-lɪsnɪs] *s.* Verschwendung *f*; '**thrift·y** [-tɪ] *adj.* □ sparsam (***of***, ***with*** mit): a) haushälterisch, b) wirtschaftlich (*a. Sachen*).

thrill [θrɪl] **I** *v/t.* **1.** erschauern lassen, erregen, packen, begeistern, elektrisieren, entzücken; **2.** *j-n* durch'laufen, -'schauern, über'laufen (*Gefühl*); **II** *v/i.* **3.** (er)beben, erschauern, zittern (***with*** vor *Freude etc.*); **4.** (***to***) sich begeistern (für), gepackt werden (von); **5.** durch'laufen, -'schauern, -'rieseln (***through*** *acc.*); **III** *s.* **6.** Zittern *n*, Erregung *f*, prickelndes Gefühl: ***a*** ~ ***of joy*** freudige Erregung; **7.** a) *das* Spannende *od.* Erregende, b) Nervenkitzel *m*, c) Sensati'on *f*; '**thrill·er** [-lə] *s.* F ‚Reißer' *m*, ‚Krimi' *m*, Thriller *m* (*Kriminalroman, -film etc.*); '**thrill·ing** [-lɪŋ] *adj.* □ **1.** erregend, packend, spannend, sensatio'nell; **2.** hinreißend, begeisternd.

thrive [θraɪv] *v/i.* [*irr.*] **1.** gedeihen (*Pflanze, Tier etc.*); **2.** *fig.* gedeihen: a) blühen, Erfolg haben (*Geschäft etc.*), b) reich werden (*Person*), c) sich entwickeln (*Laster etc.*); **thriv·en** ['θrɪvn] *p.p. von* ***thrive***; '**thriv·ing** [-vɪŋ] *adj.* □ *fig.* blühend.

thro' [θruː] *poet. für* ***through***.

throat [θrəʊt] *s.* **1.** *anat.* Kehle *f*, Gurgel *f*, Rachen *m*, Schlund *m*: ***sore*** ~ Halsschmerzen *pl.*, rauher Hals; ***stick in one's*** ~ j-m im Halse stecken bleiben (*Worte*); ***ram*** (*od.* ***thrust***) ***s.th. down s.o.'s*** ~ j-m et. aufzwingen; **2.** Hals *m*, Kehle *f*: ***cut s.o.'s*** ~ j-m den Hals abschneiden; ***cut one's own*** ~ *fig.* sich selbst ruinieren; ***take s.o. by the*** ~ j-n an der Gurgel packen; **3.** *fig.* 'Durch-, Eingang *m*, verengte Öffnung, Schlund *m*, *z.B.* Hals *m e-r Vase*, Kehle *f e-s Kamins*, Gicht *f e-s Hochofens*; **4.** ⚠ Hohlkehle *f*; '**throat·y** [-tɪ] *adj.* □ **1.** kehlig, guttu'ral; **2.** rauh, heiser.

throb [θrɒb] **I** *v/i.* **1.** pochen, hämmern, klopfen (*Herz etc.*): ~***bing pains*** klopfende Schmerzen; **II** *s.* **2.** Pochen *n*, Klopfen *n*, Hämmern *n*, (Puls)Schlag *m*; **3.** *fig.* Erregung *f*, Erbeben *n*.

throe [θrəʊ] *s. mst pl.* heftiger Schmerz: a) *pl.* (Geburts)Wehen *pl.*, b) *pl.* Todeskampf *m*, Ago'nie *f*: ***in the*** ~***s of*** *fig.* mitten in *et. Unangenehmem*, im Kampfe mit.

throm·bo·sis [θrɒm'bəʊsɪs] *s.* ⚕ Throm'bose *f*; **throm'bot·ic** [-'bɒtɪk] *adj.* ⚕ throm'botisch.

throne [θrəʊn] **I** *s.* **1.** Thron *m* (*König, Prinz*), Stuhl *m* (*Papst, Bischof*); **2.** *fig.* Thron *m*: a) Herrschaft *f*, b) Herrscher (-in); **II** *v/t.* **3.** auf den Thron setzen; **III** *v/i.* **4.** thronen.

throng [θrɒŋ] **I** *s.* **1.** (Menschen)Menge *f*; **2.** Gedränge *n*, Andrang *m*; **3.** Menge *f*, Masse *f* (*Sachen*); **II** *v/i.* **4.** sich drängen *od.* (zs.-)scharen, (her'bei-, hin'ein- *etc.*)strömen; **III** *v/t.* **5.** sich drängen in (*dat.*): ~ ***the streets***; **6.** bedrängen, um'drängen.

throt·tle ['θrɒtl] **I** *s.* **1.** F Kehle *f*; **2.** ⚙, *mot.* a) *a.* ~ ***lever*** Gashebel *m*, b) *a.* ~ ***valve*** Drosselklappe *f*: ***open*** (***close***) ***the*** ~ Gas geben (wegnehmen); **II** *v/t.* **3.** erdrosseln; *fig.* ersticken, abwürgen, unter'drücken; **4.** *a.* ~ ***down*** ⚙, *mot.* (ab)drosseln; **III** *v/i.* **5.** ~ ***back*** (*od.* ***down***) *mot. etc.* drosseln, Gas wegnehmen.

through [θruː] **I** *prp.* **1.** *räumlich u. fig.* 'durch, durch ... hin'durch; **2.** durch, in (*überall umher in e-m Gebiet etc.*): ~ ***all the country***; **3.** a) *e-n Zeitraum* hin'durch, während, b) *Am.* (von ...) bis; **4.** *bis zum Ende od. ganz* durch, fertig (mit): ***when will you get*** ~ ***your work?***; **5.** durch, mittels; **6.** aus, vor, durch, in-, zu'folge, wegen: ~ ***fear*** aus *od.* vor Furcht; ~ ***neglect*** infolge *od.* durch Nachlässigkeit; **II** *adv.* **7.** durch: ~ ***and*** ~ durch u. durch (*a. fig.*); ***push a needle*** ~ e-e Nadel durchstechen; ***he would not let us*** ~ er wollte uns nicht durchlassen; ***this train goes*** ~ ***to Boston*** dieser Zug fährt (durch) bis Boston; ***you are*** ~***!*** *teleph.* Sie sind verbunden!; **8.** (ganz) durch (*von Anfang bis Ende*): ***read a letter*** ~ e-n Brief ganz durchlesen; ***carry a matter*** ~ e-e Sache durchführen; **9.** fertig (***with*** mit): ***I am*** ~ ***with him*** F er ist für mich erledigt; ***I'm*** ~ ***with it!*** ich habe es satt!; **III** *adj.* **10.** 'durchgehend, Durchgangs...: ***a*** ~ ***train***; ~ ***carriage*** (*od.* ***coach***) Kurswagen *m*; ~ ***dialing*** *teleph. Am.* 'Durchwahl *f*; ~ ***flight*** ✈ Direktflug *m*; ~ ***traffic*** Durchgangsverkehr *m*; ~***way*** *Am.* Durchgangs- *od.* Schnellstraße *f*; **through·out** [θruː'aʊt] **I** *prp.* **1.** über'all in: ~ ***the country*** im ganzen Land; **2.** während (*gen.*): ~ ***the year*** das ganze Jahr hindurch; **II** *adv.* **3.** durch u. durch, ganz u. gar, 'durchweg; **4.** überall; **5.** die ganze Zeit; '**through-put** *s. econ.*, *a. Computer*: 'Durchsatz *m*.

throve [θrəʊv] *pret. von* ***thrive***.

throw [θrəʊ] **I** *s.* **1.** Werfen *n*, (*Speer- etc.*)Wurf *m*; **2.** Wurf *m* (*a. Ringkampf, Würfelspiel*), *fig. a.* Coup *m*; **3.** ⚙ (Kolben)Hub *m*; **4.** ⚙ (Regler- *etc.*)Ausschlag *m*; **5.** ⚙ Kröpfung *f* (*Kurbelwelle*); **II** *v/t.* [*irr.*] **6.** werfen, schleudern; (*a. fig. Blick, Kußhand etc.*) zuwerfen (***s.o. s.th.***, ***s.th. to s.o.*** j-m et.); mit *Steinen etc.* werfen; *Wasser* schütten *od.* gießen: ~ ***at*** werfen nach; ~ ***o.s. at s.o.*** *fig.* sich j-m an den Hals werfen; ~ ***a shawl over one's shoulders*** sich e-n Schal um die Schultern werfen; ~ ***together*** zs.-werfen; ***be thrown*** (***together***) ***with*** *fig.* (*zufällig*) zs.-geraten mit; **7.** *Angel, Netz etc.* auswerfen; **8.** a) *Würfel* werfen, b) *Zahl* würfeln, c) *Karten* ausspielen *od.* ablegen; **9.** *Reiter* abwerfen; **10.** *Ringkampf*: *Gegner* werfen; **11.** *zo. Junge* werfen; **12.** *Brücke* schlagen (***over***, ***across*** über *acc.*); **13.** *zo. Haut* abwerfen; **14.** ⚙ *Hebel* 'umlegen, *Kupplung od. Schalter* ein-, ausrükken, ein-, ausschalten; **15.** *Töpferei*: formen, drehen; **16.** ⚙ *Seide* zwirnen, mulinieren; **17.** *fig.* in *Entzückung, Verwirrung etc.* versetzen; **18.** F *j-n* ‚'umwerfen' *od.* aus der Fassung bringen; **19.** F *e-e Gesellschaft* geben, *e-e Party* ‚schmeißen'; **20.** *Am.* F *Wettkampf* absichtlich verlieren; **21.** *sl. Wutanfall etc.* bekommen: ~ ***a fit***; **III** *v/i.* [*irr.*] **22.** werfen; **23.** würfeln;

Zssgn mit prp.:

throw| in·to *v/t.* (hin'ein)werfen in (*acc.*): ~ ***prison*** *j-n* ins Gefängnis werfen; ~ ***the bargain*** (beim Kauf) dreingeben; ***throw o.s. into*** *fig.* sich in *die Arbeit, den Kampf etc.* stürzen; ~ (***up·***)***on*** *v/t.* **1.** werfen auf (*acc.*): ***be thrown upon o.s.*** (*od.* ***upon one's own resources***) auf sich selbst angewiesen sein; **2.** ***throw o.s.*** (***up***)***on*** a) sich auf *die Knie etc.* werfen, b) sich anvertrauen (*dat.*);

Zssgn mit adv.:

throw| a·way *v/t.* **1.** wegwerfen; **2.** *Geld etc.* verschwenden, -geuden ([***up***]***on*** an *acc.*); **3.** *Gelegenheit* verpassen, -schenken; **4.** *et.* verwerfen; ~ **back I** *v/t.* **1.** zu'rückwerfen (*a. fig. hemmen*): ***be thrown back upon*** angewiesen sein auf (*acc.*); **II** *v/i.* **2.** (***to***) zu'rückkehren (zu), zu'rückfallen (auf *acc.*, in *acc.*); **3.** nachgeraten (***to*** *dat.*); *biol.* rückarten; ~ **down** *v/t.* **1.** (***o.s.*** sich) niederwerfen; **2.** 'umstürzen, vernichten; ~ **in** *v/t.* **1.** (hin)'einwerfen; **2.** *Bemerkung etc.* einwerfen, -schalten; **3.** *et.* mit in den Kauf geben, dreingeben; **4.** ⚙ *Gang etc.* einrücken; ~ **off I** *v/t.* **1.** *Kleider, Maske etc.*, *a. fig. Schamgefühl etc.* abwerfen, ablegen; **2.** *Joch etc.* abwerfen, abschütteln, sich freimachen von; **3.** *Bekannte, Krankheit etc.* loswerden; **4.** *Verfolger*, *a. Hund* von der Fährte abbringen, abschütteln; **5.** *Gedicht etc.* hinwerfen, aus dem Ärmel schütteln; **6.** ⚙ a) kippen, 'umlegen, b) auskuppeln, -rücken; **7.** *typ.* abziehen; **8.** *j-n* aus dem Kon'zept *od.* aus der

Fassung bringen; **II** *v/i.* **9.** (*hunt.* die Jagd) beginnen; **~ on** *v/t. Kleider* 'überwerfen, sich *et.* 'umwerfen; **~ o·pen** *v/t.* **1.** *Tür etc.* aufreißen, -stoßen; **2.** öffentlich zugänglich machen (**to** *dat.* für); **~ out** *v/t.* **1.** (*a. j-n* hin)'auswerfen; **2.** *bsd. parl.* verwerfen; **3.** ⚠ vorbauen; anbauen (**to** an *acc.*); **4.** *Bemerkung* fallenlassen, *Vorschlag etc.* äußern; *e-n Wink* geben; **5.** a) *et.* über den Haufen werfen, b) *j-n* aus dem Kon'zept bringen; **6.** ⚙ auskuppeln, -rükken; **7.** *Fühler etc.* ausstrecken: ***~ a chest*** F sich in die Brust werfen; **~ o·ver** *v/t.* **1.** über den Haufen werfen; **2.** *fig. Plan etc.* über Bord werfen, aufgeben; **3.** *Freund etc.* im Stich lassen, fallenlassen; **~ up I** *v/t.* **1.** in die Höhe werfen, hochwerfen; **2.** *et.* hastig errichten, *Schanze etc.* aufwerfen; **3.** *Karten, a. Amt etc.* hinwerfen, -schmeißen; **4.** erbrechen; **II** *v/i.* **5.** (sich er)brechen, sich über'geben.

'throw|·a·way I *s.* et. zum Wegwerfen, *z.B.* Re'klamezettel *m*; **II** *adj.* Wegwerf...: ***~ package***; ***~ bottle*** Einwegflasche *f*; ***~ prices*** ✝ Schleuderpreise; **'~·back** *s.* **1.** *bsd. biol.* Ata'vismus *m*, *a. fig.* Rückkehr *f* (**to** zu); **2.** *Film*: Rückblende *f*.

throw·er ['θrəʊə] *s.* **1.** Werfer(in); **2.** *Töpferei*: Dreher(in), Former(in); **3.** → ***throwster***.

'throw-in *s. sport* Einwurf *m*.

throw·ing ['θrəʊɪŋ] **I** *s.* Werfen *n*, (*Speer- etc.*)Wurf *m*: ***~ the javelin***; **II** *adj.* Wurf...: ***~ knife***.

thrown [θrəʊn] **I** *p.p. von* ***throw***; **II** *adj.* gezwirnt: ***~ silk*** Seidengarn *n*.

'throw|·off *s.* **1.** Aufbruch *m* (zur Jagd); **2.** *fig.* Beginn *m*; **'~·out** *s.* ⚙ **1.** Auswerfer *m*; **2.** Ausschalter *m*; **3.** *mot.* Ausrückvorrichtung *f*: ***~ lever*** (Kupplungs)Ausrückhebel *m*.

throw·ster ['θrəʊstə] *s.* Seidenzwirner(in).

thru [θruː] *Am.* F *für* ***through***.

thrum¹ [θrʌm] **I** *v/i.* **1.** ♪ klimpern (**on** auf *dat.*); **2.** (mit den Fingern) trommeln; **II** *v/t.* **3.** ♪ klimpern auf (*dat.*); **4.** (mit den Fingern) trommeln auf (*dat.*).

thrum² [θrʌm] **I** *s.* **1.** *Weberei*: a) Trumm *n*, *m* (*am Ende der Kette*), b) *pl.* (Reihe *f* von) Fransen *pl.*, Saum *m*; **2.** Franse *f*; **3.** loser Faden; **4.** *oft pl.* Garnabfall *m*, Fussel *f*; **II** *v/t.* **5.** befransen.

thrush¹ [θrʌʃ] *s. orn.* Drossel *f*.

thrush² [θrʌʃ] *s.* **1.** ⚕ Soor *m*; **2.** *vet.* Strahlfäule *f*.

thrust [θrʌst] **I** *v/t.* [*irr.*] **1.** *Waffe etc.* stoßen; **2.** *allg.* stecken, schieben: ***~ o.s.*** (*od.* ***one's nose***) ***in*** *fig.* s-e Nase stecken *od.* sich einmischen in (*acc.*); ***~ one's hand into one's pocket*** die Hand in die Tasche stecken; ***~ on*** *et.* hastig anziehen, (sich) *et.* hastig überwerfen; **3.** stoßen, drängen, treiben, (*a. ins Gefängnis*) werfen: ***~ aside*** zur Seite stoßen; ***~ o.s. into*** sich werfen *od.* drängen in (*acc.*); ***~ out*** a) (her-, hin-) ausstoßen, b) *Zunge* herausstrecken, c) *Hand* ausstrecken; ***~ s.th. upon s.o.*** j-m et. aufdrängen; **4.** ***~ through*** *j-n* durch'bohren; **5.** ***~ in*** *Wort* einwerfen; **II** *v/i.* [*irr.*] **6.** stoßen (**at** nach); **7.** sich *wohin* drängen *od.* schieben: ***~ into*** ⚔ hineinstoßen in *e-e Stellung etc.*; ***a ~ing politician*** ein ehrgeiziger *od.* aufstrebender Politiker; **III** *s.* **8.** Stoß *m*; **9.** Hieb *m* (*a. fig.*); **10.** *allg. u.* ⚙ Druck *m*; **11.** ✈, *phys.* Schub(kraft *f*) *m*; **12.** ⚙, ⚠ (Seiten)Schub *m*; **13.** *geol.* Schub *m*; **14.** ⚔ *u. fig.* a) Vorstoß *m*, b) Stoßrichtung *f*; **~ bear·ing** *s.* ⚙, ✈ Drucklager *n*; **~ per·form·ance** *s.* ⚙, ✈ Schubleistung *f*; **~ weap·on** *s.* ⚔ Stich-, Stoßwaffe *f*.

thud [θʌd] **I** *s.* dumpfer (Auf)Schlag, Bums *m*; **II** *v/i.* dumpf (auf)schlagen, bumsen.

thug [θʌg] *s.* **1.** (Gewalt)Verbrecher *m*, Raubmörder *m*; **2.** Rowdy *m*, ‚Schläger' *m*; **3.** *fig.* Gangster *m*, Halsabschneider *m*.

thumb [θʌm] **I** *s.* **1.** Daumen *m*: ***his fingers are all ~s, he is all ~s*** er hat zwei linke Hände; ***turn ~s down on*** *fig. et.* ablehnen, verwerfen; ***under s.o.'s ~*** unter j-s Fuchtel; ***that sticks out like a sore ~*** F a) das sieht ja ein Blinder, b) das fällt entsetzlich auf; ***it's ~s down on your offer!*** Ihr Angebot ist abgelehnt!; → ***rule*** 2; **II** *v/t.* **2.** *Buchseiten* 'durchblättern; **3.** *Buch* abgreifen, beschmutzen: (***well-***)***~ed*** abgegriffen; **4.** ***~ a lift*** (*od.* ***ride***) F per Anhalter fahren, trampen; ***~ a car*** e-n Wagen anhalten, sich mitnehmen lassen; **5.** ***~ one's nose at*** *j-m* e-e lange Nase machen; **~ in·dex** *s. typ.* Daumenindex *m*; **'~·mark** *s.* Daumenabdruck *m*; **'~·nail I** *s.* Daumennagel *m*; **II** *adj.*: ***~ sketch*** kleine (*fig.* kurze) Skizze; **~ nut** *s.* ⚙ Flügelmutter *f*; **'~·print** *s.* Daumenabdruck *m*; **'~·screw** *s.* **1.** *hist.* Daumenschraube *f*; **2.** ⚙ Flügelschraube *f*; **'~·stall** *s.* Däumling *m* (*Schutzkappe*); **'~·tack** *s. Am.* Reißnagel *m*.

thump [θʌmp] **I** *s.* **1.** dumpfer Schlag, Bums *m*; **2.** (Faust)Schlag *m*, Puff *m*; **II** *v/t.* **3.** schlagen auf (*acc.*), hämmern *od.* pochen gegen *od.* auf (*acc.*); *Kissen* aufschütteln; **4.** plumpsen gegen *od.* auf (*acc.*); **III** *v/i.* **5.** (auf)schlagen, (-) bumsen (**on** auf *acc.*, **at** gegen); **6.** (laut) pochen (*Herz*); **'thump·er** [-pə] *s.* **1.** *sl.* Mordsding *n*, *e-e* ‚Wucht'; **2.** *sl.* faustdicke Lüge; **'thump·ing** [-pɪŋ] F **I** *adj.* kolos'sal, Mords...; **II** *adv.* mordsmäßig.

thun·der ['θʌndə] **I** *s.* **1.** Donner *m* (*a. fig. Getöse*): ***steal s.o.'s ~*** *fig.* j-m den Wind aus den Segeln nehmen; ***~s of applause*** donnernder Beifall; **II** *v/i.* **2.** donnern (*a. fig. Kanone, Zug etc.*); **3.** *fig.* wettern; **III** *v/t.* **4.** *et.* donnern; **'~·bolt** *s.* **1.** Blitz *m* (u. Donnerschlag *m*), Blitzstrahl *m* (*a. fig.*); **2.** *myth. u. geol.* Donnerkeil *m*; **'~·clap** *s.* Donnerschlag *m* (*a. fig.*); **'~·cloud** *s.* Gewitterwolke *f*.

thun·der·ing ['θʌndərɪŋ] **I** *adj.* ☐ **1.** donnernd (*a. fig.*); **2.** F kolos'sal, gewaltig: ***a ~ lie*** e-e faustdicke Lüge; **II** *adv.* **3.** F riesig, mächtig: ***~ glad***; **'thun·der·ous** [-rəs] *adj.* ☐ **1.** gewitterschwül; **2.** *fig.* donnernd; **3.** *fig.* gewaltig.

'thun·der|ˌshow·er *s.* Gewitterschauer *m*; **'~·storm** *s.* Gewitter *n*, Unwetter *n*; **'~·struck** *adj.* (*fig.* wie) vom Blitz getroffen.

thun·der·y ['θʌndərɪ] *adj.* gewitterschwül: ***~ showers*** gewittrige Schauer.

Thu·rin·gi·an [θjʊə'rɪndʒɪən] **I** *adj.* Thüringer(...); **II** *s.* Thüringer(in).

Thurs·day ['θɜːzdɪ] *s.* Donnerstag *m*: ***on ~*** am Donnerstag; ***on ~s*** donnerstags.

thus [ðʌs] *adv.* **1.** so, folgendermaßen; **2.** so'mit, also, folglich, demgemäß; **3.** so, in diesem Maße: ***~ far*** soweit, bis jetzt; ***~ much*** so viel.

thwack [θwæk] **I** *v/t.* verprügeln, schlagen; **II** *s.* derber Schlag.

thwart [θwɔːt] **I** *v/t.* **1.** *Pläne etc.* durch'kreuzen, vereiteln, hinter'treiben; **2.** *j-m* entgegenarbeiten, *j-m* e-n Strich durch die Rechnung machen; **II** *s.* **3.** ⚓ Ruderbank *f*.

thy [ðaɪ] *adj. bibl., rhet., poet.* dein.

thyme [taɪm] *s.* ⚘ Thymian *m*.

thy·mus ['θaɪməs], *a.* **~ gland** *s. anat.* Thymus(drüse *f*) *m*.

thy·roid ['θaɪrɔɪd] ⚕ **I** *adj.* **1.** Schilddrüsen...; **2.** Schildknorpel...: ***~ cartilage*** → 4; **II** *s.* **3.** *a.* ***~ gland*** Schilddrüse *f*; **4.** Schildknorpel *m*.

thyr·sus ['θɜːsəs] *pl.* **-si** [-saɪ] *s. antiq. u.* ⚘ Thyrsus *m*.

thy·self [ðaɪ'self] *pron. bibl., rhet., poet.* **1.** du (selbst); **2.** *dat.* dir (selbst); **3.** *acc.* dich (selbst).

ti·ar·a [tɪ'ɑːrə] *s.* **1.** Ti'ara *f* (*Papstkrone u. fig. -würde*); **2.** Dia'dem *n*, Stirnreif *m* (*für Damen*).

tib·i·a ['tɪbɪə] *pl.* **-ae** [-iː] *s. anat.* Schienbein *n*, Tibia *f*; **'tib·i·al** [-əl] *adj. anat.* Schienbein..., Unterschenkel...

tic [tɪk] *s.* ⚕ Tic(k) *m*, (ner'vöses) Muskel- *od.* Gesichtszucken.

tick¹ [tɪk] **I** *s.* **1.** Ticken *n*: ***to*** (*od.* ***on***) ***the ~*** (auf die Sekunde) pünktlich; **2.** F Augenblick *m*; **3.** Häkchen *n*, Vermerkzeichen *n*; **II** *v/i.* **4.** ticken: ***~ over*** a) *mot.* im Leerlauf sein, b) *fig.* normal *od.* ganz gut laufen; ***what makes him ~?*** a) was hält ihn (so) in Schwung?, b) wie ‚funktioniert' er?; **III** *v/t.* **5.** *in e-r Liste* anhaken: ***to ~ off*** a) abhaken, b) F *j-n* ‚zs.-stauchen'.

tick² [tɪk] *s. zo.* Zecke *f*.

tick³ [tɪk] *s.* **1.** (Kissen- *etc.*)Bezug *m*; **2.** Inlett *n*, Ma'tratzenbezug *m*; **3.** F Drillich *m*, Drell *m*.

tick⁴ [tɪk] *s.* F Kre'dit *m*, Pump *m*: ***buy on ~*** auf Pump *od.* Borg kaufen.

tick·er ['tɪkə] *s.* **1.** *Börse*: Fernschreiber *m*; **2.** *sl.* a) ‚Wecker' *m* (*Uhr*), b) ‚Pumpe' *f* (*Herz*); **~ tape** *s. Am.* Lochstreifen *m*: ***~ parade*** Konfettiparade *f*.

tick·et ['tɪkɪt] **I** *s.* **1.** (Ausweis-, Eintritts-, Lebensmittel-, Mitglieds- *etc.*) Karte *f*; 🚂 *etc.* Fahrkarte *f*, -schein *m*; ✈ Flugschein *m*, Ticket *n*: ***take a ~*** e-e Karte lösen; **2.** (*bsd.* Gepäck-, Pfand-) Schein *m*; **3.** Lotte'rielos *n*; **4.** Eti'kett *n*, (*Preis- etc.*)Zettel *m*; **5.** *mot.* a) Strafzettel *m*, b) gebührenpflichtige Verwarnung; **6.** ⚓, ✈ Li'zenz *f*; **7.** *pol. bsd. Am.* a) (Wahl-, Kandi'daten)Liste *f*, b) ('Wahl-, Par'tei)Proˌgramm *n*: ***split the ~*** panaschieren; ***vote a straight ~*** die Liste e-r Partei unverändert wählen; ***write one's own ~*** F (ganz) s-e eigenen Bedingungen stellen; **8.** ***~ of leave*** ⚖ *Brit.* (Schein *m* über) bedingte Freilassung: ***be on ~ of leave*** bedingt freigelassen sein; **9.** F *das* Richtige: ***that's the ~!***; **II** *v/t.* **10.** etikettieren, kennzeichnen, *Waren* auszeichnen; ~ **a·gen·cy** *s. thea. etc.* Vorverkaufsstelle *f*; ~ **col·lec·tor** *s.* 🚆 Bahnsteigschaffner *m*; ~ **day** *s. Börse*: Tag *m* vor dem Abrechnungstag; ~ **in·spec·tor** *s.* 'Fahrkartenkontrol,leur *m*; ~ **of·fice** *s.* **1.** Fahrkartenschalter *m*; **2.** (The'ater)Kasse *f*; ~ **punch** *s.* Lochzange *f*; ~ **tout** *s.* Kartenschwarzhändler *m*.

tick·ing ['tɪkɪŋ] *s.* Drell *m*, Drillich *m*; **,~-'off** *s.* F ‚Anpfiff' *m*.

tick·le ['tɪkl] **I** *v/t.* **1.** kitzeln (*a. fig.*); **2.** *fig. j-s Eitelkeit etc.* schmeicheln; **3.** *fig.* amüsieren: ***~d pink*** F ‚ganz weg' (vor Freude); ***I'm ~d to death*** ich könnte mich totlachen (*a. iro.*); **4.** ~ ***up*** (an-)reizen; **II** *v/i.* **5.** kitzeln; **6.** jucken; **III** *s.* **7.** Kitzel *m* (*a. fig.*); **8.** Juckreiz *m*; **'tick·ler** [-lə] *s.* **1.** kitzlige Sache, (schwieriges) Pro'blem; **2.** *Am.* No'tizbuch *n*: ~ ***file*** Wiedervorlagemappe *f*; **3.** *a.* ~ ***coil*** ⚡ Rückkopplungsspule *f*; **'tick·lish** [-lɪʃ] *adj.* □ **1.** kitz(e)lig; **2.** *fig.* a) kitzlig, heikel, schwierig, b) empfindlich (*Person*).

tick·tack ['tɪktæk] *s.* **1.** Ticktack *n*; **2.** *sl. Rennsport*: Zeichensprache *f* der Buchmacher: ~ ***man*** Buchmachergehilfe *m*.

tid·al ['taɪdl] *adj.* **1.** Gezeiten…, den Gezeiten unter'worfen: ~ ***basin*** ⚓ Tidebecken *n*; ~ ***inlet*** Priel *m*; ~ ***power plant*** Gezeitenkraftwerk *n*; **2.** Flut…: ~ ***wave*** Flutwelle *f*, *fig. a.* Woge *f*.

tid·bit ['tɪdbɪt] *Am.* → ***titbit***.

tid·dly ['tɪdlɪ] *adj. Brit.* F **1.** winzig; **2.** ‚angesäuselt', beschwipst.

tid·dly·winks ['tɪdlɪwɪŋks] *s. pl.* Flohhüpfen *n*.

tide [taɪd] **I** *s.* **1.** a) Gezeiten *pl.*, Ebbe *f* u. Flut, b) Flut *f*, Tide *f*: ***high*** ~ Flut; ***low*** ~ Ebbe; ***the ~ is coming in*** (***going out***) die Flut kommt (die Ebbe setzt ein); ***the ~ is out*** es ist Ebbe; ***turn of the ~*** a) Gezeitenwechsel *m*, b) *fig.* Umschwung *m*; ***the ~ turns*** *fig.* das Blatt wendet sich; **2.** *fig.* Strom *m*, Strömung *f*: ~ ***of events*** *der* Gang der Ereignisse; ***swim against*** (***with***) ***the ~*** gegen (mit) dem Strom schwimmen; **3.** *fig. die* rechte Zeit, günstiger Augenblick; **4.** *in Zssgn* Zeit *f*: ***winter~***; **II** *v/i.* **5.** (mit dem Strom) treiben, ⚓ bei Flut ein- *od.* auslaufen; **6.** ~ ***over*** *fig.* hin'wegkommen über (*acc.*); **III** *v/t.* **7.** ~ ***over*** *fig. j-m* hin'weghelfen über (*acc.*): ~ ***it over*** ‚sich über Wasser halten'; ~ **gate** *s.* Flut(schleusen)tor *n*; ~ **ga(u)ge** *s.* (Gezeiten)Pegel *m*; **'~land** *s.* Watt *n*; **'~·mark** *s.* **1.** Gezeitenmarke *f*; **2.** Pegelstand *m*; **3.** *bsd. Brit.* F schwarzer Rand (*am Hals etc.*); ~ **ta·ble** *s.* Gezeitentafel *f*; **'~,wait·er** *s. hist.* Hafenzollbeamte(r) *m*; **'~,wa·ter** *s.* Flut-, Gezeitenwasser *n*: ~ ***district*** Wattengebiet *n*; **'~·way** *s.* Priel *m*.

ti·di·ness ['taɪdɪnɪs] *s.* **1.** Sauberkeit *f*, Ordnung *f*; **2.** Nettigkeit *f*.

ti·dings ['taɪdɪŋz] *s. pl. sg. od. pl. konstr.* Nachricht(en *pl.*) *f*, Neuigkeit (-en *pl.*) *f*, Kunde *f*.

ti·dy ['taɪdɪ] **I** *adj.* □ **1.** sauber, reinlich, ordentlich (*Zimmer, Person, Aussehen etc.*); **2.** nett, schmuck; **3.** *fig.* F ordentlich, beträchtlich: ***a ~ penny*** e-e Stange Geld; **II** *s.* **4.** (Sofa- *etc.*)Schoner *m*; **5.** (Arbeits-, Flick- *etc.*)Beutel *m*; Fächerkasten *m*; **6.** Abfallkorb *m*; **III** *v/t.* **7.** *a.* ~ ***up*** in Ordnung bringen, aufräumen, säubern: ~ ***out*** ‚ausmisten'; ~ ***o.s. up*** sich zurechtmachen; **IV** *v/i.* **8.** ~ ***up*** aufräumen, saubermachen.

tie [taɪ] **I** *s.* **1.** (Schnür)Band *n*; **2.** a) Kra'watte *f*, b) Halstuch *n*; **3.** Schleife *f*, Masche *f*; **4.** *fig.* a) Band *n*: ***the ~(s) of friendship***, b) *pol., psych.* Bindung *f*: ***mother ~***; **5.** *fig.* (lästige) Fessel, Last *f*; **6.** △, ⚙ a) Verbindung(sstück *n*) *f*, b) Anker *m*, c) → ***tie beam***; **7.** 🚆 *Am.* Schwelle *f*; **8.** *parl. pol.* Stimmengleichheit *f*: ***end in a ~*** stimmengleich enden; **9.** *sport* a) Punktgleichheit *f*, Gleichstand *m*, b) Unentschieden *n*, c) Ausscheidungsspiel *n*, d) Wieder'holung(sspiel *n*) *f*; **10.** ♪ Bindebogen *m*, Liga'tur *f*; **II** *v/t.* **11.** an-, festbinden (***to*** an *acc.*); **12.** binden, schnüren; *fig.* fesseln: ~ ***s.o.'s hands*** (***tongue***) j-m die Hände (Zunge) binden; **13.** *Schleife, Schuhe etc.* binden; **14.** △, ⚙ verankern, befestigen; **15.** ♪ *Noten* (anein-'ander)binden; **16.** (***to***) *fig. j-n* binden (an *acc.*), verpflichten (zu); **17.** hindern, hemmen; **18.** *j-n* in Anspruch nehmen (*Pflichten etc.*); **III** *v/i.* **19.** *sport* a) gleichstehen, punktgleich sein, b) unentschieden spielen *od.* kämpfen (***with*** gegen); **20.** *parl., pol.* gleiche Stimmenzahl haben;

Zssgn mit adv.:

tie| down *v/t.* **1.** festbinden; **2.** niederhalten, fesseln; **3.** (***to***) *fig. j-n* binden (an *Pflichten, Regeln etc.*), *j-n* festlegen (auf *acc.*): ***be tied down*** (***by***) angebunden sein (durch *e-e Familie etc.*); ~ **in I** *v/i.* (***with***) über'einstimmen (mit), passen (zu); **II** *v/t.* (***with***) verbinden *od.* koppeln (mit), einbauen (in *acc.*); ~ **up** *v/t.* **1.** (an-, ein-, ver-, zs.-, zu)binden; **2.** *fig.* a) hemmen, fesseln, b) festhalten, beschäftigen; **3.** *fig.* lahmlegen; *Industrie, Produktion* stillegen; *Vorräte etc.* blockieren; **4.** ✝, ⚖ festlegen: a) *Geld* fest anlegen, b) *bsd. Erbgut* e-r Verfügungsbeschränkung unter'werfen; **5.** ***tie it up*** *Am.* F die Sache erledigen.

tie| bar *s.* **1.** 🚆 a) Verbindungsstange *f* (*Weiche*), b) Spurstange *f*; **2.** *typ.* Bogen *m über 2 Buchstaben*; ~ **beam** *s.* △ Zugbalken *m*; **'~,break(·er)** *s. Tennis*: Tie-Break *m, n*.

tied [taɪd] *adj.* ✝ zweckgebunden; ~ **house** *s. Brit.* Braue'reigaststätte *f*.

'tie|-in *s.* **1.** ✝ *Am.* a) Gemeinschaftswerbung *f*, b) *a.* ~ ***sale*** Kopplungsgeschäft *n*, -verkauf *m*; **2.** Zs.-hang *m*, Verbindung *f*; **'~-on** *adj.* zum Anbinden, Anhänge…

tier [tɪə] *s.* **1.** Reihe *f*, Lage *f*: ***in ~s*** in Reihen übereinander, lagenweise; **2.** *thea.* a) (Sitz)Reihe *f*, b) Rang *m*; **3.** *fig.* Rang *m*, Stufe *f*.

tierce [tɪəs] *s.* **1.** [*Kartenspiel*: tɜ:s] ♪, *fenc., eccl., Kartenspiel*: Terz *f*; **2.** Weinfaß *n* (*mit 42 Gallonen*).

tie rod *s.* ⚙ **1.** Zugstange *f*; **2.** Kuppelstange *f*; **3.** 🚆 Spurstange *f*.

'tie-up *s.* **1.** a) Verbindung *f*, Zs.-hang *m*, b) Koppelung *f*; **2.** *Am.* Still-, Lahmlegung *f*; **3.** *bsd. Am.* (*a.* Verkehrs)Stockung *f*, Stillstand *m*.

tiff [tɪf] *s.* **1.** kleine Meinungsverschiedenheit, Kabbe'lei *f*; **2.** schlechte Laune: ***in a ~*** übelgelaunt.

tif·fin ['tɪfɪn] *s. Brit.* Mittagessen *n* (*in Indien*).

tige [ti:ʒ] (*Fr.*) *s.* **1.** △ Säulenschaft *m*; **2.** ⚘ Stengel *m*, Stiel *m*.

ti·ger ['taɪgə] *s.* **1.** *zo.* Tiger *m* (*a. fig. Wüterich*): ***American ~*** Jaguar *m*: ***rouse the ~ in s.o.*** *fig.* j-n in kalte Wut versetzen; **2.** *hist. Brit. sl.* livrierter Bedienter, Page *m*; ~ **cat** *s. zo.* **1.** Tigerkatze *f*; **2.** getigerte (Haus)Katze.

ti·ger·ish ['taɪgərɪʃ] *adj.* **1.** tigerartig; **2.** blutdürstig; **3.** wild, grausam.

tight [taɪt] **I** *adj.* □ **1.** dicht (*nicht leck*): ***a ~ barrel***; **2.** fest(sitzend) (*Kork, Knoten etc.*), stramm (*Schraube etc.*); **3.** straff, (an)gespannt (*Muskel, Seil etc.*); **4.** schmuck; **5.** a) (zu) eng, knapp, b) eng (anliegend) (*Kleid etc.*): ~ ***fit*** knapper Sitz, ⚙ Feinpassung; **6.** a) eng, dicht (gedrängt), b) *fig.* F kritisch, ‚mulmig'; → ***corner*** 2; **7.** prall (voll); **8.** *fig.* a) komprimiert, straff (*Handlung etc.*), b) gedrängt, knapp (*Stil*), c) hieb- u. stichfest (*Argument*), d) straff, streng (*Sicherheitsmaßnahmen etc.*): ***a ~ schedule*** knappe Termine, *a.* ein voller Terminkalender; **9.** ✝ a) knapp (*Geld*), b) angespannt (*Marktlage*); **10.** F knick(e)rig, geizig; **11.** eng, am Kleinen klebend (*Kunst etc.*); **12.** *sl.* ‚blau', besoffen; **II** *adv.* **13.** eng, knapp; *a.* ⚙ fest: ***hold ~*** festhalten; ***sit ~*** a) fest im Sattel sitzen, b) sich nicht (vom Fleck) rühren, c) *fig.* sich eisern behaupten, sich nicht beirren lassen, *a.* abwarten; **'tight·en** [-tn] **I** *v/t.* **1.** *a.* ~ ***up*** zs.-ziehen; **2.** *Schraube, Zügel etc.* fest-, anziehen; *Feder, Gurt etc.* spannen; *Gürtel* enger schnallen; *Muskel, Seil etc.* straffen: ~ ***one's grip*** fester zupacken, den Druck verstärken (*a. fig.*); **3.** *a.* ~ ***up*** *fig.* a) *Manuskript, Handlung etc.* straffen, b) *Sicherheitsmaßnahmen etc.* verschärfen; **4.** (ab)dichten; **II** *v/i.* **5.** sich straffen; **6.** fester werden (*Griff*); **7.** *a.* ~ ***up*** sich fest zs.-ziehen; **8.** ✝ sich versteifen (*Markt*).

,tight|-'fist·ed → ***tight*** 10; **,~-'fit·ting** *adj.* **1.** → ***tight*** 5; **2.** ⚙ genau an- *od.* eingepaßt, Paß…; **,~-'laced** *adj.* sittenstreng, prüde, puri'tanisch; **,~-'lipped** *adj.* **1.** schmallippig; **2.** *fig.* verschlossen.

tight·ness ['taɪtnɪs] *s.* **1.** Dichtheit *f*; **2.** Festigkeit *f*; fester Sitz; **3.** Straffheit *f*; **4.** Enge *f*; **5.** Gedrängtheit *f*; **6.** Geiz *m*, Knicke'rei *f*; **7.** ✝ a) (Geld)Knappheit *f*, b) angespannte Marktlage.

'tight·rope I *s.* (Draht)Seil *n* (*Zirkus*); **II** *adj.* (Draht)Seil…: ~ ***walker*** Seiltänzer(in).

tights [taɪts] *s. pl.* **1.** ('Tänzer-, Ar'tisten)Tri,kot *n*; **2.** *bsd. Brit.* Strumpfhose *f*.

'tight·wad *s. Am.* F Geizkragen *m*.

ti·gress ['taɪgrɪs] *s.* **1.** Tigerin *f*; **2.** *fig.* Me'gäre *f*, (Weibs)Teufel *m*.

tike → ***tyke***.

til·de [tɪld] *s. ling.* Tilde *f*.

tile [taɪl] **I** *s.* **1.** (Dach)Ziegel *m*: ***he has a ~ loose*** *sl.* bei ihm ist eine Schraube locker; ***be*** (***out***) ***on the ~s*** *sl.* ‚herumsumpfen'; **2.** ([Kunst]Stein)Platte *f*, (Fußboden-, Wand-, Teppich)Fliese *f*, (Ofen-, Wand)Kachel *f*; **3.** *coll.* Ziegel *pl.*, Fliesen(fußboden *m*) *pl.*, Fliesen(ver)täfelung *f*; **4.** △ Hohlstein *m*; **5.** F

a) ‚Angströhre' *f* (*Zylinder*), b) ‚Deckel' *m* (*steifer Hut*); **II** *v/t.* **6.** (mit Ziegeln) decken; **7.** mit Fliesen *od.* Platten auslegen, fliesen, kacheln; **til·er** ['taɪlə] *s.* **1.** Dachdecker *m*; **2.** Fliesen-, Plattenleger *m*; **3.** Ziegelbrenner *m*; **4.** Logenhüter *m* (*Freimaurer*).

till¹ [tɪl] **I** *prp.* **1.** bis: ***~ now*** bis jetzt, bisher; ***~ then*** bis dahin *od.* dann *od.* nachher; **2.** bis zu: ***~ death*** bis zum Tod, bis in den Tod; **3.** ***not ~*** erst: ***not ~ yesterday***; **II** *cj.* **4.** bis; **5.** ***not ~*** erst als (*od.* wenn).

till² [tɪl] *s.* **1.** Ladenkasse *f*: ***~ money*** † Kassenbestand *m*; **2.** Geldkasten *m*.

till³ [tɪl] ⚘ **I** *v/t.* *Boden* bebauen, bestellen, (be)ackern; **II** *v/i.* ackern, pflügen; **'till·a·ble** [-ləbl] *adj.* anbaufähig; **'till·age** [-lɪdʒ] *s.* **1.** Bodenbestellung *f*; **2.** Ackerbau *m*; **3.** Ackerland *n*.

till·er¹ ['tɪlə] *s.* **1.** (Acker)Bauer *m*; **2.** Ackerfräse *f*.

till·er² ['tɪlə] *s.* **1.** ⚓ Ruderpinne *f*; **2.** ⚙ Griff *m*; ***~ rope*** *s.* ⚓ Steuerreep *n*.

tilt¹ [tɪlt] **I** *v/t.* **1.** kippen, neigen, schrägstellen; **2.** 'umkippen, 'umstoßen; **3.** ⚓ *Schiff* krängen; **4.** ⚙ recken (*schmieden*); **5.** *hist.* a) (mit eingelegter Lanze) anreiten gegen, b) *Lanze* einlegen; **II** *v/i.* **6.** *a.* ***~ over*** a) sich neigen, kippen, b) ('um)kippen, 'umfallen; **7.** ⚓ krängen; **8.** *hist.* im Tur'nier kämpfen: ***~ at*** a) anreiten gegen, b) (mit der Lanze) stechen nach, c) *fig.* losziehen gegen, attackieren; **III** *s.* **9.** Kippen *n*: ***give a ~ to*** → 1; **10.** Schräglage *f*, Neigung *f*: ***on the ~*** auf der Kippe; **11.** *hist.* Tur'nier *n*, Lanzenbrechen *n*; **12.** *fig.* Strauß *m*, (Wort)Gefecht *n*; **13.** (Lanzen)Stoß *m*; **14.** (Angriffs)Wucht *f*: ***(at) full ~*** mit voller Wucht *od.* Geschwindigkeit; **15.** *Am.* ‚Drall' *m*, Ten'denz *f*.

tilt² [tɪlt] **I** *s.* **1.** (Wagen- *etc.*)Plane *f*, Verdeck *n*; **2.** ⚓ Sonnensegel *n*; **3.** Sonnendach *n*; **II** *v/t.* (mit e-r Plane) bedecken.

tilt cart *s.* Kippwagen *m*.

tilt·er ['tɪltə] *s.* **1.** (*Kohlen-etc.*)Kipper *m*, Kippvorrichtung *f*; **2.** ⚙ *Walzwerk*: Wipptisch *m*.

tilth [tɪlθ] → ***tillage***.

tilt·ing ['tɪltɪŋ] *adj.* **1.** *hist.* Turnier…; **2.** ⚙ schwenk-, kippbar, Kipp…

'tilt-yard *s. hist.* Tur'nierplatz *m*.

tim·bal ['tɪmbl] *s.* ♪ *hist.* (Kessel)Pauke *f*.

tim·ber ['tɪmbə] **I** *s.* **1.** Bau-, Nutzholz *n*; **2.** *coll.* (Nutzholz)Bäume *pl.*, Baumbestand *m*, Wald(bestand) *m*; **3.** *Brit.* a) Bauholz *n*, b) Schnittholz *n*; **4.** ⚓ Inholz *n*; *pl.* Spantenwerk *n*; **5.** *Am. fig.* Holz *n*, Schlag *m*, Ka'liber *n*: ***a man of his ~***; ***he is of presidential ~*** er hat das Zeug zum Präsidenten; **II** *v/t.* **6.** (ver-)zimmern; **7.** *Holz* abvieren; **8.** *Graben etc.* absteifen; **III** *adj.* **9.** Holz…; **'tim·bered** [-əd] *adj.* **1.** gezimmert; **2.** Fachwerk…; **3.** bewaldet.

tim·ber| for·est *s.* Hochwald *m*; ***~ frame*** ⚙ Bundsäge *f*; **'~-framed** *adj.* Fachwerk…

tim·ber·ing ['tɪmbərɪŋ] *s.* **1.** Zimmern *n*, Ausbau *m*; **2.** ⚙ Verschalung *f*; **3.** Bau-, Zimmerholz *n*; **4.** a) Gebälk *n*, b) Fachwerk *n*.

'tim·ber|·land *s. Am.* Waldland *n* (*für Nutzholz*); ***~ line*** *s.* Baumgrenze *f*; **'~·man** [-mən] *s.* [*irr.*] **1.** Holzfäller *m*, -arbeiter *m*; **2.** ⚒ Stempelsetzer *m*; ***~ tree*** Nutzholzbaum *m*; **'~·work** *s.* ⚙ Gebälk *n*; **'~·yard** *s.* Zimmerplatz *m*, Bauhof *m*.

tim·bre ['tæmbrə] (*Fr.*) *s.* ♪, *ling.* Klangfarbe *f*, Timbre *n*.

tim·brel ['tɪmbrəl] *s.* Tambu'rin *n*.

time [taɪm] **I** *s.* **1.** Zeit *f*: ***~ past, present, and to come*** Vergangenheit, Gegenwart und Zukunft; ***for all ~*** für alle Zeiten; ***~ will show*** die Zeit wird es lehren; **2.** Zeit *f*, Uhr(zeit) *f*: ***what's the ~?, what ~ is it?*** wieviel Uhr *od.* wie spät ist es?; ***at this ~ of day*** a) zu dieser (späten) Tageszeit, b) *fig.* so spät, in diesem späten Stadium; ***bid*** (*od.* ***pass***) ***s.o. the ~ of*** (***the***) ***day***, ***pass the ~ of day with s.o.*** j-n grüßen; ***know the ~ of the day*** F wissen, was es geschlagen hat; ***some ~ about noon*** etwa um Mittag; ***this ~ tomorrow*** morgen um diese Zeit; ***this ~ twelve months*** heute übers Jahr; ***keep good ~*** richtig gehen (*Uhr*); **3.** Zeit(dauer) *f*, Zeitabschnitt *m*, (*a. phys. Fall-, Schwingungs- etc.*)Dauer *f*; † Laufzeit *f* (*Wechsel- etc.*); Arbeitszeit *f im Herstellungsprozeß etc.*: ***in three weeks' ~*** in drei Wochen; ***a long ~*** lange Zeit, ***be a long ~ in doing s.th.*** lange (Zeit) dazu brauchen, et. zu tun; **4.** Zeit (-punkt *m*) *f*: ***~ of arrival*** Ankunftszeit; ***at the ~*** a) zu dieser Zeit, damals, b) gerade; ***at the present ~*** derzeit, gegenwärtig; ***at the same ~*** a) zur selben Zeit, gleichzeitig, b) gleichwohl, zugleich, andererseits; (***at***) ***any ~***, ***at all ~s*** zu jeder Zeit; ***at no ~*** nie; ***at that ~*** zu der Zeit; ***at one ~*** einst, früher (einmal); ***at some ~*** irgendwann; ***for the ~*** für den Augenblick; ***for the ~ being*** a) vorläufig, fürs erste, b) unter den gegenwärtigen Umständen; **5.** *oft pl.* Zeit(alter *n*) *f*, E'poche *f*: ***~ immemorial***, ***~ out of mind*** un(vor)denkliche Zeit; ***at*** (*od.* ***in***) ***the ~ of Queen Anne*** zur Zeit der Königin Anna; ***the good old ~s*** die gute alte Zeit; **6.** *pl.* Zeiten *pl.*, (Zeit)Verhältnisse *pl.*: ***hard ~s***; **7.** ***the ~s*** die Zeit: ***behind the ~s*** rückständig; ***move with the ~s*** mit der Zeit gehen; **8.** Frist *f*, Ter'min *m*: ***~ for payment*** Zahlungsfrist; ***~ of delivery*** † Lieferfrist, -zeit *f*; ***ask*** (***for a***) ***~*** † um Frist(verlängerung) bitten; ***you must give me ~*** Sie müssen mir Zeit geben *od.* lassen; **9.** (verfügbare) Zeit: ***have no ~*** keine Zeit haben; ***have no ~ for s.o.*** *fig.* nichts übrig haben für j-n; ***buy a little ~*** etwas Zeit (heraus)schinden; ***kill ~*** die Zeit totschlagen; ***take*** (***the***) ***~***, ***take out ~*** sich die Zeit nehmen (***to do*** zu tun); ***take one's ~*** sich Zeit lassen; ***~ is up!*** die Zeit ist um!; ***~ gentlemen, please!*** (es ist bald) Polizeistunde! (*Lokal*); ***~!*** *sport* Zeit!: a) anfangen!, b) aufhören!; ***~!*** *parl.* Schluß!; → ***forelock***; **10.** Lehr-, Dienstzeit *f*: ***serve one's ~*** s-e Lehre machen; **11.** a) (na'türliche *od.* nor'male) Zeit, b) Lebenszeit *f*: ***~ of life*** Alter *n*; ***ahead of ~*** vorzeitig; ***die before one's ~*** vor der Zeit *od.* zu früh sterben; ***his ~ is drawing near*** sein Tod naht heran; **12.** a) Schwangerschaft *f*, b) Entbindung *f*, Niederkunft *f*: ***she is far on in her ~*** sie ist hochschwanger; ***she is near her ~*** sie steht kurz vor der Entbindung; **13.** (günstige) Zeit: ***now is the ~*** nun ist die passende Gelegenheit, jetzt gilt es (***to do*** zu tun); ***at such ~s*** bei solchen Gelegenheiten; ***bide one's ~*** (s-e Zeit) abwarten; **14.** Mal *n*: ***the first ~*** das erste Mal; ***for the last ~*** zum letzten Mal; ***till next ~*** bis zum nächsten Mal; ***every ~*** jedesmal; ***many ~s*** viele Male; ***~ and again***, ***~ after ~*** immer wieder; ***at some other ~***, ***at other ~s*** ein anderes Mal; ***at a ~*** auf einmal, zusammen, zugleich, jeweils; ***one at a ~*** einzeln, immer nur eine(r, s); ***two at a ~*** zu zweit, jeweils zwei; **15.** *pl.* mal, …mal: ***three ~s four is twelve*** drei mal vier ist zwölf; ***twenty ~s*** zwanzigmal; ***four ~s the size of yours*** viermal so groß wie deines; **16.** *bsd. sport* (erzielte, gestoppte) Zeit; **17.** a) Tempo *n*, Zeitmaß *n* (*beide a.* ♪), b) ♪ Takt *m*: ***change of ~*** Taktwechsel *m*; ***beat*** (***keep***) ***~*** den Takt schlagen (halten); **18.** ⚔ Marschtempo *n*, Schritt *m*: ***mark ~*** a) ⚔ auf der Stelle treten (*a. fig.*), b) *fig.* nicht vom Fleck kommen;

Besondere Redewendungen:

against ~ gegen die Zeit *od.* Uhr, mit größter Eile, ***ahead of*** (*od.* ***before***) ***one's ~*** s-r Zeit voraus; ***all the ~*** a) die ganze Zeit (über), ständig, b) jederzeit; ***at ~s*** zu Zeiten, gelegentlich; ***at all ~s*** stets, zu jeder Zeit; ***at any ~*** a) zu irgendeiner Zeit, jemals, b) jederzeit; ***behind ~*** zu spät d(a)ran, verspätet; ***between ~s*** in den Zwischenzeiten; ***by that ~*** a) bis dahin, unterdessen, b) zu der Zeit; ***for a*** (*od.* ***some***) ***~*** e-e Zeitlang, einige Zeit; ***for a long ~ past*** schon seit langem; ***not for a long ~*** noch lange nicht; ***from ~ to ~*** von Zeit zu Zeit; ***in ~*** a) rechtzeitig (***to do*** um zu tun), b) mit der Zeit, c) im (richtigen) Takt; ***in due ~*** rechtzeitig, termingerecht; ***in good ~*** (gerade) rechtzeitig; ***all in good ~*** alles zu s-r Zeit; ***in one's own good ~*** wenn es e-m paßt; ***in no ~*** im Nu, im Handumdrehen; ***on ~*** a) pünktlich, rechtzeitig, b) *bsd. Am.* für e-e (bestimmte) Zeit, c) † *Am.* auf Zeit, *bsd.* auf Raten; ***out of ~*** a) zur Unzeit, unzeitig, b) vorzeitig, c) zu spät, d) aus dem Takt *od.* Schritt; ***till such ~ as*** so lange bis; ***to ~*** pünktlich; ***do ~*** F *im Gefängnis* ‚sitzen'; ***have a good ~*** es schön haben, es sich gutgehen lassen, sich gut amüsieren; ***have the ~ of one's life*** sich großartig amüsieren, leben wie ein Fürst; ***have a hard ~*** Schlimmes durchmachen; ***he had a hard ~ getting up early*** es fiel ihm schwer, früh aufzustehen; ***with ~*** mit der Zeit; ***~ was, when*** die Zeit ist vorüber, als;

II *v/t.* **19.** (mit der Uhr) messen, (ab-)stoppen, die Zeit messen von; **20.** timen (*a. sport*), die Zeit *od.* den richtigen Zeitpunkt wählen *od.* bestimmen für, zur rechten Zeit tun; → ***timed***; **21.** zeitlich abstimmen; **22.** die Zeit festsetzen für: ***is ~d to leave at 7*** *der Zug etc.* soll um 7 abfahren; **23.** ⚙ *Zündung etc.* einstellen; *Uhr* stellen; **24.** zeitlich regeln (***to*** nach); **25.** das Tempo *od.* den Takt angeben für; **III** *v/i.* **26.** Takt halten; **27.** zeitlich zs.- *od.* über'einstimmen (*with* mit); **ˌ~-and-ˈmo·tion stud·y** *s.* ✝ Zeitstudie *f*; **~ bar·gain** *s.* ✝ Terˈmingeschäft *n*; **ˈ~-base** *adj.* ϟ Kipp…; **~ bill** *s.* ✝ Zeitwechsel *m*; **~ bomb** *s.* Zeitbombe *f* (*a. fig.*); **ˈ~-card** *s.* **1.** Stech-, Stempelkarte *f*; **2.** Fahrplan *m*; **~ clock** *s.* Stechuhr *f*; **~ con·stant** *s. phys.* ˈZeitkonˌstante *f*; **ˈ~-conˌsum·ing** *adj.* zeitraubend.

timed [taɪmd] *adj.* zeitlich (genau) festgelegt *od.* reguliert, getimed: → ***ill-timed***; ***well-timed***.

time| de·pos·its *s. pl.* ✝ *Am.* Terˈmingelder *pl.*; **~ draft** *s.* ✝ Zeitwechsel *m*; **ˈ~-exˌpired** *adj.* ⚔ *Brit.* ausgedient (*Soldat od. Unteroffizier*); **~ ex·po·sure** *s. phot.* **1.** Zeitbelichtung *f*; **2.** Zeitaufnahme *f*; **~ freight** *s.* ✝ *Am.* Eilfracht *f*; **~ fuse** *s.* ⚔ Zeitzünder *m*; **ˈ~-ˌhon·o(u)red** *adj.* altˈehrwürdig; **ˈ~ˌkeep·er** *s.* **1.** Zeitmesser *m*; **2.** *sport u.* ✝ Zeitnehmer *m*; **~ lag** *s. bsd.* ⚙ Verzögerung *f*, zeitliche Nacheilung *od.* Lücke; **ˈ~-lapse** *adj. phot.* Zeitraffer…

time·less [ˈtaɪmlɪs] *adj.* ☐ **1.** ewig; **2.** zeitlos (*a. Schönheit etc.*).

time lim·it *s.* Frist *f*, Terˈmin *m*.

time·li·ness [ˈtaɪmlɪnɪs] *s.* **1.** Rechtzeitigkeit *f*; **2.** günstige Zeit; **3.** Aktualiˈtät *f*.

time| loan *s.* ✝ Darlehen *n* auf Zeit; **~ lock** *s.* ⚙ Zeitschloß *n*.

time·ly [ˈtaɪmlɪ] *adj.* **1.** rechtzeitig; **2.** (*zeitlich*) günstig, angebracht; **3.** aktuˈell.

ˌtime|-ˈout *pl.* **-ˈouts** *s.* **1.** *sport* Auszeit *f*; **2.** *Am.* Pause *f*; **~ pay·ment** *s.* ✝ *Am.* Ratenzahlung *f*; **ˈ~-piece** *s.* Chronoˈmeter *n*, Uhr *f*.

tim·er [ˈtaɪmə] *s.* **1.** Zeitmesser *m* (*Apparat*); **2.** ⚙ Zeitgeber *m*, -schalter *m*; **3.** *mot.* Zündverteiler *m*; **4.** Stoppuhr *f*; **5.** *phot.* Zeitauslöser *m*; **6.** ⚙ *u. sport* Zeitnehmer *m* (*Person*).

ˈtime|ˌsav·er *s.* zeitsparendes Geˈrät *od.* Eleˈment; **ˈ~ˌsav·ing** *adj.* zeit(er)sparend; **~ sense** *s.* Zeitgefühl *n*; **ˈ~-ˌserv·er** *s.* Opportuˈnist(in), Gesinnungslump *m*; **ˈ~ˌserv·ing I** *adj.* opportuˈnistisch; **II** *s.* Opportuˈnismus *m*, Gesinnungslumpeˈrei *f*; **~ shar·ing** *s. Computer*: Time-sharing *n*; **~ sheet** *s.* **1.** Arbeits(zeit)blatt *n*; **2.** Stechblatt *n*; **~ sig·nal** *s. Radio*: Zeitzeichen *n*; **ˈ~-stud·y man** *s.* [*irr.*] ✝, ⚙ Zeitstudienfachmann *m*; **~ switch** *s.* Zeitschalter *m*; **ˈ~ˌta·ble** *s.* **1.** a) Fahrplan *m*, b) Flugplan *m*; **2.** Stundenplan *m*; **3.** ‚Fahrplan' *m*, ˈZeittaˌbelle *f*; **ˈ~-ˌtest·ed** *adj.* (alt)bewährt; **ˈ~-work** *s.* ✝ nach Zeit bezahlte Arbeit; **ˈ~-worn** *adj.* **1.** abgenutzt (*a. fig.*); **2.** veraltet; **3.** abgedroschen.

tim·id [ˈtɪmɪd] *adj.* ☐ **1.** furchtsam, ängstlich (***of*** vor *dat.*); **2.** schüchtern, zaghaft; **ti·mid·i·ty** [tɪˈmɪdətɪ], **ˈtim·id·ness** [-nɪs] *s.* **1.** Ängstlichkeit *f*; **2.** Schüchternheit *f*.

tim·ing [ˈtaɪmɪŋ] *s.* **1.** Timing *n* (*a. sport*), zeitliche Abstimmung *od.* Berechnung; **2.** Wahl *f* des richtigen Zeitpunkts; **3.** (gewählter) Zeitpunkt; **4.** ⚙, *mot.* (zeitliche) Steuerung, (*Ventil-, Zündpunkt- etc.*)Einstellung *f*.

tim·or·ous [ˈtɪmərəs] *adj.* ☐ → ***timid***.

Tim·o·thy [ˈtɪməθɪ] *npr. u. s. bibl.* (Brief *m* des Paulus an) Tiˈmotheus *m*.

tim·pa·nist [ˈtɪmpənɪst] *s.* ♪ Pauker *m*; **tim·pa·no** [ˈtɪmpənəʊ] *pl.* **-ni** [-nɪ] *s.* (Kessel)Pauke *f*.

tin [tɪn] **I** *s.* **1.** ⚒, ⚙ Zinn *n*; **2.** (Weiß-)Blech *n*; **3.** (Blech-, *bsd. Brit.* Konˈserven)Dose *f*, (-)Büchse *f*; **4.** *sl.* ‚Piepen' *pl.* (*Geld*); **II** *adj.* **5.** zinnern, Zinn…; **6.** Blech…, blechern (*a. fig. contp.*); **III** *v/t.* **7.** verzinnen; **8.** *Brit.* eindosen, (in Büchsen) einmachen *od.* packen, konservieren; → ***tinned*** 2; **~ can** *s.* **1.** Blechdose *f*; **2.** ⚓ *sl.* Zerstörer *m*; **ˈ~-coat** *v/t.* ⚙ feuerverzinnen; **~ cry** *s.* ⚙ Zinngeschrei *n*.

tinc·ture [ˈtɪŋktʃə] **I** *s.* **1.** *pharm.* Tinkˈtur *f*; **2.** *poet.* Farbe *f*; **3.** *her.* Farbe *f*, Tinkˈtur *f*; **4.** *fig.* a) Spur *f*, Beigeschmack *m*, b) Anstrich *m*: **~ *of education***; **II** *v/t.* **5.** färben; **6.** *fig.* a) → ***tinge*** 2, b) durchˈdringen (***with*** mit).

tin·der [ˈtɪndə] *s.* Zunder *m*; **ˈ~-box** *s.* **1.** Zunderbüchse *f*; **2.** *fig.* Pulverfaß *n*.

tine [taɪn] *s.* **1.** Zinke *f*, Zacke *f* (*Gabel etc.*); **2.** *hunt.* (Geweih)Sprosse *f*.

tin| fish *s.* ⚓ *sl.* ‚Aal' *m* (*Torpedo*); **~ foil** *s.* **1.** Stanniˈol *n*; **2.** Stanniˈolpaˌpier *n*; **ˈ~-foil I** *v/t.* **1.** mit Stanniˈol belegen; **2.** in Stanniˈol(paˌpier) verpacken; **II** *adj.* **3.** Stanniol…

ting [tɪŋ] **I** *s.* Klingeln *n*; **II** *v/t.* klingeln mit; **III** *v/i.* klingeln; **~-a-ling** [ˌtɪŋəˈlɪŋ] *s.* Klingˈling *n*.

tinge [tɪndʒ] **I** *v/t.* **1.** tönen, (leicht) färben; **2.** *fig.* e-n Anstrich geben (*dat.*): ***be ~d with*** e-n Anflug haben von, et. von … an sich haben; **II** *v/i.* **3.** sich färben; **III** *s.* **4.** leichter Farbton, Tönung *f*: ***have a ~ of red*** e-n Stich ins Rote haben, ins Rote spielen; **5.** *fig.* Anstrich *m*, Anflug *m*, Spur *f*.

tin·gle [ˈtɪŋgl] **I** *v/i.* **1.** prickeln, kribbeln, beißen, brennen (*Haut, Ohren etc.*) (***with cold*** vor Kälte); **2.** klingen, summen (***with*** vor *dat.*): ***my ears are tingling*** mir klingen die Ohren; **3. ~ *with*** *fig.* ‚knistern' vor *Spannung, Erotik etc.*: ***the story ~s with suspense***; **4.** flirren (*Hitze, Licht*); **II** *s.* **5.** Prickeln *n etc.*; **6.** Klingen *n in den Ohren*; **7.** (nerˈvöse) Erregung.

tin| god *s.* Götze *m*, Popanz *m*; **~ hat** *s.* ⚔ F Stahlhelm *m*; **ˈ~-horn** *Am. sl.* **I** *adj.* angeberisch, hochstaplerisch; **II** *s.* Hochstapler *m*, Angeber *m*.

tink·er [ˈtɪŋkə] **I** *s.* **1.** Kesselflicker *m*: ***not worth a ~'s cuss*** keinen Pfifferling wert; **2.** a) Pfuscher *m*, Stümper *m*, b) Bastler *m*, Tüftler *m*; **3.** Pfuscheˈrei *f*: ***have a ~ at*** an *et.* herumpfuschen; **II** *v/i.* **4.** herˈumbasteln, -pfuschen (***at, with*** an *dat.*); **III** *v/t.* **5.** *mst* **~ *up*** (rasch) zs.-flicken; zuˈrechtbasteln *od.* -pfuschen (*a. fig.*).

tin·kle [ˈtɪŋkl] **I** *v/i.* klingeln, hell (er-)klingen; **II** *v/t.* klingeln mit; **III** *s.* Klingeln *n*, (*a. fig.* Vers-, Wort)Geklingel *n*: ***give s.o. a. ~*** *Brit.* F j-n ‚anklingeln'; ***have a ~*** F ‚pinkeln'.

tin| Liz·zie [ˈlɪzɪ] *s. humor.* alter Klapperkasten (*Auto*); **ˈ~-man** [-mən] *s.* [*irr.*] **1.** Zinngießer *m*; **2.** → ***tinsmith***.

tinned [tɪnd] *adj.* **1.** verzinnt; **2.** *Brit.* konserviert, Dosen…, Büchsen…: **~ *fruit*** Obstkonserven *pl.*; **~ *meat*** Büchsenfleisch *n*; **~ *music*** *humor.* ‚Musik *f* aus der Konserve'; **tin·ner** [ˈtɪnə] *s.* **1.** → ***tinsmith***; **2.** Verzinner *m*.

tin·ny [ˈtɪnɪ] *adj.* **1.** zinnern; **2.** zinnhaltig; **3.** blechern (*a. fig. Klang*).

tin o·pen·er *s. Brit.* Dosen-, Büchsenöffner *m*; **⁓ Pan Al·ley** [ˌtɪnpænˈælɪ] *s.* (Zentrum *n* der) ˈSchlagerinduˌstrie *f*; **~ plate** *s.* Weiß-, Zinnblech *n*; **ˈ~-plate** *v/t.* verzinnen; **ˈ~-pot I** *s.* Blechtopf *m*; **II** *adj. sl.* ‚schäbig', ‚billig'.

tin·sel [ˈtɪnsl] **I** *s.* **1.** Flitter-, Rauschgold *n*, -silber *n*; **2.** Laˈmetta *n*; **3.** Glitzerschmuck *m*; **4.** *fig.* Flitterkram *m*, Kitsch *m*; **II** *adj.* **5.** Flitter…; **6.** *fig.* flitterhaft, kitschig, Flitter…, Schein…; **III** *v/t.* **7.** mit Flitterwerk verzieren.

ˈtin|·smith *s.* Blechschmied *m*, Klempner *m*; **~ sol·der** *s.* ⚙ Weichlot *n*, Lötzinn *n*.

tint [tɪnt] **I** *s.* **1.** (hellgetönte *od.* zarte) Farbe; **2.** (Farb)Ton *m*, Tönung *f*: ***autumnal ~s*** Herbstfärbung *f*; ***have a bluish ~*** ins Blaue spielen, e-n Stich ins Blaue haben; **3.** *paint.* Weißmischung *f*; **II** *v/t.* **4.** (leicht) färben: ***~ed glass*** Rauchglas *n*; ***~ed paper*** Tonpapier *n*; **5.** a) (ab)tönen, b) aufhellen.

tin·tin·nab·u·la·tion [ˈtɪntɪˌnæbjʊˈleɪʃn] *s.* Geklingel *n*.

ti·ny [ˈtaɪnɪ] **I** *adj.* winzig (*a. Geräusch etc.*); **II** *s.* Kleine(r *m*) *f* (*Kind*).

tip¹ [tɪp] **I** *s.* **1.** (Schwanz-, Stock- *etc.*) Spitze *f*, (Flügel- *etc.*)Ende *n*: **~ *of the ear*** Ohrläppchen *n*; **~ *of the finger*** (***nose, tongue***) Finger- (Nasen-, Zungen)spitze; ***have s.th. at the ~s of one's fingers*** et. ‚parat' haben, et. aus dem Effeff können; ***I have it on the ~ of my tongue*** es schwebt mir auf der Zunge; **2.** Gipfel *m*, (Berg)Spitze *f*; → ***iceberg***; **3.** ⚙ spitzes Endstück, *bsd.* a) (*Stock- etc.*)Zwinge *f*, b) Düse *f*, c) Tülle *f*, d) (Schuh)Kappe *f*; **4.** Filter *m e-r Zigarette*; **II** *v/t.* **5.** ⚙ mit e-r Spitze *etc.* versehen; beschlagen, bewehren; **6.** *Büsche etc.* stutzen.

tip² [tɪp] **I** *s.* **1.** Neigung *f*: ***give s.th. a ~*** → 3; **2.** (Schutt- *etc.*)Abladeplatz *m*, (*a.* Kohlen)Halde *f*; **II** *v/t.* **3.** kippen, neigen; → ***scale²*** 1; **4.** *mst* **~ *over*** ˈumkippen; **5.** *Hut* abnehmen, an *den Hut* tippen (*zum Gruß*); **6.** *Brit. Müll etc.* abladen; **III** *v/i.* **7.** sich neigen; **8.** *mst* **~ *over*** umkippen; ✈ auf den Kopf gehen (*beim Landen*); **~ off** *v/t.* **1.** abladen; **2.** *sl. Glas Bier etc.* ‚hinˈunterkippen'; **~ out I** *v/t.* ausschütten; **II** *v/i.* herˈausfallen; **~ o·ver** → ***tip²*** 4 *u.* 8; **~ up** *v/t. u. v/i.* **1.** hochkippen, -klappen; **2.** umkippen.

tip³ [tɪp] **I** *s.* **1.** Trinkgeld *n*; **2.** (*Wett- etc.*)Tip *m*; **3.** Tip *m*, Wink *m*, Fingerzeig *m*, Rat *m*; **II** *v/t.* **4.** *j-m* ein Trinkgeld geben; **5.** F *j-m* e-n Tip *od.* Wink geben: **~ *s.o. off***, **~ *s.o. the wink*** j-m (rechtzeitig) e-n Tip geben, j-n warnen; **6.** *sport* tippen auf (*acc.*); **III** *v/i.* **7.** Trinkgeld(er) geben.

tip⁴ [tɪp] **I** *s.* Klaps *m*; leichte Berührung; **II** *v/t.* leicht schlagen; antippen, antupfen.

tip| and run *s. Brit. Art* Kricket *n*; **ˌ~-and-ˈrun** *adj. fig.* Überraschungs…, blitzschnell: **~ *raider*** ⚔ Einbruchsflieger *m*; **ˈ~-cart** *s.* Kippwagen *m*.

ˈtip-off *s.* **1.** Tip *m*, Wink *m*; **2.** *sport* Sprungball *m*.

tipped [tɪpt] *adj.* **1.** mit e-m Endstück

od. e-r Zwinge, Spitze *etc.* versehen; **2.** mit Filter (*Zigarette*).

tip·per [ˈtɪpə] *s.* ⚙ Kippwagen *m.*

tip·pet [ˈtɪpɪt] *s.* **1.** Peleˈrine *f*, (herˈabhängender) Pelzkragen; **2.** *eccl.* (Seiden)Halsband *n*, (-)Schärpe *f.*

tip·ple [ˈtɪpl] **I** *v/t. u. v/i.* ‚picheln'; **II** *s.* (alkoˈholisches) Getränk; **ˈtip·pler** [-lə] *s.* ‚Pichler' *m*, Säufer *m.*

tip·si·fy [ˈtɪpsɪfaɪ] *v/t.* beduseln; **ˈtip·si·ness** [-ɪnɪs] *s.* Beschwipstheit *f.*

ˈtip·staff *pl.* **-staves** *s.* **1.** *hist.* Amtsstab *m*; **2.** Gerichtsdiener *m.*

tip·ster [ˈtɪpstə] *s.* **1.** *bsd. Rennsport u. Börse*: (berufsmäßiger) Tipgeber; **2.** Inforˈmant *m.*

tip·sy [ˈtɪpsɪ] *adj.* □ **1.** angeheitert, beschwipst; **2.** wack(e)lig, schief; **~ cake** *s. mit Wein getränkter u. mit Eiercreme servierter Kuchen.*

ˈtip|-ˌtilt·ed *adj.*: **~ *nose*** Stupsnase *f*; **ˈ~·toe I** *s.*: **on ~** a) auf den Zehenspitzen, b) *fig.* neugierig, gespannt (***with*** vor *dat.*), c) darauf brennend (*et. zu tun*); **II** *adj. u. adv.* → I; **III** *v/i.* auf den Zehenspitzen gehen, schleichen; **ˌ~ˈtop I** *s.* Gipfel *m*, *fig. a.* Höhepunkt *m*; **II** *adj. u. adv.* F ˈtippˈtopp, erstklassig; **ˈ~-up** *adj.* aufklappbar: **~ *seat*** Klappsitz *m.*

ti·rade [taɪˈreɪd] *s.* **1.** Tiˈrade *f* (*a.* ♪), Wortschwall *m*; **2.** ˈSchimpfkanoˌnade *f.*

tire¹ [ˈtaɪə] **I** *v/t.* ermüden (*a. fig. langweilen*): **~ *out*** erschöpfen; **~ *to death*** a) todmüde machen, b) *fig.* tödlich langweilen; **II** *v/i.* müde werden: a) ermüden, ermatten, b) *fig.* ˈüberdrüssig werden (***of*** *gen.*, ***of doing*** zu tun).

tire² [ˈtaɪə] *mot. bsd. Am.* **I** *s.* (Rad-, Auto)Reifen *m*; **II** *v/t.* bereifen.

tire³ [ˈtaɪə] *obs.* **I** *v/t.* schmücken; **II** *s.* a) (Kopf)Putz *m*, Schmuck *m*, b) (schöne) Kleidung, Kleid *n.*

tire| cas·ing *s. mot.* (Reifen)Mantel *m*, (-)Decke *f*; **~ chain** *s. mot.* Schneekette *f.*

tired¹ [ˈtaɪəd] *adj.* **1.** müde: a) ermüdet (***by, with*** von): **~ *to death*** todmüde, b) ˈüberdrüssig (***of*** *gen.*); ***I am ~ of it*** *fig.* ich habe es satt; **2.** erschöpft, verbraucht; **3.** abgenutzt.

tired² [ˈtaɪəd] *adj.* ⚙, *mot.* bereift.

tired·ness [ˈtaɪədnɪs] *s.* **1.** Müdigkeit *f*; **2.** *fig.* ˈÜberdruß *m.*

tire| ga(u)ge *s. mot.* Reifendruckmesser *m*; **~ grip** *s.* ⚙ Griffigkeit *f* der Reifen.

tire·less¹ [ˈtaɪəlɪs] *adj.* ⚙ unbereift.

tire·less² [ˈtaɪəlɪs] *adj.* □ unermüdlich; **ˈtire·less·ness** [-nɪs] *s.* Unermüdlichkeit *f.*

tire| le·ver *s. mot.* (ˈReifen)Monˌtierhebel *m*; **~ marks** *s. pl. mot.* Reifen-, Bremsspur(en *pl.*) *f*; **~ rim** *s.* Reifenwulst *m.*

tire·some [ˈtaɪəsəm] *adj.* □ **1.** ermüdend (*a. fig.*); **2.** *fig.* unangenehm, lästig.

ˈtireˌwom·an *s.* [*irr.*] *obs.* **1.** Kammerzofe *f*; **2.** *thea.* Garderobiˈere *f.*

ti·ro → ***tyro.***

Tir·o·lese [ˌtɪrəˈliːz] **I** *adj.* tiˈrolerisch, tiˈrolisch, Tiroler(…); **II** *s.* Tiˈroler(in).

ˈT-ˌi·ron *s.* ⚙ T-Eisen *n.*

tis·sue [ˈtɪʃuː; ˈtɪsjuː] *s.* **1.** *biol.* (Zell-, Muskel- *etc.*)Gewebe *n*; **2.** ✝ feines Gewebe, Flor *m*; **3.** *a.* **~ *paper*** ˈSeidenpaˌpier *n*; **4.** Paˈpier(taschen)tuch *n*; **5.** *phot.* ˈKohlepaˌpier *n*; **6.** *fig.* (*Lügen- etc.*)Gewebe *n*, Netz *n.*

tit¹ [tɪt] *s. orn.* Meise *f.*

tit² [tɪt] *s.*: **~ *for tat*** wie du mir, so ich dir; ***give s.o. ~ for tat*** j-m mit gleicher Münze heimzahlen.

tit³ [tɪt] *s.* **1.** → ***teat***; **2.** *vulg.* ‚Titte' *f.*

Ti·tan [ˈtaɪtən] *s.* Tiˈtan *m*; **ˈTi·tan·ess** [-tənɪs] *s.* Tiˈtanin *f*; **ti·tan·ic** [taɪˈtænɪk] *adj.* **1.** tiˈtanisch, giˈgantisch; **2.** ⚗ Titan…: **~ *acid***; **ti·ta·ni·um** [taɪˈteɪnjəm] *s.* ⚗ Tiˈtan *n.*

tit·bit [ˈtɪtbɪt] *s.* Leckerbissen *m* (*a. fig.*).

tith·a·ble [ˈtaɪðəbl] *adj.* zehntpflichtig.

tithe [taɪð] **I** *s.* **1.** *oft pl. bsd. eccl.* Zehnte *m*; **2.** Zehntel *n*: ***not a ~ of it*** *fig.* nicht ein bißchen davon; **II** *v/t.* **3.** den Zehnten bezahlen von; **4.** den Zehnten erheben von.

tit·il·late [ˈtɪtɪleɪt] *v/t. u. v/i.* kitzeln (*a. fig. angenehm erregen*); **tit·il·la·tion** [ˌtɪtɪˈleɪʃn] *s.* **1.** Kitzeln *n*; **2.** *fig.* Kitzel *m.*

tit·i·vate [ˈtɪtɪveɪt] *v/t. u. v/i. humor.* (sich) feinmachen, (sich) herˈausputzen.

tit·lark [ˈtɪtlɑːk] *s. orn.* Pieper *m.*

ti·tle [ˈtaɪtl] *s.* **1.** (*Buch etc.*)Titel *m*; **2.** (Kaˈpitel- *etc.*)ˌÜberschrift *f*; **3.** (Haupt)Abschnitt *m e-s Gesetzes etc.*; **4.** *Film*: ˈUntertitel *m*; **5.** Bezeichnung *f*; **6.** (Adels-, Ehren-, Amts)Titel *m*: **~ *of nobility*** Adelsprädikat *n*; **7.** *sport* Titel *m*; **8.** ⚖ a) Rechtstitel *m*, -anspruch *m*, Recht *n* (***to*** auf *acc.*), b) dingliches Eigentum(srecht) (***to*** an *dat.*), c) Eigentumsurkunde *f*; **9.** *allg.* Recht *n* (***to*** auf *acc.*), Berechtigung *f* (***to do*** zu tun); **10.** *typ.* a) → ***title page***, b) Buchrücken *m*; **ˈti·tled** [-ld] *adj.* **1.** betitelt, tituliert; **2.** ad(e)lig.

ti·tle| deed → ***title*** 8 c; **ˈ~ˌhold·er** *s.* **1.** ⚖ (Rechts)Titelinhaber(in); **2.** *sport* Titelhalter(in), -verteidiger(in); **~ page** *s.* Titelblatt *n*; **~ role** *s. thea.* Titelrolle *f.*

ˈtit·mouse *s.* [*irr.*] *orn.* Meise *f.*

ti·trate [ˈtaɪtreɪt] *v/t. u. v/i.* ⚗ titrieren.

tit·ter [ˈtɪtə] **I** *v/i.* kichern; **II** *s.* Gekicher *n*, Kichern *n.*

tit·tle [ˈtɪtl] *s.* **1.** Pünktchen *n*, (*bsd.* I-)Tüpfelchen *n*; **2.** *fig.* Tüttelchen *n*, *das* bißchen: ***to a ~*** aufs I-Tüpfelchen *od.* Haar, ganz genau; ***not a ~ of it*** nicht ein Iota (davon).

ˈtit·tle-ˌtat·tle I *s.* **1.** Schnickschnack *m*, Geschwätz *n*; **2.** Klatsch *m*, Tratsch *m*; **II** *v/i.* **3.** schwatzen, schwätzen; **4.** tratschen.

tit·u·lar [ˈtɪtjʊlə] **I** *adj.* □ **1.** Titel…; **2.** Titular…, nomiˈnell: **~ *king*** Titularkönig *m*; **II** *s.* **3.** Tituˈlar *m.*

Ti·tus [ˈtaɪtəs] *npr. u. s. bibl.* (Brief *m* des Paulus an) Titus *m.*

tiz·zy [ˈtɪzɪ] *s.* F Aufregung *f.*

to [tuː; *im Satz mst* tʊ; *vor Konsonanten* tə] **I** *prp.* **1.** *Grundbedeutung*: zu; **2.** *Richtung u. Ziel, räumlich*: zu, nach, an (*acc.*), in (*acc.*), auf (*acc.*): **~ *bed*** zu Bett *gehen*; **~ *London*** nach London *reisen etc.*; **~ *school*** in die Schule *gehen*; **~ *the ground*** auf den *od.* zu Boden *fallen, werfen etc.*; **~ *the station*** zum Bahnhof; **~ *the wall*** an die Wand *nageln etc.*; **~ *the right*** auf der rechten Seite, rechts; ***back ~ back*** Rücken an Rücken; **3.** in (*dat.*): ***I have never been ~ London***; **4.** *Richtung, Ziel, Zweck, Wirkung*: zu, auf (*acc.*), an (*acc.*), in (*acc.*), für, gegen: ***pray ~ God*** zu Gott beten; ***our duty ~*** unsere Pflicht *j-m* gegenüber; **~ *dinner*** zum Essen *einladen etc.*; **~ *my surprise*** zu m-r Überraschung; ***pleasant ~ the ear*** angenehm für das Ohr; ***here's ~ you!*** F (auf) Ihre Gesundheit!, Prosit!; ***what is that ~ you?*** was geht das Sie an?; **~ *a large audience*** vor e-m großen Publikum *spielen*; **5.** *Zugehörigkeit*: zu, in (*acc.*), für, auf (*acc.*): ***cousin ~*** Vetter des *Königs etc.*, der *Frau N.*, von *N.*; ***he is a brother ~ her*** er ist ihr Bruder; ***secretary ~*** Sekretär des …, *j-s* Sekretär; ***that is all there is ~ it*** das ist alles; ***a cap with a tassel ~ it*** e-e Mütze mit e-r Troddel (daran); ***a room ~ myself*** ein eigenes Zimmer; ***a key ~ the trunk*** ein Schlüssel für den (*od.* zum) Koffer; **6.** *Gemäßheit*: nach: **~ *my feeling*** m-m Gefühl nach; ***not ~ my taste*** nicht nach m-m Geschmack; **7.** (im Verhältnis *od.* Vergleich) zu, gegen, gegenˈüber, auf (*acc.*), mit: ***you are but a child ~ him*** Sie sind nur ein Kind gegen ihn; ***nothing ~*** nichts im Vergleich zu, ***five ~ one*** fünf gegen eins, *sport etc.* fünf zu eins; ***three ~ the pound*** drei auf das Pfund; **8.** *Ausmaß, Grenze*: bis, (bis) zu, (bis) an (*acc.*), auf (*acc.*), in (*dat.*): **~ *the clouds***; ***goods ~ the value of*** Waren im Werte von; ***love ~ craziness*** bis zum Wahnsinn lieben; **9.** *zeitliche Ausdehnung od. Grenze*: bis, bis zu, bis gegen, auf (*acc.*), vor (*dat.*): ***a quarter ~ one*** ein Viertel vor eins; ***from three ~ four*** von drei bis vier (Uhr); **~ *this day*** bis zum heutigen Tag; **~ *the minute*** auf die Minute (genau); **10.** *Begleitung*: zu, nach: **~ *a guitar*** zu e-r Gitarre *singen*; **~ *a tune*** nach e-r Melodie *tanzen*; **11.** *zur Bildung des* (*betonten*) *Dativs*: **~ *me, you*** *etc.* mir, dir, Ihnen *etc.*; ***it seems ~ me*** es scheint mir; ***she was a good mother ~ him*** sie war ihm e-e gute Mutter; **12.** *zur Bezeichnung des Infinitivs*: **~ *be or not ~ be*** sein oder nicht sein; **~ *go*** gehen; ***I want ~ go*** ich möchte gehen; ***easy ~ understand*** leicht zu verstehen; ***years ~ come*** künftige Jahre; ***I want her ~ come*** ich will, daß sie kommt; **13.** *Zweck, Absicht*: um zu, zu: ***he only does it ~ earn money*** er tut es nur, um Geld zu verdienen; **14.** *zur Verkürzung des Nebensatzes*: ***I weep ~ think of it*** ich weine, wenn ich daran denke; ***he was the first ~ arrive*** er kam als erster; **~ *be honest, I should decline*** wenn ich ehrlich sein soll, muß ich ablehnen; **~ *hear him talk*** wenn man ihn (so) reden hört; **15.** *zur Andeutung e-s aus dem vorhergehenden zu ergänzenden Infinitivs*: ***I don't go because I don't want ~*** ich gehe nicht, weil ich nicht (gehen) will; **II** *adv.* [tuː] **16.** zu, geschlossen: ***pull the door ~*** die Tür zuziehen; **17.** *bei verschiedenen Verben*: dran; → ***fall to, put to*** *etc.*; **18.** zu Bewußtsein *od.* zu sich *kommen, bringen*; **19.** ⚓ nahe am Wind: ***keep her ~!***; **20. ~ *and fro*** a) hin u. her, b) auf u. ab.

toad [təʊd] *s.* **1.** *zo.* Kröte *f*: ***a ~ under a***

harrow *fig.* ein geplagter Mensch; **2.** Ekel *n* (*Person*); **'~ˌeat·ing I** *s.* Speichellecke'rei *f*; **II** *adj.* speichelleckerisch; **'~·flax** *s.* ⚘ Leinkraut *n*; **ˌ~-in-the-'hole** *s. in Pfannkuchenteig gebackene Würste*; **'~·stool** *s. bot.* **1.** (größerer Blätter)Pilz; **2.** Giftpilz *m*.

toad·y ['təʊdɪ] **I** *s.* Speichellecker *m*; **II** *v/i.* (*v/t.* vor *j-m*) kriechen *od.* scharwenzeln; **'toad·y·ism** [-ɪɪzəm] *s.* Speichellecke'rei *f*.

to-and-fro [ˌtu:ən'frəʊ] *s.* Hin u. Her *n*; Kommen u. Gehen *n*.

toast[1] [təʊst] **I** *s.* **1.** Toast *m*, geröstete (Weiß)Brotschnitte: ***have s.o. on ~*** *Brit. sl.* j-n ganz in der Hand haben; **II** *v/t.* **2.** toasten, rösten; **3.** sich *die Hände etc.* wärmen; **III** *v/i.* **4.** sich rösten *od.* toasten lassen; **5.** F sich *von der Sonne* braten lassen.

toast[2] [təʊst] **I** *s.* **1.** Trinkspruch *m*, Toast *m*: ***propose a ~ to s.o.*** e-n Toast auf j-n ausbringen; **2.** gefeierte Per'son *od.* Sache; **II** *v/t.* **3.** toasten *od.* trinken auf (*acc.*); **III** *v/i.* **4.** toasten (***to*** auf *acc.*).

toast·er ['təʊstə] *s.* Toaster *m*.

to·bac·co [tə'bækəʊ] *pl.* **-cos** *s.* **1.** *a.* ***~ plant*** Tabak(pflanze *f*) *m*; **2.** (Rauch- *etc.*)Tabak *m*: ***~ heart*** ⚕ Nikotinherz *n*; **to'bac·co·nist** [-kənɪst] *s.* Tabak(waren)händler *m*: ***~'s*** (***shop***) Tabak(waren)laden *m*.

to·bog·gan [tə'bɒgən] **I** *s.* **1.** (Rodel-) Schlitten *m*; **2.** *Am.* Rodelhang *m*; **II** *v/i.* **3.** rodeln; **~ chute**, **~ slide** *s.* Rodelbahn *f*.

to·by ['təʊbɪ] *s. a.* ***~ jug*** Bierkrug *m in Gestalt e-s dicken, alten Mannes.*

toc·sin ['tɒksɪn] *s.* **1.** A'larm-, Sturmglocke *f*; **2.** A'larm-, 'Warnsiˌgnal *n*.

tod [tɒd] *s.*: ***on one's ~*** *Brit. sl.* allein.

to·day [tə'deɪ] **I** *adv.* **1.** heute; **2.** heute, heutzutage; **II** *s.* **3.** heutiger Tag: ***~'s paper*** die heutige Zeitung, die Zeitung von heute; ***~'s rate*** ✝ Tageskurs *m*; **4.** *das* Heute, heutige Zeit, Gegenwart *f*: ***of ~***, ***~'s*** von heute, heutig, Tages..., der Gegenwart.

tod·dle ['tɒdl] **I** *v/i.* **1.** watscheln (*bsd. kleine Kinder*); **2.** F (da'hin)zotteln: ***~ off*** sich trollen, ‚abhauen'; **II** *s.* **3.** Watscheln *n*; **4.** F Bummel *m*; **5.** F → **'tod·dler** [-lə] *s.* Kleinkind *n*.

tod·dy ['tɒdɪ] *s.* Toddy *m*: a) *Art Grog*, b) Palmwein *m*.

to-do [tə'du:] *s.* F **1.** Lärm *m*; **2.** Ge'tue *n*, ‚Wirbel' *m*, ‚The'ater' *n*: ***make much ~ about s.th.*** viel Wind um e-e Sache machen.

toe [təʊ] **I** *s.* **1.** *anat.* Zehe *f*: ***on one's ~s*** F ‚auf Draht'; ***turn one's ~s in*** (***out***) einwärts (auswärts) gehen; ***turn up one's ~s*** *sl.* ins Gras beißen; ***tread on s.o.'s ~s*** F *fig.* ‚j-m auf die Hühneraugen treten'; **2.** Vorderhuf *m* (*Pferd*); **3.** Spitze *f*, Kappe *f von Schuhen, Strümpfen etc.*; **4.** ⚙ a) (Well)Zapfen *m*, b) Nocken *m*, Daumen *m*, c) 🚂 Keil *m* (*Weiche*); **5.** *sport* Löffel *m* (*Golfschläger*); **II** *v/t.* **6.** a) *Strümpfe* mit neuen Spitzen versehen, b) *Schuhe* bekappen; **7.** mit den Zehen berühren: ***~ the line*** a) *a.* ***~ the mark*** in e-r Reihe (*sport* zum Start) antreten, b) *pol.* sich der Parteilinie unterwerfen, ‚spuren' (*a. weitS. gehorchen*); **8.** *sport den Ball* spitzeln; **9.** *sl. j-m* e-n (Fuß)Tritt versetzen; **10.** *Golf*: *Ball* mit dem Löffel schlagen; **'~·board** *s. sport* Stoß-, Wurfbalken *m*; **'~·cap** *s.* (Schuh)Kappe *f*.

-toed [təʊd] *in Zssgn* ...zehig.

'toe|ˌdanc·er *s.* Spitzentänzer(in); **'~·hold** *s.* **1.** Halt *m* für die Zehen (*beim Klettern*); **2.** *fig.* a) Ansatzpunkt *m*, b) Brückenkopf *m*, 'Ausgangspositiˌon *f*: ***get a ~*** Fuß fassen; **3.** *Ringen*: Zehengriff *m*; **'~·nail** *s.* Zehennagel *m*; **~ spin** *s.* 'Spitzenpirouˌette *f*.

toff [tɒf] *s. Brit. sl.* ‚Fatzke' *m*.

tof·fee, **tof·fy** ['tɒfɪ] *s. Brit.* 'Sahnebonˌbon *m, n*, Toffee *n*: ***he can't shoot for ~*** F vom Schießen hat er keine Ahnung; ***not for ~*** F nicht für Geld u. gute Worte; **'~-nosed** *adj.* F eingebildet.

tog [tɒg] F **I** *s. pl.* ‚Kla'motten' *pl*: ***golf ~s*** Golfdreß *m*; **II** *v/t.*: ***~ o.s. up*** sich ‚in Schale werfen'.

to·geth·er [tə'geðə] **I** *adv.* **1.** zu'sammen: ***call*** (***sew***) ***~*** zs.-rufen (-nähen); **2.** zu-, bei'sammen, mitein'ander, gemeinsam; **3.** zusammen (genommen); **4.** mitein'ander *od.* gegenein'ander: ***fight ~***; **5.** zu'gleich, gleichzeitig, zusammen; **6.** *Tage etc.* nach-, hintereinander, *e-e Zeit* lang *od.* hin'durch: ***he talked for hours ~*** er sprach stundenlang; **7.** ***~ with*** zusammen *od.* gemeinsam mit, mit(samt); **II** *adj.* **8.** *Am. sl.* ausgeglichen (*Person*); **to'geth·er·ness** [-nɪs] *s. bsd. Am.* Zs.-gehörigkeit(sgefühl *n*) *f*; Einheit *f*; Nähe *f*.

tog·ger·y ['tɒgərɪ] → ***tog*** I.

tog·gle ['tɒgl] **I** *s.* **1.** ⚙, ⚓ Knebel *m*; **2.** *a.* ***~ joint*** ⚙ Knebel-, Kniegelenk *n*; **II** *v/t.* **3.** festknebeln; **~ switch** *s.* ⚡ Kippschalter *m*.

toil[1] [tɔɪl] *s. mst pl. fig.* Schlingen *pl.*, Netz *n*: ***in the ~s of*** a) in den Schlingen *od.* Fängen des *Satans etc.*, b) in *Schulden etc.* verstrickt.

toil[2] [tɔɪl] **I** *s.* (mühselige) Arbeit, Mühe *f*, Plage *f*, Placke'rei *f*; **II** *v/i. a.* ***~ and moil*** sich abmühen *od.* abplacken *od.* quälen (***at***, ***on*** mit): ***~ up a hill*** e-n Berg mühsam erklimmen; **'toil·er** [-lə] *s. fig.* Arbeitstier *n*, Schwerarbeiter *m*.

toi·let ['tɔɪlɪt] *s.* **1.** Toi'lette *f*, Klo'sett *n*; **2.** Fri'sier-, Toi'lettentisch *m*; **3.** Toi'lette *f* (*Ankleiden etc.*): ***make one's ~*** Toilette machen; **4.** Toi'lette *f*, Kleidung *f*, *a.* (Abend)Kleid *n od.* (Gesellschafts)Anzug *m*; **~ bag** *s.* Kul'turbeutel *m*; **~ case** *s.* 'Reiseneceˌsaire *n*; **~ pa·per** *s.* Toi'letten-, Klo'settpaˌpier *n*; **~ pow·der** *s.* Körperpuder *m*; **~ roll** *s.* Rolle *f* Klo'settpaˌpier.

toi·let·ry ['tɔɪlɪtrɪ] *s.* Toi'lettenarˌtikel *pl.*

toi·let| set *s.* Toi'lettengarniˌtur *f*; **~ soap** *s.* Toi'lettenseife *f*; **~ ta·ble** → ***toilet*** 2.

toil·ful ['tɔɪlfʊl], **'toil·some** [-səm] *adj.* ☐ mühsam, -selig; **'toil·some·ness** [-səmnɪs] *s.* Mühseligkeit *f*.

'toil·worn *adj.* abgearbeitet.

To·kay [təʊ'keɪ] *s.* To'kaier *m* (*Wein u. Traube*).

to·ken ['təʊkən] **I** *s.* **1.** Zeichen *n*: a) Anzeichen *n*, Merkmal *n*, b) Beweis *m*: ***as a*** (*od.* ***in***) ***~ of*** als *od.* zum Zeichen (*gen.*); ***by the same ~*** a) aus dem gleichen Grunde, mit demselben Recht, umgekehrt, b) ferner, überdies; **2.** Andenken *n*, (Erinnerungs)Geschenk *n*, ('Unter)Pfand *n*; **3.** *hist.* Scheidemünze *f*; **4.** (Me'tall)Marke *f* (*als Fahrausweis*); **5.** Spielmarke *f*; **6.** Gutschein *m*, Bon *m*; **II** *adj.* **7.** nomi'nell: ***~ money*** a) Scheidemünzen *pl.*, b) Not-, Ersatzgeld *n*; ***~ payment*** symbolische Zahlung; ***~ strike*** (kurzer) Warnstreik; **8.** Alibi...: ***~ negro***; ***~ woman***; **9.** Schein...: ***~ raid*** Scheinangriff *m*.

told [təʊld] *pret. u. p.p. von* ***tell***.

tol·er·a·ble ['tɒlərəbl] *adj.* ☐ **1.** erträglich; **2.** *fig.* leidlich, mittelmäßig, erträglich; **3.** F ‚einigermaßen' (*gesund*), ‚so la'la'; **'tol·er·a·ble·ness** [-nɪs] *s.* Erträglichkeit *f*; **'tol·er·ance** [-rəns] *s.* **1.** Tole'ranz *f*, Duldsamkeit *f*; **2.** (***of***) a) Duldung *f* (*gen.*), b) Nachsicht *f* (mit); **3.** ⚕ a) Tole'ranz *f*, 'Widerstandsfähigkeit *f* (***for*** gegen), b) Verträglichkeit *f*; **4.** ⚙ Tole'ranz *f*, zulässige Abweichung, Spiel *n*, Fehlergrenze *f*; **'tol·er·ant** [-rənt] *adj.* ☐ **1.** tole'rant, duldsam (***of*** gegen); **2.** geduldig, nachsichtig (***of*** mit); **3.** ⚕ 'widerstandsfähig (***of*** gegen); **tol·er·ate** ['tɒləreɪt] *v/t.* **1.** *j-n od. et.* dulden, tolerieren, *et. a.* zulassen, hinnehmen, *a. j-s Gesellschaft* ertragen; **2.** duldsam *od.* tole'rant sein gegen; **3.** *bsd.* ⚕ vertragen; **tol·er·a·tion** [ˌtɒlə'reɪʃn] *s.* **1.** Duldung *f*; **2.** → ***tolerance*** 1.

toll[1] [təʊl] **I** *v/t.* **1.** *bsd. Totenglocke* läuten, erschallen lassen; **2.** *Stunde* schlagen; **3.** (durch Glockengeläut) verkünden; die Totenglocke läuten für *j-n*; **II** *v/i.* **4.** a) läuten, schallen, b) schlagen (*Glocke*); **III** *s.* **5.** Geläut *n*; **6.** Glockenschlag *m*.

toll[2] [təʊl] *s.* **1.** *hist.* (*bsd.* Wege-, Brükken)Zoll *m*; **2.** Straßenbenutzungsgebühr *f*, Maut *f*; **3.** Standgeld *n auf dem Markt etc.*; **4.** *Am.* Hafengebühr *f*; **5.** *teleph. Am.* Gebühr *f* für ein Ferngespräch; **6.** *fig.* Tri'but *m an Menschenleben etc.*, (Blut)Zoll *m*, (Zahl *f* der) Todesopfer *pl.*: ***the ~ of the road*** die Verkehrsopfer *od.* -unfälle; ***take its ~ of*** *fig. j-n* arg mitnehmen, s-n Tribut fordern von *j-m od. e-r Sache*, *Kräfte, Vorräte etc.* strapazieren; ***take a ~ of 100 lives*** 100 Todesopfer fordern (*Katastrophe*); **~ bar** → ***toll gate***; **~ call** *s. teleph.* **1.** *Am.* Ferngespräch *n*; **2.** *Brit. obs.* Nahverkehrsgespräch *n*; **~ gate** *s.* Schlagbaum *m e-r Mautstraße*; **'~·house** *s.* Mautstelle *f*; **~ road** *s.*, **'~·way** *s.* gebührenpflichtige Straße, Mautstraße *f*.

tol·u·ene ['tɒljʊi:n], **'tol·u·ol** [-jʊɒl] *s.* ⚗ Tolu'ol *n*.

tom [tɒm] *s.* **1.** Männchen *n kleinerer Tiere*: ***~ turkey*** Truthahn *m*, Puter *m*; **2.** Kater *m*; **3.** ♀ *abbr. für* ***Thomas***: ***♀ and Jerry*** *Am.* Eiergrog *m*; ***♀, Dick, and Harry*** Hinz u. Kunz; ***♀ Thumb*** Däumling *m*.

tom·a·hawk ['tɒməhɔ:k] **I** *s.* Tomahawk *m*, Kriegsbeil *n der Indianer*: ***bury*** (***dig up***) ***the ~*** *fig.* das Kriegsbeil begraben (ausgraben); **II** *v/t.* mit dem Tomahawk (er)schlagen.

to·ma·to [tə'mɑ:təʊ] *pl.* **-toes** *s.* ⚘ To'mate *f*.

tomb [tu:m] *s.* **1.** Grab(stätte *f*) *n*; **2.** Grabmal *n*, Gruft *f*; **3.** *fig. das* Grab, *der* Tod.

tom·bac, tom·bak ['tɒmbæk] *s. metall.* Tombak *m.*

tom·bo·la [tɒm'bəʊlə] *s.* Tombola *f.*

tom·boy ['tɒmbɔɪ] *s.* Wildfang *m*, Range *f* (*Mädchen*); **'tom·boy·ish** [-bɔɪɪʃ] *adj.* ausgelassen, wild.

'tomb·stone ['tu:m-] *s.* Grabstein *m.*

'tom·cat *s.* Kater *m.*

tome [təʊm] *s.* **1.** Band *m e-s Werkes*; **2.** (dicker) Wälzer (*Buch*).

tom·fool [ˌtɒm'fu:l] **I** *s.* Einfaltspinsel *m*, Narr *m*; **II** *adj.* dumm; **III** *v/i.* (he'rum-) albern; **tom·fool·er·y** [tɒm'fu:lərɪ] *s.* Albernheit *f*, Unsinn *m.*

tom·my ['tɒmɪ] *s.* **1.** a) *a.* **≈ *Atkins*** Tommy *m* (*der brit. Soldat*), b) *a.* ≈ F Tommy *m*, *brit.* Landser *m* (*einfacher Soldat*); **2.** *dial.* ,Fres'salien' *pl.*, Verpflegung *f*; **3.** ⚙ a) (verstellbarer) Schraubenschlüssel, b) *a.* **~ *bar*** Knebelgriff *m*; **≈ gun** *s.* ⚔ Ma'schinenpiˌstole *f*; **ˌ~'rot** *s.* F (purer) Blödsinn, Quatsch *m.*

to·mor·row [tə'mɒrəʊ] **I** *adv.* morgen: **~ *week*** morgen in e-r Woche *od.* acht Tagen; **~ *morning*** morgen früh; **~ *night*** morgen abend; **II** *s. der* morgige Tag, *das* Morgen: ***~'s paper*** die morgige Zeitung; ***~ never comes*** das werden wir nie erleben; ***the day after ~*** übermorgen.

'tom·tit *s. orn.* (Blau)Meise *f.*

ton[1] [tʌn] *s.* **1.** *engl.* Tonne *f* (*Gewicht*): a) *a.* ***long ~*** *bsd. Brit.* = *2240 lbs. od. 1016,05 kg*, b) *a.* ***short ~*** *bsd. Am.* = *2000 lbs. od. 907,18 kg*, c) *a.* ***metric ~*** metrische Tonne (= *2205 lbs. od. 1000 kg*); **2.** ⚓ Tonne *f* (*Raummaß*): a) ***register ~*** Registertonne (= *100 cubic feet od. 2,83 m³*), b) ***gross register ~*** Bruttoregistertonne (*Schiffsgrößenangabe*); **3.** ***weigh a ~*** F ,wahnsinnig' schwer sein; **4.** *pl.* e-e Unmenge (***of money*** Geld): ***~s of times*** ,tausendmal'; **5.** ***do the ~*** *Brit. sl.* a) mit 100 Meilen fahren, b) 100 Meilen schaffen (*Auto etc.*).

ton[2] [tɔ̃:ŋ] (*Fr.*) *s.* **1.** *die* (herrschende) Mode; **2.** Ele'ganz *f*: ***in the ~*** modisch, elegant.

ton·al ['təʊnl] *adj.* □ ♪ **1.** Ton..., tonlich; **2.** to'nal; **to·nal·i·ty** [təʊ'nælətɪ] *s.* **1.** ♪ a) Tonali'tät *f*, Tonart *f*, b) 'Ton-, 'Klangchaˌrakter *m*; **2.** *paint.* Farbton *m*, Tönung *f.*

tone [təʊn] **I** *s.* **1.** *allg.* Ton *m*, Klang *m*: ***heart ~s*** ⚕ Herztöne; **2.** Ton *m*, Stimme *f*: ***in an angry ~*** in ärgerlichem Ton, mit zorniger Stimme; **3.** *ling.* a) Tonfall *m*, b) Tonhöhe *f*, Betonung *f*; **4.** ♪ a) Ton *m*, b) *Am.* Note *f*, c) Klang(farbe *f*) *m*; **5.** *paint.* (Farb)Ton *m*, Tönung *f* (*a. fig.*); **6.** ⚕ a) Tonus *m der Muskeln*, b) *fig.* Spannkraft *f*; **7.** *fig.* Geist *m*, Haltung *f*; **8.** Stimmung *f* (*a. Börse*); **9.** a) Ton *m*, Note *f*, Stil *m*, b) Ni'veau *n*: ***set the ~ of*** a) den Ton angeben für, b) den Stil *e-r Sache* bestimmen; ***raise*** (***lower***) ***the ~*** (***of***) das Niveau (*gen.*) heben (senken); ***give ~ to*** Niveau verleihen (*dat.*); **II** *v/t.* **10.** e-n Ton verleihen (*dat.*), e-e Färbung geben (*dat.*); **11.** *Farbe etc.* abtönen: **~ *down*** *Farbe*, *fig. Zorn etc.* dämpfen, mildern; **~ *up*** *paint. u. fig.* (ver)stärken; **12.** *phot.* tonen; **13.** *fig.* a) 'umformen, -modeln, b) regeln; **III** *v/i.* **14.** *a.* **~ *in*** (***with***) a) verschmelzen (mit), b) harmonieren (mit), passen (zu) (*bsd. Farbe*); **15.** **~ *down*** sich mildern *od.* abschwächen; **16.** **~ *up*** stärker werden; **~ arm** *s.* Tonarm *m am Plattenspieler*; **~ con·trol** *s.* ⚡ Klangregler *m.*

tone·less ['təʊnlɪs] *adj.* □ **1.** tonlos (*a. Stimme*); **2.** ausdruckslos.

tone po·em *s.* ♪ Tondichtung *f.*

tongs [tɒŋz] *s. pl. sg. konstr.* Zange *f*: ***a pair of ~*** eine Zange; ***I would not touch that with a pair of ~*** a) das würde ich nicht mal mit e-r Zange anfassen, b) *fig.* mit dieser Sache möchte ich nichts zu tun haben.

tongue [tʌŋ] **I** *s.* **1.** *anat.* Zunge *f* (*a. fig. Redeweise*): ***malicious ~s*** böse Zungen; ***have a long*** (***ready***) **~** geschwätzig (schlagfertig) sein; ***find one's ~*** die Sprache wiederfinden; ***give ~*** a) sich laut u. deutlich äußern (***to*** zu), b) anschlagen (*Hund*), c) Laut geben (*Jagdhund*); ***hold one's ~*** den Mund halten; ***keep a civil ~ in one's head*** höflich bleiben; ***put one's ~ out*** (***at s.o.***) (j-m) die Zunge herausstrecken; ***with*** (***one's***) **~ *in*** (***one's***) ***cheek*** → ***tongue-in-cheek***; → ***wag*** 1; **2.** Sprache *f e-s Volkes*, Zunge *f*; **3.** *fig.* Zunge *f* (*Schuh*, *Flamme*, *Klarinette etc.*); **4.** (Glocken)Klöppel *m*; **5.** (Wagen-) Deichsel *f*; **6.** ⚙ Feder *f*, Spund *m*: **~ *and groove*** Feder u. Nut; **7.** Dorn *m* (*Schnalle*); **8.** Zeiger *m* (*Waage*); **9.** ⚡ (Re'lais)Anker *m*; **10.** *geogr.* Landzunge *f*; **II** *v/t.* **11.** ♪ mit Flatterzunge blasen; **12.** ⚙ verzapfen; **tongued** [-ŋd] *adj.* **1.** *in Zssgn* ...züngig; **2.** ⚙ gefedert, gezapft.

ˌtongue|-in-'cheek *adj.* **1.** i'ronisch; **2.** mit Hintergedanken; **'~-ˌlash·ing** *s.* F Standpauke *f*; **'~-tied** *adj.* stumm, sprachlos (*vor Verlegenheit etc.*): ***be ~*** keinen Ton herausbringen; **~ twist·er** *s.* Zungenbrecher *m.*

ton·ic ['tɒnɪk] **I** *adj.* (□ **~*ally***) **1.** ⚕ tonisch: **~ *spasm*** Starrkrampf *m*; **2.** ⚕ stärkend, belebend (*a. fig.*): **~ *water*** Tonic *n*; **3.** *ling.* Ton...: **~ *accent*** musikalischer Akzent; **4.** ♪ Tonika..., (Grund)Ton...: **~ *chord*** Grundakkord *m*; **~ *major*** gleichnamige Dur-Tonart; **~ *sol-fa*** Tonika-Do-System *n*; **5.** *paint.* Tönungs..., Farbgebungs...; **II** *s.* **6.** ⚕ Stärkungsmittel *n*, Tonikum *n*; **7.** Tonic *n* (*Getränk*); **8.** *fig.* Stimulans *n*; **9.** ♪ Grundton *m*, Tonika *f*; **10.** *ling.* stimmhafter Laut; **to·nic·i·ty** [təʊ'nɪsətɪ] *s.* **1.** → ***tone*** 6; **2.** musi'kalischer Ton.

to·night [tə'naɪt] **I** *adv.* **1.** heute abend; **2.** heute nacht; **II** *s.* **3.** der heutige Abend; **4.** diese Nacht.

ton·nage ['tʌnɪdʒ] *s.* **1.** ⚓ Ton'nage *f*, Tonnengehalt *m*, Schiffsraum *m*; **2.** ⚓ Ge'samttonˌnage *f e-s Landes*; **3.** ⚓ Tonnengeld *n*; **4.** ⚙ (Ge'samt)Produktiˌon *f* (*Stahl etc.*).

tonne [tʌn] *s.* metrische Tonne.

ton·neau ['tɒnəʊ] *pl.* **-neaus** (*Fr.*) *s. mot.* hinterer Teil (*mit Rücksitzen*) e-s Autos.

ton·ner ['tʌnə] *s.* ⚓ *in Zssgn* ...tonner, *ein* Schiff von ... Tonnen.

to·nom·e·ter [təʊ'nɒmɪtə] *s.* **1.** ♪, *phys.* Tonhöhenmesser *m*; **2.** ⚕ Blutdruckmesser *m.*

ton·sil ['tɒnsl] *s. anat.* Mandel *f*; **'ton·sil·lar** [-sɪlə] *adj.* Mandel...; **ton·sil·lec·to·my** [ˌtɒnsɪ'lektəmɪ] *s.* ⚕ Mandelentfernung *f*; **ton·sil·li·tis** [ˌtɒnsɪ'laɪtɪs] *s.* ⚕ Mandelentzündung *f.*

ton·so·ri·al [tɒn'sɔ:rɪəl] *adj. mst humor.* Barbier...: **~ *artist*** ,Figaro' *m.*

ton·sure ['tɒnʃə] *eccl.* **I** *s.* **1.** Tonsurierung *f*; **2.** Ton'sur *f*; **II** *v/t.* **3.** tonsurieren.

to·ny ['təʊnɪ] *adj. Am.* F (tod)schick.

too [tu:] *adv.* **1.** (*vorangestellt*) zu, allzu: ***all ~ familiar*** allzu vertraut; **~ *fond of comfort*** zu sehr auf Bequemlichkeit bedacht; **~ *many*** zu viele; ***none ~ pleasant*** nicht gerade angenehm; **2.** F sehr, äußerst: ***it is ~ kind of you***; **3.** (*nachgestellt*) auch, ebenfalls.

took [tʊk] *pret. von* ***take.***

tool [tu:l] **I** *s.* **1.** Werkzeug *n*, Gerät *n*, Instru'ment *n*: **~*s*** *pl. a.* Handwerkszeug *n*; ***gardener's ~s*** Gartengerät; **2.** ⚙ (Bohr-, Schneide- *etc.*)Werkzeug *n e-r Maschine*, *a.* Arbeits-, Drehstahl *m*; **3.** ⚙ a) 'Werkzeugmaˌschine *f*, b) Drehbank *f*; **4.** *typ.* a) 'Stempelfiˌgur *f* (*Punzarbeit*), b) (Präge)Stempel *m*; **5.** *pl. fig.* a) Handwerkszeug *n* (*Bücher etc.*), b) Rüstzeug *n* (*Fachwissen*); **6.** *fig. contp.* Werkzeug *n*, Handlanger *m*, Krea'tur *f e-s anderen*; **7.** V ,Appa'rat' *m* (*Penis*); **II** *v/t.* **8.** ⚙ bearbeiten; **9.** *mst* **~ *up*** *Fabrik* (maschi'nell) ausstatten, -rüsten; **10.** *Bucheinband* punzen; **11.** *sl.* ,kutschieren' (*fahren*); **III** *v/i.* **12.** *mst* **~ *up*** ⚙ sich (maschi'nell) ausrüsten (***for*** für); **13.** *a.* **~ *along*** *sl.* (da'hin-, her'um)gondeln; **~ bag** *s.* Werkzeugtasche *f*; **~ bit** *s.* ⚙ Werkzeugspitze *f*; **~ box** *s.* Werkzeugkasten *m*; **~ car·ri·er** *s.* ⚙ Werkzeugschlitten *m*; **~ en·gi·neer·ing** *s.* Arbeitsvorbereitung *f.*

tool·ing ['tu:lɪŋ] *s.* ⚙ **1.** Bearbeitung *f*; **2.** Einrichten *n e-r Werkzeugmaschine*; **3.** maschi'nelle Ausrüstung; **4.** *Buchbinderei*: Punzarbeit *f.*

'tool|ˌmak·er *s.* Werkzeugmacher *m*; **'~-post** *s.* Schneidstahlhalter *m.*

toot [tu:t] *v/i.* **1.** (*a. v/t. et.*) tuten, blasen; **2.** hupen (*Auto*).

tooth [tu:θ] **I** *pl.* **teeth** [ti:θ] *s.* **1.** *anat.* Zahn *m*: **~ *and nail*** *fig.* verbissen, erbittert (*be*)*kämpfen*; ***armed to the teeth*** bis an die Zähne bewaffnet; ***in the teeth of*** *fig.* a) gegen *Widerstand etc.* b) trotz *od.* ungeachtet *der Gefahr etc.*; ***cut one's teeth*** zahnen; ***draw the teeth of*** *fig.* a) *j-n* beruhigen, b) *j-n* ungefährlich machen, c) *e-r Sache* die Spitze nehmen, *et.* entschärfen; ***get one's teeth into*** sich an *e-e Arbeit etc.* ,ranmachen'; ***have a sweet ~*** gerne Süßigkeiten essen *od.* naschen; ***put teeth into*** (den nötigen) Nachdruck verleihen (*dat.*); ***set s.o.'s teeth on edge*** j-m auf die Nerven gehen *od.* ,weh' tun; ***show one's teeth*** (***to***) a) die Zähne fletschen (gegen), b) *fig. j-m* die Zähne zeigen; **2.** Zahn *m e-s Kammes*, *e-r Säge*, *e-s Zahnrads etc.*; **3.** (Gabel)Zinke *f*; **II** *v/t.* **4.** *Rad etc.* bezahnen; **5.** *Brett* verzahnen; **III** *v/i.* **6.** ineinan'dergreifen (*Zahnräder*); **'~·ache** *s.* Zahnweh *n*; **'~·brush** *s.* Zahnbürste *f*; **'~·comb** *s.* Staubkamm *m*; **~ de·cay** *s.* Zahnverfall *m.*

toothed [tu:θt] *adj.* **1.** mit Zähnen (versehen), Zahn..., gezahnt: **~ *wheel*** Zahnrad *n*; **2.** ♀ gezähnt, gezackt (*Blattrand*); **3.** ⚙ verzahnt; **'tooth·less**

[-θlɪs] *adj.* zahnlos.

ˈ**tooth**|·**paste** *s.* Zahnpasta *f*; ˈ**~·pick** *s.* Zahnstocher *m*; **~ pow·der** *s.* Zahnpulver *n.*

tooth·some [ˈtu:θsəm] *adj.* □ lecker (*a. fig.*).

too·tle [ˈtu:tl] *v/i.* **1.** tuten, dudeln; **2.** *Am.* F quatschen; **3.** F a) (herˈum)gondeln, b) ‚(daˈhin)zotteln': **~ off** sich trollen.

toot·sy(-woot·sy) [ˌtʊtsɪ(ˈwʊtsɪ)] *s. Kindersprache*: Füßchen *n.*

top[1] [tɒp] **I** *s.* **1.** ober(st)es Ende, Oberteil *n*; Spitze *f*, Gipfel *m e-s Berges etc.*; Krone *f*, Wipfel *m des Baumes*; (Haus-)Giebel *m*, Dach(spitze *f*) *n*; Kopf(ende *n*) *m des Tisches*, *e-r Buchseite etc.*: ***at the ~*** oben(an); ***at the ~ of*** oben an (*dat.*); ***at the ~ of one's speed*** mit höchster Geschwindigkeit; ***at the ~ of one's voice*** aus vollem Halse; ***page 20 at the ~*** auf Seite 20 oben; ***on ~*** oben (-auf); ***on (the) ~ of*** oben auf (*dat.*), über (*dat.*); ***on ~ of each other*** auf- *od.* übereinander; ***on (the) ~ of it*** obendrein; ***go over the ~*** a) ⚔ zum Sturmangriff (*aus dem Schützengraben*) antreten, b) *fig.* es maßlos übertreiben; **2.** *fig.* Spitze *f*, erste *od.* höchste Stelle; ˈSpitzenpositiˌon *f*: ***the ~ of the class*** der Primus der Klasse; ***the ~ of the tree*** (*od.* ***ladder***) *fig.* die höchste Stellung, der Gipfel des Erfolgs; ***at the ~*** an der Spitze; ***be on ~ (of the world)*** obenauf sein; ***come out on ~*** als Sieger *od.* Bester hervorgehen; ***come to the ~*** an die Spitze kommen, sich durchsetzen; ***get on ~ of s.th.*** e-r Sache Herr werden; **3.** *fig.* Gipfel *m*, *das* Äußerste *od.* Höchste; **4.** Scheitel *m*, Kopf *m*: ***from ~ to toe*** von Kopf bis Fuß; ***blow one's ~*** *sl.* ‚hochgehen', e-n Wutanfall haben; **5.** Oberfläche *f des Tisches*, *Wassers etc.*; **6.** *mot. etc.* Verdeck *n*; **7.** (Bett)Himmel *m*; **8.** (Möbel)Aufsatz *m*; **9.** ⚓ Mars *m*, *f*, Topp *m*; **10.** (Schuh)Oberleder *n*; **11.** Stulpe *f* (*Stiefel*, *Handschuh*); **12.** (Topf- *etc.*)Deckel *m*; **13.** ♀ a) (oberer Teil e-r) Pflanze *f* (*Ggs. Wurzel*), b) *mst pl.* (Rüben- *etc.*)Kraut *n*; **14.** Blume *f des Bieres*; **15.** *mot.* → ***top gear***; **II** *adj.* **16.** oberst: **~ *line*** Kopf-, Titelzeile *f*; ***the ~ rung*** *fig.* oberste Stelle, höchste Stellung; **17.** höchst: **~ *earner*** Spitzenverdiener(in); **~ *efficiency*** ⚙ Spitzenleistung *f*; **~ *price*** Höchstpreis *m*; **~ *speed*** Höchstgeschwindigkeit *f*; **~ *secret*** streng geheim; **18.** *der* (*die*, *das*) erste; **19.** Haupt…; **III** *v/t.* **20.** (oben) bedecken; krönen; **21.** überˈragen; **22.** *fig.* überˈtreffen, -ˈragen; **23.** die Spitze (*gen.*) erreichen; **24.** an der Spitze *der Klasse*, *e-r Liste etc.* stehen; **25.** überˈsteigen; **26.** 🌱 stutzen, kappen; **27.** *Hindernis* nehmen; **28.** *Golf*: *Ball* oben schlagen; **~ off** *v/t.* F *et.* abschließen *od.* krönen (***with*** mit); **~ out I** *v/i.* Richtfest feiern; **II** *v/t.* das Richtfest (*gen.*) feiern: **~ *a building***; **~ up** *v/t.* **1.** auf-, nachfüllen; **2.** F *j-m* nachschenken.

top[2] [tɒp] *s.* Kreisel *m* (*Spielzeug*).

to·paz [ˈtəʊpæz] *s. min.* Toˈpas *m.*

top| **boot** *s.* (kniehoher) Stiefel, Stulpenstiefel *m*; ˈ**~·coat** ˈÜberzieher *m*, Mantel *m*; **~ dog** *s.* F *fig.* **1.** *der* Herr *od.* Überˈlegene; *der* Sieger; **2.** ‚Chef' *m*, *der* Oberste; **3.** *der* (*die*, *das*) Beste; **~ draw·er** *s.* **1.** oberste Schublade; **2.** F *fig. die* oberen Zehntausend: ***he does not come from the ~*** er kommt nicht aus vornehmster Familie; ˌ**~-ˈdraw·er** *adj.* F **1.** vornehm; **2.** best; **~ dress·ing** *s.* **1.** 🌱 Kopfdüngung *f*; **2.** ⚙ Oberflächenbeschotterung *f.*

tope[1] [təʊp] *v/t. u. v/i.* ‚saufen'.

tope[2] [təʊp] *s. ichth.* Glatthai *m.*

to·pee [ˈtəʊpi:] *s.* Tropenhelm *m.*

top·er [ˈtəʊpə] *s.* Säufer *m*, Zecher *m.*

ˈ**top**|·**flight** *adj.* F erstklassig, prima; ˈ**~ˌflight·er** → ***topnotcher***; **~·gal·lant** [ˌtɒpˈgælənt; ⚓ təˈg-] ⚓ **I** *s.* Bramsegel *n*; **II** *adj.* Bram…: **~ *sail***; **~ gear** *s. mot.* höchster Gang; **~ hat** *s.* Zyˈlinder(hut) *m*; ˌ**~-ˈheav·y** *adj.* **1.** oberlastig (*Gefäß etc.*); **2.** ⚓ topplastig; **3.** ✈ kopflastig; **4.** ✝ a) ˈüberbewertet (*Wertpapiere*), b) ˈüberkapitalisiert (*Unternehmen*); ˌ**~-ˈhole** → ***topflight***.

top·ic [ˈtɒpɪk] *s.* **1.** Thema *n*, Gegenstand *m*; **2.** *phls.* Topik *f*; ˈ**top·i·cal** [-kl] **I** *adj.* □ **1.** örtlich, loˈkal (*a.* ⚕): **~ *colo(u)rs*** topische Farben; **2.** a) aktuˈell, b) zeitkritisch: **~ *song*** Lied *n* mit aktuellen Anspielungen; **3.** theˈmatisch; **II** *s.* **4.** aktuˈeller Film; **top·i·cal·i·ty** [ˌtɒpɪˈkælətɪ] *s.* aktuˈelle *od.* loˈkale Bedeutung.

top| **kick** *Am. sl. für* → ***top sergeant***; ˈ**~·knot** *s.* **1.** Haarknoten *m*; **2.** *orn.* (Feder)Haube *f*, Schopf *m.*

top·less [ˈtɒplɪs] *adj.* **1.** ohne Kopf; **2.** ˈOben-ˈohne…: **~ *dress*** (***night club***, ***waitress***).

ˌ**top**|-ˈ**line** *adj.* **1.** promiˈnent; **2.** wichtigst: **~ *news***; ˌ**~ˈlin·er** *s.* F Promiˈnente(r *m*) *f*; ˈ**~·mast** [-mɑ:st; -məst] *s.* ⚓ (Mars)Stenge *f*; ˈ**~·most** *adj.* höchst, oberst; ˌ**~ˈnotch** *adj.* F prima, erstklassig; ˌ**~ˈnotch·er** *s.* F ‚Kaˈnone' *f* (*Könner*).

to·pog·ra·pher [təˈpɒgrəfə] *s. geogr.* Topoˈgraph *m*; **top·o·graph·ic**, **top·o·graph·i·cal** [ˌtɒpəˈgræfɪk(l)] *adj.* □ topoˈgraphisch; **toˈpog·ra·phy** [-fɪ] *s.* **1.** *geogr.*, *a.* ⚕ Topograˈphie *f*; **2.** ⚔ Geländekunde *f.*

top·per [ˈtɒpə] *s.* **1.** ⛏ oberer Stein; **2.** ✝ F (obenˈaufliegendes) Schaustück (*Obst etc.*); **3.** F Zyˈlinder *m* (*Hut*); **4.** F a) ‚(tolles) Ding', b) ‚Pfundskerl' *m*; **top·ping** [ˈtɒpɪŋ] *adj.* □ F prima, fabelhaft.

top·ple [ˈtɒpl] **I** *v/i.* **1.** wackeln; **2.** kippen, stürzen, purzeln: **~ *down*** (*od.* ***over***) umkippen, hinpurzeln, niederstürzen; **II** *v/t.* **3.** ins Wanken bringen, stürzen: **~ *over*** *et.* umstürzen, -kippen; **4.** *fig. Regierung* stürzen.

tops [tɒps] *adj.* F prima, erstklassig, ‚super'.

top|·**sail** [ˈtɒpsl] *s.* ⚓ Marssegel *n*; **~ saw·yer** *s.* F *fig.* ‚hohes Tier'; ˌ**~-ˈse·cret** *adj.* streng geheim; **~ ser·geant** *s.* ⚔ *Am.* F Hauptfeldwebel *m*, ‚Spieß' *m*; ˈ**~·soil** *s.* 🌱 Ackerkrume *f*, Mutterboden *m.*

top·sy·tur·vy [ˌtɒpsɪˈtɜ:vɪ] **I** *adv.* **1.** das Oberste zuˈunterst, auf den Kopf: ***turn everything ~*** alles auf den Kopf stellen; **2.** kopfˈüber kopfˈunter *fallen*; **3.** drunter u. drüber, verkehrt; **II** *adj.* **4.** auf den Kopf gestellt, in wildem Durcheinˈander, chaˈotisch; **III** *s.* **5.** (wildes *od.* heilloses) Durcheinˈander, Kuddelmuddel *m*, *n*; ˌ**top·syˈtur·vy·dom** [-dəm] → ***topsyturvy*** 5.

toque [təʊk] *s.* **1.** *hist.* Baˈrett *n*; **2.** Toque *f* (*randloser Damenhut*).

tor [tɔ:] *s. Brit.* Felsturm *m.*

to·ra(h) [ˈtɔ:rə] *s.* **1.** ⁂ *das* Gesetz Mosis; **2.** Thoˈra *f.*

torch [tɔ:tʃ] *s.* **1.** Fackel *f* (*a. fig. der Wissenschaft etc.*): ***carry a ~ for*** *Am. fig. Mädchen* (von ferne) verehren; **2.** *a.* ***electric ~*** *Brit.* Taschenlampe *f*; **3.** ⚙ a) Schweißbrenner *m*, b) → ***torch lamp***; **4.** *Am.* Brandstifter *m*; ˈ**~ˌbear·er** *s.* Fackelträger *m* (*a. fig.*); **~ lamp** *s.* ⚙ Lötlampe *f*; ˈ**~·light** *s.* Fackelschein *m*: **~ *procession*** Fackelzug *m*; **~ pine** *s.* ♀ (Amer.) Pechkiefer *f*; **~ sing·er** *s.* Schnulzensänger(in); **~ song** *s.* ‚Schnulze' *f*, sentimenˈtales Liebeslied.

tore [tɔ:] *pret. von* ***tear***[2].

tor·e·a·dor [ˈtɒrɪədɔ:] (*Span.*) *s.* Toreaˈdor *m*, berittener Stierkämpfer.

to·re·ro [tɒˈreərəʊ] *pl.* **-ros** (*Span.*) *s.* Toˈrero *m*, Stierkämpfer *m* (*zu Fuß*).

tor·ment I *v/t.* [tɔ:ˈment] **1.** *bsd. fig.* quälen, peinigen, foltern, plagen (***with*** mit): ***~ed with*** gequält *od.* gepeinigt von *Zweifel etc.*; **II** *s.* [ˈtɔ:ment] **2.** Qual *f*, Pein *f*, Marter *f*: ***be in ~*** Qualen ausstehen; **3.** Plage *f*; **4.** Quälgeist *m*; **torˈmen·tor** [-tə] *s.* **1.** Peiniger *m*; **2.** Quälgeist *m*; **3.** ⚓ lange Fleischgabel; **4.** *thea.* vordere Kuˈlisse; **torˈmen·tress** [-trɪs] *s.* Peinigerin *f.*

torn [tɔ:n] *p.p. von* ***tear***[2].

tor·na·do [tɔ:ˈneɪdəʊ] *pl.* **-does** *s.* **1.** Torˈnado *m*: a) *Wirbelsturm in den USA*, b) *tropisches Wärmegewitter*; **2.** *fig.* a) (Beifall-, Proˈtest)Sturm *m*, b) Wirbelwind *m* (*Person*).

tor·pe·do [tɔ:ˈpi:dəʊ] **I** *pl.* **-does** *s.* **1.** ⚓ Torˈpedo *m*; **2.** *a.* ***aerial ~*** ✈ ˈLufttorˌpedo *m*; **3.** *a.* ***toy ~*** Knallerbse *f*; **4.** *ichth.* Zitterrochen *m*; **5.** *Am. sl.* ‚Killer' *m*; **II** *v/t.* **6.** torpedieren (*a. fig. vereiteln*); **~ boat** *s.* ⚓ Torˈpedoboot *n*; **~ plane** *s.* ⚔ Torˈpedoflugzeug *n*; **~ tube** *s.* Torˈpedorohr *n.*

tor·pid [ˈtɔ:pɪd] **I** *adj.* □ **1.** starr, erstarrt, betäubt; **2.** träge, schlaff; **3.** aˈpathisch, stumpf; **II** *s.* **4.** *mst* **tor·pid·i·ty** [tɔ:ˈpɪdətɪ], ˈ**tor·pid·ness** [-nɪs], ˈ**tor·por** [-pə] *s.* **1.** Erstarrung *f*, Betäubung *f*; **2.** Träg-, Schlaffheit *f*, ⚕ *a.* Torpor *m*; **3.** Apaˈthie *f*, Stumpfheit *f.*

torque [tɔ:k] *s.* ⚙, *phys.* ˈDrehmoˌment *n*; **~ shaft** *s.* ⚙ Dreh-, Torsiˈonsstab *m.*

tor·re·fy [ˈtɒrɪfaɪ] *v/t.* rösten, darren.

tor·rent [ˈtɒrənt] *s.* **1.** reißender Strom, *bsd.* Wild-, Sturzbach *m*; **2.** (Lava-) Strom *m*; **3.** ***~s of rain*** sintflutartige Regenfälle; ***it rains in ~s*** es gießt in Strömen; **4.** *fig.* Strom *m*, Schwall *m*, Sturzbach *m von Fragen etc.*; **tor·ren·tial** [təˈrenʃl] *adj.* □ **1.** reißend, strömend, sturzbachartig; **2.** sintflutartig: **~ *rain(s)***; **3.** *fig.* a) wortreich, b) wild, ungestüm.

tor·rid [ˈtɒrɪd] *adj.* **1.** sengend, brennend heiß (*a. fig. Leidenschaft etc.*): **~ *zone*** *geogr.* heiße Zone; **2.** ausgedörrt, verbrannt: **~ *plain***.

tor·sion [ˈtɔ:ʃn] *s.* **1.** *a.* ⚕ Drehung *f*; **2.** ⚙, *phys.* Torsiˈon *f*, Verdrehung *f*: **~ *balance*** Drehwaage *f*; **3.** ⚕ Abschnürung *f e-r Arterie*; ˈ**tor·sion·al** [-ʃənl] *adj.* Dreh…, (Ver)Drehungs…, Torsions…: **~ force**.

tor·so ['tɔːsəʊ] *pl.* **-sos** *s.* Torso *m*: a) Rumpf *m*, b) *fig.* Bruchstück *n*, unvollendetes Werk.

tort [tɔːt] *s.* ⚖ unerlaubte Handlung, zi'vilrechtliches De'likt: ***law of ~s*** Schadenersatzrecht *n*; **'~-ˌfea·sor** [-ˌfiːzə] *s.* ⚖ rechtswidrig Handelnde(r) *m*.

tor·til·la [tɔː'tɪlə] (*Span.*) *s. Am.* Tor'tilla *f* (*Maiskuchen*).

tor·tious ['tɔːʃəs] *adj.* □ ⚖ rechtswidrig: **~ *act*** → ***tort***.

tor·toise ['tɔːtəs] **I** *s. zo.* Schildkröte *f*: ***as slow as a ~*** *fig.* (langsam) wie e-e Schnecke; **II** *adj.* Schildpatt…; **'~·shell** *s.* Schildpatt *n*: **~ *cat*** *zo.* Schildpattkatze *f*.

tor·tu·os·i·ty [ˌtɔːtjʊ'ɒsətɪ] *s.* **1.** Krümmung *f*, Windung *f*; **2.** Gewundenheit *f* (*a. fig.*); **3.** *fig.* 'Umständlichkeit *f*; **tor·tu·ous** ['tɔːtjʊəs] *adj.* □ **1.** gewunden, verschlungen, gekrümmt; **2.** *fig.* gewunden, 'umständlich; **3.** *fig.* ‚krumm', unehrlich.

tor·ture ['tɔːtʃə] **I** *s.* **1.** Folter(ung) *f*: ***put to the ~*** foltern; **2.** *fig.* Tor'tur *f*, Marter *f*, (Folter)Qual(en *pl.*) *f*; **II** *v/t.* **3.** foltern, martern, *fig. a.* quälen, peinigen; **4.** *Text etc.* entstellen; **'tor·tur·er** [-ərə] *s.* **1.** Folterknecht *m*; **2.** *fig.* Peiniger *m*.

to·rus ['tɔːrəs] *pl.* **-ri** [-raɪ] *s.* △, ⌂, ⚙, ✿, ⚕ Torus *m*.

To·ry ['tɔːrɪ] **I** *s.* **1.** *pol. Brit.* Tory *m*, (*contp.* 'Ultra)Konservaˌtive(r) *m*; **2.** *hist.* Tory *m* (*Loyalist in Amerika*); **II** *adj.* Tory…, konserva'tiv; **'To·ry·ism** [-ɪɪzəm] **1.** To'rysmus *m*; **2.** 'Ultrakonservaˌtismus *m*.

tosh [tɒʃ] *s. Brit. sl.* ‚Quatsch' *m*.

toss [tɒs] **I** *v/t.* **1.** werfen, schleudern: **~ *off*** a) *Reiter* abwerfen (*Pferd*), b) *Getränk* hinunterstürzen, c) *Arbeit* ‚hinhauen'; **~ *up*** hochschleudern, *in e-r Decke* prellen; **2.** *a.* **~ *up*** *Münze etc.*, *a. Kopf* hochwerfen: **~ *s.o. for*** mit j-m um *et.* losen (*durch Münzwurf*); **3.** *a.* **~ *about*** hin- u. herschleudern, schütteln; **4.** ⚓ *Riemen* pieken: **~ *oars!*** Riemen hoch!; **5.** *Am. sl. j-n* ‚filzen'; **II** *v/i.* **6.** *a.* **~ *about*** sich *im Schlaf etc.* hin- u. herwerfen *od.* -wälzen; **7.** *a.* **~ *about*** hin- u. hergeworfen werden, geschüttelt werden; hin- und herschwanken; flattern; **8.** rollen (*Schiff*); **9.** schwer gehen (*See*); **10.** *a.* **~ *up*** (durch Hochwerfen e-r Münze) losen (***for*** um); **III** *s.* **11.** Werfen *n*, Wurf *m*; **12.** Hoch-, Zu'rückwerfen *n des Kopfes*; **13.** a) Hochwerfen *n* e-r Münze, b) → ***toss-up***; **14.** Sturz *m vom Pferd etc.*: ***take a ~*** stürzen, *bsd.* abgeworfen werden; **'~-up** *s.* **1.** Losen *n mit e-r Münze*, Loswurf *m*; **2.** *fig.* ungewisse Sache: ***it is a ~ whether*** es ist völlig offen, ob.

tot¹ [tɒt] *s.* F **1.** Knirps *m*, Kerlchen *n*; **2.** *Brit.* Schlückchen *n* (*Alkohol*); **3.** *fig.* Häppchen *n*.

tot² [tɒt] F **I** *s.* **1.** (Gesamt)Summe *f*; **2.** a) Additi'onsaufgabe *f*, b) Additi'on *f*; **II** *v/t.* **3.** **~ *up*** zs.-zählen; **III** *v/i.* **4.** **~ *up*** sich belaufen (***to*** auf *acc.*); sich summieren.

to·tal ['təʊtl] **I** *adj.* □ **1.** ganz, gesamt, Gesamt…; **2.** to'tal, Total…, völlig, gänzlich; **II** *s.* **3.** (Gesamt)Summe *f*, Gesamtbetrag *m*, -menge *f*: ***a ~ of 20 cases*** insgesamt 20 Kisten; **4.** *die* Gesamtheit, *das* Ganze; **III** *v/t.* **5.** zs.-zählen; **6.** insgesamt betragen, sich belaufen auf (*acc.*): ***total(l)ing $70*** im Gesamtbetrag von 70 Dollar; **7.** *Am.* F *Auto* zu Schrott fahren; **to·tal·i·tar·i·an** [ˌtəʊtælɪ'teərɪən] *adj. pol.* totali'tär; **to·tal·i·tar·i·an·ism** [ˌtəʊtælɪ'teərɪənɪzəm] *s.* totali'täres Sy'stem; **to·tal·i·ty** [təʊ'tælətɪ] *s.* **1.** Gesamtheit *f*; **2.** Vollständigkeit *f*; **3.** *ast.* to'tale Verfinsterung; **'to·tal·i·za·tor** [-təlaɪzeɪtə] *s. Pferderennen*: Totali'sator *m*; **'to·tal·ize** [-təlaɪz] *v/t.* **1.** zs.-zählen; **2.** (zu e-m Ganzen) zs.-fassen; **'to·tal·iz·er** [-təlaɪzə] → ***totalizator***.

tote¹ [təʊt] *s. sl.* → ***totalizator***.

tote² [təʊt] *v/t.* F **1.** tragen (mit sich) schleppen; **2.** transportieren; **~ *bag*** *s. Am.* Einkaufs-, Tragtasche *f*.

to·tem ['təʊtəm] *s.* Totem *n*; **~ *pole***, **~ *post*** *s.* Totempfahl *m*.

tot·ter ['tɒtə] *v/i.* **1.** torkeln, wanken: **~ *to one's grave*** *fig.* dem Grabe zuwanken; **2.** (sch)wanken, wackeln: **~ *to its fall*** *fig.* (allmählich) zs.-brechen (*Reich etc.*); **'tot·ter·ing** [-ərɪŋ] *adj.* □, **'tot·ter·y** [-ərɪ] *adj.* wack(e)lig, (sch)wankend.

touch [tʌtʃ] **I** *s.* **1.** Berührung *f*: ***at a ~*** beim Berühren; ***on the slightest ~*** bei der leisesten Berührung; ***it has a velvety ~*** es fühlt sich wie Samt an; ***that was a (near) ~*** F das hätte ins Auge gehen können; **2.** Tastsinn *m*: ***it is soft to the ~*** es fühlt sich weich an; **3.** (*Pinsel-etc.*)Strich *m*: ***put the finishing ~es to*** letzte Hand legen an (*acc.*), *e-r Sache* den letzten Schliff geben; **4.** ♪ a) Anschlag *m des Pianisten od. des Pianos*, b) Strich *m des Geigers*; **5.** *fig.* Fühlung(nahme) *f*, Verbindung *f*, Kon'takt *m*: ***get into ~ with*** sich in Verbindung setzen mit, Fühlung nehmen mit; ***please get in ~!*** bitte melden (Sie sich)!; ***keep in ~ with*** in Verbindung bleiben mit; ***lose ~ with*** den Kontakt mit *j-m od. e-r Sache* verlieren; ***put s.o. in ~ with*** j-n in Verbindung setzen mit; ***within ~*** in Reichweite; **6.** *fig.* Hand *f des Meisters etc.*, Stil *m*; (souve'räne) Ma'nier: ***light ~*** leichte Hand; ***with sure ~*** mit sicherer Hand; **7.** Einfühlungsvermögen *n*, Feingefühl *n*; **8.** *e-e* Spur *Pfeffer etc.*: ***a ~ of red*** ein rötlicher Hauch; **9.** Anflug *m von Sarkasmus etc.*, Hauch *m von Romantik etc.*: ***he has a ~ of genius*** er hat e-e geniale Ader; **10.** ⚕ *etc.* (leichter) Anfall: ***a ~ of flu*** e-e leichte Grippe; ***a ~ of the sun*** ein leichter Sonnenstich; **11.** (besondere) Note, Zug *m*: ***the personal ~*** die persönliche Note; **12.** *fig.* Stempel *m*, Gepräge *n*; **13.** Probe *f*: ***put to the ~*** auf die Probe stellen; **14.** a) *Rugby etc.*: Mark *f*, b) *Fußball*: Seitenaus *n*; **15.** Fangspiel *n*; **16.** *sl.* a) Anpumpen *n*, b) gepumptes Geld: ***he is a soft ~*** er läßt sich leicht anpumpen, *weitS.* er ist ein leichtes Opfer; **II** *v/t.* **17.** an-, berühren (*a. weitS. Essen etc. mst neg.*); anfassen, angreifen: **~ *the spot*** das Richtige treffen; **18.** befühlen, betasten; **19.** *Hand etc.* legen (***to*** an *acc.*, auf *acc.*); **20.** mitein'ander in Berührung bringen; **21.** in Berührung kommen *od.* stehen mit; **22.** drücken auf (*acc.*), (leicht) anstoßen: ***to ~ the bell*** klingeln; ***to ~ glasses*** (mit den Gläsern) anstoßen; **23.** grenzen *od.* stoßen an (*acc.*); **24.** reichen an (*acc.*), erreichen; F *fig.* her'anreichen an (*acc.*), gleichkommen (*dat.*); **25.** erlangen, erreichen; **26.** ♪ *Saiten* rühren; *Ton* anschlagen; **27.** tönen, (leicht) färben; *fig.* färben, beeinflussen; **28.** beeindrucken; rühren, bewegen: ***~ed to tears*** zu Tränen gerührt; **29.** *fig.* verletzen, treffen; **30.** *fig.* berühren, betreffen; **31.** in Mitleidenschaft ziehen, mitnehmen: ***~ed*** a) angegangen (*Fleisch*), b) F ‚bekloppt', ‚nicht ganz bei Trost' (*Person*); **32.** *Ort* berühren, haltmachen in (*dat.*); *Hafen* anlaufen; **33.** *sl.* anpumpen (***for*** um); **III** *v/i.* **34.** sich berühren; **35.** **~ *at*** ⚓ anlegen bei *od.* in (*dat.*), anlaufen (*acc.*); **36.** **~ (*up*)*on*** *fig.* berühren: a) (kurz) erwähnen, b) betreffen;

Zssgn mit adv.:

touch| down *v/i.* **1.** *Rugby etc.*: e-n Versuch legen *od.* erzielen; **2.** ✈ aufsetzen; **~ *off*** *v/t.* **1.** skizzieren; **2.** *Skizze* flüchtig entwerfen; **3.** *e-e Explosion*, *fig. e-e Krise etc.* auslösen, *fig. a.* entfachen; **~ *up*** *v/t.* **1.** auffrischen (*u. fig.*), aufpolieren; verbessern; **2.** *phot.* retuschieren.

touch| and go *s.* ris'kante Sache, pre'käre Situati'on: ***it was ~*** es hing an e-m Haar, es stand auf des Messers Schneide; **ˌ~-and-'go** *adj.* **1.** ris'kant; **2.** flüchtig, oberflächlich: **~ *landing*** ✈ Aufsetz- u. Durchstartlandung; **'~down** *s.* **1.** *Rugby etc.*: Versuch *m*; **2.** ✈ Aufsetzen *n*.

touch·i·ness ['tʌtʃɪnɪs] *s.* Empfindlichkeit *f*.

touch·ing ['tʌtʃɪŋ] *adj.* □ *fig.* rührend, ergreifend.

'touch|·line *s.* a) *Fußball*: Seitenlinie *f*, b) *Rugby*: Marklinie *f*; **'~-me-not** *s.* ✿ (*fig.* F Blümlein *n*) Rührmichnichtan *n*; **'~ˌpa·per** *s.* 'Zündpaˌpier *n*; **'~·stone** *s.* **1.** *min.* Probierstein *m*; **2.** *fig.* Prüfstein *m*; **~ *sys·tem*** *s.* Zehn'fingersysˌtem *n*; **~ *tel·e·phone*** *s.* 'Tastenteleˌfon *n*; **'~-type** *v/i.* blindschreiben; **'~·wood** *s.* **1.** Zunder(holz *n*) *m*; **2.** ✿ Feuerschwamm *m*.

touch·y ['tʌtʃɪ] *adj.* □ **1.** empfindlich, reizbar; **2.** a) ris'kant, b) heikel, kitzlig (*Thema*).

tough [tʌf] **I** *adj.* □ **1.** *allg.* zäh: a) hart, 'widerstandsfähig, b) ro'bust, stark (*Person, Körper etc.*), c) hartnäckig (*Kampf, Wille etc.*); **2.** *fig.* schwierig, unangenehm, ‚bös' (*Arbeit etc., a.* F *Person*); F eklig, grob (*Person*): ***it was ~ going*** F es war ein hartes Stück Arbeit; ***he is a ~ customer*** mit ihm ist nicht gut Kirschen essen; ***if things get ~*** wenn es ‚mulmig' wird; **~ *luck*** F ‚Pech' *n*; **3.** rowdyhaft, bru'tal, übel, Verbrecher…: ***get ~ with s.o.*** j-m gegenüber massiv werden; **II** *s.* **4.** Rowdy *m*, Schläger(typ) *m*, ‚übler Kunde'; **tough·en** ['tʌfn] *v/t. u. v/i.* zäh(er) *etc.* machen (werden); **tough·ie** ['tʌfɪ] *s.* F **1.** ‚harte Nuß', schwierige Sache; **2.** → ***tough*** 4; **'tough·ness** [-nɪs] *s.* **1.** Zähigkeit *f*, Härte *f* (*a. fig.*); **2.** Ro'bustheit *f*; **3.** *fig.* Hartnäckigkeit *f*; **4.**

Schwierigkeit *f*; **5.** Brutali'tät *f*.

tou·pee, *a.* **tou·pet** ['tu:peɪ] (*Fr.*) *s.* Tou'pet *n* (*Haarersatzstück*).

tour [tʊə] **I** *s.* **1.** Tour *f* (**of** durch): a) (Rund)Reise *f*, (-)Fahrt *f*, b) Ausflug *m*, Wanderung *f*: ***conducted ~*** a) Führung *f*, b) Gesellschaftsreise *f*; ***the grand ~*** *hist.* (Bildungs)Reise durch Europa; ***~ operator*** Reiseveranstalter *m*; **2.** Rundgang *m* (**of** durch): ***~ of inspection*** Besichtigungsrundgang *od.* -rundfahrt *f*; **3.** *thea. etc.* Tour'nee *f*, Gastspielreise *f*: ***go on ~*** auf Tournee gehen; **4.** ⚔ (turnusmäßige) Dienstzeit; **II** *v/t.* **5.** bereisen; **III** *v/i.* **6.** e-e (*thea.* Gastspiel)Reise *od.* (*a. sport*) e-e Tour'nee machen (**through**, **about** durch); **~ de force** [ˌtʊədə'fɔ:s] (*Fr.*) *s.* **1.** Gewaltakt *m*; **2.** Glanzleistung *f*.

tour·ing ['tʊərɪŋ] *adj.* Touren..., Reise...: ***~ car*** *mot.* Tourenwagen *m*; ***~ company*** *thea.* Wanderbühne *f*; ***~ exhibition*** Wanderausstellung *f*; **tour·ism** ['tʊərɪzəm] *s.* Reise-, Fremdenverkehr *m*, Tou'rismus *m*; **tour·ist** ['tʊərɪst] **I** *s.* Tou'rist(in), (Ferien-, Vergnügungs-) Reisende(r *m*) *f*; **II** *adj.* Reise..., Fremden(verkehrs)..., Touristen...: ***~ agency***, ***~ bureau***, ***~ office*** a) Reisebüro *n*, b) Verkehrsamt *n*, -verein *m*; ***~ class*** ⚓, ✈ Touristenklasse *f*; ***~ industry*** Fremdenverkehr(sindustrie *f*) *m*; ***~ season*** Reisezeit *f*; ***~ ticket*** Rundreisekarte *f*; ***~ trap*** Touristenfalle *f*; **'tour·ist·y** *adj. contp.* tou'ristisch, Touristen...

tour·na·ment ['tʊənəmənt] *s.* (*hist. Ritter-, a. Tennis- etc.*)Tur'nier *n*.

tour·ney ['tʊənɪ] *bsd. hist.* **I** *s.* Tur'nier *n*; **II** *v/i.* turnieren.

tour·ni·quet ['tʊənɪkeɪ] *s.* ⚕ Aderpresse *f*.

tou·sle ['taʊzl] *v/t. Haar etc.* (zer)zausen, verwuscheln.

tout [taʊt] **I** *v/i.* **1.** (*bsd. aufdringliche* Kunden-, Stimmen)Werbung treiben (**for** für); **2.** *Pferderennen*: a) *Brit.* sich *durch Spionieren* gute Renntips verschaffen, b) Wettips geben *od.* verkaufen; **II** *s.* **3.** Kundenschlepper *m*, -werber *m*; **4.** *Pferderennen*: a) *Brit.* ‚Spi'on' *m beim Pferdetraining*, b) Tipgeber *m*; **5.** (Karten)Schwarzhändler *m*.

tow[1] [təʊ] **I** *s.* **1.** a) Schleppen *n*, b) Schlepptau *n*: ***have in ~*** im Schlepptau haben (*a. fig.*); ***take ~*** sich schleppen lassen; ***take in ~*** *bsd. fig.* ins Schlepptau nehmen; **2.** *bsd.* ⚓ Schleppzug *m*; **II** *v/t.* **3.** (ab)schleppen, ins Schlepptau nehmen: ***~ away*** *Auto* abschleppen; ***~ed flight*** (***target***) Schleppflug *m* (-ziel *n*); **4.** *Schiff* treideln; **5.** *fig. j-n* ab-, mitschleppen, *wohin* bugsieren.

tow[2] [təʊ] *s.* (Schwing)Werg *n*.

tow·age ['təʊɪdʒ] *s.* **1.** Schleppen *n*, Bugsieren *n*; **2.** Schleppgebühr *f*.

to·ward I *adj.* ['təʊəd] **1.** *obs.* fügsam; **2.** *obs. od. Am.* vielversprechend; **3.** im Gange, am Werk; **4.** bevorstehend; **II** *prp.* [tə'wɔ:d] **5.** auf (*acc.*) ... zu, (nach) ... zu, nach ... hin, gegen *od.* zu ... (hin); **6.** *zeitlich*: gegen; **7.** *Gefühle etc.* gegen'über; **8.** *als Beitrag* zu, um *e-r Sache* willen, zum Zwecke (*gen.*): ***efforts ~ reconciliation*** Bemühungen um e-e Versöhnung; **to·wards** [tə'wɔ:dz] → ***toward*** II.

'tow|·a·way *adj.* Abschlepp...: ***~ zone***; **'~·boat** *s.* Schleppschiff *n*, Schlepper *m*.

tow·el ['taʊəl] **I** *s.* Handtuch *n*: ***throw in the ~*** *Boxen*: das Handtuch werfen (*a. fig. sich geschlagen geben*); **II** *v/t.* (mit e-m Handtuch) (ab)trocknen, (-)reiben; **~ horse**, **~ rack** *s.* Handtuchständer *m*.

tow·er ['taʊə] **I** *s.* **1.** Turm *m*: ***~ block*** *Brit.* (Büro-, Wohn)Hochhaus *n*; **2.** Feste *f*, Bollwerk *n*: ***~ of strength*** *fig.* Stütze *f*, Säule *f*; **3.** Zwinger *m*, Festung *f* (*Gefängnis*); **4.** ⚗ Turm *m* (*Reinigungsanlage*); **II** *v/i.* **5.** (hoch)ragen, sich (em'por)türmen (**to** zu): ***~ above*** *et. od. j-n* (weit) überragen (*a. fig. turmhoch überlegen sein* [*dat.*]); **'tow·ered** [-əd] *adj.* (hoch)getürmt; **'tow·er·ing** [-ərɪŋ] *adj.* **1.** (turm)hoch, hoch-, aufragend; **2.** *fig.* maßlos, gewaltig: ***~ ambition***; ***~ passion***; ***~ rage*** rasende Wut.

tow·ing ['təʊɪŋ] *adj.* (Ab)Schlepp...; **~ line**, **~ path**, **~ rope** → ***towline***, ***towpath***, ***towrope***.

'tow·line *s.* **1.** ⚓ Treidelleine *f*, Schlepptau *n*; **2.** Abschleppseil *n*.

town [taʊn] **I** *s.* **1.** Stadt *f* (*unter dem Rang e-r* ***city***); **2.** ***the ~*** *fig.* die Stadt: a) die Stadtbevölkerung, die Einwohnerschaft, b) das Stadtleben; **3.** *Brit.* Marktflecken *m*; **4.** *ohne art. die* (nächste) Stadt: a) Stadtzentrum *n*, b) *Brit. bsd.* London: ***to ~*** nach der *od.* in die Stadt, *Brit. bsd.* nach London; ***out of ~*** nicht in der Stadt, *Brit. bsd.* nicht in London, auswärts; ***go to ~*** F ‚auf den Putz hauen'; → ***paint*** 2; **5.** *Brit.* Bürgerschaft *f e-r Universitätsstadt*; → ***gown*** 3; **II** *adj.* **6.** städtisch, Stadt..., Städte...; **'~·bred** *adj.* in der Stadt aufgewachsen; **~ cen·tre** *s. Brit.* Innenstadt *f*, City *f*; **~ clerk** *s.* 'Stadtdiˌrektor *m*; **~ coun·cil** *s.* Stadtrat *m* (*Gremium*); **~ coun·cil·(l)or** *s.* Stadtrat(smitglied *n*) *m*; **~ cri·er** *s.* Ausrufer *m*; **~ hall** *s.* Rathaus *n*; **~ house** *s.* Stadt-, *Am.* Reihenhaus *n*; **~ plan·ning** *s.* Städte-, Stadtplanung *f*; **'~·scape** [-skeɪp] *s.* Stadtbild *n*, *paint.* -ansicht *f*.

towns·folk ['taʊnzfəʊk] *s. pl.* Stadtleute *pl.*, Städter *pl.*

town·ship ['taʊnʃɪp] *s.* **1.** *hist.* (Dorf-, Stadt)Gemeinde *f od.* (-)Gebiet *n*; **2.** *Am.* Verwaltungsbezirk *m*; **3.** *surv. Am.* 6 Qua'dratmeilen großes Gebiet.

towns|·man ['taʊnzmən] *s.* [*irr.*] **1.** Städter *m*, Stadtbewohner *m*; **2.** *a.* ***fellow ~*** Mitbürger *m*; **'~ˌpeo·ple** [-nz-] → ***townsfolk***.

'tow|·path *s.* Treidelpfad *m*; **'~·rope** → ***towline***.

tox·(a)e·mi·a [tɒk'si:mɪə] *s.* ⚕ Blutvergiftung *f*.

tox·ic, **tox·i·cal** ['tɒksɪk(l)] *adj.* □ giftig, toxisch, Gift...; **'tox·i·cant** [-sɪkənt] **I** *adj.* giftig, toxisch; **II** *s.* Gift(-stoff *m*) *n*; **tox·i·co·log·i·cal** [ˌtɒksɪkə'lɒdʒɪkl] *adj.* □ toxiko'logisch; **tox·i·col·o·gist** [ˌtɒksɪ'kɒlədʒɪst] *s.* ⚕ Toxiko'loge *m*; **tox·i·col·o·gy** [ˌtɒksɪ'kɒlədʒɪ] *s.* ⚕ Toxikolo'gie *f*, Giftkunde *f*; **'tox·in** [-sɪn] *s.* ⚕ To'xin *n*, Gift(stoff *m*) *n*.

toy [tɔɪ] **I** *s.* **1.** (Kinder)Spielzeug *n* (*a. fig.*); *pl.* Spielwaren *pl.*, -sachen *pl.*; **2.** *fig.* Tand *m*, ‚Kinkerlitzchen' *n*; **II** *v/i.* **3.** (**with**) spielen (mit *e-m Gegenstand*, *fig.* mit *e-m Gedanken*), *fig. a.* liebäugeln (mit); **III** *adj.* **4.** Spielzeug..., Kinder..., Zwerg...: ***~ dog*** Schoßhund *m*; ***~ train*** Miniatur-, Kindereisenbahn *f*; **~ book** *s.* Bilderbuch *n*; **'~·box** *s.* Spielzeugkiste *f*; **'~·shop** *s.* Spielwarenhandlung *f*.

trace[1] [treɪs] *s.* Zugriemen *m*, Strang *m* (*Pferdegeschirr*): ***in the ~s*** angespannt (*a. fig.*); ***kick over the ~s*** *fig.* über die Stränge schlagen.

trace[2] [treɪs] **I** *s.* **1.** (Fuß-, Wagen-, Wild- *etc.*)Spur *f*: ***hot on s.o.'s ~s*** j-m dicht auf den Fersen; ***without a ~*** spurlos; ***~ element*** ⚗ Spurenelement *n*; **2.** *fig.* Spur *f*: a) ('Über)Rest *m*: ***~s of ancient civilizations***, b) (An)Zeichen *n*: ***~s of fatigue***, c) geringe Menge, bißchen: ***not a ~ of fear*** keine Spur von Angst; ***a ~ of a smile*** der Anflug e-s Lächelns; **3.** ⚔ a) Leuchtspur *f*, b) *Radar*: Bildspur *f*; **4.** Linie *f*: a) Aufzeichnung *f* (*Meßgerät*), b) Zeichnung *f*, Skizze *f*, c) Pauszeichnung *f*, d) Grundriß *m*; **5.** *Am.* (markierter) Weg; **II** *v/t.* **6.** nachspüren (*dat.*), *j-s* Spur verfolgen; **7.** *Wild*, *Verbrecher* verfolgen, aufspüren; **8.** *a.* ***~ out*** *et. od. j-n* ausfindig machen *od.* aufspüren, *et.* auf-, her'ausfinden; **9.** *fig. e-r Entwicklung etc.* nachgehen, *e-e Sache* verfolgen: ***~ back*** *et.* zurückverfolgen (**to** bis zu); ***~ s.th. to*** et. zurückführen auf (*acc.*), et. herleiten von; **10.** erkennen; **11.** *Pfad* verfolgen; **12.** *a.* ***~ out*** (auf)zeichnen, skizzieren, entwerfen; **13.** *Buchstaben* sorgfältig (aus)ziehen, schreiben; **14.** ⚙ a) *a.* ***~ over*** ('durch)pausen, b) *Bauflucht etc.* abstecken, c) *Messung* aufzeichnen (*Gerät*); **'trace·a·ble** [-səbl] *adj.* □ **1.** auffindbar, nachweisbar; **2.** zu'rückzuführen(d) (**to** auf *acc.*); **'trac·er** [-sə] *s.* **1.** Aufspürer(in); **2.** ✉, 🚂 *Am.* Lauf-, Suchzettel *m*; **3.** *Schneiderei*: Kopierrädchen *n*; **4.** ⚙ Punzen *m*; **5.** ⚗ Iso'topenindiˌkator *m*; **6.** ⚔ a) *mst* ***~ bullet***, ***~ shell*** Leuchtspur-, Rauchspurgeschoß *n*, b) *mst* ***~ composition*** Leuchtspursatz *m*; **7.** a) technischer Zeichner, b) Pauser *m*; **'trac·er·y** [-sərɪ] *s.* **1.** △ Maßwerk *n an gotischen Fenstern*; **2.** Flechtwerk *n*.

tra·che·a [trə'ki:ə] *pl.* **-che·ae** [-'ki:i:] *s.* **1.** *anat.* Tra'chea *f*, Luftröhre *f*; **2.** ♀, *zo.* Tra'chee *f*; **tra'che·al** [-'ki:əl] *adj.* **1.** *anat.* Luftröhren...; **2.** *zo.* Tracheen...; **3.** ♀ Gefäß...; **tra·che·i·tis** [ˌtrækɪ'aɪtɪs] *s.* ⚕ 'Luftröhrenkaˌtarrh *m*; **tra·che·ot·o·my** [ˌtrækɪ'ɒtəmɪ] *s.* ⚕ Luftröhrenschnitt *m*.

trac·ing ['treɪsɪŋ] *s.* **1.** Suchen *n*, Nachforschung *f*; **2.** ⚙ a) (Auf)Zeichnen *n*, b) 'Durchpausen *n*; **3.** ⚙ a) Zeichnung *f*, (Auf)Riß *m*, Plan *m*, b) Pause *f*; **4.** Aufzeichnung *f* (*e-s Kardiographen etc.*); **~ file** *s.* 'Suchkarˌtei *f*; **~ op·er·a·tion** *s.* Fahndung *f*; **~ pa·per** *s.* 'Pauspaˌpier *n*; **~ ser·vice** *s.* Suchdienst *m*.

track [træk] **I** *s.* **1.** (Fuß-, Wild- *etc.*) Spur *f* (*a. fig.*), Fährte *f*: ***on s.o.'s ~s*** j-m auf der Spur; ***be on the wrong ~*** auf der falschen Spur *od.* auf dem Holzweg sein; ***cover up one's ~s*** s-e Spuren verwischen; ***throw s.o. off the ~*** j-n von der (richtigen) Spur ablenken; ***keep ~ of*** *fig. et.* verfolgen, sich auf dem laufenden halten über (*acc.*); ***lose ~ of*** aus den Augen verlieren; ***make ~s*** *sl.* ‚abhauen'; ***make ~s for*** schnurstracks losgehen auf (*acc.*); ***stop in one's ~s*** wie festgewurzelt stehenbleiben; ***shoot s.o. in his ~s*** j-n auf der Stelle niederschießen; **2.** 🚂 Gleis *n*, Geleise *n u. pl.*, Schienenstrang *m*: ***off the ~*** entgleist, aus den Schienen; ***on ~*** † auf (der) Achse, rollend; ***born on the wrong side of the ~s*** *fig. Am.* aus ärmlichen Verhältnissen stammend; **3.** ⚓ Fahrwasser *n*; **4.** ⚓ *übliche* Route; **5.** Weg *m*, Pfad *m*; **6.** (Ko'meten- *etc.*) Bahn *f*; **7.** *sport* a) (Renn-, Lauf-) Bahn *f*, b) *mst* ***~ events*** 'Laufdiszi,plinen *pl.*, c) *a.* ***~-and-field sports*** 'Leichtath,letik *f*; **8.** (Gleis-, Raupen-) Kette *f e-s Traktors etc.*; **9.** *mot.* a) Spurweite *f*, b) 'Reifenpro,fil *n*; **10.** *Computer*, *Tonband*: Spur *f*; **11.** *ped. Am.* Leistungsgruppe *f*; **II** *v/t.* **12.** nachspüren (*dat.*), *a. fig.* verfolgen (*acc.*); **13.** aufspüren: a) *a.* ***~ down*** *Wild*, *Verbrecher* zur Strecke bringen, b) ausfindig machen; **14.** *Weg* kennzeichnen; **15.** durch'queren; **16.** 🚂 *Am.* Gleise verlegen in (*dat.*); **17.** *Am.* (Schmutz)Spuren hinter'lassen auf (*dat.*); **18.** ⚙ mit Raupenketten versehen: ***~ed vehicle*** Ketten-, Raupenfahrzeug *n*; **III** *v/i.* **19.** Spur halten (*Räder*); **20.** *Film*: (mit der Kamera) fahren: ***~ing shot*** Fahraufnahme *f*; **IV** *adj.* **21.** 🚂 Gleis…, Schienen…; **22.** *sport* a) (Lauf)Bahn…, Lauf…, b) Leichtathletik…: **'track·age** [-kɪdʒ] *s.* 🚂 **1.** *coll.* Schienen *pl.*; **2.** Schienenlänge *f*; **3.** *Am.* Streckenbenutzungsrecht *n*, -gebühr *f*; **,track-and-'field** *adj.* Leichtathletik…; → ***track*** 7 c; **'track·er** [-kə] *s.* **1.** *bsd. hunt.* Spurenleser *m*: ***~ dog*** Spürhund *m*; **2.** *fig.* ‚Spürhund' *m* (*Person*); **3.** ⚔ Zielgeber *m* (*Gerät*).

'track|,lay·er *s.* **1.** 🚂 *Am.* Streckenarbeiter *m*; **2.** Raupenschlepper *m*; **'~,lay·ing** *adj.* ⚙ Raupen…, Gleisketten…: ***~ vehicle***.

track·less ['trækləs] *adj.* □ **1.** unbetreten; **2.** weg-, pfadlos; **3.** schienenlos; **4.** spurlos.

track| meet *s. Am.* Leichtathletikveranstaltung *f*; **~ shoe** *s.* Rennschuh *m*; **~ suit** *s.* Trainingsanzug *m*; **~ walk·ing** *s.* *sport* Bahngehen *n*.

tract¹ [trækt] *s.* **1.** (ausgedehnte) Fläche, Strecke *f*, (Land)Strich *m*, Gebiet *n*, Gegend *f*; **2.** Zeitraum *m*; **3.** *anat.* Trakt *m*, (Ver'dauungs- *etc.*)Sy,stem *n*: ***respiratory ~*** Atemwege *pl.*; **4.** *physiol.* (Nerven)Strang *m*: ***optic ~*** Sehstrang.

tract² [trækt] *s. eccl.* Trak'tat *m*, *n*; *contp.* Trak'tätchen *n*.

trac·ta·ble ['træktəbl] *adj.* **1.** □ lenk-, folg-, fügsam; **2.** *fig.* gefügig, geschmeidig (*Material*).

trac·tion ['trækʃn] *s.* **1.** Ziehen *n*; **2.** ⚙, *phys.* a) Zug *m*, b) Zugleistung *f*: ***~ engine*** Zugmaschine *f*; **3.** *phys.* Reibungsdruck *m*; **4.** *mot.* a) Griffigkeit *f* (*Reifen*), b) *a.* ***~ of the road*** Bodenhaftung *f*; **5.** Trans'port *m*, Fortbewegung *f*; **6.** *physiol.* Zs.-ziehung *f* (*Muskeln*); **'trac·tion·al** [-ʃənl], **'trac·tive** [-tɪv] *adj.* ⚙ Zug…

trac·tor ['træktə] *s.* **1.** ⚙ 'Zugma,schine *f*, Traktor *m*, Schlepper *m*; **2.** ✈ a) Zugschraube *f*, b) *a.* ***~ airplane*** Flugzeug *n* mit Zugschraube; **~ truck** *s. Am. mot.* Sattelschlepper *m*.

trade [treɪd] **I** *s.* **1.** † Handel *m*, (Handels)Verkehr *m*: ***foreign ~*** a) Außenhandel, b) ⚓ große Fahrt; ***home ~*** a) Binnenhandel, b) ⚓ kleine Fahrt; → ***board*** 9; **2.** † Geschäft *n*: a) Gewerbe *n*, Geschäftszweig *m*, Branche *f*, b) (Einzel-, Groß)Handel *m*, c) Geschäftslage *f*, -gewinn *m*: ***be in ~*** (Einzel)Händler sein; ***do a good ~*** gute Geschäfte machen; ***sell to the ~*** an Wiederverkäufer abgeben; **3.** † ***the ~*** a) *coll.* die Geschäftswelt, b) *Brit.* der Spiritu'osenhandel, c) die Kundschaft; **4.** Gewerbe *n*, Beruf *m*, Handwerk *n*: ***the ~*** *coll.* die Zunft *od.* Gilde; ***by ~*** *Bäcker etc.* von Beruf; ***every man to his ~*** jeder, wie er es gelernt hat; ***the ~ of war*** das Kriegshandwerk; **5.** *mst* ***the ~s*** *pl.* die Pas'satwinde *pl.*; **II** *v/i.* **6.** Handel treiben, handeln (***in*** mit *et.*); in Geschäftsverbindung stehen (***with*** mit *j-m*); *Am.* (ein)kaufen (***with*** bei *j-m*, ***at*** in *e-m Laden*); **7.** ***~ (up)on*** *fig.* spekulieren *od.* ‚reisen' auf (*acc.*), ausnutzen; **III** *v/t.* **8.** (aus)tauschen (***for*** gegen); **9.** ***~ in*** *bsd. Auto* in Zahlung geben; **~ ac·cept·ance** *s.* † 'Handelsak,zept *n*; **~ ac·count** *s.* *Bilanz*: a) ***~s payable*** Warenschulden *pl.*, b) ***~s receivable*** Warenforderungen *pl.*; **~ as·so·ci·a·tion** *s.* **1.** Wirtschaftsverband *m*; **2.** Arbeitgeberverband *m*; **~ bal·ance** *s.* 'Handelsbi,lanz *f*; **~ bar·riers** *s. pl.* Handelsschranken *pl.*; **~ bill** *s.* Warenwechsel *m*; **~ cy·cle** *s.* Konjunk'turzyklus *m*; **~ di·rec·to·ry** *s.* Branchen-, Firmenverzeichnis *n*, 'Handelsa,dreßbuch *n*; **~ dis·count** *s.* 'Händlerra,batt *m*; **~ fair** *s.* (Handels)Messe *f*; **~ gap** *s.* 'Handelsbi,lanzdefizit *n*; **'~-in** *s.* in Zahlung gegebene Sache (*bsd. Auto*): ***~ value*** Eintausch-, Verrechnungswert *m*; **'~·mark I** *s.* **1.** Warenzeichen *n*: ***registered ~*** eingetragenes Warenzeichen; **2.** *fig.* Kennzeichen *n*; **II** *v/t.* **3.** *Ware* gesetzlich schützen lassen: ***~ed goods*** Markenartikel; **~ mis·sion** *s. pol.* 'Handelsmissi,on *f*; **~ name** *s.* **1.** Handelsbezeichnung *f*, Markenname *m*; **2.** Firmenname *m*, Firma *f*; **~ price** *s.* (Groß)Handelspreis *m*.

trad·er ['treɪdə] *s.* **1.** Händler *m*, Kaufmann *m*; **2.** *Börse*: 'Wertpa,pierhändler *m*; **3.** ⚓ Handelsschiff *n*.

trade| school *s.* Gewerbeschule *f*; **~ se·cret** *s.* Geschäftsgeheimnis *n*; **~ show** *s.* Filmvorführung *f* für Verleiher u. Kritiker.

trades|·man ['treɪdzmən] *s.* [*irr.*] **1.** (Einzel)Händler *m*; **2.** Ladeninhaber *m*; **3.** Handwerker *m*; **'~·peo·ple** [-zp-] *s. pl.* Geschäftsleute *pl.*

trade| sym·bol *s.* Bild *n* (*Warenzeichen*); **~ un·ion** *s.* Gewerkschaft *f*; **~ un·ion·ism** *s.* Gewerkschaftswesen *n*; **~ un·ion·ist** *s.* Gewerkschaftler(in); **~ wind** *s.* Pas'satwind *m*.

trad·ing ['treɪdɪŋ] **I** *s.* **1.** Handeln *n*; **2.** Handel *m* (***in*** mit *et.*, ***with*** mit *j-m*); **II** *adj.* **3.** Handels…; **~ a·re·a** *s.* † Absatzgebiet *n*; **~ cap·i·tal** *s.* Be'triebskapi,tal *n*; **~ com·pa·ny** *s.* Handelsgesellschaft *f*; **~ post** *s.* Handelsniederlassung *f*; **~ stamp** *s.* Ra'battmarke *f*.

tra·di·tion [trə'dɪʃn] *s.* **1.** Traditi'on *f*: a) (mündliche) Über'lieferung (*a. eccl.*), b) Herkommen *n*, (alter) Brauch, Brauchtum *n*: ***be in the ~*** sich im Rahmen der Tradition halten; **2.** ⚖ Auslieferung *f*, 'Übergabe *f*; **tra'di·tion·al** [-ʃənl] *adj.* □ traditio'nell, Traditions…: a) (mündlich) über'liefert, b) herkömmlich, brauchtümlich, (alt)hergebracht, üblich; **tra'di·tion·al·ism** [-ʃnəlɪzəm] *s. bsd. eccl.* Traditiona'lismus *m*, Festhalten *n* an der Über'lieferung.

tra·duce [trə'dju:s] *v/t.* verleumden.

traf·fic ['træfɪk] **I** *s.* **1.** (öffentlicher, Straßen-, Schiffs-, Eisenbahn- *etc.*) Verkehr; **2.** (Per'sonen-, Güter-, Nachrichten-, Fernsprech- *etc.*)Verkehr *m*; **3.** a) (Handels)Verkehr *m*, Handel *m* (***in*** in *dat.*, mit), b) *b.s.* ('ille,galer) Handel: ***drug ~***; **4.** *fig.* a) Verkehr *m*, Geschäft(e *pl.*) *n*, b) Austausch *m* (***in*** von): ***~ in ideas***; **II** *v/i. pret. u. p.p.* **'traf·ficked** [-kt] **5.** handeln, Handel treiben (***in*** in *dat.*, ***with*** mit); **6.** *fig.* verhandeln (***with*** mit).

traf·fi·ca·tor ['træfɪkeɪtə] *s. mot. Brit.* a) Blinker *m*, b) *hist.* Winker *m*.

traf·fic| cen·sus *s.* Verkehrszählung *f*; **~ cir·cle** *s. mot. Am.* Kreisverkehr *m*; **~ is·land** *s.* Verkehrsinsel *f*; **~ jam** *s.* Verkehrsstauung *f*, -stockung *f*, (Fahrzeug)Stau *m*.

traf·fick·er ['træfɪkə] *s.* (*a.* 'ille,galer) Händler.

traf·fic| lane *s. mot.* Spur *f*; **~ lights** *s. pl.* Verkehrsampel *f*; **~ man·a·ger** *s.* † **1.** Versandleiter *m*; **2.** Be'triebsdi,rektor *m*; **~ of·fence** *s. Brit.*, **~ of·fense** *s. Am.* Ver'kehrsde,likt *n*; **~ of·fend·er** *s.* Verkehrssünder *m*; **~ reg·u·la·tions** *s. pl.* Verkehrsvorschriften *pl.*, (Straßen)Verkehrsordnung *f*; **~ sign** *s.* Verkehrszeichen *n*, -schild *n*; **~ ward·en** *s.* Poli'tesse *f*.

tra·ge·di·an [trə'dʒi:djən] *s.* **1.** Tragiker *m*, Trauerspieldichter *m*; **2.** *thea.* Tra'göde *m*, tragischer Darsteller *m*; **tra·ge·di·enne** [trədʒi:'djen] *s. thea.* Tra'gödin *f*; **trag·e·dy** ['trædʒɪdɪ] *s.* **1.** Tra'gödie *f*: a) *thea.* Trauerspiel *n*, b) *fig.* tragische Begebenheit, *a.* Unglück *n*; **2.** *fig. das* Tragische; **trag·ic, trag·i·cal** ['trædʒɪk(l)] *adj.* □ *thea. u. fig.* tragisch: ***~ly*** tragischerweise; **trag·i·com·e·dy** [,trædʒɪ'kɒmɪdɪ] *s.* Tragiko'mödie *f* (*a. fig.*); **trag·i·com·ic** [,trædʒɪ'kɒmɪk] *adj.* (□ ***~ally***) tragi'komisch.

trail [treɪl] **I** *v/t.* **1.** (nach)schleppen, (-)schleifen, hinter sich her ziehen: ***~ one's coat*** *fig.* Streit suchen; **2.** verfolgen (*acc.*), nachspüren (*dat.*), ‚beschatten' (*acc.*); **3.** zu'rückbleiben hinter (*dat.*); **II** *v/i.* **4.** schleifen (*Rock etc.*); **5.** wehen, flattern; her'unterhängen; **6.** ⚘ kriechen, sich ranken; **7.** (sich da'hin-) ziehen (*Rauch etc.*); **8.** sich da'hinschleppen; **9.** nachhinken (*a. fig.*); **10.** ***~ off*** sich verlieren (*Klang*, *Stimme etc.*); **III** *s.* **11.** geschleppter Teil, *z.B.* Schleppe *f* (*Kleid*); **12.** *fig.* Schweif *m*, Schwanz *m* (*Meteor etc.*): ***~ of smoke*** Rauchfahne *f*; **13.** Spur *f*: ***~ of blood***; **14.** *hunt. u. fig.* Fährte *f*, Spur *f*: ***on s.o.'s ~*** j-m auf der Spur *od.* auf den Fersen; ***off the ~*** von der Spur abgekommen; **15.** (Trampel)Pfad *m*, Weg *m*: ***blaze the ~*** a) den Weg markieren, b) *fig.* den Weg bahnen (***for*** für), bahnbrechend sein; '**~ˌblaz·er** *s.* **1.** Pistensucher *m*; **2.** *fig.* Bahnbrecher *m*, Pio'nier *m*.

trail·er ['treɪlə] *s.* **1.** ⚘ Kriechpflanze *f*; rankender Ausläufer; **2.** *mot.* a) Anhänger *m*, b) *Am.* Wohnwagen *m*, Caravan *m*: ***~ camp, ~ park*** Platz *m* für Wohnwagen; **3.** *Film, TV*: (Pro'gramm-)Vorschau *f*; '**trail·er·ite** *s. Am.* Caravaner *m*.

trail·ing| a·e·ri·al ['treɪlɪŋ] *s.* ⚡ 'Schleppanˌtenne *f*; **~ ax·le** *s. mot.* nicht angetriebene Achse, Schleppachse *f*.

train [treɪn] **I** *s.* **1.** (Eisenbahn)Zug *m*: ***~ journey*** Bahnfahrt *f*; ***~ staff*** Zugpersonal *n*; ***by ~*** mit der Bahn; ***be on the ~*** im Zug sein *od.* sitzen; ***take a ~ to*** mit dem Zug fahren nach; **2.** Zug *m von Personen, Wagen etc.*, Kette *f*, Ko'lonne *f*: ***~ of barges*** Schleppzug (*Kähne*); **3.** Gefolge *n* (*a. fig.*): ***have*** (*od.* ***bring***) ***in its ~*** *et.* mit sich bringen, zur Folge haben; **4.** *fig.* Folge *f*, Kette *f*, Reihe *f von Ereignissen etc.*: ***~ of thought*** Gedankengang *m*; ***in ~*** a) im Gang, im Zuge, b) bereit (***for*** für); ***put in ~*** in Gang setzen; **5.** Schleppe *f am Kleid*; **6.** (Ko'meten)Schweif *m*; **7.** ⚒, ⚔ Zündlinie *f*; **8.** ⚙ Räder-, Triebwerk *n*; **II** *v/t.* **9.** auf-, erziehen; **10.** ⚘ ziehen; **11.** *j-n* ausbilden (*a.* ⚔), *a. Auge, Geist etc.* schulen: → ***trained***; **12.** *j-m et.* einexerzieren, beibringen; **13.** a) *Sportler*, *a. Pferde* trainieren, b) *Tiere* abrichten, dressieren (***to do*** zu tun), *Pferd* zureiten; **14.** ⚔ *Geschütz* richten (***on*** auf *acc.*); **III** *v/i.* **15.** sich ausbilden (***for*** zu, als); sich schulen *od.* üben; **16.** *sport* trainieren (***for*** für); **17.** *a.* ***~ it*** F mit der Bahn fahren; **~ down** *v/i. sport* abtrainieren, ‚abkochen'.

'**train|ˌbear·er** *s.* Schleppenträger *m*; **~ call** *s. teleph.* Zuggespräch *n*.

trained [treɪnd] *adj.* **1.** geübt, geschult (*Auge, Geist etc.*); **2.** (voll) ausgebildet, geschult, Fach...: ***~ men*** Fachkräfte; **train·ee** [treɪ'ni:] *s.* **1.** a) Auszubildende(r *m*) *f*, Lehrling *m*, b) Prakti'kant (-in), c) *Management*: Trai'nee *m, f*: ***~ nurse*** Lernschwester *f*; **2.** ⚔ *Am.* Re'krut *m*; '**train·er** [-nə] *s.* **1.** Ausbilder *m*; **2.** *sport* Trainer *m*; **3.** a) Abrichter *m*, ('Hunde- *etc.*)Dresˌseur *m*, b) Zureiter *m*; **4.** ✈ a) Schulflugzeug *n*, b) ('Flug)Simuˌlator *m*.

train fer·ry *s.* Eisenbahnfähre *f*.

train·ing ['treɪnɪŋ] **I** *s.* **1.** Schulung *f*, Ausbildung *f*; **2.** Üben *n*; **3.** *sport* Training *n*: ***be in ~*** a) im Training stehen, b) (gut) in Form sein; ***go into ~*** das Training aufnehmen; ***out of ~*** nicht in Form; **4.** a) Abrichten *n von Tieren*, b) Zureiten *n*; **II** *adj.* **5.** Ausbildungs..., Schul(ungs)..., Lehr...; **6.** *sport* Trainings...; **~ camp** *s.* **1.** *sport* Trainingslager *n*; **2.** ⚔ Ausbildungslager *n*; **~ cen·ter** *Am.*, **~ cen·tre** *Brit. s.* Ausbildungszentrum *n*; **~ film** *s.* Lehrfilm *m*; **~ school** *s.* **1.** *ped.* Aufbauschule *f*; **2.** ⚖ Jugendstrafanstalt *f*; **~ ship** *s.* ⚓ Schulschiff *n*.

'**train|·load** *s.* Zugladung *f*; **~ oil** *s.* (Fisch)Tran *m*, *bsd.* Walöl *n*; '**~·sick** *adj.*: ***she gets ~*** ihr wird beim Zugfahren schlecht.

traipse [treɪps] → ***trapse***.

trait [treɪ] *s.* **1.** (Cha'rakter)Zug *m*, Merkmal *n*; **2.** *Am.* Gesichtszug *m*.

trai·tor ['treɪtə] *s.* Verräter *m* (***to*** an *dat.*); '**trai·tor·ous** [-tərəs] *adj.* □ verräterisch; '**trai·tress** [-trɪs] *s.* Verräterin *f*.

tra·jec·to·ry ['trædʒɪktərɪ] *s.* **1.** *phys.* Flugbahn *f*; Fallkurve *f e-r Bombe*; **2.** ⩚ Trajekto'rie *f*.

tram [træm] **I** *s.* **1.** *Brit.* (***by ~*** mit der) Straßenbahn *f*; **2.** ⚒ Förderwagen *m*, Hund *m*; **II** *v/i.* **3.** *a.* ***~ it*** *Brit.* mit der Straßenbahn fahren; '**~·car** *s.* *Brit.* Straßenbahnwagen *m*; '**~·line** *s.* **1.** *Brit.* Straßenbahnlinie *f*; **2.** *pl.* *Tennis etc.*: Seitenlinien *pl.* für Doppel; **3.** *pl.* *fig.* 'Leitprinˌzipien *pl.*

tram·mel ['træml] **I** *s.* **1.** (Schlepp)Netz *n*; **2.** Spannriemen *m für Pferde*; **3.** *fig.* Fessel *f*; **4.** Kesselhaken *m*; **5.** ⩚ El'lipsenzirkel *m*; **6.** *a.* ***pair of ~s*** Stangenzirkel *m*; **II** *v/t.* **7.** *mst fig.* hemmen.

tra·mon·tane [trə'mɒnteɪn] *adj.* **1.** transal'pin(isch); **2.** *fig.* fremd, bar'barisch.

tramp [træmp] **I** *v/i.* **1.** trampeln ([***up***]***on*** auf *acc.*); sta(m)pfen; **2.** *mst* ***~ it*** marschieren, wandern, ‚tippeln'; **3.** vagabundieren; **II** *v/t.* **4.** durch'wandern; **5.** ***~ down*** niedertrampeln; **III** *s.* **6.** Getrampel *n*; **7.** (schwerer) Tritt; **8.** (Fuß)Marsch *m*, Wanderung *f*: ***on the ~*** auf (der) Wanderschaft; **9.** Landstreicher *m*; **10.** F ‚Luder' *n*, ‚Flittchen' *n*; **11.** ⚓ Trampschiff *n*; '**tram·ple** [-pl] **I** *v/i.* **1.** (her'um)trampeln ([***up***]***on*** auf *dat.*); **2.** *fig.* mit Füßen treten ([***up***]***on*** *acc.*); **II** *v/t.* **3.** (zer)trampeln: ***~ down*** niedertrampeln; ***~ out*** *Feuer* austreten; ***~ under foot*** he'rumtrampeln auf (*dat.*); **III** *s.* **4.** Trampeln *n*.

tram·po·lin(e) ['træmpəlɪn] *s.* *sport* Trampo'lin *n*; '**tram·po·lin·er** *s.* Trampo'linspringer(in), -turner(in).

'**tram·way** *s.* **1.** *Brit.* Straßenbahn(linie) *f*; **2.** ⚒ Grubenbahn *f*.

trance [trɑ:ns] *s.* **1.** Trance(zustand *m*) *f*: ***go*** (***put***) ***into a ~*** in Trance fallen (versetzen); **2.** Verzückung *f*, Ek'stase *f*.

trank [træŋk] *s.* *Am.* F Beruhigungsmittel *n*.

tran·quil ['træŋkwɪl] *adj.* □ **1.** ruhig, friedlich; **2.** gelassen, heiter; **tran·quil·(l)i·ty** [træŋ'kwɪlətɪ] *s.* **1.** Ruhe *f*, Friede(n) *m*, Stille *f*; **2.** Gelassenheit *f*, Heiterkeit *f*; '**tran·quil·(l)ize** [-laɪz] *v/t.* (*v/i.* sich) beruhigen; '**tran·quil·(l)iz·er** [-laɪzə] *s.* Beruhigungsmittel *n*.

trans·act [træn'zækt] **I** *v/t.* *Geschäfte etc.* ('durch)führen, abwickeln; *Handel* abschließen; **II** *v/i.* ver-, unter'handeln (***with*** mit); **trans'ac·tion** [-kʃn] *s.* **1.** 'Durchführung *f*, Abwicklung *f*, Erledigung *f*; **2.** Ver-, Unter'handlung *f*; **3.** a) ☿ Transakti'on *f*, (Geschäfts)Abschluß *m*, Geschäft *n*, b) ⚖ Rechtsgeschäft *n*; **4.** *pl.* ☿ (Ge'schäfts)ˌUmsatz *m*; **5.** *pl.* Proto'koll *n*, Sitzungsbericht *m*.

trans·al·pine [ˌtrænz'ælpaɪn] *adj.* transal'pin(isch).

trans·at·lan·tic [ˌtrænzət'læntɪk] *adj.* **1.** transat'lantisch, 'überseeisch; **2.** Übersee...: ***~ liner***; ***~ flight*** Ozeanflug *m*.

trans·ceiv·er [træn'si:və] *s.* ⚡ Sender-Empfänger *m*.

tran·scend [træn'send] *v/t.* **1.** *bsd. fig.* über'schreiten, -'steigen; **2.** *fig.* über'treffen; **tran'scend·ence** [-dəns], **tran'scend·en·cy** [-dənsɪ] *s.* **1.** Über'legenheit *f*, Erhabenheit *f*; **2.** *phls., eccl., a.* ⩚ Transzen'denz *f*; **tran'scend·ent** [-dənt] *adj.* □ **1.** transzen'dent: a) *phls.* 'übersinnlich, b) *eccl.* 'überweltlich; **2.** her'vorragend.

tran·scen·den·tal [ˌtrænsen'dentl] *adj.* □ **1.** *phls.* transzenden'tal: a) meta'physisch, b) *bei Kant*: apri'orisch: ***~ meditation*** transzendentale Meditation; **2.** 'übernaˌtürlich; **3.** erhaben; **4.** ab'strus, verworren; **5.** ⩚ transzen'dent; ˌ**tran·scen'den·tal·ism** [-təlɪzəm] *s.* Transzenden'talphilosoˌphie *f*.

tran·scribe [træn'skraɪb] *v/t.* **1.** abschreiben; **2.** *Stenogramm etc.* über'tragen; **3.** ♪ transkribieren; **4.** *Radio, TV*: a) aufzeichnen, auf Band aufnehmen, b) (vom Band) über'tragen; **5.** *Computer*: 'umschreiben; **tran·script** ['trænskrɪpt] *s.* Abschrift *f*, Ko'pie *f*; **tran'scrip·tion** [-rɪpʃn] *s.* **1.** Abschreiben *n*; **2.** Abschrift *f*; **3.** 'Umschrift *f*; **4.** ♪ Transkripti'on *f*; **5.** *Radio, TV*: a) Aufnahme *f*, b) Aufzeichnung *f*.

trans·duc·er [trænz'dju:sə] *s.* **1.** ⚡ ('Um)Wandler; **2.** ⚙ 'Umformer; **3.** *Computer*: Wandler *m*.

tran·sept ['trænsept] *s.* △ Querschiff *n*.

trans·fer [træns'fɜ:] **I** *v/t.* **1.** hin'überbringen, -schaffen (***from ... to*** von ... nach *od.* zu); **2.** über'geben (***to*** *dat.*); **3.** *Betrieb, Truppen, Wohnsitz etc.* verlegen, *Beamten, Schüler in e-e andere Schule etc.* versetzen (***to*** nach, ***in, into*** in *acc.*); *Technologie, a. sport Spieler* transferieren; ⚕ *Patienten* über'weisen; **4.** ⚖ (***to***) über'tragen (auf *acc.*), abtreten (an *acc.*); **5.** ☿ a) *Summe* vortragen, b) *Posten, Wertpapiere* 'umbuchen, c) *Aktien etc.* über'tragen; **6.** *Geld* über'weisen; **7.** *fig.* *Zuneigung etc.* über'tragen (***to*** auf *acc.*); **8.** *typ.* *Druck, Stich etc.* 'umdrucken, über'tragen; **II** *v/i.* **9.** 'übertreten (***to*** zu); **10.** verlegt *od.* versetzt werden (***to*** nach); **11.** 🚂 *etc.* 'umsteigen; **III** *s.* ['trænsfɜ:] **12.** (***to***) Über'tragung *f* (auf *acc.*), 'Übergabe *f* (an *acc.*); **13.** Wechsel *m* (***to*** zu); **14.** (***to***) a) Verlegung *f* (nach), b) Versetzung *f* (nach), c) *sport* Trans'fer *m od.* Wechsel *m* (zu); **15.** ⚖ (***to***) Über'tragung *f* (***to*** auf *acc.*), Abtretung *f* (an *acc.*); **16.** ('Geld)Überˌweisung *f*: ***~ business*** ☿ Giroverkehr *m*; ***~ of foreign exchange*** Devisentransfer *m*; **17.** ☿ ('Wertpaˌpier- *etc.*)ˌUmbuchung *f*; **18.** ☿ ('Aktien- *etc.*)Überˌtragung *f*; **19.** *typ.* a) Über'tragung *f*, 'Umdruck *m*, b) Abziehen *n*, Abzug *m*, c) Abziehbild *n*; **20.** 🚂 *etc.* a) 'Umsteigen *n*, b) 'Umsteigefahrkarte *f*, c) *a.* ⚓ 'Umschlagplatz *m*, d) Fährboot *n*; **trans'fer·a·ble** [-'fɜ:rəbl] *adj.* *bsd.* ☿, ⚖ über'tragbar (*a. Wahlstimme*).

trans·fer| bank *s.* ☿ Girobank *f*; **~ book** *s.* ☿ 'Umschreibungs-, Aktienbuch *n*; **~ day** *s.* ☿ 'Umschreibungstag *m*; **~ deed** *s.* Über'tragungsurkunde *f*.

trans·fer·ee [ˌtrænsfɜ:'ri:] *s.* Zessio'nar *m*, Über'nehmer *m*; **trans·fer·ence** ['trænsfərəns] *s.* **1.** → ***transfer*** 14, 15, 17, 18; **2.** *psych.* Über'tragung *f*; **trans-**

fer·en·tial [ˌtrænsfəˈrenʃl] *adj.* Übertragungs…
trans·fer ink *s. typ.* ˈUmdrucktinte *f*, -farbe *f*.
trans·fer·or [trænsˈfɜːrə] *s.* ⚖ Zeˈdent *m*, Abtretende(r *m*) *f*.
trans·fer| pa·per *s. typ.* ˈUmdruckpaˌpier *n*; ~ **pic·ture** *s.* Abziehbild *n*.
trans·fer·rer [trænsˈfɜːrə] *s.* **1.** Überˈträger *m*; **2.** → ***transferor***.
trans·fer tick·et → ***transfer*** 20b.
trans·fig·u·ra·tion [ˌtrænsfɪgjʊˈreɪʃn] *s.* **1.** ˈUmgestaltung *f*; **2.** *eccl.* a) Verklärung *f*, b) ≈ Fest *n* der Verklärung (*6. August*); **trans·fig·ure** [trænsˈfɪgə] *v/t.* **1.** ˈumgestalten; **2.** *eccl. u. fig.* verklären.
trans·fix [trænsˈfɪks] *v/t.* **1.** durchˈstechen, -ˈbohren (*a. fig.*); **2.** *fig.* lähmen: ***~ed*** (wie) versteinert, starr (***with*** vor *dat.*).
trans·form [trænsˈfɔːm] **I** *v/t.* **1.** ˈumgestalten, -wandeln (([***in***]***to*** in *acc.*, zu); ˈumformen (*a.* ⚗); *a. j-n* verwandeln, verändern; **2.** ⚡ ˈumspannen; **II** *v/i.* **3.** sich verwandeln (***into*** zu); **trans·for·ma·tion** [ˌtrænsfəˈmeɪʃn] *s.* **1.** ˈUmgestaltung *f*, -bildung *f*; ˈUmwandlung *f*, -formung *f* (*a.* ⚗); Verwandlung *f*, (*a.* Chaˈrakter-, Sinnes)Änderung *f*; ~ ***of energy*** *phys.* Energieumsetzung *f*; ~ (***scene***) *thea.* Verwandlungsszene *f*; **2.** ⚡ ˈUmspannung *f*; **3.** ˈDamenpeˌrücke *f*; **trans'form·er** [-mə] *s.* **1.** ˈUmgestalter(in); **2.** ⚡ Transforˈmator *m*.
trans·fuse [trænsˈfjuːz] *v/t.* **1.** ˈumgießen; **2.** ⚕ a) *Blut* überˈtragen, b) e-e ˈBluttransfusiˌon machen bei, c) *Serum etc.* einspritzen; **3.** *fig.* einflößen (***into*** *dat.*); **4.** *fig.* durchˈdringen, erfüllen (***with*** mit, von); **trans'fu·sion** [-juːʒn] *s.* **1.** ˈUmgießen *n*; **2.** ⚕ (ˈBlut)Transfusiˌon *f*; **3.** *fig.* Erfüllung (***with*** mit).
trans·gress [trænsˈgres] **I** *v/t.* **1.** überˈschreiten (*a. fig.*); **2.** *fig. Gesetze etc.* überˈtreten; **II** *v/i.* **3.** (***against*** gegen) sich vergehen, sündigen; **trans'gres·sion** [-eʃn] *s.* **1.** Überˈschreitung *f* (*a. fig.*); **2.** Überˈtretung *f von Gesetzen etc.*; **3.** Vergehen *n*, Missetat *f*; **trans'gres·sor** [-sə] *s.* Missetäter(in).
tran·sience [ˈtrænzɪəns], **'tran·sien·cy** [-nsɪ] *s.* Vergänglichkeit *f*, Flüchtigkeit *f*; **'tran·sient** [-nt] **I** *adj.* □ **1.** *zeitlich* vorˈübergehend; **2.** vergänglich, flüchtig; **3.** *Am.* Durchgangs…: ~ ***camp***; ~ ***visitor*** → 5; **4.** ⚡ Einschalt…, Einschwing…; **II** *s.* **5.** *Am.* ˈDurchreisende(r *m*) *f*; **6.** ⚡ a) Einschaltstoß *m*, b) Einschwingvorgang, c) Wanderwelle *f*.
trans·i·re [trænzˈaɪərɪ] *s.* ☤ Zollbegleitschein *m*.
tran·sis·tor [trænˈsɪstə] *s.* ⚡ Tranˈsistor *m*; **tran'sis·tor·ize** [-raɪz] *v/t.* ⚡ transistorisieren.
trans·it [ˈtrænsɪt] **I** *s.* **1.** ˈDurch-, ˈÜberfahrt *f*; **2.** *a. ast.* ˈDurchgang *m*; **3.** ☤ Tranˈsit *m*, ˈDurchfuhr *f*, Transˈport *m*: ***in*** ~ unterwegs, auf dem Transport; **4.** ☤ ˈDurchgangsverkehr *m*; **5.** ˈDurchgangsstraße *f*; **6.** *Am.* öffentliche Verkehrsmittel *pl.*; **7.** *fig.* ˈÜbergang *m* (***to*** zu); **II** *adj.* **8.** *a.* ☤ Durchgangs… (*-lager, -verkehr etc.*): ~ ***visa*** Durchreise-, Transitvisum *n*; **9.** ☤ Durchfuhr…, Transit…: ~ ***trade*** Transithandel *m*.
tran·si·tion [trænˈsɪʒn] **I** *s.* **1.** ˈÜbergang *m* (*a.* ♪, *phys.*); **2.** ˈÜbergangszeit *f*: (***state of***) ~ Übergangsstadium *n*; **II** *adj.* **3.** → **tran'si·tion·al** [-ʒənl] *adj.* □ Übergangs…, Überleitungs…, Zwischen…
tran·si·tive [ˈtrænsɪtɪv] *adj.* □ **1.** *ling.* transitiv: ~ (***verb***) Transitiv *n*, transitives Verb; **2.** Übergangs…
tran·si·to·ri·ness [ˈtrænsɪtərɪnɪs] *s.* Flüchtigkeit *f*, Vergänglichkeit *f*; **tran·si·to·ry** [ˈtrænsɪtərɪ] *adj.* □ **1.** *zeitlich* vorˈübergehend, transiˈtorisch; **2.** vergänglich, flüchtig.
trans·lat·a·ble [trænsˈleɪtəbl] *adj.* überˈsetzbar; **trans·late** [trænsˈleɪt] **I** *v/t.* **1.** *Buch etc.* überˈsetzen (*a. Computer*), -ˈtragen (***into*** in *acc.*); **2.** *fig. Grundsätze etc.* überˈtragen (***into*** in *acc.*, zu): ~ ***ideas into action*** Gedanken in die Tat umsetzen; **3.** *fig.* a) auslegen, b) ausdrücken (***in*** in *dat.*); **4.** *eccl.* a) *Geistlichen* versetzen, b) *Reliquie etc.* ˈüberführen, verlegen (***to*** nach), c) *j-n* entrücken; **5.** *Brit. Schuhe etc.* ˈumarbeiten; **6.** ⚙ *Bewegung* überˈtragen (***to*** auf *acc.*); **II** *v/i.* **7.** sich *gut etc.* überˈsetzen lassen; **trans'la·tion** [-eɪʃn] *s.* **1.** Überˈsetzung *f*, -ˈtragung *f*; **2.** *fig.* Auslegung *f*; **3.** *eccl.* a) Versetzung *f*, b) Entrückung *f*; **trans'la·tor** [-tə] *s.* **1.** Überˈsetzer(in); **2.** *Computer*: Überˈsetzer *m*.
trans·lit·er·ate [trænzˈlɪtəreɪt] *v/t.* transkribieren, ˈumschreiben; **trans·lit·er·a·tion** [ˌtrænzlɪtəˈreɪʃn] *s.* Transkriptiˈon *f*.
trans·lo·cate [ˌtrænzləʊˈkeɪt] *v/t.* verlagern.
trans·lu·cence [trænzˈluːsns], **trans'lu·cen·cy** [-sɪ] *s.* **1.** ˈDurchscheinen *n*; **2.** ˈLichtˌdurchlässigkeit *f*; **trans'lu·cent** *adj.* □ **1.** a) ˈlichtˌdurchlässig, b) halb ˈdurchsichtig; **2.** ˈdurchscheinend.
trans·ma·rine [ˌtrænzməˈriːn] *adj.* ˈüberseeisch, Übersee…
trans·mi·grant [trænzˈmaɪgrənt] *s.* ˈDurchreisende(r *m*) *f*, -wandernde(r *m*) *f*; **trans·mi·grate** [ˌtrænzmaɪˈgreɪt] *v/i.* **1.** fortziehen; **2.** ˈübersiedeln; **3.** auswandern; **4.** wandern (*Seele*); **trans·mi·gra·tion** [ˌtrænzmaɪˈgreɪʃn] *s.* **1.** Auswanderung *f*, ˈÜbersiedlung *f*; **2.** *a.* ~ ***of souls*** Seelenwanderung *f*; **3.** ⚕ a) ˈÜberwandern *n* (*Ei-, Blutzelle etc.*), b) Diapeˈdese *f*.
trans·mis·si·ble [trænzˈmɪsəbl] *adj.* **1.** überˈsendbar; **2.** *a.* ⚕ *u. fig.* überˈtragbar (***to*** auf *acc.*).
trans·mis·sion [trænzˈmɪʃn] *s.* **1.** Überˈsendung *f*, -ˈmittlung *f*; ☤ Versand *m*; **2.** Überˈmittlung *f von Nachrichten etc.*; **3.** *ling.* (ˈText)Überˌlieferung *f*; **4.** ⚙ a) Transmissiˈon *f*, Überˈsetzung *f*, -ˈtragung *f*, b) Triebwelle *f*, -werk *n*: ~ ***gear*** Wechselgetriebe *n*; **5.** Überˈtragung *f*: a) *biol.* Vererbung *f*, b) ⚕ Ansteckung *f*, c) *Radio, TV*: Sendung *f*, d) ⚖ Überˈlassung *f*, e) *phys.* Fortpflanzung *f*; ~ **belt** *s.* ⚙ Treibriemen *m*; ~ **gear·ing** *s.* ⚙ Überˈsetzungsgetriebe *n*; ~ **ra·tio** *s.* ⚙ Überˈsetzungsverhältnis *n*; ~ **shaft** *s.* ⚙ Karˈdanwelle *f*.
trans·mit [trænzˈmɪt] *v/t.* **1.** (***to***) überˈsenden, -ˈmitteln (*dat.*), (ver)senden (an *acc.*); *a. Telegramm etc.* weitergeben (an *acc.*), befördern; **2.** *Nachrichten etc.* mitteilen (***to*** *dat.*); **3.** *fig. Ideen etc.* überˈmitteln, weitergeben (***to*** an *acc.*); **4.** überˈtragen (*a.* ⚕): a) *biol.* vererben, b) ⚖ überˈschreiben, vermachen; **5.** *phys. Wellen, Wärme etc.* a) (weiter)leiten, b) *a. Kraft* überˈtragen, c) *Licht etc.* ˈdurchlassen; **trans'mit·tal** [-tl] → ***transmission*** 1–4a; **trans'mit·ter** [-tə] *s.* **1.** Überˈsender *m*, -ˈmittler *m*; **2.** *Radio*: a) Sendegerät *n*, b) Sender *m*; **3.** *teleph.* Mikroˈphon *n*; **4.** ⚙ (Meßwert)Geber *m*; **trans'mit·ting** [-tɪŋ] *adj.* Sende…(*-antenne, -stärke etc.*): ~ ***station*** Sender *m*.
trans·mog·ri·fy [trænzˈmɒgrɪfaɪ] *v/t. humor.* (gänzlich) ˈummodeln.
trans·mut·a·ble [trænzˈmjuːtəbl] *adj.* □ ˈumwandelbar; **trans·mu·ta·tion** [ˌtrænzmjuːˈteɪʃn] *s.* **1.** ˈUmwandlung *f* (*a.* ⚒, *phys.*); **2.** *biol.* Transmutatiˈon *f*, ˈUmbildung *f*; **trans·mute** [trænzˈmjuːt] *v/t.* ˈumwandeln (***into*** in *acc.*).
trans·na·tion·al [trænzˈnæʃənl] *adj.* ˈüber-, ☤ ˈmultinatioˌnal.
trans·o·ce·an·ic [ˈtrænzˌəʊʃɪˈænɪk] *adj.* **1.** transozeˈanisch, ˈüberseeisch; **2.** a) Übersee…, b) Ozean…
tran·som [ˈtrænsəm] *s.* ▵ a) Querbalken *m über e-r Tür*, b) (Quer)Blende *f e-s Fensters*.
tran·son·ic [trænˈsɒnɪk] *adj. phys.* Überschall…
trans·par·en·cy [trænsˈpærənsɪ] *s.* **1.** *a. fig.* ˈDurchsichtigkeit *f*, Transpaˈrenz *f*; **2.** Transpaˈrent *n*, Leuchtbild *n*; **3.** *phot.* Dia(posiˈtiv) *n*; **trans'par·ent** [-nt] *adj.* □ **1.** ˈdurchsichtig (*a. fig. offenkundig*): ~ ***colo(u)r*** ⚙ Lasurfarbe; ~ ***slide*** Diapositiv *n*; **2.** *phys.* transpaˈrent, ˈlichtˌdurchlässig; **3.** *fig.* a) klar (*Stil etc.*), b) offen, ehrlich.
tran·spi·ra·tion [ˌtrænspɪˈreɪʃn] *s.* **1.** (*bsd.* Haut)Ausdünstung *f*; **2.** Schweiß *m*; **tran·spire** [trænˈspaɪə] **I** *v/i.* **1.** *physiol.* transpirieren, schwitzen; **2.** ausgedünstet werden; **3.** *fig.* ˈdurchsickern, bekannt werden; **4.** *fig.* passieren, sich ereignen; **II** *v/t.* **5.** ausdünsten, ausschwitzen.
trans·plant [trænsˈplɑːnt] **I** *v/t.* **1.** ⚘ ˈumpflanzen; **2.** ⚕ transplantieren, verpflanzen; **3.** *fig.* versetzen, -pflanzen (***to*** nach, ***into*** in *acc.*); **II** *v/i.* **4.** sich verpflanzen lassen; **III** *s.* [ˈtrænsplɑːnt] **5.** a) → ***transplantation***, b) ⚕ Transplanˈtat *n*; **trans·plan·ta·tion** [ˌtrænsplɑːnˈteɪʃn] *s.* Verpflanzung *f*: a) ⚘ ˈUmpflanzung *f*, b) *fig.* Versetzung *f*, ˈUmsiedlung *f*, c) ⚕ Transplantatiˈon *f*.
trans·port I *v/t.* [trænˈspɔːt] **1.** transportieren, befördern, versenden; **2.** *mst pass. fig.* a) *j-n* hinreißen, entzücken (***with*** vor *dat.*, von), b) heftig erregen: ***~ed with joy*** außer sich vor Freude; **3.** *bsd. hist.* deportieren; **II** *s.* [ˈtrænspɔːt] **4.** a) (ˈAb-, ˈAn)Transˌport *m*, Beförderung *f*, b) Versand *m*, c) Verschiffung *f*; **5.** Verkehr *m*; **6.** Beförderungsmittel *n od. pl.*; **7.** *a.* ~ ***ship***, ~ ***vessel*** a) Transˈport-, Frachtschiff *n*, b) ⚔ ˈTruppentransˌporter *m*; **8.** *a.* ~ ***plane*** ✈ Transˈportflugzeug *n*; **9.** *fig.* a) Taumel *m der Freude etc.*, b) heftige Erregung: ***in a ~ of*** außer sich vor *Entzücken, Wut etc.*; **trans'port·a·ble** [-təbl] *adj.* transˈportfähig, versendbar; **trans·por·ta·tion** [ˌtrænspɔːˈteɪʃn] *s.* **1.** → ***transport*** 4; **2.** Transˈportsyˌstem *n*; **3.** *bsd. Am.* a) Beförderungsmittel *pl.*, b) Transˈportko-

sten *pl.*, c) Fahrausweis *m*; **4.** *bsd. hist.* Deportati'on *f*; **trans'port·er** [-tə] *s.* **1.** Beförderer *m*; **2.** ⚙ Förder-, Trans'portvorrichtung *f*.

trans·pose [træns'pəʊz] *v/t.* **1.** 'umstellen (*a. ling.*), ver-, 'umsetzen; **2.** ♪, ∡, ⚗ transponieren; **trans·po·si·tion** [ˌtrænspə'zɪʃn] *s.* **1.** 'Umstellen *n*; **2.** 'Umstellung *f* (*a. ling.*); **3.** ♪, ∡ Transpositi'on *f*; **4.** ϟ, ⚙ Kreuzung *f von Leitungen etc.*

trans·sex·u·al [trænz'seksjʊəl] **I** *adj.* transsexu'ell; **II** *s.* Transsexu'elle(r *m*) *f*.

trans·ship [træns'ʃɪp] *v/t.* ☤, ⚓ 'umladen, -schlagen; **trans'ship·ment** [-mənt] *s.* ⚓ 'Umladung *f*, 'Umschlag *m*: ~ **charge** Umladegebühr *f*; ~ **port** Umschlaghafen *m*.

tran·sub·stan·ti·ate [ˌtrænsəb'stænʃɪeɪt] *v/t.* 'umwandeln, (*a. eccl. Brot u. Wein*) verwandeln (**into**, **to** in *acc.*, zu); **tran·sub·stan·ti·a·tion** ['trænsəbˌstænʃɪ'eɪʃn] *s.* **1.** 'Stoffˌumwandlung *f*; **2.** *eccl.* Transsubstantiati'on *f*.

tran·sude [træn'sju:d] *v/i.* **1.** *physiol.* 'durchschwitzen (*Flüssigkeiten*); **2.** ('durch)dringen, (-)sickern (**through** durch); **3.** abgesondert werden.

trans·ver·sal [trænz'vɜ:sl] **I** *adj.* □ → **transverse** 1; **II** *s.* ∡ Transver'sale *f*; **trans·verse** ['trænzvɜ:s] **I** *adj.* □ **1.** schräg, diago'nal, Quer…, quer(laufend) (**to** zu): ~ **flute** ♪ Querflöte *f*; ~ **section** ∡ Querschnitt *m*; **II** *s.* **2.** Querstück *n*, -achse *f*, -muskel *m*; **3.** ∡ große Achse e-r El'lipse.

trans·ves·tism [træns'vestɪzəm] *s. psych.* Transve'stismus *m*; **trans'ves·tite** [-taɪt] *s.* Transve'stit *m*.

trap[1] [træp] **I** *s.* **1.** *hunt.*, *a.* ⚔ *u. fig.* Falle *f*: **lay** (*od.* **set**) **a** ~ **for s.o.** j-m e-e Falle stellen; **walk** (*od.* **fall**) **into a** ~ in e-e Falle gehen; **2.** ⚗ Abscheider *m*; **3.** a) Auffangvorrichtung *f*, b) Dampf-, Wasserverschluß *m*, c) Geruchverschluß *m* (*Klosett*); **4.** ϟ (Funk)Sperrkreis *m*; **5.** *Tontaubenschießen*: 'Wurfmaˌschine *f*; **6.** *Golf*: Sandhindernis *n*; **7.** → **trapdoor**; **8.** *Brit.* Gig *n*, zweirädriger Einspänner; **9.** *mot.* offener Zweisitzer; **10.** *pl.* ♪ Schlagzeug *n*; **11.** *sl.* ‚Klappe' *f* (*Mund*); **II** *v/t.* **12.** fangen (*a. fig.*); (*a. phys. Elektronen*) einfangen; **13.** einschließen (*a.* ⚔); verschütten; **14.** *fig.* in e-e Falle locken, ‚fangen'; **15.** Fallen aufstellen in (*dat.*); **16.** ⚙ a) mit Wasserverschluß *etc.* versehen, verschließen, b) *Gase etc.* abfangen; **III** *v/i.* **17.** Fallen stellen (**for** *dat.*).

trap[2] [træp] *s. mst pl.* F ‚Kla'motten' *pl.*, Siebensachen *pl.*, Gepäck *n*.

trap[3] [træp] *s. min.* Trapp *m*.

ˌ**trap**|'**door** *s.* **1.** Fall-, Klapptür *f*, (✈ Boden)Klappe *f*; **2.** *thea.* Versenkung *f*.

tra·peze [trə'pi:z] *s.* Tra'pez *n*; **tra'pe·zi·form** [-zɪfɔ:m] *adj.* tra'pezförmig; **tra'pe·zi·um** [-zjəm] *s.* **1.** ∡ a) Tra'pez *n*, b) *bsd. Am.* Trapezo'id *n*; **2.** *anat.* großes Vieleckbein (*Handwurzel*); **trap·e·zoid** ['træpɪzɔɪd] **I** *s.* **1.** ∡ a) *Brit.* Trapezo'id *n*, b) *bsd. Am.* Tra'pez *n*; **2.** *anat.* kleines Vieleckbein (*Handwurzel*); **II** *adj.* **3.** → **trap·e·zoi·dal** [ˌtræpɪ'zɔɪdl] ∡ trapezo'id, *bsd. Am.* tra'pezförmig.

trap·per ['træpə] *s.* Trapper *m*, Pelztierjäger *m*.

trap·pings ['træpɪŋz] *s. pl.* **1.** Staatsgeschirr *n für Pferde*; **2.** *fig.* a) ‚Staat' *m*, Schmuck *m*, b) Drum u. Dran *n*, ‚Verzierungen' *pl.*

trapse [treɪps] *v/i.* **1.** (da'hin)latschen; **2.** (um'her)schlendern.

trap shoot·ing *s. sport* Trapschießen *n*.

trash [træʃ] *s.* **1.** *bsd. Am.* Abfall *m*, Müll *m*: ~ **can** Abfall-, Mülleimer *m od.* -tonne *f*; **2.** Plunder *m*, Schund *m*; **3.** *fig.* Schund *m*, Kitsch *m* (*Bücher etc.*); **4.** ‚Blech' *n*, Unsinn *m*; **5.** Ausschuß *m*, Gesindel *n*; → **white trash**; '**trash·i·ness** [-ʃɪnɪs] *s.* Wertlosigkeit *f*, Minderwertigkeit *f*; '**trash·y** [-ʃɪ] *adj.* □ wertlos, minderwertig, kitschig, Schund…, Kitsch…

trau·ma ['trɔ:mə] *s.* Trauma *n*: a) ⚕ Wunde *f*, b) *psych.* seelische Erschütterung, (bleibender) Schock; **trau·mat·ic** [trɔ:'mætɪk] *adj.* (□ ~**ally**) ⚕, *psych.* trau'matisch: ~ **medicine** Unfallmedizin *f*.

trav·ail ['træveɪl] **I** *s.* **1.** *obs. od. rhet.* (mühevolle) Arbeit; **2.** (Geburts)Wehen *pl.*; **3.** *fig.* (Seelen)Qual *f*: **be in** ~ **with** schwer ringen mit; **II** *v/i.* **4.** sich abrackern; **5.** in den Wehen liegen.

trav·el ['trævl] **I** *s.* **1.** Reisen *n*: ~ **sickness** Reisekrankheit *f*; **2.** *mst pl.* (längere) Reise: **book of** ~ Reisebeschreibung *f*; **3.** ⚙ Bewegung *f*, Lauf *m*, (Kolben- *etc.*)Hub *m*; **II** *v/i.* **4.** reisen, e-e Reise machen: ~ **light** mit leichtem Gepäck reisen; **5.** ☤ reisen (**in** in *e-r Ware*), als (Handels)Vertreter arbeiten (**for** für); **6.** *ast.*, *phys.*, *mot. etc.* sich bewegen; sich fortpflanzen (*Licht etc.*); **7.** ⚙ sich ('hin- u. 'her)bewegen, laufen (*Kolben etc.*); **8.** *bsd. fig.* schweifen, wandern (*Blick etc.*); **9.** F (da'hin)sausen; **III** *v/t.* **10.** *Land*, *a.* ☤ *Vertreterbezirk* bereisen, *Strecke* zu'rücklegen; ~ **a·gen·cy** *s.* 'Reisebüˌro *n*; ~ **al·low·ance** *s.* Reisekostenzuschuß *m*.

trav·el·la·tor ['trævəleɪtə] *s. Brit.* Rollsteig *m*.

trav·el(l)ed ['trævld] *adj.* **1.** (weit-, viel-) gereist; **2.** (viel)befahren (*Straße etc.*); '**trav·el·(l)er** [-lə] *s.* **1.** Reisende(r *m*) *f*; **2.** ☤ *bsd. Brit.* (Handlungs)Reisende(r) *m*, (Handels)Vertreter *m*; **3.** ⚙ Laufstück *n*, *bsd.* a) Laufkatze *f*, b) Hängekran *m*.

trav·el·(l)er's| **check** (*Brit.* **cheque**) *s.* Reisescheck *m*; ~ **joy** *s.* ⚘ Waldrebe *f*.

trav·el·(l)ing ['trævlɪŋ] *adj.* **1.** Reise… (*-koffer*, *-wecker*, *-kosten etc.*): ~ **agent**, *bsd. Am.* ~ **salesman** → **travel(l)er** 2; **2.** Wander…(*-ausstellung*, *-bücherei*, *-zirkus etc.*); fahrbar, auf Rädern: ~ **dental clinic**; ~ **crane** Laufkran *m*.

trav·e·log(ue) ['trævəlɒg] *s.* Reisebericht *m* (*Vortrag*, *mst mit Lichtbildern*), Reisefilm *m*.

trav·ers·a·ble ['trævəsəbl] *adj.* **1.** (leicht) durch- *od.* über'querbar; **2.** passierbar, befahrbar; **3.** ⚙ (aus-) schwenkbar; **trav·erse** ['trævəs] **I** *v/t.* **1.** durch-, über'queren; **2.** durch'ziehen, -'fließen; **3.** *Fluß etc.* über'spannen; **4.** *fig.* 'durchgehen, -sehen; **5.** ⚙, *a.* ⚔ *Geschütz* (seitwärts) schwenken, **6.** *Linie etc.* kreuzen, schneiden; **7.** *Plan etc.* durch'kreuzen; **8.** ⚓ kreuzen; **9.** ⚖ a) *Vorbringen* bestreiten, b) gegen *e-e Klage etc.* Einspruch erheben; **10.** *mount.*, *Skisport*: *Hang* queren; **II** *v/i.* **11.** ⚙ sich drehen; **12.** *fenc.*, *Reitsport*: traversieren; **13.** *mount.*, *Skisport*: queren; **III** *s.* **14.** Durch-, Über'querung *f*; **15.** △ a) Quergitter *n*, b) Querwand *f*, c) Quergang *m*, d) Tra'verse *f*, Querstück *n*; **16.** ∡ Schnittlinie *f*; **17.** ⚓ Koppelkurs *m*; **18.** ⚔ a) Traverse *f*, Querwall *m*, b) Schulterwehr *f*; **19.** ⚔ Schwenken *n* (*Geschütz*); **20.** ⚙ a) Schwenkung *f e-r Maschine*, b) schwenkbarer Teil; **21.** *surv.* Poly'gon(zug *m*) *n*; **22.** ⚖ a) Bestreitung *f*, b) Einspruch *m*; **23.** *mount.*, *Skisport*: a) Queren *n e-s Hanges*, b) Quergang *m*; **IV** *adj.* **24.** querlaufend, Quer…(*-bohrer etc.*): ~ **motion** Schwenkung *f*; **25.** Zickzack…: ~ **sailing** ⚓ Koppelkurs *m*; **26.** sich kreuzend (*Linien*).

trav·es·ty ['trævɪstɪ] **I** *s.* **1.** Trave'stie *f*; **2.** *fig.* Zerrbild *n*, Karika'tur *f*; **II** *v/t.* **3.** travestieren (*scherzhaft umgestalten*); **4.** *fig.* ins Lächerliche ziehen, verzerren.

trawl [trɔ:l] ⚓ **I** *s. a.* ~ **net** (Grund-) Schleppnetz *n*; **II** *v/t. u. v/i.* mit dem Schleppnetz fischen; '**trawl·er** [-lə] *s.* (Grund)Schleppnetzfischer *m* (*Boot u. Person*).

tray [treɪ] *s.* **1.** Ta'blett *n*, (Ser'vier-, Tee)Brett *n*; **2.** a) Auslagekästchen *n*, b) ('umgehängtes) Verkaufsbrett, ‚Bauchladen' *m*; **3.** flache Schale; **4.** Ablagekorb *m im Büro*; **5.** (Koffer-) Einsatz *m*.

treach·er·ous ['tretʃərəs] *adj.* □ **1.** verräterisch, treulos (**to** gegen); **2.** (heim-) tückisch, 'hinterhältig; **3.** *fig.* tückisch, trügerisch (*Eis*, *Wetter etc.*), unzuverlässig (*a. Gedächtnis*); '**treach·er·ous·ness** [-nɪs] *s.* **1.** Treulosigkeit *f*, Verräte'rei *f*; **2.** *a. fig.* Tücke *f*; '**treach·er·y** [-rɪ] *s.* (**to**) Verrat *m* (an *dat.*), Verräte'rei *f*, Treulosigkeit *f* (gegen).

trea·cle ['tri:kl] *s.* **1.** a) Sirup *m*, b) Me'lasse *f*; **2.** *fig.* a) Süßlichkeit *f*, b) süßliches Getue; '**trea·cly** [-lɪ] *adj.* **1.** sirupartig, Sirup…; **2.** *fig.* süßlich.

tread [tred] **I** *s.* **1.** Tritt *m*, Schritt *m*; **2.** a) Tritt(spur *f*) *m*, b) (Rad- *etc.*)Spur *f*; **3.** ⚙ Lauffläche *f* (*Rad*); *mot.* ('Reifen-) Proˌfil *n*; **4.** Spurweite *f*; **5.** Pe'dalabstand *m* (*Fahrrad*); **6.** a) Fußraste *f*, Trittbrett *n*, b) (Leiter)Sprosse *f*; **7.** Auftritt *m* (*Stufe*); **8.** *orn.* a) Treten *n* (*Begattung*), b) Hahnentritt *m* (*im Ei*); **II** *v/t.* [*irr.*] **9.** beschreiten: ~ **the boards** *thea.* (als Schauspieler) auftreten; **10.** *rhet. Zimmer etc.* durch'messen; **11.** *a.* ~ **down** zertreten, -trampeln: **to** ~ **out** *Feuer* austreten, *fig. Aufstand* niederwerfen; ~ **underfoot** niedertreten, *fig.* mit Füßen treten; **12.** *Pedale etc.*, *a. Wasser* treten; **13.** *orn.* treten, begatten; **III** *v/i.* [*irr.*] **14.** treten (**on** auf *acc.*): ~ **on air** (glück)selig sein; ~ **lightly** leise auftreten, *fig.* vorsichtig zu Werke gehen; **15.** (ein'her)schreiten; **16.** trampeln: ~ (**up**)**on** zertrampeln; **17.** unmittelbar folgen (**on** auf *acc.*); → **heel**[1] *Redew.*; **18.** *orn.* a) treten (*Hahn*), b) sich paaren; **trea·dle** ['tredl] **I** *s.* **1.** ⚙ Tretkurbel *f*, Tritt *m*: ~

drive Fußantrieb *m*; **2.** Pe'dal *n*; **II** *v/i.* **3.** treten; **'tread·mill** *s.* Tretmühle *f* (*a. fig.*).

trea·son ['tri:zn] *s.* (⚖ Landes)Verrat *m* (***to*** an *dat.*): ***high ~, ~ felony*** Hochverrat *m*; **'trea·son·a·ble** [-nəbl] *adj.* □ (landes- *od.* hoch)verräterisch.

treas·ure ['treʒə] **I** *s.* **1.** Schatz *m* (*a. fig.*); **2.** Reichtum *m*, Reichtümer *pl.*, Schätze *pl.*: ***~s of the soil*** Bodenschätze; ***~ trove*** (herrenloser) Schatzfund, *fig.* Fundgrube *f*; **3.** F ‚Perle' *f* (*Dienstmädchen etc.*); **4.** F Schatz *m*, Liebling *m*; **II** *v/t.* **5.** *oft* ***~ up*** *Schätze* (an)sammeln, aufhäufen; **6.** a) (hoch)schätzen, b) hegen, *a. Andenken* in Ehren halten; **~ house** *s.* **1.** Schatzhaus *n*, -kammer *f*; **2.** *fig.* Gold-, Fundgrube *f*.

treas·ur·er ['treʒərə] *s.* **1.** Schatzmeister (-in) (*a.* †); Kassenwart *m*; **2.** † Leiter *m* der Fi'nanzab₁teilung: ***city ~*** Stadtkämmerer *m*; **3.** Fis'kalbeamte(r) *m*: ***2 of the Household*** *Brit.* Fiskalbeamte(r) des königlichen Haushalts; **'treas·ur·er·ship** [-ʃɪp] *s.* Schatzmeisteramt *n*, Amt *n* e-s Kassenwarts.

treas·ur·y ['treʒərɪ] *s.* **1.** Schatzkammer *f*, -haus *n*; **2.** a) Schatzamt *n*, b) Staatsschatz *m*: ***Lords*** (*od.* ***Commissioners***) ***of the 2*** *das* brit. Finanzministerium; ***First Lord of the 2*** erster Schatzlord (*mst der Premierminister*); **3.** Fiskus *m*, Staatskasse *f*; **4.** *fig.* Schatz(kästlein *n*) *m*, Antholo'gie *f* (*Buchtitel*); **2 bench** *s. parl. Brit.* Regierungsbank *f*; **~ bill** *s.* † (*kurzfristiger*) Schatzwechsel; **2 Board** *s. Brit.* Fi'nanzmini₁sterium *n*; **~ bond** *s. Am.* (*langfristige*) Schatzanweisung; **~ cer·tif·i·cate** *s. Am.* (kurzfristiger) Schatzwechsel; **2 De·part·ment** *s. Am.* Fi'nanzmini₁sterium *n*; **~ note** *s. Am.* (*mittelfristiger*) Schatzwechsel; **2 war·rant** *s. Brit.* Schatzanweisung *f*.

treat [tri:t] **I** *v/t.* **1.** behandeln, 'umgehen mit: ***~ s.o. brutally***; **2.** behandeln, betrachten (***as*** als); **3.** ⚕, ⚗, ⚙ behandeln (***for*** gegen, ***with*** mit); **4.** *fig. Thema etc.* behandeln; **5.** *j-m* e-n Genuß bereiten, *bsd. j-n* bewirten (***to*** mit): ***~ o.s. to*** sich *et.* gönnen *od.* leisten *od.* genehmigen; ***~ s.o. to s.th.*** j-m et. spendieren; ***be ~ed to s.th.*** in den Genuß e-r Sache kommen; **II** *v/i.* **6. *~ of*** handeln von, *Thema* behandeln; **7. *~ with*** verhandeln mit; **8.** (die Zeche) bezahlen, e-e Runde ausgeben; **III** *s.* **9.** (Extra)Vergnügen *n*, *bsd.* (Fest-)Schmaus *m*: ***school ~*** Schulfest *n od.* -ausflug *m*; **10.** *fig.* (Hoch)Genuß *m*, Wonne *f*; **11.** (Gratis)Bewirtung *f*: ***stand ~*** → 8; ***it is my ~*** das geht auf m-e Rechnung, diesmal bezahle ich; **'trea·tise** [-tɪz] *s.* (*wissenschaftliche*) Abhandlung; **'treat·ment** [-mənt] *s.* **1.** Behandlung *f* (*a.* ⚕, ⚗, *a. fig. e-s Themas etc.*): ***give s.th. the full ~*** *fig.* et. gründlich behandeln; ***give s.o. the ~*** F j-n ‚in die Mangel nehmen'; **2.** ⚙ Bearbeitung *f*; **3.** *Film*: Treatment *n* (*erweitertes Handlungsschema*).

trea·ty ['tri:tɪ] *s.* **1.** (*bsd.* Staats)Vertrag *m*, Pakt *m*: ***~ powers*** Vertragsmächte; **2.** *obs.* Verhandlung *f*.

tre·ble ['trebl] **I** *adj.* □ **1.** dreifach; **2.** A dreistellig; **3.** ♪ Diskant..., Sopran...; **4.** hoch, schrill; **5.** *Radio*: Höhen...: ***~ control*** Höhenregler *m*; **II** *s.* **6.** ♪ *allg.* Dis'kant *m*; **III** *v/t. u. v/i.* **7.** (sich) verdreifachen.

tree [tri:] **I** *s.* **1.** Baum *m*: ***~ of life*** a) *bibl.* Baum des Lebens, b) ⚘ Lebensbaum; ***up a ~*** F in der Klemme; → ***top***[1] 2; **2.** (*Rosen- etc.*)Strauch *m*, (*Bananen- etc.*)Staude *f*; **3.** ⚙ Baum *m*, Welle *f*, Schaft *m*; (Holz)Gestell *n*; (Stiefel)Leisten *m*; **4.** → ***family tree***; **II** *v/t.* **5.** auf e-n Baum jagen; **6.** *j-n* in die Enge treiben; **~ fern** *s.* ⚘ Baumfarn *m*; **~ frog** *s. zo.* Laubfrosch *m*.

tree·less ['tri:lɪs] *adj.* baumlos, kahl.

tree| line *s.* Baumgrenze *f*; **'~·nail** *s.* ⚙ Holznagel *m*, Dübel *m*; **~ nurs·er·y** *s.* Baumschule *f*; **~ sur·geon** *s.* 'Baumchir₁urg *m*; **~ toad** → ***tree frog***; **'~·top** *s.* Baumkrone *f*, -wipfel *m*.

tre·foil ['trefɔɪl] *s.* **1.** ⚘ Klee *m*; **2.** △ Dreipaß *m*; **3.** *bsd. her.* Kleeblatt *n*.

trek [trek] **I** *v/i.* **1.** *Südafrika*: trecken, (im Ochsenwagen) reisen; **2.** ziehen, wandern; **II** *s.* **3.** Treck *m*.

trel·lis ['trelɪs] **I** *s.* **1.** Gitter *n*, Gatter *n*; **2.** ⚙ Gitterwerk *n*; **3.** ✓ Spa'lier *n*; **4.** Pergola *f*; **II** *v/t.* **5.** vergittern: ***~ed window*** Gitterfenster *n*; **6.** ✓ am Spalier ziehen; **'~·work** *s.* Gitterwerk *n* (*a.* ⚙).

trem·ble ['trembl] **I** *v/i.* **1.** (er)zittern, (-) beben (***at, with*** vor *dat.*): ***~ all over*** (*od.* ***in every limb***) am ganzen Leibe zittern; ***~ at the thought*** (*od.* ***to think***) bei dem Gedanken zittern; → ***balance*** 2; **2.** zittern, bangen (***for*** für, um): ***a trembling uncertainty*** e-e bange Ungewißheit; **II** *s.* **3.** Zittern *n*, Beben *n*: ***be all of a ~*** am ganzen Körper zittern; **4.** *pl. sg. konstr. vet.* Milchfieber *n*; **'trem·bler** [-lə] *s.* **1.** ϟ ('Selbst)Unter₁brecher *m*; **2.** e'lektrische Glocke *od.* Klingel; **'trem·bling** [-lɪŋ] *adj.* □ zitternd: ***~ grass*** ⚘ Zittergras *n*; ***~ poplar*** (*od.* ***tree***) ⚘ Zitterpappel *f*, Espe *f*.

tre·men·dous [trɪ'mendəs] *adj.* □ **1.** schrecklich, fürchterlich; **2.** F ungeheuer, e'norm, ‚toll'.

trem·o·lo ['tremələʊ] *pl.* **-los** *s.* ♪ Tremolo *n*.

trem·or ['tremə] *s.* **1.** ⚕ Zittern *n*, Zukken *n*: ***~ of the heart*** Herzflackern *n*; **2.** Zittern *n*, Schau(d)er *m der Erregung*; **3.** Beben *n der Erde*; **4.** Angst (-gefühl *n*) *f*, Beben *n*.

trem·u·lous ['tremjʊləs] *adj.* □ **1.** zitternd, bebend; **2.** zitt(e)rig, ängstlich.

tre·nail ['trenl] → ***treenail***.

trench [trentʃ] **I** *v/t.* **1.** mit Gräben durch'ziehen *od.* (⚔) befestigen; **2.** ✓ tief 'umpflügen, ri'golen; **3.** zerschneiden, durch'furchen; **II** *v/i.* **4.** (⚔ Schützen)Gräben ausheben; **5.** *geol.* sich (ein)graben (*Fluß etc.*); **6. ~** (***up***)***on*** beeinträchtigen, in *j-s Rechte* eingreifen; **7. ~** (***up***)***on*** *fig.* hart grenzen an (*acc.*); **III** *s.* **8.** (⚔ Schützen)Graben *m*; **9.** Furche *f*, Rinne *f*; **10.** ⚒ Schramm *m*.

trench·an·cy ['trentʃənsɪ] *s.* Schärfe *f*; **'trench·ant** [-nt] *adj.* □ **1.** scharf, schneidend (*Witz etc.*); **2.** einschneidend, e'nergisch: ***a ~ policy***.

trench coat *s.* Trenchcoat *m*.

trench·er[1] ['trentʃə] *s.* ⚔ Schanzarbeiter *m*.

trench·er[2] ['trentʃə] *s.* **1.** Tranchier-, Schneidebrett *n*; **2.** *obs.* Speise *f*; **~ cap** → ***mortarboard*** 2; **'~·man** [-mən] *s.* [*irr.*] guter *etc.* Esser.

trench| fe·ver *s.* ⚕ Schützengrabenfieber *n*; **~ foot** *s.* ⚕ Schützengrabenfüße *pl.* (*Fußbrand*); **~ mor·tar** *s.* ⚔ Gra'natwerfer *m*; **~ war·fare** *s.* ⚔ Stellungskrieg *m*.

trend [trend] **I** *s.* **1.** Richtung *f* (*a. fig.*); **2.** *fig.* Ten'denz *f*, Entwicklung *f*, Trend *m* (*alle a.* †); Neigung *f*, Bestreben *n*: ***the ~ of his argument was*** s-e Beweisführung lief darauf hinaus; ***~ in*** *od.* ***of prices*** † Preistendenz; **3.** *fig.* (Ver-)Lauf *m*: ***the ~ of events***; **II** *v/i.* **4.** sich neigen, streben, tendieren (***towards*** nach *e-r Richtung*); **5.** sich erstrecken, laufen (***towards*** nach *Süden etc.*); **6.** *geol.* streichen (***to*** nach); **~ a·nal·y·sis** *s.* † Konjunk'turana₁lyse *f*; **'~₁set·ter** *s. Mode etc.*: j-d, der den Ton angibt, Schrittmacher *m*, Trendsetter *m*; **'~₁set·ting** *adj.* tonangebend.

tren·dy ['trendɪ] *adj.* ('super)mo₁dern, schick, modebewußt.

tre·pan [trɪ'pæn] **I** *s.* **1.** ⚕ *hist.* Schädelbohrer *m*; **2.** ⚙ 'Bohrma₁schine *f*; **3.** *geol.* Stein-, Erdbohrer *m*; **II** *v/t.* **4.** ⚕ trepanieren.

trep·i·da·tion [₁trepɪ'deɪʃn] *s.* **1.** ⚕ (Glieder-, Muskel)Zittern *n*; **2.** Beben *n*, **3.** Angst *f*, Bestürzung *f*.

tres·pass ['trespəs] **I** *s.* **1.** Über'tretung *f*, Vergehen *n*, Verstoß *m*, Sünde *f*; **2.** 'Übergriff *m*; **3.** 'Mißbrauch *m* (***on*** *gen.*); **4.** ⚖ *allg.* unerlaubte Handlung (*Zivilrecht*): a) unbefugtes Betreten, b) Besitzstörung *f*, c) 'Übergriff *m* gegen die Per'son (*z.B. Körperverletzung*); **5.** *a.* ***action for ~*** ⚖ Schadenersatzklage *f* aus unerlaubter Handlung, *z.B.* Besitzstörungsklage *f*; **II** *v/i.* **6.** ⚖ e-e unerlaubte Handlung begehen: **~** (***up***)***on*** a) widerrechtlich betreten, b) rechtswidrige Übergriffe gegen *j-s Eigentum* begehen; **7. ~** (***up***)***on*** *fig.* a) 'übergreifen auf (*acc.*), b) hart grenzen an (*acc.*), c) *j-s Zeit etc.* über Gebühr in Anspruch nehmen; **8.** (***against***) verstoßen (gegen), sündigen (wider *od.* gegen); **'tres·pass·er** [-sə] *s.* **1.** ⚖ a) Rechtsverletzer *m*, b) Unbefugte(r *m*) *f*: ***~s will be prosecuted!*** Betreten bei Strafe verboten!; **2.** *obs.* Sünder(in).

tress [tres] *s.* **1.** (Haar)Flechte *f*, Zopf *m*; **2.** Locke *f*; **3.** *pl.* üppiges Haar; **tressed** [-st] *adj.* **1.** geflochten; **2.** gelockt.

tres·tle ['tresl] *s.* **1.** ⚙ Gestell *n*, Gerüst *n*, Bock *m*, Schragen *m*: ***~ table*** Zeichentisch *m*; **2.** ⚔ Brückenbock *m*: ***~ bridge*** Bockbrücke *f*; **'~·work** *s.* **1.** Gerüst *n*; **2.** *Am.* 'Bahnvia₁dukt *m*.

trey [treɪ] *s.* Drei *f im Karten- od. Würfelspiel*.

tri·a·ble ['traɪəbl] *adj.* ⚖ a) justiti'abel, zu verhandeln(d) (*Sache*), b) belangbar, abzuurteilen(d) (*Person*).

tri·ad ['traɪəd] *s.* **1.** Tri'ade *f*: a) Dreizahl *f*, b) ⚗ dreiwertiges Ele'ment, c) A Dreiergruppe *f*, Trias *f*; **2.** ♪ Dreiklang *m*.

tri·al ['traɪəl] **I** *s.* **1.** Versuch *m* (***of*** mit), Probe *f*, Erprobung *f*, Prüfung *f* (*alle a.* ⚙): ***~ and error*** a) A Regula *f* falsi, b) empirische Methode; ***~ of strength*** Kraftprobe; ***on ~*** auf *od.* zur Probe; ***give a ~, make a ~ of*** e-n Versuch machen mit, erproben; ***be on ~*** a) erprobt werden, b) e-e Probezeit durchmachen (*Person*), c) *fig.* auf dem Prüfstand sein (→ *a.* 2); **2.** ⚖ ('Straf- *od.* Zi'vil)Pro,zeß *m*, (Gerichts)Verfahren *n*, (Haupt)Verhandlung *f*: **~ by jury** Schwurgerichtsverfahren; **be on** (*od.* **stand**) **~** unter Anklage stehen (**for** wegen); **bring** (*od.* **put**) **s.o. to ~** j-n vor Gericht bringen; **stand** (**one's**) **~** sich vor Gericht verantworten; **3.** (**to** für) *fig.* a) (Schicksals)Prüfung *f*, Heimsuchung *f*, b) Last *f*, Plage *f*, Stra'paze *f*; **4.** *sport* a) Vorlauf *m*, Ausscheidungsrennen *n*, b) Ausscheidungsspiel *n*; **II** *adj.* **5.** Versuchs..., Probe...: **~ balance** ✝ Rohbilanz *f*; **~ balloon** *fig.* Versuchsballon *m*; **~ marriage** Ehe *f* auf Probe; **~ match** → 4 b; **~ order** ✝ Probeauftrag *m*; **~ package** ✝ Probepackung *f*; **~ period** Probezeit *f*; **~ run** Probefahrt *f*, -lauf *m*; **6.** ⚖ Verhandlungs...: **~ court** erstinstanzliches Gericht; **~ judge** Richter *m* der ersten Instanz; **~ lawyer** *Am.* Prozeßanwalt *m*.

tri·an·gle ['traɪæŋgl] *s.* **1.** ⩓ Dreieck *n*; **2.** ♪ Triangel *m*; **3.** ⚙ a) Reißdreieck *n*, b) Winkel *m*; **4.** *mst* **eternal ~** *fig.* Dreiecksverhältnis *n*; **tri·an·gu·lar** [traɪ'æŋgjʊlə] *adj.* dreieckig, -winkelig; *fig.* dreiseitig, Dreiecks...

Tri·as ['traɪəs] → **Tri·as·sic** [traɪ'æsɪk] *geol.* **I** *s.* 'Trias(formati,on) *f*; **II** *adj.* Trias...

trib·al ['traɪbl] *adj.* ☐ Stammes...; **'trib·al·ism** [-bəlɪzəm] *s.* 'Stammessy,stem *n od.* -gefühl *n*.

tri·bas·ic [traɪ'beɪsɪk] *adj.* ⚗ drei-, tribasisch.

tribe [traɪb] *s.* **1.** (Volks)Stamm *m*; **2.** ⚘, *zo.* Tribus *f*, Klasse *f*; **3.** *humor. u. contp.* Sippschaft *f*, ‚Verein' *m*; **tribes·man** ['traɪbzmən] *s.* [*irr.*] Stammesangehörige(r) *m*, -genosse *m*.

trib·u·la·tion [,trɪbjʊ'leɪʃn] *s.* Drangsal *f*, 'Widerwärtigkeit *f*.

tri·bu·nal [traɪ'bju:nl] *s.* **1.** ⚖ Gericht(s-hof *m*) *n*, Tribu'nal *n* (*a. fig.*); **2.** Richterstuhl *m* (*a. fig.*); **trib·une** ['trɪbju:n] *s.* **1.** *antiq.* ('Volks)Tri,bun *m*; **2.** Volksheld *m*; **3.** Tri'büne *f*; **4.** Rednerbühne *f*; **5.** Bischofsthron *m*.

trib·u·tar·y ['trɪbjʊtərɪ] **I** *adj.* ☐ **1.** tri'but-, zinspflichtig (**to** *dat.*); **2.** 'untergeordnet (**to** *dat.*); **3.** helfend, beisteuernd (**to** zu); **4.** *geogr.* Neben...: **~ stream**; **II** *s.* **5.** Tri'butpflichtige(r) *m*, *a.* tri'butpflichtiger Staat; **6.** *geogr.* Nebenfluß *m*; **trib·ute** ['trɪbju:t] *s.* Tri'but *m*: a) Zins *m*, Abgabe *f*, b) *fig.* Zoll *m*, Beitrag *m*, c) *fig.* Huldigung *f*, Achtungsbezeigung *f*, Anerkennung *f*: **~ of admiration** gebührende Bewunderung; **pay ~ to** *j-m* Hochachtung bezeigen *od.* Anerkennung zollen.

tri·car ['traɪkɑ:] *s. Brit.* Dreiradlieferwagen *m*.

trice [traɪs] *s.*: **in a ~** im Nu.

tri·ceps ['traɪseps] *pl.* **'tri·ceps·es** *s. anat.* Trizeps *m* (*Muskel*).

tri·chi·na [trɪ'kaɪnə] *pl.* **-nae** [-ni:] *s. zo.* Tri'chine *f*; **trich·i·no·sis** [,trɪkɪ'nəʊsɪs] *s.* ⚕ Trichi'nose *f*.

trich·o·mon·ad [,trɪkəʊ'mɒnæd] *s. zo.* Trichomo'nade *f*.

tri·chord ['traɪkɔ:d] *adj. u. s.* ♪ dreisaitig(es Instru'ment).

tri·chot·o·my [traɪ'kɒtəmɪ] *s.* Dreiheit *f*, -teilung *f*.

trick [trɪk] **I** *s.* **1.** Trick *m*, Kunstgriff *m*, Kniff *m*, List *f*; *pl. a.* Schliche *pl.*, Ränke *pl.*, Winkelzüge *pl.*: **full of ~s** raffiniert; **2.** (**dirty ~** gemeiner) Streich: **~s of fortune** Tücken des Schicksals; **the ~s of the memory** *fig.* die Tücken des Gedächtnisses; **be up to one's ~s** (wieder) Dummheiten machen; **be up to s.o.'s ~s** j-n *od.* j-s Schliche durchschauen; **what ~s have you been up to?** was hast du angestellt?; **play s.o. a ~**, **play a ~ on s.o.** j-m e-n Streich spielen; **none of your ~s!** keine Mätzchen!; **3.** Trick *m*, (*Karten- etc.*)Kunststück *n*: **do the ~** den Zweck erfüllen; **that did the ~** damit war es geschafft; **4.** (Sinnes)Täuschung *f*; **5.** (*bsd.* üble *od.* dumme) Angewohnheit, Eigenheit *f*; **6.** *Kartenspiel*: Stich *m*: **take** *od.* **win a ~** e-n Stich machen; **7.** ⚓ Rudertörn *m*; **8.** *Am. sl.* ‚Mieze' *f* (*Mädchen*); **9.** V ‚Nummer' *f* (*Koitus*); **II** *adj.* **10.** Trick...(*-dieb*, *-film*, *-szene*); **11.** Kunst...(*-flug*, *-reiten*); **III** *v/t.* **12.** über'listen, betrügen, prellen (**out of** um); **13.** *j-n* verleiten (**into doing** *et.* zu tun); **14.** *mst* **~ up** (*od.* **out**) schmükken, (her'aus)putzen; **'trick·er** [-kə] → **trickster**; **'trick·er·y** [-kərɪ] *s.* **1.** Betrüge'rei(en *pl.*) *f*, Gaune'rei(en *pl.*) *f*; **2.** Kniff *m*; **'trick·i·ness** [-kɪnɪs] *s.* **1.** Verschlagenheit *f*, Durch'triebenheit *f*; **2.** Kitzligkeit *f e-r Situation etc.*; **3.** Kompliziertheit *f*; **'trick·ish** [-kɪʃ] → **tricky**.

trick·le ['trɪkl] **I** *v/i.* **1.** tröpfeln (*a. fig.*); **2.** rieseln; kullern (*Tränen*); **3.** sickern: **~ out** *fig.* durchsickern; **4.** trudeln (*Ball etc.*); **II** *v/t.* **5.** tröpfeln (lassen), träufeln; **6.** rieseln lassen; **III** *s.* **7.** Tröpfeln *n*; Rieseln *n*; **8.** Rinnsal *n* (*a. fig.*); **~ charg·er** *s.* ⚡ Kleinlader *m*.

trick·si·ness ['trɪksɪnɪs] *s.* **1.** → **trickiness**; **2.** 'Übermut *m*.

trick·ster ['trɪkstə] *s.* Gauner(in), Schwindler(in).

trick·sy ['trɪksɪ] *adj.* **1.** → **tricky** 1; **2.** 'übermütig.

trick·y ['trɪkɪ] *adj.* ☐ **1.** verschlagen, durch'trieben, raffiniert; **2.** heikel, kitzlig (*Lage*, *Problem*); **3.** kompliziert, knifflig; **4.** unzuverlässig.

tri·col·o(u)r ['trɪkələ] *s.* Triko'lore *f*.

tri·cot ['tri:kəʊ] *s.* Tri'kot *m* (*Stoff*).

tri·cy·cle ['traɪsɪkl] **I** *s.* Dreirad *n*; **II** *v/i.* Dreirad fahren.

tri·dent ['traɪdnt] *s.* Dreizack *m*.

tried [traɪd] **I** *p.p. von* **try**; **II** *adj.* erprobt, bewährt.

tri·en·ni·al [traɪ'enjəl] *adj.* ☐ **1.** dreijährig; **2.** alle drei Jahre stattfindend, dreijährlich.

tri·er·arch·y ['traɪərɑ:kɪ] *s. hist.* Trierar'chie *f*.

tri·fle ['traɪfl] **I** *s.* **1.** Kleinigkeit *f*: a) unbedeutender Gegenstand, b) Baga'telle *f*, Lap'palie *f*, c) Kinderspiel *n* (**to** für *j-n*), d) kleine Geldsumme, e) *das* bißchen: **a ~ expensive** etwas *od.* ein bißchen teuer; **not to stick at ~s** sich nicht mit Kleinigkeiten abgeben; **stand upon ~s** ein Kleinigkeitskrämer sein; **2.** a) *Brit.* Trifle *n* (*Biskuitdessert*), b) *Am.* 'Obstdes,sert *n* mit Sahne; **II** *v/i.* **3.** spielen (**with** mit *dem Bleistift etc.*); **4.** (**with**) *fig.* spielen (mit), sein Spiel treiben *od.* leichtfertig 'umgehen (mit): **he is not to be ~d with** er läßt nicht mit sich spaßen; **5.** tändeln, scherzen; leichtfertig da'herreden; **6.** (her'um-)trödeln; **III** *v/t.* **7.** **~ away** *Zeit* vertändeln, vertrödeln, *a. Geld* verplempern; **'tri·fler** [-lə] *s.* **1.** oberflächlicher *od.* fri'voler Mensch; **2.** Tändler *m*; **3.** Müßiggänger *m*; **'tri·fling** [-lɪŋ] *adj.* ☐ **1.** oberflächlich, leichtfertig; **2.** tändelnd; **3.** unbedeutend, geringfügig.

tri·fo·li·ate [traɪ'fəʊlɪət] *adj.* ⚘ **1.** dreiblätt(e)rig; **2.** → **tri·fo·li·o·late** [traɪ'fəʊlɪəleɪt] *adj.* ⚘ **1.** dreizählig (*Blatt*); **2.** mit dreizähligen Blättern (*Pflanze*).

trig [trɪg] F *für* **trigonometry**.

trig·ger ['trɪgə] **I** *s.* **1.** ⚡, *phot.*, ⚙ Auslöser *m* (*a. fig.*); **2.** Abzug *m* (*Feuerwaffe*), *am Gewehr*: *a.* Drücker *m*, *e-r Bombe*: Zünder *m*: **pull the ~** abdrükken; **quick on the ~** *fig.* ‚fix', ‚auf Draht' (*reaktionsschnell od. schlagfertig*); **II** *v/t.* **3.** ⚙ auslösen (*a. fig.*); **~ guard** *s.* ⚔ Abzugsbügel *m*; **'~-,hap·py** *adj.* **1.** schießwütig; **2.** *pol.* kriegslüstern; **3.** *fig.* kampflustig.

trig·o·no·met·ric, **trig·o·no·met·ri·cal** [,trɪgənə'metrɪk(l)] *adj.* ☐ ⩓ trigono'metrisch; **trig·o·nom·e·try** [,trɪgə'nɒmɪtrɪ] *s.* Trigonome'trie *f*.

tri·he·dral [,traɪ'hedrl] *adj.* ⩓ dreiflächig, tri'edrisch.

tri·lat·er·al [,traɪ'lætərəl] *adj.* **1.** ⩓ dreiseitig; **2.** *pol.* Dreier...: **~ talks**.

tril·by ['trɪlbɪ] *s.* **1.** *a.* **~ hat** *Brit.* F weicher Filzhut; **2.** *pl. sl.* ‚Haxen' *pl.* (*Füße*).

tri·lin·e·ar [,traɪ'lɪnɪə] *adj.* ⩓ dreilinig: **~ coordinates** Dreieckskoordinaten.

tri·lin·gual [,traɪ'lɪŋgwəl] *adj.* dreisprachig.

trill [trɪl] **I** *v/t. u. v/i.* **1.** ♪ *etc.* trillern, trällern; **2.** *ling.* (*bsd.* das r) rollen; **II** *s.* **3.** ♪ Triller *m*; **4.** *ling.* gerolltes r, gerollter Konso'nant.

tril·lion ['trɪljən] *s.* **1.** *Brit.* Trilli'on *f*; **2.** *Am.* Billi'on *f*.

tril·o·gy ['trɪlədʒɪ] *s.* Trilo'gie *f*.

trim [trɪm] **I** *v/t.* **1.** in Ordnung bringen, zu'rechtmachen; **2.** *Feuer* anschüren; **3.** *Haar*, *Hecken etc.* (be-, zu'recht-) schneiden, stutzen, *bsd. Hundefell* trimmen; **4.** *fig. Budget etc.* stutzen, beschneiden; **5.** ⚙ *Bauholz* behauen, zurichten; **6.** *a.* **~ up** (her'aus)putzen, schmücken, ausstaffieren, schönmachen; **7.** *Hüte etc.* besetzen, garnieren; **8.** F a) *j-n* ‚zs.-stauchen', b) ‚reinlegen', c) ‚vertrimmen' (*a. sport schlagen*); **9.** ✈, ⚓ trimmen: a) *Flugzeug*, *Schiff* in die richtige Lage bringen, b) *Segel* stellen, brassen: **~ one's sails to every wind** *fig.* sein Mäntelchen nach dem Wind hängen, c) *Kohlen* schaufeln, d) *Ladung* (richtig) verstauen; **10.** ⚡ trimmen, (fein) abgleichen; **II** *v/i.* **11.** *fig.* e-n Mittelkurs steuern, *bsd. pol.* lavieren: **~ with the times** sich den Zeiten anpassen, Opportunitätspolitik treiben; **III** *s.* **12.** Ordnung *f*, (richtiger) Zustand, *a.* richtige (*körperliche od. seelische*) Verfassung *od.* Form: **in good** (**out of**) **~** in guter (schlechter) Verfassung (*a. Person*); **13.** ✈, ⚓ a) Trimm (-lage *f*) *m*, b) richtige Stellung *der Segel*, c) gute Verstauung *der Ladung*; **14.** Putz *m*, Staat *m*, Gala *f*; **15.** *mot.*

a) Innenausstattung *f*, b) Zierleiste(n *pl.*) *f*; **IV** *adj.* **16.** ordentlich; **17.** schmuck, sauber, a'drett; gepflegt (*a. Bart, Rasen etc.*); **18.** (gut) in Schuß.

tri·mes·ter [trɪ'mestə] *s.* **1.** Zeitraum *m* von drei Monaten, Vierteljahr *n*; **2.** *univ.* Tri'mester *n*.

trim·mer ['trɪmə] *s.* **1.** Aufarbeiter(in), Putzmacher(in); **2.** ⚓ a) (Kohlen)Trimmer *m*, b) Stauer *m*; **3.** *Zimmerei*: Wechselbalken *m*; **4.** *fig. bsd. pol.* Opportu'nist(in); **'trim·ming** [-mɪŋ] *s.* **1.** (Auf-, Aus)Putzen *n*, Zurichten *n*; **2.** a) (Hut-, Kleider)Besatz *m*, Borte *f*, b) *pl.* Zutaten *pl.*, Posa'menten *pl.*, c) *fig.* ‚Verzierung' *f*, ‚Garnierung' *f im Stil etc.*; **3.** *pl.* Garnierung *f*, Zutaten *pl.* (*Speise*); **4.** *pl.* Abfälle *pl.*, Schnipsel *pl.*; **5.** ⚓ a) Trimmen *n*, (Ver)Stauen *n*, b) Staulage *f*; **6.** (Tracht *f*) Prügel *pl.*; **7.** *bsd. sport* (böse) Abfuhr; **'trim·ness** [-mnɪs] *s.* **1.** gute Ordnung; **2.** gutes Aussehen, Gepflegtheit *f*.

trine [traɪn] **I** *adj.* **1.** dreifach; **II** *s.* **2.** Dreiheit *f*; **3.** *ast.* Trigo'nala,spekt *m*.

Trin·i·tar·i·an [ˌtrɪnɪ'teərɪən] *eccl.* **I** *adj.* **1.** Dreieinigkeits...; **II** *s.* **2.** Bekenner (-in) der Drei'einigkeit; **3.** *hist.* Trini'tarier *m*; ˌ**Trin·i'tar·i·an·ism** [-nɪzəm] *s.* Drei'einigkeitslehre *f*.

tri·ni·tro·tol·u·ene [traɪˌnaɪtrəʊ'tɒljʊiːn] *s.* ⚗ Trinitrotolu'ol *n*.

trin·i·ty ['trɪnɪtɪ] *s.* **1.** Dreiheit *f*; **2.** ≈ *eccl.* Drei'einigkeit *f*; ≈ **House** *s.* Verband *m* zur Aufsicht über See- u. Lotsenzeichen *etc.*; ≈ **Sun·day** *s.* Sonntag *m* Trini'tatis; ≈ **term** *s. univ.* 'Sommertriˌmester *n*.

trin·ket ['trɪŋkɪt] *s.* **1.** Schmuck *m*; (*bsd.* wertloses) Schmuckstück; **2.** *pl. fig.* Kram *m*, Plunder *m*.

tri·no·mi·al [traɪ'nəʊmjəl] **I** *adj.* **1.** Å tri'nomisch, dreigliedrig, -namig; **2.** *biol., zo.* dreigliedrig (*Artname*); **II** *s.* **3.** Å Tri'nom *n*, dreigliedrige (Zahlen-) Größe.

tri·o ['triːəʊ] *pl.* **-os** *s.* ♪ *u. fig.* Trio *n*.

tri·ode ['traɪəʊd] *s.* ⚡ Tri'ode *f*, 'Dreielekˌtrodenˌröhre *f*.

tri·o·let ['triːəʊlet] *s.* Trio'lett *n* (*Ringelgedicht*).

trip [trɪp] **I** *s.* **1.** (*bsd.* kurze, *a.* See)Reise; Ausflug *m*, Spritztour *f* (*to* nach); **2.** *weitS.* Fahrt *f*; **3.** Trippeln *n*; **4.** Stolpern *n*; **5.** Fehltritt *m* (*bsd. fig.*); **6.** *fig.* Fehler *m*; **7.** Beinstellen *n*; **8.** ⚙ Auslösung *f*: ~ ***cam*** *od.* ***dog*** Schaltnocken *m*; ~ ***lever*** Auslöse- *od.* Schalthebel *m*; **9.** *sl.* ‚Trip' *m* (*Drogenrausch*); **II** *v/i.* **10.** trippeln, tänzeln; **11.** stolpern, straucheln (*a. fig.*); **12.** *fig.* (e-n) Fehler machen: ***catch s.o.*** ~***ping*** j-n bei e-m Fehler ertappen; **13.** *über ein Wort* stolpern, sich versprechen; **III** *v/t.* **14.** *oft* ~ ***up*** *j-m* ein Bein stellen, *j-n* zu Fall bringen (*beide a fig.*); **15.** *fig.* vereiteln; **16.** (***in*** bei *e-m Fehler etc.*) ertappen; **17.** ⚙ a) auslösen, b) schalten.

tri·par·tite [ˌtraɪ'pɑːtaɪt] *adj.* **1.** ⚘ dreiteilig; **2.** Dreier..., Dreimächte... (*Vertrag etc.*)

tripe [traɪp] *s.* **1.** Kal'daunen *pl.*, Kutteln *pl.*; **2.** *sl.* a) Schund *m*, Kitsch *m*, b) Quatsch *m*, Blödsinn *m*.

tri·phase ['traɪfeɪz] → ***three-phase.***

tri·phib·i·ous [traɪ'fɪbɪəs] *adj.* ⚔ mit Einsatz von Land-, See- u. Luftstreitkräften ('durchgeführt).

triph·thong ['trɪfθɒŋ] *s. ling.* Tri'phthong *m*, Dreilaut *m*.

tri·plane ['traɪpleɪn] *s.* ✈ Dreidecker *m*.

tri·ple ['trɪpl] **I** *adj.* □ **1.** dreifach; **2.** dreimalig; **3.** Drei..., drei...: ≈ ***Alliance*** *hist.* Tripelallianz *f*, Dreibund *m*; ~ ***fugue*** ♪ Tripelfuge *f*; ~ ***jump*** *sport* Dreisprung *m*; ~ ***time*** ♪ Tripeltakt *m*; **II** *s.* **4.** *das* Dreifache; **III** *v/t. u. v/i.* **5.** (sich) verdreifachen.

tri·plet ['trɪplɪt] *s.* **1.** *biol.* Drilling *m*; **2.** Dreiergruppe *f*, Trio *n* (*drei Personen etc.*); **3.** ♪ Tri'ole *f*; **4.** *Verskunst*: Dreireim *m*.

tri·plex ['trɪpleks] **I** *adj.* **1.** dreifach: ~ ***glass*** → 3; **II** *s.* **2.** ♪ Tripeltakt *m*; **3.** ⚙ Triplex-, Sicherheitsglas *n*.

trip·li·cate ['trɪplɪkət] **I** *adj.* **1.** dreifach; **2.** in dreifacher Ausfertigung (geschrieben *etc.*); **II** *s.* **3.** *das* Dreifache; **4.** dreifache Ausfertigung: ***in*** ~ in dreifacher Ausfertigung; **5.** dritte Ausfertigung; **III** *v/t.* [-keɪt] **6.** verdreifachen; **7.** dreifach ausfertigen.

tri·pod ['traɪpɒd] *s.* **1.** Dreifuß *m*; **2.** *bsd. phot.* Sta'tiv *n*; **3.** ⚙, ⚔ Dreibein *n*.

tri·pos ['traɪpɒs] *s.* letztes Ex'amen *für* ***honours*** (*Cambridge*).

trip·per ['trɪpə] *s.* a) Ausflügler(in), b) Tou'rist(in).

trip·ping ['trɪpɪŋ] **I** *adj.* □ **1.** leicht(füßig), flink; **2.** flott, munter; **3.** strauchelnd (*a. fig.*); **4.** ⚙ Auslöse..., Schalt...; **II** *s.* **5.** Trippeln *n*; **6.** Beinstellen *n*.

trip·tych ['trɪptɪk] *s.* Triptychon *n*, dreiteiliges (Al'tar)Bild.

tri·sect [traɪ'sekt] *v/t.* in drei (gleiche) Teile teilen.

tri·syl·lab·ic [ˌtraɪsɪ'læbɪk] *adj.* (□ ~***ally***) dreisilbig; **tri·syl·la·ble** [ˌtraɪ'sɪləbl] *s.* dreisilbiges Wort.

trite [traɪt] *adj.* □ abgedroschen, platt, ba'nal; **'trite·ness** [-nɪs] *s.* Abgedroschenheit *f*, Plattheit *f*.

Tri·ton ['traɪtn] *s.* **1.** *antiq.* Triton *m* (*niederer Meergott*): ***a*** ~ ***among*** (***the***) ***minnows*** ein Riese unter Zwergen; **2.** ≈ *zo.* Tritonshorn *n*; **3.** ≈ *zo.* Molch *m*.

tri·tone ['traɪtəʊn] *s.* ♪ Tritonus *m*.

trit·u·rate ['trɪtjʊreɪt] *v/t.* zerreiben, -mahlen, -stoßen, pulverisieren.

tri·umph ['traɪəmf] **I** *s.* **1.** Tri'umph *m*: a) Sieg *m* (***over*** über *acc.*), b) Siegesfreude *f* (***at*** über *acc.*): ***in*** ~ im Triumph, triumphierend; **2.** Tri'umph *m* (*Großtat, Erfolg*): ***the*** ~***s of science***; **II** *v/i.* **3.** triumphieren: a) den Sieg da'vontragen, b) jubeln, froh'lokken (*beide* ***over*** über *acc.*), c) Erfolg haben; **tri·um·phal** [traɪ'ʌmfl] *adj.* Triumph..., Sieges...: ~ ***arch*** Triumphbogen *m*; ~ ***procession*** Triumphzug *m*; **tri·um·phant** [traɪ'ʌmfənt] *adj.* □ **1.** triumphierend: a) den Sieg feiernd, b) sieg-, erfolg-, glorreich, c) froh'lokkend, jubelnd; **2.** *obs.* herrlich.

tri·um·vir [trɪ'ʌmvə] *pl.* **-virs** *od.* **-vi·ri** [trɪ'ʌmvɪriː] *s. antiq.* Tri'umvir *m* (*a. fig.*); **tri·um·vi·rate** [traɪ'ʌmvɪrət] *s.* **1.** *antiq.* Triumvi'rat *n* (*a. fig.*); **2.** *fig.* Dreigestirn *n*.

tri·une ['traɪjuːn] *adj. bsd. eccl.* drei'einig.

tri·va·lent [ˌtraɪ'veɪlənt] *adj.* ⚗ dreiwertig.

triv·et ['trɪvɪt] *s.* Dreifuß *m* (*bsd. für Kochgefäße*): (***as***) ***right as a*** ~ *fig.* bei bester Gesundheit.

triv·i·a ['trɪvɪə] *s. pl.* Baga'tellen *pl.*; **'triv·i·al** [-əl] *adj.* □ **1.** trivi'al, ba'nal, all'täglich; **2.** gering(fügig), unbedeutend; **3.** oberflächlich (*Person*); **4.** volkstümlich (*Ggs. wissenschaftlich*); **triv·i·al·i·ty** [ˌtrɪvɪ'ælətɪ] *s.* **1.** Triviali'tät *f*, Plattheit *f*, Banali'tät *f* (*a. Ausspruch etc.*); **2.** Geringfügigkeit *f*, Belanglosigkeit *f*; **'triv·i·al·ize** *v/t.* bagatellisieren.

tri·week·ly [ˌtraɪ'wiːklɪ] **I** *adj.* **1.** dreiwöchentlich; **2.** dreimal wöchentlich erscheinend (*Zeitschrift etc.*); **II** *adv.* **3.** dreimal in der Woche.

troat [trəʊt] **I** *s.* Röhren *n des Hirsches*; **II** *v/i.* röhren.

tro·cha·ic [trəʊ'keɪɪk] *Metrik* **I** *adj.* tro'chäisch; **II** *s.* Tro'chäus *m* (*Vers*); **tro·chee** ['trəʊkiː] *s.* Tro'chäus *m* (*Versfuß*).

trod [trɒd] *pret. u. p.p. von* ***tread.***

trod·den ['trɒdn] *p.p. von* ***tread.***

trog·lo·dyte ['trɒglədaɪt] *s.* **1.** Troglo'dyt *m*, Höhlenbewohner *m*; **2.** *fig.* a) Einsiedler *m*, b) primi'tiver *od.* bru'taler Kerl; **trog·lo·dyt·ic** [ˌtrɒglə'dɪtɪk] *adj.* troglo'dytisch.

troi·ka ['trɔɪkə] (*Russ.*) *s.* Troika *f*, Dreigespann *n*.

Tro·jan ['trəʊdʒən] **I** *adj.* tro'janisch; **II** *s.* Tro'janer(in): ***like a*** ~ F wie ein Pferd *arbeiten.*

troll[1] [trəʊl] **I** *v/t. u. v/i.* **1.** (fröhlich) trällern; **2.** (mit der Schleppangel) fischen (***for*** nach); **II** *s.* **3.** Schleppangel *f*, künstlicher Köder.

troll[2] [trəʊl] *s.* Troll *m*, Kobold *m*.

trol·ley ['trɒlɪ] *s.* **1.** *Brit.* Hand-, Gepäck-, Einkaufswagen *m*; Kofferkuli *m*; (Schub)Karren *m*; **2.** ⚙ Förderwagen *m*; **3.** 🚂 *Brit.* Drai'sine *f*; **4.** ⚡ Kon'taktrolle *f bei Oberleitungsfahrzeugen*; **5.** *Am.* Straßenbahn(wagen *m*) *f*; **6.** *Brit.* Tee-, Servierwagen *m*; ~ **bus** *s.* O(berleitungs)bus *m*; ~ **car** *s. Am.* Straßenbahnwagen *m*; ~ **pole** *s.* ⚡ Stromabnehmerstange *f*; ~ **wire** *s.* Oberleitung *f*.

trol·lop ['trɒləp] **I** *s.* **1.** Schlampe *f*; **2.** ‚Flittchen' *n*; **II** *v/i.* **3.** schlampen; **4.** ‚latschen'.

trom·bone [trɒm'bəʊn] *s.* ♪ **1.** Po'saune *f*; **2.** → **trom'bon·ist** [-nɪst] *s.* ♪ Posau'nist *m*.

troop [truːp] **I** *s.* **1.** Trupp *m*, Schar *f*; **2.** *pl.* ⚔ Truppe(n *pl.*) *f*; **3.** ⚔ a) Schwa'dron *f*, b) ('Panzer)KompaˌNie *f*, c) Batte'rie *f*; **II** *v/i.* **4.** *oft* ~ ***up***, ~ ***together*** sich scharen, sich sammeln; **5.** (in Scharen) *wohin* ziehen, (her'ein- *etc.*) strömen, marschieren: ~ ***away***, ~ ***off*** F abziehen, sich da'vonmachen; **III** *v/t.* **6.** ~ ***the colour***(***s***) *Brit.* ⚔ Fahnenparade abhalten; ~ **car·ri·er** *s.* ⚔ **1.** ✈, ⚓ 'Truppentransˌporter *m*; **2.** Mannschaftswagen *m*; **'~-ˌcar·ry·ing** *adj.*: ~ ***vehicle*** → ***troop carrier*** 2.

troop·er ['truːpə] *s.* **1.** ⚔ Reiter *m*, Kavalle'rist *m*: ***swear like a*** ~ fluchen wie ein Landsknecht; **2.** 'Staatspoliˌzist *m*; **3.** *bsd. Am.* berittener Poli'zist; **4.** ⚔ Kavalle'riepferd *n*; **5.** *Brit.* → ***troopship.***

'troop·ship *s.* ⚓ 'Truppentransˌporter

m.

trope [trəʊp] *s.* Tropus *m* (*a.* ♪), bildlicher Ausdruck.

troph·ic [ˈtrɒfɪk] *adj. biol.* trophisch, Ernährungs…

tro·phy [ˈtrəʊfɪ] **I** *s.* **1.** Troˈphäe *f*, Siegeszeichen *n*, -beute *f* (*alle a. fig.*); **2.** Preis *m*, (*Jagd- etc.*)Troˈphäe *f*; **II** *v/t.* **3.** mit Troˈphäen schmücken.

trop·ic [ˈtrɒpɪk] **I** *s.* **1.** *ast.*, *geogr.* Wendekreis *m*; **2.** *pl. geogr.* Tropen *pl.*; **II** *adj.* **3.** → ***tropical***[1].

trop·i·cal[1] [ˈtrɒpɪkl] *adj.* □ Tropen…, tropisch.

trop·i·cal[2] [ˈtrɒpɪkl] → ***tropological.***

trop·o·log·i·cal [ˌtrɒpəˈlɒdʒɪkl] *adj.* □ fiˈgürlich, metaˈphorisch.

trop·o·sphere [ˈtrɒpəˌsfɪə] *s. meteor.* Tropoˈsphäre *f.*

trot [trɒt] **I** *v/i.* **1.** traben, trotten, im Trab gehen *od.* reiten: ***~ along*** (*od.* ***off***) F ab-, losziehen; **II** *v/t.* **2.** *Pferd* traben lassen, *a. j-n* in Trab setzen; **3.** ***~ out*** a) *Pferd* vorreiten, -führen, b) *fig. et. od. j-n* vorführen, renommieren mit, *Argumente*, *Kenntnisse etc.*, *a. Wein etc.* auftischen, aufwarten mit; **4.** *a.* ***~ round*** *j-n* herˈumführen; **III** *s.* **5.** Trott *m*, Trab *m* (*a. fig.*): ***at a ~*** im Trab; ***keep s.o. on the ~*** j-n in Trab halten; **6.** F ‚Taps' *m* (*kleines Kind*); **7.** F ‚Tante' *f* (*alte Frau*); **8.** ***the ~s*** *pl.* F ‚Dünnpfiff' *m*; **9.** *ped. Am. sl.* a) Eselsbrücke *f*, ‚Klatsche' *f* (*Übersetzungshilfe*), b) Spickzettel *m*; **10.** F Trabrennen *n*.

troth [trəʊθ] *s. obs.* Treue(gelöbnis *n*) *f*: ***by my ~!***, ***in ~!*** meiner Treu!, wahrlich!; ***pledge one's ~*** sein Wort verpfänden, ewige Treue schwören; ***plight one's ~*** sich verloben.

trot·ter [ˈtrɒtə] *s.* **1.** Traber *m* (*Pferd*); **2.** F Fuß *m*, Bein *n von Schlachttieren*: ***pigs ~s*** Schweinsfüße; **3.** *pl. humor.* ‚Haxen' *pl.*; **trot·ting race** [ˈtrɒtɪŋ] *s.* Trabrennen *n*.

trou·ble [ˈtrʌbl] **I** *v/t.* **1.** beunruhigen, stören, belästigen; **2.** *j-n* bemühen, bitten (***for*** um): ***may I ~ you to pass me the salt*** darf ich Sie um das Salz bitten; ***I will ~ you to hold your tongue*** *iro.* würden sie gefälligst den Mund halten; **3.** *j-m* ˈUmstände *od.* Unannehmlichkeiten bereiten, *j-m* Mühe machen; *j-n* behelligen (***about***, ***with*** mit); **4.** *j-n* plagen, quälen: ***be ~d with*** von *e-r Krankheit etc.* geplagt sein; **5.** *j-m* Sorge *od.* Verdruß *od.* Kummer machen *od.* bereiten, *j-n* beunruhigen: ***be ~d about*** sich Sorgen machen wegen; ***don't let it ~ you*** machen Sie sich deswegen keine Gedanken; ***~d face*** sorgenvolles *od.* gequältes Gesicht; **6.** *Wasser* trüben: ***~d waters*** *fig.* schwierige Situation, unangenehme Lage; ***fish in ~d waters*** *fig.* im trüben fischen; **II** *v/i.* **7.** sich beunruhigen (***about*** über *acc.*): ***I should not ~ if*** a) ich wäre beruhigt, wenn, b) es wäre mir gleichgültig, wenn; **8.** sich die Mühe machen, sich bemühen (***to do*** zu tun); sich ˈUmstände machen: ***don't ~*** (***yourself***) bemühen Sie sich nicht; ***don't ~ to write*** du brauchst nicht zu schreiben; **III** *s.* **9.** Mühe *f*, Plage *f*, Last *f*, Belästigung *f*, Störung *f*: ***give s.o. ~*** j-m Mühe verursachen; ***go to much ~*** sich besondere Mühe machen *od.* geben; ***put s.o. to ~*** j-m Umstände bereiten; ***save o.s. the ~ of doing*** sich die Mühe (er)sparen, zu tun; ***take*** (***the***) ***~*** sich (die) Mühe machen; ***take ~ over*** sich Mühe geben mit; (***it is***) ***no ~*** (***at all***) (es ist) nicht der Rede wert; **10.** Unannehmlichkeiten *pl.*, Schwierigkeiten *pl.*, Scherereien *pl.*, ‚Ärger' *m* (***with*** mit *der Polizei etc.*): ***ask*** *od.* ***look for ~*** unbedingt Ärger haben wollen; ***be in ~*** in Schwierigkeiten sein; ***get into ~*** in Schwierigkeiten geraten, Ärger bekommen; ***make ~ for s.o.*** j-n in Schwierigkeiten bringen; ***he is ~*** F er ist gefährlich, mit ihm wird es Ärger geben; **11.** Schwierigkeit *f*, Proˈblem *n*: ***the ~ is*** der Haken dabei ist, das Unangenehme ist (***that*** daß); ***what's the ~?*** wo(ran) fehlt's?, was ist los?; **12.** ⚕ Störung *f*, Leiden *n*: ***heart ~*** Herzleiden; **13.** a) *pol.* Unruhe(n *pl.*) *f*, Wirren *pl.*, b) *allg.* Afˈfäre *f*, Konˈflikt *m*; **14.** ⚙ Störung *f*, Deˈfekt *m*; **ˈ~ˌmak·er** *s.* Unruhestifter *m*; **~ man** [-mən] *s.* [*irr.*] ⚙ Störungssucher *m*; **ˈ~-proof** *adj.* störungsfrei; **ˈ~ˌshoot·er** *s. bsd. Am.* **1.** → ***trouble man***; **2.** *fig.* Friedensstifter *m*, ‚Feuerwehrmann' *m*.

trou·ble·some [ˈtrʌblsəm] *adj.* □ lästig, beschwerlich, unangenehm; **ˈtrou·ble·some·ness** [-nɪs] *s.* Lästigkeit *f*, Beschwerlichkeit *f*; *das* Unangenehme.

trouble spot *s.* **1.** ⚙ Schwachstelle *f*; **2.** *bsd. pol.* Unruheherd *m*.

trou·blous [ˈtrʌbləs] *adj.* □ *obs.* unruhig.

trough [trɒf] *s.* **1.** Trog *m*, Mulde *f*; **2.** Wanne *f*; **3.** Rinne *f*, Kaˈnal *m*; **4.** Wellental *n*: ***~ of the sea***; **5.** *a.* ***~ of low pressure*** *meteor.* Tief(druckrinne *f*) *n*; **6.** *bsd.* ☤ Tiefpunkt *m*, ‚Talsohle' *f*.

trounce [traʊns] *v/t.* **1.** verprügeln; **2.** *fig.* herˈuntermachen; **3.** *sport* ‚überˈfahren', *j-m* e-e Abfuhr erteilen.

troupe [tru:p] *s.* (Schauspieler-, Zirkus-) Truppe *f*.

trou·sered [ˈtraʊzəd] *adj.* Hosen tragend, behost; **ˈtrou·ser·ing** [-zərɪŋ] *s.* Hosenstoff *m*; **trou·sers** [ˈtraʊzəz] *s. pl.* (***a pair of ~*** e-e) (lange) Hose; Hosen *pl.*; → ***wear***[1] 1.

trou·ser suit *s.* Hosenanzug *m*.

trousse [tru:s] *s.* ⚕ (chiˈrurgisches) Besteck.

trous·seau [ˈtru:səʊ] *pl.* **-seaus** (*Fr.*) *s.* Aussteuer *f*.

trout [traʊt] *ichth.* **I** *pl.* **-s**, *bsd. coll.* **trout** *s.* Foˈrelle *f*; **II** *v/i.* Foˈrellen fischen; **III** *adj.* Forellen…

trove [trəʊv] *s.* Fund *m*.

tro·ver [ˈtrəʊvə] *s.* ⚖ **1.** rechtswidrige Aneignung; **2.** *a.* ***action of ~*** Klage *f* auf Herˈausgabe des Wertes.

trow·el [ˈtraʊəl] **I** *s.* **1.** (Maurer)Kelle *f*: ***lay it on with a ~*** *fig.* (zu) dick auftragen; **2.** ⚘ Hohlspatel *m*, Pflanzenheber *m*; **II** *v/t.* **3.** mit der Kelle auftragen, glätten.

troy (**weight**) [trɔɪ] *s.* ☤ Troygewicht *n* (*für Edelmetalle, Edelsteine u. Arzneien; 1 lb. = 373,24 g*).

tru·an·cy [ˈtru:ənsɪ] *s.* (Schul)Schwänzeˈrei *f*, unentschuldigtes Fernbleiben; **ˈtru·ant** [-nt] **I** *s.* **1.** a) (Schul)Schwänzer(in), b) Bummler(in), Faulenzer (-in): ***play ~*** (*bsd.* die Schule) schwänzen, *a.* bummeln; **II** *adj.* **2.** träge, faul, pflichtvergessen; **3.** (schul)schwänzend; **4.** *fig.* (ab)schweifend (*Gedanken*).

truce [tru:s] *s.* **1.** ⚔ Waffenruhe *f*, -stillstand *m*: ***flag of ~*** Parlamentärflagge *f*; ***~ of God*** *hist.* Gottesfriede *m*; (***political***) ***~*** Burgfriede *m*; ***a ~ to talking!*** Schluß mit (dem) Reden!; **2.** *fig.* (Ruhe-, Atem)Pause *f* (***from*** von).

truck[1] [trʌk] **I** *s.* **1.** Tausch(handel) *m*; **2.** Verkehr *m*: ***have no ~ with s.o.*** mit j-m nichts zu tun haben; **3.** *Am.* Gemüse *n*: ***~ farm***, ***~ garden*** *Am.* Gemüsegärtnerei *f*; ***~ farmer*** *Am.* Gemüsegärtner *m*; **4.** *coll.* a) Kram(waren *pl.*) *m*, Hausbedarf *m*, b) *contp.* Plunder *m*; **5.** *mst* ***~ system*** ☤ *hist.* Natuˈrallohn-, ˈTrucksyˌstem *n*; **II** *v/t.* **6.** (***for***) (aus-, ver)tauschen (gegen), eintauschen (für); **7.** verschachern; **III** *v/i.* **8.** Tauschhandel treiben; **9.** schachern, handeln (***for*** um).

truck[2] [trʌk] **I** *s.* **1.** ⚙ Block-, Laufrad *n*; **2.** Hand-, Gepäck-, Rollwagen *m*; **3.** Lore *f*: a) 🚂 *Brit.* offener Güterwagen, b) ⚒ Kippkarren *m*, Förderwagen *m*; **4.** *Am.* Lastauto *n*, -(kraft)wagen *m*: ***~ trailer*** a) Lastwagenanhänger *m*, b) Lastzug *m*; **5.** 🚂 Dreh-, ˈUntergestell *n*; **6.** ⚓ Flaggenknopf *m*; **II** *v/t.* **7.** auf Güter- *od.* Lastwagen *etc.* befördern; **ˈtruck·age** [-kɪdʒ] *s.* **1.** *Am.* ˈLastwagentransˌport *m*; **2.** Transˈportkosten *pl.*

truck·er[1] [ˈtrʌkə] *s. Am.* **1.** Lastwagen-, Fernlastfahrer *m*; **2.** ˈAutospediˌteur *m*.

truck·er[2] [ˈtrʌkə] *s. Am.* Gemüsegärtner *m*.

truck·le[1] [ˈtrʌkl] *v/i.* (zu Kreuze) kriechen (***to*** vor).

truck·le[2] [ˈtrʌkl] *s.* **1.** (Lauf)Rolle *f*; **2.** *mst* ***~ bed*** (niedriges) Rollbett.

truc·u·lence [ˈtrʌkjʊləns], **ˈtruc·u·len·cy** [-sɪ] *s.* Wildheit *f*; **ˈtruc·u·lent** [-nt] *adj.* □ **1.** wild, grausam; **2.** trotzig; **3.** gehässig.

trudge [trʌdʒ] **I** *v/i.* (*bsd.* mühsam) stapfen; sich (mühsam) (fort)schleppen: ***~ along***; **II** *v/t.* (mühsam) durchˈwandern; **III** *s.* mühseliger Marsch *od.* Weg.

true [tru:] **I** *adj.* □ → ***truly***; **1.** wahr, wahrheitsgetreu: ***a ~ story***; ***be ~ of*** zutreffen auf (*acc.*), gelten für; ***come ~*** sich bewahrheiten, sich erfüllen, eintreffen; **2.** wahr, echt, wirklich, (regel-) recht: ***a ~ Christian***; ***~ bill*** ⚖ begründete (*von den Geschworenen bestätigte*) Anklage(schrift); ***~ love*** wahre Liebe; (***it is***) ***~*** zwar, allerdings, freilich, zugegeben; **3.** (ge)treu (***to*** *dat.*): ***a ~ friend***; (***as***) ***~ as gold*** (*od.* ***steel***) treu wie Gold; ***~ to one's principles*** (***word***) s-n Grundsätzen (s-m Wort) getreu; **4.** (ge-) treu (***to*** *dat.*) (*von Sachen*): ***~ copy***; ***~ weight*** genaues *od.* richtiges Gewicht; ***~ to life*** lebenswahr, -echt; ***~ to nature*** naturgetreu; ***~ to size*** ⚙ maßgerecht, -haltig; ***~ to type*** artgemäß, typisch; **5.** rechtmäßig: ***~ heir*** (***owner***); **6.** zuverlässig: ***a ~ sign***; **7.** ⚙ genau, richtig eingestellt *od.* eingepaßt; **8.** ⚓, *phys.* rechtweisend (*Kurs*, *Peilung*): ***~ declination*** Ortsmißweisung *f*; ***~ north*** geographisch Nord; **9.** ♪ richtig gestimmt, rein; **10.** *biol.* reinrassig; **II** *adv.* **11.** wahr(ˈhaftig): ***speak ~*** die Wahrheit reden; **12.** (ge)treu (***to*** *dat.*); **13.** genau: ***shoot*** ~; **III** *s.* **14.** ***the*** ~ das Wahre; **15.** ***out of*** ~ ⚙ unrund; **IV** *v/t.* **16.** *a.* ~ ***up*** ⚙ *Lager* ausrichten; *Werkzeug* nachschleifen; *Rad* zentrieren; ~ **blue** *s.* getreuer Anhänger; ˌ~-ˈ**blue** *adj.* waschecht, treu; ˈ~·**born** *adj.* echt, gebürtig; ˈ~·**bred** *adj.* reinrassig; ˌ~-ˈ**heart·ed** *adj.* aufrichtig, ehrlich; ˌ~-ˈ**life** *adj.* lebenswahr, -echt; ˈ~·**love** *s.* Geliebte(r *m*) *f.*

true·ness [ˈtruːnɪs] *s.* **1.** Wahrheit *f*; **2.** Echtheit *f*; **3.** Treue *f*; **4.** Richtigkeit *f*; **5.** Genauigkeit *f.*

truf·fle [ˈtrʌfl] *s.* ⚘ Trüffel *f.*

tru·ism [ˈtruːɪzəm] *s.* Binsenwahrheit *f*, Gemeinplatz *m.*

trull [trʌl] *s.* Dirne *f*, Hure *f.*

tru·ly [ˈtruːlɪ] *adv.* **1.** wahrheitsgemäß; **2.** aufrichtig: ***Yours*** (***very***) ~ (*als Briefschluß*) Hochachtungsvoll; ***yours*** ~ *humor.* meine Wenigkeit; **3.** wahrˈhaftig, in der Tat; **4.** genau.

trump¹ [trʌmp] *s. obs. od. poet.* Tromˈpete(nstoß *m*) *f*: ***the*** ~ ***of doom*** die Posaune des Jüngsten Gerichts.

trump² [trʌmp] **I** *s.* **1.** a) Trumpf *m*, b) *a.* ~ ***card*** Trumpfkarte *f* (*a. fig.*): ***play one's*** ~ ***card*** *fig.* s-n Trumpf ausspielen; ***put s.o. to his*** ~ *fig.* j-n bis zum Äußersten treiben; ***turn up*** ~***s*** a) sich als das Beste erweisen, b) Glück haben; **2.** F *fig.* feiner Kerl; **II** *v/t.* **3.** (über-) ˈtrumpfen; **4.** *fig. j-n* überˈtrumpfen (***with*** mit); **III** *v/i.* **5.** Trumpf ausspielen, trumpfen.

trump³ [trʌmp] *v/t.* ~ ***up*** *contp.* erdichten, erfinden, sich aus den Fingern saugen; ˌ**trumped-ˈup** [ˌtrʌmpt-] *adj.* erfunden, erlogen, falsch: ~ ***charges.***

trump·er·y [ˈtrʌmpərɪ] **I** *s.* **1.** Plunder *m*, Schund *m*; **2.** *fig.* Gewäsch *n*, Quatsch *m*; **II** *adj.* **3.** Schund..., Kitsch..., kitschig, geschmacklos; **4.** *fig.* billig, nichtssagend: ~ ***arguments.***

trum·pet [ˈtrʌmpɪt] **I** *s.* **1.** ♪ Tromˈpete *f*: ~ ***call*** Trompetensignal *n*; ***blow one's own*** ~ *fig.* sein eigenes Lob singen; ***the last*** ~ die Posaune des Jüngsten Gerichts; **2.** Tromˈpetenstoß *m* (*a. des Elefanten*); **3.** ♪ Tromˈpete(nreˌgister *n*) *f* (*Orgel*); **4.** Schalltrichter *m*, Sprachrohr *n*; **5.** Hörrohr *n*; **II** *v/t. u. v/i.* **6.** tromˈpeten (*a. Elefant*): ~ (***forth***) *fig.* ausposaunen; ˈ**trum·pet·er** [-tə] *s.* **1.** Tromˈpeter *m*; **2.** *fig.* a) ˈAuspoˌsauner(in), b) Lobredner *m*, c) ‚Sprachrohr' *n*; **3.** *orn.* Tromˈpetertaube *f*; **trum·pet ma·jor** *s.* ⚔ ˈStabstromˌpeter *m.*

trun·cate [trʌŋˈkeɪt] **I** *v/t.* **1.** *a. fig.* stutzen, beschneiden; **2.** ⩓ abstumpfen; **3.** ⚙ *Gewinde* abflachen; **4.** *Computer*: beenden; **II** *adj.* **5.** abgestutzt, -stumpft (*Blätter*, *Muscheln*); **trunˈcat·ed** [-tɪd] *adj.* **1.** *a. fig.* gestutzt, beschnitten; **2.** ⩓ abgestumpft: ~ ***cone*** (***pyramid***) Kegel- (Pyramiden)stumpf *m*; **3.** ⚙ abgeflacht; **trun·ca·tion** [trʌŋˈkeɪʃn] *s.* **1.** *a. fig.* Stutzung *f*; **2.** ⩓ Abstumpfung *f*; **3.** ⚙ Abflachung *f*; **4.** *Computer*: Beendigung *f.*

trun·cheon [ˈtrʌntʃən] *s.* **1.** *Brit.* (Gummi)Knüppel *m*, Schlagstock *m der Polizei*; **2.** Komˈmandostab *m.*

trun·dle [ˈtrʌndl] **I** *v/t. Faß etc.* trudeln, rollen; *Reifen* schlagen; *j-n im Rollstuhl etc.* fahren; **II** *v/i. oft* ~ ***along*** rollen, sich wälzen, trudeln; **III** *s.* Rolle *f*, Walze *f*: ~ ***bed*** → ***truckle²*** 2.

trunk [trʌŋk] *s.* **1.** (Baum)Stamm *m*; **2.** Rumpf *m*, Leib *m*, Torso *m*; **3.** *zo.* Rüssel *m*; **4.** (Schrank)Koffer *m*, Truhe *f*; **5.** △ (Säulen)Schaft *m*; **6.** *anat.* (*Nerven- etc.*)Strang *m*, Stamm *m*; **7.** *pl.* a) → ***trunk hose***, b) Badehose *f*, c) *sport* Shorts *pl.*, d) (ˈHerren)ˌUnterhose *f*; **8.** ⚙ Rohrleitung *f*, Schacht *m*; **9.** *teleph. bsd. Brit.* a) Fernleitung *f*, b) Fernverbindung *f*; **10.** 🚆 → ***trunk line*** 1; **11.** *mot. Am.* Kofferraum *m*; **12.** *Computer*: Anschlußstelle *f*; ~ **call** *s. teleph. Brit.* Ferngespräch *n*; ~ **hose** *s. hist.* Kniehose *f*; ~ **line** *s.* **1.** 🚆 Hauptstrecke *f*, -linie *f*; **2.** → ***trunk*** 9 a; ~ **road** *s.* Haupt-, Fernverkehrsstraße *f*; ~ **route** *s. allg.* Hauptstrecke *f.*

trun·nion [ˈtrʌnjən] *s.* ⚙ (Dreh)Zapfen *m.*

truss [trʌs] **I** *v/t.* **1.** *oft* ~ ***up*** a) bündeln, (fest)schnüren, zs.-binden, b) *j-n* fesseln; **2.** *Geflügel zum Braten* dressieren; **3.** △ absteifen, stützen; **4.** *oft* ~ ***up*** *obs. Kleider etc.* aufschürzen, -stecken; **5.** *obs. j-n* aufhängen; **II** *s.* **6.** ⚕ Bruchband *n*; **7.** △ a) Träger *m*, Binder *m*, b) Fach-, Gitter-, Hängewerk *n*, Gerüst *n*; **8.** ⚓ Rack *n*; **9.** (Heu-, Stroh)Bündel *n*, (*a.* Schlüssel)Bund *n*; **10.** ⚘ Dolde *f*; ~ **bridge** *s.* (Gitter)Fachwerkbrücke *f.*

trust [trʌst] **I** *s.* **1.** (*in*) Vertrauen *n* (auf *acc.*), Zutrauen *n* (zu *dat.*): ***place*** (*od.* ***put***) ***one's*** ~ ***in*** → 13; ***position of*** ~ Vertrauensposten *m*; ***take s.th. on*** ~ et. (einfach) glauben; **2.** Zuversicht *f*, zuversichtliche Erwartung *od.* Hoffnung, Glaube *m*; **3.** Kreˈdit *m*: ***on*** ~ a) auf Kredit, b) auf Treu u. Glauben; **4.** Pflicht *f*, Verantwortung *f*; **5.** Verwahrung *f*, Obhut *f*: ***in*** ~ zu treuen Händen; **6.** Pfand *n*, anvertrautes Gut; **7.** ⚖ a) Treuhand(verhältnis *n*) *f*, b) Treuhandgut *n*, -vermögen *n*: ***breach of*** ~ Verletzung *f* der Treupflicht; ~ ***territory*** *pol.* Treuhandgebiet *n*; ***hold s.th. in*** ~ et. treuhänderisch verwalten; **8.** ✝ a) Trust *m*, b) Konˈzern *m*, c) Karˈtell *n*, Ring *m*; **9.** (*Familien- etc.*)Stiftung *f*; **II** *v/t.* **10.** *j-m* (ver)trauen, glauben, sich auf *j-n* verlassen: ~ ***s.o. to do s.th.*** j-m zutrauen, daß er et. tut; ~ ***him to do that!*** *iro.* a) das sieht ihm ähnlich!, b) verlaß dich drauf, er wird es tun!; **11.** (***s.o. with s.th.***, ***s.th. to s.o.*** j-m et.) anvertrauen; **12.** (zuversichtlich) hoffen *od.* erwarten, glauben; **III** *v/i.* **13.** (***in***, ***to***) vertrauen (auf *acc.*), sein Vertrauen setzen (auf *acc.*); **14.** hoffen, glauben, denken; ~ **com·pa·ny** *s. Am.* Treuhandgesellschaft *f od.* -bank *f*; ~ **deed** *s.* Treuhandvertrag *m.*

trus·tee [ˌtrʌsˈtiː] *s.* **1.** Sachwalter *m* (*a. fig.*), (Vermögens)Verwalter *m*, Treuhänder *m*: ~ ***in bankruptcy***, ***official*** ~ Konkurs-, Masseverwalter; ***Public*** ♀ *Brit.* Öffentlicher Treuhänder; ~ ***process*** *Am.* Beschlagnahme *f*, (*bsd.* Forderungs)Pfändung *f*; ~ ***securities***, ~ ***stock*** mündelsichere Wertpapiere; **2.** Kuˈrator *m*, Pfleger *m*: ***board of*** ~***s*** Kuratorium *n*; ˌ**trusˈtee·ship** [-ʃɪp] *s.* **1.** Treuhänderschaft *f*; **2.** Kuraˈtorium *n*; **3.** *pol.* a) Treuhandverwaltung *f*, b) Treuhandgebiet *n.*

trust·ful [ˈtrʌstfʊl] *adj.* □ vertrauensvoll, zutraulich.

trust fund *s.* ✝ Treuhandvermögen *n.*

trust·i·fi·ca·tion [ˌtrʌstɪfɪˈkeɪʃn] *s.* ✝ Verˈtrustung *f*, Trustbildung *f.*

trust·ing [ˈtrʌstɪŋ] *adj.* □ → ***trustful.***

ˈ**trustˌwor·thi·ness** [-ˌwɜːðɪnɪs] *s.* Vertrauenswürdigkeit *f*; ˈ**trustˌwor·thy** *adj.* □ vertrauenswürdig, zuverlässig.

trust·y [ˈtrʌstɪ] **I** *adj.* □ **1.** vertrauensvoll; **2.** treu, zuverlässig; **II** *s.* **3.** ‚Kalˈfakter' *m* (*privilegierter Sträfling*).

truth [truːθ] *s.* **1.** Wahrheit *f*: ***in*** ~, *obs.* ***of a*** ~ in Wahrheit; ***the*** ~, ***the whole*** ~ ***and nothing but the*** ~ ⚖ die reine Wahrheit; ***to tell the*** ~, ~ ***to tell*** um die Wahrheit zu sagen, ehrlich gesagt; ***there is no*** ~ ***in it*** daran ist nichts Wahres; ***the*** ~ ***is that I forgot it*** in Wirklichkeit *od.* tatsächlich habe ich es vergessen; **2.** *allgemein anerkannte* Wahrheit: ***historical*** ~; **3.** Wahrˈhaftigkeit *f*, Aufrichtigkeit *f*; **4.** Wirklichkeit *f*, Echtheit *f*, Treue *f*; **5.** Richtigkeit *f*, Genauigkeit *f*: ***be out of*** ~ ⚙ nicht genau passen; ~ ***to life*** Lebensechtheit *f*; ~ ***to nature*** Naturtreue *f.*

truth·ful [ˈtruːθfʊl] *adj.* □ **1.** wahr (-heitsgemäß); **2.** wahrheitsliebend; **3.** echt, genau, getreu; ˈ**truth·ful·ness** [-nɪs] *s.* **1.** Wahrˈhaftigkeit *f*; **2.** Wahrheitsliebe *f*; **3.** Echtheit *f.*

try [traɪ] **I** *s.* **1.** Versuch *m*: ***have a*** ~ e-n Versuch machen, es versuchen (***at*** mit); **2.** *Rugby*: Versuch *m*; **II** *v/t.* **3.** versuchen, probieren: ~ ***one's best*** sein Bestes tun; ~ ***one's hand at s.th.*** sich an e-r Sache versuchen; **4.** *a.* ~ ***out*** (aus-, ˈdurch)probieren, erproben, prüfen: ~ ***a new method*** (***remedy***, ***invention***); ~ ***on*** *Kleid etc.* anprobieren, *Hut* aufprobieren; ~ ***it on with s.o.*** *sl.* ‚es bei j-m probieren'; **5.** e-n Versuch machen mit, es versuchen mit: ~ ***the door*** die Tür zu öffnen suchen; ~ ***one's luck*** sein Glück versuchen (***with*** bei *j-m*); **6.** ⚖ a) verhandeln über *e-e Sache*, *Fall* unterˈsuchen, b) verhandeln gegen *j-n*, vor Gericht stellen; **7.** *Augen etc.* angreifen, (über)ˈanstrengen, *Geduld*, *Mut*, *Nerven etc.* auf e-e harte Probe stellen; **8.** *j-n* arg mitnehmen, plagen, quälen; **9.** *mst* ~ ***out*** ⚙ a) *Metalle* raffinieren, scheiden, b) *Talg etc.* ausschmelzen, c) *Spiritus* rektifizieren; **III** *v/i.* **10.** versuchen (***at*** *acc.*), sich bemühen *od.* bewerben (***for*** um); **11.** versuchen, e-n Versuch machen: ~ ***again!*** (versuch es) noch einmal!; ~ ***and read!*** F versuche zu lesen!; ~ ***hard*** sich große Mühe geben.

try·ing [ˈtraɪɪŋ] *adj.* □ **1.** schwierig, kritisch, unangenehm, nervtötend; **2.** anstrengend, ermüdend (***to*** für).

ˈ**try**|**-on** *s.* **1.** Anprobe *f*; **2.** F ˈSchwindelmaˌnöver *n*; ˈ~**-out** *s.* **1.** Probe *f*, Erprobung *f*; **2.** *sport* Ausscheidungskampf *m*, -spiel *n*; ~·**sail** [ˈtraɪsl] *s.* ⚓ Gaffelsegel *n*; ~ **square** *s.* ⚙ Richtscheit *n.*

tryst [trɪst] *obs.* **I** *s.* **1.** Stelldichein *n*, Rendezˈvous *n*; **2.** → ***trysting place***; **II** *v/t.* **3.** *j-n* (an e-n verabredeten Ort) bestellen; **4.** *Zeit*, *Ort* verabreden; **tryst·ing place** [-tɪŋ] *s.* Treffpunkt *m.*

tsar [zɑː] *etc.* → ***czar*** *etc.*

tset·se (fly) [ˈtsetsɪ] *s. zo.* Tsetsefliege *f.*

ˈ**T-shirt** *s.* T-Shirt *n.*

ˈ**T-square** *s.* ⚙ **1.** Reißschiene *f*; **2.** Anschlagwinkel *m.*

tub [tʌb] **I** *s.* **1.** (Bade)Wanne *f*; **2.** *Brit.* F (Wannen)Bad *n*; **3.** Bottich *m*, Kübel *m*, Wanne *f*; **4.** (*Butter- etc.*)Faß *n*, Tonne *f*; **5.** Faß *n* (*als Maß*): ***a ~ of tea***; **6.** ⚓ *humor.* ‚Kahn' *m*, ‚Kasten' *m* (*Schiff*); **7.** *Rudern*: Übungsboot *n*; **8.** ⚒ Förderkorb *m*, -wagen *m*; **9.** *humor.* Kanzel *f*; **II** *v/t.* **10.** *bsd.* *Butter* in ein Faß tun; **11.** ⚘ in e-n Kübel pflanzen; **12.** F baden; **III** *v/i.* **13.** F (sich) baden; **14.** *Rudern*: im Übungsboot trainieren.

tu·ba ['tju:bə] *s.* ♪ Tuba *f.*

tub·by ['tʌbɪ] **I** *adj.* **1.** faß-, tonnenartig; **2.** F rundlich, klein u. dick; **3.** dumpf, hohl (*klingend*); **II** *s.* **4.** F ‚Dickerchen' *n.*

tube [tju:b] **I** *s.* **1.** Rohr(leitung *f*) *n*, Röhre *f*; (Glas- *etc.*)Röhrchen *n*: → ***test tube***; **2.** Schlauch *m*: (***inner***) **~** ⚙ (Luft)Schlauch *m*; **3.** (Me'tall)Tube *f*: **~ *colo(u)rs*** Tubenfarben; **4.** ♪ (Blas-)Rohr *n*; **5.** *anat.* (*Luft- etc.*)Röhre *f*, Ka'nal *m*; **6.** ⚘ (Pollen)Schlauch *m*; **7.** ⚡ Röhre *f*: ***the ~*** die ‚Röhre' *f* (*Fernseher*); ***on the ~*** ‚in der Glotze'; **8.** a) (U-Bahn)Tunnel *m*, b) *a.* **2** *die* Londoner U-Bahn; **II** *v/t.* **9.** ⚙ mit Röhren versehen; **10.** (durch Röhren) befördern; **11.** (in Röhren *od.* Tuben) abfüllen; '**tube-feed** [*irr.*] *v/t.* ⚕ künstlich (⚖ zwangs)ernähren; '**tube·less** [-lɪs] *adj.* schlauchlos (*Reifen*).

tu·ber ['tju:bə] *s.* **1.** ⚘ Knolle *f*, Knollen (-gewächs *n*) *m*; **2.** ⚕ Knoten *m*, Schwellung *f*, Tuber *n.*

tu·ber·cle ['tju:bəkl] *s.* **1.** *biol.* Knötchen *n*; **2.** ⚕ a) Tu'berkel(knötchen *n*) *m*, b) (*bsd.* 'Lungen)Tu,berkel *m*; **3.** ⚘ kleine Knolle, Warze *f*; **tu·ber·cu·lar** [tju:'bɜ:kjʊlə] → ***tuberculous***; **tu·ber·cu·lo·sis** [tju:,bɜ:kjʊ'ləʊsɪs] *s.* ⚕ Tuberku'lose *f*; **tu·ber·cu·lous** [tju:'bɜ:kjʊləs] *adj.* **1.** ⚕ tuberku'lös, Tuberkel...; **2.** knotig.

tube·rose[1] ['tju:bərəʊz] *s.* ⚘ Tube'rose *f*, 'Nachthya,zinthe *f.*

tu·ber·ose[2] ['tju:bərəʊs] → ***tuberous.***

tu·ber·os·i·ty [,tju:bə'rɒsɪtɪ] → ***tuber*** 2.

tu·ber·ous ['tju:bərəs] *adj.* **1.** *anat.*, ⚕ knotig, knötchenförmig; **2.** ⚘ a) knollentragend, b) knollig.

tub·ing ['tju:bɪŋ] *s.* ⚙ **1.** 'Röhrenmateri,al *n*, Rohr *n*; **2.** *coll.* Röhren *pl.*, Röhrenanlage *f*; **3.** Rohr(stück) *n.*

'**tub**|**-,thump·er** *s.* (g)eifernder *od.* schwülstiger Redner; '**~-,thump·ing** *adj.* (g)eifernd, schwülstig.

tu·bu·lar ['tju:bjʊlə] *adj.* rohrförmig, Röhren..., Rohr...: **~ *boiler*** Heizrohrkessel *m*; **~ *furniture*** Stahlrohrmöbel *pl.*; **tu·bule** ['tju:bju:l] *s.* **1.** Röhrchen *n*; **2.** *anat.* Ka'nälchen *n.*

tuck [tʌk] **I** *s.* **1.** Falte *f*, Biese *f*, Einschlag *m*, Saum *m*; Lasche *f*; **2.** ⚓ Gilling *f*; **3.** *ped. Brit.* F Süßigkeiten *pl.*; **4.** *sport* Hocke *f*; **II** *v/t.* **5.** *mst* **~ *in*** a) einnähen, b) *Falte* einschlagen; **6.** Biesen nähen in *ein Kleid*; **7.** *mst* **~ *in*** (*od.* ***up***) ein-, 'umschlagen: **~ *up*** a) abnähen, b) hochstecken, -schürzen, c) raffen, d) *Ärmel* hochkrempeln; **8.** *et. wohin* stecken, *unter den Arm etc.* klemmen: **~ *away*** a) wegstecken, verstauen, b) verstecken; ***~ed away*** versteckt (liegend) (*z.B. Dorf*); **~ *in*** (*od.* ***up***) (warm) zudecken, (behaglich) einpacken; **~ *up in bed*** ins Bett stecken; **~ *up one's legs*** die Beine anziehen; **9.** **~ *in*** *sl. Essen etc.* ‚verdrücken'; **III** *v/i.* **10.** sich falten: **~ *away*** sich verstauen lassen; **11.** **~ *in*** F *beim Essen* ‚einhauen': **~ *into*** sich *et.* schmecken lassen.

tuck·er[1] ['tʌkə] *s.* **1.** Faltenleger *m* (*Nähmaschine*); **2.** *hist.* Brusttuch *n*: ***best bib and ~*** *fig.* Sonntagsstaat *m.*

tuck·er[2] ['tʌkə] *v/t.* *mst* **~ *out*** *Am.* F *j-n* ‚fertigmachen' (*völlig erschöpfen*): ***~ed out*** (total) erledigt.

'**tuck**|**-in** *s. Brit. sl.* ‚Fresse'rei' *f*, Schmaus *m*; '**~·shop** *s. Brit. ped. sl.* Süßwarenladen *m.*

Tues·day ['tju:zdɪ] *s.* Dienstag *m*: ***on ~*** am Dienstag; ***on ~s*** dienstags.

tu·fa ['tju:fə] *s. geol.* Kalktuff *m*, Tuff (-stein) *m*; **tu·fa·ceous** [tju:'feɪʃəs] *adj.* (Kalk)Tuff...

tuff [tʌf] → ***tufa.***

tuft [tʌft] *s.* **1.** (*Gras-, Haar- etc.*)Büschel *n*, (*Feder- etc.*)Busch *m*, (*Haar-*) Schopf *m*; **2.** Quaste *f*, Troddel *f*; **3.** *anat.* Kapil'largefäßbündel *n*; '**tuft·ed** [-tɪd] *adj.* **1.** büschelig; **2.** *orn.* Hauben...: **~ *lark***; '**tuft,hunt·er** *s.* gesellschaftlicher Streber; **tuft·y** ['tʌftɪ] *adj.* büschelig.

tug [tʌg] **I** *v/t.* **1.** zerren, ziehen an (*dat.*); ⚓ schleppen; **II** *v/i.* **2.** **~ *at*** zerren an (*dat.*); **3.** *fig.* sich (ab)placken; **III** *s.* **4.** Zerren *n*, (heftiger) Zug, Ruck *m*: ***give a ~ at*** → 2; **~ *of war*** *sport u. fig.* Tauziehen *n*; **5.** *fig.* a) große Anstrengung, b) schwerer (*a. seelischer*) Kampf; **6.** *a.* ***~boat*** ⚓ Schleppdampfer *m*, Schlepper *m.*

tu·i·tion [tju:'ɪʃn] *s.* 'Unterricht *m*: ***private ~*** Privatunterricht, -stunden *pl.*; **tu'i·tion·al** [-ʃənl], **tu'i·tion·ar·y** [-ʃnərɪ] *adj.* Unterrichts..., Studien...

tu·lip ['tju:lɪp] *s.* ⚘ Tulpe *f*; **~ *tree*** *s.* ⚘ Tulpenbaum *m.*

tulle [tju:l] *s.* Tüll *m.*

tum·ble ['tʌmbl] **I** *s.* **1.** Fall *m*, Sturz *m* (*a.* ✝): **~ *in prices*** ✝ Preissturz; **2.** Purzelbaum *m*; Salto *m*; **3.** *fig.* Wirrwarr *m*: ***all in a ~*** kunterbunt durcheinander; **4.** ***give s.o. a. ~*** *sl.* von j-m Notiz nehmen; **II** *v/i.* **5.** *a.* **~ *down*** (ein-, 'um-, hin-, hin'ab)fallen, (-)stürzen, (-)purzeln: ***to ~ over*** umkippen, sich überschlagen; **6.** purzeln, stolpern (***over*** über *acc.*); **7.** *wohin* stolpern (*eilen*): **~ *into*** *fig.* a) *j-m* in *die Arme* laufen, b) in *e-n Krieg etc.* ‚hineinschlittern'; **~ *to*** *sl. et.* plötzlich ‚kapieren' *od.* ‚spitzkriegen'; **8.** Luftsprünge *od.* Saltos *etc.* machen; *sport* Bodenübungen machen; **9.** sich wälzen; **10.** ⚔ taumeln (*Geschoß*); **11.** ✝ ‚purzeln' (*Aktien, Preise*); **III** *v/t.* **12.** zu Fall bringen, 'umstürzen, -werfen; **13.** durch'wühlen; **14.** schleudern, schmeißen; **15.** zerknüllen; *Haar* zerzausen; **16.** ⚙ schleudern; **17.** *hunt.* abschießen; '**~-down** *adj.* baufällig; **~ *dri·er*** *s.* Wäschetrockner *m.*

tum·bler ['tʌmblə] *s.* **1.** Trink-, Wasserglas *n*, Becher *m*; **2.** Par'terreakro,bat (-in); **3.** ⚙ a) Zuhaltung *f* (*Türschloß*), b) Richtwelle *f* (*Übersetzungsmotor*), c) Zahn *m*, d) Nocken, e) (Wasch-, Scheuer)Trommel *f*; **4.** *orn.* Tümmler *m*; **5.** *Am.* Stehaufmännchen *n*; **~ *switch*** *s.* ⚡ Kippschalter *m.*

tum·brel ['tʌmbrəl], '**tum·bril** [-rɪl] *s.* **1.** ⚒ Mistkarren *m*; **2.** *hist.* Schinderkarren *m*; **3.** ⚔ *hist.* Muniti'onskarren *m.*

tu·me·fa·cient [,tju:mɪ'feɪʃnt] *adj.* ⚕ Schwellung erzeugend; **,tu·me'fac·tion** [-'fækʃn] *s.* ⚕ (An)Schwellung *f*, Geschwulst *f*; **tu·me·fy** ['tju:mɪfaɪ] *v/i. u. v/t.* ⚕ (an)schwellen lassen; **tu·mes·cent** [tju:'mesnt] *adj.* (an)schwellend, geschwollen.

tu·mid ['tju:mɪd] *adj.* □ geschwollen (*a. fig.*); **tu·mid·i·ty** [tju:'mɪdətɪ] *s.* **1.** ⚕ Schwellung *f*; **2.** *fig.* Geschwollenheit *f.*

tum·my ['tʌmɪ] *s.* *Kindersprache*: Bäuchlein *n*: **~ *ache*** Bauchweh *n.*

tu·mo(u)r ['tju:mə] *s.* ⚕ Tumor *m.*

tu·mult ['tju:mʌlt] *s.* Tu'mult *m*: a) Getöse *n*, Lärm *m*, b) (*a. seelischer*) Aufruhr *m*; **tu·mul·tu·ar·y** [tju:'mʌltjʊərɪ] *adj.* **1.** → ***tumultuous***; **2.** verworren; **3.** aufrührerisch; **tu·mul·tu·ous** [tju:'mʌltjʊəs] *adj.* □ **1.** tumultu'arisch, lärmend; **2.** heftig, stürmisch, turbu'lent.

tu·mu·lus ['tju:mjʊləs] *s.* (*bsd. alter* Grab)Hügel.

tun [tʌn] *s.* **1.** Faß *n*; **2.** *Brit.* Tonne *f* (*altes Flüssigkeitsmaß*); **3.** *Brauerei*: Maischbottich *m.*

tune [tju:n] **I** *s.* **1.** ♪ Melo'die *f*, Weise *f*, Lied *n*; *a.* Hymne *f*, Cho'ral *m*: ***to the ~ of*** a) nach der Melodie von, b) *fig.* in Höhe von, von sage u. schreibe *£ 100*; ***call the ~*** *fig.* das Sagen haben; ***change one's ~***, ***sing another ~*** F e-n anderen Ton anschlagen, andere Saiten aufziehen; **2.** ♪ a) (richtige) (Ein)Stimmung e-s Instru'ments, b) richtige Tonhöhe: ***in ~*** (richtig) gestimmt; ***out of ~*** verstimmt; ***keep ~*** a) Stimmung halten (*Instrument*), b) Ton halten; ***play out of ~*** unrein *od.* falsch spielen; ***sing in ~*** tonrein *od.* sauber singen; **3.** ⚡ Abstimmung *f*, (Scharf)Einstellung *f*; **4.** *fig.* Harmo'nie *f*: ***in ~ with*** übereinstimmend mit, im Einklang (stehend) mit, harmonierend mit; ***be out of ~ with*** im Widerspruch stehen zu, nicht übereinstimmen mit; **5.** *fig.* Stimmung *f*: ***not in ~ for*** nicht aufgelegt zu; ***out of ~*** verstimmt, mißgestimmt; **II** *v/t.* **6.** *a.* **~ *up*** a) ♪ stimmen, b) *fig.* abstimmen (***to*** auf *acc.*); **7.** *Antenne, Radio, Stromkreis* abstimmen, einstellen (***to*** auf *acc.*); **8.** *fig.* a) (***to***) anpassen (an *acc.*), b) (***for***) bereitmachen (für); **III** *v/i.* **9.** ♪ stimmen; **~ *in*** *v/i.* (das Radio *etc.*) einschalten: **~ *to*** a) *e-n Sender, ein Programm* einschalten, b) *fig.* sich einstellen auf (*acc.*); **~ *up*** **I** *v/t.* **1.** → ***tune*** 6; **2.** *mot.*, ✈ a) startbereit machen, b) *Motor* einfahren, c) *e-n Motor* tunen; **3.** *fig.* a) bereitmachen, b) in Schwung bringen, c) *das Befinden etc.* heben; **II** *v/i.* **4.** ♪ (die Instru'mente) stimmen; **5.** F a) einsetzen, b) F losheulen.

tune·ful ['tju:nfʊl] *adj.* □ **1.** me'lodisch; **2.** *obs.* sangesfreudig: **~ *birds***; '**tune·less** [-nlɪs] *adj.* 'unme,lodisch.

tun·er ['tju:nə] *s.* **1.** ♪ (Instru'menten-) Stimmer *m*; **2.** ♪ a) Stimmpfeife *f*, b) Stimmvorrichtung *f* (*Orgel*); **3.** ⚡ Abstimmvorrichtung *f*; **4.** *Radio, TV*: Tuner *m*, Ka'nalwähler *m.*

tune-up ['tju:nʌp] *s.* **1.** *Am.* → ***warm-up*** 1 *u.* 3; **2.** ⚙ leistungsfördernde Maßnahmen *pl.*

tung·state [ˈtʌŋsteɪt] *s.* ⚗ Wolfraˈmat *n*; **ˈtung·sten** [-stən] *s.* ⚗ Wolfram *n*: ~ ***steel*** ⚙ Wolframstahl *m*; **ˈtung·stic** [-stɪk] *adj.* ⚗ Wolfram…: ~ ***acid***.

tu·nic [ˈtjuːnɪk] *s.* **1.** *antiq.* Tunika *f*; **2.** *bsd.* ⚔ *Brit.* Waffenrock *m*; **3.** a) ˈÜberkleid *n*, b) Kasack *m*; **4.** → ***tunicle***; **5.** *biol.* Häutchen *n*, Hülle *f*; **ˈtu·ni·ca** [-kə] *pl.* **-cae** [-siː] *s. anat.* Häutchen *n*, Mantel *m*; **ˈtu·ni·cate** [-kət] *s. zo.* Manteltier *n*; **ˈtu·ni·cle** [-kl] *s. R.C.* Meßgewand *n*.

tun·ing [ˈtjuːnɪŋ] **I** *s.* **1.** a) ♪ Stimmen *n*, b) *fig.* Ab-, Einstimmung *f* (***to*** auf *acc.*); **2.** Anpassung *f* (***to*** an *acc.*); **3.** ⚡ Abstimmung *f*, Einstellung *f* (***to*** auf *acc.*); **II** *adj.* **4.** ♪ Stimm…: ~ ***fork***; **5.** ⚡ Abstimm…(*-kreis, -skala etc.*).

tun·nel [ˈtʌnl] **I** *s.* **1.** Tunnel *m*, Unterˈführung *f* (*Straße, Bahn, Kanal*); **2.** *a. zo.* ˈunterirdischer Gang, Tunnel *m*; **3.** ⚒ Stollen *m*; **4.** ✈ ˈWindkaˌnal *m*; **II** *v/t.* **5.** unterˈtunneln, e-n Tunnel bohren *od.* treiben durch; **III** *v/i.* **6.** e-n Tunnel anlegen *od.* treiben (***through*** durch); **ˈtun·nel·(l)ing** [-lɪŋ] *s.* ⚙ Tunnelanlage *f*, -bau *m*.

tun·ny [ˈtʌnɪ] *s. bsd. coll.* Thunfisch *m*.

tup [tʌp] **I** *s.* **1.** *zo.* Widder *m*; **2.** ⚙ Hammerkopf *m*, Rammklotz *m*; **II** *v/t.* **3.** *zo.* bespringen, decken.

tup·pence [ˈtʌpəns], **ˈtup·pen·ny** [-pnɪ] *Brit.* F *für* ***twopence***, ***twopenny***.

tur·ban [ˈtɜːbən] *s.* Turban *m*; **ˈtur·baned** [-nd] *adj.* turbantragend.

tur·bid [ˈtɜːbɪd] *adj.* □ **1.** dick(flüssig), trübe, schlammig; **2.** dick, dicht: ~ ***fog***; **3.** *fig.* verworren, wirr; **tur·bid·i·ty** [tɜːˈbɪdətɪ], **ˈtur·bid·ness** [-nɪs] *s.* **1.** Trübheit *f*; **2.** Dicke *f*; **3.** *fig.* Verworrenheit *f*.

tur·bine [ˈtɜːbaɪn] **I** *s.* Turˈbine *f*; **II** *adj.* Turbinen…: ~ ***steamer***, ~***-powered*** mit Turˈbinenantrieb.

turbo- [tɜːbəʊ] ⚙ *in Zssgn* Turbinen…, Turbo…; **ˌtur·boˈjet (en·gine)** *s.* (Flugzeug *n* mit) Turbostrahltriebwerk *n*; **ˌtur·boˈprop(-jet) (en·gine)** *s.* (Flugzeug *n* mit) ✈ ˈTurbo-Proˈpeller-Strahltriebwerk *n*; **ˌtur·boˈram-jet en·gine** *s.* ✈ Maˈschine *f* mit Staustrahltriebwerk.

tur·bot [ˈtɜːbət] *s. ichth.* Steinbutt *m*.

tur·bu·lence [ˈtɜːbjʊləns] *s.* **1.** Unruhe *f*, Aufruhr *m*, Ungestüm *n*, Sturm *m* (*a. meteor.*); **2.** *phys.* Turbuˈlenz *f*, Wirbelbewegung *f*; **ˈtur·bu·lent** [-nt] *adj.* □ **1.** unruhig, ungestüm, stürmisch, turbuˈlent; **2.** aufrührerisch; **3.** *phys.* verwirbelt, turbuˈlent, Wirbel…

turd [tɜːd] *s.* V **1.** ‚Scheißhaufen' *m*; **2.** ‚Scheißer' *m*.

tu·reen [təˈriːn] *s.* Terˈrine *f*.

turf [tɜːf] **I** *s.* **1.** Rasen *m*; **2.** Rasenstück *n*, -sode *f*; **3.** Torf(ballen) *m*; **4.** *sport* Turf *m*: a) (Pferde)Rennbahn *f*, b) ***the*** ~ *fig.* der Pferderennsport; **5.** *fig. j-s* Reˈvier *n*; **II** *v/t.* **6.** mit Rasen bedekken; **7.** ~ ***out*** *Brit.* F *j-n* ‚rausschmeißen'; **ˈturf·ite** [-faɪt] *s.* (Pferde)Rennsportliebhaber *m*; **ˈturf·y** [-fɪ] *adj.* **1.** rasenbedeckt; **2.** torfartig; **3.** *fig.* (Pferde)Rennsport…

tur·ges·cence [tɜːˈdʒesns] *s.* **1.** ⚕, ⚘ Schwellung *f*, Geschwulst *f*; **2.** *fig.* Schwulst *m*.

tur·gid [ˈtɜːdʒɪd] *adj.* □ **1.** ⚕ geschwollen; **2.** *fig.* schwülstig, ‚geschwollen'; **tur·gid·i·ty** [tɜːˈdʒɪdətɪ], **ˈtur·gid·ness** [-nɪs] *s.* **1.** Geschwollensein *n*; **2.** *fig.* Geschwollenheit *f*, Schwülstigkeit *f*.

Turk [tɜːk] **I** *s.* **1.** Türke *m*, Türkin *f*: ***Young*** ***℘s*** *pol.* Jungtürken *pl.*; **2.** *obs.* Tyˈrann *m*; **II** *adj.* **3.** türkisch, Türken…

Tur·key¹ [ˈtɜːkɪ] **I** *s.* Türˈkei *f*; **II** *adj.* türkisch: ~ ***carpet*** Orientteppich *m*; ~ ***red*** *das* Türkischrot.

tur·key² [ˈtɜːkɪ] *s.* **1.** *orn.* Truthahn *m*, -henne *f*, Pute(r *m*) *f*: ***talk*** ~ *Am. sl.* a) Fraktur reden (***with*** mit), b) offen *od.* sachlich reden; **2.** *Am. sl. thea. etc.* ‚Pleite' *f*, ‚ˈDurchfall' *m*; ~ **cock** *s.* **1.** Truthahn *m*, Puter *m*: (***as***) ***red as a*** ~ puterrot (im Gesicht); **2.** *fig.* eingebildeter Fatzke.

Turk·ish [ˈtɜːkɪʃ] **I** *adj.* türkisch, Türken…; **II** *s. ling.* Türkisch *n*; ~ **bath** *s.* türkisches Bad; ~ **de·light** *s.* ˈFruchtgeˌleekonˌfekt *n*; ~ **tow·el** *s.* Frottier-, Frotˈtee(hand)tuch *n*.

Turko- [tɜːkəʊ, -kə] *in Zssgn* türkisch, Türken…

Tur·ko·man [ˈtɜːkəmən] *pl.* **-mans** *s.* **1.** Turkˈmene *m*; **2.** *ling.* Turkˈmenisch *n*.

tur·mer·ic [ˈtɜːmərɪk] *s.* **1.** ⚘ Gelbwurz *f*; **2.** *pharm.* Kurkuma *f*; **3.** Kurkumagelb *n* (*Farbstoff*): ~ ***paper*** ⚗ Kurkumapapier *n*.

tur·moil [ˈtɜːmɔɪl] *s.* **1.** *a. fig.* Aufruhr *m*, Tuˈmult *m*: ***in a*** ~ in Aufruhr; **2.** Getümmel *n*.

turn [tɜːn] **I** *s.* **1.** (Um)ˈDrehung *f*: ***a single*** ~ ***of the handle***; ***done to a*** ~ gerade richtig durchgebraten; ***to a*** ~ *fig.* aufs Haar, vortrefflich; **2.** Turnus *m*, Reihe(nfolge) *f*: ***by*** (*od.* ***in***) ~***s*** abwechselnd, wechselweise; ***in*** ~ a) der Reihe nach, b) dann wieder; ***in his*** ~ seinerseits; ***speak out of*** ~ *fig.* unpassende Bemerkungen machen; ***it is my*** ~ ich bin an der Reihe *od.* dran; ***take*** ~***s*** (mit)einander *od.* sich abwechseln (***at*** in *dat.*, bei); ***take one's*** ~ handeln, wenn die Reihe an einen kommt; ***wait your*** ~***!*** warte bis du dran bist!; ***my*** ~ ***will come*** *fig.* m-e Zeit kommt (auch) noch, ‚ich komme schon noch dran'; **3.** a) Drehung *f*, (~ ***to the left*** Links)Wendung *f*, b) *Schwimmen*: Wende *f*, c) *Skisport*: Wende *f*, Kehre *f*, Schwung *m*, d) *Eislauf etc.*: Kehre *f*; **4.** Wendepunkt *m* (*a. fig.*); **5.** Biegung *f*, Kurve *f*, Kehre *f*; **6.** Krümmung *f* (*a.* A); **7.** Wendung *f*: a) ˈUmkehr *f*: ***be on the*** ~ ⚓ umschlagen (*Gezeit*) (→ *a.* 23); → ***tide*** 1, b) Richtung *f*, (Ver)Lauf *m*: ***take a good*** (***bad***) ~ sich zum Guten (Schlechten) wenden; ***take a*** ~ ***for the better*** (***worse***) sich bessern (verschlimmern); ***take an interesting*** ~ e-e interessante Wendung nehmen (*Gespräch etc.*), c) (*Glücks-, Zeiten- etc.*) Wende *f*, Wechsel *m*, ˈUmschwung *m*, Krise *f*: ~ ***of the century*** Jahrhundertwende; ~ ***of life*** Lebenswende, ⚕ Wechseljahre *pl. der Frau*; **8.** Ausschlag (-en *n*) *m e-r Waage*; **9.** (Arbeits-) Schicht *f*; **10.** Tour *f*, (einzelne) Windung (*Bandage, Kabel etc.*); **11.** (Rede-) Wendung *f*, Formulierung *f*; **12.** a) (kurzer) Spaziergang: ***take a*** ~ e-n Spaziergang machen, b) kurze Fahrt, ‚Spritztour' *f*; **13.** (***for***, ***to***) Neigung *f*, Hang *m*, Taˈlent *n* (zu), Sinn *m* (für); **14.** *a.* ~ ***of mind*** Denkart *f*, -weise *f*; **15.** a) (*ungewöhnliche od. unerwartete*) Tat, b) Dienst *m*, Gefallen *m*: ***a bad*** ~ e-e schlechte Tat *od.* ein schlechter Dienst; ***a friendly*** ~ ein Freundschaftsdienst; ***do s.o. a good*** ~ j-m e-n Gefallen tun; ***one good*** ~ ***derserves another*** e-e Liebe ist der andern wert; **16.** Anlaß *m*: ***at every*** ~ auf Schritt u. Tritt; **17.** (kurze) Beschäftigung: ~ (***of work***) (Stück *n*) Arbeit *f*; ***take a*** ~ ***at*** rasch mal an *e-e Sache* gehen, sich kurz mit *e-r Sache* versuchen; **18.** F Schock *m*, Schrecken *m*: ***give s.o. a.*** ~ j-n erschrecken; **19.** Zweck *m*: ***this won't serve my*** ~ damit ist mir nicht gedient; **20.** ♪ Doppelschlag *m*; **21.** (Proˈgramm)Nummer *f*; **22.** ⚔ (Kehrt-) Wendung *f*: ***left*** (***right***) ~***!*** *Brit.* links-(rechts)um!; ***about*** ~***!*** *Brit.* ganze Abteilung kehrt!; **23.** ***on the*** ~ am Sauerwerden (*Milch*); **II** *v/t.* **24.** (*im Kreis od. um e-e Achse*) drehen; *Hahn, Schlüssel, Schraube, e-n Patienten etc.* (ˈum-, herˈum)drehen; **25.** *a. Kleider* wenden; *et.* ˈumkehren, -stülpen, -drehen; *Blatt, Buchseite* ˈumdrehen, -wenden, *Buch* ˈumblättern; *Boden* ˈumpflügen, graben; 🚂 *Weiche*, ⚙ *Hebel* ˈumlegen: ***it*** ~***s my stomach*** mir dreht sich dabei der Magen um; ~ ***s.o.'s head*** *fig.* a) j-m den Kopf verdrehen, b) j-m zu Kopf steigen; **26.** zuwenden, -drehen, -kehren (***to*** *dat.*); **27.** *Blick, Kamera, Schritte etc.* wenden, *a. Gedanken, Verlangen* richten, lenken (***against*** gegen, ***on*** auf *acc.*, ***to***, ***toward***(***s***) nach, auf *acc.*): ~ ***the hose on the fire*** den (Spritzen)Schlauch auf das Feuer richten; **28.** a) ˈum-, ablenken, (-)leiten, (-) wenden, b) abwenden, abhalten, c) *j-n* ˈumstimmen, abbringen (***from*** von), d) *Richtung* ändern, e) *Gesprächsthema* wechseln; **29.** a) *Waage* zum Ausschlagen bringen, b) *fig.* ausschlaggebend sein bei: ~ ***an election*** bei e-r Wahl den Ausschlag geben; → ***balance*** 2, ***scale²*** 1; **30.** verwandeln (***into*** in *acc.*): ~ ***water into wine***; ~ ***love into hate***; ~ ***into cash*** † flüssigmachen, zu Geld machen; **31.** a) machen, werden lassen (***into*** zu): ***it*** ~***ed her pale*** es ließ sie erblassen; ~ ***colo(u)r*** die Farbe wechseln, b) *a.* ~ ***sour*** *Milch* sauer werden lassen, c) *Laub* verfärben; **32.** *Text* überˈtragen, -ˈsetzen (***into*** ins *Italienische etc.*); **33.** herˈumgehen um: ~ ***the corner*** um die Ecke biegen, *fig.* über den Berg kommen; **34.** ⚔ a) umˈgehen, -ˈfassen, b) aufrollen: ~ ***the enemy's flank***; **35.** hinˈausgehen *od.* hinˈaus sein über *ein Alter, e-n Betrag etc.*: ***he is just*** ~***ing*** (*od.* ***has just*** ~***ed***) ***50*** er ist gerade 50 geworden; **36.** ⚙ a) drehen, b) *Holzwaren, a. fig. Komplimente, Verse* drechseln; **37.** formen, *fig.* gestalten, bilden: ***a well-***~***ed ankle***; **38.** *fig. Satz* formen, (ab)runden: ~ ***a phrase***; **39.** † verdienen, ˈumsetzen; **40.** *Messerschneide etc.* verbiegen, *a.* stumpf machen: ~ ***the edge of*** *fig. e-r Bemerkung etc.* die Spitze nehmen; **41.** *Purzelbaum etc.* schlagen; **42.** ~ ***loose*** los-, freilassen, -machen; **III** *v/i.* **43.** sich drehen (lassen), sich (im Kreis) (herˈum)drehen; **44.** sich (ab-, hin-, zu-)

wenden; → ***turn to*** I; **45.** sich *stehend, liegend etc.* (ˈum-, herˈum)drehen; ⚓, *mot.* wenden, (⚓ ab)drehen; ✈, *mot.* kurven; **46.** (ab-, ein)biegen: ***I do not know which way to ~*** *fig.* ich weiß nicht, was ich machen soll; **47.** e-e Biegung machen (*Straße, Wasserlauf etc.*); **48.** sich krümmen *od.* winden (*Wurm etc.*): ***~ in one's grave*** sich im Grabe umdrehen; **49.** sich umdrehen, -stülpen (*Schirm etc.*): ***my stomach ~s at this sight*** bei diesem Anblick dreht sich mir der Magen um; **50.** schwind(e)lig werden: ***my head ~s*** mein Kopf dreht sich; **51.** sich (ver)wandeln (***into, to*** in *acc.*), ˈumschlagen (*bsd. Wetter*): ***love has ~ed into hate***; **52.** *Kommunist, Soldat etc., a. blaß, kalt etc.* werden: ***~*** (***sour***) sauer werden (*Milch*); ***~ traitor*** zum Verräter werden; **53.** sich verfärben (*Laub*); **54.** sich wenden (*Gezeiten*); → ***tide*** 1;

Zssgn mit prp.:

turn| a·gainst I *v/i.* **1.** sich (*feindlich etc.*) wenden gegen; **II** *v/t.* **2.** *j-n* aufhetzen *od.* aufbringen gegen; **3.** *Spott etc.* richten gegen; **~ in·to** → ***turn*** 30, 31, 32, 51; **~ on I** *v/i.* **1.** sich drehen um *od.* in (*dat.*); **2.** → ***turn upon***; **3.** sich wenden *od.* richten gegen; **II** *v/t.* **4.** → ***turn*** 27; **~ to I** *v/i.* **1.** sich nach *links etc.* wenden (*Person*), nach *links etc.* abbiegen (*a. Fahrzeug, Straße etc.*); **2.** a) sich *der Musik, e-m Thema etc.* zuwenden, b) sich beschäftigen mit, c) sich anschicken (***doing s.th.*** et. zu tun); **3.** s-e Zuflucht nehmen zu: ***~ God***; **4.** sich an *j-n* wenden, *j-n od. et.* zu Rate ziehen; **5.** → ***turn*** 51; **II** *v/t.* **6.** *Hand* anlegen bei: ***turn a*** (*od.* ***one's***) ***hand to s.th.*** et. in Angriff nehmen; ***he can turn his hand to anything*** er ist zu allem zu gebrauchen; **7.** → ***turn*** 26, 27; **8.** verwandeln in (*acc.*); **9.** anwenden zu; → ***account*** 11; **~ up·on** *v/i.* **1.** *fig.* abhängen von; **2.** *fig.* sich drehen um, handeln von; **3.** → ***turn on*** 3;

Zssgn mit adv.:

turn| a·bout, ~ a·round I *v/t.* **1.** ˈumdrehen; **2.** 🌾 *Heu, Boden* wenden; **II** *v/i.* **3.** sich ˈumdrehen; ⚔ kehrtmachen; *fig.* ˈumschwenken; **~ a·side** *v/t.* (*v/i.* sich) abwenden; **~ a·way I** *v/t.* **1.** abwenden (***from*** von); **2.** abweisen, wegschicken, -jagen; **3.** entlassen; **II** *v/i.* **4.** sich abwenden; **~ back I** *v/t.* **1.** ˈumkehren lassen; **2.** → ***turn down*** 3; **3.** *Uhr* zuˈrückdrehen; **II** *v/i.* **4.** zuˈrück-, ˈumkehren; **5.** zuˈrückgehen; **~ down I** *v/t.* **1.** ˈumkehren, -legen, -biegen; *Kragen* ˈumschlagen, *Buchseite etc.* ˈumknicken; **2.** *Gas, Lampe* kleiner stellen, *Radio etc.* leiser stellen; **3.** *Bett* aufdecken; *Bettdecke* zuˈrückschlagen; **4.** *j-n, Vorschlag etc.* ablehnen; *j-m* e-n Korb geben; **II** *v/i.* **5.** abwärts *od.* nach unten gebogen sein; **6.** sich ˈumlegen *od.* -schlagen lassen; **~ in I** *v/t.* **1.** a) einreichen, -senden, b) ab-, zuˈrückgeben; **2.** *Füße etc.* einwärts *od.* nach innen drehen *od.* biegen *od.* stellen; **3.** F *et.* zuˈstande bringen; **II** *v/i.* **4.** F zu Bett gehen; **5.** einwärts gebogen sein; **~ off I** *v/t.* **1.** *Wasser, Gas* abdrehen; *Licht, Radio etc.* ausschalten, abstellen; **2.** *Schlag etc.* abwenden, ablenken; **3.** F ‚rausschmeißen', entlassen; **4.** F a) *j-m* die Lust nehmen, b) *j-n* anwidern; **II** *v/i.* **5.** abbiegen (*Person, a. Straße*); **~ on** *v/t.* **1.** *Gas, Wasser* aufdrehen, *a. Radio* anstellen; *Licht, Gerät* anmachen, einschalten; **2.** F a) *j-n* ‚antörnen', b) *j-n* (*a. sexuell*) ‚anmachen', ‚in Fahrt' bringen; **~ out I** *v/t.* **1.** hinˈauswerfen, wegjagen, vertreiben; **2.** entlassen (***of*** aus *e-m Amt etc.*); **3.** *Regierung* stürzen; **4.** *Vieh* auf die Weide treiben; **5.** *Taschen etc.* ˈumkehren, -stülpen; **6.** *Zimmer, Möbel* ausräumen; **7.** a) ✝ *Waren* produzieren, herstellen, b) *contp. Bücher etc.* produzieren, c) *fig. Wissenschaftler etc.* herˈvorbringen (*Universität etc.*): ***Oxford has turned out many statesmen*** aus Oxford sind schon viele Staatsmänner hervorgegangen; **8.** → ***turn off*** 1; **9.** *Füße etc.* auswärts *od.* nach außen drehen *od.* biegen; **10.** ausstatten, herrichten, *bsd.* kleiden: ***well turned-out*** gutgekleidet; **11.** ⚔ antreten *od. die Wache* herˈaustreten lassen; **II** *v/i.* **12.** auswärts gebogen sein (*Füße etc.*); **13.** a) hinˈausziehen, herˈauskommen (***of*** aus), b) ⚔ ausrücken (*a. Feuerwehr etc.*), c) *zur Wahl etc.* kommen (*Bevölkerung*), d) ⚔ antreten, e) in Streik treten, f) F *aus dem Bett* aufstehen; **14.** *gut etc.* ausfallen, werden; **15.** sich gestalten, *gut etc.* ausgehen, ablaufen; **16.** sich erweisen *od.* entpuppen als, sich herˈausstellen: ***he turned out*** (***to be***) ***a good swimmer*** er entpuppte sich als guter Schwimmer; ***it turned out that he was*** (***had***), ***he turned out to be*** (***have***) es stellte sich heraus, daß er … war (hatte); **~ o·ver I** *v/t.* **1.** ✝ *Geld, Ware* ˈumsetzen, e-n ˈUmsatz haben von; **2.** ˈumdrehen, -wenden, *Buch, Seite a.* ˈumblättern: ***please ~!*** bitte wenden!; → ***leaf*** 3; **3.** (***to***) a) überˈtragen (*dat. od.* auf *acc.*), überˈgeben (*dat.*), b) *j-n der Polizei etc.* ausliefern, überˈgeben; **4.** *a.* ***~ in one's mind*** überˈlegen, sich *et.* durch den Kopf gehen lassen; **II** *v/i.* **5.** sich *im Bett etc.* ˈumdrehen; **6.** ˈumkippen, -schlagen; **~ round I** *v/i.* **1.** sich (im Kreis *od.* herˈum)drehen; **2.** *fig.* s-n Sinn ändern, ˈumschwenken: ***but then he turned round and said*** doch dann sagte er plötzlich; **II** *v/t.* **3.** (herˈum)drehen; **~ to** *v/i.* sich ‚ranmachen' (an die Arbeit), sich ins Zeug legen; **~ un·der** *v/t.* 🌾 ˈunterpflügen; **~ up I** *v/t.* **1.** nach oben drehen *od.* richten *od.* biegen; *Kragen* hochschlagen, -klappen; → ***nose*** *Redew.*, ***toe*** 1; **2.** ausgraben, zuˈtage fördern; **3.** *Spielkarte* aufdecken; **4.** *Hose etc.* ˈum-, einschlagen; **5.** *Brit.* a) *Wort* nachschlagen, b) *Buch* zu Rate ziehen; **6.** *Gas, Licht* groß *od.* größer drehen, *Radio* lauter stellen; **7.** *Kind* übers Knie legen (*züchtigen*); **8.** F *j-m* den Magen ˈumdrehen (*vor Ekel*); **9.** *sl. Arbeit* ‚aufstecken'; **II** *v/i.* **10.** sich nach oben drehen, nach oben gerichtet *od.* hochgeschlagen sein; **11.** *fig.* auftauchen: a) aufkreuzen, erscheinen (*Person*), b) zum Vorschein kommen, sich (ein)finden (*Sache*); **12.** geschehen, eintreten, passieren.

turn·a·ble [ˈtɜːnəbl] *adj.* drehbar.

ˈturn|·a·bout *s.* **1.** *a. fig.* Kehrtwendung *f*; **2.** ⚓ Gegenkurs *m*; **3.** *fig.* ˈUmschwung *m*; **4.** *Am.* Karusˈsell *n*; **ˈ~·a·round** *s.* **1.** → ***turnabout*** 1, 3; **2.** *mot. etc.* Wendeplatz *m*; **3.** ⚙ (Geneˈral)Überˌholung *f*; **ˈ~·coat** *s.* Abtrünnige(r *m*) *f*, Reneˈgat *m*; **ˈ~·down I** *adj.* **1.** ˈumlegbar, Umleg…; **II** *s.* **2.** *a.* ***~ collar*** Umleg(e)kragen *m*; **3.** *fig.* Ablehnung *f*.

turned [tɜːnd] *adj.* **1.** ⚙ gedreht, gedrechselt; **2.** (ˈum)gebogen: ***~-back*** zurückgebogen; ***~-down*** a) abwärts gebogen, b) Umlege…; ***~-in*** einwärts gebogen; **3.** *typ.* auf dem Kopf stehend; **ˈturn·er** [-nə] *s.* **1.** ⚙ a) Dreher *m*, b) Drechsler *m*; **2.** *sport Am.* Turner(in); **ˈturn·er·y** [-nərɪ] *s.* ⚙ **1.** *coll.* a) Dreharbeit(en *pl.*) *f*, b) Drechslerarbeit(en *pl.*) *f*; **2.** a) Dreheˈrei *f*, b) Drechsleˈrei *f* (*Werkstatt*).

turn·ing [ˈtɜːnɪŋ] *s.* **1.** ⚙ Drehen *n*, Drechseln *n*; **2.** a) (Straßen-, Fluß)Biegung *f*, b) (Straßen)Ecke *f*, c) Querstraße *f*, Abzweigung *f*; **3.** *pl.* ⚙ Drehspäne *pl.*; **~ cir·cle** *s. mot.* Wendekreis *m*; **~ lathe** *s.* ⚙ Drehbank *f*; **~ ma·chine** *s.* ⚙ ˈDrehmaˌschine *f*; **~ point** *s.* **1.** ✈, *sport* Wendemarke *f*; **2.** *fig.* Wendepunkt *m*.

tur·nip [ˈtɜːnɪp] *s.* **1.** ⚘ (*bsd.* Weiße) Rübe; **2.** *sl.* ‚Zwiebel' *f* (*Uhr*).

ˈturn|·key *s.* Gefangenenwärter *m*, Schließer *m*; **ˈ~-off** *s.* **1.** Abzweigung *f*; **2.** Ausfahrt *f* (*Autobahn*); **ˈ~·out** *s.* **1.** ✝ *Brit.* a) Streik *m*, Ausstand *m*, b) Streikende(r *m*) *f*; **2.** a) Besucher(zahl *f*) *pl.*, Zuschauer *pl.*, b) (Wahl- *etc.*) Beteiligung *f*; **3.** (Pferde)Gespann *n*, Kutsche *f*; **4.** Ausstattung *f*, *bsd.* Kleidung *f*; **5.** ✝ Geˈsamtproduktiˌon *f*, Ausstoß *m*; **6.** a) Ausweichstelle *f* (*Autostraße*), b) → ***turn-off***; **ˈ~ˌo·ver** *s.* **1.** ˈUmstürzen *n*; **2.** ✝ ˈUmsatz *m*: ***~ tax*** Umsatzsteuer *f*; **3.** Zu- u. Abgang *m* (*von Patienten in Krankenhäusern etc.*): ***labo*(*u*)*r ~*** Arbeitskräftebewegung *f*; **4.** ✝ ˈUmgruppierung *f*, -schichtung *f*; **5.** *Brit.* (ˈZeitungs)Arˌtikel, der auf die nächste Seite übergreift; **6.** (Apfel- *etc.*) Tasche *f* (*Gebäck*); **ˈ~·pike** *s.* **1.** Schlagbaum *m* (*Mautstraße*); **2.** *a.* ***~ road*** gebührenpflichtige (*Am.* Schnell)Straße *f*, Mautstraße *f*; **ˈ~-round** *s.* **1.** ✝, ⚓ ˈUmschlag *m* (*Schiffsabfertigung*); **2.** Wendestelle *f*; **3.** → ***turnabout*** 3; **ˈ~·screw** *s.* ⚙ Schraubenzieher *m*; **ˈ~·spit** *s.* Drehspieß *m*; **ˈ~·stile** *s.* Drehkreuz *n an Durchgängen etc.*; **ˈ~ˌta·ble** *s.* **1.** 🚂 Drehscheibe *f*; **2.** Plattenteller *m* (*Plattenspieler*); **ˈ~·up I** *adj.* **1.** hochklappbar; **II** *s.* **2.** (ˈHosen- *etc.*)ˌUmschlag *m*; **3.** F Überˈraschung *f*, ‚Ding' *n*.

tur·pen·tine [ˈtɜːpəntaɪn] *s.* ⚗ **1.** Terpenˈtin *n*; **2.** *a.* ***oil*** (*od.* ***spirits***) ***of ~*** Terpenˈtingeist *m*, -öl *n*.

tur·pi·tude [ˈtɜːpɪtjuːd] *s.* **1.** *a.* ***moral ~*** Verworfenheit *f*; **2.** Schandtat *f*.

turps [tɜːps] F → ***turpentine*** 2.

tur·quoise [ˈtɜːkwɔɪz] *s.* **1.** *min.* Türˈkis *m*; **2.** *a.* ***~ blue*** Türˈkisblau *n*: ***~ green*** Türkisgrün *n*.

tur·ret [ˈtʌrɪt] *s.* **1.** ⚠ Türmchen *n*; **2.** ⚔, ⚓ Geschütz-, Panzer-, Gefechtsturm *m*: ***~ gun*** Turmgeschütz *n*; **3.** ✈ Kanzel *f*; **4.** ⚙ Reˈvolverkopf *m*: ***~ lathe*** Revolverdrehbank *f*; **ˈtur·ret·ed** [-tɪd] *adj.* **1.** mit Türmchen; **2.** *zo.* spi-

ˈral-, türmchenförmig.
tur·tle¹ [ˈtɜːtl] *s. zo.* (See)Schildkröte *f*: ***turn ~*** a) ⚓ kentern, umschlagen, b) sich überschlagen, c) *Am.* F hilflos *od.* feige sein.
tur·tle² [ˈtɜːtl] *s. obs. für* ***turtledove***.
ˈtur·tle|·dove *s. orn.* Turteltaube *f*; **ˈ~·neck** *s.* ˈRollkragen(pullˌover) *m*.
Tus·can [ˈtʌskən] **I** *adj.* tosˈkanisch; **II** *s.* Tosˈkaner(in).
tusk [tʌsk] *s. zo.* a) Fangzahn *m*, b) Stoßzahn *m des Elefanten etc.*, c) Hauer *m des Wildschweins*; **tusked** [-kt] *adj. zo.* mit Fangzähnen *etc.* (bewaffnet); **ˈtusk·er** [-kə] *s. zo.* Eleˈfant *m od.* Keiler *m* (*mit ausgebildeten Stoßzähnen*); **ˈtusk·y** [-kɪ] → ***tusked***.
tus·sle [ˈtʌsl] **I** *s.* **1.** Balgeˈrei *f*, Raufeˈrei *f* (*a. fig.*); **2.** *fig.* scharfe Kontroˈverse; **II** *v/i.* **3.** kämpfen, raufen, sich balgen (***for*** um *acc.*).
tus·sock [ˈtʌsək] *s.* (*bsd.* Gras)Büschel *n*.
tut(-tut) [tʌt] *int.* **1.** ach was!; **2.** pfui!; **3.** Unsinn!, Na, ˈna!
tu·te·lage [ˈtjuːtɪlɪdʒ] *s.* **1.** ⚖ Vormundschaft *f*; **2.** Unmündigkeit *f*; **3.** *fig.* a) Bevormundung *f*, b) Schutz *m*, c) (An-)Leitung *f*; **ˈtu·te·lar** [-lə], **ˈtu·te·lar·y** [-lərɪ] *adj.* **1.** schützend, Schutz…; **2.** ⚖ Vormunds…, Vormundschafts…
tu·tor [ˈtjuːtə] **I** *s.* **1.** Priˈvat-, Hauslehrer *m*; **2.** *ped.*, *univ. Brit.* Tutor *m*, Studienleiter *m*; **3.** *ped.*, *univ. Am.* Assiˈstent *m mit Lehrauftrag*; **4.** (Ein)Pauker *m*, Repeˈtitor *m*; **5.** ⚖ Vormund *m*; **II** *v/t.* **6.** *ped.* unterˈrichten, *j-m* Priˈvatˌunterricht geben; **7.** *j-n* schulen, erziehen; **8.** *fig.* *j-n* bevormunden; **ˈtu·tor·ess** *s.* **1.** *ped.* Priˈvatlehrerin *f*; **2.** *univ. Brit.* Tuˈtorin *f*; **tu·to·ri·al** [tjuːˈtɔːrɪəl] *ped.* **I** *adj.* Tutor…; **II** *s.* Tuˈtorenkurs (-us) *m*; **ˈtu·tor·ship** [-ʃɪp] *s.* **1.** Priˈvatlehrerstelle; **2.** *univ. Brit.* Amt *n* e-s Tutors.
tu·tu [ˈtuːtuː] *s.* (Balˈlett)Röckchen *n*.
tux·e·do [tʌkˈsiːdəʊ] *pl.* **-dos** *s. Am.* Smoking *m*.
TV [ˌtiːˈviː] F **I** *adj.* Fernseh…; **II** *s.* a) ˈFernsehappaˌrat *m*, b) (***on ~*** im) Fernsehen *n*.
twad·dle [ˈtwɒdl] **I** *v/i.* **1.** quasseln; **II** *s.* **2.** Gequassel *n*; **3.** Quatsch *m*.
twain [tweɪn] **I** *adj. obs.* zwei: ***in ~*** entzwei; **II** *s. die* Zwei *pl*.
twang [twæŋ] **I** *v/i.* **1.** schwirren, (scharf) klingen; **2.** näseln; **II** *v/t.* **3.** *Saiten etc.* schwirren (lassen), zupfen; klimpern *od.* kratzen auf (*dat.*); **4.** *et.* näseln, durch die Nase sprechen; **III** *s.* **5.** scharfer Ton *od.* Klang, Schwirren *n*; **6.** Näseln *n*.
tweak [twiːk] **I** *v/t.* zwicken, kneifen; **II** *s.* Zwicken *n*.
tweed [twiːd] *s.* **1.** Tweed *m* (*Wollgewebe*); **2.** *pl.* Tweedsachen *pl*.
Twee·dle·dum and Twee·dle·dee [ˌtwiːdlˈdʌmənˌtwiːdlˈdiː] *s.*: ***be*** (***alike***) ***as ~*** a) sich gleichen wie ein Ei dem andern, b) ‚Jacke wie Hose' sein.
'tween [twiːn] **I** *adv. u. prp.* → ***between***; **II** *in Zssgn* Zwischen…; **~ deck** *s.* ⚓ Zwischendeck *n*.
tween·y [ˈtwiːnɪ] *s. obs.* Hausmagd *f*.
tweet·er [ˈtwiːtə] *s. Radio*: Hochtonlautsprecher *m*.
tweez·ers [ˈtwiːzəz] *s. pl. a.* ***pair of ~*** Pinˈzette *f*.
twelfth [twelfθ] **I** *adj.* □ **1.** zwölft: ***♀ Night*** Dreikönigsabend *m*; **II** *s.* **2.** *der* (*die*, *das*) Zwölfte; **3.** Zwölftel *n*; **ˈtwelfth·ly** [-lɪ] *adv.* zwölftens.
twelve [twelv] **I** *adj.* zwölf; **II** *s.* Zwölf *f*; **ˈtwelve·mo** [-məʊ] *s. typ.* Duoˈdez(forˌmat, -band *m*) *n*.
ˈtwelve-tone *adj.* ♪ Zwölfton…
twen·ti·eth [ˈtwentɪɪθ] **I** *adj.* **1.** zwanzigst; **II** *s.* **2.** *der* (*die*, *das*) Zwanzigste; **3.** Zwanzigstel *n*.
twen·ty [ˈtwentɪ] **I** *adj.* **1.** zwanzig; **II** *s.* **2.** Zwanzig *f*; **3.** ***in the twenties*** in den zwanziger Jahren (*e-s Jahrhunderts*); ***he is in his twenties*** er ist in den Zwanzigern.
twerp [twɜːp] *s. sl.* **1.** ‚(blöder) Heini'; **2.** ‚Niete' *f*, ‚Flasche' *f*.
twice [twaɪs] *adv.* zweimal: ***think ~ about s.th.*** *fig.* sich e-e Sache gründlich überlegen; ***he didn't think ~ about it*** er zögerte nicht lange; ***~ as much*** doppelt soviel, das Doppelte; ***~ the sum*** die doppelte Summe; **ˌ~-ˈtold** *adj. fig.* alt, abgedroschen: ***~ tales***.
twid·dle [ˈtwɪdl] *v/t.* (herˈum)spielen mit: ***~ one's thumbs*** *fig.* Däumchen drehen, die Hände in den Schoß legen.
twig¹ [twɪg] *s.* **1.** (dünner) Zweig, Rute *f*: ***hop the ~*** F ‚abkratzen' (*sterben*); **2.** Wünschelrute *f*.
twig² [twɪg] *Brit. sl.* **I** *v/t.* **1.** ‚kapieren' (*verstehen*); **2.** ‚spitzkriegen'; **II** *v/i.* **3.** ‚kapieren'.
twi·light [ˈtwaɪlaɪt] **I** *s.* **1.** (*mst* Abend-)Dämmerung *f*: ***~ of the gods*** *myth.* Götterdämmerung; **2.** Zwielicht *n* (*a. fig.*), Halbdunkel *n*; **3.** *fig. a.* ***~ state*** Dämmerzustand *m*; **II** *adj.* **4.** Zwielicht…, dämmerig, schattenhaft (*a. fig.*): ***~ sleep*** ⚕ *u. fig.* Dämmerschlaf *m*.
twill [twɪl] **I** *s.* Köper(stoff) *m*; **II** *v/t.* köpern.
twin [twɪn] **I** *s.* **1.** Zwilling *m*: ***the ♀s*** *ast.* die Zwillinge; **II** *adj.* **2.** Zwillings…, Doppel…, doppelt: ***~-bedded room*** Zweibettzimmer *n*; ***~ brother*** Zwillingsbruder *m*; ***~ engine*** ✈ Zwillingstriebwerk *n*; ***~-engined*** zweimotorig; ***~ town*** Partnerstadt *f*; ***~ track*** Doppelspur *f* (*Tonband*); **3.** ⚘ gepaart.
twine [twaɪn] **I** *s.* **1.** Bindfaden *m*, Schnur *f*; **2.** ⚙ Garn *n*, Zwirn *m*; **3.** Wick(e)lung *f*; **4.** Windung *f*; **5.** Geflecht *n*; **6.** ⚘ Ranke *f*; **II** *v/t.* **7.** *Fäden etc.* zs.-drehen, zwirnen; **8.** *Kranz* winden; **9.** *fig.* ineinˈanderschlingen, verflechten; **10.** schlingen, winden (***about***, ***around*** um); **11.** umˈschlingen, -ˈwinden, -ˈranken (***with*** mit); **III** *v/i.* **12.** sich verflechten (***with*** mit); **13.** sich winden *od.* schlingen; sich schlängeln; **ˈtwin·er** [-nə] *s.* **1.** ⚘ Kletter-, Schlingpflanze *f*; **2.** ⚙ ˈZwirnmaˌschine *f*.
twinge [twɪndʒ] **I** *s.* **1.** stechender Schmerz, Zwicken *n*, Stechen *n*, Stich *m* (*a. fig.*): ***~ of conscience*** Gewissensbisse *pl.*; **II** *v/t. u. v/i.* **2.** stechen; **3.** zwicken, kneifen.
twin·kle [ˈtwɪŋkl] **I** *v/i.* **1.** (auf)blitzen, glitzern, funkeln (*Sterne etc.*; *a. Augen*); **2.** huschen; **3.** (verschmitzt) zwinkern, blinzeln; **II** *s.* **4.** Blinken *n*, Blitzen *n*, Glitzern *n*; **5.** (Augen)Zwinkern *n*, Blinzeln *n*: ***a humorous ~***; **6.** → ***twinkling*** 2; **ˈtwin·kling** [-lɪŋ] *s.* **1.** → ***twinkle*** 4, 5; **2.** *fig.* Augenblick *m*: ***in the ~ of an eye*** im Nu, im Handumdrehen.
twirl [twɜːl] **I** *v/t.* **1.** (herˈum)wirbeln, quirlen; *Daumen*, *Locke etc.* drehen; *Bart* zwirbeln; → *a.* ***twiddle***; **II** *v/i.* **2.** (sich herˈum)wirbeln; **III** *s.* **3.** schnelle (Um)ˈDrehung, Wirbel *m*; **4.** Schnörkel *m*.
twist [twɪst] **I** *v/t.* **1.** drehen: ***~ off*** losdrehen, *Deckel* abschrauben; **2.** zs.-drehen, zwirnen; **3.** verflechten, -schlingen; **4.** *Kranz etc.* winden, *Schnur etc.* wickeln: ***~ s.o. round one's*** (***little***) ***finger*** j-n um den (kleinen) Finger wickeln; **5.** umˈwinden; **6.** wringen; **7.** (ver)biegen, (-)krümmen; *Fuß* vertreten; *Gesicht* verzerren: ***~ s.o.'s arm*** a) j-m den Arm verdrehen, b) *fig.* j-n unter Druck setzen; ***~ed mind*** *fig.* verbogener *od.* krankhafter Geist; ***~ed with pain*** schmerzverzerrt (*Züge*); **8.** *fig. Sinn*, *Bericht* verdrehen, entstellen; **9.** *dem Ball* Efˈfet geben; **II** *v/i.* **10.** sich drehen: ***~ round*** sich umdrehen; **11.** sich krümmen; **12.** sich winden (*a. fig.*); **13.** sich winden *od.* schlängeln (*Fluß etc.*); **14.** sich verziehen *od.* verzerren (*a. Gesicht*); **15.** sich verschlingen; **III** *s.* **16.** Drehung *f*, Windung *f*, Biegung *f*, Krümmung *f*; **17.** Drehung *f*, Rotatiˈon *f*; **18.** Geflecht *n*; **19.** Zwirnung *f*; **20.** Verflechtung *f*, Knäuel *m*, *n*; **21.** (Gesichts-)Verzerrung *f*; **22.** *fig.* Verdrehung *f*; **23.** *fig.* Veranlagung *od.* Neigung (***towards*** zu); **24.** *fig.* Trick *m*, ‚Dreh' *m*; **25.** *fig.* überˈraschende Wendung, ‚ˈKnallefˌfekt' *m*; **26.** ⚙ a) Drall *m* (*Schußwaffe*, *Seil etc.*), b) Torsiˈon *f*; **27.** Spiˈrale *f*: ***~ drill*** ⚙ Spiralbohrer *m*; **28.** ♪ Twist *m* (*Tanz*); **29.** a) (Seiden-, Baumwoll)Twist *m*, b) Zwirn *m*; **30.** Seil *n*, Schnur *f*; **31.** Rollentabak *m*; **32.** *Bäckerei*: Kringel *m*, Zopf *m*; **33.** *Wasserspringen*: Schraube *f*; **ˈtwist·er** [-tə] *s.* **1.** a) Dreher(in), Zwirner(in), b) Seiler(in); **2.** ⚙ ˈZwirn-, ˈDrehmaˌschine *f*; **3.** *sport* Efˈfetball *m*; **4.** F harte Nuß, knifflige Sache; **5.** F Gauner *m*; **6.** *Am.* Torˈnado *m*, Wirbel(wind) *m*; **ˈtwist·y** [-tɪ] *adj.* **1.** gewunden, kurvenreich; **2.** *fig.* falsch, verschlagen.
twit¹ [twɪt] *v/t.* **1.** *j-n* aufziehen (***with*** mit); **2.** *j-m* Vorwürfe machen (***with*** wegen).
twit² [twɪt] *s. Brit.* F Trottel *m*.
twitch [twɪtʃ] **I** *v/t.* **1.** zupfen, zerren, reißen; **2.** zucken mit; **II** *v/i.* **3.** zucken (***with*** vor); **III** *s.* **4.** Zucken *n*, Zuckung *f*; **5.** Ruck *m*; **6.** Stich *m* (*Schmerz*); **7.** Nasenbremse *f* (*Pferd*).
twit·ter [ˈtwɪtə] **I** *v/i.* **1.** zwitschern (*Vogel*), zirpen (*a. Insekt*); **2.** *fig.* a) (aufgeregt) schnattern, b) piepsen, c) kichern; **3.** F (vor Aufregung) zittern; **II** *v/t.* **4.** *et.* zwitschern; **III** *s.* **5.** Gezwitscher *n*; **6.** *fig.* Geschnatter *n* (*Person*); **7.** Kichern *n*; **8.** Nervosiˈtät *f*: ***in a ~*** aufgeregt.
two [tuː] **I** *s.* **1.** Zwei *f* (*Zahl*, *Spielkarte*, *Uhrzeit etc.*); **2.** Paar *n*: ***the ~*** die beiden, beide; ***the ~ of us*** wir beide; ***put ~ and ~ together*** *fig.* es sich zs.-reimen, s-e Schlüsse ziehen; ***in*** (*od.* ***by***) ***~s*** zu

zweien, paarweise; *~ and ~* paarweise, zwei u. zwei; *~ can play at that game!* das kann ich (*od.* ein anderer) auch! **II** *adj.* **3.** zwei: *one or ~* einige; *in a day or ~* in ein paar Tagen; *in ~* entzwei; *cut in ~* entzweischneiden; **4.** beide: *the ~ cars*; **'~-bit** *adj. Am.* F **1.** 25-Cent-…; **2.** billig (*a. fig. contp.*); klein, unbedeutend; **'~ˌcy·cle** *adj.* ⚙ Zweitakt…: *~ engine*; **ˌ~-'edged** *adj.* zweischneidig (*a. fig.*); **ˌ~-'faced** *adj. fig.* falsch, heuchlerisch; **ˌ~-'fist·ed** *adj. Am.* F *fig.* ‚knallhart'; handfest; **'~-fold** *adj. u. adv.* zweifach, doppelt; **ˌ~-'four** *adj.* ♪ Zweiviertel…; **ˌ~-'hand·ed** *adj.* **1.** zweihändig; **2.** für zwei Per'sonen (*Spiel etc.*); **'~-horse** *adj.* zweispännig; **'~-job man** *s.* [*irr.*] Doppelverdiener *m*; **'~-lane** *adj.* zweispurig (*Straße*); **~·pence** ['tʌpəns] *s. Brit.* zwei Pence *pl.*: *not to care ~ for fig.* sich nicht scheren um; *he didn't care ~* es war ihm völlig egal; **~·pen·ny** ['tʌpnɪ] *adj.* **1.** zwei Pence wert *od.* betragend, Zweipenny…; **2.** *fig.* armselig, billig; **~·pen·ny-half·pen·ny** [ˌtʌpnɪ'heɪpnɪ] *adj.* **1.** Zweieinhalbpenny…; **2.** *fig.* mise'rabel, schäbig; **'~-phase** *adj.* ⚡ zweiphasig, Zweiphasen…; **'~-piece I** *adj.* zweiteilig; **II** *s.* a) *a. ~ dress* Jakkenkleid *n*, b) *a. ~ swimming suit* Zweiteiler *m*; **'~-ply** *adj.* doppelt (*Stoff etc.*); zweischäftig (*Tau*); zweisträhnig (*Wolle etc.*); **ˌ~'seat·er** *s.* ✈, *mot.* Zweisitzer *m*; **'~·some** [-səm] *s.* **1.** *Golf*: Zweier(spiel *n*) *m*; **2.** *bsd. humor.* ‚Duo' *n*, ‚Pärchen' *n*; **'~-speed** *adj.* ⚙ Zweigang…; **'~-stage** *adj.* ⚙ zweistufig; **'~-step** *s.* Twostep *m* (*Tanz*); **'~-stroke** *adj. mot.* Zweitakt…; **'~-time** *v/t.* F **1.** *bsd. Ehepartner* betrügen; **2.** *j-n* ‚reinlegen'; **'~-way** *adj.* Zweiweg(e)…, Doppel…: *~ adapter (od. plug)* ⚡ Doppelstecker *m*; *~ cock* Zweiwegehahn *m*; *~ communication* ⚡ Doppelverkehr *m*, Gegensprechen *n*; *~ traffic* Gegenverkehr *m*.

ty·coon [taɪ'ku:n] *s.* F **1.** Indu'striemaˌgnat *m*, -kapiˌtän *m*: *oil ~* Ölmagnat; **2.** *pol.* ‚Oberbonze' *m*.

ty·ing ['taɪɪŋ] *pres. p. von* ***tie***.

tyke [taɪk] *s.* **1.** Köter *m*; **2.** Lümmel *m*, Kerl *m*; **3.** *Am.* F Kindchen *n*.

tym·pan ['tɪmpən] *s.* **1.** *typ.* Preßdeckel *m*; **2.** → ***tympanum*** 2; **tym·pan·ic** [tɪm'pænɪk] *adj. anat.* Mittelohr…, Trommelfell…: *~ membrane* Trommelfell *n*; **tym·pa·ni·tis** [ˌtɪmpə'naɪtɪs] *s.* ⚕ Mittelohrentzündung *f*; **'tym·pa·num** [-nəm] *pl.* **-na** [-nə], **-nums** *s.* **1.** *anat.* a) Mittelohr *n*, b) Trommelfell *n*; **2.** ⌂ Tympanon *n*: a) Giebelfeld *n*, b) Türbogenfeld *n*.

type [taɪp] **I** *s.* **1.** Typ(us) *m*: a) Urform *f*, b) typischer Vertreter, c) charakte'ristische Klasse; **2.** Ur-, Vorbild *n*, Muster *n*; **3.** ⚙ Typ *m*, Mo'dell *n*, Ausführung *f*, Baumuster *n*: *~ plate* Typenschild *n*; **4.** Art *f*, Schlag *m*, Sorte *f* (*alle a.* F); *out of ~* atypisch; *he acted out of ~* das war sonst nicht s-e Art; → ***true*** 4; **5.** *typ.* a) Letter *f*, (Druck)Type *f*, b) *coll.* Lettern *pl.*, Schrift *f*, Druck *m*: *in ~* (ab)gesetzt; *set (up) in ~* setzen; **6.** *fig.* Sinnbild *n*, Sym'bol *n* (*of gen. od.* für); **II** *v/t.* **7.** mit der Ma'schine (ab-)schreiben, (ab)tippen: *~d* maschinegeschrieben; *typing pool* Schreibsaal *m*, -büro *n*; **8.** *~ into* in *e-n Computer* eingeben, -tippen; **III** *v/i.* **9.** ma'schineschreiben, tippen; *~* **a·re·a** *s. typ.* Satzspiegel *m*; **'~-cast** *v/t.* [*irr.* → ***cast***] *thea. etc.* a) *e-m Schauspieler* e-e s-m Typ entsprechende Rolle geben, b) *e-n Schauspieler* auf ein bestimmtes Rollenfach festlegen; **'~-face** *s. typ.* **1.** Schriftbild *n*; **2.** Schriftart *f*; *~* **found·er** *s. typ.* Schriftgießer *m*; *~* **found·ry** *s. typ.* Schriftgieße'rei *f*; *~* **met·al** *s. typ.* 'Letternmeˌtall *n*; *~* **page** *s. typ.* Satzspiegel *m*; **'~-script** *s.* Ma'schinenschrift(satz *m*) *f*, ma'schinengeschriebener Text; **'~ˌset·ter** *s. typ.* (Schrift)Setzer *m*; *~* **spec·i·men** *s.* **1.** ⚙ 'Musterexemˌplar *n*; **2.** *biol.* Typus *m*, Origi'nal *n*; **'~-write** *v/t. u. v/i.* [*irr.* → ***write***] → ***type*** 7, 9; **'~ˌwrit·er** *s.* **1.** 'Schreibmaˌschine *f*: *~ ribbon* Farbband *n*; **2.** *a. ~ face typ.* 'Schreibmaˌschinenschrift *f*; **'~ˌwrit·ing** *s.* **1.** Ma'schineschreiben *n*; **2.** Ma'schinenschrift *f*; **'~ˌwrit·ten** *adj.* ma'schinegeschrieben, in Ma'schinenschrift.

ty·phoid ['taɪfɔɪd] ⚕ **I** *adj.* ty'phös, Typhus…: *~ fever* → **II** *s.* ('Unterleibs-)Typhus *m*.

ty·phoon [taɪ'fu:n] *s.* Tai'fun *m*.

ty·phus ['taɪfəs] *s.* ⚕ Flecktyphus *m*, -fieber *n*.

typ·i·cal ['tɪpɪkl] *adj.* □ **1.** typisch: a) repräsenta'tiv, b) charakte'ristisch, bezeichnend, kennzeichnend (*of* für): *be ~ of et.* kennzeichnen *od.* charakterisieren; **3.** sym'bolisch, sinnbildlich (*of* für); **4.** a) vorbildlich, echt, b) hinweisend (*of* auf *et. Künftiges*); **'typ·i·cal·ness** [-nɪs] *s.* **1.** *das* Typische; **2.** Sinnbildlichkeit *f*; **'typ·i·fy** [-ɪfaɪ] *v/t.* **1.** typisch *od.* ein typisches Beispiel sein für, verkörpern; **2.** versinnbildlichen.

typ·ist ['taɪpɪst] *s.* **1.** Ma'schinenschreiber(in); **2.** Schreibkraft *f*.

ty·pog·ra·pher [taɪ'pɒgrəfə] *s.* **1.** (Buch)Drucker *m*; **2.** (Schrift)Setzer *m*; **ty·po·graph·ic**, **ty·po·graph·i·cal** [ˌtaɪpə'græfɪk(l)] *adj.* □ **1.** Druck…, drucktechnisch: *~ error* Druckfehler *m*; **2.** typo'graphisch, Buchdruck(er)…; **ty'pog·ra·phy** [-fɪ] *s.* **1.** Buchdruckerkunst *f*, Typogra'phie *f*; **2.** (Buch-)Druck *m*; **3.** Druckbild *n*.

ty·po·log·i·cal [ˌtaɪpə'lɒdʒɪkl] *adj.* typo'logisch; **ty·pol·o·gy** [taɪ'pɒlədʒɪ] *s.* Typolo'gie *f*.

ty·ran·nic, **ty·ran·ni·cal** [tɪ'rænɪk(l)] *adj.* □ ty'rannisch; **ty'ran·ni·cide** [-ɪsaɪd] *s.* **1.** Ty'rannenmord *m*; **2.** Ty'rannenmörder *m*; **tyr·an·nize** ['tɪrənaɪz] **I** *v/i.* ty'rannisch sein *od.* herrschen: *~ over* → **II** *v/t.* tyrannisieren; **tyr·an·nous** ['tɪrənəs] *adj.* □ *rhet.* ty'rannisch; **tyr·an·ny** ['tɪrənɪ] *s.* **1.** Tyran'nei *f*: a) Despo'tismus, b) Gewalt-, Willkürherrschaft *f*; **2.** Tyran'nei *f* (*tyrannische Handlung etc.*); **3.** *antiq.* Ty'rannis *f*; **ty·rant** ['taɪərənt] *s.* Ty'rann(in).

tyre *etc. bsd. Brit.* → ***tire***[2] *etc.*

ty·ro ['taɪərəʊ] *pl.* **-ros** *s.* Anfänger(in), Neuling *m*.

Tyr·o·lese [ˌtɪrə'li:z] **I** *pl.* **-lese** *s.* Ti'roler(in); **II** *adj.* ti'rol(er)isch, Tiroler(…).

tzar *etc.* → ***czar*** *etc.*

U

U, u [juː] **I** *s.* **1.** U *n*, u *n* (*Buchstabe*); **2.** U *n*: ***U-bolt*** ⚙ U-Bolzen *m*; **II** *adj.* **3.** ***U*** *Brit.* F vornehm; **4.** *Brit.* jugendfrei: ***~ film.***

u·biq·ui·tous [juːˈbɪkwɪtəs] *adj.* □ allˈgegenwärtig, (gleichzeitig) ˈüberall zu finden(d); **uˈbiq·ui·ty** [-kwətɪ] *s.* Allˈgegenwart *f.*

ˈU-boat *s.* ⚓ U-Boot *n*, (deutsches) ˈUnterseeboot.

u·dal [ˈjuːdl] *s.* ⚖ *hist.* Alˈlod(ium) *n*, Freigut *n.*

ud·der [ˈʌdə] *s.* Euter *n.*

u·dom·e·ter [juːˈdɒmɪtə] *s. meteor.* Regenmesser *m*, Udoˈmeter *n.*

ugh [ʌx; ʊh; ɜːh] *int.* hu!, pfui!

ug·li·fy [ˈʌglɪfaɪ] *v/t.* häßlich machen, entstellen; **ˈug·li·ness** [-ɪnɪs] *s.* Häßlichkeit *f*; **ug·ly** [ˈʌglɪ] **I** *adj.* □ **1.** häßlich, garstig (*beide a. fig.*); **2.** *fig.* gemein, schmutzig; **3.** unangenehm, ˈwiderwärtig, übel: ***an ~ customer*** ein unangenehmer Kerl, ‚ein übler Kunde'; **4.** bös, schlimm, gefährlich (*Situation, Wunde etc.*); **II** *s.* **5.** F häßlicher Mensch; ‚Ekel' *n.*

u·kase [juːˈkeɪz] *s. hist. u. fig.* Ukas *m*, Erlaß *m*, Befehl *m.*

U·krain·i·an [juːˈkreɪnjən] **I** *adj.* **1.** ukraˈinisch; **II** *s.* **2.** Ukraˈiner(in); **3.** *ling.* Ukraˈinisch *n.*

u·ku·le·le [ˌjuːkəˈleɪlɪ] *s.* ♪ Ukuˈlele *f*, *n.*

ul·cer [ˈʌlsə] *s.* **1.** ⚕ (*Magen- etc.*)Geschwür *n*; **2.** *fig.* a) (Eiter)Beule *f*, b) Schandfleck *m*; **ˈul·cer·ate** [-əreɪt] ⚕ **I** *v/t.* schwären lassen: ***~d*** eitrig, vereitert; **II** *v/i.* geschwürig werden, schwären; **ul·cer·a·tion** [ˌʌlsəˈreɪʃn] *s.* ⚕ Geschwür(bildung *f*) *n*; Schwären *n*, (Ver-)Eiterung *f*; **ul·cer·ous** [ˈʌlsərəs] *adj.* □ **1.** ⚕ geschwürig, eiternd; Geschwür(s)…, Eiter…; **2.** *fig.* korˈrupt, giftig.

ul·lage [ˈʌlɪdʒ] *s.* ✝ Schwund *m*: a) Lekˈkage *f*, Flüssigkeitsverlust *m*, b) Gewichtsverlust *m.*

ul·na [ˈʌlnə] *pl.* **-nae** [-niː] *s. anat.* Elle *f.*

ul·ster [ˈʌlstə] *s.* Ulster(mantel) *m.*

ul·te·ri·or [ʌlˈtɪərɪə] *adj.* □ **1.** (*räumlich*) jenseitig; **2.** später (folgend), weiter, anderweitig: ***~ action***; **3.** *fig.* tiefer(liegend), versteckt: ***~ motives*** tiefere Beweggründe, Hintergedanken.

ul·ti·mate [ˈʌltɪmət] **I** *adj.* □ **1.** äußerst, (aller)letzt; höchst; **2.** entferntest; **3.** endgültig, End…: ***~ consumer*** ✝ Endverbraucher *m*; ***~ result*** Endergebnis *n*; **4.** grundlegend, elemenˈtar, Grund…; **5.** ⚙, *phys.* Höchst…, Grenz…: ***~ strength*** Bruchfestigkeit *f*; **II** *s.* **6.** *das* Letzte, *das* Äußerste; **7.** *fig.* *der* Gipfel (*in* an *dat.*); **ˈul·ti·mate·ly** [-lɪ] *adv.* schließlich, endlich, letzten Endes, im Grunde.

ul·ti·ma·tum [ˌʌltɪˈmeɪtəm] *pl.* **-tums, -ta** [-tə] *s. pol. u. fig.* Ultiˈmatum *n* (***to*** an *acc.*): ***deliver an ~ to*** *j-m* ein Ultimatum stellen.

ul·ti·mo [ˈʌltɪməʊ] (*Lat.*) *adv.* ✝ letzten *od.* vorigen Monats.

ul·tra [ˈʌltrə] **I** *adj.* **1.** exˈtrem, radiˈkal, Erz…, Ultra…; **2.** ˈübermäßig, überˈtrieben; ultra…, super…; **II** *s.* **3.** Extreˈmist *m*, Ultra *m*; **ˌ~ˈhigh fre·quen·cy** ⚡ **I** *s.* Ultraˈhochfreˌquenz *f*, Ultraˈkurzwelle *f*; **II** *adj.* Ultrahochfrequenz…, Ultrakurzwellen…

ul·tra·ism [ˈʌltrəɪzəm] *s.* Extreˈmismus *m.*

ul·tra|·ma·rine [ˌʌltrəməˈriːn] **I** *adj.* **1.** ˈüberseeisch; **2.** ⚗, *paint.* ultramaˈrin: ***~ blue*** → **II** *s.* **3.** Ultramaˈrin(blau) *n*; **ˌ~ˈmod·ern** *adj.* ˈultra-, ˈhypermoˌdern; **ˌ~ˈmon·tane** [-ˈmɒnteɪn] **I** *adj.* **1.** jenseits der Berge (gelegen); **2.** südlich der Alpen (gelegen), italiˈenisch; **3.** *pol., eccl.* ultramonˈtan, streng päpstlich; **II** *s.* **4.** → **ˌ~ˈmon·ta·nist** [-ˈmɒntənɪst] *s.* Ultramonˈtane(r *m*) *f*; **ˌ~ˈna·tion·al** *adj.* ˈultranatioˌnal; **ˌ~ˈshort wave** *s.* ⚡ Ultraˈkurzwelle *f*; **ˌ~ˈson·ic** *phys.* **I** *adj.* Ultra-, Überschall…; **II** *s. pl. sg. konstr.* (Lehre *f* vom) Ultraschall *m*; **ˌ~ˈvi·o·let** *adj. phys.* ˈultravioˌlett.

ul·tra vi·res [ˌʌltrəˈvaɪəriːz] (*Lat.*) *adv. u. pred. adj.* ⚖ über j-s Macht *od.* Befugnisse (hinˈausgehend).

ul·u·late [ˈjuːljʊleɪt] *v/i.* heulen; **ul·u·la·tion** [ˌjuːljʊˈleɪʃn] *s.* Heulen *n*, (Weh-)Klagen *n.*

um·bel [ˈʌmbəl] *s.* ⚘ Dolde *f*; **ˈum·bel·late** [-leɪt] *adj.* doldenblütig, Dolden…; **um·bel·li·fer** [ʌmˈbelɪfə] *s.* Doldengewächs *n*; **um·bel·lif·er·ous** [ˌʌmbeˈlɪfərəs] *adj.* doldenblütig, -tragend.

um·ber [ˈʌmbə] *s.* **1.** *min.* Umber(erde *f*) *m*, Umbra *f*; **2.** *paint.* Erd-, Dunkelbraun *n.*

um·bil·i·cal [ˌʌmbɪˈlaɪkl] *adj. anat.* Nabel…: ***~ (cord)*** Nabelschnur *f*; **um·bil·i·cus** [ʌmˈbɪlɪkəs] *pl.* **-cus·es** *s.* **1.** *anat.* Nabel *m*; **2.** (nabelförmige) Delle; **3.** ⚘ (Samen)Nabel *m*; **4.** ⩘ Nabelpunkt *m.*

um·bra [ˈʌmbrə] *pl.* **-brae** [-briː], **-bras** *s. ast.* a) Kernschatten *m*, b) Umbra *f* (*dunkler Kern e-s Sonnenflecks*).

um·brage [ˈʌmbrɪdʒ] *s.* **1.** Anstoß *m*, Ärgernis *n*: ***give ~*** Anstoß erregen (***to*** bei); ***take ~ at*** Anstoß nehmen an (*dat.*); **2.** *poet.* Schatten *m von Bäumen*; **um·bra·geous** [ʌmˈbreɪdʒəs] *adj.* □ **1.** schattig, schattenspendend, -reich; **2.** *fig.* empfindlich, übelnehmerisch.

um·brel·la [ʌmˈbrelə] *s.* **1.** (*bsd.* Regen-)Schirm *m*: ***~ stand*** Schirmständer *m*; ***get*** (*od.* ***put***) ***under one ~*** *fig.* ‚unter ˈeinen Hut bringen'; **2.** ✈, ⚔ a) Jagdschutz *m*, Abschirmung *f*, b) *a.* ***~ barrage*** Feuervorhang *m*, -glocke *f*; **3.** *fig.* a) Schutz *m*, b) Rahmen *m*, c) Dach…: ***~ organization.***

um·laut [ˈʊmlaʊt] *ling.* **I** *s.* ˈUmlaut(zeichen *n*) *m*; **II** *v/t.* ˈumlauten.

um·pire [ˈʌmpaɪə] **I** *s.* **1.** *sport etc.* Schiedsrichter *m*, ˈUnparˌteiische(r *m*) *f*; **2.** ⚖ Obmann *m* e-s Schiedsgerichts; **II** *v/t.* **3.** als Schiedsrichter fungieren bei, *sport a. das Spiel* leiten.

ump·teen [ˌʌmpˈtiːn] *adj.* F ‚zig' (*viele*): ***~ times*** x-mal; **ˌumpˈteenth** [-nθ], **ˈump·ti·eth** [-tɪɪθ] *adj.* F ‚zigst', *der* (*die, das*) ˈsoundsoˈvielte: ***for the ~ time*** zum x-ten Mal.

'un [ən] *pron.* F *für* ***one.***

un- [ʌn] *in Zssgn* **1.** Un…, un…, nicht…; **2.** ent…, los…, auf…, ver… (*bei Verben*).

ˌun·aˈbashed *adj.* **1.** unverfroren; **2.** unerschrocken.

un·a·bat·ed [ˌʌnəˈbeɪtɪd] *adj.* unvermindert; **ˌun·aˈbat·ing** [-tɪŋ] *adj.* unablässig, anhaltend.

ˌun·abˈbre·vi·at·ed *adj.* ungekürzt.

unˈa·ble *adj.* **1.** unfähig, außerˈstande (***to do*** zu tun): ***be ~ to work*** nicht arbeiten können, arbeitsunfähig sein; ***~ to pay*** zahlungsunfähig, insolvent; **2.** untauglich, ungeeignet (***for*** für).

ˌun·aˈbridged *adj.* ungekürzt.

ˌun·acˈcent·ed *adj.* unbetont.

ˌun·acˈcept·a·ble *adj.* **1.** unannehmbar (***to*** für); **2.** untragbar, unerwünscht (***to*** für).

ˌun·acˈcom·mo·dat·ing *adj.* **1.** ungefällig, **2.** unnachgiebig.

ˌun·acˈcom·pa·nied *adj.* unbegleitet, ohne Begleitung (*a.* ♪).

ˌun·acˈcom·plished *adj.* **1.** ˈunvollˌendet, unfertig; **2.** *fig.* ungebildet.

ˌun·acˈcount·a·ble *adj.* □ **1.** nicht verantwortlich; **2.** unerklärlich, seltsam; **ˌun·acˈcount·a·bly** *adv.* unerklärlicherweise.

ˌun·acˈcount·ed-for *adj.* **1.** unerklärt (geblieben); **2.** nicht belegt.

ˌun·acˈcus·tomed *adj.* **1.** ungewohnt; **2.** nicht gewöhnt (***to*** an *acc.*).

un·a·chiev·a·ble [ˌʌnəˈtʃiːvəbl] *adj.* **1.** unausführbar; **2.** unerreichbar; **ˌun·aˈchieved** [-vd] *adj.* unerreicht, ˈunvollˌendet.

ˌun·acˈknowl·edged *adj.* **1.** nicht anerkannt; **2.** uneingestanden; **3.** unbestätigt (*Brief etc.*).

ˌ**un·acˈquaint·ed** *adj.* (**with**) unerfahren (in *dat.*), nicht vertraut (mit), unkundig (*gen.*): **be ~ with** *et.* nicht kennen.

ˌ**unˈact·a·ble** *adj. thea.* nicht bühnengerecht, unaufführbar.

ˌ**un·aˈdapt·a·ble** *adj.* **1.** nicht anpassungsfähig (**to** an *acc.*); **2.** nicht anwendbar (**to** auf *acc.*); **3.** ungeeignet (**for, to** für, zu); ˌ**un·aˈdapt·ed** *adj.* **1.** nicht angepaßt (**to** *dat. od.* an *acc.*); **2.** ungeeignet, nicht eingerichtet (**to** für).

ˌ**un·adˈdressed** *adj.* ohne Anschrift.

ˌ**un·aˈdorned** *adj.* schmucklos.

ˌ**un·aˈdul·ter·at·ed** *adj.* rein, unverfälscht, echt.

ˌ**un·adˈven·tur·ous** *adj.* **1.** ohne Unterˈnehmungsgeist; **2.** ereignislos (*Reise*).

ˈ**un·adˌvis·aˈbil·i·ty** *s.* Unratsamkeit *f*; ˌ**un·adˈvis·a·ble** *adj.* □ unratsam, nicht ratsam *od.* empfehlenswert; ˌ**un·adˈvised** *adj.* □ **1.** unberaten; **2.** unbesonnen, ˈunüberˌlegt.

ˌ**un·afˈfect·ed** *adj.* □ **1.** ungekünstelt, nicht affektiert (*Stil, Auftreten etc.*); **2.** echt, aufrichtig; **3.** unberührt, ungerührt, unbeeinflußt (**by** von); ˌ**un·afˈfect·ed·ness** [-nɪs] *s.* Naˈtürlichkeit *f*; Aufrichtigkeit *f*.

ˌ**un·aˈfraid** *adj.* furchtlos: **be ~ of** keine Angst haben vor (*dat.*).

ˌ**unˈaid·ed** *adj.* **1.** ohne Unterˈstützung, ohne Hilfe (**by** von); (ganz) alˈlein; **2.** unbewaffnet, bloß (*Auge*).

ˌ**unˈal·ien·a·ble** *adj.* □ unveräußerlich (*a. fig. Recht*).

ˌ**un·alˈloyed** *adj.* **1.** ⚗ unvermischt, unlegiert; **2.** *fig.* ungetrübt, rein: **~ happiness.**

unˈal·ter·a·ble *adj.* □ unveränderlich, unabänderlich; ˌ**unˈal·tered** *adj.* unverändert.

ˌ**un·aˈmazed** *adj.* nicht verwundert: **be ~ at** sich nicht wundern über (*acc.*).

un·am·big·u·ous [ˌʌnæmˈbɪgjʊəs] *adj.* □ unzweideutig; ˌ**un·amˈbig·u·ous·ness** [-nɪs] *s.* Eindeutigkeit *f*.

ˌ**un·amˈbi·tious** *adj.* □ **1.** nicht ehrgeizig, ohne Ehrgeiz; **2.** anspruchslos, schlicht (*Sache*).

ˌ**un·aˈme·na·ble** *adj.* **1.** unzugänglich (**to** *dat. od.* für); **2.** nicht verantwortlich (**to** gegenüber).

ˌ**un·aˈmend·ed** *adj.* unverbessert, unabgeändert; nicht ergänzt.

ˌ**un-Aˈmer·i·can** *adj.* **1.** ˈunameriˌkanisch; **2. ~ activities** *pol. Am.* staatsfeindliche Umtriebe.

ˌ**unˈa·mi·a·ble** *adj.* □ unliebenswürdig, unfreundlich.

ˌ**un·aˈmus·ing** *adj.* □ nicht unterˈhaltsam, langweilig, unergötzlich.

u·na·nim·i·ty [ˌju:nəˈnɪmətɪ] *s.* **1.** Einstimmigkeit *f*; **2.** Einmütigkeit *f*; **u·nan·i·mous** [ju:ˈnænɪməs] *adj.* □ **1.** einmütig, einig; **2.** einstimmig (*Beschluß etc.*).

ˌ**un·anˈnounced** *adj.* unangemeldet, unangekündigt.

ˌ**unˈan·swer·a·ble** *adj.* □ **1.** nicht zu beantworten(d); unlösbar (*Rätsel*); **2.** ˈunwiderˌlegbar; **3.** nicht verantwortlich *od.* haftbar; ˌ**unˈan·swered** *adj.* **1.** unbeantwortet; **2.** ˈunwiderˌlegt.

un·ap·peal·a·ble [ˌʌnəˈpi:ləbl] *adj.* ⚖ nicht berufungs- *od.* rechtsmittelfähig, unanfechtbar.

un·ap·peas·a·ble [ˌʌnəˈpi:zəbl] *adj.* **1.** nicht zu besänftigen(d), unversöhnlich; **2.** nicht zuˈfriedenzustellen(d), unersättlich.

ˌ**unˈap·pe·tiz·ing** *adj.* □ ˈunappeˌtitlich, *fig. a.* wenig reizvoll.

ˌ**un·apˈplied** *adj.* nicht angewandt *od.* gebraucht: **~ funds** totes Kapital.

ˌ**un·apˈpre·ci·at·ed** *adj.* nicht gebührend gewürdigt *od.* geschätzt, unbeachtet.

ˌ**un·apˈproach·a·ble** *adj.* □ unnahbar.

ˌ**un·apˈpro·pri·at·ed** *adj.* **1.** herrenlos; **2.** nicht verwendet *od.* gebraucht; **3.** ✝ nicht zugeteilt, keiner bestimmten Verwendung zugeführt.

ˌ**un·apˈproved** *adj.* ungebilligt, nicht genehmigt.

ˌ**unˈapt** *adj.* □ **1.** ungeeignet, untauglich (**for** für, zu); **2.** unangebracht, unpassend; **3.** nicht geeignet (**to do** zu tun); **4.** ungeschickt (**at** bei, in *dat.*).

ˌ**unˈar·gued** *adj.* **1.** unbesprochen; **2.** unbestritten.

ˌ**unˈarmed** *adj.* **1.** unbewaffnet; **2.** unscharf (*Munition*).

ˌ**unˈar·mo(u)red** *adj.* **1.** *bsd.* ⚔, ⚓ ungepanzert; **2.** ⚙ nicht bewehrt.

ˌ**un·as·cerˈtain·a·ble** *adj.* nicht feststellbar; ˌ**un·as·cerˈtained** *adj.* nicht (sicher) festgestellt.

ˌ**un·aˈshamed** *adj.* □ **1.** nicht beschämt; **2.** schamlos.

ˌ**unˈasked** *adj.* **1.** ungefragt; **2.** ungebeten, unaufgefordert; **3.** uneingeladen.

ˌ**un·asˈpir·ing** *adj.* □ ohne Ehrgeiz, anspruchslos, bescheiden.

ˌ**un·asˈsail·a·ble** *adj.* **1.** unangreifbar (*a. fig.*); **2.** *fig.* unanfechtbar.

ˌ**un·asˈsign·a·ble** *adj.* ⚖ nicht überˈtragbar.

ˌ**un·asˈsist·ed** *adj.* □ ohne Hilfe *od.* Unterˈstützung (**by** von), (ganz) alˈlein.

ˌ**un·asˈsum·ing** *adj.* □ anspruchslos, bescheiden.

ˌ**un·atˈtached** *adj.* **1.** nicht befestigt (**to** an *dat.*); **2.** nicht gebunden, unabhängig; **3.** ungebunden, frei, ledig; **4.** *ped., univ.* exˈtern, keinem College angehörend (*Student*); **5.** ⚔ zur Dispositiˈon stehend; **6.** ⚖ nicht mit Beschlag belegt.

ˌ**un·atˈtain·a·ble** *adj.* □ unerreichbar.

ˌ**un·atˈtempt·ed** *adj.* unversucht.

ˌ**un·atˈtend·ed** *adj.* **1.** unbegleitet; **2.** *mst* **~ to** a) unbeaufsichtigt, b) vernachlässigt.

ˌ**un·atˈtest·ed** *adj.* **1.** unbezeugt, unbestätigt; **2.** *Brit.* (behördlich) nicht überˈprüft.

ˌ**un·atˈtrac·tive** *adj.* □ wenig anziehend, reizlos, ˈunattrakˌtiv.

ˌ**unˈau·thor·ized** *adj.* **1.** nicht bevollmächtigt, unbefugt: **~ person** Unbefugte(r *m*) *f*; **2.** unerlaubt; unberechtigt (*Nachdruck etc.*).

un·a·vail·a·ble [ˌʌnəˈveɪləbl] *adj.* □ **1.** nicht verfügbar *od.* vorˈhanden; **2.** → ˌ**un·aˈvail·ing** [-lɪŋ] *adj.* □ frucht-, nutzlos, vergeblich.

un·a·void·a·ble [ˌʌnəˈvɔɪdəbl] *adj.* □ **1.** unvermeidlich, unvermeidbar: **~ cost** notwendige Kosten; **2.** ⚖ unanfechtbar.

un·a·ware [ˌʌnəˈweə] *adj.* **1.** (**of**) nicht gewahr (*gen.*), in Unkenntnis (*gen.*): **be ~ of** sich *e-r Sache* nicht bewußt sein, *et.* nicht wissen *od.* bemerken; **2.** nichtsahnend: **he was ~ that** er ahnte nicht, daß; ˌ**un·aˈwares** [-eəz] *adv.* **1.** versehentlich, unabsichtlich; **2.** unversehens, unerwartet, unvermutet: **catch** (*od.* **take**) **s.o. ~** j-n überraschen; **at ~** unverhofft, überraschend.

ˌ**unˈbacked** *adj.* **1.** ohne Rückhalt *od.* Unterˈstützung; **2. ~ horse** Pferd, auf das nicht gesetzt wurde; **3.** ✝ ungedeckt, nicht indossiert.

ˌ**unˈbaked** *adj.* **1.** ungebacken; **2.** *fig.* unreif.

ˌ**unˈbal·ance I** *v/t.* **1.** aus dem Gleichgewicht bringen (*a. fig.*); **2.** *fig. Geist* verwirren; **II** *s.* **3.** gestörtes Gleichgewicht, *fig. a.* Unausgeglichenheit *f*; **4.** ⚡, ⚙ Unwucht *f*; ˌ**unˈbal·anced** *adj.* **1.** aus dem Gleichgewicht gebracht, nicht im Gleichgewicht (befindlich); **2.** *fig.* unausgeglichen (*a.* ✝); **3.** *psych.* laˈbil, ‚gestört'.

ˌ**un·bapˈtized** *adj.* ungetauft.

ˌ**unˈbar** *v/t.* aufriegeln.

ˌ**unˈbear·a·ble** *adj.* □ unerträglich.

ˌ**unˈbeat·en** *adj.* **1.** ungeschlagen, unbesiegt; **2.** *fig.* ˈunüberˌtroffen; **3.** unerforscht: **~ region.**

ˌ**un·beˈcom·ing** *adj.* □ **1.** unkleidsam: **this hat is ~ to him** dieser Hut steht ihm nicht; **2.** *fig.* unpassend, unschicklich, ungeziemend (**of, to, for** für *j-n*).

ˌ**un·beˈfit·ting** → **unbecoming** 2.

ˌ**un·beˈfriend·ed** *adj.* ohne Freund(e).

un·be·known(st F) [ˌʌnbɪˈnəʊn(st)] *adj. u. adv.* **1.** (**to**) ohne *j-s* Wissen; **2.** unbekannt(erweise).

ˌ**un·beˈlief** *s.* Unglaube *m*, Ungläubigkeit *f*; ˌ**un·beˈliev·a·ble** *adj.* □ unglaublich; ˌ**un·beˈliev·er** *s. eccl.* Ungläubige(r *m*) *f*, Glaubenslose(r *m*) *f*; ˌ**un·beˈliev·ing** *adj.* □ ungläubig.

ˌ**unˈbend** [*irr.* → **bend**] **I** *v/t.* **1.** *Bogen etc., a. fig. Geist* entspannen; **2.** ⚙ geradebiegen, glätten; **3.** ⚓ a) *Tau etc.* losmachen, b) *Segel* abschlagen; **II** *v/i.* **4.** sich entspannen, sich lösen; **5.** *fig.* auftauen, freundlich(er) werden, s-e Förmlichkeit ablegen; ˌ**unˈbend·ing** [-dɪŋ] *adj.* □ **1.** unbiegsam; **2.** *fig.* unbeugsam, entschlossen; **3.** *fig.* reserviert, steif.

un·be·seem·ing [ˌʌnbɪˈsi:mɪŋ] → **unbecoming** 2.

ˌ**unˈbi·as(s)ed** *adj.* □ unvoreingenommen, *a.* ⚖ unbefangen.

ˌ**unˈbid(·den)** *adj.* ungeheißen, unaufgefordert; ungebeten (*a. Gast*).

ˌ**unˈbind** *v/t.* [*irr.* → **bind**] **1.** *Gefangenen etc.* losbinden, befreien; **2.** *Haar, Knoten etc.* lösen.

ˌ**unˈbleached** *adj.* ungebleicht.

ˌ**unˈblem·ished** *adj. bsd. fig.* unbefleckt, makellos.

ˌ**unˈblink·ing** *adj.* □ **1.** ungerührt; **2.** unerschrocken.

ˌ**unˈblush·ing** *adj.* □ *fig.* schamlos.

ˌ**unˈbolt** *v/t.* aufriegeln, öffnen.

ˌ**unˈborn** *adj.* **1.** (noch) ungeboren; **2.** *fig.* (zu)künftig, kommend.

ˌ**unˈbos·om** *v/t. Gedanken, Gefühle etc.* enthüllen, offenˈbaren (**to** *dat.*): **~ o.s.** (**to s.o.**) sich (j-m) offenbaren, (j-m) sein Herz ausschütten.

ˌ**unˈbound** *adj.* ungebunden: a) broschiert (*Buch*), b) *fig.* frei.

ˌ**un'bound·ed** *adj.* □ **1.** unbegrenzt; **2.** *fig.* grenzen-, schrankenlos.

ˌ**un'brace** *v/t.* **1.** *Gurte etc.* lösen, losschnallen; **2.** entspannen (*a. fig.*): **~ o.s.** sich entspannen.

ˌ**un'break·a·ble** *adj.* unzerbrechlich.

ˌ**un'brib·a·ble** *adj.* unbestechlich.

ˌ**un'bri·dled** *adj.* **1.** ab-, ungezäumt; **2.** *fig.* ungezügelt, zügellos.

ˌ**un'bro·ken** *adj.* □ **1.** ungebrochen (*a. fig. Eid etc.*), unzerbrochen, ganz, heil; **2.** 'ununterˌbrochen, ungestört; **3.** nicht zugeritten (*Pferd*); **4.** unbeeinträchtigt; **5.** ✓ ungepflügt; **6.** ungebrochen: **~ *record*.**

ˌ**un'broth·er·ly** *adj.* unbrüderlich.

ˌ**un'buck·le** *v/t.* auf-, losschnallen.

ˌ**un'built** *adj.* **1.** (noch) nicht gebaut; **2.** *a.* **~-*on*** unbebaut (*Gelände*).

ˌ**un'bur·den** *v/t.* **1.** *bsd. fig.* entlasten, von e-r Last befreien, *Gewissen etc.* erleichtern: **~ o.s.** (**to s.o.**) (j-m) sein Herz ausschütten; **2.** a) *Geheimnis etc.* loswerden, b) *Sünden* bekennen, beichten: **~ *one's troubles to s.o.*** s-e Sorgen bei j-m abladen.

ˌ**un'bur·ied** *adj.* unbegraben.

ˌ**un'burnt** *adj.* **1.** unverbrannt; **2.** ⚙ ungebrannt (*Ziegel etc.*).

ˌ**un'bur·y** *v/t.* ausgraben (*a. fig.*).

ˌ**un'busi·ness·like** *adj.* unkaufmännisch, nicht geschäftsmäßig.

ˌ**un'but·ton** *v/t.* aufknöpfen; ˌ**un'but·toned** *adj.* aufgeknöpft, *fig. a.* gelöst, zwanglos.

ˌ**un'called** *adj.* **1.** unaufgefordert; **2.** ✝ nicht aufgerufen; ˌ**un'called-for** *adj.* **1.** ungerufen, unerwünscht; unverlangt (*Sache*); **2.** unangebracht, unpassend: **~ *remarks*.**

un'can·ny *adj.* □ unheimlich (*a. fig.*).

ˌ**un'cared-for** *adj.* **1.** unbeachtet; **2.** vernachlässigt; ungepflegt.

ˌ**un'case** *v/t.* auspacken.

un·ceas·ing [ʌn'si:sɪŋ] *adj.* □ unaufhörlich.

'**unˌcer·e'mo·ni·ous** *adj.* □ **1.** ungezwungen, zwanglos; **2.** a) unsanft, grob, b) unhöflich.

un'cer·tain *adj.* □ **1.** unsicher, ungewiß, unbestimmt; **2.** nicht sicher: ***be ~ of s.th.*** e-r Sache nicht sicher *od.* gewiß sein; **3.** zweifelhaft, undeutlich, vage: ***an ~ answer***; **4.** unzuverlässig: ***an ~ friend***; **5.** unstet, unbeständig, veränderlich, launenhaft: **~ *temper***, **~ *weather***; **6.** unsicher, verunsichert; **un'cer·tain·ty** [-tɪ] *s.* **1.** Unsicherheit *f*, Ungewißheit *f*; **2.** Zweifelhaftigkeit *f*; **3.** Unzuverlässigkeit *f*; **4.** Unbeständigkeit *f*.

ˌ**un'cer·ti·fied** *adj.* nicht bescheinigt, unbeglaubigt.

ˌ**un'chain** *v/t.* **1.** losketten; **2.** befreien (*a. fig.*).

ˌ**un'chal·lenge·a·ble** *adj.* □ unanfechtbar, unbestreitbar; ˌ**un'chal·lenged** *adj.* unbestritten, 'unwiderˌsprochen, unangefochten.

un·change·a·ble [ˌʌn'tʃeɪndʒəbl] *adj.* □ unveränderlich, unwandelbar; **un·changed** [ˌʌn'tʃeɪndʒd] *adj.* unverändert; ˌ**un'chang·ing** [-dʒɪŋ] *adj.* □ unveränderlich.

ˌ**un'charged** *adj.* **1.** nicht beladen; **2.** ⚖ nicht angeklagt; **3.** ϟ nicht (auf)geladen; **4.** ungeladen (*Schußwaffe*); **5.** ✝ a) unbelastet (*Konto*), b) unberechnet.

ˌ**un'char·i·ta·ble** *adj.* □ lieblos, hartherzig, unfreundlich.

ˌ**un'chart·ed** *adj.* auf keiner (Land)Karte verzeichnet, unbekannt, unerforscht (*a. fig.*).

ˌ**un'chaste** *adj.* □ unkeusch; ˌ**un'chas·ti·ty** *s.* Unkeuschheit *f*.

ˌ**un'checked** *adj.* **1.** ungehindert, ungehemmt; **2.** unkontrolliert, ungeprüft.

ˌ**un'chiv·al·rous** *adj.* unritterlich, 'ungaˌlant.

ˌ**un'chris·tened** *adj.* ungetauft.

ˌ**un'chris·tian** *adj.* □ unchristlich.

un·ci·al ['ʌnsɪəl] **I** *adj.* **1.** Unzial…; **II** *s.* **2.** Unzi'ale *f* (*abgerundeter Großbuchstabe*); **3.** Unzi'alschrift *f*.

un·ci·form ['ʌnsɪfɔ:m] **I** *adj.* hakenförmig; **II** *s. anat.* Hakenbein *n*.

ˌ**un'cir·cum·cised** *adj.* unbeschnitten; '**unˌcir·cum'ci·sion** *s. bibl. die* Unbeschnittenen *pl.*, *die* Heiden *pl.*

ˌ**un'civ·il** *adj.* □ **1.** unhöflich, grob; **2.** *obs.* → ˌ**un'civ·i·lized** *adj.* unzivilisiert.

ˌ**un'claimed** *adj.* **1.** nicht beansprucht, nicht geltend gemacht; **2.** nicht abgeholt *od.* abgehoben.

ˌ**un'clasp** *v/t.* **1.** lösen, auf-, loshaken, -schnallen; öffnen; **2.** loslassen.

ˌ**un'clas·si·fied** *adj.* **1.** nicht klassifiziert: **~ *road*** Landstraße *f*; **2.** ⚔ offen, nicht geheim.

un·cle ['ʌŋkl] *s.* **1.** Onkel *m*: ***cry ~ Am.*** F aufgeben; **2.** *sl.* Pfandleiher *m*.

ˌ**un'clean** *adj.* □ unrein (*a. fig.*).

ˌ**un'clean·li·ness** *s.* **1.** Unreinlichkeit *f*, Unsauberkeit *f*; **2.** *fig.* Unreinheit *f*; ˌ**un'clean·ly** *adj.* **1.** unreinlich; **2.** *fig.* unrein, unkeusch.

ˌ**un'clench I** *v/t.* **1.** *Faust* öffnen; **2.** *Griff* lockern; **II** *v/i.* **3.** sich öffnen *od.* lockern.

ˌ**un'cloak** *v/t.* **1.** *j-m* den Mantel abnehmen; **2.** *fig.* enthüllen, -larven.

un·close [ˌʌn'kləʊz] **I** *v/t.* **1.** öffnen; **2.** *fig.* enthüllen; **II** *v/i.* **3.** sich öffnen.

ˌ**un'clothe** *v/t.* entkleiden, -blößen, -hüllen (*a. fig.*); ˌ**un'clothed** *adj.* unbekleidet.

ˌ**un'cloud·ed** *adj.* **1.** unbewölkt, wolkenlos; **2.** *fig.* ungetrübt.

un·co ['ʌŋkəʊ] *Scot. od. dial.* **I** *adj.* ungewöhnlich, seltsam; **II** *adv.* äußerst, höchst: ***the ~ guid*** die ach so guten Menschen.

ˌ**un'cock** *v/t.* *Gewehr*(*hahn*) *etc.* entspannen.

ˌ**un'coil** *v/t.* (*v/i.* sich) abwickeln *od.* abspulen *od.* aufrollen.

ˌ**un·col'lect·ed** *adj.* **1.** nicht (ein)gesammelt; **2.** ✝ (noch) nicht erhoben (*Gebühren*); **3.** *fig.* nicht gefaßt *od.* gesammelt.

ˌ**un'col·o(u)red** *adj.* **1.** ungefärbt; **2.** *fig.* ungeschminkt, objek'tiv.

un·come-at·a·ble [ˌʌnkʌm'ætəbl] *adj.* F unerreichbar; unzugänglich: ***it's ~*** ‚da ist nicht ranzukommen'.

ˌ**un'come·ly** *adj.* **1.** unschön, reizlos; **2.** *obs.* unschicklich.

un'com·fort·a·ble *adj.* □ **1.** unangenehm, beunruhigend; **2.** unbehaglich, ungemütlich (*beide a. fig. Gefühl etc.*), unbequem: **~ *silence*** peinliche Stille; **3.** *fig.* unangenehm berührt.

ˌ**un·com'mit·ted** *adj.* **1.** nicht begangen (*Verbrechen etc.*); **2.** (**to**) nicht verpflichtet (zu), nicht gebunden (an *acc.*); **3.** ⚖ nicht inhaftiert *od.* eingewiesen; **4.** *parl.* nicht an e-n Ausschuß *etc.* verwiesen; **5.** *pol.* neu'tral, blockfrei; **6.** nicht zweckgebunden: **~ *funds*.**

un'com·mon I *adj.* □ ungewöhnlich: a) selten, b) außergewöhnlich, -ordentlich; **II** *adv. obs.* äußerst, ungewöhnlich; **un'com·mon·ness** *s.* Ungewöhnlichkeit *f*.

ˌ**un·com'mu·ni·ca·ble** *adj.* **1.** nicht mitteilbar; **2.** ⚕ nicht ansteckend; ˌ**un·com'mu·ni·ca·tive** *adj.* □ nicht *od.* wenig mitteilsam, verschlossen.

ˌ**un·com'pan·ion·a·ble** *adj.* ungesellig, nicht 'umgänglich.

un·com·plain·ing [ˌʌnkəm'pleɪnɪŋ] *adj.* □ klaglos, ohne Murren, geduldig; ˌ**un·com'plain·ing·ness** [-nɪs] *s.* Klaglosigkeit *f*.

ˌ**un·com'plai·sant** *adj.* □ ungefällig.

ˌ**un·com'plet·ed** *adj.* 'unvollˌendet.

ˌ**un'com·pli·cat·ed** *adj.* unkompliziert, einfach.

'**unˌcom·pli'men·ta·ry** *adj.* **1.** nicht *od.* wenig schmeichelhaft; **2.** unhöflich.

un·com·pro·mis·ing [ʌn'kɒmprəmaɪzɪŋ] *adj.* □ **1.** kompro'mißlos; **2.** unbeugsam, unnachgiebig; **3.** *fig.* entschieden, eindeutig.

ˌ**un·con'cealed** *adj.* unverhohlen.

un·con·cern [ˌʌnkən'sɜ:n] *s.* **1.** Sorglosigkeit *f*, Unbekümmertheit *f*; **2.** Gleichgültigkeit *f*; ˌ**un·con'cerned** [-nd] *adj.* □ **1.** (*in*) unbeteiligt (an *dat.*), nicht verwickelt (in *acc.*); **2.** uninteressiert (*with* an *dat.*), gleichgültig; **3.** unbesorgt, unbekümmert (***about*** um, wegen): ***be ~ about*** sich über *et.* keine Gedanken *od.* Sorgen machen; ˌ**un·con'cern·ed·ness** [-nɪdnɪs] → ***unconcern*.**

ˌ**un·con'di·tion·al** *adj.* □ **1.** unbedingt, bedingungslos: **~ *surrender*** bedingungslose Kapitulation; **2.** uneingeschränkt, vorbehaltlos.

ˌ**un·con'di·tioned** *adj.* **1.** → ***unconditional***; **2.** unbedingt: a) *phls.* abso'lut, b) *psych.* angeboren: **~ *reflex*.**

ˌ**un·con'fined** *adj.* □ unbegrenzt, unbeschränkt.

ˌ**un·con'firmed** *adj.* **1.** unbestätigt, nicht erhärtet, unverbürgt; **2.** *eccl.* a) nicht konfirmiert (*Protestanten*), b) nicht gefirmt (*Katholiken*).

ˌ**un·con'gen·ial** *adj.* □ **1.** ungleichartig, nicht kongeni'al; **2.** nicht zusagend, unangenehm, 'unsymˌpathisch (**to** *dat.*); **3.** unfreundlich.

ˌ**un·con'nect·ed** *adj.* **1.** unverbunden, getrennt; **2.** 'unzuˌsammenhängend; **3.** ungebunden, ohne Anhang; **4.** nicht verwandt.

un·con·quer·a·ble [ˌʌn'kɒŋkərəbl] *adj.* □ 'unüberˌwindlich (*a. fig.*), unbesiegbar; ˌ**un'con·quered** [-kəd] unbesiegt, nicht erobert.

'**unˌcon·sci'en·tious** *adj.* □ nicht gewissenhaft, nachlässig.

un·con·scion·a·ble [ʌn'kɒnʃnəbl] *adj.* □ **1.** gewissen-, skrupellos; **2.** unvernünftig, nicht zumutbar; **3.** ‚unverschämt', unglaublich, e'norm.

un'con·scious I *adj.* □ **1.** unbewußt: ***be ~ of*** nichts ahnen von, sich *e-r Sache* nicht bewußt sein; **2.** ⚕ bewußtlos, ohnmächtig; **3.** unbewußt, unwillkürlich; unfreiwillig (*a. Humor*); **4.** unabsichtlich; **5.** *psych.* unbewußt; **II** *s.* **6.** ***the ~*** *psych.* das Unbewußte; **un'con·scious·ness** *s.* **1.** Unbewußtheit *f*; **2.** ⚕ Bewußtlosigkeit *f*.

ˌun'con·se·crat·ed *adj.* ungeweiht.

ˌun·con'sid·ered *adj.* **1.** unberücksichtigt; **2.** unbedacht, 'unüberˌlegt.

'unˌcon·sti'tu·tion·al *adj.* □ *pol.* verfassungswidrig.

ˌun·con'strained *adj.* □ zwanglos, ungezwungen; **ˌun·con'straint** *s.* Ungezwungenheit *f*, Zwanglosigkeit *f*.

ˌun·con'test·ed *adj.* unbestritten, unangefochten: ***~ election*** *pol.* Wahl *f* ohne Gegenkandidaten.

'unˌcon·tra'dict·ed *adj.* 'unwiderˌsprochen, unbestritten.

ˌun·con'trol·la·ble *adj.* □ **1.** unkontrollierbar; **2.** unbändig, unbeherrscht: ***an ~ temper***; **ˌun·con'trolled** *adj.* □ **1.** nicht kontrolliert, unbeaufsichtigt; **2.** unbeherrscht, zügellos.

ˌun·con'ven·tion·al *adj.* □ 'unkonventioˌnell: a) unüblich, b) ungezwungen, form-, zwanglos; **'un·conˌven·tion'al·i·ty** *s.* Zwanglosigkeit *f*, Ungezwungenheit *f*.

ˌun·con'vert·ed *adj.* **1.** unverwandelt; **2.** *eccl.* unbekehrt (*a. fig. nicht überzeugt*); **3.** † nicht konvertiert; **ˌun·con'vert·i·ble** *adj.* **1.** nicht verwandelbar; **2.** nicht vertauschbar; **3.** † nicht konvertierbar.

ˌun·con'vinced *adj.* nicht über'zeugt; **ˌun·con'vinc·ing** *adj.* nicht über'zeugend.

ˌun'cooked *adj.* ungekocht, roh.

ˌun'cord *v/t.* auf-, losbinden.

ˌun'cork *v/t.* **1.** entkorken; **2.** *fig.* F *Gefühlen etc.* Luft machen; **3.** *Am.* F *et.* ‚vom Stapel lassen'.

ˌun·cor'rob·o·rat·ed *adj.* unbestätigt, nicht erhärtet.

un·count·a·ble [ˌʌn'kaʊntəbl] *adj.* **1.** unzählbar; **2.** zahllos; **ˌun'count·ed** [-tɪd] *adj.* **1.** ungezählt; **2.** unzählig.

ˌun'couple *v/t.* **1.** *Hunde etc.* aus der Koppel (los)lassen; **2.** loslösen, trennen; **3.** ⚙ aus-, loskuppeln.

un·couth [ʌn'ku:θ] *adj.* □ **1.** ungeschlacht, unbeholfen, plump; **2.** grob, ungehobelt; **3.** *poet.* öde, wild (*Gegend*); **4.** *obs.* wunderlich.

ˌun'cov·e·nant·ed *adj.* **1.** nicht vertraglich festgelegt; **2.** nicht vertraglich gebunden.

un'cov·er I *v/t.* **1.** aufdecken, freilegen; *Körperteil, a. Kopf* entblößen: ***~ o.s.*** → 5; **2.** *fig.* aufdecken, enthüllen; **3.** ⚔ ohne Deckung lassen; **4.** *Boxen etc.*: ungedeckt lassen; **II** *v/i.* **5.** den Hut abnehmen; **un'cov·ered** *adj.* **1.** unbedeckt (*a. barhäuptig*); **2.** unbekleidet, nackt; **3.** ⚔, *sport etc.* ungedeckt, ungeschützt; **4.** † ungedeckt (*Wechsel etc.*).

ˌun'crit·i·cal *adj.* □ unkritisch, kri'tiklos (***of*** gegenüber).

ˌun'cross *v/t. gekreuzte Arme od. Beine* geradelegen; **ˌun'crossed** *adj.* nicht gekreuzt: ***~ cheque*** (*Am.* ***check***) † Barscheck *m*.

unc·tion ['ʌŋkʃn] *s.* **1.** Salbung *f*, Einreibung *f*; **2.** ⚕ Salbe *f*; **3.** *eccl.* a) (heiliges) Öl, b) Salbung *f* (*Weihe*), c) *a.* ***extreme ~*** Letzte Ölung; **4.** *fig.* Balsam *m* (*Linderung, Trost*) (***to*** für); **5.** *fig.* Inbrunst *f*, Pathos *n*; **6.** *fig.* Salbung *f*, unechtes Pathos: ***with ~*** a) salbungsvoll, b) mit Genuß; **'unc·tu·ous** [-*k*tjʊəs] *adj.* □ **1.** ölig, fettig: ***~ soil*** fetter Boden; **2.** *fig.* salbungsvoll, ölig.

ˌun'cul·ti·vat·ed *adj.* **1.** ✓ unbebaut, unkultiviert; **2.** *fig.* brachliegend (*Talent etc.*); **3.** *fig.* ungebildet, unkultiviert.

ˌun'cul·tured *adj.* unkultiviert (*a. fig. ungebildet*).

ˌun'curbed *adj.* **1.** abgezäumt; **2.** *fig.* ungezähmt, zügellos.

ˌun'cured *adj.* **1.** ungeheilt; **2.** ungesalzen, ungepökelt.

ˌun'curl *v/t.* (*v/i.* sich) entkräuseln *od.* glätten.

ˌun·cur'tailed *adj.* ungekürzt, unbeschnitten.

ˌun'cut *adj.* **1.** ungeschnitten; **2.** unzerschnitten; **3.** ✓ ungemäht; **4.** ungeschliffen (*Diamant*); **5.** unbeschnitten (*Buch*); **6.** *fig.* ungekürzt.

ˌun'dam·aged *adj.* unbeschädigt, unversehrt.

ˌun'damped *adj.* **1.** *bsd.* ♪, ⚡, *phys.* ungedämpft; **2.** unangefeuchtet; **3.** *fig.* nicht entmutigt.

un·date ['ʌndeɪt] *adj.* wellig, wellenförmig.

un·dat·ed[1] ['ʌndeɪtɪd] → ***undate.***

ˌun'dat·ed[2] *adj.* **1.** undatiert, ohne Datum; **2.** unbefristet.

un·daunt·ed [ˌʌn'dɔ:ntɪd] *adj.* □ unerschrocken.

ˌun·de'ceive *v/t.* **1.** *j-m* die Augen öffnen, *j-n* desillusio'nieren; **2.** aufklären (***of*** über *acc.*), e-s Besser(e)n belehren; **ˌun·de'ceived** *adj.* **1.** nicht irregeführt; **2.** aufgeklärt, e-s Besser(e)n belehrt.

ˌun·de'cid·ed *adj.* □ **1.** unentschieden, offen: ***leave s.th. ~***; **2.** unbestimmt, vage; **3.** unentschlossen; **4.** unbeständig (*Wetter*).

ˌun·de'ci·pher·a·ble *adj.* **1.** nicht zu entziffern(d), nicht entzifferbar; **2.** unerklärlich, nicht enträtselbar.

ˌun·de'clared *adj.* **1.** nicht bekanntgemacht, nicht erklärt: ***~ war*** Krieg *m* ohne Kriegserklärung; **2.** † nicht deklariert.

ˌun·de'fend·ed *adj.* **1.** unverteidigt; **2.** ⚖ a) unverteidigt, ohne Verteidiger, b) 'unwiderˌsprochen (*Klage*).

ˌun·de'filed *adj.* unbefleckt, rein (*a. fig.*).

ˌun·de'fin·a·ble *adj.* undefinierbar, unbestimmt.

ˌun·de'fined *adj.* **1.** unbegrenzt; **2.** unbestimmt, vage.

ˌun·de'mand·ing *adj.* **1.** anspruchslos (*a. fig.*); **2.** leicht: ***~ task.***

ˌun·de'mon·stra·tive *adj.* zu'rückhaltend, reserviert, unaufdringlich.

ˌun·de'ni·a·ble *adj.* □ unleugbar, unbestreitbar.

'un·deˌnom·i'na·tion·al *adj.* **1.** nicht konfessio'nell gebunden; **2.** *ped.* interkonfessio'nell, Gemeinschafts…, Simultan…: ***~ school.***

un·der ['ʌndə] **I** *prp.* **1.** *allg.* unter (*dat. od. acc.*); **2.** *Lage*: unter (*dat.*), 'unterhalb von (*od. gen.*): ***from ~ ...*** unter *dem Tisch etc.* hervor; ***get out from ~*** *Am. sl.* a) sich herauswinden, b) den Verlust wettmachen; **3.** *Richtung*: unter (*acc.*); **4.** unter (*dat.*), am Fuße von (*od. gen.*); **5.** *zeitlich*: unter (*dat.*), während: ***~ his rule***; ***~ the Stuarts*** unter den Stuarts; ***~ the date of*** unter dem Datum vom *1. Januar etc.*; **6.** unter *der Autorität, Führung etc.*: ***he fought ~ Wellington***; **7.** unter (*dat.*), unter dem Schutz von: ***~ arms*** unter Waffen; ***~ darkness*** im Schutz der Dunkelheit; **8.** unter (*dat.*), geringer als, weniger als: ***persons ~ 40*** (***years of age***) Personen unter 40 (Jahren); ***in ~ an hour*** in weniger als 'einer Stunde; **9.** *fig.* unter (*dat.*): ***~ alcohol*** unter Alkohol; ***~ an assumed name*** unter e-m angenommenen Namen; ***~ supervision*** unter Aufsicht; **10.** gemäß, laut, nach: ***~ the terms of the contract***; ***claims ~ a contract*** Forderungen aus e-m Vertrag; **11.** in (*dat.*): ***~ construction*** im Bau; ***~ repair*** in Reparatur; ***~ treatment*** ⚕ in Behandlung; **12.** bei: ***he studied physics ~ Maxwell***; **13.** mit: ***~ s.o.'s signature*** mit j-s Unterschrift, (eigenhändig) unterzeichnet von j-m; ***~ separate cover*** mit getrennter Post; **II** *adv.* **14.** dar'unter, unter; → ***go*** (***keep*** *etc.*) ***under***; **15.** unten: ***as ~*** wie unten (angeführt); **III** *adj.* **16.** unter, Unter…; **17.** unter, nieder, 'untergeordnet, Unter…; **18.** *nur in Zssgn* ungenügend, zu gering: ***an ~dose***; **ˌ~'act** [-ər'æ-] *v/t. u. v/i. thea. etc.* unter'spielen, unter'treiben (*a. fig.*); **ˌ~·a'chieve** [-ərə-] *v/i.* weniger leisten *od.* schlechter abschneiden als erwartet; **ˌ~'age** [-ər'eɪ-] *adj.* minderjährig; **'~ˌa·gent** [-ərˌeɪ-] *s.* 'Untervertreter *m*; **'~·arm** [-ərɑ:m] **I** *adj.* **1.** Unterarm…; **2.** → ***underhand*** 2; **II** *adv.* **3.** mit e-r 'Unterarmbewegung; **ˌ~'bid** *v/t.* [*irr.* → ***bid***] unter'bieten; **ˌ~'bred** *adj.* unfein, ungebildet; **'~·brush** *s.* 'Unterholz *n*, Gestrüpp *n*; **'~ˌcar·riage** *s.* **1.** ✈ Fahrwerk *n*; **2.** *mot. etc.* Fahrgestell *n*; **3.** ⚔ 'Unterlaˌfette *f*; **ˌ~'charge I** *v/t.* **1.** *j-m* zu wenig berechnen; **2.** *et.* zu gering berechnen; **3.** *Batterie etc.* unter'laden; **4.** *Geschütz etc.* zu schwach laden; **II** *s.* **5.** zu geringe Berechnung *od.* Belastung; **6.** ungenügende (Auf)Ladung; **'~·clothes** *s. pl.*, **'~ˌcloth·ing** *s.* 'Unterkleidung *f*, -wäsche *f*; **'~·coat** *s.* **1.** ⚙, *paint.* Grundierung *f*; **2.** *zo.* Wollhaarkleid *n*; **'~ˌcov·er** *adj.* **1.** Geheim…: ***~ agent***, ***~ man*** (*bsd.* eingeschleuster) Geheimagent, Spitzel *m*; **'~·croft** *s.* ⛪ 'unterirdisches Gewölbe, Krypta *f*; **'~ˌcur·rent** *s.* 'Unterströmung *f* (*a. fig.*); **ˌ~'cut I** *v/t.* [*irr.* → ***cut***] **1.** unter'höhlen; **2.** (im Preis) unter'bieten; **3.** *Golf, Tennis etc.*: *Ball* mit 'Unterschnitt spielen; **II** *s.* **'undercut 4.** Unter'höhlung *f*; **5.** *Golf, Tennis etc.*: unter'schnittener Ball; **6.** *Küche*: *Brit.* Fi'let *n*, zartes Lendenstück; **ˌ~·de'vel·oped** *adj. phot. u. fig.* 'unterentwickelt: ***~ child***; ***~ country*** Entwicklungsland *n*; **'~·dog** *s. fig.* **1.** Verlierer *m*, Unter'legene(r *m*) *f*; **2.** a) *der* (sozi'al *etc.*) Schwächere *od.* Benachteiligte, b) *der* (zu Unrecht) Verfolgte; **ˌ~'done** *adj.* nicht gar, nicht 'durchgebraten; **'~·dose** ⚕ **I** *s.* **1.** zu geringe Dosis; **II** *v/t.* **ˌunder'dose 2.** *j-m* e-e zu geringe Dosis geben; **3.** *et.* 'unterdosieren; **ˌ~'dress** *v/t.* (*v/i.* sich) zu einfach kleiden; **ˌ~ˈes·ti·mate** [-ərˈestɪmeɪt] **I** *v/t.* unterˈschätzen; **II** *s.* [-mət] *a.* **ˈ~ˌes·tiˈma·tion** [-ərˌe-] Unterˈschätzung *f*; ˈUnterbewertung *f*; **ˌ~·exˈpose** [-dərɪ-] *v/t. phot.* ˈunterbelichten; **ˌ~·exˈpo·sure** [-dərɪ-] *s. phot.* ˈUnterbelichtung *f*; **ˌ~ˈfed** *adj.* ˈunterernährt; **ˌ~ˈfeed·ing** *s.* ˈUnterernährung *f*; **ˌ~ˈfoot** *adv.* **1.** unter den Füßen, unten, am Boden *zertrampeln etc.*; **2.** *fig.* in der Gewalt, unter Konˈtrolle; **ˈ~·frame** *s. mot. etc.* ˈUntergestell *n*, Rahmen *m*; **ˈ~ˌgar·ment** *s.* ˈUnterkleid(ung *f*) *n*; *pl.* ˈUnterwäsche *f*; **ˌ~ˈgo** *v/t.* [*irr.* → **go**] **1.** *e-n Wandel etc.* erleben, ˈdurchmachen; **2.** sich *e-r Operation etc.* unterˈziehen; **3.** erdulden; **ˌ~ˈgrad·u·ate** *univ.* **I** *s.* Stuˈdent(in); **II** *adj.* Studenten…; **ˈ~·ground I** *s.* **1.** *bsd. Brit.* ˈUntergrundbahn *f*, U-Bahn *f*; **2.** *pol.* ˈUntergrund(bewegung *f*) *m*; **3.** *Kunst*: Underground *m*; **II** *adj.* **4.** ˈunterirdisch: **~ cable** ⚙ Erdkabel *n*; **~ car park**, **~ garage** Tiefgarage *f*; **~ railway** (*Am.* **railroad**) → 1; **~ water** Grundwasser *n*; **5.** ⚒ unter Tag(e): **~ mining** Untertag(e)bau *m*; **6.** ⚙ Tiefbau…: **~ engineering** Tiefbau *m*; **7.** *fig.* Untergrund…, Geheim…, verborgen: **~ movement** *pol.* Untergrundbewegung *f*; **8.** *Kunst*: Underground…: **~ film**; **III** *adv.* **ˌunderˈground 9.** unter der *od.* die Erde, ˈunterirdisch; **10.** *fig.* im verborgenen, geheim: **go ~** a) *pol.* in den Untergrund gehen, b) untertauchen; **ˈ~·growth** *s.* ˈUnterholz *n*, Gestrüpp *n*; **ˌ~ˈhand** *adj. u. adv.* **1.** *fig.* a) heimlich, verstohlen, b) ˈhinterlistig; **2.** *sport* mit der Hand unter Schulterhöhe ausgeführt: **~ service** *Tennis*: Tiefaufschlag *m*; **ˌ~ˈhand·ed** *adj.* □ **1.** → **underhand** 1; **2.** ✝ knapp an Arbeitskräften, ˈunterbelegt; **ˌ~·inˈsure** [-ərɪ-] *v/t.* (*v/i.* sich) ˈunterversichern; **ˌ~ˈlay I** *v/t.* [*irr.* → **lay**[1]] **1.** (dar)ˈunterlegen; **2.** *et.* unterˈlegen, stützen; **3.** *typ. Satz* zurichten; **II** *v/i.* **4.** ⚒ sich neigen, einfallen; **III** *s.* **ˈunderlay 5.** ˈUnterlage *f*; **6.** *typ.* Zurichtebogen *m*; **7.** ⚒ schräges Flöz; **ˈ~·lease** *s.* ˈUnterverpachtung *f*, -miete *f*; **ˌ~ˈlet** *v/t.* [*irr.* → **let**[1]] **1.** unter Wert verpachten *od.* vermieten; **2.** ˈunterverpachten, -vermieten; **ˌ~ˈlie** *v/t.* [*irr.* → **lie**[2]] **1.** liegen unter (*dat.*); **2.** zuˈgrunde liegen (*dat.*); **3.** ✝ unterˈliegen (*dat.*), unterˈworfen sein (*dat.*); **ˌ~ˈline I** *v/t.* **1.** unterˈstreichen (*a. fig. betonen*); **II** *s.* **ˈunderline 2.** Unterˈstreichung *f*; **3.** *thea.* (Vor)Ankündigung *f* am Ende e-s Theˈaterplaˌkats; **4.** ˈBildˌunterschrift *f*.

un·der·ling [ˈʌndəlɪŋ] *s. contp.* Unterˈgebene(r *m*) *f*, (kleiner) Handlanger, ‚Kuli' *m*.

ˌun·der|ˈly·ing *adj.* **1.** darˈunterliegend; **2.** *fig.* zuˈgrundeliegend; **3.** ✝ *Am.* Vorrangs…; **ˌ~ˈmanned** [-ˈmænd] *adj.* a) ⚓ ˈunterbemannt, b) (persoˈnell) ˈunterbesetzt; **ˌ~ˈmen·tioned** *adj.* unten erwähnt; **ˌ~ˈmine** *v/t.* **1.** ⚙ unterminiˈnieren (*a. fig.*); **2.** unterˈspülen, auswaschen; **3.** *fig.* unterˈgraben, (allˈmählich) zuˈgrunde richten; **ˈ~·most I** *adj.* unterst; **II** *adv.* zuˈunterst.

un·der·neath [ˌʌndəˈni:θ] **I** *prp.* **1.** unter (*dat. od. acc.*), ˈunterhalb (*gen.*); **II** *adv.* **2.** unten, darˈunter; **3.** auf der ˈUnterseite.

ˌun·der|ˈnour·ished *adj.* ˈunterernährt; **ˈ~·pants** *s. pl.* ˈUnterhose *f*; **ˈ~·pass** *s.* (ˈStraßen- *etc.*)Unterˌführung *f*; **ˌ~ˈpay** *v/t.* [*irr.* → **pay**] ✝ ˈunterbezahlen; **ˌ~ˈpin** *v/t.* △ (unter)ˈstützen, unterˈmauern (*beide a. fig.*); **ˌ~ˈpin·ning** *s.* **1.** △ Unterˈmauerung *f*, ˈUnterbau *m* (*a. fig.*); **2.** F ‚Fahrgestell' *n* (*Beine*); **ˌ~ˈplay** *v/t. u. v/i.* **1.** → **underact**; **2. ~ one's hand** *fig.* nicht alle Trümpfe ausspielen; **ˈ~·plot** *s.* Nebenhandlung *f*, Epiˈsode *f* (*Roman etc.*); **ˌ~ˈpop·u·lat·ed** *adj.* ˈunterbevölkert; **ˌ~ˈprint** *v/t.* **1.** *typ.* a) gegendrucken, b) zu schwach drucken; **2.** *phot.* ˈunterkopieren; **ˌ~ˈpriv·i·leged** *adj.* ✝, *pol.* ˈunterpriviˌlegiert, schlechtergestellt; **ˌ~·proˈduc·tion** *s.* ✝ ˈUnterproduktiˌon *f*; **ˌ~ˈproof** *adj.* ✝ ˈunterproˌzentig (*Spirituosen*); **ˌ~ˈrate** *v/t.* **1.** unterˈschätzen, ˈunterbewerten (*a. sport*); **2.** ✝ zu niedrig veranschlagen; **ˌ~·reˈac·tion** *s.* zu schwache Reaktiˈon; **ˈ~·seal** *mot.* **I** *s.* ˈUnterbodenschutz *m*; **II** *v/t.* mit Unterbodenschutz versehen; **ˌ~ˈscore** *v/t.* unterˈstreichen (*a. fig. betonen*); **ˌ~ˈsec·re·tar·y** *s. pol.* ˈStaatssekreˌtär *m*; **ˌ~ˈsell** *v/t.* [*irr.* → **sell**] ✝ **1.** *j-n* unterˈbieten; **2.** *Ware* verschleudern, unter Wert verkaufen; **ˌ~ˈsexed** *adj.*: **be ~** e-n unterentwickelten Geschlechtstrieb haben; **ˈ~·shirt** *s.* ˈUnterhemd *n*; **ˌ~ˈshoot** *v/t.* [*irr.* → **shoot**]: **~ the runway** ✈ vor der Landebahn aufsetzen; **ˈ~·shot** *adj.* **1.** ⚙ ˈunterschlächtig (*Wasserrad*); **2.** mit vorstehendem ˈUnterkiefer; **ˌ~ˈsigned I** *adj.* unterˈzeichnet; **II** *s.*: **the undersigned** a) der (die) Unterˈzeichnete, b) die Unterˈzeichneten *pl.*; **ˌ~ˈsize(d)** *adj.* **1.** unter Norˈmalgröße; **2.** winzig; **ˈ~·skirt** *s.* ˈUnterrock *m*; **ˌ~ˈslung** *adj.* ⚙, *mot.* Hänge…(*-kühler etc.*), Unterzug…(*-rahmen*); unterˈbaut (*Feder etc.*); **ˈ~·soil** *s.* ˈUntergrund *m*; **ˌ~ˈstaffed** *adj.* ˈunterbesetzt.

un·der·stand [ˌʌndəˈstænd] [*irr.* → **stand**] **I** *v/t.* **1.** verstehen: a) begreifen, b) einsehen, c) *wörtlich etc.* auffassen, d) Verständnis haben für: **~ each other** *fig.* sich *od.* einander verstehen, *a.* zu e-r Einigung kommen; **give s.o. to ~** j-m zu verstehen geben; **make o.s. understood** sich verständlich machen; **do I** (*od.* **am I to**) **~ that …** soll das etwa heißen, daß …; **be it understood** wohlverstanden; **what do you ~ by …?** was verstehen Sie unter (*dat.*)?; **2.** sich verstehen auf (*acc.*), wissen (**how to** *inf.* wie man *et. macht*): **he ~s horses** er versteht sich auf Pferde; **she ~s children** sie kann mit Kindern umgehen; **3.** (als sicher) annehmen, vorˈaussetzen: **an understood thing** e-e ausgemachte *od.* abgemachte Sache; **that is understood** das versteht sich (von selbst); **it is understood that** ⚖ es gilt als vereinbart, daß; **4.** erfahren, hören: **I ~ …** wie ich höre; **I ~ that** ich hörte *od.* man sagte mir, daß; **it is understood** es heißt, wie verlautet; **5.** (**from**) entnehmen (*dat. od.* aus), schließen (aus); **6.** *bsd. ling.* singgemäß ergänzen, hinˈzudenken; **II** *v/i.* **7.** verstehen: a) begreifen, b) *fig.* (volles) Verständnis haben; **8.** Verstand haben; **9.** hören: **…, so I ~** wie ich höre; **ˌun·derˈstand·a·ble** [-dəbl] *adj.* verständlich; **ˌun·derˈstand·a·bly** [-dəblɪ] *adv.* verständlich(erweise); **ˌun·derˈstand·ing** [-dɪŋ] **I** *s.* **1.** Verstehen *n*; **2.** Verstand *m*, Intelliˈgenz *f*; **3.** Verständnis *n* (**of** für); **4.** *gutes etc.* Einvernehmen (**between** zwischen); **5.** Verständigung *f*, Vereinbarung *f*, Überˈeinkunft *f*, Abmachung *f*: **come to an ~ with s.o.** zu e-r Einigung mit j-m kommen; **6.** Bedingung *f*: **on the ~ that** unter der Bedingung *od.* Voraussetzung, daß; **II** *adj.* □ **7.** verständig; **8.** verständnisvoll.

un·der|·state [ˌʌndəˈsteɪt] *v/t.* **1.** zu gering angeben; **2.** (bewußt) zuˈrückhaltend darstellen, unterˈtreiben; **3.** abschwächen, mildern; **ˌ~ˈstate·ment** *s.* **1.** zu niedrige Angabe; **2.** Unterˈtreibung *f*, Underˈstatement *n*; **ˌ~ˈsteer** *v/i. Auto* unterˈsteuern; **ˈ~ˌstrap·per** → **underling**; **ˈ~ˌstud·y** *thea.* **I** *v/t.* **1.** *Rolle* als zweite Besetzung einstudieren; **2.** für *e-n Schauspieler* einspringen; **II** *s.* **3.** zweite Besetzung; *fig.* Ersatzmann *m*; **ˌ~ˈtake** *v/t.* [*irr.* → **take**] **1.** *Aufgabe* überˈnehmen, *Sache* auf sich *od.* in die Hand nehmen; **2.** *Reise etc.* unterˈnehmen; **3.** *Risiko*, *Verantwortung etc.* überˈnehmen, eingehen; **4.** sich erbieten, sich verpflichten (**to do** zu tun); **5.** garantieren, sich verbürgen (**that** daß); **ˈ~ˌtak·er** *s.* Leichenbestatter *m*, Beˈstattungsinstiˌtut *n*; **ˌ~ˈtak·ing** *s.* **1.** ˈÜbernahme *f e-r Aufgabe*; **2.** Unterˈnehmung *f*, -ˈfangen *n*; **3.** ✝ Unterˈnehmen *n*, Betrieb *m*: **industrial ~**; **4.** Verpflichtung *f*; **5.** Garanˈtie *f*; **6. ˈunderˌtaking** Leichenbestattung *f*; **ˌ~ˈten·ant** *s.* ˈUntermieter(in), -pächter(in); **ˌ~-the-ˈcount·er** *adj.* heimlich, dunkel, ˈilleˌgal; **ˌ~ˈtimed** *adj. phot.* ˈunterbelichtet; **ˈ~·tone** *s.* **1.** gedämpfter Ton, gedämpfte Stimme: **in an ~** halblaut; **2.** *fig.* ˈUnterton *m*; *Börse*: Grundton *m*; **3.** gedämpfte Farbe; **ˈ~·tow** *s.* ⚓ **1.** Sog *m*; **2.** ˈWidersee *f*; **ˌ~ˈval·ue** *v/t.* unterˈschätzen, ˈunterbewerten, zu gering ansetzen; **ˈ~·vest** *s. Brit.* ˈUnterhemd *n*; **ˈ~·wear** → **underclothes**; **ˈ~·weight I** *s.* ˈUntergewicht *n*; **II** *adj.* **ˌunderˈweight** ˈuntergewichtig: **be ~** Untergewicht haben; **ˈ~·wood** *s.* ˈUnterholz *n*, Gestrüpp *n* (*a. fig.*); **ˈ~·world** *s. allg.* ˈUnterwelt *f*; **ˈ~·write** *v/t.* [*irr.* → **write**] **1.** a) *et.* daˈrunterschreiben, b) *fig. et.* unterˈschreiben; **2.** ✝ a) *Versicherungspolice* unterˈzeichnen, *Versicherung* überˈnehmen, b) *et.* versichern, c) die Haftung überˈnehmen für; **2.** *Aktienemission etc.* garantieren; **ˈ~ˌwrit·er** *s.* ✝ **1.** Versicherer *m*, Versicherung(sgesellschaft) *f*; **2.** Mitglied *n e-s* Emissiˈonskonˌsortiums; **3.** Verˈsicherungsaˌgent *m*; **ˈ~ˌwrit·ing** *s.* ✝ **1.** (See)Versicherung(sgeschäft *n*) *f*; **2.** Emissiˈonsgaranˌtie *f*: **~ syndicate** Emissionskonsortium *n*.

ˌun·deˈserved *adj.* unverdient; **ˌun·deˈserv·ed·ly** [-ɪdlɪ] *adv.* unverdientermaßen; **ˌun·deˈserv·ing** *adj.* □ unwert, unwürdig (**of** *gen.*): **be ~ of** kein *Mitgefühl etc.* verdienen.

ˌun·deˈsigned *adj.* □ unbeabsichtigt, unabsichtlich; **ˌun·deˈsign·ing** *adj.* ehrlich, aufrichtig.

ˈun·deˌsir·a·bil·i·ty *s.* Unerwünschtheit *f*; **ˌun·deˈsir·a·ble I** *adj.* □ **1.** nicht wünschenswert; **2.** unerwünscht, lästig:

~ ***alien***; **II** *s.* **3.** unerwünschte Per'son;

ˌun·deˈsired *adj.* unerwünscht, 'unwillˌkommen; **ˌun·deˈsir·ous** *adj.* nicht begierig (**of** nach): ***be ~ of*** *et.* nicht wünschen *od.* (haben) wollen.

ˌun·deˈtach·a·ble *adj.* nicht (ab)trennbar *od.* abnehmbar.

ˌun·deˈtect·ed *adj.* unentdeckt.

ˌun·deˈter·mined *adj.* **1.** unentschieden, schwebend, offen: ***an ~ question***; **2.** unbestimmt, vage; **3.** unentschlossen, unschlüssig.

ˌun·deˈterred *adj.* nicht abgeschreckt, unbeeindruckt (***by*** von).

ˌun·deˈvel·oped *adj.* **1.** unentwickelt; **2.** unerschlossen (*Gebiet*).

un·de·vi·at·ing [ʌnˈdiːvɪeɪtɪŋ] *adj.* □ **1.** nicht abweichend; **2.** unentwegt, unbeirrbar.

un·dies [ˈʌndɪz] *s. pl.* F (ˈDamen-) ˌUnterwäsche *f.*

ˈunˌdif·ferˈen·ti·at·ed *adj.* undifferenziert.

ˌun·diˈgest·ed *adj.* unverdaut (*a. fig.*).

unˈdig·ni·fied *adj.* würdelos.

ˌun·diˈlut·ed *adj.* unverdünnt, *a. fig.* unverwässert, unverfälscht.

ˌun·diˈmin·ished *adj.* unvermindert.

ˌun·diˈrect·ed *adj.* **1.** ungeleitet, führungslos, ungelenkt; **2.** unadressiert; **3.** *phys.* ungerichtet.

ˌun·disˈcerned *adj.* □ unbemerkt; **ˌun·disˈcern·ing** *adj.* □ urteils-, einsichtslos, unkritisch.

ˌun·disˈcharged *adj.* **1.** unbezahlt; unbeglichen; **2.** (noch) nicht entlastet: ***~ debtor***; **3.** nicht abgeschossen (*Feuerwaffe*); **4.** nicht entladen (*Schiff etc.*).

unˈdis·ci·plined *adj.* **1.** undiszipliniert, zuchtlos; **2.** ungeschult.

ˌun·disˈclosed *adj.* ungenannt, geheimgehalten, nicht bekanntgegeben.

ˌun·disˈcour·aged *adj.* nicht entmutigt.

ˌun·disˈcov·er·a·ble *adj.* unauffindbar, nicht zu entdecken(d); **ˌun·disˈcov·ered** *adj.* **1.** unentdeckt; **2.** unbemerkt.

ˌun·disˈcrim·i·nat·ing *adj.* □ **1.** unterschiedslos; **2.** urteilslos, unkritisch.

ˌun·disˈcussed *adj.* unerörtert.

ˌun·disˈguised *adj.* □ **1.** unverkleidet, unmaskiert; **2.** *fig.* unverhüllt.

ˌun·disˈmayed *adj.* unerschrocken.

ˌun·disˈposed *adj.* **1.** ***~ of*** nicht verteilt *od.* vergeben, † *a.* unverkauft; **2.** abgeneigt, nicht bereit *od.* (dazu) aufgelegt (***to do*** zu tun).

ˌun·disˈput·ed *adj.* □ unbestritten.

ˌun·disˈtin·guish·a·ble *adj.* □ **1.** nicht erkenn- *od.* wahrnehmbar; **2.** nicht unterˈscheidbar, nicht zu unterˈscheiden(d) (***from*** von); **ˌun·disˈtin·guished** *adj.* **1.** sich nicht unterˈscheidend (***from*** von); **2.** ˈdurchschnittlich, norˈmal; **3.** → ***undistinguishable.***

ˌun·disˈturbed *adj.* □ **1.** ungestört; **2.** unberührt, gelassen.

ˌun·diˈvid·ed *adj.* □ **1.** ungeteilt (*a. fig. Aufmerksamkeit etc.*); **2.** † nicht verteilt: ***~ profits.***

un·do [ˌʌnˈduː] *v/t.* [*irr.* → ***do***] **1.** *Paket, Knoten, a. Kragen, Mantel etc.* aufmachen, öffnen; aufknöpfen, -knüpfen, -lösen; losbinden; *j-m* den Reißverschluß *etc.* aufmachen; *Saum etc.* auftrennen; → ***undone***; **2.** *fig.* ungeschehen *od.* rückgängig machen, aufheben; **3.** *fig. et. od. j-n* ruinieren, zuˈgrunde richten; *Hoffnungen etc.* zuˈnichte machen; **ˌunˈdo·ing** *s.* **1.** *das* Aufmachen *etc.*; **2.** Ungeschehen-, Rückgängigmachen *n*; **3.** Zuˈgrunderichtung *f*; **4.** Unglück *n*, Verderben *n*, Ruˈin *m*; **ˌunˈdone** **I** *p.p. von* ***undo***; **II** *adj.* **1.** ungetan, unerledigt: ***leave s.th. ~*** et. unausgeführt lassen, et. unterlassen; ***leave nothing ~*** nichts unversucht lassen; **2.** offen: ***come ~*** aufgehen; **3.** ruiniert, ‚erledigt', ‚hin': ***he is ~*** es ist aus mit ihm.

un·doubt·ed [ʌnˈdaʊtɪd] *adj.* □ unbezweifelt, unbestritten; unzweifelhaft; **unˈdoubt·ed·ly** [-lɪ] *adv.* zweifellos, ohne (jeden) Zweifel.

un·dreamed, *a.* **un·dreamt** [*beide* ʌnˈdremt] *adj. oft* ***~-of*** ungeahnt, nie erträumt, unerhört.

ˌunˈdress **I** *v/t.* **1.** (*v/i.* sich) entkleiden *od.* ausziehen; **II** *s.* **2.** Alltagskleid(ung *f*) *n*; **3.** Hauskleid *n*; **4.** ***in a state of ~*** a) halb bekleidet, im Negligé, b) unbekleidet; **5.** ⚔ ˈInterimsuniˌform *f*; **ˌunˈdressed** *adj.* **1.** unbekleidet; **2.** *Küche*: a) ungarniert, b) unzubereitet; **3.** ⚙ a) ungegerbt (*Leder*), b) unbehauen (*Holz, Stein*); **4.** ⚕ unverbunden (*Wunde etc.*).

ˌunˈdrink·a·ble *adj.* nicht trinkbar.

ˌunˈdue *adj.* (□ → ***unduly***) **1.** ˈübermäßig, überˈtrieben; **2.** ungehörig, unangebracht, ungebührlich; **3.** *bsd.* ⚖ unzulässig: ***~ influence*** unzulässige Beeinflussung; **4.** † noch nicht fällig.

un·du·late [ˈʌndjʊleɪt] **I** *v/i.* **1.** wogen, wallen, sich wellenförmig (fort)bewegen; **2.** wellenförmig verlaufen; **II** *v/t.* **3.** in wellenförmige Bewegung versetzen, wogen lassen; **4.** wellen; **III** *adj.* □ **5.** → **ˈun·du·lat·ed** [-tɪd] *adj.* wellenförmig, wellig, Wellen...: ***~ line*** Wellenlinie *f*; **ˈun·du·lat·ing** [-tɪŋ] *adj.* □ **1.** → ***undulated***; **2.** wallend, wogend; **un·du·la·tion** [ˌʌndjʊˈleɪʃn] *s.* **1.** wellenförmige Bewegung; Wallen *n*, Wogen *n*; **2.** *geol.* Welligkeit *f*; **3.** *phys.* Wellenbewegung *f*, -linie *f*; **4.** *phys.* Schwingung(sbewegung) *f*; **5.** ♣ Unduliˈon *f*; **ˈun·du·la·to·ry** [-lətrɪ] *adj.* wellenförmig, Wellen...

ˌunˈdu·ly *adv. von* ***undue*** 1–3: ***not ~ worried*** nicht übermäßig *od.* über Gebühr besorgt.

ˌunˈdu·ti·ful *adj.* □ **1.** pflichtvergessen; **2.** ungehorsam; **3.** unehrerbietig.

unˈdy·ing *adj.* □ **1.** unsterblich, unvergänglich (*Liebe, Ruhm etc.*); **2.** unendlich (*Haß etc.*).

ˌunˈearned *adj.* unverdient, nicht erarbeitet: ***~ income*** † Einkommen *n* aus Vermögen, Kapitaleinkommen *n.*

ˌunˈearth *v/t.* **1.** *Tier* aus der Höhle treiben; **2.** ausgraben (*a. fig.*); **3.** *fig. et.* ans (Tages)Licht bringen, aufstöbern, ausfindig machen.

unˈearth·ly *adj.* **1.** ˈüberirdisch; **2.** unirdisch, ˈübernaˌtürlich; **3.** schauerlich, unheimlich; **4.** F unmöglich (*Zeit*): ***at an ~ hour.***

unˈeas·i·ness *s.* **1.** (*körperliches u. geistiges*) Unbehagen; **2.** (innere) Unruhe; **3.** Unbehaglichkeit *f e-s Gefühls etc.*; **4.** Unsicherheit *f*; **unˈeas·y** *adj.* □ **1.** unruhig, unbehaglich, besorgt, nerˈvös: ***feel ~ about s.th.*** über et. beunruhigt sein; **2.** unbehaglich (*Gefühl*), beunruhigend (*Verdacht etc.*); **3.** unruhig: ***~ night***; **4.** unsicher (*im Sattel etc.*); **5.** gezwungen, unsicher (*Benehmen etc.*).

ˌunˈeat·a·ble *adj.* ungenießbar.

ˈunˌe·coˈnom·ic, **ˈunˌe·coˈnom·i·cal** *adj.* □ unwirtschaftlich.

ˌunˈed·i·fy·ing *adj. fig.* wenig erbaulich, unerquicklich.

ˌunˈed·u·cat·ed *adj.* ungebildet.

ˌun·emˈbar·rassed *adj.* **1.** nicht verlegen, ungeniert; **2.** unbehindert; **3.** von (Geld)Sorgen frei.

ˌun·eˈmo·tion·al *adj.* □ **1.** leidenschaftslos, nüchtern; **2.** teilnahmslos, passiv, kühl; **3.** gelassen.

ˌun·emˈploy·a·ble **I** *adj.* **1.** nicht verwendbar, unbrauchbar; **2.** arbeitsunfähig (*Person*); **II** *s.* **3.** Arbeitsunfähige(r *m*) *f*; **ˌun·emˈployed** **I** *adj.* **1.** arbeits-, erwerbs-, stellungslos; **2.** ungenützt, brachliegend: ***~ capital*** † totes Kapital; **II** *s.* **3.** ***the ~*** *pl.* die Arbeitslosen *pl.*; **ˌ~·emˈploy·ment** *s.* Arbeitslosigkeit *f*: ***~ benefit*** Arbeitslosenunterstützung *f*; ***~ insurance*** Arbeitslosenversicherung *f.*

ˌun·enˈcum·bered *adj.* **1.** ⚖ unbelastet (*Grundbesitz*); **2.** (***by***) unbehindert (durch), frei (von).

unˈend·ing *adj.* □ endlos, nicht enden wollend, unaufhörlich.

ˌun·enˈdowed *adj.* **1.** nicht ausgestattet (***with*** mit); **2.** nicht dotiert (***with*** mit), ohne Zuschuß; **3.** nicht begabt (***with*** mit).

ˌun·enˈdur·a·ble *adj.* □ unerträglich.

ˌun·enˈgaged *adj.* frei: a) nicht gebunden *od.* verpflichtet, b) nicht verlobt, c) unbeschäftigt.

ˌun-ˈEng·lish *adj.* unenglisch.

ˌun·enˈlight·ened *adj. fig.* **1.** unerleuchtet; **2.** unaufgeklärt.

ˌunˈen·ter·pris·ing *adj.* □ nicht *od.* wenig unterˈnehmungslustig, ohne Unterˈnehmungsgeist.

ˌunˈen·vi·a·ble *adj.* □ nicht zu beneiden(d), wenig beneidenswert.

ˌunˈe·qual *adj.* □ **1.** ungleich (*a. Kampf*), ˈunterschiedlich; **2.** nicht gewachsen (***to*** *dat.*); **3.** ungleichförmig; **ˌunˈe·qual(l)ed** *adj.* **1.** unerreicht, ˈunüberˌtroffen (***by*** von, ***for*** in *od.* an *dat.*); **2.** beispiellos, *nachgestellt*: ohneˈgleichen: ***~ ignorance.***

ˌun·eˈquiv·o·cal *adj.* □ **1.** unzweideutig, eindeutig; **2.** aufrichtig.

ˌunˈerr·ing *adj.* □ unfehlbar, untrüglich.

ˌun·esˈsen·tial **I** *adj.* unwesentlich, unwichtig; **II** *s.* Nebensache *f.*

ˌunˈe·ven *adj.* □ **1.** uneben: ***~ ground***; **2.** ungerade (*Zahl*); **3.** ungleich(mäßig, -artig); **4.** unausgeglichen (*Charakter etc.*); **ˌunˈe·ven·ness** *s.* Unebenheit *f etc.*

ˌun·eˈvent·ful *adj.* □ ereignislos: ***be ~*** *a.* ohne Zwischenfälle verlaufen.

ˌun·exˈam·pled *adj.* beispiellos, unvergleichlich, *nachgestellt*: ohneˈgleichen: ***not ~*** nicht ohne Beispiel.

un·ex·celled [ˌʌnɪkˈseld] *adj.* ˈunüberˌtroffen.

ˌun·exˈcep·tion·a·ble *adj.* □ untadelig, einwandfrei.

ˌun·exˈcep·tion·al *adj.* □ **1.** nicht außergewöhnlich; **2.** ausnahmslos; **3.** →

unexceptionable.

ˌ**un·exˈcit·ing** *adj.* nicht *od.* wenig aufregend.

un·ex·pect·ed [ˌʌnɪkˈspektɪd] *adj.* □ unerwartet, unvermutet.

ˌ**un·exˈpired** *adj.* (noch) nicht abgelaufen *od.* verfallen (*Frist etc.*), noch in Kraft.

ˌ**un·exˈplain·a·ble** *adj.* unerklärlich; ˌ**un·exˈplained** *adj.* unerklärt.

ˌ**un·exˈplored** *adj.* unerforscht.

ˌ**un·exˈpressed** *adj.* unausgesprochen.

ˌ**unˈex·pur·gat·ed** *adj.* nicht gereinigt, ungekürzt (*Bücher etc.*).

unˈfad·ing *adj.* □ **1.** unverwelklich (*a. fig.*); **2.** *fig.* unvergänglich; **3.** nicht verblassend (*Farbe*).

unˈfail·ing *adj.* □ **1.** unfehlbar; **2.** nie versagend; **3.** treu; **4.** unerschöpflich, unversiegbar.

ˌ**unˈfair** *adj.* □ unfair: a) unbillig, ungerecht, b) unehrlich, *bsd.* ⚕ unlauter, c) nicht anständig, d) unsportlich (*alle* ***to*** gegenˈüber): ***~ competition*** unlauterer Wettbewerb; ˌ**unˈfair·ly** *adv.* **1.** unfair, unbillig(erweise) *etc.*; zu Unrecht: ***not ~*** nicht zu Unrecht; **2.** ˈübermäßig; ˌ**unˈfair·ness** *s.* Unfairneß *f*, Ungerechtigkeit *f etc.*

ˌ**unˈfaith·ful** *adj.* □ **1.** un(ge)treu, treulos; **2.** unaufrichtig; **3.** nicht wortgetreu, ungenau (*Abschrift, Übersetzung*); ˌ**unˈfaith·ful·ness** *s.* Untreue *f*, Treulosigkeit *f*.

unˈfal·ter·ing *adj.* □ **1.** nicht schwankend, sicher (*Schritt etc.*); **2.** fest (*Stimme, Blick*); **3.** *fig.* unbeugsam, entschlossen.

ˌ**un·faˈmil·iar** *adj.* □ **1.** nicht vertraut, unbekannt (***to*** *dat.*); **2.** ungewohnt, fremd (***to*** *dat. od.* für).

ˌ**unˈfash·ion·a·ble** *adj.* □ ˈunmoˌdern, altmodisch.

ˌ**unˈfas·ten I** *v/t.* aufmachen, losbinden, lösen, öffnen; **II** *v/i.* sich lösen, aufgehen; ˌ**unˈfas·tened** *adj.* unbefestigt, lose.

ˌ**unˈfa·ther·ly** *adj.* unväterlich, lieblos.

un·fath·om·a·ble [ʌnˈfæðəməbl] *adj.* □ unergründlich (*a. fig.*); ˌ**unˈfath·omed** *adj.* unergründet.

ˌ**unˈfa·vo(u)r·a·ble** *adj.* □ **1.** unvorteilhaft (*a. Aussehen*), ungünstig (***for, to*** für); widrig (*Wetter, Umstände etc.*); **2.** ⚕ passiv (*Zahlungsbilanz etc.*); ˌ**unˈfa·vo(u)r·a·ble·ness** *s.* Unvorteilhaftigkeit *f*.

ˌ**unˈfea·si·ble** *adj.* unausführbar.

un·feel·ing [ʌnˈfiːlɪŋ] *adj.* □ gefühllos; **unˈfeel·ing·ness** [-nɪs] *s.* Gefühllosigkeit *f*.

unˈfeigned *adj.* □ **1.** ungeheuchelt, **2.** wahr, echt.

ˌ**unˈfelt** *adj.* ungefühlt.

ˌ**un·ferˈment·ed** *adj.* ungegoren.

ˌ**unˈfet·ter** *v/t.* **1.** losketten; **2.** *fig.* befreien; ˌ**unˈfet·tered** *adj. fig.* unbehindert, unbeschränkt, frei.

ˌ**unˈfil·i·al** *adj.* □ lieb-, reˈspektlos, pflichtvergessen (*Kind*).

ˌ**unˈfilled** *adj.* **1.** un(aus)gefüllt; **2.** unbesetzt (*Posten, Stelle*); **3.** ***~ orders*** ⚕ nicht ausgeführte Bestellungen, Auftragsbestand *m*.

ˌ**unˈfin·ished** *adj.* **1.** unfertig (*a. fig. Stil etc.*); ⚙ unbearbeitet; **2.** ˈunvollˌendet (*Symphonie etc.*); **3.** unerledigt: ***~ business*** *parl.* unerledigte Punkte *pl.* (*der Geschäftsordnung*).

ˌ**unˈfit I** *adj.* □ **1.** untauglich (*a.* ⚔), ungeeignet (***for*** für, zu): ***~ for (military) service*** (wehr)dienstuntauglich; **2.** unfähig, unbefähigt (***for*** zu *et.*, ***to do*** zu tun); **II** *v/t.* **3.** ungeeignet *etc.* machen (***for*** für); ˌ**unˈfit·ness** *s.* Untauglichkeit *f*; ˌ**unˈfit·ted** *adj.* **1.** ungeeignet, untauglich; **2.** nicht (gut) ausgerüstet (***with*** mit); ˌ**unˈfit·ting** *adj.* □ **1.** ungeeignet, unpassend; **2.** unschicklich.

ˌ**unˈfix** *v/t.* losmachen, lösen: ***~ bayonets!*** ⚔ Seitengewehr an Ort!; ˌ**unˈfixed** *adj.* **1.** unbefestigt, lose; **2.** *fig.* schwankend.

ˌ**unˈflag·ging** *adj.* □ unermüdlich.

ˌ**unˈflap·pa·ble** *adj.* F unerschütterlich, nicht aus der Ruhe zu bringen.

ˌ**unˈflat·ter·ing** *adj.* □ **1.** nicht *od.* wenig schmeichelhaft; **2.** ungeschminkt.

ˌ**unˈfledged** *adj.* **1.** *orn.* ungefiedert, (noch) nicht flügge; **2.** *fig.* unreif.

un·flinch·ing [ʌnˈflɪntʃɪŋ] *adj.* □ **1.** unerschütterlich, unerschrocken; **2.** entschlossen, unnachgiebig.

un·fly·a·ble [ˌʌnˈflaɪəbl] *adj.* ✈ **1.** flugunttüchtig; **2.** ***~ weather*** kein Flugwetter.

ˌ**unˈfold I** *v/t.* **1.** entfalten, ausbreiten, öffnen; **2.** *fig.* a) enthüllen, darlegen, b) entwickeln; **II** *v/i.* **3.** sich entfalten *od.* öffnen; **4.** *fig.* sich entwickeln.

ˌ**unˈforced** *adj.* □ ungezwungen.

ˌ**un·foreˈsee·a·ble** *adj.* ˈunvorˌhersehbar; ˌ**un·foreˈseen** *adj.* ˈunvorˌhergesehen, unerwartet.

un·for·get·ta·ble [ˌʌnfəˈgetəbl] *adj.* □ unvergeßlich: ***of ~ beauty***.

un·for·giv·a·ble [ˌʌnfəˈgɪvəbl] *adj.* unverzeihlich; ˌ**un·forˈgiv·en** *adj.* unverziehen; ˌ**un·forˈgiv·ing** *adj.* □ unversöhnlich, nachtragend.

ˌ**un·forˈgot·ten** *adj.* unvergessen.

ˌ**unˈformed** *adj.* **1.** ungeformt, formlos; **2.** unfertig, unentwickelt; unausgebildet.

unˈfor·tu·nate I *adj.* □ **1.** unglücklich, Unglücks…; verhängnisvoll, un(glück)selig; **2.** bedauerlich; **II** *s.* **3.** Unglückliche(r *m*) *f*; **unˈfor·tu·nate·ly** *adv.* unglücklicherweise, bedauerlicherweise, leider.

ˌ**unˈfound·ed** *adj.* □ unbegründet, grundlos.

ˌ**unˈfreeze** *v/t.* **1.** auftauen; **2.** ⚕ *Preise etc.* freigeben; **3.** *Gelder* zur Auszahlung freigeben.

ˌ**un·freˈquent·ed** *adj.* **1.** nicht *od.* wenig besucht; **2.** einsam.

ˌ**unˈfriend·ed** *adj.* ohne Freund(e).

ˌ**unˈfriend·li·ness** *s.* Unfreundlichkeit *f*; ˌ**unˈfriend·ly** *adj.* **1.** unfreundlich (*a. fig. Zimmer etc.*) (***to*** zu); **2.** ungünstig (***for, to*** für).

ˌ**unˈfrock** *v/t. eccl. j-m* das Priesteramt entziehen.

ˌ**unˈfruit·ful** *adj.* □ **1.** unfruchtbar; **2.** *fig.* frucht-, ergebnislos; ˌ**unˈfruit·ful·ness** *s.* **1.** Unfruchtbarkeit *f*; **2.** *fig.* Fruchtlosigkeit *f*.

ˌ**unˈfund·ed** *adj.* ⚕ unfundiert.

ˌ**unˈfurl I** *v/t. Fahne etc.* entfalten, -rollen; *Fächer* ausbreiten; ⚓ *Segel* losmachen; **II** *v/i.* sich entfalten.

ˌ**unˈfur·nished** *adj.* **1.** nicht ausgerüstet *od.* versehen (***with*** mit); **2.** unmöbliert: ***~ room***.

un·gain·li·ness [ʌnˈgeɪnlɪnɪs] *s.* Plumpheit *f*, Unbeholfenheit *f*; **un·gain·ly** [ʌnˈgeɪnlɪ] *adj.* unbeholfen, plump, linkisch.

ˌ**unˈgal·lant** *adj.* □ **1.** ˈungaˌlant (***to*** zu, gegenüber); **2.** nicht tapfer.

ˌ**unˈgear** *v/t.* ⚙ auskuppeln.

ˌ**unˈgen·er·ous** *adj.* □ **1.** nicht freigebig, knauserig; **2.** kleinlich.

ˌ**unˈgen·ial** *adj.* unfreundlich.

ˌ**unˈgen·tle** *adj.* □ unsanft, unzart.

unˈgen·tle·man·like → ***ungentlemanly***; **unˈgen·tle·man·li·ness** *s.* **1.** unfeine Art; **2.** ungebildetes *od.* unfeines Benehmen; **unˈgen·tle·man·ly** *adj.* unfein.

un·get-at-a·ble [ˌʌngetˈætəbl] *adj.* unnahbar.

ˌ**unˈgird** *v/t.* losgürten.

ˌ**unˈglazed** *adj.* **1.** unverglast; **2.** unglasiert.

ˌ**unˈgloved** *adj.* ohne Handschuh(e).

ˌ**unˈgod·li·ness** *s.* Gottlosigkeit *f*; ˌ**unˈgod·ly** *adj.* **1.** gottlos (*a. weitS. verrucht*); **2.** F scheußlich, schrecklich, heillos.

un·gov·ern·a·ble [ˌʌnˈgʌvənəbl] *adj.* □ **1.** unlenksam; **2.** zügellos, unbändig, wild; ˌ**unˈgov·erned** *adj.* unbeherrscht.

ˌ**unˈgrace·ful** *adj.* □ ˈungraziˌös, ohne Anmut; plump, ungelenk.

ˌ**unˈgra·cious** *adj.* □ ungnädig.

ˌ**un·gramˈmat·i·cal** *adj.* □ *ling.* ˈungramˌmatisch.

unˈgrate·ful *adj.* □ undankbar (***to*** gegen) (*a. fig. unangenehm*); **unˈgrate·ful·ness** *s.* Undankbarkeit *f*.

ˌ**unˈgrat·i·fied** *adj.* unbefriedigt.

ˌ**unˈground·ed** *adj.* □ **1.** unbegründet; **2.** a) ungeschult, b) ohne sichere Grundlagen (*Wissen*).

ˌ**unˈgrudg·ing** *adj.* □ **1.** bereitwillig; **2.** neidlos, großzügig: ***be ~ in*** reichlich *Lob etc.* spenden.

un·gual [ˈʌŋgwəl] *adj. zo.* Nagel…, Klauen…, Huf…

ˌ**unˈguard·ed** *adj.* □ **1.** unbewacht (*a. fig. Moment etc.*); *a.* ⚙ ungeschützt; *a. sport, Schach*: ungedeckt; **2.** unbedacht.

un·guent [ˈʌŋgwənt] *s.* Salbe *f*.

ˌ**unˈguid·ed** *adj.* **1.** ungeleitet, führer-, führungslos; **2.** nicht (fern)gelenkt.

un·gu·late [ˈʌŋgjʊleɪt] *zo.* **I** *adj.* hufförmig; mit Hufen; Huf…: ***~ animal*** → **II** *s.* Huftier *n*.

ˌ**unˈhal·lowed** *adj.* **1.** nicht geheiligt, ungeweiht; **2.** unheilig, proˈfan.

ˌ**unˈham·pered** *adj.* ungehindert.

ˌ**unˈhand** *v/t. obs. j-n* loslassen.

ˌ**unˈhand·i·ness** *s.* **1.** Unhandlichkeit *f*; **2.** Ungeschick(lichkeit *f*) *n*.

ˌ**unˈhand·some** *adj.* □ unschön (*a. fig. Benehmen etc.*).

ˌ**unˈhand·y** *adj.* □ **1.** unhandlich (*Sache*); **2.** unbeholfen, ungeschickt.

unˈhap·pi·ly *adv.* unglücklicherweise, leider; **unˈhap·pi·ness** *s.* Unglück(seligkeit *f*) *n*, Elend *n*; **unˈhap·py** *adj.* □ unglücklich: a) traurig, elend, b) un(glück)selig, unheilvoll, c) unpassend, ungeschickt (*Bemerkung etc.*).

ˌ**unˈharmed** *adj.* unversehrt.

ˌ**un·harˈmo·ni·ous** *adj.* ˈunharˌmonisch (*a. fig.*).

ˌ**unˈhar·ness** *v/t. Pferd* ausspannen.

un'health·i·ness *s.* Ungesundheit *f*; **un'health·y** *adj.* □ *allg.* ungesund: a) kränklich (*a. Aussehen etc.*), b) gesundheitsschädlich, c) (*moralisch*) schädlich, d) F gefährlich, e) *fig.* krankhaft.

ˌ**un'heard** *adj.* **1.** ungehört: ***go ~*** unbeachtet bleiben; **2.** ⚖ ohne rechtliches Gehör; ˌ**un'heard-of** *adj.* unerhört, beispiellos.

un·heed·ed [ˌʌn'hiːdɪd] *adj.* □ unbeachtet: ***go ~*** unbeachtet bleiben; ˌ**un'heed·ful** *adj.* □ unachtsam, sorglos; nicht achtend (***of*** auf *acc.*); ˌ**un'heed·ing** [-dɪŋ] *adj.* □ sorglos, unachtsam.

ˌ**un'help·ful** *adj.* □ **1.** nicht hilfreich, ungefällig; **2.** (***to***) nutzlos (für), wenig dienlich (*dat.*).

un·hes·i·tat·ing [ʌn'hezɪteɪtɪŋ] *adj.* □ **1.** ohne Zaudern *od.* Zögern, unverzüglich; **2.** anstandslos, bereitwillig, *adv. a.* ohne weiteres.

ˌ**un'hin·dered** *adj.* ungehindert.

ˌ**un'hinge** *v/t.* **1.** *Tür etc.* aus den Angeln heben (*a. fig.*); **2.** die Angeln entfernen von; **3.** *fig. Nerven, Geist* zerrütten; **4.** *fig. j-n* aus dem Gleichgewicht bringen.

ˌ**un·his'tor·ic**, ˌ**un·his'tor·i·cal** *adj.* □ **1.** 'unhiˌstorisch; **2.** ungeschichtlich, legen'där.

ˌ**un'hitch** *v/t.* **1.** loshaken, -machen; **2.** *Pferd* ausspannen.

ˌ**un'ho·ly** *adj.* □ **1.** unheilig; **2.** ungeheiligt, nicht geweiht; **3.** gott-, ruchlos; **4.** F a) scheußlich, schrecklich, b) ,unmöglich' (*Zeit*).

ˌ**un'hon·o(u)red** *adj.* **1.** ungeehrt; unverehrt; **2.** ✝ nicht honoriert.

ˌ**un'hook I** *v/t.* auf-, loshaken; **II** *v/i.* sich auf- *od.* loshaken (lassen).

un'hoped, **un'hoped-for** *adj.* unverhofft, unerwartet.

ˌ**un'horse** *v/t.* aus dem Sattel heben *od.* werfen.

ˌ**un'house** *v/t.* **1.** (aus dem Hause) vertreiben; **2.** obdachlos machen.

ˌ**un'hur·ried** *adj.* □ gemütlich, gemächlich.

ˌ**un'hurt** *adj.* **1.** unverletzt; **2.** unbeschädigt.

u·ni·cel·lu·lar [ˌjuːnɪ'seljʊlə] *adj. biol.* einzellig: ***~ animal***, ***~ plant*** Einzeller *m.*

u·ni·col·o(u)r [ˌjuːnɪ'kʌlə], ˌ**u·ni'col·o(u)red** [-əd] *adj.* einfarbig.

u·ni·corn ['juːnɪkɔːn] *s.* Einhorn *n.*

un·i·de·aed [ˌʌnaɪ'dɪəd] *adj.* i'deenlos.

ˌ**un·i'den·ti·fied** *adj.* nicht identifiziert, unbekannt: ***~ flying object*** unbekanntes Flugobjekt.

u·ni·di·men·sion·al [ˌjuːnɪdɪ'menʃənl] *adj.* 'eindimensioˌnal.

u·ni·fi·ca·tion [ˌjuːnɪfɪ'keɪʃn] *s.* **1.** Vereinigung *f*; **2.** Vereinheitlichung *f.*

u·ni·form ['juːnɪfɔːm] **I** *adj.* □ **1.** gleich (-förmig), uni'form; **2.** gleichbleibend, -mäßig, kon'stant; **3.** einheitlich, über'einstimmend, gleich, Einheits…; **4.** einförmig, -tönig; **II** *s.* **5.** Uni'form *f*, Dienstkleidung *f*; (Schwestern)Tracht *f*; **III** *v/t.* **6.** uniformieren (*a.* ⚔ *etc.*): ***~ed*** uniformiert, in Uniform; **u·ni·form·i·ty** [juːnɪ'fɔːmətɪ] *s.* **1.** Gleichförmigkeit *f*, -mäßigkeit *f*, Gleichheit *f*, Über'einstimmung *f*; **2.** Einheitlichkeit *f*; **3.** Einförmigkeit *f*, -tönigkeit *f.*

u·ni·fy ['juːnɪfaɪ] *v/t.* **1.** verein(ig)en, zs.-schließen; **2.** vereinheitlichen.

u·ni·lat·er·al [ˌjuːnɪ'lætərəl] *adj.* □ einseitig (*a.* ⚕ *u.* ⚖).

ˌ**un·il'lu·mi·nat·ed** *adj.* **1.** unerleuchtet (*a. fig.*); **2.** *fig.* unwissend.

ˌ**un·im'ag·i·na·ble** *adj.* □ unvorstellbar; ˌ**un·im'ag·i·na·tive** *adj.* □ phantasielos, einfallslos; ˌ**un·im'ag·ined** *adj.* ungeahnt.

ˌ**un·im'paired** *adj.* unvermindert, unbeeinträchtigt, ungeschmälert.

ˌ**un·im'pas·sioned** *adj.* leidenschaftslos.

ˌ**un·im'peach·a·ble** *adj.* □ **1.** unanfechtbar; **2.** untad(e)lig.

ˌ**un·im'ped·ed** *adj.* □ ungehindert.

ˌ**un·im'por·tant** *adj.* unwichtig.

ˌ**un·im'pos·ing** *adj.* nicht imponierend *od.* impo'sant, eindruckslos.

ˌ**un·im'pres·sion·a·ble** *adj.* nicht zu beeindrucken(d), (für Eindrücke) unempfänglich.

ˌ**un·im'pres·sive** → ***unimposing.***

ˌ**un·in'flect·ed** *adj. ling.* unflektiert.

ˌ**un'in·flu·enced** *adj.* unbeeinflußt (***by*** durch, von); '**unˌin·flu'en·tial** *adj.* ohne Einfluß, nicht einflußreich.

ˌ**un·in'formed** *adj.* **1.** (***on***) nicht informiert *od.* unter'richtet (über *acc.*), nicht eingeweiht (in *acc.*); **2.** ungebildet.

ˌ**un·in'hab·it·a·ble** *adj.* unbewohnbar; ˌ**un·in'hab·it·ed** *adj.* unbewohnt.

ˌ**un·in'i·ti·at·ed** *adj.* uneingeweiht, nicht eingeführt (***into*** in *acc.*).

ˌ**un'in·jured** *adj.* **1.** unverletzt; **2.** unbeschädigt.

ˌ**un·in'spired** *adj.* schwunglos, ohne Feuer; ˌ**un·in'spir·ing** *adj.* nicht begeisternd, wenig anregend.

ˌ**un·in'struct·ed** *adj.* **1.** nicht unter'richtet, unwissend; **2.** nicht instruiert, ohne Verhaltensmaßregeln; ˌ**un·in'struc·tive** *adj.* nicht *od.* wenig instruk'tiv *od.* lehrreich.

ˌ**un·in'sured** *adj.* unversichert.

ˌ**un·in'tel·li·gent** *adj.* □ 'unintelliˌgent, beschränkt, geistlos, dumm.

'**un·inˌtel·li·gi'bil·i·ty** *s.* Unverständlichkeit *f*; ˌ**un·in'tel·li·gi·ble** *adj.* □ unverständlich.

ˌ**un·in'tend·ed** *adj.*, ˌ**un·in'ten·tion·al** *adj.* □ unbeabsichtigt, unabsichtlich, ungewollt.

ˌ**un'in·ter·est·ed** *adj.* □ inter'esselos, uninteressiert (***in*** an *dat.*), gleichgültig; ˌ**un'in·ter·est·ing** *adj.* □ 'uninterestˌsant.

'**unˌin·ter'rupt·ed** *adj.* □ 'ununterˌbrochen: a) ungestört (***by*** von), b) kontinuierlich, fortlaufend, anhaltend: ***~ working hours*** durchgehende Arbeitszeit.

ˌ**un·in'vit·ed** *adj.* un(ein)geladen; ˌ**un·in'vit·ing** *adj.* □ nicht *od.* wenig einladend *od.* verlockend *od.* anziehend.

un·ion ['juːnjən] *s.* **1.** *allg.* Vereinigung *f*, (*a. eheliche*) Verbindung; **2.** Eintracht *f*, Harmo'nie *f*; **3.** *pol.* Zs.-schluß *m*; **4.** *pol. etc.* Uni'on *f*: a) (Staaten-) Bund *m*, *z. B. die U.S.A. pl.*, b) Vereinigung *f*, (Zweck)Verband *m*, Bund *m*, (*a. Post-, Zoll- etc.*)Verein *m*, c) *Brit. Vereinigung unabhängiger Kirchen*; **5.** Gewerkschaft *f*: ***~ dues*** *pl.* Gewerkschaftsbeitrag *m*; **6.** *Brit. hist.* a) *Kirchspielverband zur Armenpflege*, b) Armenhaus *n*; **7.** ⚙ Anschlußstück *n*, (Rohr)Verbindung *f*; **8.** ⚙ Mischgewebe *n*; **9.** ⚓ Gösch *f* (*Flaggenfeld mit Hoheitsabzeichen*): ***~ flag*** → ***union jack*** 1; '**un·ion·ism** [-nɪzəm] *s.* **1.** *pol.* Unio'nismus *m*, unio'nistische Bestrebungen *pl.*; **2.** Gewerkschaftswesen *n*; '**un·ion·ist** [-nɪst] *s.* **1.** ♀ *pol. hist.* Unio'nist *m*; **2.** Gewerkschaftler *m*; '**un·ion·ize** [-naɪz] *v/t.* gewerkschaftlich organisieren.

un·ion| jack *s.* **1.** ***Union Jack*** Union Jack *m* (*brit. Nationalflagge*); **2.** ⚓ → ***union*** 9; ***~ joint*** *s.* Rohrverbindung *f*; ***~ shop*** *s.* ✝ *bsd. Am. Betrieb, der nur Gewerkschaftsmitglieder einstellt od. Arbeitnehmer, die bereit sind, innerhalb von 30 Tagen der Gewerkschaft beizutreten*; ***~ suit*** *s. Am.* Hemdhose *f* mit langem Bein.

u·nip·a·rous [juː'nɪpərəs] *adj.* **1.** ⚕ erst einmal geboren habend; **2.** *zo.* nur 'ein Junges gebärend (*bei e-m Wurf*); **2.** ⚘ nur 'eine Achse *od.* 'einen Ast treibend.

u·ni·par·tite [ˌjuːnɪ'pɑːtaɪt] *adj.* einteilig.

u·ni·po·lar [ˌjuːnɪ'pəʊlə] *adj.* **1.** *phys.*, ϟ einpolig, Einpol…; **2.** *anat.* monopo'lar (*Nervenzelle*).

u·nique [juː'niːk] **I** *adj.* □ **1.** einzig; **2.** einmalig, einzigartig; unerreicht, *nachgestellt*: ohne'gleichen; **3.** F außer-, ungewöhnlich; großartig; **4.** ⩓ eindeutig; **II** *s.* **5.** Seltenheit *f*, Unikum *n*; **u'nique·ness** [-nɪs] *s.* Einzigartigkeit, Einmaligkeit *f.*

'**u·ni·sex** *adj.* Unisex…

ˌ**u·ni'sex·u·al** *adj.* □ **1.** eingeschlechtig; **2.** *zo.*, ⚘ getrenntgeschlechtlich.

u·ni·son ['juːnɪzn] *s.* **1.** ♪ Ein-, Gleichklang *m*, Uni'sono *n*: ***in ~*** unisono, einstimmig (*a. fig.*); **2.** *fig.* Einklang *m*, Über'einstimmung *f*: ***in ~ with*** in Einklang mit; **u·nis·o·nous** [juː'nɪsənəs] *adj.* **1.** ♪ a) gleichklingend, b) einstimmig; **2.** *fig.* über'einstimmend.

u·nit ['juːnɪt] *s.* **1.** *allg.* Einheit *f* (*Einzelding*): ***~ of account*** (***trade***, ***value***) ✝ (Ver)Rechnungs- (Handels-, Währungs)einheit; ***dwelling ~*** Wohneinheit; ***~ factor*** *biol.* Erbfaktor *m*; ***~ furniture*** Anbaumöbel *pl.*; ***~ price*** ✝ Einheitspreis *m*; ***~ wages*** ✝ Stück-, Akkordlohn *m*; **2.** *phys.* (Grund-, Maß-) Einheit *f*: ***~ (of) power*** (***time***) Leistungs- (Zeit)einheit; **3.** ⩓ Einer *m*, Einheit *f*; **4.** ⚔ Einheit *f*, Verband *m*, Truppenteil *m*; **5.** ⚙ a) (Bau)Einheit *f*, b) Aggre'gat *n*, Anlage *f*: ***~ construction*** Baukastenbauweise *f*; **6.** *fig.* Kern *m*, Zelle *f*: ***the family as the ~ of society.***

U·ni·tar·i·an [ˌjuːnɪ'teərɪən] **I** *s. eccl.* Uni'tarier(in); **II** *adj.* uni'tarisch; ˌ**U·ni'tar·i·an·ism** [-nɪzəm] *s. eccl.* Unita'rismus *m*; **u·ni·tar·y** ['juːnɪtərɪ] *adj.* Einheits… (*a.* ϟ), ⩓ *a.* uni'tär; einheitlich.

u·nite [juː'naɪt] **I** *v/t.* **1.** verbinden (*a.* ⚗, ⚙), vereinigen; **2.** (ehelich) verbinden, verheiraten; **3.** *Eigenschaften* in sich vereinigen; **II** *v/i.* **4.** sich vereinigen; **5.** ⚗, ⚙ sich verbinden (***with*** mit); **6.** sich zs.-tun: ***~ in doing s.th.*** et. geschlossen *od.* vereint tun; **7.** sich anschließen (***with*** *dat. od.* an *acc.*); **8.** sich verheiraten; **u'nit·ed** [-tɪd] *adj.* vereinigt; vereint (*Kräfte etc.*), gemeinsam: ♀ ***Kingdom*** *das* Vereinigte Königreich (*Großbritannien u. Nordirland*); ℒ **Nations** Vereinte Nationen; ℒ **States** *die* Vereinigten Staaten *von Nordamerika*, *die* U.S.A. *pl.*

u·nit·ize ['ju:nɪtaɪz] *v/t.* **1.** zu e-r Einheit machen; **2.** ⚙ nach dem 'Baukastenprin͵zip konstruieren; **3.** in Einheiten verpacken.

u·nit trust *s.* ✝ In'vestmenttrust *m.*

u·ni·ty ['ju:nətɪ] *s.* **1.** Einheit *f* (*a.* ♈, ⚖): ***the dramatic unities*** *thea.* die drei Einheiten; **2.** Einheitlichkeit *f* (*a. e-s Kunstwerks*); **3.** Einigkeit *f*, Eintracht *f*: ~ (***of sentiment***) Einmütigkeit *f*; ***at*** ~ in Eintracht, im Einklang; **4.** *nationale etc.* Einheit.

u·ni·va·lent [͵ju:nɪ'veɪlənt] *adj.* ⚗ einwertig.

u·ni·ver·sal [͵ju:nɪ'vɜ:sl] **I** *adj.* ☐ **1.** ('all)um͵fassend, univer'sal, Universal…(*-genie, -erbe etc.*), gesamt, glo'bal: ~ ***knowledge*** umfassendes Wissen; ~ ***succession*** ⚖ Gesamtnachfolge *f*; **2.** allgemein (*a. Wahlrecht, Wehrpflicht etc.*): ~ ***partnership*** ⚖ allgemeine Gütergemeinschaft; ***the disappointment was*** ~ die Enttäuschung war allgemein; **3.** allgemein(gültig), univer'sell: ~ ***rule***; ~ ***remedy*** ⚕ Universalmittel *n*; **4.** allgemein, 'überall üblich *od.* anzutreffen(d); **5.** 'weltum͵fassend, Welt…: ~ ***language*** Weltsprache *f*; ℒ ***Postal Union*** Weltpostverein *m*; ~ ***time*** Weltzeit *f*; **6.** ⚙ Universal…(*-gerät etc.*): ~ ***current*** ⚡ Allstrom *m*; ~ ***joint*** Universal-, Kardangelenk *n*; **II** *s.* **7.** *das* Allgemeine; **8.** *Logik*: allgemeine Aussage; **9.** *phls.* Allgemeinbegriff *m*; **u·ni'ver·sal·ism** [-səlɪzəm] *s. eccl.*, *phls.* Universa'lismus *m*; **u·ni·ver·sal·i·ty** [͵ju:nɪvɜ:'sælətɪ] *s.* **1.** *das* 'Allum͵fassende, Allgemeinheit *f*; **2.** Universali'tät *f*, Vielseitigkeit *f*, um'fassende Bildung; **3.** Allgemeingültigkeit *f*; **͵u·ni'ver·sal·ize** [-səlaɪz] *v/t.* allgemeingültig machen; allgemein verbreiten; **u·ni·verse** ['ju:nɪvɜ:s] *s.* **1.** Uni'versum *n*, (Welt)All *n*, Kosmos *m*; **2.** Welt *f*; **͵u·ni'ver·si·ty** [-sətɪ] **I** *s.* Universi'tät *f*, Hochschule *f*: ***Open*** ℒ, ℒ ***of the Air*** Fernsehuniversität *f*; ***at the*** ℒ ***of Oxford***, ***at Oxford*** ℒ auf *od.* an der Universität Oxford; **II** *adj.* Universitäts…, Hochschul…, aka'demisch: ~ ***education*** Hochschulbildung *f*; ~ ***extension*** *Art* Volkshochschule *f*; ~ ***man*** Akademiker *m*; ~ ***place*** Studienplatz *m*; ~ ***professor*** ordentlicher Professor.

u·ni·vo·cal [͵ju:nɪ'vəʊkl] **I** *adj.* ☐ eindeutig, unzweideutig; **II** *s.* Wort *n* mit nur 'einer Bedeutung.

͵un'just *adj.* ☐ ungerecht (***to*** gegen); **un'jus·ti·fi·a·ble** *adj.* ☐ nicht zu rechtfertigen(d), unverantwortlich; **un'jus·ti·fied** *adj.* ungerechtfertigt, unberechtigt; **͵un'just·ness** *s.* Ungerechtigkeit *f.*

un·kempt [͵ʌn'kempt] *adj.* **1.** *obs.* ungekämmt, zerzaust; **2.** *fig.* ungepflegt, unordentlich, verwahrlost.

un'kind *adj.* ☐ **1.** unfreundlich (***to*** zu); **2.** rücksichtslos, herzlos (***to*** gegen); **un'kind·li·ness** *s.* Unfreundlichkeit *f*; **un'kind·ly** → ***unkind***; **un'kind·ness** *s.* Unfreundlichkeit *f etc.*

͵un'know·ing *adj.* ☐ **1.** unwissend; **2.** unwissentlich, unbewußt; **3.** nicht wissend, ohne zu wissen (***that*** daß, ***how*** wie *etc.*).

͵un'known I *adj.* **1.** unbekannt (***to*** *dat.*); → ***quantity*** 2; **2.** nie gekannt, beispiellos (*Entzücken etc.*); **II** *adv.* **3.** (***to s.o.***) ohne (j-s) Wissen; **III** *s.* **4.** *der* (*die, das*) Unbekannte; **5.** ♈ Unbekannte *f.*

͵un'la·bel(l)ed *adj.* nicht etikettiert, ohne Eti'kett *od.* Aufschrift.

͵un'la·bo(u)red *adj.* mühelos (*a. fig. ungezwungen, leicht*).

͵un'lace *v/t.* aufschnüren.

͵un'lade *v/t.* [*irr.* → ***lade***] **1.** aus-, entladen; **2.** ⚓ *Ladung etc.* löschen; **͵un'lad·en** *adj.* **1.** unbeladen: ~ ***weight*** Leergewicht *n*; **2.** *fig.* unbelastet (***with*** von).

͵un'la·dy·like *adj.* nicht damenhaft, unfein.

͵un·la'ment·ed *adj.* unbeklagt, unbeweint, unbetrauert.

͵un'latch *v/t.* aufklinken.

͵un'law·ful *adj.* ☐ **1.** ⚖ rechtswidrig, 'widerrechtlich, ungesetzlich, 'ille͵gal: ~ ***assembly*** Auflauf *m*, Zs.-rottung *f*; **2.** unerlaubt; **3.** unehelich; **͵un'law·ful·ness** *s.* Ungesetzlichkeit *f etc.*

͵un'learn [*irr.* → ***learn***] **I** *v/t.* verlernen, vergessen; **II** *v/i.* 'umlernen.

un·learned¹ [͵ʌn'lɜ:nt] *adj.* nicht er- *od.* gelernt.

un·learn·ed² [͵ʌn'lɜ:nɪd] *adj.* ungelehrt.

͵un'learnt → ***unlearned¹***.

͵un'leash *v/t.* **1.** losbinden, *Hund* loskoppeln; **2.** *fig.* entfesseln, auslösen, loslassen.

͵un'leav·ened *adj.* ungesäuert (*Brot*).

un·less [ən'les] **I** *cj.* wenn … nicht; so'fern … nicht; es sei denn (, daß) …; außer wenn …; ausgenommen (wenn) …; vor'ausgesetzt, daß nicht …; **II** *prp.* außer.

͵un'let·tered *adj.* **1.** analpha'betisch; **2.** ungebildet, ungelehrt; **3.** unbeschriftet, unbedruckt.

͵un'li·censed *adj.* **1.** unerlaubt; **2.** nicht konzessioniert, (amtlich) nicht zugelassen, ohne Li'zenz.

͵un'licked *adj. fig.* a) ungehobelt, ungeschliffen, roh, b) unreif: ~ ***cub*** grüner Junge.

͵un'lik·a·ble *adj.* 'unsym͵pathisch.

͵un'like I *adj.* **1.** ungleich, (vonein'ander) verschieden; **2.** unähnlich; **II** *prp.* **3.** unähnlich (***s.o.*** j-m), verschieden von, anders als: ***that is very*** ~ ***him*** das sieht ihm gar nicht ähnlich; **4.** anders als, nicht wie; **5.** im Gegensatz zu.

͵un'like·a·ble → ***unlikable***.

un'like·li·hood, **un'like·li·ness** *s.* Unwahrscheinlichkeit *f*; **un'like·ly I** *adj.* **1.** unwahrscheinlich; **2.** (ziemlich) unmöglich: ~ ***place***; **3.** aussichtslos; **II** *adv.* **4.** unwahrscheinlich.

͵un'lim·ber *v/t. u. v/i.* **1.** ⚔ abprotzen; **2.** *fig.* (sich) bereitmachen.

un'lim·it·ed *adj.* **1.** unbegrenzt; unbeschränkt (*a. Haftung etc.*): ~ ***company*** ✝ *Brit.* Gesellschaft *f* mit unbeschränkter Haftung; **2.** ✝ *Börse*: nicht limitiert; **3.** *fig.* grenzen-, uferlos.

͵un'lined¹ *adj.* ungefüttert: ~ ***coat***.

͵un'lined² *adj.* **1.** unliniert, ohne Linien; **2.** faltenlos (*Gesicht*).

͵un'link *v/t.* **1.** losketten; **2.** *Kettenglieder* trennen; **3.** *Kette* ausein'andernehmen.

͵un'liq·ui·dat·ed *adj.* ✝ **1.** a) ungetilgt (*Schuld etc.*), b) nicht festgestellt (*Betrag etc.*); **2.** unliquidiert: ~ ***company***.

͵un'list·ed *adj.* **1.** nicht verzeichnet; **2.** *teleph. Am.* Geheim…: ~ ***number***; **3.** ✝ nicht notiert (*Wertpapier*).

͵un'load I *v/t.* **1.** ab-, aus-, entladen; ⚓ *Ladung* löschen; **2.** *fig.* (von e-r Last) befreien, erleichtern; **3.** *Waffe* entladen; **4.** *Börse*: *Aktien* (*massenhaft*) abstoßen, auf den Markt werfen; **5.** F (***on, onto***) a) *j-n, et.* ‚abladen' (bei), b) abwälzen (auf *acc.*), c) *Wut etc.* auslassen (an *dat.*); **II** *v/i.* **6.** aus-, abladen; **7.** gelöscht *od.* ausgeladen werden.

͵un'lock *v/t.* **1.** aufschließen, öffnen; **2.** *Waffe* entsichern; **͵un'locked** *adj.* unverschlossen.

un'looked-for *adj.* unerwartet, 'unvor͵hergesehen, über'raschend.

͵un'loose, **un'loos·en** *v/t.* **1.** *Knoten etc.* lösen; **2.** *Griff etc.* lockern; **3.** losmachen, -lassen.

͵un'lov·a·ble *adj.* nicht *od.* wenig liebenswert; **͵un'loved** *adj.* ungeliebt; **͵un'love·ly** *adj.* unschön, reizlos; **͵un'lov·ing** *adj.* ☐ kalt, lieblos.

un'luck·i·ly *adv.* unglücklicherweise; **un'luck·y** *adj.* ☐ unglücklich: a) vom Pech verfolgt: ***be*** ~ Pech *od.* kein Glück haben, b) fruchtlos: ~ ***effort***, c) ungünstig: ~ ***moment***, d) unheilvoll, Unglücks…: ~ ***day***.

͵un'made *adj.* ungemacht.

͵un'make *v/t.* [*irr.* → ***make***] **1.** aufheben, 'umstoßen, wider'rufen, rückgängig machen; **2.** *j-n* absetzen; **3.** vernichten; **4.** 'umbilden.

͵un'man *v/t.* **1.** entmannen; **2.** *j-n* s-r Kraft berauben; **3.** *j-n* verzagen lassen, entmutigen; **4.** verrohen (lassen); **5.** *e-m Schiff etc.* die Mannschaft nehmen: ~***ned*** unbemannt.

un'man·age·a·ble *adj.* ☐ **1.** schwer zu handhaben(d), unhandlich; **2.** *fig.* unfügsam, unlenksam, 'widerspenstig: ~ ***child***; **3.** unkontrollierbar (*Lage*).

͵un'man·li·ness *s.* Unmännlichkeit *f*; **͵un'man·ly** *adj.* **1.** unmännlich; **2.** weibisch; **3.** feige.

un'man·ner·li·ness *s.* schlechtes Benehmen; **un'man·ner·ly** *adj.* ungezogen, 'unma͵nierlich.

͵un'marked *adj.* **1.** nicht markiert, unbezeichnet, ungezeichnet (*a. Gesicht*); **2.** unbemerkt; **3.** *sport* ungedeckt.

͵un'mar·ket·a·ble *adj.* ✝ **1.** nicht marktgängig *od.* -fähig; **2.** unverkäuflich.

͵un'mar·riage·a·ble *adj.* nicht heiratsfähig; **͵un'mar·ried** *adj.* unverheiratet, ledig.

un·mask [͵ʌn'mɑ:sk] **I** *v/t.* **1.** *j-m* die Maske abnehmen, *j-n* demaskieren; **2.** *fig. j-n* entlarven, *j-m* die Maske her'unterreißen; **II** *v/i.* **3.** sich demaskieren; **4.** *fig.* die Maske fallen lassen; **͵un'mask·ing** [-kɪŋ] *s. fig.* Entlarvung *f.*

͵un'matched *adj.* unvergleichlich, unerreicht, 'unüber͵troffen.

͵un'mean·ing *adj.* ☐ sinn-, bedeutungslos; nichtssagend (*a. Gesicht*); **͵un'meant** *adj.* unbeabsichtigt.

͵un'meas·ured *adj.* **1.** ungemessen; **2.** unermeßlich, grenzenlos, unbegrenzt; **3.** unmäßig.

͵un·me'lo·di·ous *adj.* ☐ 'unme͵lodisch.

un'men·tion·a·ble I *adj.* **1.** unaussprechlich, ta'bu: ***an ~ topic*** ein Thema, über das man nicht spricht; **2.** → ***unspeakable***; II *s. pl. humor. die* Unaussprechlichen *pl.* (*Unterwäsche*); **,un'men·tioned** *adj.* unerwähnt.
,un'mer·chant·a·ble → ***unmarketable***.
un'mer·ci·ful *adj.* □ unbarmherzig.
,un'mer·it·ed *adj.* □ unverdient(ermaßen *adv.*).
,un·me'thod·i·cal *adj.* 'unme,thodisch, sys'tem-, planlos.
,un'mil·i·tar·y *adj.* **1.** 'unmili,tärisch; **2.** nicht mili'tärisch, Zivil…
un'mind·ful *adj.* □ unachtsam; uneingedenk (***of*** *gen.*): ***be ~ of*** a) nicht achten auf (*acc.*), b) nicht denken an (*acc.*).
,un·mis'tak·a·ble *adj.* □ **1.** 'un,mißverständlich; **2.** unverkennbar.
un'mit·i·gat·ed *adj.* □ **1.** ungemildert, ganz; **2.** voll'endet, Erz…, *nachgestellt*: durch u. durch: ***an ~ liar***.
,un'mixed *adj.* □ **1.** unvermischt; **2.** *fig.* ungemischt, rein, pur.
,un'mod·i·fied *adj.* unverändert, nicht abgeändert.
,un·mo'lest·ed *adj.* unbelästigt, ungestört: ***live ~*** in Frieden leben.
,un'moor ⚓ I *v/t.* **1.** abankern, losmachen; **2.** vor 'einem Anker liegen lassen; II *v/i.* **3.** den *od.* die Anker lichten.
,un'mor·al *adj.* 'amo,ralisch.
,un'mort·gaged *adj.* ⚖ **1.** unverpfändet; **2.** hypo'thekenfrei, unbelastet.
,un'mount·ed *adj.* **1.** unberitten: ***~ police***; **2.** nicht aufgezogen (*Bild etc.*); **3.** ⚙, ⚔ unmontiert; **4.** nicht gefaßt (*Stein*).
,un'mourned *adj.* unbetrauert.
,un'mov·a·ble *adj.* □ unbeweglich; **,un'moved** *adj.* □ **1.** unbewegt; **2.** *fig.* ungerührt, unbewegt; **3.** *fig.* unerschütterlich, standhaft, gelassen; **,un'mov·ing** *adj.* regungslos.
,un'mur·mur·ing *adj.* □ ohne Murren, klaglos.
,un'mu·si·cal *adj.* □ **1.** 'unmusi,kalisch (*Person*); **2.** 'unme,lodisch.
,un'muz·zle *v/t.* **1.** *e-m Hund* den Maulkorb abnehmen: ***~d*** ohne Maulkorb; **2.** *fig. j-m* freie Meinungsäußerung gewähren.
,un'nam·a·ble *adj.* unsagbar.
,un'named *adj.* **1.** namenlos; **2.** nicht namentlich genannt, ungenannt.
un'nat·u·ral *adj.* □ **1.** 'unna,türlich; **2.** künstlich, gekünstelt; **3.** 'widerna,türlich (*Laster*, *Verbrechen etc.*); **4.** ungeheuerlich, ab'scheulich; **5.** ungewöhnlich; **6.** ano'mal.
,un'nav·i·ga·ble *adj.* nicht schiffbar, unbefahrbar.
un'nec·es·sar·i·ly *adv.* unnötigerweise; **un'nec·es·sar·y** *adj.* □ **1.** unnötig, nicht notwendig; **2.** nutzlos, 'überflüssig.
,un'need·ed *adj.* nicht benötigt, nutzlos; **,un'need·ful** *adj.* □ unnötig.
,un'neigh·bo(u)r·ly *adj.* nicht gutnachbarlich, unfreundlich.
,un'nerve *v/t.* entnerven, zermürben, *j-n* die Nerven *od.* den Mut verlieren lassen.
,un'not·ed *adj.* **1.** unbeachtet, unberühmt; **2.** → ***unnoticed*** 1.
,un'no·ticed *adj.* **1.** unbemerkt, unbeobachtet; **2.** → ***unnoted*** 1.
,un'num·bered *adj.* **1.** unnumeriert; **2.** *poet.* ungezählt, zahllos.
,un·ob'jec·tion·a·ble *adj.* □ einwandfrei.
,un·ob'lig·ing *adj.* ungefällig.
,un·ob'serv·ant *adj.* unaufmerksam, unachtsam: ***be ~ of*** *et.* nicht beachten; **,un·ob'served** *adj.* □ unbeobachtet, unbemerkt.
,un·ob'struct·ed *adj.* **1.** unversperrt, ungehindert: ***~ view***; **2.** *fig.* unbehindert.
,un·ob'tain·a·ble *adj.* **1.** ✝ nicht erhältlich; **2.** unerreichbar.
,un·ob'tru·sive *adj.* □ unaufdringlich: a) zu'rückhaltend, bescheiden, b) unauffällig; **,un·ob'tru·sive·ness** *s.* Unaufdringlichkeit *f.*
,un'oc·cu·pied *adj.* frei: a) unbewohnt, leer(stehend), b) unbesetzt, c) unbeschäftigt.
,un·of'fend·ing *adj.* **1.** nicht beleidigend; **2.** nicht anstößig.
,un·of'fi·cial *adj.* □ **1.** nichtamtlich, 'inoffizi,ell; **2.** ***~ strike*** ✝ wilder Streik.
,un'op·ened *adj.* **1.** ungeöffnet, verschlossen: ***~ letter***; **2.** ✝ unerschlossen: ***~ market***.
,un·op'posed *adj.* **1.** unbehindert; **2.** unbeanstandet: ***~ by*** ohne Widerstand *od.* Einspruch seitens (*gen.*).
,un'or·gan·ized *adj.* **1.** 'unor,ganisch; **2.** unorganisiert, wirr; **3.** nicht organisiert.
,un'or·tho·dox *adj.* **1.** *eccl.* 'unortho,dox; **2.** *fig.* 'unortho,dox, unüblich, 'unkonventio,nell.
'un,os·ten'ta·tious *adj.* □ unaufdringlich, unauffällig: a) prunklos, schlicht, b) anspruchslos, zu'rückhaltend, c) de'zent (*Farben etc.*).
,un'owned *adj.* herrenlos.
,un'pack *v/t. u. v/i.* auspacken.
,un'paid *adj.* **1.** *a.* ***~-for*** unbezahlt; rückständig (*Zinsen etc.*); **2.** ✝ noch nicht eingezahlt (*Kapital*); **3.** unbesoldet, unbezahlt, ehrenamtlich (*Stellung*).
un'pal·at·a·ble *adj.* □ **1.** unschmackhaft, schlecht (schmeckend); **2.** *fig.* unangenehm, 'widerwärtig.
un'par·al·leled *adj.* einmalig, beispiellos, *nachgestellt*: ohne'gleichen.
un'par·don·a·ble *adj.* □ unverzeihlich.
'un,par·lia'men·ta·ry *adj. pol.* 'unparlamen,tarisch.
,un'pat·ent·ed *adj.* nicht patentiert.
'un,pa·tri'ot·ic *adj.* (□ ***~ally***) 'unpatri,otisch.
,un'paved *adj.* ungepflastert.
,un'ped·i·greed *adj.* ohne Stammbaum.
,un'peo·ple *v/t.* entvölkern.
,un·per'ceived *adj.* □ unbemerkt.
,un·per'formed *adj.* **1.** nicht ausgeführt, ungetan, unverrichtet; **2.** *thea.* nicht aufgeführt (*Stück*).
'un,per·son *s. fig.* 'Unper,son *f.*
,un·per'turbed *adj.* nicht beunruhigt, gelassen, ruhig.
,un'pick *v/t. Naht etc.* (auf)trennen; **,un'picked** *adj.* **1.** ungepflückt; **2.** ✝ unausgesucht, unsortiert (*Proben*).
,un'pin *v/t.* **1.** die Nadeln entfernen aus; **2.** losstecken, -machen.
,un'pit·ied *adj.* unbemitleidet; **,un'pit·y·ing** *adj.* □ mitleid(s)los.
,un'placed *adj.* **1.** nicht 'untergebracht; nicht angestellt, ohne Stellung; **2.** *Rennsport*: unplaciert.
,un'plait *v/t.* **1.** glätten; **2.** *das Haar etc.* aufflechten.
,un'play·a·ble *adj.* **1.** *sport* unbespielbar (*Boden*, *Platz*); **2.** ♪ unspielbar; **3.** *thea.* nicht bühnenreif.
un'pleas·ant *adj.* □ *allg.* unangenehm: a) unerfreulich, b) unfreundlich, c) unwirsch (*Person*); **un'pleas·ant·ness** *s.* **1.** *das* Unangenehme; **2.** Unannehmlichkeit *f*; **3.** 'Mißhelligkeit *f*, Unstimmigkeit *f.*
,un'pledged *adj.* **1.** nicht verpflichtet; **2.** ⚖ unverpfändet.
,un'plug *v/t.* den Pflock *od.* Stöpsel *od.* Stecker entfernen aus.
,un'plumbed *adj. fig.* unergründet, unergründlich.
,un·po'et·ic, ,un·po'et·i·cal *adj.* □ 'unpo,etisch, undichterisch.
,un'pol·ished *adj.* **1.** unpoliert (*a. Reis*), ungeglättet, ungeschliffen; **2.** *fig.* unausgefeilt (*Stil etc.*); **3.** *fig.* ungeschliffen, ungehobelt.
,un'pol·i·tic → ***unpolitical*** 1; **,un·po'lit·i·cal** *adj.* **1.** (po'litisch) unklug; **2.** 'unpo,litisch, an Poli'tik uninteressiert; **3.** 'unpar,teiisch.
,un'polled *adj. pol.* **1.** nicht gewählt habend: ***~ elector*** Nichtwähler *m*; **2.** *Am.* nicht (in die Wählerliste) eingetragen.
,un·pol'lut·ed *adj.* **1.** unverschmutzt, unverseucht (*Wasser etc.*); **2.** *fig.* unbefleckt.
,un'pop·u·lar *adj.* □ 'unpopu,lär, unbeliebt; **'un,pop·u'lar·i·ty** *s.* 'Unpopulari,tät *f*, Unbeliebtheit *f.*
,un·pos'sessed *adj.* **1.** herrenlos (*Sache*); **2.** ***~ of s.th.*** nicht im Besitz e-r Sache.
,un'post·ed *adj.* **1.** nicht informiert, 'ununter,richtet; **2.** *Brit.* nicht aufgegeben (*Brief*).
,un'prac·ti·cal *adj.* □ unpraktisch; **un'prac·ticed** *Am.*, **un'prac·tised** *Brit. adj.* ungeübt (***in*** *in dat.*).
un'prec·e·dent·ed *adj.* □ **1.** beispiellos, unerhört, noch nie dagewesen; **2.** ⚖ ohne Präze'denzfall.
,un·pre'dict·a·ble *adj.* unvorhersehbar, unberechenbar (*a. Person*): ***he is quite ~ a.*** er ist sehr schwer auszumachen.
,un'prej·u·diced *adj.* **1.** unvoreingenommen, vorurteilsfrei, *a.* ⚖ unbefangen; **2.** *a.* ⚖ unbeeinträchtigt.
,un·pre'med·i·tat·ed *adj.* □ **1.** 'unüber,legt; **2.** unbeabsichtigt; **3.** ⚖ ohne Vorsatz.
,un·pre'pared *adj.* □ **1.** unvorbereitet: ***an ~ speech***; **2.** (***for***) nicht vorbereitet *od.* gefaßt (auf *acc.*), nicht gerüstet (für).
'un,pre·pos'sess·ing *adj.* wenig anziehend, 'unsym,pathisch.
,un·pre'sent·a·ble *adj.* nicht präsen'tabel.
,un·pre'sum·ing *adj.* nicht anmaßend *od.* vermessen, bescheiden.
,un·pre'tend·ing, ,un·pre'ten·tious *adj.* □ anspruchslos.
un'prin·ci·pled *adj.* **1.** ohne (feste) Grundsätze, haltlos, cha'rakterlos (*Person*); **2.** gewissenlos, charakterlos (*Benehmen*).
un·print·a·ble [,ʌn'prɪntəbl] *adj.* nicht druckfähig *od.* druckreif (*a. fig. anstößig*); **,un'print·ed** [-tɪd] *adj.* **1.** unge-

druckt (*Schriften*); **2.** unbedruckt (*Stoffe etc.*).

ˌun'priv·i·leged *adj.* nicht privilegiert *od.* bevorrechtigt: **~ creditor** ⚖ Massegläubiger *m.*

ˌun·pro'duc·tive *adj.* □ 'unprodukˌtiv (*a. fig.*), unergiebig (**of** an *dat.*), unfruchtbar (*a. fig.*), 'unrenˌtabel: **~ capital** ✝ totes Kapital; **ˌun·pro'duc·tive·ness** *s.* 'Unproduktiviˌtät *f*, Unfruchtbarkeit *f*, Unergiebigkeit *f*, 'Unrentabiliˌtät *f.*

ˌun·pro'fes·sion·al *adj.* □ **1.** keiner freien Berufsgruppe zugehörig; **2.** nicht berufsmäßig; **3.** berufswidrig: **~ conduct**; **4.** unfachmännisch.

ˌun'prof·it·a·ble *adj.* □ **1.** nicht einträglich *od.* gewinnbringend *od.* lohnend, 'unrenˌtabel; **2.** unvorteilhaft; **3.** nutz-, zwecklos; **ˌun'prof·it·a·ble·ness** *s.* **1.** Uneinträglichkeit *f*; **2.** Nutzlosigkeit *f.*

ˌun·pro'gres·sive *adj.* □ **1.** nicht fortschrittlich, rückständig; **2.** rückschrittlich, konserva'tiv, reaktio'när.

ˌun'prom·is·ing *adj.* □ nicht vielversprechend, ziemlich aussichtslos.

ˌun'prompt·ed *adj.* spon'tan.

ˌun·pro'nounce·a·ble *adj.* unaussprechlich.

ˌun·pro'pi·tious *adj.* □ ungünstig.

ˌun·pro'por·tion·al *adj.* □ unverhältnismäßig, 'unproportioˌnal.

ˌun·pro'tect·ed *adj.* **1.** ungeschützt, schutzlos; **2.** ungedeckt.

ˌun'proved, **ˌun'prov·en** *adj.* unerwiesen.

ˌun·pro'vid·ed *adj.* □ **1.** nicht versehen (**with** mit): **~ with** ohne; **2.** unvorbereitet; **3. ~ for** unversorgt (*Kind*); **4. ~ for** nicht vorgesehen.

ˌun·pro'voked *adj.* □ **1.** unprovoziert; **2.** grundlos.

ˌun'pub·lish·a·ble *adj.* zur Veröffentlichung ungeeignet; **ˌun'pub·lished** *adj.* unveröffentlicht.

ˌun'punc·tu·al *adj.* □ unpünktlich; **'unˌpunc·tu'al·i·ty** *s.* Unpünktlichkeit *f.*

ˌun'pun·ished *adj.* unbestraft, ungestraft: **go ~** straflos ausgehen.

un·put·down·a·ble [ˌʌnpʊt'daʊnəbl] *adj.* F so faszinierend, daß man es nicht mehr aus der Hand legen kann (*Buch*).

ˌun'qual·i·fied *adj.* □ **1.** unqualifiziert: a) unbefähigt, ungeeignet (**for** für), b) unberechtigt; **2.** uneingeschränkt, unbedingt, bedingungslos; **3.** F ausgesprochen (*Lügner etc.*).

un·quench·a·ble [ˌʌn'kwentʃəbl] *adj.* □ **1.** unlöschbar; **2.** *fig.* unstillbar.

un·ques·tion·a·ble [ʌn'kwestʃənəbl] *adj.* □ **1.** unzweifelhaft, fraglos; **2.** unbedenklich; **un'ques·tioned** [-tʃənd] *adj.* **1.** ungefragt; **2.** unbezweifelt, unbestritten; **un'ques·tion·ing** [-nɪŋ] *adj.* □ bedingungslos, blind: **~ obedience**; **un'ques·tion·ing·ly** [-nɪŋlɪ] *adv.* ohne zu fragen, ohne Zögern.

ˌun'quote *v/i.*: **~!** Ende des Zitats!; **ˌun'quot·ed** *adj.* **1.** nicht zitiert; **2.** *Börse*: nicht notiert.

un'rav·el I *v/t.* **1.** *Gewebe* ausfasern; **2.** *Gestricktes* auftrennen; **3.** entwirren; **4.** *fig.* entwirren, enträtseln; **II** *v/i.* **5.** sich entwirren *etc.*

un·read [ˌʌn'red] *adj.* **1.** ungelesen; **2.** a) unbelesen, ungebildet, b) unbewandert (**in** in *dat.*).

ˌun'read·a·ble *adj.* **1.** unleserlich (*Handschrift etc.*); **2.** schwer zu lesen (*Buch etc.*); **3.** nicht lesenswert (*Buch etc.*).

ˌun'read·i·ness *s.* mangelnde Bereitschaft; **ˌun'read·y** *adj.* □ nicht bereit *od.* fertig (**for** zu).

ˌun'real *adj.* □ **1.** unwirklich; **2.** wesenlos; **3.** → **'unˌre·al'is·tic** *adj.* (□ **~ally**) wirklichkeitsfremd, 'unreaˌlistisch; **ˌun·re'al·i·ty** *s.* **1.** Unwirklichkeit *f*; **2.** Wesenlosigkeit *f.*

ˌun're·al·iz·a·ble *adj.* nicht realisierbar: a) nicht zu verwirklichen(d), b) ✝ nicht verwertbar, unverkäuflich; **ˌun're·al·ized** *adj.* **1.** nicht verwirklicht *od.* erfüllt; **2.** nicht vergegenwärtigt *od.* erkannt.

ˌun'rea·son *s.* **1.** Unvernunft *f*; **2.** Torheit *f*; **un'rea·son·a·ble** *adj.* □ **1.** unvernünftig; **2.** unvernünftig, unbillig, unmäßig, 'übermäßig; unzumutbar; **un'rea·son·a·ble·ness** *s.* **1.** Unvernunft *f*; **2.** Unbilligkeit *f*, Unmäßigkeit *f*; Unzumutbarkeit *f*; **un'rea·son·ing** *adj.* □ **1.** vernunftlos; **2.** unvernünftig, blind.

ˌun·re'ceipt·ed *adj.* ✝ unquittiert.

ˌun·re'cep·tive *adj.* nicht aufnahmefähig, unempfänglich (**of**, **to** für).

ˌun·re'claimed *adj.* **1.** *fig.* ungebessert; **2.** ungezähmt; **3.** unkultiviert (*Land*).

ˌun'rec·og·niz·a·ble *adj.* □ nicht 'wiederzuerkennen(d); **ˌun'rec·og·nized** *adj.* **1.** nicht ('wieder)erkannt; **2.** nicht anerkannt.

ˌun'rec·on·ciled *adj.* unversöhnt (**to** mit).

un·re·cord·ed [ˌʌnrɪ'kɔːdɪd] *adj.* **1.** (geschichtlich) nicht über'liefert *od.* aufgezeichnet *od.* belegt; **2.** nicht eingetragen *od.* registriert; **3.** ⚖ nicht beurkundet; **4.** a) nicht (auf Tonband *etc.*) aufgenommen, b) Leer…: **~ tape**.

ˌun·re'deemed *adj.* **1.** *eccl.* unerlöst; **2.** ✝ a) ungetilgt (*Schuld*), b) uneingelöst (*Wechsel*); **3.** uneingelöst (*Pfand*, *Versprechen*); **4.** *fig.* ungemildert (**by** durch); Erz…: **~ rascal**.

ˌun·re'dressed *adj.* **1.** nicht wiedergutgemacht; **2.** nicht abgestellt (*Mißstand*).

ˌun'reel *v/t.* (*v/i.* sich) abspulen.

ˌun·re'fined *adj.* **1.** ⚙ nicht raffiniert, ungeläutert, roh, Roh…; **2.** *fig.* ungebildet, unfein, unkultiviert.

ˌun·re'flect·ing *adj.* □ **1.** nicht reflektierend; **2.** gedankenlos, 'unüberˌlegt.

ˌun·re'formed *adj.* **1.** unverbessert; **2.** ungebessert (*Person*).

ˌun·re'fut·ed *adj.* 'unwiderˌlegt.

ˌun·re'gard·ed *adj.* unberücksichtigt, unbeachtet; **ˌun·re'gard·ful** *adj.* unachtsam, ohne Rücksicht (**of** auf *acc.*).

un·re·gen·er·a·cy [ˌʌnrɪ'dʒenərəsɪ] *s. eccl.* Sündhaftigkeit *f*; **ˌun·re'gen·er·ate** [-rət] *adj.* **1.** *eccl.* nicht 'wiedergeboren; **2.** nicht gebessert.

ˌun'reg·is·tered *adj.* **1.** nicht registriert *od.* eingetragen (*a.* ✝, ⚖); **2.** (amtlich) nicht zugelassen (*Auto etc.*); nicht approbiert (*Arzt etc.*); **3.** nicht eingeschrieben (*Brief*).

ˌun·re'gret·ted *adj.* unbedauert, unbeklagt.

ˌun·re'hearsed *adj.* **1.** *thea.* ungeprobt; **2.** über'raschend, spon'tan.

ˌun·re'lat·ed *adj.* **1.** ohne Beziehung (**to** zu); **2.** nicht verwandt (**to**, **with** mit) (*a. fig.*); **3.** nicht berichtet.

ˌun·re'lent·ing *adj.* □ **1.** unbeugsam, unerbittlich; **2.** unvermindert.

'un·reˌli·a'bil·i·ty *s.* Unzuverlässigkeit *f*; **ˌun·re'li·a·ble** *adj.* □ unzuverlässig.

ˌun·re'lieved *adj.* □ **1.** ungelindert; **2.** nicht unter'brochen, 'ununterˌbrochen; **3.** ⚔ a) nicht abgelöst (*Wache*), b) nicht entsetzt (*Festung etc.*).

un·re·mit·ting [ˌʌnrɪ'mɪtɪŋ] *adj.* □ unablässig, beharrlich.

ˌun·re'mu·ner·a·tive *adj.* nicht lohnend *od.* einträglich, 'unrenˌtabel.

ˌun·re'pair *s.* Baufälligkeit *f*, Verfall *m*: **in** (**a state of**) **~** in baufälligem Zustand.

ˌun·re'pealed *adj.* **1.** nicht wider'rufen; **2.** nicht aufgehoben.

ˌun·re'pent·ant *adj.* reuelos, unbußfertig; **ˌun·re'pent·ed** [-tɪd] *adj.* unbereut.

ˌun·rep·re'sent·ed *adj.* nicht vertreten.

ˌun·re'quit·ed *adj.* □ **1.** unerwidert: **~ love**; **2.** unbelohnt (*Dienste*); **3.** ungesühnt (*Missetat*).

un·re·served [ˌʌnrɪ'zɜːvd] *adj.* □ **1.** uneingeschränkt, vorbehalt-, rückhaltlos, völlig; **2.** freimütig, offen(herzig); **3.** nicht reserviert; **ˌun·re'serv·ed·ness** [-vɪdnɪs] *s.* Offenheit *f*, Freimütigkeit *f.*

ˌun·re'sist·ed *adj.* ungehindert: **be ~** keinen Widerstand finden; **ˌun·re'sist·ing** *adj.* □ 'widerstandslos.

ˌun·re'solved *adj.* **1.** ungelöst: **~ problem**; **2.** unschlüssig, unentschlossen; **3.** ⚗, ♪ *etc.* unaufgelöst.

ˌun·re'spon·sive *adj.* □ **1.** unempfänglich (**to** für): **be ~** (**to**) nicht reagieren *od.* ansprechen (auf *acc.*); **2.** teilnahmslos, kalt.

un·rest [ˌʌn'rest] *s.* Unruhe *f*, *pol. a.* Unruhen *pl.*; **ˌun'rest·ful** *adj.* □ **1.** ruhelos; **2.** ungemütlich; **3.** unbequem; **ˌun'rest·ing** *adj.* □ rastlos, unermüdlich.

ˌun·re'strained *adj.* □ **1.** ungehemmt (*a. fig. ungezwungen*); **2.** hemmungs-, zügellos; **3.** uneingeschränkt; **ˌun·re'straint** *s.* **1.** Ungehemmtheit *f*, *fig. a.* Ungezwungenheit *f*; **2.** Hemmungslosigkeit *f.*

ˌun·re'strict·ed *adj.* □ uneingeschränkt, unbeschränkt.

ˌun·re'turned *adj.* **1.** nicht zu'rückgegeben; **2.** unerwidert, unvergolten: **be ~** unerwidert bleiben; **3.** *pol.* nicht (*ins Parlament*) gewählt.

ˌun·re'vealed *adj.* nicht offen'bart, verborgen, geheim.

ˌun·re'vised *adj.* nicht revidiert (*a. fig. Ansicht etc.*).

ˌun·re'ward·ed *adj.* unbelohnt.

ˌun'rhymed *adj.* ungereimt, reimlos.

ˌun'rid·dle *v/t.* enträtseln.

ˌun'rig *v/t.* **1.** ⚓ abtakeln; **2.** abmontieren.

un'right·eous *adj.* □ **1.** nicht rechtschaffen; **2.** *eccl.* ungerecht, sündig; **un'right·eous·ness** *s.* Ungerechtigkeit *f.*

ˌun'rip *v/t.* aufreißen, -schlitzen.

ˌun'ripe *adj.* *allg.* unreif; **ˌun'ripe·ness** *s.* Unreife *f.*

un'ri·val(l)ed *adj.* **1.** ohne Ri'valen *od.*

Gegenspieler; **2.** unerreicht, unvergleichlich; ✝ konkur'renzlos.

ˌun'roll I *v/t.* **1.** entrollen, -falten; **2.** abwickeln; **II** *v/i.* **3.** sich entfalten; sich ausein'anderrollen.

ˌun·ro'man·tic *adj.* (□ **~ally**) *allg.* 'unroˌmantisch.

ˌun'roof *v/t. Haus* abdecken.

ˌun'rope *v/t.* **1.** losbinden; **2.** *mount.* (*a. v/i.* sich) ausseilen.

ˌun'round *v/t. ling. Vokale* entrunden.

ˌun'ruf·fled *adj.* **1.** ungekräuselt, glatt; **2.** *fig.* gelassen, unerschüttert.

ˌun'ruled *adj.* **1.** *fig.* unbeherrscht; **2.** unliniert (*Papier*).

un·ru·li·ness [ʌn'ru:lɪnɪs] *s.* **1.** Unlenkbarkeit *f*, 'Widerspenstigkeit *f*; **2.** Ausgelassenheit *f*, Unbändigkeit *f*; **un·ru·ly** [ʌn'ru:lɪ] *adj.* **1.** unlenksam, aufsässig; **2.** ungebärdig; ausgelassen; **3.** ungestüm.

ˌun'sad·dle I *v/t.* **1.** *Pferd* absatteln; **2.** *j-n* aus dem Sattel werfen; **II** *v/i.* **3.** absatteln.

ˌun'safe *adj.* □ unsicher, gefährlich.

ˌun'said *adj.* ungesagt, unerwähnt.

ˌun'sal·a·ble *adj.* **1.** unverkäuflich; **2.** nicht gangbar (*Waren*).

ˌun'sal·a·ried *adj.* unbezahlt, ehrenamtlich: **~ clerk** ✝ Volontär *m*.

ˌun'sale·a·ble → **unsalable**.

ˌun'sanc·tioned *adj.* nicht sanktioniert, nicht gebilligt *od.* geduldet.

ˌun'san·i·tar·y *adj.* **1.** ungesund; **2.** 'unhygiˌenisch.

'unˌsat·is'fac·to·ri·ness *s. das* Unbefriedigende, Unzulänglichkeit *f*; **'unˌsat·is'fac·to·ry** *adj.* □ unbefriedigend, ungenügend, unzulänglich; **ˌun'sat·is·fied** *adj.* **1.** unbefriedigt; **2.** unzufrieden; **3.** ✝ a) unbefriedigt (*Anspruch*, *Gläubiger*), b) unbezahlt, c) unerfüllt (*Bedingung*); **ˌun'sat·is·fy·ing** *adj.* → **unsatisfactory**.

ˌun'sa·vo(u)r·i·ness *s.* **1.** Unschmackhaftigkeit *f*; **2.** Widerlichkeit *f*; **ˌun'sa·vo(u)r·y** *adj.* □ **1.** unschmackhaft; **2.** *a. fig.* 'unappeˌtitlich, unangenehm.

ˌun'say *v/t.* [*irr.* → **say**] wider'rufen.

ˌun'scal·a·ble *adj.* unersteigbar.

ˌun'scathed [-'skeɪðd] *adj.* (völlig) unversehrt, unbeschädigt.

ˌun'sched·uled *adj.* **1.** nicht pro'grammgemäß; **2.** außerplanmäßig (*Abfahrt etc.*).

ˌun'schol·ar·ly *adj.* **1.** unwissenschaftlich; **2.** ungelehrt.

ˌun'schooled *adj.* **1.** ungeschult, nicht ausgebildet; **2.** unverbildet.

'unˌsci·en'tif·ic *adj.* (□ **~ally**) unwissenschaftlich.

ˌun'scram·ble *v/t.* **1.** F entwirren; **2.** entschlüsseln, dechiffrieren; **3.** ↯ aussteuern.

ˌun'screened *adj.* **1.** ungeschützt, *a.* ↯ nicht abgeschirmt; **2.** ungesiebt (*Sand etc.*); **3.** nicht über'prüft.

ˌun'screw I *v/t.* ⚙ ab-, auf-, losschrauben; **II** *v/i.* sich her'aus- *od.* losdrehen; sich losschrauben lassen.

ˌun'script·ed *adj.* improvisiert (*Rede etc.*).

un'scru·pu·lous *adj.* □ skrupel-, bedenken-, gewissenlos.

ˌun'seal *v/t.* **1.** *Brief etc.* entsiegeln *od.* öffnen; **2.** *fig. j-m die Augen*, *Lippen* öffnen; **3.** *fig.* enthüllen; **ˌun'sealed** *adj.* **1.** a) unversiegelt, b) geöffnet; **2.** *fig.* nicht besiegelt.

un'search·a·ble *adj.* □ unerforschlich, unergründlich.

un'sea·son·a·ble *adj.* □ **1.** unzeitig; **2.** *fig.* unpassend, ungünstig.

ˌun'sea·soned *adj.* **1.** nicht (aus)gereift; **2.** nicht abgelagert (*Holz*); **3.** *fig.* nicht abgehärtet (**to** gegen); **4.** *fig.* unerfahren; **5.** ungewürzt.

ˌun'seat *v/t.* **1.** *Reiter* abwerfen; **2.** *j-n* absetzen, des Postens entheben; **3.** *pol. j-m* s-n Sitz (im Parla'ment) nehmen; **ˌun'seat·ed** *adj.* ohne Sitz(gelegenheit): **be ~** nicht sitzen.

ˌun'seaˌwor·thy *adj.* ⚓ seeuntüchtig.

ˌun·se'cured *adj.* **1.** ungesichert (*a.* ✝ *Schuld*); **2.** unbefestigt; **3.** ✝ ungedeckt, nicht sichergestellt.

ˌun'seed·ed *sport* ungesetzt (*Spieler etc.*).

ˌun'see·ing *adj. fig.* blind: **with ~ eyes** mit leerem Blick, blind.

un'seem·li·ness *s.* Unziemlichkeit *f*; **un'seem·ly** *adj.* unziemlich, ungehörig.

ˌun'seen I *adj.* **1.** ungesehen, unbemerkt; **2.** unsichtbar; **3.** *ped.* unvorbereitet (*Übersetzungstext*); **II** *s.* **4.** **the ~** die Geisterwelt; **5.** *ped. Brit.* unvorbereitete 'Herüberˌsetzung *f*.

ˌun'self·ish *adj.* □ selbstlos, uneigennützig; **ˌun'self·ish·ness** *s.* Selbstlosigkeit *f*, Uneigennützigkeit *f*.

ˌun·sen'sa·tion·al *adj.* wenig sensatio'nell *od.* aufregend.

ˌun'ser·vice·a·ble *adj.* □ **1.** nicht verwendbar, unbrauchbar (*Gerät etc.*); **2.** betriebsunfähig.

ˌun'set·tle *v/t.* **1.** *et.* aus s-r (festen) Lage bringen; **2.** *fig.* beunruhigen; *a. j-n*, *j-s Glauben etc.* erschüttern, ins Wanken bringen; **3.** *fig.* verwirren, durchein'anderbringen; *j-n* aus dem (gewohnten) Gleis werfen; **4.** in Unordnung bringen; **ˌun'set·tled** *adj.* **1.** ohne festen Wohnsitz; **2.** unbesiedelt (*Land*); **3.** *fig.* unbestimmt, ungewiß, *a. allg.* unsicher (*Zeit etc.*); **4.** unentschieden, unerledigt (*Frage*); **5.** unbeständig, veränderlich (*Wetter*; ✝ *Markt*); **6.** schwankend, unentschlossen (*Person*); **7.** (geistig) gestört, aus dem (seelischen) Gleichgewicht; **8.** unstet (*Charakter*, *Leben*); **9.** ✝ unbezahlt, unerledigt; **10.** ⚖ nicht zugeschrieben; nicht reguliert (*Erbschaft*).

ˌun'sex *v/t. Frau* vermännlichen: **~ o.s.** alles Frauliche ablegen.

ˌun'shack·le *v/t. j-n* befreien (*a. fig.*); **ˌun'shack·led** *adj.* ungehemmt.

ˌun'shad·ed *adj.* **1.** unverdunkelt, unbeschattet; **2.** *paint.* nicht schattiert.

un'shak·a·ble *adj.* unerschütterlich; **ˌun'shak·en** *adj.* □ **1.** unerschüttert, fest; **2.** unerschütterlich.

ˌun'shape·ly *adj.* unförmig.

ˌun'shaved, **ˌun'shav·en** *adj.* unrasiert.

ˌun'sheathe *v/t. das Schwert* aus der Scheide ziehen.

ˌun'shed *adj.* unvergossen (*Tränen*).

ˌun'shell *v/t.* (ab)schälen, enthülsen.

ˌun'shel·tered *adj.* ungeschützt, schutz-, obdachlos.

ˌun'ship *v/t.* ⚓ a) *Ladung* löschen, ausladen, b) *Passagiere* ausschiffen, c) *Ruder*, *Mast etc.* abbauen.

ˌun'shod *adj.* **1.** unbeschuht, barfuß; **2.** unbeschlagen (*Pferd*).

ˌun'shorn *adj.* ungeschoren.

un·shrink·a·ble [ˌʌn'ʃrɪŋkəbl] *adj.* nicht einlaufend (*Stoffe*); **un'shrink·ing** *adj.* □ unverzagt, fest.

ˌun'sift·ed *adj.* **1.** ungesiebt; **2.** *fig.* ungeprüft.

ˌun'sight *adj.*: **buy s.th. ~, unseen** et. unbesehen kaufen; **ˌun'sight·ed** *adj.* **1.** nicht gesichtet; **2.** ungezielt (*Schuß*); **3.** ohne Vi'sier (*Gewehr etc.*).

un'sight·ly *adj.* unansehnlich, häßlich.

ˌun'signed *adj.* **1.** unsigniert, nicht unter'zeichnet; **2.** ♪ unbezeichnet.

ˌun'sized¹ *adj.* nicht nach Größe(n) geordnet *od.* sortiert.

ˌun'sized² *adj.* ⚙ **1.** ungrundiert; **2.** ungeleimt.

ˌun'skil·ful *adj.* □ ungeschickt.

ˌun'skilled *adj.* **1.** unerfahren, ungeschickt; **2.** ✝ ungelernt: **~ worker**; **the ~ labo(u)r** *coll.* die Hilfsarbeiter *pl.*

ˌun'skill·ful *Am.* → **unskilful**.

ˌun'skimmed *adj.* nicht entrahmt: **~ milk** Vollmilch *f*.

ˌun'slaked *adj.* **1.** ungelöscht (*Kalk*; *a. Durst*); **2.** *fig.* ungestillt.

ˌun'sleep·ing *adj.* **1.** schlaflos; **2.** *fig.* immer wach.

ˌun'smil·ing *adj.* □ ernst.

ˌun'smoked *adj.* **1.** ungeräuchert; **2.** nicht aufgeraucht: **~ cigar**.

ˌun'snarl *v/t.* entwirren.

un'so·cia·ble *adj.* □ ungesellig, nicht 'umgänglich, reserviert.

ˌun'so·cial *adj.* □ **1.** 'unsoziˌal; **2.** 'asoziˌal, gesellschaftsfeindlich; **3. work ~ hours** *Brit.* außerhalb der normalen Arbeitszeit arbeiten.

ˌun'soiled *adj.* rein, sauber, *fig. a.* unbefleckt.

ˌun'sold *adj.* unverkauft; → **subject** 14.

ˌun'sol·der *v/t.* ⚙ ab-, loslöten.

ˌun'sol·dier·ly *adj.* 'unsolˌdatisch.

ˌun·so'lic·it·ed *adj.* **1.** unaufgefordert, unverlangt; **2.** freiwillig.

ˌun'solv·a·ble *adj.* unlösbar.

ˌun'solved *adj.* ungelöst.

ˌun·so'phis·ti·cat·ed *adj.* **1.** unverfälscht; **2.** lauter, rein; **3.** ungekünstelt, na'türlich, unverbildet; **4.** na'iv, harmlos; **5.** unverdorben.

ˌun'sought, **un'sought-for** *adj.* ungesucht, ungewollt.

ˌun'sound *adj.* □ **1.** ungesund (*a. fig.*): **of ~ mind** geistesgestört, unzurechnungsfähig; **2.** verdorben, schlecht (*Ware etc.*), faul (*Obst*); **3.** morsch, wurmstichig; **4.** brüchig, rissig; **5.** unzuverlässig; 'unsoˌlide (*a.* ✝); **6.** nicht stichhaltig, anfechtbar: **~ argument**; **7.** falsch, verkehrt: **~ doctrine** Irrlehre *f*; **~ policy** verfehlte Politik; **ˌun'sound·ness** *s.* **1.** Ungesundheit *f* (*a. fig.*); **2.** Verdorbenheit *f*; **3.** *fig.* Unzuverlässigkeit *f*; **4.** Anfechtbarkeit *f*; **5.** Verfehltheit *f*, *das* Verkehrte.

un'spar·ing *adj.* □ **1.** freigebig, verschwenderisch (**in**, **of** mit): **be ~ in** nicht kargen mit *Lob etc.*; **be ~ in one's efforts** keine Mühe scheuen; **2.** reichlich, großzügig; **3.** schonungslos (**of** gegen).

un'speak·a·ble *adj.* □ **1.** unsagbar, unsäglich, unbeschreiblich; **2.** F scheußlich, entsetzlich.

ˌ**un'spec·i·fied** *adj.* nicht (einzeln) angegeben, nicht spezifiziert.
ˌ**un'spir·it·u·al** *adj.* □ ungeistig.
ˌ**un'spoiled**, ˌ**un'spoilt** *adj.* **1.** *allg.* unverdorben; **2.** unbeschädigt; **3.** nicht verzogen (*Kind*).
ˌ**un'spo·ken** *adj.* un(aus)gesprochen, ungesagt; stillschweigend: **~-of** unerwähnt; **~-to** unangeredet.
ˌ**un'sport·ing**, ˌ**un'sports·man·like** *adj.* unsportlich, unfair.
ˌ**un'spot·ted** *adj.* **1.** fleckenlos; **2.** *fig.* makellos, unbefleckt; **3.** F unentdeckt.
ˌ**un'sprung** *adj.* ⚙ ungefedert.
ˌ**un'sta·ble** *adj.* **1.** *a. fig.* unsicher, nicht fest, schwankend, la'bil; **2.** *fig.* unbeständig, unstet(ig); **3.** ⚗ 'instaˌbil.
ˌ**un'stained** *adj.* **1.** → **unspotted** 1, 2; **2.** ungefärbt.
ˌ**un'stamped** *adj.* ungestempelt; ✉ unfrankiert (*Brief*).
ˌ**un'states·man·like** *adj.* unstaatsmännisch.
ˌ**un'stead·i·ness** *s.* **1.** Unsicherheit *f*; **2.** *fig.* Unstetigkeit *f*, Schwanken *n*; **3.** Unzuverlässigkeit *f*; **4.** Unregelmäßigkeit *f*; ˌ**un'stead·y** *adj.* □ **1.** unsicher, wack(e)lig; **2.** *fig.* unstet(ig); unbeständig, schwankend (*beide a.* ✝ *Kurse*, *Markt*); **3.** *fig.* 'unsoˌlide; **4.** unregelmäßig.
ˌ**un'stick** *v/t.* [*irr.* → **stick²**] lösen, losmachen.
un'stint·ed *adj.* uneingeschränkt, unbegrenzt; **un'stint·ing** [-tɪŋ] → **unsparing** 1, 2.
ˌ**un'stitch** *v/t.* auftrennen: **~ed** a) aufgetrennt, b) ungesteppt (*Falte*); **come ~ed** aufgehen (*Naht*).
ˌ**un'stop** *v/t.* **1.** entstöpseln, -korken, aufmachen; **2.** frei machen.
ˌ**un'strained** *adj.* **1.** unfiltriert, ungefiltert; **2.** nicht angespannt (*a. fig.*); **3.** *fig.* ungezwungen.
ˌ**un'strap** *v/t.* ab-, losschnallen.
ˌ**un'stressed** *adj.* **1.** *ling.* unbetont; **2.** ⚙ unbelastet.
ˌ**un'string** *v/t.* [*irr.* → **string**] **1.** *Perlen etc.* abfädeln; **2.** ♪ entsaiten; **3.** *Bogen*, *Saite* entspannen; **4.** *j-s Nerven* ka'puttmachen, *j-n* (nervlich) ‚fertigmachen', demoralisieren.
ˌ**un'strung** *adj.* **1.** ♪ a) saitenlos, unbezogen (*Saiteninstrument*), b) entspannt (*Saite*, *Bogen*); **2.** abgereiht (*Perlen*); **3.** *fig.* entnervt, mit den Nerven am Ende.
ˌ**un'stuck** *adj.* : **come ~** a) sich lösen, b) *fig.* scheitern.
ˌ**un'stud·ied** *adj.* ungesucht, ungekünstelt, na'türlich.
ˌ**un·sub'mis·sive** *adj.* □ nicht unter'würfig, 'widerspenstig.
ˌ**un·sub'stan·tial** *adj.* □ **1.** unstofflich, unkörperlich; **2.** unwesentlich; **3.** wenig stichhaltig *od.* fundiert: **~ arguments**; **4.** gehaltlos (*Essen*).
ˌ**un·sub'stan·ti·at·ed** *adj.* **1.** unbegründet; **2.** nicht erhärtet.
ˌ**un·suc'cess** *s.* 'Mißerfolg *m*, Fehlschlag *m*; ˌ**un·suc'cess·ful** *adj.* □ **1.** erfolglos: a) ohne Erfolg, b) miß'glückt, miß'lungen: **be ~** keinen Erfolg haben (**in doing s.th.** bei *od.* mit et.); **~ take-off** ✈ Fehlstart *m*; **2.** 'durchgefallen (*Kandidat*); zu'rückgewiesen (*Bewerber*); ⚖ unter'legen (*Partei*); ˌ**un·suc'cess·ful·ness** [-sək'sesfʊlnɪs] *s.* Erfolglosigkeit *f*.
ˌ**un'suit·able** *adj.* □ **1.** unpassend, ungeeignet (**to**, **for** für); **2.** unangemessen, unschicklich (**to**, **for** für); ˌ**un'suit·ed** → **unsuitable** 1.
ˌ**un'sul·lied** *adj. mst fig.* unbefleckt.
ˌ**un'sung** *poet.* **I** *adj.* unbesungen; **II** *adv. fig.* sang- u. klanglos.
ˌ**un·sup'port·ed** *adj.* **1.** ungestützt; **2.** *fig.* unbestätigt, ohne 'Unterlagen; **3.** *fig.* nicht unter'stützt (*Antrag etc.*, *a. Kinder etc.*).
ˌ**un'sure** *adj. allg.* unsicher, nicht sicher (**of** *gen.*).
ˌ**un·sur'mount·a·ble** *adj.* 'unüberˌwindlich (*Hindernis etc.*) (*a. fig.*).
ˌ**un·sur'pass·a·ble** *adj.* □ 'unüberˌtrefflich; ˌ**un·sur'passed** *adj.* 'unüberˌtroffen.
ˌ**un·sus'cep·ti·ble** *adj.* **1.** unempfindlich (**to** gegen); **2.** *fig.* unempfänglich (**to** für).
un·sus·pect·ed [ˌʌnsə'spektɪd] *adj.* □ **1.** unverdächtig(t); **2.** unvermutet, ungeahnt; ˌ**un·sus'pect·ing** [-ɪŋ] *adj.* □ **1.** nichtsahnend, ahnungslos: **~ of** ohne *et.* zu ahnen; **2.** → **unsuspicious** 1.
ˌ**un·sus'pi·cious** *adj.* □ **1.** arglos, nicht argwöhnisch; **2.** unverdächtig, harmlos.
ˌ**un'sweet·ened** *adj.* **1.** ungesüßt; **2.** *fig.* unversüßt.
un·swerv·ing [ʌn'swɜːvɪŋ] *adj.* □ unbeirrbar, unerschütterlich.
ˌ**un'sworn** *adj.* **1.** unbeeidet; **2.** unvereidigt (*Zeuge etc.*).
ˌ**un·sym'met·ri·cal** *adj.* □ 'unsymˌmetrisch.
'**unˌsym·pa'thet·ic** *adj.* (□ **~ally**) teilnahmslos, ohne Mitgefühl.
ˌ**un·sys·tem'at·ic** *adj.* (□ **~ally**) 'unsysteˌmatisch, planlos.
ˌ**un'taint·ed** *adj.* □ **1.** fleckenlos (*a. fig.*); **2.** unverdorben: **~ food**; **3.** *fig.* unbeeinträchtigt (**with** von).
ˌ**un'tal·ent·ed** *adj.* untalentiert, unbegabt.
ˌ**un'tam·a·ble** *adj.* □ un(be)zähmbar; ˌ**un'tamed** *adj.* ungezähmt.
ˌ**un'tan·gle** *v/t.* **1.** entwirren (*a. fig.*); **2.** aus einer schwierigen Lage befreien.
ˌ**un'tanned** *adj.* **1.** ungegerbt (*Leder*); **2.** ungebräunt (*Haut*).
ˌ**un'tapped** *adj.* unangezapft (*a. fig.*): **~ resources** ungenützte Hilfsquellen.
ˌ**un'tar·nished** *adj.* **1.** ungetrübt; **2.** makellos, unbefleckt (*a. fig.*).
ˌ**un'tast·ed** *adj.* ungekostet (*a. fig.*).
ˌ**un'taught** *adj.* **1.** ungelehrt, nicht unter'richtet; **2.** unwissend, ungebildet; **3.** ungelernt, selbstentwickelt (*Fähigkeit etc.*).
ˌ**un'taxed** *adj.* unbesteuert.
ˌ**un'teach·a·ble** *adj.* **1.** unbelehrbar (*Person*); **2.** unlehrbar (*Sache*).
ˌ**un'tem·pered** *adj.* **1.** ⚙ ungehärtet, unvergütet (*Stahl*); **2.** *fig.* ungemildert (**with**, **by** durch).
ˌ**un'ten·a·ble** *adj. fig.* unhaltbar.
ˌ**un'ten·ant·a·ble** *adj.* unbewohn-, unvermietbar; ˌ**un'ten·ant·ed** *adj.* **1.** unbewohnt, leer(stehend); **2.** ⚖ ungemietet, ungepachtet.
ˌ**un'tend·ed** *adj.* **1.** unbehütet, unbeaufsichtigt; **2.** vernachlässigt.
ˌ**un'thank·ful** *adj.* □ undankbar.
un'think·a·ble *adj.* undenkbar, unvorstellbar: **the ~** das Undenkbare; ˌ**un'think·ing** *adj.* □ **1.** gedankenlos; **2.** nicht denkend.
ˌ**un'thought** *adj.* **1.** 'unüberˌlegt; **2.** *mst* **~-of** a) unerwartet, unvermutet, b) unvorstellbar.
ˌ**un'thread** *v/t.* **1.** *Nadel* ausfädeln; den Faden her'ausziehen aus; **2.** *Perlen etc.* abfädeln; **3.** *a. fig.* sich hin'durchfinden durch, her'ausfinden aus; **4.** *mst fig.* entwirren.
ˌ**un'thrift·y** *adj.* □ **1.** verschwenderisch; **2.** unwirtschaftlich (*a. Sache*).
ˌ**un'throne** *v/t. a. fig.* entthronen.
un'ti·di·ness *s.* Unordentlichkeit *f*; **un'ti·dy** *adj.* □ unordentlich.
ˌ**un'tie** *v/t.* aufknoten, auf-, losbinden, *Knoten* lösen.
un·til [ən'tɪl] **I** *prp.* bis (*zeitlich*): **not ~ Monday** erst (am) Montag; **II** *cj.* bis: **not ~** erst als *od.* wenn, nicht eher als.
ˌ**un'tilled** *adj.* ⚒ unbebaut.
un'time·li·ness *s.* Unzeit *f*, falscher *od.* verfrühter Zeitpunkt; **un'time·ly** *adj. u. adv.* unzeitig: a) verfrüht, b) ungelegen, unpassend.
un'tir·ing *adj.* □ unermüdlich.
un·to ['ʌntʊ] *prp. obs. od. poet. od. bibl.* → **to** I.
ˌ**un'told** *adj.* **1.** a) unerzählt, b) ungesagt: **leave nothing ~** nichts unerwähnt lassen; **2.** unsäglich (*Leiden etc.*); **3.** ungezählt, zahllos; **4.** unermeßlich.
un'touch·a·ble I *adj.* **1.** unberührbar; **2.** unantastbar, unangreifbar; **3.** unerreichbar, unnahbar; **II** *s.* **4.** Unberührbare(r *m*) *f* (*bei den Hindus*); ˌ**un'touched** *adj.* **1.** unberührt (*a. Essen*) (*a. fig.*); unangetastet (*a. Vorrat*); **2.** *fig.* ungerührt, unbeeinflußt; **3.** nicht zu'rechtgemacht, *fig.* ungeschminkt; **4.** *phot.* unretuschiert; **5.** *fig.* unerreicht.
un·to·ward [ˌʌntə'wɔːd] *adj.* **1.** *obs.* ungefügig, 'widerspenstig; **2.** widrig, ungünstig, unglücklich (*Umstand etc.*); ˌ**un·to'ward·ness** [-nɪs] *s.* **1.** *obs.* 'Widerspenstigkeit *f*; **2.** Widrigkeit *f*, Ungunst *f*.
ˌ**un'trace·a·ble** *adj.* unauffindbar, nicht ausfindig zu machen(d).
ˌ**un'trained** *adj.* **1.** ungeschult (*a. fig.*), *a.* ⚔ unausgebildet; **2.** *sport* untrainiert; **3.** ungeübt; **4.** undressiert (*Tier*).
un'tram·mel(l)ed *adj. bsd. fig.* ungebunden, ungehindert.
ˌ**un·trans'lat·a·ble** *adj.* □ 'unüberˌsetzbar.
ˌ**un'trav·el(l)ed** *adj.* **1.** unbefahren (*Straße etc.*); **2.** nicht (weit) her'umgekommen (*Person*).
ˌ**un'tried** *adj.* **1.** a) unerprobt, ungeprüft, b) unversucht; **2.** ⚖ a) unerledigt, (noch) nicht verhandelt (*Fall*), b) (noch) nicht vor Gericht gestellt.
ˌ**un'trimmed** *adj.* **1.** unbeschnitten (*Bart*, *Hecke etc.*); **2.** ungepflegt, nicht (ordentlich) zu'rechtgemacht; **3.** ungeschmückt.
ˌ**un'trod·den** *adj.* unberührt (*Wildnis etc.*): **~ paths** *fig.* neue Wege.
ˌ**un'trou·bled** *adj.* **1.** ungestört, unbelästigt; **2.** ruhig (*Geist*, *Zeiten etc.*); **3.** ungetrübt (*a. fig.*).
ˌ**un'true** *adj.* □ **1.** untreu (**to** *dat.*); **2.** unwahr, falsch, irrig; **3.** (**to**) nicht in Über'einstimmung (mit), abweichend (von); **4.** ⚙ a) unrund, b) ungenau;

ˌ**un'tru·ly** *adv.* fälschlich(erweise).

ˌ**un'trustˌwor·thi·ness** *s.* Unzuverlässigkeit *f*; ˌ**un'trustˌwor·thy** *adj.* ☐ unzuverlässig, nicht vertrauenswürdig.

ˌ**un'truth** *s.* **1.** Unwahrheit *f*; **2.** Falschheit *f*; ˌ**un'truth·ful** *adj.* ☐ **1.** unwahr (*Person od. Sache*); unaufrichtig; **2.** falsch, irrig.

ˌ**un'tuned** *adj.* **1.** ♪ verstimmt; **2.** *fig.* verwirrt; **3.** → ˌ**un'tune·ful** *adj.* ☐ 'unmeˌlodisch.

ˌ**un'turned** *adj.* nicht 'umgedreht; → ***stone*** 1.

ˌ**un'tu·tored** *adj.* **1.** ungebildet, ungeschult; **2.** unerzogen; **3.** unverbildet, na'türlich; **4.** unkultiviert.

ˌ**un'twine**, ˌ**un'twist I** *v/t.* **1.** aufdrehen, -flechten; **2.** *bsd. fig.* entwirren, lösen; **II** *v/i.* **3.** sich aufdrehen, aufgehen.

ˌ**un'used** *adj.* **1.** unbenutzt, ungebraucht, nicht verwendet; **2.** a) ungewohnt, nicht gewöhnt (***to*** an *acc.*), b) nicht gewohnt (***to doing*** zu tun).

un'u·su·al *adj.* ☐ un-, außergewöhnlich: ***it is ~ for him to*** es ist nicht s-e Art zu *inf.*

un'ut·ter·a·ble *adj.* ☐ **1.** unaussprechlich (*a. fig.*); **2.** → ***unspeakable*** 1; **3.** unglaublich, Erz...: ***~ scoundrel***; ˌ**un'ut·tered** *adj.* unausgesprochen, ungesagt.

ˌ**un'val·ued** *adj.* **1.** nicht (ab)geschätzt, untaxiert; **2.** ✝ nennwertlos (*Aktien*); **3.** nicht geschätzt, wenig geachtet.

un'var·ied *adj.* unverändert, einförmig.

ˌ**un'var·nished** *adj.* **1.** ungefirnißt; **2.** *fig.* ungeschminkt: ***~ truth***; **3.** *fig.* schlicht, einfach.

un'var·y·ing *adj.* ☐ unveränderlich, gleichbleibend.

ˌ**un'veil I** *v/t.* **1.** *Gesicht etc.* entschleiern, *Denkmal etc.* enthüllen (*a. fig.*): ***~ed*** a) unverschleiert, b) unverhüllt (*a. fig.*); **2.** sichtbar werden lassen; **II** *v/i.* **3.** den Schleier fallen lassen, sich enthüllen (*a. fig.*).

ˌ**un'ver·i·fied** *adj.* unbelegt, unbewiesen.

ˌ**un'versed** *adj.* unbewandert (***in*** in *dat.*).

ˌ**un'voiced** *adj.* **1.** unausgesprochen, nicht geäußert; **2.** *ling.* stimmlos.

ˌ**un'vouched**, *a.* **un'vouched-for** *adj.* unverbürgt.

ˌ**un'vouch·ered** *adj.* : ***~ fund*** *pol. Am.* Reptilienfonds *m*.

ˌ**un'want·ed** *adj.* unerwünscht.

un'war·i·ness *s.* Unvorsichtigkeit *f*.

ˌ**un'war·like** *adj.* unkriegerisch.

ˌ**un'warped** *adj.* **1.** nicht verzogen (*Holz*); **2.** *fig.* 'unparˌteiisch.

un'war·rant·a·ble *adj.* ☐ unverantwortlich, ungerechtfertigt, nicht vertretbar, untragbar, unhaltbar; **un'war·rant·a·bly** *adv.* in unverantwortlicher *od.* ungerechtfertigter Weise; **un'war·rant·ed** *adj.* ☐ **1.** ungerechtfertigt, unberechtigt, unbefugt; **2.** ˌ***un'warranted*** unverbürgt, ohne Gewähr.

un'war·y *adj.* ☐ **1.** unvorsichtig; **2.** 'unüberˌlegt.

ˌ**un'washed** *adj.* ungewaschen: ***the great ~*** *fig. contp.* der Pöbel.

ˌ**un'watched** *adj.* unbeobachtet.

ˌ**un'wa·tered** *adj.* **1.** unbewässert; nicht begossen, nicht gesprengt (*Rasen etc.*); **2.** unverwässert (*Milch etc.*; *a.* ✝ *Kapital*).

un'wa·ver·ing *adj.* ☐ unerschütterlich, standhaft, unentwegt.

un·wea·ried [ʌn'wɪərɪd] *adj.* ☐ **1.** nicht ermüdet; **2.** unermüdlich; **un'wea·ry·ing** [-ɪɪŋ] *adj.* ☐ unermüdlich.

ˌ**un'wed(·ded)** *adj.* unverheiratet.

ˌ**un'weighed** *adj.* **1.** ungewogen; **2.** nicht abgewogen, unbedacht.

un'wel·come *adj.* ☐ 'unwillˌkommen (*a. fig. unangenehm*).

ˌ**un'well** *adj.* unwohl, unpäßlich (*a. euphem.*).

ˌ**un'wept** *adj.* **1.** unbeweint; **2.** unvergossen (*Tränen*).

ˌ**un'whole·some** *adj.* ☐ *allg.* ungesund (*a. fig.*); ˌ**un'whole·some·ness** *s.* Ungesundheit *f*.

un·wield·i·ness [ʌn'wi:ldɪnɪs] *s.* **1.** Unbeholfenheit *f*, Schwerfälligkeit *f*; **2.** Unhandlichkeit *f*; **un'wield·y** *adj.* ☐ **1.** unbeholfen, plump, schwerfällig; **2.** a) unhandlich, b) sperrig.

ˌ**un'will·ing** *adj.* ☐ un-, 'widerwillig: ***be ~ to do*** abgeneigt sein, *et.* zu tun, *et.* nicht tun wollen; ***I am ~ to admit it*** ich gebe es ungern zu; **un'will·ing·ly** *adv.* ungern, 'widerwillig; **un'will·ing·ness** *s.* 'Widerwille *m*, Abgeneigtheit *f*.

un·wind [ˌʌn'waɪnd] [*irr.* → ***wind***[2]] **I** *v/t.* **1.** ab-, auf-, loswickeln, abspulen; **II** *v/i.* **2.** sich ab- *od.* loswickeln; **3.** F sich entspannen.

un·wink·ing [ˌʌn'wɪŋkɪŋ] *adj.* ☐ unverwandt, starr (*Blick*).

ˌ**un'wis·dom** *s.* Unklugheit *f*; ˌ**un'wise** *adj.* ☐ unklug, töricht.

ˌ**un'wished** *adj.* **1.** ungewünscht; **2.** *a.* ***~-for*** unerwünscht.

un'wit·ting *adj.* ☐ unwissentlich, unabsichtlich.

un'wom·an·li·ness *s.* Unweiblichkeit *f*; **un'wom·an·ly** *adj.* unweiblich, unfraulich.

un'wont·ed *adj.* ☐ **1.** nicht gewöhnt (***to*** an *acc.*), ungewohnt (***to*** *inf.* zu *inf.*); **2.** ungewöhnlich.

ˌ**un'work·a·ble** *adj.* **1.** unaus-, 'unˌdurchführbar (*Plan*); **2.** ⚙ nicht bearbeitungsfähig; **3.** ⚙ a) nicht betriebsfähig, b) ⚒ nicht abbauwürdig.

ˌ**un'worked** *adj.* **1.** unbearbeitet (*Boden etc.*), roh (*a.* ⚙); **2.** ⚒ unverritzt: ***~ coal*** anstehende Kohle.

ˌ**un'work·man·like** *adj.* unfachmännisch, unfachgemäß, stümperhaft.

ˌ**un'world·li·ness** *s.* **1.** Weltfremdheit *f*; **2.** Uneigennützigkeit *f*; **3.** Geistigkeit *f*; ˌ**un'world·ly** *adj.* **1.** unweltlich, nicht weltlich (gesinnt), weltfremd; **2.** uneigennützig; **3.** unirdisch, geistig.

ˌ**un'worn** *adj.* **1.** ungetragen (*Kleid etc.*); **2.** nicht abgetragen.

un'wor·thi·ness *s.* Unwürdigkeit *f*; **un'wor·thy** *adj.* ☐ unwürdig (***of*** *gen.*): ***he is ~ of it*** er verdient es nicht, er ist es nicht wert; ***he is ~ of respect*** er verdient keine Achtung.

un·wound [ˌʌn'waʊnd] *adj.* **1.** abgewickelt; **2.** abgelaufen, nicht aufgezogen (*Uhr*).

ˌ**un'wrap** *v/t.* auswickeln, -packen.

ˌ**un'wrin·kled** *adj.* nicht gerunzelt *od.* zerknittert, faltenlos, glatt.

ˌ**un'writ·ten** *adj.* **1.** ungeschrieben: ***~ law*** a) ⚖ ungeschriebenes Recht, b) *fig.* ungeschriebenes Gesetz; **2.** *a.* ***~-on*** unbeschrieben.

ˌ**un'wrought** *adj.* unbe-, unverarbeitet, roh: ***~ goods*** Rohstoffe.

un'yield·ing *adj.* ☐ **1.** nicht nachgebend (***to*** *dat.*), fest (*a. fig.*), unbiegsam, starr; **2.** *fig.* unnachgiebig, hart, unbeugsam.

ˌ**un'yoke** *v/t.* **1.** aus-, losspannen; **2.** *fig.* (los)trennen, lösen.

ˌ**un'zip** *v/t.* den Reißverschluß aufmachen an (*dat.*).

up [ʌp] **I** *adv.* **1.** a) nach oben, hoch, (her-, hin)'auf, aufwärts, in die Höhe, em'por, b) oben (*a. fig.*): ***... and ~*** u. (noch) höher *od.* mehr, von ... aufwärts; ***~ and ~*** immer höher; ***three stor(e)ys ~*** drei Stock hoch, oben im dritten Stock(werk); ***~ and down*** auf u. ab, hin u. her; *fig.* überall; ***~ from the country*** vom Lande; ***~ till now*** bis jetzt; **2.** nach *od.* im Norden: ***~ from Cuba*** von Cuba aus in nördlicher Richtung; **3.** a) in der *od.* in die (*bsd.* Haupt)Stadt, b) *Brit. bsd.* in *od.* nach London; **4.** am *od.* zum Studienort, im College *etc.*: ***he stayed ~ for the vacation***; **5.** *Am.* F in (*dat.*): ***~ north*** im Norden; **6.** aufrecht, gerade: ***sit ~***; **7.** her'an, her, auf ... (*acc.*) zu, hin: ***he went straight ~ to the door*** er ging geradewegs auf die Tür zu *od.* zur Tür; **8.** ***~ to*** a) hin'auf nach *od.* zu, b) bis (zu), bis an *od.* auf (*acc.*), c) gemäß, entsprechend; → ***date***[2] 5; ***~ to town*** in die Stadt, *Brit. bsd.* nach London; ***~ to the chin*** bis ans *od.* zum Kinn; ***~ to death*** bis zum Tode; ***be ~ to*** F a) *et.* vorhaben, *et.* im Schilde führen, b) gewachsen sein (*dat.*), c) entsprechen (*dat.*), d) *j-s* Sache sein, abhängen von *j-m*, e) fähig *od.* bereit sein zu, f) vorbereitet *od.* gefaßt sein auf (*acc.*), g) vertraut sein mit, bewandert sein in (*dat.*); ***what are you ~ to?*** was hast du vor?, was machst du (***there*** da)?; → ***trick*** 2; ***he is ~ to no good*** er führt nichts Gutes im Schilde; ***it is ~ to him*** es liegt an ihm, es hängt von ihm ab, es ist s-e Sache; ***it is not ~ to much*** es taugt nicht viel; ***he is not ~ to much*** mit ihm ist nicht viel los; **9.** *mit Verben* (*siehe jeweils diese*): a) auf..., aus..., ver..., b) zu'sammen...: ***add ~*** zs.-zählen; ***eat ~*** aufessen; **II** *adj.* **10.** aufwärts..., nach oben gerichtet; **11.** im Innern (des Landes *etc.*); **12.** nach der *od.* zur Stadt: ***~ train***; ***~ platform*** Bahnsteig *m* für Stadtzüge; **13.** a) oben (befindlich), b) hoch (*a. fig.*): ***be ~*** *fig.* an der Spitze sein, obenauf sein; ***he is ~ in*** (*od.* ***on***) ***that subject*** F in diesem Fach ist er gut beschlagen *od.* weiß er (gut) Bescheid; ***prices are ~*** die Preise sind hoch *od.* gestiegen; ***wheat is ~*** ✝ Weizen steht hoch (im Kurs), der Weizenpreis ist gestiegen; **14.** auf(gestanden), auf den Beinen (*a. fig.*): ***~ and about*** F (wieder) auf den Beinen; ***~ and coming*** → ***up-and-coming***; ***~ and doing*** a) auf den Beinen, b) rührig, tüchtig; ***be ~ late*** lange aufbleiben; ***be ~ against*** F *e-r Schwierigkeit etc.* gegenüberstehen; ***be ~ against it*** F ‚dran' sein, in der Klemme sein *od.* sitzen; ***be ~ to*** → 8; **15.** *parl. Brit.* geschlossen: ***Parliament is ~*** das Parlament hat s-e Sitzungen beendet *od.* hat sich vertagt; **16.** (zum Sprechen) aufgestanden: ***the Home Secretary is ~*** der Innenminister spricht; **17.** (*bei verschiedenen Substantiven*) a) aufgegangen (*Sonne*, *Samen*), b) hochgeschlagen (*Kragen*), c) hochgekrempelt (*Ärmel etc.*), d) aufgespannt (*Schirm*), e) aufgeschlagen (*Zelt*), f) hoch-, aufgezogen (*Vorhang etc.*), g) aufgestiegen (*Ballon etc.*), h) aufgeflogen (*Vogel*), i) angeschwollen (*Fluß etc.*); **18.** schäumend (*Apfelwein etc.*); **19.** in Aufregung, in Aufruhr: ***his temper is ~*** er ist aufgebracht; ***the whole country was ~*** das ganze Land befand sich in Aufruhr; **20.** F ,los', im Gange: ***what's ~?*** was ist los?; ***is anything ~?*** ist (irgend et-) was los?; ***the hunt is ~*** die Jagd ist eröffnet; → ***arm***² 1, ***blood*** 2; **21.** abgelaufen, vor'bei, um (*Zeit*): ***the game is ~*** *fig.* das Spiel ist aus; ***it's all ~*** alles ist aus; ***it's all ~ with him*** es ist aus mit ihm; **22.** ***~ with*** *j-m* ebenbürtig *od.* gewachsen; **23.** ***~ for*** bereit zu: ***be ~ for discussion*** zur Diskussion stehen; ***be ~ for election*** auf der Wahlliste stehen; ***be ~ for examination*** sich e-r Prüfung unterziehen; ***be ~ for sale*** zum Kauf stehen; ***be ~ for trial*** ⚖ a) vor Gericht stehen, b) verhandelt werden; ***be (had) ~ for*** F vorgeladen werden wegen; ***the case is ~ before the court*** der Fall wird (vor Gericht) verhandelt; **24.** *sport etc. um e-n Punkt etc.* vor'aus: ***be one ~***; ***one ~ for you!*** eins zu null für dich! (*a. fig.*); **25.** *Baseball*: am Schlag; **26.** *sl.* a) hoffnungsvoll, opti'mistisch, b) in Hochstimmung; **III** *int.* **27.** ***~!*** auf!, hoch!, her'auf!, hin'auf!, her'an!; ***~ (with you)!*** (steh) auf!; ***~ ...!*** hoch (lebe) ...!; **IV** *prp.* **28.** auf ... (*acc.*) (hinauf), hinauf, em'por (*a. fig.*): ***~ the hill (river)*** den Berg (Fluß) hinauf, bergauf (flußaufwärts); ***~ the street*** die Straße hinauf *od.* entlang; ***~ yours!*** V ,leck mich'!; **29.** in das Innere *e-s Landes etc.*: ***~ (the) country*** landeinwärts; **30.** oben an *od.* auf (*dat.*): ***~ the tree*** (oben) auf dem Baum; ***~ the road*** weiter oben an der Straße; **V** *s.* **31.** ***the ~s and downs*** das Auf u. Ab, die Höhen u. Tiefen *des Lebens*; ***on the ~ and ~*** F a) im Steigen (begriffen), im Kommen, b) in Ordnung, ehrlich; **32.** F Preisanstieg *m*; **33.** *sl.* Aufputschmittel *n*; **34.** F Höhergestellte(r *m*) *f*; **VI** *v/i.* **35.** ***~ with*** *sl. et.* hochreißen: ***he ~ped with his gun***; **36.** *Am. sl.* Aufputschmittel nehmen; **VII** *v/t.* **37.** *Preis, Produktion etc.* erhöhen; **38.** *Am.* F *j-n* (im Rang) befördern (***to*** zu).

ˌ**up-and-ˈcom·ing** *adj.* aufstrebend.

ˌ**up-and-ˈdown** *adj.* auf- und ab gehend: ***~ looks*** kritisch musternde Blicke; ***~ motion*** Aufundabbewegung *f*; ***~ stroke*** ⚙ Doppelhub *m*.

u·pas [ˈjuːpəs] *s.* **1.** *a.* ***~-tree*** ♀ Upasbaum *m*; **2.** a) Upassaft *m* (*Pfeilgift*), b) *fig.* Gift, verderblicher Einfluß.

ˈ**up·beat I** *s.* **1.** ♪ Auftakt *m*; **2.** ***on the ~*** *fig.* im Aufschwung; **II** *adj.* **3.** F beschwingt.

ˈ**up-bow** [-bəʊ] *s.* ♪ Aufstrich *m*.

upˈ**braid** *v/t. j-m* Vorwürfe machen, *j-n*, *a. et.* tadeln, rügen: ***~ s.o. with*** (*od.* ***for***) ***s.th.*** j-m et. vorwerfen, j-m wegen e-r Sache Vorwürfe machen; **up**ˈ**braid·ing I** *s.* Vorwurf *m*, Tadel *m*, Rüge *f*; **II** *adj.* □ vorwurfsvoll, tadelnd.

ˈ**up**ˌ**bring·ing** *s.* **1.** Erziehung *f*; **2.** Groß-, Aufziehen *n*.

ˈ**up·cast I** *adj.* em'porgerichtet (*Blick etc.*), aufgeschlagen (*Augen*); **II** *s. a.* ***~ shaft*** ⚒ Wetter-, Luftschacht *m*.

ˈ**up·chuck I** *v/i.* (sich er)brechen; **II** *v/t. et.* erbrechen.

ˈ**up**ˌ**com·ing** *adj. Am.* kommend, be'vorstehend.

ˌ**up**ˈ**coun·try I** *adv.* land'einwärts; **II** *adj.* im Inneren des Landes (gelegen *od.* lebend), binnenländisch; *contp.* bäurisch; **III** *s. das* (Landes)Innere, Binnen-, Hinterland *n*.

ˈ**up**ˌ**cur·rent** *s.* ✈ Aufwind *m*.

upˈ**date I** *v/t.* **1.** auf den neuesten Stand bringen; **II** *s.* ˈ***update*** **2.** ˈUnterlage(n *pl.*) *f etc.* über den neuesten Stand; **3.** auf den neuesten Stand gebrachte Versi'on *etc.*, neuester Bericht (***on*** über *acc.*).

ˈ**up·do** *s.* F ˈHochfriˌsur *f*.

ˈ**up·draft** *Am.*, ˈ**up·draught** *Brit. s.* Aufwind *m*.

upˈ**end** *v/t.* F **1.** hochkant stellen, *Faß etc.* aufrichten; **2.** *Gefäß* ˈumstülpen; **3.** *fig.* ,auf den Kopf stellen'.

ˈ**up·front** *adj. Am.* F **1.** freimütig, di'rekt; **2.** vordringlich; **3.** führend; **4.** Voraus...

ˈ**up·grade I** *s.* **1.** Steigung *f*: ***on the ~*** *fig.* im (An)Steigen (begriffen); **II** *adj.* **2.** *Am.* ansteigend; **III** *adv.* **3.** *Am.* berg'auf; **IV** *v/t.* ***up***ˈ***grade*** **4.** höher einstufen; **5.** *j-n* (im Rang) befördern: ***~ s.o.'s status*** *fig.* j-n ,aufwerten'; **6.** ✝ a) (die Quali'tät *gen.*) verbessern, b) *Produkt* durch ein besseres Erzeugnis ersetzen.

up·heav·al [ʌpˈhiːvl] *s.* **1.** *geol.* Erhebung *f*; **2.** *fig.* ˈUmwälzung *f*, ˈUmbruch *m*: ***social ~s***.

upˈ**heave** *v/t. u. v/i.* [*irr.* → ***heave***] (sich) heben.

ˌ**up**ˈ**hill I** *adv.* **1.** den Berg hin'auf, berg'auf; **2.** aufwärts; **II** *adj.* **3.** bergauf führend, ansteigend; **4.** hochgelegen, oben (auf dem Berg) gelegen; **5.** *fig.* mühselig, hart: ***~ work***.

upˈ**hold** *v/t.* [*irr.* → ***hold***²] **1.** hochhalten, aufrecht halten; **2.** halten, stützen (*a. fig.*); **3.** *fig.* aufrechterhalten, unter'stützen; **4.** ⚖ *Urteil* (in zweiter Instanz) bestätigen; **5.** *fig.* beibehalten; **6.** *Brit.* in'stand halten; **up**ˈ**hold·er** *s.* Erhalter *m*, Verteidiger *m*, Wahrer *m*: ***~ of public order*** Hüter *m* der öffentlichen Ordnung.

up·hol·ster [ʌpˈhəʊlstə] *v/t.* **1.** a) (auf-, aus)polstern, b) beziehen: ***~ed goods*** Polsterware(n *pl.*) *f*; **2.** *Zimmer* (mit Teppichen, Vorhängen *etc.*) ausstatten; **up**ˈ**hol·ster·er** [-tərə] *s.* Polsterer *m*; **up**ˈ**hol·ster·y** [-tərɪ] *s.* **1.** ˈPolstermateriˌal *n*, Polsterung *f*, (Möbel)Bezugsstoff *m*; **2.** Polstern *n*.

ˈ**up·keep** *s.* **1.** a) In'standhaltung *f*, b) In'standhaltungskosten *pl.*; **2.** ˈUnterhalt(skosten *pl.*) *m*.

up·land [ˈʌplənd] **I** *s. mst pl.* Hochland *n*; **II** *adj.* Hochland(s)...

upˈ**lift I** *v/t.* **1.** em'porheben; **2.** *Augen, Stimme, a. fig. Stimmung, Niveau* heben; **3.** *fig.* a) aufrichten, Auftrieb verleihen (*dat.*), b) erbauen; **II** *s.* ˈ***uplift*** **4.** *fig.* a) (innerer) Auftrieb, b) Erbauung *f*; **5.** *fig.* a) Aufschwung *m*, b) Hebung *f*, (Ver)Besserung *f*; **6.** ***~ brassiere*** Stützbüstenhalter *m*.

up·on [əˈpɒn] *prp.* → ***on*** (***upon*** *ist bsd. in der Umgangssprache weniger geläufig als* ***on***, *jedoch in folgenden Fällen üblich*): a) *in verschiedenen Redewendungen*: ***~ this*** hierauf, darauf(hin), b) *in Beteuerungen*: ***~ my word (of hono[u]r)!*** auf mein Wort!, c) *in kumulativen Wendungen*: ***loss ~ loss*** Verlust auf Verlust, dauernde Verluste; ***petition ~ petition*** ein Gesuch nach dem anderen, d) *als Märchenanfang*: ***once ~ a time there was*** es war einmal.

up·per [ˈʌpə] **I** *adj.* **1.** ober, höher, Ober...(*-arm*, *-deck*, *-kiefer*, *-leder etc.*): ***~ case*** *typ.* a) Oberkasten *m*, b) Versal-, Großbuchstaben *pl.*; ***~ circle*** *thea.* zweiter Rang; ***~ class*** *sociol.* Oberschicht *f*; ***~ crust*** F *die* Spitzen *pl.* der Gesellschaft; ***get the ~ hand*** *fig.* die Oberhand gewinnen; ***Ձ House*** *parl.* Oberhaus *n*; ***~ stor(e)y*** oberes Stockwerk; ***there is something wrong in his ~ stor(e)y*** F *fig.* er ist nicht ganz richtig im Oberstübchen; **II** *s.* **2.** *mst pl.* Oberleder *n* (*Schuh*): ***be (down) on one's ~s*** F a) die Schuhe durchgelaufen haben, b) *fig.* ,total abgebrannt' *od.* ,auf dem Hund' sein; **3.** F a) Oberzahn *m*, b) obere (ˈZahn)Proˌthese, c) (Pyˈjama- *etc.*)Oberteil *n*; **4.** *sl.* Aufputschmittel *n*; ˈ***~-cut*** *Boxen*: **I** *s.* Aufwärts-, Kinnhaken *m*; **II** *v/t.* [*irr.* → ***cut***] *j-m* e-n Aufwärtshaken versetzen.

ˈ**up·per·most I** *adj.* oberst, höchst; **II** *adv.* ganz oben, oben'an, zu'oberst; an erster Stelle: ***say whatever comes ~*** sagen, was e-m gerade einfällt.

up·pish [ˈʌpɪʃ] *adj.* □ F **1.** hochnäsig; **2.** anmaßend.

up·pi·ty [ˈʌpətɪ] → ***uppish***.

upˈ**raise** *v/t.* erheben: ***with hands ~d*** mit erhobenen Händen.

up·right I *adj.* □ [ˌʌpˈraɪt] **1.** auf-, senkrecht, gerade: ***~ piano*** → 7; ***~ size*** Hochformat *n*; **2.** aufrecht (sitzend, stehend, gehend); **3.** [ˈʌpraɪt] *fig.* aufrecht, rechtschaffen; **II** *adv.* [ˌʌpˈraɪt] **4.** aufrecht, gerade; **III** *s.* [ˈʌpraɪt] **5.** (senkrechte) Stütze, Träger *m*, Ständer *m*, Pfosten *m*, (Treppen)Säule *f*; **6.** *pl. sport* (Tor)Pfosten *pl.*; **7.** ♪ (ˈWand-)Klaˌvier *n*, Pi'ano *n*; **up·right·ness** [ˈʌpraɪtnɪs] *s. fig.* Geradheit *f*, Rechtschaffenheit *f*.

ˈ**up**ˌ**ris·ing** *s.* **1.** Aufstehen *n*; **2.** *fig.* Aufstand *m*, (Volks)Erhebung *f*.

ˌ**up**ˈ**riv·er** → ***upstream***.

ˈ**up·roar** *s. fig.* Aufruhr *m*, Tu'mult *m*, Toben *n*, Lärm *m*: ***in (an) ~*** in Aufruhr; **up·roar·i·ous** [ʌpˈrɔːrɪəs] *adj.* □ **1.** lärmend, laut, stürmisch (*Begrüßung etc.*), tosend (*Beifall*), schallend (*Gelächter*); **2.** tumultu'arisch, tobend; **3.** ,toll', zum Brüllen (komisch).

upˈ**root** *v/t.* **1.** ausreißen; *Baum etc.* entwurzeln (*a. fig.*); **2.** *fig.* her'ausreißen (***from*** aus); **3.** *fig.* ausmerzen, -rotten.

upˈ**set**¹ **I** *v/t.* [*irr.* → ***set***] **1.** ˈumwerfen, -kippen, -stoßen; *Boot* zum Kentern bringen; **2.** *fig. Regierung* stürzen; **3.** *fig. Plan* ˈumstoßen, über den Haufen werfen, vereiteln; → ***apple-cart***; **4.** *fig. j-n* umwerfen, aus der Fassung bringen, bestürzen, durchein'anderbringen; **5.** in Unordnung bringen; *Magen* verderben; **6.** ⚙ stauchen; **II** *v/i.* [*irr.* → **set**] **7.** 'umkippen, -stürzen; 'umschlagen, kentern (*Boot*); **III** *s.* **8.** 'Umkippen *n*; ⚓ 'Umschlagen *n*, Kentern *n*; **9.** Sturz *m*, Fall *m*; **10.** 'Umsturz *m*; **11.** Unordnung *f*, Durchein'ander *n*; **12.** Bestürzung *f*, Verwirrung *f*; **13.** Vereitelung *f*; **14.** (*a.* ⚕ Magen)Verstimmung *f*, Ärger *m*; **15.** Streit *m*, Meinungsverschiedenheit *f*; **16.** *sport* Über'raschung *f* (*unerwartete Niederlage etc.*).

'up·set² *adj. attr.* **1.** verdorben (*Magen*): **~ stomach** Magenverstimmung *f*; **2. ~ price** Anschlagspreis *m* (*Auktion*).

'up·shot *s.* (End)Ergebnis *n*, Ende *n*, Ausgang *m*, Fazit *n*: **in the ~** am Ende, schließlich.

'up·side *s.* Oberseite *f*; **~ down** *adv.* **1.** das Oberste zu'unterst, mit dem Kopf *od.* Oberteil nach unten, verkehrt (her'um); **2.** *fig.* drunter u. drüber, vollkommen durchein'ander: **turn everything ~** alles auf den Kopf stellen; **ˌ~-'down** *adj.* auf den Kopf gestellt, 'umgekehrt: **~ flight** ✈ Rückenflug *m*; **~ world** *fig.* verkehrte Welt.

up·si·lon [ju:p'saɪlən] *s.* Ypsilon *n* (*Buchstabe*).

ˌup'stage I *adv. thea.* **1.** im *od.* in den 'Hintergrund der Bühne; **II** *adj.* **2.** zum 'Bühnenˌhintergrund gehörig; **3.** F hochnäsig; **III** *v/t.* **4.** *fig. j-m* ‚die Schau stehlen', *j-n* in den 'Hintergrund drängen; **5.** F *j-n* hochnäsig behandeln; **IV** *s.* **6.** *thea.* 'Bühnenˌhintergrund *m*.

ˌup'stairs I *adv.* **1.** die Treppe hin'auf, nach oben; → **kick** 9; **2.** e-e Treppe höher; **3.** oben, in e-m oberen Stockwerk: **a bit weak ~** F leicht ‚behämmert'; **4.** im oberen Stockwerk (gelegen), ober; **II** *s. pl. a. sg. konstr.* **5.** oberes Stockwerk, Obergeschoß *n*.

up'stand·ing *adj.* **1.** aufrecht (*a. fig. ehrlich, tüchtig*); **2.** großgewachsen, (groß u.) kräftig.

'up·start I *s.* Em'porkömmling *m*, Parve'nü *m*; **II** *adj.* em'porgekommen, Parvenü..., neureich.

'up·state *Am.* **I** *s.* 'Hinterland *n e-s Staates*; **II** *adj. u. adv.* aus dem *od.* in den *od.* im ländlichen *od.* nördlichen Teil des Staates, in *od.* aus der *od.* in die Pro'vinz.

ˌup'stream I *adv.* **1.** strom'aufwärts; **2.** gegen den Strom; **II** *adj.* **3.** strom'aufwärts gerichtet; **4.** (weiter) strom'aufwärts gelegen.

'up·stroke *s.* **1.** Aufstrich *m beim Schreiben*; **2.** ⚙ (Aufwärts)Hub *m*.

up'surge I *v/i.* aufwallen; **II** *s.* **'upsurge** Aufwallung *f*; *fig. a.* Aufschwung *m*.

'up·sweep *s.* **1.** Schweifung *f* (*Bogen etc.*); **2.** 'Hochfriˌsur *f*; **up'swept** *adj.* **1.** nach oben gebogen *od.* gekrümmt; **2.** hochgekämmt (*Frisur*).

'up·swing *s. fig.* Aufschwung *m*.

up·sy-dai·sy [ˌʌpsɪ'deɪzɪ] *int.* F hoppla!

'up·take *s.* **1.** Auffassungsvermögen *n*: **be quick on the ~** schnell begreifen, ‚schnell schalten'; **be slow on the ~** schwer von Begriff sein, e-e ‚lange Leitung' haben; **2.** Aufnahme *f*; **3.** ⚙ a) Steigrohr *n*, -leitung *f*, b) 'Fuchs(kaˌnal) *m*.

'up·throw *s.* **1.** 'Umwälzung *f*; **2.** *geol.* Verwerfung *f* (ins Hangende).

'up·thrust *s.* **1.** Em'porschleudern *n*, Stoß *m* nach oben; **2.** *geol.* Horstbildung *f*.

'up·tight *adj.* **1.** *sl.* ner'vös (**about** wegen); **2.** ‚zickig'; **3.** steif, verklemmt; **4.** ‚pleite'.

ˌup-to-'date *adj.* **1.** a) mo'dern, neuzeitlich, b) zeitnah, aktu'ell (*Thema etc.*); **2.** a) auf der Höhe (*der Zeit*), auf dem laufenden, auf dem neuesten Stand, b) modisch; **ˌup-to-'date·ness** [-nɪs] *s.* **1.** Neuzeitlichkeit *f*, Moderni'tät *f*; **2.** Aktuali'tät *f*.

ˌup-to-the-'min·ute *adj.* allerneuest, allerletzt.

up'town I *adv.* **1.** im *od.* in den oberen Stadtteil; **2.** in den Wohnvierteln, in die Wohnviertel; **II** *adj.* **3.** im oberen Stadtteil (gelegen); **4.** in den Wohnvierteln (gelegen *od.* lebend).

'up·trend *s.* Aufschwung *m*, steigende Ten'denz.

up'turn I *v/t.* **1.** 'umdrehen; **2.** (*v/i.* sich) nach oben richten *od.* kehren; *Blick* in die Höhe richten; **II** *s.* **'upturn 3.** (An-) Steigen *n* (*der Kurse etc.*); **4.** *fig.* Aufschwung *m*; **ˌup'turned** *adj.* **1.** nach oben gerichtet *od.* gebogen: **~ nose** Stupsnase *f*; **2.** 'umgeworfen, 'umgekippt, ⚓ gekentert.

up·ward ['ʌpwəd] **I** *adv. a.* **'up·wards** [-dz] **1.** aufwärts (*a. fig.*): **from five dollars ~** von 5 Dollar an (aufwärts); **2.** nach oben (*a. fig.*); **3.** mehr, dar'über (hin'aus): **~ of 10 years** mehr als *od.* über 10 Jahre; **II** *adj.* **4.** nach oben gerichtet; (an)steigend (*Tendenz etc.*): **~ glance** Blick *m* nach oben; **~ movement** ☤ Aufwärtsbewegung *f*.

u·rae·mi·a [ˌjʊə'ri:mjə] *s.* ⚕ Urä'mie *f*.

u·ra·nal·y·sis [ˌjʊərə'næləsɪs] *s.* ⚕ U'rin-, 'Harnunterˌsuchung *f*.

u·ra·nite ['jʊərənaɪt] *s. min.* Ura'nit *n*, U'ranglimmer *m*.

u·ra·ni·um [jʊ'reɪnjəm] *s.* U'ran *n*.

u·ra·nog·ra·phy [ˌjʊərə'nɒgrəfɪ] *s.* Himmelsbeschreibung *f*.

u·ra·nous ['jʊərənəs] *adj.* ⚗ Uran..., u'ranhaltig.

U·ra·nus ['jʊərənəs] *s. ast.* Uranus *m* (*Planet*).

ur·ban ['ɜ:bən] *adj.* städtisch, Stadt...: **~ district** Stadtbezirk *m*; **~ guerilla** Stadtguerilla *m*; **~ planning** Stadtplanung *f*; **~ renewal** Stadtsanierung *f*; **~ sprawl, ~ spread** unkontrollierte Ausdehnung e-r Stadt; **ur·bane** [ɜ:'beɪn] *adj.* □ **1.** ur'ban: a) weltgewandt, -männisch, b) kulti'viert, gebildet; **2.** höflich, liebenswürdig; **ur·bane·ness** [ɜ:'beɪnɪs] *s.* **1.** (Welt)Gewandtheit *f*; Bildung *f*; **2.** Höflichkeit *f*, Liebenswürdigkeit *f*; **'ur·ban·ism** [-nɪzəm] *s. Am.* **1.** Stadtleben *n*; **2.** Urba'nistik *f*; **3.** → **urbanization**; **'ur·ban·ite** [-naɪt] *s. Am.* Städter(in); **ur·ban·i·ty** [ɜ:'bænətɪ] → **urbaneness**; **ur·ban·i·za·tion** [ˌɜ:bənaɪ'zeɪʃn] *s.* **1.** Verstädterung *f*; **2.** Verfeinerung *f*; **'ur·ban·ize** [-naɪz] *v/t.* urbanisieren: a) verstädtern, städtischen Cha'rakter verleihen (*dat.*), b) verfeinern.

ur·chin ['ɜ:tʃɪn] *s.* **1.** Bengel *m*, Balg *m*, *n*; **2.** *zo.* a) *dial.* Igel *m*, b) *mst* **sea ~** Seeigel *m*.

u·re·a ['jʊərɪə] *s.* ⚗, *biol.* Harnstoff *m*, Karba'mid *n*; **'ure·al** [-əl] *adj.* Harnstoff...

u·re·mi·a → **uraemia**.

u·re·ter [jʊə'ri:tə] *s. anat.* Harnleiter *m*; **ˌu're·thra** [-'ri:θrə] *s. anat.* Harnröhre *f*; **ˌu'ret·ic** [-'retɪk] *adj. physiol.* **1.** harntreibend, diu'retisch; **2.** Harn...

urge [ɜ:dʒ] **I** *v/t.* **1.** *a.* **~ on** (*od.* **forward**) (an-, vorwärts)treiben, anspornen (*a. fig.*); **2.** *fig. j-n* drängen, dringend bitten *od.* auffordern, dringen in *j-n*, *j-m* (heftig) zusetzen: **be ~d to do** sich genötigt sehen zu tun; **~d by necessity** der Not gehorchend; **3.** drängen *od.* dringen auf (*acc.*); (hartnäckig) bestehen auf (*dat.*); Nachdruck legen auf (*acc.*): **~ s.th. on s.o.** j-m et. eindringlich vorstellen *od.* vor Augen führen, j-m et. einschärfen; **he ~d the necessity for immediate action** er drängte auf sofortige Maßnahmen; **4.** *als Grund* geltend machen, *Einwand etc.* ins Feld führen; **5.** *Sache* vor'an-, betreiben, beschleunigen; **II** *v/i.* **6.** drängen: **~ against** sich nachdrücklich aussprechen gegen; **III** *s.* **7.** Drang *m*, (An)Trieb *m*: **creative ~** Schaffensdrang; **sexual ~** Geschlechtstrieb; **8.** Inbrunst *f*: **religious ~**; **'ur·gen·cy** [-dʒənsɪ] *s.* **1.** Dringlichkeit *f*; **2.** (dringende) Not, Druck *m*; **3.** Drängen *n*; **4.** *parl. Brit.* Dringlichkeitsantrag *m*; **5.** Eindringlichkeit *f*; **'ur·gent** [-dʒənt] *adj.* □ **1.** dringend (*a. Mangel*; *a. teleph. Gespräch*), dringlich, eilig: **the matter is ~** die Sache eilt; **be in ~ need of** *et.* dringend brauchen; **2.** drängend: **be ~ about** (*od.* **for**) **s.th.** zu et. drängen, auf et. dringen; **be ~ with s.o.** j-n drängen, in j-n dringen (**for** wegen, **to do** zu tun); **3.** zu-, aufdringlich; **4.** hartnäckig.

u·ric ['jʊərɪk] *adj.* Urin..., Harn...: **~ acid** Harnsäure *f*.

u·ri·nal ['jʊərɪnl] *s.* **1.** U'rinflasche *f* (*für Kranke*); **2.** Harnglas *n*; **3.** a) U'rinbecken *n* (*in Toiletten*), b) Pis'soir *n*; **u·ri·nal·y·sis** [ˌjʊərɪ'næləsɪs] *pl.* **-ses** [-si:z] → **uranalysis**; **u·ri·nar·y** ['jʊərɪnərɪ] *adj.* Harn..., Urin...: **~ bladder** Harnblase *f*; **~ calculus** ⚕ Blasenstein *m*; **u·ri·nate** ['jʊərɪneɪt] *v/i.* urinieren; **u·rine** ['jʊərɪn] *s.* U'rin *m*, Harn *m*.

urn [ɜ:n] *s.* **1.** Urne *f*; **2.** 'Tee- *od.* 'Kaffeemaˌschine *f*.

u·ro·gen·i·tal [ˌjʊərəʊ'dʒenɪtl] *adj.* ⚕ urogeni'tal.

u·rol·o·gy [ˌjʊə'rɒlədʒɪ] *s.* ⚕ Urolo'gie *f*.

ur·sine ['ɜ:saɪn] *adj. zo.* bärenartig, Bären...

U·ru·guay·an [ˌjʊərʊ'gwaɪən] **I** *adj.* urugu'ayisch; **II** *s.* Urugu'ayer(in).

us [ʌs; əs] *pron.* **1.** uns (*dat. od. acc.*): **all of ~** wir alle; **both of ~** wir beide; **2.** *dial.* wir: **~ poor people**.

us·a·ble ['ju:zəbl] *adj.* brauch-, verwendbar.

us·age ['ju:zɪdʒ] *s.* **1.** Brauch *m*, Gepflogenheit *f*, Usus *m*: (**commercial**) **~** Handelsbrauch, Usance *f*; **2.** übliches Verfahren, Praxis *f*; **3.** Sprachgebrauch *m*: **English ~**; **4.** Gebrauch *m*, Verwendung *f*; **5.** Behandlung(sweise) *f*.

us·ance ['ju:zns] *s.* ☤ **1.** (übliche) Wechselfrist, Uso *m*: **at ~** nach Uso; **bill at ~** Usowechsel *m*; **2.** Uso *m*,

U'sance *f*, Handelsbrauch *m*.

use I *s.* [ju:s] **1.** Gebrauch *m*, Benutzung *f*, Benützung *f*, An-, Verwendung *f*: ***for ~*** zum Gebrauch; ***for ~ in schools*** für den Schulgebrauch; ***directions for ~*** Gebrauchsanweisung *f*; ***in ~*** in Gebrauch, gebräuchlich; ***be in daily ~*** täglich gebraucht werden; ***in common ~*** allgemein gebräuchlich; ***come into ~*** in Gebrauch kommen; ***out of ~*** nicht in Gebrauch; ***fall*** (*od.* ***go*** *od.* ***pass***) ***out of ~*** außer Gebrauch kommen, ungebräuchlich werden; ***with ~*** durch (ständigen) Gebrauch; ***make ~ of*** Gebrauch machen von, benutzen; ***make*** (***a***) ***bad ~ of*** (e-n) schlechten Gebrauch machen von; **2.** a) Verwendung(szweck *m*) *f*, b) Brauchbarkeit *f*, Verwendbarkeit *f*, c) Zweck *m*, Sinn *m*, Nutzen *m*, Nützlichkeit *f*: ***of ~*** (***to***) brauchbar (für), nützlich (*dat.*), von Nutzen (für); ***it is of no ~ doing*** *od.* ***to do*** es ist unnütz *od.* nutz- *od.* zwecklos zu tun, es hat keinen Zweck zu tun; ***is this of ~ to you?*** können Sie das (ge-) brauchen?; ***crying is no ~*** Weinen führt zu nichts; ***what is the ~*** (***of it***)***?*** was hat es (überhaupt) für einen Zweck?; ***put to*** (***good***) ***~*** (gut) an- *od.* verwenden; ***have no ~ for*** a) nicht brauchen können, mit *et. od. j-m* nichts anfangen können, b) *bsd. Am.* F nichts übrig haben für; **3.** Fähigkeit *f*, *et.* zu gebrauchen, Gebrauch *m*: ***he lost the ~ of his right eye*** er kann auf dem rechten Auge nicht mehr sehen; ***have the ~ of one's limbs*** sich bewegen können; **4.** Gewohnheit *f*, Brauch *m*, Übung *f*, Praxis *f*: ***once a ~ and ever a custom*** jung gewohnt, alt getan; **5.** Benutzungsrecht *n*; **6.** ⚖ a) Nutznießung *f*, b) Nutzen *m*; **II** *v/t.* [ju:z] **7.** gebrauchen, Gebrauch machen von (*a. von e-m Recht etc.*), benutzen, benützen, *a. Gewalt* anwenden, *a. Sorgfalt* verwenden, sich bedienen (*gen.*), *Gelegenheit etc.* nutzen, sich zu'nutze machen: ***~ one's brains*** den Verstand gebrauchen, s-n Kopf anstrengen; ***~ one's legs*** zu Fuß gehen; **8. *~ up*** a) *et.* auf-, verbrauchen, b) F *j-n* erschöpfen, ‚fertigmachen'; → ***used*** 2; **9.** behandeln, verfahren mit: ***~ s.o. ill*** j-n schlecht behandeln; ***how has the world ~d you?*** wie ist es dir ergangen?; **III** *v/i.* **10.** *nur pret.* [ju:st] pflegte (***to do*** zu tun): ***it ~d to be said*** man pflegte zu sagen; ***he ~d to live here*** er wohnte früher hier; ***he does not come as often as he ~d*** (***to***) er kommt nicht mehr so oft wie früher *od.* sonst; **use·a·ble** ['ju:zəbl] → ***usable***; **used** [ju:zd] *adj.* **1.** gebraucht, getragen (*Kleidung*): ***~ car*** *mot.* Gebrauchtwagen *m*; **2. *~ up*** a) aufgebraucht, verbraucht (*a. Luft*), b) F ‚erledigt', ‚fertig', erschöpft; **3.** [ju:st] a) gewohnt (***to*** zu *od. acc.*), b) gewöhnt (***to*** an *acc.*): ***he is ~ to working late*** er ist gewohnt, lange zu arbeiten; ***get ~ to*** sich gewöhnen an (*acc.*); **use·ful** ['ju:sfʊl] *adj.* □ **1.** nützlich, brauchbar, (zweck)dienlich, (gut) verwendbar: ***~ tools***; ***a ~ man*** ein brauchbarer Mann; ***~ talks*** nützliche Gespräche; ***make o.s. ~*** sich nützlich machen; **2.** *bsd.* ⚙ nutzbar, Nutz…: ***~ efficiency*** Nutzleistung *f*; ***~ load*** Nutzlast *f*; ***~ plant*** Nutzpflanze *f*; **'use·ful·ness** [-fʊlnɪs] *s.* Nützlichkeit *f*, Brauchbarkeit *f*, Zweckmäßigkeit *f*; **use·less** ['ju:slɪs] *adj.* □ **1.** nutz-, sinn-, zwecklos, unnütz, vergeblich: ***it is ~ to*** es erübrigt sich zu; **2.** unbrauchbar; **'use·less·ness** [-lɪsnɪs] *s.* Nutz-, Zwecklosigkeit *f*; Unbrauchbarkeit *f*; **us·er** ['ju:zə] *s.* **1.** Benutzer (-in); **2.** ✝ Verbraucher(in); **3.** ⚖ Nießbrauch *m*, Benutzungsrecht *n*.

'U-shaped *adj.* U-förmig: ***~ iron*** ⚙ U-Eisen *n*.

ush·er ['ʌʃə] **I** *s.* **1.** Türhüter *m*; **2.** Platzanweiser(in); **3.** a) ⚖ Gerichtsdiener *m*, b) *allg.* 'Aufsichtsperˌson *f*; **4.** Zere'monienmeister *m*; **5.** *Brit. obs.* Hilfslehrer *m*; **II** *v/t.* **6.** (*mst* ***~ in*** her'ein-, hin'ein)führen, (-)geleiten; **7. *~ in*** *a. fig.* ankündigen, *e-e Epoche etc.* einleiten; **ush·er·ette** [ˌʌʃə'ret] *s.* Platzanweiserin *f*.

u·su·al ['ju:ʒʊəl] *adj.* □ üblich, gewöhnlich, gebräuchlich: ***as ~*** wie gewöhnlich, wie sonst; ***the ~ thing*** das Übliche; ***it has become the ~ thing*** (***with us***) es ist (bei uns) gang u. gäbe geworden; ***it is ~ for shops to close at 6 o'clock*** die Geschäfte schließen gewöhnlich um 6 Uhr; ***the ~ pride with her*** ihr üblicher Stolz; **'u·su·al·ly** [-əlɪ] *adv.* (für) gewöhnlich, in der Regel, meist(ens).

u·su·fruct ['ju:sju:frʌkt] *s.* ⚖ Nießbrauch *m*, Nutznießung *f*; **u·su·fruc·tu·ar·y** [ˌju:sju:'frʌktjʊərɪ] **I** *s.* Nießbraucher(in); **II** *adj.* Nutzungs…: ***~ right***.

u·sur·er ['ju:ʒərə] *s.* Wucherer *m*; **u·su·ri·ous** [ju:'zjʊərɪəs] *adj.* □ wucherisch, Wucher…: ***~ interest*** → ***usury*** 2; **u·su·ri·ous·ness** [ju:'zjʊərɪəsnɪs] *s.* Wuche'rei *f*.

u·surp [ju:'zɜ:p] *v/t.* **1.** an sich reißen, sich 'widerrechtlich aneignen, sich bemächtigen (*gen.*); **2.** sich ('widerrechtlich) anmaßen; **3.** *Aufmerksamkeit etc.* mit Beschlag belegen; **u·sur·pa·tion** [ˌju:zɜ:'peɪʃn] *s.* **1.** Usurpati'on *f*: a) 'widerrechtliche Machtergreifung *od.* Aneignung, Anmaßung *f e-s Rechts etc.*, b) ***~ of the throne*** Thronraub *m*; **2.** unberechtigter Eingriff (***on*** in *acc.*); **u'surp·er** [-pə] *s.* **1.** Usur'pator *m*, unrechtmäßiger Machthaber, Thronräuber *m*; **2.** unberechtigter Besitzergreifer; **3.** *fig.* Eindringling *m* (***on*** in *acc.*); **u'surp·ing** [-pɪŋ] *adj.* □ usurpa'torisch.

u·su·ry ['ju:ʒʊrɪ] *s.* **1.** (Zins)Wucher *m*: ***practise ~*** Wucher treiben; **2.** Wucherzinsen *pl.* (***at*** auf *acc.*): ***return s.th. with ~*** *fig. et.* mit Zins u. Zinseszins heimzahlen.

u·ten·sil [ju:'tensl] *s.* **1.** (*a. Schreib- etc.*) Gerät *n*, Werkzeug *n*; Gebrauchs-, Haushaltsgegenstand *m*: (***kitchen***) ***~*** Küchengerät; **2.** Geschirr *n*, Gefäß *n*; **3.** *pl.* Uten'silien *pl.*, Geräte *pl.*; (Küchen)Geschirr *n*.

u·ter·ine ['ju:təraɪn] *adj.* **1.** *anat.* Gebärmutter…, Uterus…; **2.** von der'selben Mutter stammend: ***~ brother*** Halbbruder mütterlicherseits; **u·ter·us** ['ju:tərəs] *pl.* **-ter·i** [-təraɪ] *s. anat.* Uterus *m*, Gebärmutter *f*.

u·til·i·tar·i·an [ˌju:tɪlɪ'teərɪən] **I** *adj.* **1.** utilita'ristisch, Nützlichkeits…; **2.** praktisch, zweckmäßig; **3.** *contp.* gemein; **II** *s.* **4.** Utilita'rist(in); **ˌu·til·i'tar·i·an·ism** [-nɪzəm] *s.* Utilita'rismus *m*.

u·til·i·ty [ju:'tɪlətɪ] **I** *s.* **1.** *a.* ✝ Nutzen *m* (***to*** für), Nützlichkeit *f*; **2.** *et.* Nützliches, nützliche Einrichtung; **3.** a) *a.* ***public ~*** (***company*** *od.* ***corporation***) öffentlicher Versorgungsbetrieb, *pl. a.* Stadtwerke *pl.*, b) *pl.* Leistungen *pl.* der öffentlichen Versorgungsbetriebe, *bsd.* Strom-, Gas- u. Wasserversorgung *f*; **4.** ⚙ Zusatzgerät *n*; **II** *adj.* **5.** ✝, ⚙ Gebrauchs…(*-güter*, *-möbel*, *-wagen etc.*); **6.** Mehrzweck…; ***~ man*** *s.* [*irr.*] **1.** *bsd. Am.* Fak'totum *n*; **2.** *thea.* vielseitig einsetzbarer Chargenspieler.

u·til·iz·a·ble ['ju:tɪlaɪzəbl] *adj.* verwendbar, verwertbar, nutzbar; **u·ti·li·za·tion** [ˌju:tɪlaɪ'zeɪʃn] *s.* Nutzbarmachung *f*, Verwertung *f*, (Aus)Nutzung *f*, An-, Verwendung *f*; **u·ti·lize** ['ju:tɪlaɪz] *v/t.* **1.** (aus)nutzen, verwerten, sich *et.* nutzbar *od.* zu'nutze machen; **2.** verwenden.

ut·most ['ʌtməʊst] **I** *adj.* äußerst: a) entlegenst, fernst, b) *fig.* höchst, größt; **II** *s. das* Äußerste: ***the ~ that I can do***; ***do one's ~*** sein äußerstes *od.* möglichstes tun; ***at the ~*** allerhöchstens; ***to the ~*** aufs äußerste; ***to the ~ of my powers*** nach besten Kräften.

U·to·pi·a [ju:'təʊpjə] *s.* **1.** U'topia *n* (*Idealstaat*); **2.** *oft* ♀ *fig.* Uto'pie *f*; **U'to·pi·an** [-jən], *a.* ♀ **I** *adj.* u'topisch, phan'tastisch; **II** *s.* Uto'pist(in), Phan'tast (-in); **U'to·pi·an·ism** [-jənɪzəm], *a.* ♀ *s.* Uto'pismus *m*.

u·tri·cle ['ju:trɪkl] *s.* **1.** *zo.*, ♀ Schlauch *m*, bläs-chenförmiges Luft- *od.* Saftgefäß; **2.** ⚕ U'triculus *m* (*Säckchen im Ohrlabyrinth*).

ut·ter ['ʌtə] **I** *adj.* □ → ***utterly***; **1.** äußerst, höchst, völlig; **2.** endgültig, entschieden: ***~ denial***; **3.** *contp.* ausgesprochen, voll'endet (*Schurke*, *Unsinn etc.*); **II** *v/t.* **4.** *Gedanken*, *Gefühle* äußern, ausdrücken, aussprechen; **5.** *Laute etc.* ausstoßen, von sich geben, her'vorbringen; **6.** *Falschgeld etc.* in 'Umlauf setzen, verbreiten; **ut·ter·ance** ['ʌtərəns] *s.* **1.** (stimmlicher) Ausdruck, Äußerung *f*: ***give ~ to*** *e-m Gefühl etc.* Ausdruck verleihen; **2.** Sprechweise *f*, Aussprache *f*, Vortrag *m*; **3.** *a. pl.* Äußerung *f*, Aussage *f*, Worte *pl.*; **'ut·ter·er** [-ərə] *s.* **1.** Äußernde(r *m*) *f*; **2.** Verbreiter(in); **'ut·ter·ly** [-lɪ] *adv.* äußerst, abso'lut, völlig, ganz, to'tal; **'ut·ter·most** [-məʊst] → ***utmost***.

'U-turn *s.* **1.** *mot.* Wende *f*; **2.** *fig.* Kehrtwende *f*.

u·vu·la ['ju:vjʊlə] *pl.* **-lae** [-li:] *s. anat.* Zäpfchen *n*; **'u·vu·lar** [-lə] **I** *adj.* Zäpfchen…, *ling. a.* uvu'lar; **II** *s. ling.* Zäpfchenlaut *m*, Uvu'lar *m*.

ux·o·ri·ous [ʌk'sɔ:rɪəs] *adj.* □ treuliebend, -ergeben; **ux'o·ri·ous·ness** [-nɪs] *s.* treue Ergebenheit (*des Gatten*).

V

V, v [viː] *s.* V *n*, v *n* (*Buchstabe*).

vac [væk] *Brit.* F *für* ***vacation***.

va·can·cy [ˈveɪkənsɪ] *s.* **1.** Leere *f* (*a. fig.*): ***stare into ~*** ins Leere starren; **2.** leerer *od.* freier Platz; Lücke *f* (*a. fig.*); **3.** leer(stehend)es *od.* unbewohntes Haus; **4.** freie *od.* offene Stelle, unbesetztes Amt, Vaˈkanz *f*; *univ.* freier Studienplatz *m*; *pl. Zeitung*: Stellenangebote *pl.*; **5.** a) Geistesabwesenheit *f*, b) geistige Leere, c) Geistlosigkeit *f*; **6.** Untätigkeit *f*, Muße *f*; **ˈva·cant** [-nt] *adj.* □ **1.** leer, frei, unbesetzt (*Sitz, Zimmer, Zeit etc.*); **2.** leer(stehend), unbewohnt, unvermietet (*Haus*); unbebaut (*Grundstück*): ***~ possession*** sofort beziehbar; **3.** frei, offen (*Stelle*), vaˈkant, unbesetzt (*Amt*); **4.** a) geistesabwesend, b) leer: ***~ mind***; ***~ stare***, c) geistlos.

va·cate [vəˈkeɪt] *v/t.* **1.** *Wohnung etc.*, ⚔ *Stellung etc.* räumen; *Sitz etc.* freimachen; **2.** *Stelle* aufgeben, aus *e-m Amt* scheiden: ***be ~d*** freiwerden (*Stelle*); **3.** *Truppen etc.* evakuieren; **4.** ⚖ *Vertrag, Urteil etc.* aufheben; **vaˈca·tion** [-eɪʃn] **I** *s.* **1.** Räumung *f*; **2.** Niederlegung *f od.* Erledigung *f e-s Amtes*; **3.** (Gerichts-, *univ.* Seˈmester-, *Am.* Schul)Ferien *pl.*: ***the long ~*** die großen Ferien, die Sommerferien; **4.** *bsd. Am.* Urlaub *m*: ***on ~*** im Urlaub; ***~ shutdown*** Betriebsferien *pl.*; **II** *v/i.* **5.** *bsd. Am.* in Ferien sein, Urlaub machen; **vaˈca·tion·ist** [-eɪʃnɪst] *s. Am.* Urlauber(in).

vac·ci·nal [ˈvæksɪnl] *adj.* ⚕ Impf…; **vac·ci·nate** [ˈvæksɪneɪt] *v/t. u. v/i.* impfen (***against*** gegen); **vac·ci·na·tion** [ˌvæksɪˈneɪʃn] *s.* (Schutz)Impfung *f*; **ˈvac·ci·na·tor** [-neɪtə] *s.* **1.** Impfarzt *m*; **2.** Impfnadel *f*; **ˈvac·cine** [-siːn] ⚕ **I** *adj.* Impf…, Kuhpocken…: ***~ matter*** → II; **II** *s.* Impfstoff *m*, Vakˈzine *f*: ***bovine ~*** Kuhlymphe *f*; **vac·cin·i·a** [vækˈsɪnjə] *s.* ⚕ Kuhpocken *pl.*

vac·il·late [ˈvæsɪleɪt] *v/i. mst fig.* schwanken; **ˈvac·il·lat·ing** [-tɪŋ] *adj.* □ schwankend (*mst fig. unschlüssig*); **vac·il·la·tion** [ˌvæsɪˈleɪʃn] *s.* Schwanken *n* (*mst fig. Unschlüssigkeit, Wankelmut*).

va·cu·i·ty [væˈkjuːətɪ] *s.* **1.** → ***vacancy*** 1, 5; **2.** *fig.* Nichtigkeit *f*, Plattheit *f*; **vac·u·ous** [ˈvækjʊəs] *adj.* □ **1.** → ***vacant*** 4; **2.** nichtssagend (*Redensart*); **3.** müßig (*Leben*); **vac·u·um** [ˈvækjʊəm] **I** *pl.* **-ums** [-z] *s.* **1.** ⚙, *phys.* Vakuum *n*, (*bsd.* luft)leerer Raum; **2.** *fig.* Vakuum *n*, Leere *f*, Lücke *f*; **II** *adj.* **3.** Vakuum…: ***~ bottle*** (*od.* ***flask***) Thermosflasche *f*; ***~ brake*** ⚙ Unterdruckbremse *f*; ***~ can***, ***~ tin*** Vakuumdose *f*; ***~ cleaner*** Staubsauger *m*; ***~ drier*** Vakuumtrockner *m*; ***~ ga(u)ge*** Unterdruckmesser *m*; ***~-packed*** vakuumverpackt; ***~-sealed*** vakuumdicht; ***~ tube***, ***~ valve*** ⚡ Vakuumröhre *f*; **III** *v/t.* **4.** (mit dem Staubsauger) saugen *od.* reinigen.

va·de me·cum [ˌveɪdɪˈmiːkəm] *s.* Vadeˈmekum *n*, Handbuch *n*.

vag·a·bond [ˈvægəbɒnd] **I** *adj.* **1.** vagabundierend (*a.* ⚡); **2.** Vagabunden…, vagaˈbundenhaft; **3.** nomadisierend; **4.** Wander…, unstet: ***a ~ life***; **II** *s.* **5.** Vagaˈbund(in), Landstreicher(in); **6.** F Strolch *m*; **III** *v/i.* **7.** vagabundieren; **ˈvag·a·bond·age** [-dɪdʒ] *s.* **1.** Landstreicheˈrei *f*, Vagaˈbundenleben *n*; **2.** *coll.* Vagaˈbunden *pl.*; **ˈvag·a·bond·ism** [-dɪzəm] → ***vagabondage*** 1; **ˈvag·a·bond·ize** [-daɪz] → ***vagabond*** 7.

va·gar·y [ˈveɪgərɪ] *s.* **1.** wunderlicher Einfall; *pl. a.* Phantasteˈreien *pl.*; **2.** Kaˈprice *f*, Grille *f*, Laune *f*; **3.** *mst pl.* Extravaˈganzen *pl.*: ***the vagaries of fashion***.

va·gi·na [vəˈdʒaɪnə] *pl.* **-nas** *s.* **1.** *anat.* Vaˈgina *f*, Scheide *f*; **2.** ⚘ Blattscheide *f*; **vagˈi·nal** [-nl] *adj.* vagiˈnal, Vaginal…, Scheiden…: ***~ spray*** Intimspray *n*.

va·gran·cy [ˈveɪgrənsɪ] *s.* **1.** Landstreicheˈrei *f* (*a.* ⚖); **2.** *coll.* Landstreicher *pl.*; **ˈva·grant** [-nt] **I** *adj.* □ **1.** wandernd (*a. weitS. Zelle etc.*), vagabundierend; **2.** → ***vagabond*** 3 *u.* 4; **3.** *fig.* kapriziˈös, launisch; **II** *s.* **4.** → ***vagabond*** 5.

vague [veɪg] *adj.* □ **1.** vage: a) undeutlich, nebelhaft, verschwommen (*alle a. fig.*), b) unbestimmt (*Gefühl, Verdacht, Versprechen etc.*), dunkel (*Ahnung, Gerücht etc.*), c) unklar (*Antwort etc.*): ***~ hope*** vage Hoffnung; ***not the ~st idea*** nicht die leiseste Ahnung; ***be ~ about s.th.*** sich unklar ausdrücken über (*acc.*); **2.** → ***vacant*** 4a; **ˈvague·ness** [-nɪs] *s.* Unbestimmtheit *f*, Verschwommenheit *f*.

vain [veɪn] *adj.* □ **1.** eitel, eingebildet (***of*** auf *acc.*); **2.** *fig.* eitel, leer (*Vergnügen etc.*; *a. Drohung, Hoffnung etc.*), nichtig; **3.** vergeblich, fruchtlos: ***~ efforts***; **4.** ***in ~*** vergeblich: a) vergebens, umˈsonst, b) unnütz; **ˌ~ˈglo·ri·ous** *adj.* □ prahlerisch, großsprecherisch, -spurig.

vain·ness [ˈveɪnnɪs] *s.* **1.** Vergeblichkeit *f*; **2.** Hohl-, Leerheit *f*.

vale[1] [veɪl] *s. poet. od. in Namen*: Tal *n*: ***~ of tears*** Jammertal *n*.

va·le[2] [ˈveɪlɪ] (*Lat.*) **I** *int.* lebe wohl!; **II** *s.* Lebeˈwohl *n*.

val·e·dic·tion [ˌvælɪˈdɪkʃn] *s.* **1.** Abschied(nehmen *n*) *m*; **2.** Abschiedsworte *pl.*; **val·e·dic·to·ri·an** [ˌvælɪdɪkˈtɔːrɪən] *s. Am. ped., univ.* Abschiedsredner *m*; **ˌval·eˈdic·to·ry** [-ktərɪ] **I** *adj.* Abschieds…: ***~ address*** → II; **II** *s. bsd. Am. ped., univ.* Abschiedsrede *f*.

va·lence [ˈveɪləns], **ˈva·len·cy** [-sɪ] ⚗, ⚗, *biol., phys.* Wertigkeit *f*, Vaˈlenz *f*.

val·en·tine [ˈvæləntaɪn] *s.* **1.** Valentinsgruß *m* (*zum Valentinstag, 14. Februar, dem od. der Liebsten gesandt*); **2.** am Valentinstag erwählte(r) Liebste(r), *a. allg.* Schatz *m*.

va·le·ri·an [vəˈlɪərɪən] *s.* ⚘, *pharm.* Baldrian *m*; **va·le·ri·an·ic** [vəˌlɪərɪˈænɪk], **vaˈler·ic** [-ˈlerɪk] *adj.* ⚗ Baldrian…, Valerian…

val·et [ˈvælɪt] **I** *s.* a) (Kammer)Diener *m*, b) Hausdiener *m im Hotel*; **II** *v/t. j-n* bedienen, versorgen; **III** *v/i.* Diener sein.

val·e·tu·di·nar·i·an [ˌvælɪtjuːdɪˈneərɪən] **I** *adj.* **1.** kränklich, kränkelnd; **2.** rekonvalesˈzent; **3.** a) geˈsundheitsfaˌnatisch, b) hypoˈchondrisch; **II** *s.* **4.** kränkliche Perˈson; **5.** Rekonvalesˈzent(in); **6.** ‚Geˈsundheitsaˌpostel' *m*; **7.** Hypoˈchonder *m*; **ˌval·e·tu·diˈnar·i·an·ism** [-nɪzəm] *s.* **1.** Kränklichkeit *f*; **2.** Hypochonˈdrie *f*; **ˌval·eˈtu·di·nar·y** [-nərɪ] → ***valetudinarian***.

Val·hal·la [vælˈhælə], **Valˈhall** [-ˈhæl] *s. myth.* Walˈhalla *f*.

val·iant [ˈvæljənt] *adj.* □ tapfer, mutig, heldenhaft, heˈroisch.

val·id [ˈvælɪd] *adj.* □ **1.** gültig: a) stichhaltig, triftig (*Beweis, Grund*), b) begründet, berechtigt (*Anspruch, Argument etc.*), c) richtig (*Entscheidung etc.*); **2.** ⚖ (rechts)gültig, rechtskräftig; **3.** wirksam (*Methode etc.*); **ˈval·i·date** [-deɪt] *v/t.* ⚖ a) für (rechts)gültig erklären, rechtswirksam machen, b) bestätigen; **val·i·da·tion** [ˌvælɪˈdeɪʃn] *s.* Gültigkeit(serklärung) *f*; **va·lid·i·ty** [vəˈlɪdətɪ] *s.* **1.** Gültigkeit *f*: a) Triftigkeit *f*, Stichhaltigkeit *f*, b) Richtigkeit *f*; **2.** ⚖ Rechtsgültigkeit *f*, -kraft *f*; **3.** Gültigkeit(sdauer) *f*.

va·lise [vəˈliːz] *s.* Reisetasche *f*.

Val·kyr [ˈvælkɪə], **Val·kyr·ia** [vælˈkɪərjə], **Val·kyr·ie** [-ˈkɪərɪ] *s. myth.* Walküre *f*.

val·ley [ˈvælɪ] *s.* **1.** Tal *n*: ***down the ~*** talabwärts; **2.** △ Dachkehle *f*.

val·or *Am.* → ***valour***.

val·or·i·za·tion [ˌvælərаɪˈzeɪʃn] *s.* ☤ Valorisatiˈon *f*, Aufwertung *f*; **val·or·ize** [ˈvæləraɪz] *v/t.* ☤ valorisieren, aufwerten, den Preis *e-r Ware* heben *od.* stützen.

val·or·ous [ˈvælərəs] *adj.* □ *rhet.* tapfer, mutig, heldenhaft, -mütig; **val·our**

['vælə] *s.* Tapferkeit *f*, Heldenmut *m*.
val·u·a·ble ['væljʊəbl] **I** *adj.* □ **1.** wertvoll: a) kostbar, teuer, b) *fig.* nützlich: ***for ~ consideration*** ⚖ entgeltlich; **2.** abschätzbar; **II** *s.* **3.** *pl.* Wertsachen *pl.*, -gegenstände *pl.*
val·u·a·tion [ˌvæljʊ'eɪʃn] *s.* **1.** Bewertung *f*, (Ab)Schätzung *f*, Wertbestimmung *f*, Taxierung *f*, Veranschlagung *f*; **2.** a) Schätzungswert *m* (festgesetzter) Wert *od.* Preis, Taxe *f*, b) Gegenwartswert *m* e-r 'Lebensverˌsicherungspoˌlice; **3.** Wertschätzung *f*, Würdigung *f*: ***we take him at his own ~*** wir beurteilen ihn so, wie er sich selbst sieht; **val·u·a·tor** ['væljʊeɪtə] *s.* † (Ab)Schätzer *m*, Ta'xator *m*.
val·ue ['vælju:] **I** *s.* **1.** *allg.* Wert *m* (*a.* A, ⚗, *phys. u. fig.*): ***moral ~s*** *fig.* sittliche Werte; ***be of ~ to*** *j-m* wertvoll *od.* nützlich sein; **2.** Wert *m*, Einschätzung *f*: ***set a high ~ (up)on*** a) großen Wert legen auf (*acc.*), b) *et.* hoch einschätzen; **3.** † Wert *m*: ***assessed ~*** Taxwert; ***at ~*** zum Tageskurs; ***book ~*** Buchwert; ***commercial ~*** Handelswert; **4.** † a) (Verkehrs)Wert *m*, Kaufkraft *f*, Preis *m*, b) Gegenwert *m*, -leistung *f*, c) Währung *f*, Va'luta *f*, d) *a.* ***good ~*** re'elle Ware, Quali'tätsware *f*, e) → ***valuation*** 1 *u.* 2, f) Wert *m*, Preis *m*, Betrag *m*: ***for ~ received*** Betrag erhalten; ***to the ~ of*** im *od.* bis zum Betrag von; ***give (get) good ~ (for one's money)*** reell bedienen (bedient werden); ***it is excellent ~ for money*** es ist äußerst preiswert, es ist ausgezeichnet; **5.** *fig.* Wert *m*, Gewicht *n e-s Wortes etc.*; **6.** *paint.* Verhältnis *n* von Licht u. Schatten, Farb-, Grauwert *m*; **7.** ♪ Noten-, Zeitwert *m*; **8.** *ling.* Lautwert *m*; **II** *v/t.* **9.** a) den Wert *od.* Preis *e-r Sache* bestimmen *od.* festsetzen, b) (ab-)schätzen, veranschlagen, taxieren (***at*** auf *acc.*); **10.** † *Wechsel* ziehen (**[up]on** auf *j-n*); **11.** *Wert, Nutzen, Bedeutung* schätzen, (*vergleichend*) bewerten; **12.** (hoch)schätzen, achten; **ˌ~-'add·ed tax** *s.* † Mehrwertsteuer *f*.
val·ued ['vælju:d] *adj.* **1.** (hoch)geschätzt; **2.** taxiert, veranschlagt (***at*** auf *acc.*): ***~ at £ 100*** £ 100 wert.
'val·ue|-free *adj.* wertfrei; **~ judg(e)·ment** *s.* Werturteil *n*.
val·ue·less ['væljʊlɪs] *adj.* wertlos; **'val·u·er** [-jʊə] → ***valuator***.
val·ue stress *s. Phonetik*: Sinnbetonung *f*.
va·lu·ta [və'lu:tə] (*Ital.*) *s.* † Va'luta *f*.
valve [vælv] *s.* **1.** ⚙ Ven'til *n*, Absperrvorrichtung *f*, Klappe *f*, Hahn *m*, Regu'lierorˌgan *n*: ***~ gear*** Ventilsteuerung *f*; ***~-in-head engine*** kopfgesteuerter Motor; **2.** ♪ Klappe *f* (*Blasinstrument*); **3.** ⚕ (*Herz- etc.*)Klappe *f*: ***cardiac ~***; **4.** *zo.* (Muschel)Klappe *f*; **5.** ⚘ a) Klappe *f*, b) Kammer *f* (*beide e-r Fruchtkapsel*); **6.** ϟ *Brit.* (Elek'tronen-, Fernseh-, Radio)Röhre *f*: ***~ amplifier*** Röhrenverstärker *m*; **7.** ⚙ Schleusentor *n*; **8.** *obs.* Türflügel *m*; **'valve·less** [-lɪs] *adj.* ven'tillos; **'val·vu·lar** [-vjʊlə] *adj.* **1.** klappenförmig, Klappen...: ***~ defect*** ⚕ Klappenfehler *m*; **2.** mit Klappe(n) *od.* Ven'til(en) (versehen); **3.** ⚘ klappig; **'val·vule** [-vju:l] *s.* kleine Klappe; **val·vu·li·tis** [ˌvælvjʊ'laɪtɪs] *s.* ⚕ (Herz-)Klappenentzündung *f*.
va·moose [və'mu:s], **va'mose** [-'məʊs] *Am. sl.* **I** *v/i.* ‚verduften', ‚Leine ziehen'; **II** *v/t.* fluchtartig verlassen.
vamp¹ [væmp] **I** *s.* **1.** a) Oberleder *n*, b) (Vorder)Klappe *f* (*Schuh*), c) (aufgesetzter) Flicken; **2.** ♪ (improvisierte) Begleitung; **3.** *fig.* Flickwerk *n*; **II** *v/t.* **4.** *mst* ***~ up*** a) flicken, reparieren, b) vorschuhen; **5.** ***~ up*** F a) *et.* ‚aufpolieren', ‚aufmotzen', b) *Zeitungsartikel etc.* zs.-stoppeln; **6.** ♪ (aus dem Stegreif) begleiten; **III** *v/i.* **7.** ♪ improvisieren.
vamp² [væmp] F **I** *s.* Vamp *m*; **II** *v/t.* a) *Männer* verführen, ‚ausnehmen', b) *j-n* becircen.
vam·pire ['væmpaɪə] *s.* **1.** Vampir *m*: a) *blutsaugendes Gespenst*, b) *fig.* Erpresser(in), Blutsauger(in); **2.** *a.* ***~ bat*** *zo.* Vampir *m*, Blattnase *f*; **3.** *thea.* kleine Falltür auf der Bühne; **'vam·pir·ism** [-ərɪzəm] *s.* **1.** Vampirglaube *m*; **2.** Blutsaugen *n* (*e-s Vampirs*); **3.** *fig.* Ausbeutung *f*.
van¹ [væn] *s.* **1.** ⚔ Vorhut *f*, Vor'ausabˌteilung *f*, Spitze *f*; **2.** ⚓ Vorgeschwader *n*; **3.** *fig.* vorderste Reihe, Spitze *f*.
van² [væn] *s.* **1.** Last-, Lieferwagen *m*; **2.** Gefangenenwagen *m* (*Polizei*); **3.** F a) Wohnwagen *m*: ***gipsy's ~*** Zigeunerwagen *m*, b) *Am.* 'Wohnmoˌbil *n*; **4.** 🚃 *Brit.* (geschlossener) Güterwagen; Dienst-, Gepäckwagen *m*.
van³ [væn] *s.* **1.** *obs. od. poet.* Schwinge *f*, Fittich *m*; **2.** *Brit.* Getreideschwinge *f*; **3.** ⚒ *Brit.* Schwingschaufel *od.* -probe *f*.
va·na·di·um [və'neɪdjəm] *s.* ⚗ Va'nadium *n*.
Van·dal ['vændl] **I** *s.* **1.** *hist.* Van'dale *m*, Van'dalin *f*; **2.** ♀ *fig.* Van'dale *m*; **II** *adj.* *a.* **Van·dal·ic** [væn'dælɪk] **3.** *hist.* van'dalisch, Vandalen...; **4.** ♀ *fig.* van'dalenhaft, zerstörungswütig; **'van·dal·ism** [-dəlɪzəm] *s. fig.* Vanda'lismus *m*: a) Zerstörungswut *f*, b) *a.* ***act(s) of ~*** mutwillige Zerstörung; **'van·dal·ize** *v/t.* **1.** mutwillig zerstören, verwüsten; **2.** wie die Van'dalen hausen in (*dat.*).
Van·dyke [ˌvæn'daɪk] **I** *adj.* **1.** von Van Dyck, in Van Dyckscher Ma'nier; **II** *s.* **2.** *oft* ♀ *abbr. für* a) ***~ beard***, b) ***~ collar***; **3.** Zackenmuster *n*; **~ beard** *s.* Spitz-, Knebelbart *m*; **~ col·lar** *s.* Van'dyckkragen *m*.
vane [veɪn] *s.* **1.** Wetterfahne *f*, -hahn *m*; **2.** Windmühlenflügel *m*; **3.** (Pro'peller-, Venti'lator- *etc.*)Flügel *m*; (Tur'binen-, ✈ Leit)Schaufel *f*; **4.** *surv.* Di'opter *n*; **5.** *zo.* Fahne *f* (*Feder*); **6.** (Pfeil)Fiederung *f*.
van·guard ['vængɑ:d] → ***van¹***.
va·nil·la [və'nɪlə] *s.* ⚘, † Va'nille *f*.
van·ish ['vænɪʃ] *v/i.* **1.** (plötzlich) verschwinden; **2.** (langsam) (ver-, ent-)schwinden, da'hinschwinden, sich verlieren (***from*** von, aus); **3.** (spurlos) verschwinden: ***~ into (thin) air*** sich in Luft auflösen; **4.** A verschwinden, Null werden.
van·ish·ing| cream ['vænɪʃɪŋ] *s.* (*rasch eindringende*) Tagescreme; **~ line** *s.* Fluchtlinie *f*; **~ point** *s.* **1.** Fluchtpunkt *m* (*Perspektive*); **2.** *fig.* Nullpunkt *m*.
van·i·ty ['vænətɪ] *s.* **1.** *persönliche* Eitelkeit; **2.** *j-s* Stolz *m* (*Sache*); **3.** Leer-, Hohlheit *f*, Eitel-, Nichtigkeit *f*: ♀ ***Fair*** *fig.* Jahrmarkt *m* der Eitelkeit; **4.** *Am.* Toi'lettentisch *m*; **5.** *a.* ***~ bag*** (*od.* ***box, case***) Hand-, Kos'metiktäschchen *n*, -koffer *m*.
van·quish ['væŋkwɪʃ] **I** *v/t.* besiegen, über'wältigen, *a. fig. Stolz etc.* über'winden, bezwingen; **II** *v/i.* siegreich sein, siegen; **'van·quish·er** [-ʃə] *s.* Sieger *m*, Bezwinger *m*.
van·tage ['vɑ:ntɪdʒ] *s.* **1.** *Tennis*: Vorteil *m*; **2.** ***coign*** (*od.* ***point***) ***of ~*** günstiger (Angriffs- *od.* Ausgangs)Punkt; **~ ground** *s.* günstige Lage *od.* Stellung (*a. fig.*); **~ point** *s.* **1.** Aussichtspunkt *m*; **2.** günstiger (Ausgangs)Punkt; **3.** → ***vantage ground***.
vap·id ['væpɪd] *adj.* □ **1.** schal: ***~ beer***; **2.** *fig.* a) schal, seicht, leer, b) öd(e), fad(e); **va·pid·i·ty** [væ'pɪdətɪ], **'vap·id·ness** [-nɪs] *s.* **1.** Schalheit *f* (*a. fig.*); **2.** *fig.* a) Fadheit, b) Leere *f*.
va·por *Am.* → ***vapour***.
va·por·i·za·tion [ˌveɪpəraɪ'zeɪʃn] *s. phys.* Verdampfung *f*, -dunstung *f*.
va·por·ize ['veɪpəraɪz] **I** *v/t.* **1.** ⚗, *phys.* ver-, eindampfen, verdunsten (lassen); **2.** ⚙ vergasen; **II** *v/i.* **3.** verdampfen, verdunsten; **'va·por·iz·er** [-zə] *s.* ⚙ **1.** Ver'dampfungsappaˌrat *m*, Zerstäuber *m*; **2.** Vergaser *m*; **'va·por·ous** [-rəs] *adj.* □ **1.** dampfig, dunstig; **2.** *fig.* nebelhaft; **3.** duftig (*Gewebe*).
va·pour ['veɪpə] **I** *s.* **1.** Dampf *m* (*a. phys.*), Dunst *m* (*a. fig.*): ***~ bath*** Dampfbad *n*; ***~ trail*** ✈ Kondensstreifen; **2.** a) ⚙ Gas *n*, b) *mot.* Gemisch *n*: ***~ motor*** Gasmotor *m*; **3.** ⚕ a) (Inhala'tions)Dampf *m*, b) *obs.* (*innere*) Blähung; **4.** *fig.* Phan'tom *n*, Hirngespinst *n*; **5.** *pl. obs.* Schwermut *f*; **II** *v/i.* **6.** (ver)dampfen; **7.** *fig.* schwadronieren, prahlen.
var·an ['værən] *s. zo.* Wa'ran *m*.
var·ec ['værek] *s.* **1.** Seetang *m*; **2.** ⚗ Varek *m*, Seetangasche *f*.
var·i·a·bil·i·ty [ˌveərɪə'bɪlətɪ] *s.* **1.** Veränderlichkeit *f*, Schwanken *n*, Unbeständigkeit *f* (*a. fig.*); **2.** A, *phys.*, *a. biol.* Variabili'tät *f*.
var·i·a·ble ['veərɪəbl] **I** *adj.* □ **1.** veränderlich, 'unterschiedlich, wechselnd; schwankend (*a. Person*): ***~ cost*** † bewegliche Kosten *pl.*; ***~ wind*** *meteor.* Wind aus wechselnder Richtung; **2.** *bsd.* A, *ast.*, *biol.*, *phys.* vari'abel, wandelbar, A, *phys. a.* ungleichförmig; **3.** ⚙ regelbar, ver-, einstellbar: ***~ capacitor*** Drehkondensator *m*; ***~ gear*** Wechselgetriebe *n*; ***infinitely ~*** stufenlos regelbar; ***~-speed*** mit veränderlicher Drehzahl; **II** *s.* **4.** veränderliche Größe, *bsd.* A Vari'able *f*, Veränderliche *f*; **5.** *ast.* vari'abler Stern; **'var·i·a·ble·ness** [-nɪs] → ***variability***; **'var·i·ance** [-ɪəns] *s.* **1.** Veränderung *f*; **2.** Abweichung *f* (*a.* ⚖ *zwischen Klage u. Beweisergebnis*); **3.** Uneinigkeit *f*, Meinungsverschiedenheit *f*, Streit *m*: ***be at ~ (with)*** uneinig sein (mit *j-m*); → 4; ***set at ~*** entzweien; **4.** *fig.* 'Widerstreit *m*, -spruch *m*, Unvereinbarkeit *f*: ***be at ~ (with)*** unvereinbar sein (mit *et.*), im Widerspruch stehen (zu); → 3; **'var·i·ant** [-ɪənt] **I** *adj.* abweichend, verschieden; 'unterschiedlich; **II** *s.* Vari'ante *f*: a) Spielart *f*, b) abweichende

Lesart; **var·i·a·tion** [ˌveərɪˈeɪʃn] *s.* **1.** Veränderung *f*, Wechsel *m*, Schwankung *f*; **2.** Abweichung *f*; **3.** ♪, ⅄, *ast.*, *biol. etc.* Variatiˈon *f*; **4.** (ˈOrts)ˌMißweisung *f*, magˈnetische Deklinatiˈon *f* (*Kompaß*).

var·i·col·o(u)red [ˈveərɪkʌləd] *adj.* bunt: a) vielfarbig, b) *fig.* mannigfaltig.

var·i·cose [ˈværɪkəʊs] *adj.* ⚕ krampfad(e)rig, variˈkös: ~ **vein** Krampfader *f*; ~ **bandage** Krampfaderbinde *f*; **var·i·co·sis** [ˌværɪˈkəʊsɪs], **var·i·cos·i·ty** [ˌværɪˈkɒsətɪ] *s.* Krampfaderleiden *n*, Krampfader(n *pl.*) *f*.

var·ied [ˈveərɪd] *adj.* □ verschieden(artig); mannigfaltig, abwechslungsreich, bunt.

var·i·e·gate [ˈveərɪgeɪt] *v/t.* **1.** bunt gestalten (*a. fig.*); **2.** *fig.* (durch Abwechslung) beleben, variieren; **ˈvar·i·e·gat·ed** [-tɪd] *adj.* **1.** bunt(scheckig, -gefleckt), vielfarbig; **2.** → **varied**; **var·i·e·ga·tion** [ˌveərɪˈgeɪʃn] *s.* Buntheit *f*.

va·ri·e·ty [vəˈraɪətɪ] *s.* **1.** Verschieden-, Buntheit *f*, Mannigfaltigkeit *f*, Vielseitigkeit *f*, Abwechslung *f*; **2.** Vielfalt *f*, Reihe *f*, Anzahl *f*, *bsd.* ☤ Auswahl *f*: **owing to a ~ of causes** aus verschiedenen Gründen; **3.** Sorte *f*, Art *f*; **4.** *allg.*, *a.* ♀, *zo.* Ab-, Spielart *f*; **5.** ♀, *zo.* a) Varieˈtät *f* (*Unterabteilung e-r Art*), b) Variˈante *f*; **6.** Varieˈté *n*: ~ **artist** Varietékünstler *m*; ~ **meat** *s. Am.* Inneˈreien *pl.*; ~ **show** *s.* Varieˈté(vorstellung *f*) *n*; ~ **store** *s.* ☤ *Am.* Kleinkaufhaus *n*; ~ **the·a·tre** *s.* Varieˈté(theˌater) *n*.

var·i·form [ˈveərɪfɔːm] *adj.* vielgestaltig (*a. fig.*).

va·ri·o·la [vəˈraɪələ] *s.* ⚕ Pocken *pl.*

var·i·om·e·ter [ˌveərɪˈɒmɪtə] *s.* ⚙, ϟ, *phys.* Varioˈmeter *n*.

var·i·o·rum [ˌveərɪˈɔːrəm] **I** *adj.* ~ **edition** → **II** *s.* Ausgabe *f* mit Anmerkungen verschiedener Kommentaˈtoren *od.* mit verschiedenen Lesarten.

var·i·ous [ˈveərɪəs] *adj.* □ **1.** verschieden(artig); **2.** mehrere, verschiedene; **3.** → **varied.**

var·ix [ˈveərɪks] *pl.* **-i·ces** [ˈværɪsiːz] *s.* ⚕ Krampfader(knoten *m*) *f*.

var·let [ˈvɑːlɪt] *s.* **1.** *hist.* Knappe *m*, Page *m*; **2.** *obs.* Schelm *m*, Schuft *m*.

var·mint [ˈvɑːmɪnt] *s.* **1.** *zo.* Schädling *m*; **2.** F Haˈlunke *m*.

var·nish [ˈvɑːnɪʃ] **I** *s.* ⚙ **1.** Lack *m*: **oil ~** Öllack *m*; **2.** *a.* **clear ~** Klarlack *m*, Firnis *m*; **3.** (ˈMöbel)Poliˌtur *f*; **4.** *Töpferei*: Glaˈsur *f*; **5.** *fig.* Firnis *m*, Tünche *f*, äußerer Anstrich; **II** *v/t. a.* ~ **over 6.** a) lackieren, firnissen, b) glasieren; **7.** *Möbel* (auf)polieren; **8.** *fig.* überˈtünchen, beschönigen.

var·si·ty [ˈvɑːsətɪ] *s.* F **1.** ‚Uni' *f* (*Universität*); **2.** *a.* ~ **team** *sport Am.* Universiˈtäts- *od.* College- *od.* Schulmannschaft *f*.

var·y [ˈveərɪ] **I** *v/t.* **1.** (ver-, *a.* ⚖ ab)ändern; **2.** variieren, ˈunterschiedlich gestalten, Abwechslung bringen in (*acc.*), wechseln mit *et.*, *a.* ♪ abwandeln; **II** *v/i.* **3.** sich (ver)ändern, variieren (*a. biol.*), wechseln, schwanken; **4.** verschieden sein, abweichen (**from** von); **ˈvar·y·ing** [-ɪɪŋ] *adj.* wechselnd, ˈunterschiedlich, verschieden.

vas·cu·lar [ˈvæskjʊlə] *adj.* ♀, *physiol.* Gefäß…(*-pflanzen, -system etc.*): ~ **tissue** ♀ Stranggewebe *n*.

vase [vɑːz] *s.* Vase *f*.

vas·ec·to·my [væˈsektəmɪ] *s.* ⚕ Vasektoˈmie *f*.

vas·e·line [ˈvæsɪliːn] *s.* ⚗ Vaseˈlin *n*.

vas·sal [ˈvæsl] **I** *s.* **1.** Vaˈsall(in), Lehnsmann *m*; **2.** *fig.* ˈUntertan *m*, Unterˈgebene(r *m*) *f*; **3.** *fig.* Sklave *m* (**to** *gen.*); **II** *adj.* **4.** Vasallen…; **ˈvas·sal·age** [-səlɪdʒ] *s.* **1.** *hist.* Vaˈsallentum *n*, Lehnspflicht *f*, (**to** gegenüber); **2.** *coll.* Vaˈsallen *pl.*; **3.** *fig.* a) Abhängigkeit *f* (**to** von), b) ˈUnterwürfigkeit *f*.

vast [vɑːst] **I** *adj.* □ **1.** weit, ausgedehnt, unermeßlich; **2.** *a. fig.* ungeheuer, (riesen)groß, riesig, gewaltig: ~ **difference**; ~ **quantity**; **II** *s.* **3.** *poet.* Weite *f*; **ˈvast·ly** [-lɪ] *adv.* gewaltig, in hohem Maße; ungemein, äußerst: ~ **superior** haushoch überlegen, weitaus besser; **ˈvast·ness** [-nɪs] *s.* **1.** Weite *f*, Unermeßlichkeit *f* (*a. fig.*); **2.** ungeheure Größe, riesige Zahl, Unmenge *f*.

vat [væt] **I** *s.* ⚙ **1.** großes Faß, Bottich *m*, Kufe *f*; **2.** a) *Färberei*: Küpe *f*, b) *a.* **tan ~** *Gerberei*: Lohgrube *f*; **II** *v/t.* **3.** (ver)küpen, in ein Faß *etc.* füllen; **4.** in e-m Faß *etc.* behandeln: ~**ted** faßreif (*Wein etc.*).

Vat·i·can [ˈvætɪkən] *s.* Vatiˈkan *m*: ~ **council** Vatikanisches Konzil.

vaude·ville [ˈvəʊdəvɪl] *s.* **1.** *Brit.* heiteres Singspiel (mit Tanzeinlagen); **2.** *Am.* Varieˈté *n*.

vault[1] [vɔːlt] **I** *s.* **1.** ⚠ (*a. poet.* Himmels)Gewölbe *n*, Wölbung *f*; **2.** Kellergewölbe *n*; **3.** Grabgewölbe *n*, Gruft *f*: **family ~**; **4.** Treˈsorraum *m*; **5.** *anat.* Wölbung *f*, (Schädel)Dach *n*; (Gaumen)Bogen *m*; (Zwerchfell)Kuppel *f*; **II** *v/t.* **6.** (über)ˈwölben; **III** *v/i.* **7.** sich wölben.

vault[2] [vɔːlt] **I** *v/i.* **1.** springen, sich schwingen, setzen (**over** über *acc.*); **2.** *Reitsport*: kurbettieren; **II** *v/t.* **3.** überˈspringen; **III** *s.* **4.** *bsd. sport* Sprung *m*; **5.** *Reitsport*: Kurˈbette *f*.

vault·ed [ˈvɔːltɪd] *adj.* **1.** gewölbt, Gewölbe…; **2.** überˈwölbt.

vault·er [ˈvɔːltə] *s.* Springer *m*.

vault·ing[1] [ˈvɔːltɪŋ] *s.* ⚠ **1.** Spannen *n* e-s Gewölbes; **2.** Wölbung *f*; **3.** Gewölbe *n* (*od. pl. coll.*).

vault·ing[2] [ˈvɔːltɪŋ] *s.* Springen *n*; ~ **horse** *s. Turnen*: (Lang-, Sprung)Pferd *n*; ~ **pole** *s. sport* Sprungstab *m*.

vaunt [vɔːnt] **I** *v/t.* sich rühmen (*gen.*), sich brüsten mit; **II** *v/i.* (**of**) sich rühmen (*gen.*), sich brüsten (mit); **III** *s.* Prahleˈrei *f*; **ˈvaunt·er** [-tə] *s.* Prahler(in); **ˈvaunt·ing** [-tɪŋ] *adj.* □ prahlerisch.

ˈV-Day *s.* Tag *m* des Sieges (*im 2. Weltkrieg*; *8. 5. 1945*).

ˈve [v] F *abbr. für* **have.**

veal [viːl] *s.* Kalbfleisch *n*: ~ **chop** Kalbskotelett *n*; ~ **cutlet** Kalbsschnitzel *n*.

vec·tor [ˈvektə] **I** *s.* **1.** ⅄, *a.* ✈ Vektor *m*; **2.** ⚕, *vet.* Bakˈterienüberˌträger *m*; **II** *v/t.* **3.** *Flugzeug* (mittels Funk *od.* Raˈdar) leiten, (auf Ziel) einweisen.

V-E Day → **V-Day.**

vee [viː] **I** *s.* V *n*, v *n*, Vau *n* (*Buchstabe*), **II** *adj.* V-förmig, V-…: ~ **belt** Keilriemen *m*; ~ **engine** V-Motor *m*.

veep [viːp] *s. Am.* F ‚Vize' *m* (*Vizepräsident*).

veer [vɪə] **I** *v/i. a.* ~ **round 1.** sich (ˈum-) drehen; ˈumspringen, sich drehen (*Wind*); *fig.* ˈumschwenken (**to** zu); **2.** ⚓ (ab)drehen, wenden; **II** *v/t.* **3.** *a.* ~ **round** *Schiff etc.* wenden, drehen, schwenken; **4.** ⚓ *Tauwerk* fieren, abschießen: ~ **and haul** fieren u. holen; **III** *s.* **5.** Wendung *f*, Drehung *f*, Richtungswechsel *m*.

veg·e·ta·ble [ˈvedʒtəbl] **I** *s.* **1.** *allg.* (*bsd.* Gemüse-, Futter)Pflanze *f*: **be a mere ~, live like a ~** *fig.* (nur noch) dahinvegetieren; **2.** *a. pl.* Gemüse *n*; **3.** ✓ Grünfutter *n*; **II** *adj.* **4.** pflanzlich, vegetaˈbilisch, Pflanzen…: ~ **diet** Pflanzenkost *f*; ~ **kingdom** Pflanzenreich *n*; ~ **marrow** Kürbis(frucht *f*) *m*; **5.** Gemüse…: ~ **garden**; ~ **soup.**

veg·e·tal [ˈvedʒɪtl] *adj.* **1.** ♀ → **vegetable** 4 *u.* 5; **2.** *physiol.* vegetaˈtiv; **veg·e·tar·i·an** [ˌvedʒɪˈteərɪən] **I** *s.* **1.** Vegeˈtarier(in); **II** *adj.* **2.** vegeˈtarisch; **3.** Vegetarier…; **veg·e·tar·i·an·ism** [ˌvedʒɪˈteərɪənɪzəm] *s.* Vegetaˈrismus *m*, vegeˈtarische Lebensweise; **ˈveg·e·tate** [-teɪt] *v/i.* **1.** (*wie e-e Pflanze*) wachsen; vegetieren; **2.** *contp.* (daˈhin)vegetieren; **veg·e·ta·tion** [ˌvedʒɪˈteɪʃn] *s.* **1.** Vegetatiˈon *f*, Pflanzenwelt *f*, -decke *f*: **luxuriant ~**; **2.** Vegetieren *n*, Pflanzenwuchs *m*; **3.** *fig.* (Daˈhin)Vegetieren *n*; **4.** ⚕ Wucherung *f*; **ˈveg·e·ta·tive** [-tətɪv] *adj.* □ *biol.* **1.** vegetaˈtiv: a) wie Pflanzen wachsend, b) wachstumsfördernd, c) Wachstums…; **2.** Vegetations…, pflanzlich.

ve·he·mence [ˈviːɪməns] *s.* **1.** *a. fig.* Heftigkeit *f*, Veheˈmenz *f*, Gewalt *f*, Wucht *f*; **2.** *fig.* Ungestüm *n*, Leidenschaft *f*; **ˈve·he·ment** [-nt] *adj.* □ *a. fig.* heftig, gewaltig, veheˈment, *fig. a.* ungestüm, leidenschaftlich, hitzig.

ve·hi·cle [ˈviːɪkl] *s.* **1.** Fahrzeug *n*, Beförderungsmittel *n*, *engS.* Wagen *m*; **2.** a) *a.* **space ~** Raumfahrzeug *n*, b) ˈTrägerraˌkete *f*; **3.** *fig.* a) Ausdrucksmittel *n*, Medium *n*, Veˈhikel *n*, b) Träger *m*, Vermittler *m*; **4.** ⚗, *biol.* Trägerflüssigkeit *f*; **5.** *pharm.*, ⚗, ⚙ Bindemittel *n*; **ve·hic·u·lar** [vɪˈhɪkjʊlə] *adj.* Fahrzeug…, Wagen…: ~ **traffic.**

veil [veɪl] **I** *s.* **1.** (Gesichts- *etc.*)Schleier *m*: **take the ~** *eccl.* den Schleier nehmen (*Nonne werden*); **2.** *phot.* (*a.* Nebel-, Dunst)Schleier *m*; **3.** *fig.* Schleier *m*, Maske *f*, Deckmantel *m*: **draw a ~ over** den Schleier des Vergessens breiten über (*acc.*); **under the ~ of darkness** im Schutze der Dunkelheit; **under the ~ of charity** unter dem Deckmantel der Nächstenliebe; **4.** ♀, *anat.* → **velum**; **5.** *eccl.* a) (Tempel)Vorhang *m*, b) Velum *n* (*Kelchtuch*); **6.** Verschleierung *f der Stimme*; **II** *v/t.* **7.** verschleiern, -hüllen (*a. fig.*); **III** *v/i.* **8.** sich verschleiern; **veiled** [-ld] *adj.* verschleiert (*a. phot.*, *fig.*) (*a. Stimme*); **ˈveil·ing** [-lɪŋ] *s.* **1.** Verschleierung *f* (*a. phot. u. fig.*); **2.** ☤ Schleier(stoff) *m*.

vein [veɪn] *s.* **1.** *anat.* Vene *f*; **2.** *allg.* Ader *f*: a) *anat.* Blutgefäß *n*, b) ♀ Blattnerv *m*, c) Maser *f* (*Holz*, *Marmor*), d) *geol.* (Erz)Gang *m*, e) Wasserader *f*; **3.** *fig.* a) *poetische etc.* Ader, Veranlagung *f*, Hang *m* (**of** zu), b) (Ton)Art *f*, c)

Stimmung *f*: ***be in the ~ for*** in Stimmung sein zu; **veined** [-nd] *adj.* **1.** *allg.* geädert; **2.** gemasert; **'vein·ing** [-nɪŋ] *s.* Äderung *f*, Maserung *f*; **'vein·let** [-lɪt] *s.* **1.** Äderchen *n*; **2.** ⚘ Seitenrippe *f*.

ve·la ['vi:lə] *pl. von* ***velum***.

ve·lar ['vi:lə] **I** *adj. anat., ling.* ve'lar, Gaumensegel..., Velar...; **II** *s. ling.* Gaumensegellaut *m*, Ve'lar(laut) *m*; **'ve·lar·ize** [-əraɪz] *v/t. ling. Laut* velarisieren.

veld(t) [velt] *s. geogr.* Gras- *od.* Buschland *n* (*Südafrika*).

vel·le·i·ty [ve'li:ətɪ] *s.* kraftloses, zögerndes Wollen.

vel·lum ['veləm] *s.* **1.** ('Kalbs-, 'Schreib-) Perga͵ment *n*, Ve'lin *n*: ***~ cloth*** Pausleinen *n*; **2.** *a.* ***~ paper*** Ve'linpa͵pier *n*.

ve·loc·i·pede [vɪ'lɒsɪpi:d] *s.* **1.** *hist.* Velozi'ped *n* (*Lauf-, Fahrrad*); **2.** *Am.* (Kinder)Dreirad *n*.

ve·loc·i·ty [vɪ'lɒsətɪ] *s. bsd.* ⚙, *phys.* Geschwindigkeit *f*: ***at a ~ of*** mit e-r Geschwindigkeit von; ***initial ~*** Anfangsgeschwindigkeit.

ve·lour(s) [və'lʊə] *s.* ✝ Ve'lours *m*.

ve·lum ['vi:ləm] *pl.* **-la** [-lə] *s.* **1.** ⚘, *anat.* Hülle *f*, Segel *n*; **2.** *anat.* Gaumensegel *n*, weicher Gaumen; **3.** ⚘ Schleier *m an Hutpilzen*.

vel·vet ['velvɪt] **I** *s.* **1.** Samt *m*: ***be on ~*** *sl.* glänzend dastehen; **2.** *zo.* Bast *m an jungen Geweihen etc.*; **II** *adj.* **3.** samten, aus Samt, Samt...; **4.** samtartig, -weich, samten (*a. fig.*): ***an iron hand in a ~ glove*** *fig.* e-e eiserne Faust unter dem Samthandschuh; ***handle s.o. with ~ gloves*** *fig.* j-n mit Samthandschuhen anfassen; **vel·vet·een** [͵velvɪ'ti:n] *s.* Man'(s)chester *m*, Baumwollsamt *m*; **'vel·vet·y** [-tɪ] → ***velvet*** 4.

ve·nal ['vi:nl] *adj.* □ käuflich, bestechlich, kor'rupt; **ve·nal·i·ty** [vi:'nælətɪ] *s.* Käuflichkeit *f*, Kor'ruptheit *f*, Bestechlichkeit *f*.

ve·na·tion [vi:'neɪʃn] *s.* ⚘, *zo.* Geäder *n*.

vend [vend] *v/t.* a) *bsd.* ⚖ verkaufen, b) zum Verkauf anbieten, c) hausieren mit; **vend·ee** [ven'di:] *s.* ⚖ Käufer *m*; **'vend·er** [-də] *s.* **1.** (Straßen)Verkäufer *m*, (-)Händler *m*; **2.** → ***vendor***.

ven·det·ta [ven'detə] *s.* Blutrache *f*.

vend·i·ble ['vendəbl] *adj.* □ verkäuflich.

vend·ing ma·chine ['vendɪŋ] *s.* (Ver'kaufs)Auto͵mat *m*.

ven·dor ['vendɔ:] *s.* **1.** ⚖ Verkäufer(in); **2.** (Ver'kaufs)Auto͵mat *m*.

ven·due ['vendju:] *s. bsd. Am.* Aukti'on *f*, Versteigerung *f*.

ve·neer [və'nɪə] **I** *v/t.* **1.** ⚙ a) *Holz* furnieren, einlegen, b) *Stein* auslegen, c) *Töpferei*: (mit dünner Schicht) über'ziehen; **2.** *fig.* um'kleiden, e-n äußeren Anstrich geben; **3.** *fig. Eigenschaften etc.* über'tünchen, verdecken; **II** *s.* **4.** ⚙ Fur'nier(holz, -blatt) *n*; **5.** *fig.* Tünche *f*, äußerer Anstrich; **ve'neer·ing** [-ərɪŋ] *s.* **1.** ⚙ a) Furnierholz *n*, b) Furnierung *f*, c) Fur'nierarbeit *f*; **2.** *fig.* → ***veneer*** 5.

ven·er·a·bil·i·ty [͵venərə'bɪlətɪ] *s.* Ehrwürdigkeit *f*; **ven·er·a·ble** ['venərəbl] *adj.* □ **1.** ehrwürdig (*a. R.C.*) (*a. fig. Bauwerk etc.*), verehrungswürdig; **2.** *Anglikanische Kirche*: Hoch(ehr)würden *m* (*Archidiakon*): ⛪ ***Sir***; **'ven·er·a·ble·ness** ['venərəblnɪs] *s.* Ehrwürdigkeit *f*.

ven·er·ate ['venəreɪt] *v/t.* **1.** verehren; **2.** in Ehren halten; **ven·er·a·tion** [͵venə'reɪʃn] *s.* (***of***) a) Verehrung *f* (*gen.*), b) Ehrfurcht *f* (vor *dat.*); **'ven·er·a·tor** [-tə] *s.* Verehrer(in).

ve·ne·re·al [və'nɪərɪəl] *adj.* **1.** geschlechtlich, Geschlechts..., Sexual...; **2.** ⚕ a) ve'nerisch, Geschlechts..., b) geschlechtskrank: ***~ disease*** Geschlechtskrankheit *f*; **ve·ne·re·ol·o·gist** [vənɪərɪ'ɒlədʒɪst] *s.* ⚕ Venero'loge *m*, Facharzt *m* für Geschlechtskrankheiten.

Ve·ne·tian [və'ni:ʃn] **I** *adj.* venezi'anisch: ***~ blind*** (Stab)Jalousie *f*; ***~ glass*** Muranoglas *n*; **II** *s.* Venezi'aner(in).

Ven·e·zue·lan [͵vene'zweɪlən] **I** *adj.* venezo'lanisch; **II** *s.* Venezo'laner(in).

venge·ance ['vendʒəns] *s.* Rache *f*, Vergeltung *f*: ***take ~ (up)on*** Vergeltung üben *od.* sich rächen an (*dat.*); ***with a ~*** F a) mächtig, mit Macht, wie besessen, wie der Teufel, b) *jetzt* erst recht, c) im Exzess, übertrieben; **'venge·ful** [-fʊl] *adj.* □ *rhet.* rachsüchtig, -gierig.

ve·ni·al ['vi:njəl] *adj.* □ verzeihlich: ***~ sin*** *R.C.* läßliche Sünde.

ven·i·son ['venzn] *s.* Wildbret *n*.

ven·om ['venəm] *s.* **1.** *zo.* (Schlangen- *etc.*)Gift *n*; **2.** *fig.* Gift *n*, Gehässigkeit *f*; **'ven·omed** [-md], **'ven·om·ous** [-məs] *adj.* □ **1.** giftig: ***~ snake*** Giftschlange *f*; **2.** *fig.* giftig, gehässig; **'ven·om·ous·ness** [-məsnɪs] *s.* Giftigkeit *f*, *fig. a.* Gehässigkeit *f*.

ve·nose ['vi:nəʊs] → ***venous***; **ve·nos·i·ty** [vɪ'nɒsətɪ] *s. biol.* **1.** Äderung *f*; **2.** ⚕ Venosi'tät *f*; **ve·nous** ['vi:nəs] *adj.* □ *biol.* **1.** Venen..., Adern...; **2.** ve'nös: ***~ blood***; **3.** ⚘ geädert.

vent [vent] **I** *s.* **1.** (Luft)Loch *n*, (Abzugs)Öffnung *f*, Schlitz *m*, ⚙ *a.* Entlüfter(stutzen) *m*: ***~ window*** → ***ventipane***; **2.** Spundloch *n* (*Faß*); **3.** ⚔ *hist.* Schießscharte *f*; **4.** Fingerloch *n* (*Flöte etc.*); **5.** (Vul'kan)Schlot *m*; **6.** *orn., ichth.* After *m*; **7.** *zo.* Aufstoßen *n* zum Luftholen (*Otter etc.*); **8.** Auslaß *m* (*a. fig.*): ***find (a) ~*** *fig.* sich entladen (*Gefühl*); ***give ~ to*** → 9; **II** *v/t.* **9.** *fig. e-m Gefühl* Luft machen, *Wut etc.* auslassen (***on*** an *dat.*); **10.** ⚙ a) e-e Abzugsöffnung *etc.* anbringen an (*dat.*), b) *Rauch etc.* abziehen lassen, c) ventilieren; **III** *v/i.* **11.** *hunt.* aufstoßen (zum Luftholen) (*Otter etc.*); **'vent·age** [-tɪdʒ] → ***vent*** 1, 4, 8.

ven·ter ['ventə] *s.* **1.** *anat.* a) Bauch (-höhle *f*) *m*, b) (Muskel- *etc.*)Bauch *m*; **2.** *zo.* (In'sekten)Magen *m*; **3.** ⚖ Mutter(leib *m*) *f*: ***child of a second ~*** Kind *n* von e-r zweiten Frau.

'vent·hole → ***vent*** 1.

ven·ti·late ['ventɪleɪt] *v/t.* **1.** ventilieren, (be-, ent-, 'durch)lüften; **2.** *physiol.* Sauerstoff zuführen (*dat.*); **3.** *fig.* ventilieren: a) zur Sprache bringen, erörtern, b) *Meinung etc.* äußern; **4.** → ***vent*** 9; **'ven·ti·lat·ing** [-tɪŋ] *adj.* Ventilations..., Lüftungs...; **ven·ti·la·tion** [͵ventɪ'leɪʃn] *s.* **1.** Ventilati'on *f*, (Be-, Ent)Lüftung *f* (*beide a. Anlage*), Luftzufuhr *f*; ⚒ Bewetterung *f*; **2.** a) (freie) Erörterung, öffentliche Diskussi'on, b) Äußerung *f e-s Gefühls etc.*, Entladung *f*; **'ven·ti·la·tor** [-tə] *s.* Venti'lator *m*, Entlüfter *m*, Lüftungsanlage *f*.

ven·ti·pane ['ventɪpeɪn] *s. mot.* Ausstellfenster *n*.

ven·tral ['ventrəl] *adj.* □ *biol.* ven'tral, Bauch...

ven·tri·cle ['ventrɪkl] *s. anat.* Ven'trikel *m*, (Körper)Höhle *f*, *bsd.* (Herz-, Hirn-) Kammer *f*; **ven·tric·u·lar** [ven'trɪkjʊlə] *adj. anat.* ventriku'lär, Kammer...

ven·tri·lo·qui·al [͵ventrɪ'ləʊkwɪəl] *adj.* bauchrednerisch, Bauchrede...

ven·tril·o·quism [ven'trɪləkwɪzəm] *s.* Bauchreden *n*; **ven'tril·o·quist** [-ɪst] *s.* Bauchredner(in); **ven'tril·o·quize** [-kwaɪz] **I** *v/i.* bauchreden; **II** *v/t. et.* bauchrednerisch sagen; **ven'tril·o·quy** [-kwɪ] *s.* Bauchreden *n*.

ven·ture ['ventʃə] **I** *s.* **1.** Wagnis *n*: a) Risiko *n*, b) (gewagtes) Unter'nehmen; **2.** ✝ a) (geschäftliches) Unter'nehmen, Operati'on *f*, b) Spekulati'on *f*; **3.** Spekulati'onsob͵jekt *n*, Einsatz *m*; **4.** *obs.* Glück *n*: ***at a ~*** aufs Geratewohl, auf gut Glück; **II** *v/t.* **5.** *et.* riskieren, wagen, aufs Spiel setzen: ***nothing ~ nothing have*** (*od.* ***gain[ed]***) wer nicht wagt, der nicht gewinnt; **6.** *Bemerkung etc.* (zu äußern) wagen; **III** *v/i.* **7.** (es) wagen, sich erlauben (***to do*** zu tun); **8.** ***~ (up)on*** sich an *e-e Sache* wagen; **9.** sich *wohin* wagen; **'ven·ture·some** [-səm] *adj.* □ waghalsig: a) kühn, verwegen (*Person*), b) gewagt, ris'kant (*Tat*); **'ven·ture·some·ness** [-səmnɪs] *s.* Waghalsigkeit *f*; **'ven·tur·ous** [-ərəs] *adj.* □ → ***venturesome***.

ven·ue ['venju:] *s.* **1.** ⚖ a) Gerichtsstand *m*, zuständiger Verhandlungsort *m*, *Brit. a.* zuständige Grafschaft, b) örtliche Zuständigkeit; **2.** a) Schauplatz *m*, b) Treffpunkt *m*, Tagungsort *m*, c) *sport* Austragungsort *m*.

Ve·nus ['vi:nəs] *s. allg.* Venus *f*.

ve·ra·cious [və'reɪʃəs] *adj.* □ **1.** wahr'haftig, wahrheitsliebend; **2.** wahr (-heitsgetreu): ***~ account***; **ve·rac·i·ty** [və'ræsətɪ] *s.* **1.** Wahr'haftigkeit *f*, Wahrheitsliebe *f*; **2.** Richtigkeit *f*; **3.** Wahrheit *f*.

ve·ran·da(h) [və'rændə] *s.* Ve'randa *f*.

verb [vɜ:b] *s. ling.* Zeitwort *n*, Verb(um) *n*; **'ver·bal** [-bl] **I** *adj.* □ **1.** Wort... (*-fehler, -gedächtnis, -kritik etc.*); **2.** mündlich (*a. Vertrag etc.*): ***~ message***; **3.** (wort)wörtlich: ***~ copy***; ***~ translation***; **4.** wörtlich, Verbal...: ***~ note*** *pol.* Verbalnote *f*; **5.** *ling.* ver'bal, Verbal..., Zeitwort...: ***~ noun*** → 6; **II** *s.* **6.** *ling.* Ver'bal͵substantiv *n*; **'ver·bal·ism** [-bəlɪzəm] *s.* **1.** Ausdruck *m*; **2.** Verba'lismus *m*, Wortemache'rei *f*; **3.** Wortklaube'rei *f*; **'ver·bal·ist** [-bəlɪst] *s.* **1.** *bsd. ped.* Verba'list(in); **2.** wortgewandte Per'son; **'ver·bal·ize** [-bəlaɪz] **I** *v/t.* **1.** in Worte fassen, formulieren; **2.** *ling.* in ein Verb verwandeln; **II** *v/i.* **3.** viele Worte machen; **ver·ba·tim** [vɜ:'beɪtɪm] **I** *adv.* ver'batim, (wort)wörtlich, Wort für Wort; **II** *adj.* → ***verbal*** 3; **III** *s.* wortgetreuer Bericht; **'ver·bi·age** [-bɪɪdʒ] *s.* **1.** Wortschwall *m*; **2.** Dikti'on *f*; **ver·bose** [vɜ:'bəʊs] *adj.* □ wortreich, weitschweifig; **ver·bos·i·ty** [vɜ:'bɒsətɪ] *s.* Wortreichtum *m*.

ver·dan·cy ['vɜ:dənsɪ] *s.* **1.** (frisches)

Grün; **2.** *fig.* Unerfahrenheit *f*; Unreife *f*; **'ver·dant** [-nt] *adj.* □ **1.** grün, grünend; **2.** *fig.* grün, unreif.

ver·dict ['vɜːdɪkt] *s.* **1.** ⚖ (Wahr)Spruch *m* der Geschworenen, Ver'dikt *n*: **~ of not guilty** Erkennen *n* auf „nicht schuldig"; **bring in** (*od.* **return**) **a ~ of guilty** auf schuldig erkennen; **2.** *fig.* Urteil *n* (**on** über *acc.*).

ver·di·gris ['vɜːdɪgrɪs] *s.* Grünspan *m*.

ver·dure ['vɜːdʒə] *s.* **1.** (frisches) Grün; **2.** Vegetati'on *f*, saftiger Pflanzenwuchs; **3.** *fig.* Frische *f*, Kraft *f*.

verge [vɜːdʒ] **I** *s.* **1.** *mst fig.* Rand *m*, Grenze *f*: **on the ~ of** am Rande *der Verzweiflung etc.*, dicht vor (*dat.*); **on the ~ of tears** den Tränen nahe; **on the ~ of doing** nahe daran, zu tun; **2.** ⚒ (Beet)Einfassung *f*, (Gras)Streifen *m*; **3.** ⚖ *Brit. hist.* Gerichtsbezirk *m* rund um den Königshof; **4.** ⚙ a) 'überstehende Dachkante, b) Säulenschaft *m*, c) Schwungstift *m* (*Uhrhemmung*), d) Zugstab *m* (*Setzmaschine*); **5.** a) *bsd. eccl.* Amtsstab *m*, b) *hist.* Belehnungsstab *m*; **II** *v/i.* **6.** *mst fig.* grenzen *od.* streifen (**on** an *acc.*); **7.** (**on**, **into**) sich nähern (*dat.*), (in *e-e Farbe etc.*) 'übergehen; **8.** sich (hin)neigen (**to[wards]** nach); **'ver·ger** [-dʒə] *s.* **1.** Kirchendiener *m*, Küster *m*; **2.** *bsd. Brit. eccl.* (Amts)Stabträger *m*.

ver·i·est ['verɪɪst] *adj.* (*sup. von* **very** II) *obs.* äußerst: **the ~ child** (selbst) das kleinste Kind; **the ~ nonsense** der reinste Unsinn; **the ~ rascal** der ärgste *od.* größte Schuft.

ver·i·fi·a·ble ['verɪfaɪəbl] *adj.* nachweis-, nachprüfbar, verifizierbar; **ver·i·fi·ca·tion** [ˌverɪfɪ'keɪʃn] *s.* **1.** Nachprüfung *f*; **2.** Echtheitsnachweis *m*, Richtigbefund *m*; **3.** Beglaubigung *f*, Beurkundung *f*; (⚖ eidliche) Bestätigung; **ver·i·fy** ['verɪfaɪ] *v/t.* **1.** *auf die Richtigkeit hin* (nach)prüfen; **2.** die Richtigkeit *od.* Echtheit *e-r Angabe etc.* feststellen *od.* nachweisen, verifizieren; **3.** *Urkunde etc.* beglaubigen; beweisen, belegen; **4.** ⚖ eidlich beteuern; **5.** bestätigen; **6.** *Versprechen etc.* erfüllen, wahrmachen.

ver·i·ly ['verəlɪ] *adv. bibl.* wahrlich.

ver·i·si·mil·i·tude [ˌverɪsɪ'mɪlɪtjuːd] *s.* Wahr'scheinlichkeit *f*.

ver·i·ta·ble ['verɪtəbl] *adj.* □ wahr(-haft), wirklich, echt.

ver·i·ty ['verətɪ] *s.* **1.** (Grund)Wahrheit *f*: **of a ~** wahrhaftig; **eternal verities** ewige Wahrheiten; **2.** Wahrheit *f*; **3.** (*j-s*) Wahr'haftigkeit *f*.

ver·juice ['vɜːdʒuːs] *s.* **1.** Obst-, Traubensaft *m* (*bsd. von unreifen Früchten*); **2.** Essig *m* (*a. fig.*).

ver·meil ['vɜːmeɪl] **I** *s.* **1.** *bsd. poet. für* **vermilion**; **2.** ⚙ Ver'meil *n*: a) feuervergoldetes Silber *od.* Kupfer, vergoldete Bronze, b) hochroter Gra'nat; **II** *adj.* **3.** *poet.* purpur-, scharlachrot.

ver·mi·cel·li [ˌvɜːmɪ'selɪ] (*Ital.*) *s. pl.* Fadennudeln *pl*.

ver·mi·cide ['vɜːmɪsaɪd] *s. pharm.* Wurmmittel *n*; **ver·mic·u·lat·ed** [vɜː'mɪkjʊleɪtɪd] *adj.* **1.** wurmstichig; **2.** △ geschlängelt; **ver·mi·form** ['vɜːmɪfɔːm] *adj. biol.* wurmförmig: **~ appendix** *anat.* Wurmfortsatz *m*; **ver·mi·fuge** ['vɜːmɪfjuːdʒ] → **vermicide**.

ver·mil·ion [və'mɪljən] **I** *s.* **1.** Zin'nober *m*; **2.** Zin'noberrot *n*; **II** *adj.* **3.** zin'noberrot; **III** *v/t.* **4.** mit Zin'nober *od.* zin'noberrot färben.

ver·min ['vɜːmɪn] *s. mst pl. konstr.* **1.** *zo. coll.* a) Ungeziefer *n*, b) Schädlinge *pl.*, Para'siten *pl.*, c) *hunt.* Raubzeug *n*; **2.** *fig. contp.* Geschmeiß *n*, Pack *n*; **'~-ˌkill·er** *s.* **1.** Kammerjäger *m*; **2.** Ungeziefervertilgungsmittel *n*.

ver·min·ous ['vɜːmɪnəs] *adj.* □ **1.** voller Ungeziefer; verlaust, verwanzt, verseucht; **2.** durch Ungeziefer verursacht: **~ disease**; **3.** *fig.* a) schädlich, b) niedrig, gemein.

ver·mo(u)th ['vɜːməθ] *s.* Wermut(wein) *m*.

ver·nac·u·lar [və'nækjʊlə] **I** *adj.* □ **1.** einheimisch, Landes...(*-sprache*); **2.** mundartlich, Volks..., Heimat...: **~ poetry**; **3.** ⚕ en'demisch, lo'kal: **~ disease**; **II** *s.* **4.** Landes-, Mutter-, Volkssprache *f*; **5.** Mundart *f*, Dia'lekt *m*; **6.** Jar'gon *m*; **7.** Fachsprache *f*; **8.** → **ver'nac·u·lar·ism** [-ərɪzəm] *s.* volkstümlicher *od.* mundartlicher Ausdruck; **ver'nac·u·lar·ize** [-əraɪz] *v/t.* **1.** *Ausdrükke etc.* einbürgern; **2.** in Volkssprache *od.* Mundart über'tragen, mundartlich ausdrücken.

ver·nal ['vɜːnl] *adj.* □ **1.** Frühlings...; **2.** *fig.* frühlingshaft, Jugend...; **~ e·qui·nox** *s. ast.* 'Frühlingsäquiˌnoktium *n* (*21. März*).

ver·ni·er ['vɜːnjə] *s.* ⚙ **1.** Nonius *m* (*Gradteiler*); **2.** Fein(ein)steller *m*, Verni'er *m*; **~ cal·(l)i·per(s)** *s.* ⚙ Schublehre *f* mit Nonius.

Ver·o·nese [ˌverə'niːz] **I** *adj.* vero'nesisch, aus Ve'rona; **II** *s.* Vero'neser(in).

ve·ron·i·ca [vɪ'rɒnɪkə] *s.* **1.** ⚘ Ve'ronika *f*, Ehrenpreis *m*; **2.** *R.C. u. paint.* Schweißtuch *n* der Ve'ronika.

ver·sa·tile ['vɜːsətaɪl] *adj.* □ **1.** vielseitig (begabt *od.* gebildet); gewandt, wendig, beweglich; **2.** unbeständig, wandelbar; **3.** ⚘, *zo.* (frei) beweglich; **ver·sa·til·i·ty** [ˌvɜːsə'tɪlətɪ] *s.* **1.** Vielseitigkeit *f*, Gewandtheit *f*, Wendigkeit *f*, geistige Beweglichkeit; **2.** Unbeständigkeit *f*.

verse [vɜːs] **I** *s.* **1.** a) Vers(zeile *f*) *m*, b) (Gedicht)Zeile *f*, c) *allg.* Vers *m*, Strophe *f*: **~ drama** Versdrama *n*; → **chapter** 1; **2.** *coll. ohne art.* a) Verse *pl.*, b) Poe'sie *f*, Dichtung *f*; **3.** Vers(-maß *n*) *m*: **blank ~** a) Blankvers, b) reimloser Vers; **II** *v/t.* **4.** in Verse bringen; **III** *v/i.* **5.** dichten, Verse machen.

versed[1] [vɜːst] *adj.* bewandert, beschlagen, versiert (**in** in *dat.*).

versed[2] [vɜːst] *adj.* 𝔄 'umgekehrt: **~ sine** Sinusversus *m*.

ver·si·fi·ca·tion [ˌvɜːsɪfɪ'keɪʃn] *s.* **1.** Verskunst *f*, Versemachen *n*; **2.** Versbau *m*; **ver·si·fi·er** ['vɜːsɪfaɪə] *s.* Verseschmied *m*, Dichterling *m*; **ver·si·fy** ['vɜːsɪfaɪ] → **verse** 4 *u.* 5.

ver·sion ['vɜːʃn] *s.* **1.** (*a.* 'Bibel)Überˌsetzung *f*; **2.** *thea. etc.* (*Bühnen- etc.*) Fassung *f*; **3.** Darstellung *f*, Fassung *f*, Lesart *f*, Versi'on *f*; **4.** Spielart *f*, Vari'ante *f*; **5.** ⚙ (*Export- etc.*)Ausführung *f*, Mo'dell *n*.

ver·sus ['vɜːsəs] *prp.* ⚖, *a. sport u. fig.* gegen, kontra.

vert [vɜːt] *eccl.* F **I** *v/i.* 'übertreten, konvertieren; **II** *s.* Konver'tit(in).

ver·te·bra ['vɜːtɪbrə] *pl.* **-brae** [-briː] *s. anat.* **1.** (Rücken)Wirbel *m*; **2.** *pl.* Wirbelsäule *f*; **'ver·te·bral** [-rəl] *adj.* □ verte'bral, Wirbel(säulen)...: **~ column** Wirbelsäule *f*; **'ver·te·brate** [-rɪt] **I** *adj.* **1.** mit e-r Wirbelsäule (versehen), Wirbel...(*-tier*); **2.** *zo.* zu den Wirbeltieren gehörig; **II** *s.* **3.** Wirbeltier *n*; **'ver·te·brat·ed** [-reɪtɪd] → **vertebrate** I.

ver·tex ['vɜːteks] *pl. mst* **-ti·ces** [-tɪsiːz] *s.* **1.** *biol.* Scheitel *m*; **2.** 𝔄 Scheitelpunkt *m*, Spitze *f* (*beide a. fig.*); **3.** *ast.* a) Ze'nith *m*, b) Vertex *m*; **4.** *fig.* Gipfel *m*; **'ver·ti·cal** [-tɪkl] **I** *adj.* □ **1.** senk-, lotrecht, verti'kal: **~ clearance** ⚙ lichte Höhe; **~ engine** ⚙ stehender Motor; **~ section** △ Aufriß *m*; **~ take-off** ✈ Senkrechtstart *m*; **~ take-off plane** *od.* **aircraft** ✈ Senkrechtstarter *m*; **2.** *ast.*, 𝔄 Scheitel..., Höhen..., Vertikal...: **~ angle** Scheitelwinkel *m*; **~ circle** *ast.* Vertikalkreis *m*; **~ section** △ Aufriß *m*; **II** *s.* **3.** Senkrechte *f*.

ver·tig·i·nous [vɜː'tɪdʒɪnəs] *adj.* □ **1.** wirbelnd; **2.** schwindlig, Schwindel...; **3.** schwindelerregend, schwindelnd: **~ height**; **ver·ti·go** ['vɜːtɪgəʊ] *pl.* **-goes** *s.* ⚕ Schwindel(gefühl *n*, -anfall *m*) *m*.

ver·tu [vɜː'tuː] → **virtu**.

ver·vain ['vɜːveɪn] *s.* ⚘ Eisenkraut *n*.

verve [vɜːv] *s.* (künstlerische) Begeisterung, Schwung *m*, Feuer *n*, Verve *f*.

ver·y ['verɪ] **I** *adv.* **1.** sehr, äußerst, außerordentlich: **~ good** a) sehr gut, b) einverstanden, sehr wohl; **~ well** a) sehr gut, b) meinetwegen, na schön; **not ~ good** nicht sehr *od.* besonders *od.* gerade gut; **2.** **~ much** (*in Verbindung mit Verben*) sehr, außerordentlich: **he was ~ much pleased**; **3.** (*vor sup.*) aller...: **the ~ last drop** der allerletzte Tropfen; **4.** völlig, ganz; **II** *adj.* **5.** gerade, genau: **the ~ opposite** genau das Gegenteil; **the ~ thing** genau *od.* gerade das (Richtige); **at the ~ edge** ganz am Rand, am äußersten Rand; **6.** bloß: **the ~ fact of his presence**; **the ~ thought** der bloße Gedanke, schon der Gedanke; **7.** rein, pur, schier: **from ~ egoism**; **the ~ truth** die reine Wahrheit; **8.** frisch: **in the ~ act** auf frischer Tat; **9.** wahr, wirklich: **~ God of ~ God** *bibl.* wahrer Gott vom wahren Gott; **the ~ heart of the matter** der Kern der Sache; **in ~ deed** (**truth**) tatsächlich (wahrhaftig); **10.** (*nach* **this**, **that**, **the**) (der-, die-, das)'selbe, (der, die, das) gleiche *od.* nämliche: **that ~ afternoon**; **the ~ same words**; **11.** selbst, so'gar: **his ~ servants**; **12.** → **veriest**.

ver·y| high fre·quen·cy ['verɪ] *s.* ⚡ 'Hochfreˌquenz *f*, Ultra'kurzwelle *f*.

Ver·y| light ['vɪərɪ; 'verɪ] *s.* ⚔ 'Leuchtpaˌtrone *f*; **~ pis·tol** *s.* ⚔ 'Leuchtpiˌstole *f*; **~'s night sig·nals** *s.* ⚔ Si'gnalschießen *n* mit 'Leuchtmunitiˌon.

ve·si·ca ['vesɪkə] *pl.* **-cas** (*Lat.*) *s.* **1.** *biol.* Blase *f*, Zyste *f*; **2.** *anat.*, *zo.* (Harn-, Gallen-, *ichth.* Schwimm)Blase *f*; **'ves·i·cal** [-kl] *adj.* Blasen...; **'ves·i·cant** [-kənt] **I** *adj.* **1.** ⚕ blasenziehend; **II** *s.* **2.** ⚕ blasenziehendes Mittel, Zugpflaster *n*; **3.** ⚔ ätzender Kampfstoff; **'ves·i·cate** [-keɪt] **I** *v/i.* Blasen ziehen; **II** *v/t.* Blasen ziehen auf (*dat.*); **ves·i-**

ca·tion [ˌvesɪ'keɪʃn] *s.* Blasenbildung *f*; **'ves·i·ca·to·ry** [-keɪtərɪ] → ***vesicant***; **'ves·i·cle** [-kl] *s.* Bläs-chen *n*; **ve·sic·u·lar** [vɪ'sɪkjʊlə] *adj.* **1.** Bläs-chen…, Blasen…; **2.** blasenförmig, blasig; **3.** blasig, Bläs-chen aufweisend.

ves·per ['vespə] *s.* **1.** ♀ *ast.* Abendstern *m*; **2.** *poet.* Abend *m*; **3.** *pl. eccl.* Vesper *f*, Abendgottesdienst *m*, -andacht *f*; **4.** *a.* ~ ***bell*** Abendglocke *f*, -läuten *n*.

ves·sel ['vesl] *s.* **1.** Gefäß *n* (*a. anat.*, ⚘ *u. fig.*); **2.** ⚓ (*a.* ✈ Luft)Schiff *n*, (Wasser)Fahrzeug *n*.

vest [vest] **I** *s.* **1.** *Brit.* 'Unterhemd *n*; **2.** *Brit.* ✝ *od. Am.* Weste *f*; **3.** a) Damenweste *f*, b) Einsatzweste *f*; **4.** *poet.* Gewand *n*; **II** *v/t.* **5.** *bsd. eccl.* bekleiden; **6.** (***with***) *fig. j-n* bekleiden, ausstatten (mit *Befugnissen etc.*), bevollmächtigen; *j-n* einsetzen (in *Eigentum, Rechte etc.*); **7.** *Recht etc.* über'tragen, verleihen (***in s.o.*** j-m): ***~ed interest***, ***~ed right*** sicher begründetes Anrecht, unabdingbares Recht; ***~ed interests*** *die* maßgeblichen Kreise (*e-r Stadt etc.*); **8.** *Am. Feindvermögen* mit Beschlag belegen: ***~ing order*** Beschlagnahmeverfügung *f*; **III** *v/i.* **9.** *bsd. eccl.* sich bekleiden; **10.** 'übergehen (***in*** auf *acc.*) (*Vermögen etc.*); **11.** (***in***) zustehen (*dat.*), liegen (bei) (*Recht etc.*).

ves·ta ['vestə] *s. Brit. a.* ~ ***match*** kurzes Streichholz.

ves·tal ['vestl] **I** *adj.* **1.** *antiq.* ve'stalisch; **2.** *fig.* keusch, rein; **II** *s.* **3.** *antiq.* Ve'stalin *f*; **4.** Jungfrau *f*; **5.** Nonne *f*.

ves·ti·bule ['vestɪbju:l] *s.* **1.** (Vor)Halle *f*, Vorplatz *m*, Vesti'bül *n*; **2.** 🚂 *Am.* (Har'monika)Verbindungsgang *m zwischen zwei D-Zug-Wagen*; **3.** *anat.* Vorhof *m*; ~ ***school*** *s. Am.* Lehrwerkstatt *f* (*e-s Industriebetriebs*); ~ ***train*** *s. bsd. Am.* D-Zug *m*.

ves·tige ['vestɪdʒ] *s.* **1.** *obs. od. poet.* Spur *f*; **2.** *bsd. fig.* Spur *f*, 'Überrest *m*, -bleibsel *n*; **3.** *fig.* Spur *f*, *ein* bißchen; **4.** *biol.* Rudi'ment *n*, verkümmertes Or'gan *od.* Glied; **ves·tig·i·al** [ve'stɪdʒɪəl] *adj.* **1.** spurenhaft, restlich; **2.** *biol.* rudimen'tär, verkümmert.

vest·ment ['vestmənt] *s.* **1.** Amtstracht *f*, Robe *f*, *a. eccl.* Or'nat *m*; **2.** *eccl.* Meßgewand *n*; **3.** Gewand *n*, Kleid *n* (*beide a. fig.*).

ˌvest-'pock·et *adj. fig.* im 'Westentaschenforˌmat, Westentaschen…, Klein…, Miniatur…

ves·try ['vestrɪ] *s. eccl.* **1.** Sakri'stei *f*; **2.** Bet-, Gemeindesaal *m*; **3.** *Brit.* a) *a.* ***common ~***, ***general ~***, ***ordinary ~*** Gemeindesteuerpflichtige *pl.*, b) *a.* ***select ~*** Kirchenvorstand *m*; ~ ***clerk*** *s. Brit.* Rechnungsführer *m* der Kirchgemeinde; **'~·man** [-mən] *s.* [*irr.*] Gemeindevertreter *m*.

ves·ture ['vestʃə] *s. obs. od. poet.* a) Gewand *n*, Kleid(ung *f*) *n*, b) Hülle *f* (*a. fig.*), Mantel *m*.

ve·su·vi·an [vɪ'su:vjən] **I** *adj.* **1.** ♀ *geogr.* ve'suvisch; **2.** vul'kanisch; **II** *s.* **3.** *obs.* Windstreichhölzchen *n*.

vet[1] [vet] F **I** *s.* **1.** Tierarzt *m*; **II** *v/t.* **2.** *Tier* unter'suchen *od.* behandeln; **3.** *humor.* a) *j-n* verarzten, b) *j-n* auf Herz u. Nieren prüfen, (*a.* po'litisch) über'prüfen.

vet[2] [vet] *Am.* F *für* ***veteran***.

vetch [vetʃ] *s.* ⚘ Wicke *f*; **'vetch·ling** [-lɪŋ] *s.* ⚘ Platterbse *f*.

vet·er·an ['vetərən] **I** *s.* **1.** Vete'ran *m* (*alter Soldat od. Beamter*); **2.** ⚔ *Am.* ehemaliger Kriegsteilnehmer; **3.** *fig.* ‚alter Hase'; **II** *adj.* **4.** alt-, ausgedient; **5.** kampferprobt: ~ ***troops***; **6.** *fig.* erfahren: ~ ***golfer***; **7.** ~ ***car*** *mot.* Oldtimer *m*.

vet·er·i·nar·i·an [ˌvetərɪ'neərɪən] → **vet·er·i·nar·y** ['vetərɪnərɪ] **I** *s.* Tierarzt *m*, Veteri'när *m*; **II** *adj.* tierärztlich: ~ ***medicine*** Tiermedizin *f*; ~ ***surgeon*** → I.

ve·to ['vi:təʊ] *pol.* **I** *pl.* **-toes** *s.* **1.** Veto *n*, Einspruch *m*: ***put a*** (*od.* ***one's***) ~ (***up***)***on*** → 3; **2.** *a.* ~ ***power*** Veto-, Einspruchsrecht *n*; **II** *v/t.* **3.** sein Veto einlegen gegen, Einspruch erheben gegen; **4.** unter'sagen, verbieten.

vet·ting ['vetɪŋ] *s. pol.* F 'Sicherheitsüberˌprüfung *f*.

vex [veks] *v/t.* **1.** *j-n* ärgern, belästigen, aufbringen, irritieren; → ***vexed***; **2.** quälen, bedrücken, beunruhigen; **3.** schikanieren; **4.** *j-n* verwirren, *j-m* ein Rätsel sein; **5.** *obs. od. poet. Meer* aufwühlen.

vex·a·tion [vek'seɪʃn] *s.* **1.** Ärger *m*, Verdruß *m*; **2.** Plage *f*, Qual *f*; **3.** Belästigung *f*; **4.** Schi'kane *f*; **5.** Beunruhigung *f*, Sorge *f*; **vex·a·tious** [vek'seɪʃəs] *adj.* ☐ **1.** lästig, verdrießlich, ärgerlich, leidig; **2.** ⚖ schika'nös: ***a ~ suit***; **vex·a·tious·ness** [vek'seɪʃəsnɪs] *s.* Ärgerlich-, Verdrießlich-, Lästigkeit *f*; **vexed** [vekst] *adj.* ☐ **1.** ärgerlich (***at s.th.***, ***with s.o.*** über *acc.*); **2.** beunruhigt (***with*** durch, von); **3.** ('viel)umˌstritten, strittig: ~ ***question***; **vex·ing** ['veksɪŋ] → ***vexatious*** 1.

vi·a ['vaɪə] (*Lat.*) **I** *prp.* via, über (*acc.*): ~ ***London***; ~ ***air mail*** per Luftpost; **II** *s.* Weg *m*: ~ ***media*** *fig.* Mittelding *od.* -weg.

vi·a·ble ['vaɪəbl] *adj. a. fig.* lebensfähig: ~ ***child***; ~ ***industry***.

vi·a·duct ['vaɪədʌkt] *s.* Via'dukt *m*.

vi·al ['vaɪəl] *s.* (Glas)Fläschchen *n*, Phi'ole *f*: ***pour out the ~s of one's wrath*** *bibl. u. fig.* die Schalen s-s Zornes ausgießen (***upon*** über *acc.*).

vi·and ['vaɪənd] *s. pl.* **1.** Lebensmittel *pl.*; **2.** ('Reise)Proviˌant *m*.

vi·at·i·cum [vaɪ'ætɪkəm] *pl.* **-cums** *s. eccl.* Vi'atikum *n* (*bei der letzten Ölung gereichte Eucharistie*).

vibes [vaɪbz] *s. pl.* F **1.** *mst sg konstr.* ♪ Vibra'phon *n*; **2.** Ausstrahlung *f* (*e-r Person*).

vi·bran·cy ['vaɪbrənsɪ] *s.* Reso'nanz *f*, Schwingen *n*; **vi·brant** ['vaɪbrənt] *adj.* **1.** vibrierend: a) schwingend (*Saite etc.*), b) laut schallend (*Ton*); **2.** zitternd, bebend (***with*** vor *dat.*): ~ ***with energy***; **3.** pulsierend (***with*** von): ~ ***cities***; **4.** kraftvoll, lebensprühend: ***a ~ personality***; **5.** erregt; **6.** *ling.* stimmhaft (*Laut*).

vi·bra·phone ['vaɪbrəfəʊn] *s.* ♪ Vibra'phon *n*.

vi·brate [vaɪ'breɪt] **I** *v/i.* **1.** vibrieren: a) zittern (*a. phys.*), b) (nach)klingen, (-)schwingen (*Töne*); **2.** pulsieren (***with*** von); **3.** zittern, beben (***with*** vor *Erregung etc.*); **II** *v/t.* **4.** in Schwingungen versetzen; **5.** vibrieren *od.* schwingen *od.* zittern lassen, rütteln; **vi'bra·tion** [-eɪʃn] *s.* **1.** Schwingen *n*, Vibrieren *n*, Zittern *n*: ***~-proof*** erschütterungsfrei; **2.** *phys.* Vibrati'on *f*: a) Schwingung *f*, b) Oszillati'on *f*; **3.** *fig.* a) Pulsieren *n*, b) *pl.* Ausstrahlung *f e-r Person*; **vi'bra·tion·al** [-eɪʃənl] *adj.* Schwingungs…; **vi'bra·tor** [-eɪtə] *s.* **1.** ⚙ Vi'brator *m* (*a.* ⚕), 'Rüttelappaˌrat *m*; **2.** ⚡ Oszil'lator *m*: a) Summer *m*, b) Zerhacker *m*; **3.** ♪ Zunge *f*, Blatt *n*; **vi·bra·to·ry** ['vaɪbrətərɪ] *adj.* **1.** schwingungsfähig; **2.** vibrierend; **3.** Vibrations…, Schwingungs…

vic·ar ['vɪkə] *s. eccl.* **1.** *Brit.* Vi'kar *m*, ('Unter)Pfarrer *m*; **2.** *Protestantische Episkopalkirche in den USA*: a) ('Unter)Pfarrer *m*, b) Stellvertreter *m* des Bischofs; **3.** *R.C.* a) ***cardinal ~*** Kardinalvikar *m*, b) ♀ ***of*** (***Jesus***) ***Christ*** Statthalter *m* Christi (*Papst*); **4.** Ersatz *m*; **'vic·ar·age** [-ərɪdʒ] *s.* **1.** Pfarrhaus *n*; **2.** Vikari'at *n* (*Amt des Vikars*); **'vic·ar gen·er·al** *s. eccl.* Gene'ralviˌkar *m*.

vi·car·i·ous [vaɪ'keərɪəs] *adj.* ☐ **1.** stellvertretend; **2.** *fig.* mit-, nachempfunden, *Erlebnis etc.* aus zweiter Hand: ~ ***pleasure***.

vice[1] [vaɪs] *s.* **1.** Laster *n*: a) Untugend *f*, b) schlechte (An)Gewohnheit; **2.** Lasterhaftigkeit *f*, Verderbtheit *f*: ~ ***squad*** Sittenpolizei *f*, 'Sittendezerˌnat *n*; **3.** körperlicher Fehler, Gebrechen *n*; **4.** *fig.*, *a.* ⚖ Mangel *m*, Fehler *m*; **5.** Verirrung *f*, Auswuchs *m*; **6.** Unart *f* (*Pferd*).

vice[2] [vaɪs] *s.* ⚙ Schraubstock *m* (*a. fig.*).

vi·ce[3] ['vaɪsɪ] *prp.* an Stelle von.

vice[4] [vaɪs] *s.* F ‚Vize' *m* (*abbr. für* ***vice admiral*** *etc.*).

vice- [vaɪs] *in Zssgn* stellvertretend, Vize…

vice| ad·mi·ral *s.* ⚓ 'Vizeadmiˌral *m*; **ˌ~-'chair·man** *s.* [*irr.*] stellvertretender Vorsitzender, 'Vizepräsiˌdent *m*; **ˌ~-'chan·cel·lor** *s.* **1.** 'Vizekanzler *m*; **2.** *Brit. univ.* (geschäftsführender) Rektor; **ˌ~-'con·sul** *s.* 'Vizeˌkonsul *m*; **ˌ~-'ge·rent** [-'dʒerənt] **I** *s.* Stellvertreter *m*, Statthalter *m*; **II** *adj.* stellvertretend; **ˌ~-'pres·i·dent** *s.* 'Vizepräsiˌdent *m*: a) stellvertretender Vorsitzender, b) ✝ *Am.* Di'rektor *m*, Vorstandsmitglied *n*; **ˌ~'re·gal** *adj.* vizeköniglich; **~·reine** [ˌvaɪs'reɪn] *s.* Gemahlin *f* des Vizekönigs; **'~·roy** ['vaɪsrɔɪ] *s.* Vizekönig *m*; **ˌ~'roy·al** *adj.* vizeköniglich.

vi·ce ver·sa [ˌvaɪsɪ'vɜ:sə] (*Lat.*) *adv.* 'umgekehrt, vice versa.

vic·i·nage ['vɪsɪnɪdʒ] → ***vicinity***; **'vic·i·nal** [-nl] *adj.* benachbart, 'umliegend, nah; **vi·cin·i·ty** [vɪ'sɪnətɪ] *s.* **1.** Nähe *f*, Nachbarschaft *f*: ***in close ~ to*** in unmittelbarer Nähe von; ***in the ~ of 40*** *fig.* um (die) 40 herum; **2.** Nachbarschaft *f*, (nähere) Um'gebung: ***the ~ of London***.

vi·cious ['vɪʃəs] *adj.* ☐ **1.** lasterhaft, verderbt, 'unmoˌralisch; **2.** verwerflich: ~ ***habit***; **3.** bösartig, boshaft, gemein: ~ ***attack***; **4.** bös-, unartig (*Tier*); **5.** heftig, ‚bös': ***a ~ blow***; **6.** F scheußlich, schlimm: ~ ***headache***; **7.** *a.* ⚖ fehler-, mangelhaft; **8.** *obs.* schädlich: ~ ***air***; ~ ***cir·cle*** *s.* **1.** Circulus *m* viti'osus, Teufelskreis *m*; **2.** *phls.* Zirkel-, Trugschluß

m.

vi·cious·ness [ˈvɪʃəsnɪs] *s.* **1.** Lasterhaftigkeit *f*, Verderbtheit *f*; **2.** Verwerflichkeit *f*; **3.** Bösartigkeit *f*, Gemeinheit *f*; **4.** Fehlerhaftigkeit *f*.

vi·cis·si·tude [vɪˈsɪsɪtjuːd] *s.* **1.** Wandel *m*, Wechsel *m*; **2.** *pl.* Wechselfälle *pl.*, *das* Auf u. Ab: ***the ~s of life***; **3.** *pl.* Schicksalsschläge *pl.*; **vi·cis·si·tu·di·nous** [vɪˌsɪsɪˈtjuːdɪnəs] *adj.* wechselvoll.

vic·tim [ˈvɪktɪm] *s.* **1.** Opfer *n*: a) (Unfall- *etc.*)Tote(r *m*) *f*, b) Leidtragende(r *m*) *f*, c) Betrogene(r *m*) *f*: ***fall a ~ to*** zum Opfer fallen (*dat.*); **2.** Opfer(tier) *n*; **ˈvic·tim·ize** [-maɪz] *v/t.* **1.** *j-n* (auf-)opfern; **2.** quälen, schikanieren, belästigen; **3.** prellen, betrügen.

vic·tor [ˈvɪktə] **I** *s.* Sieger(in); **II** *adj.* siegreich, Sieger...

vic·to·ri·a [vɪkˈtɔːrɪə] *s.* Vikˈtoria *f* (*zweisitziger Einspänner*); **♀ Cross** *s.* Vikˈtoriakreuz *n* (*brit. Tapferkeitsauszeichnung*).

Vic·tor·i·an [vɪkˈtɔːrɪən] **I** *adj.* **1.** Viktoriˈanisch: ***~ Period***; **2.** viktoriˈanisch: ***~ habits***; **II** *s.* **3.** Viktoriˈaner(in).

vic·to·ri·ous [vɪkˈtɔːrɪəs] *adj.* □ **1.** siegreich (***over*** über *acc.*): ***be ~*** den Sieg davontragen, siegen; **2.** Sieges...; **vic·to·ry** [ˈvɪktərɪ] *s.* **1.** Sieg *m* (*a. fig.*): ***~ ceremony*** Siegerehrung *f*; ***~ rostrum*** Siegespodest *n*; **2.** *fig.* Triˈumph *m*, Erfolg *m*, Sieg *m*: ***moral ~***.

vict·ual [ˈvɪtl] **I** *s.* *mst pl.* Eßwaren *pl.*, Lebensmittel *pl.*, Proviˈant *m*; **II** *v/t.* (*v/i.* sich) verpflegen *od.* verproviantieren *od.* mit Lebensmitteln versorgen; **ˈvict·ual·(l)er** [-lə] *s.* **1.** (ˈLebensmittel-)Liefeˌrant *m*; **2.** *a.* ***licensed ~*** *Brit.* Schankwirt *m*; **3.** ⚓ Proviˈantschiff *n*; **ˈvict·ual·(l)ing** [-lɪŋ] *s.* Verproviantierung *f*: ***~ ship*** Proviantschiff *n*.

vi·de [ˈvaɪdiː] (*Lat.*) *int.* siehe!

vi·de·li·cet [vɪˈdiːlɪset] (*Lat.*) *adv.* nämlich, das heißt (*abbr.* ***viz***; *lies*: ***namely, that is***).

vid·e·o [ˈvɪdɪəʊ] **I** *pl.* **-os** *s.* F **1.** ,Videoʻ *n* (*Videotechnik*); **2.** *Computer*: Bildschirm-, Datensichtgerät *n*; **3.** *Am.* (***on*** im) Fernsehen *n*; **II** *adj.* **4.** Video...: ***~ cassette*** (***recorder***); ***~ disc*** Bildplatte *f*; **5.** *Computer*: Bildschirm...: ***~ terminal*** → 2; **6.** *Am.* F Fernseh...: ***~ program***; **ˈ~·phone** F *für* ***videotelephone***; **ˈ~·tape I** *s.* Videoband *n*; **II** *v/t.* auf Videoband aufnehmen, aufzeichnen; **ˈ~ˌtel·e·phone** *s.* ˈBildteleˌfon *n*.

vie [vaɪ] *v/i.* wetteifern: ***~ with s.o. in*** (*od.* ***for***) ***s.th.*** mit j-m in *od.* um et. wetteifern.

Vi·en·nese [ˌvɪeˈniːz] **I** *s. sg. u. pl.* **1.** a) Wiener(in), b) Wiener(innen) *pl.*; **2.** *ling.* Wienerisch *n*; **II** *adj.* **3.** wienerisch, Wiener(...).

view [vjuː] **I** *v/t.* **1.** (sich) ansehen, betrachten, besichtigen, in Augenschein nehmen, prüfen; **2.** *fig.* ansehen, auffassen, betrachten, beurteilen; **3.** überˈblicken, -ˈschauen; **4.** *obs.* sehen; **II** *s.* **5.** (An-, Hin)Sehen *n*, Besichtigung *f*: ***at first ~*** auf den ersten Blick; ***on nearer ~*** bei näherer Betrachtung; **6.** Sicht *f* (*a. fig.*): ***in ~*** a) in Sicht, sichtbar, b) *fig.* in (Aus)Sicht; ***in ~ of*** *fig.* im Hinblick auf (*acc.*), in Anbetracht *od.* angesichts (*gen.*); ***in full ~ of*** direkt vor *j-s* Augen; ***on ~*** zu besichtigen(d), ausgestellt; ***on the long ~*** *fig.* auf weite Sicht; ***out of ~*** außer Sicht, nicht zu sehen; ***come in ~*** in Sicht kommen, sichtbar werden; ***have in ~*** *fig.* im Auge haben, beabsichtigen; ***keep in ~*** *fig.* im Auge behalten; **7.** Aussicht *f*, (Aus-)Blick *m* (***of, over*** auf *acc.*); Szeneˈrie *f*; **8.** *paint.*, *phot.* Ansicht *f*, Bild *n*: ***~s of London***; ***sectional ~*** ⚙ Ansicht im Schnitt; **9.** *fig.* ˈÜberblick *m* (***of*** über *acc.*); **10.** Absicht *f*: ***with a ~ to*** a) (*ger.*) mit *od.* in der Absicht zu (*tun*), zu dem Zweck (*gen.*), b) im Hinblick auf (*acc.*); **11.** *fig.* Ansicht *f*, Auffassung *f*, Urteil *n* (***of, on*** über *acc.*): ***in my ~*** in m-n Augen, m-s Erachtens; ***form a ~ on*** sich ein Urteil bilden über (*acc.*); ***take the ~ that*** die Ansicht *od.* den Standpunkt vertreten, daß; ***take a bright*** (***dim, grave***) ***~ of*** *et.* optimistisch (pessimistisch, ernst) beurteilen; **12.** Vorführung *f*: ***private ~ of a film***; **view·a·ble** [ˈvjuːəbl] *adj.* **1.** sichtbar; **2.** *fig.* sehenswert; **view data** *s. pl.* Bildschirmtext *m*; **view·er** [ˈvjuːə] *s.* **1.** Betrachter(in); **2.** Fernsehzuschauer (-in); **ˈview·er·ship** *s.* Fernsehpublikum *n*.

ˈview|ˌfind·er *s. phot.* (Bild)Sucher *m*; **~ hal·loo** *s. hunt.* Halˈlo(ruf *m*) *n* (*beim Erscheinen des Fuchses*).

ˈview|·phone *s.* ˈBildteleˌfon *n*; **ˈ~·point** *s. fig.* Gesichts-, Standpunkt *m*.

view·y [ˈvjuːɪ] *adj.* F verstiegen, überˈspannt, ,fimmeligʻ.

vig·il [ˈvɪdʒɪl] *s.* **1.** Wachsein *n*, Wachen *n* (*zur Nachtzeit*); **2.** Nachtwache *f*: ***keep ~*** wachen (***over*** bei); **3.** *eccl.* a) *mst pl.* Viˈgilie(n *pl.*) *f*, Nachtwache *f* (*vor Kirchenfesten*), b) Viˈgil *f* (*Vortag e-s Kirchenfests*): ***on the ~ of*** am Vorabend von (*od. gen.*); **ˈvig·i·lance** [-ləns] *s.* **1.** Wachsamkeit *f*: ***~ committee*** *od.* ***group*** *bsd. Am.* Bürgerwehr *f*, Selbstschutzgruppe *f*; **2.** ⚕ Schlaflosigkeit *f*; **ˈvig·i·lant** [-lənt] *adj.* □ wachsam, ˈumsichtig, aufmerksam; **vig·i·lan·te** [ˌvɪdʒɪˈlæntɪ] *s.* Mitglied *n* e-s ***vigilance committee***.

vi·gnette [vɪˈnjet] **I** *s. typ.*, *phot. etc.* Viˈgnette *f*; **II** *v/t.* vignettieren.

vig·or *Am.* → ***vigour***.

vig·or·ous [ˈvɪgərəs] *adj.* □ **1.** *allg.* kräftig; **2.** kraftvoll, viˈtal; **3.** lebhaft, akˈtiv, tatkräftig; **4.** eˈnergisch, nachdrücklich; wirksam; **vig·our** [ˈvɪgə] *s.* **1.** (Körper-, Geistes)Kraft *f*, Vitaliˈtät *f*; **2.** Enerˈgie *f*; **3.** *biol.* Lebenskraft *f*; **4.** *fig.* Nachdruck *m*, Wirkung *f*.

Vi·king, *a.* **♀** [ˈvaɪkɪŋ] *hist.* **I** *s.* Wiking (-er) *m*; **II** *adj.* Wikinger...

vile [vaɪl] *adj.* □ **1.** *obs.* wertlos; **2.** gemein, schändlich, abstoßend, schmutzig; **3.** F scheußlich, abˈscheulich, miseˈrabel: ***a ~ hat***; ***~ weather***; **ˈvile·ness** [-nɪs] *s.* **1.** Gemeinheit *f*, Schändlichkeit *f*; **2.** F Scheußlichkeit *f*.

vil·i·fi·ca·tion [ˌvɪlɪfɪˈkeɪʃn] *s.* **1.** Schmähung *f*, Verleumdung *f*, -unglimpfung *f*; **2.** Herˈabsetzung *f*; **vil·i·fi·er** [ˈvɪlɪfaɪə] *s.* Verleumder(in); **vil·i·fy** [ˈvɪlɪfaɪ] *v/t.* **1.** schmähen, verleumden, verunglimpfen; **2.** herˈabsetzen.

vil·la [ˈvɪlə] *s.* **1.** Villa *f*, Landhaus *n*; **2.** *Brit.* a) Doppelhaushälfte *f*, b) ˈEinfaˌmilienhaus *n*.

vil·lage [ˈvɪlɪdʒ] **I** *s.* Dorf *n*; **II** *adj.* dörflich, Dorf...; **ˈvil·lag·er** [-dʒə] *s.* Dorfbewohner(in), Dörfler(in).

vil·lain [ˈvɪlən] *s.* **1.** *a. thea. u. humor.* Schurke *m*, Bösewicht *m*; **2.** *humor.* Schlingel *m*; **3.** → ***villein***; **vil·lain·age** [ˈvɪlɪnɪdʒ] → ***villeinage***; **ˈvil·lain·ous** [-nəs] *adj.* □ **1.** schurkisch, Schurken..., schändlich; **2.** F → ***vile*** 2, 3; **ˈvil·lain·y** [-nɪ] *s.* **1.** Schurkeˈrei *f*; **2.** → ***vileness***.

vil·lein [ˈvɪlɪn] *s. hist.* **1.** Leibeigene(r) *m*; **2.** *später*: Zinsbauer *m*; **ˈvil·lein·age** [-nɪdʒ] *s.* **1.** Leibeigenschaft *f*; **2.** ˈHintersassengut *n*.

vil·li·form [ˈvɪlɪfɔːm] *adj. biol.* zottenförmig; **vil·lose** [ˈvɪləʊs], **vil·lous** [ˈvɪləs] *adj. biol.* zottig; **ˈvil·lus** [-ləs] *pl.* **-li** [-laɪ] *s.* **1.** *anat.* (Darm)Zotte *f*; **2.** ✿ Zottenhaar *n*.

vim [vɪm] *s.* F Schwung *m*, ,Schmißʻ *m*: ***full of ~*** ,toll in Formʻ.

vin·ai·grette [ˌvɪneɪˈgret] *s.* **1.** Riechfläschchen *n*, -dose *f*; **2.** *a.* ***~ sauce*** *Küche*: Vinaiˈgrette *f* (*Soße*).

vin·ci·ble [ˈvɪnsɪbl] *adj.* besiegbar, überˈwindbar.

vin·cu·lum [ˈvɪŋkjʊləm] *pl.* **-la** [-lə] *s.* **1.** 𝔄 Strich *m* (*über mehreren Zahlen*), Überˈstreichung *f* (*an Stelle von Klammern*); **2.** *bsd. fig.* Band *n*.

vin·di·ca·ble [ˈvɪndɪkəbl] *adj.* haltbar, zu rechtfertigen(d); **vin·di·cate** [ˈvɪndɪkeɪt] *v/t.* **1.** in Schutz nehmen, verteidigen (***from*** vor *dat.*, gegen); **2.** rechtfertigen (***o.s.*** sich), bestätigen; **3.** ⚖ a) Anspruch erheben auf (*acc.*), beanspruchen, b) *Recht*, *Anspruch* geltend machen, c) *Recht etc.* behaupten; **vin·di·ca·tion** [ˌvɪndɪˈkeɪʃn] *s.* **1.** Verteidigung *f*, Rechtfertigung *f*: ***in ~ of*** zur Rechtfertigung von (*od. gen.*); **2.** ⚖ a) Behauptung *f*, b) Geltendmachung *f*; **ˈvin·di·ca·to·ry** [-keɪtərɪ] *adj.* □ **1.** rechtfertigend, Rechtfertigungs...; **2.** rächend, Straf...

vin·dic·tive [vɪnˈdɪktɪv] *adj.* □ **1.** rachsüchtig; **2.** als Strafe: ***~ damages*** ⚖ tatsächlicher Schadensersatz zuzüglich e-r Buße; **vinˈdic·tive·ness** [-nɪs] *s.* Rachsucht *f*.

vine [vaɪn] ✿ **I** *s.* **1.** (*Hopfen- etc.*)Rebe *f*, Kletterpflanze *f*; **2.** Wein(stock) *m*, (Wein)Rebe *f*; **II** *adj.* **3.** Wein..., Reb (-en)...; **ˈ~-clad** *adj. poet.* weinlaubbekränzt; **ˈ~ˌdress·er** *s.* Winzer *m*; **~ fret·ter** *s.* Reblaus *f*.

vin·e·gar [ˈvɪnɪgə] **I** *s.* **1.** (Wein)Essig *m*: ***aromatic ~*** aromatischer Essig, Gewürzessig; **2.** *pharm.* Essig *m*; **3.** *fig.* Verdrießlichkeit *f*; **4.** *Am.* F → ***vim***; **II** *v/t.* **5.** Essig tun an (*acc.*); **ˈvin·e·gar·y** [-ərɪ] *adj.* **1.** (essig)sauer (*a. fig.*); **2.** a) griesgrämig, b) ätzend.

ˈvine|ˌgrow·er *s.* Weinbauer *m*, Winzer *m*; **ˈ~ˌgrow·ing** *s.* Weinbau *m*; **~ leaf** *s.* [*irr.*] Wein-, Rebenblatt *n*: ***vine leaves*** Weinlaub *n*; **~ louse** *s.* [*irr.*] Reblaus *f*; **~ mil·dew** *s.* ✿ Traubenfäule *f*.

vin·er·y [ˈvaɪnərɪ] *s.* **1.** Treibhaus *n* für Reben; **2.** → **vine·yard** [ˈvɪnjəd] *s.* Weinberg *m od.* -garten *m*.

vin·i·cul·tur·al [ˌvɪnɪˈkʌltʃərəl] *adj.* weinbaukundlich; **vin·i·cul·ture** [ˈvɪnɪkʌltʃə] *s.* Weinbau *m* (*Fach*).

vi·nos·i·ty [vaɪˈnɒsətɪ] *s.* **1.** Weinartigkeit *f*; **2.** Weinseligkeit *f*; **vi·nous** [ˈvaɪnəs] *adj.* **1.** weinartig, Wein...; **2.**

weinhaltig; **3.** *fig.* weinselig; **4.** weingerötet: ~ ***face***; **5.** weinrot.

vin·tage ['vɪntɪdʒ] *s.* **1.** Weinertrag *m*, -ernte *f*; **2.** Weinlese(zeit) *f*; **3.** (guter) Wein, (her'vorragender) Jahrgang: ~ ***wine*** Spitzenwein *m*; **4.** F a) Jahrgang *m*, b) Herstellung *f*, *mot. etc. a.* Baujahr *n*: ~ ***car*** *mot.* Oldtimer *m*; **'vin·tag·er** [-dʒə] *s.* Weinleser(in).

vint·ner ['vɪntnə] *s.* Weinhändler *m*.

vi·nyl ['vaɪnɪl] ⚗ **I** *s.* Vi'nyl *n*; **II** *adj.* Vinyl...: ~ ***polymers*** Vinylpolymere *pl.*

vi·ol ['vaɪəl] *s.* ♪ *hist.* Vi'ole *f*: ***bass*** ~ Viola *f* da gamba, Gambe *f*.

vi·o·la[1] [vɪ'əʊlə] *s.* ♪ **1.** Vi'ola *f*, Bratsche *f*; **2.** → ***viol***.

vi·o·la[2] ['vaɪələ] *s.* ⚘ Veilchen *n*, Stiefmütterchen *n*.

vi·o·la·ble ['vaɪələbl] *adj.* □ verletzbar (*bsd. Gesetz*, *Vertrag*); **vi·o·late** ['vaɪəleɪt] *v/t.* **1.** *Eid*, *Vertrag*, *Grenze etc.* verletzen, *Gesetz* über'treten, *bsd. Versprechen* brechen, *e-m Gebot*, *dem Gewissen* zu'widerhandeln; **2.** *Frieden*, *Stille*, *Schlaf* (grob) stören; **3.** *a. fig.* Gewalt antun (*dat.*); **4.** *Frau* schänden, vergewaltigen; **5.** *Heiligtum etc.* entweihen, schänden; **vi·o·la·tion** [ˌvaɪə'leɪʃn] *s.* **1.** Verletzung *f*, Über'tretung *f*, Bruch *m e-s Eides*, *Gesetzes*; Zu'widerhandlung *f*: ***in*** ~ ***of*** unter Verletzung von; **2.** (grobe) Störung; **3.** Vergewaltigung *f* (*a. fig.*), Schändung *f e-r Frau*; **4.** Entweihung *f*, Schändung *f*; **'vi·o·la·tor** [-leɪtə] *s.* **1.** Verletzer(in), Über'treter (-in); **2.** Schänder(in).

vi·o·lence ['vaɪələns] *s.* **1.** Gewalt(tätigkeit) *f*; **2.** ⚖ Gewalt(tat, -anwendung) *f*: ***by*** ~ gewaltsam; ***crimes of*** ~ Gewaltverbrechen *pl.*; **3.** Verletzung *f*, Unrecht *n*, Schändung *f*: ***do*** ~ ***to*** Gewalt antun (*dat.*), *Gefühle etc.* verletzen, *Heiliges* entweihen; **4.** *bsd. fig.* Heftigkeit *f*, Ungestüm *n*; **'vi·o·lent** [-nt] *adj.* □ **1.** heftig, gewaltig, stark: ~ ***blow***; ~ ***tempest***; **2.** gewaltsam, -tätig (*Person od. Handlung*), Gewalt...: ~ ***death*** gewaltsamer Tod; ~ ***interpretation*** *fig.* gewaltsame Auslegung; ~ ***measures*** Gewaltmaßnahmen *pl.*; ***lay*** ~ ***hands on*** Gewalt antun (*dat.*); **3.** *fig.* heftig, ungestüm, hitzig; **4.** grell, laut (*Farben*, *Töne*).

vi·o·let ['vaɪəlɪt] **I** *s.* **1.** ⚘ Veilchen *n*: ***shrinking*** ~ F scheues Wesen (*Person*); **2.** Veilchenblau *n*, Vio'lett *n*; **II** *adj.* **3.** veilchenblau, vio'lett.

vi·o·lin [ˌvaɪə'lɪn] *s.* ♪ Vio'line *f*, Geige *f*: ***play the*** ~ Geige spielen, geigen; ***first*** ~ erste(r) Geige(r); ~ ***case*** Geigenkasten *m*; ~ ***clef*** Violinschlüssel *m*; **vi·o·lin·ist** ['vaɪəlɪnɪst] *s.* Violi'nist(in), Geiger(in).

vi·ol·ist ['vaɪəlɪst] *s.* ♪ **1.** *hist.* Vi'olenspieler(in); **2.** [vɪ'əʊlɪst] Brat'schist(in).

vi·o·lon·cel·list [ˌvaɪələn'tʃelɪst] *s.* ♪ (Violon)Cel'list(in); **vi·o·lon'cel·lo** [-ləʊ] *pl.* **-los** *s.* (Violon)'Cello *n*.

VIP [ˌviːaɪ'piː] *s. sl.* ‚hohes' *od.* ‚großes Tier' (*aus* ***Very Important Person***).

vi·per ['vaɪpə] *s.* **1.** *zo.* Viper *f*, Otter *f*, Natter *f*; **2.** *zo. a.* ***common*** ~ Kreuzotter *f*; **3.** *allg.* Giftschlange *f* (*a. fig.*): ***cherish a*** ~ ***in one's bosom*** *fig.* e-e Schlange an s-m Busen nähren; ***generation of*** ~***s*** *bibl.* Natterngezücht *n*; **'vi·per·ine** [-əraɪn] *adj. zo.* a) vipernartig, b) Vipern...; **'vi·per·ish** [-ərɪʃ] *adj.*, **'vi·per·ous** [-ərəs] *adj.* □ **1.** → ***viperine***; **2.** *fig.* giftig, tückisch.

vi·per's grass *s.* ⚘ Schwarzwurzel *f*.

vi·ra·go [vɪ'rɑːgəʊ] *pl.* **-gos** *s.* **1.** Mannweib *n*; **2.** Zankteufel *m*, ‚Drachen' *m*, Xan'thippe *f*.

vi·res ['vaɪəriːz] *pl. von* ***vis***.

vir·gin ['vɜːdʒɪn] **I** *s.* **1.** a) Jungfrau *f* (*a. ast.*), b) ‚Jungfrau' *f* (*Mann*); **2.** a) *eccl.* ***the*** (***Blessed***) ♀ (***Mary***) die Heilige Jungfrau, b) *Kunst*: Ma'donna *f*; **II** *adj.* **3.** jungfräulich, unberührt (*beide a. fig. Schnee etc.*): ~ ***forest*** Urwald *m*; ♀ ***Mother*** *eccl.* Mutter *f* Gottes; ***the*** ♀ ***Queen*** *hist.* die jungfräuliche Königin (*Elisabeth I von England*); ~ ***queen*** *zo.* unbefruchtete (Bienen)Königin; ~ ***soil*** a) jungfräulicher Boden, ungepflügtes Land, b) *fig.* Neuland *n*, c) *fig.* unberührter Geist; **4.** rein, keusch, jungfräulich: ~ ***modesty***; **5.** ⚙ a) rein, unvermischt (*Stoffe etc.*), b) jungfräulich, gediegen (*Metalle*): ~ ***gold*** (***oil***) Jungferngold *n* (-öl *n*); ~ ***wool*** Schurwolle *f*; **6.** *fig.* Jungfern...: ~ ***cruise*** Jungfernfahrt *f*; **'vir·gin·al** [-nl] *adj.* □ **1.** jungfräulich, Jungfern...: ~ ***membrane*** *anat.* Jungfernhäutchen *n*; **2.** → ***virgin*** 4; **3.** *zo.* unbefruchtet; **'vir·gin·hood** [-hʊd] *s.* Jungfräulichkeit *f*, Jungfernschaft *f*.

Vir·gin·i·a [və'dʒɪnjə] *s. a.* ~ ***tobacco*** Virginia(tabak) *m*; ~ **creep·er** *s.* ⚘ Wilder Wein, Jungfernrebe *f*.

Vir·gin·i·an [və'dʒɪnjən] **I** *adj.* Virginia...; **II** *s.* Vir'ginier(in).

vir·gin·i·ty [və'dʒɪnətɪ] *s.* **1.** Jungfräulichkeit *f*, Jungfernschaft *f*; **2.** Reinheit *f*, Keuschheit *f*, Unberührtheit *f* (*a. fig.*).

Vir·go ['vɜːgəʊ] *s. ast.* Jungfrau *f*.

vir·i·des·cent [ˌvɪrɪ'desnt] *adj.* grün (-lich); **vi·rid·i·ty** [vɪ'rɪdətɪ] *s.* **1.** *biol.* grünes Aussehen; **2.** *fig.* Frische *f*.

vir·ile ['vɪraɪl] *adj.* **1.** männlich, kräftig (*beide a. fig. Stil etc.*), Männer..., Mannes...: ~ ***voice***; **2.** *physiol.* po'tent: ~ ***member*** männliches Glied; **vi·ril·i·ty** [vɪ'rɪlətɪ] *s.* **1.** Männlichkeit *f*; **2.** Mannesalter *n*, -jahre *pl.*; **3.** *physiol.* Po'tenz *f*, Zeugungskraft *f*; **4.** *fig.* Kraft *f*.

vi·rol·o·gy [ˌvaɪə'rɒlədʒɪ] *s.* ⚕ Virolo'gie *f*, Virusforschung *f*.

vir·tu [vɜː'tuː] *s.* **1.** Kunst-, Liebhaberwert *m*: ***article of*** ~ Kunstgegenstand *m*; **2.** *coll.* Kunstgegenstände *pl.*; **3.** → ***virtuosity*** 2.

vir·tu·al ['vɜːtʃʊəl] *adj.* □ **1.** tatsächlich, praktisch, eigentlich; **2.** ⚙, *phys.* virtu'ell; **'vir·tu·al·ly** [-əlɪ] *adv.* eigentlich, praktisch, im Grunde (genommen).

vir·tue ['vɜːtjuː] *s.* **1.** Tugend(haftigkeit) *f*: ***woman of*** ~ tugendhafte Frau; ***lady of easy*** ~ leichtes Mädchen; **2.** Rechtschaffenheit *f*; **3.** Tugend *f*: ***make a*** ~ ***of necessity*** aus der Not e-e Tugend machen; **4.** Wirksamkeit *f*, Wirkung *f*, Erfolg *m*; **5.** (gute) Eigenschaft, Vorzug *m*; (hoher) Wert; **6.** ***by*** (*od.* ***in***) ~ ***of*** kraft *e-s Gesetzes*, *e-r Vollmacht etc.*, auf Grund von (*od. gen.*), vermöge (*gen.*).

vir·tu·os·i·ty [ˌvɜːtjʊ'ɒsətɪ] **I** *s.* **1.** Virtuosi'tät *f*, blendende Technik, meisterhaftes Können; **2.** Kunstsinn *m*, -liebhabe'rei *f*; **II** *adj.* **3.** virtu'os, meisterhaft; **vir·tu·o·so** [ˌvɜːtjʊ'əʊzəʊ] *pl.* **-si** [-siː] *s.* **1.** Virtu'ose *m*; **2.** Kunstkenner *m*.

vir·tu·ous ['vɜːtʃʊəs] *adj.* □ **1.** tugendhaft; **2.** rechtschaffen.

vir·u·lence ['vɪrʊləns], **'vir·u·len·cy** [-sɪ] *s.* ⚕ *u. fig.* Viru'lenz *f*, Giftigkeit *f*, Bösartigkeit *f*; **'vir·u·lent** [-nt] *adj.* □ **1.** giftig, bösartig (*Gift*, *Krankheit*) (*a. fig.*); **2.** ⚕ viru'lent (*a. fig.*), sehr ansteckend.

vi·rus ['vaɪərəs] *s.* **1.** ⚕ Virus *n*: a) Krankheitserreger *m*, b) Gift-, Impfstoff *m*; **2.** *fig.* Gift *n*, Ba'zillus *m*: ***the*** ~ ***of hatred***.

vis [vɪs] *pl.* **vi·res** ['vaɪəriːz] (*Lat.*) *s. bsd. phys.* Kraft *f*: ~ ***inertiae*** Trägheitskraft; ~ ***mortua*** tote Kraft; ~ ***viva*** kinetische Energie; ~ ***major*** ⚖ höhere Gewalt.

vi·sa ['viːzə] **I** *s.* Visum *n*: a) Sichtvermerk *m* (*im Paß etc.*), b) Einreisebewilligung *f*; **II** *v/t.* ein Visum eintragen in (*acc.*).

vis·age ['vɪzɪdʒ] *s. poet.* Antlitz *n*.

vis-à-vis ['viːzɑːviː; vizavi] (*Fr.*) **I** *adv.* gegen'über (***to***, ***with*** von); **II** *s.* Gegen'über *n*: a) Visa'vis *n*, b) *fig.* ('Amts-)Kolˌlege *m*.

vis·cer·a ['vɪsərə] *s. pl. anat.* Eingeweide *pl.*: ***abdominal*** ~ Bauchorgane *pl.*; **'vis·cer·al** [-rəl] *adj. anat.* Eingeweide...

vis·cid ['vɪsɪd] *adj.* **1.** klebrig (*a.* ⚘); **2.** *bsd. phys.* vis'kos, dick-, zähflüssig; **vis·cid·i·ty** [vɪ'sɪdətɪ] *s.* **1.** Klebrigkeit *f*; **2.** → ***viscosity***.

vis·cose ['vɪskəʊs] *s.* ⚙ Vis'kose *f* (*Art Zellulose*): ~ ***silk*** Viskose-, Zellstoffseide *f*; **vis·cos·i·ty** [vɪs'kɒsətɪ] *s. phys.* Viskosi'tät *f*, (Grad *m* der) Zähflüssigkeit *f*, Konsi'stenz *f*.

vis·count ['vaɪkaʊnt] *s.* Vi'comte *m* (*brit. Adelstitel zwischen* ***baron*** u. ***earl***); **'vis·count·cy** [-sɪ] *s.* Rang *m od.* Würde *f* e-s Vi'comte; **'vis·count·ess** [-tɪs] *s.* Vicom'tesse *f*; **'vis·count·y** [-tɪ] → ***viscountcy***.

vis·cous ['vɪskəs] → ***viscid***.

vi·sé ['viːzeɪ] **I** *s.* → ***visa*** I; **II** *v/t. pret. u. p.p.* **-séd** → ***visa*** II.

vise [vaɪs] *Am.* → ***vice***[2].

vis·i·bil·i·ty [ˌvɪzɪ'bɪlətɪ] *s.* **1.** Sichtbarkeit *f*; **2.** *meteor.* Sicht(weite) *f*: ***high*** (***low***) ~ gute (schlechte) Sicht; ~ (***conditions***) Sichtverhältnisse *pl.*; **vis·i·ble** ['vɪzəbl] *adj.* □ **1.** sichtbar; **2.** *fig.* (er-, offen-) sichtlich, merklich, deutlich, erkennbar; **3.** ⚙ sichtbar (gemacht), graphisch dargestellt; **4.** *pred.* a) zu sehen (*Sache*), b) zu sprechen (*Person*).

Vis·i·goth ['vɪzɪgɒθ] *s. hist.* Westgote *m*, -gotin *f*.

vi·sion ['vɪʒn] **I** *s.* **1.** Sehkraft *f*, -vermögen *n*: ***field of*** ~ Blickfeld *n*; **2.** *fig.* a) visio'näre Kraft, (Seher-, Weit)Blick *m*, b) Phanta'sie *f*, Vorstellungsvermögen *n*, Einsicht *f*: ***bold*** ~ kühne (Zukunfts)Ideen; **3.** Visi'on *f*: a) Traum-, Wunschbild *n*, b) *oft pl. psych.* Halluzinati'onen *pl.*, Gesichte *pl.*; **4.** a) Anblick *m*, Bild *n*, b) Traum *m*, et. Schönes; **II** *adj.* **5.** *TV* Bild...: ~ ***mixer***; ~ ***control*** Bildregie *f*; **III** *v/t.* **6.** *fig.* (er-) schauen; **'vi·sion·ar·y** [-nərɪ] **I** *adj.* **1.** visio'när, (hell)seherisch; **2.** phan'tastisch, verstiegen, ‚traumtänzerisch': ***a***

~ ***scheme***; **3.** unwirklich, eingebildet; **4.** Visions…; **II** *s.* **5.** Visio'när *m*, Hellseher *m*; **6.** Phan'tast *m*, Träumer *m*, Schwärmer *m*, ‚Traumtänzer' *m*.

vis·it ['vɪzɪt] **I** *v/t.* **1.** besuchen: a) *j-n, Arzt, Kranke, Lokal etc.* aufsuchen, b) inspizieren, in Augenschein nehmen, c) *Stadt, Museum etc.* besichtigen; **2.** ⚖ durch'suchen; **3.** heimsuchen (***s.th. upon*** *j-n* mit et.): a) befallen (*Krankheit, Unglück*), b) *bibl. u. fig.* (be-) strafen, *Sünden* vergelten (***upon*** an *dat.*); **4.** *bibl.* belohnen, segnen; **II** *v/i.* **5.** e-n Besuch *od.* Besuche machen; **6.** *Am.* F plaudern; **III** *s.* **7.** Besuch *m*: ***on a*** ~ auf Besuch (***to*** bei *j-m*, in *e-r Stadt etc.*); ***make*** (*od.* ***pay***) ***a*** ~ e-n Besuch machen; ~ ***to the doctor*** Konsultation *f* beim Arzt, Arztbesuch *m*; **8.** (for'meller) Besuch, *bsd.* Inspekti'on *f*; **9.** ⚖, ⚓ Durch'suchung *f*; **10.** *Am.* F Plausch *m*; **'vis·it·ant** [-tənt] **I** *s.* **1.** *rhet.* Besucher (-in); **2.** *orn.* Strichvogel *m*; **II** *adj.* **3.** *rhet.* auf Besuch; **vis·it·a·tion** [ˌvɪzɪ'teɪʃn] *s.* **1.** Besuchen *n*; **2.** offizi'eller Besuch, Besichtigung *f*, Visitati'on *f*: ***right of*** ~ ⚓ Durchsuchungsrecht *n* (*auf See*); ~ (***of the sick***) *eccl.* Krankenbesuch; **3.** *fig.* Heimsuchung: a) (gottgesandte) Prüfung *f*, Strafe *f* (Gottes), b) himmlischer Beistand: ♀ ***of our Lady*** *R.C.* Heimsuchung Mariae; **4.** *zo.* massenhaftes Auftreten; **5.** F langer Besuch; **vis·it·a·to·ri·al** [ˌvɪzɪtə'tɔːrɪəl] *adj.* Visitations…, Überwachungs…, Aufsichts…: ~ ***power*** Aufsichtsbefugnis *f*; **'vis·it·ing** [-tɪŋ] *adj.* Besuchs…, Besucher…: ~ ***book*** Besuchsliste *f*; ~ ***card*** Visitenkarte *f*; ~ ***hours*** Besuchszeit *f*; ~ ***nurse*** *Am.* Gemeindeschwester *f*; ~ ***professor*** *univ.* Gastprofessor *m*; ~ ***team*** *sport* Gastmannschaft *f*; ***be on*** ~ ***terms with s.o.*** j-n so gut kennen, daß man ihn besucht; **'vis·i·tor** [-tə] *s.* **1.** Besucher(in) (***to*** *gen.*), (*a.* Kur)Gast *m*; *pl.* Besuch *m*: ***summer*** ~***s*** Sommergäste *pl.*; ~***s' book*** a) Fremdenbuch *n*, b) Gästebuch *n*; **2.** Visi'tator *m*, In'spektor *m*; **vis·i·to·ri·al** [ˌvɪzɪ'tɔːrɪəl] → ***visitatorial***.

vi·sor ['vaɪzə] *s.* **1.** *hist. u. fig.* Vi'sier *n*; **2.** (Mützen)Schirm *m*; **3.** *mot.* Sonnenblende *f*.

vis·ta ['vɪstə] *s.* **1.** (Aus-, 'Durch)Blick *m*, Aussicht *f*; **2.** Al'lee *f*; **3.** △ Gale'rie *f*, Korridor *m*; **4.** (lange) Reihe, Kette *f*: ***a*** ~ ***of years***; **5.** *fig.* Ausblick *m*, -sicht *f* (***of*** auf *acc.*), Möglichkeit *f*, Perspek'tive *f*: ***his words opened up new*** ~***s***.

vis·u·al ['vɪzjʊəl] **I** *adj.* □ **1.** Seh…, Gesichts…: ~ ***acuity*** Sehschärfe *f*; ~ ***angle*** Gesichtswinkel *m*; ~ ***nerve*** Sehnerv *m*; ~ ***test*** Augentest *m*; **2.** visu'ell (*Eindruck, Gedächtnis etc.*): ~ ***aid***(***s***) *ped.* Anschauungsmaterial *n*; ~ ***arts*** bildende Künste; ~ ***display unit*** *Computer*: Datensichtgerät *n*; ~ ***instruction*** *ped.* Anschauungsunterricht *m*; **3.** sichtbar: ~ ***objects***; **4.** optisch, Sicht…(*-anzeige, -bereich, -zeichen etc.*); **II** *s.* **5.** *typ.*, † a) (Roh)Skizze *f* e-s Layouts, b) 'Bildeleˌment *n* e-r Anzeige; **vis·u·al·i·za·tion** [ˌvɪzjʊəlaɪ'zeɪʃn] *s.* Vergegenwärtigung *f*; **'vis·u·al·ize** [-laɪz] *v/t.* sich vergegenwärtigen *od.* vor Augen stellen, sich vorstellen, sich ein Bild machen von; **'vis·u·al·iz·er** [-laɪzə] *s.* † graphischer I'deengestalter.

vi·ta ['viːtə] (*Lat.*) *pl.* **-tae** [-taɪ] *s. Am.* Lebenslauf *m*.

vi·tal ['vaɪtl] **I** *adj.* **1.** Lebens…(*-frage, -funktion, -funke etc.*): ~ ***energy*** (*od.* ***power***) Lebenskraft *f*; ~ ***statistics*** a) Bevölkerungsstatistik *f*, b) *humor.* Körpermaße *pl.*; ***Bureau of*** ♀ ***Statistics*** *Am.* Personenstandsregister *n*; **2.** lebenswichtig (*Industrie, Organ etc.*): ~ ***parts*** → 8; **3.** (hoch)wichtig, entscheidend (***to*** für): ~ ***problems***; ***of*** ~ ***importance*** von entscheidender Bedeutung; **4.** wesentlich, grundlegend; **5.** *mst fig.* le'bendig: ~ ***style***; **6.** vi'tal, lebensprühend; **7.** lebensgefährlich: ~ ***wound***; **II** *s.* **8.** *pl.* a) *anat.* ‚edle Teile' *pl.*, lebenswichtige Or'gane *pl.*, b) *fig. das* Wesentliche, wichtige Bestandteile *pl.*; **vi·tal·i·ty** [vaɪ'tælətɪ] *s.* **1.** Vitali'tät *f*, Lebenskraft *f*; **2.** Lebensfähigkeit *f*, -dauer *f* (*a. fig.*); **vi·tal·i·za·tion** [ˌvaɪtəlaɪ'zeɪʃn] *s.* Belebung *f*, Aktivierung *f*; **'vi·tal·ize** [-təlaɪz] *v/t.* **1.** beleben, kräftigen; **2.** mit Lebenskraft erfüllen; **3.** *fig.* a) verle'bendigen, b) le'bendig gestalten.

vi·ta·min(e) ['vɪtəmɪn] *s.* Vita'min *n*.

vi·ti·ate ['vɪʃɪeɪt] *v/t.* **1.** *allg.* verderben; **2.** beeinträchtigen; **3.** a) *Luft etc.* verunreinigen, b) *fig. Atmosphäre* vergiften; **4.** *Argument etc.* wider'legen; **5.** *bsd.* ⚖ ungültig machen, aufheben; **vi·ti·a·tion** [ˌvɪʃɪ'eɪʃn] *s.* **1.** Verderben *n*, Verderbnis *f*; **2.** Beeinträchtigung *f*; **3.** Verunreinigung *f*; **4.** Wider'legung *f*; **5.** ⚖ Aufhebung *f*.

vit·i·cul·ture ['vɪtɪkʌltʃə] *s.* Weinbau *m*.

vit·re·ous ['vɪtrɪəs] *adj.* **1.** Glas…, aus Glas, gläsern; **2.** glasartig, glasig: ~ ***body*** *anat.* Glaskörper *m des Auges*; ~ ***electricity*** positive Elektrizität; **3.** *geol.* glasig; **vi·tres·cent** [vɪ'tresnt] *adj.* **1.** verglasend; **2.** verglasbar.

vit·ri·fac·tion [ˌvɪtrɪ'fækʃn], **vit·ri·fi·ca·tion** [ˌvɪtrɪfɪ'keɪʃn] *s.* ⚙ Ver-, Über'glasung *f*, Sinterung *f*; **vit·ri·fy** ['vɪtrɪfaɪ] ⚙ **I** *v/t.* ver-, über'glasen, glasieren, sintern; *Keramik*: dicht brennen; **II** *v/i.* (sich) verglasen.

vit·ri·ol ['vɪtrɪəl] *s.* **1.** ⚗ Vitri'ol *n*: ***blue*** ~, ***copper*** ~ Kupfervitriol, -sulfat *n*; ***green*** ~ Eisenvitriol, Ferrosulfat *n*; ***white*** ~ Zinksulfat *n*; **2.** ⚗ a) Vitri'olsäure *f*, b) ***oil of*** ~ Vitriolöl *n*, rauchende Schwefelsäure; **3.** *fig.* a) Gift *n*, Säure *f*, b) Giftigkeit *f*, Schärfe *f*; **vit·ri·ol·ic** [ˌvɪtrɪ'ɒlɪk] *adj.* **1.** vitri'olisch, Vitriol…: ~ ***acid*** → ***vitriol*** 2b; **2.** *fig.* ätzend, beißend: ~ ***remark***; **'vit·ri·ol·ize** [-laɪz] *v/t.* **1.** ⚗ vitriolisieren; **2.** *j-n* mit Vitriol bespritzen *od.* verletzen.

vi·tu·per·ate [vɪ'tjuːpəreɪt] *v/t.* **1.** beschimpfen, schmähen; **2.** scharf tadeln; **vi·tu·per·a·tion** [vɪˌtjuːpə'reɪʃn] *s.* **1.** Schmähung *f*, (wüste) Beschimpfung; *pl.* Schimpfworte *pl.*; **2.** scharfer Tadel *m*; **vi'tu·per·a·tive** [-pərətɪv] *adj.* □ **1.** schmähend, Schmäh…; **2.** tadelnd.

vi·va[1] ['viːvə] (*Ital.*) **I** *int.* Hoch!; **II** *s.* Hoch(ruf *m*) *n*.

vi·va[2] ['vaɪvə] → ***viva voce***.

vi·va·cious [vɪ'veɪʃəs] *adj.* □ lebhaft, munter; **vi·vac·i·ty** [vɪ'væsətɪ] *s.* Lebhaftigkeit *f*, Munterkeit *f*.

vi·var·i·um [vaɪ'veərɪəm] *pl.* **-i·a** [-ɪə] *s.* Vi'varium *n* (*Aquarium, Terrarium etc.*).

vi·va vo·ce [ˌvaɪvə'vəʊsɪ] **I** *adj. u. adv.* mündlich; **II** *s.* mündliche Prüfung; **vi·va-vo·ce** [ˌvaɪvə'vəʊsɪ] *v/t.* mündlich prüfen.

viv·id ['vɪvɪd] *adj.* □ **1.** *allg.* lebhaft: a) impul'siv (*Mensch*), b) inten'siv (*Gefühle, Phantasie*), c) leuchtend (*Farbe etc.*), d) deutlich, klar (*Schilderung etc.*); **2.** le'bendig (*Porträt etc.*); **'viv·id·ness** [-nɪs] *s.* **1.** Lebhaftigkeit *f*; **2.** Le'bendigkeit *f*.

viv·i·fy ['vɪvɪfaɪ] *v/t.* **1.** 'wiederbeleben; **2.** *fig.* Leben geben (*dat.*), beleben, anregen; **3.** *fig.* intensivieren; **4.** *biol.* in lebendes Gewebe verwandeln; **vi·vip·a·rous** [vɪ'vɪpərəs] *adj.* □ **1.** *zo.* lebendgebärend; **2.** ⚘ noch an der Mutterpflanze keimend (*Samen*); **viv·i·sect** [ˌvɪvɪ'sekt] *v/t. u. v/i.* vivisezieren, lebend sezieren; **viv·i·sec·tion** [ˌvɪvɪ'sekʃn] *s.* Vivisekti'on *f*.

vix·en ['vɪksn] *s.* **1.** *zo.* Füchsin *f*; **2.** *fig.* ‚Drachen' *m*, Xan'thippe *f*; **'vix·en·ish** [-nɪʃ] *adj.* zänkisch.

vi·zier [vɪ'zɪə] *s.* We'sir *m*.

vi·zor → ***visor***.

V-J Day *s.* Tag *m* des Sieges der Alli'ierten über Japan (*im 2. Weltkrieg; 2. 9. 1945*).

vo·ca·ble ['vəʊkəbl] *s.* Vo'kabel *f*.

vo·cab·u·lar·y [vəʊ'kæbjʊlərɪ] *s.* Vokabu'lar *n*: a) Wörterverzeichnis *n*, b) Wortschatz *m*.

vo·cal ['vəʊkl] **I** *adj.* □ → ***vocally***; **1.** stimmlich, mündlich, Stimm…, Sprech…: ~ ***c***(***h***)***ords*** Stimmbänder *pl.*; **2.** ♪ Vokal…, Gesang(s)…, gesanglich: ~ ***music*** Vokalmusik *f*; ~ ***part*** Singstimme *f*; ~ ***recital*** Liederabend *m*; **3.** klingend, 'widerhallend (***with*** von); **4.** stimmbegabt, der Sprache mächtig; **5.** laut, vernehmbar, *a.* gesprächig: ***become*** ~ *fig.* laut werden, sich vernehmen lassen; **6.** *ling.* a) vo'kalisch, b) stimmhaft; **II** *s.* **7.** (gesungener) Schlager; **vo·cal·ic** [vəʊ'kælɪk] *adj.* vo'kalisch; **'vo·cal·ism** [-kəlɪzəm] *s.* **1.** Vokalisati'on *f* (*Vokalbildung u. -aussprache*); **2.** Vo'kalsyˌstem *n e-r Sprache*; **'vo·cal·ist** [-kəlɪst] *s.* ♪ Sänger(in); **vo·cal·i·za·tion** [ˌvəʊkəlaɪ'zeɪʃn] *s.* **1.** *bsd.* ♪ Stimmgebung *f*; **2.** *ling.* a) Vokalisati'on *f*, b) stimmhafte Aussprache; **'vo·cal·ize** [-kəlaɪz] **I** *v/t.* **1.** *Laut* aussprechen, *a.* singen; **2.** *ling.* a) *Konsonanten* vokalisieren, b) stimmhaft aussprechen; **3.** → ***vowelize*** 1; **II** *v/i.* **4.** (*beim Singen*) vokalisieren.

vo·ca·tion [vəʊ'keɪʃn] *s.* **1.** (*eccl.* göttliche, *allg.* innere) Berufung (***for*** zu); **2.** Begabung *f*, Eignung *f* (***for*** für); **3.** Beruf *m*, Beschäftigung *f*; **vo'ca·tion·al** [-ʃənl] *adj.* □ beruflich, Berufs… (*-ausbildung, -krankheit, -schule etc.*): ~ ***guidance*** Berufsberatung *f*.

voc·a·tive ['vɒkətɪv] **I** *adj. ling.* vokativisch, Anrede…: ~ ***case*** → **II** *s.* Vokativ *m*.

vo·cif·er·ate [vəʊ'sɪfəreɪt] *v/i.* schreien, brüllen; **vo·cif·er·a·tion** [vəʊˌsɪfə'reɪʃn] *s. a. pl.* Schreien *n*, Brüllen *n*, Geschrei *n*; **vo'cif·er·ous** [-fərəs] *adj.* □ **1.** laut schreiend, brüllend; **2.** lärmend, laut; **3.** lautstark: ~ ***protest***.

vod·ka ['vɒdkə] *s.* Wodka *m*.

vogue [vəʊg] *s.* **1.** *allg.* (herrschende) Mode: ***all the ~*** (die) große Mode, der letzte Schrei; ***be in ~*** (in) Mode sein; ***come into ~*** in Mode kommen; **2.** Beliebtheit *f*: ***be in full ~*** großen Anklang finden, sehr im Schwange sein; ***have a short-lived ~*** sich e-r kurzen Beliebtheit erfreuen; **~ word** *s.* Modewort *n*.

voice [vɔɪs] **I** *s.* **1.** Stimme *f* (*a. fig. des Gewissens etc.*): ***the still, small ~ (within)*** *fig.* die leise Stimme des Gewissens; ***in (good) ~*** ♪ (gut) bei Stimme; ***in a low ~*** mit leiser Stimme; ***~ box*** Kehlkopf *m*; ***~ radio*** ϟ Sprechfunk *m*; ***~ range*** ♪ Stimmumfang *m*; **2.** *fig.* Ausdruck *m*, Äußerung *f*: ***find ~ in*** Ausdruck finden in (*dat.*); ***give ~ to*** → 7; **3.** *fig. allg.* Stimme *f*: a) Entscheidung *f*: ***give one's ~ for*** stimmen für; ***with one ~*** einstimmig, b) Stimmrecht *n*: ***have a (no) ~ in*** et. (nichts) zu sagen haben bei *od.* in (*dat.*), c) Sprecher(in), Sprachrohr *n*; **4.** ♪ a) *a.* ***~ quality*** Stimmton *m*, b) (Orgel)Stimme *f*; **5.** *ling.* a) stimmhafter Laut, b) Stimmton *m*; **6.** *ling.* Genus *n* des Verbs: ***active ~*** Aktiv *n*; ***passive ~*** Passiv *n*; **II** *v/t.* **7.** Ausdruck geben *od.* verleihen (*dat.*), *Meinung etc.* äußern, in Worte fassen; **8.** ♪ *Orgelpfeife etc.* regulieren; **9.** *ling.* (stimmhaft) (aus)sprechen; **voiced** [-st] *adj.* **1.** *in Zssgn mit leiser etc.* Stimme: ***low-~***; **2.** *ling.* stimmhaft; **'voice·less** [-lɪs] *adj.* **1.** ohne Stimme, stumm; **2.** sprachlos; **3.** *parl.* nicht stimmfähig; **4.** *ling.* stimmlos; **'voice-ˌo·ver** *s. Film, TV*: 'Off-Kommenˌtar *n*.

void [vɔɪd] **I** *adj.* □ **1.** leer; **2.** ***~ of*** ohne, bar (*gen.*), arm an (*dat.*), frei von; **3.** unbewohnt; **4.** unbesetzt, frei (*Amt*); **5.** ⚖ nichtig, ungültig, -wirksam; → ***null*** 1; **II** *s.* **6.** (*fig.* Gefühl *n* der) Leere *f*, leerer Raum; **7.** *fig.* Lücke *f*: ***fill the ~*** die Lücke schließen; **8.** ⚖ unbewohntes Gebäude; **III** *v/t.* **9.** räumen (***of*** von); **10.** ⚖ a) aufheben, b) anfechten; **11.** *physiol. Urin etc.* ausscheiden; **'void·a·ble** [-dəbl] *adj.* ⚖ aufheb- *od.* anfechtbar; **'void·ance** [-dəns] *s.* Räumung *f*; **'void·ness** [-nɪs] *s.* **1.** Leere *f*; **2.** ⚖ Nichtigkeit *f*, Ungültigkeit *f*.

voile [vɔɪl] *s.* Voile *m*, Schleierstoff *m*.

vo·lant ['vəʊlənt] *adj.* **1.** *zo.* fliegend (*a. her.*); **2.** *poet.* flüchtig.

vol·a·tile ['vɒlətaɪl] *adj.* **1.** *phys.* verdampfbar, (leicht) flüchtig, vola'til, ä'therisch (*Öl etc.*); **2.** *fig.* flüchtig, vergänglich; **3.** *fig.* a) le'bendig, lebhaft, b) launisch, unbeständig, flatterhaft; **vol·a·til·i·ty** [ˌvɒlə'tɪlətɪ] *s.* **1.** *phys.* Verdampfbarkeit *f*, Flüchtigkeit *f* (*a. fig.*); **2.** *fig.* a) Lebhaftigkeit *f*, b) Unbeständig-, Flatterhaftigkeit *f*; **vol·a·til·i·za·tion** [vɒˌlætɪlaɪ'zeɪʃn] *s. phys.* Verflüchtigung *f*, Verdampfung *f*; **vol·a·til·ize** [vɒ'lætɪlaɪz] *v/t.* (*v/i.* sich) verflüchtigen, verdunsten, verdampfen.

vol-au-vent ['vɒləʊvɑ̃ːŋ; vɔlovɑ̃] (*Fr.*) *s.* Vol-au-'vent *m* (*gefüllte Blätterteigpastete*).

vol·can·ic [vɒl'kænɪk] *adj.* (□ ***~ally***) **1.** *geol.* vul'kanisch, Vulkan...; **2.** *fig.* ungestüm, explo'siv; **vol·ca·no** [vɒl'keɪnəʊ] *pl.* **-no(e)s** *s.* **1.** *geol.* Vul'kan *m*; **2.** *fig.* Vul'kan *m*, Pulverfaß *n*: ***sit on the top of a ~*** (wie) auf e-m Pulverfaß sitzen; **vol·can·ol·o·gy** [ˌvɒlkə'nɒlədʒɪ] *s.* Vulkanolo'gie *f*.

vole[1] [vəʊl] *s. zo.* Wühlmaus *f*.

vole[2] [vəʊl] *s. Kartenspiel*: Gewinn *m* aller Stiche.

vo·li·tion [vəʊ'lɪʃn] *s.* **1.** Willensäußerung *f*, -akt *m*, (Willens)Entschluß *m*: ***on one's own ~*** aus eigenem Entschluß; **2.** Wille *m*, Wollen *n*, Willenskraft *f*; **vo'li·tion·al** [-ʃənl] *adj.* □ Willens..., willensmäßig; **vol·i·tive** ['vɒlɪtɪv] *adj.* **1.** Willens...; **2.** *ling.* voli'tiv.

vol·ley ['vɒlɪ] **I** *s.* **1.** (Gewehr-, Geschütz)Salve *f*; (Pfeil-, Stein- *etc.*)Hagel *m*; *Artillerie, Flak*: Gruppe *f*: ***~ bombing*** ✈ Reihenwurf *m*; **2.** *fig.* Schwall *m*, Strom *m*, Flut *f*: ***a ~ of oaths***; **3.** *sport*: a) *Tennis*: Volley *m* (*Schlag*), (*Ball a.*) Flugball *m*, b) *Fußball*: Volleyschuß *m*: ***take a ball at*** *od.* ***on the ~*** → 6; **4.** *Badminton*: Ballwechsel *m*; **II** *v/t.* **5.** in e-r Salve abschießen; **6.** *sport*: *den Ball* volley nehmen, (*Fußball a.*) (di'rekt) aus der Luft nehmen; **7.** *mst* ***~ out*** *od.* ***forth*** e-n Schwall von *Worten etc.* von sich geben; **III** *v/i.* **8.** e-e Salve *od.* Salven abgeben; **9.** hageln (*Geschosse*), krachen (*Geschütze*); **10.** *sport*: a) *Tennis*: volieren, b) *Fußball*: volley schießen; **'~·ball** *s. sport* **1.** Volleyball(spiel *n*) *m*; **2.** Volleyball *m*.

vol·plane ['vɒlpleɪn] ✈ **I** *s.* Gleitflug *m*; **II** *v/i.* im Gleitflug niedergehen.

volt[1] [vɒlt] *s. fenc. u. Reitsport*: Volte *f*.

volt[2] [vəʊlt] *s.* ϟ Volt *n*; **'volt·age** [-tɪdʒ] *s.* ϟ (Volt)Spannung *f*; **vol·ta·ic** [vɒl'teɪɪk] *adj.* ϟ vol'taisch, gal'vanisch (*Batterie, Element, Strom etc.*): ***~ couple*** Elektrodenmetalle *pl.*

volte-face [ˌvɒlt'fɑːs; vɔltəfas] (*Fr.*) *s. fig.* (to'tale) (Kehrt)Wendung.

volt·me·ter ['vəʊltˌmiːtə] *s.* ϟ Voltmeter *m*, Spannungsmesser *m*.

vol·u·bil·i·ty [ˌvɒljʊ'bɪlətɪ] *s. fig.* a) glatter Fluß (*der Rede*), b) Zungenfertigkeit *f*, Redegewandtheit *f*, c) Redseligkeit *f*, d) Wortreichtum *m*; **vol·u·ble** ['vɒljʊbl] *adj.* □ **1.** a) geläufig (*Zunge*), fließend (*Rede*), b) zungenfertig, (rede-)gewandt, c) redselig, d) wortreich; **2.** ♀ windend.

vol·ume ['vɒljuːm] *s.* **1.** Band *m e-s Buches*; Buch *n* (*a. fig.*): ***a three-~ novel*** ein dreibändiger Roman; ***speak ~s (for)*** *fig.* Bände sprechen (für); **2.** ⩚, ⚗, *phys. etc.* Vo'lumen *n*, (Raum)Inhalt *m*; **3.** *fig.* 'Umfang *m*, Vo'lumen *n*: ***~ of imports***; ***~ of traffic*** Verkehrsaufkommen *n*; **4.** *fig.* Masse *f*, Schwall *m*; **5.** ♪ Klangfülle *f*, 'Stimmvoˌlumen *n*, -ˌumfang *m*; **6.** ϟ Lautstärke *f*: ***~ control*** Lautstärkeregler *m*; **'vol·umed** [-md] *adj. in Zssgn* ...bändig: ***a three-~ book***; **vol·u·met·ric** [ˌvɒljʊ'metrɪk] *adj.* (□ ***~ally***) ⩚, ⚗ volu'metrisch: ***~ analysis*** ⚗ volumetrische Analyse, Maßanalyse *f*; ***~ density*** Raumdichte *f*; **vol·u·met·ri·cal** [ˌvɒljʊ'metrɪkl] *adj.* □ → ***volumetric***; **vo·lu·mi·nous** [və'ljuːmɪnəs] *adj.* □ **1.** vielbändig (*literarisches Werk*); **2.** produk'tiv: ***a ~ author***; **3.** massig, 'umfangreich, volumi'nös: ***~ correspondence***; **4.** bauschig; **5.** ♪ voll: ***~ voice***.

vol·un·tar·i·ness ['vɒləntərɪnɪs] *s.* **1.** Freiwilligkeit *f*; **2.** (Willens)Freiheit *f*; **vol·un·tar·y** ['vɒləntərɪ] **I** *adj.* □ **1.** freiwillig, spon'tan: ***~ contribution***; ***~ death*** Freitod *m*; **2.** frei, unabhängig; **3.** ⚖ a) vorsätzlich, schuldhaft, b) freiwillig, unentgeltlich, c) außergerichtlich, gütlich: ***~ settlement***; ***~ jurisdiction*** freiwillige Gerichtsbarkeit; **4.** durch freiwillige Spenden unter'halten (*Schule etc.*); **5.** *physiol.* willkürlich: ***~ muscles***; **6.** *psych.* volunta'ristisch; **II** *s.* **7.** a) freiwillige *od.* wahlweise Arbeit, b) *a.* ***~ exercise*** *sport* Kür(übung) *f*; **8.** ♪ Orgelsolo *n*.

vol·un·teer [ˌvɒlən'tɪə] **I** *s.* **1.** Freiwillige(r *m*) *f* (*a.* ⚔); **2.** ⚖ unentgeltlicher Rechtsnachfolger; **II** *adj.* **3.** freiwillig, Freiwilligen...; **4.** ♀ wildwachsend; **III** *v/i.* **5.** sich freiwillig melden *od.* erbieten (***for*** für, zu), als Freiwilliger eintreten *od.* dienen; **IV** *v/t.* **6.** *Dienste etc.* freiwillig anbieten *od.* leisten; **7.** sich *e-e Bemerkung* erlauben; **8.** (freiwillig) zum besten geben: ***he ~ed a song***.

vo·lup·tu·ar·y [və'lʌptjʊərɪ] *s.* Lüstling *m*, sinnlicher Mensch; **vo'lup·tu·ous** [-tʃʊəs] *adj.* □ **1.** wollüstig, sinnlich; geil, lüstern; **2.** üppig, sinnlich: ***~ body***; **vo'lup·tu·ous·ness** [-jʊəsnɪs] *s.* **1.** Wollust *f*, Sinnlichkeit *f*, Geilheit *f*, Lüsternheit *f*; **2.** Üppigkeit *f*.

vo·lute [və'ljuːt] *s.* **1.** Schnörkel *m*, Spi'rale *f*; **2.** ▲ Vo'lute *f*, Schnecke *f*; **3.** *zo.* Windung *f* (*Schneckengehäuse*); **vo'lut·ed** [-tɪd] *adj.* **1.** gewunden, spi'ral-, schneckenförmig; **2.** ▲ mit Vo'luten (versehen); **vo'lu·tion** [-juːʃn] *s.* **1.** Drehung *f*; **2.** *anat., zo.* Windung *f*.

vom·it ['vɒmɪt] **I** *v/t.* **1.** (er)brechen; **2.** *fig. Feuer etc.* (aus)speien; *Rauch, a. Flüche etc.* ausstoßen; **II** *v/i.* **3.** (sich er)brechen, sich über'geben; **4.** Rauch ausstoßen; Lava auswerfen, Feuer speien (*Vulkan*); **III** *s.* **5.** Erbrechen *n*; **6.** *das* Erbrochene; **7.** ⚕ Brechmittel *n*; **8.** *fig.* Unflat *m*; **'vom·i·tive** [-tɪv], **'vom·i·to·ry** [-tərɪ] **I** *s.* ⚕ Brechmittel *n*; **II** *adj.* Erbrechen verursachend, Brech...

voo·doo ['vuːduː] **I** *s.* **1.** Wodu *m*, Zauberkult *m*; **2.** Zauber *m*, Hexe'rei *f*; **3.** *a.* ***~ doctor***, ***~ priest*** (Wodu)Zauberer *m*, Medi'zinmann *m*; **4.** Fetisch *m*, Götze *m*; **II** *v/t.* **5.** behexen; **'voo·doo·ism** *s.* Wodukult *m*.

vo·ra·cious [və'reɪʃəs] *adj.* □ gefräßig, gierig, unersättlich (*a. fig.*); **vo'ra·cious·ness** [-nɪs], **vo·rac·i·ty** [vɒ'ræsətɪ] *s.* Gefräßigkeit *f*, Unersättlichkeit *f*, Gier *f* (***of*** nach).

vor·tex ['vɔːteks] *pl.* **-ti·ces** [-tɪsiːz] *s.* Wirbel *m*, Strudel *m* (*a. phys. fig.*); **'vor·ti·cal** [-tɪkl] *adj.* □ **1.** wirbelnd, kreisend, Wirbel...; **2.** wirbel-, strudelartig.

vo·ta·ress ['vəʊtərɪs] *s.* Geweihte *f* (*etc.*, → ***votary***); **vo·ta·ry** ['vəʊtərɪ] *s.* **1.** *eccl.* Geweihte(r *m*) *f*; **2.** *fig.* Verfechter(in), (Vor)Kämpfer(in); **3.** *fig.* Anhänger (-in), Verehrer(in), Jünger(in), Enthusi'ast(in).

vote [vəʊt] **I** *s.* **1.** (Wahl)Stimme *f*, Votum *n*: ***~ of censure***, ***~ of no confidence*** *parl.* Mißtrauensvotum; ***~ of confidence*** *parl.* Vertrauensvotum; ***give one's ~ to*** (*od.* ***for***) s-e Stimme geben (*dat.*), stimmen für; **2.** Abstimmung *f*, Wahl *f*: ***put s.th. to the ~***, ***take a ~ on s.th.*** über e-e Sache abstimmen lassen; ***take the ~*** abstimmen; **3.** Stimmzettel *m*, Stimme *f*: ***cast one's ~***

s-e Stimme abgeben; **4.** ***the ~*** das Stimm-, Wahlrecht; **5.** a) Stimme *f*, Stimmzettel *m*, b) ***the ~*** *coll.* die Stimmen *pl.*: ***the Labour ~***, c) Wahlergebnis *n*; **6.** Beschluß *m*: ***a unanimous ~***; **7.** (Geld)Bewilligung *f*; **II** *v/i.* **8.** (ab-)stimmen, wählen, s-e Stimme abgeben: ***~ against*** stimmen gegen; ***~ for*** stimmen für (*a.* F *für et. sein*); **III** *v/t.* **9.** abstimmen über (*acc.*), wählen, stimmen für: ***~ down*** niederstimmen; ***~ s.o. in*** j-n wählen; ***~ s.o. out*** (***of office***) j-n abwählen; ***~ s.th. through*** et. durchbringen; ***~ that*** dafür sein, daß, vorschlagen, daß; **10.** (durch Abstimmung) wählen *od.* beschließen *od. Geld* bewilligen; **11.** allgemein erklären für *od.* halten für; **'vote-,catch·er** *s.*, **'vote-,get·ter** *s.* ,'Wahllokomo,tive' *f*, Stimmenfänger *m*; **'vote·less** [-lɪs] *adj.* ohne Stimmrecht *od.* Stimme; **'vot·er** [-tə] *s.* Wähler(in), Wahl-, Stimmberechtigte(r *m*) *f*.

vot·ing ['vəʊtɪŋ] **I** *s.* (Ab)Stimmen *n*, Abstimmung *f*; **II** *adj.* Stimm…, Wahl…; ***~ age*** *s.* Wahlalter *n*; ***~ machine*** *s.* 'Wahlma,schine *f*; ***~ pa·per*** *s.* Stimmzettel *m*; ***~ share*** *s.* ✝ Stimmrechtaktie *f*; ***~ stock*** *s.* ✝ **1.** stimmberechtigtes 'Aktienkapi,tal; **2.** *bsd. Am.* 'Stimmrechts,aktie *f*; ***~ pow·er*** *s.* ✝ Stimmrecht *n*.

vo·tive ['vəʊtɪv] *adj.* Weih…, Votiv…, Denk…: ***~ medal*** (Ge)Denkmünze *f*; ***~ tablet*** Votivtafel *f*.

vouch [vaʊtʃ] **I** *v/i.* **1.** ***~ for*** (sich ver-)bürgen für; **2.** ***~ that*** dafür bürgen, daß; **II** *v/t.* **3.** bezeugen; bestätigen, (urkundlich) belegen; **4.** (sich ver)bürgen für; **'vouch·er** [-tʃə] *s.* **1.** Zeuge *m*, Bürge *m*; **2.** 'Unterlage *f*, Doku'ment *n*: ***support by ~*** dokumentarisch belegen; **3.** (Rechnungs)Beleg *m*, Quittung *f*: ***~ check*** ✝ *Am.* Verrechnungsscheck; ***~ copy*** Belegdoppel *n*; **4.** Gutschein *m*; **5.** Eintrittskarte *f*; **vouch'safe** [-'seɪf] *v/t.* **1.** (gnädig) gewähren; **2.** geruhen zu *tun*; **3.** sich her'ablassen zu: ***he ~d me no answer*** er würdigte mich keiner Antwort.

vow [vaʊ] **I** *s.* **1.** Gelübde *n* (*a. eccl.*); *oft pl.* (feierliches) Versprechen, (Treu-) Schwur *m*: ***be under a ~*** ein Gelübde abgelegt haben, versprochen haben (***to do*** zu tun); ***take*** (*od.* ***make***) ***a ~*** ein Gelübde ablegen; ***take ~s*** *eccl.* Profeß ablegen, in ein Kloster eintreten; **II** *v/t.* **2.** geloben; **3.** (sich) schwören, (sich) geloben, hoch u. heilig versprechen (***to do*** zu tun); **4.** feierlich erklären.

vow·el ['vaʊəl] **I** *s. ling.* **1.** Vo'kal *m*, Selbstlaut *m*; **II** *adj.* **2.** vo'kalisch; **3.** Vokal…, Selbstlaut…: ***~ gradation*** Ablaut *m*; ***~ mutation*** Umlaut *m*; **vow·el·ize** ['vaʊəlaɪz] *v/t.* **1.** *hebräischen od. kurzschriftlichen Text* mit Vo'kalzeichen versehen; **2.** *Laut* vokalisieren.

voy·age ['vɔɪɪdʒ] **I** *s. längere* (See-, Flug-) Reise: ***~ home*** Rück-, Heimreise; ***~ out*** Hinreise *f*; **II** *v/i.* (*bsd.* zur See) reisen; **III** *v/t.* reisen durch, bereisen; **voy·ag·er** ['vɔɪədʒə] *s.* (See)Reisende(r *m*) *f*.

vo·yeur·ism [vwɑː'jɜːrɪzəm] *s.* Voy'eurtum *n*.

'V|-sign *s.* **1.** Siegeszeichen *n* (*mit gespreizten Fingern*), *Am. a.* Zeichen der Zustimmung; **2.** *Brit.* ,Vogel' *m*; **'~-type en·gine** *s. mot.* V-Motor *m*.

vul·can·ite ['vʌlkənaɪt] *s.* Ebo'nit *n*, Vulka'nit *n* (*Hartgummi*); **'vul·can·ize** [-aɪz] *v/t. Kautschuk* vulkanisieren: ***~d fibre*** (*Am.* ***fiber***) ⚗ Vulkanfiber *f*.

vul·gar ['vʌlgə] **I** *adj.* □ → ***vulgarly***; **1.** (all)gemein, Volks…: ***~ herd*** *die* Masse, *das* gemeine Volk; ***~ Era*** *die* christlichen Jahrhunderte; **2.** volkstümlich: ***~ superstitions***; **3.** vul'gärsprachlich, in der Volkssprache (verfaßt *etc.*): ***~ tongue*** Volkssprache *f*; ***~ Latin*** Vulgärlatein *n*; **4.** ungebildet, ungehobelt; **5.** vul'gär, unfein, ordi'när, gewöhnlich, unanständig, pöbelhaft; **6.** ℞ gemein, gewöhnlich: ***~ fraction***; **II** *s.* **7.** ***the ~*** *pl.* das (gemeine) Volk; **vul·gar·i·an** [vʌl'geərɪən] *s.* **1.** vul'gärer Mensch, Ple'bejer *m*; **2.** Parve'nü *m*, Protz *m*; **'vul·gar·ism** [-ərɪzəm] *s.* **1.** Unfeinheit *f*, vul'gäres Benehmen; **2.** Gemeinheit *f*, Unanständigkeit *f*; **3.** *ling.* Vulga'rismus *m*, vul'gärer Ausdruck; **vul·gar·i·ty** [vʌl'gærətɪ] *s.* **1.** ungehobeltes Wesen, vul'gäre Art; **2.** Gewöhnlichkeit *f*, Pöbelhaftigkeit *f*; **3.** Unsitte *f*, Ungezogenheit *f*; **'vul·gar·ize** [-əraɪz] *v/t.* **1.** popularisieren, popu'lär machen, verbreiten; **2.** her'abwürdigen, vulgarisieren; **'vul·gar·ly** [-lɪ] *adv.* **1.** allgemein, gemeinhin, landläufig; **2.** → ***vulgar*** 4, 5.

vul·ner·a·bil·i·ty [,vʌlnərə'bɪlətɪ] *s.* Verwundbarkeit *f*; **vul·ner·a·ble** ['vʌlnərəbl] *adj.* **1.** verwundbar (*a. fig.*); **2.** angreifbar; **3.** anfällig (***to*** für); **4.** ⚔, *sport* ungeschützt, offen; **vul·ner·ar·y** ['vʌlnərərɪ] **I** *adj.* Wund…, Heil…; **II** *s.* Wundmittel *n*.

vul·pine ['vʌlpaɪn] *adj.* **1.** fuchsartig, Fuchs…; **2.** *fig.* füchsisch, verschlagen.

vul·ture ['vʌltʃə] *s. zo.* Geier *m* (*a. fig.*).

vul·va ['vʌlvə] *pl.* **-vae** [-viː] *s. anat.* Vulva *f*, (äußere) weibliche Scham.

vy·ing ['vaɪɪŋ] *adj.* □ wetteifernd.

W

W, w ['dʌblju:] *s.* W *n*, w *n* (*Buchstabe*).
Waac [wæk] *s.* ⚔ F *Brit.* Ar'meehelferin *f* (*aus* ***Women's Army Auxiliary Corps***).
Waaf [wæf] *s.* ⚔ F *Brit.* Luftwaffenhelferin *f* (*aus* ***Women's Auxiliary Air Force***).
WAC, *Wac* [wæk] *s.* ⚔ F *Am.* Ar'meehelferin *f* (*aus* ***Women's Army Corps***).
wack·y ['wækı] *adj.* ‚blöd'.
wad [wɒd] **I** *s.* **1.** Pfropf(en) *m*, (*Watte- etc.*)Bausch *m*, Polster *n*; **2.** Pa'pierknäuel *m*, *n*; **3.** a) (Banknoten)Bündel *n*, (-)Rolle *f*, b) *Am.* F Haufen *m* Geld, c) Stoß *m* Pa'piere; **4.** ⚔ *hist.* Ladepfropf *m*; **II** *v/t.* **5.** zu e-m Bausch *etc.* zs.-pressen; **6. ~ *up*** *Am.* fest zs.-rollen; **7.** *Öffnung* ver-, zustopfen; **8.** *Kleidungsstück etc.* wattieren, auspolstern, füttern; **wad·ding** ['wɒdıŋ] **I** *s.* **1.** Einlage *f* (*zum Polstern od. Verpacken*); **2.** Watte *f*; **3.** Wattierung *f*; **II** *adj.* **4.** Wattier…
wad·dle ['wɒdl] **I** *v/i.* watscheln; **II** *s.* watschelnder Gang.
wade [weıd] **I** *v/i.* waten: ***~ through*** F *fig.* sich durchkämpfen durch; ***~ in(to)*** F *fig.* a) ‚hin'einsteigen', sich einmischen (in *acc.*), b) sich ‚reinknien' (in *e-e Arbeit etc.*): ***~ into a problem*** ein Problem anpacken *od.* angehen; **II** *v/t.* durch'waten; **III** *s.* Waten *n*; **'wad·er** [-də] *s.* **1.** *orn.* Wat-, Stelzvogel *m*; **2.** *pl.* (hohe) Wasserstiefel *pl.*
wa·fer ['weıfə] *s.* **1.** Ob'late *f* (*a.* ⚕ *u. Siegelmarke*); **2.** (*bsd.* Eis)Waffel *f*: ***as thin as a ~, ~-thin*** hauchdünn (*a. fig.*); **3.** *a.* ***consecrated ~*** *eccl.* Hostie *f*, Ob'late *f*; **4.** ⚡ Mikroplättchen *n*.
waf·fle ['wɒfl] **I** *s.* Waffel *f*; **II** *v/i.* F ‚quasseln'; **'~-ˌi·ron** *s.* Waffeleisen *n*.
waft [wɑ:ft] **I** *v/t.* **1.** *wohin* wehen, tragen; **II** *v/i.* **2.** (her'an)getragen werden, schweben; **III** *s.* **3.** Flügelschlag *m*; **4.** Wehen *n*; **5.** (Duft)Hauch *m*, (-)Welle *f*; **6.** *fig.* Anwandlung *f*, Welle *f* (*von Freude, Neid etc.*); **7.** ⚓ Flagge *f* im Schau (*Notsignal*).
wag [wæg] **I** *v/i.* **1.** wackeln; wedeln, wippen (*Schwanz*): ***~ one's tongue*** tratschen; ***set tongues ~ging*** viel Gerede verursachen; → ***tail*** 1; **II** *v/t.* **2.** wackeln *od.* wedeln *od.* wippen mit *dem Schwanz etc.*; *den Kopf* schütteln *od.* wiegen: ***~ one's finger at*** *j-m* mit dem Finger drohen; **3.** (hin- u. her)bewegen, schwenken; **III** *s.* **4.** Wackeln *n*; Wedeln *n*, (Kopf)Schütteln *n*; **5.** Witzbold *m*, Spaßvogel *m*.
wage¹ [weıdʒ] *v/t. Krieg* führen, *Feldzug* unter'nehmen (***on, against*** gegen): ***~ effective war on*** *fig. e-r Sache* wirksam zu Leibe gehen.
wage² [weıdʒ] *s.* **1.** *mst pl.* † (Arbeits-)Lohn *m*: ***~s per hour*** Stundenlohn; **2.** *pl.* † Lohnanteil *m* (*an der Produktion*); **3.** *pl. sg. konstr. fig.* Lohn *m*: ***the ~s of sin*** *bibl.* der Sünde Sold; **~ a·gree·ment** *s.* † Ta'rifvertrag *m*; **~ bill** *s.* (aus)bezahlte (Gesamt)Löhne *pl.*; **~ claim** *s.* Lohnforderung *f*; **~ dis·pute** *s.* Lohnkampf *m*; **~ earn·er** *s.* Lohnempfänger(in); **~ freeze** *s.* Lohnstopp *m*; **~ fund** *s.* Lohnfonds *m*; **~ in·cen·tive** *s.* Lohnanreiz *m*; **'~-in·ten·sive** *adj.* 'lohnintenˌsiv; **~ lev·el** *s.* 'Lohniˌveau *n*; **~ pack·et** *s.* Lohntüte *f*.
wa·ger ['weıdʒə] **I** *s.* **1.** Wette *f*; **II** *v/t.* **2.** wetten um, setzen auf (*acc.*); wetten mit (***that*** daß); **3.** *fig. Ehre etc.* aufs Spiel setzen; **III** *v/i.* **4.** wetten, e-e Wette eingehen.
wage| rate *s.* Lohnsatz *m*; **~ scale** *s.* † **1.** Lohnskala *f*; **2.** ('Lohn)Taˌrif *m*; **~ set·tle·ment** *s.* Lohnabschluß *m*; **~ slave** *s.* Lohnsklave *m*; **~ slip** *s.* Lohnstreifen *m*, -zettel *m*.
wag·ger·y ['wægərı] *s.* Schelme'rei *f*, Schalkhaftigkeit *f*; **wag·gish** ['wægıʃ] *adj.* □ schalkhaft, schelmisch, spaßig, lose; **wag·gish·ness** ['wægıʃnıs] → ***waggery***.
wag·gle ['wægl] → ***wag*** I *u.* II.
wag·gon ['wægən] *s.* **1.** (Last-, Roll-)Wagen *m*; **2.** 🚂 *Brit.* (offener) Güterwagen, Wag'gon *m*: ***by ~*** † per Achse; **3.** *Am.* a) (Liefer-, Verkaufs-, Poli'zei- *etc.*)Wagen *m*, b) *mot.* Kombi(wagen) *m*; **4. *the*** 𝔖 *ast.* der Große Wagen; **5.** F *fig.* → ***water wag(g)on***.
wag·gon·er ['wægənə] *s.* **1.** (Fracht-)Fuhrmann *m*; **2.** 𝔖 *ast.* Fuhrmann *m*.
'wag·gon|·load *s.* **1.** Wagenladung *f*, Fuhre *f*; **2.** Wag'gonladung *f*: ***by the ~*** waggonweise; **~ train** *s.* **1.** ⚔ Ar'meetrain *m*; **2.** 🚂 *Am.* Güterzug *m*; **~ vault** *s.* △ Tonnengewölbe *n*.
Wag·ne·ri·an [vɑ:g'nıərıən] ♪ **I** *adj.* wagnerisch, wagneri'anisch, Wagner…; **II** *s. a.* **Wag·ner·ite** ['vɑ:gnəraıt] Wagneri'aner(in).
wag·on *etc. bsd. Am.* → ***waggon*** *etc.*
wa·gon-lit ['vægɔ̃:nˈli:; vagɔ̃li] (*Fr.*) *s.* 🚂 Schlafwagen(abteil *n*) *m*.
'wag·tail *s. orn.* Bachstelze *f*.
waif [weıf] *s.* **1.** ⚖ a) *Brit.* weggeworfenes Diebesgut, b) herrenloses Gut, *bsd.* Strandgut *n* (*a. fig.*); **2.** a) Heimatlose(r *m*) *f*, b) verlassenes *od.* verwahrlostes Kind: ***~s and strays*** verwahrloste Kinder, c) streunendes *od.* verwahrlostes Tier; **3.** *fig.* 'Überrest *m*.
wail [weıl] **I** *v/i.* (weh)klagen, jammern (***for*** um, ***over*** über *acc.*); schreien, wimmern, heulen (*a. Sirene, Wind*) (***with*** vor *Schmerz etc.*); **II** *v/t.* bejammern; **III** *s.* (Weh)Klagen *n*, Jammern *n*; (Weh)Geschrei *n*, Wimmern *n*; **'wail·ing** [-lıŋ] **I** *s.* → ***wail*** III; **II** *adj.* □ (weh)klagend *etc.*; Klage…: 𝔖 ***Wall*** Klagemauer *f*.
wain [weın] *s.* **1.** *poet.* Karren *m*, Wagen *m*; **2.** 𝔖 → ***Charles's Wain***.
wain·scot ['weınskət] **I** *s.* (*bsd. untere*) (Wand)Täfelung, Tafelwerk *n*, Holzverkleidung *f*; **II** *v/t. Wand etc.* verkleiden, (ver)täfeln; **'wain·scot·ing** [-tıŋ] *s.* **1.** → ***wainscot*** I; **2.** Täfelholz *n*.
waist [weıst] *s.* **1.** Taille *f*; **2.** a) Mieder *n*, b) *bsd. Am.* Bluse *f*; **3.** Mittelstück *n*, schmalste Stelle (*e-s Dinges*), Schweifung *f* (*e-r Glocke etc.*); **4.** ⚓ Mitteldeck *n*, Kuhl *f*; **'~·band** [-sb-] *s.* (Hosen-, Rock)Bund *m*; **~·coat** ['weıskəʊt] *s.* (*a.* Damen)Weste *f*, (ärmellose) Jacke; *hist.* Wams *n*; **ˌ~-'deep** *adj. u. adv.* bis zur Taille *od.* Hüfte, hüfthoch.
waist·ed ['weıstıd] *adj.* mit e-r … Taille: ***short-~***.
ˌwaist|-'high → ***waist-deep***; **'~·line** *s.* **1.** Gürtellinie *f*, Taille *f*; **2.** 'Taille(nˌumfang *m*) *f*: ***watch one's ~*** auf s-e Linie achten.
wait [weıt] **I** *v/i.* **1.** warten (***for*** auf *acc.*): ***~ for s.o. to come*** warten, daß *od.* bis j-d kommt; ***~ up for s.o.*** aufbleiben u. auf j-n warten; ***keep s.o. ~ing*** j-n warten lassen; ***that can ~*** *fig.* das kann warten, das hat Zeit; ***dinner is ~ing*** das Essen wartet *od.* ist bereit; ***you just ~!*** F na warte!; ***~ for it!*** F *Brit.* a) immer mit der Ruhe, b) du wirst's kaum glauben!; **2.** (ab)warten, sich gedulden: ***~ and see!*** ‚abwarten u. Tee trinken'!; ***I can't ~ to see him*** ich kann es kaum noch erwarten, bis ich ihn sehe; **3. ~ (*up*)*on*** a) *j-m* dienen, b) *j-m* aufwarten, *j-n* bedienen, c) *j-m* s-e Aufwartung machen, d) *fig. e-r Sache* folgen, *et.* begleiten (*Umstand*); **4.** *a.* ***~ at table*** (bei Tisch) bedienen; **II** *v/t.* **5.** warten auf (*acc.*), abwarten: ***~ one's opportunity*** e-e günstige Gelegenheit abwarten; ***~ out*** das Ende (*gen.*) abwarten; **6.** F aufschieben, mit *dem Essen etc.* warten (***for s.o.*** auf j-n); **III** *s.* **7.** a) Warten *n*, b) Wartezeit *f*: ***have a long ~*** lange warten müssen; **8.** Lauer *f*: ***lay a ~ for*** *j-m* e-n Hinterhalt legen; ***lie in ~*** im Hinterhalt liegen; ***lie in ~ for*** *j-m* auflauern; **9.** *pl.* a) Weihnachtssänger *pl.*, b) *hist.* 'Stadtmusiˌkanten *pl.*; **'wait·er** [-tə] *s.* **1.** Kellner *m*, *in der*

Anrede: (Herr) Ober *m*; **2.** Servier-, Präsentierteller *m*.

wait·ing ['weɪtɪŋ] **I** *s.* **1.** → ***wait*** 7; **2.** Dienst *m bei Hofe etc.*, Aufwarten *n*: ***in ~*** a) diensttuend; → ***lady-in-waiting*** *etc.*, b) ⚔ *Brit.* in Bereitschaft; **II** *adj.* **3.** (ab)wartend; → ***game***[1] 4; **4.** Warte...: ***~ list, ~ period*** *allg.* Wartezeit *f*; ***~ room*** a) 🚂 Wartesaal *m*, b) ⚕ *etc.* Wartezimmer *n*; **~ girl** *s.*, **~ maid** *s.* Kammerzofe *f*.

wait·ress ['weɪtrɪs] *s.* Kellnerin *f*; *in der Anrede*: Fräulein *n*.

waive [weɪv] *v/t. bsd.* ⚖ **1.** verzichten auf (*acc.*), sich *e-s Rechtes, Vorteils* begeben; **2.** *Frage* zu'rückstellen; **'waiv·er** [-və] *s.* ⚖ **1.** Verzicht *m* (***of*** auf *acc.*), Verzichtleistung *f*; **2.** Verzichterklärung *f*.

wake[1] [weɪk] *s.* **1.** ⚓ Kielwasser *n* (*a. fig.*): ***in the ~ of*** a) im Kielwasser *e-s Schiffes*, b) *fig.* im Gefolge (*gen.*); ***follow in s.o.'s ~*** *fig.* in j-s Kielwasser segeln; ***bring s.th. in its ~*** et. nach sich ziehen, et. zur Folge haben; **2.** ✈ Luftschraubenstrahl *m*; **3.** Sog *m*.

wake[2] [weɪk] **I** *v/i.* [*irr.*] **1.** *oft* ***~ up*** auf-, erwachen, wach werden (*alle a. fig. Person, Gefühl etc.*); **2.** wachen, wach sein *od.* bleiben; **3. *~ to*** sich *e-r Gefahr etc.* bewußt werden; **4.** *vom Tode od. von den Toten* auferstehen; **II** *v/t.* [*irr.*] **5.** *a.* ***~ up*** (auf)wecken, wachrütteln (*a. fig.*); **6.** *fig.* erwecken, *Erinnerungen, Gefühle* wachrufen, *Streit etc.* erregen; **7.** *fig. j-n, j-s Geist etc.* aufrütteln; **8.** (*von den Toten*) auferwecken; **III** *s.* **9.** *bsd. Irish* a) Totenwache *f*, b) Leichenschmaus *m*; **10.** *hist.* Kirchweih(fest *n*) *f*, Kirmes *f*; **11.** *Brit.* Betriebsferien *pl.*; **'wake·ful** [-fʊl] *adj.* ☐ **1.** wachend; **2.** schlaflos; **3.** *fig.* wachsam; **'wak·en** [-kən] → ***wake***[2] 1, 3, 5, 6 *u.* 7; **'wak·ing** [-kɪŋ] **I** *s.* **1.** (Er)Wachen *n*; **2.** (Nacht-) Wache *f*; **II** *adj.* **3.** wach: ***~ dream*** Tagtraum *m*; ***in his ~ hours*** in s-n wachen Stunden, *a.* von früh bis spät.

wale [weɪl] *s.* **1.** → ***weal***[2]; **2.** *Weberei*: a) Rippe *f* (*e-s Gewebes*), b) Salleiste *f*, feste Webkante; **3.** ⚙ a) Verbindungsstück *n*, b) Gurtholz *n*; **4.** ⚓ a) Berg-, Krummholz *n*, b) Dollbord *m* (*e-s Boots*).

walk [wɔːk] **I** *s.* **1.** Gehen *n*: ***go at a ~*** im Schritt gehen; **2.** Gang(art *f*) *m*, Schritt *m*: ***a dignified ~***; **3.** Spaziergang *m*: ***go for*** (*od.* ***take***) ***a ~*** e-n Spaziergang machen; ***take s.o. for a ~*** j-n spazierenführen, mit j-m spazierengehen; **4.** (Spazier)Weg *m*: a) Prome'nade *f*, b) Strecke *f*: ***a ten minutes' ~ to the station*** zehn (Geh)Minuten zum Bahnhof; ***quite a ~*** ein gutes Stück zu gehen; **5.** Al'lee *f*; **6.** (Geflügel)Auslauf *m*; → ***sheepwalk***; **7.** Route *f e-s Hausierers etc.*, Runde *f e-s Polizisten etc.*; **8.** *fig.* a) (Arbeits)Gebiet *n*, b) *mst* ***~ of life*** (sozi'ale) Schicht *od.* Stellung, *a.* Beruf *m*; **II** *v/i.* **9.** gehen (*a. sport*), zu Fuß gehen; **10.** im Schritt gehen (*a. Pferd*); **11.** spazierengehen, wandern; **12.** 'umgehen (*Geist*): ***~ in one's sleep*** nachtwandeln; **III** *v/t.* **13.** *Strecke* zu'rücklegen, (zu Fuß) gehen; **14.** *Bezirk* durch'wandern, *Raum* durch'schreiten; **15.** auf u. ab (*od.* um'her)gehen in *od.* auf (*dat.*); **16.** *Pferd* a) führen, b) im Schritt gehen lassen; **17.** *j-n wohin* führen: ***~ s.o. off his feet*** j-n abhetzen; **18.** spazierenführen; **19.** um die Wette gehen mit;

Zssgn mit adv. u. prp.:

walk| a·bout, ~ a·round I *v/i.* um'hergehen, -wandern; **II** *v/t. j-n* um'herführen; **~ a·way** *v/i.* **1.** weg-, fortgehen: ***~ from*** *sport j-m* (einfach) davonlaufen, *j-n* ‚stehenlassen'; **2. *~ with*** a) mit *et.* durchbrennen, b) *et.* ‚mitgehen' lassen, c) *e-n Kampf etc.* spielend gewinnen; **~ off I** *v/i.* **1.** da'von-, fortgehen; **2.** → ***walk away*** 2; **II** *v/t.* **3.** *j-n* abführen; **4.** *s-n Rausch, Zorn etc.* durch e-n Spaziergang vertreiben; **~ out I** *v/i.* **1.** hin'ausgehen: ***~ on*** F *j-n* im Stich lassen, verlassen; **2. *~ with s.o.*** F mit j-m ‚gehen' *od.* ein Verhältnis haben; **3.** ✝ in (den) Streik treten; **4.** *pol.* zu'rücktreten; **II** *v/t.* **5.** *Hund etc.* ausführen; **6.** *j-n* auf e-n Spaziergang mitnehmen; **~ o·ver** *v/i. fig.* spielend gewinnen; **~ up** *v/i.* **1.** hin'aufgehen, her'aufkommen: ***~ to s.o.*** auf j-n zugehen; **2.** *Straße* entlanggehen.

'walk·a·bout *s.* **1.** Wanderung *f*; **2.** ‚Bad *n* in der Menge' (*e-s Politikers etc.*).

walk·a·thon ['wɔːkəθɒn] **1.** *sport* Marathongehen *n*; **2.** 'Dauertanztur,nier *n*.

'walk·a·way → ***walkover*** 2.

walk·er ['wɔːkə] *s.* **1.** Spaziergänger(in): ***be a good ~*** gut zu Fuß sein; **2.** *sport* Geher *m*; **3.** *orn. Brit.* Laufvogel *m*; **,~-'on** [-ərɒn] *s.* → ***walk-on*** 1.

walk·ie-talk·ie [,wɔːkɪ'tɔːkɪ] *s.* tragbares Funksprechgerät, Walkie-talkie *n*.

'walk-in I *adj.* **1.** begehbar: ***~ closet*** → 2; **II** *s.* **2.** begehbarer Schrank; **3.** Kühlraum *m*; **4.** *Am.* F leichter Wahlsieg.

walk·ing ['wɔːkɪŋ] **I** *adj.* **1.** gehend, wandernd; *bsd. fig.* wandelnd (*Leiche, Lexikon*): ***~ wounded*** ⚔ Leichtverwundete *pl.*; **2.** Geh..., Marsch..., Spazier...: ***drive at a ~ speed*** *mot.* (im) Schritt fahren; ***within ~ distance*** zu Fuß erreichbar; **II** *s.* **3.** (Spazieren)Gehen *n*; Wandern *n*; **4.** *sport* Gehen *n*; **~ boots** *s. pl.* Wanderstiefel *pl.*; **~ chair** → ***gocart*** 1; **~ del·e·gate** *s.* Gewerkschaftsbeauftragte(r) *m*; **~ gen·tle·man** *s.* [*irr.*], **~ la·dy** → ***walk-on*** 1; **~ papers** *s. pl. sl.* **1.** Ent'lassung(spa,piere *pl.*) *f*; **2.** ‚Laufpaß' *m*; **~ part** *s. thea.* Sta'tistenrolle *f*; **~ stick** *s.* Spazierstock *m*; **~ tick·et** → ***walking papers***; **~ tour** *s.* Wanderung *f*.

'walk|-on *s. Film, thea.* **1.** Sta'tist(in), Kom'parse *m*, Kom'parsin *f*; **2.** *a.* ***~ part*** Sta'tisten-, Kom'parsenrolle *f*; **'~-out** *s.* **1.** ✝ Ausstand *m*, Streik *m*; **2.** Auszug *m*; **'~,o·ver** *s. sport* **1.** einseitiger Wettbewerb; **2.** ‚Spaziergang' *m*, leichter Sieg (*a. fig.*); **'~-,up** *Am.* F **I** *adj.* ohne Fahrstuhl (*Haus*); **II** *s.* (Wohnung *f* in e-m) Haus ohne Fahrstuhl; **'~·way** *s.* **1.** Laufgang *m*; **2.** *Am.* Gehweg *m*.

wall [wɔːl] **I** *s.* **1.** Wand *f* (*a. fig.*): ***up against the ~, with one's back to the ~*** in e-r aussichtslosen Lage; ***drive*** (*od.* ***push***) ***s.o. to the ~*** *fig.* a) j-n an die Wand drücken, b) j-n in die Enge treiben; ***go to the ~*** a) an die Wand gedrückt werden, b) ✝ Konkurs machen; ***drive*** (*od.* ***send***) ***s.o. up the ~*** F j-n ‚auf die Palme bringen'; ***run*** (*od.* ***bang***) ***one's head against a ~*** F mit dem Kopf durch die Wand wollen; **2.** ⚙ (Innen)Wand *f*; **3.** Mauer *f* (*a. fig.*): ***a ~ of silence***; ***the ≈*** a) die (Berliner) Mauer, b) die Klagemauer (*in Jerusalem*); **4.** Wall *m* (*a. fig.*), (Stadt-, Schutz)Mauer *f*: ***within the ~s*** in den Mauern (e-r Stadt); **5.** *anat.* (*Brust-, Zell- etc.*)Wand *f*; **6.** Häuserseite *f*: ***give s.o. the ~*** a) j-n auf der Häuserseite gehen lassen (*aus Höflichkeit*), b) *fig.* j-m den Vorrang lassen; **7.** ⚒ (Abbau-, Orts)Stoß *m*; **II** *v/t.* **8.** *a.* ***~ in*** mit e-r Mauer *od.* e-m Wall um'geben, um'mauern: ***~ in*** (*od.* ***up***) einmauern; **9.** *a.* ***~ up*** a) ver-, zumauern, b) (aus)mauern, um'wanden; **10.** *fig.* ab-, einschließen, *den Geist* verschließen (***against*** gegen).

wal·la·by ['wɒləbɪ] *pl.* **-bies** [-bɪz] *s. zo.* Wallaby *n* (*kleineres Känguruh*).

wal·lah ['wɒlə] *s.* F ‚Knülch' *m*.

wall| bars *s. pl. sport* Sprossenwand *f*; **~ brack·et** *s.* 'Wandarm *m*, -kon,sole *f*; **~ creep·er** *s. orn.* Mauerläufer *m*; **~ cress** *s.* ⚘ Acker-, *Brit. a.* Gänsekresse *f*.

wal·let ['wɒlɪt] *s.* **1.** kleine Werkzeugtasche; **2.** a) Brieftasche *f*, b) (*flache*) Geldtasche.

'wall-eye *s.* **1.** *vet.* Glasauge *n*; **2.** ⚕ a) Hornhautfleck *m*, b) auswärtsschielendes Auge; **'wall-eyed** *adj.* **1.** *vet.* glasäugig (*Pferd etc.*); **2.** ⚕ a) mit Hornhautflecken, b) (auswärts)schielend.

'wall|,flow·er *s.* **1.** ⚘ Goldlack *m*; **2.** F *fig.* ‚Mauerblümchen' *n* (*Mädchen*); **~ fruit** *s.* Spa'lierobst *n*; **~ map** *s.* Wandkarte *f*.

Wal·loon [wɒ'luːn] **I** *s.* **1.** Wal'lone *m*, Wal'lonin *f*; **2.** *ling.* Wal'lonisch *n*; **II** *adj.* **3.** wal'lonisch.

wal·lop ['wɒləp] **I** *v/t.* **1.** F a) (ver)prügeln, verdreschen, b) j-m eine ‚knallen', c) *sport* ‚über'fahren' (*besiegen*); **II** *v/i.* **2.** F rasen, sausen; **3.** brodeln; **III** *s.* **4.** F a) wuchtiger Schlag, b) Schlagkraft *f*, c) *Am.* Mordsspaß *m*; **'wal·lop·ing** [-pɪŋ] **I** *adj.* F riesig, Mords...; **II** *s.* F ‚Dresche' *f*, Tracht *f* Prügel.

wal·low ['wɒləʊ] **I** *v/i.* **1.** sich wälzen *od.* suhlen (*Schweine etc.*) (*a. fig.*): ***~ in money*** *fig.* in Geld schwimmen; ***~ in pleasure*** im Vergnügen schwelgen; ***~ in vice*** dem Laster frönen; **II** *s.* **2.** Sich-'wälzen *n*; **3.** Schwelgen *n*; **4.** *hunt.* Suhle *f*; **5.** *fig.* Sumpf *m*.

wall| paint·ing *s.* Wandgemälde *n*; **'~-,pa·per I** *s.* Ta'pete *f*; **II** *v/t. u. v/i.* tapezieren; **~ plug** *s.* ⚡ Netzstecker *m*; **~ sock·et** *s.* ⚡ (Wand)Steckdose *f*; **≈ Street** *s.* Wall Street *f*: a) *Bank- u. Börsenstraße in New York*, b) *fig.* der amer. Geld- u. Kapi'talmarkt, c) *fig.* die amer. 'Hochfi,nanz; **~ tent** *s.* Steilwandzelt *n*; **,~-to-'~** *adj.*: ***~ carpet*** Spannteppich *m*; ***~ carpeting*** Teppichboden *m*; **~ tree** *s.* Spa'lierbaum *m*.

wal·nut ['wɔːlnʌt] *s.* ⚘ **1.** Walnuß *f* (*Frucht*); **2.** Walnuß(baum *m*) *f*; **3.** Nußbaumholz *n*.

wal·rus ['wɔːlrəs] *s.* **1.** *zo.* Walroß *n*; **2.** *a.* ***~ m(o)ustache*** Schnauzbart *m*.

waltz [wɔːls] **I** *s.* **1.** Walzer *m*; **II** *v/i.* **2.** (*v/t.* mit *j-m*) Walzer tanzen, walzen; **3.** *vor Freude etc.* her'umtanzen; **~ time** *s.* ♪ Walzertakt *m*.

wan [wɒn] *adj.* □ **1.** bleich, blaß, fahl; **2.** schwach, matt (*Lächeln etc.*).

wand [wɒnd] *s.* **1.** Rute *f*; **2.** Zauberstab *m*; **3.** (Amts-, Komˈmando)Stab *m*; **4.** ♪ Taktstock *m*.

wan·der [ˈwɒndə] *v/i.* **1.** wandern: a) ziehen, streifen, b) schlendern, bummeln, c) *fig.* schweifen, irren, gleiten (*Auge, Gedanken etc.*): ***~ in*** hereinschneien (*Besucher*); ***~ off*** a) davonziehen, b) sich verlieren (***into*** in *acc.*) (*a. fig.*); **2.** *a.* ***~ about*** umˈherwandern, -ziehen, -irren, -schweifen (*a. fig.*); **3.** *a.* ***~ away*** irregehen, sich verirren (*a. fig.*); **4.** abirren, -weichen (***from*** von) (*a. fig.*): ***~ from the subject*** vom Thema abschweifen; **5.** phantasieren: a) irrereden, faseln, b) im Fieber reden; **6.** geistesabwesend sein; **ˈwan·der·ing** [-dərɪŋ] **I** *s.* **1.** Wandern *n*; **2.** Heˈrumziehen *n*; **3.** *mst pl.* a) Wanderung(en *pl.*) *f*, b) Wanderschaft *f*; **4.** *mst pl.* Phantasieren *n*: a) Irrereden *n*, Faseln *n*, b) Fieberwahn *m*; **II** *adj.* □ **5.** wandernd, Wander…; **6.** umˈherschweifend, Nomaden…; **7.** unstet: ***the* ♀ *Jew*** der Ewige Jude; **8.** irregehend, abirrend (*a. fig.*): ***~ bullet*** verirrte Kugel; **9.** ⚘ Kriech…, Schling…; **10.** ⚕ Wander…(*niere, zelle*).

wan·der·lust [ˈwɒndəlʌst] (*Ger.*) *s.* Wanderlust *f*, Fernweh *n*.

wane [weɪn] **I** *v/i.* **1.** abnehmen (*a. Mond*), nachlassen, schwinden (*Einfluß, Kräfte, Interesse etc.*); **2.** schwächer werden, verblassen (*Licht, Farben etc.*); **3.** zu Ende gehen; **II** *s.* **4.** Abnehmen *n*, Abnahme *f*, Schwinden *n*: ***be on the ~*** → 1 *u.* 3; ***in the ~ of the moon*** bei abnehmendem Mond.

wan·gle [ˈwæŋgl] *sl.* **I** *v/t.* **1.** *et.* ‚drehen' *od.* ‚deichseln' *od.* ‚schaukeln'; **2.** *et.* ‚organisieren' (*beschaffen*): ***~ o.s. s.th.*** et. für sich ‚herausschlagen'; **3.** ergaunern: ***~ s.th. out of s.o.*** j-m et. abluchsen; ***~ s.o. into doing s.th.*** j-n dazu bringen, et. zu tun; **4.** ‚frisieren' (*fälschen*); **II** *v/i.* **5.** mogeln, ‚schieben'; **6.** sich herˈauswinden (***out of*** aus *dat.*); **III** *s.* **7.** Kniff *m*, Trick *m*; **8.** Schiebung *f*, Mogeˈlei *f*; **ˈwan·gler** [-lə] *s.* Gauner *m*, Schieber *m*, Mogler *m*.

wank [wæŋk] *v/i. Brit.* V ‚wichsen' (*masturbieren*).

wan·na [ˈwɒnə] F *für* ***want to***: ***I ~ go.***

want [wɒnt] **I** *v/t.* **1.** wünschen: a) (haben) wollen, b) *vor inf.* (*et. tun*) wollen: ***I ~ to go*** ich möchte gehen; ***I ~ed to go*** ich wollte gehen; ***what do you ~ (with me)?*** was hab' ich damit zu tun?; ***I ~ you to try*** ich möchte, daß du es versuchst; ***I ~ it done*** ich wünsche *od.* möchte, daß es getan wird; ***~ed*** gesucht (*in Annoncen; a. von der Polizei*); ***you are ~ed*** du wirst gewünscht *od.* gesucht, man will dich sprechen; **2.** ermangeln (*gen.*), nicht (genug) haben, es fehlen lassen an (*dat.*): *obs.* ***he ~s judg(e)ment*** es fehlt ihm an Urteilsvermögen; **3.** a) brauchen, nötig haben, erfordern, benötigen, bedürfen (*gen.*), b) müssen, sollen: ***you ~ some rest*** du hast etwas Ruhe nötig; ***this clock ~s repairing*** (*od.* ***to be repaired***) diese Uhr müßte *od.* sollte repariert werden; ***it ~s doing*** es muß getan werden; ***you don't ~ to be rude*** Sie brauchen nicht grob zu werden; ***you ~ to see a doctor*** du solltest e-n Arzt aufsuchen; **II** *v/i.* **4.** ermangeln (***for*** *gen.*): ***he does not ~ for talent*** es fehlt ihm nicht an Begabung; ***he ~s for nothing*** es fehlt ihm an nichts; **5.** (***in***) es fehlen lassen (an *dat.*), ermangeln (*gen.*); → ***wanting*** 2; **6.** Not leiden; **III** *s.* **7.** *pl.* Bedürfnisse *pl.*, Wünsche *pl.*: ***a man of few ~s*** ein Mann mit geringen Bedürfnissen *od.* Ansprüchen; **8.** Notwendigkeit *f*, Bedürfnis *n*, Erfordernis *n*; Bedarf *m*; **9.** Mangel *m*, Ermangelung *f*: ***a (long-)felt ~*** → ***feel*** 2; ***~ of care*** Achtlosigkeit *f*; ***~ of sense*** Unvernunft *f*; ***from*** (*od.* ***for***) ***~ of*** aus Mangel an (*dat.*), in Ermang(e)lung (*gen.*); ***be in (great) ~ of s.th.*** et. (dringend) brauchen *od.* benötigen; ***in ~ of repair*** reparaturbedürftig; **10.** Bedürftigkeit *f*, Armut *f*, Not *f*: ***be in ~*** Not leiden; **want ad** *s.* F **1.** Stellengesuch *n*; **2.** Stellenangebot *n*; **want·age** [ˈwɒntɪdʒ] *s.* † Fehlbetrag *m*, Defizit *n*; **ˈwant·ing** [-tɪŋ] **I** *adj.* **1.** fehlend, mangelnd; **2.** ermangelnd (***in*** *gen.*): ***be ~ in*** es fehlen lassen an (*dat.*); ***be ~ to*** *j-n* im Stich lassen, *e-r Erwartung* nicht gerecht werden, *e-r Lage* nicht gewachsen sein; ***he is never found ~*** auf ihn ist immer Verlaß; **3.** nachlässig (***in*** in *dat.*); **II** *prp.* **4.** ohne: ***a book ~ a cover***.

wan·ton [ˈwɒntən] **I** *adj.* □ **1.** mutwillig: a) ausgelassen, wild, b) leichtfertig, c) böswillig (*a.* ⚖), d) rücksichtslos; ***~ negligence*** ⚖ grobe Fahrlässigkeit; **2.** liederlich, ausschweifend; **3.** wollüstig, geil; **4.** üppig (*Haar, Phantasie etc.*); **II** *s.* **5.** *obs.* a) Buhlerin *f*, Dirne *f*, b) Wüstling *m*; **III** *v/i.* **6.** umˈhertollen; **7.** ⚘ wuchern; **ˈwan·ton·ness** [-nɪs] *s.* **1.** Mutwille *m*; **2.** Böswilligkeit *f*; **3.** Liederlichkeit *f*; **4.** Geilheit *f*, Lüsternheit *f*.

wap·en·take [ˈwæpənteɪk] *s.* Hundertschaft *f*, Bezirk *m* (*Unterteilung der nördlichen Grafschaften Englands*).

war [wɔː] **I** *s.* **1.** Krieg *m*: ***~ of aggression*** (***attrition, independence, nerves, succession***) Angriffs- (Zermürbungs-, Unabhängigkeits-, Nerven-, Erbfolge)krieg; ***be at ~ (with)*** a) Krieg führen (gegen *od.* mit), b) *fig.* im Streit liegen *od.* auf (dem) Kriegsfuß stehen (mit); ***make ~*** Krieg führen, kämpfen (***on, upon, against*** gegen, ***with*** mit); ***go to ~ (with)*** Krieg beginnen (mit); ***carry the ~ into the enemy's country*** (*od.* ***camp***) a) den Krieg ins feindliche Land *od.* Lager tragen, b) *fig.* zum Gegenangriff ˈübergehen; ***he has been in the ~s*** *fig. Brit.* es hat ihn arg mitgenommen; → ***declare*** 1; **2.** Kampf *m*, Streit *m* (*a. fig.*); **3.** Feindseligkeit *f*; **II** *v/i.* **4.** kämpfen, streiten (***against*** gegen, ***with*** mit); **5.** → ***warring*** 2; **III** *adj.* **6.** Kriegs…

war·ble [ˈwɔːbl] **I** *v/t. u. v/i.* trillern, schmettern (*Singvögel od. Person*); **II** *s.* Trillern *n*; **ˈwar·bler** [-lə] *s.* **1.** trillernder Vogel; **2.** a) Grasmücke *f*, b) Teichrohrsänger *m*.

ˈwar|-ˌblind·ed *adj.* kriegsblind; **~ bond** *s.* Kriegsschuldverschreibung *f*; **~ cloud** *s. mst pl.* (drohende) Kriegsgefahr; **~ crime** *s.* Kriegsverbrechen *n*; **~ crim·i·nal** *s.* Kriegsverbrecher *m*; **~ cry** *s.* Schlachtruf *m* (*der Soldaten*) (*a. fig.*), Kriegsruf *m* (*der Indianer*).

ward [wɔːd] **I** *s.* **1.** (Stadt-, Wahl)Bezirk *m*: ***~ heeler*** *pol. Am.* F (Wahl)Bezirksleiter *m* (*e-r Partei*); **2.** a) (ˈKrankenhaus)Statiˌon *f*: ***~ sister*** Stationsschwester *f*, b) (Kranken)Saal *m od.* (-)Zimmer *n*; **3.** a) (Gefängnis)Trakt *m*, b) Zelle *f*; **4.** *obs.* Gewahrsam *m*, Haft *f*; **5.** ⚖ a) Mündel *n*: ***~ of court, ~ in chancery*** Mündel unter Amtsvormundschaft, b) Vormundschaft *f*: ***in ~*** unter Vormundschaft (stehend); **6.** Schützling *m*; **7.** ⚙ a) Gewirre *n* (*e-s Schlosses*), b) (Einschnitt *m* im) Schlüsselbart *m*; **8.** ***keep watch and ~*** Wache halten; **II** *v/t.* **9.** ***~ off*** *Schlag etc.* parieren, abwehren, *Gefahr* abwenden.

war| dance *s.* Kriegstanz *m*; **~ debt** *s.* Kriegsschuld *f*.

ward·en [ˈwɔːdn] *s.* **1.** *obs.* Wächter *m*; **2.** Aufseher *m*, (*bsd.* Luftschutz)Wart *m*; Herbergsvater *m*; → ***game warden***; **3.** *mst hist.* Gouverˈneur *m*; **4.** (*Brit.* ˈAnstalts-, *Am.* Geˈfängnis)Diˌrektor *m*, (*a.* Kirchen)Vorsteher *m*; *Brit. univ.* Rektor *m e-s College*: ***♀ of the Mint*** *Brit.* Münzwardein *m*.

ward·er [ˈwɔːdə] *s.* **1.** *obs.* Wächter *m*; **2.** *Brit.* a) (Muˈseums *etc.*)Wärter *m*, b) Aufsichtsbeamte(r) *m* (*Strafanstalt*); **ˈward·ress** [-drɪs] *s. Brit.* Aufsichtsbeamtin *f*.

ward·robe [ˈwɔːdrəʊb] *s.* **1.** Gardeˈrobe *f*, Kleiderbestand *m*; **2.** Kleiderschrank *m*; **3.** Gardeˈrobe *f* (*a. thea.*): a) Kleiderkammer *f*, b) Ankleidezimmer *n*; **~ bed** *s.* Schrankbett *n*; **~ trunk** *s.* Schrankkoffer *m*.

ward·room [ˈwɔːdrʊm] *s.* ⚓ Offiˈziersmesse *f*.

ward·ship [ˈwɔːdʃɪp] *s.* Vormundschaft *f* (***of, over*** über *acc.*).

ware[1] [weə] *s.* **1.** *mst pl.* Ware(n *pl.*) *f*, Arˈtikel *m* (*od. pl.*), Erzeugnis(se *pl.*) *n*: ***peddle one's ~s*** *fig. contp.* mit s-m Kram hausieren gehen; **2.** Geschirr *n*, Porzelˈlan *n*, Töpferware *f*.

ware[2] [weə] *v/i. u. v/t. obs.* sich vorsehen (vor *dat.*): ***~!*** Vorsicht!

ˈware·house I *s.* [-haʊs] **1.** Lagerhaus *n*, Speicher *m*: ***customs ~*** † Zollniederlage *f*; **2.** (Waren)Lager *n*, Niederlage *f*; **3.** *bsd. Brit.* Großhandelsgeschäft *n*; **4.** *Am. contp.* ‚Bude' *f*, ‚Schuppen' *m*; **II** *v/t.* [-haʊz] **5.** auf Lager nehmen, (ein)lagern; **6.** *Möbel etc.* zur Aufbewahrung geben *od.* nehmen; **7.** unter Zollverschluß bringen; **~ ac·count** *s.* Lagerkonto *n*; **~ bond** *s.* **1.** Lagerschein *m*; **2.** Zollverschlußbescheinigung *f*; **ˈ~·man** [-mən] *s.* [*irr.*] † **1.** Lageˈrist *m*, Lagerverwalter *m*; **2.** Lagerarbeiter *m*; **3.** *Brit.* Großhändler *m*.

ˈwar·fare *s.* **1.** Kriegführung *f*; **2.** (*a. Wirtschafts- etc.*)Krieg *m*; **3.** *fig.* Kampf *m*, Fehde *f*, Streit *m*.

war| game *s.* ⚔ **1.** Kriegs-, Planspiel *n*; **2.** Maˈnöver *n*; **~ god** *s.* Kriegsgott *m*; **~ grave** *s.* Kriegs-, Solˈdatengrab *n*; **~ guilt** *s.* Kriegsschuld *f*; **ˈ~·head** *s.* ⚔ Spreng-, Gefechtskopf *m* (*e-s Torpedos etc.*); **ˈ~·horse** *s.* **1.** *poet.* Schlachtroß *n* (*a. fig.* F); **2.** F alter Haudegen *od.* Kämpe (*a. fig.*).

war·i·ness [ˈweərɪnɪs] *s.* Vorsicht *f*, Behutsamkeit *f*.

'war·like *adj.* **1.** kriegerisch; **2.** Kriegs...
war·lock ['wɔ:lɒk] *s. obs.* Zauberer *m.*
'war·lord *s. rhet.* Kriegsherr *m.*
warm [wɔ:m] **I** *adj.* □ **1.** *allg.* warm (*a. Farbe etc.*; *a. fig. Herz, Interesse etc.*): ***a ~ corner*** *fig.* e-e ‚ungemütliche Ecke' (*gefährlicher Ort*); ***a ~ reception*** ein warmer Empfang (*a. iro. von Gegnern*); ***~ work*** a) schwere Arbeit, b) gefährliche Sache, c) heißer Kampf; ***keep s.th. ~*** (F *fig.* sich) et. warmhalten; ***make it*** (*od.* ***things***) ***~ for s.o.*** j-m die Hölle heiß machen; ***this place is too ~ for me*** *fig.* hier brennt mir der Boden unter den Füßen; **2.** erhitzt, heiß; **3.** a) glühend, leidenschaftlich, eifrig, b) herzlich; **4.** erregt, hitzig; **5.** *hunt.* frisch (*Fährte etc.*); **6.** F ‚warm', nahe (dran) (*im Suchspiel*): ***you are getting ~er*** *fig.* du kommst der Sache (schon) näher; **II** *s.* **7.** *et.* Warmes, warmes Zimmer *etc.*; **8.** ***give*** (***have***) ***a ~*** *et.* (sich) (auf)wärmen; **III** *v/t.* **9.** *a.* ***~ up*** (an-, auf-, er)wärmen, *Milch etc.* warm machen: ***~ over*** *Am. Speisen etc.*, *a. fig. alte Geschichten etc.* aufwärmen; ***~ one's feet*** sich die Füße wärmen; **10.** *fig. Herz etc.* (er)wärmen; **11.** ***~ up*** *fig.* a) Schwung bringen in (*acc.*), b) *Zuschauer etc.* einstimmen; **12.** F verprügeln, -sohlen; **IV** *v/i.* **13.** *a.* ***~ up*** warm werden, sich erwärmen; *Motor etc.* warmlaufen; **14.** ***~ up*** *fig.* in Schwung kommen (*Party etc.*); **15.** *fig.* (***to***) a) sich erwärmen (für), b) warm werden (mit *j-m*); **16.** (***for***) a) *sport* sich aufwärmen (für), b) sich vorbereiten (auf *acc.*); **ˌ~-'blood·ed** *adj.* **1.** *zo.* warmblütig: ***~ animals*** Warmblüter *pl.*; **2.** *fig.* heißblütig; **ˌ~'heart·ed** *adj.* □ warmherzig.
warm·ing ['wɔ:mɪŋ] *s.* **1.** (Auf-, An-) Wärmen *n*, Erwärmung *f*; **2.** F Tracht *f* Prügel, ‚Senge' *f*; ***~ pad*** *s.* ϟ Heizkissen *n.*
warm·ish ['wɔ:mɪʃ] *adj.* lauwarm.
war|·mon·ger ['wɔ:ˌmʌŋgə] *s.* Kriegshetzer *m*; **'~ˌmon·ger·ing** [-ərɪŋ] *s.* Kriegshetze *f*, -treibe'rei *f.*
warmth [wɔ:mθ] *s.* **1.** Wärme *f*; **2.** *fig.* Wärme *f*: a) Herzlichkeit *f*, b) Eifer *m*, Begeisterung *f*; **3.** Heftigkeit *f*, Erregtheit *f.*
'warm-up *s.* **1.** a) *sport* Aufwärmen *n*, b) *fig.* Vorbereitung (***for*** auf *acc.*); **2.** Warmlaufen *n* (*des Motors etc.*); **3.** *TV etc.*: Einstimmung *f* (*des Publikums*).
warn [wɔ:n] *v/t.* **1.** warnen (***of, against*** vor *dat.*): ***~ s.o. against doing s.th.*** j-n davor warnen, et. zu tun; **2.** *j-n* (warnend) hinweisen, aufmerksam machen (***of*** auf *acc.*, ***that*** daß); **3.** ermahnen *od.* auffordern (***to do*** zu tun); **4.** *j-m* (dringend) raten, nahelegen (***to do*** zu tun); **5.** (***of***) *j-n* in Kenntnis setzen *od.* verständigen (von), *j-n* wissen lassen (*acc.*), *j-m* ankündigen (*acc.*); **6.** verwarnen; **7.** ***~ off*** (***from***) a) abweisen, -halten (von), b) hin'ausweisen (aus); **'warn·ing** [-nɪŋ] **I** *s.* **1.** Warnen *n*, Warnung *f*: ***give s.o.*** (***fair***) ***~, give*** (***fair***) ***~ to s.o.*** j-n (rechtzeitig) warnen (***of*** vor *dat.*); ***take ~ by*** (*od.* ***from***) sich *et.* zur Warnung dienen lassen; **2.** a) Verwarnung *f*, b) (Er)Mahnung *f*; **3.** *fig.* Warnung *f*, warnendes Beispiel; **4.** warnendes An- *od.* Vorzeichen (***of*** für); **5.** 'Warnsiˌgnal *n*; **6.** Benachrichtigung *f*, (Vor)Anzeige *f*, Ankündigung *f*: ***give ~*** (***of***) *j-m* ankündigen (*acc.*), Bescheid geben (über *acc.*); ***without any ~*** völlig unerwartet; **7.** a) Kündigung *f*, b) (Kündigungs)Frist *f*: ***give ~*** (***to***) (*j-m*) kündigen; ***at a minute's ~*** a) ✝ auf jederzeitige Kündigung, b) ✝ fristlos, c) in kürzester Frist, jeden Augenblick; **II** *adj.* □ **8.** warnend, Warn...(*-glocke*, *-meldung*, *-schuß etc.*): ***~ colo(u)r, ~ coloration*** *zo.* Warn-, Trutzfarbe *f*; ***~ light*** a) ⚙ Warnlicht *n*, b) ⚓ Warn-, Signalfeuer *n*; ***~ strike*** ✝ Warnstreik *m*; ***~ triangle*** *mot.* Warndreieck *n.*
warn't [wɑ:nt] *dial. für* a) ***wasn't***, b) ***weren't***.
War| Of·fice *s. Brit. hist.* 'Kriegsminiˌsterium *n*; ♀ **or·phan** *s.* Kriegswaise *f.*
warp [wɔ:p] **I** *v/t.* **1.** *Holz etc.* verziehen, werfen, krümmen; ✈ *Tragflächen* verwinden; **2.** *j-n, j-s Geist* nachteilig beeinflussen, verschroben machen; *j-s Urteil* verfälschen; → ***warped*** 3; **3.** a) verleiten (***into*** zu), b) abbringen (***from*** von); **4.** *Tatsache etc.* entstellen, verdrehen, -zerren; **5.** ⚓ *Schiff* bugsieren, verholen; **6.** *Weberei*: *Kette* anscheren, anzetteln; **7.** ⚘ a) mit Schlamm düngen, b) *a.* ***~ up*** verschlammen; **II** *v/i.* **8.** sich werfen *od.* verziehen *od.* krümmen, krumm werden (*Holz etc.*); **9.** entstellt *od.* verdreht werden; **III** *s.* **10.** Verziehen *n*, Verkrümmung *f*, -werfung *f* (*von Holz etc.*); **11.** *fig.* Neigung *f*; **12.** *fig.* a) Entstellung *f*, Verzerrung *f*, b) Verschrobenheit *f*; **13.** *Weberei*: Kette(nfäden *pl.*) *f*, Zettel *m*: ***~ and woof*** Kette u. Schuß; **14.** ⚓ Bugsiertau *n*, Warpleine *f*; **15.** ⚘, *geol.* Schlamm (-ablagerung *f*) *m*, Schlick *m.*
war| paint *s.* **1.** Kriegsbemalung *f* (*der Indianer*); **2.** F a) ‚volle Kriegsbemalung', b) große Gala; ***~ path*** *s.* Kriegspfad *m* (*der Indianer*): ***be on the ~*** a) auf dem Kriegspfad sein (*a. fig.*), b) *fig.* kampflustig sein.
warped [wɔ:pt] *adj.* **1.** verzogen (*Holz etc.*), krumm (*a.* ⚒); **2.** *fig.* verzerrt, verfälscht; **3.** *fig.* ‚verbogen', verschroben: ***~ mind***; **4.** par'teiisch.
war plane *s.* Kampfflugzeug *n.*
war·rant ['wɒrənt] **I** *s.* **1.** *a.* ***~ of attorney*** Vollmacht *f*; Befugnis *f*, Berechtigung *f*; **2.** Rechtfertigung *f*: ***not without ~*** nicht ohne gewisse Berechtigung; **3.** Garan'tie *f*, Gewähr *f* (*a. fig.*); **4.** Berechtigungsschein *m*: ***dividend ~*** ✝ Dividenden-, Gewinnanteilschein *m*; **5.** ⚖ (Voll'ziehungs- *etc.*)Befehl *m*: ***~ of apprehension*** a) Steckbrief *m*, b) *a.* ***~ of arrest*** Haftbefehl *m*; ***~ of attachment*** Beschlagnahmeverfügung *f*; ***a ~ is out against him*** er wird steckbrieflich gesucht; **6.** ⚔ Pa'tent *n*, Beförderungsurkunde *f*: ***~*** (***officer***) a) ⚓ (Ober)Stabsbootsmann *m*, Deckoffizier *m*, b) ⚔ *etwa*: (Ober)Stabsfeldwebel *m*; **7.** ✝ (Lager-, Waren)Schein *m*: ***bond ~*** Zollgeleitschein; **8.** ✝ (Rück-) Zahlungsanweisung *f*; **II** *v/t.* **9.** *bsd.* ⚖ bevollmächtigen, autorisieren; **10.** rechtfertigen, berechtigen zu; **11.** *a.* ✝ garantieren, zusichern, haften für, gewährleisten: ***I can't ~ that*** das kann ich nicht garantieren; ***~ed for three years*** drei Jahre Garantie; ***I'll ~*** (***you***) F a) mein Wort darauf, b) ich könnte schwören; **12.** bestätigen, erweisen; **'war·rant·a·ble** [-təbl] *adj.* □ **1.** vertretbar, gerechtfertigt, berechtigt; **2.** *hunt.* jagdbar (*Hirsch*); **'war·rant·a·bly** [-təblɪ] *adv.* mit Recht, berechtigterweise; **war·ran·tee** [ˌwɒrən'ti:] *s.* ✝, ⚖ Sicherheitsempfänger *m*; **'war·rant·er** [-tə], **'war·ran·tor** [-tɔ:] *s.* Sicherheitsgeber *m*; **'war·ran·ty** [-tɪ] *s.* **1.** ✝, ⚖ Ermächtigung *f*, Vollmacht *f* (***for*** zu); **2.** Rechtfertigung *f*; **3.** *bsd.* ⚖ Bürgschaft *f*, Garan'tie *f*; **4.** *a.* ***~ deed*** ⚖ a) 'Rechtsgaranˌtie *f*, b) *Am.* 'Grundstücksüberˌtragungsurkunde *f.*
war·ren ['wɒrən] *s.* **1.** Ka'ninchengehege *n*; **2.** *hist. Brit.* Wildgehege *n*; **3.** *fig.* Laby'rinth *n*, *bsd.* a) 'Mietskaˌserne *f*, b) enges Straßengewirr.
war·ring ['wɔ:rɪŋ] *adj.* **1.** sich bekriegend, (sich) streitend; **2.** *fig.* 'widerstreitend, entgegengesetzt.
war·ri·or ['wɒrɪə] *s. poet.* Krieger *m.*
war| risk in·sur·ance *s.* ✝ Kriegsversicherung *f*; **'~·ship** *s.* Kriegsschiff *n.*
wart [wɔ:t] *s.* **1.** ⚕, ⚘, *zo.* Warze *f*: ***~s and all*** *fig.* mit all s-n Fehlern u. Schwächen; **2.** ⚘ Auswuchs *m*; **'wart·ed** [-tɪd] *adj.* warzig.
'war·time **I** *s.* Kriegszeit *f*; **II** *adj.* Kriegs...
wart·y ['wɔ:tɪ] *adj.* warzig.
war|-wea·ry ['wɔ:ˌwɪərɪ] *adj.* kriegsmüde; ***~ whoop*** *s.* Kriegsgeheul *n* (*der Indianer*); ***~ wid·ow*** *s.* Kriegerwitwe *f*; **'~-worn** *adj.* **1.** kriegszerstört, vom Krieg verwüstet; **2.** kriegsmüde.
war·y ['weərɪ] *adj.* □ vorsichtig: a) wachsam, *a.* argwöhnisch, b) 'umsichtig, c) behutsam: ***be ~*** sich hüten (***of*** vor *dat.*, ***of doing*** *et.* zu tun).
was [wɒz; wəz] *1. u. 3. sg. pret. ind. von* ***be***; *im pass.* wurde: ***he ~ killed***; ***he ~ to have come*** er hätte kommen sollen; ***he didn't know what ~ to come*** er ahnte nicht, was noch kommen sollte; ***he ~ never to see his mother again*** er sollte seine Mutter nie mehr wiedersehen.
wash [wɒʃ] **I** *s.* **1.** Waschen *n*, Wäsche *f*: ***at the ~*** in der Wäsche(rei); ***give s.th. a ~*** et. (ab)waschen; ***have a ~*** sich waschen; ***come out in the ~*** a) herausgehen (*Flecken*), b) *fig.* F in Ordnung kommen, c) *fig.* F sich zeigen; **2.** (*zu waschende od. gewaschene*) Wäsche: ***in the ~*** in der Wäsche; **3.** Spülwasser *n* (*a. fig. dünne Suppe etc.*); **4.** Spülicht *n*, Küchenabfälle *pl.*; **5.** *fig. contp.* Gewäsch *n*, leeres Gerede; **6.** ⚕ Waschung *f*; **7.** (*Augen-, Haar- etc.*)Wasser *n*; **8.** Wellenschlag *m*, (Tosen *n* der) Brandung *f*; **9.** ⚓ Kielwasser *n* (*a. fig.*); **10.** ✈ a) Luftstrudel *m*, b) glatte Strömung; **11.** *geol.* a) (Alluvi'al)Schutt *m*, b) Schwemmland *n*; **12.** seichtes Gewässer; **13.** 'Farbˌüberzug *m*: a) dünn aufgetragene (Wasser)Farbe, b) ⚠ Tünche *f*; **14.** ⚙ a) Bad *n*, Abspritzung *f*, b) Plattierung *f*; **II** *adj.* **15.** waschbar, -echt, Wasch...: ***~ glove*** Waschlederhandschuh *m*; ***~ silk*** Waschseide *f*; **III** *v/t.* **16.** waschen: ***~*** (***up***) ***dishes*** Geschirr (ab)spülen; → ***hand Redew.***; **17.** (ab)spülen; (-)spritzen; **18.** be-, um-, über'spülen (*Fluten*); **19.** (fort-, weg-)

spülen, (-)schwemmen: *~ **ashore***; **20.** *geol.* graben (*Wasser*); → ***wash away*** 2, ***wash out*** 1; **21.** a) tünchen, b) dünn anstreichen, c) tuschen; **22.** *Erze* waschen, schlämmen; **23.** ⚙ plattieren; **IV** *v/i.* **24.** sich waschen; waschen (*Wäscherin etc.*); **25.** sich *gut etc.* waschen (lassen), waschecht sein; **26.** *bsd. Brit.* F a) standhalten, b) ‚ziehen', stichhaltig sein: ***that won't ~*** (***with me***) das zieht nicht (bei mir); **27.** (*vom Wasser*) gespült *od.* geschwemmt werden; **28.** fluten, spülen (***over*** über *acc.*); branden, schlagen (***against*** gegen), plätschern; *Zssgn mit adv.*:

wash| a·way I *v/t.* **1.** ab-, wegwaschen; **2.** weg-, fortspülen, -schwemmen; **II** *v/i.* **3.** weggeschwemmt werden; **~ down** *v/t.* **1.** abwaschen, -spritzen; **2.** hin'unterspülen (*a. Essen mit e-m Getränk*); **~ off** → ***wash away***; **~ out I** *v/t.* **1.** auswaschen, ausspülen, unter'spülen (*a. geol. etc.*); **2.** F *Plan etc.* fallenlassen, aufgeben; **3.** ***washed out*** a) → ***washed-out***, b) wegen Regens abgesagt *od.* abgebrochen (*Veranstaltung*); **II** *v/i.* **4.** sich auswaschen, verblassen; **5.** sich wegwaschen lassen (*Farbe*); **~ up I** *v/t.* **1.** *Geschirr* spülen; **2.** → ***washed-up***; **II** *v/i.* **3.** F sich (*Gesicht u. Hände*) waschen; **4.** Geschirr spülen.

wash·a·ble ['wɒʃəbl] *adj.* waschecht, -bar; *Tapete*: abwaschbar.

wash|·ba·sin ['wɒʃˌbeɪsn] *s.* Waschbekken *n*, -schüssel *f*; **'~·board** *s.* **1.** Waschbrett *n*; **2.** Fuß-, Scheuerleiste *f* (*an der Wand*); **~ bot·tle** *s.* ⚗ **1.** Spritzflasche *f*; **2.** (Gas)Waschflasche *f*; **'~·bowl** → ***washbasin***; **'~ˌcloth** *s. Am.* Waschlappen *m*.

washed|-out [ˌwɒʃt'aʊt] *adj.* **1.** verwaschen, verblaßt; **2.** F ‚fertig', ‚erledigt' (*erschöpft*); **ˌ~-'up** *adj.* F ‚erledigt', ‚fertig': a) erschöpft, b) völlig ruiniert.

wash·er ['wɒʃə] *s.* **1.** Wäscher(in); **2.** 'Waschmaˌschine *f*; **3.** (Ge'schirr)Spülmaˌschine *f*; **4.** *Papierherstellung*: Halb(zeug)holländer *m*; **5.** ⚙ 'Unterlegscheibe *f*, Dichtungsring *m*; **'~ˌwom·an** *s.* [*irr.*] Waschfrau *f*, Wäscherin *f*.

wash·e·te·ri·a [ˌwɒʃə'tɪərɪə] *s. Brit.* **1.** 'Waschsaˌlon *m*; **2.** (Auto)Waschanlage *f*.

'wash·hand *adj. Brit.* Handwasch...: ***~ basin*** (Hand)Waschbecken *n*; ***~ stand*** (Hand)Waschständer *m*.

wash·i·ness ['wɒʃɪnɪs] *s.* **1.** Wässerigkeit *f* (*a. fig.*); **2.** Verwaschenheit *f*.

wash·ing ['wɒʃɪŋ] **I** *s.* **1.** → ***wash*** 1, 2; **2.** *oft pl.* Spülwasser *n*; **3.** ⚙ nasse Aufbereitung, Erzwäsche *f*; **4.** 'Farbˌüberzug *m*; **II** *adj.* **5.** Wasch..., Wäsche...; **~ ma·chine** *s.* 'Waschmaˌschine *f*; **~ so·da** *s.* (Bleich)Soda *f, n*; **ˌ~-'up** *s.* Abwasch *m* (*a. Geschirr*): ***do the ~*** Geschirr spülen; ***~ liquid*** Spülmittel *n*.

wash| leath·er *s.* **1.** Waschleder *n*; **2.** Fenster(putz)leder *n*; **'~·out** *s.* **1.** *geol.* Auswaschung *f*; **2.** Unter'spülung *f* (*e-r Straße etc.*); **3.** *sl.* a) ‚Niete' *f*, Versager *m* (*Person*), b) ‚Pleite' *f*, ‚Reinfall' *m*, c) ⚔ ‚Fahrkarte' *f* (*Fehlschuß*); **'~·rag** *s. Am.* Waschlappen *m*; **'~·room** *s. Am.* (öffentliche) Toi'lette; **~ sale** *s.* ✝ *Börse*: Scheinverkauf *m*; **'~·stand** *s.* **1.** Waschständer *m*; **2.** Waschbecken *n* (*mit fließendem Wasser*); **'~·tub** *s.* Waschwanne *f*.

wash·y ['wɒʃɪ] *adj.* □ **1.** verwässert, wässerig (*beide a. fig. kraftlos, seicht*); **2.** verwaschen, blaß (*Farbe*).

WASP [wɒsp] *s. Am.* prote'stantischer weißer Angelsachse (*aus* ***White Anglo-Saxon Protestant***).

wasp [wɒsp] *s. zo.* Wespe *f*; **'wasp·ish** [-pɪʃ] *adj.* □ *fig.* a) reizbar, b) gereizt, giftig.

was·sail ['wɒseɪl] *s. obs.* **1.** (Trink)Gelage *n*; **2.** Würzbier *n*.

wast [wɒst; wəst] *obs. 2. sg. pret. ind. von* ***be***: ***thou ~*** du warst.

wast·age ['weɪstɪdʒ] *s.* **1.** Verlust *m*, Abgang *m*, Verschleiß *m*; **2.** Vergeudung *f*: ***~ of energy*** a) Energieverschwendung *f*, b) *fig.* Leerlauf *m*.

waste [weɪst] **I** *adj.* **1.** öde, wüst, unfruchtbar, unbebaut (*Land*): ***lie ~*** brachliegen; ***lay ~*** verwüsten; **2.** a) nutzlos, 'überflüssig, b) ungenutzt, 'überschüssig: ***~ energy***; **3.** unbrauchbar, Abfall...; **4.** ⚙ a) abgängig, Abgangs..., Ab...(*-gas etc.*), b) Abfluß..., Ablauf...; **II** *s.* **5.** Verschwendung *f*, Vergeudung *f*: ***~ of energy*** (***money, time***) Kraft- (Geld-, Zeit)verschwendung; ***go*** (*od.* ***run***) ***to ~*** a) brachliegen, verwildern, b) vergeudet werden, c) verlottern, -fallen; **6.** Verfall *m*, Verschleiß *m*, Abgang *m*, Verlust *m*; **7.** Wüste *f*, (Ein)Öde *f*: ***~ of water*** Wasserwüste; **8.** Abfall *m*; ⚙ *a.* Abgänge *pl.*, *bsd.* a) Ausschuß *m*, b) Putzbaumwolle *f*, c) Wollabfälle *pl.*, d) Werg *n*, e) *typ.* Makula'tur *f*, f) Gekrätz *n*; **9.** ⚒ Abraum *m*; **10.** ⚖ Wertminderung *f* (*e-s Grundstücks durch Vernachlässigung*); **III** *v/t.* **11.** *Geld, Worte, Zeit etc.* verschwenden, vergeuden (***on*** an *acc.*): ***you are wasting your breath*** du kannst dir deine Worte sparen; ***a ~d talent*** ein ungenutztes Talent; **12.** ***be ~d*** nutzlos sein, ohne Wirkung bleiben (***on*** auf *acc.*), am falschen Platz stehen; **13.** zehren an (*dat.*), aufzehren, schwächen; **14.** verwüsten, verheeren; **15.** ⚖ Vermögensschaden verursachen bei, *Besitztum* verkommen lassen; **16.** a) F *Sportler etc.* ‚verheizen', b) *Am. sl. j-n* ‚'umlegen'; **IV** *v/i.* **17.** *fig.* vergeudet *od.* verschwendet werden; **18.** sich verzetteln (***in*** in *dat.*); **19.** vergehen, (ungenutzt) verstreichen (*Zeit, Gelegenheit etc.*); **20.** *a.* ***~ away*** a) abnehmen, schwinden, b) da'hinsiechen, verfallen; **21.** verschwenderisch sein: ***~ not, want not*** spare in der Zeit, so hast du in der Not; **'~ˌbas·ket** *s.* Abfall-, *bsd.* Pa'pierkorb *m*; **~ dis·pos·al** *s.* Müllbeseitigung *f*.

waste·ful ['weɪstfʊl] *adj.* □ **1.** kostspielig, unwirtschaftlich, verschwenderisch; **2.** verschwenderisch (***of*** mit): ***be ~ of*** verschwenderisch umgehen mit; **3.** *poet.* wüst, öde; **'waste·ful·ness** [-nɪs] *s.* Verschwendung(ssucht) *f*.

waste| gas *s.* ⚙ Abgas *n*; **~ heat** *s.* ⚙ Abwärme *f*; **'~·land** *s.* Ödland *n* (*a. fig.*); **~ oil** *s.* Altöl *n*; **ˌ~'pa·per** *s.* **1.** 'Abfallpaˌpier *n*, Makula'tur *f* (*a. fig.*); **2.** 'Altpaˌpier *n*; **ˌ~'pa·per bas·ket** *s.* Pa'pierkorb *m*; **~ pipe** *s.* ⚙ Abfluß-, Abzugsrohr *n*; **~ prod·uct** *s.* **1.** ⚙ 'Abfallproˌdukt *n*; **2.** *biol.* Ausscheidungsstoff *m*.

wast·er ['weɪstə] *s.* **1.** → ***wastrel*** 1 *u.* 3; **2.** *metall.* a) Fehlguß *m*, b) Schrottstück *n*.

waste| steam *s.* ⚙ Abdampf *m*; **~ water** *s.* Abwasser *n*; **~ wool** *s.* Twist *m*.

wast·ing ['weɪstɪŋ] *adj.* **1.** zehrend, schwächend: ***~ disease***; → ***palsy*** 1; **2.** schwindend, abnehmend.

wast·rel ['weɪstrəl] *s.* **1.** a) Verschwender *m*, b) Taugenichts *m*; **2.** He'rumtreiber *m*; **3.** ✝ 'Ausschuß(arˌtikel *m*, -ware *f*) *m*, fehlerhaftes Exem'plar.

watch [wɒtʃ] **I** *s.* **1.** Wache *f*, Wacht *f*: ***be*** (***up***)***on the ~*** a) wachsam *od.* auf der Hut sein, b) (***for***) Ausschau halten (nach), lauern (auf *acc.*), achthaben (auf *acc.*); ***keep*** (***a***) ***~*** (***on*** *od.* ***over***) Wache halten, wachen (über *acc.*), aufpassen (auf *acc.*); → ***ward*** 8; **2.** (Schild-)Wache *f*, Wachtposten *m*; **3.** *mst pl. hist.* (Nacht)Wache *f* (*Zeiteinteilung*): ***in the silent ~es of the night*** in den stillen Stunden der Nacht; **4.** ⚓ (Schiffs)Wache *f* (*Zeitabschnitt u. Mannschaft*); **5.** *hist.* Nachtwächter *m*; **6.** *obs.* a) Wachen *n*, wache Stunden *pl.*, b) Totenwache *f*; **7.** (Taschen-, Armband)Uhr *f*; **II** *v/i.* **8.** zusehen, zuschauen; **9.** (***for***) warten, lauern (auf *acc.*), Ausschau halten (nach); **10.** wachen (***with*** bei), wach sein; **11.** ***~ over*** wachen über (*acc.*), bewachen, aufpassen auf (*acc.*); **12.** ⚔ Posten stehen, Wache halten; **13.** ***~ out*** (***for***) a) → 9, b) aufpassen, achtgeben: ***~ out!*** Vorsicht!, paß auf!; **III** *v/t.* **14.** beobachten: a) *j-m* zuschauen (***working*** bei der Arbeit), b) ein wachsames Auge haben auf (*acc.*), *a. Verdächtigen* über'wachen, c) *Vorgang etc.* verfolgen, im Auge behalten, d) ⚖ *den Verlauf e-s Prozesses* verfolgen; **15.** *Vieh* hüten, bewachen; **16.** *Gelegenheit* abwarten, abpassen, wahrnehmen: ***~ one's time***; **17.** achthaben auf (*acc.*) (*od.* ***that*** daß): ***~ one's step*** a) vorsichtig gehen, b) F sich vorsehen; ***~ your step!*** Vorsicht!; **'~·boat** *s.* ⚓ Wach(t)boot *n*; **~ box** *s.* **1.** ⚔ Schilderhaus *n*; **2.** 'Unterstand *m* (*für Wachmänner etc.*); **'~·case** *s.* Uhrgehäuse *n*; **'~·dog** *s.* Wachhund *m* (*a. fig.*): ***~ committee*** Überwachungsausschuß *m*.

watch·er ['wɒtʃə] *s.* **1.** Wächter *m*; **2.** Beobachter(in); **3.** j-d, der Kranken- *od.* Totenwache hält.

watch·ful ['wɒtʃfʊl] *adj.* □ wachsam, aufmerksam, *a.* lauernd (***of*** auf *acc.*); **'watch·ful·ness** [-nɪs] *s.* **1.** Wachsamkeit *f*; **2.** Vorsicht *f*; **3.** Wachen *n* (***over*** über *dat.*).

watch|·house ['wɒtʃhaʊs] *s.* (Poli'zei-)Wache *f*; **'~ˌmak·er** *s.* Uhrmacher *m*; **'~ˌmak·ing** *s.* Uhrmache'rei *f*; **'~·man** [-mən] *s.* [*irr.*] **1.** (Nacht)Wächter *m*; **2.** *hist.* Nachtwächter *m* (*e-r Stadt etc.*); **~ night** *s. eccl.* Sil'vestergottesdienst *m*; **~ of·fi·cer** *s.* ⚓ 'Wachoffiˌzier *m*; **~ pock·et** *s.* Uhrtasche *f*; **~ spring** *s.* Uhrfeder *f*; **'~·strap** *s.* Uhr(arm)band *n*; **'~ˌtow·er** *s.* ⚔ Wach(t)turm *m*; **'~·word** *s.* **1.** Losung *f*, Pa'role *f* (*a. fig. e-r Partei etc.*); **2.** *fig.* Schlagwort *n*.

wa·ter ['wɔːtə] **I** *v/t.* **1.** bewässern, *Rasen, Straße etc.* sprengen, *Pflanzen* (be-)gießen; **2.** *Vieh* tränken; **3.** mit Wasser versorgen; **4.** *oft* **~ down** verwässern: a) verdünnen, *Wein* panschen, b) *fig. Erklärung etc.* abschwächen, c) *fig.* mundgerecht machen: ***a ~ed-down liberalism*** ein verwässerter Liberalismus; **5.** ✝ *Aktienkapital* verwässern; **6.** ⊙ *Stoff* wässern, moirieren; **II** *v/i.* **7.** wässern (*Mund*), tränen (*Augen*): ***his mouth ~ed*** das Wasser lief ihm im Mund zusammen (***for***, ***after*** nach); ***make s.o.'s mouth ~*** j-m den Mund wässerig machen; **8.** ⚓ Wasser einnehmen; **9.** trinken, zur Tränke gehen (*Vieh*); **10.** ✈ wassern; **III** *s.* **11.** Wasser *n*: ***in deep ~(s)*** *fig.* in Schwierigkeiten, in der Klemme; ***hold ~*** *fig.* stichhaltig sein; ***keep one's head above ~*** *fig.* sich (gerade noch) über Wasser halten; ***make the ~*** ⚓ vom Stapel laufen; ***throw cold ~ on*** *fig. e-r Sache* e-n Dämpfer aufsetzen, wie e-e kalte Dusche wirken auf (*acc.*); ***still ~s run deep*** stille Wasser sind tief; → ***hot*** 13, ***oil*** 1, ***trouble*** 6; **12.** *oft pl.* Brunnen *m*, Wasser *n* (*e-r Heilquelle*): ***drink*** (*od.* ***take***) ***the ~s*** (***at***) e-e Kur machen (in *dat.*); **13.** *oft pl.* Wasser *n od. pl.*, Gewässer *n od. pl.*, *a.* Fluten *pl.*: ***by ~*** zu Wasser, auf dem Wasserweg; ***on the ~*** a) zur See, b) zu Schiff; ***the ~s*** *poet.* das Meer, die See; **14.** Wasserstand *m*; → ***low water***; **15.** (Toi'letten)Wasser *n*; **16.** Wasserlösung *f*; **17.** *physiol.* Wasser *n* (*Sekret, z.B. Speichel, a. Urin*): ***the ~(s)*** das Fruchtwasser; ***make*** (*od.* ***pass***) ***~*** Wasser lassen, urinieren; ***~ on the brain*** Wasserkopf *m*; ***~ on the knee*** Kniegelenkerguß *m*; **18.** Wasser *n* (*reiner Glanz e-s Edelsteins*): ***of the first ~*** reinsten Wassers (*a. fig.*); **19.** Wasser(glanz *m*) *n*, Moi'ré *n* (*Stoff*); **~ bath** *s.* Wasserbad *n* (*a.* ⚗); **~ bed** *s.* ⚕ Wasserbett *n*, -kissen *n*; **~ bird** *s. zo. allg.* Wasservogel *m*; **~ blis·ter** *s.* ⚕ Wasserblase *f*; **'~·borne** *adj.* **1.** auf dem Wasser schwimmend; **2.** zu Wasser befördert (*Ware*), auf dem Wasser stattfindend (*Verkehr*), Wasser...; **~ bot·tle** *s.* **1.** Wasserflasche *f*; **2.** Feldflasche *f*; **'~-bound** *adj.* vom Wasser eingeschlossen *od.* abgeschnitten; **~ bus** *s.* (Linien)Flußboot *n*; **~ butt** *s.* Wasserfaß *n*, Regentonne *f*; **~ can·non** *s.* Wasserwerfer *m*; **~ car·riage** *s.* Trans'port *m* zu Wasser, 'Wassertrans,port *m*; ♒ **Car·ri·er** → ***Aquarius***; **'~-cart** *s.* Wasserwagen *m*, *bsd.* Sprengwagen *m*; **~ chute** *s.* Wasserrutschbahn *f*; **~ clock** *s.* ⊙ Wasseruhr *f*; **~ clos·et** *s.* ('Wasser)Klo,sett *n*; **'~,col·o(u)r I** *s.* **1.** Wasser-, Aqua'rellfarbe *f*; **2.** Aqua'rellmale,rei *f*; **3.** Aqua'rell *n* (*Bild*); **II** *adj.* **4.** Aquarell...; **'~,col·o(u)r·ist** *s.* Aqua'rellmaler(in); **'~-cooled** *adj.* ⊙ wassergekühlt; **'~-,cool·ing** *s.* ⊙ Wasserkühlung *f*; **'~·course** *s.* **1.** Wasserlauf *m*; **2.** Fluß-, Strombett *n*; **3.** Ka'nal *m*; **'~·craft** *s.* Wasserfahrzeug(e *pl.*) *n*; **'~·cress** *s. oft pl.* ♀ Brunnenkresse *f*; **~ cure** *s.* ⚕ **1.** Wasserkur *f*; **2.** Wasserheilkunde *f*; **'~·fall** *s.* Wasserfall *m*; **'~,find·er** *s.* (Wünschel)Rutengänger *m*; **'~·fog** *s.* Tröpfchennebel *m*; **'~·fowl** *s. zo.* **1.** Wasservogel *m*; **2.** *coll.* Wasservögel *pl.*; **'~·front** *s.* Hafengebiet *n*, -viertel *n*; an ein Gewässer grenzendes (Stadt)Gebiet; **~ gage** *Am.* → ***water gauge***; **~ gate** *s.* **1.** Schleuse *f*; **2.** Fluttor *n*; **~ gauge** *s.* ⊙ **1.** Wasserstands(an)zeiger *m*; **2.** Pegel *m*, Peil *m*, hy'draulischer Wasserdruckmesser; **3.** *Wasserdruck, gemessen in* ***inches*** *Wassersäule*; **~ glass** *s.* Wasserglas *n* (*a.* ⚗); **~ egg** Kalkei *n*; **~ gru·el** *s.* (dünner) Haferschleim; **~ heat·er** *s.* Warmwasserbereiter *m*; **~ hose** *s.* Wasserschlauch *m*; **~ ice** *s.* Fruchteis *n*.

wa·ter·i·ness ['wɔːtərɪnɪs] *s.* Wäßrigkeit *f*.

wa·ter·ing ['wɔːtərɪŋ] **I** *s.* **1.** (Be)Wässern *n etc.*; **II** *adj.* **2.** Bewässerungs...; **3.** Kur..., Bade...; **~ can** *s.* Gießkanne *f*; **~ cart** *s.* Sprengwagen *m*; **~ place** *s.* **1.** *bsd. Brit.* a) Bade-, Kurort *m*, Bad *n*, b) (See)Bad *n*; **2.** (Vieh)Tränke *f*, Wasserstelle *f*; **~ pot** *s. Am.* Gießkanne *f*.

wa·ter| jack·et *s.* ⊙ (Wasser)Kühlmantel *m*; **~ jump** *s. sport* Wassergraben *m*; **~ lev·el** *s.* **1.** Wasserstand *m*, -spiegel *m*; **2.** ⊙ a) Pegelstand *m*, b) Wasserwaage *f*; **3.** *geol.* (Grund)Wasserspiegel *m*; **~ lil·y** *s.* ♀ Seerose *f*, Wasserlilie *f*; **'~·line** *s.* ⚓ Wasserlinie *f e-s Schiffs od. als Wasserzeichen*; **'~·logged** *adj.* **1.** voll Wasser (*Boot etc.*); **2.** vollgesogen (*Holz etc.*).

Wa·ter·loo [,wɔːtə'luː] *s.*: ***meet one's ~*** *fig.* sein Waterloo erleben.

wa·ter| main *s.* Haupt(wasser)rohr *n*; **'~·man** [-mən] *s.* [*irr.*] **1.** ⚓ Fährmann *m*; **2.** *sport* Ruderer *m*; **3.** *myth.* Wassergeist *m*; **'~·mark I** *s.* **1.** Wasserzeichen *n* (*in Papier*); **2.** ⚓ Wassermarke *f*, *bsd.* Flutzeichen *n*; → ***high*** (***low***) ***watermark***; **II** *v/t.* **3.** *Papier* mit Wasserzeichen versehen; **'~,mel·on** *s.* ♀ 'Wasserme,lone *f*; **~ me·ter** *s.* Wasserzähler *m*, -uhr *f*; **~ pipe** *s.* **1.** ⊙ Wasser(leitungs)rohr *n*; **2.** orien'talische Wasserpfeife; **~ plane** *s.* Wasserflugzeug *n*; **~ plate** *s.* Wärmeteller *m*; **~ po·lo** *s. sport* Wasserballspiel *n*; **'~·proof I** *adj.* wasserdicht; **II** *s.* wasserdichter Stoff *od.* Mantel *etc.*, Regenmantel *m*; **III** *v/t.* imprägnieren; **~ re·cyc·ling** *s.* Wasseraufbereitung *f*; **,~-re'pel·lent** *adj.* wasserabstoßend; **'~·scape** [-skeɪp] *s. paint.* Seestück *n*; **~ seal** *s.* ⊙ Wasserverschluß *m*; **'~·shed** *s. geogr.* **1.** *Brit.* Wasserscheide *f*; **2.** Einzugs-, Stromgebiet *n*; **3.** *fig.* a) Trennungslinie *f*, b) Wendepunkt *m*; **'~·side I** *s.* Küste *f*, See-, Flußufer *n*; **II** *adj.* Küsten...; (Fluß)Ufer...; **'~-ski** *v/i.* Wasserski laufen; **,~-'sol·u·ble** *adj.* ⚗ wasserlöslich; **'~·spout** *s.* **1.** Abtraufe *f*; **2.** *meteor.* Wasserhose *f*; **~ sup·ply** *s.* Wasserversorgung *f*; **~ ta·ble** *s.* **1.** △ Wasserabflußleiste *f*; **2.** *geol.* Grundwasserspiegel *m*; **'~·tight** *adj.* **1.** wasserdicht: ***keep s.th. in ~ compartments*** *fig.* et. isoliert halten *od.* betrachten; **2.** *fig.* a) unanfechtbar, b) sicher, c) stichhaltig (*Argument*); **~ vole** *s. zo.* Wasserratte *f*; **~ wag·(g)on** *s.* Wasser(versorgungs)wagen *m*: ***be on*** (***off***) ***the ~*** F nicht mehr (wieder) trinken; ***go on the ~*** F das Trinken sein lassen; **~ wag·tail** *s. orn.* Bachstelze *f*; **'~-wave I** *s.* Wasserwelle *f* (*im Haar*); **II** *v/t.* in Wasserwellen legen; **'~·way** *s.* **1.** Wasserstraße *f*, Schiffahrtsweg *m*; **2.** ⚓ Wassergang *m* (*Decksrinne*); **'~·works** *s. pl. oft sg. konstr.* **1.** Wasserwerk *n*; **2.** a) Fon'täne(n *pl.*) *f*, b) Wasserspiel *n*: ***turn on the ~*** F (los-)heulen; **3.** F (Harn)Blase *f*.

wa·ter·y ['wɔːtərɪ] *adj.* **1.** Wasser...: ***a ~ grave*** ein nasses Grab; **2.** wässerig: a) feucht (*Boden*), b) regenverkündend (*Sonne etc.*): ***~ sky*** Regenhimmel *m*; **3.** triefend: a) *allg.* voll Wasser, naß (*Kleider*), b) tränend (*Auge*); **4.** verwässert: a) fad(e) (*Speise*), b) wässerig, blaß (*Farbe*), c) *fig.* seicht (*Stil*).

watt [wɒt] *s.* ϟ Watt *n*; **watt·age** ['wɒtɪdʒ] *s.* ϟ Wattleistung *f*.

wat·tle ['wɒtl] **I** *s.* **1.** *Brit. dial.* Hürde *f*; **2.** *a. pl.* Flecht-, Gitterwerk *n*: ***~ and daub*** △ mit Lehm beworfenes Flechtwerk; **3.** ♀ (au'stralische) A'kazie; **4.** a) *orn.* Kehllappen *pl.*, b) *ichth.* Bartfäden *pl.*; **II** *v/t.* **5.** aus Flechtwerk herstellen; **6.** *Ruten* zs.-flechten; **'wat·tling** [-lɪŋ] *s.* Flechtwerk *n*.

waul [wɔːl] *v/i.* jämmerlich schreien, jaulen.

wave [weɪv] **I** *s.* **1.** Welle *f* (*a. phys.*; *a. im Haar etc.*), Woge *f* (*beide a. fig. von Gefühl etc.*): ***the ~s*** *poet.* die See; ***~ of indignation*** Woge der Entrüstung; ***make ~s*** *fig. Am.* ‚Wellen schlagen'; **2.** (*Angriffs-, Einwanderer- etc.*)Welle *f*: ***in ~s*** in aufeinanderfolgenden Wellen; **3.** ⊙ a) Flamme *f* (*im Stoff*), b) *typ.* Guil'loche *f* (*Zierlinie auf Wertpapieren etc.*); **4.** Wink(en *n*) *m*, Schwenken *n*; **II** *v/i.* **5.** wogen (*a. Kornfeld etc.*); **6.** wehen, flattern, wallen; **7.** (***to s.o.*** j-m zu)winken, Zeichen geben; **8.** sich wellen (*Haar*); **III** *v/t.* **9.** *Fahne, Waffe etc.* schwenken, schwingen, hin- u. herbewegen: ***~ one's arms*** mit den Armen fuchteln; ***~ one's hand*** (mit der Hand) winken (***to*** *j-m*); **10.** *Haar etc.* wellen, in Wellen legen; **11.** ⊙ a) *Stoff* flammen, b) *Wertpapiere etc.* guillochieren; **12.** *j-m* zuwinken: ***~ aside*** *j-n* beiseite winken, *fig. j-n od. et.* mit e-r Handbewegung abtun; **13.** *et.* zuwinken: ***~ a farewell*** nachwinken (***to s.o.*** j-m); **~ band** *s.* ϟ Wellenband *n*; **'~·length** *s.* ϟ, *phys.* Wellenlänge *f*: ***be on the same ~*** *fig.* auf der gleichen Wellenlänge liegen.

wa·ver ['weɪvə] *v/i.* **1.** (sch)wanken, taumeln; flackern (*Licht*); zittern (*Hände, Stimme etc.*); **2.** *fig.* wanken: a) unschlüssig sein, schwanken (***between*** zwischen), b) zu weichen beginnen.

wa·ver·er ['weɪvərə] *s. fig.* Unentschlossene(r *m*) *f*; **'wa·ver·ing** [-vərɪŋ] *adj.* ☐ **1.** flackernd; **2.** zitternd; **3.** (sch)wankend (*a. fig.*).

wave trap *s.* ϟ Sperrkreis *m*.

wav·y ['weɪvɪ] *adj.* ☐ **1.** wellig, gewellt (*Haar, Linie etc.*); **2.** wogend.

wax[1] [wæks] **I** *v/i.* **1.** wachsen, zunehmen (*bsd. Mond*) (*a. fig. rhet.*): ***~ and wane*** zu- u. abnehmen; **2.** *vor adj.*: *alt, frech, laut etc.* werden; **II** *s.* **3.** ***be in a ~*** F e-e Stinkwut haben.

wax[2] [wæks] **I** *s.* **1.** (Bienen-, Pflanzen- *etc.*)Wachs *n*: ***like ~*** *fig.* (wie) Wachs *in j-s Händen*; **2.** Siegellack *m*; **3.** *a.* ***cobbler's ~*** Schusterpech *n*; **4.** Ohrenschmalz *n*; **II** *v/t.* **5.** (ein)wachsen, bohnern; **6.** verpichen; **7.** (auf Schallplatte) aufnehmen; **'~·cloth** *s.* **1.** Wachstuch *n*; **2.** Bohnertuch *n*; **~ doll** *s.* Wachspuppe *f*.

wax·en ['wæksən] → ***waxy***.
wax| light *s.* Wachskerze *f*; ~ **pa·per** *s.* 'Wachspa,pier *n*; '~**·work** *s.* **1.** 'Wachsfi,gur *f*; **2.** *a. pl. sg. konstr.* 'Wachsfi,gurenkabi,nett *n*.
wax·y ['wæksı] *adj.* ☐ **1.** wächsern (*a. Gesichtsfarbe*), wie Wachs; **2.** *fig.* weich (wie Wachs), nachgiebig; **3.** ⚕ Wachs...: ~ ***liver***.
way¹ [weı] *s.* **1.** Weg *m*, Pfad *m*, Straße *f*, Bahn *f* (*a. fig.*): ~ ***back*** Rückweg; ~ ***home*** Heimweg; ~ ***in*** Eingang *m*; ~ ***out*** *bsd. fig.* Ausweg; ~ ***through*** Durchfahrt *f*, -reise *f*; ~***s and means*** Mittel u. Wege, *bsd. pol.* Geldbeschaffung(smaßnahmen) *f*; ***Committee of* ⁀*s and Means*** *parl.* Finanz-, Haushaltsausschuß *m*; ***the ~ of the Cross*** *R.C.* der Kreuzweg; ***over*** (*od.* ***across***) ***the*** ~ gegenüber; ***ask the*** (*od.* ***one's***) ~ nach dem Weg fragen; ***find a*** ~ *fig.* e-n (Aus-) Weg finden; ***lose one's*** ~ sich verirren *od.* verlaufen; ***take one's*** ~ sich aufmachen (***to*** nach); **2.** *fig.* Gang *m*, (üblicher) Weg: ***that is the ~ of the world*** das ist der Lauf der Welt; ***go the ~ of all flesh*** den Weg allen Fleisches gehen (*sterben*); **3.** Richtung *f*, Seite *f*: ***which ~ is he looking?*** wohin schaut er?; ***this*** ~ a) hierher, b) hier entlang, c) → 6; ***the other ~ round*** umgekehrt; **4.** Weg *m*, Entfernung *f*, Strecke *f*: ***a long ~ off*** weit (von hier) entfernt; ***a long ~ off perfection*** alles andere als vollkommen; ***a little*** ~ ein kleines Stück (Wegs); **5.** (freie) Bahn, Platz *m*: ***be*** (*od.* ***stand***) ***in s.o.'s*** ~ j-m im Weg sein (*a. fig.*); ***give*** ~ a) nachgeben, b) (zurück)weichen, c) sich *der Verzweiflung etc.* hingeben; **6.** Art *f* u. Weise *f*, Weg *m*, Me'thode *f*: ***any*** ~ auf jede *od.* irgendeine Art; ***any ~ you please*** ganz wie Sie wollen; ***in a big*** (***small***) ~ im großen (kleinen); ***one ~ or another*** irgendwie, so oder so; ***some ~ or other*** auf die eine oder andere Weise, irgendwie; ~ ***of living*** (***thinking***) Lebens- (Denk)weise; ***to my ~ of thinking*** nach m-r Meinung; ***in a polite*** (***friendly***) ~ höflich (freundlich); ***in its*** ~ auf s-e Art; ***in what*** (*od.* ***which***) ~ inwiefern, wieso; ***the right*** (***wrong***) ~ (***to do it***) richtig (falsch); ***the same*** ~ genauso; ***the ~ he does it*** so wie er es macht; ***this*** (*od.* ***that***) ~ so; ***that's the ~ to do it*** so macht man das; **7.** Brauch *m*, Sitte *f*: ***the good old ~s*** die guten alten Bräuche; **8.** Eigenart *f*: ***funny ~s*** komische Manieren; ***it is not his*** ~ es ist nicht s-e Art *od.* Gewohnheit; ***she has a winning ~ with her*** sie hat e-e gewinnende Art; ***that is always the ~ with him*** so macht er es (*od.* geht es ihm) immer; **9.** Hinsicht *f*, Beziehung *f*: ***in a*** ~ in gewisser Hinsicht; ***in one*** ~ in 'einer Beziehung; ***in some ~s*** in mancher Hinsicht; ***in the ~ of food*** an Lebensmitteln, was Nahrung anbelangt; ***no*** ~ keineswegs; **10.** (*bsd.* Gesundheits)Zustand *m*, Lage *f*: ***in a bad*** ~ in e-r schlimmen Lage; ***live in a great*** (***small***) ~ auf großem Fuß (in kleinen Verhältnissen *od.* sehr bescheiden) leben; **11.** Berufszweig *m*, Fach *n*: ***it is not in his*** ~ es schlägt nicht in sein Fach; ***he is in the oil*** ~ er ist im Ölhandel (beschäftigt); **12.** F Um'gebung *f*, Gegend *f*: ***somewhere London*** ~ irgendwo in der Gegend von London; **13.** ⚙ a) (Hahn)Weg *m*, Bohrung *f*, b) *pl.* Führungen *pl.* (*bei Maschinen*); **14.** Fahrt(geschwindigkeit) *f*: ***gather*** (***lose***) ~ Fahrt vergrößern (verlieren); **15.** *pl. Schiffbau*: a) Helling *f*, b) Stapelblöcke *pl.*;
Besondere Redewendungen:
by the ~ a) im Vorbeigehen, unterwegs; b) am Weg(esrand), an der Straße, c) *fig.* übrigens, nebenbei (bemerkt); ***but that is by the ~!*** doch dies nur nebenbei; ***by ~ of*** a) (auf dem Weg) über (*acc.*), durch, b) *fig.* in der Absicht zu, um … zu, c) als *Entschuldigung etc.*; ***by ~ of example*** beispielsweise; ***by ~ of exchange*** auf dem Tauschwege; ***be by ~ of being angry*** im Begriff sein aufzubrausen; ***be by ~ of doing*** (***s.th.***) a) dabei sein(, et.) zu tun, b) pflegen *od.* gewohnt sein *od.* die Aufgabe haben(, et.) zu tun; → ***family*** 5; ***in the ~ of*** a) auf dem Weg *od.* dabei zu, b) hinsichtlich (*gen.*); ***in the ~ of business*** auf dem üblichen Geschäftsweg; ***put s.o. in the*** ~ (***of doing***) j-m die Möglichkeit geben (zu tun); ***no ~!*** F nichts da!; ***on the*** (*od.* ***one's***) ~ unterwegs, auf dem Wege; ***be well on one's*** ~ im Gange sein, schon weit vorangekommen sein (*a. fig.*); ***out of the*** ~ a) abgelegen, b) *fig.* ungewöhnlich, ausgefallen, c) *fig.* abwegig; ***nothing out of the*** ~ nichts Ungewöhnliches; ***go out of one's*** ~ ein übriges tun, sich besonders anstrengen; ***put s.o. out of the*** ~ *fig.* j-n aus dem Wege räumen (*töten*); → ***harm*** 1; ***under*** ~ a) ⚓ in Fahrt, unterwegs, b) *fig.* im *od.* in Gang; ***be in a fair*** (*od.* ***good***) ~ auf dem besten Wege sein, die besten Möglichkeiten haben; ***come*** (***in***) ***s.o.'s*** ~ *bsd. fig.* j-m über den Weg laufen, j-m begegnen; ***go a long ~ to***(***wards***) viel dazu beitragen zu, ein gutes Stück weiterhelfen bei; ***go s.o.'s*** ~ a) den gleichen Weg gehen wie j-d, b) j-n begleiten; ***go one's ~***(***s***) seinen Weg gehen, *fig.* s-n Lauf nehmen; ***have a ~ with*** mit *j-m* umzugehen wissen; ***have one's own*** ~ s-n Willen durchsetzen; ***if I had my*** (***own***) ~ wenn es nach mir ginge; ***have it your ~!*** du sollst recht haben!; ***you can't have it both ~s*** du kannst nicht beides haben; ***know one's ~ about*** sich auskennen (*fig.* ***in*** mit); ***lead the*** ~ (*a. fig.* mit gutem Beispiel) vorangehen; ***learn the hard*** ~ Lehrgeld bezahlen müssen; ***make*** ~ a) Platz machen (***for*** für), b) vorwärtskommen (*a. fig. Fortschritte machen*); ***make one's*** ~ sich durchsetzen, s-n Weg machen; → ***mend*** 2, ***pave***, ***pay*** 3; ***see one's ~ to do s.th.*** e-e Möglichkeit sehen, et. zu tun; ***work one's ~ through college*** sich sein Studium durch Nebenarbeit verdienen, Werkstudent sein; ***work one's ~ up*** *a. fig.* sich hocharbeiten.
way² [weı] *adv.* F weit *oben, unten etc.*: ~ ***back*** weit entfernt; ~ ***back in 1902*** (schon) damals im Jahre 1902.
'way|·bill *s.* **1.** Passa'gierliste *f*; **2.** ✝ Frachtbrief *m*, Begleitschein *m*; '~**,far·er** [-,feərə] *s. obs.* Reisende(r) *m*, Wandersmann *m*; '~**,far·ing** [-,feərıŋ] *adj.* reisend, wandernd; ,~**'lay** *v/t.* [*irr.* → ***lay¹***] *j-m* auflauern; '~**·leave** *s.* ⚖ *Brit.* Wegerecht *n*; ,~**-'out** *adj.* F **1.** ex'zentrisch, ausgefallen, ,irr(e)'; **2.** ,toll', ,super'; '~**·side I** *s.* Straßen-, Wegrand *m*: ***by the*** ~ am Wege, am Straßenrand; ***fall by the*** ~ *fig.* auf der Strecke bleiben; **II** *adj.* am Wege (stehend), an der Straße (gelegen): ***a ~ inn***.
way| sta·tion *s.* 🚂 *Am.* 'Zwischensta-ti,on *f*; ~ **train** *s. Am.* Bummelzug *m*.
way·ward ['weıwəd] *adj.* ☐ **1.** launisch, unberechenbar; **2.** eigensinnig, 'widerspenstig; ⚖ verwahrlost (*Jugendliche[r]*); **3.** ungeraten: ***a ~ son***; **'way·ward·ness** [-nıs] *s.* **1.** 'Widerspenstigkeit *f*, Eigensinn *m*; **2.** Launenhaftigkeit *f*.
'way·worn *adj.* reisemüde.
we [wi:; wı] *pron. pl.* wir *pl.*
weak [wi:k] *adj.* ☐ **1.** *allg.* schwach (*a. zahlenmäßig*) (*a. fig. Argument, Spieler, Stil, Stimme etc.*; *a. ling.*): ~ ***in Latin*** *fig.* schwach in Latein; → ***sex*** 2; **2.** ⚕ schwach: a) empfindlich, b) kränklich; **3.** (cha'rakter)schwach, la'bil, schwächlich: ~ ***point*** (*od.* ***side***) schwacher Punkt, schwache Seite, Schwäche *f*; **4.** schwach, dünn (*Tee etc.*); **5.** ✝ schwach, flau (*Markt*); **'weak·en** [-kən] **I** *v/t.* **1.** *j-n od. et.* schwächen; **2.** *Getränk etc.* verdünnen; **3.** *fig. Beweis etc.* abschwächen, entkräften; **II** *v/i.* **4.** schwach *od.* schwächer werden, nachlassen, erlahmen; **'weak·en·ing** [-knıŋ] *s.* (Ab)Schwächung *f*.
,weak-'kneed *adj.* F **1.** feig; **2.** → ***weak-minded*** 2.
weak·ling ['wi:klıŋ] *s.* Schwächling *m*; **'weak·ly** [-lı] **I** *adj.* schwächlich; **II** *adv. von* ***weak***; **,weak-'mind·ed** *adj.* **1.** schwachsinnig; **2.** cha'rakterschwach.
weak·ness ['wi:knıs] *s.* **1.** *allg.* (*a.* Cha'rakter)Schwäche *f*; **2.** Schwächlichkeit *f*, Kränklichkeit *f*; **3.** schwache Seite, schwacher Punkt; **4.** Nachteil *m*, Schwäche *f*, Mangel *m*; **5.** F Schwäche *f*, Vorliebe *f* (***for*** für); **6.** ✝ Flauheit *f*.
,weak|-'sight·ed *adj.* ⚕ schwachsichtig; ,~**-'spir·it·ed** *adj.* kleinmütig.
weal¹ [wi:l] *s.* Wohl *n*: ~ ***and woe*** *das* Wohl u. Wehe, gute u. schlechte Tage; ***the public*** (*od.* ***common*** *od.* ***general***) ~ das Allgemeinwohl.
weal² [wi:l] *s.* Schwiele *f*, Strieme(n *m*) *f* (*auf der Haut*).
wealth [welθ] *s.* **1.** Reichtum *m* (*a. fig. Fülle*) (***of*** an *dat.*, von); **2.** Reichtümer *pl.*; **3.** ✝ a) Besitz *m*, Vermögen *n*: ~ ***tax*** Vermögenssteuer *f*, b) *a.* ***personal*** ~ Wohlstand *m*; **'wealth·y** [-θı] *adj.* ☐ reich (*a. fig.* ***in*** an *dat.*), wohlhabend.
wean [wi:n] *v/t.* **1.** *Kind, junges Tier* entwöhnen; **2.** *a.* ~ ***away from*** *fig. j-n* abbringen von, *j-m et.* abgewöhnen.
weap·on ['wepən] *s.* Waffe *f* (*a.* ⚘, *zo. u. fig.*); **'weap·on·less** [-lıs] *adj.* wehrlos, unbewaffnet; **'weap·on·ry** [-rı] *s.* Waffen *pl.*
wear¹ [weə] **I** *v/t.* [*irr.*] **1.** *am Körper* tragen (*a. Bart, Brille, a. Trauer*), *Kleidungsstück a.* anhaben, *Hut a.* aufhaben: ~ ***the breeches*** (*od.* ***trousers*** *od.* ***pants***) F *fig.* die Hosen anhaben (*Ehefrau*); ***she ~s her years well*** *fig.* sie sieht jung aus für ihr Alter; ~ ***one's hair long*** das Haar lang tragen; **2.** *Lächeln, Miene etc.* zur Schau tragen, zeigen; **3.** ~ ***away*** (*od.* ***down***, ***off***, ***out***)

Kleid etc. abnutzen, abtragen, *Absätze* abtreten, *Stufen etc.* austreten; *Löcher* reißen (*in* in *acc.*): ***~ into holes*** ganz abtragen, *Schuhe* durchlaufen; **4.** eingraben, nagen: ***a groove worn by water***; **5.** *a.* ***~ away*** *Gestein etc.* auswaschen, -höhlen; *Farbe etc.* verwischen; **6.** *a.* ***~ out*** ermüden, *a. Geduld* erschöpfen; → ***welcome*** 1; **7.** *a.* ***~ down*** zermürben: a) entkräften, b) *fig.* niederringen, *Widerstand* brechen: ***worn to a shadow*** nur noch ein Schatten (*Person*); **II** *v/i.* [*irr.*] **8.** halten, haltbar sein: ***~ well*** a) sehr haltbar sein (*Stoff etc.*), sich gut tragen (*Kleid etc.*), b) *fig.* sich gut halten, wenig altern (*Person*); **9.** *a.* ***~ away*** (*od.* ***down***, ***off***, ***out***) sich abtragen *od.* abnutzen, verschleißen: ***~ away*** *a.* sich verwischen; ***~ off*** *fig.* sich verlieren (*Eindruck, Wirkung*); ***~ out*** *fig.* sich erschöpfen; ***~ thin*** a) fadenscheinig werden, b) sich erschöpfen (*Geduld etc.*); **10.** *a.* ***~ away*** langsam vergehen, da'hinschleichen (*Zeit*): ***~ to an end*** schleppend zu Ende gehen; **11.** ***~ on*** sich da'hinschleppen (*Zeit, Geschichte etc.*); **III** *s.* **12.** Tragen *n*: ***clothes for everyday ~*** Alltagskleidung *f*; ***have in constant ~*** ständig tragen; **13.** (Be)Kleidung *f*, Mode *f*: ***be the ~*** Mode sein, getragen werden; **14.** Abnutzung *f*, Verschleiß *m*: ***~ and tear*** a) ⚙ Abnutzung, Verschleiß (*a. fig.*), b) ✝ Abschreibung *f* für Wertminderung; ***for hard ~*** strapazierfähig; ***the worse for ~*** abgetragen, mitgenommen (*a. fig.*); **15.** Haltbarkeit *f*: ***there is still a great deal of ~ in it*** das läßt sich noch gut tragen.

wear² [weə] ⚓ **I** *v/t.* [*irr.*] *Schiff* halsen; **II** *v/i.* [*irr.*] vor dem Wind drehen (*Schiff*).

wear·a·ble ['weərəbl] *adj.* tragbar (*Kleid*).

wea·ri·ness ['wɪərɪnɪs] *s.* **1.** Müdigkeit *f*; **2.** *fig.* 'Überdruß *m*.

wear·ing ['weərɪŋ] *adj.* **1.** Kleidungs...; **2.** abnützend; **3.** ermüdend, zermürbend.

wea·ri·some ['wɪərɪsəm] *adj.* □ ermüdend (*mst fig. langweilig*).

ˌwear-re'sist·ant *adj.* strapa'zierfähig.

wea·ry ['wɪərɪ] **I** *adj.* □ **1.** müde, matt (***with*** von, vor *dat.*); **2.** müde, 'überdrüssig (***of*** *gen.*): ***~ of life*** lebensmüde; **3.** ermüdend: a) beschwerlich, b) langweilig; **II** *v/t.* **4.** ermüden (*a. fig. langweilen*); **III** *v/i.* **5.** überdrüssig *od.* müde werden (***of*** *gen.*).

wea·sel ['wi:zl] *s.* **1.** *zo.* Wiesel *n*; **2.** F *contp.* ‚Schlange' *f*, ‚Ratte' *f*.

weath·er ['weðə] **I** *s.* **1.** a) Wetter *n*, Witterung *f*, b) Unwetter *n*: ***in fine ~*** bei schönem Wetter; ***make good*** (*od.* ***bad***) ***~*** ⚓ auf gutes (schlechtes) Wetter stoßen; ***make heavy ~ of s.th.*** *fig.* ‚viel Wind machen' um et.; ***under the ~*** F a) nicht in Form (*unpäßlich*), b) e-n Katzenjammer habend, c) ‚angesäuselt'; **2.** ⚓ Luv-, Windseite *f*; **II** *v/t.* **3.** dem Wetter aussetzen, *Holz etc.* auswittern; *geol.* verwittern (lassen); **4.** a) ⚓ *den Sturm* abwettern, b) *a.* ***~ out*** *fig. Sturm, Krise etc.* über'stehen; **5.** ⚓ luvwärts um'schiffen; **III** *v/i.* **6.** *geol.* verwittern; **'~-ˌbeat·en** *adj.* **1.** vom Wetter mitgenommen; **2.** verwittert; **3.** wetterhart; **'~·board** *s.* **1.** ⚙ a) Wasserschenkel *m*, b) Schal-, Schindelbrett *n*, c) *pl.* Verschalung *f*; **2.** ⚓ Waschbord *n*; **'~·board·ing** *s.* Verschalung *f*; **'~-bound** *adj.* schlechtwetterbehindert; **~ bu·reau** *s.* Wetteramt *n*; **~ chart** *s.* Wetterkarte *f*; **'~·cock** *s.* **1.** Wetterhahn *m*; **2.** *fig.* wetterwendische Per'son; **'~-eye** [-əraɪ] *s.*: ***keep one's ~ open*** *fig.* gut aufpassen; **~ fore·cast** *s.* 'Wetterbericht *m*, -vorˌhersage *f*; **'~·man** [-mæn] *s.* [*irr.*] F **1.** Meteoro'loge *m*; **2.** Wetteransager *m*; **'~·proof** *adj.* wetterfest; **~ sat·el·lite** *s.* 'Wettersatelˌlit *m*; **~ side** *s.* **1.** → ***weather*** 2; **2.** Wetterseite *f*; **~ sta·tion** *s.* Wetterwarte *f*; **~ strip** *s.* Dichtungsleiste *f*; **~ vane** *s.* Wetterfahne *f*; **'~·worn** → ***weather-beaten***.

weave [wi:v] **I** *v/t.* [*irr.*] **1.** weben, wirken; **2.** zs.-weben, flechten; **3.** (ein-) flechten (***into*** in *acc.*), verweben, -flechten (***with*** mit, ***into*** zu) (*a. fig.*); **4.** *fig.* ersinnen, erfinden; **II** *v/i.* [*irr.*] **5.** weben; **6.** hin- u. herpendeln (*a. Boxer*), sich schlängeln *od.* winden; **7.** ***get weaving*** *Brit.* F ‚sich ranhalten'; **III** *s.* **8.** Gewebe *n*; **9.** Webart *f*; **'weav·er** [-və] *s.* **1.** Weber(in); Wirker(in); **2.** *a.* ***~-bird*** *orn.* Webervogel *m*; **'weav·ing** [-vɪŋ] **I** *s.* Weben *n*, Webe'rei *f*; **II** *adj.* Web...: ***~ loom*** Webstuhl *m*; ***~ mill*** Weberei *f*.

wea·zen ['wi:zn] → ***wizen***.

web [web] *s.* **1.** a) Gewebe *n*, Gespinst *n*, b) Netz *n* (*der Spinne etc.*) (*alle a. fig.*): ***a ~ of lies*** ein Lügengewebe; **2.** Gurt(band *n*) *m*; **3.** *zo.* a) Schwimm-, Flughaut *f*, b) Bart *m* *e-r Feder*; **4.** ⚙ Sägeblatt *n*; **5.** (Pa'pier- *etc.*)Bahn *f*, (-)Rolle *f*; **webbed** [webd] *adj. zo.* schwimmhäutig: ***~ foot*** Schwimmfuß *m*; **web·bing** ['webɪŋ] *s.* **1.** Gewebe *n*; **2.** → ***web*** 2.

'web|·foot *s.* [*irr.*] *zo.* Schwimmfuß *m*; **'~-ˌfoot·ed**, **'~-toed** *adj.* schwimmfüßig.

wed [wed] **I** *v/t.* **1.** *rhet.* ehelichen, heiraten: ***~ded bliss*** eheliches Glück; **2.** vermählen (***to*** mit); **3.** *fig.* eng verbinden (***with***, ***to*** mit): ***be ~ded to s.th.*** a) an et. fest gebunden *od.* gekettet sein, b) sich e-r Sache verschrieben haben; **II** *v/i.* **4.** sich vermählen.

we'd [wi:d; wɪd] F *für* a) ***we would***, ***we should***, b) ***we had***.

wed·ding ['wedɪŋ] *s.* Hochzeit *f*, Trauung *f*; **~ an·ni·ver·sa·ry** *s.* (*dritter etc.*) Hochzeitstag; **~ break·fast** *s.* Hochzeitsessen *n*; **~ cake** *s.* Hochzeitskuchen *m*; **~ day** *s.* Hochzeitstag *m*; **~ dress** *s.* Hochzeits-, Brautkleid *n*; **~ ring** *s.* Trauring *m*.

we·del ['wedl] *v/i. Skisport*: wedeln.

wedge [wedʒ] **I** *s.* **1.** ⚙ Keil *m* (*a. fig.*): ***~ writing*** Keilschrift *f*; ***the thin end of the ~*** *fig.* ein erster kleiner Anfang; **2.** a) keilförmiges Stück (*Land etc.*), b) Ecke *f* (*Käse etc.*), c) Stück *n* (*Kuchen*); **3.** ⚔ 'Keil(formatiˌon *f*) *m*; **4.** *Golf*: Wedge *m* (*Schläger*); **II** *v/t.* **5.** ⚙ a) verkeilen, festklemmen, b) (mit e-m Keil) spalten: ***~ off*** abspalten; **6.** (ein-) keilen, (-)zwängen (***in*** in *acc.*): ***~ o.s. in*** sich hineinzwängen; **~ (fric·tion) gear** *s.* ⚙ Keilrädergetriebe *n*; **~ heel** *s.* (Schuh *m* mit) Keilabsatz *m*; **'~-shaped** *adj.* keilförmig.

wed·lock ['wedlɒk] *s.* Ehe(stand *m*) *f*: ***born in lawful*** (***out of***) ***~*** ehelich (unehelich) geboren.

Wednes·day ['wenzdɪ] *s.* Mittwoch *m*: ***on ~*** am Mittwoch; ***on ~s*** mittwochs.

wee¹ [wi:] *adj.* klein, winzig: ***a ~ bit*** ein klein wenig; ***the ~ hours*** die frühen Morgenstunden.

wee² [wi:] F **I** *s.* ‚Pi'pi' *n*; **II** *v/i.* ‚Pi'pi machen'.

weed [wi:d] **I** *s.* **1.** Unkraut *n*: ***ill ~s grow apace*** Unkraut verdirbt nicht; ***~ killer*** Unkrautvertilgungsmittel *n*; **2.** F a) ‚Glimmstengel' *m* (*Zigarre, Zigarette*), b) ‚Kraut' *n* (*Tabak*), c) ‚Grass' *n* (*Marihuana*); **3.** *sl.* Kümmerling *m* (*schwächliches Tier, a. Person*); **II** *v/t.* **4.** *Unkraut od. Garten etc.* jäten; **5.** ***~ out***, ***~ up*** *fig.* aussondern, -merzen; **6.** *fig.* säubern; **III** *v/i.* **7.** (Unkraut) jäten; **'weed·er** [-də] *s.* **1.** Jäter *m*; **2.** ⚙ Jätwerkzeug *n*; **weed kil·ler** *s.* Unkrautvertilgungsmittel *n*.

weeds [wi:dz] *s. pl. mst* ***widow's ~*** Witwen-, Trauerkleidung *f*.

weed·y ['wi:dɪ] *adj.* **1.** voll Unkraut; **2.** unkrautartig; **3.** F a) schmächtig, b) schlaksig, c) klapperig.

week [wi:k] *s.* Woche *f*: ***by the ~*** wochenweise; ***for ~s*** wochenlang; ***today ~***, ***this day ~*** a) heute in 8 Tagen, b) heute vor 8 Tagen; **'~·day** **I** *s.* Wochen-, Werktag *m*: ***on ~s*** werktags; **II** *adj.* Werktags...; **ˌ~'end** **I** *s.* Wochenende *n*; **II** *adj.* Wochenend...: ***~ speech*** Sonntagsrede *f*; ***~ ticket*** Sonntags(rückfahr)karte *f*; **III** *v/i.* das Wochenende verbringen; **ˌ~'end·er** [-'endə] *s.* Wochenendausflügler(in); **'~-ends** *adv. Am.* an Wochenenden.

week·ly ['wi:klɪ] **I** *adj. u. adv.* wöchentlich; **II** *s. a.* ***~ paper*** Wochenzeitung *f*, -(zeit)schrift *f*.

wee·ny ['wi:nɪ] *adj.* F winzig.

weep [wi:p] **I** *v/i.* [*irr.*] **1.** weinen, Tränen vergießen (***for*** vor *Freude etc.*, um *j-n*): ***~ at*** (*od.* ***over***) weinen über (*acc.*); **2.** a) triefen, b) tröpfeln, c) ⚕ nässen (*Wunde etc.*); **3.** trauern (*Baum*); **II** *v/t.* [*irr.*] **4.** *Tränen* vergießen, weinen; **5.** beweinen; **III** *s.* **6.** ***have a good ~*** F sich tüchtig ausweinen; **'weep·er** [-pə] *s.* **1.** Weinende(r *m*) *f*, *bsd.* Klageweib *n*; **2.** a) Trauerbinde *f* *od.* -flor *m*, b) *pl.* Witwenschleier *m*; **'weep·ie** → ***weepy*** 3; **'weep·ing** [-pɪŋ] **I** *adj.* □ **1.** weinend; **2.** ⚘ Trauer...: ***~ willow*** Trauerweide *f*; **3.** triefend, tropfend; **4.** ⚕ nässend; **II** *s.* **5.** Weinen *n*; **'wee·py** ['wi:pɪ] F **I** *adj.* **1.** weinerlich; **2.** rührselig; **II** *s.* **3.** ‚Schnulze' *f*.

wee·vil ['wi:vɪl] *s. zo.* **1.** Rüsselkäfer *m*; **2.** *allg.* Getreidekäfer *m*.

'wee·wee → ***wee²***.

weft [weft] *s. Weberei*: a) Einschlag(faden) *m*, Schuß(faden) *m*, b) Gewebe *n* (*a. poet.*).

weigh¹ [weɪ] **I** *s.* **1.** Wiegen *n*; **II** *v/t.* **2.** (ab)wiegen (***by*** nach); **3.** (*in der Hand*) wiegen; **4.** *fig.* (sorgsam) er-, abwägen (***with***, ***against*** gegen): ***~ one's words*** s-e Worte abwägen; **5.** ***~ anchor*** ⚓ a) den Anker lichten, b) auslaufen (*Schiff*); **6.** (nieder)drücken; **III** *v/i.* **7.** wiegen, *2 Kilo etc.* schwer sein; **8.** *fig.* *schwer etc.* wiegen, ins Gewicht fallen, ausschlaggebend sein (***with s.o.*** bei

j-m): ~ ***against s.o.*** a) gegen j-n sprechen, b) gegen j-n ins Feld geführt werden; **9.** *fig.* lasten (***on, upon*** auf *dat.*); *Zssgn mit adv.*:
weigh| down *v/t.* niederdrücken (*a. fig.*); ~ **in I** *v/t.* **1.** ✈ *sein Gepäck* wiegen lassen; **2.** *sport* a) *Jockei* nach dem Rennen wiegen, b) *Boxer, Gewichtheber etc.* vor dem Kampf wiegen; **II** *v/i.* **3.** ✈ sein Gepäck wiegen lassen; **4.** *sport* gewogen werden: ***he ~ed in at 200 pounds*** er brachte 200 Pfund auf die Waage; **5.** a) eingreifen, sich einschalten, b) ~ ***with*** *Argument etc.* vorbringen; ~ **out I** *v/t.* **1.** *Ware* auswiegen; **2.** *sport Jockei* vor dem Rennen wiegen; **II** *v/i.* **3.** *sport* gewogen werden.
weigh² [weɪ] *s.*: ***get under ~*** ⚓ unter Segel gehen.
'weigh·bridge *s.* Brückenwaage *f.*
weigh·er ['weɪə] *s.* **1.** Wäger *m*, Waagemeister *m*; **2.** → **weigh·ing ma·chine** ['weɪɪŋ] *s.* ⚙ Waage *f.*
weight [weɪt] **I** *s.* **1.** Gewicht *n* (*a. Maß u. Gegenstand*): ***~s and measures*** Maße u. Gewichte; ***by ~*** nach Gewicht; ***under ~*** ⚕ untergewichtig, zu leicht; ***lose*** (***put on***) ~ *an Körpergewicht* ab-(zu)nehmen; ***pull one's ~*** *fig.* sein(en) Teil leisten; ***throw one's ~ about*** F sich aufspielen *od.* ‚breitmachen'; ***that takes a ~ off my mind*** da fällt mir ein Stein vom Herzen; **2.** *fig.* Gewicht *n*: a) Last *f*, Wucht *f*, b) (*Sorgen- etc.*)Last *f*, Bürde *f*, c) Bedeutung *f*, d) Einfluß *m*, Geltung *f*: ***of ~*** gewichtig, schwerwiegend; ***men of ~*** bedeutende *od.* einflußreiche Leute; ***the ~ of evidence*** die Last des Beweismaterials; ***add ~ to*** *e-r Sache* Gewicht verleihen; ***carry*** (*od.* ***have***) ***~ with*** viel gelten bei; ***give ~ to*** *e-r Sache* große Bedeutung beimessen; **3.** *sport* a) *a.* ~ ***category*** Gewichtsklasse *f*, b) Gewicht *n* (*Gerät*), c) (Stoß)Kugel *f*; **II** *v/t.* **4.** a) beschweren, b) belasten (*a. fig.*): ~ ***the scales in favo(u)r of s.o.*** j-m e-n (unerlaubten) Vorteil verschaffen; **5.** ⚕ *Stoffe etc.* durch Beimischung *von Mineralien etc.* schwerer machen; **'weight·i·ness** [-tɪnɪs] *s.* Gewicht *n*, *fig. a.* (Ge)Wichtigkeit *f.*
weight·less ['weɪtlɪs] *adj.* schwerelos; **'weight·less·ness** [-nɪs] *s.* Schwerelosigkeit *f.*
weight| lift·er *s. sport* Gewichtheber *m*; ~ **lift·ing** *s. sport* Gewichtheben *n*; ~ **watch·er** *s.* j-d, der auf sein Gewicht achtet.
weight·y ['weɪtɪ] *adj.* ☐ **1.** schwer, gewichtig, *fig. a.* schwerwiegend; **2.** *fig.* einflußreich, gewichtig (*Person*).
weir [wɪə] *s.* **1.** (Stau)Wehr *n*; **2.** Fischreuse *f.*
weird [wɪəd] *adj.* ☐ **1.** *poet.* Schicksals...: ~ ***sisters*** Schicksalsschwestern, Nornen; **2.** unheimlich; **3.** F ulkig, ‚verrückt'; **weir·do** ['wɪədəʊ] *pl.* **-dos** *s.* F ‚irrer Typ'.
welch [welʃ] → ***welsh²***.
wel·come ['welkəm] **I** *s.* **1.** Willkomm (-en *n*) *m*, Empfang *m* (*a. iro.*): ***bid s.o. ~*** → 2; ***outstay*** (*od.* ***overstay*** *od.* ***wear out***) ***one's ~*** länger bleiben als man erwünscht ist; **II** *v/t.* **2.** bewillkommnen, will'kommen heißen; **3.** *fig.* begrüßen: a) *et.* gutheißen, b) gern annehmen; **III** *adj.* **4.** willkommen, angenehm (*Gast, a. Nachricht etc.*): ***make s.o. ~*** j-n herzlich empfangen *od.* aufnehmen; **5.** ***you are ~ to it*** Sie können es gerne behalten *od.* nehmen, es steht zu Ihrer Verfügung; ***you are ~ to do it*** es steht Ihnen frei, es zu tun; das können Sie gerne tun; ***you are ~ to your own opinion*** *iro.* meinetwegen können Sie denken, was Sie wollen; (***you are***) ***~!*** nichts zu danken!, keine Ursache!, bitte (sehr)!; ***and ~*** *iro.* meinetwegen, wenn's Ihnen Spaß macht; **IV** *int.* **6.** will'kommen (***to*** in *England etc.*).
weld [weld] **I** *v/t.* ⚙ (ver-, zs.-)schweißen: ~ ***on*** anschweißen (***to*** an *acc.*); ~ ***together*** zs.-schweißen, *fig. a.* zs.-schmieden; **II** *v/i.* ⚙ sich schweißen lassen; **III** *s.* ⚙ Schweißstelle *f*, -naht *f*; **'weld·a·ble** [-dəbl] *adj.* schweißbar; **'weld·ed** [-dɪd] *adj.* geschweißt, Schweiß...: ~ ***joint*** Schweißverbindung *f*; **'weld·er** [-də] *s.* ⚙ **1.** Schweißer *m*; **2.** Schweißbrenner *m*, -gerät *n*; **'weld·ing** [-dɪŋ] *adj.* Schweiß...
wel·fare ['welfeə] *s.* **1.** Wohl *n*, *e-r Person*: *a.* Wohlergehen *n*; **2.** a) (***public***) ~ (öffentliche) Wohlfahrt, b) *Am.* Sozi'alhilfe *f*: ***be on ~*** Sozialhilfe beziehen; ~ **state** *s. pol.* Wohlfahrtsstaat *m*; ~ **stat·ism** ['steɪtɪzəm] → ***welfarism***; ~ **work** *s. Am.* Sozi'alarbeit *f*; ~ **work·er** *s. Am.* Sozi'alarbeiter(in).
wel·far·ism ['welfeərɪzəm] *s.* wohlfahrtsstaatliche Poli'tik.
wel·kin ['welkɪn] *s. poet.* Himmelszelt *n*: ***make the ~ ring with shouts*** die Luft mit Geschrei erfüllen.
well¹ [wel] **I** *adv.* **1.** gut, wohl: ***be ~ off*** a) gut versehen sein (***for*** mit), b) wohlhabend *od.* gut daran sein; ***do o.s.*** (*od.* ***live***) ~ gut leben, es sich wohl sein lassen; ***be ~ up in*** bewandert sein in *e-m Fach etc.*; **2.** gut, recht, geschickt: ***do ~ gut*** *od.* recht daran tun (***to do*** zu tun); ***sing ~*** gut singen; ***~ done!*** gut gemacht!, bravo!; ***~ roared, lion!*** gut gebrüllt, Löwe!; **3.** gut, freundschaftlich: ***think*** (*od.* ***speak***) ***~ of*** gut denken (*od.* sprechen) über (*acc.*); **4.** gut, sehr: ***love s.o. ~*** j-n sehr lieben; ***it speaks ~ for him*** es spricht sehr für ihn; **5.** wohl, mit gutem Grund: ***one may ~ ask this question*** man kann wohl *od.* mit gutem Grund so fragen; ***you cannot very ~ do that*** das kannst du nicht gut tun; ***not very ~*** wohl kaum; **6.** recht, eigentlich: ***he does not know ~ how*** er weiß nicht recht wie; **7.** gut, genau, gründlich: ***know s.o. ~*** j-n gut kennen; ***he knows only too ~*** er weiß nur zu gut; **8.** gut, ganz, völlig: ***he is ~ out of sight*** er ist völlig außer Sicht; **9.** gut, beträchtlich, weit: ***~ away*** weit weg; ***he walked ~ ahead of them*** er ging ihnen ein gutes Stück voraus; ***until ~ past midnight*** bis lange nach Mitternacht; **10.** gut, tüchtig, gründlich: ***stir ~***; **11.** gut, mit Leichtigkeit: ***you could ~ have done it*** du hättest es leicht tun können; ***it is very ~ possible*** es ist durchaus *od.* sehr wohl möglich; ***as ~*** ebenso, außerdem; (***just***) ***as ~*** ebenso (-gut), genauso(gut); ***as ~ ... as*** sowohl ... als auch, nicht nur ... sondern auch; ***as ~ as*** ebensogut wie; **II** *adj.* **12.** wohl, gesund: ***be*** (*od.* ***feel***) ~ sich wohl fühlen; **13.** in Ordnung, richtig, gut: ***I am very ~ where I am*** ich fühle mich hier sehr wohl; ***it is all very ~ but*** *iro.* das ist ja alles schön u. gut, aber; **14.** gut, günstig: ***that is just as ~*** das ist schon gut so; ***very ~*** sehr wohl, nun gut; ***~ and good*** schön und gut; **15.** ratsam, richtig, gut: ***it would be ~*** es wäre angebracht *od.* ratsam; **III** *int.* **16.** nun, na, schön: ***~!*** (*empört*) na, hör mal!; ***~ then*** nun (also); ***~ then?*** (*erwartend*) na, und?; ***~, ~!*** so, so!, (*beruhigend*) schon gut; **17.** (*überlegend*) (t)ja, hm; **IV** *s.* **18.** *das* Gute: ***let ~ alone!*** laß gut sein!, laß die Finger davon!
well² [wel] **I** *s.* **1.** (*gegrabener*) Brunnen, Ziehbrunnen *m*; **2.** *a. fig.* Quelle *f*; **3.** a) Mine'ralbrunnen *m*, b) *pl.* (*in Ortsnamen*) Bad *n*; **4.** *fig.* (Ur)Quell *m*; **5.** ⚙ a) (Senk-, Öl- *etc.*)Schacht *m*, b) Bohrloch *n*; **6.** ⚠ a) Fahrstuhl-, Luft-, Lichtschacht *m*, b) (Raum *m* für das) Treppenhaus *n*; **7.** ⚓ a) Pumpensod *m*, b) Fischbehälter *m*; **8.** ⚙ eingelassener Behälter: a) *mot.* Kofferraum *m*, b) Tintenbehälter *m*; **9.** ⚖ *Brit.* eingefriedigter Platz für Anwälte; **II** *v/i.* **10.** quellen (***from*** aus): ~ ***up*** (*od.* ***forth, out***) hervorquellen; ~ ***over*** überfließen.
,well|-ad'vised *adj.* 'wohlüber,legt, klug; **,~-ap'point·ed** *adj.* gutausgestattet; **,~-'bal·anced** *adj. fig.* **1.** ausgewogen: ~ ***diet***; **2.** (innerlich) ausgeglichen; **,~-be'haved** *adj.* wohlerzogen, artig; **,~-'be·ing** *s.* **1.** Wohl(ergehen) *n*; **2.** *mst* ***sense of ~*** Wohlgefühl *n*; **,~-be'lov·ed** *adj.* vielgeliebt; **,~-'born** *adj.* von vornehmer Herkunft, aus guter Fa'milie; **,~-'bred** *adj.* **1.** wohlerzogen; **2.** gebildet, fein; **,~-'cho·sen** *adj.* (gut-) gewählt, treffend: ~ ***words***; **,~-con'nect·ed** *adj.* mit guten Beziehungen *od.* mit vornehmer Verwandtschaft; **,~-di'rect·ed** *adj.* wohl-, gutgezielt (*Schlag etc.*); **,~-dis'posed** *adj.* wohlgesinnt; **,~-'done** *adj.* **1.** gutgemacht; **2.** 'durchgebraten (*Fleisch*); **,~-'earned** *adj.* wohlverdient; **,~-'fa·vo(u)red** *adj. obs.* gutaussehend, hübsch; **,~-'fed** *adj.* gut-, wohlgenährt; **,~-'found·ed** *adj.* wohlbegründet; **,~-'groomed** *adj.* gepflegt; **,~-'ground·ed** *adj.* **1.** → ***well-founded***; **2.** mit guter Vorbildung (*in e-m Fach*).
'well·head *s.* **1.** → ***wellspring***; **2.** Brunneneinfassung *f.*
,well|-'heeled *adj.* F ‚(gut)betucht'; **,~-in'formed** *adj.* **1.** 'gutunter,richtet; **2.** (vielseitig) gebildet.
Wel·ling·ton (**boot**) ['welɪŋtən] *s.* Schaft-, Gummi-, Wasserstiefel *m.*
well|-in·ten·tioned [,welɪn'tenʃnd] *adj.* **1.** gut, wohlgemeint; **2.** wohlmeinend (*Person*); **,~-'judged** *adj.* wohlberechnet, angebracht; **,~-'kept** *adj.* **1.** gepflegt; **2.** streng gehütet: ~ ***secret***; **,~-'knit** *adj.* **1.** drahtig (*Figur, Person*); **2.** 'gutdurch,dacht; **,~-'known** *adj.* **1.** weithin bekannt; **2.** wohlbekannt; **,~-'made** *adj.* **1.** gutgemacht; **2.** gutgewachsen, gutgebaut (*Person od. Tier*); **,~-'man·nered** *adj.* wohlerzogen, mit guten Ma'nieren; **,~-'matched** *adj.* **1.** *sport* gleich stark; **2.** ***a ~ couple*** ein Paar, das gut zs.-paßt; **,~-'mean·ing** → ***well-intentioned***; **,~-'meant** *adj.* gut-

gemeint; **ˈ~-nigh** *adv.* fast, so gut wie: ***~ impossible***; **ˌ~-ˈoff** *adj.* wohlhabend, gutsituiert; **ˌ~-ˈoiled** *adj. fig.* F **1.** gutfunktionierend; **2.** ziemlich ‚angesäuselt'; **ˌ~-proˈpor·tioned** *adj.* wohlproportioniert, gutgebaut; **ˌ~-ˈread** [-ˈred] *adj.* (sehr) belesen; **ˌ~-ˈreg·u·lat·ed** *adj.* wohlgeregelt, -geordnet; **ˌ~-ˈround·ed** *adj.* **1.** (wohl)beleibt; **2.** *fig.* a) abgerundet, eleˈgant (*Stil, Form etc.*), b) ausgeglichen, c) vielseitig (*Bildung etc.*); **ˌ~-ˈspent** *adj.* **1.** gutgenützt (*Zeit*); **2.** sinnvoll ausgegeben (*Geld*); **ˌ~-ˈspo·ken** *adj.* **1.** redegewandt; **2.** höflich im Ausdruck.

ˈwell·spring *s.* Quelle *f*, *fig. a.* (Ur-)Quell *m*.

ˌwell|-ˈtem·pered *adj.* **1.** gutmütig; **2.** ♪ wohltemperiert (*Klavier, Stimmung*); **ˈ~-ˌthought-ˈout** *adj.* ˈwohlerwogen, -durchˌdacht; **ˌ~-ˈtimed** *adj.* (zeitlich) wohlberechnet; *sport* gutgetimed; **ˌ~-to-ˈdo** *adj.* wohlhabend; **ˌ~-ˈtried** *adj.* (wohl)erprobt, bewährt; **ˌ~-ˈturned** *adj. fig.* wohlgesetzt, eleˈgant (*Worte*); **ˈ~-ˌwish·er** *s.* **1.** Gönner(in); **2.** Befürworter(in); **3.** *pl.* jubelnde Menge; **ˌ~-ˈworn** *adj.* **1.** abgetragen, abgenutzt; **2.** *fig.* abgedroschen.

Welsh¹ [welʃ] **I** *adj.* **1.** waˈlisisch; **II** *s.* **2.** ***the ~*** die Waˈliser *pl.*; **3.** *ling.* Waˈlisisch *n*.

welsh² [welʃ] *v/i.* F **1.** mit den (Wett-)Gewinnen ˈdurchgehen (*Buchmacher*): ***~ on*** a) *j-n* um s-n (Wett)Gewinn betrügen, b) *j-n* ‚verschaukeln'; **2.** sich ‚drücken' (***on*** vor *dat.*).

Welsh cor·gy *s.* Welsh Corgi *m* (*walisische Hunderasse*).

welsh·er [ˈwelʃə] *s.* F **1.** betrügerischer Buchmacher; **2.** ‚falscher Hund'.

Welsh|·man [ˈwelʃmən] *s.* [*irr.*] Waˈliser *m*; **~ rab·bit**, **~ rare·bit** *s.* überˈbackene Käseschnitte.

welt [welt] **I** *s.* **1.** Einfassung *f*, Rand *m*; **2.** *Schneiderei*: a) (Zier)Borte *f*, b) Rollsaum *m*, c) Stoßkante *f*; **3.** Rahmen *m* (*Schuh*); **4.** a) Strieme(n *m*) *f*, b) F (heftiger) Schlag; **II** *v/t.* **5.** a) *Kleid etc.* einfassen, b) *Schuh* auf Rahmen arbeiten, c) *Blech* falzen: ***~ed*** randgenäht (*Schuh*); **6.** F ‚verdreschen'.

wel·ter [ˈweltə] **I** *v/i.* **1.** *poet.* sich wälzen (***in*** in *s-m Blut etc.*) (*a. fig.*); **II** *s.* **2.** Wogen *n*, Toben *n* (*Wellen etc.*); **3.** *fig.* Tuˈmult *m*, Durcheinˈander *n*, Wirrwarr *m*, Chaos *n*.

ˈwel·ter·weight *s. sport* Weltergewicht (-ler *m*) *n*.

wen [wen] *s.* ⚕ (Balg)Geschwulst *f*, *bsd.* Grützbeutel *m am Kopf*: ***the great ~*** *fig.* London *n*.

wench [wentʃ] **I** *s.* **1.** *obs. od. humor.* (*bsd.* Bauern)Mädchen *n*, Weibsbild *n*; **2.** *obs.* Hure *f*, Dirne *f*; **II** *v/i.* **3.** huren.

wend [wend] *v/t.* ***~ one's way*** sich wenden, s-n Weg nehmen (***to*** nach, zu).

went [went] *pret. von* **go**.

wept [wept] *pret u. p.p. von* **weep**.

were [wɜː; wə] **1.** *pret. von* **be**: *du* warst, *Sie* waren; *wir, sie* waren, *ihr* wart; **2.** *pret. pass.*: wurde(n); **3.** *subj. pret.* wäre(n).

were·wolf [ˈwɪəwʊlf] *s.* [*irr.*] Werwolf *m*.

west [west] **I** *s.* **1.** Westen *m*: ***the wind is coming from the ~*** der Wind kommt von Westen; **2.** Westen *m* (*Landesteil*); **3.** ***the*** ♀ *geogr.* der Westen: a) Westengland *n*, b) die *amer.* Weststaaten *pl.*, c) das Abendland; **4.** *poet.* West (-wind) *m*; **II** *adj.* **5.** westlich, West...; **III** *adv.* **6.** westwärts, nach Westen: ***go ~*** a) nach Westen *od.* westwärts gehen *od.* ziehen, b) *sl.* ‚draufgehen' (*sterben, kaputt- od. verlorengehen*); **7.** ***~ of*** westlich von; **ˈwest·er·ly** [-təlɪ] **I** *adj.* westlich, West...; **II** *adv.* westwärts, gegen Westen.

west·ern [ˈwestən] **I** *adj.* **1.** westlich, West...: ***the ♀ Empire*** *hist.* das weströmische Reich; **2.** *oft* ♀ westlich, abendländisch; **3.** ♀ ˈwestameriˌkanisch, (Wild)West...; **II** *s.* **4.** → ***westerner***; **5.** Western *m*: a) Wildˈwestfilm *m*, b) Wildˈwestroˌman *m*; **ˈwest·ern·er** [-nə] *s.* **1.** Westländer *m*; **2.** *a.* ♀ *Am.* Weststaatler *m*; **3.** *oft* ♀ Abendländer *m*; **ˈwest·ern·ize** [-naɪz] *v/t.* verwestlichen; **ˈwest·ern·most** [-məʊst] *adj.* westlichst.

West In·di·an I *adj.* westˈindisch; **II** *s.* Westˈindier(in).

West·pha·li·an [westˈfeɪljən] **I** *adj.* westˈfälisch; **II** *s.* Westˈfale *m*, Westˈfälin *f*.

west·ward [ˈwestwəd] *adj. u. adv.* westlich, westwärts, nach Westen; **ˈwest·wards** [-dz] *adv.* → ***westward***.

wet [wet] **I** *adj.* **1.** naß, durchˈnäßt (***with*** von): ***~ through*** durchnäßt; ***~ to the skin*** naß bis auf die Haut; ***~ blanket*** *fig.* a) Dämpfer *m*, kalte Dusche, b) Störenfried *m*, Spielverderber(in); fader Kerl; ***throw a ~ blanket on*** *e-r Sache* e-n Dämpfer aufsetzen; ***~ paint!*** frisch gestrichen!; ***~ steam*** ⚙ Naßdampf *m*; **2.** regnerisch, feucht (*Klima*); **3.** ⚙ naß, Naß...(*-gewinnung etc.*); **4.** *Am.* ‚feucht' (*nicht unter Alkoholverbot stehend*); **5.** F feuchtfröhlich; **6.** a) blöd, ‚doof', b) ***all ~*** falsch, verkehrt: ***you are all ~!*** du irrst dich gewaltig!; **II** *s.* **7.** Flüssigkeit *f*, Feuchtigkeit *f*, Nässe *f*; **8.** Regen(wetter *n*) *m*; **9.** F Drink *m*: ***have a ~*** ‚einen heben'; **10.** *Am.* F Gegner *m* der Prohibitiˈon; **11.** F a) Blödmann *m*, b) *Brit.* Weichling *m*; **III** *v/t.* [*irr.*] **12.** benetzen, anfeuchten, naßmachen, nässen: ***~ through*** durchnässen; → ***whistle*** 7; **13.** F *ein Ereignis etc.* ‚begießen': ***~ a bargain***; **ˈ~·back** *s.* *Am. sl. illegaler Einwanderer aus Mexiko*; **~ cell** *s.* ⚡ ˈNaßeleˌment *n*; **~ dock** *s.* ⚓ Flutbecken *n*.

weth·er [ˈweðə] *s. zo.* Hammel *m*.

wet·ness [ˈwetnɪs] *s.* Nässe *f*, Feuchtigkeit *f*.

ˈwet| nurse *s.* (Säug)Amme *f*; **ˈ~-nurse** *v/t.* **1.** säugen; **2.** *fig.* verhätscheln; **~ pack** *s.* ⚕ feuchter ˈUmschlag; **~ suit** *s. sport* Kälteschutzanzug *m*.

wey [weɪ] *s. obs. ein Trockengewicht.*

whack [wæk] F **I** *v/t.* **1.** a) *j-m* e-n (knallenden) Schlag versetzen, b) *sport* F haushoch schlagen: ***~ed*** F ‚fertig', ‚geschafft'; **2.** ***~ up*** F (auf)teilen; **3.** ***~ up*** *Am.* F a) et. organisieren, b) *j-n* antreiben; **II** *s.* **4.** (knallender) Schlag; **5.** (An)Teil *m* (***of*** an *dat.*); **6.** Versuch *m*: ***take a ~ at*** e-n Versuch machen mit; **7.** ***out of ~*** nicht in Ordnung; **ˈwhack·er** [-kə] *s. sl.* **1.** Mordsding *n*; **2.** faustdicke Lüge; **ˈwhack·ing** [-kɪŋ] **I** *adj. u. adv.* F Mords...; **II** *s.* F (Tracht *f*) Prügel *pl.*

whale [weɪl] **I** *pl.* **whales** *bsd. coll.* **whale** *s. zo.* Wal *m*: ***a ~ of*** F Riesen..., Mords...; ***a ~ of a lot*** e-e Riesenmenge; ***a ~ of a fellow*** F ein Riesenkerl; ***be a ~ for*** (*od.* ***on***) F ganz versessen sein auf (*acc.*); ***be a ~ at*** F e-e ‚Kanone' sein in (*dat.*); ***we had a ~ of a time*** wir hatten e-n Mordsspaß; **II** *v/i.* Walfang treiben; **III** *v/t.* F ‚verdreschen'; **ˈ~·bone** *s.* Fischbein(stab *m*) *n*; **~ calf** *s.* [*irr.*] *zo.* junger Wal; **~ fish·er·y** *s.* **1.** Walfang *m*; **2.** Walfanggebiet *n*; **~ oil** *s.* Walfischtran *m*.

whal·er [ˈweɪlə] *s.* Walfänger *m* (*Person u. Boot*).

whal·ing¹ [ˈweɪlɪŋ] **I** *s.* Walfang *m*; **II** *adj.* Walfang...: ***~ gun*** Harpunengeschütz *n*.

whal·ing² [ˈweɪlɪŋ] F **I** *adj. u. adv.* eˈnorm, Mords...; **II** *s.* (Tracht *f*) Prügel *pl.*

wham·my [ˈwæmɪ] *s.* F **1.** böser Blick; **2.** ‚Hammer' *m*: a) böse Sache, b) knallharter Schlag *etc.*

whang [wæŋ] F **I** *s.* Knall *m*, Krach *m*, Bums *m*; **II** *v/t.* knallen, hauen; **III** *v/i.* knallen (*a. schießen*), krachen, bumsen; **IV** *int.* krach!, bums!

wharf [wɔːf] ⚓ **I** *pl.* **wharves** [-vz] *od.* **wharfs** *s.* **1.** Kai *m*; **II** *v/t.* **2.** *Waren* löschen; **3.** *Schiff* am Kai festmachen; **ˈwharf·age** [-fɪdʒ] *s.* **1.** Kaianlage(n *pl.*) *f*; **2.** Kaigeld *n*; **ˈwharf·in·ger** [-fɪndʒə] *s.* ⚓ **1.** Kaimeister *m*; **2.** Kaibesitzer *m*.

what [wɒt] **I** *pron. interrog.* **1.** was, wie: ***~ is her name?*** wie ist ihr Name?; ***~ did he do?*** was hat er getan?; ***~ is he?*** was ist er (von Beruf)?; ***~'s for lunch?*** was gibt's zum Mittagessen?; **2.** was für ein, welcher, *vor pl.* was für: ***~ an idea!*** was für e-e Idee!; ***~ book?*** was für ein Buch?; ***~ luck!*** welch ein Glück!; **3.** was (*um Wiederholung e-s Wortes bittend*): ***he claims to be ~?*** was will er sein?; **II** *pron. rel.* **4.** (das) was: ***this is ~ we hoped for*** (gerade) das erhofften wir; ***I don't know ~ he said*** ich weiß nicht, was er sagte; ***it is nothing compared to ~ ...*** es ist nichts im Vergleich zu dem, was ...; **5.** was (auch immer); **III** *adj.* **6.** was für ein, welch: ***I don't know ~ decision you have taken*** ich weiß nicht, was für e-n Entschluß du gefaßt hast; **7.** alle *od.* jede die, alles was: ***~ money I had*** was ich an Geld hatte, all mein Geld; **8.** soviel(e) ... wie;

Besondere Redewendungen:

and ~ not, and ~ have you F und was nicht sonst noch alles; ***~ about?*** wie wär's mit *od.* wenn?, wie steht's mit?; ***~ for?*** wozu?, wofür?; ***~ if?*** und wenn nun?, (und) was geschieht, wenn?; ***~ next?*** a) was sonst noch?, b) *iro.* sonst noch was?, das fehlte noch!; ***~ news?*** was gibt es Neues?; ***(well,) ~ of it?, so ~?*** na, und?, na, wenn schon?; ***~ though?*** was tut's, wenn?; ***~ with*** infolge, durch, in Anbetracht (*gen.*); ***~ with ..., ~ with ...*** teils durch ..., teils durch ...; ***but ~*** F daß (*nicht*); ***I know ~*** F ich weiß was, ich habe e-e Idee; ***she knows ~'s ~*** F sie weiß Bescheid; sie weiß, was los ist; ***I'll tell you ~*** ich will dir (mal) was sagen.

what|-d'you-call-it ['wɒtdjʊˌkɔːlɪt] (*od.* **-'em** [-em] *od.* **-him** *od.* **-her**), '**~-d'ye-ˌcall-it** [-djəˌkɔːlɪt] (*od.* **-'em** [-em] *od.* **-him** *od.* **-her**) *s.* F Dings(da, -bums) *m, f, n*; **~'e'er** *poet.* → ***whatever***; **~'ev·er I** *pron.* **1.** was (auch immer), alles was: ***take ~ you like!***; ***~ you do*** was du auch tust; **2.** was auch; trotz allem, was: ***do it ~ happens!***; **3.** F was denn, was in ˌaller Welt: ***~ do you want?*** was willst du denn?; **II** *adj.* **4.** welch … auch (immer): ***for ~ reasons he is angry*** aus welchen Gründen er auch immer ärgerlich ist; **5.** *mit neg.*: über'haupt, gar *nichts, niemand etc.*: ***no doubt ~*** überhaupt *od.* gar kein Zweifel; '**~-not** *s.* Eta'gere *f.*

what's [wɒts] F *für* ***what is***; '**~-her-name** [-səneɪm], '**~-his-name** [-sɪzneɪm], '**~-its-name** *s.* F Dings(da) *m, f, n*: ***Mr. what's-his-name*** Herr Dingsda, Herr Soundso.

what·so'ev·er → ***whatever***.

wheal [wiːl] → ***wale***.

wheat [wiːt] *s.* ⚘ Weizen *m*: ***~ belt*** *geogr. Am.* Weizengürtel *m.*

whee·dle ['wiːdl] **I** *v/t.* **1.** *j-n* um'schmeicheln, **2.** *j-n* beschwatzen, über'reden (***into doing s.th.*** et. zu tun); **3.** ***~ s.th. out of s.o.*** j-m et. abschwatzen *od.* abschmeicheln; **II** *v/i.* **4.** schmeicheln; '**whee·dling** [-lɪŋ] *adj.* □ schmeichlerisch.

wheel [wiːl] **I** *s.* **1.** *allg.* Rad *n* (*a.* ⚙): ***the ~s of government*** die Regierungsmaschinerie; ***the ~ of Fortune*** *fig.* das Glücksrad; ***~s within ~s*** *fig.* a) ein kompliziertes Räderwerk, b) e-e äußerst komplizierte *od.* schwer durchschaubare Sache; ***a big ~*** *Am.* F ein ‚großes Tier'; → ***fifth wheel***, ***shoulder*** 1, ***spoke***[1] 4; **2.** ⚙ Scheibe *f*; **3.** Lenkrad *n*: ***at the ~*** a) am Steuer, b) *fig.* am Ruder; **4.** F a) (Fahr)Rad *n*, b) Auto *n*, ‚fahrbarer 'Untersatz'; **5.** *hist.* Rad *n* (*Folterinstrument*): ***break s.o. on the ~*** j-n rädern *od.* aufs Rad flechten; ***break a (butter)fly (up)on the ~*** *fig.* mit Kanonen nach Spatzen schießen; **6.** *pl. fig.* Räder(werk *n*) *pl.*, Getriebe *n*; **7.** Drehung *f*, Kreis(bewegung *f*) *m*; ⚔ Schwenkung *f*: ***right (left) ~!*** rechts (links) schwenkt!; **II** *v/t.* **8.** *j-n od. et.* fahren, schieben, *et. a.* rollen; **9.** ⚔ schwenken lassen; **III** *v/i.* **10.** sich (im Kreis) drehen; **11.** *a.* ***~ about*** *od.* ***(a)round*** sich (rasch) 'umwenden *od.* -drehen; **12.** ⚔ schwenken; **13.** rollen, fahren; **14.** F radeln; '**~ˌbar·row** *s.* Schubkarre(n *m*) *f*; '**~-base** *s.* ⚙ Radstand *m*; **~ brake** *s.* Radbremse *f*; '**~-chair** *s.* Rollstuhl *m.*

wheeled [wiːld] *adj.* **1.** fahrbar, Roll…, Räder…: ***~ bed*** ⚕ Rollbett *n*; **2.** *in Zssgn* …räd(e)rig: ***three-~***.

wheel·er ['wiːlə] *s.* **1.** *in Zssgn* Fahrzeug *n* mit … Rädern: ***four-~*** Vierradwagen *m*, Zweiachser *m*; **2.** → ***wheel horse***; **3.** → ˌ**~-'deal·er** *s. Am.* F ‚ausgekochter' Bursche, *a.* (raffinierter) Geschäftemacher; ˌ**~-'deal·ing** *s.* F **1.** Machenschaften *pl.*; **2.** Geschäftemache'rei *f.*

wheel horse *s.* Stangen-, Deichselpferd *n.*

wheel·ing and deal·ing ['wiːlɪŋ] → ***wheeler-dealing***.

'**wheel·wright** [-raɪt] *s.* ⚙ Stellmacher *m.*

wheeze [wiːz] **I** *v/i.* **1.** keuchen, schnaufen; **II** *v/t.* **2.** *a.* ***~ out*** *et.* keuchen(d her'vorstoßen); **III** *s.* **3.** Keuchen *n*, Schnaufen *n*, pfeifendes Atmen *od.* Geräusch; **4.** *sl.* a) *thea.* (improvisierter) Scherz, Gag *m*, b) Jux *m*, Ulk *m*, c) alter Witz; '**wheez·y** [-zɪ] *adj.* □ keuchend, asth'matisch (*a. humor. Orgel etc.*).

whelk[1] [welk] *s. zo.* Wellhorn(schnecke *f*) *n.*

whelk[2] [welk] *s.* ⚕ Pustel *f.*

whelm [welm] *v/t. poet.* **1.** ver-, über'schütten, versenken, -schlingen; **2.** *fig.* a) über'schütten *od.* -'häufen (***in, with*** mit), b) über'wältigen.

whelp [welp] **I** *s.* **1.** *zo.* a) Welpe *m* (*junger Hund, Fuchs od. Wolf*), b) *allg.* Junge(s) *n*; **2.** Balg *m, n* (*ungezogenes Kind*); **II** *v/t. u. v/i.* **3.** (Junge) werfen.

when [wen] **I** *adv.* **1.** *fragend*: wann; **2.** *relativ*: als, wo, da: ***the years ~ we were poor*** die Jahre, als wir arm waren; ***the day ~*** der Tag, an dem *od.* als; **II** *cj.* **3.** wann: ***she doesn't know ~ to be silent*** sie weiß nicht, wann sie schweigen muß; **4.** zu der Zeit *od.* in dem Augenblick, als: ***~ (he was) young, he lived in M.*** als er noch jung war, wohnte er in M.; ***we were about to start ~ it began to rain*** wir wollten gerade fortgehen, als es anfing zu regnen *od.* da fing es an zu regnen; ***say ~!*** F sag halt!, sag, wenn du genug hast! (*bsd. beim Eingießen*); **5.** (dann,) wenn; **6.** (immer) wenn, so'bald, so'oft; **7.** worauf'hin, und dann; **8.** ob'wohl, wo … (doch), da … doch; **III** *pron.* **9.** wann, welche Zeit: ***from ~ does it date?*** aus welcher Zeit stammt es?; ***since ~?*** seit wann?; ***till ~?*** bis wann?; **10.** *relativ*: ***since ~*** und seitdem; ***till ~*** und bis dahin; **IV** *s.* **11.** ***the ~ and where of s.th.*** das Wann und Wo e-r Sache.

whence [wens] *bsd. poet.* **I** *adv.* **1.** wo'her: a) von wo(her), *obs.* von wannen, b) *fig.* wo'von, wo'durch, wie: ***~ comes it that*** wie kommt es, daß; **II** *cj.* **2.** von wo'her; **3.** *fig.* wes'halb, und deshalb.

ˌ**when(·so)'ev·er I** *cj.* wann (auch) immer, einerlei wann, (immer) wenn, so'oft (als), jedesmal wenn; **II** *adv. fragend*: wann denn (nur).

where [weə] **I** *adv.* (*fragend u. relativ*) **1.** wo; **2.** wo'hin; **3.** wor'in, inwie'fern, in welcher Hinsicht; **II** *cj.* **4.** (da) wo; **5.** da'hin *od.* irgendwo'hin wo, wo'hin; **III** *pron.* **6.** (*relativ*) (da *od.* dort,) wo: ***he lives not far from ~ it happened*** er wohnt nicht weit von dort, wo es geschah; **7.** (*fragend*) wo: ***~ … from?*** woher?, von wo?; ***~ … to?*** wohin?; **~·a·bouts I** *adv. od. cj.* [ˌweərə'baʊts] wo ungefähr *od.* etwa; **II** *s. pl.* ['weərəbaʊts] *sg. konstr.* Aufenthalt(sort) *m*, Verbleib *m*; **~·as** [weər'æz] *cj.* **1.** wo'hin'gegen, während, wo … doch; **2.** ⚖ da; in Anbetracht dessen, daß (*im Deutschen mst unübersetzt*); **~·at** [weər'æt] *adv. u. cj.* **1.** wor'an, wo'bei, wor'auf; **2.** (*relativ*) an welchem (welcher) *od.* dem (der), wo; **~'by** *adv. u. cj.* **1.** wo'durch, wo'mit; **2.** (*relativ*) durch welchen (welche[s]); '**~·fore I** *adv. od. cj.* **1.** wes'halb, wo'zu, war'um; **2.** (*relativ*) wes'wegen, und deshalb; **II** *s. oft pl.* **3.** *das* Weshalb, *die* Gründe *pl.*; **~'from** *adv. u. cj.* wo'her, von wo; **~·in** [weər'ɪn] *adv.* wor'in, in welchem (welcher); **~·of** [weər'ɒv] *adv. u. cj.* wo'von; **~·on** [weər'ɒn] *adv. od. cj.* **1.** wor'auf; **2.** (*relativ*) auf dem (der) *od.* den (die, das), auf welchem (welcher) *od.* welchen (welche, welches); ˌ**~·so'ev·er** → ***wherever*** 1; **~'to** *adv. od. cj.* wo'hin; **~·up·on** [weərə'pɒn] *adv. od. cj.* **1.** worauf('hin); **2.** (*als Satzanfang*) darauf'hin.

wher·ev·er [weər'evə] *adv. od. cj.* **1.** wo (-'hin) auch immer; ganz gleich, wo (-hin); **2.** F wo(hin) denn (nur)?

where|'with *adv. od. cj.* wo'mit; '**~-with·al** *s.* Mittel *pl.*, *das* Nötige, *das* nötige (Klein)Geld.

wher·ry ['werɪ] ⚓ *s.* **1.** Jolle *f*; **2.** Skullboot *n*; **3.** Fährboot *n*; **4.** *Brit.* Frachtsegler *m.*

whet [wet] **I** *v/t.* **1.** wetzen, schärfen, schleifen; **2.** *fig. Appetit* anregen; *Neugierde etc.* anstacheln; **II** *s.* **3.** Wetzen *n*, Schärfen *n*; **4.** *fig.* Ansporn *m*, Anreiz *m*; **5.** (Appe'tit)Anreger *m*, Aperi'tif *m.*

wheth·er ['weðə] *cj.* **1.** ob (***or not*** oder nicht); ***~ or no*** auf jeden Fall, so oder so; **2.** ***~ … or*** entweder *od.* sei es, daß … oder.

'**whet·stone** *s.* **1.** Wetz-, Schleifstein *m*; **2.** *fig.* Anreiz *m*, Ansporn *m.*

whew [hwuː] *int.* **1.** *erstaunt*: (h)ui!, Mann!; **2.** *angeekelt, erleichtert, erschöpft*: puh!

whey [weɪ] *s.* Molke *f*; '**~-faced** *adj.* käsig, käseweiß.

which [wɪtʃ] **I** *interrog.* **1.** welch (*aus e-r bestimmten Gruppe od. Anzahl*): ***~ of you?*** welcher *od.* wer von euch?; **II** *pron.* (*relativ*) **2.** welch, der (die, das) (*bezogen auf Dinge, Tiere od. obs. Personen*); **3.** (*auf den vorhergehenden Satz bezüglich*) was; **4.** (*in eingeschobenen Sätzen*) (etwas,) was; **III** *adj.* **5.** (*fragend od. relativ*) welch: ***~ place will you take?*** auf welchem Platz willst du sitzen?; **~'ev·er**, ˌ**~·so'ev·er** *pron. u. adj.* welch (auch) immer; ganz gleich, welch.

whiff [wɪf] **I** *s.* **1.** Luftzug *m*, Hauch *m*; **2.** Duftwolke *f* (*a.* übler) Geruch; **3.** Zug *m* (*beim Rauchen*); **4.** Schuß *m Chloroform etc.*; **5.** *fig.* Anflug *m*; **6.** F Ziga'rillo *n, m*; **II** *v/i. u. v/t.* **7.** blasen, wehen; **8.** paffen, rauchen; **9.** (*nur v/i.*) ‚duften', (unangenehm) riechen.

whif·fle ['wɪfl] *v/i. u. v/t.* wehen.

Whig [wɪg] *pol. hist.* **I** *s.* **1.** *Brit.* Whig *m* (*Liberaler*); **2.** *Am.* Whig *m*: a) Natio'nal(republiˌkan)er *m* (*Unterstützer der amer. Revolution*), b) *Anhänger e-r Oppositionspartei gegen die Demokraten um 1840*); **II** *adj.* **3.** Whig…, whig'gistisch; **Whig·gism** ['wɪgɪzəm] *s. pol.* Whig'gismus *m.*

while [waɪl] **I** *s.* **1.** Weile *f*, Zeit(spanne) *f*: ***a long ~ ago*** vor e-r ganzen Weile; ***(for) a ~*** e-e Zeitlang; ***for a long ~*** lange (Zeit), seit langem; ***in a little ~*** bald, binnen kurzem; ***the ~*** derweil, währenddessen; ***between ~s*** zwischendurch; ***worth (one's) ~*** der Mühe wert, (sich) lohnend; ***it is not worth*** (***one's***) ~ es ist nicht der Mühe wert, es lohnt sich nicht; → ***once*** 1; **II** *cj.* **2.** (*zeitlich*) während; **3.** so'lange (wie); **4.** während, wo(hin)'gegen; **5.** wenn auch, ob'wohl, zwar; **III** *v/t.* **6.** *mst* ~ ***away*** sich *die Zeit* vertreiben; **whilst** [waɪlst] → ***while*** II.

whim [wɪm] *s.* **1.** Laune *f*, Grille *f*, wunderlicher Einfall, Ma'rotte *f*: ***at one's own*** ~ ganz nach Laune; **2.** ⚒ Göpel *m.*

whim·per ['wɪmpə] **I** *v/t. u. v/i.* wimmern, winseln; **II** *s.* Wimmern *n*, Winseln *n.*

whim·sey → ***whimsy.***

whim·si·cal ['wɪmzɪkl] *adj.* □ **1.** launen-, grillenhaft, wunderlich; **2.** schrullig, ab'sonderlich, seltsam; **3.** hu'morig, launig; **whim·si·cal·i·ty** [wɪmzɪ'kælətɪ], **'whim·si·cal·ness** [-nɪs] *s.* **1.** Grillenhaftigkeit *f*, Wunderlichkeit *f*; **2.** → ***whim*** 1; **whim·sy** ['wɪmzɪ] **I** *s.* Laune *f*, Grille *f*, Schrulle *f*; **II** *adj.* → ***whimsical.***

whin[1] [wɪn] *s.* ⚘ *bsd. Brit.* Stechginster *m.*

whin[2] [wɪn] → ***whinstone.***

whine [waɪn] **I** *v/i.* **1.** winseln, wimmern; **2.** greinen, quengeln, jammern; **II** *v/t.* **3.** *et.* weinerlich sagen, winseln; **III** *s.* **4.** Gewinsel *n*; **5.** Gejammer *n*, Gequengel *n*; **'whin·ing** [-nɪŋ] *adj.* □ weinerlich, greinend; winselnd.

whin·ny ['wɪnɪ] **I** *v/i.* wiehern; **II** *s.* Wiehern *n.*

whin·stone ['wɪnstəʊn] *s. geol.* Ba'salt (-tuff) *m*, Trapp *m.*

whip [wɪp] **I** *s.* **1.** Peitsche *f*, Geißel *f*; **2.** ***be a good*** (***poor***) ~ gut (schlecht) kutschieren; **3.** *hunt.* Pi'kör *m*; **4.** *parl.* a) Einpeitscher *m*, b) parlamen'tarischer Geschäftsführer, c) Rundschreiben *n*, Aufforderung(sschreiben *n*) *f* (*bei e-r Versammlung etc. zu erscheinen*): ***three-line*** ~ a) Aufforderung, unbedingt zu erscheinen, b) (abso'luter) Fraktionszwang (***on a vote*** bei e-r Abstimmung); **5.** ⚙ a) Wippe *f* (*a.* ⚡), b) *a.* ~***-and-derry*** Flaschenzug *m*; **6.** *Näherei*: über'wendliche Naht; **7.** *Küche*: Creme(speise) *f*; **II** *v/t.* **8.** peitschen; **9.** (aus)peitschen, geißeln (*a. fig.*); **10.** *a.* ~ ***on*** antreiben; **11.** schlagen: a) verprügeln: ~ ***s.th. into*** (***out of***) ***s.o.*** j-m et. einbleuen (mit Schlägen austreiben), b) *bsd. sport* F besiegen, ‚über'fahren'; **12.** reißen, raffen: ~ ***away*** wegreißen; ~ ***from*** wegreißen *od.* fegen von; ~ ***off*** a) weg-, herunterreißen, b) *j-n* entführen; ~ ***on*** *Kleidungsstück* überwerfen; ~ ***out*** (plötzlich) zücken, (schnell) *aus der Tasche* ziehen; **13.** *Gewässer* abfischen; **14.** a) *Schnur etc.* um'wickeln, ⚓ *Tau* betakeln, b) *Schnur* wickeln (***about*** um *acc.*); **15.** über'wendlich nähen, über'nähen, um'säumen; **16.** *Eier, Sahne* (schaumig) schlagen: ~***ped cream*** Schlagsahne *f*; ~***ped eggs*** Eischnee *m*; **17.** *Brit.* F ‚klauen'; **III** *v/i.* **18.** sausen, flitzen, schnellen; ~ **in** *v/t.* **1.** *hunt. Hunde* zs.-treiben; **2.** *parl.* zs.-trommeln; ~ **round** *v/i.* **1.** sich ruckartig 'umdrehen; **2.** F den Hut her'umgehen lassen; ~ **up** *v/t.* **1.** antreiben; **2.** *fig.* aufpeitschen; **3.** a) *Leute* zs.-trommeln, b) *Essen etc.* ‚herzaubern'.

whip| aer·i·al (*bsd. Am.* **an·ten·na**) *s.* ⚡ 'Staban,tenne *f*; '~**·cord** *s.* **1.** Peitschenschnur *f*; **2.** Whipcord *m* (*schräggeripptes Kammgarn*); ~ **hand** *s.* rechte Hand *des Reiters etc.*: ***get the*** ~ ***of s.o.*** die Oberhand gewinnen über j-n; ***have the*** ~ ***of*** *j-n* an der Kandare *od.* in der Gewalt haben; '~**·lash** *s.* **1.** → ***whipcord*** 1; **2.** *a.* ~ ***injury*** ⚕ 'Peitschenschlagsyn,drom *n.*

whip·per ['wɪpə] *s.* Peitschende(r *m*) *f*; ,~-**'in**, *pl.* ,~**s-'in** → ***whip*** 3 *u.* 4; '~,**snap·per** *s.* **1.** Drei'käsehoch *m*; **2.** Gernegroß *m*, Gelbschnabel *m*, Springinsfeld *m.*

whip·pet ['wɪpɪt] *s.* **1.** *zo.* Whippet *m* (*kleiner englischer Rennhund*); **2.** ⚔ *hist. leichter* Panzerkampfwagen.

whip·ping ['wɪpɪŋ] *s.* **1.** (Aus)Peitschen *n*; **2.** (Tracht *f*) Prügel *pl.*, Hiebe *pl.* (*a. fig.* F *Niederlage*); **3.** 'Garnum,wick(e)lung *f*; ~ **boy** *s. hist.* Prügelknabe *m*, *fig. a.* Sündenbock *m*; ~ **cream** *s.* Schlagsahne *f*; ~ **post** *s. hist.* Schandpfahl *m*; ~ **top** *s.* Kreisel *m* (*der mit Peitsche getrieben wird*).

whip·ple·tree ['wɪpltri:] *s.* Ortscheit *n*, Wagenschwengel *m.*

whip| ray *s. ichth.* Stechrochen *m*; '~**-round** *s. Brit.* F spon'tane (Geld-) Sammlung: ***have a*** ~ → ***whip round*** 2; '~**·saw I** *s.* (zweihändige) Schrotsäge; **II** *v/t.* mit der Schrotsäge sägen; **III** *v/i. bsd. Poker*: *Am.* zs.-spielen mit.

whir → ***whirr.***

whirl [wɜ:l] **I** *v/i.* **1.** wirbeln, sich drehen: ~ ***about*** (*od.* ***round***) a) herumwirbeln, b) sich rasch umdrehen; **2.** sausen, hetzen, eilen; **3.** wirbeln, sich drehen (*Kopf*): ***my head*** ~***s*** mir ist schwindelig; **II** *v/t.* **4.** *allg.* wirbeln: ~ ***up dust*** Staub aufwirbeln; **III** *s.* **5.** Wirbeln *n*; **6.** Wirbel *m*: a) schnelle Kreisbewegung, b) Strudel *m*: ***give s.th. a*** ~ a) et. herumwirbeln, b) F et. (aus)probieren; **7.** *fig.* Wirbel *m*: a) Trubel *m*, wirres Treiben, b) Schwindel *m* (*der Sinne etc.*): ***a*** ~ ***of passion***; ***her thoughts were in a*** ~ ihre Gedanken wirbelten durcheinander; '~**·blast** *s.* Wirbelsturm *m.*

whirl·i·gig ['wɜ:lɪgɪg] *s.* **1.** a) Windrädchen *n*, b) Kreisel *m etc.* (*Spielzeug*); **2.** Karus'sell *n* (*a. fig. der Zeit*); **3.** *fig.* Wirbel *m der Ereignisse etc.*

'whirl|·pool *s.* Strudel *m* (*a. fig.*); '~**·wind** *s.* Wirbelwind *m* (*a. fig. Person*): ***a*** ~ ***romance*** e-e stürmische Romanze.

'whirl·y·bird ['wɜ:lɪ-] *s. Am.* F Hubschrauber *m.*

whirr [wɜ:] **I** *v/i.* schwirren, surren; **II** *v/t.* schwirren lassen; **III** *s.* Schwirren *n*, Surren *n.*

whisk [wɪsk] **I** *s.* **1.** Wischen *n*, Fegen *n*; **2.** Wischer *m*: a) leichter Schlag, b) schnelle Bewegung (*bsd. Tierschwanz*); **3.** Husch *m*: ***in a*** ~ im Nu; **4.** (*Stroh- etc.*)Wisch *m*, Büschel *n*; **5.** (Staub-, Fliegen)Wedel *m*; **6.** *Küche*: Schneebesen *m*; **II** *v/t.* **7.** *Staub etc.* (weg)wischen, (-)fegen; **8.** fegen, *mit dem Schwanz* schlagen; **9.** ~ ***away*** (*od.* ***off***) schnell verschwinden lassen, wegzaubern, -nehmen; *j-n* schnellstens wegbringen, entführen; **10.** *Sahne, Eischnee* schlagen; **III** *v/i.* **11.** wischen, huschen, flitzen: ~ ***away*** forthuschen; **'whisk·er** [-kə] *s.* **1.** *pl.* Backenbart *m*; **2.** a) Barthaar *n*, b) F Schnurrbart *m*; **3.** *zo.* Schnurr-, Barthaar *n* (*von Katzen etc.*); **'whisk·ered** [-kəd] *adj.* **1.** e-n Backenbart tragend; **2.** *zo.* mit Schnurrhaaren versehen.

whis·key ['wɪskɪ] *s.* **1.** (*bsd.* in den USA u. Irland hergestellter) Whisky; **2.** → **whis·ky** *s.* Whisky *m*: ~ ***and soda*** Whisky Soda *m*; ~ ***sour*** Whisky mit Zitrone.

whis·per ['wɪspə] **I** *v/i. u. v/t.* **1.** wispern, flüstern, raunen (*alle a. poet. Baum, Wind etc.*): ~ ***s.th. to s.o.*** j-m et. zuflüstern; **2.** *fig. b.s.* flüstern, tuscheln, munkeln; **II** *s.* **3.** Flüstern *n*, Wispern *n*, Geflüster *n*: ***in a*** ~, ***in*** ~***s*** im Flüsterton; **4.** Getuschel *n*; **5.** a) geflüsterte *od.* heimliche Bemerkung, b) Gerücht *n*; **6.** Raunen *n*; **'whis·per·er** [-ərə] *s.* **1.** Flüsternde(r *m*) *f*; **2.** Zuträger(in), Ohrenbläser(in); **'whis·per·ing** [-pərɪŋ] **I** *adj.* □ **1.** flüsternd; **2.** Flüster...: ~ ***baritone***; ~ ***campaign*** Flüsterkampagne *f*; ~ ***gallery*** Flüstergalerie *f*; **II** *s.* **3.** → ***whisper*** 3.

whist[1] [wɪst] *int. dial.* pst!, st!, still!

whist[2] [wɪst] *s.* Whist *n* (*Kartenspiel*): ~ ***drive*** Whistrunde *f.*

whis·tle ['wɪsl] **I** *v/i.* **1.** pfeifen (*Person, Vogel, Lokomotive etc.*; *a. Kugel, Wind etc.*) (***to s.o.*** j-m); ~ ***for*** *j-m, s-m Hund etc.* pfeifen; ***he may*** ~ ***for it*** F darauf kann er lange warten, das kann er sich in den Kamin schreiben; ~ ***in the dark*** *fig.* den Mutigen markieren; **II** *v/t.* **2.** *Melodie etc.* pfeifen; **3.** ~ ***back*** *Hund etc.* zurückpfeifen; ~ ***up*** *fig.* a) herbeordern, b) ins Spiel bringen; **III** *s.* **4.** Pfeife *f*: ***blow the*** ~ ***on*** F a) *j-n, et.* ‚verpfeifen', b) *et.* ausplaudern, c) *j-n, et.* stoppen; ***pay for one's*** ~ den Spaß teuer bezahlen; **5.** (*sport a.* Ab)Pfiff *m*; Pfeifton *m*; **6.** Pfeifen *n* (*des Windes etc.*); **7.** F Kehle *f*: ***wet one's*** ~ ‚einen heben'; '~**·stop** *s. Am.* **1.** 🚂 Bedarfshaltestelle *f*; **2.** *fig.* Kleinstadt *f*, ‚Kaff' *n*; **3.** *pol.* kurzer Besuch (*e-s Kandidaten*); '~**-stop** *v/i. Am. pol.* von Ort zu Ort reisen u. Wahlreden halten.

whis·tling ['wɪslɪŋ] *s.* Pfeifen *n*; ~ **buoy** *s.* ⚓ Pfeifboje *f*; ~ **thrush** *s. orn.* Singdrossel *f.*

whit [wɪt] *s.* (*ein*) bißchen: ***no*** ~, ***not a*** ~ keinen Deut, kein Jota, kein bißchen.

white [waɪt] **I** *adj.* **1.** *allg.* weiß: ***as*** ~ ***as snow*** schneeweiß; **2.** blaß, bleich: ***as*** ~ ***as a sheet*** leichenblaß; → ***bleed*** 10; **3.** weiß(rassig): ~ ***supremacy*** Vorherrschaft der Weißen; **4.** *fig.* a) rechtschaffen, b) harmlos, c) *Am.* F anständig: ***that's*** ~ ***of you***; **II** *s.* **5.** Weiß *n*, weiße Farbe: ***dressed in*** ~ weiß *od.* in Weiß gekleidet; **6.** Weiße *f*, weiße Beschaffenheit; **7.** Weiße(r *m*) *f*, Angehörige(r *m*) *f* der weißen Rasse; **8.** *a.* ~ ***of egg*** Eiweiß *n*; **9.** *a.* ~ ***of the eye*** *das* Weiße im Auge; **10.** *typ.* Lücke *f*; **11.** *zo.* Weißling *m*; **12.** *pl.* ⚕ Weißfluß *m*, Leukor'rhöe *f*; ~ **ant** *s. zo.* Ter'mite *f*; '~**·bait** *s. ein* Weißfisch *m*, Breitling *m*; ~ **bear** *s. zo.* Eisbär *m*; **ℒ Book** *s. pol.* Weißbuch *n*; ~ **bronze** *s.* 'Weißme,tall *n*; '~**·cap** *s.* schaumgekrönte Welle; ~ **coal** *s.* ⚙ weiße Kohle, Wasserkraft *f*; ,~**-'col·lar** *adj.* Büro...: ~ ***worker*** (Büro)Angestellte(r *m*) *f*; ~ ***crime*** Weiße-Kragen-Kriminalität *f*; ~ **el·e·phant** *s.* **1.** *zo.* weißer Ele'fant; **2.** F lästiger Besitz; ♀ **En·sign** *s.* ⚓ *Brit.* Kriegsflagge *f*; '**~-faced** *adj.* blaß: ~ ***horse*** Blesse *f*; ~ **feath·er** *s.*: ***show the ~*** sich feige zeigen, ‚kneifen'; ♀ **Fri·ar** *s. R.C.* Karme'liter(mönch) *m*; ~ **frost** *s.* (Rauh-)Reif *m*; ~ **goods** *s. pl.* **1.** Weißwaren *pl.*; **2.** Haushaltswäsche *f*; '**~-haired** *adj.* weiß- *od.* hellhaarig: ~ ***boy*** *Am.* F Liebling *m* (*des Chefs etc.*).

ˌ**White'hall** *s. Brit.* Whitehall *n*: a) *Straße in Westminster, London, Sitz der Ministerien*, b) *fig. die brit. Regierung od. ihre Politik*.

white| heat *s.* Weißglut *f* (*a. fig. Zorn*): ***work at a ~*** mit fieberhaftem Eifer arbeiten; ~ **hope** *s.* **1.** *Am. sl.* weißer Boxer, der Aussicht auf den Meistertitel hat; **2.** F ‚*die große Hoffnung*' (*Person*); ~ **horse** *s.* **1.** *zo.* Schimmel *m*, weißes Pferd; **2.** → ***whitecap***; ˌ**~-'hot** *adj.* **1.** weißglühend (*a. fig. vor Zorn etc.*); **2.** *fig.* rasend (*Eile etc.*); ♀ **House** *s. das* Weiße Haus (*Regierungssitz des Präsidenten der USA in Washington*); ~ **lie** *s.* Notlüge *f*; ~ **line** *s.* weiße Linie, Fahrbahnbegrenzung *f*; '**~-ˌliv·ered** *adj.* feig(e), ~ **mag·ic** *s.* weiße Ma'gie (*Gutes bewirkende Zauberkunst*); ~ **man** *s.* [*irr.*] **1.** → ***white*** 7; **2.** F ‚feiner Kerl'; ~ **man's bur·den** *s. fig. die* Bürde des weißen Mannes; ~ **meat** *s.* weißes Fleisch (*vom Geflügel, Kalb etc.*); ~ **met·al** *s.* ⚙ a) Neusilber *n*, b) 'Weißmeˌtall *n*.

whit·en ['waɪtn] **I** *v/i.* **1.** weiß werden; **2.** bleich *od.* blaß werden; **II** *v/t.* **3.** weiß machen; **4.** bleichen; '**white·ness** [-nɪs] *s.* **1.** Weiße *f*; **2.** Blässe *f*; '**whit·en·ing** [-nɪŋ] *s.* **1.** Weißen *n*; **2.** Schlämmkreide *f*.

white| noise *s.* ⚡ weißes Rauschen; ~ **sale** *s.* † Weiße Woche; ~ **sauce** *s.* helle Sauce; ~ **sheet** *s.* Büßerhemd *n*: ***stand in a ~*** *fig.* s-e Sünden bekennen; ˌ**~-'slave** *adj.*: ~ ***agent*** → ~ **slav·er** *s.* Mädchenhändler *m*; '**~·smith** *s.* ⚙ **1.** Klempner *m*; **2.** *metall.* Feinschmied *m*; '**~·thorn** *s.* ⚘ Weißdorn *m*; '**~·throat** *s. orn.* (Dorn)Grasmücke *f*; ~ **tie** *s.* **1.** weiße Fliege; **2.** Abendanzug *m*; ~ **trash** *s. Am.* F **1.** arme weiße Bevölkerung; **2.** arme(r) Weiße(r) (*in den amer. Südstaaten*); '**~·wash I** *s.* **1.** Tünche *f*; **2.** flüssiges Hautbleichmittel; **3.** *fig.* F a) Tünche *f*, Beschönigung *f*, b) Ehrenrettung *f*, *contp.* ‚Mohrenwäsche' *f*, c) † *Brit.* Schuldentlastung *f*; **4.** *sport* F ‚Zu-'Null-Niederlage' *f*; **II** *v/t.* **5.** a) tünchen, b) weißen, kalken; **6.** *fig.* a) über'tünchen, b) reinwaschen, rehabilitieren, c) † *Brit. Bankrotteur* wieder zahlungsfähig erklären; **7.** *sport* F *Gegner* zu Null schlagen; ~ **wine** *s.* Weißwein *m*.

whit·ey ['waɪtɪ] *s. Am. contp.* **1.** Weiße(r) *m*; **2.** *oft* ♀ *coll.* die Weißen.

whith·er ['wɪðə] *adv. poet.* **1.** (*fragend*) wo'hin: ~ ***England?*** (*Schlagzeile*) England, wohin *od.* was nun?; **2.** (*relativ*) wohin: a) (*verbunden*) in welchen *etc.*, zu welchem *etc.*, b) (*unverbunden*) da'hin, wo.

whit·ing¹ ['waɪtɪŋ] *s. ichth.* Weißfisch *m*, Mer'lan *m*.

whit·ing² ['waɪtɪŋ] *s.* Schlämmkreide *f*.

whit·ish ['waɪtɪʃ] *adj.* weißlich.

whit·low ['wɪtləʊ] *s.* ⚕ 'Umlauf *m*, Nagelgeschwür *n*.

Whit [wɪt] *in Zssgn* Pfingst…: ~ ***Monday***, ~ ***Sunday***.

Whit·sun ['wɪtsn] **I** *adj.* Pfingst…, pfingstlich; **II** *s.* → '**~·tide** *s.* Pfingsten *n od. pl.*, Pfingstfest *n*.

whit·tle ['wɪtl] *v/t.* **1.** (zu'recht)schnitzen; **2.** ~ ***away*** *od.* ***off*** wegschnitze(l)n, -schnippeln; **3.** ~ ***down***, ~ ***away***, ~ ***off*** *fig.* a) (Stück für Stück) beschneiden, stutzen, verringern, b) *Gesundheit etc.* schwächen.

whiz(z) [wɪz] **I** *v/i.* **1.** zischen, schwirren, sausen (*Geschoß etc.*); **II** *s.* **2.** Zischen *n*, Sausen *n*; **3.** *Am.* F a) ‚Ka'none' *f* (*Könner*), b) tolles Ding; **III** *adj.* **4.** F ‚toll', ‚super'; ~ **kid** *s.* F ‚Wunderkind' *n*, Ge'nie *n*, *a.* ‚Senkrechtstarter' *m*.

who [huː; hʊ] **I** *interrog.* **1.** wer: ♀***'s*** ♀ Wer ist Wer? (*Verzeichnis prominenter Persönlichkeiten*); ~ ***goes there?*** ⚔ (halt,) wer da?; **2.** F (*für* ***whom***) wen, wem; **II** *pron.* (*relativ*) **3.** (*unverbunden*) wer: ***I know ~ has done it***; **4.** (*verbunden*): welch, der (die, das): ***the man ~ arrived yesterday***.

whoa [wəʊ] *int.* brr!, halt!

who·dun·(n)it [ˌhuː'dʌnɪt] *s.* F ‚Krimi' *m* (*Kriminalroman etc.*).

who·ev·er [huː'evə] **I** *pron.* (*relativ*) wer (auch) immer, jeder der; **II** *interrog.* F (*für* ***who ever***) wer denn nur.

whole [həʊl] **I** *adj.* □ → ***wholly***; **1.** ganz, voll(kommen, -ständig): ~ ***number*** A ganze Zahl; ***a ~ lot of*** F e-e ganze Menge; **2.** heil: a) unversehrt: ***with a ~ skin*** mit heiler Haut, b) unbeschädigt, ‚ganz'; **3.** Voll(wert)…: ~ ***food***; ~ ***meal*** Vollweizenmehl *n*; ~ ***milk*** Vollmilch *f*; (***made***) ***out of ~ cloth*** *Am.* F völlig aus der Luft gegriffen, frei erfunden; **II** *s.* **4.** *das* Ganze, Gesamtheit *f*: ***the ~ of London*** ganz London; ***the ~ of my property*** mein ganzes Vermögen; **5.** Ganze(s) *n*, Einheit *f*: ***in ~ or in part*** ganz oder teilweise; ***on the ~*** im (großen u.) ganzen, alles in allem; '**~-bound** *adj.* in Ganzleder (gebunden); ˌ**~-'col·o(u)red** *adj.* einfarbig; ˌ**~-'heart·ed** *adj.* □ aufrichtig, rückhaltlos, voll, von ganzem Herzen; ˌ**~-'hog·ger** [-'hɒgə] *s. sl.* kompro'mißloser Mensch; *pol.* ‚'Hundert('fünfzig)proˌzentige(r)' *m*; ˌ**~-'length I** *adj.* Ganz…, Voll…: ~ ***portrait*** Vollporträt *n*, Ganzbild *n*; **II** *s.* Por'trät *n od.* Statue *f* in voller Größe; ~ **life in·sur·ance** *s.* Erlebensfall-Versicherung *f*; '**~·meal** *adj.* Vollkorn…

whole·ness ['həʊlnɪs] *s.* **1.** Ganzheit *f*; **2.** Vollständigkeit *f*.

'**whole·sale I** *s.* **1.** † Großhandel *m*: ***by ~*** → 4; **II** *adj.* **2.** † Großhandels…, Engros…: ~ ***dealer*** → ***wholesaler***; ~ ***purchase*** Einkauf *m* im großen, Engroseinkauf *m*; ~ ***trade*** Großhandel *m*; **3.** *fig.* a) Massen…, b) 'unterschiedslos, pau'schal: ~ ***slaughter*** Massenmord *m*; **III** *adv.* **4.** † im großen, en gros; **5.** a) *fig.* in Bausch u. Bogen, 'unterschiedslos, b) massenhaft; '**wholeˌsal·er** [-ˌseɪlə] *s.* † Großhändler *m*; Gros'sist *m*.

whole·some ['həʊlsəm] *adj.* □ **1.** gesund (*bsd. heilsam, bekömmlich*) (*a. fig. Humor, Strafe etc.*); **2.** gut, nützlich, zuträglich; '**whole·some·ness** [-nɪs] *s.* **1.** Gesundheit *f*, Bekömmlichkeit *f*; **2.** Nützlichkeit *f*.

ˌ**whole|-'time** → ***full-time***; ~ **tone** *s.* ♪ Ganzton *m*; '**~-wheat** *adj.* Vollkorn…

whol·ly ['həʊllɪ] *adv.* ganz, gänzlich, völlig.

whom [huːm] **I** *pron.* (*interrog.*) **1.** wen; **2.** (*Objekt-Kasus von* ***who***): ***of ~*** von wem; ***to ~*** wem; **II** *pron.* (*relativ*) **3.** (*verbunden*) welchen, welche, welches, den (die, das); **4.** (*unverbunden*) wen; den(jenigen), welchen; die(jenige), welche; *pl.* die(jenigen), welche; **5.** (*Objekt-Kasus von* ***who***): ***of ~*** von welchem *etc.*, dessen, deren; ***to ~*** dem (der, denen); ***all of ~ were dead*** welche alle tot waren; **6.** welchem, welcher, welchen, dem (der, denen): ***the master ~ she serves*** der Herr, dem sie dient.

whoop [huːp] **I** *s.* **1.** a) Schlachtruf *m*, b) (*bsd.* Freuden)Schrei *m*: ***not worth a ~*** F keinen Pfifferling wert; **2.** ⚕ Keuchen *n* (*bei Keuchhusten*); **II** *v/i.* **3.** schreien, brüllen, *a.* jauchzen; **4.** ⚕ keuchen; **III** *v/t.* **5.** *et.* brüllen; **6.** ~ ***it up*** *Am. sl.* a) ‚auf den Putz hauen', ‚toll feiern'; b) die Trommel rühren (***for*** für).

whoop·ee ['wʊpiː] *Am.* F **I** *s.*: ***make ~*** ‚auf den Putz hauen', ‚toll feiern', *a.* Sauf- *od.* Sexparties feiern; **II** *int.* [wʊ'piː] juch'hu!

whoop·ing cough ['huːpɪŋ] *s.* ⚕ Keuchhusten *m*.

whoops [wʊps] *int.* hoppla!

woosh [wʊʃ; wuːʃ] *v/i.* zischen, sausen.

whop [wɒp] *v/t.* F vertrimmen (*a. fig. besiegen*); **whop·per** ['wɒpə] *s. sl.* **1.** Mordsding *n*; **2.** (faust)dicke Lüge; **whop·ping** ['wɒpɪŋ] *adj. u. adv.* F e'norm, Mords…

whore [hɔː] **I** *s.* Hure *f*; **II** *v/i.* huren; '**~·house** *s.* Bor'dell *n*.

whorl [wɜːl] *s.* **1.** ⚘ Quirl *m*; **2.** *anat.*, *zo.* Windung *f*; **3.** ⚙ Wirtel *m*.

whor·tle·ber·ry ['wɜːtlˌberɪ] *s.* **1.** ⚘ Heidelbeere *f*: ***red ~*** Preiselbeere *f*; **2.** → ***huckleberry***.

whose [huːz] *pron.* **1.** (*fragend*) wessen: ~ ***is it?*** wem gehört es?; **2.** (*relativ*) dessen, deren.

who·sit ['huːzɪt] *s.* F ‚Dingsda' *m*, *f*, *n*.

ˌ**who·so'ev·er** → ***whoever***.

why [waɪ] **I** *adv.* **1.** (*fragend u. relativ*) war'um, wes'halb, wo'zu: ~ ***so?*** wieso?, warum das?; ***the reason ~*** (der Grund) weshalb; ***that is ~*** deshalb; **II** *int.* **2.** nun (gut); **3.** (ja) na'türlich; **4.** ja doch (*als Füllwort*); **5.** na'nu; aber (… doch): ***~, that's Peter!*** aber das ist ja *od.* doch Peter!; **III** *s.* **6.** *das* War'um, Grund *m*: ***the ~ and wherefore*** das Warum u. Weshalb.

wick [wɪk] *s.* Docht *m*.

wick·ed ['wɪkɪd] *adj.* □ **1.** böse, gottlos, schlecht, sündhaft, verrucht: ***the ~ one*** *bibl.* der Böse, Satan *m*; **2.** böse, schlimm (*ungezogen*, *a. humor. schalkhaft*) (*a.* F *Schmerz, Wunde etc.*); **3.** boshaft, bösartig (*a. Tier*); **4.** gemein; **5.** *sl.* ‚toll', großartig; '**wick·ed·ness** [-nɪs] *s.* Gottlosigkeit *f*, Schlechtigkeit *f*, Verruchtheit *f*; Bosheit *f*.

wick·er ['wɪkə] **I** *s.* a) Weidenrute *f*, b) Korbweide *f*, c) → ***wickerwork***; **II** *adj.*

aus Weiden geflochten, Weiden..., Korb..., Flecht...: **~ basket** Weidenkorb *m*; **~ chair** Rohrstuhl *m*; **~ furniture** Korbmöbel *pl.*; **'~·work** *s.* **1.** Flechtwerk *n*; **2.** Korbwaren *pl.*

wick·et ['wɪkɪt] *s.* **1.** Pförtchen *n*; **2.** (Tür *f* mit) Drehkreuz *n*; **3.** (*mst vergittertes*) Schalterfenster; **4.** *Kricket*: a) Dreistab *m*, Tor *n*, b) Spielfeld *n*: **be on a good** (**sticky**) **~** gut (schlecht) stehen (*a. fig.*); **take a ~** e-n Schläger ausmachen; **keep ~** Torwart sein; **win by 2 ~s** das Spiel gewinnen, obwohl 2 Schläger noch nicht geschlagen haben; **first** (**second** *etc.*) **~ down** nachdem der erste (zweite *etc.*) Schläger ausgeschieden ist; **'~,keep·er** *s.* Torhüter *m.*

wide [waɪd] **I** *adj.* □ → **widely**; **1.** breit (*a. bei Maßangaben*): **a ~ forehead** (**ribbon, street**); **~ screen** (*Film*) Breitwand *f*; **5 feet ~** 5 Fuß breit; **2.** weit, ausgedehnt: **~ distribution**; **~ difference** großer Unterschied; **a ~ public** ein breites Publikum; **the ~ world** die weite Welt; **3.** *fig.* a) ausgedehnt, um'fassend, 'umfangreich, weitreichend, b) reich (*Erfahrung, Wissen etc.*): **~ culture** umfassende Bildung; **~ reading** große Belesenheit; **4.** a) weit (-gehend, -läufig), b) weitherzig, großzügig: **take ~ views** weitherzig *od.* großzügig sein; **5.** weit offen, aufgerissen: **~ eyes**; **6.** weit, lose, nicht anliegend: **~ clothes**; **7.** weit entfernt (**of** von *der Wahrheit etc.*), weit'ab *vom Ziel*; → **mark**[1] 11; **II** *adv.* **8.** weit: **~ apart** weit auseinander; **~ open** a) weit offen, b) völlig ungedeckt (*Boxer*), c) *fig.* schutzlos, d) → **wide-open** 2; **far and ~** weit u. breit; **9.** weit'ab (*vom Ziel, der Wahrheit etc.*): **go ~** weit danebengehen; **,~-'an·gle** *adj. phot.* Weitwinkel...: **~ lens**; **,~-a'wake I** *adj.* **1.** hellwach (*a. fig.*); **2.** *fig.* aufgeweckt, ‚hell'; **3.** *fig.* wachsam, aufmerksam; voll bewußt (**to** *gen.*); **II** *s.* **'wide-awake 4.** Kala'breser *m* (*Schlapphut*); **,~-'eyed** *adj.* **1.** mit (weit) aufgerissenen Augen; **2.** *fig.* na'iv, kindlich.

wide·ly ['waɪdlɪ] *adv.* weit: **~ scattered** weitverstreut; **~ known** weit u. breit *od.* in weiten Kreisen bekannt; **~ discussed** vieldiskutiert; **be ~ read** sehr belesen sein; **differ ~** a) sehr verschieden sein, b) sehr unterschiedlicher Meinung sein.

wid·en ['waɪdn] *v/t. u. v/i.* **1.** breiter machen (werden); **2.** (sich) erweitern (*a. fig.*); **3.** (sich) vertiefen (*Kluft, Zwist*); **'wide·ness** [-nɪs] *s.* **1.** Breite *f*; **2.** Ausdehnung *f* (*a. fig.*).

,wide|-'o·pen *adj.* **1.** weitgeöffnet; **2.** *Am.* äußerst ‚großzügig' (*Stadt etc., bezüglich Glücksspiel etc.*); **'~·spread** *adj.* **1.** weitausgebreitet, ausgedehnt; **2.** weitverbreitet.

widg·eon ['wɪdʒən] *pl.* **-eons**, *coll.* **-eon** *s. orn.* Pfeifente *f.*

wid·ow ['wɪdəʊ] *s.* Witwe *f*: **~'s mite** *bibl.* Scherflein *n* der (armen) Witwe; **'wid·owed** [-əʊd] *adj.* **1.** verwitwet; **2.** verwaist, verlassen; **'wid·ow·er** [-əʊə] *s.* Witwer *m*; **'wid·ow·hood** [-əʊhʊd] *s.* Witwenstand *m.*

width [wɪdθ] *s.* **1.** Breite *f*, Weite *f*: **2 feet in ~** 2 Fuß breit; **2.** (Stoff-, Ta'peten-, Rock)Bahn *f.*

wield [wiːld] *v/t.* **1.** *Macht, Einfluß etc.* ausüben (**over** über *acc.*); **2.** *rhet. Werkzeug, Waffe* handhaben, führen, schwingen: **~ the pen** die Feder führen, schreiben; → **sceptre.**

wie·ner ['wiːnə] *s. Am.*, **'wie·nie** ['wiːnɪ] *s.* F Wiener Würstchen *n.*

wife [waɪf] *pl.* **wives** [waɪvz] *s.* **1.** (Ehe-) Frau *f*, Gattin *f*: **wedded ~** angetraute Gattin; **take to ~** zur Frau nehmen; **2.** Weib *n*; **'wife·hood** [-hʊd] *s.* Ehestand *m e-r Frau*; **'wife·like** [-laɪk], **'wife·ly** [-lɪ] *adj.* (haus)fraulich; **wife swapping** *s.* F Partnertausch *m*; **wif·ie** ['waɪfɪ] *s.* F Frauchen *n.*

wig [wɪg] *s.* Pe'rücke *f*; **wigged** [wɪgd] *adj.* mit Perücke (versehen); **wig·ging** ['wɪgɪŋ] *s. Brit.* F Standpauke *f.*

wig·gle ['wɪgl] **I** *v/i.* **1.** → **wriggle** 1; **2.** wackeln, schwänzeln; **II** *v/t.* **3.** wackeln mit.

wight [waɪt] *s. obs. od. humor.* Wicht *m*, Kerl *m.*

wig·wam ['wɪgwæm] *s.* Wigwam *m*, Indi'anerzelt *n*, -hütte *f.*

wild [waɪld] **I** *adj.* □ **1.** *allg.* wild: a) *zo.* ungezähmt, in Freiheit lebend, gefährlich, b) ⚘ wildwachsend, c) verwildert, 'wildro,mantisch, verlassen (*Land*), d) unzivilisiert, bar'barisch (*Volk, Stamm*), e) stürmisch: **a ~ coast**, f) wütend, heftig (*Sturm, Streit etc.*), g) irr, verstört: **a ~ look**, h) scheu (*Tier*), i) rasend (**with** vor *dat.*): **~ with fear**, j) F wütend (**about** über *acc.*): **drive s.o. ~** F j-n wild machen, j-n ‚auf die Palme bringen', k) ungezügelt (*Person, Gefühl*), l) unbändig: **~ delight**, m) F toll, verrückt, n) ausschweifend, o) (**about**) versessen *od.* scharf (auf *acc.*), wild (nach), p) hirnverbrannt, unsinnig, abenteuerlich: **~ plan**, q) plan-, ziellos: **a ~ guess** e-e wilde Vermutung; **a ~ shot** ein Schuß ins Blaue, r) wirr, wüst: **~ disorder**; **II** *adv.* **2.** aufs Gerate'wohl: **run ~** a) ⚘ ins Kraut schießen, b) verwildern (*Garten etc., a. fig.*); **shoot ~** ins Blaue schießen; **talk ~** a) (wild) drauflosreden, b) sinnloses Zeug reden; **III** *s. rhet.* **3.** *a. pl.* Wüste *f*; **4.** *a. pl.* Wildnis *f*; **~ boar** *s. zo.* Wildschwein *n*; **'~·cat I** *s.* **1.** *zo.* Wildkatze *f*; **2.** *fig.* Wilde(r *m*) *f*; **3.** → **wildcatting** 2; **4.** ✝ 'Schwindelunter,nehmen *n*; **5.** ✝ wilder Streik; **II** *adj.* **6.** ✝ a) unsicher, spekula'tiv, b) Schwindel...: **~ company**, c) ungesetzlich, wild: **~ strike**; **'~,cat·ting** [-,kætɪŋ] *s.* **1.** wildes Spekulieren; **2.** wilde *od.* spekula'tive Ölbohrung.

wil·der·ness ['wɪldənɪs] *s.* **1.** Wildnis *f*, Wüste *f* (*a. fig.*): **voice** (**crying**) **in the ~** a) *bibl.* Stimme des Predigers in der Wüste, b) *fig.* Rufer *m* in der Wüste; **be sent into the ~** *fig. pol.* in die Wüste geschickt werden; **2.** wildwachsendes Gartenstück; **3.** *fig.* Masse *f*, Gewirr *n.*

,wild|-'eyed *adj.* mit wildem Blick; **'~,fire** *s.* **1.** verheerendes Feuer: **spread like ~** sich wie ein Lauffeuer verbreiten (*Nachricht etc.*); **2.** ⚔ *hist.* griechisches Feuer; **'~·fowl** *s. coll.* Wildvögel *pl.*; **~ goose** *s.* [*irr.*] Wildgans *f*; **,~-'goose chase** *s. fig.* vergebliche Mühe, fruchtloses Unterfangen.

wild·ing ['waɪldɪŋ] *s.* ⚘ a) Wildling *m* (*unveredelte Pflanze*), *bsd.* Holzapfelbaum *m*, b) *Frucht e-r solchen Pflanze.*

'wild·life *s. coll.* wildlebende Tiere *pl.*: **~ park** Naturpark *m.*

wild·ness ['waɪldnɪs] *s. allg.* Wildheit *f.*

'wild,wa·ter *s.* Wildwasser *n*: **~ sport.**

wile [waɪl] **I** *s.* **1.** *mst pl.* List *f*, Trick *m*; *pl.* Kniffe *pl.*, Schliche *pl.*, Ränke *pl.*; **II** *v/t.* **2.** verlocken, *j-n wohin* locken; **3.** → **while** 6.

wil·ful ['wɪlfʊl] *adj.* □ **1.** *bsd.* ⚖ vorsätzlich: **~ deceit** arglistige Täuschung; **~ murder** Mord *m*; **2.** eigenwillig, -sinnig, halsstarrig; **'wil·ful·ness** [-nɪs] *s.* **1.** Vorsätzlichkeit *f*; **2.** Eigenwille *m*, -sinn *m*, Halsstarrigkeit *f.*

wil·i·ness ['waɪlɪnɪs] *s.* (Arg)List *f*, Verschlagenheit *f*, Gerissenheit *f.*

will[1] [wɪl] **I** *v/aux.* [*irr.*] **1.** (*zur Bezeichnung des Futurs, Brit. mst nur 2. u. 3. sg. u. pl.*) werden: **he ~ come** er wird kommen; **2.** wollen, werden, willens sein zu: **~ you pass me the bread, please?** reichen Sie mir doch bitte das Brot!; **~ do!** *sl.* wird gemacht!; **3.** (*immer, bestimmt, unbedingt*) werden (*oft a. unübersetzt*): **birds ~ sing** Vögel singen; **boys ~ be boys** Jungen sind nun einmal so; **accidents ~ happen** Unfälle wird es immer geben; **you ~ get in my light!** du mußt mir natürlich (immer) im Licht stehen!; **4.** *Erwartung, Vermutung od. Annahme*: werden: **they ~ have gone now** sie werden *od.* dürften jetzt (wohl) gegangen sein; **this ~ be your train, I suppose** das ist wohl dein Zug, das dürfte dein Zug sein; **5.** → **would**; **II** *v/i. u. v/t.* **6.** wollen, wünschen: **as you ~!** wie du willst!; → **would** 3, **will**[2] II.

will[2] [wɪl] **I** *s.* **1.** Wille *m* (*a. phls.*): a) Wollen *n*, b) Wunsch *m*, Befehl *m*, c) (Be)Streben *n*, d) Willenskraft *f*: **an iron ~** ein eiserner Wille; **good ~** guter Wille (→ *a.* **goodwill**); **~ to peace** Friedenswille; **~ to power** Machtwille, -streben; **at ~** nach Wunsch *od.* Belieben *od.* Laune; **of one's own** (**free**) **~** aus freien Stücken; **with a ~** mit Lust u. Liebe, mit Macht; **have one's ~** s-n Willen haben *od.* durchsetzen; **2.** *a.* **last ~ and testament** ⚖ letzter Wille, Testa'ment *n*; **II** *v/t.* **3.** wollen, entscheiden; **4.** ernstlich *od.* fest wollen; **5.** *j-n* (durch Willenskraft) zwingen (**to do** zu tun): **~ o.s.** (**in**)**to** sich zwingen zu; **6.** ⚖ (letzt)willig a) verfügen, b) vermachen (**to** *dat.*); **III** *v/i.* **7.** wollen.

willed [wɪld] *adj.* ...willig, mit e-m ... Willen; → **strong-willed** *etc.*

will·ful, **will·ful·ness** *bsd. Am.* → **wilful, wilfulness.**

wil·lies ['wɪlɪz] *s. pl.* F: **get the ~** ‚Zustände' bekommen; **it gives me the ~** dabei wird mir ganz anders, dabei läuft es mir eiskalt den Rücken runter.

will·ing ['wɪlɪŋ] *adj.* □ **1.** *pred.* gewillt, willens, bereit: **I am ~ to believe** ich glaube gern; **2.** (bereit)willig; **3.** gern geschehen *od.* geleistet: **a ~ gift** ein gern gegebenes Geschenk; **'will·ing·ly** [-lɪ] *adv.* bereitwillig, gern; **'will·ing·ness** [-nɪs] *s.* (Bereit)Willigkeit *f*, Bereitschaft *f*, Geneigtheit *f.*

will-less ['wɪllɪs] *adj.* willenlos.

will-o'-the-wisp [,wɪləðə'wɪsp] *s.* **1.** Irrlicht *n* (*a. fig.*); **2.** *fig.* Illusi'on *f*, Phan'tom *n.*

wil·low¹ ['wɪləʊ] *s.* **1.** ♀ Weide *f*: ***wear the ~*** *fig.* um den Geliebten trauern; **2.** F *Kricket*: Schlagholz *n*.
wil·low² ['wɪləʊ] **I** *s. Spinnerei*: Reißwolf *m*; **II** *v/t. Baumwolle etc.* wolfen, reißen.
wil·low·y ['wɪləʊɪ] *adj.* **1.** weidenbestanden *od.* -artig; **2.** *fig.* a) biegsam, geschmeidig, b) gertenschlank.
'will,pow·er *s.* Willenskraft *f*.
wil·ly-nil·ly [,wɪlɪ'nɪlɪ] *adv.* wohl oder übel, nolens volens.
wilt¹ [wɪlt] *obs. od. poet. du* willst.
wilt² [wɪlt] *v/i.* **1.** (ver)welken, welk *od.* schlaff werden; **2.** F *fig.* a) schlappmachen, ‚eingehen', b) nachlassen.
wil·y ['waɪlɪ] *adj.* □ gerissen.
wim·ple ['wɪmpl] *s.* **1.** *hist.* Rise *f*; **2.** (Nonnen)Schleier *m*.
win [wɪn] **I** *v/t.* [*irr.*] **1.** *Kampf, Spiel etc., a. Sieg, Preis* gewinnen: ***~ s.th. from*** (*od.* ***of***) ***s.o.*** j-m et. abgewinnen; ***~ one's way*** *fig.* s-n Weg machen; → ***day*** 5, ***field*** 6; **2.** *Reichtum, Ruhm etc.* erlangen, *Lob* ernten; zu *Ehren* gelangen; → ***spur*** 1; **3.** *j-m Lob etc.* einbringen, -tragen; **4.** *Liebe, Sympathie, a. e-n Freund, j-s Unterstützung* gewinnen; **5.** *a.* ***~ over*** *j-n* für sich gewinnen, auf s-e Seite ziehen, *a. j-s Herz* erobern; **6.** *j-n* dazu bringen (***to do*** zu tun): ***~ s.o. round*** j-n ‚rumkriegen'; **7.** *Stelle, Ziel* erreichen: ***~ the shore***; **8.** *sein Brot, s-n Lebensunterhalt* verdienen; **9.** ⚔ *sl.* ‚organisieren'; **10.** ⚒, *min.* a) *Erz, Kohle* gewinnen, b) erschließen; **II** *v/i.* [*irr.*] **11.** gewinnen, siegen: ***~ hands down*** F spielend gewinnen; ***~ out*** F sich durchsetzen (***over*** gegen); ***~ through*** a) durchkommen, b) ans Ziel gelangen (*a. fig.*), c) *fig.* sich durchsetzen; **III** *s.* **12.** *bsd. sport* Sieg *m*.
wince [wɪns] **I** *v/i.* (zs.-)zucken, zs.-, zu'rückfahren (***at*** bei, ***under*** unter *dat.*); **II** *s.* (Zs.-)Zucken *n*.
winch [wɪntʃ] ⚙ **I** *s.* **1.** Winde *f*, Haspel *f*; **2.** Kurbel *f*; **II** *v/t.* **3.** hochwinden.
wind¹ [wɪnd; *poet. a.* waɪnd] **I** *s.* **1.** Wind *m*: ***before the ~*** vor dem *od.* im Wind; ***between ~ and water*** a) ⚓ zwischen Wind u. Wasser, b) in der *od.* die Magengrube, c) *fig.* an e-r empfindlichen Stelle; ***in(to) the ~'s eye*** gegen den Wind; ***like the ~*** wie der Wind (*schnell*); ***to the four ~s*** in alle (vier) Winde, in alle (Himmels)Richtungen; ***under the ~*** ⚓ in Lee; ***be in the ~*** *fig.* (heimlich) im Gange sein, in der Luft liegen; ***cast*** (*od.* ***fling, throw***) ***to the ~s*** *fig. Rat etc.* in den Wind schlagen, *Klugheit etc.* außer acht lassen; ***get*** (***have***) ***the ~ up*** *sl.* ‚Manschetten' *od.* ‚Schiß' kriegen (haben); ***know how the ~ blows*** *fig.* wissen, woher der Wind weht; ***put the ~ up s.o.*** F j-n ins Bockshorn jagen; ***raise the ~*** F (das nötige) Geld auftreiben; ***sail close to the ~*** a) ⚓ hart am Wind segeln, b) *fig.* mit e-m Fuß im Zuchthaus stehen, sich hart an der Grenze des Erlaubten bewegen; ***sow the ~ and reap the whirlwind*** Wind säen u. Sturm ernten; ***have*** (*od.* ***take***) ***the ~ of*** a) *e-m Schiff* den Wind abgewinnen, b) *fig.* e-n Vorteil *od.* die Oberhand haben über (*acc.*); ***take the ~ out of s.o.'s sails*** *fig.* j-m den Wind aus den Segeln nehmen; ***~ and weather permitting*** bei gutem Wetter; → ***ill*** 4; **2.** ⚙ a) (*Gebläse- etc.*) Wind *m*, b) Luft *f in e-m Reifen etc.*; **3.** ⚕ (Darm)Wind(e *pl.*) *m*, Blähung(en *pl.*) *f*: ***break ~*** e-n Wind abgehen lassen; **4.** ♪ ***the ~*** *coll.* die Blasinstrumente *pl.*, *a.* die Bläser *pl.*; **5.** *hunt.* Wind *m*, Witterung *f* (*a. fig.*): ***get ~ of*** a) wittern, b) *fig.* Wind bekommen von; **6.** Atem *m*: ***have a good ~*** e-e gute Lunge haben; ***have a long ~*** e-n langen Atem haben (*a. fig.*); ***get one's second ~*** den zweiten Wind bekommen, den toten Punkt überwunden haben; ***sound in ~ and limb*** kerngesund; ***have lost one's ~*** außer Atem sein; **7.** Wind *m*, leeres Geschwätz; **II** *v/t.* **8.** *hunt.* wittern; **9.** ***be ~ed*** außer Atem *od.* erschöpft sein; **10.** verschnaufen lassen.
wind² [waɪnd] **I** *s.* **1.** Windung *f*, Biegung *f*; **2.** Um'drehung *f*; **II** *v/t.* [*irr.*] **3.** winden, wickeln, schlingen (***round*** um *acc.*): ***~ off*** (***on to***) ***a reel*** *et.* ab- (auf-)spulen; **4.** *oft* ***~ up*** a) auf-, hochwinden, b) *Garn etc.* aufwickeln, -spulen, c) *Uhr etc.* aufziehen, d) *Saite etc.* spannen; **5.** a) *Kurbel* drehen, b) kurbeln: ***~ forward*** (***back***) *Film* weiter- (zurück-)spulen; ***~ up*** (***down***) *Autofenster* hoch- (herunter)kurbeln; **6.** ⚓ *Schiff* wenden; **7.** (sich) *wohin* schlängeln: ***~ o.s.*** (*od.* ***one's way***) ***into s.o.'s affection*** *fig.* sich j-s Zuneigung erschleichen; **III** *v/i.* [*irr.*] **8.** sich winden *od.* schlängeln (*a. Straße etc.*); **9.** sich winden *od.* wickeln *od.* schlingen (***round*** um *acc.*); ***~ off*** *v/t.* abwickeln, -spulen; ***~ up*** **I** *v/t.* **1.** → ***wind²*** 4, 5; **2.** *fig.* anspannen, erregen, (hin'ein)steigern; **3.** *bsd. Rede* (ab-)schließen; **4.** † a) *Geschäft* abwickeln, b) *Unternehmen* auflösen, liquidieren; **II** *v/i.* **5.** (*bsd.* s-e Rede) schließen (***by saying*** mit den Worten); **6.** F *wo* enden, ‚landen': ***he'll ~ in prison***; **7.** † Kon'kurs machen.
wind·bag ['wɪndbæg] *s.* F *contp.* Schwätzer *m*, Schaumschläger *m*.
'wind|·blown ['wɪnd-] *adj.* **1.** windig; **2.** windschief; **3.** (vom Wind) zerzaust; **4.** Windstoß...: ***~ hairdo***; **'~·break** *s.* **1.** Windschutz *m* (*Hecke etc.*); **2.** Windbruch *m*; **'~,bro·ken** *adj. vet.* kurzatmig (*Pferd*); **'~,cheat·er** *s. Brit.* Windjacke *f*; **~ cone** *s.* ✈ Luftsack *m*.
wind·ed ['wɪndɪd] *adj.* **1.** außer Atem; **2.** *in Zssgn* ...atmig: ***short-~***.
wind egg [wɪnd] *s.* Windei *n*.
wind·er ['waɪndə] *s.* **1.** Spuler(in); **2.** ⚙ Winde *f*; **3.** ♀ Schlingpflanze *f*; **4.** a) Schlüssel *m* (*zum Aufziehen*), b) Kurbel *f*.
'wind|·fall ['wɪnd-] *s.* **1.** Fallobst *n*; **2.** Windbruch *m*; **3.** *fig.* (unverhoffter) Glücksfall *od.* Gewinn; **'~,flow·er** *s.* ♀ Ane'mone *f*; **~ force** *s.* Windstärke *f*; **~ ga(u)ge** *s.* Wind(stärke-, -geschwindigkeits)messer *m*, Anemo'meter *n*.
wind·i·ness ['wɪndɪnɪs] *s.* Windigkeit *f* (*a. fig. contp.*).
wind·ing ['waɪndɪŋ] **I** *s.* **1.** Winden *n*, Spulen *n*; **2.** (Ein-, Auf)Wickeln *n*, (Um)'Wickeln *n*; **3.** Windung *f*, Biegung *f*; **4.** Um'wick(e)lung *f*; **5.** ⚡ Wicklung *f*; **II** *adj.* □ **6.** gewunden: a) sich windend *od.* schlängelnd, b) Wendel...(*-treppe*); **7.** krumm, schief (*a. fig.*); **~ sheet** *s.* Leichentuch *n*; **~ tack·le** *s.* ⚓ Gien *n* (*Flaschenzug*); **,~-'up** *s.* **1.** Aufziehen *n* (*Uhr etc.*): ***~ mechanism*** Aufziehwerk *n*; **2.** † a) Abwicklung *f*, Erledigung *f* (*e-s Geschäfts*), b) Liquidati'on *f*, Auflösung *f* (*e-r Firma*); ***~ sale*** (Total)Ausverkauf *m*.
wind| in·stru·ment [wɪnd] *s.* ♪ 'Blasinstru,ment *n*; **'~,jam·mer** [-,dʒæmə] *s.* **1.** ⚓ Windjammer *m* (*Schiff*); **2.** *Am. sl.* → ***windbag***.
wind·lass ['wɪndləs] **I** *s.* **1.** ⚙ Winde *f*; **2.** ⚒ Förderhaspel *f*; **3.** ⚓ Ankerspill *n*; **II** *v/t.* hochwinden.
wind·less ['wɪndlɪs] *adj.* windstill.
wind·mill ['wɪnmɪl] *s.* **1.** Windmühle *f*: ***tilt at*** (*od.* ***fight***) ***~s*** *fig.* gegen Windmühlen kämpfen; ***throw one's cap over the ~*** a) Luftschlösser bauen, b) jede Vorsicht außer acht lassen; **2.** Windrädchen *n*.
win·dow ['wɪndəʊ] *s.* **1.** Fenster *n* (*a.* ⚙, *geol.*; *a. im Briefumschlag*): ***look out of*** (*od.* ***at***) ***the ~*** zum Fenster hinaussehen; **2.** Fensterscheibe *f*; **3.** Schaufenster *n*, Auslage *f*; **4.** (Bank- *etc.*)Schalter *m*; **5.** ⚔ *Radar*: Störfolie *f*.
win·dow| box *s.* Blumenkasten *m*; **~ clean·er** *s.* Fensterputzer *m*; **~ dis·play** *s.* 'Schaufensterauslage *f*, -re,klame *f*; **'~-dress** *v/t.* **1.** † *Bilanz* verschleiern, ‚frisieren'; **2.** ‚aufputzen'; **~ dress·er** *s.* 'Schaufensterdekora,teur *m*; **~ dress·ing** *s.* **1.** 'Schaufensterdekorati,on *f*; **2.** *fig.* Aufmachung *f*, Mache *f*; **3.** † Bi'lanzverschleierung *f*, ‚Frisieren' *n*.
win·dowed ['wɪndəʊd] *adj.* mit Fenster(n) (versehen).
win·dow| en·ve·lope *s.* 'Fenster,brief,umschlag *m*; **~ gar·den·ing** *s.* Blumenzucht *f* am Fenster; **~ jam·ming** *s.* ⚔ *Radar*: Folienstörung *f*; **'~·pane** *s.* Fensterscheibe *f*; **'~·screen** *s.* **1.** Fliegenfenster *n*; **2.** Zierfüllung *f* e-s Fensters (*aus Buntglas, Gitter etc.*); **~ seat** *s.* Fensterplatz *m*; **~ shade** *s. Am.* Rou'leau *n*, Jalou'sie *f*; **'~-,shop·per** *s.* j-d, der e-n Schaufensterbummel macht; **'~-,shop·ping** *s.* Schaufensterbummel *m*: ***go ~*** e-n Schaufensterbummel machen; **~ shut·ter** *s.* Fensterladen *m*; **'~·sill** *s.* Fensterbrett *n*, -bank *f*.
'wind|·pipe ['wɪnd-] *s. anat.* Luftröhre *f*.
wind| pow·er [wɪnd] *s.* Windkraft *f*; **~ rose** *s. meteor.* Windrose *f*; **'~·sail** *s.* **1.** Windflügel *m*; **2.** ⚓ Windsack *m*; **'~·screen** *s. Brit.*, **'~,shield** *s. Am. mot.* Windschutzscheibe *f*: ***~ washer*** Scheibenwaschanlage *f*; ***~ wiper*** Scheibenwischer *m*; **'~·sleeve** *s.*, **'~·sock** *s.* ✈ Luftsack *m*; **'~·swept** ['wɪnd-] *adj.* **1.** vom Wind gepeitscht; **2.** *fig.* Windstoß...(*-frisur*); **'~,surf·ing** *s.* Windsurfen *n*; **~ tun·nel** *s.* ✈, *phys.* 'Windka,nal *m*; **'~·up** ['waɪnd-] *s.* **1.** → ***winding-up*** 2; **2.** Schluß *m*, Ende *n*.
wind·ward ['wɪndwəd] **I** *adv.* wind-, luvwärts; **II** *adj.* windwärts, Luv..., Wind...; **III** *s.* Windseite *f*, Luv(seite) *f*.
wind·y ['wɪndɪ] *adj.* □ **1.** windig: a) stürmisch (*Wetter*), b) zugig (*Ort*); **2.** *fig.* a) windig, hohl, leer, b) geschwätzig; **3.** ⚕ blähend; **4.** *Brit. sl.* ner'vös, ängstlich.
wine [waɪn] **I** *s.* **1.** Wein *m*: ***new ~ in old bottles*** *bibl.* junger Wein in alten

Schläuchen (*a. fig.*); **2.** *Brit. univ.* Weinabend *m*; **II** *v/t.*: ***~ and dine s.o.*** j-n fürstlich bewirten; **'~ˌbib·ber** [-ˌbɪbə] *s.* Weinsäufer(in); **'~ˌbot·tle** *s.* Weinflasche *f*; **~ cool·er** *s.* Weinkühler *m*; **~ cra·dle** *s.* Weinkorb *m*; **'~·glass** *s.* Weinglas *n*; **'~ˌgrow·er** *s.* Weinbauer *m*; **'~ˌgrow·ing** *s.* Wein(an)bau *m*: ***~ area*** Weinbaugebiet *n*; **~ list** *s.* Weinkarte *f*; **~ mer·chant** *s.* Weinhändler *m*; **'~·press** *s.* Weinpresse *f*, -kelter *f*.

win·er·y ['waɪnərɪ] *s.* Weinkelle'rei *f*.

'wine|·skin *s.* Weinschlauch *m*; **~ stone** *s.* ⚗ Weinstein *m*; **'~ˌtast·er** *s.* Weinprüfer *m*; **'~ˌtast·ing** *s.* Weinprobe *f*.

wing [wɪŋ] **I** *s.* **1.** *orn.* Flügel *m* (*a.* ⚘, *zo.*, *a.* ⚙, △, *a. pol.*); *rhet.* Schwinge *f*, Fittich *m* (*a. fig.*): ***on the ~*** a) im Fluge, b) *fig.* auf Reisen; ***on the ~s of the wind*** mit Windeseile; ***under s.o.'s ~(s)*** *fig.* unter j-s Fittichen *od.* Schutz; ***clip s.o.'s ~s*** j-m die Flügel stutzen; ***lend ~s to*** a) *Hoffnung etc.* beflügeln, b) j-m Beine machen; ***spread*** (*od.* ***try***) ***one's ~s*** versuchen, auf eigenen Beinen zu stehen *od.* sich durchzusetzen; ***singe one's ~s*** *fig.* sich die Finger verbrennen; ***take ~*** a) aufsteigen, davonfliegen, b) aufbrechen, c) *fig.* beflügelt werden; **2.** Federfahne *f* (*Pfeil*); **3.** *humor.* Arm *m*; **4.** (Tür-, Fenster- *etc.*) Flügel *m*; **5.** *mst pl. thea.* ('Seiten)Kuˌlisse *f*: ***wait in the ~s*** *fig.* sich bereithalten; **6.** ✈ Tragfläche *f*; **7.** *mot.* Kotflügel *m*; **8.** ⚔, ⚓ Flügel *m* (*Aufstellung*); **9.** ✈ a) *brit. Luftwaffe*: Gruppe *f*, b) *amer. Luftwaffe*: Geschwader *n*, c) *pl.* F ‚Schwinge' *f* (*Pilotenabzeichen*); **10.** *sport* a) Flügel *m* (*Spielfeldteil*), b) → ***winger***; **II** *v/t.* **11.** mit Flügeln *etc.* versehen; **12.** *fig.* beflügeln (*beschleunigen*); **13.** *Strecke* (durch)'fliegen; **14.** a) *Vogel* anschießen, flügeln, b) F *j-n* (*bsd.* am Arm) verwunden; **III** *v/i.* **15.** fliegen; **~ as·sem·bly** *s.* ✈ Tragwerk *n*; **'~·beat** *s.* Flügelschlag *m*; **~ case** *s.* *zo.* Flügeldecke *f*; **~ chair** *s.* Ohrensessel *m*; **~ com·mand·er** *s.* ✈, ⚔ **1.** *Brit.* Oberst'leutnant *m* der Luftwaffe; **2.** *Am.* Ge'schwaderkommoˌdore *m*; **~ cov·ert** *s. zo.* Deckfeder *f*.

wing·ding ['wɪŋdɪŋ] *s. sl.* **1.** (*a.* Wut-) Anfall *m*; **2.** ‚tolles Ding'.

winged [wɪŋd] *adj.* ☐ **1.** *orn.*, *a.* ⚘ geflügelt; Flügel… ; *in Zssgn* …flügelig: ***the ~ horse*** *fig.* der Pegasus; ***~ screw*** ⚙ Flügelschraube *f*; ***~ words*** *fig.* geflügelte Worte; **2.** *fig.* a) beflügelt, schnell, b) beschwingt.

wing·er ['wɪŋə] *s. sport* Außen-, Flügelstürmer *m*.

wing| feath·er *s. orn.* Schwungfeder *f*; **'~-ˌheav·y** *adj.* ✈ querlastig; **~ nut** *s.* ⚙ Flügelmutter *f*; **'~ˌo·ver** *s.* ✈ Immelmann-Turn *m*; **~ sheath** → ***wing case***; **'~·span** ✈, **'~·spread** *s. orn.*, ✈ Spannweite *f*.

wink [wɪŋk] **I** *v/i.* **1.** blinzeln, zwinkern: ***~ at*** a) *j-m* zublinzeln, b) *fig.* ein Auge zudrücken bei, *et.* ignorieren; ***as easy as ~ing*** *Brit.* F kinderleicht; ***like ~ing*** F wie der Blitz; **2.** blinken, flimmern (*Licht*); **II** *v/t.* **3.** mit *den Augen* blinzeln *od.* zwinkern; **III** *s.* **4.** Blinzeln *n*, Zwinkern *n*, Wink *m* (*mit den Augen*): ***forty ~s*** Nickerchen *n*; ***not to sleep a ~***, ***not to get a ~ of sleep*** kein Auge zutun; → ***tip***³ 5; ***in a ~*** im Nu.

win·kle ['wɪŋkl] **I** *s. zo.* (eßbare) Strandschnecke; **II** *v/t.* ***~ out*** a) her'ausziehen (*a. fig.* F), b) F *j-n* aussieben, -sondern.

win·ner ['wɪnə] *s.* **1.** Gewinner(in), *sport a.* Sieger(in); **2.** sicherer Gewinner; **3.** ‚todsichere' Sache; **4.** ‚Schlager' *m*.

win·ning ['wɪnɪŋ] **I** *adj.* ☐ **1.** *bsd. sport* siegreich, Sieger…, Sieges…; **2.** entscheidend: ***~ hit***; **3.** *fig.* gewinnend, einnehmend; **II** *s.* **4.** ⚒ Abbau *m*, Gewinnung *f*; **5.** *pl.* Gewinn *m* (*bsd. im Spiel*); **6.** Gewinnen *n*, Sieg *m*; **~ post** *s. sport* Zielpfosten *m*.

win·now ['wɪnəʊ] **I** *v/t.* **1.** a) *Getreide* schwingen, b) *Spreu* trennen (***from*** von); **2.** *fig.* sichten; **3.** *fig.* trennen, (unter)'scheiden (***from*** von); **II** *s.* **4.** Wanne *f*, Futterschwinge *f*.

wi·no ['waɪnəʊ] *pl.* **-nos** *s. Am. sl.* ‚Weinsüffel' *m*, Weinsäufer(in).

win·some ['wɪnsəm] *adj.* ☐ **1.** gewinnend: ***~ smile***; **2.** (lieb)reizend.

win·ter ['wɪntə] **I** *s.* **1.** Winter *m*; **2.** *poet.* Lenz *m*, (Lebens)Jahr *n*: ***a man of fifty ~s***; **II** *v/i.* **3.** (*a. v/t. Tiere*, *Pflanzen*) über'wintern; **III** *adj.* **4.** winterlich; Winter…: ***~ crop*** 🌾 Winterfrucht *f*; ***~ garden*** Wintergarten *m*; ***~ sleep*** Winterschlaf *m*; ***~ sports*** Wintersport *m*; **win·ter·ize** ['wɪntəraɪz] *v/t.* auf den Winter vorbereiten, *bsd.* ⚙ winterfest machen; **'win·ter·tide** *s.* Winter(zeit *f*) *m*; **'~·weight** *adj.* Winter…: ***~ clothes***.

win·tri·ness ['wɪntrɪnɪs] *s.* Kälte *f*, Frostigkeit *f*; **win·try** ['wɪntrɪ] *adj.* **1.** winterlich, frostig; **2.** *fig.* a) trüb(e), b) alt, c) frostig: ***~ smile***.

wipe [waɪp] **I** *s.* **1.** (Ab)Wischen *n*: ***give s.th. a ~*** et. abwischen; **2.** F a) (harter) Schlag, b) *fig.* Seitenhieb *m*; **II** *v/t.* **3.** (ab-, sauber-, trocken)wischen, abreiben, reinigen: ***~ s.o.'s eye*** (***for him***) *sl.* j-n ausstechen; ***~ one's lips*** sich den Mund wischen; → ***floor*** 1; **~ off** *v/t.* **1.** ab-, wegwischen; **2.** *fig.* bereinigen, auslöschen; *Rechnung* begleichen: ***wipe s.th. off the slate*** et. begraben *od.* vergessen; **~ out** *v/t.* **1.** auswischen; **2.** wegwischen, (aus)löschen, tilgen (*a. fig.*): ***~ a disgrace*** e-n Schandfleck tilgen, e-e Scharte auswetzen; **3.** *Armee*, *Stadt etc.* vernichten, ‚ausradieren'; *Rasse etc.* ausrotten; **~ up** *v/t.* **1.** aufwischen; **2.** (ab)trocknen.

wip·er ['waɪpə] *s.* **1.** Wischer *m* (*Person od. Vorrichtung*); **2.** Wischtuch *n*; **3.** ⚙ a) Hebedaumen *m*, b) Abstreifring *m*, c) ϟ Kon'takt-, Schleifarm *m*; **4.** → ***wipe*** 2.

wire ['waɪə] **I** *s.* **1.** Draht *m*; **2.** ϟ Leitung(sdraht *m*) *f*; → ***live***² 3; **3.** ϟ (Kabel)Ader *f*; **4.** F Tele'gramm *n*: ***by ~*** telegraphisch; **5.** *pl.* a) Drähte *pl. e-s Marionettenspiels*, b) *fig.* geheime Fäden *pl.*, Beziehungen *pl.*: ***pull the ~*** a) der Drahtzieher sein, b) s-e Beziehungen spielen lassen; **6.** *opt.* Faden *m im Okular*; **7.** ♪ Drahtsaite(n *pl.*) *f*; **II** *adj.* **8.** Draht…: ***~ brush***; **III** *v/t.* **9.** mit Draht(geflecht) versehen; **10.** mit Draht zs.-binden *od.* befestigen; **11.** ϟ Leitungen legen in, (be)schalten, verdrahten: ***~ to*** anschließen an (*acc.*); **12.** F *e-e Nachricht od. j-m* telegraphieren; **13.** *hunt.* mit Drahtschlingen fangen; **IV** *v/i.* **14.** F telegraphieren: ***~ away*** *od.* ***in*** *sl.* loslegen, sich ins Zeug legen; **~ cloth** → ***wire gauze***; **~ cut·ter** *s.* ⚙ Drahtschere *f*; **'~·draw** *v/t.* [*irr.* → ***draw***] **1.** ⚙ *Metall* drahtziehen; **2.** *fig.* a) in die Länge ziehen, b) *Argument* über'spitzen; **'~·drawn** *adj. fig.* a) langatmig, b) über'spitzt; **~ en·tan·gle·ment** *s.* ⚔ Drahtverhau *m*; **~ ga(u)ge** *s.* ⚙ Drahtlehre *f*; **~ gauze** *s.* Drahtgaze *f*, -gewebe *n*, -netz *n*; **'~·haired** *adj. zo.* Drahthaar…: ***~ terrier***.

wire·less ['waɪəlɪs] ϟ **I** *adj.* **1.** drahtlos, Funk…: ***~ message*** Funkspruch *m*; **2.** *Brit.* Radio…, Rundfunk…: ***~ set*** → 3; **II** *s.* **3.** *Brit.* 'Radio(appaˌrat *m*) *n*: ***on the ~*** im Radio *od.* Rundfunk; **4.** *abbr. für* ***~ telegraphy***, ***~ telephony*** *etc.*; **III** *v/t. Brit.* **5.** *Nachricht etc.* funken; **~ car** *s. Brit.* Funkstreifenwagen *m*; **~ op·er·a·tor** *s.* ✈ (Bord)Funker *m*; **~ pi·rate** *s.* Schwarzhörer *m*; **~ (re·ceiv·ing) set** *s.* (Funk)Empfänger *m*; **~ sta·tion** *s.* (*a.* 'Rund)Funkstatiˌon *f*; **~ te·leg·ra·phy** *s.* drahtlose Telegra'phie, 'Funktelegraˌphie *f*; **~ te·leph·o·ny** *s.* drahtlose Telepho'nie, Sprechfunk *m*.

'wire|·man [-mən] *s.* [*irr.*] **1.** Tele'graphen-, Tele'phonarbeiter *m*; **2.** E'lektroinstallaˌteur *m*; **3.** 'Abhörspeziaˌlist *m*; **~ net·ting** *s.* ⚙ **1.** Drahtnetz *n*; **2.** *pl.* Maschendraht *m*; **'~ˌpho·to** *s.* 'Bildteleˌgramm *n*; **'~ˌpull·er** *s. fig.* ‚Drahtzieher' *m*; **'~ˌpull·ing** *s. bsd. pol.* ‚Drahtziehe'rei *f*; **~ rod** *s.* ⚙ Walz-, Stabdraht *m*; **~ rope** *s.* Drahtseil *n*; **~ rope·way** *s.* Drahtseilbahn *f*; **~ ser·vice** *s. Am.* 'Nachrichtenagenˌtur *f*; **'~·tap** *v/t. u. v/i.* (*j-s*) Tele'fongespräche abhören, (*j-s*) Leitung(en) anzapfen; **'~ˌtap·ping** *s.* Abhören *n*, Anzapfen *n* (von Tele'phonleitungen); **'~ˌwalk·er** *s.* 'Drahtseilakroˌbat(in), Seiltänzer(in); **'~·worm** *s. zo.* Drahtwurm *m*; **'~·wove** *adj.* **1.** Velin…(*-papier*); **2.** aus Draht geflochten.

wir·ing ['waɪərɪŋ] *s.* **1.** Verdrahtung *f* (*a.* ϟ); **2.** ϟ a) (Be)Schaltung *f*, b) Leitungsnetz *n*: ***~ diagram*** Schaltplan *m*, -schema *n*.

wir·y ['waɪərɪ] *adj.* ☐ **1.** Draht…; **2.** drahtig (*Haar*, *Muskeln*, *Person etc.*); **3.** a) vibrierend, b) me'tallisch (*Ton*).

wis·dom ['wɪzdəm] *s.* Weisheit *f*, Klugheit *f*; **~ tooth** *s.* [*irr.*] Weisheitszahn *m*: ***cut one's ~ teeth*** *fig.* vernünftig werden.

wise¹ [waɪz] **I** *adj.* ☐ → ***wisely***; **1.** weise, klug, erfahren, einsichtig; **2.** gescheit, verständig; **3.** wissend, unter'richtet: ***be none the ~r*** (***for it***) nicht klüger sein als zuvor; ***without anybody being the ~r for it*** ohne daß es j-d gemerkt hätte; ***~r after the event*** um e-e Erfahrung klüger; ***be ~ to*** F Bescheid wissen über (*acc.*); ***get ~ to*** F *et.* ‚spitzkriegen', *j-n od. et.* durch'schauen; ***put s.o. ~ to*** F j-m *et.* ‚stecken'; **4.** schlau, gerissen; **5.** F neunmalklug: ***~ guy*** ‚Klugscheißer' *m*; **6.** *obs.* ***~ man*** Zauberer *m*; ***~ woman*** a) Hexe *f*, b) Wahrsagerin *f*, c) weise Frau (*Hebamme*); **II** *v/t.* **7.** ***~ up*** *Am.* F *j-n* informieren (***to*** über *acc.*); **III** *v/i.* **8.** ***~ up*** *Am.* F a) ‚schlau' werden, b) ***~ up to*** *et.* ‚spitzkriegen'.

wise² [waɪz] *s. obs.* Art *f*, Weise *f*: ***in***

***any** ~* auf irgendeine Weise; ***in no** ~* in keiner Weise, keineswegs; ***in this** ~* auf diese Art u. Weise.

-wise [waɪz] *in Zssgn* a) …artig, nach Art von, b) …weise, c) F …mäßig.

ˈwise|ˌa·cre [-ˌeɪkə] *s.* Neunmalkluge(r) *m*, Besserwisser *m*; **ˈ~·crack** F **I** *s.* witzige *od.* treffende Bemerkung; Witzeˈlei *f*; **II** *v/i.* witzeln, ‚flachsen'; **ˈ~ˌcrack·er** *s.* F Witzbold *m*.

wise·ly [ˈwaɪzlɪ] *adv.* **1.** weise (*etc.*; → ***wise**¹* 1 *u.* 2); **2.** klug, kluger-, vernünftigerweise; **3.** (wohl)weislich.

wish [wɪʃ] **I** *v/t.* **1.** (sich) wünschen; **2.** wollen, wünschen: ***I** ~ **I were rich*** ich wollte, ich wäre reich; ***I** ~ **you to come*** ich möchte, daß du kommst; ***~ s.o. further*** (*od.* ***at the devil***) j-n zum Teufel wünschen; ***~ o.s. home*** sich nach Hause sehnen; **3.** hoffen: ***I ~ it may prove true***; ***it is to be ~ed*** es ist zu hoffen *od.* wünschen; **4.** *j-m Glück, Spaß etc.* wünschen: ***~ s.o. well*** (***ill***) j-m wohl- (übel)wollen; ***~ s.th. on s.o.*** j-m et. (*Böses*) wünschen, j-m et. aufhalsen; → ***joy*** 1; **5.** *j-m guten Morgen etc.* wünschen; *j-m Adieu etc.* sagen: ***~ s.o. farewell***; **II** *v/i.* **6.** wünschen: ***~ for*** sich *et.* wünschen, sich sehnen nach; ***he cannot ~ for anything better*** er kann sich nichts Besseres wünschen; **III** *s.* **7.** Wunsch *m*: a) Verlangen *n* (***for*** nach), b) Bitte *f* (***for*** um *acc.*), c) *das* Gewünschte: ***you shall have your ~*** du sollst haben, was du dir wünschst; → ***father*** 5; **8.** *pl.* *gute* Wünsche *pl.*, Glückwünsche *pl.*: ***good ~es***; **ˈwish·bone** *s.* **1.** *orn.* Brust-, Gabelbein *n*; **2.** *mot.* Dreiecklenker *m*: ***~ suspension*** Schwingarmfederung *f*; **wish·ful** [ˈwɪʃfʊl] *adj.* □ **1.** vom Wunsch erfüllt, begierig (***to do*** zu tun); **2.** sehnsüchtig: ***~ thinking*** Wunschdenken *n*.

wish·ing| bone [ˈwɪʃɪŋ] → ***wishbone*** 1; ***~ cap*** *s.* Zauber-, Wunschkappe *f*.

wish-wash [ˈwɪʃwɒʃ] *s.* **1.** labberiges Zeug (*a. fig. Geschreibsel*); **2.** *fig.* Geschwätz *n*; **wish·y-wash·y** [ˈwɪʃɪˌwɒʃɪ] *adj.* labberig: a) wäßrig, b) *fig.* saft- u. kraftlos, seicht.

wisp [wɪsp] *s.* **1.** (*Stroh- etc.*)Wisch *m*, (*Heu-, Haar*)Büschel *n*; (*Haar*)Strähne *f*; **2.** Handfeger *m*; **3.** Strich *m*, Zug *m* (*Vögel*); **4.** Fetzen *m*, Streifen *m*: ***~ of smoke*** Rauchfetzen *m*; ***a ~ of a boy*** ein schmächtiges Bürschchen; **ˈwisp·y** [-pɪ] *adj.* **1.** büschelig (*Haar etc.*); **2.** dünn, schmächtig.

wist·ful [ˈwɪstfʊl] *adj.* □ **1.** sehnsüchtig, wehmütig; **2.** nachdenklich, versonnen.

wit¹ [wɪt] *s.* **1.** *oft pl.* geistige Fähigkeiten *pl.*, Intelliˈgenz *f*; **2.** *oft pl.* Verstand *m*: ***be at one's ~s' end*** mit s-r Weisheit zu Ende sein; ***have one's ~s about one*** s-e fünf Sinne beisammen haben; ***keep one's ~s about one*** e-n klaren Kopf behalten; ***live by one's ~s*** sich mehr oder weniger ehrlich durchs Leben schlagen; ***out of one's ~s*** von Sinnen, verrückt; ***frighten s.o out of his ~s*** j-n zu Tode erschrecken; **3.** Witz *m*, Geist *m*, Esˈprit *m*; **4.** witziger Kopf, geistreicher Mensch; **5.** *obs.* Witz *m*, witziger Einfall.

wit² [wɪt] *v/t. u. v/i.* [*irr.*] *obs.* wissen: ***to ~*** *bsd.* ⚖ das heißt, nämlich.

witch [wɪtʃ] **I** *s.* **1.** Hexe *f*, Zauberin *f*: ***~es' sabbath*** Hexensabbat *m*; **2.** *fig.* alte Hexe; **3.** F betörendes Wesen, bezaubernde Frau; **II** *v/t.* **4.** be-, verhexen; **ˈ~·craft** *s.* **1.** Hexeˈrei *f*, Zaubeˈrei *f*; **2.** Zauber(kraft *f*) *m*; ***~ doc·tor*** *s.* Mediˈzinmann *m*.

witch·er·y [ˈwɪtʃərɪ] *s.* **1.** → ***witchcraft***; **2.** *fig.* Zauber *m*.

witch hunt *s. bsd. pol.* Hexenjagd *f* (***for***, ***against*** auf *acc.*).

witch·ing [ˈwɪtʃɪŋ] *adj.* □ **1.** Hexen…: ***~ hour*** Geisterstunde *f*; **2.** → ***bewitching***.

wit·e·na·ge·mot [ˌwɪtɪnəgɪˈməʊt] *s. hist. gesetzgebende Versammlung im Angelsachsenreich.*

with [wɪð] *prp.* **1.** mit (*vermittels*): ***cut ~ a knife***; ***fill ~ water***; **2.** (zs.) mit: ***he went ~ his friends***; **3.** nebst, samt: ***~ all expenses***; **4.** mit (*besitzend*): ***a coat ~ three pockets***; ***~ no hat*** ohne Hut; **5.** mit (*Art u. Weise*): ***~ care***; ***~ a smile***; ***~ the door open*** bei offener Tür; **6.** in Überˈeinstimmung mit: ***I am quite ~ you*** ich bin ganz Ihrer Ansicht *od.* ganz auf Ihrer Seite; **7.** mit (*in derselben Weise, im gleichen Grad, zur selben Zeit*): ***the sun changes ~ the seasons***; ***rise ~ the sun***; **8.** bei: ***sit*** (***sleep***) ***~ s.o.***; ***work ~ a firm***; ***I have no money ~ me***; **9.** (*kausal*) durch, vor (*dat.*), von, an (*dat.*): ***die ~ cancer*** an Krebs sterben; ***stiff ~ cold*** steif vor Kälte; ***wet ~ tears*** von Tränen naß, tränennaß; ***tremble ~ fear*** vor Furcht zittern; **10.** bei, für: ***~ God all things are possible*** bei Gott ist kein Ding unmöglich; **11.** gegen, mit: ***fight ~ s.o.***; **12.** bei, auf seiten (von): ***it rests ~ you to decide*** die Entscheidung liegt bei dir; **13.** trotz, bei: ***~ all her brains*** bei all ihrer Klugheit; **14.** angesichts; in Anbetracht der Tatsache, daß: ***you can't leave ~ your mother so ill*** du kannst nicht weggehen, wenn deine Mutter so krank ist; **15.** ***~ it*** *sl.* a) ‚auf Draht', ‚schwer auf der Höhe', b) modebewußt, c) up to date, modern: ***get ~ it!*** mach mit!, sei kein Frosch!

with·al [wɪˈðɔːl] *obs.* **I** *adv.* außerdem, ˈobenˈdrein, daˈbei; **II** *prp.* (*nachgestellt*) mit.

with·draw [wɪðˈdrɔː] [*irr.* → ***draw***] **I** *v/t.* **1.** (***from***) zuˈrückziehen, -nehmen (von, aus): a) wegnehmen, entfernen (von, aus), *Schlüssel etc.*, *a.* ⚔ *Truppen* abziehen, herˈausziehen (aus), b) entziehen (*dat.*), c) einziehen, d) *fig. Auftrag, Aussage etc.* widerˈrufen, *Wort etc.* zuˈrücknehmen: ***~ a motion*** e-n Antrag zurückziehen; **2.** ✝ a) *Geld* abheben, *a. Kapital* entnehmen, b) *Kredit* kündigen; **II** *v/i.* **3.** (***from***) sich zuˈrückziehen (von, aus): a) sich entfernen, b) zuˈrückgehen, ⚔ *a.* sich absetzen, c) zuˈrücktreten (von *e-m Posten, Vertrag*), d) austreten (aus *e-r Gesellschaft*), e) *fig.* sich distanzieren (von *j-m, e-r Sache*): ***~ within o.s.*** *fig.* sich in sich selbst zurückziehen; **withˈdraw·al** [-ɔːəl] *s.* **1.** Zuˈrückziehung *f*, -nahme *f* (*a. fig. Widerrufung*) (*a.* ⚔ *von Truppen*): ***~*** (***from circulation***) Einziehung, Außerkurssetzung *f*; **2.** ✝ (Geld)Abhebung *f*, Entnahme *f*; **3.** *bsd.* ⚔ Ab-, Rückzug *m*; **4.** (***from***) Rücktritt *m* (von *e-m Amt, Vertrag etc.*), Ausscheiden *n* (aus); **5.** Entzug *m*; **6.** ⚕ Entziehung *f*: ***~ cure***; ***~ symptoms*** Entziehungs-, Ausfallserscheinungen *pl.*; **7.** *sport* Startverzicht *m*; **withˈdrawn** [-ɔːn] **I** *pp von* ***withdraw***; **II** *adj.* **1.** *psych.* in sich gekehrt; **2.** zuˈrückgezogen.

with·er [ˈwɪðə] **I** *v/i.* **1.** *oft* ***~ up*** (ver-)welken, verdorren, austrocknen; **2.** *fig.* a) vergehen (*Schönheit etc.*), b) ‚eingehen' (*Firma etc.*), c) *oft* ***~ away*** schwinden (*Hoffnung etc.*); **II** *v/t.* **3.** (ver)welken lassen, ausdörren, -trocknen: ***~ed*** *fig.* verhutzelt; **4.** *fig. j-n mit e-m Blick etc.*, *a. j-s Ruf* vernichten; **with·er·ing** [ˈwɪðərɪŋ] *adj.* □ **1.** ausdörrend; **2.** *fig.* vernichtend: ***a ~ look*** (***remark***).

with·ers [ˈwɪðəz] *s. pl. zo.* ˈWiderrist *m* (*Pferd etc.*): ***my ~ are unwrung*** *fig.* das trifft mich nicht.

withˈhold *v/t.* [*irr.* → ***hold²***] **1.** zuˈrück-, abhalten (***s.o. from*** j-n von *et.*): ***~ o.s. from s.th.*** sich e-r Sache enthalten; ***~ing tax*** Quellensteuer *f*; **2.** vorenthalten, versagen (***s.th. from s.o.*** j-m et.).

with·in [wɪˈðɪn] **I** *prp.* **1.** innerhalb von (*od. gen.*), in (*dat.*) (*beide a. zeitlich binnen*): ***~ 3 hours*** binnen *od.* in nicht mehr als 3 Stunden; ***~ a week of his arrival*** e-e Woche nach *od.* vor s-r Ankunft; **2.** im *od.* in den Bereich von: ***~ call*** (***hearing***, ***reach***, ***sight***) in Ruf- (Hör-, Reich-, Sicht)weite; ***~ the meaning of the Act*** im Rahmen des Gesetzes; ***~ my powers*** a) im Rahmen m-r Befugnisse, b) soweit es in m-n Kräften steht; ***~ o.s.*** *sport* ohne sich zu verausgaben (*laufen etc.*); ***live ~ one's income*** nicht über s-e Verhältnisse leben; **3.** im ˈUmkreis von, nicht weiter (entfernt) als: ***~ a mile of*** bis auf e-e Meile von; → ***ace*** 3; **II** *adv.* **4.** (dr)innen, drin, im Innern: ***~ and without*** innen u. außen; ***from ~*** von innen; **5.** a) im *od.* zu Hause, drinnen, b) ins Haus, hiˈnein; **6.** *fig.* innerlich, im Innern; **III** *s.* **7.** *das* Innere.

with·out [wɪˈðaʊt] **I** *prp.* **1.** ohne (***doing*** zu tun): ***~ difficulty***; ***~ his finding me*** ohne daß er mich fand *od.* findet; ***~ doubt*** zweifellos; → ***do without***, ***go without***; **2.** außerhalb, jenseits, vor (*dat.*); **II** *adv.* **3.** (dr)außen, äußerlich; **4.** ohne: ***go ~*** leer ausgehen; **III** *s.* **5.** *das* Äußere: ***from ~*** von außen; **IV** *cj.* **6.** *a.* ***~ that*** *obs. od.* F a) wenn nicht, außer wenn, b) ohne daß.

withˈstand [*irr.* → ***stand***] *v/t.* widerˈstehen (*dat.*): a) sich widerˈsetzen (*dat.*), b) aushalten (*acc.*), standhalten (*dat.*).

wit·less [ˈwɪtlɪs] *adj.* □ **1.** geist-, witzlos; **2.** dumm, einfältig; **3.** verrückt; **4.** ahnungslos.

wit·ness [ˈwɪtnɪs] **I** *s.* **1.** Zeuge *m*, Zeugin *f* (*a.* ⚖ *u. fig.*): ***be a ~ of s.th.*** Zeuge von et. sein; ***call s.o. to ~*** j-n als Zeugen anrufen; ***a living ~ to*** ein lebender Zeuge (*gen.*); ***~ for the prosecution*** (*Brit. a.* ***for the Crown***) Belastungszeuge; ***prosecuting ~*** a) Nebenkläger(in), b) Belastungszeuge; ***~ for the defence*** (*Am.* ***defense***) Entlastungszeuge; *2 eccl.* Zeuge Jeˈhovas; **2.** Zeugnis *n*, Bestätigung *f*, Beweis *m* (***of***, ***to*** *gen. od.* für): ***bear ~ to*** (*od.* ***of***) Zeugnis ablegen von, *et.* bestätigen; ***in ~ whereof*** zum Zeugnis *od.* urkundlich

dessen; **II** *v/t.* **3.** bezeugen, beweisen: **~ *Shakespeare*** als Beweis dient Shakespeare; **4.** Zeuge sein von, zu'gegen sein bei, (mit)erleben (*a. fig.*); **5.** *fig.* zeugen von, Zeuge sein von; **6.** ⚖ *j-s Unterschrift* beglaubigen, *Dokument* als Zeuge unter'schreiben; **III** *v/i.* **7.** zeugen, Zeuge sein, Zeugnis ablegen, ⚖ *a.* aussagen (***against*** gegen, ***for***, ***to*** für): **~ *to s.th.*** *fig.* et. bezeugen; ***this agreement ~eth*** ⚖ dieser Vertrag be-inhaltet; **~ box** *bsd. Brit.*, **~ stand** *Am. s.* ⚖ Zeugenstand *m.*

wit·ted ['wɪtɪd] *adj. in Zssgn* …denkend, …sinnig; → ***half-witted*** *etc.*

wit·ti·cism ['wɪtɪsɪzəm] *s.* witzige Bemerkung.

wit·ti·ness ['wɪtɪnɪs] *s.* Witzigkeit *f.*

wit·ting·ly ['wɪtɪŋlɪ] *adv.* wissentlich.

wit·ty ['wɪtɪ] *adj.* □ witzig, geistreich.

wives [waɪvz] *pl. von* ***wife***.

wiz [wɪz] F *für* ***wizard*** 2.

wiz·ard ['wɪzəd] **I** *s.* **1.** Zauberer *m*, Hexenmeister *m* (*beide a. fig.*); **2.** *fig.* Ge'nie *n*, Leuchte *f*, ‚Ka'none' *f*; **II** *adj.* **3.** magisch, Zauber…; **4.** F ‚phan'tastisch'; **'wiz·ard·ry** [-drɪ] *s.* Zaube'rei *f*, Hexe'rei *f* (*a. fig.*).

wiz·en ['wɪzn], **'wiz·ened** [-nd] *adj.* verhutzelt, schrump(e)lig.

wo, **woa** [wəʊ] *int.* brr! (*zum Pferd*).

wob·ble ['wɒbl] **I** *v/i.* **1.** wackeln; schwanken (*a. fig.* ***between*** zwischen); **2.** schlottern (*Knie etc.*); **3.** ⚙ a) flattern (*Rad*), b) ‚eiern' (*Schallplatte*); **II** *s.* **4.** Wackeln *n*; Schwanken *n* (*a. fig.*); ⚙ Flattern *n*; **'wob·bly** [-lɪ] *adj.* wack(e)lig.

woe [wəʊ] **I** *int.* wehe!, ach!; **II** *s.* Weh *n*, Leid *n*, Kummer *m*, Not *f*: ***face of ~*** jämmerliche Miene; ***tale of ~*** Leidensgeschichte *f*; ***~ is me!*** wehe mir!; **~ (*be*) *to …!*, ~ *betide …!*** wehe (*dat.*)!, verflucht sei(en) …!; → ***weal***[1]; **woe·begone** ['wəʊbɪˌgɒn] *adj.* **1.** leid-, jammervoll, vergrämt; **2.** verwahrlost; **woe·ful** ['wəʊfʊl] *adj.* □ *rhet. od. humor.* **1.** kummer-, sorgenvoll; **2.** elend, jammervoll; **3.** *contp.* erbärmlich, jämmerlich.

wog [wɒg] *s. sl. contp.* farbiger Ausländer.

woke [wəʊk] *pret. von* ***wake***[2].

wold [wəʊld] *s.* **1.** hügeliges Land; **2.** Hochebene *f.*

wolf [wʊlf] **I** *pl.* **wolves** [-vz] *s.* **1.** *zo.* Wolf *m*: ***a ~ in sheep's clothing*** *fig.* ein Wolf im Schafspelz; ***lone ~*** *fig.* Einzelgänger *m*; ***cry ~*** *fig.* blinden Alarm schlagen; ***keep the ~ from the door*** *fig.* sich über Wasser halten; **2.** *fig.* a) Wolf *m*, räuberische *od.* gierige Per'son, b) F ‚Casa'nova' *m*, Schürzenjäger *m*; **3.** ♪ Disso'nanz *f*; **II** *v/t.* **4.** *a.* **~ *down*** *Speisen* (gierig) verschlingen; **~ call** *s. Am.* F *bewundernder Pfiff od. Ausruf* (*beim Anblick e-r attraktiven Frau*); **~ cub** *s. zo.* junger Wolf.

wolf·ish ['wʊlfɪʃ] *adj.* □ **1.** wölfisch (*a. fig.*), Wolfs…; **2.** *fig.* wild, gefräßig: **~ *appetite*** Wolfshunger *m.*

wolf pack *s.* **1.** Wolfsrudel *n*; **2.** ⚓, ⚔ Rudel *n* U-Boote.

wolf·ram ['wʊlfrəm] *s.* **1.** ⚗ Wolfram *n*; **2.** → **'wolf·ram·ite** [-maɪt] *s. min.* Wolfra'mit *m.*

wol·ver·ine ['wʊlvəri:n] *s. zo.* (Amer.) Vielfraß *m.*

wolves [wʊlvz] *pl. von* ***wolf***.

wom·an ['wʊmən] **I** *pl.* **wom·en** ['wɪmɪn] *s.* **1.** Frau *f*, Weib *n*: **~ *of the world*** Frau von Welt; ***play the ~*** empfindsam *od.* ängstlich sein; → ***women***; **2.** a) Hausangestellte *f*, b) Zofe *f*; **3.** (*ohne Artikel*) das weibliche Geschlecht, die Frauen *pl.*, das Weib: ***born of ~*** vom Weibe geboren (*sterblich*); ***~'s reason*** weibliche Logik; **4.** ***the ~*** *fig.* das Weib, die Frau, das typisch Weibliche; **5.** F a) (Ehe)Frau *f*, b) Freundin *f*, Geliebte *f*; **II** *adj.* **6.** weiblich, Frauen…: **~ *doctor*** Ärztin *f*; **~ *student*** Studentin *f.*

wom·an·hood ['wʊmənhʊd] *s.* **1.** Stellung *f* der (erwachsenen) Frau: ***reach ~*** e-e Frau werden; **2.** Weiblich-, Fraulichkeit *f*; **3.** → ***womankind*** 1; **'wom·an·ish** [-nɪʃ] *adj.* □ **1.** *contp.* weibisch; **2.** → ***womanly***; **'wom·an·ize** [-naɪz] **I** *v/t.* weibisch machen; **II** *v/i.* F hinter den Weibern her sein; **'wom·an·iz·er** [-naɪzə] *s.* F Schürzenjäger *m.*

ˌwom·an|'kind *s.* **1.** *coll.* Frauen(welt *f*) *pl.*, Weiblichkeit *f*; **2.** → ***womenfolk*** 2; **'~·like** *adj.* wie e-e Frau, fraulich, weiblich.

wom·an·li·ness ['wʊmənlɪnɪs] *s.* Fraulich-, Weiblichkeit *f*; **wom·an·ly** ['wʊmənlɪ] *adj.* fraulich, weiblich (*a. weitS.*).

womb [wu:m] *s. anat.* Gebärmutter *f*; *weitS.* (Mutter)Leib *m*, Schoß *m* (*a. fig. der Erde, der Zukunft etc.*); **~ en·vy** *s. psych.* Gebärneid *m*; **ˌ~-to-'tomb** *adj.* von der Wiege bis zur Bahre.

wom·en ['wɪmɪn] *pl. von* ***woman***: ***~'s rights*** Frauenrechte; ***~'s team*** *sport* Damenmannschaft *f*; **'~·folk** *s. pl.* **1.** → ***womankind*** 1; **2.** *die* Frauen *pl.* (*in e-r Familie*), *mein etc.* ‚Weibervolk' *n* (da'heim).

Wom·en's| Lib [lɪb] F, **~ Lib·e·ra·tion (Move·ment)** *s.* 'Frauenemanzipatiˌonsbewegung *f*; **~ Lib·ber** ['lɪbə] *s.* F Anhängerin *f* der Emanzipati'onsbewegung, *contp.* ‚E'manze' *f.*

won [wʌn] *pret. u. p.p. von* ***win***.

won·der ['wʌndə] **I** *s.* **1.** Wunder *n*, *et.* Wunderbares, Wundertat *f*, -werk *n*: ***a ~ of skill*** ein (wahres) Wunder an Geschicklichkeit (*Person*); ***the 7 ~s of the world*** die 7 Weltwunder; ***work*** (*od.* ***do***) ***~s*** Wunder wirken; ***promise ~s*** *j-m* goldene Berge versprechen; (***it is***) ***no*** (*od.* ***small***) **~ *that*** kein Wunder, daß; ***~s will never cease*** es gibt immer noch Wunder; → ***nine*** 1, ***sign*** 8; **2.** Verwunderung *f*, (Er)Staunen *n*: ***filled with ~*** von Staunen erfüllt; ***for a ~*** a) erstaunlicherweise, b) ausnahmsweise; ***in ~*** erstaunt, verwundert; **II** *v/i.* **3.** sich (ver)wundern, erstaunt sein (***at***, ***about*** über *acc.*): ***not to be ~ed at*** nicht zu verwundern; **4.** a) neugierig *od.* gespannt sein, gern wissen mögen (***if***, ***whether***, ***what*** *etc.*), b) sich fragen *od.* über'legen: ***I ~ whether I might …?*** dürfte ich vielleicht …?, ob ich wohl … kann?; ***I ~ if you could help me*** vielleicht können Sie mir helfen; ***well, I ~!*** na, ich weiß nicht (recht)!; **~ boy** *s.* ‚Wunderknabe' *m*; **~ child** *s.* [*irr.*] *Am.* Wunderkind *n*; **~ drug** *s.* Wunderdroge *f*, -mittel *n.*

won·der·ful ['wʌndəfʊl] *adj.* □ wunderbar, -voll, herrlich: ***not so ~*** F nicht so toll.

won·der·ing ['wʌndərɪŋ] *adj.* □ verwundert, erstaunt, staunend.

'won·der·land *s.* Wunder-, Märchenland *n* (*a. fig.*).

won·der·ment ['wʌndəmənt] *s.* Verwunderung *f*, Staunen *n.*

'won·der|-struck *adj.* von Staunen ergriffen (***at*** über *acc.*); **'~-ˌwork·er** *s.* Wundertäter(in); **'~-ˌwork·ing** *adj.* wundertätig.

won·drous ['wʌndrəs] *rhet.* **I** *adj.* □ wundersam, -bar; **II** *adv.* a) wunderbar(erweise), b) außerordentlich.

won·ky ['wɒŋkɪ] *adj. Brit. sl.* wack(e)lig (*a. fig.*).

won't [wəʊnt] F *für* ***will not***.

wont [wəʊnt] **I** *adj.*: ***be ~ to do*** gewohnt sein *od.* pflegen zu tun; **II** *s.* Gewohnheit *f*, Brauch *m*; **'wont·ed** [-tɪd] *adj.* **1.** *obs.* gewohnt; **2.** gewöhnlich, üblich; **3.** *Am.* eingewöhnt (***to*** in *dat.*).

woo [wu:] *v/t.* **1.** werben *od.* freien um, *j-m* den Hof machen; **2.** *fig.* trachten nach, buhlen um; **3.** *fig.* a) *j-n* um'werben, b) locken, drängen (***to*** zu).

wood [wʊd] **I** *s.* **1.** *oft pl.* Wald *m*, Waldung *f*, Gehölz *n*: ***be out of the ~*** (*Am.* ***~s***) F über den Berg sein; ***he cannot see the ~ for the trees*** er sieht den Wald vor lauter Bäumen nicht; → ***halloo*** III; **2.** Holz *n*: ***touch ~!*** unberufen!; **3.** (Holz)Faß *n*: ***wine from the ~*** Wein (direkt) vom Faß; **4.** ***the ~*** ♪ → ***woodwind*** 2; **5.** → ***wood block*** 2; **6.** *Bowling*: (*bsd.* abgeräumter) Kegel; **7.** *pl. Skisport*: ‚Bretter' *pl.*; **8.** *Golf*: Holz (-schläger *m*) *n*; **II** *adj.* **9.** hölzern, Holz…; **10.** Wald…; **~ al·co·hol** *s.* ⚗ Holzgeist *m*; **~ a·nem·o·ne** *s.* ⚘ Buschwindrös-chen *n*; **'~·bind**, **'~·bine** *s.* **1.** ⚘ Geißblatt *n*; **2.** *Am.* wilder Wein; **~ block** *s.* **1.** Par'kettbrettchen *n*; **2.** *typ.* a) Druckstock *m*, b) Holzschnitt *m*; **~ carv·er** *s.* Holzschnitzer *m*; **~ carv·ing** *s.* Holzschnitze'rei *f* (*a. Schnitzwerk*); **'~·chuck** *s. zo.* (amer.) Waldmurmeltier *n*; **~ coal** *s.* **1.** *min.* Braunkohle *f*; **2.** Holzkohle *f*; **'~·cock** *s. orn.* Waldschnepfe *f*; **'~·craft** *s.* **1.** die Fähigkeit, im Wald zu (über)leben; **2.** Holzschnitze'rei *f*; **'~·cut** *s. typ.* **1.** Holzstock *m* (*Druckform*); **2.** Holzschnitt *m* (*Druckerzeugnis*); **'~ˌcut·ter** *s.* **1.** Holzfäller *m*; **2.** *Kunst*: Holzschneider *m.*

wood·ed ['wʊdɪd] *adj.* bewaldet, waldig, Wald…

wood·en ['wʊdn] *adj.* □ **1.** hölzern, Holz…: ♀ ***Horse*** *das* Trojanische Pferd; **~ *spoon*** a) Holzlöffel *m*, b) *bsd. sport* Trostpreis *m*; **2.** *fig.* hölzern, steif (*a. Person*); **3.** *fig.* ausdruckslos (*Gesicht etc.*); **4.** stumpf(sinnig).

wood| en·grav·er *s.* Holzschneider *m*; **~ en·grav·ing** *s.* **1.** Holzschneiden *n*; **2.** Holzschnitt *m.*

'wood·en|ˌhead·ed *adj.* F dumm.

wood| gas *s.* ⚙ Holzgas *n*; **~ grouse** *s. orn.* Auerhahn *m.*

wood·i·ness ['wʊdɪnɪs] *s.* **1.** Waldreichtum *m*; **2.** Holzigkeit *f.*

wood| king·fish·er *s. orn.* Königsfischer *m*; **'~·land I** *s.* Waldland *n*, Waldung *f*; **II** *adj.* Wald…; **~ lark** *s. orn.* Heidelerche *f*; **~ louse** *s.* [*irr.*] *zo.*

Bohrassel *f*; '~·**man** [-mən] *s.* [*irr.*] **1.** *Brit.* Förster *m*; **2.** Holzfäller *m*; **3.** Jäger *m*; **4.** Waldbewohner *m*; ~ **naphtha** *s.* ⚗ Holzgeist *m*; ~ **nymph** *s.* **1.** *myth.* Waldnymphe *f*; **2.** *zo. eine* Motte; **3.** *orn. ein* Kolibri *m*; '~ˌ**peck·er** *s. orn.* Specht *m*; ~ **pi·geon** *s. orn.* Ringeltaube *f*; '~·**pile** *s.* Holzhaufen *m*, -stoß *m*; ~ **pulp** *s.* ⚙ Holz(zell)stoff *m*, Holzschliff *m*; '~·**ruff** *s.* ⚘ Waldmeister *m*; ~·**print** → ***woodcut*** 2; '~·**shav·ings** *s. pl.* Hobelspäne *pl.*; '~·**shed** *s.* Holzschuppen *m*.

woods·man ['wʊdzmən] *s.* [*irr.*] *s.* Waldbewohner *m*.

wood| sor·rel *s.* ⚘ Sauerklee *m*; ~ **spir·it** *s.* ⚗ Holzgeist *m*; ~ **tar** *s.* ⚗ Holzteer *m*; ~ **tick** *s. zo.* Holzbock *m*; '~·**wind** [-wɪnd] ♪ **I** *s.* **1.** 'Holzblasinstruˌment *n*; **2.** *oft pl.* 'Holzblasinstruˌmente *pl.* (*e-s Orchesters*), Holz(bläser *pl.*) *n*; **II** *adj.* **3.** Holzblas...; ~ **wool** *s.* ⚕ Zellstoffwatte *f*; '~·**work** *s.* △ **1.** Holz-, Balkenwerk *n*; **2.** Holzarbeit(en *pl.*) *f*; '~ˌ**work·ing I** *s.* Holzbearbeitung *f*; **II** *adj.* holzbearbeitend, Holzbearbeitungs...: ~ ***machine***; '~·**worm** *s. zo.* Holzwurm *m*.

wood·y ['wʊdɪ] *adj.* **1.** a) waldig, Wald..., b) waldreich; **2.** holzig, Holz...

'**wood·yard** *s.* Holzplatz *m*.

woo·er ['wu:ə] *s.* Freier *m*, Anbeter *m*.

woof[1] [wu:f] *s.* **1.** *Weberei:* a) Einschlag *m*, (Ein)Schuß *m*, b) Schußgarn *n*; **2.** Gewebe *n*.

woof[2] [wʊf] *v/i.* bellen.

woof·er ['wu:fə] *s.* ϟ Tieftonlautsprecher *m*.

woo·ing ['wu:ɪŋ] *s.* (*a. fig.* Liebes)Werben *n*, Freien *n*, Werbung *f*.

wool [wʊl] **I** *s.* **1.** Wolle *f*: ***dyed in the*** ~ in der Wolle gefärbt, *bsd. fig.* waschecht; → ***cry*** 2; **2.** Wollfaden *m*, -garn *n*; **3.** Wollstoff *m*, -tuch *n*; **4.** Zell-, Pflanzenwolle *f*; **5.** (*Baum-, Glas- etc.*)Wolle *f*; **6.** F ,Wolle' *f*, (kurzes) wolliges Kopfhaar: ***lose one's*** ~ ärgerlich werden; ***pull the ~ over s.o.'s eyes*** F j-n hinters Licht führen; **II** *adj.* **7.** wollen, Woll...; ~ **card** *s.* Wollkrempel *m*, -kratze *f*; ~ **clip** *s.* ⚚ (jährlicher) Wollertrag; ~ **comb·ing** *s.* Wollkämmen *n*; '~·**dyed** *adj.* in der Wolle gefärbt.

wool·en *Am.* → ***woollen***.

'**wool|ˌgath·er·ing I** *s. fig.* Verträumtheit *f*, Spintisieren *n*; **II** *adj.* verträumt, spintisierend; '~ˌ**grow·er** *s.* Schafzüchter *m*; ~ **hall** *s.* ⚚ *Brit.* Wollbörse *f*.

wool·i·ness *Am.* → ***woolliness***.

wool·len ['wʊlən] **I** *s.* **1.** Wollstoff *m*; **2.** *pl.* Wollsachen *pl.* (*a. wollene Unterwäsche*), Wollkleidung *f*; **II** *adj.* **3.** wollen, Woll...: ~ ***goods*** Wollwaren; ~ **drap·er** *s.* Wollwarenhändler *m*.

wool·li·ness ['wʊlɪnɪs] *s.* **1.** Wolligkeit *f*; **2.** *paint. u. fig.* Verschwommenheit *f*;

wool·ly ['wʊlɪ] **I** *adj.* **1.** wollig, weich, flaumig; **2.** Wolle tragend, Woll...; **3.** *paint. u. fig.* verschwommen; belegt (*Stimme*); **II** *s.* **4.** wollenes Kleidungsstück, *bsd.* Wolljacke *f*; *pl.* → ***woollen*** 2.

'**wool|·pack** *s.* **1.** Wollsack *m* (*Verpakkung*); **2.** Wollballen *m* (*240 englische Pfund*); **3.** *meteor.* Haufenwolke *f*; '~·**sack** *s. pol.* a) Wollsack *m* (*Sitz des Lordkanzlers im englischen Oberhaus*), b) *fig.* Amt *n* des Lordkanzlers; '~ˌ**sort·er** *s.* Wollsortierer *m* (*Person od. Maschine*): ~***'s disease*** ⚕ Lungenmilzbrand; '~ˌ**sta·pler** *s.* ⚚ **1.** Woll(groß)händler *m*; **2.** Wollsortierer *m*; '~·**work** *s.* Wollsticke'rei *f*.

wool·y *Am.* → ***woolly***.

woo·pies ['wu:pɪz] *s. pl.* wohlhabende Seni'oren *pl.* (= ***well-off older people***).

wooz·y ['wu:zɪ] *adj. Am. sl.* **1.** (*von Alkohol etc.*) benebelt; **2.** a) wirr (im Kopf, b) ,komisch' (im Magen).

wop [wɒp] *s. sl. contp.* ,Itaker' *m*, ,Spa'ghetti(fresser)' *m*.

word [wɜ:d] **I** *s.* **1.** Wort *n*: ~***s*** a) Worte, b) *ling.* Wörter; ~ ***for*** ~ Wort für Wort, (wort)wörtlich; ***at a*** ~ sofort, aufs Wort; ***in a*** ~ mit 'einem Wort, kurz (-um); ***in other ~s*** mit anderen Worten; ***in so many ~s*** wörtlich, ausdrücklich; ***the last*** ~ a) das letzte Wort (***on*** in *e-r Sache*), b) das Allerneueste *od.* -beste (***in*** an *dat.*); ***have the last*** ~ das letzte Wort haben; ***have no ~s for*** nicht wissen, was man zu *e-r Sache* sagen soll; ***put into ~s*** in Worte fassen; ***too silly for ~s*** unsagbar dumm; ***cold's not the ~ for it!*** F kalt ist gar kein Ausdruck!; ***he is a man of few ~s*** er macht nicht viele Worte, er ist ein schweigsamer Mensch; ***he hasn't a ~ to throw at a dog*** er macht den Mund nicht auf; **2.** Wort *n*, Ausspruch *m*: ~***s*** Worte, Rede, Äußerung; ***by ~ of mouth*** mündlich; ***have a ~ with s.o.*** (kurz) mit j-m sprechen; ***have a ~ to say*** et. (Wichtiges) zu sagen haben; ***put in*** (*od.* ***say***) ***a*** (***good***) ~ ***for*** ein (gutes) Wort einlegen für; ***I take your ~ for it*** ich glaube es dir; **3.** *pl.* Text *m e-s Lieds etc.*; **4.** *pl.* Wortwechsel *m*, Streit *m*: ***have ~s*** (***with***) sich streiten *od.* zanken mit; **5.** a) Befehl *m*, Kom'mando *n*, b) Losung *f*, Pa'role *f*, c) Zeichen *n*, Si'gnal *n*: ***give the*** ~ (***to do***); ***pass the*** ~ durch-, weitersagen; ***sharp's the ~!*** (jetzt aber) dalli!; **6.** Bescheid *m*, Nachricht *f*: ***leave*** ~ Bescheid hinterlassen (***with*** bei); ***send ~ to*** *j-m* Nachricht geben; **7.** Wort *n*, Versprechen *n*: ~ ***of hono***(***u***)***r*** Ehrenwort; ***break*** (***give*** *od.* ***pass, keep***) ***one's*** ~ sein Wort brechen (geben, halten); ***take s.o. at his*** ~ j-n beim Wort nehmen; ***he is as good as his*** ~ er ist ein Mann von Wort; er hält, was er verspricht; (***up***)***on my ~!*** auf mein Wort!; **8.** ***the*** ♀ *eccl.* das Wort Gottes, das Evan'gelium; **II** *v/t.* **9.** in Worte fassen, (in Worten) ausdrücken, formulieren: ~***ed as follows*** mit folgendem Wortlaut; ~ **ac·cent** *s. ling.* 'Wortakˌzent *m*; '~·**blind** *adj.* ⚕ wortblind; '~·**book** *s.* **1.** Vokabu'lar *n*; **2.** Wörterbuch *n*; **3.** ♪ Textbuch *n*, Li'bretto *n*; '~ˌ**catch·er** *s. contp.* Wortklauber *m*; '~·**deaf** *adj. psych.* worttaub; ~ **for·ma·tion** *s. ling.* Wortbildung *f*; ˌ~-**for**-'**word** *adj.* (wort)wörtlich.

word·i·ness ['wɜ:dɪnɪs] *s.* Wortreichtum *m*, Langatmigkeit *f*; '**word·ing** [-ɪŋ] *s.* Fassung *f*, Formulierung *f*, Wortlaut *m*.

word·less ['wɜ:dlɪs] *adj.* **1.** wortlos, stumm; **2.** schweigsam.

ˌ**word|-of-'mouth** *adj.* mündlich: ~ ***advertising*** Mundwerbung *f*; ~ **or·der** *s. ling.* Wortstellung *f* (*im Satz*); ~ **painting** anschauliche Schilderung; ˌ~-'**perfect** *adj.* **1.** *thea. etc.* textsicher; **2.** per'fekt auswendig gelernt: ~ ***text***; ~ **picture** → ***word painting***; '~·**play** *s.* Wortspiel *n*; ~ **pow·er** *s.* Wortschatz *m*; ~ **pro·cess·ing** *s. Computer:* Textverarbeitung *f*; '~ˌ**split·ting** *s.* Wortklaube'rei *f*.

word·y ['wɜ:dɪ] *adj.* ☐ **1.** Wort...: ~ ***warfare*** Wortkrieg *m*; **2.** wortreich, langatmig.

wore [wɔ:] *pret. von* ***wear***[1], *pret. u. p.p. von* ***wear***[2].

work [wɜ:k] **I** *s.* **1.** Arbeit *f*: a) Tätigkeit *f*, Beschäftigung *f*, b) Aufgabe *f*, c) Hand-, Nadelarbeit *f*, Sticke'rei *f*, Nähe'rei *f*, d) Leistung *f*, e) Erzeugnis *n*: ~ ***done*** geleistete Arbeit; ***a beautiful piece of*** ~ e-e schöne Arbeit; ***good ~!*** gut gemacht!; ***total ~ in hand*** ⚚ Gesamtaufträge *pl.*; ~ ***in process material*** ⚚ Material in Fabrikation; ***at*** ~ a) bei der Arbeit, b) in Tätigkeit, in Betrieb; ***be at ~ on*** arbeiten an (*dat.*); ***do*** ~ arbeiten; ***be in*** (***out of***) ~ (keine) Arbeit haben; (***put***) ***out of*** ~ arbeitslos (machen); ***set to*** ~ an die Arbeit gehen; ***have one's ~ cut out*** (***for one***) (,schwer) zu tun' haben; ***make*** ~ Arbeit verursachen; ***make sad ~ of*** arg wirtschaften mit; ***make short ~ of*** kurzen Prozeß *od.* nicht viel Federlesens machen mit; ***it's all in the day's*** ~ das ist nichts Besonderes, das gehört alles (mit) dazu; **2.** *phys.* Arbeit *f*: ***convert heat into*** ~; **3.** *künstlerisches etc.* Werk (*a. coll.*): ***the*** ~(***s***) ***of Bach***; **4.** a) Werk *n* (*Tat u. Resultat*): ***the ~ of a moment*** *es war* das Werk e-s Augenblicks, b) *bsd. pl. eccl.* (gutes) Werk; **5.** ⚙ → ***workpiece***; **6.** *pl.* a) (*bsd.* öffentliche) Bauten *pl. od.* Anlagen *pl.*, b) ⚔ Befestigungen *pl.*, (Festungs)Werk *n*; **7.** *pl. sg. konstr.* Werk *n*, Fa'brik(anlagen *pl.*) *f*, Betrieb *m*: ***iron~s*** Eisenhütte *f*; ~***s council*** (***engineer, outing, superintendent***) Betriebsrat (-ingenieur, -ausflug, -direktor) *m*; ~ ***manager*** Werkleiter *m*; **8.** *pl.* (Trieb-, Uhr- *etc.*)Werk *n*, Getriebe *n*; **9.** ***the ~s*** *sl.* alles, der ganze Krempel; ***give s.o. the ~s*** j-n ,fertigmachen'; ***shoot the ~s*** *Kartenspiel od. fig.* aufs Ganze gehen; **II** *v/i.* **10.** (***at***) arbeiten (an *dat.*), sich beschäftigen (mit): ~ ***to rule*** Dienst nach Vorschrift tun; **11.** arbeiten (*fig. kämpfen* ***against*** gegen, ***for*** für *e-e Sache*), sich anstrengen; **12.** ⚙ a) funktionieren, gehen (*beide a. fig.*), b) in Betrieb *od.* in Gang sein; **13.** *fig.* ,klappen', gehen, gelingen, sich machen lassen: ***it won't*** ~ es geht nicht; **14.** (*p.p. oft* ***wrought***) wirken (*a. Gift etc.*), sich auswirken ([***up***]***on, with*** auf *acc.*, bei); **15.** sich bearbeiten lassen; **16.** sich (*hindurch-, hoch- etc.*)arbeiten: ~ ***into*** eindringen in (*acc.*); ~ ***loose*** sich losarbeiten, sich lockern; **17.** in (heftiger) Bewegung sein; **18.** arbeiten, zucken (*Gesichtszüge etc.*), mahlen (*Kiefer*) (***with*** vor *Erregung etc.*); **19.** ⚓ *gegen den Wind etc.* fahren, segeln; **20.** gären; arbeiten (*a. fig. Gedanken etc.*); **21.** (hand)arbeiten, stricken, nähen; **III** *v/t.* **22.** *a.* ⚙ a) bearbeiten, *Teig* kneten, b) verarbeiten, (ver)formen, gestalten (***into*** zu);

23. *Maschine etc.* bedienen, *Wagen* führen, lenken; **24.** ⚙ (an-, be)treiben: **~ed by electricity**; **25.** ↗ *Boden* bearbeiten, bestellen; **26.** *Betrieb* leiten, *Fabrik etc.* betreiben, *Gut etc.* bewirtschaften; **27.** ⚒ *Grube* abbauen, ausbeuten; **28.** *geschäftlich* bereisen, bearbeiten; **29.** *j-n, Tiere tüchtig* arbeiten lassen, antreiben; **30.** *fig. j-n* bearbeiten, *j-m* zusetzen; **31.** arbeiten mit, bewegen: ***he ~ed his jaws*** s-e Kiefer mahlten; **32.** a) ***~ one's way*** sich (*hindurch- etc.*)arbeiten, b) verdienen, erarbeiten; → ***passage*** 6; **33.** sticken, nähen, machen; **34.** gären lassen; **35.** errechnen, lösen; **36.** (*p.p. oft* ***wrought***) her'vorbringen, -rufen, *Veränderung etc.* bewirken, *Wunder* wirken *od.* tun, führen zu, verursachen: ***~ hardship***; **37.** (*p.p. oft* ***wrought***) fertigbringen, zu'stande bringen: ***~ it*** F es ‚deichseln'; **38.** *sl. et.* ‚her'ausschlagen', ‚organisieren'; **39.** *in e-n Zustand* versetzen, erregen: ***~ o.s. into a rage*** sich in e-e Wut hineinsteigern;

Zssgn mit adv.:

work| a·round → ***work round***; **~ a·way** *v/i.* (flott) arbeiten (***at*** an *dat.*); **~ in I** *v/t.* einarbeiten, -flechten, -fügen; **II** *v/i.* ***~ with*** harmonieren mit, passen zu; **~ off** *v/t.* **1.** weg-, aufarbeiten; **2.** *überflüssige Energie* loswerden; **3.** *Gefühl* abreagieren (***on*** an *dat.*); **4.** *typ.* abdrucken, -ziehen; **5.** *Ware etc.* loswerden, abstoßen (***on*** an *acc.*); **6.** *Schuld* abarbeiten; **~ out I** *v/t.* **1.** ausrechnen, *Aufgabe* lösen; **2.** *Plan* ausarbeiten; **3.** bewerkstelligen; **4.** ⚒ abbauen, (*a. fig. Thema etc.*) erschöpfen; **II** *v/i.* **5.** sich her'ausarbeiten, zum Vorschein kommen (***from*** aus); **6. ~ *at*** sich belaufen auf (*acc.*); **7.** ‚klappen', *gut etc.* gehen, sich *gut etc.* anlassen: ***~ well*** (***badly***); **8.** *sport* trainieren; **~ o·ver** *v/t.* **1.** über'arbeiten; **2.** *sl. j-n* ‚in die Mache nehmen'; **~ round** *v/i.* **1. ~ *to*** a) *ein Problem etc.* angehen, b) sich 'durchringen zu; **2. ~ *to*** kommen zu, Zeit finden für; **3.** drehen (*Wind*); **~ to·geth·er** *v/i.* **1.** zs.-arbeiten; **2.** inein'andergreifen (*Zahnräder*); **~ up I** *v/t.* **1.** verarbeiten (***into*** zu); **2.** ausarbeiten, entwickeln; **3.** *Thema* bearbeiten; sich einarbeiten in (*acc.*), gründlich studieren; **4.** *Geschäft etc.* auf- *od.* ausbauen; **5.** a) *Interesse etc.* entwickeln, b) sich *Appetit etc.* holen; **6.** *Gefühl, Nerven, a. Zuhörer etc.* aufpeitschen, -wühlen, *Interesse* wecken: ***work o.s. up*** sich aufregen; ***~ a rage, work o.s. up into a rage*** sich in e-e Wut hineinsteigern; ***worked up*** aufgebracht; **II** *v/i.* **7.** *fig.* sich steigern (***to*** zu).

work·a·ble ['wɜːkəbl] *adj.* □ **1.** bearbeitungsfähig, (ver)formbar; **2.** betriebsfähig; **3.** 'durch-, ausführbar (*Plan etc.*); **4.** ⚒ abbauwürdig.

work·a·day ['wɜːkədeɪ] *adj.* **1.** Alltags...; **2.** *fig.* all'täglich.

work·a·hol·ic [ˌwɜːkə'hɒlɪk] *s.* Arbeitssüchtige(r *m*) *f*; Arbeitstier *n*.

'work|·bench *s.* ⚙ Werkbank *f*; **'~·book** *s.* **1.** ⚙ Betriebsanleitung *f*; **2.** *ped.* Arbeitsheft *n*; **'~·box** *s.* Nähkasten *m*; **~ camp** *s.* Arbeitslager *n*; **'~·day** *s.* Arbeits-, Werktag *m*: ***on ~s*** werktags.

work·er ['wɜːkə] *s.* **1.** a) Arbeiter(in), b) Angestellte(r *m*) *f*, c) Fachmann *m*, d) *allg.* Arbeitskraft *f*: ***~s*** Belegschaft *f*, Arbeiterschaft *f*; **2.** *fig.* Urheber(in); **3.** *a.* ***~ ant***, ***~ bee*** *zo.* Arbeiterin *f* (*Ameise, Biene*); **~ di·rec·tor** *s.* ✝ 'Arbeitsdiˌrektor *m*; **~ par·tic·i·pa·tion** *s.* ✝ Mitbestimmung *f*.

'work|ˌfel·low *s.* 'Arbeitskameˌrad *m*; **~ force** *s.* ✝ **1.** Belegschaft *f*; **2.** 'Arbeitskräftepotentiˌal *n*; **'~·girl** *s.* Fa'brikarbeiterin *f*; **'~·horse** *s.* Arbeitspferd *n* (*a. fig.*); **'~·house** *s.* **1.** *Brit. obs.* Armenhaus *n* (mit Arbeitszwang); **2.** ⚖ *Am.* Arbeitshaus *n*.

work·ing ['wɜːkɪŋ] **I** *s.* **1.** Arbeiten *n*; **2.** *a. pl.* Tätigkeit *f*, Wirken *n*; **3.** ⚙ Be-, Verarbeitung *f*; **4.** ⚙ a) Funktionieren *n*, b) Arbeitsweise *f*; **5.** Lösen *n e-s Problems*; **6.** mühsame Arbeit, Kampf *m*; **7.** Gärung *f*; **8.** *mst pl.* ⚒, *min.* a) Abbau *m*, b) Grube *f*; **II** *adj.* **9.** arbeitend, berufs-, werktätig: ***~ population***; ***~ student*** Werkstudent *m*; **10.** Arbeits...: ***~ method*** Arbeitsverfahren *n*; **11.** ⚙, ✝ Betriebs...(*-kapital, -kosten,* ⚡ *-spannung etc.*); **12.** grundlegend, Ausgangs..., Arbeits...: ***~ hypothesis***; ***~ title*** Arbeitstitel *m* (*e-s Buchs etc.*); **13.** brauchbar, praktisch: ***~ knowledge*** ausreichende Kenntnisse; **~ class** *s.* Arbeiterklasse *f*; **ˌ~-'class** *adj.* der Arbeiterklasse, Arbeiter...; **~ con·di·tion** *s.* **1.** ⚙ a) Betriebszustand *m*, b) *pl.* Betriebsbedingungen *pl.*; **2.** Arbeitsverhältnis *n*; **~ day** → ***workday***; **~ draw·ing** *s.* ⚙ Werk(statt)zeichnung *f*; **~ hour** *s.* Arbeitsstunde *f*; *pl.* Arbeitszeit *f*; **~ load** *s.* **1.** ⚡ Betriebsbelastung *f*; **2.** ⚙ Nutzlast *f*; **~ lunch** *s.* Arbeitsessen *n*; **~ ma·jor·i·ty** *s. pol.* arbeitsfähige Mehrheit; **'~·man** *s.* [*irr.*] → ***workman***; **~ mod·el** *s.* ⚙ Ver'suchsmoˌdell *n*; **~ or·der** *s.* ⚙ Betriebszustand *m*: ***in ~*** in betriebsfähigem Zustand; **ˌ~-'out** *s.* **1.** Ausarbeitung *f*; **2.** Lösung *f* (*e-r Aufgabe*); **~ stroke** *s. mot.* Arbeitstakt *m*; **~ sur·face** *s.* ⚙ Arbeits-, Lauffläche *f*.

work·less ['wɜːklɪs] *adj.* arbeitslos.

'work|·load *s.* Arbeitspensum *n*; **'~·man** [-mən] *s.* [*irr.*] **1.** Arbeiter *m*; **2.** Handwerker *m*; **'~·man·like** [-laɪk], **'~·ly** [-lɪ] *adj.* kunstgerecht, fachmännisch; **'~·man·ship** [-ʃɪp] *s.* **1.** *j-s* Werk *n*; **2.** Kunst(fertigkeit) *f*; **3.** *gute etc.* Ausführung; Verarbeitungsgüte *f*; Quali'tätsarbeit *f*; **'~·men's com·pen·sa·tion act** [-mənz] *s.* Arbeiterunfallversicherungsgesetz *n*; **'~·out** *s.* **1.** F *sport* (Konditi'ons)Training *n*; **2.** Versuch *m*, Erprobung *f*; **'~ˌpeo·ple** *s. pl.* Belegschaft *f*; **~ per·mit** *s.* Arbeitserlaubnis *f*; **'~·piece** *s.* ⚙ Arbeits-, Werkstück *n*; **'~·place** *s. Am.* Arbeitsplatz *m*; **~ shar·ing** *s.* ✝ Arbeitsaufteilung *f*; **~ sheet** *s.* **1.** 'Arbeitsbogen *m*, -ˌunterlage *f*; **2.** *Am.* ✝ 'Rohbiˌlanz *f*; **'~·shop** *s.* **1.** Werkstatt *f*: ***~ drawing*** ⚙ Werkstatt-, Konstruktionszeichnung *f*; **2.** *ped.* Werkraum *m*; **3.** *fig.* a) Werkstatt *f* (*e-r Künstlergruppe etc.*): ***~ theatre*** (*Am.* ***theater***) Werkstatttheater *n*, b) Workshop *m*, Kurs *m*, Semi'nar *n*; **'~·shy** *adj.* arbeitsscheu; **'~ˌta·ble** *s.* Werktisch *m*; **ˌ~-to-'rule** *s.* Dienst *m* nach Vorschrift; **'~·wear** *s.* Arbeitskleidung *f*; **'~ˌwom·an** *s.* [*irr.*] Arbeiterin *f*.

world [wɜːld] **I** *s.* **1.** *allg.* Welt *f*: a) Erde *f*, b) Himmelskörper *m*, c) (Welt)All *n*, d) *fig. die* Menschen *pl.*, *die* Leute *pl.*, e) Sphäre *f*, Mili'eu *n*, f) (Na'tur)Reich *n*: (***animal***) ***vegetable ~*** (Tier-) Pflanzenreich, -welt; ***lower ~*** Unterwelt; ***the commercial ~, the ~ of commerce*** die Handelswelt; ***the ~ of letters*** die gelehrte Welt; ***a ~ of difference*** ein himmelweiter Unterschied; ***other ~s*** andere Welten; ***all the ~*** die ganze Welt, jedermann; ***all the ~ over*** in der ganzen Welt; ***all the ~ and his wife*** F Gott u. die Welt; alles, was Beine hatte; ***for all the ~*** in jeder Hinsicht; ***for all the ~ like*** (*od.* ***as if***) genauso wie (*od.* als ob); ***for all the ~ to see*** vor aller Augen; ***from all over the ~*** aus aller Herren Länder; ***not for the ~*** nicht um die (*od.* alles in der) Welt; ***in the ~*** (auf) der Welt; ***out of this*** (*od.* ***the***) ***~*** *sl.* phantastisch; ***bring*** (***come***) ***into the ~*** zur Welt bringen (kommen); ***carry the ~ before one*** glänzenden Erfolg haben; ***have the best of both ~s*** die Vorteile beider Seiten genießen; ***put into the ~*** in die Welt setzen; ***think the ~ of*** große Stücke halten auf (*acc.*); ***she is all the ~ to him*** sie ist sein ein u. alles; ***how goes the ~ with you?*** wie geht's, wie steht's?; ***what*** (***who***) ***in the ~?*** was (wer) in aller Welt?; ***it's a small ~!*** die Welt ist ein Dorf!; **2.** ***a ~ of*** e-e Welt von, e-e Unmenge *Schwierigkeiten etc.*; **II** *adj.* **3.** Welt...: ***~ champion*** (***language***, ***literature***, ***politics***, ***record*** *etc.*); **♀ Court** *s.* Internationaler Ständiger Gerichtshof; **♀ Cup** *s.* **1.** *Skisport etc.*: Weltcup *m*; **2.** Fußballweltmeisterschaft *f*; **'~-ˌfa·mous** *adj.* weltberühmt.

world·li·ness ['wɜːldlɪnɪs] *s.* Weltlichkeit *f*, weltlicher Sinn.

world·ling ['wɜːldlɪŋ] *s.* Weltkind *n*.

world·ly ['wɜːldlɪ] *adj. u. adv.* **1.** weltlich, irdisch, zeitlich: ***~ goods*** irdische Güter; **2.** weltlich (gesinnt): ***~ innocence*** Weltfremdheit *f*; ***~ wisdom*** Weltklugheit *f*; **ˌ~-'wise** *adj.* weltklug.

world| pow·er *s. pol.* Weltmacht *f*; **~ se·ries** *s. Baseball*: US-Meisterschaftsspiele *pl.*; **'~ˌshak·ing** *adj. a. iro.* welterschütternd: ***it isn't ~ after all***; **~ view** *s.* Weltanschauung *f*; **♀ War** *s.* Weltkrieg *m*: ***~ I*** (***II***) erster (zweiter) Weltkrieg; **'~-ˌwea·ry** *adj.* weltverdrossen; **'~·wide** *adj.* weltweit, auf der ganzen Welt: ***~ reputation*** Weltruf *m*; ***~ strategy*** ⚔ Großraumstrategie *f*.

worm [wɜːm] **I** *s.* **1.** *zo.* Wurm *m* (*a. fig. contp. Person*): ***even a ~ will turn*** *fig.* auch der Wurm krümmt sich, wenn er getreten wird; **2.** *pl.* ⚕ Würmer *pl.*; **3.** ⚙ a) (Schrauben-, Schnecken)Gewinde *n*, b) (Förder-, Steuer- *etc.*)Schnecke *f*, c) (Rohr-, Kühl)Schlange *f*; **II** *v/t.* **4.** ***~ one's way*** (*od.* ***o.s.***) a) sich *wohin* schlängeln, b) *fig.* sich einschleichen (***into*** in *j-s Vertrauen etc.*); **5.** ***~ a secret out of s.o.*** j-m ein Geheimnis entlocken; **6.** ⚕ von Würmern befreien; **III** *v/i.* **7.** sich schlängeln, kriechen; **8.** sich winden; **~ drive** *s.* ⚙ Schneckenantrieb *m*; **'~-ˌeat·en** *adj.* **1.** wurmstichig; **2.** *fig.* veraltet; **~ gear** *s.* ⚙ **1.** Schneckengetriebe *n*; **2.** → ***worm wheel***; **'~'s-eye view** *s.* 'Froschperspek,tive *f*; ~ **thread** *s.* ⚙ Schneckengewinde *n*; ~ **wheel** *s.* ⚙ Schneckenrad *n*; '~**wood** *s.* **1.** ⚘ Wermut *m*; **2.** *fig.* Bitterkeit *f*: **be (gall and) ~ to** *j-n* bitter ankommen.

worm·y ['wɜ:mɪ] *adj.* **1.** wurmig, voller Würmer; **2.** wurmstichig; **3.** wurmartig; **4.** *fig.* kriecherisch.

worn [wɔ:n] **I** *p.p. von* **wear**[1]; **II** *adj.* **1.** getragen (*Kleider*); **2.** → **worn-out** 1; **3.** erschöpft, abgespannt; **4.** *fig.* abgedroschen: ~ **joke**; ,~-'**out** *adj.* **1.** abgetragen, -genutzt; **2.** völlig erschöpft, todmüde, zermürbt; **3.** → **worn** 4.

wor·ried ['wʌrɪd] *adj.* **1.** gequält; **2.** sorgenvoll, besorgt; **3.** beunruhigt, ängstlich; '**wor·ri·er** [-ɪə] *s.* j-d, der sich ständig Sorgen macht; '**wor·ri·ment** [-ɪmənt] *s.* F **1.** Plage *f*, Quäle'rei *f*; **2.** Angst *f*, Sorge *f*; '**wor·ri·some** [-ɪsəm] *adj.* **1.** quälend; **2.** lästig; **3.** beunruhigend; **4.** unruhig.

wor·ry ['wʌrɪ] **I** *v/t.* **1.** a) zausen, schütteln, beuteln, b) *Tier* (ab)würgen (*Hund etc.*); **2.** quälen, plagen (*a. fig. belästigen*); *fig. j-m* zusetzen: ~ **s.o. into a decision** j-n so lange quälen, bis er e-e Entscheidung trifft; ~ **s.o. out of s.th.** a) j-n mühsam von et. abbringen, b) j-n durch unablässiges Quälen um et. bringen; **3.** a) ärgern, b) beunruhigen, quälen, *j-m* Sorgen machen: ~ **o.s.** → 7; **4.** ~ **out** *Plan etc.* ausknobeln; **II** *v/i.* **5.** zerren, reißen (**at** an *dat.*); **6.** sich quälen *od.* plagen; **7.** sich beunruhigen, sich Gedanken *od.* Sorgen machen (**about, over** um, wegen); **8.** ~ **along** sich mühsam *od.* mit knapper Not durchschlagen; ~ **through s.th.** sich durch et. hindurchquälen; **III** *s.* **9.** Kummer *m*, Besorgnis *f*, Sorge *f*, (innere) Unruhe; **10.** (Ursache *f* von) Ärger *m*, Aufregung *f*; **11.** Quälgeist *m*; **12.** a) Schütteln *n*, Beuteln *n*, b) Abwürgen *n* (*bsd. vom Hund*); '**wor·ry·ing** [-ɪɪŋ] *adj.* □ beunruhigend, quälend.

worse [wɜ:s] **I** *adj.* (*comp. von* **bad, evil, ill**) **1.** schlechter, schlimmer (*beide a.* ⚕), übler, ärger: ~ **and** ~ immer schlechter *od.* schlimmer; **the** ~ desto schlimmer; **so much** (*od.* **all**) **the** ~ um so schlimmer; ~ **luck!** leider!, unglücklicherweise!, um so schlimmer!; **to make it** ~ (*Redew.*) um das Unglück vollzumachen; → **wear**[1] 14; **he is** ~ **than yesterday** es geht ihm schlechter als gestern; **2.** schlechter gestellt: (**not**) **to be the** ~ **for** (keinen) Schaden gelitten haben durch, (nicht) schlechter gestellt sein wegen; **he is none the** ~ (**for it**) er ist darum nicht übler dran; **you would be none the** ~ **for a walk** ein Spaziergang würde dir gar nichts schaden; **be** (**none**) **the** ~ **for drink** (nicht) betrunken sein; **II** *adv.* **3.** schlechter, schlimmer, ärger: **none the** ~ nicht schlechter; **be** ~ **off** schlechter daran sein; **you could do** ~ **than ...** du könntest ruhig ...; **III** *s.* **4.** Schlechtere(s) *n*, Schlimmere(s) *n*: ~ **followed** Schlimmeres folgte; → **better**[1] 2; **from bad to** ~ vom Regen in die Traufe; **a change for the** ~ e-e Wendung zum Schlechten; '**wors·en** [-sn] **I** *v/t.* **1.** schlechter machen, verschlechtern; **2.** *Unglück etc.* verschlimmern; **3.** *j-n* schlechter stellen; **II** *v/i.* **4.** sich verschlechtern *od.* verschlimmern; '**wors·en·ing** [-snɪŋ] *s.* Verschlechterung *f*, -schlimmerung *f*.

wor·ship ['wɜ:ʃɪp] **I** *s.* **1.** *eccl.* a) (*a. fig.*) Anbetung *f*, Verehrung *f*, Kult(us) *m*, b) (**public** ~ öffentlicher) Gottesdienst, Ritus *m*: **place of** ~ Kultstätte *f*, Gotteshaus *n*; **the** ~ **of wealth** *fig.* die Anbetung des Reichtums; **2.** (*der, die, das*) Angebetete; **3. his** (**your**) ♀ *bsd. Brit.* Seiner (Euer) Hochwürden (*Anrede, jetzt bsd. für Bürgermeister u. Richter*); **II** *v/t.* **4.** anbeten, verehren, huldigen (*dat.*) (*alle a. fig. vergöttern*); **III** *v/i.* **5.** beten, s-e Andacht verrichten; **wor·ship·er** *Am.* → **worshipper**; '**wor·ship·ful** [-fʊl] *adj.* □ **1.** verehrend, anbetend (*Blick etc.*); **2.** *obs.* (ehr)würdig, achtbar; **3.** (*in der Anrede*) hochwohllöblich, hochverehrt; '**wor·ship·per** [-pə] *s.* **1.** Anbeter(in), Verehrer(in): ~ **of idols** Götzendiener *m*; **2.** Beter(in): **the ~s** die Andächtigen, die Kirchgänger.

worst [wɜ:st] **I** *adj.* (*sup. von* **bad, evil, ill**) schlechtest, schlimmst, übelst, ärgst: **and, which is** ~ und, was das schlimmste ist; **II** *adv.* am schlechtesten *od.* übelsten, am schlimmsten *od.* ärgsten; **III** *s. der* (*die, das*) Schlechteste *od.* Schlimmste *od.* Ärgste: **at** (**the**) ~ schlimmstenfalls; **be prepared for the** ~ aufs Schlimmste gefaßt sein; **do one's** ~ es so schlecht *od.* schlimm wie möglich machen; **do your ~!** mach, was du willst!; **let him do his ~!** soll er nur!; **get the** ~ **of it** den kürzeren ziehen; **if** (*od.* **when**) **the** ~ **comes to the** ~ wenn es zum Schlimmsten kommt, wenn alle Stricke reißen; **he was at his** ~ er zeigte sich von seiner schlechtesten Seite, er war in denkbar schlechter Form; **see s.o.** (**s.th.**) **at his** (**its**) ~ j-n (et.) von der schlechtesten *od.* schwächsten Seite sehen; **the illness is at its** ~ die Krankheit ist auf ihrem Höhepunkt; **the** ~ **of it is** das Schlimmste daran ist; **IV** *v/t.* über'wältigen, schlagen.

wor·sted ['wʊstɪd] ⚙ **I** *s.* **1.** Kammgarn *n*, -wolle *f*; **2.** Kammgarnstoff *m*; **II** *adj.* **3.** wollen, Woll...: ~ **wool** Kammwolle *f*; ~ **yarn** Kammgarn *n*; **4.** Kammgarn...

wort[1] [wɜ:t] *in Zssgn* ...kraut *n*, ...wurz *f*.

wort[2] [wɜ:t] *s.* (Bier)Würze *f*: **original** ~ Stammwürze.

worth [wɜ:θ] **I** *adj.* **1.** (*e-n bestimmten Betrag*) wert (**to** *dat. od.* für): **he is** ~ **a million** er besitzt *od.* verdient e-e Million, er ist e-e Million wert; **for all you are** ~ F so sehr du kannst, ‚auf Teufel komm raus'; **my opinion for what it may be** ~ m-e unmaßgebliche Meinung; **take it for what it is ~!** *fig.* nimm es für das, was es wirklich ist!; **2.** *fig.* würdig, wert (*gen.*): ~ **doing** wert getan zu werden; ~ **mentioning** (**reading, seeing**) erwähnens- (lesens-, sehens-) wert; **be** ~ **the trouble, be** ~ **it** F sich lohnen, der Mühe wert sein; → **powder** 1, **while** 1; **II** *s.* **3.** Wert *m* (*a. fig. Bedeutung, Verdienst*): **of no** ~ wertlos; **get the** ~ **of one's money** für sein Geld et. (Gleichwertiges) bekommen; **20 pence's** ~ **of stamps** Briefmarken im Wert von 20 Pence, für 20 Pence Briefmarken; **men of** ~ verdiente *od.* verdienstvolle Leute.

wor·thi·ly ['wɜ:ðɪlɪ] *adv.* **1.** nach Verdienst, angemessen; **2.** mit Recht; **3.** würdig; '**wor·thi·ness** [-ɪnɪs] *s.* Wert *m*; **worth·less** ['wɜ:θlɪs] *adj.* □ **1.** wertlos; **2.** *fig.* un-, nichtswürdig.

,**worth'while** *adj.* lohnend, der Mühe wert.

wor·thy ['wɜ:ðɪ] **I** *adj.* □ → **worthily**; **1.** würdig, achtbar, angesehen; **2.** würdig, wert (**of** *gen.*): **be** ~ **of** *e-r Sache* wert *od.* würdig sein, *et.* verdienen; **he is not** ~ **of her** er ist ihrer nicht wert *od.* würdig; ~ **of credit** a) glaubwürdig, b) † kreditwürdig; ~ **of a better cause** e-r besseren Sache würdig; **3.** würdig (*Gegner, Nachfolger etc.*), angemessen (*Belohnung*); **4.** *humor.* trefflich, wakker (*Person*); **II** *s.* **5.** große Per'sönlichkeit, Größe *f*, Held(in) (*mst pl.*); **6.** *humor. der* Wackere.

would [wʊd; wəd] **1.** *pret. von* **will**[1] I: a) wollte(st), wollten: **he** ~ **not go** er wollte durchaus nicht gehen, b) pflegte(st), pflegten zu (*oft unübersetzt*): **he** ~ **take a walk every day** er pflegte täglich e-n Spaziergang zu machen; **now and then a bird** ~ **call** ab u. zu ertönte ein Vogelruf; **you** ~ **do that!** du mußtest das natürlich tun!, das sieht dir ähnlich!, c) *fragend*: würdest *du*?, würden *Sie*?: ~ **you pass me the salt, please?**, d) *vermutend*: **that** ~ **be 3 dollars** das wären (dann) 3 Dollar; **it** ~ **seem that** es scheint fast, daß; **2.** *konditional*: würde(st), würden: **she** ~ **do it if she could**; **he** ~ **have come if ...** er wäre gekommen, wenn ...; **3.** *pret. von* **will**[1] II: *ich* wollte *od.* wünschte *od.* möchte: **I** ~ **it were otherwise**; ~ (**to**) **God** wollte Gott; **I** ~ **have you know** ich muß Ihnen (schon) sagen.

would-be ['wʊdbi:] **I** *adj.* **1.** Möchtegern...: ~ **critic** Kritikaster *m*; ~ **painter** Farbenkleckser *m*; ~ **poet** Dichterling *m*; ~ **huntsman** Sonntagsjäger *m*; ~ **witty** geistreich sein sollend (*Bemerkung etc.*); **2.** angehend, zukünftig: ~ **author**, ~ **wife**; **II** *s.* **3.** Gernegroß *m*, Möchtegern *m*.

wound[1] [waʊnd] *pret. u. p.p. von* **wind**[2] *u.* **wind**[3].

wound[2] [wu:nd] **I** *s.* **1.** Wunde *f* (*a. fig.*), Verletzung *f*, -wundung *f*: ~ **of entry** (**exit**) ⚔ Einschuß *m* (Ausschuß *m*); **2.** *fig.* Verletzung *f*, Kränkung *f*; **II** *v/t.* **3.** verwunden, verletzen (*beide a. fig. kränken*); '**wound·ed** [-dɪd] *adj.* verwundet, verletzt (*beide a. fig. gekränkt*): ~ **veteran** Kriegsversehrte(r) *m*; **the** ~ die Verwundeten; ~ **vanity** gekränkte Eitelkeit.

wove [wəʊv] *pret. u. obs. p.p. von* **weave**; '**wo·ven** [-vən] *p.p. von* **weave**: ~ **goods** Web-, Wirkwaren.

wove pa·per *s.* ⚙ Ve'linpa,pier *n*.

wow [waʊ] **I** *int.* Mann!, toll!; **II** *s. bsd. Am. sl.* a) Bombenerfolg *m*, b) ‚tolles Ding', c) ‚toller Kerl', ‚tolle Frau' *etc.*: **he** (**it**) **is a** ~ er (es) ist 'ne Wucht; **III** *v/t. j-n* hinreißen.

wrack[1] [ræk] *s.* **1.** → **wreck** 1 *u.* 2; **2.** ~ **and ruin** Untergang u. Verderben; **go to** ~ untergehen; **3.** Seetang *m*.

wrack[2] → **rack**[4] I.

wraith [reɪθ] *s.* **1.** Geistererscheinung *f* (*bsd. von gerade Gestorbenen*); **2.** Geist *m*, Gespenst *n*.

wran·gle ['ræŋgl] **I** *v/i.* (sich) zanken *od.* streiten, sich in den Haaren liegen; **II** *s.* Streit *m*, Zank *m*; **'wran·gler** [-lə] *s.* **1.** Zänker(in), streitsüchtige Per'son; **2.** *univ. Brit. Student in Cambridge, der bei der höchsten mathematischen Abschlußprüfung den 1. Grad erhalten hat*; **3.** guter Debattierer; **4.** *Am.* Cowboy *m*.

wrap [ræp] **I** *v/t.* [*irr.*] **1.** wickeln, hüllen; *a. Arme* schlingen (***round*** um *acc.*); **2.** *mst* ~ ***up*** (ein)wickeln, (-)packen, (-)hüllen, (-)schlagen (***in*** in *acc.*): ~ ***o.s. up*** (***well***) sich warm anziehen; **3.** ~ ***up*** F a) *et.* glücklich ‚über die Bühne' bringen, b) abschließen, beenden; ~ ***it up*** die Sache (erfolgreich) zu Ende führen; ***that ~s it up*** (***for today***)**!** das wär's (für heute)!; **4.** *oft* ~ ***up*** *fig.* (ein)hüllen, verbergen, *Tadel etc.* (ver)kleiden (***in*** in *acc.*): ***~ped up in mystery*** *fig.* geheimnisvoll, rätselhaft; ***~ped*** (*od.* ***wrapt***) ***in silence*** in Schweigen gehüllt; ***be ~ped up in*** a) völlig in Anspruch genommen sein von (*e-r Arbeit etc.*), ganz aufgehen in (*s-r Arbeit, s-n Kindern etc.*), b) versunken sein in (*acc.*); **5.** *fig.* verwickeln, -stricken (***in*** in *acc.*); **II** *v/i.* [*irr.*] **6.** sich einhüllen: ~ ***up well!*** zieh dich warm an!; **7.** sich legen *od.* wickeln *od.* schlingen (***round*** um); **8.** sich legen (***over*** um) (*Kleider*); **9.** ~ ***up!*** *sl.* halt's Maul!; **III** *s.* **10.** Hülle *f*, *bsd.* a) Decke *f*, b) Schal *m*, Pelz *m*, c) 'Umhang *m*, Mantel *m*: ***keep s.th. under ~s*** *fig.* et. geheimhalten; **'~·a·round I** *adj.* ⚙ Rundum…, Vollsicht…(*-verglasung*): ~ ***windshield*** (*Brit.* ***windscreen***) *mot.* Panoramascheibe *f*; **II** *s.* Wickelbluse *f*, -kleid *n*.

wrap·per ['ræpə] *s.* **1.** (Ein)Packer(in); **2.** Hülle *f*, Decke *f*, 'Überzug *m*, Verpackung *f*; **3.** ('Buch)ˌUmschlag *m*, Schutzhülle *f*; **4.** *a.* ***postal*** ~ ✉ Kreuz-, Streifband *n*; **5.** a) Schal *m*, b) 'Überwurf *m*, c) Morgenrock *m*; **6.** Deckblatt *n* (*der Zigarre*); **'wrap·ping** [-pɪŋ] *s.* **1.** *mst pl.* Um'hüllung *f*, Hülle *f*, Verpackung *f*; **2.** Ein-, Verpacken *n*: ***~-paper*** Einwickel-, Packpapier *n*.

wrapt [ræpt] *pret. u. p.p. von* ***wrap***.

wrath [rɒθ] *s.* Zorn *m*, Wut *f*: ***the ~ of God*** der Zorn Gottes; ***he looked like the ~ of god*** F er sah gräßlich aus; **'wrath·ful** [-fʊl] *adj.* □ zornig, grimmig, wutentbrannt; **'wrath·y** [-θɪ] *adj.* □ *bsd.* F → ***wrathful***.

wreak [ri:k] *v/t.* *Rache* (aus)üben, *Wut etc.* auslassen ([***up***]***on*** an *dat.*).

wreath [ri:θ] *pl.* **wreaths** [-ðz] *s.* **1.** Kranz *m* (*a. fig.*), Gir'lande *f*, (Blumen-)Gewinde *n*; **2.** (*Rauch- etc.*)Ring *m*; **3.** Windung *f* (*e-s Seiles etc.*); **4.** (Schnee-*etc.*)Wehe *f*; **wreathe** [ri:ð] **I** *v/t.* **1.** winden, wickeln (***round***, ***about*** um); **2.** a) *Kranz etc.* flechten, winden, b) (zu Kränzen) flechten; **3.** um'kränzen, -'geben, -'winden; **4.** bekränzen, schmücken; **5.** kräuseln: ***~d in smiles*** lächelnd; **II** *v/i.* **6.** sich winden *od.* wikkeln; **7.** sich ringeln *od.* kräuseln (*Rauchwolke etc.*).

wreck [rek] **I** *s.* **1.** ⚓ a) (Schiffs)Wrack *n*, b) Schiffbruch *m*, Schiffsunglück *n*, c) ⚖ Strandgut *n*; **2.** Wrack *n* (*mot. etc.*, *a. fig. bsd. Person*), Ru'ine *f*, Trümmerhaufen *m* (*a. fig.*): ***nervous ~*** *fig.* Nervenbündel *n*; ***she is the ~ of her former self*** sie ist nur (noch) ein Schatten ihrer selbst; **3.** *pl.* Trümmer *pl.* (*oft fig.*); **4.** *fig.* a) Ru'in *m*, 'Untergang *m*, b) Zerstörung *f*, Vernichtung *f von Hoffnungen etc.*; **II** *v/t.* **5.** *allg.* zertrümmern, -stören, *Schiff* zum Scheitern bringen (*a. fig.*): ***be ~ed*** a) → 8, b) in Trümmer gehen, c) entgleisen (*Zug*); **6.** *fig.* zu'grunde richten, ruinieren, ka'puttmachen, *Gesundheit a.* zerrütten, *Pläne, Hoffnungen etc.* vernichten, zerstören; **7.** ⚓, ⚙ abwracken; **III** *v/i.* **8.** Schiffbruch erleiden, scheitern (*a. fig.*); **9.** verunglücken; **10.** zerstört *od.* vernichtet werden (*mst fig.*); **'wreck·age** [-kɪdʒ] *s.* **1.** Wrack(teile *pl.*) *n*, (Schiffs-, *allg.* Unfall)Trümmer *pl.*; **2.** *fig.* Strandgut *n* (des Lebens); **3.** → ***wreck*** 4; **wrecked** [-kt] *adj.* **1.** gestrandet, gescheitert (*a. fig.*); **2.** schiffbrüchig (*Person*); **3.** zertrümmert, zerstört, vernichtet (*alle a. fig.*); zerrüttet (*Gesundheit etc.*): ~ ***car*** Schrottauto *n*; **'wreck·er** [-kə] *s.* **1.** Strandräuber *m*; **2.** Sabo'teur *m*, Zerstörer *m* (*beide a. fig.*); **3.** ⚓ a) Bergungsschiff *n*, b) Bergungsarbeiter *m*; **4.** ⚙ Abbrucharbeiter *m*; **5.** *mot. Am.* Abschleppwagen *m*; **'wreck·ing** [-kɪŋ] *adj.* **1.** *Am.* Bergungs…: ~ ***crew***; ~ ***service*** (***truck***) *mot.* Abschleppdienst *m* (-wagen *m*); **2.** *Am.* Abbruch…: ~ ***company*** Abbruchfirma *f*.

wren[1] [ren] *s. orn.* Zaunkönig *m*.

Wren[2] [ren] *s.* ⚔ *Brit.* F Angehörige *f* des ***Women's Royal Naval Service***, Ma'rinehelferin *f*.

wrench [rentʃ] **I** *s.* **1.** (drehender *od.* heftiger) Ruck, heftige Drehung; **2.** ⚕ Verzerrung *f*, -renkung *f*, -stauchung *f*: ***give a ~ to*** → 7; **3.** *fig.* Verdrehung *f*, -zerrung *f*; **4.** *fig.* (Trennungs)Schmerz *m*: ***it was a great ~*** der Abschied tat sehr weh; **5.** ⚙ Schraubenschlüssel *m*; **II** *v/t.* **6.** (mit e-m Ruck) reißen, zerren, ziehen: ~ ***s.th.*** (***away***) ***from s.o.*** j-m et. entwinden *od.* -reißen (*a. fig.*); ~ ***open*** *Tür etc.* aufreißen; **7.** ⚕ verrenken, verstauchen; **8.** verdrehen, verzerren (*a. fig. entstellen*).

wrest [rest] **I** *v/t.* **1.** (gewaltsam) reißen: ~ ***from*** *j-m et.* entreißen, -winden, *fig. a.* abringen; **2.** *fig. Sinn, Gesetz etc.* verdrehen; **II** *s.* **3.** Ruck *m*, Reißen *n*; **4.** ♪ Stimmhammer *m*.

wres·tle ['resl] **I** *v/i.* **1.** *a. sport* ringen (*a. fig.* ***for*** um, ***with God*** mit Gott); **2.** *fig.* sich abmühen, kämpfen (***with*** mit); **II** *v/t.* **3.** ringen *od.* kämpfen mit; **III** *s.* **4.** → ***wrestling*** I; **5.** *fig.* Ringen *n*, schwerer Kampf; **'wres·tler** [-lə] *s.* *sport* Ringer *m*, Ringkämpfer *m*; **'wres·tling** [-lɪŋ] **I** *s.* *bsd. sport u. fig.* Ringen *n*; **II** *adj.* Ring…: ~ ***match*** Ringkampf *m*.

wretch [retʃ] **1.** *a.* ***poor ~*** armes Wesen, armer Kerl *od.* Teufel (*a. iro.*); **2.** Schuft *m*; **3.** *iro.* Wicht *m*, ‚Tropf' *m*; **wretch·ed** ['retʃɪd] *adj.* □ **1.** elend, unglücklich, *a.* deprimiert (*Person*); **2.** erbärmlich, mise'rabel, schlecht, dürftig; **3.** scheußlich, ekelhaft, unangenehm; **4.** *gesundheitlich* elend: ***feel ~*** sich elend *od.* schlecht fühlen; **wretch·ed·ness** ['retʃɪdnɪs] *s.* **1.** Elend *n*, Unglück *n*; **2.** Erbärmlichkeit *f*, Gemeinheit *f*.

wrig·gle ['rɪgl] **I** *v/i.* **1.** sich winden (*a. fig. verlegen od. listig*), sich schlängeln, zappeln: ~ ***along*** sich dahinschlängeln; ~ ***out*** sich herauswinden (***of s.th.*** aus e-r Sache) (*a. fig.*); **II** *v/t.* **2.** wackeln *od.* zappeln mit; mit *den Hüften* schaukeln; **3.** schlängeln, winden, ringeln: ~ ***o.s.*** (***along***, ***through***) sich (entlang-, hindurch)winden; ~ ***o.s. into*** *fig.* sich einschleichen in (*acc.*); ~ ***o.s. out of*** sich herauswinden aus; **III** *s.* **4.** Windung *f*, Krümmung *f*; **5.** schlängelnde Bewegung, Schlängeln *n*, Ringeln *n*, Wackeln *n*; **'wrig·gler** [-lə] *s.* **1.** Ringeltier *n*, Wurm *m*; **2.** *fig.* aalglatter Kerl.

wright [raɪt] *s. in Zssgn* …verfertiger *m*, …macher *m*, …bauer *m*.

wring [rɪŋ] **I** *v/t.* [*irr.*] **1.** ~ ***out*** *Wäsche etc.* (aus)wringen, auswinden; **2.** a) *e-m Tier den Hals* abdrehen, b) *j-m den Hals* 'umdrehen: ***I'll ~ your neck***; **3.** verdrehen, -zerren (*a. fig.*); **4.** a) *Hände* (*verzweifelt*) ringen, b) *j-m die Hand* (kräftig) drücken, pressen; **5.** *j-n* drükken (*Schuh etc.*); **6.** ~ ***s.o.'s heart*** *fig.* j-m sehr zu Herzen gehen, j-m ans Herz greifen; **7.** abringen, entreißen, -winden (***from s.o.*** j-m): ~ ***admiration from*** *j-m* Bewunderung abnötigen; **8.** *fig. Geld, Zustimmung* erpressen (***from***, ***out of*** von); **II** *s.* **9.** Wringen *n*, (Aus)Winden *n*; Pressen *n*, Druck *m*: ***give s.th. a ~*** → 1 *u.* 4b; **wring·er** ['rɪŋə] *s.* 'WringmaˌschIne *f*: ***go through the ~*** F ‚durch den Wolf gedreht werden'; **wring·ing** ['rɪŋɪŋ] *adj.* **1.** Wring…: ~ ***machine*** → ***wringer***; **2.** *a.* ~ ***wet*** F klatschnaß.

wrin·kle[1] ['rɪŋkl] **I** *s.* **1.** Runzel *f*, Falte *f* (*im Gesicht*); *a.* Kniff *m* (*in Papier etc.*); **2.** Unebenheit *f*, Vertiefung *f*, Furche *f*; **II** *v/t.* **3.** *oft* ~ ***up*** a) *Stirn, Augenbrauen* runzeln, b) *Nase* rümpfen; **4.** *Stoff, Papier etc.* falten, kniffen, zerknittern; **III** *v/i.* **5.** Falten werfen, Runzeln bekommen, sich runzeln, runz(e)lig werden, knittern.

wrin·kle[2] ['rɪŋkl] *s.* F **1.** Kniff *m*, Trick *m*; **2.** Wink *m*, Tip *m*; **3.** Neuheit *f*; **4.** Fehler *m*.

wrin·kly ['rɪŋklɪ] *adj.* **1.** faltig, runz(e)lig (*Gesicht etc.*); **2.** leicht knitternd (*Stoff*); **3.** gekräuselt.

wrist [rɪst] *s.* **1.** Handgelenk *n*; **2.** ⚙ → ***wrist pin***; **'~·band** [-stb-] *s.* **1.** Bündchen *n*, ('Hemd)ManˌschEtte *f*; **2.** Armband *n*; **'~·drop** *s.* ⚕ Handgelenkslähmung *f*.

wrist·let ['rɪstlɪt] *s.* **1.** Pulswärmer *m*; **2.** Armband *n*: ~ ***watch*** → ***wristwatch***; **3.** *sport* Schweißband *n*; **4.** *humor. od. sl.* Handschelle *f*.

wrist| pin *s.* ⚙ Zapfen *m*, *bsd.* Kolbenbolzen *m*; **'~·watch** *s.* Armbanduhr *f*.

writ [rɪt] *s.* **1.** ⚖ a) behördlicher Erlaß, b) gerichtlicher Befehl, c) *a.* ~ ***of summons*** (Vor)Ladung *f*: ~ ***of attachment*** a) Haftbefehl *m*, b) *dinglicher* Arrest(befehl); ~ ***of execution*** Vollstreckungsbefehl; ***take out a ~ against s.o.***, ***serve a ~ on s.o.*** j-n vorladen (lassen); **2.** ⚖ *hist. Brit.* Urkunde *f*; **3.** *pol. Brit.* Wahlausschreibung *f* für das Parla'ment; **4.** ***Holy*** (*od.* ***Sacred***) ~ *die*

Heilige Schrift.

write [raɪt] [*irr.*] **I** *v/t.* **1.** *et.* schreiben: ***writ(ten) large*** *fig.* deutlich, leicht erkennbar; **2.** (auf-, nieder)schreiben, schriftlich niederlegen, notieren, aufzeichnen: ***it is written that*** es steht geschrieben, daß; ***it is written on*** (*od.* ***all over***) ***his face*** es steht ihm im Gesicht geschrieben; **3.** *Scheck etc.* ausschreiben, -füllen; **4.** *Papier etc.* vollschreiben; **5.** *j-m et.* schreiben, schriftlich mitteilen: ***~ s.o. s.th.***; **6.** *Buch etc.* verfassen, *a. Musik* schreiben: ***~ poetry*** dichten, Gedichte schreiben; **7.** ***~ o.s.*** sich bezeichnen als; **II** *v/i.* **8.** schreiben; **9.** schreiben, schriftstellern; **10.** schreiben, schriftliche Mitteilung machen: ***it's nothing to ~ home about*** *fig.* das ist nichts Besonderes, darauf brauchst du dir (braucht er sich *etc.*) nichts einzubilden; ***~ to ask*** schriftlich anfragen; ***~ for s.th.*** et. anfordern, sich et. kommen lassen;

Zssgn mit adv.:

write| down *v/t.* **1.** → ***write*** 2; **2.** *fig.* a) (schriftlich) her'absetzen, herziehen über (*acc.*), b) nennen, bezeichnen *od.* hinstellen als; **3.** ✝ abschreiben; **~ in** *v/t.* einfügen, -tragen; **~ off** *v/t.* **1.** (schnell) her'unterschreiben, ,hinhauen'; **2.** ✝ (vollständig) abschreiben (*a. fig.*); **~ out** *v/t.* **1.** *Namen etc.* ausschreiben; **2.** abschreiben: ***~ fair*** ins reine schreiben; **3.** ***write o.s. out*** sich ausschreiben (*Autor*); **~ up** *v/t.* **1.** ausführlich darstellen *od.* beschreiben; **2.** *ergänzend* nachtragen, *Text* weiterführen; **3.** loben(d erwähnen), her'ausstreichen, anpreisen; **4.** ✝ e-n zu hohen Buchwert angeben für.

'write|-down *s.* ✝ Abschreibung *f*: **'~-off** *s.* a) ✝ (gänzliche) Abschreibung, b) *mot.* F To'talschaden: ***it's a ~*** F das können wir abschreiben.

writ·er ['raɪtə] *s.* **1.** Schreiber(in): ***~'s cramp*** (*od.* ***palsy***) Schreibkrampf *m*; **2.** Schriftsteller(in), Verfasser(in), Autor *m*, Au'torin *f*: ***the ~*** der Verfasser (= *ich*); ***~ for the press*** Journalist(in); **3.** ***~ to the signet*** *Scot.* No'tar *m*, Rechtsanwalt *m*; **'writ·er·ship** [-ʃɪp] *s. Brit.* Schreiberstelle *f*.

'write-up *s.* **1.** lobender Pressebericht *od.* Ar'tikel; **2.** ✝ zu hohe Buchwertangabe.

writhe [raɪð] *v/i.* **1.** sich krümmen, sich winden (***with*** vor *dat.*); **2.** *fig.* sich winden, leiden (***under***, ***at*** unter *e-r Kränkung etc.*).

writ·ing ['raɪtɪŋ] **I** *s.* **1.** Schreiben *n* (*Tätigkeit*); **2.** Schriftstelle'rei *f*; **3.** schriftliche Ausfertigung *od.* Abfassung; **4.** Schreiben *n*, Schriftstück *n*, *et.* Geschriebenes, *a.* Urkunde *f*: ***in ~*** schriftlich; ***the ~ on the wall*** *fig.* die Schrift an der Wand, das Menetekel; **5.** Schrift *f*, *literarisches* Werk; Aufsatz *m*, Ar'tikel *m*; **6.** Brief *m*; **7.** Inschrift *f*; **8.** Schreibweise *f*, Stil *m*; **9.** (Hand)Schrift *f*; **II** *adj.* **10.** schreibend, *bsd.* schriftstellernd: ***~ man*** Schriftsteller *m*; **11.** Schreib...; **~ book** *s.* Schreibheft *n*; **~ case** *s.* Schreibmappe *f*; **~ desk** *s.* Schreibtisch *m*; **~ pad** *s.* 'Schreib,unterlage *f*, -block *m*; **~ pa·per** *s.* 'Schreib-, 'Briefpa,pier *n*; **~ ta·ble** *s.* Schreibtisch *m*.

writ·ten ['rɪtn] **I** *p.p. von* ***write***; **II** *adj.* **1.** schriftlich: ***~ examination***; ***~ evidence*** ⚖ Urkundenbeweis *m*; ***~ language*** Schriftsprache *f*; **2.** geschrieben: ***~ law***; ***~ question*** *parl.* kleine Anfrage.

wrong [rɒŋ] **I** *adj.* □ → ***wrongly***; **1.** falsch, unrichtig, verkehrt, irrig: ***be ~*** *a.* a) unrecht haben, sich irren (*Person*), b) falsch gehen (*Uhr*); ***you are ~ in believing*** du irrst dich, wenn du glaubst; ***prove s.o. ~*** beweisen, daß j-d im Irrtum ist; **2.** verkehrt, falsch: ***bring the ~ book***; ***do the ~ thing*** das Falsche tun, es verkehrt machen; ***get hold of the ~ end of the stick*** *fig.* es völlig mißverstehen, es verkehrt ansehen; ***the ~ side*** die verkehrte *od.* falsche (*von Stoff*: linke) Seite; (***the***) ***~ side out*** das Innere nach außen (gekehrt) (*Kleidungsstück etc.*); ***be on the ~ side of 40*** über 40 (Jahre alt) sein; ***he will laugh on the ~ side of his mouth*** das Lachen wird ihm schon vergehen; ***have got out of bed*** (***on***) ***the ~ side*** F mit dem linken Bein zuerst aufgestanden sein; → ***blanket*** 1; **3.** nicht in Ordnung: ***s.th. is ~ with it*** es stimmt et. daran nicht; ***what is ~ with you?*** was ist los mit dir?, was hast du?; ***what's ~ with ...?*** a) was gibt es auszusetzen an (*dat.*)?, b) F wie wär's mit...?; **4.** unrecht: ***it is ~ of you to laugh***; **II** *adv.* **5.** falsch, unrichtig, verkehrt: ***get it ~*** es ganz falsch verstehen; ***go ~*** a) nicht richtig funktionieren *od.* gehen (*Uhr etc.*), b) schiefgehen (*Vorhaben etc.*), c) auf Abwege *od.* die schiefe Bahn geraten (*bsd. Frau*), d) fehlgehen; ***where did we go ~?*** was haben wir falsch gemacht?; ***get in ~ with s.o.*** *Am.* F es mit j-m verderben; ***get s.o. in ~*** *Am.* F j-n in Mißkredit bringen (***with*** bei); ***take s.th. ~*** et. übelnehmen; **III** *s.* **6.** Unrecht *n*: ***do s.o. ~*** j-m ein Unrecht zufügen; **7.** Irrtum *m*, Unrecht *n*: ***be in the ~*** unrecht haben; ***put s.o. in the ~*** j-n ins Unrecht setzen; **8.** Kränkung *f*, Beleidigung *f*; **9.** ⚖ Rechtsverletzung *f*: ***private ~*** Privatdelikt *n*; ***public ~*** öffentliches Delikt; **IV** *v/t.* **10.** *j-m* Unrecht tun (*a. in Gedanken etc.*), *j-n* ungerecht behandeln: ***I am ~ed*** mir geschieht Unrecht; **11.** *j-m* schaden, Schaden zufügen, *j-n* benachteiligen; **,~'do·er** *s.* Übel-, Missetäter(in), Sünder(in); **,~'do·ing** *s.* **1.** Missetat *f*, Sünde *f*; **2.** Vergehen *n*, Verbrechen *n*.

wrong·ful ['rɒŋfʊl] *adj.* □ **1.** ungerecht; **2.** beleidigend, kränkend; **3.** ⚖ unrechtmäßig, 'widerrechtlich, ungesetzlich.

,wrong'head·ed *adj.* □ **1.** querköpfig, verbohrt (*Person*); **2.** verschroben, verdreht, hirnverbrannt.

wrong·ly ['rɒŋlɪ] *adv.* **1.** → ***wrong*** II; **2.** ungerechterweise, zu *od.* mit Unrecht; **3.** irrtümlicher-, fälschlicherweise;

wrong·ness ['rɒŋnɪs] *s.* **1.** Unrichtigkeit *f*, Verkehrtheit *f*, Fehlerhaftigkeit *f*; **2.** Unrechtmäßigkeit *f*; **3.** Ungerechtigkeit *f*.

wrote [rəʊt] *pret. u. obs. p.p. von* ***write***.

wroth [rəʊθ] *adj.* zornig, erzürnt.

wrought [rɔːt] **I** *pret. u. p.p. von* ***work***; **II** *adj.* **1.** be-, ge-, verarbeitet: ***~ goods*** Fertigwaren; **2.** a) gehämmert, geschmiedet, b) schmiedeeisern; **3.** gewirkt; **~ i·ron** *s.* Schmiedeeisen *n*; **,~-'i·ron** *adj.* schmiedeeisern; **~ steel** *s.* Schmiede-, Schweißstahl *m*; **,~-'up** *adj.* aufgebracht, erregt.

wrung [rʌŋ] *pret. u. p.p. von* ***wring***.

wry [raɪ] *adj.* □ **1.** schief, krumm, verzerrt: ***make*** (*od.* ***pull***) ***a ~ face*** e-e Grimasse schneiden; **2.** *fig.* a) verschroben: ***~ notion***, b) gequält: ***~ smile***, c) sar'kastisch: ***~ humo(u)r***; **'~-mouthed** *adj.* **1.** schiefmäulig; **2.** *fig.* a) wenig schmeichelhaft, b) sar'kastisch; **'~neck** *s. orn.* Wendehals *m*.

X, x [eks] **I** *pl.* **X's, x's, Xs, xs** ['eksɪz] *s.* **1.** X *n*, x *n* (*Buchstabe*); **2.** *A* a) x *n* (*1. unbekannte Größe od. abhängige Variable*), b) x-Achse *f*, Ab'szisse *f* (*im Koordinatensystem*); **3.** *fig.* X *n*, unbekannte Größe; **4.** → 6; **II** *adj.* **5.** X-..., X-förmig; **6.** ***~ film*** nicht jugendfreier Film (*ab 18*).

Xan·thip·pe [zæn'θɪpɪ] *s. fig.* Xan'thippe *f*, Hausdrachen *m*.

xe·nog·a·my [ziː'nɒgəmɪ] *s.* ⚘ Fremdbestäubung *f*.

xen·o·pho·bi·a [,zenə'fəʊbjə] *s.* Xenopho'bie *f*, Fremdenfeindlichkeit *f*; **,xen·o'pho·bic** [-bɪk] *adj.* xeno'phob, fremdenfeindlich.

xe·ra·si·a [zɪ'reɪzɪə] *s.* ⚕ Trockenheit *f* des Haares.

xe·ro·phyte ['zɪərəʊfaɪt] *s.* ⚘ Trockenheitspflanze *f*.

xiph·oid ['zɪfɔɪd] *adj. anat.* **1.** schwertförmig; **2.** Schwertfortsatz...: ***~ appendage***, ***~ process*** Schwertfortsatz *m*.

Xmas ['krɪsməs] F *für* ***Christmas***.

X-ray [,eks'reɪ] **I** *s.* ⚕, *phys.* **1.** X-Strahl *m*, Röntgenstrahl *m*; **2.** Röntgenaufnahme *f*, -bild *n*; **II** *v/t.* **3.** röntgen: a) ein Röntgenbild machen von, b) durch'leuchten; **4.** bestrahlen; **III** *adj.* **5.** Röntgen...

xy·lene ['zaɪliːn] *s.* ⚗ Xy'lol *n*.

xy·lo·graph ['zaɪləgrɑːf] *s.* Holzschnitt *m*; **xy·log·ra·pher** [zaɪ'lɒgrəfə] *s.* Holzschneider *m*; **xy·lo·graph·ic** [,zaɪlə'græfɪk] *adj.* Holzschnitt...; **xy·log·ra·phy** [zaɪ'lɒgrəfɪ] *s.* Xylogra'phie *f*, Holzschneidekunst *f*.

xy·lo·phone ['zaɪləfəʊn] *s.* ♪ Xylo'phon *n*.

xy·lose ['zaɪləʊs] *s.* ⚗ Xy'lose *f*, Holzzucker *m*.

Y

Y, y [waɪ] **I** *pl.* **Y's, y's, Ys, ys** [waɪz] *s.* **1.** Y *n*, y *n*, Ypsilon *n* (*Buchstabe*); **2.** ⚲ a) y *n* (*2. unbekannte Größe od. abhängige Variable*), b) y-Achse *f*, Ordi'nate *f* (*im Koordinatensystem*); **II** *adj.* **3.** Y-..., Y-förmig, gabelförmig.
y- [ɪ] *obs. Präfix zur Bildung des p.p., entsprechend dem deutschen ge-.*
yacht [jɒt] ⚓ **I** *s.* **1.** (Segel-, Motor-)Jacht *f*: **~ club** Jachtklub *m*; **2.** (Renn-)Segler *m*; **II** *v/i.* **3.** auf e-r Jacht fahren; **4.** (sport)segeln; **yacht·er** ['jɒtə] → ***yachtsman***; **yacht·ing** ['jɒtɪŋ] **I** *s.* **1.** Jacht-, Segelsport *m*; **2.** (Sport)Segeln *n*; **II** *adj.* **3.** Segel..., Jacht...
yachts·man ['jɒtsmən] *s.* [*irr.*] **1.** Jachtfahrer *m*; **2.** (Sport)Segler *m*; **'yachts·man·ship** [-ʃɪp] *s.* Segelkunst *f*.
yah [jɑː] *int.* a) puh!, b) ätsch!
ya·hoo [jə'huː] *s.* **1.** bru'taler Kerl; **2.** Saukerl *m*.
yak¹ [jæk] *v/i.* F quasseln.
yak² [jæk] *s.* Yak *m*, Grunzochs *m*.
yank¹ [jæŋk] F **I** *v/t.* (mit e-m Ruck her'aus)ziehen, (*hoch- etc.*)reißen; **II** *v/i.* reißen, heftig ziehen; **III** *s.* (heftiger) Ruck.
Yank² [jæŋk] F *für* ***Yankee***.
Yan·kee ['jæŋkɪ] *s.* Yankee *m* (*Spitzname*): a) Neu-'Engländer(in), b) Nordstaatler(in) (*der USA*), c) (*allg., von Nichtamerikanern gebraucht*) ('Nord-)Ameri,kaner(in): **~ Doodle** *amer. Volkslied.*
yap [jæp] **I** *s.* **1.** Kläffen *n*, Gekläff *n*; **2.** F a) Gequassel *n*, b) ‚Schnauze' *f* (*Mund*); **II** *v/i.* **3.** kläffen; **4.** F a) quasseln, b) ‚meckern'.
yard¹ [jɑːd] *s.* **1.** Yard *n* (= *0,914 m*); **2.** → ***yardstick*** 1: **by the ~** yardweise; **~ goods** Kurzwaren; **3.** ⚓ Rah(e) *f*.
yard² [jɑːd] *s.* **1.** Hof(raum) *m*; **2.** Arbeits-, Bau-, Stapel)Platz *m*; **3.** 🚂 *Brit.* Rangier-, Verschiebebahnhof *m*; **4. the** Ƨ → ***Scotland Yard***; **5.** ⚒ Hof *m*, Gehege *n*: **poultry ~**; **6.** *Am.* Winterweideplatz *m* (*für Elche u. Rotwild*).
yard·age ['jɑːdɪdʒ] *s.* in Yards angegebene Zahl *od.* Länge, Yards *pl.*
'yard·man [-mən] *s.* [*irr.*] **1.** 🚂 Rangier-, Bahnhofsarbeiter *m*; **2.** ⚓ Werftarbeiter *m*; **3.** ⚒ Stall-, Viehhofarbeiter *m*; **~ mas·ter** *s.* 🚂 Rangiermeister *m*; **'~·stick** *s.* **1.** Yard-, Maßstock *m*; **2.** *fig.* Maßstab *m*.
yarn [jɑːn] **I** *s.* **1.** Garn *n*; **2.** ⚓ Kabelgarn *n*; **3.** F abenteuerliche (*a. weitS. erlogene*) Geschichte, (Seemanns)Garn *n*: **spin a ~** e-e Abenteuergeschichte erzählen, ein (Seemanns)Garn spinnen; **II** *v/i.* **4.** F (Geschichten) erzählen, ein Garn spinnen, (mitein'ander) klönen.
yar·row ['jærəʊ] *s.* ⚘ Schafgarbe *f*.
yaw [jɔː] *v/i.* **1.** ⚓ gieren (*vom Kurs abkommen*); **2.** ✈ (*um Hochachse*) gieren, scheren; **3.** *fig.* schwanken.
yawl [jɔːl] *s.* ⚓ **1.** Segeljolle *f*; **2.** Be'sankutter *m*.
yawn [jɔːn] **I** *v/i.* **1.** gähnen (*a. fig. Abgrund etc.*); **2.** *fig.* a) sich weit u. tief auftun, b) weit offenstehen; **II** *v/t.* **3.** gähnen(d sagen); **III** *s.* **4.** Gähnen *n*; **'yawn·ing** [-nɪŋ] *adj.* □ gähnend (*a. fig.*).
y·clept [ɪ'klept] *adj. obs. od. humor.* genannt, namens.
ye¹ [jiː] *pron. obs. od. bibl. od. humor.* **1.** ihr, Ihr; **2.** euch, Euch, dir, Dir; **3.** du, Du; **4.** F *für* ***you***: ***how d'ye do?***
ye² [jiː] *archaisierend für* ***the***.
yea [jeɪ] **I** *adv.* **1.** ja; **2.** für'wahr, wahr'haftig; **3.** *obs.* ja so'gar; **II** *s.* **4.** Ja *n*; **5.** *parl. etc.* Ja(stimme *f*) *n*: **~s and nays** Stimmen für u. wider; ***the ~s have it!*** der Antrag ist angenommen!
yeah [jeə] *adv.* F ja, klar: **~?** so?, na, na!
yean [jiːn] *zo.* **I** *v/t.* werfen (*Lamm, Zicklein*); **II** *v/i.* a) lammen (*Schaf*), b) zickeln (*Ziege*); **'yean·ling** [-lɪŋ] *s.* a) Lamm *n*, b) Zicklein *n*.
year [jɜː] *s.* **1.** Jahr *n*: **~ of grace** Jahr des Heils; **for ~s** jahrelang, seit Jahren, auf Jahre hinaus; **~ in, ~ out** jahrein, jahraus; **~ by ~, from ~ to ~, ~ after ~** Jahr für Jahr; ***in the ~ one*** *humor.* vor undenklichen Zeiten; ***take ~s off s.o.*** j-n um Jahre jünger machen; **2.** *pl.* Alter *n*: **~s of discretion** gesetztes *od.* vernünftiges Alter; ***well on in ~s*** hochbetagt; ***be getting on in ~s*** in die Jahre kommen; ***he bears his ~s well*** er ist für sein Alter noch recht rüstig; **3.** *ped. univ.* Jahrgang *m*; **'~·book** *s.* Jahrbuch *n*.
year·ling ['jɜːlɪŋ] **I** *s.* **1.** Jährling *m*: a) einjähriges Tier, b) einjährige Pflanze; **2.** *Pferdesport*: Einjährige(s) *n*; **II** *adj.* **3.** einjährig.
'year·long *adj.* einjährig.
year·ly ['jɜːlɪ] **I** *adj.* jährlich, Jahres...; **II** *adv.* jährlich, jedes Jahr (einmal).
yearn [jɜːn] *v/i.* **1.** sich sehnen, Sehnsucht haben (***for, after*** nach, ***to do*** danach, zu tun); **2.** (*bsd.* Mitleid, Zuneigung) empfinden (***to***[***wards***] für, mit); **'yearn·ing** [-nɪŋ] **I** *s.* Sehnsucht *f*, Sehnen *n*, Verlangen *n*; **II** *adj.* □ sehnsüchtig, sehnend, verlangend.
yeast [jiːst] **I** *s.* **1.** (Bier-, Back)Hefe *f*; **2.** Gischt *f*, Schaum *m*; **3.** *fig.* Triebkraft *f*; **II** *v/i.* **4.** gären; **~ pow·der** *s.* Backpulver *n*.
yeast·y ['jiːstɪ] *adj.* **1.** heftig; **2.** gärend; **3.** schäumend; **4.** *fig. contp.* leer, hohl; **5.** *fig.* a) unstet, b) 'überschäumend.
yegg(·man) ['jeg(mən)] *s.* [*irr.*] *Am. sl.* ‚Schränker' *m*, Geldschrankknacker *m*.
yell [jel] **I** *v/i.* **1.** schreien, brüllen (***with*** vor *dat.*); **II** *v/t.* **2.** gellen(d ausstoßen), schreien; **III** *s.* **3.** gellender (Auf-)Schrei; **4.** *Am. univ.* (rhythmischer) Anfeuerungs- *od.* Schlachtruf.
yel·low ['jeləʊ] **I** *adj.* **1.** gelb (*a. Rasse*): **~-haired** flachshaarig; ***the ~ peril*** die gelbe Gefahr; **2.** *fig.* a) *obs.* neidisch, mißgünstig, b) F feig: **~ streak** feiger Zug; **3.** sensati'onslüstern; → ***yellow paper, yellow press***; **II** *s.* **4.** Gelb *n*: ***at ~ Am.*** bei (*od.* auf) Gelb (*Verkehrsampel*); **5.** Eigelb *n*; **6.** ⚘, ⚕ *od. vet.* Gelbsucht *f*; **III** *v/t.* **7.** gelb färben; **IV** *v/i.* **8.** sich gelb färben, vergilben; **~ card** *s.*: ***be shown the ~*** *Fußball*: die gelbe Karte (gezeigt) bekommen; **'~-dog I** *s.* **1.** Köter *m*, ‚Prome'nadenmischung' *f*; **2.** *fig.* gemeiner *od.* feiger Kerl; **II** *adj.* **3.** a) hundsgemein, b) feig; **4.** *Am.* gewerkschaftsfeindlich; **~ earth** *s. min.* **1.** Gelberde *f*; **2.** → ***yellow ochre***; **~ fe·ver** *s.* ⚕ Gelbfieber *n*; **'~,ham·mer** *s. orn.* Goldammer *f*.
yel·low·ish ['jeləʊɪʃ] *adj.* gelblich.
yel·low| jack *s.* **1.** ⚕ Gelbfieber *n*; **2.** ⚓ Quaran'täneflagge *f*; **~ met·al** *s.* 'Muntzme,tall *n*; **~ o·chre** (*Am.* **o·cher**) *s. min.* gelber Ocker, Gelberde *f*; **~ pag·es** *s. pl. teleph.* (*die*) gelben Seiten, Branchenverzeichnis *n*; **~ pa·per** *s.* Sensati'ons-, Re'volverblatt *n*; **~ press** *s.* Sensati'ons-, Boule'vardpresse *f*; **~ soap** *s.* Schmierseife *f*.
yelp [jelp] **I** *v/i.* **1.** a) (auf)jaulen, b) aufschreien; **2.** (*a. v/t.*) kreischen; **II** *s.* **3.** a) (Auf)Jaulen *n*, b) Aufschrei *m*.
yen¹ [jen] *s.* Yen *m* (*japanische Münzeinheit*).
yen² [jen] F *für* ***yearning*** I.
yeo·man ['jəʊmən] *s.* [*irr.*] **1.** *Brit. hist.* a) Freisasse *m*, b) ⚔ berittener Mi'lizsol,dat: **~ service** *fig.* treue Dienste *pl.*; **2.** *a.* Ƨ ***of the Guard*** 'Leibgar,dist *m*; **3.** ⚓ Ver'waltungs,unteroffi,zier *m*; **'yeo·man·ry** [-rɪ] *s. coll. hist.* **1.** Freisassen *pl.*; **2.** ⚔ berittene Mi'liz.
yep [jep] *adv.* F ja.
yes [jes] **I** *adv.* **1.** ja, ja'wohl: **say ~** (***to***) a) ja sagen (zu), (*e-e Sache*) bejahen (*beide a. fig.*), b) einwilligen (in *acc.*); **2.** ja, gewiß, aller'dings; **3.** (ja) doch; **4.** ja so'gar; **5.** *fragend od. anzweifelnd*: ja?, wirklich?; **II** *s.* **6.** Ja *n*; **7.** *fig.* Ja(-wort) *n*; **8.** *parl.* Ja(stimme *f*) *n*; **~ man** *s.* [*irr.*] F Jasager *m*.
yes·ter ['jestə] *adj.* **1.** *obs. od. poet.* ge-

strig; **2.** *in Zssgn* → ***yesterday*** 2; **'~·day** [-dı] **I** *adv.* **1.** gestern: ***I was not born ~*** *fig.* ich bin (doch) nicht von gestern; **II** *adj.* **2.** gestrig, vergangen, letzt: ***~ morning*** gestern früh; **III** *s.* **3.** der gestrige Tag: ***the day before ~*** vorgestern; ***~'s paper*** die gestrige Zeitung; ***of ~*** von gestern; ***~s*** vergangene Tage *od.* Zeiten; **4.** *fig. das* Gestern; **~-'year** *adv. u. s. obs. od. poet.* voriges Jahr.

yet [jet] **I** *adv.* **1.** (immer) noch, jetzt noch: ***not ~*** noch nicht; ***nothing ~*** noch nichts; ***~ a moment*** (nur) noch einen Augenblick; **2.** schon (jetzt), jetzt: (***as***) ~ bis jetzt, bisher; ***have you finished ~?*** bist du schon fertig?; ***not just ~*** nicht gerade jetzt; **3.** (doch) noch, schon (noch): ***he will win ~***; **4.** noch, so'gar (*beim Komparativ*): ***~ better*** noch besser; ***~ more important*** sogar noch wichtiger; **5.** noch (da'zu), außerdem: ***another and ~ another*** noch einer u. noch einer dazu; ***~ again*** immer wieder; ***nor ~*** (und) auch nicht; **6.** dennoch, trotzdem, je'doch, aber: ***but ~*** aber doch *od.* trotzdem; **II** *cj.* **7.** aber (dennoch *od.* zu'gleich), doch.

yew [ju:] ♀ **I** *s.* **1.** *a.* ***~ tree*** Eibe *f*; **2.** Eibenholz *n*; **II** *adj.* **3.** Eiben...

Yid [jıd] *s. sl.* Jude *m*; **Yid·dish** ['jıdıʃ] *ling.* **I** *s.* Jiddisch *n*; **II** *adj.* jiddisch.

yield [ji:ld] **I** *v/t.* **1.** *als Ertrag* ergeben, (ein-, her'vor)bringen, *a. Ernte* erbringen, *bsd. Gewinn* abwerfen, *Früchte, a. Zinsen etc.* tragen, *Produkte etc.* liefern: ***~ 6 %*** † 6 % (Rendite) abwerfen; **2.** *Resultat* ergeben, liefern; **3.** *fig.* gewähren, zugestehen, einräumen (***s.th. to s.o.*** j-m et.): ***~ consent*** einwilligen; ***~ the point*** sich (*in e-r Debatte*) geschlagen geben; ***~ precedence to*** *j-m* den Vorrang einräumen; **4.** *a.* ***~ up*** a) auf-, hergeben, b) (***to***) abtreten (an *acc.*), über'lassen, -'geben (*dat.*), ausliefern (*dat. od.* an *acc.*): ***~ o.s. to*** *fig.* sich *e-r Sache* überlassen; ***~ a secret*** ein Geheimnis preisgeben; ***~ the palm*** (***to s.o.***) sich (j-m) geschlagen geben; ***~ place to*** Platz machen (*dat.*); → ***ghost*** 2; **II** *v/i.* **5.** *guten etc.* Ertrag geben *od.* liefern, *bsd.* ✓ tragen; **6.** nachgeben, weichen (*Sache u. Person*): ***~ to despair*** sich der Verzweiflung hingeben; ***~ to force*** der Gewalt weichen; ***I ~ to none*** ich stehe keinem nach (***in*** in *dat.*); **7.** sich fügen (***to*** *dat.*); **8.** einwilligen (***to*** in *acc.*); **III** *s.* **9.** Ertrag *m*: a) Ernte *f*, b) Ausbeute *f* (*a.* ⚙, *phys.*), Gewinn *m*: ***~ of tax***(***es***) Steueraufkommen *n*, -ertrag *m*; **10.** † a) Zinsertrag *m*, b) Ren'dite *f*; **11.** ⚙ a) Me'tallgehalt *m von Erz*, b) Ausgiebigkeit *f von Farben etc.*, c) Nachgiebigkeit *f von Material*; **'yield·ing** [-dıŋ] *adj.* □ **1.** ergiebig, einträglich: ***~ interest*** † verzinslich; **2.** nachgebend, dehnbar, biegsam; **3.** *fig.* nachgiebig, gefügig; **yield point** *s.* ⚙ Fließ-, Streckgrenze *f*, -punkt *m*.

yip [jıp] *Am.* F *für* ***yelp***; **yip·pee** [jı'pi:; 'jıpı] *int.* hur'ra!

yob [jɒb] *s. Brit.* F Rowdy *m*.

yo·del ['jəʊdl] **I** *v/t. u. v/i.* jodeln; **II** *s.* Jodler *m* (*Gesang*).

yo·ga ['jəʊgə] *s.* Joga *m, n*, Yoga *m, n*.

yo·gh(o)urt ['jɒgət] *s.* Joghurt *m, n*.

yo·gi ['jəʊgı] *s.* Jogi *m*, Yogi *m*.

yo-heave-ho [ˌjəʊhi:v'həʊ], **yo-ho** [jəʊ'həʊ] *int.* ⚓ hau-'ruck!

yoicks [jɔıks] *hunt.* **I** *int.* hussa!; **II** *s.* Hussa(ruf *m*) *n*.

yoke [jəʊk] **I** *s.* **1.** ✓, *antiq. u. fig.* Joch *n*: ***~ of matrimony*** Joch der Ehe; ***pass under the ~*** sich unter das Joch beugen; **2.** *sg. od. pl.* Paar *n*, Gespann *n*: ***two ~ of oxen***; **3.** ⚙ a) Schultertrage *f* (*für Eimer etc.*), b) Glockengerüst *n*, c) Bügel *m*, d) ⚡ (Ma'gnet-, Pol)Joch *n*, e) *mot.* Gabelgelenk *n*, f) doppeltes Achslager, g) ⚓ Ruderjoch *n*; **4.** Passe *f*, Sattel *m* (*an Kleidern*); **II** *v/t.* **5.** *Tiere* anschirren, anjochen; **6.** *fig.* paaren, verbinden (***with, to*** mit); **III** *v/i.* **7.** verbunden sein (***with*** mit *j-m*): ***~ together*** zs.-arbeiten; **~ bone** *s. anat.* Jochbein *n*; **'~·fel·low** *s. obs.* **1.** Mitarbeiter *m*; **2.** (Lebens)Gefährte *m*, (-)Gefährtin *f*.

yo·kel ['jəʊkl] *s.* Bauer(ntrampel) *m*.

'yoke·mate → ***yokefellow***.

yolk [jəʊk] *s.* **1.** *zo.* Eidotter *m, n*, Eigelb *n*; **2.** Woll-, Fettschweiß *m* (*der Schafwolle*).

yon [jɒn] *obs. od. dial.* **I** *adj. u. pron.* jene(r, s) dort (drüben); **II** *adv.* → ***yonder*** I; **'yon·der** [-də] **I** *adv.* **1.** da *od.* dort drüben; **2.** *obs.* da drüben hin; **II** *adj. u. pron.* **3.** → ***yon*** I.

yore [jɔ:] *s.*: ***of ~*** vorzeiten, ehedem, vormals; ***in days of ~*** in alten Zeiten.

York·shire ['jɔ:kʃə] *adj.* aus der Grafschaft Yorkshire, Yorkshire...: ***~ flannel*** † *feiner Flanell aus ungefärbter Wolle*; ***~ pudding*** *gebackener Eierteig, der zum Rinderbraten gegessen wird.*

you [ju:; jʊ; jə] *pron.* **1.** a) (*nom.*) du, ihr, Sie, b) (*dat.*) dir, euch, Ihnen, c) (*acc.*) dich, euch, Sie: ***don't ~ do that!*** tu das ja nicht!; ***that's a wine for ~!*** das ist vielleicht ein (gutes) Weinchen!; **2.** man: ***that does ~ good*** das tut einem gut; ***what should ~ do?*** was soll man tun?

you'd [ju:d; jʊd; jəd] F *für* a) ***you would***, b) ***you had***.

young [jʌŋ] **I** *adj.* jung (*a. fig. frisch, neu, unerfahren*): ***~ ambition*** jugendlicher Ehrgeiz; ***~ animal*** Jungtier *n*; ***~ children*** kleine Kinder; ***~ love*** junge Liebe; ***her ~ man*** F ihr Schatz; ***~ Smith*** Smith junior; ***a ~ state*** ein junger Staat; ***~ person*** ⚖ Jugendliche(r), Heranwachsende(r) (*14 bis 17 Jahre alt*); ***the ~ person*** *fig.* die (unverdorbene) Jugend; ***~ in one's job*** unerfahren in s-r Arbeit; **II** *s. coll.* (Tier)Junge *pl.*: ***with ~*** trächtig; **young·ish** ['jʌŋıʃ] *adj.* ziemlich jung; **'young·ster** [-stə] *s.* **1.** Bursch(e) *m*, Junge *m*; Kleine(r *m*) *f*; **2.** *sport* Youngster *m*.

your [jɔ:] *pron. u. adj.* **1.** a) *sg.* dein(e), b) *pl.* euer, eure, c) *sg. od. pl.* Ihr(e); **2.** *impers.* F a) so ein(e), b) der (die, das) vielgepriesene *od.* -gerühmte.

yours [jɔ:z] *pron.* **1.** a) *sg.* dein, der (die, das) dein(ig)e, die dein(ig)en, b) *pl.* euer, eure(s), der (die, das) eur(ig)e, die eur(ig)en, c) *Höflichkeitsform, sg. od. pl.* Ihr, der (die, das) Ihr(ig)e, die Ihr(ig)en: ***this is ~*** das gehört dir (euch, Ihnen); ***what is mine is ~*** was mein ist, ist (auch) dein; ***my sister and ~*** meine u. deine Schwester; → ***truly*** 2; **2.** a) die Dein(ig)en (Euren, Ihren), b) das Dein(ig)e, deine Habe: ***you and ~***; **3.** † Ihr Schreiben.

your'self *pl.* **-'selves** [-vz] *pron.* (*in Verbindung mit* ***you*** *od. e-m Imperativ*) **1.** a) *sg.* (du, Sie) selbst, b) *pl.* (ihr, Sie) selbst: ***by ~*** a) selbst, selber, selbständig, allein, b) allein, für sich; ***be ~!*** F nimm dich zusammen!; ***you are not ~ today*** du bist (Sie sind) heute ganz anders als sonst *od.* nicht auf der Höhe; ***what will you do with ~ today?*** was wirst du (werden Sie) heute anfangen?; **2.** *refl.* a) *sg.* dir, dich, sich, b) *pl.* euch, sich: ***did you hurt ~?*** hast du dich (haben Sie sich) verletzt?

youth [ju:θ] **I** *s.* **1.** *allg.* Jugend *f*: a) Jungsein *n*, b) Jugendfrische *f*, c) Jugendzeit *f*, d) *coll. sg. od. pl. konstr.* junge Leute *pl. od.* Menschen *pl.*; **2.** Frühstadium *n*; **3.** *pl.* ***youths*** [-ðz] junger Mann, Jüngling *m*; **II** *adj.* **4.** Jugend...: ***~ hostel*** Jugendherberge *f*; **'youth·ful** [-fʊl] *adj.* □ **1.** jung (*a. fig.*); **2.** jugendlich; **3.** Jugend...: ***~ days***; **'youth·ful·ness** [-fʊlnıs] *s.* Jugend(lichkeit) *f*.

yowl [jaʊl] **I** *v/t. u. v/i.* jaulen, heulen; **II** *s.* Jaulen *n*, Heulen *n*.

yuck [jʌk] *int. sl.* pfui Teufel!

Yu·go·slav → ***Jugoslav***.

yule [ju:l] *s.* Weihnachts-, Julfest *n*; **~ log** *s.* Weihnachtsscheit *n im Kamin*; **'~·tide** *s.* Weihnachtszeit *f*.

yum·my ['jʌmı] F **I** *adj.* a) *allg.* ‚prima', ‚toll', b) lecker (*Mahlzeit etc.*); **II** *int.* → ***yum-yum***.

yum-yum [ˌjʌm'jʌm] *int.* F mm!, lecker!

yup·pie ['jʌpı] *s. junger, karrierebewußter und ausgabefreudiger Mensch mit urbanem Lebensstil* (*häufig bestimmten Modetrends folgend*) (= ***young urban*** *od.* ***upwardly mobile professional***).

Z

Z, **z** [*Brit.* zed; *Am.* ziː] *s.* Z *n*, z *n* (*Buchstabe*).

za·ny [ˈzeɪnɪ] **I** *s.* **1.** *hist.* Hansˈwurst *m*; **2.** *fig. contp.* Blödmann *m*; **II** *adj.* **3.** närrisch; **4.** *fig.* ‚blöd'.

zap [zæp] **I** *v/t. sl.* **1.** *j-n* abknallen; **2.** *j-m* ein Ding verpassen (*Kugel, Schlag etc.*): **~!** zack!; **3.** *fig. j-n* ‚fertigmachen'; **II** *s.* **4.** ‚Schmiß' *m*.

zeal [ziːl] *s.* **1.** (Dienst-, Arbeits-, Glaubens- *etc.*)Eifer *m*: ***full of ~*** (dienst- *etc.*)eifrig; **2.** Begeisterung *f*, Hingabe *f*, Inbrunst *f*.

zeal·ot [ˈzelət] *s.* (*bsd.* Glaubens)Eiferer *m*, Zeˈlot *m*, Faˈnatiker(in); **ˈzeal·ot·ry** [-trɪ] *s.* Zeloˈtismus *m*, faˈnatischer (Glaubens- *etc.*)Eifer.

zeal·ous [ˈzeləs] *adj.* □ **1.** (dienst)eifrig; **2.** eifernd, faˈnatisch; **3.** eifrig bedacht (***to do*** darauf, zu tun, ***for*** auf *acc.*); **4.** heiß, innig; **5.** begeistert; **ˈzeal·ous·ness** [-nɪs] → ***zeal***.

ze·bra [ˈziːbrə] *pl.* **-bras** *od. coll.* **-bra** *s. zo.* Zebra *n*; **~ cross·ing** *s. Verkehr*: Zebrastreifen *m*.

zed [zed] *s. Brit.* **1.** Zet *n* (*Buchstabe*); **2.** ⚙ Z-Eisen *n*.

Zen (**Bud·dhism**) [zen] *s.* ˈZen(-Budˌdhismus *m*) *n*.

ze·ner di·ode [ˈziːnə] *s.* ⚡ ˈZenerdiˌode *f*.

ze·nith [ˈzenɪθ] *s.* Zeˈnit *m*: a) *ast.* Scheitelpunkt *m* (*a. Ballistik*), b) *fig.* Höhe-, Gipfelpunkt *m*: ***be at one's*** (*od.* ***the***) **~** den Zenit erreicht haben, im Zenit stehen.

Zeph·a·ni·ah [ˌzefəˈnaɪə] *npr. u. s. bibl.* (das Buch) Zeˈphanja *m*.

zeph·yr [ˈzefə] *s.* **1.** *poet.* Zephir *m*, Westwind *m*, laues Lüftchen; **2.** sehr leichtes Gewebe, *a.* leichter Schal *etc.*; **3.** ✝ a) *a.* **~ *cloth*** Zephir *m* (*Gewebe*), b) *a.* **~ *worsted*** Zephirwolle *f*, c) *a.* **~ *yarn*** Zephirgarn *n*.

ze·ro [ˈzɪərəʊ] **I** *pl.* **-ros** *s.* **1.** Null *f* (*Zahl od. Zeichen*); **2.** *phys.* Null (-punkt *m*) *f*, Ausgangspunkt *m* (*Skala*), *bsd.* Gefrierpunkt *m*; **3.** ♈ Null (-punkt *m*, -stelle) *f*; **4.** *fig.* Null-, Tiefpunkt *m*: ***at ~*** auf dem Nullpunkt (angelangt); **5.** *fig.* Null *f*, Nichts *n*; **6.** ⚔ → ***zero hour***; **7.** ✈ Höhe *f* unter 1000 Fuß: ***at ~*** in Bodennähe; **II** *v/t.* **8.** ⚙ auf Null (ein)stellen; **III** *v/i.* **9. ~ *in on*** a) ⚔ sich einschießen auf (*acc.*) (*a. fig.*), b) *a. fig.* immer dichter herˈankommen an (*acc.*), einkreisen, c) *fig.* sich konzentrieren auf (*acc.*); **IV** *adj.* **10.** *bsd. Am.* F null; **~ *option*** *pol.* Nullösung *f*; **~ con·duc·tor** *s.* ⚡ Nulleiter *m*; **~ grav·i·ty** *s. phys.* (Zustand *m* der) Schwerelosigkeit *f*; **~ growth** *s.* **1.** ✝ Nullwachstum *n*; **2.** *a.* ***zero population growth*** Bevölkerungsstillstand *m*; **~ hour** *s.* **1.** ⚔ X-Zeit *f*, Stunde *f* X (*festgelegter Zeitpunkt des Beginns e-r Operation*); **2.** *fig.* genauer Zeitpunkt, kritischer Augenblick.

zest [zest] **I** *s.* **1.** Würze *f* (*a. fig. Reiz*): ***add ~ to*** *e-r Sache* Würze *od.* Reiz verleihen; **2.** *fig.* (***for***) Genuß *m*, Lust *f*, Freude *f* (an *dat.*), Begeisterung *f* (für), Schwung *m*: **~ *for life*** Lebenshunger *m*; **II** *v/t.* **3.** würzen (*a. fig.*); **ˈzest·ful** [-fʊl] *adj.* □ **1.** reizvoll; **2.** schwungvoll, begeistert.

zig·zag [ˈzɪgzæg] **I** *s.* **1.** Zickzack *m*; **2.** Zickzacklinie *f*, -bewegung *f*, -kurs *m* (*a. fig.*); **3.** Zickzackweg *m*, Serpenˈtine(nstraße) *f*; **II** *adj.* **4.** zickzackförmig, Zickzack…; **III** *adv.* **5.** im Zickzack; **IV** *v/i.* **6.** im Zickzack fahren, laufen *etc.*, *a.* verlaufen (*Weg etc.*).

zilch [zɪltʃ] *s. Am. sl.* Null *f*, Nichts *n*.

zinc [zɪŋk] **I** *s.* ⚗ Zink *n*; **II** *v/t. pret. u. p.p.* **zinc(k)ed** [-kt] verzinken; **zin·cog·ra·pher** [zɪŋˈkɒgrəfə] *s.* Zinkoˈgraph *m*, Zinkstecher *m*; **ˈzinc·ous** [-kəs] *adj.* ⚗ Zink…; **zinc white** *s.* Zinkweiß *n*.

zing [zɪŋ] F **I** *s.* → ***zip*** 1 *u.* 2; **II** *v/i.* → ***zip*** 4; **III** *v/t.* → ***zip*** 8.

Zi·on [ˈzaɪən] *s. bibl.* Zion *m*; **ˈZi·on·ism** [-nɪzəm] *s.* Zioˈnismus *m*; **ˈZi·on·ist** [-nɪst] **I** *s.* Zioˈnist(in); **II** *adj.* zioˈnistisch, Zionisten…

zip [zɪp] **I** *s.* **1.** Schwirren *n*, Zischen *n*; **2.** F ‚Schmiß' *m*, Schwung *m*; **3.** F → ***zip fastener***; **II** *v/i.* **4.** schwirren, zischen; **5.** F ‚Schmiß' haben; **III** *v/t.* **6.** schwirren lassen; **7.** mit e-m Reißverschluß schließen *od.* öffnen; **8.** *a.* **~ *up*** F a) ‚schmissig' machen, b) Schwung bringen in (*acc.*); **~ ar·e·a** *s. Am.* Postleitzone *f*; **~ code** *s. Am.* Postleitzahl *f*; **~ fas·ten·er** *s.* Reißverschluß *m*.

zip·per [ˈzɪpə] **I** *s.* Reißverschluß *m*: **~ *bag*** Reißverschlußtasche *f*; **II** *v/t.* mit Reißverschluß versehen; **zip·py** [ˈzɪpɪ] *adj.* F ‚schmissig'.

zith·er [ˈzɪθə] *s.* ♪ Zither *f*; **ˈzith·er·ist** [-ərɪst] *s.* Zitherspieler(in).

zo·di·ac [ˈzəʊdɪæk] *s. ast.* Tierkreis *m*: ***signs of the ~*** Tierkreiszeichen *pl.*; **zo·di·a·cal** [zəʊˈdaɪəkl] *adj.* Tierkreis…, Zodiakal…

zom·bi(e) [ˈzɒmbɪ] *s.* **1.** Schlangengottheit *f*; **2.** Zombie *m* (*wiederbeseelte Leiche*); **3.** F a) ‚Monster' *n*, b) ‚Roboter' *m*, c) Trottel *m*; **4.** *Am.* (*ein*) Cocktail *m*.

zon·al [ˈzəʊnl] *adj.* □ **1.** zonenförmig; **2.** Zonen…; **zone** [zəʊn] **I** *s.* **1.** *allg.* Zone *f*: a) *geogr.* (Erd)Gürtel *m*, b) Gebietsstreifen *m*, Gürtel *m*, c) *fig.* Bereich *m*, (*a.* Körper)Gegend *f*, d) *poet.* Gürtel *m*: ***torrid ~*** heiße Zone; ***wheat ~*** Weizengürtel; **~ *of occupation*** Besatzungszone; **2.** a) (Verkehrs)Zone *f*, *a.* Teilstrecke *f*, b) 🚂, ✉ *Am.* (Gebühren)Zone *f*, c) ✉ Post(zustell)bezirk *m*; **II** *v/t.* **3.** in Zonen aufteilen.

zonked [zɒŋkt] *adj. sl.* **1.** ‚high' (*im Drogenrausch*); **2.** ‚stinkbesoffen'.

zoo [zuː] *s.* Zoo *m*.

zo·o·blast [ˈzəʊəblæst] *s. zo.* tierische Zelle.

zo·o·chem·is·try [ˌzəʊəˈkemɪstrɪ] *s. zo.* Zoocheˈmie *f*.

zo·og·a·my [zəʊˈɒgəmɪ] *s. zo.* geschlechtliche Fortpflanzung.

zo·og·e·ny [zəʊˈɒdʒənɪ] *s. zo.* Zoogeˈnese *f*, Entstehung *f* der Tierarten.

zo·og·ra·phy [zəʊˈɒgrəfɪ] *s.* beschreibende Zooloˈgie.

zo·o·lite [ˈzəʊəlaɪt] *s.* fosˈsiles Tier.

zo·o·log·i·cal [ˌzəʊəˈlɒdʒɪkl] *adj.* □ zooˈlogisch: **~ *garden(s)*** [zʊˈlɒdʒɪkl] zoologischer Garten; **zo·ol·o·gist** [zəʊˈɒlədʒɪst] *s.* Zooˈloge *m*, Zooˈlogin *f*; **zoˈol·o·gy** [-dʒɪ] *s.* Zoologˈgie *f*, Tierkunde *f*.

zoom [zuːm] **I** *v/i.* **1.** surren; **2.** sausen; **3.** ✈ steil hochziehen; **4.** *phot.*, *Film*: zoomen: **~ *in on s.th.*** a) et. heranholen, b) *fig.* et. ‚einkreisen'; **II** *v/t.* **5.** surren; **6.** *Flugzeug* hochreißen; **III** *s.* **7.** ✈ Steilflug *m*; **8.** *fig.* Hochschnellen *n*; **9.** *phot.*, *Film*: a) *a.* **~ *lens*** ˈZoom (-objekˌtiv) *n*, b) *a.* **~ *travel*** Zoomfahrt *f*; **10.** *Am.* (*ein*) Cocktail *m*; **ˈzoom·er** [-mə] *s.* → ***zoom*** 9a.

zo·o·phyte [ˈzəʊəfaɪt] *s. zo.* Zooˈphyt *m*, Pflanzentier *n*.

zo·ot·o·my [zəʊˈɒtəmɪ] *s.* Zootoˈmie *f*, ˈTieranatoˌmie *f*.

zos·ter [ˈzɒstə] *s.* ✚ Gürtelrose *f*.

zounds [zaʊndz] *int. obs.* sapperˈlot!

zy·go·ma [zaɪˈgəʊmə] *pl.* **-ma·ta** [-mətə] *s. anat.* **1.** Jochbogen *m*; **2.** Jochbein(fortsatz *m*) *n*.

zy·mo·sis [zaɪˈməʊsɪs] *pl.* **-ses** [-siːz] *s.* **1.** ⚗ Gärung *f*; **2.** ✚ Infektiˈonskrankheit *f*; **zyˈmot·ic** [-ˈmɒtɪk] *adj.* (□ **~*al·ly***); **1.** ⚗ gärend, Gärungs…; **2.** ✚ Infektions…

British and American Abbreviations

Britische und amerikanische Abkürzungen

a ***acre*** Acre *m*.

AA ***anti-aircraft*** Fla, Flugabwehr *f*; *Brit.* ***Automobile Association*** Automo'bilklub *m*; ***Alcoholics Anonymous*** Ano'nyme Alko'holiker *pl*.

AAA *Brit.* ***Amateur Athletic Association*** 'Leichtath,letikverband *m*; ***American Automobile Association*** Amer. Automo'bilklub *m*.

a.a.r. ***against all risks*** gegen jede Gefahr.

AB ***able(-bodied) seaman*** 'Vollma,trose *m*; *Am.* ***Bachelor of Arts*** (*siehe* ***BA***).

abbr., abbrev. ***abbreviated*** abgekürzt; ***abbreviation*** Abk., Abkürzung *f*.

ABC ***American Broadcasting Company*** Amer. Rundfunkgesellschaft *f*.

abr. ***abridged*** (ab)gekürzt; ***abridg(e)ment*** (Ab-, Ver)Kürzung *f*.

AC ***alternating current*** Wechselstrom *m*

a/c ***account current*** Kontokor'rent *n*; ***account*** Kto., Konto *n*; Rechnung *f*.

ACC ***Allied Control Council*** Alliierter Kon'trollrat (*in Berlin*).

acc. ***according to*** gem., gemäß, entspr., entsprechend; ***account*** Kto., Konto *n*; Rechnung *f*.

acct. ***account*** Kto., Konto *n*; Rechnung *f*.

AD ***Anno Domini*** im Jahre des Herrn.

add(r). ***address*** Adr., A'dresse *f*.

Adm. ***Admiral*** Adm., Admi'ral *m*.

addnl. ***additional*** zusätzlich.

advt. ***advertisement*** Anz., Anzeige *f*, Ankündigung *f*.

AEC *Am.* ***Atomic Energy Commission*** A'tomener,gie-Kommissi,on *f*.

AFC ***automatic frequency control*** auto'matische Fre'quenz(fein)abstimmung *f*.

AFEX ['eɪfeks] ***Air Force Exchange*** (*Verkaufsläden für Angehörige der amer. Luftstreitkräfte*).

AFL-CIO ***American Federation of Labor & Congress of Industrial Organizations*** (*größter amer. Gewerkschaftsverband*).

AFN ***American Forces Network*** (*Rundfunkanstalt der amer. Streitkräfte*).

aft(n). ***afternoon*** Nachmittag *m*.

AIDS [eɪdz] ***Acquired Immune Deficiency Syndrome*** Aids *n*, Im'munschwächekrankheit *f*.

AK ***Alaska*** (*Staat der USA*).

AL, Ala. ***Alabama*** (*Staat der USA*).

Alas. ***Alaska*** (*Staat der USA*).

Alta. ***Alberta*** (*Kanad. Provinz*).

AM ***amplitude modulation*** (*Frequenzbereich der Kurz-, Mittel- u. Langwellen*); *Am.* ***Master of Arts*** (*siehe* ***MA***).

Am. ***America*** A'merika *n*; ***American*** ameri'kanisch.

a.m. ***ante meridiem*** (*Lat.* = ***before noon***) morgens, vormittags.

AMA ***American Medical Association*** Amer. Ärzteverband *m*.

amp. ***ampere*** A, Am'pere *n*.

AP ***Associated Press*** (*amer. Nachrichtenagentur*).

approx. ***approximate(ly)*** annähernd, etwa.

appx. ***appendix*** Anh., Anhang *m*.

Apr. ***April*** A'pril *m*.

APT *Brit.* ***Advanced Passenger Train*** (*Hochgeschwindigkeitszug*).

AR ***Arkansas*** (*Staat der USA*).

ARC ***American Red Cross*** *das* Amer. Rote Kreuz.

Ariz. ***Arizona*** (*Staat der USA*).

Ark. ***Arkansas*** (*Staat der USA*).

ARP ***Air-Raid Precautions*** Luftschutz *m*.

arr. ***arrival*** Ank., Ankunft *f*.

art. ***article*** Art., Ar'tikel *m*; ***artificial*** künstlich.

AS ***Anglo-Saxon*** Angelsächsisch *n*, angelsächsisch; ***anti-submarine*** U-Boot-Abwehr...

ASA ***American Standards Association*** Amer. 'Normungs-Organisati,on *f*.

ASCII ['æski:] ***American Standard Code for Information Interchange*** (*standardisierter Code zur Darstellung alphanumerischer Zeichen*).

asst. ***assistant*** Asst., Assi'stent(in).

asst'd ***assorted*** assortiert, gem., gemischt.

ATC ***air traffic control*** Flugsicherung *f*.

Aug. ***August*** Aug., Au'gust *m*.

auth. ***author(ess)*** Verfasser(in).

av. ***average*** 'Durchschnitt *m*; Hava'rie *f*.

avdp. ***avoirdupois*** Handelsgewicht *n*.

Ave. ***Avenue*** Al'lee *f*, Straße *f*.

AWACS ['eɪwæks] ***Airborne Warning and Control System*** (*luftgestütztes Frühwarn- und Überwachungssystem*).

AWOL ***absence without leave*** unerlaubte Entfernung von der Truppe.

AZ ***Arizona*** (*Staat der USA*).

b. ***born*** geboren.

BA ***Bachelor of Arts*** Bakka'laureus *m* der Philoso'phie; ***British Academy*** Brit. Akade'mie *f*; ***British Airways*** Brit. Luftverkehrsgesellschaft *f*.

BAgr(ic) ***Bachelor of Agriculture*** Bakka'laureus *m* der Landwirtschaft.

b&b ***bed and breakfast*** Über'nachtung *f* mit Frühstück.

BAOR ***British Army of the Rhine*** Brit. 'Rheinar,mee *f*.

Bart. ***Baronet*** Baronet *m*.

BBC ***British Broadcasting Corporation*** Brit. Rundfunkgesellschaft *f*.

bbl. ***barrel*** Faß *n*.

BC ***before Christ*** vor Christus; ***British Columbia*** (*Kanad. Provinz*).

BCom(m) ***Bachelor of Commerce*** Bakka'laureus *m* der Wirtschaftswissenschaften.

BD ***Bachelor of Divinity*** Bakka'laureus *m* der Theolo'gie.

bd. ***bound*** gebunden (*Buchbinderei*).

BDS ***Bachelor of Dental Surgery*** Bakka'laureus *m* der 'Zahnmedi,zin.

bds. ***boards*** kartoniert (*Buchbinderei*).

BE ***Bachelor of Education*** Bakka'laureus *m* der Erziehungswissenschaft; ***Bachelor of Engineering*** Bakka'laureus *m* der Ingeni'eurwissenschaft(en); *siehe* ***B/E***.

B/E ***bill of exchange*** Wechsel *m*.

Beds. ***Bedfordshire*** (*engl. Grafschaft*).

Berks. ***Berkshire*** (*engl. Grafschaft*).

b/f ***brought forward*** 'Übertrag *m*.

BFBS ***British Forces Broadcasting Service*** (*Rundfunkanstalt der brit. Streitkräfte*).

B'ham ***Birmingham*** (*Stadt in England*).

b.h.p. ***brake horse-power*** Brems-PS *f od. pl.*, Bremsleistung *f* in PS.

BIF ***British Industries Fair*** Brit. Indu'striemesse *f*.

BIS ***Bank for International Settlements*** BIZ, Bank *f* für internatio'nalen Zahlungsausgleich.

bk. ***book*** Buch *n*.

BL ***Bachelor of Law*** Bakka'laureus *m* des Rechts.

B/L ***bill of lading*** (See)Frachtbrief *m*.

bl. ***barrel*** Faß *n*.

bldg. ***building*** Geb., Gebäude *n*.

BLit(t) ***Bachelor of Literature*** Bakka'laureus *m* der Litera'tur.

bls. ***bales*** Ballen *pl.*; ***barrels*** Faß *pl.*

Blvd. ***Boulevard*** Boule'vard *m*.

BM ***Bachelor of Medicine*** Bakka'laureus *m* der Medi'zin; ***British Museum*** Britisches Mu'seum.

BMA ***British Medical Association*** Brit. Ärzteverband *m*.

BMus ***Bachelor of Music*** Bakka'laureus *m* der Mu'sik.

b.o. ***branch office*** Zweigstelle *f*, Fili'ale *f*; ***body odo(u)r*** Körpergeruch *m*; ***buyer's option*** 'Kaufopti,on *f*; ***box office*** (The'ater)Kasse *f*.

B.o.T. ***Board of Trade*** Brit. 'Handelsmini,sterium *n*.

bot. ***bought*** gekauft; ***bottle*** Flasche *f*.

BPharm ***Bachelor of Pharmacy*** Bakka'laureus *m* der Pharma'zie.

BPhil ***Bachelor of Philosophy*** Bakka'laureus *m* der Philoso'phie.

BR ***British Rail*** (*Eisenbahn in Großbritannien*).

B/R ***bills receivable*** Wechselforderungen *pl.*

Br. ***Britain*** Großbri'tannien *n*; ***British*** britisch.

BRCS ***British Red Cross Society*** *das* Brit. Rote Kreuz.

Brit. ***Britain*** Großbri'tannien *n*; ***British*** britisch.

Bros. ***brothers*** Gebr., Gebrüder *pl.* (*in Firmenbezeichnungen*).

BS *Am.* ***Bachelor of Science*** Bakka'laureus *m* der Na'turwissenschaften; ***British Standard*** Brit. Norm *f*.

B/S ***bill of sale*** Über'eignungsvertrag *m*.

BSc *Brit.* ***Bachelor of Science*** Bakka'laureus *m* der Na'turwissenschaften.

BSG ***British Standard Gauge*** (*brit. Norm*).

B.S.I. ***British Standards Institution*** Brit. 'Normungs-Organisati͵on *f.*
BST ***British Summer Time*** Brit. Sommerzeit *f.*
Bt. ***Baronet*** Baronet *m.*
BTA ***British Tourist Authority*** Brit. Fremdenverkehrsbehörde *f.*
bt. fwd. ***brought forward*** 'Übertrag *m.*
B.th.u, Btu ***British Thermal Unit(s)*** Brit. Wärmeeinheit(en *pl.*) *f.*
bu. ***bushel*** Scheffel *m.*
Bucks. ***Buckinghamshire*** (*engl. Grafschaft*).
bus. *Am.* ***business*** Arbeit *f*, *die* Geschäfte *pl.*

C ***Celsius, centigrade*** Celsius, hundertgradig (*Thermometer*).
c ***cent(s)*** Cent *m* (*amer. Münze*); ***century*** Jahr'hundert *n*; ***circa*** ca., circa, ungefähr; ***cubic*** Kubik...
CA ***California*** (*Staat der USA*); ***chartered account*** Frachtrechnung *f*; *Brit.* ***chartered accountant*** beeidigter 'Bücherre͵visor *od.* Wirtschaftsprüfer; ***current account*** Girokonto *n.*
CAB *Brit.* ***Citizens' Advice Bureau*** (*Bürgerberatungsorganisation*).
c.a.d. ***cash against documents*** Zahlung *f* gegen Doku'mentaushändigung.
Cal(if). ***California*** (*Staat der USA*).
Cambs. ***Cambridgeshire*** (*engl. Grafschaft*).
Can. ***Canada*** Kanada *n*; ***Canadian*** ka'nadisch.
C & W ***country and western*** (*Musik*).
Cantab. ***Cantabrigiensis*** (*Titel etc.*) der Universi'tät Cambridge.
Capt. ***Captain*** Kapi'tän *m*, Hauptmann *m*, Rittmeister *m.*
Card. ***Cardinal*** Kardi'nal *m.*
CARE [keə] ***Cooperative for American Relief Everywhere*** (*amer. Organisation, die Hilfsmittel an Bedürftige in aller Welt versendet*).
Cath. ***Catholic*** kath., ka'tholisch.
CB ***Citizens' Band*** C'B-Funk *m* (*Wellenbereich für privaten Funkverkehr*); ***Companion of (the Order of) the Bath*** Ritter *m* des Bath-Ordens; (*a.* **C/B**) ***cash book*** Kassabuch *n.*
CBC ***Canadian Broadcasting Corporation*** Ka'nadische Rundfunkgesellschaft.
CBS ***Columbia Broadcasting System*** (*amer. Rundfunkgesellschaft*).
CC ***City Council*** Stadtrat *m*; *Brit.* ***County Council*** Grafschaftsrat *m.*
cc *Brit.* ***cubic centimetre(s)***, *Am.* ***cubic centimeter(s)*** ccm, Ku'bikzenti͵meter *m*, *n od. pl.*
CD ***compact disc*** CD(-Platte) *f*; ***Corps Diplomatique*** (*Fr.* = ***Diplomatic Corps***) CD *n*, Diplo'matisches Korps.
CE ***Church of England*** angli'kanische Kirche; ***civil engineer*** 'Bauingeni͵eur *m.*
cert. ***certificate*** Bescheinigung *f.*
CET ***Central European Time*** MEZ, 'mitteleuro͵päische Zeit.
cf. ***confer*** vgl., vergleiche.
Ch. ***chapter*** Kap., Ka'pitel *n.*
ch. ***chain*** (*Länge einer*) Meßkette *f*; ***chapter*** Kap., Ka'pitel *n*; ***chief*** ltd., leitende(r) ..., oberste(r) ...
c.h. ***central heating*** ZH, Zen'tralheizung *f.*
ChB ***Chirurgiae Baccalaureus*** (*Lat.* = ***Bachelor of Surgery***) Bakka'laureus *m* der Chirur'gie.
Ches. ***Cheshire*** (*engl. Grafschaft*).
C.I. ***Channel Islands*** Ka'nalinseln *pl.*
C/I ***certificate of insurance*** Ver'sicherungspo͵lice *f.*
CIA ***Central Intelligence Agency*** (*Geheimdienst der USA*).
CID ***Criminal Investigation Department*** (*brit. Kriminalpolizei*).
c.i.f. ***cost, insurance, freight*** Kosten, Versicherung und Fracht einbegriffen.
C.-in-C. ***Commander-in-Chief*** Oberkommandierende(r) *m* (*dem Land-, Luft- und Seestreitkräfte unterstehen*).
cir(c). ***circa*** ca., circa, ungefähr; ***circular*** Rundschreiben *n*; ***circulation*** 'Umlauf *m*, Auflage *f* (*Zeitung etc.*).
ck(s). ***cask*** Faß *n*; ***casks*** Fässer *pl.*
cl. ***class*** Klasse *f.*
cm *Brit.* ***centimetre(s)***, *Am.* ***centimeter(s)*** cm, Zenti'meter *m*, *n od. pl.*
CND ***Campaign for Nuclear Disarmament*** Feldzug *m* für ato'mare Abrüstung.
CO ***Colorado*** (*Staat der USA*); ***Commanding Officer*** Komman'deur *m*; ***conscientious objector*** Kriegsdienstverweigerer *m.*
Co. ***Company*** Gesellschaft *f*; ***county*** *Brit.* Grafschaft *f*, (Verwaltungs)Bezirk *m.*
c/o ***care of*** p.A., per A'dresse, bei.
COD, c.o.d. ***cash*** (*Am.* ***collect***) ***on delivery*** zahlbar bei Lieferung, per Nachnahme.
C. of E. ***Church of England*** angli'kanische Kirche; ***Council of Europe*** ER, Eu'roparat *m.*
COI *Brit.* ***Central Office of Information*** (*staatliches Auskunftsbüro zur Verbreitung amtlicher Publikationen etc.*).
Col. ***Colorado*** (*Staat der USA*); ***Colonel*** Oberst *m.*
Colo. ***Colorado*** (*Staat der USA*).
conc. ***concerning*** betr., betreffend, betrifft.
Conn. ***Connecticut*** (*Staat der USA*).
Cons. ***Conservative*** konserva'tiv (*Brit. pol.*); ***Consul*** Konsul *m.*
cont., contd ***continued*** fortgesetzt.
Corn. ***Cornwall*** (*engl. Grafschaft*).
Corp. ***Corporal*** Korpo'ral *m*, 'Unteroffi͵zier *m*; ***Corporation*** (*siehe Wörterverzeichnis*).
corr. ***corresponding*** entspr., entsprechend.
cp. ***compare*** vgl., vergleiche.
CPA *Am.* ***certified public accountant*** beeidigter 'Bücherre͵visor *od.* Wirtschaftsprüfer.
c.p.s. ***cycles per second*** Hertz *pl.*
CT ***Connecticut*** (*Staat der USA*).
ct(s) ***cent(s)*** (*amer. Münze*).
cu(b). ***cubic*** Kubik...
cu.ft. ***cubic foot*** Ku'bikfuß *m.*
cu.in. ***cubic inch*** Ku'bikzoll *m.*
Cumb. ***Cumberland*** (*ehemal. engl. Grafschaft*).
cum d(iv). ***cum dividend*** mit Divi'dende.
CUP ***Cambridge University Press*** Verlag *m* der Universi'tät Cambridge.
c.w.o. ***cash with order*** Barzahlung bei Bestellung.
cwt ***hundredweight*** (*etwa 1*) Zentner *m.*
d. *Brit.* ***penny, pence*** (*bis 1971 verwendete Abkürzung*); ***died*** gest., gestorben.
DA ***deposit account*** Depo'sitenkonto *n*; *Am.* ***district attorney*** Staatsanwalt *m.*
DAR *Am.* ***Daughters of the American Revolution*** Töchter *pl.* der amer. Revoluti'on (*patriotische Frauenvereinigung*).
DAT ***digital audio tape*** (*in Cassetten befindliches Tonband für Digitalaufnahmen mit DAT-Recordern*).
DB ***daybook*** Jour'nal *n.*
DC ***direct current*** Gleichstrom *m*; ***District of Columbia*** Di'strikt Columbia (*mit der amer. Hauptstadt Washington*).
DCL ***Doctor of Civil Law*** Doktor *m* des Zi'vilrechts.
DD ***Doctor of Divinity*** Dr. theol., Doktor *m* der Theolo'gie.
d-d *euphem. für* ***damned*** verdammt.
DDS ***Doctor of Dental Surgery*** Dr. med. dent., Doktor *m* der 'Zahnmedi͵zin.
DDT ***dichlorodiphenyltrichloroethane*** DDT, Di'chlorodiphe'nyltrichloroä͵than *n* (*Insekten u. Seuchenbekämpfungsmittel*).
DE ***Delaware*** (*Staat der USA*).
Dec. ***December*** Dez., De'zember *m.*
dec. ***deceased*** gest., gestorben.
DEd ***Doctor of Education*** Dr. paed., Doktor *m* der Päda'gogik.
def. ***defendant*** Beklagte(r *m*) *f.*
deg. ***degree(s)*** Grad *m od. pl.*
Del. ***Delaware*** (*Staat der USA*).
DEng ***Doctor of Engineering*** Dr.-Ing., Doktor *m* der Ingeni'eurwissenschaften.
dep. ***departure*** Abf., Abfahrt *f.*
Dept. ***Department*** Ab'teilung *f.*
Derby. ***Derbyshire*** (*engl. Grafschaft*).
dft. ***draft*** Tratte *f.*
diff. ***different*** versch., verschieden; ***difference*** 'Unterschied *m.*
Dir. ***Director*** Dir., Di'rektor *m.*
disc. ***discount*** Dis'kont *m*, Abzug *m.*
dist. ***distance*** Entfernung *f*; ***district*** Bez., Bezirk *m.*
div. ***dividend*** Divi'dende *f*; ***divorced*** gesch., geschieden.
DIY ***do-it-yourself*** „mach es selber!"; (*in Zssgn*) Heimwerker...
DJ ***disc jockey*** Diskjockey *m*; ***dinner jacket*** Smoking(jacke *f*) *m.*
DLit(t) ***Doctor of Letters, Doctor of Literature*** Doktor *m* der Litera'turwissenschaft.
do. ***ditto*** do., dito; dgl., desgleichen.
doc. ***document*** Doku'ment *n*, Urkunde *f.*
dol. ***dollar(s)*** Dollar *m* (*od. pl.*).
Dors. ***Dorsetshire*** (*engl. Grafschaft*).
doz. ***dozen(s)*** Dutzend *n od. pl.*
DP ***displaced person*** Verschleppte(r *m*) *f*; ***data processing*** DV, Datenverarbeitung *f.*
d/p ***documents against payment*** Doku'mente *pl.* gegen Zahlung.
DPh(il) ***Doctor of Philosophy*** Dr. phil., Doktor *m* der Philoso'phie.
Dpt. ***Department*** Abteilung *f.*
Dr. ***Doctor*** Dr., Doktor *m*; ***debtor*** Schuldner *m.*
dr. ***dra(ch)m*** Dram *n*, Drachme *f* (*Handelsgewicht*); ***drawer*** Tras'sant *m.*

d.s., d/s ***days after sight*** Tage nach Sicht (*bei Wechseln*).

DSc ***Doctor of Science*** Dr. rer. nat., Doktor *m* der Na'turwissenschaften.

DST ***Daylight-Saving Time*** Sommerzeit *f*.

DTh(eol) ***Doctor of Theology*** Dr. theol., Doktor *m* der Theolo'gie.

Dur. ***Durham*** (*engl. Grafschaft*).

dwt. ***pennyweight*** Pennygewicht *n*.

dz. ***dozen(s)*** Dutzend *n* (*od. pl.*).

E ***east*** O, Ost(en *m*); ***east(ern)*** ö, östlich; ***English*** engl., englisch.

E. & O. E. ***errors and omissions excepted*** Irrtümer und Auslassungen vorbehalten.

EC ***European Community*** EG, Euro'päische Gemeinschaft; ***East Central*** London Mitte-Ost (*Postbezirk*).

ECE ***Economic Commission for Europe*** 'Wirtschaftskommissi,on *f* für Eu'ropa (*des Wirtschafts- u. Sozialrates der UN*).

ECG ***electrocardiogram*** EKG, E'lektrokardio,gramm *n*.

ECOSOC ***Economic and Social Council*** Wirtschafts- und Sozi'alrat *m* (*UN*).

ECSC ***European Coal and Steel Community*** EGKS, Euro'päische Gemeinschaft für Kohle und Stahl.

ECU ***European Currency Unit(s)*** Euro'päische Währungseinheit(en *pl.*) *f*.

Ed., ed. ***edition*** Aufl., Auflage *f*; ***edited*** hrsg., her'ausgegeben; ***editor*** Hrsg., Her'ausgeber *m*.

EDP ***electronic data processing*** EDV, elek'tronische Datenverarbeitung.

E.E., E./E. ***errors excepted*** Irrtümer vorbehalten.

EEC ***European Economic Community*** EWG, Euro'päische Wirtschaftsgemeinschaft.

EFTA ['eftə] ***European Free Trade Association*** EFTA, Euro'päische Freihandelsgemeinschaft.

Eftpos ***electronic funds transfer at point of sale*** Zahlungsart „ec-Kasse".

e.g. ***exempli gratia*** (*Lat.* = ***for instance***) z.B., zum Beispiel.

EMA ***European Monetary Agreement*** EWA, Euro'päisches Währungsabkommen.

enc(l). ***enclosure(s)*** Anl., Anlage(n *pl.*) *f*.

Eng(l). ***England*** Engl., England *n*; ***English*** engl., englisch.

ESA ***European Space Agency*** Euro'päische Weltraumbehörde.

ESP ***extrasensory perception*** außersinnliche Wahrnehmung.

Esq(r). ***Esquire*** (*in Briefadressen, nachgestellt*) Herrn.

ESRO ***European Space Research Organization*** ESRO, Euro'päische Organisati'on für Weltraumforschung.

Ess. ***Essex*** (*engl. Grafschaft*).

est. ***established*** gegr., gegründet; ***estimated*** gesch., geschätzt.

E Sx ***East Sussex*** (*engl. Grafschaft*).

ETA ***estimated time of arrival*** vor'aussichtliche Ankunft(szeit).

etc., &c. ***et cetera, and the rest, and so on*** etc., usw., und so weiter.

ETD ***estimated time of departure*** vor'aussichtliche Abflugzeit *bzw.* Abfahrtszeit.

EURATOM [juər'ætəm] ***European Atomic Energy Community*** Eura'tom *f*, Euro'päische A'tomgemeinschaft.

excl. ***exclusive, excluding*** ausschl., ausschließlich, ohne.

ex div. ***ex dividend*** ohne (*od.* ausschließlich) Divi'dende.

ex int. ***ex interest*** ohne (*od.* ausschließlich) Zinsen.

F ***Fahrenheit*** (*Thermometereinteilung*); *univ.* ***Fellow*** (*siehe Wörterverzeichnis* ***fellow*** 6).

f. ***farthing*** (*ehemalige brit. Münze*); ***fathom*** Faden *m*, Klafter *m, n, f*; ***feminine*** w., weiblich; ***foot, feet*** Fuß *m od. pl.*; ***following*** folgend.

FA *Brit.* ***Football Association*** Fußballverband *m*.

f.a.a. ***free of all average*** frei von Beschädigung.

Fah(r). ***Fahrenheit*** (*Thermometereinteilung*).

FAO ***Food and Agriculture Organization*** Organisati'on *f* für Ernährung und Landwirtschaft (*der UN*).

f.a.s. ***free alongside ship*** frei Längsseite (See)Schiff.

FBI ***Federal Bureau of Investigation*** Amer. Bundeskrimi'nalamt *n*; ***Federation of British Industries*** Brit. Indu'strieverband *m*.

FCC ***Federal Communications Commission*** Amer. 'Bundeskommissi,on *f* für das Nachrichtenwesen.

Feb. ***February*** Febr., Februar *m*.

fig. ***figure(s)*** Abb., Abbildung(en *pl.*) *f*.

FL, Fla. ***Florida*** (*Staat der USA*).

FM ***frequency modulation*** UKW (*Frequenzbereich der Ultrakurzwellen*).

fm ***fathom(s)*** Faden *m od. pl.*, Klafter *m, n, f od. pl.*

FO *Brit.* ***Foreign Office*** Auswärtiges Amt.

fo(l). ***folio*** Folio *n*, Seite *f*.

f.o.b. ***free on board*** frei Schiff.

f.o.r. ***free on rail*** frei Wag'gon.

FP ***freezing point*** Gefrierpunkt *m*; ***fireplug*** Hy'drant *m*.

Fr. ***France*** Frankreich *n*; ***French*** franz., fran'zösisch.

fr. ***franc(s)*** Franc(s *pl.*) *m*, Franken *m od. pl.*

Fri. ***Friday*** Fr., Freitag *m*.

ft ***foot, feet*** Fuß *m od. pl.*

FTC ***Federal Trade Commission*** Amer. Bundes'handelskommissi,on *f* (*zur Verhinderung unlauteren Wettbewerbs*).

fur. ***furlong(s)*** (*Längenmaß*).

g ***gram(s), gramme(s)*** g, Gramm *n od. pl.*; ***gallon(s)*** Gal'lone(n *pl.*) *f*.

g. ***ga(u)ge*** Nor'malmaß *n*; 🚂 Spur *f*; ***guinea*** Gui'nee *f* (*105 p*).

GA ***general agent*** Gene'ralvertreter *m*; ***general assembly*** Hauptversammlung *f*; *siehe* ***Ga.***

Ga. ***Georgia*** (*Staat der USA*).

gal(l). ***gallon(s)*** Gal'lone(n *pl.*) *f*.

GATT [gæt] ***General Agreement on Tariffs and Trade*** Allgemeines Zoll- und Handelsabkommen.

GB ***Great Britain*** GB, Großbri'tannien *n*.

G.B.S. ***George Bernard Shaw*** (*irischer Dramatiker*).

GCB (***Knight***) ***Grand Cross of the Bath*** (Ritter *m* des) Großkreuz(es) *n* des Bath-Ordens.

GCE ***General Certificate of Education*** (*siehe Wörterverzeichnis*).

GCSE ***General Certificate of Secondary Education*** (*schulische Abschlußprüfung, die seit 1988 u.a. die "O-levels" des* ***GCE*** *ersetzt*).

Gen. ***General*** Gene'ral *m*.

gen. ***general(ly)*** allgemein.

Ger. ***German*** deutsch, Deutsche(r *m*) *f*; ***Germany*** Deutschland *n*.

GI ***government issue*** von der Regierung ausgegeben, Staatseigentum *n*; *der* amer. Sol'dat.

gi. ***gil(s)*** Viertelpinte(n *pl.*) *f*.

GLC ***Greater London Council*** (*ehemaliger*) Stadtrat *m* von Groß-London.

Glos. ***Gloucestershire*** (*engl. Grafschaft*).

GMT ***Greenwich Mean Time*** WEZ, 'westeuro,päische Zeit.

GNP ***gross national product*** Bruttosozi'alpro,dukt *n*.

gns. ***guineas*** Gui'neen *pl.*

GOP *Am.* ***Grand Old Party*** Republi'kanische Par'tei.

Gov. ***Government*** Regierung *f*; ***Governor*** Gouver'neur *m*.

Govt, govt ***government*** Regierung *f*.

GP ***general practitioner*** Arzt *m* (Ärztin *f*) für Allge'meinmedi,zin; ***Gallup Poll*** 'Meinungs,umfrage *f* (*insbes. zum Wählerverhalten*).

GPO ***General Post Office*** Hauptpostamt *n*.

gr. ***grain(s)*** Gran *n* (*od. pl.*); ***gross*** brutto; Gros *n od. pl.* (*12 Dutzend*).

gr.wt ***gross weight*** Bruttogewicht *n*.

gs ***guineas*** Gui'neen *pl.*

gtd, guar. ***guaranteed*** garantiert.

h. ***hour(s)*** Std., Stunde(n *pl.*) *f*, Uhr (*bei Zeitangaben*); ***height*** Höhe *f*.

h&c ***hot and cold*** warm u. kalt (*Wasser*).

Hants. ***Hampshire*** (*engl. Grafschaft*).

HBM ***His*** (***Her***) ***Britannic Majesty*** Seine (Ihre) Bri'tannische Maje'stät.

HC *Brit.* ***House of Commons*** 'Unterhaus *n*; ***Holy Communion*** heiliges Abendmahl, heilige Kommuni'on.

hdbk ***handbook*** Handbuch *n*.

HE ***high explosive*** hochexplo'siv; ***His Eminence*** Seine Emi'nenz *f*; ***His*** (***Her***) ***Excellency*** Seine (Ihre) Exzel'lenz *f*.

Heref. ***Herefordshire*** (*ehemal. engl. Grafschaft*).

Herts. ***Hertfordshire*** (*engl. Grafschaft*).

HF ***high frequency*** 'Hochfre,quenz *f*; *Brit.* ***Home Fleet*** Flotte *f* in den Heimatgewässern.

hf ***half*** halb.

hf.bd ***half bound*** in Halbfranz gebunden (*Halbleder*).

hhd ***hogshead*** (*Hohlmaß, etwa 240 Liter*); großes Faß.

HI ***Hawaii*** (*Staat der USA*).

HL *Brit.* ***House of Lords*** Oberhaus *n*.

HM ***His*** (***Her***) ***Majesty*** Seine (Ihre) Maje'stät.

HMS ***His*** (***Her***) ***Majesty's Service*** Dienst *m*, ✉ Dienstsache *f*; ***His*** (***Her***) ***Majesty's Ship*** (***Steamer***) Seiner (Ihrer) Maje'stät Schiff *n* (Dampfschiff *n*).

HMSO ***His*** (***Her***) ***Majesty's Stationery***

Office (*Brit. Staatsdruckerei*).
HO ***Head Office*** Hauptgeˈschäftsstelle *f*, Zenˈtrale *f*; *Brit.* ***Home Office*** ˈInnenminiˌsterium *n*.
Hon. ***Honorary*** ehrenamtlich; ***Hono(u)rable*** (*der od. die*) Ehrenwerte (*Anrede und Titel*).
HP, hp ***horsepower*** PS, Pferdestärke *f*; ***high pressure*** Hochdruck *m*; ***hire purchase*** Ratenkauf *m*.
HQ, Hq. ***Headquarters*** Stab(squartier *n*) *m*, Hauptquartier *n*.
HR *Am.* ***House of Representatives*** Repräsenˈtantenhaus *n*.
hr ***hour(s)*** Stunde(n *pl.*) *f*.
HRH ***His*** (***Her***) ***Royal Highness*** Seine (Ihre) Königliche Hoheit.
hrs ***hours*** Std., Stunden *pl.*
HT, h.t. ***high tension*** Hochspannung *f*.
ht ***height*** H., Höhe *f*.
Hunts. ***Huntingdonshire*** (*ehemal. engl. Grafschaft*).
HWM ***high-water mark*** Hochwasserstandsmarke *f*.

I. ***island(s)***, ***isle(s)*** Insel(n *pl.*) *f*.
IA, Ia. ***Iowa*** (*Staat der USA*).
IATA [aɪˈɑːtə] ***International Air Transport Association*** Internatioˈnaler Luftverkehrsverband.
IBA ***Independent Broadcasting Authority*** (*Dachorganisation der brit. privaten Fernseh- u. Rundfunkanstalten*).
ib(id). ***ibidem*** (*Lat.* = ***in the same place***) ebd., ebenda.
IBRD ***International Bank for Reconstruction and Development*** Internatioˈnale Bank für Wiederˈaufbau und Entwicklung, Weltbank *f*.
IC ***integrated circuit*** inteˈgrierter Schaltkreis.
ICAO ***International Civil Aviation Organization*** Internatioˈnale Ziˈvilluftfahrt-Organisatiˌon.
ICBM ***intercontinental ballistic missile*** interkontinenˈtaler balˈlistischer Flugkörper, Interkontinenˈtalraˌkete *f*.
ICFTU ***International Confederation of Free Trade Unions*** Internatioˈnaler Bund Freier Gewerkschaften.
ICJ ***International Court of Justice*** IG, Internatioˈnaler Gerichtshof.
ICU ***intensive care unit*** Intenˈsivstatiˌon *f*.
ID ***Idaho*** (*Staat der USA*); ***identity*** Identiˈtät *f*; ***Intelligence Department*** Nachrichtenamt *n*.
Id(a). ***Idaho*** (*Staat der USA*).
i.e. ***id est*** (*Lat.* = ***that is to say***) d.h., das heißt.
IHP, ihp ***indicated horsepower*** i. PS, indizierte Pferdestärke.
IL, Ill. ***Illinois*** (*Staat der USA*).
ILO ***International Labo(u)r Organization*** Internatioˈnale ˈArbeitsorganisatiˌon.
ILS ***instrument landing system*** Instruˈmentenˌlandesyˌstem *n*.
IMF ***International Monetary Fund*** IWF, Internatioˈnaler Währungsfonds.
Imp. ***Imperial*** Reichs..., Empire...
IN ***Indiana*** (*Staat der USA*).
in. ***inch(es)*** Zoll *m* (*od. pl.*).
Inc. ***Incorporated*** (amtlich) eingetragen.
incl. ***inclusive***, ***including*** einschl., einschließlich.
incog. ***incognito*** inˈkognito (*unter anderem Namen*).
Ind. ***Indiana*** (*Staat der USA*).
inst. ***instant*** d. M., dieses Monats.
IOC ***International Olympic Committee*** Internatioˈnales Oˈlympisches Komiˈtee.
I. of M. ***Isle of Man*** (*engl. Insel*).
I. of W. ***Isle of Wight*** (*engl. Insel; Grafschaft*).
IOM *siehe* ***I. of M.***
IOU ***I owe you*** Schuldschein *m*.
IOW *siehe* ***I. of W.***
IPA ***International Phonetic Association*** Internatioˈnale Phoˈnetische Gesellschaft.
IQ ***intelligence quotient*** Intelliˈgenzquotiˌent *m*.
Ir. ***Ireland*** Irland *n*; ***Irish*** irisch.
IRA ***Irish Republican Army*** IRA, ˈIrisch-Republiˈkanische Arˈmee.
IRBM ***intermediate-range ballistic missile*** ˈMittelstreckenraˌkete *f*.
ISBN ***international standard book number*** ISBˈN-Nummer *f*.
ISDN ***integrated services digital network*** dienste-integrierendes digiˈtales Fernmeldenetz.
ISO ***International Organization for Standardization*** IOS, Internatioˈnale Organisatiˈon für Standardisierung, Internatioˈnale ˈNormenorganisatiˌon.
ITV ***Independent Television*** (*unabhängige brit. kommerzielle Fernsehanstalten*).
IUD ***intrauterine device*** Intrauteˈrinpesˌsar *n*, -spiˌrale *f*.
IYHF ***International Youth Hostel Federation*** Internatioˈnaler Jugendherbergsverband.

J. ***judge*** Richter *m*; ***justice*** Juˈstiz *f*; Richter *m*.
Jan. ***January*** Jan., Januar *m*.
JATO [ˈdʒeɪtəʊ] ***jet-assisted takeoff*** Start *m* mit ˈStartraˌkete.
JC ***Jesus Christ*** Jesus Christus *m*.
JCB ***Juris Civilis Baccalaureus*** (*Lat.* = ***Bachelor of Civil Law***) Bakkaˈlaureus *m* des Ziˈvilrechts.
JCD ***Juris Civilis Doctor*** (*Lat.* = ***Doctor of Civil Law***) Doktor *m* des Ziˈvilrechts.
Jnr ***junior*** *siehe* ***Jr, jun(r)***.
JP ***Justice of the Peace*** Friedensrichter *m*.
Jr ***junior*** (*Lat.* = ***the younger***) jr., jun., der Jüngere.
JUD ***Juris Utriusque Doctor*** (*Lat.* = ***Doctor of Civil and Canon Law***) Doktor *m* beider Rechte.
Jul. ***July*** Jul., Juli *m*.
Jun. ***June*** Jun., Juni *m*.
jun(r). ***junior*** (*Lat.* = ***the younger***) jr., jun., der Jüngere.

Kan(s). ***Kansas*** (*Staat der USA*).
KC ***Knight Commander*** Komˈtur *m*, Großmeister *m*; *Brit.* ***King's Counsel*** Kronanwalt *m*.
KCB ***Knight Commander of the Bath*** Großmeister *m* des Bath-Ordens.
Ken. ***Kentucky*** (*Staat der USA*).
kg ***kilogram(me)(s)*** kg, Kilogramm *n* (*od. pl.*).
kHz ***kilohertz*** kHz, Kiloˈhertz *n od. pl.*
KIA ***killed in action*** gefallen.
KKK ***Ku Klux Klan*** (*geheime Terrororganisation in den USA*).
km *Brit.* ***kilometre(s)***, *Am.* ***kilometer(s)*** km, Kiloˈmeter *m* (*od. pl.*).
KO, k.o. ***knockout*** K.o., Knock-out *m*.
k.p.h. *Brit.* ***kilometre(s) per hour***, *Am.* ***kilometer(s) per hour*** ˈStundenkiloˌmeter *m* (*od. pl.*).
KS ***Kansas*** (*Staat der USA*).
kV ***kilovolt(s)*** kV, Kiloˈvolt *n* (*od. pl.*).
kW ***kilowatt(s)*** kW, Kiloˈwatt *n* (*od. pl.*).
KY, Ky ***Kentucky*** (*Staat der USA*).

L *Brit.* ***learner*** (***driver***) Fahrschüler(in) (*Plakette an Kraftfahrzeugen*).
l. ***left*** l., links; ***length*** Länge *f*; ***line*** Z., Zeile *f*; Lin., Linie *f*; (*meist* **l**) *Brit.* ***litre(s)***, *Am.* ***liter(s)*** l, Liter *m*, *n* (*od. pl.*).
£ ***pound(s) sterling*** Pfund *n* (*od. pl.*) Sterling (*Währung*).
LA ***Los Angeles*** (*Stadt in Kalifornien*); ***Louisiana*** (*Staat der USA*).
La. ***Louisiana*** (*Staat der USA*).
£A ***Australian pound*** auˈstralisches Pfund (*Währung*).
Lab. ***Labrador*** (*Kanad. Halbinsel*).
Lancs. ***Lancashire*** (*engl. Grafschaft*).
lang. ***language*** Spr., Sprache *f*.
lat. ***latitude*** geoˈgraphische Breite.
lb. ***pound(s)*** Pfund *n* (*od. pl.*) (*Gewicht*).
L/C ***letter of credit*** Kreˈditbrief *m*.
LCJ *Brit.* ***Lord Chief Justice*** Lordˈoberrichter *m*.
Ld. ***Lord*** Lord *m*.
£E ***Egyptian pound*** äˈgyptisches Pfund (*Währung*).
Leics. ***Leicestershire*** (*engl. Grafschaft*).
Lincs. ***Lincolnshire*** (*engl. Grafschaft*).
LJ *Brit.* ***Lord Justice*** Lordrichter *m*.
ll. ***lines*** Zeilen *pl.*; Linien *pl.*
LL D ***Legum Doctor*** (*Lat.* = ***Doctor of Laws***) Dr. jur., Doktor *m* der Rechte.
LMT ***local mean time*** mittlere Ortszeit (*in USA*).
loc. cit. ***loco citato*** (*Lat.* = ***in the place cited***) a. a. O., am angeführten Ort.
lon(g). ***longitude*** geoˈgraphische Länge.
LP ***long-playing record*** LP, Langspielplatte *f*; ***Labour Party*** (*brit. Linkspartei*); *siehe* ***l.p.***
l.p. ***low pressure*** Tiefdruck *m*.
L'pool ***Liverpool*** *n*.
LSD ***lysergic acid diethylamide*** LSD, Lysergsäurediäthylamid *n*.
LSE ***London School of Economics*** (*renommierte Londoner Wirtschaftshochschule*).
LSO ***London Symphony Orchestra*** das Londoner Sinfoˈnie-Orˌchester.
Lt. ***Lieutenant*** Leutnant *m*.
l.t. ***low tension*** Niederspannung *f*.
Lt.-Col. ***Lieutenant-Colonel*** Oberstˈleutnant *m*.
Ltd. ***limited*** mit beschränkter Haftung.
Lt.-Gen. ***Lieutenant-General*** Geneˈralleutnant *m*.

m ***male*** m, männlich; ***masculine*** m, männlich; ***married*** verh., verheiratet; *Brit.* ***metre(s)***, *Am.* ***meter(s)*** m, Meter *m*, *n od. pl.*; ***mile(s)*** M., Meile(n

pl.) *f*; ***minute(s)*** min., Min., Mi'nute(n *pl.*) *f*.
MA ***Master of Arts*** Ma'gister *m* der Philoso'phie; ***Massachusetts*** (*Staat der USA*); ***military academy*** Mili'tärakade͵mie *f*.
Maj. ***Major*** Ma'jor m.
Maj.-Gen. ***Major-General*** Gene'ralma͵jor *m*.
Man. ***Manitoba*** (*Kanad. Provinz*).
Mar. ***March*** März *m*.
Mass. ***Massachusetts*** (*Staat der USA*).
max. ***maximum*** Max., Maximum *n*.
MB ***Medicinae Baccalaureus*** (*Lat.* = ***Bachelor of Medicine***) Bakka'laureus *m* der Medi'zin.
MC ***Master of Ceremonies*** Zere'monienmeister *m*; *Am.* Conférencier *m*; *Am.* ***Member of Congress*** Parla'mentsmitglied *n*.
MD ***Maryland*** (*Staat der USA*); ***Managing Director*** geschäftsführender Di'rektor; ***Medicinae Doctor*** (*Lat.* = ***Doctor of Medicine***) Dr. med., Doktor *m* der Medi'zin.
M/D ***months' date*** Monate nach heute.
Md. ***Maryland*** (*Staat der USA*).
MDS ***Master of Dental Surgery*** Ma'gister *m* der 'Zahnmedi͵zin.
ME, Me. ***Maine*** (*Staat der USA*).
med. ***medical*** med., medi'zinisch; ***medicine*** Med., Medi'zin *f*; ***medieval*** mittelalterlich.
mg ***milligram(me)(s)*** mg, Milligramm *n od. pl.*
MI ***Michigan*** (*Staat der USA*).
mi. ***mile(s)*** M., Meile(n *pl.*) *f*.
Mich. ***Michigan*** (*Staat der USA*).
Middx. ***Middlesex*** (*ehemal. engl. Grafschaft*).
min. ***minute(s)*** min., Min., Mi'nute(n *pl.*) *f*; ***minimum*** Min., Minimum *n*.
Minn. ***Minnesota*** (*Staat der USA*).
Miss. ***Mississippi*** (*Staat der USA*).
mm *Brit.* ***millimetre(s)***, *Am.* ***millimeter(s)*** mm, Milli'meter *m*, *n od. pl.*
MN ***Minnesota*** (*Staat der USA*).
MO ***Missouri*** (*Staat der USA*); ***mail order*** *siehe Wörterverzeichnis*; ***money order*** *siehe Wörterverzeichnis*.
Mo. ***Missouri*** (*Staat der USA*).
Mon. ***Monday*** Mo., Montag *m*.
Mont. ***Montana*** (*Staat der USA*).
MP *Brit.* ***Member of Parliament*** Abgeordnete(r) *m* des 'Unterhauses; ***Military Police*** Mili'tärpoli͵zei *f*.
mph ***miles per hour*** Stundenmeilen *pl.*
MPharm ***Master of Pharmacy*** Ma'gister *m* der Pharma'zie.
Mr ['mɪstə] ***Mister*** Herr *m*.
Mrs ['mɪsɪz] *ursprünglich* ***Mistress*** Frau *f*.
MS ***Mississippi*** (*Staat der USA*); ***manuscript*** Mskr(pt)., Manu'skript *n*; ***motorship*** Motorschiff *n*.
Ms [mɪz] Frau *f* (*neutrale Anredeform für unverheiratete und verheiratete Frauen*).
MSc ***Master of Science*** Ma'gister *m* der Na'turwissenschaften.
MSL ***mean sea level*** mittlere (See)Höhe, Nor'malnull *n*.
MSS ***manuscripts*** Manu'skripte *pl.*
MT ***Montana*** (*Staat der USA*).
Mt ***Mount*** Berg *m*.
mt ***megaton*** Megatonne *f*.
M'ter ***Manchester*** *n*.
MTh ***Master of Theology*** Ma'gister *m* der Theolo'gie.
Mx ***Middlesex*** (*ehemal. engl. Grafschaft*).
N ***north*** N, Nord(en *m*); ***north(ern)*** n, nördlich.
n ***neuter*** n, Neutrum *n*, neu'tral; ***noun*** Subst., Substantiv *n*; ***noon*** Mittag *m*.
NAAFI ['næfɪ] *Brit.* ***Navy, Army and Air Force Institutes*** (*Truppenbetreuungsinstitution der brit. Streitkräfte, u. a. für Kantinen u. Geschäfte zuständig*).
NASA ['næsə] *Am.* ***National Aeronautics and Space Administration*** Natio'nale Luft- u. Raumfahrtbehörde *f*.
nat. ***national*** nat., natio'nal; ***natural*** nat., na'türlich.
NATO ['neɪtəʊ] ***North Atlantic Treaty Organization*** Nordat'lantikpakt-Organisati͵on *f*.
NB ***New Brunswick*** (*Kanad. Provinz*).
NBC *Am.* ***National Broadcasting Corporation*** Natio'nale Rundfunkgesellschaft.
NC ***North Carolina*** (*Staat der USA*).
N.C.B. *Brit.* ***National Coal Board*** Natio'nale Kohlenbehörde.
n.d. ***no date*** ohne Datum.
ND, N Dak. ***North Dakota*** (*Staat der USA*).
NE ***Nebraska*** (*Staat der USA*); ***northeast*** NO, Nord'ost(en *m*); ***northeast(ern)*** nö, nord'östlich.
Neb(r). ***Nebraska*** (*Staat der USA*).
neg. ***negative*** neg., negativ.
Nev. ***Nevada*** (*Staat der USA*).
NF ***Newfoundland*** (*Kanad. Provinz*).
N/F ***no funds*** keine Deckung.
Nf(l)d ***Newfoundland*** (*Kanad. Provinz*).
NH ***New Hampshire*** (*Staat der USA*).
NHS *Brit.* ***National Health Service*** Staatlicher Gesundheitsdienst.
NJ ***New Jersey*** (*Staat der USA*).
NM, N Mex. ***New Mexico*** (*Staat der USA*).
No. ***North*** N, Nord(en *m*); ***numero*** Nr., Nummer *f*; ***number*** Zahl *f*.
Norf. ***Norfolk*** (*engl. Grafschaft*).
Northants. ***Northamptonshire*** (*engl. Grafschaft*).
Northd., Northumb. ***Northumberland*** (*engl. Grafschaft*).
Notts. ***Nottinghamshire*** (*engl. Grafschaft*).
Nov. ***November*** Nov., No'vember *m*.
n.p. or d. ***no place or date*** ohne Ort oder Datum.
NS ***Nova Scotia*** (*Kanad. Provinz*).
NSB *Brit.* ***National Savings Bank*** *etwa* Postsparkasse *f*.
NSPCA ***National Society for the Prevention of Cruelty to Animals*** (*brit. Tierschutzverein*).
NSW ***New South Wales*** (*Bundesstaat Australiens*).
NT ***New Testament*** NT, Neues Testa'ment; ***Northern Territory*** (*Verwaltungsbezirk Australiens*).
nt.wt. ***net weight*** Nettogewicht *n*.
NV ***Nevada*** (*Staat der USA*).
NW ***northwest*** NW, Nord'west(en *m*); ***northwest(ern)*** nw, nord'westlich.
NWT ***Northwest Territories*** (*N-Kanada östl. des Yukon Territory*).
NY ***New York*** (*Staat der USA*).
NYC ***New York City*** (die Stadt) New York.
N Yorks. ***North Yorkshire*** (*engl. Grafschaft*).
O. ***Ohio*** (*Staat der USA*); ***order*** Auftr., Auftrag *m*.
o/a ***on account of*** auf Rechnung von.
OAP ***old-age pensioner*** (Alters)Rentner(in), 'Ruhegeldem͵pfänger(in).
OAS ***Organization of American States*** Organisati'on *f* ameri'kanischer Staaten.
OAU ***Organization of African Unity*** Organisati'on *f* für Afri'kanische Einheit.
ob. ***obiit*** (*Lat.* = ***died***) gest., gestorben.
Oct. ***October*** Okt., Ok'tober *m*.
OECD ***Organization for Economic Cooperation and Development*** Organisati'on *f* für wirtschaftliche Zu'sammenarbeit und Entwicklung.
OH ***Ohio*** (*Staat der USA*).
OHMS ***On His (Her) Majesty's Service*** im Dienste Seiner (Ihrer) Maje'stät; ✆ Dienstsache *f*.
OK ***Oklahoma*** (*Staat der USA*); *siehe* **O.K.**
O.K. (*möglicherweise aus:*) ***all correct*** in Ordung.
Okla. ***Oklahoma*** (*Staat der USA*).
o.n.o. ***or near(est) offer*** VB, Verhandlungsbasis *f*.
Ont. ***Ontario*** (*Kanad. Provinz*).
OPEC ['əʊpek] ***Organization of Petroleum Exporting Countries*** Organisati'on *f* der Erdöl exportierenden Länder.
OR ***Oregon*** (*Staat der USA*).
o.r. ***owner's risk*** auf Gefahr des Eigentümers.
Ore(g). ***Oregon*** (*Staat der USA*).
OT ***Old Testament*** AT, Altes Testa'ment.
OUP ***Oxford University Press*** Verlag *m* der Universi'tät Oxford.
Oxon. ***Oxfordshire*** (*engl. Grafschaft*); ***Oxoniensis*** (*Titel etc.*) der Universi'tät Oxford.
oz. ***ounce(s)*** Unze(n *pl.*) *f*.
p ***penny, pence*** (*brit. Münze*).
p. ***page*** S., Seite *f*; ***part*** T., Teil *m*.
PA, Pa. ***Pennsylvania*** (*Staat der USA*).
p.a. ***per annum*** (*Lat.* = ***yearly***) jährlich.
PAN AM [͵pæn'æm] ***Pan American World Airways*** (*amer. Luftverkehrsgesellschaft*).
par(a). ***paragraph*** Par., Para'graph *m*, Abschnitt *m*.
PAYE ***pay as you earn*** (*Brit. Quellenabzugsverfahren. Arbeitgeber zieht Lohn- bzw. Einkommensteuer direkt vom Lohn bzw. Gehalt ab*).
PC *Brit.* ***police constable*** Schutzmann *m*; ***Personal Computer*** PC, Perso'nalcom͵puter *m*; *Am.* ***Peace Corps*** Friedenscorps *n*.
p.c. ***per cent*** %, Pro'zent *n od. pl.*; ***postcard*** Postkarte *f*.
p/c ***price current*** Preisliste *f*.
pcl. ***parcel*** Pa'ket *n*.
pcs. ***pieces*** Stück(e) *pl.*
PD ***Police Department*** Poli'zeibehörde *f*; ***per diem*** (*Lat.* = ***by the day***) pro Tag.
pd. ***paid*** bez., bezahlt.
PEI ***Prince Edward Island*** (*Kanad. Provinz*).

PEN [pen], *mst* **PEN Club** (***International Association of) Poets, Playwrights, Editors, Essayists and Novelists*** PEN-Club *m* (*Internationaler Verband von Dichtern, Dramatikern, Redakteuren, Essayisten und Romanschriftstellern*).

Penn(a). ***Pennsylvania*** (*Staat der USA*).

per pro(c). ***per procurationem*** (*Lat.* = ***by proxy***) pp., ppa., per Pro'kura.

PhD ***Philosophiae Doctor*** (*Lat.* = ***Doctor of Philosophy***) Dr. phil., Doktor *m* der Philoso'phie.

Pk. ***Park*** Park *m*; ***Peak*** Spitze *f*, (Berg-) Gipfel *m*.

Pl. ***Place*** Platz *m*.

PLC, Plc, plc *Brit.* ***public limited company*** AG, Aktiengesellschaft *f*.

p.m. ***post meridiem*** (*Lat.* = ***after noon***) nachm., nachmittags, ab., abends.

PO ***post office*** Postamt *n*; ***postal order*** Postanweisung *f*.

POB ***post-office box*** Postschließfach *n*.

p.o.d. ***pay on delivery*** Nachnahme *f*.

POO ***post-office order*** Postanweisung *f*.

pos(it). ***positive*** pos., positiv.

POW ***prisoner of war*** Kriegsgefangene(r) *m*.

p.p. ***per procurationem*** (*Lat.* = ***by proxy***) pp., ppa., per Pro'kura.

pp. ***pages*** Seiten *pl*.

PR ***public relations*** PR, Öffentlichkeitsarbeit *f*.

pref. ***preface*** Vw., Vorwort *n*.

Pres. ***President*** Präsi'dent *m*.

pro. ***professional*** professio'nell, Berufs...

Prof. ***Professor*** Pro'fessor *m*.

prol. ***prologue*** Pro'log *m*.

Prot. ***Protestant*** Prot., Prote'stant *m*.

prox. ***proximo*** (*Lat.* = ***next month***) n. M., nächsten Monats.

PS ***postscript*** PS, Post'skript *n*, Nachschrift *f*.

PT ***physical training*** Leibeserziehung *f*.

pt. ***part*** Teil *m*; ***payment*** Zahlung *f*; ***pint*** (*Brit. 0,57 l, Am. 0,47 l*); ***point*** *siehe Wörterverzeichnis*.

PTA ***Parent-Teacher Association*** Eltern-Lehrer-Vereinigung *f*.

Pte. *Brit.* ***Private*** Sol'dat *m* (*Dienstgrad*).

PTO, p.t.o. ***please turn over*** b.w., bitte wenden.

Pvt. *Am.* ***Private*** Sol'dat *m* (*Dienstgrad*).

PW ***prisoner of war*** Kriegsgefangene(r) *m*.

PX ***Post Exchange*** (*Verkaufsläden für Angehörige der amer. Streitkräfte*).

QC *Brit.* ***Queen's Counsel*** Kronanwalt *m*.

Qld. ***Queensland*** (*Bundesstaat Australiens*).

qr ***quarter*** (*etwa 1*) Viertel'zentner *m* (*Handelsgewicht*).

qt ***quart*** Quart *n* (*Brit. 1,14 l, Am. 0,95 l*).

Que. ***Quebec*** (*Kanad. Provinz*).

quot. ***quotation*** Kurs-, Preisnotierung *f*.

R. ***Réaumur*** (*Thermometereinteilung*); ***River*** Strom *m*, Fluß *m*.

r. ***right*** r., rechts.

RA *Brit.* ***Royal Academy*** Königliche Akade'mie.

RAC *Brit.* ***Royal Automobile Club*** Königlicher Automo'bilklub.

RAF ***Royal Air Force*** Königlich-Brit. Luftwaffe *f*.

RAM *Computer*: ***random access memory*** Speicher *m* mit wahlfreiem Zugriff, Direktzugriffsspeicher *m*.

RC ***Roman Catholic*** r.-k., römisch-ka'tholisch.

Rd ***Road*** Str., Straße *f*.

recd ***received*** erhalten.

ref(c). (***in***) ***reference*** (***to***) (mit) Bezug *m* (auf); Empf., Empfehlung *f*.

regd ***registered*** eingetragen; ✆ eingeschrieben.

reg. tn ***register ton*** RT, Re'gistertonne *f*.

res. ***residence*** Wohnsitz, -ort *m*; ***research*** Forschung *f*; ***reserve*** Re'serve *f*, Reserve...

ret(d). ***retired*** i. R., im Ruhestand.

Rev(d). ***Reverend*** Ehrwürden (*Titel u. Anrede*).

RI ***Rhode Island*** (*Staat der USA*).

rm ***room*** Zi., Zimmer *n*.

RMA *Brit.* ***Royal Military Academy*** Königliche Mili'tärakade,mie (*Sandhurst*).

RN ***Royal Navy*** Königlich-Brit. Ma'rine *f*.

ROM *Computer*: ***read only memory*** Nur-Lese-Speicher *m*, Fest(wert)speicher *m*.

RP ***received pronunciation*** Standardaussprache *f* (*des Englischen in Südengland*); ***reply paid*** Rückantwort bezahlt (*bei Telegrammen*).

r.p.m. ***revolutions per minute*** U/min., Um'drehungen *pl*. pro Mi'nute.

RR *Am.* ***Railroad*** Eisenbahn *f*.

RS *Brit.* ***Royal Society*** Königliche Gesellschaft (*traditionsreicher u. bedeutendster naturwissenschaftlicher Verein Großbritanniens*).

RSPCA ***Royal Society for the Prevention of Cruelty to Animals*** (*brit. Tierschutzverein*).

RSVP ***répondez s'il vous plaît*** (*Fr.* = ***please reply***) u. A. w. g., um Antwort wird gebeten; Antwort erbeten.

rt ***right*** r., rechts.

Rt Hon. ***Right Honourable*** (*der od. die*) Sehr Ehrenwerte (*Titel u. Anrede*).

RU ***Rugby Union*** 'Rugby-Uni,on *f*.

Ry *Brit.* ***Railway*** Eisenbahn *f*.

S ***south*** S, Süd(en *m*); ***south(ern)*** s, südlich.

s ***second(s)*** s, sec, sek., Sek., Se'kunde(n *pl*.) *f*; ***shilling(s)*** Schilling(e *pl*.) *m*.

SA ***South Africa*** 'Süd'afrika *n*; ***South America*** S.A., 'Süda'merika *n*; ***South Australia*** (*Bundesstaat Australiens*); ***Salvation Army*** H.A., 'Heilsar,mee *f*.

s.a.e. ***stamped addressed envelope*** frankierter, mit (eigener) Anschrift versehener Briefumschlag.

Salop ***Shropshire*** (*engl. Grafschaft*).

SALT [sɔːlt] ***Strategic Arms Limitation Talks*** (*Verhandlungen zwischen der Sowjetunion und den USA über einen Vertrag zur Begrenzung und zum Abbau strategischer Waffensysteme*).

Sask. ***Saskatchewan*** (*Kanad. Provinz*).

Sat. ***Saturday*** Sa., Samstag *m*, Sonnabend *m*.

S Aus(tr). ***South Australia*** (*Bundesstaat Australiens*).

SB ***sales book*** Verkaufsbuch *n*.

SC ***South Carolina*** (*Staat der USA*); ***Security Council*** Sicherheitsrat *m* (*der UN*).

Sch. ***school*** Sch., Schule *f*.

SD, S Dak. ***South Dakota*** (*Staat der USA*).

SDP *Brit.* ***Social Democratic Party*** Sozi'aldemo,kratische Par'tei.

SE ***southeast*** SO, Süd'ost(en *m*); ***southeast(ern)*** sö, süd'östlich; ***Stock Exchange*** Börse *f*.

SEATO ['siːtəʊ] ***South-East Asia Treaty Organization*** Südost'asienpakt-Organisati,on *f*.

Sec. ***Secretary*** Sekr., Sekre'tär *m*; Mi'nister *m*.

sec. ***second(s)*** s, sec, sek., Sek., Se'kunde(n *pl*.) *f*; ***secondary*** *siehe Wörterverzeichnis*.

sen(r). ***senior*** (*Lat.* = ***the elder***) sen., der Ältere.

Sep(t). ***September*** Sep(t)., Sep'tember *m*.

Serg(t). ***Sergeant*** Fw, Feldwebel *m*; Wachtmeister *m*.

SF ***science fiction*** Science-'fiction *f* (*Literatur*).

Sgt. *siehe* ***Serg(t)***.

sh ***share*** Aktie *f*; ***sheet*** Druckbogen *m* (*Buchdruck*); ***shilling(s)*** Schilling(e *pl*.) *m*.

SHAPE [ʃeɪp] ***Supreme Headquarters Allied Powers Europe*** 'Oberkom,mando *n* der Alliierten Streitkräfte in Eu'ropa.

SM ***Sergeant-Major*** Oberfeldwebel *m*; Oberwachtmeister *m*.

S/N ***shipping note*** Frachtannahmeschein *m*, Schiffszettel *m*.

Soc. ***Society*** Gesellschaft *f*; Verein *m*.

Som(s). ***Somerset(shire)*** (*engl. Grafschaft*).

SOS SOS (*Internationales Seenotzeichen*).

sp.gr. ***specific gravity*** sp.G., spe'zifisches Gewicht.

S.P.Q.R. ***small profits, quick returns*** kleine Gewinne, rasche Umsätze.

Sq. ***Square*** Platz *m*.

sq. ***square*** Quadrat...

sq.ft ***square foot*** Qua'dratfuß *m*.

sq.in. ***square inch*** Qua'dratzoll *m*.

Sr ***senior*** (*Lat.* = ***the elder***) sen., der Ältere.

SS ***steamship*** Dampfer *m*; ***saints*** *die* Heiligen *pl*.

St. ***Saint ...*** St., Sankt ...; ***Street*** Str., Straße *f*; ***Station*** B(h)f., Bahnhof *m*.

st. ***stone*** (*Gewicht*).

STA ***scheduled time of arrival*** planmäßige Ankunft(szeit).

Sta. ***Station*** B(h)f., Bahnhof *m*.

Staffs. ***Staffordshire*** (*engl. Grafschaft*).

STD *Brit.* ***subscriber trunk dialling*** Selbstwählfernverkehr *m*; ***scheduled time of departure*** planmäßige Abflugzeit *bzw.* Abfahrtszeit.

stg ***sterling*** Sterling *m* (*brit. Währungseinheit*).

STOL [stɒl] ***short takeoff and landing*** (***aircraft***) STOL-, Kurzstart(-Flugzeug *n*) *m*.
Str. ***Strait*** Straße *f* (*Meerenge*).
sub. ***substitute*** Ersatz *m*.
Suff. ***Suffolk*** (*engl. Grafschaft*).
Sun. ***Sunday*** So., Sonntag *m*.
supp(l). ***supplement*** Nachtrag *m*.
Suss. ***Sussex*** (*ehemal. engl. Grafschaft*).
SW ***southwest*** SW, Süd'west(en *m*).
Sy ***Surrey*** (*engl. Grafschaft*).
S Yorks. ***South Yorkshire*** (*engl. Grafschaft*).
Sx ***Sussex*** (*ehemal. engl. Grafschaft*).

t ***ton(s)*** Tonne(n *pl.*) *f* (*Handelsgewicht*).
Tas. ***Tasmania*** (*Bundesstaat Australiens*).
TB ***tuberculosis*** Tb, Tbc, Tuberku'lose *f*.
TC ***Trusteeship Council*** Treuhandschaftsrat *m* (*der UN*).
TD ***Treasury Department*** Fi'nanzminiˌsterium *n* der USA.
tel. ***telephone*** Tel., Tele'fon *n*.
Tenn. ***Tennessee*** (*Staat der USA*).
Ter(r). ***Terrace*** (*in Straßennamen*) Häuserreihe *f* (*in Hanglage od. über einem Hang gelegen*); ***Territory*** (Hoheits)Gebiet *n*, Terri'torium *n*.
Tex. ***Texas*** (*Staat der USA*).
tgm. ***telegram*** Tele'gramm *n*.
TGWU ***Transport and General Workers' Union*** Trans'portarbeitergewerkschaft *f*.
Th., Thu(r)., Thurs. ***Thursday*** Do., Donnerstag *m*.
TMO ***telegraph money order*** tele'graphische Geldanweisung.
TN ***Tennessee*** (*Staat der USA*).
tn ***ton(s)*** Tonne(n *pl.*) *f* (*Handelsgewicht*).
TO ***Telegraph (Telephone) Office*** Tele'grafen-(Fernsprech)amt *n*; ***turnover*** 'Umsatz *m*.
TRH *Brit.* ***Their Royal Highnesses*** Ihre Königlichen Hoheiten.
TU ***Trade(s) Union(s)*** Gew., Gewerkschaft(en *pl.*) *f*.
Tu. ***Tuesday*** Di., Dienstag *m*.
TUC *Brit.* ***Trades Union Congress*** Gewerkschaftsverband *m*.
Tue(s). ***Tuesday*** Di., Dienstag *m*.
TV ***television*** FS, Fernsehen *n*; Fernseh…
TWA ***Trans World Airlines*** (*amer. Luftverkehrsgesellschaft*).
TX ***Texas*** (*Staat der USA*).

U ***universal*** allgemein (*zugelassen*) (*Kinoprogramm ohne Jugendverbot*).
UFO ***unidentified flying object*** Ufo *n*.
UHF ***ultrahigh frequency*** UHF, Ultra'hochfrequenz(-Bereich *m*) *f*, Dezi'meterwellenbereich *m*.
UK ***United Kingdom*** Vereinigtes Königreich (*England, Schottland, Wales u. Nordirland*).
ult(o). ***ultimo*** (*Lat.* = ***in the last [month]***) v. Mts., vorigen Monats.
UMW ***United Mine Workers*** Vereinigte Bergarbeiter *pl.* (*amer. Gewerkschaftsverband*).
UN ***United Nations*** Vereinte Nati'onen *pl.*
UNESCO [juː'neskəʊ] ***United Nations Eductional, Scientific, and Cultural Organization*** Organisati'on *f* der Vereinten Nati'onen für Wissenschaft, Erziehung und Kul'tur.
UNICEF ['juːnɪsef] ***United Nations Children's Fund*** (*früher* ***United Nations International Children's Emergency Fund***) Kinderhilfswerk *n* der Vereinten Nati'onen.
UNO ***United Nations Organization*** UNO *f*.
UNSC ***United Nations Security Council*** Sicherheitsrat *m* der Vereinten Nati'onen.
UPI ***United Press International*** (*amer. Nachrichtenagentur*).
US ***United States*** Vereinigte Staaten *pl.*
USA ***United States of America*** Vereinigte Staaten *pl.* von A'merika; ***United States Army*** Heer *n* der Vereinigten Staaten.
USAF(E) ***United States Air Force (Europe)*** Luftwaffe *f* der Vereinigten Staaten (in Eu'ropa).
USN ***United States Navy*** Ma'rine *f* der Vereinigten Staaten.
USS ***United States Senate*** Se'nat *m* der Vereinigten Staaten; ***United States Ship*** (Kriegs)Schiff *n* der Vereinigten Staaten.
USSR ***Union of Soviet Socialist Republics*** UdSSR, Uni'on *f* der Sozia'listischen Sow'jetrepuˌbliken.
UT, Ut. ***Utah*** (*Staat der USA*).
UV ***ultraviolet*** UV, 'ultravioˌlett.

V ***Volt(s)*** V, Volt *n* (*od. pl.*).
v. ***very*** sehr; ***verse*** V., Vers *m*; ***versus*** (*Lat.* = ***against***) gegen; ***vide*** (*Lat.* = ***see***) s., siehe; ***volt(s)*** V, Volt *n* (*od. pl.*).
VA, Va. ***Virginia*** (*Staat der USA*).
VAT ***value added tax*** MwSt., Mehrwertsteuer *f*.
VCR ***video cassette recorder*** 'Videoreˌcorder *m*.
VD ***venereal disease*** Geschlechtskrankheit *f*.
VHF ***very high frequency*** VHF, UKW, Ultrakurzwelle(n *pl.*) *f*, Meterwellenbereich *m*.
Vic. ***Victoria*** (*Bundesstaat Australiens*).
VIP ***very important person*** VIP *m*, ‚hohes Tier'.
Vis(c). ***Viscount(ess)*** Vi'comte *m* (Vicom'tesse *f*).
viz. ***videlicet*** (*Lat.* = ***namely***) nämlich.
vol. ***volume*** Bd., Band *m* (*eines Buches*).
vols. ***volumes*** Bde., Bände *pl.*
VP(res.) ***Vice President*** 'Vizepräsiˌdent *m* (*stellvertretender Vorsitzender, Vorstandsmitglied etc.*).
vs. ***versus*** (*Lat.* = ***against***) gegen.
VSOP ***very superior old pale*** (*Bezeichnung für 20–25 Jahre alten Branntwein, Portwein etc.*).
VT, Vt. ***Vermont*** (*Staat der USA*).
VTOL ['viːtɒl] ***vertical takeoff and landing (aircraft)*** Senkrechtstarter *m*.
v.v. ***vice versa*** (*Lat.* = ***conversely***) 'umgekehrt.

W ***west*** West(en *m*); ***west(ern)*** w, westlich; ***watt(s)*** W, Watt *n* (*od. pl.*).
w ***watt(s)*** W, Watt *n* (*od. pl.*); ***week*** Wo., Woche *f*; ***width*** Weite *f*, Breite *f*; ***wife*** (Ehe)Frau *f*; ***with*** mit.
WA ***Washington*** (*Staat der USA*); *siehe* ***W Aus(tr).***
War(ks). ***Warwickshire*** (*engl. Grafschaft*).
Wash. ***Washington*** (*Staat der USA*).
WASP [wɒsp] ***White Anglo-Saxon Protestant*** (*protestantischer Amerikaner britischer od. nordeuropäischer Abstammung*).
W Aus(tr). ***Western Australia*** (*Bundesstaat Australiens*).
WC ***West Central*** London Mitte-West (*Postbezirk*); ***water closet*** WC, 'Wasserkloˌsett *n*.
Wed(s). ***Wednesday*** Mi., Mittwoch *m*.
w.e.f. ***with effect from*** mit Wirkung vom.
WEU ***Western European Union*** 'Westeuroˌpäische Uni'on.
WFTU ***World Federation of Trade Unions*** Weltgewerkschaftsbund *m*.
WHO ***World Health Organization*** Weltge'sundheitsorganisatiˌon *f* (*der UN*).
WI ***West Indies*** 'West'indien *n*; *siehe* ***Wis(c).***
Wilts. ***Wiltshire*** (*engl. Grafschaft*).
Wis(c). ***Wisconsin*** (*Staat der USA*).
wk ***week*** Wo., Woche *f*; ***work*** Arbeit *f*.
wkly ***weekly*** wöchentlich.
wks ***weeks*** Wo., Wochen *pl.*
w/o ***without*** o., ohne.
Worcs. ***Worcestershire*** (*ehemal. engl. Grafschaft*).
WP, w.p. ***weather permitting*** (nur) bei gutem Wetter.
w.p.a. ***with particular average*** mit Teilschaden (*Versicherung inklusive Teilschaden*).
w.p.m. ***words per minute*** Wörter *pl.* pro Mi'nute.
w.r.t. ***with reference to*** bezüglich.
W Sx ***West Sussex*** (*engl. Grafschaft*).
wt ***weight*** Gewicht *n*.
WV, W Va. ***West Virginia*** (*Staat der USA*).
WW I (*od.* **II**) ***World War I*** (*od.* ***II***) der erste (*od.* zweite) Weltkrieg.
WY, Wyo. ***Wyoming*** (*Staat der USA*).
W Yorks. ***West Yorkshire*** (*engl. Grafschaft*).

x-d. ***ex dividend*** ohne Divi'dende.
x-i. ***ex interest*** ohne Zinsen.
Xm., Xmas ['krɪsməs] ***Christmas*** Weihnacht(en *n*) *f*.
Xn ***Christian*** christlich.
Xroads ***crossroads*** Straßenkreuzung *f*.
Xt ***Christ*** Christus *m*.
Xtian ***Christian*** christlich.

yd(s) ***yard(s)*** Elle(n *pl.*) *f* (*Längenmaß*).
YHA ***Youth Hostels Association*** Jugendherbergsverband *m*.
YMCA ***Young Men's Christian Association*** CVJM, Christlicher Verein junger Männer.
Yorks. ***Yorkshire*** (*ehemal. engl. Grafschaft*).
yr, ***year*** Jahr *n*; ***your*** *siehe Wörterverzeichnis*; ***younger*** jünger(e, -es); junior.
yrs ***years*** Jahre *pl.*; ***yours*** *siehe Wörterverzeichnis*.
YWCA ***Young Women's Christian Association*** Christlicher Verein junger Frauen und Mädchen.

Proper Names

Eigennamen

Ab·er·deen [ˌæbəˈdiːn] *Stadt in Schottland*; **ˌAb·er'deen·shire** [-ʃə] *schottische Grafschaft (bis 1975)*.
Ab·er·yst·wyth [ˌæbəˈrɪstwɪθ] *Stadt in Wales*.
A·bra·ham [ˈeɪbrəhæm] Abraham *m*.
A·chil·les [əˈkɪliːz] Aˈchilles *m*.
A·da [ˈeɪdə] Ada *f*, Adda *f*.
Ad·am [ˈædəm] Adam *m*.
Ad·di·son [ˈædɪsn] *englischer Autor*.
Ad·e·laide [ˈædəleɪd] *Stadt in Australien*; Adelheid *f*.
A·den [ˈeɪdn] Aden *n* (*Hauptstadt des Südjemen*).
Ad·i·ron·dacks [ˌædɪˈrɒndæks] *pl. Gebirgszug im Staat New York (USA)*.
Ad·olf [ˈædɒlf], **A·dol·phus** [əˈdɒlfəs] Adolf *m*.
A·dri·an [ˈeɪdrɪən] Adrian *m*, Adriˈane *f*.
A·dri·at·ic Sea [ˌeɪdrɪˈætɪk ˈsiː] *das* Adriˈatische Meer.
Ae·ge·an Sea [iːˈdʒiːən ˈsiː] *das* Äˈgäische Meer, *die* Äˈgäis.
Aes·chy·lus [ˈiːskɪləs] Äschylus *m*.
Ae·sop [ˈiːsɒp] Äˈsop *m*.
Af·ghan·i·stan [æfˈgænɪstæn] Afˈghanistan *n*.
Af·ri·ca [ˈæfrɪkə] Afrika *n*.
Ag·a·tha [ˈægəθə] Aˈgathe *f*.
Ag·gie [ˈægɪ] *Koseform für* ***Agatha***, ***Agnes***.
Ag·nes [ˈægnɪs] Agnes *f*.
Aix-la-Cha·pelle [ˌeɪkslɑːʃæˈpel] Aachen *n*.
Al·a·bam·a [ˌæləˈbæmə] *Staat der USA*.
Al·an [ˈælən] *m*.
A·las·ka [əˈlæskə] *Staat der USA*.
Al·ba·ni·a [ælˈbeɪnjə] Alˈbanien *n*.
Al·ba·ny [ˈɔːlbənɪ] *Hauptstadt des Staates New York (USA)*.
Al·bert [ˈælbət] Albert *m*.
Al·ber·ta [ælˈbɜːtə] *Provinz in Kanada*.
Al·bu·quer·que [ˈælbəkɜːkɪ] *Stadt in New Mexiko (USA)*.
Al·der·ney [ˈɔːldənɪ] *brit. Kanalinsel*.
Al·der·shot [ˈɔːldəʃɒt] *Stadt in Südengland*.
A·leu·tian Is·lands [əˌluːʃjənˈaɪləndz] *pl. die* Aleˈuten *pl*.
Al·ex [ˈælɪks] *abbr. für* ***Alexander***.
Al·ex·an·der [ˌælɪgˈzɑːndə] Alexˈander *m*.
Al·ex·an·dra [ˌælɪgˈzɑːndrə] Alexˈandra *f*.
Alf [ælf] *abbr. für* ***Alfred***.
Al·fred [ˈælfrɪd] Alfred *m*.
Al·ge·ri·a [ælˈdʒɪərɪə] Alˈgerien *n*.
Al·ger·non [ˈældʒənən] *m*.
Al·giers [ælˈdʒɪəz] Algier *n*.
Al·ice [ˈælɪs] Aˈlice *f*, Else *f*.
Al·i·son [ˈælɪsn] *f*.
Al·lan [ˈælən] *m*.
Al·le·ghe·nies [ˈælɪgenɪz; *Am.* ˌælɪˈgeɪnɪz] *pl. Gebirge im Osten der USA*.
Al·le·ghe·ny [ˈælɪgenɪ; *Am.* ˌælɪˈgeɪnɪ] *Fluß in Pennsylvania (USA)*; **~ Mountains** *siehe* ***Alleghenies***.
Al·len [ˈælən] *m*.
Al·sace [ælˈsæs], **Al·sa·ti·a** [ælˈseɪʃjə] das Elsaß.
A·man·da [əˈmændə] Aˈmanda *f*.
Am·a·zon [ˈæməzən] Amaˈzonas *m*.
A·me·lia [əˈmiːljə] Aˈmalie *f*.
A·mer·i·ca [əˈmerɪkə] Aˈmerika *n*.
A·my [ˈeɪmɪ] *f*.
An·chor·age [ˈæŋkərɪdʒ] *Stadt in Alaska (USA)*.
An·des [ˈændiːz] *pl. die* Anden *pl*.
An·dor·ra [ænˈdɔːrə] Anˈdorra *n*.
An·drew [ˈændruː] Anˈdreas *m*.
An·dy [ˈændɪ] *abbr. für* ***Andrew***.
An·ge·la [ˈændʒələ] Angela *f*.
An·gle·sey [ˈæŋglsɪ] *walisische Grafschaft (bis 1974)*.
An·gli·a [ˈæŋglɪə] *lateinischer Name für England*.
An·go·la [æŋˈgəʊlə] Anˈgola *n*.
An·gus [ˈæŋgəs] *schottische Grafschaft (bis 1975); Vorname m*.
A·ni·ta [əˈniːtə] Aˈnita *f*.
Ann [æn], **An·na** [ˈænə] Anna *f*, Anne *f*.
An·na·bel(le) [ˈænəbel] Annaˈbella *f*.
An·nap·o·lis [əˈnæpəlɪs] *Hauptstadt von Maryland (USA)*.
Anne [æn] Anna *f*, Anne *f*.
Ant·arc·ti·ca [æntˈɑːktɪkə] *die* Antˈarktis.
An·the·a [ˈænθɪə; ænˈθɪə] *f*.
An·tho·ny [ˈæntənɪ, ˈænθənɪ] Anton *m*.
An·til·les [ænˈtɪliːz] *pl. die* Anˈtillen *pl*.
An·to·ny [ˈæntənɪ] Anton *m*.
An·trim [ˈæntrɪm] *nordirische Grafschaft*.
Ant·werp [ˈæntwɜːp] Antˈwerpen *n*.
Ap·en·nines [ˈæpɪnaɪnz] *pl. der* Apenˈnin, *die* Apenˈninen *pl*.
Ap·pa·la·chians [ˌæpəˈleɪtʃjənz] *pl. die* Appaˈlachen *pl*.
A·ra·bi·a [əˈreɪbjə] Aˈrabien *n*.
Ar·chi·bald [ˈɑːtʃɪbəld] Archibald *m*.
Ar·chi·me·des [ˌɑːkɪˈmiːdiːz] Archiˈmedes *m*.
Arc·tic [ˈɑːktɪk] *die* Arktis.
Ar·den [ˈɑːdn] *Familienname*.
Ar·gen·ti·na [ˌɑːdʒənˈtiːnə] Argenˈtinien *n*.
Ar·gen·tine [ˈɑːdʒəntaɪn]: ***the* ~** Argenˈtinien *n*.
Ar·gyll(·shire) [ɑːˈgaɪl(ʃə)] *schottische Grafschaft (bis 1975)*.
Ar·is·toph·an·es [ˌærɪˈstɒfəniːz] Ariˈstophanes *m*.
Ar·is·tot·le [ˈærɪstɒtl] Ariˈstoteles *m*.
Ar·i·zo·na [ˌærɪˈzəʊnə] *Staat der USA*.
Ar·kan·sas [ˈɑːkənsɔː] *Fluß in USA; Staat der USA*.
Ar·ling·ton [ˈɑːlɪŋtən] *Ehrenfriedhof bei Washington DC (USA)*.
Ar·magh [ɑːˈmɑː] *nordirische Grafschaft*.
Ar·me·ni·a [ɑːˈmiːnjə] Arˈmenien *n*.
Ar·nold [ˈɑːnəld] Arnold *m*.
Art [ɑːt] *abbr. für* ***Arthur***.
Ar·thur [ˈɑːθə] Art(h)ur *m*; ***King* ~** König Artus.
As·cot [ˈæskət] *Ort in Südengland (Pferderennen)*.
A·sia [ˈeɪʃə] Asien *n*; **~ *Minor*** Kleinˈasien *n*.
As·syr·i·a [əˈsɪrɪə] Asˈsyrien *n*.
Ath·ens [ˈæθɪnz] Aˈthen *n*.
At·lan·ta [ətˈlæntə] *Hauptstadt von Georgia (USA)*.
At·lan·tic (O·cean) [ətˈlæntɪk (ətˌlæntɪkˈəʊʃn)] *der* Atˈlantik, *der* Atˈlantische Ozean.
Auck·land [ˈɔːklənd] *Hafenstadt in Neuseeland*.
Au·den [ˈɔːdn] *englischer Dichter*.
Au·drey [ˈɔːdrɪ] *f*.
Au·gus·ta [ɔːˈgʌstə] *Hauptstadt von Maine (USA)*.
Au·gus·tus [ɔːˈgʌstəs] August *m*.
Aus·ten [ˈɒstɪn] *Familienname*.
Aus·tin [ˈɒstɪn] *Hauptstadt von Texas (USA)*.
Aus·tra·lia [ɒˈstreɪljə] Auˈstralien *n*.
Aus·tri·a [ˈɒstrɪə] Österreich *n*.
A·von [ˈeɪvən] *Fluß in Mittelengland; englische Grafschaft*.
Ax·min·ster [ˈæksmɪnstə] *Stadt in Südwest-England*.
Ayr(·shire) [ˈeə(ʃə)] *schottische Grafschaft (bis 1975)*.
A·zores [əˈzɔːz] *pl. die* Aˈzoren *pl*.

Bab·y·lon [ˈbæbɪlən] Babylon *n*.
Ba·con [ˈbeɪkən] *englischer Philosoph*.
Ba·den-Pow·ell [ˌbeɪdnˈpəʊəl] *Gründer der Boy Scouts*.
Ba·ha·mas [bəˈhɑːməz] *pl. die* Baˈhamas *pl*.
Bah·rain [bɑːˈreɪn] Bahˈrain *n*.
Bai·le A·tha Cli·ath [ˌblɔːˈkliː] *gälischer Name für* ***Dublin***.
Bal·dwin [ˈbɔːldwɪn] Balduin *m*; *amer. Autor*.
Bâle [bɑːl] Basel *n*.
Bal·four [ˈbælfə] *brit. Staatsmann*.
Bal·kans [ˈbɔːlkənz] *pl. der* Balkan.
Bal·mor·al [bælˈmɒrəl] *Residenz des englischen Königshauses in Schottland*.
Bal·tic Sea [ˌbɔːltɪkˈsiː] *die* Ostsee.
Bal·ti·more [ˈbɔːltɪmɔː] *Hafenstadt in Maryland (USA)*.
Banff(·shire) [ˈbænf(ʃə)] *schottische Grafschaft (bis 1975)*.
Ban·gla·desh [ˌbæŋgləˈdeʃ] Banglaˈdesch *n*.
Bar·ba·dos [bɑːˈbeɪdəʊz] Barˈbados *n*.
Bar·ba·ra [ˈbɑːbərə] Barbara *f*.
Bark·ing [ˈbɑːkɪŋ] *Stadtbezirk von Groß-London*.
Bar·net [ˈbɑːnɪt] *Stadtbezirk von Groß-London*.
Bar·ry [ˈbærɪ] *m*.
Bart [bɑːt] *abbr. für* ***Bartholomew***.
Bar·thol·o·mew [bɑːˈθɒləmjuː] Bartholoˈmäus *m*.
Bas·il [ˈbæzl] Baˈsilius *m*.
Bath [bɑːθ] *Badeort in Südengland*.
Bat·on Rouge [ˌbætənˈruːʒ] *Hauptstadt von Louisiana (USA)*.
Bat·ter·sea [ˈbætəsiː] *Stadtteil von London*.
Ba·var·i·a [bəˈveərɪə] Bayern *n*.
Bea·cons·field [ˈbiːkənzfiːld] *Adelsname Disraelis*.
Beards·ley [ˈbɪədzlɪ] *engl. Zeichner u. Illustrator*.

Be·a·trice ['bɪətrɪs] Bea'trice *f.*
Bea·ver·brook ['bi:vəbrʊk] *brit. Zeitungsverleger.*
Beck·et ['bekɪt]: ***Saint Thomas à ~*** der heilige Thomas Becket.
Beck·ett ['bekɪt] *irischer Dichter u. Dramatiker.*
Beck·y ['bekɪ] *f.*
Bed·ford ['bedfəd] *Stadt in Mittelengland*; *a.* **'Bed·ford·shire** [-ʃə] *englische Grafschaft.*
Beer·bohm ['bɪəbəʊm] *engl. Kritiker u. Karikaturist.*
Bel·fast [ˌbel'fɑ:st; 'belfɑ:st] Belfast *n.*
Bel·gium ['beldʒəm] Belgien *n.*
Bel·grade [ˌbel'greɪd] Belgrad *n.*
Bel·gra·vi·a [bel'greɪvjə] *Stadtteil von London.*
Be·lin·da [bɪ'lɪndə; bə-] Be'linda *f.*
Be·lize [be'li:z] Be'lize *n.*
Bell, Bel·la ['bel(ə)] *abbr. für* ***Isabel.***
Ben [ben] *abbr. für* ***Benjamin.***
Ben·e·dict ['benɪdɪkt, 'benɪt] Benedikt *m.*
Ben·gal [ˌbeŋ'gɔ:l] Ben'galen *n.*
Be·nin [be'nɪn] Be'nin *n.*
Ben·ja·min ['bendʒəmɪn] Benjamin *m.*
Ben Nev·is [ˌben'nevɪs] *höchster Berg Schottlands u. Großbritanniens.*
Berke·ley ['bɜ:klɪ] *Stadt in Kalifornien*; ['bɑ:klɪ] *irischer Bischof u. Philosoph.*
Berk·shire ['bɑ:kʃə] *englische Grafschaft*; **~ Hills** [ˌbɜ:kʃɪə'hɪlz] *pl. Gebirgszug in Massachusetts (USA).*
Ber·lin [bɜ:'lɪn] Ber'lin *n.*
Ber·mu·das [bə'mju:dəz] *pl. die* Ber'mudas *pl.*, *die* Ber'mudainseln *pl.*
Ber·nard ['bɜ:nəd] Bernhard *m.*
Bern(e) [bɜ:n] Bern *n.*
Ber·nie ['bɜ:nɪ] *abbr. für* ***Bernard.***
Bern·stein ['bɜ:nstaɪn; -sti:n] *amer. Dirigent u. Komponist.*
Bert [bɜ:t] *abbr. für* ***Albert, Bertram, Bertrand, Gilbert, Hubert.***
Ber·tha ['bɜ:θə] Berta *f.*
Ber·tram ['bɜ:trəm], **Ber·trand** ['bɜ:trənd] Bertram *m.*
Ber·wick(·shire) ['berɪk(ʃə)] *schottische Grafschaft (bis 1975).*
Ber·yl ['berɪl] *f.*
Bess, Bes·sy ['bes(ɪ)], **Bet·s(e)y** ['betsɪ], **Bet·ty** ['betɪ] *abbr. für* ***Elizabeth.***
Bex·ley ['bekslɪ] *Stadtbezirk von Groß-London.*
Bhu·tan [bu:'tɑ:n] Bhu'tan *n.*
Bill, Bil·ly ['bɪl(ɪ)] Willi *m.*
Bir·ken·head ['bɜ:kənhed] *Hafenstadt in Nordwest-England.*
Bir·ming·ham ['bɜ:mɪŋəm] *Industriestadt in Mittelengland*; *Stadt in Alabama (USA).*
Bis·cay ['bɪskeɪ; -kɪ]: ***Bay of ~*** *der* Golf von Bis'caya.
Bis·marck ['bɪzmɑ:k] *Hauptstadt von North Dakota (USA).*
Blooms·bur·y ['blu:mzbərɪ] *Stadtteil von London.*
Bo·ad·i·cea [ˌbəʊədɪ'sɪə] *Königin in Britannien.*
Bob [bɒb] *abbr. für* ***Robert.***
Bo·he·mi·a [bəʊ'hi:mjə] Böhmen *n.*
Boi·se ['bɔɪzɪ; -sɪ] *Hauptstadt von Idaho (USA).*
Bol·eyn ['bʊlɪn]: ***Anne ~*** *zweite Frau Heinrichs VIII. von England.*
Bo·liv·i·a [bə'lɪvjə] Bo'livien *n.*
Bom·bay [ˌbɒm'beɪ] Bombay *n.*
Bo·na·parte ['bəʊnəpɑ:t] Bona'parte (*Familienname zweier französischer Kaiser*).
Booth [bu:ð] *Gründer der Heilsarmee.*
Bor·ders ['bɔ:dəz] *Verwaltungsregion in Schottland.*
Bor·is ['bɒrɪs] Boris *m.*
Bos·ton ['bɒstən] *Hauptstadt von Massachusetts (USA).*
Bo·tswa·na [bɒ'tswɑ:nə] Bo'tswana *n.*
Bourne·mouth ['bɔ:nməθ] *Seebad in Südengland.*
Brad·ford ['brædfəd] *Industriestadt in Nordengland.*
Bra·zil [brə'zɪl] Bra'silien *n.*
Breck·nock(·shire) ['breknɒk(ʃə)], **Brec·on(·shire)** ['brekən(ʃə)] *walisische Grafschaft (bis 1974).*
Bren·da ['brendə] *f.*
Brent [brent] *Stadtbezirk von Groß-London.*
Bri·an ['braɪən] *m.*
Bridg·et ['brɪdʒɪt] Bri'gitte *f.*
Brigh·ton ['braɪtn] *Seebad in Südengland.*
Bris·bane ['brɪzbən] *Hauptstadt von Queensland (Australien).*
Bris·tol ['brɪstl] *Hafenstadt in Südengland.*
Bri·tain ['brɪtn] Bri'tannien *n.*
Bri·tan·ni·a [brɪ'tænjə] *poet.* Bri'tannien *n.*
Brit·ish Co·lum·bi·a [ˌbrɪtɪʃkə'lʌmbɪə] *Provinz in Kanada.*
Brit·ta·ny ['brɪtənɪ] die Bre'tagne.
Brit·ten ['brɪtn] *englischer Komponist.*
Broad·way ['brɔ:dweɪ] *Straße in Manhattan, New York City (USA). Zentrum des amer. kommerziellen Theaters.*
Brom·ley ['brɒmlɪ] *Stadtbezirk von Groß-London.*
Bron·të ['brɒntɪ] *Name dreier englischer Autorinnen.*
Bronx [brɒŋks] *Stadtbezirk von New York (USA).*
Brook·lyn ['brʊklɪn] *Stadtbezirk von New York (USA).*
Brow·ning ['braʊnɪŋ] *englischer Dichter.*
Bruce [bru:s] *m.*
Bruges [bru:ʒ] Brügge *n.*
Bru·nei ['bru:naɪ] Brunei *n.*
Bruns·wick ['brʌnzwɪk] Braunschweig *n.*
Brus·sels ['brʌslz] Brüssel *n.*
Bry·an ['braɪən] *m.*
Bu·chan·an [bju:'kænən] *Familienname.*
Bu·cha·rest [ˌbju:kə'rest] Bukarest *n.*
Buck·ing·ham(·shire) ['bʌkɪŋəm(ʃə)] *englische Grafschaft.*
Bu·da·pest [ˌbju:də'pest] Budapest *n.*
Bud·dha ['bʊdə] Buddha *m.*
Bul·gar·i·a [bʌl'geərɪə] Bul'garien *n.*
Bur·gun·dy ['bɜ:gəndɪ] Bur'gund *n.*
Bur·ki·na Fas·o [bʊəˌki:nə'fæsəʊ] Bur'kina Faso *n* (*Staat in Westafrika, frühere Bezeichnung*: *Obervolta*).
Bur·ma ['bɜ:mə] Birma *n.*
Burns [bɜ:nz] *schottischer Dichter.*
Bu·run·di [bʊ'rʊndɪ] Bu'rundi *n.*
Bute(·shire) ['bju:t(ʃə)] *schottische Grafschaft (bis 1975).*
By·ron ['baɪərən] *englischer Dichter.*
Caer·nar·von(·shire) [kə'nɑ:vən(ʃə)] *walisische Grafschaft (bis 1974).*
Cae·sar ['si:zə] Cäsar *m.*
Cain [keɪn] Kain *m.*
Cai·ro ['kaɪərəʊ] Kairo *n.*
Caith·ness ['keɪθnes] *schottische Grafschaft (bis 1975).*
Ca·lais ['kæleɪ] Ca'lais *n.*
Cal·cut·ta [kæl'kʌtə] Kal'kutta *n.*
Cal·e·do·nia [ˌkælɪ'dəʊnjə] Kale'donien *n (poet. für Schottland).*
Cal·ga·ry ['kælgərɪ] *Stadt in Alberta (Kanada).*
Cal·i·for·nia [ˌkælɪ'fɔ:njə] Kali'fornien *n (Staat der USA).*
Cam·bo·dia [kæm'bəʊdjə] Kam'bodscha *n.*
Cam·bridge ['keɪmbrɪdʒ] *englische Universitätsstadt*; *Stadt in Massachusetts (USA), Sitz der Harvard University*; *a.* **'Cam·bridge·shire** [-ʃə] *englische Grafschaft.*
Cam·den ['kæmdən] *Stadtbezirk von Groß-London.*
Cam·er·oon ['kæməru:n; *bsd. Am.* ˌkæmə'ru:n] Kamerun *n.*
Camp·bell ['kæmbl] *Familienname.*
Can·a·da ['kænədə] Kanada *n.*
Ca·nar·y Is·lands [kəˌneərɪ'aɪləndz] *pl. die* Ka'narischen Inseln *pl.*
Can·ber·ra ['kænbərə] *Hauptstadt von Australien.*
Can·ter·bury ['kæntəbərɪ] *Stadt in Südengland.*
Cape Ca·nav·er·al [ˌkeɪpkə'nævərəl] *Raketenversuchszentrum in Florida (USA).*
Cape Town ['keɪptaʊn] Kapstadt *n.*
Cape Verde Is·lands [ˌkeɪp'vɜ:d 'aɪləndz] *pl. die* Kap'verden *pl.*
Ca·pri ['kæprɪ; 'kɑ:-; *Am. a.* kæ'pri:] Capri *n.*
Car·diff ['kɑ:dɪf] *Hauptstadt von Wales.*
Car·di·gan(·shire) ['kɑ:dɪgən(ʃə)] *walisische Grafschaft (bis 1974).*
Ca·rin·thi·a [kə'rɪnθɪə] Kärnten *n.*
Carl [kɑ:l] Karl *m*, Carl *m.*
Car·lisle [kɑ:'laɪl] *Stadt in Nordwestengland.*
Car·low ['kɑ:ləʊ] *Grafschaft in der Provinz Leinster (Irland)*; *Hauptstadt dieser Grafschaft.*
Car·lyle [kɑ:'laɪl] *englischer Autor.*
Car·mar·then(·shire) [kə'mɑ:ðn(ʃə)] *walisische Grafschaft (bis 1974).*
Car·ne·gie [kɑ:'negɪ] *amer. Industrieller.*
Car·ol(e) ['kærəl] Ka'rola *f.*
Car·o·line ['kærəlaɪn], **Car·o·lyn** ['kærəlɪn] Karo'line *f.*
Car·pa·thi·ans [kɑ:'peɪθjənz] *pl. die* Kar'paten *pl.*
Car·rie ['kærɪ] *abbr. für* ***Caroline.***
Car·son Cit·y [ˌkɑ:sn'sɪtɪ] *Hauptstadt von Nevada (USA).*
Car·ter ['kɑ:tə] *39. Präsident der USA.*
Cath·er·ine ['kæθərɪn] Katha'rina *f*, Kat(h)rin *f.*
Cath·y ['kæθɪ] *abbr. für* ***Catherine.***
Cav·an ['kævən] *Grafschaft im der Republik Irland zugehörigen Teil der Provinz Ulster*; *Hauptstadt dieser Grafschaft.*
Cax·ton ['kækstən] *erster englischer Buchdrucker.*
Ce·cil ['sesl, 'sɪsl] *m.*
Ce·cile ['sesɪl; *Am.* sɪ'si:l], **Ce·cil·ia** [sɪ'sɪljə; sɪ'si:ljə], **Cec·i·ly** ['sɪsɪlɪ; 'seslɪ] Cä'cilie *f.*
Ced·ric ['si:drɪk; 'sedrɪk] *m.*

Cel·ia ['si:ljə] *f.*
Cen·tral ['sentrəl] *Verwaltungsregion in Schottland.*
Cen·tral Af·ri·can Re·pub·lic ['sentrəlˌæfrɪkənrɪ'pʌblɪk] *die* Zen'tralafriˌkanische Repu'blik.
Cey·lon [sɪ'lɒn] Ceylon *n.*
Chad [tʃæd] *der* Tschad.
Cham·ber·lain ['tʃeɪmbəlɪn] *Name mehrerer brit. Staatsmänner.*
Char·ing Cross [ˌtʃærɪŋ'krɒs] *Stadtteil von London.*
Char·le·magne ['ʃɑ:ləmeɪn] Karl der Große.
Charles [tʃɑ:lz] Karl *m.*
Charles·ton ['tʃɑ:lstən] *Hauptstadt von West Virginia (USA).*
Char·lotte ['ʃɑ:lət] Char'lotte *f.*
Chas [tʃæz] *abbr. für* **Charles**.
Chau·cer ['tʃɔ:sə] *englischer Dichter.*
Chel·sea ['tʃelsɪ] *Stadtteil von London.*
Chel·ten·ham ['tʃeltnəm] *Stadt in Südengland.*
Chesh·ire ['tʃeʃə] *englische Grafschaft.*
Ches·ter·field ['tʃestəfi:ld] *Industriestadt in Mittelengland.*
Chev·i·ot Hills [ˌtʃevɪət'hɪlz] *pl. Grenzgebirge zwischen England u. Schottland.*
Chey·enne [ʃaɪ'æn] *Hauptstadt von Wyoming (USA).*
Chi·ca·go [ʃɪ'kɑ:gəʊ; *bsd. Am.* ʃɪ'kɔ:gəʊ] *Industriestadt in USA.*
Chil·e ['tʃɪlɪ] Chile *n.*
Chi·na ['tʃaɪnə] China *n*; ***Republic of ~*** *die* Repu'blik China; ***People's Republic of ~*** *die* Volksrepublik China.
Chip·pen·dale ['tʃɪpəndeɪl] *englischer Kunsttischler.*
Chris [krɪs] *abbr. für* ***Christina***, ***Christine***, ***Christian***, ***Christopher***.
Christ·church ['kraɪstʃɜ:tʃ] *Stadt in Neuseeland; Stadt in Hampshire (England).*
Chlo·e ['kləʊɪ] Chloe *f.*
Chris·tian ['krɪstjən] Christian *m.*
Chris·ti·na [krɪ'sti:nə], **Chris·tine** ['krɪsti:n, krɪ'sti:n] Chri'stine *f.*
Chris·to·pher ['krɪstəfə] Christoph *m.*
Chrys·ler ['kraɪzlə] *amer. Industrieller.*
Church·ill ['tʃɜ:tʃɪl] *brit. Staatsmann.*
Cin·cin·nat·i [ˌsɪnsɪ'nætɪ] *Stadt in Ohio (USA).*
Cis·sie ['sɪsɪ] *abbr. für* ***Cecily***.
Clack·man·nan(·shire) [klæk'mænən(-ʃə)] *schottische Grafschaft (bis 1975).*
Clap·ham ['klæpəm] *Stadtteil von Groß-London.*
Clar·a ['kleərə], **Clare** [kleə] Klara *f.*
Clare [kleə] *Grafschaft in der Provinz Munster (Irland).*
Clar·en·don ['klærəndən] *Name mehrerer englischer Staatsmänner.*
Claud(e) [klɔ:d] Claudius *m.*
Clem·ent ['klemənt] Klemens *m*, Clemens *m.*
Cle·o·pat·ra [klɪə'pætrə] Kle'opatra *f.*
Cleve·land ['kli:vlənd] *Industriestadt in USA; englische Grafschaft.*
Cliff [klɪf] *abbr. für* ***Clifford***.
Clif·ford ['klɪfəd] *m.*
Clive [klaɪv] *Begründer der brit. Herrschaft in Indien; Vorname m.*
Clwyd ['klu:ɪd] *walisische Grafschaft.*
Clyde [klaɪd] *Fluß in Schottland.*
Cole·ridge ['kəʊlərɪdʒ] *englischer Dichter.*
Col·in ['kɒlɪn] *m.*
Co·logne [kə'ləʊn] Köln *n.*
Co·lom·bi·a [kə'lɒmbɪə] Ko'lumbien *n.*
Co·lom·bo [kə'lʌmbəʊ] *Hauptstadt von Sri Lanka.*
Col·o·ra·do [ˌkɒlə'rɑ:dəʊ] *Staat der USA; Name zweier Flüsse in USA.*
Co·lum·bi·a [kə'lʌmbɪə] *Fluß in USA; Hauptstadt von South Carolina (USA);* ***District of ~ (DC)*** *Bundesdistrikt (mit der Hauptstadt Washington) der USA.*
Co·lum·bus [kə'lʌmbəs] *Entdecker Amerikas; Hauptstadt von Ohio (USA).*
Com·o·ro Is·lands [ˌkɒmərəʊ'aɪləndz] *pl. die* Ko'moren *pl.*
Con·cord ['kɒŋkəd] *Hauptstadt von New Hampshire (USA).*
Con·fu·cius [kən'fju:ʃjəs, -ʃəs] Kon'fuzius *m (chinesischer Philosoph).*
Con·go ['kɒŋgəʊ] der Kongo.
Con·nacht ['kɒnət], *früher* **Con·naught** ['kɒnɔ:t] *Provinz in Irland.*
Con·nect·i·cut [kə'netɪkət] *USA-Staat.*
Con·nie ['kɒnɪ] *abbr. für* ***Conrad***, ***Constance***, ***Cornelia***.
Con·rad ['kɒnræd] Konrad *m.*
Con·stance ['kɒnstəns] Kon'stanze *f*; ***Lake ~*** *der* Bodensee.
Con·stan·ti·no·ple [ˌkɒnstæntɪ'nəʊpl] Konstanti'nopel *n.*
Cook [kʊk] *englischer Weltumsegler.*
Coo·per ['ku:pə] *amer. Autor.*
Co·pen·ha·gen [ˌkəʊpn'heɪgən] Kopen'hagen *n.*
Cor·dil·le·ras [ˌkɔ:dɪ'ljeərəs] *pl. die* Kordil'leren *pl.*
Cor·inth ['kɒrɪnθ] Ko'rinth *n.*
Cork [kɔ:k] *Grafschaft in der Provinz Munster (Irland); Hauptstadt dieser Grafschaft u. der Provinz Munster.*
Cor·ne·lia [kɔ:'ni:ljə] Cor'nelia *f.*
Corn·wall ['kɔ:nwəl] *englische Grafschaft.*
Cos·ta Ri·ca [ˌkɒstə'ri:kə] Costa Rica *n.*
Cov·ent Gar·den [ˌkɒvənt'gɑ:dn] *die Londoner Oper.*
Cov·en·try ['kɒvəntrɪ] *Industriestadt in Mittelengland.*
Craig [kreɪg] *m.*
Crete [kri:t] Kreta *n.*
Cri·me·a [kraɪ'mɪə] die Krim.
Crom·well ['krɒmwəl] *englischer Staatsmann.*
Croy·don ['krɔɪdn] *Stadtbezirk von Groß-London.*
Cru·soe ['kru:səʊ]: ***Robinson ~*** *Romanheld.*
Cu·ba ['kju:bə] Kuba *n.*
Cum·ber·land ['kʌmbələnd] *englische Grafschaft (bis 1974).*
Cum·bri·a ['kʌmbrɪə] *englische Grafschaft.*
Cyn·thi·a ['sɪnθɪə] *f.*
Cy·prus ['saɪprəs] Zypern *n.*
Cy·rus ['saɪərəs] Cyrus *m.*
Czech·o·slo·va·ki·a [ˌtʃekəʊsləʊ'vækɪə] die Tschechoslowa'kei.
Dag·en·ham ['dægənəm] *Stadtteil von London.*
Da·ho·mey [də'həʊmɪ] Da'home *n (früherer Name von* ***Benin****).*
Dai·sy ['deɪzɪ] *Koseform von* ***Margaret***.
Dal·las ['dæləs] *Stadt in Texas (USA).*
Dal·ma·ti·a [dæl'meɪʃjə] Dal'matien *n.*
Dam·o·cles ['dæməkli:z] Damokles *m.*
Dan [dæn] *abbr. für* ***Daniel***.
Dan·iel ['dænjəl] Daniel *m.*
Dan·ube ['dænju:b] Donau *f.*
Daph·ne ['dæfnɪ] Daphne *f.*
Dar·da·nelles [ˌdɑ:də'nelz] *pl. die* Darda'nellen *pl.*
Dar·jee·ling [dɑ:'dʒi:lɪŋ] *Stadt in Indien.*
Dart·moor ['dɑ:tˌmʊə] *Landstrich in Südwest-England.*
Dart·mouth ['dɑ:tməθ] *Stadt in Devon (England).*
Dar·win ['dɑ:wɪn] *englischer Naturforscher.*
Dave [deɪv] *abbr. für* ***David***.
Da·vid ['deɪvɪd] David *m.*
Dawn [dɔ:n] *f.*
Dean [di:n] *m.*
Deb·by ['debɪ] *abbr. für* ***Deborah***.
Deb·o·rah ['debərə] *f.*
Dee [di:] *Fluß in England; Fluß in Schottland.*
De·foe [dɪ'fəʊ] *englischer Autor.*
Deir·dre ['dɪədrɪ] *(Ir.) f.*
Del·a·ware ['deləweə] *Staat der USA; Fluß in USA.*
Den·bigh(·shire) ['denbɪ(ʃə)] *walisische Grafschaft (bis 1974).*
Den·is ['denɪs] *m.*
De·nise [də'ni:z; də'ni:s] De'nise *f.*
Den·mark ['denmɑ:k] Dänemark *n.*
Den·nis ['denɪs] *m.*
Den·ver ['denvə] *Hauptstadt von Colorado (USA).*
Dept·ford ['detfəd] *Stadtteil von Groß-London.*
Der·by(·shire) ['dɑ:bɪ(ʃə)] *englische Grafschaft.*
Der·ek, **Der·rick** ['derɪk] *m.*
Des Moines [dɪ'mɔɪn] *Hauptstadt von Iowa (USA).*
Des·mond ['dezmənd] *m.*
De·troit [də'trɔɪt] *Industriestadt in Michigan (USA).*
De·viz·es [dɪ'vaɪzɪz] *Stadt in Wiltshire (England).*
Dev·on(·shire) ['devn(ʃə)] *englische Grafschaft.*
Dew·ey ['dju:ɪ] *amer. Philosoph.*
Di·an·a [daɪ'ænə] Di'ana *f.*
Dick [dɪk] *abbr. für* ***Richard***.
Dick·ens ['dɪkɪnz] *englischer Autor.*
Dis·rae·li [dɪs'reɪlɪ] *brit. Staatsmann.*
Dol·ly ['dɒlɪ] *abbr. für* ***Dorothy***.
Do·lo·mites ['dɒləmaɪts] *pl. die* Dolo'miten *pl. (Teil der Ostalpen).*
Dom·i·nic ['dɒmɪnɪk] Domi'nik *m.*
Do·min·i·can Re·pub·lic [dəˌmɪnɪkənrɪ'pʌblɪk] *die* Domini'kanische Repu'blik.
Don [dɒn] *abbr. für* ***Donald***.
Don·ald ['dɒnld] *m.*
Don·cas·ter ['dɒŋkəstə] *Stadt in South Yorkshire (England).*
Don·e·gal ['dɒnɪgɔ:l; *Ir.* ˌdʌnɪ'gɔ:l] *Grafschaft im der Republik Irland zugehörigen Teil der Provinz Ulster.*
Don Juan [ˌdɒn'dʒu:ən] Don Ju'an *m.*
Donne [dʌn, dɒn] *englischer Dichter.*
Don Quix·ote [ˌdɒn'kwɪksət] Don Qui'chotte *m.*
Do·reen [dɔ:'ri:n; 'dɔ:ri:n] *f.*
Dor·is ['dɒrɪs] Doris *f.*
Dor·o·thy ['dɒrəθɪ] Doro'thea *f.*
Dor·set(·shire) ['dɔ:sɪt(ʃə)] *englische Grafschaft.*
Dos Pas·sos [ˌdɒs'pæsɒs] *amer. Autor.*
Doug [dʌg] *abbr. für* ***Douglas***.
Doug·las ['dʌgləs] *Vorname m; schottische Adelsfamilie.*

Do·ra ['dɔːrə] Dora *f.*
Do·ver ['dəʊvə] *Hafenstadt in Südengland; Hauptstadt von Delaware (USA).*
Down [daʊn] *nordirische Grafschaft.*
Down·ing Street ['daʊnɪŋstriːt] *Straße in London mit der Amtswohnung des Premierministers.*
Drei·ser ['draɪsə; -zə] *amer. Autor.*
Dry·den ['draɪdn] *englischer Dichter.*
Dub·lin ['dʌblɪn] *Hauptstadt von Irland; Grafschaft in der Provinz Leinster (Irland).*
Du·luth [djuː'luːθ; *Am.* də'luːθ] *Stadt in Minnesota (USA).*
Dul·wich ['dʌlɪdʒ] *Stadtteil von Groß-London.*
Dum·bar·ton(·shire) [dʌm'bɑːtn(ʃə)] *schottische Grafschaft (bis 1975).*
Dum·fries and Gal·lo·way [dʌmˌfriːsən'gæləweɪ] *Verwaltungsregion in Schottland;* **Dum'fries·shire** [-ʃə] *schottische Grafschaft (bis 1975).*
Dun·can ['dʌŋkən] *m.*
Dun·e·din [dʌ'niːdɪn] *Hafenstadt in Neuseeland.*
Dun·ge·ness [ˌdʌndʒɪ'nes; dʌndʒ'nes] *Landspitze in Kent (England).*
Dun·kirk [dʌn'kɜːk] Dün'kirchen *n.*
Dur·ban ['dɜːbən] *Hafenstadt in Südafrika.*
Dur·ham ['dʌrəm] *englische Grafschaft.*
Dyf·ed ['dʌvɪd] *walisische Grafschaft.*

Ea·ling ['iːlɪŋ] *Stadtbezirk von Groß-London.*
East Lo·thi·an [ˌiːst'ləʊðjən] *schottische Grafschaft (bis 1975).*
East Sus·sex [ˌiːst'sʌsɪks] *englische Grafschaft.*
Ec·ua·dor ['ekwədɔː] Ecua'dor *n.*
Ed·die ['edɪ] *abbr. für* **Edward.**
Ed·gar ['edgə] Edgar *m.*
Ed·in·burgh ['edɪnbərə] Edinburg *n.*
Ed·i·son ['edɪsn] *amer. Erfinder.*
E·dith ['iːdɪθ] Edith *f.*
Ed·mon·ton ['edməntən] *Hauptstadt von Alberta (Kanada).*
Ed·mund ['edmənd] Edmund *m.*
Ed·ward ['edwəd] Eduard *m.*
E·gypt ['iːdʒɪpt] Ä'gypten *n.*
Ei·leen ['aɪliːn; *Am.* aɪ'liːn] *f.*
Ei·re ['eərə] *Name der Republik Irland.*
Ei·sen·how·er ['aɪznˌhaʊə] *34. Präsident der USA.*
E·laine [e'leɪn; ɪ'leɪn] *siehe* **Helen.**
El·ea·nor ['elɪnə] Eleo'nore *f.*
E·li·jah [ɪ'laɪdʒə] E'lias *m.*
El·i·nor ['elɪnə] Eleo'nore *f.*
El·i·ot ['eljət] *englischer Dichter.*
E·li·za [ɪ'laɪzə] *abbr. für* **Elizabeth.**
E·liz·a·beth [ɪ'lɪzəbəθ] E'lisabeth *f.*
El·len ['elɪn] *siehe* **Helen.**
El·lis Is·land [ˌelɪs'aɪlənd] *Insel im Hafen von New York (USA).*
El Sal·va·dor [el'sælvədɔː] El Salva'dor *n.*
El·sa ['elsə], **El·sie** ['elsɪ] Elsa *f*, Else *f.*
Em·er·son ['eməsn] *amer. Dichter u. Philosoph.*
Em·i·ly ['emɪlɪ] E'milie *f.*
Em·ma ['emə] Emma *f.*
Em·mie, Em·my ['emɪ] *Koseform für* **Emma.**
En·field ['enfiːld] *Stadtbezirk von Groß-London.*
Eng·land ['ɪŋglənd] England *n.*
E·nid ['iːnɪd] *f.*
E·noch ['iːnɒk] *m.*
Ep·som ['epsəm] *Stadt in Südengland (Pferderennen).*
Equa·to·ri·al Guin·ea [ˌekwə'tɔːrɪəl 'gɪnɪ] Äquatori'alguiˌnea *n.*
Er·ic ['erɪk] Erich *m.*
Er·i·ca ['erɪkə] Erika *f.*
E·rie ['ɪərɪ] *Hafenstadt in Pennsylvania (USA);* ***Lake ~*** der Eriesee *(in Nordamerika).*
Er·nest ['ɜːnɪst] Ernst *m.*
Er·nie ['ɜːnɪ] *abbr. für* **Ernest.**
Es·sex ['esɪks] *englische Grafschaft.*
Es·t(h)o·nia [e'stəʊnjə] Estland *n.*
Eth·el ['eθl] *f.*
E·thi·o·pi·a [ˌiːθɪ'əʊpjə] Äthi'opien *n.*
E·ton ['iːtn] *Stadt in Berkshire (England) mit berühmter Public School.*
Eu·gene ['juːdʒiːn] Eugen *m.*
Eu·ge·ni·a [juː'dʒiːnjə] Eu'genie *f.*
Eu·nice ['juːnɪs] Eu'nice *f.*
Eu·phra·tes [juː'freɪtiːz] Euphrat *m.*
Eur·a·sia [jʊə'reɪʃə; -ʒə] Eu'rasien *n.*
Eu·rip·i·des [jʊə'rɪpɪdiːz] Eu'ripides *m.*
Eu·rope ['jʊərəp] Eu'ropa *n.*
Eus·tace ['juːstəs] Eu'stachius *m.*
E·va ['iːvə] Eva *f.*
Ev·ans ['evənz] *Familienname.*
Eve [iːv] Eva *f.*
Ev·e·lyn ['iːvlɪn; 'evlɪn] *m, f.*
Ev·er·glades ['evəgleɪdz] *pl. Sumpfgebiet in Florida (USA).*
Ex·e·ter ['eksɪtə] *Hauptstadt von Devonshire (England).*

Faer·oes ['feərəʊz] *pl. die* Färöer *pl.*
Falk·land Is·lands [ˌfɔː(l)klənd'aɪləndz] *pl. die* Falklandinseln *pl.*
Fal·staff ['fɔːlstɑːf] *Bühnenfigur bei Shakespeare.*
Fan·ny ['fænɪ] *abbr. für* **Frances.**
Far·a·day ['færədɪ] *englischer Chemiker u. Physiker.*
Farn·bor·ough ['fɑːnbərə] *Stadt in Hampshire (England).*
Far·oes ['feərəʊz] *siehe* **Faeroes.**
Faulk·ner ['fɔːknə] *amer. Autor.*
Fawkes [fɔːks] *Haupt der Pulververschwörung (1605).*
Fed·er·al Re·pub·lic of Ger·ma·ny ['fedərəlrɪˌpʌblɪkəv'dʒɜːmənɪ] *die* 'Bundesrepuˌblik Deutschland.
Fe·li·ci·a [fə'lɪsɪə] Fe'lizia *f.*
Fe·lic·i·ty [fə'lɪsətɪ] Fe'lizitas *f.*
Fe·lix ['fiːlɪks] Felix *m.*
Fe·lix·stowe ['fiːlɪkstəʊ] *Stadt in Suffolk (England).*
Felt·ham ['feltəm] *Stadtteil von Groß-London.*
Fer·man·agh [fə'mænə] *nordirische Grafschaft.*
Fiel·ding ['fiːldɪŋ] *englischer Autor.*
Fife [faɪf] *Verwaltungsregion in Schottland; a.* **'Fife·shire** [-ʃə] *schottische Grafschaft (bis 1975).*
Fi·ji [ˌfiː'dʒiː; *bsd. Am.* 'fiːdʒiː] Fidschi *n.*
Finch·ley ['fɪntʃlɪ] *Stadtteil von London.*
Fin·land ['fɪnlənd] Finnland *n.*
Fi·o·na [fɪ'əʊnə] *f.*
Firth of Forth [ˌfɜːθəv'fɔːθ] *Meeresbucht an der schottischen Ostküste.*
Fitz·ger·ald [fɪts'dʒerəld] *Familienname.*
Flan·ders ['flɑːndəz] Flandern *n.*
Flem·ing ['flemɪŋ] *brit. Bakteriologe.*
Flint(·shire) ['flɪnt(ʃə)] *walisische Grafschaft (bis 1974).*
Flo·ra ['flɔːrə] Flora *f.*
Flor·ence ['flɒrəns] Flo'renz *n;* Floren'tine *f.*
Flor·i·da ['flɒrɪdə] *Staat der USA.*
Flush·ing ['flʌʃɪŋ] *Stadtteil von New York;* Vlissingen *n.*
Folke·stone ['fəʊkstən] *Seebad in Südengland.*
Ford [fɔːd] *amer. Industrieller; 38. Präsident der USA.*
For·syth [fɔː'saɪθ] *Familienname.*
Fort Lau·der·dale [ˌfɔːt'lɔːdədeɪl] *Stadt in Florida (USA).*
Fort Worth [ˌfɔːt'wɜːθ] *Stadt in Texas (USA).*
Foth·er·in·ghay ['fɒðərɪŋgeɪ] *Schloß in Nordengland.*
Fow·ler ['faʊlə] *Familienname.*
France [frɑːns] Frankreich *n.*
Fran·ces ['frɑːnsɪs] Fran'ziska *f.*
Fran·cis ['frɑːnsɪs] Franz *m.*
Frank [fræŋk] Frank *m.*
Frank·fort ['fræŋkfət] *Hauptstadt von Kentucky (USA); seltene englische Schreibweise für Frankfurt.*
Frank·lin ['fræŋklɪn] *amer. Staatsmann; Verwaltungsbezirk der Northwest Territories (Kanada).*
Fred [fred] *abbr. für* **Alfred, Frederic(k).**
Fre·da ['friːdə] Frieda *f.*
Fred·die, Fred·dy ['fredɪ] *Koseformen für* **Frederic(k), Alfred.**
Fred·er·ic(k) ['fredrɪk] Friedrich *m.*
Fres·no ['freznəʊ] *Stadt in Kalifornien (USA).*
Fris·co ['frɪskəʊ] *umgangssprachliche Bezeichnung für* **San Francisco.**
Frost [frɒst] *amer. Dichter.*
Ful·bright ['fʊlbraɪt] *amer. Politiker.*
Ful·ham ['fʊləm] *Stadtteil von London.*
Ful·ton ['fʊltən] *amer. Erfinder.*

Ga·bon ['gæbɒn] Ga'bun *n.*
Gains·bor·ough ['geɪnzbərə] *englischer Maler.*
Gal·la·gher ['gæləhə] *Familienname.*
Gal·lup ['gæləp] *amer. Statistiker.*
Gals·wor·thy ['gɔːlzwɜːðɪ] *englischer Autor.*
Gal·way ['gɔːlweɪ] *Grafschaft in der Provinz Connaught (Irland); Hauptstadt dieser Grafschaft.*
Gam·bia ['gæmbɪə] Gambia *n.*
Gan·ges ['gændʒiːz] Ganges *m.*
Gar·eth ['gæreθ] *m.*
Gar·ry, Gar·y ['gærɪ] *m.*
Gaul [gɔːl] Gallien *n.*
Ga·vin ['gævɪn] *m.*
Ga·za Strip ['gɑːzəstrɪp] *der* Gazastreifen.
Gene [dʒiːn] *abbr. für* **Eugene, Eugenia.**
Ge·ne·va [dʒɪ'niːvə] Genf *n.*
Gen·o·a ['dʒenəʊə] Genua *n.*
Geoff [dʒef] *abbr. für* **Geoffr(e)y.**
Geof·fr(e)y ['dʒefrɪ] Gottfried *m.*
George [dʒɔːdʒ] Georg *m.*
Geor·gia ['dʒɔːdjə; *Am.* -dʒə] *Staat der USA.*
Ger·ald ['dʒerəld] Gerald *m*, Gerold *m.*
Ger·al·dine ['dʒerəldiːn] Geral'dine *f.*
Ger·ard ['dʒerɑːd; *bsd. Am.* dʒe'rɑːd] Gerhard *m.*
Ger·man Dem·o·crat·ic Re·pub·lic ['dʒɜːməndeməˌkrætɪkrɪ'pʌblɪk] *die* Deutsche Demo'kratische Repu'blik.

Ger·ma·ny ['dʒɜːmənɪ] Deutschland *n.*
Ger·ry ['dʒerɪ] *abbr. für* ***Gerald, Geraldine.***
Gersh·win ['gɜːʃwɪn] *amer. Komponist.*
Ger·tie ['gɜːtɪ] Gertie *f.*
Ger·trude ['gɜːtruːd] Gertrud *f.*
Get·tys·burg ['getɪzbɜːg] *Stadt in Pennsylvania (USA).*
Gha·na ['gɑːnə] Ghana *n.*
Ghent [gent] Gent *n.*
Gi·bral·tar [dʒɪ'brɔːltə] Gi'braltar *n.*
Giel·gud ['giːlgʊd]: ***Sir John ~*** *berühmter englischer Schauspieler.*
Gil·bert ['gɪlbət] Gilbert *m.*
Giles [dʒaɪlz] Julius *m.*
Gill [dʒɪl; gɪl] *abbr. für* ***Gillian.***
Gil·li·an ['dʒɪlɪən; 'gɪlɪən] *f.*
Glad·stone ['glædstən] *brit. Staatsmann.*
Glad·ys ['glædɪs] *f.*
Gla·mor·gan·shire [glə'mɔːgənʃə] *walisische Grafschaft (bis 1974).*
Glas·gow ['glɑːsgəʊ] *Stadt in Schottland.*
Glen [glen] *m.*
Glo·ri·a ['glɔːrɪə] Gloria *f.*
Glouces·ter ['glɒstə] *Stadt in Südengland; a.* **'Glouces·ter·shire** [-ʃə] *englische Grafschaft.*
Glynde·bourne ['glaɪndbɔːn] *kleiner Ort in East Sussex (England) mit Opernfestspielen.*
God·frey ['gɒdfrɪ] Gottfried *m.*
Go·li·ath [gəʊ'laɪəθ] Goliath *m.*
Gor·don ['gɔːdn] *Familienname; Vorname m.*
Go·tham ['gəʊtəm] *Ortsname; fig.* ‚Schilda' *n.*
Grace [greɪs] Gracia *f*, Grazia *f.*
Gra·ham ['greɪəm] *Familienname; Vorname m.*
Gram·pi·an ['græmpjən] *Verwaltungsregion in Schottland.*
Grand Can·yon [ˌgrænd'kænjən] *Durchbruchstal des Colorado in Arizona (USA).*
Great Brit·ain [ˌgreɪt'brɪtn] Großbri'tannien *n.*
Great·er Lon·don [ˌgreɪtə'lʌndən] *Stadtgrafschaft, bestehend aus der City of London u. 32 Stadtbezirken.*
Great·er Man·ches·ter [ˌgreɪtə'mæntʃɪstə] *Stadtgrafschaft in Nordengland.*
Greece [griːs] Griechenland *n.*
Greene [griːn] *englischer Autor.*
Green·land ['griːnlənd] Grönland *n.*
Green·wich ['grɪnɪdʒ] *Stadtbezirk Groß-Londons;* ***~ Village*** *Stadtteil von New York (USA).*
Greg [greg] *abbr. für* ***Gregory.***
Greg·o·ry ['gregərɪ] Gregor *m.*
Gre·na·da [gre'neɪdə] Gre'nada *n.*
Gre·ta ['griːtə, 'gretə] *abbr. für* ***Margaret.***
Grims·by ['grɪmzbɪ] *Hafenstadt in Humberside (England).*
Gri·sons ['griːzɔ̃ːŋ] Grau'bünden *n.*
Gros·ve·nor ['grəʊvnə] *Platz u. Straße in London.*
Gua·te·ma·la [ˌgwætɪ'mɑːlə] Guate'mala *n.*
Guern·sey ['gɜːnzɪ] *brit. Kanalinsel.*
Guin·ea ['gɪnɪ] Gui'nea *n;* **Guin·ea-Bis·sau** [ˌgɪnɪbɪ'saʊ] Guinea-Bis'sau *n.*
Guin·e·vere ['gwɪnɪˌvɪə] *Gemahlin des Königs Artus.*
Guin·ness ['gɪnɪs, gɪ'nes] *Familienname.*
Gul·li·ver ['gʌlɪvə] *Romanheld.*
Guy [gaɪ] Guido *m.*
Guy·ana [gaɪ'ænə] Gu'yana *n.*
Gwen [gwen] *abbr. für* ***Gwendolen, Gwendoline, Gwendolyn.***
Gwen·do·len, Gwen·do·line, Gwen·do·lyn ['gwendəlɪn] *f.*
Gwent [gwent] *walisische Grafschaft.*
Gwy·nedd ['gwɪnəð, -eð] *walisische Grafschaft.*

Hack·ney ['hæknɪ] *Stadtbezirk von Groß-London.*
Hague [heɪg]: ***the ~*** Den Haag.
Hai·ti ['heɪtɪ] Ha'iti *n.*
Hal [hæl] *abbr. für* ***Harold, Henry.***
Hal·i·fax ['hælɪfæks] *Hauptstadt von Neuschottland (Kanada); Stadt in West Yorkshire (England).*
Hal·ley ['hælɪ] *englischer Astronom.*
Ham·il·ton ['hæmltən] *Familienname; Stadt in der Provinz Ontario (Kanada).*
Ham·let ['hæmlɪt] *Bühnenfigur bei Shakespeare.*
Ham·mer·smith ['hæməsmɪθ] *Stadtbezirk von Groß-London.*
Hamp·shire ['hæmpʃə] *englische Grafschaft.*
Hamp·stead ['hæmpstɪd] *Stadtteil von Groß-London.*
Han·o·ver ['hænəʊvə] Han'nover *n.*
Ha·ra·re [hə'rɑːreɪ] *Hauptstadt von Zimbabwe.*
Har·dy ['hɑːdɪ] *englischer Autor.*
Ha·rin·gey ['hærɪŋgeɪ] *Stadtbezirk von Groß-London.*
Har·lem ['hɑːləm] *Stadtteil von New York.*
Har·old ['hærəld] Harald *m.*
Har·ri·et, Har·ri·ot ['hærɪət] *f.*
Har·ris·burg ['hærɪsbɜːg] *Hauptstadt von Pennsylvania (USA).*
Har·row ['hærəʊ] *Stadtbezirk Groß-Londons mit berühmter Public School.*
Har·ry ['hærɪ] *abbr. für* ***Harold, Henry.***
Hart·ford ['hɑːtfəd] *Hauptstadt von Connecticut (USA).*
Har·tle·pool ['hɑːtlɪpuːl] *Hafenstadt in Cleveland (England).*
Har·vard U·ni·ver·si·ty ['hɑːvədˌjuːnɪ'vɜːsətɪ] *Universität in Cambridge, Massachusetts (USA).*
Har·vey ['hɑːvɪ] *Vorname m; Familienname.*
Har·wich ['hærɪdʒ] *Hafenstadt in Südost-England.*
Has·tings ['heɪstɪŋz] *Stadt in Südengland.*
Ha·van·a [hə'vænə] Ha'vanna *n.*
Ha·ver·ing ['heɪvərɪŋ] *Stadtbezirk von Groß-London.*
Ha·wai·i [hə'waiiː] *Staat der USA.*
Haw·thorne ['hɔːθɔːn] *amer. Schriftsteller.*
Ha·zel ['heɪzl] *f.*
Heath·row ['hiːθrəʊ] *Großflughafen von London.*
Heb·ri·des ['hebrɪdiːz] *pl. die* He'briden *pl.*
Hel·en ['helɪn] He'lene *f.*
Hel·e·na ['helɪnə] *Hauptstadt von Montana (USA).*
Hel·i·go·land ['helɪgəʊlænd] Helgoland *n.*
Hel·sin·ki ['helsɪŋkɪ] Helsinki *n.*
Hem·ing·way ['hemɪŋweɪ] *amer. Autor.*
Hen·ley ['henlɪ] *Stadt an der Themse (Ruderregatta).*
Hen·ry ['henrɪ] Heinrich *m.*
Hep·burn ['hebɜːn; 'hepbɜːn] *amer. Filmschauspielerin.*
Her·bert ['hɜːbət] Herbert *m.*
Her·e·ford and Worces·ter [ˌherɪfədn'wʊstə] *englische Grafschaft;* **'Her·e·ford·shire** [-ʃə] *englische Grafschaft (bis 1974).*
Hert·ford(·shire) ['hɑːfəd(ʃə)] *englische Grafschaft.*
Hesse ['hesɪ] Hessen *n.*
High·land ['haɪlənd] *Verwaltungsregion in Schottland.*
Hil·a·ry ['hɪlərɪ] Hi'laria *f;* Hi'larius *m.*
Hil·da ['hɪldə] Hilda *f*, Hilde *f.*
Hil·ling·don ['hɪlɪŋdən] *Stadtbezirk von Groß-London.*
Hi·ma·la·ya [ˌhɪmə'leɪə] *der* Hi'malaja.
Hi·ro·shi·ma [hɪ'rɒʃɪmə] *Hafenstadt in Japan.*
Ho·bart ['həʊbɑːt] *Hauptstadt des australischen Bundesstaates Tasmanien.*
Ho·garth ['həʊgɑːθ] *englischer Maler.*
Hol·born ['həʊbən] *Stadtteil von London.*
Hol·land ['hɒlənd] Holland *n.*
Hol·ly·wood ['hɒlɪwʊd] *Filmstadt in Kalifornien (USA).*
Holmes [həʊmz] *Familienname.*
Ho·mer ['həʊmə] Ho'mer *m.*
Hon·du·ras [hɒn'djʊərəs] Hon'duras *n.*
Hong Kong [ˌhɒŋ'kɒŋ] Hongkong *n.*
Ho·no·lu·lu [ˌhɒnə'luːluː] *Hauptstadt von Hawaii (USA).*
Hor·ace ['hɒrəs] Ho'raz *m (römischer Dichter u. Satiriker); Vorname m.*
Houns·low ['haʊnzləʊ] *Stadtbezirk von Groß-London.*
Hous·ton ['hjuːstən; 'juːstən] *Stadt in Texas (USA).*
How·ard ['haʊəd] *m.*
Hu·bert ['hjuːbət] Hubert *m*, Hu'bertus *m.*
Hud·son ['hʌdsn] *Familienname; Fluß im Staat New York (USA).*
Hugh [hjuː] Hugo *m.*
Hughes [hjuːz] *Familienname.*
Hull [hʌl] *Hafenstadt in Humberside (England).*
Hum·ber ['hʌmbə] *Fluß in England;* **'Hum·ber·side** [-saɪd] *englische Grafschaft.*
Hume [hjuːm] *englischer Philosoph.*
Hum·phr(e)y ['hʌmfrɪ] *m.*
Hun·ga·ry ['hʌŋgərɪ] Ungarn *n.*
Hun·ting·don(·shire) ['hʌntɪŋdən(ʃə)] *englische Grafschaft (bis 1974).*
Hux·ley ['hʌkslɪ] *englischer Autor; englischer Biologe.*
Hyde Park [ˌhaɪd'pɑːk] *Park in London.*

I·an [ɪən; 'iːən] Jan *m.*
I·be·ri·an Pen·in·su·la [aɪˌbɪərɪənpɪ'nɪnsjʊlə] *die* I'berische Halbinsel.
Ice·land ['aɪslənd] Island *n.*
I·da ['aɪdə] Ida *f.*
I·da·ho ['aɪdəhəʊ] *Staat der USA.*
Il·ford ['ɪlfəd] *Stadtteil von Groß-London.*
Il·li·nois [ˌɪlɪ'nɔɪ] *Staat der USA; Fluß in USA.*
In·di·a ['ɪndjə] Indien *n.*
In·di·an·a [ˌɪndɪ'ænə] *Staat der USA.*
In·di·an·ap·o·lis [ˌɪndɪə'næpəlɪs] *Hauptstadt von Indiana (USA).*
In·do·ne·sia [ˌɪndəʊ'niːzjə] Indo'nesien *n.*

In·dus ['ɪndəs] Indus *m.*
In·ver·ness(·shire) [ˌɪnvə'nes(ʃə)] *schottische Grafschaft (bis 1975).*
I·o·wa ['aɪəʊə; 'aɪəwə] *Staat der USA.*
Ips·wich ['ɪpswɪtʃ] *Hauptstadt von Suffolk (England).*
I·ran [ɪ'rɑːn] I'ran *m.*
I·raq [ɪ'rɑːk] I'rak *m.*
Ire·land ['aɪələnd] Irland *n.*
I·rene [aɪ'riːnɪ; 'aɪriːn] I'rene *f.*
I·ris ['aɪərɪs] Iris *f.*
Ir·ving ['ɜːvɪŋ] *amer. Autor.*
I·saac ['aɪzək] Isaak *m.*
Is·a·bel ['ɪzəbəl] Isa'bella *f.*
Ish·er·wood ['ɪʃəwʊd] *englischer Schriftsteller u. Dramatiker.*
Is·lam·a·bad [ɪz'lɑːməbɑːd] *Hauptstadt von Pakistan.*
Isle of Man [ˌaɪləv'mæn] *Insel in der Irischen See, die unmittelbar der englischen Krone untersteht, aber nicht zum Vereinigten Königreich gehört.*
Isle of Wight [ˌaɪləv'waɪt] *englische Grafschaft, Insel im Ärmelkanal.*
I·sle·worth ['aɪzlwəθ] *Stadtteil von Groß-London.*
Is·ling·ton ['ɪzlɪŋtən] *Stadtbezirk von Groß-London.*
Is·o·bel ['ɪzəbel] Isa'bella *f.*
Is·ra·el ['ɪzreɪəl] Israel *n.*
Is·tan·bul [ˌɪstən'buːl] Istanbul *n.*
It·a·ly ['ɪtəlɪ] I'talien *n.*
I·van ['aɪvən] Iwan *m.*
I·vor ['aɪvə] *m.*
I·vo·ry Coast ['aɪvərɪkəʊst] *die* Elfenbeinküste.
I·vy ['aɪvɪ] *f.*

Jack [dʒæk] Hans *m.*
Jack·ie ['dʒækɪ] *abbr. für* ***Jacqueline.***
Jack·son ['dʒæksn] *Hauptstadt von Mississippi (USA).*
Jack·son·ville ['dʒæksnvɪl] *Hafenstadt in Florida (USA).*
Ja·cob ['dʒeɪkəb] Jakob *m.*
Jac·que·line ['dʒækliːn] *f.*
Jaf·fa ['dʒæfə] *Hafenstadt in Israel.*
Ja·mai·ca [dʒə'meɪkə] Ja'maika *n.*
James [dʒeɪmz] Jakob *m.*
Jane [dʒeɪn] Jo'hanna *f.*
Jan·et ['dʒænɪt] Jo'hanna *f.*
Jan·ice ['dʒænɪs] *f.*
Ja·pan [dʒə'pæn] Japan *n.*
Ja·son ['dʒeɪsn] *m.*
Jas·per ['dʒæspə] Kaspar *m.*
Ja·va ['dʒɑːvə] Java *n.*
Jean [dʒiːn] Jo'hanna *f.*
Jeff [dʒef] *abbr. für* ***Jeffrey.***
Jef·fer·son ['dʒefəsn] *3. Präsident der USA.*
Jef·fer·son Cit·y [ˌdʒefəsn'sɪtɪ] *Hauptstadt von Missouri (USA).*
Jef·frey ['dʒefrɪ] Gottfried *m.*
Je·ho·vah [dʒɪ'həʊvə] Je'hova *m.*
Jen·ni·fer ['dʒenɪfə] *f.*
Jen·ny ['dʒenɪ; 'dʒɪnɪ] *Koseform für* ***Jane.***
Jer·e·my ['dʒerɪmɪ] Jere'mias *m.*
Je·rome [dʒə'rəʊm] Hie'ronymus *m.*
Jer·ry ['dʒerɪ] *abbr. für* ***Jeremy, Jerome, Gerald, Gerard.***
Jer·sey ['dʒɜːsɪ] *brit. Kanalinsel.*
Je·ru·sa·lem [dʒə'ruːsələm] Je'rusalem *n.*
Jes·si·ca ['dʒesɪkə] *f.*
Je·sus ['dʒiːzəs] Jesus *m.*
Jill [dʒɪl] *abbr. für* ***Gillian.***
Jim(·my) ['dʒɪm(ɪ)] *abbr. für* ***James.***
Jo [dʒəʊ] *abbr. für* ***Joanna, Joseph, Josephine.***
Joan [dʒəʊn], **Jo·an·na** [dʒəʊ'ænə] Jo'hanna *f.*
Job [dʒəʊb] Hiob *m.*
Joc·e·lin(e), Joc·e·lyn ['dʒɒslɪn] *f.*
Joe [dʒəʊ] *abbr. für* ***Joseph, Josephine.***
Jo·han·nes·burg [dʒəʊ'hænɪsbɜːg] *Stadt in Südafrika.*
John [dʒɒn] Jo'hannes *m,* Johann *m.*
John·ny ['dʒɒnɪ] Häns-chen *n.*
John o' Groats [ˌdʒɒnə'grəʊts] *Dorf an der Nordostspitze des schottischen Festlandes. Gilt volkstümlich als nördlichster Punkt des festländischen Großbritannien.*
John·son ['dʒɒnsn] *36. Präsident der USA; englischer Lexikograph.*
Jon·a·than ['dʒɒnəθən] Jonathan *m.*
Jon·son ['dʒɒnsn] *englischer Dichter.*
Jor·dan ['dʒɔːdn] Jor'danien *n.*
Jo·seph ['dʒəʊzɪf] Joseph *m.*
Jo·se·phine ['dʒəʊzɪfiːn] Jose'phine *f.*
Josh·u·a ['dʒɒʃwə] Josua *m.*
Joule [dʒuːl] *englischer Physiker.*
Joy [dʒɔɪ] *f.*
Joyce [dʒɔɪs] *irischer Autor; Vorname f.*
Ju·dith ['dʒuːdɪθ] Judith *f.*
Ju·dy ['dʒuːdɪ] *abbr. für* ***Judith.***
Jul·ia ['dʒuːljə] Julia *f.*
Jul·ian ['dʒuːljən] Juli'an(us) *m.*
Ju·li·et ['dʒuːljət; -ljet] Julia *f,* Juli'ette *f.*
Jul·ius ['dʒuːljəs] Julius *m.*
June [dʒuːn] *f.*
Ju·neau ['dʒuːnəʊ] *Hauptstadt von Alaska (USA).*
Jus·tin ['dʒʌstɪn] Ju'stin(us) *m.*

Kam·pu·che·a [ˌkæmpʊ'tʃɪə] Kam'bodscha *n.*
Kan·sas ['kænzəs] *Staat der USA; Fluß in USA.*
Kan·sas Cit·y [ˌkænzəs'sɪtɪ] *Stadt in Missouri (USA); Stadt in Kansas (USA).*
Ka·ra·chi [kə'rɑːtʃɪ] Ka'ratschi *n.*
Kar·en ['kɑːrən; 'kærən] Karin *f.*
Kash·mir [ˌkæʃ'mɪə] Kaschmir *n.*
Ka·tar [kæ'tɑː] Katar *n (Scheichtum am Persischen Golf).*
Kate [keɪt] Käthe *f.*
Kath·a·rine, Kath·er·ine ['kæθərɪn] Katha'rina *f,* Kat(h)rin *f.*
Kath·leen ['kæθliːn] *f.*
Kath·y ['kæθɪ] *abbr. für* ***Katharine, Katherine.***
Kay [keɪ] Kai *m, f,* Kay *m, f.*
Keats [kiːts] *englischer Dichter.*
Kee·wa·tin [kiː'wɒtɪn; *Am.* kiː'weɪtn] *Verwaltungsbezirk der Northwest Territories (Kanada).*
Keith [kiːθ] *m.*
Kel·vin ['kelvɪn] *brit. Mathematiker u. Physiker.*
Ken [ken] *abbr. für* ***Kenneth.***
Ken·ne·dy ['kenɪdɪ] *35. Präsident der USA;* **~ *International Airport*** *Großflughafen von New York (USA).*
Ken·neth ['kenɪθ] *m.*
Ken·sing·ton ['kenzɪŋtən] *Stadtteil von London.*
Ken·sing·ton and Chel·sea [ˌkenzɪŋtənən'tʃelsɪ] *Stadtbezirk von Groß-London.*
Kent [kent] *englische Grafschaft.*
Ken·tuck·y [ken'tʌkɪ] *Staat der USA; Fluß in USA.*
Ken·ya ['kenjə] Kenia *n.*
Ker·ry ['kerɪ] *Grafschaft in der Provinz Munster (Irland).*
Kev·in ['kevɪn] *m.*
Kew [kjuː] *Stadtteil von Groß-London. Botanischer Garten.*
Keynes [keɪnz] *englischer Wirtschaftswissenschaftler.*
Kil·dare [kɪl'deə] *Grafschaft in der Provinz Leinster (Irland).*
Kil·ken·ny [kɪl'kenɪ] *Grafschaft in der Provinz Leinster (Irland); Hauptstadt dieser Grafschaft.*
Kin·car·dine(·shire) [kɪn'kɑːdɪn(ʃə)] *schottische Grafschaft (bis 1975).*
Kings·ton up·on Hull [ˌkɪŋstənəpɒn'hʌl] *offizielle Bezeichnung für* ***Hull.***
Kings·ton up·on Thames [ˌkɪŋstənəpɒn'temz] *Stadtbezirk von Groß-London; Hauptstadt von Surrey (England).*
Kin·ross(·shire) [kɪn'rɒs(ʃə)] *schottische Grafschaft (bis 1975).*
Kirk·cud·bright(·shire) [kɜː'kuːbrɪ(ʃə)] *schottische Grafschaft (bis 1975).*
Kit(·ty) ['kɪt(tɪ)] *abbr. für* ***Catherine, Katherine.***
Klon·dyke ['klɒndaɪk] *Fluß in Kanada; Landschaft in Kanada.*
Knox [nɒks] *schottischer Reformator.*
Knox·ville ['nɒksvɪl] *Stadt in Tennessee (USA).*
Ko·re·a [kə'rɪə] Ko'rea *n;* ***Democratic People's Republic of ~*** *die* Demo'kratische 'Volksrepuˌblik Ko'rea; ***Republic of ~*** *die* Repu'blik Ko'rea.
Kos·ci·us·ko [ˌkɒsɪ'ʌskəʊ]: ***Mount ~*** *höchster Berg Australiens, im Bundesstaat New South Wales.*
Krem·lin ['kremlɪn] *der* Kreml.
Ku·wait [kʊ'weɪt] Ku'wait *n.*

Lab·ra·dor ['læbrədɔː] *Provinz in Kanada.*
La Guar·dia [lə'gwɑːdɪə; lə'gɑːdɪə] *ehemaliger Bürgermeister von New York;* **~ *Airport*** *Flughafen in New York.*
Laing [læŋ; leɪŋ] *Familienname.*
Lake Hu·ron [ˌleɪk'hjʊərən] der Huronsee *(in Nordamerika).*
Lake Su·pe·ri·or [ˌleɪksuː'pɪərɪə] der Obere See *(in Nordamerika).*
Lam·beth ['læmbəθ] *Stadtbezirk von Groß-London;* **~ *Palace*** *Londoner Residenz des Erzbischofs von Canterbury.*
Lan·ark(·shire) ['lænək(ʃə)] *schottische Grafschaft (bis 1975).*
Lan·ca·shire ['læŋkəʃə] *englische Grafschaft.*
Lan·cas·ter ['læŋkəstə] *Stadt in Nordwest-England; Stadt in USA.*
Land's End [ˌlændz'end] *westlichster Punkt Englands, in Cornwall.*
La·nier [lə'nɪə] *amer. Dichter.*
Lan·sing ['lænsɪŋ] *Hauptstadt von Michigan (USA).*
Laoigh·is [liːʃ; 'leɪʃ] *siehe* ***Leix.***
La·os ['lɑːɒs; laʊs] Laos *n.*
Lar·ry ['lærɪ] *abbr. für* ***Laurence, Lawrence.***
La·tham ['leɪθəm; 'leɪðəm] *Familienname.*
Lat·in A·mer·i·ca [ˌlætɪnə'merɪkə] La'teinaˌmerika *n.*
Lat·via ['lætvɪə] Lettland *n.*

Laugh·ton ['lɔ:tn] *Familienname.*
Lau·ra ['lɔ:rə] Laura *f.*
Lau·rence ['lɒrəns] Lorenz *m.*
Law·rence ['lɒrəns] Lorenz *m*; *Familienname.*
Lear [lɪə] *Bühnenfigur bei Shakespeare.*
Leb·a·non ['lebənən] *der* Libanon.
Leeds [li:dz] *Industriestadt in Ostengland.*
Le·fe·vre [lə'fi:və; lə'feɪvə] *Familienname.*
Legge [leg] *Familienname.*
Leices·ter ['lestə] *Hauptstadt der englischen Grafschaft* **'Leices·ter·shire** [-ʃə].
Leigh [li:] *Familienname; Vorname m.*
Lein·ster ['lenstə] *Provinz in Irland.*
Lei·trim ['li:trɪm] *Grafschaft in der Provinz Connaught (Irland).*
Leix [li:ʃ] *Grafschaft in der Provinz Leinster (Irland).*
Le·o ['li:əʊ] Leo *m.*
Leon·ard ['lenəd] Leonhard *m.*
Les·ley ['lezlɪ; *Am.* 'leslɪ] *f.*
Les·lie ['lezlɪ; *Am.* 'leslɪ] *m.*
Le·so·tho [lə'su:tu:; lə'səʊtəʊ] Le'sotho *n.*
Lew·is ['lu:ɪs] Ludwig *m*; *amer. Autor.*
Lew·i·sham ['lu:ɪʃəm] *Stadtbezirk von Groß-London.*
Lex·ing·ton ['leksɪŋtən] *Stadt in Massachusetts (USA).*
Li·be·ria [laɪ'bɪərɪə] Li'beria *n.*
Lib·y·a ['lɪbɪə] Libyen *n.*
Liech·ten·stein ['lɪktənstaɪn] Liechtenstein *n.*
Lil·i·an ['lɪlɪən] *f.*
Lil·y ['lɪlɪ] Lilli *f*, Lili *f*, Lilly *f*, Lily *f.*
Lim·er·ick ['lɪmərɪk] *Grafschaft in der Provinz Munster (Irland); Hauptstadt dieser Grafschaft.*
Lin·coln ['lɪŋkən] *16. Präsident der USA; Hauptstadt von Nebraska (USA); Stadt in der englischen Grafschaft* **'Lin·coln·shire** [-ʃə].
Lin·da ['lɪndə] Linda *f.*
Lind·bergh ['lɪndbɜ:g] *amer. Flieger.*
Li·o·nel ['laɪənl] *m.*
Li·sa ['li:zə; 'laɪzə] Lisa *f.*
Lis·bon ['lɪzbən] Lissabon *n.*
Lith·u·a·nia [ˌlɪθju:'eɪnjə] Litauen *n.*
Lit·tle Rock ['lɪtlrɒk] *Hauptstadt von Arkansas (USA).*
Liv·er·pool ['lɪvəpu:l] *Hafenstadt in Nordwest-England; Verwaltungszentrum von* ***Merseyside.***
Live·sey ['lɪvsɪ; -zɪ] *Familienname.*
Liv·ing·stone ['lɪvɪŋstən] *englischer Afrikaforscher.*
Li·vo·nia [lɪ'vəʊnjə] Livland *n.*
Liv·y ['lɪvɪ] Livius *m.*
Liz [lɪz] *abbr. für* ***Elizabeth.***
Li·za ['laɪzə] Lisa *f.*
Lloyd [lɔɪd] *Familienname; Vorname m.*
Loch Lo·mond [ˌlɒk'ləʊmənd], **Loch Ness** [ˌlɒk'nes] *Seen in Schottland.*
Locke [lɒk] *englischer Philosoph.*
Lo·is ['ləʊɪs] *f.*
Lom·bar·dy ['lɒmbədɪ] die Lombar'dei.
Lon·don ['lʌndən] London *n*; ***City of ~*** *London im engeren Sinn. Zentraler Stadtbezirk von Groß-London u. eines der größten Finanzzentren der Welt.*
Lon·don·der·ry [ˌlʌndən'derɪ] *nordirische Grafschaft.*
Long·ford ['lɒŋfəd] *Grafschaft in der Provinz Leinster (Irland).*
Lor·na ['lɔ:nə] *f.*
Lor·raine [lɒ'reɪn] Lothringen *n.*
Los Al·a·mos [ˌlɒs'æləmɒs] *Stadt in New Mexico (USA); Atomforschungszentrum.*
Los An·ge·les [lɒs'ændʒɪli:z] *Stadt in Kalifornien (USA).*
Lo·thi·an ['ləʊðjən] *Verwaltungsregion in Schottland.*
Lou [lu:] *abbr. für* ***Louis, Louisa, Louise.***
Lou·is ['lu:ɪ; 'lʊɪ; *bsd. Am.* 'lu:ɪs] Ludwig *m.*
Lou·i·sa [lu:'i:zə] Lu'ise *f.*
Lou·ise [lu:'i:z] Lu'ise *f.*
Lou·i·si·a·na [lu:ˌi:zɪ'ænə] *Staat der USA.*
Lou·is·ville ['lu:ɪvɪl] *Stadt in Kentucky (USA).*
Louth [laʊð] *Grafschaft in der Provinz Leinster (Irland).*
Lowes [ləʊz] *Familienname.*
Lowes·toft ['ləʊstɒft] *Hafenstadt in Suffolk (England).*
Low·ry ['laʊərɪ; 'laʊrɪ] *Familienname.*
Lu·cia ['lu:sjə] Lucia *f*, Luzia *f.*
Lu·cius ['lu:sjəs] *m.*
Lu·cy ['lu:sɪ] *abbr. für* ***Lucia.***
Lud·gate ['lʌdgɪt; -geɪt] *Familienname.*
Luke [lu:k] Lukas *m.*
Lux·em·bourg ['lʌksəmbɜ:g] Luxemburg *n.*
Lyd·i·a ['lɪdɪə] Lydia *f.*
Lynn [lɪn] *f.*
Ly·ons ['laɪənz] Lyon *n*; *Familienname.*

Mab [mæb] *Feenkönigin.*
Ma·bel ['meɪbl] *f.*
Ma·cau·lay [mə'kɔ:lɪ] *englischer Historiker.*
Mac·beth [mək'beθ] *Bühnenfigur bei Shakespeare.*
Mac·Car·thy [mə'kɑ:θɪ] *Familienname.*
Mac·Gee [mə'gi:] *Familienname.*
Mac·ken·zie [mə'kenzɪ] *Strom in Nordwestkanada; Verwaltungsbezirk der Northwest Territories (Kanada).*
Mac·Leish [mə'kli:ʃ] *amer. Dichter.*
Mac·leod [mə'klaʊd] *Familienname.*
Mad·a·gas·car [ˌmædə'gæskə] Mada'gaskar *n.*
Mad·e·leine ['mædlɪn; -leɪn] Magda'lena *f*, Magda'lene *f.*
Ma·dei·ra [mə'dɪərə] Ma'deira *n.*
Madge [mædʒ] *abbr. für* ***Margaret.***
Mad·i·son ['mædɪsn] *4. Präsident der USA; Hauptstadt von Wisconsin (USA).*
Ma·dras [mə'drɑ:s] Madras *n.*
Mag·da·len ['mægdəlɪn] Magda'lena *f*, Magda'lene *f*; ***~ College*** ['mɔ:dlɪn] *College in Oxford.*
Mag·da·lene ['mægdəlɪn] Magda'lena *f*, Magda'lene *f*; ***~ College*** ['mɔ:dlɪn] *College in Cambridge.*
Mag·gie ['mægɪ] *abbr. für* ***Margaret.***
Ma·ho·met [mə'hɒmɪt] Mohammed *m.*
Maine [meɪn] *Staat der USA.*
Ma·jor·ca [mə'dʒɔ:kə] Mal'lorca *n.*
Ma·la·wi [mə'lɑ:wɪ] Ma'lawi *n.*
Ma·lay·sia [mə'leɪzɪə] Ma'laysia *n.*
Mal·colm ['mælkəm] *m.*
Mal·dives ['mɔ:ldɪvz] *pl.* die Male'diven *pl.*
Ma·li ['mɑ:lɪ] Mali *n.*
Mal·ta ['mɔ:ltə] Malta *n.*
Ma·mie ['meɪmɪ] *abbr. für* ***Mary, Margaret.***
Man·ches·ter ['mæntʃɪstə] *Industriestadt in Nordwest-England. Verwaltungszentrum von* ***Greater Manchester.***
Man·chu·ri·a [mæn'tʃʊərɪə] die Mandschu'rei.
Man·dy ['mændɪ] *abbr. für* ***Amanda.***
Man·hat·tan [mæn'hætn] *Stadtbezirk von New York (USA).*
Man·i·to·ba [ˌmænɪ'təʊbə] *Provinz in Kanada.*
Mar·ga·ret ['mɑ:gərɪt] Marga'reta *f*, Marga'rete *f.*
Mar·ge·ry ['mɑ:dʒərɪ] *siehe* ***Margaret.***
Mar·gie ['mɑ:dʒɪ] *abbr. für* ***Margaret.***
Ma·ri·a [mə'raɪə; mə'rɪə] Ma'ria *f.*
Mar·i·an ['meərɪən; 'mærɪən] Mari'anne *f.*
Ma·rie ['mɑ:rɪ; mə'ri:] Ma'rie *f.*
Mar·i·lyn ['mærɪlɪn] *f.*
Mar·i·on ['mærɪən; 'meərɪən] Marion *f.*
Mar·jo·rie, Mar·jo·ry ['mɑ:dʒərɪ] *f.*
Mar·lowe ['mɑ:ləʊ] *englischer Dichter.*
Mar·tha ['mɑ:θə] Mart(h)a *f.*
Mar·tin ['mɑ:tɪn; *Am.* 'mɑ:rtn] Martin *m.*
Mar·y ['meərɪ] Ma'ria *f*, Ma'rie *f.*
Mar·y·land ['meərɪlænd; *bsd. Am.* 'merɪlənd] *Staat der USA.*
Mar·y·le·bone ['mærələbən] *Stadtteil von London.*
Mas·sa·chu·setts [ˌmæsə'tʃu:sɪts] *Staat der USA.*
Ma(t)·thew ['mæθju:] Mat'thäus *m.*
Maud [mɔ:d] *abbr. für* ***Magdalen(e).***
Maugham [mɔ:m] *englischer Autor.*
Mau·reen ['mɔ:ri:n; *bsd. Am.* mɔ:'ri:n] *f.*
Mau·rice ['mɒrɪs] Moritz *m.*
Mau·ri·ta·nia [ˌmɒrɪ'teɪnjə] Maure'tanien *n.*
Mau·ri·ti·us [mə'rɪʃəs] Mau'ritius *n.*
Ma·vis ['meɪvɪs] *f.*
Max [mæks] Max *m.*
Max·ine ['mæksi:n; *bsd. Am.* mæk'si:n] *f.*
May [meɪ] *abbr. für* ***Mary.***
May·o ['meɪəʊ] *Name zweier amer. Chirurgen; Grafschaft in der Provinz Connaught (Irland).*
Mc·Cart·ney [mə'kɑ:tnɪ] *englischer Musiker u. Komponist. Mitglied der „Beatles".*
Meath [mi:ð; mi:θ] *Grafschaft in der Provinz Leinster (Irland).*
Med·i·ter·ra·ne·an (Sea) [ˌmedɪtə'reɪnjən('si:)] *das* Mittelmeer.
Meg [meg] *abbr. für* ***Margaret.***
Mel·bourne ['melbən] *Stadt in Australien.*
Mel·ville ['melvɪl] *amer. Autor.*
Mem·phis ['memfɪs] *Stadt in Tennessee (USA); antike Ruinenstadt am Nil, Nordägypten.*
Mer·i·on·eth(·shire) [ˌmerɪ'ɒnɪθ(ʃə)] *walisische Grafschaft (bis 1974).*
Mer·sey·side ['mɜ:zɪsaɪd] *Stadtgrafschaft in Nordwest-England.*
Mer·ton ['mɜ:tn] *Stadtbezirk von Groß-London.*
Me·thu·en ['meθjʊɪn] *Familienname.*
Mex·i·co ['meksɪkəʊ] Mexiko *n.*
Mi·am·i [maɪ'æmɪ] *Badeort in Florida (USA).*
Mi·chael ['maɪkl] Michael *m.*
Mi·chelle [mi:'ʃel; mɪ'ʃel] Mi'chèle *f*, Mi'chelle *f.*

Mich·i·gan ['mɪʃɪgən] *Staat der USA*; ***Lake ~*** der Michigansee (*in Nordamerika*).
Mick [mɪk] *abbr. für* ***Michael.***
Mid·dles·brough ['mɪdlzbrə] *Hauptstadt von Cleveland (England).*
Mid·dle·sex ['mɪdlseks] *englische Grafschaft (bis 1974).*
Mid Gla·mor·gan [ˌmɪdglə'mɔːgən] *walisische Grafschaft.*
Mid·lands ['mɪdləndz] *pl. die* Midlands *pl.* (*die zentral gelegenen Grafschaften Mittelenglands: Warwickshire, Northamptonshire, Leicestershire, Nottinghamshire, Derbyshire, Staffordshire, West Midlands u. der Ostteil von Hereford and Worcester*).
Mid·lo·thi·an [mɪd'ləʊðjən] *schottische Grafschaft (bis 1975).*
Mid·west [ˌmɪd'west] *der* Mittlere Westen (*USA*).
Mi·ers ['maɪəz] *Familienname.*
Mike [maɪk] *abbr. für* ***Michael.***
Mi·lan [mɪ'læn] Mailand *n.*
Mil·dred ['mɪldrɪd] Miltraud *f*, Miltrud *f.*
Miles [maɪlz] *m.*
Mil·li·cent ['mɪlɪsnt] *f.*
Mil·lie, Mil·ly ['mɪlɪ] *abbr. für* ***Amelia, Emily, Mildred, Millicent.***
Mil·ton ['mɪltən] *englischer Dichter.*
Mil·wau·kee [mɪl'wɔːkiː] *Industriestadt in Wisconsin (USA).*
Min·ne·ap·o·lis [ˌmɪnɪ'æpəlɪs] *Stadt in Minnesota (USA).*
Min·ne·so·ta [ˌmɪnɪ'səʊtə] *Staat der USA.*
Mi·ran·da [mɪ'rændə] Mi'randa *f.*
Mir·i·am ['mɪrɪəm] *f.*
Mis·sis·sip·pi [ˌmɪsɪ'sɪpɪ] *Staat der USA; Fluß in USA.*
Mis·sou·ri [mɪ'zʊərɪ] *Staat der USA; Fluß in USA.*
Mitch·ell ['mɪtʃl] *Familienname; Vorname m.*
Moi·ra ['mɔɪərə] *f.*
Moll [mɒl], **Mol·ly** ['mɒlɪ] *Koseformen für* ***Mary.***
Mo·na·co ['mɒnəkəʊ] Mo'naco *n.*
Mon·a·ghan ['mɒnəhən] *Grafschaft im der Republik Irland zugehörigen Teil der Provinz Ulster.*
Mon·go·lia [mɒŋ'gəʊljə] die Mongo'lei.
Mon·go·li·an Peo·ple's Re·pub·lic [mɒŋ'gəʊljənˌpiːplzrɪ'pʌblɪk] *die* Mon'golische 'Volksrepuˌblik.
Mon·i·ca ['mɒnɪkə] Monika *f.*
Mon·mouth(·shire) ['mɒnməθ(ʃə)] *walisische Grafschaft (bis 1974).*
Mon·roe [mən'rəʊ] *5. Präsident der USA; amer. Filmschauspielerin.*
Mon·tan·a [mɒn'tænə] *Staat der USA.*
Mont·gom·er·y [mənt'gʌmərɪ] *brit. Feldmarschall; Hauptstadt von Alabama (USA); a.* **Mont'gom·er·y·shire** [-ʃə] *walisische Grafschaft (bis 1974).*
Mont·pe·lier [mɒnt'piːljə] *Hauptstadt von Vermont (USA).*
Mont·re·al [ˌmɒntrɪ'ɔːl] *Stadt in Kanada.*
Mo·ra·vi·a [mə'reɪvjə] Mähren *n.*
Mor·ay(·shire) ['mʌrɪ(ʃə)] *schottische Grafschaft (bis 1975).*
More [mɔː]: ***Thomas ~*** Thomas Morus.
Mo·roc·co [mə'rɒkəʊ] Ma'rokko *n.*
Mos·cow ['mɒskəʊ] Moskau *n.*
Mo·selle [məʊ'zel] Mosel *f.*
Mount Ev·er·est [ˌmaʊnt'evərɪst] *höchster Berg der Erde.*
Mount Mc·Kin·ley [ˌmaʊntmə'kɪnlɪ] *höchster Berg der USA, in Alaska.*
Mo·zam·bique [məʊzəm'biːk] Moçam'bique *n.*
Mu·nich ['mjuːnɪk] München *n.*
Mun·ster ['mʌnstə] *Provinz in Irland.*
Mu·ri·el ['mjʊərɪəl] *f.*
Mur·ray ['mʌrɪ] *Familienname; Fluß in Australien.*
My·ra ['maɪərə] *f.*

Nab·o·kov [nə'bəʊkɒf] *amer. Schriftsteller russischer Herkunft.*
Nairn(·shire) ['neən(ʃə)] *schottische Grafschaft (bis 1975).*
Na·mib·ia [nə'mɪbɪə] Na'mibia *n.*
Nan·cy ['nænsɪ] *f.*
Nan·ga Par·bat [ˌnʌŋgə'pɑːbət] *Berg im Himalaya.*
Na·o·mi ['neɪəmɪ] *f.*
Na·ples ['neɪplz] Ne'apel *n.*
Na·po·le·on [nə'pəʊljən] Na'poleon *m.*
Nash·ville ['næʃvɪl] *Hauptstadt von Tennessee (USA).*
Na·tal [nə'tæl] Natal *n.*
Nat·a·lie ['nætəlɪ] Na'talia *f*, Na'talie *f.*
Na·than·iel [nə'θænjəl] Na't(h)anael *m.*
Na·u·ru [nɑː'uːruː] Na'uru *n.*
Naz·a·reth ['næzərɪθ] Nazareth *n.*
Neal [niːl] *m.*
Ne·bras·ka [nɪ'bræskə] *Staat der USA.*
Neil(l) [niːl] *Vorname m; Familienname.*
Nell, Nel·ly ['nel(ɪ)] *abbr. für* ***Eleanor, Ellen, Helen.***
Nel·son ['nelsn] *brit. Admiral.*
Ne·pal [nɪ'pɔːl] Nepal *n.*
Neth·er·lands ['neðələndz] *pl. die* Niederlande *pl.*
Ne·va·da [ne'vɑːdə] *Staat der USA.*
Nev·il, Nev·ille ['nevɪl] *m.*
New·ark ['njuːək; *Am.* 'nuːərk] *Stadt in New Jersey (USA).*
New Bruns·wick [ˌnjuː'brʌnzwɪk] *Provinz in Kanada.*
New·bury ['njuːbərɪ] *Stadt in Berkshire (England).*
New·cas·tle ['njuːˌkɑːsl] *siehe* ***Newcastle-upon-Tyne****; Stadt in New South Wales (Australien).*
New·cas·tle-up·on-Tyne ['njuːˌkɑːsləˌpɒn'taɪn] *Hauptstadt von Tyne and Wear (England).*
New Del·hi [ˌnjuː'delɪ] *Hauptstadt von Indien.*
New Eng·land [ˌnjuː'ɪŋglənd] Neu'England *n (USA).*
New·found·land ['njuːfəndlənd] Neu'fundland *n (Provinz in Kanada).*
New Guin·ea [ˌnjuː'gɪnɪ] Neugui'nea *n.*
New·ham ['njuːəm] *Stadtbezirk von Groß-London.*
New Hamp·shire [ˌnjuː'hæmpʃə] *Staat der USA.*
New Jer·sey [ˌnjuː'dʒɜːzɪ] *Staat der USA.*
New Mex·i·co [ˌnjuː'meksɪkəʊ] *Staat der USA.*
New Or·le·ans [ˌnjuː'ɔːlɪənz] *Hafenstadt in Louisiana (USA).*
New South Wales [ˌnjuːsaʊθ'weɪlz] Neusüd'wales *n (Bundesstaat Australiens).*
New·ton ['njuːtn] *englischer Physiker.*
New York [ˌnjuː'jɔːk; *Am.* ˌnuː'jɔːk] *Staat der USA; größte Stadt der USA.*
New Zea·land [ˌnjuː'ziːlənd] Neu'seeland *n.*
Ni·ag·a·ra [naɪ'ægərə] Nia'gara *m.*
Nic·a·ra·gua [ˌnɪkə'rægjʊə] Nica'ragua *n.*
Nich·o·las ['nɪkələs] Nikolaus *m.*
Nick [nɪk] *abbr. für* ***Nicholas.***
Ni·gel ['naɪdʒəl] *m.*
Ni·ger ['naɪdʒə] Niger *m (Fluß in Westafrika)*; [niː'ʒeə] Niger *n (Republik in Westafrika).*
Ni·ge·ri·a [naɪ'dʒɪərɪə] Ni'geria *n.*
Nile [naɪl] Nil *m.*
Nix·on ['nɪksən] *37. Präsident der USA.*
No·bel [nəʊ'bel] *schwedischer Industrieller, Stifter des Nobelpreises.*
No·el ['nəʊəl] *m.*
No·ra ['nɔːrə] Nora *f.*
Nor·folk ['nɔːfək] *englische Grafschaft; Hafenstadt in Virginia (USA) u. Hauptstützpunkt der US-Atlantikflotte.*
Nor·man ['nɔːmən] *m.*
Nor·man·dy ['nɔːməndɪ] die Norman'die.
North·amp·ton [nɔː'θæmptən] *Stadt in Mittelengland; a.* **North'amp·ton·shire** [-ʃə] *englische Grafschaft.*
North Cape ['nɔːθkeɪp] *das* Nordkap.
North Car·o·li·na [ˌnɔːθkærə'laɪnə] *Staat der USA.*
North Da·ko·ta [ˌnɔːθdə'kəʊtə] *Staat der USA.*
North·ern Ire·land [ˌnɔːðn'aɪələnd] Nord'irland *n.*
North·ern Ter·ri·to·ry [ˌnɔːðn'terɪtərɪ] 'Nordterriˌtorium *n (Australien).*
North Sea [ˌnɔːθ'siː] *die* Nordsee.
North·um·ber·land [nɔː'θʌmbələnd] *englische Grafschaft.*
North·west Ter·ri·tor·ies [ˌnɔːθ'west'terɪtərɪz] Nord'westterriˌtorien *pl. (Kanada).*
North York·shire [ˌnɔːθ'jɔːkʃə] *englische Grafschaft.*
Nor·way ['nɔːweɪ] Norwegen *n.*
Nor·wich ['nɒrɪdʒ] *Stadt in Ostengland.*
Not·ting·ham ['nɒtɪŋəm] *Industriestadt in Mittelengland; a.* **'Not·ting·ham·shire** [-ʃə] *englische Grafschaft.*
No·va Sco·tia [ˌnəʊvə'skəʊʃə] Neu'schottland *n (Provinz in Kanada).*
Nu·rem·berg ['njʊərəmbɜːg] Nürnberg *n.*

Oak·land ['əʊklənd] *Hafenstadt in Kalifornien (USA).*
O'Ca·sey [əʊ'keɪsɪ] *irischer Dramatiker.*
O'Con·nor [əʊ'kɒnə] *Familienname.*
O·ce·an·i·a [ˌəʊʃɪ'eɪnjə] Oze'anien *n.*
O·dets [əʊ'dets] *amer. Dramatiker.*
Of·fa·ly ['ɒfəlɪ] *Grafschaft in der Provinz Leinster (Irland).*
O'Fla·her·ty [əʊ'fleətɪ; əʊ'flæhətɪ] *irischer Romanschriftsteller.*
O'Har·a [əʊ'hɑːrə; *Am.* əʊ'hærə] *Familienname.*
O·hi·o [əʊ'haɪəʊ] *Staat der USA; Fluß in den USA.*
O·kla·ho·ma [ˌəʊklə'həʊmə] *Staat der USA*; ***~ City*** *Hauptstadt von Oklahoma (USA).*
O'Lear·y [əʊ'lɪərɪ] *Familienname.*
Ol·ive ['ɒlɪv] O'livia *f.*
Ol·i·ver ['ɒlɪvə] Oliver *m.*
O·liv·i·a [ɒ'lɪvɪə] *f.*
O·liv·i·er [ə'lɪvɪeɪ]: ***Sir Laurence ~*** *berühmter englischer Schauspieler.*
O·lym·pia [əʊ'lɪmpɪə] *Hauptstadt von Washington (USA).*

O·ma·ha ['əʊməhɑ:; *Am. a.* -hɔ:] *Stadt in Nebraska (USA).*
O·man [əʊ'mɑ:n] O'man *n.*
O'Neill [əʊ'ni:l] *amer. Dramatiker.*
On·ta·ri·o [ɒn'teərɪəʊ] *Provinz in Kanada;* **Lake ~** der Ontariosee (*in Nordamerika*).
Or·ange ['ɒrɪndʒ] O'ranien *n* (*Herrscherfamilie*); O'ranje *m* (*Fluß in Südafrika*).
Or·e·gon ['ɒrɪgən] *Staat der USA.*
Ork·ney ['ɔ:knɪ] *insulare Verwaltungsregion Schottlands* (*bis 1975 schottische Grafschaft*); **~ Is·lands** [ˌɔ:knɪ'aɪləndz] *pl. die* Orkneyinseln *pl.*
Or·well ['ɔ:wəl] *englischer Autor.*
Os·borne ['ɒzbən] *englischer Dramatiker.*
Os·car ['ɒskə] Oskar *m.*
O'Shea [əʊ'ʃeɪ] *Familienname.*
Ost·end [ɒ'stend] Ost'ende *n.*
O'Sul·li·van [əʊ'sʌlɪvən] *Familienname.*
Os·wald ['ɒzwəld] Oswald *m.*
Ot·ta·wa ['ɒtəwə] *Hauptstadt von Kanada.*
Ouach·i·ta ['wɒʃɪtɔ:] *Fluß in Arkansas u. Louisiana (USA).*
Oug·ham ['əʊkəm] *Familienname.*
Ouse [u:z] *englischer Flußname.*
Ow·en ['əʊɪn] *Familienname.*
Ow·ens ['əʊɪnz] *amer. Leichtathlet.*
Ox·ford ['ɒksfəd] *englische Universitätsstadt; a.* **'Ox·ford·shire** [-ʃə] *englische Grafschaft.*
O·zark Moun·tains [ˌəʊzɑ:k'maʊntɪnz] *pl.*, **O·zark Pla·teau** [ˌəʊzɑ:k'plætəʊ] *Plateau westlich des Mississippi in Missouri, Arkansas u. Oklahoma (USA).*

Pa·cif·ic (O·cean) [pə'sɪfɪk (pəˌsɪfɪk'əʊʃn)] *der* Pa'zifik, *der* Pa'zifische Ozean.
Pad·ding·ton ['pædɪŋtən] *Stadtteil von London.*
Pad·dy ['pædɪ] *abbr. für* ***Patricia, Patrick.***
Paign·ton ['peɪntən] *Teilstadt von* ***Torbay*** *in Devon (England).*
Paine [peɪn] *amer. Staatstheoretiker.*
Pais·ley ['peɪzlɪ] *radikaler nordirischer protestantischer Politiker; Industriestadt in Schottland.*
Pak·i·stan [ˌpɑ:kɪs'tɑ:n] Pakistan *n.*
Pal·es·tine ['pæləstaɪn] Palä'stina *n.*
Pall Mall [ˌpæl'mæl] *Straße in London.*
Palm Beach [ˌpɑ:m'bi:tʃ; *Am. a.* ˌpɑ:lm-] *Seebad in Florida (USA).*
Pal·mer ['pɑ:mə; *Am. a.* 'pɑ:l-] *Familienname.*
Pam [pæm] *abbr. für* ***Pamela.***
Pam·e·la ['pæmələ] Pa'mela *f.*
Pan·a·ma [ˌpænə'mɑ:; 'pænəmɑ:] Panama *n.*
Pa·pua New Gui·nea ['pɑ:puəˌnju:'gɪnɪ; 'pæpjʊə-] Papua-Neugui'nea *n.*
Par·a·guay ['pærəgwaɪ] Para'guay *n.*
Par·is ['pærɪs] Pa'ris *n.*
Pat [pæt] *abbr. für* ***Patricia, Patrick.***
Pa·tience ['peɪʃns] *f.*
Pa·tri·cia [pə'trɪʃə] Pa'trizia *f.*
Pat·rick ['pætrɪk] Pa'trizius *m.*
Paul [pɔ:l] Paul *m.*
Pau·la ['pɔ:lə] Paula *f.*
Pau·line [pɔ:'li:n; 'pɔ:li:n] Pau'line *f.*
Pearl [pɜ:l] *f.*
Pearl Har·bor [ˌpɜ:l'hɑ:bə] *Hafenstadt auf Hawaii (USA).*
Pears [pɪəz; peəz] *Familienname.*
Pear·sall ['pɪəsɔ:l; -səl] *Familienname.*
Pear·son ['pɪəsn] *Familienname.*
Peart [pɪət] *Familienname.*
Pee·bles(·shire) ['pi:blz(ʃə)] *schottische Grafschaft (bis 1975).*
Peg(·gy) ['peg(ɪ)] *abbr. für* ***Margaret.***
Pe·king [ˌpi:'kɪŋ] Peking *n.*
Pem·broke(·shire) ['pembrʊk(ʃə)] *walisische Grafschaft (bis 1974).*
Pe·nel·o·pe [pɪ'neləpɪ] Pe'nelope *f.*
Penn·syl·va·nia [ˌpensɪl'veɪnjə] *Staat der USA.*
Pen·ny ['penɪ] *abbr. für* ***Penelope.***
Pen·zance [pen'zæns] *westlichste Stadt Englands, in Cornwall.*
Pepys [pi:ps] *Verfasser berühmter Tagebücher.*
Per·cy ['pɜ:sɪ] *m.*
Per·sia ['pɜ:ʃə; *Am.* 'pɜrʒə] Persien *n.*
Perth [pɜ:θ] *Hauptstadt von West-Australien; Stadt in Tayside (Schottland); siehe* ***Perthshire.***
Perth·shire ['pɜ:θʃə] *schottische Grafschaft (bis 1975).*
Pe·ru [pə'ru:] Pe'ru *n.*
Pete [pi:t] *abbr. für* ***Peter.***
Pe·ter ['pi:tə] Peter *m*, Petrus *m.*
Pe·ter·bor·ough ['pi:təbrə] *Stadt in Cambridgeshire (England).*
Phil·a·del·phia [ˌfɪlə'delfjə] *Stadt in Pennsylvania (USA).*
Phil·ip ['fɪlɪp] Philipp *m.*
Phil·ip·pa ['fɪlɪpə] Phi'lippa *f.*
Phil·ip·pines ['fɪlɪpi:nz] *pl. die* Philip'pinen *pl.*
Phoe·be ['fi:bɪ] Phöbe *f.*
Phoe·nix ['fi:nɪks] *Hauptstadt von Arizona (USA).*
Phyl·lis ['fɪlɪs] Phyllis *f.*
Pic·ca·dil·ly [pɪkə'dɪlɪ] *Straße in London.*
Pied·mont ['pi:dmənt] Pie'mont *n.*
Pierce [pɪəs] *Familienname; Vorname m.*
Pierre [pɪə; *Am.* pɪər] *Hauptstadt von South Dakota (USA).*
Pin·ter ['pɪntə] *englischer Dramatiker.*
Pitts·burgh ['pɪtsbɜ:g] *Stadt in Pennsylvania (USA).*
Plan·tag·e·net [plæn'tædʒənɪt] *englisches Herrschergeschlecht.*
Pla·to ['pleɪtəʊ] Plato(n) *m.*
Plym·outh ['plɪməθ] *Hafenstadt in Südengland.*
Poe [pəʊ] *amer. Dichter u. Schriftsteller.*
Po·land ['pəʊlənd] Polen *n.*
Pol·ly ['pɒlɪ] *Koseform von* ***Mary.***
Pol·y·ne·sia [ˌpɒlɪ'ni:zjə; *Am.* -'ni:ʒə] Poly'nesien *n.*
Pom·er·a·nia [ˌpɒmə'reɪnjə] Pommern *n.*
Pope [pəʊp] *englischer Dichter.*
Port-au-Prince [ˌpɔ:təʊ'prɪns] *Hauptstadt von Haiti.*
Port E·liz·a·beth [ˌpɔ:tɪ'lɪzəbəθ] *Hafenstadt in Südafrika.*
Port·land ['pɔ:tlənd] *Hafenstadt in Maine (USA); Stadt in Oregon (USA).*
Ports·mouth ['pɔ:tsməθ] *Hafenstadt in Südengland; Hafenstadt in Virginia (USA).*
Por·tu·gal ['pɔ:tjʊgl; 'pɔ:tʃʊgl] Portugal *n.*
Po·to·mac [pə'təʊmək] *Fluß in USA.*
Pound [paʊnd] *amer. Dichter.*
Pow·ell ['pəʊəl; 'paʊəl] *Familienname.*
Pow·lett ['pɔ:lɪt] *Familienname.*
Pow·ys ['pəʊɪs; 'paʊɪs] *walisische Grafschaft; Familienname.*
Prague [prɑ:g] Prag *n.*
Pre·to·ria [prɪ'tɔ:rɪə] *Hauptstadt von Südafrika.*
Priest·ley ['pri:stlɪ] *englischer Romanschriftsteller.*
Prince Ed·ward Is·land [prɪnsˌedwəd'aɪlənd] *Provinz in Kanada.*
Prince·ton ['prɪnstən] *Universitätsstadt in New Jersey (USA).*
Pris·cil·la [prɪ'sɪlə] Pris'cilla *f.*
Prit·chard ['prɪtʃəd] *Familienname.*
Prov·i·dence ['prɒvɪdəns] *Hauptstadt von Rhode Island (USA).*
Pru·dence ['pru:dns] Pru'dentia *f.*
Prus·sia ['prʌʃə] Preußen *n.*
Puer·to Ri·co [ˌpwɜ:təʊ'ri:kəʊ] Puerto Rico *n.*
Pugh [pju:] *Familienname.*
Pul·itz·er ['pʊlɪtsə; 'pju:-] *amer. Journalist, Stifter des Pulitzerpreises.*
Pun·jab [ˌpʌn'dʒɑ:b] Pan'dschab *n.*
Pur·cell ['pɜ:sl] *englischer Komponist.*
Pyr·e·nees [ˌpɪrə'ni:z; *Am.* 'pɪrəni:z] *pl. die* Pyre'näen *pl.*

Qa·tar [kæ'tɑ:; *Am.* 'kɑ:tər] Quatar *n.*
Que·bec [kwɪ'bek] *Provinz u. Stadt in Kanada.*
Queen·ie ['kwi:nɪ] *f.*
Queens [kwi:nz] *Stadtbezirk von New York (USA).*
Queens·land ['kwi:nzlənd] *Bundesstaat Australiens.*
Quen·tin ['kwentɪn; *Am.* -tn] Quin'tin (-us) *m.*
Qui·nault ['kwɪnlt] *Familienname.*
Quin·c(e)y ['kwɪnsɪ] *Familienname; Vorname m, f.*

Ra·chel ['reɪtʃəl] Ra(c)hel *f.*
Rad·nor(·shire) ['rædnə(ʃə)] *walisische Grafschaft (bis 1974).*
Rae [reɪ] *Familienname; Vorname m, f.*
Ra·leigh ['rɔ:lɪ; 'rɑ:lɪ] *englischer Seefahrer; Hauptstadt von North Carolina (USA).*
Ralph [reɪf; rælf] Ralf *m.*
Ran·dolph ['rændɒlf] *m.*
Ran·dy ['rændɪ] *abbr. für* ***Randolph.***
Rat·is·bon ['rætɪzbɒn] Regensburg *n.*
Ra·wal·pin·di [ˌrɑ:wəl'pɪndɪ] *Stadt in Pakistan.*
Ray [reɪ] *m, f.*
Ray·mond ['reɪmənd] Raimund *m.*
Read·ing ['redɪŋ] *Stadt in Südengland.*
Rea·gan ['reɪgən] *40. Präsident der USA.*
Re·bec·ca [rɪ'bekə] Re'bekka *f.*
Red·bridge ['redbrɪdʒ] *Stadtbezirk von Groß-London.*
Reg [redʒ] *abbr. für* ***Reginald.***
Re·gi·na [rɪ'dʒaɪnə] Re'gina *f*, Re'gine *f; Hauptstadt von Saskatchewan (Kanada).*
Reg·i·nald ['redʒɪnld] Re(g)inald *m.*
Reid [ri:d] *Familienname.*
Ren·frew(·shire) ['renfru:(ʃə)] *schottische Grafschaft (bis 1975).*
Rhine [raɪn] Rhein *m.*
Rhode Is·land [ˌrəʊd'aɪlənd] *Staat der USA.*
Rhodes [rəʊdz] *brit.-südafrikan. Staatsmann;* Rhodos *n.*
Rho·de·sia [rəʊ'di:zjə; *Am.* -ʒə] Rho'desien *n* (*heutiger Name:* ***Zimbabwe***).

Rhon·dda ['rɒndə] *Stadt in Mid Glamorgan (Wales).*
Rich·ard ['rɪtʃəd] Richard *m.*
Rich·ard·son ['rɪtʃədsn] *englischer Autor.*
Rich·mond ['rɪtʃmənd] *Hauptstadt von Virginia (USA); Stadtbezirk von New York (USA), heute üblicherweise* **Staten Island** *genannt; siehe* **Richmond-upon-Thames**.
Rich·mond-up·on-Thames ['rɪtʃməndəˌpɒn'temz] *Stadtbezirk von Groß-London.*
Ri·ta ['ri:tə] Rita *f.*
Ro·a·noke [ˌrəʊə'nəʊk] *Fluß in Virginia u. North Carolina (USA); Stadt in Virginia (USA);* **~ Island** *Insel vor der Küste von North Carolina (USA).*
Rob·ert ['rɒbət] Robert *m.*
Rob·in ['rɒbɪn] *abbr. für* **Robert**.
Rob·in Hood [ˌrɒbɪn'hʊd] *legendärer englischer Geächteter, Bandenführer u. Wohltäter der Armen zur Zeit Richards I.*
Roch·es·ter ['rɒtʃɪstə] *Stadt im Staat New York (USA); Stadt in Kent (England).*
Rock·e·fel·ler ['rɒkɪfelə] *amer. Industrieller.*
Rock·y Moun·tains [ˌrɒkɪ'maʊntɪnz] *pl. Gebirge in USA.*
Rod [rɒd] *abbr. für* **Rodney**.
Rod·ney ['rɒdnɪ] *m.*
Rog·er ['rɒdʒə] Rüdiger *m*; Roger *m.*
Ro·ma·nia [ru:'meɪnjə; rʊ-; *Am.* rəʊ-] Ru'mänien *n.*
Rome [rəʊm] Rom *n.*
Ro·me·o ['rəʊmɪəʊ] *Bühnenfigur bei Shakespeare.*
Ron [rɒn] *abbr. für* **Ronald**.
Ron·ald ['rɒnld] Ronald *m.*
Roo·se·velt ['rəʊzəvelt] *Name zweier Präsidenten der USA.*
Ros·a·lie ['rəʊzəlɪ; 'rɒz-] Ro'salia *f*, Ro'salie *f.*
Ros·a·lind ['rɒzəlɪnd] Rosa'linde *f.*
Ros·com·mon [rɒs'kɒmən] *Grafschaft in der Provinz Connaught (Irland); Hauptstadt dieser Grafschaft.*
Rose [rəʊz] Rosa *f.*
Rose·mar·y ['rəʊzmərɪ; *Am.* -merɪ] 'Rosemaˌrie *f.*
Ross and Cro·mar·ty [ˌrɒsən'krɒmətɪ] *schottische Grafschaft (bis 1975).*
Rouse [raʊs; ru:s] *Familienname.*
Routh [raʊθ] *Familienname.*
Rox·burgh(·shire) ['rɒksbərə(ʃə)] *schottische Grafschaft (bis 1975).*
Roy [rɔɪ] *m.*
Ru·dolf, Ru·dolph ['ru:dɒlf] Rudolf *m*, Rudolph *m.*
Rud·yard ['rʌdjəd] *m.*
Rug·by ['rʌgbɪ] *berühmte Public School.*
Ru·pert ['ru:pət] Rupert *m.*
Rus·sell ['rʌsl] *englischer Philosoph.*
Rus·sia ['rʌʃə] Rußland *n.*
Ruth [ru:θ] Ruth *f.*
Rut·land(·shire) ['rʌtlənd(ʃə)] *englische Grafschaft (bis 1974).*
Rwan·da [rʊ'ændə] Ru'anda n.

Sac·ra·men·to [ˌsækrə'mentəʊ] *Hauptstadt von Kalifornien (USA).*
Sa·ha·ra [sə'hɑ:rə; *Am. a.* sə'hærə; sə'heərə] Sa'hara *f.*
Sa·lem ['seɪləm] *Hauptstadt von Oregon (USA).*
Salis·bu·ry ['sɔ:lzbərɪ] *früherer Name von* **Harare**; *Stadt in Südengland.*
Sal·ly ['sælɪ] *abbr. für* **Sara(h)**.
Salt Lake Cit·y [ˌsɔ:ltleɪk'sɪtɪ] *Hauptstadt von Utah (USA).*
Sam [sæm] *abbr. für* **Samuel**.
Sa·man·tha [sə'mænθə] *f.*
Sa·moa [sə'məʊə] Sa'moa *n (Inselgruppe im Pazifik);* **Western ~** West-Sa'moa *n (unabhängiger Inselstaat).*
Sam·son ['sæmsn] Samson *m*, Simson *m.*
Sam·u·el ['sæmjʊəl] Samuel *m.*
San An·to·nio [ˌsænæn'təʊnɪəʊ] *Stadt in Texas (USA).*
San Ber·nar·di·no [sænˌbɜ:nə'di:nəʊ] *Stadt in Kalifornien (USA).*
Sand·hurst ['sændhɜ:st] *Ort in Berkshire (England) mit berühmter Militärakademie.*
San Di·e·go [ˌsændɪ'eɪgəʊ] *Hafenstadt u. Flottenstützpunkt in Kalifornien (USA).*
San·dra ['sændrə] *abbr. für.* **Alexandra**.
San·dy ['sændɪ] *abbr. für* **Alexander, Alexandra**.
San Fran·cis·co [ˌsænfrən'sɪskəʊ] San Fran'zisko *n (USA).*
San Ma·ri·no [ˌsænmə'ri:nəʊ] San Ma'rino *n.*
San·ta Fe [ˌsæntə'feɪ] *Hauptstadt von New Mexico (USA).*
Sar·a(h) ['seərə] Sara *f.*
Sar·di·nia [sɑ:'dɪnjə] Sar'dinien *n.*
Sas·katch·e·wan [səs'kætʃɪwən] *Provinz in Kanada.*
Sas·ka·toon [ˌsæskə'tu:n] *Stadt in Saskatchewan (Kanada).*
Sau·di A·ra·bi·a [ˌsaʊdɪə'reɪbɪə] Saudi-A'rabien *n.*
Sa·voy [sə'vɔɪ] Sa'voyen *n.*
Saw·yer ['sɔ:jə] *Familienname.*
Sax·o·ny ['sæksnɪ] Sachsen *n.*
Scan·di·na·vi·a [ˌskændɪ'neɪvjə] Skandi'navien *n.*
Sche·nec·ta·dy [skɪ'nektədɪ] *Stadt im Staat New York (USA).*
Scot·land ['skɒtlənd] Schottland *n.*
Scott [skɒt] *schottischer Autor; englischer Polarforscher.*
Seam·us ['ʃeɪməs] *siehe* **James**.
Sean [ʃɔ:n] *siehe* **John**.
Searle [sɜ:l] *Familienname.*
Se·at·tle [sɪ'ætl] *Hafenstadt im Staat Washington (USA).*
Sedg·wick ['sedʒwɪk] *Familienname.*
Sel·kirk(·shire) ['selkɜ:k(ʃə)] *schottische Grafschaft (bis 1975).*
Sen·e·gal [ˌsenɪ'gɔ:l] Senegal *n.*
Seoul [səʊl] Se'oul *n.*
Sev·ern ['sevən] *Fluß in Wales u. West-England.*
Sew·ell ['sju:əl; *Am.* 'su:əl] *Familienname.*
Sey·chelles [seɪ'ʃelz] *pl. die* Sey'chellen(-Inseln) *pl.*
Sey·mour ['si:mɔ:; *schottisch* 'seɪmɔ:] *m.*
Shake·speare ['ʃeɪkˌspɪə] *englischer Dichter u. Dramatiker.*
Shar·jah ['ʃɑ:dʒə] Schardscha *n (Mitglied der Vereinigten Arabischen Emirate).*
Shaw [ʃɔ:] *irischer Dramatiker.*
Shef·field ['ʃefi:ld] *Industriestadt in Mittelengland.*
Shei·la ['ʃi:lə] *siehe* **Celia**.
Shel·ley ['ʃelɪ] *englischer Dichter.*
Sher·lock ['ʃɜ:lɒk] *m.*
Shet·land ['ʃetlənd] *insulare Verwaltungsregion Schottlands;* **~ Is·lands** [ˌʃetlənd'aɪləndz] *pl. die* Shetlandinseln *pl.*
Shir·ley ['ʃɜ:lɪ] *f.*
Shrop·shire ['ʃrɒpʃə] *englische Grafschaft.*
Shy·lock ['ʃaɪlɒk] *Bühnenfigur bei Shakespeare.*
Si·am [ˌsaɪ'æm; 'saɪæm] Siam *n (früherer Name Thailands).*
Si·be·ri·a [saɪ'bɪərɪə] Si'birien *n.*
Sib·yl ['sɪbɪl] Si'bylle *f.*
Sic·i·ly ['sɪsɪlɪ] Si'zilien *n.*
Sid [sɪd] *abbr. für* **Sidney** *(Vorname).*
Sid·ney ['sɪdnɪ] *Familienname; Vorname m, f.*
Si·er·ra Le·one [sɪˌerəlɪ'əʊn] Sierra Le'one *n.*
Sik·kim ['sɪkɪm] Sikkim *n.*
Si·le·sia [saɪ'li:zjə] Schlesien *n.*
Sil·vi·a ['sɪlvɪə] Silvia *f.*
Si·mon ['saɪmən] Simon *m.*
Si·nai (Pen·in·su·la) ['saɪnaɪ (ˌ-pɪ'nɪnsjʊlə)] Sinai(halbinsel *f*) *n.*
Sin·clair ['sɪŋkleə] *amer. Autor; Vorname m.*
Sin·ga·pore [ˌsɪŋgə'pɔ:] Singapur *n.*
Sing Sing ['sɪŋsɪŋ] *Staatsgefängnis von New York (USA).*
Sli·go ['slaɪgəʊ] *Grafschaft in der Provinz Connaught (Irland); Hauptstadt dieser Grafschaft.*
Sloan [sləʊn] *amer. Maler.*
Slough [slaʊ] *Stadt in Berkshire (England).*
Snow·don ['snəʊdn] *Berg in Wales.*
Soc·ra·tes ['sɒkrəti:z] Sokrates *m.*
Sol·o·mon ['sɒləmən] Salomo *m.*
So·ma·lia [səʊ'mɑ:lɪə] So'malia *n.*
So·mers ['sʌməz] *Familienname.*
Som·er·set(·shire) ['sʌməsɪt(ʃə)] *englische Grafschaft.*
So·nia ['sɒnɪə] Sonja *f.*
So·phi·a [səʊ'faɪə] So'phia *f*, So'fia *f.*
So·phie ['səʊfɪ] So'phie *f*, So'fie *f.*
So·phy ['səʊfɪ] So'phie *f*, So'fie *f.*
Soph·o·cles ['sɒfəkli:z] Sophokles *m.*
South Af·ri·ca [ˌsaʊθ'æfrɪkə] Süd'afrika *n.*
South·amp·ton [saʊθ'æmptən] *Hafenstadt in Südengland.*
South Aus·tra·lia [ˌsaʊθɒ'streɪljə] Süd-au'stralien *n (Bundesstaat Australiens).*
South Car·o·li·na [ˌsaʊθkærə'laɪnə] *Staat der USA.*
South Da·ko·ta [ˌsaʊθdə'kəʊtə] *Staat der USA.*
South Gla·mor·gan [ˌsaʊθglə'mɔ:gən] *walisische Grafschaft.*
Sou·they ['saʊθɪ; 'sʌðɪ] *englischer Dichter.*
South·wark ['sʌðək; 'saʊθwək] *Stadtbezirk von Groß-London.*
South York·shire [ˌsaʊθ'jɔ:kʃə] *Stadtgrafschaft in Nordengland.*
So·viet Un·ion [ˌsəʊvɪət'ju:njən] *die* So'wjetuniˌon.
Spain [speɪn] Spanien *n.*
Spring·field ['sprɪŋfi:ld] *Hauptstadt von Illinois (USA); Stadt in Massachusetts (USA); Stadt in Missouri (USA).*
Sri Lan·ka [ˌsri:'læŋkə] Sri Lanka *n.*
Staf·ford(·shire) ['stæfəd(ʃə)] *englische Grafschaft.*
Stan [stæn] *abbr. für* **Stanley** *(Vorname).*
Stan·ley ['stænlɪ] *englischer Afrikaforscher; Vorname m.*

Stat·en Is·land [ˌstætn'aɪlənd] *Insel an der Mündung des Hudson River in New York; Stadtbezirk von New York.*
Stein·beck ['staɪnbek] *amer. Autor.*
Stel·la ['stelə] Stella *f.*
Steph·a·nie ['stefənɪ] Stephanie *f*, Stefanie *f.*
Ste·phen ['sti:vn] Stephan *m*, Stefan *m.*
Ste·phen·son ['sti:vnsn] *englischer Erfinder.*
Steu·ben ['stju:bən; 'stu:-; 'ʃtɔɪ-] *amer. General preußischer Herkunft im amer. Unabhängigkeitskrieg.*
Steve [sti:v] *abbr. für* ***Stephen, Steven.***
Ste·ven ['sti:vn] *siehe* ***Stephen.***
Ste·ven·son ['sti:vnsn] *englischer Autor.*
Stew·art [stjʊət; 'stju:ət; *Am.* 'stu:ərt] *Familienname; Vorname m.*
Stir·ling(·shire) ['stɜ:lɪŋ(ʃə)] *schottische Grafschaft (bis 1975).*
St. John [snt'dʒɒn] *Hafenstadt an der Mündung des gleichnamigen Flusses in New Brunswick (Kanada);* ['sɪndʒən] *Familienname.*
St. John's [snt'dʒɒnz] *Hauptstadt von Neufundland (Kanada).*
St. Law·rence [snt'lɒrəns] Sankt-'Lorenz-Strom *m.*
St. Louis [snt'lʊɪs; *Am.* ˌseɪnt'lu:ɪs] *Industriestadt in Missouri (USA).*
Stone·henge [ˌstəʊn'hendʒ] *prähistorisches megalithisches Bauwerk bei Salisbury in Wiltshire (England).*
St. Pan·cras [snt'pæŋkrəs] *Stadtteil von London.*
St. Paul [snt'pɔ:l; *Am.* ˌseɪnt-] *Hauptstadt von Minnesota (USA).*
Stra·chey ['streɪtʃɪ] *englischer Biograph.*
Strat·ford on A·von [ˌstrætfədɒn'eɪvn] *Stadt in Mittelengland.*
Strath·clyde [stræθ'klaɪd] *Verwaltungsregion in Schottland.*
Stu·art [stjʊət; 'stju:ət; *Am.* 'stu:ərt] *schottisch-englisches Herrschergeschlecht; Vorname m.*
Styr·i·a ['stɪrɪə] die Steiermark.
Su·dan [su:'dɑ:n] *der* Su'dan.
Sud·bur·y ['sʌdbərɪ] *Stadt in Ontario (Kanada); Ort in Suffolk (England).*
Sue [sju:; su:] *abbr. für* ***Susan.***
Su·ez ['sʊɪz; *Am.* su:'ez; 'su:ez] Suez *n.*
Suf·folk ['sʌfək] *englische Grafschaft.*
Sul·li·van ['sʌlɪvən] *Familienname.*
Su·ri·nam [ˌsʊərɪ'næm] Suri'nam *n.*
Su·ri·na·me [ˌsʊərɪ'nɑ:mə] Suri'nam *n.*
Sur·rey ['sʌrɪ] *englische Grafschaft.*
Su·san ['su:zn] Su'sanne *f.*
Su·sie ['su:zɪ] Susi *f.*
Sus·que·han·na [ˌsʌskwɪ'hænə] *Fluß im Osten der USA.*
Sus·sex ['sʌsɪks] *englische Grafschaft.*
Suth·er·land ['sʌðələnd] *schottische Grafschaft (bis 1975).*
Sut·ton ['sʌtn] *Stadtbezirk von Groß-London.*
Su·zanne [su:'zæn] Su'sanne *f*, Su'sanna *f.*
Swan·sea ['swɒnzɪ] *Hafenstadt in Wales.*
Swa·zi·land ['swɑ:zɪlænd] Swasiland *n.*
Swe·den ['swi:dn] Schweden *n.*
Swift [swɪft] *irischer Autor.*
Swit·zer·land ['swɪtsələnd] die Schweiz.
Syd·ney ['sɪdnɪ] *Hauptstadt von New South Wales (Australien) u. größte Stadt Australiens.*
Syl·vi·a ['sɪlvɪə] Silvia *f*, Sylvia *f.*
Synge [sɪŋ] *irischer Dichter u. Dramatiker.*
Syr·a·cuse ['sɪrəkju:s] *Stadt im Staat New York (USA);* [*Brit.* 'saɪərəkju:z] Syrakus *n (Stadt auf Sizilien).*
Syr·ia ['sɪrɪə] Syrien *n.*

Ta·hi·ti [tɑ:'hi:tɪ; tə-] Ta'hiti *n.*
Tai·wan [ˌtaɪ'wɑ:n] Taiwan *n.*
Tal·la·has·see [ˌtælə'hæsɪ] *Hauptstadt von Florida (USA).*
Tam·pa ['tæmpə] *Stadt in Florida (USA).*
Tan·gier [tæn'dʒɪə] Tanger *n.*
Tan·za·nia [ˌtænzə'nɪə] Tansa'nia *n.*
Tas·ma·nia [tæz'meɪnjə] Tas'manien *n (Insel u. Bundesstaat Australiens).*
Tay·lor ['teɪlə] *Familienname.*
Tay·side ['teɪsaɪd] *Verwaltungsregion in Schottland.*
Ted(·dy) ['ted(ɪ)] *abbr. für* ***Edward, Theodore.***
Tees·side ['ti:zsaɪd] *frühere Bezeichnung der Industrieregion um Middlesbrough (Nordengland), heute zu* ***Cleveland*** *gehörig.*
Teign·mouth ['tɪnməθ] *Stadt in Devon (England).*
Ten·e·rife, *früher* **Ten·e·riffe** [ˌtenə'ri:f] Tene'riffa *n.*
Ten·nes·see [ˌtenə'si:] *Staat der USA; Fluß in USA.*
Ten·ny·son ['tenɪsn] *englischer Dichter.*
Ter·ence ['terəns] *m.*
Te·re·sa [tə'ri:zə] Te'resa *f*, Te'rese *f.*
Ter·ry ['terɪ] *abbr. für* ***Terence, T(h)eresa.***
Tess, Tes·sa ['tes(ə)] *abbr. für* ***T(h)eresa.***
Tex·as ['teksəs] *Staat der USA.*
Thack·er·ay ['θækərɪ] *englischer Romanschriftsteller.*
Thai·land ['taɪlænd] Thailand *n.*
Thames [temz] Themse *f (Fluß in Südengland).*
That·cher ['θætʃə] *englische Premierministerin.*
The·a [θɪə; 'θi:ə] Thea *f.*
The·o ['θi:əʊ; 'θɪəʊ] Theo *m.*
The·o·bald ['θɪəʊbɔ:ld] Theobald *m.*
The·o·dore ['θɪədɔ:] Theodor *m.*
The·re·sa [tɪ'ri:zə] The'resa *f*, The'rese *f.*
Tho·mas ['tɒməs] Thomas *m.*
Tho·reau ['θɔ:rəʊ; *Am.* θə'rəʊ] *amer. Schriftsteller, Philosoph u. Sozialkritiker.*
Thu·rin·gi·a [θjʊə'rɪndʒɪə] Thüringen *n.*
Thu·ron [tʊ'rɒn] *Familienname.*
Ti·bet [tɪ'bet] Tibet *n.*
Ti·gris ['taɪgrɪs] Tigris *m.*
Tim [tɪm] *abbr. für* ***Timothy.***
Tim·o·thy ['tɪməθɪ] Ti'motheus *m.*
Ti·na ['ti:nə] *abbr. für* ***Christina, Christine.***
Tin·dale ['tɪndl] *Familienname.*
Tip·per·ary [ˌtɪpə'reərɪ] *Grafschaft in der Provinz Munster (Irland).*
To·bi·as [tə'baɪəs] To'bias *m.*
To·by ['təʊbɪ] *abbr. für* ***Tobias.***
To·go ['təʊgəʊ] Togo *n.*
To·kyo ['təʊkjəʊ] Tokio *n.*
To·le·do [tə'li:dəʊ] *Stadt in Ohio (USA);* [*Brit.* tɒ'leɪdəʊ] *Stadt in Zentralspanien.*
Tol·kien ['tɒlki:n] *englischer Schriftsteller u. Philologe.*
Tom(·my) ['tɒm(ɪ)] *abbr. für* ***Thomas.***
Ton·ga ['tɒŋə] Tonga *n (Inselgruppe u. Königreich im südwestl. Pazifik).*
To·ny ['təʊnɪ] Toni *m.*
To·pe·ka [təʊ'pi:kə] *Hauptstadt von Kansas (USA).*
Tor·bay [ˌtɔ:'beɪ] *Stadt in Devon (England); a.* ***Tor Bay*** *Bucht des Ärmelkanals an der Küste von Devon.*
To·ron·to [tə'rɒntəʊ] *Stadt in Kanada.*
Tor·quay [ˌtɔ:'ki:] *Teilstadt von* ***Torbay*** *in Devon (England).*
Tot·ten·ham ['tɒtnəm] *Stadtteil von Groß-London.*
Tour·neur ['tɜ:nə] *Familienname.*
Tow·er Ham·lets ['taʊəˌhæmlɪts] *Stadtbezirk von Groß-London.*
Toyn·bee ['tɔɪnbɪ] *englischer Historiker.*
Tra·cy ['treɪsɪ] *amer. Filmschauspieler; Vorname f, (seltener) m.*
Tra·fal·gar [trə'fælgə]: ***Cape ~*** Kap *n* Tra'falgar *(an der Südwestküste Spaniens);* ***~ Square*** *Platz in London.*
Trans·vaal ['trænzvɑ:l] Trans'vaal *n.*
Tran·syl·va·nia [ˌtrænsɪl'veɪnjə] Sieben'bürgen *n.*
Trent [trent] *Fluß in Mittelengland;* Tri'ent *n.*
Tren·ton ['trentən] *Hauptstadt von New Jersey (USA).*
Tre·vel·yan [trɪ'veljən; -'vɪl-] *Name zweier englischer Historiker.*
Treves [tri:vz] Trier *n.*
Trev·or ['trevə] *m.*
Tri·e·ste [tri:'est] Tri'est *n.*
Trin·i·dad and To·ba·go [ˌtrɪnɪdædntəʊ'beɪgəʊ] Trinidad und To'bago *n.*
Trol·lope ['trɒləp] *englischer Romanschriftsteller.*
Troy [trɔɪ] Troja *n (antike Stadt in Kleinasien am Eingang der Dardanellen); Name mehrerer Städte in USA (im Staat New York; in Michigan; in Ohio).*
Tru·man ['tru:mən] *33. Präsident der USA.*
Tuc·son [tu:'sɒn; 'tu:sɒn] *Stadt in Arizona (USA).*
Tu·dor ['tju:də] *englisches Herrschergeschlecht.*
Tu·ni·sia [tju:'nɪzɪə; *Am.* tu:'ni:ʒə; -'nɪʒə] Tu'nesien *n.*
Tur·key ['tɜ:kɪ] die Tür'kei.
Tur·ner ['tɜ:nə] *englischer Landschaftsmaler.*
Tus·ca·ny ['tʌskənɪ] die Tos'kana.
Twain [tweɪn] *amer. Autor.*
Twick·en·ham ['twɪknəm] *Stadtteil von Groß-London.*
Tyn·dale ['tɪndl] *englischer Bibelübersetzer.*
Tyne and Wear [ˌtaɪnənd'wɪə] *Stadtgrafschaft in Nordengland.*
Ty·rol ['tɪrəl; tɪ'rəʊl] Ti'rol *n.*
Ty·rone [tɪ'rəʊn] *nordirische Grafschaft.*

U·gan·da [ju:'gændə] U'ganda *n.*
U·ist ['ju:ɪst]: ***North ~, South ~*** *zwei Inseln der Äußeren Hebriden (Schottland).*
U·kraine [ju:'kreɪn] *die* Ukra'ine.
Ul·ster ['ʌlstə] *Provinz im Norden Irlands, seit 1921 zweigeteilt. 3 Grafschaften gehören heute zur Republik Irland, die restlichen 6 bilden das heutige Nordirland, Teil des Vereinigten Königreichs*

von Großbritannien u. Nordirland.

U·lys·ses [juːˈlɪsiːz] *m.*

Un·ion of So·viet So·cial·ist Re·pub·lics [ˌjuːnjənvˌsəʊvɪətˌsəʊʃəlɪstrɪˈpʌblɪks] *die* Uniˈon der Soziaˈlistischen Soˈwjetrepuˌbliken.

U·nit·ed Ar·ab E·mir·ates [juːˈnaɪtɪdˌærəbeˈmɪərəts] *pl. die* Vereinigten Aˈrabischen Emiˈrate *pl.*

U·nit·ed King·dom [juːˌnaɪtɪdˈkɪŋdəm] *das* Vereinigte Königreich (*Großbritannien u. Nordirland*).

U·nit·ed States of A·mer·i·ca [juːˌnaɪtɪdˌsteɪtsəvəˈmerɪkə] *pl. die* Vereinigten Staaten von Aˈmerika *pl.*

Up·dike [ˈʌpdaɪk] *amer. Schriftsteller.*

Up·per Vol·ta [ˌʌpəˈvɒltə] Oberˈvolta *n* (*ehemalige Bezeichnung für* ***Burkina Faso***).

U·ri·ah [ˌjʊəˈraɪə] Uˈria(s) *m*, Uriel *m.*

Ur·quhart [ˈɜːkət] *schottischer Schriftsteller u. Übersetzer.*

Ur·su·la [ˈɜːsjʊlə] Ursula *f.*

U·ru·guay [ˈjʊərʊgwaɪ; ˈʊrə-] Uruguay *n.*

U·tah [ˈjuːtɑː; -tɔː] *Staat der USA.*

Ut·tox·e·ter [juːˈtɒksɪtə; ʌˈtɒksɪtə] *Ort in Staffordshire (England).*

Val·en·tine [ˈvæləntaɪn] Valentin *m*; Valenˈtine *f.*

Val(l)·let·ta [vəˈletə] *Hauptstadt von Malta.*

Van·brugh [ˈvænbrə; vænˈbruː] *englischer Dramatiker u. Baumeister.*

Van·cou·ver [vænˈkuːvə] *Hafenstadt in Kanada.*

Van·der·bilt [ˈvændəbɪlt] *amer. Finanzier.*

Va·nes·sa [vəˈnesə] *f.*

Vat·i·can [ˈvætɪkən] *der* Vatiˈkan; **~ Cit·y** [ˌvætɪkənˈsɪtɪ] Vatiˈkanstadt *f.*

Vaughan [vɔːn] *Familienname*; **~ Wil·liams** [ˌvɔːnˈwɪljəmz] *englischer Komponist.*

Vaux [vɔːz; vɒks; vɔːks; vəʊks] *Familienname*; **de ~** [dɪˈvəʊ] *Familienname.*

Vaux·hall [ˌvɒksˈhɔːl] *Stadtteil von London.*

Ven·e·zu·e·la [ˌveneˈzweɪlə] Venezuˈela *n.*

Ven·ice [ˈvenɪs] Veˈnedig *n.*

Ve·ra [ˈvɪərə] Vera *f.*

Ver·gil [ˈvɜːdʒɪl] *siehe* ***Virgil.***

Ver·mont [vɜːˈmɒnt] *Staat der USA.*

Ver·ner [ˈvɜːnə] *Familienname.*

Ver·non [ˈvɜːnən] *m.*

Ve·ron·i·ca [vɪˈrɒnɪkə; və-] Veˈronika *f.*

Vick·y [ˈvɪkɪ] *abbr. für* ***Victoria.***

Vic·tor [ˈvɪktə] Viktor *m.*

Vic·to·ri·a [vɪkˈtɔːrɪə] Vikˈtoria *f*; *Bundesstaat Australiens; Hauptstadt von British Columbia (Kanada); Hauptstadt der brit. Kronkolonie Hongkong.*

Vi·en·na [vɪˈenə] Wien *n.*

Viet·nam, **Viet Nam** [ˌvjetˈnæm] Vietˈnam *n.*

Vi·o·la [ˈvaɪələ; ˈvɪəʊlə] Viˈola *f.*

Vi·o·let [ˈvaɪələt] Vioˈletta *f*, Vioˈlette *f.*

Vir·gil [ˈvɜːdʒɪl] Verˈgil *m* (*römischer Dichter*).

Vir·gin·ia [vəˈdʒɪnjə] *Staat der USA; Vorname f.*

Vis·tu·la [ˈvɪstjʊlə] Weichsel *f* (*Fluß*).

Viv·i·an [ˈvɪvɪən] *m*, (*seltener*) *f.*

Viv·i·en [ˈvɪvɪən] *f.*

Viv·i·enne [ˈvɪvɪən; vɪvɪˈen] *f.*

Vol·ga [ˈvɒlgə] Wolga *f.*

Vosges [vəʊʒ] *pl. die* Voˈgesen *pl.*

Wa·bash [ˈwɔːbæʃ] *Nebenfluß des Ohio in Indiana u. Illinois (USA).*

Wad·dell [wɒˈdel; ˈwɒdl] *Familienname.*

Wad·ham [ˈwɒdəm] *Familienname.*

Wales [weɪlz] Wales *n.*

Wal·lace [ˈwɒlɪs] *englischer Autor.*

Wal·la·sey [ˈwɒləsɪ] *Stadt in Merseyside (England).*

Wal·pole [ˈwɔːlpəʊl] *Name zweier englischer Schriftsteller.*

Wal·ter [ˈwɔːltə] Walter *m.*

Wal·tham For·est [ˌwɔːlθəmˈfɒrɪst] *Stadtbezirk von Groß-London.*

Wands·worth [ˈwɒndzwəθ] *Stadtbezirk von Groß-London.*

War·hol [ˈwɔːhɔːl; ˈwɔːhəʊl] *amer. Pop-art-Künstler u. Filmregisseur.*

War·saw [ˈwɔːsɔː] Warschau *n.*

War·wick(·shire) [ˈwɒrɪk(ʃə)] *englische Grafschaft.*

Wash·ing·ton [ˈwɒʃɪŋtən] *1. Präsident der USA; Staat der USA; a.* **~ DC** *Bundeshauptstadt der USA.*

Wa·ter·ford [ˈwɔːtəfəd] *Grafschaft in der Provinz Munster (Irland); Hauptstadt dieser Grafschaft.*

Wa·ter·loo [ˌwɔːtəˈluː] *Ort in Belgien.*

Wat·son [ˈwɒtsn] *Familienname.*

Watt [wɒt] *schottischer Erfinder.*

Waugh [wɔː] *englischer Romanschriftsteller.*

Wayne [weɪn] *amer. Filmschauspieler.*

Weald [wiːld]: ***the ~*** *Landschaft im südöstlichen England. Früher ausgedehntes Waldgebiet.*

Web·ster [ˈwebstə] *amer. Lexikograph.*

Wedg·wood [ˈwedʒwʊd] *englischer Keramiker.*

Wel·ling·ton [ˈwelɪŋtən] *brit. Feldherr; Hauptstadt von Neuseeland.*

Wem·bley [ˈwemblɪ] *Stadtteil von Groß-London.*

Wen·dy [ˈwendɪ] *f.*

Went·worth [ˈwentwəθ] *Familienname.*

West Brom·wich [ˌwestˈbrɒmɪdʒ] *Stadt in West Midlands (England).*

West·ern Aus·tra·lia [ˌwestənɒˈstreɪljə] ˈWestauˌstralien.

West·ern Isles [ˌwestənˈaɪlz] *Insulare Verwaltungsregion Schottlands.*

West·ern Sa·moa [ˌwestənsəˈməʊə] Westsaˈmoa *n.*

West Gla·mor·gan [ˌwestgləˈmɔːgən] *walisische Grafschaft.*

West In·dies [ˌwestˈɪndɪz] *pl.*: ***the ~*** die Westˈindischen Inseln *pl.*

West Lo·thi·an [ˌwestˈləʊðjən] *schottische Grafschaft (bis 1975).*

West·meath [westˈmiːð] *Grafschaft in der Provinz Leinster (Irland).*

West Mid·lands [ˌwestˈmɪdləndz] *pl. Stadtgrafschaft in Mittelengland.*

West·min·ster [ˈwestmɪnstə] *a.* ***City of ~*** *Stadtbezirk von Groß-London.*

West·mor·land [ˈwestmələnd] *englische Grafschaft (bis 1974).*

West·pha·lia [westˈfeɪljə] Westˈfalen *n.*

West Vir·gin·ia [ˌwestvəˈdʒɪnjə] *Staat der USA.*

West York·shire [ˌwestˈjɔːkʃə] *Stadtgrafschaft in Nordengland.*

Wex·ford [ˈweksfəd] *Grafschaft in der Provinz Leinster (Irland); Hauptstadt dieser Grafschaft.*

Wey·mouth [ˈweɪməθ] *Badeort in Dorset (Südengland); Stadt in Massachusetts (USA).*

Whal·ley [ˈweɪlɪ; ˈwɔːlɪ] *Familienname.*

Whar·am [ˈweərəm] *Familienname.*

Whar·ton [ˈwɔːtn] *amer. Romanschriftstellerin.*

Whi·tack·er [ˈwɪtəkə] *Familienname.*

Whit·a·ker [ˈwɪtəkə] *Familienname.*

Whit·by [ˈwɪtbɪ] *Fischereihafen in North Yorkshire (England); Stadt in Ontario (Kanada).*

White·hall [ˌwaɪtˈhɔːl] *Straße in London.*

Whit·man [ˈwɪtmən] *amer. Dichter.*

Whit·ta·ker [ˈwɪtəkə] *Familienname.*

Wick·low [ˈwɪkləʊ] *Grafschaft in der Provinz Leinster (Irland).*

Wig·town(·shire) [ˈwɪgtən(ʃə)] *schottische Grafschaft (bis 1975).*

Wilde [waɪld] *englischer Dichter.*

Wil·der [ˈwaɪldə] *amer. Autor.*

Wil·fred [ˈwɪlfrɪd] Wilfried *m.*

Will [wɪl] *abbr. für* ***William.***

Wil·liam [ˈwɪljəm] Wilhelm *m.*

Wil·ming·ton [ˈwɪlmɪŋtən] *Hafenstadt in Delaware (USA); Hafenstadt in North Carolina (USA).*

Wil·son [ˈwɪlsn] *Familienname.*

Wilt·shire [ˈwɪltʃə] *englische Grafschaft.*

Wim·ble·don [ˈwɪmbldən] *Stadtteil von Groß-London (Tennisturniere).*

Win·ches·ter [ˈwɪntʃɪstə] *Hauptstadt von Hampshire (England) mit berühmter Public School.*

Wind·sor [ˈwɪnzə] *Stadt in Berkshire (England); Stadt in Ontario (Kanada).*

Win·i·fred [ˈwɪnɪfrɪd] *f.*

Win·nie [ˈwɪnɪ] *abbr. für* ***Winifred.***

Win·ni·peg [ˈwɪnɪpeg] *Hauptstadt von Manitoba (Kanada).*

Win·ston [ˈwɪnstən] *m.*

Wis·con·sin [wɪsˈkɒnsɪn] *Staat der USA; Fluß in Wisconsin (USA).*

Wi·tham [ˈwɪðəm] *Familienname; Fluß in Lincolnshire (England).*

Wit·ham [ˈwɪtəm] *Stadt in Essex (England).*

Wolds [wəʊldz]: ***the ~*** *Höhenzug in Nordostengland.*

Wolfe [wʊlf] *amer. Autor.*

Wol·lon·gong [ˈwʊləŋgɒŋ] *Industrie- u. Hafenstadt in New South Wales (Australien).*

Wol·sey [ˈwʊlzɪ] *englischer Kardinal u. Staatsmann.*

Wol·ver·hamp·ton [ˈwʊlvəˌhæmptən] *Industriestadt in West Midlands (England).*

Woolf [wʊlf] *englische Autorin.*

Wool·wich [ˈwʊlɪdʒ] *Stadtteil von Groß-London.*

Wor·ces·ter [ˈwʊstə] *Industriestadt in Mittelengland; a.* **ˈWor·ces·ter·shire** [-ʃə] *englische Grafschaft (bis 1974).*

Words·worth [ˈwɜːdzwəθ] *englischer Dichter.*

Wren [ren] *englischer Architekt.*

Wright [raɪt] *Name zweier amer. Flugpioniere.*

Wyc·liffe [ˈwɪklɪf] *englischer Reformator u. Bibelübersetzer.*

Wy·man [ˈwaɪmən] *Familienname.*

Wy·o·ming [waɪˈəʊmɪŋ] *Staat der USA.*

Xan·thip·pe [zænˈθɪpɪ] Xanˈthippe *f.*

Yale [jeɪl] *hoher britischer Kolonialbe-*

amter u. Förderer der Yale University in New Haven, Connecticut (USA).

Yeat·man ['ji:tmən; 'jeɪt- 'jet-] *Familienname.*

Yeats [jeɪts] *irischer Dichter u. Dramatiker.*

Yel·low·stone ['jeləustəun] *Fluß im Nordwesten der USA; Nationalpark in Wyoming, Montana u. Idaho (USA).*

Ye·men ['jemən] *der* Jemen; **~ Arab Republic** Arabische Republik Jemen; ***People's Democratic Republic of ~, Democratic ~*** Demokratische Volksrepublik Jemen, der Demokratische Jemen.

Yeo·vil ['jəuvɪl] *Stadt in Somersetshire (England).*

Yonge [jʌŋ] *Familienname.*

Yon·kers ['jɒŋkəz; *Am.* 'jɑ:ŋkərz] *Stadt im Staat New York (USA).*

York [jɔ:k] *Stadt in Nordost-England;* **'York·shire** [-ʃə]: (***North, South, West***) *~ Grafschaften in England.*

Yo·sem·i·te Na·tion·al Park [jəʊ'semɪtɪˌnæʃənl'pɑ:k] *Nationalpark in Kalifornien (USA).*

Yu·go·sla·via [ˌju:gəʊ'slɑ:vjə] Jugo'slawien *n.*

Yu·ill ['ju:ɪl] *Familienname.*

Yu·kon ['ju:kɒn] *Strom im nordwestlichen Nordamerika; a.* ***the ~*** *siehe* ***Yukon Territory***; **~ Ter·ri·tor·y** [ˌju:kɒn'terɪtərɪ] *Territorium im äußersten Nordwesten Kanadas.*

Y·vonne [ɪ'vɒn] I'vonne *f*, Y'vonne *f.*

Zach·a·ri·ah [ˌzækə'raɪə], **Zach·a·ry** ['zækərɪ] Zacha'rias *m.*

Za·ire [zɑ:'ɪə; *Am. a.* 'zaɪər] Za'ire *n.*

Zam·bia ['zæmbɪə] Sambia *n.*

Zan·zi·bar [ˌzænzɪ'bɑ:; *Am.* 'zænzəbɑ:r] Sansibar *n (zu Tansania gehörige Insel vor der Ostküste Afrikas).*

Zel·da ['zeldə] *f.*

Zet·land ['zetlənd] *schottische Grafschaft (bis 1975).*

Zim·ba·bwe [zɪm'bɑ:bwɪ; -bweɪ] Sim'babwe *n (seit 1980 Name für* ***Rhodesia****).*

Zo·e ['zəʊɪ] Zoe *f.*

Zu·rich ['zjʊərɪk] Zürich *n.*

Kennzeichnung der Kino-Filme (in Großbritannien)

U Universal. Suitable for all ages.
Für alle Altersstufen geeignet.

PG Parental Guidance. Some scenes may be unsuitable for young children.
Einige Szenen ungeeignet für Kinder. Erklärung und Orientierung durch Eltern sinnvoll.

15 No person under 15 years admitted when a "15" film is in the programme.
Nicht freigegeben für Jugendliche unter 15 Jahren.

18 No person under 18 years admitted when an "18" film is in the programme.
Nicht freigegeben für Jugendliche unter 18 Jahren.

Kennzeichnung der Kino-Filme (in USA)

G General audiences. All ages admitted.
Für alle Altersstufen geeignet.

PG Parental guidance suggested. Some material may not be suitable for children.
Einige Szenen ungeeignet für Kinder. Erklärung und Orientierung durch Eltern sinnvoll.

R Restricted. Under 17 requires accompanying parent or adult guardian.
Für Jugendliche unter 17 Jahren nur in Begleitung eines Erziehungsberechtigten.

X No one under 17 admitted.
Nicht freigegeben für Jugendliche unter 17 Jahren.